Duden

Fremdwörterbuch

7., neu bearbeitete und erweiterte Auflage

Herausgegeben von der Dudenredaktion

Auf der Grundlage der neuen
amtlichen Rechtschreibregeln

Duden Band 5

Dudenverlag

Mannheim · Leipzig · Wien · Zürich

Redaktionelle Bearbeitung
Dieter Baer, Pia Fritzsche, Werner Lange, Claudia Pein, Gudrun Vogel
und weitere Mitarbeiterinnen und Mitarbeiter der Dudenredaktion,
unter Mitwirkung von Dr. Jochen Bär, Gesellschaft für deutsche Sprache,
Wiesbaden

Herstellung Monika Schoch
Typographisches Konzept Iris Farnschläder, Hamburg
Umschlaggestaltung Bender + Büwendt, Berlin

Die Duden-Sprachberatung beantwortet Ihre
Fragen zur Rechtschreibung, Zeichensetzung, Grammatik
u. Ä. montags bis freitags zwischen 9.00 und 17.00 Uhr
unter der Telefonnummer (01 90) 87 00 98
(3,63 DM pro Minute, deutschlandweit).

Die Deutsche Bibliothek – CIP-Einheitsaufnahme
Ein Titeldatensatz für diese Publikation ist bei der Deutschen Bibliothek erhältlich.

© Bibliographisches Institut & F. A. Brockhaus AG, Mannheim 2001
Satz Bibliographisches Institut & F. A. Brockhaus Setzerei GmbH
(PageOne, alfa Media Partner GmbH)
Druck und Bindearbeit Graphische Betriebe Langenscheidt, Berchtesgaden
Printed in Germany
ISBN 3-411-04057-2

Vorwort

Das Fremdwörterbuch ist in der neuen Auflage inhaltlich erweitert und formal verbessert worden. Äußerlich fällt sofort die neuartige Gestaltung des Wörterverzeichnisses mit der großzügigen, leichter als bisher erfassbaren Anordnung der einzelnen Stichwörter ins Auge. Das hinzugekommene Griffregister erleichtert das Auffinden der gewünschten Information.

Der um mehr als 3000 Neueinträge erweiterte Stichwortteil verzeichnet jetzt rund 53000 Fremdwörter und fremde Wendungen. Die Neuregelung der deutschen Rechtschreibung erleichtert bei Fremdwörtern das korrekte Schreiben in vielen Fällen, ohne das vertraute Schriftbild drastisch zu verändern oder bisherige Schreibungen durch neue zu ersetzen. Folglich sind oft mehrere Schreib- oder Trennweisen erlaubt. Die entsprechenden Varianten sind in der Regel im Wörterverzeichnis aufgeführt. Neue Trennmöglichkeiten sind dabei blau hervorgehoben. Um wichtige Wortbildungselemente, besonders aus den klassischen Sprachen Griechisch und Latein, aber auch aus modernen Sprachen wie Englisch und Französisch, sowie deren Bedeutung übersichtlich darzustellen, wurden in die Neuauflage rund 160 grafisch gestaltete Informationskästen mit näheren Erläuterungen und veranschaulichenden Beispielen integriert.

Dem ständigen Wandel des Wortschatzes, der im Fremdwortbereich besonders deutlich erkennbar ist, hat die Dudenredaktion versucht Rechnung zu tragen. Daher finden sich im Wörterverzeichnis Neueinträge aus fast allen Lebensbereichen, aus Wirtschaft, Politik und Recht, Sport, Freizeit und Unterhaltungsmedien, aus der Informationstechnologie, dem Internet und seiner Nutzung, aus Medizin, Biologie, Genetik und vielen anderen Fachgebieten. Unter den Neuaufnahmen sind verhältnismäßig viele Anglizismen, was unter anderem der Tatsache geschuldet ist, dass das Englische gegenwärtig die wichtigste internationale Verkehrssprache ist und überall als Verständigungsmedium dient. Das erklärt, weshalb so viele Ausdrücke aus dieser Sprache weltweit gebräuchlich sind und in viele Sprachen, so auch ins Deutsche, integriert werden. Über solche und andere Tendenzen des Fremdwortgebrauchs in Geschichte und Gegenwart bieten die in das Wörterverzeichnis eingestreuten Sonderkapitel interessante Informationen. Sie ermöglichen den Benutzerinnen und Benutzern dieses Nachschlagewerkes, sich ein eigenes Urteil über Fremdwörter im Deutschen zu bilden.

Die Dudenredaktion dankt allen an der Fertigstellung dieses Bandes Beteiligten, insbesondere der Gesellschaft für deutsche Sprache in Wiesbaden für die Erarbeitung der Beiträge zu Geschichte, Funktion und Gebrauch des Fremdwortes in der deutschen Sprache.

Leipzig und Mannheim, im Juli 2001
Die Dudenredaktion

Inhalt

Zur Einrichtung des Wörterverzeichnisses

I. Allgemeines

Das Fremdwörterverzeichnis enthält Fremdwörter, Fügungen und Redewendungen fremder Sprachen, gelegentlich auch deutsche Wörter mit fremden Ableitungssuffixen oder -präfixen, die als Fremdwörter angesehen werden könnten. Lehnwörter wurden nur dann aufgenommen, wenn sie für eine aus Fremdwörtern bestehende Wortfamilie erhellend sind. Fremde Eigennamen wurden in der Regel nicht berücksichtigt, es sei denn, dass sie als generalisierende Gattungsnamen verwendet werden.
Die Rechtschreibung folgt der amtlichen Neuregelung, die am 1. August 1998 in Kraft getreten ist.

II. Zeichen von besonderer Bedeutung

.   Ein untergesetzter Punkt kennzeichnet die kurze betonte Silbe, z. B. Referẹnt.

_   Ein untergesetzter Strich kennzeichnet die lange betonte Silbe, z. B. Fassạde.

| Der senkrechte Strich dient zur Angabe der möglichen Worttrennungen am Zeilenende, z. B. Mor|ta|del|la, sum|mie|ren. Neu hinzugekommene Trennmöglichkeiten sind blau markiert, z. B. ho|m|o|nym.

/   Der Schrägstrich besagt, dass sowohl das eine als auch das andere möglich ist, z. B. etwas/jmdn.; ...al/...ell.

®   Das Zeichen ® macht als Marken geschützte Wörter (Bezeichnungen, Namen) kenntlich. Sollte dieses Zeichen einmal fehlen, so ist das keine Gewähr dafür, dass dieses Wort als Handelsname frei verwendet werden darf.

\-   Der waagerechte Strich vertritt das unveränderte Stichwort bei den Beugungsangaben des Stichworts, z. B. Effekt *der;* -[e]s, -e.

...   Drei Punkte stehen bei Auslassung von Teilen eines Wortes, z. B. Anabolikum *das;* -s, ...ka; oder: Paragraph, auch: ...graf.

[]   Die eckigen Klammern schließen Aussprachebezeichnungen, Zusätze zu Erklärungen in runden Klammern und beliebige Auslassungen (Buchstaben und Silben) ein, z. B. Coelin[blau], Iwrit[h].

()   Die runden Klammern schließen erläuternde Zusätze zur Wortbedeutung ein, z. B. automatisch: mit einer Automatik ausgestattet (von technischen Geräten). Sie enthalten außerdem stilistische Bewertungen und Angaben zur räumlichen und zeitlichen Verbreitung des Stichwortes sowie Hinweise, zu welchem Fachbereich das Stichwort gehört.

⟨⟩   Die Winkelklammern schließen Angaben zur Herkunft und gelegentlich zur ursprünglichen Bedeutung des Stichwortes ein, z. B. paradieren ⟨*lat.-fr.*⟩; Mikado ⟨*jap.;* „erhabene Pforte"⟩.

↑   Der senkrechte Pfeil weist darauf hin, dass das folgende Wort an entsprechender alphabetischer Stelle im Wörterbuch aufgeführt und erklärt ist, z. B. Safetycar ... ↑ Pacecar; akut ... Ggs. ↑ chronisch.

→   Der waagerechte Pfeil steht in den Kastenartikeln zur Angabe der sprachlichen Entwicklung eines Wortbildungselementes, z. B. Brutto... ⟨*lat.* brutus „schwer(fällig)" → *it.* brutto „unrein; roh"⟩.

III. Anordnung und Behandlung der Stichwörter

1. Die Stichwörter sind **halbfett** gedruckt.

2. Die Anordnung der Stichwörter ist alphabetisch. Die Umlaute ä, ö, ü, äu werden wie die nicht umgelauteten Vokale a, o, u, au behandelt.

Beispiel: Ara
Ära
Araber

Die Umlaute ae, oe, ue hingegen werden entsprechend der Buchstabenfolge alphabetisch eingeordnet.

Beispiel: Caduceus
Caecum
Caeremoniale
Caesium
Cafard

3. Stichwörter, die sprachlich (etymologisch) verwandt sind, werden aus Platzgründen gelegentlich zu kurzen, überschaubaren Wortgruppen („Nestern") zusammengefasst, soweit die alphabetische Ordnung das zulässt.

4. Wörter, die gleich geschrieben werden, aber in Aussprache, Herkunft, Genus oder Pluralform voneinander verschieden sind, erscheinen in der Regel als getrennte Stichwörter mit hochgestellten Indizes.

Beispiel:
[1]Adonis *der; -, -se*: schöner [junger] Mann
[2]Adonis *die; -, -*: Hahnenfußgewächs

5. Bei den Substantiven sind Angaben zum Genus und zur Deklination des Genitivs im Singular und – soweit gebräuchlich – des Nominativs im Plural aufgeführt.

Beispiele: Aquarell *das; -s, -e*
Ära *die; -, Ären*

Substantive, die nur im Plural vorkommen, sind durch die Angabe *die* (Plural) gekennzeichnet.

Beispiel: Alimente *die* (Plural)...

6. Wo die Rechtschreibregeln mehrere Schreibungen zulassen, wird das Stichwort zunächst in bevorzugter oder empfohlener Schreibung angesetzt; die Schreibvariante erscheint unmittelbar nach dem Stichwort und – sofern sie nicht in alphabetischer Reihenfolge steht – auch als Verweiseintrag an der entsprechenden Alphabetstelle.

Beispiele:
Count-down, auch: Countdown
Freeclimbing, auch: Free Climbing
Zellulose, chem. fachspr.: Cellulose
Cellulose vgl. Zellulose
Choreografie, auch: ...graphie

7. Die neuen Regeln zur Worttrennung lassen – besonders bei Fremdwörtern – häufig mehrere unterschiedliche Trennmöglichkeiten zu. Das Fremdwörterbuch gibt in diesen Fällen beim Stichwort alle Trennmöglichkeiten an, wobei neu hinzugekommene Trennfugen blau markiert werden.

Beispiele: Chi|r|ur|gie
e|lek|t|risch

Außerdem werden die neuen Trennstellen bei st und ck blau markiert.

Beispiele:
Phi|llis|ter (früher: Phi|li|ster)
Ba|ra|cke (früher: Ba|rak|ke)

IV. Bedeutungsangaben

Die Angaben zur Bedeutung eines Stichwortes stehen hinter dem Doppelpunkt, der dem Stichwort, der Aussprache, den Flexionsangaben oder der Etymologie folgt.

Beispiel: Bookmark ...: Eintrag in einem elektronischen Adressverzeichnis für ↑ Homepages

Hat ein Stichwort mehrere Bedeutungen, dann werden die entsprechenden Angaben durch Ziffern und/oder Buchstaben voneinander getrennt.

Beispiel: hypnotisch: 1. a) zur Hypnose gehörend; b) zur Hypnose führend; einschläfernd. 2. den Willen lähmend

V. Herkunftsangaben

1. Die Herkunft der Stichwörter ist durch *Kursivschrift* in Winkelklammern angegeben. Gelegentlich wird zum besseren Verständnis die wörtliche oder eigentliche Bedeutung eines Wortes aufgeführt. Herkunftsangaben, die für mehrere aufeinander folgende Wörter gleich sind, werden in der Regel nur einmal angeführt. Auf etymologische Angaben wird auch verzichtet, wenn die Bestandteile eines Kompositums als Stichwort erscheinen.

2. Durch den *Bindestrich* zwischen den Herkunftsangaben wird gezeigt, dass das Wort über die angegebenen Sprachen zu uns gekommen ist.

Beispiel: Aperitif ⟨*lat.-mlat.-fr.*⟩

Steht dabei eine Sprachbezeichnung in runden Klammern, so heißt das, dass dieser Sprache, zumindest für bestimmte Bedeutungen oder Verwendungsweisen des betreffenden Wortes, wahrscheinlich eine bestimmte Mittlerrolle bei der Entlehnung zukommt.

Beispiel: Postillion ⟨*lat.-it.(-fr.)*⟩

3. Durch das *Semikolon* zwischen den Herkunftsangaben wird deutlich gemacht, dass es sich um eine künstliche Zusammensetzung aus Wortelementen der angegebenen Sprachen handelt.

Beispiel: Pluviograph ⟨*lat.; gr.*⟩

Die Wortteile können selbst wieder gewandert sein.

Beispiel: Azotämie ⟨*gr.-fr.; gr.-nlat.*⟩

Ist die Zusammensetzung in einer anderen Sprache als der deutschen gebildet worden, dann stehen die Herkunftsangaben der Wortteile in runden Klammern innerhalb der Winkelklammern, und die Angabe für die Sprache, in der die Bildung entstanden ist, folgt unmittelbar dahinter.

Beispiele: Architrav ⟨*(gr.; lat.) it.*⟩
Prestidigitateur ⟨*(lat.-it.-fr.; lat.) fr.*⟩

4. Mit „Kunstw." wird angezeigt, dass es sich bei dem betreffenden Wort um ein künstlich gebildetes Wort aus frei erfundenen Bestandteilen handelt.

Beispiele: Aspirin, Perlon

Mit „Kurzw." wird angegeben, dass es sich um ein künstlich gebildetes Wort aus Bestandteilen anderer Wörter handelt.

Beispiel: Usenet ⟨Kurzw. aus *engl.* use*rs* net*work*⟩

„Kurzform" bedeutet, dass es sich um ein gekürztes Wort handelt.

Beispiel: Akku...: Kurzform von ↑ Akkumulator

VI. Aussprache

Aussprachebezeichnungen stehen in eckigen Klammern hinter den Fremdwörtern, deren Aussprache von der sonst üblichen abweicht. Die verwendete Lautschrift folgt dem Zeichensystem der International Phonetic Association (IPA).

	Die übliche Aussprache wurde nicht angegeben bei	
c	[k]	vor a, o, u (*wie in* Café)
c	[ts]	vor e, i, ä, ae [ɛ(:)], ö, œ [ø(:)] od. [œ], ü, ue [y(:)], y (*wie in* Celsius)
i	[i̯]	vor Vokal in Fremdwörtern (*wie in* Union)
sp	[ʃp]	im Wortanlaut eingedeutschter Wörter (*wie in* Spedition)
sp	[sp]	im Wortinlaut (*wie in* Prospekt)
st	[ʃt]	im Wortanlaut eingedeutschter Wörter (*wie in* Strapaze)
st	[st]	im Wortin- und -auslaut (*wie in* Existenz, Chiliast)
ti	[tsi̯]	vor Vokal im Wortinlaut (*wie in* Aktion, Patient)

Zeichen der Lautschrift, Beispiele und Umschreibung

[a]	Butler ['batlɐ]
[a:]	Party ['pa:ɐ̯ti]
[ɐ]	Bulldozer [...do:zɐ]
[ɐ̯]	Friseur [...'zø:ɐ̯]
[ã]	Centime [sã'ti:m]
[ã:]	Franc [frã:]
[æ]	Tanktop ['tæŋktɔp]
[ʌ]	Musher ['mʌʃə]
[ai̯]	live [lai̯f]
[au̯]	powern ['pau̯ɐn]
[ç]	Bronchie [...çiə]
[dʒ]	Gin [dʒɪn]
[e]	Regie [re'ʒi:]
[e:]	Shake [ʃe:k]
[ɛ]	Handikap ['hɛndikɛp]
[ɛ:]	fair [fɛ:ɐ̯]
[ɛ̃]	Impromptu [ɛ̃prõ'ty:]
[ɛ̃:]	Timbre ['tɛ̃:brə]
[ə]	Rage ['ra:ʒə]
[i]	Citoyen [sitɔ̯a'jɛ̃:]
[i:]	Creek [kri:k]

[i̯]	Linie [...i̯ə]
[ɪ]	City ['sɪti]
[l̩]	Faible ['fɛ:bl̩]
[n̩]	joggen ['dʒɔgn̩]
[ŋ]	Bon [bɔŋ]
[o]	Logis [lo'ʒi:]
[o:]	Plateau [...'to:]
[ɔ]	Coffeeshop ['kɔfɪʃɔp]
[ɔ:]	Cyborg ['sai̯bɔ:g]
[õ]	Bonmot [bõ'mo:]
[õ:]	Chanson [ʃã'sõ:]
[ø]	Pasteurisation [pastø...]
[ø:]	Friseuse [...'zø:zə]
[œ]	Pumps [pœmps]
[œ̃]	chacun à son goût [ʃakœ̃asõ'gu]
[œ̃:]	Parfum [...'fœ̃:]
[ɔ̯a]	chamois [ʃa'mɔ̯a]
[ɔy̯]	Boykott [bɔy̯...]
[s]	City ['sɪti]
[ʃ]	Charme [ʃarm]
[ts]	Aktie ['aktsi̯ə]
[tʃ]	Match [mɛtʃ]
[u]	Routine [ru...]
[u:]	Route ['ru:tə]
[u̯]	Silhouette [zi'lu̯ɛtə]
[ʊ]	Booklet ['bʊklɪt]
[v]	evviva [ɛ'vi:va]
[w]	Whisky ['wɪski]
[x]	Bacchanal [baxa...]
[y]	Brumaire [bry'mɛ:ɐ̯]
[y:]	Avenue [avə'ny:]
[y̆]	Habitué [(h)abi'ty̆e:]
[z]	Bulldozer [...do:zɐ]
[ʒ]	Genie [ʒe...]
[θ]	Thriller ['θrɪlɐ]
[ð]	on the rocks [ɔn ðə 'rɔks]

Ein Doppelpunkt nach dem Vokal bezeichnet dessen Länge, z. B. Plateau [...'to:]. Lautbezeichnungen in runden Klammern bedeuten, dass der betreffende Laut reduziert gesprochen wird, z. B. Habitué [(h)abi'ty̆e:]. Der Hauptakzent ['] steht vor der betonten Silbe, z. B. Catenaccio [kate'natʃo].

Die beim ersten Stichwort stehende Ausspracheangabe ist im Allgemeinen für alle nachfolgenden Wortformen eines Stichwortartikels oder einer Wortgruppe gültig, sofern nicht eine neue Angabe erfolgt.

VII. Im Wörterverzeichnis verwendete Abkürzungen

Abk.	Abkürzung
afrik.	afrikanisch
ägypt.	ägyptisch
alban.	albanisch
altägypt.	altägyptisch
altgriech.	altgriechisch
altnord.	altnordisch
altröm.	altrömisch
alttest.	alttestamentlich
amerik.	amerikanisch
Amtsspr.	Amtssprache
Anat.	Anatomie
angels.	angelsächsisch
angloind.	angloindisch
annamit.	annamitisch
Anthropol.	Anthropologie
arab.	arabisch
aram.	aramäisch
Archit.	Architektur
Archäol.	Archäologie
argent.	argentinisch
armen.	armenisch
asiat.	asiatisch
assyr.	assyrisch
Astrol.	Astrologie
Astron.	Astronomie
Ausspr.	Aussprache
austr.	australisch
awest.	awestisch
aztek.	aztekisch

babylon.	babylonisch
Bankw.	Bankwesen
Bantuspr.	Bantusprache
Bauw.	Bauwesen
bayr.	bayrisch

bengal.	bengalisch
Bergmannsspr.	Bergmannssprache
Berufsbez.	Berufsbezeichnung
bes.	besonders
Bez.	Bezeichnung
Bibliotheksw.	Bibliothekswissenschaft
Biochem.	Biochemie
Biol.	Biologie
Börsenw.	Börsenwesen
Bot.	Botanik
bras.	brasilianisch
bret.	bretonisch
brit.	britisch
Buchw.	Buchwesen
bulgar.	bulgarisch
bzw.	beziehungsweise

chem.	chemisch
Chem.	Chemie
chin., chines.	chinesisch

dän.	dänisch
dgl.	dergleichen
d. h.	das heißt
dichter.	dichterisch
drawid.	drawidisch
Druckw.	Druckwesen
dt.	deutsch

EDV	elektronische Datenverarbeitung
eigtl.	eigentlich
Elektrot.	Elektrotechnik
engl.	englisch
eskim.	eskimoisch
etrusk.	etruskisch
ev.	evangelisch

fachspr.	fachsprachlich
Fachspr.	Fachsprache
Filmw.	Filmwesen
finn.	finnisch
Flugw.	Flugwesen
Forstw.	Forstwirtschaft

Fotogr.	Fotografie
fr., franz.	französisch
Funkw.	Funkwesen
gäl.	gälisch
gall.	gallisch
galloroman.	galloromanisch
gaskogn.	gaskognisch
Gastr.	Gastronomie
Gaunerspr.	Gaunersprache
geb.	geboren
geh.	gehoben
Geneal.	Genealogie
Geogr.	Geographie
Geol.	Geologie
germ.	germanisch
Gesch.	Geschichte
Ggs.	Gegensatz
got.	gotisch
gr., griech.	griechisch
hebr.	hebräisch
Heerw.	Heerwesen
hist.	historisch
hochd.	hochdeutsch
hottentott.	hottentottisch
Hüttenw.	Hüttenwesen
iber.	iberisch
ind.	indisch
indian.	indianisch
indones.	indonesisch
ir.	irisch
iran.	iranisch
iron.	ironisch
islam.	islamisch
isländ.	isländisch
it., ital., italien.	italienisch
Jägerspr.	Jägersprache
jap., japan.	japanisch
jav.	javanisch
Jh.	Jahrhundert
jidd.	jiddisch
jmd.	jemand

jmdm.	jemandem
jmdn.	jemanden
jmds.	jemandes
jüd.	jüdisch
jugoslaw.	jugoslawisch
kanad.	kanadisch
karib.	karibisch
katal.	katalanisch
kath.	katholisch
Kaufmannsspr.	Kaufmannssprache
kaukas.	kaukasisch
kelt.	keltisch
Kinderspr.	Kindersprache
kirchenlat.	kirchenlateinisch
kirg.	kirgisisch
korean.	koreanisch
kreol.	kreolisch
kroat.	kroatisch
kuban.	kubanisch
Kunstw.	Kunstwort
Kunstwiss.	Kunstwissenschaft
Kurzw.	Kurzwort
Kybern.	Kybernetik
ladin.	ladinisch
landsch.	landschaftlich
Landw.	Landwirtschaft
lat.	lateinisch
lett.	lettisch
lit.	litauisch
Literaturw.	Literatur-wissenschaft
Luftf.	Luftfahrt
malai.	malaiisch
math.	mathematisch
Math.	Mathematik
mdal.	mundartlich
Med.	Medizin
melanes.	melanesisch
Meteor.	Meteorologie
mex., mexik.	mexikanisch
mgr.	mittelgriechisch
Milit.	Militär

Mineral.	Mineralogie	Rel.	Religion,
mittelhochd.	mittelhochdeutsch		Religionswissenschaft
mittelniederd.	mittelniederdeutsch	Rhet.	Rhetorik
mlat.	mittellateinisch	röm.	römisch
mniederl.	mittelniederländisch	roman.	romanisch
mong.	mongolisch	rumän.	rumänisch
Mus.	Musik	russ.	russisch
neapolitan.	neapolitanisch	sanskr.	sanskritisch
neuhochd.	neuhochdeutsch	scherzh.	scherzhaft
ngr.	neugriechisch	schott.	schottisch
niederd.	niederdeutsch	Schülerspr.	Schülersprache
niederl.	niederländisch	schwed.	schwedisch
nlat.	neulateinisch	schweiz.	schweizerisch
nord.	nordisch	Seemannsspr.	Seemannssprache
norw., norweg.	norwegisch	Seew.	Seewesen
		semit.	semitisch
o. ä.	oder ähnlich[...]	serb.	serbisch
o. Ä.	oder Ähnliche[s]	serbokroat.	serbokroatisch
od.	oder	singhal.	singhalesisch
ökum.	ökumenisch	sizilian.	sizilianisch
ostasiat.	ostasiatisch	skand.	skandinavisch
österr.	österreichisch	slaw.	slawisch
ostmitteld.	ostmitteldeutsch	slowen.	slowenisch
		Sozialpsychol.	Sozialpsychologie
Päd.	Pädagogik	Soziol.	Soziologie
Parapsychol.	Parapsychologie	span.	spanisch
pers.	persisch	Sprachw.	Sprachwissenschaft
peruan.	peruanisch	Stilk.	Stilkunde
Pharm.	Pharmazie	Studentenspr.	Studentensprache
philos.	philosophisch	südamerik.	südamerikanisch
Philos.	Philosophie	südd.	süddeutsch
Phon.	Phonetik	südostasiat.	südostasiatisch
Phys.	Physik	sumer.	sumerisch
Physiol.	Physiologie	svw.	so viel wie
Pol.	Politik	syr.	syrisch
poln.	polnisch		
polynes.	polynesisch	tahit.	tahitisch
port.	portugiesisch	tamil.	tamilisch
Postw.	Postwesen	tatar.	tatarisch
provenzal.	provenzalisch	Techn.	Technik
Psychol.	Psychologie	Theat.	Theater
		Theol.	Theologie
Rechtsspr.	Rechtssprache	tibet.	tibetisch
Rechtsw.	Rechtswissenschaft	Tiermed.	Tiermedizin

tschech.	tschechisch		Verlagsw.	Verlagswesen
tungus.	tungusisch		vgl.	vergleiche
türk.	türkisch		Völkerk.	Völkerkunde
turkotat.	turkotatarisch		Volksk.	Volkskunde
			vulgärlat.	vulgärlateinisch
u.	und			
u. a.	unter anderem,		Werbespr.	Werbesprache
	und andere[s]		Wirtsch.	Wirtschaft
u. ä.	und ähnlich[...]			
u. Ä.	und Ähnliche[s]		Zahnmed.	Zahnmedizin
ugs.	umgangssprachlich		Zigeunerspr.	Zigeunersprache
ung.	ungarisch			(Es handelt sich hier
urspr.	ursprünglich			um eine in der Sprach-
usw.	und so weiter			wissenschaft übliche
				Bezeichnung, die nicht
venez.	venezianisch			diskriminierend zu
Verbindungsw.	studentisches			verstehen ist.)
	Verbindungswesen		Zool.	Zoologie
Verkehrsw.	Verkehrswesen			

A*a*

à ⟨*lat.-fr.*⟩: für, je, zu, zu je

@ [ɛt] ⟨nach dem Zeichen auf amerikan. Schreibmaschinentastaturen für (commercial) at = à⟩: meist als trennendes Zeichen in E-Mail-Adressen verwendetes Symbol

AAD = analoge Aufnahme, analoge Bearbeitung, digitale Wiedergabe (Kennzeichnung der technischen Verfahren bei einer CD-Aufnahme o. Ä.)

Aak *das;* -[e]s, -e u. **Aa|ke** *die;* -, -n ⟨*niederl.*⟩: flaches Rheinfrachtschiff

A|ba *die;* -, -s ⟨*arab.*⟩: 1. weiter, kragenloser Mantelumhang der Araber. 2. grober Wollstoff

A|bad|don *der;* -[s] ⟨*hebr.;* „Verderben, Untergang"⟩: 1. Name des Todesengels in der Offenbarung des Johannes. 2. Totenreich, Unterwelt, Ort des Verderbens (im Alten Testament u. in der ↑ rabbinischen Literatur)

A|ba|de *der;* -[s], -s ⟨nach dem Namen der iranischen Stadt⟩: elfenbeingrundiger Teppich

a|bais|sie|ren [abɛˈsiːrən] ⟨*fr.*⟩: senken, niederlassen. **a|bais|siert:** nach unten zum Schildrand gesenkt, geschlossen (in der Wappenkunde von den Adlerflügeln)

A|ba|ka [auch: aˈbaka] *der;* -[s] ⟨*indones.-span.*⟩: ↑ Manilahanf

a|bak|te|ri|ell ⟨*gr.*⟩: nicht durch ↑ bakterielleErreger verursacht (z. B. von Krankheiten)

A|ba|kus *der;* -, - ⟨*gr.-lat.*⟩: 1. antikes Rechen- od. Spielbrett. 2. Säulendeckplatte beim ↑ Kapitell

a|bä|lar|di|sie|ren ⟨nach dem französischen Theologen u. Philosophen P. Abälard (1079 bis 1142), der wegen seiner Liebe zu seiner Schülerin Heloise entmannt wurde⟩: (veraltet) entmannen

Ab|a|li|e|na|ti|on *die;* -, -en ⟨*lat.*⟩: 1. Entfremdung. 2. (Rechtsw.)

Ent-, Veräußerung. **ab|a|li|e|nie|ren:** 1. entfremden. 2. (Rechtsw.) veräußern

A|ba|lo|ne *die;* -, -n ⟨*amerik.-span.*⟩: vor allem in der Gastronomie gebräuchliche Bez. für das Rote Seeohr, eine essbare Meeresschnecke

A|ban|don [abãˈdõː] *der;* -s, -s u.

A|ban|don|ne|ment [...dɔnaˈmã:] *das;* -s, -s ⟨*fr.*⟩: Abtretung, Preisgabe von Rechten od. Sachen (bes. im Gesellschafts- und Seefrachtrecht).

a|ban|don|nie|ren: abtreten, verzichten, preisgeben, aufgeben (von Rechten bei Aktien u. Seefracht)

à bas [a ˈba] ⟨*fr.*⟩: nieder!, weg [damit]!

A|ba|sie *die;* -, ...ien ⟨*gr.-nlat.*⟩: (Med.) Unfähigkeit zu gehen

A|ba|te *der;* -[n], ...ti od. ...ten ⟨*aram.-gr.-lat.-it.;* „Abt"⟩: Titel eines Weltgeistlichen in Italien und Spanien

A|ba|tis [...ˈtiː] *der* od. *das;* - ⟨*vulgärlat.-fr.*⟩: (Gastr.) Geflügelklein

a|ba|tisch ⟨*gr.*⟩: (Med.) 1. die Abasie betreffend. 2. unfähig zu gehen

A|bat|jour [abaˈʒuːɐ̯] *der;* -s, -s ⟨*fr.*⟩: (veraltet) 1. Lampenschirm. 2. Fenster mit abgeschrägter Laibung

A|ba|ton [ˈa(ː)...] *das;* -s, ...ta ⟨*gr.* „das Unbetretbare"⟩: (Rel.) das [abgeschlossene] Allerheiligste, der Altarraum in den Kirchen des orthodoxen Ritus

a bat|tu|ta vgl. Battuta

A̱b|ba ⟨*aram.;* „Vater!"⟩: 1. neutestamentliche Gebetsanrede an Gott. 2. alte Anrede an Geistliche der Ostkirche

Ab|ba|si|de *der;* -n, -n ⟨nach Abbas, dem Onkel Mohammeds⟩: Angehöriger eines in Bagdad ansässigen Kalifengeschlechts

Ab|ba|te vgl. Abate

Ab|bé [aˈbeː] *der;* -s, -s ⟨*aram.-gr.-lat.-fr.;* „Abt"⟩: Titel eines Weltgeistlichen in Frankreich

Ab|be|vil|li|en [abavɪˈljɛ̃] *das;* -[s] ⟨nach dem Fundort Abbeville in Frankreich⟩: Kulturstufe der Älteren Altsteinzeit

Ab|bre|vi|a|ti|on *die;* -, -en ⟨*lat.*⟩: Abbreviatur

Ab|bre|vi|a|tor *der;* -s, ...oren ⟨*lat.*⟩: hoher päpstlicher Beamter, der Schriftstücke (Bullen,

Urkunden, Briefe; vgl. Breve) entwirft (bis 1908)

Ab|bre|vi|a|tur *die;* -, -en ⟨*lat.-mlat.*⟩: Abkürzung in Handschrift, Druck- u. Notenschrift (z. B. PKW, cresc.)

ab|bre|vi|ie|ren: abkürzen (von Wörtern usw.)

Abc|da|ri|er usw. vgl. Abecedarier usw.

ab|chan|gie|ren [...ʃãʒi:...]: beim Reiten vom Rechts- zum Linksgalopp wechseln

ab|che|cken [...tʃɛkn̩]: [Punkt für Punkt] überprüfen, kontrollieren

Abc-Kode, fachspr.: **Abc-Code** [abeˈtseːkoːt] *der;* -s ⟨*dt.; lat.-fr.*⟩: Telegrammschlüssel, der auf dem Abc basiert

ABC-Staa|ten *die* (Plural): Argentinien, Brasilien u. Chile

ABC-Waf|fen *die* (Plural): Sammelbezeichnung für atomare, biologische u. chemische Waffen

Ab|de|rit *der;* -en, -en ⟨nach den Bewohnern der altgriechischen Stadt Abdera⟩: einfältiger Mensch, Schildbürger. **ab|de|ri|tisch** : einfältig, schildbürgerhaft

Ab|di|ka|ti|on *die;* -, -en ⟨*lat.*⟩: (veraltet) Abdankung

ab|di|ka|tiv: Abdankung, Verzicht bedeutend, bewirkend; **abdikativer Führungsstil:** freies Gewährenlassen der Mitarbeiter, wobei auf jeglichen Einfluss von oben verzichtet wird

ab|di|zie|ren: (veraltet) abdanken, Verzicht leisten

Ab|do|men *das;* -s, - u. ...mina ⟨*lat.*⟩: a) (Med.) Bauch, Unterleib; b) Hinterleib der Gliederfüßer. **ab|do|mi|nal** ⟨*lat.-nlat.*⟩: zum Abdomen gehörend

Ab|do|mi|nal|gra|vi|di|tät *die;* -, -en: (Med.) Bauchhöhlenschwangerschaft

ab|do|mi|nell: ↑ abdominal

Ab|do|mi|no|s|ko|pie *die;* -, ...ien: ↑ Laparoskopie

Ab|duk|ti|on *die;* -, -en ⟨*lat.-nlat.;* „das Wegführen"⟩: (Med.) das Bewegen von Körperteilen von der Körperachse weg (z. B. Heben des Armes), das Spreizen der Finger u. Zehen; Ggs. ↑ Adduktion

Ab|duk|tor *der;* -s, ...oren: (Anat.) Muskel, der eine ↑ Abduktion bewirkt; Abziehmuskel

A

Ab|duk|to|ren|pa|ra|ly|se *die;* -, -n: (Med.) Lähmung der Abduktoren, die die Stimmritze öffnen

Ab|du|zens, *der;* -: (Anat.) 6. Gehirnnerv (von insgesamt 12 im Gehirn entspringenden Hauptnervenpaaren), der die äußeren geraden Augenmuskeln versorgt

ab|du|zie|ren *(lat.):* (Med.) von der Mittellinie des Körpers nach außen bewegen (von Körperteilen); spreizen

A|be|ce|da|ri|er, Abcdarier *der;* -s, - *(mlat.):* (veraltet) Abc-Schütze, Schulanfänger

A|be|ce|da|ri|um, Abcdarium *das;* -s, ...ien: 1. alphabetisches Verzeichnis des Inhalts von alten deutschen Rechtsbüchern. 2. (veraltet) Abc-Buch, Fibel. 3. ↑ Abecedarius (2)

A|be|ce|da|ri|us, Abcdarius *der;* -, ...rii: 1.↑ Abecedarier. 2. Gedicht od. Hymnus, dessen Vers- od. Strophenanfänge dem Abc folgen

a|be|ce|die|ren: (Mus.) Töne mit ihren Buchstabennamen singen; Ggs. ↑ solmisieren

---

...a|bel

(lat. ...(a)bilis → fr. ...able (→ engl. ...able)>
Suffix von Adjektiven aus Verbstämmen, das ausdrückt, dass ein Verhalten oder Geschehen möglich ist:
– akzeptabel
– operabel
– passabel
– variabel
Die **Worttrennung** der Adjektive auf ...abel ist davon abhängig, ob das Wort flektiert ist, da es bei der Deklination und Komparation jeweils zum e-Ausfall kommt (praktikabel – eine praktikable/praktikablere Lösung). Während praktika-bel getrennt wird, existieren für flektierte Formen mit e-Ausfall zwei Trennmöglichkeiten: praktikab-le oder praktika-ble Lösung.

A|be|le|spie|le *die* (Plural) *(mniederl.;* abele spelen „schöne Spiele"): älteste (spätmittelalterliche) ernste Dramen in niederländischer Sprache

A|bel|mo|schus *der;* -, -se *(arab.-nlat.):* Bisameibisch, eine zu den Malvengewächsen gehörende Tropenpflanze, aus deren Samen ein wohlriechendes Öl gewonnen wird

A|ber|deen|rind [ɛbɐˈdiːn..., auch: ˈɛbɐdiːn...] *(nach der schottischen Stadt Aberdeen>:* schottische Rinderrasse

ab|er|rant *(lat.;* „abirrend"): [von der normalen Form] abweichend (z. B. in Bezug auf Lichtstrahlen, Pflanzen, Tiere)

Ab|er|ra|ti|on *die;* -, -en: 1. bei Linsen, Spiegeln u. den Augen auftretender optischer Abbildungsfehler (Unschärfe). 2. scheinbare Ortsveränderung eines Gestirns in Richtung des Beobachters, verursacht durch Erdbewegung u. Lichtgeschwindigkeit. 3. (Biol.) starke Abweichung eines Individuums von der betreffenden Tier- od. Pflanzenart. 4. (Med.) Lage- od. Entwicklungsanomalie (von Organen od. Gewebe)

Ab|er|ra|ti|ons|kon|s|tan|te *die;* -: der stets gleich bleibende Wert der jährlichen Aberration (2) des Sternenlichtes

ab|er|rie|ren: [von der normalen Form] abweichen (z. B. in Bezug auf Lichtstrahlen, Pflanzen, Tiere)

A|bes|si|ni|en *das;* -s, - *(nach dem früheren Namen von Äthiopien):* (scherzh.) Nacktbadestrand

Ab|es|siv [auch: ...ˈsiːf] *der;* -s, -e [...və] *(lat.-nlat.):* Kasus in den finnisch-ugrischen Sprachen zum Ausdruck des Nicht-vorhanden-Seins eines Gegenstandes

ab|ge|fuckt [...fakt] *(dt.; engl.):* (Jargon) in üblem Zustand, heruntergekommen

ab|hor|res|zie|ren, ab|hor|rie|ren *(lat.;* „zurückschaudern"): verabscheuen, ablehnen; zurückschrecken

A|bi *das;* -s, -s: (ugs.) Kurzform von ↑ Abitur

A|bi|e|tin|säu|re *(lat.-nlat.; dt.):* (Chem.) zu den ↑ Terpenen gehörende organische Säure, Hauptbestandteil des ↑ Kolophoniums

A|bi|li|ty [əˈbɪlətɪ] *die;* -, -s *(lat.-fr.-engl.):* (Psychol.) die durch Veranlagung od. Schulung bedingte Fähigkeit des Menschen, Leistung hervorzubringen

A|bi|o|ge|ne|se, A|bi|o|ge|ne|sis *die;* - *(gr.;* „Entstehung aus Unbelebtem"): Annahme, dass Lebewesen ursprünglich aus unbelebter Materie entstanden seien (Urzeugung)

A|bi|o|se, A|bi|o|sis *die;* -: 1. Lebensunfähigkeit. 2.↑ Abiotrophie

A|bi|o|ti|kum *das;* -s *(gr.-nlat.):* (Geol.) Erdzeitalter ohne überlieferte Lebensspuren; vgl. Archaikum

a|bi|o|tisch [auch: ˈa...]: ohne Leben, leblos

A|bi|o|tro|phie *die;* -, ...ien: (Med.) Wachstumshemmung od. vorzeitiges Absterben einzelner Gewebe u. Organe (z. B. der Netzhaut des Auges)

ab|i|so|lie|ren: die Isolierung (z. B. von einem Kabelende) entfernen

A|bi|tur *das;* -s, -e (Plural selten) *(lat.-mlat.-nlat.):* Abschlussprüfung an der höheren Schule; Reifeprüfung, die zum Hochschulstudium berechtigt

A|bi|tu|ri|ent *der;* -en, -en *(lat.-mlat.;* „(von der Schule) Abgehender"): jmd., der das Abitur macht od. gemacht hat. **A|bi|tu|ri|en|tin** *die;* -, -nen: weibliche Form zu ↑ Abiturient

A|bi|tu|ri|um *das;* -s, ...rien *(lat.-mlat.-nlat.):* (veraltet) Abitur

ab|jekt *(lat.):* verächtlich

ab|ji|zie|ren: 1. verachten. 2. verwerfen

Ab|ju|di|ka|ti|on *die;* -, -en *(lat.):* [gerichtliche] Aberkennung

ab|ju|di|zie|ren: [gerichtlich] aberkennen, absprechen

Ab|ju|ra|ti|on *die;* -, -en *(lat.):* (Rechtsw. veraltet) Abschwörung, durch Eid bekräftigter Verzicht. **ab|ju|rie|ren:** (veraltet) abschwören, unter Eid entsagen

ab|kal|pi|teln *(dt.; lat.-mlat.):* (veraltend) jmdn. schelten, abkanzeln, jmdm. einen [öffentlichen] Verweis erteilen

ab|kom|man|die|ren: jmdn. [vorübergehend] irgendwohin beordern, dienstlich an einer anderen Stelle einsetzen

ab|kon|ter|fei|en: (ugs.) abmalen, abzeichnen

A|b|lak|ta|ti|on *die;* -, -en *(lat.):* 1. (Med.) das Abstillen, Entwöhnen des Säuglings. 2. (Bot.) Veredelungsmethode, bei der das Edelreis mit der Mutterpflanze verbunden bleibt, bis es mit dem Wildling verwachsen ist. **a|b|lak|tie|ren**: 1. (Med.) abstillen. 2. (Bot.) einen Wildling durch Ablaktation (2) veredeln

A|b|la|ti|on die; -, -en ⟨lat.; „Wegnahme"⟩: 1. a) Abschmelzung von Schnee u. Eis (Gletscher, Inlandeis) durch Sonnenstrahlung, Luftwärme u. Regen; b) (Geol.) Abtragung des Bodens durch Wasser u. Wind; vgl. Deflation (2) u. Denudation (1). 2. (Med.) a) operative Entfernung eines Organs od. Körperteils; Amputation; b) [krankhafte] Loslösung eines Organs von einem anderen

A|b|la|tiv der; -s, -e ⟨lat.⟩: Kasus [in indogermanischen Sprachen], der einen Ausgangspunkt, eine Entfernung od. Trennung zum Ausdruck bringt; Woherfall (Abk.: Abl.). **a|b|la|ti|visch**: (Sprachw.) den Ablativ betreffend; im Ablativ [stehend]

A|b|la|ti|vus ab|so|lu|tus [auch: ...'ti:vʊs -] der; - -, ...vi ...ti: (Sprachw.) im Lateinischen eine selbstständig im Satz stehende satzwertige Gruppe in Form einer Ablativkonstruktion; z. B. Roma deliberante (= während Rom beratschlagt[e])

A|b|le|gat der; -en, -en ⟨lat.⟩: 1. [päpstlicher] Gesandter. 2. (veraltet) Verbannter

A|b|le|pha|rie die; - ⟨gr.-nlat.⟩: (Med.) angeborenes Fehlen od. Verlust des Augenlides

A|b|lep|sie die; - ⟨gr.-nlat.⟩: (Med. veraltet) ↑ Amaurose

A|b|lo|ka|ti|on die; -, -en ⟨lat.⟩: (veraltet) Vermietung, Verpachtung. **a|b|lo|zie|ren**: (veraltet) vermieten, verpachten

A|b|lu|ti|on die; -, -en ⟨lat.; „Abspülen, Abwaschen"⟩: 1. (Geol.) das Abtragen von noch nicht verfestigten Meeresablagerungen. 2. (kath. Rel.) bei der Messe Ausspülung der Gefäße u. Waschung der Fingerspitzen [u. des Mundes] des ↑ Zelebranten nach dem Empfang von Brot u. Wein [u. der Austeilung der ↑ Kommunion (1)]

Ab|mo|de|ra|ti|on die; -, -en: die eine Fernseh- od. Rundfunk-

sendung abschließenden Worte des Moderators. **ab|mo|de|rie|ren**: als Moderator einer Sendung die abschließenden Worte sprechen

Ab|ne|ga|ti|on die; -, -en ⟨lat.⟩: (veraltet) Teilnahmslosigkeit **ab|norm** ⟨lat.⟩: 1. vom Normalen abweichend; krankhaft. 2. ungewöhnlich, außergewöhnlich **ab|nor|mal**: nicht normal

Ab|nor|mi|tät die; -, -en: 1. Abweichung vom Normalen. 2. Krankhaftigkeit, Fehlbildung. 3. (veraltend) missgebildetes Lebewesen

A|bo das; -s, -s: (ugs.) Kurzform von ↑ Abonnement

a|b|o|lie|ren ⟨lat.⟩: (veraltet) 1. abschaffen, aufheben. 2. begnadigen. **A|b|o|li|ti|on** die; -, -en: Niederschlagung eines Strafverfahrens vor seinem rechtskräftigen Abschluss

A|b|o|li|ti|o|nis|mus der; - ⟨lat.-engl.⟩: 1. (hist.) Bewegung zur Abschaffung der Sklaverei in England u. Nordamerika. 2. von England im 19. Jh. ausgehender Kampf gegen die ↑ Prostitution. **a|b|o|li|ti|o|nis|tisch**: den Abolitionismus betreffend

a|b|o|mi|na|bel ⟨lat.-fr.⟩: (veraltet) abscheulich, scheußlich, widerlich

A|bon|ne|ment [abɔnə'mã:, schweiz. auch: ...ə'mɛnt] das; -s, -s (schweiz. auch: -e) ⟨fr.⟩: 1. fest vereinbarter Bezug von Zeitungen, Zeitschriften o. Ä. auf längere, aber meist noch unbestimmte Zeit. 2. für einen längeren Zeitraum geltende Abmachung, die den Besuch einer bestimmten Anzahl kultureller Veranstaltungen (Theater, Konzert) betrifft; Anrecht, Miete

A|bon|nent der; -en, -en: 1. jmd., der etwas (z. B. eine Zeitung) abonniert hat. 2. Inhaber eines Abonnements (2). **A|bon|nen|tin** die; -, -nen: weibliche Form zu ↑ Abonnent

a|bon|nie|ren: etwas im Abonnement beziehen; **auf etwas abonniert sein**: (meist scherzh.) etwas mit einer gewissen Regelmäßigkeit immer wieder bekommen, erleben

ab|o|ral [auch: 'ap...] ⟨lat.-nlat.⟩: (Med.) vom Mund entfernt liegend, zum After hin liegend

(von einzelnen Teilen des Verdauungstraktes im Verhältnis zu anderen)

¹A|b|o|ri|gi|ne [ɛbə'rɪdʒini:] der; -s, -s ⟨lat.-engl.⟩: Ureinwohner, bes. Australiens

²A|b|o|ri|gi|ne die; -, -s: weibliche Form zu ↑ ¹Aborigine

¹A|b|ort der; -s, -e ⟨lat.⟩: (Med.) Fehlgeburt

²A|b|ort der; -s, -s ⟨lat.-engl.⟩: Abbruch eines Raumfluges

a|b|or|tie|ren ⟨lat.⟩: 1. (Med.) fehlgebären. 2. (Physiol.) Organe nicht ausbilden

a|b|or|tiv 1. (Med.) abgekürzt verlaufend (von Krankheiten). 2. (Med.) abtreibend, eine Fehlgeburt bewirkend. 3. (Physiol.) auf einer frühen Entwicklungsstufe stehen geblieben, fehlgebildet

A|b|or|ti|vum das; -s, ...va: (Med.) 1. Mittel, das den Verlauf einer Krankheit abkürzt od. ihren völligen Ausbruch verhindert. 2. Mittel zum Herbeiführen einer Fehlgeburt

A|b|or|tus der; -, - [...tu:s]: ↑ ¹Abort

ab o|vo ⟨lat.; „vom Ei (an)"⟩: 1. vom Anfang einer Sache an; bis auf die Anfänge zurückgehend. 2. von vornherein, grundsätzlich; z. B. jede Norm ist ab ovo eine Idealisierung

ab o|vo us|que ad ma|la ⟨„vom Ei bis zu den Äpfeln" (d. h. vom Vorgericht bis zum Nachtisch)⟩: vom Anfang bis zum Ende

ab|pas|sie|ren: (Gastr.) [Kräuter od. Gemüse] in Fett rösten

A|b|pro|dukt das; -s, -e: Abfall, Reststoff, nicht verwertbarer Rückstand aus einem Produktionsprozess

ab|qua|li|fi|zie|ren: abwertend, abfällig beurteilen

A|b|ra|chi|us der; -, ...ien u. ...chii ⟨lat.⟩: (Med.) Fehlbildung, der ein Arm od. beide Arme fehlen

A|b|ra|ka|da|b|ra das; -s ⟨Herkunft unsicher⟩: 1. Zauberwort. 2. (abwertend) sinnloses Gerede

A|b|ra|sax der; - ⟨Herkunft unsicher⟩: ↑ Abraxas

A|b|rasch der; - ⟨arab.⟩: beabsichtigte oder unbeabsichtigte Farbabweichung bei Orientteppichen

A|b|ra|sio die; -, ...ionen ⟨lat.⟩: (Med.) Ausschabung, Auskratzung (bes. der Gebärmutter)

A

A|b|ra|si|on *die; -, -en* ⟨*lat.*⟩: 1. Abrasio. 2. (Geol.) Abschabung, Abtragung der Küste durch die Brandung

A|b|ra|sit ® *der; -s, -e* ⟨*lat.-nlat.*⟩: aus ↑ Bauxit gewonnenes Tonerdeprodukt, das zur Herstellung von feuerfesten Materialien verwendet wird

A|b|ra|xas *der; -* ⟨Herkunft unsicher⟩: 1. Geheimname Gottes in der ↑ Gnostik. 2. Zauberwort auf Amuletten

ạb|re|a|gie|ren: 1. länger angestaute seelische Erregungen u. Spannungen entladen. 2. sich abreagieren: sich beruhigen, zur Ruhe kommen

Ạb|re|ak|ti|on *die; -, -en:* 1. (Psychotherapie) Beseitigung seelischer Hemmungen u. Spannungen durch das bewusste Nacherleben. 2. (Psychol.) Entladung seelischer Spannungen u. gestauter Affekte in Handlungen

A|b|ré|gé [...re'ʒe:] *das; -s, -s* ⟨*lat.-fr.*⟩: (veraltet) kurzer Auszug, Zusammenfassung

A|b|ri *der; -s, -s* ⟨*lat.-fr.*⟩: altsteinzeitliche Wohnstätte unter Felsvorsprüngen od. in Felsnischen

A|b|ro|ga|ti|on *die; -, -en* ⟨*lat.;* „Abschaffung"⟩: Aufhebung eines Gesetzes durch ein neues Gesetz

a|b|ro|gie|ren: (veraltet) 1. abschaffen. 2. zurücknehmen

a|b|rupt ⟨*lat.*⟩: 1. plötzlich und unvermittelt, ohne dass man damit gerechnet hat, eintretend (in Bezug auf Handlungen, Reaktionen o. Ä.). 2. zusammenhanglos

ABS = *A*ntiblockiersystem

ạb|sal|ven [...sɛlvn̩] ⟨*engl.*⟩: a) Computer sichern, speichern; b) (ugs.) genau absichern

Abs|ci|sin vgl. Abszisin

Ab|sence [...'sã:s] *die; -, -n* ⟨*lat.-fr.*⟩: (Med.) Geistesabwesenheit, bes. epileptischer Anfall mit nur kurz andauernder Bewusstseinstrübung

ab|sẹnt ⟨*lat.*⟩: abwesend

ab|sẹn|tia vgl. in absentia

ab|sen|tie|ren, sich ⟨*lat.-fr.*⟩: sich entfernen

Ab|sen|tis|mus *der; -* ⟨*lat.-nlat.*⟩: 1. (hist.) die häufige, gewohnheitsmäßige Abwesenheit der Großgrundbesitzer von ihren Gütern. 2. (Soziol.) gewohn-

heitsmäßiges Fernbleiben vom Arbeitsplatz

Ab|sẹnz *die; -, -en* ⟨*lat.*⟩: 1. Abwesenheit, Fortbleiben. 2. ↑ Absence

Ab|sinth *der; -[e]s, -e* ⟨*gr.-lat.*⟩: 1. grünlicher Branntwein mit Wermutzusatz. 2. Wermutpflanze

Ab|sin|this|mus *der; -* ⟨*gr.-lat.-nlat.*⟩: Krämpfe, Lähmungen u. Verwirrungszustände infolge übermäßigen Absinthgenusses

ab|so|lụt [auch: 'ap...] ⟨*lat.(-fr.);* „losgelöst"⟩: 1. vollkommen, uneingeschränkt, äußerst. 2. überhaupt, z. B. das sehe ich absolut nicht ein. 3. unbedingt, z. B. er will absolut Recht behalten. 4. rein, beziehungslos, z. B. das absolute Gehör (Gehör, das ohne Hilfsmittel die Tonhöhe erkennt). 5. auf eine bestimmte Grundeinheit bezogen, z. B. die absolute Temperatur (die auf den absoluten Nullpunkt bezogene, die tiefste überhaupt mögliche Temperatur); die absolute Mehrheit (die Mehrheit von über 50 % der Gesamtstimmenzahl); **absolute Geometrie:** ↑ nichteuklidische Geometrie; **absolute Musik:** völlig autonome Instrumentalmusik, deren geistiger Gehalt weder als Tonmalerei außermusikalischer Stimmungs- od. Klangphänomene noch als Darstellung literarischer Inhalte bestimmt werden kann (seit dem 19. Jh.); Ggs. ↑ Programmmusik; **absoluter Ablativ:** ↑ Ablativus absolutus; **absoluter Nominativ:** ein außerhalb des Satzverbandes stehender Nominativ; **absoluter Superlativ:** ↑ Elativ; **absolutes Tempus:** selbstständige, von der Zeit eines anderen Verhaltens unabhängige Zeitform eines Verbs

Ab|so|lụte *das; -n* ⟨*lat.*⟩: (Philos.) das rein aus sich bestehende u. in sich ruhende Sein

Ab|so|lu|ti|on *die; -, -en:* Lossprechung, bes. Sündenvergebung

Ab|so|lu|tis|mus *der; -* ⟨*lat.-fr.*⟩: a) Regierungsform, in der alle Gewalt unumschränkt in der Hand des Monarchen liegt; b) unumschränkte Herrschaft.

ab|so|lu|tis|tisch: a) den Absolu-

tismus betreffend; b) Merkmale des Absolutismus zeigend

Ab|so|lu|to|ri|um *das; -s, ...rien* ⟨*lat.*⟩: 1. (veraltet) die von der zuständigen Stelle, Behörde erteilte Befreiung von der Verbindlichkeit von Ansprüchen o. Ä. 2. a) (veraltet) Reifeprüfung; b) (veraltet) Reifezeugnis. 3. (österr.) Bestätigung einer Hochschule, dass man die im Verlauf des Studiums vorgeschriebene Anzahl von Semestern u. Übungen belegt hat

Ab|sol|vent [...'vɛnt] *der; -en, -en:* jmd., der die vorgeschriebene Ausbildungszeit an einer Schule abgeschlossen hat. **Absol|ven|tin** *die; -, -nen:* weibliche Form zu ↑ Absolvent

ab|sol|vie|ren: 1. a) die vorgeschriebene Ausbildungszeit an einer Schule ableisten; b) etwas ausführen, durchführen. 2. (kath. Rel.) jmdm. die Absolution erteilen

Ab|sor|bens *das; -, ...benzien u. ...bentia* ⟨*lat.*⟩: der bei der Absorption absorbierende (aufnehmende) Stoff; vgl. Absorptiv

Ab|sor|ber *der; -s, -* ⟨*lat.-engl.*⟩: 1. ↑ Absorbens. 2. Vorrichtung zur Absorption von Gasen (z. B. in einer Kältemaschine). 3. Kältemaschine

ab|sor|bie|ren ⟨*lat.*⟩: „hinunterschlürfen, verschlingen"⟩: 1. aufsaugen, in sich aufnehmen. 2. [gänzlich] beanspruchen

Ab|sorp|ti|on *die; -, -en:* das Aufsaugen, das In-sich-Aufnehmen

Ab|sorp|ti|ons|prin|zip *das; -s:* (Rechtsw.) Grundsatz, dass bei mehreren Straftaten einer Person die Strafe nach dem Gesetz verhängt wird, das die schwerste Strafe androht

Ab|sorp|ti|ons|spek|t|rum *das; -s, ...tren u. ...tra:* (Phys.) ↑ Spektrum, das durch dunkle Linien od. Streifen jene Bereiche des Spektrums angibt, in denen ein Stoff durchtretende Strahlung absorbiert

ab|sorp|tiv ⟨*lat.-nlat.*⟩: zur Absorption fähig. **Ab|sorp|tiv** *das; -s, -e:* der bei der Absorption absorbierte Stoff; vgl. Absorbens

Ab|s|ten|ti|on *die; -, -en* ⟨*lat.*⟩: (veraltet) Verzicht, Erbschaftsverzicht

ab|s|ti|nẹnt ⟨*lat.(-engl.)*⟩: enthaltsam (in Bezug auf bestimmte Speisen, Alkohol, Geschlechtsverkehr). **Ab|s|ti|nent** der; -en, -en: (schweiz., sonst veraltet) Abstinenzler

Ab|s|ti|nenz die; -: Enthaltsamkeit (z. B. in Bezug auf bestimmte Speisen, Alkohol, Geschlechtsverkehr)

Ab|s|ti|nenz|ler der; -s, -: jmd., der enthaltsam lebt, bes. in Bezug auf Alkohol. **Ab|s|ti|nenz|le|rin** die; -, -nen: weibliche Form zu ↑ Abstinenzler

Ab|s|ti|nenz|the|o|rie die; -: im 19. Jh. vertretene Zinstheorie, nach der der Sparer den Zins gleichsam als Gegenwert für seinen Konsumverzicht erhält

Ab|s|tract [ˈɛpstrɛkt] das; -s, -s ⟨lat.-engl.⟩: kurzer Abriss, kurze Inhaltsangabe eines Artikels od. Buches

ab|s|tra|hie|ren ⟨lat.; „ab-, wegziehen"⟩: 1. etwas gedanklich verallgemeinern, zum Begriff erheben. 2. von etwas absehen, auf etwas verzichten

ab|s|trakt: 1. vom Dinglichen gelöst, rein begrifflich. 2. theoretisch, ohne unmittelbaren Bezug zur Realität; **abstrakte Kunst:** Kunstrichtung, die vom Gegenständlichen absieht; **abstraktes Substantiv:** ↑ Abstraktum; **abstrakte Zahl:** (Math.) reine Zahl, d. h. ohne Angabe des Gezählten

Ab|s|trak|te die; -, -n: Teil der Orgel, das die Tasten mit den Pfeifenventilen verbindet

ab|s|trak|ti|fi|zie|ren: zunehmend abstrakter machen

Ab|s|trak|ti|on die; -, -en: 1. a) Begriffsbildung; b) Verallgemeinerung; c) Begriff. 2. (Stilk.) auf zufällige Einzelheiten verzichtende, begrifflich zusammengefasste Darstellung

ab|s|trak|tiv ⟨lat.-engl.⟩: 1. fähig zum Abstrahieren, zur ↑ Abstraktion. 2. durch Abstrahieren gebildet

Ab|s|trak|tum das; -s, ...ta: (Sprachw.) Substantiv, das Nichtdingliches bezeichnet; Begriffswort; z. B. Hilfe, Zuneigung; Ggs. ↑ Konkretum

ab|s|t|rus ⟨lat.; „versteckt, verborgen"⟩: a) (abwertend) absonderlich, töricht; b) schwer verständlich, verworren, ohne gedankliche Ordnung

Ab|s|t|ru|si|tät die; -, -en: Verworrenheit

ab|surd ⟨lat.; „misstönend"⟩: widersinnig, dem gesunden Menschenverstand widersprechend, sinnwidrig, abwegig, sinnlos; vgl. ad absurdum führen; **absurdes Drama:** moderne, dem ↑ Surrealismus verwandte Dramenform, in der das Sinnlose u. Widersinnige der Welt u. des menschlichen Daseins als tragendes Element in die Handlung verwoben ist; **absurdes Theater:** Form des modernen Dramas, bei der Irrationales u. Widersinniges sowie Groteskes als Stilmittel verwendet werden, um die Absurdität des Daseins darzustellen

Ab|sur|di|tät die; -, -en: 1. (ohne Plural) Widersinnigkeit, Sinnlosigkeit. 2. einzelne widersinnige Handlung, Erscheinung o. Ä.

ab|s|ze|die|ren ⟨lat.; „weggehen; sich absondern"⟩: (Med.) eitern

Ab|s|zess der (österr., ugs. auch: das); -es, -e: (Med.) Eiterherd, Eiteransammlung in einem anatomisch nicht vorgebildeten Gewebshohlraum

ab|s|zin|die|ren ⟨lat.⟩: abreißen, abtrennen

Ab|s|zi|sin u. Abscisin das; -s, -e ⟨lat.⟩: (Bot.) Wirkstoff in den Pflanzen, der das Wachstum hemmt u. das Abfallen der Blätter u. Früchte bewirkt

Ab|s|zis|se die; -, -n ⟨lat.-nlat.; „die abgeschnittene (Linie)"⟩: 1. horizontale Achse, Waagerechte im ↑ Koordinatensystem. 2. (Math.) auf der gewöhnlich horizontal gelegenen Achse (Abszissenachse) eines Koordinatensystems abgetragene erste Koordinate eines Punktes (z. B. x im x,y-Koordinatensystem)

Ab|tes|tat das; -[e]s, -e: (früher) ↑ Testat des Hochschulprofessors am Ende des Semesters (neben der im Studienbuch der Studierenden aufgeführten Vorlesung od. Übung); Ggs. ↑ Antestat. **ab|tes|tie|ren:** ein Abtestat geben; Ggs. ↑ antestieren

ab|trai|nie|ren: [Übergewicht o. Ä.] durch ↑ Training verringern, abbauen

ab|tur|nen [...tœɐ...] ⟨dt.; engl.⟩:

(ugs.) aus der Stimmung bringen; Ggs. ↑ anturnen (2)

A|bu ⟨arab.; „Vater"⟩: Bestandteil arabischer Personen-, Ehren- u. Ortsnamen

A|bu|lie die; -, ...ien ⟨gr.-nlat.⟩: (Med., Psychol.) krankhafte Willenlosigkeit; Willensschwäche, Willenslähmung, Entschlussunfähigkeit. a|bu|lisch: a) die Abulie betreffend; b) willenlos

A|bu|na der; -s, -s ⟨arab.; „unser Vater"⟩: frühere Bez. des leitenden Bischofs der äthiopischen Kirche

a|b|un|dant ⟨lat.⟩: häufig [vorkommend], reichlich, dicht; vgl. redundant

a|b|un|danz die; - ⟨„Überströmen; Überfluss"⟩: 1. [große] Häufigkeit, Dichte des Vorkommens, Fülle. 2. (Math.) Merkmals- od. Zeichenüberfluss bei einer Information

ab ur|be con|di|ta ⟨lat.; „seit Gründung der Stadt (Rom)"⟩: altrömische Zeitrechnung, beginnend 753 v. Chr.; Abk.: a. u. c.; vgl. post urbem conditam

ab|u|siv ⟨lat.⟩: missbräuchlich

Ab|u|sus der; -, - [...zuːs]: Missbrauch, übermäßiger Gebrauch, z. B. von bestimmten Arzneimitteln, Genussmitteln

A|bu|ti|lon das; -s, -s ⟨arab.-nlat.⟩: Malvengewächs (z. B. Zimmerahorn)

a|bys|sal vgl. abyssisch. **A|bys|sal** das; -s ⟨gr.-nlat.⟩: (veraltet) abyssische Region

A|bys|sal|re|gi|on die; -: abyssische Region

a|bys|sisch: 1. aus der Tiefe der Erde stammend. 2. zum Tiefseebereich gehörend, in der Tiefsee gebildet, in großer Tiefe; **abyssische Region:** Tiefseeregion, Bereich des Meeres in 3000 bis 10 000 m Tiefe. 3. abgrundtief

A|bys|sus der; - ⟨gr.-lat.⟩: 1. grundlose Tiefe, Unterwelt; das Bodenlose. 2. (veraltet) Vielfraß, Nimmersatt

A. C. = appellation contrôlée (französische Qualitäts- u. Herkunftsbezeichnung für Wein)

A|ca|de|my-A|ward [əˈkædəmiəˈwɔːd] der; -, -s ⟨engl.⟩: von der amerikanischen „Akademie für künstlerische u. wissenschaftli-

A

che Filme" in verschiedenen Bereichen (Darstellung, Regie, Ausstattung usw.) verliehener Filmpreis; vgl. Oscar

A|ca|jou|nuss [aka'ʒuː...] *die; -, ...nüsse* ⟨*Tupi-port.-fr.; dt.*⟩: ↑ Cashewnuss

a cap|pel|la ⟨*it.; „*(wie) in der Kapelle od. Kirche"*⟩: (Mus.) ohne Begleitung von Instrumenten

A-cap|pel|la-Chor *der; -s, ...Chöre:* Chor ohne Begleitung von Instrumenten

acc. c. inf. = accusativus cum infinitivo; vgl. Akkusativ

ac|cel. = accelerando. **ac|ce|le-ran|do** [atʃele'rando] ⟨*lat.-it.*⟩: (Mus.) allmählich schneller werdend, beschleunigend; Abk.: accel.

Ac|cent ai|gu [aksãtɛ'gy] *der; - -, -s -s* [aksãzɛ'gy]: ⟨*lat.-fr.*⟩: Betonungszeichen, ↑ Akut (Sprachw.); Zeichen: ´, z. B. é

Ac|cent cir|con|flexe [aksãsirkõ'fleks] *der; - -, -s -s* [aksãsirkõ'fleks]: Dehnungszeichen, ↑ Zirkumflex (Sprachw.); Zeichen: ^, z. B. â

Ac|cent grave [aksã'graːv] *der; - -, -s -s* [aksã'graːv]: Betonungszeichen, ↑ Gravis (Sprachw.); Zeichen: `, z. B. è

Ac|cen|tus [ak'tsɛn...] *der; -, -* [...tuːs] ⟨*lat.*⟩: liturgischer Sprechgesang; Ggs. ↑ Concentus

Ac|cess ['æksɛs] *der; -[es], -* ⟨*lat.-engl.; „*Zutritt"*⟩: (EDV) 1. Zugang (z. B. Onlinezugang). 2. Zugriff (z. B. Speicherzugriff); vgl. Akzess

Ac|ces|soire [aksɛ'soaːɐ̯] *das; -s, -s* (meist Plural) ⟨*lat.-fr.*⟩: modisches Zubehör zur Kleidung (z. B. Gürtel, Handschuhe, Schmuck)

Ac|ciac|ca|tu|ra [atʃaka...] *die; -, ...ren* ⟨*it.; „*Quetschung"*⟩: besondere Art des Tonanschlags in der Klaviermusik des 17./18. Jahrhunderts, wobei eine Note gleichzeitig mit ihrer unteren Nebennote (meist Untersekunde) angeschlagen, diese jedoch sofort wieder losgelassen wird

Ac|ci|pi|es|holz|schnitt [ak'tsiː-piɛs...] *der; -[e]s, -e* ⟨*lat.; dt.*⟩: Holzschnitt als Titelbild in Lehr- u. Schulbüchern des 15. Jh.s, der einen Lehrer mit Schülern u. ein Spruchband

zeigt mit den Worten: „accipies tanti doctoris dogmata sancti" (*lat.* = mögest du die Lehren eines so großen frommen Gelehrten annehmen!)

Ac|com|pa|g|na|to [akɔmpan-'jaːto] *das; -s, -s* u. ...ti ⟨*it.; „*begleitet"*⟩: das von Instrumenten begleitete ↑ Rezitativ

Ac|cor|da|tu|ra *die; -* ⟨*it.*⟩: (Mus.) normale Stimmung der Saiteninstrumente; Ggs. ↑ Scordatura

Ac|cou|doir [aku'doaːɐ̯] *das; -s, -s* ⟨*lat.-fr.*⟩: Armlehne am Chorgestühl

Ac|count [ə'kaʊnt] *der* od. *das; -s, -s* ⟨*engl.; „*Konto"*⟩: Zugangsberechtigung zum Internet, einem Intranet, einer Mailbox o. Ä.

Ac|coun|tant [ə'kaʊntənt] *der; -[s], -s* ⟨*engl.*⟩: (Wirtsch.) Rechnungs- od. Wirtschaftsprüfer

Ac|count|ma|nage|ment [...mæ-nɪdʒmənt], auch: **Ac|count-Ma-nage|ment** *das; -s, -s* ⟨*engl.*⟩: Management, das für die Kundenberatung u. -betreuung zuständig ist

ac|cresc. = accrescendo. **ac|cre-scen|do** [akre'ʃendo] ⟨*lat.-it.*⟩: (Mus.) stärker werdend, an Tonstärke zunehmend (Vortragsanweisung); Abk.: accresc.

Ac|cro|chage [akro'ʃaːʒ(ə)] *die; -, -n* ⟨*fr.*⟩: Ausstellung aus den eigenen Beständen einer Galerie

Ac|croche-Cœur [akroʃ'kœːɐ̯] *das; -, -* ⟨*fr.; „*Herzensfänger"*⟩: Locke, die dem Betreffenden einen schmachtenden Ausdruck gibt; Schmachtlocke

ACE-Hem|mer [a:tse'e:...] *die* (Plural) ⟨Abk. für *engl.* angiotensin converting enzyme = Angiotensin-Konversions-Enzym; *dt.*⟩: (Med.) Bez. für eine Gruppe blutdrucksenkender Substanzen

A|cel|la ® *das; -* ⟨Kunstw.⟩: eine aus Vinylchlorid hergestellte Kunststofffolie

A|ce|ro|la|kir|sche *die; -, -n* ⟨*arab.-span.; dt.*⟩: Vitamin-C-reiche westindische Frucht, Puerto-Rico-Kirsche

A|ce|tal (fachspr.) u. Azetal *das; -s, -e* ⟨*lat.; arab.*⟩: chem. Verbindung aus ↑ Aldehyden u. ↑ Alkohol (1)

A|cet|al|de|hyd (fachspr.) u. Azetaldehyd *der; -s* ⟨Kunstw. aus „Acetat" u. „Aldehyd"⟩: farblose

Flüssigkeit von betäubendem Geruch, Ausgangsstoff od. Zwischenprodukt für chem. ↑ Synthesen (2)

A|ce|tat (fachspr.) u. Azetat *das; -s, -e* ⟨*lat.-nlat.*⟩: Salz der Essigsäure

A|ce|tat|sei|de (fachspr.) u. Azetatseide *die; -:* Kunstseide aus Zelluloseacetat; vgl. Zellulose

A|ce|ton (fachspr.) u. Azeton *das; -s:* einfachstes ↑ aliphatisches ↑ Keton; wichtiges Lösungsmittel; bei bestimmten Krankheiten auftretendes Stoffwechselprodukt; Propanon

A|ce|to|n|ä|mie (fachspr.) u. Azetonämie *die; -, ...ien* ⟨*lat.; gr.*⟩: das Auftreten von Aceton im Blut. **a|ce|to|n|ä|misch** (fachspr.) u. azetonämisch: (Med.) die Acetonämie betreffend, auf ihr beruhend; **aceto-nämisches Erbrechen:** hartnäckiges, meist wiederholt auftretendes Erbrechen aufgrund einer Stoffwechselstörung

A|ce|to|n|u|rie (fachspr.) u. Azetonurie *die; -, ...ien:* Auftreten von Aceton im Harn

A|ce|to|phe|non (fachspr.) u. Azetophenon *das; -s:* aromatisches ↑ Keton; Riechstoff zur Parfümierung von Seifen

A|ce|tum *das; -[s]* ⟨*lat.*⟩: Essig

A|ce|tyl (fachspr.) u. Azetyl *das; -s* ⟨*lat.; gr.*⟩: Säurerest der Essigsäure

A|ce|tyl|cho|lin (fachspr.) u. Azetylcholin *das; -s:* (Med.) gefäßerweiternde Substanz (Gefäßhormon)

A|ce|ty|len (fachspr.) u. Azetylen *das; -s:* gasförmiger, brennbarer Kohlenwasserstoff

A|ce|ty|l|e|nid (fachspr.) u. Azetylenid, **A|ce|ty|l|id** (fachspr.) u. Azetylid *das; -s, -e:* Metallverbindung des Acetylens

a|ce|ty|lie|ren (fachspr.) u. azetylieren: eine bestimmte Molekülgruppe (Essigsäurerest) in eine organische Verbindung einführen. **A|ce|ty|lie|rung** (fachspr.) u. Azetylierung *die; -, -en:* Austausch von Hydroxyl- oder Aminogruppen durch die Acetylgruppe in organischen Verbindungen

A|ce|ty|l|säu|re (fachspr.) u. Azetylsäure *die; -:* Essigsäure

A|cha|la|sie [ax...] *die; -, ...ien* ⟨*gr.*⟩: (Med.) Unfähigkeit der

glatten Muskulatur, sich zu entspannen
A|cha̱|ne *die; -, -n ⟨gr.-nlat.⟩:* (Bot.) einsamige Frucht der Korbblütler, deren Samen bei der Reife von der ganzen od. von Teilen der Fruchtwand umschlossen bleiben; Schließfrucht (z. B. Beere, Nuss)
A|cha̱t *der; -s, -e ⟨gr.-lat.⟩:* ein mehrfarbig gebänderter Schmuckstein; vgl. Chalzedon.
a|cha̱|ten: aus Achat bestehend
A|chei̱|rie̱ vgl. Achirie
A|chei̱|ro|poi̱|e̱|ta [...poy...]*die* (Plural) (*„nicht von Menschenhänden gemacht"*): Bez. für einige byzantinische Bildnisse Christi u. der Heiligen, die als „wahre" Bildnisse gelten, weil sie nicht von Menschenhand verfertigt, sondern auf wunderbare Weise entstanden seien (z. B. der Abdruck des Antlitzes Christi im Schweißtuch der Veronika)
a|che̱ro̱n|tisch [ax...]: 1. den Acheron (einen Fluss der Unterwelt in der griech. Sage) betreffend. 2. zur Unterwelt gehörend
A|cheu̱|lé̱|en [aʃøleˈɛ:] *das; -[s]* ⟨nach Saint-Acheul, einem Vorort von Amiens⟩: Kulturstufe der Älteren Altsteinzeit
A|chi̱a [aˈʃi:a] *das; -[s], -[s]:* (Gastr.) indisches Gericht aus Bambusschösslingen
A|chie̱ve|ment|test [əˈtʃi:vmənt...] *der; -s, -s ⟨engl.⟩:* Leistungstest für Schule u. Beruf
A|chi̱l|les|fer|se [ax...] *die; - ⟨gr.; dt.;* nach dem Helden der griech. Sage Achilles⟩: verwundbare, empfindliche, schwache Stelle bei einem Menschen
A|chi̱l|les|seh|ne *die; -, -n:* am Fersenbein ansetzendes, sehniges Ende des Wadenmuskels.
A|chi̱l|les|seh|nen|re|flex *der; -es, -e:* Reflex beim Beklopfen der Achillessehne, wodurch der Fuß sohlenwärts gebeugt wird
A|chi̱l|lo|dy̱|nie̱ *die; - ⟨gr.-nlat.⟩:* (Med.) Schmerz an der Achillessehne, Fersenschmerz
A|chi̱|rie̱, Acheirie [ax...] *die; -, ...ien ⟨gr.⟩:* (Med.) angeborenes Fehlen einer Hand od. beider Hände
ach|la̱|my̱|de̱|isch [ax...] ⟨gr.-nlat.⟩:

(Bot.) nacktblütig (von einer Blüte ohne Blütenblätter)
A|chlor|hy̱|d|rie̱ [aklo:ʁ̯...] *die; -* ⟨gr.-nlat.⟩: (Med.) [vollständiges] Fehlen von Salzsäure im Magensaft
A|chlo̱|r|op|sie̱ *die; -:* ↑ Deuteranopie
A|cho̱|lie̱ [ax...] *die; - ⟨gr.-nlat.⟩:* (Med.) mangelhafte Absonderung von Gallenflüssigkeit
A|cho̱|lit [akroˈli:t] *der; -s, -e ⟨gr.-nlat.⟩:* Turmalin
A|chro̱|ma|sie̱ *die; -, ...ien ⟨gr.-nlat.⟩:* 1. ↑ Achromie. 2. (Med.) besondere Art erblicher Blindheit; Zapfenblindheit. 3. (Phys.) durch achromatische Korrektur erreichte Brechung der Lichtstrahlen ohne Zerlegung in Farben
A|chro̱|ma̱t *der; -[e]s, -e:* Linsensystem, bei dem der Abbildungsfehler der ↑ chromatischen Aberration korrigiert ist
A|chro̱|ma|tin *das; -s:* (Biol.) mit spezifischen Chromosomenfärbemethoden nicht färbbarer Zellkernbestandteil
a|chro̱|ma̱|tisch: die Eigenschaft eines Achromats habend
A|chro̱|ma|tis|mus *der; -, ...men:* ↑ Achromasie
A|chro̱|ma̱t|op|sie̱ *die; -, ...ien:* (Med.) Farbenblindheit
A|chro̱|mie̱ *die; -, ...ien:* angeborenes od. erworbenes Fehlen von ↑ Pigmenten (1) in der Haut; vgl. Albinismus
A|chy̱|lie̱ [ax... od. aç...] *die; -, ...ien ⟨gr.-nlat.⟩:* (Med.) das Fehlen von Verdauungssäften, bes. im Magen
A|cid [ˈɛsɪt] *das; -s ⟨lat.-engl.; „Säure"⟩:* (ugs.) LSD; vgl. aber: Azid
A|cid|house [...haus] *das; -, auch:* A|cid House *das; - -:* von schnellen [computererzeugten] Rhythmen geprägter Tanz- u. Musikstil, der die Tanzenden in einen rauschartigen Zustand bringen soll
A|ci|di|me̱|t|rie̱ [atsi...] *die; - ⟨lat.; gr.⟩:* (Chem.) Methode zur Bestimmung der Konzentration von Säuren
A|ci|di|tä̱t u. Azidität *die; - ⟨lat.⟩:* Säuregrad od. Säuregehalt einer Flüssigkeit
a|ci|do|kli̱n ⟨lat.; gr.⟩: (Bot.) ↑ acidophil (1)
a|ci|do|phi̱l: 1. sauren Boden be-

vorzugend (von Pflanzen). 2. mit sauren Farbstoffen färbbar
A|ci|do̱|se u. Azidose *die; -, -n ⟨lat.-nlat.⟩:* (Med.) krankhafte Vermehrung des Säuregehaltes im Blut
A̱|ci|dum *das; -s, ...da ⟨lat.⟩:* Säure
A|ci|du̱r ® *das; -s ⟨Kunstw.⟩:* säurebeständige Gusslegierung aus Eisen u. Silicium
A̱ck|ja *der; -[s], -s ⟨finn.-schwed.⟩:* 1. Rentierschlitten. 2. Rettungsschlitten der Bergwacht
à con|di|ti|on [akõdiˈsjõ] ⟨lat.-fr.; „auf Bedingung"⟩: bedingt, unter Vorbehalt, nicht fest (Rückgabevorbehalt für nicht verkaufte Ware); Abk.: à c.
A|co̱|ni|tin *das; -s, -e ⟨lat.-nlat.⟩:* aus den Wurzeln des Eisenhuts gewonnenes, sehr giftiges ↑ Alkaloid (Arzneimittel)
a con|to ⟨it.⟩: auf Rechnung von ...; Abk.: a c.; vgl. Akontozahlung
Ac|qui|si̱|ti|on [ɛkvɪˈzɪʃn] *die; -, -s ⟨engl.; „Erwerb, Aneignung"⟩:* (Wirtsch.) Übernahme eines Unternehmens durch ein anderes
Ac|quit [aˈki:] *das; -s, -s ⟨lat.-fr.⟩:* (veraltet) Quittung, Empfangsbescheinigung; vgl. pour acquit
A|c|re [ˈe:kɐ] *der; -s, -s (aber: 7 -):* ⟨engl.⟩: engl. u. nordamerik. Flächenmaß (etwa 4 047 m²)
A|c|ri|di̱n *das; -s ⟨lat.-nlat.⟩:* aus Steinkohlenteer gewonnene stickstoffhaltige organische Verbindung (Ausgangsstoff für Arzneimittel)
A|c|ro|le|in vgl. Akrolein
A|c|ro|na̱l *das; -s ⟨Kunstw.⟩:* Kunststoff, farbloser Lackrohstoff (Acrylharz)
a|c|ross the board [əˈkrɔs ðə bɔ:d] ⟨engl.⟩: an fünf aufeinander folgenden Tagen zur gleichen Zeit gesendet (von Werbesendungen in Funk u. Fernsehen)
A|c|ryl [akryːl] *das; -s ⟨gr.⟩:* Kunststoff aus ↑ Polyacrylnitril (zur Textilherstellung verwendete Chemiefaser)
A|c|ry̱l|an *das; -s:* Kunstfaser
A|c|ry̱l|lat *das; -[e]s, -e:* Salz od. Ester der Acrylsäure
A|c|ry̱l|säu̱|re *die; - ⟨gr.; dt.⟩:* stechend riechende Karbonsäure (Ausgangsstoff vieler Kunstharze)
Act [ɛkt] *der; -s, -s ⟨lat.-engl.⟩:* (im

A

angloamerikanischen Recht)
1. bestimmte Art von Urkunden; Dokument. 2. Willenserklärung, Beschluss, Verwaltungsanordnung. 3. vom Parlament verabschiedetes Gesetz

Ạc|ta die (Plural) ⟨lat.⟩: 1. Handlungen, Taten. 2. Berichte, Protokolle, Akten

Ạc|ta A|pos|to|lo|rum die (Plural) ⟨lat.; „Taten der Apostel"⟩: die Apostelgeschichte im Neuen Testament

Ạc|ta Mar|ty|rum die (Plural): Berichte über die Prozesse u. den Tod der frühchristlichen Märtyrer

Ạc|ta Sanc|to|rum die (Plural): Sammlung von Lebensbeschreibungen der Heiligen der katholischen Kirche, bes. der ↑ Bollandisten

Ac|ti|ni|de die (Plural) ⟨gr.⟩: frühere Bez. für die Gruppe der chem. Elemente, die vom Actinium bis zum ↑ Lawrencium reicht

Ac|ti|ni|um das; -s: chem. Element, ein Transuran; Zeichen: Ac

Ac|tio die; - ⟨lat.⟩: 1. Klagemöglichkeit im römischen Recht. 2. (Philos.) Tätigkeit, Handeln; Ggs. ↑ Passio

Ac|ti|o|gra|phie, auch: ...grafie die; - ⟨lat.; gr.⟩: Kunstrichtung in der Fotografie

Ac|tion [ˈɛkʃn̩] die; -, -s ⟨lat.-engl.⟩: spannende, ereignisreiche Handlung, turbulente, oft gewaltbetonte Szenen (in Filmen, Romanen u. a.)

Ac|tion|co|mic der; -s, -s: Comic mit spannender, handlungsreicher, turbulenter, oft gewaltbetonter Handlung

Ac|tion di|recte [aksjõdiˈrɛkt] die; - -, -s -s [aksjõdiˈrɛkt] ⟨lat.-fr.⟩: Direktanspruch; Anspruch auf Entschädigung bei der Kfz-Haftpflichtversicherung, der unmittelbar vom Versicherer erhoben werden kann

Ac|tion|film [ˈɛkʃn̩...] der; -s, -e ⟨engl.⟩: Spielfilm mit spannungs- u. abwechslungsreicher Handlung u. turbulenten, oft gewaltbetonten Szenen

Ac|tion|pain|ting [... peɪntɪŋ], auch: **Ac|tion-Pain|ting** das; - ⟨engl.; „Aktionsmalerei"⟩: moderne Richtung innerhalb der amerikanischen abstrakten

Malerei (abstrakter Expressionismus)

Ac|tion|re|search [...rɪsəːtʃ], auch: **Ac|tion-Re|search** das; -[s], -s ⟨Soziol.⟩ sozialwissenschaftliches Forschungsprogramm mit dem Ziel, eine Änderung der bestehenden sozialen Verhältnisse herbeizuführen

Ac|tion|thril|ler [...θrɪlɐ] der; -s, -: Film, Roman u. a. mit spannender, ereignisreicher, oft gewaltbetonter Handlung, die einen besonderen Nervenkitzel erzeugt

ạc|tum ut su|p|ra ⟨lat.⟩: (veraltet) „verhandelt wie oben"; Abk.: a. u. s.

Ạc|tus der; - ⟨„das Wirken"⟩: (scholast. Philos.) das schon Gewordene, im Gegensatz zu dem noch nicht Gewordenen, sondern erst Möglichen

a|cy|c|lisch: ↑ azyklisch

ad ⟨lat.⟩: zu, z. B. ad 1 = zu [einem bereits aufgeführten] Punkt 1

Ad [æd] das; -s, -s ⟨engl.; Kurzform von: advertisement „Anzeige"⟩: (EDV, Wirtsch.) Werbung, bes. die Onlinewerbung im Internet

ad ab|sur|dum ⟨lat.⟩: bis zur Widersinnigkeit; jmdn. ad absurdum führen: den Widersinn von jmds. Behauptung[en] nachweisen; etwas ad absurdum führen: die Widersinnigkeit von etwas nachweisen

ad ạc|ta ⟨lat.; „zu den Akten"⟩: Abk.: a. a.; etwas ad acta legen: a) als erledigt ablegen; b) als erledigt betrachten

a|da|giet|to [adaˈdʒɛto] ⟨it.⟩: (Mus.) ziemlich ruhig, ziemlich langsam (Vortragsanweisung). **A|da|giet|to** das; -s, -s: kurzes Adagio

a|da|gio [aˈdaːdʒo]: (Mus.) langsam, ruhig (Vortragsanweisung). **A|da|gio** das; -s, -s: langsames Musikstück

a|da|gis|si|mo [adaˈdʒɪsimo]: (Mus.) äußerst langsam (Vortragsanweisung)

A|dak|ty|lie die; - ⟨gr.-nlat.⟩: (Med.) das Fehlen der Finger od. Zehen als angeborene Fehlbildung

A|da|man|tin das; -s ⟨gr.-lat.⟩: (Med.) Zahnschmelz

A|da|man|ti|nom das; -s, -e: (Med.) Kiefergeschwulst

A|da|man|to|blast der; -en, -en: (Med.) Zelle, die den Zahnschmelz bildet

Ạ|da|mas der; -, ...manten ⟨gr.-lat.; „unbezwingbar; Stahl"⟩: (veraltet) Diamant

A|da|mit der; -en, -en ⟨hebr.-lat.; nach dem biblischen Stammvater der Menschen⟩: (hist.) Angehöriger von Sekten, die angeblich nackt zu ihren Kulten zusammenkamen, um so ihre paradiesische Unschuld zu dokumentieren. **a|da|mi|tisch:** a) nach Art der Adamiten; b) nackt

A|dam|sit das; -s ⟨nlat.; nach dem amerik. Chemiker R. Adams, 1889–1971⟩: Haut u. Atemwege reizendes Gas

A|d|ap|ta|bi|li|tät die; - ⟨lat.-nlat.⟩: Vermögen, sich zu ↑ adaptieren (1); Anpassungsfähigkeit

A|d|ap|ta|ti|on die; -, -en: 1. Anpassung (z. B. von Organen) an die Gegebenheiten, Umstände, an die Umwelt. 2. Umarbeitung eines literarischen Werks für eine andere literarische Gattung od. für ein anderes Kommunikationsmedium (z. B. Film, Fernsehen)

A|d|ap|ta|ti|ons|syn|drom das; -s, -e ⟨lat.-mlat.⟩: (Med.) Anpassungsreaktion des Organismus auf krank machende Reize wie z. B. Stress

A|d|ap|ter der; -s, - ⟨lat.-engl.⟩: Zusatz- od. Verbindungsteil, das den Anschluss eines Gerätes od. Geräteteils an ein Hauptgerät ermöglicht

a|d|ap|tie|ren ⟨lat.⟩: 1. (fachspr.) anpassen. 2. bearbeiten, z. B. einen Roman für den Film adaptieren. 3. (österr.) eine Wohnung, ein Haus für einen bestimmten Zweck herrichten

A|d|ap|ti|on ⟨lat.-nlat.⟩: ↑ Adaptation

a|d|ap|tiv: auf Adaptation beruhend

A|d|ap|to|me|ter das; -s, - ⟨lat.-mlat.; gr.⟩: optisches Gerät, das die Anpassungsfähigkeit des Auges an die Dunkelheit misst

A|d|apt|ro|nik die; - ⟨Kurzw. aus adaptiv u. Elektronik⟩: interdisziplinäres Forschungsgebiet, das sich mit multifunktionellen technischen Systemen befasst

A|d|lä|quanz die; - ⟨lat.-nlat.⟩: Angemessenheit u. Üblichkeit [ei-

A

nes Verhaltens (nach den Maßstäben der geltenden [Sozial]ordnung)]

A|d|ä|quanz|the|o|rie *die; -:* Lehre im Zivilrecht, nach der ein einen Schaden verursachendes Ereignis nur dann zur Schadenersatzpflicht führt, wenn es im Allgemeinen u. nicht nur unter bes. ungewöhnlichen Umständen einen Schaden herbeiführt; vgl. Äquivalenztheorie

a|d|ä|quat *⟨lat.⟩:* [einer Sache] angemessen, entsprechend; Ggs. ↑ inadäquat. **A|d|ä|quat|heit** *die; -:* Angemessenheit; Ggs. ↑ Inadäquatheit (a)

a da|to *⟨lat.⟩:* vom Tag der Ausstellung an (z. B. auf ↑ Datowechseln); Abk.: a d.

ad ca|len|das grae|cas [- - 'grɛ:-kas] *⟨lat.;* „an den griechischen Kalenden (bezahlen)"; die Griechen kannten keine ↑ Calendae, die bei den Römern Zahlungstermine waren⟩: niemals, am St.-Nimmerleins-Tag (z. B. in Bezug auf die Bezahlung von etwas)

Ad-Click ['ædklɪk] *der; -s, -s ⟨engl.⟩:* (EDV) Aufruf des ↑ Hyperlinks auf dem Bildschirm mit der Maus

Ad-Co|py ['ædkɔpi] *die; -, -s ⟨engl.⟩:* (Wirtsch.) Werbetext

ADD = analoge Aufnahme, digitale Bearbeitung, digitale Wiedergabe (vgl. AAD)

ad|de *⟨lat.⟩:* füge hinzu! (Hinweis auf ärztlichen Rezepten)

Ad|ded Va|lues ['ɛdɪd 'væljʊz] *die* (Plural) *⟨engl.;* „zugefügte Werte"⟩: (Wirtsch.) Zusatznutzen eines Produkts, um höhere Marktanteile zu erzielen

Ad|dend *der; -en, -en:* Zahl, die beim Addieren hinzugefügt werden soll; ↑ Summand

Ad|den|dum *das; -s, ...da* (meist Plural): Zusatz, Nachtrag, Ergänzung

ad|die|ren *⟨lat.⟩:* zusammenzählen, hinzufügen; **addierende Zusammensetzung:** ↑ Additionswort

Ad|dier|ma|schi|ne *die; -, -n:* Rechenmaschine zum ↑ Addieren u. ↑ Subtrahieren

ad|dio [a'di:o] *⟨it.⟩:* auf Wiedersehen!; leb[t] wohl!; vgl. adieu

Ad|di|ta|ment *das; -s, -e u. -a.* **Ad|di|ta|men|tum** *das; -s, ...ta ⟨lat.⟩:*

Zugabe, Anhang, Ergänzung zu einem Buch

Ad|di|ti|on *die; -, -en:* 1. (Math.) Zusammenzählung, Hinzufügung, -rechnung; Ggs. ↑ Subtraktion. 2. (Chem.) Anlagerung von Atomen od. Atomgruppen an ungesättigte Moleküle

ad|di|ti|o|nal *⟨lat.-nlat.⟩:* zusätzlich, nachträglich

Ad|di|ti|ons|the|o|rem *das; -s, -e:* (Math.) Formel zur Berechnung des Funktionswertes (vgl. Funktion) einer Summe aus den Funktionswerten der ↑ Summanden

Ad|di|ti|ons|ver|bin|dung *die; -, -en:* chem. Verbindung, die durch einfache Aneinanderlagerung von zwei Elementen od. von zwei Verbindungen entsteht

Ad|di|ti|ons|wort *das; -[e]s, ...wörter:* zusammengesetztes Wort, das zwei gleichwertige Begriffe addiert; ↑ Kopulativum (z. B. taubstumm, Strichpunkt)

ad|di|tiv *⟨lat.⟩:* durch Addition hinzukommend; auf Addition beruhend; hinzufügend, aneinander reihend; **additive Farbmischung:** Überlagerung von Farben, durch die eine neue Farbe entsteht

Ad|di|tiv *das; -s, -e ⟨lat.-engl.⟩:* Zusatz, der in geringer Menge die Eigenschaften eines chemischen Stoffes merklich verbessert (z. B. für Treibstoffe, Öle u. Waschmittel)

ad|di|zie|ren *⟨lat.⟩:* zuerkennen, zusprechen (z. B. ein Bild einem bestimmten Maler)

Ad|duk|ti|on *die; -, -en ⟨lat.;* „das Heranziehen"⟩: (Med.) heranziehende Bewegung eines Gliedes [zur Mittellinie des Körpers hin]; Ggs. ↑ Abduktion

Ad|duk|tor *der; -s, ...oren ⟨„Zuführer"⟩:* (Med.) Muskel, der eine Adduktion bewirkt

a|de *⟨lat.-fr.⟩:* ! adieu (bes. in der Dichtung u. im Volkslied gebrauchte Form). **A|de** *das; -s, -s:* Lebewohl (Abschiedsgruß)

A|del|phie *die; -, ...ien ⟨gr.-nlat.;* „Verschwisterung"⟩: (Bot.) Vereinigung von Staubblättern zu einem od. mehreren Bündeln

A|del|pho|ga|mie *die; -, ...ien:* (Bot.) Bestäubung zwischen zwei ↑ vegetativ (2) aus einer gemeinsamen Mutterpflanze

hervorgegangenen Geschwisterpflanzen

A|del|pho|kar|pie *die; -, ...ien:* Fruchtbildung durch ↑ Adelphogamie

A|d|em|ti|on *die; -, -en ⟨lat.⟩:* (veraltet) Wegnahme, Entziehung

A|de|nin *das; -s, -e ⟨gr.⟩:* (Biochem.) Bestandteil der Nukleinsäure; Vitamin B₄

A|de|ni|tis *die; -, ...itiden ⟨gr.-nlat.⟩:* a) Drüsenentzündung; b) Kurzbezeichnung für ↑ Lymphadenitis.

A|de|no|hy|po|phy|se *die; -, -n:* Vorderlappen der ↑ Hypophyse (1)

a|de|no|id: drüsenähnlich

A|de|no|ma *das; -s, -ta:* [gutartige] Drüsengeschwulst. **a|de|no|ma|tös:** adenomartig

a|de|nös: die Drüsen betreffend

A|de|no|sin *das; -s ⟨gr.⟩:* (Biochem.) chemische Verbindung aus ↑ Adenin und ↑ Ribose, die als Pharmazeutikum gefäßerweiternd wirkt

A|de|no|to|mie *die; -, ...ien:* operative Entfernung von Wucherungen der Rachenmandel od. Entfernung der Rachenmandel selbst

a|de|no|trop: ↑ glandotrop

A|de|no|vi|rus *das* (auch *der*); -, ...ren *⟨gr.; lat.⟩:* (Med.) Erreger von Drüsenkrankheiten

A|d|ept *der; -en, -en ⟨lat.⟩:* 1. Schüler, Anhänger einer Lehre. 2. in eine geheime Lehre od. in Geheimkünste Eingeweihter

A|der|min *das; -s ⟨gr.-nlat.⟩:* Vitamin B₆, das hauptsächlich in Hefe, Getreidekeimlingen, Leber u. Kartoffeln vorkommt, das am Stoffwechsel der ↑ Aminosäuren beteiligt ist und dessen Mangel zu Störungen im Eiweißstoffwechsel u. zu zentralnervösen Störungen führt

A|des|po|ta *die* (Plural) *⟨gr.;* „herrenlose (Werke)"⟩: (Literaturw.) Werke unbekannter Verfasser

A|des|siv *der; -s, -e ⟨lat.-nlat.⟩:* Kasus, der in den finnisch-ugrischen Sprachen, der die Lage bei etwas, die unmittelbare Nähe angibt

à deux cordes [adø'kɔrd] *⟨fr.⟩:* (Mus.) auf zwei Saiten

à deux mains [adø'mɛ̃] *⟨fr.⟩:* für zwei Hände, zweihändig (Klavierspiel); vgl. à quatre mains

A

Ad|hä|rens *das; -, ...renzien* ⟨*lat.*⟩: 1. (veraltet) Anhaftendes, Zubehör. 2. (Chem.) Klebstoff. **ad|hä|rent:** 1. anhängend, anhaftend (von Körpern); vgl. Adhäsion (1). 2. angewachsen, verwachsen (von Geweben od. Pflanzenteilen); vgl. Adhäsion (2, 3) **Ad|hä|renz** *die; -, -en* ⟨*lat.-mlat.*⟩: (veraltet) Hingebung, Anhänglichkeit **ad|hä|rie|ren** ⟨*lat.*⟩: 1. anhaften, anhängen (von Körpern od. Geweben). 2. (veraltet) beipflichten **Ad|hä|si|on** *die; -, -en:* 1. a) das Haften zweier Stoffe od. Körper aneinander; b) (Phys.) das Aneinanderhaften der Moleküle im Bereich der Grenzfläche zweier verschiedener Stoffe. 2. (Med.) Verklebung von Organen, Geweben, Eingeweiden u. a. nach Operationen od. Entzündungen. 3. (Bot.) Verwachsung in der Blüte einer Pflanze, z. B. Staubblatt mit Fruchtblatt **Ad|hä|si|ons|ver|schluss** *der; -es, ...verschlüsse:* mit einer Haftschicht versehener Verschluss zum Öffnen und Wiederverschließen von Briefen o. Ä. **ad|hä|siv** ⟨*lat.-nlat.*⟩: anhaftend, [an]klebend **ad|hi|bie|ren** ⟨*lat.*⟩: (veraltet) anwenden, gebrauchen **ad hoc** ⟨*lat.*⟩: 1. [eigens] zu diesem Zweck [gebildet, gemacht]. 2. aus dem Augenblick heraus [entstanden] **Ad-hoc-Pu|b|li|zi|tät** *die; -:* Verpflichtung eines ↑ Emittenten zur unverzüglichen Veröffentlichung aller Tatsachen, die den Kurs des zugelassenen Wertpapiers erheblich beeinflussen können **ad ho|mi|nem** ⟨*lat.;* „zum Menschen hin"⟩: auf die Bedürfnisse u. Möglichkeiten des Menschen abgestimmt; **ad hominem demonstrieren:** jmdm. etwas so widerlegen od. beweisen, dass die Rücksicht auf die Eigenart der Person u. die Bezugnahme auf die ihr geläufigen Vorstellungen, nicht aber die Sache selbst die Methode bestimmen **ad ho|no|rem** ⟨*lat.*⟩: zu Ehren, ehrenhalber **Ad|hor|ta|ti|on** *die; -, -en* ⟨*lat.*⟩: (veraltet) Ermahnung **ad|hor|ta|tiv:** (veraltet) ermah-

nend. **Ad|hor|ta|tiv** [auch: ...'ti:f] *der; -s, -e:* Imperativ, der zu gemeinsamer Tat auffordert (z. B.: *Hoffen* wir es!) **a|di|a|bat:** ↑ adiabatisch **A|di|a|ba|te** *die; -, -n* ⟨*gr.-nlat.*⟩: (Phys., Meteor.) Kurve der Zustandsänderung von Gas (Luft), wenn Wärme weder zu- noch abgeführt wird **a|di|a|ba|tisch** („nicht hindurchtretend"): (Phys., Meteor.) ohne Wärmeaustausch verlaufend (von Gas od. Luft) **A|di|a|do|cho|ki|ne|se** *die; - ⟨gr.-nlat.*⟩: (Med.) Unfähigkeit, entgegengesetzte Muskelbewegungen rasch hintereinander auszuführen, z. B. Beugen u. Strecken der Finger **A|di|a|fon** vgl. Adiaphon **A|di|an|tum** *das; -s, ...ten* ⟨*gr.- lat.*⟩: Haarfarn (subtropische Art der Tüpfelfarne, z. B. Frauenhaar) **A|di|a|phon,** auch: ...fon *das; -s, -e* ⟨*gr.*⟩: 1. Tasteninstrument, bei dem vertikal aufgestellte Stahlstäbe durch Anreißen zum Klingen gebracht werden. 2. Stimmgabelklavier, bei dem abgestimmte Stimmgabeln die Töne erzeugen **A|di|a|pho|ron** *das; -s, ...ra* (meist Plural) ⟨*gr.;* „nicht Unterscheidendes"⟩: 1. Gleichgültiges. 2. (Philos.) Sache od. Verhaltensweise, die weder gut noch böse u. damit moralisch wertneutral ist. 3. a) (Theol.) sittliche od. kultische Handlung, die in Bezug auf Heil od. Rechtgläubigkeit unerheblich ist; b) Verhaltensweise, die gesellschaftlich nicht normiert ist u. deshalb in den persönlichen Freiheitsspielraum fällt **a|di|eu** [a'diø:] ⟨*lat.-fr.;* „Gott befohlen"⟩: (veraltend, aber noch landsch.) leb[t] wohl!; vgl. addio. **A|di|eu** *das; -s, -s:* (veraltend) Lebewohl (Abschiedsgruß) **Ä|di|ku|la** *die; -, ...lä* ⟨*lat.;* „kleiner Bau"⟩: a) kleiner antiker Tempel; b) altchristliche [Grab]kapelle; c) kleiner Aufbau zur Aufnahme eines Standbildes; d) Umrahmung von Fenstern, Nischen u. a. mit Säulen, Dach u. Giebel **Ä|dil** *der; -s od. -en, -en* ⟨*lat.*⟩: (hist.) hoher altrömischer Be-

amter, der für Polizeiaufsicht, Lebensmittelversorgung u. Ausrichtung der öffentlichen Spiele verantwortlich war. **Ä|di|li|tät** *die; -:* Amt u. Würde eines Ädils **ad in|fi|ni|tum,** in infinitum ⟨*lat.;* „bis ins Grenzenlose, Unendliche"⟩: beliebig, unendlich lange, unbegrenzt (sich fortsetzen lassend) **A|di|nol** *der; -s, -e* ⟨*gr.-nlat.*⟩: (Geol.) ein feinkörniges Gestein, das durch ↑ Kontaktmetamorphose beim Eindringen von ↑ Diabas in Tongesteine entsteht **ad in|te|rim** ⟨*lat.*⟩: einstweilen, unterdessen; vorläufig; Abk.: a. i. **A|di|pin|säu|re** *die; - ⟨lat.-nlat.; dt.*⟩: eine organische Fettsäure (Zwischenprodukt bei der Herstellung von ↑ Polyamiden) **A|di|po|cire** [...'si:ɐ̯] *die; - ⟨lat.-fr.*⟩: in Leichen, die luftabgeschlossen in Wasser od. feuchtem Boden liegen, entstehendes wachsähnliches Fett (Leichenwachs) **a|di|pös:** fett[reich], verfettet **A|di|po|si|tas** *die; - ⟨lat.-nlat.*⟩: (Med.) a) Fettsucht, Fettleibigkeit; b) übermäßige Vermehrung od. Bildung von Fettgewebe **A|dip|sie** *die; - ⟨gr.-nlat.*⟩: (Med.) mangelndes Trinkbedürfnis, Trinkunlust **à dis|cré|ti|on** [adiskre'sjõ:] ⟨*lat.-fr.*⟩: nach Belieben, beliebig viel **A|di|u|re|tin** *das; -s ⟨gr.*⟩: ↑ Vasopressin **Ad|ja|zent** *der; -en, -en* ⟨*lat.*⟩: Anwohner, Anrainer, Grenznachbar **ad|ja|ze|ren** ⟨*lat.;* „bei od. neben etwas liegen"⟩: angrenzen **Ad|jek|ti|on** *die; -, -en* ⟨*lat.*⟩: Mehrgebot bei Versteigerungen **ad|jek|tiv:** zum Beifügen geeignet, beigefügt; **adjektive Farben:** Farbstoffe, die nur zusammen mit einer Beize färben. **Ad|jek|tiv** *das; -s, -e:* Eigenschaftswort, Artwort; Abk.: Adj. **Ad|jek|tiv|ab|s|trak|tum** *das; -s, ...ta:* von einem Adjektiv abgeleitetes ↑ Abstraktum (z. B. „Tiefe" von „tief") **Ad|jek|ti|vie|rung** *die; -, -en* ⟨*lat.-nlat.*⟩: Verwendung eines Sub-

stantivs od. Adverbs als Adjektiv (z. B. ernst, selten). **ad|jek|ti|visch:** eigenschaftswörtlich, als Adjektiv gebraucht. **Ad|jek|ti|vum** *das; -s, …va ⟨lat.⟩:* ↑ Adjektiv
Ad|ju|di|ka|ti|on *die; -, -en ⟨lat.⟩:* (Völkerrecht) Zuerkennung eines von zwei od. mehr Staaten beanspruchten Gebiets[teiles] durch ein internationales Gericht. **ad|ju|di|ka|tiv** *⟨lat.-nlat.⟩:* zuerkennend, zusprechend **ad|ju|di|zie|ren** *⟨lat.⟩:* zuerkennen, zusprechen **ad|jun|gie|ren** *⟨lat.⟩:* (Math.) zuordnen, beifügen
¹Ad|junkt *das; -s, -e ⟨lat.⟩:* (Sprachw.) sprachliches Element, das mit einem anderen kommutieren, d. h. nicht gleichzeitig mit diesem in einem Satz auftreten kann; Ggs. ↑ Konjunkt
²Ad|junkt *der; -en, -en:* 1. (veraltet) einem Beamten beigeordneter Gehilfe. 2. (österr.) Beamter im niederen Dienst
Ad|junk|te *die; -, -n ⟨lat.⟩:* (Math.) die einem Element einer ↑ Determinante (1) zugeordnete Unterdeterminante
Ad|junk|ti|on *die; -, -en:* 1. Hinzufügung, Beiordnung, Vereinigung. 2. (formale Logik) Verknüpfung zweier Aussagen durch „oder"; nicht ausschließende ↑ Disjunktion (1 c)
Ad|jus|ta|ge *[…'ta:ʒə] die; -, -n ⟨lat.-fr.⟩* „Zurichterei"): 1. a) Einrichten einer Maschine; b) Einstellen eines Werkzeugs; c) (Fachspr.) Nacharbeiten eines Werkstücks. 2. Abteilung in Walz- u. Hammerwerken, in der die Bleche zugeschnitten, gerichtet, geprüft, sortiert u. zum Versand zusammengestellt werden
ad|jus|tie|ren: 1. (Fachspr.) in die entsprechende richtige Stellung o. Ä. bringen. 2. (österr.) ausrüsten, in Uniform kleiden. **Ad|jus|tie|rung** *die; -, -en:* 1. das Adjustieren (1). 2. (österr.) a) Uniform; b) Kleidung, „Aufmachung" (in Bezug auf die äußere Erscheinung eines Menschen)
Ad|ju|tant *der; -en, -en ⟨lat.-span.;* „Helfer, Gehilfe"): den Kommandeuren militärischer Einheiten beigegebener Offizier.

Ad|ju|tan|tur *die; -, -en ⟨nlat.⟩:* a) Amt eines Adjutanten; b) Dienststelle eines Adjutanten
Ad|ju|tor *der; -s, …oren ⟨lat.⟩:* Helfer, Gehilfe
Ad|ju|tum *das; -s, …ten:* 1. (veraltet) [Bei]hilfe, Zuschuss. 2. (österr.) erste, vorläufige Entlohnung eines Praktikanten im Gerichtsdienst
Ad|ju|vans [auch: 'ju:…] *das; -, …anzien (auch: …antien) u. …antia:* (Med.) ein die Wirkung unterstützender Zusatz zu einer Arznei
Ad|ju|vant *der; -en, -en:* (veraltet) Gehilfe, Helfer, bes. Hilfslehrer
Ad|ju|van|t|chor *der; -[e]s, …chöre:* (früher) vor allem in kleineren Orten gebildeter Laienchor, der den Gottesdienst musikalisch ausgestaltete
Ad|la|tus *der; -, …ten ⟨lat.-nlat.; „zur Seite (stehend)"⟩:* (veraltet, heute noch scherzh.) meist jüngerer untergeordneter Helfer, Gehilfe, Beistand
ad li|bi|tum *⟨lat.; „nach Belieben"⟩:* 1. nach Belieben. 2. (Mus.) a) Vortragsbezeichnung, mit der das Tempo des damit bezeichneten Musikstücks dem Interpreten freigestellt wird; b) nach Belieben zu benutzen od. wegzulassen (in Bezug auf die zusätzliche Verwendung eines Musikinstruments); Ggs. ↑ obligat (2). 3. Hinweis auf Rezepten zur beliebige Verwendung bestimmter Arzneibestandteile; Abk.: ad lib., a. l.
Ad|li|gat *das; -s, -e ⟨lat.; „das Verbundene"⟩:* (Buchw.) selbstständige Schrift, die mit anderen zu einem Band zusammengebunden worden ist
ad ma|io|rem Dei glo|ri|am vgl. omnia ad …
ad ma|num me|di|ci *⟨lat.⟩;* eigtl. „zur Hand des Arztes"), **ad manus me|di|ci** [- 'ma:nu:s -]: zu Händen des Arztes, z. B. als Hinweis bei Medikamenten; Abk.: ad m. m.
Ad|mi|nis|t|ra|ti|on *die; -, -en ⟨lat.; 3, 4: lat.-engl.⟩:* 1. a) Verwaltung; b) Verwaltungsbehörde. 2. (abwertend) bürokratisches Anordnen, Verfügen. 3. Regelung militärischer Angelegenheiten außerhalb von Strategie u. Tak-

tik. 4. Regierung, bes. in Bezug auf die USA. **ad|mi|nis|t|ra|tiv:** a) zur Verwaltung gehörend; b) behördlich; c) (abwertend) bürokratisch
Ad|mi|nis|t|ra|tor *der; -s, …oren ⟨lat.; 2: lat.-engl.⟩:* 1. Verwalter, Bevollmächtigter. 2. (EDV) Betreuer eines Rechnersystems bzw. eines Netzwerks (z. B. eines Intranets). **Ad|mi|nis|t|ra|to|rin** *die; -, -nen:* weibliche Form zu ↑ Administrator
ad|mi|nis|t|rie|ren: a) verwalten; b) (abwertend) bürokratisch anordnen, verfügen
ad|mi|ra|bel *⟨lat.⟩:* (veraltet) bewundernswert
Ad|mi|ral *der; -s, -e (auch: …äle) ⟨arab.-fr.⟩:* 1. Seeoffizier im Generalsrang. 2. schwarzbrauner Tagfalter mit weißen Flecken u. roten Streifen. 3. warmes Getränk aus Rotwein, Zucker, Eiern u. Gewürzen
Ad|mi|ra|li|tät *die; -, -en:* 1. Gesamtheit der Admirale (1). 2. oberste Kommandostelle u. Verwaltungsbehörde einer Kriegsmarine
Ad|mi|ra|li|täts|kar|te *die; -, -n:* eine von der Admiralität herausgegebene Seekarte
Ad|mi|ral|stab *der; -s, …stäbe:* oberster Führungsstab einer Kriegsmarine
Ad|mi|ra|ti|on *die; -, -en ⟨lat.⟩:* (veraltet) Bewunderung. **ad|mi|rie|ren:** (veraltet) bewundern
Ad|mis|si|on *die; -, -en ⟨lat.; „Zulassung"⟩:* 1. a) Übertragung eines katholischen geistlichen Amtes an eine Person trotz ↑ kanonischer (1) Bedenken; b) Aufnahme in eine ↑ Kongregation (1). 2. Einlass des Dampfes in den Zylinder einer Dampfmaschine
Ad|mit|tanz *die; - ⟨lat.-engl.⟩:* (Phys.) Leitwert des Wechselstroms, Kehrwert des Wechselstromwiderstandes
ad mo|dum *⟨lat.⟩:* nach Art u. Weise
ad|mo|nie|ren *⟨lat.⟩:* (veraltet) 1. erinnern, ermahnen. 2. verwarnen; einen Verweis erteilen. **Ad|mo|ni|ti|on** *die; -, -en:* (veraltet) Ermahnung, Verwarnung, Verweis
ad mul|tos an|nos *⟨lat.⟩:* auf viele Jahre (als Glückwunsch)

A

ad nau|se|am ⟨*lat.; gr.-lat.*⟩: bis zum Überdruss

Ad|nex *der; -es, -e* ⟨*lat.*⟩: 1. Anhang. 2. (meist Plural; Med.) a) Anhangsgebilde von Organen des menschlichen od. tierischen Körpers (z. B. Augenlid; b) Anhangsgebilde (Eierstöcke u. Eileiter) der Gebärmutter. **Ad|ne|xi|tis** *die; -, ...iti|den* ⟨*lat.-nlat.*⟩: (Med.) Entzündung der Gebärmutteradnexe

ad|no|mi|nal ⟨*lat.-nlat.*⟩: a) zum Substantiv (Nomen) hinzutretend; b) vom Substantiv syntaktisch abhängend

ad no|tam ⟨*lat.*⟩: (veraltet) zur Kenntnis; **ad notam nehmen:** etwas zur Kenntnis nehmen, sich etwas gut merken

A|do|be *der; -, -s* ⟨*arab.-span.*⟩: luftgetrockneter Lehmziegel

ad o|cu|los ⟨*lat.*⟩: vor Augen; **ad oculos demonstrieren:** etwas vor Augen führen, durch Anschauungsmaterial o. Ä. beweisen

a|do|les|zent ⟨*lat.*⟩: heranwachsend, in jugendlichen Alter (ca. 17. bis 20. Lebensjahr) stehend. **A|do|les|zenz** *die; -:* Jugendalter, bes. der Lebensabschnitt nach beendeter Pubertät

A|do|nai ⟨*hebr.; „mein Herr"*⟩: (Rel.) alttest. Umschreibung für den Gottesnamen „Jahwe", der aus religiöser Scheu nicht ausgesprochen werden durfte

¹**A|do|nis** *der; -, -se* ⟨schöner Jüngling der griechischen Sage⟩: schöner [junger] Mann

²**A|do|nis** *die; -, -:* Hahnenfußgewächs (Adonisröschen)

a|do|nisch: schön [wie Adonis]; **adonischer Vers:** antiker Kurzvers (Schema: – ∪ ∪ | – ∪). **A|do|ni|us** *der; - ⟨gr.-lat.⟩:* ↑ adonischer Vers

A|d|op|ti|a|nis|mus *der; - ⟨lat.⟩:* (Rel.) Lehre, nach der Christus seiner menschlichen Natur nach nur als von Gott „adoptierter" Sohn zu gelten hat

a|d|op|tie|ren ⟨*lat.; „hinzuerwählen"*⟩: 1. als Kind annehmen. 2. etwas annehmen, nachahmend sich aneignen, z. B. einen Namen, Führungsstil adoptieren

A|d|op|ti|on *die; -, -en:* 1. das Adoptieren. 2. Annahme, Genehmigung

A|d|op|tiv|el|tern *die* (Plural): Eltern eines Adoptivkindes

A|d|op|tiv|kind *das; -[e]s, -er:* adoptiertes Kind

a|d|o|ra|bel ⟨*lat.*⟩: (veraltet) anbetungs-, verehrungswürdig

a|d|o|ral ⟨*lat.-nlat.*⟩: (Med.) um den Mund herum, mundwärts

A|d|o|rant *der; -en, -en ⟨lat.; „Anbetender"⟩:* stehende od. kniende Gestalt, die mit erhobenen Händen Gott anbetet od. einen Heiligen verehrt (in der christlichen Kunst)

A|d|o|ra|ti|on *die; -, -en:* a) Anbetung, Verehrung, bes. des Altarsakraments in der katholischen Kirche; b) dem neu gewählten Papst erwiesene Huldigung der Kardinäle (durch Kniefall u. Fußkuss)

a|d|o|rie|ren: anbeten, verehren

A|dos|se|ment *[...'mã:] das; -s, -s ⟨lat.-fr.⟩:* (veraltet) Böschung, Abschrägung

a|dos|sie|ren ⟨*lat.-fr.*⟩: (veraltet) anlehnen, abschrägen, abdachen. **a|dos|siert:** (Bot.) mit der Blattunterseite der Abstammungs- od. Mutterachse des Seitensprosses zugekehrt (in Bezug auf das Vorblatt)

a|dou|cie|ren *[adu'si:...] ⟨lat.-fr.⟩:* (veraltet) 1. a) versüßen; b) mildern; c) besänftigen. 2. ↑ tempern. 3. (Farben) verwischen, verdünnen

ad per|pe|tu|am me|mo|ri|am ⟨*lat.*⟩: zu dauerndem Gedächtnis

ad pub|li|can|dum ⟨*lat.*⟩: zur Veröffentlichung

ad re|fe|ren|dum ⟨*lat.*⟩: zum Berichten, zur Berichterstattung

ad rem ⟨*lat.*⟩: zur Sache [gehörend]

A|d|re|ma® *die; -, -s* ⟨Kurzw.⟩: eine ↑ Adressiermaschine. **a|d|re|mie|ren:** mit der Adrema beschriften

a|d|re|nal ⟨*lat.*⟩: die Nebenniere betreffend. **A|d|re|na|lin** *das; -s:* Hormon des Nebennierenmarks. **a|d|re|na|lo|trop** ⟨*lat.; gr.*⟩: (Med.) auf das Nebennierenmark einwirkend

A|d|re|n|ar|che *die; - ⟨lat.; gr.⟩:* Beginn vermehrter, der Pubertät vorausgehender Produktion von ↑ Androgen in der Nebennierenrinde

a|d|re|no|ge|ni|tal: Nebenniere und Keimdrüsen betreffend;

adrenogenitales Syndrom: krankhafte Überproduktion von männlichen Geschlechtshormonen durch die Nebennierenrinde

A|d|re|no|ly|ti|kum *das; -s, ...ka* ⟨*gr.-lat.*⟩: (Med.) Substanz, die die Wirkung des ↑ Adrenalins aufhebt

A|d|re|no|s|te|ron *das; -s:* Hormon der Nebennierenrinde

A|d|res|sant *der; -en, -en ⟨lat.-vulgärlat.-fr.⟩:* Absender [einer Postsendung]. **A|d|res|san|tin** *die; -, -nen:* weibliche Form zu ↑ Adressant

A|d|res|sat *der; -en, -en:* 1. Empfänger [einer Postsendung]; jmd., an den etwas gerichtet, für den etwas bestimmt ist. 2. (veraltet) der Bezogene (derjenige, an den der Zahlungsauftrag gerichtet ist) beim bezogenen Wechsel. 3. ⟨*lat.-vulgärlat.-fr.-engl.*⟩ Schüler, Kursteilnehmer (im programmierten Unterricht). **A|d|res|sa|tin** *die; -, -nen:* weibliche Form zu ↑ Adressat

A|d|ress|buch *das; -[e]s, ...bücher:* Einwohner-, Anschriftenverzeichnis

¹**A|d|res|se** *die; -, -n ⟨lat.-vulgärlat.-fr.⟩:* 1. Anschrift, Aufschrift, Wohnungsangabe. 2. Angabe des Verlegers [auf Kupferstichen]

²**A|d|res|se** *die; -, -n ⟨lat.-vulgärlat.-fr.-engl.⟩:* 1. (Pol.) schriftlich formulierte Meinungsäußerung, die von Einzelpersonen od. dem Parlament an das Staatsoberhaupt, die Regierung o. Ä. gerichtet wird. 2. (EDV) Nummer einer bestimmten Speicherzelle im Speicher eines Computers

a|d|res|sie|ren ⟨*lat.-vulgärlat.-fr.⟩:* 1. a) mit der ¹Adresse versehen; b) eine Postsendung an jmdn. richten. 2. jmdn. direkt ansprechen

A|d|res|sier|ma|schi|ne *die; -, -n:* Maschine zum Aufdruck regelmäßig benötigter Adressen; vgl. Adrema

A|d|ress|spe|di|teur, auch: Adress-Spediteur *der; -s, -e:* Empfangsspediteur, der Sammelgut empfängt u. weiterleitet

a|d|rett ⟨*lat.-vulgärlat.-fr.*⟩: 1. a) durch ordentliche, sorgfältige, gepflegte Kleidung u. entsprechende Haltung äußerlich ansprechend; b) sauber, ordentlich, proper (in Bezug auf Kleidung o. Ä.). 2. (veraltet) gewandt, flink

A|d|ria das; -[s] ⟨Fantasiebezeichnung⟩: a) ripsartiges Gewebe aus Seide od. Chemiefasern; b) Kammgarn in Schrägbindung (einer bestimmten Webart)

A|d|ri|enne [...ˈɛn], Andrienne die; -, -s ⟨fr.⟩: loses Frauenüberkleid des Rokokos

A|d|rio das; -s, -s ⟨fr.⟩: (schweiz.) im ↑ Omentum eines Schweinebauchfells eingenähte, faustgroße Bratwurstmasse aus Kalb- od. Schweinefleisch

A|d|rit|tu|ra das; - ⟨it.⟩: Einziehung der Regressforderung durch einen Rückwechsel od. ohne Vermittlung eines Maklers

ad sa|tu|ra|ti|o|nem ⟨lat.⟩: bis zur Sättigung (Angabe auf ärztlichen Rezepten); Abk.: ad sat.

Ad-Ser|ver [ˈædsɑːvɐ] der; -s, - ⟨engl.⟩: (EDV) Server (2) für die [Banner]werbung im Internet

ADSL das; - ⟨Abk. für engl. asymmetric digital subscriber line „asymmetrische digitale Anschlussleitung"⟩: (EDV) Verfahren, das Hochgeschwindigkeitsübertragungen von digitalen Signalen über ein gewöhnlich verdrilltes Kupfertelefonkabel erlaubt; vgl. DSL

Ad|sor|bat das; -s, -e: ↑ Adsorptiv

Ad|sor|bens das; -, ...benzien od. ...bentia ⟨lat.-nlat.⟩ u. **Ad|sorber** der; -s, - ⟨anglisierende Neubildung⟩: 1. der bei der Adsorption adsorbierende Stoff. 2. Stoff, der infolge seiner Oberflächenaktivität gelöste Substanzen u. Gase (physikalisch) an sich bindet

ad|sor|bie|ren ⟨lat.-nlat.⟩: Gase od. gelöste Stoffe an der Oberfläche eines festen Stoffes anlagern

Ad|sor|pti|on die; -, -en: Anlagerung von Gasen od. gelösten Stoffen an der Oberfläche eines festen Stoffes

ad|sorp|tiv: a) zur Adsorption fähig; b) nach Art einer Adsorption. **Ad|sorp|tiv** das; -s, -e: der bei der Adsorption adsorbierte Stoff

ad spec|ta|to|res ⟨lat.; „an die Zu-

schauer"⟩: an das Publikum [gerichtet] (von Äußerungen eines Schauspielers auf der Bühne)

Ad|s|t|rat das; -[e]s, -e ⟨lat.⟩: (Sprachw.) fremdsprachlicher Bestandteil in einer Sprache, der auf den Einfluss der Sprache eines Nachbarlandes zurückzuführen ist

Ad|strin|gens das; -, ...genzien od. ...gentia ⟨lat.⟩: (Med.) auf Schleimhäute od. Wunden zusammenziehend wirkendes, blutstillendes Mittel

Ad|strin|gent das; -s, -s: Gesichtswasser, das ein Zusammenziehen der Poren bewirkt

ad|strin|gie|ren ⟨lat.⟩: zusammenziehend wirken (von Arzneimitteln)

a due [a ˈduːe] ⟨lat.-it.⟩: (Mus.) Anweisung in Partituren, eine Instrumentalstimme doppelt zu besetzen

A|du|lar der; -s, -e ⟨nach den Adulaalpen in Graubünden⟩: Feldspat (ein Mineral)

a|dult ⟨lat.⟩: (Med.) erwachsen; geschlechtsreif

A|dul|ter der; -s, - ⟨lat.⟩: (veraltet) Ehebrecher. **A|dul|te|ra** die; -, -s: (veraltet) Ehebrecherin

A|dult|school [ˈædʌltskuːl], auch: **A|dult-School** die; -, -s ⟨engl.; „Erwachsenenschule"⟩: Einrichtung zur Fortbildung, Umschulung u. Weiterbildung von Erwachsenen

ad us. med. ↑ ad usum medici

ad us. prop. ↑ ad usum proprium

ad u|sum ⟨lat.⟩: zum Gebrauch (Angabe auf ärztlichen Rezepten); Abk.: ad us.

ad u|sum Del|phi|ni ⟨„zum Gebrauch des Dauphins"⟩: für Schüler bearbeitet (von Klassikerausgaben, aus denen moralisch u. politisch anstößige Stellen entfernt sind)

ad u|sum me|di|ci, pro usu medici: für den persönlichen Gebrauch des Arztes bestimmt (Aufdrucke auf unverkäuflichen Arzneimustern; Abk.: ad us. med. und pro us. med.)

ad u|sum pro|p|ri|um: für den eigenen Gebrauch (Hinweis auf ärztlichen Rezepten, die für den ausstellenden Arzt selbst bestimmt sind); Abk.: ad us. prop.

ad va|lo|rem ⟨lat.; „dem Wert nach"⟩: vom Warenwert (Be-

rechnungsgrundlage bei der Zollbemessung)

Ad|van|tage [ɛtˈvaːntɪtʃ] der; -s, -s ⟨lat.-fr.-engl.; „Vorteil"⟩: unmittelbar nach dem Einstand gewonnener Punkt beim Tennis

Ad|vek|ti|on die; -, -en ⟨lat.⟩: 1. (Meteor.) in waagerechter Richtung erfolgende Zufuhr von Luftmassen; Ggs. ↑ Konvektion (2). 2. (Ozeanographie) in waagerechter Richtung erfolgende Verfrachtung (Bewegung) von Wassermassen in den Weltmeeren; Ggs. ↑ Konvektion (3)

ad|vek|tiv ⟨lat.-nlat.⟩: durch ↑ Advektion herbeigeführt

Ad|ve|ni|at das; -s, -s ⟨lat.; „es komme (dein Reich)"⟩: Weihnachtsspende der Katholiken zur Unterstützung der Kirche in Lateinamerika

Ad|vent der; -[e]s, -e ⟨„Ankunft" (Christi)⟩: a) der die letzten vier Sonntage vor Weihnachten umfassende Zeitraum, der das christliche Kirchenjahr einleitet; b) einer der vier Sonntage der Adventszeit

Ad|ven|tis|mus der; - ⟨lat.-engl.-amerik.⟩: Glaubenslehre der Adventisten. **Ad|ven|tist** der; -en, -en: Angehöriger einer der Glaubensgemeinschaften, die an die baldige Wiederkehr Christi glauben. **Ad|ven|tis|tin** die; -, -nen: weibliche Form zu ↑ Adventist. **ad|ven|tis|tisch**: die Lehre des Adventismus betreffend

Ad|ven|ti|tia die; - ⟨lat.-nlat.⟩: (Med., Biol.) die aus Bindegewebe u. elastischen Fasern bestehende äußere Wand der Blutgefäße

Ad|ven|tiv|bil|dung die; -, -en: Bildung von Organen an ungewöhnlichen Stellen bei einer Pflanze (z. B. Wurzeln am Spross)

Ad|ven|tiv|kra|ter der; -s, -: Nebenkrater auf dem Hang eines Vulkankegels

Ad|ven|tiv|pflan|ze die; -, -n: Pflanze eines Gebiets, die dort nicht schon immer vorkam, sondern absichtlich als Zierod. Nutzpflanze eingeführt od. unabsichtlich eingeschleppt wurde

Ad|verb das; -s, -ien ⟨lat.⟩: Umstandswort; Abk.: Adv. **ad|ver-**

A

bal ⟨*nlat.*⟩: zum ↑ Verb hinzutretend, von ihm syntaktisch abhängend

ad|ver|bi|al: als Umstandswort [gebraucht], Umstands...; **adverbiale Bestimmung:** ↑ Adverbialbestimmung; **adverbialer Akkusativ** od. **Genitiv:** Umstandsangabe in Form eines Substantivs im Akkusativ od. Genitiv. **Ad|ver|bi|al** *das; -s, -e:* ↑ Adverbiale

Ad|ver|bi|al|ad|jek|tiv *das; -s, -e:* Adjektiv, das das Substantiv, bei dem es steht, nach seiner räumlichen od. zeitlichen Lage charakterisiert (z. B. der *heutige* Tag)

Ad|ver|bi|al|be|stim|mung *die; -, -en:* Umstandsbestimmung, -angabe

Ad|ver|bi|a|le *das; -s, -n u. ...lia u. ...lien:* ↑ Adverbialbestimmung

Ad|ver|bi|al|satz *der; -es, ...sätze:* Gliedsatz (Nebensatz), der einen Umstand angibt (z. B. Zeit, Ursache); Umstandssatz

ad|ver|bi|ell: ↑ adverbial; vgl. ...al/ ...ell

Ad|ver|bi|um *das; -s, ...ien* (auch: ...bia): ↑ Adverb

Ad|ver|sa|ria, Ad|ver|sa|ri|en *die* (Plural) ⟨*lat.*⟩: a) unverarbeitete Aufzeichnungen, Kladde; b) Sammlungen von Notizen

ad|ver|sa|tiv ⟨*lat.*⟩: einen Gegensatz bildend, gegensätzlich, entgegensetzend; **adversative Konjunktion:** entgegensetzendes Bindewort (z. B. aber); **adversatives Asyndeton:** bindewortlose Wort- od. Satzreihe, deren Glieder gegensätzliche Bedeutung haben, z. B. heute rot, morgen tot

Ad|ver|ti|sing [ˈɛtvətaɪzɪŋ] *das; -s, -s* ⟨*engl.*⟩: Reklame; Werbung

Ad-View [ˈædvjuː] *der; -s, -s* ⟨*engl.*⟩: (EDV) Zugriff des Nutzers auf ein Werbebanner im Internet

ad vitr. ↑ ad vitrum. **ad vi|t|rum** ⟨*lat.;* „in ein Glas"⟩: in einer Flasche [abzugeben] (Angabe auf ärztlichen Rezepten); Abk.: ad vitr.

Ad|vo|ca|tus Dei *der; - -, ...ti - -* ⟨*lat.;* „Anwalt Gottes"⟩: scherzhaft gemeinte Bez. für den „Fürsprecher" in einem Heilig-od. Seligsprechungsprozess der katholischen Kirche, der die

Gründe für die Heilig- od. Seligsprechung darlegt

Ad|vo|ca|tus Di|a|bo|li *der; - -, ...ti - -* ⟨*lat.;* „Anwalt des Teufels"⟩: 1. scherzhaft gemeinte Bez. für den „Glaubensanwalt" in einem Heilig- od. Seligsprechungsprozess der katholischen Kirche, der die Gründe gegen die Heilig- od. Seligsprechung darlegt. 2. jmd., der um der Sache willen mit seinen Argumenten die Gegenseite vertritt, ohne selbst zur Gegenseite zu gehören

ad vo|cem ⟨*lat.*⟩: zu dem Wort [ist zu bemerken], dazu wäre zu sagen

Ad|vo|kat *der; -en, -en* ⟨*lat.;* „der Herbeigerufene"⟩: (landsch., sonst veraltet) [Rechts]anwalt, Rechtsbeistand. **Ad|vo|ka|tur** *die; -, -en* ⟨*nlat.*⟩: (landsch., sonst veraltet) Rechtsanwaltschaft. **ad|vo|zie|ren:** (veraltet) als Advokat arbeiten

A|dy|na|m|an|d|rie *die; - -* ⟨*gr.-nlat.*⟩: (Bot.) Funktionsunfähigkeit der männlichen Teile od. Pollen einer Blüte; vgl. Adynamogynie

A|dy|na|mie *die; -, ...ien:* Kraftlosigkeit, Muskelschwäche. **a|dy|na|misch:** kraftlos, schwach, ohne ↑ Dynamik (2)

A|dy|na|mo|gy|nie *die; -:* (Bot.) Funktionsunfähigkeit der weiblichen Teile einer Blüte

A|dy|ton *das; -s, ...ta* ⟨*gr.;* „das Unbetretbare"⟩: das Allerheiligste (von griechischen u. römischen Tempeln)

Aech|me [ɛç...] *die; -, ...men* ⟨*gr.*⟩: (Bot.) Zimmerpflanze mit in Rosetten angeordneten Blättern; Lanzenrosette

a|er..., A|er... vgl. aero..., Aero...

A|e|rä|mie [ae...] *die; -, ...ien* ⟨*gr.*⟩: (Med.) Bildung von Stickstoffbläschen im Blut bei plötzlichem Abnehmen des äußeren Luftdrucks (z. B. bei Tauchern)

A|e|r|en|chym *das; -s, -e* ⟨*gr.-nlat.*⟩: mit der Außenluft in Verbindung stehende Interzellularraum (vgl. interzellular) bei Wasser- u. Sumpfpflanzen

A|e|ri|al *das; -s:* der freie Luftraum als Lebensbezirk der Landtiere; vgl. Biotop

a|e|ri|fi|zie|ren: ↑ vertikutieren

a|e|ril, a|e|risch: (Geol.) durch Luft- od. Windeinwirkung entstanden

a|e|ro..., A|e|ro...

vor Vokalen meist aer..., Aer... ⟨zu *gr.* aër „Luft"⟩ Wortbildungselement mit der Bedeutung „Luft, Gas":
– Aerämie
– aerodynamisch
– Aeromedizin
Von gleicher Herkunft und Bedeutung ist auch das Wortbildungselement **air..., Air...** Vermittelt über *lat.* aer, *fr.* air und *engl.* air „Luft", ist es Bestandteil vieler Fremdwörter, wie z. B. in Airbag, Aircondition, Airmail und Airport.

a|e|rob ⟨*gr.-nlat.*⟩: (Biol.) Sauerstoff zum Leben brauchend (von Organismen)

A|e|ro|bat *der; -en, -en* ⟨*gr.;* „Luftwandler"⟩: 1. Seiltänzer. 2. Grübler, Träumer. **A|e|ro|ba|tik** *die; -* ⟨*gr.-engl.*⟩: Kunstflug[vorführung]

Ae|ro|bic [ɛˈroːbɪk] *das; -s,* (auch:) *die; -* ⟨*gr.-engl.*⟩: Fitnesstraining mit tänzerischen u. gymnastischen Übungen

A|e|ro|bi|er *der; -s, -* ⟨*gr.-nlat.*⟩: Organismus, der nur mit Sauerstoff leben kann; Ggs. ↑ Anaerobier

A|e|ro|bi|o|lo|gie *die; -:* Teilgebiet der Biologie, das sich mit der Erforschung der lebenden Mikroorganismen in der Atmosphäre befasst

A|e|ro|bi|ont *der; -en, -en:* ↑ Aerobier

A|e|ro|bi|os *der; -:* die Gesamtheit der Lebewesen des freien Luftraums, besonders die fliegenden Tiere, die ihre Nahrung im Flug aufnehmen; vgl. Benthos

A|e|ro|bi|o|se *die; -:* auf Luftsauerstoff angewiesene Lebensvorgänge; Ggs. ↑ Anaerobiose

A|e|ro|bus *der; -ses, -se* ⟨aus ↑*Aero...* u. Omnibus⟩: 1. Hubschrauber im Taxidienst. 2. Nahverkehrsmittel, das aus einer Kabine besteht, die an Kabeln zwischen Masten schwebt

A|e|ro|club vgl. Aeroklub

A|e|ro|drom *das; -s, -e:* (veraltet) Flugplatz

A|e|ro|dy|na|mik *die; -:* Lehre von der Bewegung gasförmiger Stoffe, bes. der Luft. **A|e|ro|dy|na|mi|ker** *der; -s, -:* Wissenschaftler auf dem Gebiet der Aerodynamik. A|e|ro|dy|na|mi|ke|rin die; -, -nen: weibliche Form zu ↑ Aerodynamiker. a|e|ro|dy|na|misch: a) zur Aerodynamik gehörend; b) den Gesetzen der Aerodynamik unterliegend

A|e|ro|e|las|ti|zi|tät die; -: das Verhalten der elastischen Bauteile gegenüber den aerodynamischen Kräften (Schwingen, Flattern) bei Flugzeugen

A|e|ro|fon vgl. Aerophon

A|e|ro|fo|to|gra|fie vgl. Aerophotographie

A|e|ro|gel|le die (Plural) ⟨zu ↑ Gel⟩: zur Wärmedämmung eingesetzte hochporöse, federleichte Materialien

a|e|ro|gen: 1. Gase bildend (z. B. von Bakterien). 2. durch die Luft übertragen (z. B. von Infektionen)

A|e|ro|ge|o|lo|gie die; -: geologische Erkundung vom Flugzeug od. anderen Flugkörpern aus

A|e|ro|ge|o|phy|sik die; -: Teilgebiet der ↑ Geophysik, in dem die Erforschung geophysikalischer Gegebenheiten vom Flugzeug od. anderen Flugkörpern aus erfolgt

A|e|ro|gramm das; -s, -e: 1. Luftpostleichtbrief. 2. grafische Darstellung von Wärme- u. Feuchtigkeitsverhältnissen in der Atmosphäre

A|e|ro|graph, auch: ...graf der; -en, -en: Spritzgerät zum Zerstäuben von Farbe (mittels Druckluft)

A|e|ro|kar|to|graph, auch: ...graf der; -en, -en: 1. Gerät zum Ausmessen u. ↑ Kartieren von Luftbildaufnahmen. 2. jmd., der mit einem Aerokartographen arbeitet

A|e|ro|kli|ma|to|lo|gie die; -: ↑ Klimatologie der höheren Luftschichten, die sich mit der Erforschung der ↑ Atmosphäre befasst

A|e|ro|klub, auch: Aeroclub der; -s, -s: Luftsportverein

A|e|ro|lith [auch: ...'lɪt] der; -en u. -s, -e[n]: (veraltet) ↑ Meteorit

A|e|ro|lo|gie die; -: Teilgebiet der Meteorologie, das sich mit der Erforschung der höheren Luftschichten befasst. a|e|ro|lo|gisch: a) nach Methoden der Aerologie verfahrend; b) die Aerologie betreffend

A|e|ro|man|tie die; - ⟨gr.-lat.⟩: Wahrsagen mithilfe von Lufterscheinungen

A|e|ro|me|cha|nik die; -: Wissenschaftszweig, der sich mit dem Gleichgewicht u. der Bewegung der Gase, bes. der Luft, befasst; vgl. Aerodynamik u. Aerostatik

A|e|ro|me|di|zin die; -: Teilgebiet der Medizin, dessen Aufgabenstellung die Erforschung der physischen Einwirkungen der Luftfahrt auf den Organismus der Flugreisenden ist

A|e|ro|me|ter das; -s, - ⟨gr.-nlat.⟩: Gerät zum Bestimmen des Luftgewichts od. der Luftdichte

A|e|ro|naut der; -en, -en: (veraltet) Luftfahrer, Luftschiffer. A|e|ro|nau|tik die; -: Luftfahrtkunde. A|e|ro|nau|ti|ker der; -s, -: Fachmann, der sich mit Aeronautik befasst. A|e|ro|nau|ti|ke|rin die; -, -nen: weibliche Form zu ↑ Aeronautiker. a|e|ro|nau|tisch: a) Methoden der Aeronautik anwendend; b) die Aeronautik betreffend

A|e|ro|na|vi|ga|ti|on die; -: Steuerung von Luftfahrzeugen mithilfe von Ortsbestimmungen

A|e|ro|no|mie die; -: Wissenschaftsgebiet, das sich mit der Erforschung der obersten Atmosphäre (über 30 km Höhe) befasst

A|e|ro|pha|gie die; -, ...ien: (Med.) [krankhaftes] Luftschlucken

A|e|ro|pho|bie die; -, ...ien: (Med.) [krankhafte] Angst vor frischer Luft

A|e|ro|phon, auch: Aerofon das; -s, -e: durch Lufteinwirkung zum Tönen gebrachtes Musikinstrument (z. B. Blasinstrument)

A|e|ro|phor der; -s, -e: (Mus.) ein dem Spielen von Blasinstrumenten dienendes Gerät, das durch einen mit dem Fuß zu bedienenden Blasebalg dem Instrument Luft zuführt, unabhängig vom Atem des Spielers

A|e|ro|pho|to|gram|me|t|rie, auch: Aerofotogrammetrie die; -, ...ien: Aufnahme von Messbildern aus der Luft u. ihre Auswertung

A|e|ro|pho|to|gra|phie, auch: Aerofotografie die; -, ...ien: a) (ohne Plural) das Fotografieren aus Luftfahrzeugen (bes. für ↑ kartographische Zwecke); b) Luftmessbild

A|e|ro|phyt der; -en, -en ⟨„Luftpflanze"⟩: Pflanze, die auf einer anderen Pflanze lebt, d. h. den Boden nicht berührt

A|e|ro|plan der; -[e]s, -e: (veraltet) Flugzeug

A|e|ro|sa|lon der; -s, -s: Ausstellung von Fahrzeugen u. Maschinen aus der Luft- u. Raumfahrttechnik

A|e|ro|sol das; -s, -e ⟨gr.; lat.⟩: 1. ein Gas (bes. Luft), das feste od. flüssige Stoffe in feinstverteilter Form enthält. 2. zur Einatmung bestimmtes, flüssige Stoffe in feinstverteilter Form enthaltendes Arznei- od. Entkeimungsmittel (in Form von Sprühnebeln)

A|e|ro|sol|bom|be die; -, -n: Behälter zum Zerstäuben eines Aerosols

a|e|ro|sol|lie|ren: Aerosole, z. B. Pflanzenschutz- od. Arzneimittel, versprühen

A|e|ro|sol|the|ra|pie die; -, ...ien: Behandlung (bes. von Erkrankungen der oberen Luftwege) durch ↑ Inhalation wirkstoffhaltiger Aerosole

A|e|ro|son|de die; -, -n: an einem Ballon hängendes Messgerät, das während des Aufstiegs Messwerte über Temperatur, Luftdruck u. Feuchtigkeit zur Erde sendet

A|e|ro|s|tat der; -[e]s u. -en, -en, (veraltet) Luftballon. A|e|ro|sta|tik die; - ⟨gr.-nlat.⟩: Wissenschaftsgebiet, das sich mit den Gleichgewichtszuständen bei Gasen befasst. a|e|ro|sta|tisch: a) nach Gesetzen der Aerostatik ablaufend; b) die Aerostatik betreffend

A|e|ro|ta|xe die; -, -n u. A|e|ro|ta|xi das; -s, -s: Mietflugzeug

A|e|ro|ta|xis die; - ⟨gr.-nlat.⟩: (Biol.) die durch Sauerstoff ausgelöste gerichtete Ortsveränderung frei beweglicher Organismen; vgl. ²Taxis

A|e|ro|tel das; -s, -s ⟨Kurzw. aus: Aero... u. Hotel⟩: Flughafenhotel

A|e|ro|the|ra|pie die; -, ...ien: Sammelbezeichnung für Heilverfahren, bei denen (künstlich verdichtete od. verdünnte) Luft eine Rolle spielt (z. B. Klimakammer, Inhalation, Höhenaufenthalt)

a|e|ro|therm: a) mit heißer Luft; b) aus heißer Luft

A

A

A|e|ro|train [...trɛ̃:] *der;* -s, -s ⟨*gr.; lat.-vulgärlat.-fr.*⟩: Luftkissenzug

A|e|ro|tri|an|gu|la|ti|on *die;* -, -en ⟨*gr.; lat.*⟩: Verfahren der Photogrammetrie (b) zur Bestimmung geodätischer Festpunkte aus Luftbildern

A|e|ro|tro|pis|mus *der;* -: (Biol.) durch Gase (z. B. Kohlendioxid oder Sauerstoff) ausgelöste gerichtete Wachstumsbewegung von Pflanzen

A|e|ro|zin *das;* -s: Raketentreibstoff

A|e|tit [ae...; auch: ...ˈtɪt] *der;* -s, -e ⟨*gr.-nlat.*⟩: Adlerstein, Eisenmineral

A|e|to|sau|rus [ae...] *der;* -, ...rier ⟨*gr.*⟩: eidechsenähnlicher, auf zwei Beinen gehender Saurier

a|fe|b|ril [auch: ˈa...] ⟨*gr.; lat.*⟩: (Med.) fieberfrei

af|fa|bel ⟨*lat.*⟩: (veraltet) gesprächig, leutselig

Af|fai|re [...ˈfɛːrə]: franz. Schreibung für ↑ Affäre

Af|fä|re *die;* -, -n ⟨*fr.*⟩: 1. besondere, oft unangenehme Sache, Angelegenheit; peinlicher Vorfall. 2. Liebesverhältnis, Liebesabenteuer; **sich aus der Affäre ziehen:** sich mit Geschick u. erfolgreich bemühen, aus einer unangenehmen Situation herauszukommen

Af|fa|to|mie *die;* -, ...ien ⟨*mlat.*⟩: (hist.) Adoption mit Eigentumsübertragung, die dem Erblasser (derjenige, der das Erbe hinterlässt) aber die Nutzung des Erbes bis zum Tode überlässt (fränkisches Recht)

Af|fekt *der;* -[e]s, -e ⟨*lat.*⟩: a) heftige Erregung, Zustand einer außergewöhnlichen seelischen Angespanntheit; b) (nur Plural) Leidenschaften

Af|fek|ta|ti|on *die;* -, -en: a) (ohne Plural) affektiertes Benehmen; b) affektierte Äußerung, Handlung

af|fek|tie|ren: (veraltet) sich gekünstelt benehmen, sich zieren. af|fek|tiert: geziert, gekünstelt, eingebildet

Af|fek|ti|on *die;* -, -en: 1. (Med.) Befall eines Organs mit Krankheitserregern; Erkrankung. 2. (veraltet) Wohlwollen, Neigung; vgl. Affektionswert. af|fek|ti|o|niert ⟨*nlat.*⟩: (veraltet) wohlwollend, geneigt, [herzlich] zugetan

Af|fek|ti|ons|wert *der;* -[e]s, -e: (veraltet) Liebhaberwert

af|fek|tisch ⟨*lat.*⟩: (Sprachw.) von Gefühl od. Erregung beeinflusst (in Bezug auf die Sprache)

af|fek|tiv: a) gefühls-, affektbetont, durch heftige Gefühlsäußerungen gekennzeichnet; b) (Psychol.) auf einen Affekt (a) bezogen. Af|fek|ti|vi|tät *die;* - ⟨*nlat.*⟩: 1. Gesamtheit des menschlichen Gefühls- u. Gemütslebens. 2. die Gefühlsansprechbarkeit eines Menschen

Af|fekt|pro|jek|ti|on *die;* -, -en: (Psychol.) Übertragung eigener Affekte auf Lebewesen od. Dinge der Außenwelt, sodass diese als Träger der Affekte erscheinen

Af|fekt|psy|cho|se *die;* -, -n: ↑ Psychose, die sich hauptsächlich im krankhaft veränderten Gefühlsleben äußert (z. B. ↑ manisch-depressives Irresein)

af|fekt|tu|los, af|fek|tu|ös: seine Ergriffenheit von etwas mit Wärme und Gefühl zum Ausdruck bringend

af|fe|rent ⟨*lat.: „hinführend“*⟩: (Med.) hin-, zuführend (bes. von Nervenbahnen, die von einem Sinnesorgan zum Zentralnervensystem führen); Ggs. ↑ efferent. Af|fe|renz *die;* -, -en: Erregung (Impuls, Information), die über die afferenten Nervenfasern von der Peripherie zum Zentralnervensystem geführt wird; Ggs. ↑ Efferenz

af|fet|tu|o|so ⟨*lat.-it.*⟩: (Mus.) bewegt, leidenschaftlich (Vortragsanweisung)

Af|fi|chage [afiˈʃaːʒə] *die;* - ⟨*fr.*⟩: (schweiz.) Plakatwerbung

Af|fi|che [aˈfɪʃə] *die;* -, -n ⟨*fr.*⟩: Anschlag[zettel], Aushang, Plakat. af|fi|chie|ren: anschlagen, aushängen, ankleben

Af|fi|da|vit *das;* -s, -s ⟨*lat.-mlat.-engl.: „er hat bezeugt“*⟩: 1. eidesstattliche Versicherung (bes. auch für Wertpapiere). 2. Bürgschaft eines Bürgers des Aufnahmelandes für einen Einwanderer

af|fi|gie|ren ⟨*lat.*⟩: anheften, aushängen. Af|fi|gie|rung *die;* -, -en: das Anfügen eines ↑ Affixes an den Wortstamm

Af|fi|li|a|ti|on *die;* -, -en ⟨*lat.-mlat.*⟩: 1. (Sprachw.) das Verhältnis von Sprachen, die sich aus einer gemeinsamen Grundsprache entwickelt haben, zueinander u. zur Grundsprache. 2. (Rechtsw. veraltet) ↑ Adoption. 3. a) Logenwechsel eines Logenmitglieds (vgl. Loge 3 a) nach einem Wohnungswechsel; b) rituelles Annahmeverfahren nach einem Logenwechsel (vgl. Loge 3 a). 4. a) Anschluss, Verbrüderung; b) Beigesellung (z. B. einer Tochtergesellschaft)

af|fi|li|ie|ren: 1. aufnehmen (bes. in eine Freimaurerloge). 2. beigesellen, einer größeren Gemeinschaft angliedern

af|fin ⟨*lat.*⟩: 1. verwandt. 2. durch eine affine Abbildung auseinander hervorgehend; **affine Abbildung:** geometrische Abbildung von Bereichen od. Räumen aufeinander, bei der bestimmte geometrische Eigenschaften erhalten bleiben; **affine Geometrie:** Sätze, die von gleich bleibenden Eigenschaften von ↑ Figuren (1) handeln. 3. (Chem.) reaktionsfähig

Af|fi|na|ge [...ʒə] *die;* -, -n ⟨*lat.-fr.*⟩: ↑ Affinierung

Af|fi|na|ti|on *die;* -, -en: ↑ Affinierung; vgl. ...ation/...ierung

af|fi|né ⟨*fr.*⟩: (Hüttenw.) kohlenstofffrei (Kennzeichnung bei Ferrolegierungen)

af|fi|nie|ren: 1. reinigen, scheiden (von Edelmetallen). 2. Zuckerkristalle vom Sirup trennen. Af|fi|nie|rung *die;* -, -en: Trennung von Gold u. Silber aus ihren ↑ Legierungen mittels Schwefelsäure; vgl. ...ation/...ierung

Af|fi|ni|tät *die;* -, -en ⟨*lat.: „Verwandtschaft“*⟩: 1. (Philos.) Wesensverwandtschaft von Begriffen u. Vorstellungen. 2. (Chem.) Triebkraft einer chemischen Reaktion, Bestreben von Atomen od. Atomgruppen (vgl. Atom), sich miteinander zu vereinigen. 3. a) ↑ affine Abbildung; b) die bei einer affinen Abbildung gleich bleibende Eigenschaft geometrischer Figuren. 4. (Rechtsw.) Schwägerschaft, das Verhältnis zwischen einem Ehegatten u. den Verwandten des anderen. 5. (Biol.) eine der Ursachen für Gestaltungsbewegungen von ↑ Protoplasma. 6. (Sozialpsychol.) Anziehungskraft, die Menschen aufeinander ausüben.

7. (Sprachw.) Ähnlichkeit zwischen unverwandten Sprachen; vgl. Affiliation (1)

Af|fi̱|nor *der;* -s, ...o̱ren ⟨*lat.*⟩: ältere Bez. für ↑ Tensor (1)

Af|fir|ma̱|ti|on *die;* -, -en ⟨*lat.*⟩: Bejahung, Zustimmung, Bekräftigung; Ggs. ↑ Negation (1)

af|fir|ma̱|tiv: bejahend, bestätigend. **Af|fir|ma̱|ti̱|ve** *die;* -, -n: bejahende Aussage, Bestätigung

af|fir|mie̱|ren ⟨*lat.*⟩: bejahen, bekräftigen

Af|fix *das;* -es, -e ⟨*lat.;* „angeheftet"⟩: an den Wortstamm tretendes ↑ Morphem (↑ Präfix od. ↑ Suffix); vgl. Formans. **Af|fi|xo̱id** *das;* -s, -e: an den Wortstamm tretendes ↑ Morphem in Form eines ↑ Präfixoids od. ↑ Suffixoids

af|fi|zie̱|ren ⟨*lat.;* „hinzutun; einwirken; anregen"⟩: (Med.) reizen, krankhaft verändern. **af|fi|ziert:** 1. (Med.) befallen (von einer Krankheit). 2. betroffen, erregt; **affiziertes Objekt:** (Sprachw.) Objekt, das durch die im Verb ausgedrückte Handlung unmittelbar betroffen wird (z. B. den *Acker* pflügen); Ggs. ↑ effiziertes Objekt

Af|fo|dill *der;* -s, -e ⟨*gr.-mlat.*⟩, Asphodill ⟨*gr.-lat.*⟩: a) Gattung der Liliengewächse; b) Weißer Affodill (eine Art aus dieser Gattung)

af|fret|tan|do ⟨*it.*⟩: (Mus.) schneller, lebhafter werdend (Vortragsanweisung)

Af|fri|ka̱|ta, Af|fri|ka̱|te *die;* -, ...ten ⟨*lat.*⟩: (Sprachw.) enge Verbindung eines Verschlusslautes mit einem unmittelbar folgenden Reibelaut (z. B. pf).

af|fri|zie̱|ren: (Phon.) einen Verschlusslaut in eine Affrikata verwandeln

Af|front [aˈfrõː, schweiz.: aˈfrɔnt] *der;* -s, -s u. (schweiz.:) -e ⟨*lat.-fr.*⟩: herausfordernde Beleidigung, Schmähung, Kränkung. **af|fron|tie̱|ren:** (veraltet) jmdn. durch eine Beleidigung, Kränkung, Beschimpfung herausfordern, angreifen

af|frös ⟨*german.-provenzal.-fr.*⟩: (veraltet) abscheulich, hässlich

Af|gha̱|laine [afgaˈlɛːn] *der;* -[s] ⟨Fantasiebezeichnung aus dem Namen des Staates *Afgha*nistan u. *fr.* laine „Wolle"⟩: Kleiderstoff aus Mischgewebe

Af|gha̱n *der;* -[s] ⟨nach dem Staat Afghanistan⟩: 1. handgeknüpfter, meist weinroter Wollteppich mit geometrischer Musterung, vorwiegend aus Afghanistan. 2. Haschischsorte.

Af|gha̱|ne *der;* -n, -n: Windhund (eine Hunderasse). **Af|gha̱|ni** *der;* -[s], -[s]: afghanische Münzeinheit

A̱f |la|to|xin *das;* -s, -e (meist Plural) ⟨Kurzw. aus Aspergillus *fla*vus u. *Toxin*⟩: giftiges Stoffwechselprodukt verschiedener Schimmelpilze, z. T. Krebs erregend

a |fo̱|kal ⟨*gr.; lat.*⟩: brennpunktlos

à fond [aˈfõː] ⟨*fr.*⟩: gründlich, nachdrücklich

à fonds per|du [aˈfõː pɛrˈdy:] ⟨*lat.-fr.*⟩: auf Verlustkonto; [Zahlung] ohne Aussicht auf Gegenleistung od. Rückerstattung

A̱ |fon|ge|trie̱|be vgl. Aphongetriebe

A̱ |fo̱|nie vgl. Aphonie

à for|fait [afɔrˈfɛ:] ⟨*fr.*⟩: ohne Rückgriff (Klausel für die Vereinbarung mit dem Käufer eines ausgestellten Wechsels, nach der die Inanspruchnahme des Wechselausstellers [oder gegebenenfalls auch des ↑ Indossanten] durch den Käufer ausgeschlossen wird)

a for|ti|o̱|ri ⟨*lat.;* „vom Stärkeren her"⟩: (Philos.) nach dem stärker überzeugenden Grund; erst recht, umso mehr (von einer Aussage)

a fres|co, al fresco ⟨*it.;* „auf frischem (Kalk)"⟩: auf frischem Verputz, Kalk, auf die noch feuchte Wand [gemalt]; Ggs. ↑ a secco; vgl. ¹Fresko

A̱ |f |ri |can|th |ro|pus vgl. Afrikanthropus

A̱ |f |ri|ka̱an|der *der;* -s, - ⟨*lat.-niederl.*⟩: Weißer in Südafrika mit Afrikaans als Muttersprache. **A̱ |f |ri|ka̱an|de|rin,** Afrikanderin *die;* -, -nen: weibliche Form zu ↑ Afrikaander

a |f |ri|ka̱ans: kapholländisch. **A̱ |f |ri|ka̱ans** *das;* -: das Kapholländisch, Sprache der Buren in der Republik Südafrika

A̱ |f |ri|ka̱|na *die* (Plural) ⟨*lat.*⟩: Werke über Afrika

A̱ |f |ri|ka̱n|der usw. vgl. Afrikaander usw.

A̱ |f |ri|ka̱|nist *der;* -en, -en ⟨*nlat.*⟩: Wissenschaftler, der die Ge-

schichte, die Sprachen u. Kulturen Afrikas untersucht. **A̱ |f |ri|ka̱|nis |tik** *die;* -: Wissenschaft, die sich mit der Geschichte, der Kultur u. den Sprachen der afrikanischen Naturvölker beschäftigt. **A̱ |f |ri|ka̱|nis |tin** *die;* -, -nen: weibliche Form zu ↑ Afrikanist

A̱ |f |ri |k |an|th |ro|pus, fachspr. auch: Africanthropus *der;* - ⟨*lat.; gr.*⟩: Menschentyp der Altsteinzeit, benannt nach den [ost]afrikanischen Fundstätten

a |f |ro|a |me |ri|ka̱|nisch: 1. die Afrikaner (Schwarzen) in Amerika betreffend. 2. Afrika u. Amerika betreffend

a |f |ro|a |si |a |tisch: Afrika u. Asien betreffend

A̱ |f |ro|f |ri|sur *die;* -, -en: Frisur im ↑ Afrolook

A̱ |f |ro|look […lʊk] *der;* -s: Frisur, bei der das Haar in stark gekrausten, dichten Locken nach allen Seiten hin absteht

Af|schar, Af|scha̱|ri *der;* -[s], -s ⟨nach einem iranischen Nomadenstamm⟩: Teppich mit elfenbeinfarbenem Grund

Af|ter|hour|par|ty, auch: After-Hour-Par|ty [ˈɑːftɐhauɐ(r)pɑːtɪ] *die;* -, -s ⟨*engl.*⟩: Party, die im Anschluss an die eigentliche Party stattfindet

Af|ter|shave [ˈɑːftʃeɪv] *das;* -[s], -s ⟨*engl.*⟩: kurz für: Aftershavelotion. **Af|ter|shave|lo|tion,** auch: **After-Shave-Lo|tion** […loʊʃn] *die;* -, -s: nach der Rasur zu verwendendes Gesichtswasser; vgl. Preshavelotion

Af|ter|sun|lo|tion [ˈɑːftɐsʌnloʊʃn] *die;* -, -s ⟨*engl.*⟩: Hautpflegemittel zur Anwendung nach dem Sonnenbad

Af|ze̱|lia *die;* - ⟨*nlat.;* nach dem schwedischen Botaniker A. Afzelius, † 1837⟩: Pflanzengattung der Hülsenfrüchtler

A̱ |ga, Agha *der;* -s, -s ⟨*türk.;* „groß"⟩: a) (hist.) Titel für höhere türkische Offiziere od. auch für niedere Offiziere u. Zivilbeamte; b) persische Anrede („Herr"). **A̱ |ga Kha̱n** *der;* -s, - -e: Titel des erblichen Oberhaupts der islamischen Glaubensgemeinschaft der ↑ Hodschas (2) in Indien u. Ostafrika

A̱ |gal|lak|ti̱e *die;* -, ...i̱en ⟨*gr.-nlat.*⟩: Stillunfähigkeit, völliges Fehlen

A

der Milchsekretion bei Wöchnerinnen; vgl. Hypogalaktie

a|gam ⟨*gr.-nlat.*; „ehelos"⟩: ohne vorausgegangene Befruchtung zeugend; **agame Fortpflanzung:** ↑ Agamogonie

A|ga|met *der;* -en, -en (meist Plural): (Zool.) durch ↑ Agamogonie entstandene Zelle niederer Lebewesen, die der ungeschlechtlichen Fortpflanzung dient

A|ga|mie *die;* -: 1. Ehelosigkeit. 2. (Biol.) geschlechtliche Fortpflanzung ohne Befruchtung.

a|ga|misch: 1. ehelos. 2. (Bot.) geschlechtslos

A|ga|mist *der;* -en, -en: (veraltet) Junggeselle

A|ga|mo|go|nie *die;* -: (Biol.) ungeschlechtliche Vermehrung durch Zellteilung

A|ga|plan|thus *der;* -, ...thi ⟨*gr.-nlat.*; „Liebesblume"⟩: südafrikanische Gattung der Liliengewächse; Schmucklilie

A|ga|pe [...pe] *die;* -, -n ⟨*gr.-lat.*⟩: (Rel.) 1. (ohne Plural): die sich in Christus zeigende Liebe Gottes zu den Menschen, bes. zu den Armen, Schwachen u. Sündern; Nächstenliebe; Feindesliebe; Liebe zu Gott. 2. abendliches Mahl der frühchristlichen Gemeinde [mit Speisung der Bedürftigen]

A|gar-A|gar *der* od. *das;* -s ⟨*malai.*⟩: stark schleimhaltiger Stoff aus ostasiatischen Rotalgen

A|ga|ve *die;* -, -n ⟨*gr.-fr.;* „die Edle"⟩: Gattung aloeähnlicher Pflanzen (vgl. Aloe) der Tropen u. Subtropen

A|ge|ism ['eɪdʒɪzm] *der;* - ⟨*engl.*⟩: Diskriminierung von alten Menschen (bes. die Bevorzugung junger Menschen gegenüber alten)

A|gen|da *die;* -, ...den ⟨*lat.-roman.;* „was zu tun ist"⟩: 1. a) Schreibtafel, Merk-, Notizbuch; b) Terminkalender. 2. Aufstellung der Gesprächspunkte bei [politischen] Verhandlungen

a|gen|da|risch ⟨*lat.-mlat.-nlat.*⟩: zur Gottesdienstordnung gehörend, ihr entsprechend

A|gen|de *die;* -, -n ⟨*lat.-mlat.*⟩: 1. Buch für die Gottesdienstordnung. 2. Gottesdienstordnung

A|gen|den *die* (Plural): (bes. österr.) zu erledigende Aufgaben, Obliegenheiten

A|ge|ne|sie *die;* - ⟨*gr.-nlat.*⟩: (Med.) a) vollständiges Fehlen einer Organanlage; b) verkümmerte Organanlage

A|gens *das;* -, Agenzien ⟨*lat.*⟩: 1. (Philos.) treibende Kraft; wirkendes, handelndes, tätiges Wesen od. ↑ Prinzip. 2. (Plural auch: Agentia; Med.) a) wirksamer Stoff, wirkendes Mittel; b) krank machender Faktor. 3. (Plural: -; Sprachw.) Träger eines durch das Verb ausgedrückten aktiven Verhaltens; ↑ Patiens

A|gent *der;* -en, -en ⟨*lat.-it.*⟩: 1. Abgesandter eines Staates, der neben dem offiziellen diplomatischen Vertreter einen besonderen Auftrag erfüllt u. meist keinen diplomatischen Schutz besitzt. 2. in staatlichem Geheimauftrag tätiger Spion. 3. a) (österr., sonst veraltet) Handelsvertreter; b) jmd., der berufsmäßig Künstlern Engagements vermittelt

A|gen|tie [...'tsi:] *die;* -, ...tien ⟨*lat.-it.*⟩: (österr. veraltend) Geschäftsstelle (bes. der Donau-Dampfschifffahrtsgesellschaft). **a|gen|tie|ren:** (österr.) Kunden werben

A|gen|tin *die;* -, -nen: weibliche Form zu ↑ Agent

A|gent Pro|vo|ca|teur, auch: **A|gent pro|vo|ca|teur** [a'ʒã: provoka'tø:ɐ̯] *der;* - -, -s -s [a'ʒã: provoka'tør] ⟨*fr.*⟩: Agent, der verdächtige Personen zu strafbaren Handlungen verleiten od. Zwischenfälle od. kompromittierende Handlungen gegen Gegner provozieren soll; Lockspitzel

A|gen|tur *die;* -, -en ⟨*nlat.*⟩: 1. Stelle, Büro, in dem [politische] Nachrichten aus aller Welt gesammelt und an Presse, Rundfunk und Fernsehen weitergegeben werden. 2. Geschäftsnebenstelle, Vertretung. 3. Büro, das Künstlern Engagements vermittelt; Vermittlungsbüro, Geschäftsstelle eines ↑ Agenten (3 b)

A|gen|zien: Plural von ↑ Agens (1 u. 2)

A|ge|ra|tum *das;* - ⟨*gr.-lat.-nlat.*⟩: Leberbalsam (im Korbblütler)

Age|the|o|rie, auch: **Age-The|o|rie** ['e:tʃ...] *die;* - ⟨*engl.; gr.*⟩: (Phys.) Theorie, die das Verhalten von Neutronen bei Neutronenbremsung beschreibt

A|geu|sie *die;* -, ...ien ⟨*gr.-nlat.*⟩: (Med.) völliger Verlust der Geschmacksempfindung

a|ge|vo|le [a'dʒe:vole] ⟨*lat.-it.*⟩: (Mus.) leicht, gefällig (Vortragsanweisung)

Ag|ger *der;* -s, -es ⟨*lat.*⟩: (Anat.) [Schleimhaut]wulst

Ag|gior|na|men|to [adʒɔr...] *das;* -s ⟨*lat.-fr.-it.*⟩: (Rel.) Versuch der Anpassung der katholischen Kirche u. ihrer Lehre an die Verhältnisse des modernen Lebens

Ag|glo|me|rat *das;* -s, -e ⟨*lat.;* „zu einem Knäuel zusammengedrängt"⟩: 1. (fachspr.) Anhäufung. 2. (Geol.) a) Ablagerung von unverfestigten Gesteinsbruchstücken; b) aus groben Gesteinsbrocken bestehendes vulkanisches Auswurfprodukt. 3. feinkörniges Erz

Ag|glo|me|ra|ti|on *die;* -, -en ⟨*lat.-nlat.*⟩: 1. Anhäufung, Zusammenballung. 2. (bes. schweiz) Ballungsraum

ag|glo|me|rie|ren ⟨*lat.*⟩: zusammenballen

Ag|glu|ti|na|ti|on *die;* -, -en ⟨*lat.;* „das Ankleben"⟩: 1. (Sprachw.) Verschmelzung (z. B. des Artikels od. einer Präposition mit dem folgenden Substantiv wie im Neugriechischen u. in den romanischen Sprachen, z. B. „Alarm" aus ital. „all'arme" = zu den Waffen). 2. (Sprachw.) Ableitung u. Beugung eines Wortes mithilfe von ↑ Affixen, die an den unveränder bleibenden Wortstamm angehängt werden; vgl. agglutinierende Sprachen. 3. (Med.) Verklebung, Zusammenballung, Verklumpung von Zellen (z. B. Bakterien od. roten Blutkörperchen) als Wirkung von ↑ Antikörpern

ag|glu|ti|nie|ren: (Med.) 1. zur Verklumpung bringen, eine Agglutination herbeiführen. 2. (Sprachw.) Beugungsformen durch Anhängen von Affixen bilden; **agglutinierende Sprache:** Sprache, die zur Ableitung u. Beugung von Wörtern ↑ Affixe an das unverändert bleibende Wort anfügt, z. B. das Türkische u. die finnisch-ugrischen Sprachen; Ggs. ↑ flektierende u. ↑ isolierende Sprache

Ag|glu|ti|nin *das; -s, -e* (meist Plural) ⟨*lat.-nlat.*⟩: ↑ Antikörper, der im Blutserum Blutkörperchen fremder Blutgruppen od. Bakterien zusammenballt u. damit unschädlich macht

Ag|glu|ti|no|gen *das; -s, -e* (meist Plural) ⟨*lat.; gr.*⟩: ↑ Antigen, das die Bildung von Agglutininen anregt

Ag|gra|va|ti|on *die; -, -en* ⟨*lat.;* „Beschwerung"⟩: 1. Erschwerung, Verschlimmerung. 2. (Med.) a) Übertreibung von Krankheitserscheinungen; b) Verschlimmerung einer Krankheit. **ag|gra|vie|ren**: (Med.) Krankheitserscheinungen übertreibend darstellen

Ag|gre|gat *das; -s, -e* ⟨*lat.;* „angehäuft"⟩: 1. Maschinensatz aus zusammenwirkenden Einzelmaschinen, bes. in der Elektrotechnik. 2. mehrgliedriger mathematischer Ausdruck, dessen einzelne Glieder durch + od. − miteinander verknüpft sind. 3. das Zusammenwachsen von ↑ Mineralien der gleichen od. verschiedener Art

Ag|gre|ga|ti|on *die; -, -en*: Vereinigung von Molekülen zu Molekülverbindungen

Ag|gre|gat|zu|stand *der; -s, ...stände*: Erscheinungsform eines Stoffes (fest, flüssig, gasförmig)

ag|gre|gie|ren ⟨*lat.*⟩: anhäufen

Ag|gres|si|ne *die* (Plural) ⟨*lat.-nlat.*⟩: von Bakterien gebildete Stoffe, die die Wirkung der natürlichen Abwehrstoffe des Körpers herabsetzen

Ag|gres|si|on *die; -, -en* ⟨*lat.*⟩: 1. rechtswidriger Angriff auf ein fremdes Staatsgebiet, Angriffskrieg. 2. (Psychol.) a) [affektbedingtes] Angriffsverhalten, feindselige Haltung eines Menschen od. eines Tieres mit dem Ziel, die eigene Macht zu steigern oder die Macht des Gegners zu mindern; b) feindseligaggressive Äußerung, Handlung

ag|gres|siv ⟨*lat.-nlat.*⟩: angreifend; auf Angriff, Aggression gerichtet. **ag|gres|si|vie|ren**: aggressiv machen

Ag|gres|si|vi|tät *die; -, -en*: 1. (ohne Plural) a) (Psychol.) mehr od. weniger unbewusste, sich nicht offen zeigende, habituell gewordene aggressive Haltung des Menschen; b) Angriffslust. 2. die einzelne aggressive Handlung

Ag|gres|sor *der; -s, ...oren* ⟨*lat.*⟩: rechtswidrig handelnder Angreifer. **Ag|gres|so|rin** *die; -, -nen*: weibliche Form zu ↑ Aggressor

Ag|gri|per|len, Ag|gry|per|len *die* (Plural) ⟨vermutlich *afrikan.; lat.-roman.*⟩: Glas-, seltener Steinperlen venezianischer od. Amsterdamer Herkunft, die früher in Westafrika als Zahlungsmittel dienten

Ạ|gha vgl. Aga

Ä|gi|de *die; - ⟨gr.-lat.;* nach dem Schild ↑ Ägis des Zeus u. der Athene⟩: in der Fügung: **unter jmds. Ägide:** unter jmds. Schirmherrschaft, Leitung

a|gie|ren ⟨*lat.*⟩: a) handeln, tun, wirken, tätig sein; b) [als Schauspieler] auftreten, eine Rolle spielen

a|gil ⟨*lat.-fr.;* „leicht zu führen, beweglich"⟩: behände, flink, gewandt; regsam, geschäftig

a|gi|le [ˈaːdʒilə] ⟨*lat.-it.*⟩: (Mus.) flink, beweglich (Vortragsanweisung)

A|gi|li|tät *die; - ⟨lat.*⟩: temperamentbedingte Beweglichkeit, Lebendigkeit, Regsamkeit (im Verhalten des Menschen zur Umwelt)

Ä|gi|lops *die; - ⟨gr.-lat.*⟩: Windhafer (Gräsergattung in Südeuropa u. im Orient)

Ä|gi|ne|ten *die* (Plural): Giebelfiguren des Aphäatempels auf der griechischen Insel Ägina

A|gio [ˈaːʒio, auch: ˈaːdʒo] *das; -s, -s u. Agien* [...jən]: ⟨*it.(-fr.)*⟩: Aufgeld (z. B. Betrag, um den der Preis eines Wertpapiers über dem Nennwert liegt). **A|gi|o|pa|pie|re** *die* (Plural): Schuldverschreibungen, die mit Agio zurückgezahlt werden

A|gi|o|ta|ge [aʒioˈtaːʒə] *die; -, -n* ⟨*it.-fr.*⟩: a) 1. Spekulationsgeschäft durch Ausnutzung von Kursschwankungen an der Börse. 2. (österr.) nicht rechtmäßiger Handel zu überhöhten Preisen, z. B. mit Eintrittskarten

A|gi|o|teur [...ˈtøːɐ̯] *der; -s, -e*: 1. Börsenspekulant. 2. (österr.) jmd., der unrechtmäßig z. B. mit Eintrittskarten zu überhöhten Preisen handelt. **A|gi|o-**

teu|rin [...ˈtøːrɪn] *die; -, -nen*: weibliche Form zu ↑ Agioteur

A|gi|o|the|o|rie *die; -*: Kapitalzinstheorie, die den Zins als Agio erklärt

a|gi|o|tie|ren: an der Börse spekulieren

Ạ|gis *die; - ⟨gr.-lat.;* „Ziegenfell"⟩: Schild des Zeus u. der Athene

A|gi|ta|tio *die; -, ...tionen* ⟨*lat.-nlat.*⟩: körperliche Unruhe, Erregtheit eines Kranken

A|gi|ta|ti|on *die; -, -en* ⟨*lat.-engl.*⟩: a) (abwertend) aggressive Tätigkeit zur Beeinflussung anderer, vor allem in politischer Hinsicht; Hetze; b) politische Aufklärungstätigkeit; Werbung für bestimmte politische od. soziale Ziele. **A|gi|ta|ti|on und Pro|pa|gan|da** *die; - - -:* ↑ Agitprop

a|gi|ta|to [adʒi...] ⟨*lat.-it.*⟩: (Mus.) aufgeregt, heftig (Vortragsanweisung)

A|gi|ta|tor *der; -s, ...oren* ⟨*lat.-engl.*⟩: jmd., der Agitation betreibt. **A|gi|ta|to|rin** *die; -, -nen*: weibliche Form zu ↑ Agitator.

a|gi|ta|to|risch: a) (abwertend) aggressiv [für politische Ziele] tätig, hetzerisch; b) politisch aufklärend

a|gi|tie|ren ⟨*lat.-engl.*⟩: a) (abwertend) in aggressiver Weise [für politische Ziele] tätig sein, hetzen; b) politisch aufklären, werben. **a|gi|tiert**: (Psychol.) erregt, unruhig

¹A|git|prop *die; - ⟨Kurzw. aus: Agitation u. Propaganda⟩*: (marxistisch) Beeinflussung der Massen mit dem Ziel, in ihnen revolutionäres Bewusstsein zu entwickeln

²A|git|prop *der; -[s], -s*: jmd., der agitatorische Propaganda betreibt

A|git|prop|grup|pe *die; -, -n*: Gruppe von Laienspielern, die in kabarettistischer Form ¹Agitprop betreibt

A|git|prop|the|a|ter *das; -s*: (hist.) Form des Laientheaters, das durch Verbreitung der marxistischen Lehre die allgemeine politische Bildung fördern sollte

A|glo|bu|lie *die; - ⟨gr.; lat.-nlat.⟩*: (Med.) Verminderung der Zahl der roten Blutkörperchen

A|glos|sie *die; -, ...ien* ⟨*gr.*⟩: (Med.) angeborenes Fehlen der Zunge

A

A|gly|kon *das; -s, -e ⟨gr.-nlat.⟩*: zuckerfreier Bestandteil der ↑ Glykoside

Ag|ma *das; -[s] ⟨gr.; „Bruchstück"⟩*: der velare Nasallaut gg (*ng*) in der griechischen u. lateinischen Grammatik

A|g|nat *der; -en, -en ⟨lat.; „der Nachgeborene"⟩*: (hist.) männlicher Blutsverwandter der männlichen Linie

A|g|na|tha *die (Plural) ⟨gr.⟩*: Klasse von im Wasser lebenden, fischähnlichen Wirbeltieren, die keinen Kiefer haben.

A|g|na|thie *die; -, ...ien ⟨gr.⟩*: (Med.) angeborenes Fehlen des Ober- od. Unterkiefers

A|g|na|ti|on *die; - ⟨lat.⟩*: (hist.) Blutsverwandtschaft väterlicherseits. a|g|na|tisch: (hist.) im Verwandtschaftsverhältnis eines Agnaten stehend

A|g|ni|ti|on *die; -, -en ⟨lat.⟩*: (Rechtsspr.) Anerkennung von Rechtsverhältnissen

A|g|no|men *das; -s, ...mina ⟨lat.⟩*: in der römischen Namengebung der Beiname (z. B. die Bezeichnung „Africanus" im Namen des P. Cornelius Scipio *Africanus*); vgl. Kognomen

A|g|no|sie *die; -, ...ien ⟨gr.-nlat.; „das Nichterkennen"⟩*: 1.(Med.) krankhafte Störung der Fähigkeit, Sinneswahrnehmungen (trotz erhaltener Funktionstüchtigkeit der Sinnesorgane) als solche zu erkennen. 2.(Philos.) Nichtwissen; Unwissenheit

A|g|nos|ti|ker *der; -s, -*: Verfechter der Lehre des Agnostizismus. A|g|nos|ti|ke|rin *die; -, -nen*: weibliche Form zu ↑ Agnostiker

a|g|nos|tisch: die Agnosie betreffend

A|g|nos|ti|zis|mus *der; -*: philosophische, theologische Lehre, die eine rationale Erkenntnis des Göttlichen od. Übersinnlichen leugnet. a|g|nos|ti|zis|tisch: die Lehre des Agnostizismus vertretend

A|g|nos|tus *der; -, ...ti u. ...ten*: Dreilappkrebs (vgl. Trilobit) aus dem ↑ Paläozoikum

a|g|nos|zie|ren *⟨lat.⟩*: a) anerkennen; b)(österr.) die Identität (z. B. eines Toten) feststellen

A|g|nus Dei *das; - -, - - ⟨lat.; „Lamm Gottes"⟩*: 1.(ohne Plural) Bezeichnung u. Sinnbild für Christus. 2.a)Gebetshymnus

im katholischen Gottesdienst vor der ↑ Eucharistie (1 a); b)Schlusssatz der musikalischen Messe. 3.vom Papst geweihtes Wachstäfelchen mit dem Bild des Osterlamms

A|go|gik *die; - ⟨gr.⟩*: Lehre von der individuellen Gestaltung des Tempos beim musikalischen Vortrag. a|go|gisch: individuell gestaltet (in Bezug auf das Tempo eines musikalischen Vortrags)

à go|go *⟨fr.⟩*: in Hülle u. Fülle, nach Belieben

A|gon *der; -s, -e ⟨gr.-lat.⟩*: 1.sportlicher od. geistiger Wettkampf im antiken Griechenland. 2.der Hauptteil der attischen Komödie. a|go|nal *⟨gr.-nlat.⟩*: den Agon betreffend; zum Wettkampf gehörend, wettkampfmäßig

A|go|ne *die; -, -n ⟨gr.-nlat.; „winkellose (Linie)"⟩*: Linie, die alle Orte, an denen keine Magnetnadelabweichung vom Nordrichtung auftritt, miteinander verbindet

A|go|nie *die; -, ...ien ⟨gr.-lat.⟩*: a)(ohne Plural; Med.) Gesamtheit der vor dem Eintritt des klinischen Todes auftretenden typischen Erscheinungen, z. B. ↑ Facies hippocratica; b)Todeskampf

A|go|nist *der; -en, -en*: 1.Wettkämpfer; 2.(Med.) einer von paarweise wirkenden Muskeln, der eine Bewegung bewirkt, die der des ↑ Antagonisten (2) entgegengesetzt ist

A|go|nis|tik *die; -*: Wettkampfwesen, Wettkampfkunde

A|go|nis|ti|ker *die (Plural)*: Anhänger einer oppositionellen, gegen die offizielle christliche Kirche gerichteten Bewegung im Nordafrika der Spätantike

Ä|go|pho|nie *die; - ⟨gr.-nlat.; „Ziegenstimme"⟩*: (Med.) [krankhafter] hoher meckernder Stimmklang

¹A|go|ra *die; -, Agoren ⟨gr.⟩*: 1.Volksversammlung der altgriechischen ↑ Polis. 2.rechteckiger, von Säulen umschlossener Platz in altgriechischen Städten; Markt- und Versammlungsplatz

²A|go|ra *die; -, Agorot ⟨hebr.⟩*: israelische Währungseinheit (1 Schekel = 100 Agorot)

A|go|ra|pho|bie *die; -, ...ien ⟨gr.-*

nlat.⟩: (Med., Psychol.) Platzangst, zwanghafte, von Schwindel- od. Schwächegefühl begleitete Angst, allein über freie Plätze od. Straßen zu gehen

A|go|rot: *Plural* von ↑ ²Agora

A|g|raf|fe *die; -, -n ⟨fr.; „Haken"⟩*: 1.als Schmuckstück dienende Spange od. Schnalle. 2.(Archit.) klammerförmige Verzierung an Rundbogen als Verbindung mit einem darüber liegenden Gesims

A|gra|fie vgl. Agraphie

A|gram|ma|tis|mus *der; -, ...men ⟨gr.-nlat.⟩*: (Med.) 1.(ohne Plural) krankhaftes od. entwicklungsbedingtes Unvermögen, beim Sprechen die einzelnen Wörter grammatisch richtig aneinander zu reihen; vgl. Aphasie. 2.einzelne Erscheinung des Agrammatismus (1)

A|gra|nu|lo|zy|to|se *die; -, -n ⟨gr.; lat.; gr.⟩*: durch Fehlen od. starke Abnahme der ↑ Granulozyten im Blut bedingte schwere, meist tödlich verlaufende Krankheit

A|gra|pha *die (Plural) ⟨gr.; „Ungeschriebenes"⟩*: Aussprüche Jesu, die nicht in den vier ↑ Evangelien (1), sondern in anderen Schriften des Neuen Testaments od. in sonstigen Quellen überliefert sind

A|gra|phie, auch: Agrafie *die; -, ...ien ⟨gr.-nlat.⟩*: (Med.) Unfähigkeit, einzelne Buchstaben od. zusammenhängende Wörter richtig zu schreiben

---

a|g|rar..., A|g|rar...

⟨*lat.* ager, Gen. agri „Acker, Feld, Flur", agrarius „den Ackerbau, die Landwirtschaft betreffend"⟩ Wortbildungselement mit der Bedeutung „die Landwirtschaft betreffend":
– agrarpolitisch
– Agrarprodukt
– Agrarreform
Die gleiche Bedeutung hat auch das Wortbildungselement
agro..., Agro... Zu *gr.* agrós „Acker, Feld" gehörend (urverwandt mit *lat.* ager) und teilweise vermittelt über *russ.* agro... „Landwirtschaft(s)...", ist es Bestandteil einiger Fremdwörter, wie z. B. in Agrochemie, Agronom und agronomisch.

A|g|rar|bi|o|lo|gie *die;* -: ↑ Agrobiologie

A|g|rar|che|mie *die;* -: ↑ Agrochemie

A|g|rar|eth|no|gra|phie, auch: ...grafie *die;* -: Teilgebiet der ↑ Ethnographie, das die Landwirtschaft als Phänomen der Kultur erforscht

A|g|rar|ge|o|gra|phie, auch: ...grafie *die;* -: Teilgebiet der Geographie, das sich mit den von der Landwirtschaft genutzten Teilen der Erdoberfläche befasst

A|g|ra|ri|er *der;* -s, - (meist Plural): Großgrundbesitzer, Gutsbesitzer, Landwirt

a|g|ra|risch ⟨*lat.*⟩: die Landwirtschaft betreffend

A|g|rar|ko|lo|ni|sa|ti|on *die;* -: agrarwirtschaftliche Erschließung von wenig genutzten od. ungenutzten Gebieten

A|g|rar|kon|junk|tur *die;* -: spezielle Ausprägung der gesamtwirtschaftlichen Konjunkturlage im Agrarbereich

A|g|rar|kre|dit *der;* -s, -e: ¹Kredit, der landwirtschaftlichen Betrieben gewährt wird

A|g|rar|po|li|tik *die;* -: Gesamtheit der staatlichen Maßnahmen zur Regelung u. Förderung der Landwirtschaft. **a|g|rar|po|litisch:** die Agrarpolitik betreffend

A|g|rar|pro|dukt *das;* -s, -e: landwirtschaftliches Erzeugnis

A|g|rar|re|form *die;* -, -en: Gesamtheit von Maßnahmen, deren Ziel die grundlegende Umgestaltung der Landwirtschaft ist

A|g|rar|so|zi|o|lo|gie *die;* -: Teilgebiet der Soziologie, das sich mit den wirtschaftlichen, sozialen u. politischen Verhältnissen der Landbevölkerung (z. B. Landflucht, Verstädterung) befasst

A|g|rar|staat *der;* -[e]s, -en: Staat, dessen Wirtschaft überwiegend durch die Landwirtschaft bestimmt wird

A|g|rar|struk|tur *die;* -: Struktur der Landwirtschaft eines Staates od. einer Region

A|g|rar|tech|nik *die;* -, -en: Technik der Bodenbearbeitung u. -nutzung

A|g|rar|wis|sen|schaft *die;* -: ↑ Agronomie

A|g|rar|zo|ne *die;* -, -n: Gebiet mit überwiegend landwirtschaftlicher Erwerbsstruktur

A|g|ree|ment [ə'gri:mənt] *das;* -s, -s ⟨*lat.-fr.-engl.*⟩: 1. ↑ Agrément (1). 2. weniger bedeutsame, formlose Übereinkunft zwischen Staaten; vgl. Gentleman's Agreement

a|g|re|ie|ren ⟨*lat.-fr.*⟩: genehmigen, für gut befinden

A|g|ré|ment [agre'mã:] *das;* -s, -s ⟨*lat.-fr.*⟩: 1. Zustimmung einer Regierung zur Ernennung eines diplomatischen Vertreters in ihrem Land. 2. (nur Plural; Mus.) Ausschmückungen od. rhythmische Veränderungen einer Melodie

A|g|rest *der;* -[e]s, -e ⟨*lat.-it.*⟩: aus unreifen Weintrauben gepresster Saft, Erfrischungsgetränk

ä|g|rie|ren ⟨*lat.-fr.*⟩: (veraltet) erbittern

A|g|ri|kul|tur *die;* -, -en ⟨*lat.*⟩: Ackerbau, Landwirtschaft

A|g|ri|kul|tur|che|mie *die;* -: ↑ Agrochemie

A|g|ri|kul|tur|phy|sik *die;* -: ↑ Agrophysik

a|g|ro..., **A|g|ro...** s. Kasten agrar..., Agrar...

A|g|ro|bi|o|lo|gie *die;* - ⟨*gr.-nlat.-russ.*⟩: Lehre von den biologischen Gesetzmäßigkeiten in der Landwirtschaft. **a|g|ro|bi|o|lo|gisch:** die Agrobiologie betreffend

A|g|ro|che|mie *die;* -: Teilgebiet der angewandten Chemie, das sich bes. mit Pflanzen- u. Tierernährung, Düngerproduktion u. Bodenkunde befasst. **a|g|ro|che|misch:** die Agrochemie betreffend

A|g|ro|nom *der;* -en, -en: 1. ⟨*gr.-nlat.*⟩ akademisch ausgebildeter Landwirt. 2. ⟨*gr.-nlat.-russ.*⟩ Fachkraft in der Landwirtschaft mit leitender od. beratender Tätigkeit. **A|g|ro|no|mie** *die;* -: Ackerbaukunde, Landwirtschaftswissenschaft. **a|g|ro|no|misch:** ackerbaulich

A|g|ro|phy|sik *die;* -: Lehre von den physikalischen Vorgängen in der Landwirtschaft. **a|g|ro|phy|si|ka|lisch:** die Agrophysik betreffend

A|g|ro|stadt *die;* -, ...städte ⟨*gr.; dt.*⟩: stadtähnliche Siedlung, deren Bewohner vorwiegend in der Landwirtschaft arbeiten (z. B. in Russland, Südamerika, China)

A|g|ros|to|lo|gie *die;* - ⟨*gr.-nlat.*⟩: Gräserkunde

A|g|ro|tech|nik *die;* - ⟨*gr.-nlat.-russ.*⟩: Gesamtheit der technischen Verfahren u. Geräte (in der Landwirtschaft). **a|g|ro|tech|nisch:** die Agrotechnik betreffend

A|g|ro|ty|pus *der;* -, ...pen ⟨*gr.*⟩: Kulturpflanzensorte als Produkt einer Pflanzenzüchtung

A|g|ru|men, **A|g|ru|mi** *die* (Plural) ⟨*lat.-mlat.-it.;* „Sauerfrüchte"⟩: Sammelname für Zitrusfrüchte (Zitronen, Apfelsinen)

A|g|ryp|nie *die;* -, ...ien ⟨*gr.-nlat.*⟩: ↑ Asomnie

A|gu|ja [a'guxa] *der;* -s, -s (auch: *die;* -, -s) ⟨*span.*⟩: südamerikanischer Bussard

A|gu|ti *der* od. *das;* -s, -s ⟨*indian.-span.*⟩: hasenähnliches Nagetier (Goldhase) in Südamerika

Ä|gyp|ti|enne [εʒɪ'psiɛn] vgl. Egyptienne. **ä|gyp|tisch** ⟨*gr.*⟩: das Land Ägypten betreffend; **ägyptische Finsternis:** sehr große Dunkelheit

Ä|gyp|to|lo|ge *der;* -n, -n ⟨*gr.-nlat.*⟩: Wissenschaftler, der sich mit der Erforschung von Kultur u. Sprache des alten Ägyptens beschäftigt. **Ä|gyp|to|lo|gie** *die;* -: Wissenschaft von Kultur u. Sprache des alten Ägyptens. **Ä|gyp|to|lo|gin** *die;* -, ...nen: weibliche Form zu ↑ Ägyptologe. **ä|gyp|to|lo|gisch:** die Ägyptologie betreffend

A|har *der;* -[s], -s ⟨nach der iran. Stadt⟩: Orientteppich von feiner Knüpfung u. schwerer Struktur

a|has|ver [auch: a'hasvɐ] *der;* -s, -s u. -e ⟨*hebr.-lat.;* nach Ahasverus, dem Ewigen Juden⟩: ruhelos umherirrender Mensch. **a|has|ve|risch:** ruhelos umherirrend

a|he|mi|to|nisch ⟨*gr.; dt.*⟩: (Mus.) halbtonlos

a|his|to|risch [auch: 'a:...]: geschichtliche Gesichtspunkte außer Acht lassend

Ai [auch: a'i:] *das;* -s, -s ⟨*Tupiport.*⟩: Dreizehenfaultier

Aich|mo|pho|bie *die;* -, ...ien ⟨*gr.-nlat.*⟩: (Psychol.; Med.) krankhafte Angst, sich od. andere mit spitzen Gegenständen verletzen zu können

AIDA-Re|gel *die;* -: Zusammenfassung der Aufgaben, die zu erfolgreicher Werbung führen sollen: Aufmerksamkeit (*attention*) erregen, Interesse (*interest*) wecken, Verlangen (*desire*) hervorrufen und die Handlung (*action*), den Kauf des beworbenen Objekts, auslösen

Aide [ɛ:t] *der;* -n [ɛ:dn̩], -n [ɛ:dn̩] ⟨*lat.-fr.*⟩: 1. (veraltet) Helfer, Gehilfe. 2. (schweiz., Gastr.) Küchengehilfe, Hilfskoch. 3. Mitspieler, Partner [im ↑ Whist]

Aide-Mé|moire [ˈɛtməˈmo̯a:ɐ̯] *das;* -, -[s] ⟨*fr.;* „Gedächtnishilfe"⟩: (Pol.) im diplomatischen Verkehr während einer Unterredung überreichte knappe schriftliche Zusammenfassung eines Sachverhalts zur Vermeidung von späteren Missverständnissen

Ai|do|i|o|ma|nie *die;* - ⟨*gr.-nlat.*⟩: (Psychol.) ins Krankhafte gesteigerter Geschlechtstrieb

Aids [eɪdz] *das;* - (meist ohne Artikel) ⟨engl. Kurzw. aus *acquired immune deficiency syndrome* = erworbenes Immundefektsyndrom⟩: (Med.) durch ein Virus hervorgerufene Krankheit, die zu schweren Störungen im Immunsystem führt.

aids|in|fi|ziert: mit dem ↑ Aidsvirus infiziert

Aids|test *der;* -[e]s, -e, (auch: -e): medizinisches Untersuchungsverfahren zur Feststellung von Aids

Aids|vi|rus *das,* auch: *der;* -, ...ren: Virus, das Aids verursacht; vgl. HIV

Ai|g|ret|te [ɛˈɡrɛtə] *die;* -, -n ⟨provenzal.-fr.⟩: 1. [Reiher]federschmuck, als Kopfputz auch mit Edelsteinen. 2. büschelförmiges Gebilde, etwa als Strahlenbündel bei Feuerwerken

Ai|gui|è|re [ɛˈɡi̯ɛːrə] *die;* -, -n ⟨*lat.-fr.*⟩: (Kunstwiss.) bauchige Wasserkanne aus Metall od. Keramik

Ai|guil|let|te [ɛɡiˈjɛtə] *die;* -, -n ⟨*fr.*⟩: 1. Streifen von gebratenem Fisch, Fleisch, Wild od. Geflügel. 2. (veraltet) Achselschnur [an Uniformen], Schnur zum Verschließen von Kleidungsstücken

Ai|ken-Kode, fachspr.: **Ai|ken-Code** [ˈeɪkn...] *der;* -s ⟨amerik.; lat.-gr.-engl.⟩: Kode (1) zur Verschlüsselung von Dezimalzahlen

Ai|ki|do *das;* -s ⟨jap.⟩: Form der Selbstverteidigung

Ai|le|rons [ɛlərõː] *die* (Plural) ⟨*lat.-fr.*⟩: Flügelstücke von größerem Geflügel

Ai|o|li [ajoˈli] *das;* - ⟨*lat.-fr.*⟩: Grillsoße mit viel frisch gehacktem Knoblauch

¹Air [ɛːɐ̯] *das;* -s, -s ⟨*lat.-fr.*⟩: 1. Hauch, Fluidum. 2. Aussehen, Haltung

²Air [ɛːɐ̯] *das;* -s, -s (auch: *die;* -, -s) ⟨*lat.-fr.*⟩: liedartiges Instrumentalstück

air..., Air... s. Kasten aero..., Aero...

Air|bag [ˈɛːɐ̯bɛk] *der;* -s, -s ⟨engl.; „Luftsack"⟩: Luftkissen in Kraftfahrzeugen, das sich zum Schutz der Insassen bei einem Zusammenstoß automatisch aufbläst

Air|brush [ˈɛːbraʃ] *der;* -s, -s: Farbsprühgerät für besondere grafische Effekte. **air|bru|shen:** (ugs.) grafische Arbeiten in Airbrushtechnik ausführen

Air|bus ® [ˈɛː...] *der;* -ses (auch: -), -se: Passagierflugzeug mit großer Sitzkapazität für Mittel- u. Kurzstrecken

Air|con|di|tio|ner [ˈɛːɐ̯kɔndɪʃnə], auch: **Air-Con|di|tio|ner** *der;* -s, - u. **Air|con|di|tio|ning** [...dɪʃnɪŋ], auch: **Air-Con|di|tio|ning** *das;* -s, -s ⟨engl.⟩: Klimaanlage

Air|de|sign [...dizaɪn] *das;* -s, -s: Unterstützung der Gestaltung von Verkaufs- od. Ausstellungsräumen durch eine dezente [verkaufsfördernde] Duftnote

Aire|dale|ter|ri|er [ˈɛədeɪl...] *der;* -s, - ⟨nach einem Airdale genannten Tal, durch das der engl. Fluss Aire fließt⟩: englischer Haushund mit meist gelblich braunem Fell

Air Force [ˈɛɐ̯ˈfoːɐ̯s] *die;* - - ⟨engl.⟩: [die englische u. amerikanische] Luftwaffe, Luftstreitkräfte

Air|glow [...ɡloː] *das;* -s ⟨engl.⟩: (Astron.) Leuchterscheinung in der ↑ Ionosphäre

Air|hos|tess [...hɔstɛs] *die;* -, -en ⟨engl.⟩: 1 Hostess, die im Flugzeug Dienst tut; Stewardess

Air|lift [ˈɛɐ̯...] *der;* -[e]s, -e u. -s ⟨engl.⟩: Versorgung auf dem Luftweg, Luftbrücke

Air|line [ˈɛːɐ̯laɪn] *die;* -, -s ⟨engl.⟩: Fluglinie, Fluggesellschaft

Air|mail [ˈɛːɐ̯meːl] *die;* - ⟨engl.⟩: Luftpost

Ai|ro|tor [ɛ...] *der;* -s, ...toren ⟨Kunstw.⟩: eine bestimmte Art von Zahnbohrer

Air|port [ˈɛːɐ̯...] *der;* -s, -s ⟨engl.⟩: Flughafen

Air|sur|fing [...sə:fɪŋ] *das;* -s ⟨engl.⟩: eine Extremsportart, bei der mit einem Snowboard vor dem Öffnen des Fallschirms in der Luft gesurft wird

Air|ter|mi|nal [...tə:mɪnl] *der* (auch: *das*); -s, -s ⟨engl.⟩: Flughafen

A|ja *die;* -, -s ⟨it.⟩: (veraltet) Hofmeisterin, Erzieherin (fürstlicher Kinder)

A|ja|tol|lah *der;* -[s], -s ⟨pers.⟩: schiitischer Ehrentitel

A|jax *der;* -, - ⟨Herkunft unsicher⟩: aus drei od. fünf Personen gebildete Pyramide im Kunstkraftsport, bei der der Obermann im Handstand steht

Aj|ma|lin *das;* -s ⟨ind.; lat.⟩: in bestimmten, dem Oleander ähnlichen Gewächsen vorkommendes Alkaloid

à jour [aˈʒuːɐ̯] ⟨fr.⟩: 1. [„bis zum (laufenden) Tage"] a) bis zum [heutigen] Tag; **à jour sein:** auf dem Laufenden sein; b) (Buchführung) ohne Buchungsrückstand. 2. [„durchbrochen"] (österr.: ajour) durchbrochen gearbeitet (von Spitzen u. Geweben); **à jour gefasst:** nur am Rande, also bodenfrei, gefasst (von Edelsteinen)

a|jou|rie|ren: 1. (österr.) etwas à jour herstellen. 2. (österr.) Edelsteine nur am Rande fassen. 3. auf dem Laufenden halten, aktualisieren

A|jo|wan|öl *das;* - ⟨Herkunft unsicher⟩: ätherisches Öl, das zur Herstellung von Mundwasser u. Zahnpasta verwendet wird

A|ka|de|mie *die;* -, ...ien ⟨gr.-lat.(-fr.);* nach der Lehrstätte des altgriech. Philosophen Platon in Athen⟩: 1. a) Institution, Vereinigung von Wissenschaftlern zur Förderung u. Vertiefung der Forschung; b) Gebäude für diese Institution. 2. [Fach]hochschule (z. B. Kunst-, Musikakademie, medizinische Akademie). 3. (österr.) literarische od. musikalische Veranstaltung

A|ka|de|mi|ker *der;* -s, -: 1. jmd., der eine abgeschlossene Universitäts- od. Hochschulausbildung hat. 2. Mitglied einer Akademie (1 a). **A|ka|de|mi|ke|rin** *die;* -, -nen: weibliche Form zu ↑ Akademiker

a|ka|de|misch: 1. an einer Universität od. Hochschule [erworben, erfolgend, üblich]. 2. a) wissenschaftlich; b) (abwertend) trocken, theoretisch; c) müßig, überflüssig

a|ka|de|mi|sie|ren: a) in der Art einer Akademie (1 a, 2) einrichten; b) (abwertend) akademisch (2 b) betreiben; c) (bestimmte Stellen) nur mit Leuten akademischer (1) Ausbildung besetzen

A|ka|de|mis|mus *der;* - ⟨gr.-lat.-nlat.⟩: starre, dogmatische Kunstauffassung od. künstlerische Betätigung

A|ka|lit® [auch: ...'lɪt] *das;* -s ⟨Kunstw.⟩: Kunststoff aus Kasein

A|kal|ku|lie *die;* -, ...ien ⟨gr.-lat.⟩: (Med.) Rechenschwäche, meist infolge einer Erkrankung des unteren Scheitellappens

A|kan|je *das;* - ⟨russ.⟩: veränderte Aussprache unbetonter Silben in der russischen Sprache

A|kan|thit [auch: ...'tɪt] *der;* -s ⟨gr.-nlat.⟩: Silberglanz (ein Mineral)

A|kan|tho|se *die;* -, -n ⟨gr.⟩: (Med.) krankhafte Verdickung der Oberhaut infolge von Vermehrung bzw. Wucherung der Stachelzellen

A|kan|thus *der;* -, - ⟨gr.-lat.⟩: a) Bärenklau (stachliges Staudengewächs in den Mittelmeerländern); b) (Kunstwiss.) Ornament nach dem Vorbild der Blätter des Akanthus (z. B. an antiken Tempelgiebeln)

A|kar|di|a|kus, A|kar|di|us *der;* - ⟨gr.-nlat.⟩: (Med.) Doppelgeburt, bei der einem Zwilling das Herz fehlt

A|ka|ri|a|se *der;* - ⟨gr.-nlat.⟩: ↑ Akarinose (2)

A|ka|ri|ne *die;* -, -n: Milbe

A|ka|ri|no|se *die;* -, -n: 1. durch Milben hervorgerufene Kräuselung des Weinlaubs. 2. durch Milben hervorgerufene Hauterkrankung

A|ka|ri|zid *das;* -s, -e ⟨gr.; lat.⟩: Milbenbekämpfungsmittel im Obst- u. Gartenbau

A|ka|ro|id|harz *das;* -es ⟨gr.; dt.⟩: aus den Bäumen der Gattung Xanthorrhoea gewonnenes gelbes od. rotes Harz (Farbstoff für Lack u. Firnis)

A|ka|ro|lo|gie *die;* -: Gebiet der Zoologie, das sich mit der Untersuchung der Milben u. Zecken befasst

A|ka|rus|räu|de *die;* - ⟨gr.-nlat.; dt.⟩: ↑ Demodikose

A|ka|ry|o|bi|ont *der;* -en, -en (meist Plural) ⟨gr.-nlat.⟩: ↑ Anukleobiont

A|ka|ry|ont *der;* -en, -en: (Zool.). kernlose Zelle. **a|ka|ry|ot:** (Zool.) kernlos (von Zellen)

a|ka|tal|ek|tisch ⟨gr.-lat.⟩: (antike Metrik) mit einem vollständigen Versfuß (der kleinsten rhythmischen Einheit eines Verses) endend

A|ka|tal|pha|sie *die;* - ⟨gr.⟩: Unvermögen, die grammatischen Gesetze richtig anzuwenden

A|ka|this|tos *der;* -, ...toi ⟨gr.; „nicht sitzend"⟩: Marienhymnus der orthodoxen Kirchen, der im Stehen gesungen wird

A|ka|thol|lik [auch: ...'li:k] *der;* -en, -en ⟨gr.⟩: jmd., der nicht zur katholischen Kirche gehört. **A|ka|tho|li|kin** [auch: ...'li:...] *die;* -, -nen: weibliche Form zu ↑ Akatholik. **a|ka|tho|lisch** [auch: ...'to:...]: nicht zur katholischen Kirche gehörend

a|kau|sal ⟨gr.; lat.⟩: ohne ursächlichen Zusammenhang

a|kaus|tisch ⟨gr.; dt.⟩: (Chem.) nicht ätzend; Ggs. ↑ kaustisch

A|ka|zie *die;* -, -n ⟨gr.-lat.⟩: a) tropischer Laubbaum, zur Familie der ↑ Leguminosen gehörend, der Gummiarabikum liefert; b) (ugs.) ↑ Robinie

A|ke|lei *die;* -, -en ⟨mlat.⟩: Zier- u. Heilpflanze (ein Hahnenfußgewächs)

a|kel|phal, selten: a|ke|pha|lisch ⟨gr.-lat.; „ohne Kopf"⟩: a) (antike Metrik) am Anfang um eine Silbe verkürzt (von einem Vers); b) ohne Anfang (von einem literarischen Werk, dessen Anfang nicht od. nur verstümmelt erhalten ist)

A|ki|nal|kes *der;* -, - ⟨pers.-gr.⟩: (hist.) Kurzschwert der Perser u. Skythen

A|ki|ne|sie *die;* - ⟨gr.-nlat.⟩: (Med.,

Psychol.) Bewegungsarmut, Bewegungshemmung von Gliedmaßen

A|ki|ne|ten *die* (Plural): (Biol.) dickwandige Dauerzellen der Grünalgen zur Überbrückung ungünstiger Umweltbedingungen

a|ki|ne|tisch: (Med., Psychol.) bewegungsgehemmt (von Gliedmaßen)

Ak|kla|ma|ti|on *die;* -, -en ⟨lat.; „das Zurufen"⟩: 1. beistimmender Zuruf ohne Einzelabstimmung [bei Parlamentsbeschlüssen]. 2. Beifall, Applaus. 3. liturgischer Grußwechsel zwischen Pfarrer u. Gemeinde. **ak|kla|mie|ren:** (österr.) a) jmdm. applaudieren; b) jmdm. laut zustimmen

Ak|kli|ma|ti|sa|ti|on *die;* -, -en ⟨lat.; gr.-nlat.⟩: Anpassung eines Organismus an veränderte, umweltbedingte Lebensverhältnisse, bes. an ein fremdes Klima; vgl. ...ation/...ierung

ak|kli|ma|ti|sie|ren, sich: 1. sich an ein anderes Klima gewöhnen. 2. sich eingewöhnen, sich anderen Verhältnissen anpassen.

Ak|kli|ma|ti|sie|rung *die;* -, -en: ↑ Akklimatisation; vgl. ...ation/ ...ierung

Ak|ko|la|de *die;* -, -n ⟨lat.-vulgärlat.-fr.⟩: 1. feierliche Umarmung bei Aufnahme in einen Ritterorden od. bei einer Ordensverleihung. 2. (Buchw.) geschweifte Klammer, die mehrere Zeilen, Sätze, Wörter, Notenzeilen zusammenfasst; Zeichen: {...}

ak|kom|mo|da|bel ⟨lat.-fr.⟩: a) anpassungsfähig; b) zweckmäßig; c) anwendbar, einrichtbar; d) [gütlich] beilegbar (von Konflikten)

Ak|kom|mo|da|ti|on *die;* -, -en: Angleichung, Anpassung. **ak|kom|mo|die|ren:** a) angleichen, anpassen; b) sich akkomodieren: sich mit jmdm. über etwas einigen, sich vergleichen

Ak|kom|mo|do|me|ter *das;* -s, - ⟨lat.; gr.⟩: Instrument zur Prüfung der Einstellungsfähigkeit des Auges

Ak|kom|pa|g|ne|ment [akɔmpanjə'mã] *das;* -s, -s ⟨fr.⟩: (Mus.) musikalische Begleitung. **ak|kom|pa|g|nie|ren** [...'jiːrən]: einen Gesangsvortrag auf einem Instrument begleiten. **Ak|kom-**

pa|g|nist [...'ɪst] *der; -en, -en:* (Mus.) Begleiter. **Ak|kom|pa|g-nis|tin** *die; -, -nen:* weibliche Form zu ↑ Akkompagnist

Ak|kord *der; -[e]s, -e ⟨lat.-vulgär-lat.-fr.⟩:* 1. (Mus.) Zusammenklang von mindestens drei Tönen verschiedener Tonhöhe. 2. gütlicher Ausgleich zwischen gegensätzlichen Interessen. 3. (Rechtsw.) Einigung zwischen Schuldner u. Gläubiger zur Abwendung des ↑ Konkurses (Vergleichsverfahren). 4. Bezahlung nach der Stückzahl, Stücklohn

ak|kor|dant: (Geol.) sich an vorhandene Strukturelemente anpassend

Ak|kor|dant *der; -en, -en:* 1. jmd., der für Stücklohn arbeitet. 2. (schweiz.) kleiner Unternehmer (bes. im Bauwesen u. Ä.), der Aufträge zu einem Pauschalpreis je Einheit auf eigene Rechnung übernimmt

Ak|kor|danz *die; -, -en:* (Geol.) Anpassung bestimmter Gesteine an vorhandene Strukturelemente

Ak|kord|ar|beit *die; -:* [auf Schnelligkeit ausgerichtetes] Arbeiten im Stücklohn

Ak|kord|dis|so|nanz *die; -, -en:* (Mus.) Dissonanz eines Akkordes

Ak|kor|de|on *das; -s, -s:* Handharmonika. **Ak|kor|de|o|nist** *der; -en, -en:* jmd., der [berufsmäßig] Akkordeon spielt. **Ak|kor-de|o|nis|tin** *die; -, -nen:* weibliche Form zu ↑ Akkordeonist.

ak|kor|de|o|nis|tisch: a) das Akkordeon betreffend; b) im Stil des Akkordeons

ak|kor|die|ren: vereinbaren, übereinkommen

ak|kor|disch: a) den Akkord (1) betreffend; b) in Akkorden (1) geschrieben

Ak|kord|lohn *der; -[e]s, ...löhne:* Stücklohn, Leistungslohn

ak|kou|chie|ren [aku'ʃi:rən] ⟨*lat.-fr.*⟩: (veraltet) entbinden, Geburtshilfe leisten

ak|kre|di|tie|ren ⟨*lat.-it.-fr.*⟩: 1. beglaubigen (bes. einen diplomatischen Vertreter eines Landes). 2. Kredit einräumen, verschaffen

Ak|kre|di|tiv *das; -s, -e:* 1. Beglaubigungsschreiben eines diplomatischen Vertreters. 2. a) Han-

delsklausel; Auftrag an eine Bank, einem Dritten (dem Akkreditierten) innerhalb einer bestimmten Frist einen bestimmten Betrag auszuzahlen; b) Anweisung an eine od. mehrere Banken, dem Begünstigten Beträge bis zu einer angegebenen Höchstsumme auszuzahlen

Ak|kres|zenz *die; -, -en ⟨lat.⟩:* das Anwachsen [eines Erbteils]. **ak|kres|zie|ren:** (veraltet) anwachsen, zuwachsen

Ak|ku *der; -s, -s:* Kurzform von ↑ Akkumulator (1)

Ak|kul|tu|ra|ti|on *die; -, -en ⟨lat.-nlat.⟩:* 1. (Soziol.) Übernahme fremder geistiger u. materieller Kulturgüter durch Einzelpersonen od. ganze Gruppen. 2. a) ↑ Sozialisation; b) Anpassung an ein fremdes Milieu (z. B. bei Auswanderung). **ak|kul|tu|rie|ren:** anpassen, angleichen

Ak|ku|mu|lat *das; -[e]s, -e ⟨lat.⟩:* (veraltet) Agglomerat (1)

Ak|ku|mu|la|ti|on *die; -, -en:* Anhäufung, Speicherung, Ansammlung. **Ak|ku|mu|la|tor** *der; -s, ...oren:* 1. Gerät zur Speicherung von elektrischer Energie in Form von chemischer Energie; Kurzform: Akku. 2. Druckwasserbehälter einer hydraulischen Presse. 3. (EDV) spezielle Speicherzelle einer Rechenanlage, in der Zwischenergebnisse gespeichert werden. **ak|ku|mu-lie|ren:** anhäufen; sammeln, speichern

ak|ku|rat ⟨*lat.*⟩: 1. sorgfältig, genau, ordentlich. 2. (ugs., süddt. u. österr.) gerade, genau, z. B. akkurat das habe ich gemeint

Ak|ku|ra|tes|se *die; - ⟨französierende Bildung zu akkurat⟩:* Sorgfalt, Genauigkeit, Ordnungsliebe

Ak|ku|sa|ti|ons|prin|zip *das; -s ⟨lat.⟩:* (Rechtsw.) im Strafprozessrecht geltendes Prinzip, nach dem das Gericht ein Strafverfahren erst übernimmt, wenn durch die Staatsanwaltschaft Anklage erhoben wurde

Ak|ku|sa|tiv *der; -s, -e ⟨lat.⟩:* (Sprachw.) 4. Fall, Wenfall; Abk.: Akk. **Ak|ku|sa|tiv mit In-finitiv** ⟨*lat.* accusativus cum infinitivo [Abk.: acc. c. inf. od. a. c. i.]⟩: Satzkonstruktion (bes.

im Lateinischen), in der das Akkusativobjekt des ersten Verbs zugleich Subjekt des zweiten, im Infinitiv stehenden Verbs ist (z. B. ich höre *den Hund bellen* = ich höre den Hund. Er bellt.)

Ak|ku|sa|tiv|ob|jekt *das; -s, -e:* Ergänzung eines Verbs im 4. Fall (z. B. sie fährt *den Wagen*)

A|k|li|ne *die; - ⟨gr.-nlat.⟩:* Verbindungslinie der Orte ohne magnetische ↑ Inklination (2)

Ak|me *die; - ⟨gr.⟩:* „Spitze; Gipfel, Vollendung"): 1. Gipfel, Höhepunkt einer Entwicklung, bes. einer Krankheit od. des Fiebers. 2. in der Stammesgeschichte der Höhepunkt der Entwicklung einer Organismengruppe; Ggs. ↑ Epakme

Ak|me|is|mus *der; - ⟨gr.-russ.⟩:* neoklassizistische literarische Richtung in Russland (um 1914), deren Vertreter Genauigkeit im Ausdruck u. Klarheit der Formen forderten. **Ak|me|ist** *der; -en, -en:* Vertreter des Akmeismus. **Ak|me|is|tin** *die; -, -nen:* weibliche Form zu ↑ Akmeist

Ak|ne *die; -, -n ⟨gr.-nlat.⟩:* mit Knötchen- u. Pustelbildung verbundene Entzündung der Talgdrüsen

A|ko|as|ma *das; -s, ...men ⟨gr.-nlat.⟩:* (Med.) krankhafte Gehörhalluzination, subjektiv wahrgenommenes Geräusch (z. B. Dröhnen, Rauschen)

A-Koh|le *die; -:* ↑ Aktivkohle

A|ko|luth vgl. Akolyth. **A|ko|lu-thie** *die; -, ...ien ⟨gr.-nlat.⟩:* 1. (Rel.) gottesdienstliche Ordnung der Stundengebete in den orthodoxen Kirchen. 2. (Philos.) stoische Lehre von der notwendigen Folge der Dinge. 3. (Psychol.) Zeitspanne, in der eine vorhergehende seelische, noch nicht abgeklungene Erregung die nachfolgende hemmt

A|ko|lyth *der; -en u. -s, -en ⟨gr.-mlat.; „Begleiter"⟩:* Laie (2), der während der ↑ ¹Messe (1) bestimmte Dienste am Altar verrichtet (früher katholischer Kleriker im 4. Grad der niederen Weihen)

A|kon *das; -[s] ⟨Kunstw.⟩:* Handelsbezeichnung einiger Pflanzenseiden, die als Füllmaterial verwendet werden

A ko|nit *das; -s, -e ⟨gr.-lat.⟩:* Eisenhut, Sturmhut (zur Familie der ↑ Ranunkulazeen gehörende Pflanzengattung mit großen blauen Blüten)

A ko|ni|tin vgl. Aconitin

A kon|to *das; -s, ...ten u. -s ⟨it.⟩:* (bes. österr.) Anzahlung

A kon|to|zah|lung *die; -, -en:* Anzahlung, Abschlagszahlung; vgl. a conto

¹A ko|rie *die; -, ...ien ⟨gr.⟩:* Unersättlichkeit, Gefräßigkeit

²A ko|rie *die; -, ...ien ⟨gr.-nlat.⟩:* pupillenlose ↑ Iris (2)

A kos|mis|mus *der; - ⟨gr.-nlat.⟩:* (Philos., Rel.) philosophische Lehre, die die selbstständige Existenz der Welt leugnet u. Gott als einzig wahre Wirklichkeit betrachtet

a ko|ty|le|don *⟨gr.-nlat.⟩:* (Bot.) keimblattlos. **A ko|ty|le|do|ne** *die; -, -n:* keimblattlose Pflanze

ak|qui|rie|ren *⟨lat.⟩:* 1. erwerben, anschaffen. 2. als Akquisiteur tätig sein

Ak|qui|se *die; -, -n:* (ugs.) ↑ Akquisition (2)

Ak|qui|si|teur *[...'tø:ɐ̯] der; -s, -e* ⟨französierende Neubildung⟩: a) Kundenwerber, Werbevertreter (bes. im Buchhandel); b) jmd., der andere dafür wirbt, dass sie Anzeigen in eine Zeitung setzen lassen. **Ak|qui|si|teu|rin** *[...'tø:rɪn] die; -, -nen:* weibliche Form zu ↑ Akquisiteur

Ak|qui|si|ti|on *die; -, -en ⟨lat.(-fr.)⟩:* 1. [vorteilhafte od. schlechte] Erwerbung. 2. Kundenwerbung durch Vertreter (bes. bei Zeitschriften-, Theater- u. anderen Abonnements)

Ak|qui|si|tor *der; -s, ...oren:* (österr.) ↑ Akquisiteur. **ak|qui|si|to|risch** *⟨lat.-nlat.⟩:* die Kundenwerbung betreffend

akr..., Akr... vgl. akro..., Akro...

a k ral *⟨gr.⟩:* die ↑ Akren betreffend

A k rai|ni|er *die* (Plural) *⟨gr.-nlat.⟩:* schädellose Meerestiere mit knorpeligem Rückenstützorgan (↑ Lanzettfischchen)

A k rai|ni|us *der; -, ...nien:* (Med.) ohne Schädel od. Schädeldach geborenes Kind

A k ra|to|pe|ge *die; -, -n ⟨gr.-nlat.⟩:* kalte Mineralquelle (unter 20 °C) mit geringem Mineralgehalt

A k ra|to|ther|me *die; -, -n:* warme Mineralquelle (über 20 °C) mit geringem Gehalt an gelösten Stoffen

A k|ren *die* (Plural) *⟨gr.-nlat.⟩:* die äußersten (vorstehenden) Körperteile (z. B. Nase, Kinn, Beine, Arme)

A k ren|ze|pha|lon *das; -s, ...la:* ↑ Telenzephalon

A k ri|bie *die; - ⟨gr.⟩:* höchste Genauigkeit, Sorgfalt in Bezug auf die Ausführung von etwas. **a k - ri|bisch:** mit Akribie, sehr genau, sorgfältig und gewissenhaft [ausgeführt]. **a k ri|bis - tisch:** mit äußerster Akribie, übergenau

A k ri|din vgl. Acridin

a k ri|tisch *⟨gr.-nlat.⟩:* ohne kritisches Urteil, unkritisch, kritiklos

a k ro..., A k ro...

vor Vokalen meist akr..., Akr... ⟨zu *gr.* ákros „äußerst, oberst; spitz"⟩ Wortbildungselement mit der Bedeutung „äußerst, oberst, hoch, spitz, scharf":
– Akrenzephalon
– Akromegalie
– akropetal

a k ro|a ma|tisch *⟨gr.;* „hörbar, zum Anhören bestimmt"⟩: 1. nur für den internen Lehrbetrieb bestimmt (von Schriften des griechischen Philosophen Aristoteles). 2. ausschließlich Eingeweihten vorbehalten (von Lehren griechischer Philosophen). 3. nur zum Anhören bestimmt (von einer Lehrform, bei der der Lehrer vorträgt u. der Schüler zuhört); vgl. erotematisch

A k ro|a n äs|the|sie *die; -:* (Med.) Empfindungslosigkeit an ↑ Akren

A k ro|bat *der; -en, -en:* jmd., der turnerische, gymnastische od. tänzerische Übungen beherrscht u. [im Zirkus od. Varietee] vorführt. **A k ro|ba|tik** *die; -:* a) Kunst, Leistung eines Akrobaten; b) überdurchschnittliche Geschicklichkeit u. Körperbeherrschung. **a k ro|ba|tisch:** a) den Akrobaten und seine Leistung betreffend;

b) körperlich besonders gewandt, geschickt

a k ro|dont: (von Zähnen) mitten auf der Kante der Kiefer sich befindend (z. B. bei Lurchen, Schlangen)

A k ro|dy|nie *die; -, ...ien ⟨gr.-nlat.⟩:* (Med.) Schmerz an den äußersten (vorstehenden) Körperteilen

A k ro|dys|to|nie *die; -, ...ien:* (Med.) Krampf u. Lähmung an den äußersten Enden der Gliedmaßen

A k ro|fo|nie usw. vgl. Akrophonie usw.

a k ro|karp: (Bot.) die Frucht an der Spitze tragend

A k ro|le|in *das; -s ⟨gr.; lat.⟩:* scharf riechender, sehr reaktionsfähiger ↑ Aldehyd

A k ro|lith [auch: ...'lɪt] *der; -s u. -en, -e[n] ⟨gr.-lat.⟩:* altgriechische Statue, bei der die nackten Teile aus Marmor, der bekleidete Körper aus schlechterem Material (z. B. Holz, Stuck) besteht

A k ro|me|ga|lie *die; -, ...ien ⟨gr.-nlat.⟩:* (Med.) abnormes Wachstum der ↑ Akren (z. B. Nase, Ohren, Zunge, Gliedmaßen), bedingt durch eine zu hohe Ausschüttung des Wachstumshormons

A k ro|mik|rie *die; -, ...ien:* (Med.) abnormer Kleinwuchs des Skeletts u. der ↑ Akren

a k ro|nyk|tisch, a k ro|nyk|tisch: (Astron.) beim (scheinbaren) Untergang der Sonne erfolgend

A k ro|nym *das; -s, -e:* aus den Anfangsbuchstaben mehrerer Wörter gebildetes Kurzwort; Initialwort (z. B. EDV aus elektronische Datenverarbeitung)

a k ro|o ro|gen *⟨gr.⟩:* (Geol.) in der Tiefe gefaltet u. nachträglich gehoben, gebirgsbildend

a k ro|pe|tal *⟨gr.; nlat.;* „nach oben strebend"⟩: (Bot.) aufsteigend (von den Verzweigungen einer Pflanze, der älteste Spross ist unten, der jüngste oben); Ggs. ↑ basipetal

A k ro|pho|nie, auch: Akrofonie *die; -:* Benennung der Buchstaben einer Schrift nach etwas, dessen Bezeichnung mit dem entsprechenden Laut beginnt (z. B. in den phönizischen Schrift). **a k ro|pho|nisch,** auch: akrofonisch: die Akrophonie betreffend; **akrophonisches Prinzip:** Akrophonie

A|k|ro|po|lis die; -, ...polen ⟨gr.⟩: hoch gelegener, geschützter Zufluchtsplatz vieler griechischer Städte der Antike

A|k|ros|ti|chon das; -s, ...chen u. ...cha: a) hintereinander zu lesende Anfangsbuchstaben, -silben od. -wörter der Verszeilen, Strophen, Abschnitte od. Kapitel, die ein Wort, einen Namen od. einen Satz ergeben; b) Gedicht, das Akrostichen enthält; vgl. Mesostichon, Telestichon

A|k|ro|te|leu|ton das; -s, ...ten u. ...ta: Gedicht, in dem Akrostichon u. ↑ Telestichon vereint sind, sodass die Anfangsbuchstaben der Verse od. Zeilen eines Gedichts od. Abschnitts von oben nach unten gelesen u. die Endbuchstaben von unten nach oben gelesen das gleiche Wort od. den gleichen Satz ergeben

A|k|ro|ter der; -s, -e, **A|k|ro|te|rie** die; -, -n u. **A|k|ro|te|ri|on**, **A|k|ro|te|ri|um** das; -s, ...ien ⟨gr.-lat.⟩ Giebelverzierung an griechischen Tempeln

A|k|ro|tis|mus der; -, ...men ⟨gr.⟩: (Med.) Zustand des Organismus, in dem der Puls nicht mehr gefühlt werden kann

A|k|ro|ze|pha|le der; -n, -n ⟨gr.-nlat.⟩: (Med.) Hoch-, Spitzkopf

A|k|ro|ze|pha|lie die; -, ...ien: (Med.) Wachstumsanomalie, bei der sich eine abnorm hohe u. spitze Schädelform ausbildet

A|k|ro|zy|a|no|se die; -, -n: (Med.) bläuliche Verfärbung der ↑ Akren bei Kreislaufstörungen

A|k|ryl|säu|re vgl. Acrylsäure

Akt der; -[e]s, -e ⟨lat.⟩: 1. a) Vorgang, Vollzug, Handlung; b) feierliche Handlung, Zeremoniell (z. B. in Zusammensetzungen: Staatsakt, Festakt). 2. Abschnitt, Aufzug eines Theaterstücks. 3. künstlerische Darstellung des nackten menschlichen Körpers. 4. ↑ Koitus. 5. ↑ Akte

Ak|tant der; -en, -en ⟨lat.-fr.⟩: (Sprachw.) vom Verb gefordertes, für die Bildung eines grammatischen Satzes obligatorisches Satzglied (z. B. der Gärtner bindet die Blumen); vgl. Valenz

Ak|te die; -, -n, österr. auch: Akt der; -[e]s, -e: [geordnete]

Sammlung zusammengehörender Schriftstücke

Ak|tei die; -, -en: Aktensammlung

Ak|teur [ak'tøːɐ̯] der; -s, -e ⟨lat.-fr.⟩: 1. handelnde Person. 2. Schauspieler. **Ak|teu|rin** [...'tøːrɪn] die; -, -nen: weibliche Form zu ↑ Akteur

Akt|fo|to das; -s, -s, **Akt|fo|to|gra|fie** die; -, -n: ↑ Fotografie (2) eines Aktes (3)

Ak|tie ['aktsi̯ə] die; -, -n ⟨lat.-niederl.⟩: Anteilschein am Grundkapital einer Aktiengesellschaft

Ak|ti|en|fonds [...fõ:] der; -, - [...fõ:s]: (Wirtsch.) Investmentfonds, der überwiegend in Aktien anlegt

Ak|ti|en|ge|sell|schaft die; -, -en: Handelsgesellschaft, deren Grundkapital (Aktienkapital) von Gesellschaftern (↑ Aktionären) aufgebracht wird, die nicht persönlich, sondern mit ihren Einlagen für die Verbindlichkeiten haften; Abk.: AG

Ak|ti|en|in|dex der; -es, -e: Kennziffer für die Entwicklung des Kursdurchschnitts der bedeutendsten Aktiengesellschaften

Ak|ti|en|ka|pi|tal das; -s, -e u. -ien (österr. nur so): Summe des in Aktien zerlegten Grundkapitals einer Aktiengesellschaft

Ak|ti|en|kurs der; -es, -e: an der Börse festgestellter Preis von Wertpapieren

Ak|tin das; -s, -e ⟨gr.⟩: (Biochem.) Eiweißverbindung im Muskel

Ak|ti|ni|de vgl. Actinide

Ak|ti|nie die; -, -n: Seeanemone

ak|ti|nisch: a) radioaktiv (von Heilquellen); b) durch Strahlung hervorgerufen (z. B. von Krankheiten)

Ak|ti|ni|tät die; - ⟨gr.-lat.⟩: photochemische Wirksamkeit einer Lichtstrahlung, bes. ihre Wirkung auf fotografisches Material

Ak|ti|ni|um vgl. Actinium

Ak|ti|no|graph, auch: ...graf der; -en, -en ⟨gr.-nlat.⟩: (Meteor.) Gerät zur Aufzeichnung der Sonnenstrahlung

Ak|ti|no|lith [auch: ...lɪt] der; -s u. -en, -e[n]: Strahlstein (ein grünes Mineral)

Ak|ti|no|me|ter das; -s, -: (Meteor.) Gerät zur Messung der Sonnenstrahlung. **Ak|ti|no|me|t|rie** die; -: (Meteor.) Messung

der Strahlungsintensität der Sonne

ak|ti|no|morph: (Bot.) strahlenförmig (z. B. von Blüten)

Ak|ti|no|my|ko|se die; -, -n: (Med.) Strahlenpilzkrankheit

Ak|ti|no|my|zet der; -en, -en: Strahlenpilz (Fadenbakterie)

Ak|ti|on die; -, -en ⟨lat.⟩: a) gemeinsames, gezieltes Vorgehen; b) planvolle Unternehmung, Maßnahme. **ak|ti|o|nal:** die Aktion betreffend; vgl. ...al/ ...ell

Ak|ti|o|när der; -s, -e ⟨lat.-fr.⟩: Inhaber von ↑ Aktien einer ↑ Aktiengesellschaft. **Ak|ti|o|nä|rin** die; -, -nen: weibliche Form zu ↑ Aktionär

ak|ti|o|nell ↑ aktional; vgl. ...al/ ...ell

Ak|ti|o|nis|mus der; -: 1. Bestreben, das Bewusstsein der Menschen od. die bestehenden Zustände in Gesellschaft, Kunst od. Literatur durch gezielte [provozierende, revolutionäre] Aktionen zu verändern. 2. (oft abwertend) übertriebener Tätigkeitsdrang

Ak|ti|o|nist der; -en, -en: Vertreter des Aktionismus. **Ak|ti|o|nis|tin** die; -, -nen: weibliche Form zu ↑ Aktionist. **ak|ti|o|nis|tisch:** im Sinne des Aktionismus (1) [handelnd]

Ak|ti|ons|art die; -, -en: (Sprachw.) Geschehensart beim Verb (bezeichnet die Art u. Weise, wie das durch das Verb ausgedrückte Geschehen vor sich geht, z. B. iterativ: sticheln; faktitiv: fällen; vgl. Aspekt (3)

Ak|ti|ons|po|ten|zi|al, auch: ...potential das; -s, -e: (Biochem.) elektrische Spannungsänderung mit Aktionsströmen bei Erregung von Nerven, Muskeln, Drüsen

Ak|ti|ons|pro|gramm das; -s, -e: Programm für Aktionen, die einem bestimmten Ziel dienen sollen

Ak|ti|ons|quo|ti|ent der; -en, -en: (Psychol.) Maß für die Aktivität, die ein Sprechender durch seine Sprache ausdrückt, das durch das Verhältnis aktiver Elemente (z. B. Verben) zu den qualitativen (z. B. Adjektive) bestimmt wird

Ak|ti|ons|ra|di|us der; -, ...ien: Wirkungsbereich, Reichweite

Ak|ti|ons|strom der; -[e]s, ...ströme: bei der Tätigkeit eines Muskels auftretender elektrischer Strom

Ak|ti|ons|tur|bi|ne die; -, -n: Turbine, bei der die gesamte Energie (Wasser, Dampf od. Gas) vor dem Eintritt in das Laufrad in einer Düse in Bewegungsenergie umgesetzt wird; Gleichdruckturbine

Ak|ti|ons|zen|t|rum das; -s, ...tren: 1. zentrale Stelle, von der politische Aktionen ausgehen. 2. (Meteor.) die Großwetterlage bestimmendes, relativ häufig auftretendes, ausgedehntes Hoch- oder Tiefdruckgebiet

ak|tiv [bei Hervorhebung od. Gegenüberstellung zu passiv auch: ˈakti:f] ⟨lat.⟩: 1. a) unternehmend, geschäftig, rührig; zielstrebig; Ggs. ↑ inaktiv, ↑ passiv (1 a); b) selbst in einer Sache tätig, sie ausübend (im Unterschied zum bloßen Erdulden o. Ä. von etwas); Ggs.↑ passiv; **aktive Bestechung:** Verleitung eines Beamten od. einer im Militär- od. Schutzdienst stehenden Person durch Geschenke, Geld o. Ä. zu einer Handlung, die eine Amts- od. Dienstpflichtverletzung enthält; **aktive Handelsbilanz:** Handelsbilanz eines Landes, bei der mehr ausgeführt als eingeführt wird; **aktives Wahlrecht:** das Recht zu wählen; **aktiver Wortschatz:** Gesamtheit aller Wörter, die ein Sprecher in seiner Muttersprache beherrscht u. beim Sprechen verwendet. 2. a) im Militärdienst stehend (im Unterschied zur Reserve); b) als Mitglied einer Sportgemeinschaft regelmäßig an sportlichen Wettkämpfen teilnehmend. 3. ↑ aktivisch. 4. optisch aktiv. 5. (Chem.) stark reaktionsfähig; Ggs. ↑ inaktiv (3 a). 6. einer studentischen Verbindung mit allen Pflichten angehörend; Ggs. ↑ inaktiv (2 b)

¹Ak|tiv [auch: akˈti:f] das; -s, -e ⟨lat.⟩: (Sprachw.) Verhaltensrichtung des Verbs, das vom [meist in einer „Tätigkeit" befindlichen] Subjekt her gesehen ist; z. B. er streicht sein Zimmer; die Rosen blühen; ↑ Passiv

²Ak|tiv das; -s, -s od. -e ⟨lat.-russ.⟩: (regional) Personen, die gemeinsam an der Lösung bestimmter Aufgaben arbeiten

Ak|ti|va, Aktiven die (Plural) ⟨lat.⟩: Vermögenswerte eines Unternehmens auf der linken Seite der ↑ Bilanz; Ggs. ↑ Passiva

Ak|ti|va|tor der; -s, ...oren ⟨lat.-nlat.⟩: 1. Stoff, der die Wirksamkeit eines ↑ Katalysators steigert. 2. (Chem.) einem nicht leuchtfähigen Stoff zugesetzte Substanz, die diesen zu einem Leuchtstoff macht. 3. (Med.) im ↑ Serum (1 a) vorkommender, die Bildung von ↑ Antikörpern aktivierender Stoff. 4. Hilfsmittel zur Kieferregulierung

¹Ak|ti|ve der u. die; -n, -n ⟨lat.⟩: a) Sportler, der regelmäßig an Wettkämpfen teilnimmt; b) Mitglied eines Karnevalsvereins, das sich mit eigenen Beiträgen an Karnevalssitzungen beteiligt; c) Mitglied einer studentischen ↑ Aktivitas

²Ak|ti|ve die; -, -n: (veraltet) fabrikmäßig hergestellte Zigarette im Unterschied zur selbst gedrehten

Ak|ti|ven vgl. Aktiva u. ¹·²Aktive

Ak|ti|vfi|nan|zie|rung die; -, -en: Überlassung von Kapital an einen Dritten. **Ak|tiv|ge|schäft** das; -s, -e: Bankgeschäft, bei dem die Bank Kredite an Dritte gewährt; Ggs. ↑ Passivgeschäft

ak|ti|vie|ren ⟨lat.-fr.⟩: 1. a) zu größerer Aktivität (1) veranlassen; b) in Tätigkeit setzen, in Gang bringen, zu größerer Wirksamkeit verhelfen. 2. etwas als Aktivposten in die Bilanz aufnehmen; Ggs. ↑ passivieren (1). 3. künstlich radioaktiv machen

Ak|ti|vie|rung die; -, -en: 1. (ohne Plural) das Aktivieren (1). 2. (ohne Plural) (Wirtsch.) Erfassung von Vermögenswerten in der ↑ Bilanz; Ggs. ↑ Passivierung. 3. (Chem.) Prozess, durch den chemische Elemente od. Verbindungen in einen reaktionsfähigen Zustand versetzt werden. 4. (Phys.) das Aktivieren (3) von Atomkernen

Ak|ti|vie|rungs|a|na|ly|se die; -, -n: (Chem.) Methode zur quantitativen Bestimmung kleinster Konzentrationen eines Elements in anderen Elementen

Ak|ti|vie|rungs|e|ner|gie die; -, -n: 1. Energiemenge, die für die Einleitung gehemmter chemischer u. physikalischer Reaktionen nötig ist. 2. Energie, die einem atomaren System zugeführt werden muss, um es in einen angeregten Energiezustand zu bringen

Ak|ti|vin das; -s ⟨lat.-nlat.⟩: ein ↑ Chloramin

ak|ti|visch [auch: ˈak...] ⟨lat.⟩: (Sprachw.) das ¹Aktiv betreffend, zum ¹Aktiv gehörend; Ggs. ↑ passivisch

Ak|ti|vis|mus der; - ⟨lat.-nlat.⟩: aktives Vorgehen, Tätigkeitsdrang

Ak|ti|vist der; -en, -en ⟨lat.⟩: 1. zielbewusst u. zielstrebig Handelnder. 2. (DDR) jmd., der sich im sozialistischen Wettbewerb durch berufliche, gesellschaftliche o. ä. Leistungen besondere Verdienste erworben hat. **Ak|ti|vis|tin** die; -, -nen: weibliche Form zu ↑ Aktivist

ak|ti|vis|tisch ⟨lat.-nlat.⟩: 1. den Aktivismus betreffend, ihn vertretend. 2. den Aktivisten (1) bzw. die Aktivistin (1) betreffend

Ak|ti|vi|tas die; - ⟨nlat.⟩: Gesamtheit der zur aktiven Beteiligung in einer studentischen Verbindung Verpflichteten

Ak|ti|vi|tät die; -, -en: 1. (ohne Plural) Tätigkeitsdrang, Betriebsamkeit, Unternehmungsgeist; Ggs. ↑ Inaktivität (1), ↑ Passivität (1). 2. (ohne Plural) a) (Chem.) Maß für den radioaktiven Zerfall, d. h. die Stärke einer radioaktiven Quelle; vgl. Radioaktivität; b) optische Aktivität. 3. (nur Plural) das Tätigwerden, Sichbetätigen in einer bestimmten Weise, bestimmte Handlungen

Ak|tiv|koh|le die; -: staubfeiner, poröser Kohlenstoff, der bes. als ↑ Adsorbens zur Entgiftung, Reinigung od. Entfärbung benutzt wird (z. B. in Gasmaskenfiltern); Kurzw.: A-Kohle

Ak|tiv|le|gi|ti|ma|ti|on die; -, -en: (Rechtsw.) im Zivilprozess die sachliche Befugnis des Klägers, das strittige Recht geltend zu machen; Ggs. ↑ Passivlegitimation

Ak|tiv|pos|ten der; -s, -: Vermögensposten, der auf der Aktivseite der Bilanz aufgeführt ist

A

Ak|tiv|pro|zess *der; -es, -e:* (Rechtsw.) Prozess, den jemand als Kläger führt; Ggs. ↑ Passivprozess

Ak|tiv|stoff *der; -[e]s, -e:* Stoff von großer chemischer Reaktionsfähigkeit

Ak|tu|vum *das; -s, ...va ⟨lat.⟩:* (veraltet) ¹Aktiv

Ak|tiv|ur|laub *der; -s, -e:* Urlaub mit besonderen Aktivitäten, sehr aktiv gestalteter Urlaub

Ak|tiv|zin|sen *die* (Plural): Zinsen, die den Banken aus Kreditgeschäften zufließen; Ggs. ↑ Passivzinsen

Ak|tor *der; -s, ...oren:* ↑ Aktuator

Ak|t|ri|ce [ak'tri:sə] *die; -, -n ⟨lat.-fr.⟩:* Schauspielerin

ak|tu|al ⟨*lat.*⟩: 1. (Philos.) wirksam, tätig; Ggs. ↑ potenzial (1). 2. (Sprachw.) in der Rede od. im ↑ Kontext verwirklicht, eindeutig determiniert; Ggs. ↑ potenziell. 3. im Augenblick gegeben, sich vollziehend, vorliegend, tatsächlich vorhanden; Ggs. ↑ potenziell

Ak|tu|al|ge|ne|se *die; -, -n:* (Psychol.) stufenweise sich vollziehender Wahrnehmungsvorgang, ausgehend vom ersten, noch diffusen Eindruck bis zur klar gegliederten und erkennbaren Endgestalt

ak|tu |a|li|sie|ren ⟨*lat.-nlat.-fr.*⟩: 1. etwas [wieder] aktuell machen, beleben, auf den neuesten Stand bringen. 2. (Sprachw.) Varianten sprachlicher Einheiten in einem bestimmten Kontext verwenden

Ak|tu |a|lis|mus *der; -:* a) philosophische Lehre, nach der die Wirklichkeit ständig aktuales (1), nicht unveränderliches Sein ist; b) Auffassung, dass die gegenwärtigen Kräfte und Gesetze der Natur- u. Kulturgeschichte die gleichen sind wie in früheren Zeiträumen. **ak|tu - a|lis |tisch:** die Lehre, Theorie, Auffassung des Aktualismus betreffend, sie vertretend

Ak|tu |a|li|tät *die; -, -en ⟨lat.-fr.⟩:* 1. (ohne Plural) Gegenwartsbezogenheit, -nähe, unmittelbare Wirklichkeit, Bedeutsamkeit für die unmittelbare Gegenwart. 2. (nur Plural) Tagesereignisse, jüngste Geschehnisse. 3. (ohne Plural; Philos.) das

Wirklichsein, Wirksamsein; Ggs. ↑ Potenzialität

Ak|tu |a|li|tä|ten|ki|no *das; -s, -s:* Kino mit [durchgehend laufendem] aus Kurzfilmen verschiedener Art gemischtem Programm

Ak|tu |a|li|täts|the |o|rie *die; -:* 1. (Philos.) Lehre von der Veränderlichkeit, vom unaufhörlichen Werden des Seins. 2. (Psychol.) Lehre, nach der die Seele nicht an sich, sondern nur in den aktuellen, im Augenblick tatsächlich vorhandenen seelischen Vorgängen besteht

Ak|tu|al|neu|ro|se *die; -, -n ⟨lat.; gr.⟩:* (Psychol.) durch aktuelle, tatsächlich vorhandene, vorliegende Affekterlebnisse (z. B. Schreck, Angst) ausgelöste ↑ Neurose

Ak|tu|ar *der; -s, -e ⟨lat.⟩:* 1. (veraltet) Gerichtsangestellter. 2. wissenschaftlicher Versicherungs- u. Wirtschaftsmathematiker.

Ak|tu |a|ri|at *das; -[e]s, -e:* Amt des Aktuars (1). **Ak|tu |a|ri|us** *der; -, ...ien:* ↑ Aktuar (1)

Ak|tu |a|tor *der; -s, ...toren ⟨lat.-engl.⟩:* Bauelement am Ausgangsteil einer Steuer- od. Regelstrecke, der in Energie- od. Massenströme eingreift u. darin als veränderlicher Widerstand wirkt

ak|tu|ell ⟨*lat.-fr.*⟩: 1. im augenblicklichen Interesse liegend, zeitgemäß, zeitnah; Ggs. ↑ inaktuell. 2. aktual (2, 3), im Augenblick gegeben, vorliegend, tatsächlich vorhanden; Ggs. ↑ potenziell

Ak|tu |o|ge|o|lo|gie *die; -:* Teilgebiet der Geologie, das die Vorgänge der geologischen Vergangenheit unter Beobachtung der in der Gegenwart ablaufenden Prozesse zu erklären sucht

Ak|tu |o|pa|lä|on|to|lo|gie *die; -:* Teilgebiet der Paläontologie, das die Bildungsweise paläontologischer Fossilien unter Beobachtung der in der Gegenwart ablaufenden Prozesse zu erklären sucht

Ak|tus *der; -, - [...u:s] ⟨lat.⟩:* (veraltet) [Schul]feier, [Schul]aufführung

A |ku|em *das; -s, -e ⟨gr.⟩:* (Phon.) phonisches u. artikulatorisches Element, in dem sich ein Affekt od. Gefühlszustand kundgibt

A |ku |i |tät *die; - ⟨lat.⟩:* (Med.) akuter Verlauf einer Krankheit, akutes Krankheitsbild; Ggs. ↑ Chronizität

A |ku|la|lie *die; -, ...ien:* unsinnige lautliche Äußerung bei ↑ Aphasie

A |ku|me|t |rie *die; -:* ↑ Audiometrie

a |ku|mi|nös ⟨*lat.-fr.*⟩: scharf zugespitzt

A |ku|pres|sur *die; -, -en ⟨lat.⟩:* (der Akupunktur verwandtes) Verfahren, bei dem durch kreisende Bewegungen der Fingerkuppen – unter leichtem Druck – auf bestimmten Körperstellen Schmerzen behoben werden sollen

A |ku|punk|teur [...'tø̞ɐ̯] *der; -s, -e ⟨lat.-fr.⟩:* jmd., der die Akupunktur durchführt. **A |ku|punk|teu|rin** [...'tø:rɪn] *die; -, -nen:* weibliche Form zu ↑ Akupunkteur

a |ku|punk|tie|ren ⟨*lat.-nlat.*⟩: eine Akupunktur durchführen

A |ku|punk|tur *die; -, -en:* Heilbehandlung durch Einstiche von feinen Nadeln aus Edelmetall an bestimmten Körperpunkten ↑ Akupunkteur. **A |ku|punk|tu|rist** *der; -en, -en:* ↑ Akupunkteur. **A |ku|punk|tu|ris |tin** *die; -, -nen:* weibliche Form zu ↑ Akupunkturist

A |kus|ma|ti|ker *der; -s, - ⟨gr.-nlat.⟩:* (Philos.) Angehöriger einer Untergruppe der ↑ Pythagoreer

A |kus |tik *die; -:* 1. a) Lehre vom Schall, von den Tönen; b) Schalltechnik. 2. Klangwirkung. **A |kus |ti|ker** *der; -s, -:* Fachmann für Fragen der Akustik. **A |kus |ti|ke|rin** *die; -, -nen:* weibliche Form zu ↑ Akustiker

a |kus |tisch: a) die Akustik (1, 2) betreffend; b) klanglich; vgl. auditiv; **akustischer Typ:** Menschentyp, der Gehörtes besser behält als Gesehenes; Ggs. ↑ visueller Typ

A |kus |to|che|mie *die; -:* Teilgebiet der physikalischen Chemie, das sich mit der Erzeugung von Schall durch chemische Reaktionen u. mit der Beeinflussung dieser durch Schallschwingungen beschäftigt

a |kut ⟨*lat.: „scharf, spitz“*⟩: 1. brennend, dringend, vordringlich, unmittelbar [anrührend] (in Bezug auf etwas, womit sich jmd. sofort beschäftigen muss od. was gerade im

Vordergrund des Interesses steht). 2. (Med.) unvermittelt auftretend, schnell u. heftig verlaufend (von Krankheiten u. Schmerzen); Ggs. ↑ chronisch (1)

A|kut *der; -s, -e:* Betonungszeichen, Akzent für steigende Stimmführung, z. B. é; vgl. Accent aigu

A|kut|kran|ken|haus *das; -es, ...häuser:* Krankenhaus für akute (2) Krankheitsfälle

A|kyn *der; -s, -e ⟨kirg.-russ.⟩:* kasachischer u. kirgisischer Volkssänger; vgl. Rhapsode

ak|ze|die|ren ⟨*lat.*⟩: beitreten, beistimmen

Ak|ze|le|ra|ti|on *die; -, -en ⟨lat.; „Beschleunigung"⟩:* 1. Zunahme der Umlaufgeschwindigkeit des Mondes. 2. Zeitunterschied zwischen einem mittleren Sonnen- u. einem mittleren Sterntag. 3. Änderung der Ganggeschwindigkeit einer Uhr. 4. Entwicklungsbeschleunigung bei Jugendlichen. 5. (Biol.) Beschleunigung in der Aufeinanderfolge der Individualentwicklungsvorgänge; vgl. ...ation/ ...ierung

Ak|ze|le|ra|ti|ons|prin|zip *das; -s:* Wirtschaftstheorie, nach der eine Schwankung der Nachfrage nach Konsumgütern eine prozentual größere Schwankung bei den ↑ Investitionsgütern hervorruft

Ak|ze|le|ra|ti|ons|pro|zess *der; -es, -e:* Beschleunigungsvorgang

Ak|ze|le|ra|tor *der; -s, ...oren ⟨lat.-nlat.⟩:* 1. (Kernphysik) Teilchenbeschleuniger; vgl. Synchrotron, Zyklotron. 2. (Wirtsch.) Verhältniszahl, die sich aus den Werten der ausgelösten (veränderten) Nettoinvestition und der sie auslösenden (verändernden) Einkommensänderung ergibt

ak|ze|le|rie|ren ⟨*lat.*⟩: beschleunigen, vorantreiben; fördern. **Ak|ze|le|rie|rung** *die; -, -en:* das Akzelerieren; vgl. ...ation/...ierung

Ak|zent *der; -[e]s, -e ⟨lat.; „das Antönen, das Beitönen"⟩:* 1. Betonung (z. B. einer Silbe). 2. Betonungszeichen. 3. (ohne Plural) Tonfall, Aussprache. 4. ↑ Accentus

Ak|zen|tu|a|ti|on *die; -, -en ⟨lat.-*

mlat.⟩: Betonung; vgl. ...ation/ ...ierung

ak|zen|tu|ell ⟨*lat.-fr.*⟩: den Akzent betreffend

ak|zen|tu|ie|ren ⟨*lat.-mlat.*⟩:
a) beim Sprechen hervorheben;
b) betonen, Nachdruck legen auf etwas; **akzentuierende Dichtung:** Dichtungsart, in der metrische Hebungen (Versakzente) mit den sprachlichen Hebungen (Wortakzente) zusammenfallen. **Ak|zen|tu|ie|rung** *die; -, -en:* Akzentuation; vgl. ...ation/...ierung

Ak|ze|pis|se *das; -, - ⟨lat.; „erhalten zu haben"⟩:* (veraltet) Empfangsschein

Ak|zept *das; -[e]s, -e:* 1. Annahmeerklärung desjenigen, der den Wechsel bezahlen muss, auf einem Wechsel. 2. akzeptierter Wechsel

ak|zep|ta|bel ⟨*lat.-frz.*⟩: annehmbar, brauchbar. **Ak|zep|ta|bi|li|tät** *die; -:* a) Annehmbarkeit; b) (Sprachw.) von einem kompetenten Sprecher als sprachlich üblich und richtig beurteilte Beschaffenheit einer sprachlichen Äußerung; vgl. Grammatikalität

Ak|zep|tant *der; -en, -en ⟨lat.⟩:* 1. jmd, der durch das Akzept (1) zur Bezahlung eines Wechsels verpflichtet ist. 2. Empfänger, Aufnehmender. **Ak|zep|tan|tin** *die; -, -nen:* weibliche Form zu ↑ Akzeptant

Ak|zep|tanz *die; -, -en:* (bes. Werbespr.) Bereitschaft, etwas (ein neues Produkt o. Ä.) zu akzeptieren

Ak|zep|ta|ti|on *die; -, -en:* Annahme (z. B. eines Wechsels), Anerkennung; vgl. ...ation/...ierung

ak|zep|tie|ren: etwas annehmen, billigen, hinnehmen. **Ak|zep|tie|rung** *die; -, -en:* das Anerkennen, Einverstandensein mit jmdm./etwas; vgl. ...ation/...ierung

Ak|zept|kre|dit *der; -[e]s, -e:* Einräumung eines Bankkredits durch Bankakzept

Ak|zep|tor *der; -s, ...oren ⟨lat.; „Annehmer, Empfänger"⟩:*
1. (Phys.) Stoff, dessen Atome od. Moleküle ↑ Ionen od. ↑ Elektronen (1) von anderen Stoffen übernehmen können. 2. (Phys.) Fremdatom, das ein bewegli-

ches ↑ Elektron (1) einfängt.
3. Stoff, der nur unter bestimmten Voraussetzungen von Luftsauerstoff angegriffen wird

Ak|zess *der; -es, -e ⟨lat.; „Zutritt, Zugang"⟩:* (österr.) 1. Zulassung zum Vorbereitungsdienst an Gerichten u. Verwaltungsbehörden. 2. Vorbereitungsdienst an Gerichten u. Verwaltungsbehörden

Ak|zes|si|on *die; -, -en:* 1. Zugang; Erwerb. 2. Beitritt [eines Staates zu einem internationalen Abkommen]. 3. (Sprachw.) Zusatz eines als Gleitlaut wirkenden Konsonanten, z. B. des *t* in gelegentlich

Ak|zes|si|ons|klau|sel *die; -:* Zusatz in einem Staatsvertrag, durch den angezeigt wird, dass jederzeit andere Staaten diesem Vertrag beitreten können

Ak|zes|si|ons|lis|te *die; -, -n:* Liste in Bibliotheken, in der neu eingehende Bücher nach der laufenden Nummer eingetragen werden

Ak|zes|sist *der; -en, -en ⟨lat.-nlat.⟩:* (veraltet) Anwärter [für den Gerichts- u. Verwaltungsdienst]

Ak|zes|sit *das; -s, -s ⟨lat.; „er ist nahe herangekommen"⟩:* (veraltet) zweiter od. Nebenpreis bei einem Wettbewerb

Ak|zes|so|ri|en *die* (Plural) ⟨*lat.-mlat.*⟩: (Bot.) Samenanhängsel bei Pflanzen als Fruchtfleischersatz

Ak|zes|so|ri|e|tät *die; -, -en:*
1. (ohne Plural) a) Zugänglichkeit; b) Zulassbarkeit.
2. (Rechtsw.) Abhängigkeit des Nebenrechtes von dem zugehörigen Hauptrecht

ak|zes|so|risch: hinzutretend, nebensächlich, weniger wichtig; **akzessorische Atmung:** zusätzliche Luftatmung neben der Kiemenatmung bei Fischen, die in sauerstoffarmen Gewässern leben; **akzessorische Nährstoffe:** Ergänzungsstoffe zur Nahrung (Vitamine, Salze, Wasser, Spurenelemente); **akzessorische Rechte:** (Rechtsw.) Nebenrechte

Ak|zes|so|ri|um *das; -s, ...ien ⟨lat.-mlat.⟩:* (veraltet) Nebensache, Beiwerk

Ak|zi|dens *das; -, ...denzien ⟨lat.⟩:*

1. (Plural auch: Akzidẹntia; Philos.); das Zufällige, nicht notwendig einem Gegenstand Zukommende, unselbstständig Seiende, ↑ Substanz (2). 2. (Plural fachspr. auch: Akzidẹntien; Mus.) Versetzungszeichen (♯, ♭ oder deren Aufhebung: ♮), das innerhalb eines Taktes zu den Noten hinzutritt

Ak|zi|den|ta|li|en die (Plural) ⟨mlat.⟩: Nebenpunkte bei einem Rechtsgeschäft (z. B. Vereinbarung einer Kündigungsfrist); Ggs. ↑ Essenzialien

ak|zi|den|tell, ak|zi|den|ti|ell ⟨lat.-mlat.-fr.⟩: 1. zufällig, unwesentlich. 2. (Med.) nicht zum gewöhnlichen Krankheitsbild gehörend

Ak|zi|dẹnz die; -, -en ⟨lat.⟩: 1. (meist Plural) Druckarbeit, die nicht zum Buch-, Zeitungs- u. Zeitschriftendruck gehört (z. B. Drucksachen, Formulare, Prospekte, Anzeigen). 2. ↑ Akzidens (1)

Ak|zi|dẹn|zi|en Plural von ↑ Akzidens

Ak|zi|dẹnz|satz der; -es: (Druckw.) Herstellung (Satz) von Akzidenzen; vgl. Akzidenz (1)

ak|zi|pie|ren ⟨lat.⟩: (veraltet) empfangen, annehmen, billigen

Ak|zi|se die; -, -n ⟨fr.⟩: 1. indirekte Verbrauchs- u. Verkehrssteuer. 2. (hist.) Zoll (z. B. die Torabgabe im Mittelalter)

...al/...ell

⟨lat. ...alis (→ fr. ...el(le)⟩
Die beiden Adjektivsuffixe treten oft konkurrierend am gleichen Wortstamm auf. Häufig sind sie synonym verwendbar:
– emotional/emotionell
– hormonal/hormonell
In anderen Fällen haben die mithilfe der beiden Suffixe gebildeten Wörter hingegen unterschiedliche Bedeutungen:
– formal/formell
– instrumental/instrumentell
– rational/rationell

à la ⟨fr.⟩: auf, nach Art von ...
à la baisse [alaˈbɛːs] ⟨fr.; „nach unten"⟩: (Börsenw.) im Hinblick auf (wahrscheinlich) fallende Kurse, z. B. à la baisse spekulieren; Ggs. ↑ à la hausse
A|la|bas|ter der; -s, - ⟨gr.-lat.⟩:

1. marmorähnliche, feinkörnige, rein weiße, durchscheinende Art des Gipses. 2. bunte Glaskugel, die die Kinder beim Murmelspiel gegen die kleineren Kugeln aus Ton werfen.
a|la|bas|tern: 1. aus Alabaster. 2. wie Alabaster
A|la|bas|t|ron das; -s, Alabastren ⟨gr.⟩: kleines antikes Salbölgefäß
à la bonne heure [alabɔˈnœːr] ⟨fr.; „zur guten Stunde"⟩: recht so!, ausgezeichnet!, bravo!
à la carte [ala'kart] ⟨fr.⟩: nach der Speisekarte, z. B. à la carte essen
à la hausse [ala'oːs] ⟨fr.; „nach oben"⟩: (Börsenw.) im Hinblick auf (wahrscheinlich) steigende Kurse, z. B. à la hausse spekulieren; Ggs. ↑ à la baisse
à la jar|di|niè|re [alaʒardi'njɛːr] ⟨fr.; „nach Art der Gärtnerin"⟩: (Gastr.) mit Beilage von verschiedenen Gemüsesorten (zu gebratenem od. gegrilltem Fleisch); **Suppe à la jardinière:** Fleischbrühe mit Gemüsestückchen
A|la|lie die; -, ...ien ⟨gr.-nlat.; „Sprechunfähigkeit"⟩: Unfähigkeit, artikulierte Laute zu bilden
à la longue [ala'lõːg] ⟨fr.⟩: auf die Dauer
à la mai|son [alamɛːˈzõ] ⟨fr.⟩: (Gastr.) nach Art des Hauses
A|la|mé|ri|caine [alameriˈkɛːn] das; - ⟨fr.⟩: (Pferdesport) Springprüfung, in der der Parcours beim ersten Fehler beendet ist
à la meu|niè|re [alamø'njɛːr] ⟨fr.; „nach Art der Müllerin"⟩: (Gastr.) in Mehl gewendet u. in Butter gebraten
à la mode [ala'mɔd] ⟨fr.⟩: nach der neuesten Mode
A|la|mo|de|li|te|ra|tur die; -: (Literaturw.) stark von französischen [u. italienischen] Vorbildern beeinflusste Richtung der deutschen Literatur im 17. Jh.
a|la|mo|disch: die Alamodeliteratur betreffend
A|lan das; -s, -e ⟨Kunstw.⟩: Aluminiumwasserstoff
A|la|na|te die (Plural): Mischhydride des Aluminiums
A|la|nin das; -s ⟨nlat.⟩: eine der wichtigsten ↑ Aminosäuren

(Bestandteil fast aller Eiweißkörper)
A|larm der; -s, -e ⟨lat.-it.; „zu den Waffen!"⟩: 1. a) Warnung bei Gefahr, Gefahrensignal; b) Zustand, Dauer der Gefahrenwarnung. 2. Aufregung, Beunruhigung
a|lar|mie|ren ⟨lat.-it.(-fr.)⟩: 1. eine Person od. Institution zu Hilfe rufen. 2. beunruhigen, warnen, in Unruhe versetzen
A|larm|pi|kett das; -[e]s, -e: (schweiz.) Überfallkommando
A|las|t|rim das; -s ⟨port.⟩: (Med.) Pockenerkrankung von gutartigem Charakter u. leichtem Verlauf; weiße Pocken
à la suite [ala'sɥit] ⟨fr.; „im Gefolge von ..."⟩: (Heerw. hist.) einem Truppenteil ehrenhalber zugeteilt
A|laun der; -s, -e ⟨lat.⟩: Kalium-Aluminium-Sulfat (ein Mineral). **a|lau|ni|sie|ren:** mit Alaun behandeln
¹Al|ba die; -, ...ben ⟨lat.⟩: ↑ Albe
²Al|ba die; -, -s: altprovenzalisches Tagelied (Minnelied)
Al|ba|no|lo|gie die; - ⟨lat.-nlat.⟩: Wissenschaft von der albanischen Sprache u. Literatur. **al|ba|no|lo|gisch:** die Albanologie betreffend
Al|ba|rel|lo das; -s, ...lli ⟨it.⟩: Apothekergefäß von zylindrischer Form
Al|ba|t|ros der; -, -se ⟨arab.-span.-engl.-niederl.⟩: 1. großer Sturmvogel [der südlichen Erdhalbkugel]. 2. (Golf) das Erreichen eines Lochs mit drei Schlägen weniger als gespielt
Al|be die; -, -n ⟨lat.⟩: weißes liturgisches Untergewand der katholischen u. anglikanischen Geistlichen
Al|be|do die; -: (Phys.) Rückstrahlungsvermögen von nicht selbst leuchtenden, ↑ diffus reflektierenden Oberflächen (z. B. Schnee, Eis)
Al|be|do|me|ter das; -s, - ⟨lat.; gr.⟩: Gerät zur Messung der Albedo
Al|ber|ge die; -, -n ⟨lat.-mozarabisch-span.-fr. (od. it.)⟩: Sorte kleiner, säuerlicher Aprikosen mit festem Fleisch
Al|ber|go das; -s, -s u. ...ghi [...gi]: ⟨german.-it.⟩: italienische Bezeichnung für: Wirtshaus, Herberge, Hotel
Al|bi|gen|ser der; -s, - ⟨nach der

südfranz. Stadt Albi⟩: Angehöriger einer Sekte des 12./13.Jh.s in Südfrankreich u. Oberitalien

Al|bi|klas *der;* -es, -e ⟨*lat.; gr.*⟩:
↑ Albit

Al|bi|nis|mus *der;* - ⟨*lat.-span.-nlat.*⟩: erblich bedingtes Fehlen von ↑ Pigment (1) bei Lebewesen

al|bi|ni|tisch vgl. albinotisch

Al|bi|no *der;* -s, -s ⟨*lat.-span.;* „Weißling"⟩: 1. Mensch od. Tier mit fehlender Farbstoffbildung. 2. bei Pflanzen anomal weißes Blütenblatt o. Ä. mit fehlendem Farbstoff. **al|bi|no|tisch,** albinitisch: 1. ohne Körperpigment. 2. a) den Albinismus betreffend; b) die Albinos betreffend

Al|bi|on ⟨*kelt.,* mit *lat.* albus „weiß" in Verbindung gebracht u. auf die Kreidekliffküste bei Dover bezogen⟩: (dichter.) England

Al|bit [auch: ...'bɪt] *der;* -s, -e ⟨*lat.-nlat.*⟩: Natronfeldspat (ein Mineral)

Al|biz|zie [...jə] *die;* -, -n ⟨*nlat.;* nach dem ital. Naturforscher F. degli Albizzi⟩: tropisches Mimosengewächs

Al|bo|l|it ® *das;* -s ⟨*lat.; gr.*⟩: Phenolharz (ein Kunstharz)

Al|bu|cid ® *das;* -s ⟨Kunstw.⟩: ein ↑ Sulfonamid

Al|bu|go *die;* -, ...gines ⟨*lat.*⟩: (Med.) weißer Fleck der Hornhaut

Al|bum *das;* -s, ...ben ⟨„das Weiße, die weiße Tafel"⟩: 1. a) eine Art Buch mit stärkeren Seiten, Blättern, auf denen bes. Fotografien, Briefmarken, Postkarten o. Ä. angebracht werden; b) eine Art Buch mit einzelnen Hüllen, in die Schallplatten gesteckt werden. 2. a) (veraltend) im Allgemeinen zwei zusammengehörende Langspielplatten in zwei zusammenhängenden Hüllen; b) bes. im Bereich der Unterhaltungsmusik Veröffentlichung mehrerer Titel eines Künstlers, einer Gruppe auf einer CD

Al|bu|men *das;* -s ⟨Med., Biol.⟩ Eiweiß

Al|bu|min *das;* -s, -e (meist Plural) ⟨*nlat.*⟩: einfacher, wasserlöslicher Eiweißkörper, hauptsächlich in Eiern, der Milch u. im Blutserum vorkommend

Al|bu|mi|nat *das;* -s, -e: Alkalisalz der Albumine

Al|bu|mi|ni|me|ter *das;* -s, - ⟨*lat.; gr.*⟩: (Med.) Messgerät (Röhrchen) zur Bestimmung des Eiweißgehaltes [im Harn]

al|bu|mi|no|id: eiweißähnlich; eiweißartig

al|bu|mi|nös ⟨*nlat.*⟩: eiweißhaltig

Al|bu|mi|n|u|rie *die;* -, ...ien ⟨*lat.; gr.*⟩: (Med.) Ausscheidung von Eiweiß im Harn

Al|bu|mo|se *die;* -, -n (meist Plural) ⟨*nlat.*⟩: Spaltprodukt der Eiweißkörper

Al|bus *der;* -, -se ⟨*mlat.*⟩: Weißpfennig (eine Groschenart aus Silber, die vom 14. bis 17.Jh. am Mittel- u. Niederrhein Hauptmünze war u. in Kurhessen bis 1841 galt)

al|cä|isch [...ts...] vgl. alkäisch

Al|can|ta|ra ® *das;* -[s] ⟨Kunstw.⟩: Wildlederimitat, das für Kleidungsstücke (Mäntel, Jacken usw.) verarbeitet wird

Al|car|ra|za [...'rasa, bei span. Aussprache: ...'rraθa] *die;* -, -s ⟨*arab.-span.*⟩: in Spanien gebräuchlicher poröser Tonkrug zum Kühlhalten von Wasser

Al|cá|zar vgl. Alkazar

Al|che|mie *die;* - ⟨*arab.-span.-fr.*⟩: 1. Chemie des Mittelalters. 2. Versuche, unedle Stoffe in edle, bes. in Gold, zu verwandeln

Al|che|mist *der;* -en, -en ⟨*arab.-span.-mlat.*⟩: 1. jmd., der sich mit Alchemie (1) befasst. 2. Goldmacher. **al|che|mis|tisch:** die Alchemie betreffend

Al|chi|mie usw. vgl. Alchemie usw.

Al|chy|mie usw. vgl. Alchemie usw.

al cor|so ⟨*it.*⟩: (Börsenw.) zum laufenden Kurs

al|cy|o|nisch [...ts...] vgl. alkyonisch

Al|de|hyd *der;* -s, -e ⟨Kurzw. aus *nlat.* Alcoholus *dehy*drogenatus⟩: (Chem.) chemische Verbindung, die durch Wasserstoffentzug aus Alkoholen entsteht

al den|te ⟨*it.*⟩: (Gastr.) nicht ganz weich gekocht (bes. von Nudeln)

Al|der|man ['ɔldəmən] *der;* -s, ...men [...mən] ⟨*engl.*⟩: [ältester] Ratsherr, Vorsteher, Stadtrat in angelsächsischen Ländern

Al|di|ne *die;* -, -n ⟨nach dem venezianischen Drucker Aldus Ma-

nutius⟩: 1. (ohne Plural) halbfette Antiquaschrift. 2. ein Druck von Aldus Manutius od. einem seiner Nachfolger (bes. kleinformatige Klassikerausgaben)

Al|do|se *die;* -, -n ⟨Kurzw. aus *Al*dehyd u. dem Suffix *-ose*⟩: eine Zuckerverbindung mit einer Aldehydgruppe

Al|do|s|te|ron *das;* -s ⟨Kunstw.⟩: Hormon der Nebennierenrinde

Al|do|xim *das;* -s, -e ⟨Kunstw.⟩: Produkt aus ↑ Aldehyd u. ↑ Hydroxylamin

Al|d|rey ® [...ai] *das;* -s ⟨Kunstw.⟩: Aluminiumlegierung von guter elektrischer Leitfähigkeit

Ale [e:l] *das;* -s ⟨*engl.*⟩: helles englisches Bier

a|lea iac|ta est ⟨*lat.;* „der Würfel ist geworfen"; angeblich von Cäsar beim Überschreiten des Rubikon 49 v.Chr. gesprochen⟩: die Entscheidung ist gefallen, es ist entschieden

A|le|a|to|rik *die;* - ⟨*lat.-nlat.*⟩: Kompositionsstil, bei dem einem Interpreten an vielen Stellen einer Komposition freie Spielgestaltung erlaubt ist. **a|le|a|to|risch** ⟨*lat.*⟩: vom Zufall abhängig (u. daher gewagt)

...al/...ell s. Kasten ...al/...ell

A|len|çon|spit|ze [alãˈsõ...] *die;* -, -n ⟨nach dem franz. Herstellungsort⟩: Spitze mit Blumenmustern auf zartem Netzgrund

a|lert ⟨*it.-fr.*⟩: munter, aufgeweckt, frisch

A|leu|k|ä|mie *die;* -, ...ien: Leukämieform mit Auftreten von unreifen weißen Blutkörperchen, aber ohne Vermehrung derselben. **a|leu|k|ä|misch:** das Erscheinungsbild der Aleukämie zeigend, leukämieähnlich

A|leu|ron *das;* -s ⟨*gr.*⟩: (Biol.) in Form von festen Körnern od. im Zellsaft gelöst vorkommendes Reserveeiweiß der Pflanzen

A|le|vit *der;* -en, -en ⟨nach dem Religionsführer Ali, dem Schwiegersohn Mohammeds, benannt⟩: Anhänger einer islamischen Religionsgemeinschaft in Vorderasien

¹A|le|x|an|d|ri|ner *der;* -s, -: 1. Gelehrter, bes. Philosoph in Alexandria zur Zeit des ↑ Hellenismus. 2. Anhänger einer philosophischen Strömung in der Renaissance (Alexandrismus), die

A

sich mit der Aristotelesinterpretation befasste

²A le |x|an|d ri|ner *der;* -s, - ⟨Kürzung aus: alexandrinischer Vers; nach dem franz. Alexanderepos von 1180⟩: sechshebiger (6 betonte Silben aufweisender) [französischer] Reimvers mit 12 od. 13 Silben

A le |x|an|d rit [auch: ...'rɪt] *der;* -s, -e ⟨*nlat.*; nach dem russischen Zaren Alexander II.⟩: besondere Art des ↑ Chrysoberylls

A le |x|i |a|ner *der;* -s, - ⟨*gr.*⟩: Angehöriger einer Laienbruderschaft

A le|xie *die;* -, ...ien ⟨*gr.-nlat.*⟩: (Med.) Leseschwäche; Unfähigkeit, Geschriebenes zu lesen bzw. Gelesenes zu verstehen trotz intakten Sehvermögens

A le|xin *das;* -s, -e (meist Plural) ⟨*gr.-nlat.*⟩: natürlicher, im Blutserum gebildeter Schutzstoff gegen Bakterien

a le|zi|thal ⟨*gr.-nlat.*⟩: (Biol.) dotterarm (von Eiern)

Al|fa, auch: Halfa *die;* - ⟨*arab.*⟩: ↑ Esparto

Al|fal|fa *die;* - ⟨*arab.-span.*⟩: Luzerne

al|fan|zen ⟨*it.*⟩: 1. Possen reißen, närrisch sein. 2. schwindeln. **Al|fan|ze|rei** *die;* -, -en: 1. Possenreißerei. 2. [leichter] Betrug

Al Fa|ta [- fa'tax] vgl. El Fatah

Al|fe|nid *das;* -[e]s ⟨*fr.*⟩: galvanisch versilbertes Neusilber

Al|fe|ron *das;* -s ⟨*lat.; gr.*⟩: hitzebeständiges, legiertes Gusseisen

al fi|ne ⟨*it.*⟩: bis zum Schluss [eines Musikstückes]; vgl. da capo al fine

al fres|co vgl. a fresco

Al|ge *die;* -, -n ⟨*lat.*⟩: niedere, meist wasserbewohnende Pflanze

Al|ge|b ra [österr. al'ge:bra] *die;* -, ...ebren ⟨*arab.-roman.*⟩: 1.(ohne Plural) Lehre von den Gleichungen, von den Beziehungen zwischen mathematischen Größen u. den Regeln, denen sie unterliegen. 2. algebraische Struktur. **al|ge|b ra|isch:** die Algebra betreffend; **algebraische Struktur:** eine Menge von Elementen (Rechenobjekten) einschließlich der zwischen ihnen definierten Verknüpfungen

Al|gen|säu|re vgl. Alginsäure

Al|ge|sie *die;* -, ...ien ⟨*gr.-nlat.*⟩: a)Schmerz; b)Schmerzempfindlichkeit

Al|ge|si|me|ter u. Algometer *das;* -s, -: (Med.) Gerät zur Messung der Schmerzempfindlichkeit

Al|ge|si o|lo|gie *die;* -: Wissenschaftsgebiet, das sich mit dem Schmerz, seinen Ursachen, Erscheinungsweisen u. seiner Bekämpfung befasst

...al|gie

die; -, ...ien

⟨zu gr. álgos „Schmerz, Leid, Trauer"⟩

Wortbildungselement mit der Bedeutung „Schmerz, Schmerzzustand":

– Analgie
– Gastralgie
– Neuralgie

Al|gi|nat *das;* -[e]s, -e ⟨*lat.-nlat.*⟩: Salz der Alginsäure

Al|gin|säu|re, auch: Algensäure *die;* - ⟨*lat.-nlat.; dt.*⟩: aus Algen gewonnenes chemisches Produkt von vielfacher technischer Verwendbarkeit

Al|go|ge|ne (Plural) ⟨*gr.*⟩: Schmerzstoffe, Schmerzen hervorrufende chemische Kampfstoffe

ALGOL, auch: **Al|gol** *das;* -s ⟨Kurzw. aus: *algorithmic language; engl.*⟩: (EDV) Formelsprache zur Programmierung beliebiger Rechenanlagen

Al|go|lag|nie *die;* -, ...ien ⟨*gr.-nlat.*⟩: (Med.) sexuelle Lustempfindung beim Erleiden od. Zufügen von Schmerzen; vgl. Masochismus, Sadismus

Al|go|lo|ge *der;* -n, -n ⟨*lat.; gr.*⟩: Algenforscher. **Al|go|lo|gie** *die;* -: Algenkunde. **Al|go|lo|gin** *die;* -, -nen: weibliche Form zu ↑ Algologe. **al|go|lo|gisch:** algenkundlich

al|go|ma|nisch: ↑ algomisch

Al|go|me|ter vgl. Algesimeter

al|go|misch ⟨nach dem Algomagebiet in Kanada⟩: in der Fügung **algomische Faltung:** (Geol.) Faltung während des ↑ Algonkiums

al|gon|kisch: das Algonkium betreffend. **Al|gon|ki|um** *das;* -s ⟨*nlat.; nach dem Gebiet der Algonkinindianer in Kanada*⟩: (Geol.) jüngerer Abschnitt der erdgeschichtlichen Frühzeit

al|go|rith|misch: einem methodischen Rechenverfahren fol-

gend. **Al|go|rith|mus** *der;* -, ...men ⟨*arab.-mlat.*⟩: 1.(veraltet) Rechenart mit Dezimalzahlen. 2.(Arithmetik) Rechenvorgang, der nach einem bestimmten [sich wiederholenden] Schema abläuft. 3.(math. Logik) Verfahren zur schrittweisen Umformung von Zeichenreihen

Al|gra|phie, auch: Algrafie *die;* -, ...ien ⟨Kurzw. aus ↑ *Aluminium* u. ...*graphie*⟩: 1.(ohne Plural) Flachdruckverfahren mit einem Aluminiumblech als Druckfläche. 2. nach diesem Druckverfahren hergestelltes Kunstverfahren

Al|hi|da|de *die;* -, -n ⟨*arab.*⟩: drehbarer Arm (mit Ableseeinrichtung) eines Winkelmessgerätes

a li|as ⟨*lat.*⟩: auch ... genannt, mit anderem Namen ..., unter dem [Deck]namen ... bekannt (in Verbindung mit einem Namen)

A li|as [auch: 'eiliəs] *das;* -, -[se] ⟨*lat.-engl.*⟩: (EDV) Ersatzname in einem E-Mail-Verzeichnis

A li a|sing ['eiliəzɪŋ] *das;* -s ⟨*lat.-engl.*⟩: (EDV) gezacktes od. stufenartiges Erscheinungsbild von Kurven u. diagonalen Linien bei Computergrafiken mit geringer Bildschirmauflösung

A li|bi *das;* -s, -s ⟨*lat. (-fr.)*⟩: „anderswo"⟩: a)(Rechtsw.) Beweis, Nachweis der persönlichen Abwesenheit vom Tatort zur Tatzeit des Verbrechens; b)Entschuldigung, Ausrede, Rechtfertigung

A li|bi|funk|ti|on *die;* -, -en: Funktion, etwas zu verschleiern od. als gerechtfertigt erscheinen zu lassen, die durch eine genannte Person od. einen genannten Sachverhalt erfüllt werden soll

A li|en ['eiljən] *der* od. *das;* -s, -s ⟨*lat.-frz.-engl.*⟩: außerirdisches Lebewesen

A li e|na|ti|on *die;* -, -en ⟨*lat.*⟩: 1.Entfremdung. 2.Veräußerung, Verkauf. 3.(Med.) besondere Form einer ↑ Psychose

A li e|ni *die* (Plural) ⟨Zool.⟩: Tiere, die zufällig in ein ihnen fremdes Gebiet geraten bzw. dieses zufällig durchqueren

a li e|nie|ren ⟨*lat.*⟩: 1.entfremden, abwendig machen. 2.veräußern, verkaufen

A li g ne|ment [alɪnjə'mã:] *das;* -s, -s ⟨*fr.*⟩: 1.das Abstecken einer Fluchtlinie, der festgesetzten Linie einer vorderen, rückwärtigen od. seitlichen Begrenzung, bis zu der etwas gebaut werden darf [beim Straßen- oder Eisenbahnbau]. 2. Fluchtlinie [beim Straßen- od. Eisenbahnbau]. a|li|g|nie|ren [alɪnˈʒiː...]: abmessen, Fluchtlinien [beim Straßen- od. Eisenbahnbau] abstecken

a|li|men|tär ⟨lat.⟩: a) mit der Ernährung zusammenhängend; b) durch die Ernährung bedingt

A|li|men|ta|ti|on die; -, -en ⟨mlat.⟩: die finanzielle Leistung für den Lebensunterhalt [von Berufsbeamten], Unterhaltsgewährung in Höhe der amtsbezogenen Besoldung, Lebensunterhalt

A|li|men|te die (Plural) ⟨lat.; „Nahrung; Unterhalt“⟩: Unterhaltsbeiträge (bes. für nicht eheliche Kinder). a|li|men|tie|ren ⟨mlat.⟩: Lebensunterhalt gewähren, unterstützen

a li|mi|ne ⟨lat.; „von der Schwelle“⟩: kurzerhand, von vornherein; ohne Prüfung in der Sache

A|li|nea das; -s, -s ⟨lat.; „von der (neuen) Linie“⟩: (Druckw. veraltet) von vorn, mit Absatz beginnende neue Druckzeile (Abk.: Al.). a|li|ne|ie|ren: (Druckw. veraltet) absetzen, einen Absatz machen, durch Absatz trennen

a|li|pha|tisch ⟨gr.-nlat.⟩: (Chem.) offene Kohlenstoffketten in der Strukturformel aufweisend (von bestimmten organischen Verbindungen)

a|li|quant ⟨lat.⟩: (Math.) mit Rest teilend (der aliquante Teil einer Zahl ist jede dem Betrag nach kleinere Zahl, die nicht als Teiler auftreten kann, z. B. 4 zur Zahl 6); Ggs. ↑ aliquot

a|li|quot: (Math.) ohne Rest teilend (der aliquote Teil einer Zahl ist jeder ihrer Teiler, z. B. 2 zur Zahl 6); Ggs. ↑ aliquant.

A|li|quo|te die; -, -n: 1. (Math.) Zahl, die eine andere Zahl ohne Rest in gleiche Teile teilt. 2. ↑ Aliquotton

A|li|quot|ton der; -[e]s, ...töne: (Mus.) mit dem Grundton mitklingender Oberton

a|li|tie|ren ⟨Kunstw.⟩: ↑ alumetieren

A|li|ud das; -, Alia ⟨lat.; „ein anderes“⟩: (Rechtsw.) Leistung, die fälschlich anstelle der geschuldeten erbracht wird (der Gläu-

biger erhält etwas, was von der vertraglich festgelegten Leistung entscheidend abweicht)

A|li|za|rin das; -s ⟨arab.-span.-nlat.⟩: früher aus der Krappwurzel gewonnener, jetzt synthetisch hergestellter roter Farbstoff

Alk der; -[e]s: (Jargon) Kurzform von ↑ Alkohol

Al|ka|hest der od. das; -[e]s ⟨arab.⟩: (in der Annahme der ↑ Alchemisten 1) eine angeblich alle Stoffe lösende Flüssigkeit

al|kä|isch ⟨nach dem äolischen Lyriker Alkäus⟩: in der Fügung **alkäische Strophe:** vierzeilige Odenstrophe der Antike

Al|kal|de der; -n, -n ⟨arab.-span.⟩: [Straf]richter, Bürgermeister in Spanien

Al|ka|li [auch: ˈal...] das; -s, ...alien ⟨arab.⟩: ↑ Hydroxid der Alkalimetalle

Al|ka|li|ä|mie die; -, ...ien: ↑ Alkalose

Al|ka|li|me|tall das; -s, -e: chemisch sehr reaktionsfähiges Metall aus der ersten Hauptgruppe des ↑ Periodensystems der Elemente (z. B. Lithium, Natrium, Kalium)

Al|ka|li|me|t|rie die; - ⟨arab.; gr.⟩: Methode zur Bestimmung des genauen Laugengehaltes einer Flüssigkeit

al|ka|lin ⟨arab.-nlat.⟩: a) alkalisch reagierend; b) alkalihaltig. Al|ka|li|ni|tät das; -: (Chem.) 1. alkalische Eigenschaft, Beschaffenheit eines Stoffes. 2. alkalische Reaktion eines Stoffes

al|ka|lisch: basisch, laugenhaft; **alkalische Reaktion:** chemische Reaktion mit Laugenwirkung. al|ka|li|sie|ren: etwas alkalisch machen. Al|ka|li|tät die; -: Gehalt einer Lösung an alkalischen Stoffen

Al|ka|lo|id das; -s, -e ⟨arab.; gr.⟩: eine bes. in Pflanzen vorkommenden, vorwiegend giftigen stickstoffhaltigen Verbindungen basischen Charakters (Heil- u. Rauschmittel)

Al|ka|lo|se die; -, -n ⟨arab.-nlat.⟩: (Med.) auf Basenüberschuss od. Säuredefizit im Blut beruhender Zustand starker, bis zu Krämpfen gesteigerter Erregbarkeit

Al|kan das; -s, -e (meist Plural): ⟨arab.; gr.-nlat.⟩: gesättigter Kohlenwasserstoff

Al|kan|na die; - ⟨arab.-span.-nlat.⟩: (Bot.) Raublattgewächs, das bes. im Mittelmeerraum vorkommt

Al|ka|zar [alˈkaːzar, auch: alkaˈtsaːɐ̯] der; -s, ...are u. Alcázar der; -[s], -es ⟨arab.-span.⟩: spanische Bezeichnung für: Burg, Schloss, Palast

Al|ken das; -s, -e (meist Plural) ⟨arab.; gr.⟩: Olefin

Al|ki|ne die (Plural) ⟨arab.; gr.-lat.⟩: Acetylenkohlenwasserstoffe

Al|ko|hol der; -s, -e ⟨arab.-span.⟩: 1. organische Verbindung mit einer od. mehreren ↑ Hydroxylgruppen. 2. (ohne Plural) ↑ Äthylalkohol (Bestandteil aller alkoholischen Getränke). 3. (ohne Plural) Weingeist enthaltendes Getränk

Al|ko|ho|lat das; -s, -e ⟨arab.-span.-nlat.⟩: Metallverbindung eines Alkohols (1)

Al|ko|ho|li|ka die (Plural): alkoholische Getränke, Spirituosen Al|ko|ho|li|ker der; -s, -: Gewohnheitstrinker. Al|ko|ho|li|ke|rin die; -, -nen: weibliche Form zu ↑ Alkoholiker

al|ko|ho|lisch: 1. den ↑ Äthylalkohol betreffend, mit diesem zusammenhängend. 2. Weingeist enthaltend, Weingeist enthaltende Getränke betreffend

al|ko|ho|li|sie|ren: 1. mit Alkohol versetzen. 2. Alkohol süchtig machen. al|ko|ho|li|siert: unter der Wirkung alkoholischer Getränke stehend, betrunken

Al|ko|ho|lis|mus der; -: 1. zusammenfassende Bezeichnung für verschiedene Formen der schädigenden Einwirkungen, die übermäßiger Alkoholgenuss im Organismus hervorruft. 2. Trunksucht

Al|ko|mat der; -en, -en ⟨Kurzw. aus Alkohol u. Automat⟩: Gerät zur Messung des Alkoholspiegels im Blut

Al|kor ® das; -s ⟨nach dem Stern im Großen Wagen⟩: eine ¹Folie (1) aus Kunststoff

Al|ko|ven der; -s, - ⟨arab.-span.-fr.⟩: Bettnische, Nebenraum

Al|kyl das; -s, -e ⟨arab.; gr.⟩: (Chem.) einwertiger Kohlenwasserstoffrest, dessen Verbindung z. B. mit einer ↑ Hydroxylgruppe einfache Alkohole liefert

A

Al|ky|la|ti|on *die; -* ⟨*nlat.*⟩: Einführung von Alkylgruppen in eine organische Verbindung; vgl. ...ation/...ierung

Al|ky|len *das;* -s, -e (meist Plural): (veraltet) ↑ Olefin

al|ky|lie|ren: eine Alkylgruppe in eine organische Verbindung einführen. **Al|ky|lie|rung** *die; -;* ↑ Alkylation; vgl. ...ation/...ierung

al|ky|o|nisch ⟨*gr.*⟩: (dichter.) heiter, friedlich

all..., All... vgl. allo..., Allo...

al|la bre|ve ⟨*it.*⟩: (Mus.) beschleunigt (Taktart, bei der nicht nach Vierteln, sondern nach Halben gezählt wird)

Al|lach|äs|the|sie *die; -, ...ien* ⟨*gr.*⟩: (Psychol.) Reizempfindung an einer anderen als der gereizten Stelle

Al|lah ⟨*arab.;* „der Gott"⟩: (bes. islam. Rel.) Gott

al|la mar|cia [- ´martʃa] ⟨*it.*⟩: (Mus.) nach Art eines Marsches, marschmäßig (Vortragsanweisung)

Al|lan|to|in *das;* -s ⟨*gr.-nlat.*⟩: Produkt des Harnstoffwechsels

Al|lan|to|is *die; -:* Urharnsack (embryonales Organ der Reptilien, Vögel u. Säugetiere einschließlich des Menschen)

al|la po|lac|ca ⟨*it.*⟩: (Mus.) in der Art einer ↑ Polonäse (Vortragsanweisung)

al|la pri|ma ⟨*it.;* „aufs Erste"⟩: Malweise mit einmaligem Auftragen der Farbe, ohne Unterod. Übermalung; Primamalerei

al|la rin|fu|sa ⟨*it.*⟩: Verladung soll in loser Schüttung erfolgen (z. B. bei Getreide)

Al|lasch *der;* -s, -e ⟨nach dem lettischen Ort Allasch (Allaži) bei Riga⟩: ein Kümmellikör

al|la te|de|sca ⟨*it.*⟩: (Mus.) nach Art eines deutschen Tanzes, im deutschen Stil (Vortragsanweisung)

Al|la|tiv *der;* -s, -e ⟨*lat.-nlat.*⟩: (Sprachw.) Kasus, der das Ziel angibt (bes. in den finnischugrischen Sprachen)

al|la tur|ca ⟨*it.*⟩: (Mus.) in der Art der türkischen Musik (Vortragsanweisung)

Al|lau|tal ® *das;* -s ⟨Kunstw.⟩: mit Reinaluminium plattiertes ↑ Lautal

al|la zin|ga|re|se ⟨*it.*⟩: (Mus.) in der Art der Zigeunermusik (Vortragsanweisung); vgl. all'ongharese

Al|lee *die; -,* All**e**en ⟨*lat.-fr.;* „Gang"⟩: sich lang hinziehende, gerade Straße, die auf beiden Seiten gleichmäßig von hohen, recht dicht beieinander stehenden Bäumen begrenzt ist

Al|le|gat *das;* -[e]s, -e ⟨*lat.-nlat.*⟩: Zitat, angeführte Bibelstelle.

Al|le|ga|ti|on *die; -,* -en ⟨*lat.*⟩: Anführung eines Zitats, einer Bibelstelle

Al|le|gat|strich *der;* -[e]s, -e: Strich als Hinweis auf eine Briefanlage

al|le|gie|ren: ein Zitat, eine Bibelstelle anführen

Al|le|go|re|se *die; -,* -n ⟨*gr.-nlat.*⟩: Auslegung von Texten, die hinter dem Wortlaut einen verborgenen Sinn sucht

Al|le|go|rie *die; -, ...ien* ⟨*gr.-lat.;* „das Anderssagen"⟩: (bildende Kunst, Literatur) rational fassbare Darstellung eines abstrakten Begriffs in einem Bild, oft mithilfe der Personifikation. **Al|le|go|rik** *die; -:* a) allegorische Darstellungsweise; b) Gesamtheit der Allegorien [in einer Darstellung]

al|le|go|risch: sinnbildlich. **al|le|go|ri|sie|ren**: mit einer Allegorie darstellen, versinnbildlichen

Al|le|go|ris|mus *der; -, ...men:* Anwendung der Allegorie

al|le|g|ret|to ⟨*lat.-vulgärlat.-it.*⟩: (Mus.) weniger schnell als allegro, mäßig schnell, mäßig lebhaft (Vortragsanweisung). **Al|le|g|ret|to** *das;* -s, -s u. ...tti: mäßig schnelles Musikstück

al|le|g|ro: (Mus.) lebhaft, schnell; **allegro giusto**: in gemäßigtem Allegro; **allegro ma non tanto**: nicht allzu schnell; **allegro ma non troppo**: nicht so sehr schnell (Vortragsanweisung). **Al|le|g|ro** *das;* -s, -s u. ...gri: schnelles Musikstück

Al|le|g|ro|form *die; -,* -en: (Sprachw.) durch schnelles Sprechen entstandene Kurzform (z. B. gnä' Frau für gnädige Frau)

al|lel ⟨*gr.-nlat.*⟩: sich entsprechend (von den ↑ Genen eines ↑ diploiden Chromosomensatzes). **Al|lel** *das;* -s, -e (meist Plural): (Biol.) eine von mindestens zwei einander entsprechenden Erbanlagen ↑ homologer ↑ Chromosomen

Al|le|lie *die; -:* (Biol.) Zusammengehörigkeit von Allelen; verschiedene Zustände einer Erbeinheit (z. B. für die Blütenfarbe: Weiß, Rot, Blau o. Ä.)

Al|le|lo|mor|phis|mus *der; -:* ↑ Allelie

Al|le|lo|pa|thie *die; -:* (Bot.) gegenseitige Wirkung von Pflanzen aufeinander

al|le|lu|ja: usw. vgl. halleluja usw.

Al|le|man|de [...´mãːdə] *die; -,* -n ⟨*german.-mlat.-fr.;* „deutscher (Tanz)"⟩: a) alte Tanzform in gemäßigtem Tempo; b) Satz einer ↑ Suite (3)

al|l|erg ⟨*gr.-nlat.*⟩: (veraltet) allergisch; **allerge Wirtschaft**: Wirtschaft, in der die Besitzer knapper Produktionsmittel aufgrund dieser Vorzugsstellung ein Einkommen erzielen, das nicht auf eigener Arbeitsleistung beruht; Ggs. ↑ auterge Wirtschaft

Al|l|er|gen *das;* -s, -e: (Med.) Stoff (z. B. Blütenpollen), der bei entsprechend disponierten Menschen Krankheitserscheinungen (z. B. Heuschnupfen) hervorrufen kann

Al|l|er|gie *die; -, ...ien:* vom normalen Verhalten abweichende Reaktion des Organismus auf bestimmte (körperfremde) Stoffe (z. B. Heuschnupfen, Nesselsucht); Überempfindlichkeit

Al|l|er|gi|ker *der;* -s, -: jmd., der für Allergien anfällig ist. **Al|l|er|gi|ke|rin** *die; -,* -nen: weibliche Form zu ↑ Allergiker

al|l|er|gisch: 1. die Allergie betreffend. 2. überempfindlich, eine Abneigung gegen etwas od. jmdn. empfindend

Al|l|er|go|lo|ge *der; -,* -n, -n: Wissenschaftler auf dem Gebiet der Allergologie. **Al|l|er|go|lo|gie** *die; -:* medizinische Forschungsrichtung, die sich mit der Untersuchung der verschiedenen Allergien befasst. **Al|l|er|go|lo|gin** *die; -,* -nen: weibliche Form zu Allergologe. **al|l|er|go|lo|gisch**: die Allergologie betreffend

Al|l|er|go|se *die; -, -:* allergische Krankheit

al|lez [aˈle:] ⟨*lat.-fr.;* „geht!"⟩: vorwärts!; los!

Al|li|ance [aˈljãːs] vgl. Allianz

Al|li|anz *die;* -, -en u. **Al|li|ance** *die;* -, -n ⟨*lat.-fr.*⟩: (veraltet) Bündnis, Verbindung, Vereinigung

Al|li|cin vgl. Allizin

Al|li|ga|ti|on *die;* -, -en ⟨*lat.*⟩: Mischung (meist von Metallen); Zusatz

Al|li|ga|tor *der;* -s, ...oren ⟨*lat.-span.-engl.*⟩: zu den Krokodilen gehörendes Kriechtier im tropischen u. subtropischen Amerika u. in Südostasien

al|li|ie|ren ⟨*lat.-fr.*⟩: verbünden. **Al|li|ier|te** *der* u. *die;* -n, -n: a) Verbündete[r]; b) (Plural) die im 1. u. 2. Weltkrieg gegen Deutschland verbündeten Staaten

Al|li|in *das;* -s ⟨*lat.-nlat.*⟩: schwefelhaltige Aminosäure, Vorstufe des ↑ Allizins

all-in|clu|sive [ˈɔːl ɪnˈkluːsɪv] ⟨*engl.*⟩: alles [ist im Preis] enthalten (bei Pauschalreisen u. Ä.)

Al|li|te|ra|ti|on *die;* -, -en ⟨*lat.-nlat.*⟩: Stabreim, gleicher Anlaut der betonten Silben aufeinander folgender Wörter (z. B. bei *W*ind und *W*etter)

Al|li|te|ra|ti|ons|vers *der;* -es, -e: Stabreimvers, stabender Langzeilenvers der altgermanischen Dichtung

al|li|te|rie|ren: den gleichen Anlaut haben

al|li|tisch ⟨*lat.; gr.*⟩; in der Fügung **allitische Verwitterung:** Verwitterung in winterfeuchtem Klima, bei der die Aluminiumverbindungen entstehen

Al|li|zin, chem. fachspr.: Allicin *das;* -s ⟨*lat.-nlat.*⟩: für Knoblauch u. andere Laucharten typischer Aromastoff mit keimtötender Wirkung

---

al|lo..., Al|lo...

vor Vokalen meist all..., All...
⟨zu *gr.* állos „der andere; verschieden, anders"⟩
Wortbildungselement mit der Bedeutung „anders, verschieden, fremd, gegensätzlich":
– Allergie
– allogam
– Allophon
– Alloplastik

Al|lo|bar *das;* -s, -e ⟨*gr.-nlat.*⟩: chem. Element, bei dem die

Anteile der verschiedenen ↑ Isotope nicht der in der Natur vorkommenden Zusammensetzung entsprechen (z. B. durch künstliche Anreicherung eines Isotops)

Al|lo|cho|rie [...ko...] *die;* -: Verbreitung von Früchten u. Samen bei Pflanzen durch Einwirkung besonderer, von außen kommender Kräfte (z. B. Wind, Tiere, Wasser)

al|lo|chro|ma|tisch: verfärbt (durch geringe Beimengungen anderer Substanzen); Ggs. ↑ idiochromatisch

al|lo|chthon [alɔx...]: (Biol., Geol.) a) an anderer Stelle entstanden, nicht am Fundplatz heimisch (von Lebewesen u. Gesteinen); Ggs. ↑ autochthon (2)

Al|lod *das;* -s, -e u. Allodium *das;* -s, ...ien ⟨*germ.-mlat.*⟩: (Rechtsw.) im mittelalterlichen Recht der persönliche Besitz, das Familienerbgut, im Gegensatz zum Lehen od. grundherrlichen Land. **al|lo|di|al:** zum Allod gehörend

Al|lo|di|fi|ka|ti|on, Al|lo|di|fi|zie|rung *die;* -, -en ⟨*mlat.-nlat.*⟩: (Rechtsw. hist.) Umwandlung eines Lehnguts in eigenen Besitz; vgl. ...ation/...ierung

Al|lo|di|um vgl. Allod

Al|lo|fon vgl. Allophon

al|lo|gam: (Bot.) a) andere Pflanzen derselben Art bestäubend; b) von anderen Pflanzen derselben Art bestäubt. **Al|lo|ga|mie** *die;* -, ...ien ⟨*gr.-nlat.*⟩: (Bot.) Fremdbestäubung von Blüten

al|lo|gen: ↑ allothigen

Al|lo|graph, auch: ...graf *das;* -s, -e: 1. (Sprachw.) stellungsbedingte ↑ Variante (4) eines ↑ Graphems, die in einer bestimmten graphemischen Umgebung vorkommt (z. B. das *ß* lässt u. ließ). 2. Buchstabe in einer von mehreren möglichen grafischen Gestaltungen in Druck- u. Handschriften (z. B. a, α, A, *A*)

Al|lo|kar|pie *die;* -, ...ien: Fruchtbildung aufgrund von Fremdbestäubung

Al|lo|ka|ti|on *die;* -, -en ⟨*lat.*⟩: (Wirtsch.) Zuweisung von finanziellen Mitteln, Produktivkräften u. Material

Al|lo|ku|ti|on *die;* -, -en ⟨*lat.; „das*

Anreden"⟩: päpstliche Ansprache, eine der Formen offizieller mündlicher Mitteilungen des Papstes

Al|lo|la|lie *die;* -, ...ien ⟨*gr.-nlat.*⟩: (Med., Psychol.) das Fehlsprechen geistig Behinderter

Al|lo|me|t| rie *die;* -, ...ien: (Med., Biol.) das Vorauseilen bzw. Zurückbleiben des Wachstums von Gliedmaßen, Organen od. Geweben gegenüber dem Wachstum des übrigen Organismus; Ggs. ↑ Isometrie. **al|lo|me|t| risch:** (Med., Biol.) unterschiedliche Wachstumsgeschwindigkeit zeigend im Verhältnis zur Körpergröße od. zu anderen Organen (von Gliedmaßen, Organen od. Geweben)

al|lo|morph: ↑ allotrop. **Al|lo|morph** *das;* -s, -e: (Sprachw.) ↑ Variante (4) eines ↑ Morphems, die in einer bestimmten phonemischen, grammatikalischen od. lexikalischen Umgebung vorkommt (z. B. das Pluralmorphem in: die Bett*en*, die Kind*er*). **Al|lo|mor|phie** ↑ Allotropie

all'on|ga|re|se vgl. all'ongharese

Al|lon|ge [aˈlõːʒə] *die;* -, -n ⟨*lat.-fr.*⟩: 1. Verlängerungsstreifen bei Wechsel für ↑ Indossamente. 2. das Buchblatt, an dem ausfallbare Karten od. Abbildungen befestigt sind

Al|lon|ge|pe|rü| cke [aˈlõːʒə...] *die;* -, -n: Herrenperücke mit langen Locken (17. u. 18. Jh.)

all'on|gha|re|se [alɔŋgaˈreːzə] ⟨*it.;* „in der ungarischen Art"⟩: in der Art der Zigeunermusik (meist in Verbindung mit „Rondo", musikalische Satzbezeichnung für den Schlussteil eines Musikstücks) in der klassisch-romantischen [Kammer]musik); ↑ allongarese

al|lons [aˈlõ] ⟨*lat.-fr.;* „lasst uns gehen!"⟩: vorwärts!, los! **Al|lons, en|fants de la pa|t| rie** [alõzã ˈfã dəlapaˈtri(ə)] ⟨*fr.;* „Auf, Kinder des Vaterlandes!"⟩: Anfang der französischen Nationalhymne; vgl. Marseillaise

al| l|o| nym ⟨*gr.-nlat.*⟩: mit einem anderen, fremden Namen behaftet. **Al| l|o| nym** *das;* -s, -e: Sonderform des ↑ Pseudonyms, bei der der Name einer bekannten Persönlichkeit verwendet wird

A

Al|lo|path *der; -en, -en:* Anhänger der Allopathie. **Al|lo|pa|thie** *die; -:* Heilverfahren, das Krankheiten mit entgegengesetzt wirkenden Mitteln zu behandeln sucht; Ggs. ↑ Homöopathie. **Al|lo|pa|thin** *die; -, -nen:* weibliche Form zu ↑ Allopath. **al|lo|pa|thisch:** die Allopathie betreffend

Al|lo|phon, auch: Allofon *das; -s, -e:* (Sprachw.) phonetische Variante (4) des ↑ Phonems in einer bestimmten Umgebung von Lauten (z. B. ch in: *ich* u. in: *Dach*)

Al|lo|plas|tik *die; -, -en:* Verwendung anorganischer Stoffe als Gewebeersatz (z. B. Elfenbeinstifte, Silberplatten); vgl. Prothetik

Al|lo|po|ly|p|lo|i|die *die; -:* Vervielfachung des Chromosomensatzes eines Zellkerns durch Artenkreuzung

Al|lor|rhi|zie *die; -:* (Biol.) Bewurzelungsform der Samenpflanzen, bei der die Primärwurzel alleiniger Träger des späteren Wurzelsystems ist; Ggs. ↑ Homorrhizie

Al|lo|sem *das; -s, -e ⟨gr.⟩:* (Sprachw.) im Kontext realisierte Bedeutungsvariante eines ↑ Semems

al|lo|thi|gen u. allogen ⟨gr.⟩: (Geol.) nicht am Fundort, sondern an anderer Stelle entstanden (von Bestandteilen mancher Gesteine); Ggs. ↑ authigen

Al|lo|t|ria *das; -[s], - (Plural selten) ⟨gr.; „abwegige Dinge"⟩:* mit Lärm, Tumult o. Ä. ausgeführter Unfug, Dummheiten

al|lo|t|ri|o|morph: (Geol.) nicht von eigenen Kristallflächen begrenzt (von Mineralien); Ggs. ↑ idiomorph

al|lo|trop: a) zur ↑ Allotropie fähig; b) durch Allotropie bedingt

al|lo|troph: (Biol.) in der Ernährung auf organische Stoffe angewiesen

Al|lo|tro|pie *die; -:* (Chem.) Eigenschaft eines chemischen Stoffes, in verschiedenen Kristallformen vorzukommen (z. B. Kohlenstoff als Diamant u. Graphit)

all'ot|ta|va ⟨it.; „in der Oktave"⟩: eine Oktave höher [zu spielen] (Zeichen: 8ᵛᵃ....... über den betreffenden Noten)

Al|lo|xan *das; -s ⟨Kunstw. aus ↑ Allantoin u. ↑ Oxalsäure⟩:* Spaltungsprodukt der Harnsäure

all right ['ɔːl 'raɪt] ⟨engl.⟩: richtig!, in Ordnung!, einverstanden!

All|round...

[ɔːl'raʊnd...]

⟨engl. all-round „vielseitig"⟩ Wortbildungselement mit der Bedeutung „allumfassend, vielseitig, für alle Gelegenheiten":
– Allroundathlet
– Allroundman

All|round|ath|let ['ɔːl'raʊnd...] *der; -en, -en:* Sportler, der viele leichtathletische Sportarten ausübt. **All|round|ath|le|tin** *die; -, -nen:* weibliche Form zu ↑ Allroundathlet

All|roun|der *der; -s, - ⟨engl.⟩:* 1. wendiger, vielseitiger Mann, der Kenntnisse u. Fähigkeiten auf zahlreichen Gebieten besitzt. 2. Gerät, das verschiedene Funktionen ausführen kann. **All|roun|de|rin** *die; -, -nen:* weibliche Form zu ↑ Allrounder (1). **All|round|man** [...mən] *der; -, ...men* [...mən] ⟨engl.⟩: Allrounder

All-Star-Band ['ɔːl'stɑː:bænd] *die; -, -s ⟨engl.⟩:* 1. Jazzband, die nur aus berühmten Musikern besteht. 2. erstklassige Tanz- u. Unterhaltungskapelle

All-Ter|rain-Bike ['ɔːlte'reɪnbaɪk] *das; -s, -s ⟨engl.⟩:* stabileres Fahrrad, das auch für Gelände- bzw. Gebirgsfahrten geeignet ist

all'un|ghe|re|se [alʊŋgeˈreːze] vgl. all'ongharese

all'u|ni|so|no ⟨it.⟩: ↑ unisono

Al|lü|re *die; -, -n ⟨lat.-fr.⟩:* 1. a) (veraltet) Gangart [des Pferdes]; b) Fährte, Spur (von Tieren). 2. (nur Plural) Umgangsformen, [auffallendes, als Besonderheit hervorstechendes] Benehmen, [arrogantes] Auftreten

al|lu|vi|al ⟨lat.-nlat.⟩: (Geol.) das Alluvium betreffend; [durch Ströme] angeschwemmt, abgelagert

Al|lu|vi|on *die; -, -en ⟨lat.; „das Anspülen, die Anschwemmung"⟩:* (Geol.) neu ange-

schwemmtes Land an Fluss-, Seeufern u. Meeresküsten

Al|lu|vi|um *das; -s:* (veraltend) ↑ Holozän

Al|ly|l|al|ko|hol *der; -s ⟨lat.; gr.; arab.⟩:* wichtigster ungesättigter Alkohol

Al|ly|len *das; -s ⟨lat.; gr.⟩:* ein ungesättigter gasförmiger Kohlenwasserstoff

Al|ma Ma|ter *die; - - ⟨lat.; „nährende Mutter"⟩:* Universität, Hochschule

Al|ma|nach *der; -s, -e ⟨mlat.-niederl.⟩:* 1. [bebildertes] kalendarisch angelegtes Jahrbuch. 2. [jährlicher] Verlagskatalog mit Textproben

Al|man|din *der; -s, -e ⟨mlat.-nlat.; nach der antiken Stadt Alabanda in Kleinasien⟩:* Sonderform des ↑ ¹Granats; edler, roter Schmuckstein

Al|me|mar, Al|me|mor *das; -[s] ⟨arab.-hebr.⟩:* erhöhter Platz in der ↑ Synagoge für die Verlesung der ↑ Thora

Al|mo|sen *das; -s, - ⟨gr.-mlat.⟩:* [milde] Gabe, kleine Spende für einen Bedürftigen. **Al|mo|se|ni|er** *der; -s, -e:* Almosenverteiler, ein [geistlicher] Würdenträger [am päpstlichen Hof]

Al|mu|kan|ta|rat *der; -s, -e ⟨arab.-mlat.⟩:* Kreis der Himmelssphäre, der mit dem Horizontkreis parallel verläuft

Al|ni|co *das; -s ⟨Kurzw.⟩:* Legierung aus Aluminium, Nickel u. Cobaltum (Kobalt)

A|loe ['aːloe] *die; -, -n ⟨gr.-lat.⟩:* dickfleischiges Liliengewächs der Tropen u. Subtropen. **A|loe ve|ra** *die; - - ⟨nlat.⟩:* feuchtigkeitsspeichernde Wüstenlilie, deren Inhaltsstoffe bes. für Hautpflegemittel verwendet werden

a|lo|gisch ⟨gr.⟩: ohne Logik, vernunftlos, -widrig

A|lo|pe|zie *die; -, ...jen ⟨gr.-nlat.⟩:* (Med.) a) krankhafter Haarausfall; vgl. Pelade; b) Kahlheit

a|lo|xie|ren ⟨Kunstw.⟩: ↑ eloxieren

Al|pac|ca vgl. ⁴Alpaka

¹Al|pa|ka *das; -s, -s ⟨indian.-span.⟩:* 1. als Haustier gehaltene Lamaart (vgl. Lama) Südamerikas. 2. (ohne Plural) die Wollhaare des Alpakas, Bestandteil des Alpakagarns

²Al|pa|ka *der; -s:* dichtes Gewebe

in Tuch- od. Köperbindung (bestimmte Webart)

³Al|pa|ka *die; -:* Reißwolle aus Wollmischgeweben

⁴Al|pa|ka *das; -s* ⟨Herkunft unsicher⟩: Neusilber

al pa̱ri ⟨*it.;* „zum gleichen (Wert)"⟩: zum Nennwert (einer ↑ Aktie)

Aḻ|pha *das; -[s], -s* ⟨*semit.-gr.*⟩: erster Buchstabe des griechischen Alphabets: A, α

¹Al|pha|be̱t *das; -[e]s, -e* ⟨nach den ersten beiden Buchstaben des gr. Alphabets *Alpha* u. *Beta*⟩: 1. festgelegte Reihenfolge der Schriftzeichen einer Sprache. 2. (Informatik) Menge von unterscheidbaren Zeichen u. deren mögliche Kombination in einem formalen System

²Al|pha|be̱t *der; -en, -en* ⟨Rückbildung zu ↑ Analphabet⟩: jmd., der lesen kann

al|pha|be̱|tisch: der Reihenfolge des Alphabets folgend

al|pha|be̱|ti|si̱e|ren: 1. nach der Reihenfolge der Buchstaben (im Alphabet) ordnen. 2. einem ↑ Analphabeten Lesen u. Schreiben beibringen

al|pha|me̱|risch: ↑ alphanumerisch

al|pha|nu|me̱|risch ⟨*gr.; lat.*⟩: 1. (EDV) neben Ziffern u. Operationszeichen auch beliebige Zeichen eines Alphabets enthaltend (vom Zeichenvorrat bei der Informationsverarbeitung). 2. mithilfe von römischen od. arabischen Ziffern, von Groß- u. Kleinbuchstaben gegliedert

Aḻ|pha pri̱|va|ti̱|vum *das; - -:* griechisches Präfix, das das folgende Wort verneint

Al|pha|rhytẖ|mus *der; -:* typische Wellenform, die im ↑ Elektroenzephalogramm eines Erwachsenen als Kennzeichen eines ruhigen und entspannten Wachzustandes sichtbar wird

Aḻ|pha|strah|len, α-**Strah|len** *die* (Plural): (Kernphysik) radioaktive Strahlen, die als Folge von Kernreaktionen, bes. beim Zerfall von Atomkernen bestimmter radioaktiver Elemente, auftreten

Aḻ|pha|teil|chen, α-**Teil|chen** *die* (Plural): (Kernphysik) Heliumkerne, die beim radioaktiven Zerfall bestimmter Elemente u. bei bestimmten Kernreaktio-

nen entstehen (Bestandteil der Alphastrahlen)

Aḻ|pha|tier *das; -[e]s, -e:* (Verhaltensforschung; bei Tieren, die in Gruppen mit Rangordnung leben) Tier, das die Gruppe beherrscht

Aḻ|pha|t|ron *das; -s, ...o̱ne* (auch: -s) ⟨*gr.-nlat.*⟩: Messgerät für kleine Gasdrücke

Al|pi̱|den *die* (Plural) ⟨*lat.-nlat.*⟩: nach den Alpen⟩: (Geol.) zusammenfassende Bez. für die in der Kreide u. im ↑ Tertiär gebildeten europäischen Ketten- u. Faltengebirge

al|pi̱n ⟨*lat.*⟩: 1. a) die Alpen od. das Hochgebirge betreffend; b) in den Alpen od. im Hochgebirge vorkommend. 2. (Skisport) den Abfahrtslauf, Super-G, Riesenslalom u. Slalom betreffend 3. den Alpinismus betreffend

Al|pi̱|na|de *die; -, -n:* ↑ Alpiniade

Al|pi|na̱|ri|um *das; -s, ...ien* ⟨*lat.-nlat.*⟩: Naturwildpark im Hochgebirge

Al|pi̱|ni *die* (Plural) ⟨*lat.-it.*⟩: italienische Alpenjäger, Gebirgstruppe

Al|pi|ni̱|a|de *die; -, -n* ⟨*lat.-russ.*⟩: alpinistischer Wettbewerb für Bergsteiger in den osteuropäischen Ländern

Al|pi|ni̱s|mus *der; -* ⟨*lat.-nlat.*⟩: als Sport betriebenes Bergsteigen im Hochgebirge; vgl. ...ismus/ ...istik. **Al|pi|ni̱st** *der; -en, -en:* jmd., der das Bergsteigen im Hochgebirge als Sport betreibt.

Al|pi|ni̱s|tik *die; -:* Alpinismus; vgl. ...ismus/...istik. **Al|pi|ni̱s|tin** *die; -, -nen:* weibliche Form zu ↑ Alpinist

Al|pi̱|num *das; -s, ...nen* ⟨*lat.-nlat.*⟩: Anlage mit Gebirgspflanzen [für wissenschaftliche Zwecke]

al ri̱ver|so, al ro̱|ve|scio [- ro've∫o] ⟨*it.*⟩: (Mus.) in der Umkehrung, von hinten nach vorn zu spielen (bes. vom Kanon; Vortragsanweisung)

al se̱c|co vgl. a secco

al se̱g|no [al'zεnjo] ⟨*it.*⟩: bis zum Zeichen (bei Wiederholung eines Tonstückes); Abk.: al s.

Alt *der; -s, -e* ⟨*lat.-it.*⟩: 1. a) tiefe Frauen- od. Knabensingstimme; b) ↑ Altus. 2. ↑ Altistin. 3. Gesamtheit der Altstimmen im gemischten Chor

Aḻ|ta Mo̱|da *die; - -* ⟨*it.*⟩: italieni-

sche Variante der Haute Couture (bes. in Mailand)

Al|ta̱n *der; -[e]s, -e* u. **Al|ta̱|ne** *die; -, -n* ⟨*lat.-it.*⟩: (Archit.) Söller, vom Erdboden aus gestützter balkonartiger Anbau

Al|ta̱r *der; -[e]s, ...tä̱re* ⟨*lat.*⟩: 1. erhöhter Aufbau für gottesdienstliche Handlungen in christlichen Kirchen. 2. heidnische [Brand]opferstätte

Al|ta|ri̱st *der; -en, -en* ⟨*mlat.*⟩: katholischer Priester, der keine bestimmten Aufgaben in der Seelsorge hat, sondern nur die Messe liest

Al|tar[s]|sa|k|ra|ment *das; -[e]s:* ↑ Eucharistie (a)

Alt|a|zi|mut *das* (auch: *der*); -s, -e ⟨*lat.; arab.*⟩: astronomisches Gerät zur Messung des ↑ Azimuts u. der Höhe der Gestirne

Al|te|rans *das; -, ...a̱nzien* ⟨*lat.*⟩: (Med.) den Stoffwechsel umstimmendes Mittel

al|te|ra pars vgl. audiatur et altera pars

Al|te|ra|ti̱|on *die; -, -en* ⟨*mlat.*⟩: 1. a) (veraltet) Aufregung, Gemütsbewegung; b) (Med.) [krankhafte] Veränderung, Verschlimmerung eines Zustands. 2. (Mus.) ↑ chromatische (1) Veränderung eines Tones innerhalb eines Akkords

Aḻ|ter E̱|go [auch: - 'εgo] *das; - -* ⟨*lat.;* „das andere Ich"⟩: 1. sehr enger, vertrauter Freund. 2. der abgespaltene seelische Bereich bei Personen mit Bewusstseinsspaltung. 3. (bei C. G. Jung) ↑ Anima (2) bzw. ↑ Animus (1; als Begriffe für die im Unterbewussten vorhandenen Züge des anderen Geschlechts). 4. Es (Begriff für das Triebhafte bei Freud). 5. ein Tier od. eine Pflanze, mit denen, nach dem Glauben vieler Naturvölker, eine Person eine besonders enge Lebens- u. Schicksalsgemeinschaft hat

al|te|ri̱e|ren ⟨*lat.(-fr.)*⟩: 1. a) jmdn. aufregen, ärgern; **sich alterie̱ren:** sich aufregen, sich erregen, sich ärgern; b) etwas abändern. 2. einen Akkordton ↑ chromatisch (1) verändern

Al|ter|na̱nt *der; -en, -en:* (Sprachw.) freie od. stellungsbedingte Variante eines ↑ Graphems, ↑ Morphems od. ↑ Phonems

A

Al|ter|nanz *die;* -, -en ⟨*nlat.*⟩:
1. Wechsel, Abwechslung, bes.
im Obstbau die jährlich wechselnden Ertragsschwankungen.
2. ↑ Alternation (3)
Al|ter|nat *das;* -[e]s: Wechsel der
Rangordnung od. Reihenfolge
im diplomatischen Verkehr,
z. B. bei völkerrechtlichen Ver-
trägen, in denen jeder Vertrags-
partner in der für ihn bestimmten Ausfertigung zuerst genannt wird u. zuerst unter-
schreibt
Al|ter|na|ti|on *die;* -, -en ⟨*lat.*⟩:
1. Wechsel zwischen zwei Möglichkeiten, Dingen usw. 2. ↑ Al-
ternanz (1). 3. (Sprachw.) das
Auftreten von Alternanten
(z. B. das Vorhandensein verschiedener Endungen zur
Kennzeichnung des Plurals).
4. (Metrik) Wechsel zwischen
einsilbiger Hebung u. Senkung
al|ter|na|tiv ⟨*lat.-fr.*⟩: 1. wahlweise;
zwischen zwei Möglichkeiten
die Wahl lassend. 2. a) eine Haltung, Einstellung vertretend,
die bestimmte Vorstellungen
von anderen, menschen- u. um-
weltfreundlicheren Formen des
Zusammenlebens zu verwirkli-
chen sucht; b) im Gegensatz
zum Herkömmlichen stehend,
bes. im Hinblick auf die ökolo-
gische Vertretbarkeit
Al|ter|na|tiv|be|we|gung *die;* -,
-en: Protest- u. Reformbewe-
gung, die sich als Alternative
zur Kultur- u. Wertordnung der
bürgerlichen Gesellschaft versteht
¹**Al|ter|na|ti|ve** *die;* -, -n: a) freie,
aber unabdingbare Entschei-
dung zwischen zwei Möglichkeiten (der Aspekt des Entwe-
der-oder); b) zweite, andere
Möglichkeit; Möglichkeit des
Wählens zwischen zwei oder
mehreren Dingen
²**Al|ter|na|ti|ve** *der* od. *die;* -n, -n:
Anhänger der alternativen (2)
Idee
Al|ter|na|tiv|e| ner|gie *die;* -, -n:
aus anderen Quellen (z. B.
Sonne, Wind) als den her-
kömmlichen (z. B. Kohle, Öl)
geschöpfte Energie (2)
Al|ter|na|tor *der;* -s, ...oren ⟨*nlat.*⟩:
(EDV) Schaltelement zur Reali-
sierung einer von zwei möglichen Entscheidungen
al|ter|nie|ren ⟨*lat.*⟩: [ab]wechseln,

einander ablösen; **alternierende Blattstellung:** (Bot.) Anordnung der Blätter einer
Pflanze, bei der die Blätter des
jeweils nächsten Knotens in
den Zwischenräumen der vorangegangenen Blätter stehen;
alternierendes Fieber: (Med.)
Erkrankung mit abwechselnd
fiebrigen u. fieberfreien Zuständen; **alternierende Reihe:**
(Math.) Reihe mit wechselnden
Vorzeichen vor den einzelnen
Gliedern
Al|thee *die;* -, -n ⟨*gr.-lat.-nlat.*⟩:
a) malvenähnliche Heilpflanze
(Eibisch); b) aus der Altheewur-
zel gewonnenes Hustenmittel
Al|ti|graph, auch: ...graf *der;* -en,
-en ⟨*lat.; gr.*⟩: (Meteor.) automatischer Höhenschreiber
Al|ti|me|ter *das;* -s, -: (Meteor.)
Höhenmesser
Al|tin *der;* -[s], -e (aber: 5 -)
⟨*türk.*⟩: alte russische Kupfer-
münze
Al|tist *der;* -en, -en ⟨*lat.-it.*⟩: Sän-
ger (meist Knabe) mit Alt-
stimme. **Al|tis| tin** *die;* -, -nen:
Sängerin mit Altstimme
Al|to|ku|mu|lus *der;* -, ...li ⟨*lat.-
nlat.*⟩: (Meteor.) Haufenwolke
(↑ Kumulus) in mittlerer Höhe
Al|to|stra|tus *der;* -, ...ti: (Meteor.)
Schichtwolke (↑ Stratus) in
mittlerer Höhe
Al|t| ru|is|mus *der;* - ⟨*lat.-nlat.*⟩:
durch Rücksicht auf andere gekennzeichnete Denk- u. Hand-
lungsweise, Selbstlosigkeit;
Ggs. ↑ Egoismus. **Al|t| ru|ist** *der;*
-en, -en: selbstloser, uneigen-
nütziger Mensch; Ggs. ↑ Egoist.
Al|t| ru|is| tin *die;* -, -nen: weibli-
che Form zu ↑ Altruist. **al|t| ru-
is| tisch:** selbstlos, uneigennüt-
zig, aufopfernd; Ggs. ↑ egois-
tisch
Al|tus *der;* -, ...ti ⟨*lat.*⟩: 1. falsettie-
rende Männerstimme in Alt-
lage (bes. in der Musik des
16.–18. Jh.s); vgl. Alt (1). 2. Sänger mit Altstimme
Al|tyn ⟨*tatar.*⟩: ↑ Altin
A| lu *das;* -s: (ugs.) *Aluminium*
A| lu|chrom ® *das;* -s ⟨Kurzw. aus
↑ *Aluminium* u. ↑ *Chrom*⟩: Werk-
stoffgruppe, die zur Herstellung von Widerstandslegierun-
gen od. Heizleitern verwendet
wird
A| lu|dur ® *das;* -s ⟨Kunstw.⟩: eine
Aluminiumlegierung

A| lu|fo|lie ⟨Kurzform aus: *Alumi-
niumfolie*⟩ vgl. Aluminiumfolie
A| lu|men *das;* -s ⟨*lat.*⟩: Alaun
a| lu|me|tie|ren u. alitieren
⟨Kunstw.⟩: Stahl mit Aluminium besprizen u. anschlie-
ßend bei hohen Temperaturen
bearbeiten
A| lu|mi|nat *das;* -s, -e ⟨*lat.-nlat.*⟩:
Salz einer Aluminiumverbin-
dung
a| lu|mi|nie|ren: Metallteile mit
Aluminium überziehen
A| lu|mi|nit *der;* -s: natürlich vor-
kommendes, kristallisiertes
Aluminiumsulfat (vgl. Sulfat)
A| lu|mi|ni|um *das;* -s ⟨*lat.-nlat.*⟩:
chem. Element; ein Leichtme-
tall (Zeichen: Al)
A| lu|mi|ni|um|fo|lie *die;* -, -n:
dünne ↑ Folie aus Aluminium
A| lu|mi|ni|um|lun|ge *die;* -, -n:
Aluminiumstaublunge (durch
Ablagerung eingeatmeten Alu-
miniumstaubs in der Lunge
hervorgerufenes Krankheits-
bild)
A| lu|mi|no|ther|mie *die;* - ⟨*lat.;
gr.*⟩: Thermitverfahren, bei dem
schwer reduzierbaren Metall-
oxiden Sauerstoff durch Aluminium entzogen wird
A| lum|nat *das;* -s, -e ⟨*lat.-nlat.*⟩:
1. mit einer Lehranstalt verbundenes Schülerheim. 2. (österr.)
Einrichtung zur Ausbildung
von Geistlichen. 3. kirchliche
Erziehungsanstalt. **A| lum|ne**
der; -n, -n u. **A| lum|nus** *der;* -,
...men ⟨*lat.*⟩: Zögling eines
Alumnats
A| lu|nit [auch: ...'nit] *der;* -s ⟨*lat.-
nlat.*⟩: Alaunstein
A| lu|sil ® *das;* -s ⟨Kunstwort aus
↑ *Aluminium* u. ↑ *Silicium*⟩: eine
Aluminiumlegierung zur Herstellung von Motorenkolben u.
einer bestimmten Schweiß-
drahtsorte
al|ve| o|lar ⟨*lat.-nlat.*⟩: mit der
Zunge[nspitze] an den Alveo-
len (a) gebildet
Al|ve| o|lar *der;* -s, -e: mit der
Zunge[nspitze] an den Alveo-
len (a) gebildeter Laut, Zahn-
laut (↑ Dental, z. B. d, s)
al|ve| o|lär: (Med.) a) mit kleinen
Fächern oder Hohlräumen versehen; b) die Alveolen betreffend
Al|ve| o|lär|ner|ven *die* (Plural):
Kiefernerven
Al|ve| o|le *die;* -, -n (meist Plural):

1. Knochenmulde im Ober- od. Unterkiefer, in der die Zahnwurzeln sitzen. 2. Lungenbläschen
Al|ve|o|li|tis *die; -, ...it|den:* 1. Knochenhautentzündung an den Zahnfächern. 2. (Med.) Entzündung der Lungenbläschen
A|lweg|bahn *die; -, -en* ⟨Kurzw.; nach dem schwed. Industriellen *Axel Lenhart Wenner-Gren*⟩: eine Einschienenhochbahn
a. m. [ɛi̯ 'ɛm] ⟨Abk. für *lat.* ante meridiem „vor Mittag"⟩: vormittags (engl. Uhrzeitangabe); Ggs. ↑ p. m.
a. m. = ante mortem
a| ma|bi|le ⟨*lat.-it.*⟩: (Mus.) liebenswürdig, lieblich, zärtlich (Vortragsanweisung)
a| ma|g| ne|tisch ⟨*gr.-lat.*⟩: nicht magnetisch
a| ma|k| rin ⟨*gr.*⟩: (Med.) ohne lange Fortsätze, ohne lange Fasern (von Nervenzellen)
A| mal|gam *das; -s, -e* ⟨*mlat.*⟩: eine Quecksilberlegierung
A| mal|ga|ma|ti|on *die; -, -en* ⟨*mlat.-nlat.*⟩: Verfahren zur Gewinnung von Gold u. Silber aus Erzen durch Lösen in Quecksilber
a| mal|ga|mie|ren: 1. eine Quecksilberlegierung herstellen. 2. Gold u. Silber mithilfe von Quecksilber aus Erzen gewinnen. 3. verbinden, vereinigen
A| mant [a'mã:] *der; -s, -s* ⟨*lat.-fr.*⟩: (veraltet) Liebhaber, Geliebter
A| ma|nu|en|sis *der; -, ...ses* [...ze:s] ⟨*lat.*⟩: (veraltet) Gehilfe, Schreiber, Sekretär
a| ma|rant, amaranten: dunkelrot.
A| ma|rant *der; -s, -e* ⟨*gr.-lat.*⟩: 1. Fuchsschwanz, Pflanze aus der Gattung der Fuchsschwanzgewächse. 2. dunkelroter Farbstoff. **a| ma|ran|ten** vgl. amarant
A| ma|rel|le *die; -, -n* ⟨*lat.-roman.*⟩: Sauerkirsche
A| ma|ret|to *der; -s, ...tti* ⟨*it.*⟩: 1. ein Mandellikör. 2. (meist Plural) ein Mandelgebäck
A| ma|ro|ne *der; -s, -* ⟨*it.*⟩: schwerer italienischer Rotwein aus getrockneten Trauben
A| ma|rum *das; -s, ...ra* (meist Plural) ⟨*lat.*⟩: (Med.) Bittermittel zur Steigerung der Magensaft- u. Speichelabsonderung

A| ma|ryl *der; -s, -e* ⟨*gr.*⟩: künstlicher, hellgrüner ↑ Saphir
A| ma|ryl|lis *die; -, ...llen* ⟨*gr.-lat.*⟩: eine Zierpflanze (Narzissengewächs)
a| mas|sie|ren ⟨*fr.*⟩: (veraltet) aufhäufen
A| ma|teur [...'tøɐ] *der; -s, -e* ⟨*lat.-fr.*⟩: a) jmd., der eine bestimmte Tätigkeit nur aus Liebhaberei, nicht berufsmäßig betreibt; b) aktives Mitglied eines Sportvereins, das eine bestimmte Sportart zwar regelmäßig, jedoch ohne Entgelt betreibt; Ggs. ↑ Profi; c) Nichtfachmann. **A| ma|teu|rin** [...'tø:rɪn] *die; -, -nen:* weibliche Form zu ↑ Amateur
A| ma|teur|sport *der; -s:* Sport, den ein Amateur (b) betreibt; Ggs. Berufssport. **A| ma|teur|sta|tus** *der; -:* Eigenschaft, Stellung als Amateur
A| ma|ti *die; -, -s:* von einem Mitglied der italienischen Geigenbauerfamilie Amati hergestellte Geige
A| mau|ro|se *die; -, -n* ⟨*gr.-lat.*⟩: (Med.) [völlige] Erblindung
A| mau|se *die; -, -n* ⟨*fr.*⟩: 1. Email. 2. Schmuckstein aus Glas
A| ma|zo|ne *die; -, -n* ⟨*gr.-lat.(-fr.)*⟩: nach dem Namen eines kriegerischen, berittenen Frauenvolkes der griech. Sage⟩: 1. a) Turnierreiterin; b) Fahrerin beim Motorsport. 2. sportliches, hübsches Mädchen von knabenhaft schlanker Erscheinung. 3. betont männlich auftretende Frau, Mannweib
A| ma|zo|nit [auch: ...'nɪt] *der; -s, -e* ⟨nach dem Fluss Amazonas⟩: grüner Schmuckstein (ein Mineral)
Am|bas|sa|de [auch: ãba'sad] *die; -, -n* ⟨*kelt.-germ.-provenzal.-it.-fr.*⟩: (veraltet) Botschaft, Gesandtschaft. **Am|bas|sa|deur** [...sa'døɐ] *der; -s, -e:* (veraltet) Botschafter, Gesandter. **Am|bas|sa|deu|rin** [...'dø:rɪn] *die; -, -nen:* weibliche Form zu ↑ Ambassadeur
Am|be *die; -, -n* ⟨*lat.-roman.*⟩: 1. (veraltet) Doppeltreffer im Lotto. 2. (Math.) Verbindung zweier Größen in der Kombinationsrechnung
¹**Am|ber** *der; -s, -[n] u. Ambra die; -, -s* ⟨*arab.-roman.*⟩: fettige Darmausscheidung des Pott-

wals, die als Duftstoff verwendet wird
²**Am|ber** ['æmbə] *der; -s* ⟨*engl.*⟩: engl. Bez. für: Bernstein
Am|bi|an|ce [ã'bjã:s(ə)] *die; -* ⟨*lat.-fr.*⟩: schweiz. für: Ambiente
am|bi|dex|ter ⟨*lat.*⟩: mit beiden Händen gleich geschickt
Am|bi|dex|t| rie *die; -, ...ien* ⟨*lat.-nlat.*⟩: (Med.) Beidhändigkeit, gleich ausgebildete Geschicklichkeit beider Hände
Am|bi|en|te *das; -* ⟨*lat.-it.*⟩: 1. (bildende Kunst) Gesamtheit dessen, was eine Gestalt umgibt (Licht, Luft, Gegenstände). 2. die spezifische Umwelt u. das Milieu, in dem jmd. lebt, bzw. die besondere Atmosphäre, die eine Persönlichkeit umgibt od. einem Raum sein besonderes Gepräge verleiht
Am|bi|ent|sound ['æmbɪəntsaʊnd] *der; -s* ⟨*engl.*⟩: erholsame Umgebungsmusik, bei der ruhige, sphärisch-elektronische Klänge dominieren
am|bie|ren ⟨*lat.*⟩: (veraltet) sich [um eine Stelle] bewerben, nach etwas trachten
am|big ⟨*lat.(-fr.)*⟩, **am|bi|gu** [ãbi'gy] ⟨*lat.-fr.*⟩: mehrdeutig, doppelsinnig
Am|bi|gu *das; -s* ⟨*lat.-fr.*⟩: 1. Gemisch entgegengesetzter Dinge. 2. kaltes Abendessen. 3. französisches Kartenspiel
am|bi|gue [...gʊə]; ↑ ambig
Am|bi|gu| i| tät *die; -, -en* ⟨*lat.*⟩: a) Mehr-, Doppeldeutigkeit von Wörtern, Werten, Symbolen, Sachverhalten; b) (Sprachw.) lexikalische od. syntaktische Mehrdeutigkeit
am|bi|gu|ös: zweideutig
am|bi|po|lar: beide Polarität betreffend
Am|bi|se|xu| a|li| tät *die; -:* Hermaphroditismus
Am|bi|ti|on *die; -, -en* (meist Plural) ⟨*lat.-fr.*⟩: höher gestecktes Ziel, das jmd. zu erreichen sucht, wonach jmd. strebt; ehrgeiziges Streben
am|bi|ti| o|niert: ehrgeizig, strebsam
am|bi|ti|ös: ehrgeizig
Am|bi|tus *der; -, -* [...'tu:s] ⟨*lat.;* „das Herumgehen; der Umlauf; der Umfang"⟩: (Mus.) vom höchsten bis zum tiefsten Ton gemessener Umfang einer Me-

lodie, einer Stimme, eines Instruments
am|bi|va|lent ⟨*lat.-nlat.*⟩: doppelwertig u. deshalb oft in sich widersprüchlich
Am|bi|va|lenz *die;* -, -en: Zwiespältigkeit, Zerrissenheit [der Gefühle und Bestrebungen]
Am|blylgo|nit [auch: ...ịt] *der;* -s ⟨*gr.-nlat.*⟩: ein zur Lithiumgewinnung wichtiges Mineral
Am|blly|o|pie *die;* -, ...ịen: (Med.) Schwachsichtigkeit
Am|blly|po|de *der;* -en, -en: ausgestorbenes elefantengroßes Huftier aus dem ↑ Tertiär
¹**Ạm|bo** *der;* -s, -s u. ...ben ⟨*lat.-it.*⟩: (österr.) ↑ Ambe
²**Ạm|bo, Ạm|bon** *der;* -s, ...ọnen ⟨*gr.-lat.*⟩: erhöhtes Pult in christlichen Kirchen für gottesdienstliche Lesungen
Am|bo|zep|tor *der;* -s, ...ọren ⟨*lat.-nlat.*⟩: Schutzstoff im Blutserum
Ạm|b|ra *die;* -, -s: ↑ ¹Amber
Am|b|ro|sia *die;* - ⟨*gr.-lat.*⟩: 1. (in der gṛiech. Mythologie) Speise der Götter. 2. eine Süßspeise. 3. Pilznahrung bestimmter Insekten
am|b|ro|si|a|nisch ⟨nach dem Bischof Ambrosius von Mailand⟩: in den Fügungen **ambrosianische Liturgie:** von der römischen ↑ Liturgie abweichende Gottesdienstform der alten Kirchenprovinz Mailand; **ambrosianischer Lobgesang:** das (fälschlich auf Ambrosius zurückgeführte) ↑ Tedeum
am|b|ro|sisch ⟨*gr.-lat.*⟩: 1. göttlich, himmlisch. 2. köstlich [duftend]
am|bu|lant ⟨*lat.-fr.*⟩: 1. nicht fest an einen bestimmten Ort gebunden, z. B. ambulantes Gewerbe. 2. (Med.) nicht an eine Krankenhausaufnahme gebunden; Ggs. ↑ stationär (2); **ambulante Behandlung:** a) (sich wiederholende) Behandlung in einer Klinik ohne stationäre Aufnahme des Patienten; b) ärztliche Behandlung, bei der der Patient den Arzt während der Sprechstunde aufsucht
Am|bu|lanz *die;* -, -en: 1. (veraltet) bewegliches Feldlazarett. 2. fahrbare ärztliche Untersuchungs- u. Behandlungsstelle. 3. Rettungswagen, Krankentransportwagen. 4. kleinere po-

liklinische Station für ambulante Behandlung, Ambulatorium
am|bu|la|to|risch ⟨*lat.*⟩: auf das Ambulatorium bezogen; **ambulatorische Behandlung:** ambulante Behandlung. **Am|bu|la|to|ri|um** *das;* -s, ...ien: Ambulanz (4)
am|bu|lie|ren: (veraltet) spazieren gehen, lustwandeln
A|me|lie *die;* -, ...ien ⟨*gr.-nlat.*⟩: (Med.) angeborenes Fehlen einer od. mehrerer Gliedmaßen
A|me|li|o|ra|ti|on *die;* -, -en ⟨*lat.-fr.*⟩: Verbesserung [bes. des Ackerbodens]. **a|me|li|o|rie|ren:** [den Ackerboden] verbessern
A|me|lo|blast *der;* -en, -en ⟨*gr.*⟩: Adamantoblast
A|me|lo|blas|tom *das;* -s, -e: Adamantinom
a|men ⟨*hebr.-gr.-lat.;* „wahrlich; es geschehe!"⟩: bekräftigendes Wort als Abschluss eines Gebets u. liturgische Akklamation im christlichen, jüdischen u. islamischen Gottesdienst. **A|men** *das;* -s, -: bekräftigende liturgische Abschlussformel nach Gebet, Segen o. Ä.; **sein Amen zu etwas geben:** einer Sache zustimmen
A|men|de|ment [amãdə'mã] ⟨*lat.-fr.*⟩ u. Amendment [ə'mɛndmənt] *das;* -s, -s ⟨*fr.-engl.*⟩ (Rechtsw.): 1. a) Änderungsantrag zu einem Gesetzentwurf; b) Gesetz zur Änderung od. Ergänzung eines bereits erlassenen Gesetzes. 2. Berichtigung od. Änderung der von einer Partei dargelegten Tatsachen, Behauptungen usw. im Verlauf eines gerichtlichen Verfahrens
a|men|die|ren ⟨*lat.-fr.*⟩: ein Amendement einbringen. **A|men|die|rung** *die;* -, -en: das Amendieren. **A|mend|ment** vgl. Amendement
A|me|nor|rhö *die;* -, -en ⟨*gr.-nlat.*⟩: (Med.) Ausbleiben bzw. Fehlen der ↑ Menstruation. **a|me|nor|rho|isch:** die Amenorrhö betreffend
A|men|tia *die;* -, ...iae [...i̯ɛ] u. Amenz *die;* -, -en ⟨*lat.*⟩: (Med.) vorübergehende geistige Verwirrtheit, Benommenheit
A|me|ri|can Bar [ə'mɛrıkən -] *die;* - -, - -s ⟨*engl.*⟩: schon am Vor-

mittag geöffnete, meist einfachere Hotelbar
A|me|ri|can Dream [- dri:m] *der;* - -s ⟨*engl.-amerik.*⟩: Inbegriff für den Traum der Einwanderer in Amerika (bes. den USA) vom wirtschaftlichen Erfolg bei Wahrung der persönlichen Freiheit
A|me|ri|can Foot|ball [- -[s] ⟨*engl.*⟩: ↑ Football
A|me|ri|ca|nis|mo *der;* - ⟨*span.*⟩: ↑ Criollismo
A|me|ri|can Way of Life [ə'mɛrıkən 'weı əv 'laıf] *der;* - - - - ⟨*engl.*⟩: amerikanischer Lebensstil
A|me|ri|ci|um *das;* -s ⟨*nlat.*⟩: nach dem Kontinent Amerika⟩: chem. Element; ↑ Transuran (Zeichen: Am)
a|me|ri|ka|ni|sie|ren: a) der amerikanischen Sprache od. den amerikanischen Verhältnissen angleichen; b) (einen Betrieb, eine Firma) mit US-amerikanischem Kapital ausstatten, unter US-amerikanische Leitung stellen
A|me|ri|ka|nis|mus *der;* -, ...men: 1. sprachliche Besonderheit des amerikanischen Englisch. 2. Entlehnung aus dem Amerikanischen [ins Deutsche]; vgl. Interferenz (3)
A|me|ri|ka|nist *der;* -en, -en: Wissenschaftler auf dem Gebiet der Amerikanistik. **A|me|ri|ka|nis|tik** *die;* -: 1. wissenschaftliche Erforschung der Geschichte, Sprache u. Kultur der USA. 2. wissenschaftliche Erforschung der Geschichte, Sprache u. Kultur des alten Amerikas. **A|me|ri|ka|nis|tin** *die;* -, -nen: weibliche Form zu ↑ Amerikanist. **a|me|ri|ka|nis|tisch:** die Amerikanistik (1, 2) betreffend
A|me|ri|ka|num *das;* -s, ...na: Werk über amerika
a me|tà [a me'ta] ⟨*it.;* „zur Hälfte"⟩: (Kaufmannsspr.) unter Teilung von Kosten, Gewinn u. Verlust
a|me|tho|disch ⟨*gr.*⟩: ohne feste ↑ Methode, planlos. **A|me|tho|dist** *der;* -en, -en: (veraltet, abwertend) jmd., der amethodisch arbeitet, vorgeht. **A|me|tho|dis|tin** *die;* -, -nen: weibliche Form zu ↑ Amethodist
A|me|thyst *der;* -[e]s, -e ⟨*gr.-lat.*⟩: violetter bis purpurroter Schmuckstein

A|me|t|rie *die; -, ...ien ⟨gr.⟩:* Ungleichmäßigkeit, Missverhältnis. **a|me|t|risch** [auch: 'a...]: nicht gleichmäßig, in keinem ausgewogenen Verhältnis stehend

A|me|t|ro|pie *die; -, ...ien ⟨gr.-nlat.⟩:* Fehlsichtigkeit infolge Abweichungen von der normalen Brechkraft der Augenlinse

A|meu|b|le|ment [amøbləmã:] *das; -s, -s ⟨fr.⟩:* (veraltet) Zimmer-, Wohnungseinrichtung

¹A|mi *der; -[s], -[s]:* (ugs.) Amerikaner

²A|mi *die; -, -s:* (ugs.) amerikanische Zigarette

A|mi|ant *der; -s ⟨gr.-lat.⟩:* eine Asbestart

A|mid *das; -s, -e ⟨gr.-lat.-mlat.-nlat.⟩:* a) chem. Verbindung des Ammoniaks, bei der ein Wasserstoffatom des Ammoniaks durch ein Metall ersetzt ist; b) Ammoniak, dessen H-Atome durch Säurereste ersetzt sind

A|mi|da|se *die; -, -n:* ↑ Enzym, das Säureamide spaltet

A|mi|do...: ↑ Amino...

...ä|mie

nach Vokalen auch: ...hämie *die; -, ...ien* ⟨zu *gr.* haĩma „Blut"⟩ Wortbildungselement mit der Bedeutung „Blutkrankheit":
– Anämie
– Hyperglykämie
– Ischämie
– Leukämie
– Toxämie
Von gleicher Herkunft sind auch die im Kasten hämo..., Hämo... aufgeführten Wortbildungselemente.

A|mi|go *der; -s, -s ⟨span.⟩:* (ugs.) Geschäftsmann als Freund und Gönner eines Politikers

a|mi|kal *⟨lat.-fr.⟩:* freundschaftlich

A|mi|k|ron *das; -s, -en* (meist Plural) *⟨gr.⟩:* sehr kleines Teilchen, das auch im Ultramikroskop nicht mehr erkennbar ist

a|mi|k|ro|s|ko|pisch [auch: 'a...] *⟨gr.⟩:* durch ein normales Mikroskop nicht mehr sichtbar

A|mikt *der; -[e]s, -e ⟨lat.⟩:* ↑ Humerale (1)

a|mik|tisch *⟨gr.⟩:* nicht durchmischt; **amiktischer See:** See ohne Zirkulation

A|mi|mie *die; -, ...ien ⟨gr.-nlat.⟩:* (Med.) 1. fehlendes Mienenspiel, maskenhafte Starre des Gesichts. 2. (veraltet) a) Verlust des mimischen Ausdrucksvermögens; b) Nichtverstehen der Mimik anderer

A|min *das; -s, -e ⟨arab.; gr.-lat.⟩:* chem. Verbindung, die durch Ersatz von einem od. mehreren Wasserstoffatomen durch ↑ Alkyle aus Ammoniak entsteht

A|mi|nie|rung *die; -, -en:* das Einführen einer Aminogruppe in eine organische Verbindung

A|mi|no|ben|zol *das; -s, -e:* ↑ Anilin

A|mi|no|plast *das; -[e]s, -e ⟨gr.-nlat.⟩:* Kunstharz, das durch ↑ Kondensation (2) von Harnstoff u. ↑ Formaldehyd gewonnen wird

A|mi|no|säu|re *die; -, -n* (meist Plural)*:* organische Säure, bei der ein Wasserstoffatom durch eine Aminogruppe ersetzt ist (wichtigster Baustein der Eiweißkörper)

A|mi|to|se *die; -, -n ⟨gr.-nlat.⟩:* (Biol.) direkte Zellkernteilung; Ggs. ↑ Mitose. **a|mi|to|tisch:** die Amitose betreffend

A|mi|xie *die; - ⟨gr.⟩:* das Nicht-zustande-Kommen der Paarung zwischen Angehörigen der gleichen Art aufgrund bestimmter (z. B. geographischer) Isolierungsfaktoren; Ggs. ↑ Panmixie (2)

Am|min|salz *das; -es, -e:* Amminakat

Am|mon *das; -s, -e:* Kurzform von ↑ Ammonium

Am|mo|ni|ak [auch: 'am...] *das; -s ⟨ägypt.-gr.-lat.; nach dem Fundort Ammonium in Ägypten⟩:* stechend riechende gasförmige Verbindung von Stickstoff u. Wasserstoff. **am|mo|ni|a|ka|lisch** *⟨nlat.⟩:* ammoniakhaltig

Am|mo|ni|a|kat *das; -[e]s, -e:* chem. Verbindung, die durch Anlagerung von Ammoniak an Metallsalze entsteht

Am|mo|ni|fi|ka|ti|on *die; -:* ↑ Mineralisation des Stickstoffs mithilfe von Mikroorganismen. **am|mo|ni|fi|zie|ren:** den Stickstoff organischer Verbindungen durch Mikroorganismen in Ammoniumionen überführen

¹Am|mo|nit *der; -en, -en ⟨nlat.; nach dem ägypt. Gott Ammon,*

der mit Widderhörnern dargestellt wurde⟩*:* 1. ausgestorbener Kopffüßer der Kreidezeit. 2. spiralförmige Versteinerung eines Ammoniten (1)

²Am|mo|nit [auch: ...nɪt] *der; -s, -e ⟨Kurzw. aus* ↑*Ammon*iumnitrat u. *-it*⟩*:* Sprengstoff

Am|mo|ni|um *das; -s ⟨nlat.⟩:* aus Stickstoff u. Wasserstoff bestehende Atomgruppe, die sich in vielen chem. Verbindungen wie ein Metall verhält

Am|mo|ni|um|ni|t|rat *das; -s:* Stickstoffdünger

Am|mons|horn *das; -[e]s, ...hörner:* 1. (Zool., Anat.) Teil des Großhirns bei Säugetieren u. beim Menschen. 2. ↑ ¹Ammonit (2)

A|m|ne|sie *die; -, ...ien ⟨gr.-nlat.⟩:* (Med.) Erinnerungslosigkeit, Gedächtnisschwund; Ggs. ↑ Hypermnesie

A|m|nes|tie *die; -, ...ien ⟨gr.-lat.; „das Vergessen; Vergebung"⟩:* durch ein besonderes Gesetz verfügter Straferlass od. verfügte Strafmilderung für eine Gruppe bestimmter Fälle, bes. für politische Vergehen. **a|m|nes|tie|ren:** jmdm. [durch Gesetz] die weitere Verbüßung einer Freiheitsstrafe erlassen

a|m|nes|tisch *⟨gr.-nlat.⟩:* die Amnesie betreffend

Am|nes|ty In|ter|na|tio|nal [ˈæmnɪstɪ ɪntɐˈnæʃənəl] *die; - -* ⟨*engl.*⟩*:* 1961 gegründete internationale Organisation zum Schutze der Menschenrechte, bes. für Menschen, die aus politischen od. religiösen Gründen in Haft sind; Abk.: ai

A|m|ni|on *das; -s ⟨gr.-nlat.⟩:* (Biol., Med.) Embryonalhülle der höheren Wirbeltiere u. des Menschen (Schafhaut, Eihaut)

Am|ni|o|s|kop *das; -s, -e:* konisch geformtes Rohr zur Durchführung der Amnioskopie. **Am|ni|o|s|ko|pie** *die; -, ...ien:* (Med.) Verfahren zur Untersuchung der Fruchtblase u. zur Beurteilung des Fruchtwassers mithilfe eines Amnioskops

Am|ni|ot *der; -en, -en* (meist Plural)*:* Wirbeltier, dessen Gruppe durch den Besitz eines Amnions in der Embryonalentwicklung gekennzeichnet ist (Reptil, Vogel, Säugetier)

A

am|ni|o̱|tisch: das Amnion betreffend
Am|ni|o|zen|te̱|se die; -, -n: (Med.) Durchstechen des Amnions zur Gewinnung von Fruchtwasser für diagnostische Zwecke
a|mö|bä|lisch ⟨gr.-lat.⟩: das Amöbäum betreffend. A|mö|bä|um das; -s, ...äa: ↑ Amoibaion
A|mö̱|be die; -, -n ⟨gr.-nlat.; „Wechsel, Veränderung"⟩: Einzeller der Klasse der Wurzelfüßer; Krankheitserreger [der Amöbenruhr]. A|mö|bi|a̱|sis die; -, ...ba̱sen: (Med.) Erkrankung durch Amöbenbefall. a|mö|boi̱d: amöbenartig
A|moi|ba̱i|on das; -s, ...a̱ia ⟨gr.⟩: Wechselgesang in der griechischen Tragödie
A̱|mok [auch: a'mɔk] der; -s ⟨malai.⟩: meist in bestimmten Verbindungen wie Amok laufen: in einem Zustand krankhafter Verwirrung [mit einer Waffe] umherlaufen und blindwütig töten; Amok fahren: in wilder Zerstörungswut mit einem Fahrzeug umherfahren
A̱|mo̱m das; -s, -e ⟨gr.-lat.⟩: eine tropische Gewürzpflanze
a|mö̱n ⟨lat.⟩: anmutig, lieblich. A|mö|ni|tä̱t die; -: Anmut, Lieblichkeit
A̱|mo|ra̱l die; - ⟨gr.; lat.-mlat.-fr.⟩: Unmoral, Mangel an Moral. a̱|mo|ra̱|lisch: a) sich außerhalb der Moral od. moralischer Bewertung befindend; b) sich über die herrschende Moral hinwegsetzend
A̱|mo|ra̱|li̱s|mus der; -: 1. gegenüber den [geltenden] Grundsätzen der Moral sich ablehnend verhaltende Geisteshaltung. 2. der Moral gegenüber indifferente Lebenseinstellung
A̱|mo|ra̱|list der; -en, -en: 1. Anhänger des Amoralismus. 2. amoralischer Mensch. A̱|mora̱|lis̱|tin die; -, -nen: weibliche Form zu ↑ Amoralist
a̱|mo|ra̱|lis̱|tisch: Grundsätzen des Amoralismus folgend
A̱|mo|ra̱|li̱|tä̱t die; -: Haltung, Lebensführung, die keine Moral für sich anerkennt
A̱|morce [a'mɔrs] die; -, -s (meist Plural) ⟨lat.-fr.⟩: (veraltet) Zündblättchen (für Feuerwerkskörper u. Ä.)
A̱|mo|re̱t|te die; -, -n ⟨lat.; mit französierender Endung⟩:

(Kunstwiss.) Figur eines nackten, geflügelten, Pfeil u. Bogen tragenden kleinen Knaben (oft als Begleiter der Venus)
A̱|mor Fa̱|ti der; - - ⟨lat.; „Liebe zum Schicksal"⟩: Liebe zum Notwendigen u. Unausweichlichen (bei Nietzsche als Zeichen menschlicher Größe geltend)
a̱|mo̱|ro̱|so ⟨lat.-it.⟩: (Mus.) innig, zärtlich (Vortragsanweisung). A̱|mo̱|ro̱|so der; -s, ...o̱si: (Theat. veraltet): Liebhaber
a̱|morph ⟨gr.-nlat.⟩: 1. ungeformt, gestaltlos. 2. (Phys.) nicht kristallin. 3. (Biol.) keine Eigenschaft, kein Merkmal ausprägend (von Genen); vgl. ...isch/-
A̱|mor|phie̱ die; -, ...ien: 1. Fehlgestaltung. 2. (Phys.) amorpher Zustand (eines Stoffes)
a̱|mor|phisch: amorph; vgl. ...isch/-
A̱|mor|phi̱s|mus der; -: Gestaltlosigkeit
a̱|mor|ti̱|sa̱|bel ⟨lat.-vulgärlat.-fr.⟩: tilgbar
A̱|mor|ti̱|sa̱|ti̱o̱n die; -, -en: 1. allmähliche Tilgung einer langfristigen Schuld nach vorgegebenem Plan. 2. Deckung der für ein Investitionsgut aufgewendeten Anschaffungskosten aus dem mit dem Investitionsgut erwirtschafteten Ertrag. 3. (Rechtsw.) gesetzliche Beschränkung od. Genehmigungsvorbehalt für den Erwerb von Vermögenswerten. 4. Kraftloserklärung einer Urkunde. 5. (in sozialistischer Planwirtschaft) Abschreibung des Verschleißes, dem die Grundmittel in der Produktion ausgesetzt sind
a̱|mor|ti̱|sie̱|ren: 1. eine Schuld nach vorgegebenem Plan allmählich tilgen. 2. a) die Anschaffungskosten für ein Investitionsgut durch den mit diesem erwirtschafteten Ertrag decken; b) sich amortisieren: die Anschaffungskosten durch Ertrag wieder einbringen. 3. (in sozialistischer Planwirtschaft) den Verschleiß der Grundmittel in der Produktion abschreiben
A̱|mou̱ren [a'mu:rən] die (Plural) ⟨lat.-fr.⟩: (veraltend, noch scherzh.) Liebschaften, Liebesabenteuer
A̱|mour fou [amur'fu] die; - - ⟨fr.⟩:

verhängnisvolle, leidenschaftliche Liebe
a̱|mou|rö̱s: eine Liebschaft betreffend, Liebes...; verliebt
Am|pe̱l|o̱|gra̱|phie̱, auch: ...grafie die; - ⟨gr.-nlat.⟩: Beschreibung der Traubensorten, Rebsortenkunde
Am|pere [am'pɛ:ɐ̯] das; -[s], - ⟨nach dem franz. Physiker Ampère⟩: Einheit der elektrischen Stromstärke; Zeichen: A
Am|pere|me̱|ter das; -s, -: Messgerät für elektrische Stromstärke
Am|pere|se|ku̱n|de die; -, -n: Einheit für die Menge der elektrischen Ladung, die transportiert wird, wenn Strom von 1 Ampere eine Sekunde lang fließt (1 Ampere × 1 Sekunde = 1 Coulomb); Zeichen: As
Am|pere|stun|de die; -, -n: Einheit für die Menge der elektrischen Ladung, die transportiert wird, wenn Strom von 1 Ampere eine Stunde lang fließt (1 Ampere × 3 600 Sekunden = 3 600 Coulomb); Zeichen: Ah
A̱m|pex die; - ⟨Kunstw. aus engl. automatic programming system extended⟩: nach einem bestimmten Verfahren hergestelltes Band mit aufgezeichneten Bildfolgen
Am|phe̱t|a̱|mi̱n das; -s, -e ⟨Kunstw.⟩: ↑ Weckamin, das als schnell wirkende Droge benutzt wird
am|phi̱b: ↑ amphibisch; vgl. ...isch/-. Am|phi̱|bie [...bjə] die; -, -n (meist Plural) u. Amphibium das; -s, ...ien ⟨gr.-lat.⟩: Lurch, im Wasser und auf dem Land lebendes Kriechtier
Am|phi̱|bi|en|fahr|zeug das; -[e]s, -e: Kraftfahrzeug, das im Wasser u. auf dem Land verwendet werden kann
am|phi̱|bisch: 1. im Wasser u. auf dem Land lebend bzw. sich bewegend. 2. (Milit.) zu Lande u. zu Wasser operierend; vgl. ...isch/-. Am|phi̱|bi|um vgl. Amphibie
am|phi̱|bo̱l: amphibolisch; vgl. ...isch/-. Am|phi̱|bo̱l der; -s, -e ⟨gr.-nlat.⟩: (Geol.) gesteinsbildendes Mineral (meist Hornblende)
Am|phi̱|bo|li̱e̱ die; -, ...ien ⟨gr.-lat.⟩: Doppelsinn, Zweideutigkeit, Mehrdeutigkeit; vgl. Ambigui-

tät. am|phi|bo|lisch: zweideutig, doppelsinnig; vgl. ...isch/-
Am|phi|bo|lit [auch: ...'lɪt] der; -s, -e ⟨gr.-nlat.⟩: (Geol.) ein amphibolreiches metamorphes Gestein
Am|phi|bra|chys der; -, - ⟨gr.-lat.; „beiderseits kurz"⟩: (antike Metrik) dreisilbiger Versfuß, dreisilbige rhythmische Einheit eines Verses (ᴗ – ᴗ)
Am|phi|dro|mie die; -, ...ien ⟨gr.-nlat.; „das Umlaufen"⟩: durch Überlagerung der Gezeitenströme entstehende, kreisförmig umlaufende Gezeitenbewegung (ohne Ebbe u. Flut)
Am|phi|go|nie die; - ⟨gr.-nlat.⟩: (Biol.) zweigeschlechtliche Fortpflanzung (durch Ei u. Samenzellen)
am|phi|karp ⟨gr.-nlat.⟩: (veraltet) zur Amphikarpie fähig. Am|phi|kar|pie die; -: 1. das Hervorbringen von zweierlei Fruchtformen an einer Pflanze. 2. (Biol.) das Reifen der Früchte über u. unter der Erde
Am|phi|kra|nie die; -, ...ien ⟨gr.-nlat.⟩: (Med.) Kopfschmerz in beiden Kopfhälften
Am|phi|k|ty|o|ne der; -n, -n ⟨gr.-lat.; „Umwohner"⟩: Mitglied einer Amphiktyonie. Am|phi|k|ty|o|nie die; -, ...ien ⟨gr.⟩: kultischpolitischer Verband von Nachbarstaaten od. -stämmen mit gemeinsamem Heiligtum im Griechenland der Antike (z. B. Delphi u. Delos). am|phi|k|ty|o|nisch: a) nach Art einer Amphiktyonie gebildet; b) die Amphiktyonie betreffend
Am|phi|ma|cer, Am|phi|ma|zer der; -s, - ⟨gr.-lat.; „beiderseits lang"⟩: (antike Metrik) dreisilbiger Versfuß, dreisilbige rhythmische Einheit eines Verses; auch †Kretikus genannt (– ᴗ –)
am|phi|mik|tisch ⟨gr.-nlat.⟩: durch Amphimixis entstanden. Amphi|mi|xis die; -: (Biol.) Vermischung der Erbanlagen bei der Befruchtung
Am|phi|o|le ® die; -, -n ⟨Kurzw. aus †Ampulle u. †Phiole⟩: (Med.) Kombination aus Serum- od. Heilmittelampulle u. Injektionsspritze
Am|phi|o|xus der; - ⟨gr.-nlat.⟩: (veraltet) Lanzettfisch (schädelloser, glasheller kleiner Fisch)

am|phi|pneus| tisch ⟨gr.-nlat.⟩: (Biol.) nur vorn u. hinten Atemöffnungen aufweisend (von bestimmten Insektenlarven)
Am|phi|po|de der; -en, -en ⟨gr.-nlat.⟩: Flohkrebs
Am|phi|pro|s| ty|los der; -, ...stylen ⟨gr.⟩: griechischer Tempel mit Säulenvorhallen an der Vorder- u. Rückseite
am|phi|s| to|ma|tisch ⟨gr.-nlat.⟩: (Bot.) beidseitig mit Spaltöffnungen versehen (von bestimmten Pflanzenblättern)
Am|phi|the|a|ter das; -s, - ⟨gr.-lat.⟩: meist dachloses Theatergebäude der Antike in Form einer Ellipse mit stufenweise aufsteigenden Sitzen. am|phi|the|a|t|ra|lisch: in der Art eines Amphitheaters
Am|pho|ra, Am|pho|re die; -, ...oren ⟨gr.-lat.⟩: zweihenkliges enghalsiges Gefäß der Antike zur Aufbewahrung von Wein, Öl, Honig usw.
am|pho|ter ⟨gr.-nlat.; „jeder von beiden; zwitterhaft"⟩: (Chem.) sich teils als Säure, teils als Base verhaltend
Am|pho|t|ro|p|in ® das; -s ⟨Kunstw.⟩: Mittel gegen Entzündungen der Harnwege
Am|p|li|dy|ne die; -, -n ⟨lat.; gr.⟩: Querfeldverstärkermaschine, eine elektrische Gleichstrommaschine besonderer Bauart
Am|p|li|fi|ka|ti|on die; -, -en ⟨lat.⟩: 1. (Stilk., Rhet.) kunstvolle Ausweitung einer Aussage über das zum unmittelbaren Verstehen Nötige hinaus. 2. (Psychoanalyse) Erweiterung des Trauminhalts durch Vergleich der Traumbilder mit Bildern der Mythologie, Religion usw., die in sinnverwandter Beziehung zum Trauminhalt stehen
Am|p|li|fi|ka|tiv|prä|fix das; -es, -e: Augmentativpräfix
Am|p|li|fi|ka|tiv|suf|fix das; -es, -e: Augmentativsuffix
Am|p|li|fi|ka|ti|vum das; -s, ...va ⟨lat.-nlat.⟩: Augmentativum
am|p|li|fi|zie|ren ⟨lat.⟩: a) erweitern; b) ausführen; c) etwas unter verschiedenen Gesichtspunkten betrachten
Am|p|li|tu|de die; -, -n ⟨„Größe, Weite, Umfang"⟩: (Math., Phys.) größter Ausschlag einer Schwingung (z. B. beim Pendel)

aus der Mittellage. Am|p| li|tu|den|mo|du|la|ti|on die; -, -en: Verfahren der Überlagerung von niederfrequenter Schwingung mit hochfrequenter Trägerwelle
Am|pul|le die; -, -n ⟨gr.-lat.; „kleine Flasche; Ölgefäß"⟩: 1. (Med.) kleiner, keimfrei verschlossener Glasbehälter für Injektionslösungen. 2. (Med.) blasenförmige Erweiterung eines röhrenförmigen Hohlorgans (z. B. des Mastdarms). 3. kleine Kanne (mit Wein, Öl u. dgl.) für den liturgischen Gebrauch
Am|pu|ta|ti|on die; -, -en ⟨lat.⟩: (Med.) operative Abtrennung eines Körperteils, bes. einer Gliedmaße; Ablation (2 a). am|pu|tie|ren („ringsherum wegschneiden"): (Med.) einen Körperteil operativ entfernen
A|mu|lett das; -[e]s, -e ⟨lat.⟩: kleinerer, als Anhänger (bes. um den Hals) getragener Gegenstand in Form eines Medaillons o. Ä., dem besondere, Gefahren abwehrende od. Glück bringende Kräfte zugeschrieben werden
a|mü|sant ⟨vulgärlat.-fr.⟩: unterhaltsam, belustigend, vergnüglich
A|muse-Gueule [amyz(ə)'gœl] das; -, -[s] ⟨fr.⟩: kleines Appetithäppchen
A|mü|se|ment [amyzəm'ã:] das; -s, -s: unterhaltsamer, belustigender Zeitvertreib, [oberflächliches] Vergnügen
A|mu|sie die; - ⟨gr.-nlat.⟩: 1. a) Unfähigkeit, Musisches zu verstehen; b) Unfähigkeit zu musikalischem Verständnis od. zu musikalischer Hervorbringung. 2. (Med.) krankhafte Störung des Singvermögens od. der Tonwahrnehmung
a|mü|sie|ren ⟨vulgärlat.-fr.⟩: 1. jmdn. angenehm unterhalten; jmdn. erheitern, belustigen. 2. sich amüsieren: a) sich vergnügen, sich angenehm die Zeit vertreiben, seinen Spaß haben; b) sich über jmdn. od. etwas lustig machen
a|mu|sisch ⟨gr.-nlat.⟩: ohne Kunstverständnis, ohne Kunstsinn
A|myg|da|lin das; -s ⟨gr.-nlat.⟩: blausäurehaltiges †Glykosid in bitteren Mandeln u. Obstker-

A

nen. a|myg|da|lo|id: bittermandelähnlich

A|myl|a|ce|tat das; -s ⟨gr.; lat.⟩: Essigsäureester des Amylalkohols, Lösungsmittel für Harze u. Öle

A|myl|al|ko|hol der; -s: Hauptbestandteil der bei der alkoholischen Gärung entstehenden Fuselöle

A|myl|a|se die; -, -n ⟨gr.-nlat.⟩: ↑ Enzym, das Stärke u. ↑ Glykogen spaltet

A|myl|en das; -s, -e: Penten

a|myl|o|id ⟨gr.⟩: stärkeähnlich.

A|myl|o|id das; -s, -e: (Med.) stärkeähnlicher Eiweißkörper, der durch krankhafte Prozesse im Organismus entsteht u. sich im Bindegewebe der Blutgefäße ablagert

A|myl|o|i|do|se die; -, -n ⟨gr.-nlat.⟩: (Med.) Gewebsentartung (bes. in Leber, Milz, Nieren) infolge Ablagerung von Amyloiden, wodurch eine Verhärtung des Gewebes entsteht

A|myl|o|ly|se die; -, -n ⟨gr.⟩: Stärkeabbau im Stoffwechselprozess, Überführung der Stärke in ↑ Dextrin (2), ↑ Maltose od. ↑ Glykose. a|myl|o|ly|tisch: die Amylolyse betreffend

A|myl|o|se die; -: in Wasser löslicher innerer Bestandteil stärkehaltiger Körner (z. B. Getreidekörner, Erbsen)

A|myl|um das; -s ⟨gr.-lat.⟩: pflanzliche Stärke

a|myl|thisch ⟨gr.-nlat.⟩: ohne Mythen (↑ Mythos 1)

a|na: ↑ ana partes aequales

A|na die; -, -s ⟨Substantivierung der lat. Endung ...ana⟩: (veraltet) Sammlung von Aussprüchen od. kleineren Beiträgen zur Charakteristik berühmter Männer

A|na|bap|tis|mus der; - ⟨gr.-nlat.⟩: Lehre der [Wieder]täufer. A|na|bap|tist der; -en, -en: [Wieder]täufer. A|na|bap|tis|tin die; -, -nen: weibliche Form zu ↑ Anabaptist

a|na|ba|tisch ⟨gr.-nlat.⟩: (Meteor.) aufsteigend (von Winden); Ggs. ↑ katabatisch

A|na|bi|o|se die; - ⟨gr.-nlat.; „Wiederaufleben"⟩: Fähigkeit von niederen Tieren u. Pflanzensamen, ungünstige Lebensbedingungen (z. B. Kälte, Tro-

ckenheit) in scheinbar leblosem Zustand zu überstehen

a|na|bol ⟨gr.-nlat.⟩: die Anabolie betreffend. A|na|bo|lie die; -, ...ien: 1. (Biol.) Erwerb neuer Merkmale in der Individualentwicklung. 2. ↑ Anabolismus

A|na|bo|li|kum das; -s, ...ka (meist Plural): (Med.) den Aufbaustoffwechsel [des Körpereiweißes] fördernder Wirkstoff mit geringer ↑ androgener Wirkung

A|na|bo|lis|mus der; -: Aufbau der Stoffe im Körper durch den Stoffwechsel; Ggs. ↑ Katabolismus

A|na|cho|ret [...ç..., auch: ...ko... u. ...x...] der; -en, -en ⟨gr.-lat.; „zurückgezogen (Lebender)"⟩: Klausner, Einsiedler. a|na|cho|re|tisch: einsiedlerisch

A|na|chro|nis|mus der; -, ...men ⟨gr.-nlat.⟩: 1. a) falsche zeitliche Einordnung von Vorstellungen, Sachen od. Personen; b) Verlegung, das Hineinstellen einer Erscheinung usw. in einen Zeitabschnitt, in den sie – historisch gesehen – nicht hineingehört. 2. eine durch die allgemeinen Fortschritte, Errungenschaften usw. überholte od. nicht mehr übliche Erscheinung. a|na|chro|nis|tisch: 1. den Anachronismus (1) betreffend. 2. nicht in eine bestimmte Zeit, Epoche passend; nicht zeitgemäß; zeitwidrig

A|na|ci|di|tät die; - ⟨gr.; lat.⟩: (Med.) das Fehlen von freier Salzsäure im Magensaft

A|na|di|p|lo|se, A|na|di|p|lo|sis die; -, ...osen ⟨gr.-lat.; „Verdoppelung"⟩: (Rhet., Stilk.) Wiederholung des letzten Wortes od. der letzten Wortgruppe eines Verses od. Satzes am Anfang des folgenden Verses od. Satzes zur semantischen od. klanglichen Verstärkung (z. B. „Fern im Süd das schöne Spanien, Spanien ist mein Heimatland"; Geibel)

A|na|dy|o|me|ne [auch: ...'o:menə] ⟨gr.-lat.; „die (aus dem Meer) Auftauchende"⟩: Beiname der griechischen Göttin Aphrodite

an|a|e|rob [an|a|e'ro:p, auch: 'anɛ:ro:p] ⟨gr.-nlat.⟩: (Biol.) ohne Sauerstoff lebend

An|a|e|ro|bi|er der; -s, - u. An|a|e|ro|bi|ont der; -en, -en: niederes

Lebewesen, das ohne Sauerstoff leben kann (z. B. Darmbakterien); Ggs. ↑ Aerobier

An|a|e|ro|bi|o|se die; -: Lebensvorgänge, die unabhängig vom Sauerstoff ablaufen; Ggs. ↑ Aerobiose

A|na|ge|ne|se die; - ⟨gr.-nlat.⟩: (Biol.) Höherentwicklung innerhalb der Stammesgeschichte

A|na|gly|phe die; -, -n ⟨gr.-lat.; „reliefartig ziseliert, erhaben"⟩: (Phys.) in Komplementärfarben etwas seitlich verschoben übereinander gedrucktes u. projiziertes Bild, das beim Betrachten durch eine Farbfilterbrille mit gleichen Komplementärfarben räumlich erscheint

A|na|gly|phen|bril|le die; -, -n: spezielle Brille für das Betrachten von dreidimensionalen Bildern od. Filmen

A|na|g|no|ri|sis die; - ⟨gr.⟩: das Wiedererkennen (zwischen Verwandten, Freunden usw.) als dramatisches Element in der antiken Tragödie

A|na|g|nost der; -en, -en: (Rel.) Vorleser im orthodoxen Gottesdienst

A|na|go|ge die; - ⟨gr.-lat.; „das Hinaufführen"⟩: 1. (griech. Philos.) „Hinaufführung" des Eingeweihten zur Schau der Gottheit. 2. (griech. Rhet.) Erläuterung eines Textes durch Hineinlegen eines höheren Sinnes. a|na|go|gisch: die Anagoge (1, 2) betreffend

A|na|gramm das; -s, -e ⟨gr.-nlat.⟩: a) Umstellung der Buchstaben eines Wortes zu anderen Wörtern mit neuem Sinn; b) Buchstabenversetzrätsel. a|na|gram|ma|tisch: nach Art eines Anagramms

A|na|kar|die [...dɪə] die; -, -n ⟨gr.-nlat.⟩: ein tropisches Holzgewächs

A|na|kla|sis die; - ⟨gr.; „Zurückbeugung"⟩: (antike Metrik) Vertauschung von Länge und Kürze innerhalb desselben Metrums. a|na|klas|tisch: eine Anaklasis enthaltend (von antiken Versen)

a|na|kli|tisch ⟨gr.⟩: in der Fügung anaklitische Depression: extreme Form des ↑ Hospitalismus bei Säuglingen u. Kleinkindern

A|n|a|ko|luth: † anakoluthisch.
A|na|ko|luth *das* (auch: *der*); -s,
-e ⟨*gr.-lat.;* „ohne Zusammenhang, unpassend"⟩: (Sprachw.)
das Fortfahren in einer anderen
als der begonnenen Satzkon-
struktion; Satzbruch. a|n|a|ko-
lu|thisch: in Form eines Anako-
luths, einen Anakoluth enthaltend; vgl. ...isch/-
A|na|kon|da *die;* -, -s ⟨Herkunft
unsicher⟩: südamerikanische
Riesenschlange
A|na|kre|on|tik *die;* - ⟨nach dem
altgriech. Lyriker Anakreon⟩: literarische Richtung, Lyrik zur
Zeit des Rokokos mit den
Hauptmotiven Liebe, Freude an
der Welt u. am Leben. A|na|kre-
on|ti|ker *der;* -s, -: Vertreter der
Anakreontik, Nachahmer der
Dichtweise Anakreons. A|na-
kre|on|ti|ke|rin *die;* -, -nen:
weibliche Form zu † Anakreon-
tiker. a|na|kre|on|tisch: a) zur
Anakreontik gehörend; b) in
der Art Anakreons; anakreon-
tischer Vers: in der attischen
Tragödie verwendeter † ana-
klastischer ionischer † Dimeter
A|na|kru|sis [auch: ...'kru:...] *die;*
-, ...kru̱sen ⟨*gr.*⟩: (veraltet) Auf-
takt, Vorschlagsilbe, unbetonte
Silbe am Versanfang
A|na|ku̱|sis *die;* - ⟨*gr.-nlat.*⟩:
(Med.) Taubheit
a|nal ⟨*lat.-nlat.*⟩: (Med.) a) zum
After gehörend; b) den After
betreffend; anale Phase: (Psychoanalyse) frühkindliche,
durch Lustgewinn im Bereich
des Afters gekennzeichnete
Entwicklungsphase; c) after-
wärts gelegen
A|n|al|cim [...'tsi:m] *das;* -s ⟨*gr.-
nlat.*⟩: farbloses, graues od.
fleischrotes Mineral
A|na|lek|ten *die* (Plural) ⟨*gr.-lat.*⟩:
Sammlung von Auszügen od.
Zitaten aus dichterischen od.
wissenschaftlichen Werken od.
von Beispielen bestimmter lite-
rarischer Gattungen. a|na|lek-
tisch: a) die Analekten betreffend; b) auswählend
A|na|lep|ti|kon ⟨*gr.;* „kräftigend,
stärkend"⟩ u. A|na|lep|ti|kum
das; -s, ...ka ⟨*gr.-lat.*⟩: beleben-
des, anregendes Mittel. a|na-
lep|tisch: belebend, anregend,
stärkend
A|na|le|ro|tik *die;* -: (Psychoana-
lyse) [frühkindliches] sexuelles

Lustempfinden im Bereich des
Afters. A|na|le|ro|ti|ker *der;* -s,
-: jmd., dessen sexuelle Wün-
sche auf den Analbereich fi-
xiert sind. A|na|le|ro|ti|ke|rin
die; -, -nen: weibliche Form
zu† Analerotiker
A|nal|fis|sur *die;* -, -en: (Med.)
schmerzhafte Rissbildung der
Haut am After
A|nal|fis|tel *die;* -, -n: (Med.)
Mastdarm-, Afterfistel (vgl. Fis-
tel)
An|al|gen *das;* -s, -e ⟨*gr.-nlat.*⟩:
Analgetikum
An|al|ge|sie, Analgie *die;* -, ...ien
⟨*gr.*⟩: (Med.) Aufhebung der
Schmerzempfindung, Schmerz-
losigkeit. An|al|ge|ti|kum *das;*
-s, ...ka: (Med.) Schmerzen stil-
lendes Mittel. an|al|ge|tisch:
Schmerzen stillend. An|al|gie
vgl. Analgesie
an|al|lak|tisch ⟨*gr.-nlat.*⟩: unverän-
derlich; anallaktischer Punkt:
vorderer Brennpunkt bei Fern-
rohren
a|na|log ⟨*gr.-lat.-fr.*⟩: 1. [einem an-
deren, Vergleichbaren] entsprechend, ähnlich; gleichartig; vgl.
...isch/-. 2. (Informatik) kontinuierlich, stufenlos, stetig ver-
änderbar; Ggs. †²digital
A|na|lo|gat *das;* -[e]s, -e ⟨*nlat.*⟩:
analoges Verhältnis von Begriffen (z. B. in der Philosophie)
A|na|log-di|gi|tal-Kon|ver|ter *der;*
-s, -: (EDV) elektronische
Schaltung, die analoge Ein-
gangssignale in digitale Aus-
gangssignale umsetzt
A|na|log-di|gi|tal-Wand|ler *der;* -s,
-: † Analog-digital-Konverter
A|na|lo|gie *die;* -, ...ien ⟨*gr.-lat.*⟩:
1. Entsprechung, Ähnlichkeit,
Gleichheit von Verhältnissen,
Übereinstimmung. 2. (Biol.)
gleiche Funktion von Organen
verschiedener entwicklungsge-
schichtlicher Herkunft.
3. (Sprachw.) a) in der antiken
Grammatik Übereinstimmung
in der Formenlehre (z. B. gleiche Endungen bei demselben
Kasus) od. in der Wortbildung
(gleiche Ableitungen); b) Ausgleich von Wörtern od. sprachlichen Formen nach assoziier-
ten Wörtern od. Formen aufgrund von formaler Ähnlichkeit od. begrifflicher Verwandt-
schaft
A|na|lo|gie|bil|dung *die;* -, -en:

(Sprachw.) Bildung od. Umbildung einer sprachlichen Form
nach dem Muster einer anderen (z. B. *Diskothek* nach *Bibliothek*)
A|na|lo|gie|schluss *der;* -es,
...schlüsse: Folgerung von der
Ähnlichkeit zweier Dinge auf
die Ähnlichkeit zweier anderer
od. aller übrigen
A|na|lo|gie|zau|ber *der;* -s, -: mit
Zauber verbundene Handlung,
die bewirken soll, dass sich
Entsprechendes od. Ähnliches
[an jmdm.] vollzieht (z. B. das
Verbrennen von Haaren eines
Menschen, der dadurch ge-
schwächt werden od. sterben
soll)
a|na|lo|gisch: nach Art einer Ana-
logie; vgl. ...isch/-
A|na|lo|gis|mus *der;* -, ...men ⟨*gr.-
nlat.*⟩: Analogieschluss
A|na|lo|gon *das;* -s, ...ga ⟨*gr.*⟩:
ähnlicher, gleichartiger (analo-
ger) Fall
A|na|log|rech|ner *der;* -s, -: Re-
chenanlage, in der die Aus-
gangswerte u. das Ergebnis einer Rechenaufgabe als physikalische Größen dargestellt werden; Ggs. † Digitalrechner
A|na|log|uhr *die;* -, -en: Uhr, bei
der die Zeitangabe auf einem
Zifferblatt durch Zeiger erfolgt;
Ggs. † Digitaluhr
An|al|pha|bet [auch: 'an...] *der;*
-en, -en ⟨*gr.*⟩: 1. jmd., der nicht
lesen und schreiben gelernt
hat. 2. (abwertend) jmd., der in
einer bestimmten Sache nichts
weiß, nicht Bescheid weiß, z. B.
ein politischer Analphabet. An-
al|pha|be|tin *die;* -, -nen: weibli-
che Form zu † Analphabet. an-
al|pha|be|tisch: des Lesens u.
Schreibens unkundig. An|al-
pha|be|tis|mus *der;* - ⟨*gr.-nlat.*⟩:
Unfähigkeit, zu lesen u. zu
schreiben
A|nal|ver|kehr *der;* -s: Ge-
schlechtsverkehr, bei dem der
Penis in den After eingeführt
wird
A|nal|ly|sand *der;* -en, -en ⟨*gr.-
nlat.*⟩: jmd., der sich einer Psy-
choanalyse unterzieht. A|naly-
san|din *die;* -, -nen: weibliche
Form zu † Analysand
A|nal|ly|sa|tor *der;* -s, ...o̱ren:
1. (Phys.) Messvorrichtung zur
Untersuchung von polarisier-
tem Licht. 2. (Phys.) Vorrich-

tung zum Zerlegen einer Schwingung in harmonische Schwingungen. 3. jmd., der eine Psychoanalyse durchführt.

A|na|ly|sa|to|rin *die; -, -nen:* weibliche Form zu ↑ Analysator

A|na|ly|se *die; -, -n ⟨gr.-mlat.; „Auflösung"⟩:* 1. systematische Untersuchung eines Gegenstandes od. Sachverhalts hinsichtlich aller einzelnen Komponenten od. Faktoren, die ihn bestimmen; Ggs. ↑ Synthese (1). 2. (Chem.) Ermittlung der Einzelbestandteile von zusammengesetzten Stoffen od. Stoffgemischen mit chemischen oder physikalischen Methoden.

a|na|ly|sie|ren: etwas [wissenschaftlich] zergliedern, zerlegen, untersuchen, auflösen, Einzelpunkte herausstellen

A|na|ly|sis *die; -:* 1. Teilgebiet der Mathematik, in dem mit Grenzwerten gearbeitet, die Infinitesimalrechnung angewandt wird. 2. Voruntersuchung beim Lösen geometrischer Aufgaben

A|na|lyst [auch: 'ænəlɪst] *der; -en, -en u. (bei engl. Ausspr.:) der; -s, -s ⟨gr.-engl.⟩:* Börsenfachmann, der berufsmäßig die Lage u. Tendenz an der Wertpapierbörse beobachtet u. analysiert. A|na|lys|tin *die; -, -nen:* weibliche Form zu ↑ Analyst

A|na|lyt *der; -en, -en ⟨gr.⟩:* (Chem.) der zu bestimmende Stoff

A|na|ly|tik *die; - ⟨gr.-lat.⟩:* 1. a) Kunst der Analyse; b) (Logik) Lehre von den Schlüssen u. Beweisen. 2. analytische Chemie. A|na|ly|ti|ker *der; -s, -:* a) jmd., der bestimmte Erscheinungen analysiert; b) jmd., der die Analytik anwendet und beherrscht; c) Psychoanalytiker. A|na|ly|ti|ke|rin *die; -, -nen:* weibliche Form zu ↑ Analytiker

a|na|ly|tisch: zergliedernd, zerlegend, durch logische Zergliederung entwickelnd; **analytische Chemie:** Teilgebiet der Chemie, das sich mit der Analyse (2) befasst; **analytische Geometrie:** Geometrie, bei der für geometrische Gebilde Funktionsgleichungen aufgestellt werden; **analytisches Drama:** Drama, das die Ereignisse, die eine tragische Situation herbeigeführt

haben, im Verlauf der Handlung schrittweise enthüllt; **analytische Sprachen:** (Sprachw.) Sprachen, bei denen syntaktische Beziehungen nicht am Wort selbst, sondern mithilfe selbstständiger Wörter ausgedrückt werden (z. B. dt. „ich habe geliebt" im Gegensatz zu lat. „amavi"); Ggs. ↑ synthetische Sprachen; **analytisches Urteil:** (Philos.) Urteil, das aus der Zergliederung eines Begriffs gewonnen wird und nur so viel Erkenntnis vermittelt, wie in diesem enthalten ist

A|n|ä|mie *die; -, ...ien ⟨gr.-nlat.; „Blutarmut"⟩:* (Med.) a) Verminderung des ↑ Hämoglobins u. der roten Blutkörperchen im Blut; b) akuter Blutmangel nach plötzlichem schwerem Blutverlust. a|n|ä|misch: die Anämie (a, b) betreffend

A|nam|ne|se *die; -, -n ⟨gr.-lat.; „Erinnerung"⟩:* 1. (Med.) Vorgeschichte einer Krankheit nach Angaben des Kranken. 2. (Rel.) in der Eucharistiefeier die Gebet nach der ↑ Konsekration (2). 3. ↑ Anamnesis

A|nam|ne|sis *die; -, ...nesen ⟨gr.⟩:* (griech. Philos.) Wiedererinnerung der Seele an vor der Geburt, d. h. vor ihrer Vereinigung mit dem Körper, geschaute Wahrheiten

a|nam|nes|tisch, a|nam|ne|tisch ⟨gr.-nlat.⟩: die Anamnese betreffend

A|n|am|ni|er *der; -s, - ⟨gr.-nlat.⟩:* (Biol.) sich ohne ↑ Amnion entwickelndes Wirbeltier (Fische u. Lurche); Ggs. ↑ Amnioten

A|na|mor|pho|se *die; -, -n ⟨gr.-nlat.⟩:* (Kunstwiss.) die für normale Ansicht verzerrt gezeichnete Darstellung eines Gegenstandes. A|na|mor|phot *der; -en, -en ⟨„umgestaltend, verwandelnd"⟩:* Linse zur Entzerrung anamorphotischer Abbildungen. a|na|mor|pho|tisch: umgestaltet, verwandelt, verzerrt; **anamorphotische Abbildungen:** (Foto- u. Kinotechnik) Abbildungen, die bewusst verzerrt hergestellt sind

A|na|nas *die; -, - u. -se ⟨Guaraní-port.⟩:* 1. tropische Pflanze mit rosettenartig angeordneten Blättern u. großen fleischigen

Früchten. 2. Frucht der Ananaspflanze

A|n|an|kas|mus *der; -, ...men ⟨gr.-nlat.⟩:* (Med., Psychol.) 1. (ohne Plural) Zwangsneurose (Denkzwang, Zwangsvorstellung); krankhafter Zwang, bestimmte [unsinnige] Handlungen auszuführen. 2. zwanghafte Handlung. A|n|an|kast *der; -en, -en:* (Med., Psychol.) jmd., der unter Zwangsvorstellungen leidet. A|n|an|kas|tin *die; -, -nen:* weibliche Form zu ↑ Anankast

A|n|an|ke *die; - ⟨gr.; „Zwang, schicksalhafte Notwendigkeit"⟩:* 1. (griech. Philos.) Verkörperung der schicksalhaften Macht (bzw. Gottheit) der Natur u. ihrer Notwendigkeiten. 2. Zwang, Schicksal, Verhängnis

A|n|an|t|a|po|do|ton *das; -, ...ta ⟨gr.; „das Nichtzurückgegebene"⟩:* bei Sätzen mit zweigliedrigen Konjunktionen das Fehlen des durch die zweite Konjunktion eingeleiteten Satzes

A|na|nym *das; -s, -e ⟨gr.-nlat.⟩:* Sonderform des ↑ Pseudonyms, die aus dem rückwärts geschriebenen wirklichen Namen besteht, wobei die Buchstaben nicht od. nur teilweise verändert werden, z. B. Grob (aus Borg), Ceram (aus Marek)

a|na par|tes ae|qua|les ⟨lat.; „zu gleichen Teilen"⟩: Vermerk auf ärztlichen Rezepten; Abk.: āā od. āā. pt. aequ. od. ana

A|na|päst *der; -[e]s, -e ⟨gr.-lat.; „Zurückprallender"⟩:* (antike Metrik) aus zwei Kürzen u. einer Länge (∪ ∪ −) bestehender Versfuß. a|na|päs|tisch: in der Form eines Anapästs

A|na|pha|se *die; -, -n ⟨gr.-nlat.⟩:* (Biol.) besonderes Stadium bei der Kernteilung der Zelle

A|na|pher *die; -, -n ⟨gr.-lat.⟩:* 1. (Rhet., Stilk.) Wiederholung eines Wortes od. mehrerer Wörter zu Beginn aufeinander folgender Sätze od. Satzteile; Ggs. ↑ Epiphora (2). 2. zurückverweisendes Element eines Textes (z. B.: Die Frau ... Sie war sehr elegant)

A|na|pho|ra *die; -, ...rä:* 1. Anapher. 2. a) Hochgebet in der Eucharistiefeier der Ostkirchen; b) die Eucharistie selbst als

Hauptteil der orthodoxen Messe

A|na|pho|re̱|se *die; -:* spezielle Form der ↑ Elektrophorese

a|na|pho̱|risch: die Anapher betreffend, in der Art der Anapher

An|a|phro̱|di̱|si̱|a|kum, Antaphrodisiakum *das; -s, ...ka ⟨gr.-nlat.⟩:* (Med.) Mittel zur Herabsetzung des Geschlechtstriebes; Ggs. ↑ Aphrodisiakum

a|na|phy|la̱k|tisch: (Med.) die ↑ Anaphylaxie betreffend; **anaphylaktischer Schock:** Schock infolge von Überempfindlichkeit gegenüber wiederholter Zufuhr desselben Eiweißes durch Injektion (1). **A|na|phy|la̱-xi̱e** *die; -, ...i̱en ⟨gr.-nlat.⟩:* (Med.) Überempfindlichkeit, schockartige allergische (1) Reaktion, bes. gegen artfremdes Eiweiß

A|na|p|ty|xe *die; -, -n ⟨gr.; „Entfaltung, Entwicklung"⟩:* Bildung eines Sprossvokals zwischen zwei Konsonanten, z. B. fünef für fünf

a|n|arch: ↑ anarchisch; vgl. ...isch/-. **A|n|ar|chi̱e** *die; -, ...i̱en ⟨gr.⟩:* a) Zustand der Herrschaftslosigkeit, Gesetzlosigkeit; Chaos in rechtlicher, politischer, wirtschaftlicher, gesellschaftlicher Hinsicht; b) (Philos.) gesellschaftlicher Zustand, in dem eine minimale Gewaltausübung durch Institutionen u. maximale Selbstverantwortung des Einzelnen vorherrscht. **a|n|ar|chisch:** herrschaftslos, gesetzlos, ohne feste Ordnung, chaotisch; vgl. ...isch/-

A|n|ar|chi̱s|mus *der; - ⟨gr.-nlat.⟩:* Lehre, die eine Gesellschaftsformation ohne Staatsgewalt u. gesetzlichen Zwang propagiert. **A|n|ar|chi̱st** *der; -en, -en:* Anhänger des Anarchismus. **A|n|ar|chis|ti̱n** *die; -, -nen:* weibliche Form zu ↑ Anarchist. **a|n|ar|chis|tisch:** dem Anarchismus entspringend, den Anarchismus vertretend

A|n|ar|cho *der; -[s], -[s]* (meist Plural): (ugs.) jmd., der sich gegen die bestehende bürgerliche Gesellschaft u. deren Ordnung mit Aktionen u. Gewalt auflehnt

A|n|ar|cho|syn|di|ka|lis|mus *der; -:* sozialrevolutionäre Bewegung in den romanischen Ländern, die die Arbeiterschaft zu organisieren suchte u. die Gewerkschaften als die einzigen effektiven Kampforgane betrachtete. **A|n|ar|cho|syn|di|ka|li̱st** *der; -en, -en:* Anhänger des Anarchosyndikalismus. **A|n|ar|cho|syn|di|ka|li̱s|tin** *die; -, -nen:* weibliche Form zu ↑ Anarchosyndikalist

A|n|ä̱|re|sis *[auch: an|ɛ...] die; -, ...resen ⟨gr.; „Aufhebung"⟩:* (antike Rhet.) die Entkräftung einer gegnerischen Behauptung

A|n|ar|th|ri̱e *die; -, ...ien ⟨gr.-nlat.⟩:* (Med.) Unvermögen, Wörter od. Einzellaute trotz Funktionstüchtigkeit der Sprechorgane richtig zu bilden

A|na|sar|ka, A|na|sar|ki̱e *die; - ⟨gr.-nlat.⟩:* (Med.) Hautwassersucht, ↑ Ödem des Unterhautzellgewebes

A|nas|ta̱|sis *die; - ⟨gr.-lat.; „Auferstehung"⟩:* (Kunstwiss.) bildliche Darstellung der Auferstehung Jesu in der byzantinischen Kirche

a|nas|ta̱|tisch ⟨gr.-nlat.⟩: wieder auffrischend; **anastatischer Druck:** chemisches Verfahren zur Vervielfältigung alter Drucke durch Übertragung der Druckschrift auf Stein od. Zink

A|n|äs|the|si̱e *die; -, ...i̱en ⟨gr.-nlat.; „Unempfindlichkeit"⟩:* (Med.) 1. Ausschaltung der Schmerzempfindung (z. B. durch Narkose). 2. Fehlen der Schmerzempfindung (bei Nervenschädigungen). **a|n|äs|the̱-si̱e|ren:** schmerzunempfindlich machen, betäuben

A|n|äs|the|si̱n® *das; -s, -e:* Anästhetikum für Haut u. Schleimhäute

A|n|äs|the|si̱|o|lo̱|ge *der; -n, -n:* Forscher u. Wissenschaftler auf dem Gebiet der Anästhesiologie. **A|n|äs|the|si̱|o|lo̱|gi̱e** *die; -:* Wissenschaft von der Schmerzbetäubung, den Narkose- u. Wiederbelebungsverfahren. **A|n|äs|the|si̱|o|lo̱|gin** *die; -, -nen:* weibliche Form zu ↑ Anästhesiologe. **a|n|äs|the|si̱|o|lo̱-gisch:** die Anästhesiologie betreffend

A|n|äs|the|si̱st *der; -en, -en:* Narkosefacharzt. **A|n|äs|the|si̱s|tin**

die; -, -nen: weibliche Form zu ↑ Anästhesist

A|n|äs|the̱|ti̱|kum *das; -s, ...ka:* Schmerzen stillendes, den Schmerz ausschaltendes Mittel. **a|n|äs|the̱|tisch:** 1. den Schmerz ausschaltend. 2. mit [Berührungs]unempfindlichkeit verbunden. **a|n|äs|the̱|ti|si̱e|ren:** ↑ anästhesieren

An|as|ti̱g|mat *der; -s od. -en, -e[n], selten auch: das; -s, -e ⟨gr.-nlat.⟩:* [fotografisches] Objektiv, bei dem die Verzerrung durch schräg einfallende Strahlen u. die Bildfeldwölbung beseitigt ist. **an|as|ti̱g|ma̱|tisch:** unverzerrt, ohne Astigmatismus (1)

A|na|s|to̱|mo̱|se *die; -, -n ⟨gr.-lat.; „Eröffnung"⟩:* 1. (Bot.) Querverbindung zwischen Gefäßsträngen od. Pilzfäden. 2. (Med.) a) natürliche Verbindung zwischen Blut- od. Lymphgefäßen od. zwischen Nerven; b) operativ hergestellte künstliche Verbindung zwischen Hohlorganen

A|na|s|t|ro̱|phe *die; -, ...strophen ⟨gr.-lat.⟩:* (Sprachw.) Umkehrung der gewöhnlichen Wortstellung, bes. die Stellung der Präposition hinter dem dazugehörenden Substantiv (z. B. zweifelsohne für ohne Zweifel)

A|na|s|ty|lo̱se *die; -, -n ⟨gr.⟩:* (Kunstwiss.) vollständige Demontage eines zu rekonstruierenden Bauwerks

A|na|te̱|xis *die; - ⟨gr.⟩:* (Geol.) das Wiederaufschmelzen von Gesteinen in der Erde durch ↑ tektonische Vorgänge

A|na|the̱m *das; -s, -e u.* **A|na|the̱-ma** *das; -s, ...themata ⟨gr.-lat.⟩:* 1. Verfluchung, Kirchenbann. 2. a) (antike Rel.) den Göttern vorbehaltenes Weihegeschenk; b) das dem Zorn der Götter Überlieferte, das Verfluchte. **a|na|the|ma|ti|si̱e|ren:** (Rel.) mit dem Kirchenbann belegen

a|na|ti̱|o|nal ⟨gr.; lat.⟩: nicht national [gesinnt]

A|na|to̱l *der; -[s], -s* ⟨nach der türk. Landschaft Anatolien⟩: handgeknüpfter Teppich

A|na|to̱m *der; -en, -en ⟨gr.-lat.⟩:* Wissenschaftler auf dem Gebiet der Anatomie

A|na|to|mi̱e *die; -, ...i̱en ⟨„Zergliederung"⟩:* 1. a) (ohne Plural)

...and/...ant

Es besteht oft Zweifel darüber, ob Personenbezeichnungen mit dem Suffix ...and oder ...ant gebildet werden sollen. Beiden Endungen liegen unterschiedliche lateinische Ausgangsformen zugrunde:

...and	**...ant**
der; -en, -en	*der;* -en, -en
⟨*lat.* ...andus (Gerundivendung)⟩	⟨*lat.* ...ans, Gen. ...antis (Endung des Partizips Präsens)⟩
Suffix mit passivischer Bedeutung, das in Bezeichnungen für eine Person steht, mit der etwas geschehen soll:	Suffix mit aktivischer Bedeutung, das in Bezeichnungen für eine Person steht, die selber etwas tut:
– Informand	– Informant
– Konfirmand	– Laborant
– Proband	– Musikant
Die weibliche Form des Wortbildungselementes lautet ...andin, wie z. B. in Doktorandin.	Die weibliche Form des Wortbildungselementes lautet ...antin, wie z. B. in Praktikantin.

Wissenschaft vom Bau des [menschlichen] Körpers und seiner Organe; b) Aufbau, Struktur des [menschlichen] Körpers. 2. anatomisches Institut. 3. Lehrbuch der Anatomie (1). **a|na|to|mie|ren:** ↑ sezieren **A|na|to|min** *die;* -, -nen: weibliche Form zu ↑ Anatom. **a|na|tomisch:** a) die Wissenschaft der Anatomie betreffend; b) den Bau des [menschlichen] Körpers betreffend; c) zergliedernd **A|na|to|zis|mus** *der;* -, ...men ⟨*gr.- lat.*⟩: Verzinsung aufgelaufener Zinsen

a|na|trop ⟨*gr.-nlat.*⟩: (Bot.) umgewendet, gegenläufig (von der Lage einer Samenanlage) **an|a|xi|al** ⟨*gr.; lat.*⟩: (Druckw.) nicht in der Achsenrichtung angeordnet, nicht achsig, nicht achsrecht; **anaxialer Satz:** bestimmte drucktechnische Gestaltungsart eines Textes **An|a|zi|di|tät** vgl. Anacidität **a|na|zy|k|lisch** ⟨*gr.-nlat.*⟩: vorwärts u. rückwärts gelesen den gleichen Wortlaut ergebend (von Wörtern od. Sätzen, z. B. Otto) **an|ceps** vgl. anzeps

An|chor ['ɛŋkɐ] *der;* -s, - ⟨*engl.;* „Anker"⟩: Sprungmarke, [im Text hervorgehobenes] Verweisziel auf einer Website **An|chor|man** ['æŋkɐmən] *der;* -, ...men [...mən] ⟨*engl.*⟩: Journalist o. Ä., der im Rundfunk, Fernsehen, bes. in Nachrichtensendungen, die einzelnen journalistischen Beiträge vorstellt, die verbindenden Worte u. Kommentare spricht **An|chor|wo|man** ['æŋkɐwʊmən] *die;* -, ...women [...wɪmɪn] ↑ Anchorman

An|cho|se [an'ʃoːzə] *die;* -, -n (meist Plural) ⟨*span.* u. *port.*⟩: aus Sardellen, Sprotten, Heringen u. a. Fischen durch Einlegen und anschließende Reifung hergestellte ↑ Präserve **An|cho|vis** *die;* -, -: vgl. Anschovis **An|ci|en|ni|tät** [ãsjɛni'tɛːt] *die;* -, -en ⟨*fr.*⟩: 1. Dienstalter. 2. Dienstalterfolge **An|ci|en|ni|täts|prin|zip** *das;* -s: Prinzip, nach dem z. B. Beamte nach dem Dienstalter, nicht nach der Leistung befördert werden **An|ci|en Ré|gime** [ãs'jẽ: re'ʒiːm] *das;* - - ⟨*fr.;* „alte Regierungsform"⟩: alte u. nicht mehr zeitgemäße Regierungsform, Gesellschaftsordnung, bes. in Bezug auf das Herrschafts- u. Gesellschaftssystem in Frankreich vor 1789 **...and/...ant** s. Kasten **An|da|lu|sit** [auch: ...'zɪt] *der;* -s, -e ⟨*nlat.;* nach den Erstfunden in Andalusien⟩: graues, rötliches, gelbes od. grünes metamorphes Mineral **an|dan|te** ⟨*lat.-vulgärlat.-it.;* „gehend"⟩: (Mus.) ruhig, mäßig langsam, gemessen (Vortragsanweisung). **An|dan|te** *das;* -[s], -s: ruhiges, mäßig langsames, gemessenes Musikstück **an|dan|ti|no:** (Mus.) etwas schneller als andante. **An|dan|ti|no** *das;* -s, -s u. ...ni: kurzes Musikstück im Andante- od. Andantinotempo **An|de|sin** *der;* -s ⟨*nlat.;* nach den Anden⟩: zu den Feldspaten gehörendes Mineral **An|de|sit** [auch: ...'zɪt] *der;* -s, -e: ein vulkanisches Gestein **...an|din** s. Kasten ...and/...ant

an|do|cken ⟨*dt.; engl.*⟩: ein Raumfahrzeug an ein anderes ankoppeln **An|d|ra|go|ge** *der;* -n, -n ⟨*gr.- nlat.*⟩: Wissenschaftler auf dem Gebiet der Andragogik. **An|d|rago|gik** *die;* - ⟨*gr.-nlat.*⟩: (Päd.) Wissenschaft von der Erwachsenenbildung. **An|d|ra|go|gin** *die;* -, -nen: weibliche Form zu ↑ Andragoge. **an|d|ra|go|gisch:** die Andragogik betreffend **An|d|ri|enne** [ãdri'ɛn] *die;* -, -s: ↑ Adrienne

---

an|d|ro..., An|d|ro...

⟨zu *gr.* anḗr, Gen. andrós „Mann, Mensch"⟩ Wortbildungselement mit der Bedeutung „Mann; männlich": – androgyn – Androide – Andrologie

---

An|d|ro|blas|tom *das;* -s, -e ⟨*gr.; nlat.*⟩: Eierstockgeschwulst, die eine vermehrte Androgenwirkung verursacht **An|d|ro|di|ö|zie** *die;* - ⟨*gr.-nlat.*⟩: (Bot.) das Vorkommen von Pflanzen mit nur männlichen Blüten neben solchen mit zwittrigen Blüten bei der gleichen Art **An|d|ro|ga|met** *der;* -en, -en: männliche Keimzelle; Ggs. ↑ Gynogamet **An|d|ro|ga|mon** *das;* -s, -e: Befruchtungsstoff des männlichen Gametens **an|d|ro|gen:** a) von der Wirkung eines Androgens; b) die Wirkung eines Androgens betreffend; c) männliche Geschlechtsmerkmale hervorru-

fend. **An|d|ro|gen** das; -s, -e:
männliches Geschlechtshormon

an|d|ro|gyn ⟨gr.-lat.; „Mannfrau“⟩:
1. Androgynie (1) zeigend.
2. (Bot.) a) zuerst männliche,
dann weibliche Blüten am gleichen Blütenstand ausbildend;
b) viele weibliche u. dazwischen
wenig männliche Blüten aufweisend (von einem Blütenstand). **An|d|ro|gy|nie** die; - ⟨gr.-nlat.⟩: 1. Vereinigung männlicher und weiblicher Körpermerkmale und Wesenszüge in
einer Person. 2. (Bot.) Zwitterbildung bei Pflanzen. **an|d|ro|gy|nisch:** älter für androgyn;
vgl. ...isch/-

An|d|ro|gy|no|phor das; -s, -en:
(Bot.) stielartige Verlängerung
der Blütenachse, auf der Stempel u. Staubblätter sitzen

An|d|ro|i|de der; -n, -n, auch: **An|d|ro|id** der; -en, -en: (bes. in der
futuristischen Literatur) menschenähnliche Maschine,
künstlicher Mensch

An|d|ro|lo|ge der; -n, -n: Facharzt
für Andrologie. **An|d|ro|lo|gie**
die; -: Männerheilkunde. **An|d|ro|lo|gin** die; -, -nen: weibliche
Form zu ↑ Androloge. **an|d|ro|lo|gisch:** die Andrologie betreffend

An|d|ro|mo|n|ö|zie die; -: (Bot.)
das Vorkommen von männlichen u. zwittrigen Blüten auf
derselben Pflanze

An|d|ro|pho|bie die; -, ...ien
⟨mlat.; gr.-nlat.⟩: Furcht vor
Männern, Hass auf Männer

An|d|ro|sper|mi|um das; -s, ...ien
(meist Plural): Samenfaden, der
ein ↑ Y-Chromosom enthält u.
damit das Geschlecht als
männlich bestimmt

An|d|ro|spo|re die; -, -n: 1. Spore,
die zu einer männlichen
Pflanze wird. 2. Schwärmspore
der Grünalgen

An|d|ro|s|te|ron das; -s ⟨Kunstw.⟩:
männliches Keimdrüsenhormon, Abbauprodukt des ↑ Testosterons

An|d|rö|ze|um das; -s ⟨gr.-nlat.⟩:
Gesamtheit der Staubblätter einer Blüte

An|ei|dy|l|is|mus der; - ⟨gr.; lat.⟩:
Unfähigkeit, Bildsymbole zu
verstehen

A|n|ek|do|te die; -, -n ⟨gr.-fr.;
„noch nicht Herausgegebenes,

Unveröffentlichtes“⟩: kurze, oft
witzige Geschichte (zur Charakterisierung einer bestimmten Persönlichkeit, einer bestimmten sozialen Schicht, einer bestimmten Zeit usw.). **A|n|ek|do|tik** die; -: alle Anekdoten,
die eine bestimmte Persönlichkeit, eine soziale Schicht, eine
Epoche betreffen. **a|n|ek|do|tisch:** in Form einer Anekdote
verfasst

A|n|e|las|ti|zi|tät die; -, -en ⟨gr.⟩:
Abweichung vom elastischen
(1) Verhalten

A|n|e|lek|t|ro|lyt der; -en (selten:
-s), -e (selten: -en) ⟨gr.-nlat.⟩:
Verbindung, die nicht aus Ionen
aufgebaut ist; Ggs. ↑ Elektrolyt

A|n|e|mo|cho|ren [...'ko:...] die
(Plural) ⟨gr.-nlat.⟩ „Windwanderer“): (Bot.) Pflanzen, deren Samen od. Früchte durch den
Wind verbreitet werden. **A|ne|mo|cho|rie** die; -: Verbreitung
von Samen, Früchten od. Pflanzen durch den Wind

a|ne|mo|gam: (Bot.) durch Wind
bestäubt (von Pflanzen). **A|ne|mo|ga|mie** die; -: Windbestäubung

a|ne|mo|gen: durch Wind gebildet, vom Wind geformt

A|ne|mo|gramm das; -s, -e: Aufzeichnung eines Anemographen

A|ne|mo|graph, auch: ...graf der;
-en, -en: (Meteor.) Windrichtung u. -geschwindigkeit messendes u. aufzeichnendes Gerät, Windschreiber

A|ne|mo|lo|gie die; -: (Meteor.)
Wissenschaft von den Luftströmungen

A|ne|mo|me|ter das; -s, -: Windmessgerät

A|ne|mo|ne die; -, -n ⟨gr.-lat.⟩:
kleine Frühlingsblume mit
sternförmigen, weißen bis rosa
Blüten; Buschwindröschen

a|ne|mo|phil ⟨gr.-nlat.⟩: ↑ anemogam

A|ne|mo|s|kop das; -s, -e: Instrument zum Ablesen der Windgeschwindigkeit

A|ne|mo|s|tat der; -en, -en: den
Luftstrom gleichmäßig verteilendes Gerät zur Luftverbesserung

A|ne|mo|ta|xis die; -, ...ta̱xen:
(Biol.) nach der Luftströmung
ausgerichtete aktive Ortsbewegung von Lebewesen

A|ne|mo|tro|po|graph, auch:
...graf der; -en, -en: (Meteor.)
die Windrichtung aufzeichnendes Gerät

A|ne|mo|tro|po|me|ter das; -s, -:
(Meteor.) die Windrichtung anzeigendes Gerät

An|e|ner|gie usw. vgl. Anergie usw.

An|en|ze|pha|lie die; -, ...ien; ⟨gr.⟩:
angeborenes Fehlen des Gehirns

Ä|n|e|o|li|thi|kum das; -s ⟨lat.; gr.-nlat.⟩: ↑ Chalkolithikum. **ä|n|e|o|li|thisch:** das Äneolithikum
betreffend

A|n|e|pi|gra|pha die (Plural) ⟨gr.⟩:
unbetitelte Schriften

A|n|er|gie, Anenergie die; -, ...ien
⟨gr.-nlat.⟩: 1. (Med., Psychol.)
↑ Abulie. 2. (Med.) Fehlen einer
Reaktion des Organismus auf
einen Reiz, bes. auf ein Antigen. 3. der nicht in technische
Arbeit umsetzbare Anteil der
für das Ablaufen eines thermodynamischen Prozesses nötigen Energie. **a|n|er|gisch,** anenergisch: 1. (Med., Psychol.)
energielos. 2. unempfindlich
(gegen Reize)

A|ne|ro|id das; -[e]s, -e u. **A|ne|ro|id|ba|ro|me|ter** das; -s, -: ⟨gr.-nlat.⟩: Gerät zum Anzeigen des
Luftdrucks

An|e|ro|sie die; -, ...ien ⟨gr.-nlat.⟩:
Anaphrodisie

A|n|e|ry|th|ro|p|sie die; -, ...ien ⟨gr.-nlat.⟩: (Med.) Rotblindheit

A|ne|thol das; -s ⟨gr.-lat.; lat.⟩:
wichtigster Bestandteil des
Anis-, Sternanis- u. Fenchelöls

a|n|eu|p|lo|id ⟨gr.-nlat.⟩: (Biol.)
eine von der Norm abweichende, ungleiche Anzahl
Chromosomen od. ein nicht
ganzzahliges Vielfaches davon
aufweisend (von Zellen od. Lebewesen); Ggs. ↑ euploid. **A|n|eu|p|lo|i|die** die; -: (Biol.) das
Auftreten anormaler Chromosomenzahlen im Zellkern

A|n|eu|rin das; -s: Vitamin B₁

A|n|eu|rys|ma das; -s, ...men od.
-ta ⟨gr.; „Erweiterung“⟩: (Med.)
krankhafte, örtlich begrenzte
Erweiterung einer Schlagader

An|fi|xe die; -, -n ⟨dt.; lat.-fr.-engl.⟩: (Jargon) der erste
„Schuss" Rauschgift. **an|fi|xen:**
(Jargon) jmdn. dazu überreden,
sich zum ersten Mal eine Droge
zu injizieren

An|ga|ria die; - ⟨nlat.; nach dem

sibirischen Fluss Angara): geotektonische Aufbauzone Nordasiens jenseits des Urals

An|ga|ri|en|recht *das;* -s ⟨*pers.-gr.-lat.; dt.; lat.* angaria „Frondienst"⟩: das Recht eines Staates, im Notstandsfall (bes. im Krieg) die in seinen Häfen liegenden fremden Schiffe für eigene Zwecke zu verwenden

An|ge|li|ka *die;* -, ...ken u. -s ⟨*gr.-lat.-nlat.*⟩: Engelwurz (eine Heilpflanze)

An|ge|lo|la|t|rie *die;* - ⟨*gr.-nlat.*⟩: Engelverehrung

An|ge|lo|lo|gie *die;* -: (Theol.) Lehre von den Engeln

An|ge|lot [engl.: ˈeindʒələt, fr.: ãʒ(ə)lo:] *der;* -s, -s ⟨*lat.-fr.*⟩: alte englisch-französische Goldmünze

An|ge|lus *der* (auch: *das*); -, - ⟨*gr.-lat.; eigtl.* Angelus Domini = Engel des Herrn⟩: a) katholisches Gebet, das morgens, mittags u. abends beim so genannten Angelusläuten gebetet wird; b) Glockenzeichen für das Angelusgebet; Angelusläuten

an|gi..., **An|gi...** vgl. angio..., Angio...

An|gi|i|ti|tis *die;* -, ...iti̱den ⟨*gr.-nlat.*⟩: (Med.) Entzündung eines Blutgefäßes

An|gi|na *die;* -, ...nen ⟨*gr.-lat.; von gr.* agchónē „das Erwürgen, das Erdrosseln"⟩: Entzündung des Rachenraumes, bes. der Mandeln

An|gi|na Pec|to|ris *die;* - - ⟨*gr.-lat.; lat.*⟩: anfallartig auftretende Schmerzen hinter dem Brustbein infolge Erkrankung der Herzkranzgefäße

an|gi|nös ⟨*gr.-lat.-nlat.*⟩: a) auf Angina beruhend; b) anginaartig

---

an|gi|o..., **An|gi|o...**

vor Vokalen meist angi..., Angi... ⟨zu *gr.* aggeîon „(Blut)gefäß, Behältnis"⟩

Wortbildungselement mit der Bedeutung „Gefäß":
– Angiitis
– Angiographie
– Angiologe

An|gi|o|gramm *das;* -s, -e ⟨*gr.-nlat.*⟩: Röntgenbild von Blutgefäßen

An|gi|o|gra|phie, auch: ...grafie *die;* -, ...ien: (Med.) röntgenolo-

gische Darstellung von Blutgefäßen mithilfe injizierter Kontrastmittel

An|gi|o|lo|ge *der;* -n, -n: Arzt u. Forscher mit Spezialkenntnissen auf dem Gebiet der Angiologie. **An|gi|o|lo|gie** *die;* -: (Med.) Wissenschaftsgebiet, das sich mit den Blutgefäßen u. ihren Erkrankungen beschäftigt. **An|gi|o|lo|gin** *die;* -, -nen: weibliche Form zu ↑ Angiologe. **an|gi|o|lo|gisch:** die Angiologie betreffend

An|gi|om *das;* -s, -e u. **An|gi|o|ma** *das;* -s, -ta: Geschwulst aus Blut- od. Lymphgefäßen

An|gi|o|pa|thie *die;* -, ...ien: Gefäßleiden

An|gi|o|se *die;* -, -n: durch gestörten Stoffwechsel entstandene Gefäßerkrankung

An|gi|o|sper|men *die* (Plural): Blütenpflanzen mit Fruchtknoten

An|g|lai|se [ãgˈlɛːz] *die;* -, -n ⟨*germ.-fr.;* „englischer (Tanz)"⟩: alter Gesellschaftstanz

An|g|li|ka|ner *der;* -s, - ⟨*mlat.*⟩: Angehöriger der Kirche von England. **an|g|li|ka|nisch:** zur Kirche von England gehörig. **An|g|li|ka|nis|mus** *der;* - ⟨*nlat.*⟩: Lehre der Kirche von England

an|g|li|sie|ren: 1. an die Sprache, die Sitten od. das Wesen der Engländer angleichen. 2. englisieren (2)

An|g|list *der;* -en, -en: jmd., der sich mit der Anglistik befasst [hat]. **An|g|lis|tik** *die;* -: Wissenschaft von der englischen Sprache u. Literatur. **An|g|lis|tin** *die;* -, -nen: weibliche Form zu ↑ Anglist. **an|g|lis|tisch:** die Anglistik betreffend

An|g|li|zis|mus *der;* -, ...men: Übertragung einer für das britische Englisch charakteristischen Erscheinung auf eine nicht englische Sprache

An|g|lo|fo|ne usw. vgl. Anglophone usw.

An|g|lo|ka|tho|li|zis|mus *der;* - ⟨*germ.-lat.; gr.-nlat.*⟩: katholisch orientierte Gruppe der anglikanischen Kirche

an|g|lo|phil: für alles Englische eingenommen, dem englischen Wesen zugetan; englandfreundlich; Ggs. ↑ anglophob. **An|g|lo|phi|lie** *die;* - ⟨*mlat.; gr.-nlat.*⟩: Sympathie od. Vorliebe für alles Englische, England-

freundlichkeit; Ggs. ↑ Anglophobie

an|g|lo|phob: gegen alles Englische eingenommen, dem englischen Wesen abgeneigt; englandfeindlich; Ggs. ↑ anglophil. **An|g|lo|pho|bie** *die;* - ⟨*mlat.; gr.-nlat.*⟩: Abneigung, Widerwille gegen alles Englische; Englandfeindlichkeit; Ggs. ↑ Anglophilie

An|g|lo|pho|ne, auch ...fone *der* u. *die;* -n, -n: jmd., dessen Englisch als Mutter- bzw. Verkehrssprache spricht. **An|g|lo|pho|nie,** auch ...fonie *die;* -: Englischsprachigkeit

An|go|ra|kat|ze *die;* -, -n ⟨nach dem früheren Namen der türk. Hauptstadt Ankara⟩: Katze mit langem, seidigem Haar u. buschigem Schwanz

An|go|ra|wol|le *die;* -: Wolle, die bes. von der Angoraziege stammt, Mohär (1)

An|go|ra|zie|ge *die;* -, -n: in Vorderasien gezüchtete Hausziege mit feinem, langem Haar

An|gos|tu|ra ® *der;* -[s], -s ⟨*span.*⟩: nach dem früheren Namen der Stadt Ciudad Bolívar in Venezuela): Bitterlikör mit Zusatz von Angosturarinde, der getrockneten Zweigrinde eines südamerikanischen Baumes

An|g|ry Young Men [ˈæŋrɪ ˈjʌŋ mɛn] *die* (Plural) ⟨*engl.,* „zornige junge Männer"⟩: Gruppe sozialkritischer britischer Autoren in der zweiten Hälfte der 50er-Jahre des 20.Jh.s

Ang|ster *der;* -s, - ⟨*mlat.*⟩: Trink[vexier]glas des 15. u. 16.Jh.s

Angst|neu|ro|se *die;* -, -n: durch ausgeprägte Angstsymptome gekennzeichnete ↑ Neurose

Ång|s|t|röm [ˈɔŋstrøːm; auch: ˈaŋ...] *das;* -[s], - ⟨nach dem schwed. Physiker⟩ u. **Ång|s|t|röm|ein|heit** *die;* -, -en: veraltete Einheit der Licht- u. Röntgenwellenlänge (1 Å = 10^{-10} m); Zeichen: Å

An|guil|lette [ãgiˈjɛt] *die;* -, -n ⟨*lat.-roman.*⟩: marinierter Aal

an|gu|lar ⟨*lat.*⟩: zu einem Winkel gehörend, Winkel...

An|gus|rind [ˈæŋɡəs...] *das;* -[e]s, -er ⟨nach der ostschottischen Grafschaft Angus): Mastrind einer schottischen Rasse

An|he|li|o|se *die;* - ⟨*gr.*⟩: (Med.) Gesundheits- od. Leistungsstörung, die auf Mangel an Sonnenlicht zurückgeführt wird (z. B. bei Grubenarbeitern)

an|he|mi|to|nisch ⟨gr.; dt.⟩: (Mus.) ohne Halbtöne

An|hi|d|ro|se, Anidrose die; -, -n, (fachspr. auch:) **An|hi|d|ro|sis,** Anidrosis die; -, ...oses ⟨gr.-nlat.⟩ (Med.) a) angeborenes Fehlen der Schweißdrüsen; b) fehlende od. verminderte Schweißabsonderung

An|hy|d|rä|mie die; - ⟨gr.-nlat.⟩: (Med.) Verminderung des Wassergehalts im Blut

An|hy|d|rid das; -s, -e: chem. Verbindung, die aus einer anderen durch Wasserentzug entstanden ist

An|hy|d|rit [auch: ...'rɪt] der; -s, -e: wasserfreier Gips

An|i|d|ro|se, (fachspr. auch:) Anidrosis; vgl. Anhidrose

Ä|nig|ma das; -s, -ta od. ...men ⟨gr.-lat.⟩: Rätsel. **ä|nig|ma|tisch:** rätselhaft. **ä|nig|ma|ti|sie|ren:** in Rätseln sprechen

A|ni|lin das; -s ⟨sanskr.-arab.-port.-fr.-nlat.⟩: einfachstes aromatisches (von Benzol abgeleitetes) ↑ Amin, Ausgangsprodukt für zahlreiche Arzneimittel, Farb- u. Kunststoffe

A|ni|lin|druck der; -[e]s: Hochdruckverfahren, bei dem Anilinfarben verwendet werden

A|ni|ma die; -, -s ⟨lat.; „Lufthauch, Atem"⟩: 1. (Philos.) Seele. 2. Frau im Unbewussten des Mannes (nach C. G. Jung); vgl. Animus (1). 3. der aus unedlem Metall bestehende Kern einer mit Edelmetall überzogenen Münze

a|ni|mal ⟨lat.⟩: 1. a) die aktive Lebensäußerung betreffend, auf [Sinnes]reize reagierend; b) zu willkürlichen Bewegungen fähig. 2. animalisch (1, 2); vgl. ...isch/-. **a|ni|ma|lisch:** 1. tierisch, den Tieren eigentümlich. 2. triebhaft. 3. tierhaft, urwüchsig-kreatürlich

a|ni|ma|li|sie|ren ⟨nlat.⟩: Zellulosefasern durch dünne Überzüge von Eiweißstoffen, Kunstharzen u. dgl. wollähnlich machen

A|ni|ma|lis|mus der; -: religiöse Verehrung von Tieren

A|ni|ma|li|tät die; - ⟨lat.⟩: tierisches Wesen

A|ni|ma|teur [...'tøːɐ] der; -s, -e ⟨lat.-fr.⟩: jmd., der von einem

Reiseunternehmen o. Ä. angestellt ist, um den Gästen durch Veranstaltung von Spielen o. Ä. Möglichkeiten für die Urlaubsgestaltung anzubieten. **A|ni|ma|teu|rin** [...'tøːrɪn] die; -, -nen: weibliche Form zu ↑ Animateur

A|ni|ma|ti|on die; -, -en ⟨lat.-engl.⟩: 1. filmtechnisches Verfahren, unbelebten Objekten im Trickfilm Bewegung zu verleihen. 2. (EDV) Erzeugung bewegter Bilder durch den Computer. 3. Gestaltung der Freizeit z. B. in einer Reisegesellschaft durch eine Animateurin/einen Animateur

A|ni|ma|tis|mus der; - ⟨lat.-nlat.⟩: Animismus (1)

a|ni|ma|tiv ⟨lat.-engl.⟩: belebend, beseelend, anregend

a|ni|ma|to ⟨lat.-it.⟩: (Mus.) lebhaft, belebt, beseelt (Vortragsanweisung)

A|ni|ma|tor der; -s, ...oren: Trickfilmzeichner. **A|ni|ma|to|rin** die; -, -nen: weibliche Form zu ↑ Animator

A|ni|mier|da|me die; -, -n: entsprechend aufgemachte Frau, die in [Nacht]lokalen die Gäste, bes. Männer, zum Trinken von Alkohol animiert

a|ni|mie|ren ⟨lat.-fr.⟩: 1. a) anregen, ermuntern, ermutigen; b) anreizen, in Stimmung versetzen, Lust zu etwas erwecken. 2. Gegenstände od. Zeichnungen in einzelnen Phasen von Bewegungsabläufen filmen, um den Eindruck der Bewegung eines unbelebten Objekts zu vermitteln

A|ni|mier|lo|kal das; -s, -e: [Nacht]lokal mit Animierdamen

A|ni|mier|mäd|chen das; -s, -: ↑ Animierdame

A|ni|mie|rung die; -, -en: Ermunterung zu etwas [Übermütigem o. Ä.]

A|ni|mis|mus der; - ⟨nlat.⟩: 1. (Völkerk.) der Glaube an anthropomorph gedachte seelische Mächte, Geister. 2. (Med.) die Lehre von der unsterblichen Seele als oberstem Prinzip des lebenden Organismus. 3. Theorie innerhalb des ↑ Okkultismus, die ↑ mediumistische Erscheinungen auf ungewöhnliche Fähigkeiten lebender Personen zurückführt; Ggs. ↑ Spiri-

tismus. 4. (Philos.) Anschauung, die die Seele als Lebensprinzip betrachtet

A|ni|mist der; -en, -en: Vertreter der Lehre des Animismus (4). **A|ni|mis|tin** die; -, -nen: weibliche Form zu ↑ Animist. **a|ni|mis|tisch:** a) die Lehre des Animismus (4) vertretend; b) die Lehre des Animismus (4) betreffend

A|ni|mo das; -s ⟨lat.-it.⟩: (österr.) 1. Schwung, Lust. 2. Vorliebe

a|ni|mos ⟨lat.⟩: 1. feindselig. 2. (veraltet) aufgeregt, gereizt, aufgebracht, erbittert. **A|ni|mo|si|tät** die; -, -en: 1. a) (ohne Plural) feindselige Einstellung; b) feindselige Äußerung o. Ä. 2. (ohne Plural; veraltet) a) Aufgeregtheit, Gereiztheit; b) Leidenschaftlichkeit

A|ni|mus der; -, -en ⟨lat.⟩: 1. „Seele", „Gefühl"): das Seelenbild des Mannes im Unbewussten der Frau (C. G. Jung)

A|ni|on das; -s, -en ⟨gr.-nlat.⟩: negativ geladenes ↑ Ion. **a|ni|o|nisch:** als od. wie ein Anion wirkend

A|nis [auch, österr. nur: 'a:nɪs] der; -[es], -e ⟨gr.-lat.⟩: a) am östlichen Mittelmeer beheimatete Gewürz- u. Heilpflanze; b) die getrockneten Früchte des Anis

A|ni|sette [...'sɛt] der; -s, -s ⟨gr.-lat.-fr.⟩: süßer, dickflüssiger Likör aus Anis (b), Koriander u. a.

an|i|so|dont ⟨gr.⟩: ↑ heterodont

An|i|so|gal|mie die; -, ...ien ⟨gr.-nlat.⟩: (Biol.) Befruchtungsvorgang mit ungleich gestalteten od. sich ungleich verhaltenden männlichen u. weiblichen Keimzellen

A|nis|öl das; -s: ↑ ätherisches Öl des Anis

An|i|so|mor|phie die; - ⟨gr.-nlat.⟩: (Bot.) unterschiedliche Ausbildung gewisser Pflanzenorgane je nach ihrer Lage zum Boden hin od. zur Sprossachse. **An|i|so|mor|phis|mus** der; -, ...men: nicht volle Entsprechung zwischen Wörtern verschiedener Sprachen

An|i|so|phyl|lie die; -: (Bot.) das Vorkommen unterschiedlicher Laubblattformen in derselben Sprosszone bei einer Pflanze

an|i|so|trop: die Anisotropie betreffend; Anisotropie aufweisend. **An|i|so|tro|pie** die; -: 1. (Bot.) Fähigkeit von Pflanzenteilen, unter gleichen Bedingungen verschiedene Wachstumsrichtungen anzunehmen. 2. (Phys.) Eigenart von Kristallen, nach verschiedenen Richtungen verschiedene physikalische Eigenschaften zu zeigen

An|i|so|zy|to|se die; -, -n ⟨gr.⟩: (Med.) (bei bestimmten Blutkrankheiten) Auftreten von unterschiedlich großen roten Blutkörperchen im Blut

An|ka|the|te die; -, -n ⟨dt.; gr.-lat.⟩: (Math.) eine der beiden Seiten, die die Schenkel des rechten Winkels eines Dreiecks bilden

An|ky|lo|se die; -, -n ⟨gr.-nlat.⟩: (Med.) Gelenkversteifung [nach Gelenkerkrankungen]

An|ky|los|to|mi|a|se, An|ky|los|to|mi|a|sis die; -, ...miasen u. **An|ky|los|to|mo|se** die; -, -n: (in den Tropen und Subtropen sowie im Berg- u. Tunnelbau auftretender) Nematodenbefall; Hakenwurmkrankheit

an|ky|lo|tisch: a) die Ankylose betreffend; b) versteift (von Gelenken)

An|ky|lo|tom das; -s, -e: gebogenes Operationsmesser

An|mo|de|ra|ti|on die; -, -en ⟨dt.; lat.⟩: vom Moderator einer Sendung gesprochene einführende Worte. **an|mo|de|rie|ren:** eine Anmoderation sprechen

An|na der; -[s], -[s] (aber: 5 -) ⟨Hindi⟩: 1. a) Rechnungseinheit des alten Rupiengeldsystems in Vorderindien; b) Kupfermünze mit Wappen der Ostindischen Kompanie. 2. Bez. für verschiedene indische Gewichtseinheiten

An|na|len die (Plural) ⟨lat.⟩: Jahrbücher, chronologisch geordnete Aufzeichnungen von Ereignissen

An|na|lin das; -s ⟨nlat.⟩: feinpulveriger Gips

An|na|list der; -en, -en ⟨lat.-nlat.⟩: Verfasser von Annalen. **An|na|lis|tik** die; -: Geschichtsschreibung in Form von Annalen

An|na|ten die (Plural) ⟨lat.-mlat.; „Jahresertrag"⟩: im Mittelalter übliche Abgabe an den Papst für die Verleihung eines kirchlichen Amtes

An|nat|to der od. das; -s ⟨indian.⟩: ↑ Orlean

an|nek|tie|ren ⟨lat.-fr.; „an-, ver-**

knüpfen"⟩: etwas gewaltsam u. widerrechtlich in seinen Besitz bringen

An|ne|li|den die (Plural) ⟨lat.-nlat.⟩: Gliederwürmer

An|nex der; -es, -e ⟨lat.⟩: 1. Anhängsel, Zubehör. 2. Adnex (2)

An|ne|xi|on die; -, -en ⟨lat.-fr.⟩: gewaltsame u. widerrechtliche Aneignung fremden Gebiets

An|ne|xi|o|nis|mus der; - ⟨lat.-fr.-nlat.⟩: Bestrebungen, die auf eine gewaltsame Aneignung fremden Staatsgebiets abzielen. **An|ne|xi|o|nist** der; -en, -en: Anhänger des Annexionismus. **An|ne|xi|o|nis|tin** die; -, -nen: weibliche Form zu ↑ Annexionist. **an|ne|xi|o|nis|tisch:** den Annexionismus betreffend

An|ne|xi|tis die; -, ...itiden: ↑ Adnexitis

an|ni cur|ren|tis ⟨lat.⟩: (veraltet) laufenden Jahres; Abk.: a. c.

an|ni fu|tu|ri: (veraltet) künftigen Jahres; Abk.: a. f.

An|ni|hi|la|ti|on die; -, -en ⟨lat.⟩: 1. Vernichtung, Zunichtemachung, Ungültigkeitserklärung. 2. (Kernphysik) das Annihilieren (2). **an|ni|hi|lie|ren:** 1. a) zunichte machen; b) für nichtig erklären. 2. (Kernphysik) Elementar- u. Antiteilchen zerstören

an|ni prae|te|ri|ti ⟨lat.⟩: (veraltet) vorigen Jahres (Abk.: a. p.)

An|ni|ver|sar das; -s, -e u. **An|ni|ver|sa|ri|um** das; -s, ...ien (meist Plural): (katholische Kirche) jährlich wiederkehrende Gedächtnisfeier für einen Toten

an|no: im Jahre (Abk.: a.)

an|no cur|ren|te: (veraltet) im laufenden Jahr (Abk.: a. c.)

An|no Do|mi|ni: im Jahre des Herrn, d. h. nach Christi Geburt (Abk.: A. D.)

An|no|mi|na|ti|on die; -, -en ⟨lat.⟩: ↑ Paronomasie

An|non|ce [aˈnõːsə] die; -, -n ⟨lat.-fr.⟩: 1. Zeitungsanzeige, ↑ Inserat. 2. Ankündigung

An|non|cen|ex|pe|di|ti|on die; -, -en: Anzeigenvermittlung

an|non|cie|ren: 1. eine Zeitungsanzeige aufgeben. 2. a) etwas durch eine Annonce anzeigen; b) jmdn. od. etwas [schriftlich] ankündigen

An|no|ne die; -, -n ⟨indian.⟩: tropische Pflanze mit ledrigen Blättern u. essbaren Früchten

An|no|ta|ti|on die; -, -en ⟨lat.⟩: 1. (veraltet) Auf-, Einzeichnung, Vermerk. 2. (Buchw.) erläuternder Vermerk zu einer bibliografischen Anzeige. **an|no|tie|ren:** den Inhalt eines Buches o. Ä. aufzeichnen, erläutern, analysieren

An|nu|a|ri|um das; -s, ...ien od. ...ia ⟨lat.⟩: Kalender; Jahrbuch

an|nu|ell ⟨lat.-fr.⟩: 1. (veraltet) [all]jährlich. 2. einjährig (von Pflanzen)

An|nu|el|le die; -, -n: Pflanze, die nach einer ↑ Vegetationsperiode abstirbt

An|nu|i|tät die; -, -en ⟨lat.-mlat.⟩: Jahreszahlung an Zinsen u. Tilgungsraten bei der ↑ Amortisation (1) einer Schuld. **An|nu|i|tä|ten** die (Plural): jährliches Einkommen

an|nul|lie|ren ⟨lat.⟩: etwas [amtlich] für ungültig, für nichtig erklären. **An|nul|lie|rung** die; -, -en: [amtliche] Ungültigkeits-, Nichtigkeitserklärung

An|nun|ti|a|ti|ons|stil der; -s ⟨lat.⟩: Zeitbestimmung des Mittelalters u. der frühen Neuzeit, bei der der Jahresanfang auf das Fest Mariä Verkündigung (25. März) fiel

A|noa das; -s, -s ⟨indones.⟩: indonesisches Wildrind

A|no|de die; -, -n ⟨gr.-engl.; „Aufweg; Eingang"⟩: positive ↑ Elektrode; Ggs. ↑ Kathode. **a|no|disch:** a) die Anode betreffend; b) mit der Anode zusammenhängend

A|n|o|dy|num das; -s, ...na ⟨gr.-lat.⟩: Analgetikum

a|no|gen ⟨gr.-nlat.⟩: (Geol.) aus der Tiefe aufsteigend (von Eruptivgesteinen)

A|noia [aˈnɔya] die; - ⟨gr.-nlat.⟩: Unverstand, Stumpfheit

A|no|lyt der; -en (auch: -s), -e[n] ⟨Kurzw. aus ↑ Anode u. ↑ Elektrolyt⟩: (physikal. Chem.) Elektrolyt im Anodenraum (bei Verwendung von zwei getrennten Elektrolyten)

a|nom ⟨gr.⟩: Anomie zeigend, aufweisend

a|n|o|mal [auch: ...ˈmaːl] ⟨gr.-lat.; „uneben"⟩: nicht normal [entwickelt], abnorm. **A|n|o|ma|lie** die; -, ...ien: a) (ohne Plural) Abweichung vom Normalen, Abnormität; b) (Biol.) körperliche Fehlbildung; c) (Phys.) das unregelmäßige Verhalten des Wassers im Vergleich mit den meisten anderen Stoffen bei Temperaturänderungen; d) (Astron.) Winkel zur mathematischen Beschreibung der Stellung eines Planeten in seiner Bahn um die Sonne

a|n|o|ma|lis|tisch ⟨gr.-nlat.⟩: auf gleiche Anomalie (d) bezogen; **anomalistischer Mond:** Zeit von einem Durchgang des Mondes durch den Punkt seiner größten Erdnähe bis zum nächsten Durchgang; **anomalistisches Jahr:** Zeit von einem Durchgang der Erde durch den Punkt ihrer größten Sonnennähe bis zum nächsten Durchgang

A|n|o|ma|lo|s|kop das; -s, -e: (Med.) Apparat zur Prüfung des Farbensinnes bzw. der Abweichungen vom normalen Farbensehen

A|no|mie die; -, ...ien ⟨gr.-nlat.⟩: 1. Gesetzlosigkeit, Gesetzwidrigkeit. 2. a) (Soziol.) Zustand mangelnder sozialer Ordnung; b) (Soziol.) Zusammenbruch der kulturellen Ordnung; c) Zustand mangelhafter gesellschaftlicher Integration innerhalb eines sozialen Gebildes, verbunden mit Einsamkeit, Hilflosigkeit u. Ä. **a|no|misch:** gesetzlos, gesetzwidrig

a|n|o|nym ⟨gr.-lat.⟩: a) ungenannt, ohne Namensnennung; **Anonyme Alkoholiker:** Selbsthilfeorganisation von Alkoholabhängigen, deren Mitglieder ihre Abhängigkeit eingestehen müssen, aber anonym bleiben; Abk.: AA; b) unpersönlich, durch Fremdheit geprägt

A|n|o|ny|ma die (Plural): Schriften ohne Verfasserangabe

a|n|o|ny|misch: anonym; vgl. ...isch/-

a|n|o|ny|mi|sie|ren: persönliche Daten aus einer Statistik, aus Fragebogen o. Ä. löschen

A|n|o|ny|mi|tät die; - ⟨gr.-nlat.⟩: a) das Nichtbekanntsein, Nichtgenanntsein; Namenlosigkeit; b) unpersönliche, durch Fremdheit geprägte Atmosphäre

A|n|o|ny|mus der; -, ...mi ⟨gr.-lat.⟩: namentlich nicht genannter Autor, Briefschreiber o. Ä.

A|n|o|phe|les die; -, - ⟨gr.-nlat.; „nutzlos, schädlich"⟩: in tropi-

schen u. südeuropäischen Ländern vorkommende Stechmücke [die Malaria überträgt]

A|n|oph|thal|mie die; -, ...ien ⟨gr.-nlat.⟩: (Med.) angeborenes Fehlen oder Verlust eines oder beider Augäpfel

A|n|o|p|ie, Anopsie die; -, ...ien ⟨gr.-nlat.⟩: (Med.) das Nichtsehen, Untätigkeit des einen Auges (z. B. beim Schielen)

an|o|pis|tho|gra|phisch, auch: ...grafisch ⟨gr.; „nicht von hinten beschrieben"⟩: nur auf einer Seite beschrieben (von Papyrushandschriften) oder bedruckt; Ggs. ↑ opisthographisch

A|n|op|sie vgl. Anopie

A|no|rak der; -s, -s ⟨eskim.⟩: 1. Kajakjacke der Eskimos. 2. Windjacke mit Kapuze

a|no|rek|tal ⟨lat.-nlat.⟩: (Med.) Mastdarm u. After betreffend, in der Gegend von Mastdarm u. After gelegen

A|n|o|rek|ti|kum das; -s, ...ka ⟨griech.⟩: Appetitzügler

A|n|o|re|xia ner|vo|sa die; - - ⟨nlat.⟩: (Med.) Magersucht

A|n|o|re|xie die; -: (Med.) Appetitlosigkeit

An|or|ga|ni|ker der; -s, - ⟨gr.-nlat.⟩: Wissenschaftler auf dem Gebiet der anorganischen Chemie. **an|or|ga|nisch:** a) zum unbelebten Bereich der Natur gehörend, ihn betreffend; Ggs. ↑ organisch (1 b); b) ohne Mitwirkung von Lebewesen entstanden. 2. nicht nach bestimmten [natürlichen] Gesetzmäßigkeiten erfolgend; ungeordnet, ungegliedert; **anorganische Chemie:** Teilgebiet der Chemie, das sich mit Elementen und Verbindungen ohne Kohlenstoff beschäftigt; Ggs. ↑ organische Chemie

An|or|gas|mie die; -, ...ien ⟨gr.-nlat.⟩: (Med.) Fehlen bzw. Ausbleiben des ↑ Orgasmus

a|nor|mal ⟨nlat.; gr.-lat.⟩: nicht normal; von der Norm, Regel abweichend

A|n|or|thit [auch: ...'tɪt] der; -s ⟨gr.-nlat.⟩: zu den Feldspaten gehörendes Mineral

A|n|or|tho|sit [auch: ...'zɪt] der; -s: ein Gestein

A|n|os|mie die; - ⟨gr.-nlat.⟩: (Med.) Verlust des Geruchssinnes

A|no|sog|no|sie die; - ⟨gr.-nlat.⟩: (Med.) mit manchen Gehirnerkrankungen einhergehende Unfähigkeit, Erkrankungen der eigenen Person wahrzunehmen

A|n|os|to|se die; -, -n ⟨gr.-nlat.⟩: (Med.) Störung des Knochenwachstums u. der Knochenentwicklung; Knochenschwund

a|no|therm ⟨gr.⟩: mit zunehmender Wassertiefe kälter werdend; Ggs. ↑ katotherm. **A|no|ther|mie** die; -: Abnahme der Wassertemperatur in den Tiefenzonen stehender Gewässer u. der Meere; Ggs. ↑ Katothermie

An|o|x|ä|mie, Anoxyhämie die; -, ...ien ⟨gr.-nlat.⟩: (Med.) Sauerstoffmangel im Blut

an|o|xi|da|tiv, auch: anoxydativ ⟨gr.-nlat.⟩: (Biol.) von Sauerstoff unabhängig

An|o|xie die; -, ...ien: (Med.) Sauerstoffmangel in den Geweben. **an|o|xisch:** (Med.) auf Sauerstoffmangel im Gewebe beruhend, durch Sauerstoffmangel verursacht

An|o|xy|bi|o|se die; -: Anaerobiose

An|o|xy|hä|mie vgl. Anoxämie

An|scho|vis, auch: Anchovis [...'ço:...] der; -, - ⟨gr.-vulgärlat.-it.-span.-port.-niederl.⟩: in Salz od. Marinade eingelegte Sardelle od. Sprotte

ant..., Ant... vgl. anti..., Anti...

...ant s. Kasten ...and/...ant

An|t|a|cid ® das; -s, -e ⟨gr.; lat.⟩: gegen Säuren mit widerstandsfähige Eisen-Silicium-Legierung

An|t|a|ci|dum vgl. Antazidum

An|t|a|go|nis|mus der; -, ...men ⟨gr.-lat.⟩: 1. a) (ohne Plural) Gegensatz, Gegnerschaft, Widerstreit, Widerstand; b) einzelne gegensätzliche Erscheinung o. Ä. 2. (Med.) gegeneinander gerichtete Wirkungsweise (z. B. Streckmuskel – Beugemuskel). 3. (Biol.) gegenseitige Hemmung zweier Mikroorganismen

An|t|a|go|nist der; -en, -en ⟨gr.-lat.⟩: 1. Gegner, Widersacher. 2. einer von paarweise wirkenden Muskeln, dessen Wirkung der des ↑ Agonisten (2) entgegengesetzt ist. **An|t|a|go|nis|tin** die; -, -nen: weibliche Form zu ↑ Antagonist. **an|t|a|go|nis|tisch** ⟨gr.-nlat.⟩: gegensätzlich, in einem nicht auszugleichenden

A

Widerspruch stehend, gegnerisch

An|tal|gi|kum das; -s, ...ka ⟨gr.-nlat.⟩: ↑ Anästhetikum

An|ta|pex, Antiapex der; -, ...apizes ⟨gr.; lat.⟩: Gegenpunkt des ↑ Apex (1)

Ant|a|ph|ro|di|si|a|kum vgl. Anaphrodisiakum

Ant|ark|ti|ka die; - ⟨gr.-lat.⟩: der Kontinent der Antarktis. **Ant|ark|tis** die; - ⟨gr.-nlat.⟩: Land- u. Meeresgebiete um den Südpol. **ant|ark|tisch:** a) die Antarktis betreffend; b) zur Antarktis gehörend

Ant|ar|th|ri|ti|kum das; -s, ...ka ⟨gr.-nlat.⟩: Heilmittel gegen Gelenkentzündung u. Gicht

ant|a|s|the|nisch ⟨gr.-nlat.⟩: (Med.) gegen Schwächezustände wirksam, stärkend

Ant|a|zi|dum das; -s, ...da ⟨gr.; lat.⟩: (Med.) Magensäure bindendes Arzneimittel

An|te die; - ⟨lat.⟩: die meist pfeilerartig ausgebildete Stirn einer frei endenden Mauer (in der altgriechischen und römischen Baukunst)

An|te|bra|chi|um [...x...] das; -s, ...chia ⟨lat.; gr.-lat.⟩: Unterarm

an|te Chris|tum [na|tum] ⟨lat.⟩: vor Christi [Geburt], vor Christus; Abk.: a. Chr. [n.]

an|te ci|bum [- 'tsi:...] ⟨lat.; „vor dem Essen"⟩: Hinweis auf Rezepten

an|te|da|tie|ren ⟨lat.-nlat.⟩: (veraltet) 1. [ein Schreiben] vordatieren. 2. [ein Schreiben] zurückdatieren

an|te|di|lu|vi|a|nisch ⟨nlat.⟩: vor dem ↑ Diluvium liegend, auftretend

An|te|lu|di|um das; -s, ...ien ⟨lat.⟩: musikalisches Vorspiel

an|te me|ri|di|em ⟨lat.⟩: vgl. a. m. (1); Ggs. ↑ post meridiem

An|te|me|ti|kum das; -s, ...ka ⟨gr.⟩: (Med.) Mittel gegen Erbrechen

an|te mor|tem ⟨lat.⟩: (Med.) vor dem Tode; Abk.: a. m.

An|ten|ne die; -, -n ⟨lat.-it.⟩: 1. Vorrichtung zum Senden od. Empfangen (von Rundfunk-, Fernsehsendungen usw.). 2. Fühler der Gliedertiere (z. B. Krebse, Insekten)

An|ten|tem|pel der; -s, -: ein mit ↑ Anten ausgestatteter altgriechischer Tempel

An|te|pä|n|ul|ti|ma die; -, ...mä u. ...men ⟨lat.⟩: die vor der ↑ Pänultima stehende, drittletzte Silbe eines Wortes

An|te|pen|di|um das; -s, ...ien ⟨lat.-mlat.; „Vorhang"⟩: Verkleidung des Altarunterbaus, aus kostbarem Stoff od. aus einer Vorsatztafel aus Edelmetall od. geschnitztem Holz bestehend

An|te|pir|rhem das; -s, -ata ⟨gr.⟩: Dialogverse des Chors in der attischen Komödie, Gegenstück zum ↑ Epirrhem

an|te|po|nie|rend ⟨lat.⟩: (Med.) verfrüht auftretend

an|te por|tas ⟨lat.; „vor den Toren"⟩: (scherzh.) im Anmarsch, im Kommen (in Bezug auf eine Person, vor der man warnen will)

An|te|po|si|ti|on die; -, -en ⟨lat.⟩: (Med.) 1. Verlagerung eines Organs nach vorn. 2. vorzeitiges Auftreten einer erblich bedingten Krankheit (im Verhältnis zum Zeitpunkt des Auftretens bei früheren Generationen)

An|tes|tat das; -[e]s, -e: (früher) ↑ Testat des Hochschulprofessors zu Beginn des Semesters neben der im Studienbuch des Studierenden aufgeführten Vorlesung od. Übung; Ggs. ↑ Abtestat. **an|tes|tie|ren:** ein Antestat geben; Ggs. ↑ abtestieren

An|te|ze|dens das; -, ...denzien ⟨lat.⟩: Grund, Ursache; Vorausgegangenes. **an|te|ze|dent:** durch Antezedenz (2) entstanden. **An|te|ze|denz** die; -: 1. Antezedens. 2. Talbildung durch einen Fluss, der in einem von ihm durchflossenen aufsteigenden Gebirge seine allgemeine Laufrichtung beibehält (z. B. Rheintal bei Bingen); Ggs. ↑ Epigenese

An|te|ze|den|zi|en die (Plural): 1. Plural von ↑ Antezedens. 2. (veraltet) Vorleben, frühere Lebensumstände

an|te|ze|die|ren: (veraltet) vorhergehen, vorausgehen

Ant|he|li|um das; -s, ...thelien ⟨gr.-lat.⟩: (atmosphärische Optik) Art eines ↑ Halos (1) in Form eines leuchtenden Flecks in gleicher Höhe wie die Sonne, jedoch in entgegengesetzter Himmelsrichtung; Gegensonne

Ant|hel|min|thi|kum das; -s, ...ka ⟨gr.-nlat.⟩: (Med.) Wurmmittel. **ant|hel|min|thisch:** (Med.) gegen Würmer wirksam

An|them ['ænθəm] das; -s, -s ⟨gr.-mlat.-engl.⟩: motetten- od. kantatenartige englische Kirchenkomposition, Hymne

An|the|mi|on das; -s, ...ien ⟨gr.⟩: (altgriech. Baukunst) Schmuckfries mit stilisierten Palmblättern u. Lotosblüten

An|the|mis die; -, - ⟨gr.-lat.⟩: Hundskamille

An|the|re die; -, -n: Staubbeutel der Blütenpflanzen

An|the|ri|di|um das; -s, ...dien ⟨gr.-nlat.⟩: Geschlechtsorgan der Algen, Moose u. Farne, das männliche Keimzellen ausbildet

An|the|se die; -: (Bot.) die Zeit vom Aufbrechen einer Blüte bis zum Verblühen

Ant|hid|ro|ti|kum das; -s, ...ka ⟨gr.-nlat.⟩: (Med.) die Schweißbildung hemmendes Arzneimittel

An|tho|cy|an vgl. Anthozyan

An|tho|lo|gie die; -, ...ien ⟨gr.; „Blumenlese"⟩: ausgewählte Sammlung, Auswahl von Gedichten od. Prosastücken

An|tho|lo|gi|on, Anthologium das; -s, ...ia od. ...ien: liturgisches Gebetbuch (↑ Brevier 1) der orthodoxen Kirchen

an|tho|lo|gisch: ausgewählt

An|tho|lo|gi|um vgl. Anthologion

An|tho|ly|se die; - ⟨gr.-nlat.⟩: (Bot.) Auflösung der Blüte einer Pflanze durch Umwandlung der Blütenorgane in grüne Blätter

An|tho|xan|thin das; -s, -e: im Zellsaft gelöster gelber Blütenfarbstoff

An|tho|zo|on das; -s, ...zoen ⟨gr.-nlat.⟩: Blumentier (z. B. Koralle)

An|tho|zy|an, chem. fachspr.: Anthocyan das; -s, -e: Pflanzenfarbstoff

An|th|ra|cen [...'tse:n], auch: Anthrazen das; -s, -e ⟨gr.-nlat.⟩: aus Steinkohlenteer gewonnenes Ausgangsmaterial vieler Farbstoffe

An|th|ra|chi|non das; -s ⟨Kurzw. aus ↑ Anthracen u. ↑ Chinon⟩: 1. Ausgangsstoff für die Anthrachinonfarbstoffe. 2. Bestandteil von Abführmitteln

An|th|rak|no|se *die; -, -n ⟨gr.-nlat.⟩:* durch Pilze verursachte Pflanzenkrankheit (z. B. Stängelbrenner)
An|th|ra|ko|se *die; -, -n:* (Med.) a) Ablagerung von Kohlenstaub in Organen; b) Kohlenstaublunge
An|th|rax *die; - ⟨gr.-lat.⟩:* (Med.) Milzbrand
An|th|ra|zen vgl. Anthracen
an|th|ra|zit [auch: ...'tʃit]: grauschwarz. **An|th|ra|zit** [auch: ...'tʃit] *der; -s, -e ⟨gr.-nlat.⟩:* harte, glänzende Steinkohle

---

an|th|ro|po..., An|th|ro|po...

⟨zu gr. ánthrōpos „Mensch, Mann"⟩
Wortbildungselement mit der Bedeutung „Mensch":
– anthropogen
– Anthropologie
– Anthroposophie
– anthropozentrisch

An|th|ro|po|bi|o|lo|gie [auch: 'an...] *die; - ⟨gr.-nlat.⟩:* Lehre von den Erscheinungsformen des menschlichen Lebens u. der biologischen Beschaffenheit des Menschen
An|th|ro|po|cho|ren [...k...] *die* (Plural): durch Einfluss der Menschen verbreitete Pflanzen u. Tiere (z. B. Kulturpflanzen, Nahrungsmittelschädlinge).
An|th|ro|po|cho|rie *die; -:* (Biol.) durch den Menschen verursachte Verbreitung von Tieren u. Pflanzen
an|th|ro|po|gen: durch den Menschen beeinflusst, verursacht.
An|th|ro|po|ge|ne|se *die; -:* ↑ Anthropogenie
An|th|ro|po|ge|ne|tik *die; -:* (Med.) Humangenetik
An|th|ro|po|ge|nie *die; -:* Wissenschaft von der Entstehung u. Abstammung des Menschen
An|th|ro|po|ge|o|gra|phie, auch: ...grafie [auch: 'an...] *die; -:* Teilgebiet der Geographie, das sich mit der Wechselwirkung von Mensch und geographischer Umwelt befasst
an|th|ro|po|id: menschenähnlich.
An|th|ro|po|i|de *der; -n, -n,* auch: Anthropoid *der; -en, -en:* Menschenaffe
An|th|ro|po|kli|ma|to|lo|gie [auch: 'an...] *die; -:* Wissenschaft von

den Beziehungen zwischen Mensch u. Klima
An|th|ro|po|la|t|rie *die; -, ...ien:* gottähnliche Verehrung eines Menschen, Menschenkult
An|th|ro|po|lo|ge *der; -n, -n:* Wissenschaftler auf dem Gebiet der Anthropologie. **An|th|ro|po|lo|gie** *die; -:* Wissenschaft vom Menschen, bes. unter biologischem, philosophischem, pädagogischem u. theologischem Aspekt. **An|th|ro|po|lo|gin** *die; -, -nen:* weibliche Form zu ↑ Anthropologe. **an|th|ro|po|lo|gisch:** die Anthropologie betreffend
An|th|ro|po|lo|gis|mus *der; -:* philosophische Auffassung, die den Menschen zum absoluten Mittelpunkt macht
An|th|ro|po|me|t|rie *die; -:* Wissenschaft von den menschlichen Körper- u. Skelettmerkmalen u. deren exakter Bestimmung. **an|th|ro|po|me|t|risch:** auf die Anthropometrie bezogen
an|th|ro|po|morph: von menschlicher Gestalt, menschenähnlich, menschlich. **An|th|ro|po|mor|phe** *der; -n, -n, auch:* Anthropomorph *der; -en, -en:* Mensch (unter biologischem Aspekt); Menschenaffe
an|th|ro|po|mor|phisch: die menschliche Gestalt betreffend, sich auf sie beziehend
an|th|ro|po|mor|phi|sie|ren: vermenschlichen, menschliche Eigenschaften auf Nichtmenschliches übertragen
An|th|ro|po|mor|phis|mus *der; -, ...men:* Übertragung menschlicher Eigenschaften u. Verhaltensweisen auf nicht menschliche Dinge od. Wesen
An|th|ro|po|no|se *die; -, -n:* (Med.) [Infektions]krankheit, die nur von Mensch zu Mensch übertragen werden kann; Ggs. ↑ Anthropozoonose
An|th|ro|po|nym *das; -s, -e:* Personenname (z. B. Vorname, Familienname). **An|th|ro|po|ny|mie** *die; -:* Anthroponymik. **An|th|ro|po|ny|mik** *die; -:* Personennamenkunde
An|th|ro|po|pha|ge *der; -n, -n:* ↑ Kannibale. **An|th|ro|po|pha|gie** *die; -:* ↑ Kannibalismus
An|th|ro|po|phy|ten *die* (Plural): durch Menschen verbreitete Pflanzen

An|th|ro|po|soph *der; -en, -en:* Anhänger der Anthroposophie.
An|th|ro|po|so|phie *die; -:* (von Rudolf Steiner zu Beginn des 20. Jh.s begründete) Lehre, nach der der Mensch höhere seelische Fähigkeiten entwickeln u. dadurch übersinnliche Erkenntnisse erlangen kann.
an|th|ro|po|so|phisch: die Anthroposophie betreffend
An|th|ro|po|tech|nik *die; -:* ↑ Human Engineering
an|th|ro|po|zen|t|risch: den Menschen in den Mittelpunkt stellend
An|th|ro|po|zo|en *die* (Plural): durch Menschen verbreitete Tiere
An|th|ro|po|zo|o|no|se *die; -, -n:* (Med.) Infektionskrankheit, die zwischen Tier u. Mensch übertragen werden kann; Ggs. ↑ Anthroponose
An|th|ro|pus *der; -:* Frühmensch, Vertreter einer Frühstufe in der Entwicklung des Menschen
An|thu|rie [...rjə] *die; -, -n u.* Anthurium *das; -s, ...ien: ⟨gr.-nlat.⟩:* zu den Aronstabgewächsen gehörende Zimmerpflanze; Flamingoblume
Ant|hy|g|ron|do|se *die; -, -n ⟨gr.; dt.⟩:* (Elektrot.) Stromverteilerdose für feuchte Räume, Feuchtraumdose

---

an|ti..., An|ti...

vor Vokalen meist ant..., Ant...
⟨gr. anti „gegen, gegenüber, entgegen"⟩
Präfix mit folgenden Bedeutungen:
a) bezeichnet einen ausschließenden Gegensatz:
– antiautoritär
b) drückt aus, dass das im Grundwort Enthaltene verhindert oder ihm entgegengewirkt wird:
– antibakteriell
– Antidepressivum
c) bezeichnet einen komplementären Gegensatz:
– Antarktis
– Antimaterie
d) drückt aus, dass das so Bezeichnete ganz anders ist als das, was das Grundwort angibt, dass es dessen Eigenschaften nicht hat:
– Antiheld

A

An|ti|a|li|a|sing [æntɪəˈliəzɪŋ] *das; -s ⟨gr.; lat.-engl.⟩:* (EDV) Beseitigung des gezackten od. stufenartigen Erscheinungsbildes von Kurven u. diagonalen Linien auf dem Bildschirm mithilfe einer speziellen Software

An|ti|al|ko|ho|li|ker [auch: ˈan...] *der; -s, -:* jmd., der grundsätzlich keinen Alkohol zu sich nimmt. **An|ti|al|ko|ho|li|ke|rin** *die; -, -nen:* weibliche Form zu ↑ Antialkoholiker

An|ti|a|me|ri|ka|nis|mus [auch ˈan...] *der; - ⟨gr.; nlat.⟩:* ablehnende Haltung gegenüber Gesellschaftssystem, Politik und Lebensstil der USA

An|ti|a|pex vgl. Antapex

An|ti|asth|ma|ti|kum *das; -s, ...ka ⟨gr.-nlat.⟩:* Medikament gegen Bronchialasthma

an|ti|au|to|ri|tär [auch: ˈan...] *⟨gr.; lat.-fr.⟩:* nicht autoritär, Autorität ablehnend, gegen autoritäre Normen gewendet; **antiautoritäre Erziehung:** Kindererziehung unter weitgehender Vermeidung von als autoritär erachteten Zwängen

An|ti|ba|by|pil|le [...ˈbe:...] *die; -, -n ⟨gr.; engl.; lat.⟩:* (ugs.) ein hormonales Empfängnisverhütungsmittel

an|ti|bak|te|ri|ell [auch: ˈan...]: gegen Bakterien wirksam od. gerichtet (bes. von Medikamenten)

An|ti|bar|ba|rus *der; -, ...ri ⟨gr.-nlat.⟩:* (hist.) Titel von Büchern, die Verstöße gegen den richtigen Sprachgebrauch aufführen u. berichtigen

An|ti|bi|ont *der; -en, -en ⟨gr.-nlat.⟩:* Kleinstlebewesen, von dem die Antibiose ausgeht. **An|ti|bi|o|se** *die; -, -n:* hemmende od. abtötende Wirkung der Stoffwechselprodukte bestimmter Mikroorganismen auf andere Mikroorganismen. **An|ti|bi|o|ti|kum** *das; -s, ...ka:* (Med.) biologischer Wirkstoff aus Stoffwechselprodukten von Kleinstlebewesen, der andere Mikroorganismen im Wachstum hemmt od. abtötet. **an|ti|bi|o|tisch:** (Med.) von wachstumshemmender od. abtötender Wirkung

An|ti|blo|ckier|sys|tem *das; -s, -e:* Bremssystem, das beim Bremsvorgang das Blockieren der Räder verhindert; Abk.: ABS

An|ti|cham|b|re [ãtiʃãˈbrə] *das; -s, -s ⟨lat.-it.-fr.⟩:* (veraltet) Vorzimmer. **an|ti|cham|b|rie|ren** [anti-ʃam...]: 1. (veraltet) im Vorzimmer eines Vorgesetzten, einer hoch gestellten Persönlichkeit o. Ä. warten. 2. durch beharrliches, wiederholtes Vorsprechen bei einer Behörde o. Ä. etwas zu erreichen suchen

An|ti|chre|se [...ç...] *die; -, -n ⟨gr.-lat.: „Gegengebrauch"⟩:* Überlassung der Pfandnutzung an den Gläubiger. **an|ti|chre|tisch:** die Pfandnutzung dem Gläubiger überlassend

An|ti|christ *der; -[s] ⟨gr.-lat.⟩:* 1. der Teufel; Widersacher Christi. 2. *der; -en, -en:* Gegner des Christentums. **an|ti|christ|lich** [auch: ...ˈkrɪst...]: gegen das Christentum eingestellt, gerichtet

An|ti|ch|tho|ne *der; -n, -n ⟨gr.-lat.⟩:* ↑ ¹Antipode (1)

an|ti|ci|pan|do vgl. antizipando

an|ti|de|pres|siv: (Med.) gegen Depressionen wirkend (von Arzneimitteln). **An|ti|de|pres|si|vum** *das; -s, ...va (meist Plural): ⟨gr.; lat.⟩:* (Med.) Arzneimittel gegen ↑ Depressionen

An|ti|di|a|be|ti|kum *das; -s, ...ka ⟨gr.⟩:* (Med.) Arzneimittel, das den Blutzuckerspiegel senkt

An|ti|di|ar|rho|i|kum *das; -s, ...ka ⟨gr.-nlat.⟩:* (Med.) Arzneimittel gegen Durchfall

An|ti|dot *das; -[e]s, -e u.* Antidoton *das; -s, ...ta ⟨gr.⟩* Gegengift. **An|ti|do|ta|ri|um** *das; -s, ...ia ⟨gr.-mlat.⟩:* a) Verzeichnis von Gegenmitteln, Gegengiften; b) Titel alter Rezeptsammlungen u. Arzneibücher. **An|ti|do|ton** vgl. Antidot

An|ti|en|zym *das; -s, -e:* (Med.) ↑ Antikörper, der sich bei Zufuhr artfremder Enzyme im Organismus bildet u. deren Wirksamkeit herabsetzt bzw. aufhebt

An|ti|fak|tor *der; -s, ...oren:* (Med.) natürlicher Hemmstoff der Blutgerinnung (z. B. ↑ Heparin)

An|ti|fa|schis|mus [auch: ˈan...] *der; -:* politische Einstellung u. Aktivität gegen Nationalsozialismus u. Faschismus. **An|ti|fa|schist** [auch: ˈan...] *der; -en, -en:* Vertreter des Antifaschismus. **An|ti|fa|schis|tin** [auch: ˈan...] *die; -, -nen:* weibliche Form zu ↑ Antifaschist. **an|ti|fa|schis|tisch** [auch: ˈan...]: a) den Antifaschismus betreffend; b) die Grundsätze des Antifaschismus vertretend

An|ti|fe|b|ri|le *das; -[s], ...lia ⟨gr.; lat.⟩:* (Med.) fiebersenkendes Mittel

An|ti|fer|ment *das; -s, -e ⟨gr.; lat.⟩:* ↑ Antienzym

an|ti|fer|ro|mag|ne|tisch *⟨gr.; lat.; gr.⟩:* (Phys.) besondere magnetische Eigenschaften aufweisend (von bestimmten Stoffen)

An|ti|fon vgl. Antiphon

an|ti|fo|nal vgl. antiphonal

An|ti|fo|na|le vgl. Antiphonale

An|ti|fo|nie usw. vgl. Antiphonie usw.

An|ti|fou|ling [ˈæntiˈfaʊlɪŋ] *das; -s ⟨gr.; engl.⟩:* Anstrich für den unter Wasser befindlichen Teil des Schiffes, der die Anlagerung von Pflanzen u. Tieren verhindert

An|ti|gen *das; -s, -e ⟨gr.-nlat.⟩:* artfremder Eiweißstoff (z. B. Bakterien), der im Körper die Bildung von ↑ Antikörpern bewirkt, die der Eiweißstoff selbst unschädlich machen

an|ti|gliss *⟨gr.-fr.⟩:* rutschsicher (z. B. von Skianzügen)

An|ti|held *der; -en, -en ⟨gr.; dt.⟩:* inaktive, negative od. passive Hauptfigur in Drama u. Roman im Unterschied zum aktiv handelnden Helden

An|ti|his|ta|mi|ni|kum *das; -s, ...ka ⟨gr.; gr.-nlat.⟩:* Arzneimittel gegen allergische Reaktionen

An|ti|hor|mon *das; -s, -e:* (Med.) eiweißartiger Stoff, der die Wirkung eines Hormons abschwächen od. aufheben kann

An|ti|ju|da|is|mus *der; - ⟨gr.; hebr.-gr.-nlat.⟩:* traditionelle Form der Judenfeindschaft, Vor- u. Nebenform des ↑ Antisemitismus (b)

an|tik *⟨lat.-fr.⟩:* 1. auf das klassische Altertum, die Antike zurückgehend; dem klassischen Altertum zuzurechnen. 2. in altertümlichem Stil hergestellt, vergangene Stilepochen (jedoch nicht die Antike) nachahmend (bes. von Einrichtungsgegenständen); vgl. ...isch/- **An|ti|ka|tho|de, auch: An|ti|kal|to-**

de [auch: ˈan...] *die; -, -n:* der ↑ Kat[h]ode gegenüberstehende positive ↑ Elektrode in einer Röntgenröhre

Anǀtiǀke *die; -, -n ⟨lat.-fr.⟩:* 1. (ohne Plural) das klassische Altertum u. seine Kultur. 2. (meist Plural) antikes Kunstwerk. **anǀtiǀkisch:** dem Vorbild der antiken Kunst nachstrebend; vgl. ...isch/-. **anǀtiǀkiǀsieǀren:** nach Art der Antike gestalten; antike Formen nachahmen (z. B. im Versmaß)

anǀtiǀkleǀriǀkal [auch: ˈan...]: kirchenfeindlich. **Anǀtiǀkleǀriǀkaǀlisǀmus** [auch: ˈan...] *der; -:* kirchenfeindliche Einstellung

Anǀtiǀkliǀmax *die; -, -e:* (Rhet., Stilk.) Übergang vom stärkeren zum schwächeren Ausdruck, vom Wichtigeren zum weniger Wichtigen; Ggs. ↑ Klimax (1)

anǀtiǀkliǀnal ⟨gr.-nlat.⟩: (Geol.) sattelförmig (von geologischen Falten). **Anǀtiǀkliǀnaǀle** *die; -, -n:* (Tektonik) Sattel (nach oben gebogene Falte)

Anǀtiǀkliǀne *die; -, -n:* 1. Antiklinale. 2. senkrecht zur Oberfläche des Organs verlaufende Zellwand einer Pflanze

Anǀtiǀkliǀnoǀriǀum *das; -s, ...ien:* (Geol.) Faltenbündel, dessen mittlere Falten höher als die äußeren liegen (Mulde); Ggs. ↑ Synklinorium

Anǀtiǀkoǀaǀguǀlans *das; -, ...lantia* [...tsia] u. ...lanzien (meist Plural) ⟨gr.; lat.⟩: (Med.) die Blutgerinnung verzögerndes od. hemmendes Mittel

Anǀtiǀkomǀmuǀnisǀmus [auch: ˈan...] *der; -:* Gegnerschaft gegen den Kommunismus und dessen Vertreter

Anǀtiǀkonǀzepǀtiǀon *die; -:* Empfängnisverhütung. **anǀtiǀkonǀzepǀtiǀoǀnell:** (Med.) empfängnisverhütend. **Anǀtiǀkonǀzepǀtiǀvum** *das; -s, ...iva:* empfängnisverhütendes Mittel

Anǀtiǀkörǀper *der; -s, -:* (Med.) im Blutserum als Reaktion auf das Eindringen von ↑ Antigenen gebildeter Abwehrstoff

Anǀtiǀkriǀtik [auch: ˈan...] *die; -, -en:* Erwiderung auf eine ↑ Kritik

Anǀtiǀlaǀbe *die; -, -n ⟨gr.; „Haltegriff, Widerhalt"⟩:* Aufteilung eines Sprechverses auf verschiedene Personen

Anǀtiǀleǀgoǀmeǀnon *das; -s,* ...omena (meist Plural): ⟨gr.; „was bestritten wird"⟩: 1. (ohne Plural) Buch des Neuen Testaments, dessen Aufnahme in den ↑ Kanon (5) früher umstritten war. 2. (nur Plural) Werke antiker Schriftsteller, deren Echtheit bezweifelt od. bestritten wird

Anǀtiǀloǀgaǀrithǀmus [auch: ˈan...] *der; -, ...men:* ↑ Numerus (2)

Anǀtiǀloǀgie *die; -, ...ien ⟨gr.⟩:* Rede u. Gegenrede über die Verifizierbarkeit eines Lehrsatzes

Anǀtiǀloǀpe *die; -, -n ⟨gr.-mgr.-mlat.-engl.-fr.-niederl.⟩:* in Afrika u. Asien vorkommendes gehörntes Huftier

Anǀtiǀmaǀchiǀaǀvelǀlisǀmus [antimakjavɛl...] *der; - ⟨nach einer Schrift Friedrichs d. Großen gegen Machiavelli⟩:* gegen den ↑ Machiavellismus gerichtete Anschauung

Anǀtiǀmaǀteǀrie [auch: ˈan...] *die; -:* (Phys.) Form der Materie, deren Atome aus Antiteilchen zusammengesetzt sind

Anǀtiǀmeǀtaǀboǀle *die; -, -n ⟨gr.-lat.⟩:* „Umänderung, Vertauschung"): (Rhet., Stilk.) Wiederholung von Wörtern in zwei gleich gebauten Sätzen in umgekehrter Reihenfolge (z. B.: wir leben nicht, um zu essen, sondern wir essen, um zu leben)

anǀtiǀmeǀtaǀphyǀsisch [auch: ˈan...]: gegen die ↑ Metaphysik gerichtet

Anǀtiǀmeǀtǀrie *die; - ⟨gr.⟩:* (Bautechnik) ein im Aufbau symmetrisches System, das unsymmetrisch belastet ist. **anǀtiǀmeǀtrisch:** (Bautechnik) belastet mit symmetrisch angebrachten, aber entgegengesetzt wirkenden Lasten

Anǀtiǀmiǀliǀtaǀrisǀmus [auch: ˈan...] *der; -:* grundsätzliche Ablehnung jeglicher Form militärischer Rüstung

Anǀtiǀmon *das; -s ⟨mlat.⟩:* ein silberweiß glänzendes Halbmetall; Zeichen: Sb

Anǀtiǀmoǀnat *das; -[e]s, -e ⟨mlat.-nlat.⟩:* ein Salz der Antimonsäure

Anǀtiǀmoǀnit [auch: ...ˈnɪt] *der; -[e]s:* (meist als „Antimonglanz" od. „Grauspießglanz" bezeichnetes wichtigstes) Antimonerz

Anǀtiǀmyǀkoǀtiǀkum *das; -s, ...ka*

⟨gr.⟩: (Med.) Arzneimittel zur Behandlung von Pilzinfektionen

...anǀtin s. Kasten ...and/...ant

Anǀtiǀneuǀralǀgiǀkum *das; -s, ...ka ⟨gr.-nlat.⟩:* (Med.) schmerzstillendes Mittel gegen Neuralgien

Anǀtiǀneuǀtǀron *das; -s, ...onen:* (Kernphysik) Elementarteilchen, das die Eigenschaften denen des ↑ Neutrons entgegengesetzt sind

Anǀtiǀnoǀmie *die; -, ...ien ⟨gr.-lat.⟩:* (Philos., Rechtsw.) Widerspruch eines Satzes in sich od. zweier Sätze, von denen jeder Gültigkeit beanspruchen kann. **anǀtiǀnoǀmisch:** widersprüchlich

Anǀtiǀnoǀmisǀmus *der; - ⟨gr.-nlat.⟩:* 1. grundsätzliche, anarchistische Gegnerschaft zu Gesetz und Gesetzlichkeit. 2. (Theol.) Lehre, die die Bindung an das [bes. alttest.] Sittengesetz leugnet u. die menschliche Glaubensfreiheit u. die göttliche Gnade betont. **Anǀtiǀnoǀmist** *der; -en, -en:* Vertreter des Antinomismus. **Anǀtiǀnoǀmisǀtin** *die; -, -nen:* weibliche Form zu ↑ Antinomist

Anǀtiǀoǀxiǀdans *das; -, ...dantien,* auch: Antioxydans *das; -, ...danzien ⟨gr.-nlat.⟩:* Zusatz zu Lebensmitteln, der die ↑ Oxidation verhindert. **anǀtiǀoǀxiǀdanǀtieǀren,** auch: antioxydantieren: bei Lebensmitteln durch einen Zusatz das ↑ Oxidieren verhindern

Anǀtiǀoǀzoǀnans *das; -, ...nantien ⟨gr.-nlat.⟩* u. **Anǀtiǀoǀzoǀnant** *das; -s, -e u. -s:* (Chem.) Zusatzstoff, der ↑ Polymere gegen die Einwirkung von ↑ Ozon schützt

anǀtiǀpaǀralǀlel: parallel verlaufend, jedoch entgegengesetzt gerichtet

Anǀtiǀparǀtiǀkel *die; -, -n* (auch: *das; -s, -):* Antiteilchen

Anǀtiǀpasǀsat *der; -[e]s, -e:* dem ↑ Passat entgegengerichteter Wind der Tropenzone

Anǀtiǀpasǀto *der; das; -[s], ...ti* (meist Plural) ⟨it.⟩: italienische Bezeichnung für: Vorspeise

Anǀtiǀpaǀthie [auch: ˈan...] *die; -, ...ien ⟨gr.-lat.⟩:* Abneigung, Widerwille gegen jmdn. od. etwas; Ggs. ↑ Sympathie (1). **anǀtiǀpaǀthisch** [auch: ˈan...]: a) mit Antipathie erfüllt; b) Antipathie hervorrufend

A

An|ti|pe|ri|s|tal|tik *die; -*: (Med.) Umkehrung der normalen ↑ Peristaltik (z. B. bei Darmverschluss)

An|ti|phlo|gis|ti|kum *das; -s, ...ka* ⟨*gr.-nlat.*⟩: (Med.) Entzündungen hemmendes Mittel

An|ti|phon, auch: ...fon *die; -, -en* ⟨*gr.-lat.*⟩: liturgischer Wechselgesang

an|ti|pho|nal, auch: ...fonal ⟨*gr.-lat.-nlat.*⟩: im liturgischen Wechselgesang

An|ti|pho|na|le, auch: ...fonale *das; -s, ...lien* u. **An|ti|pho|nar,** auch: ...fonar *das; -s, -ien* ⟨*gr.-lat.-mlat.*⟩: liturgisches Buch mit dem Text der Antiphonen u. des Stundengebets

An|ti|pho|nie, auch: ...fonie *die; -, ...ien*: ↑ Antiphon. **an|ti|pho|nisch,** auch: ...fonisch: im Wechselgesang (zwischen erstem u. zweitem Chor od. zwischen Vorsänger u. Chor)

An|ti|phra|se *die; -, -n* ⟨*gr.-lat.; „Gegenbenennung"*⟩: (Rhet., Stilk.) Wortfigur, die das Gegenteil des Gesagten meint (z. B. ironisch: eine schöne Bescherung!)

An|ti|pni|gos *der; -* ⟨*gr.*⟩: schnell gesprochener Abschluss des ↑ Antepirrhems; vgl. Pnigos

¹An|ti|po|de *der; -n, -n* ⟨*gr.-lat.; „Gegenfüßler"*⟩: 1. auf der dem Betrachter gegenüberliegenden Seite der Erde wohnender Mensch. 2. Mensch, der auf einem entgegengesetzten Standpunkt steht. 3. Zirkusartist, der auf dem Rücken liegend auf seinen Fußsohlen Gegenstände od. einen Partner balanciert

²An|ti|po|de *die; -, -n*: (Biol.) kleine, in der pflanzlichen Samenanlage der Eizelle gegenüberliegende Zelle; Gegenfüßlerzelle

An|ti|po|din *die; -, -nen*: weibliche Form zu ↑ ¹Antipode

An|ti|pro|ton *das; -s, ...onen*: Elementarteilchen, dessen Eigenschaften denen des ↑ Protons entgegengesetzt sind

An|ti|p|to|se *die; -, -n* ⟨*gr.-lat.; „Gegenfall"*⟩: Setzung eines ↑ Kasus (2) für einen anderen

An|ti|py|re|se *die; -* ⟨*gr.-nlat.*⟩: Fieberbekämpfung. **An|ti|py|re|ti|kum** *das; -s, ...ka*: fiebersenkendes Mittel. **an|ti|py|re|tisch:** fiebersenkend, fieberbekämpfend

An|ti|qua *die; -* ⟨*lat.; „die alte (Schrift)"*⟩: Bezeichnung für die heute allgemein gebräuchliche Buchschrift

An|ti|quar *der; -s, -e:* [Buch]händler, der gebrauchte Bücher, Kunstblätter, Noten o. Ä. kauft u. verkauft. **An|ti|qua|ri|at** *das; -[e]s, -e* ⟨*lat.-nlat.*⟩: a) Handel mit gebrauchten Büchern; b) Buchhandlung, Laden, in dem antiquarische Bücher verkauft werden. **An|ti|qua|rin** *die; -, -nen*: weibliche Form zu ↑ Antiquar. **an|ti|qua|risch** ⟨*lat.*⟩: gebraucht, alt

An|ti|qua|ri|um *das; -s, ...ien*: Sammlung von Altertümern

an|ti|quie|ren ⟨*lat.-nlat.*⟩: 1. veralten. 2. für veraltet erklären. **an|ti|quiert:** veraltet, nicht mehr zeitgemäß; altmodisch, überholt

An|ti|quiert|heit *die; -, -en*: a) (ohne Plural) das Festhalten an veralteten u. überholten Vorstellungen u. Dingen; b) altmodisches Gebaren; c) altmodischer Ausspruch, Brauch, Übung

An|ti|qui|tät *die; -, -en* (meist Plural) ⟨*lat.*⟩: altertümlicher [Kunst]gegenstand (Möbel, Porzellan u. a.)

An|ti|ra|chi|ti|kum *das; -s, ...ka* ⟨*gr.-nlat.*⟩: (Med.) Mittel gegen ↑ Rachitis

An|ti|ra|ke|te, An|ti|ra|ke|ten|ra|ke|te *die; -, -n*: Kampfrakete zur Abwehr von ↑ Interkontinentalraketen

An|ti|rheu|ma|ti|kum *das; -s, ...ka* ⟨*gr.-nlat.*⟩: Arzneimittel gegen rheumatische Erkrankungen

An|ti|r|rhi|num *das; -s* ⟨*gr.-nlat.*⟩: zu den Rachenblütlern gehörende Pflanze; Löwenmaul

an|ti|sem ⟨*gr.-nlat.*⟩: ↑ antonym

An|ti|se|mit *der; -en, -en* ⟨*gr.; nlat.*⟩: Judengegner, -feind. **An|ti|se|mi|tin** *die; -, -nen*: weibliche Form zu ↑ Antisemit. **an|ti|se|mi|tisch:** judenfeindlich. **An|ti|se|mi|tis|mus** *der; -*: a) Abneigung od. Feindschaft gegenüber den Juden; b) [politische] Bewegung mit ausgeprägten judenfeindlichen Tendenzen

An|ti|sep|sis *die; -* ⟨*gr.-nlat.*⟩: (Med.) Vernichtung von Krankheitskeimen mit chemischen Mitteln, bes. in Wunden; vgl. Asepsis

An|ti|sep|tik *die; -*: ↑ Antisepsis

An|ti|sep|ti|kum *das; -s, ...ka:* Bakterienwachstum hemmendes od. verhinderndes Mittel [bei der Wundbehandlung]

an|ti|sep|tisch: Wundinfektionen verhindernd

An|ti|se|rum *das; -s, ...seren* u. ...sera: ↑ Antikörper enthaltendes Heilserum

An|ti|s|ka|bi|o|sum *das; -s, ...sa* ⟨*gr.; lat.*⟩: (Med.) Mittel gegen Krätze

An|ti|so|ma|to|gen *das; -s, -e* ⟨*gr.*⟩: ↑ Antigen

An|ti|spas|mo|di|kum, Antispastikum *das; -s, ...ka* ⟨*gr.-nlat.*⟩: (Med.) krampflösendes, krampflinderndes Mittel

An|ti|spast *der; -s, -e* ⟨*gr.-lat.*⟩: auf ↑ Anaklasis des ↑ Choriambus beruhende viersilbige rhythmische Einheit eines antiken Verses (Versfuß $\cup - - \cup$)

An|ti|spas|ti|kum vgl. Antispasmodikum

an|ti|spas|tisch: krampflösend

An|ti|star *der; -s, -s:* bekannte Persönlichkeit, deren Aussehen und Auftreten von dem abweicht, was üblicherweise einen Star ausmacht (wie z. B. Schönheit, bestimmtes Verhalten u. Ä.)

An|ti|sta|tik|mit|tel *das; -s, -* ⟨*gr.-nlat.; dt.*⟩: Mittel, das die elektrostatische Aufladung von Kunststoffen (z. B. Schallplatten, Folien) u. damit die Staubanziehung verhindert. **an|ti|sta|tisch:** (Phys.) elektrostatische Aufladungen verhindernd od. aufhebend

An|ti|s|tes *der; -, ...stites* [...te:s] ⟨*lat.; „Vorsteher"*⟩: 1. Priestertitel in der Antike. 2. Ehrentitel für kath. Bischöfe u. Äbte. 3. (schweiz. früher) Titel eines Oberpfarrers der reformierten Kirche

An|ti|s|tro|phe [auch: 'an...] *die; -, -n* ⟨*gr.-lat.*⟩: 1. in der altgriechischen Tragödie die der ↑ Strophe (1) folgende Gegenwendung des Chors beim Tanz in der ↑ Orchestra. 2. das zu dieser Bewegung vorgetragene Chorlied

An|ti|teil|chen *das; -s, -* ⟨*gr.-lat.*⟩: (Kernphysik) Elementarteilchen, dessen Eigenschaften zu denen eines anderen Elementarteilchens in bestimmter Weise ↑ komplementär sind

An|ti|the|al|ter das; -s: Sammelbezeichnung für verschiedene Richtungen des modernen experimentellen Theaters

An|ti|the|se [auch: ˈan...] die; -, -n ⟨gr.-lat.⟩: 1. der ↑ These entgegengesetzte Behauptung, Gegenbehauptung; Gegensatz; vgl. These (2), Synthese (4). 2. (Rhet., Stilk.) [↑ asyndetische] Zusammenstellung entgegengesetzter Begriffe (z. B. der Wahn ist kurz, die Reu ist lang)

An|ti|the|tik die; -: (Philos.) Lehre von den Widersprüchen u. ihren Ursachen. **an|ti|the|tisch:** gegensätzlich

An|ti|to|xin [auch: ˈan...] das; -s, -e: (Med.) vom Körper gebildetes, zu den Immunstoffen gehörendes Gegengift gegen von außen eingedrungene Gifte. **an|ti|to|xisch:** (Med.) als Antitoxin wirkend

An|ti|tran|s|pi|rant das; -s, -e u. -s ⟨gr.; lat.-engl.⟩: die Schweißabsonderung hemmendes ↑ Deodorant

An|ti|tri|ni|ta|ri|er der; -s, -: Gegner der Lehre von der göttlichen Dreieinigkeit. **an|ti|tri|ni|ta|risch:** gegen die Dreieinigkeitslehre gerichtet

an|ti|trip|tisch ⟨gr.-nlat.⟩: (Meteor.) überwiegend durch Reibung entstanden

An|ti|tu|ber|ku|lo|ti|kum das; -s, ...ka ⟨gr.; lat.⟩: (Med.) Arzneimittel, das hemmend auf das Wachstum von Tuberkelbakterien einwirkt

An|ti|tus|si|vum das; -s, ...va ⟨gr.; lat.-nlat.⟩: (Med.) Arzneimittel gegen Husten

An|ti|typ der; -s, -en: 1. jmd., der den allgemein üblichen Vorstellungen von einem bestimmten Typ in keiner Weise entspricht. 2. jmd., der einer bestimmten Person, Figur o. Ä. völlig entgegengesetzt ist; Gegenfigur

An|ti|vi|ta|min das; -s, -e: (Biol., Med.) natürlicher od. künstlicher Stoff, der die spezifische Wirksamkeit eines Vitamins vermindert od. ausschaltet

an|ti|zi|pan|do ⟨lat.⟩: (veraltet) vorwegnehmend, im Voraus

An|ti|zi|pa|ti|on die; -, -en: 1. a) Vorwegnahme von etwas,

was erst später kommt od. kommen sollte, von zukünftigem Geschehen; b) (Mus.) Vorwegnahme von Tönen eines folgenden ↑ Akkords (1). 2. Bildung eines philosophischen Begriffs od. einer Vorstellung vor der Erfahrung (↑ a priori). 3. a) Vorgriff des Staates [durch Aufnahme von Anleihen] auf erst später fällig werdende Einnahmen; b) Zahlung von Zinsen u. a. vor dem Fälligkeitstermin. 4. Erteilung der Anwartschaft auf ein noch nicht erledigtes kirchliches Amt. 5. ↑ Anteposition (2). 6. (Biol.) das bei einer jüngeren Generation gegenüber älteren Generationen frühere Erreichen einer bestimmten Entwicklungsstufe

an|ti|zi|pa|tiv: etwas (eine Entwicklung o. Ä.) vorwegnehmend. **an|ti|zi|pa|to|risch:** etwas (eine Entwicklung o. Ä.) [bewusst] vorwegnehmend; vgl. ...iv/...orisch

an|ti|zi|pie|ren: 1. etwas [gedanklich] vorwegnehmen. 2. vor dem Fälligkeitstermin zahlen

an|ti|zy|k|lisch [auch: ...ˈt͜syk... od. ˈan...] ⟨gr.-nlat.⟩: 1. in unregelmäßiger Folge wiederkehrend. 2. (Wirtsch.) einem bestehenden Konjunkturzustand entgegenwirkend; Ggs. ↑ prozyklisch

an|ti|zy|k|lo|nal: (Meteor.) durch eine Antizyklone bestimmt; **antizyklonale Strömung:** Luftströmung, die auf der Nordhalbkugel der Erde im Uhrzeigersinn (auf der Südhalbkugel entgegengesetzt) um eine Antizyklone kreist. **An|ti|zy|k|lo|ne** die; -, -n: (Meteor.) Hochdruckgebiet, barometrisches Maximum

An|ti|zy|mo|ti|kum das; -s, ...ka ⟨gr.-nlat.⟩: die Gärung verzögerndes Mittel

An|to|de die; -, -n ⟨gr.⟩: Chorgesang in der griechischen Tragödie, zweiter Teil der ↑ Ode (1)

An|tö|ke der; -n, -n ⟨gr.⟩: auf entgegengesetzter geographischer Breite, aber auf demselben Meridian wie der Betrachter wohnender Mensch

An|to|no|ma|sie die; -, ...ien ⟨gr.-lat.⟩: 1. Ersetzung eines Eigennamens durch eine Benennung nach besonderen Kennzeichen od. Eigenschaften des Be-

nannten (z. B. der Zerstörer Karthagos = Scipio; der Korse = Napoleon). 2. Ersetzung der Bezeichnung einer Gattung durch den Eigennamen eines ihrer typischen Vertreter (z. B. Krösus = reicher Mann)

an|to|ny|nym ⟨gr.-nlat.⟩: (Sprachw.; von Wörtern) eine entgegengesetzte Bedeutung habend (z. B. alt/jung, Sieg/Niederlage); Ggs. ↑ synonym. **An|to|ny|nym** das; -s, -e („Gegenwort"): (Sprachw.) Wort, das einem anderen in Bezug auf die Bedeutung entgegengesetzt ist (z. B. schwarz/weiß, starten/landen, Mann/Frau); Ggs. ↑ Synonym. **An|to|ny|mie** die; -, ...ien: (Sprachw.) semantische Relation, wie sie zwischen Antonymen besteht

an|tör|nen: ↑ anturnen

An|t|ro|s|kol|pie die; -, ...ien ⟨gr.-nlat.⟩: endoskopische Untersuchung der Nasennebenhöhlen

An|t|ro|to|mie die; -, ...ien ⟨gr.-nlat.⟩: (Med.) operative Öffnung der Höhle des Warzenfortsatzes (des warzenförmigen Fortsatzes des Schläfenbeins)

an|tur|nen [...tœ̯n...] ⟨dt.; engl.⟩: (ugs.) 1. in einen [Drogen]rausch versetzen. 2. in Stimmung, Erregung o. Ä. versetzen; Ggs. ↑ abturnen

A|nu|k|le|o|bi|ont, Akaryobiont der; -en, -en ⟨gr.; lat.; gr.⟩: (Zool.) 1. Kleinstorganismus ohne Zellkern. 2. (nur Plural) zusammenfassende Bezeichnung für Bakterien u. Blaualgen

A|nu|lus der; -, ...li ⟨lat.; „kleiner Ring"⟩: 1. (Bot.) Ring am Stiel von Blätterpilzen. 2. (Anat.) ringförmiger Teil eines Organs. 3. (nur Plural) umlaufende Ringe am dorischen ↑ Kapitell

A|nu|ren die (Plural) ⟨gr.-nlat.; „Schwanzlose"⟩: Froschlurche

A|nu|rie die; -, ...ien ⟨gr.-nlat.⟩: (Med.) Versagen der Harnausscheidung

A|nus der; -, Ani ⟨lat.⟩: After.

A|nus prae|ter [- ˈprɛː...] der; - -, Ani - u. - - ⟨nlat.⟩: kurz für: Anus praeternaturalis: künstlich angelegter, vorletzter Darmausgang (z. B. bei Mastdarmkrebs)

an|vi|sie|ren ⟨dt.; lat.-fr.⟩: 1. ins Visier nehmen, als Zielpunkt nehmen. 2. etwas ins Auge fassen, anstreben

A

an|vi|su|a|li|sie|ren ⟨dt.; lat.-engl.⟩: (Werbespr.) eine Idee durch eine flüchtig entworfene Zeichnung festhalten

any|thing goes [ˈenɪθɪŋ ˈɡoʊs] ⟨engl.; „alles geht"⟩: Schlagwort für die Vielfalt der Möglichkeiten

an|zeps ⟨lat.; „schwankend"⟩: lang od. kurz (von der Schlusssilbe im antiken Vers)

an|zes|t|ral ⟨lat.-fr.-engl.⟩: altertümlich, stammesgeschichtlich **A. O. C.** ⟨Abk. für franz. appellation d'origine contrôlée⟩: französische Qualitäts- u. Herkunftsbezeichnung für Wein

A|ö|de der; -n, -n ⟨gr.⟩: griechischer Dichter u. Sänger im Zeitalter Homers

Ä|o|li|ne die; -, -n ⟨gr.-lat.-nlat.; vom Namen des griech. Windgottes Äolus⟩: (Mus.) ein Musikinstrument (Vorläufer der Hand- bzw. Mundharmonika)

ä|o|lisch ⟨gr.-lat.⟩: 1. ⟨nach dem griech. Windgott Äolus⟩: (Geol.) durch Windeinwirkung entstanden (von Geländeformen u. Ablagerungen). 2. die altgriechische Landschaft Äolien betreffend; **äolische Tonart:** dem Moll entsprechende Kirchentonart; **äolische Versmaße:** Versformen der antiken Metrik, die eine feste Silbenzahl haben u. bei denen nicht eine Länge durch zwei Kürzen od. zwei Kürzen durch eine Länge ersetzt werden können; vgl. Glykoneus, Pherekrateus, Hipponakteus, alkäische Strophe, sapphische Strophe

Ä|ols|har|fe die; -, -n: altes Instrument, dessen Saiten durch den Wind in Schwingungen versetzt werden; Windharfe, Geisterharfe

Ä|on der; -s, -en (meist Plural) ⟨gr.-lat.⟩: [unendlich langer] Zeitraum; Weltalter; Ewigkeit

A|o|rist der; -[e]s, -e ⟨gr.-lat.⟩: (Sprachw.) Zeitform, die eine momentane od. punktuelle Handlung ausdrückt (z. B. die erzählende Zeitform im Griechischen)

A|or|ta die; -, ...ten ⟨gr.⟩: Hauptschlagader

A|or|t|al|gie die; -, ...ien ⟨gr.-nlat.⟩: an der Aorta od. im Bereich der Aorta auftretender Schmerz

A|or|ten|in|suf|fi|zi|enz, A|or|ten-klap|pen|in|suf|fi|zi|enz die; -: Schließunfähigkeit der Aortenklappe

A|or|ti|tis die; -, ...itiden: Entzündung der Aorta

A|pa|che [...xə] der; -n, -n: 1. [auch: aˈpatʃə] ⟨indian.⟩ Angehöriger eines nordamerikanischen Indianerstammes. 2. ⟨indian.-fr.⟩ Großstadtganove (bes. in Paris)

A|pla|go|ge [auch: ...ˈɡoːɡe] die; - ⟨gr.; „das Wegführen"⟩: (griech. Philos.) Schluss aus einem gültigen Obersatz u. einem in seiner Gültigkeit nicht ganz sicheren, aber glaubwürdigen Untersatz. **a|pla|go|gisch:** (Philos.) in der Art einer Apagoge; **apagogischer Beweis:** indirekter Beweis durch Aufzeigen der Unrichtigkeit des Gegenteils

A|pal|li|ker der; -s, - ⟨gr.-nlat.⟩: jmd., der an einem apallischen Syndrom leidet. **A|pal|li|ke|rin** die; -, -nen: weibliche Form zu ↑ Apalliker

a|pal|lisch ⟨gr.-nlat.⟩: (Med.) in der Fügung **apallisches Syndrom:** Funktionsstörungen bei einer Schädigung der Großhirnrinde, die sich im Fehlen gerichteter Aufmerksamkeit u. fehlender Reizbeantwortung u. Ä. äußert

A|pa|na|ge [...ˈnaːʒə] die; -, -n ⟨fr.⟩: regelmäßige [jährliche] Zahlung an jmdn., bes. an nicht regierende Mitglieder eines Fürstenhauses zur Sicherung standesgemäßen Lebens. **a|pa|na|gie|ren** [...ˈʒiː...]: eine Apanage geben

a|part ⟨lat.-fr.⟩: 1. in ausgefallener, ungewöhnlicher Weise ansprechend, anziehend, geschmackvoll; reizend. 2. (veraltet) gesondert, getrennt. 3. (Buchw.) einzeln zu liefern

à part [a ˈpaːɐ̯] ⟨fr.; „beiseite (sprechen)"⟩: Kunstgriff in der Dramentechnik, eine Art lautes Denken, durch das eine Bühnenfigur ihre [kritischen] Gedanken zum Bühnengeschehen dem Publikum mitteilt

A|par|te das; -[s], -s: (veraltet) vgl. à part

A|part|heid die; - ⟨lat.-afrikaans⟩: (früher) Rassentrennung zwischen Weißen u. Farbigen in der Republik Südafrika

A|part|ho|tel [auch: əˈpaːt...] das; -s, -s ⟨Kurzw. aus Apartment u. Hotel⟩: Hotel, das Appartements (und nicht Einzelzimmer) vermietet

A|part|ment [auch: əˈpaːt...] das; -s, -s ⟨lat.-it.-fr.-engl.-amerik.⟩: Kleinwohnung (in einem [komfortablen] Mietshaus); vgl. Appartement

A|part|ment|haus das; -es, ...häuser: Mietshaus, das ausschließlich aus Apartments besteht

A|plas|t|ron das; -s, ...tren ⟨gr.-nlat.⟩: Punkt der größten Entfernung des kleineren Sterns vom Hauptstern bei Doppelsternen

A|pal|thie die; -, ...ien ⟨gr.-lat.; „Schmerzlosigkeit, Unempfindlichkeit"⟩: Teilnahmslosigkeit; Zustand der Gleichgültigkeit gegenüber den Menschen u. der Umwelt. **a|pa|thisch:** teilnahmslos, gleichgültig gegenüber den Menschen u. der Umwelt

a|pa|tho|gen ⟨gr.-nlat.⟩: keine Krankheiten hervorrufend (z. B. von Bakterien im menschlichen Organismus); Ggs. ↑ pathogen

A|pa|tit [auch: ...ˈtɪt] der; -s, -e ⟨gr.-nlat.⟩: ein Mineral

A|pa|to|sau|ri|er der; -s, -, A|pa|to-sau|rus** der; -, ...rier ⟨gr.-nlat.⟩: Pflanzen fressender, riesiger Dinosaurier der Kreidezeit

A|pa|t|ri|de der; -n, -n od. die; -, -n ⟨gr.⟩: Vaterlandslose[r], Staatenlose[r]

A|pei|ron das; - ⟨gr.⟩: (griech. Philos.) das nie an eine Grenze Kommende, das Unendliche, der ungeformte Urstoff

A|pel|la die; - ⟨gr.⟩: (hist.) Volksversammlung in Sparta

A|per|çu [apɛrˈsy:] das; -s, -s ⟨fr.⟩: geistreiche Bemerkung

A|pe|ri|ens das; -, ...rienzia u. ...rientia ⟨lat.⟩: Abführmittel

a|pe|ri|o|disch: nicht ↑ periodisch

A|pe|ri|tif der; -s, -s (auch: -e) ⟨lat.-mlat.-fr.; „(den Magen) öffnend"⟩: appetitanregendes alkoholisches Getränk, das bes. vor dem Essen getrunken wird

A|pe|ri|ti|vum das; -s, ...va ⟨lat.⟩: 1. mildes Abführmittel. 2. appetitanregendes Arzneimittel

A|pé|ro [apeˈro:] der; -s, -s (bes. schweiz.): ⟨fr.⟩: Kurzw. für: Aperitif

A|per|so|na|lis|mus der; - ⟨gr.; lat.-nlat.⟩: buddhistische Lehre, nach der die menschliche Person nur trügerische Verkörperung eines unpersönlichen Allwesens ist

a|per|s|pek|ti|visch ⟨gr.; gr.-mlat.⟩: (Philos.) ohne Begrenzung auf den gegenwärtigen ↑ perspektivischen Standpunkt des Betrachters

A|per|to|me|ter das; -s, - ⟨lat.; gr.⟩: Messgerät zur Bestimmung der Apertur bei Mikroskopobjektiven

A|per|tur die; -, -en ⟨lat.; "Öffnung"⟩: 1. (Med.) Öffnung eines Körperhohlraums, z. B. obere und untere Thoraxapertur. 2. (Optik) a) Maß für die Leistung eines optischen Systems und für die Bildhelligkeit; b) Maß für die Fähigkeit eines optischen Gerätes od. fotografischen Aufnahmematerials, sehr feine, nahe beieinander liegende Details eines Objekts getrennt, deutlich unterscheidbar abzubilden

A|per|tur|syn|the|se die; -: Verfahren der ↑ Radioastronomie zur genauen Positionsbestimmung u. Beobachtung der Detailstruktur von kosmischen Radioquellen

a|pe|tal ⟨gr.-nlat.⟩: (Bot.) keine Blumenkrone aufweisend (von bestimmten Blüten). **A|pe|ta|len** die (Plural): Blütenpflanzen ohne Blumenkrone

A|pex der; -, Apizes [...t͜ʃe:s] ⟨lat.; "Spitze"⟩: 1. (Astron.) Zielpunkt eines Gestirns, z. B. der Sonne, auf den dieses in seiner Bewegung gerade zusteuert. 2. (Sprachw.) Zeichen (^ od. ') zur Kennzeichnung langer Vokale. 3. (Metrik) Hilfszeichen (') zur Kennzeichnung betonter Silben

Ap|fel|si|ne die; -, -n ⟨niederl.-niederd.; „Apfel aus China"⟩: Frucht des Orangenbaumes

A|pha|kie die; -, ...ien ⟨gr.-nlat.⟩: (Med.) das Fehlen der Augenlinse (nach Verletzung od. Operation, seltener angeboren)

A|phä|re|se, A|phä|re|sis die; -, ...resen ⟨gr.-lat.; „das Wegnehmen"⟩: Wegfall eines Anlautes od. einer anlautenden Silbe (z. B. 's für es, raus für heraus)

A|pha|sie die; -, ...ien ⟨gr.-nlat.⟩: 1. (Med.) Verlust des Sprechvermögens od. Sprachverständnis-

ses infolge Erkrankung des Sprachzentrums im Gehirn. 2. (Philos.) Urteilsenthaltung gegenüber Dingen, von denen nichts Sicheres bekannt ist. **A|pha|si|ker** der; -s, -: jmd., der an Aphasie (1) leidet. **A|pha|si|ke|rin** die; -, -nen: weibliche Form zu ↑ Aphasiker

A|phel das; -s, -e u. Aphelium das; -s, ...ien ⟨gr.-nlat.⟩: (Astron.) Punkt der größten Entfernung eines Planeten von der Sonne; Ggs. ↑ Perihel

A|phel|l|an|d|ra die; -, ...dren ⟨gr.-nlat.⟩: Pflanze aus der Gattung der Akanthusgewächse aus dem wärmeren Amerika (z. T. beliebte Zierpflanze)

A|phe|li|um vgl. Aphel

A|phe|mie die; -, ...ien ⟨gr.-nlat.⟩: ↑ Aphasie (1)

A|phon|ge|trie|be, auch: Afon... das; -s, - ⟨gr.; dt.⟩: geräuscharmes Schaltgetriebe

A|pho|nie, auch: Afonie die; -, ...ien ⟨gr.-nlat.⟩: Stimmlosigkeit, Fehlen des Stimmklangs, Flüsterstimme

A|pho|ris|mus der; -, ...men ⟨gr.-lat.⟩: prägnant-geistreich in Prosa formulierter Gedanke, der eine Erfahrung, Erkenntnis od. Lebensweisheit enthält

A|pho|ris|tik die; - ⟨gr.-nlat.⟩: die Kunst, Aphorismen zu schreiben. **A|pho|ris|ti|ker** der; -s, -: Verfasser von Aphorismen.

A|pho|ris|ti|ke|rin die; -, -nen: weibliche Form zu ↑ Aphoristiker. **a|pho|ris|tisch** ⟨gr.-lat.⟩: 1. a) die Aphorismen, die Aphoristik betreffend; b) im Stil des Aphorismus; geistreich u. treffend formuliert. 2. kurz, knapp, nur andeutungsweise erwähnt

a|pho|tisch, auch: afotisch ⟨gr.⟩: lichtlos, ohne Lichteinfall (z. B. von der Tiefsee); Ggs. ↑ euphotisch

A|phra|sie die; -, ...ien ⟨gr.-nlat.⟩: (Med.) 1. Stummheit. 2. Unvermögen, richtige Sätze zu bilden

A|phro|di|si|a|kum das; -s, ...ka ⟨gr.-nlat.⟩: den Geschlechtstrieb anregendes Mittel; Ggs. ↑ Anaphrodisiakum

A|phro|di|sie die; -, ...ien: krankhaft gesteigerte geschlechtliche Erregbarkeit. **a|phro|di|sisch**: 1. auf Aphrodite (griech. Liebesgöttin) bezüglich. 2. (Med.) den Geschlechtstrieb steigernd

a|ph|ro|di|tisch: ↑ aphrodisisch (1)

Aph|the die; -, -n ⟨gr.-lat.⟩: (Med.) bes. an den Lippen u. im Bereich der Mundschleimhaut befindliche schmerzhafte, kleine, gelblich weiße Pustel, Bläschen, Fleck

Aph|then|seu|che die; -: Maul- u. Klauenseuche

A|phyl|le die; -, -n ⟨gr.-nlat.⟩: blattlose Pflanze (z. B. Kaktus).

A|phyl|lie die; -: Blattlosigkeit. **a|phyl|lisch**: (Bot.) blattlos

a pi|a|ce|re [- pia̯'t͜ʃe:rə] ⟨it.⟩: (Mus.) nach Belieben, nach Gefallen (Vortragsbezeichnung, die das Tempo u. Vortrag dem Interpreten freistellt); vgl. ad libitum (2 a)

A|pi|a|ri|um das; -s, ...ien ⟨lat.⟩: Bienenstand, -haus

a|pi|kal ⟨lat.-nlat.⟩: 1. an der Spitze gelegen, nach oben gerichtet (z. B. vom Wachstum einer Pflanze). 2. (Sprachw.) mit der Zungenspitze artikuliert (von Lauten). 3. (Med.) am spitz geformten äußersten Ende eines Organs gelegen

A|pi|rie die; - ⟨gr.⟩: Unerfahrenheit

A|pis der; - ⟨ägypt.-gr.⟩: heiliger Stier, der im alten Ägypten verehrt wurde. **A|pis|tier** der; -[e]s, -e: [figürliche] Darstellung des Apis

A|p|la|nat der; -en, -en, auch: das; -s, -e ⟨gr.-nlat.⟩: Linsenkombination, durch die die ↑ Aberration (1) korrigiert wird. **a|p|la|na|tisch**: den Aplanaten betreffend

A|p|la|sie die; -, ...ien ⟨gr.-nlat.⟩: (Med.) angeborenes Fehlen eines Organs. **a|p|las|tisch**: die Aplasie betreffend

A|p|la|zen|ta|li|er der; -s, - (meist Plural) ⟨gr.-nlat.⟩: Säugetier, dessen Embryonalentwicklung ohne Ausbildung einer ↑ Plazenta (1) erfolgt; Ggs. ↑ Plazentalier

A|p|lit [auch: ...'lɪt] der; -s ⟨gr.-nlat.⟩: feinkörniges Ganggestein

A|p|lomb [a'plõ:] der; -s ⟨fr.⟩: 1. a) Sicherheit [im Auftreten], Nachdruck; b) Dreistigkeit. 2. Abfangen einer Bewegung in den unbewegten Stand (Ballettanz)

A|pnoe die; - ⟨gr.-nlat.⟩: (Med.) Atemstillstand, Atemlähmung.

A **A̲PO**, auch: **A̲|po** die; - ⟨Kurzw. aus außerparlamentarische Opposition⟩: (bes. während der Regierungszeit der großen Koalition zwischen CDU u. SPD von 1966 bis 1969 in der Bundesrepublik Deutschland) nicht fest organisierte Aktionsgemeinschaft bes. von Studierenden u. Jugendlichen, die als antiautoritäre Bewegung die Durchsetzung politischer u. gesellschaftlicher Reformen außerhalb der (als handlungsunfähig erachteten) parlamentarischen Opposition versuchte

A|po|chro|ma̲t [...k...] der; -en, -en, auch: das; -s, -e ⟨gr.-nlat.⟩: fotografisches Linsensystem, das Farbfehler korrigiert

a|po̲d ⟨gr.-nlat.⟩: fußlos (von bestimmten Tiergruppen)

A|po|dik̲|tik die; - ⟨gr.-lat.⟩: (Philos.) die Lehre vom Beweis.

a|po|dik̲|tisch: 1. (Philos.) unumstößlich, unwiderleglich, von schlagender Beweiskraft. 2. keinen Widerspruch duldend, endgültig, keine andere Meinung gelten lassend, im Urteil streng und intolerant

A|po|di|sa̲|ti|on die; - ⟨gr.-nlat.⟩: [Verfahren zur] Verbesserung des Auflösungsvermögens (des Vermögens, sehr feine, dicht beieinander liegende Details getrennt wahrnehmbar zu machen) eines optischen Geräts

A|po|do̲|sis die; -, ...dosen ⟨gr.⟩: (Sprachw.) Nachsatz, bes. der bedingte Hauptsatz eines Konditionalsatzes

A|po|dy|te|ri|on ⟨gr.⟩, **A|po|dy|te̲|ri|um** ⟨gr.-lat.⟩ das; -s, ...ien: Auskleidezimmer in den antiken Thermen

A|po|en̲|zym ⟨gr.; gr.-nlat.⟩, **A|po|fer̲|ment** ⟨gr.; lat.⟩ das; -s, -e: (Biol., Med.) hochmolekularer Eiweißbestandteil eines Enzyms

A|po|fo|ni̲e vgl. Apophonie

A|po|gal̲ak̲|ti|kum das; -s, ...ken ⟨gr.; gr.-lat.⟩: vom Zentrum des Milchstraßensystems entferntester Punkt auf der Bahn eines Sterns der Milchstraße

a|po|ga̲m ⟨gr.-nlat.⟩: sich ungeschlechtlich (ohne Befruchtung) fortpflanzend. **A|po|ga|mi̲e** die; -: (Bot.) ungeschlechtliche Fortpflanzung (eine Form der ↑ Apomixis)

A|po|gä̲|um das; -s, ...äen ⟨gr.-nlat.⟩: (Astron.) erdfernster Punkt der Bahn eines Körpers um die Erde; Ggs. ↑ Perigäum

A|po|gä|ums|sa|tel|lit der; -en, -en: ein aus dem Apogäum einer vorläufigen Umlaufbahn in den endgültigen ↑ Orbit eingeschossener Satellit

A|po|gä|ums|trieb|werk das; -s, -e: im Apogäum der Umlaufbahn eines Satelliten kurzzeitig zu zündendes Raketentriebwerk zum Einschuss aus einer vorläufigen in die endgültige Umlaufbahn

A|po|graph, auch: Apograf das; -s, -en (seltener: -e) ⟨gr.-lat.⟩ u. **A|po|gra|phon**, auch: ...pha, auch: ...fa ⟨gr.⟩: Ab-, Nachschrift, Kopie nach einem Original

A|po|ka|lyp̲|se die; -, -n ⟨gr.-lat.; „Enthüllung, Offenbarung"⟩: 1. Schrift in der Form einer Abschiedsrede, eines Testaments o. Ä., die sich mit dem kommenden [schrecklichen] Weltende befasst (z. B. die Offenbarung des Johannes im Neuen Testament). 2. (ohne Plural) Untergang, Grauen, Unheil

A|po|ka|lyp̲|tik die; - ⟨gr.-nlat.⟩: 1. Deutung von Ereignissen im Hinblick auf ein nahes Weltende. 2. Schrifttum über das Weltende. **a|po|ka|lyp̲|tisch**: 1. in der Apokalypse [des Johannes] vorkommend, sie betreffend. 2. a) auf das Weltende hinweisend; Unheil kündend; b) geheimnisvoll, dunkel; **apokalyptische Reiter**: Sinnbilder für Pest, Tod, Hunger, Krieg; **apokalyptische Zahl**: die Zahl 666 (vgl. Offenbarung 13, 18)

A|po|kam|no̲|se die; - ⟨gr.⟩: (Med.) rasche Ermüdung, Schwäche u. Lähmung bestimmter Muskelgruppen

a|po|karp ⟨gr.-nlat.⟩: (Bot.) aus einzelnen getrennten Fruchtblättern bestehend (von Blüten). **A|po|kar̲|pi|um** das; -s, ...ien: (Bot.) aus einzelnen Früchten zusammengesetzter Fruchtstand

A|po|kar|te|re̲|se die; - ⟨gr.⟩: Selbstmord durch Nahrungsverweigerung

A|po|ka|ta̲s|ta̲se, A|po|ka|ta̲s|ta̲sis die; -, ...stasen ⟨gr.-lat.; „Wiederherstellung"⟩: (Rel.) Wiederkehr eines früheren Zustandes, bes. Wiederherstellung allgemeiner Vollkommenheit in der Weltendzeit (Lehre des ↑ Parsismus u. mancher ↑ Mystiker)

A|p|ö̲|ki̲e die; -, ...ien ⟨gr.⟩: im Griechenland der Antike eine Form der Kolonisation mit dem Ziel der Gründung eines von der Mutterstadt unabhängigen neuen Staates

A|po|koi̲|nu [...kɔyˈnu:] das; -[s], -s ⟨gr.⟩: grammatische Konstruktion, bei der sich ein Satzteil od. Wort zugleich auf den vorhergehenden u. den folgenden Satzteil bezieht (z. B. Was sein Pfeil erreicht, das ist seine Beute, was da kreucht und fleucht; Schiller)

A|po|ko̲|pe [...pe] die; -, ...open ⟨gr.-lat.⟩: (Sprachw.) Wegfall eines Auslauts od. einer auslautenden Silbe (z. B. hatt für hatte). **a|po|ko|pie̲|ren** ⟨gr.-nlat.⟩: (Sprachw.) ein Wort am Ende durch Apokope verkürzen

a|po|kri̲n ⟨gr.⟩: (Med.) ein vollständiges Sekret produzierend u. ausscheidend (von Drüsen)

a|po|kry̲ph ⟨gr.-lat.; „verborgen"⟩: 1. zu den Apokryphen gehörend, sie betreffend. 2. unecht, fälschlich jmdm. zugeschrieben. **A|po|kry̲ph** das; -s, -en, auch: **A|po|kry̲|phon** das; -s, ...ypha u. ...yphen (meist Plural): (Rel.) nicht in den ↑ Kanon (5) aufgenommenes, jedoch den anerkannten biblischen Schriften formal u. inhaltlich sehr ähnliches Werk; vgl. Pseudepigraph

a|po|li̲|tisch ⟨gr.-nlat.⟩: a) nicht politisch; b) ohne Interesse an Politik

A|po̲ll der; -s, -s: ↑ Apollo (1)

a|pol|li̲|nisch ⟨gr.-lat.⟩: 1. den Gott Apollo betreffend, in der Art Apollos. 2. (Philos.) harmonisch, ausgeglichen, maßvoll; Ggs. ↑ dionysisch

A|pol̲|lo der; -s, -s ⟨nach dem griech.-röm. Gott der Weissagung und Dichtkunst⟩: 1. schöner [junger] Mann. 2. ein Tagschmetterling. 3. ein ↑ Planetoid

a|pol|lo̲|nisch ⟨nach dem griech. Mathematiker Apollonios von Perge⟩; in der Fügung **apollonisches Problem**: mathematische Aufgabe, bestimmte festgelegte Linien durch eine Kurve zu berühren

A|pol|lo|pro|gramm u. **A|pollo-Pro|gramm** *das;* -s: Raumfahrtprogramm der USA in den 60er-Jahren des 20. Jh.s, das u. a. die Landung bemannter Raumfahrzeuge auf dem Mond beinhaltete

A|pol|log *der;* -s, -e ⟨*gr.-lat.*⟩: (Literaturw.) [Lehr]fabel, [humoristische] Erzählung

A|pol|lo|get *der;* -en, -en ⟨*gr.-nlat.*⟩: a) jmd., der eine bestimmte Anschauung mit Nachdruck vertritt u. verteidigt; b) [literarischer] Verteidiger eines Werkes (bes. Vertreter einer Gruppe griechischer Schriftsteller des 2. Jh.s, die für das Christentum eintraten)

A|pol|lo|ge|tik *die;* -, -en ⟨*gr.-nlat.*⟩: 1. die Gesamtheit aller apologetischen Äußerungen; wissenschaftliche Rechtfertigung von [christlichen] Lehrsätzen. 2. (ohne Plural) Teilbereich der Theologie, in dem man sich mit der wissenschaftlich-rationalen Absicherung des Glaubens befasst

A|pol|lo|ge|tin *die;* -, -nen: weibliche Form zu ↑ Apologet (a)

a|pol|lo|ge|tisch: eine Ansicht, Lehre o. Ä. verteidigend, rechtfertigend

a|pol|lo|ge|ti|sie|ren: verteidigen, rechtfertigen

A|pol|lo|gie *die;* -, ...ien ⟨*gr.-lat.*⟩: a) Verteidigung, Rechtfertigung einer Lehre, Überzeugung o. Ä.; b) Verteidigungsrede, -schrift

a|pol|lo|gisch: nach Art einer Fabel, erzählend; **apologisches Sprichwort:** erzählendes od. Beispielsprichwort (z. B. „Alles mit Maßen", sagte der Schneider und schlug seine Frau mit der Elle tot.)

a|pol|lo|gi|sie|ren: verteidigen, rechtfertigen

a|pol|mik|tisch ⟨*gr.-nlat.*⟩: sich ungeschlechtlich (ohne Befruchtung) fortpflanzend (von bestimmten Pflanzen). **A|pol|mixis** *die:* -: (Bot.) ungeschlechtliche Fortpflanzung, Vermehrung ohne Befruchtung

A|pol|mor|phin *das;* -s ⟨*gr.-nlat.*⟩: (Med.) ein ↑ Derivat (3) des ↑ Morphins (starkes Brechmittel bei Vergiftungen)

A|pol|neu|ro|se *die;* -, -n ⟨*gr.-nlat.*⟩:

(Med.) 1. Ansatzteil einer Sehne. 2. flächenhafte, breite Sehne (z. B. die der schrägen Bauchmuskeln)

A|pol|pemp|ti|kon *das;* -s, ...ka ⟨*gr.*⟩: Abschiedsgedicht einer fortgehenden Person an die Zurückbleibenden, im Unterschied zum ↑ Propemptikon

a|pol|phan|tisch ⟨*gr.*⟩: aussagend, behauptend; nachdrücklich

A|pol|pho|nie, auch: Apofonie *die;* - ⟨*gr.-nlat.*⟩: (Sprachw.) Ablaut (Vokalwechsel in der Stammsilbe wurzelverwandter Wörter, z. B. sprechen u. sprach)

A|pol|ph|theg|ma *das;* -s, ...men u. -ta ⟨*gr.*⟩: [witziger, prägnanter] Ausspruch, Sinnspruch, Zitat, Sentenz. **a|pol|ph|theg|ma|tisch:** in der Art eines Apophthegmas geprägt

A|pol|phyl|lit [auch: ...'lɪt] *der;* -s, -e ⟨*gr.*⟩: ein Mineral

A|pol|phy|se *die;* -, -n ⟨*gr.-nlat.*⟩: 1. (Med.) Knochenfortsatz [als Ansatzstelle für Muskeln]. 2. (Zool.) Einstülpungen des Außenskeletts bei Gliederfüßern. 3. (Bot.) a) Anschwellung des Fruchtstiels bei Moosen; b) Verdickung der Zapfenschuppe bei Kiefern. 4. (Geol.) Gesteinsverästelung

A|pol|plek|ti|ker *der;* -s, - ⟨*gr.-lat.*⟩: (Med.) a) jmd., der zu Schlaganfällen neigt; b) jmd., der an den Folgen eines Schlaganfalles leidet. **A|pol|plek|ti|ke|rin** *die;* -, -nen: weibliche Form zu ↑ Apoplektiker. **a|pol|plek|tisch:** a) zu Schlaganfällen neigend; b) zu einem Schlaganfall gehörend, damit zusammenhängend; durch einen Schlaganfall bedingt

A|pol|ple|xie *die;* -, ...ien: 1. (Med.) Schlaganfall, Gehirnschlag. 2. (Bot.) plötzliches teilweises od. gänzliches Absterben der Krone von Steinobstbäumen

A|pol|pto|se *die;* -, -n ⟨*gr.*⟩: (Biol.) genetisch programmierter Zelltod, der für die Entwicklung vielzelliger Organismen notwendig ist

A|pol|rem *das;* -s, -ata ⟨*gr.;* „Streitfrage"⟩: (Philos.) logische Schwierigkeit, Unlösbarkeit eines Problems. **a|pol|re|ma|tisch:** (Philos.) zweifelhaft, schwer zu entscheiden

A|pol|re|tik *die;* -: Auseinandersetzung mit schwierigen philosophischen Fragen (Aporien) [ohne Berücksichtigung ihrer möglichen Lösung]

A|pol|re|ti|ker *der;* -s, -: 1. der die Kunst der Aporetik übende Philosoph. 2. Zweifler, Skeptiker. **A|pol|re|ti|ke|rin** *die;* -, -nen: weibliche Form zu ↑ Aporetiker

a|pol|re|tisch: 1. a) die Aporetik betreffend; b) in der Art der Aporetik. 2. zu Zweifeln geneigt

A|pol|rie *die;* -, ...ien ⟨„Ratlosigkeit, Verlegenheit"⟩: 1. Unmöglichkeit, eine philosophische Frage zu lösen. 2. Unmöglichkeit, in einer bestimmten Situation die richtige Entscheidung zu treffen od. eine passende Lösung zu finden; Ausweglosigkeit

A|pol|ri|no|sis *die;* -, ...sen ⟨*gr.*⟩: (Med.) jede Art von Mangelkrankheit

A|pol|ris|ma *das;* -s, ...men od. -ta: ↑ Aporem

A|pol|ro|ga|mie *die;* - ⟨*gr.-nlat.*⟩: (Bot.) Befruchtungsvorgang bei Blütenpflanzen, bei dem der vom Pollen vorgetriebene Schlauch die Samenanlage nicht unmittelbar über die Höhlung des Fruchtknotens erreicht

A|pol|si|o|pe|se *die;* -, -n ⟨*gr.-lat.;* „das Verstummen"⟩: (Rhet., Stilk.) bewusster Abbruch der Rede od. eines begonnenen Gedankens vor der entscheidenden Aussage

A|pol|spo|rie *die;* - ⟨*gr.-nlat.*⟩: (Bot.) Überspringen der Sporenbildung bei Farnen u. Blütenpflanzen im Generationswechsel

A|pol|sta|sie *die;* -, ...ien ⟨*gr.-lat.*⟩: 1. Abfall [eines Christen vom Glauben]. 2. Austritt einer Ordensperson aus dem Kloster unter Bruch der Gelübde. **A|pos|tat** *der;* -en, -en: Abtrünniger, bes. in Bezug auf den Glauben

A|pol|s|tel *der;* -s, - ⟨*gr.-lat.;* „abgesandt; Bote"⟩: 1. (Rel.) Jünger Jesu. 2. (iron.) jmd., der für eine Welt- od. Lebensanschauung mit Nachdruck eintritt u. sie zu verwirklichen sucht

A|pol|s|tem *das;* -s, -ata ⟨*gr.*⟩: (Med.) Geschwür, Abszess. **a|pol|s|te|ma|tös:** (Med.) eiternd

a pos|te|ri|o|ri ⟨*lat.;* „vom Späteren her", d. h., man erkennt die

A

Ursache aus der zuerst erfahrenen späteren Wirkung): 1. (Erkenntnistheorie) aus der Wahrnehmung gewonnen, aus Erfahrung; Ggs. ↑a priori. 2. nachträglich, später; Ggs. ↑a priori

A|pos|te|ri|o|ri das; -, -: Erfahrungssatz, Inbegriff der Erkenntnisse, die a posteriori gewonnen werden; Ggs. ↑Apriori

a|pos|te|ri|o|risch: erfahrungsgemäß; Ggs. ↑apriorisch

A|pos|til|b das; -s, - ⟨gr.-nlat.⟩: alte Einheit der Leuchtdichte (Abk.: asb); vgl. Stilb

A|pos|til|le die; -, -n ⟨gr.-nlat.⟩: 1. Randbemerkung. 2. [empfehlende od. beglaubigende] Nachschrift zu einem Schriftstück. 3. (veraltet) Entlassungsgesuch

A|pos|to|lat das (fachspr. auch: der); -[e]s, -e ⟨gr.-lat.⟩: a) (Rel.) Sendung, Amt der Apostel; b) Sendung, Auftrag der Kirche; vgl. Laienapostolat

A|pos|to|li|ker der; -s, -: Angehöriger verschiedener christlicher Gruppen u. Sekten, die sich am Kirchenbild der apostolischen Zeit orientieren

A|pos|to|li|kum das; -s ⟨gekürzt aus lat. Symbolum apostolicum⟩: 1. das (angeblich auf die 12 Apostel zurückgehende) christliche Glaubensbekenntnis. 2. (veraltet) Apostolos

a|pos|to|lisch: a) nach Art der Apostel, von den Aposteln ausgehend; b) (kath. Kirche) päpstlich; **Apostolische Majestät:** Titel der Könige von Ungarn u. der Kaiser von Österreich; **Apostolischer Nuntius:** ständiger Gesandter des Papstes bei einer Staatsregierung; **Apostolische Signatur:** höchstes ordentliches Gericht u. oberste Gerichtsverwaltungsbehörde der katholischen Kirche; **Apostolischer Stuhl:** Heiliger Stuhl (Bez. für das Amt des Papstes u. die päpstlichen Behörden); **apostolische Sukzession:** Lehre von der ununterbrochenen Nachfolge der Bischöfe u. Priester auf die Apostel; **apostolische Väter:** die ältesten christlichen Schriftsteller, angeblich Schüler der Apostel

A|pos|to|li|zi|tät die; -: nach katholischem Verständnis die Wesensgleichheit der gegenwärtigen Kirche in Lehre u. Sa-

---

kramenten mit der Kirche der Apostel

A|pos|tol|los der; - ⟨gr.⟩: (veraltet) Sammelbez. für die nicht zum ↑Evangelium (1 b) gehörenden Schriften des Neuen Testaments

A|pos|t|roph der; -s, -e ⟨gr.-lat.; „abgewandt; abfallend"⟩: Auslassungszeichen; Häkchen, mit dem man den Ausfall eines Lautes od. einer Silbe kennzeichnen kann (z. B. güt'ger Himmel, 'naus)

A|po|s|t|ro|phe [...fe, auch: ...'stro:fə] die; -, ...ophen: (Rhet., Stilk.) feierliche Anrede an eine Person od. Sache außerhalb des Publikums; überraschende Hinwendung des Redners zum Publikum od. zu abwesenden Personen

a|pos|t|ro|phie|ren ⟨gr.-nlat.⟩: 1. mit einem Apostroph versehen. 2. a) jmdn. feierlich od. gezielt ansprechen, sich deutlich auf jmdn. beziehen; b) etwas besonders erwähnen, sich auf etwas beziehen. 3. jmdn. od. etwas in einer bestimmten Eigenschaft herausstellen, als etwas bezeichnen

A|po|the|ci|um [...t͡sjʊm] das; -s, ...ien ⟨gr.-nlat.⟩: (Bot.) schüsselförmiger Fruchtbehälter bei Flechten u. Schlauchpilzen

A|po|the|ke die; -, -n ⟨gr.-lat.⟩: 1. Geschäft, in dem Arzneimittel verkauft u. zum Teil hergestellt werden. 2. (abwertend) teurer Laden; Geschäft, das hohe Preise fordert

A|po|the|ker der; -s, - ⟨mlat.⟩: jmd., der aufgrund eines Hochschulstudiums mit ↑Praktikum u. aufgrund seiner ↑Approbation (1) berechtigt ist, eine Apotheke zu leiten

A|po|the|ker|fau|na die; -: Sammelbez. für die in chinesischen Apotheken als Heilmittel geführten Fossilien

A|po|the|ker|ge|wicht das; -s, -e: frühere Gewichtseinheit für Arzneimittel (z. B. Gran, Unze)

A|po|the|ke|rin die; -, -nen: weibliche Form zu ↑Apotheker

A|po|the|o|se die; -, -n ⟨gr.-lat.⟩: 1. Erhebung eines Menschen zum Gott, Vergöttlichung eines lebenden od. verstorbenen Herrschers. 2. Verherrlichung. 3. (Theat.) wirkungsvolles

---

Schlussbild eines Bühnenstücks. **a|po|the|o|tisch:** 1. zur Apotheose (1) erhoben. 2. eine Apotheose darstellend

a po|ti|o|ri ⟨lat.; „vom Stärkeren her"⟩: von der Hauptsache her, nach der Mehrzahl

A|po|tro|pai|on vgl. Apotropäum

a|po|tro|pä|isch ⟨gr.-nlat.⟩: Unheil abwehrend (von Zaubermitteln). **A|po|tro|pä|um** das; -s, ...äa u. ...äen u. Apotropaion das; -s, ...aia ⟨gr.⟩: Zaubermittel, das Unheil abwehren soll

Ap|pa|rat der; -[e]s, -e ⟨lat.⟩: 1. zusammengesetztes mechanisches, elektrisches od. optisches Gerät. 2. (ugs.) a) Telefon; b) Radio-, Fernsehgerät; c) Elektrorasierer; d) Fotoapparat. 3. Gesamtheit der für eine [wissenschaftliche] Aufgabe nötigen Hilfsmittel. 4. Gesamtheit der zu einer Institution gehörenden Menschen u. [technischen] Hilfsmittel. 5. kritischer Apparat. 6. (salopp) etwas, was durch seine ungewöhnliche Größe, durch seine Sonderheit, Ausgefallenheit Aufsehen od. Staunen erregt. 7. (Med.) Gesamtheit funktionell zusammengehörender Organe (z. B. Sehapparat)

ap|pa|ra|tiv ⟨lat.-nlat.⟩: a) einen Apparat betreffend; b) den Apparatebau betreffend; c) mit Apparaten arbeitend (z. B. von technischen Verfahren); d) (Med.) mithilfe von Apparaten feststellbar; **apparative Diagnostik:** ↑Diagnostik mithilfe von Geräten (z. B. Röntgen, EKG)

Ap|pa|rat|schik der; -s, -s ⟨lat.-russ.⟩: (abwertend) Funktionär im Staats- u. Parteiapparat stalinistisch geprägter Staaten, der Weisungen u. Maßnahmen bürokratisch durchzusetzen versucht

Ap|pa|ra|tur die; -, -en ⟨lat.-nlat.⟩: Gesamtanlage zusammengehörender Apparate u. Instrumente

ap|pa|rent ⟨lat.-engl.⟩: (Med.) sichtbar, wahrnehmbar (von Krankheiten); Ggs. ↑inapparent

Ap|par|te|ment [...'mãː, bes. schweiz.: ...'mɛnt] das; -s, -s (schweiz.: -e) ⟨lat.-it.-fr.⟩: a) komfortable Kleinwohnung; b) Zimmerflucht, einige zusammenhängende Räume in einem größeren [luxuriösen] Hotel; vgl. Apartment

Ap|par|te|ment|haus *das; -es, ...häuser:* modernes Mietshaus mit einzelnen Kleinwohnungen

ap|pas|si|o|na|to ⟨*it.*⟩: (Mus.) leidenschaftlich, entfesselt, stürmisch (Vortragsanweisung)

Ap|peal [əˈpiːl] *der; -s* ⟨*engl.*⟩: a) Anziehungskraft, Ausstrahlung, Aussehen, Reiz, Image; b) (Werbespr.) Aufforderungscharakter, Anreiz

Ap|pease|ment [əˈpiːzmənt] *das; -s* ⟨*lat.-fr.-engl.*⟩: Haltung der Nachgiebigkeit; Beschwichtigung[spolitik]

Ap|pell *der; -s, -e* ⟨*lat.-fr.*⟩: 1. Aufruf, Mahnruf (zu einem bestimmten Verhalten). 2. (Milit.) Aufstellung, Antreten (zur Befehlsausgabe u. a.). 3. Gehorsam des [Jagd]hundes; **Appell haben:** gehorchen (von einem Hund). 4. (Fechten) kurzes Auftreten mit dem vorgestellten Fuß

ap|pel|la|bel ⟨*lat.-fr.*⟩: (veraltet) gerichtlich anfechtbar

Ap|pel|lant *der; -en, -en* ⟨*lat.*⟩: (Rechtsw. veraltet) Berufungskläger

Ap|pel|lat *der; -en, -en*: (Rechtsw. veraltet) Berufungsbeklagter

Ap|pel|la|ti|on *die; -, -en*: (Rechtsw.) Berufung

ap|pel|la|tiv: ↑ appellativisch; vgl. ...isch/-. **Ap|pel|la|tiv** *das; -s, -e:* Substantiv, das eine Gattung gleich gearteter Dinge od. Lebewesen u. zugleich jedes einzelne Wesen od. Ding dieser Gattung bezeichnet (z. B. Tisch, Mann). **ap|pel|la|ti|visch:** als Appellativ gebraucht; vgl. ...isch/-

Ap|pel|la|tiv|na|me *der; -ns, -n:* als Gattungsbezeichnung verwendeter Eigenname (z. B. Zeppelin für „Luftschiff")

Ap|pel|la|ti|vum *das; -s, ...va:* (veraltet) Appellativ

ap|pel|lie|ren: 1. sich an jmdn., etwas in mahnendem Sinne wenden. 2. (Rechtsw. veraltet) Berufung einlegen

Ap|pen|dek|to|mie *die; -, ...ien* ⟨*lat.; gr.*⟩: operative Entfernung des Wurmfortsatzes des Blinddarms, Blinddarmoperation

Ap|pen|dix *der; -[es], ...dizes* [...tse:s] od. *-e* ⟨*lat.; „Anhang,*

Anhängsel")*:* 1. Anhängsel. 2. (selten) Ansatzstück zum Füllen an Luftballons. 3. Anhang eines Buches (der unechte Schriften, Tafeln, Tabellen, Karten, den kritischen Apparat o. Ä. enthält). 4. (fachspr.: *die; -, ...dices od. ...dices* [...tse:s], sonst *der; -, ...dizes*) (Med.) Wurmfortsatz des Blinddarms

Ap|pen|di|zi|tis *die; -, ...itiden* ⟨*lat.-nlat.*⟩: (Med.) Entzündung des Wurmfortsatzes des Blinddarms, Blinddarmentzündung.

ap|pen|di|zi|tisch: die Appendizitis betreffend

Ap|per|so|nie|rung *die; -* ⟨*lat.-nlat.*⟩: (Med.) schizophrenes Krankheitsbild, bei dem der Kranke fremde Erlebnisse als eigene ausgibt u. sich mit Verhaltensweisen anderer Personen identifiziert

Ap|per|ti|nens *das; -, ...enzien* (meist Plural) ⟨*lat.*⟩: (veraltet) Zubehör

Ap|per|zep|ti|on *die; -, -en* ⟨*lat.-nlat.*⟩: 1. (Philos.) begrifflich urteilendes Erfassen im Unterschied zur ↑ Perzeption. 2. (Psychol.) bewusstes Erfassen von Erlebnis-, Wahrnehmungs- u. Denkinhalten

Ap|per|zep|ti|ons|psy|cho|lo|gie *die; -:* (von W. Wundt begründete) Lehre von der Auffassung des Ablaufs der psychischen Vorgänge als Willensakt

ap|per|zep|tiv: durch Apperzeption (2) bewirkt, durch Aufmerksamkeit zustande kommend

ap|per|zi|pie|ren: (Psychol.) Erlebnisse u. Wahrnehmungen bewusst erfassen im Unterschied zu ↑ perzipieren

Ap|pe|tenz *die; -, -en* ⟨*lat.*⟩: (Verhaltensforschung) a) [ungerichtete] suchende Aktivität (z. B. bei einem Tier auf Nahrungssuche); b) Begehren; Sexualverlangen

Ap|pe|tenz|ver|hal|ten *das; -s* ⟨*lat.; dt.*⟩: (Verhaltensforschung) Triebverhalten bei Tieren zur Auffindung der triebbefriedigenden Reizsituation

Ap|pe|tit *der; -[e]s, -e* (Plural selten) ⟨*lat.*⟩: Wunsch, etwas [Bestimmtes] zu essen od. auch zu trinken. **ap|pe|tit|lich:** a) appetitanregend; b) hygienisch ein-

wandfrei, sauber; c) adrett u. frisch aussehend

Ap|pe|tit|züg|ler *der; -s, -:* (Med.) Mittel, das eine appetitvermindernde Wirkung hat

Ap|pe|ti|zer [ˈæpɪtaɪzə] *der; -s, -* ⟨*engl.*⟩: a) appetitanregendes Mittel; b) kleines Appetithäppchen

ap|pla|nie|ren ⟨*lat.-fr.*⟩: a) [ein]ebnen; b) ausgleichen

ap|plau|die|ren ⟨*lat.*⟩: a) Beifall klatschen; b) jmdm./einer Sache Beifall spenden

Ap|plaus *der; -es, -e* (Plural selten): Beifall[sruf], Händeklatschen

Ap|plet [ˈæplɪt] *das; -s, -s* ⟨*engl.*⟩: (EDV) Anwendungsprogramm, das der Benutzer vom Internet auf seinen Computer lädt und dort ausführt

ap|pli|ka|bel ⟨*lat.-nlat.*⟩: anwendbar. **Ap|pli|ka|bi|li|tät** *die; -:* Anwendbarkeit

Ap|pli|kant *der; -en, -en* ⟨*lat.*⟩: (veraltet) 1. Bewerber, Anwärter. 2. Bittsteller

Ap|pli|ka|te *die; -, -n:* dritte ↑ Koordinate (1) eines Punktes

Ap|pli|ka|ti|on *die; -, -en:* 1. Anwendung, Zuführung, Anbringung. 2. (veraltet) Bewerbung, Fleiß, Hinwendung. 3. (Med.) Verordnung u. Anwendung von Medikamenten od. therapeutischen Maßnahmen. 4. (Rel.) Darbringung der katholischen Messe für bestimmte Personen od. Anliegen. 5. (Textilkunde) aufgenähte Verzierung aus Leder, Filz, dünnerem Metall o. Ä. an Geweben. 6. haftendes od. aufgelegtes Symbol auf Wandtafeln o. Ä.

ap|pli|ka|tiv: (Med.) als Applikation (3) verwendet

Ap|pli|ka|tor *der; -s, ...oren* ⟨*lat.-nlat.*⟩: röhren-, düsenförmiges Teil, mit dem Salbe o. Ä. appliziert, an eine bestimmte Stelle (z. B. auf eine offene Wunde, in den Darm) gebracht werden kann

Ap|pli|ka|tur *die; -, -en:* 1. (veraltet) zweckmäßiger Gebrauch. 2. (Mus.) Fingersatz, das zweckmäßige Verwenden der einzelnen Finger beim Spielen von Streichinstrumenten, Klavier u. a.

ap|pli|zie|ren ⟨*lat.*⟩: 1. anwenden, gebrauchen. 2. (Med.) verabrei-

A

chen, verabfolgen, dem Körper zuführen (z. B. Arzneimittel). 3. (Farben) auftragen. 4. (Stoffmuster) aufnähen

Ap|pog|gia|tur u. **Ap|pog|gia|tu|ra** [...dʒa...] *die;* -, ...ren ⟨*vulgärlat.-it.*⟩: (Mus.) langer Vorschlag, der Hauptnote zur Verzierung vorausgeschickter Nebenton

Ap|point [a'pŏ̃ɛ:] *der;* -s, -s ⟨*lat.-fr.*⟩: Ausgleichsbetrag; Wechsel, der eine Restschuld vollständig ausgleicht

Ap|point|ment [ə'pɔɪntmənt] *das;* -s, -s ⟨*fr.-engl.*⟩: Festlegung, Termin

ap|po|nie|ren ⟨*lat.*⟩: beifügen

ap|port ⟨*lat.-fr.*⟩: bring [es] her! (Befehl an den Hund). **Ap|port** *der;* -s, -e: 1. (veraltet) Sacheinlage statt Bargeld bei der Gründung einer Kapitalgesellschaft. 2. (Jägerspr.) Herbeischaffen des erlegten Wildes durch den Hund. 3. (Parapsychol.) das angebliche Herbeischaffen von Gegenständen od. die Lage- od. Ortsveränderung materieller Dinge, bewirkt von Geistern od. von einem ↑ ¹Medium (4 a)

ap|por|tie|ren ⟨*lat.-fr.*⟩: Gegenstände, erlegtes Wild herbeibringen (vom Hund)

Ap|po|si|ti|on *die;* -, -en ⟨*lat.*⟩: 1. (Sprachw.) substantivisches Attribut, das üblicherweise im gleichen Kasus steht wie das Substantiv od. Pronomen, zu dem es gehört (z. B. Paris, *die Hauptstadt Frankreichs*). 2. (Biol.) Anlagerung von Substanzen (z. B. Dickenwachstum pflanzlicher Zellwände. Anlagerung von Knochensubstanz beim Aufbau der Knochen); Ggs. ↑ Intussuszeption (1)

ap|po|si|ti|o|nal: ↑ appositionell; vgl. ...al/...ell. **ap|po|si|ti|o|nell** ⟨*lat.-nlat.*⟩: die Apposition (1) betreffend, in der Art einer Apposition gebraucht; vgl. ...al/...ell

Ap|po|si|ti|ons|au|ge *das;* -s, -n: (Zool.) lichtschwaches, doch scharf abbildendes ↑ Facettenauge bei Insekten; vgl. Superpositionsauge

ap|po|si|tiv: (Sprachw.) als Apposition (1) [gebraucht], in der Apposition stehend

ap|prai|siv [aprɛ...] ⟨*engl.*⟩: nicht

wertfrei, bewertend (von Wörtern u. Begriffen)

Ap|pre|hen|si|on *die;* -, -en ⟨*lat.*⟩: Erfassung eines Gegenstandes durch die Sinne; Zusammenfassung mannigfaltiger Sinneseindrücke zu einer Vorstellungseinheit. **ap|pre|hen|siv** ⟨*lat.-nlat.*⟩: 1. reizbar. 2. furchtsam

Ap|pre|teur [...'tø:ɐ̯] *der;* -s, -e ⟨*lat.-galloroman.-fr.*⟩: jmd. (Facharbeiter), der Gewebe, Textilien appretiert. **Ap|pre|teu|rin** [...'tø:rɪn] *die;* -, -nen: weibliche Form zu ↑ Appreteur

ap|pre|tie|ren: Geweben, Textilien durch entsprechendes Bearbeiten ein besseres Aussehen, Glanz, höhere Festigkeit geben

Ap|pre|tur *die;* -, -en ⟨*nlat.*⟩: 1. das Appretieren. 2. Mittel, Masse zum Appretieren. 3. Raum, in dem Textilien appretiert werden

Ap|proach [ə'prəʊtʃ] *der;* -[e]s, -s ⟨*engl.*⟩: 1. Sehweise, Art der Annäherung an ein [wissenschaftliches] Problem. 2. Anfang eines Werbetextes, der die Aufmerksamkeit des Verbrauchers erregen soll. 3. Landeanflug eines Flugzeugs. 4. Annäherungsschlag beim Golf

Ap|pro|ba|ti|on *die;* -, -en ⟨*lat.;* „Billigung, Genehmigung"⟩: 1. staatliche Zulassung zur Berufsausübung als Arzt od. Apotheker. 2. (kath. Rel.) a) Anerkennung, Bestätigung, Genehmigung durch die zuständige kirchliche Autorität; b) Bevollmächtigung zur Wortverkündigung u. zur Spendung des Bußsakraments

ap|pro|ba|tur: es wird gebilligt (Formel der kirchlichen Druckerlaubnis); vgl. Imprimatur (2)

ap|pro|bie|ren: (österr., sonst veraltet) bestätigen, genehmigen. **ap|pro|biert:** zur Ausübung des Berufes staatlich zugelassen (von Ärzten u. Apothekern)

Ap|pro|che [a'prɔʃə] *die;* -, -n ⟨*lat.-fr.*⟩: (Milit. veraltet) Laufgraben. **ap|pro|chie|ren** [...'ʃi:...]: (veraltet) 1. sich nähern. 2. (Milit.) Laufgräben anlegen

Ap|pro|pri|a|ti|on *die;* -, -en ⟨*lat.*⟩: Zu-, Aneignung, Besitzergreifung

Ap|pro|p|ri|a|ti|ons|klau|sel *die;* -:

Klausel, wonach die Regierung Steuergelder nur zu dem vom Parlament gebilligten Zweck verwenden darf

ap|pro|p|ri|ie|ren: in Besitz nehmen

Ap|pro|vi|sa|ti|on *die;* -, -en ⟨*lat.*⟩: (österr. Amtsspr. veraltet) Versorgung, bes. von Truppen, mit Lebensmitteln. **ap|pro|vi|si|o|nie|ren** ⟨*lat.-fr.*⟩: (österr. Amtsspr. veraltet) [Truppen] mit Lebensmitteln versorgen

Ap|pro|xi|ma|ti|on *die;* -, -en ⟨*lat.-nlat.*⟩: 1. (Math.) Näherung[swert], angenäherte Bestimmung od. Darstellung einer unbekannten Größe od. Funktion. 2. Annäherung (an einen bestimmten Zielpunkt o. Ä.)

ap|pro|xi|ma|tiv: angenähert, ungefähr. **Ap|pro|xi|ma|tiv** *das;* -s, -e: (Sprachw.) Formklasse des Adjektivs, die eine Annäherung ausdrückt (vergleichbar deutschen Adjektivbildungen wie rötlich zu rot)

A|p|ra|xie *die;* -, ...ien ⟨*gr.*⟩: (Med.) durch zentrale Störungen bedingte Unfähigkeit, sinnvolle u. zweckmäßige Bewegungen auszuführen

a|p|rès nous le dé|luge [aprɛnul de'ly:ʒ] ⟨*fr.;* „nach uns die Sintflut!"⟩: angeblicher Ausspruch der Marquise de Pompadour nach der verlorenen Schlacht bei Roßbach 1757): nach mir die Sintflut!; es ist mir ganz gleich, was später geschieht

A|p|rès-Ski [aprɛ'ʃi, apres'ki] *das;* - ⟨*fr.; norw.*⟩: a) Zerstreuung od. Vergnügen [nach dem Skilaufen] im Winterurlaub; b) sportlich saloppe, modisch elegante Kleidung, die von Winterurlaubern im Allgemeinen nach dem Skilaufen getragen wird

a|p|ri|cot [...'ko:] ⟨*lat.-vulgärlat.-spätgr.-arab.-span.-fr.*⟩: aprikosenfarben

A|p|ri|ko|se *die;* -, -n ⟨*lat.-vulgärlat.-spätgr.-arab.-span.-fr.-niederl.*⟩: a) gelbliche, pflaumengroße, fleischige Steinfrucht des Aprikosenbaumes; b) Aprikosenbaum; c) Gartenzierbaum aus Japan

A|p|ril *der;* -[s], -e ⟨*lat.*⟩: vierter Monat im Jahr; Abk.: Apr.

A|p|ril|the|sen *die* (Plural): von Lenin am 17. April 1917 ver-

kündetes Aktionsprogramm, das die Aktionen der bolschewistischen Partei auf dem Weg von der Februar- zur Oktoberrevolution bestimmte
a pri|ma vis|ta [- - v...] ⟨*it.*; „auf den ersten Blick"⟩: 1. ohne vorherige Kenntnis, unvorbereitet. 2. (Mus.) vom Blatt, d. h. ohne vorhergehende Probe bzw. Kenntnis der Noten singen od. spielen; vgl. a vista
a pri|o|ri ⟨*lat.*; „vom Früheren her"⟩: 1. (Erkenntnistheorie) von der Erfahrung od. Wahrnehmung unabhängig, aus der Vernunft durch logisches Schließen gewonnen; Ggs. ↑ a posteriori. 2. grundsätzlich, von vornherein; Ggs. ↑ a posteriori
A|pri|o|ri das; -, -: (Philos.) Vernunftsatz, Inbegriff der Erkenntnisse, die a priori gewonnen werden; Ggs. ↑ Aposteriori
a|pri|o|risch: aus Vernunftgründen [erschlossen], allein durch Denken gewonnen; Ggs. ↑ aposteriorisch
A|pri|o|ris|mus der; -, ...men ⟨*lat.-nlat.*⟩: a) Erkenntnis a priori; b) philosophische Lehre, die eine von der Erfahrung unabhängige Erkenntnis annimmt.
A|pri|o|rist der; -en, -en: Vertreter der Lehre des Apriorismus.
A|pri|o|ris|tin die; -, -nen: weibliche Form zu ↑ Apriorist.
a|pri|o|ris|tisch: den Apriorismus betreffend
a|p|ro|pos [...'po:] ⟨*fr.*; „zum Gesprächsthema"⟩: nebenbei bemerkt, übrigens; da wir gerade davon sprechen
A|p|ros|do|ke|se die; -, -n ⟨*gr.-nlat.*⟩: (Rhet., Stilk.) Anwendung des ↑ Aprosdoketons als bewusstes Stilmittel
a|p|ros|do|ke|tisch: a) die Aprosdokese, das Aprosdoketon betreffend; b) in Form eines Aprosdoketons abgefasst
A|p|ros|do|ke|ton das; -s, ...ta ⟨*gr.*; „Unerwartetes"⟩: (Rhet., Stilk.) unerwartet gebrauchtes, auffälliges Wort bzw. Redewendung anstelle erwarteter geläufiger Wörter od. Wendungen
A|p|ro|s|e|xie die; -, ...ien ⟨*gr.-nlat.*⟩: Konzentrationsschwäche; Störung des Vermögens, sich geistig zu sammeln, aufmerksam zu sein
Ap|si|de die; -, -n ⟨*gr.-lat.*⟩: 1. (As-

tron.) Punkt der kleinsten od. größten Entfernung eines Planeten von dem Gestirn, das er umläuft. 2. ↑ Apsis (1). **Ap|si-den|li|nie** die; -, -n: Verbindungslinie der beiden Apsiden
ap|si|di|al ⟨*gr.-nlat.*⟩: a) die Apsis (1) betreffend; b) nach Art einer Apsis (1) gebaut
Ap|sis die; -, ...iden ⟨*gr.-lat.*⟩: 1. halbrunde, auch vieleckige Altarnische als Abschluss eines Kirchenraumes. 2. [halbrunde] Nische im Zelt zur Aufnahme von Gepäck u. a.
¹A|p|te|rie die; -, -n (meist Plural) ⟨*gr.-nlat.*⟩: (Zool.) federfreie Stelle im Gefieder der Vögel
²A|p|te|rie die; -: (Zool.) Flügellosigkeit (bei Insekten)
a|p|te|ry|got: (Zool.) flügellos (von Insekten). A|p|te|ry|go|ten die (Plural): (Zool.) flügellose Insekten
ap|tie|ren ⟨*lat.*⟩: 1. (veraltet) anpassen; herrichten. 2. (in der Briefmarkenkunde) einen Stempel den neuen Erfordernissen anpassen, um ihn weiterhin benutzen zu können
Ap|ti|tude [ˈæptɪtjuːd] die; -, -s ⟨*lat.-engl.*⟩: anlagebedingte Begabung, die die Voraussetzung für eine bestimmte Höhe der Leistungsfähigkeit ist. **Ap|ti-tude|test** der; -s, -s: Leistungsmaß zur Bestimmung der Lernfähigkeit in verschiedenen Verhaltensbereichen
A|p|ty|a|lis|mus der; - ⟨*gr.-nlat.*⟩: (Med.) völliges Aufhören der Speichelabsonderung; vgl. Asialie
A|py|r|e|xie die; -, ...ien ⟨*gr.-nlat.*⟩: (Med.) fieberloser Zustand, fieberfreie Zeit
aq. dest.: ↑ Aqua destillata
A|qua|bike [...baɪk] das; -s, -s ⟨*lat.; engl.*⟩: Wassermotorrad; kleines, sehr wendiges Wasserfahrzeug mit Strahltriebwerk
A|qua de|s|til|la|ta das; - - ⟨*lat.*⟩: destilliertes, chemisch reines Wasser; Abk.: aq. dest.
A|quä|dukt der (auch: das); -[e]s, -e ⟨*lat.*⟩: (altrömisches) steinernes, brückenartiges Bauwerk mit einer Rinne, in der das Wasser für die Versorgung der Bevölkerung weitergeleitet wurde
A|qua|fit|ness die; - ⟨*lat.; engl.*⟩: a) Sammelbezeichnung für Be-

wegungsübungen im Wasser (z. B. Wassertreten, -gymnastik); b) durch Aquafitness (a) erzieltes physisches u. psychisches Wohlbefinden
A|qua|jog|ging das; -s ⟨*lat.; engl.*⟩: kraftvolles Sich-vorwärts-Bewegen od. andere Bewegungsübungen im brusthohen Wasser
A|qua|kul|tur die; -, -en ⟨*lat.*⟩: 1. (ohne Plural) systematische Bewirtschaftung u. Nutzung von Meeren, Seen u. Flüssen (z. B. durch Anlegen von Muschelkulturen). 2. (ohne Plural) Verfahren zur Intensivierung der Fischzüchtung u. -produktion. 3. Anlage, in der Verfahren zur extensiven Nutzung des Meeres od. zur Intensivierung der Fischproduktion entwickelt werden
ä|qual ⟨*lat.*⟩: gleich [groß], nicht verschieden; Ggs. ↑ inäqual
A|qua|ma|ni|le das; -, -n ⟨*lat.-mlat.*⟩: Gießgefäß od. Schüssel (zur Handwaschung des Priesters bei der Messe)
a|qua|ma|rin: von der Farbe des Aquamarins. A|qua|ma|rin der; -s, -e ⟨*lat.-roman.*; „Meerwasser"⟩: meerblauer ↑ Beryll, Edelstein
A|qua|naut der; -en, -en ⟨*lat.; gr.*⟩: Forscher, der in einer Unterwasserstation die besonderen Lebens- und Umweltbedingungen in größeren Meerestiefen erforscht. A|qua|nau|tik die; -: Teilgebiet der ↑ Ozeanographie, auf dem man sich mit Möglichkeiten des längerfristigen Aufenthaltes von Menschen unter Wasser sowie der Erkundung u. Nutzung von Meeresbodenschätzen befasst. A|qua|nau|tin die; -, -nen: weibliche Form zu ↑ Aquanaut
A|qua|pla|ning das; -[s], -s ⟨*lat.-engl.*⟩: „Wassergleiten"): Wasserglätte; bei höheren Geschwindigkeiten vorkommendes Rutschen, Gleiten der Reifen eines Kraftfahrzeugs auf Wasser, das sich auf einer regennassen Straße gesammelt hat
A|qua|rell das; -s, -e ⟨*lat.-it. (-fr.)*⟩: mit Wasserfarben gemaltes Bild. a|qua|rel|lie|ren: mit Wasserfarben malen. A|qua|rel|list der; -en, -en: Künstler, der mit Wasserfarben malt. A|qua|rel-

A

lis|tin *die; -, -nen:* weibliche Form zu ↑ Aquarellist

A|qua|ri|a|ner *der; -s, - ⟨lat.-nlat.⟩:* Aquarienliebhaber. A|qua|ri|a|ne|rin *die; -, -nen:* weibliche Form zu ↑ Aquarianer

A|qua|ri|den *die* (Plural): zwei im Sommer beobachtbare Meteorströme

A|qua|rist *der; -en, -en:* jmd., der sich mit Aquaristik beschäftigt.

A|qua|ris|tik *die; -:* sachgerechtes Halten u. Züchten von Wassertieren u. -pflanzen als Hobby od. aus wissenschaftlichem Interesse. A|qua|ris|tin *die; -, -nen:* weibliche Form zu ↑ Aquarist. a|qua|ris|tisch: die Aquaristik betreffend

A|qua|ri|um *das; -s, ...ien:* 1. Behälter zur Pflege, Zucht u. Beobachtung von Wassertieren. 2. Gebäude [in zoologischen Gärten], in dem in verschiedenen Aquarien (1) Wassertiere u. -pflanzen ausgestellt werden

A|qua|tel *das; -s, -s ⟨Kurzw. aus lat. aqua „Wasser“ u. Hotel⟩:* Hotel, das anstelle von Zimmern od. Apartments Hausboote vermietet

A|qua|tin|ta *die; -, ...ten ⟨lat.-it.⟩:* 1. (ohne Plural) Kupferstichverfahren, das die Wirkung der Tuschzeichnung nachahmt. 2. einzelnes Blatt in Aquatintatechnik

a|qua|tisch ⟨lat.⟩: 1. dem Wasser angehörend; im Wasser lebend. 2. wässerig

Ä|qua|tiv *der; -s, -e ⟨lat.-nlat.⟩:* (Sprachw.) 1. Vergleichsstufe des Adjektivs im Keltischen zur Bezeichnung der Gleichheit od. Identität bei Personen od. Sachen. 2. Kasus in den kaukasischen Sprachen zur Bezeichnung der Gleichheit od. Identität

A|qua|tone|ver|fah|ren [ak-va'to:n...] *das; -s ⟨engl.; dt.⟩:* (Druckw.) Offsetdruckverfahren für bes. feine Raster

Ä|qua|tor *der; -s, ...toren ⟨lat.; „Gleichmacher“⟩:* 1. (ohne Plural) größter Breitenkreis, der die Erde in die nördliche u. die südliche Halbkugel teilt. 2. (Math.) Kreis auf einer Kugel, dessen Ebene senkrecht auf einem vorgegebenen Kugeldurchmesser steht

Ä|qua|to|re|al, Äquatorial *das; -s,*

-e ⟨lat.-nlat.⟩: (veraltet) ein um zwei Achsen bewegbares astronomisches Fernrohr, mit dem man Stundenwinkel u. ↑ Deklination (2) ablesen kann

ä|qua|to|ri|al: a) den Äquator betreffend; b) unter dem Äquator befindlich. Ä|qua|to|ri|al vgl. Äquatoreal

à qua|tre [a 'katrə] ⟨fr.⟩: zu vieren

à qua|tre mains [- - mɛ̃] ⟨fr.; „zu vier Händen“⟩: (Mus.) vierhändig

à qua|tre par|ties [- - par'ti:]: (Mus.) vierstimmig

A|qua|vit [...'vi:t, auch: ...'vɪt] *der; -s, -e ⟨lat.-nlat.; „Lebenswasser“⟩:* vorwiegend mit Kümmel gewürzter Branntwein

Ä|qui|den|si|te *die; -, -n ⟨lat.⟩:* Kurve gleicher Schwärzung od. Helligkeit auf einem [astronomischen] Foto bzw. Kurve gleicher Leuchtdichte

ä|qui|dis|tant: (Math.) gleich weit voneinander entfernt, gleiche Abstände aufweisend (z. B. von Punkten od. Kurven).

Ä|qui|dis|tanz *die; -, -en:* gleich großer Abstand

ä|qui|fa|zi|al: (Bot.) auf Ober- u. Unterseite gleichartig gebaut

A|qui|fer *der; -s ⟨lat.⟩:* (Geol.) Grund- od. Mineralwasser enthaltende Erdschicht

Ä|qui|gla|zi|a|le *die; -, -n ⟨lat.-nlat.⟩:* Verbindungslinie zwischen Orten gleich langer Eisbedeckung auf Flüssen u. Seen

Ä|qui|gra|vis|s|phä|re *die; -:* (Astron.) kosmische Zone, in der sich die Schwerkraft der Erde u. des Mondes die Waage halten

ä|qui|li|b|rie|ren: ins Gleichgewicht bringen

Ä|qui|li|b|ris|mus *der; -:* scholastische Lehre vom Einfluss des Gleichgewichts der Motive auf die freie Willensentscheidung

Ä|qui|li|b|rist *der; -en, -en ⟨lat.-fr.⟩:* ↑ Artist (2), der die Kunst des Gleichgewichthaltens (mit u. von Gegenständen) beherrscht, bes. Seiltänzer

Ä|qui|li|b|ris|tik *die; -:* die Kunst des Gleichgewichthaltens.

Ä|qui|li|b|ris|tin *die; -, -nen:* weibliche Form zu ↑ Äquilibrist.

ä|qui|li|b|ris|tisch: die Äquilibristik betreffend

Ä|qui|li|b|ri|um *das; -s ⟨lat.-fr.⟩:* Gleichgewicht

ä|qui|mo|lar ⟨lat.-nlat.⟩: gleiche

Anzahl von Molen (vgl. Mol) pro Volumeneinheit enthaltend (von Gasen od. Flüssigkeiten)

ä|qui|mo|le|ku|lar: gleiche Anzahl von ↑ Molekülen pro Volumeneinheit enthaltend (von Lösungen)

ä|qui|nok|ti|al ⟨lat.⟩: a) das Äquinoktium betreffend; b) tropisch, Tropen...

Ä|qui|nok|ti|al|sturm *der; -[e]s, ...stürme* (meist Plural): in der Zeit der Tagundnachtgleiche bes. am Rande der Tropen auftretende Stürme

Ä|qui|nok|ti|um *das; -s, ...ien:* Tagundnachtgleiche

ä|qui|pol|lent ⟨lat.-nlat.; „gleich viel geltend“⟩: (Philos.) gleichbedeutend, aber verschieden formuliert (von Begriffen od. Urteilen). Ä|qui|pol|lenz *die; - ⟨lat.-nlat.⟩:* (Philos.) logisch gleiche Bedeutung von Begriffen od. Urteilen, die verschieden formuliert sind

Ä|qui|tät *die; - ⟨lat.⟩:* (veraltet) das eigentlich übliche u. jmdm. zustehende Recht, Gerechtigkeit

ä|qui|va|lent ⟨lat.-nlat.⟩: gleichwertig, im Wert od. in der Geltung dem Verglichenen entsprechend. Ä|qui|va|lent *das; -s, -e:* gleichwertiger Ersatz, Gegenwert

Ä|qui|va|lent|ge|wicht *das; -s, -e:* ↑ Quotient aus Atomgewicht u. Wertigkeit eines chemischen Elements

Ä|qui|va|lenz *die; -, -en:* 1. Gleichwertigkeit. 2. (Logik) Gleichwertigkeit der Wahrheitsgehaltes, der Bedeutung zweier Aussagen. 3. (Math.) Gleichwertigkeit von Mengen gleicher Mächtigkeit

Ä|qui|va|lenz|prin|zip *das; -s:* 1. (Rechtsw.) Grundsatz der Gleichwertigkeit von Leistung u. Gegenleistung (z. B. bei der Festsetzung von Gebühren). 2. Äquivalenztheorie. 3. (Phys., Relativitätstheorie) a) der Satz von der Äquivalenz von träger u. schwerer Masse; b) der Satz von der Äquivalenz von Masse u. Energie

Ä|qui|va|lenz|the|o|rie *die; -:* 1. (Strafrecht) Lehre von der Gleichwertigkeit aller Bedingungen; vgl. Adäquanztheorie. 2. (Finanzwissenschaft) Theorie zur Rechtfertigung der Erhebung von Steuern als Gegenleistung des Einzelnen für den Nutzen, den ihm der Staat gewährt

ä|qui|vok ⟨*lat.*⟩: a) verschieden deutbar, doppelsinnig; b) zwei-, mehrdeutig, von verschiedener Bedeutung trotz gleicher Lautung. **Ä|qui|vo|ka|ti|on** *die; -, -en:* 1. Doppelsinnigkeit, Mehrdeutigkeit. 2. (Philos.) Wortgleichheit bei Sachverschiedenheit

Ar *das* (auch: *der); -s, -e* (aber: 3 -) ⟨*lat.-fr.*⟩: Flächenmaß von 100 m²; Zeichen: a; vgl. Are

A|ra *der; -s, -s* ⟨*Tupi-fr.*⟩, Arara ⟨*Tupi-port.*⟩: Langschwanzpapagei aus dem tropischen Südamerika

Ä|ra *die; -, Ären* ⟨*lat.*⟩: 1. längerer, durch etwas Bestimmtes gekennzeichneter, geprägter Zeitabschnitt. 2. (Geol.) Erdzeitalter (Gruppe von ↑ Formationen 5 a der Erdgeschichte)

A|ra|ber [auch: a'ra:bɐ] *der; -s, -* ⟨nach dem geographischen Begriff Arabien⟩: 1. Bewohner der Arabischen Halbinsel. 2. arabisches Vollblut, Pferd einer edlen Rasse. **A|ra|be|rin** [auch: a'ra:...] *die; -, -nen:* weibliche Form zu ↑ Araber

a|ra|besk ⟨*arab.-gr.-lat.-it.-fr.*⟩: „in arabischer Art"⟩: rankenförmig verziert, verschnörkelt. **A|ra|bes|ke** *die; -, -n* ⟨*arab.-gr.-lat.-it.-fr.*⟩: 1. rankenförmige Verzierung, Ornament; vgl. Moreske. 2. Musikstück für Klavier

A|ra|besque [...'bɛsk] *die; -, -s* [...'bɛsk]: (Ballett) Tanzpose auf einem Standbein, bei der das andere Bein gestreckt nach hinten angehoben ist

A|ra|bi|no|se *die; -* ⟨*gr.-nlat.*⟩: ein einfacher Zucker mit 5 Sauerstoffatomen im Molekül, der u. a. in Rüben, Kirschen u. Pfirsichen vorkommt

A|ra|bis *die; -:* Gänsekresse (eine Polster bildende Zierpflanze)

A|ra|bist *der; -en, -en:* Wissenschaftler auf dem Gebiet der Arabistik. **A|ra|bis|tik** *die; -:* wissenschaftliche Erforschung der arabischen Sprache u. Literatur. **A|ra|bis|tin** *die; -, -nen:* weibliche Form zu ↑ Arabist. **a|ra|bis|tisch:** die Arabistik betreffend

A|ra|bit [auch: ...'bɪt] *der; -s:* fünfwertiger Zuckeralkohol, der durch ↑ Reduktion (5 b) aus Arabinose entsteht u. oft in Flechten vorkommt

A|rach|ni|de vgl. Arachnoide **A|rach|ni|tis** u. **A|rach|no|i|di|tis** *die; -, ...itiden* ⟨*gr.-nlat.*⟩: Entzündung der Arachnoidea

A|rach|no|dak|ty|lie *die; -, ...ien:* (Med.) abnorme Länge der Hand- u. Fußknochen (Spinnenfingrigkeit)

a|rach|no|id: spinnenähnlich

A|rach|no|i|de u. Arachnide *die; -, -n:* Spinnentier

A|rach|no|i|dea *die; -:* (Med.) eine der drei Hirnhäute, die das Zentralnervensystem der Säugetiere u. des Menschen umgeben

A|rach|no|i|di|tis vgl. Arachnitis

A|rach|no|lo|ge *der; -n, -n:* Wissenschaftler auf dem Gebiet der Arachnologie. **A|rach|no|lo|gie** *die; -:* Wissenschaft von den Spinnentieren (Spinnenkunde). **A|rach|no|lo|gin** *die; -, -nen:* weibliche Form zu ↑ Arachnologe. **a|rach|no|lo|gisch:** die Arachnologie betreffend

A|rach|no|pho|bie *die; -, -ien:* [krankhafte] Furcht vor Spinnen

A|ra|go|int [auch: ...'nɪt] *der; -s* ⟨*nlat.; nach der span. Landschaft Aragonien*⟩: ein Mineral aus der Gruppe der ↑ Karbonate

A|rai *die* (Plural) ⟨*gr.*⟩: altgriechische Literaturgattung der Verwünschungsgedichte u. Schmähverse

A|ra|lie [...lĭə] *die; -, -n* ⟨Herkunft unbekannt⟩: Zimmerpflanze aus der Familie der Efeugewächse

A|ran|zi|ni *die* (Plural) ⟨*pers.-arab.-span.-it.*⟩: (bes. österr.) überzuckerte od. schokoladenüberzogene gekochte Orangenschalen

A|rä|o|me|ter *das; -s, -* ⟨*gr.-nlat.*⟩: (Phys.) Gerät zur Bestimmung der Dichte bzw. des spezifischen Gewichts von Flüssigkeiten u. festen Stoffe

Ä|rar *das; -s, -e* ⟨*lat.*⟩: 1. a) Staatsschatz, -vermögen; b) Staatsarchiv. 2. (österr.) ↑ Fiskus

A|ra|ra vgl. Ara

ä|ra|risch ⟨*lat.*⟩: zum ↑ Ärar gehörend; staatlich

A|rau|ka|rie [...rĭə] *die; -, -n* ⟨*nlat.;*

nach der chilenischen Provinz Arauco⟩: auf der Südhalbkugel vorkommender, als Zimmerpflanze nutzbarer Baum mit nadelförmigen Blättern

A|raz|zo *der; -s, ...zzi* ⟨*it.;* nach der nordfranz. Stadt Arras⟩: ital. Bez. für: gewirkter Bildteppich [aus Arras]

Ar|bi|ter *der; -s, -* ⟨*lat.*⟩: (veraltet) Schiedsrichter; **Arbiter Elegantiarum:** Sachverständiger in Fragen des guten Geschmacks; **Arbiter Litterarum:** Literatursachverständiger

Ar|bi|t|ra|ge [...ʒə; österr. ...ʒ] *die; -, -n* ⟨*lat.-fr.*⟩: 1. Ausnutzung von Preis- od. Kursunterschieden für das gleiche Handelsobjekt (z. B. Gold, Devisen) an verschiedenen Börsen. 2. Schiedsgerichtsvereinbarung im Handelsrecht

ar|bi|t|r|är: (Math.) dem Ermessen überlassen, beliebig; nach Ermessen, willkürlich; **arbiträre Größe:** durch einen Buchstaben angedeutete, beliebige konstante Größe; **arbiträres Sprachzeichen:** (Sprachw.) nicht naturgegebenes, sondern einer vorauszusetzenden Konvention entsprechendes Sprachzeichen als verbindliche Zuordnung zwischen Lautgestalt u. Wortinhalt

Ar|bi|t|ra|ri|tät *die; -* ⟨*lat.-nlat.*⟩: (Sprachw.) Beliebigkeit des sprachlichen Zeichens im Hinblick auf die Zusammengehörigkeit von ↑ Signifikant u. ↑ Signifikat

Ar|bi|t|ra|ti|on *die; -, -en:* Schiedswesen für Streitigkeiten an der Börse

Ar|bi|t|ra|tor *der; -s, ...oren* ⟨*lat.*⟩: (veraltet) Schiedsrichter

ar|bi|t|rie|ren ⟨*lat.-fr.*⟩: 1. (veraltet) schätzen. 2. eine Arbitrage (1) vollziehen. 3. (schweiz.) Schiedsrichter beim Sport sein

Ar|bi|t|ri|um *das; -s, ...ia* ⟨*lat.*⟩: Schiedsspruch, Gutachten (im römischen Zivilprozessrecht)

Ar|bo|re|al *das; -s, -e* ⟨*lat.*⟩: (Biol.) der ↑ ökologische Lebensraum Wald

Ar|bo|re|tum *das; -s, ...ten:* (Bot.) Baumschule; zu Studienzwecken angelegte Sammelpflanzung verschiedener Baumarten

Ar|bu|se *die; -, -n* ⟨*pers.-russ.*⟩: Wassermelone

A

arc: Formelzeichen für ↑ Arkus
ARC ⟨Abk. für *engl.* American Red Cross⟩: amerikanisches Rotes Kreuz
Ar|cha|ik *die; -* ⟨*gr.*⟩: a) frühzeitliche Kulturepoche; b) archaische Art
Ar|cha|i|ker *der; -s, -:* in ↑ archaischem (3) Stil schaffender Künstler. **Ar|cha|i|ke|rin** *die; -, -nen:* weibliche Form zu ↑ Archaiker
Ar|cha|i|kum, auch: **Ar|chä|i|kum** *das; -s* ⟨*gr.-nlat.*⟩: (Geol.) ältester Abschnitt des Archäozoikums
ar|cha|isch: 1. a) der Vor-, Frühzeit angehörend od. aus ihr überkommen; vor-, frühzeitlich; b) (Psychol.) entwicklungsgeschichtlich älteren Schichten der Persönlichkeit angehörend. 2. altertümlich, veraltet. 3. der Frühstufe eines Stils (bes. der vorklassischen Epoche der griechischen Kunst) angehörend, entstammend
ar|chä|isch: das Archaikum, Archäikum betreffend
ar|cha|i|sie|ren: archaische Formen verwenden, nach alten Vorbildern gestalten
Ar|cha|is|mus *der; -, ...men:* a) (ohne Plural) Rückgriff auf veraltete Wörter, Sprach- od. Stilformen; b) älteres, einer früheren Zeit angehörendes Element (in Sprache od. Kunst)
Ar|cha|ist *der; -en, -en:* Vertreter einer künstlerischen, geistigen Haltung, die sich an einer frühzeitlichen Epoche orientiert.
Ar|cha|is|tin *die; -, -nen:* weibliche Form zu ↑ Archaist
ar|cha|is|tisch: den Archaismus betreffend
Ar|chan|th|ro|pi|nen *die* (Plural) ⟨*gr.-nlat.*⟩: Gruppe der Urmenschen, in deren Lebenszeit die Entdeckung des Feuers fällt
Ar|chä|o|lo|ge *der; -n, -n* ⟨*gr.*⟩: Wissenschaftler auf dem Gebiet der Archäologie, Altertumsforscher. **Ar|chä|o|lo|gie** *die; -:* Wissenschaft von den sichtbaren Überresten alter Kulturen; Altertumswissenschaft. **Ar|chä|o|lo|gin** *die; -, -nen:* weibliche Form zu ↑ Archäologe. **ar|chä|o|lo|gisch:** die Archäologie betreffend
Ar|chä|o|me|t|rie *die; -:* Gesamtheit der naturwissenschaftli-

chen Methoden u. Verfahren, die in der Archäologie zur Auffindung, Untersuchung u. Bestimmung von Objekten angewandt werden
Ar|chä|o|phyt *der; -en, -en:* ↑ Adventivpflanze der frühgeschichtlichen Zeit
Ar|chä|o|p|te|ris *die; -, ...ri|den:* ausgestorbener Farn des ↑ Devons
Ar|chä|o|p|te|ryx *der; -[es], -e od. ...pte|ryges,* auch: *die; -, -e od. ...pte|ryges:* ausgestorbener Urvogel aus dem ↑ ²Jura
Ar|chä|o|zo|i|kum *das; -s:* ⟨*gr.-nlat.*⟩: (Geol.) die erdgeschichtliche Frühzeit mit den Abschnitten ↑ Archaikum u. ↑ Algonkium
Ar|che|bak|te|rie *die; -, -n* (meist Plural): (Biol.) an extremen Standorten (z. B. in Salzseen) vorkommender, früher den Bakterien zugeordneter Organismus
Ar|che|get *der; -en, -en* ⟨*gr.*⟩: Stammvater; Vorläufer, Protagonist
Ar|che|go|ni|a|ten *die* (Plural) ⟨*gr.-nlat.*⟩: zusammenfassende Bezeichnung für Farn- pflanzen, die an einem Archegonium ausbilden
Ar|che|go|ni|um *das; -s, ...ien:* Geschlechtsorgan der Moose u. Farne, das weibliche Keimzellen ausbildet
Ar|chen|ze|pha|lon *das; -s:* Urhirn als entwicklungsgeschichtliche Vorstufe des Vor- u. Mittelhirns
Ar|che|s|por *das; -s:* (Biol.) Zellschicht, aus der entwicklungsgeschichtlich die Sporen der Moose u. Farne sowie die Pollen der höheren Pflanzen hervorgehen
Ar|che|typ [auch: ˈar...] *der; -s, -en* u. **Archetypus** *der; -, ...pen* ⟨*gr.-lat.;* „zuerst geprägt; Urbild"⟩: 1. (Philos.) Urbild, Urform des Seienden. 2. a) (Psychol.) (nach C. G. Jung) die Komponente des kollektiven Unbewussten im Menschen, die die ererbte Grundlage der Persönlichkeitsstruktur bildet; b) Urform, Musterbild. 3. a) älteste überlieferte od. erschließbare Fassung einer Handschrift, eines Druckes; b) Original eines Kunst- od. Schriftwerkes im Gegensatz

zu Nachbildungen od. Abschriften
ar|che|ty|pisch [auch: ˈar...]: einem Archetyp entsprechend, zugehörend
Ar|che|ty|pus vgl. Archetyp
Ar|che|us *der; -, ...chei* ⟨*gr.-nlat.*⟩: Bez. für eine als schaffend und gestaltend vorgestellte Naturkraft (in der humanistischen Naturphilosophie)
Ar|chi|di|a|kon [süddt. u. österr. auch: ...ˈdi:...] *der; -s* u. -en, -e[n] ⟨*gr.-lat.*⟩: 1. a) erster Diakon, Stellvertreter des Bischofs in der alten u. frühmittelalterlichen Kirche; b) Stellvertreter eines anglikanischen Bischofs. 2. (bes. im Mittelalter) Vorsteher eines Kirchensprengels. 3. Ehrentitel in der evangelischen Kirche; Träger dieses Titels. 4. zweiter Geistlicher an evangelischen Stadtkirchen
Ar|chi|di|a|ko|nat *das* (auch: *der*); -[e]s, -e: 1. Amt eines Archidiakons. 2. Wohnung eines Archidiakons. 3. Kirchensprengel
Ar|chi|fo|nem vgl. Archiphonem
Ar|chi|ge|ne|se, Ar|chi|ge|ne|sis *die; -:* ↑ Abiogenese
Ar|chi|go|nie *die; -* ⟨*gr.-nlat.*⟩: ↑ Abiogenese
Ar|chi|le|xem *das; -s, -e* ⟨*gr.*⟩: (Sprachw.) das ↑ Lexem innerhalb eines Wortfeldes, das den allgemeinsten Inhalt hat (z. B. *Pferd* gegenüber *Gaul, Klepper, Rappe, Hengst*)
Ar|chi|lo|chi|us *der; -* ⟨*gr.-lat.; nach* dem altgriech. Dichter Archilochos⟩: Bez. für verschiedene antike Versformen; **Archilochius maior:** aus einer ↑ daktylischen ↑ Tetrapodie u. einem ↑ Ithyphallicus bestehende Versform
Ar|chi|man|d|rit *der; -en, -en* ⟨*gr.-lat.*⟩: 1. Oberer eines ostkirchlichen Kloster[verband]s. 2. Ehrentitel für verdiente Priester einer Ostkirche u. Träger dieses Titels
ar|chi|me|disch ⟨nach dem griech. Mathematiker Archimedes⟩: in den Fügungen **archimedische Schraube:** Gerät zur Be- od. Entwässerung; Wasserschnecke; **archimedisches Prinzip:** (Phys.) Prinzip, nach dem der statische Auftrieb eines Körpers gleich dem Gewicht der von ihm verdrängten Flüssigkeits- od. Gasmenge ist; **archi-**

medischer Punkt: a) von Archimedes geforderter fester Standpunkt außerhalb der Erde, vom dem aus er die Erde in Bewegung setzen könne; b) fester Standpunkt, von dem aus etwas grundlegend bestimmt, bewegt, verändert werden kann; Angelpunkt

Ar|chi|pel *der;* -s, -e ⟨*gr.-mgr.-it.*⟩: größere Inselgruppe

Ar|chi|pho|nem, auch: ...fonem *das;* -s, -e ⟨*gr.*⟩: (Sprachw.) Gesamtheit der ↑ distinktiven Merkmale, die zwei oder mehreren ↑ Phonemen gemeinsam sind

Ar|chi|pres|by|ter *der;* -s, - ⟨*gr.-lat.;* „Erzpriester"⟩: 1. (hist.) oberster Priester einer [Bischofs]kirche; Erzpriester. 2. a) Vorsteher eines ländlichen evangelischen Kirchenkreises; b) Ehrentitel für verdiente evangelische Geistliche; Träger dieses Titels

Ar|chi|tekt *der;* -en, -en ⟨*gr.;* „Oberzimmermann, Baumeister"⟩: auf einer Hochschule ausgebildeter Experte, der Bauwerke entwirft u. gestaltet, Baupläne ausarbeitet u. deren Ausführung überwacht. **Ar|chi|tek|tin** *die;* -, -nen: weibliche Form zu ↑ Architekt

Ar|chi|tek|to|nik *die;* -, -en: 1. (ohne Plural) Wissenschaft von der Baukunst. 2. a) [kunstgerechter] Aufbau eines Bauwerks; b) strenger, gesetzmäßiger [künstlerischer od. geistiger] Aufbau. **ar|chi|tek|to|nisch:** die Architektonik betreffend

Ar|chi|tek|tur *die;* -, -en: 1. a) (ohne Plural) Baukunst [als wissenschaftliche Disziplin]; b) Baustil. 2. der nach den Regeln der Baukunst gestaltete Aufbau eines Gebäudes

ar|chi|tek|tu|ral: (schweiz.) architektonisch

Ar|chi|t|rav *der;* -s, -e ⟨*gr.; lat.*⟩ *it.*⟩: auf Säulen ruhender, tragender Querbalken in der antiken u. späteren Baukunst

Ar|chiv *das;* -s, -e ⟨*gr.-lat.;* „Regierungs-, Amtsgebäude"⟩: a) Einrichtung zur systematischen Erfassung, Erhaltung u. Betreuung rechtlicher u. politischer Dokumente; b) geordnete Sammlung von wichtigen Dokumenten, Akten; c) Raum, Gebäude für ein Archiv (a, b)

Ar|chi|va|le *das;* -s, ...lien (meist Plural) ⟨*nlat.*⟩: Aktenstück, Urkunde aus einem Archiv. **ar|chi|va|lisch:** urkundlich

Ar|chi|var *der;* -s, -e: fachkundlich ausgebildeter Betreuer eines Archivs. **Ar|chi|va|rin** *die;* -, -nen: weibliche Form zu ↑ Archivar. **ar|chi|va|risch:** a) das Archiv betreffend; b) den Archivar betreffend

ar|chi|vie|ren: in ein Archiv aufnehmen. **ar|chi|visch:** das Archiv betreffend

Ar|chi|vis|tik *die;* -: Archivwissenschaft

Ar|chi|vol|te *die;* -, -n ⟨*mlat.-it.*⟩: (Archit.) 1. bandartige Stirn- u. Innenseite eines Rundbogens. 2. plastisch gestalteter Bogenlauf im romanischen u. gotischen Portal

Ar|chon *der;* -s, Archonten u. **Ar|chont** *der;* -en, -en ⟨*gr.-lat.*⟩: höchster Beamter in Athen u. anderen Städten der Antike. **Ar|chon|tat** *das;* -[e]s, -e ⟨*nlat.*⟩: 1. Amt eines Archonten. 2. Amtszeit eines Archonten

ar|co ↑ coll'arco

Ar|cus vgl. Arkus

Ar|da|bil, Ar|de|bil *der;* -[s], -s ⟨nach der iran. Stadt (bedeutender Teppichhandelsplatz)⟩: handgeknüpfter Teppich

Ar|do|me|ter ® *das;* -s, - ⟨*lat.; gr.*⟩: Gerät zur Messung hoher Temperaturen; vgl. Pyrometer

A|re *die;* -, -n: (schweiz.) ↑ Ar

¹A|rea *die;* -, Areen od. -s ⟨*lat.*⟩: 1. (veraltet) Fläche, Kampfplatz. 2. (Anat.) umschriebener Bezirk eines Organs

²A|rea *die;* -, -s ⟨*lat.-span.*⟩: Flächeneinheit in Kolumbien u. Argentinien

A|re|a|funk|ti|on *die;* -, -en ⟨*lat.*⟩: (Math.) Umkehrfunktion einer ↑ Hyperbelfunktion

a|re|al ⟨*lat.-nlat.*⟩: Verbreitungsgebiete betreffend. **A|re|al** *das;* -s, -e: 1. Bodenfläche. 2. Verbreitungsgebiet einer Tier- od. Pflanzenart

A|re|al|kun|de *die;* -: Wissenschaft von der räumlichen Verbreitung der Tiere u. Pflanzen auf der Erde; Chorologie (2)

A|re|al|lin|gu|is|tik *die;* -: [neuere] Sprachgeographie. **a|re|al|lin|gu|is|tisch:** die Areallinguistik betreffend

A|re|al|me|tho|de *die;* - Stichpro-

benverfahren der Meinungsforschung, bei dem Personen aus einem bestimmten, aber willkürlich ausgewählten Siedlungsgebiet befragt werden

A|re|fle|xie *die;* -, ...ien ⟨*gr.; lat.*⟩: (Med.) das Ausbleiben reflektorischer Reaktionen auf Reize

A|re|ka|nuss *die;* -, ...nüsse ⟨*Malayalam-port.-nlat.; dt.*⟩: Frucht der Areka- od. Betelnusspalme

A|re|na *die;* -, ...nen ⟨*lat.*⟩: 1. a) Kampfbahn, Kampfplatz im Amphitheater der römischen Antike; b) Sportplatz, Wettkampfstätte mit ringsum steigend angeordneten Zuschauersitzen. 2. a) Vorführplatz für Stierkämpfe; b) Zirkusmanege. 3. (österr. veraltend) Sommerbühne

A|ren|da vgl. Arrende

A|re|o|gra|phie, auch: ...grafie *die;* - ⟨*gr.-nlat.*⟩: die kartographische Darstellung der Marsoberfläche. **a|re|o|gra|phisch,** auch: ...grafisch: die Areographie betreffend

A|re|o|pag *der;* -s ⟨*gr.-lat.*⟩: höchster Gerichtshof im Athen der Antike

A|re|ta|lo|gie *die;* -, ...ien ⟨*gr.;* „Tugendschwätzerei"⟩: in Form eines ↑ Traktats abgefasste Lobpreisung einer Gottheit od. eines Helden (in der späten griech.-röm. Literatur)

A|re|te *die;* - ⟨*gr.;* „Tugend"⟩: (griech. Philos.) Tüchtigkeit, Vortrefflichkeit, Tauglichkeit der Seele zu Weisheit u. Gerechtigkeit

A|re|tol|lo|gie *die;* -: Lehre von der Arete; Tugendlehre

Ar|ga|li *der* (auch: *das*); -[s], -s ⟨*mongol.*⟩: Wildschaf in Zentralasien

Ar|gand|bren|ner [ar'gã...] *der;* -s, - ⟨nach seinem Schweizer Erfinder Argand⟩: Gasbrenner

Ar|gen|tan *das;* -s ⟨*lat.-nlat.*⟩: (veraltet) Neusilber

Ar|gen|ti|ne *die;* - ⟨*lat.-fr.*⟩: Silberfarbe zur Herstellung von Metallpapier

Ar|gen|tit [auch: ...'tit] *der;* -s ⟨*lat.-nlat.*⟩: graues, metallisch glänzendes Mineral; Silberglanz

Ar|gen|to|me|t|rie *die;* -, ...ien ⟨*lat.; gr.*⟩: (Chem.) maßanalytisches Verfahren zur Bestimmung des Gehalts einer Lösung an Halogenid- od. Pseudohalogenidionen

Ar|gen|tum das; -[s] ⟨lat.⟩: lat. Bez. für: Silber; chem. Element; Zeichen: Ag

Ar|gi|na|se die; -, -n ⟨Kurzw. aus ↑Arginin u. -ase⟩: wichtiges Stoffwechselenzym

Ar|gi|nin das; -s, -e ⟨Bildung zu gr. arginoes „hell schimmernd"⟩: lebenswichtige ↑Aminosäure, die in allen Eiweißkörpern enthalten ist

Ar|gon [auch: ...'go:n] das; -s ⟨gr.-nlat.⟩: chem. Element; ein Edelgas; Zeichen: Ar

Ar|go|naut der; -en, -en ⟨gr.-lat.⟩: 1. in der griechischen Sage ein Mann der Besatzung des Schiffes Argo. 2. besondere Art des Tintenfisches

Ar|got [ar'go:] das od. der; -s, -s ⟨fr.⟩: 1. (ohne Plural) Sondersprache der französischen Gauner u. Bettler. 2. Sondersprache einer sozialen od. beruflichen Gruppe; Jargon (a)

Ar|gu|ment das; -[e]s, -e ⟨lat.⟩: 1. Rechtfertigungsgrund, [stichhaltiger, plausibler] Beweisgrund, Punkt einer Beweisführung. 2. (Math.) unabhängige Variable einer Funktion. 3. (Sprachwiss.) Satzglied, mit dem eine Leerstelle ausgefüllt wird

Ar|gu|men|ta|ti|on die; -, -en: Darlegung der Argumente, Beweisführung, Begründung

ar|gu|men|ta|tiv ⟨lat.⟩: a) die vorgebrachten Argumente betreffend; b) mithilfe von Argumenten [geführt]; vgl. ...iv/...orisch

ar|gu|men|ta|to|risch: die vorgebrachten Argumente betreffend; vgl. ...iv/...orisch

ar|gu|men|tie|ren ⟨lat.⟩: Argumente vorbringen, Beweise darlegen, begründen

Ar|gu|men|tum e Con|t|ra|rio das; - - -, ...ta - -: Schlussfolgerung aus dem Gegenteil

Ar|gus der; -, -se ⟨nach dem hundertäugigen Riesen der griech. Sage⟩: scharf u. misstrauisch beobachtender Wächter

Ar|gus|au|gen die (Plural): scharf beobachtender Blick

Ar|gy|rie die; -, ...ien ⟨gr.-nlat.⟩: (Med.) Blaugrauverfärbung der Haut u. innerer Organe durch Ablagerung von Silbersulfit (vor allem nach Anwendung sil-

berhaltiger Medikamente); Argyrose

ar|gy|ro|phil: (Med.) durch Anfärbung mit Silberpräparaten mikroskopisch darstellbar [von Gewebsstrukturen]

Ar|gy|ro|se die; -, -n: ↑Argyrie

A|rhyth|mie usw. vgl. Arrhythmie usw.

A|ri|ad|ne|fa|den der; -s ⟨nach der sagenhaften kretischen Königstochter, die Theseus mit einem Wollknäuel den Rückweg aus dem Labyrinth ermöglichte⟩: etwas, was jmdm. aus einer verworrenen Lage heraushilft

A|ri|a|ner der; -s, - ⟨nach dem ↑Presbyter (1) Arius von Alexandria⟩: Anhänger des Arianismus. **a|ri|a|nisch:** a) den Arianismus betreffend; b) die Lehre des Arianismus vertretend. **A|ri|a|nis|mus** der; -: Lehre des Arius (4. Jh.), wonach Christus mit Gott nicht wesensgleich, sondern nur wesensähnlich sei

A|ri|bo|fla|vi|no|se die; -, -n ⟨Kunstw.⟩: Vitamin-B₂-Mangel-Krankheit

a|rid ⟨lat.⟩: trocken, dürr, wüstenhaft (vom Boden od. Klima).

A|ri|di|tät die; -: Trockenheit (in Bezug auf das Klima). **A|ri|di|täts|fak|tor** der; -s, -en: Formel zur Berechnung der Trockenheit eines Gebiets

A|rie [...jə] die; -, -n ⟨it.⟩: Sologesangsstück mit Instrumentalbegleitung (bes. in Oper u. Oratorium)

A|ri|er der; -s, - ⟨sanskr. „Edler"⟩: 1. Angehöriger eines der frühgeschichtlichen Völker mit indogermanischer Sprache in Indien u. im Iran. 2. in der nationalsozialistischen Rassenideologie Angehöriger der so genannten nordischen Rasse.

A|ri|e|rin die; -, -nen: weibliche Form zu ↑Arier

A|ri|et|ta ⟨it.⟩, **A|ri|et|te** die; -, ...tten ⟨it.-fr.⟩: kleine ↑Arie

A|ril|lus der; -, ...lli ⟨mlat.⟩: fleischiger Samenmantel mancher Pflanzenarten

a|ri|os ⟨it.⟩: (Mus.) gesanglich, melodiös. **a|ri|o|so:** (Mus.) liedhaft [vorzutragen]. **A|ri|o|so** das; -s, -s u. ...si: 1. instrumental begleitetes [gegen den Sprechgesang abgehobenes] liedhaft-ausdrucksvolles od.

arienähnliches Gesangsstück, Zwischenstück. 2. liedhaft-ausdrucksvolles Instrumentalstück

a|risch ⟨sanskr.⟩: 1. a) die Sprachen der ↑Arier (1) betreffend; b) zu den Ariern (1) gehörend. 2. in der nationalsozialistischen Rassenideologie die Arier (2) betreffend, zu den Ariern (2) gehörend

a|ri|si|e|ren ⟨sanskr.-nlat.⟩: [durch Enteignung] in so genannten arischen (2) Besitz überführen (von jüdischen Geschäften u. Unternehmen durch das nationalsozialistische Regime)

A|ris|tie die; -, ...ien ⟨gr.⟩: überragende Heldentat und ihre literarische Verherrlichung (speziell von der Schilderung der Heldenkämpfe vor Troja in der Ilias)

A|ris|to|krat der; -en, -en: 1. Angehöriger des Adels. 2. Mensch von vornehm-zurückhaltender Lebensart

A|ris|to|kra|tie die; -, ...ien ⟨gr.-lat.⟩: 1. Staatsform, in der die Herrschaft im Besitz einer privilegierten sozialen Gruppe ist. 2. adlige Oberschicht mit besonderen Privilegien. 3. (ohne Plural) Würde, Vornehmheit.

A|ris|to|kra|tin die; -, -nen: weibliche Form zu ↑Aristokrat

a|ris|to|kra|tisch: 1. die Aristokratie (1, 2) betreffend. 2. vornehm, edel

A|ris|to|lo|chia die; -, ...ien ⟨gr.-lat.⟩: Pflanze aus der Gattung der Osterluzeigewächse

A|ris|to|nym das; -s, -e ⟨gr.-nlat.⟩: aus einem Adelsnamen bestehendes Pseudonym

A|ris|to|pha|ne|us der; -, ...neen ⟨gr.-lat.; nach dem altgriech. Komödiendichter Aristophanes⟩: antiker Vers (von der Normalform – ∪ ∪ – ∪ – ŏ)

a|ris|to|pha|nisch: a) in der Art des Aristophanes; b) geistvoll, witzig, mit beißendem Spott

A|ris|to|te|li|ker der; -s, -: Anhänger der Philosophie des Aristoteles. **a|ris|to|te|lisch:** a) die Philosophie des Aristoteles betreffend; b) die Philosophie des Aristoteles vertretend

A|ris|to|te|lis|mus der; - ⟨nlat.⟩: die von Aristoteles ausgehende, über die ↑Scholastik bis in die heutigen Tage reichende Philosophie

A|ri|ta|por|zel|lan das; -s ⟨nach dem Herstellungsort Arita auf der südjapan. Insel Kiuschu⟩: japanisches Porzellan des 17. Jh.s

A|rith|me|tik die; - ⟨gr.-lat.; „Rechenkunst"⟩: Teilgebiet der Mathematik, das sich mit bestimmten u. allgemeinen Zahlen befasst. **A|rith|me|ti|ker** der; -s, -: Fachmann auf dem Gebiet der Arithmetik. **A|rith|me|ti|ke|rin** die; -, -nen: weibliche Form zu ↑ Arithmetiker

a|rith|me|tisch: a) die Arithmetik betreffend; b) rechnerisch; **arithmetisches Mittel:** ↑ Quotient aus dem Zahlenwert einer Summe u. der Anzahl der Summanden; Durchschnittswert

A|rith|mo|griph der; -en, -en ⟨gr.-nlat.⟩: Zahlenrätsel

A|rith|mo|lo|gie die; -: Lehre von den magischen Eigenschaften der Zahlen

A|rith|mo|ma|nie die; -, ...ien (Psychol.) Zwangsvorstellung, Dinge zählen zu müssen; Zählzwang

A|rith|mo|man|tie die; -: das Wahrsagen aus Zahlen

Ar|ka|de die; -, -n ⟨lat.-it.-fr.⟩: a) von zwei Pfeilern od. Säulen getragener Bogen; b) (meist Plural) Bogenreihe, einseitig offener Bogengang [an Gebäuden]; c) nach oben gewölbter Bogen bei Kleinbuchstaben einer Handschrift

Ar|ka|di|en das; -s ⟨nach der altgriech. Landschaft Arkadien): Schauplatz glückseligen, idyllischen [Land]lebens. **Ar|ka|di|er** der; -s, -: 1. Bewohner von Arkadien. 2. Mitglied einer im 17. Jh. in Rom gegründeten literarischen Gesellschaft

ar|ka|die|ren: (Archit.) ein Gebäude mit Arkaden (b) versehen

Ar|ka|di|e|rin die; -, -nen: weibliche Form zu ↑ Arkadier

ar|ka|disch: Arkadien betreffend, zu Arkadien gehörend; **arkadische Poesie:** Hirten- und Schäferdichtung [des 16. bis 18. Jh.s]

ar|kan ⟨lat.⟩: geheim; nicht zugänglich

Ar|kan|dis|zi|p|lin die; - ⟨lat.⟩: Geheimhaltung von Lehre u. Brauch einer Religionsgemeinschaft vor Außenstehenden (bes. im frühen Christentum)

Ar|kan|sit [auch: ...ıt] der; -s ⟨nlat.; nach dem Staat Arkansas in den USA): ein Mineral

Ar|ka|num das; -s, ...na ⟨lat.⟩: 1. Geheimnis. 2. Geheimmittel

Ar|ke|bu|se die; -, -n ⟨niederl.-fr.; „Hakenbüchse"⟩: Handfeuerwaffe des 15./16. Jh.s. **Ar|ke|bu|sier** der; -s, -e: Soldat mit Arkebuse

Ar|ko|se die; - ⟨fr.⟩: feldspatreicher Sandstein

Ar|ko|sol, Arcosolium das; -s, ...ien ⟨lat.-mlat.⟩: Wandgrab unter einer Bogennische in den ↑ Katakomben

Ark|ti|ker der; -s, - ⟨gr.-nlat.⟩: Bewohner der Arktis. **Ark|ti|ke|rin** die; -, -nen: weibliche Form zu ↑ Arktiker. **Ark|tis** die; -: Gebiet um den Nordpol. **ark|tisch** ⟨gr.-lat.⟩: 1. zur Arktis gehörend. 2. wie in der Arktis (z. B.: arktische Kälte)

Ar|ku|bal|lis|te die; -, -n ⟨lat.⟩: wie eine Armbrust funktionierendes römisches u. mittelalterliches Belagerungsgeschütz; Bogenschleuder

Ar|kus, auch: Arcus der; -, - [...ku:s] ⟨lat.⟩: Bogenmaß eines Winkels; Zeichen: arc

Ar|lec|chi|no [arlɛˈki:no] der; -s, -s u. ...ni ⟨fr.-it.⟩: ↑ Harlekin (1)

Ar|ma|da die; -, ...den u. -s ⟨lat.-span.; „bewaffnete (Streitmacht)"; nach der Flotte des span. Königs Philipp II.): große [Kriegs]flotte; Pulk, Schwarm

Ar|ma|ged|don, Harmagedon das; - ⟨hebr.-gr.; nach Offenb. Joh. 16, 16 der mythische Ort, an dem die bösen Geister die Könige der gesamten Erde für einen großen Krieg versammeln): [politische] Katastrophe

Ar|ma|g|nac [arman'jak] der; -[s], -s ⟨fr.; nach der franz. Landschaft Armagnac): französischer Weinbrand

Ar|ma|g|na|ken die (Plural): kriegerisches Söldnerheer der Grafen v. Armagnac (15. Jh.)

Ar|ma|ri|um das; -s, ...ia u. ...ien ⟨lat.⟩: 1. a) (in der Antike) Schrank zur Aufbewahrung von Speisen, Kleidern, Kleinodien o. Ä.; b) (in der Spätantike u. im Mittelalter) Bücherschrank. 2. (kath. Kirche) Wandnische neben dem Altar zur Aufbewahrung von ↑ Hostien, ↑ Reliquien u. ↑ Sakramentalien

Ar|ma|tur die; -. -en ⟨lat.; „Ausrüstung"⟩: 1. a) Ausrüstung von technischen Anlagen, Maschinen u. Fahrzeugen mit Bedienungs- u. Messgeräten; b) (meist Plural) Bedienungs- u. Messgerät an technischen Anlagen. 2. (meist Plural) Drosselod. Absperrvorrichtung, Wasserhahn o. Ä. in Badezimmern, Duschen u. Ä. 3. (veraltet) militärische Ausrüstung

Ar|ma|tu|ren|brett das; -s, -er: Tafel, Fläche, auf der die Armaturen (b) angebracht sind (z. B. in Kraftfahrzeugen od. im Flugzeugcockpit)

Arm|co-Ei|sen® das; -s ⟨Kurzw. aus dem Namen der Herstellerfirma American Rolling Mill Company aus Ohio): in der Elektrotechnik verwendetes sehr reines Eisen

Ar|mee die; -, ...meen ⟨lat.-fr.; „bewaffnete (Streitmacht)"⟩: a) Gesamtheit aller Streitkräfte eines Landes, Staates; b) großer Truppenverband. **Ar|mee|korps** [...ko:ɐ̯] das; - [...ko:ɐ̯s], - [...ko:ɐ̯s]: Verband von mehreren ↑ Divisionen (2)

ar|mie|ren: 1. (Milit., veraltet) mit Waffen ausrüsten, bestücken. 2. (Technik) mit Armaturen (1 b, 2) versehen. 3. (Bauw., Technik) mit einer [verstärkenden] Ein-, Auflage, Umkleidung versehen. **Ar|mie|rung** die; -, -en: 1. Waffenausrüstung (Bestückung) einer militärischen Anlage od. eines Kriegsschiffs. 2. Stahleinlagen für Beton

Ar|mil|la die; -, ...llen ⟨lat.; „Armband"⟩: 1. (Bot.) ringförmiger Hautlappen am Stiel einiger Pilzarten. 2. Armillarsphäre

Ar|mil|lar|s|phä|re die; -, -n: altes astronomisches Gerät zum Messen der Himmelskreise

ar|mi|ni|a|nisch: a) den Arminianismus betreffend; b) die Lehre des Arminius vertretend. **Ar|mi|ni|a|nis|mus** der; - ⟨nlat.⟩: die nach dem Jacobus Arminius, der den Vorrang der Bibel vor den kirchlichen Bekenntnissen betonte u. sich gegen die kalvinistische Staatskirche der Niederlande wandte

A

Ar|mo|ri|al *das; -s, -e ⟨lat.-fr.⟩:* Wappenbuch

Ar|mu|re [ar'myra] u. **Ar|mü|re** *die; -, -n ⟨fr.⟩:* klein gemustertes [Kunst]seidengewebe

Ar|ni *der; -s, -s ⟨Hindi⟩:* Wasserbüffel

Ar|ni|ka *die; -, -s ⟨nlat.; Herkunft unsicher⟩:* 1. krautige, würzig riechende Heilpflanze. 2. (ohne Plural) aus den Blüten u. Wurzeln der Arnika hergestellter, heilwirksamer Extrakt

A|rom *das; -s, -e ⟨gr.-lat.; „Gewürz"⟩:* (dichter.) Aroma. **A|ro|ma** *das; -s, ...men, -s u. (selten:) -ta:* 1. deutlich ausgeprägter, [angenehmer] substanzspezifischer Geschmack. 2. deutlich ausgeprägter, [angenehmer] würziger Duft, Wohlgeruch von etwas (bes. eines pflanzlichen Genussmittels). 3. natürlicher od. künstlicher Geschmacksstoff für Lebensmittel, Speisen od. Getränke; Würzmittel

A|ro|ma|gramm *das; -s, -e:* Feststellung der Merkmale einer Weinsorte

A|ro|mat *der; -en, -en (meist Plural) ⟨gr.-lat.-nlat.⟩:* aromatische Verbindung

A|ro|ma|the|ra|pie *die; - ⟨gr.-lat.; gr.⟩:* die Anwendung von aus Pflanzen gewonnenen ätherischen Ölen zu Heilzwecken (in der Naturheilkunde)

a|ro|ma|tisch *⟨gr.-lat.⟩:* 1. einen deutlich ausgeprägten, angenehmen Geschmack habend, wohlschmeckend. 2. wohlriechend; **aromatische Verbindungen:** (Chem.) Benzolverbindungen. **a|ro|ma|ti|sie|ren** *⟨nlat.⟩:* mit Aroma versehen

A|ron[s]|stab *der; -[e]s, ...stäbe ⟨gr.-lat.; dt.⟩:* bes. in Laubwäldern wachsende Pflanze mit giftigen roten Beeren

Ar|peg|gia|tur [arpedʒa...] *die; -, -en ⟨german.-it.⟩:* (Mus.) Reihe arpeggierter Akkorde

ar|peg|gie|ren [...'dʒi:...]: (Mus.) arpeggio spielen

ar|peg|gio [ar'pedʒo]: (Mus.) in Form von Akkorden, deren einzelne Töne schnell nacheinander erklingen; Abk.: arp. **Ar|peg|gio** *das; -s, -s u. ...ggien:* ein arpeggio gespieltes Musikstück

Ar|peg|gio|ne [...'dʒo:nə] *die; -, -n:* eine 6-saitige Streichgitarre

Ar|rak *der; -s, -e u. -s ⟨arab.-fr.; „Schweiß"⟩:* [ostindischer] Branntwein aus Reis od. ↑ Melasse

Ar|ran|ge|ment [arãʒə'mã] *das; -s, -s ⟨fr.⟩:* 1. a) Anordnung, [künstlerische] Gestaltung, Zusammenstellung; b) [künstlerisch] Angeordnetes, aus einzelnen Komponenten geschmackvoll zusammengestelltes Ganzes. 2. Übereinkommen, Vereinbarung, Abmachung, Abrede. 3. a) Bearbeitung eines Musikstückes für andere Instrumente, als für die es geschrieben ist; b) Orchesterfassung eines Themas [im Jazz]. 4. Abwicklung der Börsengeschäfte

Ar|ran|geur [...'ʒø:ɐ̯] *der; -s, -e:* 1. jmd., der etwas künstlerisch einrichtet od. einen Schlager ↑ instrumentiert (1). 2. jmd., der etwas arrangiert (1). **Ar|ran|geu|rin** [...'ʒø:rɪn] *die; -, -nen:* weibliche Form zu ↑ Arrangeur

ar|ran|gie|ren [...'ʒi:...]: 1. a) sich um die Vorbereitung u. den planvollen Ablauf einer Sache kümmern; b) in die Wege leiten, zustande bringen. 2. a) ein Musikstück für andere Instrumente, als für die es geschrieben ist, od. für ein Orchester bearbeiten; b) einen Schlager für die einzelnen Instrumente eines Unterhaltungsorchesters bearbeiten. 3. eine Übereinkunft treffen trotz gegensätzlicher od. abweichender Standpunkte

Ar|ran|gier|pro|be *die; -, -n:* Stellprobe im Theater

Ar|ray [ə'reɪ] *das u. der; -s, -s ⟨engl.⟩:* 1. flächenhafte Gruppierung od. Anordnung von meist gleichartigen Objekten. 2. (Astron.) Anordnung mehrerer verschiebbarer Radioteleskope zur ↑ Apertursynthese. 3. (Elektronik) matrixförmige Anordnung von überwiegend gleichartigen elektronischen Bauelementen, logischen Schaltungen od. Datenspeicherelementen. 4. (EDV) zusammenfassende Bez. für ein-, zwei- od. mehrdimensional angeordnete Daten bei der Programmierung

Ar|raz|zo: ↑ Arrazzo

Ar|ren|de *die; -, -n ⟨russ.⟩:* Pachtvertrag im alten Russland

Ar|rest *der; -[e]s, -e ⟨lat.-mlat.⟩:* 1. Haft, Freiheitsentzug (bes. als Strafe innerhalb einer Gemeinschaft, z. B. Militär, früher auch Schule). 2. (Rechtsw.) Beschlagnahme, Sicherstellung.

Ar|res|tant *der; -en, -en: (veraltend) jmd., der sich in Haft befindet.* **Ar|res|tan|tin** *die; -, -nen:* weibliche Form zu ↑ Arrestant

Ar|res|tat *der; -en, -en: (veraltet) Festgenommener.* **Ar|res|ta|tin** *die; -, -nen:* weibliche Form zu ↑ Arrestat

Ar|res|ta|ti|on *die; -, -en ⟨lat.-vulgärlat.-fr.⟩:* (veraltet) Festnahme

Ar|rest|hy|po|thek *die; -, -en:* zwangsweise eingetragene [Sicherungs]hypothek

Ar|rest|lo|kal *das; -[e]s, -e: (veraltend) [behelfsmäßiger] Raum für Arrestanten

Ar|rêt [a're(:)] *der; -s [a're(s)], -s [a'rɛ(s)]:* scharfes Zügelanziehen beim Reiten

ar|re|tie|ren: 1. (veraltend) verhaften, festnehmen. 2. bewegliche Teile eines Geräts bei Nichtbenutzung sperren, blockieren. **Ar|re|tie|rung** *die; -, -en:* 1. Festnahme, Inhaftierung. 2. mechanische Vorrichtung zum Feststellen beweglicher Geräteteile

ar|re|ti|nisch ⟨nach der etrusk. Stadt Arretium (heute Arezzo) in Mittelitalien⟩: in der Fügung **arretinische Keramik:** rote Tongefäße der römischen Kaiserzeit

Ar|rêt|stoß *der; -es, ...stöße ⟨fr.; dt.⟩:* Sperrstoß beim Sportfechten

Ar|rha *die; -, - ⟨hebr.-gr.-lat.⟩:* Geld, das beim Abschluss eines Vertrages vom Käufer gezahlt wird u. als Bestätigung des Vertrages gilt; Draufgeld

Ar|rhe|no|blas|tom *das; -s, -e ⟨gr.-nlat.⟩:* (veraltet) ↑ Androblastom

Ar|rhe|no|ge|nie *die; -, ...ien:* (Biol.) Erzeugung ausschließlich männlicher Nachkommen; Ggs. ↑ Thelygenie

Ar|rhe|no|to|kie *die; - ⟨gr.-nlat.⟩:* 1. (Biol.) Entwicklung von männlichen Tieren (z. B. Drohnen) aus unbefruchteten Eiern. 2. (Biol.) Erzeugung ausschließlich männlicher Nachkommen; Ggs. ↑ Thelytokie. **ar|rhe|no|to|kisch:** (Biol.) nur männliche

Nachkommen habend; Ggs.
↑ thelytokisch

Ar|rhyth|mie *die; -, ...ien ⟨gr.-lat.⟩:*
1. unregelmäßige Bewegung;
Unregelmäßigkeit im Ablauf eines rhythmischen Vorgangs.
2. (Med.) unregelmäßige Herztätigkeit. **ar|rhyth|misch:** unrhythmisch, unregelmäßig

Ar|ri| e|re|gar|de [aˈrjɛːɐ̯...] ⟨fr.⟩:
die; -, -n: (Milit. veraltet) Nachhut

Ar|ri|val [əˈraɪvəl] *das; -s, -s
⟨engl.⟩:* Ankunft (Hinweis auf Flughäfen)

ar|ri|ve|der|ci [ariveˈdɛrtʃi] ⟨it.⟩:
auf Wiedersehen! (italienische Verabschiedung von mehreren Personen)

ar|ri|vie|ren ⟨lat.-vulgärlat.-fr.;
„das Ufer erreichen"⟩:* vorwärts kommen, Erfolg haben; beruflich od. gesellschaftlich emporkommen. **ar|ri|viert:** beruflich, gesellschaftlich aufgestiegen, zu Erfolg u. Ansehen gelangt.

Ar|ri|vier|te *der* u. *die; -n, -n:*
jmd., der sich beruflich, gesellschaftlich nach oben gearbeitet hat, zu Erfolg u. Ansehen gelangt ist

ar|ro|gant ⟨lat.(-fr.)⟩:* anmaßend, dünkelhaft, überheblich, eingebildet. **Ar|ro|ganz** *die; -:* arrogante Art, arrogantes Benehmen; Überheblichkeit

ar|ron|die|ren [auch: arõ...] ⟨lat.-vulgärlat.-fr.⟩:* 1. a) abrunden, zusammenlegen (von einem Besitz od. Grundstück); b) (Börsenw.) einen Wertpapierbestand durch Zu- od. Verkauf auf- od. abrunden. 2. Kanten abrunden (z. B. von Leisten)

Ar|ron|dis|se|ment [arõdɪsəˈmãː]
das; -s, -s: a) dem ↑ Departement (1) untergeordneter Verwaltungsbezirk in Frankreich; b) Verwaltungseinheit, Stadtbezirk in französischen Großstädten, bes. in Paris

Ar|ro|se|ment [...ˈmãː] *das; -s
⟨lat.-vulgärlat.-fr.⟩:* (Bankw.) Umwandlung einer Staatsanleihe, bei der der Nominalzins erhöht [u. die Laufzeit der Anleihe verlängert] wird

ar|ro|sie|ren: 1. anfeuchten, bewässern. 2. zuzahlen. **Ar|ro|sierung** *die; -, -en:* Arrosement

Ar|ro|si|on *die; -, -en ⟨lat.-nlat.⟩:*
Zerstörung von Gewebe (bes. von Gefäßwänden) durch ent-

zündliche Vorgänge, Geschwüre

Ar|row|root [ˈɛroruːt] *das; -s
⟨engl.; „Pfeilwurzel"⟩:* 1. Pfeilwurz. 2. Stärkemehl aus Wurzeln u. Knollen bestimmter tropischer Pflanzen (z. B. Pfeilwurz, Batate)

Ars A| man|di *die; - - ⟨lat.⟩:* Liebeskunst

Ars an|ti|qua *die; - - ⟨lat.; „alte Kunst"⟩:* erste Blütezeit der ↑ Mensuralmusik (bes. im Paris des 13. u. 14. Jh.s); Ggs. ↑ Ars nova

Ar|schin *der; -[s], -en (aber: 3 -)
⟨turkotar.-russ.⟩:* altrussisches Längenmaß (71,1 cm)

Ars Dic|tan|di *die; - -:* (Rhet. der Antike u. des Mittelalters) die Kunst, regelrichtig u. nach den Theorien der gültigen rhetorischen Lehrbücher zu schreiben

Ar|sen *das; -s ⟨gr.-lat.⟩:* a) chem. Element; Zeichen: As; b) (ugs.) ↑ Arsenik

Ar|se|nal *das; -s, -e ⟨arab.-it.;
„Haus des Handwerks"⟩:*
1. Zeughaus; Geräte- u. Waffenlager. 2. Vorratslager, Sammlung

Ar|se|nat *das; -[e]s, -e (meist Plural) ⟨gr.-nlat.⟩:* Salz der Arsensäure

Ar|se|nid *das; -s, -e (meist Plural):* Verbindung aus Arsen u. einem Metall

ar|se|nie|ren: Metallgegenstände mit einer dünnen Arsenschicht überziehen

ar|se|nig ⟨gr.-lat.⟩:* 1. arsenikhaltig. 2. arsenhaltig

Ar|se|nik *das; -s:* wichtigste [giftige] Arsenverbindung; Arsentrioxid

Ar|se|nit [auch: ...ˈnɪt] *das; -s, -e
u. **Ar|se|no|lith** [auch: ...ˈlɪt] *der;
-s u. -en, -e[n] ⟨gr.-nlat.⟩:* ein farbloses Mineral (kristallisiertes Arsenik)

Ar|sin *das; -s:* eine dem ↑ Amin entsprechende, äußerst giftige Arsenverbindung

Ar|sis *die; -, ...sen ⟨gr.-lat.; „Hebung" (des taktschlagenden Fußes)⟩:* 1. a) (antike Metrik) unbetonter Taktteil; Ggs. ↑ Thesis (1 a); b) (Mus.) aufwärts geführter Schlag beim Taktschlagen. 2. betonter Taktteil in der neueren Metrik; Ggs. ↑ Thesis (2)

Ars Mo|ri|en|di *die; - -, Artes -**
[ˈartɛːs -] ⟨lat.; „Kunst des Ster-

bens"⟩: kleines Sterbe- u. Trostbuch des Mittelalters

Ars no|va *die; - - ⟨lat.; „neue Kunst"⟩:* die neue Strömung in der französischen Musik (kontrapunktisch-mehrstimmig) des 14. Jh.s; Ggs. ↑ Ars antiqua

Ars Vi|ven|di *die; - - ⟨lat.⟩:* Lebenskunst, die Kunst zu leben, das Leben zu genießen

Art brut [arˈbryt] *der; - - ⟨fr.⟩:*
spontan und unreflektiert gestaltete Kunst (z. B. von Kindern)

Art dé|co [ardeˈko] *der* od. *das; - -
⟨fr. art déco(ratif)⟩:* künstlerische Richtung (bes. im Kunstgewerbe) etwa 1920–40

Art|di|rec|tor [ˈaːtdɪrɛktə] *der; -s,
-s ⟨engl.⟩:* künstlerischer Leiter [des ↑ Lay-outs in einer Werbeagentur]

Art-Di|rek|tor *der; -s, ...to|ren:* Artdirector. **Art-Di|rek|to|rin** *die; -,
-nen:* weibliche Form zu ↑ Art-Direktor

ar|te|fakt ⟨lat.⟩:* künstlich hervorgerufen (z. B. von Krankheiten u. Verletzungen zum Zwecke der Täuschung)

Ar|te|fakt *die; -[e]s, -e:* 1. das durch menschliches Können Geschaffene, Kunsterzeugnis. 2. (Archäol.) Werkzeug aus vorgeschichtlicher Zeit, das menschliche Bearbeitung erkennen lässt. 3. (Med.) künstlich hervorgerufene körperliche Veränderung (z. B. Verletzung), meist mit einer Täuschungsabsicht verbunden. 4. (Elektrot.) Störsignal

ar|te|fi|zi|ell ⟨lat.-fr.⟩:* ↑ artifiziell

Ar|tel [auch: arˈtjel] *das; -s, -s
⟨russ.⟩:* a) [Arbeiter]genossenschaft im zaristischen Russland; b) ↑ Kolchos

Ar|te po|ve|ra *die; - - ⟨lat.; it.⟩:* Objektkunst, vor allem in den 60er- u. 70er-Jahren des 20. Jh.s in Italien, die unkonventionelle Materialien wie Erde, Asche, Abfälle u. Ä. verwendet u. diese bewusst unästhetisch darbietet

Ar|te|rie [...jə] *die; -, -n ⟨gr.-lat.⟩:*
Schlagader; Blutgefäß, das das Blut vom Herzen zu einem Organ od. Gewebe hinführt; Ggs.
↑ Vene. **ar|te|ri|ell** ⟨gr.-nlat.⟩:* die Arterien betreffend, zu einer Arterie gehörend

Ar|te|ri|i| tis *die; -, ...iti|den:*
Schlagaderentzündung

A

Ar|te|ri|o|gramm *das; -s, -e:* Röntgenbild einer Schlagader

Ar|te|ri|o|gra|phie, auch: ...grafie *die; -, ...ien:* röntgenologische Darstellung einer Arterie bzw. des arteriellen Gefäßnetzes mithilfe eines Kontrastmittels

Ar|te|ri|o|le *die; -, -n:* sehr kleine, in Haargefäße (Kapillaren) übergehende Schlagader

Ar|te|ri|o|lo|skle|ro|se *die; -, -n:* krankhafte Veränderung der Arteriolen

Ar|te|ri|o|skle|ro|se *die; -, -n:* krankhafte Veränderung der Arterien mit Verhärtung, Verdickung u. Elastizitätsverlust; „Arterienverkalkung". **ar|te|ri|o|skle|ro|tisch:** a) die Arteriosklerose betreffend; b) durch Arteriosklerose hervorgerufen

Ar|te|ri|o|to|mie *die; -, ...ien:* operatives Öffnen einer Arterie zur Entfernung eines ↑ Embolus

Ar|te|rit [auch: ...'rit] *der; -s, -e* ⟨*gr.*⟩: ein mit ↑ Aplit- u. Granitadern durchsetztes Gestein; Adergneis

ar|te|sisch ⟨*fr.; nach der franz.* Landschaft Artois*⟩*: in der Fügung **artesischer Brunnen:** natürlicher Brunnen, bei dem das Wasser durch einen Überdruck des Grundwassers selbsttätig aufsteigt

Ar|tes li|be|ra|les *die* (Plural) ⟨*lat.*⟩: die sieben freien Künste (Grammatik, Rhetorik, Dialektik [↑ Trivium], Arithmetik, Geometrie, Astronomie, Musik [↑ Quadrivium]), die zum Grundwissen der Antike u. des Mittelalters gehörten

Ar|tes|li|te|ra|tur *die; -:* wissenschaftliche Bezeichnung des mittelalterlichen Fachschrifttums im Bereich der ↑ Artes liberales u. der technischen u. praktischen Kunst

Ar|th|ral|gie *die; -, ...ien* ⟨*gr.-nlat.*⟩: (Med.) Gelenkschmerz

Ar|th|ri|ti|ker *der; -s, -* ⟨*gr.-lat.*⟩: an Gelenkentzündung Leidender; Gichtkranker. **Ar|th|ri|ti|ke|rin** *die; -, -nen:* weibliche Form zu ↑ Arthritiker

Ar|th|ri|tis *die; -, ...iti|den:* Gelenkentzündung. **ar|th|ri|tisch:** die Arthritis betreffend

Ar|th|ri|tis|mus *der; -* ⟨*gr.-nlat.*⟩: (durch eine Stoffwechselstörung bedingte) erbliche Neigung zu Gicht, ↑ Asthma, Fettsucht u. a.

Ar|th|ro|de|se *die; -, -n:* künstliche, operative Versteifung eines Gelenks

ar|th|ro|gen ⟨*gr.*⟩: a) vom Gelenk ausgehend; b) von einer Gelenkerkrankung herrührend

Ar|th|ro|lith *der; -s u. -en, -e[n]:* krankhaft gebildeter, frei beweglicher, verknorpelter oder verkalkter Fremdkörper in einem Gelenk; Gelenkmaus

Ar|th|ro|pa|thie *die; -, ...ien* ⟨*gr.-nlat.*⟩: Gelenkleiden, Gelenkerkrankung

Ar|th|ro|plas|tik *die; -, -en:* künstliche Bildung eines neuen Gelenks nach ↑ Resektion des alten

Ar|th|ro|po|den *die* (Plural): (Zool.) Gliederfüßer

Ar|th|ro|se *die; -, -n:* (Med.) 1. Arthropathie. 2. Kurzbezeichnung für: Arthrosis deformans. **Ar|th|ro|sis de|for|mans** *die; - -:* degenerative, nicht akut entzündliche Erkrankung eines Gelenks als chronisches Leiden

Ar|th|ro|s|ko|pie *die; -, ...ien:* Untersuchung des Gelenkinneren mithilfe einer Sonde

ar|th|ro|tisch: (Med.) die Arthrose betreffend; von Arthrose befallen

Ar|ti|fi|zi|ell ⟨*lat.-fr.*⟩: 1. künstlich. 2. gekünstelt

Ar|ti|kel [auch: ...'ti...] *der; -s, -* ⟨*lat.(-fr.)*⟩: „kleines Gelenk; Glied; Abschnitt"): 1. [der Genusbezeichnung von Substantiven dienende] Wortart mit identifizierender, individualisierender od. generalisierender Funktion; Geschlechtswort (Abk.: Art.). 2. [mit einer Nummer gekennzeichneter] Abschnitt eines Gesetzes, Vertrages usw. (Abk.: Art.). 3. Handelsgegenstand, Ware (Abk.: Art.). 4. Aufsatz, Abhandlung; Beitrag. 5. Glaubenssatz; Abschnitt eines Bekenntnisses od. Manifestes; These

ar|ti|ku|lar: (Anat.) zum Gelenk gehörend

Ar|ti|ku|la|ten *die* (Plural): Gliedertiere

Ar|ti|ku|la|ti|on *die; -, -en:* 1. a) [deutliche] Gliederung des Gesprochenen; b) (Sprachw.) Lautbildung. 2. das Artikulieren (2). 3. (Mus.) das Binden od. das Trennen der Töne; vgl. ...ation/ ...ierung. **ar|ti|ku|la|to|risch:** die Artikulation betreffend

ar|ti|ku|lie|ren: 1. (Silben, Wörter, Sätze) in phonetisch gegliederter Form aussprechen. 2. (Gefühle, Gedanken) zum Ausdruck bringen, formulieren. **Ar|ti|ku|lie|rung** *die; -, -en:* Artikulation (1, 2); vgl. ...ation/...ierung

Ar|til|le|rie [auch: 'ar...] *die; -, ...ien* ⟨*fr.*⟩: a) mit meist schweren Geschützen ausgerüstete Truppengattung; b) schweres Geschütz, Geschütze. **Ar|til|le|rist** [auch: 'ar...] *der; -en, -en:* Soldat der Artillerie. **Ar|til|le|ris|tin** *die; -, -nen:* weibliche Form zu ↑ Artillerist. **ar|til|le|ris|tisch:** die Artillerie betreffend

Ar|ti|san [...'zã:] *der; -s, -s* ⟨*lat.-it.-fr.*⟩: (veraltet) Handwerker

Ar|ti|scho|cke *die; -, -n* ⟨*nordit.*⟩: distelartige Gemüsepflanze mit wohlschmeckenden Blütenknospen

Ar|tist *der; -en, -en* ⟨*lat.-mlat. (-fr.)*⟩: 1. im Zirkus u. Varietee auftretender Künstler [der Geschicklichkeitsübungen ausführt] (z. B. Jongleur, Clown). 2. seine Darstellungsmittel u. -formen souverän beherrschender Künstler

Ar|tis|ten|fa|kul|tät *die; -, -en:* die Fakultät der ↑ Artes liberales an mittelalterlichen Universitäten

Ar|tis|tik *die; -:* 1. Varietee- u. Zirkuskunst. 2. außerordentliche große [körperliche] Geschicklichkeit

Ar|tis|tin *die; -, -nen:* weibliche Form zu ↑ Artist

ar|tis|tisch: a) die Artistik betreffend; b) nach Art eines Artisten

Art nou|veau [arnu'vo] *der* od. *das; - -* ⟨*fr.*⟩: Bezeichnung für Jugendstil in Großbritannien, den USA u. Frankreich

Ar|to|thek *die; -, -en* ⟨*Kunstw.*⟩: Galerie, Museum, das Bilder od. Plastiken an Privatpersonen verleiht

A|ry|bal|los *der; -, ...lloi* [...lɔy] ⟨*gr.*⟩: kleines altgriechisches Salbgefäß

A|ryl *das; -s, -e* (meist Plural): ⟨Kurzw. aus *aromatisch* u. *-yl*⟩: (Chem.) einwertiger Rest eines aromatischen Kohlenwasserstoffs

¹As = Amperesekunde

²As *der; Asses, Asse ⟨lat.⟩*: altrömische Gewichts- u. Münzeinheit

³As: frühere Schreibung für: ↑ Ass

Ås [o:s] *der* (auch: *das*); -, Åsar ⟨schwed.⟩: ↑ ²Os

Åsar [ˈoːsar]: *Plural von* ↑ Ås

As|best *der; -[e]s, -e ⟨gr.-lat.; „unauslöschlich, unzerstörbar"⟩*: mineralische Faser aus ↑ Serpentin od. Hornblende, widerstandsfähig gegen Hitze u. schwache Säuren

As|bes|to|se *die; -, -n ⟨gr.-nlat.⟩*: durch das Einatmen von Asbeststaub hervorgerufene Lungenerkrankung

As|ce|t|o|nym [astse...] *das; -s, -e ⟨gr.-nlat.⟩*: Sonderform des ↑ Pseudonyms, bei der ein Heiligenname als Deckname verwendet wird

A|schan|ti|nuss *die; -, ...nüsse* ⟨nach dem afrik. Stamm der Aschanti⟩: (österr.) Erdnuss

Asch|ke|na|sim [auch: ...ˈziːm] *die* (Plural) ⟨hebr.⟩: die ost- u. mitteleuropäischen Juden. **asch|kena|sisch:** die Aschkenasim betreffend, zu ihnen gehörend

Asch|ram *der; -s, -s ⟨sanskr.⟩:* a) Einsiedelei eines indischen Asketen; b) einem Kloster ähnliche Anlage in Indien (bes. als Ort der Meditation für die Anhänger einer Lehre)

A|schug *der; -en, Aschughen ⟨tatar.⟩*: wandernder Volksdichter u. -sänger in Anatolien u. den Kaukasusländern, bes. im 17. u. 18. Jh.

ASCII [ˈaski] *der; -s ⟨Abk. für engl.* American Standard Code of Information Interchange „amerikanischer Standardkode für den Informationsaustausch"⟩: (EDV) genormter Kode (1) für Ziffern, Buchstaben u. Sonderzeichen

As|ci|tes [...ˈtsi:...] vgl. Aszites

As|co|gon vgl. Askogon

As|co|my|zet vgl. Askomyzet

A|s|cor|bin|säu|re vgl. Askorbinsäure

ASEAN [ˈæsɪæn] *die; - ⟨*Kurzwort aus Association of South East Asian Nations⟩: 1967 gegründete Vereinigung südostasiatischer Staaten mit dem Ziel der Förderung des Friedens u. des sozialen sowie wirtschaftlichen Wohlstands

A|se|bie *die; - ⟨gr.⟩*: Frevel gegen die Götter, Gottlosigkeit; Ggs. ↑ Eusebie

a sec|co [- ˈzɛko] ⟨*it.*⟩: auf trockenem Verputz, Kalk, auf die trockene Wand [gemalt]; Ggs. ↑ a fresco

A|se|i|tät *die; - ⟨lat.-mlat.⟩*: (Philos., Theol.) absolute Unabhängigkeit [Gottes], das reine Aus-sich-selbst-Bestehen

A|se|mie *die; -, ...ien ⟨gr.-nlat.⟩*: (Med.) Störung in der Wahrnehmung od. im Gebrauch von Symbolen

A|sep|sis *die; - ⟨gr.-nlat.⟩*: (Med.) Keimfreiheit (von Wunden, Instrumenten, Verbandstoffen u. Ä.). **A|sep|tik** *die; -*: Keimfreimachung; keimfreie Wundbehandlung. **a|sep|tisch:** (Med.) a) keimfrei; Ggs. ↑ septisch (2); b) nicht auf Infektion beruhend

a|se|xu|al [auch: ...ˈa:l] u. asexuell ⟨*gr.; lat.*⟩: 1. sich in einem Zustand unterhalb normaler sexueller Erregbarkeit befindend. 2. ungeschlechtig, geschlechtslos; vgl. ...al/...ell. **A|se|xu|a|li|tät** [auch: ...ˈtɛ:t] *die; -*: (Med.) 1. Fehlen der ↑ Libido. 2. Fehlen der Geschlechtsdrüsen. **a|se|xu|ell** [auch: ...ˈɛl] vgl. asexual

Ash|ram [ˈa:ʃram]: ↑ Aschram

A|si|al|lie *die; - ⟨gr.-nlat.⟩*: Aptyalismus

A|si|a|nis|mus *der; - ⟨gr.-nlat.⟩*: in Kleinasien ausgebildete Richtung der antiken griechischen Rhetorik, die sich durch Schwülstigkeit, aber auch durch pointierte Kürze auszeichnete

A|si|a|ti|kum *das -s, ...ka* (meist Plural): Werk über Asien

A|si|de|rit [auch: ...ˈrɪt] *der; -s, -e ⟨gr.-nlat.⟩*: ein Meteorstein ohne od. überwiegend ohne Eisen

A|si|ka|ri *der; -s, -s ⟨arab.⟩*: afrikanischer Soldat im ehemaligen Deutsch-Ostafrika

As|ka|ri|a|sis *die; - ⟨gr.-nlat.⟩*: (Med.) eine durch Infektion mit Spulwürmern hervorgerufene Krankheit

As|ka|ris *der; -, ...riden* (meist Plural): Spulwurm

As|ke|se *die; - ⟨gr.-nlat.; „Übung"⟩*: a) streng enthaltsame u. entsagende Lebensweise (zur Verwirklichung sittlicher u. religiöser Ideale); b) Bußübung

As|ket *der; -en, -en ⟨gr.-mlat.⟩*: enthaltsam (in Askese) lebender Mensch. **As|ke|tik** vgl. Aszetik. **As|ke|tin** *die; -, -nen*: weibliche Form zu ↑ Asket. **as|ke|tisch:** a) die Askese (a) betreffend; entsagend, enthaltsam; b) Askese (b) übend; c) wie ein Asket; d) formal zurückhaltend, sparsam, streng

As|k|le|pi|a|de|us *der; -, ...dei* u. ...deen ⟨gr.-lat.⟩; nach dem altgriech. Dichter Asklepiades⟩: Versform der antiken Lyrik (Schema: – – – ∪ ∪ – – ∪ ∪ – ∪ – = Asklepiadeus minor od. – – – ∪ ∪ – – ∪ ∪ – – ∪ ∪ – ∪ – = Asklepiadeus maior)

As|ko|gon *das; -s, -e ⟨gr.-nlat.⟩*: weibliches Geschlechtsorgan der Schlauchpilze

As|ko|my|zet *der; -en, -en*: Pilz der Gattung Schlauchpilze

A|s|kor|bin|säu|re, (fachspr.:) Ascorbinsäure *die; - ⟨gr.; russ.; dt.⟩*: chem. Bez. für: Vitamin C

Äs|ku|lap|stab *der; -[e]s, ...stäbe* ⟨nach dem Schlangenstab des griech.-röm. Gottes der Heilkunde, Äskulap⟩: Sinnbild der Medizin

As|kus *der; -, Aszi ⟨gr.-nlat.⟩*: schlauch- od. keulenförmiger Sporenbehälter der Schlauchpilze

a|so|ma|tisch [auch: ...ˈma:...] *⟨gr.-nlat.⟩*: (Philos.) nicht ↑ somatisch; unkörperlich

A|som|nie *⟨gr.; lat.⟩* u. Agrypnie *die; -, ...ien ⟨gr.⟩*: (Med.) Schlaflosigkeit; Schlafstörung

a|so|pisch: in der Art, im Geist des altgriechischen Fabeldichters Äsop; witzig

a|so|zi|al [auch: ...ˈtsɪa:l]: unfähig zum Leben in der Gemeinschaft, sich nicht in die Gemeinschaft einfügend, am Rande der Gesellschaft lebend. **A|so|zi|a|le** *der u. die; -n, -n*: jmd., der asozial ist. **A|so|zi|a|li|tät** *die; -*: das Asozialsein

As|pa|ra|gin *der; -s ⟨gr.-nlat.⟩*: Derivat (3) der Asparaginsäure

As|pa|ra|gin|säu|re *die; -*: in vielen Eiweißstoffen (bes. in Spargel) enthaltene ↑ Aminosäure

As|pa|ra|gus *der; -, ...ra:...] der; - ⟨gr.-lat.⟩*: a) Spargel (Gemüsepflanze); b) Kraut bestimmter Spargelarten, das für Blumengebinde verwendet wird

As|pekt *der; -[e]s, -e ⟨lat.; „das Hinsehen"⟩*: 1. Blickwinkel, Blickpunkt, Betrachtungsweise,

A

Gesichtspunkt. 2. (Astron., Astrol.) bestimmte Stellung von Sonne, Mond u. Planeten zueinander u. zur Erde.
3. (Sprachw.) [in den slawischen Sprachen bes. ausgeprägte] grammatische Kategorie, mit der die Sprecherin/der Sprecher die Vollendung od. Nichtvollendung eines Geschehens aus ihrer/seiner Sicht ausdrückt. 4. (Bot.) jahreszeitlich bedingtes Aussehen einer Pflanzengesellschaft. a|s| pektisch: (Sprachw.) den Aspekt (3) betreffend

A| s| per *der; -[s], -* ⟨lat.⟩: ↑ Spiritus asper

a| s| per|gie|ren ⟨lat.⟩: (veraltet) besprengen (mit Weihwasser)

A| s| per|gill *das; -s, -e:* Weihwasserwedel

A| s| per|gil|lo|se *die; -, -n* ⟨lat.-nlat.⟩: (Med.) durch einige Arten der Schimmelpilzgattung Aspergillus verursachte Erkrankung (am häufigsten der Atmungsorgane)

A| s| per|gil|lus *der; -, ...llen:* (Bot.) eine Gattung der Schlauchpilze (Kolben- od. Gießkannenschimmel)

a| sper|ma|tisch ⟨gr.-nlat.⟩: (Med.) ohne Samenzellen (vom ↑ Ejakulat). A| sper|ma|tis|mus *der; -:* (Med.) 1. das Fehlen des ↑ Ejakulats bzw. das Ausbleiben der ↑ Ejakulation. 2. ↑ Aspermie (1)

A| sper|mie *die; -:* (Med.) 1. das Fehlen von Samenzellen im ↑ Ejakulat. 2. ↑ Aspermatismus (1)

A| s| per|si|on *die; -, -en* ⟨lat.; „das Anspritzen"⟩: das Besprengen mit Weihwasser

A| s| per|so|ri|um *das; -s, ...ien* ⟨lat.-mlat.⟩: Weihwasserbehälter

As|phalt [auch: ˈas...] *der; -s, -e* ⟨gr.-lat.-fr.; „unzerstörbar"⟩: Gemisch von ↑ Bitumen u. Mineralstoffen (bes. als Straßenbelag verwendet). as|phal|tie|ren: eine Straße mit einer Asphaltschicht versehen. as|phal|tisch: mit Asphalt beschichtet, versehen

As|phalt|ma|ka|dam *der od. das; -s, -e* ⟨gr.; engl.⟩: Gemisch aus grobkörnigem Gestein, das zur Herstellung von Straßendecken verwendet wird

As|pho|de|lus *der; -* ⟨gr.-nlat.⟩: ↑ Affodill

As|pho|dill vgl. Affodill

a| s| phyk|tisch ⟨gr.-nlat.⟩: (Med.) pulslos, der Erstickung nahe

A| s| phy|xie *die; -, ...ien* („Pulslosigkeit"): (Med.) Atemstillstand, Erstickung (infolge Sauerstoffverarmung des Bluts)

As|pi|dis| t| ra *die; -, ...stren* ⟨gr.-nlat.⟩: Schildblume (Zierstaude u. Zimmerpflanze)

As|pik [auch: asˈpik u. ˈaspik] *der* (auch: *das*); -s, -e ⟨fr.⟩: Gallert aus Gelatine od. Kalbsknochen

A| s| pi|rant *der; -en, -en* ⟨lat.-fr.⟩: 1. Bewerber, [Beamten]anwärter. 2. wissenschaftliche Nachwuchskraft an einer Hochschule der DDR. 3. ↑ Postulant (2). A| s| pi|ran|tin *die; -, -nen:* weibliche Form zu ↑ Aspirant

A| s| pi|ran|tur *die; -, -en:* besonderer Ausbildungsgang des wissenschaftlichen Nachwuchses in der DDR

A| s| pi|ra| ta *die; -, ...ten u. ...tä* ⟨lat.⟩: (Sprachw.) behauchter [Verschluss]laut

A| s| pi|ra|teur [...ˈtøːɐ̯] *der; -s, -e* ⟨lat.-fr.⟩: Maschine zum Vorreinigen des Getreides

A| s| pi|ra|ti|on *die; -, -en* ⟨lat.⟩: 1. (meist Plural) Bestrebung, Hoffnung, ehrgeiziger Plan. 2. (Sprachw.) [Aussprache eines Verschlusslautes mit] Behauchung. 3. (Med.) a) das Eindringen von Flüssigkeiten od. festen Stoffen in die Luftröhre od. Lunge; b) Ansaugung von Luft, Gasen, Flüssigkeiten u. a. beim Einatmen

A| s| pi|ra|tor *der; -s, ...oren* ⟨lat.-nlat.⟩: Luft-, Gasansauger

a| s| pi|ra|to|risch: (Sprachw.) mit Behauchung gesprochen

a| s| pi|rie|ren ⟨lat.(-fr.)⟩: 1. (veraltet) nach etwas streben; sich um etwas bewerben. 2. (Sprachw.) einen Verschlusslaut mit Behauchung aussprechen. 3. ansaugen (von Luft, Gasen u. a.)

A| s| pi|rin ® *das; -s, -e* ⟨Kunstw.⟩: ein Schmerz- u. Fiebermittel

A| s| pi|ro|me|ter *das; -s, -* ⟨lat.; gr.⟩: Gerät zum Bestimmen der Luftfeuchtigkeit

As|pis|vi|per *die; -, -n* ⟨gr.; lat.⟩: Giftschlange aus der Familie der Ottern

As|p| lit ® *das; -s* ⟨Kunstw.⟩:

selbsthärtender Kitt aus Phenolharz

Ass *das; -es, -e:* ⟨lat.-fr.⟩: 1. a) [höchste] Karte im Kartenspiel; b) die Eins auf Würfeln. 2. hervorragender Spitzenkönner, bes. im Sport. 3. a) (bes. Tennis) platzierter Aufschlagball, der vom Gegner nicht zurückgeschlagen werden kann; b) (Golf) mit einem Schlag vom Abschlag ins Loch gespielter Ball

As|sa|gai *der; -s, -e* ⟨berberisch-arab.-span.-fr.-engl.⟩: Wurfspieß eines Bantustammes im südlichen Afrika

as|sai ⟨lat.-it.⟩: (Mus.) sehr, genug, recht, ziemlich (in Verbindung mit einer musikalischen Tempobezeichnung)

As|sam *der; -s, -s* ⟨nach dem ind. Bundesstaat⟩: eine kräftige, würzige Teesorte

as|sa|nie|ren ⟨lat.-fr.⟩: (österr.) gesund machen; verbessern (bes. im hygienischen Sinne). As|sanie|rung *die; -, -en:* (österr.) Verbesserung der Bebauung von Liegenschaften aus hygienischen, sozialen, technischen od. verkehrsbedingten Gründen

As|sas|si|ne *der; -n, -n* ⟨arab.-it.⟩: 1. (veraltet) Meuchelmörder. 2. Angehöriger einer islamischen Glaubensgemeinschaft

As|saut [aˈsoː] *das* (auch: *der*); -s, -s ⟨lat.-vulgärlat.-it.⟩: sportlicher Fechtwettkampf

As|se|ku|ra|deur [...ˈdøːɐ̯] *der; -s, -e* ⟨lat.-vulgärlat.-it.⟩ mit franz. Endung gebildet): Versicherungsagent, der als Selbstständiger für Versicherungsgesellschaften, bes. an Seehandelsplätzen, tätig ist. As|se|ku|radeu|rin [...ˈdøːrɪn] *die; -, -nen:* weibliche Form zu ↑ Assekuradeur

As|se|ku|rant *der; -en, -en* ⟨lat.-vulgärlat.-it.⟩: Versicherer, Versicherungsträger. As|se|ku|ran|tin *die; -, -nen:* weibliche Form zu ↑ Assekurant

As|se|ku|ranz *die; -, -en:* (fachspr.) Versicherung. As|se|ku|ranzprin|zip *das; -s:* Theorie, nach der die Steuern Versicherungsprämien für den vom Staat gewährten Personen- und Eigentumsschutz sind

As|se|ku|rat *der; -en, -en:* Versicharter, Versicherungsnehmer.

As|se|ku|ra|tin *die; -, -nen:* weibliche Form zu ↑ Assekurat

as|se|ku|rie|ren: versichern

As|sem|b|la|ge [asãˈblaːʒə] *die; -, -n ⟨lat.-vulgärlat.-fr.⟩:* (moderne Kunst) dreidimensionaler Gegenstand, der aus einer Kombination verschiedener Objekte entstanden ist

As|sem|b|lee *die; -, ...bleen:* Versammlung. **As|sem|b|lée na|tio-nale** [asãblenasjɔˈnal] *die; - -, -s -s* [...blenasjɔˈnal]: Nationalversammlung [in Frankreich 1789, 1848, 1871, 1946]

As|sem|b|ler [əˈsɛmblə] *der; -s, - ⟨lat.-vulgärlat.-fr.-engl.⟩:* (EDV) 1. maschinenorientierte Programmiersprache. 2. Übersetzungsprogramm zur Umwandlung einer maschinenorientierten Programmiersprache in die spezielle Maschinensprache

As|sem|b|ling *das; -s, -s:* Vereinigung, Zusammenschluss von Industriebetrieben zur Produktionssteigerung und Rationalisierung des Vertriebs

as|sen|tie|ren ⟨*lat.*⟩: 1. bei-, zustimmen. 2. (österr. veraltet) auf Militärdiensttauglichkeit hin untersuchen. **As|sen|tie-rung** *die; -, -en:* (österr. veraltet) Musterung

as|se|rie|ren ⟨*lat.*⟩: (Philos.) behaupten, versichern

As|ser|ti|on *die; -, -en ⟨lat.⟩:* (Philos.) bestimmte, einfach feststellende Behauptung, Versicherung, Feststellung

as|ser|to|risch ⟨*lat.-nlat.*⟩: behauptend, versichernd

As|ser|vat *das; -[e]s, -e ⟨lat.⟩:* ein in amtliche Verwahrung genommener, für eine Gerichtsverhandlung als Beweismittel wichtiger Gegenstand

As|ser|va|ten|kon|to *das; -s, ...ten:* Bankkonto, dessen Guthaben bestimmten Zwecken vorbehalten ist

as|ser|vie|ren: aufbewahren

As|sess|ment [əˈsɛsmənt] *das; -s, -s ⟨lat.-engl.⟩:* 1. Steuerveranlagung, -betrag, -zahlung. 2. Bewertung, Einschätzung

As|sess|ment|cen|ter, auch: **As-sess|ment-Cen|ter** *das; -s, - ⟨engl.⟩:* psychologisches Testverfahren; Einstufungstest; Abk.: AC

As|ses|sor *der; -s, ...oren ⟨lat.;*

„Beisitzer"): 1. jmd., der die zweite juristische Staatsprüfung bestanden hat. 2. (früher) ↑ Studienassessor; Abk.: Ass. **as|ses|so|ral** ⟨*lat.-nlat.*⟩ u. assessorisch ⟨*lat.*⟩: den Assessor betreffend

As|ses|so|rin *die; -, -nen:* weibliche Form zu ↑ Assessor

As|set [ˈæsət] *das; -s, -s ⟨vulgärlat.-fr.-engl.⟩:* 1. ⟨Wirtsch.⟩ Vermögenswert eines Unternehmens. 2. (meist Plural) Besonderheit, Ergänzung, Zusatz (z. B. zu einem Multimediaprodukt)

As|si|bi|la|ti|on *die; -, -en ⟨lat.-nlat.⟩:* (Sprachw.) a) Aussprache eines Verschlusslautes in Verbindung mit einem Zischlaut (z. B. z = ts in „Zahn"); b) Verwandlung eines Verschlusslautes in einen Zischlaut (z. B. *niederd.* Water = *hochd.* Wasser); vgl. ...ation/...ierung. **as|si|bi-lie|ren:** einem Verschlusslaut einen s- od. sch-Laut folgen lassen. **As|si|bi|lie|rung** *die; -, -en:* Assibilation; vgl. ...ation/...ierung

As|si|du|i|tät *die; - ⟨lat.⟩:* Ausdauer, Beharrlichkeit

As|si|et|te *die; -, -n ⟨lat.-vulgär-lat.-fr.⟩:* 1. flacher [Servier]behälter (z. B. mit tischfertigen Gerichten). 2. (österr. veraltet) kleines Vor- od. Zwischengericht. 3. (veraltet) Stellung, Lage, Fassung

As|si|g|nant *der; -en, -en ⟨lat.⟩:* Anweisender, Aussteller einer Geldanweisung. **As|si|g|nan|tin** *die; -, -nen:* weibliche Form zu ↑ Assignant

As|si|g|nat *der; -en, -en:* jmd., der auf eine Geldanweisung hin zahlen muss

As|si|g|na|tar *der; -s, -e ⟨lat.-nlat.⟩:* Empfänger einer Geldanweisung. **As|si|g|na|ta|rin** *die; -, -nen:* weibliche Form zu ↑ Assignatar

As|si|g|na|te *die; -, -n (meist Plural) ⟨lat.-fr.⟩:* Papiergeld[schein] der Ersten Französischen Republik

As|si|g|na|tin *die; -, -nen:* weibliche Form zu ↑ Assignant

As|si|g|na|ti|on *die; -, -en ⟨lat.⟩:* Geld- od. Zahlungsanweisung

as|si|g|nie|ren: [Geld] anweisen

As|si|mi|lat *das; -[e]s, -e ⟨lat.⟩:* ein in Lebewesen durch Umwand-

lung körperfremder in körpereigene Stoffe entstehendes Produkt (z. B. Stärke bei Pflanzen, ↑ Glykogen bei Tieren)

As|si|mi|la|ti|on *die; -, -en ⟨„Ähnlichmachung"):* 1. a) Angleichung, Anpassung; b) Angleichung eines Konsonanten an einen anderen (z. B. das m in dt. Lamm aus mittelhochdt. lamb); Ggs. ↑ Dissimilation (1). 2. a) Überführung der von einem Lebewesen aufgenommenen Nährstoffe in ↑ Assimilate; Ggs. ↑ Dissimilation (2); b) die Bildung von Kohlehydraten aus Kohlendioxid der Luft und aus Wasser unter dem Einfluss des Lichtes, wobei Sauerstoff abgegeben wird. 3. (Soziol.) Angleichung eines Einzelnen od. einer Gruppe an die Eigenart einer anderen Gruppe, eines anderen Volkes

As|si|mi|la|ti|ons|ge|we|be *das; -s, -:* ↑ Palisadengewebe

as|si|mi|la|to|risch ⟨*lat.-nlat.*⟩: 1. die Assimilation betreffend. 2. durch Assimilation gewonnen

as|si|mi|lie|ren ⟨*lat.*⟩: angleichen, anpassen. **As|si|mi|lie|rung** *die; -, -en:* ↑ Assimilation

As|si|sen *die (Plural) ⟨lat.-vulgär-lat.-fr.⟩:* Schwurgericht und dessen Sitzungen in der Schweiz u. in Frankreich

As|sist [əˈsɪst] *der; -s, -s ⟨lat.-fr.-engl.⟩:* (Sport) Zuspiel, das zum Treffer führt

As|sis|tent *der; -en, -en ⟨lat.; „Beisteher, Helfer"⟩:* a) jmd., der einem anderen assistiert; b) [wissenschaftlich] entsprechend ausgebildete Fachkraft innerhalb einer bestimmten Laufbahnordnung, bes. in Forschung u. Lehre. **As|sis|ten|tin** *die; -, -nen:* weibliche Form zu ↑ Assistent

As|sis|tenz *die; -, -en ⟨lat.-mlat.⟩:* Beistand, Mithilfe

As|sis|tenz|arzt *der; -es, ...ärzte:* approbierter Arzt, der einem Chefarzt unterstellt ist. **As|sis-tenz|ärz|tin** *die; -, -nen:* weibliche Form zu ↑ Assistenzarzt

As|sis|tenz|fi|gur *die; -, -en:* (Kunstwiss.) in sakralen Bildern verwendete Figur, die nicht zum Sinngehalt des Bildes beiträgt, sondern das Bild nur auffüllt und abrundet

A

As|sis|tenz|pro|fes|sor *der; -s, -en:* wissenschaftliche Fachkraft an deutschen Universitäten. As|sis|tenz|pro|fes|so|rin *die; -, -nen:* weibliche Form zu ↑ Assistenzprofessor

as|sis|tie|ren ⟨*lat.*⟩: jmdm. nach dessen Anweisungen zur Hand gehen

As|so|cié [aso'sie:] *der; -s, -s* ⟨*lat.-fr.*⟩: (veraltet) Teilhaber

As|so|lu|ta *die; -, -s* ⟨*lat.*⟩: weiblicher Spitzenstar in Ballett u. Oper

As|so|nanz *die; -, -en* ⟨*lat.-nlat.*⟩: (Metrik) Gleichklang zwischen zwei od. mehreren Wörtern [am Versende], der sich auf die Vokale beschränkt (Halbreim; z. B. laben: klagen)

as|sor|tie|ren ⟨*fr.*⟩: nach Warenarten auswählen, ordnen u. vervollständigen

As|sor|ti|ment *das; -s, -e:* Warenlager, Auswahl, ↑ Sortiment (1)

As|so|zi|a|ti|on *die; -, -en* ⟨*lat.-fr.;* „Vereinigung"): 1. Vereinigung, Zusammenschluss. 2. (Psychol.) Verknüpfung von Vorstellungen, von denen die eine die andere hervorgerufen hat. 3. (Chem.) Vereinigung mehrerer gleichartiger Moleküle zu einem Molekülkomplex. 4. (Bot.) Gruppe von Pflanzen, die sich aus verschiedenen, aber charakteristischen Arten zusammensetzt. 5. bündnisloser militärischer u. politischer Zusammenschluss von Staaten. 6. (Sprachw.) klangliche, inhaltliche, formale assoziative Beziehungen zwischen sprachlichen Zeichen. 7. (Statistik) Zusammenhang zwischen zwei statistischen Reihen. 8. (Astron.) Ansammlung von Sternen; vgl. ...ation/...ierung

as|so|zi|a|tiv ⟨*nlat.*⟩: a) (Psychol.) durch Vorstellungsverknüpfung bewirkt; b) verbindend, vereinigend

As|so|zi|a|tiv|ge|setz *das; -es:* mathematisches Gesetz, das für eine Verknüpfungsart die Unabhängigkeit des Ergebnisses von der Klammersetzung fordert, z. B. a · (b · c) = (a · b) · c

as|so|zi|ie|ren ⟨*lat.-fr.*⟩: 1. (Psychol.) eine gedankliche Vorstellung mit etwas verknüpfen. 2. sich assoziieren: sich genos-

senschaftlich zusammenschließen, vereinigen. As|so|zi|ie|rung *die; -, -en:* 1. vertraglicher Zusammenschluss mehrerer Personen, Unternehmen od. Staaten zur Verfolgung bestimmter gemeinsamer wirtschaftlicher Interessen. 2. ↑ Assoziation (2); vgl. ...ation/...ierung

as|su|mie|ren ⟨*lat.*⟩: annehmen, gelten lassen

As|sump|tio vgl. Assumtion

As|sump|ti|o|nist *der; -en, -en* ⟨*lat.-nlat.*⟩: Angehöriger der ↑ Kongregation der Augustiner von Mariä Himmelfahrt (1845).

As|sump|ti|o|nis|tin *die; -, -nen:* weibliche Form zu ↑ Assumptionist

As|sum|ti|on, Assumptio *die; -, ...tionen* ⟨*lat.-it.;* „die Aufgenommene"): bildliche Darstellung der Himmelfahrt Marias

As|sy|ri|o|lo|ge *der; -n, -n* ⟨*gr.-nlat.*⟩: Wissenschaftler auf dem Gebiet der Assyriologie. As|sy|ri|o|lo|gie *die; -:* Wissenschaft von Geschichte, Sprachen u. Kulturen des alten Assyriens u. Babyloniens. As|sy|ri|o|lo|gin *die; -, -nen:* weibliche Form zu ↑ Assyriologe. as|sy|ri|o|lo|gisch: die Assyriologie betreffend

A|s|ta|sie *die; -, ...ien* ⟨*gr.-nlat.*⟩: (Med.) Unfähigkeit zu stehen (bes. bei Hysterie)

a|s|ta|sie|ren: ein Messinstrument gegen Beeinflussung durch störende äußere Kräfte (z. B. Erdmagnetismus, Schwerkraft) schützen. A|s|ta|sie|rung *die; -:* Vorrichtung, die fremde Einflüsse auf die schwingenden Teile von Messinstrumenten schwächt (z. B. die Einwirkung des Erdmagnetismus auf die Magnetnadel)

A|s|tat u. A|s|ta|tin *das; -s:* chemisches Element; Zeichen: At

a|s|ta|tisch: gegen Beeinflussung durch äußere elektrische od. magnetische Felder geschützt (bei Messinstrumenten); **astatisches Nadelpaar:** zwei entgegengesetzt gepolte, starr untereinander verbundene (nicht gegeneinander bewegliche) Magnetnadeln gleichen magnetischen ↑² Moments (2)

as|te|risch ⟨*gr.-nlat.*⟩: sternähnlich

As|te|risk vgl. Asteriskus

As|te|ris|kos *der; - ⟨gr.*⟩: ein Altargerät aus zwei sich kreuzenden Metallbogen als Träger der Decke über dem geweihten Brot (in den Ostkirchen)

As|te|ris|kus *der; -, ...ken* ⟨*gr.-lat.*⟩ u. Asterisk *der; -s, -s od. -e:* a) Sternchen (*) als Hinweis auf eine Fußnote, Anmerkung o. Ä.; b) (Sprachw.) Sternchen (*) als Kennzeichnung von erschlossenen, nicht belegten Formen

As|te|ris|mus *der; - ⟨gr.-nlat.*⟩: (Phys.) Eigenschaft verschiedener Kristalle, auffallendes Licht strahlenförmig zu reflektieren

As|te|ro|id *der; -en, -en:* kleiner Planet, ↑ Planetoid

As|te|r|o|nym *das; -s, -e:* Zeichen aus drei Sternchen (***) anstelle des Verfassernamens

A|s|the|nie *die; -, ...ien* ⟨*gr.-nlat.*⟩: (Med.) 1. (ohne Plural) Kraftlosigkeit, Schwächlichkeit. 2. Schwäche, Entkräftung, Kräfteverfall. A|s|the|ni|ker *der; -s, -:* jmd., der einen schmalen, schmächtigen, muskelarmen u. knochenschwachen Körperbau besitzt. A|s|the|ni|ke|rin *die; -, -nen:* weibliche Form zu ↑ Astheniker. a|s|the|nisch: schmalwüchsig, schwach; dem Körperbau des Asthenikers entsprechend

A|s|the|n|o|pie *die; -:* (Med.) rasche Ermüdbarkeit der Augen [beim Nahesehen]

A|s|the|no|s|phä|re *die; -:* in etwa 100 bis 200 km Tiefe gelegener Bereich des Erdmantels

Äs|the|sie *die; - ⟨gr.-nlat.*⟩: Empfindungsvermögen

Äs|the|si|o|lo|gie *die; -:* (Med.) Lehre von den Sinnesorganen u. ihren Funktionen. äs|the|si|o|lo|gisch: die Ästhesiologie betreffend

Äs|thet *der; -en, -en* ⟨*gr.;* „der Wahrnehmende"): jmd., der in besonderer Weise auf kultivierte Gepflegtheit, Schönheit, Künstlerisches anspricht, was sich auch in seinem Lebensstil niederschlägt

Äs|the|tik *die; -, -en:* 1. Wissenschaft vom Schönen, Lehre von der Gesetzmäßigkeit u. Harmonie in Natur u. Kunst. 2. (ohne Plural) das stilvoll Schöne. Äs-

A

the|ti|ker *der;* -s, -: Vertreter od. Lehrer der Ästhetik (1). **Äs|the|ti|ke|rin** *die;* -, -nen: weibliche Form zu ↑ Ästhetiker
Äs|the|tin *die;* -, -nen: weibliche Form zu ↑ Ästhet
äs|the|tisch: 1. die Ästhetik (1) betreffend. 2. stilvoll-schön, geschmackvoll, ansprechend
äs|the|ti|sie|ren: einseitig nach den Gesetzen des Schönen urteilen od. etwas danach gestalten
Äs|the|ti|zis|mus *der;* -: Lebens- u. Kunstanschauung, die dem Ästhetischen einen absoluten Vorrang vor anderen Werten einräumt. **Äs|the|ti|zist** *der;* -en, -en: Vertreter des Ästhetizismus. **Äs|the|ti|zis|tin** *die;* -, -nen: weibliche Form zu ↑ Ästhetizist. **äs|the|ti|zis|tisch:** den Ästhetizismus betreffend
Asth|ma *das;* -s ⟨*gr.-lat.*⟩: anfallsweise auftretende Atemnot, Kurzatmigkeit
Asth|ma|ti|ker *der;* -s, -: jmd., der an Asthma leidet. **Asth|ma|ti|ke|rin** *die;* -, -nen: weibliche Form zu ↑ Asthmatiker. **asth|ma|tisch:** a) durch Asthma bedingt; b) an Asthma leidend, kurzatmig
As|ti *der;* -[s], -: Wein aus dem Gebiet um die oberitalienische Stadt Asti
a|s|tig|ma|tisch ⟨*gr.-nlat.*⟩: Punkte strichförmig verzerrend (von Linsen bzw. vom Auge). **A|s|tig|ma|tis|mus** *der;* -: 1. (Phys.) Abbildungsfehler von Linsen. 2. (Med.) Sehstörung infolge krankhafter Veränderung der Hornhautkrümmung
A|s|til|be *die;* -, -n ⟨*gr.-nlat.*⟩: Zierstaude aus der Familie der Steinbrechgewächse
Äs|ti|ma|ti|on *die;* -, -en ⟨*lat.-fr.*⟩: Achtung, Anerkennung, Wertschätzung. **äs|ti|mie|ren:** 1. jmdn. als Persönlichkeit schätzen, ihm Aufmerksamkeit zuteil werden lassen. 2. jmds. Leistungen o. Ä. entsprechend würdigen
As|ti spu|man|te [- sp...] *der;* - -, - - ⟨*it.*⟩: italienischer Schaumwein
Äs|ti|va|ti|on *die;* -, -en ⟨*lat.-nlat.*⟩: (Bot.) Art der Anordnung der Blattanlagen in der Knospe
Äs|to|me|ter *das;* -s, - ⟨*lat.; gr.*⟩: Gerät zur ↑ energetischen Strahlungsmessung mit Photozellen

As|t|ra|chan *der;* -s, -s ⟨nach der russ. Stadt⟩: 1. Lammfell eines südrussischen Schafes. 2. Plüschgewebe mit fellartigem Aussehen
As|t|ra|gal *der;* -s, -e ⟨*gr.-lat.*⟩: Rundprofil (meist Perlschnur), bes. zwischen Schaft u. Kapitell einer Säule
As|t|ra|ga|lus *der;* -, ...li: 1. (veraltet) oberster Fußwurzelknochen (Sprungbein). 2. antiker Spielstein (aus dem Sprungbein von Schafen gefertigt). 3. ↑ Astragal
as|t|ral ⟨*gr.-lat.*⟩: die Gestirne betreffend; Stern...
As|t|ral|leib *der;* -s, -er: 1. im ↑ Okkultismus den Tod überdauernder unsichtbarer Leib des Menschen. 2. in der ↑ Anthroposophie ätherisch gedachter Träger des Lebens im Körper des Menschen. 3. (ugs., meist iron.) schöner menschlicher Körper
As|t|ral|my|tho|lo|gie *die;* -: Lehre von den Gestirnen als göttlichen Mächten
As|t|ral|lon ® *das;* -s ⟨Kunstw.⟩: durchsichtiger Kunststoff
As|t|ral|re|li|gi|on *die;* -: göttliche Verehrung der Gestirne
As|t|rild *der;* -s, -e ⟨*afrikaans*⟩: vorwiegend in Afrika heimischer Webervogel, Prachtfink

---

as|t|ro..., As|t|ro...

⟨zu *gr.* ástron „Gestirn, Stern(bild)"⟩
Wortbildungselement mit der Bedeutung „Stern, Weltraum":
– Astrologie
– Astronaut
– Astronomie
– astrophysikalisch

As|t|ro|bi|o|lo|gie *die;* -: Wissenschaft vom Leben auf anderen Himmelskörpern u. im Weltraum
As|t|ro|dy|na|mik *die;* -: 1. Teilgebiet der ↑ Astrophysik, auf dem man sich mit der ↑ Dynamik (1) von Sternsystemen o. Ä. befasst. 2. Teilgebiet der Raumflugtechnik, auf dem man sich mit der Bewegung künstlicher ↑ Satelliten (3) befasst
As|t|ro|fo|to|met|rie *die;* -: ...photometrie *die;* -: Messung der Helligkeit von Gestirnen
As|t|ro|g|no|sie *die;* - ⟨*gr.-nlat.*⟩:

Kenntnis des Sternenhimmels, wie er dem bloßen Auge erscheint
As|t|ro|graph, auch: ...graf *der;* -en, -en: 1. astronomisches Fernrohr zur fotografischen Aufnahme von Gestirnen. 2. Vorrichtung zum Zeichnen von Sternkarten. **As|t|ro|gra|phie,** auch: ...grafie *die;* -, ...ien: Sternbeschreibung. **as|t|ro|gra|phisch,** auch: ...grafisch: die Astrographie betreffend
As|t|ro|kom|pass *der;* -es, -e: Gerät zur Bestimmung der Nordrichtung unter Bezug auf einen Himmelskörper
As|t|ro|la|bi|um *das;* -s, ...ien ⟨*gr.-mlat.*⟩: altes astronomisches Instrument zur lagemäßigen Bestimmung von Gestirnen
As|t|ro|la|t|rie *die;* - ⟨*gr.-nlat.*⟩: Sternverehrung
As|t|ro|lo|ge *der;* -n, -n ⟨*gr.-lat.*⟩: a) jmd., der sich systematisch u./od. beruflich mit Astrologie beschäftigt; b) (scherzh.) jmd., der aufgrund seiner Kenntnis der politischen Verhältnisse [eines Landes o. Ä.] Voraussagen über zu erwartende Maßnahmen machen kann
As|t|ro|lo|gie *die;* -: a) Lehre, die aus der mathematischen Erfassung der Orte u. Bewegungen der Himmelskörper sowie von orts- u. zeitabhängigen Koordinatenschnittpunkten Schlüsse zur Beurteilung von irdischen Gegebenheiten u. deren Entwicklung zu ziehen sucht; b) Schicksalsdeutung u. Vorhersage aus einem ↑ Horoskop (a)
As|t|ro|lo|gin *die;* -, -nen: weibliche Form zu ↑ Astrologe. **as|t|ro|lo|gisch:** a) die Astrologie betreffend; b) mit den Mitteln der Astrologie erfolgend
As|t|ro|man|tie *die;* - ⟨*gr.-nlat.*⟩: das Wahrsagen aus den Sternen
As|t|ro|me|te|o|ro|lo|gie *die;* -: 1. Wissenschaft von den ↑ Atmosphären (1) anderer Himmelskörper (bes. der Planeten). 2. Lehre vom Einfluss der Gestirne auf das Wetter
As|t|ro|me|ter *das;* -s, -: Gerät zum Messen der Helligkeit von Sternen
As|t|ro|me|t|rie *die;* -: Zweig der Astronomie, der sich mit der

A

Messung der Ortsveränderungen von Sternen beschäftigt
As|t|ro|naut der; -en, -en: Weltraumfahrer, Teilnehmer an einem Raumfahrtunternehmen; vgl. Kosmonaut. **As|t|ro|nau|tik** die; -: [Wissenschaft von der] Raumfahrt. **As|t|ro|nau|tin** die; -, -nen: weibliche Form zu ↑ Astronaut. **as|t|ro|nau|tisch:** die Raumfahrt betreffend; vgl. kosmonautisch
As|t|ro|na|vi|ga|ti|on die; -: 1. ↑ Navigation unter Verwendung von Messdaten angepeilter Himmelskörper. 2. Bestimmung von Ort u. Kurs eines Raumschiffs nach den Sternen
As|t|ro|nom der; -en, -en ⟨gr.-lat.⟩: jmd., der sich wissenschaftlich mit der Astronomie beschäftigt; Stern-, Himmelsforscher. **As|t|ro|no|mie** die; -: Stern-, Himmelskunde als exakte Naturwissenschaft. **As|t|ro|no|min** die; -, -nen: weibliche Form zu ↑ Astronom. **as|t|ro|no|misch:** 1. die Astronomie betreffend, sternkundlich. 2. [unvorstellbar] groß, riesig (in Bezug auf Zahlenangaben od. Preise)
As|t|ro|pho|to|me|t|rie vgl. Astrofotometrie
As|t|ro|phyl|lit [auch: ...'lıt] der; -s, -e: ein Mineral
As|t|ro|phy|sik [auch: ...'zi:k] die; -: Teilgebiet der Astronomie, auf dem man sich mit dem Aufbau u. der physikalischen Beschaffenheit der Gestirne beschäftigt. **as|t|ro|phy|si|ka|lisch** [auch: ...'ka:...]: die Astrophysik betreffend
As|t|ro|phy|si|ker [auch: ...'fy:...] der; -s, -: Wissenschaftler, der auf dem Gebiet der Astrophysik arbeitet. **As|t|ro|phy|si|ke|rin** [auch: ...'fy:...] die; -, -nen: weibliche Form zu ↑ Astrophysiker
As|t|ro|spek|t|ro|s|ko|pie [auch: ...'pi:] die; -: Untersuchung des ↑ Spektrums von Gestirnen
Äs|tu|ar der; -s, -e u. **Äs|tu|a|ri|um** das; -s, ...ien ⟨lat.⟩: trichterförmige Flussmündung
A|syl das; -s, -e ⟨gr.-lat.⟩: „Unverletzliches"): 1. Unterkunft, Heim (für Obdachlose). 2. a) Aufnahme u. Schutz (für Verfolgte); b) Zufluchtsort
A|sy|lant der; -en, -en: jmd., der um Asyl nachsucht. **A|sy|lan|tin**

die; -, -nen: weibliche Form zu ↑ Asylant
A|syl|lie|rung die; -, -en: Unterbringung in einem Asyl
A|sym|blas|tie die; - ⟨gr.-nlat.⟩: (Bot.) unterschiedliche Keimungszeiten von Samen derselben Pflanze
A|sym|me|t|rie [auch: 'a...] die; -, ...ien ⟨gr.-nlat.⟩: Mangel an ↑ Symmetrie (1, 2), Ungleichmäßigkeit. **a|sym|me|t|risch** [auch: 'a...]: auf beiden Seiten einer Achse kein Spiegelbild ergebend (von Figuren o. Ä.), ungleichmäßig; Ggs. ↑ symmetrisch
A|sym|p|to|te die; -, -n ⟨gr.-nlat.; „nicht zusammenfallend"⟩: Gerade, der sich eine ins Unendliche verlaufende Kurve nähert, ohne sie zu erreichen. **a|sym|p|to|tisch:** (Math.) sich wie eine Asymptote verhaltend
a|syn|chrom ⟨gr.-nlat.⟩: in der Fügung **asynchromer Druck:** Mehrfarbendruck, bei dem für jede Farbe eine Druckplatte vorhanden ist
a|syn|chron [auch: ...'kro:n] ⟨gr.-nlat.⟩: 1. nicht mit gleicher Geschwindigkeit laufend; Ggs. ↑ synchron (1). 2. a) nicht gleichzeitig; b) entgegenlaufend; Ggs. ↑ synchron (1)
A|syn|chron|mo|tor der; -s, -e[n]: Wechsel- od. Drehstrommotor, dessen Drehzahl unabhängig von der Frequenz des Netzes geregelt werden kann
a|syn|de|tisch [auch: ...'de...] ⟨gr.-lat.⟩: a) das Asyndeton betreffend; b) nicht durch Konjunktion verbunden, unverbunden; Ggs. ↑ syndetisch
A|syn|de|ton das; -s, ...ta: Wortod. Satzreihe, deren Glieder nicht durch Konjunktionen miteinander verbunden sind (z. B. „alles rennet, rettet, flüchtet", Schiller); vgl. Polysyndeton
A|sy|n|er|gie die; -, ...ien ⟨gr.-nlat.⟩: (Med.) Störung im Zusammenwirken mehrerer Muskelgruppen (z. B. bei der Durchführung bestimmter Bewegungen)
A|sy|s|to|lie die; -, ...ien ⟨gr.-nlat.⟩: Systolenabschwächung od. -ausfall bei Herzmuskelschädigung
a|s|zen|dent ⟨lat.⟩: 1. (Geol.) aufsteigend (z. B. von Dämpfen);

Ggs. ↑ deszendent. 2. den Aufbau kleinerer Einheiten zu komplexeren Ganzen betreffend. **A|s|zen|dent** der; -en, -en (Ggs. ↑ Deszendent): 1. Vorfahr; Verwandter in aufsteigender Linie. 2. (Astron.) a) Gestirn im Aufgang; b) Aufgangspunkt eines Gestirns. 3. (Astrol.) das im Augenblick der Geburt über den Osthorizont tretende Tierkreiszeichen
A|s|zen|denz die; -, -en ⟨lat.-nlat.⟩: 1. (ohne Plural) Verwandtschaft in aufsteigender Linie. 2. Aufgang eines Gestirns; Ggs. ↑ Deszendenz
a|s|zen|die|ren ⟨lat.⟩: 1. aufsteigen (von Gestirnen). 2. (veraltet) befördert werden, im Dienstrang aufrücken
A|s|zen|si|on die; -: (veraltet) Himmelfahrt [Christi]
As|ze|se usw. vgl. Askese usw.
As|ze|tik die; -: Lehre vom Streben nach christlicher Vollkommenheit. **As|ze|ti|ker** der; -s, -: Vertreter der Aszetik. **As|ze|ti|ke|rin** die; -, -nen: weibliche Form zu ↑ Aszetiker
As|zi: Plural von ↑ Askus
As|zi|tes u. Ascites der; - ⟨gr.-lat.⟩: (Med.) Bauchwassersucht
A|tal|beg der; -[s], -s ⟨türk.; „Vater Fürst"⟩: ehemaliger türkischer Titel für Emire
a|tak|tisch [auch: a'tak...] ⟨gr.-nlat.⟩: (Med.) unregelmäßig, ungleichmäßig (von Bewegungen)
A|tal|man der; -s, -e ⟨russ.⟩: frei gewählter Stammes- u. militärischer Führer der Kosaken; vgl. Hetman
A|tal|rak|ti|kum das; -s, ...ka ⟨gr.; lat.⟩: (Med.) Beruhigungsmittel
A|tal|ra|xie die; - ⟨gr.⟩: (griech. Philos.) Unerschütterlichkeit, Gleichmut, Seelenruhe
A|ta|vis|mus der; -, ...men ⟨lat.-nlat.⟩: 1. (ohne Plural) das Wiederauftreten von Merkmalen der Vorfahren, die dem unmittelbar vorhergehenden Generationen fehlen (bei Pflanzen, Tieren u. Menschen). 2. entwicklungsgeschichtlich als überholt geltendes, unvermittelt wieder auftretendes körperliches od. geistig-seelisches Merkmal. **a|ta|vis|tisch:** 1. den Atavismus betreffend. 2. (abwertend) in Gefühlen, Gedan-

ken usw. einem früheren, primitiven Menschheitsstadium entsprechend

A|ta|xie *die; -, ...ien ⟨gr.-nlat.⟩:* (Med.) Störung im geordneten Ablauf u. in der Koordination von Muskelbewegungen

A|tel|lek|ta|se *die; -, -n ⟨gr.-nlat.⟩:* (Med.) Zustand einer Luftverknappung od. Luftleere in den Lungen

A|tel|lie *die; -, ...ien:* 1. (Med.) das Weiterbestehen infantiler Merkmale beim erwachsenen Menschen. 2. (Biol.) Merkmal, Eigenschaft eines Tiers od. einer Pflanze ohne erkennbaren biologischen Zweck

A|tel|li|er [atə'lje:] *das; -s, -s ⟨lat.-fr.⟩:* Arbeitsraum, -stätte (z. B. für einen Künstler, für Foto- od. Filmaufnahmen)

A|tel|la|ne *die; -, -n ⟨lat.; nach der* altröm. Stadt Atella in Kampanien): (ursprünglich oskische) altrömische Volksposse

a tem|po *⟨it.⟩:* 1. (ugs.) sofort, schnell. 2. (Mus.) im Anfangstempo [weiterspielen] (Vortragsanweisung)

Ä|than, chem. fachspr.: Ethan *das; -s ⟨gr.-nlat.⟩:* gasförmiger Kohlenwasserstoff

Ä|tha|nal, chem. fachspr.: Ethanal *das; -s:* ↑ Acetaldehyd

A|tha|na|si|a|num *das; -s ⟨nlat.; nach dem Patriarchen Athanasius v. Alexandria, † 373⟩:* christliches Glaubensbekenntnis aus dem 6. Jh.

A|tha|na|sie *die; - ⟨gr.⟩:* (Rel.) Unsterblichkeit

At|ha|na|tis|mus *der; - ⟨gr.-nlat.⟩:* Lehre von der Unsterblichkeit (Verewigung) der Seele

Ä|tha|no|graph, fachspr.: Ethanograph, beide auch: ...graf *der; -en, -en ⟨gr.-nlat.-engl.⟩:* Gerät zum Messen des Alkoholspiegels im Blut

Ä|tha|nol, chem. fachspr.: Ethanol *das; -s ⟨Kurzw. aus ↑Äthan* u. ↑ Alkohol): chemische Verbindung aus der Gruppe der Alkohole (Äthylalkohol)

A|thau|ma|sie *die; - ⟨gr.⟩:* (Philos.) das Sich-nicht-Wundern, Verwunderungslosigkeit; notwendige Bedingung der Seelenruhe (↑ Ataraxie) u. Glückseligkeit (↑ Eudämonie)

A|the|is|mus *der; - ⟨gr.-nlat.⟩:* Gottesleugnung, Verneinung der

Existenz Gottes oder seiner Erkennbarkeit. A|the|ist *der; -en, -en:* Anhänger des Atheismus. A|the|is|tin *die; -, -nen:* weibliche Form zu ↑ Atheist. a|the|is|tisch: a) dem Atheismus anhängend; b) zum Atheismus gehörend, ihm entsprechend

A|the|lie *die; -, ...ien ⟨gr.-nlat.⟩:* (Med.) angeborenes Fehlen der Brustwarzen (als Fehlbildung)

a|the|ma|tisch [auch: ...'ma:...] *⟨gr.-nlat.⟩:* 1. (Mus.) ohne Thema, ohne Themaverarbeitung. 2. ohne ↑ Themavokal gebildet (von Wortformen); Ggs. ↑ thematisch (2)

Ä|then, chem. fachspr.: Ethen *das; -s ⟨gr.-nlat.⟩:* ↑ Äthylen

A|the|nä|um *das; -s, ...äen ⟨gr.-lat.⟩:* Tempel der Göttin Athene

Ä|ther *der; -s ⟨gr.-lat.⟩:* 1. a) Himmelsluft, wolkenlose Weite des Himmels; b) (Phys.) nach einer heute aufgegebenen Annahme das nicht näher bestimmbare Medium, in dem sich die elektrischen Wellen im Weltraum ausbreiten. 2. (chem. fachspr.: Ether) a) das Oxid eines Kohlenwasserstoffs; b) Äthyläther (Narkosemittel). 3. (griech. Philos.) Urstoff allen Lebens, Weltseele

ä|the|risch: a) überaus zart, entrückt, vergeistigt; b) ätherartig, flüchtig; **ätherische Öle:** flüchtige pflanzliche Öle von charakteristischem, angenehmem Geruch (z. B. Lavendel-, Rosen-, Zimtöl)

ä|the|ri|sie|ren *⟨gr.-nlat.⟩* (Med.) Äther anwenden; mit Äther behandeln

Ä|ther|leib *der; -s, -er:* (Anthroposophie) der ätherisch gedachte Träger des Lebens im menschlichen Körper; vgl. Astralleib

a|ther|man *⟨gr.⟩:* für Wärmestrahlen undurchlässig

A|the|rom *das; -s, -e ⟨gr.-lat.⟩:* (Med.) 1. Talgdrüsen-, Haarbalggeschwulst. 2. degenerative Veränderung der Gefäßwand bei ↑ Arteriosklerose

a|the|ro|ma|tös *⟨gr.-lat.⟩:* (Med.) 1. das Atherom betreffend. 2. breiartig. A|the|ro|ma|to|se *die; -, -n:* (Med.) krankhafte Veränderung der Arterieninnenhaut im Verlauf einer ↑ Arteriosklerose

A|the|ro|skle|ro|se *die; -, -n*

⟨Kurzw. aus ↑ *Athero*matose u. ↑ Arterio*sklerose*): ↑ Arteriosklerose

A|the|ro|throm|bo|se *die; -, -n:* (Med.) Arterienverschluss durch Blutgerinnsel infolge Einlagerung von Blutbestandteilen in den Arterienablagerungen

A|the|sie *die; -, ...ien ⟨gr.⟩:* Unbeständigkeit, Treulosigkeit

A|thes|mie *die; -, ...ien ⟨gr.⟩:* Gesetz-, Zügellosigkeit

A|the|te|se *die; -, -n ⟨gr.⟩:* Verwerfung einer überlieferten Lesart (bei der Textkritik)

A|the|to|se *die; -, -n ⟨gr.-nlat.⟩:* (Med.) Krankheitsbild bei verschiedenen Erkrankungen mit unaufhörlichen, ungewollten, langsamen, bizarren Bewegungen der Gliedmaßenenden

Ä|thin, chem. fachspr.: Ethin *das; -s ⟨gr.-nlat.⟩:* Acetylen

Ä|thi|o|pi|a|nis|mus, Ä|thi|o|pis|mus *der; - ⟨gr.-nlat.; nach dem* Staat Äthiopien): um 1890 unter den Schwarzen in Südafrika entstandene Bewegung, die den Einfluss der Weißen in den christlichen Kirchen Afrikas einschränken wollte

Ath|let *der; -en, -en ⟨gr.-lat.⟩:* 1. Wettkämpfer. 2. muskulös gebauter Mann, Kraftmensch

Ath|le|tik *die; -:* die von berufsmäßig kämpfenden Athleten (1) ausgetragenen Wettkämpfe im antiken Griechenland. Ath|le|ti|ker *der; -s, -:* Vertreter eines bestimmten Körperbautyps (kräftige Gestalt, derber Knochenbau); vgl. Leptosome, Pykniker

Ath|le|tin *die; -, -nen:* weibliche Form zu ↑ Athlet (1)

ath|le|tisch: a) muskulös, von kräftigem Körperbau; b) sportlich durchtrainiert, gestählt

Äth|ri|o|s|kop *das; -s, -e ⟨gr.-nlat.⟩:* (Phys.) in einem Hohlspiegel stehendes Thermometer für die Messung von Raumstrahlung

Ä|thyl, chem. fachspr.: Ethyl *das; -s, -e ⟨gr.-nlat.⟩:* einwertiges Kohlenwasserstoffradikal (vgl. Äthan, Radikal 3), das reine organische Verbindung enthalten ist

Ä|thyl|al|ko|hol, chem. fachspr.: Ethylalkohol *der; -s:* der vom ↑ Äthan ableitbare Alkohol (Weingeist); vgl. Äthanol

A

...a|ti|on/...ie|rung

Die konkurrierenden Suffixe für abstrakte Substantive stehen oft ohne Bedeutungsunterschied nebeneinander. Sie sind von Verben auf ...ieren abgeleitet und bringen häufig das Ergebnis einer Handlung oder Tätigkeit bzw. die Handlung selbst zum Ausdruck:
– Isolation/Isolierung
– Konfrontation/Konfrontierung
Im Allgemeinen zeigen sich aber Bedeutungsnuancen:

...ati**o**n	...ie**r**ung
die; -, -en	*die;* -, -en
⟨*lat.* ...atio, Gen. ...ationis (→ *fr.* ...ation)⟩	⟨*fr.* ...er bzw. ...ir; *dt.* ...ung)⟩
Suffix, das vorrangig das Ergebnis einer Handlung oder Tätigkeit, seltener das Geschehen selbst bezeichnet:	Suffix, das eine Handlung oder Tätigkeit, seltener deren Ergebnis bezeichnet:
– Indikation	– Kanalisierung
– Kanalisation	– Klassifizierung
– Klassifikation	– Resozialisierung
– Sozialisation	– Restaurierung

Ä|thy|le**n,** chem. fachspr.: Ethylen *das;* -s: einfachster ungesättigter Kohlenwasserstoff (im Leuchtgas enthalten)

A|thy|lmie *die;* -, ...ien ⟨*gr.-nlat.*⟩: (Med.) Antriebslosigkeit, Schwermut

Ä|ti|o|lo|gie *die;* -, ...ien ⟨*gr.-lat.*⟩: (Med.) 1. Lehre von den Krankheitsursachen. 2. Gesamtheit der Faktoren, die zu einer bestehenden Krankheit geführt haben; vgl. Pathogenese. **ä|ti|o|l**o**|gisch:** a) die Ätiologie betreffend; b) ursächlich, begründend; **ätiologische Sagen:** Sagen, die auffällige Erscheinungen, Bräuche u. Namen erklären wollen

...a|ti|on/...ie|rung s. *Kasten*

ä|ti|o|trop ⟨*gr.-nlat.*⟩: auf die Ursache gerichtet, sie betreffend

At|la**nt** *der;* -en, -en ⟨*gr.-lat.;* nach dem Riesen Atlas der griech. Sage, der das Himmelsgewölbe trägt⟩: (Archit.) Gebälkträger in Gestalt einer kraftvollen Männerfigur anstelle eines Pfeilers od. einer Säule; vgl. Karyatide

At|la**n|th|ro|pus** *der;* -, ...pi ⟨*gr.-nlat.;* nach dem Fundort im Atlas(gebirge)⟩: eine Urmenschenform des Pleistozäns

At|la**n|tik** *der;* -s ⟨*gr.-lat.*⟩: Atlantischer Ozean

At|la**n|tik|char|ta** *die;* -: 1941 von den USA u. Großbritannien getroffene Vereinbarung über die Kriegs- u. Nachkriegspolitik

At|la**n|tik|pakt** *der;* -s: ↑ NATO

At|la**n|ti|kum** *das;* -s ⟨nach dem Atlantischen Ozean⟩: Wärmeperiode der Nacheiszeit

At|la**n|tis** *das;* -: sagenhafte Insel im Atlantischen Ozean

at|la**n|tisch:** 1. dem Atlantischen Ozean angehörend. 2. den Atlantikpakt betreffend

At|la**n|to|s**a**u|ri|er** *der;* -s, - u. **At|l**a**n|to|s**a**u|rus** *der;* -, ...rier ⟨*gr.-nlat.*⟩: Riesenreptil (bis 40 m Länge) aus einem früheren Erdzeitalter (untere Kreide)

¹At|las *der;* - u. -ses, -se u. ...l**a**nten ⟨nach dem Riesen der griech. Sage, der das Himmelsgewölbe trägt⟩: 1. a) Sammlung gleichartig bearbeiteter geographischer Karten in Buchform; b) Sammlung von Bildtafeln aus einem Wissensgebiet in Buchform. 2. (selten) Atlant. 3. (ohne Plural; Med.) erster Halswirbel, der den Kopf trägt

²At|las *der;* - u. -ses, -se ⟨*arab.*⟩: Gewebe mit hochglänzender Oberfläche in besonderer Bindung (Webart)

atla**s|sen:** aus ↑ ²Atlas

At|ma**n** *der* od. *das;* -[s] ⟨*sanskr.;* „Atem"⟩: Seele in der indischen Philosophie

At|mi|do|me|ter vgl. Atmometer

At|mo|kau|sis *die;* - ⟨*gr.-nlat.*⟩: (Med.) Ausdampfung der Gebärmutterhöhle bei starken Blutungen

At|mo|me|ter *das;* -s, - ⟨Meteor.⟩ Verdunstungsmesser

at|mo|phil: in der Atmosphäre angereichert vorkommend (z. B. Stickstoff, Sauerstoff)

At|mo|s|phä**re** *die;* -, -n ⟨*gr.*⟩: 1. a) Gashülle eines Gestirns; b) Lufthülle der Erde. 2. [nicht gesetzliche] Einheit des Druckes (Zeichen für die physikalische Atmosphäre: atm, früher: Atm; für die technische Atmosphäre: at). 3. eigenes Gepräge, Ausstrahlung, Stimmung, Fluidum

At|mo|s|phä**ren|ü|ber|druck** *der;* -s: (veraltet) der über 1 Atmosphäre liegende Druck; Zeichen: atü

At|mo|s|phä**ri|li|en** *die* (Plural) ⟨*gr.-nlat.*⟩: die physikalisch u. chemisch wirksamen Bestandteile der Atmosphäre (z. B. Sauerstoff, Stickstoff)

at|mo|s|phä**risch:** 1. a) die Atmosphäre (1) betreffend; b) in der Atmosphäre (1). 2. a) Atmosphäre (3), ein besonderes Fluidum betreffend; b) nur in sehr feiner Form vorhanden u. daher kaum feststellbar; nur andeutungsweise vorhanden, anklingend

At|mo|s|phä**ro|gra|ph**ie**,** auch: ...grafie *die;* -: wissenschaftliche Beschreibung der Atmosphäre (1)

At|mo|s|phä**ro|lo|gie** *die;* -: Zweig der Meteorologie, der sich mit der Atmosphäre (1) befasst

A|to**ll** *das;* -s, -e ⟨*Malayalam-engl.-fr.*⟩: ringförmige Koralleninsel

A|to**m** *das;* -s, -e ⟨*gr.-lat.;* „unteilbar; unteilbarer Urstoff"⟩: kleinste, mit chemischen Mitteln nicht weiter zerlegbare Einheit eines chemischen Elements, die noch die für das Element charakteristischen Eigenschaften besitzt

a|to|ma**r** ⟨*gr.-nlat.*⟩: a) ein Atom

betreffend; b) die Kernenergie betreffend; c) mit Kernenergie [angetrieben]; d) Atomwaffen betreffend

A|tom|bom|be die; -, -n: Sprengkörper, bei dessen Explosion Atomkerne unter Freigabe größter Energiemengen zerfallen

A|tom|e|ner|gie die; -: bei einer Kernspaltung frei werdende Energie

A|tom|ge|wicht das; -[e]s: Vergleichszahl, die angibt, wievielmal die Masse eines bestimmten Atoms größer ist als die eines Standardatoms

A|tom|git|ter das; -s: Kristallgitter, dessen Gitterpunkte mit Atomen besetzt sind (z. B. beim Diamanten)

A|tom|gramm das; -s, -e: ↑ Grammatom

a|to|misch: (schweiz.) ↑ atomar

A|to|mi|seur [...ˈzøːɐ̯] der; -s, -e ⟨gr.-fr.⟩: Zerstäuber

a|to|mi|sie|ren ⟨gr.-nlat.⟩: machen, bewirken, dass etwas in kleinste Teile zerfällt, aufgelöst, zerlegt wird

A|to|mis|mus der; - u. Atomistik die; - ⟨gr.-nlat.⟩: Anschauung, die die Welt u. die Vorgänge in ihr auf die Bewegung von Atomen zurückführt

A|to|mist der; -en, -en: Vertreter des Atomismus. **A|to|mis|tik** die; -: ↑ Atomismus. **A|to|mis|tin** die; -, -nen: weibliche Form zu ↑ Atomist. **a|to|mis|tisch:** 1. den Atomismus betreffend. 2. in kleine Einzelbestandteile auflösend

A|to|mi|um das; -s ⟨nlat.⟩: das auf der Brüsseler Weltausstellung 1958 errichtete Ausstellungsgebäude in Form eines Atommodells

A|to|mi|zer [...maɪzə] der; -s, - ⟨engl.⟩: ↑ Atomiseur

A|tom|kern der; -[e]s, -e: der aus ↑ Nukleonen bestehende, positiv geladene innere Bestandteil des Atoms, der von der Elektronenhülle (vgl. ¹Elektron) umgeben ist

A|tom|la|ser [auch: ...leːzɐ] der; -s, -: laserähnliche Strahlungsquelle, die anstelle von Strahlung Atome emittiert

A|tom|mei|ler der; -s, -: ↑ Reaktor

A|tom|müll der; -s: radioaktiver Abfall

A|tom|phy|sik die; -: Physik der Elektronenhülle u. der in ihr ablaufenden Vorgänge

A|tom|re|ak|tor der; -s, -en: Anlage zur Gewinnung von Atomenergie durch Kernspaltung

A|tom|spek|t|rum das; -s, ...tren: von der Hülle eines Atoms ausgesandtes ↑ Spektrum

A|tom|stopp der; -s: (ugs.) Einstellung der Atombombenversuche u. Einschränkung der Herstellung spaltbaren Materials

A|tom|test der; -s, -s (auch: -e) u. **A|tom|ver|such** der; -s, -e: Erprobung von atomaren Sprengsätzen

A|tom|waf|fen die (Plural): Waffen, deren Wirkung auf der Kernspaltung od. -verschmelzung beruht

a|to|nal [auch: ...ˈnaːl] ⟨gr.-nlat.⟩: nicht auf dem harmonisch-funktionalen Prinzip der ↑ Tonalität beruhend; **atonale Musik:** Musik, die nicht auf dem harmonisch-funktionalen Prinzip der ↑ Tonalität beruht

A|to|na|list der; -en, -en: Vertreter der atonalen Musik. **A|to|na|lis|tin** die; -, -nen: weibliche Form zu ↑ Atonalist

A|to|na|li|tät die; - ⟨gr.-nlat.⟩: Kompositionsweise der atonalen Musik

A|to|nie die; -, ...ien ⟨gr.-mlat.⟩: (Med.) Erschlaffung, Schlaffheit [der Muskeln]. **a|to|nisch:** auf Atonie beruhend

A|to|non das; -s, ...na ⟨gr.⟩: unbetontes Wort (↑ Enklitikon od. ↑ Proklitikon)

A|to|pie die; -, ...ien ⟨gr.-nlat.⟩: ↑ Idiosynkrasie. **a|to|pisch** ⟨gr.; „nicht an seiner Stelle"⟩: (Med.) nicht in der richtigen Lage befindlich

A|tout [aˈtuː] das (auch: der); -s, -s ⟨fr.⟩: Trumpf im Kartenspiel

à tout prix [a tu ˈpriː]: um jeden Preis

a|to|xisch [auch: aˈtɔ...] ⟨gr.-nlat.⟩: ungiftig, nicht toxisch

a|t|ra|men|tie|ren ⟨lat.-nlat.⟩: Stahl zur Verhütung von Korrosion u. Rostbildung mit einer Oxid- od. Phosphatschicht überziehen

A|t|re|sie die; -, ...ien ⟨gr.-nlat.⟩: (Med.) das Fehlen einer natürlichen Körperöffnung (z. B. des Afters)

A|tri|chie die; -, ...ien ⟨gr.-nlat.⟩: (Med.) angeborenes od. erworbenes Fehlen der Körperhaare

A|t|ri|um das; -s, ...ien ⟨lat.⟩: 1. offener Hauptraum des altrömischen Hauses. 2. Säulenvorhalle (vgl. Paradies 2) altchristlicher u. romanischer Kirchen. 3. (Med.) Vorhof, Vorkammer des Herzens. 4. Innenhof eines Hauses

A|t|ri|um|bun|ga|low der; -s, -s u. **A|t|ri|um|haus** das; -es, ...häuser: Bungalow, Haus, das um einen Innenhof gebaut ist

a|t|rop ⟨gr.-nlat.⟩: (Bot.) aufrecht, gerade (von der Stellung der Samenanlage)

A|t|ro|phie die; -, ...ien ⟨gr.-lat.; „Mangel an Nahrung; Auszehrung"⟩: (Med.) (bes. durch Ernährungsstörungen bedingter) Schwund von Organen, Geweben, Zellen. **a|t|ro|phie|ren** ⟨gr.-nlat.⟩: schwinden, schrumpfen. **a|t|ro|phisch:** (Med.) an Atrophie leidend, im Schwinden begriffen

A|t|ro|pin das; -s ⟨gr.-nlat.⟩: giftiges ↑ Alkaloid der Tollkirsche

A|t|ro|zi|tät die; - ⟨lat.⟩: Grausamkeit, Abscheulichkeit

at|tac|ca ⟨it.⟩: (Mus.) den folgenden Satz od. Satzteil ohne Unterbrechung anschließen (Vortragsanweisung)

At|ta|ché [...ˈʃeː] der; -s -s ⟨fr.; „Zugeordneter"⟩: 1. erste Dienststellung eines angehenden Diplomaten bei einer Vertretung seines Landes im Ausland. 2. Auslandsvertretungen eines Landes zugeteilter Berater (Militär-, Kultur-, Handelsattaché usw.). **At|ta|chée** die; -, -n: weibliche Form zu ↑ Attaché

At|ta|che|ment [...ʃaˈmãː] das; -s, -s ⟨fr.⟩: (veraltet) Anhänglichkeit, Zuneigung. **at|ta|chie|ren** [...ˈʃiː...]: 1. (Heerw. veraltet) zuteilen. 2. sich attachieren: (veraltet) sich anschließen

At|tach|ment [əˈtætʃmənt] das; -s, -s ⟨fr.-engl.⟩: (EDV) mit einer E-Mail versendete Datei

At|tack [əˈtæk] die; -, -s ⟨fr.-engl.⟩: Zeitdauer des Ansteigens des Tons bis zum Maximum beim ↑ Synthesizer

¹At|ta|cke die; -, -n ⟨fr.⟩: 1. a) Reiterangriff; b) (Sport) Spielzug, durch den der Gegner in die Verteidigung gedrängt wird;

A

c) mit Schärfe geführter Angriff; scharfe Kritik. 2. (Med.) Schmerz-, Krankheitsanfall

²At|ta|cke *der; -, -n ⟨fr.-engl.⟩:* lautes, explosives Anspielen des Tones im Jazz

at|ta|ckie|ren *⟨fr.⟩:* a) zu Pferde angreifen; b) (Sport) angreifen; c) scharf kritisieren

At|ten|tat [auch: …'ta:t] *das; -s, -e ⟨lat.-fr.; „versuchtes (Verbrechen)"⟩:* Anschlag auf einen politischen Gegner; Versuch, einen politischen Gegner umzubringen. **At|ten|tä|ter** *der; -s, -:* jmd., der ein Attentat verübt. **At|ten|tä|te|rin** *die; -, -nen:* weibliche Form zu ↑ Attentäter

at|ten|tie|ren *⟨lat.(-fr.)⟩:* (veraltet) 1. versuchen. 2. in fremde Rechte eingreifen

At|ten|tis|mus *der; - ⟨lat.-fr.-nlat.; „abwartende Haltung"⟩:* 1. Haltung eines Menschen, der seine Entscheidung zwischen zwei kämpfenden Parteien vom jeweiligen Erfolg einer der Parteien abhängig macht. 2. (Wirtsch.) abwartende Haltung beim Kauf von Rentenwerten

at|te|nu|ie|ren *⟨lat.⟩:* verdünnen, [ab]schwächen. **At|te|nu|ie|rung** *die; -, -en:* (Med.) Abschwächung der krank machenden Fähigkeit von Erregern

At|test *das; -[e]s, -e ⟨lat.⟩:* 1. ärztliche Bescheinigung über einen Krankheitsfall. 2. (veraltet) Gutachten, Zeugnis

At|tes|ta|ti|on *die; -, -en:* 1. a) Erteilung der Lehrbefähigung in der DDR unter Erlass gewisser Prüfungen; b) Titelverleihung bzw. Bescheinigung einer Qualifikationsstufe in der DDR ohne Prüfungsnachweis, und zwar als Berufsanerkennung für langjährige Praxis. 2. schriftliche, regelmäßige Beurteilung der Fähigkeiten eines Offiziers der Nationalen Volksarmee der DDR zur Förderung seiner Entwicklung; vgl. …ation/…ierung

at|tes|tie|ren: 1. bescheinigen, schriftlich bezeugen. 2. jmdm. eine Attestation erteilen. **At|tes|tie|rung** *die; -, -en:* das Bescheinigen; vgl. …ation/…ierung

At|ti|ka *die; -, …ken ⟨gr.-lat.⟩:* (Archit.) halbgeschossartiger Aufsatz über dem Hauptgesims eines Bauwerks, bes. als Träger von Skulpturen od. Inschriften (z. B. an römischen Triumphbogen)

At|til|la *die; -, -s, (auch:) der; -s, -s ⟨ung.; nach dem Hunnenkönig⟩:* a) kurzer Rock der ungarischen Nationaltracht; b) mit Schnüren besetzte Husarenjacke

at|ti|rie|ren *⟨fr.⟩:* (veraltet) hinzuziehen, anlocken, bestechen

at|tisch *⟨gr.-lat.⟩:* 1. auf die altgriechische Landschaft Attika, besonders auf Athen bezogen. 2. fein, elegant, witzig; **attisches Salz:** geistreicher Witz

At|ti|tude […'tyd] *die; -, -s […'tyd] ⟨lat.-it.-fr.⟩:* Ballettfigur, bei der ein Bein rechtwinklig angehoben ist. **At|ti|tü|de** *die; -, -n:* 1. a) Einstellung, [innere] Haltung; b) angenommene, nur den Anschein einer bestimmten Einstellung vermittelnde Pose. 2. ⟨lat.-it.-fr.-engl.-amerik.⟩: durch Erfahrung erworbene dauernde Bereitschaft, sich in bestimmten Situationen in spezifischer Weise zu verhalten

At|ti|zis|mus *der; -, …men ⟨gr.-lat.-nlat.⟩:* 1. [feine] Sprechweise der Athener; Ggs. ↑ Hellenismus (2). 2. Gegenbewegung gegen den ↑ Asianismus, die die klassische Sprache als Vorbild bezeichnete. **at|ti|zis|tisch:** a) den Attizismus betreffend; b) die Auffassung des Attizismus vertretend

At|to|me|ter [auch 'ato…] *der od. das; -s, - ⟨dän.; gr.⟩:* ein trillionstel Meter (10⁻¹⁸ Meter); Zeichen: am

At|to|ni|tät *die; - ⟨lat.-nlat.⟩:* (Med.) regungsloser Zustand des Körpers, Regungslosigkeit bei erhaltenem Bewusstsein

At|trac|tant [ɛ'trɛktn̩t] *der od. das; -s, -s ⟨lat.-engl.⟩:* Lockstoff (für Insekten)

At|trait [a'trɛ:] *der; -s, -s ⟨lat.-fr.⟩:* Reiz, Lockung

¹At|trak|ti|on *die; -, -en ⟨lat.-fr.-engl.⟩:* 1. Anziehung, Anziehungskraft. 2. Glanznummer, Zugstück

²At|trak|ti|on *die; -, -en ⟨lat.⟩:* (Sprachw.) Angleichung im Bereich der Lautung, der Bedeutung, der Form u. der Syntax (z. B. die am stärksten *betrof-*

fensten statt *betroffenen* Gebiete)

at|trak|tiv *⟨lat.-fr.⟩:* 1. verlockend, begehrenswert, erstrebenswert. 2. anziehend aufgrund eines ansprechenden Äußeren, gut aussehend. **At|trak|ti|vi|tät** *die; - ⟨nlat.⟩:* Anziehungskraft

At|trak|tor *der; -s, …oren ⟨lat.-nlat.⟩:* Bez. für den Endzustand eines dynamischen Systems bei Abläufen eines evolutionären Prozesses (z. B. der Endpunkt bei der Bewegung eines Pendels)

At|trap|pe *die; -, -n ⟨germ.-fr.; „Falle, Schlinge"⟩:* [täuschend ähnliche] Nachbildung, bes. für Ausstellungszwecke (z. B. von verderblichen Waren); Blind-, Schaupackung

at|trap|pie|ren: (veraltet) erwischen, ertappen

at|tri|bu|ie|ren *⟨lat.⟩:* 1. als ↑ Attribut (2) beigeben. 2. mit einem Attribut versehen

At|tri|but *das; -[e]s, -e:* 1. (Philos.) Eigenschaft, Merkmal einer Substanz. 2. (Sprachw.) einem Substantiv, Adjektiv od. Adverb beigefügte nähere Bestimmung (z. B. die *große* Garten; die Stadt *hinter dem Strom; sehr* unwahrscheinlich; *tief* unten). 3. Kennzeichen, charakteristische Beigabe einer Person (z. B. der Schlüssel bei der Darstellung des Apostels Petrus)

at|tri|bu|tiv *⟨lat.-nlat.⟩:* (Sprachw.) als Beifügung, beifügend. **At|tri|bu|ti|vum** *das; -s, …va u. …ve:* (Sprachw.) als ↑ Attribut (2) verwendetes Wort

At|tri|but|satz *der; -es, …sätze:* Nebensatz, der in der Rolle eines Gliedteilsatzes, in die ↑ Attribut (2) wiedergibt (z. B. eine Frau, *die Musik studiert,* … anstelle von: eine Musik studierende Frau …)

At|tri|ti|o|nis|mus *der; - ⟨lat.-nlat.⟩:* katholisch-theologische Lehre, die besagt, dass die unvollkommene Reue zum Empfang des Bußsakraments genügt; vgl. Kontritionismus

a|tü = Atmosphärenüberdruck

a|ty|pisch [auch: a'ty:…] *⟨gr.-nlat.⟩:* nicht typisch, untypisch

au|ber|gi|ne [obɛr'ʒi:nə] *⟨arab.-katal.-fr.⟩:* dunkellila. **Au|ber|gi|ne** *die; -, -n:* 1. Nachtschattengewächs mit gurkenähnlichen

Früchten. 2. a) blaurote Glasur bestimmter chinesischer Porzellane; b) chinesisches Porzellan mit blauroter Glasur

Au|b|ri|e|tie [...jə] *die; -, -n ⟨nlat.; nach dem französischen Maler Aubriet⟩:* Blaukissen, Polster bildende Zierstaude

Au|bus|son [oby'sõ:] *der; -[s], -[s] ⟨nach der franz. Stadt⟩:* ein gewirkter Teppich

au con|t| raire [okõˈtrɛːr] *⟨fr.⟩:* im Gegenteil

au cou|rant [okuˈrãˈ] *⟨fr.⟩:* auf dem Laufenden

Au|cu|ba, Aukube *die; -, ...ben ⟨jap.-nlat.⟩:* Zierstrauch aus Japan mit gelb gefleckten Blättern u. korallenroten Beeren

au|di..., **Au|di...** vgl. audio..., Audio...

au|di| a|tur et al|te|ra pars *⟨lat.; „auch der andere Teil möge gehört werden"⟩:* man muss auch die Gegenseite hören

Au|di|ence|flow [ˈɔːdɪənsfloʊ] *der; -s, -s ⟨engl.⟩:* Einschaltquote bei Fernsehsendungen

Au|di|enz *die; -, -en ⟨lat.⟩:* 1. feierlicher Empfang bei einer hoch gestellten politischen oder kirchlichen Persönlichkeit. 2. Unterredung mit einer hoch gestellten Persönlichkeit

Au|di|fon vgl. Audiphon

Au|di|max *das; -:* studentisches Kurzw. für ↑ Auditorium maximum

Au|di|me|ter *der; -s, -: Gerät, das an Rundfunk- u. Fernsehempfänger von Testpersonen angeschlossen wird, um den Sender sowie Zeitpunkt u. Dauer der empfangenen Sendungen zum Zweck statistischer Auswertungen zu registrieren

---

au|di| o..., **Au|di| o...**

auch: audi..., Audi...
⟨zu *lat.* audire „hören, anhören, zuhören"⟩
Wortbildungselement mit der Bedeutung „hörbar; Gehör":
– Audimeter
– Audiometer
– audiovisuell

Au|di| o|book [...bʊk] *das; -s, -s ⟨lat.; engl.⟩:* Hörbuch; Kassette (5) od. CD, die gesprochenen Text enthält (z. B. Belletristik, Sprachlehrgänge)

Au|di| o|file [...faɪl] *das; -s, -s ⟨lat.; engl.⟩:* (EDV) Datei eines Computers, die digitalisierte Töne speichert, z. B. Geräusche für Computerspiele

Au|di| o|gramm *das; -s, -e ⟨lat.; gr.⟩:* grafische Darstellung der mithilfe des ↑ Audiometers ermittelten Werte

au|di| o|lin|gu|al: vom gesprochenen Wort ausgehend (in Bezug auf eine Methode des Fremdsprachenunterrichts)

Au|di| o|lo|ge *der; -n, -n:* Facharzt auf dem Gebiet der Audiologie. **Au|di| o|lo|gie** *die; -:* Teilgebiet der Medizin, auf dem man sich mit den Funktionen u. den Erkrankungen des menschlichen Gehörs befasst. **Au|di| o|lo|gin** *die; -, -nen:* weibliche Form zu ↑ Audiologe. **au|di| o|lo|gisch:** die Audiologie betreffend

Au|di| o|me|ter *das; -s, -: Gerät zum Messen der menschlichen Hörleistung auf ↑ elektroakustischem Wege. **Au|di| o|me|t| rie** *die; -:* Prüfung des Gehörs mit Hörmessgeräten. **au|di| o|me|t-risch:** 1. die Audiometrie betreffend. 2. mit dem Audiometer ermittelt

Au|di| on *das; -s, -s u. ...onen:* (Elektrot.) Schaltung in Rundfunkgeräten mit Elektronenröhren zum Verstärken der hörbaren (niederfrequenten) Schwingungen u. zur Trennung von den hochfrequenten Trägerwellen

Au|di| o|tex *der; - ⟨lat.; engl.⟩:* telefonischer Ansagedienst, bes. in den Bereichen Information und Unterhaltung

Au|dio-Vi|deo-Tech|nik *die; -:* Gesamtheit der technischen Verfahren u. Mittel, die es ermöglichen, Ton- u. Bildsignale aufzunehmen, zu übertragen u. zu empfangen sowie wiederzugeben

Au|di| o|vi|si|on *die; - ⟨lat.-nlat.⟩:* 1. Technik des Aufnehmens, Speicherns u. Wiedergebens von Ton u. Bild. 2. Information durch Bild u. Ton

au|di| o|vi|su|ell *⟨lat.⟩:* zugleich hör- und sichtbar, Hören u. Sehen ansprechend; **audiovisueller Unterricht:** Unterrichtsgestaltung mithilfe [moderner] technischer Lehr- u. Lernmittel, die sowohl auf auditivem

als auch auf visuellem Wege die Wirksamkeit des Unterrichts erhöhen

Au|di|phon, auch: ...fon *das; -s, -e ⟨lat.; gr.⟩:* Hörapparat für Schwerhörige

Au|dit [ˈɔːdɪt] *das* od. *der; -s, -s ⟨lat.-engl.⟩:* (Wirtsch.) [unverhofft durchgeführte] Überprüfung; Untersuchung; Prüfung betrieblicher Qualitätsmerkmale

Au|di|teur [...tøːɐ̯] *der; -s, -e ⟨lat.-fr.⟩:* (hist.) Richter an Militärgerichten

¹**Au|di|ti|on** *die; -, -en ⟨lat.⟩:* das innere Hören von Worten u. das damit verbundene Vernehmen von Botschaften einer höheren Macht (z. B. bei den Propheten)

²**Au|di|ti|on** [ɔˈdɪʃn] *die; -, -s ⟨lat.-engl.⟩:* Veranstaltung, auf der [Musical]sänger, -tänzer usw. Prüfern vorsingen, vortanzen, um an ein Theater o. Ä. engagiert zu werden

Au|di|ti| on co|lo|rée [odisjõ: kolo're] *⟨lat.-fr.; „farbiges Hören"⟩:* in Verbindung mit akustischen Reizen auftretende Farbempfindungen, eine Form der ↑ Synästhesie

au|di|tiv *⟨lat.-nlat.⟩:* 1. a) (Med.) das Gehör betreffend, zum Gehörsinn gehörend; b) (Med.) fähig, Sprachlaute wahrzunehmen u. zu analysieren (in Bezug auf das menschliche Gehör); vgl. akustisch. 2. (Psychol.) vorwiegend mit Gehörsinn begabt

Au|di|tor *der; -s, ...oren ⟨lat.⟩:* 1. a) Richter an der ↑ Rota; b) Vernehmungsrichter an kirchlichen Gerichten; c) Beamter der römischen ↑ Kurie (1). 2. a) (früher) ↑ Auditeur; b) (schweiz.) öffentlicher Ankläger bei einem Militärgericht; c) (im Kanton Zürich) Jurist in der praktischen Ausbildung bei Gericht. 3. (Wirtsch.) jmd., der Audits durchführt, die Qualitätssicherung kontrolliert o. Ä. **Au|di|to|rin** *die; -, -nen:* weibliche Form zu ↑ Auditor (2c, 3)

Au|di|to|ri|um *das; -s, ...ien:* 1. Hörsaal einer Hochschule. 2. Zuhörerschaft. **Au|di|to|ri|um ma|xi|mum** *das; - -:* größter Hörsaal einer Hochschule

Au|di|tus *der; -:* Hörvermögen des menschlichen Hörorgans (hör-

A

bar sind Schwingungen im Frequenzbereich zwischen 20 u. 20 000 Hz)

au fait [o: 'fɛ:] ⟨fr.⟩: gut unterrichtet, im Bilde; **jmdn. au fait setzen:** jmdn. aufklären, belehren

auf|ok|t|ro|yie|ren [...trͅoa'ji:...] ⟨dt.; lat.-fr.⟩: aufzwingen

au four [o: 'fu:ɐ̯] ⟨fr.⟩: (Gastr.) im Ofen (gebacken od. gebraten)

Au|gen|di|a|g|no|se die; -, -n: 1. (ohne Plural) im Gegensatz zur Schulmedizin entwickelte Diagnostik aufgrund der Vorstellung, dass alle Organe nervale Verbindungen zur Iris besitzen, in der dann Veränderungen als Organkrankheiten zu erkennen sind. 2. einzelne Diagnose nach dieser Methode

Au|gen|op|ti|ker der; -s, -: Optiker, der sich mit der Herstellung, Reparatur u. Anpassung von Sehhilfen (Brillen) beschäftigt (Berufsbez.)

Au|gi|as|stall [auch: 'au...] der; -[e]s ⟨gr.-lat.; dt.; nach der griech. Sage der in dreißig Jahren nicht gereinigte Stall mit 3 000 Rindern des Königs Augias, den Herakles in einem Tag reinigte⟩: in der Fügung den **Augiasstall ausmisten, reinigen:** einen durch arge Vernachlässigung o. Ä. entstandenen Zustand großer Unordnung, korrupter Verhältnisse durch aktiv-durchgreifendes Handeln beseitigen u. wieder Ordnung, ordentliche Verhältnisse herstellen

Au|git [auch: ...'gɪt] der; -s, -e ⟨gr.-lat.⟩: silikathaltiges Mineral

Aug|ment das; -s, -e ⟨lat.; „Vermehrung, Zuwachs"⟩: (Sprachw.) Präfix, das dem Verbstamm zur Bezeichnung der Vergangenheit vorangesetzt wird, bes. im Sanskrit u. im Griechischen

Aug|men|ta|ti|on die; -, -en: (Mus.) a) die auf mehrfache Weise mögliche Wertverlängerung einer Note in der ↑ Mensuralnotation; b) die Wiederaufnahme des Themas einer Komposition (z. B. Sonate) in größeren als den ursprünglichen rhythmischen Werten

Aug|men|ta|tiv das; -s, -e u. Augmentativum das; -s, ...va ⟨lat.-nlat.⟩: (Sprachw.) ein Wort, das mit einem Augmentativpräfix

od. ↑ -suffix gebildet ist; Vergrößerungswort; Ggs. ↑ Diminutiv[um]

Aug|men|ta|tiv|prä|fix, Amplifikativpräfix das; -es, -e: Präfix, das die Größe eines Dinges od. Wesens ausdrückt (z. B. dt. un... in Unsumme, maxi... in Maxidiskette)

Aug|men|ta|tiv|suf|fix, Amplifikativsuffix das; -es, -e: Suffix, das die Größe eines Dinges od. Wesens ausdrückt (z. B. italien. ...one in favone große Bohne; von fava Bohne)

Aug|men|ta|ti|vum vgl. Augmentativ

aug|men|tie|ren ⟨lat.⟩: 1. vermehren. 2. (Mus.) mit einer Augmentation versehen

au gra|tin [o: gra'tɛ̃:] ⟨fr.⟩: (Gastr.) mit einer Kruste überbacken; vgl. gratinieren

Au|gur der; -s u. ...uren, ...uren ⟨lat.⟩: 1. Priester u. Vogelschauer im Rom der Antike. 2. jmd., der als Eingeweihter Urteile, Interpretationen von sich anbahnenden, bes. politischen Entwicklungen ausspricht

Au|gu|ren|lä|cheln das; -s: viel sagendes, spöttisches Lächeln des Wissens u. Einverständnisses unter Eingeweihten

au|gu|rie|ren: weissagen, vermuten

Au|gust der; -[e]s u. -, -e ⟨lat.⟩: achter Monat im Jahr (Abk.: Aug.)

Au|gus|ta|na die; - ⟨gekürzt aus Confessio Augustana; nach der Stadt Augsburg (lat. Augusta Vindelicorum)⟩: die Augsburgische ↑ Konfession, das Augsburger Bekenntnis (wichtigste lutherische Bekenntnisschrift von 1530)

au|gus|te|isch: a) auf den römischen Kaiser Augustus bezüglich; b) auf die Epoche des römischen Kaisers Augustus bezüglich; **ein augusteisches Zeitalter:** eine Epoche, in der Kunst u. Literatur besonders gefördert werden

Au|gus|ti|ner der; -s, - ⟨nach dem Kirchenlehrer Augustinus, 354–430⟩: a) Angehöriger des kath. Ordens der Augustiner-Chorherren (Italien, Österr., Schweiz); b) Angehöriger des kath. Ordens der Augustiner-

Eremiten. **Au|gus|ti|ne|rin** die; -, -nen: Angehörige einer nach der Augustinerregel lebenden weiblichen Ordensgemeinschaft

Auk|ti|on die; -, -en ⟨lat.; „Vermehrung"⟩: Versteigerung

Auk|ti|o|na|tor der; -s, ...oren: Versteigerer. **Auk|ti|o|na|to|rin** die; -, -nen: weibliche Form zu ↑ Auktionator

auk|ti|o|nie|ren: [an den Meistbietenden] versteigern

auk|to|ri|al ⟨lat.⟩: (Literaturw.) a) aus der Sicht des Autors dargestellt; b) dem Autor eigentümlich, für ihn charakteristisch

Au|ku|be vgl. Aucuba

Aul der; -s, -e ⟨tatar. u. kirg.⟩: Zeltlager, Dorfsiedlung der Turkvölker

Au|la die; -, ...len u. -s ⟨gr.-lat.⟩: 1. größerer Raum für Veranstaltungen, Versammlungen in Schulen u. Universitäten. 2. freier, hofähnlicher Platz in großen griechischen u. römischen Häusern der Antike; vgl. Atrium. 3. Palast in der römischen Kaiserzeit. 4. Vorhof in einer christlichen ↑ Basilika

Au|le|tik die; - ⟨gr.⟩: das Spielen des Aulos ohne zusätzliche Musik- od. Gesangsbegleitung in Griechenland der Antike

Au|lo|die die; -, ...ien: Aulosspiel mit Gesangsbegleitung in Griechenland der Antike

Au|los der; -, Auloi u. ...len: antikes griechisches Musikinstrument in der Art einer Schalmei

au na|tu|rel [o: naty'rɛl] ⟨fr.⟩: (Gastr.) ohne künstlichen Zusatz (von Speisen u. Getränken)

au pair [o: 'pɛːɐ̯] ⟨fr.⟩: Leistung gegen Leistung, ohne Bezahlung

Au|pair|mäd|chen, auch: **Au-pair-Mäd|chen** das; -s, -: junge Frau (meist Studentin od. Schülerin), die gegen Unterkunft, Verpflegung u. Taschengeld als Haushaltshilfe im Ausland arbeitet, um die Sprache des betreffenden Landes zu lernen

au por|teur [o: pɔr'tœːɐ̯] ⟨fr.⟩: auf den Inhaber lautend (von Wertpapieren)

Au|ra die; - ⟨lat.; „Hauch"⟩: 1. besondere [geheimnisvolle] Ausstrahlung. 2. (Med.) Vorstufe,

Vorzeichen eines [epileptischen] Anfalls

au|ral ⟨lat.-nlat.⟩: ↑ aurikular

Au|ra|min das; -s ⟨Kurzw. aus ↑Aurum u. ↑Amin⟩: gelber Farbstoff

Au|rar: Plural von ↑ Eyrir

au|ra|tisch: zur Aura gehörend

Au|rea Me|di|o|c|ri|tas die; - - ⟨lat.; geflügeltes Wort aus den Oden des Horaz⟩: der goldene Mittelweg

Au|re|o|le die; -, -n: 1. Heiligenschein, der die ganze Gestalt umgibt, bes. bei Christusbildern. 2. bläulicher Lichtschein am Brenner der Bergmannslampe, der Grubengas anzeigt. 3. durch Wolkendunst hervorgerufene Leuchterscheinung (Hof) um Sonne u. Mond. 4. (Elektrot.) äußere Leuchterscheinung eines Lichtbogens oder Glimmstromes

Au|re|us der; -, ...rei ⟨lat.⟩: altrömische Goldmünze

Au|ri|g|na|ci|en [orɪnja'sjɛ̃] das; -[s] ⟨fr.; nach der franz. Stadt Aurignac⟩: Kulturstufe der Jüngeren Altsteinzeit

Au|ri|g|nac|ras|se [orɪn'jak...] die; -: Menschenrasse des Aurignacien

Au|ri|kel die; -, -n ⟨lat.-nlat.; „Öhrchen, Ohrläppchen"⟩: Primelgewächs mit in Dolden stehenden Blüten

au|ri|ku|lar, au|ri|ku|lär ⟨lat.⟩: (Med.) 1. zu den Ohren gehörend. 2. ohrförmig gebogen

Au|ri|pig|ment das; -[e]s ⟨lat.⟩: Arsentrisulfid (ein Arsenmineral)

Au|ri|punk|tur die; -, -en ⟨lat.-nlat.⟩: (Med. veraltet) ↑ Parazentese

Au|ro|ra die; -, -s ⟨lat.; nach der röm. Göttin der Morgenröte⟩: 1. (ohne Plural; dichter.) Morgenröte. 2. (Zool.) Tagfalter aus der Familie der Weißlinge. 3. (Astron.) Polarlicht

Au|rum das; -[s] ⟨lat.⟩: lat. Bez. für: Gold; chem. Zeichen: Au

aus|a|gie|ren ⟨dt.; lat.⟩: eine ↑ Emotion [ungehemmt] in Handlung umsetzen u. dadurch eine innere Spannung abreagieren

aus|bal|do|wern ⟨dt.; hebr.-jidd.-Gaunerspr.⟩: (ugs.) mit List, Geschick auskundschaften

aus|che|cken ⟨dt.; engl.⟩: 1. (Flugw.) a) (nach der An-

kunft) abfertigen (z. B. Passagiere, Gepäck); Ggs. ↑ einchecken (1a); b) (nach der Ankunft) sich abfertigen lassen; Ggs. ↑ einchecken (1b). 2. (aus einem Hotel o. Ä.) ausziehen, abreisen (u. die entsprechenden Formalitäten erledigen); Ggs. ↑ einchecken (2)

aus|dis|ku|tie|ren ⟨dt.; lat.⟩: eine Frage, ein Problem so lange erörtern, bis alle strittigen Punkte geklärt sind

aus|flip|pen ⟨dt.; engl.⟩: (ugs.) 1. sich einer als bedrückend empfundenen gesellschaftlichen Lage [durch Genuss von Rauschgift] entziehen. 2. durch Drogen in einen Rauschzustand geraten. 3. die Selbstkontrolle verlieren, mit den Nerven fertig sein, durchdrehen. 4. vor Freude ganz außer sich geraten

aus|for|mu|lie|ren ⟨dt.; lat.⟩: einem Antrag o. Ä. eine endgültige Formulierung geben

aus|kla|rie|ren ⟨dt.; lat.⟩: Schiff u. Güter bei Ausfahrt verzollen.

Aus|kla|rie|rung die; -, -en: Verzollung von Gütern bei der Ausfahrt aus dem Hafen

aus|kno|cken [...ɔ...] ⟨dt.; engl.⟩: durch Knock-out besiegen

aus|kris|tal|li|sie|ren ⟨dt.; gr.-lat.-fr.⟩: aus Lösungen Kristalle bilden

Aus|kul|tant der; -en, -en ⟨lat.; „Zuhörer"⟩: (veraltet) 1. Beisitzer ohne Stimmrecht. 2. (österr.) Anwärter auf das Richteramt

aus|kul|ta|ti|on die; -, -en ⟨lat.⟩: (Med.) das Abhören von Geräuschen, die im Körperinnern, bes. im Herzen (Herztöne) u. in den Lungen (Atemgeräusche), entstehen

aus|kul|ta|to|risch ⟨lat.-nlat.⟩: (Med.) durch Abhorchen feststellend od. feststellbar

aus|kul|tie|ren ⟨lat.⟩: (Med.) abhorchen, Körpergeräusche abhören

aus|log|gen ⟨dt.; engl.⟩: (EDV) durch Eingabe bestimmter Daten die Verbindung zu einer Datenverarbeitungsanlage beenden; Ggs. ↑ einloggen

aus|lo|gie|ren ⟨dt.; germ.-fr.⟩: ausquartieren

aus|ma|nö|v|rie|ren ⟨dt.; lat.-vulgärlat.-fr.⟩: jmdn. durch ge-

schickte Manöver als Konkurrenten o. Ä. ausschalten

Aus|s|pi|zi|um das; -s, ...ien ⟨lat.; „Vogelschau"⟩: a) Vorbedeutung; b) (nur Plural) Aussichten [für ein Vorhaben]; **unter jmds. Auspizien**: unter jmds. Schutz, Leitung

aus|po|wern ⟨dt.; lat.-fr.⟩: ausbeuten, ausplündern u. dadurch arm machen

aus|quar|tie|ren ⟨dt.; lat.-fr.⟩: jmdn. veranlassen, seine Unterkunft zu räumen

aus|ran|gie|ren ⟨dt.; germ.-fr.⟩: unbrauchbar Gewordenes aussondern, wegwerfen

au|ßer|par|la|men|ta|risch ⟨dt.; lat.-vulgärlat.-fr.-engl.⟩: nicht parlamentarisch; **außerparlamentarische Opposition:** ↑ APO

au|ßer|tour|lich ⟨dt.; gr.-lat.-fr.⟩: (österr.) außerhalb der Reihenfolge, zusätzlich [eingesetzt] (z. B. ein Bus)

aus|staf|fie|ren ⟨dt.; fr.-niederl.⟩: jmdn./etwas mit [notwendigen] Gegenständen, mit Zubehör u. a. ausrüsten, ausstatten

aus|ta|rie|ren ⟨dt.; arab.-it.⟩: 1. ins Gleichgewicht bringen. 2. (österr.) auf einer Waage das Leergewicht (↑ Tara) feststellen

Aus|te|nit [auch: ...'nɪt] der; -s, -e ⟨nlat.; nach dem engl. Forscher Roberts-Austen⟩: bestimmter Mischkristall im System Eisen-Kohlenstoff

Aus|te|ni|ti|sie|rung die; -, -en: Wärmebehandlung beim Härten von Stahl

Aus|ter die; -, -n ⟨gr.-lat.-roman.-niederl.-niederd.⟩: essbare Muschel, die in warmen Meeren vorkommt

Aus|te|ri|ty [ɔs'tɛrɪtɪ] die; - ⟨gr.-lat.-fr.-engl.⟩: wirtschaftliche Einschränkung, energische Sparpolitik

aus|t|ral ⟨lat.⟩: (veraltet) auf der südlichen Halbkugel befindlich, Süd...

Aus|t|ral der; -s, -e ⟨lat.-span.⟩: argentinische Währungseinheit

aus|t|ra|lid ⟨lat.-nlat.⟩: Rassenmerkmale der Australiden zeigend. **Aus|t|ra|li|de** der od. die; -n, -n: Angehörige[r] der australischen Rasse

aus|t|ra|lo|id ⟨lat.; gr.⟩: den Australiden ähnliche Rassenmerkmale zeigend. **Aus|t|ra|lo|i|de**

A

der od. die; -n, -n: Mensch von australoidem Typus

Aus|t|ra|lo|pi|the|cus der; -, ...cinae od. ...zinen od. ...zinen ⟨gr.-nlat.⟩: Vormensch, Halbmensch, Übergangsform zwischen Tier u. Mensch

Aus|t|ri|a|zis|mus der; -, ...men ⟨lat.-nlat.⟩: eine innerhalb der deutschen Sprache nur in Österreich (Austria) übliche sprachliche Ausdrucksweise

aus|trick|sen ⟨dt.; galloroman.-fr.-engl.⟩: durch einen Trick, geschickt überlisten, ausschalten

Aus|t|ro|mar|xis|mus [auch: ˈau̯...] der; - ⟨nlat.⟩: eine von österreichischen Sozialdemokraten vor u. nach dem Ersten Weltkrieg entwickelte Sonderform des Marxismus. **aus|t|ro|mar|xistisch** [auch: ˈau̯...]: a) den Austromarxismus betreffend, auf ihm beruhend; b) die Theorie des Austromarxismus vertretend

aut..., Aut... vgl. auto..., Auto...

au|t|ark ⟨gr.⟩: [vom Ausland] wirtschaftlich unabhängig, sich selbst versorgend, auf niemanden angewiesen; vgl. ...isch/-. **Au|t|ar|kie** die; -, ...ien: wirtschaftliche Unabhängigkeit [vom Ausland]. **au|t|ar|kisch:** die Autarkie betreffend; vgl. ...isch/-

au|teln ⟨von ↑ Auto abgeleitet⟩: (veraltet) Auto fahren

au|t|erg ⟨gr.-nlat.⟩: in der Fügung **auterge Wirtschaft:** Wirtschaft, in der alle Einkommen auf eigener Arbeitsleistung beruhen; Ggs. ↑ allerge Wirtschaft

Au|then|tie die; -: ↑ Authentizität

Au|then|ti|fi|ka|ti|on die; -, -en ⟨gr.-lat.-engl.⟩: (EDV) Identitätsprüfung eines Benutzers als Zugangs- und Rechtekontrolle für ein System (z. B. durch Passwort)

au|then|ti|fi|zie|ren ⟨gr.; lat.⟩: beglaubigen, die Echtheit bezeugen

Au|then|tik die; -, -en: im Mittelalter eine durch ein authentisches Siegel beglaubigte Urkundenabschrift

au|then|tisch ⟨gr.-lat.⟩: echt; zuverlässig, verbürgt

au|then|ti|sie|ren ⟨gr.-nlat.⟩: glaubwürdig, rechtsgültig machen

Au|then|ti|zi|tät die; - ⟨gr.-nlat.⟩:

Echtheit, Zuverlässigkeit, Glaubwürdigkeit

au|thi|gen ⟨gr.-nlat.⟩: (Geol.) am Fundort selbst entstanden (von Gesteinen); Ggs. ↑ allothigen

Au|tis|mus der; - ⟨gr.-nlat.⟩: psychische Störung, die sich in krankhafter Ichbezogenheit u. affektiver Teilnahmslosigkeit, Verlust des Umweltkontaktes u. Flucht in die eigene Fantasiewelt äußert. **Au|tist** der; -en, -en: jmd., der an Autismus leidet. **Au|tis|tin** die; -, -nen: weibliche Form zu ↑ Autist. **au|tistisch:** a) den Autismus betreffend; b) an Autismus leidend

Aut|ler der; -s, - ⟨von ↑ auteln abgeleitet⟩: (veraltet) Autofahrer. **Aut|le|rin** die; -, -nen: weibliche Form zu ↑ Autler

au|to..., Auto...

vor Vokalen meist aut..., Aut... ⟨zu gr. autós „selbst, freiwillig, allein"⟩

Wortbildungselement mit der Bedeutung „selbst, eigen, persönlich; unmittelbar":
– auterg
– Autoaggression
– autobiografisch
– Autofokus
– Automobil

¹**Au|to** das; -s, -s ⟨gr.⟩: Kurzform von ↑ Automobil

²**Au|to** das; -s, -s ⟨lat.-span. u. port.; „Handlung, Akt"⟩: 1. feierliche religiöse od. gerichtliche Handlung in Spanien u. Portugal. 2. spätmittelalterliches geistliches Spiel des spanischen Theaters, das an Festtagen des Kirchenjahres aufgeführt wurde

Au|to|ag|gres|si|on die; -, -en ⟨gr.; lat.⟩: (Psychol.) gegen die eigene Person gerichtete Aggression

Au|to|ag|gres|si|ons|krank|heit die; -, -en: (Med.) durch Autoantikörper verursachte Krankheit

Au|to|an|ti|kör|per der; -s, - (meist Plural): (Med.) ↑ Antikörper, der gegen körpereigene Substanzen wirkt

Au|to|bi|o|graf, auch: ...graph der; -en, -en ⟨gr.; gr.-nlat.⟩: jmd., der eine Autobiografie schreibt. **Auto|bi|o|gra|fie,** auch: ...graphie die; -, ...ien: schriftliche Litera

rische Darstellung des eigenen Lebens. **Au|to|bi|o|gra|fin** auch: ...graphin die; -, -nen: weibliche Form zu ↑ Autobiograf. **au|to|bio|gra|fisch,** auch: ...graphisch: a) die Autobiografie betreffend; b) das eigene Leben beschreibend; c) in Form einer Autobiografie verfasst

Au|to|bus der; -ses, -se ⟨Kurzw. aus ↑Auto u. ↑ Omnibus⟩: ↑ Omnibus

Au|to|car der; -s, -s ⟨fr.⟩: (schweiz.) ↑ Omnibus

Au|to|cho|re [...ˈkoːrə] die; -, -n ⟨gr.-nlat.⟩: Pflanze, die ihre Früchte od. Samen selbst verbreitet. **Au|to|cho|rie** [...ko...] die; -: Verbreitung von Früchten u. Samen durch die Pflanze selbst (z. B. durch Schleuder- od. Spritzbewegung)

Au|to|chrom das; -s, -e ⟨gr.-nlat.⟩: Ansichtspostkarte, bei der durch farbigen Überdruck auf ein schwarzes Rasterbild der Eindruck eines Mehrfarbendruckes entsteht

au|to|ch|thon [...x...] ⟨gr.-lat.⟩: 1. alteingesessen, eingeboren, bodenständig (von Völkern od. Stämmen). 2. (Geol., Biol.) am Fundort entstanden, vorkommend (von Gesteinen u. Lebewesen); Ggs. ↑ allochthon. **Auto|ch|tho|ne** der od. die; -n, -n: Ureinwohner[in], Alteingesessene[r], Eingeborene[r]

Au|to|co|der der; -s ⟨gr.; engl.⟩: (EDV) maschinenorientierte Programmiersprache

Au|to|cross, auch: **Au|to-Cross** das; -, -e ⟨engl.⟩: Autorennen auf einer abgesteckten Strecke im Gelände; vgl. Motocross

Au|to|cue [ˈɔːtʊkjuː] der; -s, -s ⟨gr.; engl.⟩: ↑ Teleprompter

Au|to|da|fé [...ˈfeː] das; -s, -s ⟨lat. actus fidei zu port. auto-de-fé = „Glaubensakt"⟩: 1. Ketzergericht u. -verbrennung. 2. Verbrennung von Büchern, Schriften u. Ä.

Au|to|de|ter|mi|na|ti|on die; -, -en ⟨gr.; lat.⟩: [politisches] Selbstbestimmung[srecht]

Au|to|de|ter|mi|nis|mus der; - ⟨gr.; lat.-nlat.⟩: (Philos.) Lehre von der Selbstbestimmung des Willens, die sich aus innerer Gesetzmäßigkeit unabhängig von äußeren Einflüssen vollzieht

Au|to|di|dakt der; -en, -en ⟨gr.⟩:

jmd., der sich ein bestimmtes Wissen ausschließlich durch Selbstunterricht aneignet od. angeeignet hat. **Au|to|di|dak|tin** *die; -, -nen:* weibliche Form zu ↑ Autodidakt. **au|to|di|dak|tisch:** den Selbstunterricht betreffend; durch Selbstunterricht **Au|to|di|ges|ti|on** *die; -:* ↑ Autolyse **Au|to|drom** *das; -s, -e ⟨gr.-fr.⟩:* 1. ↑ Motodrom. 2. (österr.) Fahrbahn für ↑ Skooter **au|to|dy|na|misch:** selbstwirkend, selbsttätig **Au|to|e|lek|t|rik** *die; - ⟨gr.; gr.-nlat.⟩:* elektrische Ausstattung moderner Kraftfahrzeuge **Au|to|e|ro|tik** *die; - u.* **Au|to|e|ro|tis|mus** *der; - ⟨gr.-nlat.⟩:* Form des erotisch-sexuellen Verhaltens, das Lustgewinn u. Triebbefriedigung ohne Partnerbezug zu gewinnen sucht; vgl. Narzissmus **Au|to|fo|kus** *die; -, -se ⟨gr.; lat.⟩:* Vorrichtung an Kameras u. Diaprojektoren für eine automatische Einstellung der Bildschärfe **au|to|gam** *⟨gr.-nlat.⟩:* (Biol.) sich selbst befruchtend. **Au|to|ga|mie** *die; -, ...ien:* (Biol.) Selbstbefruchtung, geschlechtliche Fortpflanzung ohne Partner (bei bestimmten Pflanzen u. Tieren) **au|to|gen** *⟨gr.⟩:* 1. (Technik; von Schweißen o. Ä.) mit Stichflamme [ohne Zuhilfenahme eines Bindematerials]. 2. (Med.) aus sich selbst od. von selbst entstehend; **autogenes Training:** (von dem deutschen Psychiater J. H. Schultz entwickelte) Methode der Selbstentspannung durch ↑ Autohypnose. 3. (Geol.) ↑ authigen **Au|to|gi|ro** [...'ʒi:ro] *das; -s, -s ⟨gr.-span.⟩:* Drehflügelflugzeug, Hub-, Tragschrauber **Au|to|g|no|sie** *die; - ⟨gr.-nlat.⟩:* (Philos.) Selbsterkenntnis **au|to|graf** usw. vgl. autograph usw. **Au|to|gramm** *das; -s, -e ⟨gr.-nlat.⟩:* 1. eigenhändig geschriebener Namenszug [einer bekannten Persönlichkeit]. 2. (veraltet) ↑ Autograph **au|to|graph,** auch: ...graf *⟨gr.⟩:* ↑ autographisch; vgl. ...isch/-. **Au|to|graph,** auch: ...graf *das; -s, -e[n]:* 1. von einer bekannten

Persönlichkeit stammendes, eigenhändig geschriebenes od. authentisch maschinenschriftliches ↑ Manuskript [in seiner ersten Fassung], Urschrift. 2. (veraltet) der in der Frühzeit des Buchdrucks noch in Gegenwart des Verfassers hergestellte erste Druck. **Au|to|gra|phie,** auch: ...grafie *die; -, ...ien ⟨gr.-nlat.⟩:* veraltetes Vervielfältigungsverfahren. **au|to|gra|phie|ren,** auch: ...grafieren: 1. (veraltet) eigenhändig schreiben. 2. (nach einem heute veralteten Verfahren) vervielfältigen **Au|to|gra|phi|lie** *die; -:* Liebhaberei für alte [Original]manuskripte **au|to|gra|phisch,** auch: ...grafisch *⟨gr.-lat.⟩:* 1. (veraltet) eigenhändig geschrieben. 2. (nach einem heute veralteten Verfahren) vervielfältigt **Au|to|gra|vü|re** *die; - ⟨Kurzw. aus auto... u.* ↑ Photogravüre ⟩: Rastertiefdruck, ein grafisches Verfahren **Au|to|hyp|no|se** *die; - ⟨gr.; gr.-nlat.⟩:* ein hypnotischer Zustand, in den sich jmd. selbst, also ohne Einwirkung einer anderen Person, versetzt; Ggs. ↑ Heterohypnose **Au|to|in|fek|ti|on** *die; -, -en ⟨gr.; lat.⟩:* (Med.) Infektion des eigenen Körpers durch einen Erreger, der bereits im Körper vorhanden ist **Au|to|in|to|xi|ka|ti|on** *die; -, -en ⟨gr.; gr.-nlat.⟩:* (Med.) Selbstvergiftung des Körpers durch im Organismus bei krankhaften Prozessen entstandene u. nicht weiter abgebaute Stoffwechselprodukte **Au|to|kar|pie** *die; - ⟨gr.-nlat.⟩:* (Bot.) Fruchtansatz nach Selbstbestäubung **Au|to|ka|ta|ly|se** *die; - :* (Chem.) Beschleunigung einer Reaktion durch einen Stoff, der während dieser Reaktion entsteht **au|to|ke|phal** *⟨gr.⟩:* mit eigenem Oberhaupt, unabhängig (von den orthodoxen Nationalkirchen, die nur ihrem ↑ Katholikos unterstehen). **Au|to|ke|pha|lie** *die; -:* kirchliche Unabhängigkeit der orthodoxen Nationalkirchen **Au|to|ki|ne|se** *die; -:* scheinbare Eigenbewegung

Au|to|ki|no *das; -s, -s:* Freilichtkino, in dem man sich einen Film vom Auto aus ansieht **Au|to|klav** *der; -s, -en ⟨gr.; lat.-fr.⟩:* 1. Druckapparat in der chemischen Technik. 2. Apparat zum Sterilisieren von Lebensmitteln. 3. Rührapparat bei der Härtung von Speiseölen. **au|to|kla|vie|ren:** mit dem Autoklav (2) erhitzen **Au|to|kol|li|ma|ti|on** *die; -, -en ⟨gr.; lat.-nlat.⟩:* (Optik) Verfahren zur schnellen u. genauen Einstellung auf unendlich **Au|t|ö|ko|lo|gie** *die; - ⟨gr.-nlat.⟩:* Teilgebiet der Ökologie, das sich mit den Auswirkungen der Umweltfaktoren auf ein einziges Individuum befasst **Au|to|kor|so** *der; -s, -s:* Korso (1), der aus Autos besteht **Au|to|krat** *der; -en, -en ⟨gr.⟩:* 1. diktatorischer Alleinherrscher. 2. selbstherrlicher Mensch. **Au|to|kra|tie** *die; -, ...ien:* Regierungsform, bei der die Staatsgewalt unumschränkt in der Hand eines einzelnen Herrschers liegt. **Au|to|kra|tin** *die; -, -nen:* weibliche Form zu ↑ Autokrat. **au|to|kra|tisch:** die Autokratie betreffend **Au|to|ly|se** *die; - ⟨gr.-nlat.⟩:* 1. (Med.) Abbau von Organeiweiß ohne Bakterienhilfe. 2. (Biol.) Selbstauflösung des Larvengewebes im Verlauf der Metamorphose bei Insekten. **au|to|ly|tisch:** (Med.) sich selbst auflösend (von Organeiweiß) **Au|to|mat** *der; -en, -en ⟨gr.-lat.-fr.; „sich selbst bewegend"⟩:* 1. a) Apparat, der nach Münzeinwurf selbsttätig Waren abgibt od. eine Dienst- od. Bearbeitungsleistung erbringt; b) Werkzeugmaschine, die Arbeitsvorgänge nach Programm selbsttätig ausführt; c) automatische Sicherung zur Verhinderung von Überlastungsschäden in elektrischen Anlagen. 2. (Math., EDV) elektronisch gesteuertes System, das Informationen an einem Eingang aufnimmt, selbstständig verarbeitet u. an einem Ausgang abgibt **Au|to|ma|ten|res|tau|rant** *das; -s, -s:* ↑ Restaurant, in dem man sich über Automaten selbst bedienen kann

A

Au|to|ma|ten|the|o|rie *die; -:* Theorie, die sich mit mathematischen Modellen von Automaten (2) befasst

Au|to|ma|tie *die; -, ...ien ⟨gr.-nlat.⟩:* ↑ Automatismus

Au|to|ma|tik *die; -, -en:* a) Vorrichtung, die einen eingeleiteten technischen Vorgang ohne weiteres menschliches Zutun steuert u. regelt; b) (ohne Plural) Vorgang der Selbststeuerung

Au|to|ma|ti|on *die; - ⟨gr.-lat.-fr.-engl.⟩:* der durch Automatisierung erreichte Zustand der modernen technischen Entwicklung, der durch den Einsatz weitgehend bedienungsfreier Arbeitssysteme gekennzeichnet ist

Au|to|ma|ti|sa|ti|on *die; -, -en:* ↑ Automatisierung; vgl. ...ation/ ...ierung

au|to|ma|tisch *⟨gr.-lat.-fr.⟩:* 1. a) mit einer Automatik ausgestattet (von technischen Geräten); b) durch Selbststeuerung od. Selbstregelung erfolgend; c) mithilfe eines Automaten. 2. a) unwillkürlich, zwangsläufig, mechanisch; b) ohne weiteres Zutun (des Betroffenen) von selbst erfolgend

au|to|ma|ti|sie|ren *⟨gr.-nlat.⟩:* auf vollautomatische Fabrikation umstellen. Au|to|ma|ti|sie|rung *die; -, -en:* Umstellung einer Fertigungsstätte auf vollautomatische Fabrikation; vgl. ...ation/...ierung

Au|to|ma|tis|mus *der; -, ...men: ⟨gr.-nlat.⟩:* (Med., Biol.) a) (ohne Plural) selbsttätig ablaufende Organfunktion (z. B. Herztätigkeit); b) spontan ablaufender Vorgang od. Bewegungsablauf, der nicht vom Bewusstsein od. Willen beeinflusst wird

Au|to|ma|to|graph, auch: ...graf *der; -en, -en ⟨gr.⟩:* Gerät zur Aufzeichnung unwillkürlicher Bewegungen

Au|to|mi|nu|te *die; -, -n ⟨gr.; lat.-nlat.⟩:* Strecke, die ein Auto in einer Minute zurücklegt

Au|to|mi|xis *die; - ⟨gr.⟩:* Selbstbefruchtung durch Verschmelzung zweier Keimzellen gleicher Abstammung

au|to|mo|bil *⟨gr.; lat.; „selbstbeweglich"⟩:* das Auto betreffend.

Au|to|mo|bil *das; -s, -e:* Kraftfahrzeug, Personenkraftwagen

Au|to|mo|bi|lis|mus *der; -:* Kraftfahrzeugwesen. Au|to|mo|bi|list *der; -en, -en:* (bes. schweiz.) Autofahrer. Au|to|mo|bi|lis|tin *die; -, -nen:* weibliche Form zu ↑ Automobilist. au|to|mo|bi|lis|tisch: den Automobilismus betreffend

Au|to|mo|bil|sa|lon *der; -s, -s:* Ausstellung, auf der die neuesten Automobile vorgestellt werden

au|to|morph *⟨gr.-nlat.⟩:* 1. ↑ idiomorph. 2. den Automorphismus betreffend. Au|to|mor|phis|mus *der; -, ...men:* (Math.) spezielle Zuordnung der Elemente einer ↑ algebraischen Struktur innerhalb der gleichen algebraischen Struktur; vgl. Homomorphismus

au|to|nom *⟨gr.; „nach eigenen Gesetzen lebend"⟩:* 1. selbstständig, unabhängig. 2. zu den Autonomen gehörend. Au|to|no|me *der u. die; -n, -n:* Angehörige[r] einer Gruppierung, die das Gesellschaftssystem ablehnt u. mit Gewaltaktionen bekämpft

Au|to|no|mie *die; -, ...ien:* 1. Selbstständigkeit [in nationaler Hinsicht], Unabhängigkeit. 2. (Philos.) Willensfreiheit

Au|to|no|mi|sie|rung *die; - ⟨gr.-lat.⟩:* Verfahren aus der Regelungstechnik, durch das eine gegenseitige Beeinflussung der Regelkreise beseitigt werden soll

Au|to|no|mist *der; -en, -en ⟨gr.-nlat.⟩:* jmd., der eine Autonomie anstrebt. Au|to|no|mis|tin *die; -, -nen:* weibliche Form zu ↑ Autonomist

au|to|nym *⟨gr.-nlat.⟩:* 1. vom Verfasser unter seinem eigenen Namen herausgebracht. 2. (Logik, Semiotik) ausdrückend, dass ein Zeichen als Eigenname von sich selbst gilt

Au|to|phi|lie *die; - ⟨gr.-nlat.⟩:* (Psychol.) Selbst-, Eigenliebe

Au|to|pi|lot *der; -en, -en:* automatische Steuerungsanlage in Flugzeugen, Raketen o. Ä.

Au|to|plas|tik *die; - ⟨gr.-nlat.⟩:* (Med.) Übertragung körpereigenen Gewebes (z. B. die Verpflanzung eines Hautlappens auf andere Körperstellen)

Au|to|poi|e|se *[...pɔy...] die; - ⟨gr.⟩:* Fähigkeit, sich selbst erhalten, wandeln, erneuern zu können. au|to|poi|e|tisch: die Autopoiese betreffend, auf ihr beruhend

Au|to|po|ly|plo|i|die *die; - ⟨gr.-nlat.⟩:* Vervielfachung des arteigenen Chromosomensatzes bei einem Lebewesen

Au|to|por|t|rät *das; -s, -s:* Selbstbildnis

Au|t|op|sie *die; -, ...ien ⟨gr.⟩:* 1. (Med.) Leichenöffnung; Untersuchung des [menschlichen] Körpers zur Feststellung der Todesursache. 2. (Fachspr.) Prüfung durch persönliche Inaugenscheinnahme

Au|tor *der; -s, ...oren ⟨lat.⟩:* Verfasser eines Werkes der Literatur, Musik, Kunst, Fotografie od. Filmkunst

Au|to|ra|dio *das; -s, -s:* im Auto eingebautes spezielles Radio

Au|to|ra|di|o|gramm *das; -s, -e ⟨gr.; lat.; gr.⟩:* Aufnahme, die durch Autoradiographie gewonnen wurde

Au|to|ra|di|o|gra|phie, auch: ...grafie *die; - ⟨gr.; lat.; gr.⟩:* (Phys.) Methode zur Sichtbarmachung der räumlichen Anordnung radioaktiver Stoffe (z. B. in einem Versuchstier)

Au|to|re|fe|rat *das; -[e]s, -e:* ↑ Autorreferat

Au|to|ren|kol|lek|tiv *das; -s, -e ⟨lat.; lat.-nlat.-russ.⟩:* Verfassergruppe, die ein Buch in gemeinschaftlicher Arbeit herausbringt

Au|to|ren|kor|rek|tur vgl. Autorkorrektur

Au|to|ren|plu|ral *der; -s:* ↑ Pluralis Modestiae

Au|to|re|peat *[...rɪˈpiːt] das; -s ⟨gr.; lat.-engl.⟩:* Automatik zur Wiederholung (bei Kassettenrekordern u. CD-Playern)

Au|to|re|verse *[...rɪvaːs] das; - ⟨gr.; lat.-engl.⟩:* Umschaltautomatik bei Tonbandgeräten u. Kassettenrekordern

Au|to|rhyth|mie *die; -, ...ien ⟨gr.-lat.⟩:* Aussendung von rhythmisch unterbrochenen Impulsen (z. B. durch das Atemzentrum im Gehirn)

Au|to|rin *die; -, -nen:* weibliche Form zu ↑ Autor

Au|to|ri|sa|ti|on *die; -, -en ⟨lat.-mlat.-nlat.⟩:* Ermächtigung, Vollmacht; vgl. ...ation/...ierung. au|to|ri|sie|ren *⟨lat.-mlat.⟩:*

1. jmdn. bevollmächtigen, [als Einzigen] zu etwas ermächtigen. 2. etwas genehmigen. **Auto|ri|sie|rung** *die; -, -en:* Bevollmächtigung; vgl. ...ation/...ierung
au|to|ri|tär *⟨lat.-fr.⟩:* 1. (abwertend) a) totalitär, diktatorisch; b) unbedingten Gehorsam fordernd; Ggs. ↑ antiautoritär. 2. (veraltend) a) auf Autorität beruhend; b) mit Autorität herrschend
Au|to|ri|ta|ris|mus *der; -:* absoluter Autoritätsanspruch
Au|to|ri|tät *die; -, -en ⟨lat.⟩:* 1. (ohne Plural) auf Leistung od. Tradition beruhender maßgebender Einfluss einer Person od. Institution u. das daraus erwachsene Ansehen. 2. einflussreiche, maßgebende Persönlichkeit von hohem [fachlichem] Ansehen
au|to|ri|ta|tiv *⟨lat.-nlat.⟩:* auf Autorität, Ansehen beruhend; maßgebend, entscheidend
Au|tor|kor|rek|tur u. Autorenkorrektur *die; -, -en:* Korrektur des gesetzten Textes durch den Autor selbst
Au|tor|re|fe|rat *das; -[e]s, -e:* Referat des Autors über sein Werk
Au|to|sal|lon *der; -s, -s:* ↑ Automobilsalon
Au|to|save [...seɪv] *das; - ⟨gr.; engl.⟩:* (EDV) automatische Speicherung von Daten
Au|to|se|man|ti|kon *das; -s, ...ka ⟨gr.-nlat.⟩:* (Sprachw.) Wort od. größere sprachliche Einheit mit eigener, selbstständiger Bedeutung (z. B. Tisch, Geist); Ggs. ↑ Synsemantikon
au|to|se|man|tisch: (Sprachw.) eigene Bedeutung tragend (von Wörtern); Ggs. ↑ synsemantisch
Au|to|sen|si|bi|li|sie|rung *die; -, -en ⟨gr.; lat.-nlat.⟩:* Bildung von Antikörpern im Organismus aufgrund körpereigener Substanzen
au|tos e|pha *⟨gr. autòs épha; „er hat es selbst gesagt“⟩:* a) Formel der ↑ Pythagoreer, mit der sich die Schüler auf Worte des Meisters beriefen; b) Hinweis auf die höchste Lehrautorität
Au|to|sex *der; -[es] ⟨gr.; lat.-engl.⟩:* 1. am eigenen Körper vorgenommene sexuelle Handlung. 2. Sex im Auto
Au|to|se|xu|a|lis|mus *der; -:* (Psy-

chol.) auf den eigenen Körper gerichtetes sexuelles Verlangen
au|to|se|xu|ell: den Autosexualismus betreffend
Au|to|skoo|ter vgl. Skooter
Au|to|s|ko|pie *die; -, ...ien ⟨gr.-nlat.⟩:* (Med.) unmittelbare Kehlkopfuntersuchung ohne Spiegel. **au|to|s|ko|pisch:** die Autoskopie betreffend
Au|to|som *das; -s, -en ⟨Kurzw. aus auto... u. ↑ Chromosom⟩:* nicht geschlechtsgebundenes ↑ Chromosom
Au|to|ste|re|o|gramm *das; -s, -e ⟨gr.⟩:* Bild, bei dem sich bei intensivem Betrachten ein räumlicher Eindruck einstellt; 3-D-Bild
Au|to|ste|re|o|typ *das; -s, -e* (meist Plural) *⟨gr.-engl.⟩:* Urteil, das sich eine Person od. Gruppe von sich selbst macht
Au|to|stopp *der; -s, -s ⟨(gr.; engl.-)fr.⟩:* das Anhalten von Autos mit dem Ziel, mitgenommen zu werden
Au|to|stra|da *die; -, -s ⟨it.⟩:* ital. Bez. für: mehrspurige Schnellstraße, Autobahn
Au|to|stun|de *die; -, -n ⟨gr.; dt.⟩:* Strecke, die ein Auto in einer Stunde zurücklegt
Au|to|sug|ges|ti|on *die; -, -en ⟨gr.; lat.⟩:* „Selbsteinredung“): das Vermögen, ohne äußeren Anlass Vorstellungen in sich zu erwecken, sich selbst zu beeinflussen. **au|to|sug|ges|tiv:** sich selbst beeinflussend
Au|to|te|le|fon *das; -s, -e:* im Auto eingebautes spezielles Telefon
Au|to|to|mie *die; -, ...ien ⟨gr.-nlat.⟩:* (Biol.) bei verschiedenen Tieren vorkommendes Abwerfen von meist später wieder nachwachsenden Körperteilen an vorgebildeten Bruchstellen (z. B. Schwanz der Eidechse)
Au|to|to|xin *das; -s, -e:* ein im eigenen Körper entstandenes Gift; vgl. Autointoxikation
Au|to|trans|for|ma|tor *der; -s, ...oren* (Elektrot.) Spartransformator; ↑ Transformator mit nur einer Wicklung, an der die Sekundärspannung durch Anzapfen entnommen wird
Au|to|trans|fu|si|on *die; -, -en:* (Med.) 1. Eigenblutübertragung, bei der sich in einer Körperhöhle (infolge einer Verletzung) stauendes Blut wieder in den

Blutkreislauf zurückgeführt wird. 2. Notmaßnahme (bei großen Blutverlusten) zur Versorgung der lebenswichtigen Organe mit Blut durch Hochlegen u. Bandagieren der Gliedmaßen
Au|to|trans|plan|tat *das; -[e]s, -e:* (Med.) körpereigenes Gewebe für die ↑ Autoplastik
au|to|troph *⟨gr.-nlat.⟩:* (Bot.) sich ausschließlich von anorganischen Stoffen ernährend (von grünen Pflanzen); Ggs. ↑ heterotroph. **Au|to|tro|phie** *die; -:* (Bot.) Fähigkeit der grünen Pflanzen, anorganische Stoffe in körpereigene umzuwandeln
Au|to|tro|pis|mus *der; -, ...men ⟨gr.-nlat.⟩:* (Bot.) Bestreben eines Pflanzenorgans, die Normallage einzuhalten od. sie nach einem Reiz wiederzugewinnen
Au|to|ty|pie *die; -, ...ien ⟨gr.-nlat.; „Selbstdruck“⟩:* Rasterätzung für Buchdruck. **au|to|ty|pisch:** die Autotypie betreffend
Au|to|vak|zin *die; -, -e u. a.* **Au|to|vak|zi|ne** *die; -, -n ⟨gr.-lat.⟩:* (Med.) Impfstoff, der aus Bakterien gewonnen wird, die aus dem Organismus des Kranken stammen
au|to|ve|ge|ta|tiv: (Obstbau) sich direkt, ohne Veredelung vermehrend
Au|t|o|xi|da|ti|on, auch: **Au|t|o|xy|da|ti|on** *die; -, -en ⟨gr.-lat.⟩:* (Chem.) nur unter ↑ katalytischer Mitwirkung sauerstofffreier Verbindungen erfolgende ↑ Oxidation eines Stoffes (z. B. Rosten, Vermodern)
au|to|zen|t|riert: eigenständig, nicht integriert
au|to|ze|phal usw. vgl. autokephal usw.
Au|to|zid|me|tho|de *die; - ⟨gr.; lat.; gr.-lat.⟩:* Verfahren der biologischen Schädlingsbekämpfung, bei dem durch sterilisierte Schädlinge die Zahl der unbefruchteten Eier erhöht wird
Au|to|zoom [...zu:m] *das u. der; -s, -s:* Vorrichtung, die das Zoom in der Filmkamera selbsttätig reguliert u. somit automatisch eine maximale Schärfentiefe gewährleistet
aut si|mi|le *⟨lat.⟩:* „oder Ähnliches“ (auf ärztlichen Rezepten)
au|tum|nal *⟨lat.⟩:* herbstlich

A

Au|tum|nal|ka|tarrh *der;* -s, -e ⟨*lat.; gr.*⟩: (Med.) im Herbst auftretender heuschnupfenartiger Katarrh

Au|tu|nit [auch: ...'nɪt] *das;* -s ⟨nach der franz. Stadt Autun⟩: ein Uranmineral

aux fines herbes [o: fi:n'zɛrp] ⟨*fr.*⟩: (Gastr.) mit frisch gehackten Kräutern

au|xi|li|ar ⟨*lat.*⟩: helfend, zur Hilfe dienend

Au|xi|li|ar|verb *das;* -s, -en: Hilfsverb

Au|xin *das;* -s, -e ⟨*gr.-nlat.*⟩: organische Verbindung, die das Pflanzenwachstum fördert

au|xo|chrom: (Chem.) eine Farbvertiefung od. Farbänderung bewirkend (von bestimmten chemischen Gruppen)

au|xo|he|te|ro|troph: (Biol.) unfähig, die für die eigene Entwicklung nötigen Wuchsstoffe selbst zu ↑ synthetisieren

Au|xo|spo|re *die;* -, -n: (Biol.) Wachstumsspore bei Kieselalgen

au|xo|troph: (Biol.) auf die Zufuhr bestimmter Substanzen angewiesen

A|vail|la|ble-Light-Fo|to|gra|fie [ə'veɪləb'laɪt...] *die;* - ⟨*engl.; gr.*⟩: (Fotogr.) das Fotografieren bei ungünstigen natürlichen Lichtverhältnissen unter Verzicht auf Zusatzbeleuchtung

A|val *der* (seltener: *das*); -s, -e ⟨*fr.*⟩: Bürgschaft, insbesondere für einen Wechsel

a|va|lie|ren: einen Wechsel als Bürge unterschreiben

A|va|list *der;* -en, -en: Bürge für einen Wechsel. **A|va|lis|tin** *die;* -, -nen: weibliche Form zu ↑ Avalist

A|val|kre|dit *der;* -s, -e: Kreditgewährung durch Bürgschaftsübernahme seitens einer Bank

A|van|ce [a'vã:sə] *die;* -, -n ⟨*lat.-vulgärlat.-fr.*⟩: 1. a) Vorsprung, Gewinn; b) Geldvorschuss. 2. Preisunterschied bei Handelsware zwischen An- und Verkauf; Gewinn. 3. (ohne Plural) Beschleunigung (an Uhrwerken; Zeichen: A); **jmdm. Avancen machen:** jmdm. gegenüber zuvorkommend, entgegenkommend sein, ihn umwerben in dem Wunsch, ihn für sich zu gewinnen

A|van|ce|ment [avãsə'mã:] *das;* -s,

-s: (veraltet) Beförderung, Aufrücken in eine höhere Position.

a|van|cie|ren: in eine höhere Position aufrücken

A|van|ta|ge [avã'ta:ʒə] *die;* -, -n ⟨*lat.-fr.*⟩: Vorteil, Gewinn

A|vant|gar|de [avã...] *die;* -, -n ⟨*fr.*⟩: 1. die Vorkämpfer einer Idee od. Richtung (z. B. in Literatur u. Kunst). 2. (veraltet) Vorhut einer Armee

A|vant|gar|dis|mus *der;* - ⟨*fr.-nlat.*⟩: für neue Ideen eintretende kämpferische Richtung auf einem bestimmten Gebiet (bes. in der Kunst). **A|vant|gar|dist** *der;* -en, -en: Vorkämpfer, Neuerer (bes. auf dem Gebiet der Kunst u. Literatur). **A|vant|gar|dis|tin** *die;* -, -nen: weibliche Form zu ↑ Avantgardist.

a|vant|gar|dis|tisch: vorkämpferisch

a|van|ti ⟨*lat.-it.*⟩: vorwärts!

A|va|tar ['ɛvata:ɐ̯] *der;* -s, -s ⟨*sanskr.-engl.*⟩: a) grafische Darstellung, Animation, Karikatur o. Ä. als Verkörperung des Benutzers im Cyberspace; b) virtuelle Kunstfigur, Vertreter eines eigenen Universums im Cyberspace

A|va|ta|ra *die;* - ⟨*sanskr.;* „Herabkunft"⟩: Bezeichnung für die Verkörperung eines Gottes auf Erden in den indischen Religionen

a|ve ⟨*lat.;* „sei gegrüßt!"⟩: sei gegrüßt!; leb wohl! (lateinische Grußformel)

A|ve *das;* -[s], -[s]: Kurzform für: Ave-Maria

A|vec ⟨*lat.-fr.*⟩: in der Fügung **mit [einem] Avec:** (ugs.) mit Schwung

A|ve-Ma|ria *das;* -[s], -[s]: 1. Bez. eines katholischen Mariengebets nach den Anfangsworten. 2. Ave-Maria-Läuten, Angelusläuten

A|ve|na *die;* - ⟨*lat.*⟩: Hafer (Gattung der Süßgräser, darunter der Zierhafer)

A|ve|ni|da *die;* -, ...den u. -s ⟨*lat.-span.* u. *port.*⟩: 1. breite Prachtstraße spanischer, portugiesischer u. lateinamerikanischer Städte. 2. in Spanien u. Portugal Bez. für eine Sturzflut nach heftigen Regengüssen

A|ven|tiu|re [aven'ty:rə] *die;* -, -n ⟨*lat.-vulgärlat.-fr.-mhd.;* „Abenteuer"⟩: 1. ritterliche Bewäh-

rungsprobe, die der Held in mittelhochdeutschen Dichtungen bestehen muss. 2. Abschnitt in einem mittelhochdeutschen Epos, das sich hauptsächlich aus Berichten über ritterliche Bewährungsproben zusammensetzt

A|ven|tü|re *die;* -, -n: Abenteuer, seltsamer Vorfall

A|ven|tu|ri|er [avãty'rje:] *der;* -s, -s ⟨*lat.-vulgärlat.-fr.*⟩: (veraltet) Abenteurer, Glücksritter

A|ven|tu|rin *der;* -s, -e ⟨*lat.-vulgärlat.-fr.*⟩: gelber, roter od. goldflimmriger Quarz mit metallisch glänzenden Einlagerungen

A|ve|nue [avə'ny:] *die;* -, ...uen [...'ny:ən] ⟨*lat.-fr.*⟩: 1. städtische, mit Bäumen bepflanzte Prachtstraße. 2. (veraltet) Zugang, Anfahrt

a|ve|rage ['ævərɪdʒ] ⟨*arab.-it.-fr.-engl.*⟩: (veraltet) mittelmäßig, durchschnittlich (Bez. für Warenqualität). **A|ve|rage** ['ævərɪdʒ] *der;* -: 1. (Statistik) arithmetisches Mittel, Mittelwert, Durchschnitt. 2. Sammelbegriff für alle Schäden, die Schiff u. Ladung auf einer Seefahrt erleiden können; vgl. Havarie (1 b)

A|ver|bo *das;* -s, -s ⟨*lat.*⟩: (Sprachw.) die Stammformen des Verbs

a|ver|na|lisch u. **a|ver|nisch** ⟨nach dem lat. Wort für „Unterwelt" *Avernus*⟩: höllisch, qualvoll

A|vers [a'vɛrs, österr.: a'vɛr] *der;* -es, -e ⟨*lat.-fr.*⟩: Vorderseite einer Münze od. einer Medaille; Ggs. ↑ ²Revers

A|ver|sal|sum|me *die;* -, -n: ↑ Aversum

A|ver|si|on *die;* -, -en: Abneigung, Widerwille

A|ver|si|o|nal|sum|me *die;* -, -n: ↑ Aversum

a|ver|si|o|nie|ren ⟨*lat.-nlat.*⟩: (veraltet) abfinden

A|ver|sum *das;* -s, ...sa: (veraltet) Abfindungssumme, Ablösung

a|ver|tie|ren ⟨*lat.-vulgärlat.-fr.*⟩: (veraltet) a) benachrichtigen; b) bewarnen

A|ver|tis|se|ment [...'mã:] *das;* -s, -s ⟨*lat.-vulgärlat.-fr.*⟩: (veraltet) a) Benachrichtigung, Nachricht; b) Warnung

A|vi|a|ri|um *das;* -s, ...ien ⟨*lat.*⟩: großes Vogelhaus (z. B. in zoologischen Gärten)

A|vi|a̱|tik *die; -* ⟨*lat.-nlat.*⟩: (veraltet) Flugtechnik, Flugwesen

A|vi|o̱|nik *die;* - ⟨Kunstw. aus ↑*Aviatik* u. ↑*Elektronik*⟩: 1. Gesamtheit der elektronischen Geräte, die in der Luftfahrt verwendet werden. 2. Wissenschaft u. Technik der Avionik (1)

a̱|vi|ru|lent ⟨*gr.; lat.*⟩: (Med.) nicht ansteckend (von Mikroorganismen); Ggs. ↑virulent

¹A|vis [a'vi:] *der* od. *das; -, -* ⟨*lat.-fr.*⟩: 1. Ankündigung [einer Sendung an den Empfänger]. 2. Mitteilung des Wechselausstellers an den, der den Wechsel zu bezahlen hat, über die Deckung der Wechselsumme

²A|vi̱s *der* od. *das;* -es, -e ⟨*it.*⟩: ↑¹Avis

a|vi|si̱e|ren ⟨*lat.-it.* u. *fr.*⟩: 1. ankündigen. 2. (veraltet) benachrichtigen

¹A|vi̱|so *der;* -s, -s ⟨*lat.-fr.-span.(-fr.)*⟩: (veraltet) leichtes, schnelles, wenig bewaffnetes Kriegsschiff

²A|vi̱|so *das;* -s, -s ⟨*lat.-it.*⟩: (österr.) ↑¹Avis (1)

a vi̱s|ta ⟨*lat.-it.;* „bei Sicht"⟩: bei Vorlage zahlbar (Hinweis auf Sichtwechseln); Abk.: a v.; vgl. a prima vista u. Vista

A|vi̱s|ta|wech|sel *der;* -s, -: Wechsel, der bei Vorlage (innerhalb eines Jahres) fällig ist; Sichtwechsel

A|vi|ta|mi|no̱|se *die; -, -n* ⟨*nlat.*⟩: (Med.) Vitaminmangelkrankheit

A|vi̱va̱|ge [avi'va:ʒə] *die; -, -n* ⟨*lat.-vulgärlat.-fr.*⟩: Behandlung von Fäden u. Garnen aus Chemiefasern mit fetthaltigen Stoffen zur Verbesserung von Griff, Weichheit u. Geschmeidigkeit. a|vi|vi̱e|ren: eine ↑Avivage vornehmen

A|vo|ca̱|do *die; -, -s* ⟨*indian.-span.*⟩: dunkelgrüne bis braunrote birnenförmige, essbare Steinfrucht eines südamerikanischen Baumes

A|voir|du|pois [fr.: avǫardy'pǫa, engl.: ɛvədə'pɔys] *das; -* ⟨*fr.(-engl.)*⟩: englisches u. nordamerikanisches Handelsgewicht (16 Ounces); Zeichen: avdp

A|vun|ku|la̱t *das;* -[e]s, -e ⟨*lat.-nlat.*⟩: Vorrecht des Bruders der Mutter eines Kindes gegenüber dessen Vater in mutterrechtlichen Kulturen (z. B. bei Pflanzervölkern)

A̱WACS [auch: 'ɛwɛks] ⟨*amerik.;* Kurzw. für *engl.* airborne early warning *and* control *system*⟩: Frühwarnsystem der NATO

A|ward *der;* -s, -s ⟨*engl.*⟩: 1. schiedsgerichtliche Entscheidung (im angloamerikanischen Rechtskreis). 2. von einer Jury vergebener Preis, bes. in der Film- und Musikbranche

A|we̱s|ta *das; -* ⟨*pers.;* „Grundtext"⟩: Sammelbezeichnung für die heiligen Schriften der ↑Parsen; vgl. Zendawesta. a|we̱s|tisch: das Awesta betreffend; awestische Sprache: altostiranische Sprache, in der das Awesta geschrieben ist

A̱|xel *der;* -s, - ⟨nach dem norw. Eisläufer Axel Paulsen⟩: schwieriger Sprung im Eis- u. Rollkunstlauf

A|xe|ro|ph|tho̱l *das;* -s ⟨Kunstw.⟩: Vitamin A₁

a|xi̱|al ⟨*lat.-nlat.*⟩: 1. in der Achsenrichtung, [längs]achsig, achsrecht. 2. (Med.) zum zweiten Halswirbel gehörend

A|xi|a|li|tä̱t *die; -,* -en: das Verlaufen von Strahlen eines optischen Systems in unmittelbarer Nähe der optischen Achse; Achsigkeit

a|xil|la̱r ⟨*lat.-nlat.*⟩: 1. (Med.) zur Achselhöhle gehörend, in ihr gelegen. 2. (Bot.) unmittelbar über einer Blattansatzstelle hervorbrechend od. gewachsen; achselständig

A|xi|ni̱t [auch: ...'nɪt] *der;* -s, -e ⟨*gr.*⟩: Silikatmineral von unterschiedlicher Färbung (für Schmucksteine verwendet)

A|xi|o|lo|gi̱e *die; -, ...*ien ⟨*gr.-nlat.*⟩: (Philos.) Wertlehre. a|xi|o|lo̱|gisch: die Axiologie betreffend

A|xi̱|om *das;* -s, -e ⟨*gr.-lat.*⟩: 1. als absolut richtig anerkannter Grundsatz; gültige Wahrheit, die keines Beweises bedarf. 2. nicht abgeleitete Aussage eines Wissenschaftsbereiches, aus der andere Aussagen ↑deduziert werden

A|xi|o|ma̱|tik *die; -* ⟨*gr.-nlat.*⟩: Lehre vom Definieren u. Beweisen mithilfe von Axiomen. a|xi|o|ma̱|tisch: 1. auf Axiomen beruhend. 2. unanzweifelbar, gewiss

a|xi|o|ma|ti|si̱e|ren: 1. zum Axiom erklären. 2. axiomatisch festlegen

A|xi|o|me̱|ter *das;* -s, -: Richtungsweiser für das Steuerruder von Schiffen

Ax|mins|ter|tep|pich ['ɛks...] *der;* -s, -e ⟨nach der engl. Stadt Axminster⟩: Florteppich mit ↑Chenillen als Schuss (Querfäden)

A|xo|lo̱tl *der;* -s, - ⟨*aztekisch*⟩: mexikanischer Schwanzlurch

A̱|xon *das;* -s, Axo̱ne[n] ⟨*gr.*⟩: (Biol., Med.) Neurit

A|xo|no|me̱|t|rie *die; -, ...*ien ⟨*gr.-nlat.*⟩: (Math.) geometrisches Verfahren, räumliche Gebilde durch Parallelprojektion auf eine Ebene darzustellen. a|xo|no|me̱|t|risch: (Math.) auf dem Verfahren der Axonometrie beruhend

A|ya|to̱l|lah *der;* -[s], -s: ↑Ajatollah

A|yun|ta|mi|e̱n|to *der* od. *das;* -[s], -s ⟨*span.*⟩: Gemeinderat spanischer Gemeinden

A|yur|ve̱|da *das;* -[s] ⟨*sanskr.*⟩: 1. Sammlung der wichtigsten Lehrbücher der altindischen Medizin aus der brahmanischen Epoche. 2. auf dem Ayurveda (1) beruhende Körperpflege u. aktive Gesundheitsvorsorge. a|yur|ve̱|disch: den Ayurveda betreffend, in ihm enthalten

A|yur|we̱|da usw. vgl. Ayurveda usw.

A|za̱|lee *die; -s* ⟨*gr.-nlat.*⟩, auch: A|za̱|lie [...jə] *die; -, -n:* Felsenstrauch, Zierpflanze aus der Familie der Heidekrautgewächse

A|za|ro̱l|ap|fel *der;* -s, ...äpfel ⟨*arab.-span.; dt.*⟩: Frucht der (zu den Rosengewächsen gehörenden) mittelmeerischen Mispel

A|za|ro̱l|le *die; -, -n:* ↑Azarolapfel

a̱|zen|t|risch ⟨*gr.; gr.-lat.-nlat.*⟩: kein Zentrum aufweisend; nicht zentrisch

a|ze̱|o|trop ⟨*gr.-nlat.*⟩: einen bestimmten, konstanten Siedepunkt besitzend (von einem Flüssigkeitsgemisch, das aus zwei od. mehr Komponenten besteht)

a|ze̱|phal vgl. akephal

A|ze̱|pha̱|le *der* od. *die;* -n, -n ⟨*gr.-nlat.*⟩: (Med.) Missgeburt ohne Kopf

A|ze|pha|len *die* (Plural): (Biol. veraltet) Muscheln

A|ze|phal|lie *die; -, ...ien*: (Med.) das Fehlen des Kopfes (bei Missgeburten)

A|ze|ri|den *die* (Plural) *(gr.; lat.)*: Arzneimittel, bes. Salben, die kein Wachs enthalten

A|ze|tal vgl. Acetal

A|ze|tal|de|hyd vgl. Acetaldehyd

A|ze|tat vgl. Acetat

A|ze|tat|sei|de vgl. Acetatseide

A|ze|ton vgl. Aceton

A|ze|to|n|ä|mie usw. vgl. Acetonämie usw.

A|ze|to|n|u|rie vgl. Acetonurie

A|ze|to|phe|non vgl. Acetophenon

A|ze|tyl vgl. Acetyl

A|ze|tyl|cho|lin vgl. Acetylcholin

A|ze|ty|len vgl. Acetylen

A|ze|ty|le|nid vgl. Acetylenid

a|ze|ty|lie|ren usw. vgl. acetylieren usw.

A|ze|tyl|säu|re vgl. Acetylsäure

A|zid *das; -[e]s, -e (gr.-fr.-nlat.)*: (Chem.) Salz der Stickstoffwasserstoffsäure; vgl. aber: Acid

A|zi|di|tät vgl. Acidität

A|zi|do|se vgl. Acidose

A|zi|li|en [azi'li̯ɛ:] *das; -[s] (fr.; nach dem Fundort Le Mas-d'Azil in Frankreich)*: Stufe der Mittelsteinzeit

A|zi|mut *das (auch: der); -s, -e (arab.)*: Winkel zwischen der Vertikalebene eines Gestirns u. der Südhälfte der Meridianebene, gemessen von Süden über Westen, Norden u. Osten.

a|zi|mu|tal *(arab.-nlat.)*: das Azimut betreffend

A|zi|ne *die* (Plural) *(gr.-fr.-nlat.)*: (Chem.) stickstoffhaltige Verbindungen des ↑ Benzols, Grundstoff der Azinfarbstoffe

a|zi|nös *(lat.)*: (Med.) traubenförmig, beerenartig (von Drüsen)

A|zo|ben|zol *das; -s (gr.-fr.)*: (Chem.) orangerote organische Verbindung, Grundstoff der Azofarbstoffe

A|zo|farb|stoff *der; -[e]s, -e*: (Chem.) Farbstoff der wichtigsten Gruppe der Teerfarbstoffe

A|zo|i|kum *das; -s (gr.-nlat.)*: (Geol.) ältere Bez. für Abiotikum. **a|zo|isch**: 1. zum Azoikum gehörend. 2. ohne Spuren von Lebewesen

A|zol *das; -s, -e (meist Plural)*: (Chem.) ↑ heterozyklische (2) Verbindung mit mindestens einem Stickstoffatom

A|zo|o|sper|mie *die; -, ...ien*: (Med.) das Fehlen von beweglichen ↑ Spermien in der Samenflüssigkeit

A|zo|t|ä|mie *die; -, ...ien (gr.-fr.; gr.-nlat.)*: (Med.) Stickstoffüberschuss im Blut

a|zo|tie|ren: (Chem.) Stickstoff in eine chemische Verbindung einführen

A|zo|to|bak|ter *der od. das; -s, - (gr.-fr.; gr.-nlat.)*: frei im Boden lebende Bakterie, die molekularen Stickstoff der Luft zu binden vermag. **A|zo|to|bak|te|rin** *das; -s*: Düngemittel, das ↑ Azotobakter enthält

A|zo|to|me|ter *das; -s, - (gr.-fr.; gr.)*: Messgerät zur quantitativen Bestimmung von Stickstoff in organischen Verbindungen

A|zo|tor|rhö *die; -, -en*: (Med.) gesteigerte Ausscheidung stickstoffhaltiger Verbindungen (z. B. Harnstoff) im Stuhl

A|zo|t|u|rie *die; -, ...ien*: stark gesteigerte Ausscheidung von Stickstoff (Harnstoff) im Harn

A|zo|ver|bin|dung *die; -, -en*: chemische Verbindung mit der Azogruppe im Molekül

A|zu|le|jos [...'lɛxɔs] *die* (Plural) *(span.)*: bunte, bes. blaue Fayenceplatten (vgl. Fayence) aus Spanien

A|zu|len *das; -s, -e (pers.-arab.-span.-nlat.)*: ein Kohlenwasserstoff; keimtötender Bestandteil des ätherischen Öls der Kamille

A|zur *der; -s (pers.-arab.-mlat.-fr.)*: (dichter.) 1. das Blau des Himmels (intensiver Blauton). 2. der blaue Himmel

A|zu|ree|li|ni|en *die* (Plural) *(fr.; lat.)*: waagerechte, meist wellenförmiges Linienband auf Vordrucken (z. B. auf Wechseln od. Schecks) zur Erschwerung von Änderungen od. Fälschungen

a|zu|riert *(fr.)*: mit Azureelinien versehen

A|zu|rit [auch: ...'rɪt] *der; -s (fr.-nlat.)*: ein Mineral (Kupferlasur)

a|zurn *(fr.)*: himmelblau

A|zy|a|n|op|sie *die; -, ...ien (gr.-nlat.)*: (Med.) Farbenblindheit für blaue Farben

A|zy|gie *die; - (gr.)*: 1. (Biol.) Ungepaartheit, das Nichtverschmelzen von ↑ Gameten. 2. (Med.) einfaches Vorhandensein eines Organs (Unpaarigkeit; z. B. Leber, Milz). **a|zy|gisch** u. **a|zy|gos**: 1. ungepaart. 2. unpaarig

a|zy|k|lisch *(gr.-nlat.)*: 1. nicht kreisförmig. 2. zeitlich unregelmäßig. 3. (Bot.) spiralig angeordnet (von Blütenblättern). 4. (chem. fachspr. acyclisch) mit offener Kohlenstoffkette im Molekül (von organischen chemischen Verbindungen)

a|zy|misch *(gr.-lat.)*: (Chem.) nicht gärungserregend, nicht durch Gärung entstanden

A|zy|mit *der; -en, -en (gr.-lat.)*: Bez. der orthodoxen Kirche für einen römisch-katholischen Christen, der die ↑ Eucharistie mit ungesäuertem Brot feiert

A|zy|mon [auch: 'ats...] *das; -[s], ...ma (gr.-lat.)*: 1. ungesäuertes Brot, ↑ Matze. 2. (Plural) Passahfest (vgl. Passah 1) als Fest der ungesäuerten Brote

Az|zur|ri, Az|zur|ris *die* (Plural) *(pers.-arab.-it.; „die Blauen")*: Bez. für italienische Sportmannschaften

---

B *b*

Baal *der; -s, -e u. -im (hebr.)*: altorientalische Gottesbezeichnung, biblisch meist für heidnische Götter

Baals|dienst *der; -[e]s*: Verehrung eines Baals; Götzendienst

Baas *der; -es, -e (niederl.)*: (bes. Seemannsspr.) Herr, Meister, Aufseher, Vermittler (in Holland u. Norddeutschland)

¹**Ba|ba** *der; - (türk.; „Vater")*: türkischer Ehrentitel von Geistlichen u. Frommen

²**Ba|ba** *die; -, -s (slaw.)*: (landsch.) Großmutter

¹**Bab|bitt** ['bɛbɪt] *das; -s, -s*: Sammelbez. für: Blei- u. Zinnbronzen

²**Bab|bitt** ['bɛbɪt] *der; -s, -s (engl.; nach dem Titelhelden eines Romans von Sinclair Lewis)*: geschäftstüchtiger [nordamerikanischer] Spießbürger

Ba|bel *das; -s, -* ⟨*gr.-lat.-hebr.*⟩:
1. vom Sittenverfall gekennzeichneter Ort. 2. Stadt, in der nicht nur die Landessprache, sondern verwirrend viele andere Sprachen gesprochen werden

Ba|be|si|en *die* (Plural) ⟨*nlat.; nach dem rumän. Arzt V. Babes*⟩: Einzeller aus der Klasse der Sporentierchen, Erreger von verschiedenen Tierkrankheiten, die durch Zecken übertragen werden

Ba|bi|rus|sa *der; -[s], -s* ⟨*malai.*⟩: Hirscheber auf Celebes

Ba|bis|mus *der; -* ⟨*pers.-nlat.*⟩: religiöse Bewegung des persischen Islams im 19. Jh. (ging dem ↑ Bahaismus voraus). Ba|bist *der; -en, -en:* Anhänger der Lehre des islamischen Babismus. Ba|bis|tin *die; -, -nen:* weibliche Form zu Babist

Ba|bou|vis|mus [babuˈvɪs...] *der; -* ⟨*fr.-nlat.*⟩: Lehre des französischen Jakobiners u. Sozialisten Babeuf

Ba|bu *der; -s, -s* ⟨*Hindi; „Fürst"*⟩: a) (ohne Plural) indischer Titel für gebildete Inder, entsprechend unserem „Herr"; b) Träger dieses Titels

Ba|bu|sche [auch: ...ˈbu:...], auch: Pampusche *die; -, -n* ⟨*pers.-arab.-fr.*⟩: (landsch.) Stoffpantoffel

Ba|busch|ka *die; -, -s* ⟨*russ.*⟩: (landsch.) alte Frau, Großmutter; vgl. ²Baba

Ba|by [ˈbe:bi] *das; -s, -s* ⟨*engl.*⟩: 1. Säugling, Kleinkind. 2. Schätzchen, Liebling (als Anrede)

Ba|by|boom [...bu:m] *der; -s, -s* ⟨*engl.*⟩: Anstieg der Geburtenzahlen

Ba|by|boo|mer [...bu:mə] *der; -s, -[s]:* (ugs.) jmd., der einem geburtenstarken Jahrgang entstammt

Ba|by|doll *das; -[s], -s* ⟨nach der Titelfigur des gleichnamigen amerikan. Films⟩: Damenschlafanzug aus leichtem Stoff mit kurzem Höschen u. weitem Oberteil

Ba|by|fon, auch: ...phon *das; -s, -e* ⟨*engl.; gr.*⟩: telefonähnliches Gerät, das die Geräusche aus dem Kinderzimmer überträgt

Ba|by|lon *das; -s, -s:* ↑ Babel

ba|by|lo|nisch: in den Fügungen:

babylonische Sprachverwirrung, babylonisches Sprachengewirr: verwirrende Vielfalt von Sprachen, die an einem Ort zu hören sind, gesprochen werden

Ba|by|phon vgl. Babyfon

Ba|by|pro [ˈbe:bi...] *die* od. *der; -, -* ⟨*engl.; lat.*⟩: (Jargon) besonders junger, sich prostituierender weiblicher bzw. männlicher Minderjähriger

ba|by|sit|ten ⟨*engl.*⟩: (ugs.) sich als Babysitter betätigen

Ba|by|sit|ter *der; -s, -:* Person, die kleine Kinder bei Abwesenheit der Eltern [gegen Entgelt] beaufsichtigt. Ba|by|sit|te|rin *die; -, -nen:* weibliche Form zu ↑ Babysitter

ba|by|sit|tern: ↑ babysitten

Ba|by|sit|ting *das; -[s]:* das Babysitten

Bac|ca|rat *das; -s:* ↑ Bakkarat

Bac|cha|nal [baxa..., österr. auch: baka...] *das; -s, -e* u. *-ien* ⟨*gr.-lat.*⟩: 1. altrömisches Fest zu Ehren des griechisch-römischen Weingottes Bacchus. 2. ausschweifendes Trinkgelage

Bac|chant *der; -en, -en* ⟨*gr.-lat.*⟩: 1. (dichter.) Trinkbruder; trunkener Schwärmer. 2. fahrender Schüler im Mittelalter. Bacchan|tin *die; -, -nen:* ↑ Mänade

bac|chan|tisch: ausgelassen, trunken, überschäumend

Bac|chi|us *der; -, ...ien:* dreisilbige antike rhythmische Einheit (Versfuß) von der Grundform

∪ − −

Bac|chus: griechisch-römischer Gott des Weins; [dem] Bacchus huldigen: (dichter.) Wein trinken

Ba|che|lor [ˈbetʃələ] *der; -[s], -s* ⟨*kelt.-mlat.-fr.-engl.*⟩: niedrigster akademischer Grad in England, den USA u. anderen Ländern; Abk.: B.; vgl. Bakkalaureus

Bach|ti|a|ri *der; -[s], -[s]:* von dem iranischen Bergvolk der Bachtiaren geknüpfter Teppich

Ba|ci|le [baˈtʃi:lə] *das; -, ...li* ⟨*mlat.-it.*⟩: beckenartige große Schale

Ba|cil|lus [...ˈtsɪ...] *der; -, ...lli* ⟨*lat.*⟩: 1. (meist Plural) Arzneistäbchen zur Einführung in enge Kanäle. 2. ↑ Bazillus

Back [bɛk] *der; -s, -s* ⟨*engl.*⟩: (ver-

altet, aber noch österr. u. schweiz.; Fußball) Verteidiger

Back|bone|netz [ˈbɛkboʊn...] *das; -es, -e* ⟨*engl.; dt.*⟩: (EDV) leistungsfähiges Netz, das lokale Netze miteinander verbindet (aber keine eigentlichen Rechneranschlüsse besitzt)

Back|gam|mon [bɛkˈgɛmən] *das; -s* ⟨*engl.*⟩: Würfelbrettspiel

Back|ground [ˈbɛkgraʊnt] *der; -s, -s* ⟨*engl.; „Hintergrund"*⟩: 1. Hintergrund (im optisch-visuellen Bereich). 2. musikalischer Hintergrund. 3. geistige Herkunft, Milieu. 4. Berufserfahrung, Kenntnisse

Back|ground|mu|si|ker *der; -s, -* ⟨*engl.; gr.-lat.*⟩: zum Background (2) gehörender Musiker. Back|ground|mu|si|ke|rin *die; -, -nen:* weibliche Form zu ↑ Backgroundmusiker

Back|hand [ˈbɛkhɛnt] *die; -, -s,* (auch:) *der; -[s], -s* ⟨*engl.*⟩: Rückhand[schlag] im [Tisch]tennis, Federball u. [Eis]hockey; Ggs. ↑ Forehand

Back|lash [ˈbɛklɛʃ] *der; -* ⟨*engl.*⟩: a) Gegenreaktion, Konterschlag; b) Gegenströmung

Back|list [ˈbɛk...] *die; -, -s* ⟨*engl.*⟩: Anzahl, Verzeichnis von Büchern, die nicht neu sind, aber weiterhin im Programm eines Verlags geführt werden

Back|pa|cker [ˈbɛkpɛkə] *der; -s, -* ⟨*engl.*⟩: Rucksacktourist

Back|slash [ˈbɛkslɛʃ] *der; -s, -s* ⟨*engl.*⟩: Schrägstrich von links oben nach rechts unten

Back|spin [ˈbɛkspɪn] *der; -s, -s* ⟨*engl.*⟩: (Golf, Tennis) ein mit Rückwärtsdrall geschlagener Ball

Back|spring [ˈbɛksprɪŋ] *der; -s, -s* ⟨*engl.*⟩: (Boxen) Sprung nach rückwärts, um dem Schlag des Gegners auszuweichen

back|stage [ˈbɛkste:dʒ] ⟨*engl.*⟩: hinter der Bühne, hinter den Kulissen. Back|stage *die; -, -s:* Raum hinter der Bühne

Back|tra|cking [ˈbɛktrɛkɪŋ...] *das; -s* ⟨*engl.*⟩: Lösungsverfahren, das die Teillösung eines Problems systematisch zur Gesamtlösung ausbaut, indem es bei Fehlern den Lösungsweg bis zu einem bestimmten Punkt zurückverfolgt u. anschließend einen neuen sucht

Back-up, auch: Back|up [ˈbɛkap]

der; -s, -s ⟨*engl.*⟩: Kopie von Daten auf einem zweiten Datenträger; Sicherungskopie

Back-up-Line, auch: **Back|up|line** [...lain] *die;* -, -s ⟨*engl.*⟩: Gesamtheit der Kreditmöglichkeiten, die ein Kreditnehmer beanspruchen kann

Bal|con ['beːkn̩, 'beɪkən] *der;* -s ⟨*germ.-fr.-engl.*⟩: durchwachsener, leicht gesalzener u. angeräucherter Speck

Badge [bædʒ] *das;* -s, -s [...dʒɪz] ⟨*engl.*⟩: Namensschildchen zum Anstecken

Bal|dia *die;* -, ...ien ⟨*aram.-gr.-lat.-it.*⟩: ital. Bez. für: Abtei[kirche]

Bal|di|na|ge [...'naːʒə] *die;* -, -n u. **Bal|di|ne|rie** *die;* -, ...ien ⟨*fr.*⟩: scherzhaft tändelndes Musikstück, Teil der Suite im 18. Jh.

Bad|lands ['bɛtləndz] *das* (Plural) ⟨*engl.*; „schlechte Ländereien"; nach dem gleichnamigen Gebiet in Süddakota⟩: (Geogr.) vegetationsarme, durch Rinnen, Furchen o. Ä. zerschnittene Landschaft

Bad|min|ton ['bɛtmɪntən] *das;* - ⟨*engl.*; nach dem Ort Badminton (England), wo das Spiel zuerst nach festen Regeln gespielt wurde⟩: Wettkampfform des Federballspiels

Bad|trip ['bɛt...] *der;* -s, -s, auch: **Bad Trip** *der;* - -s, - -s ⟨*engl.*; „schlechte Reise"⟩: ↑ Horrortrip

Ba|fel u. Bofel u. Pafel *der;* -s, - ⟨*hebr.-jidd.*⟩: 1. (ohne Plural) Geschwätz. 2. Ausschussware

Bal|ga|ge [ba'gaːʒə] *die;* -, -n ⟨*fr.*⟩: 1. (veraltet) Gepäck, Tross. 2. (abwertend) Gesindel, Pack

Bal|gas|se *die;* -, -n ⟨*lat.-galloroman.-fr.*⟩: Pressrückstand bei der Zuckergewinnung aus Rohrzucke

Bal|gas|so|se *die;* -, -n ⟨*fr.*⟩: Staublungenerkrankung bei Zuckerrohrarbeitern

Bal|ga|tell|de|likt *das;* -[e]s, -e: Delikt, bei dem die Schuld des Täters gering ist u. kein öffentliches Interesse an einer Strafverfolgung besteht

Bal|ga|tel|le *die;* -, -n ⟨*lat.-it.-fr.*⟩: 1. unbedeutende Kleinigkeit. 2. (Mus.) kurzes Instrumentalstück ohne bestimmte Form

bal|ga|tel|li|sie|ren: als Bagatelle behandeln, als geringfügig u. unbedeutend hinstellen, verniedlichen

Bal|gel ['beɪɡl] *der;* -s, -s ⟨*jidd.-amerik.*⟩: Brotkringel aus ungesüßtem Hefeteig, der aus der jüdischen Tradition kommt

Bag|gings ['bɛɡɪŋs] *die* (Plural) ⟨*engl.*⟩: Bastfasergewebe (Jute), bes. für Wandbespannungen, Verpackungsstoffe usw.

Bal|g|no ['banjo] *das;* -s, -s u. ...gni ⟨*gr.-lat.-it.*⟩ (⟨„Bad"⟩): (hist.) Strafanstalt, Strafverbüßungsort [für Schwerverbrecher] (in Italien u. Frankreich)

Bal|guette [ba'ɡɛt] *die;* -, -n ⟨*lat.-it.-fr.*⟩: 1. besondere Art des Edelsteinschliffs. 2. (auch: *das;* -s, -s) französisches Stangenweißbrot

Bal|hai *der;* -, -[s] ⟨*pers.*⟩: Anhänger des Bahaismus

Bal|hal|is|mus *der;* - ⟨*pers.-nlat.*; von *pers.* Baha Ullah „Glanz Gottes", dem Ehrennamen des Gründers Mirsa Husain Ali⟩: aus dem ↑ Babismus entstandene universale Religion

Bal|har *der* od. *das;* -[s], -[s] ⟨*arab.*⟩: Handelsgewicht in Ostindien

Bal|hal|sa In|do|ne|sia *die;* - -: amtl. Bez. der modernen indonesischen Sprache

Baht *der;* -, - ⟨*Thai*⟩: Währungseinheit in Thailand; Abk.: ฿

Bal|hu|lwu|ri|hi *das* od. *der;* - ⟨*sanskr.*; „viel Reis (habend)"⟩: (Sprachw.) Wortzusammensetzung, die eine Person od. Sache, die nicht in den Wortgliedern genannt wird, nach einem charakteristischen Merkmal benennt; ↑ exozentrisches Kompositum, Possessivkompositum (z. B. Langbein, Löwenzahn)

Bai *die;* -, -en ⟨*mlat.-span.-fr.-niederl.*⟩: Meeresbucht

Bai|lao *der;* - ⟨*lateinamerik.*⟩: moderner lateinamerikan. Gesellschaftstanz in offener Tanzhaltung u. lebhaftem $^2/_4$- od. $^4/_8$-Takt

Bai|g|neu|se [bɛn'jøːzə] *die;* -, -n ⟨*fr.*; „Badehaube"⟩: (hist.) Spitzenhaube (etwa 1780–1785)

Bai|liff ['beːlɪf] *der;* -s, -s ⟨*lat.-fr.-engl.*⟩: engl. Form von: Bailli

Bail|li [ba'ji] *der;* -[s], -s ⟨*lat.-fr.*⟩: mittelalterl. Titel für bestimmte Verwaltungs- und Gerichtsbeamte in England, Frankreich u. bei den Ritterorden

Bail|li|al|ge [baˈjaːʒə] *die;* -, -n: a) Amt eines Bailli; b) Bezirk eines Bailli; vgl. Ballei

Bain-Ma|rie [bɛ̃...] *das;* -, Bains-Marie [bɛ̃...] ⟨*fr.*⟩: Wasserbad (zum Warmhalten von Speisen)

Bai|ram *der;* -[s], -s ⟨*türk.*⟩: türkischer Name zweier großer Feste des Islams

Bai|ser [bɛˈzeː] *das;* -s, -s ⟨*lat.-fr.*⟩: „Kuss"⟩: aus Eischnee und Zucker bestehendes porös-sprödes, weißes Schaumgebäck

Bais|se ['bɛːsə] *die;* -, -n ⟨*lat.-vulgärlat.-fr.*⟩: [starkes] Fallen der Börsenkurse od. Preise; Ggs. ↑ Hausse

Bais|se|klau|sel *die;* -, -n: Vereinbarung zwischen Käufer u. Verkäufer, dass der Käufer von einem Vertrag zurücktreten darf, wenn er von anderer Seite billiger beziehen kann

Bais|se|spe|ku|la|ti|on *die;* -, -en: Spekulation auf die Baisse von Börsenkursen

Bais|si|er [bɛˈsje:] *der;* -s, -s: jmd., der auf Baisse spekuliert; Ggs. ↑ Haussier

Bait *das;* -[s], -s ⟨*arab.*; „Haus"⟩: Verspaar des ↑ Gasels; vgl. Königsbait

Bal|ja|de|re *die;* -, -n ⟨*gr.-lat.-port.-niederl.-fr.*⟩: indische Tempeltänzerin

Bal|ja|do [ba'xa:do] *der;* -s, -s ⟨*span.*⟩: im Sommer fast gänzlich austrocknender Fluss im Mittelmeergebiet

Bal|ja|zlzo *der;* -s, -s ⟨*lat.-it.*⟩: Possenreißer (des italienischen Theaters)

Bal|jo|nett *das;* -[e]s, -e ⟨*fr.*; vom Namen der Stadt Bayonne in Südfrankreich⟩: auf das Gewehr aufsetzbare Hieb-, Stoß- u. Stichwaffe mit Stahlklinge für den Nahkampf; Seitengewehr

bal|jo|net|tie|ren: mit dem Bajonett fechten

Bal|jo|nett|ver|schluss *der;* -es, ...üsse: leicht lösbare Verbindung von rohrförmigen Teilen (nach der Art, wie das Bajonett auf das Gewehr gesteckt wird)

Bal|kel *der;* -s, - ⟨*lat.*⟩: (veraltet) Schulmeisterstock

Bal|ke|lit ® [auch: ...lɪt] *das;* -s ⟨nach dem belg. Chemiker Baekeland⟩: aus Kunstharzen hergestellter Kunststoff

Bak|ka|lau|re|at *das;* -[e]s, -e ⟨*mlat.-fr.*⟩: 1. unterster akademischer Grad (in England u. Nordamerika). 2. (in Frankreich) Abitur, Reifeprüfung

Bak|ka|lau|re|us *der; -, ...rei* ⟨*mlat.*⟩: Inhaber des Bakkalaureats

Bak|ka|rat ['bakara(t), auch: ...'ra] *das; -s* ⟨*fr.*⟩: ein Kartenglücksspiel

Bạk|ken *der; -[s], -* ⟨*norw.*⟩: (Skisport) Sprunghügel, -schanze

Bạk|la|va *die; -, -s* ⟨*türk.*⟩: stark ölhaltiges türkisches Strudelgebäck

Bạk|schisch *das; - u. -[e]s, -e* ⟨*pers.*⟩: 1. Almosen; Trinkgeld. 2. Bestechungsgeld

Bak|te|ri|ä|mie *die; -, ...ien* ⟨*gr.-nlat.*⟩: Auftreten von Bakterien im Blut in sehr großer Anzahl

Bak|te|rie *die; -, -n* ⟨*gr.-lat.*; „Stäbchen, Stöckchen"⟩: einzelliges Kleinstlebewesen (Spaltpilz), oft Krankheitserreger

bak|te|ri|ell: a) Bakterien betreffend; b) durch Bakterien hervorgerufen

Bak|te|ri|o|id *das; -[e]s, -e:* bakterienähnlicher Mikroorganismus, dessen Gestalt von den normalen Wuchsformen der Bakterien abweicht

Bak|te|ri|o|lo|ge *der; -n, -n* ⟨*gr.-nlat.*⟩: Wissenschaftler auf dem Gebiet der Bakteriologie. **Bak|te|ri|o|lo|gie** *die; -:* Wissenschaft von den Bakterien. **Bak|te|ri|o|lo|gin** *die; -, -nen:* weibliche Form zu ↑ Bakteriologe. **bak|te|ri|o|lo|gisch:** die Bakteriologie betreffend

Bak|te|ri|o|ly|se *die; -, -n:* Auflösung, Zerstörung von Bakterien durch spezifische ↑ Antikörper

Bak|te|ri|o|ly|sin *das; -s, -e:* im Blut entstehender Schutzstoff, der bestimmte Bakterien zerstört

bak|te|ri|o|ly|tisch: Bakterien zerstörend

Bak|te|ri|o|pha|ge *der; -n, -n:* virenähnliches Kleinstlebewesen, das Bakterien zerstört

Bak|te|ri|o|se *die; -, -n:* durch Bakterien verursachte Pflanzenkrankheit

Bak|te|ri|o|s|ta|se *die; -, -n:* Hemmung des Wachstums u. der Vermehrung von Bakterien.

bak|te|ri|o|s|ta|tisch: Wachstum u. Vermehrung von Bakterien hemmend

Bak|te|ri|o|the|ra|pie *die; -, ...ien:*

Erzeugung einer ↑ Immunität gegen ansteckende Krankheiten durch Schutzimpfung

Bak|te|ri|um *das; -s, ...ien* ⟨*lat.*⟩: (veraltet) Bakterie

Bak|te|ri|u|rie *die; - ⟨gr.-nlat.; lat.; gr.*⟩: Vorkommen von Bakterien im Harn

bak|te|ri|zid ⟨*gr.; lat.*⟩: keimtötend. **Bak|te|ri|zid** *das; -s, -e:* keimtötendes Mittel

Ba|la|lai|ka *die; -, -s u. ...ken* ⟨*russ.*⟩: dreisaitiges russisches Saiteninstrument

Ba|lan|ce [ba'laŋsə, auch: ba-'lã:s(ə)] *die; -, -n* ⟨*lat.-vulgär-lat.-fr.*⟩: Gleichgewicht

Ba|lan|cé [...'se:] *das; -s, -s:* (Tanzk.) Schwebeschritt

Ba|lan|ce|akt *der; -[e]s, -e:* Vorführung eines Balancierkünstlers; Seilkunststück

Ba|lan|ce|ment [balãsə'mã:] *das; -s:* (Mus.) Bebung (leichtes Schwanken der Tonhöhe) bei Saiteninstrumenten

Ba|lance of Po|w|er ['bæləns əv 'pavə] *die; - - - ⟨engl.*; „Gleichgewicht der Kräfte"⟩: (Pol.) Grundsatz der Außenpolitik, die Vorherrschaft eines einzigen Staates zu verhindern

ba|lan|cie|ren [balaŋ'si:..., auch: balã'si...]: das Gleichgewicht halten, sich im Gleichgewicht fortbewegen

Ba|la|ni|tis, Ba|la|no|pos|thi|tis *die; -, ...itiden* ⟨*gr.-nlat.*⟩: (Med.) Entzündung im Bereich der Eichel; Eicheltripper

Ba|la|ta [auch: ba'la:ta] *die; - ⟨indian.-span.*⟩: kautschukähnliches Naturerzeugnis

Bal|ban *der; -s, -e* ⟨*russ.*⟩: (Jagdw. veraltet) künstlicher Lockvogel

bal|bie|ren: ↑ barbieren

Bal|boa *der; -[s], -[s]* ⟨nach dem span. Entdecker⟩: Währungseinheit in Panama; Abk.: B/.

Bal|da|chin [auch: ...xi:n] *der; -s, -e* ⟨*it.*; von Baldacco, der früheren italienischen Form des Namens der irakischen Stadt Bagdad⟩: 1. eine Art Dach, Himmel aus Stoff u. in prunkvoller Ausführung, der sich über etwas (z. B. Thron, Altar, Kanzel, Bett) drapiert befindet. 2. steinerner Überbau über einem Altar, über Statuen usw.

bal|do|wern ⟨*hebr.-jidd.-Gaunerspr.*⟩: (landsch.) nachforschen

Bal|le|nit [auch: ...'nɪt] *das; -s* ⟨*gr.-nlat.*⟩: Versteifungsplättchen aus vulkanisiertem Kautschuk (Ersatz für Fischbein)

Bal|les|ter *der; -s, - ⟨gr.-lat.-mlat.*⟩: (hist.) Kugelarmbrust

Bal|les|t|ra *die; -, ...ren* ⟨*it.*⟩: (beim Fechten) Sprung vorwärts mit Ausfall (eine Angriffsbewegung, bei der sich der bewaffnete Arm u. das entsprechende Bein nach vorn bewegen)

bal|ka|ni|sie|ren ⟨*türk.-nlat.*⟩: staatlich zersplittern u. in verworrene politische Verhältnisse bringen (wie die Staaten der Balkanhalbinsel vor dem 1. Weltkrieg). **Bal|ka|ni|sie|rung** *die; -:* das Balkanisieren

Bal|ka|nis|tik *die; -:* ↑ Balkanologie

Bal|ka|no|lo|ge *der; -n, -n* ⟨*türk.; gr.*⟩: Wissenschaftler auf dem Gebiet der Balkanologie. **Bal|ka|no|lo|gie** *die; -:* Wissenschaft von den Sprachen u. Literaturen auf der Balkanhalbinsel. **Bal|ka|no|lo|gin** *die; -, -nen:* weibliche Form zu ↑ Balkanologe

Bal|kan|syn|drom *das; -s:* Bez. für unklare Fälle von Leukämieerkrankungen bei Soldaten, die in Zusammenhang mit der Verwendung uranhaltiger Munition in ihrem Einsatzgebiet auf der Balkanhalbinsel gebracht werden

Bal|kon [...'kɔ̃, (auch, bes. südd., österr. u. schweiz.:) ...'ko:n] *der; -s, -s u.* (bei nicht nasalierter Ausspr.:) *-e ⟨germ.-it.-fr.*⟩: 1. offener Vorbau an einem Haus, auf den man hinaustreten kann. 2. höher gelegener Zuschauerraum im Kino u. Theater

Ball *der; -[e]s, Bälle* ⟨*gr.-lat.-fr.*⟩: Tanzfest

Bal|la|de *die; -, -n* ⟨*gr.-lat.-it.-fr.-engl.*; „Tanzlied"⟩: episch-dramatisch-lyrisches Gedicht in Strophenform

bal|la|desk: in der Art einer Ballade, balladenhaft

Bal|la|d|o|pe|ra, auch: Bal|lad-O|pe|ra ['bæləd'ɔpərə] *die; -, -s* ⟨*engl.*⟩: englisches Singspiel des 18. Jh.s mit volkstümlichen Liedern

Bal|la|watsch vgl. Pallawatsch

Bal|lei *die; -, -en* ⟨*lat.-mlat.*⟩: [Ritter]ordensbezirk, Amtsbezirk

Bal|le|ri|na, selten: Bal|le|ri|ne *die;*

-, ...nen ⟨*gr.-lat.-it.*⟩: [Solo]tänzerin im Ballett. **Bal|le|ri|no** *der;* -s, -s: [Solo]tänzer im Ballett

Bal|le|ron *der;* -s, -s ⟨*fr.*⟩: (schweiz.) eine dicke Aufschnittwurst

Bal|lett *das;* -[e]s, -e: 1. a) (ohne Plural) [klassischer] Bühnentanz; b) einzelnes Werk dieser Gattung. 2. Tanzgruppe für [klassischen] Bühnentanz

Bal|let|teu|se [...'tøːzə] *die;* -, -n ⟨französierende Ableitung von *Ballett*⟩: Balletttänzerin

Bal|lett|korps [...koːɐ̯] *das;* -, -: ↑ Corps de Ballet; Gruppe der nicht solistischen Balletttänzer, die auf der Bühne den Rahmen u. Hintergrund für die Solisten bilden

Bal|let|to|ma|ne *der;* -n, -n: Ballettbesessener. **Bal|let|to|ma|nin** *die;* -, -nen: weibliche Form zu ↑ Ballettomane.

Bal|lett|tanz, auch: **Bal|lett-Tanz** *der;* -es, ...änze: ↑ Ballett (1a)

Bal|lgoal [ˈbɔːlɡəʊl] *das;* -s ⟨*engl.*⟩: (Ballspiele) mit dem Fußball wie auch dem Lacrosse verwandtes Mannschaftspiel

ball|hor|ni|sie|ren ⟨nach dem Lübecker Buchdrucker J. Ballhorn⟩: (selten) verballhornen

Bal|lis|mus *der;* - ⟨*gr.-nlat.*⟩: (Med.) plötzliche krankhafte Schleuderbewegungen der Arme

Bal|lis|te *die;* -, -n ⟨*gr.-lat.*⟩: antikes Wurfgeschütz

Bal|lis|tik *die;* - ⟨*gr.-nlat.*⟩: Lehre von der Bewegung geschleuderter od. geschossener Körper.

Bal|lis|ti|ker *der;* -s, -: Forscher auf dem Gebiet der Ballistik.

Bal|lis|ti|ke|rin *die;* -, -nen: weibliche Form zu ↑ Ballistiker.

bal|lis|tisch: die Ballistik betreffend; **ballistische Kurve:** Flugbahn eines Geschosses; **ballistisches Pendel:** Vorrichtung zur Bestimmung von Geschossgeschwindigkeiten

Bal|lis|to|kar|di|o|gra|phie, auch: ...grafie *die;* -, ...ien: (Med.) Aufzeichnung der Bewegungskurven, die die Gliedmaßen aufgrund der Herztätigkeit u. des damit verbundenen stoßweisen Füllens der Arterien ausführen

Bal|lit [auch: ...ˈlɪt] *das;* -s ⟨Kunstw.⟩: ein plastisches Holz aus knetbarer Paste

Bal|lo|e|lek|t|ri|zi|tät *die;* - ⟨*nlat.*⟩:

(Phys.) Wasserfallelektrizität, elektrische Aufladung der in der Luft schwebenden Tröpfchen beim Zerstäuben von Wasser

Bal|lon [baˈlɔŋ, (auch, bes. südd., österr. u. schweiz.:) baˈloːn] *der;* -s, -s u. (bei nicht nasalierter Ausspr.:) -e ⟨*germ.-it.-fr.*⟩: 1. ballähnlicher, mit Luft od. Gas gefüllter Gegenstand. 2. von einer gasgefüllten Hülle getragenes Luftfahrzeug. 3. große Korbflasche. 4. (Chem.) Glaskolben 5. (salopp) Kopf

Bal|lon d'Es|sai [balõdɛˈseː] *der;* -, -s - ⟨*fr.;* „Versuchsballon"⟩: Nachricht, Versuchsmodell o. Ä., womit man die Meinung eines bestimmten Personenkreises erkunden will

Bal|lo|nett *das;* -[e]s, -e u. -s ⟨*germ.-it.-fr.*⟩: Luft-(Gas-)Kammer im Innern von Fesselballons u. Luftschiffen

Bal|lon|rei|fen *der;* -s, -: Niederdruckreifen für Kraftfahrzeuge u. Fahrräder

Bal|lon|se|gel *das;* -s, -: leichtes, sich stark wölbendes Vorsegel auf Jachten

Bal|loo|ning [baˈluːnɪŋ] *das;* -s ⟨*engl.*⟩: das Ballonfahren

¹**Bal|lot** [baˈloː] *das;* -s, -s ⟨*germ.-fr.*⟩: 1. kleiner Warenballen. 2. Stückzählmaß im Glashandel

²**Bal|lot** [ˈbælət] *das;* -s, -s ⟨*germ.-it.-fr.-engl.*⟩: engl.-amerikan. Bez. für: geheime Abstimmung

Bal|lo|ta|de *die;* -, -n ⟨*germ.-it.-fr.*⟩: ein Sprung des Pferdes bei der hohen Schule

Bal|lo|ta|ge [...ʒə] *die;* -, -n: geheime Abstimmung mit weißen od. schwarzen Kugeln

bal|lo|tie|ren: mit Kugeln abstimmen

Bal|lo|ti|ne *die;* -, -n ⟨*fr.*⟩: (Gastr.) a) Vorspeise, die aus Fleisch, Wild, Geflügel od. Fisch besteht; b) von Knochen befreite, gebratene u. gefüllte Geflügelkeule

Bal|ly|hoo [ˈbælhuː u. ...ˈhuː] *das;* - ⟨*engl.*⟩: marktschreierische Propaganda, Reklamerummel

Bal|me *die;* -, -n ⟨*kelt.?-mlat.*⟩: Gesteinsnische od. Höhle unter einer überhängenden Wand, bes. in Juraschichten

Bal|ne|o|gra|phie, auch: ...grafie

die; -, ...ien ⟨*gr.-nlat.*⟩: Beschreibung von Heilbädern

Bal|ne|o|lo|gie *die;* -: Bäderkunde, Heilquellenkunde. **bal|ne|o|logisch:** die Bäderkunde betreffend

Bal|ne|o|phy|si|o|lo|gie *die;* -: Physiologie der innerlichen u. äußerlichen Anwendung von Heilquellen beim Menschen

Bal|ne|o|the|ra|pie *die;* -: (Med.) Heilbehandlung durch Bäder

Bal pa|ré [balpaˈreː] *der;* - -, -s -s [balpaˈreː] ⟨*fr.*⟩: (veraltet) besonders festlicher Ball

¹**Bal|sa** *das;* - ⟨*span.*⟩: sehr leichtes Nutzholz des mittel- u. südamerikanischen Balsabaumes (u. a. im Floßbau verwendet)

²**Bal|sa** *die;* -, -s: floßartiges Fahrzeug aus Binsenbündeln (urspr. aus dem leichten Holz des Balsabaumes) bei den Indianern Südamerika

Bal|sam *der;* -s, -e ⟨*hebr.-gr.-lat.*⟩: 1. dickflüssiges Gemisch aus Harzen u. ätherischen Ölen, bes. in der Parfümerie u. (als Linderungsmittel) in der Medizin verwendet. 2. Linderung, Labsal

Bal|sa|mi|co *der;* -s ⟨*hebr.-gr.-lat.-it.*⟩: aromatischer italienischer Weinessig

bal|sa|mie|ren ⟨*hebr.-gr.-lat.*⟩: einsalben, ↑ einbalsamieren

Bal|sa|mi|ne *die;* -, -n ⟨*hebr.-gr.-lat.-nlat.*⟩: ↑ Impatiens

bal|sa|misch ⟨*hebr.-gr.-lat.*⟩: 1. wohlriechend. 2. wie Balsam, lindernd

Bal|tis|tik *die;* - ⟨*lat.-mlat.-nlat.*⟩: ↑ Baltologie

Bal|to|lo|ge *der;* -n, -n ⟨*lat.-mlat.;* gr.⟩: Wissenschaftler auf dem Gebiet der Baltologie. **Bal|to|logie** *die;* -: Wissenschaft von den baltischen Sprachen u. Literaturen. **Bal|to|lo|gin** *die;* -, -nen: weibliche Form zu ↑ Baltologe

Ba|lus|ter *der;* -s, - ⟨*gr.-lat.-it.-fr.*⟩: kleine Säule als Geländerstütze

Ba|lus|t|ra|de *die;* -, -n: Brüstung; Geländer mit Balustern

Ba|lyk *der;* - ⟨*russ.*⟩: getrockneter Rücken des Störs

¹**Bam|bi** *das;* -s, -s ⟨nach W. Disneys 1941 entstandenem Zeichentrickfilm „Bambi"⟩: (Kinderspr.) kleines Reh

²**Bam|bi** *der;* -s, -s: jährlich verliehener Film- u. Fernsehpreis (in Form eines kleinen Rehs)

Bam|bi|na *die; -, -s ⟨it.⟩:* (ugs.)
a) kleines Mädchen; b) junges
Mädchen; c) Freundin. **Bam|bi-
no** *der; -s, ...ni* u. (ugs.) *-s:* 1. das
Jesuskind in der italienischen
Bildhauerei u. Malerei. 2. (ugs.)
a) kleines Kind; b) kleiner Junge
Bam|boc|cia|de [bambɔ'tʃa:də]
die; -, -n ⟨nach dem Niederlän-
der Pieter van Laer (um
1595–1642), der als Erster Gen-
reszenen in Italien malte u. seiner Missgestalt wegen den Namen „Bamboccio" (= Knirps)
trug⟩: genrehafte, derbkomi-
sche Darstellung des Volksle-
bens
Bam|bu|le *die; -, -n ⟨Bantuspr.-fr.⟩:*
1. (Gaunerspr.) in Form von
Krawall[en] geäußerter Protest
bes. von Häftlingen. 2. (Jugendsprache) bes. von Jugendlichen
veranstaltetes äußerst ausge-
lassenes Treiben [auf einem
Treffen od. Fest]
Bam|bus *der; -[ses], -se ⟨malai.-
niederl.⟩:* vor allem in tropischen u. subtropischen Gebieten vorkommende, bis 40 m
hohe, verholzende Graspflanze
Bam|bus|vor|hang *der; -s:* weltan-
schauliche Grenze zwischen
dem kommunistischen u. nicht
kommunistischen Machtbe-
reich in Südostasien
Ba|mi|go|reng *das; -[s], -s ⟨ma-
lai.⟩:* indonesisches Nudelge-
richt
¹Ban *der; -s, -e* u. Banus, *der; -, -
⟨serbokroat.; „Herr"⟩:* a) ungarischer und serbokroatischer
Würdenträger (10. u. 11. Jh.);
b) im 12.–15. Jh. Titel der Ober-
beamten mehrerer südlicher
Grenzmarken Ungarns
²Ban *das; -, - ⟨Thai⟩:* thailändi-
sches Getreidemaß (1 472 Liter)
³Ban *der; -[s], -i ⟨rumän.⟩:* Währungseinheit in Rumänien (100
Bani = 1 Leu)
ba|nal *⟨germ.-fr.⟩:* [in enttäu-
schender Weise] nichts Besonderes darstellend, bietend
ba|na|li|sie|ren: ins Banale ziehen,
verflachen
Ba|na|li|tät *die; -, -en:* 1. (ohne
Plural) Plattheit, Fadheit. 2. ba-
nale Bemerkung
Ba|na|ne *die; -, -n ⟨afrik.-port.⟩:*
wohlschmeckende, länglich gebogene tropische Frucht mit di-
cker, gelber Schale
Ba|na|nen|re|pu|b|lik *die; -, -en*

⟨*amerik.*⟩: kleines Land in den
tropischen Gebieten Amerikas,
das fast nur vom Südfrüchteex-
port lebt u. von fremdem, meist
US-amerikanischem Kapital
abhängig ist
Ba|na|nen|split *das; -s, -s ⟨afrik.-
port.; engl.⟩:* Eisspeise, bestehend aus einer längs durchge-
schnittenen Banane, Eis,
Schlagsahne [u. Schokoladen-
soße]
Ba|nau|se *der; -n, -n ⟨gr.⟩:* (abwer-
tend) jmd., der ohne Kunstver-
ständnis ist und sich entsprechend verhält; Mensch ohne
feineren Lebensstil, der Dinge,
denen von Kennern eine entsprechende Wertschätzung
entgegengebracht wird, unan-
gemessen behandelt od. verwendet
ba|nau|sisch: (abwertend) ohne
Verständnis für geistige u.
künstlerische Dinge; ungeistig
Band [bɛnt] *das; -, -s ⟨germ.-fr.-
engl.-amerik.⟩:* Gruppe von Musikern, die vorzugsweise moderne Musik wie Jazz, Beat,
Rock, Pop spielt
Ban|da *die; -, ...de ⟨germ.-it.⟩:*
1. Gruppe der Blechblasinstru-
mente im Orchester. 2. Büh-
nen[blas]orchester (in Opern)
Ban|da|ge [...ʒə] *die; -, -n
⟨germ.-fr.⟩:* 1. Stützverband.
2. Schutzverband (z. B. der
Hände beim Boxen)
ban|da|gie|ren [...'ʒi:...]: mit Ban-
dagen versehen, umwickeln
Ban|da|gist [...'ʒɪst] *der; -en, -en:*
Hersteller von Bandagen u.
Heilbinden. **Ban|da|gis|tin** *die; -,
-nen:* weibliche Form zu ↑ Ban-
dagist
Ban|da|na|druck *der; -s, -e ⟨Hindi;
dt.⟩:* 1. Zeugdruckverfahren zur
Herstellung weißer Muster auf
farbigem Grund. 2. Ergebnis
dieses Verfahrens
Ban|de *die; -, -n ⟨germ.-fr.⟩:* Rand,
Einfassung, besonders beim
Billard, bei Eis- u. Hallenhockey
u. in der Reitbahn
Ban|deau [bãˈdo:] *das; -s, -s:* (ver-
altet) Stirnband
Ban|ded|pack [ˈbændəd'pæk] *das;
-s, -s, auch:* **Ban|ded Pack** *das;
- -s, - -s ⟨engl.⟩:* Verkaufspa-
ckung mit zusammengehörenden, sich ergänzenden Waren,
z. B. Hemd u. Krawatte
Ban|de|lier *das; -s, -e ⟨germ.-*

span.-fr.⟩: (veraltet) breiter
Schulterriemen als Patronen-
gurt, Degengurt (Wehrge-
hänge), Patronentaschenrie-
men der berittenen Truppen
Ban|den|spek|t|rum *das; -s, ...tren*
u. ...tra: (Phys.) Viellinienspek-
trum; besonders linienreiches,
zu einzelnen Bändern ver-
schmolzenes, von Molekülen
ausgesandtes Spektrum
Ban|de|ril|la [...'rɪlja] *die; -, -s
⟨germ.-span.⟩:* mit Fähnchen
geschmückter kleiner Spieß,
den der Banderillero dem Stier
in den Nacken stößt
Ban|de|ril|le|ro [...rɪl'je:ro] *der; -s,
-s:* Stierkämpfer, der den Stier
mit den Banderillas reizt
Ban|de|ro|le *die; -, -n ⟨germ.-ro-
man.-it.-fr.⟩:* 1. mit einem Steu-
ervermerk versehener Streifen,
mit dem eine steuer- od. zoll-
pflichtige Ware versehen u.
gleichzeitig verschlossen wird
(z. B. Tabakwaren). 2. (Kunstwiss.) ornamental stark ver-
schlungenes, mit einer Erklärung versehenes Band auf Gemälden, Stichen o. Ä. 3. a) Wim-
pel an Speer od. Lanze; b) (Mittelalter) Quastenschnur um die
Trompete der Spielleute u. Hee-
restrompeter
ban|de|ro|lie|ren: mit einer Ban-
derole versehen
Ban|dit [auch: ...'dɪt] *der; -en, -en
⟨germ.-it.⟩:* 1. Verbrecher, [Stra-
ßen]räuber. 2. (abwertend)
jmd., der sich anderen gegenüber wie ein Verbrecher ver-
hält. **Ban|di|tin** [auch: ...'dɪt]
die; -, -nen: weibliche Form zu
↑ Bandit
Band|lea|der [ˈbɛntliːdɐ] *der; -s, -
⟨engl.⟩:* 1. im traditionellen Jazz
der die Führungsstimme im
Jazzensemble übernehmende
Kornett- od. Trompetenbläser.
2. Leiter einer ↑ Band
Ban|do|la *die; -, ...len:* ↑ Bandura
Ban|do|ne|on, Ban|do|ni|on *das; -s,
-s ⟨nach dem dt. Erfinder des
Instruments H. Band⟩:* Handharmonika mit Knöpfen zum
Spielen an beiden Seiten
Ban|du|ra *die; -, -s ⟨gr.-lat.-it.-
poln.-russ.⟩:* lauten- od. gitar-
renähnliches ukrainisches Saiteninstrument
Ban|dur|ria *die; -, -s ⟨gr.-lat.-
span.⟩:* mandolinenähnliches,

B

zehnsaitiges spanisches Zupfinstrument

Ban|dy [ˈbɛndi] *das; -, -s* ⟨*germ.-
fr.-engl.*⟩: heute veraltete Abart
des Eishockeyspiels

Ba̱|ni: *Plural* von ↑ ³Ban

Ban|ja *die; -, -s* ⟨⟨*lat.-vulgär-
lat.-)russ.*⟩: öffentliches russisches [Dampf]bad

Ban|jan *die* (Plural) ⟨*sanskr.-Hin-
di-engl.*⟩: Kaste der Kaufleute in
Indien, bes. in den ehemaligen
Provinzen Bombay u. Bengalen

Ban|jo [auch: ˈbɛndʒo] *das; -, -s*
⟨*amerik.*⟩: fünf- bis neunsaitige,
langhalsige Gitarre

...bank

die; -, -en
⟨*althochd.* bang „Bank" → *it.*
banca „Bank; Lager" (→ *fr.* banque)⟩
Wortbildungselement mit der Bedeutung „zentrale Stelle, an der
das im ersten Teil des Wortes Genannte für den Gebrauchsfall be-
reitgehalten wird":
– Datenbank
– Genbank
– Organbank

Ba̱nk *die; -, -en*: Kreditanstalt,
Anstalt zur Abwicklung des
Zahlungs- u. des Devisenver-
kehrs

Ba̱nk|ak|zept *das; -s, -e*: auf eine
Bank gezogener und von dieser
zur Gutschrift akzeptierter
Wechsel

Ban|ka|zinn *das; -s* ⟨nach der Sun-
dainsel Bangka⟩: Zinn, das aus
besonders reinen Erzen Indo-
nesiens gewonnen wird

Ba̱n|ker [auch: ˈbɛŋkɐ] *der; -s, -*
⟨*engl.*⟩: Bankier, Bankfach-
mann. **Ba̱n|ke|rin** [auch:
ˈbɛŋkə...] *die; -, -nen*: weibliche
Form zu ↑ Banker

ban|ke|rott usw. vgl. bankrott
usw.

¹Ban|kett *das; -[e]s, -e* ⟨*germ.-it.*⟩:
Festmahl, -essen

²Ban|kett *das; -[e]s, -e, auch:* **Ban-
kette** *die; -, -n* ⟨*germ.-fr.*⟩: 1. der
nicht befestigte Randstreifen
zwischen der Fahrbahn u. Seiten-
gräben einer Landstraße.
2. (Bauw.) unterster Teil eines
Gebäudefundaments

ban|ket|tie|ren ⟨*germ.-it.*⟩: (veral-
tet) ein Bankett halten, festlich
tafeln

Ban|ki|er [baŋˈkje:] *der; -s, -s*
⟨*germ.-it.-fr.*⟩: 1. Inhaber einer
Bank. 2. Vorstandsmitglied einer Bank

Ban|king [ˈbɛŋkɪŋ] *das; -[s]*
⟨*engl.*⟩: Bankwesen, Bankge-
schäft, Bankverkehr

Ban|king|the|o|rie *die; -:* Geld-
theorie, nach der die Ausgabe
von Banknoten nicht an die
volle Edelmetalldeckung gebunden zu sein braucht

Ba̱nk|kon|to *das; -s, ...ten* (auch:
-s u. ...ti): 1. Soll-und-Haben-
Aufstellung eines Kunden bei
einer Bank. 2. Bankguthaben

Ba̱nk|no|te *die; -, -n:* von einer
Notenbank ausgegebener Geld-
schein

Ba̱n|ko *das; -s, -s* ⟨*germ.-it.*⟩: (ver-
altet) bankmäßige Währung

Ban|ko|mat *der; -en, -en* ⟨aus
Bank u. *Automat*⟩: Geldauto-
mat eines Geldinstituts, bei
dem ein Kunde auch außerhalb
der Schalterstunden Geldbe-
träge bis zu einer bestimmten
Höhe unter Anwendung be-
stimmter Bedienungsvorschrif-
ten erhalten kann

ban|k|rott ⟨*it.*⟩: finanziell, wirt-
schaftlich am Ende; zahlungs-
unfähig. **Ban|k|rott** *der; -[e]s,
-e:* finanzieller, wirtschaftlicher
Zusammenbruch; Zahlungsun-
fähigkeit; **Bankrott gehen, machen:** (ugs.;) bankrott werden

Ban|k|rot|teur [...ˈtøːɐ̯] *der; -s, -e*
⟨französierende Bildung⟩: jmd.,
der Bankrott gemacht hat. **Ban-
k|rot|teu|rin** [...ˈtøː...] *die; -,
-nen:* weibliche Form zu
↑ Bankrotteur

ban|k|rot|tie|ren: Bankrott ma-
chen

Ban|ner [ˈbɛnɐ] *das; -s, -s* ⟨⟨(alt)fr.-
engl.*⟩: (EDV) Werbebalken auf
einer Internetseite

ba̱n|sai vgl. banzai

Ban|schaft *die; -, -en* ⟨serbokroat.;
dt.*⟩: (hist.) Verwaltungsbezirk
(im Königreich Jugoslawien)

Ban|tam|ge|wicht *das; -[e]s* ⟨*engl.*;
nach dem zum Hahnenkampf
verwendeten Bantamhuhn⟩:
leichtere Körpergewichtsklasse
in der Schwerathletik

Ban|tam|huhn *das; -[e]s, ...hühner*
⟨nach der javanischen Provinz
Bantam⟩: ein [in England ge-
züchtetes] Zwerghuhn

Ba̱|nus vgl. ¹Ban

ba̱n|zai [...zai̯] ⟨*jap.*⟩: lebe hoch!

---

10 000 Jahre [lebe er]! (japani-
scher Glückwunschruf)

Ba̱|o|bab *der; -s, -s* ⟨*afrik.*⟩: Affen-
brotbaum; zu den Malvenge-
wächsen gehörender afrikanischer Steppenbaum

Bap|tis|mus *der; -* ⟨*gr.-lat.*⟩: Lehre
evangelischer (kalvinischer)
Freikirchen, die als Bedingung
der Taufe ein persönliches Bekenntnis voraussetzt

Bap|tist *der; -en, -en:* Anhänger
des Baptismus

Bap|tis|te|ri|um *das; -s, ...ien:*
1. a) Taufbecken, -stein; b) Tauf-
kapelle; c) [frühmittelalterliche]
Taufkirche. 2. Tauch- u.
Schwimmbecken eines Bades in
der Antike

Bap|tis|tin *die; -, -nen:* weibliche
Form zu ↑ Baptist

bap|tis|tisch: den Baptismus be-
treffend

¹Bar *das; -s, -s* (aber: 5 Bar) ⟨*gr.* bá-
ros = „Schwere, Gewicht"⟩:
Maßeinheit des [Luft]drucks;
Zeichen: bar (in der Meteorolo-
gie nur: b)

²Bar *die; -, -s* ⟨*fr.-engl.*⟩: 1. erhöhter
Schanktisch. 2. intimes Nacht-
lokal

Ba|ra|ber *der; -s, -* ⟨österr.
ugs.) schwer arbeitender Hilfs-,
Bauarbeiter

ba|ra|bern: (österr. ugs.) schwer
arbeiten

Ba|ra|cke *die; -, -n* ⟨*span.-fr.*⟩: be-
helfsmäßige Unterkunft, ein-
stöckiger, nicht unterkellerter
leichter Bau, bes. aus Holz

Ba|ratt *der; -[e]s* ⟨*it.*⟩: (Wirtsch.)
Austausch von Waren

Ba|rat|te|rie *die; -, ...ien:* Unred-
lichkeit der Schiffsbesatzung
gegenüber Reeder od. Fracht-
eigentümer (im Seerecht)

ba|rat|tie|ren: [Ware] gegen Ware
tauschen

Bar|bai|ka|ne *die; -, -n* ⟨*roman.*⟩:
bei mittelalterlichen Befesti-
gungswerken ein dem Festung-
stor vorgelagertes Außen-
werk

Bar|bar *der; -en, -en* ⟨*gr.-lat.;*
„Ausländer, Fremder"⟩: 1. roher,
ungesitteter u. ungebildeter
Mensch; Wüstling, Rohling.
2. (für die Griechen u. Römer
der Antike) Angehöriger eines
fremden Volkes

Bar|ba|rei *die; -, -en:* Rohheit,
Grausamkeit; Unzivilisiertheit

Bar|ba|rin *die; -, -nen:* weibliche Form zu ↑ Barbar

bar|ba|risch: 1. roh, grausam; unkultiviert, unzivilisiert. 2. (ugs.) sehr [groß, stark]; über das normale Maß hinausgehend. 3. die ↑ Barbaren (2) betreffend

Bar|ba|ris|mus *der; -, ...men:* 1. in das klassische Latein oder Griechisch übernommener fremder Ausdruck. 2. grober sprachlicher Fehler im Ausdruck

Bar|be *die; -, -n ⟨lat.⟩:* 1. ein Karpfenfisch. 2. (hist.) Spitzenband an Frauenhauben

Bar|be|cue [ˈbɑːbɪkjuː] *das; -[s], -s ⟨engl.-amerik.⟩:* 1. in Amerika beliebtes Gartenfest, auf dem gegrillt wird; Grillfest. 2. a) Bratrost; b) auf dem Rost gegrilltes Fleisch

Bar|be|ra *der; -s, -s ⟨it.⟩:* ein italienischer Rotwein

Bar|bet|te *die; -, -n ⟨fr.; nach der Schutzpatronin der Artilleristen, der heiligen Barbara⟩:* 1. (hist.) Geschützbank, Brustwehr von Schiffsgeschützen. 2. ringförmiger Panzer um die Geschütztürme auf Kriegsschiffen

Bar|bie ® *die; -, -s ⟨Fantasiename; nach der Tochter Barbara der amerik. Designerin R. Handler, * 1916⟩:* Spielzeugpuppe aus [Hart]plastik, erwachsene Puppe gegenüber den bis dahin üblichen Babypuppen (seit 1959)

Bar|bier *der; -s, -e ⟨lat.-mlat.-roman.⟩:* (veraltet) Friseur

bar|bie|ren: (veraltet) rasieren

Bar|bi|ton *das; -s, -s u.* **Bar|bi|tos** *die; -, - ⟨gr.-lat.⟩:* altgriechisches, der ↑ Lyra (1) ähnliches Musikinstrument

Bar|bi|tu|rat *das; -s, -e* (meist Plural) ⟨Kunstw.⟩: Medikament auf der Basis von Barbitursäure, das als Schlaf- und Beruhigungsmittel verwendet wird

Bar|bi|tur|säu|re *die; -:* chemische Substanz mit narkotischer Wirkung

Bar|chan [...ˈça:n] *der; -s, -e ⟨russ.⟩:* (Geogr.) bogenförmige Binnendüne

Bar|chent *der; -s, -e ⟨arab.-mlat.⟩:* Baumwollflanell

Bar|ches *der; -, - ⟨hebr.⟩:* weißes Sabbatbrot der Juden

Bar|code [...ko:t] *der; -s, -s ⟨engl.⟩:* nur aus parallel angeordneten Strichen u. Abständen dazwischen bestehender Kode (1), der der Artikelnummerierung u. der automatischen Erfassung der Verkaufsdaten (z. B. des Preises) an Computerkassen dient; Strichkode

¹Bar|de *der; -n, -n ⟨kelt.-lat.-fr.⟩:* 1. keltischer Sänger u. Dichter des Mittelalters. 2. Verfasser von [zeit- u. gesellschaftskritischen] Liedern, der sie selbst (zur Gitarre) vorträgt

²Bar|de *die; -, -n ⟨arab.-span.-fr.⟩:* Speckscheibe um gebratenes mageres Fleisch

bar|die|ren: mit Speck umwickeln

Bar|diet *das; -[e]s, -e ⟨von ↑ Bardi- tus in Anlehnung an ↑ ¹Barde (1)⟩:* von Klopstock geschaffene Bez. für ein vaterländisches Gedicht. 2. ↑ Barditus

Bar|di|tus *u.* Barritus *der; -, - [...tu:s] ⟨lat.⟩:* Schlachtgeschrei der Germanen von dem Kampf

Bar|do|li|no *der; -[s] ⟨it.; nach der Gemeinde Bardolino am Ostufer des Gardasees⟩:* trockener italienischer Rotwein

Ba|rè|ge [baˈrɛːʒə] *der; -s ⟨nach dem franz. Ort Barèges⟩:* durchsichtiges Seidengewebe

Ba|rett *das; -[e]s, -e (auch: -s) ⟨gall.-lat.-mlat.⟩:* flache, randlose, kappenartige Kopfbedeckung, auch als Teil der Amtstracht von Geistlichen, Richtern u. a.; vgl. ³Birett

Bar|gai|ning [ˈbɑːgɪnɪŋ] *das; -[s] ⟨engl.⟩:* (Wirtsch.) a) das Verhandeln; b) [Vertrags]abschluss

Barge [baːdʒ] *die; -, -n u. -s ⟨lat.-fr.-engl.⟩:* (Seew.) 1. flaches Mehrzweckfahrzeug für den Hafenbetrieb. 2. Schwimmcontainer, der von Spezialschiffen transportiert wird (zur Verkürzung der Liegezeiten, zum besonders schnellen Weiterleiten der Ladung)

Barge|car|ri|er, auch: **Barge-Car|ri- er** [...kærɪə] *der; -s, -s ⟨engl.⟩:* Schiff zum Transport von Bargen (2)

Ba|ri|bal *der; -s, -s ⟨Herkunft unbekannt⟩:* nordamerikanischer Schwarzbär

Ba|ri|le *das; -, ...li ⟨it.⟩:* älteres italienisches Flüssigkeitsmaß

Ba|ril|la [baˈrɪlja] *die; - ⟨span.⟩:* sodahaltige Asche von ver-

brannten Meeres- od. Salzsteppenpflanzen

Ba|ri|nas [auch: baˈriː...] vgl. Varinas

Ba|ri|o|la|ge [...ʒə] *die; -, -n ⟨fr.⟩:* besonderer Effekt beim Violinspiel (wiederholter rascher Saitenwechsel mit der Absicht einer Klangfarbenänderung; höherer Ton auf tieferer Saite)

ba|risch *⟨gr.⟩:* den Luftdruck betreffend; vgl. ¹Bar

Ba|ri|ton *der; -s, -e ⟨gr.-lat.-it.⟩:* a) Männerstimme in der mittleren Lage zwischen Bass u. Tenor; b) solistische Baritonpartie in einem Musikstück; c) Sänger mit Baritonstimme

ba|ri|to|nal *⟨nlat.⟩:* in der Art, Klangfarbe des Baritons

Ba|ri|to|nist *der; -en, -en:* Baritonsänger

Ba|ri|um *das; -s ⟨gr.-nlat.⟩:* chem. Grundstoff; Metall; Zeichen: Ba

Ba|ri|um|sul|fat *das; -[e]s:* schwefelsaures Barium

Bark *die; -, -en ⟨kopt.-gr.-lat.-provenzal.-fr.-engl.-niederl.⟩:* Segelschiff mit zwei größeren und einem kleineren Mast

Bar|ka|ne, Barkone *die; -, -n ⟨kopt.-gr.-lat.-it.⟩:* Fischerfahrzeug

¹Bar|ka|ro|le u. Barkerole *die; -, -n:* a) Gondellied im ⁶/₈- od. ¹²/₈-Takt; b) gondelliedähnliches Instrumentalstück; c) früher auf dem Mittelmeer verwendetes Ruderboot

²Bar|ka|ro|le, Barkerole *der; -n, -n:* Schiffer auf einer ¹Barkarole (c)

Bar|kas|se *die; -, -n ⟨kopt.-gr.-lat.-it.-span.-niederl.⟩:* 1. größtes Beiboot auf Kriegsschiffen. 2. größeres Motorboot

Bar|ke *die; -, -n ⟨kopt.-gr.-lat.-provenzal.-fr.-niederl.⟩:* kleines Boot ohne Mast; Fischerboot, Nachen

Bar|kee|per [...kiːpɐ] *der; -s, - ⟨engl.⟩:* jmd., der in einer Bar Getränke mixt u. ausschenkt

Bar|ke|ro|le vgl. Barkarole

Bar|ket|te *die; -, -n ⟨kopt.-gr.-lat.-provenzal.-fr.⟩:* kleines Ruderboot

Bar|ko|ne vgl. Barkane

Bar|mi|xer *der; -s, -:* jmd., der in einer Bar Getränke mixt. **Bar|mi|xe|rin** *die; -, -nen:* weibliche Form zu Barmixer

¹Bar-Miz|wa *der; -s, -s ⟨hebr.; „Sohn des Gebotes"⟩:* jüdischer Junge,

der das 13. Lebensjahr vollendet hat

²Bar-Miz|wa *die; -, -s:* Akt der Ein-
führung des jüdischen Jungen
in die jüdische Glaubensgemeinschaft

Barn *das; -s, -s ⟨engl.⟩:* (veraltend)
Einheit zur Angabe von Wir-
kungsquerschnitten bes. in der
Kernphysik (Zeichen: b; 1 b =
10^{-28} m²)

Bar|na|bit *der; -en, -en ⟨it.; nach
dem Kloster St. Barnaba in
Mailand⟩:* Angehöriger eines
katholischen Männerordens

ba|rock *⟨port.-it.-fr.; „schief, unre-
gelmäßig"⟩:* 1. zum Barock gehörend, im Stil des Barocks.
2. a) verschnörkelt, überladen;
b) seltsam-grotesk, eigenartig.

Ba|rock *das od. der; -[s]:*
a) Kunststil von etwa 1600 bis
1750 in Europa, charakterisiert
durch Formenreichtum u. üp-
pige Verzierungen; b) Barock-
zeitalter

ba|ro|ckal *⟨port.-it.-fr.-nlat.⟩:* dem
Barock entsprechend

ba|ro|cki|sie|ren: den Barockstil
nachahmen

Ba|rock|per|le *die; -, -n:* unregel-
mäßig geformte Perle

Ba|rock|stil *der; -[s]:* Barock (a)

Ba|ro|gramm *das; -s, -e ⟨gr.-nlat.⟩:*
Aufzeichnung des Barographen

Ba|ro|graph, auch: ...graf *der; -en,
-en:* (Meteor.) Barometer, das
die gemessenen Werte selbst
aufschreibt

Ba|ro|lo *der; -s, -s ⟨it.⟩:* ein italie-
nischer Rotwein

Ba|ro|me|ter *das* (österr. u.
schweiz. auch: *der*); *-s, -:* (Me-
teor.) Luftdruckmesser. **Ba|ro-
me|t|rie** *die; -:* Luftdruckmes-
sung. **ba|ro|me|t|risch:** die Luft-
druckmessung betreffend

Ba|ron *der; -s, -e ⟨germ.-fr.⟩:* Frei-
herr

Ba|ro|nat *das; -[e]s, -e:* 1. Besitz
eines Barons. 2. Freiherrnwürde

Ba|ro|ness *die; -, -en u.* **Ba|ro|nes-
se** *die; -, -n ⟨französierende Bil-
dung⟩:* Freifräulein, Freiin

Ba|ro|net *['bærənıt] der; -s, -s
⟨germ.-fr.-engl.⟩:* in männlicher
Linie erblicher englischer
Adelstitel (die Baronets stehen
innerhalb des niederen Adels
an erster Stelle)

Ba|ro|nie *die; -, ...ien ⟨germ.-fr.⟩:*
1. Besitz eines Barons. 2. Freiherrnwürde

Ba|ro|nin *die; -, -nen:* Freifrau

ba|ro|ni|sie|ren: in den Freiherrn-
stand erheben

Ba|ro|ther|mo|graph, auch: ...graf
der; -en, -en: (Meteor.) Verbindung von ↑ Barograph u. ↑ Ther-
mograph zur Aufzeichnung von
Kurven des atmosphärischen
Zustands

Bar|ra|ge [...ʒə] *die; -, -n ⟨fr.⟩:* (ver-
altet) 1. Abdämmung, Sper-
rung. 2. Schlagbaum. 3. Boden-
querhölzer zur festen Verwah-
rung von Fässern

Bar|ra|ku|da *der; -s, -s ⟨span.⟩:*
Pfeilhecht (ein Raubfisch)

Bar|ras *der; - ⟨Herkunft unsicher⟩:*
(ugs.) Militär, Militärdienst

Bar|ré *[ba're:] das; -s, -s ⟨galloro-
man.-fr.⟩:* (Mus.) Quergriff eines
Fingers über mehrere Saiten
beim Lauten- u. Gitarrenspiel

Bar|rel *['bærəl] das; -s, -s ⟨fr.-
engl.⟩:* englisches Hohlmaß;
Fass, Tonne

Bar|ret|ter *der; -s, - ⟨fr.-engl.⟩:*
1. temperaturabhängiger elektrischer Widerstand. 2. ↑ Barret-
teranordnung

Bar|ret|ter|an|ord|nung *die; -, -en:*
auf dem Prinzip des ↑ Bolome-
ters beruhende Brückenschal-
tung zur Messung kleiner
Wechselströme

Bar|ri|e|re *die; -, -n ⟨galloro-
man.-fr.⟩:* etwas, was sich tren-
nend, hindernd zwischen Dingen od. Personen befindet;
Schranke, Schlagbaum, Hinder-
nis

Bar|ri|ka|de *die; -, -n ⟨galloro-
man.-fr.⟩:* [Straßen]sperre zur
Verteidigung, bes. bei Straßen-
kämpfen

bar|ri|ka|die|ren: (selten) verbarri-
kadieren

Bar|ring *die; -, -s ⟨galloroman.-fr.-
niederl.⟩:* Gerüst auf Schiffen
zwischen Fock- u. Großmast
zur Aufstellung größerer Boote

Bar|rique *[ba'rik] die; -, -s ⟨vul-
gärlat.-fr.⟩ „Fass":* 1. früheres
französisches Weinmaß.
2. Weinfass aus Eichenholz

Bar|ris|ter *['bæ...] der; -s, - ⟨gallo-
roman.-fr.-engl.⟩:* Rechtsanwalt
bei den englischen Obergerich-
ten

Bar|ri|tus vgl. Barditus

Bar|soi *der; -s, -s ⟨russ.⟩:* russi-
scher Windhund

Bar|sor|ti|ment *das; -[e]s, -e:*
Buchhandelsbetrieb, der zwi-

schen Verlag u. Einzelbuchhan-
del vermittelt

Ba|rut|sche u. Birutsche *die; -, -n
⟨lat.-it.⟩:* (veraltet) zweirädrige
Kutsche, zweirädriger Wagen

Ba|ry|me|t|rik *die; - ⟨gr.-nlat.⟩:*
(Landw.) Errechnung von Vieh-
gewichten aus dem Volumen
des Rumpfes

Ba|ry|on *das; -s, ...onen: (Phys.)*
Elementarteilchen, dessen
Masse mindestens so groß ist
wie die eines Protons

Ba|ry|s|phä|re *die; -:* innerster Teil
der Erde, Erdkern

Ba|ryt *[auch: ...'ryt] der; -[e]s, -e:*
Schwerspat, Bariumsulfat

Ba|ry|thy|mie *die; -: (Med.) Melan-
cholie*

Ba|ry|ton *das; -s, -e:* Streichin-
strument des 18. Jh.s in der Art
der ↑ Viola d'Amore

Ba|ry|to|ne|se *die; -, -n ⟨gr.⟩:* Ver-
schiebung des Akzents vom
Wortende weg (z. B. lat. The-
mistocles gegenüber griech.
Themistokles)

Ba|ry|to|non *das; -s, ...na ⟨gr.-lat.⟩:*
(Sprachw.) Wort mit unbeton-
ter letzter Silbe

ba|ry|zen|t|risch *⟨gr.-nlat.⟩:* auf das
Baryzentrum bezüglich

Ba|ry|zen|t|rum *das; -s, ...tren:*
(Phys.) Schwerpunkt

Bar|zel|let|ta *die; -, ...tten u. -s
⟨it.⟩:* volkstümliches norditalie-
nisches Tanzlied (im 15. u.
16. Jh. auch als literarisch-musi-
kalische Gattung)

ba|sal *⟨gr.-nlat.⟩:* a) die Basis bil-
dend; b) auf, an der Basis,
Grundfläche (z. B. eines Organs) befindlich

Ba|sal|li|om *das; -s, -e: (Med.)*
Hautgeschwulst

Ba|salt *der; -[e]s, -e ⟨gr.-lat.⟩:*
dunkles Ergussgestein (bes. im
Straßen- u. Molenbau verwendet)

Ba|sal|tem|pe|ra|tur *die; -, -en ⟨gr.;
lat.⟩:* Ausgangstemperatur, bes.
die morgens bei der Frau zur
Beobachtung des ↑ Zyklus (3)
gemessene Körpertemperatur

ba|sal|ten, ba|sal|tig, ba|sal|tisch
⟨gr.-lat.⟩: aus Basalt bestehend

Ba|sa|ne *die; -, -n ⟨arab.-span.-
provenzal.-fr.⟩:* für Buchein-
bände verwendetes Schafleder

Ba|sar u. Bazar *der; -s, -e
⟨pers.-fr.⟩:* 1. Händlerviertel in
orientalischen Städten. 2. Wa-

renverkauf zu Wohltätigkeitszwecken

Basch|lik *der; -s, -s ⟨turkotat.⟩:* kaukasische Wollkapuze

Ba|schyr: ↑ Beschir

¹Ba|se *die; -, -n ⟨gr.-lat.;* „Grundlage"⟩: Metallhydroxid; Verbindung, die mit Säuren Salze bildet

²Base [beɪs] *das; -, -s ⟨gr.-lat.-fr.-engl.⟩:* Eckpunkt des Malquadrats (einer markierten Stelle) im Spielfeld des Baseballspiels

³Base [beɪs] *die; -, -s ⟨gr.-lat.-fr.-engl.⟩:* ↑ Basis (2)

Base|ball [ˈbeɪsbɔːl] *der* (auch: *das); -s ⟨engl.⟩:* amerikanisches Schlagballspiel. **Base|bal|ler** [bei engl. Aussprache ...bɔːlɐ] *der; -s, -:* Baseballspieler

Base|cap [ˈbeɪskæp] *das; -s, -s ⟨engl.⟩:* Schirmmütze mit rückwärtigem Gumminoppenverschluss

Base|jum|ping, auch: **Base-Jumping** [ˈbeɪsdʒʌmpɪŋ] *das; -s ⟨engl.⟩:* Extremsport, bei dem mit einem Fallschirm von hohen Gebäuden, Türmen, Brücken od. Felsen gesprungen wird

Base|line [ˈbeɪslaɪn] *die; -, -s ⟨engl.⟩:* 1. (Sport) Verbindungslinie zwischen zwei Malen beim Baseball. 2. unterste Zeile einer Anzeige o. Ä.; Ggs. ↑ Headline

Base|man [ˈbeɪsmæn] *der; -s, ...men:* (Baseball) Spieler der Fängerpartei, der ein ↑ ²Base bewacht

Base|ment [ˈbeɪs...] *das; -s, -s ⟨engl.⟩:* Keller-, Untergeschoss

Base|ment|store, auch: **Basement-Store** [...stoːɐ̯] *der; -s, -s ⟨engl.⟩:* Ladengeschäft od. Kaufhausabteilung im Untergeschoss

Ba|sen: *Plural* von ↑ Basis

BASIC [ˈbeɪsɪk] *das; -[s] ⟨engl.; Kurzw. aus* beginner's all purpose symbolic instruction code⟩: einfache, vielseitig verwendbare Programmiersprache

Ba|sic En|g|lish [ˈbeɪsɪk ˈɪŋglɪʃ] *das; - - ⟨engl.;* „Grundenglisch"⟩: vereinfachte Form des Englischen mit einem Grundwortschatz von 850 Wörtern u. wenig Grammatik

Ba|sic Mes|sage [ˈbeɪsɪk ˈmɛsɪdʒ] *die; -, -s [...dʒɪz] ⟨engl.⟩:* zentrale Aussage, die durch Werbung vermittelt werden soll

Ba|sic Needs [ˈbeɪsɪk ˈniːdz] *die* (Plural) ⟨engl.⟩: die wesentlichen menschlichen Grundbedürfnisse

Ba|sics [ˈbeɪsɪks] *die* (Plural) ⟨engl.⟩: 1. Grundlagen (eines Wissensgebietes o. Ä.). 2. (Mode) unabhängig von den jeweiligen Modetrends jederzeit tragbare Kleidungsstücke

Ba|si|die [...diə] *die; -, -n ⟨gr.-nlat.⟩:* Sporenträger bestimmter Pilze, auf dem sich bis zu vier Sporen abgliedern

Ba|si|di|o|spo|re *die; -, -n:* an einer Basidie befindliche Spore

ba|sie|ren ⟨gr.-lat.-fr.⟩: 1. auf etwas beruhen, fußen; sich auf etwas gründen, stützen. 2. (selten) etwas auf etwas gründen, stützen

ba|si|klin ⟨gr.-nlat.⟩: häufiger auf alkalischem als auf saurem Boden vorkommend (von Pflanzenarten und -gesellschaften)

Ba|sil *das; -s, -s ⟨arab.-span.-provenzal.-fr.-engl.⟩:* halb gares (halb gegerbtes) australisches u. indisches Schafleder

ba|si|lar: ↑ basal

Ba|si|li|a|ner *der; -s, - ⟨nach dem hl. Basilius⟩:* Mönch der griech.-orthodoxen od. griech.-unierten Kirche, der nach der Regel des hl. Basilius lebt

Ba|si|lie [...liə] *die; -, -n ⟨gr.-nlat.⟩* u. **Ba|si|li|en|kraut** *das; -s, ...kräuter ⟨gr.-nlat.; dt.⟩:* (selten) ↑ Basilikum

Ba|si|li|ka *die; -, ...ken ⟨gr.-lat.;* „Königshalle"⟩: 1. altröm. Markt- und Gerichtshalle. 2. [altchristl.] Kirchenbauform mit überhöhtem Mittelschiff

ba|si|li|kal ⟨gr.-lat.-nlat.⟩: zur Form der Basilika gehörend

Ba|si|li|kum *das; -s, -s u. ...ken:* Gewürz- u. Heilpflanze aus Südasien

Ba|si|lisk *der; -en, -en ⟨gr.-lat.⟩:* 1. Fabeltier mit todbringendem Blick. 2. tropische Eidechse, mittelamerik. Leguan

Ba|si|lis|ken|blick *der; -[e]s, -e ⟨gr.-lat.; dt.⟩:* böser, stechender Blick

Ba|si|on *das; -s ⟨gr.-nlat.⟩:* Messpunkt am Schädel, vorderster Punkt des Hinterhauptloches

ba|si|pe|tal ⟨gr.-nlat.⟩: „abwärts strebend"⟩: (Bot.) absteigend (von den Verzweigungen einer

Pflanze; der jüngste Spross ist unten, der älteste oben); Ggs. ↑ akropetal

ba|si|phil ⟨gr.-nlat.⟩: fast ausschließlich auf alkalischem (kalkreichem) Boden vorkommend (von Pflanzenarten u. -gesellschaften)

Ba|sis *die; -, ...sen ⟨gr.-lat.⟩:* 1. Grundlage, auf der man aufbauen, auf die man sich stützen kann; Ausgangspunkt. 2. militärischer Stützpunkt (in fremdem Hoheitsgebiet) (z. B. Flottenbasis, Raketenbasis). 3. (Marxismus) a) die ökonomische Struktur der Gesellschaft als Grundlage menschlicher Existenz; b) die breiten Volksmassen als Ziel politischer Aktivität. 4. (Math.) a) Grundlinie einer geometrischen Figur; b) Grundfläche eines Körpers; c) Grundzahl einer Potenz oder eines Logarithmus

ba|sisch: sich wie eine ↑ ¹Base verhaltend; **basische Gesteine:** kieselsäurearme Gesteine; **basische Reaktion:** ↑ alkalische Reaktion

Ba|sis|de|mo|kra|tie *die; -, -n:* demokratisches System, bei dem die Basis (3 b) selbst aktiv ist u. entscheidet. **ba|sis|de|mo|kratisch:** a) Basisdemokratie ausübend; b) auf der Grundlage der Basisdemokratie zustande gekommen

Ba|sis|frak|tur *die; -, -en:* Bruch der Schädelbasis

Ba|sis|grup|pe *die; -, -n:* politisch aktiver Arbeitskreis, bes. von Studenten, der auf einem bestimmten [Fach]gebiet progressive Ideen durchzusetzen versucht

Ba|sis|kurs *der; -es, -e:* (Börsenw.) Tageskurs eines Wertpapiers (im Prämiengeschäft)

Ba|si|zi|tät *die; - ⟨gr.-lat.-nlat.⟩:* 1. Zahl der Wasserstoffatome im Molekül einer Säure, die bei Salzbildung durch Metall ersetzt werden können. 2. ↑ Alkalität

Bas|ker|ville [...vɪl] *die; - ⟨nach dem engl. Buchdrucker⟩:* Antiqua- u. Kursivdruckschrift

Bas|ket|ball *der; -s, ...bälle ⟨engl.⟩:* 1. (auch: *das;* ohne Plural, meist ohne Artikel) Korbballspiel. 2. beim Korbballspiel verwendeter Ball

Ein Fremdwort – was ist das?

Wie in allen Kultursprachen, so gibt es auch im Deutschen eine große Zahl
von Wörtern aus anderen Sprachen. Sie werden üblicherweise Fremdwörter
genannt, obgleich sie zu einem großen Teil durchaus keine fremden, sondern
seit langem bekannte und gebräuchliche Wörter für die deutsche Sprachgemeinschaft sind, die in der Sprache ihren festen Platz haben.

   Vier Merkmale sind zu nennen, die ein Wort als nichtmuttersprachliches
kennzeichnen können:

1. die Bestandteile eines Wortes. Insbesondere werden Wörter mit bestimmten Vorsilben oder Endungen als fremd erkannt (*Apparatschik, Belkanto,
   hypochondrisch, impulsiv, Konzentration, Mobbing, Proporz, reformieren*).
2. die Lautung eines Wortes. Gemeint ist damit einerseits die vom Deutschen
   abweichende Aussprache (z. B. *Boot* ›Stiefel‹ [buːt], *Friseur* [friˈsör], *Langue*
   [lãːg], *Team* [tiːm]), andererseits die Betonung, d. h. der nicht auf der ersten
   oder Stammsilbe liegende Akzent (*autark, desolat, Diät, extemporieren*).
3. die Schreibung eines Wortes. Bestimmte Buchstabenverbindungen können
   fremdsprachliche Wortherkunft signalisieren, d. h., das Schriftbild zeigt für
   das Deutsche unübliche grafische Strukturen (z. B. *Bibliophilie, Bodybuil-
   der, Soutane, Osteoporose, Strizzi*). Auch die Position bestimmter Buchsta-
   benfolgen kann ein Hinweis sein: Im Deutschen kommen beispielsweise
   die Verbindungen *gn-, pt-* und *ts-* nicht im Anlaut vor.
4. der seltene Gebrauch eines Wortes in der Alltagssprache. So werden Wörter wie *intrinsisch, Quisquilien, paginieren, Revenue* wegen ihres nicht so
   häufigen Vorkommens als fremde Wörter empfunden.

Meistens haben Fremdwörter sogar mehr als eines dieser Merkmale – und
doch stellt keines von ihnen einen sicheren Maßstab dar:

1. Nicht alle Vorsilben und Endungen, die Fremdwörter anzeigen können,
   sind tatsächlich fremdsprachlich (z. B. *ab-* in *absolut*, aber auch in *abreisen;
   -ieren* in *massakrieren*, aber auch in *erfrieren*). Zudem kann an einen deutschen Wortstamm eine fremdsprachliche Endung treten (*buchstabieren,
   hausieren, Bummelant, Schwulität*). Gerade bei diesen Mischbildungen, den
   so genannten hybriden Bildungen, besteht bei den Sprachteilhabern in der
   Beurteilung, ob es sich um deutsche oder fremde Wörter handelt, Unsicherheit, wobei sich in der Regel zeigt, dass fremde Suffixe die Zuordnung
   zum Fremdwort begünstigen, während Wörter mit fremdem Stamm und
   deutschen Ableitungssilben wie *Direktheit, temperamentvoll, risikoreich*
   und *Naivling* eher als deutsche empfunden werden.

2. Bei vielen Fremdwörtern hat sich die Aussprache deutschen Gewohnheiten angeglichen (z. B. *Spekulant* und *Spezerei* [ʃp...], *Stadium* und *Stil* [ʃt...]), und was die Betonung angeht, so liegt sie keineswegs bei allen deutschen Wörtern auf der ersten oder der Stammsilbe (z. B. *Forelle, lebendig*), wohingegen es auch Fremdwörter gibt, die wie deutsche Wörter anfangsbetont sind *(Atlas, Biwak, Genius, Lyrik, Radio, Summe, Thema)*. Außerdem werden üblicherweise endungsbetonte fremdsprachliche Wörter oftmals auch auf der ersten Silbe betont, wenn sie besonders hervorgehoben oder auch von anderen abgesetzt werden sollen, z. B. *aktiv* (im Gegensatz zu *passiv*), *Export* (im Gegensatz zu *Import*), *okkasionell* (im Gegensatz zu *usuell*). Allerdings ist dabei die Stellung im Satz nicht unwichtig. Prädikativ gebrauchte Adjektive werden – beispielsweise – seltener auf der ersten Silbe betont (attributiv: das *exklusive/exklusive Hotel;* aber prädikativ fast nur: das Hotel ist *exklusiv*).

3. Manche Fremdwörter sind aufgrund ihrer Schreibung nicht bzw. nicht mehr als solche zu erkennen (z. B. *Keks, Sprinkler, schocken*).

4. Nicht nur Fremdwörter können selten sein, sondern auch Erbwörter *(Buhne, Feme, Flechse, seimig, sintemal),* und bisweilen werden wenig bekannte, in ihrer Etymologie nicht mehr durchschaubare Erbwörter sogar für Fremdwörter gehalten – beispielsweise wenn für die Substantive *Bovist* und *Quarz* lateinische Herkunft vermutet oder das Verb *blaken* (›rußen, qualmen‹) englisch ausgesprochen wird. Dagegen können Wörter fremder Herkunft völlig gebräuchlich und allgemein verständlich sein *(Auto, interessieren, Karussell, militärisch, Möbel, Paradies, Salat)* und werden besonders dann nur schwer als Fremdwörter erkannt, wenn sie in Klang und Gestalt nicht oder nicht mehr fremd wirken *(Alt* ›tiefe Frauenstimme‹, *Bande, Droschke, Fasche, Kasse, Pause, Tunnel)*. So ist es zu erklären, dass das Wort *Puzzle* von Testpersonen für schwäbisch gehalten und dementsprechend ausgesprochen wurde. Es kann auch vorkommen, dass ein und dasselbe Wort aufgrund mehrerer Bedeutungen je nach Häufigkeit der Bedeutung als deutsches oder fremdes Wort eingruppiert wird, z. B. *Note* in der Bedeutung ›Musikzeichen‹ als deutsches, in der Bedeutung ›förmliche schriftliche Mitteilung‹ als fremdes Wort.

Die Unsicherheit aller angeführten Kriterien zeigt, dass der Begriff des Fremdwortes keineswegs leicht zu bestimmen ist. Die Grenzen zwischen fremdem und eingebürgertem Wort sind oftmals fließend.

B

Bas|ki|ne vgl. Basquine

Bas|kü|le *die;* -, -n ⟨*fr.*⟩: 1. Treibriegelverschluss für Fenster u. Türen, der zugleich [seitlich] oben u. unten schließt. 2. (Reitsport) nach oben gewölbte Hals- und Rückenlinie des Pferdes beim Sprung

Bas|ma|ti *der;* -s ⟨*Hindi*⟩: eine langkörnige, aromatische indische Reissorte

ba|so|phil ⟨*gr.-nlat.*⟩: 1. (Med.; Biol.) mit basischen Farbstoffen färbbar (von Gewebeteilen). 2. (Chem.) zur basischen Reaktion neigend

Ba|so|pho|bie *die;* -, ...ien: (Med.) krankhafte Angst zu gehen; Zwangsvorstellung, nicht gehen zu können

Bas|qui|ne [...'ki:nə] u. Baskine *die;* -, -n ⟨*span.-fr.;* „baskischer Rock"⟩: 1. nach unten spitz auslaufendes, steifes Oberteil der Frauentracht im 16./17. Jh. 2. reich verzierte, lose Frauenjacke um 1850

Bas|re|li|ef ['barelĭɛf] *das;* -s, -s u. -e ⟨*fr.*⟩: Flachrelief, flach erhabenes ↑ Relief

Bass *der;* -es, Bässe ⟨*lat.-it.*⟩: 1. a) tiefe Männer[sing]stimme; b) (ohne Plural) Gesamtheit der tiefen Männerstimmen in einem Chor. 2. (ohne Plural) [solistische] Basspartie in einem Musikstück. 3. Sänger mit Bassstimme. 4. besonders tief klingendes Instrument (z. B. ↑ Kontrabass)

Bas|sa: früher in Europa verwendete Form von ↑ ¹Pascha

Bass|ba|ri|ton *der;* -s, -e: Sänger mit Baritonstimme in Basstönung

Bass|buf|fo *der;* -s, -s u. ...ffi: Opernsänger mit einer Stimme, die sich besonders für komische Bassrollen eignet

Basse Danse [ba:s'dãs] *die;* - -, -s -s [ba:s'dãs] ⟨*fr.;* „tiefer Tanz"⟩: Schritttanz des 15. u. 16. Jh.s (in Spanien, Italien u. Frankreich)

Basse|lisse ['baslıs, bas'lıs] *die;* -, -n ⟨*fr.*⟩: gewirkter Bildteppich mit waagerecht geführter Kette; Ggs. ↑ Hautelisse

Basse|lisse|stuhl *der;* -s, ...stühle: bes. zur Teppichherstellung verwendeter Flachwebstuhl mit waagerechter Kettenführung

Bas|se|na *die;* -, -s ⟨*vulgärlat.-*

it.(-fr.)⟩: (ostösterr.) Wasserbecken im Flur eines alten Wohnhauses, von dem mehrere Wohnparteien das Wasser holen

Bas|set [*franz.:* ba'se:, *engl.:* 'bæsıt] *der;* -s, -s ⟨*fr.(-engl.)*⟩: Hund einer kurzbeinigen Rasse mit kräftigem Körper u. Hängeohren

Bas|sett *der;* -s, -e u. -s ⟨*lat.-it.;* „kleiner Bass"⟩: (veraltet) Violoncello

Bas|sett|horn *das;* -s, ...hörner: Altklarinette, Holzinstrument (seit dem 18. Jh. gebräuchlich)

Bas|sin [ba'sɛ̃] *das;* -s, -s ⟨*vulgärlat.-fr.*⟩: künstlich angelegtes Wasserbecken

Bas|sist *der;* -en, -en ⟨*lat.-it.-nlat.*⟩: 1. Sänger mit Bassstimme. 2. Musiker, der Bass (4) spielt. Bas|sis|tin *die;* -, -nen: weibliche Form zu ↑ Bassist (2)

Bass|kla|ri|net|te *die;* -, -n: Klarinette, die eine Oktave tiefer als die gewöhnliche Klarinette gestimmt ist

Bas|so *der;* -, Bassi ⟨*lat.-it.*⟩: Bass (Abk.: B). Bas|so con|ti|nuo *der;* - -: ↑ Generalbass. Bas|so os|ti|na|to *der;* - -: sich ständig, „hartnäckig" wiederholendes Bassmotiv. Bas|so se|gu|en|te *der;* - -: Orgelbass, der der tiefsten Gesangstimme folgt

Bas|sot|ti *die* (Plural) ⟨*it.*⟩: dünne ↑ Makkaroni

bas|ta ⟨*gr.-vulgärlat.-it.*⟩: (ugs.) genug!; Schluss! (mit Nachdruck gesprochenes Wort, das zum Ausdruck bringt, dass keine Einwände mehr gemacht werden sollen)

Bas|taard *der;* -[s], -s ⟨*fr.-niederl.-afrikaans*⟩: (veraltet) ↑ Baster

Bas|tard *der;* -s, -e ⟨*fr.*⟩: 1. (Biol.) Mischling; durch Rassen- od. Artkreuzung entstandenes Tier od. entstandene Pflanze. 2. a) (früher) uneheliches Kind eines hoch gestellten Vaters und einer Mutter aus niedrigerem Stand; b) grobes Schimpfwort

Bas|tar|da *die;* - ⟨*fr.-it.*⟩: Druckschrift zwischen Gotisch u. Antiqua (↑ Bastardschrift)

bas|tar|die|ren: [verschiedene Rassen od. Arten] kreuzen. Bas|tar|die|rung *die;* -, -en ⟨*fr.*⟩: Artkreuzung, Rassenmischung

Bas|tar|di|sie|rung *die;* -, -en: ↑ Hybridisierung (1)

Bas|tard|schrift *die;* -, -en: Druckschrift, die Eigenarten zweier Schriftarten vermischt, bes. die von Fraktur u. Antiqua

Bas|te *die;* -, -n ⟨*span.*⟩: Trumpfkarte (Treffass in verschiedenen Kartenspielen)

Bas|tei *die;* -, -en ⟨*fr.-it.*⟩: vorspringender Teil an alten Festungsbauten, Bollwerk, ↑ Bastion

Bas|ter *der;* -s, - ⟨*fr.-niederl.-afrikaans*⟩: Angehöriger einer Afrikaans sprechenden Volksgruppe in Namibia, die im 19. Jh. im Kapland aus Verbindungen zwischen Europäern und Hottentottenfrauen entstanden ist

Bas|til|le [bas'ti:jə] *die;* -, -n ⟨*fr.*⟩: befestigtes Schloss, bes. das 1789 erstürmte Staatsgefängnis in Paris

Bas|ti|on *die;* -, -en ⟨*fr.-it.-fr.*⟩: 1. vorspringender Teil an alten Festungsbauten. 2. Bollwerk

bas|ti|o|nie|ren: (veraltet) eine Festung mit Bollwerken versehen

Bas|to|na|de *die;* -, -n ⟨*it.-fr.*⟩: bes. im Orient übliche Prügelstrafe od. Folterung, bes. durch Stock- od. Riemenschläge auf die Fußsohlen

Ba|taille [ba'talja, ba'ta:jə] *die;* -, -n ⟨*gall.-lat.-vulgärlat.-fr.*⟩: (veraltet) Schlacht, Kampf

Ba|taillon [batal'jo:n] *das;* -s, -e ⟨*gall.-lat.-vulgärlat.-it.-fr.*⟩: Truppenverband aus mehreren Kompanien od. Batterien

Ba|ta|te *die;* -, -n ⟨*indian.-span.*⟩: stärkereiche, süß schmeckende, kartoffelartige Knolle eines tropischen Windengewächses

Batch|pro|ces|sing, auch: Batch-Pro|ces|sing ['bætʃprou̯sesıŋ] *das;* -[s], -s ⟨*engl.-amerik.*⟩: (EDV) Schub- od. Stapelverarbeitung (stapelweise Verarbeitung von während eines bestimmten Zeitabschnitts angesammelten gleichartigen Daten)

Ba|thik *die;* - ⟨*gr.*⟩: niedrige, vulgäre Art des Schreibens od. Redens. ba|thisch: die Bathik betreffend; niedrig; vulgär schreibend, redend

Ba|tho|lith [auch: ...'lıt] *der;* -s u. -en, -e[n] ⟨*gr.-nlat.*⟩: in der Tiefe erstarrter, meist granitischer Gesteinskörper

Ba|tho|me|ter, Bathymeter *das; -s, -*: Tiefseelot

Ba|tho|pho|bie *die; -, ...ien*: (Med.; Psychol.) mit Angst verbundenes Schwindelgefühl beim Anblick großer Höhen od. Tiefen

Ba|th|ro|ze|pha|lie *die; -, ...ien ⟨gr.-nlat.⟩*: (Med.) stufenartige Ausbildung des Schädels

ba|thy|al *⟨gr.-nlat.⟩*: zum Bathyal gehörend. **Ba|thy|al** *das; -s*: lichtloser Bereich des Meeres zwischen 200 u. 800 m Tiefe

Ba|thy|gra|phie, auch: ...grafie *die; -*: Tiefseeforschung. **ba|thy|gra|phisch**, auch: ...grafisch: tiefseekundlich

Ba|thy|me|ter vgl. Bathometer

Ba|thy|scaphe [...'ska:f] *der* u. *das; -[s], - [...fə]* u. **Ba|thy|skaph** *der; -en, -en ⟨gr.-fr.⟩*: (von A. Piccard entwickeltes) Tiefseetauchgerät

Ba|thy|s|phä|re *die; - ⟨gr.-nlat.⟩*: tiefste Schicht des Weltmeeres

Ba|tik *der; -s, -en, (auch:) die; -, -en ⟨malai.⟩*: 1. altes Verfahren zur Herstellung gemusterter Stoffe, bes. zum Färben von Seide und Baumwolle, mithilfe von Wachs. 2. unter Verwendung von Wachs hergestelltes gemustertes Gewebe

ba|ti|ken: unter Verwendung von Wachs einen Stoff mit einem Muster versehen, färben

Ba|tist *der; -[e]s, -e ⟨fr.; angeblich nach einem Fabrikanten namens Baptiste aus Cambrai, der als Erster diesen Stoff hergestellt haben soll⟩*: sehr feinfädiges, meist dicht gewebtes, leichtes Gewebe aus Baumwolle, Leinen, Zellwolle, Seide od. Chemiefasern. **ba|tis|ten**: aus Batist

Bat-Miz|wa *die; -, -s ⟨hebr.; „Tochter des Gebots"⟩*: (selten) Jüdin nach Vollendung des 13. Lebensjahres

Bat|tal|g|lia [ba'talja] *die; -, ...ien ⟨gall.-lat.-vulgärlat.-it.⟩*: Komposition, die Kampf, Schlachtgetümmel tonmalerisch schildert

Bat|ter ['bɛta] *der; -s, - ⟨engl.⟩*: Schlagmann beim Baseball

Bat|te|rie *die; -, ...ien ⟨gall.-lat.-vulgärlat.-fr.⟩*: 1. der Kompanie entsprechende militärische Grundeinheit, kleinste Einheit bei der Artillerie u. der Heeresflugabwehrtruppe. 2. a) Stromquelle, die aus mehreren elektrochemischen Elementen besteht (z. B. Taschenlampenbatterie); b) zusammengeschaltete Gruppe von gleichartigen techn. Vorrichtungen, Elementen; c) Mischbatterie; regulierbares Gerät, das Warm- u. Kaltwasser in der gewünschten Temperatur für ein gemeinsames Zapfrohr mischt. 3. die Schlaginstrumente einer Band od. eines Orchesters. 4. große Anzahl von etwas Gleichartigem

Bat|teur [...'tø:ɐ̯] *der; -s, -e*: Schlagmaschine in der Spinnerei zur Auflockerung der Baumwollklumpen

Bat|tu|ta, **Bat|tu|te** *die; -, ...ten ⟨gall.-lat.-vulgärlat.-it.⟩*: 1. (Mus.) a) Taktschlag; b) Schlag nach unten am Anfang des Taktes; **a battuta**: nach vorheriger freier Partie im Takt [spielen]. 2. beim Stoßfechten starker Schlag mit der ganzen Stärke der Klinge längs der Klinge des Gegners

Baud [auch: boːt] *das; -[s], - ⟨nach dem franz. Erfinder der Schnelltelegrafen, E. Baudot, 1845–1903⟩*: (EDV) Einheit der Schrittgeschwindigkeit digitaler Signale bei der Datenübertragung

Bau|mé|grad [bo'me:...] *der; -[e]s, -e (aber: 5 -) ⟨nach dem franz. Chemiker A. Baumé, 1728–1804⟩*: Einheit für die Dichte von Flüssigkeiten; Zeichen: ° Bé

Bau|ta|stein *der; -s, -e ⟨altnord.⟩*: Gedenkstein der Wikingerzeit in Skandinavien

Bau|xit [auch: ...'xit] *der; -s, -e ⟨nlat.; nach den ersten Fundort Les Baux in Frankreich⟩*: wichtigstes Aluminiumerz

Ba|va|ria *die; - ⟨nlat.⟩*: Frauengestalt als Sinnbild Bayerns

Bax|te|ri|a|nis|mus [bɛks...] *der; - ⟨engl.-nlat.; nach dem engl. Geistlichen Baxter, † 1691⟩*: gemäßigte Form des englischen Puritanismus

Ba|zar vgl. Basar

ba|zil|lär *⟨lat.-nlat.⟩*: a) Bazillen betreffend; b) durch Bazillen verursacht

Ba|zil|le *die; -, -n*: (ugs.) Bazillus

Ba|zil|lu|rie *die; -*: ↑ Bakteriurie

Ba|zil|lus *der; -, ...llen ⟨lat.; „Stäbchen"⟩*: stäbchenförmige, Sporen bildende [Krankheiten hervorrufende] ↑ Bakterie

Ba|zoo|ka [ba'zu:ka] *der; -, -s ⟨amerik.⟩*: tragbares Gerät zum Abschießen kleinkalibriger Raketen

Bé = Baumé; vgl. Baumégrad

Beach-la-Mar ['bi:tʃlə'ma:] *das; -*: engl. Form von ↑ Bêche-de-Mer

Beach|vol|ley|ball, auch: **Beach-Vol|ley|ball** ['bi:tʃ...] *der (auch: das); -s ⟨engl.; „Strandvolleyball"⟩*: auf Sand von Zweiermannschaften gespielte Art des Volleyballs (1)

Beach|wear ['bitʃwɛə] *die; -, (auch:) der od. das; -[s] ⟨engl.⟩*: Strand- und Badebekleidung, z. B. Bikini, Badehose

Bea|gle ['bi:gl] *der; -s, -[s] ⟨engl.⟩*: Hund einer in Großbritannien gezüchteten kurzbeinigen Rasse, der zur Hasen- u. Fuchsjagd verwendet wird

Beam [bi:m] *der; -s, -s ⟨engl.⟩*: keulenförmige Fläche, die der Sendestrahl eines Satelliten abdeckt

Beam|an|ten|ne *die; -, -n ⟨engl.⟩*: Antenne für Sendestrahlen mit besonderer Richtwirkung

bea|men ['bi:mən] *⟨engl.⟩*: bis zur Unsichtbarkeit auflösen u. an einem anderen Ort wieder Gestalt annehmen lassen (in Science-Fiction-Filmen u. a.)

Bea|mer ['bi:mə] *der; -s, - ⟨engl.⟩*: Gerät zur Projektion des auf einem Computerbildschirm sichtbaren Bildes auf eine Leinwand o. Ä.

Bear [bɛə] *der; -s, -s ⟨engl.; „Bär"⟩*: jmd., der auf fallende Börsenkurse spekuliert, ↑ Baissier; Ggs. ↑ Bull

Bear|mar|ket ['bɛəma:kɪt] *der; -s, -s ⟨engl.⟩*: Markt mit fallenden Börsenkursen u. Preisen; vgl. Bear; Ggs. ↑ Bullmarket

Bé|ar|ner So|ße *die; - -, - -n*: ↑ Sauce béarnaise

Beat [bi:t] *der; -[s], -s ⟨engl. „Schlag"⟩*: 1. Kurzform für ↑ Beatmusik. 2. durchgehender gleichmäßiger Grundschlag der Rhythmusgruppe einer Jazzband; vgl. Offbeat

be|a|tae me|mo|ri|ae *⟨lat.⟩*: seligen Angedenkens (von Verstorbenen); Abk.: b. m.

B

Be|a̱|ta Ma̱|ri̱̱a Viṟ|go *die; - - - od.* (ohne Artikel) ...tae ...iae ...gi- nis ⟨*lat.*⟩: selige Jungfrau Maria, kath. Bez. für die Mutter Jesu; Abk.: B. M. V.

bea̱|ten ['bi:tn̩] ⟨*engl.*⟩: a) ↑ Beat- musik machen; b) nach Beat- musik tanzen

Beat|fan ['bi:tfɛn] *der; -s, -s* ⟨*engl.*⟩: jmd., der sich für Beat- musik begeistert

Beat|ge|ne|ra̱|tion, auch: **Beat-Ge- ne|ra̱|tion** ['bi:tdʒɛnəreɪʃən] *die; -* ⟨*engl.-amerik.*⟩: Gruppe amerikanischer Schriftsteller (1955–60), die neue Aus- drucksformen suchte, die kom- merzialisierte Gesellschaft u. alle bürgerlichen Bindungen ablehnte u. durch gesteigerte Lebensintensität (Sexualität, Jazz, Drogen) eine Bewusst- seinserweiterung und meta- physische Erkenntnisse zu er- langen suchte

Be|a̱|ti|fi|ka̱|ti|on *die; -, -en* ⟨*lat.- nlat.*⟩: Seligsprechung. **be|a̱|ti|fi- zie̱|ren:** selig sprechen

Bea̱|tle ['bi:tl̩] *der; -s, -s* ⟨*engl.; nach den Beatles, den Mitglie- dern eines Quartetts der Beat- musik, die lange Haare trugen*⟩: (veraltend) langhaariger Ju- gendlicher

Beat|mu̱|sik ['bi:t...] *die; -:* stark rhythmisch bestimmte Form der ↑ Popmusik

Beat|nik ['bi:t...] *der; -s, -s* ⟨*ame- rik.*⟩: 1. Angehöriger der ↑ Beat- generation. 2. jmd., der sich durch unkonventionelles Ver- halten gegen die bürgerliche Norm wendet

Beat|pad ['bi:tpɛt] *der; -s, -s:* (Jar- gon) Stelle, wo man Rauschgift kaufen kann

Beau [bo:] *der; -, -s* ⟨*lat.-fr.*⟩: (iron.) besonders gut aussehen- der Mann, der mit einer gewis- sen Eitelkeit sein gutes Ausse- hen selbst genießt

Beau|fort|ska̱|la, auch: **Beau- fort-Ska̱|la** ['bo:fət..., bo'fɔ:r...] *die; -* ⟨*nach dem engl. Admiral F. Beaufort, 1774–1857*⟩: ur- sprünglich 12-, jetzt 17-teilige Skala zur Bestimmung der Windstärken

Beau Geste [bo 'ʒɛst] *die; - -, -x -s* [bo 'ʒɛst] ⟨*fr.*⟩: höfliche Geste, freundliches Entgegenkommen

Beau|jo|lais [boʒoˈlɛ] *der; -, -* [...ˈlɛs] ⟨*fr.*⟩: Rotwein aus dem Gebiet der Monts du Beaujolais in Mittelfrankreich

Beaune [bo:n] *der; -[s], -s* [bo:ns] ⟨*fr.*⟩: Qualitätswein aus der süd- französischen Stadt Beaune (Burgund)

Beau|té [boˈte:] *die; -, -s* ⟨*lat.-vul- gärlat.-fr.*⟩: schöne Frau, Schön- heit

Beau|ty ['bju:ti] *die; -, -s* ⟨*lat.-vul- gärlat.-fr.-engl.*⟩: ↑ Beauté

Beau|ty|case, auch: **Beau|ty-Case** [...keɪs] *das od. der; -, -. u. -s* [...sɪz] ⟨*engl.*⟩: Handkoffer für Pflege- u. Kosmetikutensilien [der Dame]

Beau|ty|cen|ter, auch: **Beau- ty-Cen|ter** *das; -s, -:* a) Geschäft od. Teil eines Geschäftes, in dem Kosmetikartikel auspro- biert und gekauft werden kön- nen; b) Geschäft, in dem Schön- heitspflege betrieben wird; Schönheitssalon

Beau|ty|farm, auch: **Beau|ty-Farm** *die; -, -en:* eine Art Sanatorium od. Hotel, in dem sich bes. Frauen einer kosmetischen Be- handlung unterziehen

Beau|ty|fluid, auch: **Beau|ty-Fluid** *das; -s, -s:* flüssiges Mittel zur Pflege der [Gesichts]haut

Bé|bé [be'be:] *das; -s, -s* ⟨*fr.*⟩: (schweiz.) Baby

Be|bop ['bi:bɔp] *der; -[s], -s* ⟨*ame- rik.; lautnachahmend*⟩: 1. (ohne Plural) nordamerikanischer Jazz um 1940. 2. Tanz in diesem Stil

Bé|cha|mel|kar|tof|feln [beʃa- 'mɛl...] *die* (Plural) ⟨*fr.-dt.*⟩: Kar- toffelscheiben in ↑ Béchamel- soße

Bé|cha|mel|so̱|ße, auch: ...sauce *die; -, -n* ⟨*fr.; nach dem franz. Marquis L. de Béchamel*⟩: weiße Rahmsoße

Bêche-de-Mer [bɛʃdəˈmeːɐ̯] *das; -* ⟨*fr.*⟩: auf dem Englischen basie- rende kreolische Sprache, die früher im Gebiet des westli- chen Stillen Ozeans gesprochen wurde

be|cir|cen [beˈtsɪrtsn̩] vgl. bezir- zen

Bec|que|rel [bɛkaˈrɛl] *das; -s, -* ⟨*nach dem franz. Physiker Henri Becquerel, 1852–1908*⟩: Einheit für die Aktivität ioni- sierender Strahlung; Zeichen: Bq

Bec|que|rel|ef|fekt, auch: **Bec|que- rel-Ef|fekt** *der; -[e]s:* Unter- schied in der Elektrodenspan- nung, der auftritt, wenn die eine von zwei gleichen, in einen Elektrolyten getauchten Elek- troden belichtet wird

Bed and Break|fast ['bɛd ənd 'brɛkfəst] ⟨*engl.; „Bett u. Früh- stück"*⟩: (Angebot der Über- nachtung in angloamerikani- schen Ländern) Zimmer mit Frühstück (in Privatwohnun- gen)

Be|du̱|i̱|ne *der; -n, -n* ⟨*arab.-fr.; „Wüstenbewohner"*⟩: arabischer Nomade; vgl. Fellache

Beef|bur|ger ['bi:fbɐ:gə] *der; -s, -* ⟨*engl.*⟩: 1. deutsches Beefsteak (Beefsteak aus Hackfleisch). 2. mit einer Frikadelle belegtes Brötchen

Beef|ea̱|ter [...i:tə] *der; -s, -s* (meist Plural) ⟨*engl.; „Rind- fleischesser"*⟩: (scherzh.) Ange- höriger der königlichen Leib- wache im Londoner Tower (eigtl. Yeoman of the Guard)

Beef|steak [...ste:k] *das; -s, -s* ⟨*engl.*⟩: Steak vom Rind

Beef|tea [...ti:] *der; -s, -s:* kräftige Rindfleischbrühe

Beel|ze|bub [auch: 'bɛl..., be'ɛl...] *der; -* ⟨*hebr.-gr.-kirchenlat.; „Herr der Fliegen"*⟩: [oberster] Teufel

Bee|per ['bi:pɐ] *der; -s, -* ⟨*engl.*⟩: elektronisches Fernrufgerät

Beff|roi [beˈfrwa] *der; -s, -s* ⟨*mhd.-fr.*⟩: 1. hoher Glocken- turm (bes. in flandrischen Städten). 2. (veraltet) Bergfried

Beg *der; -[s], -s u. Bei der; -[s], -e u. -s* ⟨*türk.; „Herr"*⟩: höherer türkischer Titel, oft hinter Na- men, z. B. Ali-Bei; vgl. Begler- beg

Be|gard *der; -en, -en u.* **Be|gar|de** *der; -n, -n* ⟨*niederl.*⟩: Mitglied einer halbklösterlichen Män- nervereinigung im Mittelalter; vgl. Begine

Be|gas|se vgl. Bagasse

Be|gi̱|ne *die; -, -n* ⟨*niederl.*⟩: Mit- glied einer halbklösterlichen Frauenvereinigung in Belgien u. den Niederlanden; vgl. Be- gard

Beg|ler|beg *der; -s, -s* ⟨*türk.; „Herr der Herren"*⟩: Provinzstatthal- ter in der alten Türkei

Be|go̱|nie [...jə] *die; -, -n* ⟨*nlat.; nach dem Franzosen M. Bégon, Gouverneur von San Domingo (†1710)*⟩: Zier- u. Gartenpflanze mit großen leuchtenden Blüten u. gezackten, unsymmetrisch geformten Blättern

Belguine [be'gi:n] *der; -s, -s* (fachspr.: *die; -, -s*) ⟨*niederl.-fr.-kolonialfr.*⟩: lebhafter volkstümlicher Tanz aus Martinique u. Santa Lucia

Begum *die; -, -en* ⟨*türk.-Hindi-engl.*⟩: Titel indischer Fürstinnen

Behaisismus vgl. Bahaismus

Behaviorismus [bihevjə...] *der; -* ⟨*engl.-nlat.*⟩: sozialpsychologische Forschungsrichtung, die sich nur mit dem objektiv beobachtbaren u. messbaren Verhalten beschäftigt. **behavioristisch**: a) den Behaviorismus betreffend; b) nach der Methode des Behaviorismus verfahrend

Behemoth *der; -[e]s, -s* ⟨*hebr.-lat.; „Großtier"*⟩: 1. im Alten Testament Name des Nilpferdes. 2. in der ↑ Apokalyptik mythisches Tier der Endzeit

Behennuss u. Bennuss *die; -, ...nüsse* ⟨*pers.-arab.-span.; dt.*⟩: ölhaltige Frucht eines ostindischen Baumes

Behind [bi'haind] *das; -s* ⟨*engl.*⟩: (schweiz., Fußball) Raum hinter der Torlinie

Bei vgl. Beg

beige [be:ʃ, auch: 'bɛ:ʒə] ⟨*fr.*⟩: sandfarben. **Beige** *das; -, - u.* (ugs.) *-s*: beige Farbe

Beignet [bɛn'je:] *der; -s, -s* ⟨*fr.*⟩: Schmalzgebäck mit Füllung; Krapfen

Beiram vgl. Bairam

beikalmen ⟨*engl.*⟩: (einem anderen Segelschiff durch Vorbeifahren) den Fahrtwind nehmen

Beikassine *die; -, -n* ⟨*vulgärlat.-provenzal.-fr.*⟩: vor allem in Sümpfen lebender Schnepfenvogel

beikiffen ⟨*arab.-amerik.*⟩: (Jargon) sich durch ↑ Kiffen in einen Rauschzustand versetzen

Bektaschi *der; -[s], -[s]* ⟨*türk.*⟩: Angehöriger eines im 13.Jh. entstandenen, vornehmlich in der Türkei verbreiteten synkretistischen Derwischordens

Bel *das; -s, -* ⟨*nach dem Amerikaner A. G. Bell, dem Erfinder des Telefons*⟩: Kennwort bei Größen, die als dekadischer Logarithmus des Verhältnisses

zweier physikalischer Größen gleicher Art angegeben werden (Zeichen: B)

Bellami *der; -[s], -s* ⟨*fr.; „schöner Freund"*⟩: Frauenliebling (nach der Titelgestalt eines Romans von Maupassant)

belcantieren vgl. belkantieren

Belcantist vgl. Belkantist

Belcanto vgl. Belkanto

Belemnit [auch: ...'nɪt] *der; -en, -en* ⟨*gr.*⟩: 1. ausgestorbener Kopffüßer. 2. versteinertes, keilförmiges Gehäuseende des Belemniten (1)

Belesprit [bɛlɛs'pri:] *der; -s, -s* ⟨*fr.*⟩: (veraltet, oft spöttisch) Schöngeist

Beletage [bɛlɛ'ta:ʒə] *die; -, -n*: (veraltet) Hauptgeschoss, erster Stock

Belfried *der; -(e)s, -e*: ↑ Beffroi

belkantieren, auch: belcantieren ⟨*lat.-it.-dt.*⟩: im Stil des ↑ Belkanto singen

Belkantist, auch: Belcantist *der; -en, -en*: Sänger, der die Kunst des ↑ Belkanto beherrscht

Belkanto, auch: Belcanto *der; -s* ⟨*lat.-it.; „schöner Gesang"*⟩: virtuoser italienischer Gesangsstil, bei dem besonders auf Klangschönheit Wert gelegt wird

Belladonna *die; -, ...nnen* ⟨*nlat.*⟩: a) Tollkirsche; b) aus der Tollkirsche gewonnenes Arzneimittel

Belladonnin *das; -s*: ein Alkaloid

Belle Époque [bɛle'pɔk] *die; - -* ⟨*lat.-fr.; gr.-mlat.-fr.*⟩: Bezeichnung für die Zeit des gesteigerten Lebensgefühls in Frankreich zu Beginn des 20.Jh.s

Belle Mère [bɛl'mɛ:r] *die; - -, - -s* [bɛl'mɛ:r] ⟨*fr.*⟩: (scherzh.) Schwiegermutter

Belletrist *der; -en, -en*: Schriftsteller der unterhaltenden Literatur

Belletristik *die; -*: unterhaltende, schöngeistige Literatur

Belletristin *die; -, -nen*: weibliche Form zu ↑ Belletrist

belletristisch: a) die Belletristik betreffend; b) schöngeistig, literarisch, unterhaltend

¹Bellevue [bɛl'vy:] *die; -, -n* [...vy:ən] ⟨*fr.; „schöne Aussicht"*⟩: (veraltet) Aussichtspunkt

²Bellevue *das; -[s], -s*: Name von

Schlössern od. Gaststätten mit schöner Aussicht

Bellizist *der; -en, -en* ⟨*lat.-nlat.*⟩: Anhänger u. Befürworter des Krieges; Kriegstreiber. **Bellizistin** *die; -, -nen*: weibliche Form zu ↑ Bellizist. **bellizistisch**: den Krieg befürwortend; kriegstreiberisch

Bel Paese *der; - -, auch: Belpaese* ® *der; -* ⟨*it.*⟩: Butterkäse; vollfetter italienischer Weichkäse

¹Beluga *die; -, -s* ⟨*russ.*⟩: 1. russ. Bez. für: Hausen (ein Störfisch). 2. russ. Bez. für: Weißwal

²Beluga *der; -s*: aus dem Rogen des Hausens bereiteter ↑ Kaviar

Belutsch *der; -[e]s, -e*: handgeknüpfter, meist langfransiger Teppich mit rotlila od. blaulila Grund aus dem Gebiet der Belutschen

Belvedere *die; -[s], -s* ⟨*lat.-it.; „schöne Aussicht"*⟩: 1. (veraltet) Aussichtspunkt. 2. ↑ ²Bellevue

Bema *das; -s, -ta* ⟨*gr.; „Stufe"*⟩: a) ↑ Almemar; b) erhöhter Altarraum in orthodoxen Kirchen

bémol ⟨*fr.*⟩: franz. Bezeichnung für das Erniedrigungszeichen in der Notenschrift

Ben ⟨*hebr.* u. *arab.*⟩: Teil hebräischer u. arabischer Familiennamen mit der Bedeutung „Sohn" od. „Enkel", z. B. Ben Akiba

Benchmark ['bɛntʃ...] *die; -, -s* ⟨*engl.*⟩: (bes. Wirtsch.) Maßstab für den Vergleich von Leistungen

benchmarken: Benchmarking betreiben

Benchmarking [...markɪŋ] *das; -s, -s*: 1. (Wirtsch.) das Vergleichen von Herstellungsprozessen, Managementpraktiken sowie Produkten od. Dienstleistungen zur Aufdeckung von Leistungsdefiziten. 2. (EDV) Bewertungsprogramm für die Rechenleistung von Computern

bene ⟨*lat.(-it.)*⟩: gut!

benedeien: segnen, lobpreisen

Benedictionale *das; -, ...lien* ⟨*lat.*⟩: liturgisches Buch für die ↑ Benediktion

Benedictus *das; -, -* ⟨*lat.*⟩: 1. Anfangswort u. Bezeichnung des Lobgesangs des Zacharias nach Lukas 1,67 ff. (liturgischer Hymnus im katholischen Stundengebet). 2. zweiter Teil des ↑ ²Sanctus

B

Be|ne|dik|ten|kraut das; -[e]s, ...kräuter ⟨lat.; dt.⟩: zu den Korbblütlern gehörende distelartige Pflanze, die reich an Bitter- u. Gerbstoffen ist u. von der Auszüge aus den Blättern für Kräuterliköre verwendet werden; Bitterdistel
Be|ne|dik|ti|ner der; -s, - ⟨lat.-nlat.⟩: 1. Mönch des nach der Regel des hl. Benedikt (6. Jh.) lebenden Benediktinerordens (Ordinis Sancti Benedicti = „vom Orden des hl. Benedikt"; Abk.: OSB). 2. ein feiner Kräuterlikör. **Be|ne|dik|ti|ne|rin** die; -, -nen: Angehörige eines nach dem Vorbild des Benediktinerordens lebenden Frauenordens
Be|ne|dik|ti|on die; -, -en ⟨lat.⟩: Segen, Segnung, katholische kirchliche Weihe
Be|ne|dik|tus vgl. Benedictus
be|ne|di|zie|ren: segnen, weihen
Be|ne|fit|ting das; -s, -s ⟨lat.-engl.⟩: (Wirtsch.) Werbung mit direktem Nutzen für den Adressaten
Be|ne|fiz das; -es, -e: 1. a) (veraltet) Vorstellung zu Ehren eines Künstlers; b) Wohltätigkeitsveranstaltung, -vorstellung. 2. ↑ Benefizium (2, 3)
Be|ne|fi|zi|ant der; -en, -en ⟨lat.-nlat.⟩: von einem Benefiz (1 a) begünstigter Künstler. **Be|ne|fi|zi|an|tin** die; -, -nen: weibliche Form zu ↑Benefiziant
Be|ne|fi|zi|ar der; -s, -e ⟨lat.⟩ u. **Be|ne|fi|zi|at** der; -en, -en: Inhaber eines [kirchlichen] Benefiziums
Be|ne|fi|zi|um das; -s, ...ien: 1. (veraltet) Wohltat, Begünstigung. 2. mittelalterl. Lehen (zu [erblicher] Nutzung verliehenes Land od. Amt). 3. mit einer Pfründe (Landnutzung od. Dotation) verbundenes Kirchenamt
Be|ne|fiz|vor|stel|lung die; -, -en: Benefiz (1)
Be|ne|lux [auch: ...'luks]: ↑Beneluxstaaten
Be|ne|lux|staa|ten, auch: **Be|ne|lux-Staa|ten** die (Plural): Kurzw. für die Länder Belgique (Belgien), Nederland (Niederlande) u. Luxembourg (Luxemburg), soweit diese wirtschaftlich, kulturell und teilweise auch politisch zusammenwirken u. nach außen als Einheit auftreten

Ben|ga|li|ne die; - ⟨nach der Landschaft Bengalen in Vorderindien⟩: ripsbindiger (nach Ripsart gewebter) Halbseidenstoff
ben|ga|lisch: in gedämpft buntem, ruhigem Licht erscheinend; **bengalisches Feuer**: beim Feuerwerk verwendetes buntes Feuer
be|ni|gn|e ⟨lat.⟩: gutartig (z. B. von Tumoren); Ggs. ↑ maligne. **Be|ni|gni|tät** die; -: 1. (Med.) Gutartigkeit einer Krankheit; Ggs. ↑ Malignität. 2. (veraltet) Güte, Milde, Gutherzigkeit
Ben|ja|min der; -s, -e ⟨hebr.; jüngster Sohn Jakobs im Alten Testament⟩: (scherzh.) Jüngster einer Gruppe oder Familie
ben mar|ca|to ⟨it.⟩: (Mus.) gut betont, scharf markiert, akzentuiert
Ben|ne die; -, -n ⟨gall.-lat.⟩: (schweiz. mdal.) Schubkarren
Ben|net|ti|tee die; -, -n (meist Plural) ⟨nlat.; nach dem engl. Botaniker J. J. Bennett⟩: Ordnung fossiler Pflanzen der ↑ Trias u. der Kreidezeit
Ben|nuss vgl. Behennuss
ben te|nu|to ⟨it.⟩: (Mus.) gehalten
Ben|thal das; -s ⟨gr.-nlat.⟩: (Biol.) Region des Gewässergrundes od. Meeresbodens
ben|tho|nisch: das Benthos betreffend
Ben|thos das; - ⟨gr.; „Tiefe"⟩: die Tier- u. Pflanzenwelt des Meeresbodens
Ben|to|nit [auch: ...'nɪt] der; -s, -e ⟨nlat.; nach den ersten Funden in der Gegend von Fort Benton in Montana, USA⟩: ein Ton mit starkem Quellvermögen
Benz|al|de|hyd der; -s, -e ⟨Kurzw. aus ↑ Benzoesäure u. ↑ Aldehyd⟩: künstliches Bittermandelöl
Ben|zi|din das; -s ⟨arab.-it.-mlat.-nlat.⟩: Ausgangsstoff der Azofarbstoffe
Ben|zin das; -s, -e: Gemisch aus gesättigten Kohlenwasserstoffen, das bes. als Treibstoff für Vergasermotoren sowie als Lösungs- u. Reinigungsmittel verwendet wird
Ben|zo|at das; -[e]s, -e: Salz der Benzoesäure
Ben|zo|di|a|zep|in das; -s, -e (meist Plural): ↑ Tranquilizer mit angsthemmender, beruhigender u. entspannender Wirkung

Ben|zoe ['bɛntsoe] die; - ⟨arab.-it.-mlat.⟩ u. **Ben|zo|e|harz** das; -es: als Räuchermittel, bei der Parfümherstellung u. als Heilmittel verwendetes wohlriechendes Harz bestimmter ostindischer u. indochinesischer Benzoebaumarten
Ben|zo|e|säu|re, auch: Benzolcarbonsäure die; -: ein Konservierungsmittel
Ben|zol das; -s, -e ⟨Kurzw. aus Benzo... u. ↑ Alkohol⟩: Teerdestillat [aus Steinkohlen]; als Ausgangsmaterial vieler Verbindungen, Zusatz zu Treibstoffen od. als Lösungsmittel verwendeter einfachster aromatischer Kohlenwasserstoff
Ben|zol|car|bon|säu|re die; -: Benzoesäure
Ben|zo|yl das; -s ⟨Kunstw. aus Benzo... u. gr. hýlē „Materie"⟩: Restgruppe des Moleküls der Benzoesäure
ben|zo|y|lie|ren: eine Benzoylgruppe in eine chem. Verbindung einführen
Benz|py|ren das; -s ⟨arab.; gr.⟩: ein als Krebs erregend geltender Kohlenwasserstoff (in Tabakrauch, Auspuffgasen u. a.)
Ben|zyl das; -s: einwertige Restgruppe des ↑ Toluols
Ben|zyl|al|ko|hol der; -s: in vielen Blütenölen vorkommender u. als Grundstoff für Parfüm verwendeter aromatischer Alkohol
Beo der; -s, -s ⟨indones.⟩: Singvogel aus Indien
Ber|ber der; -s, - ⟨nordafrikan. Volk⟩: 1. von den Berbern in Nordwestafrika geknüpfter, derber, hochfloriger Teppich aus naturfarbener Wolle. 2. in Nordafrika gezüchtetes Reitpferd. 3. Nichtsesshafter, Land-, Stadtstreicher
¹**Ber|be|rin** das; -s ⟨mlat.-nlat.⟩: aus der Wurzel der Berberitze gewonnenes, als gelber Farbstoff sowie als Bittermittel verwendetes ↑ Alkaloid
²**Ber|be|rin** die; -, -nen: weibliche Form zu ↑ Berber (3)
Ber|be|rit|ze die; -, -n ⟨mlat.⟩: Zierstrauch der Gattung Sauerdorn mit gelben Blüten u. roten Beerenfrüchten
Ber|ceu|se [bɛr'søzə] die; -, -n ⟨fr.⟩: 1. (Mus.) Wiegenlied. 2. (veraltet) Schaukelstuhl
Bé|ret ['bɛrɛ] das; -s, -s ⟨mlat.-fr.⟩:

(schweiz., auch luxemburgisch) Baskenmütze

Ber|gal|ma der; -[s], -s: handgeknüpfter, streng geometrisch gemusterter Orientteppich aus der türkischen Stadt Bergama

Ber|ga|mas|ca die; -, -s ⟨it.⟩: fröhlicher italienischer Volkstanz

Ber|ga|mot|te die; -, -n ⟨türk.-it.-fr.⟩: 1. a) in Südeuropa u. Westindien kultivierter Baum mit süßlich riechenden Blüten u. runden, glatten, blassgelben Früchten; b) Frucht der Bergamotte (1 a). 2. in mehreren Sorten vorkommende würzig schmeckende Birne

Ber|ga|mot|tel|li|kör der; -s, -e: gelbgrüner Likör aus den Schalen der ↑ Bergamotte (1 b)

Ber|ga|mott|öl das; -[e]s, -e: aus den Schalen der Bergamotte (1 b) gewonnenes Öl für Parfüme u. Liköre

Ber|ge|nie [...i̯ə] die; -, -n ⟨nlat.; nach dem deutschen Botaniker K. A. v. Bergen⟩: zu den Steinbrechgewächsen gehörende Pflanze, die in Europa in zwei Arten als winterharte Zierstaude kultiviert wird

Ber|ge|re [bɛrˈʒeːrə] die; -, -n ⟨lat.-galloroman.-fr.⟩: (veraltet) bequemer, gepolsterter Lehnsessel

Ber|ge|ret|te [bɛrʒəˈrɛtə] die; -, -n: (Mus.) Hirten-, Schäferstück

Be|ri|be|ri die; - ⟨singhal.⟩: Vitamin-B₁-Mangel-Krankheit (bes. in Ostasien) mit Lähmungen u. allgemeinem Kräfteverfall

Ber|ke|li|um das; -s ⟨nlat.; nach der nordamerik. Universitätsstadt Berkeley⟩: chem. Element; ein Transuran; Zeichen: Bk

Ber|li|nal|le die; -, -n ⟨Neubildung nach dem Vorbild von ↑ Biennale⟩: Bezeichnung für die alljährlich in Berlin stattfindenden Filmfestspiele

Ber|li|ne die; -, -n ⟨nach dem ersten Herstellungsort Berlin⟩: (im 17. u. 18. Jh.) viersitziger Reisewagen mit einem Verdeck, das zurückgeschlagen werden konnte

Ber|lo|cke die; -, -n ⟨fr.⟩: (im 18. u. 19. Jh. üblicher) kleiner Schmuck an [Uhr]ketten

Ber|mu|das, Ber|mu|da|shorts, auch: **Ber|mu|da-Shorts** die (Plural) ⟨nach der Inselgruppe im Atlantik⟩: fast knielange ↑ Shorts

---

Ber|nar|don [...ˈdõː] der; -s, -s ⟨germ.-fr.⟩: komische Figur des Wiener Volkstheaters im 18. Jh.

Be|ro|li|na die; - ⟨nlat.⟩: Frauengestalt als Sinnbild Berlins

Be|ro|li|nis|mus der; -, ...men: der Berliner Umgangssprache eigentümlicher Ausdruck

Ber|sa|g|li|e|re [bɛrzalˈjeːrə] der; -[s], ...ri (meist Plural) ⟨it.⟩: Angehöriger einer italienischen Scharfschützentruppe

Ber|ser|ker [auch: ˈbɛr...] der; -s, - ⟨altnord.; „Bärenfell, Krieger im Bärenfell"⟩: 1. wilder Krieger der altnordischen Sage. 2. a) kampfwütiger, sich wild gebärdender Mann; b) Mann von bes. kräftiger Statur

Ber|the die; -, -n ⟨fr.⟩: (in der Damenmode um 1850 übliche) kragenartige Einfassung des Halsausschnittes

Ber|til|lo|na|ge [bɛrtijoˈnaːʒə] die; - ⟨fr.; vom Namen des franz. Anthropologen A. Bertillon, † 1914⟩: überholtes Verfahren zur Wiedererkennung rückfälliger Verbrecher durch Registrierung unveränderlicher Körpermerkmale

Be|ryll der; -[e]s, -e ⟨drawid.-mittelind.-gr.-lat.⟩: häufig als Schmuckstein verwendetes Mineral

Be|ryl|li|o|se die; -, -n ⟨nlat.⟩: durch ↑ Beryllium hervorgerufene Lungenkrankheit

Be|ryl|li|um das; -s: chem. Element; ein Metall; Zeichen: Be

Be|san der; -s, -e ⟨lat.-it.-span.-niederl.⟩: a) Segel am hintersten Mast; b) der hinterste Mast; Besanmast

Be|schir, Baschyr der; -[s], -[s] ⟨turkmen.⟩: rotgrundiger turkmenischer Teppich mit Blütenod. Wolkenbandmuster

Be|schmet der; -, -e ⟨tatar.⟩: umhangartiges Kleidungsstück kaukasischer u. türkischer Völker

Be|sem|schon das; -s ⟨niederl.; „besenrein"⟩: Vergütung für die an der Verpackung hängen bleibenden Warenteilchen

Bé|sigue [beˈziːk], **Be|sik** das; -s ⟨fr.⟩: ein Kartenspiel

Bes|se|mer|bir|ne die; -, -n ⟨nach dem engl. Erfinder⟩: birnenförmiger Behälter zur Stahlherstellung

---

bes|se|mern: Stahl nach dem Verfahren Bessemers herstellen

bes|ti|a|lisch ⟨lat.⟩: 1. (abwertend) unmenschlich, viehisch, teuflisch. 2. (ugs.) fürchterlich, unerträglich

Bes|ti|a|li|tät die; -, -en: a) (ohne Plural) Unmenschlichkeit, grausames Verhalten; b) grausame Handlung, Tat

Bes|ti|a|ri|um das; -s, ...ien: Titel mittelalterlicher Tierbücher

Bes|tie [...i̯ə] die; -, -n: Raubtier; wildes, gefährliches Tier

Bes|ti|en|ka|pi|tell das; -s, -e: romanisches ↑ Kapitell mit symbolischen Tiergestalten

Bes|ti|en|säu|le die; -, -n: romanische Säule mit reliefartigen Darstellungen miteinander kämpfender Tiere

Best|sel|ler der; -s, - ⟨engl.⟩: etwas (bes. ein Buch), was [einige Zeit] sehr gut verkauft wird; vgl. Longseller, Steadyseller

Be|ta das; -[s], -s ⟨gr.⟩: zweiter Buchstabe des griechischen Alphabets: B, β

Be|ta|blo|cker, β-Blo|cker der; -s, -: Kurzform von ↑ Betarezeptorenblocker

Be|ta|ca|ro|tin, β-Ca|ro|tin das; -s ⟨gr.-lat.-nlat.⟩: Provitamin vom Vitamin A

Be|ta|in das; -s ⟨lat.-nlat.⟩: aus der Melasse von Zuckerrüben gewonnene Aminosäure, die als Arzneimittel bes. zur Senkung des Cholesterinspiegels, bei Lebererkrankungen u. zur Substitution von Magensäure verwendet wird

Be|ta|re|zep|tor, β-Re|zep|tor der; -s, ...oren ⟨aus ↑ Beta u. ↑ Rezeptor⟩: (Med., Physiol.) ↑ Rezeptor (2) des sympathischen Nervensystems, der die hemmenden Wirkungen bestimmter Substanzen vermittelt (z. B. Erweiterung der Blutgefäße, Erhöhung von Schlagvolumen und Frequenz des Herzens)

Be|ta|re|zep|to|ren|blo|cker, β-Re|zep|to|ren|blo|cker der; -s, - ⟨engl. to block = hemmen, blockieren⟩: (Med., Chem.) chemische Substanz, mit der die Wirkung auf die Betarezeptoren blockiert wird; Arzneimittel zur Behandlung bestimmter Herzkrankheiten, Bluthochdruck u. a.

Be|ta|strah|len, β-Strah|len die

(Plural) ⟨*gr.; dt.*⟩: radioaktive Strahlen, die aus Elektronen bestehen

Be|ta|teil|chen, β-Teil|chen *die* (Plural): beim radioaktiven Zerfall ↑ emittierte Elektronen

Be|ta|tr|ron *das;* -s, ...*one* (auch: -s) ⟨Kurzwort aus ↑ *Beta*strahlen u. ↑ *Elektron* ⟩: Gerät zur Beschleunigung von Elektronen, Elektronenschleuder

Be|ta|ver|si|on *die;* -, -en ⟨*gr.; lat.-fr.*⟩: (EDV) neues bzw. überarbeitetes Software- od. Hardwareprodukt im zweiten Entwicklungsstadium

bête [bɛːt] ⟨*lat.-vulgärlat.-fr.*⟩ in der Fügung **bête sein:** [im Spiel] verloren haben

Be|tel *der;* -s ⟨*Malayalam-port.*⟩: indisch-malaiisches Kau- u. Genussmittel aus der Frucht der Betelnusspalme

Be|til|se *die;* -, -n ⟨*lat.-vulgärlat.-fr.*⟩: (geh.) Dummheit

Be|ton [be'tɔŋ, auch: be'tõː, (auch, österr. nur:) be'to:n] *der;* -s, -s u. (bei nicht nasalierter Ausspr.:) -e ⟨*lat.-fr.*⟩: Baustoff aus einer Mischung von Zement, Wasser und Zuschlagstoffen (Sand, Kies u. a.)

Be|to|nie [...jə] *die;* -, -n ⟨*lat.-vulgärlat.*⟩: eine rote Wiesenblume

be|to|nie|ren ⟨*lat.-fr.*⟩: mit einem Betonbelag versehen. **Be|to|nie|rung** *die;* -, -en: a) das Betonieren; b) Schicht, Belag o. Ä. aus Beton

Be|val|t|ron [auch: ...'tro:n] *das;* -s, -s od. ...*trone* ⟨Kunstw. aus *amerik.* billion electron *v*olts und synchro*tron*⟩: (Phys.) Teilchenbeschleuniger

Bey *der;* -s, -e u. -s: Beg

be|zir|zen, auch: becircen ⟨nach der in den griech. Sage vorkommenden Zauberin Kirkē, latinisiert Circe⟩: (ugs.) bezaubern, betören, auf verführerische Weise für sich gewinnen

Be|zo|ar *der;* -s, -e u. **Be|zo|ar|stein** *der;* -s, -e ⟨*pers.-arab.-span.;* „Gegengift"⟩: Magenstein von Wiederkäuern (z. B. der asiatischen Bezoarziege; in der Volksmedizin gebraucht)

Be|zo|ar|wur|zel *die;* -, -n: Wurzel eines südamerikanischen Maulbeergewächses, die als Heilmittel bei Schlangenbiss verwendet wird

---

Be|zo|ar|zie|ge *die;* -, -n: eine asiatische Wildziege

Bha|ga|wad|gi|ta *die;* - ⟨*sanskr.;* „Gesang des Erhabenen"⟩: altindisches religionsphilosophisches Lehrgedicht in 18 Gesängen (Teil des ↑ Mahabharata)

Bhag|van, Bhag|wan *der;* -s, -s ⟨*Hindi-sanskr.;* „der Erhabene"⟩: 1. (ohne Plural) Ehrentitel für religiöse Lehrer des Hinduismus. 2. Träger des Ehrentitels Bhagvan

Bhak|ti *die;* - ⟨*sanskr.*⟩: liebende Hingabe an Gott als der wichtigste Heilsweg des ↑ Hinduismus

Bhik|ku *der;* -s, -s ⟨*Pali;* „Bettler"⟩: buddhist. Bettelmönch. **Bhik|ku|ni** *die;* -, -s: weibliche Form zu ↑ Bhikku. **Bhik|schu** *der;* -s, -s ⟨*sanskr.;* „Bettler"⟩: vgl. Bhikku. **Bhik|schu|ni** *die;* -, -s: weibliche Form zu ↑ Bhikschu

---

bi..., Bi...

vor Vokalen oft bin..., Bin... ⟨zu *lat.* bis (in Zusammenhängen bi...) „zweimal"⟩ Präfix mit der Bedeutung „zwei, doppel[t]":
– Biathlon
– Bigamie
– bikonvex
– bilateral
– binaural

---

bi ⟨*lat.*⟩: (ugs.) kurz für: bisexuell

Bi|ar|chie *die;* -, ...*ien* ⟨*lat.; gr.*⟩: Doppelherrschaft

Bi|as [auch: 'baɪas] *das;* -, - ⟨*fr.-engl.-amerik.;* „Vorurteil"⟩: (Meinungsforschung) durch falsche Untersuchungsmethoden (z. B. durch Suggestivfragen) verursachte Verzerrung des Ergebnisses einer Repräsentativerhebung

Bi|ath|let *der;* -en, -en ⟨*lat.; gr.*⟩: jmd., der Biathlon betreibt. **Bi|ath|le|tin** *die;* -, -nen: weibliche Form zu ↑ Biathlet

¹Bi|ath|lon *das;* -s ⟨*gr.* „Zweikampf"⟩: Kombination aus Skilanglauf und Scheibenschießen als wintersportliche Disziplin

²Bi|ath|lon *der;* -s, -s: einzelner Wettkampf im ¹Biathlon

bi|au|ral vgl. binaural

Bi|bel *die;* -, -n ⟨*gr.-mlat.*⟩: 1. Gesamtheit der von den christli-

---

chen Kirchen als offenbartes Wort Gottes betrachteten Schriften des Alten u. Neuen Testaments, heiliges Buch der Christen; Heilige Schrift. 2. (ugs. scherzh.) a) für jmdn. od eine Gruppe maßgebendes Buch, maßgebende Schrift; b) dickes, großes Buch

Bi|bel|kon|kor|danz *die;* -, -en: alphabetische Zusammenstellung von Wörtern u. Begriffen der Bibel mit Stellenangabe

Bi|bel|lot [bibə'lo:] *der;* -s, -s ⟨*fr.*⟩: Nippsache, Kleinkunstwerk

Bi|bel|re|gal *das;* -s, -e: (zusammengeklappt einer großen Bibel ähnlich sehende) tragbare Orgel des 16.–18. Jh.s

Bi|be|ret|te *die;* - ⟨französierende Neubildung zu *dt.* Biber⟩: 1. Kaninchenfell, das durch Veredlung einem Biberfell ähnlich gemacht worden ist. 2. pelzartiger Wollplüsch

Bi|ber|nel|le *die;* -, -n: Pimpernell

Bi|b|lia Pau|pe|rum *die;* - -, ...*ae* [...ɛ] - ⟨*mlat.;* „Armenbibel"⟩: 1. mittelalterliche Bezeichnung für einfache Kurzfassungen lateinischer Bibeltexte. 2. spätmittelalterliche Bilderbibel, die die wichtigsten Stationen der Heilsgeschichte als Zusammenschau von Neuem Testament u. Altem Testament darstellt

---

bi|b|li|o..., Bi|b|li|o...

⟨*gr.* biblíon „Buch, Büchlein, Schrift, Blatt"⟩ Wortbildungselement mit der Bedeutung „Buch, Bücher":
– bibliografisch
– Bibliomane
– bibliophil
– Bibliothek
– Bibliotherapie

Bi|b|li|o|g|no|sie *die;* - ⟨*gr.-nlat.*⟩: (veraltet) Bücherkenntnis, -kunde

Bi|b|li|o|graf, auch: ...graph *der;* -en, -en ⟨*gr.*⟩: Bearbeiter einer Bibliografie

Bi|b|li|o|gra|fie, auch: ...graphie *die;* -, ...*ien:* 1. Bücherverzeichnis; Zusammenstellung von Büchern u. Schriften, die zu einem bestimmten Fachgebiet od. Thema erschienen sind.

2. Wissenschaft von den Büchern

bi|b|li|o|gra|fie|ren, auch: ...graphieren: a) den Titel einer Schrift bibliografisch verzeichnen; b) die genauen bibliografischen Daten feststellen

Bi|b|li|o|gra|fin, auch: ...graphin *die; -, -nen:* weibliche Form zu ↑ Bibliograf

bi|b|li|o|gra|fisch, auch: ...graphisch: die Bibliografie betreffend

Bib|li|o|graph, Bib|li|o|gra|phie usw. vgl. Bibliograf, Bibliografie usw.

Bi|b|li|o|klast *der; -en, -en ⟨gr.-nlat.⟩:* jmd., der aus Sammelleidenschaft Bücher zerstört, indem er bestimmte Seiten herausreißt

Bi|b|li|o|la|t|rie *die; -:* a) übermäßige Verehrung heiliger Bücher, bes. der ↑ Bibel; b) Buchstabengläubigkeit

Bi|b|li|o|lith *der; -en, -en* (meist Plural): Handschrift der Antike, die durch Verkohlen bei Vulkanausbrüchen das Aussehen eines Steins erhielt

Bi|b|li|o|ma|ne *der; -n, -n:* jmd., der aus krankhafter Leidenschaft Bücher sammelt. **Bi|b|li|o|ma|nie** *die; -:* krankhafte Büchersammelwut. **Bi|b|li|o|ma|nin** *die; -, -nen:* weibliche Form zu ↑ Bibliomane. **bi|b|li|o|ma|nisch:** a) sich wie ein Bibliomane verhalten; b) die Bibliomanie betreffend

Bi|b|li|o|man|tie *die; -:* das Wahrsagen aus zufällig aufgeschlagenen Buchstellen, bes. aus der Bibel

Bi|b|li|o|pha|ge *der; -n, -n ⟨„Bücherfresser"⟩:* leidenschaftlicher Bücherleser. **Bi|b|li|o|pha|gin** *die; -, -nen:* weibliche Form zu ↑ Bibliophage

bi|b|li|o|phil: 1. [schöne u. kostbare] Bücher liebend. 2. für Bücherliebhaber wertvoll, kostbar ausgestattet (von Büchern). **Bi|b|li|o|phi|le** *der u. die; -n, -n* (zwei -[n]): jmd., der in besonderer Weise [schöne u. kostbare] Bücher schätzt, erwirbt. **Bi|b|li|o|phi|lie** *die; -:* Bücherliebhaberei

Bi|b|li|o|pho|be *der u. die; -n, -n:* Bücherfeind[in]. **Bi|b|li|o|pho|bie** *die; -:* Bücherfeindlichkeit

Bi|b|li|o|so|phie *die; -:* (veraltet)

Lehre vom Zweck des Büchersammelns

Bi|b|li|o|taph *der; -en, -en* („Büchergrab"): jmd., der seine Bücher an geheimen Stellen aufbewahrt u. nicht verleiht. **Bi|b|li|o|ta|phin** *die; -, -nen:* weibliche Form zu ↑ Bibliotaph

Bi|b|li|o|thek *die; -, -en ⟨gr.-lat.⟩:* 1. Aufbewahrungsort für eine systematisch geordnete Sammlung von Büchern, [wissenschaftliche] Bücherei. 2. [große] Sammlung von Büchern, größerer Besitz an Büchern

Bi|b|li|o|the|kar *der; -s, -e:* [wissenschaftlicher] Verwalter einer Bibliothek. **Bi|b|li|o|the|ka|rin** *die; -, -nen:* weibliche Form zu ↑ Bibliothekar. **bi|b|li|o|the|ka|risch:** den Beruf, das Amt eines Bibliothekars betreffend

Bi|b|li|o|the|ko|gra|phie, auch: ...grafie *die; -, ...ien ⟨gr.-nlat.⟩:* Beschreibung der Geschichte u. der Bücherbestände einer Bibliothek

Bi|b|li|o|the|ko|no|mie *die; -:* Wissenschaft von den Aufgaben u. der Verwaltung einer Bibliothek

Bi|b|li|o|the|ra|pie *die; -:* 1. Wiederherstellung alter od. beschädigter Bücher. 2. Förderung der [seelischen] Gesundung von Patienten durch ausgewählte Lektüre

bi|b|lisch ⟨gr.-nlat.⟩: a) die Bibel betreffend; b) aus der Bibel stammend; **biblisches Alter:** sehr hohes Alter

Bi|b|li|zis|mus *der; - ⟨gr.-nlat.⟩:* das Auslegen der Bibel im rein wörtlichen Sinn ohne Berücksichtigung historisch-kritischer Forschungsergebnisse. **Bi|b|li|zist** *der; -en, -en:* Vertreter des Biblizismus. **Bi|b|li|zis|tin** *die; -, -nen:* weibliche Form zu ↑ Biblizist

Bi|car|bo|nat vgl. Bikarbonat

bi|chrom ['bi:kro:m, auch: bi'kro:m] *Adj. ⟨nlat.⟩:* zweifarbig. **Bi|chro|mat** *das; -[e]s, -e:* Dichromat. **Bi|chro|mie** *die; -:* Zweifarbigkeit

Bi|ci|ni|um [bi'tsi:...] *das; -s, ...ien* [...jən] *⟨lat.⟩:* Bizinie

bi|cy|c|lisch vgl. bizyklisch

Bi|da *die; - ⟨arab.; „Neuerung"⟩:* (islam. Rel.) Gesamtheit der Gebräuche od. Glaubensvor-

stellungen, die nicht durch die ↑ Sunna sanktioniert werden

Bi|det [bi'de:] *das; -s, -s ⟨fr.⟩:* längliches, niedriges Waschbecken für Spülungen u. Waschungen von After u. Genitalien im Sitzen

Bild|jar vgl. Bidschar

Bi|don [bi'dõ:] *der; -s, -s ⟨it.-fr.⟩:* (schweiz.) Eimer, Kanne mit Verschluss, [Benzin]kanister

Bi|don|ville [bidõ'vil] *das; -s, -s ⟨fr.; „Kanisterstadt"⟩:* a) aus Kanistern, Wellblech u. Ä. aufgebautes Elendsviertel in den Randzonen der nordafrikanischen Großstädte; b) Elendsviertel, Slum

Bild|schar, auch: Bidjar *der; -s, -s u. -e* (nach der gleichnamigen iran. Stadt): schwerer, fest geknüpfter Teppich mit Blüten- u. Rankenmuster

bi|en [bĩɛ̃] *⟨lat.-fr.⟩:* gut, wohl (als Zustimmung)

bi|enn *⟨lat.⟩:* (Bot.) zweijährig (von Pflanzen mit zweijähriger Lebensdauer, die erst im zweiten Jahr blühen u. Frucht tragen)

bi|en|nal: a) von zweijähriger Dauer; b) alle zwei Jahre [stattfindend]. **Bi|en|na|le** *die; -, -n ⟨lat.-it.⟩:* alle zwei Jahre stattfindende Ausstellung od. Schau, bes. der bildenden Kunst u. im Film

Bi|en|ne *die; -, -n:* zweijährige (erst im zweiten Jahr blühende) Pflanze

Bi|en|ni|um *das; -s, ...ien ⟨lat.⟩:* Zeitraum von zwei Jahren

bi|fi|lar *⟨lat.-nlat.⟩:* (Techn.) zweifädig, zweidrähtig. **Bi|fi|lar|pen|del** *das; -s, -:* an zwei Fäden od. Drähten aufgehängtes Pendel. **Bi|fi|lar|wick|lung** *die; -, -en:* (Elektrot.) Doppeldrahtwicklung zur Herabsetzung der ↑ Induktivität

Bi|fo|kal|glas *das; -es, ...gläser* (meist Plural) *⟨lat.-nlat.; dt.⟩:* Zweistärkenglas, Brillenglas mit zwei Brennpunkten (zum Weitsehen u. zum Nahsehen)

Bi|fo|ri|um *das; -s, ...ien ⟨lat.⟩:* (gotische Baukunst) zweiflügeliges, durch eine Mittelsäule gegliedertes Fenster

bi|form *⟨lat.⟩:* doppelgestaltig. **Bi|for|mi|tät** *die; -, -en:* Doppelgestaltigkeit

Bi|fur|ka|ti|on *die; -, -en ⟨lat.-nlat.⟩:* 1. (Med.) Gabelung (bes. der Luftröhre u. der Zahnwurzeln) in zwei Äste. 2. (Geogr.) Flussgabelung, bei der das Wasser eines Armes in ein anderes Flussgebiet abfließt

Bi|ga *die; -, Bigen ⟨lat.⟩:* von zwei Pferden gezogener Renn- oder Prunkwagen im alten Rom

Bi|ga|mie *die; -, ...ien ⟨lat.; gr.⟩:* [gesetzwidrige] Doppelehe. **bi|ga|misch:** in einer Doppelehe lebend

Bi|ga|mist *der; -en, -en:* jmd., der eine zweite Ehe eingeht, obwohl die erste noch besteht. **Bi|ga|mis|tin** *die; -, -nen:* weibliche Form zu ↑ Bigamist. **bi|ga|mis|tisch:** a) die Bigamie betreffend; b) in Bigamie lebend

Big|ap|ple|walk, auch: **Big-Apple-Walk** [ˈbɪɡ æplwɔːk] *der; -[s], -s ⟨engl.-amerik.⟩:* (bes. in den 1930er-Jahren in den USA beliebter) in Reihen getanzter Modetanz

Bi|ga|ra|de *die; -, -n ⟨fr.⟩:* 1. bittere Pomeranze. 2. bes. zu Entenbraten gereichte Soße, die mit dem Saft od. der Schale der Bigarade (1) gewürzt ist

Big|band [ˈbɪɡbænd] *die; -, -s,* auch: **Big Band** *die; - -, - -s ⟨engl.-amerik.; „große Kapelle"⟩:* in Instrumentalgruppen gegliedertes großes Jazzod. Tanzorchester, in dem im Gegensatz zur ↑ Combo einzelne Instrumente mehrfach besetzt sind

Big|bang [...ˈbɛŋ] *der; -s, -s,* auch: **Big Bang** *der; - -s, - -s ⟨engl.; „großer Knall"⟩:* Urknall (hypothetische Explosion der zusammengedrängten Materie bei der Entstehung des Weltalls)

Big Bro|ther [bɪɡ ˈbrʌðə] *der; - -s, - -s ⟨engl.;* nach dem Roman „1984" von George Orwell, in dem Big Brother die personifizierte Macht eines totalitären Staates darstellt⟩: Beobachter, Überwacher

Big|busi|ness [...ˈbɪznɪs] *das; -,* auch: **Big Busi|ness** *das; - - ⟨engl.-amerik.; „großes Geschäft"⟩:* a) Geschäftswelt der Großunternehmer; b) vorteilhaftes großes Geschäft

Bi|ge|mi|nie *die; -, ...ien ⟨lat.⟩:* (Med.) Doppelschlägigkeit des Pulses infolge einer ↑ Extrasystole, die an den normalen Schlag des Herzens gekoppelt ist

Big|foot [...fʊt] *der; -[s], ...feet [...fiːt] ⟨engl.; „großer Fuß"⟩:* nordamerikanische Version des ↑ Yetis

Big|foot|ski [ˈbɪɡfʊt...], auch **Big-Foot-Ski** *der; -s, - u. -er ⟨engl.⟩:* Ski mit breitem, kurzem Brett

Big|no|nie [...jə] *die; -, -n ⟨nlat.;* nach dem franz. Abbé Bignon⟩: im tropischen Nordamerika heimische Kletterpflanze mit glockenförmigen, orangeroten Blüten

Bi|gos, Bi|gosch *das; - ⟨poln.⟩:* als polnisches Nationalgericht geltender Eintopf aus Schweinefleisch, Speck, Zwiebeln, Weißkraut u. Pilzen

bi|gott ⟨fr.⟩: (abwertend) a) Frömmigkeit zur Schau tragend, scheinheilig; b) übertrieben glaubenseifrig. **Bi|got|te|rie** *die; -, ...ien:* (abwertend) 1. (ohne Plural) bigottes Wesen. 2. bigotte Handlungsweise, Äußerung

Big|point [...pɔynt] *der; -s, -s,* auch: **Big Point** *der; - -s, - -s ⟨engl.⟩:* (Tennis) sehr wichtiger, für den Verlauf eines Spiels oft vorentscheidender Punkt

Big|push [...pʊʃ] *der; -[e]s, -es [...ɪz,* auch: ...ɪs], auch: **Big Push** *der; - -[e]s, - -es [- ...ɪz,* auch: - ...ɪs] ⟨engl.⟩: (Wirtsch.) hohe Kapitalunterstützung, bes. für langfristige Entwicklungsprogramme

bi|jek|tiv [auch: ...ˈtiːf] ⟨lat.⟩: (Math.) bei der Abbildung einer mathematischen Menge jedem Urbild nur einen Bildpunkt u. umgekehrt zuordnend

Bijou [biˈʒu:] *der* od. *das; -s, -s ⟨breton.-fr.⟩:* Kleinod, Schmuckstück. **Bi|jou|te|rie** *die; -, ...ien:* 1. [billiger] Schmuck. 2. (ohne Plural) Schmuckwarengeschäft, -handel. **Bi|jou|ti|er** [...ˈtje:] *der; -s, -s ⟨schweiz.⟩* Juwelier

Bi|kar|bo|nat, chem. fachspr.: Bicarbonat [...ka...] *das; -s, -e ⟨nlat.⟩:* doppeltkohlensaures Salz

Bike [baik] *das; -s, -s ⟨engl.⟩:* 1. kleines Motorrad. 2. a) kurz für ↑ Mountainbike, ↑ Trekkingbike; b) Fahrrad. **bi|ken** [ˈbaikən] ⟨engl.⟩: 1. Motorrad fahren. 2. a) mit dem Bike (2 a) fahren;

b) Fahrrad fahren. **Bi|ker** [ˈbaikə] *der; -s, -:* 1. Motorradfahrer. 2. a) Mountainbike-, Trekkingbikefahrer; b) Fahrradfahrer. **Bi|ke|rin** *die; -, -nen:* weibliche Form zu ↑ Biker

Bi|ki|ni *der* (schweiz.: *das*); -s, -s ⟨Fantasiebez.; nach dem Atoll in der Ralikgruppe der Marshallinseln⟩: zweiteiliger Badeanzug für weibliche Personen

bi|kol|la|te|ral ⟨lat.-nlat.: „von zwei Seiten her"⟩; in der Fügung **bikollaterales Leitbündel:** strangartiges Gewebebündel im Gefäßsystem einer Pflanze, das sowohl innen als auch außen einen Siebteil zur Leitung der Assimilationsprodukte besitzt

Bi|kom|po|si|tum *das; -s, ...ta u. ...iten:* (Sprachw.) Verb od. Verbalsubstantiv mit zwei Vorsilben (z. B. an-er-kennen, Rück-an-sicht)

bi|kon|kav [auch ...ˈka:f] ⟨lat.-nlat.⟩: beiderseits hohl [geschliffen]; Ggs. ↑ bikonvex

bi|kon|vex [auch ...ˈvɛks] ⟨lat.-nlat.⟩: beiderseits gewölbt [geschliffen]; Ggs. ↑ bikonkav

Bi|kus|pi|da|tus *der; -, ...ti* od. ...ten ⟨lat.-nlat.: „zwei Höcker aufweisend"⟩: ↑ Prämolar

bi|la|bi|al [auch: ˈbi:...] ⟨lat.-nlat.⟩: (Sprachw.) mit beiden Lippen gebildet (vom Laut). **Bi|la|bi|al** [auch: ˈbi:...] *der; -s, -e:* (Sprachw.) mit beiden Lippen gebildeter Laut

Bi|lanz *die; -, -en ⟨lat.-vulgärlat.-it.⟩:* 1. (Wirtsch., Kaufmannsspr.) abschließende Gegenüberstellung von Vermögen u. Schulden, ↑ Aktiva u. ↑ Passiva, Einnahmen u. Ausgaben [für ein Geschäftsjahr]; Kontenabschluss. 2. Ergebnis, ↑ Fazit, abschließender Überblick

bi|lan|zie|ren: 1. in Bezug auf Soll u. Haben ausgeglichen sein. 2. über etwas eine Bilanz aufstellen. **Bi|lan|zie|rung** *die; -, -en:* Bilanzaufstellung

bi|la|te|ral [auch: ...ˈra:l] ⟨lat.-nlat.⟩: 1. zweiseitig; zwei Seiten, Partner betreffend; von zwei Seiten ausgehend. 2. (Biol.) bilateralsymmetrisch

Bi|la|te|ra|lis|mus *der; -:* System von zweiseitigen völkerrechtlichen Verträgen, insbesondere von Handels- u. Zahlungsabkommen

Bi|la|te|ra|li|um *das; -s, ...lia* (meist Plural): ↑ Bilaterium

bi|la|te|ral|sym|me|t|risch: durch eine Symmetrieebene in zwei äußerlich spiegelbildliche Hälften teilbar (in Bezug auf Menschen und Tiere); vgl. radialsymmetrisch

Bi|la|te|ri|um *das; -s, ...ia* (meist Plural): (Biol.) bilateralsymmetrisch gebautes vielzelliges Tier mit zentralem Nervensystem

Bil|bo|quet [...'ke:] *das; -s, -s ⟨fr.⟩:* Spiel, bei dem eine Kugel in einem Fangbecher aufgefangen werden muss

Bil|ge *die; -, -n ⟨engl.⟩:* (Seemannsspr.) Kielraum eines Schiffes, in dem sich Leckwasser sammelt

Bil|har|zie [...i̯ə] *die; -, -n ⟨nlat.; nach dem dt. Arzt Bilharz, † 1862⟩:* (veraltet) ↑ Schistosoma.
Bil|har|zi|o|se *die; -, -n:* [ägyptische] Wurmkrankheit (durch Bilharzien hervorgerufen)

bi|li|är *⟨lat.-nlat.⟩:* (Med.) a) die Galle betreffend; b) durch Galle bedingt, Gallen...

bi|li|fer: (Med.) Gallenflüssigkeit leitend (von Körperkanälen)

bi|li|ne|ar *⟨lat.-nlat.⟩:* mit zwei [geraden] Linien versehen; in der Fügung **bilineare Form:** algebraische Form, in der zwei Gruppen von Veränderlichen nur im 1. Grad (also nicht quadratisch oder kubisch) auftreten

bi|lin|gu|al [auch: 'bi:...] *⟨lat.-nlat.⟩:* 1. zwei Sprachen sprechend, verwendend; zweisprachig. 2. zwei Sprachen betreffend, auf zwei Sprachen bezogen. **Bi|lin|gu|a|lis|mus** *der; -:* Zweisprachigkeit, bes. die [kompetente] Anwendung von zwei Sprachen durch eine Person; ↑ Diglossie

bi|lin|gue [...gu̯ə]: ↑ bilinguisch. **Bi|lin|gue** *die; -, -n:* zweischriftige od. zweisprachige Inschrift od. Handschrift

bi|lin|gu|isch, bilingue: in zwei Sprachen [geschrieben], zweisprachig

Bi|lin|gu|is|mus [auch: 'bi:...] *der; -* u. **Bi|lin|gu|i|tät** [auch: 'bi:...] *die; -:* ↑ Bilingualismus

bi|li|ös *⟨lat.⟩:* (Med.) gallig, gallehaltig

Bi|li|ru|bin *das; -s ⟨lat.-nlat.⟩:* rötlich brauner Farbstoff der Galle

Bi|li|ru|bin|u|rie *die; -, ...ien ⟨lat.-gr.⟩:* Auftreten von ↑ Bilirubin im Harn

Bi|lis *die; - ⟨lat.⟩:* von der Leber gebildetes, für die Fettverdauung wichtiges Sekret; Galle

Bi|li|ver|din *das; -s ⟨lat.; lat.-roman.⟩:* grüner Farbstoff der Galle

Bill *die; -, -s ⟨engl.⟩:* engl. Bez. für: Gesetz[entwurf]; Urkunde; Rechnung

Bil|lard ['bɪljart, österr.: bi'ja:r̯] *das; -s, -e* (auch, österr. nur: -s) *⟨fr.⟩:* 1. (ohne Plural:) auf einem mit grünem Tuch bezogenen Tisch gespieltes Kugelspiel, bei dem Kugeln aus Elfenbein od. Kunststoff mit einem Stock nach bestimmten Regeln gestoßen werden. 2. Billardtisch

bil|lar|die|ren: in unzulässiger Weise stoßen (beim Billard)

Bil|lard|ka|ram|bol *das; -s:* ↑ Karambolagebillard

Bil|lard|queue [...'kø:] *das; -s, -s:* ↑ ¹Queue

Bill|ber|gie [...i̯ə] *die; -, -n ⟨nlat.; nach dem schwed. Botaniker Billberg⟩:* Zimmerpflanze aus dem tropischen Amerika, ein Ananasgewächs

Bil|let|doux [bɪje'du:] *das; -, - [...'du:s] ⟨fr.⟩:* (veraltet, noch scherzh.) kleiner Liebesbrief

Bil|le|teur [bɪlje'tøʁ, österr.: bɪj...] *der; -s, -e ⟨nlat.-fr.⟩:* 1. (österr.) Platzanweiser. 2. (schweiz. früher) Schaffner. **Bil|le|teu|se** [...'tø:zə] *die; -, -n:* weibliche Form zu ↑ Billeteur (2)

Bil|lett [bɪl'jɛt, österr.: bɪ'je:, bɪ'lɛt, bɪ'jɛt] *das; -[e]s, -s u. -e ⟨fr.⟩:* 1. a) Einlasskarte, Eintrittskarte; b) (schweiz., sonst veraltet) Fahrkarte. 2. (veraltet) Zettel, Briefchen

Bil|li|ar|de *die; -, -n ⟨fr.⟩:* tausend Billionen

Bil|li|on *die; -, -en ⟨fr.⟩:* eine Million Millionen

Bil|lon [bil'jõ] *der od. das; -s ⟨fr.⟩:* Silberlegierung mit hohem Kupfer-, Zinn- od. Zinkgehalt

Bi|lo|ka|ti|on *die; -, -en ⟨lat.-nlat.⟩:* (bes. in Heiligenlegenden berichtetes) gleichzeitiges Erscheinen eines Menschen an zwei [od. mehreren] Orten

Bi|lux|lam|pe ® *die; -, -n ⟨lat.; gr.-lat.-fr.; dt.⟩:* Fern- und Abblendlampe in Autoscheinwerfern

bi|ma|nu|ell [auch: 'bi:...] *⟨lat.-nlat.⟩:* zweihändig

bi|ma|xil|lär *⟨lat.-nlat.⟩:* Ober- u. Unterkiefer betreffend

Bi|mes|ter *das; -s, - ⟨lat.⟩:* (veraltet) Zeitraum von zwei Monaten

Bi|me|tall *das; -s, -e:* Streifen aus zwei miteinander verbundenen, verschiedenen Metallen, der sich bei Erwärmung aufgrund der unterschiedlichen Ausdehnung krümmt (bei Auslösevorrichtungen u. Messinstrumenten in der Elektrotechnik)

bi|me|tal|lisch: a) auf zwei Metalle bezüglich; b) aus zwei Metallen bestehend

Bi|me|tal|lis|mus *der; - ⟨nlat.⟩:* Doppelwährung; Währung, bei der zwei Metalle (meist Gold und Silber) Zahlungsmittel sind

bin..., Bin... vgl. bi..., Bi...

bi|när, auch: bi|nar u. **bi|na|risch** *⟨lat.⟩:* (fachspr.) aus zwei Einheiten, Zeichen od. Teilen bestehend

bi|nä|re Ein|heit: ↑ Bit

Bi|na|ris|mus *der; -:* sprachwissenschaftliche Theorie, wonach sich Sprachsysteme auf eine begrenzte Anzahl binärer ↑ Oppositionen (5) zurückführen lassen

Bi|när|kode, fachspr.: Binärcode *der; -s, -s:* aus einem Zeichenvorrat von nur zwei Zeichen bestehender ↑ Kode (1)

Bi|när|sys|tem *das; -s:* Dualsystem

Bi|när|zif|fer *die; -, -n:* (EDV) Ziffer 0 od. 1 od. eine Folge aus diesen Ziffern

Bi|na|ti|on *die; -, -en ⟨lat.-nlat.⟩:* zweimaliges Lesen der Messe an einem Tage durch denselben Priester

bi|na|ti|o|nal *⟨lat.-nlat.⟩:* zwei Nationen od. Staaten gemeinsam betreffend

bi|n|au|ral, auch: biaural *⟨lat.-nlat.⟩:* 1. (Med., Techn.) beide Ohren betreffend, für beide Ohren (z. B. von einem Stethoskop od. einem Kopfhörer). 2. zweikanalig (von elektroakustischer Schallübertragung)

bin|go *⟨nach dem Ausruf des Gewinners beim Bingo⟩:* (ugs.) ge troffen!, genauso ist es! **Bin|go** _das; -[s]_ ⟨engl.⟩: lottoähnliches Glücksspiel

Bin|go|card [...ka:ɐ̯t] _die; -, -s_ ⟨engl.⟩: Antwortkarte, bei der man seine Wünsche durch Ankreuzen von Zahlen in einem Zahlenfeld angeben kann

bi|nie|ren ⟨lat.-nlat.⟩: die Messe zweimal an einem Tag lesen

Bi|ni|ou [bi'nju:] _der; -s, -s_ ⟨breton.-fr.⟩: Sackpfeife in der bretonischen Volksmusik

Bi|n|o|de _die; -, -n_ ⟨lat.; gr.⟩: Elektronenröhre mit zwei Röhrensystemen in einem Glaskolben; Verbundröhre

Bi|no|kel [auch: bi'nɔkl] _das; -s, -_ ⟨lat.-fr.⟩: 1. (veraltet) a) Brille; b) Fernrohr. 2. Mikroskop für beide Augen. 3. (auch: _der;_ ohne Plural): schweizerisches Kartenspiel

bi|no|keln: Binokel (3) spielen

bi|no|ku|lar ⟨lat.-nlat.⟩: 1. beidäugig; **binokulares Sehen:** Fähigkeit, mit beiden Augen, also plastisch, zu sehen. 2. für beide Augen bestimmt, zum Durchblicken für beide Augen zugleich. **Bi|n|o|ku|lar** _das; -s, -e:_ optisches Gerät, das für das Sehen mit beiden Augen eingerichtet ist (z. B. Mikroskop, Fernglas)

Bi|n|o|ku|lar|mi|k|ro|s|kop _das; -s, -e:_ für beide Augen eingerichtetes ↑ Mikroskop

Bi|nom _das; -s, -e_ ⟨lat.⟩: (Math.) Summe od. Differenz aus zwei Gliedern

Bi|no|mi|al|ko|ef|fi|zi|en|ten _die_ (Plural) ⟨lat.; gr.; lat.⟩: ↑ Koeffizienten der einzelnen Glieder einer binomischen Reihe

bi|no|misch ⟨lat.; gr.⟩: zweigliedrig; **binomischer Lehrsatz:** math. Formel zur Berechnung von Potenzen eines Binoms

bi|o..., Bi|o... s. Kasten

bi|o|ak|tiv [auch: 'bi:o...]: biologisch aktiv, ↑ biologisch (2)

Bi|o|al|ko|hol [auch: 'bi:o...] _der:_ (Chem.) durch Gärung aus Biomasse gewonnener Äthylalkohol

Bi|o|as|t|ro|nau|tik [auch: 'bi:o...] _die; -:_ Erforschung der Lebensmöglichkeiten im Weltraum

Bi|o|bau|er _der; -n, -n:_ Landwirt, der seine Produkte auf natürlicher Grundlage herstellt. **Bi|o-**

bäu|e|rin _die; -, -nen:_ weibliche Form zu ↑ Biobauer

Bi|o|bi|b|li|o|gra|fie, auch: ...graphie _die; -, ...ien:_ ↑ Bibliografie, die das über eine Person erschienene Schrifttum verzeichnet

Bi|o|che|mie [auch: 'bi:o...] _die; -:_ 1. Chemie auf dem Gebiet der Biologie, Wissenschaft von der chemischen Zusammensetzung der Organismen u. den chemischen Vorgängen in ihnen. 2. biochemische Beschaffenheit im Ganzen. **Bi|o|che|mi|ker** [auch: 'bi:o...] _der; -s, -:_ Wissenschaftler auf dem Gebiet der Biochemie. **Bi|o|che|mi|ke|rin** [auch: 'bi:o...] _die; -, -nen:_ weibliche Form zu ↑ Biochemiker. **bi|o|che|misch** [auch: 'bi:o...]: die Biochemie betreffend, dazu gehörend, darauf beruhend

Bi|o|chor [...k...] _das; -s, -en,_ **Bi|o|cho|re** _die; -, -n,_ **Bi|o|cho|ri|on** _das; -s, ...ien_ ⟨gr.-nlat.⟩: (Biol.) engerer Lebensbereich innerhalb eines Biotops

Bi|o|di|ver|si|tät _die; -_ ⟨gr.; lat.⟩: die biologische Vielfalt (auf der Erde)

bi|o|dy|na|misch [auch: 'bi:o...]: nur mit organischen Düngemitteln gedüngt (in Bezug auf Nahrungsmittel)

Bi|o|e|lek|t|ri|zi|tät [auch: 'bi:o...] _die; -:_ Gesamtheit der elektrischen Vorgänge in lebenden Organismen

Bi|o|e|le|ment _das; -s, -e:_ Spurenelement; wichtiges, nur in sehr kleiner Menge im Körper vorhandenes u. wirksames chemisches Element (z. B. Kupfer, Jod)

Bi|o|e|ner|ge|tik [auch: 'bi:o...] _die; -:_ Therapie zur Befreiung von Ängsten, unterdrückten Emotionen, Verkrampfungen u. Ä. mithilfe von Bewegungs-, Haltungs-, Atemübungen u. Ä.

Bi|o|e|thik [auch: 'bi:o...] _die; -:_ Teilgebiet der ↑ Ethik, das sich mit sittlichen Fragen u. Verhaltensweisen im Umgang mit Leben u. Natur, bes. auch im Hinblick auf neue Entwicklungen u. Möglichkeiten der Forschung u. Therapie (wie Gentechnologie, Sterbehilfe u. Ä.) befasst. **Bi|o|e|thi|ker** [auch: 'bi:o...] _der; -s, -:_ Fachmann auf

dem Gebiet der Bioethik. **Bi|o|e|thi|ke|rin** [auch: 'bi:o...] _die; -, -nen:_ weibliche Form zu ↑ Bioethiker

Bi|o|feed|back [...fi:dbɛk] _das; -s, -s:_ Rückkopplung innerhalb eines Regelkreises biologischer Systeme

Bi|o|feed|back|me|tho|de _die; -:_ Methode, suggestives Verfahren zur Kontrolle autonomer, vom Menschen sonst kaum wahrgenommener Körperfunktionen (z. B. Blutdruck, Herzfrequenz, Hirnwellen) über Apparate, an die der Patient angeschlossen ist u. an denen er die entsprechenden Funktionen ablesen u. dann beeinflussen kann

Bi|o|gas _das; -es, -e:_ bei der Zersetzung von Naturstoffen (z. B. Mist o. Ä.) entstehendes Gas, das als alternative Energiequelle genutzt werden kann

Bi|o|ge|mü|se _das; -s, -:_ ohne künstliche Zusätze aufgezogenes Gemüse

bi|o|gen ⟨gr.-nlat.⟩: durch Tätigkeit von Lebewesen entstanden, aus abgestorbenen Lebewesen gebildet

Bi|o|ge|ne|se _die; -, -n:_ Entwicklung[sgeschichte] der Lebewesen. **bi|o|ge|ne|tisch:** zur Biogenese gehörend; **biogenetisches Grundgesetz:** Gesetz, wonach die Entwicklung des Einzelwesens (↑ Ontogenese) eine Wiederholung seiner stammesgeschichtlichen Entwicklung (↑ Phylogenese) ist (nach E. Haeckel, 1834–1919)

Bi|o|ge|nie _die; -:_ Entwicklungsgeschichte der Lebewesen

Bi|o|ge|o|gra|phie, auch: ...grafie [auch: 'bi:o...] _die; -:_ Wissenschaft von der geographischen Verbreitung der Tiere u. Pflanzen. **bi|o|ge|o|gra|phisch,** auch: ...grafisch [auch: 'bi:o...]: die Biogeographie betreffend

Bi|o|ge|o|zö|no|se _die; - ⟨gr.-nlat.⟩:_ System der Wechselbeziehungen, die zwischen Pflanzen u. Tieren eines Biotops mit ihrer unbelebten Umwelt bestehen

Bi|o|graf, auch: Biograph _der; -en, -en_ ⟨gr.-nlat.⟩: Verfasser einer Biografie. **Bi|o|gra|fie,** auch: Biographie _die; -, ...ien_ ⟨gr.⟩: 1. Beschreibung der Lebensgeschichte einer Person. 2. Le-

bi|o..., Bi|o...

⟨zu *gr.* bíos „Leben, Lebensdauer, Lebensunterhalt, Lebensweise"⟩
Wortbildungselement mit den Bedeutungen:
1. „das Leben betreffend":
– Biochemie
– biologisch
– Biolyse
2. mit Natürlichem, Naturgemäßem zu tun habend:
– Biobauer
– Biogemüse
– Bioladen
3. mit organischem Leben, mit Lebewesen in Verbindung stehend:
– bioklimatisch
– biokybernetisch
– Biotechnologie

...biont
der; -en, -en
⟨zu *gr.* bióein „leben", Partizip Präsens bioún, Gen. bióntos „lebend"⟩
Wortbildungselement mit der Bedeutung „Lebewesen":
– Endobiont
– Geobiont
– Symbiont

...biose
die; -, -n (meist ohne Plural)
⟨*gr.* bíosis „Lebensweise"⟩
Wortbildungselement mit der Bedeutung „Lebensweise":
– Aerobiose
– Epibiose
– Symbiose

B

---

bens[ab]lauf, Lebensgeschichte eines Menschen. **Bi|o|gra|fin,** auch: Biographin *die;* -, -nen: weibliche Form zu ↑ Biograf. **bi|o|gra|fisch,** auch: biographisch: die Biografie (2) betreffend, auf ihr beruhend
Bi|o|gramm *das;* -s, -e ⟨*gr.-nlat.*⟩: (Verhaltensforschung) Aufzeichnung des Lebensablaufs von Individuen einer zusammenlebenden Gruppe
Bi|o|graph, Bi|o|gra|phie usw. vgl. Biograf usw.
Bi|o|in|di|ka|tor [auch 'bi:o...] *der;* -s, ...oren (meist Plural): Organismus, der sehr empfindlich auf Änderungen in seinem Lebensraum reagiert u. dadurch als Anzeiger für die Umweltqualität dienen kann
Bi|o|in|for|ma|tik [auch: 'bi:o...] *die;* -: Zweig der Biowissenschaften, der sich mithilfe der Computertechnologie mit der Erforschung komplexer biologischer Zusammenhänge befasst
Bi|o|ka|ta|ly|sa|tor [auch: ...'za:...] *der;* -s, -en (vgl. Enzym): Wirkstoff (z. B. Hormon), der die Stoffwechselvorgänge steuert
bi|o|kli|ma|tisch [auch: ...'ma:...]: die Bioklimatologie betreffend. **Bi|o|kli|ma|to|lo|gie** [auch: 'bi:o...] *die;* -: Wissenschaft von den Einwirkungen des ↑ Klimas auf das Leben
Bi|o|kom|pa|ti|bi|li|tät *die;* - ⟨*gr.; lat.-fr.*⟩: (Med.) Verträglichkeit zwischen einem natürlichen Gewebe und einem Werkstoff (z. B. einem Zahnimplantat)

Bi|o|ky|ber|ne|tik [auch: 'bi:o...] *die;* - ⟨*gr.-nlat.*⟩: Wissenschaft, die die Steuerungs- und Regelungsvorgänge in biologischen Systemen (Mensch, Tier, Pflanze) untersucht. **bi|o|ky|ber|ne|tisch** [auch: 'bi:o...]: die Biokybernetik betreffend
Bi|o|la|den *der;* -s, ...läden: Geschäft, in dem nur Produkte, bes. Nahrungsmittel, angeboten werden, die nicht chemisch behandelt sind
Bi|o|lith [auch: ...'lɪt] *der;* -s od. -en, -e[n] (meist Plural) ⟨*gr.-nlat.*⟩: (Geol.) aus abgestorbenen Lebewesen entstandenes ↑ Sediment
Bi|o|lo|ge *der;* -n, -n ⟨*gr.-nlat.*⟩: Wissenschaftler auf dem Gebiet der Biologie. **Bi|o|lo|gie** *die;* -: 1. Wissenschaft von der belebten Natur u. den Gesetzmäßigkeiten im Ablauf des Lebens von Pflanze, Tier u. Mensch. 2. biologische Beschaffenheit im Ganzen. **Bi|o|lo|gin** *die;* -, -nen: weibliche Form zu ↑ Biologe. **bi|o|lo|gisch:** 1. die Biologie betreffend, auf ihr beruhend. 2. den Gegenstand der Biologie (lebendige Natur, Lebensvorgänge u. -beschaffenheit) betreffend, darauf beruhend. 3. aus natürlichen Stoffen hergestellt
bi|o|lo|gisch-dy|na|misch: (von Nutzpflanzen) auf ausschließlich biologischer Grundlage u. unter Berücksichtigung kosmischer Konstellationen angebaut
Bi|o|lo|gis|mus *der;* -: einseitige u.

ausschließliche Anwendung biologischer Gesichtspunkte auf andere Wissensgebiete. **bi|o|lo|gis|tisch:** den Biologismus betreffend, im Sinne des Biologismus
Bi|o|lu|mi|nes|zenz *die;* - ⟨*gr.; lat.-nlat.*⟩: auf biochemischen Vorgängen beruhende Lichtausstrahlung vieler Lebewesen (Bakterien, Tiefseefische u. a.)
Bi|o|ly|se *die;* -, -n ⟨*gr.-nlat.*⟩: chem. Zersetzung organischer Substanz durch lebende Organismen. **bi|o|ly|tisch:** die Biolyse betreffend, auf Biolyse beruhend
Bi|om *das;* -s, -e ⟨*gr.-nlat.*⟩: Lebensgemeinschaft von Tieren u. Pflanzen in einem größeren geographischen Raum (tropischer Regenwald, Savanne u. a.)
Bi|o|mant *der;* -en, -en ⟨*gr.-nlat.*⟩: jmd., der sich mit Biomantie befasst. **Bi|o|man|tie** *die;* -: Voraussage des Lebensschicksals aus biologischen Zeichen (z. B. aus den Linien der Hand). **Bi|o|man|tin** *die;* -, -nen: weibliche Form zu ↑ Biomant
Bi|o|mas|se *die;* - ⟨*gr.; dt.*⟩: Masse der durch Lebewesen anfallenden organischen Substanz in einem bestimmten Lebensraum
Bi|o|me|cha|nik [auch: 'bi:o...] *die;* -: Teilgebiet der ↑ Biophysik, das sich mit den mechanischen Vorgängen in den Organismen befasst. **bi|o|me|cha|nisch** [auch: 'bi:o...]: die Biomechanik betreffend

B

Bi|o|me|te|o|ro|lo|gie [auch: ˈbiːo...] *die; -*: (Biol., Med.) Wissenschaft vom Einfluss des Wetters auf die Lebewesen, insbesondere auf den Menschen. **bi|o|me|te|o|ro|lo|gisch** [auch: ˈbiːo...]: 1. die Biometeorologie betreffend. 2. den Einfluss des Wetters auf Lebewesen betreffend

Bi|o|me|t|rie, Bi|o|me|t|rik *die; -* ⟨*gr.-nlat.*⟩: [Lehre von der] Anwendung mathematischer Methoden zur zahlenmäßigen Erfassung, Planung u. Auswertung von Experimenten in Biologie, Medizin u. Landwirtschaft. **bi|o|me|t|risch**: die Biometrie betreffend

bi|o|mi|me|tisch ⟨*gr.*⟩: biologische Prozesse, Strukturen o. Ä. nachahmend (bes. bei neuen Technologien)

Bi|o|mo|ni|to|ring *das; -s* ⟨*engl.*⟩: Verfahren zur Beurteilung der Belastung des Menschen durch bestimmte [Schad]stoffe unter besonderer Berücksichtigung der Arbeitsumgebung u. der Umwelt

bi|o|morph ⟨*gr.-nlat.*⟩: von den Kräften des natürlichen Lebens geformt, geprägt. **Bi|o|mor|pho|se** *die; -*: durch die Lebensvorgänge bewirkte Veränderung im Erscheinungsbild eines Lebewesens (z. B. das Altern). **bi|o|mor|pho|tisch**: die Biomorphose betreffend

Bi|o|mo|tor *der; -s, -en* ⟨*gr.; lat.*⟩: Apparatur zur künstlichen Beatmung der Lunge

bi|o|ne|ga|tiv ⟨*gr.; lat.*⟩: lebensschädlich, lebensfeindlich

Bi|o|nik *die; -* ⟨nach *engl.-amerik.* bionics; mit *bio*...nach dem Muster von *electronics* gebildetes Kurzwort⟩: Wissenschaft von der technischen Umsetzung u. Anwendung von Konstruktionen, Verfahren u. Entwicklungsprinzipien biologischer Systeme. **bi|o|nisch**: die Bionik betreffend, auf ihr beruhend

Bi|o|no|mie *die; -* ⟨*gr.-nlat.*⟩: Lehre vom gesetzmäßigen Ablauf des Lebens im Tierreich

...bi|ont s. Kasten bio..., Bio...

Bi|on|to|lo|gie *die; -* ⟨*gr.-nlat.*⟩: (veraltet) Wissenschaft von Lebewesen

Bi|o|op|tik *die; -*: Lehre von den Sehvorgängen u. optischen Erscheinungen im Bereich der Biologie

Bi|o|pa|tent *das; -[e]s, -e*: Patent (1), das für biotechnologische Erfindungen erteilt werden kann

bi|o|phar|ma|zeu|tisch [auch: ˈbiːo...] die Biopharmazie betreffend, zu ihr gehörend. **Bi|o|phar|ma|zie** [auch: ˈbiːo...] *die; -*: Fachrichtung der Pharmazie, die sich mit den physikalisch-chemischen Eigenschaften von Arzneimitteln und Arzneizubereitungen als Voraussetzung für deren Wirkung befasst

Bi|o|pho|ne|tik [auch: ˈbiːo...] *die; -* ⟨*gr.-nlat.*⟩: Wissenschaft, die sich mit den biologischen Grundlagen für die Entstehung u. Aufnahme der Sprachlaute u. den dabei stattfindenden Vorgängen im Zentralnervensystem befasst

Bi|o|phor *der; -s, -en* ⟨*gr.-nlat.*; „Lebensträger"⟩: früher angenommene Elementareinheit des Zellplasmas

Bi|o|phy|sik [auch: ˈbiːo...] *die; -*: 1. Wissenschaft von den physikalischen Vorgängen in u. an Lebewesen. 2. medizinisch angewendete Physik (z. B. Strahlenbehandlung u. -schutz). **bi|o|phy|si|ka|lisch** [auch: ˈbiːo...]: die Biophysik betreffend

Bi|o|pro|the|se *die; -, -n* ⟨*gr.*⟩: (Med.) aus menschlichem od. tierischem Gewebe hergestelltes Ersatzstück, z. B. für Herzklappen od. Blutgefäße

Bi|op|sie *die; -, ...ien* ⟨*gr.-nlat.*⟩: histologische Untersuchung von Gewebe, das dem lebenden Organismus entnommen ist

bi|op|tisch ⟨*gr.-nlat.*⟩: die Biopsie betreffend

Bi|o|re|ak|tor *der; -s, -en*: ↑ Fermenter

Bi|o|rheu|se, auch: Biorrheuse *die; -* ⟨*gr.-nlat.*; „Lebensfluss"⟩: Bez. für den natürlichen Prozess des Alterns u. die damit zusammenhängenden Veränderungen im Organismus

Bi|o|rhyth|mik [auch: ...ˈryt...] *die;*

- ⟨*gr.-nlat.*⟩: Art, Charakter des Biorhythmus. **Bi|o|rhyth|mus** [auch: ...ˈryt...] *der; -*: in periodischem Ablauf erfolgender Rhythmus von physiologischen Vorgängen (z. B. Wachstum, Leistungsfähigkeit u. Ä.) bei Lebewesen

Bi|or|rheu|se vgl. Biorheuse

Bi|os *der; -* ⟨*gr.*⟩: das Leben; die belebte Welt als Teil des Kosmos

BIOS ⟨Abk. für *engl. basis input output system* „Basis-Eingabe-Ausgabe-System"⟩: (EDV) Bez. für den Teil des Betriebssystemkerns, der alle standardisierten Grundfunktionen enthält, die für die Ein- u. Ausgabe benötigt werden

Bi|o|sa|tel|lit *der; -en, -en* ⟨*gr.; lat.*⟩: mit Tieren [und Pflanzen] besetztes kleines Raumfahrzeug zur Erforschung der Lebensbedingungen in der Schwerelosigkeit

Bi|o|se *die; -, -n* ⟨*lat.-nlat.*⟩: einfacher Zucker mit zwei Sauerstoffatomen im Molekül

...bi|o|se s. Kasten bio..., Bio...

Bi|o|sen|sor *der; -s, ...oren* ⟨*gr.; lat.*⟩: Gerät zur elektronischen Messung physikalischer u. chemischer Lebensvorgänge am u. im Körper

Bi|o|s|kop *das; -s, -e* ⟨*gr.-nlat.*⟩: eine der ersten Einrichtungen zur Projektion von Filmmaterial (seit 1895)

Bi|o|so|zi|o|lo|gie [auch: ˈbiːo...] *die; -* ⟨*gr.; lat.; gr.*⟩: Wissenschaft von den Wechselbeziehungen zwischen biologischen u. soziologischen Gegebenheiten. **bi|o|so|zi|o|lo|gisch** [auch: ˈbiːo...]: die Biosoziologie betreffend, zu ihr gehörend, auf ihren Untersuchungen beruhend

Bi|o|s|phä|re [auch: ...ˈfɛrə] *die; -* ⟨*gr.-nlat.*⟩: Gesamtheit des von Lebewesen besiedelten Schichten der Erde. **bi|o|s|phä|risch** [auch: ...ˈfɛ...]: zur Biosphäre gehörend

Bi|o|sta|tis|tik *die; -* ⟨*gr.-nlat.*⟩: ↑ Biometrie

Bi|o|stra|ti|gra|phie, auch: ...grafie [auch: ˈbiːo...] *die; -*: Festlegung der geologischen Gliederung u. ihres relativen Alters mithilfe von Fossilien

Bi|o|syn|the|se *die; -, -n* ⟨*gr.*⟩: 1. der

Aufbau chem. Verbindungen in den Zellen des lebenden Organismus. 2. Herstellung organischer Substanzen mithilfe von Mikroorganismen (z. B. von Penicillin aus niederen Pilzen)

Bi|o|tar *das;* -s, -e ⟨Kunstw.⟩: fotografisches Objektiv mit größerem Öffnungsverhältnis

Bi|o|tech|nik [auch: ...'tɛç...] *die;* -, -en: technische Nutzbarmachung biologischer Vorgänge u. Abläufe (z. B. aus den Ergebnissen der Bionik). **bi|o|tech|nisch** [auch: ...'tɛç...]: auf die Biotechnik bezogen, lebenstechnisch **Bi|o|tech|no|lo|gie** [auch: 'bi:o...] *die;* -: Wissenschaft von den Methoden und Verfahren, die zur technischen Nutzbarmachung biologischer Prozesse und bei der Umwandlung von Naturprodukten angewendet werden. **bi|o|tech|no|lo|gisch** [auch: 'bi:o...]: die Biotechnologie betreffend

Bi|o|te|le|me|t|rie *die;* - ⟨gr.⟩: (Luft- u. Raumfahrt; Verhaltensforschung) Funkübermittlung von biologischen Messwerten eines Biosensors

Bi|o|tin *das;* -s ⟨gr.-nlat.⟩: Vitamin H

bi|o|tisch ⟨gr.⟩: auf Lebewesen, auf Leben bezüglich

Bi|o|tit [auch: ...'tɪt] *der;* -s, -e ⟨nlat.; nach dem französ. Physiker Biot, † 1862⟩: zu den Glimmern gehörendes dunkelgrünes bis schwarzes Mineral

Bi|o|tit|gra|nit [auch: ...'tɪt...] *der;* -s: ein Tiefengestein

Bi|o|to|nus *der;* - ⟨gr.-nlat.⟩: (Psychol.) Art u. Weise der Spannkraft u. der gesamten Energie des menschlichen Organismus

Bi|o|top *der* od. *das;* -s, -e ⟨gr.-nlat.⟩: 1. durch bestimmte Pflanzen- u. Tiergesellschaften gekennzeichneter Lebensraum. 2. Lebensraum einer einzelnen Art

bi|o|trop ⟨gr.-nlat.⟩: durch physikalische u. klimatische Reize auf die Verfassung u. Leistungsfähigkeit eines Organismus einwirkend; **biotrope Faktoren:** Kräfte (wie Sonnenschein, Luftdruck), die auf die Lebewesen bestimmend einwirken. **Bi|o|tro|pie** *die;* -, ...ien: wetterbedingte Empfindlichkeit des Organismus (z. B. bei plötzlichen Luftdruckschwankungen)

Bi|o|typ [auch: ...'ty:p] *der;* -s, -en: ↑ Biotypus. **bi|o|ty|pisch** [auch: ...'ty:...]: den Biotypus betreffend. **Bi|o|ty|pus** [auch: ...'ty:...] *der;* -, ...pen: Generationsfolge von Individuen mit gleicher Erbanlage

Bi|o|wis|sen|schaf|ten *die* (Plural) ⟨gr.; dt.⟩: Gesamtheit der zur Biologie gehörenden Wissenschaftszweige

bi|o|zen|t|risch [auch: ...'tsɛn...]: das Leben, seine Steigerung u. Erhaltung in den Mittelpunkt aller Überlegungen stellend; Ggs. ↑ logozentrisch

¹**Bi|o|zid** *das;* -[e]s, -e ⟨gr.; lat.⟩: ↑ Pestizid

²**Bi|o|zid** *der* u. *das;* -[e]s, -e: Vernichtung von Biotopen

Bi|o|zö|no|lo|ge *der;* -n, -n ⟨gr.-nlat.⟩: Erforscher von Biozönosen. **Bi|o|zö|no|lo|gie** *die;* -: Wissenschaft von den Biozönosen. **Bi|o|zö|no|lo|gin** *die;* -, -nen: weibliche Form zu ↑ Biozönologe **Bi|o|zö|no|se** *die;* -, -n: Lebensgemeinschaft von Pflanzen u. Tieren in einem ↑ Biotop (1). **bi|o|zö|no|tisch:** die Biozönose betreffend, darauf beruhend

bi|ped ⟨lat.⟩: ↑ bipedisch; vgl. ...isch/-. **Bi|pe|de** *der;* -n, -n ⟨lat.⟩: Zweifüßer; zweifüßiges Tier. **Bi|pe|die** u. Bipedität *die;* - ⟨lat.-nlat.⟩: Zweifüßigkeit. **bi|pe|disch:** zweifüßig

bi|po|lar [auch: 'bi:...] ⟨gr.-lat.-nlat.⟩ zweipolig. **Bi|po|la|ri|tät** [auch: 'bi:...] *die;* -, -en: Zweipoligkeit, Vorhandensein zweier entgegengesetzter Pole

Bi|qua|d|rat *das;* -[e]s, -e: (Math.) Quadrat des Quadrats, vierte Potenz. **bi|qua|d|ra|tisch:** in die vierte Potenz erhoben; **biquadratische Gleichung:** Gleichung 4. Grades

Bi|quet [bi'ke:] *der;* -s, -s ⟨fr.⟩: Schnellwaage für Gold- u. Silbermünzen. **bi|que|tie|ren:** Münzen abwiegen

Bir|die [ˈbəːdɪ] *das;* -s, -s ⟨engl.; „Vögelchen"⟩: (Golf) das Spielen eines Lochs mit einem Schlag unter ↑ Par

Bi|re|me *die;* -, -n ⟨lat.⟩: Zweiruderer; antikes Kriegsschiff mit zwei übereinander liegenden Ruderbänken

Bi|rett *das;* -s, -e ⟨lat.-mlat.⟩: aus dem Barett entwickelte drei- bzw. vierkantige Kopfbedeckung katholischer Geistlicher

Bi|rut|sche vgl. Barutsche

bis ⟨lat.; „zweimal"⟩: a) wiederholen, noch einmal (Anweisung in der Notenschrift); b) in einer musikalischen Aufführung als Zuruf die Aufforderung zur Wiederholung

Bi|sam *der;* -s, -e u. -s ⟨hebr.-mlat.⟩: 1. (ohne Plural) Moschus. 2. Handelsbezeichnung für Bisamrattenpelz

Bi|seau|schliff [bi'zo:...] *der;* -s, -e ⟨fr.; dt.⟩: schrägkantiger Schliff an Edelsteinen

Bi|sek|t|rix *die;* -, ...trizes [...'tse:s] ⟨lat.-nlat.⟩: (Optik) Winkelhalbierende zwischen den optischen Achsen eines Kristalls

bi|se|ri|al ⟨lat.-nlat.⟩: (veraltet) zweireihig, zweizeilig

bi|se|riert ⟨lat.; gr.⟩: in der Fügung **biserierte Magnesia:** [als Heilmittel verwendete] doppelt gebrannte Magnesia

Bi|se|xu|a|li|tät [auch: 'bi:...] *die;* -: 1. (Biol.) Doppelgeschlechtigkeit. 2. (Med., Psych.) Nebeneinander von homo- u. heterosexueller Veranlagung in einem Menschen. **bi|se|xu|ell** [auch: 'bi:...]: 1. doppelgeschlechtig. 2. ein sowohl auf Personen des anderen als auch auf Personen des eigenen Geschlechts gerichtetes Sexualempfinden, sexuelles Verlangen habend; sowohl homo- als auch heterosexuell

Bis|kot|te *die;* -, -n ⟨lat.-it.⟩: (österr.) längliches Biskuit, Löffelbiskuit

Bis|kuit [...'kvi(:)t] *das* (auch: *der*); -[e]s, -s (auch: -e) ⟨lat.-fr.; „zweimal Gebackenes"⟩: 1. Feingebäck aus Mehl, Eiern, Zucker. 2. ↑ Biskuitporzellan. **Bis|kuit|por|zel|lan** *das;* -s, -e: gelbliches, unglasiertes Weichporzellan

bis|mil|lah ⟨arab.⟩: im Namen Gottes (islamische Eingangsformel für Gebete, Schriftstücke o. Ä.)

Bis|mu|tit [auch: ...'tɪt] *der;* -s, -e ⟨dt.-nlat.⟩: meist gelbliches Mineral

Bis|mu|tum *das;* -s: lat. Bezeichnung für: Bismut/Wismut (ein Metall; Zeichen: Bi)

Bi|son *der* (auch: *das*); -s, -s ⟨*germ.-lat.*⟩: nordamerikanischer Büffel

bi|sta|bil [auch: 'biː...]: zwei stabile Zustände aufweisend (vor allem bei elektronischen Bauelementen)

Bis| ter *der* od. *das;* -s ⟨*fr.*⟩: aus Holzruß hergestellte bräunliche Wasserfarbe

Bis| tou|ri [bɪs'tuːri] *der* od. *das;* -s, -s ⟨*fr.*⟩: 1. langes, schmales ↑ Skalpell mit auswechselbarer Klinge. 2. früher benutztes Operationsmesser mit einklappbarer Klinge

Bis| t| ro *das;* -s, -s ⟨*fr.*⟩: kleines, meist einfacheres Lokal, in dem man auch einen Imbiss nehmen kann

Bi|sul|fat *das;* -s, -e: (veraltet) Hydrogensulfat

Bi|sul|fit *das;* -s, -e: (veraltet) Hydrogensulfit

bi|syl|la|bisch [auch: 'biː...]: (veraltet) zweisilbig

Bit *das;* -[s], -[s] ⟨*engl.;* Kurzw. aus: *bi*nary digi*t* = „binäre Ziffer"⟩: 1. a) binäre Einheit für die Anzahl möglicher alternativer Entscheidungen in einem binären System; b) Binärzeichen (Zeichen: bit); c) die einzelne Entscheidung. 2. Einheit für den Informationsgehalt einer Nachricht (Zeichen: bit)

Bit|map [...mæp] *die;* -, -s ⟨*engl.*⟩: Datenformat, das eine aus ↑ Pixeln bestehende Grafik direkt im Arbeitsspeicher eines ↑ Computers abbildet

Bi|tok *der;* -s, -s u. Bjtki ⟨*russ.*⟩: kleiner, runder gebratener Fleischkloß

bi|to|nal: (Mus.) 1. auf zwei verschiedene Tonarten zugleich bezogen. 2. (Med.) doppeltönend (z. B. vom Husten)

Bi|to|na|li|tät *die;* -: gleichzeitige Anwendung zweier verschiedener Tonarten in einem Musikstück

Bit|ter|le|mon [...lɛmən] *das;* -[s], -, auch: **Bit|ter Le|mon** *das;* - -[s], - - ⟨*engl.*⟩: milchig-trüb aussehendes Getränk aus Zitronen- u. Limettensaft mit geringem Chiningehalt

Bi|tu|men *das;* -s, - (auch: ...mina) ⟨*gall.-lat.;* „Erdharz, Erdpech"⟩: aus organischen Stoffen natürlich entstandene teerartige Masse (Kohlenwasserstoffge-

misch), auch bei der Aufarbeitung von Erdöl als Destillationsrückstand gewonnen (verwendet als Abdichtungs-, Isoliermasse u. Ä.).

bi|tu|mig: Bitumen enthaltend, dem Bitumen ähnlich

bi|tu|mi|nie|ren: mit Bitumen behandeln od. versetzen. **bi|tu|mi|nös:** Bitumen enthaltend

Bi|u| ret|re|ak|ti|on *die;* - ⟨*lat.; gr.; lat.*⟩: Nachweis von Eiweißkörpern mit Kupfersulfat

bi|va|lent [auch: 'biː...] ⟨*lat.-nlat.*⟩: (Chem.) zweiwertig. **Bi|va|lenz** [auch: 'biː...] *die;* -, -en: (Chem.) Zweiwertigkeit

bi|val|ven [bi'valvn̩], **Bi|val|via** *die* (Plural) ⟨*lat.-nlat.;* „Zweitürige"⟩: (Zool.) Muscheln

Bi|wa *das;* -s, -s u. -e ⟨*jap.*⟩: vier- bis sechssaitiges japanisches Lauteninstrument

Bi|wak *das;* -s, -s u. -e ⟨*niederd.-fr.;* „Beiwacht"⟩: (Milit., Bergsteigen) behelfsmäßiges Nachtlager im Freien. **bi|wa|kie|ren:** (Milit., Bergsteigen) im Freien übernachten

bi|zarr ⟨*it.-fr.*⟩: von absonderlicher, eigenwillig schroff-verzerrter, fremdartig-fantastischer Form, Gestalt. **Bi|zar|re|rie** *die;* -, ...jen: Absonderlichkeit [in Form u. Gestalt]

Bi|zeps *der;* -[es], -e ⟨*lat.*⟩: „zweiköpfiger", d. h. an einem Ende in zwei Teile auslaufender Oberarmmuskel (Beugemuskel)

Bi|zi|nie [...jə] *die;* -, -n ⟨*lat.*⟩: zweistimmiges Musikstück (auch Gesang) des 16. u. 17. Jh.s

bi|zo|nal ⟨*lat.; gr.*⟩: die Bizone betreffend. **Bi|zo|ne** *die;* -: (Gesch.) aus der amerikanischen u. britischen Besatzungszone in Deutschland 1947 gebildetes einheitliches Wirtschaftsgebiet

bi|zyk| lisch, chem. fachspr.: bicyclisch [auch: bi'tsy:k..., bi-'tsyk...] ⟨*lat.; gr.*⟩: einen Kohlenstoffdoppelring enthaltend (von Molekülen)

Black|band ['blɛkbɛnd] *das;* -s ⟨*engl.*⟩: weniger wertvolles Eisenerz, Kohleneisenstein

Black|bot|tom ['blɛkbɔtəm] *der;* -s, -s, auch: **Black Bot|tom** *der;* - -s, - -s ⟨*engl.-amerik.*⟩: nordamerikanischer Gesellschaftstanz

Black|box ['blɛkbɔks] *die;* -, -es, auch: **Black Box** *die;* - -, - -es

⟨*engl.;* „schwarzer Kasten (des Zauberers)"⟩: 1. Teil eines ↑ kybernetischen Systems, dessen Aufbau u. innerer Ablauf aus den Reaktionen auf eingegebene Signale erst erschlossen werden muss. 2. (Flugw.) Bez. für den Flugdatenschreiber u. das Aufzeichnungsgerät für die Gespräche im Cockpit. 3. (Theat.) schwarz gestalteter [Bühnen]raum

Black|box|me|tho|de, auch: **Black-Box-Me|tho|de** *die;* -: (Kybernetik) Verfahren zum Erkennen noch unbekannter Systeme

Black|jack ['blɛkdʒɛk] *das;* -, -, auch: **Black Jack** *das;* - -, - - ⟨*amerik.*⟩: amerikanisches Kartenspiel als Variante des Siebzehnundvier

Black|mail ['blɛkmeɪl] *die;* -, -s, auch: **Black Mail** *die;* - -, - -s ⟨*engl.*⟩: Erpressung [durch Androhung der Bloßstellung]

Black-out, auch: **Black|out** ['blɛkaut, auch: blɛk'aut] *das* (auch: *der*); -[s], -s ⟨*engl.;* „Verdunklung"⟩: 1. a) plötzliches Abdunkeln der Szene bei Bildschluss im Theater; b) kleinerer ↑ Sketch, bei dem ein solcher Effekt die unvermittelte Schlusspointe setzt. 2. nächtlicher Stromausfall [in einer Stadt]. 3. plötzlicher, vorübergehender Ausfall von Funktionen, z. B. des Erinnerungsvermögens. 4. (Raumfahrt) Unterbrechung des Funkkontakts

Black|pan|ther ['blɛk'pænθə] *der;* -s, -, auch: **Black Pan|ther** *der;* - -s, - - ⟨*amerik.*⟩: Angehöriger einer afroamerikanischen Organisation, deren Mitglieder die soziale Benachteiligung der Schwarzen zu beseitigen versuchen

Black|po| w|er ['blɛk'pauə(r)] *die;* -, auch: **Black Po| w|er** *die;* - - ⟨*engl.;* „schwarze Macht"⟩: Bewegung nordamerikanischer Schwarzer gegen die Rassendiskriminierung

Black|tongue ['blɛk'tʌŋ] *die;* -, auch: **Black Tongue** *die;* - - ⟨*engl.;* „schwarze Haarzunge"⟩: 1. (Med.) krankhafte braune Verfärbung der Zunge[nmitte]. 2. Schwarzzungenkrankheit des Hundes

Bla| cky ['blɛki] ⟨*engl.*⟩: Kosename

für ein Wesen, das durch ein od. mehrere schwarze od. dunkle Merkmale gekennzeichnet ist

Blaf|fert der; -s, -e ⟨germ.-mlat.⟩: groschenartige Silbermünze des 14.–16. Jh.s

bla|gie|ren ⟨fr.⟩: (veraltet) 1. prahlen. 2. sich lustig machen

Bla|gueur [...ˈgøːɐ̯] der; -s, -e: (veraltet) Prahlhans

bla|ma|bel ⟨gr.-lat.-vulgärlat.-fr.⟩: beschämend

Bla|ma|ge [blaˈmaːʒə] die; -, -n: etwas, was für den Betreffenden peinlich, beschämend, bloßstellend ist

bla|mie|ren: jmdm., sich eine Blamage bereiten

Blanc de Blancs [blãdəˈblã] der; - - -, -s - - ⟨fr.⟩: nur aus weißen Trauben gekelterter Schaumwein

Blanc fixe [blãˈfiks] das; - - ⟨frz.⟩: ↑ Permanentweiß

blan|chie|ren [blãˈʃiː...] ⟨germ.-fr.⟩: Gemüse, Mandeln u. anderes mit heißem Wasser überbrühen

Blanc|man|ger [blãmãˈʒe:] das; -s, -s ⟨fr.⟩: Mandelgelee

bland ⟨lat.⟩: 1̂. mild, reizlos (z. B. von einer Diät). 2. (Med.) a) ruhig verlaufend (von Krankheiten); b) nicht auf Ansteckung beruhend (von Krankheiten)

Blank [blæŋk] der od. das; -s, -s ⟨germ.-fr.-engl.⟩: (Sprachw., EDV) Leerstelle, Zwischenraum zwischen zwei geschriebenen Wörtern

Blan|ket [ˈblæŋkɪt] das; -s, -s ⟨engl.⟩: Brutzone, Zone außerhalb od. innerhalb der Spaltzone eines Kernreaktors, der als schneller Brüter arbeitet

Blan|kett das; -[e]s, -e ⟨französierende Bildung zu dt. blank⟩: a) (Wirtsch.) Wertpapiervordruck, zu dessen Rechtsgültigkeit noch wichtige Eintragungen fehlen; b) Schriftstück mit Blankounterschrift, das der Empfänger absprachegemäß ausfüllen soll

blan|ko ⟨germ.-it.⟩: leer od. nicht vollständig ausgefüllt

Blan|ko|ak|zept das; -[e]s, -e: Wechsel, der ↑ akzeptiert wird, ehe er vollständig ausgefüllt ist

Blan|ko|scheck der; -s, -s: Scheck, der nur teilweise ausgefüllt, aber unterschrieben ist

Blan|ko|voll|macht die; -, -en: unbeschränkte Vollmacht

Blank|vers der; -es, -e ⟨engl.⟩: meist reimloser fünffüßiger Jambenvers

Blan|quis|mus [blãˈkɪs...] der; - ⟨nach dem franz. Sozialisten L. A. Blanqui, 1805–1881⟩: revolutionäre sozialistische Bewegung des 19. Jh.s in Frankreich.

Blan|quist der; -en, -en: Anhänger des Blanquismus

bla|siert ⟨fr.⟩: überheblich, eingebildet, hochnäsig, hochmütig

Bla|son [blaˈzõ:] der; -s, -s ⟨fr.⟩: 1. Wappenschild. 2. Wappenkunde. 3. französisches Preisgedicht des 16. Jh.s, das in detaillierter Beschreibung von Frauen od. Pferden, Waffen, Wein u. a. handelt

bla|so|nie|ren: 1. ein Wappen kunstgerecht ausmalen. 2. ein Wappen entsprechend den Regeln der ↑ Heraldik beschreiben, erklären

Blas|phe|mie die; -, ...ien ⟨gr.-lat.⟩: Gotteslästerung, verletzende Äußerung über etwas Heiliges

blas|phe|mie|ren: lästern, etwas Heiliges beschimpfen

blas|phe|misch: Heiliges lästernd, verhöhnend; eine Gotteslästerung enthaltend

Blas|phe|mist der; -en, -en ⟨gr.-nlat.⟩: Gotteslästerer. **Blas|phe|mis|tin** der; -en: weibliche Form zu ↑ Blasphemist. **blas|phe|mis|tisch** vgl. blasphemisch

Blas|tem das; -s ⟨gr.; „Keim, Spross"⟩: (Biol.) aus undifferenzierten Zellen bestehendes Gewebe, aus dem sich schrittweise die Körpergestalt entwickelt

Blas|to|derm das; -s ⟨gr.-nlat.⟩: Keimhaut, Zellwand der ↑ Blastula

Blas|to|ge|ne|se die; -: ungeschlechtliche Entstehung eines Lebewesens (z. B. eines ↑ Polypen 2) durch Sprossung od. Knospung

Blas|tom das; -s, -e: (Med.) krankhafte Gewebsneubildung, echte (nicht entzündliche) Geschwulst

Blas|to|me|re die; -, -n: durch Furchung entstandene Zelle

Blas|to|my|ko|se die; -, -n: (Med.) durch Sprosspilze verursachte Erkrankung (zunächst) der Haut u. Schleimhaut. **Blas|to|my|zet** der; -en, -en: Sprosspilz, Hefepilz

Blas|to|phi|tho|rie die; -: Keimschädigung

Blas|to|po|rus der; -: Urmund (Öffnung des Urdarms)

Blas|to|zöl das; -s: die Furchungshöhle der Blastula

Blas|to|zyt der; -en, -en (meist Plural): noch undifferenzierte ↑ embryonale Zellen

Blas|tu|la die; -, ...lae [...lɛ]: Blasenkeim, frühes Entwicklungsstadium des ↑ Embryos

Bla|zer [ˈbleːzɐ] der; -s, - ⟨engl.⟩: 1. Klubjacke. 2. sportlich-elegante Damen- od. Herrenjacke

Blea|ching [ˈbliːtʃɪŋ] das; -s ⟨engl.⟩: (Zahnmed.) das Bleichen der Zähne

Blend der od. das; -s, -s ⟨engl.⟩: 1. (Sprachw.) Verschmelzung zweier Wörter zu einer neuen absichtlichen Kontamination (z. B. Schwabylon aus: Schwabing u. Babylon). 2. a) Verschnitt, Mischung, z. B. Tabak, Tee; b) aus verschiedenen Destillaten hergestellter Branntwein, bes. Whisky

Blen|n|a|de|ni|tis die; -, ...itiden ⟨gr.-nlat.⟩: (Med.) Schleimhautdrüsenentzündung

Blen|n|or|rha|gie die; -, ...ien, **Blen|nor|rhö** die; -, -en: (Med.) eitrige Schleimhautabsonderung, bes. eitrige Augenbindehautentzündung

Ble|pha|ri|tis die; -, ...itiden ⟨gr.-nlat.⟩: (Med.) Augenlid-, insbes. Lidrandentzündung

Ble|pha|ro|cha|la|sis die; -: (Med.) Erschlaffung [u. Herabhängen] der Augenlidhaut

Ble|pha|ro|klo|nus der; -, -se u. ...klonen u. **Ble|pha|ro|spas|mus** der; -, ...men: (Med.) Augenlidkrampf

bles|sie|ren ⟨germ.-galloroman.-fr.⟩: (veraltet) verwunden, verletzen

Bles|sur die; -, -en: (geh.) Verwundung, Verletzung

bleu [blø:] ⟨germ.-fr.⟩: blassblau, bläulich (mit einem leichten Stich ins Grüne). **Bleu** das; -s, -[s]: blassblaue Farbe

Blimp der; -s, -s ⟨engl.⟩: Schallschutzgehäuse für eine Kamera [zur Dämpfung der Eigengeräusche]

Blin|da|ge [blɛ̃ˈdaːʒə] die; -, -n ⟨dt.-fr.⟩: (hist.) Deckwand gegen Splitter im Festungsbau

Blind|date [ˈblaɪndˈdeɪt] das; -[s],

B

-s, auch: **Blind Date** *das; - -[s], - -s* ⟨*engl.*⟩: Verabredung mit einer unbekannten Person

Bli|ni *die* (Plural) ⟨*russ.*⟩: russische Pfannkuchen, bes. aus Buchweizenmehl

Blis|ter *der; -s, -* ⟨*engl.*⟩: 1. (ohne Plural; früher) scharfes Einreibemittel zur Behandlung von Beinschäden bei Pferden. 2. [festere, geformte u. durchsichtige] Kunststofffolie zur Verpackung [kleinerer] Waren. **blis|tern**: mit Blister (1) einreiben

Bliz|zard [ˈblɪzɐt] *der; -s, -s* ⟨*engl.*⟩: Schneesturm (in Nordamerika)

Blo|cka|de *die; -, -n* ⟨mit romanischer Endung zu ↑ blockieren gebildet⟩: 1. a) Maßnahme, mit der der Zugang zu etwas verhindert werden soll; b) vorübergehender Ausfall bestimmter Funktionen. 2. (Druckw.) im Satz durch ▌gekennzeichnete Stelle

Block|bus|ter [...bʌstə] *der; -s, -* ⟨*engl.*⟩: etwas, das außergewöhnlich erfolgreich ist, sich gut verkaufen lässt

blo|ckie|ren ⟨*niederl.-fr.*⟩: 1. den Zugang zu etwas versperren. 2. als Hindernis im Wege sein. 3. die Funktion hemmen (bei Rädern, Bremsen o. Ä.). 4. außer Funktion setzen. 5. (Druckw.) fehlenden Text durch eine Blockade (2) kennzeichnen

Blo|cking *das; -s, -s* ⟨*engl.*⟩: ↑ Blockade (1 b)

Blon|de [auch: blõːd] *die; -, -n* ⟨*germ.-fr.*⟩: feine Seidenspitze mit Blumen- u. Figurenmuster

blon|die|ren: aufhellen (von Haaren)

Blon|di|ne *die; -, -n*: blonde Frau

Bloo|dy Ma|ry [ˈblʌdɪ ˈmeərɪ] *die; - -, - -s* ⟨*engl.; „Blutmarie"*⟩: Mixgetränk aus Tomatensaft und Wodka mit Zitronensaft u. verschiedenen Gewürzen

Blou|son [bluˈzɔŋ, auch: ...ˈzõː] *das* (auch: *der*); -[s], -s ⟨*fr.*⟩: a) über dem Rock getragene, an den Hüften eng anliegende Bluse; b) kurze Windjacke mit Bund

Blou|son noir [bluˈzõː ˈnɔaːɐ̯] *der; - -, -s* [bluˈzõː ...] ⟨*fr.*⟩: franz. Bez. für: Halbstarker in schwarzer Lederkleidung

Blow-out [ˈbloʊaʊt] *der; -s, -s* ⟨*engl.*⟩: unkontrollierter Ausbruch von Erdöl od. Erdgas aus einem Bohrloch

Blow-up [ˈbloʊlʌp] *das; -s, -s* ⟨*engl.*⟩: Vergrößerung einer Fotografie od. eines Fernsehbildes

Blue|ba|by [ˈbluːˈbeɪbɪ] *das; -s, -s,* auch: **Blue Ba|by** *das; - -s, - -s* ⟨*engl.*⟩: (Med.) Kind mit ausgeprägter Blausucht bei angeborenem Herzfehler

Blue|back [ˈbluːbɛk] *der; -s, -s* ⟨*engl.*⟩: Pelz aus dem blaugrauen Fell jüngerer Mützenrobben

Blue|box [ˈbluːbɔks] *die; -, -es,* auch: **Blue Box** *die; - -, - -es* ⟨*engl.*⟩: (Fernsehen) Gerät für ein Projektionsverfahren, bei dem künstliche Hintergründe in Aufnahmestudios geschaffen werden können

Blue|chip [ˈbluːtʃɪp] *der; -s, -s,* auch: **Blue Chip** *der; - -s, - -s* (meist Plural) ⟨*engl.-amerik.*⟩: „blaue Spielmarke" (beim Pokerspiel): erstklassiges Wertpapier (Spitzenwert an der Börse)

Blue|jeans [ˈbluːdʒiːns], auch: **Blue Jeans** *die* (Plural) ⟨*engl.-amerik.*⟩: blaue [Arbeits]hose aus Baumwollgewebe in Köperbindung (einer Webart)

Blue|mo|vie [ˈbluːˈmuːvi] *der od. das; -s, -s,* auch: **Blue Mo|vie** *der od. das; - -s, - -s* ⟨*engl.*⟩: Film erotischen, pornografischen Inhalts

Blue|note [ˈbluːnoʊt] *die; -, -s* (meist Pural), auch: **Blue Note** *die; - -, - -s* (meist Pural) ⟨*engl.-amerik.*⟩: erniedrigter 3. bzw. 7. Ton der Durtonleiter im Blues

Blues [bluːs] *der; -, -* ⟨*amerik.*⟩: 1. a) zur Kunstform entwickeltes schwermütiges Volkslied der nordamerikanischen Schwarzen; b) daraus entstandene älteste Form des ↑ Jazz, gekennzeichnet durch den erniedrigten 3. u. 7. Ton der Tonleiter (vgl. Bluenote); c) langsamer nordamerikanischer Tanz im $^4/_4$-Takt. 2. (ohne Plural) Trübsinn, Schwermut, Depression

Blue|screen [ˈbluːskriːn] *der; -[s], -s,* auch: **Blue Screen** *der; - -[s], - -s* ⟨*engl.*⟩: ↑ Bluebox

Blü|et|te, auch: **Blu|et|te** [blyˈɛtə] *die; -, -n* ⟨*fr.*⟩: kleines, witziggeistreiches Bühnenstück

Bluff [veraltend: blœf, österr. auch: blaf] *der; -s, -s* ⟨*engl.*⟩: dreiste, bewusste Irreführung; Täuschung[smanöver]

bluf|fen [veraltend: ˈblœfn̩, österr. auch: ˈblafn̩]: durch dreistes Auftreten o. Ä. bewusst irreführen, täuschen

blü|me|rant ⟨*fr.: „sterbendes (blasses) Blau"*⟩: (ugs.) übel, schwindelig, flau

BMX-Rad [beːlɛmlˈɪks...] *das; -[e]s, -Räder* ⟨Abk. für *engl.* bicycle moto-cross (X steht für cross); *dt.*⟩: kleineres, bes. geländegängiges Fahrrad

Boa *die; -, -s* ⟨*lat.*⟩: 1. Riesenschlange einer südamerikanischen Gattung. 2. schlangenförmiger, modischer Halsschmuck (für Frauen) aus Pelz od. Federn

Board [bɔːd] *das; -s, -s* ⟨*engl.*⟩: 1. kurz für: Kickboard, Skateboard, Snowboard, Surfboard u. Ä. 2. (auch: *der*) (Wirtsch.) für die Leitung u. Kontrolle eines [internationalen] Unternehmens zuständiges Gremium

Boar|ding|house, auch: **Boarding-House** [ˈbɔːɐ̯dɪŋhaʊs] *das; -, -s* [...sɪz, ...saʊs] ⟨*engl.*⟩: Pension, Gasthaus in England

Boar|ding|school, auch: **Boarding-School** [...skuːl] *die; -, -s* ⟨*engl.*⟩: Internatsschule mit familienartigen Hausgemeinschaften in England

Boat|peo|ple, auch: **Boat-Peo|ple** [ˈboʊtpiːpl] *die* (Plural) ⟨*engl.*⟩: mit Booten geflohene [vietnamesische] Flüchtlinge

Bob *der; -s, -s* ⟨*engl.-amerik.*: Kurzform von Bobsleigh⟩: Sportschlitten für zwei bis vier Personen mit getrennten Kufenpaaren für Steuerung u. Bremsen. **bob|ben**: beim Bobfahren eine gleichmäßige ruckweise Oberkörperbewegung zur Beschleunigung der Fahrt ausführen

Bob|by [ˈbɔbi] *der; -s, -s* ⟨*engl.*⟩: (engl. ugs.) Polizist

Bo|bi|ne *die; -, -n* ⟨*fr.*⟩: 1. Garnspule in der Textilspinnerei. 2. fortlaufender Papierstreifen zur Herstellung von Zigarettenhülsen. 3. (Bergbau) schmale Trommel, bei der sich das flache Förderseil in mehreren Lagen übereinander aufwickelt

Bo|bi|net [auch: ...'nɛt] *der;* -s, -s ⟨*fr.-engl.*⟩: durchsichtiges Gewebe mit meist drei sich umschlingenden Fadensystemen, englischer Tüll

Bo|bi|noir [...'nɡaːʀ̯] *der;* -s, -s ⟨*fr.*⟩: Spulmaschine in der Baumwollspinnerei

Bo|bo *der;* -s, -s ⟨*span.*⟩: Possenreißer im spanischen Theater

Bob|sleigh ['bɔbsleː] *der;* -s, -s ⟨*engl.-amerik.*⟩: ↑ Bob

Bob|tail ['bɔbteɪl] *der;* -s, -s ⟨*engl.*⟩: mittelgroßer, grauer Hütehund mit langen Zotten

Bo|cage [bɔ'kaːʒ] *der;* -, -s ⟨*fr.*⟩: Landschaftstyp im Nordwesten Frankreichs mit schachbrettartig angelegten kleinen Feldern, die durch Hecken od. Baumreihen begrenzt sind

Boc|cia ['bɔtʃa] *das;* -[s] u. *die;* - ⟨*it.*⟩: italienisches Kugelspiel

Bo|cha|ra vgl. Buchara

Boche [bɔʃ] *der;* -, -s ⟨*fr.*⟩: (ugs.) abwertende Bezeichnung der Franzosen für einen Deutschen

Bo|de|ga *die;* -, -s ⟨*gr.-lat.-span.*⟩: 1. a) spanischer Weinkeller; b) spanische Weinschenke. 2. Warenlager in Seehäfen

Bo|dhi|satt|wa *der;* -, -s ⟨*sanskr.*⟩: werdender ↑ Buddha, der den Schritt in die letzte Vollkommenheit hinauszögert, um den Frommen zu helfen

Bo|do|ni *die;* - ⟨nach dem ital. Stempelschneider u. Buchdrucker, 1740–1813⟩: bekannte Antiquaschrift

Bo|dy ['bɔdi] *der;* -s, -s ⟨*engl.;* „Körper"⟩: kurz für ↑ Bodysuit

Bo|dy|buil|der [...bɪldɐ] *der;* -s, -: jmd., der Bodybuilding betreibt. **Bo|dy|buil|de|rin** *die;* -, -nen: weibliche Form zu ↑ Bodybuilder

Bo|dy|buil|ding [...bɪldɪŋ] *das;* -[s]: a) gezieltes Muskeltraining mit besonderen Geräten; b) Darstellung trainierter Muskeln im Wettkampf

Bo|dy|check [...tʃɛk] *der;* -s, -s: hartes, aber nach den Regeln in bestimmten Fällen erlaubtes Rempeln des Gegners beim Eishockey

Bo|dy|dou|ble [...duːbl̩] *das;* -s, -s: (Film) Ersatzdarsteller in Filmszenen, in denen nur der Körper zu sehen ist

Bo|dy|drill *der;* -[e]s ⟨*engl.; dt.*⟩: Fitnesstraining, das nach den Methoden des militärischen Drills geleitet wird

¹Bo|dy|guard [...ɡɑːd] *der;* -s, -s ⟨*engl.*⟩: Leibwächter

²Bo|dy|guard *die;* -, -s: Leibwache

Bo|dy|lo|tion ['bɔdɪloʊʃn̩] *die;* -, -s ⟨*engl.*⟩: (parfümierte) Körperpflegemilch

Bo|dy|pain|ting [...peɪntɪŋ] *das;* -s ⟨*engl.*⟩: Kunstform, bei der der ganze menschliche Körper mit abwaschbarer Farbe bemalt wird

Bo|dy|sha|ping [...ʃeɪpɪŋ] *das;* -s ⟨*engl.*⟩: Bewegungstraining zur Muskel- u. Körperformung

Bo|dy|sto|cking [...stɔkɪŋ] *der;* -[s], -s: ↑ Bodysuit

Bo|dy|sty|ling [...staɪlɪŋ] *das;* -s: besonders intensives Bewegungstraining zur Steigerung der Fitness

Bo|dy|suit [...sjuːt] *der;* -[s], -s: eng anliegende, einteilige Unterkleidung

Boer|de ['buːrdə] *die;* -, -n ⟨*niederl.*⟩: mittelniederländische Erzählung mit erotisch-satirischem Inhalt

Bœuf Stro|ga|noff ['bœf 'strɔ...] *das;* - -, - - ⟨wohl nach dem Namen einer alten russ. Familie; *fr.* bœuf = „Rind(fleisch)"⟩: in kleine Stücke geschnittenes Rindfleisch, bes. ↑ Filet (3 a), in pikanter Soße mit saurer Sahne

Bo|fel vgl. Bafel

Bo|fe|se vgl. Pafese

Bo|gey ['bovɡɪ] *das;* -s, -s ⟨*engl.*⟩: (Golf) ein Schlag mehr als die für das Loch festgesetzte Einheit; vgl. Par

Bog|head|koh|le ['bɔɡhɛd...] *die;* - ⟨nach dem schottischen Ort Boghead⟩: dunkelbraune Abart der ↑ Kännelkohle

Bo|go|mi|le *der;* -n, -n ⟨*slaw.;* nach dem Gründer Bogomil⟩: Anhänger einer mittelalterlichen ↑ gnostischen Sekte auf dem Balkan, die die Welt als Teufelsschöpfung verwarf

Bo|go|mo|lez|se|rum, auch: **Bo|go|mo|lez-Se|rum** *das;* -s ⟨nach dem russ. Physiologen Bogomolez, 1881–1946⟩: ↑ Antikörper enthaltendes Serum gegen Alterungsprozesse u. a.; Verjüngungsserum

Bo|he|me [bo'eːm, bo'ɛːm, auch: bo'heːm, bo'hɛːm] *die;* - ⟨*mlat.-fr.*⟩: Künstlerkreise außerhalb der bürgerlichen Gesellschaft; ungebundenes Künstlertum, unkonventionelles Künstlermilieu. **Bo|he|mi|en** [boe'mjɛ̃:, auch: bohe...] *der;* -[s], -s: Angehöriger der Boheme; unbekümmerte, leichtlebige u. unkonventionelle Künstlernatur

Bo|he|mist *der;* -en, -en ⟨*mlat.-nlat.*⟩: Wissenschaftler auf dem Gebiet der tschechischen Sprache u. Literatur. **Bo|he|mis|tik** *die;* -: Wissenschaft von der tschechischen Sprache u. Literatur. **Bo|he|mis|tin** *die;* -, -nen: weibliche Form zu ↑ Bohemist. **bo|he|mis|tisch**: die Bohemistik betreffend

Bohr|i|um *das;* -s ⟨*nlat.;* nach dem dän. Physiker Niels Bohr (1885–1962)⟩: künstlich hergestelltes chem. Element, ein Transuran; Zeichen: Bh

Boi|ler ['bɔylɐ] *der;* -s, - ⟨*lat.-fr.-engl.*⟩: Gerät zur Bereitung u. Speicherung von heißem Wasser

boi|sie|ren [bɔa'ziː...] ⟨*germ.-fr.*⟩: (veraltet) täfeln, mit Holz bekleiden

Bo|jar *der;* -en, -en ⟨*russ.*⟩: 1. Angehöriger des nicht fürstlichen Adels, der gehobenen Schicht in der Gefolgschaft der Fürsten u. Teilfürsten im mittelalterlichen Russland. 2. adliger Großgrundbesitzer in Rumänien bis 1864. **Bo|ja|rin** *die;* -, -nen: weibliche Form zu ↑ Bojar

Bok|mål ['boːkmoːl] *das;* -[s] ⟨*norw.;* „Buchsprache"⟩: vom Dänischen beeinflusste norwegische Schriftsprache (früher ↑ Riksmål genannt); Ggs. ↑ Nynorsk

Bol vgl. Bolus

Bo|la *die;* -, -s ⟨*lat.-span.;* „Kugel"⟩: südamerikanisches Wurfu. Fanggerät

Bo|le|ro *der;* -s, -s ⟨*span.*⟩: 1. stark rhythmischer spanischer Tanz mit Kastagnettenbegleitung. 2. a) kurzes, offen getragenes Herrenjäckchen der spanischen Nationaltracht; b) kurzes, modisches Damenjäckchen. 3. der zu dem spanischen Jäckchen getragene rund aufgeschlagene Hut

Bo|le|tus *der;* -, ...ti ⟨*gr.-lat.*⟩: Pilz aus der Gattung der Röhrlinge

Bo|lid *der;* -s u. -en, -e[n] ⟨*gr.-lat.*⟩: 1. großer, sehr heller Meteor,

Feuerkugel. 2. schwerer, einsitziger Rennwagen mit verkleideten Rädern. **Bol|li|de** der; -n, -n: ↑ Bolid

Bo|li|var der; -[s], -[s] ⟨nach dem südamerik. Staatsmann⟩: Währungseinheit in Venezuela (1 Bolivar = 100 Céntimo)

Bo|li|vi|a|no der; -[s], -[s] ⟨span.⟩: bolivianische Münzeinheit (100 Centavos)

Bol|lan|dist der; -en, -en ⟨nach dem Jesuiten J. Bolland, 1596–1665⟩: Mitglied der jesuitischen Arbeitsgemeinschaft zur Herausgabe der ↑ Acta Sanctorum

Bol|let|te die; -, -n ⟨it.⟩: (österr. Amtsspr.) Zoll-, Steuerbescheinigung

Bo|lo|g|ne|ser [bolon'je:zɐ] der; -s, - ⟨nach der ital. Stadt Bologna⟩: dem ↑ Malteser (2) ähnlicher Zwerghund

Bo|lo|me|ter das; -s, - ⟨gr.-nlat.⟩: Strahlungsmessgerät mit temperaturempfindlichem elektrischem Widerstand. **bo|lo|me|trisch:** mithilfe des Bolometers

Bo|lo|s|kop das; -s, -e ⟨gr.-nlat.⟩: (Med.) Gerät zum Aufsuchen von Fremdkörpern im Körper

Bol|sche|wik der; -en, -i (abwertend: -en) ⟨russ.; „Mehrheitler"⟩: 1. Mitglied der von Lenin geführten revolutionären Fraktion in der Sozialdemokratischen Arbeiterpartei Russlands vor 1917. 2. (bis 1952) Mitglied der Kommunistischen Partei Russlands bzw. der Sowjetunion. 3. (abwertend) Kommunist. **Bol|sche|wi|kin** die; -, -nen: weibliche Form zu ↑ Bolschewik. **bol|sche|wi|kisch:** bolschewistisch (1)

bol|sche|wi|sie|ren: 1. nach der Doktrin des Bolschewismus gestalten, einrichten. 2. (abwertend) gewaltsam kommunistisch machen

Bol|sche|wis|mus der; -: 1. Theorie u. Taktik des revolutionären marxistischen Flügels der russischen Arbeiterbewegung mit dem Ziel, die Diktatur des Proletariats zu verwirklichen. 2. (abwertend) Sozialismus, Kommunismus

Bol|sche|wist der; -en, -en: 1. Bolschewik (1, 2). 2. (abwertend) jmd., der Kultur, geltende Ordnung usw. zerstören will; Sozialist, Kommunist. **Bol|sche|wis|tin** die; -, -nen: weibliche Form zu ↑ Bolschewist

bol|sche|wis|tisch: 1. a) den Bolschewismus betreffend; b) die Bolschewisten betreffend. 2. (abwertend) die Kultur, geltende Ordnung usw. zerstörend; sozialistisch, kommunistisch

Bol|son der od. das; -s, -e ⟨span.⟩: in Trockengebieten gelegenes, abflussloses, ↑ intramontanes Becken

Bo|lus u. **Bol** der; -, ...li ⟨gr.-nlat.⟩: 1. (ohne Plural) ein Tonerdesilikat (z. B. ↑ Terra di Siena). 2. a) (Med.) Bissen, Klumpen; b) (Tiermed.) große Pille

Bo|lus|tod der; -es: Tod durch Ersticken an einem verschluckten Fremdkörper (z. B. zu großen Bissen)

Bo|mät|sche der; -n, -n ⟨tschech.⟩: (veraltet) Schiffszieher. **bo|mät|schen:** (veraltet) Lastkähne stromaufwärts ziehen, treideln

Bom|ba|ge [bɔm'ba:ʒə] die; -, -n ⟨gr.-lat.-it.-fr.⟩: 1. das Biegen von Glastafeln im Ofen. 2. das Umbördeln oder Biegen von Blech. 3. Aufwölbung des Deckels bei Konservenbüchsen, wenn sich der Inhalt zersetzt. 4. elastisches Material als schonende Unterlage od. Umhüllung von Maschinenwalzen

Bom|bar|de die; -, -n ⟨gr.-lat.-fr.⟩: 1. Belagerungsgeschütz (Steinschleuder) des 15.–17. Jh.s. 2. schalmeiartiges Blasinstrument in der bretonischen Volksmusik; ↑ Bomhart (1)

Bom|bar|de|ment [...'mã:, österr.: bɔmbard'mã:, schweiz.: bɔmbardə'mɑ̃ɐ] das; -s, -s, (schweiz.:) -e ⟨fr.⟩: 1. anhaltende Beschießung durch schwere Artillerie. 2. massierter Abwurf von Fliegerbomben

bom|bar|die|ren: 1. mit Artillerie beschießen. 2. Fliegerbomben auf etwas abwerfen. 3. (ugs.) mit [harten] Gegenständen bewerfen

Bom|bar|don [...'dõ:] das; -s, -s ⟨gr.-lat.-fr.-it.-fr.⟩: Basstuba mit 3 oder 4 Ventilen

Bom|bast der; -[e]s ⟨pers.-gr.-lat.-fr.-engl.⟩: (abwertend) [Rede]schwulst, Wortschwall. **bom|bas|tisch:** übertrieben viel

Aufwand aufweisend, schwülstig; pompös

Bom|be die; -, -n ⟨gr.-lat.-it.-fr.⟩: 1. a) mit Sprengstoff od. Brandsätzen gefüllter Hohlkörper; b) (ugs.) Atombombe. 2. (ugs.) wuchtiger, knallharter Schuss od. Wurf (Fußball u. a. Sportarten). 3. von einem Vulkan ausgeworfene, in der Luft erstarrte Lavamasse. 4. Eisenkugel mit Griff, die im Kunstkraftsport als Jongliergewicht benutzt wird. 5. (ugs.) steifer, runder Herrenhut

bom|ben: (ugs.) ↑ bombardieren (2)

Bom|ber der; -s, -: 1. Bombenflugzeug. 2. (ugs.) Fuß-, auch Handballspieler mit überdurchschnittlicher Schusskraft

bom|bie|ren: 1. Glasplatten im Ofen biegen. 2. Blech umbördeln od. biegen, z. B. Bombentes Blech (Wellblech). 3. den Deckel durch Gasdruck od. Ä. nach außen wölben (von Konservendosen); vgl. Bombage

Bom|bil|la [...'bɪlja] die; -, -s ⟨span.⟩: Saugrohr aus Silber oder Rohrgeflecht, an einem Ende siebartig (in Südamerika zum Trinken des Matetees verwendet)

Bom|bing das; -s ⟨fr.-engl.⟩: (Jargon) [illegales] Graffitisprayen

Bom|bus der; - ⟨gr.-lat.; „dumpfes Geräusch"⟩: (Med.) 1. Ohrensausen. 2. Darmkollern

Bom|by|ko|me|ter das; -s, - ⟨gr.-nlat.; gr.⟩: (Textilindustrie) Umrechnungstafel zur Ermittlung der Fadenfeinheit aufgrund des Fadengewichtes

Bom|hart u. **Bom|hart** der; -s, -e ⟨gr.-lat.-fr.⟩: 1. mittelalterliches Holzblasinstrument in der Schalmeienfamilie. 2. Zungenstimme bei der Orgel

bon [bɔŋ] ⟨lat.-fr.⟩ (ugs.) gut

Bon [bɔŋ, auch: bõ:] der; -s, -s: 1. Gutschein für Speisen od. Getränke. 2. Kassenzettel

bo|na fi|de ⟨lat.⟩: guten Glaubens, auf Treu u. Glauben; vgl. mala fide

Bo|na|par|tis|mus der; - ⟨nach Napoleon Bonaparte I. u. III.⟩: (Gesch.) autoritärer Herrschaftsstil in Frankreich (bes. im 19. Jh.). **Bo|na|par|tist** der; -en, -en: a) Anhänger des Bonapartismus; b) Anhänger der

B

Familie Bonaparte. **Bo|na|par|tis|tin** *die; -, -nen:* weibliche Form zu ↑ Bonapartist

Bon|bon [bɔŋˈbɔŋ, auch: bõˈbõ:] *der* od. *das; -s, -s* ⟨*lat.-fr.*⟩: 1. geformtes Stück Zuckerware mit aromatischen Zusätzen. 2. (ugs. scherzhaft) [rundes] Parteiabzeichen

Bon|bon|ni|e|re, auch: **Bon|bo|nie|re** [bɔŋbɔˈnɪ̯eːrə, auch, österr. nur so: bõbõˈnɪ̯eːrə] *die; -, -n:* 1. Behälter (aus Kristall, Porzellan) für Bonbons, Pralinen o. Ä. 2. hübsch aufgemachte Packung mit Pralinen od. Fondants

Bond *der; -s, -s* ⟨*engl.*⟩: Schuldverschreibung mit fester Verzinsung

Bon|dage [ˈbɔndɪdʒ] *das; -* ⟨*engl.*⟩: das Fesseln zur Steigerung der geschlechtlichen Erregung (im sexuell-masochistischen Bereich)

Bon|der ® *der; -s, -* ⟨Kunstw.⟩: Phosphorsäurebeize zur Oberflächenbehandlung metallischer Werkstoffe. **bon|dern:** gegen Rost mit einer Phosphatschicht überziehen; vgl. parkerisieren

Bon|ding *das; -* ⟨*engl.*⟩: 1. (Zahnmed.) Verbund- bzw. Klebemittel für spezielle Füllungen. 2. (Sozialpsychologie) zwischenmenschliche Bindung. 3. Sexualpraktik mit ↑ Bondage

Bon|dur ® *das; -s* ⟨Kunstw.⟩: Legierung aus Aluminium, Kupfer u. Magnesium

Bone-China [ˈboʊnˈtʃaɪnə] *das; -* ⟨*engl.*⟩: Porzellan, das Knochenasche enthält; Knochenporzellan

Bon|fest *das; -es* ⟨*jap.; dt.*⟩: Allerseelenfest, das Hauptfest des japanischen ↑ Buddhismus

bon|gen ⟨*lat.-fr.*⟩: (ugs.) [an der Registrierkasse] einen ↑ Bon tippen, bonieren; **ist gebongt:** ist abgemacht

¹Bon|go *der; -s, -s* ⟨*afrik.*⟩: leuchtend rotbraune Antilope mit weißen Streifen in Äquatorialafrika

²Bon|go *das; -[s], -s* od. *die; -, -s* (meist Plural) ⟨*span.*⟩: einfellige, paarweise verwendete Trommel kubanischen Ursprungs; Jazzinstrument

Bon|go|si *das; -[s]* ⟨*afrik.*⟩ u. **Bon|go|si|holz** *das; -es:* schweres, sehr widerstandsfähiges Holz des westafrikanischen Bongosibaums

Bon|ho|mie [bɔnoˈmiː] *die; -, ...ien* ⟨*fr.*⟩: (veraltet) Gutmütigkeit, Einfalt, Biederkeit. **Bon|homme** [bɔˈnɔm] *der; -, -s:* (veraltet) gutmütiger, einfältiger Mensch

bo|nie|ren: ↑ bongen

Bo|ni|fi|ka|ti|on *die; -, -en* ⟨*lat.-nlat.*⟩: 1. Vergütung für schadhafte Teile einer Ware. 2. a) Gutschrift am Ende des Jahres (Jahresbonus) im Großhandel; b) (bes. Radsport) Zeitgutschrift. **bo|ni|fi|zie|ren:** 1. vergüten. 2. gutschreiben

Bo|ni|tät *die; -, -en* ⟨*lat.*⟩: 1. (ohne Plural) [einwandfreier] Ruf einer Person od. Firma im Hinblick auf ihre Zahlungsfähigkeit u. -willigkeit. 2. (Forst- u. Landwirtschaft) Güte, Wert eines Bodens

bo|ni|tie|ren ⟨*lat.-nlat.*⟩: abschätzen, ermitteln (von Böden, auch von Waren). **Bo|ni|tie|rung** *die; -, -en:* Abschätzung, Einstufung

Bo|ni|to *der; -s, -s* ⟨*lat.-span.*⟩: Thunfischart im Mittelmeer u. Pazifischen Ozean (wichtiger Speisefisch)

Bo|ni|tur *die; -, -en* ⟨*lat.-nlat.*⟩: ↑ Bonitierung

Bon|mot [bõˈmoː] *das; -s, -s* ⟨*fr.*⟩: treffender geistreich-witziger Ausspruch

Bon|ne *die; -, -n* ⟨*lat.-fr.*⟩: (veraltet) Kindermädchen, Erzieherin

Bon|net [bɔˈneː] *das; -s, -s* ⟨*mlat.-fr.*⟩: „Mütze") 1. Damenhaube des 18. Jh.s. 2. (Seemannsspr.) Beisegel, Segeltuchstreifen

Bon|ne|te|rie, *die; -, ...ien:* (schweiz.) Kurzwarenhandlung

¹Bon|sai *der; -[s], -s* ⟨*jap.*⟩: japanischer Zwergbaum (durch besondere, kunstvolle Behandlung kleinwüchsig gehalten)

²Bon|sai *das; -:* japanische Kunst, Zwergbäume zu ziehen

Bon|sai|baum *der; -[e]s, ...bäume:* ↑ ¹Bonsai

Bo|nus *der; - u. -ses, - u. -se* (auch: ...ni) ⟨*lat.-engl.*⟩: 1. Sondervergütung [bei Aktiengesellschaften]. 2. etwas, was jmdm. gutgeschrieben wird, was ihm als Vorteil, Vorsprung vor anderen angerechnet wird; Ggs. ↑ Malus

Bo|nus|track [...trɛk] *der; -s, -s:* zusätzliche, nicht zu den eigentlichen Aufnahmen gehörende Aufnahme auf einer CD od. DVD (als besonderer Kaufanreiz)

Bon|vi|vant [bõviˈvãː] *der; -s, -s* ⟨*lat.-fr.*⟩: 1. (veraltend) Lebemann. 2. (Theater) Rollenfach des leichtlebigen, eleganten Mannes

Bon|ze *der; -n, -n* ⟨*jap.-port.-fr.*⟩: 1. (abwertend) jmd., der die Vorteile seiner Stellung genießt [u. sich nicht um die Belange anderer kümmert]; höherer, dem Volk entfremdeter Funktionär. 2. buddhistischer Mönch, Priester

Bon|zo|kra|tie *die; -, ...ien* ⟨*jap.-port.-fr.; gr.*⟩: (abwertend) Herrschaft, übermäßiger Einfluss der Bonzen (1)

Boo|gie-Woo|gie [ˈbʊɡiˈvʊɡi] *der; -[s], -s* ⟨*amerik.*⟩: 1. vom Klavier gespielter ↑ Blues mit ↑ ostinaten Bassfiguren u. starkem ↑ Offbeat. 2. aus dem Boogie-Woogie (1) entwickelter Gesellschaftstanz (z. B. ↑ Jitterbug, ↑ Rock und Roll)

Book|buil|ding [ˈbʊkbɪldɪŋ] *das; -[s]:* (Wirtsch.) Verfahren zur Bestimmung des Emissionspreises von Aktien

Book|let [ˈbʊklɪt] *das; -[s], -s* ⟨*engl.*⟩: [Werbe]broschüre [ohne Umschlag, Einband]; Beilage, Beiheft [in einer CD-Hülle]

Book|mark [ˈbʊkmaːk] *die; -, -s* od. *das; -s, -s* ⟨*engl.*⟩: Eintrag in einem elektronischen Adressverzeichnis für ↑ Homepages

Boom [buːm] *der; -s, -s* ⟨*engl.*⟩: plötzliches großes Interesse an etwas; [plötzlicher] wirtschaftlicher Aufschwung, Hochkonjunktur. **boo|men** [ˈbuːmən]: (ugs.) einen Boom erleben

Boom|town [ˈbuːmtaʊn] *die; -, -s* ⟨Jargon⟩: Stadt, die in kürzester Zeit einen enormen wirtschaftlichen Aufschwung erlebt

Boos|ter [ˈbuːstɐ] *der; -s, -* ⟨*engl.*; „Förderer, Unterstützer"⟩: 1. a) (Luftfahrt) Hilfstriebwerk, Startrakete; b) (Raumfahrt) Zusatztriebwerk; erste Stufe einer Trägerrakete. 2. Kraftverstärker in der Flugzeugsteuerung. 3. (Elektronik) zusätzlicher Ver-

B

stärker zum Einbau in Antennen- u. Hi-Fi-Anlagen

Boos|ter|di|o|de *die; -, -n:* (Fernsehtechnik) Gleichrichter zur Rückgewinnung der Spannung bei der Zeilenablenkung

Boos|ter|ef|fekt *der; -s, -e:* (Med.) Auffrischungseffekt, vermehrte Bildung von ↑ Antikörpern im Blut nach erneuter Einwirkung des gleichen ↑ Antigens

Boot [bu:t] *der; -s, -s* (meist Plural) ⟨engl.⟩: 1. bis über den Knöchel reichender [Wildleder]schuh. 2. Gummiglocke; Überzug aus Gummi für Hufe von Trabrenn- u. Springpferden

boo|ten [bu:tṇ] ⟨engl.⟩: einen Computer neu starten, wobei alle gespeicherten Anwenderprogramme neu geladen werden

Bö|o|ti|er *der; -s, -* ⟨nach der altgriech. Landschaft Böotien⟩: (veraltet) denkfauler, schwerfälliger Mensch. **bö|o|tisch:** (veraltet) denkfaul, unkultiviert

Boot|leg|ger ['bu:t...] *der; -s, -* ⟨engl.-amerik.⟩: (hist.) Alkoholschmuggler; jmd., der illegal Schnaps brennt (in den USA zur Zeit der ↑ Prohibition 2)

Bop *der; -[s], -s* ⟨amerik.⟩: ↑ Bebop

Bor *das; -s* ⟨pers.-arab.-mlat.⟩: chem. Element; ein Nichtmetall; Zeichen: B

Bo|ra *die; -, -s* ⟨gr.-lat.-it.⟩: trocken-kalter Fallwind an der dalmatinischen Küste

Bo|rac|cia [bo'ratʃa] *die; -, -s:* besonders heftige Bora

Bo|ra|go *der; -s* ⟨arab.-mlat.⟩: (Bot.) ein Raublattgewächs, bes. ↑ Borretsch

Bo|ran *das; -s, -e* (meist Plural) ⟨pers.-arab.-mlat.-nlat.⟩: Borwasserstoff

Bo|rat *das; -[e]s, -e:* Salz der Borsäure

Bo|rax *der* (österr.: *das*); -[es] ⟨pers.-arab.-mlat.⟩: in großen Kristallen vorkommendes Natriumsalz der Tetraborsäure

Bo|ra|zit [auch: ...'tsɪt] *der; -s* ⟨pers.-arab.-mlat.-nlat.⟩: zu den Boraten gehörendes Mineral

Bo|ra|zol *das; -s, -e* ⟨nlat.⟩: (Chem.) anorganisches Benzol, benzolähnliche Flüssigkeit

Bord|case [...keɪs] *das od. der; -, -* u. *-s* ...sɪz] ⟨dt.; engl.⟩: kleines, kofferähnliches Gepäckstück, das man bei Flugreisen unter den Sitz legen kann

Bord|com|pu|ter, *der; -s, -:* Computer an Bord von Flugzeugen u. Raumschiffen u. in Kraftfahrzeugen, der u. a. bordbezogene Daten auswertet u. Defekte anzeigt

bor|deaux [bɔr'do:] ⟨fr.⟩: weinrot, bordeauxrot

Bor|deaux *der; - -* [bɔr'do:s]: Wein aus der weiteren Umgebung der französischen Stadt Bordeaux

Bor|de|lai|ser Brü|he [...'lɛ:zə -] *die; - -* ⟨nach der franz. Landschaft Bordelais bei Bordeaux⟩: Kupfervitriollösung zum Bespritzen der Weinstöcke u. Obstbäume gegen Pilzkrankheiten

Bor|dell *das; -s, -e* ⟨germ.-roman.-niederl.; „Bretterhüttchen"⟩: Haus, Räumlichkeiten, in denen Prostituierte ihr Gewerbe ausüben

Bor|de|reau [bɔrdə'ro:] ⟨germ.-fr.⟩, auch: **Bor|de|ro** *der od. das; -s, -s:* Verzeichnis eingelieferter Wertpapiere, bes. von Wechseln

Bor|der|preis *der; -es, -e* ⟨engl.; dt.⟩: (Wirtsch.) Preis frei Grenze (z. B. bei Erdgaslieferungen)

Bor|di|a|mant *der; -en, -en:* einem Diamanten an Härte, Glanz u. Lichtbrechung gleichkommender Stoff aus Aluminium u. Bor

bor|die|ren ⟨germ.-fr.⟩: einfassen, [mit einer Borte] besetzen

Bor|dun *der; -s, -e* ⟨it.⟩: 1. Register der tiefsten Pfeifen bei der Orgel. 2. in gleich bleibender Tonhöhe gezupfte, gestrichene od. in Resonanz mitschwingende Saite. 3. gleich bleibender Bassod. Quintton beim Dudelsack. 4. Orgelpunkt

Bor|dü|re *die; -, -n* ⟨germ.-fr.⟩: Einfassung, Besatz, farbiger Geweberand. **Bor|dü|re|form** *die; -, -en:* (Kochkunst) runde Kuchenform aus Blech

Bo|re *die; -, -n* ⟨altnord.-engl.⟩: stromaufwärts gerichtete Flutwelle in rasch sich verengenden Flussmündungen (vor allem beim Ganges)

bo|re|al ⟨gr.-lat.⟩: nördlich; dem nördlichen Klima Europas, Asiens u. Amerikas zugehörend

Bo|re|al *das; -s:* Wärmeperiode der Nacheiszeit

Bo|re|as *der; -* ⟨gr.⟩: a) Nordwind

im Gebiet des Ägäischen Meeres (in der Antike als Gott verehrt); b) (dichter. veraltet) kalter Nordwind

Bor|gis *die; -* ⟨entstellt aus *fr.* (lettre) bourgeoise⟩: (Druckw.) Schriftgrad von 9 Punkt

Bo|rid *das; -s, -e* ⟨pers.-arab.-mlat.-nlat.⟩: (Chem.) Verbindung aus Bor u. einem Metall

Bor|ne|ol *das; -s* ⟨nach der Sundainsel Borneo⟩: aromatischer Alkohol, der in den Ölen bestimmter Bäume auf den Sundainseln vorkommt (von kampfer- u. pfefferminzähnlichem Geruch)

bor|niert ⟨fr.⟩: a) geistig beschränkt, eingebildet-dumm; b) engstirnig, unbelehrbar

Bor|nit [auch: ...'nɪt] *der; -s, -e* ⟨nlat.; nach dem österr. Mineralogen I. von Born, 1742–1791⟩: Buntkupfererz

Bor|re|lie [...jə] *die; -, -n* (meist Plural) ⟨nlat.; nach dem franz. Bakteriologen A. Borrel, 1867–1936⟩: Bakterie einer Gattung der ↑ Spirochäten

Bor|re|li|o|se *die; -, -n:* durch Borrelien verursachte Krankheit

Bor|retsch *der; -[e]s* ⟨arab.-mlat.-it.(-fr.)⟩: Gurkenkraut (Gewürzpflanze)

Bor|ro|mä|e|rin *die; -, -nen* ⟨nach dem hl. Karl Borromäus, 1538–1584⟩: Mitglied einer kath. Frauenkongregation

Bor|sa|li|no ® *die; -s, -s* ⟨nach dem Namen des ital. Fabrikanten T. Borsalino, 1867–1939⟩: Herrenfilzhut mit breiter Krempe

Borschtsch *der; -* ⟨russ.⟩: russische Kohlsuppe mit Fleisch, verschiedenen Kohlsorten, roten Rüben u. etwas ↑ Kwass

Bör|si|a|ner *der; -s, -* ⟨gr.-lat.-niederl.-nlat.⟩: (ugs.) a) Börsenmakler; b) Börsenspekulant

Bör|si|a|ne|rin *die; -, -nen:* weibliche Form zu ↑ Börsianer

Bo|rus|sia *die; -* ⟨nlat.⟩: Frauengestalt als Sinnbild Preußens

Bo|sat|su *der; -* ⟨sanskr.-jap.⟩: Titel buddhistischer Heiliger in Japan (entspricht dem Titel ↑ Bodhisattwa)

Bos|kett *das; -s, -e* ⟨germ.-mlat.-it.(-fr.)⟩: Gruppe von beschnittenen Büschen u. Bäumen (bes. in Gärten der Renaissance- u. Barockzeit)

B

Bos̱|koop, Bos̱|kop *der; -s, -* ⟨nach dem niederl. Ort Boskoop⟩: säuerlich schmeckender Winterapfel mit rauer Schale

Bo̱|son *das; -s, ...o̱nen* ⟨nlat.; vom Namen des ind. Physikers S. N. Bose, 1894–1974⟩: (Phys.) Elementarteilchen mit ganzzahligem od. verschwindendem ↑ Spin

Bo̱ss *der; -es, -e* ⟨niederl.-engl.-amerik.⟩: jmd., der in einem Unternehmen, in einer Gruppe die Führungsrolle innehat, der bestimmt, was getan wird; Chef; Vorgesetzter

Bos̱|sa no̱|va *der; - -, - -s* ⟨port.⟩: südamerikanischer Modetanz

Bos̱|se *die; -, -n* ⟨fr.⟩: 1. rohe od. nur wenig bearbeitete Form eines Werksteins (z. B. einer Skulptur). 2. erhabene Verzierung, bes. in der Metallkunst

bos̱|se̱|lie̱|ren vgl. bossieren

bos̱|seln: 1. a) an etwas mit Ausdauer arbeiten, herumbasteln [um es besonders gut zu machen]; b) in Kleinarbeit [mühsam] herstellen; basteln. 2. ↑ bossieren

Bos̱|sen|qua̱|der *der; -s, - (auch: die; -, -n)*: Naturstein, dessen Ansichtsfläche roh bearbeitet ist

Bos̱|sen|werk *das; -[e]s*: Mauerwerk, das aus Bossenquadern besteht

bos̱|sie̱|ren, bosselieren: 1. die Rohform eine Figur aus Stein herausschlagen. 2. roh gebrochene Mauersteine mit dem Bossiereisen behauen. 3. in Ton, Gips od. Wachs (Bossierwachs) modellieren

Bos̱|sier|wachs *das; -es, -e*: Modellierwachs für die Bildhauerei

Bos̱|sing *das; -s* ⟨engl.⟩: das ↑ Mobbing einzelner Mitarbeiter durch den Vorgesetzten

Bos̱|tel|la vgl. La Bostella

¹Bos̱|ton [ˈbɔstɔn] *das; -s* ⟨nach der Stadt in den USA⟩: amerikanisches Kartenspiel

²Bos̱|ton *der; -s, -s*: langsamer amerikanischer Walzer mit sentimentalem Ausdruck

Bo̱|ta̱|nik *die; - ⟨gr.-nlat.⟩*: 1. Pflanzenkunde, Teilgebiet der Biologie, das sich mit den Pflanzen befasst. 2. (ugs. scherzh.) die freie Natur; das Grüne

Bo̱|ta̱|ni|ker *der; -s, -*: Wissenschaftler u. Forscher auf dem Gebiet der Botanik (1). **Bo̱|ta̱|ni|ke̱|rin** *die; -, -nen*: weibliche Form zu ↑ Botaniker

bo̱|ta̱|nisch: pflanzenkundlich, pflanzlich; **botanischer Garten:** Anlage, in der Bäume u. andere Pflanzen nach einer bestimmten Systematik zu Schau- u. Lehrzwecken kultiviert werden

bo̱|ta̱|ni|sie̱|ren: Pflanzen zu Studienzwecken sammeln

Bo̱|tel *das; -s, -s* ⟨Kurzw. aus Boot u. Hotel⟩: schwimmendes Hotel, als Hotel ausgebautes, verankertes Schiff

Bo̱|to̱|ku̱|de *der; -n, -n* ⟨nach dem Indianerstamm in Südostbrasilien⟩: (veraltet abwertend) Mensch mit schlechtem Benehmen

Bo̱t|ry|o|my|ko̱|se *die; -, -n* ⟨gr.-nlat.⟩: Traubenpilzkrankheit (bes. der Pferde)

Bo̱t|te̱|ga *die; -, -s*: ital. Form von ↑ Bodega

Bo̱t|te̱|lier *der; -s, -s u. Bottler der; -s, - ⟨lat.-fr.-niederl.⟩*: (Seemannsspr. veraltet) Kantinenverwalter auf Kriegsschiffen

Bo̱t|ter *der; -s, - ⟨niederl.⟩*: holländisches Segelfahrzeug mit geringem Tiefgang

Bo̱t|ti̱|ne *die; -, -n ⟨fr.⟩*: Damenhalbstiefel (bes. im 19. Jh.)

Bo̱t|tle|neck [ˈbɔtlnɛk] *der; -s, -s ⟨engl.-amerik.⟩*: (Mus.) urspr. abgeschlagener Flaschenhals, heute Metallaufsatz, der auf einen Finger gesteckt wird u. mit dem dann auf den Gitarrensaiten entlanggeglitten wird, sodass ein hoher, singender Ton erzielt wird (Gitarrenspielweise im ↑ Blues b)

Bo̱t|tle|par|ty, auch: **Bot|tle-Par|ty** [ˈbɔtl...] *die; -, -s ⟨engl.⟩*: Party, zu der die geladenen Gäste die alkoholischen Getränke mitbringen

Bo̱t|tler vgl. Bottelier

Bo̱t|toms [ˈbɔtəmz] *die* (Plural) ⟨engl.⟩: Überschwemmungsgebiete nordamerikanischer Flüsse

Bo̱t|tom-up-Me̱|tho̱|de [...ˈʌp...] *die; - ⟨engl.; gr.-lat.⟩*: (Logik) induktive Methode, bei der man von speziellen Details ausgeht u. schrittweise über immer umfassendere Strukturen zu der Gesamtstruktur eines Systems errichtet; Ggs. ↑ Top-down-Methode

Bo̱|tu̱|lis̱|mus *der; - ⟨lat.-nlat.⟩*: bakterielle Lebensmittelvergiftung (bes. Wurst-, Fleisch-, Konservenvergiftung)

Bou|chée [buˈʃeː] *die; -, -s ⟨fr.⟩*: „ein Mund voll"): Appetithäppchen (gefülltes Pastetchen als warme Vorspeise)

bou|che|ri|sie̱|ren [buʃa...] ⟨nach dem franz. Chemiker A. Boucherie, 1801–1871⟩ den Saft frischen Holzes durch Einführen bestimmter Lösungen verdrängen (ein Holzschutzverfahren)

¹Bou|c|lé [buˈkleː], auch: Buklee *das; -s, -s ⟨lat.-fr.⟩*: Garn mit Knoten u. Schlingen

²Bou|c|lé, auch: Buklee *der; -s, -s*: 1. Gewebe aus ¹Bouclé; Noppengewebe. 2. Haargarnteppich mit nicht aufgeschnittenen Schlingen

Bou|doir [buˈdo̯aː̯ɐ̯] *das; -s, -s ⟨fr.⟩*: (veraltend) elegantes, privates Zimmer einer Dame

Bouf|fon|ne|rie [bʊfɔnəˈriː] *die; -, ...ien ⟨it.-fr.⟩*: (veraltet) Spaßhaftigkeit, Schelmerei

Bou|gain|vil|lea [bugɛ̃ˈvilea] *die; -, ...leen [...leən] ⟨nlat.; nach L.-A. de Bougainville (1729–1811), einem franz. Seefahrer⟩*: (Bot.) südamerikanische Gattung der Wunderblumengewächse

Bou|gie [buˈʒiː] *die; -, -s ⟨fr.⟩*: Dehnsonde (zur Erweiterung enger Körperkanäle, z. B. der Harnröhre); vgl. Bacillus (1).

bou|gie̱|ren [buˈʒiːrən]: mit der Dehnsonde untersuchen, erweitern. **Bou|gie|rohr** *das; -[e]s, -e*: Kabelschutzüberzug

Bou|g|ram, auch: **Bou|g|ran** [buˈgrãː] *der; -s, -s ⟨fr.⟩*: Steifleinwand, steifer Baumwollstoff, der als Zwischenfutter verwendet wird

Bouil|la|baisse [bujaˈbɛːs] *die; -, -s [bujaˈbɛːs] ⟨fr.⟩*: würzige provenzalische Fischsuppe

Bouil|lon [bʊlˈjɔŋ, auch: bʊlˈjõː; österr.: buˈjõː] *die; -, -s ⟨lat.-fr.⟩*: 1. Kraft-, Fleischbrühe. 2. bakteriologisches Nährsubstrat

Bouil|lon|draht *der; -[e]s, ...drähte:* ↑ Kantille

bouil|lo|nie̱|ren [bʊljo...]: (veraltet) raffen, reihen

Bou|lan|ge|rit [bulãʒəˈriːt, auch: ...ˈrɪt] *der; -s ⟨nlat.; nach dem franz. Geologen C. L. Boulanger, 1810–1849): ein Mineral (Antimonbleiblende)

Boule [bu:l] *das; -[s]* (auch: *die; -*) ⟨*lat.-fr.*⟩: französisches Kugelspiel

Bou|let|te [bu...] *die; -, -n* ⟨*fr.*⟩: ↑ Bulette

Bou|le|vard [bulə'va:ɐ̯] *der; -s, -s* ⟨*germ.-niederl.-fr.*⟩: breite [Ring]straße, Prachtstraße

Bou|le|var|di|er [...'dje:] *der; -[s], -s*: (veraltet) Verfasser von reißerischen Bühnenstücken

bou|le|var|di|sie|ren: das Wichtigste (eines Artikels o. Ä.) zusammenfassen u. verdeutlichen (z. B. durch einen speziellen Druck)

Bou|le|vard|pres|se *die; -*: sensationell aufgemachte, in großen Auflagen erscheinende u. daher billige Zeitungen, die früher überwiegend im Straßenverkauf angeboten wurden

Boulle|ar|bei|ten ['bul...] *die* (Plural) ⟨nach dem franz. Kunsttischler A. Ch. Boulle, 1642–1732⟩: Einlegearbeiten aus Elfenbein, Kupfer od. Zinn (18. Jh.)

Bou|lon|nais [bulɔ'nɛ:] *der; -* [...'nɛ:(s)], - [...'nɛ:s], auch: **Bou|lon|nai|se** [...'nɛ:zə] *der; -n, -n* ⟨*fr.; nach der historischen Landschaft um Boulogne-sur-Mer*⟩: edles französisches Kaltblutpferd

Bounce [baʊns] *der od. die; -* ⟨*engl.*⟩: 1. (Mus.) rhythmisch betonte Spielweise im Jazz. 2. (EDV) per E-Mail verschickte Nachricht, die [bei fehlerhafter Adresse] an den Absender zurückgesandt wird

Bounce|light ['baʊnslaɪt] *das; -, -s* ⟨*engl.*⟩: Beleuchtungstechnik bei Blitzaufnahmen, bei der das Blitzlicht nicht gegen das Motiv gerichtet wird, sondern gegen reflektierende Flächen in dessen Umgebung, wodurch eine gleichmäßige Ausleuchtung erzielt wird

boun|cen ['baʊnsn̩]: das Bouncelight anwenden

Bou|quet [bu'ke:] *das; -s, -s* ⟨*fr.*⟩: ↑ Bukett. **Bou|quet gar|ni** *das; -s -, -s -s*: (Gastr.) Kräutersträußchen

Bou|qui|nist [buki...] *der; -en, -en* ⟨*niederl.-fr.*⟩: Straßenbuchhändler, bes. am Seineufer in Paris, der an einem Stand antiquari-

sche Bücher verkauft. **Bou|qui|nis|tin** *die; -, -nen*: weibliche Form zu ↑ Bouquinist

Bour|bon ['bə:bən] *der; -s, -s* ⟨*engl.-amerik.; Kurzf. von Bourbonwhiskey*⟩: amerikanischer Whiskey; vgl. Scotch

Bour|don [bʊr'dõ:] *der; -s, -s* ⟨*fr.*⟩: ↑ Bordun

Bou|ret|te [bu...] *die; -, -n* ⟨*lat.-fr.*⟩: ↑ Bourrette

bour|geois [bʊr'ʒoa, in attributiver Verwendung: bʊr'ʒoa:z...] ⟨*germ.-fr.*⟩: a) zur Bourgeoisie gehörend; b) die Bourgeoisie betreffend. **Bour|geois** *der; -, -*: Angehöriger der Bourgeoisie **Bour|geoi|sie** [bʊrʒoa'zi:] *die; -, ...ien*: 1. wohlhabender Bürgerstand, Bürgertum. 2. (Marxismus) herrschende Klasse der kapitalistischen Gesellschaft, die im Besitz der Produktionsmittel ist

Bour|rée [bu're:] *die; -, -s* ⟨*fr.*⟩: a) heiterer bäuerlicher Tanz aus der Auvergne; b) von etwa 1650 an Satz der ↑ Suite (4)

Bour|ret|te [bu...] *die; -, -n* ⟨*lat.-fr.*⟩: raues Gewebe in Taftbindung aus Abfallseide; Seidenfrottee

Bou|teil|le [bu'tɛ:j(ə)] *die; -, -n* [...jən]: ⟨*lat.-fr.*⟩ (veraltet) Flasche. **Bou|teil|len|stein** *der; -[e]s, -e*: (veraltet) ↑ Moldavit

Bou|tique [bu'ti:k] *die; -, -n* [...kn̩], (selten:) -s [...ti:ks] ⟨*fr.*⟩: kleiner Laden für [exklusive] modische Neuheiten

Bou|ton [bu'tõ:] *der; -s, -s* ⟨*germ.-fr.; „Knospe; Knopf"*⟩: Schmuckknopf für das Ohr

Bou|ton|ni|e|re [butɔ'njɛ:rə] *die; -, -n* ⟨*germ.-fr.*⟩: (Med.) äußerer Harnröhrenschnitt

bo|vin ⟨*lat.*⟩: (Tiermed.) zum Rind gehörend, beim Rind auftretend; **bovine spongiforme Enzephalopathie**: ↑ BSE

Bo|vo|vak|zin *das; -s* ⟨*lat.-nlat.*⟩: früher gebräuchlicher Impfstoff gegen Rindertuberkulose

Bow|den|zug ['baʊdn̩...] *der; -s, ...züge* ⟨*engl.; dt.; nach dem engl. Erfinder H. Bowden, 1880–1960*⟩: Drahtkabel zur Übertragung von Zugkräften, bes. an Kraftfahrzeugen

Bo|wie|mes|ser ['bo:vi...] *das; -s, -* ⟨*engl.; dt., nach dem Amerikaner James Bowie, 1796–1836*⟩: langes Jagdmesser

Bow|le ['bo:lə] *die; -, -* ⟨*engl.*⟩: 1. Getränk aus Wein, Schaumwein, Zucker u. Früchten od. würzenden Stoffen. 2. Gefäß zum Bereiten u. Auftragen einer Bowle (1)

bow|len ['bo:lən] ⟨*lat.-fr.-engl.*⟩: Bowling spielen

Bow|ler ['bo:lə] *der; -s, -* ⟨*engl.*⟩: runder, steifer [Herren]hut; vgl. Melone (2)

Bow|ling ['bo:lɪŋ] *das; -s, -s* ⟨*lat.-fr.-engl.*⟩: 1. englisches Kugelspiel auf glattem Rasen. 2. amerikanische Art des Kegelspiels mit 10 Kegeln

Bow|ling|green [...gri:n] *das; -s, -s*: Spielrasen für Bowling (1)

Bow|string|hanf ['boʊstrɪŋ...] *der; -[e]s* ⟨*engl.; dt.*⟩: in Afrika als Bogensehne verwendeter Hanf aus Blattfasern

Box *die; -, -en* ⟨*lat.-vulgärlat.-engl.; „Büchse, Behälter"*⟩: 1. a) von anderen gleichartigen Räumen abgeteilter [kastenförmiger] Raum innerhalb einer größeren Einheit; b) abgegrenzter Montageplatz für Rennwagen an einer Rennstrecke. 2. einfache Rollfilmkamera in Kastenform. 3. kastenförmiger Behälter od. Gegenstand; oft in Zusammensetzungen, z. B. Kühlbox, Lautsprecherbox

BOX ® *der; -* ⟨*Kurzw. für engl. bond index*⟩: Gruppe von Rentenindizes, die als Maßstab für die Wertentwicklung europäischer Staatsanleihen dient

Box|calf vgl. Boxkalf

bo|xen ⟨*engl.*⟩: [nach bestimmten sportlichen Regeln] mit den Fäusten kämpfen

Bo|xer *der; -s, -* ⟨*engl.*⟩: 1. Sportler, der Boxkämpfe austrägt; vgl. boxen. 2. (bes. südd., österr.) Faustschlag. 3. Hund einer mittelgroßen Rasse mit kräftiger Schnauze (Wach- u. Schutzhund). **Bo|xe|rin** *die; -, -nen*: weibliche Form zu ↑ Boxer (1)

bo|xe|risch: den Boxsport betreffend, zu ihm gehörend

Bo|xer|mo|tor *der; -s, -en* ⟨*engl.; lat.*⟩: Verbrennungsmotor mit einander gegenüberliegenden Zylindern, deren Kolben scheinbar gegeneinander arbeiten

Bo|xer|shorts [...ʃɔrts] *das* (Plural) ⟨*engl.*⟩: Herrenunterhose mit kurzem Beinteil

Box|kalf, Boxcalf [auch engl.:
ˈbɔkskɑːf] *das; -s, -s ⟨engl.⟩:*
Kalbleder

Boy [bɔy] *der; -s, -s ⟨engl.⟩:*
1. Laufjunge, Diener, Bote.
2. (ugs.) junger Mann

Boy|friend [ˈbɔyfrɛnd] *der; -s, -s
⟨engl.⟩:* (ugs.) der Freund eines
jungen Mädchens

Boy|group [...gruːp] *die; -, -s:* Pop-
gruppe aus jungen, attraktiven
Männern, deren Bühnenshow
bes. durch tänzerische Elemente geprägt ist

Boy|kott [bɔy...] *der; -[e]s, -s*
(auch: -e) *⟨engl.; nach dem in*
Irland geächteten engl. Haupt-
mann u. Gutsverwalter Boy-
cott, 1832–1897⟩: 1. politische,
wirtschaftliche od. soziale Ächtung. 2. das Boykottieren (2, 3)

Boy|kot|teur [...ˈtøːɐ̯] *der; -s, -e
⟨fr.⟩:* jmd., der jmdn. od. etwas
boykottiert. **Boy|kot|teu|rin**
[...ˈtøːrɪn] *die; -, -nen:* weibliche
Form zu ↑ Boykotteur

boy|kot|tie|ren: 1. mit einem Boy-
kott (1) belegen. 2. die Ausführung von etwas ablehnen u. zu
verhindern suchen. 3. zum Ausdruck der Ablehnung bewusst
meiden

Boy|scout [ˈbɔyskaut] *der; -s, -s
⟨engl.⟩:* engl. Bez. für: Pfadfin-
der

Boy|sen|bee|re *die; -, -n ⟨nach
dem amerik. Gärtner R. Boy-
sen⟩:* brombeerähnliche, aro-
matisch schmeckende Frucht

Boz|zet|to *der; -s, -s ⟨it.⟩:* erster,
skizzenhafter, plastischer Ent-
wurf für eine Skulptur, für Porzellan

Bra|ban|çonne [brabãˈsɔn] *die; -
⟨fr.; nach der belg. Provinz Bra-
bant⟩:* belgische National-
hymne

Bra|ça [ˈbrasa] *die; -, -s (aber: 5 -)
⟨gr.-lat.-port.⟩:* portugiesisches
Längenmaß

bra|chi|al *⟨gr.-lat.⟩:* 1. (Med.) zum
Oberarm gehörend. 2. mit roher
Körperkraft

Bra|chi|al|ge|walt *die; -:* rohe kör-
perliche Gewalt als Mittel zur
Durchsetzung von etwas

Bra|chi|al|gie *die; -, ...ien ⟨gr.-lat.;
gr.⟩:* Schmerzen im [Ober]arm

Bra|chi|a|to|ren *die (Plural) ⟨lat.-
nlat.⟩:* Gruppe der ↑ Primaten
mit stark verlängerten Armen
(Schwingkletterer, z. B. der
↑ Gibbon)

Bra|chi|o|po|de *der; -n, -n:* Armfü-
ßer (muschelähnliches, festsit-
zendes Meerestier)

Bra|chi|o|sau|ri|er *der; -, -s u.* **Bra-
chi|o|sau|rus** *der; -, ...rier [...i̯ə]:*
⟨lat.; gr.⟩: Pflanzen fressender,
sehr großer ↑ Dinosaurier mit
langen Vorderbeinen (aus der
Kreidezeit, bes. in Nordamerika)

Bra|chis|to|chro|ne [...ˈkroːnə] *die;
-, -n ⟨gr.-nlat.⟩:* (Phys.) Kurve,
auf der ein der Schwerkraft un-
terworfener Massenpunkt bzw.
Körper am schnellsten zu einem tiefer gelegenen Punkt gelangt

---

bra|chy..., Bra|chy...

⟨gr. brachýs „kurz, wenig, klein"⟩
Wortbildungselement mit der Be-
deutung „kurz":
– brachydaktyl
– Brachygraphie
– Brachypnoe

---

bra|chy|dak|tyl: (Med.) kurzfinge-
rig

Bra|chy|dak|ty|lie *die; -, ...ien ⟨gr.-
nlat.⟩:* (Med.) angeborene Kurz-
fingerigkeit

Bra|chy|gna|thie *die; -, ...ien: ↑* Bra-
chygnathie

Bra|chy|g|na|thie *die; -, ...ien:*
(Med.) abnorme Kleinheit des
Unterkiefers

Bra|chy|gra|phie, auch: ...grafie
die; -: (veraltet) Kurzschrift,
Stenografie

bra|chy|ka|tal|ek|tisch *⟨gr.-lat.⟩:*
am Versende um einen Versfuß
(eine rhythmische Einheit) bzw.
um zwei Silben verkürzt (von
antiken Versen)

Bra|chy|ka|ta|le|xe *die; -, -n ⟨gr.⟩:*
Verkürzung eines Verses um
den letzten Versfuß (die letzte
rhythmische Einheit) od. die
letzten zwei Silben

Bra|chy|la|lie *die; - ⟨gr.-nlat.⟩:* Aus-
sprache abgekürzter Zusammensetzungen od. Wortgruppen mit den Namen der Abkür-
zungsbuchstaben (z. B. USA
[gesprochen: uːlɛsˈlaː])

Bra|chy|lo|gie *die; -, ...ien ⟨gr.⟩:*
(Rhet.; Stilk.) knappe, präg-
nante Ausdrucksweise

Bra|chy|pnoe *die; -:* (veraltet)
Kurzatmigkeit; Engbrüstigkeit;
vgl. Dyspnoe

bra|chy|s|tyl *⟨gr.-nlat.⟩:* kurzgriffe-
lig (von Pflanzenblüten)

Bra|chy|syl|la|bus *der; -, ...syllaben
u. ...syllabi ⟨gr.-lat.⟩:* antiker
Versfuß (rhythmische Einheit),
der nur aus kurzen Silben besteht (z. B. ↑ Pyrrhichius, ↑ Tri-
brachys, ↑ Prokeleusmatikus)

bra|chy|ze|phal *⟨gr.-nlat.⟩:* (Med.)
kurzköpfig, rundschädelig. **Bra-
chy|ze|pha|le** *der u. die; -n, -n:*
(Med.) Kurzköpfige[r], Kurz-
kopf. **Bra|chy|ze|pha|lie** *die; -,
...ien:* (Med.) Kurzköpfigkeit

Brackets [ˈbrækɪts] *die (Plural)
⟨engl.; „Klammern"⟩:* (Zahnmed.) für kieferorthopädische
Korrekturen verwendete, an
den Zähnen befestigte Metall-
klammern

Bra|dy|lar|th|rie u. Bradylalie *die; -,
...ien ⟨gr.-nlat.⟩:* (Med.) schlep-
pende, buchstabierende Sprache

Bra|dy|kar|die *die; -, ...ien:* (Med.)
langsame Herztätigkeit

Bra|dy|ki|ne|sie *die; -, ...ien:*
(Med.) allgemeine Verlangsamung der Bewegungen

Bra|dy|ki|nin *das; -s, -e:* (Med.)
Gewebshormon, das durch lo-
kale Gefäßerweiterung eine
fördernde Wirkung auf die
Speichel- u. Schweißdrüsen
ausübt

Bra|dy|la|lie vgl. Bradyarthrie

Bra|dy|phra|sie *die; -, ...ien:*
(Med.) langsames Sprechen

Bra|dy|phre|nie *die; -, ...ien:*
(Med.) Verlangsamung der psy-
chomotorischen Aktivität, An-
triebsmangel

Bra|dy|pnoe *die; -:* (Med.) verlang-
samte Atmung

Brah|ma *der; -s ⟨sanskr.⟩:* zur Zeit
des frühen Buddhismus höchs-
ter Gott des ↑ Hinduismus

Brah|ma|huhn vgl. Brahmaputra-
huhn

Brah|ma|is|mus *der; -: ↑* Brahma-
nismus

Brah|man *das; -s:* Weltseele, ma-
gische Kraft der indischen Religion, die der Brahmane im Op-
ferspruch wirken lässt

Brah|ma|nas *die (Plural):* altindi-
sche Kommentare zu den ↑ We-
den, die Anwendung und Wirkung des Opfers erläutern

Brah|ma|ne *der; -n, -n:* Angehöri-
ger der indischen Priesterkaste

brah|ma|nisch: die Lehre od. die
Priester des Brahmanentums
betreffend

Brah|ma|nis|mus *der; - ⟨sanskr.-*

nlat.⟩: 1. eine der Hauptreligionen Indiens (aus dem ↑ Wedismus hervorgegangen). 2. (selten) Hinduismus

Brah|ma|pu|t|ra|huhn [auch: …'puː…] ⟨nach dem indischen Fluss Brahmaputra⟩, auch: Brahmahuhn *das;* -s, …hühner: Huhn einer schweren Haushuhnrasse

Brah|mi|ne vgl. Brahmane

Brail|le|schrift [ˈbraːjə…] *die;* - ⟨nach dem franz. Erfinder L. Braille, 1809–1852⟩: international gebräuchliche Blindenschrift

Brain|drain, auch: **Brain-Drain** [ˈbreɪndreɪn] *der;* -s ⟨*engl.-amerik.;* „Abfluss von Intelligenz"⟩: Abwanderung von Wissenschaftlern ins Ausland

brain|stor|men [ˈbreɪnstɔrmən] ⟨*engl.-amerik.*⟩: ein Brainstorming durchführen

Brain|stor|ming […stɔːmɪŋ] *das;* -s ⟨*engl.-amerik.;* eigtl. „Geistesblitz"⟩: (bes. Wirtsch.) das Sammeln von spontanen Einfällen [der Mitarbeiter], um die beste Lösung eines Problems zu finden

Brain|trust, auch: **Brain-Trust** […trʌst] *der;* -[s], -s ⟨*engl.;* „Gehirntrust"⟩: [wirtschaftlicher] Beratungsausschuss; Expertengruppe

Brain|ware […wɛə] *die;* -, -s ⟨Analogiebildung zu ↑ Software⟩: (EDV) geistige Vorarbeit bei der Programmerstellung

Brai|se [ˈbrɛːzə] *die;* -, -n ⟨*fr.*⟩: [säuerliche] gewürzte Brühe zum Dämpfen von Fleisch od. Fischen. **brai|sie|ren** [brɛ…]: in der Brühe dämpfen

Brak|te|at *der;* -en, -en ⟨*lat.;* „mit Goldblättchen überzogen"⟩: 1. Goldblechabdruck einer griechischen Münze (4.–2. Jh. v. Chr.). 2. einseitig geprägte Schmuckscheibe der Völkerwanderungszeit. 3. einseitig geprägte mittelalterliche Münze

Brak|tee *die;* -, -n ⟨*lat.;* „dünnes Blatt, Blättchen"⟩: (Bot.) Deckblatt, in dessen Winkel ein Seitenspross od. eine Blüte entsteht

brak|te|o|id ⟨*lat.; gr.*⟩: (Bot.) deckblattartig

Brak|te|ol|le *die;* -, -n ⟨*lat.*⟩: (Bot.) Vorblatt, erstes Blatt eines Seiten- od. Blütensprosses

Bram *die;* -, -en ⟨*niederl.*⟩: (Seemannsspr.) zweitoberste Verlängerung der Masten sowie deren Takelung (meist als Bestimmungswort von Zusammensetzungen wie Bramsegel, ↑ Bramstenge)

Bra|mah|schloss *das;* -es, …schlösser ⟨nach dem engl. Erfinder J. Bramah, 1749–1814⟩: Schloss mit Steckschlüssel

Bra|mar|bas *der;* -, -se ⟨nach der literarischen Figur des 18. Jh.s⟩: Prahlhans, Aufschneider. **bra|mar|ba|sie|ren**: aufschneiden, prahlen

Bram|bu|ri *die* (Plural) ⟨*tschech.;* „Brandenburger"⟩: (österr. scherzh.) Kartoffeln

Bram|sten|ge *die;* -, -n ⟨*niederl.; dt.*⟩: (Seemannsspr.) zweitoberste Verlängerung eines Mastes

Bran|che [ˈbrɑ̃ːʃə] *die;* -, -n ⟨*lat.-galloroman.-fr.*⟩: a) Wirtschafts-, Geschäftszweig; b) (ugs.) Fachgebiet

Bran|chen|mix *der;* -, -e: das Vertretensein der jeweiligen Branchen (a) in großer Vielfalt in den Läden eines Geschäftsviertels, eines Einkaufszentrums o. Ä. (zur Vermeidung eines zu einseitigen Einkaufsangebots)

Bran|chi|at *der;* -en, -en ⟨*gr.-nlat.*⟩: durch Kiemen atmendes Wirbel- od. Gliedertier

Bran|chie […jə] *die;* -, -n (meist Plural) ⟨*gr.-lat.*⟩: Kieme

bran|chi|o|gen ⟨*gr.-nlat.*⟩: (Biol.) von den Kiemengängen ausgehend

Bran|chi|o|sau|ri|er *der;* -s, u. **Bran|chi|o|sau|rus** *der;* -, …saurier ⟨*gr.-nlat.*⟩: Panzerlurch des ↑ Karbons u. ↑ [1]Perms

Bran|chi|os|to|ma *das;* - ⟨*gr.*⟩: ↑ Amphioxus

Bran|ding [ˈbrændɪŋ] *das;* - ⟨*engl.*⟩: 1. (Wirtsch.) Markengebung; Entwicklung von Markennamen. 2. das Einbrennen von bestimmten Mustern in die Haut mithilfe einer heißen Nadel; vgl. Piercing ·

Brand|ma|na|ger [ˈbrændmɛnɪdʒɐ] *der;* -s, - ⟨*engl.*⟩: (Wirtsch.) Angestellter eines Unternehmens, der für ↑ Marketing u. Werbung eines Markenartikels verantwortlich ist; Markenbetreuer

Bran|dy [ˈbrɛndi] *der;* -s, -s ⟨*nie-*

derl.-engl.⟩: engl. Bez. für: Weinbrand

Bran|le [ˈbrɑ̃ːlə] *der;* -, -s ⟨*fr.*⟩: a) ältester franz. Rundtanz (im 16. u. 17. Jh. Gesellschaftstanz); b) Satz der ↑ Suite (4)

[1]Bra|sil *der;* -s, -e u. -s ⟨vom Namen des südamerikan. Staates Brasilien⟩: a) dunkelbrauner, würziger südamerikanischer Tabak; b) eine Kaffeesorte

[2]Bra|sil *die;* -, -[s]: Zigarre aus Brasiltabak

Bra|sil|le|in *das;* -s ⟨*span.-nlat.*⟩: ein Naturfarbstoff; vgl. Brasilin

Bra|sil|let|to|holz *das;* -es ⟨*span.; dt.*⟩: westindisches Rotholz

Bra|sil|li|holz u. **Bra|sil|li|en|holz** *das;* -es: südamerikanisches Holz, das rote Farbstoffe liefert

Bra|sil|lin *das;* -s ⟨*span.-nlat.*⟩: für die Stofffärberei wichtiger Bestandteil des brasilianischen Rotholzes; wird durch ↑ Oxidation zum Farbstoff Brasilein

Bras|se|lett *das;* -s, -e ⟨*gr.-lat.-fr.*⟩: 1. Armband. 2. (Gaunerspr.) Handschelle

Bras|se|rie *die;* -, …jen ⟨*fr.*⟩: Bierlokal

Bras|si|è|re [braˈsjɛːrə] *die;* -, -n ⟨*fr.*⟩: knappes, taillenfreies Oberteil; Leibchen

Brat|sche *die;* -, -n ⟨*gr.-lat.-it.;* „Armgeige"⟩: Streichinstrument, das eine Quinte tiefer als die Violine gestimmt ist

Brat|schist *der;* -en, -en: Musiker, der Bratsche spielt. **Brat|schis|tin** *die;* -, -nen: weibliche Form zu ↑ Bratschist

Bra|va|de *die;* -, -n ⟨*gr.-lat.-vulgärlat.-it.-fr.*⟩: (veraltet) a) Prahlerei; b) Trotz

bra|vis|si|mo ⟨*gr.-lat.-vulgärlat.-it.*⟩: sehr gut! (Ausruf od. Zuruf, durch den Beifall u. Anerkennung ausgedrückt werden)

bra|vo! gut!, vortrefflich! (Ausruf od. Zuruf, durch den Beifall u. Anerkennung ausgedrückt werden)

[1]Bra|vo *das;* -s, -s: Beifallsruf

[2]Bra|vo *der;* -s u. …vi: ital. Bez. für: Meuchelmörder, Räuber

Bra|vour, auch: Bravur [braˈvuːɐ̯] *die;* -, -en ⟨*gr.-lat.-vulgärlat.-it.-fr.*⟩: 1. (ohne Plural) a) Tapferkeit, Mut, Schneid; b) Geschicklichkeit; sichtbar gekonnte Art u. Weise, etwas zu bewältigen.

2. (nur Plural) meisterhaft ausgeführte Darbietungen

Bra|vour|a |rie, auch: Bravurarie *die;* -, -n: schwierige, auf virtuose Wirkung abzielende Arie (meist für Frauenstimme)

bra|vou|rös, auch: bravurös: mit Bravour

Bra|vur usw. vgl. Bravour usw.

break [breɪk] ⟨*engl.*⟩: „geht auseinander!" (Kommando des Ringrichters beim Boxkampf)

¹Break [breɪk] *der* od. *das;* -s, -s ⟨*engl.;* „Durchbruch"⟩:
1. a) (Sport) plötzlicher u. unerwarteter Durchbruch aus der Verteidigung heraus; Überrumpelung aus der Defensive, Konterschlag; b) (Tennis) Gewinn eines Spiels bei gegnerischem Aufschlag. 2. kurzes Zwischensolo im Jazz

²Break [breɪk] *das;* -s: das Breaken (1)

Break|dance [ˈbreɪkdaːns, amerik.: ...dæns] *der;* -[s] ⟨*engl.-amerik.*⟩: zu moderner Popmusik getanzte rhythmisch-akrobatische Darbietung mit pantomimischen, roboterhaft anmutenden Elementen

Break|dan|cer [ˈbreɪkdaːnsə, amerik.: ...dænsə] *der;* -s, -: jmd., der Breakdance tanzt. **Break-dan|ce|rin** *die;* -, -nen: weibliche Form zu ↑ Breakdancer

brea|ken [ˈbreɪkn̩] 1. a) sich mit einem entsprechenden Signal in ein laufendes Gespräch über CB-Funk einschalten; b) über CB-Funk ein Gespräch führen. 2. (Tennis) das Aufschlagspiel des Gegners gewinnen

Break-e|ven-Point [breɪ-kˈiːvnpɔɪnt] *der;* -[s], -s ⟨*engl.*⟩: (Wirtsch.) Rentabilitätsschwelle, Übergang zur Gewinnzone

Brec|cie [ˈbrɛtʃə] ⟨*germ.-fr.-it.*⟩ u. Brekzie [...jə] *die;* -, -n: Sedimentgestein aus kantigen, durch ein Bindemittel verkitteten Gesteinstrümmern

Bre|douil|le [breˈdʊljə] *die;* -, -n ⟨*fr.*⟩: (ugs.) Verlegenheit, Bedrängnis

Bree|ches [ˈbrɪtʃəs] *die* (Plural) ⟨*engl.*⟩ u. **Bree|ches|ho|se** *die;* -, -n: kurze, oben weite, an den Knien anliegende Sport- u. Reithose

Breg|ma *das;* -s, -ta od. ...men ⟨*gr.*⟩: (Med.) a) Gegend der großen Fontanelle am Schädel, in der die beiden Stirnbeinhälften u. die beiden Scheitelbeine zusammenstoßen; b) Punkt am Schädel, in dem die Pfeilnaht auf die Kranznaht stößt

Brek|zie vgl. Breccie

Bre|te|sche *die;* -, -n ⟨*altengl.-mlat.-fr.*⟩: Erker an Burgmauern u. Wehrgängen zum senkrechten Beschuss des Mauerfußes

Bre|ton [brəˈtõ:] *der;* -s, -s ⟨*fr.*⟩: [Stroh]hut mit nach oben gerollter Krempe (aus der Volkstracht der Bretagne übernommen)

Bre|ve *das;* -s, -n u. -s ⟨*lat.;* „kurz"⟩: päpstlicher Erlass in einfacherer Form

Bre|vet [breˈveː] *das;* -s, -s ⟨*lat.-fr.*⟩: 1. (hist.) „kurzer" Gnadenbrief des französischen Königs (mit Verleihung eines Titels u. Ä.). 2. Schutz-, Verleihungs-, Ernennungsurkunde (bes. in Frankreich). **bre|ve|tie|ren**: ein Brevet ausstellen

Bre|vi|ar *das;* -s, -e ⟨*lat.*⟩: ↑ Breviarium (1)

Bre|vi|a|ri|um *das;* -s, ...ien: 1. (veraltet) kurze Übersicht; Auszug aus einer Schrift. 2. Brevier (1).

Bre|vier *das;* -s, -e: 1. a) Gebetbuch des kath. Klerikers mit den Stundengebeten; b) tägliches kirchliches Stundengebet. 2. kurze Sammlung wichtiger Stellen aus den Werken eines Dichters od. Schriftstellers, z. B. Schillerbrevier

bre|vi ma|nu: kurzerhand (Abk.: b. m., br. m.)

Bre|vis *die;* -, ...ves [...veːs]: (Mus.) Doppelganze, Note im Notenwert von zwei ganzen Noten (Notierung: quer liegendes Rechteck, ◻); vgl. alla breve

Bre|vi|tät *die;* -: (selten) Kürze, Knappheit

Bri|lard [briˈaːɐ̯] *der;* -[s], -s ⟨*fr.;* nach der franz. Landschaft Brie⟩: Schäferhund einer französischen Rasse

Bric-à-brac [brikaˈbrak] *das;* -[s] ⟨*fr.*⟩: a) Trödel, Wertloses; b) Ansammlung kleiner Kunstgegenstände

Bri|de *die;* -, -n ⟨*fr.*⟩: 1. (Med.) Verwachsungsstrang. 2. (schweiz.) Kabelschelle

Bridge [brɪtʃ, auch: brɪdʒ] *das;* -,

-s ⟨*engl.;* „Brücke"⟩: 1. (ohne Plural) ein Kartenspiel. 2. (Mus.) Überleitung von der Strophe zum Refrain. 3. (EDV) Verbindungsrechner zwischen mehreren lokalen Netzen

bri|die|ren ⟨*fr.*⟩: Fleisch od. Geflügel vor dem Braten die gewünschte Form geben

Brie vgl. Briekäse

brie|fen [ˈbriːfən] ⟨*engl.*⟩: jmdn. über einen Sachverhalt informieren

Brie|fing *das;* -s, -s ⟨*engl.-amerik.*⟩: 1. (bes. Milit.) kurze Einweisung od. Lagebesprechung. 2. a) Schriftstück, Informationsgespräch zwischen Werbefirma u. Auftraggeber über eine Werbeidee; b) Informationsgespräch, kurze Konferenz, bes. zur Unterrichtung der Presse

Brie|kä|se *der;* -s, - u. Brie *der;* -[s], -s ⟨nach der franz. Landschaft Brie⟩: Weichkäse mit Schimmelbildung

Bri|ga|de *die;* -, -n ⟨*it.-fr.*⟩: 1. größere Truppenabteilung. 2. (Gastr.) Gesamtheit der in einem Restaurationsbetrieb beschäftigten Köche u. Küchengehilfen. 3. (DDR) kleinste Arbeitsgruppe in einem Produktionsbetrieb

¹Bri|ga|di|er [...ˈdjeː:] *der;* -s, -s ⟨*it.-fr.*⟩: Befehlshaber einer Brigade (1)

²Bri|ga|di|er [...ˈdjeː:, auch: ...ˈdjɐ̯] *der;* -s, -s [...ˈdjeːs], auch: -e [...ˈdiːrə] ⟨*it.-fr.(-russ.)*⟩: (DDR) Leiter einer Brigade (3). **Bri|ga-die|rin** *die;* -, -nen: weibliche Form zu ↑ Brigadier

Bri|gant *der;* -en, -en ⟨*it.*⟩: (hist.) a) Freiheitskämpfer; b) Straßenräuber in Italien

Bri|gan|ti|ne *die;* -, -n: 1. (hist.) leichte Rüstung aus Leder od. starkem Stoff. 2. ↑ Brigg

Brigg *die;* -, -s ⟨*it.-fr.-engl.*⟩: (hist.) zweimastiges Segelschiff

Bri|ghel|la [...ˈgɛla] *der;* -, -s od. ...lle [...ˈgɛla] ⟨*it.*⟩: Figur des verschmitzten, Intrigen spinnenden Bedienten in der italienischen ↑ Commedia dell'Arte

Bri|gnole [brɪnˈjɔl] *die;* -s (meist Plural) ⟨*fr.;* nach der Stadt Brignoles in der Provence⟩: geschälte u. an der Luft getrocknete Pflaume; vgl. Prünelle

Bri|kett *das;* -s, -s (selten: -e) ⟨*nie-*

derl.-fr.⟩: aus kleinstückigem od. staubförmigem Gut (z. B. Steinkohlenstaub) durch Pressen gewonnenes festes Formstück (bes. Presskohle)

bri|ket|tie|ren: zu Briketts formen

Bri|ko|le die; -, -n ⟨provenzal.-fr.⟩: Rückprall des Billardballes von der Bande. **bri|ko|lie|ren:** durch Rückprall [von der Billardbande] treffen

bril|lant [brɪlˈjant] ⟨drawid.-mittelind.-gr.-lat.-it.-fr.⟩: von einer Art, die sich z. B. durch bestechende, faszinierende Kunstfertigkeit, glänzende Form, gekonnte Beherrschung der Mittel auszeichnet; hervorragend

¹**Bril|lant** [brɪlˈjant] der; -en, -en ⟨fr.⟩: geschliffener Diamant

²**Bril|lant** [brɪlˈjant] die; -: Schriftgrad von drei ↑ Punkt (2)

bril|lan|te [brɪlˈlantə] ⟨it.⟩ (Mus.) perlend, virtuos, bravourös

bril|lan|tie|ren [brɪljanˈ...] ⟨fr.⟩: glänzende Oberflächen herstellen (z. B. bei Messingplatten durch Beizen)

Bril|lan|tin das; -s, -e: (österr.) ↑ Brillantine. **Bril|lan|ti|ne** die; -, -n: Haarpomade

Bril|lant|schliff der; -s, -e: Schliffform von Edelsteinen

Bril|lanz die; -: 1. glänzende, meisterhafte Technik bei der Darbietung von etwas; Virtuosität. 2. a) (Fotogr.) Bildschärfe; b) (Akustik) unverfälschte Wiedergabe, bes. von hohen Tönen; Tonschärfe

bril|lie|ren [brɪlˈjiːrən, auch: brɪˈli...]: glänzen (in einer Fertigkeit)

Bril|lo|net|te [brɪljo...] die; -, -n (meist Plural) ⟨fr.⟩: Halbbrillant (flacher Brillant ohne Unterteil)

Brim|bo|ri|um das; -s ⟨lat.-fr.⟩: (ugs. abwertend) unverhältnismäßiger Aufwand; überflüssiges Drumherum; Aufheben

Brim|sen der; -s, - ⟨tschech.⟩: (österr.) ein Schafskäse

Bri|nell|här|te die; - ⟨nach dem schwed. Ingenieur J. A. Brinell, 1849–1925⟩: Maß der Härte eines Werkstoffes (eine gehärtete Stahlkugel wird mit einer bestimmten Kraft in das Prüfstück eingedrückt); Zeichen: HB

Brink|man|ship [ˈbrɪŋkmənʃɪp] die; - ⟨engl.⟩: Politik des äußersten Risikos

Brio das; -s ⟨kelt.-it.⟩: (Mus.) Feuer, Lebhaftigkeit, Schwung; Ekstatik, Leidenschaft; vgl. brioso

Bri|oche [briˈɔʃ] die; -, -s ⟨normann.-fr.⟩: feines Hefegebäck in Brötchenform

Bri|o|letts, auch: Brioletten die (Plural) ⟨fr.⟩: Doppelrosen (birnenförmiges Ohrgehänge aus ringsum facettierten Diamanten)

bri|o|so ⟨kelt.-it.⟩: (Mus.) mit Feuer, mit Schwung; zügig (Vortragsanweisung)

bri|sant ⟨fr.⟩: 1. (Waffentechnik) hochexplosiv; sprengend, zermalmend. 2. hochaktuell; viel Zündstoff enthaltend (z. B. von einer [politischen] Rede)

Bri|sanz die; -, -en: 1. Sprengkraft. 2. (ohne Plural) brennende, erregende Aktualität

Bri|sanz|ge|schoss das; -es, -e: Geschoss mit hochexplosivem Sprengstoff

Brise|so|leil [briːzɔˈlɛj] der; -[s], -s ⟨fr.; „Sonnenbrecher"⟩: Sonnenschutz an der Außenseite von Fenstern

Bri|sol|lett das; -s, -e u. Bri|sol|let|te die; -, -n ⟨fr.⟩: gebratenes Klößchen aus gehacktem Kalbfleisch

Bris|sa|go die; -, -[s] ⟨nach dem Ort Brissago in der Schweiz⟩: Zigarrensorte aus der Schweiz

Brils|tol|kar|ton [ˈbrɪstl...] der; -s, -s ⟨nach der engl. Stadt⟩: glattes, rein weißes Kartonpapier zur Aquarellmalerei u. zum Kreidezeichnen

Bri|sur die; -, -en ⟨fr.⟩: feines Gelenk an Ohrgehängen

Bri|tan|ni|a|me|tall das; -s ⟨nach „Britannia", dem lat. Namen Britanniens⟩: wie Silber glänzende Legierung aus Zinn u. Antimon, auch Kupfer

Bri|ti|zis|mus der; -, ...men ⟨nlat.⟩: 1. sprachliche Besonderheit des britischen Englisch. 2. Entlehnung aus dem britischen Englisch ins Deutsche; vgl. Anglizismus

Brit|pop, auch: Brit-Pop der; - ⟨engl.⟩: typischer Gitarrensound u. Stilrichtung in der britischen Popmusik

Britsch|ka die; -, -s ⟨poln.⟩: leichter offener Reisewagen

Broad|cas|ting [ˈbrɔːdka:stɪŋ] ⟨engl.⟩: Rundfunk (in England u. Amerika)

Broad Church [- tʃəːtʃ] die; - - ⟨engl.; „breite Kirche"⟩: liberale Richtung der ↑ anglikanischen Kirche im 19. Jh.; vgl. High Church; Low Church

Broad|side|tech|nik [ˈbrɔːdsaɪd...] die; -, -en ⟨engl.; gr.⟩: bestimmte Art, eine Kurve zu durchfahren (beim Automobilrennen)

Broc|co|li vgl. Brokkoli

Bro|ché [brɔˈʃeː] der; -s, -s ⟨gall.-galloroman.-fr.⟩: Stoff mit eingewebten, stickereiartig wirkenden Mustern: Muster einweben

Bro|de|rie die; -, -...ien ⟨fr.⟩: (veraltet) a) Stickerei; b) Einfassung. **bro|die|ren:** (veraltet) a) sticken; b) einfassen, ausnähen

Broi|ler der; -s, - ⟨engl.⟩: (regional) a) zum Grillen gemästetes Hähnchen; b) gegrilltes Hähnchen

Bro|kat der; -[e]s, -e ⟨gall.-galloroman.-it.⟩: 1. kostbares, meist mit Gold- od. Silberfäden durchwirktes, gemustertes [Seiden]gewebe. 2. pulverisierte Zinn- od. Zinkbronze für Bronzefarben

Bro|ka|tell der; -s, -e u. Bro|ka|tel|le die; -, -n: mittelschweres Baumwoll- od. Halbseidengewebe mit plastisch hervortretenden Mustern

Bro|ka|tel|lo, Bro|kat|mar|mor der; -s: Marmor mit blumigen Mustern

Bro|kat|pa|pier das; -s, -e: mit Klebstoff bestrichenes, dann mit Gold- und Silberpulver bestäubtes Papier

Bro|ker [ˈbroʊkə] der; -s, - ⟨engl.⟩: Börsenmakler. **Bro|ke|rin** die; -, -nen: weibliche Form zu ↑ Broker

Brok|ko|li, auch: Broccoli die (Plural), auch: der; -s, -s ⟨gall.-galloroman.-it.⟩: dem Blumenkohl ähnlicher Gemüsekohl mit grünem Blütenstand

Brom das; -s ⟨gr.-lat.; „Gestank"⟩: chem. Element, Nichtmetall; Zeichen: Br

Brom|ak|ne die; -, -n: durch Brom hervorgerufener akneartiger Hautausschlag (↑ Akne)

Bro|mat das; -[e]s, -e ⟨gr.-lat.-nlat.⟩: Salz der Bromsäure

Bro|me|lie [...jə] die; -, -n ⟨nlat.; nach dem schwed. Botaniker Olaf Bromel, 1639–1705⟩: Ananasgewächs

nasgewächs aus dem tropischen Amerika

Bro|mid *das; -[e]s, -e* ⟨*gr.-lat.-nlat.*⟩: Salz des Bromwasserstoffs, Verbindung eines Metalls od. Nichtmetalls mit Brom

bro|mie|ren: Brom in eine organische Verbindung einführen

Bro|mis|mus *der; -:* (Med.) Vergiftungserscheinungen nach [übermäßiger] Einnahme von Brom

Bro|mit [auch …'mɪt] *der; -s:* ein Mineral

Brom|ka|li|um *das; -s:* ↑ Kaliumbromid

Brom|kal|zi|um vgl. Kalziumbromid.

Bro|mo|der|ma *das; -s:* Hautausschlag nach [übermäßiger] Bromeinnahme

Brom|sil|ber, Silberbromid *das; -s:* äußerst lichtempfindliche Schicht auf Filmen u. Platten

Bron|che *die; -, -n* ⟨*gr.-lat.*⟩: ↑ Bronchie

bron|chi|al ⟨*gr.-lat.-nlat.*⟩: a) zu den Bronchien gehörend; b) die Bronchien betreffend

Bron|chi|al|asth|ma *das; -s:* Asthma infolge krampfartiger Verengung der Bronchiolen

Bron|chi|al|baum *der; -s, …bäume:* die gesamte baumartige Verästelung eines Bronchus; die Gesamtheit der Bronchien

Bron|chi|al|ka|tarrh, auch: …katarr *der; -s, -e:* ↑ Bronchitis

Bron|chie […çi̯ə] *die; -, -n* (meist Plural) ⟨*gr.-lat.*⟩: Luftröhrenast

Bron|chi|ek|ta|sie *die; -, …ien* ⟨*gr.-nlat.*⟩: krankhafte Erweiterung der Bronchien

Bron|chi|o|le *die; -, -n* (meist Plural) ⟨*gr.-lat.-nlat.*⟩: feinere Verzweigung der Bronchien in den Lungenläppchen

Bron|chi|tis *die; -, …itiden* ⟨*gr.-nlat.*⟩: Entzündung der Bronchialschleimhäute, Luftröhrenkatarrh

Bron|cho|gramm *das; -s, -e:* Röntgenbild der Luftröhrenäste

Bron|cho|gra|phie, auch: …grafie *die; -, …ien:* Aufnahme der (mit einem Kontrastmittel gefüllten) Bronchien mittels Röntgenstrahlen

Bron|cho|pneu|mo|nie *die; -, …ien:* katarrhalische od. herdförmige Lungenentzündung

Bron|chos|kop *das; -s, -e:* Spiegelgerät mit elektrischer Licht-

quelle zur Untersuchung der Bronchien. **Bron|cho|s|ko|pie** *die; -, …ien:* (Med.) Untersuchung der Bronchien mithilfe des Bronchoskops

Bron|cho|to|mie *die; -, …ien:* (Med.) operative Öffnung der Bronchien

Bron|chus *der; -, …chen* (fachspr. auch: …chi) ⟨*gr.-lat.*⟩: a) [rechter od. linker] Hauptast der Luftröhre; b) (in fachspr. Fügungen) Bronchie

Bron|to|sau|ri|er *der; -s, -, u.* **Bron|to|sau|rus** *der; -, …rier* ⟨*gr.-nlat.*⟩: früher irrtümlich Name für ↑ Apatosaurier

Bron|ze ['brõːsə] *die; -, -n* ⟨*it.(-fr.)*⟩: 1. gelblich braune Kupfer-Zinn-Legierung [mit ganz geringem Zinkanteil]. 2. Kunstgegenstand aus einer solchen Legierung. 3. (ohne Plural) gelblich braune, metallische Farbe, gelblich brauner Farbton. **bron|zen:** 1. aus Bronze. 2. wie Bronze [aussehend]. **bron|zie|ren:** mit Bronze überziehen

Bron|zit [brɔn…, auch: …'tsɪt] *der; -s* ⟨*nlat.*⟩: faseriges, oft bronzeartig schillerndes Mineral

Broom [bruːm] *der; -s, -s* ⟨phonetische Umsetzung von *engl.* brougham, dem der Name des Staatsmannes Lord Brougham zugrunde liegt⟩: eine früher gebräuchliche vierrädrige Kutsche

Bro|sche *die; -, -n* ⟨*gall.-galloroman.-fr.*⟩: "Spitze; Spieß; Nadel"⟩: Anstecknadel, Spange

bro|schie|ren ("aufspießen; durchstechen"⟩: (Buchw.) [Druck]bogen in einen Papier- od. Kartonumschlag heften od. leimen. **bro|schiert:** geheftet, nicht gebunden; Abk.: brosch.

Bro|schur *die; -, -en:* 1. (ohne Plural) das Einheften von Druckbogen in einen Papier- od. Kartonumschlag. 2. in einen Papier- od. Kartonumschlag geheftete Druckschrift

Bro|schü|re *die; -, -n:* leicht geheftete Druckschrift geringeren Umfangs, Druckheft, Flugschrift

Bros|sa|ge […ʒə] *die; -* ⟨*fr.*⟩: in der Tuchherstellung das Bürsten des ↑²Flors (2)

bros|sie|ren: [Flor] bürsten

Brougham [bruːm] *der; -s, -s* ⟨*engl.*⟩: ↑ Broom

Brouil|le|rie [bruja…] *die; -, …ien* ⟨*fr.*⟩: (veraltet) Misshelligkeit, Zerwürfnis. **brouil|lie|ren** [bruˈjiː…]: (veraltet) a) in Verwirrung bringen; b) entzweien, Unfrieden stiften

Brouil|lon [brujõː] *das; -s, -s:* erster Entwurf, Skizze

Brow|ning ['braʊnɪŋ] *der; -s, -s* ⟨nach dem amerik. Erfinder J. M. Browning, 1855–1926⟩: Pistole mit Selbstladevorrichtung

brow|sen ['braʊzn̩] ⟨*engl.*⟩: [mehr od. weniger gezielt] in Datenbanken nach etwas suchen

Brow|ser ['braʊzə] *der; -s, -:* Software zum Verwalten, Finden u. Ansehen von Dateien (bes. von Websites im Internet)

Bru|cel|la […ˈtsɛla] *die; -, …llen* (meist Plural) ⟨*nlat.*; nach dem engl. Arzt D. Bruce, 1855–1931⟩: eine Bakteriengattung. **Bru|cel|lo|se** *die; -, -n:* durch Brucellen hervorgerufene Krankheit

Bru|cin […ˈtsiːn], auch: Bruzin *das; -s* ⟨*nlat.*; nach dem schott. Afrikaforscher J. Bruce, 1730–1794⟩: ein mit dem sehr giftigen Strychnin verwandtes Alkaloid

Brü|g|no|l|le [brʏnˈjoːlə] *die; -, -n* ⟨*fr.*⟩: Pfirsichsorte mit schwer ablösbarem Fruchtfleisch u. glatter Haut

Bru|i|tis|mus [bryi…] *der; -* ⟨*fr.-nlat.*; von *fr.* bruit „Lärm, Geräusch"⟩: Richtung der neuen Musik, die in der Komposition auch außermusikalische Geräusche verwendet

Bru|maire [bryˈmɛːɐ̯] *der; -[s], -s* ⟨*lat.-fr.*; „Nebelmonat"⟩: zweiter Monat im französischen Revolutionskalender (22. Oktober bis 20. November)

Brunch [brantʃ, branʃ] *der; -[e]s od. -, -[e]s od. -e* ⟨engl. Bildung aus *engl.* breakfast „Frühstück" und *lunch* „Mittagsmahlzeit": spätes, ausgedehntes u. reichliches Frühstück, das die Mittagessen ersetzt. **brun|chen:** einen Brunch einnehmen

Bru|nel|le *die; -, -n* ⟨*roman.*⟩: 1. Brunelle (ein Wiesenkraut, Lippenblütler). 2. Kohlröschen (Orchideengewächs der Alpen)

Brü|nel|le vgl. Prünelle

brü|nett ⟨germ.-fr.⟩: a) braunhaarig; b) braunhäutig. **Brü|net|te** die; -, -n (aber: 2 -[n]): braunhaarige Frau

brü|nie|ren: Metallteile durch ein besonderes Verfahren bräunen

Brus|chet|ta […sk…] die; -, -s ⟨it.⟩: Vorspeise aus klein gewürfelten Tomaten mit Öl u. Gewürzen auf Brot

brüsk ⟨it.-fr.; „stachlig, rau"⟩: in unerwartet unhöflicher Weise barsch, schroff. **brüs|kie|ren**: sich jmdm. gegenüber unhöflich, schroff verhalten, sodass dieser sich [öffentlich] bloßgestellt, verletzt, herausgefordert fühlt

brut [bryt, franz.: bryt] ⟨lat.-fr.⟩: herb (niedrigster Trockenheitsgrad des Champagners)

bru|tal ⟨lat.⟩: roh u. gefühllos; ohne Rücksicht zu nehmen, sein Vorhaben o. Ä. [auf gewaltsame Art] durchsetzend, ausführend

bru|ta|li|sie|ren ⟨lat.-nlat.⟩: brutal, gewalttätig machen; verrohen

Bru|ta|lis|mus der; - ⟨Archit.⟩ Baustil, bei dem die Bauten von dem Material u. der Funktion der Bauelemente bestimmt sein sollen, was dadurch erreicht wird, dass Material, Konstruktion u. a. in ihrer ursprünglichen Beschaffenheit sichtbar sind

Bru|ta|li|tät die; -, -en ⟨lat.-mlat.⟩: a) (ohne Plural) brutales Verhalten; b) brutale Tat, Gewalttätigkeit

brut|to ⟨lat.-it.⟩: a) mit Verpackung; b) ohne Abzug [der Steuern]; roh, insgesamt gerechnet; Abk.: btto. ; **brutto für netto**: der Preis versteht sich für das Gewicht der Ware einschließlich Verpackung (Handelsklausel); Abk.: bfn.

Brut|to…

⟨lat. brutus „schwer(fällig)" → it. brutto „unrein; roh"⟩
Wortbildungselement auf dem Gebiet der Wirtschaft u. des Handels mit der Bedeutung „ohne Abzug; mit Verpackung":
– Bruttogewicht
– Bruttogewinn
– Bruttosozialprodukt
Ggs. ↑ Netto…

Brut|to|ge|wicht das; -[e]s, -e: Gewicht einer Ware einschließlich der Verpackung

Brut|to|ge|winn der; -[e]s, -e: 1. Rohgewinn (ohne Abzug der Kosten). 2. (Wirtsch.) Deckungsbeitrag (der Teil des Verkaufserlöses, der die Stückkosten übersteigt)

Brut|to|na|ti|o|nal|pro|dukt das; -[e]s, -e: (österr.) Bruttosozialprodukt

Brut|to|so|zi|al|pro|dukt das; -[e]s, -e: das gesamte Ergebnis des Wirtschaftsprozesses in einem Staat während eines Jahres; Abk.: BSP

Bru|xis|mus der; - ⟨gr.⟩: (Med.) nächtliches Zähneknirschen; vgl. Bruxomanie. **Bru|xo|ma|nie** die; -: abnormes Knirschen, Pressen u. Mahlen mit den Zähnen, und zwar außerhalb des Kauaktes; vgl. Bruxismus

Bru|yère|holz [bry'jɛːr…] das; -es, …hölzer ⟨fr.; dt.⟩: Wurzelholz der mittelmeerischen Baumheide (wird hauptsächlich für Tabakspfeifen verwendet)

Bru|zin vgl. Brucin

Bry|o|lo|gie die; - ⟨gr.-nlat.⟩: Mooskunde; Wissenschaft u. Lehre von den Moosen

Bry|o|nie die; -, -n ⟨gr.-lat.⟩: Zaunrübe aus der Familie der Kürbisgewächse (Kletterpflanze)

Bry|o|phyt der; -en, -en (meist Plural) ⟨gr.-nlat.⟩: Moospflanze

Bry|o|zo|on das; -s, …zoen ⟨gr.-nlat.⟩: Moostierchen (in Kolonien festsitzendes kleines Wassertier)

BSE die; - ⟨kurz für: bovine spongiforme Enzephalopathie⟩: Rinderwahnsinn, Seuche, die vor allem bei Rindern unheilbare Veränderungen im Gehirn hervorruft

Bub|ble|gum ['bʌblgʌm] der od. das; -s, -s ⟨amerik.⟩: Kaugummi

Bu|bo der; -s, …onen ⟨gr.⟩: entzündliche Lymphknotenschwellung (bes. in der Leistenbeuge)

Buc|che|ro ['bʊkero] der; -s, -s u. …ri ⟨span.-it.⟩: schwarzes Tongefäß mit Reliefs aus etruskischen Gräbern

Buc|ci|na vgl. Bucina

Bu|cha|ra, Bochara der; -[s], -s: ⟨nach der Landschaft und Stadt Buchara in Usbekistan⟩: handgeknüpfter turkmenischer Teppich mit sehr tiefem Rot (als Grundfarbe) u. einem Reihenmuster aus abgerundeten Achtecken

Bu|ci|na ['buːtsina] ⟨lat.⟩, auch: Buccina ['bʊktsina] die; -, …nae […nɛ]: altröm. Blasinstrument (Metall- od. Tierhorn)

Bu|cin|to|ro [butʃin…] der; -s, (auch relativisiert:) Buzentaur der; -en ⟨gr.-lat.-venez.-it.(-nlat.)⟩: nach einem Untier der griech. Sage benannte Prunkbarke der venezianischen Dogen (12.–18. Jh.)

Buck|ram der (auch: das); -s ⟨engl.⟩: Buchbinderleinwand (grob gewebter u. geglätteter Bezugsstoff aus Leinen u. Ä.)

Buck|skin der; -s, -s ⟨engl.; „Bocksfell"⟩: gewalktes u. gerautes Wollgewebe (meist in Köperbindung) für Herrenanzüge

Bud|dha der; -s, -s ⟨sanskr.; „der Erleuchtete"; Ehrentitel des ind. Prinzen Siddharta (um 500 v. Chr.)⟩: 1. [Titel für] einen Verkünder der Lehren des historischen Buddhas. 2. Statue, die einen Buddha (1) darstellt

Bud|dhis|mus der; - ⟨sanskr.-nlat.⟩: die von Buddha begründete indisch-ostasiatische Heilslehre

Bud|dhist der; -en, -en: Anhänger des Buddhismus. **Bud|dhis|tin** die; -, -nen: weibliche Form zu ↑ Buddhist

bud|dhis|tisch: den Buddhismus betreffend, zu ihm gehörend

Bud|dleia die; -, -s ⟨nlat.; nach dem engl. Botaniker A. Buddle, 18. Jh.⟩: (Bot.) Sommerflieder

Bud|get [by'dʒeː] das; -s, -s ⟨gall.-lat.-fr.-engl.-fr.⟩: Haushaltsplan, Voranschlag von öffentlichen Einnahmen u. Ausgaben. **bud|ge|tär**: das Budget betreffend

Bud|get|be|trag der; -s, …träge: Posten im Haushaltsplan

bud|ge|tie|ren: ein Budget aufstellen. **Bud|ge|tie|rung** die; -, -en: Aufstellung eines Budgets

Bu|di|ke die; -, -s ⟨gr.-lat.-provenzal.-fr.⟩: 1. kleiner Laden. 2. kleine Kneipe

Bu|di|ker der; -s, -: Besitzer einer Budike. **Bu|di|ke|rin** die; -, -nen: weibliche Form zu ↑ Budiker

Bu|do das; -s ⟨jap.⟩: Sammelbez. für Judo, Karate u. ähnliche Sportarten. **Bu|do|ka** der; -[s], -[s] u. die; -, -[s]: jmd., der Budo als Sport betreibt

Bu|en Re|ti|ro *das; - -s, - -s ⟨span.; „gute Zuflucht"; ein span. Schlossname⟩:* Ruhe-, Zufluchtsort

Bü|fett *das; -[s], -s u. -e u.* (österr., schweiz.) *Buffet* [bʏˈfeː, schweiz.:* ˈbʏfe] *das; -s, -s, österr. auch:* Büffet [bʏˈfeː] *das; -s, -s ⟨fr.⟩:* 1. Geschirrschrank, Anrichte. 2. a) Schanktisch in einer Gaststätte; b) Verkaufstisch in einem Restaurant od. Café; **kaltes Buffet:** auf einem langen Tisch zur Selbstbedienung zusammengestellte, meist kunstvoll arrangierte [kalte] Speisen (Salate, Fleisch, Pasteten u. Ä.)

Bü|fet|ti|er *der; -s, -s ⟨fr.⟩:* jmd., der das Bier zapft, am Büfett (2) ausschenkt. **Bü|fet|ti|e|re** *die; -, -n:* weibliche Form zu ↑ Büfettier

Buf|fa *die; -, -s ⟨vulgärlat.-it.⟩:* Posse; vgl. Opera buffa

Buf|fet, Büf|fet vgl. Büfett

Buf|fo *der; -s, -s u. ...ffi ⟨vulgärlat.-it.⟩:* Sänger komischer Rollen. **buf|fo|nesk:** in der Art eines Buffos

Bug [bʌg] *der; -s, -s ⟨engl.⟩:* (EDV) Fehler in einem Computerprogramm

Bug|gy [ˈbagi] *der; -s, -s ⟨engl.⟩:* 1. leichter, ungedeckter, einspänniger Wagen mit zwei od. vier hohen Rädern (früher bei Trabrennen benutzt). 2. geländegängiges Freizeitauto mit offener Kunststoffkarosserie. 3. zusammenklappbarer Kindersportwagen

bug|sie|ren *⟨lat.-port.-niederl.⟩:* 1. (Seemannsspr.) [ein Schiff] ins Schlepptau nehmen u. zu einem bestimmten Ziel befördern. 2. (ugs.) jmdn./etwas mühevoll irgendwohin bringen, lotsen

Bug|sie|rer *der; -s, -:* (Seemannsspr.) kleiner [Hafen]schlepper

Bu|hurt *der; -[s], -e ⟨fr.⟩:* mittelalterliches Ritterkampfspiel, Turnier

Bu|li|a|t|rik [bu'ja:trɪk], auch: **Bu|i|a|t|rie** [buja...] *die; - ⟨gr.-nlat.⟩:* Lehre von den Rinderkrankheiten

Buil|der [ˈbɪldɐ] *der; -s, - ⟨engl.; „Erbauer"⟩:* wichtiger, waschaktiver Bestandteil von Waschmitteln (z. B. Zeolith)

Bu|ka|ni|er *der; -s, -, auch:* **Bu|ka|nier** *der; -s, -e ⟨fr.(-engl.)⟩:* westindischer Seeräuber im 17. Jh.

Bu|kett *das; -s, -s, u. -e ⟨germ.-fr.⟩:* 1. Blumenstrauß. 2. Duft u. Geschmacksstoffe (sog. Blume) des Weines od. Weinbrands

Bu|kett|vi|rus *das* (auch: *der*); -, ...viren: Virus der Tabakringfleckengruppe, das bei Kartoffelpflanzen bukettartigen, gedrängten Wuchs hervorruft

buk|kal *⟨lat.-nlat.⟩:* (Med.) zur Backe, Wange gehörend

Buk|lee vgl. Bouclé

Bu|ko|lik *die; - ⟨gr.-lat.⟩:* Hirtenod. Schäferdichtung (Dichtung mit Motiven aus der einfachen, naturnahen, friedlichen Welt der Hirten). **Bu|ko|li|ker** *der; -s, -:* Vertreter der Bukolik; Hirtenlieddichter. **bu|ko|lisch:** a) die Bukolik betreffend; b) in der Art der Bukolik

Bu|k|ra|ni|on *das; -s, ...ien ⟨gr.-lat.; „Ochsenschädel"⟩:* [Fries mit] Nachbildung der Schädel von Opfertieren an griech. Altären, Grabmälern u. ↑ Metopen

bul|bär *⟨gr.-lat.-nlat.⟩:* (Med.) das verlängerte Mark betreffend, von ihm ausgehend

Bul|bär|pa|ra|ly|se *die; -, -n:* (Med.) Lähmung der Schluck-, Kau- u. Kehlkopfmuskulatur infolge einer Schädigung des verlängerten Rückenmarks

Bul|bi: *Plural von* ↑ Bulbus

bul|bo|id u. **bul|bös** *⟨gr.-lat.⟩:* (Med.) zwiebelförmig, knollig

Bül|bül *der; -s, -s ⟨arab.-pers.⟩:* persische Nachtigall (in der pers.-türk. Dichtung Sinnbild der Gott suchenden Seele)

Bul|bus *der; -, ...bi u. ...ben ⟨gr.-lat.⟩:* 1. a) Zwiebel, Pflanzenknolle; b) (Plural: Bulben) Luftknollen an tropischen Orchideen. 2. (Med.) a) zwiebelförmiges, rundliches Organ (z. B. Augapfel); b) Anschwellung

Bu|le *die; -, -n ⟨gr.-lat.⟩:* Ratsversammlung (wichtiges Organ des griechischen Staates, bes. im alten Athen)

Bu|let|te *die; -, -n ⟨lat.-fr.⟩:* (landsch.) ↑ Frikadelle

Bu|li|mie *die; - ⟨gr.⟩:* Störung des Essverhaltens mit Heißhungeranfällen u. anschließende selbsttätig herbeigeführtem Erbrechen

Bulk|car|ri|er [ˈbʌlkkærɪɐ] *der;*

-s, - ⟨engl.⟩: Frachtschiff zur Beförderung loser Massengüter; vgl. Carrier

Bulk|la|dung *die; -, -en:* unverpackt zur Verschiffung gelangendes Frachtgut

Bull *der; -s, -s ⟨engl.; „Bulle"⟩:* jmd., der auf steigende Börsenkurse spekuliert, ↑ Haussier; Ggs. ↑ Bear

Bul|la *die; -, ...llae [...lɛ] ⟨lat.⟩:* (Med.) Blase

Bul|la|ri|um *das; -s, ...ien ⟨lat.-mlat.⟩:* Sammlung päpstlicher ↑ Bullen u. ↑ Breven

Bull|dog ® *der; -s, -s ⟨engl.⟩:* eine Zugmaschine

Bull|dog|ge *die; -, -n:* kurzhaariger, gedrungener Hund mit großem Schädel u. kurzer Schnauze

Bull|do|zer [...do:zɐ] *der; -s, -:* schweres Raupenfahrzeug für Erdbewegungen (z. B. als ↑ Planierraupe)

Bul|le *die; -, -n ⟨lat.; „Wasserblase", Siegelkapsel"⟩:* 1. Siegel[kapsel] aus Metall (Gold, Silber, Blei) in kreisrunder Form (als Urkundensiegel, bes. im Mittelalter gebräuchlich). 2. a) mittelalterliche Urkunde mit Metallsiegel (z. B. die Goldene Bulle Kaiser Karls IV.); b) feierlicher päpstlicher Erlass

Bul|le|tin [bʏlˈtɛ̃:] *das; -s, -s ⟨lat.-fr.⟩:* 1. amtliche Bekanntmachung, Tagesbericht. 2. Krankenbericht. 3. Titel von Sitzungsberichten u. wissenschaftlichen Zeitschriften

Bull|finch [ˈbʊlfɪntʃ] *der; -s, -s ⟨engl.⟩:* hohe Hecke als Hindernis bei Pferderennen

Bul|lion [ˈbʊljən] *der; -s, -s ⟨engl.⟩:* ungeprägtes Gold od. Silber; Pro-forma-Zahlungsmittel

Bull|mar|ket [...mɑːkɪt] *der; -s, -s ⟨engl.⟩:* (Wirtsch.) Markt mit steigenden Börsenkursen u. Preisen; vgl. Bull; Ggs. ↑ Bearmarket

Bull|ter|ri|er *der; -s, - ⟨engl.⟩:* aus Bulldogge u. Terrier gezüchteter Hund (eine Hunderasse)

Bul|ly *der; -s, -s ⟨engl.⟩:* das von zwei Spielern ausgeführte Anspiel im [Eis]hockey

Bu|me|rang [auch: ˈbʊmə...] *der; -s, -s u. -e ⟨austral.-engl.⟩:*

a) (Völkerk.) gewinkeltes od. leicht gebogenes Wurfholz, das bes. von den Aborigenes zur Jagd benutzt wurde; b) leichtes, gekrümmtes Wurfholz, das zum Werfer zurückkehrt (Spiel- u. Sportgerät)

Bu|me|rang|ef|fekt *der;* -[e]s, -e ⟨nach dem Bild des Bumerangs, der den Werfer treffen kann⟩: unbeabsichtigte negative Auswirkung eines Unternehmens, die sich gegen den Urheber selbst richtet

Bu|na ® *der* od. *das;* -[s] ⟨Kurzw. aus: *Bu*tadien u. *Na*trium⟩: synthetischer Kautschuk

Bun|da *die;* -, -s ⟨*ung.*⟩: Schaffellmantel ungarischer Bauern, bei dem das bestickte Leder nach außen getragen wird

Bund|ling [ˈbʌndlɪŋ] *das;* -s, -s ⟨*engl.;* „Bündel, Paket"⟩: (Wirtsch.) Verkaufseinheit mehrerer [zusammengehöriger] Produkte zu einem Gesamtpreis, der meist unter den jeweiligen Einzelpreisen liegt (z. B. Handy einschließlich Netzkarte)

Bun|ga|low [ˈbʊŋgalo] *der;* -s, -s ⟨*Hindi-engl.*⟩: frei stehendes, geräumiges eingeschossiges Wohn- od. Sommerhaus mit flachem od. flach geneigtem Dach

Bun|gee|jum|ping, auch: **Bun|gee-Jum|ping** [ˈbʌndʒɪdʒʌmpɪŋ] *das;* -s ⟨*engl.*⟩: durch ein starkes Gummiseil gesichertes Springen kopfüber aus großer Höhe, wobei der bzw. die Springende kurz vor dem Boden aufgehalten wird u. federnd auspendelt

Bun|ker *der;* -s, - ⟨*engl.*⟩: 1. Behälter zur Aufnahme von Massengütern (Kohle, Erz). 2. a) Betonunterstand [im Krieg]; b) Schutzbau aus Stahlbeton für militärische Zwecke od. für die Zivilbevölkerung. 3. Sandloch als Hindernis beim Golf. 4. (salopp) Gefängnis

bun|kern: 1. Massengüter wie Kohle, Erz in Sammelbehälter einlagern. 2. (ugs.) etwas in großer Menge ansammeln, aufbewahren

Bun|ny [ˈbʌnɪ] *das;* -s, -s ⟨*engl.;* „Häschen"⟩: mit Hasenohren u. -schwänzchen herausgeputztes Mädchen, das in bestimmten Klubs als Bedienung arbeitet

Buph|thal|mie *die;* -, ...ien ⟨*gr.*⟩: krankhafte Vergrößerung des Augapfels (Med.)

Buph|thal|mus *der;* -, ...mi: ↑ Hydrophthalmus

Bu|ran *der;* -s, -e ⟨*russ.*⟩: lang andauernder winterlicher Nordoststurm mit starkem Schneefall in Nordasien

Bu|rat|ti|no *der;* -s, -s u. ...ni ⟨*lat.-it.*⟩: italien. Bez. für: Gliederpuppe, Marionette

Bur|ber|ry ® [ˈbəːbərɪ] *der;* -, -s: sehr haltbares englisches Kammgarngewebe

Bu|reau [byˈroː] *das;* -s, -s u. -x: franz. Schreibung von ↑ Büro

Bü|ret|te *die;* -, -n ⟨*germ.-fr.*⟩: Glasrohr mit Verschlusshahn u. Volumenskala (wichtiges Arbeitsgerät bei der Maßanalyse)

Bur|ger [ˈbəːgə] *der;* -s, - ⟨*engl.;* Kurzform von ↑ Hamburger⟩: nach Art des Hamburgers belegtes Brötchen

Bur|gun|der *der;* -s, -: Wein aus Burgund

Bur|lak *der;* -en, -en ⟨*russ.*⟩: Schiffsknecht, Schiffszieher (im zaristischen Russland)

bur|lesk ⟨*it.-fr.*⟩: possenhaft. **Bur|les|ke** *die;* -, -n: 1. Schwank, Posse. 2. derb-spaßhaftes Musikstück

Bur|let|ta *die;* -, ...tten u. -s ⟨*it.*⟩: kleines Lustspiel

¹Burn-out, auch: **Burn|out** [bəːnˈaʊt] *das;* -s, -s ⟨*engl.;* „Ausbrennen"⟩: 1. a) Brennschluss; Zeitpunkt, in dem das Triebwerk einer Rakete abgeschaltet wird u. der antriebslose Flug beginnt; b) ↑ Flame-out. 2. (Techn.) das Durchbrennen von Brennstoffelementen bei Überhitzung. 3. (Med.) Syndrom (a) der völligen seelischen u. körperlichen Erschöpfung

²Burn-out, auch: **Burn|out** *der;* -s, -s: (Med.) jmd., der die Symptome eines ¹Burn-outs (3) zeigt

Bur|nus *der;* - u. -ses, -se ⟨*arab.-fr.*⟩: Kapuzenmantel der Araber

Bü|ro *das;* -s, -s ⟨*lat.-vulgär-lat.-fr.*⟩: 1. Arbeitsraum; Dienststelle, wo die verschiedenen schriftlichen od. verwaltungstechnischen Arbeiten eines Betriebes od. bestimmter Einrichtungen des öffentlichen Lebens erledigt werden. 2. die zu der

Dienststelle gehörenden Angestellten

Bü|ro|krat *der;* -en, -en ⟨*fr.*⟩: (abwertend) jmd., der in der Anwendung u. Auslegung von Bestimmungen einem starren Formalismus verhaftet ist

Bü|ro|kra|tie *die;* -, ...ien: 1. (ohne Plural; abwertend) bürokratische Denk- u. Handlungsweise. 2. Beamten-, Verwaltungsapparat

Bü|ro|kra|tin *die;* -, -nen: weibliche Form zu ↑ Bürokrat

bü|ro|kra|tisch: 1. (abwertend) sich übergenau an die Vorschriften haltend [ohne den augenblicklichen Gegebenheiten Rechnung zu tragen]. 2. die Bürokratie (2) betreffend

bü|ro|kra|ti|sie|ren: den Ablauf, die Verwaltung von etwas einer schematischen, engstirnig-formalistischen Ordnung unterwerfen

Bü|ro|kra|tis|mus *der;* -: (abwertend) pedantisches, engstirnig-formalistisches Denken u. Handeln

¹Bur|sa *die;* -, ...sae [...zɛ] ⟨*gr.-lat.*⟩: 1. (Med.) Gewebetasche, taschen- od. beutelförmiger Körperhohlraum. 2. (Rel.) Tasche an liturgischen Gewändern

²Bur|sa *der;* -[s], -s ⟨nach der gleichnamigen türk. Stadt⟩: handgeknüpfter Seidenteppich mit vielfarbig gemustertem Bordüre

Bur|se *die;* -, -n ⟨*gr.-lat.*⟩: Studentenwohnheim

Bur|si|tis *die;* -, ...itiden ⟨*gr.-nlat.*⟩: (Med.) Schleimbeutelentzündung

Burst [bəːst] *der;* -[s], -s ⟨*engl.*⟩: bei einer Sonneneruption auftretender Strahlungsausbruch im Bereich der Radiowellen

Bus *der;* -ses, -se ⟨*lat.-engl.*⟩: 1. kurz für: Autobus, Gyrobus, Omnibus. 2. (EDV) Sammelleitung zur Datenübertragung zwischen mehreren Funktionseinheiten

Bu|schi|do *das;* -[s] ⟨*jap.;* „Weg des Kriegers"⟩: Ehrenkodex des japanischen Militäradels aus der Feudalzeit

Bu|shel [ˈbʊʃl] *der;* -s, -s (aber: 6 -[s]) ⟨*kelt.-mlat.-fr.-engl.*⟩: 1. engl.-amerikan. Hohlmaß (= 36,368 Liter). 2. Getreidemaß in den USA (= 35,239 kg)

Busi|ness [ˈbɪznɪs] *das; -* ⟨*engl.*⟩: a) (abwertend) Geschäftemacherei, vom Profitstreben bestimmtes Geschäft; b) Geschäftsleben

busi|ness as u|su|al [ˈbɪznɪs əs ˈjuːʒʊəl] ⟨*engl.*⟩: die Geschäfte gehen ihren Gang, alles geht seinen Gang

Busi|ness|class, auch: **Business-Class** [...ˈklaːs] *die; -:* bes. für Geschäftsreisende eingerichtete Reiseklasse im Flugverkehr

Busi|ness|man [...mən] *der; -[s], ...men:* Geschäftsmann

Busi|ness-to-Busi|ness [...tʊ ˈbɪznɪs] *das; -* ⟨*engl.*⟩: Handel mit Waren od. Dienstleistungen zwischen Unternehmen [im Internet]

Busi|ness-to-Con|su|mer [...tʊ kənˈsjuːmə] *das; -* ⟨*engl.*⟩: Geschäfte zw. Unternehmen und Privatkunden [im Internet]

Business-TV [...tiˈviː] *das; -[s]* ⟨*engl.*⟩: Unternehmensfernsehen; betriebsintern ausgestrahltes Programm zur Mitarbeiterschulung, zur Verbreitung von Informationen, zur Präsentation von Produktneuheiten u. Ä.

Bu|sing vgl. Bussing

Bus|sard *der; -s, -e* ⟨*lat.-fr.*⟩: ein Greifvogel

Bus|sing [ˈbʌsɪŋ] *das; -[s]* ⟨*engl.-amerik.*⟩: Beförderung von farbigen Schulkindern per Omnibus in vorwiegend von nicht farbigen Kindern besuchte Schulen anderer Bezirke, um der Rassentrennung entgegenzuwirken

Bus|so|le *die; -, -n* ⟨*lat.-vulgärlat.-it.*⟩: Kompass mit Kreisteilung u. Ziellinie zur Festlegung von Richtungen u. Richtungsänderungen in unübersichtlichem Gelände u. unter Tage

Bus|ti|er [bysˈtje:] *das; -s, -s* ⟨*fr.*⟩: Teil der Unterkleidung für Frauen in Form eines miederartig anliegenden, nicht ganz bis zur Taille reichenden Oberteils ohne Ärmel

Bus|t|ro|phe|don *das; -s* ⟨*gr.-lat.;* „sich wendend wie der Ochse beim Pflügen"⟩: Schreibrichtung, bei der die Schrift abwechselnd nach rechts u. nach links läuft (bes. in frühgriech. Sprachdenkmälern)

Bu|su|ki *die; -, -s* ⟨*gr.*⟩: griechisches, in der Volksmusik verwendetes Lauteninstrument

Bu|ta|di|en *das; -s* ⟨Kunstw.⟩: ungesättigter gasförmiger Kohlenwasserstoff (Ausgangsstoff für synthetischen Gummi)

Bu|tan *das; -s, -e* ⟨*gr.-nlat.*⟩: gesättigter gasförmiger Kohlenwasserstoff, der in Erdgas u. Erdöl enthalten ist

Bu|ta|nol *das; -s, -e* ⟨*gr.-nlat.; arab.*⟩: ↑ Butylalkohol

butch [bʊtʃ] ⟨*engl.*⟩: ausgeprägt männlich (im Aussehen usw.)

Bu|ten *das; -s* ⟨*gr.-nlat.*⟩: ↑ Butylen

Bu|ti|ke vgl. Boutique u. Budike

Bu|ti|ker usw. vgl. Budiker usw.

Bu|tin *das; -s* ⟨*gr.-nlat.*⟩: vom Butan abgeleiteter, dreifach ungesättigter Kohlenwasserstoff

But|ler [ˈbatlɐ] *der; -s, -* ⟨*lat.-fr.-engl.*⟩: Diener in einem vornehmen Haushalt, bes. in England

But|ter|fly [ˈbatɐflaɪ] *der; -[s], -s* ⟨*engl.; „Schmetterling"*⟩: 1. bestimmter Spreizsprung im Eiskunstlaufen. 2. (Turnen) Salto seitwärts gestreckt, der von einem Bein gesprungen und auf dem anderen Bein (Schwungbein) aufgefangen wird. 3. (ohne Plural) Butterflystil

But|ter|fly|stil *der; -[e]s:* Schmetterlingsstil (im Schwimmsport)

But|ton [batn] *der; -s, -s* ⟨*engl.; „Knopf"*⟩: 1. runde Plakette zum Anstecken [mit einer Aufschrift], die eine politische, religiöse u. a. Einstellung des Trägers zu erkennen gibt. 2. (EDV) virtueller Schalter, Knopf zum Anklicken auf einer grafischen Benutzeroberfläche

But|ton-down-Hemd [...ˈdaʊn...] *das; -[e]s, -en:* sportliches Oberhemd, dessen Kragenspitzen festgeknöpft sind

Bu|tyl *das; -s* ⟨*gr.-nlat.*⟩: Kohlenwasserstoffrest mit vier Kohlenstoffatomen. **Bu|tyl|al|ko|hol** *der; -s, -e:* als Lösungsmittel od. Riechsalz verwendeter Alkohol mit vier Kohlenstoffatomen

Bu|ty|len *das; -s:* ungesättigter gasförmiger Kohlenwasserstoff (aus Erdöl gewonnener Ausgangsstoff für Buna, Nylon u. Ä.)

Bu|ty|rat *das; -s, -e:* Salz od. Ester der Buttersäure

Bu|vet|te [byˈvɛtə] *die; -, -n* ⟨*fr.*⟩: kleine Weinstube

Bu|xus *der; -* ⟨*lat.*⟩: (Bot.) Buchsbaum

Buy|a|ho|lic [baɪəˈhɔlɪk] *der; -s, -s* ⟨*engl.*⟩: ↑ Shopaholic

Buy-out [ˈbaɪˌaʊt] *das; -s, -s* ⟨*engl.*⟩: Kurzform von ↑ Management-Buy-out

Bu|zen|taur vgl. Bucintoro

bye-bye [ˈbaɪˈbaɪ] ⟨*engl.*⟩: auf Wiedersehen!

By|li|ne *die; -, -n* ⟨*russ.*⟩: episches Heldenlied der russischen Volksdichtung

By|pass [ˈbaɪpas] *der; -[es], ...pässe* ⟨*engl.*⟩: 1. a) (Techn.) Umführung [einer Strömung], Nebenleitung; b) (Elektrot.) Kondensator (1) zur Funkentstörung. 2. (Med.) a) Umleitung der Blutbahn; b) Ersatzstück, durch das die Umleitung der Blutbahn verläuft

By|ro|nis|mus [baɪro...] *der; -* ⟨*nlat.*⟩: literarische Richtung des 19. Jh.s, die sich an der satirisch-melancholischen Weltschmerzdichtung des engl. Dichters Byron (1788–1824) orientiert (z. B. Platen, Grabbe, Puschkin, Musset)

Bys|sus *der; -* ⟨*gr.-lat.*⟩: 1. kostbares, zartes Leinen- od. Seidengewebe des Altertums (z. B. ägyptische Mumienbinden). 2. ® feines Baumwollgewebe für Leibwäsche. 3. Haftfäden mehrerer Muschelarten (als Muschelseide verarbeitet)

Byte [baɪt] *das; -[s], -[s]* ⟨*engl.*⟩: (EDV) zusammengehörige Folge von acht Bits zur Darstellung je eines Zeichens (kleinste im Speicher eines Computers adressierbare Informationseinheit)

By|zan|ti|ner *der; -s, -* ⟨nach Byzanz, dem alten Namen von Istanbul/Konstantinopel⟩: (veraltet abwertend) Kriecher, Schmeichler. **By|zan|ti|ne|rin** *die; -, -nen:* weibliche Form zu ↑ Byzantiner

by|zan|ti|nisch: 1. zu Byzanz gehörend. 2. (veraltet, abwertend) kriecherisch, unterwürfig

By|zan|ti|nis|mus *der; -* ⟨*nlat.*⟩: (abwertend) Kriecherei, unwürdige Schmeichelei

By|zan|ti|nist *der; -en, -en:* Wissenschaftler [u. Lehrer] auf dem Gebiet der Byzantinistik

By|zan|ti|nis|tik *die; -:* Wissenschaft, die sich mit der Erforschung der byzantinischen Kultur u. Geschichte befasst

By|zan|ti|nis|tin die; -, -nen: weibliche Form zu ↑ Byzantinist

By|zan|ti|no|lo|gie die; -: ↑ Byzantinistik

c, ch s. Kasten

Ca.: Abk. für nlat. Carcinoma; vgl. Karzinom

Cab [kæb] das; -s, -s ⟨engl.⟩: einspännige englische Droschke

Ca|ba|let|ta die; -, -s u. ...tten ⟨it.⟩: kleine Arie; vgl. Kavatine

Ca|bal|le|ro [kabal'je:ro, auch: kava...] der; -s, -s ⟨lat.-span.⟩: 1. (hist.) spanischer Edelmann, Ritter. 2. Herr (spanischer Titel)

Ca|ban [ka'bã] der; -s, -s ⟨fr.⟩: a) kurzer sportlicher Herrenmantel; b) längere [Kostüm]jacke für Frauen

Ca|ba|nos|si vgl. Kabanossi

Ca|ba|ret [kaba're:] vgl. Kabarett

Cab|cart ['kæbka:t] das; -[s], -s ⟨engl.⟩: einspänniger, zweirädriger Wagen

Cable|trans|fer ['keıbltrænsfɛ:] der; -s, -s ⟨engl.⟩: telegrafische Überweisung von Geldbeträgen nach Übersee; Abk.: CT

Ca|bo|chon [kabɔ'ʃõ:] der; -s, -s ⟨fr.⟩: a) Schliff, bei dem die Oberseite des Schmucksteins kuppelförmig gewölbt erscheint; b) Schmuckstein mit Cabochonschliff

Ca|bo|c|lo [ka'bɔklo] der; -s, -s

⟨indian.-port.⟩: Nachkomme aus den Ehen zwischen den ersten portugiesischen Siedlern u. indianischen Frauen in Brasilien

Ca|bo|ta|ge [...'ta:ʒə] vgl. Kabotage

Ca|b|ret|ta das; -s ⟨span.⟩: sehr feines Nappaleder aus den Häuten spanischer Bergziegen

Ca|b|rio vgl. Kabrio. **Ca|b|ri|o|let** [...'le:] vgl. Kabriolett

Cac|cia ['katʃa] die; -, -s ⟨lat.-vulgärlat.-it.; „Jagd"⟩: Kanon von zwei Solostimmen mit Instrumentalstütze in der italienischen ↑ Ars nova

Ca|cha|ça [ka'ʃasa] der; - ⟨port.⟩: brasilianischer Zuckerrohrbranntwein

Cache [kæʃ, auch: kaʃ] der; -, -s ⟨fr.-engl.⟩: (EDV) Speichereinheit als Zwischenträger von Daten zweier kommunizierender Funktionseinheiten unterschiedlicher Datenflussgeschwindigkeiten; Pufferspeicher

Cache-cache [kaʃ'kaʃ] das; - ⟨fr.⟩: Versteckspiel

Cache|lot [kaʃə'lɔt] vgl. Kaschelott

Cache|mire [kaʃ'mi:ʀ] vgl. Kaschmir

Cache|nez [kaʃ(ə)'ne:] das; - [...e:(s)], - [...e:s] ⟨fr.⟩: (veraltet) [seidenes] Halstuch

Cache|sexe [kaʃ'sɛks] das; -, - ⟨fr.-amerik.⟩: sehr knapper Damenod. Herrenslip

Ca|chet [ka'ʃe:, auch: ka'ʃɛ] das; -s, -s ⟨lat.-fr.⟩: (veraltet) 1. Siegel. 2. Eigenart, Gepräge, Eigentümlichkeit

Cache|ta|ge [kaʃ'ta:ʒə] die; -, -n ⟨fr.⟩: (Kunstwiss.) 1. (ohne Plural) Verfahren der Oberflächengestaltung in der modernen Kunst, bei dem Münzen,

Schrauben u. Ä. in reliefartig erhöhte Farbschichten wie ein Siegel eingedrückt werden. 2. ein nach diesem Verfahren gefertigtes Bild

Cal|che|te|ro [katʃe...] der; -s, -s ⟨lat.-vulgärlat.-span.⟩: Stierkämpfer, der dem vom ↑ Matador (1) verwundeten Stier den Gnadenstoß gibt

cal|chie|ren [ka'ʃi:...] vgl. kaschieren

Cal|chot [ka'ʃo:] das; -s, -s ⟨lat.-galloroman.-fr.⟩: (veraltet) 1. finsteres [unterirdisches] Gefängnis. 2. strenger Arrest

Cal|chou [ka'ʃu:] das; -s, -s ⟨tamil.-port.-fr.⟩: 1. Gambir. 2. Hustenmittel (Salmiakpastillen)

Cal|chul|cha [ka'tʃulʃa] die; - ⟨span.⟩: andalusischer Solotanz im $^3/_4$-Takt mit Kastagnettenbegleitung

Cä|ci|li|a|nis|mus [tsɛtsi...] der; - ⟨nlat.; nach der heiligen Cäcilia, seit dem 15. Jh. Schutzpatronin der Musik⟩: (Mus.) kirchenmusikalische Reformbewegung (in Bezug auf die Hinwendung zur mehrstimmigen ↑ Vokalmusik) im 19. u. beginnenden 20. Jh.

Cal|cio|ca|val|lo [katʃoka'valo] der; -[s], -s ⟨lat.-it.⟩: [geräucherter] süditalienischer Hartkäse

Cac|ta|ceae [kakta'tse:ɛ] die (Plural) ⟨gr.-lat.-nlat.⟩: wissenschaftliche Bez. für ↑ Kaktazeen

CAD [kæd] das; -s ⟨Abk. für engl. computer-aided design „computerunterstütztes Entwerfen"⟩: rechnerunterstützte Konstruktion u. Arbeitsplanung

Cal|da|ve|rin vgl. Kadaverin

Cad|die ['kedi, 'kædı] der; -s, -s ⟨lat.-provenzal.-gaskogn.-fr.-engl.⟩: 1. Junge, der dem Golfspieler die Schläger trägt. 2. ® zweirädriger Wagen zum Transportieren der Golfschlä-

---

ger. 3. ⑧ Einkaufswagen [in einem Supermarkt]

Cad|dy [ˈkɛdı, engl. ˈkædı] *der; -s, -s* ⟨*engl.; „Behälter"*⟩: Schutzhülle für eine CD-ROM od. DVD, mit der diese in das Laufwerk eingeführt wird

Ca|dett vgl. ²Kadett

Cad|mi|um vgl. Kadmium

Ca|d|re [ˈkaːdrə] *das; -s, -s* ⟨*lat.-it.-fr.*⟩: Kennzeichnung bestimmter Cadrepartien beim Billard (in Verbindung mit zwei Zahlen; z. B. Cadre 47/2)

Ca|d|re|par|tie *die; -, -n:* ↑ Kaderpartie

Ca|du|ce|us [kaˈduːt͡sevs] *der; -, ...cei* ⟨*lat.*⟩: Heroldsstab des altrömischen Gottes Merkur

Cae|cum [ˈt͡sɛ...] vgl. Zäkum

Cae|re|mo|ni|a|le [t͡sɛ...] vgl. Zeremoniale

Cae|si|um [ˈt͡sɛ...] vgl. Zäsium

Ca|fard [kaˈfaːɐ̯] *das; -[s]* ⟨*fr.*⟩: (schweiz., sonst veraltet) Unlust; Überdruss

Ca|fé [kaˈfeː] *das; -s, -s* ⟨*arab.-türk.-it.-fr.*⟩: Gaststätte, die vorwiegend Kaffee u. Kuchen anbietet; Kaffeehaus; vgl. Kaffee. **Ca|fé com|p|let** [kafekõˈplɛ] *der; - -, -s -s* [...kõˈplɛ]: Kaffee mit Milch, Brötchen, Butter u. Marmelade. **Ca|fé crème** [kafeˈkrɛːm] *der; - -, -s -* [...krɛːm]: (schweiz.) Kaffee mit Sahne. **Ca|fé mé|lange** [kaˈfeːmeˈlãːʒ] *der; - -, -s -* [...meˈlãːʒ]: (schweiz.) Kaffee mit Schlagsahne

Ca|fe|te|ria *die; -, -s u. ...ien* ⟨*arab.-türk.-it.-amerik.-span.*⟩: Imbissstube, Restaurant mit Selbstbedienung

Ca|fe|ti|er [kafeˈtje:] *der; -s, -s* ⟨*arab.-türk.-it.-fr.*⟩: (veraltet) Kaffeehausbesitzer. **Ca|fe|ti|e|re** [...ˈtje:rə] *der; -, -n:* (veraltet) 1. Kaffeehauswirtin. 2. Kaffeekanne

Ca|fu|sa [k...] *die; -, -s* ⟨*port.*⟩: weibliche Form zu ↑ Cafuso. **Ca|fu|so** *der; -s, -s* ⟨*port.*⟩: Nachkomme eines negriden u. eines indianischen Elternteils in Brasilien

Ca|hier [kaˈje:] *das; -s, -s* ⟨*fr.;* „Schreibheft"⟩: (hist.) Wünsche od. Beschwerden enthaltendes Schreiben, das dem König von den Ständevertretern überreicht wurde

Cai|pi|rin|ha [kaipiˈrinja] *der; -s,*

-s ⟨*port.*⟩: Cocktail aus Cachaça, Zucker, Limetten u. zerstoßenem Eis

Cais|son [kɛˈsõ:] *der; -s, -s* ⟨*lat.-it.-fr.*⟩: Senkkasten für Bauarbeiten unter Wasser. **Cais|son|krank|heit** *die; -:* (Med.) Krankheit, die nach Arbeiten unter erhöhtem Luftdruck auftritt; Druckluftkrankheit

Cake [ke:k, keɪk] *der; -s, -s* ⟨*engl.*⟩: (schweiz.) in länglicher Form gebackene Art Sandkuchen

Cake|walk [ˈkeɪkwɔ:k] *der; -[s], -s* ⟨*engl.*⟩: um 1900 entstandener afroamerikanischer Gesellschaftstanz

cal: Zeichen für ↑ Kalorie

Ca|la|ma|res *die* (Plural) ⟨*span.*⟩: Gericht aus frittierten Tintenfischstückchen

Ca|la|mus *der; -, ...mi* ⟨*gr.-lat.*⟩: 1. antikes Schreibgerät aus Schilfrohr. 2. hohler Teil des Federkiels bei Vogelfedern (Spule)

ca|lan|do ⟨*gr.-lat.-it.*⟩: (Mus.) an Tonstärke u. Tempo gleichzeitig abnehmend (Vortragsanweisung)

Cal|ca|ne|us [kalˈkaːnevs] *der; -, ...nei* [...nei] ⟨*lat.*⟩: (Med.; Biol.) Fersenbein, hinterster Fußwurzelknochen

Cal|ce|o|la|ria vgl. Kalzeolarie

Cal|ces [ˈkalt͡se:s] *Plural* von ↑ Calx

Cal|cet|to [kalˈt͡ʃeto] *der* od. *das; -[s]* ⟨*it.*⟩: ital. Bez. für: Straßenfußball

Cal|ci|fe|rol *das; -s* ⟨Kurzw. aus *nlat.* calciferus „Kalk tragend" u. ↑ Ergosterol⟩: Vitamin D₂ [mit antirachitischer Wirkung]

Cal|ci|na|ti|on usw. vgl. Kalzination usw.

Cal|ci|spon|gi|ae [...gie] *die* (Plural) ⟨*lat.*⟩: Kalkschwämme

Cal|cit vgl. Kalzit

Cal|ci|um usw. vgl. Kalzium usw.

Cal|cu|lus [ˈkalkulʊs] *der; -, ...li:* 1. in der Antike der Rechenstein, für den ↑ Abakus (1). 2. ↑ Konkrement

Cal|da|ri|um vgl. Kaldarium

Cal|de|ra, Kaldera *die; -, ...ren* ⟨*lat.-span.*⟩: (Geol.) durch Explosion od. Einsturz entstandener kesselartiger Vulkankrater

Ca|lem|bour, Calembourg [kalãˈbuːɐ̯] *der; -s, -s* ⟨*fr.*⟩: (veraltet) Wortspiel; vgl. Kalauer.

Ca|len|dae [...dɛ] vgl. Kalenden u. ad calendas graecas

Ca|len|du|la *die; -, ...lae* [...lɛ] ⟨*lat.-nlat.*⟩: Ringelblume (Korbblütler)

Calf [kalf, engl.: kaːf] *das; -s* ⟨*engl.*⟩: Kalbsleder, das bes. zum Einbinden von Büchern verwendet wird

Ca|li|ban [ˈka[ː]liban, engl.: ˈkælıbæn] vgl. Kaliban

Ca|li|che [kaˈliːt͡ʃa] *die; -* ⟨*span.*⟩: Salzvorkommen mit hohem Gehalt an Natriumnitrat in Boden trockener Klimagebiete

Ca|li|for|ni|um *das; -s* ⟨*nlat.;* nach dem US-Bundesstaat Kalifornien⟩: künstlich hergestelltes chem. Element, ein Transuran; Zeichen: Cf

Ca|li|na *die; -, -s* ⟨*span.*⟩: sommerliche Lufttrübung durch Staub u. Schlieren der aufsteigenden Warmluft, bes. über den Hochflächen Innerspaniens

Call [kɔ:l] *der; -s, -s* ⟨*engl.-amerik.;* „Ruf"⟩: 1. (Börsenw.) Kaufoption. 2. (meist Plural) Optionspapier auf steigende Aktien; Ggs. ↑ Put. 3. Telefonat

Ca|l|la *die; -, -s* ⟨*gr.-nlat.*⟩: (zu den Aronstabgewächsen gehörende) Pflanze mit breiten, glatten grünen Blättern u. lang gestieltem Blütenstand mit weißem Hüllblatt

Cal|la|ne|tics ⑧ [kɛləˈnetiks] *die* (Plural) ⟨Kunstw.; nach der Amerikanerin Callan Pinckney (* 1939)⟩: Fitnesstraining, das bes. auf die tieferen Bindegewebsschichten wirkt

Call|boy [ˈkɔːlbɔı] *der; -s, -s* ⟨*engl.*⟩: junger Mann, der auf telefonischen Anruf hin Besuche macht od. Besucher empfängt u. gegen Bezahlung deren [homo]sexuelle Wünsche befriedigt

Call-by-Call [ˈkɔːlbaıˈkɔːl] *das; -s* (meist ohne Artikel) ⟨*engl.*⟩: Auswahl einer bestimmten Telefongesellschaft durch Vorwählen einer bestimmten Nummer [bei jedem Anruf]

Call|car [ˈkɔːlkaː] *der; -s, -s* ⟨*engl.*⟩: Mietauto, das nur telefonisch bestellt werden kann

Call|cen|ter, auch: **Call-Cen|ter** [ˈkɔːlsɛntɐ] *das; -s, -* ⟨*engl.-amerik.*⟩: Büro, zentrale Stelle, an der eingehende Anrufe entgegengenommen u. bearbeitet od. weitergeleitet werden

Call|girl [ˈkɔːlɡəːl] *das; -s, -s*

Call-in

⟨*engl.*⟩: Prostituierte, die auf telefonischen Anruf hin Besucher empfängt od. Besuche macht

Call-in [kɔːlˈɪn] *das;* -[s], -s ⟨*engl.*⟩: Sendung im Rundfunk od. Fernsehen, in der die Zuhörer bzw. Zuschauer anrufen können; Anrufsendung

Cal|ling|card, auch: **Cal|ling-Card** [ˈkɔːlɪŋkɐt] *die;* -, -s ⟨*engl.*⟩: Telefonkarte zum internationalen bargeldlosen Telefonieren

Calls [kɔːls]: *Plural von* ↑ Call

Cal|lus vgl. Kallus

cal|ma|to ⟨*gr.-lat.-it.*⟩: (Mus.) beruhigt (Vortragsanweisung)

Cal|me vgl. Kalme

Cal|lo vgl. Kalo

Cal|lor *der;* -s ⟨*lat.*⟩: (Med.) Wärme, Hitze (als Symptom einer Entzündung)

cal|lo|ri|sie|ren vgl. kalorisieren

Cal|lo|yos [...jɔs] *die* (Plural) ⟨*span.*⟩: wollige Felle des spanischen od. südamerikanischen Merinolamms

Cal|lu|met vgl. Kalumet

Cal|lu|t|ron *das;* -s, ...one u. -s ⟨Kurzw. aus *California University Cyclotron*⟩: eine Trennanlage für ↑ Isotope

Cal|va vgl. Kalva

Cal|va|dos *der;* -, - ⟨*fr.;* nach dem franz. Departement⟩: französischer Apfelbranntwein

Cal|va|ria *die;* -, ...riae [...riɛ] ⟨*lat.*⟩: (Med.) knöchernes Schädeldach

cal|vi|nisch usw. vgl. kalvinisch usw.

Cal|vi|ti|es [kalˈviːtsiɛs] *die;* - ⟨*lat.*⟩: (Med.) Kahlköpfigkeit

¹Calx *die;* -, Calces [...tseːs] ⟨*lat.*⟩: (Med.) Ferse

²Calx *die;* -, Calces [...tseːs] ⟨*gr.-lat.*⟩: Kalk

Cal|y|ces: *Plural von* ↑ Calyx

cal|ly|ci|nisch ⟨*gr.-nlat.*⟩: (Bot.) kelchartig (von Blütenhüllen)

Cal|ly|pso [kaˈlɪpso] *der;* -[s], -s ⟨Herkunft unsicher⟩: 1. volkstümliche Gesangsform der afroamerikanischen Musik Westindiens. 2. figurenreicher Modetanz im Rumbarhythmus

Cal|lyp|t|ra vgl. Kalyptra

Calyx *der;* -, ...lyces [ˈkalytseːs] ⟨*gr.-lat.*⟩: 1. (Bot.) Blütenkelch. 2. (Zool.) Körperteil der Seelilien

CAM [kæm] *das;* -s ⟨Abk. für *engl. computer-aided manufacturing* „computerunterstütztes Ferti-

gen"⟩: rechnerunterstützte Steuerung u. Überwachung von Produktionsabläufen

Ca|ma|ieu [kamaˈjøː] *die;* -, -en ⟨*fr.*⟩: 1. aus einem Stein mit verschieden gefärbten Schichten (z. B. aus Onyx) herausgearbeitete ↑ Kamee. 2. Gemälde auf Holz, Leinwand, Porzellan, Glas, das in mehreren Abtönungen einer Farbe gehalten ist, bes. häufig grau in grau; vgl. Grisaille (1 b)

Ca|ma|ieu|ma|le|rei *die;* -: besondere Art der Porzellanmalerei (Ton-in-Ton-Bemalung)

Ca|ma|re|ra *die;* -, -s ⟨*gr.-lat.-span.*⟩: span. Bez. für: Kellnerin. **Ca|ma|re|ro** *der;* -[s], -s: span. Bez. für: Kellner

Cam|ber [ˈkæmbɐ] *der;* -s, - ⟨*engl.*⟩: weicher Herrenfilzhut

Cam|bi|a|ta *die;* -, ...ten ⟨*lat.-it.*⟩: (Mus.) vertauschte Note, Wechselnote

Cam|bio usw. vgl. Kambio usw.

Cam|bi|um vgl. Kambium

Cam|cor|der *der;* -s, - ⟨*engl.;* Kurzw. aus *camera* „Kamera" u. ↑ *Recorder*⟩: Kurzw. für Kamerarekorder

Ca|me|lot *das;* - ²Kamelott

Ca|mem|bert [ˈkamɐmbeːɐ, auch: kamãˈbɛːɐ] *der;* -[s], -s ⟨*fr.;* nach der Stadt in der Normandie⟩: vollfetter Weichkäse mit weißem Schimmelbelag

Ca|meo [ˈkæmɪəʊ] *der;* -s, -s ⟨*it.-engl.;* „Nebenrolle"⟩: Kurzauftritt prominenter Zeitgenossen in einem Film

Ca|me|ra obs|cu|ra *die;* - -, ...rae [...rɛ] ...rae [...rɛ] ⟨*lat.;* „dunkle Kammer"⟩: innen geschwärzter Kasten mit transparenter Rückwand, auf der eine an eine Sammellinse auf dem Kopf stehendes, seitenverkehrtes Bild erzeugt (Urform der fotografischen Kamera)

Ca|mer|len|go *der;* -s, -s ⟨*it.*⟩: Schatzmeister des Kardinalskollegiums, Kämmerer

Ca|mi|on [kaˈmjõ] *der;* -s, -s ⟨*fr.*⟩: (schweiz.) Lastkraftwagen

Ca|mi|on|na|ge [kamjɔˈnaːʒə] *die;* -: (schweiz.) 1. Spedition. 2. Gebühr für die Beförderung von Frachtgut

Ca|mi|on|neur [kamjɔˈnøːɐ] *der;* -s, -e: (schweiz.) Spediteur

Ca|mi|sole [kamiˈzɔl] *das;* -s, -s

⟨*fr.*⟩: Hemdröckchen mit schmalen Trägern und eingearbeitetem Büstenteil

Ca|mor|ra vgl. Kamorra

Ca|mouf|la|ge [kamuˈflaːʒə] *die;* -, -n ⟨*fr.*⟩: 1. (veraltet) Tarnung von Befestigungsanlagen. 2. (abwertend) Tarnung von [politischen] Absichten. **ca|mouf|lie|ren** ⟨*it.-fr.*⟩: (veraltet) tarnen, verbergen

Camp [kɛmp] *das;* -s, -s ⟨*lat.-it.-fr.-engl.*⟩: 1. [Zelt]lager, Ferienlager (aus Zelten od. einfachen Häuschen). 2. Gefangenenlager

Cam|pa|g|ne [...ˈpanjə] vgl. Kampagne

Cam|pa|ni|le vgl. Kampanile

Cam|pa|nu|la *die;* -, ...lae [...lɛ] ⟨*lat.-mlat.*⟩: Glockenblume

Cam|pa|ri ® *der;* -s, -s (aber: 2 -) ⟨*it.*⟩: ein Bitterlikör

Cam|pe|che|holz [kamˈpetʃe...] *das;* -es: ↑ Kampescheholz

cam|pen [ˈkɛmpn] ⟨*lat.-it.-fr.-engl.*⟩: am Wochenende od. während der Ferien im Zelt od. Wohnwagen leben. **Cam|per** *der;* -s, -: jmd., der am Wochenende od. während der Ferien im Zelt od. Wohnwagen lebt. **Cam|pe|rin** *die;* -, -nen: weibliche Form zu ↑ Camper

Cam|pe|si|no *der;* -s, -s ⟨*lat.-span.*⟩: armer Landarbeiter, Bauer (in Spanien u. Südamerika)

Cam|pher vgl. Kampfer

cam|pie|ren: (österr., schweiz.) ↑ campen; vgl. kampieren

Cam|pig|ni|en [kãpɪnˈjẽː] *das;* -[s] ⟨nach der Fundstelle Campigny in Frankreich⟩: Kulturstufe der Mittelsteinzeit

Cam|pi|l|lit *das;* -s ⟨*gr.*⟩: starkes Nervengift

Cam|ping [ˈkɛm...] *das;* -s ⟨*lat.-it.-fr.-engl.*⟩: das Leben im Freien [auf Campingplätzen], im Zelt od. Wohnwagen während der Ferien u. am Wochenende

Cam|ping|platz *der;* -es, ...plätze: Gelände, auf dem gegen Gebühr gezeltet bzw. der Wohnwagen abgestellt werden darf

Camp|mee|ting [ˈkɛmpmiːtɪŋ] *das;* -s, -s ⟨*engl.-amerik.*⟩: [↑ methodistische] Versammlung zur Abhaltung von Gottesdiensten im Freien od. in einem Zelt (bes. in den USA); Zeltmission

Cam|po [ˈkampo] *der;* -s, -s (meist Plural) ⟨*lat.-span. u. port.*⟩:

C

1. brasilianische ↑ Savanne mit weiten Grasflächen. 2. Rinderhaut aus Eigenschlachtungen südamerikanischer Viehzüchter

Cam|po|san|to *der;* -s, -s od. ...ti ⟨*lat.-it.*⟩: ital. Bez. für: Friedhof

Cam|pus [ˈkam..., engl.: ˈkæmpəs] *der;* -, - ⟨*lat.-engl.-amerik.*⟩: Gesamtanlage einer Hochschule; Universitätsgelände

cam|py [ˈkɛmpi] ⟨*engl.*⟩: extravagant, theatralisch, manieristisch

Ca|na|di|enne [kanaˈdi̯ɛn] *die;* -, -s ⟨*fr.*⟩: lange, warme, sportliche Jacke mit Gürtel

Ca|nail|le [kaˈnaljə] *die;* -, -n: ↑ Kanaille

Ca|na|le *der;* -, ...li ⟨*babylon.-assyr.-gr.-lat.-it.*⟩: ital. Bez. für: Kanal

Ca|na|lis *der;* -, ...les ⟨*lat.*⟩: (Med.) röhrenförmiger Durchgang, Körperkanal (z. B. Verdauungskanal)

Ca|na|pé vgl. Kanapee

Ca|na|rie *die;* - ⟨*fr.;* nach den Kanarischen Inseln⟩: Paartanz im ³/₄- od. ³/₈-Takt (vom 16. bis 18. Jh. Gesellschaftstanz), eine Art schnelle ↑ Courante od. ↑ Gigue

Ca|na|s|ta *das;* -s ⟨*lat.-span.;* „Korb"⟩: (aus Uruguay stammendes) Kartenspiel

Can|can [kãˈkã:] *der;* -s, -s ⟨*lat.-fr.*⟩: lebhafter Tanz im ²/₄-Takt, heute vor allem Schautanz in Varietees u. Nachtlokalen

can|celn [ˈkɛntsl̩n] ⟨*lat.-fr.-engl.*⟩: streichen, absagen, rückgängig machen

Can|cer *der;* -s, - ⟨*lat.*⟩: ↑ Karzinom

Can|cer en cui|rasse [kãsɛræˈkü̯i-ˈras] *der;* - - -, - - - ⟨*fr.*⟩: (Med.) Brustdrüsenkrebs mit harten Ausläufern, die in angrenzende Teile des Brustkorbs eindringen

can|ce|ro|gen vgl. kanzerogen

Can|ci|ón [kanˈθi̯ɔn] *das;* -s, -s ⟨*lat.-span.*⟩: spanisches lyrisches Gedicht

Can|ci o|nei|ro [kãsi̯uˈnai̯ru]: portugiesische Form von ↑ Cancionero

Can|ci o|ne|ro [kansi̯oˈneːro, span.: kanθi̯oˈnero] *der;* -s, -s: eine Sammlung portugiesischer u. spanischer Gedichte u. Lieder des 12.–14. Jh.s

cand. vgl. Kandidat (2)

Can|de|lla *die;* -, - ⟨*lat.;* „Wachslicht, Kerze"⟩: Einheit der Lichtstärke; Zeichen: cd

Can|di|da *die;* -: 1. Antiquadruckschrift. 2. [krankheitserregender] Sprosspilz auf Haut u. Schleimhaut

can|di|da|tus [re|ve|ren|di] mi|nis|te|rii *der;* - - -, ...ti - -: Kandidat des [lutherischen] Predigtamts; Abk.: cand. [rev.] min. od. c. r. m.

Can|dle-Light-Din|ner [ˈkɛndl̩laɪt...] *das;* -s, -[s] ⟨*engl.*⟩: festliches Abendessen mit Kerzenbeleuchtung

Ca|ni|nus *der;* -, ...ni ⟨*lat.*⟩: (Zahnmed.) Eckzahn

Ca|ni|ti|es [kaˈniːtsi̯ɛs] *die;* - ⟨*lat.*⟩: (Med.) das Ergrauen der Haare

Can|na *die;* -, -s ⟨*sumer.-babylon.-gr.-lat.*⟩: in tropischen Gebieten wild wachsende, als Zierpflanze kultivierte hohe Staude mit roten, gelben od. rosa Blüten

Can|na|bis *der;* - ⟨*gr.-lat.-engl.*⟩: a) Hanf; b) andere Bez. für ↑ Haschisch

Can|nae [...nɛ] vgl. Kannä

Can|nel|lé [kanəˈle:] *der;* -[s] ⟨*fr.*⟩: Ripsgewebe mit Längsrippen verschiedener Stärke

Can|nel|kohl|e [ˈkɛnl̩...] vgl. Kännelkohle

Can|nel|lo|ni *die* (Plural) ⟨*it.*⟩: mit Fleisch gefüllte u. mit Käse überbackene Nudelteigröllchen

Can|ning [ˈkɛnɪŋ] *das;* -s, -s ⟨*engl.*⟩: Umhüllung des Brennstoffes in Kernreaktoren

Can|non-Not|fall|re|ak|ti|on [ˈkɛnən...] *die;* - ⟨nach dem amerik. Physiologen Cannon, 1871–1945⟩: Sofortreaktion des menschlichen Organismus auf plötzliche schwere Belastungen

Ca|noe [ˈkaːnu, auch: kaˈnuː] vgl. Kanu

Ca|non vgl. Kanon

Ca|ñon [ˈkanjɔn od. kanˈjoːn, engl.: ˈkænjən] *der;* -s, -s ⟨*lat.-span.*⟩: enges, tief eingeschnittenes, steilwandiges Tal, bes. im westlichen Nordamerika

Ca|no|ni|cus vgl. Kanoniker

Ca|nos|sa, Kanossa *das;* -s, -s ⟨nach Canossa, einer Burg in Norditalien, in der Papst Gregor VII. 1077 den dt. Kaiser Heinrich IV. auf dessen Bußgang hin vom Bann lossprach⟩:

tiefe Demütigung, Selbsterniedrigung; **ein Gang nach Canossa:** Demütigung

Ca|no|ti|er [...ˈtje:] *der;* -[s], -s ⟨*fr.*⟩: steifer, flacher Strohhut mit gerader Krempe

Cant [kɛnt] *der;* -s ⟨*lat.-engl.*⟩: a) heuchlerische Sprache, Scheinheiligkeit; b) Rotwelsch

can|ta|bi|le ⟨*lat.-it.*⟩: (Mus.) gesangartig, ausdrucksvoll (Vortragsanweisung)

can|tan|do ⟨*lat.-it.*⟩: (Mus.) singend (Vortragsanweisung)

Can|ta|ro *der;* -s, ...ari ⟨*lat.-mgr.-arab.-it.*⟩: ↑ Kantar

Can|ta|te vgl. Kantate

Can|ter usw. vgl. Kanter usw.

Can|tha|ri|din vgl. Kantharidin

Can|ti|li|ca *die* (Plural) ⟨*lat.*⟩: 1. die gesungenen Teile des altrömischen Dramas; Ggs. ↑ Diverbia. 2. zusammenfassende Bez. für die biblischen Gesänge u. Gebete nach den Psalmen in ↑ Septuaginta u. ↑ Vulgata (Bestandteil der Stundengebete)

Can|ti|ga *die;* -, -s ⟨*lat.-span.-port.;* „Lied"⟩: eines der in den ↑ Cancioneros überlieferten Lieder

Can|ti|le|na *die;* -, ...nen ⟨*spätlat.-it.*⟩: (im Mittelalter) a) liedhafter Teil im liturgischen Gesang (z. B. Tropus 2 b); b) einstimmiges Spielmannslied; c) mehrstimmiger Liedsatz

Can|to *der;* -s, -s ⟨*lat.-it.*⟩: Gesang

Can|tus *der;* - [...tus;s] ⟨*lat.*⟩: Gesang, Melodie, melodietragende Oberstimme bei mehrstimmigen Gesängen; **Cantus choralis** [- ko...]: einstimmiger gregorianischer Gesang; **Cantus figuralis:** mehrstimmige Musik des 15. bis 17. Jh.s; **Cantus firmus:** [choralartige] Hauptmelodie eines polyphonen Chor- od. Instrumentalsatzes; Abk.: c. f.; **Cantus mensurabilis** od. **mensuratus:** in der gregorianischen Kirchenmusik Choralnoten mit Bezeichnung der Tondauer; **Cantus planus:** in der gregorianischen Kirchenmusik Choralnoten ohne Bezeichnung der Tondauer; vgl. Kantus

Can|vas|sing [ˈkɛnvəsɪŋ] *das;* -[s] ⟨*engl.*⟩: Wahlstimmenwerbung durch persönliche Hausbesuche prominenter Politiker

Can|yon [ˈkænjən] *der;* -s, -s

⟨*engl.*⟩: engl. Bez. für ↑ Cañon.

Can|yo|ning [ˈkænjənɪŋ] *das; -s:* eine Extremsportart, die Klettern in Gebirgsschluchten u. Schwimmen im Wildwasser vereint

Can|zo|ne *die; -, -n:* ital. Form von ↑ Kanzone

Cao-Dai [ˈkau...] *der; - u.* **Ca|o|da|is|mus** *der; -* ⟨*annamit.*; „höchster Palast"⟩: 1926 begründete ↑ synkretistische Religion mit buddhistischen, christlichen u. a. Bestandteilen in Vietnam

Cap [kæp] *der; -s, -s* ⟨*engl.*; „Deckel"⟩: vereinbarte Zinsobergrenze bei Krediten

Ca|pa *die; -, -s* ⟨*lat.-span.*⟩: farbiger Umhang der Stierkämpfer

Cape [ke:p] *das; -s, -s* ⟨*lat.-roman.-engl.*⟩: ärmelloser Umhang [mit Kapuze]

Ca|pe|a|dor *der; -s, -es, auch:* Kapeador *der; -s, -e* ⟨*lat.-span.*⟩: Stierkämpfer, der den Stier mit der Capa reizt

Ca|pis|t|rum *das; -s, ...tra* ⟨*lat.*⟩: (Med.) besondere Art eines Kopfverbandes um Schädel u. Unterkiefer (Halfterbinde)

Ca|pi|ta [auch: ˈka:...]: *Plural von* ↑ Caput

Ca|pi|ti|lum *das; -s, ...tia* ⟨*lat.*⟩: (Med.) mützenartiger Kopfverband

ca|pi|to? ⟨*lat.-it.*⟩: verstanden?

Ca|pi|tu|lum *das; -s, ...la:* (Med.) Köpfchen, Gelenkköpfchen

Ca|po|tas|to *der; -, ...ti* ⟨*it.*⟩: ↑ Kapodaster

Cap|puc|ci|no [kapuˈtʃi:no] *der; -s, -s* (aber: 2 -) ⟨*it.*⟩: heißes Kaffeegetränk mit geschlagener Sahne od. aufgeschäumter Milch u. ein wenig Kakaopulver

Cap|ric|cio, auch: Kapriccio [kaˈprɪtʃo] *das; -s, -s* ⟨*lat.-it.*⟩: (Mus.) scherzhaftes, launiges Musikstück. **cap|ric|cio|so:** (Mus.) eigenwillig, launenhaft, kapriziös, scherzhaft (Vortragsanweisung)

Ca|p|ri|ce [kaˈpri:sə] *die; -, -n* ⟨*lat.-it.-fr.*⟩: 1. franz. Form von ↑ Capriccio. 2. ↑ Kaprice

Ca|p|ri|ho|se *die; -, -n* ⟨nach der Mittelmeerinsel⟩: wadenlange Frauenhose

Ca|p|ro|lac|tam vgl. Kaprolaktam

Ca|p|ro|nat vgl. Kapronat

Ca|p|ron|säu|re vgl. Kapronsäure

Caps. ⟨*lat.*⟩: „capsula"⟩: Abk. auf Rezepten für: Kapsel

Cap|si|cum vgl. Kapsikum

Cap|si|len [kaˈpsiɛ:] *das; -[s]* ⟨*fr.*; nach dem Fundort Gafsa (altröm. Capsa) in Tunesien⟩: Kulturstufe der Alt- u. Mittelsteinzeit

Ca|pi|ta|tio Be|ne|vo|len|ti|ae [- ...tsiɛ] *die; - -* ⟨*lat.*⟩: das Werben um die Gunst des Publikums mit bestimmten Redewendungen; vgl. Kaptation

Ca|pu|chon [kapyˈʃõ:] *der; -s, -s* ⟨*lat.-provenzal.-fr.*⟩: Damenmantel mit Kapuze

Ca|put [auch: ˈka:...] *das; -, Capita* ⟨*lat.*; „Haupt, Kopf"⟩: 1. Hauptstück, Kapitel eines Buches. 2. a) Kopf; b) (Med.) Gelenk- od. Muskelkopf

Ca|put mor|tu|um *das; - -* ⟨„toter Kopf"⟩: 1. rote Farbe aus Eisenoxid, Englischrot (Malerfarbe, Poliermittel). 2. (veraltet) Wertloses

Ca|quel|on [kakaˈlõ:] *das; -s, -s* ⟨*fr.*⟩: Topf aus Steingut od. Keramik mit Stiel (z. B. zum Fondue)

Car *der; -s, -s* ⟨*fr.*⟩: (schweiz.) Kurzform für ↑ Autocar

Ca|ra|bi|ni|e|re vgl. Karabiniere

Ca|ra|cal|la *die; -, -s* ⟨*gall.-lat.*⟩: langer Kapuzenmantel (Kleidungsstück in der Antike)

Ca|ra|cho vgl. Karacho

ca|ram|ba ⟨*span.*⟩: (ugs.) Teufel!; Donnerwetter!

Ca|ram|bo|la *die; -, -s* ⟨*malai.-span.-port.*; „Sternapfel"⟩: sternförmig gerippte, gelbgrüne tropische Frucht mit hohem Vitamin-C-Gehalt

Ca|ra|van [auch: ˈka..., seltener: ˈkɛravən od. ...ˈvɛn] *der; -s, -s* ⟨*pers.-it.-engl.*⟩: 1. a) ® Wagen, der sowohl als Freizeitfahrzeug wie auch als Fahrzeug für Transporte benutzt werden kann; b) Reisewohnwagen. 2. Verkaufswagen. **Ca|ra|va|ner** *der; -s, -:* jmd., der im Caravan (1 b) lebt. **Ca|ra|va|ning** *das; -s:* das Leben im Caravan (1 b)

Car|ba|zol vgl. Karbazol

Car|bid vgl. Karbid

Car|bo *der; -[s]* ⟨*lat.*⟩: Kohle; **Carbo medicinalis:** medizinische Kohle, Tierkohle (Heilmittel bei Darmkatarrh u. Vergiftungen)

car|bo|cy|c|lisch vgl. karbozyklisch

Car|bo|li|ne|um vgl. Karbolineum

Car|bol|säu|re vgl. Karbolsäure

Car|bo|na|do vgl. Karbonado

Car|bo|nat vgl. Karbonat

Car|bo|ne|um *das; -s* ⟨*lat.-nlat.*⟩: veraltete Bez. für Kohlenstoff; Zeichen: C

Car|bo|nyl *das; -s, -e* ⟨*lat.; gr.*⟩: (Chem.) jede flüssige od. feste anorganische Verbindung, die Kohlenoxid u. ein Metall in chemischer Bindung enthält

Car|bo|nyl|grup|pe *die; -, -n:* zweiwertige CO-Gruppe, bes. reaktionsfähige Atomgruppe (z. B. der Ketone)

Car|bo|run|dum ® vgl. Karborund

car|ci|no..., **Car|ci|no...** vgl. karzino..., Karzino...

Car|di|gan [engl. ˈkɑːdɪgən] *der; -s, -s* ⟨*engl.*; nach J. Th. Brudenell, 7. Earl of Cardigan, 1797–1868⟩: lange, wollene, kragenlose ein- od. zweireihige Strickweste für Damen

CARE [kɛə] ⟨*engl.*; Abk. für: Cooperative for American Remittances to Europe; zugleich „Sorge"⟩: 1946 in den USA entstandene Hilfsorganisation, die sich um die Milderung wirtschaftlicher Not in Europa nach dem 2. Weltkrieg bemühte

care of [ˈkɛər -] ⟨*engl.*⟩: wohnhaft bei ... (Zusatz bei der Adressenangabe auf Briefumschlägen); Abk.: c/o

ca|rez|zan|do u. **ca|rez|ze|vo|le** ⟨*lat.-it.*⟩: (Mus.) schmeichelnd, liebkosend (Vortragsanweisung)

Car|go usw. vgl. Kargo usw.

Ca|ri|es vgl. Karies

Ca|ri|g|nan [kariˈnjã] *der; -* ⟨*fr.*⟩: spät reifende [süd]französische rote Rebsorte

Ca|ril|lon [kariˈjõ:] *das; -[s], -s* ⟨*lat.-vulgärlat.-fr.*⟩: 1. mit Klöppeln geschlagenes, mit einer Tastatur gespieltes od. durch ein Uhrwerk mechanisch betriebenes Glockenspiel. 2. Musikstück für Glockenspiel od. Instrumentalstück mit glockenspielartigem Charakter

Ca|ri|na *die; -, ...nae [...nɛ]* ⟨*lat.*; „Kiel"⟩: 1. (Med., Biol.) kielartiger Vorsprung an Organen. 2. (Zool.) Brustbeinkamm der Vögel. 3. Gehäuseteil (Rückenplatte) gewisser Rankenfüßer (z. B. der Entenmuschel) aus der Ordnung der niederen Krebse

ca|rin|thisch ⟨latinisierend; nach der alten römischen Provinz „provincia Cartana", dem heutigen Kärnten⟩: Kärntner; z. B. carinthischer Sommer

Ca|ri|o|ca *die; -, -s* ⟨indian.-port.⟩: um 1930 in Europa eingeführter lateinamerikanischer Modetanz im ⁴/₄-Takt, eine Abart der ↑ Rumba

Ca|ri|tas *die; -:* Kurzbezeichnung für den Deutschen Caritasverband der katholischen Kirche; vgl. Karitas

ca|ri|ta|tiv vgl. karitativ

Car|ja|cking, auch: **Car-Ja|cking** ['kaːdʒɛkɪŋ] *das; -[s], -s* ⟨engl.⟩: Autoraub; Vorgang, bei dem ein Auto unter Androhung von Gewalt seinem Fahrer weggenommen wird

Car|ma|gno|le [karman'joːlə] *die; -, -n* ⟨nach der piemontesischen Stadt Carmagnola⟩: 1. (ohne Plural) ein franz. Revolutionslied aus dem 18. Jh. 2. ärmellose Jacke [der ↑ Jakobiner (1)]

Car|men *das; -s, ...mina* ⟨lat.⟩: [Fest-, Gelegenheits]gedicht

Car|nal|lit vgl. Karnallit

Car|net [de Pas|sa|ges] [kar'nɛ (də pa'saːʒə)] *das; - - - -, -s* [kar'nɛ] *- - ⟨fr.⟩:* Sammelheft von ↑ Triptyks, Zollpassierscheinheft für Kraftfahrzeuge

Car|not|zet [...tsɛt, schweiz.: ...tsɛ] *das; -s, -s* ⟨fr.⟩: kleine [Keller]schenke (in der französischen Schweiz)

Ca|rol ['kærəl] *das; -s, -s* ⟨gr.-lat.-fr.-engl.⟩: englisches volkstümliches [Weihnachts]lied

Ca|ro|tin vgl. Karotin

Ca|ro|ti|no|id vgl. Karotinoid

Ca|ro|tis vgl. Karotis

Car|pac|cio [kar'patʃo] *das od. der; -s, -s* ⟨it.; wohl den Maler Vittore Carpaccio (1455 od. 1465–1526) zu Ehren⟩: kalte [Vor]speise, die aus rohen, dünn geschnittenen Fleisch- u. Gemüsescheiben, angerichtet mit Zitronensaft, Olivenöl u. Parmesan, besteht

Car|pa|lia *die* (Plural) ⟨gr.-nlat.⟩: (Med.) Sammelbez. für die acht Handwurzelknochen

car|pe di|em *lat.; „pflücke den Tag!";* Spruch aus Horaz, Oden I, 11, 8): a) nutze den Tag!; b) koste den Tag voll aus!

Car|pen|ter|brem|se vgl. Karpenterbremse

Car|port *der; -s, -s* ⟨engl.-amerik.⟩: überdachter Abstellplatz für Autos

Car|pus *der; -, ...pi* ⟨gr.-nlat.⟩: (Med.) Handwurzel

Car|ra|ra *der; -s* ⟨nach der Stadt in Oberitalien⟩: Marmor aus Carrara. **car|ra|risch:** aus Carrara stammend; **carrarischer Marmor:** ↑ Carrara

Car|ri|er ['kɛrɪə] *der; -s, -s* ⟨engl.⟩: a) Unternehmen od. Organisation, die Personen od. Güter zu Wasser, zu Land u. in der Luft befördert; b) Netzbetreiber, der Kommunikationsdienstleistungen durchführt

Car|sha|ring, auch: **Car-Sha|ring** ['kaːʃɛ:rɪŋ] *das; -[s]* ⟨engl.⟩: organisierte [gebührenpflichtige] Nutzung eines Autos von mehreren Personen

Carte blanche [kart'blãːʃ] *die; - -, -s -s* [kart'blãːʃ] ⟨fr.; „weiße Karte"⟩: unbeschränkte Vollmacht

car|te|si|a|nisch usw. vgl. kartesianisch usw.

Car|tha|min vgl. Karthamin

Car|ti|la|go *der; -, ...gines* ⟨lat.⟩: (Med.) Knorpel; vgl. kartilaginär

Car|toon [kar'tuːn] *der od. das; -[s], -s* ⟨gr.-lat.-it.-engl.⟩: 1. parodistische Zeichnung, Karikatur; gezeichnete od. gemalte [satirische] Geschichte in Bildern. 2. (Plural) Comicstrips

Car|too|nist *der; -en, -en:* Künstler, der Cartoons zeichnet. **Car|too|nis|tin** *die; -, -nen:* weibliche Form zu ↑ Cartoonist

car|ven ⟨engl.; „einritzen"⟩: ohne zu rutschen auf der Kante fahren (z. B. beim Skifahren u. Snowboarden). **Car|ving** *das; -[s]* ⟨engl.⟩: das schwungvolle Fahren auf der Kante, ohne zu rutschen (beim Ski- u. Snowboardfahren). **Car|ving|ski** *der; -s, - u. -er:* kurzer, stark taillierter Ski zum Carven

Ca|sa|no|va *der; -[s], -s* ⟨ital. Abenteurer⟩: jmd., der es versteht, auf verführerische Weise die Liebe der Frauen zu gewinnen; Frauenheld

Cä|sar *der; Cäsaren, Cäsaren* ⟨lat.; nach dem röm. Feldherrn u. Staatsmann G. Julius Caesar, 100–44 v. Chr.⟩: (ehrender Beiname für einen römischen) Kaiser, Herrscher

cä|sa|risch: 1. kaiserlich. 2. selbstherrlich

Cä|sa|ris|mus *der; -* ⟨lat.-nlat.⟩: unbeschränkte, meist despotische Staatsgewalt

Cä|sa|ro|pa|pis|mus *der; -:* Staatsform, bei der der weltliche Herrscher zugleich auch geistliches Oberhaupt ist

Cas|ca|deur [...'døːɐ̯] vgl. Kaskadeur

Cas|ca|ra sa|g|ra|da *die; - -* ⟨span.⟩: Rinde des amerikanischen Faulbaums (Abführmittel)

Cas|co *der; -[s], -[s]* ⟨span.⟩: Mischling in Südamerika

Case|his|to|ry, auch: **Case-His|to|ry** ['keɪshɪstɔrɪ] *die; -, -s* ⟨engl.⟩: a) (Wirtsch.) Fallgeschichte; ausführliche Beschreibung einer Werbeaktion; b) (Psychol.) Beschreibung sämtlicher erfassbaren Lebensdaten, Umweltverhältnisse u. deren Einflüsse auf die Entwicklung eines Individuums

Ca|se|in vgl. Kasein

cash [kɛʃ] ⟨engl.⟩: bar; **cash bezahlen:** [eine Rechnung] mit Bargeld begleichen. **Cash** *das; -* ⟨lat.-it.-fr.-engl.⟩: Bargeld, Barzahlung

cash and car|ry ['kɛʃ ənd 'kɛrɪ] bar bezahlen u. mitnehmen (Vertriebsform des Groß- u. Einzelhandels, die auf Bedienung u. besondere Präsentation der Waren verzichtet u. die dadurch bewirkten Kostenersparnisse an die Abnehmer weitergibt); vgl. Discountgeschäft

Cash-and-car|ry-Klau|sel *die; -:* 1. Vertragsklausel im Überseehandel, wonach der Käufer die Ware bar bezahlen u. im eigenen Schiff abholen muss. 2. Bestimmung der nordamerikanischen Neutralitätsgesetzgebung von 1937, dass an Krieg führende Staaten Waffen nur gegen Barzahlung u. auf Schiffen des Käufers geliefert werden dürfen

cash be|fore de|li|ve|ry [- bɪ'fɔː dɪ'lɪvərɪ] bar bezahlen vor Auslieferung (Handelsklausel, nach der der Kaufpreis vor der Warenlieferung zu zahlen ist)

Cash|cow ['kɛʃkaʊ] *die; -, -s* ⟨engl.; eigtl. „Geldkuh"⟩: (ugs.) besonders erfolgreiches Produkt, das viel Gewinn bringt

Ca|shew|nuss ['kɛʃu..., auch: kaˈʃu:...] *die; -, ...nüsse* ⟨*Tupiport.-engl.; dt.*⟩: essbare Frucht des Nierenbaums aus dem tropischen Amerika

Cash|flow ['kɛʃfloʊ] *der; -s* ⟨*engl.*⟩: (Wirtsch.) Finanzmittelüberschuss aus der wirtschaftlichen Tätigkeit eines Unternehmens in einem bestimmten Zeitraum, u. a. als Indikator für die Ertrags- u. Finanzkraft eines Unternehmens

Cash-Ma|nage|ment-Sys|tem [...mænɪdʒmənt...] *das; -s* ⟨*engl.; gr.*⟩: elektronisches Kommunikationssystem zwischen Banken u. Firmenkunden zur Übertragung u. Weiterverarbeitung von Finanzdaten

cash on de|li|ve|ry ['kɛʃ ɔn dɪ'lɪvərɪ] ⟨*engl.*⟩: bar bezahlen bei Auslieferung (Handelsklausel, nach der der Kaufpreis bei Übergabe der Ware zu zahlen ist)

Ca|si|no vgl. Kasino

Cä|si|um vgl. Zäsium

Cas|sa *die; -* ⟨*lat.-it.*⟩: 1. ital. Bez. für: Kasse; vgl. per cassa u. Kassa. 2. **gran cassa:** (Mus.) große Trommel

Cas|sa|pan|ca *die; -, -s* ⟨*it.*⟩: ein italienisches Möbelstück des Mittelalters u. der ↑ Renaissance (Verbindung von Truhe und Bank mit Rück- und Seitenlehnen)

Cas|sa|ta *die; -, -s* ⟨*arab.-it.*⟩: italienische Eisspezialität mit kandierten Früchten

Cas|sa|va vgl. Kassawa

Cas|set|te vgl. Kassette

Cas|si|net ['kɛsinɛt], auch: Kassinett *der; -[s], -s* ⟨*fr.-engl.*⟩: halbwollener Streichgarnstoff in Leinen- od. Köperbindung (eine Webart)

Cas|si|o|pei|um, auch: Kassiopeium *das; -s* ⟨*nlat.; nach dem Sternbild Kassiopeia*⟩: frühere Bez. für das chem. Element ↑ Lutetium; Zeichen: Cp

Cas|sis *der; -, -* ⟨*lat.-fr.*⟩: a) französischer Likör aus Johannisbeeren; b) französischer Branntwein aus Johannisbeeren

Cas|so|ne *der; -, ...ni* ⟨*lat.-it.*⟩: wertvolles italienisches Möbelstück der ↑ Renaissance (lang gestreckter, gradflächiger Kasten, mit Malerei, Schnitzerei u. Einlegearbeiten verziert)

Cạst *das; -* ⟨*amerik.*⟩: (Fachspr.)

der gesamte Stab von Mitwirkenden an einem Film

Cạs|ting *das; -[s], -s* ⟨*engl.*⟩: 1. (Sportfischerei) Wettkampf, der darin besteht, dass man die Angel weit od. auf ein bestimmtes Ziel hin auswirft. 2. (Film, Fernsehen) [Auswahl für die] Rollenbesetzung

Ca|stle [kɑːsl] *das; -, -s* ⟨*lat.-engl.*⟩: engl. Bez. für: Schloss, Burg

¹Cạs|tor vgl. ¹Kastor

²Cạs|tor ® *der; -s, -s u. ...ọren* ⟨Kurzw. aus *engl.* cask for storage and transport of radioactive material⟩: Behälter zum Transportieren u. Lagern von radioaktivem Material

Cạs|to|re|um *das; -s* ⟨*gr.-nlat.*⟩: Drüsenabsonderung des Bibers (Bibergeil)

Cas|t|ris|mus u. **Cas|t|ro|is|mus** *der; -* ⟨*nlat.*⟩: Bez. für die politischen Ideen u. das politische System des vom kubanischen Ministerpräsidenten F. Castro (* 1927) geprägten Sozialismus; vgl. Fidelismo

Ca|su|a|ri|na vgl. Kasuarina

Ca|su|la vgl. Kasel

Cä|sur vgl. Zäsur

Ca|sus *der; -, -* [...zu:s]: lat. Schreibung für ↑ Kasus; **Casus Belli:** Kriegsfall, Krieg auslösendes Ereignis; **Casus Foederis:** Ereignis, das die Bündnispflicht eines Staates auslöst; **Casus knacksus:** (scherzh.) Knackpunkt; **Casus obliquus:** abhängiger Fall (z. B. Genitiv, Dativ, Akkusativ); **Casus rectus:** unabhängiger Fall (Nominativ)

Ca|tal|pa vgl. Katalpa

Ca|ta|rac|ta vgl. Katarakta

Cat|boot ['kɛt...] *das; -[e]s, -e* ⟨*engl.*⟩: kleines einmastiges Segelboot

¹Catch [kɛtʃ] *der; -, -es* [...ɪs, auch: ...ɪz] ⟨*lat.-vulgärlat.-fr.-engl.*⟩: geselliges englisches Chorlied mit derbkomischen, spaßhaften Texten (17. u. 18. Jh.)

²Catch *das; -* ⟨*engl.-amerik.*⟩: Abk. für ↑ Catch-as-catch-can

Catch-as-catch-can ['kɛtʃəz'kɛtʃkɛn] *das; -* ⟨*amerik.*⟩: von Berufsringern ausgeübte Art des Freistilringens, bei der fast alle Griffe erlaubt sind

cat|chen ['kɛtʃn]: im Stil des Catch-as-catch-can ringen

Cat|cher ['kɛtʃɐ] *der; -s, -*: Berufsringer, der im Stil des Catch-as-catch-can ringt. **Cat|che|rin** *die; -, -nen*: weibliche Form zu ↑ Catcher

Cat|chup ['kɛtʃap] vgl. Ketschup

Ca|te|chi|ne *die* (Plural) ⟨*nlat.* Bildung zu ↑ Catechu⟩: farblose, kristallisierte organische Verbindungen (Grundlage natürlicher Gerbstoffe)

Ca|te|chu vgl. Katechu

Ca|te|nac|cio [kate'natʃo] *der; -[s]* ⟨*lat.-it.*; „Sperrkette, Riegel"⟩: (Fußball) Verteidigungstechnik, bei der sich bei einem gegnerischen Angriff die gesamte Mannschaft kettenartig vor dem eigenen Strafraum zusammenzieht

Ca|te|ne vgl. Katene

Ca|te|rer ['keɪtərɐ] *der; -s, -* ⟨*lat.-it.-fr.-engl.*⟩: auf das Catering spezialisiertes Unternehmen

Ca|te|ring ['keɪtərɪŋ] *das; -[s]*: Beschaffung von Lebensmitteln, Verpflegung mit Speisen u. Getränken; Bewirtungsservice

Ca|ter|pil|lar ['kɛtəpɪlɐ] *der; -s, -[s]* ⟨*engl.*⟩: Raupenschlepper (bes. im Straßenbau)

Cat|gut ['kɛtgʌt] vgl. Katgut

Ca|the|d|ra *die; -, ...rae* [...rɛ] ⟨*gr.-lat.*⟩: 1. [Lehr]stuhl (vgl. Katheder). 2. Ehrensitz, bes. eines Bischofs od. des Papstes; **Cathedra Petri:** der Päpstliche Stuhl

Ca|tin|ga *die; -, -s* ⟨*indian.-port.*⟩: savannenartige Zone mit lichten Wäldern, Kaktusgewächsen u. a. in Brasilien

Cat|li|nit [auch: ...'nɪt] *der; -s* ⟨*nlat.;* nach dem amerik. Forscher G. Catlin, 1796–1872⟩: nordamerikanischer Pfeifenstein (Tonschiefer), aus dem der Kopf der indianischen Friedenspfeife besteht

Cat|suit ['kɛtsjuːt] *der; -s, -s* ⟨*engl.*⟩: einteiliges, eng anliegendes, figurbetontes Kleidungsstück

Catt|leya [kat'laja] *die; -, ...leyen* ⟨*nlat.;* nach dem engl. Züchter Cattley, †1832⟩: Orchideengattung aus dem tropischen Amerika

Cat|walk ['kɛtwɔːk] *der; -s, -s* ⟨*engl.;* eigtl. „Katzenweg"⟩: Laufsteg

Cau|da *der; -* ⟨*lat.*⟩: 1. (Med.) Schwanz; Endstück eines Organs od. Körperteils. 2. (Rel.)

Schleppe, bes. an den liturgischen Gewändern hoher Geistlicher. 3. (Mus.) der nach oben od. unten gerichtete Hals einer Note od. ↑ Ligatur (2)

Cau|da|lis vgl. kaudal

Cau|dex der; -, ...dices ⟨lat.⟩: 1. [nicht verholzender] Stamm der Palmen u. Baumfarne. 2. tiefere Teile des Gehirns bei Säugetieren u. beim Menschen (im Gegensatz zu Groß- u. Kleinhirn)

Cau|dil|lo [kauˈdɪljo] der; -[s], -s ⟨span.; „Anführer, Heerführer"⟩: 1. politischer Machthaber, Diktator. 2. Heerführer

Cau|sa die; -, ...sae [...sɛ] ⟨lat.⟩: 1. (Rechtsw.) Grund, Ursache [z. B. eines Schadens]; Rechtsgrund 2. (österr.) sich in einer bestimmten Weise darstellender Fall

Cause cé|lè|b|re [kozseˈlɛbrə] die; - -, -s -s [kozseˈlɛbr] ⟨lat.-fr.⟩: berühmter Rechtsstreit, berüchtigte Angelegenheit

Cau|se|rie [kozəˈriː] die; -, ...ien: (veraltet) unterhaltsame Plauderei. **Cau|seur** [koˈzøː̯] der; -s, -e: (veraltet) [amüsanter] Plauderer. **Cau|seu|se** [koˈzøːzə] die; -, -n: (veraltet) 1. unbekümmertmunter plaudernde Frau. 2. kleines Sofa

Caus|ti|cum vgl. Kaustikum

Caux|be|we|gung [ˈko:...] die; - ⟨nach dem Schweizer Luftkurort Caux⟩: religiöse Bewegung zur moralischen Erneuerung

Ca|va die; -s, -s ⟨span.⟩: spanischer Schaumwein

Ca|va|li|e|re der; -, ...ri ⟨lat.-it.⟩: italienischer Adelstitel; Abk.: Cav.

ca|ve ca|nem ⟨lat.; „hüte dich vor dem Hund!"⟩ (Inschrift auf Tür od. Schwelle altrömischer Häuser)⟩: nimm dich in Acht!; sieh dich vor!

Ca|vi|tät vgl. Kavität

Ca|vum das; -s, ...va ⟨lat.⟩: (Med.) Hohlraum

Ca|yenne|pfef|fer [kaˈjɛn...] der; -s ⟨nach der Hauptstadt von Französisch-Guayana, Cayenne⟩: vorwiegend aus ↑ Chili hergestelltes scharfes Gewürz

CD [tseˈde:] die; -, -[s] ⟨Abk. für engl. compact disc⟩: kurz für: ↑ Compactdisc, ↑ CD-ROM

CD-Play|er [tseˈde:pleɪɐ] der; -s, - ⟨engl.⟩: Plattenspieler für CDs

CD-ROM die; -, -[s] ⟨Abk. für engl. read only memory „Nurlesespeicher"⟩: Speicherplatte [für PCs mit entsprechendem Laufwerk], deren Programminhalt abgerufen, aber nicht verändert werden kann

Ce|ci|die [...diə] vgl. Zezidie

Ce|dil|le [seˈdiːjə] die; -, -n ⟨span.-fr.; von span. zedilla = kleines z⟩: kommaartiges ↑ diakritisches Zeichen [unterhalb eines Buchstabens] mit verschiedenen Funktionen (z. B. franz. ç [s] vor a, o, u od. rumän. ş [ʃ])

Cei|lo|me|ter das; -s, - ⟨lat.-fr.-engl.; gr.⟩: Wolkenhöhenmesser

Cein|tu|ron [sɛ̃tyˈrõː] das; -s, -s ⟨lat.-fr.⟩: (schweiz.) Koppel (des Soldaten)

Ce|le|b|ret vgl. Zelebret

Cel|les|ta [tʃe...] die; -, -s u. ...ten ⟨lat.-it.; „die Himmlische"⟩: zart klingendes Tasteninstrument, das zur Tonerzeugung Stahlplatten u. röhrenförmige ↑ Resonatoren verwendet

Cel|la die; -, Cellae [...lɛ], auch: Zella die; -, Zellä ⟨lat.⟩: 1. der Hauptraum im antiken Tempel, in dem das Götterbild stand. 2. a) (veraltet) Mönchszelle; b) (Rel.) ↑ Kellion. 3. (Med.) kleinste Einheit eines Organismus, Zelle

Cel|le|rar der; -s, -e u. **Cel|le|ra|ri|us** der; -, ...rii: Wirtschaftsverwalter eines Klosters

Cel|list [tʃe...] der; -en, -en ⟨it.⟩: Musiker, der das Cello spielt. **Cel|lis|tin** die; -, -nen: weibliche Form zu ↑ Cellist

cel|lis|tisch: 1. das Cello betreffend. 2. celloartig

Cel|lo das; -s, -s u. ...lli: Kurzform von ↑ Violoncello

Cel|lo|phan ® vgl. Zellophan. **cel|lo|pha|nie|ren** vgl. zellophanieren

Cel|lu|la die; -, ...lae [...lɛ] ⟨lat.⟩: (Med.) kleine Körperzelle

Cel|lu|la|se vgl. Zellulase

Cel|lu|li|te, Cel|lu|li|tis vgl. Zellulitis

Cel|lu|lo|id vgl. Zelluloid

Cel|lu|lo|se vgl. Zellulose

Cel|lu|lo|se|ni|t|rat vgl. Zellulosenitrat

Cel|si|us ⟨nach dem schwed. Astronomen A. Celsius, 1701–1744⟩: Gradeinheit auf der Celsiusskala; Zeichen: C; fachspr.: °C

Cel|si|us|ska|la, auch: **Cel|si|us-Ska|la** die; -, ...len: Temperaturskala, bei der der Abstand zwischen dem Gefrier- u. dem Siedepunkt des Wassers in 100 gleiche Teile unterteilt ist

Ce|l|ti|um das; -s ⟨lat.-nlat.⟩: (veraltet) ↑ Hafnium

Cem|ba|list [tʃ...] der; -en, -en ⟨gr.-lat.-it.⟩: Musiker, der Cembalo spielt. **Cem|ba|lis|tin** die; -, -nen: weibliche Form zu ↑ Cembalist

cem|ba|lis|tisch: 1. das Cembalo betreffend. 2. cembaloartig

Cem|ba|lo das; -s, -s u. ...li ⟨Kurzw. für: Clavicembalo⟩: Tasteninstrument des 14. bis 18. Jh.s (alte Form des Klaviers, bei dem die Saiten angerissen, nicht angeschlagen werden)

Ce|no|man das; -s ⟨nach dem Siedlungsgebiet der Cenomanen, eines keltischen Volksstamms⟩: (Geol.) Stufe der Kreideformation

Cent [ˈsɛnt] der; -[s], -[s] (aber: 5 -) ⟨lat.-fr.-engl.⟩: a) Münzeinheit der Währungen verschiedener Länder (z. B. USA, Kanada); b) Münzeinheit des Euros; Abk.: c u. ct, Plural: cts

Cen|ta|vo der; -[s], -[s] (aber: 5 -) ⟨lat.-port.-span.⟩: Münzeinheit der Währungen verschiedener Länder südamerikanischer Länder (z. B. Argentinien, Brasilien)

Cen|te|nar... vgl. Zentenar...

¹Cen|ter [ˈsɛntɐ] das; -s, - ⟨gr.-lat.-fr.-amerik.; „Mittelpunkt"⟩: a) großes Kaufhaus, Einzelhandelsgeschäft; b) Geschäftsviertel mit verschiedenen Einzelhandelsgeschäften u. Ä.

²Cen|ter der; -, - (auch: [s] (Basketball) zentraler Angriffsspieler

Cen|ter|court, auch: **Cen|ter-Court** [...kɔːt] der; -s, -s ⟨amerik.⟩: ↑ Centrecourt

Cen|te|si|mo [tʃ...] der; -[s], ...mi ⟨lat.-it.⟩: Münzeinheit der Währungen verschiedener Länder (z. B. Italien, Somali)

Cen|té|si|mo [sɛnˈte:...] der; -[s], -[s] (aber: 5 -) ⟨lat.-span.⟩: Münzeinheit der Währungen verschiedener Länder (z. B. Panama, Chile)

Cen|time [sãˈtiːm] der; -s, -s (aber: 5 -) ⟨lat.-fr.⟩: Münzeinheit der Währungen verschiedener Länder (z. B. Frankreich, Schweiz); Abk.: c u. ct, Plural: ct[s], schweiz. nur: Ct

Cén|ti|mo ['sɛn...] *der; -[s], -s* (aber: 5 -) ⟨*lat.-span.*⟩: Münzeinheit der Währungen verschiedener Länder (z. B. Spanien, Costa Rica)

Cen|to ['tsɛnto] *der; -s, -s u. Centones* ⟨*lat*⟩: 1. Gedicht, das aus einzelnen Versen bekannter Dichter zusammengesetzt ist. 2. (Mus.) a) [Choral]melodie, die aus vorhandenen Melodieteilen zusammengesetzt ist; b) Quodlibet (1)

Cen|tre|court, auch: **Cen|tre-Court** ['sɛntəkɔːt] *der; -s, -s* ⟨*engl.*⟩: Hauptplatz großer Tennisanlagen

Cen|t|ro|som vgl. Zentrosom

Cen|tu|rie usw. vgl. Zenturie usw.

Cen|tu|ri|um vgl. Zenturium

Ce|pha|lo|po|de vgl. Kephalopode

Cer, auch: Zer *das; -s* ⟨*lat.-nlat.;* nach dem 1801 entdeckten Asteroiden Ceres⟩: chem. Element; ein Metall; Zeichen: Ce

Ce|ra *die; -, ...ren* ⟨*lat.*⟩: 1. (Pharm.) [Bienen]wachs. 2. (Zool.) weiche Hautverdickung am Schnabel vieler Vögel

Ce|ran ® [ts...] ⟨*Kunstw.*⟩: ebene Kochfläche aus gewalzter Glaskeramik (auf Elektro- u. Gasherden)

Cer|be|rus vgl. Zerberus

Cer|cle ['sɛrkl] *der; -s, -s* ⟨*lat.-fr.*⟩: 1. a) Empfang [bei Hofe]; b) vornehmer Gesellschaftskreis. 2. (österr.) die ersten Reihen im Theater od. Konzertsaal

Ce|re|a|li|en *die* (Plural) ⟨*lat.*⟩: 1. altrömisches Fest zu Ehren der Ceres, der Göttin des Ackerbaus. 2. ↑ Zerealie

ce|re|bel|lar vgl. zerebellar. **Ce|re-bel|lum** vgl. Zerebellum

Ce|re|b|rum vgl. Zerebrum

Ce|re|o|llus *der; -, ...li* ⟨*lat.*⟩: Arzneistäbchen (aus Wachs)

Ce|re|sin vgl. Zeresin

Ce|re|us *der; -* ⟨*lat.*⟩: Säulenkaktus

ce|rise [sə'riːz] ⟨*gr.-lat.-vulgärlat.-fr.*⟩: kirschrot

Ce|rit vgl. Zerit

Cer|mets ['sə:mɛts] *die* (Plural) ⟨Kunstw. aus *engl. ceramic* u. *metals*⟩: metallkeramische Werkstoffe, die aus einem Metall u. einer keramischen Komponente bestehen

Ce|ro|tin|säu|re vgl. Zerotinsäure

Cer|to|sa [tʃ...] *die; -, ...sen* ⟨*it.;* „Kartause"⟩: Kloster der ↑ Kartäuser in Italien

Cer|to|sal|mo|sa|ik *das; -s, -en:* geometrisch gemustertes Elfenbeinmosaik orientalischen Charakters der norditalienischen Renaissance

Ce|ru|men vgl. Zerumen

Ce|rus|sit vgl. Zerussit

Cer|vel|lat ['sɛrvəla] *der; -s, -s* ⟨*fr.*⟩: (schweiz.) Brühwurst aus Rindfleisch mit Schwarten u. Speck; vgl. Servela, Zervelatwurst

Cer|vix vgl. Zervix

Cé|sar [se'zaːr] ⟨nach dem Bildhauer César Baldaccini, 1921–1998⟩: dem amerikanischen Oscar entsprechender französischer Filmpreis

c'est la guerre [sɛla'gɛːr] ⟨*fr.;* „das ist der Krieg"⟩: so ist es nun einmal [im Krieg], da kann man nichts machen!

c'est la vie [sɛla'viː] ⟨*fr.;* „das ist das Leben"⟩: so ist das [Leben] nun einmal!

Ce|ta|ce|um *das; -s* ⟨*gr.-lat.-nlat.*⟩: aus dem Kopf von Pottwalen gewonnene fettartige, spröde Substanz (Walrat)

ce|te|ris pa|ri|bus ⟨*lat.*⟩: unter [sonst] gleichen Umständen

ce|te|rum cen|seo ⟨*lat.;* „im Übrigen meine ich" (dass Karthago zerstört werden muss); Schlusssatz jeder Rede Catos im römischen Senat): im Übrigen meine ich (als Einleitung einer immer wieder vorgebrachten Forderung, Ansicht)

Ce|vap|ci|ci u. **Če|vap|či|či** [tʃe-'vaptʃitʃi] *die* (Plural) ⟨*serbokroat.*⟩: gegrillte Hackfleischröllchen

CGS-Sys|tem *das; -s* ⟨Abk. von Centimeter, Gramm, Sekunde⟩: älteres physikalisches Maßsystem, das auf den Grundeinheiten Zentimeter, Gramm u. Sekunde aufgebaut ist

Chal|b|lis [ʃa'bliː] *der; - [...(s)], - [...s]* ⟨*fr.;* nach der franz. Stadt⟩: Weißwein aus Niederburgund

Cha-Cha-Cha ['tʃa'tʃa'tʃa] *der; -[s], -s* ⟨*span.*⟩: dem ↑ Mambo ähnlicher Tanz aus Kuba

Cha|conne [ʃa'kɔn] *die; -, -s u. -n* ⟨*span.-fr.*⟩ u. Ciacona *die; -, -s* ⟨*span.-it.*⟩: 1. spanischer Tanz im ³/₄-Takt. 2. (Mus.) Instrumentalstück im ³/₄-Takt mit zugrunde liegendem achttaktigem ↑ ostinatem Bassthema

cha|cun à son goût [ʃakœasõ'gu] ⟨*fr.*⟩: jeder nach seinem Geschmack; jeder, wie es ihm beliebt

Cha|gas|krank|heit ['ʃa:...] *die; -* ⟨nach dem bras. Arzt u. Bakteriologen Carlos Chagas, 1879–1934⟩: tropische Infektionskrankheit

¹**Cha|g|rin** [ʃa'grɛ̃ː] *der; -s* ⟨*germ.-fr.*⟩: Kummer, Verdruss

²**Cha|g|rin** [ʃa'grɛ̃ː] *das; -s, -s* ⟨*türk.-fr.*⟩: Leder aus Pferde- od. Eselshäuten mit Erhöhungen auf der Narbenseite

cha|g|ri|nie|ren ⟨*türk.-fr.*⟩: ein Narbenmuster auf Leder aufpressen

Chai|ne ['ʃɛːnə] *die; -, -n* ⟨*lat.-fr.*⟩: 1. Kettfaden. 2. (veraltet) Kette (beim Rundtanz)

Chair|le|der ['ʃɛːɐ̯...] *das; -s, -* ⟨*lat.-fr.; dt.*⟩: pflanzlich nachgegerbtes ↑ Glacéleder

Chair|man ['tʃɛːɐ̯mən] *der; -, ...men [...mən]* ⟨*lat.-engl.; engl.*⟩: in England u. Amerika der Vorsitzende eines politischen od. wirtschaftlichen Gremiums, bes. eines parlamentarischen Ausschusses

Chair|per|son [...pəːsn̩] *die; -, -s* ⟨*lat.-engl.*⟩: engl. Bez. für: Vorsitzende od. Vorsitzender

Chair|wo|man [...wʊmən] *die; -, ...women [...wɪmɪn]*⟩: weibliche Form zu ↑ Chairman

Chai|se ['ʃɛːzə] *die; -, -n* ⟨*lat.-fr.*⟩: 1. (veraltet) Stuhl, Sessel. 2. a) (veraltet) halb verdeckter Wagen; b) (abwertend) altes, ausgedientes Fahrzeug. 3. (veraltet) ↑ Chaiselongue. **Chai|se-longue** [ʃɛzə'lɔŋ, auch: ...'lõːk] *die; -, -n u. -s* (ugs. auch: *das; -s, -s*) ⟨„Langstuhl"⟩: gepolsterte Liege mit Kopflehne

Chak|ra ['tʃa...] *das; -[s], -s u. ...kren* ⟨*sanskr.;* „Rad"⟩: 1. (nach indischer Vorstellung) eines von sieben Energiezentren im menschlichen Körper. 2. ↑ Tschakra

Cha|ku ['tʃa:ku] *das; -s, -s* ⟨*jap.*⟩: Kurzform von ↑ Nunchaku

Chal|la|za [ça...] *die; -, ...zen,* auch: **Challa|ze** *die; -, -n* ⟨*gr.-nlat.*⟩: 1. (Bot.) bei Blütenpflanzen die Stelle, von der die Hüllen der Samenanlage mit dem Knospenkern (↑ Nucellus) ausgehen (Knospengrund). 2. (Zool.) zweispiralig gedrehter Eiweißstrang im Ei der Vögel (Hagelschnur)

Cha|la|zi|on u. **Cha|la|zi|um** *das; -s, ...ien [...ǝn]:* (Med.) entzündliche Anschwellung am Augenlid (Hagelkorn)

Chal|la|zo|ga|mie *die; -, ...ien:* (Bot.) Form der ↑ Aporogamie; Befruchtungsvorgang bei den Blütenpflanzen, bei dem der Weg des Pollenschlauchs über die ↑ Chalaza (1) führt

Chal|ce|don vgl. Chalzedon

Chal|let [ʃa'leː, ʃa'le] *das; -s, -s* ⟨schweiz.-fr.⟩: 1. Sennhütte. 2. Ferien-, Landhaus [in den Bergen]

Chal|li|ko|se [ça...] *die; -, -n* ⟨gr.-nlat.⟩: (Med.) Kalk[staub]lunge

Chal|ko|che|mi|gra|phie [çal...], auch: ...grafie *die; -* ⟨gr.; arab.; gr.⟩: Metallgravierung

Chal|ko|ge|ne *die* (Plural) ⟨gr.-nlat.⟩: (Chem.) Sammelbez. für die Elemente der sechsten Hauptgruppe des periodischen Systems

Chal|ko|graph, auch: ...graf *der; -en, -en:* Kupferstecher. **Chal|ko|gra|phie**, auch: ...grafie *die; -, ...ien:* (veraltet) 1. (ohne Plural) Kupferstechkunst. 2. Kupferstich

Chal|ko|lith [auch: ...'lɪt] *der; -s u. -en, -e[n]:* ein Mineral

Chal|ko|li|thi|kum [auch: ...'liti...] *das; -s:* jungsteinzeitliche Stufe, in der bereits Kupfergegenstände auftreten

chal|ko|phil: sich mit Chalkogenen verbindend (von [metallischen] Elementen)

Chal|ko|se *die; -, -n:* (Med.) Ablagerung von Kupfer od. Kupfersalzen im Gewebe, bes. im Augapfel

Chal|lu|meau [ʃaly'moː] *das; -s, -s* ⟨lat.-mlat.-fr.⟩: 1. einfaches Holzblasinstrument des Mittelalters. 2. (ohne Plural) tiefstes Register der Klarinette

Chal|ly [ʃa'liː] *der; -[s]* ⟨fr.⟩: dem ↑ Musselin ähnlicher taftbindiger Kleiderstoff aus Seide u. Wolle

Chal|ze|don, auch: Chalcedon [kalts...] *der; -s, -e* ⟨wahrscheinlich nach der altgriech. Stadt Kalchedon (lat. = Chalcedon) am Bosporus⟩: ein Mineral (Quarzabart)

Cha|ma|de [ʃa...] vgl. Schamade

Cha|mä|le|on [ka...] *das; -s, -s* ⟨gr.-lat.; „Erdlöwe"⟩: [auf Bäumen lebende] kleine Echse, die ihre Hautfarbe bei Gefahr rasch ändert

Cha|mä|phyt [ça...] *der; -en, -en* (meist Plural) ⟨gr.-nlat.⟩: (Bot.) Zwergstrauch; Lebensform von Pflanzen, deren Erneuerungsknospen in Bodennähe liegen u. darum ungünstige Jahreszeiten relativ geschützt (z. B. unter einer Schneedecke) überdauern

Cha|mä|ze|pha|lie *die; -, ...ien:* (Med.) Schädeldeformierung mit niedriger Gesichtsform

Cham|ber|tin [ʃãbɛr'tɛ̃] *der; -[s]* ⟨fr.⟩: burgundischer Spitzenwein aus Gevrey-Chambertin

Cham|b|ray [ʃamˈbrɛː] *der; -s, -s* ⟨fr.-amerik.⟩: leichtes Baumwollgewebe in Leinwandbindung mit farbigem Schuss- u. weißem Kettfaden

Cham|b|re des Dé|pu|tés [ʃãbrǝdepy'te] *die; - - -* ⟨fr.⟩: französische Abgeordnetenkammer der 3. Republik (1875–1940)

Cham|b|re gar|nie [ʃãbrǝ-] *das; - -, -s -s* [ʃãbrǝgar'ni]: (veraltet) möbliertes Zimmer zum Vermieten

Cham|b|re sé|pa|rée [ʃãbrǝsepa're] *das; - -, -s -s* [ʃãbrǝsepa're]: (veraltet) kleiner Nebenraum in Restaurants für ungestörte Zusammenkünfte

Cham|b|ri|e|re [ʃã...] *die; -, -n:* beim Zureiten u. in der Manege benutzte Peitsche

cha|mois [ʃa'mŏa] ⟨fr.⟩: gämsfarben, gelbbräunlich. **Cha|mois** *das; -:* 1. besonders weiches Gämsen-, Ziegen-, Schafleder. 2. chamois Farbe

Cha|mois|pa|pier *das; -s, -e:* (Fotogr.) gelbbräunliches Kopierpapier

Champ [tʃɛmp] *der; -s, -s* ⟨lat.-galloroman.-fr.-engl.⟩: Kurzform von ↑ Champion

cham|pa|g|ner [ʃam'panjɐ] ⟨lat.-fr.⟩: zart gelblich

Cham|pa|g|ner *der; -s, -:* in Frankreich hergestellter weißer od. roter Schaumwein [aus Weinen der Champagne]

Cham|pi|g|non [ʃampɪnjɔ̃, selten: 'ʃãːpɪnjõ] *der; -s, -s* ⟨lat.-vulgärlat.-fr.⟩: ein essbarer Pilz (auch gärtnerisch angebaut)

Cham|pi|on [ˈtʃɛmpjǝn] *der; -s, -s* ⟨lat.-galloroman.-fr.-engl.⟩: Meister[in] in einer Sportart, Spitzensportler[in]. **Cham|pi|o|nat** [ʃam...] *das; -[e]s, -e* ⟨fr.⟩: Meisterschaft in einer Sportart

Cham|pi|on|ship [ˈtʃɛmpjǝnʃɪp]

die; -, -s ⟨engl.⟩: Meisterschaft im Sport (bes. Tennis)

Cham|pi|ons League [ˈtʃɛmpjǝnz ˈliːg] *die; - -* ⟨engl.⟩: (Ballspiele) Pokalwettbewerb der europäischen Landesmeister u. anderer qualifizierter Spitzenmannschaften (z. B. im Fußball), bei dem die Viertelfinalgegner durch Punktspiele ermittelt werden

Cham|pi|ons Race [- ˈreɪs] *das; - -* ⟨engl.⟩: (Tennis) jährliche Weltrangliste der besten Spielerinnen u. Spieler, die nach jedem Wertungsturnier aktualisiert wird

Cham|sin [kam'ziːn] vgl. Kamsin

¹Chan [kaːn, xaːn], auch: Han *der; -s, -s u. -e* ⟨pers.-arab.⟩: Herberge im Vorderen Orient

²Chan [kaːn, xaːn] *der; -s, -e:* ↑ Khan

Chan|ce [ˈʃãːsǝ, auch: ʃãːs] *die; -, -n* ⟨lat.-vulgärlat.-fr.⟩: 1. günstige Gelegenheit; Möglichkeit, etwas Bestimmtes zu erreichen. 2. Aussicht auf Erfolg

Chan|cel|lor [ˈtʃɑːnsǝlǝ] *der; -s, -s* ⟨lat.-fr.-engl.⟩: engl. Bez. für: Kanzler

Chang [tʃaŋ] *das; -[s], -[s]* ⟨chin.⟩: chinesisches Längenmaß

Change [ʃãːʒ, engl.: tʃeɪndʒ] *die; -* (bei franz. Ausspr.) u. *der; -* (bei engl. Ausspr.) ⟨lat.-fr. u. engl.⟩: Tausch, Wechsel [von Geld]

chan|geant [ʃã'ʒãː] ⟨lat.-fr.⟩: in mehreren Farben schillernd (von Stoffen). **Chan|geant** *der; -[s], -s:* 1. [taftbindiges] Gewebe mit verschiedenfarbigen Kett- u. Schussfäden, das bei Lichteinfall verschieden schillert. 2. Schmuckstein mit schillernder Färbung

Chan|ge|ment [ʃãʒǝ'mãː] *das; -s:* (veraltet) Vertauschung, Wechsel, Änderung; **Change-ment de Pieds** [...dǝˈpje:]: Ballettfigur mit Wechsel der Position der Füße im Sprung

chan|gie|ren [ʃãˈʒiːrǝn]: 1. (veraltet) wechseln, tauschen, verändern. 2. [verschieden]farbig schillern (von Stoffen). 3. (Reiten, veraltet) vom Rechts- zum Linksgalopp übergehen. 4. (Jägerspr.) die Fährte wechseln

Chan|nel [tʃɛnl] *der; -s, -s* ⟨lat.-fr.-engl.; „Kanal"⟩: 1. a) [Fernseh]kanal; b) Zusendung von

Nachrichten im Internet. 2. Gesprächsgruppe beim Chat

Chan|ne|ling [ˈtʃænəlɪŋ] *das;* -s, -s: okkultistische Kontaktaufnahme durch ein ¹Medium (4 a)

Cha|no|yu [ˈtʃanoju] vgl. Tschanoju

¹Chan|son [ʃãˈsõ:] *die;* -, -s ⟨*lat.-fr.*⟩: a) in der frühen franz. Dichtung episches od. lyrisches Lied, das im Sprechgesang vorgetragen wurde (z. B. Chanson de Geste); b) Liebes- od. Trinklied des 15.–17. Jh.s

²Chan|son *das;* -s, -s: witzig-freches, geistreiches rezitativisches Lied mit oft zeit- od. sozialkritischem Inhalt

Chan|son de Geste [-dˈʒɛst] *die;* - - -, -s [ʃãˈsõ:] - -: französisches Heldenepos des Mittelalters; vgl. ¹Chanson (a)

Chan|so|ni|er vgl. Chansonnier. **Chan|so|ni|è|re** vgl. Chansonnière

Chan|son|net|te, auch: Chansonette *die;* -, -n: 1. kleines Lied komischen od. frivolen Inhalts. 2. Chansonsängerin

Chan|son|ni|er, auch: Chansonier [...ˈnje:] *der;* -s, -s: 1. franz. Liederdichter des 12.–14. Jh.s; vgl. Troubadour. 2. Liedersammlung mit provenzalischen Troubadourliedern. 3. Chansonsänger od. -dichter. **Chan|son|ni|è|re**, auch: Chansoniere [...ˈnje:rə] *die;* -, -n: ↑ Chansonnette (2)

Chan|ta|ge [ʃãˈtaːʒə] *die;* -: Androhung von Enthüllungen zum Zweck der Erpressung

Chan|teu|se [ʃãˈtøːzə] *die;* -, -n: Sängerin

Chan|til|ly|spit|ze [ʃãtiˈji...] *die;* -, -n ⟨nach dem franz. Ort Chantilly in der Picardie⟩: Klöppelspitze

Cha|nuk|ka [xa...] *die;* - ⟨*hebr.*; „Weihe"⟩: jüdisches Fest der Tempelweihe im Dezember

Cha|os [ˈkaːɔs] *das;* - ⟨*gr.-lat.*⟩: totale Verwirrung, Auflösung aller Ordnungen, völliges Durcheinander

Cha|os|the|o|rie *die;* -: mathematisch-physikalische Theorie, die versucht, zufallsbedingte Vorgänge rechnerisch zu beschreiben

Cha|ot *der;* -en, -en: a) (meist Plural) jmd., der seine politischen Ziele durch Gewaltaktionen u. gezielte Zerstörungsmaßnahmen zu erreichen sucht;

b) (ugs.) jmd., der Unruhe u. Verwirrung stiftet. **Cha|o|tik** *die;* -: chaotische Art u. Weise. **Cha|o|tin** *die;* -, -nen: weibliche Form zu ↑ Chaot. **cha|o|tisch** ⟨*gr.-nlat.*⟩: wirr, ungeordnet

Cha|pa|da [ʃa...] *die;* -, -s: ⟨*port.*⟩ terrassenförmige, trockene Hochebene in Zentralbrasilien

Cha|peau [ʃaˈpo:] *der;* -s, -s ⟨*lat.-vulgärlat.-fr.*⟩: (veraltet, aber noch scherzh.) Hut

Cha|peau Claque, auch: **Cha|peau claque** [ʃapoˈklak] *der;* - -, -x -s [ʃaˈpoˈklak]: ⟨*fr.*⟩ zusammenklappbarer Zylinderhut

Cha|pe|ron [ʃapəˈrõ:] *der;* -[s], -s: 1. im Mittelalter von Männern u. Frauen getragene, eng anschließende Kapuze mit kragenartigem Schulterstück. 2. (veraltet) ältere Dame, die eine jüngere als Beschützerin begleitet

cha|pe|ro|nie|ren: (veraltet) eine junge Dame zu ihrem Schutz begleiten

Cha|pe|to|nes [tʃa...] *die* (Plural) ⟨*span.*⟩: Bez. für die noch unerfahrenen Neueinwanderer nach Spanisch-Südamerika

Cha|pi|teau [ʃapiˈto:] *das;* -, -x [...ˈto:] ⟨*lat.-fr.*⟩: Zirkuszelt, -kuppel

Chap|li|na|de [tʃa...] *die;* -, -n ⟨nach dem engl. Filmschauspieler Ch. Chaplin, 1889–1977⟩: komischer Vorgang, burleskgroteskes Vorkommnis (wie in den Filmen Chaplins). **chap|li|nesk:** in der Art Chaplins, burlesk-grotesk

Chaps [tʃæps] *die* (Plural) ⟨*engl.*⟩: lederne Überziehhosen zum Reiten

chap|ta|li|sie|ren [ʃap...] ⟨nach dem franz. Forscher Chaptal⟩: Wein durch Zusatz von Zucker verbessern

Cha|rac|ter in|de|le|bi|lis *der;* - - ⟨*gr.-lat.; lat.*⟩: unzerstörbares Merkmal od. Siegel, das nach katholischer Lehre Taufe, Firmung u. Priesterweihe der Seele einprägen

Cha|ra|de [ʃa...] ältere Schreibung für ↑ Scharade

Cha|rak|ter [k...] *der;* -s, ...ere ⟨*gr.-lat.;* „eingekerbtes, eingeprägtes [Schrift]zeichen"⟩: 1. a) Gesamtheit der geistig-seelischen Eigenschaften eines Menschen, seine Wesensart; b) Mensch als

Träger bestimmter Wesenszüge. 2. (ohne Plural) a) charakteristische Eigenart, Gesamtheit der einer Personengruppe od. einer Sache eigentümlichen Merkmale u. Wesenszüge; b) einer künstlerischen Äußerung od. Gestaltung eigentümliche Geschlossenheit der Aussage. 3. (meist Plural) Schriftzeichen, Buchstaben. 4. (veraltet) Rang, Titel

Cha|rak|ter|dra|ma *das;* -s, ...men: Drama, dessen Schwerpunkt in der Darstellung der Charaktere liegt

cha|rak|te|ri|sie|ren ⟨*gr.-lat.-fr.*⟩: 1. jmdn./etwas in seiner Eigenheit darstellen, kennzeichnen, treffend schildern. 2. für jmdn./etwas kennzeichnend sein

Cha|rak|te|ris|tik *die;* -, -en ⟨*gr.-nlat.*⟩: 1. Kennzeichnung, treffende Schilderung einer Person oder Sache. 2. grafische Darstellung einer physikalischen Gesetzmäßigkeit in einem Koordinatensystem; Kennlinie. 3. (Math.) Kennziffer eines ↑ Logarithmus

Cha|rak|te|ris|ti|kum *das;* -s, ...ka: bezeichnende, hervorstechende Eigenschaft

cha|rak|te|ris|tisch: bezeichnend, kennzeichnend für jmdn./etwas

Cha|rak|ter|ko|mö|die *die;* -, -n: Komödie, deren komische Wirkung weniger auf Verwicklungen der Handlung als auf der Darstellung eines komischen Charakters beruht

cha|rak|ter|lich: den ↑ Charakter (1 a) eines Menschen betreffend

Cha|rak|te|ro|lo|ge *der;* -n, -n: Erforscher der menschlichen Persönlichkeit. **Cha|rak|te|ro|lo|gie** *die;* -: Persönlichkeitsforschung, Charakterkunde. **Cha|rak|te|ro|lo|gin** *die;* -, -nen: weibliche Form zu ↑ Charakterologe. **cha|rak|te|ro|lo|gisch:** die Charakterologie betreffend, charakterkundlich

Cha|rak|te|ro|pa|thie *die;* -, ...ien: (Psychol.) erworbene charakterliche Abnormität

Cha|rak|ter|rol|le *die;* -, -n: Rollenfach im Theater (Darstellung eines komplexen u. widersprüchlichen Charakters)

Cha|rak|ter|stück *das;* -[e]s, -e: romantisches Klavierstück, dessen Gehalt durch den Titel bezeichnet ist (z. B. „Nocturnes")

Cha|rak|ter|tra|gö|die *die; -, -n:* Tragödie, die sich aus den besonderen Charaktereigenschaften des Helden entwickelt

Char|cu|te|rie [ʃarky...] *die; -, ...ien ⟨fr.⟩:* 1. (schweiz.) a) (ohne Plural) Wurstwaren; b) Wurstwarenhandlung, -abteilung. 2. (südd. veraltet) [Schweine]schlachterei. **Char|cu|ti|er** [...'tje:] *der; -s, -s:* (südd. veraltet) [Schweine]schlachter

Char|don|nay [ʃardɔ'ne] *der; -s ⟨fr.⟩:* Rebsorte, aus der z. B. trockener weißer Burgunder u. Champagner hergestellt werden

Char|don|net|sei|de [ʃardɔ'ne:...] *die; - ⟨*nach dem franz. Chemiker Chardonnet, 1839–1924⟩*:* die erste, heute nicht mehr hergestellte Art von Kunstseide

Char|d|schit *der; -en, -en ⟨arab.; „Ausziehender"⟩:* Mitglied einer islamischen Sekte. **Char|d|schi|tin** *die; -, -nen:* weibliche Form zu ↑ Chardschit

Char|ge [ˈʃarʒə] *die; -, -n ⟨lat.-vulgärlat.-fr.; „Last"⟩:* 1. Amt, Würde, Rang. 2. (Milit.) a) Dienstgrad; b) Vorgesetzter. 3. ↑ Chargierter. 4. (Techn.) Ladung, Beschickung. 5. (Theat.) Nebenrolle mit meist einseitig gezeichnetem Charakter. 6. (Med.) Serie von Arzneimitteln, die während eines Arbeitsabschnitts u. mit den gleichen Rohstoffen gefertigt u. verpackt worden sind

Char|gé d'Af|faires [ʃarˈʒe: daˈfɛːʁ] *der; - -, -s - [ʃarˈʒe: -] ⟨fr.⟩:* Geschäftsträger, Chef einer diplomatischen Mission od. dessen Vertreter

char|gie|ren [ʃarˈʒiː...] *⟨lat.-vulgärlat.-fr.⟩:* 1. in der studentischen Festtracht erscheinen (von Chargierten). 2. einen ↑ Reaktor mit Brennstoff beschicken. 3. (Theat.) a) eine Nebenrolle spielen; b) in seiner Rolle übertreiben

Char|gier|te *der; -n, -n:* einer der drei Vorsitzenden eines ↑ Korps (2)

Cha|ris [ˈçaːrɪs, auch: ˈçarɪs] *die; -, ...riten ⟨gr.⟩:* 1. (ohne Plural) Anmut. 2. (meist Plural) Göttin der Anmut

Cha|ris|ma [auch: ˈçarɪsma, çaˈrɪsma] *das; -s, ...rismen u.*

...rismata ⟨gr.-lat.; „Gnadengabe"⟩: 1. (Theol.) die durch den Geist Gottes bewirkten Gaben und Befähigungen des Christen in der Gemeinde. 2. besondere Ausstrahlungskraft eines Menschen. **cha|ris|ma|tisch:** a) das Charisma betreffend; b) Charisma besitzend

cha|ri|ta|tiv [ka...] *vgl.* karitativ

Cha|ri|té [ʃariˈteː] *die; -, -s ⟨lat.-fr.⟩:* (veraltet) Krankenhaus, Pflegeanstalt

Cha|ri|ten: *Plural von* ↑ Charis (2).

Cha|ri|tin [ça...] *die; -, -nen ⟨gr.⟩:* ↑ Charis (2)

Cha|ri|va|ri [ʃariˈvaːri] *das; -s, -s ⟨gr.-spätlat.-fr.⟩:* 1. (veraltet) a) Durcheinander; b) Katzenmusik. 2. (veraltet) alle vier Damen in einer Hand (beim Kartenspiel). 3. (bayr.) a) Uhrkette; b) Anhänger an einer Uhrkette

Charles|ton [ˈtʃaːrlstn̩] *der; -, -s ⟨*nach der Stadt in den USA⟩*:* Modetanz der 1920er-Jahre im schnellen, stark synkopierten Foxtrottrhythmus

Char|li|è|re [ʃarˈljɛːrə] *die; -, -n ⟨fr.;* nach dem franz. Physiker J. A. C. Charles, 1746–1823⟩*:* mit Wasserstoffgas gefüllter Luftballon

Char|lot|te [ʃar...] *die; -, -n ⟨fr.⟩:* warme od. kalte Süßspeise aus Biskuits, Makronen u. Früchten

Char|ly [ˈtʃaːli] *der; -[s] ⟨engl.⟩:* (Jargon) Kokain

char|mant [ʃar...], *auch:* **scharmant** *⟨lat.-fr.⟩:* bezaubernd, von liebenswürdig-gewinnender Wesensart. **Charme** [ʃarm], *auch:* **Scharm** *der; -s:* liebenswürdig-gewinnende Wesensart

Char|me|laine [ʃarməˈlɛːn] *der; -[s] od. die; - ⟨fr.⟩:* schmiegsamer Kammgarnwollstoff in Köper- od. Atlasbindung (besondere Webart)

Char|meur [...ˈmøːɐ̯] *der; -s, -s u. -e ⟨lat.-fr.⟩:* Mann, der mit gezieltem Charme Frauen für sich einzunehmen vermag

Char|meuse [...ˈmøːz] *die; -:* maschenfeste Wirkware aus synthetischen Fasern

char|mie|ren *vgl.* scharmieren

char|ming [ˈtʃaːmɪŋ] *⟨engl.⟩:* liebenswürdig, gewinnend; bezaubernd

Chä|ro|ma|nie [çɛ...] *die; -, ...ien ⟨gr.-nlat.⟩:* (Med.) krankhafte Heiterkeit

Chart [tʃart] *der od. das; -s, -s ⟨engl.⟩:* 1. grafische Darstellung von Zahlenreihen. 2. (nur Plural) ↑ Hitliste

Char|ta [ˈkarta] *die; -, -s ⟨ägypt.-gr.-lat.⟩:* Verfassungsurkunde, Staatsgrundgesetz; vgl. Magna Charta

Char|te [ˈʃartə] *die; -, -n ⟨lat.-fr.⟩:* wichtige Urkunde im Staats- u. Völkerrecht

Char|ter [ˈtʃ..., auch: ˈʃ...] *der; -s, -s ⟨lat.-fr.-engl.⟩:* 1. engl. Bez. für: Urkunde, Freibrief. 2. Mietod. Pachtvertrag über ein Flugzeug, ein Schiff o. Ä.

Char|te|rer *der; -s, -:* jmd., der etwas chartert, gechartert hat

Char|ter|ma|schi|ne *die; -, -n:* von einer privaten Gesellschaft o. Ä. [für eine Flugreise] gemietetes Flugzeug

char|tern: ein Flugzeug, ein Schiff o. Ä. mieten

Char|tis|mus *der; - ⟨engl.-nlat.⟩:* erste organisierte Arbeiterbewegung in England. **Char|tist** *der; -en, -en:* Anhänger des Chartismus. **Char|tis|tin** *die; -, -nen:* weibliche Form zu ↑ Chartist

¹Char|t|reu|se ® [ʃarˈtrøːzə] *der; - ⟨*nach dem Kloster in der Dauphiné⟩*:* von französischen Kartäusermönchen hergestellter Kräuterlikör

²Char|t|reu|se *die; -, -n:* ein Gericht aus Gemüse od. Teigwaren u. Fleisch

Char|tul|a|ria [kar...] *die* (Plural) *⟨ägypt.-gr.-lat.-mlat.⟩:* gesammelte Abschriften von Urkunden in Buchform

Cha|ryb|dis [ça...] *die; - ⟨gr.-lat.⟩:* gefährlicher Meeresstrudel der griechischen Sage; vgl. Szylla

Cha|san [xa...] *der; -s, -e ⟨hebr.⟩:* Vorbeter in der Synagoge

Chase [tʃeɪs] *das od. die; - ⟨lat.-vulgärlat.-fr.-engl.-amerik.; „Jagd"⟩:* Form der Improvisation im Jazz, bei der sich zwei od. mehrere Solisten ständig abwechseln

Chas|ma [ˈç...] *das; -s, ...men ⟨gr.-lat.⟩ u.* Chasmus *der; -, -se u.* ...men *⟨gr.-nlat.⟩:* (Med.) Gähnkrampf

chas|mo|gam: (Bot.) offenblütig, der Fremdbestäubung zugänglich (von Pflanzen); Ggs. ↑ kleistogam. **Chas|mo|ga|mie** *die; -, ...ien:* (Bot.) Fremdbestäubung

bei geöffneter Blüte; Ggs.
↑Kleistogamie

Chas|mus vgl. Chasma

Chasse [ʃas] *die; -* ⟨*lat.-vulgär-lat.-fr.;* „Jagd"⟩: 1. Billardspiel mit 15 Bällen. 2. (Mus.) dreistimmiger, gesungener Kanon in der französischen Musik des 14. Jh.s

Chas|se|pot|ge|wehr [ʃasaˈpo:...] ⟨nach dem franz. Gewehrkonstrukteur⟩: französischer Hinterlader im Krieg 1870–71

Chas|sid [xa...] *der; -[s], -im* (meist Plural) ⟨*hebr.;* „der Fromme"⟩: 1. Anhänger des ↑Chassidismus. 2. ↑Chassidäer

Chas|si|dä|er *der; -s, -* (meist Plural): Gegner der jüdischen Hellenisten während der Erhebung der Makkabäer im 2. Jh. v. Chr.

Chas|si|dis|mus *der; -* ⟨*hebr.-nlat.*⟩: im 18. Jh. entstandene religiöse Bewegung des osteuropäischen Judentums, die der starren Gesetzeslehre eine lebendige Frömmigkeit entgegensetzt

Chas|sis [ʃaˈsi:] *das; -, -* , - ⟨*lat.-fr.*⟩: 1. Fahrgestell von Kraftfahrzeugen. 2. Montagerahmen elektronischer Apparate (z. B. eines Rundfunkgerätes)

Cha|su|ble [ʃaˈzybl] *das; -s, -s* ⟨*lat.-fr.(-engl.)*⟩: ärmelloses Überkleid für Damen in der Art einer Weste

Chat [tʃæt] *der; -s, -s* ⟨*engl.; eigtl.* „Plauderei"⟩: a) im Internet angebotenes Medium, mit dem online Kontakte hergestellt u. Informationen ausgetauscht werden können; b) Kommunikation mithilfe des Chats (a)

Cha|teau, auch: **Châteu** [ʃaˈto:] *das; -s, -s* ⟨*lat.-fr.*⟩: franz. Bez. für: Schloss, Herrenhaus, Landgut, Weingut

Cha|teau|bri|and [ʃatobriˈãː] *das; -s, -s* ⟨nach F. R. Vicomte de Chateaubriand, 1768–1848⟩: (Gastr.) doppelt dick geschnittene Rinderlende, die gegrillt od. gebraten wird

Cha|te|laine [ʃatəˈlɛːn] *die; -, -s* od. *das; -s, -s* ⟨*lat.-fr.*⟩: 1. Kette am Frauengürtel des 15. u. 16. Jh.s, an der [Schmuck]gegenstände hingen. 2. (veraltet) kurze verzierte Uhrkette; Uhranhänger

Chat|group, auch: **Chat-Group** [ˈtʃɛtgruːp] *die; -, -s* ⟨*engl.*⟩: Gruppe, die im Internet [über ein gemeinsames Thema] miteinander kommuniziert

Chal|ton|fas|sung [ʃaˈtõː...] *die; -, -en* ⟨*fr.; dt.*⟩: Kastenfassung aus Gold- od. Silberblech für Edelsteine

Chat|room, auch: **Chat-Room** [ˈtʃɛtruːm] *der; -s, -s* ⟨*engl.*⟩: virtueller Gesprächsraum im Internet

chat|ten [tʃɛtn] ⟨*engl.*⟩: über Tastatur u. Bildschirm elektronisch im Internet kommunizieren. **Chat|ter** *der; -s, -:* jmd., der chattet. **Chat|te|rin** *die; -, -nen:* weibliche Form zu ↑Chatter

Chau|deau [ʃoˈdo:] *das; -[s], -s* ⟨*lat.-fr.*⟩: Weinschaumsoße

Chaud|froid [ʃoˈfrwa] *das; -[s], -s:* Vorspeise aus Fleisch- u. Fischstückchen, die mit einer geleeartigen Soße überzogen sind

Chauf|feur [ʃoˈføːɐ̯] *der; -s, -e* ⟨*lat.-vulgärlat.-fr.;* „Heizer"⟩: jmd., der berufsmäßig andere Personen im Auto fährt, befördert. **Chauf|feu|rin** [ʃoˈføːrɪn] *die; -, -nen,* auch (bes. schweiz.): **Chauf|feu|se** [ʃoˈføːzə] *die; -, -n:* weibliche Form zu ↑Chauffeur. **chauf|fie|ren:** (veraltend) 1. ein Kraftfahrzeug lenken. 2. jmdn. [berufsmäßig] in einem Kraftfahrzeug transportieren

Chaul|moo|g|ra|öl [tʃoːlˈmuːgra...] *das; -s* ⟨*Bengali; gr.-lat.*⟩: gelbbraunes, fettes Öl aus dem Samen eines birmanischen Baumes, Heilmittel gegen Lepra u. bösartige Hautkrankheiten

Chaus|see [ʃoˈse:] *die; -, ...sseen* ⟨*lat.-galloroman.-fr.*⟩: mit Asphalt, Beton od. Steinpflaster befestigte u. ausgebaute Landstraße. **chaus|sie|ren:** (veraltend) mit einer festen Fahrbahndecke versehen, asphaltieren, betonieren

Chau|vi [ˈʃo:vi] *der; -s, -s* ⟨*fr.*⟩: (ugs. abwertend) Vertreter des ↑Chauvinismus (2)

Chau|vi|nis|mus [ʃovi...] *der; -, ...men* ⟨*fr.*⟩: (abwertend) 1. a) (ohne Plural) exzessiver Nationalismus militaristischer Prägung; extrem patriotische, nationalistische Haltung; b) einzelne chauvinistische Äußerung, Handlung. 2. selbstgefällige, überhebliche Art von Männern gegenüber Frauen aufgrund eines gesteigerten Selbstwertgefühls u. damit verbundene gesellschaftliche Bevorzugung der Angehörigen des eigenen Geschlechts

Chau|vi|nist *der; -en, -en:* (abwertend) Vertreter des ↑Chauvinismus (1 a, 2). **Chau|vi|nis|tin** *die; -, -nen:* weibliche Form zu ↑Chauvinist. **chau|vi|nis|tisch:** (abwertend) von Chauvinismus erfüllt; dem Chauvinismus entsprechend

Cha|wer [xa...] *der; -[s], -n* ⟨*hebr.*⟩: 1. rabbinischer Ehrentitel (für Gelehrte). 2. Freund, Kamerad, Partner (als Anrede bes. in Organen der zionistischen Arbeiterpartei im Sinne von „Genosse" gebraucht)

¹Check [tʃɛk] *der; -s, -s* ⟨*pers.-arab.-fr.-engl.*⟩: jede Behinderung des Spielverlaufs im Eishockey

²Check [ʃɛk] vgl. Scheck

³Check [tʃɛk] *der; -s, -s* ⟨*engl.*⟩: Überprüfung von technischen Geräten u. Fahrzeugen hinsichtlich ihrer Funktionsfähigkeit, Sicherheit u. Ä.

che|cken [ˈtʃɛkn̩] ⟨*engl.*⟩: 1. behindern, [an]rempeln (beim Eishockey). 2. nachprüfen, kontrollieren. 3. (ugs.) merken, begreifen, verstehen. **Che|cker** *der; -s, -:* jmd., der [etwas] checkt; Kontrolleur. **Che|cke|rin** *die; -, -nen:* weibliche Form zu ↑Checker

Check-in *das; -[s], -s:* Abfertigung des Fluggastes vor Beginn des Fluges

Che|cking *das; -s, -s:* das Checken

Check|list *die; -, -s* ⟨*engl.*⟩: Kontrollliste, mit deren Hilfe das einwandfreie Funktionieren komplizierter technischer Apparate überprüft wird

Check|lis|te *die; -, -n* ⟨*engl.*⟩: 1. ↑Checklist. 2. a) Liste der Flugpassagiere, die abgefertigt worden sind; b) Kontrollliste [zum Abhaken]

Check-out [...ˈaʊt] *das; -[s], -s:* Durchführung automatischer Kontrollmaßnahmen bei der Herstellung u. Prüfung technischer Geräte

Check|point [...pɔynt] *der; -s, -s* ⟨*engl.*⟩: Kontrollpunkt (bes. an einem Grenzübergang)

Check-up [...ˈap] *der* od. *das; -[s], -s:* 1. umfangreiche medizinische Vorsorgeuntersuchung. 2. Überprüfung, Inspektion

Ched|dar|käl|se ['t∫ɛdɐ...] *der; -s, -* ⟨nach der engl. Ortschaft Cheddar⟩: ein fetter Hartkäse

Chel|der|schu|le ['xe:...] *die; -, -en* ⟨hebr.; dt.⟩: traditionelle jüdische Grundschule für Jungen vom vierten Lebensjahr an

chee|rio ['t∫i:rɪo, 't∫ɪərɪ'oʊ] ⟨engl.⟩: (ugs.) 1. prost!, zum Wohl! 2. auf Wiedersehen!

Cheer|lea|der ['t∫i:ɐ̯li:dɐ] *der; -s, -* ⟨engl.⟩: Angehörige einer Gruppe attraktiver junger Frauen, die bei Sportveranstaltungen die Anhänger einer bestimmten Mannschaft dazu bringen sollen, diese möglichst lebhaft anzufeuern

Cheese|bur|ger ['t∫i:zbə:gə] *der; -s, -* ⟨engl.; dt.⟩: eine Art ↑ Hamburger, der zusätzlich zu den übrigen Zutaten eine Scheibe Käse enthält

Chef [∫ef, österr.: ∫e:f] *der; -s, -s* ⟨lat.-galloroman.-fr.⟩: 1. a) Leiter, Vorgesetzter, Geschäftsinhaber; b) (ugs.) Anführer. 2. (ugs.) saloppe Anrede (als Aufforderung o. Ä.) an einen Unbekannten

Chef|arzt *der; -es, ...ärzte*: leitender Arzt in einem Krankenhaus. **Chef|ärz|tin** *die; -, -nen*: weibliche Form zu ↑ Chefarzt

Chef|coach ['∫efko:t∫] *der; -[s], -s*: erster, leitender ¹Coach

Chef de Cui|sine ['∫ef də kɥi'zi:n] *der; - - -, -s - -* ['∫ef də kɥi'zi:n]: (Gastr.) Küchenchef; Chefkoch

Chef de Mis|si|on ['∫ef də mɪ'sjõ:] *der; - - -, -s - -* ['∫ef də mɪ'sjõ:] ⟨fr.⟩: Leiter einer sportlichen Delegation (z. B. bei den Olympischen Spielen)

Chef de Rang ['∫ef də 'rã:] *der; - - -, -s - -* ['∫ef də 'rã:]: Abteilungskellner in einem großen Hotel

Chef d'Œu|v|re ['∫ɛ 'dœ:vr] *das; - -, -s - -* ['∫ɛ 'dœ:vr] ⟨fr.⟩: Hauptwerk, Meisterwerk

Chef|dol|met|scher *der; -s, -*: erster Dolmetscher. **Chef|dol|met|sche|rin** *die; -, -nen*: weibliche Form zu ↑ Chefdolmetscher

Chef|e|ta|ge *die; -, -n*: Etage in einem Geschäftshaus, in der sich die Räume der Geschäftsleitung, des Chefs befinden

Chef|i|de|o|lo|ge *der; -n, -n*: maßgeblicher Theoretiker einer politischen Richtung

Chef|in *die; -, -nen*: weibliche Form zu ↑ Chef

Chef|lek|tor *der; -s, -en*: Leiter ei-

---

nes Verlagslektorats. **Chef|lek|to|rin** *die; -, -nen*: weibliche Form zu ↑ Cheflektor

Chef|pi|lot *der; -en, -en*: erster Pilot (1a)

Chef|re|dak|teur *der; -s, -e*: Leiter einer Redaktion. **Chef|re|dak|teu|rin** [...tø:rɪn] *die; -, -nen*: weibliche Form zu ↑ Chefredakteur

Chef|se|kre|tä|rin *die; -, -nen*: Sekretärin des Chefs

Chei|li|tis [ç...] *die; -, ...itiden* ⟨gr.-nlat.⟩: (Med.) Lippenentzündung

Chei|lo|plas|tik *die; -, -en*: (Med.) Lippenplastik, Bildung einer künstlichen Lippe

Chei|lo|s|chi|sis [...'sçi:zɪs] *die; -, ...chisen*: (Med.) Lippenspalte, Hasenscharte

Chei|lo|se u. Cheilosis *die; -*: (Med.) entzündliche Schwellung der Lippen (mit Borkenbildung u. Faulecken)

Chei|ro|lo|gie vgl. Chirologie

Chei|ro|no|mie u. Chironomie *die; - ⟨gr.⟩*: 1. (Tanzkunst) mimische Bewegung u. Gebärdensprache der Hände zum Ausdruck von Handlung, Gedanke u. Empfindung. 2. (Mus.) Chorleitung durch Handbewegungen, mit denen melodischer Verlauf, Rhythmus u. Tempo eines [frühchristlichen] Gesangsstücks angezeigt wurden

chei|ro|no|misch u. chironomisch: a) die Cheironomie betreffend; b) mit Mitteln der Cheironomie gestaltet

Chei|ro|s|kop *das; -s, -e*: (Med.) Gerät zur Behandlung von Schielstörungen

Chei|ro|spas|mus u. Chirospasmus *der; -, ...men* ⟨gr.-nlat.⟩: (Med.) Schreibkrampf

Chei|ro|to|nie *die; -, ...ien* ⟨gr.; „Handausstreckung"⟩: 1. Abstimmung durch Heben der Hand (in Institutionen der altgriechischen Staaten). 2. (Rel.) Handauflegung [bei der katholischen Priesterweihe]

Chel|i|do|nin *das; -s ⟨gr.-nlat.⟩*: Alkaloid aus dem Schöllkraut von beruhigender Wirkung

Chel|i|ze|re *die; -, -n ⟨gr.⟩*: (Zool.) vorderste, der Nahrungsaufnahme dienende paarige Gliedmaße des Spinnentiere; Kieferfühler

Chel|lé|en [∫ɛle'ɛ̃:] *das; -[s] ⟨nach dem franz. Ort Chelles⟩*: Kulturstufe der frühesten Altsteinzeit

---

Chel|lo|nia [ç...] *die; -, ...niae* [...nɪ̯ɛ] ⟨gr.-lat.⟩: Suppenschildkröte

Chel|sea|por|zel|lan ['t∫ɛlsi...] *das; -s ⟨nach dem Londoner Stadtteil Chelsea⟩*: im 18. Jh. hergestelltes englisches Weichporzellan mit bunter Bemalung; vgl. Sèvresporzellan

chem..., Chem... vgl. chemo..., Chemo...

Chem|i|cor ® [çɛm'k:ɐ̯] *das; -s* ⟨Kunstw.⟩: eine hochfeste Glassorte

che|mi..., Che|mi... vgl. chemo..., Chemo...

Che|m|i|a|t|rie [çe...] *die; - ⟨arab.-roman.; gr.⟩*: ↑ Iatrochemie

Che|mie *die; - ⟨arab.-roman.⟩*: 1. Naturwissenschaft, die die Eigenschaften, die Zusammensetzung u. die Umwandlung der Stoffe erforscht. 2. (ugs.) (zu einem bestimmten Zweck eingesetzte) Chemikalien

Che|mie|la|bo|rant *der; -en, -en*: für Tätigkeiten in der chemischen Industrie ausgebildeter Laborant (Berufsbez.). **Che|mie|la|bo|ran|tin** *die; -, -nen*: weibliche Form zu ↑ Chemielaborant

Che|mi|graph, auch: ...graf *der; -en, -en ⟨arab.-roman.; gr.⟩*: jmd., der Druckplatten mit chemischen Mitteln herstellt. **Che|mi|gra|phie**, auch: ...grafie *die; -*: Herstellung von Druckplatten durch Ätzen und Gravieren. **Che|mi|gra|phin**, auch: ...grafin *die; -, -nen*: weibliche Form zu ↑ Chemigraph. **che|mi|gra|phisch**, auch: ...grafisch: a) die Chemigraphie betreffend; b) mit chemischen Mitteln hergestellt (von Druckplatten)

Che|mi|kal *das; -s, -ien ⟨arab.-roman.-nlat.⟩* u. **Che|mi|ka|lie** *die; -, -n (meist Plural)*: industriell hergestellter chemischer Stoff

Che|mi|kant *der; -en, -en*: Chemiefacharbeiter. **Che|mi|kan|tin** *die; -, -nen*: weibliche Form zu ↑ Chemikant

Che|mi|ker *der; -s, -*: Wissenschaftler auf dem Gebiet der Chemie. **Che|mi|ke|rin** *die; -, -nen*: weibliche Form zu ↑ Chemiker

Che|mi|lu|mi|nes|zenz u. Chemolumineszenz *die; - ⟨arab.-roman.; lat.-nlat.⟩*: durch chemische Vorgänge bewirkte Lichtausstrahlung (z. B. bei Leuchtkäfern)

Che|mi|née [∫əmɪ'ne] *das; -s, -s*

〈*fr.*〉: (schweiz.) offener Kamin in einem modernen Haus

che̱|misch [ç...] 〈*arab.-roman.*〉: a) die Chemie betreffend, mit der Chemie zusammenhängend; auf den Erkenntnissen der Chemie basierend; in der Chemie verwendet; b) den Gesetzen der Chemie folgend, nach ihnen erfolgend, ablaufend; durch Stoffumwandlung entstehend; c) mithilfe von [giftigen, schädlichen] Chemikalien erfolgend, [giftige, schädliche] Chemikalien verwendend

Che̱|mise [ʃəˈmiːz] *die;* -, -n 〈*lat.-fr.;* „Hemd"〉: a) (veraltet) Hemd, Überwurf; b) hoch gegürtetes Kleid in hemdartigem Schnitt aus leichtem Stoff (um 1800)

Che̱|mi|se̱tt *das;* -[e]s, -s u. -e u. **Che̱|mi|se̱t|te** *die;* -, -n: a) gestärkte Hemdbrust an Frack- u. Smokinghemden; b) heller Einsatz an Damenkleidern

che̱|mi|sie̱|ren [çe...] 〈*roman.-nlat.*〉: (selten) auf technischem Gebiet verstärkt die Chemie anwenden

Che̱|mi|si̱|er|kleid [ʃəmiˈzje:...] *das;* -[e]s, -er 〈*lat.-fr.; dt.*〉: (bes. schweiz.) Kittelkleid, Damenkleid mit blusenartigem Oberteil

Che̱|mi|sie̱|rung [çe...] *die;* -, -en: das Chemisieren

Che̱|mis|mus *der;* - 〈*arab.-roman.-nlat.*〉: Gesamtheit der chemischen Vorgänge bei Stoffumwandlungen (bes. im Tier- od. Pflanzenkörper)

---

che̱mo..., Che̱mo...

[çemo..., südd., österr.: kemo..., schweiz.: xemo...]
auch: chemi..., Chemi... und vor Vokalen meist chem..., Chem... 〈zu *gr.* cheméía, chyméía „Kunst der Metallverwandlung" (→ *mlat.* (al)chimia „mittelalterliche Chemie")〉
Wortbildungselement mit der Bedeutung „chemisch, auf chemischem Weg (erfolgend), die Chemie betreffend":
– Chemiatrie
– Chemigraphie
– Chemoresistenz
– chemotaktisch
– Chemotherapie

Che̱mo|au|to|tro|phie̱ *die;* - 〈*gr.-nlat.*〉: (Biol.) ↑ autotrophe Ernährungsweise bestimmter Mikroorganismen

Che̱mo|keu̱|le *die;* -, -n: Reizstoffsprühgerät als eine Art Kampfmittel bei polizeilichen Einsätzen; „chemische Keule"

Che̱mo|lu|mi|nes|ze̱nz vgl. Chemilumineszenz

Che̱mo|na̱s|tie̱ *die;* -, ...ien 〈*arab.-roman.*〉: durch chemische Reize ausgelöste Bewegung von Pflanzenteilen, die keine deutliche Beziehung zur Richtung des Reizes hat (z. B. Krümmungsbewegungen der Drüsenhaare des Sonnentaus)

Che̱mo|re|sis|te̱nz *die;* - 〈*arab.-roman.; lat.*〉: (Med.) bei der Behandlung von Infektionen entstehende Unempfindlichkeit mancher Krankheitserreger gegen vorher wirksame ↑ Chemotherapeutika

Che̱mo|re|ze̱p|tor *der;* -s, ...oren (meist Plural): (Med.) Sinneszelle od. Sinnesorgan zur Aufnahme chemischer Reize

Che̱mo̱|se u. **Che̱mo̱|sis** *die;* -, ...sen 〈*gr.*〉: entzündliches ↑ Ödem der Bindehaut

Che̱mo|syn|the̱|se *die;* - 〈*arab.-roman.; gr.*〉: Aufbau körpereigener organischer Substanzen aus anorganischen durch Oxidation, zu dem manche Bakterien in der Lage sind

che̱mo|ta̱k|tisch: die Chemotaxis betreffend. **Che̱mo|ta̱|xis** *die;* -, ...xen: durch chemische Reize ausgelöste Orientierungsbewegung von Tieren und Pflanzen

Che̱mo|te̱ch|nik *die;* -: die Gesamtheit der Maßnahmen, Einrichtungen u. Verfahren, die dazu dienen, chemische Erkenntnisse praktisch nutzbar zu machen. **Che̱mo|te̱ch|ni|ker** *der;* -s, -: Fachkraft der chemischen Industrie. **Che̱mo|te̱ch|ni|ke|rin** *die;* -, -nen: weibliche Form zu ↑ Chemotechniker

Che̱mo|the̱ra|peu|ti|kum *das;* -s, ...ka (meist Plural): aus chemischen Substanzen hergestelltes Arzneimittel, das Krankheitserreger o. Ä. in ihrem Wachstum hemmt u. abtötet. **che̱mo|the̱ra|peu̱|tisch:** a) die Chemotherapie betreffend; b) nach den Methoden der Chemotherapie verfahrend. **Che̱mo|the̱ra|pie̱** *die;*

-: Behandlung von Krankheiten mit chemischen Mitteln

Che̱mo|tro|pis|mus *der;* -, ...men: durch chemische Reize ausgelöste Wachstumsbewegung bei Pflanzen

Che̱|m|ur|gie̱ *die;* -: Gewinnung chemischer Produkte aus land- u. forstwirtschaftlichen Erzeugnissen

Che̱|nil|le [ʃəˈnɪljə, auch: ʃəˈniːjə] *die;* -, -n 〈*lat.-fr.*〉: Garn, dessen Fasern in dichten Büscheln seitlich vom Faden abstehen

Cheque [ʃɛk] vgl. Scheck

cher|chez la femme [ʃɛrʃelaˈfam] 〈*fr.;* „sucht die Frau!"〉: dahinter steckt bestimmt eine Frau!

Che̱ri|mo̱|ya [tʃ...] *die;* -, -s 〈*indian.*〉: a) baumförmiges Annonengewächs (vgl. Annone); b) wohlschmeckende Frucht der Cherimoya (a), Rahmapfel

Cher|ry|bran|dy, auch: **Cheṟry-Braṉdy** [ˈtʃɛriˈbrɛndi] *der;* -s, -s 〈*engl.*〉: feiner Kirschlikör

Che̱|rub [ˈçe:rʊp, auch: ˈkː...], ökum.: Kerub *der;* -s, -im u. -inen 〈*hebr.-gr.-lat.*〉: [biblischer] Engel (mit Flügeln u. Tierfüßen), himmlischer Wächter (z. B. des Paradieses). **che̱ru|bi̱nisch:** von der Art eines Cherubs, engelgleich

Che̱s|ter|field [ˈtʃɛstəfiːld] *der;* -[s], -s 〈englischer Lord, der 1889 den betreffenden Mantel kreierte〉: eleganter Herrenmantel mit verdecktem Knopfleiste

Che̱s|ter|kä̱|se [ˈtʃɛstɐ...] *der;* -s, - 〈nach der engl. Stadt Chester〉: ein fetter Hartkäse

che̱|va|le̱|resk [ʃəvaləˈrɛsk] 〈*lat.-it.-fr.*〉: ritterlich

Che̱|va|le̱|rie [ʃəvaləˈriː] *die;* - 〈*lat.-fr.*〉: 1. Ritterschaft, Rittertum. 2. Ritterlichkeit

Che̱|va|li̱|er [ʃəvaˈlje:] *der;* -s, -s 〈„Ritter"〉: franz. Adelstitel; vgl. Cavaliere

Che̱|vau|le̱|ger [ʃəvoleˈʒe:] *der;* -s, -s 〈*fr.*〉: (veraltet) Angehöriger der leichten Kavallerie (einer bis ins 19. Jh. bestehenden Truppengattung)

che̱|vil|lie̱|ren [ʃəviˈjiː...] 〈*lat.-fr.*〉: [Kunst]seide nachbehandeln, um sie glänzender zu machen

Che̱|vi̱ot [ˈʃɛvjɔt, auch: ˈʃe:vjɔt] *der;* -s, -s 〈*engl.*〉: aus der Wolle der Cheviotschafe hergestelltes, dauerhaftes Kammgarngewebe

Che|v|reau [ʃə'vro:, auch: 'ʃevro] *das; -s, -s ⟨lat.-fr.⟩:* Ziegenleder

Che|v|rette [ʃə'vrɛt] *die; -, -n:* mit Chromsalzen gegerbtes Schafleder

Che|v|ron [ʃə'vrõ:] *der; -s, -s:* 1. Wollgewebe mit Fischgrätmusterung. 2. (Wappenkunde) nach unten offener Winkel, Sparren. 3. französisches Dienstgradabzeichen

Che|vy-Chase-Stro|phe ['tʃɛvɪ'tʃeɪs...] *die; -, -n ⟨engl.;* nach der Ballade von der Jagd (chase) auf den Cheviot Hills⟩: Strophenform englischer Volksballaden

Che|w|ing|gum, auch: **Che|w-ing-Gum** ['tʃu:ɪŋɡʌm] *der; -[s], -s ⟨engl.⟩:* Kaugummi

Chi [çi:] *das; -[s], -s ⟨gr.⟩:* zweiundzwanzigster Buchstabe des griechischen Alphabets: X, χ

Chi|an|ti ['kjanti] *der; -[s] ⟨nach der italienischen Landschaft⟩:* ein kräftiger, herber italienischer Rotwein

Chia|r|os|cu|ro [kja...] *das; -[s] ⟨it.⟩:* Helldunkelmalerei

Chi|as|ma [ç...] *das; -s, ...men ⟨gr.-lat.⟩:* (Biol.) Überkreuzung zweier Halbchromosomen eines Chromosomenpaares während der 1 Reduktionsteilung; **Chiasma opticum:** (Med.) Sehnervenkreuzung

Chi|as|ma|ge [...'ma:ʒə] *die; -, -n ⟨gr.-lat.; fr.⟩:* Kunstwerk, das aus in Fetzen zerrissenen u. wieder zusammengeklebten Texten od. Bildern besteht, die mit anderem derartig verarbeiteten Papier kombiniert od. als Hintergrund verwendet werden

Chi|as|mus *der; -, ...men ⟨gr.-nlat.;* vom griech. Buchstaben Chi = X (= kreuzweise)⟩: (Rhet.; Stilk.) kreuzweise syntaktische Stellung von aufeinander bezogenen Wörtern od. Redeteilen (z. B.: groß war der Einsatz, der Gewinn war klein); Ggs. 1 Parallelismus (2)

chi|as|tisch: in der Form des Chiasmus

Chi|a|ve|t|te [kja...] *die; -, -n ⟨lat.-it.⟩:* (Mus.) in der Vokalmusik des 15.–17. Jh.s Notenschlüssel, der zur leichteren Lesbarkeit entfernt liegender Tonarten gegenüber den üblichen Schlüsseln um eine Terz höher od. tiefer geschoben wurde

chic [ʃɪk] usw.: 1 schick usw.

Chi|ca ['tʃi:ka, 'tʃɪka] *die; -, -s ⟨span.⟩:* span. Bez. für: [kleines] Mädchen

Chi|ca|go|jazz [ʃi'ka:go...] *der; - ⟨nach der Stadt in den USA⟩:* von Chicago ausgehende Stilform des Jazz in den Jahren nach dem Ersten Weltkrieg; vgl. New-Orleans-Jazz

Chi|cha ['tʃɪtʃa] *die; - ⟨indian.-span.⟩:* süßes südamerikanisches Getränk mit geringem Alkoholgehalt

Chi|chi [ʃi'ʃi:] *das; -[s], -[s] ⟨fr.⟩:* 1. (ohne Plural) Getue, Gehabe. 2. verspieltes 1 Accessoire

Chi|c|le [tʃ...] *der; -[s] ⟨indian.-span.⟩:* aus Rindeneinschnitten des Sapotillbaumes gewonnener Milchsaft, der zur Herstellung von Kaugummi dient

Chi|co ['tʃi:ko, 'tʃɪko] *der; -[s], -s ⟨span.⟩:* span. Bez. für: [kleiner] Junge

Chi|co|rée ['ʃɪkore, ʃiko're:], auch: **Schikoree** *der; -s, auch: die; - ⟨gr.-lat.-it.-fr.⟩:* die als Gemüse od. Salat zubereiteten gelblich weißen Blätter der Salatzichorie

Chief [tʃi:f] *der; -s, -s ⟨lat.-galloroman.-fr.-engl.⟩:* engl. Bez. für: Chef, Oberhaupt

Chif|fon ['ʃɪfõ, ʃɪ'fõ:, (österr.:) ʃɪ-'fo:n] *der; -s u. (österr.:) -e ⟨fr.; „Lumpen"⟩:* feines, schleierartiges Seidengewebe in Taftbindung

Chif|fo|na|de [ʃifo'na:də] *die; -, -n:* in feine Streifen geschnittenes Gemüse, als Suppeneinlage verwendet

Chif|fon|ni|er [ʃifo'nje:] *der; -s, -s:* 1. Lumpensammler. 2. Schrank mit aufklappbarer Schreibplatte, hinter der sich Schubladen u. Fächer befinden

Chif|fon|ni|e|re [ʃifo'njɛ:rə] *die; -, -n:* 1. Nähtisch, hohe Schubladenkommode. 2. (schweiz.) Kleiderschrank

Chif|f|re ['ʃɪfrə, auch: 'ʃɪfə] *die; -, -n ⟨arab.-mlat.-fr.⟩:* 1. Ziffer. 2. geheimes Schriftzeichen, Geheimzeichen, Zeichen einer Geheimschrift. 3. Kennziffer einer Zeitungsanzeige. 4. (Literaturw.) Stilfigur [der modernen Lyrik]

Chif|f|reur ['ʃɪfrø:ɐ̯] *der; -s, -e:* jmd., der Chiffren (2) dekodiert

chif|f|rie|ren: verschlüsseln, in einer Geheimschrift abfassen; Ggs. 1 dechiffrieren

Chig|non [ʃɪn'jõ:] *der; -s, -s ⟨lat.-galloroman.-fr.⟩:* im Nacken getragener Haarknoten

Chi|hu|a|hua [tʃi'uaua] *der; -s, -s ⟨span.⟩:* kleinster, dem Zwergpinscher ähnlicher Hund mit übergroßen, fledermausartigen Ohren

Chil|la|na [ç...] *die; - ⟨Kurzw. aus China u. lat. lana = „Wolle"⟩:* aus China stammende Wolle mittlerer Qualität

Chi|li ['tʃi:li] *der; -s ⟨indian.-span.⟩:* 1. mittelamerikanische Paprikaart, die den 1 Cayennepfeffer liefert. 2. mit Cayennepfeffer scharf gewürzte Tunke

Chi|li|a|de [ç...] *die; -, -n ⟨gr.⟩:* (veraltet) Reihe, Zahl von Tausend

Chi|li|as|mus *der; - ⟨gr.-nlat.⟩:* [Lehre von der] Erwartung des Tausendjährigen Reichs Christi auf Erden nach seiner Wiederkunft vor dem Weltende (Offenbarung 20, 4f.). **Chi|li|ast** *der; -en, -en ⟨gr.-lat.⟩:* Anhänger des 1 Chiliasmus. **Chi|li|as|tin** *die; -, -nen:* weibliche Form zu 1 Chiliast. **chi|li|as|tisch:** den Chiliasmus betreffend

Chil|li von **Car|ne** [tʃ... - -] *der; -[s] - - ⟨span.-engl.; „Chili mit Fleisch"⟩:* mit Chilischoten u. Cayennepfeffer scharf gewürztes mexikanisches Rinderragout mit [Kidney]bohnen

Chil|ler [tʃɪlə] *der; -s, - ⟨engl.⟩:* Erzählung od. Theaterstück mit einer gruselig-schauerlichen Handlung

Chil|lies ['tʃɪlɪs] *die* (Plural) *⟨indian.-span.; engl.⟩:* Früchte des 1 Chilis (1), die getrocknet den 1 Cayennepfeffer liefern

Chill-out-Room [tʃɪl'aʊt'ru:m] *der; -s, -s ⟨amerik.; engl.⟩:* Entspannungs-, Erholungsraum für 1 Raver

Chi|mä|ra [ç...] *die; - ⟨gr.-lat.; „Ziege"⟩:* Ungeheuer der griechischen Sage (Löwe, Ziege u. Schlange in einem)

Chi|mä|re *die; -, -n:* 1. 1 Schimäre. 2. a) (Biol.) Organismus od. einzelner Trieb, der aus genetisch verschiedenen Zellen aufgebaut ist; b) (Med.) Lebewesen, dessen Körper Zellen mit abweichender Chromosomenstruktur besitzt

C

C

Chi|na|cra|cker [çinakrɛkɐ] *der;* -s, -[s] ⟨nach dem ostasiat. Land; *engl.*⟩: ein Feuerwerkskörper

Chi|na|gras *das;* -es, ...gräser ⟨*ind.-port.; dt.*⟩: Ramie

Chi|na|kohl *der;* -[e]s: als Gemüse od. Salat verwendete Kohlart mit geschlossenem, keulenförmigem Kopf

Chi|na|krepp *der;* -s: ein ↑ Crêpe de Chine aus Kunstseide od. Chemiefasergarnen

Chi|na|lei|nen *das;* -s: Grasleinen, Gewebe aus ↑ Ramie

Chi|nam|pa [tʃ...] *die;* -, -s (meist Plural) ⟨*indian.-span.*⟩: am Rande eines Sees angelegte, als Anbaufläche dienende künstliche Insel (in Mexiko)

Chi|na|rin|de [ç...] *die;* -, -n ⟨*indian.-span.; dt.*⟩: chininhaltige Rinde bestimmter südamerikanischer Bäume

Chi|na|tink|tur *die;* - ⟨*indian.-span.; lat.*⟩: Alkoholauszug aus gemahlener Chinarinde

Chi|na|town ['tʃaɪnətaʊn] *die;* -, -s ⟨*engl.*⟩: Chinesenviertel

Chi|na|wa|re [ç...] *die;* - ⟨*ind.-port.; dt.*⟩: kunstgewerbliche Arbeiten aus China, bes. Porzellan

Chi|na|white ['tʃaɪnə'waɪt] *das;* -s ⟨*engl.*⟩: sehr stark wirkendes Rauschmittel, bei dem schon eine geringe Mehrdosis tödlich wirkt

¹Chin|chil|la [tʃɪn'tʃɪla] *die;* -, -s ⟨*indian.-span.*⟩: südamerikanisches Nagetier mit wertvollem Pelz, Wollmaus

²Chin|chil|la *das;* -s, -s: 1. deutsche Kaninchenrasse mit bläulich aschgrauem Fell. 2. Fell der ¹Chinchilla

chin-chin ['tʃɪn'tʃɪn] ⟨*engl.*⟩: (ugs.) prost!, zum Wohl!

Chi|né [ʃiˈne:] *der;* -[s], -s ⟨*fr.*⟩: [Kunst]seidengewebe mit abgeschwächter, verschwommener Musterung. chi|niert: in Zacken gemustert (von Geweben)

Chi|nin [ç...] *das;* -s ⟨*indian.-it.*⟩: ↑ Alkaloid der ↑ Chinarinde (als Fieber-, bes. Malariamittel verwendet)

Chi|nois [ʃiˈnoa] *der;* -, - ⟨*fr.*⟩: kandierte kleine, unreife ↑ Pomeranze od. Zwergorange

Chi|noi|se|rie [ʃinoazəˈri:] *die;* -, ...ien: 1. kunstgewerblicher Gegenstand in chinesischem Stil

(z. B. Porzellan, Lackarbeit). 2. an chinesische Vorbilder anknüpfende Zierform[en] in der Kunst des 18. Jh.s

Chi|no|lin [ç...] *das;* -s ⟨*indian.-span.; lat.*⟩: (Med.) gelbliche Flüssigkeit, ein ↑ Antiseptikum

Chi|non *das;* -s, -e ⟨*indian.-span.-nlat.*⟩: (Chem.) gelb bis rot gefärbte Verbindung mit hoher Reaktionsbereitschaft

Chi|nook [tʃiˈnʊk] *der;* -s ⟨nach dem nordamerik. Indianerstamm⟩: warmer, trockener u. föhnartiger Fallwind an der Ostseite der Rocky Mountains

Chintz [tʃɪnts] *der;* -[es], -e ⟨*Hindi-engl.*⟩: bunt bedrucktes Gewebe aus Baumwolle od. Chemiefasergarnen in Leinenbindung mit spiegelglatter, glänzender Oberfläche; vgl. Ciré

Chi|o|no|graph [ç...], auch: ...graf *der;* -en, -en ⟨*gr.-nlat.*⟩: Gerät zur Aufzeichnung der Fallmenge von Niederschlägen in fester Form, bes. von Schnee

chi|o|no|phil: (Bot.) im Winter eine dauerhafte u. dicke Schneedecke als Kälteschutz benötigend (von Pflanzen)

Chip [tʃɪp] *der;* -s, -s ⟨*engl.*⟩: 1. Spielmarke (bei Glücksspielen). 2. (meist Plural) dünne, roh in Fett gebackene Kartoffelscheibe. 3. (Mikroelektronik) sehr kleines Halbleiterplättchen, das einen integrierten Schaltkreis od. eine Gruppe solcher Schaltungen trägt u. auf dem Informationen gespeichert werden können

Chip|kar|te *die;* -, -n ⟨*engl.; dt.*⟩: als Ausweis, Zahlungsmittel o. Ä. dienende Kunststoffkarte mit einem Chip (3)

Chip|pen|dale ['(t)ʃɪpəndeɪl] *das;* -[s] ⟨nach dem engl. Tischler⟩: englischer Möbelstil des 18. Jh.s, der in sich Elemente des englischen Barocks, des französischen Rokokos, chinesische u. gotische Formen mit der Tendenz zum Geraden u. Flachen vereinigt

Chip|py ['tʃɪpi] *der;* -s, -s ⟨*engl.*⟩: jmd., der Rauschgift nur in kleinen Dosierungen nimmt; Anfänger (in Bezug auf Rauschgift)

Chi|ra|g|ra [ç...] *das;* -s ⟨*gr.-lat.*⟩: (Med.) Gicht in den Hand- u. Fingergelenken

Chi|ri|mo|lya [tʃiriˈmo:ja] *die;* -, -s ⟨*indian.-span.*⟩: Honig- od. Zimtapfel, wohlschmeckende Frucht eines [sub]tropischen Baumes

Chi|ro|g|no|mie [ç...] *die;* - ⟨*gr.-nlat.*⟩: Chirologie

Chi|ro|gram|m|a|to|man|tie *die;* -, ...ien: Handschriftendeutung

Chi|ro|graph, auch: ...graf *das;* -s, -en u. Chi|ro|gra|phum *das;* -s, ...graphen u. ...rographa ⟨*gr.-lat.*⟩: 1. (röm. Recht) Vertragsurkunde, deren Beweiskraft nicht auf Zeugen, sondern auf der Handschrift des Verpflichteten beruht. 2. besondere Urkundenart im mittelalterlichen Recht. 3. päpstliche Verlautbarung in Briefform mit eigenhändiger Unterschrift des Papstes

Chi|ro|lo|gie u. Cheirologie *die;* - ⟨*gr.-nlat.*⟩: 1. Lehre von der Deutung der Handlinien, die Ausdruck innerer Wesenseigenschaften sein sollen. 2. die Hand- u. Fingersprache der Taubstummen

Chi|ro|mant *der;* -en, -en: Handliniendeuter. Chi|ro|man|tie *die;* -: Handlesekunst. Chi|ro|man|tin *die;* -, -nen: weibliche Form zu ↑ Chiromant

Chi|ron|ja [tʃiˈrɔnʒa] *die;* -, -s ⟨*span.*⟩: Zitrusfrucht aus Puerto Rico mit gelber, leicht zu lösender Schale

Chi|ro|no|mie [ç...] usw. vgl. Cheironomie usw.

Chi|ro|pä|die *die;* -: Handfertigkeitsunterricht

Chi|ro|prak|tik *die;* -: manuelles Einrenken verschobener Wirbelkörper u. Bandscheiben. Chi|ro|prak|ti|ker *der;* -s, -: Fachmann auf dem Gebiet der Chiropraktik. Chi|ro|prak|ti|ke|rin *die;* -, -nen: weibliche Form zu ↑ Chiropraktiker

Chi|ro|p|te|ra *die* (Plural): Fledermäuse

Chi|ro|p|te|rit [auch: ...ˈrɪt] *das;* -s: phosphorsäurehaltige Erde aus allmählich fossil werdendem Kot von Fledermäusen

Chi|ro|p|te|ro|ga|mie *die;* -: Bestäubung von Blüten durch Fledermäuse

Chi|ro|spas|mus vgl. Cheirospasmus

Chi|ro|the|ra|pie *die;* -: von einem Arzt ausgeführte Chiropraktik

Chi|ro|the|ri|um *das;* -s, ...ien
⟨„Handtier"⟩: Saurier aus der
Buntsandsteinzeit, von dem
nur die Fußabdrücke bekannt
sind

Chi|r|urg *der;* -en, -en ⟨*gr.-lat.*⟩:
Facharzt [u. Wissenschaftler]
auf dem Gebiet der Chirurgie
(1). **Chi|r|ur|gie** *die;* -, ...ien:
1. (ohne Plural) Teilgebiet der
Medizin, Lehre von der operati-
ven Behandlung krankhafter
Störungen u. Veränderungen
im Organismus. 2. chirurgische
Abteilung eines Krankenhau-
ses. **Chi|r|ur|gin** *die;* -, -nen:
weibliche Form zu ↑ Chirurg.
chi|r|ur|gisch: a) die Chirurgie
betreffend; b) operativ

Chi|tar|ro|ne [ki...] *der;* -[s], -s u.
...ni, auch: *die;* -, -n ⟨*gr.-lat.-it.*⟩:
(Mus.) italienische Basslaute,
Generalbassinstrument im
17. Jh.

Chi|tin [ç...] *das;* -s ⟨*semit.-gr.-
nlat.*⟩: stickstoffhaltiges ↑ Poly-
saccharid, Hauptbestandteil
der Körperhülle von Krebsen,
Tausendfüßern, Spinnen, Insekten, bei Pflanzen in den
Zellwänden von Flechten u. Pil-
zen. **chi|ti|nig:** chitinähnlich.
chi|ti|nös: aus Chitin bestehend

Chi|ton *der;* -s, -e ⟨*semit.-gr.*⟩:
Leibrock, Kleidungsstück im
Griechenland der Antike

Chi|to|nen *die* (Plural) ⟨*semit.-gr.-
nlat.*⟩: Gattung aus der Familie
der Käferschnecken

Chlai|na [ç...] ⟨*gr.*⟩ u. Chläna ⟨*gr.-
lat.*⟩ *die;* -, ...nen: ungenähter
wollener Überwurf für Männer
im Griechenland der Antike

Chla|my|do|bak|te|rie [ç...] *die;* -,
-n (meist Plural) ⟨*gr.*⟩: zu einer
im Wassser lebenden Bakte-
rienordnung gehörende Bakterie

Chla|mys *die;* -, -: knielanger,
mantelartiger Überwurf für
Reiter u. Krieger im Griechenland der Antike

Chlä|na [ç...] vgl. Chlaina

Chlo|an|thit [k..., auch: ...'tɪt] *der;*
-s, -e ⟨*gr.-nlat.*⟩: Arsennickelkies,
ein weißes od. graues Mineral

Chlo|as|ma *das;* -s, ...men: (Med.)
brauner Hautfleck, Leberfleck

Chlor [k...] *das;* -s ⟨*gr.;* „gelblich
grün"⟩: chem. Element; ein
Nichtmetall (Zeichen: Cl)

chlor..., Chlor... vgl. chloro...,
Chloro...

Chlo|ral *das;* -s ⟨Kurzw. aus: *Chlor*
u. ↑ *Aldehyd*⟩: Chlorverbindung,
stechend riechende, ätzende
Flüssigkeit

Chlo|ral|hy|d|rat *das;* -s: ein
Schlafmittel

Chlo|ra|lis|mus *der;* -; ...men
⟨*nlat.*⟩: Chloralvergiftung

Chlo|r|a|min *das;* -s: Bleich- u.
Desinfektionsmittel

Chlo|rat *das;* -s, -e: Salz der
Chlorsäure

Chlo|ra|ti|on *die;* -: Verfahren zur
Goldgewinnung aus goldhalti-
gen Erzen

Chlo|ra|tit [auch: ...'tɪt] *das;* -s, -e:
[reibungsempfindlicher] Chlo-
ratsprengstoff

Chlor|d|i|o|xid, auch: **Chlor|di|o-
xyd** *das;* -s: Chlorverbindung,
Desinfektions- u. Mehlbleich-
mittel

Chlo|rel|la *die;* -, ...llen: zu einer
weltweit verbreiteten Gattung
gehörende Grünalge

chlo|ren: ↑ chlorieren (2)

Chlo|rid *das;* -[e]s, -e: chemische
Verbindung des Chlors mit Metallen od. Nichtmetallen

chlo|rie|ren: 1. in den Molekülen
einer chemischen Verbindung
bestimmte Atome od. Atom-
gruppen durch Chloratome ersetzen. 2. mit Chlor keimfrei
machen (z. B. Wasser)

chlo|rig: chlorhaltig, chlorartig

¹Chlo|rit [auch: ...'rɪt] *das;* -s, -e:
Salz der chlorigen Säure

²Chlo|rit [auch: ...'rɪt] *der;* -s, -e:
ein grünes, glimmerähnliches
Mineral

chlo|ri|ti|sie|ren: in ein Salz der
chlorigen Säure umwandeln

Chlor|kalk *der;* -[e]s: Bleich- u.
Desinfektionsmittel

Chlor|na|t|ri|um: ↑ Natrium-
chlorid

---

chlo|ro..., Chlo|ro...

[kloro...]
vor Vokalen meist chlor...,
Chlor...

⟨*gr.* chlōrós „von der Farbe des
ersten Pflanzentriebes, gelblich
grün"⟩

Wortbildungselement mit der Be-
deutung „eine grünliche Farbe
besitzend, grün":
– Chlorophyll
– Chloroplast
– Chloropsie

Chlo|ro|form *das;* -s ⟨*gr.; lat.*⟩: süß-
lich riechende, farblose Flüssig-
keit (früher ein Betäubungs-
mittel, heute nur noch als Lösungsmittel verwendet). **chlo-
ro|for|mie|ren:** durch Chloro-
form betäuben

Chlo|rom *das;* -s, -e ⟨*gr.-nlat.*⟩:
(Med.) bösartige Geschwulst
mit eigentümlich grünlicher
Färbung

Chlo|ro|my|ce|tin ® *das;* -s: ein
↑ Antibiotikum

Chlo|ro|phan *der;* -s, -e: sma-
ragdgrüner ↑ ²Korund

Chlo|ro|phyll *das;* -s ⟨„Blattgrün"⟩:
magnesiumhaltiger, grüner
Farbstoff in Pflanzenzellen, der
die ↑ Assimilation (2 b) ermöglicht

Chlo|ro|phy|tum *das;* -s, ...ten:
Grünlilie, eine Zierpflanze aus
Südafrika

Chlo|ro|phy|zee *die;* -, -n (meist
Plural): Grünalge

Chlo|ro|plast *der;* -en, -en (meist
Plural): kugeliger Einschluss
der Pflanzenzellen, der Chlorophyll enthält

Chlo|r|op|sie *die;* -: (Med.) das
Grünsehen (als Folgeerschei-
nung bei bestimmten Vergif-
tungen)

Chlo|ro|se *die;* -, -n: 1. mangelnde
Ausbildung von Blattgrün
(Pflanzenkrankheit). 2. (Med.)
Bleichsucht bei Menschen in-
folge Verminderung des Blut-
farbstoffes

chlor|sau|er: in der Fügung **chlor-
saures Kalium:** Kaliumchlorat

Chlor|stick|stoff *der;* -s ⟨*gr.; dt.*⟩:
eine hochexplosive, ölige
Chlorverbindung

Chlo|rür *das;* -s, -e ⟨*gr.-fr.*⟩: frühere
Bez. für ein ↑ Chlorid mit nied-
riger Wertigkeitsstufe des zugehörigen Metalls

Chlyst [xlyst] *der;* -en, -en ⟨*russ.;*
„Geißler"⟩: Anhänger einer russischen Sekte (seit dem 17. Jh.)

Cho|a|ne [k...] *die;* -, -n (meist
Plural) ⟨*gr.*⟩: hintere Öffnung
der Nase zum Rachenraum

Cho|co|la|ti|er [ʃokola'tje:] *der;* -s,
-s ⟨*mex.-span.-fr.*⟩: Schokola-
denfabrikant, -händler

Choke [tʃouk] *der;* -s, -s u. Cho-
ker *der;* -s, - ⟨*engl.*⟩: Luftklappe
im Vergaser (Kaltstarthilfe)

Choke|boh|rung *die;* -, -en ⟨*engl.;
dt.*⟩: kegelförmige Verengung
an der Mündung des im Übri-

C

gen zylindrischen Laufes von
Jagdrennen
Cho|ker vgl. Choke
chol..., **Chol...** vgl. chole...,
Chole...
Cho|la|go|gum [ç...] *das;* -s, ...ga
⟨*gr.-lat.*⟩: (Med.) gallentreiben-
des Mittel, zusammenfassende
Bez. für Cholekinetikum u.
Choleretikum
Cho|lä|mie *die;* -, ...ien ⟨*gr.-nlat.*⟩:
(Med.) Übertritt von Galle ins
Blut
Cho|lan|gi|om *das;* -s, -e: (Med.)
[bösartige] Geschwulst im Bereich der Gallenwege
Cho|lan|gi|tis *die;* -, ...iti|den:
(Med.) Entzündung der Gallen-
gänge (einschließlich der Gallenblase)
Cho|lan|säu|re *die;* - ⟨*gr.-nlat.; dt.*⟩:
Grundsubstanz der Gallensäu-
ren

cho|le..., **Cho|le...**

[çole...]
seltener cholo..., Cholo..., vor Vokalen meist chol..., Chol...
⟨*gr.* cholé u. chólos „Galle; bitte-
res Getränk"⟩
Wortbildungselement mit der Bedeutung „Galle, Gallenflüssigkeit":
– Cholangitis
– Cholelith
– Cholesterin
– cholostatisch

Cho|le|ki|ne|ti|kum *das;* -s, ...ka:
(Med.) Mittel, das die Entlee-
rung der Gallenblase anregt
Cho|le|lith [auch: ...'lɪt] *der;* -[e]s
u. -en, -e[n] ⟨*gr.-nlat.*⟩: (Med.)
Gallenstein
Cho|le|li|thi|a|sis *die;* -: (Med.)
Gallensteinleiden, -kolik
Cho|le|ra [k...] *die;* - ⟨*gr.-lat.;* „Gal-
lenbrechdurchfall"⟩: (Med.)
schwere (epidemische) Infektionskrankheit (mit heftigen
Brechdurchfällen)
Cho|le|re|se [ç...] *die;* -, -n ⟨*gr.-
nlat.*⟩: (Med.) Gallenabsonde-
rung
Cho|le|re|ti|kum *das;* -s, ...ka:
(Med.) Mittel, das die Gallenabsonderung in der Leber an-
regt. **cho|le|re|tisch**: (Med.) die
Gallenabsonderung anregend
Cho|le|ri|ker [k...] *der;* -s, - ⟨*gr.-
lat.*⟩: (nach dem von Hippokra-
tes aufgestellten Tempera-

mentstyp) reizbarer, jähzorni-
ger Mensch; vgl. Melancholiker,
Phlegmatiker, Sanguiniker.
Cho|le|ri|ke|rin *die;* -, -nen:
weibliche Form zu ↑Choleriker
Cho|le|ri|ne *die;* -, -n ⟨*gr.-nlat.*⟩:
(Med.) abgeschwächte Form
der Cholera
cho|le|risch ⟨*gr.-lat.*⟩: jähzornig,
aufbrausend; vgl. melancho-
lisch, phlegmatisch, sangui-
nisch
Cho|le|s|ta|se vgl. Cholostase
Cho|le|s|te|a|tom [ç...] *das;* -s, -e
⟨*gr.-nlat.*⟩: (Med.) 1. besondere
Art der chronischen Mittelohr-
knocheneiterung. 2. gutartige
Perlgeschwulst an der Hirn-
rinde
Cho|le|s|te|rin [auch: k...], auch:
Cho|le|s|te|rol *das;* -s: wichtigs-
tes, in allen tierischen Geweben
vorkommendes ↑Sterin, Hauptbestandteil der Gallensteine
Cho|le|zys|ti|tis *die;* -, ...iti|den:
(Med.) Gallenblasenentzün-
dung
Cho|le|zys|to|pa|thie *die;* -, ...ien:
(Med.) Gallenblasenleiden
Cho|li|am|bus [ç...] *der;* -, ...ben
⟨*gr.-lat.*⟩ „Hinkjambus"): ein aus
Jamben bestehender antiker
Vers, in dem statt des letzten
↑Jambus ein ↑Trochäus auftritt
Cho|lin [ç...] *das;* -s ⟨*gr.-nlat.*⟩:
Gallenwirkstoff (in Arzneimit-
teln verwendet)
cho|lo..., **Cho|lo...** vgl. chole...,
Chole...
Cho|lo|s|ta|se [ç...] u. Cholestase
die; -, -n ⟨*gr.-nlat.*⟩: Stauung der
Gallenflüssigkeit in der Gallen-
blase. **cho|lo|s|ta|tisch**: (Med.)
durch Gallenstauung entstanden
Cho|l|u|rie *die;* -, ...ien: (Med.)
Auftreten von Gallenbestand-
teilen im Harn
Cho|ma|ge|ver|si|che|rung [ʃo-
'ma:ʒə...] *die;* -, -en ⟨*gr.-vulgär-
lat.-fr.; dt.*⟩: Ausfallversicherung
bei Betriebs- od. Mietunterbre-
chung
Chon [tʃɔn] *der;* -, - ⟨*korean.*⟩:
Währungseinheit in Südkorea
Chon|d|ren [ç...] *die* (Plural) ⟨*gr.*⟩:
kleine Körner (Kristallaggre-
gate), aus denen die Chondrite
aufgebaut sind
Chon|d|rin *das;* -s ⟨*gr.-nlat.*⟩: aus
Knorpelgewebe gewonnene
Substanz, die als Leim verwendet wird

Chon|d|ri|o|so|men *die* (Plural):
↑Mitochondrien
Chon|d|rit [auch: ...'drɪt] *der;* -s,
-e: 1. aus Chondren aufgebauter
Meteorstein. 2. (Geol.) pflanzlichen Verzweigungen ähnelnder
Abdruck in Gesteinen
Chon|d|ri|tis *die;* -, ...iti|den:
(Med.) Knorpelentzündung
chon|d|ri|tisch: die Struktur des
Chondrits betreffend
Chon|d|ro|blast *der;* -en, -en
(meist Plural): (Med.) Bindege-
webszelle, von der die Knorpel-
bildung ausgeht
Chon|d|ro|blas|tom *das;* -s, -e:
(Med.) gutartige Geschwulst
aus Knorpelgewebe
Chon|d|ro|dys|tro|phie *die;* -,
...ien: erbbedingte Knorpelbil-
dungsstörung bei Tier u.
Mensch
Chon|d|rom *das;* -s, -e: Chondro-
blastom
Chon|d|ro|ma|to|se *die;* -, -n:
(Med.) Bildung zahlreicher
Knorpelgewebsgeschwülste im
Körper
Chon|d|ro|sar|kom *das;* -s, -e:
(Med.) vom Knorpelgewebe
ausgehende bösartige Ge-
schwulst
Chon|d|ru|len *die* (Plural) ⟨*gr.-
engl.*⟩: (Mineral.) erbsengroße
Steinchen in Meteoriten
Chop|per [tʃ...] *der;* -s, -[s] ⟨*engl.*⟩:
1. vorgeschichtliches Hauwerk-
zeug, aus einem Steinbrocken
o. Ä. geschlagen. 2. (Phys.) Vorrichtung zum wiederholten,
zeitweisen Unterbrechen („Zer-
hacken") einer Strahlung, wo-
durch getrennte Impulse entstehen. 3. Motorrad mit hohem,
geteiltem Lenker u. einem Sattel mit hoher Rückenlehne
¹Chor [k...] *der;* seltener: *das;* -[e]s,
Chöre ⟨*gr.-lat.*⟩: 1. erhöhter Kir-
chenraum mit [Haupt]altar (ursprünglich für das gemeinsame
Chorgebet der ↑Kleriker).
2. Platz der Sänger auf der Or-
gelempore
²Chor *der;* -[e]s, Chöre ⟨*gr.-lat.*⟩:
(Mus.) 1. Gruppe von Sängern,
die sich zu regelmäßigem, ge-
meinsamem Gesang zusam-
menschließen. 2. gemeinsamer
[mehrstimmiger] Gesang von
Sängern. 3. Musikstück für gemeinsamen [mehrstimmigen]
Gesang. 4. Verbindung der verschiedenen Stimmlagen einer

Instrumentenfamilie. 5. gleich gestimmte Saiten (z. B. beim Klavier, bei der Laute o. Ä.).
6. zu einer Taste gehörende Pfeifen der gemischten Stimmen bei der Orgel

³**Chor** der u. das; -s, -e ⟨gr.-lat.⟩: (Weberei) die für ein Muster erforderliche Abteilung im Kettsystem des Webgeschirrs

Cho|ral der; -s, ...räle ⟨gr.-nlat.⟩: a) kirchlicher Gemeindegesang; b) Lied mit religiösem Inhalt

Cho|ral|kan|ta|te die; -, -n: Kantate, der ein evangelisches Kirchenlied in mehreren Sätzen zugrunde liegt

Cho|ral|no|ta|ti|on die; -, -en: mittelalterliche Notenschrift, die nur die relativen, nicht die ↑ mensurierten Tonhöhenunterschiede angibt

Cho|ral|pas|si|on die; -, -en: gesungener Passionsbericht im einstimmigen gregorianischen Choralton

Chor|da u. Chorde [k...] die; -, ...den ⟨gr.-lat.⟩: 1. (Anat.) Sehnen-, Knorpel- od. Nervenstrang. 2. (Biol.) knorpelähnlicher Achsenstab als Vorstufe der Wirbelsäule (bei Schädellosen, Mantel- u. Wirbeltieren)

Chor|da|phon, auch: ...fon das; -s, -e (,,Saitentöner''): Instrument mit Saiten als Tonerzeugern

Chor|da|ten die (Plural) ⟨gr.-nlat.⟩: (Biol.) zusammenfassende Bezeichnung für Tiergruppen, die eine Chorda besitzen (Schädellose, Wirbeltiere, Lanzettfischchen, Manteltiere)

Chor|de vgl. Chorda

Chor|di|tis die; -, ...itiden: (Med.) Entzündung der Stimmbänder

Chor|dom das; -s, -e: (Med.) [bösartige] Geschwulst an der Schädelbasis

Chor|do|to|nal|or|gan das; -s, -e (meist Plural): (Biol.) Sinnesorgan der Insekten (primitives Hörorgan)

Cho|rea [k...] die; - ⟨gr.-lat.⟩: (Med.) Veitstanz. **cho|re|a|form** u. choreiform ⟨gr.-nlat.⟩: veitstanzartig

Cho|re|ge [ç..., auch: k...] der; -n, -n ⟨gr.⟩: Chorleiter im altgriechischen Theater

cho|re|i|form [k...] vgl. choreaform

Cho|re|o|graf, auch: ...graph der; -en, -en ⟨gr.-nlat.⟩: jmd., der [als

Leiter eines Balletts] eine Tanzschöpfung kreiert u. inszeniert

Cho|re|o|gra|fie, auch: ...graphie die; -, ...ien: a) künstlerische Gestaltung u. Festlegung der Schritte u. Bewegungen eines Balletts; b) (früher) grafische Darstellung von Tanzbewegungen u. -haltungen

cho|re|o|gra|fie|ren, auch: ...graphieren: ein Ballett einstudieren, inszenieren

Cho|re|o|gra|fin, auch: ...graphin die; -, -nen: weibliche Form zu ↑ Choreograf

cho|re|o|gra|fisch, auch: ...graphisch: die Choreografie betreffend

Cho|re|o|graph usw. vgl. Choreograf usw.

Cho|re|o|ma|nie u. Choromanie die; -, ...ien: (Med.) krankhaftes Verlangen, zu tanzen u. rhythmische Bewegungen auszuführen

Cho|re|us [ç..., auch: k...] der; -, ...een ⟨gr.-lat.⟩: ↑ Trochäus

Cho|reut [ç...] der; -en, -en ⟨gr.⟩: 1. Chorsänger. 2. Chortänzer

Cho|reu|tik die; -: altgriechische Kunst vom Chorreigentanz.

cho|reu|tisch: a) die Choreutik betreffend; b) im Stil eines altgriechischen Chorreigentanzes ausgeführt

Chor|frau [k...] die; -, -en: 1. ohne lebenslänglich bindendes Gelübde in religiöser Gemeinschaft lebende Frau; vgl. Kanonisse. 2. Angehörige des weiblichen Zweiges eines Ordens, dessen Regeln teilweise von den klassischen Ordensregeln abweichen

Chor|haupt das; -[e]s, ...häupter: Abschluss des ¹Chors als halbkreisförmige ↑ Apsis (1)

Chor|herr der; -[e]n, -en: 1. Mitglied eines Domkapitels. 2. Angehöriger eines Ordens, dessen Regeln teilweise von den klassischen Ordensregeln abweichen

Cho|ri|am|bus [ç...] der; -, ...ben ⟨gr.-lat.⟩: aus einem ↑ Choreus u. einem ↑ Jambus bestehender Versfuß (− ᴗ ᴗ −)

Cho|ri|o|i|dea [k...] die; - ⟨gr.-nlat.⟩: (Med.) Aderhaut des Auges

Cho|ri|on das; -s ⟨gr.⟩: 1. (Biol.) Zottenhaut, embryonale Hülle vieler Wirbeltiere u. des Men-

schen. 2. (Zool.) hartschalige Hülle vieler Insekteneier

Cho|ri|o|zö|no|se [ç...] die; -, -n ⟨gr.⟩: ↑ Biochore

cho|ri|pe|tal [k...] ⟨gr.-nlat.⟩: (Bot.) getrenntblättrig (von Pflanzen, deren Blumenkronblätter nicht miteinander verwachsen sind)

cho|risch [k...] ⟨gr.-lat.⟩: den ²Chor betreffend, durch den Chor auszuführen. **Cho|rist** der; -en, -en ⟨gr.-lat.-mlat.⟩: Mitglied eines [Opern]chors. **Cho|ris|tin** die; -, -nen: weibliche Form zu ↑ Chorist

Chor|kan|ta|te die; -, -n: Kantate mit Instrumentalbegleitung, die vom Chor allein (ohne Solisten) gesungen wird

Chör|lein das; -s, -: halbrunder od. vieleckiger Erker an mittelalterlichen Wohnbauten

Cho|ro|gra|phie [ç...], auch: ...grafie die; -, ...ien ⟨gr.-lat.⟩: ↑ Chorologie. **cho|ro|gra|phisch,** auch: ...grafisch: ↑ chorologisch

Cho|ro|lo|gie [ç..., auch: k...] die; -, ...ien ⟨gr.-nlat.⟩: 1. Raum- od. Ortswissenschaft, bes. Geographie u. Astronomie. 2. Arealkunde. **cho|ro|lo|gisch:** die Chorologie betreffend

Cho|ro|ma|nie [k...] vgl. Choreomanie

Chor|re|gent der; -en, -en: (südd.) Leiter eines katholischen Kirchenchors

Chor|ton der; -[e]s: Normalton für die Chor- u. Orgelstimmung

Cho|rus der; -, -se ⟨gr.-lat.⟩: 1. (Jazz) das einer Komposition zugrunde liegende Form- u. Akkordschema, das die Basis für Improvisationen bildet. 2. Hauptteil od. Refrain eines Stücks aus der Tanz- od. Unterhaltungsmusik

Cho|se [ʃ...], auch: Schose die; -n ⟨lat.-gr.⟩: (ugs.) [unangenehme] Sache, Angelegenheit

Chow-Chow [tʃau'tʃau, auch: ʃau'ʃau] der; -s, -s ⟨chin.-engl.⟩: Hund einer in China gezüchteten Rasse

Chre|ma|tis|tik [kre...] die; - ⟨gr.⟩: (hist.) gewerbsmäßiges Betreiben einer Erwerbswirtschaft mit dem Ziel, sich durch Tauschen u. Feilschen zu bereichern

Chres|to|ma|thie [krɛ...] die; -, ...ien ⟨gr.: ,,das Erlernen von Nützlichem''⟩: für den Unter-

C

richt bestimmte Sammlung ausgewählter Texte aus den Werken bekannter Autoren

Chrie [çri:(ə)] *die; -, -n* ⟨*gr.-lat.*⟩: 1. praktische Lebensweisheit, moralisches Exempel. 2. (veraltet) Anweisung für Schulaufsätze

Chri|sam [ç...] *das od. der; -s* u. **Chris|ma** *das; -s* ⟨*gr.-lat.*⟩: geweihtes Salböl (in der katholischen u. orthodoxen Kirche bei Taufe, Firmung, Bischofs- u. Priesterweihe verwendet)

Chris|ma|le *das; -s, ...lien* [...ljən] u. ...lia ⟨*gr.-nlat.*⟩: (kath. Rel.) 1. Tuch od. Kopfbinde zum Auffangen des Salböls. 2. mit Wachs getränktes Altartuch. 3. Gefäß zur Aufbewahrung des Chrisams

Chris|mon *das; -s, ...ma* ⟨*gr.- mlat.*⟩: reich verzierter Buchstabe C am Anfang vieler mittelalterlicher Urkunden (urspr. das ↑ Christogramm)

Christ [k...] *der; -en, -en* ⟨*gr.-lat.*⟩: Anhänger [u. Bekenner] des Christentums; Getaufter

Christ|de|mo|krat *der; -en, -en:* Anhänger einer christlich-demokratischen Partei. **Christ|de|mo|kra|tin** *die; -, -nen:* weibliche Form zu ↑ Christdemokrat

Chris|te e|lei|son: Christus, erbarme dich!; vgl. Kyrie eleison

Chris|ten|tum *das; -s:* auf Jesus Christus, sein Leben u. seine Lehre gegründete Religion

chris|ti|a|ni|sie|ren: (die Bevölkerung eines Landes) zum Christentum bekehren

Chris|ti|a|ni|tas *die; -:* Christlichkeit als Geistes- u. Lebenshaltung

Chris|tian Sci|ence [ˈkrɪstjən ˈsaɪəns] *die; - -* ⟨*engl.;* „christliche Wissenschaft"⟩: 1879 in den USA gegründete christliche Gemeinschaft, die durch enge Verbindung mit Gott menschliche Unzulänglichkeit überwinden will; vgl. Szientismus (2)

Chris|tin *die; -, -nen:* weibliche Form zu ↑ Christ

christ|ka|tho|lisch [k...]: (schweiz.) altkatholisch. **Christ|ka|tho|li|zis|mus** (schweiz.) *der; -:* Lehre der altkatholischen Kirche, die den Primat des Papstes ablehnt; Altkatholizismus

christ|lich ⟨*gr.-lat.; dt.*⟩: a) auf Christus und seine Lehre zu-

rückgehend; der Lehre Christi entsprechend; b) im Christentum verwurzelt, begründet; c) kirchlich

Christ|mas|ca|rol, auch: **Christmas-Ca|rol** [ˈkrɪsməsˈkærəl] *das; -s, -s* ⟨*engl.*⟩: volkstümliches englisches Weihnachtslied; vgl. Carol

Christ|mas|pan|to|mime, auch: **Christ|mas-Pan|to|mime** [ˈkrɪsməsˈpæntəmaɪm] *die; -, -s* (meist Plural) ⟨„Weihnachtsspiel"⟩: in England zur Weihnachtszeit aufgeführtes burleskes Ausstattungsstück nach einem Thema aus Märchen, Sage u. Geschichte

Christ|met|te *die; -, -n:* Mitternachtsgottesdienst in der Christnacht

Chris|to|gramm *das; -s, -e* ⟨*gr.- nlat.*⟩: ↑ Christusmonogramm

Chris|to|la|t|rie *die; -:* Verehrung Christi als Gott

Chris|to|lo|gie *die; -, ...ien:* Lehre der christlichen Theologie von der Person Christi. **chris|to|lo|gisch:** die Christologie betreffend

Chris|to|pha|nie *die; -, ...ien:* Erscheinung Jesu Christi, bes. des auferstandenen Christus

Chris|to|zen|t|rik *die; -:* Betonung der zentralen u. einzigartigen Stellung Jesu Christi in der Schöpfungs- u. Heilsgeschichte. **chris|to|zen|t|risch:** auf Christus als Mittelpunkt bezogen

Chris|tus|mo|no|gramm *das; -s, -e:* Symbol für den Namen Christus, das aus dessen griechischen Anfangsbuchstaben X (Chi) u. P (Rho) zusammengefügt ist; vgl. IHS

Chrom [k...] *das; -s* ⟨*gr.-lat.-fr.;* „Farbe"⟩: chem. Element; ein Metall; Zeichen: Cr

chrom|af|fin: (Biochem.) mit Chromsalzen anfärbbar (von Zellen u. Zellteilen); **chromaffines System:** eine Gruppe hormonliefernder Zellen, die sich bei Behandlung mit bestimmten chemischen Substanzen braun färben

Chro|man ® *das; -s* ⟨*nlat.*⟩: Chrom-Nickel-Legierung

Chro|mat *das; -s, -e:* Salz der Chromsäure

Chro|ma|tid *das; -[e]s, -en* (meist Plural) ⟨*gr.-nlat.*⟩: (Biol.) Chromosomenspalthälfte, aus der

bei der Zellteilung das Tochterchromosom entsteht

Chro|ma|tie *die; -, ...ien:* Projektionsverfahren beim Fernsehen, durch das künstliche Hintergründe in Aufnahmestudios geschaffen werden können; vgl. Bluescreen, Bluebox

chro|ma|tie|ren: die Oberfläche von Metallen mit einer Chromatschicht zum Schutz gegen ↑ Korrosion (1) überziehen

Chro|ma|tik *die; -* ⟨*gr.-lat.*⟩: 1. (Mus.) Veränderung („Färbung") der sieben Grundtöne durch Versetzungszeichen um einen Halbton nach oben od. unten; Ggs. ↑ Diatonik. 2. (Phys.) Farbenlehre

Chro|ma|tin *das; -s, -e* ⟨*gr.-nlat.*⟩: mit bestimmten Stoffen anfärbbarer Bestandteil des Zellkerns, der das Erbgut der Zelle enthält

chro|ma|tisch ⟨*gr.-lat.*⟩: 1. (Mus.) in Halbtönen fortschreitend. 2. die Chromatik (2) betreffend; **chromatische Aberration:** Abbildungsfehler von Linsen durch Farbzerstreuung

chro|ma|ti|sie|ren ⟨*gr.-nlat.*⟩: chromatieren

Chro|ma|to|dy|s|op|sie *die; -, ...ien:* (Med.) Farbenblindheit

Chro|ma|to|gra|fie usw. vgl. Chromatographie usw.

Chro|ma|to|gramm *das; -s, -e:* Darstellung des Analysenergebnisses einer Chromatographie [durch Farbbild]

Chro|ma|to|gra|phie, auch: ...grafie *die; -:* Verfahren zur Trennung chemisch nahe verwandter Stoffe. **chro|ma|to|gra|phie|ren,** auch: ...grafieren: eine Chromatographie durchführen. **chro|ma|to|gra|phisch,** auch: ...grafisch: a) die Chromatographie betreffend; b) das Verfahren der Chromatographie anwendend

Chro|ma|to|me|ter *das; -s, -:* Gerät zur Bestimmung des Anteils der Grundfarben in einer Farbmischung

chro|ma|to|phil: leicht färbbar (bes. von Textilfasern)

Chro|ma|to|phor *das; -s, -en* (meist Plural) ⟨*gr.;* „Farbstoffträger"⟩: 1. (Bot.) Farbstoff tragende ↑ Organelle der Pflanzenzelle. 2. (Zool.) Farbstoffzelle bei Tieren, die den Farbwechsel der Haut ermöglicht (z. B. beim Chamäleon)

Chro|ma |t|op|sie u. Chromopsie *die; -:* (Med.) Sehstörung, bei der Gegenstände in bestimmten Farbtönen verfärbt od. Farbtöne bei geschlossenen Augen wahrgenommen werden

Chro|ma |t|op|to|me|ter u. Chromoptometer *das; -s, -:* (Med.) Apparat zur Messung der Farbwahrnehmungsfähigkeit

Chro|ma|to|se *die; -, -n:* (Med.) abnorme Farbstoffablagerung in der Haut; vgl. Dyschromie

Chro|ma|t |ron *das; -s, …one,* auch: *-s:* spezielle Bildröhre für das Farbfernsehen

Chrom|gelb *das; -s:* deckkräftige Malerfarbe, Bleichromat

Chrom|grün *das; -s:* Deckgrün, Mischfarbe aus Berliner Blau u. Chromgelb

Chro|mi|di|en *die* (Plural): (veraltet) ↑ Mikrosomen

chro|mie|ren: Wolle nach dem Färben mit Chromverbindungen beizen

¹Chro|mit [auch: …'mɪt] *der; -s, -e:* Chrom[eisen]erz, ein Mineral

²Chro|mit [auch: …'mɪt] *das; -s, -e:* ein Chromsalz

Chrom|le|der *das; -s ⟨gr.-lat.-fr.; dt.⟩:* mit Chromverbindungen gegerbtes Leder

chro|mo|gen ⟨gr.-nlat.⟩: Farbstoff bildend

Chro|mo|lith [auch: …'lɪt] *der; -s* u. -en, -e[n]: unglasiertes Steinzeug mit eingelegten farbigen Verzierungen

Chro|mo|li|tho|gra|phie, auch: …grafie *die; -, …ien:* Mehrfarben[stein]druck

Chro|mo|mer *das; -s, -en* (meist Plural): (Biol.) stark anfärbbare Verdichtung der Chromosomenlängsachse, Träger bestimmter Erbfaktoren

Chro|mo|ne|ma *das; -s, …men* (meist Plural): (Biol.) spiralig gewundener Faden, der mit 2–4 anderen ein Chromosom bildet

Chro|mo|ni|ka *die; -, -s* u. …ken: eine ↑ diatonische u. chromatische Mundharmonika

Chro|mo|pa|pier *das; -s, -e:* [einseitig] mit Kreide gestrichenes glattes Papier für ↑ Offsetdruck u. Steindruck

Chro|mo|phor *der; -s, -e ⟨gr.; „Farbträger"⟩:* (Chem.) Atom-

gruppe organischer Farbstoffe, die für die Farbe des betreffenden Stoffes verantwortlich ist

Chro|mo|plast *der; -en, -en* (meist Plural): gelber od. roter kugeliger Farbstoffträger bestimmter Pflanzenzellen, der die Färbung der Blüten od. Früchte bestimmt

Chro|mo|pro|te|id *das; -[e]s, -e* (meist Plural): (Chem.) Eiweißstoff, der einen Farbstoff enthält (z. B. Hämoglobin, Chlorophyll)

Chro |m|op|sie vgl. Chromatopsie

Chro |m|op|to|me|ter vgl. Chromatoptometer

Chro|mo|s |kop *das; -s, -e:* (Optik) Vorrichtung zur Untersuchung u. Projektion von Farben mithilfe von Farbfiltern

Chro|mo|som *das; -s, -en* (meist Plural) ⟨gr.⟩: (Biol.) in jedem Zellkern in artspezifischer Anzahl u. Gestalt vorhandenes, das Erbgut eines Lebewesens tragendes, fadenförmiges Gebilde, Kernschleife. **chro|mo|so|mal:** das Chromosom betreffend

Chro|mo|so|men|ab|er|ra|ti|on *die; -, -en:* Veränderung in der Chromosomenstruktur vor einer Aufteilung der Chromosomen in Chromatiden

Chro|mo|so|men|a|no|ma|lie *die; -, -n:* durch Chromosomenmutation entstandene Veränderung in der Zahl od. Struktur der Chromosomen

Chro|mo|so|men|mar|ker *der; -s, -[s]* (meist Plur.): (Biol.) bekannter Abschnitt des Erbguts, der einem spezifischen Chromosom eindeutig zugeordnet werden kann

Chro|mo|so|men|mu|ta|ti|on *die; -, -en:* Strukturänderung eines Chromosoms, die zu einer Änderung des Erbguts führt

Chro|mo|so|men|re|duk|ti|on *die; -, -en:* Halbierung der Chromosomenzahl durch ↑ Reduktionsteilung

Chro|mo|s |phä|re *die; -:* glühende Gasschicht um die Sonne

Chro|mo|ty|pie *die; -:* Farbendruck

Chromo |x|id|grün, auch: **Chromo-xyd|grün** *das; -s ⟨gr.-nlat.; dt.⟩:* dunkelgrüne deckende Malerfarbe

Chro|mo|zen|t |rum *das; -s, …zen-*

tren: (Biol.) stark anfärbbarer Chromosomenabschnitt

Chrom|rot *das; -s:* Malerfarbe (basisches Bleichromat)

chron…, Chron… vgl. chrono…, Chrono…

Chro|nik [k…] *die; -, -en ⟨gr.-lat.⟩:* 1. Aufzeichnung geschichtlicher Ereignisse in zeitlich genauer Reihenfolge. 2. (ohne Plural) zusammenfassende Bez. für zwei geschichtliche Bücher des Alten Testaments ↑ **Chro|ni|ka** *die* (Plural): ↑ Chronik (2)

chro|ni|ka|lisch ⟨gr.-nlat.⟩: in Form einer Chronik abgefasst

Chro|nique scan|da|leuse [krɔ-nikskãda'lø:z] *die; - -, -s -s* [krɔ-nikskãda'lø:z] ⟨fr.⟩: Sammlung von Skandal- u. Klatschgeschichten einer Epoche od. eines bestimmten Milieus

chro|nisch ⟨gr.-lat.⟩: 1. (Med.) sich langsam entwickelnd, langsam verlaufend (von Krankheiten); Ggs. ↑ akut (2). 2. (ugs.) dauernd, ständig, anhaltend

Chro|nist *der; -en, -en ⟨gr.-nlat.⟩:* Verfasser einer Chronik

Chro|nis |tik *die; -:* Gattung der Geschichtsschreibung

Chro|nis |tin *die; -, -nen:* weibliche Form zu ↑ Chronist

Chro|ni|zi|tät *die; -:* (Med.) chronischer Verlauf einer Krankheit; Ggs. ↑ Akuität

---

chro|no…, Chro|no…

[krono…] vor Vokalen auch: chron…, Chron… ⟨zu gr. chrónos „Zeit, Dauer, Lebenszeit, Alter"⟩ Wortbildungselement mit der Bedeutung „Zeit, die Zeit betreffend":
– Chronogramm
– chronologisch
– Chronometer

Chro|no|bi |o|lo|gie *die; -:* Fachgebiet der Biologie, auf dem die zeitlichen Gesetzmäßigkeiten im Ablauf von Lebensvorgängen erforscht werden

Chro|no|d|is |ti|chon *das; -s, …chen ⟨gr.-nlat.⟩:* ↑ Chronogramm (1) in der Form eines ↑ Distichons

Chro|no|graf usw. vgl. Chronograph usw.

Chro|no|gramm *das; -s, -e:* 1. ein Satz od. eine Inschrift (in lat. Sprache), in der hervorgehobene Großbuchstaben als Zahlzeichen die Jahreszahl eines geschichtlichen Ereignisses ergeben, auf das sich der Satz bezieht. 2. Aufzeichnung eines Chronographen

Chro|no|graph, auch: ...graf *der;* -en, -en: Gerät zum Übertragen der Zeitangabe einer Uhr auf einen Papierstreifen. **Chro|no|gra|phie,** auch: ...grafie *die;* -, ...ien ⟨*gr.-lat.*⟩: Geschichtsschreibung nach der zeitlichen Abfolge. **chro|no|gra|phisch,** auch: ...grafisch: die Chronographie betreffend

Chro|no|lo|ge *der;* -n, -n ⟨*gr.*⟩: Wissenschaftler auf dem Gebiet der Chronologie. **Chro|no|lo|gie** *die;* -, ...ien: 1. (ohne Plural) Wissenschaft u. Lehre von der Zeitmessung u. -rechnung. 2. Zeitrechnung. 3. zeitliche Abfolge (von Ereignissen). **Chro|no|lo|gin** *die;* -, -nen: weibliche Form zu ↑ Chronologe. **chro|no|lo|gisch:** zeitlich geordnet

Chro|no|me|ter *das; -s, -* ⟨*gr.-nlat.;* „Zeitmesser"⟩: transportable Uhr mit höchster Ganggenauigkeit, die bes. in der Astronomie u. Schifffahrt eingesetzt wird. **Chro|no|me|t|rie** *die;* -, ...ien: Zeitmessung. **chro|no|me|t|risch:** auf genauer Zeitmessung beruhend

Chro|no|pa|tho|lo|gie *die;* -: Lehre vom gestörten zeitlichen Ablauf der Lebensvorgänge unter krankhaften Bedingungen

Chro|no|phy|si|o|lo|gie *die;* -: Lehre vom zeitlichen Ablauf der normalen Lebensvorgänge bei Mensch u. Tier (z. B. Schlafwach-Rhythmus)

Chro|no|s|kop *das; -s, -e:* genau gehende Uhr mit einem Stoppuhrmechanismus, mit dem Zeitabschnitte gemessen werden können, ohne dass der normale Gang der Uhr dadurch beeinflusst wird

Chro|no|s|ti|chon *das; -s, ...chen:* ↑ Chronogramm (1) in Versform

Chro|no|therm ® *das; -s, -e:* mit einer Uhr verbundener Temperaturregler an einer Wärmequelle in Versuchsräumen

Chro|no|t|ron *das; -s, ...onen:* Gerät zur Messung der Zeitdifferenz zweier Impulse im Nanosekundenbereich

Chrot|ta [k...] *die; -, -s u. ...tten* ⟨*kelt.-lat.*⟩: ↑ Crwth

Chry|sa|li|de [çry...] *die; -, -n* ⟨*gr.-lat.*⟩: (Zool.) mit goldglänzenden Flecken bedeckte Puppe mancher Schmetterlinge

Chry|s|an|the|me [kry...] *die; -, -n* u. **Chry|s|an|the|mum** [auch: ç...] *das; -s, -[s]:* Zierpflanze mit größeren strahlenförmigen Blüten

chry|s|e|le|phan|tin [çry...] ⟨*gr.-nlat.*⟩: in Goldelfenbeintechnik gearbeitet (von antiken Figuren, bei denen die nackten Teile des Körpers mit Elfenbein, die bekleideten Teile u. die Haare mit Gold belegt sind)

Chry|so|be|ryll *der; -s, -e* ⟨*gr.-lat.*⟩: ein grüner Edelstein

Chry|so|chalk [çryso'çalk] u. Chrysokalk *der; -[e]s* ⟨*gr.-nlat.*⟩: goldfarbige Bronze

Chry|so|der|ma *das; -s, -ta:* ↑ Chrysose

Chry|so|gra|phie, auch: ...grafie *die; -:* die Kunst, mit Goldtinktur zu schreiben od. zu malen bzw. Schriftzeichen u. Ä. mit Blattgold zu belegen

Chry|so|il|din *das; -s:* orange- bis braunroter Farbstoff

Chry|so|kalk vgl. Chrysochalk

Chry|so|lith [auch: ...'lit] *der; -s u. -en, -e[n]* ⟨*gr.-lat.*⟩: ein Mineral

Chry|so|p|ras *der; -es, -e:* ein Halbedelstein

Chry|so|se u. **Chry|so|sis** *die; -, ...osen:* Ablagerung von Gold in der Haut u. damit verbundene Gelbfärbung der Haut nach längerer Behandlung mit goldhaltigen Arzneimitteln

Chry|so|til *der; -s, -e:* ein farbloses, feinfaseriges Mineral

chtho|nisch [ç...] ⟨*gr.*⟩: der Erde angehörend, unterirdisch; **chthonische Götter:** Erdgottheiten; in der Erde wohnende u. wirkende Götter (z. B. Pluto, die Titanen)

Chubb|schloss ® ['t∫ap...] *das; -es, ...schlösser* ⟨nach dem engl. Erfinder⟩: ein Sicherheitsschloss

Church|ar|my ['t∫ə:t∫'a:mi] *die; -* ⟨*engl.;* „Kirchenarmee"⟩: kirchlich-soziale Laienbewegung der englischen Staatskirche, die ihre Aufgabe in sozialer Fürsorge u. Volksmission sieht

Chut|ba [x...] ⟨*arab.*⟩: Predigt im islamischen Gottesdienst an Freitagen u. Festtagen

Chut|ney ['t∫atnɪ] *das; -[s], -s* ⟨*Hindi-engl.*⟩: Paste aus zerkleinerten Früchten mit Gewürzzusätzen

Chuz|pe [x...] *die; -* ⟨*hebr.-jidd.*⟩: (salopp abwertend) Unverfrorenheit, unbekümmerte Dreistigkeit, Unverschämtheit

chy|lös [çy...] ⟨*gr.-nlat.*⟩: (Med.) a) aus Chylus bestehend; b) milchig getrübt

Chy|l|u|rie *die; -, ...ien:* (Med.) Ausscheidung von Chylus im Harn

Chy|lus *der; -* ⟨*gr.-lat.*⟩: (Med.) milchig-trüber Inhalt der Darmlymphgefäße

Chy|mo|sin [çy...] *das; -s* ⟨*gr.-nlat.*⟩: (Biol.) Absonderung des Labmagens in Kälbermagen, Labferment

Chy|mus *der; -* ⟨*gr.-lat.*⟩: (Med.) nicht zu Ende verdauter (angedauter) Speisebrei im Magen, der von dort aus in den Darm gelangt

Chy|p|re ['∫i:prə] *das; -* ⟨nach der franz. Form des Namens „Zypern"⟩: ein Parfüm

CIA ['si:aɪ'eɪ] *die* od. *der; -* ⟨Abk. für *engl.* Central Intelligence Agency „zentrale Nachrichtenagentur"⟩: US-amerikanischer Geheimdienst

Cia|bat|ta [t∫a...] *die; -, ...te,* auch: *das; -s, -s* ⟨*it.*⟩: knuspriges italienisches Weißbrot, das aus Olivenöl gebacken wird

Cia|co|na [t∫ak...]: vgl. Chaconne

ciao [t∫au] ⟨*lat.-it.*⟩: tschüs!, hallo! (salopp-kameradschaftlicher Gruß zum Abschied [od. zur Begrüßung]); vgl. tschau

Ci|bo|rium [ts...]: vgl. Ziborium

CIC = Codex Iuris Canonici

Ci|ce|ro ['tsɪtsero, auch: 'tsi:tsero] *die* (schweiz.: *der*); - ⟨nach dem röm. Redner M. T. Cicero, 106–43 v. Chr.⟩: (Druckw.) Schriftgrad von 12 Punkt (ungefähr 4,5 mm Schrifthöhe)

Ci|ce|ro|ne [t∫it∫e'ro:nə] *der; -[s], -s u. ...ni* ⟨*lat.-it.*⟩: aufgrund eines scherzhaften Vergleichs mit dem röm. Redner Cicero: [sehr viel redender] Fremdenführer

Ci|ce|ro|ni|a|ner [tsi...] *der; -s, -* ⟨*lat.*⟩: Vertreter des Ciceronianismus. **ci|ce|ro|ni|a|nisch:** 1. a) nach Art des Redners Cicero; b) mustergültig, stilistisch vollkommen. 2. a) den Ciceronianer betreffend; b) den Ciceronianismus betreffend. **Ci|cero|ni|a|nis|mus** der; - ⟨lat.-nlat.⟩: in der Renaissancezeit einsetzende Bewegung in Stilkunst u. Rhetorik, die sich den Stil des römischen Redners u. Schriftstellers Cicero zum Vorbild nimmt

Ci|cis|beo [tʃitʃis...] der; -[s], -s ⟨it.⟩: [vom Ehemann akzeptierter] Liebhaber der Ehefrau

Cid|re ['si:drə] der; -[s] ⟨hebr.-gr.-lat.-vulgärlat.-fr.⟩: französischer Apfelwein aus der Normandie od. Bretagne

cif [t͡sif, sif] ⟨Abk. für engl.: cost, insurance, freight⟩: Kosten, Versicherung u. Fracht (Rechtsklausel im Überseehandelsgeschäft, wonach im Warenpreis Verladekosten, Versicherung u. Fracht bis zum Bestimmungshafen enthalten sind)

Ci|lia vgl. Zilie

Cim|bal vgl. Zimbal

Cin|cho|na [sɪn'tʃo:na] die; -, ...nen ⟨nach der Gemahlin des Grafen Cinchón, des Vizekönigs von Peru im 17. Jh.⟩: Chinarindenbaum (Südamerika)

Cin|cho|nin das; -s [nlat.]: ein ↑ Alkaloid der ↑ Chinarinde

Cinch|ste|cker ['sɪntʃ...] der; -s, - ⟨engl.; dt.⟩: Steckverbindung [an elektrischen Geräten] mit zentralem Stift und ihn umgebender Hülse als zweitem Pol

Ci|ne|ast [s...] der; -en, -en ⟨gr.-fr.⟩: a) Filmschaffender; b) Filmkenner, begeisterter Kinogänger.

Ci|ne|as|tik die; -: Filmkunst.

Ci|ne|as|tin die; -, -nen: weibliche Form zu ↑ Cineast. **ci|ne|astisch**: die Cineastik betreffend

Ci|nel|li [tʃ...] vgl. Tschinellen

Ci|ne|ma|gic [sɪnə'mædʒɪk] das; - ⟨gr.-engl.; Kunstw.⟩: (Filmw.) Verfahren der Trickfilmtechnik, bei dem Real- u. Trickaufnahmen gemischt werden

Ci|ne|ma|scope ® [sinema'sko:p] das; - ⟨gr.-engl.⟩: (Filmw.) besonderes Projektionsverfahren

Ci|ne|ma|thek [s...] ⟨gr.-fr.; gr.⟩ vgl. Kinemathek

Ci|ne|max ® ['sɪnə...] das; - ⟨engl.; lat.⟩: Filmtheater mit mehreren Kinosälen, Kinocenter

Ci|ne|phi|le [s...] der; -n, -n ⟨fr.; gr.⟩: jmd., dessen Interessen u.

Aktivitäten sich ganz auf die Filmkunst richten

Ci|ne|ra|ma ® [s...] das; - ⟨gr.-fr.-engl.⟩: besonderes Projektionsverfahren

Cin|gu|lum [t͡s...] vgl. Zingulum

Cin|que|cen|tist [tʃɪŋkvetʃen...] der; -en, -en ⟨lat.-it.⟩: Künstler des Cinquecento. **Cin|que|cen|to** das; -[s]: Kultur u. Kunst des 16. Jh.s in Italien (Hochrenaissance, ↑ Manierismus 1)

Cin|vat|brü|cke ['tʃɪnvat...] die; - ⟨iran.; dt.; „Trennungsbrücke“⟩: Totenbrücke der alten iranischen u. der ↑ parsischen Religion, von der die Bösen in die Hölle stürzen

Cin|za|no ® [tʃɪn...] der; -[s], -s (aber: 3 -): italienischer Wermutwein

Ci|pol|la|ta [tʃ...] die; -, -s u. ...ten ⟨lat.-it.; „Zwiebelgericht“⟩: a) Gericht aus Bratwürstchen, Zwiebeln, Maronen, Karotten u. Speck; b) kleines, in der Zusammensetzung der Weißwurst ähnliches Würstchen

Ci|pol|lin u. **Ci|pol|li|no** der; -s: Zwiebelmarmor (mit Kalkglimmerschiefer durchsetzter Marmor)

cir|ca ⟨lat.⟩ vgl. zirka; Abk.: ca.

Cir|ca|ra|ma [sɪrka...] das; - ⟨(lat.; gr.) engl.⟩: Filmwiedergabetechnik, bei der der Film so projiziert wird, dass sich für den Zuschauer von der Mitte des Saales aus ein Rundbild ergibt

Cir|ce die; -, -n ⟨nach der Zauberin der griech. Sage⟩: verführerische Frau, die es darauf anlegt, Männer zu betören

cir|cen|sisch vgl. zirzensisch

Cir|co|la|ti|on [sircola'sjõ:] die; -, -s ⟨lat.-fr.⟩: Kreisstoß beim Fechten

Cir|cuit|trai|ning ['sə:kɪt...] das; -s ⟨engl.⟩: zur Verbesserung der allgemeinen ↑ Kondition (2b) geschaffene Trainingsmethode, die in einer Aufeinanderfolge von Kraftübungen an verschiedenen, im Kreis aufgestellten Geräten besteht

Cir|cu|lus der; -, ...li ⟨lat.⟩: (Med.) [kleiner] Kreis, Ring

Cir|cu|lus vi|ti|o|sus der; - -, ...li ...si: 1. Zirkelschluss, bei dem das zu Beweisende in den Voraussetzung enthalten ist. 2. (Med.) gleichzeitig bestehende Krankheitsprozesse, die

sich gegenseitig ungünstig beeinflussen. 3. Teufelskreis

Cir|cus vgl. Zirkus

Ci|ré [si're:] der; -[s], -s ⟨lat.-fr.; „gewachst“⟩: Seidengewebe mit harter Glanzschicht

Cire per|due [sirper'dy] die; - - ⟨„verlorenes Wachs“⟩: beim Bronzeguss über einem tönernen Kern modellierte u. beim Guss wegschmelzende Wachsform

Ci|si|o|ja|nus der; -, ...ni ⟨lat.-nlat.⟩: kalendarischer Merkvers des Mittelalters in lateinischer Sprache, der das Datum eines bestimmten Festes angibt (so bedeutet cisio = „Beschneidung“ in Anfangsstellung vor Janus (Januarius), dass das Fest Christi Beschneidung auf den 1. Januar fällt)

Cis|la|weng vgl. Zislaweng

Cis|ta vgl. Zista

ci|ta|to lo|co [auch: - 'lɔko] ⟨lat.⟩: an der angeführten Stelle; Abk.: c. l.; vgl. loco citato

Ci|to|y|en [sitɔa'jɛ̃:] der; -s, -s ⟨lat.-mlat.-fr.⟩: franz. Bez. für: Bürger

Ci|t|ral vgl. Zitral

Ci|t|rat vgl. Zitrat

Ci|t|rin vgl. Zitrin

Ci|t|rus|frucht vgl. Zitrusfrucht

Ci|ty ['sɪti] die; -, -s ⟨lat.-fr.-engl.⟩: Geschäftsviertel einer Großstadt, Innenstadt

Ci|ty|bike [...baɪk] das; -s, -s ⟨engl.⟩: kleines Motorrad für den Stadtverkehr; vgl. Bike

Ci|ty|call [...kɔ:l] der; -s, -s ⟨engl.⟩: Telefongespräch innerhalb einer Stadt

Ci|ty|lo|gis|tik die; -: Kooperation von (meist unabhängigen) Unternehmen zur Belieferung eines Stadtzentrums mit Gütern

Ci|vet [si've:, si've] das; -s, -s ⟨lat.-fr.⟩: ↑ Ragout von Hasen u. Wildkaninchen

Ci|vi|tas Dei die; - - ⟨lat.⟩: Staat Gottes, der dem Staat des Teufels gegenübergestellt wird (geschichtsphilosophischer Begriff aus dem Hauptwerk des Augustinus)

Clac|to|ni|en [klɛkto'njɛ̃] das; -[s] ⟨nach dem Fundort Clacton on Sea in England⟩: Kulturstufe der Älteren Altsteinzeit

Cla|do|ce|ra vgl. Kladozeren

C

Claim [kleɪm] *das; -[s], -s ⟨lat.-fr.-engl.⟩:* 1. (Rechtsw.) Anrecht, Rechtsanspruch, Patentanspruch. 2. (Wirtsch.) Anteil (z. B. an einem Goldgräberunternehmen). 3. Behauptung, die von der Werbung aufgestellt wird

Claiꞏret [klɛˈrɛ] *der; -s, -s ⟨lat.-vulgärlat.-fr.⟩:* französischer Rotwein, der wenig Gerbstoff enthält

Claiꞏrette […ˈrɛt] *die; - ⟨lat.-fr.⟩:* leichter französischer Weißwein

Clair-obꞏsꞏcur [klɛrɔpsˈkyːɐ̯] *das; -[s]:* Helldunkelmalerei (Stil in Malerei u. Grafik)

Clairꞏobꞏsꞏcurꞏschnitt *der; -[e]s, -e:* Helldunkelschnitt in der Holzschnittkunst

Claiꞏron […ˈrõ:] *das; -s, -s:* 1. Bügelhorn, Signalhorn. 2. ↑ Clarino (1). 3. ↑ Clarino (2)

Clairꞏvoꞏyꞏance […vo̯aˈjɐ̯:s] *die; -:* Fähigkeit, im ↑ somnambulen od. Trancezustand die Zukunft vorauszusehen; Hellsehen

Clan [kla:n, engl.: klɛ:n] *der; -s, -e u. (bei engl. Aussprache:) -s ⟨kelt.-engl.⟩:* 1. schottischer Lehns- u. Stammesverband. 2. (iron. abwertend) durch gemeinsame Interessen od. verwandtschaftliche Beziehungen verbundene Gruppe

Claque [klak] *die; -, -n ⟨fr.⟩:* bestellte, mit Geld od. Freikarten bezahlte Gruppe von Beifallklatschern

Claꞏqueur [klaˈkø:ɐ̯] *der; -s, -e:* bestellter Beifallklatscher. **Claqueuꞏrin** […ˈkø:rɪn] *die; -, -nen:* weibliche Form zu ↑ Claqueur

¹Claꞏret [ˈklɛrət] *der; -s, -s ⟨lat.-fr.-engl.⟩:* engl. Bez. für: roter Bordeauxwein

²Claꞏret [klaˈre:] *der; -[s], -s ⟨lat.-fr.⟩:* leichter Rotwein

Claꞏriꞏno *das; -s, -s u. …ni ⟨lat.-it.⟩:* 1. hohe Trompete (Bachtrompete). 2. Zungenstimme der Orgel

Clarꞏkia u. **Clarꞏkie** *die; -, …ien ⟨nlat.; nach dem amerik. Forscher William Clark, 1770–1838⟩:* Zierpflanze aus Nordamerika (Nachtkerzengewächs)

Clauꞏsuꞏla *die; -, …lae […ɛ] ⟨lat.⟩:* ↑ Klausel

clauꞏsuꞏla reꞏbus sic stanꞏtiꞏbus: (Rechtsw.) Vorbehalt, dass ein

Schuldversprechen od. ein Geschäft bei Veränderung der Verhältnisse seine bindende Wirkung verliert

Claꞏveꞏcin [klavəˈsɛ̃:] *das; -s, -s ⟨(lat.; gr.) mlat.-fr.⟩:* franz. Bez. für ↑ Cembalo

Claꞏveꞏciꞏnist […si…] *der; -en, -en (meist Plural):* französischer Komponist bedeutender Cembalomusik im 17. u. 18. Jh.

Claꞏves *die (Plural) ⟨lat.-span.⟩:* Hartholzstäbchen als Rhythmusinstrument

Claꞏviꞏcemꞏbaꞏlo […ˈtʃɛm…] *das; -s, -s u. …li ⟨(lat.; gr.) mlat.-it.⟩:* Cembalo

Claꞏviꞏcuꞏla *die; -, …lae […ɛ] ⟨lat.⟩:* (Med.) Schlüsselbein

Claꞏvis *die; -, - u. …ves […ve:s]:* 1. (Mus.) a) Orgeltaste; b) Notenschlüssel. 2. (veraltet) lexikographisches Werk zur Erklärung antiker Schriften od. der Bibel

Claꞏvus *der; -, …vi:* 1. Purpur- od. Goldstreifen am Gewand altröm. Würdenträger. 2. (Med.) a) Hornzellenwucherung der Haut; b) Hühnerauge

clean [kli:n] ⟨engl.⟩: a) (ugs.) von Drogen nicht mehr abhängig; b) steril, sauber, nüchtern

Cleaꞏner [ˈkli:nɐ] *der; -s, - ⟨engl.⟩:* 1. Reinigungsmittel. 2. Reinigungsfirma, bes. für öffentliche Gebäude u. Dienststellen

Cleanꞏproꞏducꞏtion [ˈkli:nprəˈdʌkʃn] *die; -,* auch: **Clean Proꞏducꞏtion** *die; - - ⟨engl.⟩:* umweltverträgliche Produktionsweise

Clear-Air-Turꞏbuꞏlenz [klɪəˈɛə…] *die; -, -en ⟨lat.-fr.-engl.⟩:* (Meteor.) ↑ Turbulenz (2) im wolkenfreien Raum

Cleaꞏring [ˈkli:rɪŋ] *das; -s, -s:* Verrechnung; Verrechnungsverfahren

Cleꞏmaꞏtis vgl. Klematis

Cleꞏmenꞏtiꞏne *die; -, -n ⟨wohl nach dem ersten Züchter, dem franz. Trappistenmönch Père Clément⟩:* süße [kernlose] mandarinenähnliche Frucht

Clenꞏbuꞏteꞏrol ® *das; -s ⟨Kunstw.⟩:* zur Kälbermast u. als Dopingmittel verwendetes Anabolikum

Cleꞏriꞏhew [ˈklɛrɪhju:] *das; -[s], -s ⟨nach dem ersten Verfasser E. Clerihew Bentley⟩:* vierzeilige humoristische Gedichtform

Clerk [klark, klɑ:k] *der; -s, -s ⟨gr.-*

lat.-fr.-engl.⟩: 1. kaufmännischer Angestellter (in England od. Amerika). 2. britischer od. amerikanischer Verwaltungsbeamter [beim Gericht]

cleꞏver [ˈklɛvɐ] ⟨engl.⟩: in taktisch schlauer, geschickter Weise vorgehend; klug, gewitzt. **Cleꞏverꞏness** *die; -:* clevere Art u. Weise, cleveres Verhalten

Cliꞏanꞏthus *der; - ⟨gr.-nlat.⟩:* aus Australien stammender Zierstrauch

Cliꞏché [kliˈʃe:]: frühere Schreibung für: Klischee

Cliꞏent [ˈklaɪənt] *der; -s, -s ⟨lat.-engl.⟩:* (EDV) Rechner innerhalb eines Netzwerks, der vom Server (2) Dienste in Anspruch nimmt

Cliꞏent-Serꞏver-Arꞏchiꞏtekꞏtur [klaɪənt'sə:və…] *die; -:* (EDV) Anordnung in Netzwerken zur effektiveren Nutzung der einzelnen Rechnerkomponenten

Cliffꞏhanꞏger […hɛŋɐ] *der; -s, - ⟨engl.⟩:* effektvoller, Spannung hervorrufender Schluss der Folge einer Fernseh- od. Rundfunkserie, der den Neugier auf die Fortsetzung wecken soll

Clinch [klɪntʃ, klɪnʃ] *der; -[e]s ⟨engl.⟩:* das Umklammern u. Festhalten des Gegners im Boxkampf; **mit jmdm. im Clinch liegen:** eine Meinungsverschiedenheit, einen Streit haben

Cliꞏnoꞏmoꞏbil vgl. Klinomobil

Clip *der; -s, -s ⟨engl.⟩:* 1. vgl. Klipp, Klips. 2. ↑ Videoclip

Clipꞏboard […bɔ:d] *das; -s, -s ⟨engl.⟩:* (EDV) verdeckte Zwischenablage, z. B. in Textverarbeitungsprogrammen

Clipꞏper ® *der; -s, - ⟨engl.⟩:* auf Überseestrecken eingesetztes amerikanisches Langstreckenflugzeug

Cliꞏque [ˈklɪkə, auch: ˈkli:kə] *die; -, -n ⟨fr.⟩:* a) (abwertend) Personengruppe, die vornehmlich ihre eigenen Gruppeninteressen verfolgt; b) Freundes-, Bekanntenkreis

Cliꞏvia, Klivie *die; -, …vien ⟨nlat.; nach einer engl. Herzogin, Lady Clive⟩:* Zimmerpflanze mit orangefarbenen Blüten

Cloꞏchard [klɔˈʃa:r] *der; -[s], -s ⟨fr.⟩:* Stadtstreicher (bes. in Frankreich)

Cloche [klɔʃ] *die; -, -s [klɔʃ] ⟨fr.⟩:* bes. beim Servieren verwendete

Metallhaube zum Warmhalten von Speisen

Clog [klɔk] *der; -s, -s* (meist Plural) ⟨*engl.*⟩: Holzpantoffel

Cloi|son|né [klo̯azɔ'ne:] *das; -s, -s* ⟨*lat.-vulgärlat.-fr.*⟩: bestimmte Technik bei Goldemailarbeiten, Zellenschmelz

Clo|ning *das; -s, -s* ⟨*engl.*⟩: künstliches Erzeugen von Leben od. einem Lebewesen durch genetische Manipulation

Clo|qué [klo'ke:] *der; -[s], -s* ⟨*fr.*⟩: modisches Kreppgewebe mit welliger Oberfläche; Blasenkrepp

Clos [klo:] *das; -* [klo:(s)], *-* [klo:s] ⟨*lat.-fr.*⟩: von einer Mauer od. Hecke eingefriedeter Weinberg od. -garten in Frankreich

Closed|shop ['klo̯vzd'ʃɔp] *der; -[s], -s,* auch: **Closed Shop** *der; - -[s], - -s* ⟨*engl.*⟩: 1. (EDV) Betriebsart eines Rechenzentrums, bei der der Benutzer die Daten anliefert u. die Resultate abholt, jedoch zur Datenverarbeitungsanlage selbst keinen Zutritt hat; Ggs. ↑ Openshop (1). 2. Unternehmen, das ausschließlich Gewerkschaftsmitglieder beschäftigt (in England u. den USA); Ggs. ↑ Openshop (2)

Close-up ['klo̯vs|ap] *das; -s, -s* ⟨*engl.*⟩: (Film; Fernsehen) Nah-, Großaufnahme

Clos|t|ri|di|um *das; -s* ⟨*gr.-nlat.*⟩: Gattung Sporen bildender [krankheitserregender] ↑ Bakterien

Cloth [klɔθ] *der* od. *das; -* ⟨*engl.; „Tuch"*⟩: glänzender [Futter]stoff aus Baumwolle od. Halbwolle in Atlasbindung (einer besonderen Webart)

Clou [klu:] *der; -s, -s* ⟨*lat.-fr.; „Nagel"*⟩: Höhepunkt (im Ablauf) von etwas; Kernpunkt

Clown [klau̯n] *der; -s, -s* ⟨*lat.-fr.-engl.*⟩: Spaßmacher [im Zirkus od. Varietee]

Clow|ne|rie *die; -, ...ien:* Spaßmacherei, spaßige Geste

clow|nesk: nach Art eines Clowns

Clow|nis|mus *der; -* ⟨*nlat.*⟩: (Med.) groteske Körperverrenkungen bei verschiedenen psychopathischen Zuständen

Club vgl. Klub

Club|wear [...wea, auch 'klʌb...] *die; -,* auch: *der* od. *das; -[s]*

⟨*engl.*⟩: modische Freizeitkleidung, die die Identifikation mit einem bestimmten Verein od. einer Gruppe zum Ausdruck bringen soll

Clum|ber|spa|ni|el ['klʌmbə...] *der; -s, -s* ⟨nach dem engl. Landsitz Clumber⟩: englische Jagdhundrasse

Clu|ni|a|zen|ser usw. vgl. Kluniazenser usw.

Clus|ter ['klastɐ] *der; -s, -[s]* ⟨*engl.*⟩: 1. (Kernphysik) als einheitliches Ganzes zu betrachtende Menge von Einzelteilchen. 2. (Mus.) Klanggebilde, das durch Übereinanderstellen kleiner ↑ Intervalle (2) entsteht; Klangfeld. 3. (Sprachw.) a) Folge von aufeinander folgenden ungleichen Konsonanten; b) ungeordnete Menge semantischer Merkmale eines Begriffs. 4. (Informatik) a) Datenblock; b) Einheit aus Zentralcomputer u. daran angeschlossenen Rechnern

¹Coach [ko:tʃ, ko̯vtʃ] *der; -[s], -s* ⟨*engl.*⟩: jmd., der Sportler od. eine Sportmannschaft, auch Manager, Künstler u. Ä. trainiert, betreut

²Coach *die; -, -s:* im 19. Jh. verwendete vierrädrige Kutsche für vier Personen

coa|chen ['ko:tʃn̩]: Sportler od. eine Sportmannschaft, auch Manager, Künstler u. Ä. trainieren u. betreuen

Coa|ching *das; -s:* das Coachen (z. B. das Betreuen von Sportlern; Förderung von Mitarbeitern, Beratung von Managern)

Co|a|gu|lum vgl. Koagulum

Coat [ko:t, ko̯vt] *der; -[s], -s* ⟨*germ.-fr.-engl.*⟩: dreiviertellanger Mantel

Coa|ting ['ko:tɪŋ, 'ko̯vtɪŋ] *der; -[s], -s:* 1. (ohne Plural) tuchartiger Kammgarnstoff in Köperbindung (eine Webart). 2. schützende Beschichtung, Überzug (gegen Abrieb usw.). 3. Überzug aus (natürlichen od. synthetischen) Wachsen u. Harzen, der z. B. auf Lebensmittel zum Schutz gegen Wasseraufnahme od. -abgabe sowie gegen schädigende Einwirkungen aus der Lageratmosphäre aufgebracht wird

Cob *der; -s, -s* ⟨*engl.*⟩: kleines, starkes, für Reiten u. Fahren

gleichermaßen geeignetes englisches Gebrauchspferd

Co|baea [ko'bɛ:a] *die; -, -s* ⟨*nlat.; nach dem span. Naturforscher B. Cobo, 1582–1657*⟩: Glockenrebe (eine mexikanische Zierpflanze)

Co|balt vgl. Kobalt

Cob|b|ler *der; -s, -s* ⟨*engl.*⟩: ↑ Cocktail aus Likör, Weinbrand od. Weißwein, Fruchtsaft, Früchten u. Zucker

COBOL *das; -s* ⟨Kurzw. aus: *common business oriented language; engl.*⟩: (EDV) Programmiersprache zur problemorientierten Formulierung von Programmen der kommerziellen Datenverarbeitung

Co|ca *die; -, -s* od. *das; -[s], -s* (aber: 3 -): (ugs. kurz für) [Flasche] Coca-Cola

Co|ca-Co|la ® *das; -[s]* od. *die; -* (5 [Flaschen] -) ⟨Herkunft ungeklärt⟩: koffeinhaltiges Erfrischungsgetränk

Co|ca|in vgl. Kokain

Co|car|ci|no|gen [...tsi...] vgl. Kokarzinogen

Coc|cus vgl. Kokke

Co|che|ni|lle [kɔʃə'nɪljə] vgl. Koschenille

Coch|lea *die; -, ...eae* [...eɛ] ⟨*gr.-lat.*⟩: 1. Teil des Innenohrs. 2. Gehäuse der Schnecken

Co|chon [kɔ'ʃõ:] *der; -s, -s* ⟨*fr.; „Schwein"*⟩: (veraltet) unanständiger Mensch

Co|chon|ne|rie [kɔʃɔna...] *die; -, ...ien:* Schweinerei, Unflätigkeit, Zote

Co|cker|spa|ni|el *der; -s, -s* ⟨*engl.*⟩: englische Jagdhundrasse

¹Cock|ney ['kɔkni] *das; -[s]* ⟨engl.⟩: (als Zeichen der Unbildung angesehene) Mundart der Londoner Bevölkerung

²Cock|ney *der; -s, -s:* jmd., der ¹Cockney spricht

Cock|pit *das; -s, -s* ⟨*engl.; „Hahnengrube"*⟩: 1. Pilotenkabine in [Düsen]flugzeugen. 2. Fahrersitz in einem Rennwagen. 3. vertiefter, ungedeckter Sitzraum für die Besatzung in Segel- u. Motorbooten

Cock|tail ['kɔktei̯l] *der; -s, -s* ⟨*engl; „Hahnenschwanz"*⟩: 1. a) alkoholisches Mischgetränk aus verschiedenen Spirituosen, Früchten, Fruchtsaft u. anderen Zutaten; b) Mischung

(z. B. von Speisen). 2. ↑ Cocktail-party

Cock|tail|kleid *das;* -[e]s, -er: elegantes, kurzes Gesellschaftskleid

Cock|tail|par|ty *die;* -, -s: zwanglose Gesellichkeit in den frühen Abendstunden, bei der Cocktails (1 a) serviert werden

Co|coo|ning [kəˈkuːnɪŋ] *das;* -s, -s ⟨engl.; eigtl. „das Einspinnen"⟩: das Zu-Hause-Bleiben während der Freizeit; [völliger] Rückzug in die Privatsphäre

Co|da vgl. Koda

Code [koːt] vgl. Kode

Code ci|vil [koːdsiˈvil] *der;* - - ⟨fr.⟩: französisches Zivilgesetzbuch

Co|de|in vgl. Kodein

Code Na|po|lé|on [koːdnapɔleˈõ] *der;* - - ⟨fr.⟩: Bezeichnung des Code civil zwischen 1807 u. 1814

Code|swit|ching [ˈkoʊdswɪtʃɪŋ] *das;* -[s], -s ⟨engl.⟩: (Sprachw.) Übergang von einer Sprachvarietät in eine andere (z. B. von der Standardsprache zur Mundart) innerhalb eines Gesprächs

Co|dex *der;* -, ...ices ⟨lat.⟩: ↑ Kodex

Co|dex *ar|gen|te|us* *der;* - -: ältestes ↑ Evangeliar in gotischer Sprache mit Silberschrift auf Purpurpergament

Co|dex au|re|us *der;* - -, Codices aurei [...tseː s -]: kostbare, mittelalterliche Handschrift mit Goldschrift od. goldenem Einband

Co|dex Iu|ris Ca|no|ni|ci, Co|dex Ju|ris Ca|no|ni|ci *der;* - - -: das Gesetzbuch des katholischen Kirchenrechts (seit 1918); Abk.: CIC

Co|di|cil|lus *der;* -, ...lli: kleiner Kodex, Notizbüchlein; vgl. Kodizill

co|die|ren usw. vgl. kodieren usw.

Co|don *das;* -s, ...one[n] ⟨lat.-fr.⟩: (Biochem.) Bez. für drei aufeinander folgende Basen einer Nukleinsäure, die den Schlüssel für eine Aminosäure im ↑ Protein darstellen

Coe|cum [ˈtsøːkʊm] vgl. Zökum

Coe|les|tin [tsø...] vgl. Zölestin

Coe|lin[|blau] *das;* -s ⟨lat.; dt.⟩: eine lichtblaue Malerfarbe

Coe|me|te|ri|um [tsø...] vgl. Zömeterium

Coe|no|bit [tsø...] usw. vgl. Zönobit usw.

co|le|tan [ko...] usw. vgl. koätan usw.

Cœur [køːɐ̯] *das;* -[s], -[s] ⟨lat.-fr.⟩: durch ein rotes Herz gekennzeichnete Spielkarte

Cof|fee|shop [ˈkɔfiʃɔp] *der;* -s, -s ⟨engl.⟩: 1. kleines Restaurant (oft innerhalb eines Hotels), in dem Erfrischungen u. kleine Mahlzeiten serviert werden. 2. (Jargon) Laden, in dem man u. a. Haschisch u. Marihuana kaufen kann

Cof|fe|in vgl. Koffein

Cof|fey|na|gel [ˈkɔfe...] u. Koffinnagel *der;* -s, ...nägel ⟨engl.; dt.⟩: hölzerner od. metallener Dorn zur Befestigung von leichtem Tauwerk auf Segelschiffen

Cof|fi|nit [auch: ...ˈnɪt] *das;* -s ⟨nach dem amerik. Geologen R. C. Coffin⟩: ein stark radioaktives Mineral

co|gi|to, er|go sum ⟨lat.⟩ „ich denke, also bin ich"⟩: Grundsatz der französischen Philosophen Descartes

Cog|nac [ˈkɔnjak] ⟨fr.⟩: goldbraun.

Cog|nac ® *der;* -[s], -s ⟨nach der franz. Stadt⟩: (aus Weinen des Gebiets um Cognac hergestellter) französischer Weinbrand

Cog|no|men vgl. Kognomen

Coif|feur [koaˈføːɐ̯] *der;* -s, -e ⟨fr.⟩: (bes. schweiz.) Friseur. **Coif|feu|se** [...ˈføːzə] *die;* -, -n: (schweiz.) Friseuse

Coif|fure [...ˈfyːɐ̯] *die;* -, -n: 1. (geh.) Frisierkunst. 2. (schweiz.) Frisiersalon. 3. (veraltet) kunstvoll gestaltete Frisur

Coil [kɔyl] *das;* -s ⟨engl.⟩: dünnes, aufgewickeltes Walzblech

Co|in|ci|den|tia Op|po|si|to|rum [koˈɪntsi...-] *die;* - - ⟨lat.; „Zusammenfall der Gegensätze"⟩: Aufhebung der irdischen Widersprüche im Unendlichen, im göttlichen All (bei Nikolaus von Kues u. Giordano Bruno)

Coin|t|reau ® [koɛ̃ˈtroː] *der;* -s, - ⟨fr.⟩: französischer Orangenlikör

Co|ir [koˈiːɐ̯, ˈkɔɪə] *das;* -[s] od. *die;* - ⟨Malayalam-engl.⟩: Faser der Kokosnuss

Co|i|tus vgl. Koitus

Co|i|tus a Ter|go *der;* - - -, - [...tuːs] - -: (Med.) Form des Koitus, bei der die Frau dem Mann den Rücken zuwendet;

Geschlechtsverkehr „von hinten"

Co|i|tus in|ter|rup|tus *der;* - -, - [...tuːs] ...ti: (Med.) Form des Koitus, bei der der Penis vor dem Samenerguss aus der Scheide herausgezogen wird

Co|i|tus per A|num *der;* - - -, - [...tuːs] - -: (Med.) Geschlechtsverkehr durch Einführen des Penis in den After des Geschlechtspartners

Co|i|tus per Os *der;* - - -, - [...tuːs] - -: (Med.) vgl. Fellatio

Co|i|tus re|ser|va|tus *der;* - -, - [...tuːs] ...ti: (Med.) Geschlechtsverkehr, bei dem der Samenerguss absichtlich über längere Zeit hin od. gänzlich unterdrückt wird

Coke ® [koːk, koʊk] *das;* -[s], -s ⟨amerik.⟩: ↑ Coca-Cola

Co|la *die;* -, -s od. *das;* -[s], -s (aber: 5 -): koffeinhaltiges Erfrischungsgetränk

Co|la|ni *der;* -s, -s: Kolani

Co|la|scio|ne [...ˈʃoːnə] *der;* -, ...ni ⟨it.⟩: süditalienisches Lauteninstrument mit langem Hals u. wechselnder Saitenzahl

col bas|so ⟨it.⟩: (Mus.) mit dem Bass od. der Bassstimme [zu spielen] (Spielanweisung); Abk.: c. b.

Col|chi|cin vgl. Kolchizin

Col|chi|cum *das;* -s ⟨nlat.; nach der antiken Landschaft Kolchis am Schwarzen Meer⟩: Herbstzeitlose (ein Liliengewächs)

Cold|cream [ˈkoʊldˈkriːm] *die;* -, -s, auch: **Cold Cream** *die;* - -, -s ⟨engl.⟩: pflegende, kühlende Hautcreme

Cold|rub|ber [ˈkoʊldrʌbə] *der;* -[s], auch: **Cold Rub|ber** *der;* - -[s] („kaltes Gummi"): ein Kunstkautschuk

Co|le|op|ter [ko...] *der;* -s, - ⟨gr.⟩: senkrecht startendes u. landendes Flugzeug mit einem Ringflügel; vgl. Koleoptere

Co|le|us *der;* - ⟨gr.-lat.⟩: Buntnessel (eine tropische Zimmerpflanze)

col|la de|s|t|ra ⟨it.⟩: (Mus.) mit der rechten Hand [zu spielen] (Spielanweisung); Abk.: c. d.; vgl. colla sinistra

Col|la|ge [kɔˈlaːʒə] *die;* -, -n ⟨fr.⟩: [künstlerische] Komposition, die aus ganz Verschiedenartigem, aus vorgegebenen Dingen verschiedenen Ursprungs, Stils zusammengefügt ist (z. B. Klebebild)

col|la|gie|ren: als Collage zusammensetzen, -stellen

col|la par|te ⟨*it.*⟩: (Mus.) mit der Hauptstimme [gehend] (Spielanweisung)

Col|lar [ˈkʌlə] *der;* -s, -s ⟨*lat.-altfr.-engl.*⟩: Zinsvereinbarung bei Krediten, mit der eine Zinsobergrenze (↑ Cap) und eine Zinsuntergrenze (↑ Floor) festgelegt wird

coll'ar|co ⟨*it.*⟩: (Mus.) [wieder] mit dem Bogen [zu spielen] (Spielanweisung für Streicher nach vorausgegangenem ↑ Pizzikato); Abk.: c. a.

Col|lar|gol ® *das;* -s: Bakterien tötendes Heilmittel in Salbenform; vgl. Kollargol

col|la si|ni|s|t|ra ⟨*it.*⟩: (Mus.) mit der linken Hand [zu spielen] (Spielanweisung); Abk.: c. s.; vgl. colla destra

col|lé [kɔˈleː] ⟨*gr.-vulgärlat.-fr.;* „angeleimt"⟩: dicht anliegend (vom Billardball, der an der Bande liegt)

Col|lec|ta|nea: lat. Form von ↑ Kollektaneen

Col|lege [ˈkɔlɪdʒ] *das;* -[s], -s ⟨*lat.-fr.-engl.*⟩: a) private höhere Schule mit Internat in England; b) einer Universität angegliederte Lehranstalt mit Wohngemeinschaft von Dozenten u. Studenten in England; c) Eingangsstufe der Universität; die ersten Universitätsjahre in den USA

Col|lège [kɔˈlɛːʒ] *das;* -[s], -s ⟨*lat.-fr.*⟩: höhere Schule in Frankreich, Belgien u. der französischsprachigen Schweiz

Col|lege|map|pe [ˈkɔlɪdʒ...] *die;* -, -n ⟨*lat.-fr.-engl.; dt.*⟩: kleine, schmale Aktentasche [mit Reißverschluss]; Kollegmappe

Col|le|gi|um mu|si|cum [- ...kum] *das;* - -, ...gia ...ca ⟨*lat.; gr.-lat.*⟩: freie Vereinigung von Musikliebhabern [an Universitäten]

Col|le|gi|um pu|b|li|cum *das;* - -, ...gia ...ca ⟨*lat.*⟩: öffentliche Vorlesung an einer Universität

col leg|no [- ˈlɛnjo] ⟨*it.*⟩: (Mus.) mit dem Holz des Bogens [zu spielen] (Spielanweisung für Streicher)

Col|li|co ® *der;* -s, -s ⟨Kunstw.⟩: zusammenlegbare, bahneigene Transportkiste aus Metall

Col|lie *der;* -s, -s ⟨*engl.*⟩: schottischer Schäferhund

Col|li|er [kɔˈlje:] vgl. Kollier

Col|li|er de Vé|nus [kɔljedveˈnys] *das;* - - -, -s [kɔˈlje]- - ⟨*lat.-fr.*⟩: (veraltet) ↑ Leukoderma

Col|lo|qui|um vgl. Kolloquium

Col|lum *das;* -s, ...lla ⟨*lat.*⟩: (Med.) 1. Hals. 2. sich verjüngender Teil eines Organs, Verbindungsteil

Co|lon vgl. Kolon

Co|lón *der;* -[s], -s (aber: 5 -) ⟨nach der span. Namensform von Kolumbus⟩: Währungseinheit in Costa Rica u. El Salvador

Co|lo|nel [fr.: kɔlɔˈnɛl, engl.: ˈkə:nəl] *der;* -s, -s ⟨*lat.-it.-fr.* (*-engl.*)⟩: franz. u. engl. Bez. für: Oberst

Co|lo|nia *die;* -, ...iae [...niɛ] ⟨*lat.;* „Ansiedlung"⟩: in der Antike eine Siedlung außerhalb Roms u. des römischen Bürgergebiets (z. B. Colonia Raurica, heute: Augst)

Co|lo|ra|do|it [auch: ...ˈɪt] *das;* -s ⟨nach dem US-Bundesstaat Colorado⟩: ein seltenes Mineral

Co|lo|ra|do|kä|fer vgl. Koloradokäfer

Co|lor|bild [auch: koˈloː...] *das;* -[e]s, -er ⟨*lat.; dt.*⟩: 1. Fernsehbild in Farbe. 2. Farbfoto

Co|lor|film *der;* -[e]s, -e: Farbfilm

Co|lor|ge|rät *das;* -[e]s, -e: Farbfernsehgerät

Co|los|ko|pie *die;* -, ...ien: ↑ Koloskopie

Colt ® *der;* -s, -s ⟨nach dem amerik. Industriellen u. Erfinder S. Colt, 1814–1862⟩: (bes. im amerikanischen Westen der Kolonialzeit verwendeter) Revolver

Co|lum|ba|ri|um [ko...] vgl. Kolumbarium

Co|lum|bi|um [ko...] *das;* -s ⟨*nlat.;* nach dem poetischen Namen Columbia für Amerika⟩: frühere Bez. für das chem. Element ↑ Niob; Zeichen: Cb

Com|bi vgl. Kombi

Com|bine [kɔmˈbaɪn] vgl. Kombine

Com|bine|pain|ting, auch: **Combine-Painting** [ˈkɔmbaɪnpeɪntɪŋ] *das;* - ⟨*engl.*⟩: Kunstrichtung, bei der Gegenstände des täglichen Lebens u. vorgefundene Materialien zu Bildern od. ↑ Assemblagen zusammengefügt werden

Com|bo *die;* -, -s ⟨Kurzw. aus *engl.* combination „Zusammenstellung"⟩: kleines Jazz- od. Tanzmusikensemble, in dem jedes Instrument nur einmal vertreten ist

Come-back, auch: **Come|back** [kamˈbɛk] *das;* -[s], -s ⟨*engl.;* „Rückkehr"⟩: erfolgreiches Wiederauftreten eines bekannten Künstlers, Politikers, Sportlers nach längerer Pause

COMECON, Co|me|con *der* od. *das;* - ⟨Kurzw. aus *engl.* Council for Mutual Economic Assistance/ Aid⟩: (hist.) Rat für gegenseitige Wirtschaftshilfe; Abk.: RGW

Co|me|di|an [kɔˈmiːdiən] *der;* -s, -s ⟨*engl.*⟩: humoristischer Unterhaltungskünstler

Co|mé|die lar|mo|y|ante [kɔmedilarmɔaˈjãːt] *der;* - - ⟨*fr.*⟩: (Literaturw.) Rührstück der französischen Literatur des 18. Jh.s

Come-down [ˈkʌmdaʊn] *das;* -s, -s ⟨*engl.*⟩: das Nachlassen der Rauschwirkung (bei Drogen)

Co|me|dy [ˈkɔmədi] *die;* -, -s ⟨*engl.*⟩: 1. [oft als Serie produzierte] humoristische Sendung. 2. kurz für ↑ Comedyshow

Co|me|dy|show, auch: **Comedy-Show** [...ʃoʊ] *die;* -, -s: Show, bes. im Fernsehen, in der Sketche, Slapsticks u. Ä. dargeboten werden

come quick, dan|ger [ˈkʌm ˈkwɪk ˈdeɪndʒə] ⟨*engl.;* „kommt schnell, Gefahr!"⟩: ehemaliges Seenotfunksignal; Abk.: CQD

Co|mes *der;* -, -. u. Comites [...teːs] ⟨*lat.;* „Begleiter"⟩: 1. a) altrömischer Beamter im kaiserlichen Dienst; b) im Mittelalter Gefolgsmann od. Vertreter des Königs in Verwaltungs- u. Gerichtsangelegenheiten; Graf. 2. (Mus.) Wiederholung des Fugenthemas in der zweiten Stimme

co|me so|p|ra ⟨*it.*⟩: (Mus.) wie oben, wie zuvor (Spielanweisung)

Co|mes|ti|bles [...ˈtiːbl] *die* (Plural) ⟨*lat.-fr.*⟩: (schweiz.) Feinkost, Delikatessen; vgl. Komestibilien

Co|mic *der;* -s, -s (meist Plural): Kurzform von ↑ Comicstrip. **Co|mic|strip** [...strɪp] *der;* -[s], -s, auch: **Co|mic Strip** *der;* - -[s], - -s ⟨*engl.;* „drolliger Streifen"⟩: mit Texten gekoppelte Bilderfort-

setzungsgeschichte abenteuer-
lichen, grotesken od. utopi-
schen Inhalts

Co|ming|man [ˈkʌmɪŋˌmən] *der;* -,
...men, auch: **Co|ming Man** *der;*
- -, - Men ⟨*engl.*⟩: jmd., von dem
angenommen wird, dass er eine
große Karriere macht

Co|ming-out [kʌmɪŋˈaʊt] *das;*
-[s], -s ⟨*engl.*⟩: das Öffentlich-
machen von etwas (als bewuss-
tes Handeln), bes. das öffentliche Sichbekennen zu seiner ho-
mosexuellen Veranlagung

Co|mi|tes [...teːs]: *Plural* von ↑ Co-
mes

comme ci, comme ça [kɔmˈsi
kɔmˈsa] ⟨*fr.*⟩: nicht besonders
[gut]

Com|me|dia dell'Ar|te *die;* - - ⟨*it.*⟩:
volkstümliche italienische
Stegreifkomödie des 16. bis
18. Jh.s

comme il faut [kɔmilˈfoː] ⟨*fr.*⟩: wie
es sich gehört; mustergültig

Com|mer|cial [kəˈmǝːʃl] *das;* -s, -s
⟨*lat.-fr.-engl.*⟩: (Wirtsch.) Wer-
bespot

Com|mis|sion|bro|ker [kɔ-
ˈmɪʃnbroʊkə], auch: **Com|mis-
sion-Bro|ker** *der;* -s, - ⟨*engl.*⟩:
Börsenmakler, der ausschließlich Kundenaufträge durchführt

Com|mis Vo|ya|geur, auch: **Com-
mis vo|ya|geur** [kɔmiːvɔaja-
ˈʒœːr] *der;* - -, - -s [- ...ˈʒœːr]
⟨*fr.*⟩: (veraltet) Handlungsrei-
sender

Com|mon Law [kɔmənˈlɔː] *das;* - -
⟨*engl.*⟩: (Rechtsw.) a) das für alle
Personen im englischen Königreich einheitlich geltende Recht
im Unterschied zu den örtli-
chen Gewohnheitsrechten;
b) das in England entwickelte
Recht im Unterschied zu den
aus dem römischen Recht abge-
leiteten Rechtsordnungen; vgl.
Statute Law

Com|mon Pray|er-Book [- ˈprɛə-
bʊk] *das;* - - ⟨„allgemeines Ge-
betbuch"⟩: Bekenntnis- u. Kir-
chenordnungsgrundlage der
anglikanischen Kirche

Com|mon-Rail-Sys|tem [...ˈreːl...]
das; -s ⟨*engl.; gr.*⟩: (Techn.) Ein-
spritzsystem für Dieselmotoren
mit nur einer Hochdruck-
pumpe für alle Düsen (im Unterschied zum Pumpe-Düse-
Prinzip)

Com|mon|sense [...sɛns] *der;* -,

auch: **Com|mon Sense** *der;* - -:
gesunder Menschenverstand

Com|mon|wealth [...wɛlθ] *das;* -:
Staatenbund, [britische] Völ-
kergemeinschaft; **Common-
wealth of Nations** [- əv neɪ-
ʃənz]: Staatengemeinschaft des
ehemaligen britischen Welt-
reichs

Com|mu|ne Sanc|to|rum *das;* - -
⟨*lat.;* „das den Heiligen Gemeinsame"⟩: Sammlung von
Mess- u. Breviergebeten in der
katholischen Liturgie für die
Heiligenfeste, die keine [voll-
ständigen] Texte besitzen

Com|mu|nio Sanc|to|rum *die;* - -:
die Gemeinschaft der Heiligen,
d. h. der Gott Angehörenden
(im christlichen Glaubensbe-
kenntnis)

Com|mu|ni|qué [kɔmyniˈkeː] vgl.
Kommuniqué

Com|mu|nis O|pi|nio *die;* - -: allge-
meine Meinung, herrschende
Auffassung [der Gelehrten]

co|mo|do ⟨*lat.-it.*⟩: (Mus.) ge-
mächlich, behaglich, ruhig
(Vortragsanweisung)

Com|pact|disc [engl.: ˈkɔmpɛkt-
dɪsk] *die;* -, -s, auch: **Com|pact
Disc** *die;* - -, - -s ⟨*engl.*⟩: aus me-
tallisiertem Kunststoff bestehende kleine, durch Laserstrahl
abtastbare Speicherplatte von
hoher Ton- bzw. Bildqualität

Com|pa|g|nie [kɔmpanˈjiː] vgl.
Kompanie

Com|pa|g|non [kɔmpanˈjõː] vgl.
Kompagnon

Com|pi|ler [kɔmˈpaɪlɐ] *der;* -s, -
⟨*engl.*⟩: (EDV) Computerprogramm, das ein in einer problemorientierten Programmiersprache geschriebenes Programm in die Maschinenspra-
che der jeweiligen Rechenanlage übersetzt

Com|pli|ance [kəmˈplaɪəns] *die;* -
⟨*engl.*⟩: 1. (Med.; Psychol.) Be-
reitschaft eines Patienten zur
aktiven Mitwirkung an therapeutischen Maßnahmen.
2. (Med.) elastische Volumen-
dehnbarkeit von Atmungs- u.
Gefäßsystemen. 3. (Bankw.) Si-
cherstellung der ordnungsge-
mäßen Durchführung von
Wertpapierdienstleistungen
der Banken zum Schutz der
Anleger

¹Com|po|sé [kõpoˈzeː] *der;* -[s], -[s]
⟨*lat.-fr.;* „zusammengesetzt"⟩:

zweifarbig gemustertes Gewebe, bei dem Muster- u.
Grundfarbe wechseln

²Com|po|sé *das;* -[s], -s: a) zwei od.
mehrere farblich u. im Muster
aufeinander abgestimmte
Stoffe; b) aus ²Composé (a) hergestellte, mehrteilige Damen-
oberbekleidung

Com|po|ser *der;* -s, - ⟨*lat.-fr.-engl.*⟩:
(Druckw.) elektrische Schreib-
maschine mit automatischem
Randausgleich u. auswechsel-
barem Kugelkopf, die druckfer-
tige Vorlagen liefert

Com|po|site [ˈkɔmpəzɪt] vgl.
²Komposite

Com|pound|kern [kɔmˈpaʊnt...]
der; -s, -e ⟨*lat.-fr.-engl.; dt.*⟩:
(Kernphysik) bei Beschuss eines Atomkerns mit energierei-
chen Teilchen entstehender
neuer Kern

Com|pound|ma|schi|ne *die;* -, -n:
a) Kolbenmaschine, bei der das
Antriebsmittel nacheinander
verschiedene Zylinder durch-
strömt; b) (Elektrot.) Gleich-
strommaschine

Com|pound|öl *das;* -s, -e: Mine-
ralöl mit Fettölzusatz zur Erhöhung der Schmierfähigkeit

Com|pound|trieb|werk *das;* -s, -e:
Verbindung eines Flugmotors
mit einer Abgasturbine zur
Leistungssteigerung

comp|tant [kõˈtãː]: ↑ kontant

Comp|toir [kõˈtoaːɐ] *der;* -s, -s
⟨*lat.-fr.*⟩: (veraltet) Kontor

Comp|ton|ef|fekt [ˈkɔmptən...]
der; -[e]s ⟨nach dem amerik.
Physiker A. H. Compton,
1892–1962⟩: (Phys.) mit einer
Änderung der Wellenlänge verbundene Streuung elektromagnetischer Wellen

Com|pur ® *der;* -s, -e ⟨Kunstw.⟩:
(Fotogr.) Objektivverschluss

Com|pu|ter [kɔmˈpjuːtɐ] *der;* -s, -
⟨*lat.-engl.*⟩: programmgesteu-
erte, elektronische Rechenanlage; Datenverarbeitungsanlage

Com|pu|ter|a|ni|ma|ti|on *die;* -,
-en: durch Computer erzeugte
Darstellung mehrdimensiona-
ler bewegter Bilder auf einem
Bildschirm

Com|pu|ter|di|a|g|nos|tik *die;* -:
computergestützte Diagnostik
u. Auswertung der Befunde

Com|pu|ter|ge|ne|ra|ti|on *die;* -,
-en: ↑ Generation (4) in der Entwicklung von Computern

com|pu|ter|ge|ne|riert: mithilfe eines Computers hervorgebracht, erzeugt

Com|pu|ter|gra|fik, auch: **Computergraphik** die; -, -en: mithilfe eines speziellen Programms erstellte Grafik (4)

com|pu|te|ri|sie|ren: a) Informationen u. Daten für einen Computer lesbar machen; b) Informationen in einem Computer speichern

Com|pu|ter|kri|mi|na|lis |tik die; -: computergestützte Aufklärung u. Bekämpfung von Verbrechen

Com|pu|ter|kri|mi|na|li|tät die; -: Gesamtheit der Straftaten (Datenmissbrauch, Informationsdiebstahl u. Ä.), die mithilfe von Computern begangen werden

Com|pu|ter|kunst die; -: ein Verfahren moderner Kunstproduktion, bei dem mithilfe von Computern Grafiken, Musikkompositionen, Texte u. a. hergestellt werden

Com|pu|ter|lin|gu |is |tik die; -: computergestützte Bearbeitung u. Beschreibung sprachlicher Probleme

com|pu|tern: (ugs.) mit dem Computer arbeiten, umgehen

Com|pu|ter|si|mu|la|ti|on die; -: modellhafte Darstellung [u. Berechnung] bestimmter Aspekte eines Systems, Vorgangs, Problems o. Ä. mithilfe des Computers

Com|pu|ter|to|mo|gra|phie, auch: ...grafie die; -: Röntgenuntersuchungstechnik, bei der aus den von einem Computer aufbereiteten Messergebnissen der Dichteverteilungsgrad der untersuchten Schichten rekonstruiert wird

Com|pu|ter-to-Plate-Ver|fah|ren [...tʊ'pleɪt...] das; -s: (EDV, Druckw.) Druckverfahren, bei dem die Druckplatten direkt vom Computer aus beschrieben werden

Com|pu|ter|vi|rus das (auch: der); -, ...viren: unbemerkt in einen Rechner eingeschleustes Computerprogramm, das die vorhandene Software manipuliert od. zerstört

Com|pu|tis |tik [kɔmpu...] vgl. Komputistik

Comte [kõːt] der; -, -s [kõːt] ⟨lat.-fr.⟩: Graf [in Frankreich].

Com|tesse [kõˈtɛs] vgl. Komtess

---

con..., **Con...** vgl. kon..., Kon...

con ab|ban|do|no ⟨lat.-it.⟩: (Mus.) frei u. leidenschaftlich, mit Hingabe (Vortragsanweisung)

con af|fet|to: ↑ affettuoso

con a |mo|re: ↑ amoroso

con a |ni|ma: (Mus.) mit Seele, mit Empfindung (Vortragsanweisung)

con|a |xi|al: ↑ koaxial

con brio ⟨lat.-it.⟩: ↑ brioso

con cal|lo|re: (Mus.) mit Wärme (Vortragsanweisung)

Con|ce|le|b |ra|tio vgl. Konzelebration

Con|cen|tus der; -, - [...tuːs] ⟨lat.⟩: Gesang mit ausgeprägt melodischer Gestaltung in der Liturgie der katholischen u. protestantischen Kirche; Ggs. ↑ Accentus

Con|cept|art, auch: **Con|cept-Art** ['kɔnsɛptlaːɐ̯t, auch: kɔnˈsɛpt...] die; - ⟨engl.⟩: moderne Kunstrichtung, in der das Konzept das fertige Kunstwerk ersetzt

Con|cep|tio im|ma|cu|la|ta vgl. Immaculata conceptio

Con|cer|tan|te [it.: kɔntʃɛr..., franz.: kõsɛrˈtãːt] die; -, -n ⟨lat.-it. u. fr.⟩: Konzert für mehrere Soloinstrumente od. Instrumentengruppen

Con|cer|ti|no [kɔntʃɛr...] das; -s, -s ⟨lat.-it.⟩: 1. kleines Konzert. 2. Gruppe von Instrumentalsolisten im Concerto grosso

Con|cer|to gros|so das; - -, ...ti ...ssi („großes Konzert"): 1. Gesamtorchester im Gegensatz zum solistisch besetzten Concertino (2). 2. Hauptgattung des barocken Instrumentalkonzerts (für Orchester u. Soloinstrumente)

Con|certs spi|ri|tu|els [kõsɛrspiriˈtyɛl] die (Plural) ⟨lat.-fr.⟩: erste öffentliche Konzerte mit zumeist geistlichen Werken in Paris (18. Jh.)

Con|cet|ti [kɔnˈtʃɛti] vgl. Konzetti

Con|cha usw. vgl. Koncha usw.

Con|ci |erge [kõˈsjɛrʃ, fr.: kõˈsjɛrʒ] der u. die; -, -s, (auch:) -n ⟨lat.-vulgärlat.-fr.⟩: franz. Bez. für: Hausmeister[in], Portier[sfrau]

Con|ci |er|ge|rie [...ʒəˈriː] die; -: (hist.) Pariser Untersuchungsgefängnis, in dem zahlreiche prominente Opfer der Französischen Revolution inhaftiert waren

---

con|ci|ta|to [kɔntʃi...] ⟨lat.-it.⟩: (Mus.) erregt, aufgeregt (Vortragsanweisung)

Con|clu|sio vgl. Konklusion

Con|cor|dia vgl. Konkordia

Con|cours hip|pique [kõkuriˈpik] der; - -, - -s [...rziˈpik] ⟨lat.-fr.; gr.-fr.⟩: franz. Bez. für: Reit- u. Fahrturnier

Con|den|sa das; - ⟨lat.⟩: (Elektrot.) keramischer Isolierstoff

Con|den|si|te ® das; - ⟨lat.-nlat.⟩: flüssiges Binde- u. Imprägniermittel

con dis|cre|zi |o|ne ⟨lat.-it.⟩: (Mus.) mit Takt, mit Zurückhaltung, in gemäßigtem Vortrag (Vortragsanweisung)

Con|di|ti |o|na|lis: lat. Form von ↑ Konditional

Con|di|tio si |ne qua non die; - - - - ⟨lat.⟩: 1. (Philos.) notwendige Bedingung, ohne die etwas anderes nicht eintreten kann, unerlässliche Voraussetzung. 2. ↑ Äquivalenztheorie (1)

con do|lo|re: ↑ doloroso

Con|dot|ti |e|re vgl. Kondottiere

Con|duc|tus der; -, - ⟨lat.⟩: (Mus.) a) einstimmiges lateinisches Lied der Mittelalters; b) eine Hauptform der mehrstimmigen Musik des Mittelalters neben ↑ Organum (1) u. ↑ Motette

Con|du|i|te vgl. Konduite

Con|dy|lus der; -, ...li ⟨gr.-lat.⟩: (Med.) Gelenkkopf, -fortsatz

con ef|fet|to: ↑ effettuoso

con es|pres|si |o|ne: ↑ espressivo

con|fer ⟨lat.⟩: vergleiche; Abk.: cf., cfr., conf.

Con|fé|rence [kõfeˈrãs] die; -, -n ⟨lat.-mlat.-fr.⟩: Ansage eines Conférenciers. **Con|fé|ren|ci |er** [...rãˈsjeː] der; -s, -s: (witzig unterhaltender) Ansager im Kabarett od. Varietee, bei öffentlichen u. privaten Veranstaltungen. **Con|fé|ren|ci|eu|se** [...rãˈsjøːzə] die; -, -n: weibliche Form zu ↑ Conférencier

con|fe|rie|ren vgl. konferieren

Con|fes|sio die; -, ...ones [...neːs] ⟨lat.⟩: 1. a) Sünden-, Glaubensbekenntnis; b) Bekenntnisschrift [der Reformationszeit], z. B. Confessio Augustana, Confessio Helvetica; vgl. Konfession. 2. Vorraum eines Märtyrergrabes unter dem Altar in altchristlichen Kirchen

Con|fẹs|sio Au|gus|ta|na vgl. Augustana

Con|fẹs|sio Bel|gi|ca *die; -:* Bekenntnisschrift der reformierten Gemeinden in den spanischen Niederlanden (1561)

Con|fẹs|sio Gal|li|ca|na *die; - -:* Bekenntnisschrift der reformierten Gemeinden Frankreichs (1559)

Con|fẹs|sio Hel|ve|ti|ca vgl. Helvetische Konfession

Con|fẹs|sor *der; -s, ...ores* [...re:s] ⟨„Bekenner"⟩: Ehrenname für die verfolgten Christen [der römischen Kaiserzeit]

Con|fi|se|rie usw. vgl. Konfiserie usw.

Con|fi|te|or *das; -* ⟨„ich bekenne"⟩: allgemeines Sündenbekenntnis im christlichen Gottesdienst; vgl. Konfitent

Con|foe|de|ra|tio Hel|ve|ti|ca *die; - -* ⟨*lat.*⟩: Schweizerische Eidgenossenschaft; Abk.: CH

con fọr|za ⟨*lat.-it.*⟩: (Mus.) mit Kraft, mächtig, wuchtig (Vortragsanweisung)

Con|fra|ter vgl. Konfrater

con fu ọ|co ⟨*lat.; „*mit Feuer"⟩: (Mus.) heftig, schnell (Vortragsanweisung)

Con|fu|ta|tio *die; -* ⟨*lat.; „*Widerlegung"⟩: die Erwiderung der katholischen Seite auf die ↑ Confessio Augustana (verfasst 1530)

Cọn|ga *die; -, -s* ⟨*span.*⟩: 1. kubanischer Volkstanz im ⁴/₄-Takt. 2. große Handtrommel in der afrokubanischen Musik, auch im modernen Jazz verwendet

con gra|zia: ↑ grazioso

Cọn|gress of In|dus|t|ri|al Or|ga|ni|za|tions [ˈkɔŋgrɛs əv ɪnˈdʌstrɪəl ɔːɡənaɪˈzeɪʃən] *der; - - - -* ⟨*engl.*⟩: Spitzenorganisation der amerikanischen Gewerkschaften; Abk.: CIO

Cọn|gre|ve|druck [ˈkɔŋgriːv...] *der; -[e]s* ⟨nach dem engl. Ingenieur W. Congreve, 1772–1828⟩: (veraltet) ein Farbdruckverfahren

Co|ni|fe|rae [...rɛ] usw. vgl. Konifere

con im|pe|to: ↑ impetuoso

Con|junc|ti|va vgl. Konjunktiva

Con|junc|ti|vi|tis vgl. Konjunktivitis

con leg|gie|rez|za [- ledʒe...] ⟨*it.*⟩: (Mus.) mit Leichtigkeit, ohne Schwere (Vortragsanweisung)

con mọl|to ⟨*lat.-it.*⟩: (Mus.) mit Bewegung, etwas beschleunigt (Vortragsanweisung)

Con|nais|seur [kɔnɛˈsøːɐ̯] *der; -s, -s* ⟨*lat.-fr.*⟩: Kenner, Sachverständiger; Feinschmecker. **Con|nais|seu|se** [kɔnɛˈsøːzə] *die; -, -n:* weibliche Form zu ↑ Connaisseur

Con|nec|tion [kəˈnɛkʃən] *die; -, -s* ⟨*lat.-engl.*⟩: Beziehung, Zusammenhang, Verbindung

con pas|si|ọ|ne: ↑ passionato, appassionato

con pi|e|tà [- pi̯eˈta]: ↑ pietoso

Con|scious|ness-Rai|sing [ˈkɔnʃəsnɪs.reɪzɪŋ] *das; -[s], -s* ⟨*engl.*⟩: Form der ↑ Psychotherapie (2), die dem Behandelten zur Bewusstseinserweiterung verhilft

Con|se|cu|tio Tem|po|rum *die; - -* ⟨*lat.*⟩: (Sprachw.) Zeitenfolge in Haupt- u. Gliedsätzen

Con|seil [kõˈseːj, kõˈsɛj] *der; -s, -s* ⟨*lat.-fr.*⟩: Rat, Ratsversammlung (Bezeichnung verschiedener Staats- u. Justizinstitutionen in Frankreich, z. B. Conseil d'État = Staatsrat); vgl. Konseil

Con|sen|sus *der; -, -* ⟨*lat.; „*Übereinstimmung"⟩: Zustimmung; vgl. Konsens

Con|sen|sus com|mu̧|nis [- k...] *der; - -* ⟨*lat.*⟩: allgemeine Übereinstimmung der kath. Gläubigen in einer Lehrfrage (Beweismittel für die Richtigkeit eines kath. Dogmas)

Con|sen|sus Gen|ti|um *der; - -:* (Philos.) Schluss von der allgemeinen Geltung eines Satzes auf dessen begründeten Charakter

Con|sen|sus ọm|ni|um *der; - -:* die Übereinstimmung aller Menschen in bestimmten Anschauungen u. Ideen (z. B. von der Gültigkeit der Menschenrechte u. a.), die oft auch als Beweis für die Richtigkeit einer Idee gewertet wird; vgl. Konsens

con sen|ti|men|to ⟨*lat.-it.*⟩: (Mus.) mit Gefühl (Vortragsanweisung)

Con|si|li|um Ab|e|un|di *das; - -* ⟨*lat.*⟩: einem Schüler od. einem Studenten förmlich erteilter Rat, die Lehranstalt zu verlassen, um ihm den Verweis von der Anstalt zu ersparen

Con|sis|ten|cy [kənˈsɪstənsɪ] *die; -, -s* ⟨*lat.-engl.*⟩: Widerspruchsfreiheit, Stimmigkeit der Angaben bei Befragten (in der Markt- u. Meinungsforschung)

Con|so|la|tio *die; -, ...iọnes* ⟨*lat.*⟩:

Trostgedicht, -schrift (Gattung der altrömischen Literatur); vgl. Konsolation

Con|som|mé [kõsɔmeː] *die; -, -s, auch: das; -s, -s* ⟨*lat.-fr.*⟩: Kraftbrühe [aus Rindfleisch u. Suppengemüse]

con sor|di|no ⟨*lat.-it.*⟩: mit dem Dämpfer (Spielanweisung für Streichinstrumente)

con spi|ri|to: ↑ spirituoso

Con|s|ta|ble [ˈkanstəbl] *der; -, -s* ⟨*lat.-engl.*⟩: ↑ Konstabler

Con|s|ti|tu|ante [kõstiˈty̆aːt] *die; -, -s* [...ˈty̆aːt], auch: Konstituante *die; -, -n* ⟨*lat.-fr.*⟩: grundlegende verfassunggebende [National]versammlung (bes. die der Französischen Revolution von 1789)

Con|s|t|ruc|tio ad Sen|sum *die; - - -* ⟨*lat.*⟩: (Sprachw.) Satzkonstruktion, bei der sich das Prädikat od. Attribut nicht nach der grammatischen Form des Subjekts, sondern nach dessen Sinn richtet (z. B. eine Menge *Äpfel fielen* vom Baum [statt: eine *Menge* Äpfel *fiel* ...]); Synesis

Con|s|t|ruc|tio a|po Koi|nu̧ *die; - - - -* ⟨*lat.; gr.*⟩: ↑ Apokoinu

Con|s|t|ruc|tio ka|ta̧ Sy|ne|sin *die; - - - -:* ↑ Synesis

Con|sul|ting [kənˈsʌltɪŋ] *das; -s* ⟨*lat.-engl.*⟩: Beratung, Beratungstätigkeit (bes. in der Wirtschaft)

Con|ta|gi|on usw. vgl. Kontagion usw.

Con|tai|ner [kɔnˈteːnɐ] *der; -s, -* ⟨*lat.-fr.-engl.*⟩: 1. der rationelleren u. leichteren Beförderung dienender [quaderförmiger] Großbehälter in standardisierter Größe. 2. Großbehälter zur rationellen Beseitigung von [speziellem] Müll. 3. Behälter zur Präsentation eines Angebots im Handel. 4. a) behelfsmäßiger Wohn- od. Arbeitsraum (auf Baustellen); b) behelfsmäßiger Gewerberaum für Banken, Sparkassen o. Ä.

con|tai|ne|ri|sie|ren: in Containern verschicken (von Waren od. Fluggepäck)

Con|tai|ner|schiff *das; -[e]s, -e:* Spezialfrachtschiff zum Transport von Containern

Con|tai|ner|ter|mi|nal [...tø:ɐ̯mi-nal, ...tœr...] *der, auch: das; -s,*

-s ⟨engl.⟩: Hafen, in dem Container verladen werden

Con|tain|ment [kənˈteɪn...] *das; -s, -s*: 1. [Schutz]umhüllung für Atomreaktoren. 2. (ohne Plural) Bez. für die Politik der Stärke innerhalb des westlichen Verteidigungsbündnisses (während der Zeit des Kalten Krieges)

Con|tan|go [auch: kənˈtæŋgoʊ] *der; -s, -s* ⟨engl.⟩: Report (2)

¹Conte [kõːt] *die; -, -s* [kõːt] ⟨lat.-fr.⟩: Erzählform in der französischen Literatur, die ungefähr zwischen Roman u. Novelle steht

²Con|te *der; -, -s u. ...ti* ⟨lat.-it.⟩: hoher italienischer Adelstitel (ungefähr dem Grafen entsprechend)

Con|te|ben ® *das; -s* ⟨Kunstw.⟩: (Med.) ein Tuberkuloseheilmittel

Con|te|nan|ce [kõtəˈnãːs(ə)] *die; -* ⟨lat.-vulgärlat.-fr.⟩: (veraltend) Fassung, Haltung (in schwieriger Lage), Gelassenheit

con te|ne|rez|za: ↑ teneramente

Con|tent *der; -s, -s* ⟨lat.-fr.-engl.⟩: (EDV) qualifizierter Inhalt, Informationsgehalt (bes. von Websites). **Con|tent|pro|vi|der** [...proˈvaɪdɐ] *der; -s, -* ⟨engl.⟩: Anbieter von Informationen im Internet

Con|ter|gan ® *das; -s* ⟨Kunstw.⟩: Handelsname für das Schlafmittel ↑ Thalidomid

Con|ter|gan|kind *das; -[e]s, -er*: (ugs.) fehlgebildet geborenes Kind, dessen Mutter während der Schwangerschaft Contergan eingenommen hatte

Con|tes: *Plural* von ↑ Conte

Con|tes|sa *die; -, ...ssen* ⟨lat.-it.⟩: hoher italienischer Adelstitel (ungefähr der Gräfin entsprechend)

Con|tes|si|na *die; -, -s*: italienischer Adelstitel (ungefähr der Komtesse entsprechend)

Con|test *der; -[e]s, -s u. -e* ⟨lat.-fr.-engl.⟩: Wettbewerb (im Bereich der Unterhaltungsmusik)

Con|ti|nuo *der; -s, -s* ⟨lat.-it.⟩: Kurzform von ↑ Basso continuo

con|t|ra ⟨lat.⟩: lat. Schreibung von ↑ kontra

Con|t|ra vgl. Kontra

Con|t|ra|dic|tio in Ad|jec|to *die; - - -:* (Rhet., Stilk.) Widerspruch zwischen der Bedeutung eines

---

Substantivs u. dem hinzugefügten Adjektiv, Sonderform des ↑ Oxymorons (z. B. der arme Krösus)

con|t|ra le|gem: (Rechtsw.) gegen den [reinen] Wortlaut des Gesetzes; Ggs. ↑ intra legem

con|t|ra|ria con|t|ra|ri|is: „Entgegengesetztes mit Entgegengesetztem" [bekämpfen] (ein Grundsatz des Volksglaubens); vgl. similia similibus

Con|t|ras|to *der; -s, -s* ⟨lat.-it.⟩: eine ital. Variante des mittelalterlichen Streitgedichts

Con|t|ra|te|nor *der; -s ...öre:* die dem ↑ ¹Tenor (1) u. dem ↑ Diskant (1) hinzugefügte Stimme in der Musik des 14. u. 15. Jh.s

con|t|re cœur [kõtrəˈkœːr] ⟨fr.; „gegen das Herz"⟩: zuwider

Con|t|re|coup [...ˈkuː] *der; -s, -s:* (Med.) bei einem heftigen Aufprall entstehende Gegenkraft, die ihrerseits Verletzungen auch an der der Aufprallstelle gegenüberliegenden Seite hervorruft

Con|t|re|danse [...ˈdãːs] *die od. der; -, -s* [...ˈdãːs]: ↑ Kontratanz

Con|t|re|tanz vgl. Kontratanz

Con|t|rol|ler [kənˈtroʊlɐ] *der; -s, -* ⟨fr.-engl.⟩: Fachmann für Kostenrechnung u. Kostenplanung in einem Betrieb. **Con|t|rol|le|rin** *die; -, -nen:* weibliche Form zu ↑ Controller

Con|t|rol|ling [...lɪŋ] *das; -s* ⟨fr.-engl.⟩: (Wirtsch.) von der Unternehmensführung ausgeübte Steuerungsfunktion

Con|t|rol|to|w|er vgl. Tower

Con|ur|ba|tion [kɔnɜːˈbeɪʃən] *die; -, -s u.* Konurbation *die; -, -en* ⟨lat.-engl.⟩: besondere Form städtischer ↑ Agglomeration, die sich durch geschlossene Bebauung u. hohe Bevölkerungsdichte auszeichnet; Stadtregion

Co|nus *der; -, ...ni* ⟨gr.-lat.; „Kegel"⟩: 1. Zapfen der ↑ Koniferen. 2. (Med.) kegelförmige Anschwellung eines Organs. 3. (Zool.) Gattung aus der Familie der Kegelschnecken mit kegelförmigem Gehäuse; vgl. Konus

Con|ve|ni|ence|food, auch: **Con|ve|ni|ence-Food** [kənˈviːnjənsfʊd] *das; -[s]* ⟨engl.; convenience „Bequemlichkeit"⟩: Lebensmittel, die für die Weiterverarbeitung in der Gastronomie weit-

---

gehend vorbereitet sind (z. B. tiefgefrorene, fertig gewürzte Soßen in Vakuumverpackung)

Con|ve|ni|ence|goods, auch: **Con|ve|ni|ence-Goods** [kənˈviːnjənsgʊdz] *die* (Plural) ⟨engl.⟩: Güter des täglichen Bedarfs, die der Verbraucher in der unmittelbaren Nachbarschaft kauft u. bei denen keine nennenswerten Qualitäts- u. Preisunterschiede bestehen (z. B. Brot, Gemüse, Zigaretten); Ggs. ↑ Shoppinggoods

Con|vent vgl. Konvent

Con|ver|ter vgl. Konverter

Con|ver|ti|ble Bonds [kənˈvəːtəbl ˈbɔndz] *die* (Plural) ⟨engl.⟩: (in England u. den USA) Schuldverschreibungen, die sich in Aktien der Gesellschaft umwandeln lassen

Con|vey|er [kɔnˈveːɐ] *der; -s, -* ⟨lat.-vulgärlat.-fr.-engl.⟩: Becherwerk, Förderband

Coo|kie [ˈkʊki] *der; -s, -s* ⟨engl.⟩: 1. Keks, Plätzchen. 2. (meist Plural; EDV) Datei, die von Internetanbietern auf der Festplatte des Nutzers [zu dessen Identifizierung] abgelegt wird

cool [kuːl] ⟨engl.⟩: „kühl"⟩: (salopp) 1. leidenschaftslos, nüchtern-sachlich u. kühl im Handeln od. Einschätzen einer Situation. 2. sehr gut

Cool|jazz [ˈkuːldʒæz] *der; -,* auch: **Cool Jazz** *der; - -* ⟨amerik.⟩: Jazzstil der 1950er-Jahre (als Reaktion auf den ↑ Bebop)

Cool|ness [ˈkuːlnɛs] *die; -:* das Coolsein

Co|or|di|nates [koˈɔːdɪnəts] *die* (Plural) ⟨lat.-engl.⟩: mehrere aufeinander abgestimmte Kleidungsstücke

Cop *der; -s, -s* ⟨engl.⟩: (ugs.) amerikanischer Verkehrspolizist

Co|pi|lot usw. vgl. Kopilot usw.

Co|pro|duk|ti|on vgl. Koproduktion

co|pro|du|zie|ren vgl. koproduzieren

Co|py|right [ˈkɔpiraɪt] *das; -s, -s* ⟨engl.⟩: Urheberrecht des britischen u. amerikanischen Rechts

Co|py|shop [ˈkɔpiʃɔp] *der; -s, -s* ⟨engl.⟩: Geschäft, das einen Vervielfältigungsdienst anbietet

Co|py|test *der; -[e]s, -s:* eine nach dem Copytesting-Verfahren durchgeführte Untersuchung

Co|py|tes|ting *das;* -s: werbepsychologische Untersuchungsmethode, die die Qualität eines Werbemittels feststellen will, indem sie prüft, wie eine Personengruppe auf ein vorgelegtes Muster reagiert

Coq au Vin [kɔko'vɛ̃:] *das* od. *der;* - - - ⟨*fr.*⟩: Hähnchen in Burgundersoße

Co|quil|le [kɔk'i:j(ə)] *die;* -, -n (meist Plural) ⟨*gr.-lat.-vulgär-lat.-fr.*⟩: a) Muschelschale; b) in einer Muschelschale angerichtetes Ragout

Cor *das;* - ⟨*lat.*⟩: (Med.) Herz

co|ram pu|b|li|co ⟨*lat.*⟩: vor aller Welt, öffentlich; vgl. koram

Cord, auch: Kord *der;* -[e]s, -e u. -s ⟨*gr.-lat.-fr.-engl.*⟩: geripptes, sehr haltbares [Baumwoll]gewebe

Cor|di|al Mé|doc *der;* - -, - - ⟨*fr.*⟩: Likör aus Destillaten französischer Weine

Cór|do|ba [ˈkɔr...] *der;* -[s], -[s]: Münzeinheit in Nicaragua

Cor|don bleu [kɔrdõ'blø] *das;* - -, -s -s [...dõ'blø] ⟨*fr.*⟩: (Gastr.) mit einer Käsescheibe u. mit gekochtem Schinken gefülltes Kalbsschnitzel

Cor|don sa|ni|taire [- sani'tɛ:r] *der;* - -, -s -s [- sani'tɛ:r]: 1. Sperrgürtel zum Schutz gegen das Einschleppen epidemischer Krankheiten. 2. Grenzposten an einer Militärgrenze

Core [kɔ:] *das;* -[s], -s ⟨*engl.;* „Kern, Innerstes"⟩: (Kernphysik) der wichtigste Teil eines Kernreaktors, in dem die Kernreaktion abläuft

Cor|fam ® *das;* -[s] ⟨Kunstw.⟩: in den USA entwickeltes synthetisches Material, das ähnliche Eigenschaften wie Leder aufweist

Co|ri|o|lis|kraft *die;* - ⟨nach dem franz. Physiker u. Ingenieur G. G. Coriolis, 1792–1843⟩: (Phys.) in einem rotierenden Bezugssystem auf einen sich bewegenden Körper einwirkende Trägheitskraft

Co|ri|um *das;* -s ⟨*gr.-lat.*⟩: (Med.) Lederhaut (zwischen Oberhaut u. Unterhautgewebe)

Cor|na|mu|sa *die;* -, -s ⟨*it.*⟩: ↑ Cornemuse

Cor|nea, auch: Kornea *die;* -, ...neae [...neɛ] ⟨*lat.*⟩: Hornhaut des Auges

Cor|ned|beef [ˈkɔrnət...], auch: kɔ:nd'bi:f] *das;* -, auch: **Cor|ned Beef,** *das;* - - ⟨*engl.*⟩: zerkleinertes, gepökeltes Rindfleisch [in Dosen]

Cor|ned|pork [...'pɔ:k] *das;* -, auch: **Cor|ned Pork** *das;* - -: zerkleinertes, gepökeltes Schweinefleisch [in Dosen]

Cor|ne|muse [kɔrnə'my:z] *die;* -, -s [...'my:z] ⟨*lat.; galloroman.*⟩ *fr.*⟩: Dudelsack, Sackpfeife

Cor|ner [ˈkɔ:nə] *der;* -s, - ⟨*lat.-fr.-engl.*⟩: 1. Ringecke (beim Boxen). 2. (Börsenw.) planmäßig herbeigeführter Kursanstieg an Effekten- u. Warenbörsen, um die Baissepartei in Schwierigkeiten zu bringen. 3. (österr., schweiz.) Ecke, Eckball beim Fußballspiel

Cor|net à Pis|tons [kɔrnɛapis'tõ] *das;* - - -, -s - - [kɔrnɛza...] ⟨*fr.*⟩: ²Kornett (2)

Cor|net|to *das;* -s, -s u. ...ti ⟨*it.*⟩: (Mus.) kleines Grifflochhorn, Zink (ein altes Holzblasinstrument)

Corn|flakes [ˈkɔ:nfleɪks] *die* (Plural) ⟨*engl.*⟩: geröstete Maisflocken

Cor|ni|chon [kɔrni'ʃõ:] *das;* -s, -s ⟨*lat.-fr.*⟩: kleine, in Gewürzessig eingelegte Gurke; Pfeffergürkchen

Cor|no *das;* -, ...ni ⟨*lat.-it.*⟩: (Mus.) Horn

Cor|no da Cac|cia [- - 'katʃa] *das;* - - -, -i - - ⟨*it.*⟩: (Mus.) Waldhorn, Jagdhorn

Cor|no di Bas|set|to *das;* - - -, -i - - ⟨*it.*⟩: (Mus.) Bassetthorn

Co|rol|la vgl. Korolla

Co|ro|na vgl. Korona

Co|ro|ner [ˈkɔrənə] *der;* -s, -s ⟨*lat.-fr.-engl.*⟩: (in England u. in den USA) Beamter, der plötzliche u. unter verdächtigen Umständen eingetretene Todesfälle untersucht

Cor|po|ra: *Plural* von ↑ Corpus

Cor|po|rate De|sign [ˈkɔ:pərɪt di'zaɪn] *das;* - -s, - -s ⟨*engl.*⟩: die gleichartige Gestaltung aller Produkte eines Unternehmens od. einer Unternehmensgruppe als Ausdruck u. Bestandteil der Corporate Identity

Cor|po|rate I|den|ti|ty [ˈkɔ:pərɪt aɪ'dɛntətɪ] *die;* - -, - -s ⟨*engl.*⟩: Erscheinungsbild einer Firma in der Öffentlichkeit (Warenzeichen, Form- u. Farbgebung der Produkte, Verpackungen u. Ä.)

Corps [ko:ɐ̯] vgl. Korps

Corps con|su|laire [kɔrkõsy'lɛ:r] *das;* - -, - -s [...'lɛ:r]: konsularisches Korps; Abk.: CC

Corps de Bal|let [kɔrdəba'lɛ] *das;* - - -, - - -s ⟨*fr.*⟩: Ballettgruppe, -korps

Corps di|p|lo|ma|tique [kɔrdiplɔma'tik] *das;* - -, - -s [...'tik]: diplomatisches Korps; Abk.: CD

Cor|pus *das;* -, ...pora ⟨*lat.*⟩: 1. (Med.) Hauptteil eines Organs od. Körperteils. 2. (Bot.) der zentrale Strang des ↑ Vegetationskegels einer Pflanze; Ggs. ↑ Tunica (1). 3. ↑ ²Korpus

Cor|pus Chris|ti *das;* - -s ⟨*lat.*⟩: das ↑ Altarsakrament in der katholischen Kirche

Cor|pus Chris|ti mys|ti|cum [- - ...kʊm] *das;* - - - ⟨*lat.*⟩: (kath. Kirche) [die Kirche als] der mystische Leib Christi

Cor|pus|cu|lum *das;* -s, ...la (meist Plural): (Med.) kleines Gebilde im Organismus

Cor|pus De|lic|ti *das;* - -, ...pora -: etwas, was als Gegenstand für eine kriminelle, belastende Tat gedient hat u. Beweisstück für die Überführung des Täters ist

Cor|pus In|s|c|rip|ti|o|num La|ti|na|rum *das;* - - -: maßgebliche Sammlung der lateinischen Inschriften der Römerzeit; Abk.: CIL

Cor|pus Iu|ris, auch: Korpus Juris *das;* - -: Gesetzbuch, Gesetzessammlung

Cor|pus Iu|ris Ca|no|ni|ci, auch: Corpus Juris Canonici [- - ...tsi] *das;* - - -: bis 1918 allein gültige Sammlung des katholischen Kirchenrechts; vgl. Codex Iuris Canonici

Cor|pus Iu|ris Ci|vi|lis [- - tsi'vi:...] *das;* - - -: von dem oströmischen Kaiser Justinian im 6. Jh. n. Chr. veranlasste Sammlung der damals geltenden Rechtsvorschriften

Cor|pus Iu|te|um *das;* - -: (Med.) Gelbkörper des Eierstocks

Cor|pus Re|for|ma|to|rum *das;* - -: Gesamtausgabe der Schriften der Reformatoren mit Ausnahme der Schriften Luthers; Abk.: CR

Cor|re|gel|dor [kɔreʒə'do:ɐ̯] *der;* -s u. -en, -en ⟨*port.*⟩: hoher Verwaltungsbeamter in Portugal

Cor|re|gi|dor, auch: Korregidor [kɔrexi'doɐ̯] *der;* -s u. -en, -en ⟨*lat.-span.*⟩: (früher in Spanien) Vorsteher des Magistrats einer Stadt, der mit Rechtspflege u. Verwaltungsaufgaben betraut ist

Cor|ren|te *die;* -, -n ⟨*lat.-it.*⟩: italienische Form von ↑ Courante

Cor|ri|da [de To|ros] *die;* - [- -], -s [- -] ⟨*span.*⟩: spanische Bezeichnung für Stierkampf

Cor|ri|gen|da vgl. Korrigenda

Cor|ri|gens vgl. Korrigens

cor|ri|ger la for|tune [kɔriʒelafɔr'tyn] ⟨*lat.-fr.*⟩: durch betrügerische Manipulationen „dem Glück nachhelfen", falsch spielen

Cor|sa|ge [kor'za:ʒə] vgl. Korsage

Cor|so vgl. Korso

Cor|tège [kor'tɛʒ] vgl. Kortege

Cor|tes *die* (Plural) ⟨*lat.-span.* u. *port.*⟩: Volksvertretung in Spanien u. früher auch in Portugal

Cor|tex vgl. Kortex

Cor|ti|cols|te|ron vgl. Kortikosteron

Cor|tin vgl. Kortin

Cor|ti|or|gan *das;* -s, **cor|ti|sche Or|gan** *das;* -n -s ⟨nach dem italien. Arzt Corti⟩: (Anat.) Teil des Innenohrs

Cor|ti|sol *das;* -s ⟨Kunstw.⟩: Hydrokortison

Cor|ti|son vgl. Kortison

Co|ry|da|lis vgl. Korydalis

Co|ry|za vgl. Koryza

cos = Kosinus

Co|sa Nos|t|ra *die;* - - ⟨*it.*⟩: kriminelle Organisation in den USA (nach dem Vorbild der sizilianischen Mafia)

co|sec = Kosekans

Cos|ma|ten *die* (Plural) ⟨nach dem italien. Vornamen Cosmas⟩: mehrere italienische Künstlerfamilien (12.–14. Jh.), in denen der Vorname Cosmas häufig war

Cos|mea *die;* -, ...een ⟨*gr.-nlat.*⟩: zu den Korbblütlern gehörende Pflanze mit fein geschlitzten Blättern u. großen Blüten, von der einige Arten als Zierpflanzen gehalten werden; Schmuckkörbchen

Cos|mo|t|ron vgl. Kosmotron

Cos|ta *die;* -, ...tae [...tɛ] ⟨*lat.*⟩: (Med.) Rippe

cost and freight ['kɔst ənd 'freɪt] ⟨*engl.;* „Kosten u. Fracht"⟩: Klausel im Überseehandel,

nach der Fracht- u. Versandkosten im Preis eingeschlossen sind; Abk.: cf

cost, in|su|rance, freight [- ɪn'ʃʊərəns 'freɪt] ⟨*engl.;* „Kosten, Versicherung u. Fracht"⟩: Klausel im Überseehandel, nach der Fracht-, Versicherungs- u. Verladekosten im Preis eingeschlossen sind; Abk.: cif

cot = Kotangens

Cô|te|lé [kotə'le:] *der;* -[s], -s ⟨*fr.*⟩: Kleider- od. Mantelstoff mit feinen Rippen

Co|te|line [...'li:n] *der;* -[s], -s ⟨*fr.*⟩: Möbelbezugsstoff mit kordartigen Rippen

Co|til|lon [kɔti'jõ] vgl. Kotillon

Cot|tage ['kɔtɪdʒ] *das;* -, -s ⟨*fr.-engl.*⟩: engl. Bez. für [einstöckiges] Haus auf dem Lande; Ferienhaus

Cot|ton ['kɔtn̩] *der* od. *das;* -s ⟨*semit.-arab.-fr.-engl.*⟩: engl. Bez. für [Gewebe aus] Baumwolle, Kattun

cot|to|ni|sie|ren vgl. kotonisieren

Cot|ton|ma|schi|ne ['kɔtn̩...] *die;* -, -n ⟨nach dem engl. Erfinder W. Cotton, 1786–1866⟩: Wirkmaschine zur Herstellung von Damenstrümpfen

Cot|ton|öl ['kɔtn̩...] *das;* -[e]s: aus Baumwollsamen gewonnenes Öl, das in Technik u. Heilkunde verwendet wird

Cot|ton|stuhl vgl. Cottonmaschine

Cot|ton|wood ['kɔtn̩wʊd] *das;* -[s] ⟨*engl.*⟩: Holz der amerikanischen Pappel

Couch [kautʃ] *die,* schweiz. auch: *der;* -, -[e]s u. -en ⟨*lat.-fr.-engl.*⟩: breiteres Sofa mit niedriger Rückenlehne

Cou|é|is|mus [kue'ɪs...] *der;* - ⟨*nlat.;* nach dem franz. Apotheker Coué⟩: Entspannung durch Autosuggestion als Heilverfahren

Coul|la|ge [ku'la:ʒə] *die;* - ⟨*lat.-fr.*⟩: franz. Bez. für ↑ Leckage

Coul|leur [ku'løːɐ̯] *die;* -, -en u. -s ⟨*lat.-fr.*⟩: 1. (innerhalb einer gewissen Vielfalt) bestimmte geistig-weltanschauliche Prägung (einer Person). 2. Trumpf (im Kartenspiel). 3. Band u. Mütze einer studentischen Verbindung

Coul|lis [ku'li:] *die;* -, - ⟨*lat.-fr.*⟩: durchgeseihte Brühe oder Püree von gekochtem Fleisch,

Wild, Gemüse o. Ä. als Suppenod. Soßengrundlage

Coul|loir [ku'lo̯aːɐ̯] *der;* -s, -s ⟨*lat.-fr.*⟩: 1. Verbindungsgang. 2. (schweiz. nur *das;* Alpinistik) Schlucht, schluchtartige Rinne. 3. eingezäunter, ovaler Sprunggarten zum Einspringen junger Pferde ohne Reiter

Coul|lomb [ku'lõː] *das;* -s, - ⟨nach dem franz. Physiker Ch. A. de Coulomb, 1736–1806⟩: Einheit der Elektrizitätsmenge (1 C = 1 Amperesekunde; Zeichen: C)

Count [kaunt] *der;* -s, -s ⟨*lat.-fr.-engl.*⟩: engl. Titel für einen Grafen von nicht britischer Herkunft

Count-down ['kaunt'daun] *der* od. *das;* -[s], -s ⟨*engl.;* „Herunterzählen"⟩: 1. a) bis zum [Start]zeitpunkt null rückwärts schreitende Ansage der Zeiteinheiten als Einleitung eines Startkommandos [beim Abschuss einer Rakete]; b) die Gesamtheit der vor einem [Raketen]start auszuführenden letzten Kontrollen. 2. letzte technische Vorbereitungen vor einem Unternehmen

Coun|ter ['kauntɐ] *der;* -s, - ⟨*engl.*⟩: (Jargon) a) (Luftf.) Schalter, an dem die Flugreisenden abgefertigt werden; b) Theke in Reisebüros o. Ä.

Coun|ter|dis|play, auch: **Counter-Dis|play** [...dɪspleɪ] *das;* -s, -s: (Werbespr.) bildliche Darstellung einer Ware für den Ladentisch als Thekenaufsteller

Coun|ter|part *der;* -s, -s ⟨*engl.*⟩: 1. passendes Gegenstück, ↑ Komplement (1). 2. jmd., der einem Entwicklungsexperten in einem Land der Dritten Welt als Fach-, Führungskraft zugeordnet ist

Coun|ter|te|nor *der;* -s, ...öre ⟨*engl.; lat.-ital.*⟩: a) engl. Bez. für ↑ Contratenor; b) ↑ Altus

Coun|tess ['kauntɪs] *die;* -, ...tessen u. ...tesses [...tɪsɪz] ⟨*lat.-fr.-engl.*⟩: engl. Titel für eine Gräfin

Coun|t|ry|mu|sic ['kantrɪmjuːzɪk] *die;* - ⟨*amerik.*⟩: Volksmusik [der Südstaaten der USA]

Coun|t|ry|song *der;* -s, -s ⟨*engl.*⟩: Song der Countrymusic

Coun|ty ['kaunti] *die;* -, -s [...i:s] ⟨*lat.-fr.-engl.;* „Grafschaft"⟩: Gerichts- u. Verwaltungsbezirk in England u. in den USA

Coup [ku:] *der; -s, -s* ⟨*gr.-lat.-vulgärlat.-fr.;* „Faustschlag; Ohrfeige"⟩: überraschend durchgeführte, verwegen-erfolgreiche Unternehmung

Cou|pa|ge [ku'pa:ʒə] *die; -* ⟨*galloroman.-fr.*⟩: Beimischung von [Brannt]wein in andere [Brannt]weine; Weinbrandverschnitt

Coup de Main [kud'mɛ̃] *der; - - -, -s - -* [kud'mɛ̃] ⟨*fr.*⟩: (veraltet) Handstreich, rascher gelungener Angriff

Coup d'É|tat [kude'ta] *der; - -, -s -* [kude'ta] ⟨*fr.*⟩: (veraltend) Staatsstreich

Coupe [kup] *die; -, -s,* auch: *der; -s, -s* ⟨*fr.*⟩: Eisbecher

Cou|pé, auch: Kupee *das; -s, -s* ⟨*fr.*⟩: 1. (veraltet) Abteil in einem Eisenbahnwagen. 2. geschlossene zweisitzige Kutsche. 3. geschlossenes [zweisitziges] Auto mit versenkbaren Seitenfenstern

Cou|p|let [ku'ple:] *das; -s, -s* ⟨*lat.-fr.*⟩: scherzhaft-satirisches Strophengedicht mit Kehrreim, meist aktuellen [politischen] od. pikanten Inhalts

Cou|pon vgl. Kupon

Cour [ku:ɐ̯] *die; -* ⟨*lat.-vulgärlat.-fr.*⟩: in der veralteten Wendung **jmdm. die Cour machen/schneiden:** jmdm. den Hof machen

Cou|ra|ge [ku'ra:ʒə] *die; -* ⟨*lat.-fr.*⟩: Beherztheit, Schneid, Mut

cou|ra|giert [...'ʒi:ɐ̯t]: beherzt

cou|rant [ku...] vgl. kurant

Cou|rant vgl. Kurant

Cou|ran|te [ku'rã:t(ə)] *die; -, -n* ⟨*lat.-fr.*⟩: 1. alter französischer Tanz in raschem, ungeradem Takt. 2. (Mus.) zweiter Satz der Suite in der Musik des 18. Jh.s

Cour|bet|te [kur'bɛtə] usw. vgl. Kurbette usw.

Course [kɔ:s] *der; -, -s* [...sɪs] ⟨*lat.-engl.*⟩: Golfplatz

Court [kɔ:t] *der; -s, -s* ⟨*lat.-altfr.-engl.*⟩: Spielfeld des Tennisplatzes

Cour|ta|ge, auch: Kurtage [kur'ta:ʒə] *die; -, -n* ⟨*fr.*⟩: Maklergebühr bei Börsengeschäften

Cour|ti|er [kur'tie] *der; -s, -s:* (veraltet) freiberuflicher Handelsmakler

Cour|toi|sie [kurtoa'zi:] *die; -,*

...ien ⟨*lat.-vulgärlat.-fr.*⟩: (veraltend) feines, ritterliches Benehmen; Höflichkeit

Cous|cous ['kʊskʊs] *das; -, -* ⟨*arab.-fr.*⟩: vgl. ²Kuskus

Cou|sin [ku'zɛ̃] *der; -s, -s* ⟨*lat.-vulgärlat.-fr.*⟩: Sohn von Bruder od. Schwester eines Elternteils; Vetter

Cou|si|ne [ku'zi:nə], auch: Kusine *die; -, -n:* Tochter von Bruder od. Schwester eines Elternteils; Base

Cou|ture [ku'ty:ɐ̯] *die; -* ⟨*lat.-fr.*⟩: ↑ Haute Couture. **Cou|tu|ri|er** [kuty'rie:] *der; -s, -s:* ↑ Haute Couturier

Cou|va|de [ku'va:də] *die; -, -n* ⟨*lat.-fr.*⟩: (bei bestimmten Völkern) Brauch, nach dem der Mann sich während des Geburtsvorgangs ins Bett legt u. das Verhalten der werdenden Mutter nachahmt; Männerkindbett

Cou|vert [ku've:ɐ̯, ku'vɛ:ɐ̯] *das; -s, -s* ⟨*lat.-fr.*⟩: 1. Bettbezug für Steppdecken u. Ä. 2. vgl. Kuvert

Cou|veu|se [ku'vø:zə] *die; -, -n:* (Med.) Wärmebett, Brutschrank für Frühgeburten

Co|ver ['kavɐ̯] *das; -s, -[s]* ⟨*engl.*⟩: a) Titelseite einer Illustrierten; b) Schallplattenhülle

Co|ver|boy [...bɔy] *der; -s, -s:* a) auf der Titelseite einer Illustrierten abgebildeter [junger] Mann; b) ↑ Dressman

Co|ver|coat [...ko:t] *der; -[s], -s:* 1. fein meliertes, gabardineähnliches [Woll]gewebe. 2. dreiviertellanger Mantel aus Covercoat (1)

Co|ver|girl [...gə:l] *das; -s, -s:* auf der Titelseite einer Illustrierten abgebildete junge Frau

co|vern ['kavɐ(r)n]: als Coverversion aufnehmen, herausbringen

Co|ver|sto|ry *die; -, -s:* Titelgeschichte

Co|ver-up [...'ap] *das; -:* volle Körperdeckung beim Boxen

Co|ver|ver|si|on [engl. ...və:ʃn] *die; -, -en* u. bei engl. Aussprache -s: (in der Unterhaltungsmusik) Fassung eines älteren Titels mit [einem] anderen Interpreten

Cow|boy ['kaubɔy] *der; -s, -s* ⟨*engl.;* „Kuhjunge"⟩: a) berittener amerikanischer Rinderhirt; b) Cowboy (a) als Verkörperung des so genannten männlichen

Lebensstils. **Cow|girl** *das; -s, -s:* weibliche Form zu ↑ Cowboy (a)

Cow|per ['kaupɐ̯] *der; -s, -s* ⟨nach dem engl. Ingenieur Cowper⟩: Winderhitzer für Hochöfen

Co|xa *die; -, ...xae* [...ä] ⟨*lat.*⟩: (Med.) Hüfte

Co|x|al|gia vgl. Koxalgie

Co|xi|tis vgl. Koxitis

Cox' O|ran|ge *die; - -, - -n,* auch: **Cox O|ran|ge** *der; - -, - -* ⟨nach dem engl. Züchter R. Cox⟩: aromatischer, feiner Winterapfel mit goldgelber bis orangefarbener Schale

Co|yo|te vgl. Kojote

CPU [tse:pe:'lu:, engl. si:pi:'ju:] ⟨Abk. für engl. central processor *unit* „Zentraleinheit eines (Mikro)prozessors"⟩: zentrale Rechen- u. Steuereinheit eines Computers

Crab|meat ['kræbmi:t] *das; -s* ⟨*engl.*⟩: engl. Bez. für Krabben[fleisch]

¹Crack [krɛk] *der; -s, -s* ⟨*engl.*⟩: 1. hervorragender Sportler; Spitzensportler. 2. bestes Pferd eines Rennstalls

²Crack *das; -s:* ein Kokain enthaltendes synthetisches Rauschgift

cra|cken vgl. kracken

Cra|cker ['krɛkɐ] *der; -s, -[s]* (meist Plural) ⟨*engl.*⟩: 1. ungesüßtes, keksartiges Kleingebäck. 2. Knallkörper, Knallbonbon. 3. jmd., der [böswillig] in fremde Computersysteme einzudringen versucht, um Zugang zu fremden Daten[banken] zu erlangen; vgl. Hacker.

Cra|cke|rin [auch: 'krɛ...] *die; -, -nen:* weibliche Form zu ↑ Cracker (3)

Cra|co|vi|enne [krako'vjɛn] *die; -, -s* ⟨*fr.*⟩: ↑ Krakowiak

Cram|pus vgl. ¹Krampus

Cra|ni... vgl. Krani...

Cra|ni|um u. Kranium *das; -[s], ...ia* ⟨*gr.-mlat.*⟩: knöcherner Schädel bei Mensch u. Wirbeltieren

Cra|que|lé, (auch:) Krakelee [krakə'le:] *das; -s, -s* ⟨*fr.*⟩: 1. (auch: *der*) Kreppgewebe mit rissiger, narbiger Oberfläche. 2. feine Haarrisse in der Glasur von Keramiken od. auf Glas

Cra|que|lu|re [...'ly:rə] vgl. Krakelüre

Crash [krɛʃ] *der; -[s], -s* ⟨*engl.*⟩: 1. Zusammenstoß, Unfall (bes.

bei Autorennen). 2. (Wirtsch.) Zusammenbruch eines Unternehmens, einer Bank o. Ä. mit weit reichenden Folgen. 3. (Börsenw.) starker Abfall der Kurse innerhalb einer kurzen Zeit

Crash|box [ˈkrɛʃ...] *die; -, -en:* 1. Fahrtenschreiber in Autos zur Unfallrekonstruktion. 2. Konstruktion in Rennwagen zum Schutz der Fahrerbeine. 3. Schutzbehälter für sensible Geräte, z. B. Kameras

Crash|kid *das; -s, -s:* (Jargon) Jugendlicher, der Autos aufbricht, um sie kaputtzufahren

Crash|kurs *der; -es, -e:* Lehrgang, in dem der Unterrichtsstoff besonders komprimiert u. in kurzer Zeit vermittelt wird

Crash|test *der; -[e]s, -s (auch: -e):* Test, mit dem das Unfallverhalten von Kraftfahrzeugen ermittelt werden soll

Crawl [krɔːl] vgl. Kraul

Cra|y|on [krɛˈjõː] vgl. Krayon

cra|zy [ˈkreɪzi] ⟨engl.⟩: (Jugendsprache) verrückt, überspannt

Cream [kriːm] *die; -, -s:* engl. Bez. für ↑ Creme

Cre|as vgl. Kreas

Cré|a|tion [kreaˈsjõ] *die; -, -s* [...ˈsjõ] ⟨lat.-fr.⟩: ↑ Kreation (1)

Cre|do vgl. Kredo

Creek [kriːk] *der; -s, -s* ⟨altnord.- engl.⟩: 1. nur zur Regenzeit Wasser führender Fluss [in Australien]. 2. durch Landsenkung aus ehemaligen Flusstälern entstandene Meeresbucht. 3. kleiner Flusslauf (in den USA)

Cré|mant [kreˈmã:] *der; -s, -s* ⟨fr.⟩: französischer Schaumwein

creme [krɛːm, krɛːm]: mattgelb, gelblich

Creme *die; -, -s* (schweiz.: -n): 1. pasten-, salbenartige Masse aus Fetten u. Wasser zur Pflege der Haut. 2. a) dickflüssige od. schaumige, lockere Süßspeise; b) süße Masse als Füllung für Süßigkeiten od. Torten; c) dickflüssiger Likör; d) (selten) Cremesuppe. 3. (selten) Kaffeesahne. 4. (ohne Plural) a) das Feinste, Erlesenste; b) gesellschaftliche Oberschicht; vgl. Krem

Crème de la Crème [krɛːm də la krɛːm] *die; - - - -:* die höchsten Vertreter(innen) der gesellschaftlichen Oberschicht

Crème dou|ble [- duːblֺ] *die; - -, -s:* dicke Sahne mit ca. 40 % Fettgehalt; Doppelrahm

Crème fraîche [- frɛʃ] *die; - -, -s -s* ⟨„frische Sahne"⟩: saure Sahne mit ca. 30 % Fettgehalt

Cre|o|lle, auch: Kreole *die; -, -n* (meist Plural) ⟨fr.⟩: ringförmiger Ohrring, in den ein kleinerer Schmuckgegenstand eingehängt werden kann

¹Crêpe [krɛp] *der; -[s], -s:* vgl. ¹Krepp

²Crêpe [krɛp] *die; -, -s* vgl. ²Krepp

Crêpe de Chine [- dəˈʃin] *der; - - -, -s - -* [krɛp - -] ⟨fr.⟩: feinnarbiges Gewebe aus Natur- od. Kunstseide

Crêpe Geor|gette [- ʒɔrˈʒɛt] *der; - -, -s -* [krɛp -]: zartes, durchsichtiges Gewebe aus Kreppgarn

Crêpe la|va|ble [- laˈvabl] *die; - -, -s -s* [krɛp laˈvabl]: weiches Kreppgewebe aus [Kunst]seide für Damenwäsche

Cre|pe|line [krɛpəˈliːn] vgl. Krepeline

Crêpe ma|ro|cain [- maroˈkɛ̃] *der; - -, -s -s* [krɛp -]: fein geripptes [Kunst]seidengewebe in Taftbindung

Crêpe Sa|tin [- saˈtɛ̃] *der; - -, -s -* [krɛp -]: [Kunst]seidenkrepp mit einer glänzenden u. einer matten Seite

Crêpe Su|zette [- syˈzɛt] *die; - -, -s -* [krɛp -] (meist Plural): dünner Eierkuchen, der mit Weinbrand od. Likör flambiert wird

Cre|pon [kreˈpõ] vgl. Krepon

cresc. = crescendo

cre|scen|do [kreˈʃɛndo] ⟨lat.-it.⟩: (Mus.) allmählich lauter werdend, im Ton anschwellend (Vortragsanweisung); Abk.: cresc.; Ggs. ↑ decrescendo. **Crescen|do** *das; -s, -s u. ...di:* (Mus.) allmähliches Anwachsen der Tonstärke; Ggs. ↑ Decrescendo

Cre|ti|cus vgl. Kretikus

Cre|tonne, auch: Kretonne [kreˈtɔn] *die; -, -s u. der; -s, -s* ⟨fr.⟩: Baumwollgewebe in Leinenbindung; vgl. Kreton

Cre|vet|te vgl. Krevette

Crew [kruː] *die; -, -s* ⟨lat.-engl.⟩: 1. a) Schiffsmannschaft; b) Besatzung eines Flugzeugs; c) Mannschaft eines Ruderbootes. 2. Kadettenjahrgang bei der Marine. 3. einem Zweck, einer

bestimmten Aufgabe verpflichtete, gemeinsam auftretende Gruppe von Personen

Crib|bage [ˈkrɪbɪdʒ] *das; - ⟨engl.⟩:* ein altes englisches Kartenspiel

Cri|cket vgl. Kricket

Crime [kraim] ⟨engl.; „Verbrechen"⟩: ↑ Sex and Crime

Cri|ol|lis|mo [kriɔlˈjismo] *der; -* ⟨span.; „Kreolentum"⟩: geistigliterarische Strömung in Lateinamerika mit der Tendenz, eine Synthese indianischer, iberoamerikanischer u. europäischer Kultur zu schaffen

Cri|ol|lo [kriˈɔljo] *der; -[s], -s:* ↑ Kreole

Cris|pi|na|lden *die* (Plural) ⟨nach den Heiligen Crispinus u. Crispinianus⟩: Geschenke, die auf Kosten anderer gemacht werden

Cris|to|ba|lit, auch: Kristobalit [auch: ...ˈlɪt] *der; -s, -e ⟨nlat.;* nach dem Fundort San Cristóbal in Mexiko⟩: trübe, milchweiße Kristalle bildendes Mineral

Crof|ter *der; -s, -s ⟨engl.⟩:* kleinbäuerlicher, auf Nebenerwerb angewiesener Pächter (bes. in Schottland)

Croi|sé [krɔaˈze:] *das; -[s], -s* ⟨lat.-fr.; „gekreuzt"⟩: Baumwoll- od. Kammgarngewebe in Köperbindung

Crois|sant [krɔaˈsãː] *das; -[s], -s* ⟨lat.-fr.⟩: Gebäck aus Plunderteig von der Form eines Hörnchens

Cro|mag|non|ty|pus [kroman'jõ:...] *der; - ⟨*nach dem Fundort bei Cro-Magnon in Frankreich⟩: Menschentypus der Jüngeren Altsteinzeit

Cro|m|ar|gan ® *das; -s ⟨Kunstw.⟩:* hochwertiger rostfreier Chrom-Nickel-Stahl

Crom|lech vgl. Kromlech

Crookes|glas [ˈkrʊks...] *das; -es, ...gläser* ⟨nach dem engl. Physiker Crookes⟩: Brillenglas, das für infrarote u. ultraviolette Strahlen undurchlässig ist

Croo|ner [ˈkruːnɐ] *der; -s, - ⟨engl.⟩:* engl. Bez. für: Sänger sentimentaler Lieder; Schnulzensänger

Cro|quet [ˈkrɔkɛt, ...kət, auch: krɔˈkɛt] vgl. Krocket

Cro|quet|te [krɔˈkɛtə] *die; -, -s* (meist Plural) ⟨fr.⟩: franz. Schreibung für: Krokette

Cro|quis [kroˈkiː] vgl. Kroki

cross [krɔs] ⟨lat.-engl.⟩: (Tennis) diagonal

Cross der; -, -: 1. (Tennis) diagonal über den Platz geschlagener Ball. 2. kurz für ↑ Crosscountry

Cross|coun|t|ry, auch: Cross-Coun-t|ry [...kʌntri] das; -[s], -s ⟨engl.⟩: (Sport) Querfeldein-wettbewerb im Lauf, Rad- u. Motorradrennen u. a.

Cros|sing-o|ver, auch: Cros|sing|o-ver [krɔsɪŋˈoʊvə] das; -: (Biol.) Erbfaktorenaustausch zwischen homologen Chromosomen

Cros|sing|sym|me|t|rie die; -: (Kernphysik) Symmetrie bzw. Äquivalenz von Reaktionen bei der Wechselwirkung von Elementarteilchen

Cross|mar|ke|ting, auch: Cross-Mar|ke|ting das; -[s] ⟨engl.⟩: (Wirtsch.) Methode zur Mehrfachvermarktung eines [erfolgreichen] Produkts in Form von verschiedenen Medien, z. B. als Computerspiel, Buch, Fernsehserie

Cross-o|ver, auch: Cross|o|ver [...ˈoʊvə] das; -: 1. Vermischung unterschiedlicher [Musik]stile (z. B. Klassik u. Pop). 2. ↑ Crossing-over

Cross|pro|mo|tion [...prəmoʊʃən] die; -: gegenseitige Reklame von Firmen, die ihre Produkte in unterschiedlicher Weise anbieten, z. B. als Bücher u. Fernsehserien

Cross|rate [...reɪt] die; -: Mittel zur Feststellung des echten Wertes einer Währung im Vergleich zur amtlich festgesetzten Parität unter Bezug auf den Dollarkurs

Cross|talk [...tɔːk] der; -s, -s: der Klangqualität abträgliches Sichvermischen der beiden Lautsprecherinformationen bei stereophoner Wiedergabe

Crou|pa|de [kru...] vgl. Kruppade

Crou|pi|er [kruˈpjeː] der; -s, -s ⟨germ.-fr.⟩: Angestellter einer Spielbank, der die Einsätze einzieht, die Gewinne auszahlt u. den äußeren Ablauf des Spiels überwacht. Crou|pi|è|re [...ˈpjeːrə] die; -, -n: weibliche Form zu ↑ Croupier

Crou|pon [kruˈpõː] der; -s, -s: für die Lederherstellung bes. wertvoller Rückenteil der Haut von

Rindern. crou|po|nie|ren [...po...]: Teile aus einer [gegerbten] Haut herausschneiden

Croû|ton [kruˈtõː] der; -[s], -s (meist Plural) ⟨lat.-fr.⟩: aus Weißbrot geschnittene u. in Fett gebackene Würfel, Scheibchen o. Ä. zum Garnieren von Speisen od. als Suppeneinlage

Cru [kry:] das; -[s], -s ⟨lat.-fr.⟩: Wachstum, Lage als Qualitätsbezeichnung für französische Weine

Cru|ci|fe|rae [kruˈtsiːferɛ] (Plural) vgl. Kruzifere

Cruise|mis|sile, auch: Cruise-Mis-sile [ˈkruːzˈmɪsail] das; -s, -s ⟨engl.-amerik.⟩: [fern]gelenkter, unbemannter Flugkörper mit konventionellem od. nuklearem Gefechtskopf; Marschflugkörper

crui|sen [ˈkruːzn̩] ⟨engl.⟩: (Jargon) ohne bestimmtes Ziel [gemächlich] herumfahren od. -gehen

Crui|ser [ˈkruːzɐ] der; -s, -s: sportliches Fahrzeug mit hoher Motorleistung, aber relativ niedriger Geschwindigkeit

Crui|ser|ge|wicht das; -[e]s: zweitschwerste Gewichtsklasse im Berufsboxen

Crui|sing [ˈkruːzɪŋ] das; -[s] ⟨engl.⟩: (Jargon) a) das Cruisen; b) das Suchen nach einem Sexualpartner

Crum|b|lage [ˈkrʌmblɪdʒ] die; -, -s [...ɪdʒɪz] ⟨engl.⟩: a) (ohne Plural) künstlerische Technik, bei der ein reproduziertes Bild angefeuchtet, zerknüllt u. auf diese Weise deformiert wieder aufgeklebt wird; b) Produkt dieser Technik

Crus das; -, Crura ⟨lat.⟩: (Med.) 1. [Unter]schenkel. 2. schenkelartiger Teil eines Körperteils

Crus|ta die; -, ...stae [...tɛ] ⟨lat.⟩: (Med.) Kruste, Schorf

Crux die; -, Cruces [ˈkruːtseːs] ⟨lat.; „Kreuz“⟩: a) (ohne Plural) Last, Kummer, Leid; b) (Plural selten) Schwierigkeit

Crwth [kruːθ] die; -, - ⟨kelt.⟩: altkeltisches, lyraähnliches Saiteninstrument der Barden

Csár|da [ˈtʃarda, ˈtʃardɔ] die; -, -s ⟨ung.⟩: Pusztaschenke

Csar|das, auch: Csár|dás [ˈtʃardas, ˈtʃaːrdaːs] der; -, -: ungarischer Nationaltanz

Csi|kós [ˈtʃiːkoːʃ, ˈtʃikoːʃ] der; -, -,

auch: Tschikosch der; -[es], -[e] ⟨ung.⟩: ungarischer Pferdehirt

Cu|ba|nit [auch: ...ˈnɪt] der; -s, -e ⟨nach der Insel Kuba⟩: ein stark magnetisches Mineral

Cu|bi|cu|lum das; -s, ...la ⟨lat.⟩: 1. Schlafraum im altrömischen Haus. 2. Grabkammer in den ↑ Katakomben

Cu|cur|bi|ta die; -, ...tae [...tɛ] ⟨lat.⟩: Zierkürbis mit verschiedenfarbigen Früchten

cui bo|no? ⟨lat.; Zitat aus einer Rede von Cicero⟩: wem nützt es?, wer hat einen Vorteil davon?

Cu|lite|sei|de [ˈkʏit...] u. Cuitseide die; - ⟨fr.; dt.⟩: durch Seifenbad entbastete, daher sehr weiche Seide

cu|ius re|gio, e|ius re|li|gio ⟨lat.⟩: wessen das Land, dessen [ist] die Religion (Grundsatz des Augsburger Religionsfriedens von 1555, nach dem der Landesfürst die Konfession der Untertanen bestimmte)

Cul de Pa|ris [kydpaˈri] der; - - -, - - [kyd...] ⟨fr.; „Pariser Gesäß“⟩: um die Jahrhundertwende unter dem Kleid getragenes Gesäßpolster

Cul|do|s|kop usw. vgl. Kuldoskop usw.

Cul|lotte [kyˈlɔt] die; -, -n [...tn̩] ⟨lat.-fr.⟩: im 17. u. 18. Jh. von der [französischen] Aristokratie getragene Kniehose; vgl. Sansculotte

Cul|pa die; - ⟨lat.⟩: Schuld, Verschulden; Fahrlässigkeit; Culpa lata: (Rechtsw.) grobe Fahrlässigkeit; Culpa levis: (Rechtsw.) leichte Fahrlässigkeit

Cul|tis|mo der; - ⟨lat.-span.⟩: span. Bez. für: Kultismus

Cul|tu|ral Lag [ˈkʌltʃərəl ˈlæg] das; - -, - -s ⟨engl.⟩: (Soziol.) verspätete soziokulturelle Anpassung von Personen[gruppen] an die vom technischen Fortschritt gesteuerte Entwicklung

Cu|ma|rin vgl. Kumarin

Cu|ma|ron vgl. Kumaron

Cum|ber|land|so|ße [ˈkʌmbə-lənd...] ⟨engl.⟩: aus Johannisbeergelee, Senf u. verschiedenen anderen Zutaten hergestellte pikante Soße

cum gra|no sa|lis ⟨lat.; „mit einem Körnchen Salz“⟩: mit Einschränkung; nicht ganz wörtlich zu nehmen

C

cum in|fa|mia ⟨*lat.*⟩: mit Schimpf u. Schande

cum lau|de ⟨*lat.;* „mit Lob"⟩: gut (drittbestes Prädikat bei der Doktorprüfung)

cum tem|po|re ⟨*lat.;* „mit Zeit"⟩: eine Viertelstunde nach der angegebenen Zeit; mit akademischem Viertel; Abk.: c. t.

Cu|mu|lo|nim|bus usw. vgl. Kumulonimbus usw.

Cunc|ta|tor ⟨*lat.*⟩ vgl. Kunktator

Cun|ni|lin|gus *der; -, ...gi* ⟨*lat.*⟩: Befriedigung bzw. sexuelle Stimulierung der weiblichen Geschlechtsorgane mit Lippen, Zähnen u. Zunge; vgl. Fellatio

Cup [kap] *der; -s, -s* ⟨*lat.-roman.-engl.*⟩: 1. Siegespokal bei Sportwettkämpfen. 2. Pokalwettbewerb. 3. Schale des Büstenhalters

Cul|pal *das; -s* ⟨Kurzw. aus: *Cuprum* u. *Aluminium*⟩: als Werkstoff in der Elektrotechnik dienendes kupferplattiertes Aluminium

Cu|pi|do vgl. Kupido

Cup|pa *die; -,* Cuppae [...ɛ] ⟨*lat.*⟩: Schale eines [Abendmahls]kelches

Cup|ra|lon ® *das; -s* ⟨Kunstw.⟩: (Textilchemie) Mischgarn aus ↑ Perlon u. ↑ Cuprama

Cup|ra|ma ® *die; -* ⟨Kunstw.⟩: wollartige, aus Zellulose hergestellte Kunstfaser

Cup|re|in *das; -s* ⟨*lat.-nlat.*⟩: eine organische Verbindung, Grundstoff von Chinin

Cup|re|sa ® *die; -* ⟨Kunstw.⟩: nach dem Kupferoxid-Ammoniak-Verfahren aus Baumwollfasern hergestellte Chemiefaser

Cup|ro *das; -s* ⟨Kunstw.⟩: (Textilchemie) Sammelbez. für meist seidenähnliche synthetische Fasern, die nach dem Kupferoxid-Ammoniak-Verfahren auf Zellulosebasis hergestellt werden

Cup|rum *das; -s:* Kupfer; chem. Element; Zeichen: Cu

Cu|pu|la, auch: Kupula *die; -, ...lae* [...ɛ] ⟨*lat.*⟩: 1. Fruchtbecher bei Buchengewächsen. 2. (Med.) gallertartige Substanz in den Gleichgewichtsorganen der Wirbeltiere u. des Menschen

Cu|ra|çao ® [kyra'sa:o] *der; -s, -s* (aber: 2 -) ⟨nach der Insel im Karibischen Meer⟩: mit den getrockneten Schalen unreifer

Pomeranzen aromatisierter Likör

Cu|ra pos|te|ri|or *die; - -* ⟨*lat.;* „spätere Sorge"⟩: Angelegenheit, mit der man sich erst später zu beschäftigen hat, nachdem das Wichtigere erledigt ist

Cu|ra|re vgl. Kurare

Cu|ra|rin, auch: Kurarin *das; -s* ⟨*indian.-span.-nlat.*⟩: (Chem.) wirksamer Bestandteil des Kurare

Cur|cu|ma vgl. Kurkuma

Cu|ré [ky're:] *der; -s, -s* ⟨*lat.-fr.*⟩: katholischer Pfarrer in Frankreich

Cu|ret|ta|ge [kyrɛ'ta:ʒə] usw. vgl. Kürettage usw.

Cu|rie [ky'ri:] *das; -, -* ⟨nach dem franz. Physikerehepaar⟩: Einheit der Radioaktivität; Zeichen: Ci; älter: c

Cu|ri|um *das; -s* ⟨*fr.-nlat.*⟩: radioaktives, künstlich hergestelltes chemisches Element; ein Transuran; Zeichen: Cm

Cur|ling ['kə:lɪŋ] *das; -s* ⟨*engl.*⟩: ein aus Schottland stammendes, dem Eisschießen ähnliches Spiel auf dem Eis

cur|ren|tis ⟨*lat.*⟩: (veraltet) [des] laufenden [Jahres, Monats]; Abk.: cr.

cur|ri|cu|lar: das Curriculum, Fragen des Curriculums betreffend

Cur|ri|cu|lum *das; -s, ...la* ⟨*lat.-engl.*⟩: auf einer Theorie des Lehrens u. Lernens aufbauender Lehrplan; Lehrprogramm

Cur|ri|cu|lum Vi|tae [-'vi:tɛ] *das; - -, ...la -* ⟨*lat.*⟩: (veraltet) Lebenslauf

Cur|ry ['kœri, seltener: 'kari] *das; -s, -s* ⟨*angloind.*⟩: 1. (ohne Plural; auch: *der*) scharf-pikante, dunkelgelbe Gewürzmischung indischer Herkunft. 2. ostindisches Fleisch- od. Fischragout mit einer Currysoße

Cur|sor ['kœsɐ] *der; -s, -[s]* ⟨*lat.-engl.*⟩: Zeichen (Pfeil o. Ä.) auf dem Bildschirm, das anzeigt, an welcher Stelle die nächste Eingabe erfolgt

Cur|tain|wall ['kə:rtɪnvɔ:l] *der; -s* ⟨*engl.*⟩: (Archit.) Außenwand eines Gebäudes, der keine tragende Funktion zukommt

Cus|tard ['kastɐt] *der; -s, -s* ⟨*engl.*⟩: einem Vanillepudding ähnliche englische Süßspeise

Cus|to|di|an [kʌs'toʊdjən] *der; -s* ⟨*lat.-engl.*⟩: engl. Bez. für:

Treuhänder eines unter fremdstaatliche Verwaltung gestellten Vermögens

Cus|to|mi|za|tion [kʌstəmaɪ'zeɪʃən] *die; -* ⟨*engl.*⟩: (Wirtsch.) unternehmerische Strategie, Produkte u. Dienstleistungen individuellen Kundeninteressen anzupassen

Cut [kœt, kat] *der; -s, -s* ⟨*engl.*⟩: 1. ↑ Cutaway. 2. Riss der Haut, bes. rund um die Augenpartien (beim Boxen). 3. Ausscheiden der schlechteren Spieler vor den Schlussrunden (beim Golf)

Cu|ta|way ['kœtəve, 'kat...] *der; -s, -s:* als offizieller Gesellschaftsanzug am Vormittag getragener, langer, schwarzer od. dunkler, vorn abgerundet geschnittener Sakko mit steigenden Revers

Cu|ti|cu|la vgl. Kutikula

Cu|tis vgl. Kutis

cut|ten ['katn̩] ⟨*engl.*⟩: Filmszenen od. Tonbandaufnahmen für die endgültige Fassung schneiden u. zusammenkleben

Cut|ter ['katɐ] *der; -s, -* ⟨*engl.*⟩: 1. Schnittmeister; Mitarbeiter bei Film, Funk u. Fernsehen, der Filme od. Tonbandaufnahmen in Zusammenarbeit mit dem Regisseur für die endgültige Fassung zusammenschneidet u. montiert. 2. Gerät zum Zerkleinern von Fleisch. **Cut|te|rin** *die; -, -nen:* weibliche Form zu ↑ Cutter (1)

cut|tern: ↑ cutten

Cu|vée [ky've:] *die; -, -s* (auch: *das; -s, -s*) ⟨*lat.-fr.*⟩: Verschnitt, Mischung verschiedener Weine (bes. bei der Herstellung von Schaumweinen)

Cy|an vgl. Zyan

Cy|a|nat vgl. Zyanat

Cy|a|nid vgl. Zyanid

Cy|an|ra|di|kal vgl. Zyanradikal

---

cy|ber..., Cy|ber...

['saibɐ...]

⟨verkürzt aus *engl.* cybernetics „Wissenschaft von den Steuerungs- und Regelungsvorgängen"; vgl. Kybernetik⟩

Wortbildungselement mit der Bedeutung „die von Computern erzeugte virtuelle Scheinwelt betreffend":

– Cybersex

– Cyberspace

Cy|ber|ca|fé [ˈsaibɐ...] *das;* -s, -s: Internetcafé

Cy|ber|cash [...kæʃ] *das;* -: Verbuchung von kleinen Beträgen mithilfe des Internets

Cy|ber|kri|mi|na|li|tät *die;* -: Gesamtheit illegaler Handlungen im Computer- u. Telekommunikationsbereich (z. B. Datenmanipulation, widerrechtliches Eindringen in Systeme)

Cy|ber|naut *der;* -en, -en: jmd., der sich [gerade] im Cyberspace befindet

Cy|ber|sex *der;* -[es]: sexuelle Stimulation durch computergesteuerte Simulation

Cy|ber|space [...speːs] *der;* -, -s [...sɪs]: von Computern erzeugte virtuelle Scheinwelt, die eine fast perfekte Illusion räumlicher Tiefe u. realitätsnaher Bewegungsabläufe vermittelt (z. B. zur Simulation von Flugmanövern)

Cy|ber|tour [...tuːɐ̯] *die;* -, -en: virtuelle Reise durch den Cyperspace

Cy|b|org [ˈsaibɔːg] *der;* -s, -s ⟨Kunstw. aus *engl.* cybernetic *org*anism⟩: [geplante] Integrierung technischer Geräte in den Menschen als Ersatz od. zur Unterstützung nicht ausreichend leistungsfähiger Organe (z. B. bei langen Raumflügen)

Cy|cl|a|mat [tsy...] *das;* -s, -e ⟨Kunstw.⟩: künstlich hergestellter kochbeständiger Süßstoff

Cy|cl|a|men vgl. Zyklamen

cy|cl|isch vgl. zyklisch

cy|cl|o..., Cy|cl|o... vgl. zyklo..., Zyklo...

Cy|cl|o|ni|um *das;* -s ⟨gr.-nlat.⟩: erstmals im ↑ Zyklotron erzeugtes Isotop des ↑ Promethiums

Cy|cl|ops *der;* -, ...piden ⟨gr.-lat.⟩: niederer Krebs

cy|ril|lisch vgl. kyrillisch

---

da ca|po ⟨lat.-it. „vom Kopf an"⟩: (Mus.) wiederholen, noch einmal vom Anfang an; Abk.: d. c.; **da capo al fine:** vom Anfang bis zum Schlusszeichen (wiederholen). **Da|ca|po** vgl. Dakapo

d'ac|cord [daˈkoːɐ̯, daˈkɔːr] ⟨lat.-vulgärlat.-fr.⟩: (veraltet) einig, einverstanden

Dalc|ron ® *das;* -s ⟨Kunstw.⟩: (Chem.) synthetische Faser

Da|da *der;* -[s] ⟨fr.; urspr. lautmalend⟩: 1. programmatisches Schlagwort des Dadaismus. 2. Name für die verschiedenen dadaistischen Gruppierungen

Da|da|is|mus *der;* - ⟨fr.-nlat.⟩: internationale revolutionäre Kunst- u. Literaturrichtung um 1920, die jegliches Kunstideal negierte u. absolute Freiheit der künstlerischen Produktion sowie einen konsequenten Irrationalismus in der Kunst proklamierte

Da|da|ist *der;* -en, -en: Vertreter des Dadaismus. **Da|da|is|tin** *die;* -, -nen: weibliche Form zu ↑ Dadaist. **da|da|is|tisch:** den Dadaismus betreffend, zu ihm gehörend, für ihn charakteristisch; in der Art des Dadaismus

Dä|da|le|um *das;* -s, ...leen ⟨gr.-nlat.; nach Dädalus, dem Baumeister u. Erfinder in der griech. Sage⟩: 1833 erfundene Vorrichtung zum Erzeugen bewegter Bilder; spezielle Art des ↑ Stroboskops (2)

¹dä|da|lisch: (veraltet) erfinderisch

²dä|da|lisch ⟨nach einem mythischen kretischen Bildhauer Daidalos⟩: in den Anfängen der griechischen Kunst entstanden; fr998harchaisch

Dad|dy [ˈdɛdi] *der;* -s, -s ⟨engl.⟩: engl. ugs. Bez. für: Vater

Da|gal|ba vgl. Dagoba

Da|ges|tan *der;* -, - ⟨nach dem gleichnamigen Gebiet am Kaspischen Meer⟩: schafwollener, geknüpfter Teppich

Da|gol|ba, auch: Dagaba *die;* -,

...ben ⟨singhal.⟩: 1. buddhistischer Reliquienschrein. 2. Raum, in dem eine Dagoba (1) aufbewahrt u. verehrt wird

Da|guer|reo|typ [dagɐro...] *das;* -s, -e ⟨fr.; gr.; nach dem Erfinder der Fotografie, dem Franzosen Daguerre⟩: Daguerreotypie (2)

Da|guer|reo|ty|pie *die;* -, ...ien: 1. (ohne Plural) heute nicht mehr übliches fotografisches Verfahren, bei dem Metallplatten verwendet werden. 2. unter Verwendung einer Metallplatte hergestellte Fotografie

Da|hal|bi|je *die;* -, -n ⟨arab.: „die Goldene"⟩: langes, schmales, altertümliches Nilschiff mit Segel, Verdeck u. Kajüte

Dah|lie [...je] *die;* -, -n ⟨nlat.; nach dem schwed. Botaniker A. Dahl⟩: zu den Korbblütlern gehörende, im Spätsommer u. Herbst blühende [Garten]pflanze mit großen Blüten; Georgine

Dáil Éi|reann [ˈdaːl ˈeːrɪn, engl.: daɪl ˈɛərən] *das;* - - ⟨gäl.⟩: das Abgeordnetenhaus der Republik Irland

Dai|ly Soap [ˈdeɪlɪ ˈsoʊp] *die;* - -, --s ⟨engl.; „tägliche Seife[noper]"; ↑ Soapopera⟩: werktäglich ausgestrahlte triviale Hörspiel- od. Fernsehserie

Dai|mio u. Daimyo *der;* -, -s ⟨chin.-jap.⟩: (veraltet) japanischer Territorialfürst

Dai|mo|ni|on u. Dämonion *das;* -s ⟨gr.⟩: warnende innere Stimme [der Gottheit] bei Sokrates

Dai|myo vgl. Daimio

¹Dai|na *die;* -, -s ⟨lett.⟩: weltliches lettisches Volkslied lyrischen Charakters

²Dai|na *die;* -, Dainos ⟨lit.⟩: weltliches litauisches Volkslied lyrischen Charakters

Dai|qui|ri [...ki...] *der;* -s, -s ⟨nach der gleichnamigen Stadt an der Ostküste Kubas⟩: Cocktail aus Obstsaft, Zucker, Eis u. Rum

Da|ka|po *das;* -s, -s ⟨lat.-it.⟩: (Mus.) Wiederholung; vgl. da capo

Da|ka|po|a|rie *die;* -, -n: (bes. im 18. Jh.) dreiteilige Arie, bei der der dritte Teil die Wiederholung des ersten darstellt

Dakh|ma *der;* -, -s ⟨awest.-pers.; „Scheiterhaufen"⟩: in drei konzentrischen Kreisen errichteter, oben offener Turm, in dem die

Parsen ihre Verstorbenen den Aasvögeln aussetzen; Turm des Schweigens

Da|k|ry|o|a|de|ni|tis *die; -, ...itiden* ⟨*gr.-nlat.*⟩: (Med.) Tränendrüsenentzündung

Da|k|ry|o|lith [auch: ...'lɪt] *der; -s u. -en, -e[n]*: (Med.) harte Ablagerung in den Tränenkanälen

Da|k|ry|ops *der; -, ...open*: (Med.) von einer Tränendrüse ausgehende Zyste unter dem oberen Augenlid

Da|k|ry|or|rhö *die; -, -en* (Plural selten): (Med.) Tränenfluss

Da|k|ry|o|zys|ti|tis *die; -, ...itiden*: (Med.) Entzündung des Tränensacks

Dak|ty|len: *Plural* von ↑ Daktylus

dak|ty|lie|ren: in der Finger- u. Gebärdensprache reden

Dak|ty|li|o|man|tie *die; -* ⟨*gr.-nlat.*⟩: das Wahrsagen mithilfe eines Pendels

Dak|ty|li|o|thek *die; -, -en* ⟨*gr.-lat.*⟩: Ringbehältnis, Ringkästchen, bes. eine Sammlung von Gemmen, Kameen u. geschnittenen Steinen (vor allem im Altertum u. in der Renaissance)

dak|ty|lisch: aus ↑ Daktylen bestehend

Dak|ty|li|tis *die; -, ...itiden* ⟨*gr.-nlat.*⟩: (Med.) Fingerentzündung

Dak|ty|lo *die; -, -s*: (schweiz. veraltet) Kurzform von ↑ Daktylographin

Dak|ty|lo|e|pi|t|rit *der; -en, -en* ⟨*gr.*⟩: aus dem ↑ Hemiepes u. dem ↑ Epitriten zusammengesetztes altgriechisches Versmaß

Dak|ty|lo|gramm *das; -s, -e* ⟨*gr.-nlat.*⟩: Fingerabdruck

Dak|ty|lo|graph, auch: ...graf *der; -en, -en*: (schweiz. veraltet) Maschinenschreiber. **Dak|ty|lo|graphie,** auch: ...grafie *die; -*: (schweiz.) das Maschinenschreiben. **dak|ty|lo|gra|phieren,** auch: ...grafieren: (schweiz.) Maschine schreiben. **Dak|ty|lo|gra|phin,** auch: ...grafin *die; -, -nen*: (schweiz. veraltet) Maschinenschreiberin

Dak|ty|lo|g|ry|po|se *die; -, -n*: (Med.) Verkrümmung der Finger od. Zehen

Dak|ty|lo|lo|gie *die; -, ...ien*: Finger- u. Gebärdensprache der Taubstummen u. Gehörlosen

Dak|ty|lo|me|gal|ie *die; -, ...ien*:

(Med.) krankhafter Großwuchs der Finger od. Zehen

Dak|ty|lo|s|kop *der; -en, -en*: Fachmann für Daktyloskopie.

Dak|ty|lo|s|ko|pie *die; -, ...ien*: Verfahren zur Auswertung von Fingerabdrücken. **Dak|ty|lo|sko|pin** *die; -, -nen*: weibliche Form zu ↑ Daktyloskop. **dak|tylo|s|ko|pisch:** die Daktyloskopie betreffend

Dak|ty|lus *der; -, ...ylen* ⟨*gr.-lat.;* „Finger“⟩: Versfuß (rhythmische Einheit) aus einer Länge u. zwei Kürzen (–∪∪)

Da|lai-La|ma *der; -[s], -s* ⟨*tibet.*⟩: höchster geistlicher Würdenträger des ↑ Lamaismus

Dal|be u. **Dal|ben:** Kurzform von ↑ Duckdalbe, Duckdalben

Dal|ber|gia *die; -, ...ien* [...jen] ⟨*nlat.;* nach dem schwed. Botaniker Dalberg⟩: indischer Rosenholzbaum

Dalk *der; -[e]s, -e* ⟨*pers.*⟩: Mönchs-, Derwischkutte

Dal|le|o|chin [...'xi:n] ⟨*Kunstw.*⟩ u. Thalleiochin [...laɪɔxi:n] *das; -s*: ein grüner Farbstoff; Chinagrün

Dal|les *der; -* ⟨*hebr.-jidd.*⟩: (ugs.) 1. Armut, Not, Geldverlegenheit. 2. Unwohlsein; Erkältung

dal|li ⟨*poln.*⟩: (ugs.) schnell!

Dal|ma|tik, Dal|ma|ti|ka *die; -, ...ken* ⟨*lat.*⟩: 1. spätrömisches Oberkleid (aus weißer dalmatischer Wolle). 2. liturgisches Gewand, bes. der katholischen ↑ Diakone

Dal|ma|ti|ner *der; -s, -*: 1. schwere alkoholreiche Weinsorte aus Dalmatien. 2. weißer Wachhund mit schwarzen od. braunen Tupfen

dal se|g|no [- zɛnjo] ⟨*lat.-it.*⟩: (Mus.) vom Zeichen an wiederholen (Vortragsanweisung); Abk.: d. s.

Dal|to|nis|mus *der; -* ⟨*nlat.;* nach dem engl. Physiker John Dalton, † 1766 – 1844⟩: (Med.) angeborene Farbenblindheit

Da|mas|sé *der; -[s], -s* ⟨*fr.;* vom Namen der kleinasiat. Stadt Damaskus⟩: damastartige Futterseide mit großer Musterung

Da|mas|sin [...'sẽ] *der; -[s], -s* ⟨*fr.*⟩: Halbdamast

Da|mast *der; -[e]s, -e* ⟨*it.*⟩: einfarbiges [Seiden]gewebe mit eingewebten Mustern. **da|mas|ten:** 1. aus Damast. 2. wie Damast

da|mas|zie|ren ⟨*nlat.*⟩: 1. glatte Wappenflächen mit Ornamenten verzieren. 2. Stahl od. Eisen mit feinen Mustern versehen

¹Da|me *die; -, -n* ⟨*lat.-fr.*⟩: 1. a) höfliche höfliche Anrede (ohne Namensnennung) an eine Frau; b) gebildete, kultivierte, vornehme Frau. 2. (ohne Plural) ein altes Brettspiel. 3. a) die Königin im Schachspiel; b) Doppelstein im Damespiel. 4. Spielkarte

²Dame [deɪm] *die; -* ⟨*engl.*⟩: a) Titel der weiblichen Träger verschiedener Orden im Ritterstand; b) Trägerin des Titels Dame (a)

Dam|mar *das; -s* ⟨*malai.*⟩: Dammarharz

Dam|ma|ra|fich|te *die; -, -n*: harzreiche ↑ Araukarie der malaiischen Inseln u. Australiens

Dam|mar|harz *das; -es*: hellgelbes, durchsichtiges Harz südostasiatischer Bäume, das technisch vielfach verwendet wird

dam|na|tur ⟨*lat.;* „(das Buch) wird verdammt“⟩: (hist.) dem Zensur dienende technische Formel, die besagte, dass ein Buch nicht gedruckt werden durfte

Dam|no *od. das; -s, -s* ⟨*lat.-it.*⟩ u. **Dam|num** *das; -s, ...na* ⟨*lat.;* „Schaden, Nachteil“⟩: (Wirtsch.) Abzug vom Nennwert eines Darlehens als Vergütung für die Darlehensgewährung

Da|mo|k|les|schwert *das; -[e]s* ⟨nach dem Günstling des älteren Dionysios von Syrakus, über dessen Haupt ein Schwert an einem Pferdehaar aufgehängt war⟩: stets drohende Gefahr

Dä|mon *der; -s, ...onen* ⟨*gr.-lat.*⟩: geisterhaftes, suggestive u. unheimliche Macht über jmdn. besitzendes Wesen, das den Willen der Betroffenen bestimmt

Dä|mo|nie *die; -, ...ien* ⟨*gr.-nlat.*⟩: unerklärbare, bedrohliche Macht, die von jmdm./etwas ausgeht od. die ein unentrinnbar ausgeliefertes Objekt vollkommen beherrscht; Besessenheit. **dä|mo|nisch** ⟨*gr.-lat.*⟩: eine suggestive u. unheimliche Macht ausübend

dä|mo|ni|sie|ren: mit dämonischen Kräften erfüllen, zu ei-

nem Dämon machen. **Dä|mo|nis|mus** der; - ⟨gr.-nlat.⟩: Glaube an Dämonen
Dä|mo|ni|um ⟨gr.-lat.⟩: ↑ Daimonion
Dä|mo|no|lo|gie die; -, ...ien ⟨gr.-nlat.⟩: Lehre von den Dämonen
Dan der; -, - ⟨jap.; „Stufe, Meistergrad"⟩: Leistungsgrad für Fortgeschrittene in allen Budosportarten
Da|na|er|ge|schenk das; -[e]s, -e ⟨gr.; dt.; nach der Bez. Homers für die Griechen, die das Trojanische Pferd hinterlassen hatten⟩: etwas, was sich im Nachhinein für den, der es als Gabe o. Ä. bekommt, als unheilvoll, Schaden bringend erweist
Da|na|i|den|ar|beit die; - ⟨nach der griech. Sage, in der die Töchter des Danaos in der Unterwelt ein Fass ohne Boden mit Wasser füllen sollten⟩: vergebliche, qualvolle Arbeit; sinnlose Mühe
Dance|floor ['da:nsflɔ] der; -s, -s ⟨engl.⟩: 1. Tanzfläche einer Diskothek. 2. (ohne Plural) in Diskotheken gespielte Tanzmusik verschiedener Musikstile
Dan|cing ['da:nsɪŋ] das; -s, -s: Tanz[veranstaltung], Tanzlokal
Dan|dy ['dɛndi] der; -s, -s ⟨engl.⟩: 1. Mann, der sich übertrieben modisch kleidet. 2. Vertreter des ↑ Dandyismus. **dan|dy|haft:** nach der Art eines Dandys
Dan|dy|is|mus der; -: in der Mitte des 18. Jh.s in England aufgekommener Lebensstil, für den Exklusivität in Kleidung u. Lebensführung sowie ein geistreich-zynischer Konversationston u. eine gleichgültig-arrogante Haltung typisch waren
Da|ne|b|rog der; -s ⟨dän.⟩: die dänische Flagge
dä|ni|sie|ren, dä|ni|si|e|ren: dänisch machen, gestalten
Danse ma|ca|b|re [dãsma'ka:br(ə)] der; - -, -s -s [dãsma'ka:br(ə)] ⟨fr.⟩: Totentanz
Dan|tes, T̲antes die (Plural) ⟨lat.-span.⟩: (veraltet) Spielmarken
dan|tesk ⟨nach dem ital. Dichter Dante Alighieri (1265–1321)⟩: in der Art Dantes
Daph|ne die; -, -n ⟨gr.-lat.; „Lorbeer"⟩: Seidelbast (früh blühender Zierstrauch)
Daph|nia, Daph|nie [...je] die; -, ...nien [...jen] ⟨gr.-nlat.⟩: im

Süßwasser lebender Wasserfloh
Daph|nin das; -s: Bestandteil einer Seidelbastrinde, der vielfach als Arznei verwendet wird
Da|ra|buk|ka die; -, ...ken ⟨arab.⟩: arabische Trommel
Da̲ri das; -s ⟨arab.⟩: kultivierte Art des ↑ Sorghum; Zuckerhirse
Dar|jee|ling [da:'dʒi:lɪŋ] der; -s, -s ⟨nach dem westbengal. Ort⟩: eine indische Teesorte
Dark|horse ['da:khɔ:s] das; -, -s [...hɔsɪz], auch: **Dark Horse** das; - -, - -s ⟨engl.; „dunkles Pferd"⟩: noch nicht bekanntes Rennpferd
Dark|room [...ru:m] der; -s, -s, auch: **Dark Room** der; - -s, - -s: meist völlig abgedunkeltes Hinter-, Nebenzimmer o. Ä. als Ort für sexuelle Kontakte in von Homosexuellen besuchten Lokalen
Dar|ling der; -s, -s ⟨engl.⟩: Liebling
Darts [da:ts] das; - ⟨germ.-altfr.-engl.⟩: englisches Wurfpfeilspiel
Dar|wi|nis|mus der; - ⟨nlat.⟩: von dem englischen Naturforscher C. Darwin (1809–1882) begründete Lehre von der stammesgeschichtlichen Entwicklung durch Mutation u. Selektion. **Dar|wi|nist** der; -en, -en: Anhänger der Lehre Darwins. **Dar|wi|nis|tin** die; -, -nen: weibliche Form zu ↑ Darwinist. **dar|wi|nis|tisch:** den Darwinismus betreffend, auf ihm beruhend, für ihn charakteristisch
Dash [dɛʃ] der; -s, -s ⟨engl.⟩: Spritzer, kleinste Menge (bei der Bereitung eines Cocktails)
Dai|sy|me|ter das; -, - ⟨gr.-nlat.⟩: Gerät zur Bestimmung der Gasdichte
DAT das; -[s], -s ⟨Abk. für engl.: digital audio tape „digitales Tonband"⟩: ↑ Digitaltonband
Da|ta|high|way, auch: Da|ta-Highway ['deɪtəhaɪweɪ, 'da:tə...] der; -s, -s ⟨engl.⟩: ↑ Datenhighway
Da|ta|mi|ning, auch: Da|ta-Mi|ning ['deɪtəmaɪnɪŋ] das; -s ⟨engl.; eigtl. „Datenförderung"⟩: softwaregestützte Ermittlung bisher unbekannter Zusammenhänge, Muster u. Trends in großen Datenbanken
Da|ta|rie der; - ⟨lat.-nlat.⟩: (hist.) päpstliche Behörde zur Erledigung von Gnadenakten u. zur Vergabe von Pfründen

Date [deɪt] das; -[s], -s ⟨lat.-engl.⟩: (bes. Jugendsprache) 1. Verabredung, Treffen. 2. jmd., mit dem man ein Date (1) hat
Da|tei die; -, -en ⟨lat.⟩: nach zweckmäßigen Kriterien geordneter, zur Aufbewahrung geeigneter Bestand an sachlich zusammengehörenden Belegen od. anderen Dokumenten, bes. in der Datenverarbeitung
Da|ten die (Plural): 1. Plural von ↑ Datum. 2. (durch Beobachtungen, Messungen o. Ä. gewonnene) [Zahlen]werte, (auf Beobachtungen) beruhende] Angaben, formulierbare Befunde. 3. (Math.) zur Lösung od. Durchrechnung einer Aufgabe vorgegebene Zahlenwerte, Größen
Da|ten|bank die; -, -en: technische Anlage, in der große Datenbestände zentralisiert gespeichert sind
Da|ten|bus der; -ses, -se: ↑ Bus (2)
Da|ten|high|way [...haiweɪ] der; -s, -s: universell nutzbares Telekommunikationsnetz zur schnellen Übertragung von großen Datenmengen (z. B. zur Anwendung von Multimedia); Datenautobahn
Da|ten|kom|pres|si|on der; -, -en, **Da|ten|kom|pri|mie|rung** der; -, -en: Veränderung von Daten od. Zeichen mit dem Ziel, den Bedarf an Speicherplatz zu verringern oder die Übertragungsgeschwindigkeit zu erhöhen
Da|ten|ty|pis|tin die; -, -nen ⟨lat.; gr.⟩: Neubildung in Anlehnung an Stenotypistin⟩: Angestellte, die Daten (2) in ein Datenendgerät eingibt
Da|tex das; - ⟨Abk. für engl. data exchange „Datenaustausch"⟩: [Netz für die] Datenübertragung
da|tie|ren ⟨lat.-fr.⟩: 1. (einen Brief o. Ä.) mit dem Datum (1) versehen. 2. die Entstehungszeit von etwas bestimmen, angeben. 3. a) seit einem bestimmten Zeitpunkt bestehen, zu einer bestimmten Zeit begonnen haben; b) aus einer bestimmten Zeit stammen, von einem bestimmten Ereignis herrühren
Da|tiv der; -s, -e ⟨lat.⟩: Wemfall, dritter Fall; Abk.: Dat.
Da|tiv|ob|jekt das; -[e]s, -e: Ergänzung eines Verbs im ↑ Dativ (z. B. sie gibt ihm das Buch)

Da|ti|vus e̱ |thi|cus *der; - -, ...vi ...ci* ⟨*lat.; gr.-lat.*⟩: freier Dativ der inneren Anteilnahme (z. B. Du bist mir ein geiziger Kerl!)

da̱|to ⟨*lat.*⟩: heute; **bis dato:** bis heute

Da̱|to|li̱th [auch: ...'ɪt] *der; -s* u. -en, -e[n] ⟨*gr.-nlat.*⟩: ein Mineral von körniger Struktur

Da̱|to|wech|sel *der; -s, -:* Wechsel, der zu einem bestimmten Zeitpunkt nach dem Ausstellungstag eingelöst werden kann

DA̱T-Re|kor|der, auch: **DAT-Recorder** *der; -s, -:* Gerät zur Aufnahme u. rauschfreien Wiedergabe von Digitaltonbändern

Dat|scha *die; -, -s* od. ...schen ⟨*russ.*⟩: russisches Holzhaus, Sommerhaus.

Dat|sche *die; -, -n:* (regional) russisches Wochenendgrundstück

Dat|tel *die; -, -n* ⟨*semit.-gr.-lat.-roman.*⟩: süße, pflaumenförmige Frucht der Dattelpalme

da̱|tum ⟨*lat.*⟩: (in alten Briefen u. Urkunden) geschrieben, ausgefertigt; Abk.: dat. **Da̱|tum** *das; -s, ...ten:* 1. a) dem Kalender entsprechende Zeitangabe, Tagesangabe; b) Zeitpunkt. 2. Faktum

Da̱|tu̱|ra *die; -* ⟨*sanskr.-Hindi-nlat.*⟩: Stechapfel

Da̱u, Dhau *die; -, -en* ⟨*arab.*⟩: arabisches Zweimastschiff mit Trapezsegeln

dau|bie̱|ren [do...] ⟨*fr.*⟩: (veraltet) dämpfen, dünsten (von Fleisch u. a.)

Dau|phin [do'fɛ̃] *der; -s, -s* ⟨*gr.-lat.-galloroman.-fr.*⟩: (hist.) Titel des französischen Thronfolgers

Da|vis|cup, auch: **Da|vis-Cup** ['deɪvɪskap] u. **Da̱|vis|po|kal,** auch: **Da̱|vis-Po̱kal** *der; -s* ⟨nach dem amerik. Stifter D. F. Davis, 1879–1945⟩: 1. im Tennissport bei internationalen Mannschaftswettbewerben vergebener Wanderpokal. 2. internationaler Wettbewerb, bei dem die siegreiche Mannschaft den Daviscup (1) gewinnt

Da̱vit ['deɪvɪt] *der; -s, -s* ⟨*engl.*⟩: dreh- u. schwenkbare kranähnliche Vorrichtung auf Schiffen

da̱|wai ⟨*russ.*⟩: los!; vorwärts!

Dawes|plan, auch: **Dawes-Plan** ['dɔz...] *der; -[e]s* ⟨*engl.; dt.*⟩: nach dem amerik. Politiker C. G. Dawes⟩: Plan für die Reparationszahlungen Deutschlands nach dem 1. Weltkrieg

DA̱X ® *der; -* ⟨Kurzw. für Deutscher Aktienindex⟩: Aufstellung der errechneten Durchschnittskurse der dreißig wichtigsten deutschen Aktien

Day|crui|ser, auch: **Day-Crui|ser** ['deɪkru:zə] *der; -s, -* ⟨*engl.; "Tageskreuzer"*⟩: Sportmotorboot mit geringem Wohnkomfort

Day|tra|der, auch: **Day-Tra|der** ['deɪtreɪdɐ] *der; -s, -* ⟨*engl.*⟩: jmd., der Daytrading betreibt.

Day|tra|ding, auch: **Day-Tra|ding** ['deɪtreɪdɪŋ] *das; -s* ⟨*engl.; "Tageshandel"*⟩: kurzfristiges Handeln mit Aktien [über das Internet]

Da|zit [auch: ...'tsɪt] *der; -s, -e:* ein Quarzgestein

D-Day ['di:deɪ] *der; -s, -s* ⟨aus *engl.* Day-Day⟩: (als Deckname gedachte) Bez. für den Tag, an dem ein größeres militärisches Unternehmen beginnt (z. B. der Beginn der Invasion der Alliierten in Frankreich am 6. Juni 1944)

DDD = digitale Aufnahme, Bearbeitung u. Wiedergabe (Kennzeichnung der technischen Verfahren bei einer CD-Aufnahme o. Ä.)

Dead|heat ['dɛdhi:t] *das; -[s], -s,* auch: **Dead Heat** *das; - [s], - -s* ⟨*engl.*⟩: gleichzeitiger Zieleinlauf zweier od. mehrerer Teilnehmer; totes Rennen

Dead|line ['dɛdlaɪn] *die; -, -s* ⟨*engl.*⟩: 1. letzter [Ablieferungs]termin [für Zeitungsartikel]; Redaktions-, Anzeigenschluss. 2. Stichtag. 3. äußerste Grenze [in Bezug auf die Zeit]

Dead|lock ['dɛd...] *der; -s* ⟨*engl.; "völliger Stillstand"*⟩: ausweglose Situation in Verhandlungen, wenn die verhandelnden Parteien zu Kompromissen bereit sind

Dead|weight ['dɛdweɪt] *das; -[s], -s:* Gesamttragfähigkeit eines Schiffes

de|ag|gres|si|vie̱|ren ⟨*lat.-nlat.*⟩: (Psych.) [Emotionen] die Aggressivität nehmen

de|ak|ti|vie̱|ren ⟨*lat.*⟩: 1. (eine Maschine, einen Motor o. Ä.) abschalten; etwas in einen nicht aktiven Zustand versetzen. 2. ↑ desaktivieren

De|ak|zen|tu|ie̱|rung *die; -, -en:* (Funkw.) bestimmte Art der Entzerrung beim Empfang

Deal [di:l] *der; -s, -s* ⟨*engl.*⟩: (Jargon) Handel, Geschäft

dea|len ['di:...] mit Rauschgift handeln. **Dea|ler** *der; -s, -:* 1. jmd., der mit Rauschgift handelt; vgl. Pusher. 2. ↑ Jobber (1)

Dean [di:n] *der; -s, -s* ⟨*lat.-fr.-engl.*⟩: engl. Bez. für: Dekan

De|a|s |pi|ra|ti|on *die; -, -en* ⟨*lat.*⟩: (Sprachw.) Verwandlung eines aspirierten Lautes in einen nicht aspirierten (z. B. b^h zu b)

De|ba̱|kel *das; -s, -* ⟨*fr.*⟩: Zusammenbruch, Niederlage, unglücklicher, unheilvoller Ausgang

De|bar|da̱|ge [debar'da:ʒə] *die; -, -n* ⟨*fr.*⟩: das Ausladen, Löschen einer [Holz]fracht

¹**De|bar|deur** [debar'dø:ɐ̯] *der; -s, -e:* (veraltet) Schiffsentlader

²**De|bar|deur** *das; -s, -s:* rund ausgeschnittenes Trägerhemdchen

de|bar|die̱|ren: (veraltet) eine Fracht ausladen, eine Ladung löschen

de|bar|kie̱|ren ⟨*fr.*⟩: (veraltet) aus einem Schiff ausladen, ausschiffen

De|ba̱t|te *die; -, -n* ⟨*lat.-vulgär-lat.-fr.*⟩: Erörterung, Aussprache zu einem bestimmten, festgelegten Thema, wobei die verschiedenen Meinungen dargelegt, die Gründe des Für u. Wider vorgebracht werden

De|ba̱t|ten|schrift *die; -:* (veraltet) Eil-, Redeschrift in der Stenografie

De|ba̱t|ter *der; -s, -* ⟨*engl.*⟩: jmd., der debattiert. **De|ba̱t|te|rin** *die; -, -nen:* weibliche Form zu ↑ Debatter

de|bat|tie̱|ren ⟨*fr.*⟩: eine Debatte führen, erörtern

De|bau̱|che [de'bo:ʃ(ə)] *die; -, -n* [...ʃn] ⟨*fr.*⟩: (selten) ausschweifender Lebenswandel

de|bau|chie̱|ren: (selten) ausschweifend leben

De|bel|la|ti|on *die; -, -en* ⟨*lat.; "Besiegung, Überwindung"*⟩: (Völkerrecht) Beendigung eines Krieges durch die völlige Vernichtung des feindlichen Staates

De̱|bet *das; -s, -s* ⟨*lat.*⟩: die linke Seite (Sollseite) eines Kontos; Ggs. ↑ ²Kredit

de̱|bil ⟨*lat.*⟩: (Med.) an Debilität leidend. **De|bi|li|tät** *die; -:* (Med.) gravierender Intelligenzdefekt

De|bit [de'bi:] *der; -s ⟨mittelnie-
derd.-fr.⟩:* (veraltet) Warenver-
kauf, Ausschank
de|bi|tie|ren; eine Person od. ein
Konto belasten
De|bi|tor *der; -s, ...oren (meist
Plural) ⟨lat.⟩:* Schuldner, der
Waren von einem Lieferer auf
Kredit bezogen hat
de|blo|ckie|ren ⟨fr.⟩: 1. (Druckw.)
↑ blockierten (5) Text durch den
richtigen ersetzen. 2. von einer
Blockade befreien
de|bou|chie|ren [debuʃ...] ⟨fr.⟩:
(Milit. veraltet) aus einem Engpass hervorrücken
De|b| re|czi|ner ['debretsi:ne] u.
De|b| re|zi|ner *die; -, -:* nach der
ungarischen Stadt Debreczin
benanntes, stark gewürztes
Würstchen
Debt|ma|nage|ment, auch:
Debt-Ma|nage|ment ['det'mæ-
nɪdʒmənt] *das; -s, -s ⟨engl.⟩:*
(Pol., Wirtsch.) Schuldenstruk-
turpolitik
de|bug|gen [di:'bʌgn̩] ⟨engl.⟩:
(EDV) einen Programmfehler
in einem Softwareprogramm
beseitigen. **De|bug|ger** [di:-
'bʌgɐ] *der; -s, -:* (EDV) Dienst-
programm von Computern
zum Ausschalten von Fehlern
im Programm. **De|bug|ging** [di:-
'bʌgɪŋ] *das; -[s], -s:* (EDV)
Vorgang bei der Programmher-
stellung, bei dem das Programm getestet wird u. die entdeckten Fehler beseitigt werden
De|bun|king [di:'bʌŋkɪŋ] *das; -s,
-s ⟨engl.⟩:* das Entlarven eines
Helden od. eines Mythos im
Film, Theater od. Roman
De|büt [de'by:] *das; -s, -s ⟨fr.⟩:* ers-
tes [öffentliches] Auftreten (z. B.
eines Künstlers, Sportlers u. Ä.)
De|bü|tant *der; -en, -en:* erstmalig
Auftretender; Anfänger. **De|bü-
tan|tin** *die; -, -nen:* 1. weibliche
Form zu ↑ Debütant. 2. junges
Mädchen aus der Oberschicht,
das in die Gesellschaft einge-
führt wird. **De|bü|tan|tin|nen-
ball** *der; -[e]s, ...bälle:* Ball, auf
dem die Debütantinnen (2)
vorgestellt werden
de|bü|tie|ren: zum ersten Mal [öf-
fentlich] auftreten
De|ca|me|ro|ne *der* (auch: *das*); -s
⟨gr.-ital.⟩: ↑ Dekameron
De|cay [di'keɪ] *das; -[s] ⟨engl.⟩:*
Zeit des Abfallens des Tons

vom Maximum bis 0 beim
↑ Synthesizer
De|cha|nat [...ç...] u. Dekanat *das;
-[e]s, -e ⟨lat.-mlat.⟩:* Amt od.
Amtsbereich (Sprengel) eines
↑ Dechanten (Dekans)
De|cha|nei u. Dekanei *die; -, -en:*
Wohnung eines ↑ Dechanten
De|chant [de'çant, auch, österr.
nur: 'dɛ...] *der; -en, -en ⟨lat.⟩* u.
Dekan *der; -s, -e:* höherer ka-
tholischer Geistlicher, Vorste-
her eines Kirchenbezirks innerhalb der ↑ Diözese, auch eines
↑ Domkapitels u. a.
De|chan|tei *die; -, -en:* (österr.)
Amtsbereich eines ↑ Dechanten
De|char|ge [de'ʃarʒə] *die; -, -n
⟨fr.⟩:* (veraltet) Entlastung (von
Vorstand u. Aufsichtsrat bei
Aktiengesellschaften). **de|char-
gie|ren:** (veraltet) entlasten
De|cher *das* od. *der; -s - ⟨lat.⟩:*
(hist.) deutsches Maß für Felle
u. Rauchwaren (= 10 Stück)
De|chet [de'ʃe:] *der; -s, -s (meist
Plural) ⟨lat.-vulgärlat.-fr.⟩:* Spin-
nereiabfälle verschiedener Art
de|chif|f| rie|ren [deʃif...] ⟨fr.⟩: ent-
schlüsseln; Ggs. ↑ chiffrieren.
De|chif|f| rie|rung *die; -, -en:*
Entschlüsselung
De|ci|dua [de'ts...] *die; -, ...duae
[...ɛ] ⟨lat.⟩:* (Med.) die aus der
Schleimhaut der Gebärmutter
entwickelte Siebhaut (Schicht
der Eihäute). **de|ci|du|al:** (Med.)
die Decidua betreffend
de|ci|so [de'tʃi:zo] ⟨lat.-it.⟩:
(Mus.) entschlossen, entschieden (Vortragsanweisung)
De|co|der [auch: dɪ'koʊdə] *der; -s,
- ⟨engl.⟩:* Einrichtung zum Ent-
schlüsseln von Daten usw.; Da-
tenentschlüssler in einem
↑ Computer; Ggs. ↑ Encoder. **de-
co|die|ren** usw. vgl. dekodieren
usw.
De|co|ding [dɪ'koʊdɪŋ] *das; -s, -s:*
(Kommunikationsforschung)
Entschlüsselung einer Nachricht; Ggs. ↑ Encoding
De|col|la|ge [dekɔ'la:ʒə] *die; -, -n
⟨fr.⟩:* Bild, das durch die Veränderung von vorgefundenen Materialien entsteht (z. B. Zerstörung der Oberfläche durch Ab-
reißen, Zerschneiden od. Aus-
brennen, bes. von ↑ Collagen)
De|col|la|gist *der; -en, -en:* jmd.,
der Decollage herstellt. **De|col-
la|gis| tin** *die; -, -nen:* weibliche
Form zu ↑ Decollagist

Dé|col|le|ment [dekɔlə'mã:] *das;
-s, -s ⟨lat.-fr.⟩:* (Med.) Ablösung
der Haut von der Muskulatur
durch stumpfe Gewalteinwirkung (z. B. bei Quetschverlet-
zungen)
Dé|col|le|té vgl. Dekolletee
De|com|pi|ler [di:kɔm'paɪlɐ] *der;
-s, - ⟨engl.⟩:* (EDV) Computerprogramm, das ein Maschinen-
programm in eine Programm-
miersprache rückübersetzt
De|co|ra|ted Style ['dekəreɪtɪd
'staɪl] *der; - - ⟨engl.⟩:* Epoche
der gotischen Baukunst in England im 13. u. 14. Jh.
De|co|ra|tive Art ['dekərətɪv ɑ:t]
*die; - - ⟨engl.; „dekorative
Kunst"⟩:* ↑ Actionpainting
Dé|cou|pa|ge [deku'pa:ʒə] *die; -,
-n ⟨fr.⟩:* franz. Bez. für: Drehbuch
de|cou|ra|gie|ren [dekura'ʒi:rən]
⟨lat.-fr.⟩: entmutigen. **de|cou|ra-
giert:** mutlos, verzagt
De|court [de'ku:ɐ̯] *der; -s, -s:* ↑ De-
kort
Dé|cou|vert [...'ve:ɐ̯]: ↑ Dekuvert.
de|cou|v| rie|ren: ↑ dekuvrieren
de|cresc. = descrescendo. **de|cre-
scen|do** [dekre'ʃɛndo] ⟨lat.-it.⟩:
(Mus.) an Tonstärke geringer
werdend, im Ton zurückge-
hend, leiser werdend (Vortragsanweisung); Abk.: decresc.;
Ggs. ↑ crescendo
De|cre|scen|do *das; -s, -s u. ...di:*
(Mus.) das Abnehmen, Schwä-
cherwerden der Tonstärke; Ggs.
↑ Crescendo
De|cu|bi|tus vgl. Dekubitus
de da|to ⟨lat.⟩: (veraltet) vom Tag
der Ausstellung an (auf Urkunden); Abk.: d. d.
De|di|ka|ti|on *die; -, -en ⟨lat.⟩:*
1. Widmung. 2. Gabe, die jmdm.
gewidmet, geschenkt worden
ist (z. B. vom Autor); Schenkung
De|di|ka|ti|ons|ti|tel *der; -s, -:* be-
sonderes Blatt des Buches, das
die Widmung trägt
de|di|tie|ren ⟨lat.⟩: eine Schuld til-
gen
de|di|zie|ren ⟨lat.⟩: jmdm. etwas
zueignen, für ihn bestimmen
De|duk|ti|on *die; -, -en ⟨lat.⟩:*
a) (Philos.) Ableitung des Besonderen u. Einzelnen vom Allgemeinen; Erkenntnis des Ein-
zelfalls durch ein allgemeines
Gesetz; Ggs. ↑ Induktion (1);
b) (Logik) logische Ableitung

von Aussagen aus anderen Aussagen mithilfe logischer Schlussregeln

de|duk|tiv [auch: 'de:...]: das Besondere, den Einzelfall aus dem Allgemeinen ableitend; Ggs. ↑ induktiv (1)

de|du|zie|ren: das Besondere, den Einzelfall aus dem Allgemeinen ableiten; Ggs. ↑ induzieren (1)

De|em|pha|sis *die; - ⟨(lat.; gr.)-engl.⟩:* (Funkw.) Ausgleich der Vorverzerrung; vgl. Preemphasis

Deep|free|zer ['di:pfri:zə] *der; -s, - ⟨engl.⟩:* Tiefkühlvorrichtung, Tiefkühltruhe

De|e| sis *die; -, ...esen ⟨gr.; „Bitte"⟩:* ↑ byzantinische Darstellung des [im Jüngsten Gericht] thronenden Christus zwischen Maria u. Johannes dem Täufer, den „Fürbittern"

De|es|ka|la|ti|on [auch: 'de:...] *die; -, -en ⟨fr.-engl.⟩:* stufenweise Verringerung od. Abschwächung eingesetzter [militärischer] Mittel; Ggs. ↑ Eskalation

de|es|ka|lie|ren [auch: 'de:...]: die eingesetzten [militärischen] Mittel stufenweise verringern od. abschwächen; Ggs. ↑ eskalieren

de fac|to *⟨lat.⟩:* tatsächlich [bestehend]; Ggs. ↑ de jure

De|fai|tis|mus vgl. Defätismus

De|fä|ka|ti|on *die; -, -en ⟨lat.⟩:* 1. Reinigung, Klärung (bes. von Flüssigkeiten). 2. (Med.) Stuhlentleerung. **de|fä|kie|ren:** (Med.) Kot ausscheiden

De|fa|ti|ga|ti|on *die; -, -en ⟨lat.⟩:* (Med.) Ermüdung, Überanstrengung

De|fä|tis|mus *der; - ⟨lat.-vulgärlat.-fr.-nlat.⟩:* geistig-seelischer Zustand der Mutlosigkeit, Hoffnungslosigkeit u. Resignation; Schwarzseherei

De|fä|tist *der; -en, -en ⟨lat.-vulgärlat.-fr.⟩:* jmd., der mut- u. hoffnungslos ist u. die eigene Sache für aussichtslos hält; Schwarzseher; Pessimist. **De|fä|tis| tin** *die; -, -nen:* weibliche Form zu ↑ Defätist. **de|fä|tis| tisch:** sich im Zustand der Mutlosigkeit u. Resignation befindend; pessimistisch, ohne Hoffnung

De|fault [dɪ'fɔ:lt] *das od. der; -s, -s ⟨engl.⟩:* (EDV) Voreinstellung, Standardeinstellung (z. B. eines Computerprogramms)

de|fä|zie|ren *⟨lat.⟩:* ↑ defäkieren

de|fekt *⟨lat.⟩:* schadhaft, fehlerhaft, nicht in Ordnung

De|fekt *der; -[e]s, -e ⟨lat.⟩:* 1. Schaden, Fehler. 2. (nur Plural) a) zur Ergänzung einer vorhandenen Schrift von der Schriftgießerei bezogene Drucktypen; b) im Setzereimagazin aufbewahrte, zeitweilig überzählige Drucktypen. 3. (nur Plural) a) Bücher mit Fehlern, die repariert werden; b) zum Aufbinden einer Auflage an der Vollzahl fehlende Bogen od. Beilagen

De|fekte| x|em|p| lar *das; -s, -e:* (Buchw.) Buch mit Herstellungsmängeln od. Beschädigungen

de|fek|tiv [auch: 'de:...] *⟨lat.⟩:* mangelhaft, fehlerhaft, unvollständig. **De|fek|ti|vi|tät** *die; - ⟨lat.-nlat.⟩:* Fehlerhaftigkeit, Mangelhaftigkeit

De|fek|ti|vum *das; -s, ...va ⟨lat.⟩:* (Sprachw.) nicht in allen Formen auftretendes od. nicht an allen syntaktischen Möglichkeiten seiner Wortart teilnehmendes Wort (z. B. *Leute* ohne entsprechende Einzahlform)

De|fekt|mu|ta|ti|on *die; -, -en:* (Biol.) spontane oder durch ↑ Mutagene hervorgerufene Erbänderung, die teilweise oder völligen Ausfall bestimmter Körperfunktionen bewirkt

De|fek|tur *die; -, -en ⟨lat.-nlat.⟩:* ergänzende Herstellung von Arzneimitteln, die Apotheken in größeren Mengen vorrätig halten sollen

De|fe|mi|na|ti|on *die; -, -en ⟨lat.-nlat.⟩:* (Med.) 1. (veraltet) physische u. psychische Umwandlung der Frau zum männlichen Geschlecht hin. 2. Verlust der typisch weiblichen Geschlechtsempfindungen; Frigidität

Dé|fense mus|cu|laire [defãsmysky'lɛ:r] *die; - - ⟨lat.-fr.⟩:* (Med.) Abwehrspannung der Muskeln

De|fen|si| o|na|le *das; -s ⟨lat.⟩:* (hist.) erste umfassende Heeresordnung der Schweizer Eidgenossenschaft

de|fen|siv [auch: 'de:...] *⟨lat.-mlat.⟩:* a) verteidigend, abwehrend; Ggs. ↑ offensiv; b) auf Sicherung od. Sicherheit bedacht; Risiken vermeidend

De|fen|si|va|l|li|anz *die; -, -en:* Verteidigungsbündnis

De|fen|si|ve *die; -, -n:* Verteidigung, Abwehr; Ggs. ↑ Offensive

De|fen|si|vi|tät *die; - ⟨nlat.⟩:* Neigung zu abwehrender Haltung; Ggs. ↑ Offensivität

De|fen|sor Fi|dei [- 'fi:dei] *der; -[s] - ⟨lat.; „Verteidiger des Glaubens"⟩:* (seit Heinrich VIII.) Ehrentitel des englischen Königs

De|fe|ren|ti|tis *die; -, ...iti.den ⟨lat.-nlat.⟩:* (Med.) Entzündung des Samenleiters

de|fe|rie|ren *⟨lat.⟩:* (veraltet) 1. jmdm. einen Eid vor einem Richter auferlegen. 2. einem Antrag stattgeben

De|fer|ves|zenz *die; - ⟨lat.-nlat.⟩:* (Med.) Nachlassen des Fiebers, Entfieberung

De|fib| ra|tor *der; -s, ...oren ⟨lat.-nlat.⟩:* Maschine, die durch Dampf aufgeweichte Holzschnitzel zerfasert (z. B. für die Herstellung von Holzfaserplatten)

De|fib| ril|la|ti|on *die; -, -en ⟨lat.-fr.⟩:* (Med.) Beseitigung von bestimmten Herzmuskelstörungen durch Medikamente od. Elektroschocks

De|fib| ril|la|tor *der; -s, ...oren ⟨lat.-nlat.⟩:* (Med.) Gerät, das Herzmuskelstörungen durch einen Stromstoß bestimmter Stärke beseitigt

de|fib| ri|nie|ren *⟨lat.-nlat.⟩:* (Med.) ↑ Fibrin auf mechanische Weise aus frischem Blut entfernen u. es dadurch ungerinnbar machen

de|fi|cien|do [defi't∫endo] *⟨lat.-it.⟩:* (Mus.) ↑ onstärke u. Tempo zurücknehmend; nachlassend, abnehmend (Vortragsanweisung)

De|fi|cit-Spen|ding, auch: **De|fi-cit-Spen|ding** ['dɛfisitspendɪŋ] *das; -[s] ⟨engl.⟩:* Defizitfinanzierung; Finanzierung öffentlicher Investitionen u. Subventionen durch später eingehende Haushaltsmittel

De|fi|gu|ra|ti|on *die; -, -en ⟨lat.-nlat.⟩:* (veraltet) Verunstaltung, Entstellung. **de|fi|gu|rie|ren** *⟨lat.⟩:* (veraltet) verunstalten, entstellen

De|fi|lee *das; -s, -s (veraltet: ...leen) ⟨lat.-fr.⟩:* 1. (Geogr. veraltet) Enge, Engpass. 2. parademäßiger Vorbeimarsch, das Vorüberziehen an jmdm. **de|fi|lie-**

ren: parademäßig an jmdm. vorüberziehen

De|fi|ni|en|dum *das; -s, ...da ⟨lat.⟩:* (Sprachw.) Begriff, der bestimmt werden soll, über den etwas ausgesagt werden soll; das, was definiert wird

De|fi|ni|ens *das; -, ...nientia ⟨lat.⟩:* (Sprachw.) Begriff, der einen anderen Begriff bestimmt, der über diesen anderen Begriff etwas aussagt; das Definierende

de|fi|nie|ren *⟨lat.; „abgrenzen, bestimmen"⟩:* 1. den Inhalt eines Begriffs auseinander legen, feststellen. 2. von jmdm./etwas her seine Bestimmung, Prägung erfahren, seinen existenziellen Inhalt erhalten

de|fi|nit: bestimmt; **definite Größen:** (Math.) Größen, die immer das gleiche Vorzeichen haben

De|fi|ni|ti|on *die; -, -en ⟨lat.⟩:* 1. genaue Bestimmung [des Gegenstandes] eines Begriffes durch Auseinanderlegung u. Erklärung seines Inhaltes. 2. (Rel.) als unfehlbar geltende Entscheidung des Papstes od. eines ↑ Konzils über ein Dogma

de|fi|ni|tiv *⟨lat.⟩:* (in Bezug auf eine Entscheidung, Festlegung, auf ein abschließendes Urteil) endgültig. **De|fi|ni|ti|vum** *das; -s, ...va:* endgültiger Zustand

De|fi|ni|tor *der; -s, ...oren ⟨lat.⟩:* 1. Verwaltungsbeamter der katholischen Kirche in einem Bistum od. Dekanat. 2. Rat, Visitator od. gewählter Leiter des Generalkapitels (im Mönchswesen)

de|fi|ni|to|risch *⟨lat.⟩:* a) die Definition betreffend; b) durch Definition festgelegt

De|fi|xi|on *die; -, -en ⟨lat.-nlat.; „Festheftung"⟩:* (Völkerk.) Versuch, einen persönlichen Feind zu vernichten, indem man sein Bild (Rachepuppe) od. seinen geschriebenen Namen mit Nadeln od. Nägeln durchbohrt

de|fi|zi|ent *⟨lat.⟩:* unvollständig (z. B. ohne Vokalzeichen; von Schriftsystemen). **De|fi|zi|ent** *der; -en, -en:* 1. (veraltet) Dienstunfähiger. 2. (bes. südd. u. österr.) durch Alter od. Krankheit geschwächter katholischer Geistlicher

De|fi|zit *das; -s, -e ⟨lat.-fr.⟩:* 1. Fehlbetrag. 2. Mangel. **de|fi|zi|tär:**

a) mit einem Defizit belastet; b) zu einem Defizit führend

De|fi|zit|fi|nan|zie|rung *die; -, -en:* ↑ Deficitspending

De|flag|ra|ti|on *die; -, -en ⟨lat.; „Niederbrennen, gänzliche Vernichtung"⟩:* (Bergbau) verhältnismäßig langsam erfolgende Explosion (Verpuffung) von Sprengstoffen

De|fla|gra|tor *der; -s, ...oren ⟨lat.-nlat.⟩:* (Phys.) elektrisches ↑ Voltaelement für große Stromstärken

De|fla|ti|on *die; -, -en ⟨lat.-nlat.⟩:* 1. (Wirtsch.) Verminderung des Geldumlaufs, um den Geldwert zu steigern u. die Preise zu senken; Ggs. ↑ Inflation (a). 2. (Geol.) Ausblasen u. Abtragen von lockerem Gestein durch Wind. **de|fla|ti|o|när:** die Deflation (1) betreffend

de|fla|ti|o|nie|ren: den Geldumlauf herabsetzen

de|fla|ti|o|nis|tisch u. deflatorisch: die Deflation (1) betreffend, sich auf sie beziehend; Ggs. ↑ inflationistisch, ↑ inflatorisch

De|fla|ti|ons|wan|ne *die; -, -n:* (Geol.) vom Wind ausgeblasene Vertiefung, meist in Trockengebieten

de|fla|to|risch: ↑ deflationistisch

De|flek|tor *der; -s, ...oren ⟨lat.-nlat.⟩:* 1. (Techn.) Saug-, Rauchkappe, Schornsteinaufsatz. 2. (Kernphysik) Vorrichtung im Beschleuniger zur Ablenkung geladener Teilchen aus ihrer Bahn

De|fle|xi|on *die; -, -en ⟨lat.⟩:* (veraltet) Ablenkung (z. B. von Lichtstrahlen)

De|flo|ra|ti|on *die; -, -en ⟨lat.; „Entblütung"⟩:* (Med.) Zerstörung des ↑ Hymens [beim ersten Geschlechtsverkehr]; Entjungferung. **de|flo|rie|ren:** das Hymen [beim ersten Geschlechtsverkehr] zerstören

de|form *⟨lat.⟩:* entstellt, verunstaltet. **De|for|ma|ti|on** *die; -, -en:* 1. Formänderung, Verformung. 2. Veranstaltung, Fehlbildung (bes. von Organen lebender Wesen); vgl. ...ation/...ierung

de|for|mie|ren *⟨lat.⟩:* 1. verformen. 2. (den Körper) verunstalten, entstellen. **De|for|mie|rung** *die; -, -en:* das Deformieren; vgl. ...ation/...ierung

De|for|mi|tät *die; -, -en ⟨lat.-nlat.⟩:* 1. (Med.) Fehlbildung (von Organen od. Körperteilen). 2. (ohne Plural) Zustand der Fehlbildung

De|frau|dant *der; -en ⟨lat.⟩:* jmd., der eine ↑ Defraudation begeht. **De|frau|dan|tin** *die; -, -nen:* weibliche Form zu ↑ Defraudant

De|frau|da|ti|on *die; -, -en ⟨lat.⟩:* Betrug; Unterschlagung, Hinterziehung (bes. von Zollabgaben). **de|frau|die|ren:** betrügen; unterschlagen, hinterziehen

De|fros|ter *der; -s, - ⟨engl.⟩:* 1. a) Einrichtung in Kraftfahrzeugen, die das Beschlagen od. Vereisen der Scheiben verhindern soll; b) Abtauvorrichtung in Kühlschränken. 2. Mittel zum Enteisen von Kfz-Scheiben

De|ga|ge|ment [degaʒə'mã:] *das; -s, -s ⟨fr.⟩:* 1. Zwanglosigkeit. 2. Befreiung [von einer Verbindlichkeit]. 3. das Degagieren (2)

de|ga|gie|ren [...'ʒi:...] *⟨fr.⟩:* 1. von einer Verbindlichkeit befreien. 2. (Fechten) die Klinge von einer Seite auf die andere bringen, wobei die Hand des Gegners mit der Waffe umkreist wird. **de|ga|giert:** zwanglos, frei

De|ge|ne|ra|ti|on *die; -, -en ⟨lat.-nlat.; „Entartung"⟩:* 1. (Biol., Med.) Verfall von Zellen, Geweben od. Organen. 2. vom Üblichen abweichende negative Entwicklung, Entartung; körperlicher od. geistiger Verfall, Abstieg

de|ge|ne|ra|tiv: mit Degeneration zusammenhängend

de|ge|ne|rie|ren *⟨lat.⟩:* 1. (Biol., Med.) verfallen, verkümmern. 2. vom Üblichen abweichend sich negativ entwickeln, entarten; körperlich od. geistig verfallen

de|gla|cie|ren *⟨fr.⟩:* (Gastr.) kalte Flüssigkeit beigeben; ablöschen

De|glu|ti|na|ti|on *die; -, -en ⟨lat.-nlat.⟩:* (Sprachw.) falsche Abtrennung eines Wortlauts, der als Artikel verstanden wird (z. B. ostmitteld. „ein nöter = eine Natter" ergibt hochd. „eine Otter")

De|glu|ti|ti|on *die; -, -en ⟨lat.-nlat.⟩:* (Med.) Schlingbewegung, Schluckakt

De|gor|ge|ment [...ʒə'mã:] *das; -s, -s ⟨lat.-fr.⟩:* Entfernung der Hefe im Flaschenhals (bei der Schaumweinherstellung) **de|gor|gie|ren** [...ˈʒiː...]: 1. die Hefe bei der Schaumweinherstellung aus dem Flaschenhals entfernen. 2. (Gastr.) Fleisch wässern, um das Blut zu entfernen

De|gout [deˈguː] *der;* -s ⟨*lat.-fr.*⟩: Ekel, Widerwille, Abneigung **de|gou|tant**: ekelhaft, abstoßend **de|gou|tie|ren**: anekeln, anwidern

De|gra|da|ti|on *die;* -, -en ⟨*lat.;* „Herabsetzung"⟩: das [Zurück]versetzen in eine niedere Position (z. B. als Strafe für ein die Ehrauffassungen verletzendes Handeln); vgl. ...ation/...ierung. **de|gra|die|ren** ⟨*lat.*⟩: 1. in eine niedere Position [zurück]versetzen (z. B. als Strafe für ein die Ehrauffassungen verletzendes Handeln). 2. (Phys.) Energie in Wärme umwandeln. 3. einen Boden verschlechtern; vgl. Degradierung (2)

De|gra|die|rung *die;* -, -en: 1. das Degradieren. 2. (Landw.) Veränderung eines guten Bodens zu einem schlechten (durch Auswaschung, Kahlschlag u. a.); vgl. ...ation/...ierung

de|grais|sie|ren [degrɛ...] ⟨*lat.-fr.*⟩: (Gastr.) das Fett von Soßen u. Fleischbrühen abschöpfen

De|gras [deˈgra] *das;* - ⟨*lat.-fr.*⟩: Gerberfett (Abfallfett in der Gerberei)

De|gres|si|on *die;* -, -en ⟨*lat.*⟩: 1. (Wirtsch.) Verminderung der Stückkosten bei steigender Auflage. 2. (Steuerrecht) Verminderung des jährlichen Abschreibungsbetrages **de|gres|siv** ⟨*lat.-nlat.*⟩: abfallend, sich stufenweise od. kontinuierlich vermindernd (z. B. von Schulden)

De|gus|ta|ti|on *die;* -, -en ⟨*lat.*⟩: (bes. schweiz.) Prüfung; das Kosten von Lebensmitteln in Bezug auf Geruch u. Geschmack **de gus|ti|bus non est dis|pu|tan|dum** ⟨*lat.;* „über Geschmäcker ist nicht zu streiten"⟩: über Geschmack lässt sich nicht streiten (weil jeder ein eigenes ästhetisches Urteil hat)

de|gus|tie|ren ⟨*lat.*⟩: (bes. schweiz.) Lebensmittel in Bezug auf Geruch u. Geschmack prüfen, kosten

De|his|zenz *die;* - ⟨*lat.-nlat.;* „das Aufklaffen"⟩: (Bot.) besondere Art des Aufspringens kapselartiger Organe bei Pflanzen (z. B. von Staubblättern u. Früchten)

De|hors [deˈoːɐ̯, deˈoː̯s] *die* (Plural) ⟨*lat.-fr.*⟩: äußerer Schein, gesellschaftlicher Anstand; meist in der Fügung: **die Dehors wahren:** den Schein wahren

De|hu|ma|ni|sa|ti|on *die;* - ⟨*lat.-nlat.*⟩: Entmenschlichung, Herabwürdigung

De|hy|d|ra|se u. Dehydrogenase *die;* -, -n ⟨*lat.; gr.*⟩: ↑ Enzym, das Wasserstoff abspaltet

De|hy|d|ra|ta|ti|on *die;* -, -en: Entzug von Wasser, Trocknung (z. B. von Lebensmitteln)

De|hy|d|ra|ti|on *die;* -, -en: Entzug von Wasserstoff; vgl. ...ation/...ierung

de|hy|d|ra|ti|sie|ren: Wasser entziehen

de|hy|d|rie|ren: einer chemischen Verbindung Wasserstoff entziehen. **De|hy|d|rie|rung** *die;* -, -en: ↑ Dehydration; vgl. ...ation/...ierung

De|hy|d|ro|ge|na|se *die;* -, -n: ↑ Dehydrase

De|i|fi|ka|ti|on *die;* -, -en ⟨*lat.-nlat.*⟩: Vergottung eines Menschen od. Dinges. **de|i|fi|zie|ren** ⟨*lat.*⟩: zum Gott machen, vergotten

Dei gra|tia ⟨*lat.;* „von Gottes Gnaden"⟩: Zusatz zum Titel von Bischöfen, früher auch von Fürsten; Abk.: D. G.

de|ik|tisch, auch: **de|ik|tisch** ⟨*gr.*⟩: 1. (Sprachw.) hinweisend (als Eigenschaft bestimmter sprachlicher Einheiten, z. B. von ↑ Demonstrativpronomen). 2. von der Anschauung ausgehend (als Lehrverfahren)

De|in|king *das;* -[s] ⟨*engl.*⟩: Entfernung von Druckfarben bei der Aufarbeitung von Altpapier

De|is|mus *der;* - ⟨*lat.-nlat.*⟩: Gottesauffassung der Aufklärung des 17. u. 18. Jh.s, nach der Gott die Welt zwar geschaffen hat, aber keinen weiteren Einfluss mehr auf sie ausübt

De|ist *der;* -en, -en: Anhänger des Deismus. **De|is|tin** *die;* -, -nen: weibliche Form zu ↑ Deist.

de|is|tisch: der Lehre des Deismus folgend, sich auf sie beziehend

De|ixis *die;* - ⟨*gr.*⟩: (Sprachw.) hin-

weisende ↑ Funktion von Wörtern (z. B. Pronomen wie *dieser, jener,* Adverbien wie *hier, heute*) in einem Kontext

Dé|jà-vu [deʒaˈvyː] *das;* -[s], -s ⟨*fr.;* „schon gesehen"⟩ u. **Dé-jà-vu-Er|leb|nis** *das;* -ses, -se: Erinnerungstäuschung, bei der der Eindruck entsteht, gegenwärtig Erlebtes schon einmal erlebt zu haben

De|jekt *das;* -[e]s, -e ⟨*lat.*⟩: (Med. selten) Auswurf; Kot. **De|jek|ti|on** *die;* -, -en: (Med.) Auswurf; Kotentleerung

De|jeu|ner [deʒøˈneː] *das;* -s, -s ⟨*lat.-vulgärlat.-fr.*⟩: 1. (veraltet) Frühstück. 2. (veraltet) kleines Mittagessen. 3. wertvolles Kaffee- od. Teeservice, Frühstücksgedeck für zwei Personen. **de-jeu|nie|ren:** (veraltet) frühstücken

de ju|re ⟨*lat.*⟩: von Rechts wegen, rechtlich betrachtet; Ggs. ↑ de facto

De|ka *das;* -[s], -[s]: (österr.) Kurzform von ↑ Dekagramm

De|kalb|rist *der;* -en, -en ⟨*gr.-russ.*⟩: Teilnehmer an dem Offiziersaufstand für eine konstitutionelle Verfassung in Russland im Jahre 1825

De|ka|de *die;* -, -n ⟨*gr.-lat.*⟩: 1. Satz od. Serie von 10 Stück. 2. Zeitraum von 10 Tagen, Wochen, Monaten od. Jahren. 3. (Literaturw.) Einheit von 10 Gedichten od. 10 Büchern

de|ka|dent ⟨*lat.-mlat.*⟩: infolge kultureller Überfeinerung entartet u. ohne Kraft od. Widerstandsfähigkeit

De|ka|denz *die;* -: Verfall, Entartung, sittlicher u. kultureller Niedergang

de|ka|disch ⟨*gr.*⟩: zehnteilig; auf die Zahl 10 bezogen; **dekadischer Logarithmus:** Zehnerlogarithmus, Logarithmus einer Zahl zur Basis 10 (Formelzeichen: log₁₀x oder lg x); **dekadisches System:** Zahlensystem mit der Grundzahl 10; Dezimalsystem

De|ka|e|der *das;* -s, - ⟨*gr.-nlat.*⟩: ein Körper, der von zehn Vielecken (Flächen) begrenzt ist

De|ka|gramm [auch: ˈdeː...] *das;* -s, -e (Abk.: 5 -): 10 g; Zeichen: dag, (österr.:) dkg; vgl. Deka

De|ka|li|ter *der* od. *das;* -s, -: 10 l; Zeichen: dal, dkl

De|kal|kier|pa|pier das; -s ⟨lat.-fr.; gr.-lat.⟩: zur Herstellung von Abziehbildern verwendetes saugfähiges Papier

De|kal|lo der od. das; -, ...li ⟨it.⟩: (veraltet) Gewichts- od. Maßverlust (von Waren)

De|ka|log der; -s ⟨gr.-lat.⟩: die Zehn Gebote

De|k|a|me|ron das; -s ⟨gr.-it.⟩: Boccaccios Erzählungen der „zehn Tage"; vgl. Heptameron, Hexameron

De|ka|me|ter das; -s, - ⟨gr.-nlat.⟩: 10 m; Zeichen: dam

De|kan der; -s, -e ⟨lat.; „Führer von 10 Mann"⟩: 1. in bestimmten evangelischen Landeskirchen ↑ Superintendent. 2. ↑ Dechant. 3. Vorsteher einer ↑ Fakultät (1)

De|ka|nat das; -[e]s, -e ⟨lat.-mlat.⟩: 1. Amt, Bezirk eines Dekans; vgl. Dechanat. 2. Fakultätsverwaltung. 3. (Astrol.) Unterteilung des Tierkreises in Abschnitte von je zehn Grad

De|ka|nei die; -, -en: Wohnung eines Dekans (1 u. 2); vgl. Dechanei

De|ka|nin die; -, -nen: weibliche Form zu ↑ Dekan (1, 3)

de|kan|tie|ren ⟨mlat.-fr.⟩: eine Flüssigkeit abklären, vom Bodensatz abgießen (z. B. bei älteren Rot- u. Portweinen)

de|ka|pie|ren ⟨fr.⟩: a) Eisenteile durch chemische Lösungsmittel von Farbresten reinigen; b) Metallteile od. Blech beizen u. dadurch von dünnen Anlauf- bzw. Oxidationsschichten befreien

De|ka|pi|ta|ti|on die; -, -en ⟨lat.-mlat.; „Enthauptung"⟩: (Med.) das Leben der Mutter rettende Abtrennung des kindlichen Kopfes während der Geburt.

de|ka|pi|tie|ren u. dekaptieren: (Med.) eine ↑ Dekapitation ausführen

De|ka|po|de der; -n, -n (meist Plural) ⟨gr.-nlat.⟩: Zehnfußkrebs

De|kap|su|la|ti|on die; -, -en ⟨lat.-nlat.⟩: (Med.) operative Abtragung der Nierenkapsel

de|kap|tie|ren vgl. dekapitieren

De|k|lar das; -s, -e u. schweiz.: **De|k|la|re** die; -, -n ⟨lat.-it.⟩: 10 Ar

de|kar|tel|lie|ren, häufiger: **de|kar|tel|li|sie|ren** ⟨fr.⟩: wirtschaftliche Unternehmenszusammenschlüsse, ↑ Kartelle auflösen,

die eine Beschränkung des Wettbewerbs zum Ziel haben

De|ka|ster der; -s, -e u. -s ⟨gr.-fr.⟩: 10 Kubikmeter

De|ka|syl|la|bus der; -, ...bi ⟨gr.-lat.⟩: zehnsilbiger Vers aus ↑ Jamben

De|ka|teur [...'tø:ɐ̯] der; -s, -e ⟨lat.-fr.⟩: Fachmann, der dekatiert. **De|ka|teu|rin** [...'tø:rɪn] die; -, -nen: weibliche Form zu ↑ Dekateur

de|ka|tie|ren: [Woll]stoffe mit Wasserdampf behandeln, um nachträgliches Einlaufen zu vermeiden

De|ka|tie|rer der; -s, -: ↑ Dekateur. **De|ka|tie|re|rin** die; -, -nen: weibliche Form zu ↑ Dekatierer

De|ka|t|ron das; -s, ...one ⟨gr.⟩: 1. Gasentladungsröhre mit zehn ↑ Kathoden. 2. elektronisches Schaltelement in Rechen- u. Zählschaltungen zur Darstellung u. Verarbeitung der Ziffern 0 bis 9

De|ka|tur die; -, -en ⟨lat.-fr.⟩: Vorgang des ↑ Dekatierens

De|kla|ma|ti|on die; -, -en ⟨lat.⟩: 1. kunstgerechter Vortrag (z. B. einer Dichtung); auf äußere Wirkung bedachte, oft auch pathetisch vorgetragene Äußerung, Meinung. 2. (Mus.) Hervorhebung u. ↑ Artikulation einer musikalischen Phrase od. des Sinn- u. Ausdrucksgehalts eines vertonten Textes

De|kla|ma|tor der; -s, ...oren: Vortragskünstler

De|kla|ma|to|rik die; - ⟨lat.-nlat.⟩: Vortragskunst

De|kla|ma|to|rin die; -, -nen: weibliche Form zu ↑ Deklamator

de|kla|ma|to|risch: 1. ausdrucksvoll im Vortrag, z. B. eines Textes. 2. beim Gesang auf Wortverständlichkeit Wert legend

de|kla|mie|ren ⟨lat.⟩: 1. [kunstgerecht] vortragen. 2. das entsprechende Verhältnis zwischen der sprachlichen u. musikalischen Betonung im Lied herstellen

De|kla|ra|ti|on die; -, -en ⟨lat.⟩: 1. Erklärung [die etwas Grundlegendes enthält]. 2. a) abzugebende Meldung gegenüber den Außenhandelsbehörden (meist Zollbehörden) über Einzelheiten eines Geschäftes; b) Inhalts-, Wertangabe (z. B. bei einem Versandgut)

de|kla|ra|tiv: in Form einer Deklaration (1)

de|kla|ra|to|risch: a) ↑ deklarativ; b) (Rechtsw.) bezeugend, klarstellend, beweiskräftig; **deklaratorische Urkunde**: nachträglich zu Beweiszwecken ausgestellte Beweisurkunde

de|kla|rie|ren ⟨lat.⟩: 1. eine Deklaration (2) abgeben. 2. als etwas bezeichnen. **de|kla|riert**: offenkundig, ausgesprochen, erklärt

de|klas|sie|ren ⟨lat.-fr.⟩: 1. (Sport) einem Gegner eindeutig überlegen sein u. ihn überraschend hoch besiegen. 2. (Soziol.) von einer bestimmten sozialen od. ökonomischen Klasse in eine niedrigere gelangen

de|kli|na|bel ⟨lat.⟩: beugbar (von Wörtern bestimmter Wortarten)

De|kli|na|ti|on die; -, -en: 1. Formenabwandlung (Beugung) des Substantivs, Adjektivs, Pronomens und Numerales; vgl. Konjugation. 2. (Astron.) Abweichung, Winkelabstand eines Gestirns vom Himmelsäquator. 3. Abweichung der Richtungsangabe der Magnetnadel [beim Kompass] von der wahren (geographischen) Nordrichtung

De|kli|na|tor der; -s ...oren u. **De|kli|na|to|ri|um** das; -s, ...ien ⟨lat.-nlat.⟩: Gerät zur Bestimmung [zeitlicher Änderungen] der Deklination (2)

de|kli|nie|ren ⟨lat.⟩: Substantive, Adjektive, Pronomen und Numeralia in ihren Formen abwandeln; beugen; vgl. konjugieren

De|kli|no|me|ter das; -s, - ⟨lat.; gr.⟩: ↑ Deklinator

de|ko|die|ren, fachspr.: decodieren ⟨fr.⟩: [eine Nachricht] mithilfe eines ↑ Kodes (1) entschlüsseln; Ggs. ↑ kodieren (1), enkodieren. **De|ko|die|rung**, fachspr.: Decodierung die; -, -en: das Dekodieren

De|kokt das; -[e]s, -e ⟨lat.⟩: (Pharm.) durch Abkochen von Heilpflanzen gewonnener Auszug; Abkochung

De|kol|le|tee [dekɔl'te:], auch: Dekolleté, schweiz.: Décolleté das; -s, -s ⟨lat.-fr.⟩: tiefer Ausschnitt an Damenkleidern, der Schultern, Brust od. Rücken frei lässt

de|kol|le|tie|ren ⟨lat.-fr.⟩: 1. mit einem Dekolletee versehen. 2. (ugs.) bloßstellen. **de|kol|le|tiert**: tief ausgeschnitten

De|kol|lo|ni|sa|ti|on *die; -, -en* ⟨*lat.-nlat.*⟩: Entlassung einer ↑ Kolonie aus der wirtschaftlichen, militärischen u. politischen Abhängigkeit vom Mutterland

de|kol|lo|rie|ren ⟨*lat.-fr.*⟩: entfärben, ausbleichen

De|kom|pen|sa|ti|on *die; -, -en* ⟨*lat.-nlat.*⟩: (Med.) das Offenbarwerden einer latenten Organstörung durch Wegfall einer Ausgleichsfunktion

de|kom|po|nie|ren ⟨*lat.-nlat.*⟩: zerlegen, auflösen [in die Grundbestandteile]

De|kom|po|si|ti|on *die; -, -en*: 1. Auflösung. 2. a) das Nachlassen einer Organfunktion; b) (Med.) Organschwund u. allgemeiner körperlicher Verfall bei Säuglingen infolge schwerer Ernährungsstörung

de|kom|po|si|to|risch: (geistig) zersetzend, zerstörend

De|kom|po|si|tum *das; -s, ...ta* ⟨*lat.*⟩: Neu- od. Weiterbildung aus einer Zusammensetzung (↑ Kompositum), entweder in Form einer Ableitung, z. B. *wetteifern* von *Wetteifer*, od. in Form einer mehrgliedrigen Zusammensetzung, z. B. Armbanduhr, Eisenbahnfahrplan

De|kom|pres|si|on *die; -, -en* ⟨*lat.-nlat.*⟩: 1. Druckabfall in einem technischen System. 2. [allmähliche] Druckentlastung für den Organismus nach längerem Aufenthalt in Überdruckräumen (z. B. Taucherglocken)

De|kom|pres|si|ons|kam|mer *die; -, -n:* geschlossener Raum, in dem der Organismus nach längerem Aufenthalt in Überdruckräumen allmählich vom Überdruck entlastet wird

de|kom|pri|mie|ren ⟨*lat.-nlat.*⟩: den Druck von etwas verringern

De|kon|di|ti|o|na|ti|on *die; -, -en* ⟨*lat.-nlat.*⟩: Verminderung der körperlichen Leistungsfähigkeit (bes. bei Raumflügen) infolge Schwerelosigkeit

De|kon|s|t|ruk|ti|vis|mus *der; -* ⟨*lat.-engl.*⟩: seit Mitte der 80er-Jahre des 20. Jh.s bestehende Richtung in der Architektur, die, anknüpfend an den russischen ↑ Konstruktivismus (1), durch die Auflösung traditioneller statischer Verhältnisse u. den Zusammenstoß unterschiedlicher Materialien,

Räume u. Richtungen gekennzeichnet ist

De|kon|ta|mi|na|ti|on *die; -* ⟨*lat.-nlat.*⟩: a) Entfernung von ↑ Neutronen absorbierenden Spaltprodukten aus dem Reaktor; b) Entseuchung, Entgiftung (bes. eines durch atomare, biologische od. chemische Kampfstoffe verseuchten Objekts od. Gebiets); vgl. ...ation/...ierung; Ggs. ↑ Kontamination (2)

de|kon|ta|mi|nie|ren: eine Dekontamination (b) vornehmen; Ggs. ↑ kontaminieren (2). De|kon|ta|mi|nie|rung *die; -, -en:* das Dekontaminieren; vgl. ...ation/...ierung

De|kon|zen|t|ra|ti|on *die; -, -en* ⟨(*lat.; gr.-lat.*) *fr.-nlat.*⟩: Zerstreuung, Zersplitterung, Auflösung, Verteilung; Ggs. ↑ Konzentration (1). de|kon|zen|t|rie|ren: zerstreuen, zersplittern, auflösen, verteilen; Ggs. ↑ konzentrieren (1)

De|kor *der auch: das; -s, -s u. -e* ⟨*lat.-fr.*⟩: 1. farbige Verzierung, Ausschmückung, Vergoldung, Muster auf etwas. 2. Ausstattung [eines Theaterstücks od. Films], Dekoration

De|ko|ra|teur [...'tø:ɐ̯] *der; -s, -e:* Fachmann, der die Ausschmückung von Innenräumen, Schaufenstern usw. besorgt. De|ko|ra|teu|rin [...'tø:rɪn] *die; -, -nen:* weibliche Form zu ↑ Dekorateur

De|ko|ra|ti|on *die; -, -en:* 1. (ohne Plural) das Ausschmücken, Ausgestalten. 2. Schmuck, Ausschmückung, Ausstattung, schmückende Dinge. 3. Bühnenausstattung, Bühnenbild, [Film]kulisse. 4. a) Ordensverleihung, Dekorierung; b) Orden, Ehrenzeichen; vgl. ...ation/...ierung

de|ko|ra|tiv: a) schmückend, (als Schmuck) wirkungsvoll; b) die Theater-, Filmdekoration betreffend

de|ko|rie|ren: 1. ausschmücken, künstlerisch ausgestalten. 2. einen Orden verleihen. De|ko|rie|rung *die; -, -en:* 1. a) das Ausschmücken; b) Ausschmückung eines Raumes o. Ä. 2. a) Verleihung von Orden o. Ä. aufgrund besonderer Verdienste; b) Orden; vgl. ...ation/...ierung

De|kort [de'ko:ɐ̯, auch: de'kɔrt]

der; -s, -s u. dt. Ausspr.: -e ⟨*lat.-fr.*⟩: 1. Abzug von Rechnungsbetrag, z. B. wegen schlechter Verpackung, Mindergewicht, Qualitätsmangel. 2. Preisnachlass [im Exportgeschäft]

de|kor|tie|ren: einen bestimmten Betrag von der Rechnung wegen schlechter Beschaffenheit der Ware abziehen

De|ko|rum *das; -s* ⟨*lat.*⟩: (veraltet) äußerer Anstand, Schicklichkeit

De|kos|toff *der; -[e]s, -e:* Kurzw. aus Dekorationsstoff

De|kre|ment *das; -[e]s, -e* ⟨*lat.*⟩: 1. Verminderung, Verfall. 2. das Abklingen von Krankheitserscheinungen. 3. ↑ logarithmisches Dekrement

de|kre|pit ⟨*lat.-fr.*⟩: (veraltet) heruntergekommen, verlebt

De|kre|pi|ta|ti|on *die; -, -en* ⟨*lat.-nlat.*⟩: das Zerplatzen von Kristallen beim Erhitzen, verbunden mit Knistern und Austritt von Wasserdampf. de|kre|pi|tie|ren: unter Austritt von Wasserdampf zerplatzen (von Kristallen)

De|kre|scen|do [dekre'ʃendo] vgl. Decrescendo

De|kres|zenz *die; -, -en* ⟨*lat.*⟩: 1. Abnahme. 2. (Mus.) allmähliche Tonabschwächung

De|kret *das; -[e]s, -e* ⟨*lat.*⟩: Beschluss, Verordnung, behördliche, richterliche Verfügung

De|kre|ta|le *das; -, ...lien od. die; -, -n* (meist Plural) ⟨*lat.-mlat.*⟩: päpstliche Entscheidung in kirchlichen Einzelfragen (in Bezug auf das Individuum; vgl. ↑ Dogma u. die ↑ Kanonisation)

De|kre|ta|list u. Dekretist *der; -en, -en* ⟨*lat.-nlat.*⟩: mittelalterlicher Lehrer des [katholischen] Kirchenrechts

de|kre|tie|ren ⟨*lat.-fr.*⟩: verordnen, anordnen

De|kre|tist vgl. Dekretalist

de|kryp|tie|ren ⟨*lat.-gr.*⟩: einen Geheimtext ohne Kenntnis des Schlüssels in den Klartext umzusetzen versuchen

De|ku|bi|tus u. Decubitus *der; -* ⟨*lat.-nlat.*⟩: (Med.) das Wundliegen; Druckbrand

De|ku|ma|ten|land, De|ku|mat|land *das; -[e]s* ⟨*lat.; dt.*⟩: vom ↑ Limes (1) eingeschlossenes altrömisches Kolonialgebiet zwischen Rhein, Main und Neckar

de|ku|pie|ren ⟨fr.⟩: aussägen, ausschneiden

De|ku|pier|sä|ge die; -, -n: Schweif-, Laubsäge

De|ku|rie [...i̯ə] die; -, -n ⟨lat.⟩: a) [Zehner]gruppe als Untergliederung des Senats od. des Richterkollegiums im Rom der Antike; b) Unterabteilung von zehn Mann in der altrömischen Reiterei

De|ku|rio der; -s u. ...onen, ...onen: a) Mitglied einer Dekurie (a); b) Anführer einer Dekurie (b)

de|kus|siert ⟨lat.⟩: kreuzweise gegenständig, d. h. sich kreuzweise abgestuft in Paaren gegenüberstehend (von der Blattstellung bei Pflanzen)

De|ku|vert [...ˈveːɐ̯] das; -s, -s ⟨lat.-fr.⟩: (Wirtsch.) Wertpapiermangel an der Börse

de|ku|v|rie|ren: jmdn., etwas erkennbar machen, entlarven

De|la|mi|na|ti|on die; -, -en ⟨lat.-nlat.⟩: (Biol.) Entstehung des inneren Keimblattes (bei der tierischen Entwicklung) durch Querteilung der Blastulazellen und damit Abspaltung einer zweiten Wandzellschicht

De|lat der; -en, -en ⟨lat.⟩: (veraltet) jmd., der zu einer Eidesleistung verpflichtet wird

De|la|ti|on die; -, -en: (veraltet) 1. [verleumderische] Anzeige. 2. Übertragung, Anfall einer Erbschaft. 3. (hist.) durch das Gericht auferlegte Verpflichtung zur Eidesleistung vor einem Richter; Ggs. ↑ Relation (4)

de|la|to|risch: (veraltet) verleumderisch

de|le|a|tur ⟨lat.; „es möge getilgt werden"⟩: (Druckw.) Korrekturanweisung, dass etwas gestrichen werden soll; Abk.: del.; Zeichen: ⸜. **De|le|a|tur** das; -s, -: (Druckw.) das Tilgungszeichen

De|le|gat der; -en, -en ⟨lat.⟩: Bevollmächtigter; **Apostolischer Delegat:** Bevollmächtigter des Papstes ohne diplomatische Rechte; vgl. Nuntius

De|le|ga|ti|on die; -, -en: 1. Abordnung von Bevollmächtigten, die meist zu [politischen] Tagungen, zu Konferenzen usw. entsandt wird. 2. (Rechtsw., Wirtsch.) Übertragung von Zuständigkeiten, Leistungen, Befugnissen; vgl. ...ation/...ierung

De|le|ga|tur die; -, -en ⟨lat.-nlat.⟩: Amt od. Amtsbereich eines Apostolischen Delegaten

de le|ge fe|ren|da ⟨lat.⟩: vom Standpunkt des zukünftigen Rechts aus

de le|ge la|ta: vom Standpunkt des geltenden Rechts aus

de|le|gie|ren ⟨lat.⟩: 1. abordnen. 2. a) (Rechtsw.) Zuständigkeiten, Leistungen, Befugnisse übertragen; b) eine Aufgabe auf einen anderen übertragen

De|le|gier|te der u. die; -n, -n: Mitglied einer Delegation (1)

De|le|gie|rung die; -, -en: Delegation (2); vgl. ...ation/...ierung

de|lek|ta|bel ⟨lat.⟩: (selten) genussreich, ergötzlich

de|lek|tie|ren: ergötzen; **sich delektieren:** sich gütlich tun

de|le|tär ⟨lat.-nlat.⟩: (Med.) tödlich, verderblich

De|le|ti|on die; -, -en ⟨lat.⟩: 1. (Biol.) Verlust eines mittleren Chromosomenstückes. 2. (Sprachw.) Tilgung sprachlicher Elemente im Satz, z. B. die Weglassprobe zur Feststellung der ↑ Valenz von Verben

Del|fin vgl. 1,2Delphin

Del|fi|na|ri|um vgl. Delphinarium

Del|fi|nin vgl. Delphinin

Del|fi|no|lo|ge usw. vgl. Delphinologe usw.

De|li|be|ra|ti|on die; -, -en ⟨lat.⟩: Beratschlagung, Überlegung

De|li|be|ra|ti|ons|frist die; -, -en: Bedenkzeit, Überlegungsfrist; bes. im römischen Recht dem Erben gesetzte Frist zur Entscheidung über Annahme oder Ablehnung einer Erbschaft

De|li|be|ra|tiv|stim|me die; -, -n: eine nur beratende, aber nicht abstimmungsberechtigte Stimme in einer politischen Körperschaft; Ggs. ↑ Dezisivstimme

de|li|be|rie|ren: überlegen, beratschlagen

De|li|ci|ous [dɪˈlɪʃəs], **De|li|ci|us** der; -, - ⟨engl.⟩: kurz für ↑ Golden Delicious

de|li|kat ⟨lat.-fr.⟩: 1. auserlesen fein; lecker, wohlschmeckend; Ggs. ↑ indelikat. 2. zart [fühlend], zurückhaltend, behutsam; Ggs. ↑ indelikat. 3. wählerisch, anspruchsvoll. 4. Diskretion erfordernd, nur mit Zurückhaltung, mit Takt zu behandeln, durchzuführen sein

De|li|ka|tes|se die; -, -n: 1. Leckerbissen; Feinkost. 2. (ohne Plural) Zartgefühl

De|likt das; -[e]s, -e ⟨lat.⟩: ungesetzliche Handlung, Straftat

De|li|mi|ta|ti|on die; -, -en ⟨lat.⟩: 1. (veraltet) Grenzberichtigung. 2. (Sprachw.) Abgrenzung od. Unterteilung komplexer sprachlicher Erscheinungen in einzelne Elemente

de|li|mi|ta|tiv: zur Abgrenzung dienend, bes. zur Abgrenzung von ↑ Morphemen gegenüber Wörtern

de|li|mi|tie|ren: (veraltet) Grenzen berichtigen

de|li|ne|a|vit ⟨lat.; „hat [es] gezeichnet"⟩: in Verbindung mit dem Namen Angabe des Künstlers, Zeichners, bes. auf Kupferstichen; Abk.: del., delin.

de|lin|quent ⟨lat.⟩: straffällig, verbrecherisch. **De|lin|quent** der; -en, -en: jmd., der straffällig geworden ist. **De|lin|quen|tin** die; -, -nen: weibliche Form zu ↑ Delinquent. **De|lin|quenz** die; -: Straffälligkeit

De|lir das; -s, -e ⟨lat.⟩: Kurzform von ↑ Delirium

de|li|rant: das Delirium betreffend; in der Art des Deliriums; **deliranter Zustand:** ↑ Delirium

de|li|rie|ren: (Med.) irre sein, irrereden

de|li|ri|ös ⟨lat.-nlat.⟩: (Med.) mit Delirien verbunden

De|li|ri|um das; -s, ...ien ⟨lat.⟩: Bewusstseinstrübung (Verwirrtheit), verbunden mit Erregung, Sinnestäuschungen u. Wahnideen. **De|li|ri|um tre|mens** das; -: durch Alkoholentzug (bei Trinkern) ausgelöste Psychose, die durch Bewusstseinstrübung, Halluzinationen o. Ä. gekennzeichnet ist

de|lisch: in der Fügung **delisches Problem** ⟨nach der von Apollo den Griechen als Sühne gestellten, angeblich von den Griechen als Sühne gestellten Aufgabe, seinen würfelförmigen Altar auf Delos zu verdoppeln⟩: die nicht lösbare Aufgabe, nur mithilfe von Zirkel u. Lineal die Kantenlänge eines Würfels zu bestimmen, der das doppelte Volumen eines gegebenen Würfels haben soll

de|li|zi|ös ⟨lat.-fr.⟩: sehr schmackhaft

De|li|zi|us: ↑ Golden Delicious

Del|kre|de|re das; -, - ⟨lat.-it.⟩:

1. Haftung für den Eingang einer Forderung. 2. Wertberichtigung für voraussichtliche Ausfälle von Außenständen
Del|kre|de|re|fonds [...fõ:] *der; -, -* [...fõ:s]: Rücklage zur Deckung möglicher Verluste durch ausstehende Forderungen
de|lo|gie|ren [...ʒi:...] ⟨*fr.*⟩: 1. (bes. österr.) jmdn. zum Auszug aus einer Wohnung veranlassen. 2. (veraltet) abmarschieren, aufbrechen. **De|lo|gie|rung** *die; -, -en:* (bes. österr.) Ausweisung aus einer Wohnung
¹Del|phin, auch: Delfin *der; -s, -e* ⟨*gr.-lat.*⟩: eine Walart
²Del|phin, auch: Delfin *das; -s:* Delphinschwimmen (spezieller Schwimmstil)
Del|phi|na|ri|um *das; -s, ...ien* ⟨*gr.-lat.-nlat.*⟩: Anlage mit großem Wasserbecken, in dem Delphine gehalten u. vorgeführt werden
Del|phi|nin, auch: Delfinin *das; -s:* ↑ Alkaloid aus dem Samen einer Rittersporart, das zu Arzneizwecken verwendet wird
Del|phi|no|lo|ge, auch: Delfinologe *der; -n, -n:* Fachmann, der das Verhalten der Delphine wissenschaftlich untersucht.
Del|phi|no|lo|gin, auch: Delfinologin *die; -, -nen:* weibliche Form zu ↑ Delphinologe
del|phisch ⟨*gr.-lat.;* nach der altgriech. Orakelstätte Delphi): doppelsinnig, rätselhaft [dunkel]
¹Del|ta *das; -[s], -s* ⟨*gr.*⟩: vierter Buchstabe des griechischen Alphabets: Δ, δ
²Del|ta *das; -s, -s u. ...ten:* fächerförmiges, mehrarmiges Mündungsgebiet eines Flusses
Del|ta|me|tall *das; -s, -e:* besondere, im Maschinenbau verwendete Messinglegierung von hoher Festigkeit
Del|ta|strah|len, δ-Strah|len *die* (Plural) ⟨*gr.-lat.; dt.*⟩: beim Durchgang radioaktiver Strahlung durch Materie freigesetzte Elektronenstrahlen
Del|to|id *das; -[e]s, -e* ⟨*gr.-nlat.*⟩: a) konkaves Viereck aus zwei Paaren gleich langer benachbarter Seiten, von denen ein Paar einen überstumpfen Winkel bildet u. dessen Diagonalenschnittpunkt außerhalb des Vierecks liegt; b) Drachenviereck

Del|to|id|do|de|ka|e|der *der; -s, -:* Kristallform mit 12 ↑ Deltoiden
De|lu|si|on *die; -, -en* ⟨*lat.*⟩: a) Verspottung; b) Hintergehung, Täuschung. **de|lu|so|risch** ⟨*lat.-nlat.*⟩: a) verspottend; b) jmdn. hintergehend, täuschend
de luxe [dəˈlyks] ⟨*fr.*⟩: kostbar ausgestattet, mit allem Luxus
Del|y|sid *das; -s* ⟨Kunstw.⟩: Handelsname für Lysergsäurediäthylamid (LSD)
dem..., Dem... vgl. demo..., Demo...
De|m|a|go|ge *der; -n, -n* ⟨*gr.;* „Volksführer"⟩: (oft abwertend) jmd., der andere politisch aufhetzt, durch leidenschaftliche Reden verführt; Volksverführer.
De|m|a|go|gie *die; -:* (abwertend) Volksaufwiegelung, Volksverführung, politische Hetze. **De|m|a|go|gin** *die; -, -nen:* weibliche Form zu ↑ Demagoge. **de|m|a|go|gisch:** (abwertend) aufwiegelnd, hetzerisch, Hetzpropaganda treibend
De|mant [auch: deˈmant] *der; -[e]s, -e* ⟨*gr.-lat.-vulgärlat.-fr.*⟩: (dichter.) Diamant. **de|man|ten:** (dichterisch) diamanten
De|man|to|id *der; -[e]s, -e* ⟨*nlat.*⟩: ein Mineral
De|m|arch *der; -en, -en* ⟨*gr.-lat.*⟩: Vorsteher des ↑ Demos in altgriechischen Gemeinden
De|mar|che [deˈmarʃ(ə)] *die; -, -n* ⟨*fr.*⟩: diplomatischer Schritt, mündlich vorgetragener diplomatischer Einspruch
De|mar|ka|ti|on *die; -, -en* ⟨*fr.*⟩: a) Abgrenzung; b) (Med.) scharfe Abgrenzung kranken Gewebes von gesundem
De|mar|ka|ti|ons|li|nie *die; -, -n:* zwischen Staaten vereinbarte vorläufige Grenzlinie
de|mar|kie|ren: abgrenzen
de|mas|kie|ren ⟨*fr.*⟩: 1. a) die Maske abnehmen; b) jmdn. entlarven (z. B. in Bezug auf dessen schlechte Absichten). 2. sich demaskieren: a) seine Maske abnehmen; b) sein wahres Gesicht zeigen
De|ma|te|ri|a|li|sa|ti|on *die; -, -en* ⟨*lat.-engl.;* „Entstofflichung"⟩: (Parapsychol.) Auflösung eines körperhaften Gegenstandes bis zur Unsichtbarkeit; Ggs. ↑ Rematerialisation
De|mel|lee *das; -[s], -s* ⟨*lat.-vulgärlat.-fr.*⟩: (veraltet) Streit, Händel

De|men: *Plural* von ↑ Demos
de|ment ⟨*lat.*⟩: (Med.) an Demenz leidend
De|men|ti *das; -s, -s* ⟨*lat.-fr.*⟩: offizielle Berichtigung od. Widerruf einer Behauptung od. Nachricht
De|men|tia *die; -, ...tiae [...tiɛ]* ⟨*lat.*⟩: ↑ Demenz. **De|men|tia prae|cox** *die; - -:* (Med.) 1. (veraltet) ↑ Hebephrenie. 2. ↑ Demenz.
De|men|tia se|ni|lis *die; - -:* (Med.) altersbedingter Intelligenzdefekt
de|men|tie|ren ⟨*lat.-fr.*⟩: eine Behauptung od. Nachricht offiziell berichtigen od. widerrufen
De|menz *die; -, -en* ⟨*lat.*⟩: auf organischen Hirnschädigung beruhender dauernder Intelligenzdefekt
De|me|rit *der; -en, -en* ⟨*lat.-fr.*⟩: straffällig gewordener Geistlicher, der wegen dieses Vergehens sein kirchliches Amt nicht ausüben kann
De|mi|john [ˈde:midʒɔn] *der; -s, -s* ⟨*engl.*⟩: Korbflasche
de|mi|li|ta|ri|sie|ren ⟨*lat.-fr.*⟩: entmilitarisieren
De|mi|mon|de [dəmiˈmõ:də] *die; -* ⟨*fr.*⟩: Halbwelt
De|mi|ne|ra|li|sa|ti|on *die; -* ⟨*nlat.*⟩: 1. (Med.) Verarmung des Körpers an Mineralien (z. B. Kalk-, Salzverlust). 2. das Demineralisieren. **de|mi|ne|ra|li|sie|ren:** die Minerale aus etwas entfernen
de|mi|nu|tiv usw. ↑ diminutiv usw.
de|mi-sec [...ˈsɛk] ⟨*fr.*⟩: halbtrocken (von französischen Schaumweinen)
De|mis|si|on *die; -, -en* ⟨*lat.-fr.*⟩: a) Rücktritt eines Ministers od. einer Regierung; b) (veraltet) Entlassung eines Ministers od. einer Regierung
De|mis|si|o|när *der; -s, -e:* (schweiz., sonst veraltet) entlassener, verabschiedeter Beamter
de|mis|si|o|nie|ren: 1. a) von einem Amt zurücktreten, seine Entlassung einreichen (von Ministern od. Regierungen); b) (schweiz.) kündigen. 2. (veraltet) jmdn. entlassen (von Ministern)
De|mi|urg *der; -en u. -s* ⟨*gr.-lat.*⟩: Weltbaumeister, Weltenschöpfer (bei Platon u. in der ↑ Gnosis)
De|mi|vi|erge [...ˈvjɛrʒ] *die; -*

⟨lat.-fr.; „Halbjungfrau"⟩: (Sexualwissenschaft) Mädchen, das zwar sexuelle Kontakte, aber keinen Geschlechtsverkehr hat
De̱|mo *die;* -, -s: (ugs.) Kurzform von ↑ Demonstration (1)

de|mo..., De|mo...

vor Vokalen meist dem..., Dem... ⟨*gr.* dēmos „Volk, Land, Staat"⟩ Wortbildungselement mit der Bedeutung „Volk, Bevölkerung; Staat":
– demagogisch
– Demographie
– Demökologie
– Demoskopie

De|mo|bi|li|sa|ti̱|on *die;* -, -en ⟨*lat.-fr.*⟩: a) Rückführung des Kriegsheeres auf den Friedensstand; Ggs. ↑ Mobilisation (2); b) Umstellung der Industrie von Kriegs- auf Friedensproduktion; vgl. ...ation/...ierung
de|mo|bi|li|si̱e|ren: a) aus dem Kriegszustand in Friedensverhältnisse überführen; Ggs. ↑ mobilisieren (1) b) die Kriegswirtschaft abbauen; c) (veraltet) jmdn. aus dem Kriegsdienst entlassen. **De|mo|bi|li|si̱e|rung** *die;* -, -en: das Demobilisieren; vgl. ...ation/...ierung; Ggs. ↑ Mobilisierung (3)
dé̱|mo|dé [...'de:] ⟨*fr.*⟩: aus der Mode, nicht mehr aktuell
De|mo|di̱|ko|se *die;* -, -n ⟨*gr.-nlat.*⟩: durch Milben hervorgerufene Hauterkrankung bei Säugetieren
De|mo|du|la|ti̱|on *die;* -, -en ⟨*lat.-nlat.*⟩: Abtrennung der durch einen modulierten hochfrequenten Träger übertragenen niederfrequenten Schwingung in einem Empfänger; Gleichrichtung
De|mo|du|la̱|tor *der;* -s, ...o̱ren: Bauteil in einem Empfänger, der die Demodulation bewirkt; Gleichrichter
de|mo|du|li̱e|ren: eine Demodulation vornehmen; gleichrichten
De|mo|graph, auch: ...graf *der;* -en, -en ⟨*gr.-nlat.*⟩: jmd., der berufsmäßig Demographie betreibt
De|mo|gra|phie, auch: ...grafie *die;* -, ...i̱en: 1. Beschreibung der wirtschafts- u. sozialpolitischen Bevölkerungsbewegung. 2. Bevölkerungswissenschaft

De|mo|gra|phin, auch: ...grafin *die;* -, -nen: weibliche Form zu ↑ Demograph
de|mo|gra|phisch, auch: ...grafisch: die Demographie betreffend
De|moi|selle [demǫa'zɛl, də...] *die;* -, -n ⟨*lat.-galloroman.-fr.*⟩: (veraltet) junges Mädchen; Fräulein
De̱|m|ö|ko|lo|gie *die;* - ⟨*gr.-nlat.*⟩: Teilgebiet der ↑ Ökologie, auf dem die Umwelteinflüsse auf ganze ↑ Populationen (2) einer bestimmten Tier- u. Pflanzenwelt erforscht werden
De|mo|krat *der;* -en, -en ⟨*gr.-mlat.-fr.*⟩: 1. Vertreter demokratischer Grundsätze; Mensch mit demokratischer Gesinnung; jmd., der den Willen der Mehrheit respektiert. 2. Mitglied einer bestimmten, sich auch im Namen als demokratisch bezeichnenden Partei
De|mo|kra|ti̱e *die;* -, ...i̱en ⟨*gr.-mlat.;* „Volksherrschaft"⟩: 1. (ohne Plural) a) politisches Prinzip, nach dem das Volk durch freie Wahlen an der Machtausübung im Staat teilhat; b) Regierungssystem, in dem die vom Volk gewählten Vertreter die Herrschaft ausüben. 2. Staat mit demokratischer Verfassung, demokratisch regiertes Volkswesen. 3. (ohne Plural) Prinzip der freien u. gleichberechtigten Willensbildung u. Mitbestimmung in gesellschaftlichen Gruppen
De|mo|kra|tin *die;* -, -nen: weibliche Form zu ↑ Demokrat
de|mo|kra|tisch: 1. in der Art einer Demokratie (1), die Demokratie (1) betreffend, sich auf sie beziehend. 2. nach den Prinzipien der Demokratie (3) aufgebaut, verfahrend; nach Demokratie (3) strebend
de|mo|kra|ti|si̱e|ren: demokratische Prinzipien in einem bestimmten Bereich einführen u. anwenden. **De|mo|kra|ti|si̱e|rung** *die;* -, -en: das Demokratisieren
De|mo|kra|tis|mus *der;* - ⟨*gr.-nlat.*⟩: übertriebene Anwendung demokratischer Prinzipien
de|mo|li̱e|ren ⟨*lat.-fr.*⟩: 1. gewaltsam, mutwillig zerstören. 2. (österr.) abreißen
De|mo|li̱|ti|on *die;* -, -en: (veraltet) Zerstörung einer Festung

de|mo|ne|ti|si̱e|ren ⟨*lat.-fr.*⟩: einziehen, aus dem Umlauf ziehen (von Münzen). **De|mo|ne|ti|si̱e|rung** *die;* -, -en: Außerkurssetzung eines Zahlungsmittels (meist von Münzen)
de|mo|no̱|misch ⟨*gr.*⟩: die soziale Organisation in tierischen Gemeinschaften betreffend (z. B. die Kastenbildung im Insektenstaat)
De|mons|t|rant *der;* -en, -en ⟨*lat.*⟩: Teilnehmer an einer Demonstration (1). **De|mons|t|ran|tin** *die;* -, -nen: weibliche Form zu ↑ Demonstrant
De|mons|t|ra|ti̱|on *die;* -, -en ⟨*lat.(-engl.)*⟩: 1. Massenprotest, Massenkundgebung. 2. sichtbarer Ausdruck einer bestimmten Absicht; eindringliche, nachdrückliche Bekundung (für od. gegen etwas/jmdn.). 3. [wissenschaftliche] Vorführung (z. B. mit Lichtbildern) im Unterricht od. bei Veranstaltungen
de|mons|t|ra|ti̱v ⟨*lat.*⟩: 1. in auffallender, oft auch provozierender Weise seine Einstellung bekundend; betont auffallend, herausfordernd. 2. anschaulich, verdeutlichend, aufschlussreich. 3. (Sprachw.) hinweisend. **De|mons|t|ra|ti̱v** *das;* -s, -e: hinweisendes Fürwort; Demonstrativpronomen
De|mons|t|ra|ti̱v|ad|verb *das;* -s, -ien: demonstratives ↑ Pronominaladverb (z. B. da, dort)
De|mons|t|ra|ti̱v|pro|no|men *das;* -s, - u. ...mina: hinweisendes Fürwort (z. B. dieser, jener)
De|mons|t|ra|ti̱|vum *das;* -s, ...va: (veraltet) ↑ Demonstrativpronomen
De|mons|t|ra̱|tor *der;* -s, ...o̱ren: Beweisführer, Vorführer. **De|mons|t|ra|to̱|rin** *die;* -, -nen: weibliche Form zu ↑ Demonstrator
de|mons|t|ri̱e|ren: 1. an einer Demonstration (1) teilnehmen. 2. öffentlich zu erkennen geben. 3. in anschaulicher Form darlegen, vorführen
de|mon|ta̱|bel ⟨*lat.-fr.*⟩: zerlegbar, zum Wiederabbau geeignet
De|mon|ta̱|ge [...'ta:ʒə] *die;* -, -n ⟨*frz.*⟩: Abbau, Abbruch, Zerlegung; das Auseinandernehmen
de|mon|ti̱e|ren: abbauen, zerlegen; auseinander nehmen
De|mo|pho|bi̱e *die;* - ⟨*gr.-nlat.*⟩:

(Med., Psychol.) zwanghafte Angst vor Menschenansammlungen

De|mo|ra|li|sa|ti|on *die; -, -en* ⟨*lat.-fr.*⟩: 1. das Demoralisieren. 2. das Demoralisiertsein

de|mo|ra|li|sie|ren: a) jmds. Moral untergraben; einer Person od. Gruppe durch bestimmte Handlungen, Äußerungen o. Ä. die sittlichen Grundlagen für eine entsprechende Gesinnung, ein Verhalten nehmen; b) jmds. Kampfgeist untergraben, mutlos machen, entmutigen

de mor|tu|is nil/ni|hil ni|si be|ne ⟨*lat.*⟩: „von den Toten [soll man] nur gut [sprechen]"

De|mos *der; -, Demen* ⟨*gr.*⟩: 1. Gebiet u. Volksgemeinde eines altgriechischen Stadtstaates. 2. in Griechenland Bezeichnung für den kleinsten staatlichen Verwaltungsbezirk

De|mo|s|kop *der; -en, -en:* Meinungsforscher. **De|mo|s|ko|pie** *die; -, ...jen:* Meinungsumfrage, -forschung. **De|mo|s|ko|pin** *die; -, -nen:* weibliche Form zu ↑ Demoskop. **de|mo|s|ko|pisch:** a) durch Meinungsumfragen [ermittelt]; b) auf Meinungsumfragen bezogen

de|mo|tisch: volkstümlich; **demotische Schrift:** altägyptische volkstümliche Schrägschrift; vgl. hieratisch. **De|mo|tis|tik** *die; -* ⟨*gr.-nlat.*⟩: Wissenschaft von der demotischen Schrift

De|mo|ti|va|ti|on *die; -, -en* ⟨*lat.-mlat.-nlat.*⟩: 1. das Demotivieren. 2. das Demotiviertsein; Ggs. ↑ Motivation (3). **de|mo|ti|vie|ren:** jmds. Interesse an etwas schwächen; bewirken, dass jmds. Motivation, etwas zu tun, nachlässt, vergeht; Ggs. ↑ motivieren (2)

De|mul|ga|tor *der; -s, ...oren* ⟨*lat.-nlat.*⟩: Stoff, der eine ↑ Emulsion (1) entmischt. **de|mul|gie|ren:** eine ↑ Emulsion (1) entmischen

De|mul|zens *das; ...zentia u. ...zenzien* (meist Plural) ⟨*lat.*⟩: (Med.) reizlinderndes Mittel

De|nar *der; -s, -e* ⟨*lat.*⟩: a) altrömische Silbermünze; b) seit dem 7. Jh. n. Chr.) fränkische Silbermünze; Abk.: d

De|na|tu|ra|li|sa|ti|on *die; -, -en* ⟨*lat.-nlat.*⟩: Entlassung aus der bisherigen Staatsangehörigkeit.

de|na|tu|ra|li|sie|ren: aus der

bisherigen Staatsangehörigkeit entlassen, ausbürgern

de|na|tu|rie|ren ⟨*lat.-mlat.*⟩: 1. Stoffe durch Zusätze so verändern, dass sie ihre ursprünglichen Eigenschaften verlieren. 2. vergällen, ungenießbar machen. 3. Eiweißstoffe chemisch ↑ irreversibel verändern

de|na|zi|fi|zie|ren ⟨*lat.; nlat.*⟩: ↑ entnazifizieren

Den|d|rit [auch: ...'drɪt] *der; -en, -en* ⟨*gr.-nlat.*⟩: 1. (Geol.) moos-, strauch- od. baumförmige Eisen- u. Manganabsätze auf Gesteinsflächen. 2. (Med.) verästelter Protoplasmafortsatz (vgl. Protoplasma) einer Nervenzelle. **den|d|ri|tisch:** verzweigt, verästelt (von Nervenzellen)

Den|d|ro|bi|os *der; -:* Gesamtheit der auf Baumstämmen lebenden ↑ Organismen (1 b)

Den|d|ro|bi|um *das; -s* ⟨*nlat.*⟩: artenreiche Orchideengattung (Baumwucherer) in Südasien u. Polynesien

Den|d|ro|chro|no|lo|gie *die; -, ...jen:* Jahresringforschung; Verfahren zur Bestimmung des Alters vorgeschichtlicher Funde mithilfe der Jahresringe mitgefundener Holzreste

Den|d|ro|gramm *das; -[e]s, -e:* (Wirtsch.) Strukturdiagramm zur ↑ hierarchischen Darstellung von Elementmengen

Den|d|ro|lo|ge *der; -n, -n:* Wissenschaftler auf dem Gebiet der Dendrologie. **Den|d|ro|lo|gie** *die; -:* wissenschaftliche Baumkunde; Gehölzkunde. **Den|d|ro|lo|gin** *die; -, -nen:* weibliche Form zu ↑ Dendrologe. **den|d|ro|lo|gisch:** die Dendrologie betreffend

Den|d|ro|me|ter *das; -s, -:* Gerät zur Messung der Höhe u. Dicke stehender Bäume

De|ner|vie|rung *die; -, -en* ⟨*lat.-nlat.*⟩: (Med.) Ausschaltung der Verbindung zwischen Nerv und dazugehörigem Organ

Den|gue|fie|ber ['dɛŋgə...] *das; -s* ⟨*span.; lat.*⟩: schnell u. heftig verlaufende Infektionskrankheit in den Tropen u. Subtropen

¹De|ni|er [də'nje:, də...] *das; -[s], -* ⟨*lat.-fr.*⟩: (veraltet) Einheit für die Fadenstärke bei Seide u. Chemiefasern; Zeichen: den

²De|ni|er *der; -s, -s:* alte französische Gewichtseinheit

De|nim ℗ *der* od. *das; -[s]* ⟨Kunstw. aus *fr.* serge de Nîmes; „Serge aus Nîmes"): blauer Jeansstoff

de|ni|t|rie|ren ⟨*nlat.*⟩: (Chem.) ↑ Nitrogruppen aus einer Verbindung entfernen

De|ni|t|ri|fi|ka|ti|on *die; -:* das Freimachen von Stickstoff aus Salzen der Salpetersäure (z. B. im Kunstdünger) durch Bakterien. **de|ni|t|ri|fi|zie|ren:** eine Denitrifikation durchführen

De|no|bi|li|ta|ti|on *die; -, -en* ⟨*lat.-nlat.*⟩: Entzug des Adelsprädikats (der Bezeichnung des Adelsstandes). **de|no|bi|li|tie|ren:** jmdm. das Adelsprädikat entziehen

¹De|no|mi|na|ti|on *die; -, -en* ⟨*lat.*⟩: 1. a) Ernennung, Benennung; b) Ankündigung, Anzeige. 2. (Wirtsch.) Aktienabstempelung, Herabsetzung des Nennbetrags einer Aktie

²De|no|mi|na|ti|on *die; -, -en* ⟨*lat.-engl.*⟩: christliche Religionsgemeinschaft, Kirche od. Sekte (bes. in den USA)

De|no|mi|na|tiv *das; -s, -e* u. **De|no|mi|na|ti|vum** *das; -s, ...va:* Ableitung von einem Substantiv od. Adjektiv (vgl. Nomen; z. B. *tröstlich* von *Trost, bangen* von *bang*)

de|no|mi|nie|ren: ernennen, benennen

De|no|tat *das; -s, -e* ⟨*lat.*⟩: (Sprachw.) 1. vom Sprecher bezeichneter Gegenstand od. Sachverhalt in der außersprachlichen Wirklichkeit; Ggs. ↑ Konnotat (1). 2. begrifflicher Inhalt eines sprachlichen Zeichens im Gegensatz zu den emotionalen Nebenbedeutungen; Ggs. ↑ Konnotat (2)

De|no|ta|ti|on *die; -, -en:* 1. (Logik) Inhaltsangabe eines Begriffs. 2. a) die auf den mit dem Wort gemeinten Gegenstand hinweisende Bedeutung (z. B. von Mond „Erdtrabant, der durch das von ihm reflektierte Sonnenlicht oft die Nächte erhellt" im Gegensatz zur ↑ Konnotation 2 a); b) (Sprachw.) die formale Beziehung zwischen dem Zeichen (↑ Denotator) u. dem bezeichneten Gegenstand od. Sachverhalt in der außersprachlichen Wirklichkeit (↑ Denotat); Ggs. ↑ Konnotation (2 b)

de|no|ta|tiv: (Sprachw.) nur den begrifflichen Inhalt eines sprachlichen Zeichens betreffend, ohne Berücksichtigung von Nebenbedeutungen, die es als Begleiterscheinungen beim Sprecher od. Hörer wachruft; Ggs. ↑ konnotativ

De|no|ta|tor *der; -s, ...oren:* (Sprachw.) sprachliches Zeichen, das einen Gegenstand od. Sachverhalt in der außersprachlichen Wirklichkeit bezeichnet

Dens *der; -, Dentes* [ˈdɛnteːs] *⟨lat.⟩:* (Med.) Zahn

Den|si|me|ter *das; -s, - ⟨lat.; gr.⟩:* Gerät zur Messung des ↑ spezifischen (1) Gewichts (vorwiegend von Flüssigkeiten)

Den|si|tät *die; - ⟨lat.⟩:* 1. (Phys.) Dichte, Dichtigkeit. 2. Maß für den Schwärzegrad fotografischer Schichten

Den|si|to|me|ter *das; -s, - ⟨lat.; gr.⟩:* Schwärzungsmesser für fotografische Schichten. **Den|si|to|me|t|rie** *die; -:* (Phys.) Messung der Dichte von Stoffen

Den|so|graph, auch: ...graf *der; -en, -en:* ↑ Densitometer

Den|so|me|ter *das; -s, -:* ↑ Densitometer

Den|t|a|g|ra *das; -s:* ↑ Dentalgie

den|tal *⟨lat.-nlat.⟩:* 1. (Med.) die Zähne betreffend, zu ihnen gehörend. 2. (Sprachw.) mithilfe der Zähne gebildet (von Lauten). **Den|tal** *der; -s, -e:* Zahnlaut (z. B. d, t)

Den|t|al|gie *die; -, ...ien ⟨lat.; gr.⟩:* (Med.) Zahnschmerz

Den|tal|hy|gi|e|ni|ker *der; -s, -:* männliche Form zu ↑ Dentalhygienikerin. **Den|tal|hy|gi|e|ni|ke|rin** *die; -, -nen ⟨lat.; gr.-nlat.⟩:* Zahnarzthelferin für Prophylaxe, Mundhygiene u. Zahnästhetik

Den|t|al|lis *die; -, ...les [...le:s] ⟨lat.-nlat.⟩:* (veraltet) Dental

Den|ta|li|sie|rung *die; -, -en:* (Sprachw.) Verwandlung eines nicht dentalen Lautes in einen dentalen, meist unter Einfluss eines benachbarten Dentals

Den|tal|la|bor *das; -s, -s auch: -e ⟨lat.⟩:* Arbeitsstätte zur Anfertigung zahntechnischer Leistun-

gen (Kronen, Brücken, Implantate o. Ä.)

den|tel|lie|ren *[dãtə...] ⟨lat.-fr.⟩:* auszacken (von Spitzen)

Den|telles *[dãˈtɛl] die* (Plural): [geklöppelte] Spitzen

Den|tes: *Plural von* ↑ Dens

Den|ti|fi|ka|ti|on *die; - ⟨lat.-nlat.⟩:* (Med.) Zahnbildung

Den|ti|kel *der; -s, - ⟨lat.; „Zähnchen"⟩:* (Med.) kleine Neubildung aus Dentin im Zahninnern

Den|tin *das; -s ⟨lat.-nlat.⟩:* 1. (Med.) Zahnbein; knochenähnliche, harte Grundsubstanz des Zahnkörpers. 2. (Biol.) Hartsubstanz der Haischuppen

Den|tist *der; -en, -en:* frühere Berufsbezeichnung für einen Zahnheilkundigen ohne akademische Ausbildung. **Den|tis|tin** *die; -, -nen:* weibliche Form zu ↑ Dentist

Den|ti|ti|on *die; -, -en:* (Med.) Zahndurchbruch; das Zahnen

den|to|gen *⟨lat.; gr.⟩:* (Med.) von den Zähnen ausgehend

Den|to|lo|gie *die; -:* Zahnheilkunde

De|nu|da|ti|on *die; -, -en ⟨lat.; „Entblößung"⟩:* 1. (Geol.) flächenhafte Abtragung der Erdoberfläche durch Wasser, Wind u. a. 2. (Med.) Entblößung von einer natürlichen Hülle, bes. des Zahnhalses vom Zahnfleisch

de|nu|k|le|a|ri|sie|ren *⟨lat.-nlat.⟩:* von Atomwaffen befreien. **De|nu|k|le|a|ri|sie|rung** *die; -:* Abrüstung von Atomwaffen

De|nun|zi|ant *der; -en, -en ⟨lat.⟩:* jmd., der einen anderen denunziert. **De|nun|zi|an|tin** *die; -, -nen:* weibliche Form zu ↑ Denunziant

De|nun|zi|at *der; -en, -en:* (veraltet) Verklagter, Beschuldigter

De|nun|zi|a|ti|on *die; -, -en:* Anzeige durch einen Denunzianten

de|nun|zi|a|to|risch *⟨lat.-nlat.⟩:* 1. denunzierend, einer Denunziation gleichkommend. 2. brandmarkend, öffentlich verurteilend

de|nun|zie|ren *⟨lat.-engl.⟩:* a) (abwertend) [aus persönlichen, niedrigen Beweggründen] anzeigen; b) als negativ hinstellen, brandmarken, öffentlich verurteilen

Deo *das; -s, -s:* Kurzform von ↑ Deodorant. **De|o|do|rant** *das; -s, -s u. -e ⟨engl.⟩:* kosmetisches Mittel gegen Körpergeruch

De|o|do|rant|spray *der od. das; -s, -s:* ↑ Spray mit desodorierender Wirkung

de|o|do|rie|ren, de|o|do|ri|sie|ren: ↑ desodorieren

Deo gra|ti|as *⟨lat.⟩:* Gott sei Dank!

De|on|tik *die; - ⟨gr.⟩:* Lehre von der logischen Struktur normativ-ethischer Denkformen. **de|on|tisch:** die Deontik betreffend; **deontische Logik:** spezielle Form der ↑ Modallogik, die exakte sprachliche Grundlagen für den Aufbau einer systematischen ↑ Ethik (1 a) liefern soll

De|on|to|lo|gie *die; -:* Ethik als Pflichtenlehre

Deo op|ti|mo ma|xi|mo *⟨lat.; „Gott, dem Besten u. Größten"⟩:* Einleitung kirchlicher Weihinschriften; vgl. Iovi optimo maximo; Abk.: D. O. M.

De|o|spray *der od. das; -s, -s ⟨engl.⟩:* Kurzform von ↑ Deodorantspray

De|par|te|ment *[departəˈmã,* schweiz. auch: ...əˈmɛnt] *das; -s, -s u. (schweiz.) -e ⟨lat.-fr.⟩:* 1. Verwaltungsbezirk (in Frankreich). 2. (schweiz.) Ministerium (beim Bund und in einigen Kantonen der Schweiz). 3. (schweiz.) Abteilung, Geschäftsbereich

de|par|te|men|tal *[...mãˈta:l,* schweiz. auch: ...ˈmɛnta:l] ⟨fr.⟩:* ein Departement (1, 2) betreffend, dazu gehörend

De|part|ment *[diˈpɑ:tmənt] das; -s, -s ⟨lat.-fr.-engl.⟩:* Fachbereich (an amerikanischen u. britischen Universitäten)

De|par|ture *[diˈpɑːtʃə] die; - ⟨engl.⟩:* 1. Abflugstelle (Hinweisschilder auf Flughäfen). 2. Abflugzeit

De|pen|dance, schweiz. meist: **Dépendance** *[depãˈdãs] die; -, -s ⟨lat.-fr.⟩:* 1. Niederlassung, Zweigstelle. 2. Nebengebäude [eines Hotels]

de|pen|den|ti|ell vgl. dependenziell

De|pen|denz *die; -, -en ⟨lat.⟩:* (Philos., Sprachw.) Abhängigkeit

De|pen|denz|gram|ma|tik *die; -, -en:* (Sprachw.) Abhängigkeitsgrammatik; Forschungsrichtung der ↑ Linguistik, die die hinter der linearen Erscheinungsform der gesprochenen od. geschriebenen Sprache verborgenen strukturellen Beziehungen zwischen den einzelnen Elementen im Satz untersucht od. darstellt, vor allem die Abhängigkeit der Satzglieder vom Verb

de|pen|den|zi|ell, auch: dependentiell ⟨lat.-nlat.⟩: (Sprachw.) a) auf die Dependenzgrammatik bezüglich; b) nach der Methode der Dependenzgrammatik vorgehend

De|per|so|na|li|sa|ti|on die; -, -en ⟨lat.-nlat.⟩: Verlust des Persönlichkeitsgefühls (bei geistigseelischen Störungen)

De|pe|sche die; -, -n ⟨lat.-fr.⟩: (veraltet) Telegramm, Funknachricht. **de|pe|schie|ren**: (veraltet) telegrafieren

De|phleg|ma|ti|on die; -, -en ⟨(lat.; gr.-lat.) nlat.⟩: Rückflusskühlung bei der [Spiritus]destillation

De|phleg|ma|tor der; -s, ...oren: Apparat, der die Dephlegmation bewirkt

de|phleg|mie|ren: der Dephlegmation unterwerfen

de|pig|men|tie|ren ⟨lat.-nlat.⟩: [Haut]farbstoff entfernen. **De-pig|men|tie|rung** die; -,-en: Entfernung od. Verlust des [Haut]farbstoffes

De|pi|la|ti|on die; -, -en ⟨lat.-nlat.⟩: (Med.) Enthaarung

De|pi|la|to|ri|um das; -s, ...ien: (Med.) Enthaarungsmittel

de|pi|lie|ren ⟨lat.⟩: (Med.) enthaaren

De|place|ment [deplas'mã:] das; -s, -s ⟨fr.⟩: Wasserverdrängung eines Schiffes

de|pla|cie|ren [depla'si:rən, auch: ...a'tsi:...]: (veraltet) verrücken, verdrängen

de|pla|ciert [depla'si:ɐt]: (veraltet) ↑ deplatziert.

De|pla|cie|rung [...pla'si:...], die; -en: (veraltet) Verrückung, Verdrängung

de|plat|ziert: fehl am Platz, unangebracht

De|ple|ti|on die; -, -en ⟨lat.⟩: Entleerung körpereigener Stoffe

de|plo|ra|bel ⟨lat.-fr.⟩: beklagens-, bedauernswert

De|po|la|ri|sa|ti|on die; -, -en ⟨(lat.; gr.) nlat.⟩: (Phys.) Aufhebung der ↑ Polarisation in ↑ galvanischen Elementen

De|po|la|ri|sa|tor der; -s, ...oren: Sauerstoff od. Chlor abgebende Chemikalie, die in ↑ galvanischen Elementen den Wasserstoff bindet, durch den sich die positive Elektrode polarisiert

de|po|la|ri|sie|ren: eine Depolarisation vornehmen

De|po|ly|me|ri|sa|ti|on die; -, -en ⟨(lat.; gr.) nlat.⟩: Zerlegung von ↑ polymeren Stoffen

De|po|nat das; -[e]s, -e ⟨lat.⟩: etwas, was jmd. deponiert hat, was deponiert worden ist

De|po|nens das; -, ...nentia u. ...nenzien ⟨lat.⟩: lateinisches Verb mit passivischen Formen u. aktivischer Bedeutung

De|po|nent der; -en, -en: jmd., der etwas hinterlegt, in Verwahrung gibt. **De|po|nen|tin** die; -, -nen: weibliche Form zu ↑ Deponent

De|po|nie die; -, ...ien ⟨lat.-fr.⟩: Müllabladeplatz

de|po|nie|ren: niederlegen, hinterlegen, in Verwahrung geben.
De|po|nie|rung die; -, -en: Speicherung, Lagerung

De|po|pu|la|ti|on die; -, -en ⟨lat.⟩: (veraltet) Entvölkerung

De|port [auch: de'po:ɐ] der; -s, -es u. (bei dt. Ausspr.) -e ⟨lat.-fr.⟩: Kursabzug bei Termingeschäften; Ggs. ↑ Report (2)

De|por|ta|ti|on die; -, -en ⟨lat.⟩: Zwangsverschickung, Verschleppung, Verbannung (von Verbrechern, politischen Gegnern od. ganzen Volksgruppen). **de|por|tie|ren**: (Verbrecher, politische Gegner od. ganze Volksgruppen) zwangsweise verschicken, verschleppen, verbannen

De|po|si|tar ⟨lat.⟩ u. **De|po|si|tär** der; -s, -e ⟨lat.-fr.⟩: Verwahrer von Wertgegenständen, -papieren u. a.

De|po|si|ten: Plural von ↑ Depositum

De|po|si|ten|bank die; -, -en: Bank, die sich auf Depositenannahme, Gewährung von kurzfristigen Krediten u. Ä. beschränkt; Kreditbank

De|po|si|ti|on die; -, -en: 1. (Rechtsspr.) Hinterlegung. 2. (Rel.) Absetzung eines katholischen Geistlichen ohne Wiederverwendung im Kirchendienst. 3. (Rechtsspr.) [bei Gericht niedergelegte] Zeugenaussage

De|po|si|to|ri|um das; -s, ...ien: Aufbewahrungsort, Hinterlegungsstelle

De|po|si|tum das; -s, ...siten: 1. etwas, was hinterlegt, in Verwahrung gegeben worden ist. 2. (Plural) Gelder, die als kurzod. mittelfristige Geldanlage bei einem Kreditinstitut gegen Verzinsung eingelegt u. nicht auf einem Spar- od. Kontokorrentkonto verbucht werden

de|pos|se|die|ren ⟨lat.-fr.⟩: (veraltet) enteignen, entrechten, entthronen

De|pot [de'po:] das; -s, -s ⟨lat.-fr.⟩: 1. a) Aufbewahrungsort für Sachen; b) Abteilung einer Bank, in der Wertsachen und -schriften verwahrt werden; c) aufbewahrte Gegenstände. 2. (Gastr.) Bodensatz in Getränken, bes. im Rotwein. 3. (Med.) Ablagerung. 4. ↑ Depotbehandlung. 5. Sammelstelle für Omnibusse od. Schienenfahrzeuge

De|pot|be|hand|lung die; -, -en: Einspritzung von Medikamenten in schwer löslicher Form zur Erzielung länger anhaltender Wirkung

de|po|ten|zie|ren ⟨lat.-nlat.⟩: des eigenen Wertes, der eigenen Kraft, ↑ Potenz berauben

De|pot|fund [de'po:...] der; -[e]s, -e ⟨lat.-fr.; dt.⟩: archäologischer Sammelfund aus vorgeschichtlicher Zeit (bei Ausgrabungen)

De|pot|prä|pa|rat das; -[e]s, -e: Arzneimittel in schwer löslicher Form, das im Körper langsam abgebaut wird u. dadurch anhaltend wirksam bleibt

De|pot|wech|sel der; -s, -: als Sicherung für einen Bankkredit hinterlegter Wechsel

De|p|ra|va|ti|on die; -, -en ⟨lat.⟩: 1. Wertminderung, bes. im Münzwesen. 2. (Med.) Verschlechterung eines Krankheitszustands. 3. Entartung

de|p|ra|vie|ren: 1. etwas im Wert herabsetzen, bes. von Münzen. 2. verderben

De|pre|ka|ti|on die; -, -en ⟨lat.⟩: (veraltet) Abbitte; vgl. deprezieren

De|pres|si|on die; -, -en ⟨lat.⟩: 1. Niedergeschlagenheit, traurige Stimmung. 2. (Med.) Ein-

senkung, Einstülpung, Vertiefung (z. B. im Knochen).
3. (Wirtsch.) Niedergangsphase im Konjunkturverlauf.
4. (Geogr.) Landsenke; Festlandgebiet, dessen Oberfläche unter dem Meeresspiegel liegt.
5. (Meteor.) Tief, Tiefdruckgebiet. 6. (Astron.) a) negative Höhe eines Gestirns, das unter dem Horizont steht; b) Winkel zwischen der Linie Auge–Horizont u. der waagerechten Linie, die durch das Auge des Beobachters verläuft. 7. (Phys.) vorübergehendes Herabsetzen des Nullpunktes [eines Thermometers] durch Überhöhung der Temperatur u. unmittelbar folgende Abkühlung auf 0°.
8. (Bergbau) Unterdruck, der durch das Saugen der Ventilatoren bei der Zufuhr von Frischluft im Bergwerk entsteht.

de|pres|siv: 1. traurig, niedergeschlagen, seelisch gedrückt. 2. (Wirtsch.) durch einen Konjunkturrückgang bestimmt. **De|pres|si|vi|tät** die; -: Zustand der Niedergeschlagenheit

De|pre|ti|a|ti|on die; -, -en ⟨lat.-nlat.⟩: (veraltet) 1. Entwertung. 2. Herabsetzung

de|pre|ti|a|tiv: abschätzig, pejorativ

de|pre|ti|ie|ren ⟨lat.⟩: (veraltet) 1. unterschätzen. 2. entwerten. 3. (im Preis) herabsetzen

de|pre|zie|ren ⟨lat.⟩: (veraltet) Abbitte leisten; vgl. Deprekation

de|pri|mie|ren ⟨lat.-fr.⟩: niederdrücken, entmutigen. **de|pri|miert:** entmutigt, niedergeschlagen, gedrückt; schwermütig

De|pri|va|ti|on die; -, -en ⟨lat.-nlat.; „Beraubung"⟩: 1. (Psychol.) Mangel, Verlust, Entzug von etwas Erwünschtem (z. B. fehlende Zuwendung der Mutter, Liebesentzug u. Ä. 2. Absetzung eines katholischen Geistlichen

De|pri|va|ti|ons|syn|drom das; -s, -e: körperlich-seelischer Entwicklungsrückstand bei Kindern (bes. in Heimen), die die Mutter od. eine andere Bezugsperson entbehren müssen (↑ Hospitalismus)

de|pri|vie|ren: die Mutter od. eine andere Bezugsperson entbehren lassen

De Pro|fun|dis das; - ⟨lat.; „Aus der Tiefe (rufe ich, Herr, zu dir)"⟩: Anfangsworte u. Bezeichnung des 130. (129.) Psalms nach der ↑ Vulgata (1)

De|pu|rans das; -, ...antia u. ...anzien (meist Plural) ⟨lat.-nlat.⟩: (Med.) Abführmittel

De|pu|tant der; -en, -en ⟨lat.⟩: jmd., der auf ein Deputat Anspruch hat. **De|pu|tan|tin** die; -, -nen: weibliche Form zu ↑ Deputant

De|pu|tat das; -[e]s, -e: 1. zum Gehalt od. Lohn gehörende Sachleistungen. 2. Anzahl der Pflichtstunden, die eine Lehrkraft zu geben hat

De|pu|ta|ti|on die; -, -en: Abordnung, die im Auftrag einer Versammlung einer politischen Körperschaft Wünsche od. Forderungen überbringt

de|pu|tie|ren ⟨lat.-fr.⟩: einen Bevollmächtigten od. eine Gruppe von Bevollmächtigten abordnen. **De|pu|tier|te** der u. die; -n, -n: 1. Mitglied einer Deputation. 2. Abgeordnete[r] (z. B. in Frankreich)

De|qua|li|fi|zie|rung die; -, -en ⟨lat.-mlat.⟩: verminderte Nutzung, Entwertung vorhandener beruflicher Fähigkeiten im Zuge von Rationalisierungs- u. Automatisierungsmaßnahmen in der Wirtschaft

De|ran|ge|ment [derãʒəˈmãː] das; -s, -s ⟨fr.⟩: Störung, Verwirrung, Zerrüttung

de|ran|gie|ren [...ˈʒi:...]: (veraltet) stören, verwirren. **de|ran|giert:** völlig in Unordnung, zerzaust

Der|by [ˈdɛrbi] das; -[s], -s ⟨engl.; nach dem Begründer, dem 12. Earl of Derby⟩: 1. alljährliche Zuchtprüfung für die besten dreijährigen Vollblutpferde in Form von Pferderennen. 2. bedeutendes sportliches Spiel von besonderem Interesse (z. B. Lokalderby)

De|re|a|li|sa|ti|on die; -, -en ⟨lat.-amerik.⟩: (Psychol.) der Wirklichkeit nicht entsprechende subjektive Ausdeutung u. nachträgliche Rechtfertigung des eigenen Verhaltens

de|re|gu|lie|ren ⟨lat.-nlat.⟩: regelnde Maßnahmen aufheben. **De|re|gu|lie|rung** die; -, -en: das Deregulieren

de|re|i|e|rend ⟨nlat.⟩ u. **de|re|is-**

tisch ⟨nlat.-engl.⟩: die Erkenntnis durch unreflektierte Emotionen beeinflussend

De|re|lik|ti|on die; -, -en ⟨lat.⟩: (Rechtsw.) Besitzaufgabe

de|re|lin|quie|ren: Eigentumsrechte aufgeben

de ri|gueur [də riˈgøːɐ̯] ⟨lat.-fr.⟩: (veraltet) unerlässlich, streng

De|ri|vans das; -, ...antia u. ...anzien (meist Plural) ⟨lat.⟩: (Med.) ableitendes Mittel; Hautreizmittel; Mittel, das eine bessere Durchblutung von Organen bewirkt

De|ri|vat das; -[e]s, -e: 1. (Sprachw.) abgeleitetes Wort (z. B. Schönheit von schön). 2. (Biol.) Organ, das sich auf ein anderes, entwicklungsgeschichtlich älteres Organ zurückführen lässt (z. B. die Haut als Derivat des äußeren Keimblattes). 3. (Chem.) Verbindung, die aus einer anderen entstanden ist. 4. finanzwirtschaftliche Vertragsform, die auf den künftigen Kauf od. Verkauf bzw. über Rechte zum künftigen Kauf od. Verkauf traditioneller Finanzinstrumente abzielt (z. B. Optionen, Swaps, Futures); Derivativ (2)

De|ri|va|ti|on die; -, -en: 1. (Sprachw.) Bildung neuer Wörter aus einem Ursprungswort; Ableitung. 2. seitliche Abweichung eines Geschosses von der Visierlinie

De|ri|va|ti|ons|rech|nung die; -: (veraltet) ↑ Differenzialrechnung

De|ri|va|ti|ons|win|kel der; -s, -: 1. (Schifffahrt) Winkel der Kiellinie eines drehenden Schiffes mit der an den Drehkreis gelegten Tangente. 2. (Artillerie) Winkel zwischen Seelenachse (d. i. eine gedachte Längsachse im Hohlraum eines Gewehrlaufs od. Geschützes) u. Visierlinie

de|ri|va|tiv: (Sprachw.) durch Ableitung entstanden. **De|ri|va|tiv** das; -s, -e: 1. (Sprachw.) abgeleitetes Wort, Ableitung (z. B. täglich von Tag). 2. ↑ Derivat (4).
De|ri|va|ti|vum das; -s, ...va: (veraltet) Derivativ (1)

De|ri|va|tor der; -s, ...oren ⟨lat.-nlat.⟩: (Math.) Gerät zur Bestimmung der Tangente od. zum Zeichnen der Differenzialkurven einer gezeichnet vorliegenden Kurve

de|ri|vie|ren ⟨*lat.*⟩: 1. von der Visierlinie abweichen (von Geschossen); vgl. Derivation (2). 2. [ein Wort] ableiten (z. B. *Verzeihung* von *verzeihen*)

De|ri|vier|te *die;* -n, -n: (Math.) mithilfe der Differenzialrechnung abgeleitete Funktion einer Funktion

derm..., **Derm...** vgl. dermato..., Dermato...

Der|ma *das;* -s, -ta ⟨*gr.*⟩: (Med.) Haut. **der|mal** u. dermatisch ⟨*gr.-nlat.*⟩: (Med.) die Haut betreffend, von ihr stammend, an ihr gelegen

Der|m|al|gie *die;* -, ...ien: (Med.) Hautnervenschmerz

der|mat..., **Der|mat...** vgl. dermato..., Dermato...

Der|ma|ti|kum *das;* -s, ...ka: (Med.) Medikament zur Behandlung der Haut

der|ma|tisch: ↑ dermal

Der|ma|ti|tis *die;* -, ...itiden: (Med.) Hautentzündung

---

der|ma|to..., **Der|ma|to...**

vor Vokalen meist dermat..., Dermat..., verkürzt dermo..., Dermo... od. derm..., Derm... ⟨*gr.* dérma, Gen. dérmatos „Haut"⟩ Wortbildungselement mit der Bedeutung „Haut":
– Dermalgie
– dermatologisch
– Dermatoplastik
– Dermatopsie
– dermotrop

...dermie

die; -, ...ien (teilweise ohne Plural)
⟨zu *gr.* dérma „Haut"⟩ Wortbildungselement mit der Bedeutung „Veränderung, Krankheit der Haut":
– Erythrodermie
– Taxidermie
– Xerodermie

Der|ma|to|gen *das;* -s: (Bot.) Zellschicht, die den ↑ Vegetationskegel der Pflanzen überzieht

Der|ma|to|lo|ge *der;* -n, -n: Hautarzt. **Der|ma|to|lo|gie** *die;* -: Lehre von den Hautkrankheiten. **Der|ma|to|lo|gin** *die;* -, -nen: weibliche Form zu ↑ Der-

matologe. **der|ma|to|lo|gisch:** die Dermatologie betreffend

Der|ma|to|ly|sis *die;* -: (Med.) angeborene Schlaffheit der Haut

Der|ma|tom *das;* -s, -e: 1. (Med.) Hautgeschwulst. 2. (Med.) Hautsegment; vgl. Segment (2). 3. chirurgisches Instrument zur Ablösung von Hautlappen für Transplantationszwecke

Der|ma|to|my|ko|se *die;* -, -n: (Med.) Pilzflechte der Haut

Der|ma|to|my|om *das;* -s, -e: (Med.) gutartige Hautgeschwulst

Der|ma|to|phy|ton *der;* -s, ...ten: (Med.) Haut- u. Haarpilz

Der|ma|to|plas|tik *die;* -, -en: (Med.) Ersatz von kranker od. verletzter Haut durch Hauttransplantation

Der|ma|t|op|sie *die;* -: (Zool.) Lichtempfindlichkeit der Haut. **der|ma|t|op|tisch:** die Dermatopsie betreffend

Der|ma|to|se *die;* -, -n: (Med.) Hautkrankheit

Der|ma|to|zo|on *das;* -s, ...zoen: (Med.) tierischer Hautschmarotzer, der Hautkrankheiten hervorrufen kann

Der|ma|to|zo|o|no|se *die;* -, -n: (Med.) durch Dermatozoen verursachte Hautkrankheit

...der|mie s. Kasten dermato..., Dermato...

der|mo..., **Der|mo...** vgl. dermato..., Dermato...

Der|mo|graph, auch: ...graf *der;* -en, -en: (Med.) Fettstift zur Markierungen auf der Haut. **Der|mo|gra|phie**, auch: ...grafie *die;* -, ...ien ⟨*gr.;* „Hautschrift"⟩: (Med.) Streifen- od. Striemenbildung auf mechanisch gereizten Hautstellen. **Der|mo|gra|phis|mus**, auch: ...grafismus *der;* -, ...men: ↑ Dermographie

Der|mo|id *das;* -s, -e: (Med.) hautartige Fehlbildung an Schleimhäuten

Der|mo|id|zys|te *die;* -, -n: (Med.) weiche, von Epidermis ausgekleidete Zyste, die Talg, Keratin u. auch Haare enthalten kann

Der|mo|plas|tik *die;* -, -en: 1. ↑ Dermatoplastik. 2. Präparationsverfahren zur möglichst naturgetreuen Darstellung von Wirbeltieren

der|mo|trop: (Med.) die Haut beeinflussend, auf sie wirkend, auf sie gerichtet

Der|ni|er Cri [dɛr'nje: 'kri:] *der;* - -, - -s -s […je'kri] ⟨*fr.;* „letzter Schrei"⟩: allerletzte Neuheit, neueste Mode

De|ro|ga|ti|on *die;* -, -en ⟨*lat.*⟩: Teilaufhebung, teilweise Außerkraftsetzung [eines Gesetzes]

de|ro|ga|tiv u. **de|ro|ga|to|risch:** aufhebend, beschränkend

de|ro|gie|ren: teilweise außer Kraft setzen

De|rou|te [de'ru:t(ə)] *die;* -, -n […tn] ⟨*lat.-fr.*⟩: 1. Kurs-, Preissturz. 2. (veraltet) wilde Flucht einer Truppe

de|rou|tie|ren: (Wirtsch.) Preisverfall bewirken

Der|rick|kran *der;* -[e]s, ...kräne, fachspr.: -e ⟨nach einem engl. Henker des 17. Jh.s namens Derrick⟩: Montagekran für Hoch- u. Tiefbau

Der|ris *die;* - ⟨*gr.*⟩: in Afrika u. Asien beheimateter Schmetterlingsblütler, dessen Wurzeln zur Herstellung von Schädlingsbekämpfungsmitteln dienen

De|ru|ta|wa|re *die;* -, -n ⟨nach der ital. Stadt Deruta in der Provinz Perugia⟩: Tonware des 16. Jh.s

Der|wisch *der;* -[e]s, -e ⟨*pers.-türk.;* „Bettler"⟩: Mitglied eines islamischen religiösen Ordens, zu dessen Riten Musik u. rhythmische Tänze gehören

des|ak|ti|vie|ren ⟨*lat.*⟩: (Chem.) in einen nicht aktiven (vgl. aktiv 5) Zustand versetzen

de|s|a|mi|nie|ren ⟨Kunstw.⟩: (Chem.) eine Aminogruppe aus organischen Verbindungen abspalten

Des|an|ne|xi|on *der;* -, -en ⟨*lat.-fr.*⟩: das Rückgängigmachen einer ↑ Annexion (französisches Schlagwort im 1. Weltkrieg in Bezug auf Elsass-Lothringen)

des|ar|mie|ren ⟨*lat.-fr.*⟩: 1. (veraltet) entwaffnen. 2. (Fechtsport) dem Gegner die Klinge aus der Hand schlagen

De|sas|ter *das;* -s, - ⟨*it.-fr.;* „Unstern"⟩: Missgeschick, Unheil; Zusammenbruch

de|sas|t|rös: von einem ↑ Desaster geprägt; verhängnisvoll; verheerend

de|s|a|vou|ie|ren [dɛsavu'i:rən, deza...] ⟨*lat.-fr.*⟩: 1. im Stich lassen, bloßstellen. 2. nicht anerkennen, verleugnen, in Abrede stellen. De|s|a|vou|ie|rung *die; -, -en:* Bloßstellung, Brüskierung

Des|cort [dɛˈkoːɐ̯] *das; -, -s* ⟨*lat.-fr.*⟩: altfranzösisch-provenzalische Gedichtgattung mit ungleichen Strophen

De|se|gre|ga|ti|on *die; -, -en* ⟨*fr.*⟩: Aufhebung der Rassentrennung

Des|en|ga|ge|ment [dezãgaʒəˈmãː] *das; -s, -s* ⟨*fr.*⟩: ↑ Disengagement

De|sen|si|bi|li|sa|ti|on u. Desensibilisierung *die; -, -en* ⟨*lat.-nlat.*⟩: 1. Verringerung der Lichtempfindlichkeit von belichteten fotografischen Schichten mithilfe von Desensibilisatoren. 2. (Med.) Schwächung od. Aufhebung der allergischen Reaktionsbereitschaft eines Organismus durch stufenweise gesteigerte Zufuhr des anfallauslösenden Allergens; vgl. Allergen

De|sen|si|bi|li|sa|tor *der; -s, ...oren:* Farbstoff, der Filme ↑ desensibilisiert (2)

de|sen|si|bi|li|sie|ren: 1. (Med.) unempfindlich machen. 2. (Fotogr.) Filme mithilfe von ↑ Desensibilisatoren weniger lichtempfindlich machen. **De|sen|si|bi|li|sie|rung** *die; -, -en:* ↑ Desensibilisation

De|ser|teur [dezɛrˈtøːɐ̯] *der; -s, -e* ⟨*lat.-fr.*⟩: Fahnenflüchtiger, Überläufer. **De|ser|teu|rin** [...ˈtøː:rin] *die; -, -nen:* weibliche Form zu ↑ Deserteur. **de|ser|tie|ren:** fahnenflüchtig werden; zur Gegenseite überlaufen

De|ser|ti|fi|ka|ti|on *die; -, -en* ⟨*lat.-nlat.*⟩: Vordringen der Wüste in bisher noch von Menschen genutzte Räume aufgrund einer zu starken Nutzung der Wüstenrandgebiete durch den Menschen

De|ser|ti|on *die; -, -en* ⟨*lat.-fr.*⟩: Fahnenflucht

Dés|ha|bil|lé [dezabiˈjeː] *das; -[s], -s* ⟨*lat.-fr.*⟩: (bes. im 18. Jh.) elegantes Haus- u. Morgenkleid

de|si|de|ra|bel ⟨*lat.*⟩: wünschenswert

de|si|de|rat ⟨*lat.; „erwünscht"*⟩: eine Lücke füllend, einem Mangel abhelfend; dringend nötig.

De|si|de|rat *das; -[e]s, -e u.* Desideratum *das; -s, ...ta* ⟨„Gewünschtes"⟩: 1. vermisstes u. zur Anschaffung in Bibliotheken vorgeschlagenes Buch. 2. et-

was, was fehlt, was nötig gebraucht wird; Erwünschtes

De|si|de|ra|ti|vum *das; -s, ...va:* Verb, das einen Wunsch ausdrückt (z. B. *lat.* scripturio „ich will gern schreiben")

De|si|de|ra|tum *das; -s, ...ta:* ↑ Desiderat

De|si|de|ri|um *das; -s, ...ien u. ...ia:* 1. Wunsch, Forderung, Verlangen. 2. (meist Plural) Desiderat (1)

De|sign [diˈzain] *das; -s, -s* ⟨*lat.-fr.-engl.*⟩: formgerechte u. funktionale Gestaltgebung u. die so erzielte Form eines Gebrauchsgegenstandes; Entwurf[szeichnung]

De|sig|nat *das; -[e]s, -e* ⟨*lat.*⟩: (Sprachw., Logik) das durch eine Bezeichnung (einen bezeichnenden Ausdruck, einen ↑ Designator, einen ↑ Signifikanten) Bezeichnete (das seinerseits [sprachlicher] Inhalt, Klasse od. Gegenstand ist)

De|sig|na|ti|on *die; -, -en* ⟨*lat.*⟩: 1. Bestimmung, Bezeichnung. 2. vorläufige Ernennung

De|sig|na|tor *der; -s, ...oren:* (Sprachw., Logik) Bezeichnung, bezeichnender Ausdruck für ein Bezeichnetes (↑ Designat, ↑ Signifikat)

de|sig|na|tus: im Voraus ernannt, vorgesehen; Abk.: des.

de|sig|nen [diˈzainən] ⟨*lat.-fr.-engl.*⟩: das Design von Gebrauchs- und Verbrauchsgütern entwerfen, gestalten

De|sig|ner [diˈzainɐ] *der; -s, -:* Formgestalter für Gebrauchsu. Verbrauchsgüter

De|sig|ner|dro|ge *die; -, -n:* [in Abwandlung einer bekannten Droge] synthetisch hergestelltes, neuartiges Rauschmittel

De|sig|ner|food [...fuːd] *das; -[s]:* 1. ↑ Novelfood. 2. für bestimmte Konsumenten speziell entwickeltes [neues] Nahrungsmittel

De|sig|ne|rin [diˈzainɐ...] *die; -, -nen:* weibliche Form zu ↑ Designer

De|sig|ner|mo|de *die:* von Modedesignern entworfene Kleidung

de|sig|nie|ren ⟨*lat.*⟩: bestimmen, bezeichnen; für ein [noch nicht besetztes] Amt vorsehen

de|signt [diˈzaint] ⟨*lat.-fr.-engl.*⟩: entworfen, gestaltet (von Gebrauchsgütern)

Des|il|lu|si|on *die; -, -en* ⟨*lat.-fr.*⟩:

1. (ohne Plural) Enttäuschung, Ernüchterung. 2. enttäuschendes Erlebnis; Erfahrung, die eine Hoffnung zerstört. **des|il|lu|si|o|nie|ren:** enttäuschen, ernüchtern

Des|il|lu|si|o|nis|mus *der; -* ⟨*lat.-fr.-nlat.*⟩: Hang zu illusionsloser, schonungslos nüchterner Betrachtung der Wirklichkeit

Des|in|fek|ti|on *die; -, -en* ⟨*nlat.*⟩: 1. Abtötung von Erregern ansteckender Krankheiten durch physikalische od. chemische Verfahren bzw. Mittel. 2. (ohne Plural) Zustand, in dem sich etwas nach dem Desinfizieren befindet

Des|in|fek|tor *der; -s, ...oren:* 1. Fachmann für Desinfektionen. 2. Gerät zur Desinfizierung von Kleidungsstücken u. Ä. **Des|in|fek|to|rin** *die; -, -nen:* weibliche Form zu ↑ Desinfektor (1)

des|in|fi|zie|ren: von Krankheitserregern befreien, entkeimen, entseuchen. **Des|in|fi|zie|rung** *die; -, -en:* ↑ Desinfektion (1); vgl. ...ation/...ierung

Des|in|for|ma|ti|on *die; -, -en* ⟨*nlat.*⟩: bewusst falsche Information

Des|in|te|g|ra|ti|on *die; -, -en* ⟨*nlat.*⟩: (Pol., Soziol.) 1. Spaltung, Auflösung eines Ganzen in seine Teile; Ggs. ↑ Integration (2). 2. (ohne Plural) Zustand, in dem sich etwas nach der Auflösung o. Ä. befindet; Ggs. ↑ Integration (3); vgl. ...ation/...ierung

Des|in|te|g|ra|tor *der; -s, ...oren:* Maschine, die nicht faserige Materialien zerkleinert

des|in|te|g|rie|rend: nicht unbedingt notwendig, nicht wesentlich. **Des|in|te|g|rie|rung** *die; -, -en:* ↑ Desintegration (1); Ggs. ↑ Integrierung; vgl. ...ation/...ierung

Des|in|te|r|es|se *das; -s* ⟨*lat.-fr.*⟩: Unbeteiligtsein, innere Unbeteiligtheit, Gleichgültigkeit gegenüber jmdm./etwas; Ggs. ↑ Interesse (1)

des|in|te|r|es|siert: an etwas nicht interessiert; uninteressiert; Ggs. ↑ interessiert

Des|in|ves|ti|ti|on *die; -, -e* ⟨*lat.-nlat.*⟩: Verringerung des Bestandes an Gütern für späteren

Bedarf; ↑ Devestition; Ggs. ↑ Investition (2)

Des|in|vol|ture [dezɛˈvɔlˈtyːɐ̯] *die; -* ⟨*lat.-fr.*⟩: ungezwungene Haltung, Ungeniertheit [im Stil]

de|sis|tie|ren ⟨*lat.*⟩: (veraltet) von etwas absehen; Ggs. ↑ insistieren

Des|ja|ti|ne *die; -, -n* ⟨*russ.*⟩: alte russische Flächeneinheit (entspricht ungefähr einem Hektar)

Desk|re|search [ˈdɛskrɪsəːtʃ] *das; -[s], -s* ⟨*engl.*⟩: „Schreibtischforschung“; Auswertung statistischen Materials zum Zweck der Markt- u. Meinungsforschung; Ggs. ↑ Fieldresearch

de|s|k|ri|bie|ren ⟨*lat.*⟩: beschreiben

De|s|k|rip|ti|on *die; -, -en*: Beschreibung

de|s|k|rip|tiv: beschreibend; Ggs. ↑ präskriptiv

De|s|k|rip|ti|vis|mus *der; -*: Richtung der modernen Sprachwissenschaft, die nicht von abstrakten Theorien, sondern beschreibend von der konkreten Sprache ausgeht. **de|s|k|rip|ti|vis|tisch**: nach Art, nach der Methode des Deskriptivismus

De|s|k|rip|tor *der; -s, ...oren*: Kenn- od. Schlüsselwort, durch das der Inhalt einer Information charakterisiert wird u. das zur Bestimmung von ↑ Daten im Speicher eines ↑ Computers dient

Desk|top *der; -s, -s* ⟨*engl.*⟩: engl. Bez. für: Schreibtischplatte

Desk|top|pu|b|li|shing, auch: **Desk|top-Pu|b|li|shing** [...ˈpʌblɪʃɪŋ] *das; - -[s]* ⟨*engl.*⟩: das Erstellen von Satz u. Layout eines Textes am Schreibtisch mithilfe der Datenverarbeitung; Abk.: DTP

Des|min *der; -s, -e* ⟨*gr.-nlat.*⟩: meist weißes, auch gelblich rötliches Mineral aus der Gruppe der ↑ Zeolithe

Des|mi|tis *die; -, ...itiden*: (Med.) Sehnen- od. Bänderentzündung

Des|mo|dont *das; -s*: (Med.) Wurzelhaut [des Zahnes]

Des|mo|id *das; -s, -e*: (Med.) harte Bindegewebsgeschwulst

Des|mo|la|se *die; -, -n*: (Chem.) veraltete Bez. für ein Enzym, das die Bindung zwischen zwei Kohlenstoffatomen einer C-Kette aufspaltet

Des|mo|lo|gie *die; -*: (Psychoana-

lyse) Lehre von der Bedeutung der Antriebshemmung für die Entstehung neurotischer Fehlverhaltens

De|so|do|rant *das; -s, -s* (auch: -e): ↑ Deodorant

de|s|o|do|rie|ren: schlechten, unangenehmen [Körper]geruch beseitigen od. überdecken. **De|s|o|do|rie|rung** *die; -, -en*: Beseitigung, Milderung, Überdeckung unangenehmen [Körper]geruchs

de|s|o|do|ri|sie|ren: ↑ desodorieren. **De|s|o|do|ri|sie|rung** *die; -, -en*: ↑ Desodorierung

de|so|llat ⟨*lat.*⟩: 1. trostlos, traurig (in Bezug auf einen Zustand, in dem sich etwas befindet). 2. vereinsamt

De|s|or|dre [deˈzɔrdr] *der; -s, -s* ⟨*lat.-fr.*⟩: Unordnung, Verwirrung

Des|or|ga|ni|sa|ti|on *die; -, -en* ⟨*fr.*⟩: 1. Auflösung, Zerrüttung. 2. fehlende, mangelhafte Planung, Unordnung; vgl. ...ation/ ...ierung. **des|or|ga|ni|sie|ren**: etwas zerstören, zerrütten, auflösen. **Des|or|ga|ni|sie|rung** *die; -, -en*: ↑ Desorganisation; vgl. ...ation/...ierung

des|o|ri|en|tiert ⟨*fr.*⟩: nicht od. falsch unterrichtet, nicht im Bilde. **Des|o|ri|en|tie|rung** *die; -*: 1. falsche u. mangelhafte Unterrichtung; Verwirrung. 2. (Med.) Störung des normalen Zeit- u. Raumempfindens

Des|or|na|men|ta|do|stil *der; -[e]s* ⟨*lat.-span.; lat.*⟩: (Archit.) spanischer Baustil der Renaissance von geometrischer Strenge

De|sorp|ti|on *die; -, -en* ⟨*lat.-nlat.*⟩: 1. (Phys.) das Austreiben eines ↑ adsorbierten od. ↑ absorbierten Stoffes. 2. (Chem.) das Entweichen ↑ adsorbierter Gase

Des|o|xi|da|ti|on, auch: Desoxydation *die; -, -en* ⟨*nlat.*⟩: Entzug von Sauerstoff aus einer chemischen Verbindung; vgl. Oxidation (1). **des|o|xi|die|ren**, auch: desoxydieren: einer chemischen Verbindung Sauerstoff entziehen; vgl. oxidieren

De|s|o|xy|ri|bo|nu|k|le|in|säu|re *die; -*: (Biochem.) in allen Lebewesen vorhandene Nukleinsäure, die als Träger der Erbinformation die stoffliche Substanz der Gene darstellt; Abk.: DNA, DNS

Des|o|xy|ri|bo|se *die; -*: in der ↑ Desoxyribonukleinsäure enthaltener Zucker

de|s|pek|tie|ren ⟨*lat.*⟩: jmdn. gering schätzen, verachten. **de|s|pek|tier|lich**: geringschätzig, abschätzig, abfällig

De|s|pe|ra|do *der; -s, -s* ⟨*lat.-span.-engl.*; „Verzweifelter“⟩: 1. ein zu jeder Verzweiflungstat entschlossener politischer Abenteurer. 2. Bandit (bes. im Wilden Westen Amerikas)

de|s|pe|rat ⟨*lat.*⟩: verzweifelt, hoffnungslos. **De|s|pe|ra|ti|on** *die; -, -en*: Verzweiflung

Des|pot *der; -en, -en* ⟨*gr.*⟩: 1. Gewaltherrscher. 2. herrischer Mensch, Tyrann

Des|po|tie *die; -, ...ien*: Gewalt-, Willkürherrschaft

Des|po|tin *die; -, -nen*: weibliche Form zu ↑ Despot

des|po|tisch: 1. rücksichtslos, herrisch. 2. willkürlich, tyrannisch. **Des|po|tie|ren**: jmdn. gewalttätig behandeln, willkürlich vorgehen gegen jmdn.

Des|po|tis|mus *der; -* ⟨*gr.*⟩: System der Gewaltherrschaft

Des|qua|ma|ti|on *die; -, -en* ⟨*lat.-nlat.*; „Abschuppung“⟩: a) (Geol.) schuppen- od. schalenförmiges Abspringen von Teilchen des Gesteinsoberfläche. bes. bei Massengesteinen wie Granit; b) (Med., Biol.) Abstoßung von abgestorbenen, verhornten Hautschichten bei Säugetieren u. beim Menschen; c) (Med.) Abstoßung der Gebärmutterschleimhaut bei der ↑ Menstruation

Des|sert [dɛˈsɛːɐ̯, deˈsɛːɐ̯, auch: deˈsɛrt] *das; -s, -s* ⟨*lat.-fr.*⟩: Nachtisch, Nachspeise

Des|sert|wein *der; -[e]s, -e*: Wein mit hohem Alkohol-u. Zuckergehalt; Süßwein, Südwein

Des|sin [dɛˈsɛ̃ː] *das; -s, -s* ⟨*lat.-it.-fr.*⟩: 1. Plan, Zeichnung, [Web]muster. 2. Weg des gestoßenen Balls beim ↑ Billard

Des|si|na|teur [desinaˈtøːɐ̯] *der; -s, -e*: Musterzeichner [im Textilgewerbe]; vgl. Designer. **Des|si|na|teu|rin** [...ˈtøːrɪn] *die; -, -nen*: weibliche Form zu ↑ Dessinateur

des|si|nie|ren: Muster entwerfen, zeichnen. **des|si|niert**: gemustert. **Des|si|nie|rung** *die; -, -en*: Muster, Musterung

Fremdes Wort im deutschen Satz: Schreibung, Aussprache und Grammatik

Die Alltagssprache neigt dazu, fremdsprachliche Wörter den deutschen Aussprachegesetzen anzupassen. Der Angleichungsprozess beginnt mit Teilintegrationen und vollzieht sich sowohl in der Aussprache als auch in der Schrift: Die im Deutschen nicht üblichen Laute oder Lautverbindungen in fremden Wörtern werden häufig durch klangähnliche deutsche ersetzt (z. B. *Poster*: gesprochen mit langem oder kurzem *o* neben der englischen Aussprache [pouster]).

Auch sonst tragen die so genannten Fremdwörter meist schon deutliche Spuren der Eindeutschung, so z. B., wenn eine nasale Aussprache teilweise aufgegeben ist *(Pension, Balkon)*, ein fremdsprachliches *sp* und *st* als *schp (Spurt)* bzw. *scht (Station)* gesprochen wird, der Akzent den deutschen Betonungsgewohnheiten gemäß verlagert wird *(Comebáck* statt engl. *cómeback)* oder wenn ein fremdes Wort im Schriftbild der deutschen Sprache angeglichen worden ist *(Telefon, Fotografie, Nummer, Frisör)*.

Nicht nur die Aussprache und die Schreibung, auch die grammatische Behandlung von Fremdwörtern kann dazu beitragen, ihre Wortgestalt deutschen Erwartungen und Gewohnheiten anzupassen.

Bei Verben erfolgt eine grammatische Assimilation, wenn sie mit der Infinitivendung *-(e)n* gebildet werden *(fixen, juxen, palavern, pedalen, picknicken);* zusätzlich können deutsche Vorsilben Verwendung finden *(bezirzen, vermaledeien)*. Einen Sonderfall stellen die sehr häufigen Verben auf *-ieren* bzw. *-isieren* dar. Sie gehen meist auf das Französische zurück *(illuminieren, imaginieren)* oder sind nach französischem Muster mit Bestandteilen aus anderen Sprachen gebildet *(synthetisieren, denunzieren, standardisieren)*.

Eine zusätzliche Assimilation kann erfolgen, wenn fremdsprachliche Verben als analog zu deutschen zusammengesetzten Verben gebildet erkannt werden (Beispiele: *outsourcen, downloaden, updaten*). Sie werden syntaktisch oft wie trennbare Verben behandelt: *ich source out; sie loadete down; wir haben upgedatet.*

Bei Substantiven betrifft die lexikalische Assimilation insbesondere die Pluralbildung und die Frage des Genus. Erhalten bleiben die fremdsprachlichen Pluralformen nur bei bildungssprachlichen Ausdrücken – z. B. *Intimus/ Intimi, Status/Status* (im Plural mit langem *u*), *Corpus/Corpora, Epitheton/ Epitheta* – sowie dann, wenn die Kenntnis der Ausgangssprache vorausgesetzt werden kann (was vor allem für englische Wörter zutrifft: *Event/Events, Hap-*

pening/Happenings). In anderen Fällen werden hingegen fremdsprachliche Pluralformen völlig durch einheimische abgelöst:
Basen (gr. *baseis*), *Themen* (gr. *themata*), *Kriterien* (gr. *kriteria*), *Probleme* (gr. *problemata*), *Triumphe* (lat. *triumphi*), *Lokationen* (lat. *locationes*), *Professoren* (lat. *professores*), *Kardinäle* (lat. *cardinales [episcopi]*), *Kakteen* (lat. *cactus* mit langem *u*), *Gustos* (it. *gusti*), *Inspekteure* (fr. *inspecteurs*), *Filme* (engl. *films*; so noch bei K. Tucholsky), *Trucker* (engl. *truckers*).

Das Geschlecht fremdsprachlicher Wörter kann sich nach unterschiedlichen Kriterien richten:

1. nach dem Geschlecht möglicher deutscher Entsprechungen. Dabei kann es sich um inhaltliche Äquivalenzen (bei synonymen Wörtern) handeln – z. B. *die E-Mail* (zu *die Post*) –, aber auch um grammatische: Beispielsweise sind alle englischen Wörter auf *-ing (Fixing, Franchising, Leasing, Setting)* Neutra, weil sie im Deutschen substantivierten Infinitiven entsprechen.

2. nach der Analogie grammatischer Formen, insbesondere von Wortendungen. So sind z. B. die aus dem Französischen gekommenen Wörter *le garage, le bagage* im Deutschen Feminina, weil sich mit dem unbetonten Endungs-*e* in der Regel das feminine Geschlecht verbindet. Das Kurzwort *Bus*, eine auf die Dativ-Plural-Form des lateinischen Adjektivs *omnis* (*omnibus* ›für alle‹) zurückgehende künstliche Bildung, hat maskulines Geschlecht analog zu den meisten anderen Wörtern auf *-us*. Auch Wörter auf *-er* (z. B. *Computer, Plotter, Streamer*) sind im Deutschen meist männlich (vgl. *Denker, Läufer* usw.).

3. nach dem Wortgeschlecht in der Ausgangssprache (so *der Komplex, die Ovation, das Epos*). Demnach können Wörter gleicher Endung unterschiedliches Geschlecht haben *(der Status,* aber *das Corpus; der Penis,* aber *die Meningitis)*. Das Kriterium greift freilich überall dort nur bedingt, wo in einer Ausgangssprache das grammatische Geschlecht anders als im Deutschen unterschieden wird (etwa im Englischen, Französischen und Italienischen). Bei Wörtern aus solchen Sprachen kann das Genus im Deutschen schwanken: *der* oder *das Graffito/Curry/Essay/Pub; die* oder (schweiz.) *das Malaise.*

Diese Kriterien können sich gegenseitig beeinflussen, da nicht immer klar ist, welches von ihnen bei der Genusbestimmung zu beachten ist.

Es zeigt sich, dass die allgemeinen Richtlinien für die grammatische Behandlung von Fremdwörtern keine exakten Regeln oder Gebrauchsanweisungen sind. Bei vielen bestehen mehrere Möglichkeiten hinsichtlich der Aussprache, der Schreibung, der Flexion und des Wortgeschlechts.

Des|sous [dɛˈsu:] *das; -* [dɛ-ˈsu:(s)], - [dɛˈsu:s] (meist Plural) ⟨*lat.-fr.*⟩: Damenunterwäsche

de|sta|bi|li|sie|ren ⟨*lat.-engl.*⟩: instabil machen, der Stabilität berauben. **De|sta|bi|li|sie|rung** *die; -, -en:* das Destabilisieren

De|s|til|lat *das; -[e]s, -e* ⟨*lat.*⟩: Produkt einer ↑ Destillation (1)

De|s|til|la|teur [...ˈtøːɐ̯] *der; -s, -e* ⟨*lat.-fr.*⟩: 1. Branntweinbrenner. 2. Gastwirt, der Branntwein ausschenkt. **De|s|til|la|teu|rin** [...ˈtøːrɪn] *die; -, -nen:* weibliche Form zu ↑ Destillateur

De|s|til|la|ti|on *die; -, -en* ⟨*lat.*⟩: 1. Reinigung u. Trennung meist flüssiger Stoffe durch Verdampfung u. anschließende Wiederverflüssigung. 2. Branntweinbrennerei. 3. kleine Schankwirtschaft

de|s|til|la|tiv ⟨*lat.-nlat.*⟩: durch Destillation bewirkt, gewonnen

De|s|til|la|tor *der; -s, ...oren:* Apparat zum Destillieren

De|s|til|le *die; -, -n:* (ugs.) 1. [kleinere] Gastwirtschaft, in der Branntwein ausgeschenkt wird. 2. Brennerei, die Branntwein herstellt

de|s|til|lie|ren ⟨*lat.*⟩: eine Destillation (1) durchführen

De|s|ti|na|tar ⟨*lat.-nlat.*⟩ u. **De|s|ti|na|tär** ⟨*lat.-fr.*⟩ *der; -s, -e:* 1. diejenige [natürliche od. juristische] Person, der [vom Gesetzgeber her] die Steuerlast zugedacht ist. 2. Empfänger von Frachten, bes. im Seefrachtverkehr. 3. die durch eine Stiftung begünstigte Person. **De|s|ti|na|ta|rin** *die; -, -nen:* weibliche Form zu ↑ Destinatar

De|s|ti|na|ti|on *die; -, -en* ⟨*lat.*⟩: Bestimmung, Endzweck

de|s|ti|tu|ie|ren ⟨*lat.*⟩: (veraltet) absetzen. **De|s|ti|tu|ti|on** *die; -, -en:* (veraltet) Absetzung von einem Posten; Amtsenthebung

De|s|to|se *die; -* ⟨Kunstw.⟩: aus rohem Stärkesirup gewonnener Süßstoff

des|t|ra ma|no vgl. mano destra

de|s|t|ru|ie|ren ⟨*lat.*⟩: zerstören.

De|s|t|ruk|ti|on *die; -, -en:* 1. Zerstörung. 2. (Geol.) Abtragung der Erdoberfläche durch Verwitterung

De|s|t|ruk|ti|ons|trieb *der; -[e]s:* (Psychol.) auf Zerstörung gerichteter Trieb

de|s|t|ruk|tiv: 1. zersetzend, zerstörend. 2. (Med.) bösartig, zum Zerfall [von Geweben] führend

de|sul|to|risch ⟨*lat.*⟩: (veraltet) sprunghaft, unbeständig

de|s|zen|dent ⟨*lat.*⟩: nach unten sinkend (von Wasser od. wässrigen Lösungen); Ggs. ↑ aszendent; **deszendente Lagerstätten:** Erzlagerstätten, die sich aus nach unten gesickerten Lösungen gebildet haben

De|s|zen|dent *der; -en, -en* (Ggs. ↑ Aszendent): 1. Nachkomme, Abkömmling. 2. (Astron.) a) Gestirn im Untergang; b) Untergangspunkt eines Gestirns. 3. (Astrol.) der im Augenblick der Geburt am Westhorizont absteigende Punkt der ↑ Ekliptik

De|s|zen|denz *die; -, -en* ⟨*lat.-mlat.*⟩: 1. (ohne Plural) Verwandtschaft in absteigender Linie. 2. Untergang eines Gestirns; Ggs. ↑ Aszendenz

De|s|zen|denz|the|o|rie *die; -, -n:* Abstammungstheorie, nach der die höheren Lebewesen aus niederen hervorgegangen sind

de|s|zen|die|ren ⟨*lat.*⟩: absteigen, absinken (z. B. von Gestirnen, von Wasser); vgl. deszendent.

de|s|zen|die|rend: ↑ deszendent

De|s|zen|sus *der; -, - [...zu:s]* ⟨*lat.; "das Herabsteigen"*⟩: 1. (Biol.) Verlagerung der Keimdrüsen von Säugetieren im Laufe der embryonalen od. fetalen Entwicklung nach unten bzw. hinten. 2. (Med.) das Absinken eines Organs infolge Bindegewebsschwäche

dé|ta|ché [detaˈʃe] ⟨*fr.*⟩ (Mus.) kurz, kräftig, zwischen Auf- u. Abstrich abgesetzt (vom Bogenstrich bei Streichinstrumenten). **Dé|ta|ché** *das; -s, -s:* (Mus.) kurzer, kräftiger, zwischen Auf- u. Abstrich abgesetzter Bogenstrich

De|ta|che|ment [detaʃəˈmãː, schweiz. auch: ...ˈmɛnt] *das; -s, -s u. schweiz. ...s:* 1. (Milit. veraltet) für besondere Aufgaben abkommandierte Truppenabteilung. 2. [auf Abkommando bedachte] kühle Distanzhaltung

¹De|ta|cheur [...ˈʃøːɐ̯] *der; -s, -e* ⟨*fr.*⟩: Müllereimaschine, die die im Walzenstuhl entstandenen

Mehlplättchen zu Mehl zerkleinert

²De|ta|cheur [...ˈʃøːɐ̯] *der; -s, -e* ⟨*fr.*⟩: Fachmann auf dem Gebiet der Fleckenentfernung

De|ta|cheu|rin [...ˈʃøːɐ̯ɪn] *die; -, -nen:* weibliche Form zu ↑ ²Detacheur

¹de|ta|chie|ren [...ˈʃiːrən] ⟨*fr.*⟩: von Flecken reinigen

²de|ta|chie|ren ⟨*fr.*⟩: 1. (Milit. veraltet) eine Truppenabteilung für besondere Aufgaben abkommandieren. 2. (Techn.) das Mahlgut zerbröckeln; vgl. ¹Detacheur

de|ta|chiert ⟨*fr.*⟩: sachlich-kühl, losgelöst von persönlicher Anteilnahme

De|ta|chur [...ˈʃuːɐ̯] *die; -, -en* ⟨*fr.*⟩: chemische Fleckenbeseitigung aus Geweben

De|tail [deˈtai, auch: deˈtaːj] *das; -s, -s* ⟨*lat.-fr.*⟩: Einzelheit, Einzelteil, Einzelding

De|tail|han|del *der; -s:* (schweiz., sonst veraltet) Klein-, Einzelhandel

de|tail|lie|ren [...ˈjiː...]: 1. im Einzelnen darlegen. 2. eine Ware in kleinen Mengen verkaufen. **de|tail|liert:** in allen Einzelheiten, in die Einzelheiten gehend, genau

De|tail|list [detaˈlɪst, auch: ˈjɪst] *der; -en, -en:* (veraltet) Einzelhandelsunternehmer. **De|tail|lis|tin** *die; -, -nen:* weibliche Form zu ↑ Detaillist

De|tek|tei *die; -, -en* ⟨*lat.*⟩: Detektivbüro, Ermittlungsbüro

de|tek|tie|ren ⟨*engl.*⟩: (Fachspr.) aufspüren; durch intensives Nachforschen, Prüfen o. Ä. feststellen

De|tek|tiv *der; -s -e* ⟨*lat.-engl.*⟩: 1. Privatperson [mit polizeilicher Lizenz], die berufsmäßig Ermittlungen aller Art anstellt. 2. Geheimpolizist, Ermittlungsbeamter. **De|tek|ti|vin** *die; -, -nen:* weibliche Form zu ↑ Detektiv. **de|tek|ti|visch:** in der Art eines Detektivs

De|tek|tor *der; -s, ...oren:* 1. (Funkw.) Hochfrequenzgleichrichter, ↑ Demodulator. 2. Gerät zur Ermittlung von Wasseradern (z. B. Wünschelrute)

Dé|ten|te [deˈtãːt] *die; -* ⟨*lat.-fr.*⟩: Entspannung zwischen Staaten

De|ten|ti|on *die; -, -en* ⟨*lat.*⟩:

1. (röm. Recht) Besitz einer Sache ohne Rechtsschutz. 2. (veraltet) Haft, Gewahrsam **De|ter|gens** *das; -, ...gentia* u. *...genzien (meist Plural)* ⟨*lat.*⟩: 1. (Med.) reinigendes, desinfizierendes Mittel. 2. ⟨*lat.-engl.*⟩: seifenfreies, hautschonendes Wasch-, Reinigungs- u. Spülmittel; in Waschmitteln o. Ä. enthaltener Stoff, der die Oberflächenspannung des Wassers herabsetzt **De|ter|gen|tia** u. **De|ter|gen|zi|en**: *Plural* von ↑ Detergens **De|te|ri|o|ra|ti|on** *die; -, -en* ⟨*lat.-fr.; „Verschlechterung"*⟩: (Rechtsw.) Wertminderung einer Sache; vgl. ...ation/...ierung **De|te|ri|o|ra|ti|vum** *das; -s, ...va* ⟨*lat.-nlat.*⟩: ↑ Pejorativum **de|te|ri|o|rie|ren** ⟨*lat.-fr.; „verschlechtern"*⟩: (Rechtsw.) im Wert mindern. **De|te|ri|o|rie-rung** *die; -, -en:* ↑ Deterioration; vgl. ...ation/...ierung **De|ter|mi|nan|te** *die; -, -n* ⟨*lat.; „abgrenzend, bestimmend"*⟩: 1. bestimmender Faktor. 2. Rechenausdruck in der Algebra zur Lösung eines Gleichungssystems. 3. (Biol.) im Aufbau u. in der chemischen Zusammensetzung noch nicht näher bestimmbarer Faktor der Keimentwicklung, der für die Vererbung und Entwicklung bestimmend ist **De|ter|mi|na|ti|on** *die; -, -en* ⟨„Abgrenzung"⟩: 1. (Philos.) Bestimmung eines Begriffs durch einen nächstuntergeordneten, engeren. 2. (Entwicklungsphysiologie) das Festgelegtsein eines Teils des Keims für die Ausbildung eines bestimmten Organs. 3. Bestimmung, Zuordnung. 4. (Psychol.) das Bedingtsein aller psychischen Phänomene durch äußere (z. B. soziale) od. innerseelische (z. B. Motivation) Gegebenheiten **de|ter|mi|na|tiv** ⟨*lat.-nlat.*⟩: 1. bestimmend, begrenzend, festlegend. 2. entschieden, entschlossen. **De|ter|mi|na|tiv** *das; -s, -e:* 1. Zeichen in der ägyptischen u. sumerischen Bilderschrift, das die Zugehörigkeit eines Begriffs zu einer bestimmten Kategorie festlegt. 2. (Sprachw.) sprachliches Element als Weiterbildung od. Erweiterung der

Wurzel eines indogermanischen Wortes ohne [wesentlichen] Bedeutungsunterschied (z. B. *m* bei *Helm*, Qual*m*); Ggs. ↑ Formans. 3. besondere Art des Demonstrativpronomens (z. B. dasjenige, dieselbe) **De|ter|mi|na|tiv|kom|po|si|tum** *das; -s, ...ta:* (Sprachw.) Zusammensetzung, bei der das erste Glied das zweite näher bestimmt (z. B. Kartoffelsuppe = Suppe aus Kartoffeln) **De|ter|mi|na|ti|vum** *das; -s, ...va:* ↑ Determinativ **de|ter|mi|nie|ren** ⟨*lat.*⟩: 1. begrenzen; abgrenzen. 2. bestimmen; entscheiden **De|ter|mi|niert|heit** *die; -:* (Philos.) Bestimmtheit, Abhängigkeit des (unfreien) Willens von inneren od. äußeren Ursachen **De|ter|mi|nis|mus** *der; -* ⟨*lat.-nlat.*⟩: 1. Lehre von der kausalen [Vor]bestimmtheit alles Geschehens. 2. (Ethik) der Willensfreiheit widersprechende Lehre von der Bestimmung des Willens durch innere od. äußere Ursachen; Ggs. ↑ Indeterminismus. **De|ter|mi|nist** *der; -en, -en:* Vertreter des Determinismus. **De|ter|mi|nis|tin** *die; -, -nen:* weibliche Form zu ↑ Determinist. **de|ter|mi|nis|tisch:** den Determinismus betreffend; [Willens]freiheit verneinend **De|ter|mi|no|lo|gi|sie|rung** *die; -, -en:* (Sprachw.) Übergang des fachsprachlichen Wortgutes in die Gemeinsprache **de|tes|ta|bel** ⟨*lat.-fr.*⟩: (veraltet) verabscheuungswürdig **de|tes|tie|ren:** (veraltet) verabscheuen, verwünschen **¹De|to|na|ti|on** *die; -, -en* ⟨*lat.-fr.*⟩: stoßartig erfolgende, extrem schnelle chemische Reaktion von explosiven Gas- bzw. Dampfgemischen od. brisanten Sprengstoffen mit starker Gasentwicklung **²De|to|na|ti|on** *die; -, -en* ⟨*gr.-lat.-fr.*⟩: (Mus.) unreines Singen od. Spielen **De|to|na|tor** *der; -s, ...oren* ⟨*lat.-nlat.*⟩: Hilfsmittel zur Übertragung der Zündung vom Zündmittel auf die Sprengladung eines Geschosses **¹de|to|nie|ren** ⟨*lat.-fr.*⟩: knallen, explodieren

²de|to|nie|ren ⟨*gr.-lat.-fr.*⟩: (Mus.) unrein singen od. spielen **De|trak|ti|on** *die; -, -en* ⟨*lat.*⟩: (Geol.) das Ausheben größerer Gesteins- od. Bodenpartien aus dem Untergrund eines Gletschers durch das Eis **De|t|ri|ment** *das; -[e]s, -e* ⟨*lat.*⟩: (veraltet) Schaden, Nachteil **de|t|ri|to|gen** ⟨*lat.; gr.*⟩: (Geol.) durch ↑ organischen (1) Detritus (2) entstanden (von Kalkbänken u. Kalkablagerungen in Rifflücken) **De|t|ri|tus** *der; -* ⟨*lat.; „das Abreiben"*⟩: 1. (Geol.) zerriebenes Gesteinsmaterial, Gesteinsschutt. 2. (Biol.) Schwebe- u. Sinkstoffe in den Gewässern, deren Hauptanteil abgestorbene ↑ Mikroorganismen bilden. 3. (Med.) Überrest zerfallener Zellen od. Gewebe **det|to** ⟨*it.*⟩: (bayr., österr.) dito **De|tu|mes|zenz** *die; -* ⟨*lat.-nlat.*⟩: (Med.) Abschwellung, Abnahme einer Geschwulst **De|tu|mes|zenz|trieb** *der; -[e]s* (Med.) Drang zur geschlechtlichen Befriedigung (eine Teilkomponente des Sexualtriebs) **Deuce** [dju:s] *der; -* ⟨*engl.*⟩: (Tennis) Einstand **De|us abs|con|di|tus** *der; - - -* ⟨*lat.; „der verborgene Gott"*⟩: (Rel.) der trotz Offenbarung letztlich unerkennbare Gott **De|us ex Ma|chi|na** [- - - 'maxina] *der; - - - -* ⟨„der Gott aus der [Theater]maschine" (im altgriechischen Theater schwebten die Götter an einer kranähnlichen Maschine auf die Bühne)⟩: unerwarteter Helfer aus einer Notlage; überraschende, in keinem unmittelbaren Zusammenhang stehende Lösung einer Schwierigkeit **Deu|te|r|a|go|nist** *der; -en, -en* ⟨*gr.*⟩: zweiter Schauspieler auf der altgriechischen Bühne; vgl. Protagonist u. Tritagonist **Deu|te|r|a|no|ma|lie** u. Deuteroanomalie *die; -, ...ien* (Med.) Rotsichtigkeit, Grünschwäche **Deu|te|r|a|n|o|pie** u. Deuteroanopie *die; -, ...ien* ⟨*gr.-nlat.*⟩: (Med.) Grünblindheit **Deu|te|ri|um** *das; -s:* schwerer Wasserstoff, Wasserstoffisotop; chem. Zeichen: D; vgl. Isotop **Deu|te|ri|um|o|xid**, auch: Deuteriumoxyd *das;* -s: schweres Wasser

Deu|te|ro|a |no|ma|lie vgl. Deuteranomalie

Deu|te|ro|a |n|o |pie vgl. Deuteranopie

Deu|te|ro|je|sa|ja *der;* -: unbekannter, der Zeit des babylonischen Exils angehörender Verfasser von Jesaja 40–50; vgl. Tritojesaja

Deu|te|ron *das;* -s, ...onen: aus einem ↑ Proton u. einem ↑ Neutron bestehender Atomkern des Deuteriums; Abk.: d

deu|te|ro|no|misch ⟨gr.-lat.⟩: zum 5. Buch Mose gehörend

Deu|te|ro|no|mist *der;* -en ⟨gr.-lat.-nlat.⟩: (Rel.) Verfasser des Deuteronomiums u. Bearbeiter der alttestamentlichen Geschichtsbücher

Deu|te|ro|no|mi|um *das;* -s ⟨gr.-lat.;* „zweite Gesetzgebung"⟩: das 5. Buch Mose

Deu|te|ros |to|mi|er *der;* -s, - (meist Plural) ⟨gr.-nlat.⟩: (Zool.) systematische zusammenfassende Bez. der Tierstämme, bei denen sich der bleibende Mund neu bildet u. der Urmund zum After wird

Deu|to|plas|ma *das;* -s, ...men: (Biol.) im ↑ Protoplasma der Zelle vorhandene Reservestoffe (z. B. der Dotter der Eizelle)

Deut|zie [...jə] *die;* -, -n ⟨nlat.;* nach dem Holländer J. van der Deutz⟩: zur Gattung der Steinbrechgewächse gehörender Zierstrauch aus Ostasien

Deux|pi |èces, auch: **Deux-Pi |èces** [dø'pjɛːs] *das;* -, - ⟨fr.⟩: zweiteiliges Kleid

De|va|lu |a|ti|on *die;* -, -en ⟨lat.-engl.⟩: Abwertung einer Währung. **de|va|lu|ie|ren:** ↑ devaluieren

De|val|va|ti|on *die;* -, -en ⟨lat.-nlat.⟩: Abwertung einer Währung **de|val|va|to|risch** u. **de|val|va|ti |o-nis |tisch:** abwertend (bes. in Bezug auf eine Währung) **de|val|vie|ren:** [eine Währung] abwerten

De|vas |ta|ti|on *die;* -, -en ⟨lat.⟩: Verwüstung, Verheerung; vgl. ...ation/...ierung. **de|vas |tie|ren:** zerstören, verwüsten. **De|vas-tie|rung** *die;* -, -en: ↑ Devastation; vgl. ...ation/...ierung

De|vel|lo|per [dɪ'vɛləpə] *der;* -s, - ⟨engl.⟩: (Fotogr.) Entwickler

De|ver|ba|tiv *das;* -s, -e u. **De|ver-ba|ti|vum** *das;* -s, ...va ⟨lat.-nlat.⟩: (Sprachw.) von einem Verb abgeleitetes Substantiv od. Adjektiv (z. B. *Eroberung* von *erobern, tragbar* von *tragen*)

de|ves |tie|ren ⟨lat.; „entkleiden"⟩: die Priesterwürde od. (im Mittelalter) das Lehen entziehen. **De|ves |ti|ti|on** *die;* -, -en ⟨lat.-nlat.⟩: Desinvestition

De|ves |ti|tur *die;* -, -en ⟨lat.-nlat.⟩: Entziehung der Priesterwürde od. (im Mittelalter) des Lehens

de|vi|ant ⟨lat.-nlat.⟩: (Soziol.) von der Norm sozialen Verhaltens, vom Üblichen abweichend. **De-vi|anz** *die;* -, -en: (Soziol.) Abweichung (von der Norm)

De|vi |a|ti|on *die;* -, -en: Abweichung. **De|vi |a|ti |o|nist** *der;* -en, -en: jmd., der von der vorgezeichneten [Partei]linie abweicht, Abweichler. **De|vi |a|ti |o-nis |tin** *die;* -, -nen: weibliche Form zu ↑ Deviationist

de|vi|ie|ren ⟨lat.⟩: von der [Partei]linie abweichen

De|vi|se *die;* -, -n ⟨lat.-vulgär-lat.-fr.⟩: 1. Wahl-, Leitspruch. 2. (meist Plural) a) im Ausland zahlbare Zahlungsanweisung in fremder Währung; b) ausländisches Zahlungsmittel

de|vi|tal ⟨lat.-nlat.⟩: (Med.) leblos, abgestorben (z. B. von Zähnen mit abgestorbener ↑ Pulpa). **De|vi|ta|li|sa|ti|on** *die;* -, -en: (Med.) Abtötung [der ↑ Pulpa]. **de|vi|ta|li|sie|ren:** (Med.) [die ↑ Pulpa] abtöten

De|vo|lu|ti|on *die;* -, -en ⟨lat.-nlat.⟩: 1. (Rechtsw. veraltet) Übergang eines Rechtes od. einer Sache an einen anderen. 2. (kath. Kirchenrecht) Befugnis einer höheren Stelle, ein von der nachgeordneten Stelle nicht od. fehlerhaft besetztes Amt [neu] zu besetzen

de|vol|vie|ren ⟨lat.⟩: (Rechtsw. veraltet) zufallen, übergehen an jmdn. (von einem Recht od. einer Sache)

De|von *das;* -[s] ⟨nlat.; nach der engl. Grafschaft Devonshire⟩: (Geol.) eine ↑ Formation (5 a) des ↑ Paläozoikums. **de|vo-nisch:** das Devon betreffend

de|vo|rie|ren ⟨lat.⟩: (Med.) verschlucken

de|vot ⟨lat.⟩: 1. unterwürfig, ein

übertriebenes Maß an Ergebenheit zeigend. 2. (veraltet) demütig

De|vo|tio mo|der|na *die;* - - ⟨„neuartige Frömmigkeit"⟩: der deutschen Mystik verwandte religiöse Erneuerungsbewegung des 14.–16. Jh.s

De|vo|ti|on *die;* -, -en: 1. Andacht. 2. Unterwürfigkeit. **de|vo|ti |o-nal** ⟨lat.-nlat.⟩: ehrfurchtsvoll

De|vo|ti|o|na|lie *die;* -, -n: (Rel.) der Andacht dienender Gegenstand (z. B. Statue, Rosenkranz)

De|wa|da|si *die;* -, -s ⟨sanskr.;* „Dienerin der Götter"⟩: Tempeltänzerin; vgl. Bajadere

De|wa|na|ga|ri *die;* -: indische Schrift, in der das Sanskrit geschrieben u. gedruckt ist

De|xi |o|gra|phie, auch: ...grafie *die;* - ⟨gr.-nlat.⟩: das Schreiben von links nach rechts. **de|xi |o-gra|phisch,** auch: ...grafisch: von links nach rechts geschrieben

Dex|t|ran ® *das;* -s ⟨Kunstw. aus lat. dexter „rechts"⟩: synthetisches Blutplasma

Dex|t|rin *das;* -s, -e: 1. Stärkegummi, Klebemittel. 2. (Med., Chem.) ein wasserlösliches Abbauprodukt der Stärke

dex|t|ro|gyr ⟨lat.; gr.⟩: (Phys., Chem.) die Ebene ↑ polarisierten Lichts nach rechts drehend; Zeichen: d; Ggs. ↑ lävogyr

Dex|t|ro|kar|die *die;* -, ...ien: (Med.) Lage des Herzens in der rechten Brusthöhle

Dex|t|ro|se *die;* - ⟨Kunstw. aus lat. dexter „rechts"⟩: Traubenzucker

De|zem *der;* -s, -s ⟨lat.⟩: (hist.) vom Mittelalter bis ins 19. Jh. die Abgabe des zehnten Teils vom Ertrag eines Grundstücks an die Kirche (Zehnt)

De|zem|ber *der;* -[s], -: zwölfter Monat im Jahr; Abk.: Dez.

De|zem|vir *der;* -s u. -n, -n: (hist.) Mitglied des Dezemvirats

De|zem|vi|rat *das;* -[e]s, -e: (hist.) aus 10 Mitgliedern bestehendes Beamten- od. Priesterkollegium im antiken Rom zur Entlastung der Magistrate

De|zen|ni|um *das;* -s, ...ien: Jahrzehnt, Zeitraum von 10 Jahren

de|zent ⟨lat.⟩: a) vornehm-zurückhaltend, taktvoll, feinfühlig; b) unaufdringlich, nicht [als störend] auffallend; Ggs. ↑ indezent

De|zen|t|ral ⟨*lat.-nlat.*⟩: vom Mittelpunkt entfernt; Ggs. ↑ zentral (a)

De|zen|t|ra|li|sa|ti|on *die; -, -en:* 1. Übertragung von Funktionen u. Aufgaben auf verschiedene [untergeordnete] Stellen; Ggs. ↑ Zentralisation (1). 2. (ohne Plural) Zustand, in dem sich etwas nach dem Dezentralisieren befindet; Ggs. ↑ Zentralisation (2); vgl. ...ation/...ierung

de|zen|t|ra|li|sie|ren: eine Dezentralisation (1) durchführen; Ggs. ↑ zentralisieren. **De|zen|t|ra|li|sie|rung** *die; -, -en:* Dezentralisation; vgl. ...ation/...ierung

De|zenz *die; -* ⟨*lat.*⟩: 1. vornehme Zurückhaltung; Unaufdringlichkeit; Ggs. ↑ Indezenz. 2. unauffällige Eleganz

De|ze|re|b|ra|ti|on *die; -, -en* ⟨*lat.*⟩: 1. (Med.) ↑ apallisches Syndrom. 2. Ausschaltung des Großhirns im Tierexperiment. **De|ze|re|b|rie|rung** *die; -, -en:* Dezerebration (1, 2)

De|zer|nat *das; -[e]s, -e* ⟨*lat.; „es soll entscheiden ..."*⟩: Geschäftsbereich eines Dezernenten

De|zer|nent *der; -en, -en* ⟨„Entscheidender"⟩: Sachbearbeiter mit Entscheidungsbefugnis bei Behörden u. Verwaltungen; Leiter eines Dezernats. **De|zer|nen|tin** *die; -, -nen:* weibliche Form zu ↑ Dezernent

De|zett *das; -[e]s, -e* ⟨*lat.-it.*⟩: (Mus.) Musikstück für zehn Soloinstrumente

De|zi|ar *das; -s, -e* (aber: 5 -) ⟨*lat.*⟩: $^1/_{10}$ Ar (Zeichen: da). **De|zi|a|re** *die; -, -n:* (schweiz.) Deziar

De|zi|bel *das; -s, -:* der 10. Teil des Bel; Zeichen: dB; vgl. Bel

de|zi|die|ren ⟨*lat.*⟩: entscheiden. **de|zi|diert:** entschieden, bestimmt, energisch

De|zi|dua: ↑ Decidua

De|zi|gramm *das; -s, -e* (aber: 5 -): $^1/_{10}$ Gramm; Zeichen: dg

De|zi|li|ter *der* (auch: *das*); -s, -: $^1/_{10}$ Liter; Zeichen: dl

de|zi|mal ⟨*lat.-mlat.*⟩: auf die Grundzahl 10 bezogen

De|zi|mal|bruch *der; -[e]s, ...brüche:* ein Bruch, dessen Nenner 10 od. eine ↑ Potenz (4) von 10 ist (z. B. 0,54 = $^{54}/_{100}$)

De|zi|ma|le *die; -[n], -n:* eine Ziffer der Ziffernfolge, die rechts vom Komma eines Dezimalbruchs steht

de|zi|ma|li|sie|ren: auf das Dezimalsystem umstellen (z. B. eine Währung)

De|zi|mal|klas|si|fi|ka|ti|on *die; -:* Ordnungssystem für Karteien, Register u. Ä., das das gesamte Wissensgebiet in 10 Hauptabteilungen einteilt, diese wieder in 10 Unterabteilungen usw.; Abk.: DK

De|zi|mal|maß *das; -es, -e:* Maß, das auf das Dezimalsystem bezogen ist

De|zi|mal|po|tenz *die; -, -en:* die im Verhältnis 1 : 10 fortschreitenden Verdünnungsstufen der homöopathischen Arzneien

De|zi|mal|sys|tem *das; -s:* ↑ dekadisches System

De|zi|mal|waa|ge *die; -, -n:* eine Waage, bei der die Last zehnmal so schwer ist wie die Gewichtsstücke, die beim Wiegen aufgelegt werden

De|zi|ma|ti|on *die; -, -en* ⟨*lat.; „Zehntung"*⟩: 1. (hist.) Hinrichtung jedes zehnten Mannes (ehemaliger Kriegsbrauch). 2. (veraltet) Erhebung des Zehnten

De|zi|me *die; -, -n* ⟨*lat.-nlat.*⟩: 1. (Mus.) ↑ Intervall (2) von zehn ↑ diatonischen Stufen. 2. aus zehn Zeilen bestehende [spanische] Strophenform

De|zi|me|ter *der* (auch: *das*); -s, - ⟨*lat.; gr.*⟩ *fr.*⟩: $^1/_{10}$ Meter; Zeichen: dm

de|zi|mie|ren ⟨*lat.*⟩: 1. jmdm. große Verluste beibringen, etwas durch Gewalteinwirkung in seinem Bestand stark vermindern. 2. (hist.) jeden zehnten Mann mit dem Tod bestrafen

De|zi|si|o|nis|mus *der; -:* rechtsphilosophische Anschauung, nach der das allein als Recht anzusehen ist, was die Gesetzgebung zum Recht erklärt

de|zi|siv ⟨*lat.-mlat.-fr.*⟩: entscheidend, bestimmt

De|zi|siv|stim|me *die; -, -n:* [mit]entscheidende Stimme in einer politischen Körperschaft; Ggs. ↑ Deliberativstimme

De|zis|ter *der; -s, -e u. -s* (aber: 5 -) ⟨(*lat.; gr.*) *fr.*⟩: $^1/_{10}$ Ster ($^1/_{10}$ cbm)

Dhar|ma [ˈdarma] *das od. der; -[s], -s* ⟨*sanskr.*⟩: 1. (ohne Plural) Gesetz, Lehre (in indischen Religionen u. indischer Philosophie, bes. die ewige Lehre Buddhas). 2. Grundbestandteil der Welt (z. B. der Raum, das ↑ Nirwana)

Dhau vgl. Dau

d'hondtsch [tɔntʃ] ⟨nach V. d'Hondt, 1841–1901, Professor der Rechtswissenschaft in Gent⟩: in der Fügung **d'hondtsches,** auch: **D'Hondt'sches System:** Berechnungsmodus für die Verteilung der Sitze in Vertretungskörperschaften (z. B. in Parlamenten) bei der Verhältniswahl

Dho|ti [ˈdoːti] *der; -[s], -s* ⟨*Hindiengl.*⟩: Lendentuch der Inder

Dia *das; -s, -s* ⟨*gr.*⟩: Kurzform von ↑ Diapositiv

Di|a|bas *der; -es, -e* ⟨*gr.-nlat.*⟩: Grünstein (ein Ergussgestein)

Di|a|be|tes *der; -* ⟨*gr.-lat.*⟩: (Med.) a) Harnruhr; b) Kurzbezeichnung für: Diabetes mellitus

Di|a|be|tes mel|li|tus *der; - -* ⟨*gr.-lat.*⟩: Krankheit, für die erhöhter Blutzuckergehalt u. Ausscheidung von Zucker im Urin typisch ist; Zuckerkrankheit

Di|a|be|ti|ker *der; -s, -:* (Med.) Zuckerkranker. **Di|a|be|ti|ke|rin** *die; -, -nen:* weibliche Form zu ↑ Diabetiker

di|a|be|tisch: (Med.) zuckerkrank

Di|a|be|to|lo|ge *der; -n, -n:* Wissenschaftler, der sich mit der Erforschung der Zuckerkrankheit beschäftigt. **Di|a|be|to|lo|gie** *die; -:* wissenschaftliche Erforschung der Zuckerkrankheit. **Di|a|be|to|lo|gin** *die; -, -nen:* weibliche Form zu ↑ Diabetologe

Di|a|bo|lie *die; -* ⟨*gr.*⟩: teuflische Bosheit, abgründiges Bösesein

Di|a|bo|lik *die; -* ⟨*gr.-lat.*⟩: teuflisches, boshaftes Wesen

di|a|bo|lisch: teuflisch

Di|a|bo|lo *das; -s, -s* ⟨*gr.-lat.-it.*⟩: ein Geschicklichkeitsspiel mit einem Doppelkreisel

Di|a|bo|lus *der; -* ⟨*gr.-lat.; „Verleumder"*⟩: der Teufel

Di|a|bon ® *das; -s* ⟨*Kunstw.*⟩: säure-, hitze- u. korrosionsbeständiger Werkstoff aus porösem Graphit

Di|a|b|ro|sis *die; -* ⟨*gr.; „das Durchfressen"*⟩: (Med.) Zerstörung, das Durchbrechen (z. B. einer Gefäßwand)

di|a|chron [...ˈkroːn] ⟨*gr.-nlat.*⟩:

Diachronie

a) die Diachronie betreffend; b) geschichtlich, entwicklungsmäßig betrachtet; Ggs. ↑ synchron (3)

Di|a|chro|nie *die; -:* (Sprachw.) Darstellung der geschichtlichen Entwicklung einer Sprache; Ggs. ↑ Synchronie

di|a|chro|nisch: ↑ diachron (a); Ggs. ↑ synchronisch (1)

Di|a|dem *das; -s, -e ⟨gr.-lat.; „Umgebundenes"⟩:* Stirn- od. Kopfreif aus Edelmetall, meist mit Edelsteinen od. Perlen besetzt

Di|a|do|che *der; -n, -n ⟨gr.; „Nachfolger"⟩:* 1. Nachfolger Alexanders des Großen. 2. um den Vorrang streitende Nachfolger einer bedeutenden, einflussreichen Persönlichkeit

Di|a|fo|nie vgl. Diaphonie

Di|a|ge|ne|se *die; -, -n ⟨gr.-nlat.⟩:* (Geol.) nachträgliche Veränderung eines ↑ Sediments (1) durch Druck u. Temperatur

Di|a|gly|phe *die; -, -n ⟨gr.-nlat.⟩:* in eine Fläche vertieft geschnittene, gemeißelte od. gestochene Figur. **di|a|gly|phisch:** vertieft geschnitten, gemeißelt, gestochen

Di|a|gno|se *die; -, -n ⟨gr.-fr.; „unterscheidende Beurteilung, Erkenntnis"⟩:* 1. aufgrund genauerer Beobachtungen, Untersuchungen abgegebene Feststellung, Beurteilung über den Zustand, die Beschaffenheit von etwas (z. B. von einer Krankheit). 2. (Bot., Zool.) zusammenfassende Beschreibung der wichtigsten Merkmale für die Bestimmung der systematischen Stellung einer Pflanzenod. Tierart (bzw. Gattung, Familie, Ordnung)

Di|a|gno|se|zen|t|rum *das; -s, ...ren:* Klinik, die auf die Früherkennung von Krankheiten u. Organstörungen spezialisiert ist

Di|a|gnos|tik *die; -:* (Med., Psychol.) Fähigkeit u. Lehre, Krankheiten zu erkennen. **Di|a|gnos|ti|ker** *der; -s, -:* jmd., der eine Diagnose stellt. **Di|a|gnos|ti|ke|rin** *die; -, -nen:* weibliche Form zu ↑ Diagnostiker

Di|a|gnos|ti|kon u. **Di|a|gnos|ti|kum** *das; -s, ...ka:* Erkennungsmerkmal (bes. einer Krankheit)

di|a|gnos|tisch: 1. durch Diagnose festgestellt. 2. die Diagnose betreffend

di|a|g|nos|ti|zie|ren: eine Krankheit [durch eingehende Untersuchung des Patienten] feststellen

di|a|go|nal ⟨gr.-lat.; „durch die Winkel führend"⟩: a) zwei nicht benachbarte Ecken eines Vielecks verbindend; b) schräg, quer verlaufend; **diagonales Lesen:** [oberflächliches] nicht alle Einzelheiten eines Textes beachtendes Lesen, durch das man sich einen allgemeinen Überblick verschafft. **Di|a|go|nal** *der; -[s], -s:* schräg gestreifter Kleiderstoff in Köperbindung (eine Webart)

Di|a|go|na|le *die; -, -n:* Gerade, die zwei nicht benachbarte Ecken eines Vielecks miteinander verbindet

Di|a|gramm *das; -s, -e ⟨gr.-lat.⟩:* 1. zeichnerische Darstellung von Größenverhältnissen in anschaulicher, leicht überblickbarer Form. 2. (Bot.) schematische Darstellung von Blütengrundrissen. 3. Stellungsbild beim Schach. 4. magisches Zeichen (Drudenfuß); vgl. Pentagramm

Di|a|graph, auch: Diagraf *der; -en, -en ⟨gr.-nlat.⟩:* 1. Gerät zum Zeichnen von [Schädel]umrissen u. Kurven. 2. ↑ Diphthong

Di|al|hy|po|nym *das; -s, -e:* ↑ Inkonym

Di|a|kaus|tik *die; -, -en ⟨gr.-nlat.⟩:* die beim Durchgang von ↑ parallelem (1) Licht beim Durchgang durch eine ↑ Linse entstehende Brennfläche (die im Idealfall ein Brennpunkt ist). **di|a|kaus|tisch:** auf die Diakaustik bezogen

Di|a|kon *der; -s u. -en, -en, -e[n] ⟨gr.-lat.; „Diener"⟩:* 1. katholischer, anglikanischer od. orthodoxer Geistlicher, der um einen Weihegrad unter dem Priester steht. 2. (ev. Kirche) kirchlicher Amtsträger, der in einer Kirchengemeinde karitative u. soziale Arbeit leistet; vgl. Diakonus

Di|a|ko|nat *das* (auch: *der*); -[e]s, -e: 1. a) Amt eines Diakons; b) Wohnung eines Diakons. 2. Pflegedienst (in Krankenhäusern)

Di|a|ko|nie *die; -: [berufsmäßiger]* Dienst an Armen u. Hilfsbedürftigen (Krankenpflege, Ge-

meindedienst) in der evangelischen Kirche

Di|a|ko|ni|kon *das; -[s], ...ka ⟨gr.⟩:* 1. der Sakristeiraum der orthodoxen Kirche. 2. Südtür in der ↑ Ikonostase; vgl. Parakonikon

Di|a|ko|nin *die; -, -nen:* weibliche Form zu ↑ Diakon

di|a|ko|nisch ⟨gr.-mlat.⟩: die Diakonie betreffend

Di|a|ko|nis|se *die; -, -n u.* **Di|a|ko|nis|sin** *die; -, -nen ⟨gr.-lat.⟩:* in der Diakonie tätige, in Schwesterngemeinschaft lebende Frau

Di|a|ko|nus *der; -, ...o|ne[n] ⟨gr.-lat.⟩:* (veraltet) zweiter od. dritter Pfarrer einer evangelischen Gemeinde; Hilfsgeistlicher

Di|a|kri|se u. **Di|a|kri|sis** *die; -, ...i|sen ⟨gr.; „Unterscheidung; Entscheidung"⟩:* 1. ↑ Differenzialdiagnose. 2. entscheidende Krise einer Krankheit

di|a|kri|tisch: unterscheidend; **diakritisches Zeichen:** Zeichen, das die besondere Aussprache eines Buchstabens anzeigt (z. B. die ↑ Cedille [ç])

di|ak|tin ⟨gr.-nlat.⟩: (Med.) Röntgenstrahlen durchlassend

Di|a|lekt *der; -[e]s, -e ⟨gr.-lat.⟩:* Mundart; örtlich od. landschaftlich begrenzte sprachliche Sonderform; regionale Variante einer Sprache. **di|a|lek|tal** ⟨gr.-lat.-nlat.⟩: den Dialekt betreffend, mundartlich

Di|a|lek|t|ge|o|gra|phie, auch: ...grafie *die; -:* Mundartforschung, die die geographische Verbreitung von Dialekten u. ihren Sprachformen untersucht

Di|a|lek|tik *die; - ⟨gr.-lat.⟩:* 1. innere Gegensätzlichkeit. 2. a) philosophische Arbeitsmethode, die ihre Ausgangsposition durch gegensätzliche Behauptungen (↑ These u. ↑ Antithese 1) infrage stellt u. in der ↑ Synthese (4) beider Positionen eine Erkenntnis höherer Art zu gewinnen sucht; b) die sich in antagonistischen Widersprüchen bewegende Entwicklung von Geschichte, Ökonomie u. Gesellschaft (dialektischer Materialismus). 3. die Fähigkeit, den Diskussionspartner in Rede u. Gegenrede zu überzeugen; vgl. Sophistik (2)

Di|a|lek|ti|ker *der; -s, -:* 1. ein in der Dialektik (3) Erfahrener; jmd., der geschickt zu argumentieren versteht. 2. ein Vertreter der dialektischen (3) Methode. **Di|a|lek|ti|ke|rin** *die; -, -nen:* weibliche Form zu ↑ Dialektiker

di|a|lek|tisch: 1. ↑ dialektal. 2. die Dialektik (1) betreffend, gegensätzlich. 3. in Gegensätzen, entsprechend der Methode der Dialektik (2 a) denkend; **dialektischer Materialismus:** wissenschaftliche Lehre des Marxismus von den allgemeinen Bewegungs-, Entwicklungs- u. Strukturgesetzen der Natur u. der Gesellschaft (Abk.: Diamat). 4. haarspalterisch, spitzfindig

Di|a|lek|tis|mus *der; -, ...men:* dialektaler Ausdruck

Di|a|lek|to|lo|gie *die; - ⟨gr.-nlat.⟩:* Mundartforschung. **di|a|lek|to|lo|gisch:** die Dialektologie betreffend

Di|al|lag *der; -s, -e ⟨gr.-nlat.⟩:* ein Mineral

Di|al|le|le *die; -, -n ⟨gr.⟩:* sich im Kreis bewegende Art des Denkens; Fehlschluss; vgl. Circulus vitiosus (1)

Di|a|log *der; -[e]s, -e ⟨gr.-lat.-fr.⟩:* a) von zwei Personen abwechselnd geführte Rede u. Gegenrede, Wechselrede; Ggs. ↑ Monolog (b); b) Gespräch, das zwischen zwei Gruppierungen geführt wird, um sich u. die gegenseitigen Standpunkte kennen zu lernen

di|a|lo|gisch: in Dialogform **di|a|lo|gi|sie|ren:** in Dialogform gestalten

Di|a|lo|gis|mus *der; - ⟨gr.-lat.-nlat.⟩:* (Rhet., Stilk.) rhetorische Figur in Form von Fragen, die ein Redner gleichsam im Selbstgespräch an sich selbst richtet u. auch selbst beantwortet

Di|a|lo|gist *der; -en, -en:* Bearbeiter der Dialoge im Drehbuch.

Di|a|lo|gis|tin *die; -, -nen:* weibliche Form zu ↑ Dialogist

Di|a|ly|pe|ta|le *die; -, -n (meist Plural) ⟨gr.-nlat.⟩:* Pflanze mit einer Kelch u. [freiblättrige] Krone gegliederten Blüte

Di|a|ly|sat *das; -[e]s, -e:* durch ↑ Dialyse gewonnener ↑ Extrakt (1) aus frischen Pflanzen

Di|a|ly|sa|tor *der; -s, ...oren:* Gerät zur Durchführung der Dialyse

Di|a|ly|se *die; -, -n ⟨gr.; „Auflö-*

sung, Trennung"⟩: a) Blutreinigung mittels einer künstlichen Niere; Blutwäsche; b) Verfahren zur Trennung niedermolekularer von höhermolekularen Stoffen mittels einer Membran, die nur für erstere durchlässig ist

Di|a|ly|se|ap|pa|rat *der; -[e]s, -e:* Gerät zur Reinigung des Blutes von Giftstoffen, das bei einem Versagen der Nieren deren Funktion übernimmt; künstliche Niere

Di|a|ly|se|zen|t|rum *das; -s, ...tren:* Spezialklinik, in der Dialysen (1) vorgenommen werden

di|a|ly|sie|ren: eine Dialyse durchführen

di|a|ly|tisch: a) auf Dialyse beruhend; b) auflösend; zerstörend

di|a|ma|g|ne|tisch ⟨gr.-nlat.⟩: den Diamagnetismus betreffend

Di|a|ma|g|ne|tis|mus *der; -:* a) Eigenschaft von Stoffen, deren ↑ Moleküle kein magnetisches Moment enthalten; b) Wissenschaft von den Eigenschaften diamagnetischer Stoffe

¹Di|a|mant *der; -en, -en ⟨gr.-lat.-vulgärlat.-fr.; „Unbezwingbarer"⟩:* aus reinem Kohlenstoff bestehender wertvoller Edelstein von sehr großer Härte

²Di|a|mant *die; -:* (Druckw.) kleinster Schriftgrad (4 Punkt)

di|a|man|ten: a) aus ¹Diamant; b) fest wie ¹Diamant; **diamantene Hochzeit:** der 60., mancherorts auch der 75. Jahrestag der Hochzeit

Di|a|man|ti|ne *die; -* u. **Di|a|man|tit** [auch: ...'tɪt] *das; -s:* ein Poliermittel

Di|a|mat *der; -[s]:* ↑ dialektischer Materialismus

di|a|me|ter *der; -s, -e ⟨gr.-lat.⟩:* Durchmesser eines Kreises u. einer Kugel

di|a|me|t|ral: völlig entgegengesetzt

di|a|me|t|risch ⟨gr.⟩: dem Durchmesser entsprechend

Di|a|mid *das; -s ⟨Kunstw.⟩:* ↑ Hydrazin

Di|a|min *das; -s, -e ⟨Kunstw.⟩:* (Chem.) organische Verbindung mit zwei Aminogruppen

Di|a|ne|tik *die; - ⟨amerik. Fantasiebildung zu ↑ Dianoetik⟩:* von L. R. Hubbard, dem Begründer der Scientology, vertretene medizinische Theorie, dass alle Krankheiten mit psychothera-

peutischen Mitteln geheilt werden können

Di|a|no|e|tik *die; - ⟨gr.⟩:* (Philos.) die Lehre vom Denken; die Kunst des Denkens. **di|a|no|e|tisch:** (Philos.) denkend, den Verstand betreffend

Di|a|pa|son *der* (auch: *das); -s, -s* u. ...one ⟨gr.-lat.; „durch alle (Töne)"⟩: ursprünglicher Name der altgriechischen Oktave

Di|a|pau|se *die; -, -n ⟨gr.; „das Dazwischenausruhen"⟩:* (Biol.) in seinem Verlauf meist erblich festgelegter, jedoch durch äußere Einflüsse ausgelöster Ruhezustand während der Entwicklung vieler Tiere

Di|a|pe|de|se *die; -, -n ⟨gr.⟩:* (Med.) Durchtritt von Blutkörperchen durch eine unverletzte Gefäßwand

di|a|phan ⟨gr.⟩: durchscheinend, durchsichtig. **Di|a|pha|nie** *die; -, ...ien:* durchscheinendes Bild. **Di|a|pha|ni|tät** *die; - ⟨gr.⟩:* (Meteor.) Durchlässigkeit in Bezug auf Lichtstrahlen

Di|a|pha|no|s|kop *das; -s, -e:* (Med.) Instrument zum Durchführen einer Diaphanoskopie. **Di|a|pha|no|s|ko|pie** *die; -, ...ien:* Untersuchung, bei der Körperteile u. Körperhöhlen (z. B. die Nasennebenhöhle) durch eine dahinter gehaltene Lichtquelle durchleuchtet werden, um krankhafte Veränderungen anhand von Schatten festzustellen

Di|a|pho|nie, auch: Diafonie *die; -, ...ien ⟨gr.-lat.⟩:* 1. Missklang, Dissonanz in der altgriechischen Musik. 2. ↑ Organum (1)

Di|a|pho|ra *die; - ⟨gr.; „Verschiedenheit"⟩:* (Rhet.) 1. Darlegung, Betonung des Unterschieds zweier Dinge. 2. Hervorhebung der Bedeutungsverschiedenheit eines im Text wiederholten Satzgliedes durch Emphase der Zweitsetzung (z. B. O Kind, meine Seele und meines Kind!; Shakespeare)

Di|a|pho|re|se *die; -, -n ⟨gr.-lat.⟩:* (Med.) Schweißabsonderung

Di|a|pho|re|ti|kum *das; -s, ...ka:* schweißtreibendes Mittel. **di|a|pho|re|tisch:** schweißtreibend

Di|a|phrag|ma *das; -s, ...men ⟨gr.-lat.⟩:* 1. (Med.) Zwerchfell. 2. durchlässige Scheidewand

D

bei Trennverfahren (z. B. bei ↑ Osmose u. ↑ Filtration). 3. Empfängnisverhütungsmittel in Form eines kleinen, in die Scheide einzuführenden Spiralrings. 4. Austrittsstelle des Dampfstrahls bei Vakuumpumpen. 5. (veraltet) Blende (in der Optik)

Di|a|ph|tho|re|se *die; -, -n* ⟨*gr.-nlat.*⟩: (Geol.) Umbildung durch rückschreitende ↑ Metamorphose (4)

Di|a|ph|tho|rit [auch: …'rɪt] *der; -s, -e:* (Geol.) Gestein, das durch Diaphthorese entstanden ist

Di|a|phy|se *die; -, -n* ⟨*gr.*⟩: (Med.) Teil der Röhrenknochen zwischen den beiden ↑ Epiphysen (2)

Di|a|pir *der; -s, -e* ⟨*gr.-nlat.*⟩: pfropfen- od. pilzförmige Gesteinskörper, meist Salz

Di|a|pir|fal|tung *die; -, -en:* (Geol.) Verfaltung u. Durchknetung des Gesteins beim Emporsteigen eines Diapirs

Di|a|po|si|tiv [auch: …'ti:f] *das; -s, -e* ⟨*gr.; lat.*⟩: durchsichtiges fotografisches Bild (zum ↑ Projizieren auf eine weiße Fläche)

Di|a|pro|jek|tor *der; -s, -en:* Gerät zum Vorführen von Diapositiven

Di|ä|re|se u. **Di|ä|re|sis** *die; -, …re|sen* ⟨*gr.-lat.*⟩: 1. getrennte Aussprache zweier Vokale, die nebeneinander stehen u. eigentlich einen ↑ Diphthong ergäben (z. B. Dejsmus, najv). 2. Einschnitt im Vers, an dem das Ende des Wortes u. des Versfußes (der rhythmischen Einheit) zusammenfallen (z. B. Du siehst, wohin du siehst ‖ nur Eitelkeit auf Erden; Gryphius). 3. (Rhet.) Aufgliederung eines Hauptbegriffs in mehrere Unterbegriffe. 4. (Philos.) Begriffszerlegung, Teilung eines Begriffs bis zum Unteilbaren. 5. (Med.) Zerreißung eines Gefäßes mit Blutaustritt in die Umgebung

Di|a|ri|um *das; -s, …ien* ⟨*lat.*⟩: (veraltet) Buch, stärkeres Heft für [tägliche] Eintragungen

Di|ar|rhö *die; -, -en* ⟨*gr.-lat.; „Durchfluss“*⟩: Durchfall. **di|ar-rhö|isch** ⟨*gr.*⟩: mit Durchfall verbunden

Di|ar|th|ro|se *die; -, -n* ⟨*gr.; „Ver-*gliederung, Gliederbildung“⟩: (Med.) Kugelgelenk

di|a|s|chist […'sçɪst u. …'ʃɪst] ⟨*gr.-nlat.*⟩: (Geol.) in der chemischen Zusammensetzung von der verwandter Gesteine abweichend

Di|a|show […'ʃoʊ] *die; -, -s:* [effektvolle] Vorführung von Dias [zu einem bestimmten Thema]

Di|a|s|keu|ast *der; -en, -en* ⟨*gr.*⟩: Bearbeiter eines literarischen Werkes, bes. der homerischen Epen. **Di|a|s|keu|as|tin** *die; -, -nen:* weibliche Form zu ↑ Diaskeuast

Di|a|s|kop *das; -s, -e:* ↑ Diaprojektor

Di|a|s|ko|pie *die; -, …ien:* 1. (Med.) Röntgendurchleuchtung. 2. medizinische Methode zur Untersuchung der Haut

Di|a|s|por *der; -s, -e* ⟨*gr.-nlat.*⟩: ein Mineral

Di|a|s|po|ra *die; -* ⟨*gr.; „Zerstreuung“*⟩: a) Gebiet, in dem die Anhänger einer Konfession (auch Nation) gegenüber einer anderen in der Minderheit sind; b) eine konfessionelle (auch nationale) Minderheit

Di|a|s|ta|se *die; -, -n* ⟨*gr.; „das Auseinanderstehen; Spaltung“*⟩: 1. (ohne Plural) ↑ Amylase. 2. (Med.) anatomische Lücke zwischen Knochen od. Muskeln, die durch Auseinanderklaffen zweier Gelenkflächen od. zweier Muskeln entsteht

Di|a|s|te|ma *das; -s, …ste|mata* ⟨*gr.-lat.; „Zwischenraum, Abstand“*⟩: (Med.) angeborene Zahnlücke (bes. zwischen den oberen Schneidezähnen)

Di|a|s|to|le [di'astole, auch: dia's-to:lə] *die; -, …olen* ⟨*gr.-lat.*⟩: 1. (Med.) mit der Zusammenziehung rhythmisch abwechselnde Erweiterung des Herzens. 2. (antike Metrik) Dehnung eines kurzen Vokals aus Verszwang; Ggs. ↑ Systole. **di|a-s|to|lisch:** die Diastole betreffend, auf ihr beruhend, zur Diastole gehörend

di|a|s|trat, di|a|s|tra|tisch ⟨*gr.; lat.*⟩: (Sprachw.) die schichtenspezifischen Unterschiede einer Sprache betreffend; vgl. …isch/-

Di|a|sys|tem *das; -s, -e* ⟨*gr.; gr.-lat.*⟩: (Sprachw.) [übergeordne-*tes] System, in dem verschiedene Systeme in Abhängigkeit voneinander funktionieren

di|ät ⟨*gr.-lat.*⟩: den Vorschriften einer Diät folgend, der Ernährung durch Diät entsprechend.

Di|ät *die; -* ⟨*gr.; „Lebensweise“*⟩: Krankenkost, Schonkost; auf die Bedürfnisse eines Kranken, Übergewichtigen o. Ä. abgestimmte Ernährungsweise; vgl. Diäten

Di|ä|tar *der; -s, -e* ⟨*lat.-nlat.*⟩: (veraltet) [bei Behörden] auf Zeit Angestellter, Hilfsarbeiter. **di|ä-ta|risch:** gegen Tagegeld

Di|ät|as|sis|tent *der; -en, -en:* Fachkraft, die bei der Aufstellung von Diätplänen beratend mitwirkt. **Di|ät|as|sis|ten|tin** *die; -, -nen:* weibliche Form zu ↑ Diätassistent

Di|ä|ten *die* (Plural) ⟨*lat.-mlat.-fr.*⟩: a) Bezüge der Abgeordneten [im Bundestag] in Form von Tagegeld, Aufwandsentschädigung u. a.; b) Einkommen bestimmter außerplanmäßiger Lehrkräfte (Diätendozenten) an Hochschulen

Di|ä|te|tik *die; -, -en* ⟨*gr.-lat.-nlat.*⟩: (Med.) Ernährungs-, Diätlehre

Di|ä|te|ti|kum *das; -s, …ka:* für eine ↑ Diät geeignetes Nahrungsmittel

di|ä|te|tisch: der Diätetik gemäß

Di|a|thek *die; -, -en* ⟨*gr.*⟩: Sammlung von ↑ Diapositiven

di|a|ther|man ⟨*gr.-nlat.*⟩: (Meteor., Phys., Med.) wärmedurchlässig, Wärmestrahlen nicht absorbierend (z. B. bestimmte Gase)

Di|a|ther|ma|ni|tät u. **Di|a|ther-man|sie** *die; -:* (Meteor.) Durchlässigkeit (für Wärmestrahlen)

Di|a|ther|mie *die; -:* (Med.) Heilverfahren, bei dem Hochfrequenzströme Gewebe im Körperinnern durchwärmen

Di|a|the|se *die; -, -n* ⟨*gr.*⟩: besondere Bereitschaft des Organismus zu bestimmten krankhaften Reaktionen (z. B. zu Blutungen); Veranlagung für bestimmte Krankheiten

Di|ä|thy|len|gly|kol, chem. fachspr.: Diethylenglykol *das; -s* ⟨*gr.-nlat.*⟩: (Chem.) Bestandteil von Gefrierschutzmitteln u. a.

di|ä|tisch ⟨*gr.-lat.-nlat.*⟩: die Ernährung betreffend

Di|lä|tis|tin die; -, -nen: ↑ Diätassistentin

Di|la|to|mee die; -, ...me̱en (meist Plural) ⟨gr.-nlat.⟩: Kieselalge (einzelliger pflanzlicher Organismus)

Di|la|to|me̱en|er|de die; -: Kieselgur, Ablagerung von Diatomeen im Süßwasser bei niederen Temperaturen

Di|la|to|mi̱t [auch: ...ˈmɪt] der; -s: Sedimentgestein aus verfestigtem Diatomeenschlamm

Di|la|to|nik die; - ⟨gr.-nlat.⟩: Dur-Moll-Tonleitersystem mit 7 Stufen (Ganz- u. Halbtöne); Ggs. ↑ Chromatik (1). **di|la|to|nisch** ⟨gr.-lat.⟩: in der Tonfolge einer Dur- od. Molltonleiter folgend; Ggs. ↑ chromatisch (1)

di|la|to|pisch ⟨gr.⟩: (Sprachw.) die landschaftlich bedingten Unterschiede sprachlicher Formen betreffend

Di|la̱t|re̱t|glas das; -es, ...gläser ⟨gr.-spätlat.; dt.⟩: aus altrömischer Zeit stammendes prunkvolles Gefäß aus Glas, das mit einem kunstvollen gläsernen Netzwerk überzogen ist

Di|la̱t|ri|be die; -, -n ⟨gr.-lat.⟩: a) (Literaturw.) in Vers oder Prosa abgefasste [satirische] Moralpredigt [mit fingiertem Dialog]; b) gelehrte Streitschrift; weitläufige kritische Abhandlung

Di|la̱|vo̱|lo der; -, ...li ⟨gr.-lat.-it.⟩: ital. Bez. für: Teufel

Di|la̱|zin das; -s, -e ⟨Kunstw.⟩: (Chem.) sechsgliedrige Ringverbindung mit zwei Stickstoffatomen im Ring

Di|la̱|zo|ty|pie die; - ⟨Kunstw.⟩: (Fototechnik) Lichtpausverfahren

Di|bi|bel|ma|schi|ne die; -, -n ⟨engl.; gr.-lat.-fr.⟩: eine Sämaschine, die dibbelt

dib|beln ⟨engl.⟩: in Reihen mit größeren Abständen säen

Di|b|buk der; -[s], -s ⟨hebr.; „das Anhaften"⟩: (in der Kabbalistik) sündige Seele eines Toten, die als böser Geist von einem Menschen Besitz ergreift u. ihn quält

Di|bo̱th|ri|o|ce̱|pha|lus der; -, ...li ⟨gr.-nlat.⟩: Fischbandwurm

Di|bra̱|chys der; -, - ⟨gr.-lat.⟩: ↑ Pyrrhichius

Di|ce̱n|t|ra die; -, ...rae [...rɛ] ⟨gr.-nlat.⟩: Gattung aus der Familie der Mohngewächse (z. B. die Gartenpflanze Tränendes Herz)

Di|cha|si|um [dɪˈça:...] das; -s, ...ien ⟨gr.-nlat.⟩: (Bot.) zweigabeliger zymöser (trugdoldiger) Blütenstand (vom Hauptspross entspringen zwei Seitenzweige, die sich ihrerseits auf die gleiche Weise verzweigen)

Di|chol|ga|mie [dɪço...] die; - ⟨gr.-nlat.⟩: (Bot.) zeitlich getrennte Reife der weiblichen u. männlichen Geschlechtsorgane, wodurch die Selbstbestäubung bei Zwitterblüten verhindert wird

Di|cho|re̱|us [dɪço...] der; -, ...een ⟨gr.-lat.⟩: doppelter ↑ Trochäus (– ‿ – ‿)

di|cho|to̱m u. dichotomisch [dɪço...] ⟨gr.; „zweigeteilt"⟩: 1. gegabelt (von Pflanzensprossen). 2. in Begriffspaare eingeteilt; vgl. Dichotomie (2); vgl. ...isch/-. **Di|cho|to|mie** die; -, ...ien: 1. Zweiteilung des Pflanzensprosses (die Hauptachse gabelt sich in zwei gleich starke Nebenachsen). 2. a) Zweiteilung, Gliederung (z. B. eines Gattungsbegriffs in zwei Arten); b) Gliederung eines Oberbegriffs in einen darin enthaltenen Begriff u. dessen Gegenteil. **di|cho|to|misch** vgl. dichotom

Di|chro|i̱s|mus [dikro...] der; - ⟨gr.-nlat.⟩: Eigenschaft vieler ↑ Kristalle (1), Licht nach verschiedenen Richtungen in zwei Farben zu zerlegen; vgl. Pleochroismus. **di|chro|i̱|tisch**: in verschiedenen Richtungen in zwei Farben zeigend

Di|chro|ma|sie u. Dichromatopsie die; -, ...ien: (Med.) Farbenblindheit, bei der nur zwei der drei Grundfarben erkannt werden

Di|chro|ma̱t das; -[e]s, -e: Salz der Dichromsäure

di|chro|ma̱|tisch: zweifarbig

Di|chro|ma̱t|op|sie vgl. Dichromasie

Di|chro|mie die; -, ...ien: verschiedene Färbung von zwei Tieren der gleichen Art (meist in Abhängigkeit vom Geschlecht)

Di|chro̱m|säu|re die; -, -n: Säure mit zwei Atomen Chrom im Molekül

Di|chro̱s|kop das; -s, -e: besondere Lupe zur Erkennung des ↑ Dichroismus od. ↑ Pleochroismus bei Kristallen. **di|chro̱s|ko-**

pisch: a) das Dichroskop betreffend; b) mithilfe des Dichroskops

Dic|ti|on|naire [dɪksi̯ɔˈnɛːɐ̯] das (auch: der); -s, -s: ↑ Diktionär

Di|da̱k|tik die; -, -en ⟨gr.-nlat.⟩: 1. (ohne Plural) Lehre vom Lehren u. Lernen; Unterrichtslehre, -kunde. 2. a) Theorie der Bildungsinhalte, Methode des Unterrichtens; b) Abhandlung, Darstellung einer didaktischen Theorie. **Di|da̱k|ti|ker** der; -s, -: a) Fachvertreter der Unterrichtslehre; b) jmd., der einer Gruppe von Personen einen Lehrstoff vermittelt. **Di|da̱k|tike|rin** die; -, -nen: weibliche Form zu ↑ Didaktiker. **di|da̱ktisch**: a) die Vermittlung von Lehrstoff, das Lehren u. Lernen betreffend; b) für Unterrichtszwecke geeignet; c) belehrend, lehrhaft

di|da̱k|ti|sie|ren: einen Lehrstoff didaktisch aufbereiten. **Di|da̱kti|sie|rung** die; -, -en: das Didaktisieren

Di|da̱s|ka̱|li|en die (Plural): 1. Anweisungen altgriechischer Dramatiker für die Aufführung ihrer Werke. 2. in der Antike urkundliche Verzeichnisse der aufgeführten Dramen mit Angaben über Titel, Dichter, Schauspieler, Ort u. Zeit der Aufführung usw.

Di|da̱|xe die; -, -n ⟨gr.⟩: Lehre, Lehrhaftigkeit, ↑ Didaktik

Did|ge|ri|doo [dɪdʒəriˈduː] das; -s, -s ⟨engl.⟩: langes, röhrenförmiges Blasinstrument der australischen Ureinwohner

Di|do̱t|sys|tem, Di|do̱t-Sys|tem [diˈdo:...] das; -s ⟨nach dem franz. Buchdrucker F. A. Didot, 1730–1804⟩: gegenüber älteren Verfahren wesentlich verbessertes typographisches Maßsystem

Di|dym das; -s ⟨gr.-nlat.⟩: ein Seltenerdmetall (Gemisch aus den chemischen Elementen ↑ Praseodym u. ↑ Neodym)

Di|dy|mi̱|tis die; -, ...iti̱den: (Med.) Hodenentzündung

di|dy|na̱|misch ⟨gr.-nlat.⟩: (Bot.) zwei lange u. zwei kurze Staubblätter aufweisend (bei Zwitterblüten)

Di|e|ge̱|se die; -, -n ⟨gr.⟩: (veraltet) weitläufige Erzählung, Ausführung, Erörterung. **die|ge|tisch:** (veraltet) erzählend, erörternd

Die|hard ['daɪhɑːd] *der; -s, -s* ⟨*engl.; nach dem Ausruf „die hard!" = verkaufe dein Leben teuer!, dem Wahlspruch des 57. engl. Regiments zu Fuß*⟩: Anhänger des äußersten rechten Flügels der Konservativen in England

Di|e|lek|t|ri|kum *das; -s, ...ka* ⟨*gr.-nlat.*⟩: luftleerer Raum od. isolierende Substanz, in der ein elektrisches Feld ohne Ladungszufuhr erhalten bleibt

di|e|lek|t|risch: elektrisch nicht leitend (von bestimmten Stoffen)

Di|e|lek|t|ri|zi|täts|kon|s|tan|te *die; -[n], -n:* Wert, der die elektrischen Eigenschaften eines Stoffes kennzeichnet

Di|en *das; -s, -e* ⟨*nlat.*⟩: (Chem.) ein ungesättigter Kohlenwasserstoff

Di|es *der; - -* ⟨*lat.*⟩: Kurzform von ↑ Dies academicus

Di|es a|ca|de|mi|cus *der; - -* ⟨*lat.; gr.-lat.*⟩: vorlesungsfreier Tag an der Universität, an dem aus besonderem Anlass eine Feier od. Vorträge angesetzt sind

Di|es a|ter *der; - -* ⟨*lat.; „schwarzer Tag"*⟩: Unglückstag

Di|e|se vgl. Diesis

Di|es I|rae [- 'iːre] *das; - -* ⟨*lat.; „Tag des Zorns"*⟩: Bezeichnung u. Anfang der Sequenz der Totenmesse

Di|e|sis u. Diese *die; -, Diesen* ⟨*gr.-lat.*⟩: (Mus. veraltet) Erhöhungszeichen um einen halben Ton

Di|e|thy|len|gly|kol vgl. Diäthylenglykol

Dieu le veut [djøl'vø] ⟨*fr.; „Gott will es"*⟩: Kampfruf der Kreuzfahrer auf dem ersten Kreuzzug (1096–99)

Dif|fal|co *der; -[s], -s u. ...chi* [...ki] ⟨*it.*⟩: (veraltet) Preisnachlass, Rabatt; vgl. Dekort (2)

Dif|fa|ma|ti|on *die; -, -en* ⟨*lat.-nlat.*⟩: ↑ Diffamierung; vgl. ...ation/...ierung

dif|fa|ma|to|risch: ehrenrührig, verleumderisch

Dif|fa|mie *die; -, ...ien* ⟨*lat.-fr.*⟩: 1. (ohne Plural) verleumderische Bosheit. 2. Beschimpfung, verleumderische Äußerung

dif|fa|mie|ren: jmdn. in seinem Ansehen, etwas in seinem Wert

herabsetzen, verunglimpfen; jmdn./etwas in Verruf bringen.

Dif|fa|mie|rung *die; -, -en:* Verleumdung, Verbreitung übler Nachrede; vgl. ...ation/...ierung

dif|fe|rent ⟨*lat.*⟩: verschieden, ungleich

dif|fe|ren|ti|al usw. vgl. differenzial usw.

Dif|fe|ren|ti|at usw. vgl. Differenziat usw.

dif|fe|ren|ti|ell vgl. differenziell

Dif|fe|renz *die; -, -en* ⟨*lat.*⟩: 1. Unterschied (zwischen bestimmten Werten, Maßen o. Ä.). 2. (Math.) Ergebnis einer ↑ Subtraktion. 3. (meist Plural) Meinungsverschiedenheit, Unstimmigkeit, Zwist

Dif|fe|ren|zen|quo|ti|ent *der; -en, -en:* (Math.) Quotient aus der Differenz zweier Funktionswerte (vgl. Funktion 2) u. der Differenz der entsprechenden ↑ Argumente (3)

Dif|fe|ren|zge|schäft *das; -[e]s, -e:* Börsentermingeschäft, bei dem nicht Lieferung u. Bezahlung des Kaufobjekts, sondern nur die Zahlung der Kursdifferenz zwischen Vertragskurs u. Kurs am Erfüllungstag an den gewinnenden Partner vereinbart wird

dif|fe|ren|zi|al, auch: differential ⟨*lat.-nlat.*⟩: ↑ differenziell. **Dif|fe|ren|zi|al**, auch: Differential *das; -s, -e:* 1. (Math.) Zuwachs einer Funktion (2) bei einer [kleinen] Änderung ihres Arguments (3). 2. Kurzform von ↑ Differenzialgetriebe

Dif|fe|ren|zi|al|a|na|ly|sa|tor, auch: Differentialanalysator *der; -s, -en:* Rechenmaschine zur Lösung von Differenzialgleichungen

Dif|fe|ren|zi|al|di|a|g|no|se, auch: Differentialdiagnose *die; -, -n:* a) Krankheitsbestimmung durch unterscheidende, abgrenzende Gegenüberstellung mehrerer Krankheitsbilder mit ähnlichen Symptomen; b) jede der bei der Differenzialdiagnostik konkurrierenden Diagnosen (1). **Dif|fe|ren|zi|al|di|a|g|nos|tik**, auch: Differentialdiagnostik *die; -:* ↑ Differentialdiagnose (a)

Dif|fe|ren|zi|al|ge|o|me|t|rie, auch: Differentialgeometrie *die; -:* Gebiet der Mathematik, in dem

die Differenzialrechnung auf Flächen u. Kurven angewandt wird

Dif|fe|ren|zi|al|ge|trie|be, auch: Differentialgetriebe *das; -s, -:* Ausgleichsgetriebe bei Kraftfahrzeugen

Dif|fe|ren|zi|al|glei|chung, auch: Differentialgleichung *die; -, -en:* Gleichung, in der Differenzialquotienten auftreten

Dif|fe|ren|zi|al|quo|ti|ent, auch: Differentialquotient *der; -en, -en:* a) Grundgröße der Differenzialrechnung; b) Grenzwert des ↑ Quotienten, den der Tangentenwinkel bestimmt

Dif|fe|ren|zi|al|rech|nung, auch: Differentialrechnung *die; -:* Teilgebiet der höheren Mathematik

Dif|fe|ren|zi|al|ren|te, auch: Differentialrente *die; -, -n:* Einkommen, das unter Voraussetzung unterschiedlicher Produktionskosten allen Produzenten mit niedrigeren Produktionskosten zufließt

Dif|fe|ren|zi|at, auch: Differentiat *das; -s, -e:* durch Differenziation (1 b) entstandenes Mineral u. Gestein

Dif|fe|ren|zi|a|ti|on, auch: Differentiation *die; -, -en:* 1. (Geol.) a) Aufspaltung einer Stammschmelze in Teilschmelzen; b) Abtrennung von Mineralien aus Schmelzen während der Gesteinswerdung. 2. Anwendung der Differenzialrechnung

Dif|fe|ren|zi|a|tor, auch: Differentiator *der; -s, ...oren:* ↑ Derivator

dif|fe|ren|zi|ell, auch: differentiell: einen Unterschied begründend od. darstellend; **differenzielle Psychologie:** Bereich der Psychologie, der das Erleben u. Verhalten des Einzelnen bes. unter dem Aspekt der individuellen Unterschiede betrachtet (nach L. W. Stern)

Dif|fe|ren|zier|bar|keit *die; -:* Eignung einer Funktion (2) zur Differenziation (2)

dif|fe|ren|zie|ren ⟨*lat.-nlat.*⟩: 1. a) fein trennen; genau, bis ins Einzelne unterscheiden; b) sich differenzieren: sich aufgliedern, Konturen gewinnen. 2. (Math.) eine Funktion (2) nach den Regeln der Differenzialrechnung behandeln. 3. Überfärbung von mikroskopischen Präparaten (Einzellern, Gewebsschnitten) mithilfe von Alkohol od. Säuren auf unterschiedliche Intensitätsstufen zurückführen (zum Zwecke besserer Unterscheidbarkeit einzelner Strukturen)

dif|fe|ren|ziert: aufgegliedert, vielschichtig, in die Einzelheiten gehend

Dif|fe|ren|zie|rung *die; -, -en*: 1. Unterscheidung, Sonderung, Abstufung, Abweichung, Aufgliederung. 2. a) Bildung verschiedener Gewebe aus ursprünglich gleichartigen Zellen; b) (Med.) charakteristische Ausprägung eines Tumors mit weitgehender Angleichung an das ihn umgebende Ausgangsgewebe; c) (Biol.) Aufspaltung systematischer Gruppen im Verlauf der Stammesgeschichte

Dif|fe|renz|ton *der; -[e]s, ...töne*: ↑ Kombinationston

dif|fe|rie|ren *⟨lat.⟩*: verschieden sein, voneinander abweichen

dif|fi|zil *⟨lat.-fr.⟩*: schwierig, schwer zu behandeln, zu bewältigen, zu handhaben aufgrund der komplizierten Gegebenheiten

Dif|flu|enz *die; -, -en ⟨lat.⟩*: (Geol.) Gabelung eines Gletschers; Ggs. ↑ Konfluenz

dif|form *⟨lat.-nlat.⟩*: fehlgebildet.

Dif|for|mi|tät *die; -, -en*: (Med.) Fehlbildung

dif|frakt *⟨lat.⟩*: (Bot.) zerbrochen

Dif|frak|ti|on *die; -, -en ⟨lat.-nlat.⟩*: (Phys.) Beugung der Lichtwellen und anderer Wellen

dif|fun|die|ren *⟨lat.⟩*: 1. (Chem.) eindringen, verschmelzen. 2. (Phys.) zerstreuen (von Strahlen)

dif|fus: 1. (Chem., Phys.) zerstreut, ohne genaue Abgrenzung; **diffuses Licht**: Streulicht; Licht ohne geordneten Strahlenverlauf; **diffuse Reflexion**: Lichtbrechung an rauen Oberflächen. 2. unklar, verschwommen

Dif|ful|sat *das; -s, -e ⟨lat.-nlat.⟩*: (Chem.) durch Diffusion entstandene Mischung; Produkt einer Verschmelzung verschiedener Stoffe

Dif|fu|si|on *die; -, -en ⟨lat.; „das Auseinanderfließen"⟩*: 1. a) (Chem.) ohne äußere Einwirkung eintretender Ausgleich

von Konzentrationsunterschieden; b) (Phys.) Streuung des Lichts. 2. (Bergbau) Wetteraustausch. 3. Auslaugung (bei der Zuckerherstellung)

Dif|fu|sor *der; -s, ...oren ⟨lat.-nlat.⟩*: 1. (Strömungstechnik) Rohrleitungsteil, dessen Querschnitt sich erweitert. 2. (Fotogr.) transparente, Licht streuende Plastikscheibe zur Erweiterung des Messwinkels bei Lichtmessern. 3. aufsetzbare Vorrichtung für Haartrockner zur besseren Verteilung der Luft

Di|gam|ma *das; -[s], -s ⟨gr.⟩*: Buchstabe im ältesten griechischen Alphabet (Ϝ)

di|gen *⟨gr.-nlat.⟩*: (Biol.) durch Verschmelzung zweier Zellen gezeugt

di|ge|rie|ren *⟨lat.; „auseinander tragen, zerteilen"⟩*: 1. (Chem.) lösliche Drogenanteile auslaugen, ausziehen. 2. (Med.) verdauen

Di|gest *['daɪdʒest] der od. das; -[s], -s ⟨lat.-engl.⟩*: a) bes. in den angelsächsischen Ländern übliche Art von Zeitschriften, die Auszüge aus Büchern, Berichten usw. bringen; b) Auszug [aus einem Buch od. Bericht]

Di|ges|ten *die* (Plural) *⟨lat.; „Geordnetes"⟩*: Gesetzsammlung des Justinian, Bestandteil des ↑ Corpus Iuris Civilis

Di|ges|tif *[auch: diʒɛs'ti:f] der; -s, -s ⟨lat.-engl.⟩*: die Verdauung anregendes alkoholisches Getränk, das nach dem Essen getrunken wird

Di|ges|ti|on *die; -, -en*: 1. (Chem.) Auslaugung, Auszug. 2. (Med.) Verdauung

di|ges|ti|v *⟨lat.-mlat.⟩*: (Med.) a) die Verdauung betreffend; b) die Verdauung fördernd

Di|ges|ti|vum *das; -s, ...va*: verdauungsförderndes Mittel

Di|ges|tor *der; -s, ...oren ⟨lat.-nlat.⟩*: 1. Raum od. Einrichtung mit erhöhtem Luftaustausch in einem ↑ Laboratorium. 2. (veraltet) Dampfkochtopf. 3. Gefäß zum ↑ Digerieren (1)

di|gie|ren *⟨engl.⟩*: 1. (ugs.) begreifen, durchschauen. 2. (Drogenszene) Drogen konsumieren

Di|gi|ger *der; -s, - ⟨engl.; „Ausgräber"⟩*: Goldgräber

Di|gi|ma|tik *die; - ⟨lat.; gr.⟩*: elek-

tronische Zähltechnik; Wissenschaft von der ↑ digitalen Informationsverarbeitung

Di|gi|pu|la|ti|on *die; -, -en ⟨Kurzw. aus ↑ ²digital u. ↑ Manipulation⟩*: Manipulation (2) von Daten

Di|git *['dɪdʒɪt] das; -[s], -s ⟨lat.-engl.⟩*: (Techn.) Ziffer, Stelle (in der Anzeige eines elektronischen Geräts)

¹di|gi|tal *⟨lat.⟩*: (Med.) mit dem Finger

²di|gi|tal *⟨lat.-engl.⟩*: Signale, Daten in Ziffern (d. h. in Schritten u. nicht stufenlos bzw. analog) darstellend od. dargestellt; digitalisiert od. digital (2) arbeitend; Ggs. ↑ analog (2)

Di|gi|tal-a|na|log-Kon|ver|ter *der; -s, -*: elektronische Schaltung, die digitale Eingangssignale in analoge Ausgangssignale umsetzt; Ggs. ↑ Analog-digital-Konverter

¹Di|gi|ta|lis *die; -, - ⟨lat.⟩*: Fingerhut

²Di|gi|ta|lis *das; - ⟨lat.⟩*: (Med.) aus den Blättern des Fingerhutes gewonnenes starkes Herzmittel

di|gi|ta|li|sie|ren *⟨lat.-engl.⟩*: analoge Signale, Daten in digitale Werte (meist ↑ Binärziffern) umwandeln

Di|gi|tal|ka|me|ra *die; -, -s*: Kamera, bei der die Bilder in digitaler Form gespeichert werden

Di|gi|tal|rech|ner *der; -s, -*: mit nicht zusammenhängenden Einheiten (Ziffern, Buchstaben) arbeitende Rechenanlage; elektronischer Rechner, der mit ↑ Binärziffern arbeitet; Ggs. ↑ Analogrechner

Di|gi|tal|tech|nik *die; -*: Teilgebiet der Informationstechnik u. Elektronik, das sich mit der Erfassung, Darstellung, Verarbeitung u. Übertragung digitaler Größen befasst

Di|gi|tal|ton|band *das; -[e]s, ...bänder*: Magnetband, bei dem die Aufnahme akustischer Signale digital (u. dadurch in hoher Qualität) erfolgt

Di|gi|tal|uhr *die; -, -en*: Uhr, die die Uhrzeit nicht mit Zeigern angibt, sondern als Zahl (z. B. 18.20); Ggs. ↑ Analoguhr

Di|gi|to|xin *das; -s*: wirksamster u. giftigster Bestandteil der Digitalisblätter

Di|gi|tus *der; -, ...ti ⟨lat.⟩*: (Med.) 1. Finger. 2. Zehe

Di|glos|sie *die; -, ...ien ⟨gr.⟩*: Form der Zweisprachigkeit, bei der die eine Sprachform die Standard- od. Hochsprache darstellt, während die andere im täglichen Gebrauch, in informellen Texten auftritt

Di|glyph *der;* -s, -e ⟨*gr.;* „Zweischlitz"⟩: Platte mit zwei Schlitzen als Verzierung am Fries (bes. in der italienischen Renaissance bevorzugte Abart des ↑ Triglyphs)

Di|g|ni|tar ⟨*lat.-nlat.*⟩ u. **Di|g|ni|tär** ⟨*lat.-fr.*⟩ *der;* -s, -e: geistlicher Würdenträger der kath. Kirche

Di|g|ni|tät *die;* -, -en ⟨*lat.*⟩: a) (ohne Plural) Wert, hoher Rang, Würde; b) Amtswürde eines höheren kath. Geistlichen

Di|gramm *das;* -s, -e ⟨*gr.*⟩: ↑ Digraph

Di|graph, auch: Digraf *der* od. *das;* -s, -e[n]: Verbindung von zwei Buchstaben zu einem Laut (z. B. *dt.* ng od. *gotisch* ei [gesprochen: i:])

Di|gres|si|on *die;* -, -en ⟨*lat.*⟩: 1. Abweichung, Abschweifung. 2. Winkel zwischen dem Meridian u. dem Vertikalkreis, der durch ein polnahes Gestirn geht

di|gyn ⟨*gr.*⟩: zwei Griffel aufweisend (von einer Blüte)

di|hyb|rid [auch: ...'bri:t] ⟨*gr.-lat.*⟩: (Biol.) sich in zwei Erbmerkmalen unterscheidend

Di|hyb|ri|de [auch: ...'bri:da] *die;* -, -n, auch: *der;* -n, -n: ↑ Bastard (1); Individuum, dessen Eltern zwei verschiedene Erbmerkmale haben, die das Individuum nun selbst in sich trägt (z. B. Vater schwarzhaarig, Mutter blond, sodass schwarzhaariger Sohn blonde Kinder haben kann)

Di|jam|bus *der;* -, ...ben ⟨*gr.-lat.*⟩: doppelter ↑ Jambus (◡–◡–)

di|ju|di|zie|ren ⟨*lat.*⟩: (Rechtsw. veraltet) entscheiden, urteilen

Di|ka|ry|ont *das;* -s ⟨*gr.-nlat.*⟩: Zweikernstadium (Zelle enthält einen männlichen u. einen weiblichen ↑ haploiden Kern) vor der Befruchtung bei den höheren Pilzen

Di|kas|te|ri|um *das;* -s, ...ien ⟨*gr.-nlat.*⟩: altgriechischer Gerichtshof

Di|ke|ri|on *das;* -s, ...ien ⟨*gr.*⟩: zweiarmiger Leuchter (Insignie des Bischofs in den Ostkirchen)

di|klin ⟨*gr.-nlat.*⟩: (Bot.) eingeschlechtige Blüten aufweisend (von Pflanzen)

di|ko|tyl ⟨*gr.*⟩: zweikeimblättrig.

Di|ko|tyl|e u. **Di|ko|ty|le|do|ne** *die;* -, -n ⟨*gr.-nlat.*⟩: zweikeimblättrige Pflanze

Di|kro|tie *die;* -, ...ien ⟨*gr.-nlat.*⟩: (Med.) Zweigipfeligkeit (doppeltes Schlagen) des Pulses

Dik|ta: *Plural* von ↑ Diktum

Dik|ta|fon vgl. Diktaphon

Dik|tam *der;* -s ⟨*gr.-lat.*⟩: ↑ Diptam

dik|tan|do ⟨*lat.*⟩: (selten) diktierend, beim Diktieren

Dik|tant *der;* -en, -en: jmd., der diktiert

Dik|tan|ten|se|mi|nar *das;* -s, -e: Seminar, Übungskurs, in dem man sich mit der Ansagetechnik beim Phonodiktat beschäftigt

Dik|tan|tin *die;* -, -nen: weibliche Form zu ↑ Diktant

Dik|ta|phon, auch: ...fon *das;* -s, -e ⟨*lat.; gr.*⟩: Diktiergerät; Tonbandgerät zum Diktieren

Dik|tat *das;* -[e]s, -e ⟨*lat.*⟩: 1. a) das Diktieren; b) das Diktierte; c) Nachschrift; vom Lehrer diktierte Sätze als Rechtschreibübung in der Schule. 2. etwas, was jmdm. von einem anderen vorgeschrieben, auferlegt worden ist

Dik|ta|tor *der;* -s, ...oren: 1. unumschränkter Machthaber an der Spitze eines Staates; Gewaltherrscher. 2. (abwertend) herrischer, despotischer Mensch. 3. (hist.) altrömischer Beamter, dem auf bestimmte Zeit die volle Staatsgewalt übertragen wurde (z. B. Cäsar)

dik|ta|to|ri|al: a) gebieterisch, autoritär; b) absolut, unumschränkt

Dik|ta|to|rin *die;* -, -nen: weibliche Form zu ↑ Diktator

dik|ta|to|risch: 1. unumschränkt, einem unumschränkten Gewaltherrscher unterworfen. 2. (abwertend) gebieterisch, keinen Widerspruch duldend

Dik|ta|tur *die;* -, -en ⟨*lat.*⟩: 1. (ohne Plural) a) auf unbeschränkte Vollmacht einer Person od. Gruppe gegründete Herrschaft in einem Staat; **Diktatur des Proletariats:** (Marxismus) politische Herrschaft der Arbeiterklasse im Übergangsstadium zwischen der kapitalistischen u. der klassenlosen Gesell-

schaftsform; b) autoritär, diktatorisch regiertes Staatswesen. 2. (abwertend) autoritäre Führung, autoritärer Zwang, den eine Einzelperson, eine Gruppe od. Institution auf andere ausübt; Willkürherrschaft

dik|tie|ren ⟨*lat.*⟩: 1. jmdm. etwas, was er [hin]schreiben soll, Wort für Wort ansagen, vorsprechen. 2. zwingend vorschreiben, festsetzen; auferlegen

Dik|tier|ge|rät *das;* -[e]s, -e: Gerät zur Aufnahme u. Wiedergabe eines gesprochenen Textes

Dik|ti|on *die;* -, -en ⟨*lat.*⟩: mündliche od. schriftliche Ausdrucksweise; Stil (1)

Dik|ti|o|när *das* (auch:) *der;* -s, -e ⟨*lat.-mlat.-fr.*⟩: (veraltet) Wörterbuch

Dik|tum *das;* -s, ...ta ⟨*lat.;* „Gesagtes"⟩: Ausspruch

Dik|ty|o|ge|ne|se *die;* -, -n ⟨*gr.-nlat.*⟩: (Geol.) Bez. für ↑ tektonische Bewegungen von Großschollen der Erdkruste; Gerüstbildung

di|la|ta|bel ⟨*lat.-nlat.*⟩: dehnbar

Di|la|ta|bi|les [...le:s] *die* (Plural): hebräische Buchstaben, die zum Ausfüllen der Zeilen in die Breite gezogen wurden

Di|la|ta|ti|on *die;* -, -en: 1. (Phys.) Ausdehnung, spezifische Volumenänderung, Verlängerung eines elastisch gedehnten Körpers. 2. (Bot.) Erweiterungswachstum der Baumstämme. 3. (Med.) krankhafte od. künstliche Erweiterung von Hohlorganen (z. B. von Gefäßen des Herzens)

Di|la|ta|ti|ons|fu|ge *die;* -, -n: Dehnungsfuge in Betonstraßen, Brücken, Talsperren usw., die Spannungen bei Temperatursteigerung verhindert

di|la|ta|tiv: zur Erweiterung führend

Di|la|ta|tor *der;* -s, ...oren (Med.) 1. erweiternder Muskel. 2. Instrument zur Erweiterung von Höhlen u. Kanälen des Körpers

di|la|tie|ren: (Med.) ein Hohlorgan mechanisch erweitern

Di|la|ti|on *die;* -, -en: (Rechtsw.) Aufschub, Aufschubfrist

Di|la|to|me|ter *das;* -s, - ⟨*lat.; gr.*⟩: 1. (Phys.) Apparat zur Messung der Ausdehnung von Körpern bei Temperaturerhöhung. 2. Ap-

parat zur Bestimmung des Alkoholgehalts einer Flüssigkeit auf der Grundlage der so genannten Schmelzausdehnung
di|la|to|risch ⟨*lat.*⟩: aufschiebend, verzögernd; **dilatorische Einrede:** (Rechtsw.) aufschiebende Einrede bei Gericht; Ggs. ↑ peremptorische Einrede
Dil|do *der; -[s], -s* ⟨*engl.*⟩: ↑ Godemiché
Di|lem|ma *das; -s, -s u. -ta* ⟨*gr.-lat.*⟩: Wahl zwischen zwei [gleich unangenehmen] Dingen; Zwangslage, -entscheidung
di|lem|ma|tisch: zwei alternativ verbundene [sich gegenseitig ausschließende] Lösungen enthaltend
Di|let|tant *der; -en, -en* ⟨*lat.-it.*⟩: 1. (oft abwertend) Nichtfachmann; jmd., der sich ohne fachmännische Schulung in Kunst od. Wissenschaft betätigt. 2. (veraltet) Kunstliebhaber. **Di|let|tan|tin** *die; -, -nen:* weibliche Form zu ↑ Dilettant
di|let|tan|tisch: (oft abwertend) unfachmännisch, laienhaft, unzulänglich
Di|let|tan|tis|mus *der; -* ⟨*nlat.*⟩: (oft abwertend) 1. Betätigung in Kunst od. Wissenschaft ohne Fachausbildung. 2. Stümperhaftigkeit
di|let|tie|ren ⟨*lat.-it.*⟩: sich als Dilettant betätigen, sich versuchen
Di|li|gence [dili'ʒɑ̃ːs] *die; -, -n* [...sn] ⟨*lat.-fr.*⟩: (hist.) [Eil]postkutsche
Di|li|genz *die; -* ⟨*lat.*⟩: (veraltet) Sorgfalt, Fleiß
di|lu|ie|ren ⟨*lat.-nlat.*⟩: (Med.) verdünnen (z. B. eine Säure durch Zusatz von Wasser)
Di|lu|ti|on *die; -, -en:* (Med.) Verdünnung
di|lu|vi|al ⟨*lat.*⟩: das Diluvium betreffend, aus ihm stammend
Di|lu|vi|um *das; -s* ⟨„Überschwemmung, Wasserflut"⟩: frühere Bez. für ↑ Pleistozän
Dime [daim] *der; -s, -s* (aber: 10 -) ⟨*lat.-fr.-engl.*⟩: Silbermünze der USA im Wert von 10 Cent
Di|men|si|on *die; -, -en* ⟨*lat.*⟩: 1. Ausdehnung, Abmessung (z. B. eines Körpers nach Länge, Breite, Höhe). 2. Ausmaß
di|men|si|o|nal ⟨*lat.-nlat.*⟩: die Di-

mension bestimmend; Dimensionen habend
di|men|si|o|nie|ren: die [optimalen] Maße, Abmessungen von etwas festlegen
di|mer ⟨*gr.*⟩: (Chem., Med.) zweiteilig, zweigliedrig
Di|me|ri|sa|ti|on *die; -, -en* ⟨*gr.-nlat.*⟩: (Chem.) Vereinigung zweier gleicher Teilchen (z. B. Atome, Moleküle)
Di|me|ter *der; -* ⟨*gr.-lat.*⟩: aus zwei gleichen Metren bestehender antiker Vers; vgl. Metrum
di|mi|nu|en|do ⟨*lat.-it.*⟩: (Mus.) in der Tonstärke abnehmend, schwächer werdend; Abk.: dim. (Vortragsanweisung). **Di|mi|nu|en|do** *das; -s, -s u. ...di:* (Mus.) allmähliches Nachlassen der Tonstärke
di|mi|nu|ie|ren ⟨*lat.*⟩: verkleinern, verringern, vermindern
Di|mi|nu|ti|on *die; -, -en:* 1. Verkleinerung, Verringerung. 2. (Mus.) a) Verkleinerung des Themas durch Verwendung kürzerer Notenwerte; Ggs. ↑ Augmentation (a); b) variierende Verzierung durch Umspielen der Melodienoten; c) Tempobeschleunigung durch Verkürzung der Noten
di|mi|nu|tiv: (Sprachw.) verkleinernd (in Bezug auf den Inhalt eines Wortes). **Di|mi|nu|tiv** *das; -s, -e*, **Di|mi|nu|tiv|form** *die; -, -en* u. **Di|mi|nu|ti|vum** *das; -s, ...va:* (Sprachw.) Ableitungsform eines Substantivs, die im Vergleich zur Bedeutung des Grundwortes eine Verkleinerung ausdrückt, oft emotionale Konnotationen hat u. auch als Koseform gebraucht wird (z. B. Öfchen, Gärtlein, ein Pfeifchen rauchen); Ggs. ↑ Augmentativum
Di|mis|si|on *die; -, -en* ⟨*lat.*⟩: (veraltet) ↑ Demission
Di|mis|si|o|när *der; -s, -e:* (veraltet) ↑ Demissionär
Di|mis|so|ri|a|le *das; -s, ...alien* ⟨*lat.-nlat.*⟩: Genehmigung, mit der der zuständige Amtsträger einen anderen Geistlichen zu Amtshandlungen (Taufe, Trauung o. Ä.) ermächtigt
di|mit|tie|ren ⟨*lat.*⟩: (veraltet) entlassen, verabschieden
Dim|mer *der; -s, -* ⟨*germ.-engl.*⟩: schalterähnliche Vorrichtung, mit der die Helligkeit des elek-

trischen Lichts in fließenden Übergängen reguliert werden kann
di mol|to vgl. molto
di|morph ⟨*gr.*⟩: 1. zweigestaltig. 2. in zwei Kristallsystemen auftretend (von Kristallen). **Di|mor|phie** *die; -, ...ien* u. **Di|mor|phis|mus** *der; -, ...men* ⟨*gr.-nlat.*⟩: Zweigestaltigkeit; das Nebeneinanderbestehen zweier verschiedener Formen (z. B. der gleichen Tier- od. Pflanzenart)
DIN ⊛: 1. Kurzw. für: *Deutsche Industrie-Norm*[en] (später gedeutet als: Das Ist Norm); Verbandszeichen des Deutschen Instituts für Normung e. V. (früher: Deutscher Normenausschuss); mit einer Nummer, z. B. DIN 16511, Bez. einer Norm. 2. Einheit für die Lichtempfindlichkeit eines Films
Di|nan|de|rie *die; -, ...ien* ⟨*fr.;* nach der belgischen Stadt Dinant⟩: Messingarbeit aus dem Maastal, aus Brabant u. Flandern
Di|nar *der; -s, -e* (aber: 6 -): ⟨*lat.-mgr.-arab.*⟩: Währungseinheit in verschiedenen arabischen Ländern u. auf dem Balkan
Di|ner [di'ne:] *das; -s, -s* ⟨*lat.-vulgärlat.-fr.*⟩: 1. festliches Mittagod. Abendessen. 2. (in Frankreich) Hauptmahlzeit des Tages, die am Abend eingenommen wird
DIN-For|mat *das; -[e]s, -e:* nach DIN festgelegtes Papierformat
Din|gi *das; -s, -s* ⟨*Hindi-engl.*⟩: a) kleines Sportsegelboot; b) kleinstes Beiboot auf Kriegsschiffen
Din|go *der; -s, -s* ⟨*austr.*⟩: australischer Wildhund von der Größe eines kleinen Deutschen Schäferhunds
DIN-Grad *der; -[e]s, -e:* (früher für) ↑ DIN (2)
di|nie|ren ⟨*lat.-vulgärlat.-fr.*⟩: [festlich] speisen
Di|ning|car ['daɪnɪŋkaːr] *der; -s, -s* ⟨*engl.*⟩: Speisewagen (in England)
Di|ning|room ['daɪnɪŋruːm] *der; -s, -s:* Esszimmer (in England)
Dink *der; -s, -s* (meist Plural) ⟨Kurzw. aus *engl.* double income, *no* kids „doppeltes Einkommen, keine Kinder"⟩: jmd., der über relativ viel Geld verfügt, da er in einer Partnerschaft lebt, in dem beide Partner

einem Beruf nachgehen u. keine Kinder haben

Din|ner *das;* -s, -[s] ⟨*engl.*⟩: 1. Festmahl. 2. (in angelsächsischen Ländern) Hauptmahlzeit am Abend

Din|ner|ja|cket [...dʒɛkɪt] *das;* -s, -s: engl. Bez. für das Jackett eines Smokings

Di|no *der;* -s, -s: Kurzform von ↑ Dinosaurier

Di|no|sau|ri|er *der;* -s, - u. **Di|no-sau|rus** *der;* -, ...rier ⟨*gr.-nlat.*⟩: ausgestorbene, landbewohnende Riesenechse

Di|no|the|ri|um *das;* -s, ...ien: ausgestorbenes riesiges Rüsseltier

DIN-Sen|si|to|me|ter *das;* -s, -: ↑ Sensitometer zum Messen von ↑ DIN-Graden

Di|o|de *die;* -, -n ⟨*gr.-nlat.*⟩: (Elektrot.) Zweipolröhre, Gleichrichterröhre

Di|o|le|fin *das;* -s, -e ⟨*nlat.*⟩: ↑ Dien

Di|o|len ® *das;* -s ⟨Kunstw.⟩: eine synthetische Textilfaser aus Polyester

Di|on *die;* -, -en: (österr.) kurz für a) ↑ Direktion; b) ↑ Division

Di|o|ny|si|en *die* (Plural) ⟨*gr.-lat.*⟩: altgriechisches Fest zu Ehren des Wein- u. Fruchtbarkeitsgottes Dionysos

di|o|ny|sisch: 1. dem Dionysos zugehörend, ihn betreffend. 2. wild begeistert, rauschhaft dem Leben hingegeben (nach Nietzsche); Ggs. ↑ apollinisch

di|o|phan|tisch ⟨nach dem griech. Mathematiker Diophantos aus Alexandria; 3. Jh. v. Chr.⟩: in der Fügung **diophantische Gleichung:** (Math.) Gleichung mit mehreren Unbekannten, für die ganzzahlige Lösungen zu finden sind

Di|op|sid *der;* -s, -e: ein Mineral

Di|op|tas *der;* -, -e: ein Mineral

Di|op|ter *das;* -s, - ⟨*gr.-lat.*⟩: 1. Zielgerät (bestehend aus Lochblende u. Zielmarke). 2. (veraltet) Sucher an Fotoapparaten

Di|op|t|rie *die;* -, -n ⟨*gr.-nlat.*⟩: (Phys.) Einheit des Brechwertes optischer Systeme; Zeichen: dpt, dptr

Di|op|t|rik *die;* -: (veraltet) Lehre von der Brechung des Lichts

di|op|t|risch: a) zur Dioptrie gehörend; das Licht brechend; durchsichtig; b) nur lichtbrechende Elemente enthaltend (z. B. dioptrische Fernrohre)

Di|op|t|ro|me|ter *das;* -s, - ⟨*gr.*⟩: Gerät für die Bestimmung der Dioptrien

Di|o|ra|ma *das;* -s, ...men ⟨*gr.;* „Durchschaubild"⟩: plastisch wirkendes Schaubild, bei dem Gegenstände vor einem gemalten od. fotografierten Rundhorizont aufgestellt sind u. teilweise in diesen übergehen

Di|o|ris|mus *der;* -, ...men ⟨*gr.-nlat.*⟩: Begriffsbestimmung

Di|o|rit [auch: ...'rɪt] *der;* -s, -e: ein körniges Tiefengestein (aus Plagioklas u. Amphibol)

Di|os|ku|ren *die* (Plural) ⟨*gr.;* „Söhne des Zeus"; nämlich Kastor u. Pollux⟩: unzertrennliches Freundespaar

Di|o|xan *das;* -s ⟨*gr.-nlat.*⟩: bes. als Lösungsmittel für Fette, Lacke u. Ä. verwendete farblose, ätherähnlich riechende Flüssigkeit

Di|o|xid, auch: Dioxyd [auch: ...'ksi:t] *das;* -s, -e: (Chem.) anorganische Verbindung von einem Atom Metall od. Nichtmetall mit zwei Sauerstoffatomen

Di|o|xin *das;* -s, -e ⟨*gr.-nlat.*⟩: 1. (meist Plural) äußerst beständige, hochgiftige, v. a. bei Verbrennungsprozessen entstehende mehrfach chlorierte (seltener bromierte) chemische Verbindung. 2. (meist Singular) bestimmte, besonders giftige Verbindung aus der Gruppe der Dioxine (1)

Di|o|xyd vgl. Dioxid

di|ö|ze|san ⟨*gr.-lat.*⟩: zu einer Diözese gehörend, die Diözese betreffend. **Di|ö|ze|san** *der;* -en, -en: Angehöriger einer Diözese

Di|ö|ze|se *die;* -, -n: a) Amtsgebiet eines katholischen Bischofs; b) (früher auch:) evangelischer Kirchenkreis; vgl. Dekanat

Di|ö|zie *die;* - ⟨*gr.-nlat.*⟩: Zweihäusigkeit bei Pflanzen (männliche u. weibliche Blüten stehen auf verschiedenen Individuen). **di-ö|zisch:** zweihäusig (von Pflanzen)

Di|ö|zis|mus *der;* -: ↑ Diözie

Dip *der;* -s, -s ⟨*engl.*⟩: kalte, dickflüssige Soße zum Eintunken von kleinen Happen wie Fleischstücken o. Ä.

Di|pep|tid *das;* -s, -e ⟨*gr.-nlat.*⟩: (Chem.) ein aus zwei beliebigen ↑ Aminosäuren aufgebauter Eiweißkörper

Di|pep|ti|da|se *die;* -, -n: (Chem.) ↑ Enzym, das Dipeptide spaltet

Diph|the|rie *die;* -, ...ien ⟨*gr.-nlat.*⟩: Infektionskrankheit im Hals- u. Rachenraum mit Bildung häutiger Beläge auf den Tonsillen u. Schleimhäuten. **diph|the|risch:** durch Diphtherie hervorgerufen.

Diph|the|ri|tis *die;* -: (ugs.) ↑ Diphtherie

diph|the|ro|id: 1. diphtherieähnlich. 2. die Diphtherie betreffend

Di|ph|thong *der;* -s, -e ⟨*gr.-lat.*⟩: (Sprachw.) aus zwei Vokalen gebildeter Laut, Doppellaut, Zwielaut (z. B. ei, au); Ggs. ↑ Monophthong

Di|ph|thon|gie *die;* -, ...ien ⟨*gr.-nlat.*⟩: (Med.) gleichzeitige Bildung von zwei verschiedenen Tönen (bei Stimmbanderkrankungen)

di|ph|thon|gie|ren ⟨*gr.-lat.*⟩: (Sprachw.) einen Vokal zum Diphthong entwickeln (z. B. das i in mittelhochd. *wîp* zu ei in neuhochd. *Weib*); Ggs. ↑ monophthongieren

di|ph|thon|gisch: (Sprachw.) a) einen Diphthong enthaltend; b) als Diphthong lautend; Ggs. ↑ monophthongisch

di|phy|le|tisch ⟨*gr.-nlat.*⟩: stammesgeschichtlich von zwei Ausgangsformen ableitbar (von Tier- od. Pflanzeneinheiten)

Di|phyl|lo|bo|th|ri|um *das;* -s, ...rien ⟨*gr.-nlat.*⟩: ↑ Dibothriocephalus

di|phyo|dont: (Med.) einen Zahnwechsel durchmachend (von Lebewesen)

Di|p|la|ku|sis *die;* - ⟨*gr.-nlat.*⟩: „Doppelhören"): (Med.) das Hören verschiedener Töne auf beiden Ohren beim Erklingen eines einzigen Tones

Di|ple|gie *die;* -, ...ien ⟨*gr.-nlat.*⟩: (Med.) doppelseitige Lähmung

Di|plex|be|trieb vgl. Duplexbetrieb

Di|p|lo|do|kus *der;* -, ...ken ⟨*gr.-nlat.*⟩: ausgestorbene Riesenechse

Di|p|loe *die;* - ⟨*gr.*⟩: (Med.) zwischen den beiden Tafeln des Schädeldachs liegende schwammige Knochensubstanz

di|p|lo|id ⟨*gr.-nlat.*⟩: einen doppelten (d. h. vollständigen) Chromosomensatz aufweisend; Ggs. ↑ haploid. **Di|p|lo|i|die** *die; -:* (Biol.) das Vorhandensein des vollständigen, d. h. des normalen (doppelten) Chromosomensatzes im Zellkern **Di|p|lo|kok|kus** *der; -, ...kken:* (Med.) paarweise zusammenhängende ↑ Kokken (Krankheitserreger) **Di|p|lom** *das; -s, -e ⟨gr.-lat.* „zweifach Gefaltetes"; „Handschreiben auf zwei zusammengelegten Blättern"): amtliche Urkunde über eine Auszeichnung od. über eine abgelegte Prüfung, bes. an einer Hochschule od. bei der Handwerkskammer; Abk.: Dipl. **Di|p|lo|mand** *der; -en, -en ⟨gr.-lat.-nlat.):* jmd., der sich auf eine Diplomprüfung vorbereitet. **Di|p|lo|man|din** *die; -, -nen:* weibliche Form zu ↑ Diplomand **Di|p|lo|mat** *der; -en, -en ⟨gr.-lat.-nlat.-fr.):* 1. jmd., der im auswärtigen Dienst eines Staates steht u. bei anderen Staaten als Vertreter dieses Staates beglaubigt ist. 2. jmd., der geschickt u. klug taktiert, um seine Ziele zu erreichen, ohne andere zu verärgern **Di|p|lo|ma|tie** *die; -:* 1. völkerrechtliche Regeln für außenpolitische Verhandlungen; Verhandlungstaktik. 2. Gesamtheit der Diplomaten, die in einer Hauptstadt, in einem Land akkreditiert sind. 3. kluges, geschicktes Verhalten **Di|p|lo|ma|tik** *die; -:* Urkundenlehre. **Di|p|lo|ma|ti|ker** *der; -s, -:* Urkundenforscher u. -kenner. **Di|p|lo|ma|ti|ke|rin** *die; -, -nen:* weibliche Form zu ↑ Diplomatiker **Di|p|lo|ma|tin** *die; -, -nen:* weibliche Form zu ↑ Diplomat **di|p|lo|mā|tisch:** 1. die Diplomatik betreffend, urkundlich. 2. a) die Diplomatie betreffend, auf ihr beruhend; b) den Diplomaten betreffend. 3. klug-berechnend, geschickt im Umgang **di|p|lo|mie|ren** *⟨gr.-lat.-nlat.):* jmdm. aufgrund einer Prüfung ein Diplom erteilen **di|p|lont** *der; -en, -en ⟨gr.-nlat.):* tierischer od. pflanzlicher Organismus, dessen Körperzellen

zwei Chromosomensätze aufweisen **Di|p|lo|pie** *die; -:* (Med.) gleichzeitiges Sehen zweier Bilder von einem einzigen Gegenstand **di|p|los|te|mon:** (Bot.) mit zwei Staubblattkreisen versehen (von Blüten, deren äußerer zu dem nächststehenden Blütenhüllkreis versetzt steht) **Di|p|noi** [...noi] *die (Plural) ⟨gr.-nlat.):* kiemen- u. lungenatmende Knochenfische **Di|po|die** *die; -, ...ien ⟨gr.-lat.;* „Doppelfüßigkeit"): Verbindung zweier Versfüße (rhythmischer Einheiten) zu einem Verstakt; vgl. Monopodie u. Tripodie. **di|po|disch** *⟨gr.):* (bes. von jambischen u. trochäischen Versen) abwechselnd Haupt- u. Nebenton aufweisend **Di|pol** *der; -s, -e ⟨gr.-nlat.):* 1. Anordnung zweier gleich großer elektrischer Ladungen od. magnetischer Pole entgegengesetzter Polarität in geringem Abstand voneinander. 2. ↑ Dipolantenne **Di|pol|an|ten|ne** *die; -, -n:* Antennenanordnung mit zwei gleichen, elektrisch leitenden Teilen **dip|pen** *⟨engl.):* 1. (Seemannsspr.) die Flagge zum Gruß halb niederholen u. wieder aufziehen. 2. in einen Dip eintunken **Dip|so|ma|ne** *der od. die; -n, -n ⟨gr.-nlat.:* „Trinksüchtiger"): jmd., der von periodischer Trunksucht befallen ist. **Dip|so|ma|nie** *die; -, ...ien:* periodisches Auftreten von Trunksucht **Dip|tam** *der; -s ⟨gr.-lat.-mlat.):* (Bot.) zu den Rautengewächsen gehörende Staude, deren an ätherischen Ölen reiche Blätter entzündbar sind; Brennender Busch **Dip|te|ren** *die (Plural) ⟨gr.-nlat.;* „Zweiflügler"): Zweiflügler **Dip|te|ros** *der; -, ...roi ⟨gr.-lat.):* griechischer Tempel, der von einer doppelten Säulenreihe umgeben ist **Dip|ty|chon** *das; -s, ...chen u. ...cha ⟨gr.-lat.):* 1. (im Altertum) zusammenklappbare Schreibtafel. 2. (im Mittelalter) zweiflügeliges Altarbild; vgl. Triptychon, Polyptychon **Di|py|lon|kul|tur** *die; - ⟨gr.-lat.;*

nach der Fundstelle vor dem Dipylon, dem „Doppeltor", in Athen): eisenzeitliche Kultur in Griechenland **Di|py|lon|stil** *der; -s ⟨nach den Dipylonvasen):* geometrischer Stil der frühgriechischen Vasenmalerei **Di|py|lon|va|se** *die; -, -n* (meist Plural): Tongefäß der griechischen Vasenmalerei in der späteren archaischen Zeit **Di|rae** [ˈdiːrɛ] *die (Plural) ⟨lat.):* Verwünschungsgedichte u. Schmähverse (altrömische Literaturgattung) **Di|rect|ban|king** [dɪˈrɛktbæŋkɪŋ] *das; -[s], auch:* **Di|rect Ban|king** *das; - -[s] ⟨engl.):* filialloser Vertrieb von Bankleistungen mittels Telekommunikationseinrichtungen ohne zeitliche u. örtliche Beschränkungen; vgl. Homebanking **Di|rect|cos|ting** [...kɔstɪŋ] *das; -[s], auch:* **Di|rect Cos|ting** *das; - -[s] ⟨engl.):* (Wirtsch.) Sammelbez. für verschiedene Verfahren der Teilkostenrechnung **Di|rect|mai|ling** *das; -[s], -s, auch:* **Di|rect Mai|ling** *das; - -[s], - -s ⟨engl.):* Form der Direktwerbung, bei der Werbematerial (Briefumschlag u. Prospekt mit Rückantwortkarte) an eine bestimmte Zielgruppe mit der Post geschickt wird **Di|rect|mar|ke|ting** *das; -[s], auch:* **Di|rect Mar|ke|ting** *das; - -[s] ⟨engl.):* ↑ Direktmarketing **Di|rec|toire** [dirɛkˈtǒaːɐ̯] *das; -[s] ⟨lat.-fr.):* französischer Kunststil zwischen ↑ Louis-seize u. ↑ [1]Empire (b) **di|rekt** *⟨lat.):* 1. unmittelbar, ohne Umweg od. Verzögerung o. Ä., ohne dass etwas anderes dazwischenliegt od. unternommen wird (in Bezug auf das Verhältnis zwischen räumlichem od. zeitlichem Ausgangspunkt u. dem Zielpunkt); **direkte Rede:** in Anführungsstrichen stehende, wörtliche, unabhängige Rede (z. B.: Er sagte: „Ich gehe nach Hause."); Ggs. ↑ indirekte Rede. 2. geradezu, ausgesprochen, regelrecht (z. B. es ist direkt ein Glück, dass ich dich getroffen habe) **Di|rek|ti|on** *die; -, -en:* 1. (ohne Plural) Leitung eines Unternehmens o. Ä. 2. die leitenden Personen eines Unternehmens, Geschäftsleitung o. Ä.; dazugehörige Büroräume. **3.** (veraltet) Richtung. **4.** (schweiz.) kantonales Ministerium

di|rek|tiv: Verhaltensregeln gebend. **Di|rek|ti|ve** *die; -, -n ⟨lat.-nlat.⟩:* Weisung; Verhaltensregel

Di|rekt|kan|di|dat *der; -en, -en:* Politiker, der sich um ein Direktmandat bewirbt. **Di|rekt|kan|di|da|tin** *die; -, -nen:* weibliche Form zu ↑ Direktkandidat

Di|rekt|man|dat *das; -[e]s, -e:* ↑ Mandat (2), das der Kandidat einer Partei in einer Wahl persönlich erringt

Di|rekt|mar|ke|ting *das; -[s]:* (Wirtsch.) Ausrichtung des Angebots eines Unternehmens unmittelbar auf den möglichen Endverbraucher

Di|rek|tor *der; -s, ...oren ⟨lat.⟩:* **1. a)** Leiter (einer Schule); **b)** jmd., der einem Unternehmen, einer Behörde vorsteht; Vorsteher. **2.** Zusatzelement für die ↑ Dipolantenne mit Richtwirkung

Di|rek|to|rat *das; -[e]s, -e ⟨lat.-nlat.⟩:* **1. a)** Leitung; **b)** Amt eines Direktors od. einer Direktorin. **2.** Dienstzimmer eines Direktors od. einer Direktorin

di|rek|to|ri|al: **a)** einem Direktor od. einer Direktorin zustehend; **b)** von einem Direktor od. einer Direktorin veranlasst; **c)** einem Direktor [in der Art des Benehmens] ähnelnd, entsprechend

Di|rek|to|rin *die; -, -nen* weibliche Form zu ↑ Direktor (1)

Di|rek|to|ri|um *das; -s, ...ien:* **1.** Vorstand, Geschäftsleitung, leitende Behörde. **2.** (ohne Plural) ↑ Directoire

Di|rek|t|ri|ce [direk'tri:sə] *die; -, -n ⟨lat.-fr.⟩:* leitende Angestellte, bes. in der Bekleidungsindustrie

Di|rek|t|rix *die; - ⟨lat.⟩:* (Math.) Leitlinie von Kegelschnitten, Leitkurve von gekrümmten Flächen

Di|ret|tis|si|ma *die; -, -s ⟨it.⟩:* Route, die ohne Umwege zum Gipfel eines Berges führt. **di|ret|tis|si|mo:** den direkten Weg zum Gipfel nehmend

Di|rex *der; -, -e* (Plural selten) u. *die; -, -en ⟨lat.⟩:* (Schülerspr.)

Kurzw. für: ↑ Direktor (1 a) u. Direktorin

Dirge [də:dʒ] *das; -, -s ⟨lat.-engl.;* nach dem lat. Anfangswort einer Totenklage „dirige, Domine" = leite, Herr ...⟩: engl. Bez. für: Trauer-, Klagegedicht, Klagelied

Dir|ham, auch: **Dir|hem** *der; -s, -s* (aber: 5 -) ⟨gr.-arab.⟩: **1.** Währungs- u. Münzeinheit in verschiedenen arabischen Ländern Abk.: DH. **2.** frühere Gewichtseinheit in den islamischen Ländern

Di|ri|gat *das; -[e]s, -e ⟨lat.⟩:* **1.** Orchesterleitung, Dirigentschaft. **2.** Tätigkeit, [öffentliches] Auftreten eines Dirigenten

Di|ri|gent *der; -en, -en:* **1.** Leiter eines Orchesters od. Chores, einer musikalischen Aufführung. **2.** jmd., der etwas leitet, lenkt, dirigiert (2). **Di|ri|gen|tin** *die; -, -nen:* weibliche Form zu ↑ Dirigent

di|ri|gie|ren: **1.** ein Orchester od. einen Chor, eine musikalische Aufführung (Konzert, Oper) leiten. **2.** die Leitung von etwas haben; den Gang, Ablauf von etwas steuern; durch Anweisungen o. Ä. an ein bestimmtes Ziel, in eine gewünschte Richtung lenken

Di|ri|gis|mus *der; - ⟨lat.-nlat.⟩:* staatliche Lenkung der Wirtschaft. **di|ri|gis|tisch:** **1.** den Dirigismus betreffend. **2.** reglementierend, in der Bewegungsfreiheit einengend, Vorschriften machend

di|ri|mie|ren ⟨lat.-fr.⟩: **1.** (österr.) (bei Stimmengleichheit) eine Entscheidung herbeiführen. **2.** (veraltet) trennen, entfremden, sich lösen

Dirt|track|ren|nen, auch: **Dirt-Track-Ren|nen** ['də:t-'træk...] *das; -s, - ⟨engl.; dt.⟩:* (veraltend) Speedwayrennen

dir|ty ['də:tɪ] ⟨engl.; „schmutzig, dreckig"⟩: **1.** polizeilich registriert. **2.** (Drogenszene) von Drogen abhängig

Di|sac|cha|rid u. **Di|sa|cha|rid** [auch: 'di:...] *das; -s, -e ⟨gr.; sanskr.-gr.-lat.-nlat.⟩:* Kohlehydrat, das aus zwei Zuckermolekülen zusammengesetzt ist

Dis|a|gio [dɪs'a:dʒo, auch: ...'a:ʒjo] *das; -s u. ...ien ⟨lat.-fr.-it.⟩:* Abschlag, um den der

Preis od. Kurs hinter dem Nennwert od. der ↑ Parität (2) eines Wertpapiers od. einer Geldsorte zurückbleibt

dis|am|bi|gu|ie|ren ⟨lat.⟩: (Sprachw.) die ↑ Ambiguität eines sprachlichen Zeichens, eines Ausdrucks (durch bestimmte syntaktische od. semantische Zuordnungen) aufheben; etwas eindeutig machen

Disc [dɪsk] *die; -, -s ⟨engl.; „Platte, Scheibe"⟩:* (EDV) optische, durch Laserstrahl abtastbare Speicherplatte; vgl. Disk

Dis|can|tus *der; -, - [...tu:s] ⟨lat.-mlat.⟩:* ↑ Diskant

Dis|ci|ples of Christ [dɪ'saɪpəls əv 'kraɪst] *die* (Plural) ⟨engl.; „Jünger Christi"⟩: Zweig der Baptisten in den USA u. Kanada

Disc|jo|ckey vgl. Diskjockei

Disc|man ® ['dɪskmən] *der; -[s], -s ⟨engl.⟩:* tragbarer CD-Player mit Kopfhörern

Dis|co vgl. Disko

Dis|co|ef|fekt vgl. ↑ Diskoeffekt

Dis|co|fox vgl. Diskofox

Dis|co|mu|sik vgl. Diskomusik

Dis|co|queen vgl. Diskoqueen

Dis|co|rol|ler vgl. Diskoroller

Dis|co|sound vgl. Diskosound

Dis|count [dɪs'kaʊnt] *der; -s, -s ⟨lat.-fr.-engl.⟩:* Einkaufsmöglichkeit, bei der man in Selbstbedienung Waren verbilligt einkaufen kann

Dis|count|bro|ker [...broʊkə], auch: **Dis|count-Bro|ker** *der; -s, - ⟨engl.⟩:* Unternehmen, das im Auftrag von Privatkunden Wertpapierhandelsgeschäfte ohne weitergehende Beratung gegen niedrige Gebühren betreibt; Direktanlagebank

Dis|coun|ter *der; -s, -:* **1.** jmd., der eine Ware zum Preisnachlass verkauft. **2.** ↑ Discountgeschäft. **Dis|coun|te|rin** *die; -, -nen:* weibliche Form zu ↑ Discounter (1)

Dis|count|ge|schäft *das; -[e]s -e u.* **Dis|count|la|den** *der; -s, ...läden:* Einzelhandelsgeschäft, in dem Markenartikel u. andere Waren zu einem hohen Rabattsatz (mitunter zu Großhandelspreisen) verkauft werden

Dis|en|gage|ment [dɪsɪn-'geɪdʒmənt] *das; -s ⟨engl.⟩:* militärisches Auseinanderrücken [der Machtblöcke]

Di|seur [di'zø:ɐ̯] *der; -s, -e*

⟨*lat.-fr.*⟩: Sprecher, Vortrags-
künstler, bes. im Kabarett. **Di-
seu|se** [di'zø:zə] *die; -, -n:* weib-
liche Form zu ↑ Diseur
dis|gru|ent ⟨*lat.-nlat.*⟩: nicht über-
einstimmend; Ggs. ↑ kongru-
ent (1)
Dis|har|mo|nie [auch: 'dis...] *die; -,
...ien* ⟨*lat.; gr.-lat.*⟩: 1. (Mus.)
Missklang. 2. Uneinigkeit, Un-
stimmigkeit, Misston
dis|har|mo|nie|ren: nicht zusam-
menstimmen, uneinig sein
dis|har|mo|nisch: 1. (Mus.) einen
Missklang bildend. 2. eine Un-
stimmigkeit aufweisend; uneinig. 3. (Geol.) unterschiedlich
verformt (bei der Faltung von
Gesteinen)
Dis|jek|ti|on *die; -, -en* ⟨*lat.*⟩: (Psy-
chol.) Persönlichkeitsspaltung
als Traumerlebnis, bei dem ein
Trauminhalt in doppelter Gestalt erscheint (z. B. man sieht
sich selbst u. ist zugleich als
Zuschauer anwesend)
dis|junkt ⟨*lat.*⟩: getrennt, geschie-
den (von gegensätzlichen Begriffen, die zu einem Gattungsbegriff gehören)
Dis|junk|ti|on *die; -, -en:* 1. a) Tren-
nung, Sonderung; b) (Logik)
Verknüpfung zweier Aussagen
durch das ausschließende „Ent-
weder-oder"; c) (Logik) Verknüpfung zweier Aussagen
durch das nicht ausschließende
„Oder". 2. (Biol.) a) Trennung eines pflanzen- od. tiergeogra-
phischen Verbreitungsgebietes
in mehrere nicht zusammen-
hängende Teilgebiete (z. B. die
Verbreitung der Robben im
Ozean u. in Binnenseen);
b) Trennungsvorgang bei
↑ Chromosomen
dis|junk|tiv: a) einander ausschlie-
ßend, aber zugleich eine Einheit bewirkend (von Urteilen
od. Begriffen); Ggs. ↑ konjunk-
tiv; b) (Sprachw.) eine Wahl-
möglichkeit zwischen mehreren sprachlichen Formen aufweisend (die aber nicht frei ist,
sondern von der jeweiligen
Umgebung abhängt, z. B. die
Vergangenheitsform der schwa-
chen Verben: er wend-e-t-e, er
lach-t-e); **disjunktive Konjunktion:** ausschließendes Bindewort (z. B. *oder*)
Disk *die; -, -s* ⟨*engl.; „*Platte,
Scheibe"⟩: (EDV) als Datenspei-

cher dienende Magnetplatte;
vgl. Disc
Dis|kant *der; -s, -e* ⟨*lat.-mlat.*⟩:
1. (Mus.) die dem ↑ Cantus fir-
mus hinzugefügte Gegen-
stimme; oberste Stimme, ↑ So-
pran. 2. sehr hohe, schrille
Stimmlage beim Sprechen.
3. obere Hälfte der Tastenreihe
beim Klavier
Dis|kant|schlüs|sel *der; -s:* Sopran-
schlüssel, C-Schlüssel auf der
untersten der fünf Notenlinien
Dis|ket|te *die; -, -n* ⟨*gr.-lat.-fr.-
engl.*⟩: Datenträger in Form ei-
ner kleinen, auf beiden Seiten
magnetisierbaren Kunststoff-
platte, der direkten Zugang auf
die gespeicherten Daten ermöglicht
Disk|jo|ckei, auch: Discjockey *der;
-s, -s* ⟨*engl.*⟩: jmd., der in Rundfunk od. Fernsehen u. bes. in
Diskotheken Schallplatten prä-
sentiert
Dis|ko, auch: Disco *die; -, -s*
⟨*engl.*⟩: 1. ↑ Diskothek (2 a).
2. Tanzveranstaltung mit
Schallplatten- od. Tonband-
musik
Dis|ko|ef|fekt, auch: Discoeffekt
der; -[e]s: das Auftreten von
Lichtblitzen in der Umgebung
von Windkraftanlagen durch
das von den Rotorblättern re-
flektierte Sonnenlicht
Dis|ko|fox, auch: Discofox *der;
-[es], -e:* moderne Form des
↑ Foxtrotts, der in Diskotheken
getanzt wird
Dis|ko|gra|phie, auch: ...grafie *die;
-, ...ien* ⟨*gr.-nlat.*⟩: Schallplatten-
verzeichnis, das (mehr od. weniger vollständig u. mit ge-
nauen Daten) die Plattenauf-
nahmen eines bestimmten ↑ In-
terpreten (2) od. ↑ Komponis-
ten enthält
dis|ko|i|dal: scheibenförmig; **dis-
koidale Furchung:** (Biol.) Fur-
chungsvorgang bei dotterrei-
chen Eizellen, bei dem sich nur
der Teilbezirk des Eies im Bereich des Zellkerns in ↑ Blasto-
meren teilt, die dann scheiben-
artig der unzerlegten Masse
des Dotters aufliegen
Dis|ko|lo|gie *die; -:* Aufgabenge-
biet, das sich mit Möglichkeiten u. Grenzen der Musik u. ihrer Interpretation im Bereich
der Tonträger befasst
Dis|ko|mu|sik, auch: Discomusik

die; -: Musik, die durch einfache ↑ Arrangements (3 b) u.
durch verstärkte Betonung einer einfachen Rhythmik gekennzeichnet ist u. sich deshalb bes. als Tanzmusik in Dis-
kos (1) eignet
Dis|ko|my|zet *der; -en, -en* (meist
Plural): Scheibenpilz (gehört
zur Gruppe der Schlauchpilze)
Dis|kont *der; -s, -e* u. Diskonto
der; -[s], -s u. ...ti ⟨*lat.-it.*⟩: 1. der
bei Ankauf einer noch nicht
fälligen Zahlung, bes. eines
Wechsels, abgezogene Zins;
Vorzinsen. 2. ↑ Diskontsatz,
Diskontierung
Dis|kon|ten *die* (Plural): inländi-
sche Wechsel
Dis|kont|ge|schäft *das; -[e]s, -e:*
Wechselgeschäft
dis|kon|tie|ren: eine später fällige
Forderung (z. B. einen Wechsel)
unter Abzug von Zinsen ankau-
fen
dis|kon|ti|nu|ier|lich ⟨*lat.-nlat.*⟩:
aussetzend, unterbrochen, zu-
sammenhangslos; Ggs. ↑ kontinuierlich; **diskontinuierliche
Konstituente:** (Sprachw.)
sprachliche Konstruktion, die
in der linearen Redekette nicht
als der geschlossene, sondern
als eine von anderen Konstitu-
enten unterbrochene Einheit
auftritt (z. B. sie *macht* das
Fenster *auf*)
Dis|kon|ti|nu|i|tät *die; -, -en:* 1. Ab-
lauf von Vorgängen mit zeitli-
chen u./od. räumlichen Unter-
brechungen; Ggs. ↑ Kontinuität.
2. Grundsatz, nach dem im Parlament eingebrachte Gesetzes-
vorlagen, die nicht mehr vor
Ablauf einer Legislaturperiode
behandelt werden konnten,
vom neuen Parlament neu ein-
gebracht werden müssen
Dis|kon|to ⟨*lat.-it.*⟩ vgl. Diskont
Dis|kont|satz *der; -es, ...sätze:*
Zinsfuß, der bei der Diskontbe-
rechnung zugrunde gelegt
wird; vgl. Lombardsatz
Dis|ko|pa|thie *die; -, ...ien* ⟨*gr.-
nlat.*⟩: (Med.) Bandscheibenlei-
den, degenerative Veränderung
an der Zwischenwirbelscheibe;
vgl. Degeneration (1)
Dis|ko|queen, auch: Discoqueen
[...kwi:n] *die; -, -s* ⟨*engl.*⟩:
1. höchst erfolgreiche Interpre-
tin von Liedern im Diskosound.
2. junge Frau, die in einer Dis-

D

kothek durch ihr anziehendes Äußeres, durch ihre modisch schicke Kleidung u. durch ihr Tanzen auffällt u. von allen bewundert wird

dis|kor|dant ⟨lat.⟩: (Geol.) ungleichförmig zueinander gelagert (von Gesteinen). **Dis|kordanz** die; -, -en ⟨lat.-mlat.⟩: 1. Uneinigkeit, Missklang. 2. (meist Plural) Unstimmigkeit in der Komposition od. in der Wiedergabe eines musikalischen Werkes. 3. (Geol.) ungleichförmige Lagerung zweier Gesteinsverbände

Dis|ko|rol|ler [auch: ...roʊlə], auch: Discoroller der; -s, - ⟨engl.⟩: besonders schneller Rollschuh mit daran befindlichen Schuhen

Dis|ko|sound, auch: Discosound [...saʊnd] der; -s ⟨engl.⟩: ↑ Sound eines Liedes, der durch Einfachheit des ↑ Arrangements (3 b) u. durch verstärkte Betonung einer einfachen Rhythmik gekennzeichnet ist u. der sich deshalb bes. als Tanzmusik eignet

Dis|ko|thek die; -, -en ⟨gr.-nlat.⟩: 1. a) Schallplattensammlung, -archiv; b) Räumlichkeiten, in denen ein Schallplatten-, Tonbandarchiv untergebracht ist. 2. a) (bes. auf Jugendliche zugeschnittene) mit Licht-, Lautsprecheranlagen u. a. ausgestattete Räumlichkeit, in der zu Musik von CDs, Schallplatten getanzt wird; b) ↑ Disko (2)

Dis|ko|the|kar der; -s, -e: Verwalter einer Diskothek (1 a) [beim Rundfunk]. **Dis|ko|the|ka|rin** die; -, -nen: weibliche Form zu ↑ Diskothekar

Dis|kre|dit der; -[e]s ⟨lat.-it.-fr.⟩: übler Ruf. **dis|kre|di|tie|ren:** dem Ruf, Ansehen einer Person od. Sache schaden, abträglich sein

dis|kre|pant ⟨lat.⟩: [voneinander] abweichend, zwiespältig. **Dis|kre|panz** die; -, -en: Widersprüchlichkeit, Missverhältnis zwischen zwei Sachen

dis|kret ⟨lat.-mlat.-fr.⟩: 1. a) so unauffällig behandelt, ausgeführt o. Ä., dass es von anderen kaum od. gar nicht bemerkt wird; vertraulich; b) taktvoll, rücksichtsvoll; Ggs. ↑ indiskret. 2. a) (Sprachw.) [von sprachli-

chen Einheiten] abgegrenzt, abgetrennt, abgrenzbar, z. B. durch Substitution; b) (Techn.) in einzelne Punkte zerfallend, vereinzelt, abzählbar (bezogen auf eine Folge von Ereignissen od. Symbolen); **diskrete Zahlenwerte:** (Math., Phys.) Zahlenwerte, die durch endliche ↑ Intervalle (4) voneinander getrennt stehen

Dis|kre|ti|on die; - ⟨lat.-fr.⟩: a) Rücksichtnahme, taktvolle Zurückhaltung; b) Vertraulichkeit, Verschwiegenheit: **dis|kre|ti|o|när:** dem Ermessen des Partners anheim stellend

Dis|kri|mi|nan|te die; -, -n ⟨lat.⟩: (Math.) mathematischer Ausdruck, der bei Gleichungen zweiten u. höheren Grades die Eigenschaft der Wurzel angibt

Dis|kri|mi|na|ti|on die; -, -en: ↑ Diskriminierung; vgl. ...ation/...ierung

Dis|kri|mi|na|tor der; -s, ...oren ⟨lat.-nlat.⟩: (Elektrot.) Schaltung von Elektronenröhren zur Ermittlung der Größenverteilung von elektrischen ↑ Impulsen (2 a)

dis|kri|mi|nie|ren ⟨lat.; „trennen, absondern"⟩: 1. durch [unzutreffende] Äußerungen, Behauptungen in der Öffentlichkeit jmds. Ansehen, Ruf schaden, ihn herabsetzen. 2. (durch unterschiedliche Behandlung) benachteiligen, zurücksetzen. 3. (Fachspr.) unterscheiden. **Dis|kri|mi|nie|rung** die; -, -en: das Diskriminieren; vgl. ...ation/ ...ierung

dis|kur|rie|ren ⟨lat.⟩: a) [heftig] erörtern; verhandeln; b) sich unterhalten

Dis|kurs der; -es, -e: 1. methodisch aufgebaute Abhandlung über ein bestimmtes [wissenschaftliches] Thema. 2. a) (Sprachw.) Gedankenaustausch, Unterhaltung; b) heftiger Wortstreit, Wortwechsel. 3. (Sprachw.) die von einem Sprachteilhaber auf der Basis seiner sprachlichen Kompetenz tatsächlich realisierten sprachlichen Äußerungen

dis|kur|siv ⟨lat.-mlat.⟩: (Philos.) von Begriff zu Begriff methodisch fortschreitend; Ggs. ↑ intuitiv

Dis|kus der; - u. -ses, ...ken u. -se ⟨gr.-lat.⟩: 1. (Sport) scheibenför-

miges Wurfgerät aus Holz mit Metallreifen u. Metallkern. 2. (Bot.) wulstförmige Verdickung des Blütenbodens, bes. bei Doldenblütlern. 3. in der orthodoxen Kirche Opferteller (vgl. Patene) für das geweihte Brot

Dis|kus|si|on die; -, -en ⟨lat.⟩: Erörterung, Aussprache, Meinungsaustausch

dis|ku|ta|bel ⟨lat.-fr.⟩: erwägenswert, annehmbar; Ggs. ↑ indiskutabel

Dis|ku|tant der; -en, -en ⟨lat.-nlat.⟩: Teilnehmer an einer Diskussion. **Dis|ku|tan|tin** die; -, -nen: weibliche Form zu ↑ Diskutant

dis|ku|tie|ren ⟨lat.⟩: a) etwas eingehend mit anderen erörtern, besprechen; b) Meinungen austauschen

Dis|lo|ka|ti|on die; -, -en ⟨lat.-nlat.⟩: 1. räumliche Verteilung von Truppen. 2. (Med.) Lageveränderung, Verschiebung der Bruchenden gegeneinander bei Knochenbrüchen. 3. (Phys.) Verschiebung, Versetzung von Atomen in einem Kristallgitter. 4. (Geol.) Störung der normalen Lagerung von Gesteinsverbänden durch Faltung od. Bruch; vgl. ...ation/...ierung

Dis|lo|ka|ti|ons|be|ben das; -s, -: (Geol.) Erdbeben, das durch ↑ tektonische Bewegungen verursacht wird

dis|lo|y|al [auch: ˈdɪs...] ⟨lat.; lat.-fr.⟩: gegen die Regierung eingestellt; Ggs. ↑ loyal (a)

dis|lo|zie|ren ⟨lat.-nlat.⟩: 1. Truppen räumlich verteilen. 2. (schweiz.) umziehen. **Dis|lo-zie|rung** die; -, -en: ↑ Dislokation; vgl. ...ation/...ierung

Dis|mem|b|ra|ti|on die; -, -en ⟨lat.-nlat.⟩: 1. Zerschlagung, Zerstückelung, bes. von Ländereien bei Erbschaften. 2. Zerfall eines Staates in verschiedene Teile, die sich verselbstständigen (z. B. Österreich-Ungarn 1918)

Dis|mem|b|ra|tor der; -s, ...oren: Maschine zur Zerkleinerung halbharter Materialien (z. B. Ton, Gips)

Dis|pa|che [dɪsˈpaʃə] die; -, -n ⟨it.-fr.⟩: Schadensberechnung u. -verteilung auf die Beteiligten bei Seeschäden

Dis|pa|cheur [...ˈʃøːɐ̯] der; -s, -e:

Sachverständiger für Seeschadensberechnung u. -verteilung

dis|pa|chie|ren [...ˈʃiːrən]: den Seeschadenanteil berechnen

dis|pa|rat ⟨*lat.*⟩: ungleichartig, unvereinbar, sich widersprechend

Dis|pa|ri|tät *die; -, -en* ⟨*lat.-nlat.*⟩: Ungleichheit, Verschiedenheit

Dis|pat|cher [dɪsˈpɛtʃɐ] *der; -s, -* ⟨*lat.-it.-engl.*⟩: leitender Angestellter in der Industrie, der den Produktionsablauf überwacht. **Dis|pat|che|rin** [dɪsˈpɛtʃə...] *die; -, -nen*: weibliche Form zu ↑ Dispatcher

Dis|pens *der; -es, -e od.* österr. u. im kath. Kirchenrecht nur: *die; -, -en* ⟨*lat.-mlat.*; „Erlass"⟩: Befreiung von einer allgemein geltenden Vorschrift für einen jeweiligen Einzelfall (bes. im kath. Kirchenrecht)

dis|pen|sa|bel ⟨*lat.-nlat.*⟩: (veraltet) verzeihlich

Dis|pen|saire|me|tho|de [...pãˈsɛːɐ̯...] *die; -, -n* ⟨*lat.-fr.; gr.-lat.*⟩: (Med., Sozialpsychol.) vorbeugendes Verfahren der Erfassung u. medizinischen Betreuung bestimmter gesundheitlich gefährdeter Bevölkerungsgruppen

Dis|pen|sa|ri|um *das; -s, ...ien:* ↑ Dispensatorium

Dis|pen|sa|ti|on *die; -, -en* ⟨*lat.*⟩: ↑ Dispensierung; vgl. ...ation/ ...ierung

Dis|pen|sa|to|ri|um *das; -s, ...ien:* Arzneibuch

Dis|pens|e|he *die; -, -n*: Ehe, die mit kirchlichem Dispens [von bestehenden Ehehindernissen] geschlossen wird

Dis|pen|ser *der; -s, -* ⟨*lat.-engl.*⟩: 1. etwas, was verkaufsunterstützend eingesetzt wird (z. B. Leerpackungen, Verkaufsständer, Warenautomaten). 2. Fahrzeug zur Betankung von Luftfahrzeugen

dis|pen|sie|ren 1. jmdn. von etwas befreien, beurlauben. 2. Arzneien bereiten u. abgeben. **Dispen|sie|rung** *die; -, -en*: 1. Befreiung von einer Verpflichtung. 2. Bereitung u. Abgabe einer Arznei; vgl. ...ation/...ierung

Di|s|per|gens *das; -, ...enzien u. ...entia* ⟨*lat.*⟩: gasförmiges od. flüssiges Lösungsmittel, in dem ein anderer Stoff in feinster Verteilung enthalten ist. **di|s-**

per|gie|ren: zerstreuen, verbreiten, fein verteilen

Di|sper|mie *die; -, ...ien* ⟨*gr.-nlat.*⟩: (Med.) das Eindringen zweier ↑ Spermatozoen in dieselbe Eizelle

di|s|pers ⟨*lat.*⟩: zerstreut; fein verteilt; **disperse Phase:** (Phys., Chem.) der in einer Flüssigkeit je nach seiner Größe in grober, feiner od. feinster Form verteilte Stoff; vgl. Phase (3)

Di|s|per|sant [dɪsˈpəːsənt] *das; -[s], -s* ⟨*lat.-engl.*⟩: ↑ Additiv, das Fremdstoffe im Schmieröl in der Schwebe halten u. verhindern soll, dass sie sich im Motor absetzen

Di|s|per|si|on *die; -, -en:* 1. feinste Verteilung eines Stoffes in einem anderen in der Art, dass seine Teilchen in dem anderen schweben. 2. (Phys.) a) Abhängigkeit der Fortpflanzungsgeschwindigkeit einer Wellenbewegung (z. B. Licht, Schall) von der Wellenlänge bzw. der Frequenz; b) Zerlegung von weißem Licht in ein farbiges Spektrum. 3. (Statistik) Streuung der Einzelwerte vom Mittelwert

Di|s|per|si|tät *die; -, -en* ⟨*lat.-nlat.*⟩: Verteilungsgrad bei der Dispersion

Di|s|per|so|id *das; -s, -e* ⟨*lat.; gr.*⟩: (Phys., Chem.) disperses System aus Dispergens u. Dispersum; Gesamtheit einer Flüssigkeit u. des darin verteilten (↑ dispersen) Stoffes

Di|s|per|sum *das; -s, -s:* Stoff in feinster Verteilung, der in einem ↑ Dispergens schwebt

Dis|placed Per|son [dɪsˈpleɪst ˈpəːsn] *der; - -, - -s* ⟨*engl.*⟩: Ausländer, der während des Zweiten Weltkriegs nach Deutschland [zur Zwangsarbeit] verschleppt wurde; Abk.: D. P.

Dis|play [dɪsˈpleɪ] *das; -s, -s* ⟨*engl.*⟩: 1. a) werbewirksames Auf-, Ausstellen von Waren; b) Dekorationselement, das den ausgestellten Gegenstand in den Blickpunkt rücken soll. 2. Gerät, das Daten optisch darstellt in Form von Ziffern, Buchstaben, Zeichen o. Ä.

Dis|play|er [...ˈpleɪə] *der; -s, -:* Entwerfer von Dekorationen u. Verpackungen. **Dis|play|e|rin** [...ˈpleɪə...] *die; -, -nen:* weibliche Form zu ↑ Displayer

Di|s|pon|de|us *der; -, ...een* ⟨*gr.-lat.*⟩: doppelter ↑ Spondeus (– – – –)

Dis|po|nen|de *die; -, -n* (meist Plural) ⟨*lat.*⟩: vom Sortimentsbuchhändler bis zum vereinbarten Abrechnungstermin nicht verkauftes Buch, das er mit Genehmigung des Verlages weiter bei sich lagert

Dis|po|nent *der; -en, -en:* 1. kaufmännischer Angestellter, der mit besonderen Vollmachten ausgestattet ist u. einen größeren Unternehmensbereich leitet. 2. (Theat.) künstlerischer Vorstand, der für den Vorstellungs- u. Probenplan, für die Platzmieten u. für den Einsatz der Schauspieler u. Sänger verantwortlich ist. **Dis|po|nen|tin** *die; -, -nen:* weibliche Form zu ↑ Disponent

dis|po|ni|bel ⟨*lat.-nlat.*⟩: verfügbar. **Dis|po|ni|bi|li|tät** *die; -:* Verfügbarkeit

dis|po|nie|ren ⟨*lat.*⟩: a) in bestimmter Weise verfügen; b) im Voraus [ein]planen, kalkulieren

dis|po|niert: 1. a) [bes. für einen künstlerischen Vortrag] in einer bestimmten Verfassung; b) [bes. in Bezug auf eine bestimmte Krankheit o. Ä.] empfänglich; c) zu etwas eine Veranlagung, Begabung besitzend. 2. (Orgelbau) aus einer Anzahl von Orgelregistern kombiniert

Dis|po|si|ti|on *die; -, -en:* 1. a) das Verfügenkönnen; freie Verwendung; b) Planung, das Sicheinrichten auf etwas; c) Gliederung, Plan. 2. a) bestimmte Veranlagung, Empfänglichkeit, innere Bereitschaft zu etwas; b) (Med.) Empfänglichkeit, Anfälligkeit für Krankheiten. 3. Anzahl u. Art der Register bei der Orgel

dis|po|si|ti|ons|fä|hig: geschäftsfähig

Dis|po|si|ti|ons|fonds [...fõː] *der; -, - [...fõːs]:* Posten des Staatshaushalts, über dessen Verwendung die Verwaltung selbst bestimmen kann

Dis|po|si|ti|ons|kre|dit *der; -[e]s, -e:* [^1]Kredit (2 a), der dem Inhaber eines Lohn- od. Gehaltskontos erlaubt, sein Konto in bestimmter Höhe zu überziehen; Überziehungskredit

dis|po|si|tiv ⟨*lat.-nlat.*⟩: anordnend, verfügend; **dispositives Recht:** rechtlich vorgeschriebene Regelung, die durch die daran Beteiligten geändert werden kann. **Dis|po|si|tiv** *das; -s, -e:* (bes. schweiz.) a) Absichts-, Willenserklärung; b) Gesamtheit aller Personen u. Mittel, die für eine bestimmte Aufgabe eingesetzt werden können, zur Disposition (1 a) stehen

Dis|po|si|tor *der; -s, ...oren:* (Astrol.) Planet, der die in einem Tierkreiszeichen befindlichen Himmelskörper beherrscht

Dis|pro|por|ti|on [auch: 'dɪs...] *die; -, -en* ⟨*lat.-nlat.*⟩: Missverhältnis

Dis|pro|por|ti|o|na|li|tät [auch: 'dɪs...] *die; -, -en:* Missverhältnis, bes. in der Konjunkturtheorie

dis|pro|por|ti|o|niert [auch: 'dɪs...]: schlecht proportioniert, ungleich

Dis|put *der; -[e]s, -e* ⟨*lat.-fr.*⟩: kontrovers geführtes Gespräch; Streitgespräch

dis|pu|ta|bel ⟨*lat.*⟩: strittig; Ggs. ↑ indisputabel

Dis|pu|tant *der; -en, -en:* jmd., der an einem Disput teilnimmt.

Dis|pu|tan|tin *die; -, -nen:* weibliche Form zu ↑ Disputant

Dis|pu|ta|ti|on *die; -, -en:* [wissenschaftliches] Streitgespräch.

dis|pu|tie|ren: ein [wissenschaftliches] Streitgespräch führen; diskutieren

Dis|pu|tie|rer *der; -s, -:* jmd., der gern u. oft disputiert. **Dis|pu|tie|re|rin** *die; -, -nen:* weibliche Form zu ↑ Disputierer

Dis|qua|li|fi|ka|ti|on *die; -, -en* ⟨*lat.-engl.*⟩: 1. Ausschließung vom Wettbewerb bei sportlichen Kämpfen wegen Verstoßes gegen eine sportliche Regel; vgl. ...ation/...ierung. 2. Untauglichkeit. **dis|qua|li|fi|zie|ren:** a) einen Sportler wegen groben Verstoßes gegen eine sportliche Regel vom Kampf ausschließen; b) für untauglich erklären.

Dis|qua|li|fi|zie|rung *die; -, -en:* ↑ Disqualifikation; vgl. ...ation/ ...ierung

Diss *die; -:* (Jargon) Kurzform von ↑ Dissertation

dis|se|cans ⟨*lat.*⟩: (Med.) trennend, durchschneidend, spaltend

Dis|se|mi|na|ti|on *die; -, -en* ⟨*lat.;*

„Aussaat"): (Med.) a) Verbreitung (z. B. von Krankheitserregern im Körper); b) Ausbreitung einer Seuche. **dis|se|mi|niert:** (Med.) ausgestreut, über ein größeres Gebiet hin verbreitet (von Krankheitserregern od. -erscheinungen)

dis|sen ⟨*amerik.*⟩: (Rapperjargon) verächtlich machen, schmähen

Dis|sens *der; -es, -e* ⟨*lat.*⟩: Meinungsverschiedenheit in Bezug auf bestimmte Fragen o. Ä.; Ggs. ↑ Konsens

Dis|sen|ter *der; -s, -s* ⟨*lat.-engl.;* „anders Denkender"): Mitglied einer [protestantischen] Kirche in Großbritannien, die sich von der Staatskirche getrennt hat

dis|sen|tie|ren ⟨*lat.*⟩: abweichender Meinung sein

Dis|sen|ting O|pi|nion [dɪ'sentɪŋ ə'pɪnjən] *die; -, -s* ⟨*engl.*⟩: (Rechtsw.) abweichende Meinung eines von der Mehrheit überstimmten Richters

Dis|se|pi|ment *das; -s, -e* ⟨*lat.*⟩: (Biol.) Scheidewand im Innern von Blumentieren, Regenwürmern u. Armfüßern

Dis|ser|tant *der; -en, -en* ⟨*lat.*⟩: ↑ Doktorand. **Dis|ser|tan|tin** *die; -, -nen:* weibliche Form zu ↑ Dissertant

Dis|ser|ta|ti|on *die; -, -en* ⟨*lat.;* „Erörterung"): schriftliche wissenschaftliche Abhandlung zur Erlangung des Doktorgrades; Abk.: Diss.

dis|ser|tie|ren: an einer Dissertation arbeiten

dis|si|dent ⟨*lat.-engl.*⟩: von einer offiziellen Meinung o. Ä. abweichend; oppositionell

Dis|si|dent *der; -en, -en* ⟨*lat.;* „Getrennter"): 1. jmd., der außerhalb einer staatlich anerkannten Religionsgemeinschaft steht; Konfessionsloser. 2. jmd., der mit der offiziellen [politischen] Meinung nicht übereinstimmt; anders Denkender, Abweichler. **Dis|si|den|tin** *die; -, -nen:* weibliche Form zu ↑ Dissident

Dis|si|denz *die; -, -en* ⟨*engl.-fr.*⟩: Widerstand[sbewegung], Opposition[sbewegung]

Dis|si|di|en *die* (Plural): (veraltet) Streitpunkte

dis|si|die|ren: a) anders denken; b) [aus der Kirche] austreten

Dis|si|mi|la|ti|on *die; -, -en* ⟨*lat.;*

„Entähnlichung"): 1. Änderung eines von zwei gleichen od. ähnlichen Lauten in einem Wort od. Unterdrückung des einen von ihnen (z. B. Ausfall eines *n* in König, aus früherem kuning); Ggs. ↑ Assimilation (1 b). 2. Abbau u. Verbrauch von Körpersubstanz unter Energiegewinnung; Ggs. ↑ Assimilation (2 a). 3. (Soziol.) Wiedergewinnung einer eigenen Volks- od. Gruppeneigenart. **dis|si|mi|lie|ren:** 1. (Sprachw.) zwei ähnliche od. gleiche Laute in einem Wort durch den Wandel des einen Lautes unähnlich machen, stärker voneinander abheben; vgl. Dissimilation (1). 2. (Biol.) höhere organische Verbindungen beim Stoffwechsel unter Freisetzung von Energie in einfachere zerlegen

Dis|si|mu|la|ti|on *die; -, -en:* bewusste Verheimlichung von Krankheiten od. Krankheitssymptomen. **dis|si|mu|lie|ren:** (bes. eine Krankheit od. ihre Symptome) verbergen, verheimlichen

Dis|si|pa|ti|on *die; -, -en* ⟨*lat.;* „Zerstreuung, Zerteilung"): Übergang einer umwandelbaren Energieform in Wärmeenergie

Dis|si|pa|ti|ons|sphä|re *die; -:* äußerste Schicht der Atmosphäre in über 800 km Höhe; vgl. Exosphäre

dis|si|pie|ren: (Fachspr.) 1. zerstreuen. 2. umwandeln

dis|so|lu|bel ⟨*lat.*⟩: löslich, auflösbar, zerlegbar

dis|so|lut ⟨*lat.*⟩: zügellos, haltlos

Dis|so|lu|ti|on *die; -, -en* ⟨*lat.*⟩: 1. (Med.) Auflösung, Trennung. 2. Zügellosigkeit

Dis|sol|vens *das; -, ...ventia u. ...venzien* ⟨*lat.*⟩: (Med.) auflösendes, zerteilendes [Arznei]mittel

dis|sol|vie|ren: auflösen, schmelzen

dis|so|nant ⟨*lat.*⟩: 1. (Mus.) misstönend, nach Auflösung strebend. 2. unstimmig, unschön

Dis|so|nanz *die; -, -en:* 1. (Mus.) Zusammenklang von Tönen, der als Missklang empfunden wird u. nach der überlieferten Harmonielehre eine Auflösung fordert. 2. Unstimmigkeit, Differenz

dis|so|nie|ren: 1. dissonant klingen. 2. nicht übereinstimmen
Dis|sous|gas [dɪˈsuː...] *das; -es* ⟨*lat.-fr.; gr.-niederl.*⟩: in druckfester Stahlflasche aufbewahrtes, in ↑Aceton gelöstes ↑Acetylen
dis|so|zi|al ⟨*lat.; lat.-fr.-engl.*⟩: (Psychol.) aufgrund bestimmten Fehlverhaltens nicht od. nur bedingt in der Lage, sich in die Gesellschaft einzuordnen
Dis|so|zi|a|li|tät *die; -*: (Psychol.) dissoziales Verhalten
Dis|so|zi|a|ti|on *die; -, -en* ⟨*lat.; "Trennung"*⟩: 1. (Psychol.) krankhafte Entwicklung, in deren Verlauf zusammengehörende Denk-, Handlungs- od. Verhaltensabläufe in Einzelheiten zerfallen, wobei deren Auftreten weitgehend der Kontrolle des Einzelnen entzogen bleibt (z. B. Gedächtnisstörungen, ↑Halluzinationen). 2. (Med.) Störung des geordneten Zusammenspiels von Muskeln, Organteilen od. Empfindungen. 3. (Chem.) Zerfall von ↑Molekülen in einfachere Bestandteile
Dis|so|zi|a|ti|ons|kon|s|tan|te *die; -[n]*: (Chem.) Gleichgewichtskonstante (vgl. Konstante) einer Aufspaltung von ↑Molekülen in ↑Ionen od. ↑Atome
dis|so|zi|a|tiv ⟨*lat.-nlat.*⟩: a) die Dissoziation betreffend; b) durch Dissoziation bewirkt
dis|so|zi|ie|ren ⟨*lat.*⟩: 1. trennen, auflösen. 2. (Chem.) a) in ↑Ionen od. ↑Atome aufspalten; b) in Ionen zerfallen
Dis|stress *der; -es, -e* ⟨*gr.; engl.*⟩: ↑Stress (1); Ggs. ↑Eustress
Dis|su|a|si|on *die; -, -en* ⟨*lat.-nlat.*⟩: Abhaltung, Abschreckung
di|s|tal ⟨*lat.-nlat.*⟩: (Biol., Med.) weiter von der Körpermitte (bei Blutgefäßen: vom Herzen) bzw. charakteristischen Bezugspunkten entfernt liegend als andere Körper- oder Organteile; Ggs. ↑proximal
Di|s|tanz *die; -, -en* ⟨*lat.*⟩: 1. Abstand, Entfernung. 2. a) (Leichtathletik, Pferderennsport) zurückzulegende Strecke; b) (Boxsport) Gesamtzeit der angesetzten Runden. 3. (ohne Plural) Reserviertheit, abwartende Zurückhaltung

Di|s| tanz|ge|schäft *das; -[e]s, -e*: Kaufvertrag, bei dem der Käufer die Ware nicht an Ort u. Stelle einsehen kann, sondern aufgrund eines Musters od. Katalogs bestellt; Ggs. ↑Lokogeschäft
di|s| tan|zie|ren ⟨*lat.-fr.*⟩: 1. a) von jmdm., etwas abrücken; Abstand nehmen; b) jmds. Verhalten nicht billigen. 2. (Sport) in einem Wettkampf überrunden, besiegen. **di|s| tan|ziert:** Zurückhaltung wahrend; auf [gebührenden] Abstand bedacht
Di|s| tanz|kom|po|si|ti|on *die; -, -en*: (Sprachw.) unfeste Zusammensetzung bei Verben (z. B.: einsehen – er sieht es ein)
Di|s| tanz|re||lais [...rəˈlɛː] *das; -, -:* ↑Relais (1), das bei Kurzschluss den Wechselstromwiderstand u. damit die Entfernung zwischen seiner Einbaustelle u. der Kurzschlussstelle misst
Di|s| tanz|wech|sel *der; -s, -:* (Wirtsch.) Wechsel, bei dem Ausstellungs- u. Zahlungsort verschieden sind
Di|s| then *der; -s, -e* ⟨*gr.-nlat.*⟩: meist blaues, triklines Mineral
di|s| tich ⟨*gr.-lat.*⟩: (Bot.) in zwei einander gegenüberstehenden Reihen angeordnet (von Blättern, z. B. bei den Farnen)
Di|s| ti|chi|a|sis u. **Di|s- ti|chie** *die; -, ...ien* ⟨*gr.-nlat.*⟩: (Med.) ↑Anomalie (1 b) des Augenlids in Form einer Art Doppelwuchs der Wimpern (hinter den Wimpern bildet sich eine zweite Reihe von kleinen Härchen)
di|s| ti|chisch u. **di|s| ti|chi|tisch:** 1. das Distichon betreffend. 2. aus metrisch ungleichen Verspaaren bestehend; Ggs. ↑monostichisch
Di|s| ti|cho|my|thie *die; -, ...ien:* aus zwei Verszeilen (vgl. Distichon) bestehende Form des Dialogs im Versdrama; vgl. Stichomythie
Di|s| ti|chon *das; -s, ...chen* ⟨*gr.-lat.*⟩: aus zwei Verszeilen, bes. aus ↑Hexameter u. ↑Pentameter bestehende Verseinheit; vgl. Elegeion
Di|s| tin|gem [dɪstɪŋˈgeːm] *das; -s, -e* ⟨*lat.-nlat.*⟩: (Sprachw.) distinktives Sprachzeichen (z. B. ein Phonem, eine Phonemgruppe)

di|s| tin|guie|ren [dɪstɪŋˈgiː...] ⟨*lat.*⟩: unterscheiden, in besonderer Weise abheben. **di|s| tin- guiert:** vornehm; sich durch betont gepflegtes Auftreten o. Ä. von anderen abhebend
di|s| tinkt ⟨*lat.*⟩: klar u. deutlich [abgegrenzt]
Di|s| tink|ti|on *die; -, -en* ⟨*lat.-fr.*⟩: 1. a) Auszeichnung, [hoher] Rang; b) (österr.) Rangabzeichen
di|s| tink|tiv: unterscheidend; **distinktive Merkmale:** (Sprachw.) bedeutungsunterscheidende Eigenschaften einer sprachlichen Einheit, die durch Vergleich mit anderen sprachlichen Einheiten festgestellt werden
Dis|tor|si|on *die; -, -en* ⟨*lat.*⟩: 1. (Med.) Verstauchung eines Gelenks; vgl. Luxation. 2. (Optik) Bildverzerrung, -verzeichnung
dis|tra|hie|ren ⟨*lat.*⟩: a) auseinander ziehen, trennen; b) (veraltet) zerstreuen, ablenken
Dis|trak|ti|on *die; -, -en:* 1. (veraltet) Zerstreuung. 2. Zerrung von Teilen der Erdkruste durch ↑tektonische Kräfte. 3. (Med.) das Auseinanderziehen von ineinander verschobenen Bruchenden (zur Einrichtung von Knochenbrüchen)
Dis|trak|tor *der; -s, ...oren* ⟨*lat.-engl.*⟩: (beim ↑Multiplechoiceverfahren) eine von den zur Auswahl angebotenen Antworten, die aber nicht richtig ist
Dis|tri|bu|ent *der; -en, -en* ⟨*lat.*⟩: Verteiler. **Dis|tri|bu|en|tin** *die; -, -nen:* weibliche Form zu ↑Distribuent
dis|tri|bu|ie|ren: verteilen, austeilen
Dis|tri|bu|ti|on *die; -, -en* ⟨*lat.- (engl.)*⟩: 1. Verteilung. 2. (Math.) verallgemeinerte Funktion, die sich durch Erweiterung des mathematischen Funktionsbegriffs ergibt. 3. (Sprachw.) Summe aller Umgebungen, in denen eine sprachliche Einheit vorkommt im Gegensatz zu jenen, in denen sie nicht erscheinen kann
dis|tri|bu|ti|o|nal u. **dis|tri|bu|ti|o- nell:** durch Distribution (3) bedingt; vgl. ...al/...ell
dis|tri|bu|tiv: 1. a) (Sprachw.) eine sich wiederholende Verteilung

D

angebend; b) in bestimmten Umgebungen vorkommend. 2. (Math.) nach dem Distributivgesetz verknüpft

Dis|tri|bu|tiv|ge|setz *das; -es:* die Verknüpfungen mathematischer Größen bei Addition u. Multiplikation regelndes Gesetz

Dis|tri|bu|ti|vum *das; -s, ...va:* (Sprachw.) Numerale, das das Verteilen einer bestimmten Menge auf gleich bleibende kleinere Einheiten ausdrückt; Verteilungszahlwort (z. B.: je)

Dis|tri|bu|tiv|zahl *die; -, -en:* ↑ Distributivum

Dis|tri|bu|tor *der; -s, ...oren ⟨lat.-engl.⟩:* a) Verkäufer; b) Vertriebsgesellschaft

Dis|t|rikt *der; -[e]s, -e ⟨lat.(-fr.-engl.)⟩:* Bezirk, abgeschlossener Bereich

Dis|zes|si|on *die; -, -en ⟨lat.⟩:* Weggang; Abgang; Übertritt zu einer anderen Partei

Dis|zi|p|lin *die; -, -en ⟨lat.⟩:* 1. (ohne Plural) auf Ordnung bedachtes Verhalten; Unterordnung, bewusste Einordnung. 2. a) Wissenschaftszweig, Spezialgebiet einer Wissenschaft; b) Teilbereich, Unterabteilung einer Sportart

dis|zi|p|li|när *⟨lat.-mlat.⟩:* die Disziplin betreffend

Dis|zi|p|li|nar|ge|walt *die; -:* die rechtliche Gewalt des Staates seinen Beamten gegenüber

dis|zi|p|li|na|risch: a) der Dienstordnung gemäß; b) streng

Dis|zi|p|li|nar|stra|fe *die; -, -n:* aufgrund einer Disziplinarordnung verhängte Strafe

dis|zi|p|li|nell: ↑ disziplinarisch (a)

dis|zi|p|li|nie|ren *⟨lat.-nlat.⟩:* a) an ↑ Disziplin (1) gewöhnen, dazu erziehen; b) (selten) maßregeln.

dis|zi|p|li|niert: a) an bewusste Einordnung gewöhnt; b) zurückhaltend, beherrscht, korrekt; sich nicht gehen lassend

Dis|zi|p|li|nie|rung *die; -, -en:* das Disziplinieren; das Diszipliniertwerden

dis|zi|p|lin|los: ohne Disziplin (1)

Dis|zis|si|on *die; -, -en ⟨lat.⟩:* (Med.) operative Spaltung bzw. Zerteilung eines Organs od. Gewebes

Dit *[di:] das; -s, -s ⟨lat.-fr.⟩:* altfranzösisches belehrendes Gedicht mit eingeflochtener Erzählung

Di|the|ring *['dɪðərɪŋ] das; -s ⟨engl.⟩:* Verfahren, bei dem auf dem Computerbildschirm tatsächlich nicht vorhandene Zwischenfarben simuliert werden

Di|thy|ram|be *die; -, -n ⟨gr.-lat.⟩:* a) kultisches Weihelied auf Dionysos; b) Loblied, begeisternde Würdigung. **di|thy|ram|bisch:** begeistert

Di|thy|ram|bos *der; -, ...ben:* griech. Form von ↑ Dithyrambus

Di|thy|ram|bus *der; -, ...ben ⟨gr.-lat.⟩:* ↑ Dithyrambe

di|to *⟨lat.-it.-fr.; "besagt"⟩:* dasselbe, ebenso (in Bezug auf ein vorher gerade Genanntes); Abk.: do., dto.; vgl. detto. **Di|to** *das; -s, -s:* Einerlei

Di|tro|chä|us *der; -, ...äen ⟨gr.-lat.⟩:* doppelter ↑ Trochäus (-◡-◡)

Dit|to|gra|phie, auch: ...grafie *die; -, ...ien ⟨gr.-nlat.; "Doppelschreibung"⟩:* 1. fehlerhafte Wiederholung von Buchstaben, Buchstabengruppen od. Wörtern in handgeschriebenen od. gedruckten Texten; Ggs. ↑ Haplographie. 2. doppelte Lesart od. Fassung einzelner Stellen in antiken Texten

Dit|to|lo|gie *die; -, ...ien:* fehlerhaftes, doppeltes Aussprechen eines od. mehrerer Laute, bes. beim Stottern

Di|u|re|se *die; -, -n ⟨gr.-nlat.⟩:* (Med.) Harnausscheidung

Di|u|re|ti|kum *das; -s, ...ka ⟨gr.-lat.⟩:* harntreibendes Mittel. **di|u|re|tisch** *⟨gr.-lat.⟩:* (Med.) harntreibend

Di|ur|nal *das; -s, -e u. -ia* ⟨*lat.-mlat.; "das Tägliche"*⟩: Gebetbuch der katholischen Geistlichen mit den Tagesgebeten; Auszug aus dem ↑ Brevier (1 a)

Di|ur|num *das; -s, ...nen ⟨lat.⟩:* (österr. veraltet) Tagegeld

Di|va *die; -, -s u. ...ven ⟨lat.-it.; "die Göttliche"⟩:* 1. a) gefeierte Sängerin, [Film]schauspielerin [die durch exzentrische Allüren von sich reden macht]; b) jmd., der durch besondere Empfindlichkeit, durch eine gewisse Exzentrik o. Ä. auffällt. 2. a) Beiname altrömischer Göttinnen; b) Titel der nach ihrem Tode vergöttlichten römischen Kaiserinnen

Di|ver|bia *die (Plural) ⟨lat.⟩:* die gesprochenen Teile der altrömischen Komödie (Dialog, Wechselgespräch); Ggs. ↑ Cantica (1)

di|ver|gent *⟨lat.-nlat.⟩:* 1. entgegengesetzt, unterschiedlich; Ggs. ↑ konvergent; vgl. divergierend. 2. (Math.) keinen Grenzwert habend. **Di|ver|genz** *die; -, -en:* das Auseinandergehen, das Auseinanderstreben (von Meinungen, Zielen o. Ä.); Ggs. ↑ Konvergenz (1, 4, 5)

di|ver|gie|ren: auseinander gehen, streben; Ggs. ↑ konvergieren (b). **di|ver|gie|rend:** auseinander gehend, in entgegengesetzter Richtung verlaufend; Ggs. ↑ konvergierend

di|vers... *⟨lat.⟩:* einige, mehrere [verschiedene]. **Di|ver|sa** u. Diverse *die (Plural):* Vermischtes, Allerlei

Di|ver|sant *der; -en, -en ⟨lat.-russ.⟩:* Saboteur; jmd., der Diversion (2) betreibt. **Di|ver|san|tin** *die; -, -nen:* weibliche Form zu ↑ Diversant

Di|ver|se *die (Plural):* ↑ Diversa

Di|ver|si|fi|ka|ti|on *die; -, -en ⟨1: lat.-nlat.; 2: lat.-engl.⟩:* 1. Veränderung, Abwechslung, Vielfalt. 2. (Wirtsch.) Ausweitung der Produktion eines Unternehmens auf neue, bis dahin nicht erzeugte Produkte; vgl. ...ation/...ierung. **di|ver|si|fi|zie|ren** *⟨lat.-engl.⟩:* ein Unternehmen auf neue Produktions- bzw. Produktbereiche umstellen. **Di|ver|si|fi|zie|rung** *die; -, -en:* ↑ Diversifikation; vgl. ...ation/...ierung

Di|ver|si|on *die; -, -en ⟨1: lat.; 2: lat.-russ.⟩:* 1. (veraltet) Angriff von der Seite, Ablenkung. 2. (DDR) Sabotage gegen den Staat

Di|ver|si|tät *die; - ⟨lat.⟩:* Vielfalt, Vielfältigkeit

di|ver|tie|ren *⟨lat.-fr.⟩:* (veraltet) ergötzen, belustigen

Di|ver|ti|kel *das; -s, - ⟨lat.⟩:* (Med.) Ausbuchtung eines Hohlorgans (z. B. am Darm)

Di|ver|ti|ku|li|tis *die; -, ...itiden ⟨lat.-nlat.⟩:* Entzündung eines Divertikels

Di|ver|ti|ku|lo|se *die; -, -n:* (Med.) vermehrtes Auftreten von Divertikeln im Darm

Di|ver|ti|men|to *das; -s, -s u. ...ti ⟨lat.-it.⟩:* 1. einer Suite od. Sonate ähnliche, heitere Instrumentalkomposition. 2. ↑ Potpourri (1). 3. freies, die strenge Thematik auflockerndes Zwischenspiel in der Fuge **Di|ver|tis|se|ment** [divɛrtɪsə'mã:] *das; -s, -s ⟨lat.-fr.⟩:* 1. Gesangsod. Balletteinlage in französischen Opern des 17. u. 18. Jh. s. 2. (selten) ↑ Divertimento **di|vi|de et im|pe|ra** *⟨lat.;* „teile und herrsche!"⟩: stifte Unfrieden unter denen, die du beherrschen willst! (legendäres, sprichwörtlich gewordenes Prinzip der altrömischen Außenpolitik) **Di|vi|dend** *der; -en, -en:* (Math.) Zahl, die durch eine andere geteilt wird; Ggs. ↑ Divisor **Di|vi|den|de** *die; -, -n ⟨lat.-fr.⟩:* der jährlich auf eine Aktie entfallende Anteil am Reingewinn **di|vi|die|ren:** teilen; Ggs. ↑ multiplizieren (1) **Di|vi|di|vi** *die* (Plural) *⟨indian.-span.⟩:* gerbstoffreiche Schoten einer [sub]tropischen Pflanze **Di|vi|na|ti|on** *die; -, -en ⟨lat.⟩:* Voraussage von Ereignissen. **di|vi|na|to|risch** *⟨lat.-nlat.⟩:* vorahnend, seherisch **Di|vi|ni|tät** *die; - ⟨lat.⟩:* Göttlichkeit; göttliches Wesen **Di|vis** *das; -es, -e ⟨lat.⟩:* 1. (veraltet) Teilungszeichen. 2. (Druckw.) Bindestrich **di|vi|si** *⟨lat.-it.⟩:* musikalisches Vortragszeichen, das Streichern bei mehrstimmigen Stellen vorschreibt, dass diese nicht mit Doppelgriffen, sondern geteilt (von zwei Musikern) zu spielen sind; Abk.: div. **Di|vi|si|on** *die; -, -en ⟨1: lat.; 2: lat.-fr.⟩:* 1. (Math.) Teilung; Ggs. ↑ Multiplikation. 2. militärische Einheit **Di|vi|si|o|när** *der; -s, -e ⟨lat.-fr.⟩:* (bes. schweiz.) Befehlshaber einer Division **Di|vi|si|o|nis|mus** *der; -:* Richtung der modernen französischen Malerei (Zerteilung der Farben in einzelne Tupfen), Vorstufe des ↑ Pointillismus. **Di|vi|si|o|nist** *der; -en, -en:* Vertreter des Divisionismus. **Di|vi|si|o|nis|tin** *die; -, -nen:* weibliche Form zu ↑ Divisionist **Di|vi|sor** *der; -s, ...oren ⟨lat.⟩:* (Math.) Zahl, durch die eine

andere geteilt wird; Ggs. ↑ Dividend **Di|vi|so|ri|um** *das; -s, ...ien ⟨lat.-nlat.⟩:* (Druckw.) gabelförmige Blattklammer des Setzers zum Halten der Vorlage **Di|vul|ga|tor** *der; -s, ...oren ⟨lat.⟩:* Verbreiter, Propagandist **Di|vul|si|on** *die; -, -en ⟨lat.⟩:* (Med.) gewaltsame Trennung, Zerreißung **Di|vus** *⟨lat.;* „der Göttliche"⟩: Titel römischer Kaiser **Di|wan** *der; -s, -e ⟨pers.-türk.-roman.⟩:* 1. (veraltend) niedrige gepolsterte Liege ohne Rückenlehne. 2. (hist.) türkischer Staatsrat. 3. orientalische Gedichtsammlung **Di|xie** *der; -[s]:* (ugs.) Kurzform von ↑ Dixieland **Di|xie|land** [...lɛnt] *der; -[s] u.* **Di-xie|land|jazz,** auch: **Di|xie-land-Jazz** [...'dʒæz] *der; - ⟨amerik.⟩:* Variante des Jazz, die dem ↑ Ragtime ähnelt **di|zy|got** *⟨gr.⟩:* zweieiig; aus zwei befruchteten Eizellen stammend (von Zwillingen); vgl. monozygot **DJ** ['di:dʒeɪ] *der; -[s], -s:* kurz für ↑ Diskjockei **Djak** *der; -en, -en ⟨griech.(-russ.)⟩:* (im zaristischen Russland bis zum Beginn des 18. Jh. s) Schriftführer; Sekretär; gehobener Verwaltungsbeamter **Dja|maa** *die; - ⟨arab.⟩:* (islam. Rel.) Gemeinschaft der rechtgläubigen Muslime [die sich in Abgrenzung gegen alle Neuerungen an die wahre überlieferte Glaubenslehre halten] **DJane** [di'dʒe:n] *die; -, -s:* weibliche Form zu ↑ DJ **Djan|na** *das; - ⟨arab.⟩:* islam. Bez. für: Paradies **Djo|she|gan** vgl. Dschuscheghan **Dju|ma** *die; - ⟨arab.⟩:* Zusammenkunft der Gläubigen zu Predigt u. gemeinsamem Gebet am Freitagmittag; Freitagsgebet (im Islam) **DNA** [de|ɛn|'a:] *die; - ⟨Abk. für engl.* d**e**oxyrib**o**n**u**cleic **a**cid⟩: ↑ Desoxyribonukleinsäure **DNA-A|na|ly|se** *die; -, -n:* experimentelle Untersuchung von DNA zur Aufklärung ihrer Struktur u. Funktion, in der Rechtsmedizin zur Zuordnung zu Individuen **DNA-Chip** [...tʃɪp] *der; -s, -s*

⟨engl.⟩: mit verschiedenen, genau positionierten DNA-Molekülen beladener Kunststoff- od. Glaschip zur schnellen Analyse von Nukleinsäuren **DNA-Fin|ger|prin|ting** *das; -[s] ⟨engl.⟩:* gentechnisches Verfahren, das der Identifizierung von Personen anhand von Körpersekreten, Blut, Haaren od. Gewebeteilen dient **DNA-Kör|per** *der; -s, -:* ↑ Nukleoid **DNS** [de|ɛn|'ɛs] *die; -:* Abk. für Desoxyribonukleinsäure **do** *⟨it.⟩:* Silbe, auf die man den Ton c singen kann; vgl. Solmisation **do|cen|do dis|ci|mus** *⟨lat.⟩:* durch Lehren lernen wir **doch|misch:** den Dochmius betreffend; **dochmischer Vers:** ↑ Dochmius. **Doch|mi|us** *der; -, ...ien ⟨gr.-lat.;* „der Krumme, der Schiefe"⟩: altgriechischer Versfuß (rhythmische Einheit) (‿– –‿–; mit vielen Varianten) **Dock** *das; -s, -s, (selten:) -e ⟨niederl.* od. *engl.⟩:* Anlage zum Ausbessern von Schiffen. **do-cken:** 1. a) ein Schiff ins Dock bringen; b) im Dock liegen. 2. ein Docking vornehmen **Do|cking** *das; -s, -s ⟨engl.⟩:* Ankoppelung eines Raumfahrzeugs an ein anderes **Do|cking Sta|tion** [- 'steɪʃn] *die; -, - - s ⟨engl.⟩:* (EDV) den Stromanschluss, die Erweiterungssteckplätze (vgl. Slot) u. die Verbindung zu Peripheriegeräten zur Verfügung stellende Einheit für einen ↑ Laptop od. ein ↑ Notebook u. a. **Doc|tor iu|ris u|t|ri|us|que** *der; - - -, -es [...'to:re:s...]- - ⟨lat.⟩:* Doktor beider Rechte (des weltlichen u. kanonischen Rechts); Abk.: Dr. j. u. **Do|de|kal|dik** *die; - ⟨gr.-nlat.⟩:* ↑ Duodezimalsystem. **do|de|ka-disch:** ↑ duodezimal **Do|de|ka|e|der** *das; -s, - ⟨gr.⟩:* 1. ein von 12 Flächen begrenzter Körper. 2. kurz für ↑ Pentagondodekaeder **Do|de|ka|fo|nie** usw. vgl. Dodekaphonie usw. **Do|de|ka|pho|nie,** auch: ...fonie *die; -:* Zwölftonmusik. **do|de|ka-pho|nisch,** auch: ...fonisch: die Dodekaphonie betreffend. **Do-de|ka|pho|nist,** auch: ...fonist *der; -en, -en:* Vertreter der

Zwölftonmusik. **Do|de|ka|pho|nịs| tin**, auch: ...fonistin *die; -, -nen:* weibliche Form zu ↑ Dodekaphonist

Do|de|ka|po̱|lis *die; - ⟨gr.⟩:* (im alten Griechenland) Bund aus 12 Städten

Doe|len|stück [ˈduːlən...] *das; -[e]s, -e ⟨niederl.⟩:* Gemälde eines niederländischen Malers des 16. u. 17. Jh.s (bes. Hals, Rembrandt u. van der Helst) mit der Darstellung einer festlichen Schützengesellschaft

Doe|skin® [ˈdoːskɪn] *der; -[s] ⟨engl.; „Rehfell"⟩:* kräftiger, glatter Wollstoff

Do|ga|res|sa *die; -, ...ssen ⟨lat.-it.⟩:* Gemahlin des ↑ Dogen

Dog|cart [ˈdɔgkaːt] *der; -s, -s ⟨engl.; „Hundekarren"⟩:* offener, zweirädriger Einspänner [für die Jagd]

Do|ge [ˈdoːʒə] *der; -n, -n ⟨lat.-it.; „Herzog"⟩:* (hist.) a) (ohne Plural) Titel des Staatsoberhauptes in Venedig u. Genua; b) Träger dieses Titels

Dog|ge *die; -, -n ⟨engl.⟩:* großer, schlanker Haus- u. Wachhund (eine Hunderasse)

¹**Dog|ger** *der; -s, - ⟨niederl.⟩:* niederländisches Fischereifahrzeug

²**Dog|ger** *der; -s ⟨engl.⟩:* mittlere ↑ Formation (5 a) des Juras; Brauner Jura; vgl. ²Jura

Dog|ma *das; -s, ...men ⟨gr.-lat.⟩:* fester, als Richtschnur geltender [religiöser, kirchlicher] Lehr-, Glaubenssatz

Dog|ma|tik *die; -, -en ⟨gr.-nlat.⟩:* wissenschaftliche Darstellung der [christlichen] Glaubenslehre. **Dog|ma|ti|ker** *der; -s, -:* 1. starrer Verfechter einer Ideologie, Anschauung od. Lehrmeinung. 2. Lehrer der Dogmatik. **Dog|ma|ti|ke|rin** *die; -, -nen:* weibliche Form zu ↑ Dogmatiker. **dog|ma|tisch** *⟨gr.-lat.⟩:* starr an eine Ideologie od. Lehrmeinung gebunden bzw. daran festhaltend

dog|ma|ti|sie̱|ren: zum Dogma erheben

Dog|ma|tis|mus *der; - ⟨gr.-nlat.⟩:* starres Festhalten an Anschauungen od. Lehrmeinungen. **dog|ma|tis̱| tisch:** im Dogmatismus befangen; unkritisch denkend

Dog|skin *das; -s ⟨engl.; „Hunde-*

fell"⟩: Leder aus kräftigem Schaffell

do it your|self [ˈduː ɪt jɔːˈsɛlf] *⟨engl.⟩:* mach es selbst!

Do-it-your|self-Be|we|gung *die; -:* Schlagwort für die eigene Ausführung handwerklicher Arbeiten

Do|jo [ˈdoːdʒo] *das; -s, -s ⟨jap.⟩:* (heiliger) Ort, an dem Kampfkünste gelehrt (u. geübt) werden, auch Stätte der Meditation

Do|ket *der; -en, -en (meist Plural) ⟨gr.-nlat.⟩:* Anhänger des Doketismus. **Do|ke̱|tisch:** auf dem Anschein beruhend. **Do|ke|tis̱mus** *der; -:* [frühchristliche] Sektenlehre, die Christus nur einen Scheinleib zuschreibt u. seinen persönlichen Kreuzestod leugnet

Do|ki|ma|sie̱ *die; - ⟨gr.⟩:* 1. im alten Griechenland Prüfung aller Personen, die im Staatsdienst tätig sein wollten. 2. ↑ Dokimastik

Do|ki|ma|si̱| o|lo|gie̱ *die; - ⟨gr.-nlat.⟩:* ↑ Dokimastik

Do|ki|mas̱| tik *die; -:* Gesamtheit aller Verfahren zur Bestimmung des [Edel]metallgehalts in Erzen. **do|ki|mas̱| tisch:** die Dokimastik betreffend; **dokimastische Analyse:** ↑ Dokimastik

Dok|tor *der; -s, ...o̱ren ⟨lat.-mlat.; „Lehrer"⟩:* 1. a) (ohne Plural) höchster akademischer Grad; Abk.: Dr.; b) jmd., der den Doktortitel hat; Abk.: Dr., im Plural: Dres. (d. h. doctores). 2. (ugs.) Arzt

Dok|to|rand *der; -en, -en:* jmd., der sich mit einer Dissertation auf seine Promotion vorbereitet; Abk.: Dd. **Dok|to|ran|din** *die; -, -nen:* weibliche Form von ↑ Doktorand

Dok|to|rat *das; -[e]s, -e:* 1. Doktorprüfung. 2. Doktorgrad

dok|to|rie̱|ren: 1. den Doktorgrad erlangen. 2. an der ↑ Dissertation arbeiten

Dok|to|rin [auch: ˈdɔ...] *die; -, -nen:* weibliche Form zu ↑ Doktor (2)

Dok|t| rin *die; -, -en ⟨lat.⟩:* etwas, was als Grundsatz, programmatische Festlegung gilt

dok|t| ri|när *⟨lat.-fr.⟩:* 1. a) auf einer Doktrin beruhend; b) in der Art

einer Doktrin. 2. (abwertend) theoretisch starr u. einseitig

Dok|t| ri|när *der; -s, -e:* Verfechter, Vertreter einer Doktrin. **Dok|t| ri|nä|rin** *die; -, -nen:* weibliche Form zu ↑ Doktrinär

Dok|t| ri|na|ris̱mus *der; - ⟨nlat.⟩:* (abwertend) wirklichkeitsfremdes, starres Festhalten an bestimmten Theorien od. Meinungen

dok|t| ri|nẹll: eine Doktrin betreffend

Do̱|ku *die; -, -s:* (ugs.) Kurzform von ↑ Dokumentarfilm, ↑ Dokumentarspiel u. Ä.

Do|ku|mẹnt *das; -[e]s, -e ⟨lat.⟩:* 1. Urkunde, Schriftstück. 2. Beweisstück, Beweis. 3. (EDV) strukturierte Menge von Daten; Datei

Do|ku|men|ta|lịst *der; -en, -en ⟨lat.-nlat.⟩:* ↑ Dokumentar

Do|ku|men|ta|lịs| tik *die; -:* fachwissenschaftliche Disziplin, die sich mit den Problemen bei der Mechanisierung des Prozesses der Informationssammlung, -speicherung u. -abrufung befasst

Do|ku|men|ta|lịs| tin *die; -, -nen:* weibliche Form zu ↑ Dokumentalist

Do|ku|men|tar *der; -s, -e:* (Berufsbez.) jmd., der nach einer wissenschaftlichen Fachausbildung in einem Dokumentationszentrum od. in einer Spezialbibliothek tätig ist

Do|ku|men|tar|film *der; -[e]s, -e:* Film, der Begebenheiten u. Verhältnisse möglichst genau, den Tatsachen entsprechend zu schildern versucht

Do|ku|men|ta|rin *die; -, -nen:* weibliche Form zu ↑ Dokumentar

do|ku|men|ta|risch: amtlich, urkundlich; beweiskräftig

Do|ku|men|ta|rịst *der; -en, -en:* jmd., der Dokumentarberichte, -filme o. Ä. herstellt. **Do|ku|men|ta|rịs| tin** *die; -, -nen:* weibliche Form zu ↑ Dokumentarist

Do|ku|men|tar|spiel *das; -[e]s, -e:* besondere Produktion des Fernsehens, in der ein historisches od. geschichtliches Ereignis in einer Spielhandlung nachgestaltet wird

Do|ku|men|ta|ti|o̱n *die; -, -en:* 1. a) Zusammenstellung, Ordnung u. Nutzbarmachung von

Dokumenten u. [Sprach]materialien jeder Art (z. B. Akten, Zeitschriftenaufsätze); b) das Zusammengestellte; c) aus dokumentarischen Texten, Originalaufnahmen bestehende Sendung o. Ä. 2. beweiskräftiges Zeugnis, anschaulicher Beweis

Do|ku|men|ta|tor *der;* -s, ...oren: ↑ Dokumentarist. **Do|ku|men|ta|to|rin** *die;* -, -nen: weibliche Form zu ↑ Dokumentator

do|ku|men|tie|ren: 1. zeigen. 2. [durch Dokumente] beweisen

Do|ku|soap, auch: **Do|ku-Soap** [...soʊp] *die;* -, -s ⟨engl.⟩: Dokumentarserie im Fernsehen mit teilweise inszeniertem Ablauf

Dol *das;* -[s], - ⟨Kurzform von *lat.* dolor „Schmerz"⟩: (Med.) Messeinheit für die ↑ Intensität einer Schmerzempfindung; Zeichen: dol

Dol|lan *das;* -[s] ⟨Kunstw.⟩: synthetische Faser, die bes. für Berufskleidung verwendet wird

Dol|by u. **Dol|by-Sys|tem** ® *das;* -s: elektronisches Verfahren zur Unterdrückung von Störgeräuschen bei Tonaufzeichnungen u. Tonwiedergabe

dol|ce [ˈdɔltʃə] ⟨lat.-it.⟩: (Mus.) sanft, lieblich, süß, weich (Vortragsanweisung)

dol|ce far ni|en|te: „süß ists, nichts zu tun". **Dol|ce|far|ni|en|te** *das;* -: süßes Nichtstun

Dol|ce Stil nu|o|vo [- ˈstiːl ˈnuɔːvo] *der;* - - - ⟨„süßer neuer Stil"⟩: besondere Art des Dichtens, durch die der provenzalisch-sizilianische Minnesang im 13. Jh. in Mittel- u. Oberitalien unter dem Einfluss ↑ platonischer (1) u. ↑ scholastischer Elemente sowie der sozialen Umschichtung durch den Aufstieg des Bürgertums weiterentwickelt wurde

Dol|cet|to [...ˈtʃeto] *der;* - ⟨„der Süßliche"⟩: anspruchsvolle Rotweinrebe Italiens, bes. des Piemont

Dol|ce Vi|ta *das* od. *die;* - - ⟨„süßes Leben"⟩: luxuriöses Leben, das aus Müßiggang u. Vergnügungen besteht

Dol|ci|an vgl. Dulzian

dol|cis|si|mo [dɔlˈtʃɪsimo]: überaus sanft, süß

Dol|d|rums *die* (Plural) ⟨engl.⟩: (Seemannsspr.) Windstillen,

bes. der ↑ äquatoriale Windstillengürtel; vgl. Kalmenzone

Dôle [doːl] *der;* -s, -s ⟨fr.⟩: ein Rotwein aus dem Schweizer Wallis

dol|len|te, dolendo: ↑ doloroso

Dol|le|rit [auch: ...ˈrɪt] *der;* -s, -e ⟨gr.-nlat.⟩: grobkörnige Basaltart

do|li|cho|ke|phal usw.: ↑ dolichozephal usw.

do|li|cho|ze|phal ⟨gr.-nlat.⟩: (Biol., Med.) langköpfig. **Do|li|cho|ze|pha|lie** *die;* -: (Biol., Med.) Langköpfigkeit

dol|lie|ren vgl. dollieren

Do|li|ne *die;* -, -n ⟨slowen.⟩: (Geogr.) trichterförmige Vertiefung der Erdoberfläche, bes. im ↑ Karst

Dol|lar *der;* -[s], -s (aber: 30 Dollar) ⟨niederd.-amerik.⟩: Währungseinheit in den USA, in Kanada u. anderen Ländern (1 Dollar = 100 Cents); Zeichen: $

Dol|lar|scrip *der;* -s, -s: Spezialgeldschein für die amerikanische Besatzungstruppe nach 1945; vgl. Scrip

dol|lie|ren ⟨lat.-fr.⟩: Leder abschaben, abschleifen

Dol|ly *der;* -[s], -s ⟨engl.⟩: a) fahrbares Stativ für eine Filmkamera; b) fahrbarer Kamerawagen mit aufmontierter Kamera

Dol|ma *das;* -[s], -s (meist Plural) ⟨türk.⟩: türkisches Nationalgericht aus Kohl- u. Weinblättern, die mit gehacktem Hammelfleisch u. Reis gefüllt sind

Dol|man *der;* -s, -e ⟨türk.(-ung.)⟩: 1. geschnürte Jacke der alttürkischen Tracht. 2. mit Schnüren besetzte Jacke der Husaren. 3. kaftanartiges Frauengewand in den ehemals türkischen Gebieten des Balkans

Dol|men *der;* -s, - ⟨breton.-fr.; „Steintisch"⟩: tischförmig gebautes Steingrab der Jungsteinzeit u. frühen Bronzezeit

Dol|metsch *der;* -[e]s, -e ⟨Mitanni-türk.-ung.⟩: a) (österr., sonst selten) ↑ Dolmetscher; b) Fürsprecher

dol|met|schen: a) einen gesprochenen od. geschriebenen Text für jmdn. mündlich übersetzen; b) als ↑ Dolmetscher tätig sein **Dol|met|scher** *der;* -s, -: jmd., der [berufsmäßig] mündlich übersetzt. **Dol|met|sche|rin** *die;* -, -nen: weibliche Form zu ↑ Dolmetscher

Do|lo|mit [auch: ...ˈmɪt] *der;* -s, -e ⟨fr.-nlat.; nach dem franz. Mineralogen Dolomieu⟩: 1. ein Mineral. 2. ein Sedimentgestein

do|lo|ros ⟨lat.(-fr.)⟩: schmerzhaft, schmerzerfüllt **Do|lo|ro|sa** *die;* - ⟨lat.⟩: ↑ Mater dolorosa

do|lo|ro|so ⟨lat.-it.⟩: (Mus.) klagend, betrübt, trauervoll (Vortragsanweisung)

do|los ⟨lat.⟩: (Rechtsspr.) arglistig, mit bösem Vorsatz **Do|lus** *der;* -: (Rechtsspr.) Arglist, böser Vorsatz **Do|lus di|rec|tus** *der;* - -: (Rechtsspr.) Vorsatz im vollen Bewusstsein der Folgen einer Tat u. ihrer strafrechtlich erfassten Verwerflichkeit **Do|lus e|ven|tu|a|lis** *der;* - -: (Rechtsspr.) bedingter Vorsatz, d. h. bewusstes In-Kauf-Nehmen der Nebenfolgen einer Tat

¹Dom *der;* -[e]s, -e ⟨lat.-it.-fr.; „Haus (der Christengemeinde)"⟩: Bischofs-, Haupt-, Stiftskirche mit ausgedehntem ↑ ¹Chor (1)

²Dom *der;* -[e]s, -e ⟨gr.-provenzal.-fr.⟩: 1. Kuppel, gewölbte Decke. 2. gewölbter Aufsatz eines Dampfkessels od. Destillierapparats

³Dom *der;* - ⟨lat.-port.; „Herr"⟩: in Verbindung mit dem Taufnamen gebrauchte port. Bez. für Herr

⁴Dom *der;* -s, -s ⟨sanskr.-Hindi⟩: Angehöriger einer niedrigen ↑ Kaste Indiens

Do|ma *das;* -s, ...men ⟨gr.-lat.⟩: Kristallfläche, die zwei Kristallachsen schneidet

Do|main [dəˈmeɪn] *die;* -, -s od. *das;* -[s], -s ⟨lat.-fr.-engl.⟩: 1. in einem Netzwerk miteinander verbundene Gruppe von Computern, die im Internet durch einen gemeinsamen Namen identifiziert werden. 2. Teilbereich eines elektronischen Netzwerks (meist Bestandteil einer Internetadresse)

Do|mä|ne *die;* -, -n ⟨lat.-fr.; „Herrschaftsgebiet"⟩: 1. Staatsgut, -besitz. 2. Spezialgebiet; Gebiet, auf dem sich jmd. besonders betätigt o. Ä. 3. ↑ Domain

do|ma|ni|al ⟨fr.⟩: zu einer Domäne gehörend, die Domäne betreffend

Do|ma|ti|um *das;* -s, ...ien ⟨gr.-

nlat.; „Wohnung"): entsprechende Bildung an Pflanzenteilen (z. B. ein Hohlraum, ein Haarbüschel), die von anderen Organismen (z. B. Milben) bewohnt wird

Do|mes|tik *der; -en, -en* ⟨*lat.-fr.*⟩: 1. (meist Plural) Dienstbote. 2. Radrennfahrer, der dem besten Fahrer einer Mannschaft im Straßenrennen Hilfsdienste leistet (z. B. Getränke beschafft)

Do|mes|ti|ka|ti|on *die; -, -en*: Zähmung u. [planmäßige] Züchtung von Haustieren u. Kulturpflanzen aus Wildtieren bzw. Wildpflanzen

Do|mes|ti|ke *der; -n, -n*: ↑ Domestik

Do|mes|ti|kin *die; -, -nen*: 1. weibliche Form zu ↑ Domestik (1). 2. (Jargon) Masochistin, die sadistische Handlungen an sich vornehmen lässt

do|mes|ti|zie|ren: 1. Haustiere u. Kulturpflanzen aus Wildformen züchten. 2. zähmen, bändigen

¹Do|mi|na *die; -, ...nä* ⟨*lat.;* „(Haus)herrin"⟩: Stiftsvorsteherin

²Do|mi|na *die; -, -s*: Prostituierte, die sadistische Handlungen an einem Masochisten vornimmt

do|mi|nal: in der Art einer ²Domina

do|mi|nant: 1. (Biol.) vorherrschend, überdeckend (von Erbfaktoren); Ggs. ↑ rezessiv (1). 2. a) beherrschend, bestimmend; b) ↑ dominierend (1 a). 3. (Jargon) dominierend (2)

Do|mi|nant|ak|kord *der; -[e]s, -e*: (Mus.) ↑ Dominante (2 b)

Do|mi|nan|te *die; -, -n* ⟨*lat.-it.*⟩: 1. vorherrschendes Material. 2. (Mus.) a) Quinte; fünfte Stufe der ↑ diatonischen Tonleiter; b) Durdreiklang über der Quinte einer Dur- od. Molltonleiter

Do|mi|nant|sept|ak|kord *der; -[e]s, -e* ⟨*lat.*⟩: (Mus.) Dreiklang auf der Dominante (2 a) mit zusätzlicher kleiner ↑ Septime

Do|mi|nanz *die; -, -en* ⟨*lat.-nlat.*⟩: 1. (Biol.) Eigenschaft von Erbfaktoren, sich gegenüber anderen Erbfaktoren desselben Gens sichtbar durchzusetzen; Ggs. ↑ Rezessivität. 2. a) das Do-

minieren (1 a); b) das Dominieren (1 b); Vorherrschaft

Do|mi|nat *der od. das; -[e]s, -e* ⟨*lat.*⟩: absolutes, göttlich sanktioniertes römisches Kaisertum

Do|mi|na|ti|on *die; -, -en*: das Dominieren (1 b), Beherrschung, Vormachtstellung

Do|mi|ni|ca *die; -* ⟨Kurzform von dominica dies = der Tag des Herrn⟩: Sonntag; **Dominica in albis**: Weißer Sonntag (erster Sonntag nach Ostern, nach den bis dahin getragenen weißen Kleidern der neu Getauften in der alten Kirche)

do|mi|nie|ren: 1. a) bestimmen, herrschen, vorherrschen; b) jmdn., etwas beherrschen. 2. sadistische Handlungen an einem Masochisten vornehmen. **do|mi|nie|rend**: 1. a) vorherrschend, überwiegend; b) beherrschend. 2. (Jargon) sadistische Handlungen an einem Masochisten vornehmend

Do|mi|ni|ka|ner *der; -s, -* ⟨*mlat.*⟩: Angehöriger des vom hl. Dominikus im Jahre 1215 gegründeten Predigerordens (Abk.: O. P. od. O. Pr.). **Do|mi|ni|ka|ne|rin** *die; -, -nen*: weibliche Form zu ↑ Dominikaner. **do|mi|ni|ka|nisch**: die Dominikaner betreffend

Do|mi|ni|on [do'mɪnjən] *das; -s, -s u. ...nien* ⟨*lat.-fr.-engl.*⟩: (hist.) ein der Verwaltung nach selbstständiges Land des Britischen Reiches u. Commonwealth

Do|mi|ni|um *das; -s, ...ien* ⟨*lat.*⟩: (veraltet) Herrschaft, Herrschaftsgebiet

¹Do|mi|no *der; -s, -s* ⟨*lat.-it.-fr.*⟩: a) langer [seidener] Maskenmantel mit Kapuze u. weiten Ärmeln; b) Träger eines solchen Kostüms; c) (österr.) Spielstein im ²Domino

²Do|mi|no *das; -s, -s*: Spiel, bei dem rechteckige, mit Punkten versehene Steine nach einem bestimmten System aneinander gelegt werden

Do|mi|no|ef|fekt *der; -[e]s* ⟨nach den in der Art einer Kettenreaktion umfallenden hintereinander aufgestellten Dominosteinen⟩: durch ein Ereignis ausgelöste Folge von weiteren gleichartigen od. ähnlichen Ereignissen

Do|mi|nus *der; -, ...ni* ⟨*lat.*⟩: (ka-

tholische Liturgie) Gott der Herr. **Do|mi|nus vo|bis|cum** ⟨„der Herr sei mit euch!"⟩: Gruß des Priesters an die Gemeinde in der (früher lateinischen) kath. Liturgie

Do|mi|zel|lar *der; -s, -e* ⟨*lat.-mlat.*⟩: (veraltet) junger ↑ Kanoniker, der noch keinen Sitz u. keine Stimme im ↑ Kapitel (2) hat

Do|mi|zil *das; -s, -e* ⟨*lat.*⟩: 1. Wohnsitz, Wohnhaus. 2. Zahlungsort [von Wechseln]. 3. (Astrol.) einem bestimmten Planeten zugeordnetes Tierkreiszeichen

do|mi|zi|lie|ren ⟨*lat.-nlat.*⟩: 1. ansässig sein. 2. einen Wechsel an einem anderen Ort als dem Wohnort dessen, der den Scheck od. Wechsel zahlen muss, zur Zahlung anweisen

Do|mi|zil|wech|sel *der; -s, -*: Wechsel, der an einem besonderen Domizil (2) einzulösen ist

Dom|ka|pi|tel *das; -s, -*: Gemeinschaft von Geistlichen an bischöflichen Kirchen, die für die Gestaltung des Gottesdienstes verantwortlich sind u. den Bischof beraten

Dom|ka|pi|tu|lar *der; -s, -e*: Mitglied des Domkapitels

Domp|teur [...'tøːɐ̯] *der; -s, -e* ⟨*lat.-fr.*⟩: Tierbändiger. **Domp|teu|rin** [...'tøːrɪn] *die; -, -nen u. ...* **Domp|teu|se** [...'tøːzə] *die; -, -n*: Tierbändigerin

Dom|ra *die; -, -s u. ...ren* ⟨*russ.*⟩: einer Laute ähnliches, altes russisches Instrument mit langem Hals, ovalem Klangkörper u. meist drei in Quarten gestimmten Saiten

Don (ohne Artikel) ⟨*lat.* u. *lat.-it.*⟩: a) in Verbindung mit dem Vornamen gebrauchte spanische Bezeichnung für Herr; b) in Verbindung mit dem Vornamen gebrauchter Titel der Priester u. der Angehörigen bestimmter Adelsfamilien in Italien. **Do|ña** ['dɔnja] (ohne Artikel) ⟨*lat.-span.*⟩: in Verbindung mit dem Vornamen gebrauchte spanische Bezeichnung für Frau

Do|na|rit [auch: ...'rɪt] *der; -s* ⟨*nlat.;* nach dem germ. Gewittergott Donar⟩: bes. im Steinkohlenbergbau verwendeter pulvriger Sprengstoff

Do|na|tar *der; -s, -e* ⟨*lat.-nlat.*⟩:

(Rechtsspr.) Empfänger einer Schenkung

Do|na|ti|on *die;* -, -en ⟨*lat.*⟩: (Rechtsspr.) Schenkung

Do|na|tis|mus *der;* - ⟨*nlat.; nach dem Bischof Donatus von Karthago*⟩: rigoristische Bewegung (u. sich daraus entwickelnde Sonderkirche) in der nordafrikanischen Kirche vom 4. bis 7. Jh., in der sich religiöse, nationale u. soziale Elemente verbanden. **Do|na|tist** *der;* -en, -en: Anhänger des Donatismus. **Do|na|tis|tin** *die;* -, -nen: weibliche Form zu ↑ Donatist

Do|na|tor *der;* -s, ...oren ⟨*lat.;* „Spender"⟩: 1. (schweiz., sonst veraltet) Stifter, Geber (bes. eines Buches). 2. (Phys., Chem.) Atom od. Molekül, das beim Ablauf einer chemischen Reaktion Elektronen (1) od. Ionen abgibt. **Do|na|to|rin** *die;* -, -nen: weibliche Form zu ↑ Donator (1)

Do|ne|gal *der;* -[s], -s ⟨*nach der gleichnamigen irischen Grafschaft*⟩: locker gewebter Mantelstoff aus Noppenstreichgarn in Köper- od. Fischgratbindung

Dö|ner *der;* -s, -: Kurzform von ↑ Dönerkebab

Dö|ner|ke|bab *der;* -s, -s ⟨*(arab.-)türk.;* ↑ Kebab aus an einem senkrecht stehenden Spieß gebratenem, stark gewürztem Fleisch mit Fladenbrot, Knoblauchsoße u. weiteren Zutaten

Don|gle ['dɔŋgl] *der;* -s, -s ⟨*engl.*⟩: (EDV) a) Kopierschutz für kostenpflichtige Software; b) Einrichtung zur Sicherung eines Computers gegen unbefugte Benutzung

Don|gle|ware [...ɛə] *die;* -, -s: kostenlose Software, die nur mit kostenpflichtigen Ergänzungen voll nutzbar ist

Don|jon [dõ'ʒõ] *der;* -s, -s ⟨*fr.*⟩: Hauptturm einer mittelalterlichen Burg in Frankreich

Don Ju|an [dɔn 'xu̯an, auch: dõ 'ʒu̯ã:] *der;* - -, - -s ⟨*nach der gleichnamigen Sagengestalt in der span. Literatur*⟩: Mann, der ständig neue erotische Beziehungen sucht; Frauenheld

Don|key ['dɔŋki] *der;* -s, -s ⟨*engl.;* „Esel"⟩: (Seew.) Hilfskessel zum Betrieb der Lade- u. Transport-

vorrichtungen auf Handelsschiffen

Don|na ⟨*lat.-it.*⟩: in Verbindung mit dem Vornamen gebrauchter Titel in bestimmten italienischen Adelsfamilien

Don Qui|chotte [dõki'ʃɔt, auch: dõ -] *der;* - -s, - -s ⟨*span.-fr.;* Romanheld bei Cervantes⟩: lächerlich wirkender Schwärmer, dessen Tatendrang an den realen Gegebenheiten scheitert

Don|qui|chot|te|rie *die;* -, ...ien: törichtes, von Anfang an aussichtsloses Unternehmen aus weltfremdem Idealismus

Don|qui|chot|ti|a|de *die;* -, -n: Erzählung im Stil des Romans „Don Quichotte" von Cervantes

Don Qui|jo|te, Don Qui|xo|te [dɔnki'xo:ta] ⟨*span.*⟩: ↑ Don Quichotte

Dont|ge|schäft ['dõ:...] *das;* -[e]s, -e ⟨*fr.; dt.*⟩: (Börsenw.) Börsengeschäft, bei dem die Erfüllung des Vertrages erst zu einem späteren Termin, aber zum Kurs des Abschlusstages erfolgt

Do|num *das;* -s, Dona ⟨*lat.*⟩: Schenkung [eines Buches]

Do|nut ['doʊnʌt] *der;* -s, -s ⟨*amerik.*⟩: rundes Hefegebäck mit einem Loch in der Mitte

doo|deln ['du:...] ⟨*engl.*⟩: nebenher in Gedanken kleine Männchen o. Ä. malen, kritzeln

Dope [do:p] *das;* -s ⟨*niederl.-engl.*⟩: Rauschgift, bes. Haschisch. **do|pen** [auch: 'dɔpn]: durch (verbotene) Anregungsmittel zu einer vorübergehenden sportlichen Höchstleistung zu bringen versuchen. **Do|per** [auch: 'dɔpɐ] *der;* -s, -: jmd., der dopt. **Do|pe|rin** [auch: 'dɔpərɪn] *die;* -, -nen: weibliche Form zu ↑ Doper

Do|ping [auch: 'dɔ...] *das;* -s, -s: (unerlaubte) Anwendung von Anregungsmitteln zur vorübergehenden Steigerung der sportlichen Leistung

Dop|pel|nel|son *der;* -[s], -[s]: doppelter ↑ Nelson beim Ringen u. Rettungsschwimmen

Dop|pik *die;* - ⟨*Kunstw.*⟩: doppelte Buchführung

dop|pio mo|vi|men|to ⟨*it.*⟩: (Mus.) doppelte Bewegung, doppelt so schnell wie bisher (Vortragsanweisung)

Do|ra|de *die;* -, -n ⟨*lat.-fr.*⟩: Goldmakrele

Do|ra|do vgl. Eldorado

Do|rant *der;* -[e]s, -e ⟨*mlat.*⟩: (nach altem Volksglauben) Zauber brechende od. abwehrende Pflanze (z. B. Löwenmaul)

do|risch ⟨*nach dem altgriech. Stamm der Dorer*⟩: a) die [Kunst der] Dorer betreffend; b) aus der Landschaft Doris stammend; **dorische Tonart:** (Mus.) eine der drei altgriechischen Stammtonarten, aus der sich die auf dem Grundton d stehende Haupttonart im mittelalterlichen System der Kirchentonarten entwickelte

Dor|meu|se [...'møzə] *die;* -, -n ⟨*lat.-fr.*⟩: 1. Haube der Rokokozeit zum Schutz der Frisur. 2. bequemer Lehnstuhl des ¹Empire (b)

Dor|mi|to|ri|um *das;* -s, ...ien ⟨*lat.*⟩: a) Schlafsaal in einem Kloster; b) Teil eines Klostergebäudes, der die Einzelzellen enthält

Do|ro|ma|nie *die;* - ⟨*gr.*⟩: (Med., Psychol.) krankhafte Sucht, Dinge zu verschenken

Do|ro|ni|cum *das;* -s, - ⟨*arab.-mlat.*⟩: (Bot.) zu den Korbblütlern gehörende gelb blühende Pflanze; Gämswurz

dor|sal ⟨*lat.-mlat.*⟩: 1. (Med.) a) zum Rücken, zur Rückseite gehörend; b) am Rücken, an der Rückseite gelegen; zur Rückseite zum Rücken hin; rückseitig. 2. (Sprachw.) mit dem Zungenrücken gebildet (von Lauten). **Dor|sal** *der;* -s, -e: (Sprachw.) mit dem Zungenrücken gebildeter Laut

Dor|sa|le *die;* -, -: Rückwand eines Chorgestühls

Dor|sal|laut *der;* -[e]s, -e: ↑ Dorsal

dor|si|ven|t|ral ⟨*lat.-nlat.*⟩: (von Pflanzenteilen u. Tieren) einachsig ↑ symmetrisch (2)

dor|so|ven|t|ral: (Anat., Biol.) vom Rücken zum Bauch hin gelegen

Dos *die;* -, Dotes ['do:te:s] ⟨*lat.*⟩: (Rechtsspr.) Mitgift

dos à dos [doza'do] ⟨*lat.-vulgärlat.-fr.*⟩: (Ballett) Rücken an Rücken

Do|sa|ge [do'za:ʒə] *die;* -, -n ⟨*fr.*⟩: das Zusetzen von in Wein gelöstem Zucker bei der Schaumweinherstellung

do|sie|ren ⟨*gr.-mlat.-fr.*⟩: [eine be-

stimmte Menge] ab-, zumessen.
Do|sie|rung *die; -, -en:* 1. das Dosieren. 2. abgemessene, dosierte Menge von etwas
Do|si|me|ter *das; -s, -* ⟨*gr.-nlat.*⟩: Gerät zur Messung der vom Menschen aufgenommenen Menge an radioaktiven Strahlen. **Do|si|me|t|rie** *die; -:* Messung der Energiemenge von Strahlen (z. B. von Röntgenstrahlen)
Do|sis *die; -, ...sen* ⟨*gr.-mlat.*⟩: entsprechende, zugemessene [Arznei]menge
DOS ® *das; -* ⟨*engl.*; Kurzw. aus *Disc Operating System*⟩: (EDV) Plattenbetriebssystem, das dialogorientiert arbeitet
Dos|si|er [dɔˈsje:] *das,* veraltet: *der; -s, -s* ⟨*lat.-vulgärlat.-fr.*⟩: umfänglichere Akte, in der alle zu einer Sache, einem Vorgang gehörenden Schriftstücke enthalten sind
dos|sie|ren: abschrägen, abböschen
Dos|sie|rung *die; -, -en:* 1. das Dossieren. 2. flache Böschung
Do|tal|sys|tem *das; -s* ⟨*lat.; gr.-lat.*⟩: (hist.) System des ehelichen Güterrechts im römischen Recht, nach dem das Vermögen der Frau nach der Hochzeit in das des Mannes übergeht
Do|ta|ti|on *die; -, -en* ⟨*lat.-mlat.*⟩: 1. Schenkung, Zuwendung von Geld od. anderen Vermögenswerten. 2. Mitgift; vgl. ...ation/ ...ierung
Do|tes: *Plural von* ↑ Dos
do|tie|ren ⟨*lat.(-fr.)*⟩: 1. (in Bezug auf gehobene berufliche Positionen) in bestimmter Weise bezahlen. 2. mit einer bestimmten Geldsumme o. Ä. ausstatten. 3. (Phys.) (zur gezielten Veränderung der elektrischen Leitfähigkeit) Fremdatome in Halbleitermaterial einbauen.
Do|tie|rung *die; -, -en:* 1. das Dotieren. 2. Entgelt, Gehalt, bes. in gehobeneren Angestelltenpositionen; vgl. ...ation/...ierung
dou|beln [ˈduːbl̩n] ⟨*lat.-fr.*⟩: a) die Rolle eines Filmschauspielers bei gefährlichen Szenen, bei Proben o. Ä. übernehmen; b) eine Szene mit einem Double (1 a) besetzen
Doub|la|ge [duˈblaːʒə] *die; -, -n:* 1. Vorgang des filmischen ↑ Synchronisierens (3). 2. durch Synchronisieren (3) hergestelltes Werk
Dou|ble [ˈduːbl̩] *das; -s, -s:* 1. a) jmd., der einen Darsteller doubelt; b) Doppelgänger(in). 2. (Mus.) Variation eines Satzes der ↑ Suite (4) durch Verdoppelung der Notenwerte u. Verzierung der Oberstimme. 3. Doubleface (b). 4. (Sport) Gewinn der Meisterschaft u. des Pokalwettbewerbs durch dieselbe Mannschaft in einem Jahr
Dou|blé [duˈbleː] *das;* vgl. Dublee
Dou|ble|bind [ˈdʌblbaɪnd] *das; -,* auch: **Dou|ble Bind** *das; - -* ⟨*engl.;* eigtl. „Doppelbindung"⟩: (Psychol.) Beziehung, Bindung zwischen einander nahe stehenden Personen, bei der die eine Person sich der anderen gegenüber widersprüchlich äußert u. verhält
Dou|ble|face [ˈduːblfaːs, ˈdʌblfeɪs, ˈdʌblfeɪsɪz] *der od. das; -, -s* [ˈduːblfaːs, ˈdʌblfeɪsɪz]: a) Gewebe aus [Halb]seide od. Chemiefasern mit verschiedenfarbigen Seiten, die beide nach außen getragen werden können; b) dickes Doppelgewebe aus Streichgarn für Wintermäntel
Dou|ceur [duˈsøːɐ̯] *das; -s, -s* ⟨*lat.-fr.*⟩: (veraltet) Trinkgeld
Dough|nut [ˈdoʊnʌt] vgl. Donut
Doug|la|sie [duˈglaːzjə] *die; -, -n* u. **Doug|las|fich|te** [ˈduːglas...] *die; -, -n* ⟨*nlat.;* nach dem schott. Botaniker David Douglas⟩: schnell wachsender Nadelbaum mit weichen Nadeln
Doug|las|raum [ˈdaɡlas...] *der; -s* ⟨nach dem schott. Arzt J. Douglas⟩: Bauchfellgrube zwischen Mastdarm u. Blase bzw. Gebärmutter
Doug|las|skop *das; -s, -e:* ↑ Endoskop zur Betrachtung des Douglasraums. **Doug|las|skop|pie** *die; -, ...ien:* Untersuchung des Douglasraums mittels Douglasskop
Dou|pi|on [duˈpjõ:] *der od. das; -[s]* ⟨*fr.*⟩: naturseidenähnliches Noppengewebe
Dou|ri|ne [duˈriːna] u. Durine *die; -, -n* ⟨*arab.-fr.*⟩: durch Trypanosomen verursachte Geschlechtskrankheit von Pferd u. Esel; Beschälseuche
do ut des ⟨*lat.,* „ich gebe, damit du gibst"⟩: 1. altrömische Rechtsformel für gegenseitige

Verträge od. Austauschgeschäfte. 2. Ausdruck dafür, dass mit einer Gegengabe od. einem Gegendienst gerechnet wird
Dow-Jones-In|dex [ˈdaʊˈdʒo:ns...] *der; -[es]* ⟨nach der amerik. Firma Dow, Jones u. Co., die den Index ermittelt⟩: (Wirtsch.) Aufstellung der errechneten Durchschnittskurse der dreißig wichtigsten Aktien in den USA
Dow|las [ˈdaʊlas] *das; -* ⟨*engl.*⟩: dichtes, gebleichtes Baumwollgewebe für Wäsche u. Schürzen
down [daʊn] ⟨*engl.*⟩: (ugs.) sich körperlich, seelisch auf einem Tiefstand befindend; zerschlagen, ermattet; niedergeschlagen, bedrückt
Down|hill [ˈdaʊnhɪl] *das; -s, -s* ⟨*engl.*⟩: Abfahrtsrennen [von Berggipfeln] mit speziellen Mountainbikes
Dow|ning Street [ˈdaʊnɪŋ ˈstriːt] *die; - -* ⟨nach dem engl. Politiker Sir George Downing⟩: 1. Straße in London mit dem Amtssitz des britischen Premierministers. 2. (ohne Artikel) die britische Regierung
Down|load [ˈdaʊnloʊd] *das od. der; -s, -s* ⟨*engl.*⟩: (EDV) das Downloaden; Ggs. ↑ Upload. **down|loa|den:** (EDV) Daten von einem Computer, aus dem Internet herunterladen; Ggs. ↑ uploaden
Down|si|zing [...saɪzɪŋ] *das; -s* ⟨*engl.*⟩: (Wirtsch.) das Verkleinern der Größe u. Verminderung der Aufgabenbereiche eines Unternehmens (durch Gründung von Tochtergesellschaften, durch ↑ Outsourcing u. Ä.)
Down|syn|drom, auch: **Down-Syndrom** [daʊn...] *das; -s* ⟨nach dem britischen Arzt J. L. H. Down, 1828–1896⟩: (früher meist *Mongolismus* genanntes) genetisch bedingtes, durch schwerwiegende Entwicklungsstörungen u. Veränderungen gekennzeichnetes Erscheinungsbild eines Menschen
Do|xa *die; -* ⟨*gr.*⟩: (Rel.) überweltliche Majestät Gottes; göttliche Wirklichkeit
Do|xa|le *das; -s, -s* ⟨*mlat.*⟩: Gitter zwischen Chor u. Mittelschiff, bes. in barocken Kirchen
Do|xo|graph, auch: ...graf *der; -en, -en* ⟨*gr.-nlat.*⟩: einer der grie-

chischen Gelehrten, die die Lehren der Philosophen nach Problemen geordnet sammelten

Do|xo|lo|gie *die; -, ...ien* ⟨*gr.-mlat.*⟩: Lobpreisung, Verherrlichung Gottes u. der Dreifaltigkeit; vgl. ²Gloria

Do|y|en [dǫa'jɛ̃:] *der; -s, -s* ⟨*lat.-fr.*⟩: dienstältester diplomatischer Vertreter u. meist Sprecher eines diplomatischen Korps

Do|zent *der; -en, -en* ⟨*lat.; „Lehrender"*⟩: a) Lehrer an einer Hochschule, Fachhochschule od. Volkshochschule; b) Lehrer an einer Universität, der noch nicht zum Professor ernannt ist; c) Privatdozent. **Do|zen|tin** *die; -, -nen*: weibliche Form zu ↑ Dozent

Do|zen|tur *die; -, -en* ⟨*lat.-nlat.*⟩: a) akademischer Lehrauftrag; b) Stelle für eine Dozentin/einen Dozenten

do|zie|ren ⟨*lat.*⟩: a) an einer Hochschule lehren; b) in belehrendem Ton reden

Drach|me *die; -, -n* ⟨*gr.-lat.*⟩: 1. griechische Währungseinheit. 2. (hist.) ein Apothekergewicht unterschiedlicher Größe

Drag-and-drop-Tech|nik [dræg-ənd...] *die; -* ⟨*engl.; gr.-frz.*⟩: (EDV) Technik der Benutzerführung, bei der das ↑ Icon eines Dokuments mit der Maus ergriffen, auf das Icon eines Anwendungsprogramms „gezogen" u. dort „losgelassen" wird, wodurch das Anwendungsprogramm mit dem Dokument als Eingabe aufgerufen wird

Dra|gee, auch: **Dra|gée** *das; -s, -s* ⟨*gr.-lat.-fr.*⟩: 1. mit einem Glanzüberzug versehene Süßigkeit, die eine feste oder flüssige Masse enthält. 2. linsenförmige Arznei, die aus einem Arzneimittel mit einem geschmacksverbessernden Überzug besteht

Dra|geur [...'ʒøːɐ̯] *der; -s, -e*: jmd., der Dragees herstellt. **Dra|geurin** [...'ʒøːrɪn] *die; -, -nen*: weibliche Form zu ↑ Drageur

dra|gie|ren [...ʒ...]: Dragees herstellen

Dra|gist [...ʒ...] *der; -en, -en*: ↑ Drageur. **Dra|gis|tin** [...ʒ...] *die; -, -nen*: weibliche Form zu ↑ Dragist

Dra|go|man [auch: ...'maːn] *der; -s, -e* ⟨*arab.-mgr.-it.*⟩: [einheimischer, sich als Fremdenführer betätigender] Dolmetscher im Nahen Osten

Dra|gon u. Dragun *der* od. *das; -s* ⟨*arab.-roman.*⟩: ↑ Estragon

Dra|go|na|de *die; -, -n* ⟨*gr.-lat.-fr.*⟩: a) (hist.) von Ludwig XIV. angeordnete Gewaltmaßnahme zur Bekehrung der französischen Protestanten durch Einquartierung von Dragonern; b) gewaltsame Maßregel

Dra|go|ner *der; -s, -*: (hist.) Kavallerist auf leichterem Pferd, leichter Reiter

Drag|queen ['drægkwiːn] *die; -, -s* ⟨*engl.*⟩: (Jargon) männlicher homosexueller Transvestit

Drag|ra|cing, auch: **Drag-Ra|cing** ['drægreɪsɪŋ] *das; -s, -s* ⟨*engl.-amerik.*⟩: Beschleunigungsrennen auf kurzen Strecken mit hochgezüchteten Spezialfahrzeugen (vor allem in den USA)

Drag|s|ter ['drægstɐ] *der; -s, -* ⟨*engl.*⟩: beim Dragracing gefahrenes Spezialfahrzeug

Dra|gun vgl. Dragon

Drain [drɛːn, drɛ̃:] *der*; vgl. Drän

Drai|na|ge vgl. Dränage

drai|nie|ren vgl. dränieren

Drai|si|ne *die; -, -n* ⟨nach dem dt. Erfinder K. F. Drais Freiherr v. Sauerbronn (1785–1851)⟩: 1. Vorläufer des Fahrrads, Laufrad. 2. kleines Schienenfahrzeug zur Streckenkontrolle

dra|ko|nisch ⟨nach dem altgriech. Gesetzgeber Drakon⟩: sehr streng, hart

Dra|kon|ti|a|sis *die; -* ⟨*gr.-nlat.*⟩: ↑ Drakunkulose

Dra|kun|ku|lo|se *die; -, -n*: Wurmkrankheit des Menschen, die durch einen (im Unterhautbindegewebe schmarotzenden) Fadenwurm hervorgerufen wird

Dra|lon ® *das; -[s]* ⟨Kunstw.⟩: synthetische Faser

DRAM ['deːram] *das; -[s], -[s]* ⟨Kurzw. aus *engl.* dynamic random access memory⟩: (EDV) Halbleiterchip mit [mindestens] 256 ↑ Megabits

Dra|ma *das; -s, ...men* ⟨*gr.-lat.*⟩: „Handlung, Geschehen"⟩: 1. a) (ohne Plural) Bühnenstück: Tragödie u. Komödie umfassende literarische Gattung, in der eine Handlung durch die beteiligten Personen auf der

Bühne dargestellt wird; b) Schauspiel [mit tragischem Ausgang]. 2. erschütterndes od. trauriges Geschehen

Dra|ma|tik *die; -*: 1. dramatische Dichtkunst. 2. Spannung, innere Bewegtheit. **Dra|ma|ti|ker** *der; -s, -*: Verfasser von Dramen. **Dra|ma|ti|ke|rin** *die; -, -nen*: weibliche Form zu ↑ Dramatiker. **dra|ma|tisch**: 1. das Drama (1 a) betreffend, kennzeichnend, zum Drama gehörend. 2. a) aufregend u. spannungsreich; b) drastisch, einschneidend

dra|ma|ti|sie|ren ⟨*nlat.*⟩: 1. einen literarischen Stoff als Drama für die Bühne bearbeiten. 2. etwas lebhafter, aufregender darstellen, als es in Wirklichkeit ist

Dra|ma|tis Per|so|nae [- ...nɛ] *die* (Plural) ⟨*lat.*⟩: die Personen, die in einem Drama (1 b) auftreten

Dra|ma|turg *der; -en, -en* ⟨*gr.; „Schauspielmacher, -dichter"*⟩: literatur- u. theaterwissenschaftlicher Berater bei Theater, Funk u. Fernsehen

Dra|ma|tur|gie *die; -, ...ien*: 1. Lehre von der äußeren Bauform u. den Gesetzmäßigkeiten der inneren Struktur des Dramas, bes. im Hinblick auf die praktische Realisierung. 2. Bearbeitung u. Gestaltung eines Dramas, Hörspiels, [Fernseh]films o. Ä. 3. Abteilung beim Theater, Funk od. Fernsehen beschäftigten Dramaturgen

Dra|ma|tur|gin *die; -, -nen*: weibliche Form zu ↑ Dramaturg. **dra|ma|tur|gisch**: 1. die Dramaturgie (1) betreffend. 2. die Kunst der Gestaltung eines Stücks, einer Szene betreffend. 3. die Dramaturgie (3) betreffend

Dram|ma per Mu|si|ca *das; - - -, ...mi - -* ⟨*it.*⟩: Oper, musikalisches Drama im Italienischen

Dra|mo|lett *das; -s, -e* (auch: -s) ⟨*gr.-lat.-fr.*⟩: kurzes Bühnenspiel

Drän *der; -s, -s* u. auch: Drain ⟨*gr.-lat.; engl.-fr.*⟩: 1. (Med.) Röhrchen aus Gummi od. anderem Material mit seitlichen Öffnungen. 2. Entwässerungsgraben, -röhre

Drä|na|ge, auch: Drainage [drɛ'naːʒə] *die; -, -n*: 1. (Med.) Ableitung von Wundabsonderun-

gen (z. B. Eiter) durch Dräns.
2. ↑ Dränung
drä|nie|ren, auch: drainieren:
1. (Med.) Wundabsonderungen,
Flüssigkeiten durch Dräns ableiten. 2. den Boden durch
↑ Dränung entwässern. **Drä|nie-
rung** die; -, -en: ↑ Dränung
Drä|nung die; -, -en: Entwässe-
rung des Bodens durch Röhren-
od. Grabensysteme, die das
überschüssige Wasser sammeln
u. ableiten
Drap [dra] der; - ⟨vulgärlat.-fr.⟩:
festes Wollgewebe
Dra|pa die; -, Drapur ⟨altnord.⟩:
altnordische Gedichtform
Dra|pé, auch: Drapee der; -s, -s
⟨vulgärlat.-fr.⟩: Herrenanzug-
stoff aus Kammgarn od.
Streichgarn in Atlasbindung
Dra|peau [...ˈpoː] das; -s, -s: (ver-
altet) Fahne, Banner
Dra|pee vgl. Drapé
Dra|pe|rie die; -, ...ien: 1. kunstvol-
ler Faltenwurf eines Vorhangs
od. Kleides. 2. strahlenförmiges
Nordlicht
dra|pie|ren: 1. kunstvoll in Falten
legen. 2. mit kunstvoll gefalte-
tem Stoff behängen, schmücken. 3. Gegenstände kunstvoll
anordnen
**drapp, drapp|far|ben, drapp|far-
big**: (österr.) sandfarben (von
Stoffen)
Dra|pur: Plural von ↑ Drapa
Dras|tik die; - ⟨gr.⟩: derbe An-
schaulichkeit u. Direktheit
Dras|ti|kum das; -s, ...ka ⟨gr.-
nlat.⟩: starkes Abführmittel
dras|tisch ⟨gr.⟩: a) anschaulich-
derb [und auf diese Weise sehr
wirksam]; b) sehr stark, deutlich in seiner [negativen]
[Aus]wirkung spürbar
Draw|back [ˈdrɔːbɛk] das; -[s], -s
⟨engl.⟩: Rückvergütung von zu
viel bezahltem Zoll
dra|wi|disch: zu der Völkergruppe
der Drawida in Mittel- u. Süd-
indien gehörend
Dra|wing|room, auch: Dra|w-
ing-Room [ˈdrɔːɪŋruːm] der; -s,
-s ⟨engl.; „Zimmer, in das man
sich zurückzieht"⟩: Empfangs-
u. Gesellschaftszimmer in England
Dra|zä|ne die; -, -n ⟨gr.-nlat.⟩: zu
den Liliengewächsen gehö-
rende Zimmerblattpflanze;
Drachenbaum
Dread|locks [ˈdrɛd...] die (Plural)

⟨engl.; „Furchtlocken"⟩: (bes.
von Rastafaris getragene) aus
dünnen Haarsträhnen gefloch-
tene kleine Zöpfchen
Dread|nought [ˈdrɛdnɔːt] der; -s,
-s ⟨engl.; „Fürchtenichts"⟩:
(hist.) englisches Großkampf-
schiff
Dream|team, auch: Dream-Team
[ˈdriːmtiːm] das; -s, -s ⟨engl.;
„Traumteam"⟩: in ihrer Art als
ideal [zusammengesetzt] empfundene Mannschaft, ideales
Gespann, wie man es sich er-
träumt hat
Dre|pa|no|zyt der; -en, -en (meist
Plural) ⟨gr.⟩: (Med.) Sichelzelle,
sichelförmiges rotes Blutkör-
perchen. **Dre|pa|no|zy|to|se** die;
-: (Med.) Sichelzellenanämie,
schwere Form einer erblichen
Anämie, bei der sich Drepano-
zyten ausbilden
Dress der; -es, -e, österr.: die; -,
-en ⟨lat.-vulgärlat.-fr.-engl.⟩: besondere Kleidung (z. B. Sport-
kleidung)
Dres|sat das; -[e]s, -e ⟨lat.-vulgär-
lat.-fr.-nlat.⟩: 1. Ergebnis einer
Tierdressur. 2. (Psychol.) zur
automatischen Gewohnheit ge-
wordene anerzogene Verhal-
tens-, Reaktionsweise
Dress|code, auch: Dress-Code
[drɛsˈkoʊd] der; -[s], -s ⟨engl.⟩:
Kleiderordnung für Büro, Ver-
anstaltungen u. Partys
Dres|seur [...ˈsøːɐ̯] der; -s, -e ⟨lat.-
vulgärlat.-fr.⟩: jmd., der Tiere
dressiert, abrichtet. **Dres|seu|rin**
[...ˈsøːrɪn] die; -, -nen: weibliche Form zu ↑ Dresseur
dres|sie|ren: 1. a) Tiere abrichten;
einem Tier bestimmte Fähigkeiten beibringen; b) (abwertend) jmdn. durch Diszipliei-
rung zu einer bestimmten Verhaltensweise bringen. 2. a) einem Gericht, bes. Geflügel,
durch Zusammenbinden od.
-nähen vor dem Braten eine
zum Servieren geeignete Form
geben; b) mit einer Creme o. Ä.
verzieren, die aus einem Spritz-
beutel gedrückt wird; c) durch
Ausdrücken aus einem Spritz-
beutel bestimmte Formen aus
Teig, Creme o. Ä. bilden. 3. Hüte
unter Dampf in der Hutpresse
formen. 4. (Spinnerei) Schappe-
seide kämmen. 5. (Technik)
nachwalzen
Dres|sing das; -s, -s ⟨lat.-vulgär-

lat.-fr.-engl.⟩: 1. Marinade (1);
Salatsoße. 2. Kräuter- od. Ge-
würzmischung für Bratenfül-
lungen
Dres|sing|gown [...gaʊn] der,
auch: das; -s, -s ⟨engl.⟩: [Her-
ren]morgenmantel mit Schal-
kragen u. geschlungenem Gürtel
Dress|man [...mən] der; -s, ...men
[...mən]: ⟨dt. Bildung aus engl.
dress u. man⟩: 1. a) männliche
Person, die auf Modeschauen
Herrenkleidung vorführt;
b) männliches Fotomodell.
2. (verhüllend in Anzeigen) junger Mann, der sich prostituiert
Dres|sur die; -, -en ⟨lat.-vulgärlat.-
fr.-nlat.⟩: 1. a) das Abrichten von
Tieren; b) (abwertend) die Dis-
ziplinierung von Personen.
2. Kunststück eines dressierten
Tieres. 3. kurz für Dressurreiten
Drib|bel das; -s, - ⟨engl.⟩: ↑ Dribb-
ling. **drib|beln**: (Sport) den Ball,
die Scheibe (beim Hockey)
durch kurze Stöße [über größere Strecken] vorwärts treiben
Drib|bler der; -s, -: Spieler, der
[gut] zu dribbeln versteht.
Drib|ble|rin die; -, -nen: weibli-
che Form zu ↑ Dribbler
Drib|bling das; -s, -s: das Dribbeln
Drink der; -[s], -s ⟨engl.⟩: alkoholisches [Misch]getränk
Drive [draɪf, draɪv] der; -s, -s
⟨engl.⟩: 1. a) Schwung, Lebendig-
keit, Dynamik; b) Neigung,
starker Drang, Tendenz. 2. besonderer Schlag (Treibschlag)
beim Golfspiel u. Tennis. 3. Steigerung der rhythmischen Intensität u. Spannung im Jazz
Drive-in-Ki|no das; -s, -s: ↑ Auto-
kino
Drive-in-Re|s|tau|rant das; -s, -s:
Schnellgaststätte für Autofah-
rende mit Bedienung am Fahrzeug
dri|ven [ˈdraɪvn̩]: (bes. Golf) einen
Treibball spielen
Dri|ver [...vɐ] der; -s, -: 1. Golf-
schläger für Abschlag und
Treibschlag. 2. (EDV) Signalver-
stärker, Treiber
Dro|ge die; -, -n ⟨niederd.-fr.⟩:
1. a) Rauschgift; b) (veraltend)
Arzneimittel. 2. (durch Trock-
nen haltbar gemachter) pflanzlicher od. tierischer Stoff, der
als Arznei-, Gewürzmittel u. für

technische Zwecke verwendet wird

Dro|gen|dea|ler [...di:lɐ] *der;* -s, -: Rauschgifthändler; vgl. Dealer.

Dro|gen|dea|le|rin *die;* -, -nen: weibliche Form zu ↑ Drogendealer

Dro|ge|rie *die;* -, ...ien: Einzelhandelsgeschäft zum Verkauf von bestimmten, nicht apothekenpflichtigen Heilmitteln, Chemikalien u. kosmetischen Artikeln

Dro|gist *der;* -en, -en: Besitzer od. Angestellter einer Drogerie mit spezieller Ausbildung. **Dro|gistin** *die;* -, -nen: weibliche Form zu ↑ Drogist

Dro|le|rie *die;* -, ...ien ⟨fr.⟩: lustige Darstellung von Menschen, Tieren u. Fabelwesen in der ↑ Gotik

Dro|me|dar [auch: ˈdroː...] *das;* -s, -e ⟨gr.-lat.-fr.;* „Renner, Rennkamel"⟩: einhöckeriges Kamel in Nordafrika u. Arabien

Dron|te *die;* -, -n ⟨fr.⟩: (im 17. Jh. ausgestorbener) flugunfähiger Kranichvogel

Drop-in *das;* -[s], -s ⟨engl.⟩: (EDV) Störsignal bei der Datenspeicherung; Ggs. Drop-out (2)

Drop|kick *der;* -s, -s ⟨engl.⟩: Schuss (bes. beim Fußball), bei dem der Ball in dem Augenblick gespielt wird, in dem er auf den Boden aufprallt

Drop-out [...|aut] *der;* -[s], -s ⟨engl.⟩: 1. jmd., der aus der sozialen Gruppe ausbricht, in die er integriert war. 2. a) (EDV) Ausfall bei der Datenspeicherung auf Magnetband; b) (Techn.) durch unbeschichtete Stellen im Magnettonband od. Schmutz zwischen Band u. Tonkopf verursachtes Aussetzen in der Schallaufzeichnung

drop|pen: (Golf) einen neuen Ball ins Spiel bringen, indem man ihn in bestimmter Weise fallen lässt

Drop|per *der;* -s, -: ↑ Dropshot

Drops *der;* -, - u. -e ⟨engl.;* „Tropfen"⟩: 1. (auch: *das;* meist Plural) ungefüllter, flacher, runder Fruchtbonbon. 2. (ugs.) jmd., der durch sein Wesen, Benehmen auffällt (z. B. das ist ein ulkiger -)

Drop|shot [...ʃɔt] *der;* -[s], -s ⟨engl.⟩: in Netznähe ausgeführter Schlag beim [Tisch]tennis,

bei dem sich der Schläger leicht rückwärts bewegt, sodass der Ball kurz hinter dem Netz fast senkrecht herunterkommt

Drosch|ke *die;* -, -n ⟨russ.⟩: 1. (hist.) leichtes ein- oder zweispänniges Mietfuhrwerk zur Beförderung von Personen. 2. (veraltet) Taxi

Dro|se|ra *die;* -, ...rae [...rɛ] ⟨gr.-nlat.⟩: eine Fleisch fressende Pflanze; Sonnentau

Dro|so|graph, auch: ...graf *der;* -en, -en: (Meteor.) automatisches Taumessgerät

Dro|so|me|ter *das;* -s, -: (Meteor.) Taumessgerät

Dro|so|phi|la *die;* -, ...lae [...lɛ]: zu den Taufliegen gehörendes (häufig zu genetischen Versuchen benutztes) Insekt

Drug|store [ˈdrʌgstɔː] *der;* -[s], -s ⟨engl.-amerik.⟩: (bes. in den USA) Verkaufsgeschäft für alle Artikel des täglichen Bedarfs

Dru|i|de *der;* -n, -n ⟨kelt.-lat.⟩: keltischer Priester der heidnischen Zeit

Dru|i|den|or|den *der;* -s: nach Art einer ↑ Loge (3 a) aufgebauter, 1781 in England gegründeter Orden mit humanen, weltbürgerlichen Zielen

dru|i|disch: zu den Druiden gehörend, die Druiden betreffend

Drum [dram] *die;* -, -s ⟨engl.⟩: a) engl. Bez. für Trommel; b) (nur Plural): Schlagzeug (bes. im Jazz)

Drum|com|pu|ter [ˈdram...] *der;* -s, -: elektronisches Schlagzeug

Drum|lin [auch: ˈdrʌmlɪn] *der;* -s, -s u. Drums ⟨kelt.-engl.⟩: von Eiszeitgletschern geformter, lang gestreckter Hügel aus Grundmoränenschutt

Drum|mer [ˈdramɐ, ˈdrʌmɐ] *der;* -s, - ⟨engl.⟩: Schlagzeuger in einer Band. **Drum|me|rin** *die;* -, -nen: weibliche Form zu ↑ Drummer

Drum 'n' Bass [drʌmnˈbeɪs] *der;* - - - ⟨engl.⟩: moderne Popmusikrichtung, die durch schnellen Rhythmus u. Stilmischung gekennzeichnet ist

Drums *die;* Plural von ↑ Drum u. ↑ Drumlin

Drum|set [ˈdrʌmsɛt] *das,* auch: -[s], -s ⟨engl.⟩: Jazzschlagzeug

Dru|schi|na *die;* - ⟨russ.;* „Kriegsschar, Leibwache"⟩: (hist.)

Schutztruppe russischer Fürsten

Dru|se *der;* -n, -n ⟨arab.;* nach dem Gründer Ad Darasi, 1017 n. Chr.⟩: Angehöriger einer islamischen Sekte im Libanon u. in Syrien

dry [draɪ] ⟨engl.;* „trocken"⟩: herb, trocken (von [Schaum]weinen u. anderen alkoholischen Getränken)

Dry|a|de *die;* -, -n (meist Plural): ⟨gr.-lat.⟩: (griech. Mythologie) Waldnymphe

Dry|as *die;* -: Vertreter einer im Hochgebirge wachsenden Gattung der Rosengewächse; Silberwurz

Dry|far|ming [ˈdraɪfarmɪŋ] *das;* -[s], auch: **Dry Far|ming** *das;* - -[s] ⟨engl.⟩: bes. in niederschlagsarmen Gebieten angewandte Bodenbewirtschaftungsmethode, bei der nach einem Jahr des Anbaus ein Jahr der Brache zur Speicherung von Feuchtigkeit für das nächste Anbaujahr dient

Dry|o|pi|the|kus *der;* - ⟨gr.-nlat.⟩: ausgestorbener Menschenaffe des ↑ Tertiärs

Dsche|bel *der;* -[s] ⟨arab.⟩: Berg, Gebirge (in arabischen erdkundlichen Namen)

Dschel|la|ba *die;* -, -s ⟨arab.⟩: weites arabisches Männergewand aus Wolle

Dschig|ge|tai *der;* -s, -s ⟨mong.⟩: heute fast ausgerottete, im Norden Chinas u. in der Mongolei lebende Unterart des Halbesels

Dschi|had *der;* - ⟨arab.;* „zielgerichtetes Mühen"⟩: in Europa oft als „heiliger Krieg" bezeichneter Kampf der Muslime zur Verteidigung u. Ausbreitung des ↑ Islams

Dschinn *der;* -s, - u. -en ⟨arab.;* „Dämonen"⟩: böser Geist (im [vor]islamischen Volksglauben)

Dscho|do *das;* - ⟨jap.;* „Reich ohne Makel"⟩: ideales Reich für die Wiedergeburt im ↑ Buddhismus des ↑ Mahajana

Dscho|ke vgl. Dschunke

Dschun|gel *der,* selten: *das;* -s, - ⟨Hindi-engl.⟩: undurchdringlicher tropischer Sumpfwald

Dschun|ke *die;* -, -n ⟨malai.-port.⟩: chinesisches Segelschiff mit flachem Schiffsrumpf u. rechteckigen, aus Bast geflochtenen Segeln

Dschu|sche|ghan *der; -[s], -s* ⟨*pers.*; nach der gleichnamigen iran. Stadt⟩: handgeknüpfter rot-, blau- oder elfenbeingrundiger Orientteppich

DSL *das;* - ⟨Abk. für *engl.* digital subscriber line „digitale Anschlussleitung"⟩: (EDV) Sammelbegriff für Datenleitungen, mit denen Daten in einer hohen Bandbreite digital übertragen werden können

DTP = Desktoppublishing

du|al ⟨*lat.*⟩: eine Zweiheit bildend.
Du|al *der; -s, -e* u. **Du|a|lis** *der; -,* Duale: 1. (Sprachw.) neben Singular u. Plural eigener Numerus (3) für zwei Dinge od. Wesen, der heute nur noch in den slawischen u. baltischen Sprachen auftritt. 2. (Kunstschach) vom Verfasser nicht beabsichtigte [Teil]nebenlösung eines Schachproblems

Du|al-Band-Han|dy [dju:əl'bænd-hɛndi] *das; -s, -s* ⟨anglisierende Bildung⟩: Handy, das in zwei Telefonnetzen mit unterschiedlichen Frequenzbereichen verwendet werden kann

du|a|li|sie|ren ⟨*lat.-nlat.*⟩: verzweifachen, verdoppeln

Du|a|lis|mus *der; -:* 1. a) Zweiheit; b) Gegensätzlichkeit; Polarität zweier Faktoren. 2. philosophisch-religiöse Lehre, nach der es nur zwei voneinander unabhängige ursprüngliche Prinzipien im Weltgeschehen gibt (z. B. Gott–Welt; Leib–Seele; Geist–Stoff); Ggs. ↑ Monismus. 3. Rivalität zweier Staaten od. zwischen zwei Parteien. **Du|a|list** *der; -en, -en:* Vertreter des Dualismus (2). **du|a|lis-tisch:** 1. den Dualismus betreffend. 2. zwiespältig, gegensätzlich

Du|a|li|tät *die;* - ⟨*lat.*⟩: 1. Zweiheit, Doppelheit; wechselseitige Zuordnung zweier Begriffe. 2. (Math.). Eigenschaft zweier geometrischer Gebilde, die es gestattet, aus Kenntnissen über das eine Sätze über das andere abzuleiten

Du|a|li|täts|prin|zip *das; -s, -ien:* Anwendung der Dualität (2)

Du|al|sys|tem *das; -s, -e:* 1. (ohne Plural) Zahlensystem, das als Basis die Zahl zwei verwendet

u. mithilfe von nur zwei Zahlenzeichen (0 u. 1) alle Zahlen als Potenzen von 2 darstellt. 2. (Soziol.) zweiseitiges Abstammungs-, Verwandtschaftsverhältnis

Du|al-Use-Pro|dukt ['dju:əl'ju:s...] *das; -[s], -e* ⟨*lat.-engl.; lat.*⟩: Bez. für Anlagen u. Güter, die sowohl militärisch als auch zivil genutzt werden können

Du|bas|se *die; -, -n* ⟨*russ.*⟩: flaches, barkenähnliches Ruderboot in Polen u. Russland

Dub|bing ['dabiŋ] *das; -s, -s* ⟨*engl.*⟩: das Überspielen, Kopieren von Video- od. Tonaufnahmen

Du|bia u. **Du|bi|en:** *Plural* von ↑ Dubium

du|bi|os u. **du|bi|ös** ⟨*lat.(-fr.)*⟩: zweifelhaft, fragwürdig

Du|bi|o|sa u. **Du|bi|o|sen** *die* (Plural) ⟨*lat.*⟩: (Wirtsch.) Forderungen, Außenstände, deren Begleichung zweifelhaft ist

Du|bi|ta|tio *die; -, ...tiones:* (Rhet.) die Darstellung einleitende zweifelnde Frage

du|bi|ta|tiv: zweifelhaft, Zweifel ausdrückend. **Du|bi|ta|tiv** *der; -s, -e:* (Sprachw.) Konjunktiv mit dubitativer Bedeutung

Du|bi|um *das; -s, ...ia u. ...ien:* Zweifelsfall

Du|b|lee, auch: Doublé *das; -s, -s* ⟨*lat.-fr.*⟩: 1. Metall mit Edelmetallüberzug. 2. Stoß beim Billardspiel

Du|b|let|te *die; -, -n:* 1. doppelt vorhandenes Stück (in einer Sammlung o. Ä.). 2. (Jagd) das Erlegen von zwei Stück Wild mit zwei rasch aufeinander folgenden Schüssen aus einem Gewehr. 3. Edelstein[imitation] aus zwei durch Übereinanderpressen zusammengesetzten verschiedenen Teilen. 4. (Boxen) zwei unmittelbar aufeinander folgende Schläge mit derselben Hand. 5. (Druckw.) schlechter, unscharfer, durch doppelten Rand des Schriftbildes gekennzeichneter Druck

du|b|lie|ren: 1. Metall mit einem dünnen Überzug aus Edelmetall (bes. aus Gold) versehen. 2. zusammendrehen, doppeln (bes. von Garnen). 3. (Druckw.) abschmieren (abfärben, wenn der Druckbogen aus der Maschine auf den Auslegetisch ge-

langt). 4. (Kunstwiss.) bei der Restaurierung eines Gemäldes die Rückseite durch ein Gewebe od. eine Holztafel verstärken

Du|b|lier|ma|schi|ne *die; -, -n:* (Spinnerei) Maschine, die vor dem Zwirnen die Garne verdoppelt od. vervielfacht

Du|b|lo|ne *die; -, -n* ⟨*lat.-span.-fr.*⟩: frühere spanische Goldmünze

Du|b|lü|re *die; -, -n* ⟨*lat.-fr.*⟩: 1. a) (veraltend) Unterfutter; b) Aufschlag an Uniformen. 2. (Buchw.) verzierte Innenseite des Buchdeckels; Spiegel

Dub|ni|um *das; -s* ⟨*nlat.*; nach der russ. Stadt Dubna⟩: künstlich hergestelltes chem. Element, ein Transuran; Zeichen Db

Duc [dyk] *der; -[s], -s* ⟨*lat.-fr.*; „Herzog"⟩: höchste Rangstufe des Adels in Frankreich

Du|ca [dyka] *der; -[s], -s* ⟨*lat.-it.*; „Herzog"⟩: italienischer Adelstitel

Du|ce ['du:tʃe] *der; -s* ⟨*it.*⟩: Titel des italienischen Faschistenführers B. Mussolini (1883 bis 1945)

Du|cen|to [du'tʃɛnto] vgl. Ducento

Du|ces ['du:tse:s]: *Plural* von ↑ Dux

Du|chesse [dy'ʃɛs] *die; -, -n* [...sn] ⟨*lat.-fr.*⟩: 1. Herzogin (in Frankreich). 2. (ohne Plural) schweres [Kunst]seidengewebe mit glänzender Vorder- u. matter Rückseite in Atlasbindung

Du|chesse|spit|ze *die; -, -n:* Spitze, bei der die einzelnen geklöppelten Muster aneinander genäht sind

Du|cho|bor|ze *der; -n, -n* ⟨*russ.*; „Geisteskämpfer"⟩: Anhänger einer im 18. Jh. in Russland entstandenen rein ↑ rationalistischen Sekte (ohne Priesterstand)

Duck|dal|be, seltener: **Dück|dal|be** *die; -, -n* (meist Plural), auch: **Duck|dal|ben, Dück|dal|ben** *der; -s, -* (meist Plural) ⟨*niederl.*; nach dem Herzog von Alba (Duc d'Albe)⟩: eingerammte Pfahlgruppe zum Festmachen von Schiffen im Hafen

Duc|tus *der; -, -* [...tu:s] ⟨*lat.*; „Führung, Leitung"⟩: (Med.) Gang, Kanal, Ausführungsgang von Drüsen; vgl. Duktus

dye ⟨*lat.-it.*⟩: (Mus.) zwei; a due (zu zweit)

Du|e|cen|tist [duetʃen...] *der; -en,
-en* ⟨*it.*⟩: Künstler, Schriftsteller
des ↑ Duecento. **Du|e|cen|to**
[due'tʃɛnto], Dugento u. Du-
cento *das; -[s]*: das 13. Jh. in
Italien als Stilbegriff
Du|ell *das; -s, -e* ⟨*lat.-fr.*⟩: Zwei-
kampf. **Du|el|lant** *der; -en, -en*
⟨*lat.-mlat.*⟩: jmd., der sich mit
einem anderen duelliert. **du|el-
lie|ren,** sich: ein Duell austra-
gen
Du|en|ja *die; -, -s* ⟨eingedeutschte
Form von *span.* dueña = „Her-
rin"⟩: (veraltet) Anstandsdame,
Erzieherin
Du|ett *das; -[e]s, -e* ⟨*lat.-it.*⟩:
a) Komposition für zwei Sing-
stimmen; b) (Mus.) zweistim-
miger musikalischer Vortrag
Duf|fle|coat [ˈdaflko:t] *der; -s, -s*
⟨anglisierende Neubildung zum
Namen der belgischen Stadt
Duffel u. *engl.* coat = „Mantel"⟩: dreiviertellanger, meist
mit Knebeln zu schließender
Sportmantel
Du|four|kar|te [dyˈfuːr...] *die; -, -n*
⟨nach dem schweiz. General
Dufour⟩: topographische Lan-
deskarte der Schweiz
Du|gen|to [duˈdʒɛnto] vgl. Due-
cento
Du|gong *der; -s, -e u. -s* ⟨*malai.*⟩:
Seekuh der australischen u.
philippinischen Küstengewäs-
ser u. des Roten Meeres
du jour [ˈdyˈʒuːɐ̯] ⟨*lat.-fr.*; „vom
Tage"⟩: (veraltet) vom Dienst;
du jour sein: mit dem für einen
bestimmten, immer wiederkeh-
renden Tag festgelegten Dienst
an der Reihe sein
Du|ka|ten *der; -s, -* ⟨*lat.-mlat.-it.*⟩:
frühere Goldmünze
Duk-Duk *der; -* ⟨*melanes.*⟩: gehei-
mer Männerbund auf den In-
seln des Bismarckarchipels
Duke [djuːk] *der; -, -s* ⟨*lat.-fr.-
engl.*; „Herzog"⟩: höchste Rangstufe des Adels in England
duk|til ⟨*lat.-engl.*⟩: (Techn.) gut
dehn-, streckbar, verformbar;
plastisch. **Duk|ti|li|tät** *die; -*:
(Techn.) Dehnbarkeit, Verform-
barkeit
Duk|tor *der; -s, ...oren* ⟨*lat.*⟩:
(Druckw.) Stahlwalze in der
Schnellpresse, durch die die Re-
gulierung der Farbe erfolgt
Duk|tus *der; -*: a) Schriftzug, Lini-
enführung der Schriftzeichen;
b) charakteristische Art der

[künstlerischen] Formgebung;
vgl. Ductus
Dul|ci|mer [ˈdʌlsimə(r)] *die; -, -s*
⟨*engl.*⟩: engl. Bez. für Hackbrett;
mit Klöppeln zu schlagendes
Saiteninstrument
Dul|cin u. Dulzin *das; -s* ⟨Kunstw.
aus *lat.* dulcis „süß"⟩: heute
nicht mehr zugelassener künstlicher Süßstoff
Dul|zi|an u. Dolcian *das; -s, -e*
⟨*lat.-it.*⟩: 1. im 16. u. 17. Jh. verwendete Frühform des Fagotts.
2. nasal klingendes Zungenre-
gister der Orgel
Dul|zin vgl. Dulcin
Dul|zi|nea *die; -, ...een* ⟨*lat.-span.*;
nach der Angebeteten des Don
Quichotte⟩: (scherzh. abwertend) Freundin, Geliebte
¹Du|ma *die; -, -s* ⟨*russ.*⟩: 1. (hist.)
Rat der fürstlichen Gefolgs-
leute in Russland. 2. russische
Stadtverordnetenversammlung
seit 1870. 3. russisches Parlament
²Du|ma *die; -,* Dumy u. Dumen
⟨*russ.*⟩: ukrainisches Volkslied,
das heroische Ereignisse od.
volkstümliche Helden besingt
Dumb|show [ˈdʌmʃoʊ] *die; -, -s,*
auch: **Dumb Show** *die; - -, - -s*
⟨*engl.*; „stumme Schau"⟩: ↑ ¹Pan-
tomime im älteren englischen
Drama, die vor der Aufführung
die Handlung verdeutlichen
sollte
Dum|dum *das; -[s], -[s]* u. **Dum-
dum|ge|schoss** *das; -es, -e* ⟨*ang-
loind.*⟩: (völkerrechtlich verbotenes) Infanteriegeschoss mit
abgekniffener Spitze u. dadurch freiliegendem Bleikern,
das große Wunden verursacht
Du|men: *Plural* von ↑ ²Duma
Dum|ka *die; -, ...ki* ⟨*slaw.*⟩: schwer-
mütiges slawisches Volkslied,
meist in Moll
Dum|my [ˈdami] *der; -s, -s* ⟨*engl.*;
„Attrappe; Schaufenster-
puppe"⟩: a) lebensgroße, bei
Unfalltests in Kraftfahrzeugen
verwendete [Kunststoff]puppe;
b) auch: *das;* Attrappe, Schau-
packung, Probeband (für Wer-
bezwecke)
Dum|per [ˈdampɐ, auch: ˈdʊ...]
der; -s, - ⟨*engl.*⟩: Kippwagen,
-karren für Erdtransport
Dum|ping [ˈdampɪŋ] *das; -s*:
(Wirtsch.) Export einer Ware
unter ihrem Inlandpreis, um

damit einen ausländischen
Markt zu erobern
Du|my: *Plural* von ↑ ²Duma
Dun|ci|a|de [...ˈtsi̯adə] *die; -, -n*
⟨*engl.*; nach der Satire „Dun-
ciad" von A. Pope (1688 bis
1744)⟩: literarisch-satirisches
Spottgedicht
Du|nit [auch: ...ˈnɪt] *der; -s* ⟨*nlat.*;
nach den neuseeländischen
Bergen *Dun* Mountains⟩: ein
Tiefengestein
dun|ken [ˈdaŋkn̩] ⟨*engl.*⟩: (Basket-
ball) ein ↑ Dunking erzielen
Dun|king [ˈdaŋkiŋ] *das; -s, -s*
⟨*engl.*⟩: (Basketball) Korbwurf,
bei dem die Hände der od. des
Werfenden oberhalb des Korb-
rings sind
Duo *das; -s, -s* ⟨*lat.-it.*⟩: 1. Komposition für zwei meist ungleiche
[Instrumental]stimmen.
2. a) zwei gemeinsam musizie-
rende Solisten; b) (iron.) zwei
Personen, die eine [strafbare]
Handlung gemeinsam ausführen, z. B. ein Gaunerduo
du|o|de|nal: (Med.) zum Duode-
num gehörend, es betreffend
Du|o|de|nal|ul|kus *das; -, ...ulzera*
⟨*lat.-nlat.*⟩: (Med.) Zwölffinger-
darmgeschwür
Du|o|de|ni|tis *die; -, ...itiden:*
(Med.) Entzündung des Zwölf-
fingerdarms
Du|o|de|num *das; -s, ...na* ⟨*lat.*⟩:
(Med.) Zwölffingerdarm
Du|o|dez *das; -es:* Buchformat in
der Größe eines zwölftel Bogens; Zeichen: 12⁰
Du|o|dez|fürst *der; -en, -en:*
(iron.) Herrscher eines sehr
kleinen Fürstentums. **Du|o|dez-
fürs|ten|tum** *das; -s, ...tümer:*
(iron.) sehr kleines Fürstentum
du|o|de|zi|mal ⟨*lat.-nlat.*⟩: auf das
Duodezimalsystem bezogen.
Du|o|de|zi|mal|sys|tem *das; -s:*
Zahlensystem mit der Grundzahl 12
Du|o|de|zi|me *die; -, -n* ⟨*lat.-it.*⟩:
a) zwölfter Ton einer ↑ diatonischen Tonleiter; b) Intervall
von zwölf diatonischen Tonstufen
Du|o|dez|staat *der; -[e]s, -en:* sehr
kleiner Staat
Du|o|di|o|de *die; -, -n* ⟨*lat.; gr.*⟩:
aus zwei vereinigten ↑ Dioden
bestehende Doppelzweipol-
röhre
Du|o|dra|ma *das; -s, ...men:*
Drama mit nur zwei Personen

Du|o|kul|tur die; -, -en: (Landw.) Doppelanbau von Kulturpflanzen auf demselben Feldstück

Du|o|le die; -, -n ⟨lat.-it.⟩: (Mus.) Folge von zwei Noten, die für drei Noten gleicher Gestalt bei gleicher Zeitdauer eintreten

du|pen ⟨Kurzw. aus duplizieren⟩: (Fotogr.) von einer Positivkopie eine Negativkopie herstellen

dü|pie|ren ⟨fr.⟩: täuschen, überlisten, zum Narren halten

Du|pla: Plural von ↑ Duplum

Du|plet [du'ple:] u. **Du|plett** das; -s, -s ⟨lat.-fr.⟩: Lupe aus zwei Linsen

Du|plex|au|to|ty|pie die; -, ...ien: doppelte Rasterätzung für Zweifarbendruck

Du|plex|be|trieb der; -[e]s, -e ⟨lat.; dt.⟩: 1. Telegrafieverfahren, bei dem zu gleicher Zeit über die gleiche Leitung in verschiedenen Richtungen telegrafiert wird. 2. Betrieb eines Computersystems in der Weise, dass bei seinem Ausfallen auf ein bereitstehendes gleichartiges System ausgewichen werden kann

du|pli|zie|ren: verdoppeln

Du|plik die; -, -en ⟨lat.-fr.⟩: (Rechtsw. veraltet) Gegenerklärung des Beklagten auf eine ↑ Replik (1 b)

Du|pli|kat das; -[e]s, -e ⟨lat.⟩: Zweitausfertigung, Zweitschrift, Abschrift

Du|pli|ka|ti|on die; -, -en: 1. das Duplizieren; Verdoppelung. 2. (Genetik) Verdopplung eines Chromosomenabschnitts

Du|pli|ka|tur die; -, -en ⟨lat.-nlat.⟩: (Med.) Verdoppelung, Doppelbildung

du|pli|zie|ren ⟨lat.⟩: verdoppeln

Du|pli|zi|tät die; -, -en: 1. Doppelheit; doppeltes Vorkommen, Auftreten von etwas. 2. (veraltet) Zweideutigkeit

Du|plum das; -s, ...pla: ↑ Duplikat

Du|p|ren [dy...] das; -s ⟨Kunstw.⟩: synthetischer Kautschuk

Du|que ['duːke] der; -[s], -s ⟨span.⟩: 1. (ohne Plural) höchster Rang des Adels in Spanien. 2. Träger dieses Ranges. **Du|que|sa** [du-'kesa] die; -, -s ⟨span.⟩: weibliche Form zu ↑ Duque

Dur das; -, - ⟨lat.⟩: Tongeschlecht aller Tonarten, bei denen nur ein Halbton zwischen der dritten u. vierten sowie der siebten

u. achten Stufe der Tonleiter liegt; Ggs. ↑ ¹Moll

Du|ra die; -: ↑ Dura Mater

du|ra|bel: dauerhaft, bleibend

Dur|ak|kord der; -[e]s, -e: Akkord in Dur

du|ral ⟨lat.-nlat.⟩: zur Dura gehörend

Du|ral das; -s ⟨Kunstw.⟩: (österr.) ↑ Duralumin

Du|r|a|lu|min® das; -s: sehr feste Aluminiumlegierung

Du|ra Ma|ter die; - - ⟨lat.⟩: (Med.) harte (äußere) Hirnhaut

du|ra|tiv [auch: ...'tiːf] ⟨lat.-nlat.⟩: andauernd, anhaltend; **durative Aktionsart:** ↑ Aktionsart eines Verbs, die die Dauer eines Seins od. Geschehens ausdrückt

Du|rax® das; - ⟨Kunstw.⟩: härtbares Phenolharz

Dur|bar der od. das; -s, -s ⟨pers.-angloind.⟩: offizieller Empfang bei indischen Fürsten u. bei dem ehemaligen Vizekönig von Indien

Du|ri|an|baum der; -[e]s, ...bäume ⟨malai.; dt.⟩: malaiisches Wollbaumgewächs, dessen kopfgroße, stachelige, gelbbraune Kapselfrüchte kastaniengroße Samen mit weichem, weißlichem, wohlschmeckendem, aber übel riechendem Samenmantel enthalten

Du|ri|ne vgl. Dourine

Du|rit [auch: ...'rit] der; -s, -e ⟨Kunstw.⟩: streifige Steinkohle mit hohem Ascherückstand

Du|ro|plast der, auch: das; -[e]s, -e (meist Plural) ⟨lat.; gr.⟩: in Hitze härtbarer, aber nicht schmelzbarer Kunststoff

Dur|ra die; - ⟨arab.⟩: afrikanische Hirseart, die als Brotgetreide verwendet wird

Du|rum|wei|zen der; -s ⟨lat.; dt.⟩: Hart- od. Glasweizen

Dust [dast] der; -[s] ⟨engl.; "Staub"⟩: feinste Teeaussiebung

Dutch|man ['daʃmən] der; -s, ...men [...mən] ⟨engl.; "Holländer"⟩: abwertende Bezeichnung Englisch sprechender Matrosen für deutsche Seeleute

Du|ty|free|shop, auch: **Duty-free-Shop** ['djuːtfriːʃɔp] der; -s, -s ⟨engl.⟩: ladenähnliche Einrichtung im Bereich eines Flughafens o. Ä., wo man Waren zollfrei kaufen kann

Du|um|vir der; -s u. -n, -n ⟨lat.⟩:

(hist.) römischer Titel für die Beamten verschiedener Zweimannbehörden in Rom bzw. in römischen Kolonien u. ↑ Munizipien. **Du|um|vi|rat** das; -[e]s, -e: Amt u. Würde der Duumvirn

Du|vet [dy've] das; -s, -s ⟨altnord.-fr.⟩: (schweiz.) Daunendecke, Federbett

Du|ve|tine [dyf'tiːn] der; -s, -s ⟨fr.⟩: Samtimitation aus [Baum]wolle od. Chemiefaser

Dux der; -, Duces [du:tse:s] ⟨lat.⟩: (Mus.) meist einstimmiges Fugenthema in der Haupttonart, das im ↑ Comes (2) mündet

DVD [de:fau'de:] die; -, -s ⟨Abk. für engl. digital versatile disc „vielseitige Digitalplatte"⟩: einer CD-ROM ähnlicher Datenträger für Audio- u. Videosignale mit hoher Speicherkapazität

DVD-Play|er [...pleːɐ] der; -s, -: Gerät zum Abspielen von DVDs

Dwai|ta der; - ⟨sanskr.; „Zweiheit"⟩: Lehre der indischen Philosophie ab ↑ Wedanta, die alle Einheit negierend, nur die Zweiheit von Gott u. Welt gelten lässt

Dwand|wa das; -[s], -[s] ⟨sanskr.; „Paar"⟩: ↑ Additionswort

Dy|a|de die; -, -n ⟨gr.-lat.; „Zweiheit"⟩: 1. (Math.) Zusammenfassung zweier Einheiten (Begriff aus dem Gebiet der Vektorrechnung). 2. (Soziol.) Paarverhältnis

Dy|a|dik die; ⟨gr.⟩: auf dem Zweiersystem aufgebaute Arithmetik; Dualsystem (1). **dy|a|disch:** dem Zweiersystem zugehörend

Dy|ar|chie die; -, ...ien: von zwei verschiedenen Gewalten bestimmte Staatsform

Dy|as die; - ⟨gr.-lat.⟩: (veraltet) ¹Perm. **dy|as|sisch:** die Dyas betreffend

Dyb|buk, Dy|buk vgl. Dibbuk

Dyn ⟨Kurzform von gr. dýnamis, „Kraft"⟩: Einheit der Kraft im ↑ CGS-System; Zeichen: dyn

Dy|na|me|ter das; -s, - ⟨gr.-nlat.⟩: Instrument zur Bestimmung der Vergrößerungsleistung von Fernrohren

Dy|na|mik die; -, -en ⟨gr.-lat.⟩: 1. (ohne Plural) Lehre vom Einfluss der Kräfte auf die Bewegungsvorgänge von Körpern. 2. a) (Plural selten) auf Veränderungsrung, Entwicklung gerichtete Kraft; Triebkraft; b) (ohne Plural) dynamische (2 b) Art, dynamisches (2 b) Wesen. 3. (Mus.) Differenzierung der Tonstärke **Dy|na|mis** *die; -:* (Philos.) Kraft, Vermögen, eine Änderung herbeizuführen

dy|na|misch ⟨*gr.*⟩: 1. die von Kräften erzeugte Bewegung betreffend; Ggs. ↑ statisch (2); **dynamische Geologie:** Wissenschaft von den Kräften, die das geographische Bild der Erde bestimmen u. bestimmen. 2. a) eine Bewegung, Entwicklung aufweisend; **dynamische Rente:** Rente, deren Höhe nicht auf Lebenszeit festgesetzt, sondern periodisch der Entwicklung des Sozialprodukts angepasst wird; b) durch Schwung u. Energie gekennzeichnet; Tatkraft u. Unternehmungsgeist besitzend. 3. (Mus.) die Differenzierungen der Tonstärke betreffend

dy|na|mi|sie|ren: a) etwas in Bewegung setzen, vorantreiben, beschleunigen; b) bestimmte Leistungen an die Veränderungen [der allgemeinen Bemessensgrundlage] anpassen

Dy|na|mis|mus *der; -, ...men* ⟨*gr.-nlat.*⟩: 1. (ohne Plural) philosophische Lehre, nach der alle Wirklichkeit auf Kräfte u. deren Wirkungen zurückgeführt werden kann. 2. (ohne Plural) Glaube mancher Naturvölker an die Wirkung unpersönlicher übernatürlicher Kräfte in Menschen u. Dingen. 3. a) (ohne Plural) Dynamik (2); b) dynamisches Element, dynamischer Zug. **dy|na|mis|tisch:** den Dynamismus betreffend

Dy|na|mit [auch: ...ˈmɪt] *das; -s:* auf der Grundlage des ↑ Nitroglyzerins hergestellter Sprengstoff

Dy|na|mo [auch: ˈdy:...] *der; -s, -s* ⟨*gr.-engl.*⟩: Kurzform von ↑ Dynamomaschine

Dy|na|mo|graph, auch: ...graf *der; -en, -en* ⟨*gr.-nlat.*⟩: registrierendes Dynamometer

Dy|na|mo|ma|schi|ne [auch: ˈdy:...] *die; -, -n:* Maschine zur Erzeugung elektrischen Stroms

dy|na|mo|me|ta|morph: (Geol.) durch Druck umgeformt. **Dy|na|mo|me|ta|mor|phis|mus** *der; -:*

↑ Dynamometamorphose. **Dy|na|mo|me|ta|mor|pho|se** *die; -:* (Geol.) durch Druck verursachte Umformung von Mineralien u. Gesteinen

Dy|na|mo|me|ter *das; -s, -* ⟨„Kraftmesser“⟩: 1. Vorrichtung zum Messen von Kräften und mechanischer Arbeit. 2. (Phys.) Messgerät für Ströme hoher Frequenzen

Dy|nast *der; -en, -en* ⟨*gr.-lat.*⟩: (hist.) Herrscher, [kleiner] Fürst. **Dy|nas|tie** *die; -, ...ien* ⟨*gr.*⟩: Herrschergeschlecht, Herrscherhaus. **dy|nas|tisch:** die Dynastie betreffend

Dy|na|t|ron *das; -s, ...one, auch: -s* ⟨*gr.-nlat.*⟩: ↑ Triode, bei der am Gitter eine höhere ↑ positive (4) Spannung liegt als an der ↑ Anode

Dy|no|de *die; -, -n:* (Elektrot.) zusätzliche, mehrfach eingebaute ↑ Elektrode unter ↑ Elektronenröhre zur Beeinflussung des Stroms

Dy|o|phy|sit *der; -en, -en* ⟨*gr.-nlat.*⟩: Vertreter des ↑ Dyophysitismus

dy|o|phy|si|tisch: den ↑ Dyophysitismus betreffend

Dy|o|phy|si|tis|mus *der; -:* Lehre von den zwei Naturen Christi, nach der Christus wahrer Gott u. wahrer Mensch zugleich ist

Dy|op|son *das; -s* ⟨*gr.*⟩: (Wirtsch.) einfachste Form des ↑ Oligopsons, bei der auf einem Markt nur zwei Nachfrager vorhanden sind

dys..., Dys...

⟨*gr.* dys... „un..., miss..., etwas Übles, Widerwärtiges, Schwieriges“⟩

Präfix mit der Bedeutung „von der Norm abweichend, übel, schlecht, krankhaft“:
– Dysfunktion
– Dyslexie
– dysphorisch
– Dystonie
– Dystrophie

Dys|a|ku|sis *die; -* ⟨*gr.-nlat.*⟩: (Med.) 1. krankhafte Überempfindlichkeit des Gehörs (gegen bestimmte Töne). 2. Schwerhörigkeit

Dys|ar|th|rie *die; -, ...ien* ⟨*gr.-nlat.*⟩: (Med.) organisch bedingte Sprachstörung, speziell Störung der Lautbildung infolge mangelhafter Koordination der Sprechwerkzeuge, die bes. bei Gehirnverletzungen od. -erkrankungen auftritt

Dys|ar|th|ro|se *die; -, -n:* (Med.) krankhafte Verformung od. Veränderung eines Gelenks

Dys|äs|the|sie *die; -* ⟨*gr.*⟩: 1. (Physiol.) der Wirklichkeit nicht entsprechende Wahrnehmung einer Sinnesempfindung. 2. (Psychol.) das Erleben aller äußeren Eindrücke als unangenehm

Dys|au|to|no|mie *die; -, ...ien* ⟨*gr.-nlat.*⟩: (Med.) angeborene Entwicklungsstörung des vegetativen Nervensystems

Dys|bak|te|rie *die; -, ...ien* ⟨*gr.-nlat.*⟩: (Med.) Störung in der Zusammensetzung der normalen Bakterienflora von Mund, Darm oder Scheide

Dys|ba|sie *die; -, ...ien* ⟨*gr.-nlat.*⟩: (Med.) Gehstörung; durch eine Durchblutungsstörung der Beine verursachtes erschwertes Gehen

Dys|bu|lie *die; -* ⟨*gr.-nlat.*⟩: (Psychol.) Willensschwäche, krankhafte Fehlgerichtetheit des Willens

Dys|cho|lie [...ç...] *die; -, -n* ⟨*gr.*⟩: (Med.) krankhaft veränderte Zusammensetzung der Galle

Dys|chro|ma|t|op|sie [...kro...] *die; -, -n* ⟨*gr.*⟩: Farbenfehlsichtigkeit

Dys|chro|mie *die; -, ...ien* ⟨*gr.-nlat.*⟩

Dy|s|en|te|rie *die; -, ...ien* ⟨*gr.-lat.*⟩: (Med.) Durchfall, Ruhr. **dy|s|en|te|risch:** ruhrartig

Dys|er|gie *die; -* ⟨*gr.-nlat.*⟩: (Med.) verminderte Widerstandskraft; ungewöhnliche Krankheitsbereitschaft des Organismus gegenüber Infekten

Dys|fo|nie vgl. Dysphonie

Dys|funk|ti|on *die; -, -en* ⟨*gr.; lat.*⟩: 1. (Med.) gestörte Funktion, Funktionsstörung eines Organs. 2. für den Bestand eines Systems schädlicher Sachverhalt. **dys|funk|ti|o|nal:** einer Funktion, Wirkung o. Ä. abträglich, schädlich

Dys|glos|sie *die; -, -n* ⟨*gr.*⟩: durch Fehlbildungen od. Erkrankungen der Sprechwerkzeuge hervorgerufene Sprachstörung

Dys|gna|thie *die; -, -n* ⟨*gr.*⟩: (Med.) Fehlentwicklung, die zu einer abnormen Form u. Funktion des Kiefers führt

Dys|gram|ma|tis|mus *der; -* ⟨*gr.-lat.*⟩: Sprachstörung; Unfähigkeit einer Sprecherin/eines Sprechers, grammatisch richtige Sätze zu bilden

Dys|hi|d|ro|se *die; -* u. Dys|hi|d|ro|sis *die; -* ⟨*gr.-nlat.*⟩: (Med.) Störung der Schweißabsonderung (verminderte od. vermehrte Schweißabsonderung)

Dys|kal|ku|lie *die; -* ⟨*gr.*⟩: Lernversagen im Rechnen bei besserem Intelligenz- u. übrigem Leistungsniveau; Rechenschwäche

Dys|ke|ra|to|se *die; -, -n* ⟨*gr.-nlat.*⟩: (Med.) anomale Verhornung der Haut

Dys|ki|ne|sie *die; -, ...ien* ⟨*gr.-nlat.*⟩: (Med.) motorische Fehlfunktion, bes. des Gallenwegsystems als funktionelle Störung

Dys|ko|lie *die; -* ⟨*gr.*⟩: (Psychol.) Schwermut, Trübsinn

Dys|kra|nie *die; -, ...ien* ⟨*gr.-nlat.*⟩: (Med.) Schädelfehlbildung

Dys|kra|sit [auch: ...'sɪt] *der; -s, -e* ⟨*gr.;* „schlechte Mischung"⟩: silberweißes, metallisch glänzendes Mineral; Antimonsilber; Silberantimon

Dys|la|lie *die; -, ...ien* ⟨*gr.-nlat.*⟩: (Med.; bes. im Kindesalter auftretende) durch Stammeln gekennzeichnete Artikulationsstörung

Dys|le|xie *die; -, ...ien* ⟨*gr.-nlat.*⟩: (Med., Psychol.) Teilverlust intakter Lesefähigkeit durch Hirnverletzungen od. Hirnerkrankungen

dys|mel *gr.*⟩: (Med.) mit angeborenen Fehlbildungen der Gliedmaßen behaftet. Dys|me|lie *die; -, ...ien* ⟨*gr.-nlat.*⟩: (Med.) angeborene Fehlbildung der Gliedmaßen

Dys|me|nor|rhö *die; -, -en* [...'rø:ən] ⟨*gr.-nlat.*⟩: (Med.) schmerzhafte Menstruation

Dys|me|t|rie *die; -, ...ien* ⟨*gr.*⟩: (Med.) Störung der Fähigkeit, gezielte Bewegungen richtig auszuführen

Dy|s|o|dil *das; -s, -e* ⟨*gr.-nlat.*⟩: blättriges, graues bis bräunliches, bitumen- u. diatomeenhaltiges Gestein; Blätter-, Papierkohle

Dy|s|on|to|ge|nie *die; -, ...ien* ⟨*gr.-nlat.*⟩: (Med.) Störung der ↑ Ontogenese, die zu einer Fehlbildung des Embryos führen kann

Dy|s|o|p|sie *die; -, ...ien* ⟨*gr.*⟩: (Med.) Sehstörung

Dy|s|os|mie *die; -, ...ien* ⟨*gr.-nlat.*⟩: (Med.) Störung od. Beeinträchtigung des Geruchssinns

Dy|s|os|phre|sie *die; -, ...ien*: (Med.) Störung des Geruchssinns

Dy|s|os|to|se *die; -, -n* ⟨*gr.-nlat.*⟩: Störung des Knochenwachstums, mangelhafte Verknöcherung bzw. Knochenbildung

Dys|pa|r|eu|nie *die; -, ...ien* ⟨*gr.-nlat.*⟩: (Med.) Schmerzen (der Frau) beim Koitus u. Ausbleiben des Orgasmus

Dys|pep|sie *die; -, ...ien* ⟨*gr.-lat.*⟩: (Med.) Verdauungsstörung, -schwäche. dys|pep|tisch ⟨*gr.*⟩: a) schwer verdaulich; b) schwer verdauend

Dys|pha|gie *die; -, ...ien* ⟨*gr.-nlat.*⟩: (Med.) schmerzhafte Störung des normalen Schluckvorgangs

Dys|pha|sie *die; -, ...ien* ⟨*gr.-nlat.*⟩: (Med.) Bezeichnung für angeborene, zentrale Hör- u. Sprachstörung

Dys|pho|nie, auch: Dysfonie *die; -, ...ien* ⟨*gr.*⟩: (Med.) Stimmstörung (z. B. bei Heiserkeit)

Dys|pho|rie *die; -, ...ien* ⟨*gr.*⟩: (Med., Psychol.) ängstlich-bedrückte, traurige, mit Gereiztheit einhergehende Stimmungslage; Ggs. ↑ Euphorie (b). dys|pho|risch: ängstlich-bedrückt, freudlos, gereizt u. leicht reizbar; Ggs. ↑ euphorisch

dys|pho|tisch, auch: dysfotisch ⟨*gr.-nlat.*⟩: lichtarm (von tieferen Gewässerschichten)

Dys|phra|sie *die; -, ...ien* ⟨*gr.*⟩: (Psychol.) Bezeichnung für die inhomogenen Phänomene psychotischen Sprachverhaltens

Dys|phre|nie *die; -, ...ien* ⟨*gr.-nlat.*⟩: (Med.) (durch anomale körperliche Bedingungen verursachte) psychische Störung

Dys|pla|sie *die; -, ...ien* ⟨*gr.-nlat.*⟩: (Med.) Fehlbildung, Fehlentwicklung eines Gewebes. dys|plas|tisch: (Med.) fehlentwickelt, von den normalen Körperwachstumsformen stark abweichend

Dys|pnoe *die; -* ⟨*gr.-lat.*⟩: (Med.) gestörte Atmung mit vermehrter Atemarbeit, Atemnot, Kurzatmigkeit

Dys|pro|si|um *das; -s* ⟨*gr.-nlat.*⟩: chem. metallisches Element aus der Gruppe der ↑ Lanthanide; Zeichen: Dy

Dys|pro|te|i|n|ä|mie *die; -, ...ien* ⟨*gr.*⟩: (Med.) Störung in der Zusammensetzung der Proteine des Blutserums (z. B. bei einer Entzündung)

Dys|thy|mie *die; -, ...ien* ⟨*gr.*⟩: (Med., Psychol.) länger anhaltende Schwermut, Melancholie

Dys|to|kie *die; -, ...ien* ⟨*gr.*⟩: (Med.) gestörter Geburtsverlauf; Ggs. ↑ Eutokie

Dys|to|nie *die; -, ...ien* ⟨*gr.-nlat.*⟩: (Med.) Störung des normalen Spannungszustandes der Muskeln u. Gefäße; Ggs. ↑ Eutonie; vegetative Dystonie: (Med.) zusammenfassende Bezeichnung für alle funktionellen Störungen des vegetativen Nervensystems ohne nachweisbare organische Erkrankung; psychovegetatives Syndrom

Dys|to|pie *die; -, ...ien* ⟨*gr.-nlat.*⟩: (Med.) Fehllagerung; das Vorkommen von Organen an ungewöhnlichen Stellen; Ggs. ↑ Eutopie. dys|to|pisch: (Med.) an ungewöhnlichen Stellen vorkommend (von Organen)

dys|troph ⟨*gr.-nlat.*⟩: (Med.) mangelhaft ernährt

Dys|tro|phie *die; -, ...ien*: (Med.) a) Ernährungsstörung; Ggs. ↑ Eutrophie (a); b) mangelhafte Versorgung eines Organs mit Nährstoffen; Ggs. ↑ Eutrophie (b)

Dys|tro|phi|ker *der; -s, -*: (Med.) jmd., der an Dystrophie leidet. Dys|tro|phi|ke|rin *die; -, -nen*: weibliche Form zu ↑ Dystrophiker

Dy|s|u|rie *die; -, ...ien* ⟨*gr.-lat.*⟩: (Med.) schmerzhafte Störung der Harnentleerung

Dys|ze|pha|lie *die; -, ...ien* ⟨*gr.-nlat.*⟩: (Med.) Sammelbez. für die verschiedenen Formen der Schädelfehlbildung

Dy|ti|s|cus *der; -, ...ci* ⟨*gr.-nlat.*⟩: Gelbrandkäfer (Gattung der Schwimmkäfer)

E *e*

€ = Euro

e…, E… vgl. ex…, Ex…

Ea|gle ['iː.g(ə)l] *der;* -s, -s ⟨*lat.-fr.-engl.;* „Adler"⟩: 1. Goldmünze der USA mit dem Adler als Prägebild, meist zu 10 Dollar. 2. (Golf) das Treffen des Loches mit zwei Schlägen weniger als durch ↑ Par vorgesehen

EAN-Kode, fachspr.: **EAN-Code** ['eːɐ̯ʔaː'ʔɛn…] *der;* -s ⟨Abk. für *E*uropäische *A*rtikel-*N*ummerierung⟩: Strichkode auf Waren; vgl. Barcode

Earl [aːl] *der;* -s, -s ⟨*engl.*⟩: Graf (bis in die Mitte des 14. Jh.s höchste Stufe des engl. Adels)

Earl Grey [- 'greɪ] *der;* - - : mit Bergamottöl aromatisierter Tee

Ear|ly En|g|lish ['əːlɪ 'ɪŋglɪʃ] *das;* - - ⟨*engl.*⟩: Frühstufe der engl. Gotik (etwa 1170–1270)

East [iːst] ⟨*engl.*⟩: Osten; Abk.: E

ea|sy ['iːzi] ⟨*engl.*⟩: (ugs.) leicht, lässig, locker

Ea|sy|li|ving ['iːzi.lɪvɪŋ] *das;* -[s], auch: **Ea|sy Li|ving** *das;* - -[s] ⟨*engl.*⟩: (ugs.) unbeschwerte, leichte Lebensart

Ea|sy|ri|der ['iːzi.raɪdɐ] *der;* -s, -[s], auch: **Ea|sy Ri|der** *der;* - -s, -[s] ⟨*engl.-amerik.*⟩: 1. Motorrad mit hohem, geteiltem Lenker u. einem Sattel mit hoher Rückenlehne. 2. Jugendlicher, der auf einem Easyrider (1) fährt

Eat-Art ['iːt'aːt] *die;* - ⟨*engl.*⟩: Kunstrichtung, die Kunstobjekte als Gegenstände zum Verzehr produziert

Eau de Co|lo|g|ne ['oː də ko'lɔnjə] *das,* auch: *die;* - - - , Eaux [oː] - - ⟨*fr.*⟩: Kölnischwasser

Eau de Ja|vel [- - ʒa'vɛl] *das,* auch: *die;* - - - , Eaux [oː] - - ⟨nach Javel bei Paris⟩: Bleich- u. Desinfektionsmittel

Eau de La|bar|raque [- - laba'rak] *das,* auch: *die;* - - - , Eaux [oː] - - ⟨nach dem franz. Chemiker⟩: Bleichmittel

Eau de Par|fum [- - par'fœ̃] *das;* - - - , Eaux [oː] - - : Duftwasser, des-

sen Duftstärke zwischen Eau de Toilette u. Parfum liegt

Eau de Toi|lette [- - tŏa'lɛt] *das;* - - - , Eaux [oː] - - : Duftwasser, dessen Duftstärke zwischen Eau de Parfum u. Eau de Cologne liegt

Eau de Vie [- - 'viː] *das,* auch: *die;* - - - ⟨*fr.;* „Wasser des Lebens"⟩: Weinbrand, Branntwein

Eau forte [- 'fɔrt] *das* auch: *die;* - -: (selten) Salpetersäure

e|be|nie|ren ⟨*ägypt.-gr.-lat.-nlat.*⟩: kunsttischlern; vgl. Ebenist

E|be|nist *der;* -en, -en: Kunsttischler des 18. Jh.s, der Möbel mit Ebenholz- u. anderen Einlagen anfertigt

E|bi|o|nit *der;* -en, -en ⟨*hebr.-mlat.;* „der Arme"⟩: Anhänger einer judenchristlichen Sekte des 1. u. 2. nachchristlichen Jh.s, die am mosaischen Gesetz festhielt

E|bo|la, E|bo|la|fie|ber *das;* -s ⟨nach dem Fluss in Kongo (Kinshasa)⟩: durch einen Virus hervorgerufenes hämorrhagisches Fieber, eine oft tödlich verlaufende epidemische Infektionskrankheit

E|bo|la|vi|rus *das,* auch: *der;* -, -ren: Ebola(fieber) hervorrufendes Virus

E|bo|nit [auch: …'nɪt] *das;* -s ⟨*ägypt.-gr.-lat.-fr.-engl.*⟩: Hartgummi aus Naturkautschuk

E-Book ['iːbʊk] *das;* -[s], -s ⟨kurz für *engl.* electronic book „elektronisches Buch"⟩: digitales Lesegerät im Buchformat, in das Texte aus dem ↑ Internet übernommen werden können

E|bul|li|o|s|kop *das;* -s, -e ⟨*lat.; gr.*⟩: Gerät zur Durchführung der Ebullioskopie. **E|bul|li|o|s|ko|pie** *die;* -: Bestimmung der ↑ Molekülmasse aus der ↑ molekularen Siedepunktserhöhung (Dampfdruckerniedrigung einer Lösung gegenüber dem reinen Lösungsmittel)

E|bur|ne|a|ti|on u. **E|bur|ni|fi|ka|ti|on** *die;* -, -en ⟨*lat.-nlat.*⟩: (Med.) Verknöcherung, übermäßige elfenbeinartige Verhärtung der Knochen

E-Busi|ness ['iːbɪznɪs] *das;* - ⟨kurz für *engl.* electronic business „elektronisches Geschäft"⟩: Gesamtheit aller Geschäftsformen, die elektronisch (z. B. über das Internet) vorgenom-

men werden; vgl. ↑ E-Commerce

EC® = Eurocity

E|caille|ma|le|rei [e'kaj…] *die;* -, -en ⟨*fr.;* „Schuppe"⟩: schuppenartige Malerei auf Porzellan

E|cart [e'kaːɐ̯] vgl. Ekart

E|car|té [ekar'teː] vgl. Ekarté

ec|ce ['ɛktsə] ⟨*lat.*⟩: siehe da! **Ec|ce** *das;* -, - ⟨nach Jesaja 57, 1: ecce, quomodo moritur iustus =„sieh, wie der Gerechte stirbt"⟩: (veraltet) jährliches Totengedächtnis eines Gymnasiums

Ec|ce-Ho|mo *das;* -[s], -[s] ⟨nach dem Ausspruch des Pilatus, Joh. 19, 5: „Sehet, welch ein Mensch!"⟩: Darstellung des dornengekrönten Christus in der Kunst

Ec|cle|sia *die;* - ⟨*gr.-lat.*⟩: 1. ↑ Ekklesia. 2. (Kunstwiss.) in der bildenden Kunst die Verkörperung des Neuen Testaments in Gestalt einer Frau mit Krone, Kelch u. Kreuzstab (immer zusammen mit der ↑ Synagoge 3 dargestellt)

Ec|cle|sia mi|li|tans *die;* - -: in der Welt kämpfende Kirche, die Kirche auf Erden

Ec|cle|sia pa|ti|ens *die;* - -: die leidende Kirche, die Seelen der Verstorbenen im Fegefeuer

Ec|cle|sia tri|um|phans *die;* - -: die triumphierende Kirche, die Kirche im Stande der Vollendung, die Heiligen im Himmel (entsprechend der [kath.] Ekklesiologie)

Ec|dy|son vgl. Ekdyson

E|chap|pé [eʃa'pe:] *das;* -s, -s ⟨*fr.*⟩: (Ballett) Sprung aus der geschlossenen Position der Füße in eine offene

E|chap|pe|ment [eʃapə'mã:] *das;* -s, -s: 1. (veraltet) das Entweichen, Flucht. 2. Ankerhemmung der Uhr. 3. Mechanik, die das Zurückschnellen der angeschlagenen Hämmerchen beim Klavier bewirkt. **e|chap|pie|ren:** (veraltet) entweichen, entwischen

E|charpe [e'ʃarp] *die;* -, -s ⟨*fr.*⟩: a) Schärpe, Schal (im 19. Jh.); b) (bes. schweiz.) gemustertes Umschlagtuch

e|chauf|fie|ren, sich [eʃɔ'fiːrən] ⟨*lat.-vulgärlat.-fr.*⟩: a) sich erhitzen; b) sich aufregen. **e|chauf|fiert:** a) erhitzt; b) aufgeregt

E|chec [e'ʃɛk] *der;* -s, -s ⟨*pers.-*

arab.-mlat.-fr.⟩: 1. franz. Bez. für: Schach. 2. Niederlage

E|chelle [eˈʃɛl] *die; -, -n* [...lən] ⟨*lat.-fr.*⟩: (veraltet) 1. Leiter. 2. a) Maßstab; b) gleitende Lohnskala. 3. Tonleiter

E|che|lon [eʃəlõː] *der; -s, -s:* (veraltet) Staffelstellung (von Truppen). **e|che|lo|nie|ren:** (Milit. veraltet) gestaffelt aufstellen (von Truppen)

E|che|ve|ria [ɛtʃeˈve:ria] *die; -, ...ien* ⟨*nlat.;* nach dem mex. Pflanzenzeichner Echeverría⟩: dickfleischiges, niedriges Blattgewächs (beliebte Zimmerpflanze aus Südamerika)

E|chi|nit [auch: ...ˈnɪt] *der; -s u. -en, -e[n]* ⟨*gr.-nlat.*⟩: versteinerter Seeigel

E|chi|no|der|me *der; -n, -n* (meist Plural): Stachelhäuter (z. B. Seestern, Seeigel, Seelilie, Seegurke, Schlangenstern)

E|chi|no|kak|tus *der; -, ...teen:* Igelkaktus

E|chi|no|kok|ko|se *die; -, -n:* Echinokokkenkrankheit; vgl. Echinokokkus. **E|chi|no|kok|kus** *der; -, ...kken:* Hundebandwurm, Finne (Frühstadium des Hülsenbandwurms)

E|chi|nus *der; -, -* ⟨*gr.-lat.*⟩: 1. (Zool.) Seeigel. 2. Wulst des ↑ Kapitells einer ↑ dorischen Säule zwischen den Deckplatte u. dem Säulenschaft

E|cho *das; -s, -s* ⟨*gr.-lat.*⟩: 1. Widerhall. 2. Resonanz, Reaktion auf etwas (z. B. auf einen Aufruf). 3. (Mus.) Wiederholung eines kurzen ↑ Themas (3) in geringerer Tonstärke

E|cho|ef|fekt *der; -[e]s, -e:* 1. (Techn.) [fehlerhafte] Wiederholung od. [unbeabsichtigter] Nachhall aufgrund bestimmter technischer [Neben]effekte. 2. (Mus.) [Stil]effekt durch echoartige Wirkung

e|cho|en: 1. widerhallen. 2. wiederholen

E|cho|gra|phie, auch: ...grafie *die; -, ...ien:* (Med.) ↑ elektroakustische Prüfung u. Aufzeichnung der Dichte eines Gewebes mittels Schallwellen

E|cho|kar|di|o|gra|phie, auch: ...grafie *die; -, ...ien:* (Med.) ↑ Kardiographie (2) mittels Ultraschall

E|cho|ki|ne|sie *die; -, ...ien* ⟨*gr.-nlat.*⟩: (Psychiatrie) (bes. bei Schizophrenie) Trieb, gesehene Bewegungen mechanisch nachzuahmen

E|cho|la|lie *die; -, ...ien:* 1. (Med.) sinnlos-mechanisches Nachsprechen vorgesprochener Wörter oder Sätze bei Geisteskranken. 2. (Sprachpsychologie) Wiederholung eines Wortes od. von Wortteilen bei Kindern im 9.–12. Lebensmonat

E|cho|lot *das; -[e]s, -e* ⟨*gr.-lat.; dt.*⟩: Apparat zur Messung von Meerestiefen durch ↑ akustische Methoden

E|cho|ma|tis|mus *der; -, ...men:* (Med.) sinnlos-mechanisches Nachahmen von gesehenen Bewegungen, Gebärden sowie Nachsprechen von Wörtern u. Sätzen bei Geisteskranken

E|cho|mi|mie *die; -:* nachahmendes Gebärdenspiel

E|cho|phra|sie *die; -, ...ien:* ↑ Echolalie (1, 2)

E|cho|pra|xie *die; -, ...ien:* ↑ Echokinesie

E|cho|thy|mie *die; -:* (Psychol.) Fähigkeit, die Gefühle u. ↑ Affekte anderer Menschen mitzuempfinden

E|c|lair [eˈklɛːr] *das; -s, -s* ⟨*lat.-vulgärlat.-fr.*⟩: Gebäck mit Kremfüllung und Zucker- oder Schokoladenguss

E-Com|merce [ˈiːkɔmɐːs] *der; -s* ⟨kurz für *engl.* electronic commerce „elektronischer Handel"⟩: Vertrieb von Waren od. Dienstleistungen über das Internet

E|co|no|mi|ser [ɪkɔnɔmaɪzɐ] *der; -s, -* ⟨*gr.-lat.-fr.-engl.;* „Sparer"⟩: Wasservorwärmer bei Dampfkesselanlagen

E|co|no|my|class [ɪˈkɔnəmɪklɑːs] u. **E|co|no|my|klas|se** *die; -* ⟨*engl.;* „Sparsamkeit"⟩: billigste Tarifklasse im Flugverkehr

E-Con|tent [ˈiːkɔntənt] *der; -s* ⟨kurz für *engl.* electronic content „elektronischer Inhalt"⟩: qualifizierter Informationsgehalt in elektronischen Systemen (z. B. im Internet)

e con|t|ra|rio ⟨*lat.*⟩: (Rechtsw.) aufgrund eines Umkehrschlusses, eines Schlusses aus einem gegenteiligen Sachverhalt auf entsprechend gegenteilige Folgen

E|cos|sais [ekɔˈsɛ] *der; - ⟨fr.;* „schottisch"⟩: groß karierter Kleider- u. Futterstoff

E|cos|sai|se [...ˈsɛːzə] vgl. Ekossaise

E|c|ra|sé|le|der [ekraˈzeː...] *das; -s, - ⟨fr.; dt.*⟩: gefärbtes, glattes Leder mit künstlich geprägter Narbung

é|c|ra|sez l'in|fâme [ekrazelɛ̃ˈfaːm] ⟨*fr.;* „Rottet den niederträchtigen [Aberglauben] aus!"⟩: Schlagwort Voltaires gegen die kath. Kirche

e|c|ru ↑ ekrü

¹Ec|s|ta|sy [ˈɛkstəzi] *das; -[s]* (meist ohne Artikel) ⟨*gr.-lat.-fr.-engl.*⟩: halluzinogene Designerdroge

²Ec|s|ta|sy [ˈɛkstəzi] *die; -, -s* (aber: 5 -) ⟨*engl.*⟩: Tablette aus ¹Ecstasy

E|cu, ECU [ɛˈkyː] *der; -[s], -[s]* od. *die; -, -* ⟨Abk. für: *engl.* European Currency Unit, in Anlehnung an eine alte franz. Silbermünze⟩: europäische Rechnungseinheit (1979–1998)

e|da|phisch ⟨*gr.-nlat.*⟩: a) auf den Erdboden bezüglich; b) bodenbedingt

E|da|phon *das; -s:* (Biol.) Gesamtheit der in u. auf dem Erdboden lebenden Kleinlebewesen (Pflanzen u. Tiere)

E|den *das; -s* ⟨*hebr.;* eigtl. „Wonne"⟩: (gehoben) ↑ Paradies (2); **der Garten Eden:** das Paradies [der Bibel]

E|den|ta|te *der; -n, -n* ⟨*lat.*⟩: (Zool.) zahnarmes Säugetier (Gürtel-, Schuppen-, Faultier u. Ameisenbär)

e|die|ren ⟨*lat.*⟩: 1. Bücher herausgeben, veröffentlichen. 2. (EDV) editieren

E|dikt *das; -[e]s, -e* ⟨*lat.*⟩: a) (Gesch.) amtlicher Erlass von Kaisern u. Königen; b) (österr.) [amtliche] Anordnung, Vorschrift

e|di|tie|ren ⟨*lat.-fr.-engl.*⟩: (EDV) Daten in ein Terminal eingeben, löschen, ändern

E|di|tio cas|ti|ga|ta *die; - -, Editiones castigatae* [...ne:s ...tɛ] ⟨*lat.*⟩: Buchausgabe, bei der religiös, politisch od. erotisch anstößige Stellen vom Herausgeber od. von der Zensur gestrichen wurden

E|di|ti|on *die; -, -en:* 1. a) Ausgabe von Büchern, bes. Neuherausgabe von älteren klassischen

Werken; b) Verlag. 2. Herausgabe von ↑ Musikalien, bes. in laufenden Sammlungen; Abk.: Ed.

E|di|tio prin|ceps [- ...ˈtsɛps] *die; -* -, Edi̱ti̱ones pri̱ncipes [...ne:s ...pe:s]: Erstausgabe alter [wieder entdeckter] Werke

¹E|di|tor [auch: eˈdi:...] *der; -s, ...o̱ren:* Herausgeber eines Buches

²E|di|tor [ˈɛdɪtɐ] *der; -s, -s ⟨engl.⟩:* (EDV) Komponente eines Datenverarbeitungssystems zur Bearbeitung von Texten, Grafiken im Dialog

E|di|to|ri|al [auch: ɛdɪtˈɔrɪəl] *das; -[s], -s ⟨lat.-engl.⟩:* 1. Vorwort des Herausgebers in einer [Fach]zeitschrift. 2. Leitartikel des Herausgebers od. des Chefredakteurs einer Zeitung. 3. a) Redaktionsverzeichnis, -impressum; b) Verlagsimpressum

e|di|to|risch: a) die Herausgabe eines Buches betreffend, ihr eigentümlich; b) verlegerisch

E|du|ka|ti|on *die; -, -en ⟨lat.⟩:* Erziehung

E|dukt *das; -[e]s, -e:* 1. aus Rohstoffen abgeschiedener Stoff (z. B. Öl aus Sonnenblumenkernen). 2. (Geol.) Ausgangsgestein bei der ↑ Metamorphose (4)

E|du|tain|ment [ɛdjuˈteɪnmənt] *das; -s ⟨Kunstw. aus engl. education „Erziehung" u. entertainment „Unterhaltung"⟩:* Vermittlung von Wissen auf unterhaltsame und spielerische Weise, z. B. durch Computerlernprogramme

EEPROM *der; -, -s ⟨Kurzw. aus engl. electrically erasable programmable read-only memory „elektrisch löschbarer (u. wieder) programmierbarer Nurlesespeicher"⟩:* (EDV) löschbarer Festwertspeicher

ef..., Ef... vgl. ex..., Ex...

E|fen|di u. Effendi *der; -s, -s ⟨gr.-ngr.-türk.; „Herr"⟩:* (veraltet) Anrede u. Titel für höhere Beamte in der Türkei

Ef|fekt *der; -[e]s, -e ⟨lat.⟩:* a) Wirkung, Erfolg; b) (meist Plural) auf Wirkung abzielendes Ausdrucks- u. Gestaltungsmittel; c) Ergebnis, sich aus etwas ergebender Nutzen

Ef|fek|ten *die* (Plural) *⟨lat.-fr.⟩:*

1. Wertpapiere, die an der Börse gehandelt werden (z. B. ↑ Aktien). 2. (schweiz.) bewegliche Habe, Habseligkeiten

Ef|fek|ten|bör|se *die; -, -n:* Börse, an der Effekten gehandelt werden

ef|fek|tiv *⟨lat.⟩:* a) tatsächlich, wirklich; b) wirkungsvoll (im Verhältnis zu den aufgewendeten Mitteln); c) (ugs.) überhaupt, ganz u. gar; d) lohnend.

Ef|fek|tiv *das; -s, -e:* (Sprachw.) Verb des Verwandelns (z. B. knechten = zum Knecht machen); vgl. Faktitiv

Ef|fek|tiv|do|sis *die; -, ...dosen:* (Med.) diejenige Menge von Substanzen (z. B. Medikamenten, Gift), die bei einem Menschen od. bei Versuchstieren wirksam ist

ef|fek|ti|vie|ren *⟨lat.-nlat.⟩:* effektiv machen; die Wirksamkeit, Wirtschaftlichkeit erhöhen, steigern

Ef|fek|ti|vi|tät *die; -:* Wirksamkeit, Durchschlagskraft, Leistungsfähigkeit

Ef|fek|tiv|lohn *der; -[e]s, ...löhne:* wirklich gezahlter Lohn, der aus Tariflohn u. übertariflichen Zahlungen sowie zusätzlichen Leistungen besteht

Ef|fek|tiv|wert *der; -[e]s, -e:* (Elektrot.) der tatsächlich wirkende Durchschnittswert des von null bis zum Maximalwert (Scheitelwert) dauernd wechselnden Stromwertes (bes. bei Wechselstrom)

Ef|fek|t|koh|le *die; -:* Dochtkohle von Bogenlampen mit Leuchtsalzzusatz

Ef|fek|tor *der; -s, ...o̱ren* (meist Plural): 1. (Physiol.) a) Nerv, der einen Reiz vom Zentralnervensystem zu den Organen weiterleitet u. dort eine Reaktion auslöst; b) Körperorgan, das auf einen aufgenommenen u. weitergeleiteten Reiz ausführend reagiert. 2. (Biol.) Stoff, der eine Enzymreaktion (vgl. Enzym) hemmt od. fördert, ohne an deren Auslösung mitzuwirken

ef|fek|tu|ie|ren *⟨lat.-mlat.-fr.⟩:* (Wirtsch.) einen Auftrag ausführen, eine Zahlung leisten

Ef|fe|mi|na|ti|on *die; -, -en ⟨lat.; „Verweiblichung"⟩:* (Med.) a) das Vorhandensein ↑ psychisch u. ↑ physisch weiblicher Eigen-

schaften beim Mann; b) höchster Grad entgegengesetzter Geschlechtsempfindung beim Mann (passive ↑ Homosexualität). **ef|fe|mi|ni̱ert:** (von einem Mann) verweiblicht, weiblich in seinen Empfindungen u. seinem Verhalten

Ef|fen|di vgl. Efendi

ef|fe|re̱nt *⟨lat.⟩:* (Med.) herausführend, von einem Organ herkommend; Ggs. ↑ afferent

Ef|fe|re̱nz *die; -, -en:* Erregung, die über die efferenten Nervenfasern vom Zentralnervensystem zur Peripherie geführt wird u. die ↑ Motorik (1 a) in Gang setzt; Ggs. ↑ Afferenz

ef|fer|ves|zie|ren *⟨lat.⟩:* (Phys.) aufbrausen, aufwallen

Ef|fet [ɛˈfe:, auch: ɛˈfe:] *der, auch: das; -s, -s ⟨lat.-fr.; „Wirkung"⟩:* einer [Billard]kugel od. einem Ball beim Stoßen, Schlagen, Treten o. Ä. durch seitliches Anschneiden verliehener Drall

Ef|fi|cien|cy [ɪˈfɪʃənsɪ] *die; - ⟨lat.-engl.⟩:* 1. Wirtschaftlichkeit, bestmöglicher Wirkungsgrad (wirtschaftspolitisches Schlagwort, bes. in den USA u. in England). 2. Leistungsfähigkeit

ef|fi|lie|ren *⟨lat.-fr.⟩:* dichte Haare beim Schneiden gleichmäßig ausdünnen

Ef|fi|lo|chés [...lɔˈʃe:] *die* (Plural): Reißbaumwolle

ef|fi|zi|ent *⟨lat.⟩:* besonders wirksam u. wirtschaftlich, leistungsfähig; Ggs. ↑ inneffizient.

Ef|fi|zi|enz *die; -, -en:* 1. Wirksamkeit u. Wirtschaftlichkeit; Ggs. ↑ Ineffizienz. 2. ↑ Efficiency

ef|fi|zie|ren: hervorrufen, bewirken. **ef|fi|ziert:** bewirkt; effiziertes Objekt: (Sprachw.) Objekt, das durch das im Verb ausgedrückte Verhalten hervorgerufen oder bewirkt wird (z. B. Kaffee kochen); Ggs. ↑ affiziertes Objekt

Ef|fla|ti|on *die; -, -en ⟨lat.-nlat.⟩:* (Med.) das Aufstoßen; vgl. Eruktation

Ef|flo|res|zenz *die; -, -en ⟨lat.-nlat.; „das Aufblühen"⟩:* 1. (Med.) krankhafte Hautveränderung (z. B. Pusteln, Bläschen, Flecken). 2. (Geol.) Bildung von Mineralüberzügen auf Gesteinen u. Böden (Ausblühung); vgl. Exsudation (2)

ef|flo|res|zie|ren ⟨lat.; „aufblühen"⟩: 1.(Med.) krankhafte Hautveränderungen zeigen. 2.(Geol.) Mineralüberzüge bilden (von Gesteinen)

ef|flu|ie|ren ⟨lat.⟩: (Med.) ausfließen

Ef|flu|vi|um das; -s, ...ien: (Med.) Erguss, Ausfluss, Ausdünstung

Ef|fu|si|o|me|ter das; -s, - ⟨lat.; gr.⟩: Apparat zur Messung der Gasdichte

Ef|fu|si|on die; -, -en ⟨lat.; „das Ausgießen; das Herausströmen"⟩: (Geol.) das Ausfließen von ↑ Lava

ef|fu|siv ⟨lat.-nlat.⟩: (Geol.) durch Ausfließen von ↑ Lava gebildet

Ef|fu|siv|ge|stein das; -s: (Geol.) Ergussgestein, das sich bei der Erstarrung des ↑ Magmas an der Erdoberfläche bildet

EFTA die; - ⟨Kurzw. aus engl. European Free Trade Association⟩: Europäische Freihandelsassoziation (Freihandelszone)

e|gal ⟨lat.-fr.⟩: 1. gleich, gleichartig, gleichmäßig. 2.(ugs.) gleichgültig, einerlei

e|gal|i|sie|ren ⟨lat.-fr.⟩: 1. etwas Ungleichmäßiges ausgleichen, gleichmachen. 2.(Sport) den Vorsprung des Gegners aufholen, ausgleichen; (einen Rekord) einstellen

e|ga|li|tär: auf politische, bürgerliche od. soziale Gleichheit gerichtet

E|ga|li|ta|ris|mus der; - ⟨lat.-fr.-nlat.⟩: Sozialtheorie von der [möglichst] vollkommenen Gleichheit in der menschlichen Gesellschaft bzw. von ihrer Verwirklichung

E|ga|li|tät die; -: Gleichheit

É|ga|li|té [...'te:] die; - ⟨lat.-fr.⟩: Gleichheit (eines der Schlagworte der Franz. Revolution); vgl. Fraternité, Liberté

E|ges|ta die (Plural) ⟨lat.⟩: (Med.) Körperausscheidungen (z. B. Erbrochenes, Stuhl). **E|ges|ti|on** die; -, -en: (Med.) Stuhlgang

Egg|head ['ɛɡhɛd] der; -s, -s ⟨engl.-amerik.; „Eierkopf"⟩: (oft scherzh. od. abwertend) Intellektueller

e|g|lo|mi|sie|ren ⟨fr.; nach dem franz. Kunsthändler J.-B. Glomi (18.Jh.)⟩: eine Glastafel o. Ä. auf der Rückseite so mit Lack bemalen, dass Aussparungen entstehen, die mit spiegelnder Materie hinterlegt werden

E|go das; -, -s ⟨lat.⟩: (Philos.) das Ich; vgl. Alter Ego

E|go|i|de|al, auch: **E|go-I|de|al** das; -s, -e: (Psychol.) für die eigene Person gültiges Leitbild, das durch seinen Grundsatzcharakter zur Persönlichkeitsentwicklung beiträgt

E|go|is|mus der; -, ...men ⟨lat.-fr.⟩: 1.(ohne Plural) Selbstsucht, Eigenliebe, Ichsucht, Eigennutz; Ggs. ↑ Altruismus. 2.(Plural) selbstsüchtige Handlungen o. Ä. sein Ich u. seine persönlichen Interessen in den Vordergrund stellt; Ggs. ↑ Altruist. **E|go|is|tin** die; -, -nen: weibliche Form zu ↑ Egoist. **e|go|is|tisch**: ichsüchtig, nur sich selbst gelten lassend; Ggs. ↑ altruistisch

e|go|man: krankhaft selbstbezogen. **E|go|ma|ne** der; -en, -en: jmd., der egoman ist, an Egomanie leidet. **E|go|ma|nie** die; -: krankhafte Selbstbezogenheit. **E|go|ma|nin** die; -, -nen: weibliche Form zu ↑ Egomane

E|go|tis|mus der; - ⟨lat.-engl.⟩: philosophisch begründete Form des Egoismus, die das Glück der Menschheit dadurch herbeizuführen trachtet, dass der Einzelne auf ein Höchstmaß persönlichen diesseitigen Glücks hinarbeitet. **E|go|tist** der; -en, -en: 1. Anhänger des Egotismus. 2. Autor eines ↑ autobiografischen Romans in der Ichform. **E|go|tis|tin** die; -, -nen: weibliche Form zu ↑ Egotist

E|go|trip der; -s, -s: (Jargon) jmds. augenblickliche Lebenshaltung, -gestaltung, bei der das Denken u. Verhalten fast ausschließlich auf die eigene Person, die eigene Erlebnisweise gerichtet ist

E|gout|teur [egu'tø:ɐ̯] der; -s, -e ⟨lat.-fr.⟩: Vorpresswalze bei der Papierherstellung (auch zur Erzeugung der Wasserzeichen)

E|go|zen|t|rik der; - ⟨⟨lat.; gr.-lat.⟩ nlat.⟩: Einstellung od. Verhaltensweise, die die eigene Person als Zentrum alles Geschehens betrachtet und alle Ereignisse nur in ihrer Bedeutung

für u. in ihrem Bezug auf die eigene Person wertet. **E|go|zen|t|ri|ker** der; -s, -: jmd., der egozentrisch ist. **E|go|zen|t|ri|ke|rin** die; -, -nen: weibliche Form zu ↑ Egozentriker. **e|go|zen|t|risch**: ichbezogen; die eigene Person als Zentrum allen Geschehens betrachtend, alles in Bezug auf die eigene Person beurteilend

E|go|zen|t|ri|zi|tät die; -: ↑ Egozentrik

e|g|re|nie|ren ⟨lat.-fr.⟩: Baumwollfasern von den Samen trennen

E|g|re|nier|ma|schi|ne die; -, -n: Maschine, die die Baumwollfasern vom Samen trennt

e|g|res|siv ⟨lat.⟩: 1.(Sprachw.) das Ende eines Vorgangs od. Zustands ausdrückend (von Verben; z. B. verblühen, platzen); Ggs. ↑ ingressiv (1). 2.(Phonetik) den Luftstrom bei der Artikulation nach außen richtend; Ggs. ↑ ingressiv (2)

E|gyp|ti|en|ne [eʒɪ'psjɛn, egɪp'tsjɛn] die; - ⟨fr.⟩: „ägyptische (Schrift)"⟩: besondere Art der Antiquaschrift

E|hec das; -s ⟨Kurzw. aus enterohämorrhagisches Escherichia coli⟩: (Med.) besonders für Kinder gefährliche Infektionserkrankung, die durch ein Kolibakterium verursacht wird

Ei|de|tik die; - ⟨gr.-nlat.⟩: 1. Fähigkeit, sich Objekte od. Situationen so anschaulich vorzustellen, als ob sie realen Wahrnehmungscharakter hätten. 2.(Psychol.) Eidologie. **Ei|de|ti|ker** der; -s, -: jmd., der die Fähigkeit hat, sich Objekte od. Situationen anschaulich, wie wirklich vorhanden vorzustellen. **Ei|de|ti|ke|rin** die; -, -nen: weibliche Form zu ↑ Eidetiker. **ei|de|tisch**: a) die Eidetik betreffend; b) anschaulich, bildhaft

Ei|do|lo|gie die; -, ...ien (Philos.) Theorie, auf dem Weg der Gestaltbeschreibung das Wesen eines Dinges zu erforschen

Ei|do|lon das; -[s], ...la ⟨gr.⟩: (Philos.) Abbild, kleines Bild, Spiegel-, Trugbild; vgl. Idol

Ei|do|phor ® das; -s, -e ⟨gr.-nlat.; „Bildträger"⟩: Fernsehgroßbild-Projektionsanlage

Ei|do|phor|ver|fah|ren das; -s: Verfahren, bei dem an einen Fernsehempfänger ein Projektor angeschlossen ist, der das Bild auf die Größe einer Kinoleinwand bringt

Ei|dos *das; -* ⟨*gr.*⟩: 1. Gestalt, Form, Aussehen. 2. Idee (bei Plato). 3. Gegensatz zur Materie (bei Aristoteles). 4. (Logik) Art im Gegensatz zur Gattung. 5. Wesen, Sinneinheit (bei Husserl)

ein|bal|sa|mie|ren ⟨*dt.; hebr.-gr.-lat.*⟩: (einen Leichnam) zum Schutz vor Verwesung mit bestimmten konservierenden Mitteln behandeln

ein|che|cken ⟨*dt.; engl.*⟩: 1. (Flugw.) a) (vor dem Abflug) abfertigen (z. B. Passagiere od. Gepäck); Ggs. ↑ auschecken (1 a); b) (vor dem Abflug) sich abfertigen lassen; Ggs. ↑ auschecken (1 b). 2. (in ein Hotel o. Ä.) einziehen; sich anmelden (u. die entsprechenden Formalitäten erledigen); Ggs. ↑ auschecken (2)

Ein|he|ri|er *der; -s, -* ⟨*altnord.*⟩: (nord. Mythologie) gefallener Kämpfer

ein|log|gen ⟨*dt.; engl.*⟩: (EDV) durch Eingabe bestimmter Daten eine Verbindung zu einer Datenverarbeitungsanlage herstellen; Ggs. ↑ ausloggen

ein|quar|tie|ren ⟨*dt.; lat.-fr.*⟩: [Soldaten] in einem ↑ Quartier (1) unterbringen

ein|scan|nen […skɛnən] ⟨*dt.; engl.*⟩: mit dem Scanner eingeben

Ein|stei|ni|um *das; -s* ⟨*nlat.; nach dem Physiker A. Einstein (1879–1955)*⟩: chem. Element; Zeichen: Es

Ei|zes vgl. Ezzes

E|ja|cu|la|tio prae|cox *die; - -* ⟨*lat.*⟩: (Med.) vorzeitig erfolgender Samenerguss

E|ja|ku|lat *das; -[e]s, -e*: (Med.) bei der Ejakulation ausgespritzte Samenflüssigkeit

E|ja|ku|la|ti|on *die; -, -en* ⟨*lat.-nlat.*⟩: (Med.) Ausspritzung der Samenflüssigkeit beim ↑ Orgasmus; Samenerguss. **e|ja|ku|lie|ren** ⟨*lat.; „hinauswerfen"*⟩: (Med.) Samenflüssigkeit ausspritzen

E|jek|ti|on *der; -, -en*: 1. (Geol.) explosionsartiges Ausschleudern von Materie (Schlacken, Asche) aus einem Vulkan. 2. (veraltet) das Hinauswerfen; das Vertreiben [aus dem Besitz]

E|jek|tiv *der; -s, -e* u. **E|jek|tiv|laut**

der; -[e]s, -e: Verschlusslaut, bei dem Luft aus der Mundhöhle strömt; Ggs. ↑ Injektiv

E|jek|tor *der; -s, …oren* ⟨*lat.-nlat.*⟩: 1. automatisch arbeitender Patronenauswerfer bei Jagdgewehren. 2. Strahlpumpe mit Absaugvorrichtung

e|ji|zie|ren: 1. (Phys.) [Materie] ausschleudern. 2. (veraltet) jmdn. hinauswerfen, [aus dem Besitz] vertreiben

e|jus|dem men|sis ⟨*lat.*⟩: (veraltet) desselben Monats; Abk.: e. m.

E|kart [eˈkaːɐ̯] *der; -s, -s* ⟨*lat.-fr.*⟩: (Börsenw.) Unterschied zwischen ↑ Basiskurs u. Prämienkurs (Basiskurs + Prämie)

¹E|kar|té [...ˈteː] *das; -s, -s* ⟨*fr.*⟩: carte „(Spiel)karte"): franz. Kartenspiel

²E|kar|té [...ˈteː] *das; -s, -s* ⟨*fr.; écarter „auseinander treiben"*⟩: (im klassischen Ballett) Position schräg zum Zuschauer

Ek|chon|d|rom *das; -s, -e* ⟨*gr.-nlat.*⟩: (Med.) Knorpelgeschwulst

Ek|chon|d|ro|se *die; -, -n*: (Med.) gutartige Wucherung von Knorpelgewebe

Ek|chy|mo|se *die; -, -n* ⟨*gr.*⟩: (Med.) flächenhafter Bluterguss, blutunterlaufene Stelle in der Haut

ek|de|misch ⟨*gr.*⟩: (veraltet) auswärts befindlich, abwesend

Ek|dy|son *das; -s* ⟨*gr.*⟩: (Zool.) Häutungshormon der Insekten

Ek|kle|sia *die; -* ⟨*gr.-lat.*⟩: Kirche; vgl. Ecclesia

Ek|kle|si|as|tes *der; -*: griech. Bez. des ältesten Buches „Prediger Salomo"

Ek|kle|si|as|tik *die; -*: ↑ Ekklesiologie

Ek|kle|si|as|ti|kus *der; -*: Titel des ältesten Buches „Jesus Sirach" in der ↑ Vulgata (1)

ek|kle|si|o|gen: durch Einfluss von Kirche u. Religion entstanden (z. B. Neurosen)

Ek|kle|si|o|lo|gie *die; -* ⟨*gr.-nlat.*⟩: theologische Lehre von der christlichen Kirche

ek|krin ⟨*gr.-nlat.*⟩: ↑ exokrin

Ek|ky|k|le|ma *das; -s, …emen* ⟨*gr.*⟩: kleine fahrbare Bühne des altgriech. Theaters für Szenen, die sich eigtl. innerhalb eines Hauses abspielten

Ek|lai|reur [eklɛˈrøːɐ̯] *der; -s, -e* ⟨*lat.-vulgärlat.-fr.*⟩: (veraltet)

Kundschafter, Aufklärer (im Krieg)

E|k|lamp|sie *die; -, …ien* ⟨*gr.-nlat.*⟩: (Med.) plötzlich auftretende, lebensbedrohende Krämpfe während der Schwangerschaft, Geburt od. im Wochenbett

E|k|lamp|sis|mus *der; -*: (Med.) Bereitschaft des Organismus für eine Eklampsie

e|k|lamp|tisch: (Med.) die Eklampsie betreffend, auf ihr beruhend

E|k|lat [eˈkla(ː)] *der; -s, -s* ⟨*fr.*⟩: Aufsehen, Knall, Skandal; [in der Öffentlichkeit] starkes Aufsehen erregender Vorfall

e|k|la|tant: 1. offenkundig. 2. Aufsehen erregend; auffallend

E|k|lek|ti|ker *der; -s, -* ⟨*gr.*⟩: a) jmd., der weder ein eigenes philos. System aufstellt noch ein anderes übernimmt, sondern aus verschiedenen Systemen das ihm Passende auswählt; b) (abwertend) jmd., der (z. B. in einer Theorie) fremde Ideen nebeneinander stellt, ohne eigene Gedanken dazu zu entwickeln. **E|k|lek|ti|ke|rin** *die; -, -nen*: weibliche Form zu ↑ Eklektiker

e|k|lek|tisch: a) (abwertend) in unschöpferischer Weise nur Ideen anderer (z. B. in einer Theorie) verwendend; b) aus bereits Vorhandenem auswählend u. übernehmend

E|k|lek|ti|zis|mus *der; -* ⟨*gr.-nlat.*⟩: 1. (abwertend) unoriginelle, unschöpferische geistige Arbeitsweise, bei der Ideen anderer übernommen od. zu einem System zusammengetragen werden. 2. (bildende Kunst; Literatur) Rückgriff auf die Stilmittel verschiedener Künstler früherer Epochen mangels eigener schöpferischer Leistung

e|k|lek|ti|zis|tisch: nach der Art des Eklektizismus verfahrend

E|k|lip|se *die; -, -n* ⟨*gr.; „Ausbleiben, Verschwinden"*⟩: (Astron.) Verfinsterung (in Bezug auf Mond od. Sonne)

E|k|lip|tik *die; -, -en* ⟨*gr.-nlat.*⟩: (Astron.) der größte Kreis, in dem die Ebene der Erdbahn um die Sonne die als unendlich groß gedachte Himmelskugel schneidet

e|k|lip|ti|kal: die Ekliptik betreffend, mit ihr zusammenhängend

E

e|k|lip|tisch ⟨gr.⟩: die Eklipse betreffend

E|k|lo|ge die; -, -n ⟨gr.-lat.; „Auswahl"⟩: a) altröm. Hirtenlied; vgl. Idylle; b) kleineres, ausgewähltes Gedicht

E|k|lo|git [auch: ...'gɪt] der; -s, -e ⟨gr.-nlat.⟩: (Geol.) durch ↑ Metamorphose (4) entstandenes Gestein

E|k|lo|git|scha|le die; -: (Geol.) tiefere Zone des ↑ [2]Simas

Ek|mne|sie die; -, ...ien ⟨gr.-nlat.⟩: (Med.) krankhafte Vorstellung, in einen früheren Lebensabschnitt zurückversetzt zu sein

Ek|noia [...'nɔya] die; - ⟨gr.; „Sinnlosigkeit"⟩: (Med.) krankhaft gesteigerte Erregbarkeit im Pubertätsalter

E|ko|no|mi|ser [i'kɔnomaɪzɐ] vgl. Economiser

E|kos|sai|se [...'sɛːzə] die; -, -n: a) schottischer Volkstanz im Dreiertakt; b) Gesellschaftstanz des 18. u. 19. Jh.s in raschem $^2/_4$-Takt (auch als Komposition der klassisch-romantischen Klaviermusik)

Ek|pho|rie die; -, ...ien ⟨gr.-nlat.⟩: (Med.) durch Reizung des Zentralnervensystems hervorgerufene Reproduktion von Dingen oder Vorgängen; Vorgang des Sicherinnerns

Ek|phym das; -s, -e ⟨gr.⟩: (Med.) Auswuchs, Höcker

Ek|py|ro|sis die; - ⟨gr.-lat.; „das Ausbrennen"⟩: Weltbrand, Wiederauflösung der Welt in Feuer, das Urelement, aus dem sie entstand (philos. Lehre bei Heraklit u. den Stoikern)

E|k|ra|sit [auch: ...'zɪt] das; -s ⟨fr.-nlat.⟩: Sprengstoff, der ↑ Pikrinsäure enthält

e|k|rü ⟨lat.-fr.⟩: a) ungebleicht; b) weißlich, gelblich

E|k|rü|sei|de die; -: nicht vollständig entbastete Naturseide von gelblicher Farbe

Ek|s|ta|se die; -, -n ⟨gr.-lat.; „Aussich-herausgetreten-Sein"⟩: [religiöse] Verzückung, rauschhafter Zustand, in dem der Mensch der Kontrolle des normalen Bewusstseins entzogen ist

Ek|s|ta|tik die; - ⟨gr.⟩: Ausdruck[sform] der Ekstase. Ek|s|ta|ti|ker der; -s, -: jmd., der in Ekstase geraten ist; verzückter, rauschhafter Schwärmer. Ek|s-

ta|ti|ke|rin die; -, -nen: weibliche Form zu ↑ Ekstatiker

ek|s|ta|tisch: in Ekstase, außer sich, schwärmerisch, rauschhaft

Ek|s|t|ro|phie die; -, ...ien ⟨gr.-nlat.⟩: ↑ Ektopie

Ek|ta|se die; -, -n ⟨gr.-lat.⟩: (antike Metrik) Dehnung eines Vokals

Ek|ta|sie die; -, ...ien ⟨gr.-nlat.⟩: (Med.) Erweiterung, Ausdehnung eines Hohlorgans

Ek|ta|sis die; -: ↑ Ektase

Ek|te|nie die; -, ...ien ⟨gr.⟩: großes Fürbittegebet im Gottesdienst der orthodoxen Kirchen

Ek|th|lip|sis die; -, ...ipsen ⟨gr.-lat.⟩: ↑ Elision

Ek|thym das; -s, -e ⟨gr.⟩: (Med.) Hauteiterung mit nachfolgender Geschwürbildung

ekto..., Ekto...

⟨zu gr. ektós „außerhalb, nach außen"⟩

Präfix mit der Bedeutung „außen, außerhalb":
– Ektoderm
– Ektoparasit
– Ektoskelett
– Ektoskopie
– ektotroph

Ek|to|derm das; -s, -e ⟨gr.-nlat.⟩: (Med.) äußere Hautschicht des tierischen und menschlichen Keims, die bei der Gastrulabildung (vgl. Gastrula) entsteht; vgl. Entoderm. ek|to|der|mal: (Med.) vom äußeren Keimblatt abstammend bzw. ausgehend

Ek|to|der|mo|se die; -, -n: (Med.) Erkrankung von Organen, die aus dem Ektoderm hervorgegangen sind (bes. Erkrankung der Haut)

Ek|to|des|men die (Plural) ⟨gr.-nlat.⟩: (Bot.) die Außenwände von Epidermiszellen durchziehende Plasmastränge, die zur Reizleitung u. vermutlich auch als Transportbahnen zwischen Außenwelt u. Pflanzeninnerem dienen

Ek|to|en|zym das; -s, -e: von Zellen abgetrenntes Enzym, das außerhalb der Zellen wirkt

Ek|to|hor|mon das; -s, -e: ↑ Pheromon

Ek|to|mie die; -, ...ien ⟨gr.-nlat.⟩: (Med.) operatives Herausschneiden, vollständige Entfer-

nung eines Organs im Unterschied zur ↑ Resektion ...ek|to|mie s. Kasten ...tomie

ek|to|morph ⟨gr.-nlat.⟩: (Anat.) eine hagere, hoch aufgeschossene Konstitution aufweisend. Ek|to|mor|phie die; -: Konstitution eines bestimmten Menschentyps, der ungefähr dem ↑ Leptosomen entspricht

Ek|to|pa|ra|sit der; -en, -en: (Biol.; Med.) pflanzlicher od. tierischer Schmarotzer, der auf der Körperoberfläche lebt (z. B. Blut saugende Insekten); Ggs. ↑ Entoparasit

ek|to|phy|tisch: (Med.) nach außen herauswachsend

Ek|to|pie die; -, ...ien ⟨gr.-nlat.⟩: (Med.) meist angeborene Lageveränderung eines Organs (z. B. Wanderniere). ek|to|pisch: (Med.) an falscher Stelle liegend (von Organen)

Ek|to|plas|ma das; -s, ...men: (Biol.) äußere Schicht des ↑ Protoplasmas bei Einzellern; Ggs. ↑ Entoplasma

Ek|to|sit der; -en, -en ⟨gr.-nlat.⟩: Ektoparasit

Ek|to|ske|lett das; -[e]s, -e: den Körper umschließendes Skelett bei Wirbellosen und Wirbeltieren; Außen-, Hautskelett (z. B. die ↑ chitinöse Hülle der Insekten); Ggs. ↑ Endoskelett

Ek|to|s|ko|pie die; -, ...ien ⟨gr.-nlat.⟩: (Med.) Untersuchung u. Erkennung von Krankheitserscheinungen mit bloßem Auge

Ek|to|to|xin das; -s, -e: (Med.) von lebenden Bakterien ausgeschiedenes Stoffwechselprodukt, das im Körper von Mensch und Tier als Gift wirkt

ek|to|troph ⟨gr.-nlat.⟩: außerhalb der Wirtspflanze lebend (von ↑ symbiotisch an Pflanzenwurzeln lebenden Pilzen, bei denen sich die Pilzfäden nicht ins Innere der Wurzelzellen eindringen, sondern auf den Wurzeln bleiben)

Ek|t|ro|dak|ty|lie die; -, ...ien ⟨gr.-nlat.⟩: (Med.) angeborene Fehlbildung der Hände u. Füße, die durch Fehlen von Fingern od. Zehen gekennzeichnet ist

Ek|t|ro|me|lie die; -, ...ien: (Med.) angeborene Fehlbildung mit Verstümmelung der Gliedmaßen

Ek|t|ro|pi|on ⟨gr.⟩ u. Ek|t|ro|pi|um

das; -s, ...ien ⟨*gr.-nlat.*⟩: (Med.)
Auswärtskehrung, Umstülpung
einer Schleimhaut (z. B. der
Lippen, des Augenlides)

ek|t|ro|pi|o|nie|ren: (Med.) die
Augenlider zur Untersuchung
od. Behandlung des Auges nach
außen umklappen

Ek|ty|pus [auch: ɛk'ty:...] *der;* -,
...pen ⟨*gr.*⟩: (Fachspr.) Nachbildung, Abbild, Kopie; Ggs. ↑ Proto-
typ (1)

Ek|zem *das;* -s, -e ⟨*gr.*⟩: (Med.)
nicht ansteckende, in vielen
Formen auftretende juckende
Entzündung der Haut

Ek|ze|ma|ti|ker *der;* -s, - ⟨*gr.-nlat.*⟩:
(Med.) jmd., der zu Ekzemen
neigt. **Ek|ze|ma|ti|ke|rin** *die;* -,
-nen: weibliche Form zu ↑ Ekze-
matiker

Ek|ze|ma|to|id *das;* -s, -e: (Med.)
ekzemartige Hauterkrankung

ek|ze|ma|tös: (Med.) von einem
Ekzem befallen, hervorgerufen

El *der;* -, Elim ⟨*semit.*⟩: semit. Bez.
für: Gott; vgl. Eloah

E|la|bo|rat *das;* -[e]s, -e ⟨*lat.*⟩:
a) (abwertend) flüchtig zusam-
mengeschriebene Arbeit, die
weiter keine Beachtung ver-
dient; Machwerk; b) (selten)
schriftliche Arbeit, Ausarbeitung

e|la|bo|riert: differenziert ausge-
bildet; **elaborierter Kode:**
(Sprachw.) hoch entwickelter
sprachlicher ↑ Kode (1) eines
Sprachteilhabers; Ggs. ↑ restrin-
gierter Kode

E|la|il|din *das;* -s, -e ⟨*gr.-nlat.*⟩:
(Chem.) fettartige chem. Ver-
bindung, die durch Einwirkung
↑ salpetriger Säuren auf Elain
entsteht

E|la|in *das;* -s: (Chem.) in tieri-
schen u. nicht trocknenden
pflanzlichen Fetten u. Ölen
vorkommende chem. Verbin-
dung

E|la|in|säu|re *die;* -: Ölsäure

E|la|i|o|som *das;* -s, -en (meist
Plural): (Bot.) besonders fett- u.
eiweißreiches Gewebeanhäng-
sel an pflanzlichen Samen

E|lan [auch: e'lã:] *der;* -s ⟨*lat.-fr.*⟩:
innerer, zur Ausführung von et-
was vorhandener Schwung;
Spannkraft, Begeisterung

E|lan vi|tal [elãvi...] *der;* - - : (Philos.) schöpferische Lebenskraft
bzw. metaphysische Urkraft,
die die biologischen Prozesse

steuert; die die Entwicklung
der Organismen vorantrei-
bende Kraft (nach H. Bergson)

E|lä|o|lith [auch: ...'lɪt] *der;* -s, -e
⟨*gr.-nlat.*⟩: ein Mineral

E|lä|o|plast *der;* -en, -en: (Bot.)
Ölkörperchen in pflanzlichen
Zellen

E|last *der;* -[e]s, -e (meist Plural)
⟨*gr.-nlat.*⟩: Kunststoff von gum-
miartiger Elastizität

E|las|tan, auch: **E|las|than** *das;* -s:
überwiegend zur Herstellung
von Textilien verwendete, besonders dehnbare Chemiefaser

E|las|tik *das;* -s, -s, (auch: *die* -,
-en): 1. (ohne Plural) Zwischen-
futterstoff aus Rohleinen. 2. Gewebe aus sehr dehnbarem Material

e|las|tisch: 1. dehnbar, biegsam.
2. Elastizität (2) besitzend

E|las|ti|zi|tät *die;* -: 1. (Phys.) Fä-
higkeit eines Körpers, eine auf-
gezwungene Formänderung
nach Aufhebung des Zwangs
rückgängig zu machen.
2. Spannkraft [eines Men-
schen], Beweglichkeit, Ge-
schmeidigkeit

E|las|ti|zi|täts|ko|ef|fi|zi|ent *der;*
-en, -en: Messgröße der Elastizität

E|las|ti|zi|täts|mo|dul *der;* -s, -n:
Messgröße der Elastizität

E|las|to|mer *das;* -s, -e u. **E|las|to-
me|re** *das;* -n, -n (meist Plural):
(Chem.) ↑ synthetischer (2)
Kautschuk u. gummiähnlicher
Kunststoff

E|la|te|re *die;* -, -n (meist Plural):
(Bot.) Schleuderzelle bei Leber-
moosen, die die Sporen aus den
Kapseln befördert

E|la|tiv *der;* -s, -e ⟨*lat.*⟩: (Sprachw.)
1. absoluter ↑ Superlativ (ohne
Vergleich; z. B. modernste Maschinen = sehr moderne Maschinen, höflichst = sehr höf-
lich). 2. in den finnisch-ugrischen Sprachen Kasus zur Bezeichnung der Wegbewegung
von einem Ort

El|der|states|man [...steɪtsmən]
der; -, ...men, auch: **El|der
States|man** *der;* - - - , - ...men,
⟨*engl.;* „(alt)erfahrener Staats-
mann"⟩: Politiker, der nach seinem Ausscheiden aus einem
hohen Staatsamt weiterhin
große Hochachtung genießt

El|do|ra|do, Dorado *das;* -s, -s
⟨*lat.-span.;* „das vergoldete

(Land)"⟩: Gebiet, das ideale Gegebenheiten, Voraussetzungen
für jmdn. bietet (z. B. in Bezug
auf eine bestimmte Betätigung); Traumland, Wunsch-
land, Paradies, das jmdm. aus-
reichende Entfaltungsmöglich-
keiten bietet

E|le|a|te *der;* -n, -n (meist Plural)
⟨*gr.-lat.*⟩: Vertreter der von Xe-
nophanes um 500 v. Chr. in Elea
(Unteritalien) gegründeten
griech. Philosophenschule

e|le|a|tisch: die Eleaten betref-
fend

E|le|a|tis|mus *der;* - ⟨*gr.-lat.-nlat.*⟩:
philosophische Lehre, die von
einem absoluten, nur durch
Denken zu erfassenden Sein
ausgeht u. ihm das Werden u.
die sichtbare Welt als Schein
entgegensetzt

E|lec|t|ro|nic Book [ɪlɛk'trɒnɪk
bʊk] *das;* - -[s], - -s ⟨*engl.;* „elektronisches Buch"⟩: ↑ E-Book

E|lec|t|ro|nic Cash [- kɛʃ] *das;* - -
⟨*engl.*⟩: bargeldloser Zahlungsverkehr (z. B. mit der Scheck-
karte)

E|lec|t|ro|nic Church [- 'tʃə:tʃ] *die;*
- - ⟨*engl.-amerik.*⟩: Fernsehsen-
dungen religiösen
Anspruchs u. Inhalts; Fernseh-
kirche

E|lec|t|ro|nic Com|merce [- kɔ-
'mə:s] *der;* - - ⟨*engl.;* „elektronischer Handel"⟩: ↑ E-Commerce

E|le|fan|ti|a|sis, auch: Elephantia-
sis *die;* -, ...iasen ⟨*gr.-lat.*⟩:
(Med.) durch Lymphstauungen
bedingte, unförmige Verdickung des Haut- u. Unterhaut-
zellgewebes mit Bindegewebs-
wucherung

e|le|fan|tös: (ugs. scherzh.) au-
ßergewöhnlich, großartig

e|le|gant ⟨*lat.-fr.*⟩: a) (von der äu-
ßeren Erscheinung) durch Vornehmheit, erlesenen Ge-
schmack, bes. der Kleidung u.
ihrer Machart, auffallend; b) in
gewandt u. harmonisch wir-
kender Weise ausgeführt, z. B.
eine elegante Lösung; c) kultiviert, erlesen, z. B. ein edler
Wein; sie sprach ein elegantes
Französisch. **E|le|gant** [ele'gã:]
der; -s, -s: (veraltet) auffällig
modisch gekleideter Mann

E|le|ganz *die;* -: a) (in Bezug auf
die äußere Erscheinung) ge-
schmackvolle Vornehmheit;
b) Gewandtheit, Geschmeidig-

keit, Harmonie [in der Bewegung]

Elegeion das; -s ⟨gr.⟩: elegisches Versmaß, d. h. Verbindung von ↑Hexameter u. ↑Pentameter; vgl. Distichon

Elegie die; -, ...ien ⟨gr.-lat.⟩: 1. a) im ↑Elegeion abgefasstes Gedicht; b) wehmütiges Gedicht, Klagelied. 2. Schwermut

Elegiker der; -s, - ⟨gr.⟩: 1. Elegiendichter. 2. jmd., der zu elegischen, schwermütigen Stimmungen neigt. **Elegikerin** die; -, -nen: weibliche Form zu ↑Elegiker

elegisch: 1. a) die Gedichtform der Elegie betreffend; b) in Elegieform gedichtet. 2. voll Wehmut, Schwermut; wehmütig

Elegjambus der; -, ...ben ⟨gr.-mlat.⟩: (antike Metrik) aus dem ↑Hemiepes u. dem jambischen ↑Dimeter bestehendes altgriech. Versmaß

Eleison das; -s, -s ⟨gr.; „Erbarme dich!"⟩: gottesdienstlicher Gesang; vgl. Kyrie eleison

Elektion die; -, -en ⟨lat.⟩: Auswahl, Wahl; vgl. Selektion

elektiv: auswählend; vgl. selektiv (1)

Elektor der; -s, ...oren: 1. Wähler, Wahlherr (z. B. Kurfürst bei der Königswahl). 2. [Aus]wählender

Elektorat das; -[e]s, -e ⟨lat.-nlat.⟩: a) (hist.) Kurfürstentum; b) Kurfürstenwürde

Elektrakomplex der; -es ⟨nach der griech. Sagengestalt Elektra⟩: (Psychol.) bei weiblichen Personen auftretende, zu starke Bindung an den Vater; vgl. Ödipuskomplex

Elektret der (auch:) das; -s, -e ⟨gr.-engl.⟩: elektrischer ↑Isolator mit entgegengesetzten elektrischen Ladungen an zwei gegenüberliegenden Flächen

Elektrifikation die; -, -en ⟨gr.-nlat.⟩: (schweiz.) ↑Elektrifizierung; vgl. ...ation/...ierung

elektrifizieren: auf elektrischen Betrieb umstellen. **Elektrifizierung** die; -, -en: Umstellung auf elektrischen Betrieb; vgl. ...ation/...ierung

Elektrik die; -: a) Gesamtheit einer elektrischen Anlage od. Einrichtung (z. B. Autoelektrik); b) (ugs.) Elektrotechnik

Elektriker der; -s, -: Handwerker im Bereich der Elektrotechnik; Elektroinstallateur, -mechaniker. **Elektrikerin** die; -, -en: weibliche Form zu ↑Elektriker

elektrisch: 1. auf der Anziehungs- bzw. Abstoßungskraft geladener Elementarteilchen beruhend; durch [geladene] Elementarteilchen hervorgerufen. 2. a) die Elektrizität betreffend, sie benutzend; b) durch elektrischen Strom angetrieben; mithilfe des elektrischen Stroms erfolgend; **elektrische Induktion**: Erscheinung, bei der durch ein sich änderndes Magnetfeld in einem Leiter eine elektrische Spannung erzeugt wird

Elektrische die; -n, -n: (ugs. veraltet) Straßenbahn

elektrisieren: 1. elektrische Ladungen erzeugen, übertragen. 2. den Organismus mit elektrischen Stromstößen behandeln. 3. sich elektrisieren: seinen Körper unabsichtlich mit einem Stromträger in Kontakt bringen u. dadurch einen elektrischen Schlag bekommen

Elektrisiermaschine die; -, -n: Maschine, die den elektrischen Strom zum Elektrisieren durch Reibungselektrizität erzeugt

Elektrizität die; -: 1. auf der Anziehung bzw. Abstoßung elektrisch geladener Teilchen beruhendes Grundphänomen der Natur. 2. elektrische Energie

elektro..., Elektro...

⟨zu gr. élektron „Bernstein" (weil Reibungselektrizität zuerst nur am Bernstein beobachtet wurde)⟩ Wortbildungselement mit der Bedeutung „elektrisch, die Elektrizität betreffend":
- Elektroauto
- elektrochemisch
- Elektroenergie
- Elektrokardiogramm
- Elektromotor

Elektroakustik [auch: e'lɛktro...] die; -: Wissenschaft, die sich mit der Umwandlung der Schallschwingungen in elektrische Spannungsschwankungen u. umgekehrt befasst. **elektroakustisch** [auch: e'lɛktro...]: die Elektroakustik betreffend

Elektroanalyse die; -: chem.

Untersuchungsmethode mithilfe der ↑Elektrolyse

Elektroauto das; -s, -s: mit einem Elektromotor angetriebenes Auto

Elektrochemie [auch: e'lɛktro...] die; -: die Wissenschaft von den Zusammenhängen zwischen elektrischen Vorgängen u. chemischen Reaktionen. **elektrochemisch** [auch: e'lɛktro...]: die Elektrochemie betreffend

Elektrochirurgie [auch: e'lɛktro...] die; -: Sammelbez. für die verschiedenen Formen der Anwendung elektrischer Energie zu chirurgischen Zwecken. **elektrochirurgisch** [auch: e'lɛktro...]: die Elektrochirurgie betreffend

Elektrochord das; -s, -e ⟨gr.-nlat.⟩: elektrisches Klavier

Elektrocolorverfahren [auch: ...ko'lo:ɐ̯...] das; -s ⟨gr.; lat.; dt.⟩: elektrolytisches Verfahren zum Färben von Metallen

Elektrode die; -, -n ⟨gr.-nlat.⟩: elektrisch leitender, meist metallischer Teil, der den Übergang des elektrischen Stromes in ein anderes Leitermedium (z. B. Flüssigkeit, Gas) vermittelt

Elektrodialyse die; -: Verfahren zur Entsalzung wässriger Lösungen nach dem Prinzip der ↑Dialyse (z. B. Entsalzen von Wasser)

Elektrodynamik die; -: im allgemeinsten Sinne die Theorie der Elektrizität bzw. sämtlicher elektromagnetischer Erscheinungen; Wissenschaft von der bewegten (strömenden) Elektrizität u. ihren Wirkungen. **elektrodynamisch**: die Elektrodynamik betreffend

Elektrodynamometer das; -s, -: Messgerät für die elektrische Stromstärke u. Spannung

Elektroendosmose u. Elektroosmose die; -, -n: durch elektrische Spannung bewirkte ↑osmotische Flüssigkeitswanderung

Elektroenergie die; -, -n: in Kraftwerken aus primären Energieträgern u. aus Wasserkraft gewonnene u. zum Verbraucher transportierte elektrische Energie

Elektroenzephalogramm das;

-s, -e: (Med.) Aufzeichnung des Verlaufs der Hirnaktionsströme; Abk.: EEG

E|lek|t|ro|en|ze|pha|lo|graph, auch: ...graf *der; -en, -en:* (Med.) Gerät zur Aufzeichnung eines Elektroenzephalogramms. **E|lek|t|ro|en|ze|pha|lo|gra|phie,** auch: ...grafie *die; -:* (Med.) Verfahren, die Aktionsströme des Gehirns zu ↑ diagnostischen Zwecken grafisch darzustellen

E|lek|t|ro|e|ro|si|on *die; -, -en:* (Techn.) spanloses Bearbeitungsverfahren für Hartmetalle u. gehärtete Werkstoffe, bei dem durch Erzeugung örtlich sehr hoher Temperaturen durch elektrische Lichtbogen od. periodische Funkenüberschläge kleine Teilchen vom Werkstück abgetragen werden

E|lek|t|ro|gra|vi|me|t|rie *die; -:* Verfahren der Elektroanalyse, das auf der quantitativen Abscheidung von Metallen aus wässrigen Lösungen an einer Elektrode beruht

E|lek|t|ro|in|ge|ni|eur *der; -s, -e:* auf dem Gebiet der Elektrotechnik ausgebildeter Ingenieur (Berufsbez.). **E|lek|t|ro|in|ge|ni|eu|rin** *die; -, nen:* weibliche Form zu ↑ Elektroingenieur

E|lek|t|ro|jet [...dʒɛt] *der; -s, -s* ⟨gr.; engl.⟩: gebündelter elektrischer Ringstrom, der das normale Stromsystem der ionisierten (vgl. Ion) hohen Atmosphäre überlagert

e|lek|t|ro|ka|lo|risch [auch: e'lektro...] ⟨gr.; lat.-nlat.⟩: die Wärmeerzeugung durch elektrischen Strom betreffend

E|lek|t|ro|kar|di|o|gramm *das; -s, -e* ⟨gr.-nlat.⟩: (Med.) Aufzeichnung des Verlaufs der Aktionsströme des Herzens; Abk.: EKG, Ekg

E|lek|t|ro|kar|di|o|graph, auch: ...graf *der; -en, -en:* (Med.) Gerät zur Aufzeichnung eines Elektrokardiogramms. **E|lek|t|ro|kar|di|o|gra|phie,** auch: ...grafie *die; -:* (Med.) Verfahren, die Aktionsströme des Herzens zu diagnostischen Zwecken grafisch darzustellen

E|lek|t|ro|kar|ren *der; -s, -:* kleines, durch ↑ Akkumulatoren (1) gespeistes Transportfahrzeug

E|lek|t|ro|ka|tal|y|se *die; -, -n:*

---

durch elektrischen Strom bewirkte Aufnahme von Arzneimitteln durch die Haut

E|lek|t|ro|kaus|tik *die; -:* Operationsmethode mithilfe des Elektrokauters

E|lek|t|ro|kau|ter *der; -s, -:* chirurgisches Instrument zur elektrischen Verschorfung kranken Gewebes

E|lek|t|ro|ke|ra|mik *die; -:* Gesamtheit der Bauteile aus keramischen Werkstoffen für die Elektrotechnik

E|lek|t|ro|ko|a|gu|la|ti|on *die; -, -en:* (Med.) chirurgische Behandlung (Zerstörung) von Gewebe durch Hochfrequenzströme

E|lek|t|ro|lu|mi|nes|zenz *die; -, -en* ⟨gr.; lat.⟩: eine Leuchterscheinung unter der Einwirkung elektrischer Entladungen

E|lek|t|ro|ly|se *die; -, -n:* durch elektrischen Strom bewirkte chem. Zersetzung von Salzen, Säuren od. Laugen

E|lek|t|ro|ly|seur [...'zø:ɐ̯] *der; -s, -e* ⟨gr.-fr.⟩: Vorrichtung zur Gasgewinnung durch Elektrolyse

e|lek|t|ro|ly|sie|ren: eine chem. Verbindung durch elektrischen Strom aufspalten

E|lek|t|ro|lyt *der; -en (selten: -s), -e (selten: -en)* ⟨gr.-nlat.⟩: den elektrischen Strom leitende und sich durch ihn zersetzende Lösung, z. B. Salz, Säure, Base. **e|lek|t|ro|ly|tisch:** den elektrischen Strom leitend u. sich durch ihn zersetzend (von [wässrigen] Lösungen)

E|lek|t|ro|lyt|me|tall *das; -s, -e:* durch Elektrolyse gereinigtes Metall

E|lek|t|ro|ma|g|net [auch: e'lektro...] *der; -en u. -[e]s, -e (seltener: -en):* Spule mit einem Kern aus Weicheisen, durch die elektrischer Strom geschickt u. ein Magnetfeld erzeugt wird

E|lek|t|ro|ma|g|ne|tisch [auch: e'lektro...]: den Elektromagnetismus betreffend, auf ihm beruhend; **elektromagnetische Induktion:** Entstehung eines elektrischen Stromes durch das Bewegen eines Magnetpols

E|lek|t|ro|ma|g|ne|tis|mus [auch: e'lektro...] *der; -:* durch Elektrizität erzeugter ↑ Magnetismus (1)

E|lek|t|ro|me|cha|nik [auch: e'lek-

---

tro...] *die; -:* Teilgebiet der Elektrotechnik bzw. Feinmechanik, das sich mit der Umsetzung von elektrischen Vorgängen in mechanische u. umgekehrt befasst

E|lek|t|ro|me|cha|ni|ker *der; -s, -:* Handwerker od. Industriearbeiter, der aus Einzelteilen elektromechanische Anlagen u. Geräte montiert (Berufsbez.). **E|lek|t|ro|me|cha|ni|ke|rin** *die; -, -nen:* weibliche Form zu ↑ Elektromechaniker

e|lek|t|ro|me|cha|nisch [auch: e'lɛktro...]: die durch Elektrizität erzeugte mechanische Energie betreffend

E|lek|t|ro|me|tall *das; -s, -e:* durch Elektrolyse gewonnenes Metall

E|lek|t|ro|me|tall|ur|gie *die; -:* Anwendung der Elektrolyse bei der Metallgewinnung

E|lek|t|ro|me|ter *das; -s, -:* Gerät zum Messen elektrischer Ladungen u. Spannungen

E|lek|t|ro|mo|bil *das; -s, -e:* Elektroauto

E|lek|t|ro|mo|tor *der; -s, ...oren (auch: -e):* Motor, der elektrische Energie in mechanische Energie umwandelt. **e|lek|t|ro|mo|to|risch:** den Elektromotor betreffend; **elektromotorische Kraft:** durch magnetische, elektrostatische, thermoelektrische od. elektrochemische Vorgänge hervorgerufene Spannung

E|lek|t|ro|my|o|gramm *das; -s, -e:* Registrierung der Aktionsströme der Muskeln

¹E|lek|t|ron [auch: e'lɛk... od. ...'tro:n] *das; -s, ...onen* ⟨gr.; „Bernstein"⟩: negativ elektrisches Elementarteilchen

²E|lek|t|ron *das; -s:* 1. natürlich vorkommende Gold-Silber-Legierung. 2. ® Magnesiumlegierung [mit wechselnden Zusätzen]

E|lek|t|ro|nar|ko|se *die; -, -n* ⟨gr.-nlat.⟩: (Med.) Narkose mittels elektrischen Stroms

E|lek|t|ro|nen|ak|zep|tor *der; -s, -en* ⟨gr.; lat.⟩: Atom, das aufgrund seiner Ladungsverhältnisse ein ¹Elektron aufnehmen kann

E|lek|t|ro|nen|do|na|tor *der; -s, -en:* Atom, das aufgrund seiner Ladungsverhältnisse ein ¹Elektron abgeben kann

E|lek|t|ro|nen|kon|fi|gu|ra|ti|on *die;* -, -en: Gesamtheit der Elektronenanordnung innerhalb eines Atoms od. Moleküls

E|lek|t|ro|nen|mi|k|ro|s|kop *das;* -s, -e: Mikroskop, das nicht mit Lichtstrahlen, sondern mit Elektronen arbeitet. **E|lek|t|ro|nen|mi|k|ro|s|ko|pie** *die;* -: Gesamtheit der Verfahren der Anwendung des Elektronenmikroskops. **e|lek|t|ro|nen|mi|k|ro|s|ko|pisch:** a) mittels eines Elektronenmikroskops durchgeführt (von Vergrößerungen); b) die Elektronenmikroskopie betreffend

E|lek|t|ro|nen|op|tik *die;* -: Abbildung mithilfe von Elektronenlinsen (z. B. beim Elektronenmikroskop). **e|lek|t|ro|nen|op|tisch:** a) mittels Elektronenlinsen abgebildet; b) die Elektronenoptik betreffend

E|lek|t|ro|nen|or|gel *die;* -, -n: elektronisch betriebenes Orgelinstrument

E|lek|t|ro|nen|ra|di|us *der;* -, ...ien: bei der Annahme einer kugelförmigen, räumlichen Ausdehnung eines Elektrons sich ergebende Größe für dessen Radius; halber Durchmesser eines Elektrons

E|lek|t|ro|nen|röh|re *die;* -, -n: luftleeres Gefäß mit Elektrodenanordnung zum Gleichrichten, zur Verstärkung u. Erzeugung von elektromagnetischen Schwingungen

E|lek|t|ro|nen|spin *der;* -s: [Messgröße für den] Eigendrehimpuls eines Elektrons

E|lek|t|ro|nen|stoß *der;* -es, ...stöße: Stoß eines Elektrons auf Atome

E|lek|t|ro|nen|the|o|rie *die;* -, ...ien: jede physikalische Theorie, die physikalische Eigenschaften u. Erscheinungen auf die Wirkung von [1]Elektronen zurückführt

E|lek|t|ro|nen|volt vgl. Elektronvolt

E|lek|t|ro|nen|wel|le *die;* -, -n: elektromagnetische Welle beim bewegten [1]Elektron; den [1]Elektronen zugeordnete Materiewelle

E|lek|t|ro|nik *die;* - ⟨gr.-nlat.⟩: Zweig der Elektrotechnik, der sich mit der Entwicklung u. Verwendung von Geräten mit Elektronenröhren, Fotozellen, Halbleitern u. Ä. befasst

E|lek|t|ro|ni|ker *der;* -s, -: Techniker der Elektronik. **E|lek|t|ro|ni|ke|rin** *die;* -, -nen: weibliche Form zu ↑ Elektroniker

e|lek|t|ro|nisch: die Elektronik betreffend; **elektronische Datenverarbeitung:** das Erfassen, Aufbereiten, Berechnen, Auswerten u. Aufbewahren von Daten mithilfe von Computern; Abk.: EDV; **elektronische Musik:** Sammelbegriff für jede Art von Musik, bei deren Entstehung, Wiedergabe od. Interpretation elektronische Hilfsmittel eingesetzt werden; **elektronisches Publizieren:** Veröffentlichungen von Informationen online über Computernetze (z. B. ↑ Internet)

E|lek|t|ro|ni|um ® *das;* -s, ...ien: Instrument mit elektronischer Klangerzeugung

E|lek|t|ron|volt *das;* -s, -: Energieeinheit der Kernphysik; Zeichen: eV

E|lek|t|ro|os|mo|se vgl. Elektroendosmose

e|lek|t|ro|phil: zur Anlagerung elektrischer Ladungen neigend (Eigenschaft kleinster Teilchen, z. B. in ↑ Kolloiden); Ggs. ↑ elektrophob

e|lek|t|ro|phob: nicht zur Anlagerung elektrischer Ladungen neigend (Eigenschaft kleinster Teilchen, z. B. in ↑ Kolloiden); Ggs. ↑ elektrophil

E|lek|t|ro|phon, auch: ...fon *das;* -s, -e: ein elektrisches Musikinstrument

E|lek|t|ro|phor *der;* -s, -e: Elektrizitätserzeuger; vgl. Influenzmaschine

E|lek|t|ro|pho|re|se *die;* - ⟨gr.-nlat.; gr.⟩: Bewegung elektrisch geladener Teilchen in nicht leitender Flüssigkeit unter dem Einfluss elektrischer Spannung. **e|lek|t|ro|pho|re|tisch:** die Elektrophorese betreffend

E|lek|t|ro|phy|si|o|lo|gie *die;* -: Teilgebiet der Physiologie, das sich mit den von Lebewesen erzeugten elektrischen Strömen befasst

e|lek|t|ro|po|lie|ren: (Techn.) Metallteile mit gleichzeitiger Oberflächenaktivierung im ↑ galvanischen Bad reinigen

E|lek|t|ro|punk|tur *die;* -, -en ⟨gr.; lat.⟩: Ausführung der ↑ Akupunktur mithilfe einer nadelförmigen Elektrode

E|lek|t|ro|re|zep|to|ren *die* (Plural): (Biol.) bei bestimmten Tieren (z. B. elektrischen Fischen) vorhandene Sinnesorgane, die zur Orientierung in einem von diesen erzeugten elektrischen Feld dienen

E|lek|t|ro|schock *der;* -s, -s: durch elektrische Stromstöße erzeugter künstlicher Schock zur Behandlung bestimmter Psychosen (z. B. Schizophrenie)

E|lek|t|ro|s|kop *das;* -s, -e ⟨gr.-nlat.⟩: Gerät, mit dem die geringe elektrische Ladungen nachgewiesen werden

E|lek|t|ro|smog *der;* -[s]: (ugs.) (möglicherweise gesundheitsgefährdende) elektromagnetische Strahlung, die von Fernseh-, Radar-, Mikrowellen u. Ä. ausgeht

E|lek|t|ro|sta|tik *die;* -: Wissenschaft von den unbewegten elektrischen Ladungen. **e|lek|t|ro|sta|tisch:** die Elektrostatik betreffend

E|lek|t|ro|strik|ti|on *die;* -, -en: Dehnung od. Zusammenziehung eines Körpers durch Anlegen einer elektrischen Spannung

E|lek|t|ro|tech|nik *die;* -: Technik, die sich mit Erzeugung u. Anwendung der Elektrizität befasst

E|lek|t|ro|tech|ni|ker *der;* -s, -: a) Elektroingenieur; b) Facharbeiter auf dem Gebiet der Elektrotechnik. **E|lek|t|ro|tech|ni|ke|rin** *die;* -, -nen: weibliche Form zu ↑ Elektrotechniker

e|lek|t|ro|tech|nisch: die Elektrotechnik betreffend

E|lek|t|ro|the|ra|pie *die;* -: Heilbehandlung mithilfe elektrischer Ströme

E|lek|t|ro|ther|mie *die;* -: 1. Wissenschaft von der Erwärmung mithilfe der Elektrizität. 2. Erwärmung mithilfe der Elektrizität. **e|lek|t|ro|ther|misch:** die Elektrothermie betreffend

E|lek|t|ro|to|mie *die;* -, ...ien: (Med.) Entfernung von Gewebswucherungen mit der elektrischen Schneidschlinge

E|lek|t|ro|to|nus *der;* -: veränderter Zustand eines vom elektri-

schen Strom durchflossenen
Nervs

E|lek|t|ro|ty|pie *die; -:* ↑ Galvanoplastik

E|lek|t|rum *das; -s ⟨gr.-lat.⟩:*
↑ ²Elektron (1)

E|le|ment *das; -[e]s, -e ⟨lat.⟩:*
1. [Grund]bestandteil, Komponente; typisches Merkmal, Wesenszug. 2. (ohne Plural) Kraft,
Faktor. 3. (Plural) Grundbegriffe, Grundgesetze, Anfangsgründe. 4. (ohne Plural) [idealer] Lebensraum; Umstände, in
denen sich ein Individuum [am
besten] entfalten kann. 5. a) (in
der antiken u. mittelalterlichen
Naturphilosophie) einer der
vier Urstoffe Feuer, Wasser,
Luft u. Erde; b) (meist Plural)
Naturgewalt, Naturkraft.
6. (Chem.) mit chemischen Mitteln nicht weiter zerlegbarer
Stoff. 7. (Elektrot.) Stromquelle,
in der chemische Energie in
elektrische umgewandelt wird.
8. (meist Plural) (abwertend)
Person als Bestandteil einer
nicht geachteten od. für schädlich angesehenen sozialen od.
politischen Gruppe. 9. eines
von mehreren Einzelteilen, aus
denen sich etwas zusammensetzt, aus denen etwas konstruiert, aufgebaut wird; Bauteil

---

E|le|men|tar...

⟨*lat.* elementarius „zu den Anfangsgründen gehörend"⟩
Wortbildungselement mit der Bedeutung „den Grund, den Anfang, die Natur betreffend":
– Elementargedanke
– Elementarmathematik
– Elementarteilchen
– Elementarunterricht

---

e|le|men|tar: 1. a) grundlegend,
wesentlich; b) selbst einem Anfänger, einem Unerfahrenen bekannt, geläufig [u. daher einfach, primitiv]. 2. naturhaft, ungebändigt, unmittelbar.
3. (Chem.) als reines Element
vorhanden (z. B. elementarer
Schwefel)

E|le|men|tar|a|na|ly|se *die; -, -n:*
mengenmäßige Bestimmung
der Elemente von organischen
Substanzen

E|le|men|tar|ge|dan|ke *der; -ns,
-n:* Begriff der Völkerkunde für

gleichartige Grundvorstellungen im Glauben u. Brauch verschiedener Völker ohne gegenseitige Beeinflussung (nach A.
Bastian, 1826–1905)

E|le|men|tar|geis|ter *die* (Plural):
die in den vier Elementen
(Erde, Wasser, Luft, Feuer)
nach Meinung des Volksglaubens vorkommenden Geister

e|le|men|ta|risch: naturhaft; vgl.
...isch/-

E|le|men|tar|la|dung *die; -, -en:*
kleinste nachweisbare elektrische Ladung; Zeichen: e

E|le|men|tar|ma|g|net *der; -en u.
-[e]s, -e* (seltener: -en): ↑ hypothetisch angenommener kleiner Magnet mit konstantem
magnetischem Moment als
Baustein magnetischer Stoffe

E|le|men|tar|ma|the|ma|tik *die; -:*
unterste Stufe der Mathematik

E|le|men|tar|quan|tum *das; -s:*
kleinste quantenhaft auftretende Wirkung; Zeichen: h

E|le|men|tar|teil|chen *das; -s, -:*
Sammelbezeichnung für alle
Sorten von kleinsten nachweisbaren geladenen u. ungeladenen Teilchen, aus denen Atome
aufgebaut sind

E|le|men|tar|un|ter|richt *der; -[e]s:*
a) Anfangs-, Einführungsunterricht; b) (Päd.) Grundschulunterricht

E|le|men|ten|paar *das; -[e]s, -e:*
zwei sich gegeneinander bewegende Teile eines mechanischen Getriebes, die miteinander verbunden sind

E|le|mi *das; -s ⟨arab.-span.⟩:* Harz
einer bestimmten Gruppe tropischer Bäume

E|len|chus *der; -, ...chi od. ...chen
⟨gr.-lat.⟩:* (Philos.) Gegenbeweis,
Widerlegung

E|lenk|tik *die; -:* (Philos.) Kunst
des Beweisens, Widerlegens,
Überführens

E|le|phan|ti|a|sis vgl. Elefantiasis

E|leu|si|ni|en *die* (Plural) ⟨*gr.-lat.;*
nach dem altgriech. Ort Eleusis
bei Athen⟩: altgriechisches Fest
mit ↑ Prozession zu Ehren der
griechischen Fruchtbarkeitsgöttin Demeter. **e|leu|si|nisch:**
aus Eleusis stammend; **Eleusinische Mysterien:** nur Eingeweihten zugängliche kultische
Feiern zu Ehren der griechischen Fruchtbarkeitsgöttin
Demeter

E|leu|the|ro|no|mie *die; - ⟨gr.-
nlat.⟩:* das Freiheitsprinzip der
inneren Gesetzgebung (Kant)

E|le|va|ti|on *die; -, -en ⟨lat.⟩:* „Aufheben, Hebung"): 1. Erhöhung,
Erhebung. 2. Höhe eines Gestirns über dem Horizont. 3. das
Emporheben der Hostie u. des
Kelches [vor der Wandlung] in
der Messe. 4. (Parapsychol.)
[physikalisch unerklärbare]
Anhebung eines Gegenstandes
in Abhängigkeit von einem Medium. 5. (Ballett) Sprungkraft,
die den Tänzer befähigt, Bewegungen in der Luft auszuführen

E|le|va|ti|ons|win|kel *der; -s -:*
(Math., Ballistik) Erhöhungswinkel

E|le|va|tor *der; -s, ...oren ⟨lat.-
nlat.⟩:* Fördereinrichtung, die
Güter weiterbefördert (z. B. Getreide, Sand, Schotter)

E|le|ve *der; -n, -n ⟨lat.-vulgär-
lat.-fr.; „Schüler"⟩:* jmd., der
sich als Anfänger in der praktischen Ausbildungszeit, z. B. am
Theater, befindet. **E|le|vin** *die; -,
-nen:* weibliche Form zu ↑ Eleve

El Fa|tah [- fa'tax] *die; - - ⟨arab.;
„Sieg"⟩:* palästinensische
Kampforganisation

e|li|die|ren ⟨*lat.*⟩: a) eine ↑ Elision
vornehmen; b) streichen, tilgen

E|li|mi|na|ti|on *die; -, -en ⟨lat.⟩:*
1. Ausschaltung, Beseitigung,
Entfernung. 2. (Math.) rechnerische Beseitigung einer unbekannten Größe, die in mehreren Gleichungen vorkommt.
3. (Biol.) das Verlorengehen bestimmter Erbmerkmale im
Laufe der stammesgeschichtlichen Entwicklung

e|li|mi|nie|ren: a) aus einem grö
ßeren Komplex herauslösen u.
so beseitigen, unwirksam werden lassen; b) etwas aus einem
größeren Komplex lösen, um es
isoliert zu behandeln

e|li|sa|be|tha|nisch: aus dem Zeitalter Elisabeths I. von England
stammend, sich darauf beziehend

E|li|si|on *die; -, -en ⟨lat.⟩:*
(Sprachw.) 1. Ausstoßung eines
unbetonten Vokals im Wortinnern (z. B. Wand[e]rung).
2. Ausstoßung eines Vokals am
Ende eines Wortes vor einem
folgenden mit Vokal beginnenden Wort (z. B. Freud[e] und
Leid)

e|li|tär ⟨französierende Ableitung von Elite⟩: a) einer Elite angehörend; auserlesen; b) auf die [vermeintliche] Zugehörigkeit zu einer Elite begründet [u. daher dünkelhaft-eingebildet]

E|li|te ⟨österr. auch: ...'lɪt⟩ die; -, -n ⟨lat.-vulgärlat.-fr.⟩: 1. a) Auslese der Besten; b) Führungsschicht. 2. (ohne Plural) Alterskategorie im Radsport. 3. (ohne Plural) genormte Schriftgröße bei Schreibmaschinen (früher Perlschrift)

E|li|ti|sie|rung die; -, -en: a) Aufwertung als zur Elite gehörend; b) Entwicklung, die dahin geht, dass etwas nur von einer Elite getragen wird

E|li|tis|mus der; -: das Elitärsein; elitäre Art

E|li|xier das; -s, -e ⟨gr.-arab.-mlat.⟩: Heiltrank; Zaubertrank; Verjüngungsmittel (Lebenselixier)

e|li|zi|tie|ren ⟨lat.-engl.⟩: jmdm. etwas entlocken, jmdn. zu einer Äußerung bewegen

...ell/...al vgl. ...al/...ell

El|lip|se die; -, -n ⟨gr.-lat.⟩: 1. (Math.) Kegelschnitt; geometrischer Ort aller Punkte, die von zwei festen Punkten, den Brennpunkten, die gleiche Summe der Abstände haben. 2. a) Ersparung, Auslassung von Redeteilen, die für das Verständnis entbehrlich sind, z. B. der [Täter] oder die Täter sollen sich melden; Karl fährt nach Italien, Wilhelm [fährt] an die Nordsee; b) Auslassungssatz; Satz, in dem Redeteile erspart sind, z. B. keine Zeit (= ich habe keine Zeit)!

el|lip|so|id ⟨gr.-nlat.⟩: ellipsenähnlich. El|lip|so|id das; -[e]s, -e: Körper, der von einer Ebene in Form einer Ellipse geschnitten wird; geschlossene Fläche zweiter Ordnung (bzw. der von ihr umschlossene Körper), deren ebene Schnittflächen Ellipsen sind, im Grenzfall Kreise

el|lip|tisch ⟨gr.-nlat.⟩: 1. (Math.) in der Form einer Ellipse (1); elliptische Geometrie: ↑ nichteuklidische Geometrie. 2. (Sprachw.) die Ellipse (2) betreffend; unvollständig

El|lip|ti|zi|tät ⟨gr.-nlat.⟩: Abplattung, Unterschied zwischen dem Äquatordurchmesser u. dem Poldurchmesser eines Planeten

El Ni|ño [- 'ninjɔ] der; - -[s] ⟨span.⟩: anomale Wassererwärmung im tropischen Pazifik mit [starker] Auswirkung auf das Klima

E|lo|ah der; -[s], Elohim ⟨hebr.⟩: alttest. Bez. für: Gottheit, Gott

E|lo|dea u. Helodea die; - ⟨gr.-nlat.⟩: bes. in stehenden Gewässern vorkommendes Froschbissgewächs; Wasserpest

E|lo|ge [e'lo:ʒə] die; -, -n ⟨gr.-(m)lat.-fr.⟩: an einen anderen gerichtete Äußerung, mit der jmd. in betonter [überschwänglicher] Weise Lob u. Anerkennung zum Ausdruck bringt; Lobeserhebung

E|lo|gi|um das; -s, ...ia ⟨gr.-lat.⟩: 1. in der römischen Antike Inschrift auf Grabsteinen, Statuen u. a. 2. Lobrede

¹E|lo|him der; - ⟨hebr.⟩: alttest. Bez. für: ↑ Jahwe

²E|lo|him: Plural von ↑ Eloah

E|lo|hist der; -en ⟨hebr.-nlat.⟩: eine der Quellenschriften des ↑ Pentateuchs (nach ihrem Gebrauch von Elohim für: Gott); vgl. Jahwist

E|lon|ga|ti|on die; -, -en ⟨lat.-nlat.⟩: 1. Winkel zwischen Sonne u. Planet. 2. der Betrag, um den ein Körper aus einer stabilen Gleichgewichtslage entfernt wird (z. B. bei Schwingung um dieje Lage)

e|lo|quent ⟨lat.⟩: beredsam, beredt. E|lo|quenz die; -: Beredsamkeit

E|lo|xal ® das; -s ⟨Kurzw. aus: elektrisch oxidiertes Aluminium⟩: Schutzschicht aus Aluminiumoxid. e|lo|xie|ren: mit Eloxal überziehen

E|lu|at das; -[e]s, -e ⟨lat.-nlat.⟩: durch Elution herausgelöster Stoff

e|lu|ie|ren ⟨lat.; „auswaschen, ausspülen"⟩: (Chem.) einen Stoff von einem ↑ Adsorbens ablösen

E|lu|ku|b|ra|ti|on die; -, -en ⟨lat.-nlat.⟩: (veraltet) a) mühevoll erstellte, sorgfältige Abhandlung; b) wissenschaftliche Arbeit, die nachts geschaffen wurde

E|lu|ti|on die; -, -en ⟨lat.⟩: (Chem.) das Herauslösen von adsorbierten Stoffen (vgl. adsorbieren) aus festen Adsorptionsmitteln

E|lu|vi|al|ho|ri|zont der; -[e]s, -e ⟨lat.-nlat.; gr.-lat.⟩: (Geol.) Verwitterungsboden, der sich unmittelbar aus dem darunter noch zutage liegenden Gestein entwickelt hat; Auslaugungshorizont (vgl. Horizont 3) eines Bodenprofils

E|lu|vi|um das; -s ⟨lat.-nlat.⟩: ↑ Eluvialhorizont

e|ly|sä|isch vgl. elysisch

É|ly|sée [eli'ze:] das; -s ⟨fr.⟩ u. É|ly|sée-Pa|last der; -[e]s: Palast in Paris (Amtssitz des französischen Staatspräsidenten)

e|ly|sie|ren ⟨Kunstw. aus: Elektrolyse u. der Verbalendung -ieren⟩: (Techn.) Hartmetalle elektrolytisch schleifen

e|ly|sisch ⟨gr.-lat.⟩ u. elysäisch ⟨gr.-nlat.⟩: zum Elysium gehörend; paradiesisch, himmlisch

E|ly|si|um das; -s ⟨gr.-lat.⟩: in der griechischen Sage das Land der Seligen in der Unterwelt

E|ly|t|ron das; -s, ...tren (meist Plural) ⟨gr.-nlat.⟩: zur Schutzdecke umgewandelter Vorderflügel der Käfer, Wanzen, Grillen u. a.

El|ze|vir ['ɛlzəvi:ɐ̯] die; - ⟨nach dem Namen einer holländischen Buchdruckerfamilie des 17. Jh.s⟩: eine Antiquadruckschrift. El|ze|vi|ri|a|na die (Plural) ⟨nlat.⟩: von der holländischen Buchdruckerfamilie Elzevir herausgegebene römische u. griechische Klassikerausgaben im Duodezformat; vgl. Duodez

E|mail [e'mai, österr.: e'maɪl] das; -s, -s ⟨germ.-fr.⟩: glasharter, gegen Korrosion u. Temperaturschwankungen beständiger Schmelzüberzug als Schutz auf metallischen Oberflächen od. als Verzierung

E-Mail ['i:meɪl] die; -, -s, auch: das; -s, -s ⟨engl.⟩: 1. elektronischer Daten- u. Nachrichtenaustausch per Computer. 2. Nachricht per E-Mail (1)

E|mail brun [emai'brœ] das; - -: Firnisbrand (im 12. u. 13. Jh. geübte Technik, Kupfer teilweise zu vergolden)

e|mai|len ['i:meɪlən], auch: e-mai|len ⟨engl.⟩: Nachrichten per E-Mail (1) versenden

E|mail|le [e'maljə, auch: e'maɪ] die; -, -n: ↑ Email

E|mail|leur [emai'jø:ɐ̯, emai'jø:ɐ̯]

der; -s, -e: Emaillierer; jmd., der Schmuck, Industriewaren usw. mit Emailglasurfarben überzieht. **E|mail|leu|rin** *die;* -, -nen: weibliche Form zu ↑ Emailleur **e|mail|lie|ren** [ema'ji:..., emal'ji:...]: mit Email überziehen **E|mail|ma|le|rei** *die;* -, -en: a) (ohne Plural) das Malen mit farbigem Glas, das als flüssige Masse auf Metall, zuweilen auch auf Glas od. Ton aufgetragen u. eingebrannt wird; b) einzelne Arbeit in der Technik der Emailmalerei (a) **E|man** *das;* -s, -s (aber: 5 -) ⟨*lat.*⟩: (veraltet) Einheit für den radioaktiven Gehalt, bes. im Quellwasser; Zeichen: eman **E|ma|na|ti|on** *die;* -, -en ⟨*lat.;* „Ausfluss"⟩: 1. das Hervorgehen aller Dinge aus dem unveränderlichen, vollkommenen, göttlichen Einen (bes. in der neuplatonischen u. gnostischen Lehre). 2. (Psychol.) Ausstrahlung psychischer Energie. 3. (ohne Plural; veraltet) gasförmige radioaktive Isotope des Edelgases ↑ Radon; Zeichen: Em **E|ma|na|tis|mus** *der;* - ⟨*lat.-nlat.*⟩: durch die Idee der Emanation (1) bestimmtes Denken der spätgriechischen Philosophen **e|ma|nie|ren** ⟨*lat.*⟩: ausströmen; durch natürliche od. künstliche Radioaktivität Strahlen aussenden **E|ma|no|me|ter** *das;* -s, - ⟨*lat.; gr.*⟩: (Meteor.) Gerät zum Messen des Radongehaltes der Luft **E|man|ze** *die;* -, -n: (ugs., oft abwertend) [junge] Frau, die bewusst emanzipiert auftritt u. sich aktiv für die Emanzipation (2) einsetzt **E|man|zi|pa|ti|on** *die;* -, -en ⟨*lat.;* „Freilassung"⟩: 1. Befreiung aus einem Zustand der Abhängigkeit; Verselbstständigung. 2. rechtliche u. gesellschaftliche Gleichstellung [der Frau mit dem Mann] **e|man|zi|pa|tiv:** die Emanzipation betreffend **e|man|zi|pa|to|risch** ⟨*lat.-nlat.*⟩: auf Emanzipation (1, 2) gerichtet; vgl. ...iv/...orisch **e|man|zi|pie|ren** ⟨*lat.*⟩: a) (selten) aus einer bestehenden Abhängigkeit lösen; selbstständig,

unabhängig machen; b) sich emanzipieren: sich aus einer bestehenden, die eigene Entfaltung hemmenden Abhängigkeit lösen; sich selbstständig, unabhängig machen. **e|man|zi|piert:** die traditionelle Rolle [der Frau] nicht mehr akzeptierend, selbstständig, unabhängig, selbstbewusst **E|mas|ku|la|ti|on** *die;* -, -en ⟨*lat.-nlat.;* „Entmannung"⟩: 1. a) operative Entfernung von Penis u. Hoden; b) Entfernung der Keimdrüsen; vgl. Kastration. 2. a) Verweichlichung; b) Verwässerung; vgl. ...ation/...ierung **E|mas|ku|la|tor** *der;* -s, ...oren: Gerät zum Kastrieren von Hengsten **e|mas|ku|lie|ren:** 1. entmannen. 2. verweichlichen. **E|mas|ku|lie|rung** *die;* -, -en: ↑ Emaskulation; vgl. ...ation/...ierung **Em|bal|la|ge** [ãba'la:ʒə] *die;* -, -n ⟨*germ.-fr.*⟩: Umhüllung od. Verpackung einer Ware. **em|bal|lie|ren:** [ver]packen, einpacken **Em|bar|go** *das;* -s, -s ⟨*galloroman.-span.*⟩: 1. Beschlagnahme od. das Zurückhalten fremden Eigentums (meist von Schiffen od. Schiffsladungen) durch einen Staat. 2. staatliches Waren- u. Kapitalausfuhrverbot, Auflage- u. Emissionsverbot für ausländische Kapitalanleihen **Em|bar|ras** [ãba'ra] *der* od. *das;* -, - ⟨*galloroman.-fr.*⟩: (veraltet) Verlegenheit, Verwirrung, Hindernis. **em|bar|ras|sie|ren:** (veraltet) 1. hindern. 2. in Verlegenheit, Verwirrung setzen **Em|ba|te|ri|on** *das;* -s, ...rien ⟨*gr.*⟩: Marschlied, Kriegsgesang bes. der spartanischen Soldaten **em|be|tie|ren** [ãbe...] ⟨*lat.-fr.*⟩: (veraltet) dumm machen, langweilen **Em|b|lem** [auch: ã'ble:m] *das;* -s, -e (bei dt. Aussprache auch: -ata) ⟨*gr.-lat.-fr.*⟩: 1. Kennzeichen, Hoheitszeichen (eines Staates). 2. Sinnbild (z. B. Ölzweig für Frieden) **Em|b|le|ma|tik** *die;* -: Forschungsrichtung, die sich mit der Herkunft u. Bedeutung von Emblemen (2) befasst. **em|b|le|ma|tisch:** sinnbildlich **Em|bo|li:** *Plural* von ↑ Embolus **Em|bo|lie** *die;* -, ...ien ⟨*gr.-nlat.*⟩:

(Med.) Verstopfung eines Blutgefäßes durch in die Blutbahn geratene körpereigene oder körperfremde Substanzen (Embolus) **em|bo|li|form** ⟨*gr.; lat.*⟩: pfropfenförmig, -artig **Em|bo|lis|mus** *der;* -: (im Kalenderwesen des Mittelalters) Einfügung von Schaltmonaten im julianischen Kalender **Em|bo|lo|phra|sie** *die;* -, ...ien ⟨*gr.*⟩: Laut, Silbe od. Wort, das vorausgestellt od. eingeschoben wird, um Unterbrechungen im Sprechfluss auszufüllen **Em|bo|lus** *der;* -, ...li ⟨*gr.-lat.*⟩: (Med.) Gefäßpfropf; in der Blutbahn befindlicher Fremdkörper (z. B. Blutgerinnsel, Fetttropfen, Luftblase) **Em|bon|point** [ãbõ'poɛ̃:] *das* od. *der;* -s ⟨*fr.*⟩: a) Wohlbeleibtheit, Körperfülle; b) (scherzh.) dicker Bauch **Em|bou|chu|re** [ãbu'ʃy:rə] *die;* -, -n ⟨*fr.*⟩: a) Mundstück von Blasinstrumenten; b) (Mus.) Mundstellung, Ansatz beim Blasen eines Blasinstruments **em|b|ras|sie|ren** [ãbra...] ⟨*lat.-fr.*⟩: (veraltet) umarmen, küssen **Em|b|ros** *das;* - ⟨*roman.*⟩: Lammfell aus Italien od. Spanien **Em|b|ryo** *der* (österr. auch: *das*); -s, ...onen u. -s ⟨*gr.-lat.*⟩: 1. im Anfangsstadium der Entwicklung befindlicher Keim; in der Keimentwicklung befindlicher Organismus, beim Menschen die Leibesfrucht von der vierten Schwangerschaftswoche bis zum Ende des vierten Schwangerschaftsmonats (oft auch gleichbedeutend mit ↑ Fetus gebraucht). 2. (Bot.) Teil des Samens der Samenpflanzen, der aus Keimachse, Keimwurzel u. Keimblättern besteht **Em|b|ry|o|ge|ne|se** u. **Em|b|ry|o|ge|nie** *die;* - ⟨*gr.-nlat.*⟩: (Med.) Keimentwicklung; Entstehung und Entwicklung des Embryos **Em|b|ry|o|lo|gie** *die;* -: (Med.) Lehre u. Wissenschaft von der vorgeburtlichen Entwicklung der Lebewesen **em|b|ry|o|nal** u. **em|b|ry|o|nisch:** a) zum Keimling gehörend; im Keimlingszustand, unentwickelt; b) unreif; c) ungeboren

Em|b|ry|o|pa|thie *die; -:* Krankheiten u. Defekte, die für den Embryo charakteristisch sind; durch Erkrankung der Mutter in den ersten Schwangerschaftsmonaten eingetretene Schädigung des Keimlings u. daraus entstandene Organfehlbildung. **em|b|ry|o|pa|thisch:** die Embryopathie betreffend

Ẹm|b|ry|o|sack *der; -[e]s, ...säcke:* (Biol.) innerer Teil der Samenanlage einer Blüte

Em|b|ry|o|to|mie *die; -, ...ien:* operative Zerstückelung des in der Gebärmutter abgestorbenen Kindes während der Geburt bei unüberwindlichen Geburtshindernissen

Ẹm|b|ry|o|trans|fer *der; -s, -s:* Übertragung u. Einpflanzung von Eizellen, die außerhalb des Körpers befruchtet wurden

E|men|da|ti|on *die; -, -en ⟨lat.⟩:* Verbesserung, Berichtigung (bes. von Texten). **e|men|die|ren:** verbessern, berichtigen

E|mer|genz *die; -, -en ⟨lat.-mlat.(-engl.)⟩:* 1. a) (ohne Plural) Begriff der neueren englischen Philosophie, wonach höhere Seinsstufen durch neu auftauchende Qualitäten aus niederen entstehen; b) (Wissenschaftstheorie) das Auftreten neuer, nicht voraussagbarer Qualitäten beim Zusammenwirken mehrerer Faktoren. 2. Auswuchs einer Pflanze, an dessen Aufbau nicht nur die ↑ Epidermis, sondern auch tiefer liegende Gewebe beteiligt sind (z. B. Stachel der Rose)

e|mer|gie|ren *⟨lat.⟩:* (veraltet) auftauchen, emporkommen, sich hervortun

E|me|rit *der; -en, -en ⟨lat.; „Ausgedienter“⟩:* im Alter dienstunfähig gewordener Geistlicher (im kath. Kirchenrecht)

E|me|ri|ta *die; -, ...tae [...tɛ] ⟨lat.⟩:* weibliche Form von ↑ Emeritus

e|me|ri|tie|ren *⟨lat.-nlat.⟩:* jmdn. in den Ruhestand versetzen, entpflichten (z. B. einen Professor). **e|me|ri|tiert:** in den Ruhestand versetzt (von Hochschullehrern). **E|me|ri|tie|rung** *die; -, -en:* Entbindung eines Hochschullehrers von der Verpflichtung, Vorlesungen abzuhalten (entsprechend der Versetzung in den Ruhestand bei anderen Beamten)

e|me|ri|tus *⟨lat.⟩:* (in Verbindung mit dem davor stehenden Titel) von seiner Lehrtätigkeit entbunden. **E|me|ri|tus** *der; -, ...ti:* im Ruhestand befindlicher, entpflichteter Hochschullehrer (Abk.: em.)

e|mers *⟨lat.⟩:* über der Wasseroberfläche lebend (z. B. bei Organen einer Wasserpflanze, die über das Wasser hinausragen); Ggs. ↑ submers

E|mer|si|on *die; -, -en ⟨lat.-nlat.⟩:* 1. Heraustreten eines Mondes aus dem Schatten seines Planeten. 2. durch ↑ Epirogenese verursachtes Aufsteigen des Landes bei Rückzug des Meeres

E|me|sis *die; - ⟨gr.⟩:* Erbrechen; vgl. Vomitus

E|me|ti|kum *das; -s, ...ka ⟨gr.-lat.⟩:* Brechmittel. **e|me|tisch:** Brechreiz erregend

E|meu|te *[eˈmøːtə] die; -, -n ⟨lat.-fr.⟩:* (veraltet) Aufstand, Meuterei, Aufruhr

E|mi|g|rant *der; -en, -en ⟨lat.⟩:* Auswanderer; jmd., der [aus politischen, wirtschaftlichen oder religiösen Gründen] seine Heimat verlässt; Ggs. ↑ Immigrant. **E|mi|g|ran|tin** *die; -, -nen:* weibliche Form zu ↑ Emigrant

E|mi|g|ra|ti|on *die; -, -en:* 1. Auswanderung (bes. aus politischen, wirtschaftlichen od. religiösen Gründen); Ggs. ↑ Immigration. 2. ↑ Diapedese. **e|mi|g|rie|ren:** [aus politischen, wirtschaftlichen od. religiösen Gründen] auswandern; Ggs. ↑ immigrieren

e|mi|nent *⟨lat.-fr.⟩:* außerordentlich, äußerst [groß] (bes. in Bezug auf eine als positiv empfundene Qualität, Eigenschaft, die in hohem Maße vorhanden ist)

E|mi|nenz *die; -, -en ⟨lat.⟩:* Hoheit (Titel der Kardinäle); **graue Eminenz:** nach außen kaum in Erscheinung tretende, aber einflussreiche [politische] Persönlichkeit

E|mir *[auch: eˈmiːɐ̯] der; -s, -e ⟨arab.⟩:* Befehlshaber, Fürst, Gebieter (bes. in islamischen Ländern)

E|mi|rat *das; -[e]s, -e ⟨arab.-nlat.⟩:* arabisches Fürstentum

e|misch *⟨engl.⟩:* (Sprachw.) bedeutungsunterscheidend, ↑ distinktiv; Ggs. ↑ etisch

E|mis|sär *der; -s, -e ⟨lat.-fr.⟩:* Abgesandter mit einem bestimmten Auftrag. **E|mis|sä|rin** *die; -, -nen:* weibliche Form zu ↑ Emissär

E|mis|si|on *die; -, -en ⟨lat.(-fr.)⟩:* 1. (Bankw.) Ausgabe von Wertpapieren od. Geld. 2. (Phys.) Aussendung von elektromagnetischen Teilchen od. Wellen. 3. (Med.) Entleerung (z. B. der Harnblase). 4. das Ausströmen luftverunreinigender Stoffe in die Außenluft; Luftverunreinigung; vgl. Immission. 5. (schweiz.) Rundfunksendung

E|mis|si|ons|ka|tas|ter *der od. das; -s, -:* Bestandsaufnahme der Luftverschmutzung in einem Gebiet

E|mis|si|ons|spek|t|rum *das; -s, ...spektren u. ...spektra:* Spektrum eines Atoms od. Moleküls, das durch Anregung zur Ausstrahlung gebracht wird

E|mis|si|ons|stopp *der; -s, -s:* (Wirtsch.) Ausgabestopp von Aktien u. Wertpapieren

E|mis|si|ons|the|o|rie *die; -:* Theorie, nach der das Licht nicht eine Wellenbewegung ist, sondern aus ausgesandten Teilchen besteht

E|mit|tent *der; -en, -en ⟨lat.⟩:* 1. (Bankw.) jmd., der Wertpapiere ausstellt u. ausgibt. 2. Verursacher einer Emission (4). **E|mit|ten|tin** *die; -, -nen:* weibliche Form zu ↑ Emittent

E|mit|ter *der; -s, - ⟨lat.-engl.⟩:* Emissionselektrode eines ↑ Transistors

e|mit|tie|ren *⟨lat.(-fr.)⟩:* 1. ausgeben, in Umlauf setzen (von Wertpapieren od. Geld). 2. (Phys.) aussenden (z. B. Elektronen). 3. (umweltgefährdende Stoffe) in die Luft ablassen

Em|me|n|a|go|gum *das; -s, ...ga (meist Plural) ⟨gr.-nlat.⟩:* (Med.) den Eintritt der Monatsregel förderndes Mittel

Em|me|t|ro|pie *die; - ⟨gr.-nlat.⟩:* (Med.) Normalsichtigkeit

Em|my *[ˈæmi] der; -s, -s ⟨engl.-amerik.⟩:* jährlich verliehener amerikanischer Preis für Fernsehsendungen

E-Mo|bil *das; -s, -e:* Kurzform von ↑ Elektromobil

E|mol|li|ens *das; -, ...ienzien u. ...ientia* ⟨*lat.*⟩: Mittel, das die Haut weich u. geschmeidig macht

E|mo|lu|ment *das; -s, -e* ⟨*lat.*⟩: (veraltet) 1. Nutzen, Vorteil. 2. Nebeneinnahme

E|mo|ti|con *das; -s, -s* ⟨Kurzw. aus *engl. emotion* „Gefühl" u. *icon* „Bild"⟩: (EDV) Zeichenkombination, mit der in einer E-Mail od. beim Chatten eine Gefühlsäußerung wiedergegeben werden kann, z. B. :-) für „glücklich" u. :-(für „traurig"; vgl. Smiley

E|mo|ti|on *die; -, -en* ⟨*lat.*⟩: Gemütsbewegung, seelische Erregung; Gefühlszustand; vgl. Affekt

e|mo|ti|o|nal u. emotionell ⟨*lat.-nlat.*⟩: mit Emotionen verbunden; aus einer Emotion, einer inneren Erregung erfolgend; gefühlsmäßig; vgl. affektiv; vgl. ...al/...ell

e|mo|ti|o|na|li|sie|ren: Emotionen wecken, Emotionen einbauen (z. B. in ein Theaterstück)

E|mo|ti|o|na|lis|mus *der; ⌐*: Auffassung, nach der alle seelischen u. geistigen Tätigkeiten durch ↑ Affekt u. Gefühl bestimmt sind

E|mo|ti|o|na|li|tät *die; -*: inneres, gefühlsmäßiges Beteiligtsein an etwas; vgl. Affektivität

e|mo|ti|o|nell vgl. emotional; ...al/...ell

e|mo|tiv ⟨*lat.-engl.*⟩: ↑ emotional.

E|mo|ti|vi|tät *die; -, -en*: (Psychol.) erhöhte Gemütserregbarkeit

Em|pa|thie *die; -* ⟨*gr.-engl.*⟩: (Psychol.) Bereitschaft u. Fähigkeit, sich in die Einstellung anderer Menschen einzufühlen. **em|pa|thisch**: (Psychol.) bereit u. fähig, sich in die Einstellung anderer Menschen einzufühlen

Em|pha|se *die; -, -n* ⟨*gr.-lat.*⟩: Nachdruck, Eindringlichkeit [im Reden]. **em|pha|tisch**: (Rhet., Sprachw.) mit Nachdruck, stark, eindringlich

Em|phy|sem *das; -s, -e* ⟨*gr.; „das Eingeblasene, die Aufblähung"*⟩: (Med.) Luftansammlung im Gewebe; Aufblähung von Organen od. Körperteilen, bes. bei einem vermehrten Luftgehalt in den Lungen. **em|phy|se|ma|tisch** ⟨*gr.-nlat.*⟩:

(Med.) durch eingedrungene Luft aufgebläht

Em|phy|teu|se *die; -, -n* ⟨*gr.-lat.*⟩: spätrömischer, der deutschen Erbpacht ähnlicher Rechtsbegriff

¹Em|pire *[ā'pi:ɐ̯] das; -[s]* ⟨*lat.-fr.*⟩: a) (hist.) französisches Kaiserreich unter Napoleon I. (Premier Empire, 1804–1815) u. unter Napoleon III. (Second Empire, 1852–1870); b) Stil[epoche] zur Zeit Napoleons I. u. der folgenden Jahre (etwa 1809–1830)

²Em|pire *['empaɪə] das; -[s]* ⟨*lat.-fr.-engl.*⟩: das frühere britische Weltreich

Em|pi|rem *das; -s, -e* ⟨*gr.-nlat.*⟩: Erfahrungstatsache

Em|pi|rie *die; -* ⟨*gr.*⟩: 1. Methode, die sich auf Erfahrung stützt, um [wissenschaftliche] Erkenntnisse zu gewinnen. 2. aus der Erfahrung gewonnene Kenntnisse; Erfahrungswissen

Em|pi|ri|ker *der; -s, -* ⟨*gr.-lat.*⟩: jmd., der aufgrund von Erfahrung denkt u. handelt; jmd., der die Empirie als einzige Erkenntnisquelle gelten lässt. **Em|pi|ri|ke|rin** *die; -, -nen*: weibliche Form zu ↑ Empiriker

Em|pi|ri|o|kri|ti|zis|mus *der; -* ⟨*gr.-nlat.*⟩: (von R. Avenarius begründete) erfahrungskritische Erkenntnistheorie, die sich unter Ablehnung der Metaphysik allein auf die kritische Erfahrung beruft

Em|pi|ri|o|kri|ti|zist *der; -en, -en*: Vertreter der Lehre des Empiriokritizismus. **Em|pi|ri|o|kri|ti|zis|tin** *die; -, -nen*: weibliche Form zu ↑ Empiriokritizist

em|pi|risch ⟨*gr.-lat.*⟩: erfahrungsgemäß; aus der Erfahrung, Beobachtung [erwachsen]; dem Experiment entnommen

Em|pi|ris|mus *der; -* ⟨*gr.-nlat.*⟩: philosophische Lehre, die als einzige Erkenntnisquelle die Sinneserfahrung, die Beobachtung, das Experiment gelten lässt

Em|pi|rist *der; -en, -en*: Vertreter der Lehre des Empirismus. **Em|pi|ris|tin** *die; -, -nen*: weibliche Form zu ↑ Empirist

em|pi|ris|tisch: den Grundsätzen des Empirismus entsprechend

Em|pla|ce|ment *[āplasə'mã:] das; -s, -s* ⟨*fr.*⟩: (Milit. veraltet) Aufstellung; [Geschütz]stand

Em|plas|t|rum *das; -[s], ...tra* ⟨*lat.*⟩: medizinisches Pflaster

Em|plo|yé *[āplǫa'je:] der; -s, -s* ⟨*lat.-vulgärlat.-fr.*⟩: (veraltet) Angestellter, Gehilfe. **em|plo|y|ie|ren** *[...'ji:...]*: (veraltet) anwenden

Em|po|ri|um *das; -s, ...ien* ⟨*gr.-lat.*⟩: zentraler Handelsplatz, Markt (in der Antike)

Em|pres|se|ment *[āprɛsə'mã:] das; -s* ⟨*lat.-fr.*⟩: (veraltet) Eifer, Bereitwilligkeit, Diensteifer

Em|py|em *das; -s, -e* ⟨*gr.*⟩: (Med.) Eiteransammlung in natürlichen Körperhöhlen

em|py|re|isch ⟨*gr.-nlat.*⟩: zum Empyreum gehörend; lichtstrahlend, himmlisch

Em|py|re|um *das; -s*: im Weltbild der antiken u. scholastischen Philosophie der oberste Himmel, der sich über der Erde wölbt, der Bereich des Feuers od. des Lichtes, die Wohnung der Seligen

em|py|reu|ma|tisch ⟨*gr.*⟩: durch Verkohlung entstanden

E|mu *das; -s, -s* ⟨*port.*⟩: in Australien beheimateter, großer straußenähnlicher Laufvogel

E|mu|la|ti|on *die; -, -en* ⟨*lat.(-engl.)*⟩: 1. (veraltet) Wetteifer. 2. (veraltet) Eifersucht, Neid. 3. (EDV) Nachahmung der Funktionen eines anderen Computers od. Programms

E|mu|la|tor *der; -s, ...toren* ⟨*lat.-engl.*⟩: (EDV) Zusatzgerät od. Programm zur ↑ Emulation (3)

E|mul|ga|tor *der; -s, ...toren* ⟨*lat.-nlat.*⟩: Mittel, das die Bildung einer ↑ Emulsion (1) erleichtert

e|mul|gie|ren ⟨*lat.*⟩: a) eine Emulsion herstellen; b) einen [unlöslichen] Stoff in einer Flüssigkeit verteilen

e|mul|lie|ren ⟨*lat.-engl.*⟩: (EDV) die Funktionen eines Computers auf einem anderen nachbilden

E|mul|sin *das; -s* ⟨*lat.-nlat.*⟩: ein in bitteren Mandeln enthaltenes ↑ Enzym

E|mul|si|on *die; -, -en*: 1. Gemenge aus zwei ineinander unlösbaren Flüssigkeiten (z. B. Öl in Wasser), bei der die eine Flüssigkeit in Form kleiner Tröpfchen in der anderen verteilt ist. 2. lichtempfindliche Schicht fotografischer Platten, Filme u. Papiere

E|mun|dan|tia *die (Plural)* ⟨*lat.*⟩:

(Med.) äußerlich anzuwendende Reinigungsmittel

E|na|ki|ter u. **E̲|naks|kin|der** u. **E̲|naks|söh|ne** die (Plural) ⟨nach dem riesengestaltigen Volk in Kanaan, 5. Mose 1, 28 u. öfter⟩: riesenhafte Menschen

En|al|la|ge [auch: enˈalage] die; - ⟨gr.; eigtl. „Verwechslung"⟩: (Rhet., Stilk.) [stilbedingte] Versetzung des Attributs (z. B. mit einem blauen Lächeln seiner Augen, statt: mit einem Lächeln seiner blauen Augen)

En|an|them das; -s, -e ⟨gr.-nlat.⟩: (Med.) dem ↑ Exanthem der Haut entsprechender Schleimhautausschlag

en|an|ti|o|trop ⟨gr.-nlat.⟩: zur Enantiotropie fähig. **En|an|ti|o|tro|pie** die; -: wechselseitige Überführbarkeit eines Stoffes von einer Zustandsform in eine andere (z. B. von ↑ rhombischem zu ↑ monoklinem (1) Schwefel; Form der ↑ Allotropie)

En|ar|th|ron das; -s, ...thren ⟨gr.-nlat.⟩: (Med.) kleiner Fremdkörper im Gelenk

En|ar|th|ro|se die; -, -n: (Med.) Nussgelenk (eine Form des Kugelgelenks, bei der die Gelenkpfanne mehr als die Hälfte des Gelenkkopfes umschließt; z. B. Hüftgelenk)

E|na|ti|on die; -, -en ⟨lat.-nlat.⟩: (Bot.) Bildung von Auswüchsen auf der Oberfläche pflanzlicher Organe

en a|vant [ãnaˈvã] ⟨lat.-fr.⟩: vorwärts!

en bloc [ãˈblɔk] ⟨fr.⟩: im Ganzen, in Bausch u. Bogen

en ca|bo|chon [ãkabɔˈʃõ] ⟨fr.⟩: glatt geschliffen mit gewölbter Oberseite u. flacherer Unterseite (von Edelsteinen); vgl. Cabochon

en ca|naille [ãkaˈnaj] ⟨fr.⟩: verächtlich, wegwerfend. **en|ca|nail|lie|ren** [ãkanaˈ ji:...], sich: (veraltet abwertend) sich mit Menschen der unteren sozialen Schicht abgeben

en car|ri|è|re [ãkaˈrjɛ:r] ⟨fr.⟩: in vollem Lauf

En|ceinte [ãˈsɛ̃:t] die; -, -n ⟨lat.-fr.⟩: (Milit. hist.) Umwallung, Außenwerk einer Festung

En|ce|pha|li|tis vgl. Enzephalitis

En|ce|pha|lo|pa|thie vgl. Enzephalopathie

en|chan|tiert [ãʃã...] ⟨lat.-fr.⟩: (veraltet) bezaubert, entzückt

en|chas|sie|ren [ãʃa...] ⟨lat.-fr.⟩: (veraltet) einen Edelstein einfassen

En|chas|su|re [ãʃaˈsy:rə] die; -, -n: (veraltet) Einfassung von Edelsteinen

En|chei|re|se die; -, -n ⟨gr.⟩: (Med.) Handgriff; Operation

En|chei|re|sis Na|tu|rae [- ...rɛ] die; - - ⟨gr.; lat.⟩: Handhabung, Bezwingung der Natur (z. B. in Goethes „Faust")

En|chi|ri|di|on das; -s, ...ien ⟨gr.-lat.⟩: (veraltet) kurz gefasstes Handbuch

en|chon|d|ral u. endochondral ⟨gr.-nlat.⟩: (Med.) im Knorpel liegend

En|chon|d|rom das; -s, -e: (Med.) Knorpelgeschwulst

En|co|der [ɪnˈkoʊdɐ] der; -s, - ⟨lat.-fr.-engl.⟩: Einrichtung zum Verschlüsseln von Daten usw.; [Daten]verschlüsseler in einem ↑ Computer; Ggs. ↑ Decoder

en|co|die|ren vgl. enkodieren. **En|co|die|rung** vgl. Enkodierung

En|co|ding [ɪnˈkoʊ...] das; -[s], -s ⟨engl.⟩: (Techn.; Kommunikationsforschung) Verschlüsselung einer Nachricht; Ggs. ↑ Decoding

En|coun|ter [ɪnˈkaʊntɐ] das od. der; -s, - ⟨roman.-fr.-engl.⟩: 1. Begegnung, Zusammenstoß. 2. (Psychol.) Gruppentraining zur Steigerung der ↑ Sensitivität (Sensitivitätstraining), bei dem die spontane Äußerung von ↑ Aggressionen, ↑ Sympathien u. ↑ Antipathien eine besondere Rolle spielt

en|cou|ra|gie|ren [ãkuraˈʒi:rən] ⟨lat.-fr.⟩: ermutigen, anfeuern

En|cri|nus der; -, ...ni ⟨gr.-nlat.⟩: ausgestorbene Gattung der Seelilien

end..., End... vgl. endo..., Endo...

En|d|a|or|ti|tis die; -, ...itiden ⟨gr.-nlat.⟩: (Med.) Entzündung der inneren Gefäßwandschicht der ↑ Aorta

En|d|ar|te|ri|i|tis die; -, ...itiden ⟨gr.-nlat.⟩: (Med.) Entzündung der innersten Gefäßwandschicht der Schlagadern

En|de|ca|sil|la|bo der; -[s], ...bi ⟨gr.-lat.-it.⟩: elfsilbiger italienischer Vers (des ↑ Sonetts, der ↑ Stanze u. der ↑ Terzine); vgl. Hendekasyllabus

En|de|cha [enˈdetʃa] die; -, -s ⟨lat.-span.⟩: spanische Strophenform, bes. in Klageliedern u. Trauergedichten

En|de|mie die; -, ...ien ⟨gr.-nlat.⟩: (Med.) örtlich begrenztes Auftreten einer Infektionskrankheit (z. B. der Malaria in [sub]tropischen Sumpfgebieten); vgl. Epidemie

en|de|misch: a) [ein]heimisch; b) (Med.) örtlich begrenzt auftretend (von Infektionskrankheiten); c) (Biol.) in einem bestimmten Gebiet verbreitet

En|de|mis|mus der; -: (Biol.) das Vorkommen von Tieren u. Pflanzen in einem bestimmten begrenzten Bezirk

En|de|mi|ten die (Plural): (Biol.) Pflanzen bzw. Tiere, die in einem begrenzten Lebensraum vorkommen

en|der|mal ⟨gr.-nlat.⟩: (Med.) in der Haut [befindlich], in die Haut [eingeführt]

en|des|mal ⟨gr.-nlat.⟩: (Med.) im Bindegewebe [vorkommend, liegend]

en dé|tail [ãdeˈtaj] ⟨lat.-fr.⟩: im Kleinen; einzeln; im Einzelverkauf; Ggs. ↑ en gros

En|di|vie [...vjə] die; -, -n ⟨ägypt.-gr.-lat.-vulgärlat.-roman.⟩: eine Salatpflanze (Korbblütler)

---

en|do..., En|do...

vor Vokalen meist end..., End... ⟨gr. éndon „innen, innerhalb"⟩ Präfix mit der Bedeutung „innen, innerhalb":
– Endaortitis
– Endogamie
– endogen
– Endoprothese
– Endoskop
– endotherm

En|do|bi|ont der; -en, -en ⟨gr.⟩: Lebewesen, das in einem anderen lebt; Ggs. ↑ Epibiont

En|do|bi|o|se die; -, -n: (Biol.) Gemeinschaft meist verschiedenartiger Lebewesen, von denen eines der beiden in einem anderen lebt (z. B. Bakterien im Darm der Tiere); Ggs. ↑ Epibiose

en|do|bi|o|tisch: (Biol.) die Endobiose betreffend, auf ihr beruhend

En|do|car|di|tis vgl. Endokarditis

En|do|car|di|um das; -s, ...dia ⟨gr.-nlat.⟩: ↑ Endokard

en|do|chon|d|ral vgl. enchondral

En|do|cra|ni|um vgl. Endokranium

En|do|der|mis die; -, ...men ⟨gr.-nlat.⟩: (Bot.) innerste Zellschicht der Pflanzenrinde, hauptsächlich bei Wurzeln

En|d|o|don|tie die; - ⟨gr.-nlat.⟩: a) Lehre vom normalen Aufbau u. von den Krankheiten des Zahninneren; b) Behandlung des erkrankten Zahninneren

En|do|en|zym das; -s, -e ⟨gr.-nlat.⟩: ↑ Enzym, das im ↑ Protoplasma lebender Zellen entsteht u. den organischen Stoffwechsel steuert

En|do|ga|mie die; - ⟨gr.-nlat.⟩: Heiratsordnung, nach der nur innerhalb eines bestimmten sozialen Verbandes (z. B. Stamm eines Naturvolkes, Kaste) geheiratet werden darf; Ggs. ↑ Exogamie

en|do|gen ⟨gr.⟩: 1. a) (Med.) im Körper selbst, im Körperinnern entstehend, von innen kommend (von Stoffen, Krankheitserregern od. Krankheiten); Ggs. ↑ exogen (1 a); b) (Bot.) innen entstehend (von Pflanzenteilen, die nicht aus Gewebeschichten der Oberfläche, sondern aus dem Innern entstehen u. die unbeteiligten äußeren Gewebeschichten durchstoßen); Ggs. ↑ exogen (1 b). 2. (Geol.) von Kräften im Erdinneren erzeugt; Ggs. ↑ exogen (2)

En|do|kan|ni|ba|lis|mus der; - ⟨gr.; span.-nlat.⟩: das Verzehren von Angehörigen des eigenen Stammes; Ggs. ↑ Exokannibalismus

En|do|kard das; -[e]s, -e ⟨gr.-nlat.⟩: (Med.) Herzinnenhaut

En|do|kar|di|tis die; -, ...itiden: (Med.) Herzinnenhautentzündung, bes. an den Herzklappen

En|do|kar|do|se die; -, -n: (Med.) Entartungserscheinung an der Herzinnenhaut

En|do|karp das; -[e]s, -e ⟨gr.-nlat.⟩: (Bot.) bei Früchten die innerste Schicht der Fruchtwand (z. B. harte Schale des Steins bei Pfirsichen od. Aprikosen); vgl. Exokarp u. Mesokarp

En|do|kra|ni|um, auch: Endocranium das; -s, ...ien ⟨gr.-nlat.⟩: ↑ Dura Mater

en|do|krin ⟨gr.-nlat.⟩: (Med.) mit innerer ↑ Sekretion verbunden (von Drüsen); Ggs. ↑ exokrin.

En|do|kri|nie die; -: (Med.) durch Störung der inneren ↑ Se-

kretion verursachter Krankheitszustand

En|do|kri|no|lo|ge der; -n, -n: Wissenschaftler auf dem Gebiet der Endokrinologie. **En|do|kri|no|lo|gie** die; -: (Med.) Lehre von den endokrinen Drüsen. **En|do|kri|no|lo|gin** die; -, -nen: weibliche Form zu ↑ Endokrinologe

En|do|lym|phe die; -, -n ⟨gr.-nlat.⟩: (Biol.; Med.) Flüssigkeit im häutigen Labyrinth des Innenohrs der Wirbeltiere u. des Menschen

En|do|ly|sin das; -s, -e (meist Plural) ⟨gr.-nlat.⟩: weißen Blutkörperchen entstammender, Bakterien abtötender Stoff

En|do|me|t|ri|o|se die; -, -n ⟨gr.-nlat.⟩: (Med.) das Auftreten verschleppten Gebärmutterschleimhautgewebes außerhalb der Gebärmutter

En|do|me|t|ri|tis die; -, ...itiden: (Med.) Entzündung der Gebärmutterschleimhaut

En|do|me|t|ri|um das; -s, ...trien: (Med.) Gebärmutterschleimhaut

en|do|morph ⟨gr.-nlat.⟩: 1. (Geol.) die Endomorphose betreffend, durch sie hervorgerufen; Ggs. ↑ exomorph. 2. die Endomorphie betreffend, ↑ pyknisch

En|do|mor|phie die; -: Konstitution eines bestimmten Menschentyps, der ungefähr dem ↑ Pykniker entspricht; vgl. Ektomorphie u. Mesomorphie

En|do|mor|phis|mus der; -, ...men ⟨gr.-nlat.⟩: Abbildung einer algebraischen Struktur in sich, Sonderform des ↑ Homomorphismus

En|do|mor|pho|se die; -, -n ⟨gr.⟩: (Geol.) innere Umwandlung eines Erstarrungsgesteins unter Einfluss der Umgebung

En|do|my|ces [...tse:s] u. **En|do|my|zes** die (Plural) ⟨gr.-nlat.⟩: (Med.) den Hefen nahe stehende Pilzgattung (Krankheitserreger)

En|do|phle|bi|tis die; -, ...itiden ⟨gr.-nlat.⟩: (Med.) Entzündung der Innenhaut einer Vene

En|do|phyt der; -en, -en ⟨gr.-nlat.⟩: in anderen Pflanzen od. Tieren wachsende Schmarotzerpflanze. **en|do|phy|tisch**: (Med.) nach innen wachsend

En|do|plas|ma das; -s, ...men ⟨gr.-nlat.⟩: ↑ Entoplasma. **en|do|plas-**

ma|tisch: innerhalb des Zellplasmas gelegen; **endoplasmatisches Retikulum:** (Biol.) mit ↑ Ribosomen besetzte Netzstruktur in einer Zelle

En|do|pro|the|se die; -, -n ⟨gr.⟩: (Med.) aus Kunststoff, Metall o. Ä. gefertigtes Ersatzstück, das im ↑ Organismus den geschädigten Körperteil ganz od. teilweise ersetzt

En|d|or|phin das; -s, -e ⟨Kunstw. aus Endo- u. Morphin⟩: körpereigener Eiweißstoff (Hormon), der schmerzstillend wirkt

En|do|ske|lett das; -[e]s, -e: (Biol.) knorpeliges oder aus Knochen bestehendes Innenskelett der Wirbeltiere; Ggs. ↑ Ektoskelett

¹**En|do|s|kop** das; -s, -e ⟨gr.-nlat.⟩: (Med.) in eine Lichtquelle eingeschlossenes optisches Instrument zur Untersuchung von Hohlorganen u. Körperhöhlen sowie zur gezielten Gewebsentnahme

²**En|do|s|kop** der; -en, -en: (selten) Facharzt für Endoskopie

En|do|s|ko|pie die; -, ...ien ⟨gr.-nlat.⟩: (Med.) Ausleuchtung u. Ausspiegelung einer Körperhöhle mithilfe des Endoskops

En|do|s|ko|pin die; -, -nen: weibliche Form zu ↑ ²Endoskop

en|do|s|ko|pisch: a) das Endoskop betreffend; b) die Endoskopie betreffend; c) mittels Endoskop

En|d|os|mo|se die; -, -n ⟨gr.-nlat.⟩: ↑ Kataphorese

en|do|so|ma|tisch ⟨gr.-nlat.⟩: (Med.) innerhalb des Körpers

En|do|sperm das; -s, -e ⟨gr.-nlat.⟩: (Bot.) Nährgewebe im Pflanzensamen

En|do|spo|re die; -, -n ⟨gr.-nlat.⟩: (Bot.) im Innern eines Sporenbehälters entstehende Spore (bes. bei Pilzen)

En|d|ost das; -[e]s ⟨gr.-nlat.⟩: (Med.) faserige Haut über dem Knochenmark an der Innenfläche der Knochenhöhlen

En|do|thel das; -s, -e ⟨gr.-nlat.⟩: (Med.) Zellschicht an der Innenfläche der Blut- u. Lymphgefäße

En|do|the|li|om das; -s, -e: (Med.) geschwulstförmige Neubildung aus Endothelzellen

En|do|the|li|o|se die; -, -n: ↑ Retikulose

En|do|the|li|um das; -s, ...ien: ↑ Endothel

en|do|therm ⟨gr.-nlat.⟩: Wärme aufnehmend, bindend; **endotherme Prozesse:** (Phys., Chem.) Vorgänge, bei denen von außen Wärme zugeführt werden muss

en|do|thym ⟨gr.-nlat.⟩: (Psychol.) die Schicht des Psychischen betreffend, die das Unbewusste, die Affekte, die Gefühle umfasst

En|do|to|xin das; -s, -e ⟨gr.-nlat.⟩: Bakteriengift, das erst mit dem Zerfall der Bakterien frei wird

en|do|troph ⟨gr.-nlat.⟩: (Bot.) sich innen ernährend (Eigenschaft von Pilzen, deren Wurzelfäden in das Innere der Wurzelzellen höherer Pflanzen eindringen)

en|do|zen|t|risch ⟨gr.⟩: (Sprachw.) zur gleichen Formklasse gehörend (von einer sprachlichen Konstruktion, die der gleichen Kategorie angehört wie eines ihrer konstituierenden Glieder; z. B. großes Haus – Haus); Ggs. ↑ exozentrisch

En|du|ro die; -, -s ⟨lat.-span.⟩: geländegängiges Motorrad mit Einzylindermotor

E|ner|geia die; - ⟨gr.⟩: Tätigkeit, Tatkraft, Bereitschaft zum Handeln (in der aristotelischen Philosophie); vgl. Dynamis

E|ner|ge|tik die; - ⟨gr.-nlat.⟩: 1. Wissenschaft von allen industriell genutzten Formen der Energie u. ihrer Umwandlung. 2. philosophische Lehre, die die Energie als Wesen u. Grundkraft aller Dinge erklärt (nach W. Ostwald)

E|ner|ge|ti|ker der; -s, -: 1. Fachmann auf dem Gebiet der Energetik (1). 2. Vertreter der Lehre der Energetik (2). **E|ner|ge|ti|ke|rin** die; -, -nen: weibliche Form zu ↑ Energetiker

e|ner|ge|tisch ⟨gr.⟩: 1. die Energie betreffend, auf ihr beruhend. 2. die Energetik betreffend; **energetischer Imperativ:** „Verschwende keine Energie, verwerte sie!" (Grundsatz der Philosophie von W. Ostwald). 3. (Sprachw.) die wirkende Kraft der Sprache betreffend, auf ihr beruhend

e|ner|gi|co [...dʒiko] ⟨gr.-it.⟩: (Mus.) energisch, entschlossen (Vortragsanweisung)

E|ner|gi|de die; -, -n ⟨gr.-nlat.⟩: (Biol.) die Funktionseinheit eines einzelnen Zellkerns mit dem ihn umgebenden und von ihm beeinflussten Zellplasma

E|ner|gie die; -, ...ien ⟨gr.-lat.-fr.⟩: 1. (ohne Plural) a) mit Nachdruck, Entschiedenheit [u. Ausdauer] eingesetzte Kraft, um etwas durchzusetzen; b) starke geistige u. körperliche Spannkraft. 2. (Phys.) Fähigkeit eines Stoffes, Körpers od. Systems, Arbeit zu verrichten, die sich aus Wärme, Bewegung o. Ä. herleitet

E|ner|gie|kri|se die; -, -n: ↑ Krise (2) in der Versorgung mit Stoffen, deren Energie (2) nutzbar gemacht werden kann

E|ner|gie|prin|zip das; -s: (Phys.) Prinzip von der Erhaltung der Energie

e|ner|gisch ⟨gr.⟩: a) starken Willen u. Durchsetzungskraft habend u. entsprechend handelnd; zupackend, tatkräftig; b) von starkem Willen und Durchsetzungskraft zeugend; c) entschlossen, nachdrücklich

e|ner|go|che|misch ⟨gr.; arab.-roman.⟩: durch chemische Reaktionen erzeugt (von Energieformen)

E|ner|gy|drink [ˈɛnədʒı...] der; -[s], -s ⟨engl.⟩: Energie spendendes alkoholfreies Getränk

E|ner|va|ti|on die; -, -en ⟨lat.⟩: ↑ Enervierung; vgl. ...ation/...ierung. **e|ner|vie|ren** 1. jmds. Nerven überbeanspruchen; auf Nerven und seelische Kräfte zerstörerisch wirken. 2. (Med.) die Verbindung zwischen Nerv und dazugehörigem Organ ausschalten. **E|ner|vie|rung** die; -, -en: 1. Überbeanspruchung der Nerven; Belastung der seelischen Kräfte. 2. (Med.) Ausschaltung der Verbindung zwischen Nerv und dazugehörigem Organ

en face [ã'fas] ⟨lat.-fr.⟩: von vorn [gesehen]; in gerader Ansicht (bes. von Bildnisdarstellungen)

en fa|mille [ãfa'mi:] ⟨lat.-fr.; „in der Familie"⟩: in engem, vertrautem Kreis

En|fant ter|ri|b|le [ãfãtɛ'ri:bl] das; - -, -s -s [ãfãtɛ'ribl] ⟨lat.-fr.; „schreckliches Kind"⟩: jmd., der seine Umgebung durch unangebrachte Offenheit in Verlegenheit bringt, sie durch sein Verhalten schockiert

en|fi|lie|ren [ãfi...] ⟨lat.-fr.⟩: 1. (veraltet) einfädeln, aneinander reihen. 2. (Milit.) ein Gelände [in seiner ganzen Ausdehnung] beschießen

en|flam|mie|ren [ãfla...] ⟨lat.-fr.⟩: (veraltet) entflammen, begeistern, entzücken

En|fle [ã:fl] das; -s, -s ⟨lat.-fr.⟩: französisches Kartenspiel

En|fleu|ra|ge [ãflœ'ra:ʒə] die; - ⟨lat.-fr.⟩: Verfahren zur Gewinnung feiner Blumendüfte in der Parfümindustrie

En|ga|ge|ment [ãgaʒə'mã:] das; -s, -s ⟨germ.-fr.⟩: 1. (ohne Plural) weltanschauliche Verbundenheit mit etwas; innere Bindung an etwas; Gefühl des inneren Verpflichtetseins zu etwas; persönlicher Einsatz. 2. Anstellung, Stellung, bes. eines Künstlers. 3. (veraltend) Aufforderung zum Tanz. 4. (Börsenw.) Verpflichtung, zur festgesetzten Zeit gekaufte Papiere abzunehmen, zu bezahlen od. die für diesen Tag verkauften zu liefern

en|ga|gie|ren [ãga'ʒi:rən] ⟨germ.-fr.⟩: 1. jmdn. (bes. einen Künstler) unter Vertrag nehmen, für eine Aufgabe verpflichten. 2. (veraltend) zum Tanz auffordern. 3. sich engagieren: sich binden, sich verpflichten; einen geistigen Standort beziehen. 4. (Fechten) die Klingen aneinander anlehnen, den Kontakt zwischen den Klingen herstellen

en|ga|giert: a) entschieden für etwas eintretend; b) ein starkes persönliches Interesse an etwas habend

en garde [ã'gard] ⟨fr.⟩: Kommando, mit dem die Fechter aufgefordert werden, Fechtstellung einzunehmen

En|gas|t|ri|mant der; -en, -en ⟨gr.⟩: mithilfe des Bauchredens Wahrsagender

En|gi|nee|ring [ɛndʒı'nıərıŋ] das; -[s] ⟨lat.-altfr.-engl.⟩: engl. Bez. für: Ingenieurwesen

En|gi|schi|ki das; -[s] ⟨jap.⟩: wichtigstes Ritualbuch des japanischen ↑ Schintoismus aus dem 10. Jh.

En|glish spo|ken [ˈɪŋglɪʃ ˈspoʊkən] ⟨engl.; „Englisch gesprochen"⟩: hier wird Englisch gesprochen, hier spricht man

Englisch (als Hinweis z. B. für
Kunden in einem Geschäft)
En|g|lish|waltz [ˈɪŋglɪʃwɔːls] *der;*
-, -: langsamer Walzer
eng|li|si|e|ren *das;* 1. etwas nach engli-
scher Art umgestalten; vgl. an-
glisieren (1). 2. einem Pferd die
niederziehenden Schweifmus-
keln durchschneiden, damit es
den Schwanz hoch trägt
En|go|be [ãˈgoːbə] *die;* -, -n ⟨*fr.*⟩:
dünne keramische Überzugs-
masse. **en|go|bie|ren:** Tonwaren
mit einer keramischen Guss-
masse überziehen
En|gor|ge|ment [ãgɔrʒəˈmãː] *das;*
-s, -s ⟨*lat.-fr.*⟩: (veraltend) Stockung im Wirtschaftsleben
En|gramm *das;* -s, -e ⟨*gr.-nlat.*⟩:
(Med.) im Zentralnervensys-
tem hinterlassene Spur eines
Reiz- oder Erlebniseindrucks,
die dessen Reproduktion zu einem späteren Zeitpunkt möglich macht; Erinnerungsbild
en gros [ãˈgro] ⟨*lat.-fr.*⟩: im Großen; Ggs. ↑ en détail
En|gros|han|del *der;* -s: Großhan-
del
En|gros|sist *der;* -en, -en: (österr.)
Grossist. **En|gros|sis|tin** *die;* -,
-nen: weibliche Form zu ↑ En-
grossist
En|har|mo|nik *die;* - ⟨*gr.-nlat.*⟩:
(Mus.) verschiedene Notierung
u. Benennung von Tönen u. Ak-
korden bei gleichem Klang
(z. B. cis = des)
en|har|mo|nisch: (Mus.) mit einem
anders benannten u. geschriebenen Ton den gleichen Klang
habend, harmonisch vertauschbar (in Bezug auf die Tonhöhe);
**enharmonische Verwechs-
lung:** Vertauschung u. musikalische Umdeutung enharmo-
nisch gleicher Töne od. Akkorde
E|nig|ma usw. vgl. Änigma usw.
En|jam|be|ment [ãʒãbəˈmãː] *das;*
-s, -s ⟨*fr.*⟩: (Metrik) Übergreifen
des Satzes in den nächsten
Vers; Nichtzusammenfall von
Satz- u. Versende
en|kaus|tie|ren ⟨*gr.-nlat.*⟩: das
Malverfahren der Enkaustik
anwenden
En|kaus|tik *die;* - ⟨*gr.*⟩: Malverfah-
ren, bei dem die Farben durch
Wachs gebunden sind
en|kaus|tisch: die Enkaustik be-
treffend, mit dieser Technik arbeitend, nach diesem Verfahren
ausgeführt

En|kla|ve *die;* -, -n ⟨*lat.-vulgär-
lat.-fr.*⟩: vom eigenen Staatsge-
biet eingeschlossener Teil eines
fremden Staatsgebietes; Ggs.
↑ Exklave (1)
En|kli|se, En|kli|sis *die;* -, ...isen
⟨*gr.;* „das Hinneigen"⟩:
(Sprachw.) Verschmelzung eines unbetonten Wortes [gerin-
geren Umfangs] mit einem vo-
rangehenden betonten (z. B.
ugs. „denkste" aus: denkst du
od. „zum" aus: zu dem); Ggs.
↑ Proklise
En|kli|ti|kon *das;* -s, ...ka ⟨*gr.*⟩:
(Sprachw.) unbetontes Wort,
das sich an das vorhergehende
betonte anlehnt (z. B. ugs.
„kommste" aus: kommst du)
en|kli|tisch ⟨*gr.-lat.*⟩: (Sprachw.)
sich an ein vorhergehendes be-
tontes Wort anlehnend; Ggs.
↑ proklitisch
en|ko|die|ren, auch: encodieren
⟨*lat.-fr.-engl.*⟩: [eine Nachricht]
mithilfe eines ↑ Kodes (1) verschlüsseln; Ggs. ↑ dekodieren.
En|ko|die|rung, auch: Encodie-
rung *die;* -, -en: Verschlüsse-
lung [einer Nachricht] mithilfe
eines ↑ Kodes (1)
En|kol|pi|on *das;* -s, ...pien ⟨*gr.*⟩:
1. auf der Brust getragene Reli-
quienkapsel; vgl. Amulett.
2. Brustkreuz kirchlicher Würdenträger der orthodoxen Kirche; vgl. Pektorale (1)
En|ko|mi|ast *der;* -en, -en ⟨*gr.*⟩:
Lobredner
En|ko|mi|as|tik *die;* -: die Kunst,
bedeutende u. verdiente Personen in einer Lobrede od. einem
Lobgedicht zu preisen
En|ko|mi|on u. **En|ko|mi|um** *das;*
-s, ...ien ⟨*gr.-lat.*⟩: Lobrede, Lobgedicht
En|kul|tu|ra|ti|on *die;* - ⟨*lat.*⟩: das
Hineinwachsen des Einzelnen
in die Kultur der ihn umgeben-
den Gesellschaft; vgl. Akkultu-
ration
en masse [ãˈmas] ⟨*fr.;* „in Masse"⟩:
(ugs. emotional) in großer
Menge, Zahl [vorhanden, vor-
kommend]; überaus viel
en mi|ni|a|ture [ãminjaˈtyːr] ⟨*fr.*⟩:
in kleinem Maßstab; einem
Vorbild in kleinerem Ausmaß
ungefähr entsprechend; im
Kleinen dargestellt, vorhanden,
und zwar in Bezug auf etwas,
was eigentlich als Größeres
existiert"

En|ne|a|gramm *das;* -s, -e ⟨*gr.*⟩:
(Esoterik) auf der Einteilung
des menschlichen Charakters
in 9 Grundtypen beruhendes
Erklärungssystem der menschlichen Persönlichkeit, das
durch einen in 9 Teile gegli-
derten Kreis symbolisiert wird
En|nui [ãˈnyi:] *der* od. *das;* -s ⟨*lat.-
vulgärlat.-fr.*⟩: a) Langeweile;
b) Verdruss; Überdruss
en|nuy|ie|ren [ãnˈyˈjã:]: (veraltet)
a) langweilig; b) verdrießlich,
lästig
en|nuy|ie|ren [ãnˈyˈjiːrən]: (veral-
tet) a) langweilen; b) ärgern;
lästig werden
e|n|oph|thal|misch ⟨*gr.-nlat.*⟩:
(Med.) den Enophthalmus be-
treffend. **E|n|oph|thal|mus** *der;* -:
(Med.) abnorme Tieflage des
Augapfels in der Augenhöhle
e|norm ⟨*lat.-fr.*⟩: von außerge-
wöhnlich großem Ausmaß, außerordentlich; erstaunlich
E|nor|mi|tät *die;* -, -en: erstaunli-
che Größe; Übermaß
E|n|os|to|se *die;* -, -n ⟨*gr.-nlat.*⟩:
(Med.) Knochengeschwulst, die
vom Knocheninnern ausgeht
en pas|sant [ãpaˈsã] ⟨*fr.;* „im Vorü-
bergehen"⟩: nebenher (in Bezug
auf etwas, was neben dem Eigentlichen mehr am Rande
noch mit erledigt, gemacht
wird); **en passant schlagen:**
(Schach) einen gegnerischen
Bauern, der aus der Grundstel-
lung in einem Zug zwei Felder
vorrückt u. neben einem eigenen Bauern zu stehen kommt,
im nächsten Zug so schlagen,
als ob er nur ein Feld vorge-
rückt wäre
en pleine car|ri|è|re [ãplɛnkaˈrjɛːr]
⟨*fr.*⟩: in gestrecktem Galopp
en pro|fil [ãproˈfil] ⟨*fr.*⟩: im Profil,
von der Seite
En|quete [ãˈkɛːt; auch: ãˈkɛːt] *die;*
-, -n ⟨*lat.-fr.*⟩: 1. amtliche Untersuchung, Erhebung, die bes.
zum Zweck der Meinungs-, Be-
völkerungs-, Wirtschaftsfor-
schung u. Ä. durchgeführt wird.
2. (österr.) Arbeitstagung
En|quete|kom|mis|si|on *die;* -, -en:
Kommission, die eine Enquete
durchführt
en|ra|giert [ãraˈʒiːɐt] ⟨*fr.*⟩: a) lei-
denschaftlich für etwas einge-
nommen; b) leidenschaftlich
erregt

en|rol|lie|ren [ãrɔˈliːrən] ⟨fr.⟩: (Milit.) anwerben (von Truppen)

en route [ãˈrut] ⟨fr.⟩: unterwegs

Ens das; - ⟨lat.⟩: (Philos.) das Seiende, Sein, Wesen, Idee

En|sem|b||le [ãˈsãːb|] das; -s, -s ⟨lat.-fr.⟩: 1. zusammengehörende, aufeinander abgestimmte Gruppe von Schauspielern, Tänzern, Sängern od. Orchestermusikern. 2. kleine Besetzung in der Instrumental- u. Unterhaltungsmusik. 3. Szene mit mehreren Solostimmen od. mit Solo u. Chor. 4. mehrteiliges Kleidungsstück, dessen Teile aufeinander abgestimmt sind. 5. Gesamtheit mehrerer Einzelteile, die [planvoll, wirkungsvoll] aufeinander abgestimmt sind

En|sem|b||le|mu|sik die; -: Unterhaltungs- u. Tanzmusik

En|si|la|ge [ãsiˈlaːʒə], Silage die; - ⟨fr.⟩: 1. Gärfutter. 2. Bereitung von Gärfutter

Ens|ta|tit [auch: ...ˈtɪt] der; -s, -e ⟨gr.-nlat.⟩: ein Mineral

en suite [ãˈsyˈit] ⟨lat.-fr.⟩: 1. im Folgenden, demzufolge. 2. ununterbrochen

ent..., Ent... vgl. ento..., Ento...

Ent|a|mö|be die; -, -n ⟨gr.-nlat.⟩: ↑ Amöbe, die im Innern des menschlichen od. tierischen Körpers ↑ parasitisch lebt

ent|a|n|o|ny|mi|sie|ren ⟨dt.; gr.-lat.⟩: (EDV) die Anonymität personenbezogener Daten aufheben. Ent|a|no|ny|mi|sie|rung die; -, -en: das Entanonymisieren

En|ta|ri das; -[s], -s ⟨türk.⟩: altes orientalisches, dem ↑ Kaftan ähnliches langes Gewand

En|ta|se, En|ta|sis die; -, ...asen ⟨gr.⟩: (Archit.) das kaum merkliche Dickerwerden des sich bogenförmig verjüngenden Schaftes antiker Säulen nach der Mitte zu

En|te||le|chie die; -, ...ien ⟨gr.-lat.⟩: a) (Philos.) etwas, was sein Ziel in sich selbst hat; die sich im Stoff verwirklichende Form (bei Aristoteles); b) die im Organismus liegende Kraft, die seine Entwicklung u. Vollendung bewirkt. en|te|le|chisch: die Entelechie betreffend, auf ihr beruhend, durch sie bewirkt

En|tente [ãˈtãːt] die; -, -n ⟨lat.-fr.⟩: Einverständnis, Bündnis

En|tente cor|di|a|le [ãtãtkɔrˈdjal] die; - - ⟨„herzliches Einverständnis"⟩: (Pol.) das französisch-englische Bündnis nach 1904

en|ter..., En|ter... vgl. entero..., Entero...

en|te|ral ⟨gr.-nlat.⟩: (Med.) auf den Darm bzw. die Eingeweide bezogen

En|te|r|al|gie die; -, ...ien ⟨gr.-nlat.⟩: ↑ Enterodynie

En|te|r|a|min das; -s, -e ⟨Kunstw. aus gr. éntera „Eingeweide" u. ↑ Amin⟩: ↑ Serotonin

En|te|ri|tis die; -, ...itiden ⟨gr.-nlat.⟩: (Med.) Entzündung des Dünndarms; Darmkatarrh

en|te|ro..., En|te|ro...

vor Vokalen meist enter..., Enter...
⟨gr. énteron „Darm"⟩
Wortbildungselement mit der Bedeutung „Darm; Eingeweide":
- Enteritis
- enterogen
- Enterokokken
- Enteroneurose
- Enterovirus

En|te|ro|a|na|s|to|mo|se die; -, -n: (Med.) künstlicher, operativ hergestellter Verbindungsweg zwischen zwei Darmstücken

En|te|ro|dy|nie die; -, ...ien: Darmschmerz, Leibschmerz

en|te|ro|gen: (Med.) im Darm entstanden, von ihm ausgehend

En|te|ro|ki|na|se die; -: in der Darmschleimhaut gebildetes ↑ Enzym, das inaktive ↑ Proenzyme der Bauchspeicheldrüse in aktive Enzyme umwandelt

En|te|ro|kly|se die; -, -n u. En|te|roklys|ma das; -s, ...men u. -ta: (Med.) Darmspülung

En|te|ro|kok|ken die (Plural): (Med.) zur normalen Darmflora des Menschen gehörende Darmbakterien

En|te|ro|ko|li|tis die; -, ...itiden: (Med.) Entzündung des Dünn- u. Dickdarms

En|te|ro|lith [auch: ...ˈlɪt] der; -s u. -en, -e[n]: (Med.) krankhaftes, festes Gebilde (Konkrement) im Darm aus verhärtetem Kot od. aus Ablagerungen, die sich um Fremdkörper (z. B. verschluckte Knochensplitter) herum gebildet haben; Kotstein

En|te|ro|my|l|i|a|se die; -, -n: (Med.) Madenkrankheit des Darms

En|te|ron das; -s, ...ra ⟨gr.; „das Innere"⟩: (Med.) Darm (bes. Dünndarm); Eingeweide

En|te|ro|neu|ro|se die; -, -n ⟨gr.-nlat.⟩: (Med.) nervöse Darmstörung

En|te|ro|p|to|se die; -, -n: (Med.) Eingeweidesenkung durch verminderte Spannung der Gewebe (z. B. bei Abmagerung)

En|te|ro|sit der; -en, -en: (Med.) Darmschmarotzer

En|te|ro|s|kop das; -s, -e: (Med.) mit elektrischer Lichtquelle u. Spiegel versehenes Instrument zur Untersuchung des Dickdarms. En|te|ro|s|ko|pie die; -, ...ien: (Med.) Untersuchung mit dem Enteroskop

En|te|ro|s|to|mie die; -, ...ien: (Med.) Anlegung eines künstlichen Afters

En|te|ro|to|mie die; -, ...ien: (Med.) operatives Öffnen des Darms; Darmschnitt

En|te|ro|vi|rus das, auch: der -, ...viren (meist Plural) ⟨gr.; lat.⟩: (Med.) Erreger von Darmkrankheiten

En|te|ro|ze|le die; -, -n ⟨gr.-lat.⟩: (Med.) Darmbruch; Eingeweidebruch

En|te|ro|zo|on das; -s, ...zoen u. ...zoa (meist Plural) ⟨gr.-nlat.⟩: tierischer Darmschmarotzer

En|ter|tai|ner [ˈɛntəteɪnɐ] der; -s, - ⟨engl.⟩: [Allein]unterhalter; jmd., dessen Beruf es ist, einem [größeren] Publikum [heitere] Unterhaltung zu bieten (z. B. Conférencier, Diskjockey). En|ter|tai|ne|rin die; -, -nen: weibliche Form zu ↑ Entertainer

En|ter|tain|ment [ɛntəˈteɪnmənt] das; -s: berufsmäßig gebotene Unterhaltung

En|ter|tas|te die; -, -n ⟨lat.-fr.-engl.; dt.⟩: (EDV) Taste zur Befehlsbestätigung auf der Computertastatur

en|te|tiert [ãtɛˈtiːɐt] ⟨lat.-fr.⟩: (veraltet) starrköpfig, eigensinnig

Ent|hal|pie die; - ⟨gr.-nlat.⟩: a) (Phys.) bei konstantem Druck vorhandene Wärme; b) (Meteor.) die gesamte in der feuchten Luft vorhandene Wärmeenergie

Ent|hel|min|the die; -, -n (meist Plural) ⟨gr.-nlat.⟩: (Med.) Eingeweidewurm

en|thu|si|as|mie|ren ⟨gr.-fr.⟩: begeistern, in Begeisterung versetzen, entzücken

En|thu|si|as|mus *der; - ⟨gr.-nlat.⟩:* leidenschaftliche Begeisterung, Schwärmerei

En|thu|si|ast *der; -en, -en:* begeisterter, leidenschaftlicher Bewunderer, Schwärmer. **En|thu|si|as|tin** *die; -, -nen:* weibliche Form zu † Enthusiast **en|thu|si|as|tisch:** begeistert, schwärmerisch

En|thy|mem *das; -s, -e ⟨gr.-lat.⟩:* (Philos.) Wahrscheinlichkeitsschluss, unvollständiger Schluss (bei dem eine Prämisse fehlt, aber in Gedanken zu ergänzen ist)

En|ti|tät *die; -, -en ⟨lat.-mlat.⟩:* 1. (Philos.) Dasein im Unterschied zum Wesen eines Dinges. 2. [gegebene] Größe

En|ti|ty [...ti] *das; -s, -s ⟨lat.-mlat.-engl.⟩:* (EDV) genau abgrenzbares individuelles Exemplar, z. B. ein Sonderzeichen

ent|mi|li|ta|ri|sie|ren *⟨dt.; lat.⟩:* aus einem Gebiet die Truppen abziehen u. die militärischen Anlagen abbauen. **Ent|mi|li|ta|ri|sie|rung** *die; -, -en:* das Entmilitarisieren

ent|my|tho|lo|gi|sie|ren *⟨dt.; gr.-nlat.⟩:* mythische od. irrationale Vorstellungen von etwas beseitigen. **Ent|my|tho|lo|gi|sie|rung** *die; -, -en:* 1. das Entmythologisieren. 2. Versuch, die christliche Botschaft von alten Mythen zu befreien u. modernem Verständnis zu erschließen

ent|na|zi|fi|zie|ren *⟨dt.; nlat.⟩:* (hist.) 1. nationalsozialistische Einflüsse aus dem öffentlichen Leben entfernen. 2. einen ehemaligen Nationalsozialisten politisch überprüfen u. ihn [durch Sühnemaßnahmen] entlasten

---

en|to..., En|to...

vor Vokalen meist ent..., Ent... ⟨gr. entós „innen, innerhalb"⟩ Präfix mit der Bedeutung „innerhalb":
– Entoderm
– Entoplasma
– entoptisch
– Entozoon

En|to|blast *das; -[e]s, -e ⟨gr.-nlat.⟩:* † Entoderm

En|to|derm *das; -s, -e ⟨gr.-nlat.⟩:* (Med.) das innere Keimblatt in der Entwicklung der Vielzeller; vgl. Ektoderm. **en|to|der|mal:** (Med.) aus dem inneren Keimblatt entstehend; vgl. ektodermal

en|to|mo|gam *⟨gr.-nlat.⟩:* (Bot.) insektenblütig; auf die Bestäubung durch Insekten eingerichtet (von Pflanzen). **En|to|mo|ga|mie** *die; -:* (Bot.) Insektenblütigkeit; Art der Beschaffenheit von Blüten, die auf Übertragung des Pollens durch Insekten eingerichtet sind

En|to|mo|lo|ge *der; -n, -n ⟨gr.-nlat.⟩:* Insektenforscher. **En|to|mo|lo|gie** *die; -:* Insektenkunde. **En|to|mo|lo|gin** *die; -, -nen:* weibliche Form zu † Entomologe. **en|to|mo|lo|gisch:** die Entomologie betreffend

En|to|pa|ra|sit *der; -en, -en ⟨gr.-nlat.⟩:* (Biol.) † Parasit (1), der im Innern anderer Tiere u. Pflanzen lebt; Ggs. † Ektoparasit

en|to|pisch *⟨gr.⟩:* am Ort befindlich; einheimisch, örtlich

En|to|plas|ma *das; -s, ...men ⟨gr.-nlat.⟩:* (Biol.) innere Schicht des † Protoplasmas bei Einzellern; Ggs. † Ektoplasma

en|t|op|tisch *⟨gr.-nlat.⟩:* (Med.) im Augeninnern [gelegen]

En|tos|ko|pie *die;* Endoskopie

en|t|o|tisch *⟨gr.-nlat.⟩:* (Med.) im Ohr entstehend, im Ohr gelegen

En|tou|ra|ge [ãtuˈraːʒə] *die; - ⟨fr.⟩:* Umgebung, Gefolge

En-tout-Cas [ãtuˈka] *der; - [...a(s)], - [...as] ⟨lat.-fr.; „in jedem Fall"⟩:* (veraltet) 1. großer Schirm gegen Sonne u. Regen. 2. überdeckter Tennisplatz, auf dem bei Sonne u. Regen gespielt werden kann

En|to|xis|mus *der; -, ...men ⟨gr.-nlat.⟩:* (Med.) 1. (ohne Plural) Vergiftung. 2. Vergiftungserscheinung

En|to|zo|on *das; -s, ...zoen u. ...zoa ⟨gr.-nlat.⟩:* (Med.) tierischer Schmarotzer im Körperinneren

En|t|r'acte [ãˈtrakt] *vgl.* Entreakt

En|t|ra|da *vgl.* Intrada

En|t|re|akt [ãtrəˈlakt] *der; -[e]s, -e, auch:* Entreacte [ãˈtrakt] *der; -s, -s ⟨lat.-fr.⟩:* (auch selbstständig aufgeführtes) Zwischen-

---

aktmusik von Opern u. Schauspielen

En|t|re|chat [ãtrəˈʃa] *der; -s, -s ⟨fr.⟩:* (Ballett) gerader Sprung in die Höhe, bei dem die Fersen in der Luft [mehrmals] gekreuzt übereinander geschlagen werden

En|t|re|cote [ãtrəˈkoːt] *das; -[s], -s ⟨lat.-fr.⟩:* Rippenstück vom Rind, das in Scheiben gebraten wird

En|t|ree [ãˈtreː] *das; -s, -s ⟨lat.-fr.⟩:* 1. Eintrittsgeld. 2. a) Eintritt, Eingang; b) Eingangsraum, Vorzimmer. 3. Vorspeise od. Zwischengericht. 4. a) Eröffnungsmusik bei einem † Ballett; b) (Mus.) Eintrittslied od. -arie, bes. in Singspiel u. Operette

En|t|re|fi|let [ãtrəfiˈleː] *das; -s, -s ⟨lat.-fr.⟩:* eingeschobene [halbamtliche] Zeitungsnachricht

En|t|re|lacs [ãtrəˈla(ː)] *das; - [...a:(s), auch:...a(s)], - [...a(:)s] (meist Plural) ⟨fr.⟩:* Flechtwerk; einander kreuzende od. ineinander verschlungene Linien u. Bänder im Kunstgewerbe u. in der Baukunst

En|t|re|més [ãtreˈmes] *das; -, - ⟨lat.-it.-fr.-span.⟩: „Zwischenspiel"⟩:* (urspr. possenhafter) Einakter des spanischen Theaters, der zwischen zwei Aufzügen eines Schauspiels aufgeführt wurde

En|t|re|me|ti|er [ãtrəmeˈtje:] *der; -s, -s ⟨lat.-fr.⟩:* (Gastr.) Spezialkoch für Suppen u. kleinere Zwischengerichte

En|t|re|mets [...ˈmeː] *das; - [...me:(s)], - [...e:s] ⟨lat.-fr.; „Zwischengericht"⟩:* [leichtes] Zwischengericht

en|t|re nous [ãtrəˈnu] *⟨lat.-fr.; „unter uns"⟩:* ohne die Gegenwart eines Fremden u. daher in der nötigen Atmosphäre der Vertraulichkeit

En|t|re|pot [ãtrəˈpoː] *das; -, -s ⟨lat.-fr.⟩:* zollfreier Stapelplatz, Speicher

En|t|re|pre|neur [ãtrəprəˈnø:ɐ̯] *der; -s, -e ⟨lat.-fr.⟩:* Unternehmer, Veranstalter, Agent (z. B. von Konzerten, Theateraufführungen)

En|t|re|prise [ãtrəˈpriːz] *die; -, -n [...zn] ⟨lat.-fr.⟩:* Unternehmung

En|t|re|sol [ãtrəˈsɔl] *das; -s, -s ⟨lat.-fr.⟩:* Zwischengeschoss, Halbgeschoss

En|t|re|vue [ãtrə'vy:] *die; -, -n*
[...y:ən] ⟨*lat.-fr.*⟩: Zusammenkunft, Unterredung (bes. von
Monarchen)

en|t|rie|ren [ã'tri:rən] ⟨*lat.-fr.*;
„eintreten"⟩: (veraltet) beginnen, in etwas eintreten

En|tro|pie *die; -, ...ien* ⟨*gr.-nlat.*⟩:
1. physikalische Größe, die die
Verlaufsrichtung eines Wärme-
prozesses kennzeichnet. 2. (In-
formationstheorie) a) Größe
des Nachrichtengehalts einer
nach statistischen Gesetzen ge-
steuerten Nachrichtenquelle;
b) mittlerer Informationsgehalt
der Zeichen eines bestimmten
Zeichenvorrats. 3. Maß für den
Grad der Ungewissheit über
den Ausgang eines Versuchs

En|tro|pi|um *das; -s, ...ien*: (Med.)
krankhafte Umstülpung des
Augenlides nach innen

E|nu|k|le|a|ti|on *die; -, -en* ⟨*lat.-
nlat.*⟩: (Med.) operative Aus-
schälung (z. B. einer Ge-
schwulst od. des Augapfels).
e|nu|k|le|ie|ren ⟨*lat.*; „aus-, ent-
kernen"⟩: 1. entwickeln, erläutern. 2. (Med.) eine Enukleation
ausführen

E|nu|me|ra|ti|on *die; -, -en* ⟨*lat.*⟩:
Aufzählung

E|nu|me|ra|ti|ons|prin|zip *das; -s*:
gesetzgebungstechnisches Verfahren, eine Reihe von Einzel-
tatbeständen aufzuzählen, anstatt sie mit einer globaleren
Bezeichnung (vgl. Generalklau-
sel 2) zu umfassen

e|nu|me|ra|tiv: aufzählend

e|nu|me|rie|ren: aufzählen

E|nun|zi|a|ti|on *die; -, -en* ⟨*lat.*⟩:
Aussage, Erklärung; Satz

E|n|u|re|se *die; -, -n* ⟨*gr.-nlat.*⟩:
(Med.) unwillkürliches Harn-
lassen, Bettnässen, bes. bei
Kindern

En|ve|lop|pe [ãvə'lɔp(ə)] *die; -, -n*
⟨*fr.*⟩: 1. (veraltet) a) Hülle; b) Fut-
teral; c) Decke; d) [Brief]um-
schlag. 2. (Math.) bestimmte
(einhüllende) Kurve einer gegebenen Kurvenschar; Kurve, die
alle Kurven einer gegebenen
Schar (einer Vielzahl von Kurven) berührt u. umgekehrt in
jedem ihrer Punkte von einer
Kurve der Schar berührt wird.
3. Anfang des 19. Jh.s übliches
schmales, mantelähnliches
Kleid

En|vers [ã'vɛ:ɐ̯] *der; - [...ɐ̯(s)],*

- [...ɐ̯s] ⟨*lat.-fr.*⟩: (veraltet) Kehr-
seite

En|vi|ron|ment [ɛn'vaiərənmənt]
das; -s, -s ⟨*engl.*⟩: (Kunstw.)
Kunstform, die eine räumliche
Situation durch Anordnung
verschiedener Objekte u. Materialien (z. B. Sand, Blütenstaub)
herstellt. **en|vi|ron|men|tal**: in
der Form, Art eines Environ-
ments

En|vi|ron|to|lo|gie [ɛnviron...] *die;
- ⟨fr.-engl.; gr.*⟩: Umweltfor-
schung

en vogue [ã'vo:k, auch: ã'vɔg]
⟨*fr.*⟩: zurzeit gerade beliebt, modern, in Mode, im Schwange;
vgl. Vogue

En|vo|yé [ãvɔa'je:] *der; -s, -s* ⟨*lat.-
galloroman.-fr.*⟩: Gesandter

En|ze|pha|li|tis *die; -, ...itiden* ⟨*gr.-
nlat.*⟩: (Med.) Gehirnentzün-
dung

En|ze|pha|lo|gramm *das; -s, -e*:
(Med.) Röntgenbild der Gehirn-
kammern

En|ze|pha|lo|gra|phie, auch: ...grafie *die; -, ...ien*: (Med.) 1. ↑ Elek-
troenzephalographie. 2. ↑ Rönt-
genographie des Gehirns

En|ze|pha|lo|ma|la|zie *die; -, ...ien*:
(Med.) Gehirnerweichung

En|ze|pha|lon *das; -s, ...la* ⟨*gr.-
nlat.*⟩: ↑ Zerebrum

En|ze|pha|lo|pa|thie *die; -, ...ien*:
(Med.) Erkrankung des Gehirns

En|ze|phal|or|rha|gie *die; -, ...ien*:
(Med.) Hirnblutung

En|ze|pha|lo|ze|le *die; -, -n*: (Med.)
Hirnbruch; das Hervortreten
von Hirnteilchen durch Lücken
des Schädels

En|zy|k|li|ka [auch: ...'tsʏk...] *die;
-, ...ken* ⟨*gr.-nlat.*⟩: [päpstliches]
Rundschreiben

en|zy|k|lisch [auch: ...'tsʏk...]: ei-
nen Kreis durchlaufend; **enzy-
klische Bildung**: die Bildung,
die sich der Mensch des Mittelalters durch das Studium der
sieben freien Künste erwarb,
des ↑ Triviums u. des ↑ Quadri-
viums

En|zy|k|lo|pä|die *die; -, ...ien* ⟨*gr.-
nlat.*⟩: übersichtliche u. umfassende Darstellung des gesamten vorliegenden Wissensstoffs
aller Disziplinen od. nur eines
Fachgebiets in alphabetischer
od. systematischer Anordnung;
vgl. Konversationslexikon

En|zy|k|lo|pä|di|ker *der; -s, -*: Ver-
fasser einer Enzyklopädie. **En-**

zy|k|lo|pä|di|ke|rin *die; -, -nen*:
weibliche Form zu ↑ Enzyklopä-
diker

en|zy|k|lo|pä|disch: 1. a) allumfas-
sende Kenntnisse habend;
b) allumfassende Kenntnisse
vermittelnd. 2. nach Art der Enzyklopädie

En|zy|k|lo|pä|dist *der; -en, -en*:
Herausgeber u. Mitarbeiter der
großen französischen „Encyclo-
pédie", die unter Diderots und
d'Alemberts Leitung 1751–1780
erschien

En|zym *das; -s, -e* ⟨*gr.-nlat.*⟩:
(Med.) in der lebenden Zelle
gebildete organische Verbindung, die den Stoffwechsel des
Organismus steuert; vgl. Fer-
ment. **en|zy|ma|tisch**: von Enzy-
men bewirkt. **En|zy|mo|lo|gie**
die; -: Wissenschaft, Lehre von
den Enzymen

en|zys|tie|ren ⟨*gr.-nlat.*⟩: (Biol.)
um sich herum eine ↑ Zyste (2)
bilden, sich einkapseln

E|o|bi|ont *der; -en, -en* ⟨*gr.*⟩:
(Biol.) Urzelle als erstes Lebewesen mit Zellstruktur

eo ip|so ⟨*lat.*⟩: 1. eben dadurch.
2. von selbst, selbstverständlich

E|o|li|enne [eo'ljɛn] *die; -* ⟨*gr.-
lat.-fr.*⟩: zartes, fein geripptes
[Halb]seidengewebe in Taftbin-
dung

E|o|lith [auch: ...'lɪt] *der; -s u. -en,
-e[n]* ⟨*gr.-nlat.*⟩: Feuerstein mit
natürlichen Absplitterungen,
die an vorgeschichtliche Stein-
werkzeuge erinnern

E|o|li|thi|kum [auch: ...'lɪt...] *das;
-s*: vermeintliche, aufgrund der
Eolithenfunde (vgl. Eolith) angenommene früheste Periode
der Kulturgeschichte

E|os *die; -* ⟨*nach der griech. Göt-
tin*⟩: (dichter.) Morgenröte

E|o|sin *das; -s*: roter Farbstoff,
der u. a. zur Herstellung von roten Tinten, Lippenstiften, Zu-
ckerwaren verwendet wird. **e|o-
si|nie|ren**: mit Eosin rot färben

e|o|si|no|phil: mit Eosin färbbar

e|o|zän ⟨*gr.-nlat.*⟩: das Eozän be-
treffend. **E|o|zän** *das; -s*: (Geol.)
zweitälteste Stufe des ↑ Tertiärs

E|o|zo|en: *Plural* von ↑ Eozoon

E|o|zo|i|kum *das; -s*: ↑ Archäozoi-
kum. **e|o|zo|isch**: das Eozoikum
betreffend

E|o|zo|on *das; -s, Eozoen (meist
Plural)* ⟨*gr.*⟩: eigenartige Form
aus unreinem Kalk als Ein-

schluss in Gesteinen der Urzeit, die man früher irrtümlich für Reste tierischen Lebens hielt **ep...**, **Ep...** vgl. epi..., Epi...

E|pa|go|ge die; - ⟨gr.; „Hinaufführung"⟩: (Logik) Denkvorgang vom Einzelnen zum Allgemeinen; vgl. Induktion (1). **e|p|a|go|gisch:** (Logik) zum Allgemeinen führend; vgl. induktiv (1); **epagogischer Beweis:** (Logik) Beweis, der die Wahrheit eines Satzes dadurch zeigt, dass die Folgen des Satzes als wahr bewiesen werden

E|pak|me die; -, -en ⟨gr.⟩: (Zool.) in der Stammesgeschichte der Anfang der Entwicklung einer Organismengruppe (z. B. der Saurier); Ggs. ↑ Akme u. ↑ Parakme

E|pak|te die; -, -n ⟨gr.-lat.⟩: Anzahl der Tage vom letzten Neumond des alten bis zum Beginn des neuen Jahres

E|pa|na|lep|se ⟨gr.-lat.⟩ u. **E|pa|na|lep|sis** ⟨gr.⟩ die; -, ...epsen (Rhet., Stilk.) a) Wiederholung eines gleichen Wortes od. einer Wortgruppe im Satz; b)↑Anadiplose

E|pa|na|pho|ra die; -, ...rä ⟨gr.⟩: ↑Anapher

E|pa|n|o|dos die; -, ...doi [...dɔy] ⟨gr.; „Rückweg"⟩: (Rhet., Stilk.) Wiederholung eines Satzes, aber in umgekehrter Wortfolge (z. B. Ich preise den Herrn, den Herrn preise ich)

E|p|arch der; -en, -en ⟨gr.⟩: (hist.) Statthalter einer Provinz im Byzantinischen Reich

E|p|ar|chie die; -, ...ien ein: 1. (hist.) byzantinische Provinz. 2. ↑ Diözese der Ostkirche

E|paul|lett [epo...] das; -s, -s u. **E|paul|let|te** die; -, -n ⟨lat.-fr.⟩: Achsel-, Schulterstück auf Uniformen

E|pa|ve die; - ⟨lat.-fr.⟩: (veraltet) Trümmer, Überreste, Strandgut

E|pei|ro|ge|ne|se vgl. Epirogenese

E|pei|ro|pho|re|se die; -, -n ⟨gr.-nlat.⟩: (Geol.) horizontale Verschiebung der Kontinente

E|pei|s|o|di|on das; -s, ...dia ⟨gr.⟩: Dialogszene des altgriechischen Dramas, die zwischen zwei Chorliedern eingeschaltet war; vgl. Stasimon

E|pen: Plural von ↑Epos

E|pen|dym das; -s ⟨gr.; „Oberkleid"⟩: (Med.) feinhäutige Auskleidung der Hirnhöhlen u. des Rückenmarkkanals

E|pen|dy|mom das; -s, -e ⟨gr.-nlat.⟩: (Med.) Hirntumor aus Ependymzellen

E|pen|the|se u. **E|pen|the|sis** die; -, ...thesen ⟨gr.-lat.; „Einschiebung"⟩: (Sprachw.) Einschub von Lauten, meist zur Erleichterung der Aussprache (z. B. t in namentlich); vgl. Anaptyxe u. Epithese

E|pe|xe|ge|se die; -, -n ⟨gr.-lat.⟩: (Rhet.; Stilk.) in der Art einer ↑Apposition (1) hinzugefügte Erklärung (z. B. drunten im Unterland). **e|pe|xe|ge|tisch** ⟨gr.⟩: in Form einer Epexegese abgefasst

E|phe|be der; -n, -n ⟨gr.-lat.⟩: (hist.) wehrfähiger junger Mann im alten Griechenland

E|phe|bie die; -: (Med.) Pubertät [des jungen Mannes]

e|phe|bisch: in der Art eines Epheben

E|phe|d|ra die; -, ...drae [...drɛ] u. ...edren ⟨gr.-lat.⟩: schachtelhalmähnliche Pflanze, aus der Ephedrin gewonnen wird; Meerträubchen

E|phe|d|rin das; -s ⟨gr.-lat.-nlat.⟩: dem ↑Adrenalin verwandtes ↑Alkaloid (als Heilmittel vielfältig verwendet)

E|phe|li|den (Plural) ⟨gr.-lat.⟩: (Med.) Sommersprossen

e|phe|mer ⟨gr.-lat.; „für einen Tag"⟩: 1. nur kurze Zeit bestehend, flüchtig, rasch vorübergehend [u. daher ohne bleibende Bedeutung]. 2. (Bot., Zool.) nur einen Tag lang lebend, bestehend (von kurzlebigen Organismen)

E|phe|me|ra die (Plural): (Med.) Eintagsfieber

¹**E|phe|me|ri|de** die; -, -n ⟨gr.-nlat.⟩: (Zool.) Eintagsfliege

²**E|phe|me|ri|de** die; -, -n ⟨gr.-lat.⟩: 1. (meist Plural; Astron., Astrol.) Tafel, in der die täglichen Stellungen von Sonne, Mond u. Planeten vorausberechnet sind; Tabelle des täglichen Gestirnstandes. 2. (nur Plural) Tagebücher, periodische Schriften, Zeitschriften

e|phe|me|risch: ↑ephemer

E|phe|me|ro|phyt der; -en, -en ⟨gr.-nlat.⟩: (Bot.) Pflanze, die nur vorübergehend u. vereinzelt in einem Gebiet vorkommt

E|ph|ip|pi|um das; -s, ...pien ⟨gr.-lat.; „Satteldecke"⟩: (Biol.) sattelähnliche Schutzhülle der Wintereier von Wasserflöhen

E|phor der; -en, -en ⟨gr.-lat.; „Aufseher"⟩: (hist.) einer der fünf jährlich gewählten höchsten Beamten im antiken Sparta

E|pho|rat das; -[e]s, -e ⟨gr.-nlat.⟩: 1. (hist.) Amt eines Ephoren. 2. Amt eines Ephorus

E|pho|rie die; -, ...ien ⟨gr.⟩: [kirchlicher] Aufsichtsbezirk, Amtsbezirk

E|pho|rus der; -, ...oren ⟨gr.-lat.⟩: a) ↑Dekan (1) in der reformierten Kirche; b) Leiter eines evangelischen Predigerseminars od. Wohnheims

---

e|pi..., **E|pi...**

vor Vokalen meist ep..., Ep... ⟨gr. epí „darauf, auf, an, während, durch, bei"⟩
Präfix mit der Bedeutung „darauf (örtlich u. zeitlich), daneben, bei, darüber":
– Epidermis
– epikontinental
– Epizentrum
– Epulis

E|pi|bi|ont der; -en, -en ⟨gr.⟩: Organismus, der auf einem anderen lebt; Ggs. ↑Endobiont

E|pi|bi|o|se die; -: (Biol.) Gemeinschaft meist verschiedenartiger Lebewesen, von denen ein Partner auf dem anderen lebt (z. B. Wachstum von Bakterien auf der Haut des Menschen); Ggs. ↑Endobiose

E|pi|bo|lie die; - ⟨gr.-nlat.⟩: (Biol.) Umwachsung von Zellschichten bei der Keimentwicklung

E|pi|ce|di|um [...ʦe:...] das; -s, ...dia ⟨gr.-lat.⟩: lateinische Schreibung von ↑Epikedeion

E|pi|con|dy|lus der; -, ...li ⟨gr.-nlat.⟩: (Med.) Knochenvorsprung od. Knochenfortsatz, der auf einem ↑Condylus liegt

E|pi|cö|num [...ʦø:...] das; -s, ...na ⟨gr.-lat.⟩: Substantiv, das ein Wesen mit natürlichem Geschlecht (ein Tier) bezeichnet, aber sowohl für das männliche wie auch das weibliche Tier mit demselben Genus gebraucht wird (z. B. Wal, Giraffe)

E|pi|deik|tik die; - ⟨gr.⟩: (Rhet., Stilk.) rhetorisch reich ausgeschmückte Fest- u. Preisrede; bei Fest- u. Gelegenheitsreden üblicher Redestil. **e|pi|de̲ik̲tisch:** die Epideiktik betreffend, in den Vordergrund stellend; prahlend, prunkend

E|pi|de|mi̲e *die; -, ...i̲en ⟨gr.-mlat.⟩:* zeitlich u. örtlich in besonders starkem Maße auftretende Infektionskrankheit; Seuche, ansteckende Massenerkrankung in einem begrenzten Gebiet

E|pi|de|mi̲o|lo̲|ge *der; -n, -n ⟨gr.-nlat.⟩:* Wissenschaftler, der auf dem Gebiet der Epidemiologie arbeitet

E|pi|de|mi̲o|lo̲|gi̲e *die; -:* Wissenschaft von der Entstehung, Verbreitung, Bekämpfung u. den sozialen Folgen von Epidemien, zeittypischen Massenerkrankungen u. Zivilisationsschäden

E|pi|de|mi̲o|lo̲|gin *die; -, -nen:* weibliche Form zu ↑ Epidemiologe

e|pi|de|mi̲o|lo̲|gisch: die Epidemiologie betreffend

e|pi|de̲misch *⟨gr.-mlat.⟩:* in Form einer Epidemie auftretend

e|pi|der|mal *⟨gr.-nlat.⟩:* (Med.) von der ↑ Epidermis stammend, zu ihr gehörend

E|pi|der|mis *die; -, ...men ⟨gr.-lat.⟩:* (Med.) äußere Zellschicht der Haut, Oberhaut

e|pi|der|mo̲i|dal: ↑ epidermal

E|pi|der|mo|phyt *der; -en, -en:* (Med.) krankheitserregender Hautpilz

E|pi|der|mo|phy|ti̲e *die; -, ...i̲en:* (Med.) Pilzkrankheit der Haut

E|pi|di|a|s|ko̲p *das; -s, -e ⟨gr.-nlat.⟩:* Projektor, der als ↑ Diaskop u. ↑ Episkop verwendet werden kann

E|pi|di|dy̲|mis *die; -, ...didym̲iden ⟨gr.⟩:* (Med.) Nebenhoden

E|pi|di|dy|mi̲|tis *die; -, ...mit̲iden ⟨gr.-nlat.⟩:* (Med.) Nebenhodenentzündung

E|pi|do̲t *der; -s, -e ⟨gr.-nlat.⟩:* meist grünliches, gesteinsbildendes Mineral

E|pi|ga̲i|on *das; -s ⟨gr.⟩:* Lebensraum der auf dem Erdboden lebenden Organismen

e|pi|gä̲isch: (Bot.) oberirdisch (von Keimblättern, die bei der Keimung aus der Erde hervortreten u. grün werden)

E|pi|gas̲|t|ri̲um *das; -s, ...ien ⟨gr.-nlat.⟩:* (Med.) Oberbauchgegend, Magengrube

E|pi|ge̲|ne̲se *die; -, -n ⟨gr.-nlat.⟩:* Entwicklung eines jeden Organismus durch aufeinander folgende Neubildungen; vgl. Präformationstheorie

e|pi|ge̲|ne̲tisch: 1. (Biol.) auf die Epigenese bezogen, durch Epigenese entstanden. 2. später entstanden, jünger als das Nebengestein (von geologischen Lagerstätten); Ggs. ↑ syngenetisch (2)

E|pi|glot̲tis *die; -, ...tt̲iden ⟨gr.⟩:* Kehldeckel. **E|pi|glot̲|ti̲|tis** *die; -, ...it̲iden ⟨gr.-nlat.⟩:* (Med.) Entzündung des Kehldeckels

e|pi|go̲|nal *⟨gr.-nlat.⟩:* unschöpferisch, nachahmend

E|pi|go|na̲|ti̲|on *das; -s, ...ien ⟨gr.-ngr.⟩:* auf die Knie herabhängendes Tuch in der Bischofstracht der orthodoxen Kirche

E|pi|go̲|ne *der; -n, -n ⟨gr.; „Nachgeborener"⟩:* jmd., der in seinen Werken schon vorhandene Vorbilder verwendet od. im Stil nachahmt, ohne selbst schöpferisch, stilbildend zu sein

e|pi|go̲|nen|haft: in der Art eines Epigonen, nachahmend. **E|pi|go̲|nen|tum** *das; -s:* epigonenhafte Art u. Weise

E|pi|gramm *das; -s, -e ⟨gr.-lat.; „Aufschrift"⟩:* kurzes, meist in Distichen (vgl. Distichon) abgefasstes Sinn- od. Spottgedicht

E|pi|gram|ma̲|tik *die; - ⟨gr.-nlat.⟩:* Kunst des Verfassens von Epigrammen. **E|pi|gram|ma̲|ti|ker** *der; -s, -:* Verfasser von Epigrammen. **E|pi|gram|ma̲|ti|ke|rin** *die; -, -nen:* weibliche Form zu ↑ Epigrammatiker

e|pi|gram|ma̲|tisch *⟨gr.-lat.⟩:* a) das Epigramm betreffend; b) kurz, treffend, witzig, geistreich, scharf pointiert

E|pi|graph, auch: Epigraf *das; -s, -e ⟨gr.; „Aufschrift"⟩:* antike Inschrift. **E|pi|gra̲|phik,** auch: Epigrafik *die; - ⟨gr.-nlat.⟩:* Inschriftenkunde (als Teil der Altertumswissenschaft)

E|pi|gra̲|phi|ker, auch: Epigrafiker *der; -s, -:* Inschriftenforscher. **E|pi|gra̲|phi|ke|rin,** auch: Epigrafikerin *die; -, -nen:* weibliche Form zu ↑ Epigraphiker

e|pi|gyn *⟨gr.-nlat.⟩:* (Bot.) über dem Fruchtknoten stehend (von Blüten); Ggs. ↑ hypogyn

E̲|pik *die; - ⟨gr.-lat.⟩:* literarische Gattung, die jede Art von Erzählung in Versen od. Prosa umfasst

E|pi|kan̲|thus *der; - ⟨gr.-nlat.⟩:* (Med.) Hautfalte am inneren Rand des oberen Augenlids

E|pi|kard *das; -[e]s ⟨gr.-nlat.⟩:* (Med.) dem Herzen der Wirbeltiere u. des Menschen aufliegendes Hautblatt des Herzbeutels

E|pi|karp *das; -s, -e ⟨gr.-nlat.⟩:* äußerste Schicht der Fruchtschale von Pflanzen

E|pi|ke|dei̲on *das; -s, ...deia ⟨gr.⟩:* [antikes] Trauer- u. Trostgedicht; vgl. Epicedium

E̲|pi|ker *der; -s, - ⟨gr.-lat.⟩:* Dichter, der sich der Darstellungsform der ↑ Epik bedient. **E̲|pi|ke|rin** *die; -, -nen:* weibliche Form zu ↑ Epiker

E|pi|ki̲e *die; - ⟨gr.; „Angemessenheit, Nachsichtigkeit"⟩:* Prinzip der kath. Moraltheologie zur Interpretation menschlicher Gesetze, das besagt, dass ein menschliches (auch kirchliches) Gesetz nicht unbedingt in jedem Fall verpflichtend ist

E|pi|k|le̲|se *die; -, -n ⟨gr.; „Anrufung"⟩:* Anrufung des Heiligen Geistes in der Liturgie der orthodoxen Kirche

E|pi|kon|dy̲|li̲|tis *die; -, ...it̲iden ⟨gr.⟩:* (Med.) Entzündung eines ↑ Epicondylus (Tennisarm)

e|pi|kon|ti|nen|tal *⟨gr; lat.-nlat.⟩:* (Geol.) in der ↑ kontinentalen Randzone liegend (von Epikontinentalmeeren)

E|pi|kon|ti|nen|tal|meer *das; -[e]s, -e:* (Geol.) ein festländisches Gebiet einnehmendes Meer, Überspülungsmeer, Flachmeer

E|pi|ko̲|tyl *das; -s, -e ⟨gr.-nlat.⟩:* (Bot.) erster, blattloser Sprossabschnitt der Keimpflanze

E|pi|kri̲se *die; -, -n ⟨gr.; „Beurteilung; Entscheidung"⟩:* (Med.) abschließende kritische Beurteilung eines Krankheitsverlaufs vonseiten des Arztes

E|pi|ku̲|re̲er *der; -s, - ⟨gr.-lat.⟩:* 1. Vertreter u. Anhänger der Lehre des griech. Philosophen Epikur. 2. jmd., der die materiellen Freuden des Daseins unbedenklich genießt, Genussmensch. **E|pi|ku̲|re̲e|rin** *die; -, -nen:* weibliche Form zu ↑ Epikureer (2)

e|pi|ku̲|re̲isch u. epikurisch: 1. nach der Lehre des griech.

Philosophen Epikur lebend.
2. genießerisch; auf Genuss, auf das Genießen gerichtet

E|pi|ku|re|is|mus *der; -* ⟨*gr.-nlat.*⟩:
1. Lehre des griech. Philosophen Epikur. 2. auf Genuss der materiellen Freuden des Daseins gerichtetes Lebensprinzip

e|pi|ku|risch vgl. epikureisch

E|pi|la|ti|on *die; -, -en* ⟨*lat.-nlat.*⟩: (Med.) Entfernung von Körperhaaren

E|pi|lep|sie *die; -, ...ien* ⟨*gr.-lat.-fr.;* „Anfassen; Anfall"⟩: (Med.) Krankheit, die sich in plötzlich einsetzenden starken Krämpfen u. kurzer Bewusstlosigkeit äußert; Fallsucht

e|pi|lep|ti|form ⟨*gr.; lat.*⟩: einem epileptischen Anfall od. seinen Erscheinungsformen vergleichbar (Med.)

E|pi|lep|ti|ker *der; -s, -* ⟨*gr.-lat.*⟩: jmd., der an Epilepsie leidet.

E|pi|lep|ti|ke|rin *die; -, -nen:* weibliche Form zu ↑ Epileptiker

e|pi|lep|tisch: a) durch Epilepsie verursacht; b) zur Epilepsie neigend, an Epilepsie leidend

e|pi|lep|to|id ⟨*gr.-nlat.*⟩: epileptiform

e|pi|lie|ren ⟨*lat.-nlat.*⟩: (Med.) Körperhaare entfernen

E|pi|lim|ni|on u. E|pi|lim|ni|um *das; -s, ...ien* ⟨*gr.-nlat.*⟩: obere Wasserschicht eines Sees mit ↑ thermischen Ausgleichsbewegungen

E|pi|log *der; -[e]s, -e* ⟨*gr.-lat.*⟩: a) Schlussrede, Nachspiel im Drama; Ggs. ↑ Prolog (1 a); b) abschließendes Nachwort [zur Erläuterung eines literarischen Werkes]; Ggs. ↑ Prolog (1 b)

e|pi|me|the|isch ⟨*gr.;* nach Epimetheus, dem Bruder des Prometheus; „der zu spät Denkende"⟩: a) erst später mit dem Denken einsetzend; b) erst handelnd, dann denkend; unbedacht

E|pi|nas|tie *die; -, ...ien* ⟨*gr.-nlat.*⟩: verstärktes Wachstum der Blattoberseite gegenüber der Blattunterseite bei Pflanzen.

e|pi|nas|tisch: obere Wachstum der Blattoberseite zeigend

E|pin|glé [epɛ̃ˈgle:] *der; -[s], -s* ⟨*lat.-fr.*⟩: 1. Stoff für Damenkleider mit verschieden breiten Rippen. 2. Möbelbezugsstoff

mit nicht aufgeschnittenen Schlingen

E|pi|ni|ki|on *das; -s, ...ien* ⟨*gr.*⟩: altgriechisches Siegeslied zu Ehren eines Wettkampfsiegers

E|pi|pa|lä|o|li|thi|kum *das; -s* ⟨*gr.-nlat.*⟩: ↑ Mesolithikum

E|pi|pha|nia vgl. Epiphanie

E|pi|pha|ni|as *das; -* ⟨*gr.*⟩: Fest der „Erscheinung des Herrn" am 6. Januar; Dreikönigsfest

E|pi|pha|nie u. Epiphania *die; -* ⟨*gr.-lat.*⟩: Erscheinung einer Gottheit (bes. Christi) unter den Menschen

E|pi|phä|no|men *das; -s, -e* ⟨*gr.-nlat.*⟩: (Philos.) Begleiterscheinung

E|pi|pha|rynx *der; -* ⟨*gr.-nlat.*⟩: (Med.) nasaler Abschnitt des Rachenraumes; Nasenrachenraum

E|pi|pher *die; -, -n:* ↑ Epiphora (2)

E|pi|pho|ra *die; -, ...rä* ⟨*gr.-lat.*⟩: 1. (Med.) Tränenfluss. 2. (Rhet., Stilk.) Wiederholung eines od. mehrerer Wörter am Ende aufeinander folgender Sätze od. Satzteile; Ggs. ↑ Anapher

E|pi|phyl|lum *das; -s, ...llen* ⟨*gr.-nlat.*⟩: Blattkaktus aus Brasilien

E|pi|phy|se *die; -, -n* ⟨*gr.;* „Zuwuchs, Ansatz"⟩: (Med., Biol.) 1. Zirbeldrüse der Wirbeltiere. 2. Gelenkstück der Röhrenknochen von Wirbeltieren u. vom Menschen

E|pi|phyt *der; -en, -en* ⟨*gr.-nlat.*⟩: (Bot.) Pflanze, die auf anderen Pflanzen wächst, sich aber selbstständig ernährt; Überpflanze

e|pi|ro|gen ⟨*gr.-nlat.*⟩: durch Epirogenese entstanden

E|pi|ro|ge|ne|se u. Epeirogenese *die; -, -n:* (Geol.) langsame, in großen Zeiträumen ablaufende Hebungen u. Senkungen größerer Erdkrustenteile; Kontinentaldrift

e|pi|ro|ge|ne|tisch: ↑ epirogen

E|pir|rhem u. E|pir|rhe|ma *das; -s, ...emata* ⟨*gr.;* „das Dazugesprochene"⟩: Dialogverse des Chors in der attischen Komödie; Ggs. ↑ Antepirrhem

e|pisch ⟨*gr.-lat.*⟩: a) die Epik betreffend; b) erzählerisch, erzählend; c) sehr ausführlich [berichtend]; nichts auslassend, alle Einzelheiten enthaltend

E|pi|sem *das; -s, -e* ⟨*gr.*⟩:

(Sprachw.) die Inhaltsseite eines ↑ Grammems

E|pi|se|mem *das; -s, -e:* (Sprachw.) die Bedeutung eines ↑ Tagmems, der kleinsten bedeutungstragenden grammatischen Form

E|pi|si|o|to|mie *die; -, ...ien* ⟨*gr.-nlat.*⟩: (Med.) Scheidendammschnitt (operativer Eingriff bei der Entbindung zur Vermeidung eines Dammrisses)

E|pi|sit *der; -en, -en* ⟨*gr.-nlat.*⟩: (Zool.) räuberisches Tier, das sich von anderen Tieren ernährt (z. B. Greifvogel)

E|pi|skle|ri|tis *die; -, ...itiden* ⟨*gr.-nlat.*⟩: (Med.) Entzündung des Bindegewebes zwischen Bindehaut u. ↑ Sklera

E|pi|s|kop *das; -s, -e* ⟨*gr.-nlat.*⟩: Bildwerfer für nicht durchsichtige Bilder (z. B. aus Büchern)

e|pi|s|ko|pal ⟨*gr.-lat.*⟩: bischöflich

E|pi|s|ko|pa|le *der* od. *die; -n, -n:* Anhänger[in] einer der protestantischen Kirchengemeinschaften mit bischöflicher Verfassung in England od. Amerika

E|pi|s|ko|pa|lis|mus *der;* ⟨*gr.-lat.-nlat.*⟩: kirchenrechtliche Auffassung, nach der das ↑ Konzil der Bischöfe über dem Papst steht; Ggs. ↑ Kurialismus u. ↑ Papalismus

E|pi|s|ko|pa|list *der; -en, -en:* Verfechter des Episkopalismus.

E|pi|s|ko|pa|lis|tin *die; -, -nen:* weibliche Form zu ↑ Episkopalist

E|pi|s|ko|pal|kir|che *die; -:* 1. nicht katholische Kirche mit bischöflicher Verfassung u. ↑ apostolischer Sukzession (z. B. die ↑ orthodoxe u. die anglikanische Kirche). 2. jede nicht katholische Kirche mit bischöflicher Leitung (z. B. die lutherischen Landeskirchen).

E|pi|s|ko|pat *der* od. *das; -[e]s; -e* ⟨*gr.-lat*⟩: a) Gesamtheit der Bischöfe [eines Landes]; b) Amt u. Würde eines Bischofs

e|pi|s|ko|pisch: ↑ episkopal

E|pi|s|ko|pus *der; -, -pi:* Bischof

E|pi|so|de *die; -, -n* ⟨*gr.-fr.*⟩: 1. flüchtiges Ereignis innerhalb eines größeren Geschehens; unbedeutende, belanglose Begebenheit. 2. Nebenhandlung, Zwischenstück in Dramen od. Romanen. 3. (Mus.) eingeschobener Teil zwischen erster u. zweiter Durchführung des Fugenthemas

e|pi|so|disch: dazwischengeschaltet, vorübergehend, nebensächlich

E|pi|s|pa|die *die; -, ...ien 〈gr.-nlat.〉:* (Med.) Fehlbildung der Harnröhre mit Öffnung an der Penisoberseite

E|pi|spas|ti|kum *das; -s, ...ka:* (Med.) a) Hautreizmittel; b) Mittel, um Eiter od. Gewebeflüssigkeit nach außen abzuleiten (Zugmittel)

E|pi|s|ta|se *die; -, -n 〈gr.〉:* (Biol.) das Zurückbleiben in der Entwicklung bestimmter Merkmale bei einer Art od. einer Stammeslinie gegenüber verwandten Formen

E|pi|s|ta|sie *die; -, ...ien u.* **E|pi|s|ta|sis** *die; -, ...asen:* (Med.) Überdeckung der Wirkung eines Gens durch ein anderes, das nicht zum gleichen Erbanlagenpaar gehört; vgl. Hypostase (5)

e|pi|s|ta|tisch: (Med.) die Wirkung eines Gens durch ein anderes überdeckend

E|pi|s|ta|xis *die; - 〈gr.〉:* (Med.) Nasenbluten

E|pi|s|tel *die; -, -n 〈gr.-lat.〉:* 1. Sendschreiben, Apostelbrief im Neuen Testament. 2. vorgeschriebene gottesdienstliche Lesung aus den neutestamentlichen Briefen u. der Apostelgeschichte; vgl. Perikope (1). 3. (ugs.) [kunstvoller] längerer Brief. 4. (ugs.) kritisch ermahnende Worte, Strafpredigt

e|pi|s|te|misch *〈gr.-engl.〉:* ↑ epistemologisch

E|pi|s|te|mo|lo|gie *die; - 〈gr.-nlat.〉:* Wissenschaftslehre, Erkenntnistheorie (bes. in der angelsächsischen Philosophie). **e|pi|s|te|mo|lo|gisch:** die Epistemologie betreffend, erkenntnistheoretisch

E|pi|s|to|lae ob|s|cu|ro|rum Vi|ro|rum *[...lɛ ...sku... v...] die* (Plural) *〈lat.〉:* Dunkelmännerbriefe (Sammlung erdichteter mittellateinischer Briefe scholastischer Gelehrter, z. B. Ulrich v. Huttens, die zur Verteidigung des Humanisten Reuchlin das Mönchslatein u. die erstarrte spätmittelalterliche Gelehrsamkeit verspotteten)

E|pi|s|to|lar *das; -s, -e u.* **E|pi|s|to|la|ri|um** *das; -s, ...ien 〈lat.-mlat.〉:* 1. liturgisches Buch (↑ Lektionar 1) mit den gottesdienstlichen ↑ Episteln (2) der Kirche. 2. Sammlung von Briefen bekannter Personen

E|pi|s|to|lo|gra|phie, auch: *...grafie die; -, ...ien 〈gr.-nlat.〉:* Kunst des Briefschreibens

e|pi|s|to|mal|tisch *〈gr.〉:* (Bot.) auf der Oberseite mit Spaltöffnungen versehen (von bestimmten Pflanzenöffnungen)

E|pi|s|tro|phe|us *der; - 〈gr.; „der Umdreher“〉:* (Med., Zool.) zweiter Halswirbel bei Reptilien, Vögeln, Säugetieren u. Menschen

E|pi|s|tyl *das; -s, -e 〈gr.-lat.〉 u.* **E|pi|s|ty|li|on** *das; -s, ...ien 〈gr.〉:* ↑ Architrav

E|pi|taph *das; -s, -e u.* **E|pi|ta|phi|um** *das; -s, ...ien 〈gr.-lat.〉:* 1. a) Grabschrift; b) Gedenktafel mit Inschrift für einen Verstorbenen an einer Kirchenwand od. an einem Pfeiler. 2. in der orthodoxen Kirche das am Karfreitag aufgestellte Christusbild

E|pi|ta|sis *die; -, ...asen 〈gr.-lat.; „Anspannung“〉:* der ↑ Protasis folgende Steigerung der Handlung zur dramatischen Verwicklung, bes. im dreiaktigen Drama

E|pi|ta|xie *die; -, ...ien 〈gr.-nlat.〉:* (Chem.) kristalline Abscheidung auf einem anderen [gleichartigen] Kristall

E|pi|tha|la|mi|on u. **E|pi|tha|la|mi|um** *das; -s, ...ien 〈gr.-lat.〉:* [antikes] Hochzeitslied, -gedicht

E|pi|thel *das; -s, -e 〈gr.-nlat.〉:* oberste Zellschicht der tierischen u. menschlichen Haut u. Schleimhautgewebes

e|pi|the|li|al: zum Epithel gehörend

E|pi|the|li|en *Plural von* ↑ Epithelium

E|pi|the|li|om *das; -s, -e:* (Med.) Hautgeschwulst aus Epithelzellen

E|pi|the|li|sa|ti|on *die; -:* (Med.) Bildung von Epithelgewebe

E|pi|the|li|um *das; -s, ...ien:* (Med.) abgeschuppte Schleimhautepithelzelle; vgl. Epithel

E|pi|thel|kör|per|chen *die* (Plural): Nebenschilddrüsen

E|pi|them *das; -s, -e 〈gr.〉:* pflanzli-

ches Gewebe (unterhalb der ↑ Hydathoden)

E|pi|the|se *die; -, -n 〈gr.; „das Darauflegen“〉:* Anfügung eines Lautes an ein Wort, meist aus Gründen der Sprecherleichterung (z. B. eines *d* in niemand; mittelhochd. *nieman*); vgl. Epenthese

E|pi|the|ta or|nan|tia: *Plural von* ↑ Epitheton ornans

E|pi|the|ton *das; -s, ...ta 〈gr.-lat.; „Hinzugefügtes“〉:* 1. (Sprachw.) als Attribut gebrauchtes Adjektiv od. Partizip (z. B. das *große* Haus). 2. in der biologischen Systematik der zweite Teil des Namens, der die Unterabteilungen der Gattung bezeichnet

E|pi|the|ton or|nans *das; - -, ...ta ...antia 〈gr.-lat.; lat.〉:* nur, schmückendes, d. h. typisierendes, formelhaftes, immer wiederkehrendes Beiwort (z. B. *grüne* Wiese, *rotes* Blut, *brennendes* Problem)

E|pi|to|kie *die; - 〈gr.-nlat.〉:* Umwandlung mancher Borstenwürmer zu anders gestalteten geschlechtsreifen Individuen

E|pi|to|ma|tor *der; -s, ...oren 〈gr.-nlat.〉:* Verfasser einer Epitome.

E|pi|to|me *die; -, ...omen 〈gr.-lat.〉:* Auszug aus einem Schriftwerk; wissenschaftlicher od. geschichtlicher Abriss (in der altrömischen u. humanistischen Literatur)

E|pi|tra|che|li|on *das; -s, ...ien 〈mgr.〉:* stolaartiges Band, das Priester und Bischöfe der Ostkirche beim Gottesdienst um den Hals tragen; vgl. Stola

E|pi|t|rit *der; -en, -en 〈gr.-lat.〉:* aus drei Längen u. einer Kürze bestehender altgriechischer Versfuß

E|pi|t|ro|pe *die; -, -n 〈gr.〉:* (Rhet.) scheinbares Zugeben, einstweiliges Einräumen. **e|pi|t|ro|pisch:** scheinbar zugestehend

E|pi|zen|t|ral|ent|fer|nung *die; -, -en 〈gr.-nlat.; dt.〉:* Entfernung zwischen Beobachtungsort u. Epizentrum

E|pi|zen|t|rum *das; -s, ...ren 〈gr.-nlat.〉:* senkrecht über einem Erdbebenherd liegendes Gebiet der Erdoberfläche

E|pi|zeu|xis *die; -, ...xes 〈gr.-lat.〉:* ↑ Epanalepse

e|pi|zo|isch *〈gr.-nlat.〉:* (Biol.) a) auf Tieren vorkommend, lebend (von Schmarotzern); b) sich durch Anheften an Menschen u. Tiere verbreitend (von Samen)

E|pi|zo|ne *die; - ⟨gr.-nlat.⟩:* (Geol.) obere Tiefenzone bei der ↑ Metamorphose (4) der Gesteine

E|pi|zo|on *das; -s, ...zo̱en u. ...zo̱a ⟨gr.-nlat.⟩:* auf Tiere beschränkte Bez. für Organismen, die auf Tieren leben, ohne bei diesen zu schmarotzen

E|pi|zo|o|no|se *die; -, -n:* durch Epizoen hervorgerufene Hautkrankheit

E|pi|zo|o|tie *die; -, ...i̱en:* 1. epidemisches Auftreten seuchenhafter Erkrankungen bei Tieren. 2. (Med.) durch tierische Parasiten hervorgerufene Hautkrankheit

E|pi|zy|kel *der; -s, - ⟨gr.;* „Nebenkreis")*:* Kreis, dessen Mittelpunkt sich auf einem anderen Kreis bewegt od. der auf einem anderen Kreis abrollt (in der Antike u. von Kopernikus zur Erklärung der Planetenbahnen benutzt)

E|pi|zy|k|lo|i̱|de *die; -, -n ⟨gr.-nlat.⟩:* Kurve, die ein Punkt eines Kreises beschreibt, der auf dem Umfang eines festen Kreises abrollt

E̱|po, EPO *das; -:* (ugs.) Kurzform von ↑ Erythropoietin

e|po|chal *⟨gr.-mlat.-nlat.⟩:* 1. a) über den Augenblick hinaus bedeutsam, in die Zukunft hineinwirkend; b) (ugs.) Aufsehen erregend; bedeutend. 2. (Päd.) die einzelnen Fächer nicht nebeneinander, sondern nacheinander zum Gegenstand habend

¹E|po|che *die; -, -n ⟨gr.-mlat.;* „das Anhalten (in der Zeit)")*:* 1. großer geschichtlicher Zeitabschnitt, dessen Beginn [u. Ende] durch einen deutlichen, einschneidenden Wandel der Verhältnisse, durch eine Wende o. Ä. gekennzeichnet ist. 2. (Astron.) Zeitpunkt des Standortes eines Gestirns

²E|po|che *die; - ⟨gr.⟩:* 1. das Ansichhalten, Zurückhalten des Urteils (bei den Skeptikern). 2. Abschaltung der Außenwelteinflüsse (bei dem Philosophen Husserl)

E|p|o|de *die; -, -n ⟨gr.-lat.;* „Nach-, Schlussgesang")*:* 1. [antike] Gedichtform, bei der auf einen längeren Vers ein kürzerer folgt. 2. in antiken Gedichten u. bes. in den Chorliedern der altgriechischen Tragödie auf ↑ Strophe (1) u. ↑ Antistrophe (2) folgender dritter Kompositionsteil, Abgesang

e|p|o|disch *⟨gr.⟩:* die Epode betreffend

E|p|o|nym *das; -s, -e ⟨gr.⟩:* Gattungsbezeichnung, die auf einen Personennamen zurückgeht (z. B. *Zeppelin* für Luftschiff)

E|p|o|pȫe [auch: ...'pø:] *die; -, -n ⟨gr.⟩:* (veraltet) Epos

E̱|p|os *das; -, E̱pen ⟨gr.-lat.⟩:* erzählende Versdichtung; Heldengedicht, das häufig Stoffe der Sage od. Geschichte behandelt

E|p|o|xid, auch: **E|p|o|xyd** *das; -s, -e ⟨gr.-nlat.⟩:* durch Anlagerung von Sauerstoff an ↑ Olefine gewonnene chemische Verbindung

E|p|rou|vette [epru'vɛt] *die; -, -n [...tn̩] ⟨lat.-fr.⟩:* (österr.) Reagenzglas

E̱p|si|lon *das; -[s], -s ⟨gr.⟩:* fünfter Buchstabe des griechischen Alphabets (kurzes e): E, ε

E|pu|lis *die; -, ...iden ⟨gr.⟩:* (Med.) Zahnfleischgeschwulst

E|qua|li|zer ['i:kwəlaɪzə] *der; -s, - ⟨lat.-engl.⟩:* [Zusatz]gerät an Verstärkern von Hi-Fi-Anlagen zur Verbesserung des Klangbildes

E|quer|re ['ɛkɛrə] *die; -, -s ⟨lat.-vulgärlat.-fr.⟩:* (schweiz.) Winkelmaß

E|ques̱|t|rik *die; - ⟨lat.-nlat.⟩:* Reitkunst (bes. im Zirkus)

E̱|qui|dae [...ɛ] u. **E|qui̱|den** *die* (Plural): pferdeartige Tiere (Pferd, Esel, Zebra u. a.)

e|qui|li|b|rie|ren usw. vgl. äquilibrieren usw.

E|qui|pa̱ge [ek(v)i'pa:ʒə] *die; -, -n ⟨altnord.-fr.⟩:* 1. elegante Kutsche. 2. (veraltet) Schiffsmannschaft. 3. (veraltet) Ausrüstung [eines Offiziers]

E|quipe [e'ki:p, e'kɪp] *die; -, -n:* ausgewählte Mannschaft, Team (bes. [Reit]sport)

e|qui|pie|ren [ek(v)i'pi:rən]: ausrüsten, ausstatten

E|quip|ment [ɪ'kwɪpmənt] *das; -s, -s ⟨fr.-engl.⟩:* technische Ausrüstung

E|qui|se̱|tum *das; -s, ...ten ⟨lat.⟩:* Schachtelhalm (einzige heute noch vorkommende Gattung der Schachtelhalmgewächse)

E̱r|bi|um *das; -s ⟨nlat.;* nach dem schwed. Ort Ytterby⟩*:* chem. Element aus der Gruppe der seltenen Erdmetalle; Zeichen: Er

E̱|re|bos [auch: 'ɛ...] *⟨gr.⟩* u. **E̱|re|bus** *⟨gr.-lat.⟩ der; -:* Unterwelt, Reich der Toten in der griechischen Sage

e|rek|ti̱l *⟨lat.-nlat.⟩:* (Med.) schwellfähig, erektionsfähig

E|rek|ti|o̱n *die; -, -en ⟨lat.;* „Aufrichtung")*:* durch Blutstauung entstehende Versteifung u. Aufrichtung von Organen, die mit Schwellkörpern versehen sind (wie z. B. das männliche Glied)

E|re|mi̱t *der; -en, -en ⟨gr.-lat.⟩:* aus religiösen Motiven von der Welt abgeschieden lebender Mensch; Klausner, Einsiedler; Ggs. ↑ Zönobit

E|re|mi|ta̱ge [eremi'ta:ʒə] *die; -, -n ⟨gr.-lat.-fr.⟩:* a) Einsiedelei; b) abseits gelegene Grotte od. Nachahmung einer Einsiedelei in Parkanlagen des 18. Jh.s.

E|re|mi̱|tei *die; -, -en ⟨gr.-lat.⟩:* Einsiedelei

E|re|mi̱|tin *die; -, nen:* weibliche Form zu ↑ Eremit

E|re|mu̱|rus *der; -, - ⟨gr.-nlat.⟩:* Lilienschweif, Steppenkerze (Liliengewächs; asiatische Zierpflanze)

E|rep|si̱n *das; -s ⟨Kunstw.⟩:* Eiweiß spaltendes Enzymgemisch des Darm- u. Bauchspeicheldrüsensekrets

e|re|thisch *⟨gr.-nlat.⟩:* (Med.) reizbar, leicht erregbar. **E|re|this̱|mus** *der; -:* (Med.) Gereiztheit, krankhaft gesteigerte Erregbarkeit

E̱rg *das; -s, - ⟨gr.⟩:* Einheit der Energie u. der Arbeit im ↑ CGS-System; Zeichen: erg

Er|ga|si|o|li|po|phyt *der; -en, -en (meist Plural) ⟨gr.-nlat.⟩:* ehemalige Kulturpflanze, die Teil der natürlichen Flora geworden ist

Er|ga|si|o|phy|go|phyt *der; -en, -en (meist Plural):* verwilderte Kulturpflanze

Er|ga|si|o|phyt *der; -en, -en (meist Plural):* Kulturpflanze

Er|gas|to|plas̱|ma *das; -s, ...men ⟨gr.-nlat.⟩:* Bestandteil des Zellplasmas einer Drüsenzelle, in dem intensive Eiweißsynthesen stattfinden

Er|ga|tiv [auch: ...'ti:f] *der;* -s, -e ⟨*gr.-nlat.*⟩: Kasus, der bei transitiven Verben den Handelnden bezeichnet (bes. in den kaukasischen Sprachen)

...er|gie s. Kasten ergo..., Ergo...

er|go ⟨*lat.*⟩: also, folglich

E

---

er|go..., Er|go...

⟨*gr.* érgon „Arbeit, Werk, Tat"⟩ Wortbildungselement mit der Bedeutung „Arbeit, Arbeitsleistung; funktionelle Tätigkeit von Organen":
– Ergologie
– ergonomisch
– Ergotherapie

...er|gie
die; -, ...ien (teilweise ohne Plural) ⟨*gr.* érgon „Arbeit, Werk, Tat" → ...ergía „Arbeit, Wirken"⟩ Wortbildungselement mit der Bedeutung „wirksame Funktion, wirksamer Bestandteil":
– Allergie
– Dysergie
– Energie
– Synergie

---

er|go bi|ba|mus: also lasst uns trinken! (Kehrreim von [mittelalterlichen] Trinkliedern)

Er|go|graph, auch: ...graf *der;* -en, -en ⟨*gr.-nlat.*⟩: (Med.) Gerät zur Aufzeichnung der Muskelarbeit. **Er|go|gra|phie,** auch: ...grafie *die;* -: (Med.) Aufzeichnung der Arbeitsleistung von Muskeln mittels eines Ergometers

Er|go|lo|gie *die;* -: a) Arbeits- u. Gerätekunde; b) Erforschung der volkstümlichen Arbeitsbräuche u. Arbeitsgeräte sowie deren kultureller Bedeutung. **er|go|lo|gisch:** die Ergologie betreffend

Er|go|me|ter *das;* -s, -: (Med.) Apparat zur Messung der Arbeitsleistung von Muskeln. **Er|go|me|t|rie** *die;* -: (Med.) Messung der körperlichen Leistungsfähigkeit eines Menschen mittels eines Ergometers. **er|go|me|trisch:** a) die Ergometrie betreffend; b) zum Ergometer gehörend

Er|gon *das;* -s, -e (meist Plural)

⟨*gr.-nlat.*⟩: hochwirksamer biologischer Wirkstoff (Hormon, Vitamin, Enzym)

Er|go|nom *der;* -en, -en: jmd., der sich wissenschaftlich mit Ergonomie befasst. **Er|go|no|mie** u. **Er|go|no|mik** *die;* - ⟨*gr.-nlat.-engl.*⟩: Wissenschaft von den Leistungsmöglichkeiten u. -grenzen des arbeitenden Menschen sowie der besten wechselseitigen Anpassung zwischen dem Menschen u. seinen Arbeitsbedingungen. **Er|go|no|min** *die;* -, -nen: weibliche Form zu ↑ Ergonom. **er|go|no|misch:** die Ergonomie betreffend

Er|go|s|te|rin *der;* -en, -en ⟨*gr.-nlat.*⟩: ↑ Ergometer

Er|go|s|te|rin *das;* -s ⟨Kurzw. aus *fr.* ergot „Mutterkorn" u. Cholesterin⟩: Vorstufe des Vitamins D₂

Er|go|s|te|rol *das;* -s: engl. Bez. für: Ergosterin

Er|go|t|a|min *das;* -s ⟨Kurzw. aus *fr.* ergot „Mutterkorn" u. ↑ Ammonium u. -in⟩: bes. zur Geburtserleichterung verwendetes ↑ Alkaloid aus dem Mutterkorn

Er|go|the|ra|peut *der;* -en, -en ⟨*gr.*⟩: jmd., der mit einer ärztlich verordneten Ergotherapie betraut ist. **Er|go|the|ra|peu|tin** *die;* -, -nen: weibliche Form zu ↑ Ergotherapeut. **Er|go|the|ra|pie** *die;* -, ...ien: (Soziol.; Med.) Beschäftigungstherapie, die auch Teile der Arbeitstherapie umfasst

Er|go|tin ® *die;* -s ⟨*fr.-nlat.*⟩: zur Geburtserleichterung verwendetes Präparat aus dem Mutterkorn (einem Getreideparasiten); vgl. Ergotren

Er|go|tis|mus *der;* -: Vergiftung durch Mutterkorn; Kribbelkrankheit

Er|go|to|xin *das;* -s ⟨*fr.; gr.-nlat.*⟩: ↑ Alkaloid des Mutterkorns; vgl. Ergotamin

Er|go|t|ren ® *das;* -s ⟨Kunstw.⟩: aus dem Ergotin weiterentwickeltes Präparat (zur raschen Blutstillung bei der Geburtshilfe)

er|go|trop ⟨*gr.-nlat.*⟩: (Med.) leistungssteigernd

e|ri|gi|bel ⟨*lat.-nlat.*⟩: ↑ erektil.

e|ri|gie|ren ⟨*lat.*⟩: a) sich aufrichten, versteifen; vgl. Erektion; b) eine Erektion haben

E|ri|ka *die;* -, -s u. ...ken ⟨*gr.-lat.*⟩: Heidekraut. **E|ri|ka|ze|e** *die;* -, ...zeen (meist Plural) ⟨*gr.-lat.-nlat.*⟩: Vertreter der Familie der Heidekrautgewächse (Heidekraut, Alpenrose, Azalee)

E|rin|no|phi|lie *die;* - ⟨dt.-gr.⟩: das Sammeln nicht postalischer Gedenkmarken (Teilgebiet der ↑ Philatelie)

E|ri|nn|ye [...nyə] u. **E|ri|nn|ys** *die;* -, ...yen [...nyan] (meist Plural) ⟨*gr.-lat.*⟩: griechische Rachegöttin; vgl. Furie (1)

E|ris|ap|fel *der;* -s ⟨nach Eris, der griech. Göttin der Zwietracht⟩: Zankapfel, Gegenstand des Streites

E|ris|tik *die;* - ⟨*gr.*⟩: Kunst u. Technik des [wissenschaftlichen] Streitgesprächs. **E|ris|ti|ker** *der;* -s, - (meist Plural): Philosoph aus der Schule des Eukleides von Megara mit dem Hang zum Disputieren, zum wissenschaftlichen Streiten. **e|ris|tisch:** die Eristik betreffend

e|ri|tis si|cut De|us ⟨*lat.*⟩: ihr werdet sein wie Gott (Worte der Schlange beim Sündenfall, 1. Mose 3, 5)

e|ro|die|ren ⟨*lat.*⟩: (Geol.) auswaschen u. zerstören

e|ro|gen ⟨*gr.-nlat.*⟩: a) geschlechtliche Erregung auslösend; b) geschlechtlich leicht erregbar, reizbar (z. B. erogene Körperstellen)

E|ro|ge|ni|tät *die;* -: Eigenschaft, erogen zu sein

e|ro|i|co ⟨*gr.-lat.-it.*⟩: (Mus.) heldisch, heldenmäßig (Vortragsanweisung)

E|ros [auch: 'ɛrɔs] *der;* - ⟨*gr.-lat.*⟩: griech. Gott der Liebe): 1. das der geschlechtlichen Liebe innewohnende Prinzip [ästhetisch-]sinnlicher Anziehung. 2. (verhüllend) Sexualität, geschlechtliche Liebe; **philosophischer Eros:** Drang nach Erkenntnis u. schöpferischer geistiger Tätigkeit; vgl. Eroten

E|ros|cen|ter *das;* -s, - ⟨*gr.-lat.; fr.-engl.*⟩: [behördlich genehmigtes u. kontrolliertes] Haus, in dem Prostitution betrieben wird; Bordell

E|ro|si|on *die;* -, -en ⟨*lat.*⟩: 1. (Geol.) zerstörende Wirkung von fließendem Wasser, von Eis u. Wind an der Erdoberfläche. 2. (Med.) a) Gewebeschaden an der Oberfläche der Haut u. der Schleimhäute (z. B. Abschürfung); b) das Fehlen od. Abschleifen des Zahnschmelzes. 3. (Techn.) mechanische Zerstörung feuerfester Baustoffe

E|ro|si|ons|ba|sis die; -, ...sen: tiefster Punkt eines Flusses bei seiner Mündung

e|ro|siv ⟨lat.-nlat.⟩: a) die Erosion betreffend; b) durch Erosion entstanden

E|ros|tess die; -, -en ⟨Kunstw. aus ↑ Eros u. ↑ Hostess⟩: ↑ Prostituierte

E|ro|te|ma das; -s, ...temata ⟨gr.⟩: Frage, Fragesatz. **E|ro|te|ma|tik** die; -: a) Kunst der richtigen Fragestellung; b) Unterrichtsform, bei der gefragt u. geantwortet wird. **e|ro|te|ma|tisch:** hauptsächlich auf Fragen des Lehrers beruhend (vom Unterricht); vgl. akroamatisch (3)

E|ro|ten die (Plural) ⟨gr.⟩: allegorische Darstellungen geflügelter Liebesgötter, meist in Kindergestalt; vgl. Eros

E|ro|til|cal [...k]] das; -s, -s ⟨Kunstw. aus Erotik u. ↑ Musical⟩: Bühnenstück, Film mit erotischem Inhalt

E|ro|tik die; - ⟨gr.-fr.⟩: a) mit sensorischer Faszination erlebte, den geistig-seelischen Bereich einbeziehende sinnliche Liebe; b) (verhüllend) Sexualität

E|ro|ti|ka: Plural von ↑ Erotikon

E|ro|ti|ker der; -s, -: a) Verfasser von Erotika; b) sinnlicher Mensch. **E|ro|ti|ke|rin** die; -, -nen: weibliche Form zu ↑ Erotiker

E|ro|ti|kon das; -s, ...ka u. ...ken ⟨gr.⟩: 1. Werk, Dichtung mit erotischem Inhalt. 2. im Hinblick auf sexuelle Betätigung anregendes Mittel

e|ro|tisch ⟨gr.-fr.⟩: a) die Liebe betreffend in ihrer [ästhetisch-] sinnlichen Anziehungskraft; b) (verhüllend) sexuell

e|ro|ti|sie|ren ⟨gr.-nlat.⟩: durch ästhetisch-sinnliche Reize sinnliches Verlangen hervorrufen, wecken

E|ro|tis|mus u. **E|ro|tiz|is|mus** der; -: Überbetonung des Erotischen

E|ro|to|lo|gie die; - ⟨gr.⟩: a) wissenschaftliche Beschäftigung mit den verschiedenen Erscheinungsformen der Erotik u. ihren inneren Voraussetzungen; b) Liebeslehre

E|ro|to|ma|ne der u. die; -n, -n ⟨gr.⟩: (Med., Psychol.) jmd., der an Erotomanie leidet. **E|ro|to|ma|nie** die; -: (Med., Psychol.) krankhaft übersteigertes sexuelles Verlangen. **E|ro|to|ma|nin** die; -, -nen: weibliche Form zu ↑ Erotomane

er|ra|re hu|ma|num est ⟨lat.⟩: Irren ist menschlich (als eine Art Entschuldigung, wenn jmd. irrtümlich etwas Falsches gemacht hat)

Er|ra|ta: Plural von ↑ Erratum

er|ra|tisch ⟨lat.; „verirrt, zerstreut"⟩: vom Ursprungsort weit entfernt; **erratischer Block:** (Geol.) Gesteinsblock (Findling) in ehemals vergletscherten Gebieten, der während der Eiszeit durch das Eis dorthin gelangte

Er|ra|tum das; -s, ...ta ⟨lat.; „Irrtum"⟩: Druckfehler

Er|rhi|num das; -s, ...rhina ⟨gr.⟩: Nasen-, Schnupfenmittel

E|ru|di|ti|on die; - ⟨lat.⟩: (veraltet) Gelehrsamkeit

e|ru|ie|ren ⟨lat.; „herausgraben, zutage fördern"⟩: a) etwas durch gründliche Untersuchungen herausfinden; b) jmdn. ermitteln, ausfindig machen. **E|ru|ie|rung** die; -, -en: das Eruieren

E|ruk|ta|ti|on die; -, -en ⟨lat.⟩: (Med.) [nervöses] Aufstoßen, Rülpsen; vgl. Efflation. **e|ruk|tie|ren:** (Med.) aufstoßen, rülpsen

e|rup|tie|ren ⟨lat.; „hervorbrechen"⟩: (Geol.) ausbrechen (z. B. von Asche, Lava, Gas, Dampf). **E|rup|ti|on** die; -, -en: 1. a) (Geol.) vulkanischer Ausbruch von Lava, Asche, Gas, Dampf; b) Gasausbruch auf der Sonne. 2. (Med.) a) Ausbruch eines Hautausschlages; b) Hautausschlag

e|rup|tiv ⟨lat.-nlat.⟩: 1. (Geol.) durch Eruption entstanden. 2. (Med.) aus der Haut hervortretend

E|rup|tiv|ge|stein das; -[e]s, -e: (Geol.) Ergussgestein

E|ry|si|pel das; -s u. **E|ry|si|pe|las** das; - ⟨gr.-lat.⟩: (Med.) Rose, Wundrose

E|ry|si|pe|lo|id das; -s ⟨gr.-nlat.⟩: (Med.) auf den Menschen übertragbare Form des Rotlaufs

E|ry|thea die; -, ...theen ⟨nlat.;

nach der aus dem griech. Heraklessage bekannten Insel Erytheia (Südspanien)⟩: Palmengattung aus Mittelamerika (auch als Zimmerpflanze)

E|ry|them das; -s, -e ⟨gr.; „Röte"⟩: (Med.) entzündliche Rötung der Haut infolge verstärkter Durchblutung durch Gefäßerweiterung

E|ry|th|rä|mie die; -, ...ien ⟨gr.⟩: (Med.) eine Blutkrankheit

E|ry|th|ras|ma das; -s, ...men: (Med.) Zwergflechte (Pilzerkrankung der Haut)

¹E|ry|th|rin das; -s, -e: 1. ein organischer Farbstoff. 2. in verschiedenen Flechtenarten vorkommender ↑ Ester des ↑ Erythrits

²E|ry|th|rin der; -s: Kobaltblüte, pfirsichblütenrotes Mineral

E|ry|th|ris|mus der; -, ...men ⟨gr.-nlat.⟩: 1. Rotfärbung bei Tieren. 2. (Med.) Rothaarigkeit beim Menschen

E|ry|th|rit [auch: ...ˈrɪt] der; -[e]s, -e: einfachster vierwertiger Alkohol

E|ry|th|ro|blast der; -en, -en: (Med.) kernhaltige Jugendform (unreife Vorstufe) der roten Blutkörperchen. **E|ry|th|ro|blas|to|se** die; -, -n: (Med.) auf dem Auftreten von Erythroblasten im Blut beruhende Erkrankung (bei ↑ Anämie, ↑ Leukämie)

E|ry|th|ro|der|mie die; -, ...ien: (Med.) länger dauernde, oft schwere, ausgedehnte Hautentzündung mit Rötung, Verdickung u. Schuppung

E|ry|th|ro|ly|se die; -: (Med.) Auflösung der roten Blutkörperchen

E|ry|th|ro|me|l|al|gie die; -, ...ien: (Med.) schmerzhafte Schwellung u. Rötung der Gliedmaßen, bes. der Füße

E|ry|th|ro|mit der; -en, -en (meist Plural): (Med.) bei schwerer ↑ Anämie in roten Blutkörperchen nachweisbares fadenförmiges Gebilde

E|ry|th|ro|my|zin fachspr.: Erythromycin [...ˈtsiːn] das; -s: ↑ Antibiotikum mit breitem Wirkungsbereich

E|ry|th|ro|pa|thie die; -, ...ien (meist Plural): (Med.) Blutkrankheit, die meist mit einer Schädigung od. Fehlbildung der roten Blutkörperchen verbunden ist

E|ry|th|ro|pha|ge der; -n, -n (meist Plural): (Med.) den Abbau der roten Blutkörperchen einleitender ↑ Makrophage

E|ry|th|ro|pho|bie die; -: 1. (Psychol.) krankhafte Angst zu erröten. 2. (Med.) krankhafte Angst vor roten Gegenständen

E|ry|th|ro|pla|sie die; -, ...ien: (Med.) auf Wucherung beruhende rötlich braune Verdickung mit höckeriger, zur Verhornung neigender Oberfläche, die auf verschiedenen Schleimhäuten auftreten kann

E|ry|th|ro|po|e|se die; -: (Med.) Bildung od. Entstehung der roten Blutkörperchen. **e|ry|th|ro-po|e|tisch:** (Med.) die Bildung od. Entstehung der roten Blutkörperchen betreffend

E|ry|th|ro|po|i|e|tin das; -s: (Med.) Medikament, das die Bildung roter Blutkörperchen fördert u. das wegen seiner die Ausdauer verbessernden Wirkung auch als Mittel zum Doping verwendet wird

E|ry|th|rop|sie die; -, ...ien: (Med.) Sehstörung, bei der die vom Auge fixierten Gegenstände rötlich erscheinen; Rotsehen

E|ry|th|ro|sin das; -s: künstlicher Farbstoff, der als ↑ Sensibilisator verwendet wird

E|ry|th|ro|zyt der; -en, -en: (Med.) rotes Blutkörperchen

E|ry|th|ro|zy|to|ly|se die; -: ↑ Erythrolyse

E|ry|th|ro|zy|to|se die; -: (Med.) krankhafte Vermehrung der roten Blutkörperchen

Es|cal|lopes [eskaˈlɔp(s)] die (Plural) ⟨fr.⟩: dünne, gebratene Fleisch-, Geflügel- od. Fischscheibchen

Es|cape|tas|te [ɪsˈkeɪp...] die; -, -n ⟨engl.; dt.⟩: Taste auf der Computertastatur für Befehle wie „Menü verlassen", „Befehl abbrechen" o. Ä.

Es|cha|to|lo|gie [ɛsça...] die; - ⟨gr.-nlat.⟩: Lehre von den letzten Dingen, d. h. vom Endschicksal des einzelnen Menschen u. der Welt. **es|cha|to|lo|gisch:** die letzten Dinge, die Eschatologie betreffend

Esch|scholt|zia die; -, ...ien ⟨nlat.; nach dem deutschbaltischen Naturforscher J. F. Eschscholtz, 1793–1831⟩: Goldmohn, Gattung der Mohngewächse

Es|cu|do der; -[s], -[s] ⟨port.⟩: portugiesische Währungseinheit; Abk.: Es, Esc

...esk

⟨it. ...esco, ...esca u. fr. ...esque „in der Art von"⟩
Suffix für Adjektive mit der Bedeutung „in der Art von"; oft in Verbindung mit einem Namen:
– chaplinesk
– kafkaesk
– romanesk

Es|ka|der die; -, -s ⟨lat.-vulgärlat.-it.-fr.⟩: (veraltet) [Schiffs]geschwader, -verband

Es|ka|d|ron die; -, -en: ↑ Schwadron

Es|ka|la|de die; -, -n ⟨fr.⟩: Erstürmung einer Festung mit Sturmleitern. **es|ka|la|die|ren:** 1. eine Festung mit Sturmleitern erstürmen. 2. eine Eskaladierwand überwinden

Es|ka|la|dier|wand die; -, ...wände: Hindernis- u. Kletterübungen

Es|ka|la|ti|on die; -, -en ⟨fr.-engl.⟩: der jeweiligen Notwendigkeit angepasste allmähliche Steigerung, Verschärfung, insbesondere beim Einsatz militärischer od. politischer Mittel; Ggs. ↑ Deeskalation; vgl. ...ation/...ierung. **es|ka|lie|ren:** a) stufenweise steigern, verschärfen; b) durch ↑ Eskalation steigern, verschärfen; c) sich [allmählich] steigern, verschärfen, ausweiten; Ggs. ↑ deeskalieren. **Es|ka|lie|rung** die; -, -en: ↑ Eskalation; vgl. ...ation/...ierung

Es|ka|mo|ta|ge [ɛskamoˈtaːʒə] die; -, -n ⟨lat.-span.-fr.⟩: Taschenspielertrick, Zauberkunststück

Es|ka|mo|teur [...ˈtøːɐ] der; -s, -e: (veraltet) Taschenspieler, Zauberkünstler

es|ka|mo|tie|ren: a) durch einen [Taschenspieler]trick verschwinden lassen; wegzaubern; b) durch gezwungene Erklärungen scheinbar zum Verschwinden bringen; weginterpretieren

Es|ka|pa|de die; -, -n ⟨lat.-it.-fr.⟩: 1. falscher Sprung eines Dressurpferdes. 2. mutwilliger Streich, Seitensprung, Abenteuer, abenteuerlich-eigenwillige Unternehmung

Es|ka|pis|mus der; - ⟨lat.-vulgärlat.-fr.-engl.⟩: (Psychol.) a) [Hang zur] Flucht vor der Wirklichkeit u. den realen Anforderungen des Lebens in eine imaginäre Scheinwirklichkeit; b) Zerstreuungs- u. Vergnügungssucht, bes. in der Folge einer bewussten Abkehr von eingefahrenen Gewohnheiten u. Verhaltensmustern. **es|ka|pis|tisch:** (Psychol.) a) vor der Wirklichkeit u. den realen Anforderungen des Lebens in eine imaginäre Scheinwelt flüchtend; b) zerstreuungs- u. vergnügungssüchtig im Sinne des Eskapismus (b)

Es|ka|ri|ol der; -s ⟨lat.-it.-fr.⟩: (Bot.) Winterendivie

Es|kar|pe die; -, -n ⟨fr.⟩: innere Grabenböschung bei Befestigungen. **es|kar|pie|ren:** Böschungen steil machen (bei Befestigungen)

Es|kar|pin [...pɛ̃ː] der; -s, -s ⟨it.-fr.⟩: leichter Schuh, bes. der zu Seidenhosen u. Strümpfen getragene Schnallenschuh der Herren im 18. Jh.

Es|ki|mo der; -[s], -[s] ⟨indian.-engl.⟩: 1. Angehöriger eines in arktischen u. subarktischen Gebieten lebenden mongoliden Volkes; ↑ Inuit. 2. (ohne Plural) schwerer Mantelstoff. **es|ki|mo-isch:** nach Art der Eskimos (1)

es|ki|mo|tie|ren: nach Art der Eskimos im Kajak unter dem Wasser durchdrehen u. in die aufrechte Lage zurückkehren

Es|komp|te [ɛsˈkõːt] der; -s, -s ⟨lat.-it.-fr.⟩: 1. Rabatt, Preisnachlass bei Barzahlung. 2. ↑ Diskont. **es|komp|tie|ren:** 1. Preisnachlass gewähren. 2. den Einfluss eines Ereignisses auf den Börsenkurs im Voraus einkalkulieren u. den Kurs entsprechend gestalten

Es|ko|ri|al|schaf das; -[e]s, -e ⟨nach dem span. Schloss Escorial⟩: spanisches Tuchwollschaf, von dem die bekannten Merinoschafe abstammen

Es|kor|te die; -, -n ⟨lat.-vulgärlat.-it.-fr.⟩: Geleit, [militärische] Schutzwache, Schutz, Gefolge. **es|kor|tie|ren:** (Milit.) schützend, bewachend od. ehrend geleiten

Es|ku|do vgl. Escudo

Es|me|ral|da *die; -, -s ⟨span.⟩:* spanischer Tanz

E|sol|te|rik *die; - ⟨gr.⟩:* 1. esoterische Geisteshaltung, esoterisches Denken. 2. esoterische Beschaffenheit einer Lehre o. Ä. 3. [Geheim]lehre mit astrologischen, okkultistischen u. religiösen Elementen. **E|sol|te|ri|ker** *der; -s, -:* jmd., der in die Geheimlehren einer Religion, Schule od. Lehre eingeweiht ist; Ggs. ↑ Exoteriker. **E|sol|te|ri|kerin** *die; -, -nen:* weibliche Form zu ↑ Esoteriker. **e|sol|te|risch:** 1. nur für Eingeweihte einsichtig, [geistig] zugänglich. 2. die ↑ Esoterik (3) betreffend, dazu gehörend

Es|pa|da *der; -s, -s ⟨lat.-span.; „Degen"⟩:* spanischer Stierkämpfer

Es|pa|d|rille [...'dri:j] *die; -, -s* [...'dri:j] *⟨gr.-lat.-span.-fr.⟩:* Leinenschuh mit einer Sohle aus Espartogras [der mit Bändern kreuzweise um den unteren Teil der Waden geschnürt wird]

Es|pa|g|no|le [ɛspanˈjoːlə] *die; -, -n ⟨fr.⟩:* spanischer Tanz

Es|pa|g|no|let|te [...joˈlɛtə] *die; -, -n ⟨fr.⟩* u. **Es|pa|g|no|lette|verschluss** [...joˈlɛt...] *der; -es, ...schlüsse:* Drehstangenverschluss für Fenster

Es|par|set|te *die; -, -n ⟨lat.-provenzal.-fr.⟩:* kleeartige Futterpflanze auf kalkreichen Böden

Es|par|to *der; -s, -s ⟨span.⟩* u. **Es|par|to|gras** *das; -es, ...gräser:* a) in Spanien u. Algerien wild wachsendes Steppengras; b) das zähe Blatt des Espartograses, das bes. zur Papierfabrikation verwendet wird; vgl. Alfa, Halfa

Es|pé|rance [ɛspeˈrãːs] *die; -, -n ⟨lat.-fr.⟩:* Glücksspiel mit zwei Würfeln

Es|pe|ran|tist *der; -en, -en ⟨lat.-nlat.⟩:* jmd., der Esperanto sprechen kann. **Es|pe|ran|tis|tin** *die; -, -nen:* weibliche Form zu ↑ Esperantist

Es|pe|ran|to *das; -[s] ⟨nach dem Pseudonym „Dr. Esperanto" „der Hoffende" des poln. Erfinders Zamenhof, 1859–1917⟩:* übernationale, künstliche Weltsprache

Es|pe|ran|to|lo|ge *der; -n, -n:* Wissenschaftler, der sich mit Sprache und Literatur des Esperanto beschäftigt. **Es|pe|ran|to-**

lo|gie *die; -:* Wissenschaft von Sprache und Literatur des Esperanto. **Es|pe|ran|to|lo|gin** *die; -, -nen:* weibliche Form zu ↑ Esperantologe

Es|pi|ne|l|la *die; -, -s ⟨span.; nach dem spanischen Dichter Espinel⟩:* spanische Gedichtform (Form der ↑ Dezime 2)

es|pi|ran|do *⟨lat.-it.⟩:* (Mus.) verhauchend, ersterbend, verlöschend (Vortragsanweisung)

Es|p| la|na|de *die; -, -n ⟨lat.-it.-fr.⟩:* freier Platz, der meist durch Abtragung alter Festungswerke entstanden ist

Es|pres|si: *Plural von* ↑ ¹Espresso (2)

es|pres|si|vo *⟨lat.-it.⟩:* (Mus.) ausdrucksvoll (Vortragsanweisung). **Es|pres|si|vo** *das; -s od. ...vi:* ausdrucksvolle Gestaltung in der Musik

¹Es|pres|so *der; -[s], -s od. ...ssi:* 1. (ohne Plural) sehr dunkel gerösteter Kaffee. 2. in einer Spezialmaschine zubereiteter, sehr starker Kaffee

²Es|pres|so *das; -[s], -s:* kleine Kaffeestube, kleines Lokal, in dem u. a. ¹Espresso (2) serviert wird

Es|p| rit [ɛsˈpriː] *der; -s ⟨lat.-fr.⟩:* geistreiche Art; feine, witzigeinfallsreiche Geistesart

Es|p| rit de Corps [ɛspriˈdkɔːr] *der; - - - ⟨fr.⟩:* Korpsgeist, Standesbewusstsein

Es|qui|re [ɪsˈkwaɪə] *der; -s, -s ⟨lat.-fr.-engl.⟩:* englischer Höflichkeitstitel; Abk.: Esq.

Es|sä|er *die (Plural):* ↑ Essener

Es|say [ˈɛse, auch: ɛˈseː] *der od. das; -s, -s ⟨lat.-fr.-engl.⟩:* Abhandlung, die eine literarische od. wissenschaftliche Frage in knapper u. anspruchsvoller Form behandelt

Es|say|ist *der; -en, -en:* Verfasser von Essays. **Es|say| is|tik** *die; -, -:* Kunstform des Essays. **Es|say|is| tin** *die; -, -nen:* weibliche Form zu ↑ Essayist. **es|say| is|tisch:** a) den Essay charakteristisch; von der Form, Art eines Essays

Es|se *das; - ⟨lat.⟩:* (Philos.) Sein, Wesen

Es|se|ner *die (Plural) ⟨hebr.-gr.⟩:* altjüdische Sekte (etwa um l50 v. Chr. bis 70 n. Chr.) mit einem Gemeinschaftsleben nach Art von Mönchen

Es|sen|tia *die; - ⟨lat.⟩:* (Philos.) Essenz (4), Wesen, Wesenheit; Ggs. ↑ Existentia

es|sen|ti|al vgl. essenzial

Es|sen|tial [ɪˈsɛnʃəl] *das; -s, -s (meist Plural) ⟨lat.-engl.⟩:* wesentlicher Punkt; unentbehrliche Sache

Es|sen|ti|a|li|en vgl. Essenzialien

es|sen|ti|ell vgl. essenziell

Es|senz *die; -, -en ⟨lat.⟩:* 1. wesentlichster Teil, Kernstück. 2. konzentrierter Duft- od. Geschmacksstoff aus pflanzlichen od. tierischen Substanzen. 3. stark eingekochte Brühe zur Verbesserung von Speisen. 4. Wesen, Wesenheit einer Sache

es|sen|zi|al, auch: essential *⟨lat.-mlat.⟩:* essenziell (1)

Es|sen|zi|a|li|en, auch: Essentialien (Plural) *⟨lat.-mlat.⟩:* Hauptpunkte bei einem Rechtsgeschäft; Ggs. ↑ Akzidentalien

es|sen|zi|ell, auch: essentiell *⟨lat.-fr.⟩:* 1. a) wesentlich, hauptsächlich; b) (Philos.) wesensmäßig. 2. (Chem., Biol.) lebensnotwendig. 3. (Med.) selbstständig (von Krankheitserscheinungen, die nicht symptomatisch für bestimmte Krankheiten sind, sondern ein eigenes Krankheitsbild darstellen)

Es|se|xit [auch: ...'ksɪt] *der; -s, -e ⟨nlat.; nach der Landschaft Essex County in Massachusetts/USA⟩:* ein Tiefengestein

Es|sig|ä| ther *der; -s:* technisch vielfach verwendete organische Verbindung (Äthylazetat), eine angenehm u. erfrischend riechende, klare Flüssigkeit

Es|siv *der; -s ⟨lat.-nlat.⟩:* Kasus in den finnisch-ugrischen Sprachen, der ausdrückt, dass sich etwas in einem Zustand befindet

Es| tab| lish|ment [ɪsˈtæblɪʃmənt] *das; -s, -s ⟨engl.⟩:* a) Oberschicht der politisch, wirtschaftlich od. gesellschaftlich einflussreichen Personen; b) (abwertend) etablierte bürgerliche Gesellschaft, die auf Erhaltung des Status quo bedacht ist

Es| ta|fet|te *die; -, -n ⟨germ.-it.-fr.⟩:* (veraltet) [reitender] Eilbote

Es| ta|ka|de *die; -, -n ⟨germ.-roman.⟩:* 1. Rohr-, Gerüstbrücke.

2. Pfahlwerk zur Sperrung von Flusseingängen od. Häfen

Es|ta|min *das; -[s]:* ↑ Etamin

Es|ta|mi|net [...ˈneː] *das; -[s], -s* ⟨fr.⟩: (veraltet) a) kleines Kaffeehaus; b) Kneipe

E|s|tam|pe [ɛsˈtã:p(ə)] *die; -, -n* ⟨germ.-it.-fr.⟩: von einer Platte gedruckte Abbildung

E|s|tan|zia *die; -, -s* ⟨lat.-span.⟩: südamerikanisches Landgut [mit Viehwirtschaft]

Es|ter *der; -s, -* ⟨Kunstw. aus *Essigäther*⟩: (Chem.) organische Verbindung aus der Vereinigung von Säuren mit Alkoholen unter Abspaltung von Wasser

Es|te|ra|se *die; -, -n* ⟨nlat.⟩: (Chem.) Fett spaltendes Enzym

Es|til ® *das; -s* ⟨Kunstw.⟩: intravenöses Kurznarkotikum

es|tin|gu|en|do [...ɪŋˈguɛndo] ⟨lat.-it.⟩ (Mus.) verlöschend, ausgehend, ersterbend (Vortragsanweisung)

es|tin|to (Mus.) erloschen, verhaucht (Vortragsanweisung)

Es|to|mi|hi ⟨lat.; nach dem Eingangsvers des Gottesdienstes, Psalm 31, 3: „Sei mir (ein starker Fels)"⟩: letzter Sonntag vor der Passionszeit; vgl. Quinquagesima (1)

Es|t|ra|de *die; -, -n* ⟨lat.-it.-fr.; „gepflasterter Weg"⟩: 1. erhöhter Teil des Fußbodens (z. B. vor einem Fenster). 2. (regional) volkstümliche künstlerische Veranstaltung mit gemischtem musikalischem u. artistischem Programm

Es|t|ra|den|kon|zert *das; -[e]s, -e:* ↑ Estrade (2)

Es|t|ra|gon *der; -s* ⟨arab.-mlat.-fr.⟩: Gewürzpflanze (Korbblütler)

Es|t|ran|ge|lo *die; -* ⟨gr.-syr.⟩: alte kursive syrische Schrift

Es|t|re|ma|du|ra|garn, auch: **Es|t-re|ma|du|ra** *das; -s* ⟨nach der span. Landschaft Estremadura⟩: glattes Strick- od. Häkelgarn aus Baumwolle

et ⟨lat.⟩: und; Zeichen (in Firmennamen): &; vgl. Et-Zeichen

E|ta *das; -[s], -s* ⟨gr.⟩: siebter Buchstabe des griechischen Alphabets (langes E): H, η

e|ta|b|lie|ren ⟨lat.-fr.⟩: 1. einrichten, gründen (z. B. eine Fabrik). 2. sich etablieren: a) sich niederlassen, sich selbstständig machen (als Geschäftsmann);

b) sich irgendwo häuslich einrichten; sich eingewöhnen; c) einen sicheren Platz innerhalb einer Ordnung od. Gesellschaft einnehmen (z. B. von politischen Gruppen)

E|ta|b|lis|se|ment [...ˈmã:, schweiz.: ...ˈment] *das; -s, -s u.* (schweiz.:) *-e:* 1. Unternehmen, Niederlassung, Geschäft, Betrieb. 2. a) kleineres, gepflegtes Restaurant; b) Vergnügungsstätte, [zweifelhaftes] [Nacht]lokal; c) (verhüllend) Bordell

E|ta|ge [eˈtaːʒə] *die; -, -n* ⟨lat.-vulgärlat.-fr.⟩: Stockwerk, [Ober]geschoss

E|ta|ge|re [...ˈʒeːrə] *die; -, -n:* 1. a) Gestell für Bücher od. für Geschirr; b) meist drei verschieden große, übereinander angeordnete, mit einem Stab in der Mitte verbundene Teller od. Schalen für Obst, Gebäck o. Ä. 2. aufhängbare, mit Fächern versehene Kosmetiktasche

E|ta|la|ge [...laˈʒə] *die; -, -n* ⟨germ.-fr.⟩: (veraltet) das Ausstellen, Aufbauen von Ware [im Schaufenster]

e|ta|lie|ren: (veraltet) ausstellen

E|ta|lon [...lõː] *der; -s, -s* ⟨fr.⟩: Normalmaß, Eichmaß

E|ta|lon|na|ge [...ˈnaːʒə] *die; -, -n:* (Filmw.) Steuerung der Stärke u. der Zusammensetzung des Kopierlichtes in der Kopiermaschine

E|ta|min *das, bes. österr. auch: der; -[s] u.* **E|ta|mi|ne** *das; -* ⟨lat.-vulgärlat.-fr.⟩: gitterartiges, durchsichtiges Gewebe [für Vorhangstoffe]

E|tap|pe *die; -, -n* ⟨niederl.-fr.; „Warenniederlage"⟩: 1. a) Teilstrecke, Abschnitt eines Weges; b) [Entwicklungs]stadium, Stufe. 2. (Milit.) [Nachschub]gebiet hinter der Front

E|tap|pen|schwein *das; -[e]s, -e:* (derb abwertend) Soldat, der in der Etappe (2) bleibt

E|tat [eˈtaː] *der; -s, -s* ⟨lat.-fr.⟩: 1. a) [Staats]haushaltsplan; b) [Geld]mittel, die über einen begrenzten Zeitraum für bestimmte Zwecke zur Verfügung stehen. 2. durch einen Probedruck festgehaltener Zustand der Platte während der Entstehung eines Kupferstiches

e|ta|ti|sie|ren: einen Posten in den Staatshaushalt aufnehmen

E|ta|tis|mus *der; -:* 1. bestimmte Form der Planwirtschaft, in der die staatliche Kontrolle nur in den wichtigsten Industriezweigen (z. B. Tabakindustrie) wirksam wird. 2. eine ausschließlich auf das Staatsinteresse eingestellte Denkweise. 3. (schweiz.) Stärkung der Zentralgewalt des Bundes gegenüber den Kantonen. **e|ta|tis|tisch:** a) den Etatismus betreffend; b) in der Art des Etatismus

É|tats gé|né|raux [etaʒeneˈro] *die* (Plural): (hist.) die französischen Generalstände (Adel, Geistlichkeit, Bürgertum) bis zum 18. Jh.

E|ta|zis|mus *der; -* ⟨gr.-nlat.⟩: Aussprache des [alt]griechischen Eta wie langes e; vgl. Itazismus

et ce|te|ra ⟨lat.; „und die übrigen (Sachen)"⟩: und so weiter; Abk.: etc. **et ce|te|ra pp.** ⟨pp. = Abk. von *lat.* perge, perge: „fahre fort, fahre fort"⟩: (verstärkend) und so weiter, und so weiter

et cum spi|ri|tu tuo ⟨lat.; „und mit deinem Geiste"⟩: Antwort der Gemeinde auf den Gruß ↑ Dominus vobiscum

e|te|pe|te|te ⟨niederd. od. fr.⟩: (ugs.) a) geziert, zimperlich, übertrieben empfindlich; b) steif u. konventionell, nicht ungezwungen, nicht aufgeschlossen

e|ter|ni|sie|ren ⟨lat.-fr.⟩: (veraltet) verewigen; in die Länge ziehen

E|ter|nit ® [auch: ...ˈnɪt] *das od. der; -s* ⟨lat.-nlat.⟩: wasserundurchlässiges u. feuerfestes Material, Asbestzement

E|te|si|en *die* (Plural) ⟨gr.-lat.⟩: von April bis Oktober gleichmäßig wehende, trockene Nordwestwinde im östlichen Mittelmeer

E|te|si|en|kli|ma *das; -s:* Klima mit trockenem, heißem Sommer u. mildem Winter mit Niederschlägen

E|than vgl. Äthan

E|tha|nal vgl. Äthanal

E|tha|no|graph vgl. Äthanograph

E|tha|nol vgl. Äthanol

E|then vgl. Äthen

E|ther vgl. Äther (2)

E|thik *die; -, -en* ⟨gr.-lat.⟩: 1. a) (Philos.) Lehre vom sittlichen Wollen u. Handeln des

Menschen in verschiedenen Lebenssituationen; b) die Ethik (1 a) darstellendes Werk. 2. (ohne Plural) [allgemein gültige] Normen u. Maximen der Lebensführung, die sich aus der Verantwortung gegenüber anderen herleiten. **E|thi|ker** *der;* -s, -: a) Lehrer der philosophischen Ethik; b) Begründer od. Vertreter einer ethischen Lehre; c) jmd., der in seinem Wollen u. Handeln von ethischen Grundsätzen ausgeht. **E|thi|ke|rin** *die;* -, -nen: weibliche Form zu ↑ Ethiker
E|thi|ko|the|o|lo|gie *die;* - ⟨*gr.*⟩: (nach Kant) Schluss von dem moralischen Gesetz in uns auf Gott als dessen Urheber
E|thin vgl. Äthin
e|thisch ⟨*gr.-lat.*⟩: 1. die Ethik betreffend. 2. die von Verantwortung u. Verpflichtung anderen gegenüber getragene Lebensführung, -haltung betreffend, auf ihr beruhend; sittlich; **ethische Indikation:** Indikation für einen Schwangerschaftsabbruch aus ethischen Gründen (z. B. nach einer Vergewaltigung; **ethisches Produkt** ⟨nach *engl.* ethical product(s)⟩: rezeptpflichtiges Arzneimittel
Eth|narch *der;* -en, -en ⟨*gr.*⟩: 1. (hist.) subalterner Fürst (in römischer Zeit, bes. in Syrien u. Palästina). 2. Führer der griechischen Volksgruppe auf Zypern
Eth|nie *die;* -, ...ien ⟨*gr.-nlat.*⟩: Menschengruppe mit einheitlicher Kultur
Eth|ni|kon *das;* -s, ...ka ⟨*gr.*⟩: Völkername, Personengruppenname
eth|nisch ⟨*gr.-lat.*⟩: a) einer sprachlich u. kulturell einheitlichen Volksgruppe angehörend; b) die Kultur- u. Lebensgemeinschaft einer Volksgruppe betreffend; **ethnischer Konflikt:** Konfliktverlauf, in dem sich bestimmte Gruppen auf [konstruierte] ethnische Zugehörigkeit berufen und die daraus resultierenden Grenzlinien die Grundlage für soziale Konflikte werden; **ethnische Säuberung:** (beschönigend) gewaltsame Vertreibung von Volksgruppen aus einem ethnischen Mischgebiet zugunsten des Wohn- und Lebensrechts einer einzigen Ethnie
eth|no..., Eth|no... ⟨*gr.* éthnos „Volk, Volksstamm, Nation"⟩ Wortbildungselement mit der Bedeutung „Volk, Völker, das Volk, die Völker betreffend":
– Ethnographie
– ethnologisch
– Ethnomedizin
– Ethnopop
– Ethnozentrismus

Eth|no|ge|ne|se *die;* -, -n: Prozess der Herausbildung eines Volkes od. einer anderen ethnischen Einheit
Eth|no|graf usw. vgl. Ethnograph usw.
Eth|no|graph, auch: ...graf *der;* -en, -en ⟨*gr.-nlat.*⟩: Wissenschaftler auf dem Gebiet der Ethnographie. **Eth|no|gra|phie,** auch: ...grafie *die;* -: Teilbereich der Völkerkunde, der die Merkmale der verschiedenen Völker u. Kulturen systematisch beschreibt; beschreibende Völkerkunde. **Eth|no|gra|phin** *die;* -, -nen: weibliche Form zu ↑ Ethnograph. **eth|no|gra|phisch,** auch: ...grafisch: die Ethnographie betreffend
Eth|no|lin|gu|is|tik *die;* - ⟨*gr.; lat.-nlat.*⟩: Disziplin der Linguistik, die Sprache im Zusammenhang mit der Kulturgeschichte der Sprachträger untersucht
Eth|no|lo|ge *der;* -n, -n: Wissenschaftler auf dem Gebiet der Ethnologie, Völkerkundler. **Eth|no|lo|gie** *die;* -: 1. allgemeine [vergleichende] Völkerkunde, in der die Ergebnisse der Ethnographie miteinander verglichen werden. 2. Wissenschaft, die sich mit Sozialstruktur und Kultur der [primitiven] Gesellschaften beschäftigt. 3. in den USA betriebene Wissenschaft, die sich mit Sozialstruktur und Kultur aller Gesellschaften beschäftigt. **Eth|no|lo|gin** *die;* -, -nen: weibliche Form zu ↑ Ethnologe. **eth|no|lo|gisch:** völkerkundlich
Eth|no|look [...lʊk] *der;* -s ⟨*gr.; engl.*⟩: [modische] Kleidung, die der einer bestimmten Nation od. Volksgruppe in Farbe,

Schnitt, Accessoires o. Ä. gleicht
Eth|no|me|di|zin *die;* -, -en: 1. (ohne Plural) Heilkunde speziell der Naturvölker. 2. in der Ethnomedizin (1) verwendetes Heilmittel
Eth|no|nym *das;* -s, -e ⟨*gr.*⟩: [Selbst]bezeichnung eines Volkes
Eth|no|pop *der;* -[s]: von der Volksmusik bes. Afrikas, Asiens od. Südamerikas beeinflusste Popmusik
Eth|no|psy|chi|a|t|rie *die;* -: Teilgebiet der Psychiatrie, das psychische Störungen unter dem Aspekt der Zugehörigkeit zu bestimmten kulturellen Gruppen der Erkrankten untersucht
Eth|no|so|zi|o|lo|gie *die;* -: interdisziplinäres Teilgebiet, das (unter besonderer Berücksichtigung der Naturvölker) die soziokulturellen Lebensverhältnisse der verschiedenen Gesellschaften untersucht
Eth|no|zen|t|ris|mus *der;* -: besondere Form des Nationalismus, bei der das eigene Volk (die eigene Nation) als Mittelpunkt u. zugleich als gegenüber anderen Völkern überlegen angesehen wird
Eth|no|zid *der,* auch: *das;* -[e]s, -e u. -ien ⟨*gr.-lat.*⟩: (Soziol.) Zerstörung der kulturellen Identität einer Volksgruppe durch erzwungene Assimilierung
E|tho|gramm *das;* -s, -e ⟨*gr.*⟩: (Verhaltensforschung) katalogmäßiges Erfassen aller Instinkthandlungen einer Tierart sowie gegebenenfalls Angaben über Lernfähigkeit u. Herausbildung von Gewohnheiten; Aktionskatalog
E|tho|lo|ge *der;* -n, -n ⟨*gr.*⟩: Verhaltensforscher; Wissenschaftler auf dem Gebiet der Ethologie. **E|tho|lo|gie** *die;* -: Wissenschaft vom Verhalten der Tiere; Verhaltensforschung. **E|tho|lo|gin** *die;* -, -nen: weibliche Form zu ↑ Ethologe. **e|tho|lo|gisch:** die Ethologie betreffend
E|thos *das;* - ⟨*gr.-lat.*⟩: vom Bewusstsein sittlicher Werte geprägte Gesinnung, Gesamthaltung; ethisches Bewusstsein
E|thyl vgl. Äthyl
E|thyl|al|ko|hol vgl. Äthylalkohol
E|thy|len vgl. Äthylen

E

E

E|ti|enne [ɛ'tjɛn] *die;* ⟨nach der franz. Buchdruckerfamilie Estienne⟩: eine Antiquadruckschrift

E|ti|kett *das;* -[e]s, -e[n], auch: -s ⟨*niederl.-fr.*⟩: mit einer Aufschrift versehenes [Papier]schildchen [zum Aufkleben]

E|ti|ket|te *die;* -, -n: 1. a) zur bloßen Förmlichkeit erstarrte offizielle Umgangsform; b) Gesamtheit der allgemein od. in einem bestimmten Bereich geltenden gesellschaftlichen Umgangsformen. 2. ↑ Etikett

e|ti|ket|tie|ren: mit einem Etikett versehen. **E|ti|ket|tie|rung** *die;* -, -en: 1. das Etikettieren. 2. Etikett

E|ti|o|le|ment [etjɔlamã:] *das;* -s ⟨*lat.-fr.*⟩: das Etiolieren.

e|ti|o|lie|ren: (Gartenbau) im Dunkeln od. bei zu geringem Licht wachsen u. dadurch ein nicht normales Wachstum (z. B. zu lange, gelblich blasse Stiele) zeigen, vergeilen (von Pflanzen)

e|tisch ⟨*engl.*⟩: (Sprachw.) nicht bedeutungsunterscheidend, nicht distinktiv; Ggs. ↑ emisch

E|tü|de *die;* -, -n ⟨*lat.-fr.*⟩: Übungs-, Vortrags-, Konzertstück, das spezielle Schwierigkeiten enthält

E|tui [et'vi:, e'tÿi:] *das;* -s, -s ⟨*fr.*⟩: kleines [flaches] Behältnis zum Aufbewahren kostbarer od. empfindlicher Gegenstände

e|ty|misch ⟨*gr.*⟩: das Etymon, die wahre, eigentliche Bedeutung betreffend

E|ty|mo|lo|ge *der;* -n, -n ⟨*gr.-lat.*⟩: Wissenschaftler, der die Herkunft u. Geschichte von Wörtern untersucht. **E|ty|mo|lo|gie** *die;* -, ...ien: a) (ohne Plural) Wissenschaft von der Herkunft, Geschichte u. Grundbedeutung der Wörter; b) Herkunft, Geschichte u. Grundbedeutung eines Wortes. **E|ty|mo|lo|gin** *die;* -, -nen: weibliche Form zu ↑ Etymologe. **e|ty|mo|lo|gisch**: die Etymologie (b) betreffend

e|ty|mo|lo|gi|sie|ren: nach Herkunft u. Wortgeschichte untersuchen

E|ty|mon [auch: 'ɛ...] *das;* -s, ...ma ⟨*gr.;* „das Wahre"⟩: (Sprachw.) die so genannte ursprüngliche Form u. Bedeutung eines Wortes; Stammwort

Et-Zei|chen *das;* -s, -: Und-Zeichen; &

eu..., Eu...

⟨*gr.* eũ „gut, wohl"⟩
Präfix mit der Bedeutung „wohl, gut, schön, reich":
– Eucharistie
– Eugenik
– euphemistisch
– Euphorie
– Eustress
– eutroph

Eu|bak|te|rie *die;* - ⟨*gr.-nlat.*⟩: (Med.) normale Zusammensetzung der Bakterien in den Organen der Menschen

Eu|bi|o|tik *die;* - ⟨*gr.-nlat.*⟩: Lehre vom gesunden [körperlichen u. geistigen] Leben

Eu|bu|lie *die;* - ⟨*gr.*⟩: Vernunft, Einsicht

Eu|cha|ris|tie [...ç...] *die;* -, ...ien ⟨*gr.-lat.;* „Danksagung"⟩: a) (ohne Plural) Sakrament des Abendmahls, Altarsakrament; b) Feier des heiligen Abendmahls als Mittelpunkt des christlichen Gottesdienstes; c) die eucharistische Gabe (Brot u. Wein)

Eu|cha|ris|tie|fei|er *die;* -, -n: katholische Feier der Messe

eu|cha|ris|tisch ⟨*gr.-nlat.*⟩: auf die Eucharistie bezogen; **Eucharistischer Kongress**: [internationale] katholische Tagung zur Feier u. Verehrung der Eucharistie

Eu|dä|mo|nie *die;* - ⟨*gr.*⟩: (Philos.) Glückseligkeit, seelisches Wohlbefinden

Eu|dä|mo|nis|mus *der;* - ⟨*gr.-nlat.*⟩: philosophische Lehre, die im Glück des Einzelnen od. der Gemeinschaft die Sinnerfüllung menschlichen Daseins sieht. **Eu|dä|mo|nist** *der;* -en, -en: Vertreter des Eudämonismus. **Eu|dä|mo|nis|tin** *die;* -, -nen: weibliche Form zu ↑ Eudämonist. **eu|dä|mo|nis|tisch**: a) auf den Eudämonismus bezogen; b) dem Eudämonismus entsprechend

Eu|di|o|me|ter *das;* -s, - ⟨*gr.-nlat.*⟩: Glasröhre zum Abmessen von Gasen. **Eu|di|o|me|t|rie** *die;* -:

Messung des Sauerstoffgehaltes der Luft als Güteprobe

Eu|do|xie *die;* -, ...ien ⟨*gr.*⟩: 1. guter Ruf. 2. richtiges Urteil

Eu|er|gie *die;* - ⟨*gr.-nlat.*⟩: (Med.) unverminderte Leistungsfähigkeit u. Widerstandskraft des gesunden Organismus

Eu|fo|nie usw. vgl. Euphonie usw.

Eu|ge|ne|tik *die;* - ⟨*gr.-nlat.*⟩: ↑ Eugenik. **eu|ge|ne|tisch**: ↑ eugenisch

Eu|ge|nik *die;* -: Erbgesundheitsforschung u. -lehre mit dem Ziel, erbschädigende Einflüsse u. die Verbreitung von Erbkrankheiten zu verhüten. **eu|ge|nisch**: die Eugenik betreffend

Eu|g|na|thie *die;* - ⟨*gr.-nlat.*⟩: normale Ausbildung u. Funktion des Kausystems (Kiefer u. Zähne)

eu|hedral ⟨*gr.-nlat.*⟩: ↑ idiomorph

Eu|he|me|ris|mus *der;* - ⟨*nlat.;* nach dem griech. Philosophen Euhemeros, um 300 v. Chr.⟩: [rationalistische] Deutung von Mythen u. Religionen. **euhemeristisch**: Religion u. Götterverehrung im Sinne des Euhemerismus deutend

Eu|ka|lyp|tus *der;* -, ...ten u. - ⟨*gr.-nlat.*⟩: aus Australien stammende Gattung immergrüner Bäume u. Sträucher

Eu|ka|ry|on|ten u. **Eu|ka|ri|o|ten** *die* (Plural) ⟨*gr.*⟩: (Biol.) Organismen, deren Zellen durch einen typischen Zellkern charakterisiert sind; Ggs. ↑ Prokaryonten

Eu|ki|ne|tik *die;* - ⟨*gr.-nlat.*⟩: (Tanzkunst) Lehre von der schönen u. harmonischen Bewegung

eu|k|li|disch: in der Fügung **euklidische Geometrie**: (Math.) Geometrie, die auf den von Euklid festgelegten Axiomen beruht; Ggs. ↑ nichteuklidische Geometrie

Eu|kol|lie *die;* - ⟨*gr.*⟩: heitere, zufriedene Gemütsverfassung

Eu|k|ra|sie *die;* - ⟨*gr.;* „gute Mischung"⟩: (Med.) normale Zusammensetzung der Körpersäfte

Eu|lan ® *das;* -s ⟨Kurzw. aus *gr.* eu „gut" u. *lat.* lana „Wolle"⟩: Mittel, das verwendet wird, um Wolle, Federn od. Haare vor Motten zu schützen. **eu|la|ni-**

sie|ren: durch Eulan vor Motten schützen

Eu|lo|gie *die; -, ...ien ⟨gr.-lat.⟩:* 1. kirchlicher Segensspruch, Weihegebet. 2. in der orthodoxen Kirche das nicht zur Eucharistie benötigte Brot, das als „Segensbrot" nach dem Gottesdienst verteilt wird

Eu|me|ni|de *die; -, -n (meist Plural) ⟨gr.-lat.;* „die Wohlwollende"⟩: verhüllender Name der ↑ Erinnye

Eu|nuch *der; -en, -en ⟨gr.-lat.;* „Betthalter, -schützer"⟩: durch Kastration zeugungsunfähig gemachter Mann [als Haremswächter]

Eu|nu|chis|mus *der; -:* Gesamtheit der charakteristischen Veränderungen im Erscheinungsbild eines Mannes nach der Kastration

Eu|nu|cho|i|dis|mus *der; - ⟨gr.-nlat.⟩:* (Med.) auf Unterfunktion der Keimdrüsen beruhende Form des ↑ Infantilismus mit unvollkommener Ausbildung der Geschlechtsmerkmale

Eu|o|ny|mus vgl. Evonymus

Eu|pa|the[|o]s|kop *das; -s, -e ⟨gr.-nlat.⟩:* Klimamessgerät, das Temperatur, Strahlung u. Ventilation berücksichtigt

eu|pe|la|gisch *⟨gr.-nlat.⟩:* (Biol.) dauernd im freien Seewasser lebend (von Pflanzen u. Tieren)

Eu|phe|mis|mus *der; -, ...men ⟨gr.- nlat.⟩:* mildernde, verhüllende, beschönigende Umschreibung für ein anstößiges od. unangenehmes Wort (z. B. „dahinscheiden" für „sterben"). **eu|phe|mis|tisch:** mildernd, verhüllend, beschönigend

Eu|pho|nie, auch: Eufonie *die; -, ...ien ⟨gr.-lat.⟩:* (bes. Sprachw., Mus.) sprachlicher Wohlklang, Wohllaut; Ggs. ↑ Kakophonie. **eu|pho|nisch**, auch: eufonisch: a) (bes. Sprachw., Mus.) wohllautend, -klingend; b) die Aussprache erleichternd (von Lauten, z. B. t in eigentlich)

Eu|pho|ni|um, auch: Eufonium *das; -s, ...ien ⟨gr.-nlat.⟩:* 1. Glasröhrenspiel, das durch Bestreichen mit den Fingern zum Klingen gebracht wird. 2. Baritonhorn

Eu|phor|bia u. **Eu|phor|bie** *die; -, ...ien ⟨gr.-lat.⟩:* Gattung der Wolfsmilchgewächse (Zierstaude)

Eu|phor|bi|um *das; -s ⟨gr.-nlat.⟩:* Gummiharz einer marokkanischen Euphorbiapflanze (das in der Tierheilkunde verwendet wird)

Eu|pho|rie *die; -, ...ien ⟨gr.⟩:* a) augenblickliche, heiter-zuversichtliche Gemütsstimmung; Hochgefühl, Hochstimmung; b) (ohne Plural; Med., Psychol.) subjektives Wohlbefinden Schwerkranker; Ggs. ↑ Dysphorie

Eu|pho|ri|kum *das; -s, ...ka:* Rauschmittel mit euphorisierender Wirkung

eu|pho|risch: a) in heiterer Gemütsverfassung, hochgestimmt; b) die Euphorie (b) betreffend; Ggs. ↑ dysphorisch

eu|pho|ri|sie|ren: [durch Drogen u. Rauschmittel] ein inneres Glücks- od. Hochgefühl erzeugen

eu|pho|tisch *⟨gr.-nlat.⟩:* lichtreich (in Bezug auf die obersten Schichten von Gewässern); Ggs. ↑ aphotisch

Eu|phu|is|mus *der; - ⟨engl.; nach dem Roman „Euphues" des Engländers Lyly von 1579⟩:* Schwulststil in der englischen Barockliteratur. **eu|phu|is|tisch:** in der Art des Euphuismus

eu|plo|id *⟨gr.⟩:* (Biol.) ausschließlich vollständige Chromosomensätze (vgl. Chromosom) aufweisend (von den Zellen eines Organismus); Ggs. ↑ aneuploid. **Eu|plo|i|die** *die; -:* (Biol.) das Vorliegen ausschließlich vollständiger Chromosomensätze in den Zellen von Organismen, wobei jedes ↑ Chromosom jeweils einmal vorhanden ist

Eu|pnoe *die; - ⟨gr.⟩:* (Med.) regelmäßiges ruhiges Atmen

Eu|pra|xie *die; - ⟨gr.⟩:* sittlich richtiges Handeln

eur..., **Eur...** vgl. euro..., Euro...

eu|ra|f|ri|ka|nisch *⟨Kurzw. aus europäisch u. afrikanisch⟩:* Europa u. Afrika betreffend

eu|ra|si|a|tisch *⟨Kurzw. aus europäisch u. asiatisch⟩:* über das Gesamtgebiet Europas und Asiens verbreitet (z. B. von Tieren und Pflanzen)

Eu|ra|si|en (ohne Artikel) *-s (in Verbindung mit Attributen das; -[s]):* Festland von Europa u. Asien, größte zusammenhängende Landmasse der Erde. **Eu|ra|si|er** *der; -s, -:* 1. Bewohner Eurasiens. 2. jmd., der als Kind eines europäischen u. eines asiatischen Elternteils geboren wurde. **Eu|ra|si|e|rin** *die; -, -nen:* weibliche Form zu ↑ Eurasier. **eu|ra|sisch:** a) Eurasien betreffend; b) die Eurasier betreffend

Eu|ra|tom *die; - ⟨Kurzw. aus Europäische Atom(energie)gemeinschaft⟩:* gemeinsame Organisation der Länder der Europäischen Union zur friedlichen Nutzung der Atomenergie u. zur Gewährleistung einer friedlichen Atomentwicklung

Eu|rex *die; - ⟨Kurzw. aus engl. European Exchange⟩:* weltweit größte transnationale Börsenplattform für den Handel mit ↑ Derivaten (4)

Eu|rhyth|mie *die; - ⟨gr.-lat.⟩:* 1. Gleichmaß von Bewegungen. 2. (Med.) Regelmäßigkeit des Pulses. 3. ↑ Eurythmie. **Eu|rhyth|mik** *die; - ⟨gr.-nlat.⟩:* ↑ Eurhythmie (1)

Eu|ro *die; -[s], -s (aber: 10 -) ⟨Kunstw.⟩:* Währungseinheit der europäischen Währungsunion; Zeichen: €

---

euro..., Euro...

vor Vokalen meist eur..., Eur... ⟨gr. Eurṓpē „der Erdteil Europa"⟩ Wortbildungselement mit der Bedeutung „Europa betreffend, in Europa befindlich, gültig":
– Eurasien
– Eurocheque
– Eurovision
– eurozentrisch

Eu|ro|bond *der; -s, -s (meist Plur.):* kurz- bis mittelfristige Anleihe auf dem Eurokapitalmarkt

Eu|ro|card ® *[...ka:d] die; -, -s ⟨engl.⟩:* eine Kreditkarte für den bargeldlosen Zahlungsverkehr

Eu|ro|cent *[...sɛnt] der; -[s], -[s] (aber: 5 -):* ↑ Cent (b)

Eu|ro|cheque *[...ʃɛk] der; -s, -s ⟨Kurzw. aus europäisch u. fr. chèque⟩:* offizieller, bei den Banken fast aller europäischen Länder einlösbarer Scheck

Eu|ro|ci|ty ® *[...'sɪti] der; -s, -s ⟨Kurzw. aus ↑ euro-... u. ↑ Intercity⟩:* Intercity im Fernverkehr mit dem Ausland; Abk.: EC

Eu|ro|con|trol [...kəntroʊl] *die; -*
⟨Kurzw. aus *Europa* u. *engl.* to
control „überwachen, prüfen"
für *engl.* European Organization for the Safety of Air Navi-
gation⟩: europäische Organisation zur Sicherung des Luftverkehrs im oberen Luftraum

Eu|ro|dol|lars *die* (Plural) ⟨Kurzw.
aus *europäisch* u. ↑ *Dollar*⟩:
(Wirtsch.) Dollarguthaben in
Europa für Geld- u. Kreditge-
schäfte europäischer Banken
od. europäischer Niederlassun-
gen von US-Banken

Eu|ro|figh|ter [...faɪtɐ] *der; -s, -*
⟨*engl.*⟩: (geplantes) europäisches Kampfflugzeug

Eu|ro|kom|mu|nis|mus *der; -*: (Pol.)
bis zur Auflösung der Sowjet-
union in den kommunistischen
Parteien Westeuropas vertretene politische Richtung, die
nationalen Sonderformen des
Kommunismus Platz einzuräu-
men versuchte

Eu|ro|mix *der; -*: in den meisten
europäischen Ländern eingesetztes Testverfahren für den
Kraftstoffverbrauch von Pkws

Eu|ro|norm *die; -, -en*: in der Euro-
päischen Union geltende Norm
(5) für Maße, Produkte, Verfahren u. Ä.

Eu|ro|pa|cup [...kap] *der; -s, -s*
⟨*engl.*⟩: 1. Wettbewerb im Sport
für Mannschaften aus europäischen Ländern um einen Pokal
als Siegestrophäe. 2. die Siegestrophäe dieses Wettbewerbs

eu|ro|pä|i|sie|ren: nach europäi-
schem Vorbild umgestalten

Eu|ro|pa|par|la|ment *das; -*: kurz
für Europäisches Parlament

Eu|ro|pe|an Re|co|ve|ry Pro|gram
[jʊərəˈpiːən rɪˈcʌvərɪ ˈpr‌oʊɡræm]
das; - - - ⟨*engl.*⟩: ↑ Marshallplan,
US-amerikanisches Wiederauf-
bauprogramm für Europa nach
dem 2. Weltkrieg; Abk.: ERP

eu|ro|pid ⟨*gr.-nlat.*⟩: (Anthropol.)
zum europäisch-südeurasi-
schen Rassenkreis gehörend.

Eu|ro|pi|de *der* u. *die; -n, -n*:
Angehörige[r] des europiden
Rassenkreises

Eu|ro|pi|um *das; -s*: chem. Element
aus der Gruppe der Metalle der
seltenen Erden; Zeichen: Eu

Eu|ro|pol *der; -* ⟨Kurzw. aus *Euro-
päisches Polizeiamt*⟩: europäisches Kriminalamt

eu|ro|si|bi|risch ⟨Kurzw. aus *euro-
päisch* u. *sibirisch*⟩: über Europa
u. die Nordhälfte Asiens verbreitet (von Tieren u. Pflanzen)

Eu|ro|star® *der; -s, -s*: Hochge-
schwindigkeitszug zwischen
London u. Paris bzw. Brüssel

Eu|ro|vi|si|on *die; -* ⟨Kurzw. aus
europäisch u. ↑ *Television*⟩: Zusammenschluss [west]europäi-
scher Rundfunk- u. Fernsehor-
ganisationen

eu|ro|zen|t|risch: Europa als Mit-
telpunkt auffassend, auf Europa als Mittelpunkt bezogen

eu|ry|chor ⟨*gr.-nlat.*⟩: ↑ eurytop

eu|ry|ha|lin: gegen Schwankungen
des Salzgehaltes im Boden u.
im Wasser unempfindlich (von
Pflanzen u. Tieren); Ggs. ↑ ste-
nohalin

eu|ry|ök: gegen größere Schwan-
kungen der Umweltfaktoren
unempfindlich (von Pflanzen u.
Tieren); Ggs. ↑ stenök

eu|ry|o|xy|bi|ont: gegen Schwan-
kungen des Sauerstoffgehalts
unempfindlich (von Pflanzen u.
Tieren)

eu|ry|phag: nicht auf bestimmte
Nahrung angewiesen (von
Pflanzen u. Tieren); Ggs. ↑ ste-
nophag

Eu|ry|pro|so|pie *die; -*: (Med.)
Breitgesichtigkeit

eu|ry|som: (Med.) breitwüchsig

eu|ry|therm: unabhängig von
Temperaturschwankungen (von
Lebewesen); Ggs. ↑ stenotherm

eu|ry|top ⟨*gr.-nlat.*⟩: weit verbrei-
tet (von Pflanzen u. Tieren)

Eu|se|bie *die; -* ⟨*gr.*⟩: Gottesfurcht,
Frömmigkeit; Ggs. ↑ Asebie

Eus|ta|chi|röh|re, auch: **Eus|ta|chi-
Röhre** *die; -, -en*: eustachische
Röhre. **eus|ta|chisch** ⟨nach dem
ital. Arzt Eustachio⟩: in den Fügungen **eustachische Röhre**,
eustachische Tube: (Med.,
Biol.) Ohrtrompete (Verbin-
dungsgang zwischen Mittelohr
u. Rachenraum)

Eus|ta|sie *die; -, ...ien* ⟨*gr.-nlat.*⟩:
durch Veränderungen im Was-
serhaushalt der Erde hervorgerufene Meeresspiegelschwan-
kung. **eus|ta|tisch**: durch ↑ Tek-
tonik (1) räumlich verändert
(z. B. von Meeresbecken)

Eu|stress *der; -es, -se* ⟨gebildet
aus *gr.* eu „gut" u. ↑ Stress⟩: an-
regender, leistungs- u. lebens-
notwendiger Stress; Ggs. ↑ Dis-
stress

Eu|tek|ti|kum *das; -s, ...ka* ⟨*gr.-
nlat.*⟩: feines kristallines Gemisch zweier od. mehrerer
Kristallarten, das aus einer er-
starrten, einheitlichen
Schmelze entstanden ist u. den
niedrigsten möglichen
Schmelz- bzw. Erstarrungs-
punkt (den eutektischen
Punkt) zeigt. **eu|tek|tisch**: dem
Eutektikum entsprechend, das
Eutektikum betreffend; **eutek-
tischer Punkt**: tiefster
Schmelz- bzw. Erstarrungs-
punkt von Gemischen

Eu|tek|to|id *das; -s, -e*: Stoff, der
aus zwei od. mehreren in eu-
tektischem Punkt zusammenge-
schmolzenen Stoffen besteht

Eu|tha|na|sie *die; -* ⟨*gr.*; „leichter
Tod"⟩: 1. (Med.) a) Erleichterung
des Sterbens, bes. durch
Schmerzlinderung mit Narko-
tika; b) absichtliche Herbeifüh-
rung des Todes bei unheilbar
Kranken durch Medikamente
od. durch Abbruch der Behandlung. 2. (nationalsozialistisch
verhüllend) systematische Er-
mordung psychisch kranker,
geistig u. körperlich behinder-
ter Menschen

Eu|thy|mie *die; -* ⟨*gr.*⟩: Heiterkeit,
Frohsinn

Eu|to|kie *die; -* ⟨*gr.*⟩: (Med.) leichte
Geburt; Ggs. ↑ Dystokie

Eu|to|nie *die; -*: (Med.) normaler
Spannungszustand der Mus-
keln u. Gefäße; Ggs. ↑ Dystonie

Eu|to|pie *die; -* ⟨*gr.-nlat.*⟩: (Med.)
normale Lage [von Organen];
Ggs. ↑ Dystopie

eu|trop ⟨*gr.*⟩: (Bot.) für Insekten u.
Vögel nur schwer zugänglichen
Honig besitzend (von Blüten)

eu|troph ⟨*gr.*; „gut nährend"⟩:
a) nährstoffreich (von Böden
od. Gewässern); **eutrophe
Pflanzen**: an nährstoffreichen
Boden gebundene Pflanzen;
b) zu viel Nährstoffe enthaltend, überdüngt (von Gewässern)

Eu|tro|phie *die; -*: a) guter Ernährungszustand des Organismus (bes. von Säuglingen); Ggs. ↑ Dystrophie (a); b) regelmäßige u. ausreichende Versorgung eines Organs mit Nährstoffen; Ggs. ↑ Dystrophie (b) **eu|tro|phie|ren:** eutroph (b) werden. **Eu|tro|phie|rung** die; -, -en: unerwünschte Zunahme eines Gewässers an Nährstoffen u. damit verbundenes nutzloses u. schädliches Pflanzenwachstum

Eu|zo|ne, Evzone der; -n, -n ⟨gr.-ngr.⟩: Soldat einer Infanterieelitetruppe der griechischen Armee

E|va|ku|a|ti|on die; -, -en ⟨lat.⟩: ↑ Evakuierung; vgl. ...ation/...ierung. **e|va|ku|ie|ren:** 1. a) die Bewohner eines Gebietes oder Hauses [vorübergehend] aussiedeln, wegbringen; b) wegen einer drohenden Gefahr ein Gebiet [vorübergehend] von seinen Bewohnern räumen. 2. (Techn.) ein ↑ Vakuum herstellen; luftleer machen. 3. (veraltet) ausleeren, entleeren. **E|va|ku|ie|rung** die; -, -en: 1. a) Gebietsräumung; b) Aussiedlung von Bewohnern. 2. Herstellung eines ↑ Vakuums; vgl. ...ation/...ierung

E|va|lu|a|ti|on die; -, -en ⟨lat.-fr.-engl.⟩: a) Bewertung, Bestimmung des Wertes; b) (Päd.) Beurteilung [von Lehrplänen und Unterrichtsprogrammen]; vgl. ...ation/...ierung

e|va|lu|a|tiv: wertend, beurteilend **e|va|lu|ie|ren:** a) bewerten; b) [Lehrpläne, Unterrichtsprogramme] beurteilen. **E|va|lu|ie|rung** die; -, -en: Auswertung; vgl. ...ation/...ierung

E|val|va|ti|on die; -, -en ⟨lat.-fr.⟩: Schätzung, Wertbestimmung; vgl. ...ation/...ierung. **e|val|vie|ren:** abschätzen

E|van|ge|le der u. die; -n, -n ⟨gr.-mlat.⟩: (ugs.) ↑ Protestant (1); vgl. Kathole

E|van|ge|li|ar das; -s, -e u. **E|van|ge|li|a|ri|um** das; -s, ...ien: liturgisches Buch (↑ Lektionar) mit dem vollständigen Text der vier Evangelien u. meist einem Verzeichnis der bei der Messe zu lesenden Abschnitte

E|van|ge|li|en|har|mo|nie die; -, ...ien: eine vor allem im Altertum u. Mittelalter vorkom-

mende, aus dem Wortlaut der vier Evangelien zusammengefügte Erzählung vom Leben u. Wirken Jesu

e|van|ge|li|kal ⟨gr.-mlat.-engl.⟩: 1. dem Evangelium gemäß. 2. zur englischen ↑ Low Church gehörend. 3. die unbedingte Autorität des Neuen Testaments im Sinne des ↑ Fundamentalismus vertretend (von der Haltung evangelischer Freikirchen). **E|van|ge|li|ka|le** der u. die; -n, -n: jmd., der der evangelikalen (vgl. evangelikal 3) Richtung angehört.

E|van|ge|li|sa|ti|on die; -, -en ⟨gr.-lat.-nlat.⟩: das Evangelisieren **e|van|ge|lisch** ⟨gr.-lat.⟩: 1. das Evangelium betreffend, auf dem Evangelium fußend; **evangelische Räte:** nach der katholischen Moraltheologie die drei Ratschläge Christi zu vollkommenem Leben (Armut, Keuschheit, Gehorsam), Grundlage der Mönchsgelübde. 2. ↑ protestantisch; Abk.: ev.

e|van|ge|lisch-lu|the|risch: einer protestantischen Bekenntnisgemeinschaft angehörend, die sich ausschließlich an Martin Luther (1483–1546) u. seiner Theologie orientiert; Abk.: ev.-luth.

e|van|ge|lisch-re|for|miert: einer protestantischen Bekenntnisgemeinschaft angehörend, die auf die schweizerischen Reformatoren Ulrich Zwingli (1484–1531) u. Johann Calvin (1509–1564) zurückgeht; Abk.: ev.-ref.

e|van|ge|li|sie|ren ⟨gr.-lat.-nlat.⟩: mit dem Evangelium vertraut machen, zum Evangelium (1) bekehren. **E|van|ge|li|sie|rung** die; -, -en: das Evangelisieren **Evan|ge|list** der; -en, -en ⟨gr.-lat.⟩: 1. Verfasser eines der vier Evangelien (2 a). 2. das Evangelium verlesender Diakon. 3. evangelisierender [Wander]prediger, bes. einer evangelischen Freikirche **E|van|ge|lis|tar** das; -s, -e u. **E|van|ge|lis|ta|ri|um** das; -s, ...ien ⟨gr.-lat.-nlat.⟩: liturgisches Buch, das die in der Messe zu lesenden Abschnitte aus den Evangelien (2 a) enthält; vgl. Evangeliar

E|van|ge|lis|ten|sym|bol das; -s, -e: eins der den vier Evangelis-

ten (1) zugeordneten Bildsymbole: Engel. Mensch (Matthäus), Löwe (Markus), Stier (Lukas), Adler (Johannes) **E|van|ge|lis|tin** die; -, -nen: weibliche Form zu ↑ Evangelist (2, 3) **E|van|ge|li|um** das; -s, ...ien ⟨gr.-lat.; „gute Botschaft"⟩: 1. (ohne Plural) die Frohe Botschaft von Jesus Christus, Heilsbotschaft Christi. 2. a) von einem der vier Evangelien (1) verfasster Bericht über das Leben u. Wirken Jesu (eins der ersten vier Bücher des Neuen Testaments); Abk.: Ev.; b) für die gottesdienstliche Lesung vorgeschriebener Abschnitt aus einem Evangelium (2 a)

E|va|po|ra|ti|on die; -, -en ⟨lat.; „Ausdampfung"⟩: Verdampfung, Verdunstung [von Wasser]

E|va|po|ra|tor der; -s, ...oren ⟨lat.-nlat.⟩: Gerät zur Gewinnung von Süßwasser [aus Meerwasser]

e|va|po|rie|ren: a) verdunsten; b) Wasser aus einer Flüssigkeit (bes. Milch) verdampfen lassen u. sie auf diese Weise eindicken **E|va|po|ri|me|ter** das; -s, - ⟨lat.; gr.⟩: (Phys., Meteor.) Verdunstungsmesser

E|va|po|ro|gra|phie, auch: ...grafie die; -, ⟨„Verdampfungsaufzeichnung"⟩: fotografisches Verfahren, das zur Abbildung eines Gegenstandes die von diesem ausgehenden Wärmestrahlen benutzt

E|va|si|on die; -, -en ⟨lat.⟩: 1. das Entweichen, Flucht; vgl. Invasion (1). 2. Ausflucht

e|va|siv ⟨lat.-nlat.⟩: Ausflüchte enthaltend; vgl. ...iv/...orisch. **e|va|so|risch:** ausweichend, Ausflüchte suchend; vgl. ...iv/...orisch

E|vek|ti|on die; - ⟨lat.⟩: (Astron.) durch die Sonne hervorgerufene Störung der Mondbewegung

E|ve|ne|ment [evenə'mã:] das; -s, -s ⟨lat.-fr.⟩: 1. Begebenheit, Ereignis. 2. Erfolg, Ausgang einer Sache

E|vent [ɪˈvɛnt] der od. das; -s, -s ⟨lat.-altfr.-engl.⟩: (Jargon) Veranstaltung, Ereignis

E|ven|tail [evã'ta:j] das; -s, -s ⟨lat.-fr.⟩: Fächermuster auf Bucheinbänden

E|ven|t|ra|ti|on *die; -, -en* ⟨*lat.-nlat.*⟩: 1. (Med.) das Heraustreten der Baucheingeweide nach operativem Bauchschnitt od. nach schwerer Verletzung der Bauchdecke; größerer Bauchbruch. 2. ↑ Eviszeration

e|ven|tu|al ⟨*lat.-mlat.*⟩: (selten) ↑ eventuell (1)

E|ven|tu|al|an|trag *der; -[e]s, ...anträge;* (Rechtsw.) Neben-, Hilfsantrag, der für den Fall gestellt wird, dass der Hauptantrag abgewiesen wird

E|ven|tu|al|do|lus vgl. Dolus eventualis

E|ven|tu|a|li|tät *die; -, -en:* Möglichkeit, möglicher Fall

e|ven|tu|a|li|ter: (bildungssprachlich, veraltet) vielleicht, eventuell (2)

e|ven|tu|ell ⟨*lat.-mlat.-fr.*⟩: 1. möglicherweise eintretend. 2. gegebenenfalls, unter Umständen, vielleicht; Abk.: evtl.

E|ver|glaze ® [ˈɛvəɡleɪz] *das; -, -* ⟨*engl.; „Immerglanz"*⟩: durch bestimmtes Verfahren krumpf- u. knitterfrei gemachtes [Baumwoll]gewebe mit erhaben geprägter Kleinmusterung

E|ver|green [ˈɛvəɡriːn] *der (auch: das); -s, -s* ⟨*engl.; „immergrün"*⟩: 1. Musikstück, bes. Schlager o. Ä., das längere Zeit beliebt bleibt u. immer wieder gespielt wird. 2. ↑ ²Standard

E|ver|si|on *die; -, -en* ⟨*lat.*⟩: (Med.) Auswärtsdrehung des Fußes od. der Hand

E|ver|te|b|rat *der; -en, -en* (meist Plural) ⟨*lat.-nlat.*⟩: wirbelloses Tier; Ggs. ↑ Vertebrat

E|ve|ry|bo|dy's Dar|ling [ˈɛvrɪbɔdiz -] *der; - -s, - -s* ⟨*engl.*⟩: jmd., der [aufgrund seines Bemühens, allen zu gefallen, es allen recht zu machen] überall beliebt, gern gesehen ist

E|vi|de|ment [evidəˈmã:] *das; -s, -s* ⟨*lat.-vulgärlat.-fr.*⟩: (Med.) Auskratzung von Knochenteilen od. der Gebärmutterschleimhaut

e|vi|dent ⟨*lat.*⟩: offenkundig u. klar ersichtlich; offen zutage liegend; überzeugend, offenbar. E|vi|denz *die; -:* Deutlichkeit; vollständige, überwiegende Gewissheit; einleuchtende Erkenntnis; **etwas in Evidenz halten:** (österr.) etwas im Auge behalten

e|vi|denz|ba|siert: (Med.) auf der Basis systematisch zusammengetragener u. bewerteter wissenschaftlicher Erkenntnisse erfolgend (von diagnostischen u. therapeutischen Maßnahmen)

E|vik|ti|on *die; -, -en* ⟨*lat.*⟩: (Rechtsw.) Entziehung des Besitzes durch richterliches Urteil, weil ein anderer ein größeres Recht darauf hat

e|vin|zie|ren: (Rechtsw.) jmdm. durch richterliches Urteil einen Besitz entziehen, weil ein anderer ein größeres Recht darauf hat

E|vi|ra|ti|on *die; -* ⟨*lat.; „Entmannung"*⟩: (Psychol.) Verlust des männlichen Gefühlslebens u. Charakters u. deren Ersatz durch entsprechende weibliche Eigenschaften

E|vis|ze|ra|ti|on *die; -, -en* ⟨*lat.*⟩: (Med.) Entleerung des Körpers von Brust- u. Baucheingeweiden (bei der Leibesfrucht im Rahmen einer ↑ Embryotomie)

E|vo|ka|ti|on *die; -, -en* ⟨*lat.; „Herausrufen, Aufforderung"*⟩: 1. Erweckung von Vorstellungen od. Erlebnissen bei der Betrachtung eines Kunstwerkes. 2. (hist.) Recht des Königs bzw. des Papstes, eine nicht erledigte Rechtssache unter Umgehung der Instanzen vor sein [Hof]gericht zu bringen. 3. Vorladung eines Beklagten vor ein Gericht. 4. (hist.) Herausrufung der Götter einer belagerten Stadt, um sie auf die Seite der Belagerer zu ziehen (altrömischer Kriegsbrauch)

e|vo|ka|tiv: bestimmte Vorstellungen enthaltend; vgl. ...iv/ ...orisch. e|vo|ka|to|risch: bestimmte Vorstellungen erweckend; vgl. ...iv/...orisch

E|vo|lu|te *die; -, -n* ⟨*lat.*⟩: Kurve, die aus einer aufeinander folgenden Reihe von Krümmungsmittelpunkten einer anderen Kurve (der Ausgangskurve) entsteht

E|vo|lu|ti|on *die; -, -en:* 1. a) allmählich fortschreitende Entwicklung; Fortentwicklung im Geschichtsablauf; b) stammesgeschichtliche Entwicklung der Lebewesen von niederen zu höheren Formen. 2. ↑ Präformation. e|vo|lu|ti|o|när ⟨*lat.-nlat.*⟩: a) auf Evolution beruhend; b) sich allmählich u. stufenweise entwickelnd

E|vo|lu|ti|o|nis|mus *der; -:* natur-

philosophische Richtung des 19. Jh.s, in deren Mittelpunkt der Evolutionsgedanke stand.

E|vo|lu|ti|o|nist *der; -en, -en:* Anhänger des Evolutionismus.

E|vo|lu|ti|o|nis|tin *die; -, -nen:* weibliche Form zu ↑ Evolutionist. e|vo|lu|ti|o|nis|tisch: auf dem Evolutionismus beruhend

E|vo|lu|ti|ons|the|o|rie *die; -, -n:* Theorie von der Entwicklung aller Lebewesen aus niederen, primitiven Organismen

E|vol|ven|te *die; -, -n* ⟨*lat.; „Abwicklungslinie"*⟩: Ausgangskurve einer Evolute

E|vol|ven|ten|ver|zah|nung *die; -, -en:* Verzahnungsart von Zahnrädern, bei denen das Zahnprofil als Evolvente ausgebildet ist

e|vol|vie|ren: entwickeln, entfalten; entfaltend, entwickelnd darstellen; vgl. involvieren

E|vo|ny|mus *der (auch: die); -, -* ⟨*gr.-lat.*⟩: Gattung der Spindelbaumgewächse (Ziersträucher; bekanntester Vertreter: Pfaffenhütchen)

E|vor|si|on *die; -, -en* ⟨*lat.-nlat.*⟩: (Geol.) a) wirbelnde Bewegung des Steine u. Sand mitführenden Wassers, wodurch Strudellöcher (z. B. in Bächen) entstehen; b) durch wirbelnde Bewegung des Wassers entstandenes Strudelloch

e|vo|zie|ren ⟨*lat.*⟩: 1. durch ↑ Evokation (1) hervorrufen, bewirken. 2. [einen Beklagten] vorladen

ev|vi|va [ɛˈviːva] ⟨*lat.-it.; „er lebe hoch!"*⟩: italienischer Hochruf

Ev|zo|ne vgl. Euzone

---

ex..., Ex...

vor Konsonanten auch: e..., E... und vor f ef..., Ef... ⟨*lat. ex „aus, aus ... heraus, von ... her"*⟩ Präfix mit der Bedeutung „aus, aus ... heraus, weg, ent...":
– effinieren
– Evakuierung
– exhibitionistisch
– Exkurs
– explodieren
– Export
Die Bedeutung „ehemalig" hat das Präfix ex..., Ex... in Bildungen wie z. B. Exfrau, Exfreund, Exgeneral, Exminister und Exweltmeister.

E

ẹx ⟨lat.; „aus"⟩: 1. Aufforderung, ein Glas ganz zu leeren, auszutrinken. 2. (ugs.) vorbei, aus, zu Ende. 3. (salopp) tot

¹**Ex** *der; -, -:* (ugs.) früherer Freund od. Ehemann

²**Ex** *die; -, -:* (ugs.) frühere Freundin od. Ehefrau

E|xa|bec|que|rel [...bεkə'rεl] *das; -s, -:* eine Trillion (10¹⁸) Becquerel; Zeichen: EBq
ex a| b|rup|to ⟨lat.⟩: unversehens
ex ae|quo [- ε:...] ⟨lat.⟩: in derselben Weise, gleichermaßen
E|x|ag|ge|ra|ti|on *die; -, -en* ⟨lat.⟩: (Med.) unangemessen übertriebene Darstellung von Krankheitserscheinungen. **e| x|ag|ge-rie|ren:** (Med.) Krankheitserscheinungen unangemessen übertrieben darstellen
E|x|ai|re|se vgl. Exhärese
e| xakt ⟨lat.⟩: 1. genau [u. sorgfältig]. 2. pünktlich; **exakte Wissenschaften:** Wissenschaften, deren Ergebnisse auf logischen od. mathematischen Beweisen od. auf genauen Messungen beruhen (z. B. Mathematik, Physik)
E|x|akt|heit *die; -:* Genauigkeit, Sorgfältigkeit
E|x|al|ta|ti|on *die; -, -en* ⟨lat.-fr.⟩: a) Zustand des Exaltiertseins; b) Vorgang des Exaltiertseins
e| x|al|tie|ren, sich: 1. sich überschwänglich benehmen. 2. sich hysterisch erregen. **e| x|al|tiert:** 1. aufgeregt. 2. überspannt
E|x|a| men *das; -s, - u. ...mina* ⟨lat.⟩: Prüfung (bes. als Studienabschluss)
E|x|a| mi|nand *der; -en, -en:* Prüfling. **E|x|a| mi|nan|din** *die; -, -nen:* weibliche Form zu ↑ Examinand
E|x|a| mi|na|tor *der; -s, ...oren:* Prüfer. **E|x|a| mi|na|to|rin** *die; -, -nen:* weibliche Form zu ↑ Examinator. **E|x|a| mi|na|to|ri-um** *das; -s, ...ien:* (veraltet) 1. Prüfungskommission. 2. Vorbereitung auf eine Prüfung
e| x|a| mi|nie|ren: 1. im Rahmen eines Examens prüfen, befragen. 2. prüfend ausfragen, ausforschen. 3. prüfend untersuchen
E|x|a| nie *die; -, ...ien* ⟨lat.-nlat.⟩: (Med.) Mastdarmvorfall
ex an|te ⟨lat.⟩: (Wirtsch.) im Voraus; Ggs. ↑ ex post (2)
E|x|an|them *das; -s, -e* ⟨gr.-lat.; „das Aufgeblühte"⟩: (Med.) aus-

gedehnter, meist entzündlicher Hautausschlag
e| x|an|the|ma|tisch ⟨gr.-nlat.⟩: (Med.) mit einem Exanthem verbunden
E| x|an|th| ro|pie *die; - ⟨gr.-nlat.⟩:* Menschenscheu
E|x|a| ra|ti|on *die; -, -en* ⟨lat.; „Auspflügung"⟩: (Geol.) durch die schleifende Wirkung vordringenden Gletschereises bewirkte Gesteinsabtragung; vgl. Erosion (1)
E| x|arch *der; -en, -en* ⟨gr.-lat.⟩: 1. (hist.) byzantinischer (oströmischer) Statthalter. 2. in der orthodoxen Kirche Vertreter des ↑ Patriarchen (3) für ein bestimmtes Gebiet (↑ Diaspora a)
E| x|ar|chat *das* (auch: *der*); -[e]s, -e ⟨gr.-mlat.⟩: Amt u. Verwaltungsgebiet eines Exarchen
Ex|ar|ti|ku|lla|ti|on *die; -, -en* ⟨lat.-nlat.⟩: (Med.) operative Abtrennung eines Gliedes im Gelenk
E| x|au|di ⟨lat.; nach dem Eingangsvers der Gottesdienstes, Psalm 27, 7: „Herr, höre meine Stimme, ..."⟩: in der evangelischen Kirche Bez. des sechsten Sonntags nach Ostern
E| x|a| zer|ba|ti|on *die; - ⟨lat.⟩:* (Med.) Verschlimmerung, zeitweise Steigerung, Wiederaufleben einer Krankheit
ex ca|the|d| ra ⟨lat.; gr.-lat.; „vom (Päpstlichen) Stuhl"⟩: a) aus päpstlicher Vollmacht u. daher unfehlbar; b) von maßgebender Seite, sodass etwas nicht angezweifelt werden kann
Ex|cep|tio [...'tsịo] *die; -, -nes* [...'tsịo:ne:s] ⟨lat.⟩: (Rechtsw.) Einspruch, Einrede (aus dem antiken römischen Zivilprozessrecht)
Ex|cep|tio Do|li *die; - -, -nes* [...'tsịo:ne:s] -: Einrede der Arglist; vgl. Dolus
Ex|cep|tio plu|ri|um *die; - -, -nes* [...'tsịo:ne:s] -: Einrede des Vaters eines unehelichen Kindes, dass die Mutter in der Zeit der Empfängnis mit mehreren Männern verkehrt habe; vgl. Exzeption
Ex|change [ɪks'tʃeɪndʒ] *die; -, -n* ⟨lat.-vulgärlat.-fr.-engl.⟩: 1. Tausch, Kurs (im Börsengeschäft). 2. a) Börsenkurs; b) Börse
Ex|che|quer [ɪks'tʃεkɐ] *das; - ⟨fr.-*

engl.⟩: Schatzamt, Staatskasse in England
ex|cu|dit ⟨lat.; „hat es gebildet, verlegt od. gedruckt"⟩: Vermerk hinter dem Namen des Verlegers (Druckers) bei Kupferstichen; Abk.: exc. u. excud.
ex de|fi|ni|ti| o|ne ⟨lat.⟩: wie es die Definition beinhaltet
E| x|le| d| ra *die; -, Exędren* ⟨gr.-lat.⟩: 1. halbrunder od. rechteckiger nischenartiger Raum als Erweiterung eines Saales od. einer Säulenhalle (in der antiken Architektur). 2. Apsis (1) in der mittelalterlichen Baukunst
E| x|le| ge|se *die; -, -n* ⟨gr.⟩: Wissenschaft der Erklärung u. Auslegung eines Textes, bes. der Bibel
E| x|le| get *der; -en, -en:* Fachmann für Bibelauslegung
E| xe|ge|tik *die; - ⟨gr.-lat.⟩:* (veraltet) Wissenschaft der Bibelauslegung (Teilgebiet der Theologie)
E| x|le| ge|tin *die; -, -nen:* weibliche Form zu ↑ Exeget
e| x|le| ge|tisch ⟨gr.⟩: [die Bibel] erklärend
e| x|le| gie|ren: (veraltet) [die Bibel] erklären
E| x|ek| ra|ti|on usw. vgl. Exsekration usw.
E| xe|ku|tant *der; -en, -en* ⟨lat.⟩: jmd., der etwas ausübt, vollzieht, durchführt. **E| xe|ku|tan-tin** *die; -, -nen:* weibliche Form zu ↑ Exekutant
e| xe|ku|tie|ren ⟨lat.-nlat.⟩: 1. a) an jmdm. ein Urteil vollstrecken, vollziehen; jmdn. hinrichten; b) (veraltet) jmdn. bestrafen. 2. (österr.) pfänden
E| xe|ku|ti-on *die; -, -en:* 1. a) Vollstreckung eines Todesurteils, Hinrichtung; b) (veraltet) Vollziehung einer Strafe. 2. Durchführung einer besonderen Aktion. 3. (österr.) Pfändung
E| xe|ku|ti|ons|kom|man|do *das; -s, -s:* ↑ Kommando (3), das die Exekution (1 a) durchführt
e| xe|ku|tiv ⟨lat.-nlat.⟩: ausführend; vgl. ...iv/...orisch. **E| xe|ku-ti|ve** *die; -, -n:* 1. vollziehende, vollstreckende Gewalt im Staat; vgl. Judikative, Legislative (a). 2. (österr.) Gesamtheit der Organe zur Ausübung der vollziehenden Gewalt, bes. Polizei u. Gendarmerie
E| xe|ku|tor *der; -s, ...oren* ⟨lat.⟩:

1. Vollstrecker [einer Strafe].
2. (österr.) Gerichtsvollzieher.

E|xe|ku|to|rin *die; -, -nen:* weibliche Form zu ↑ Exekutor

e|xe|ku|to|risch: (selten) durch [Zwangs]vollstreckung erfolgend; vgl. ...iv/...orisch

E|x|em|pel *das; -s, - ⟨lat.⟩:* 1. [abschreckendes] Beispiel, Lehre. 2. kleine Erzählung mit sittlicher od. religiöser Nutzanwendung im Rahmen einer Rede od. Predigt. 3. [Rechen]aufgabe

E|x|em|p|lar *das; -s, -e ("Abbild, Muster"):* [durch besondere Eigenschaften od. Merkmale auffallendes] Einzelstück (bes. Schriftwerk) od. Einzelwesen aus einer Reihe von gleichartigen Gegenständen od. Lebewesen; Abk.: Expl. **e|x|em|p|la-risch:** a) beispielhaft, musterhaft; b) warnend, abschreckend; hart u. unbarmherzig vorgehend, um abzuschrecken

E|x|em|p|la|ris|mus *der; - ⟨lat.-nlat.⟩:* (Philos.) 1. Lehre, nach der alle Geschöpfe – was ihre Inhaltlichkeit betrifft – Spiegelbilder ihres göttlichen Urbilds sind. 2. Lehre, nach der die Erkenntnis der Dinge durch ihre in Gott seienden Urbilder ermöglicht wird

e|x|em|p|li cau|sa *⟨lat.⟩:* beispielshalber; Abk.: e. c.

E|x|em|p|li|fi|ka|ti|on *die; -, -en ⟨lat.-mlat.⟩:* Erläuterung durch Beispiele

e|x|em|p|li|fi|ka|to|risch *⟨lat.-nlat.⟩:* zum Zwecke der Erläuterung an Beispielen

e|x|em|p|li|fi|zie|ren *⟨lat.-mlat.⟩:* an Beispielen erläutern

e|x|emt *⟨lat.⟩:* von bestimmten allgemeinen Lasten od. gesetzlichen Pflichten befreit

E|x|em|ti|on *die; -, -en:* Befreiung von bestimmten allgemeinen Lasten od. gesetzlichen Pflichten

e|xen *⟨zu lat. ex⟩:* (veraltet) 1. (Schülerspr., Studentenspr.) von der [Hoch]schule weisen. 2. (Schülerspr.) eine Unterrichtsstunde unentschuldigt versäumen

E|x|en|te|ra|ti|on *die; -, -en ⟨gr.-lat.-nlat.⟩:* (Med.) 1. vorübergehende Vorverlagerung von Organen, bes. der Eingeweide bei Bauchoperationen. 2. Entfernung des Augapfels, der Einge-

weide. **e|x|en|te|rie|ren** *⟨gr.-lat.⟩:* (Med.) 1. die Eingeweide [bei Operationen] vorverlagern. 2. den Augapfel, die Eingeweide entfernen

E|xe|qua|tur *das; -s, ...uren ⟨lat.; „er möge ausführen"⟩:* 1. Zulassung eines ausländischen Konsuls, Bestätigung im Amt. 2. staatliche Genehmigung zur Publikation kirchlicher Akte

E|xe|qui|en *die* (Plural): a) katholische Begräbnisfeier, Totenmesse; b) Musik bei Begräbnisfeiern

e|xe|quie|ren: (veraltet) Schulden eintreiben, pfänden

E|x|er|ci|ti|um vgl. Exerzitium

E|x|er|gie *die; -, ...ien ⟨gr.-nlat.⟩:* (Phys.) der Anteil der Energie, der in die gewünschte, wirtschaftlich verwertbare Form (z. B. elektrische Energie) umgewandelt wird

e|x|er|gon u. e|x|er|go|nisch: Energie abgebend; **exergonische Reaktion:** (Chem.) chemische Reaktion, in deren Verlauf Energie freigesetzt wird

e|x|er|zie|ren *⟨lat.⟩:* 1. militärische Übungen machen. 2. etwas [wiederholt] einüben

E|x|er|zi|ti|en *die* (Plural): geistliche Übungen (in der katholischen Kirche nach dem Vorbild des hl. Ignatius v. Loyola). **E|x|er|zi|ti|um** *das; -s, ...ien:* (veraltet) Übung; schriftliche Übungs-, Hausarbeit

ex est *⟨lat.⟩:* es ist aus

ex e|ven|tu *⟨lat.⟩:* aufgrund der Ereignisse; im Nachhinein

ex fal|so quod|li|bet *⟨lat.; „aus Falschem (folgt) Beliebiges"⟩:* aus einem falschen Aussage darf jede beliebige Aussage logisch gefolgert werden (Grundsatz der scholastischen Logik)

Ex|fo|li|a|ti|on *die; - ⟨lat.-nlat.⟩:* (Med.) 1. Abblätterung, Abstoßung abgestorbener Gewebe u. Knochen

Ex|hai|re|se vgl. Exhärese

Ex|hal|la|ti|on *die; -, -en ⟨lat.⟩:* 1. (Med.) Ausatmung, Ausdünstung. 2. (Geol.) das Ausströmen vulkanischer Gase u. Dämpfe. **ex|hal|lie|ren:** 1. (Med.) ausatmen, ausdünsten. 2. vulkanische Gase u. Dämpfe ausströmen

Ex|hä|re|se, Exairese u. Exhairese *die; -, -n ⟨gr.⟩:* operative Entfer-

nung od. Herausschneidung von Organteilen, bes. von Nerven

Ex|haus|ti|on *die; - ⟨lat.; „Ausschöpfung"⟩:* (Med.) Erschöpfung

Ex|haus|ti|ons|me|tho|de *die; - ⟨lat.; gr.⟩:* antikes Rechenverfahren, mathematische Probleme der Integralrechnung ohne ↑ Integration (4) zu lösen

ex|haus|tiv *⟨lat.-nlat.⟩:* vollständig

Ex|haus|tor *der; -s, ...oren:* Entlüfter; Gebläse zum Absaugen von Dampf, Staub, Spreu

Ex|he|re|da|ti|on *die; -, -en ⟨lat.⟩:* (veraltet) Enterbung. **ex|he|re-die|ren:** (veraltet) enterben

ex|hi|bie|ren *⟨lat.⟩:* a) zur Schau stellen, vorzeigend darbieten; b) exhibitionistisch (a) zur Schau stellen

Ex|hi|bi|ti|on *die; -, -en:* Zurschaustellung, bes. das Entblößen der Geschlechtsteile in der Öffentlichkeit

ex|hi|bi|ti|o|nie|ren: ↑ exhibieren

Ex|hi|bi|ti|o|nis|mus *der; - ⟨lat.-nlat.⟩:* krankhafte, auf sexuellen Lustgewinn gerichtete Neigung, bes. bei Männern, zur Entblößung der Geschlechtsteile in Gegenwart anderer Personen, meist des anderen Geschlechts. **Ex|hi|bi|ti|o|nist** *der; -en, -en:* jmd., der an Exhibitionismus leidet. **Ex|hi|bi|ti|o|nis-tin** *die; -, -nen:* weibliche Form zu ↑ Exhibitionist. **ex|hi|bi|ti|o-nis|tisch:** a) den Exhibitionismus leidend; b) den Exhibitionismus betreffend

Ex|hor|te *die; -, -n ⟨lat.-nlat.⟩:* (veraltet) Ermahnungsrede

Ex|hu|ma|ti|on *die; -, -en ⟨lat.-mlat.⟩:* das Wiederausgraben einer bestatteten Leiche od. von Leichenteilen (z. B. zum Zwecke einer gerichtsmedizinischen Untersuchung; vgl. ...ation/...ierung

ex|hu|mie|ren: eine bestattete Leiche wieder ausgraben. **Ex|hu-mie|rung** *die; -, -en:* das Exhumieren; vgl. ...ation/...ierung

E|xi *der; -[s], -[s] ⟨Kurzform von ↑ Existenzialist⟩:* (Jargon, abwertend) Jugendlicher, der auf übliche bürgerliche Weise lebt

E|x|i|genz *die; - ⟨lat.⟩:* (veraltet) Bedarf, Erfordernis

e|x|i|gie|ren: (veraltet) fordern; [eine Schuld] eintreiben

E|xi|gu|i|tät *die; -* ⟨*lat.*⟩: (veraltet) Geringfügigkeit

E|xil *das; -s, -e* ⟨*lat.*⟩: a) Verbannung; b) Verbannungsort

E|xi|lant *der; -en, -en:* jmd., der im ↑ Exil lebt.

E|xi|lan|tin *die; -, -nen:* weibliche Form zu ↑ Exilant

e|xi|lie|ren: ins Exil schicken, verbannen

e|xi|lisch: a) während des Exils geschehen; b) vom Geist der Exilzeit geprägt

E|xil|li|te|ra|tur *die; -, -en:* während eines aus politischen od. religiösen Gründen erzwungenen od. freiwilligen ↑ Exils verfasste Literatur, bes. zur Zeit des Nationalsozialismus in Deutschland

E|xil|re|gie|rung *die; -, -en:* Regierung, die gezwungen ist, ihren Sitz ins Ausland zu verlegen, od. die sich dort gebildet hat

e|xi|mie|ren ⟨*lat.*⟩: von einer Verbindlichkeit, bes. von der Gerichtsbarkeit eines anderen Staates, befreien; vgl. exemt, Exemtion

E|xi|ne *die; -, -n* ⟨*lat.-nlat.*⟩: (Bot.) äußere, derbe Zellwand der Sporen der Moose u. Farnpflanzen sowie des Pollenkorns der Blütenpflanzen; Ggs. ↑ Intine

e|xis|tent ⟨*lat.*⟩: wirklich, vorhanden

E|xis|ten|tia *die; -:* (Philos.) Vorhandensein, Dasein; Ggs. ↑ Essentia

e|xis|ten|ti|al usw. vgl. existenzial usw.

E|xis|ten|ti|a|lis|mus usw. vgl. Existenzialismus usw.

E|xis|ten|ti|al|phi|lo|so|phie vgl. Existenzialphilosophie

e|xis|ten|ti|ell vgl. existenziell

E|xis|tenz *die; -, -en* ⟨*lat.*⟩:
1. a) (Plural selten) Dasein, Leben; b) Vorhandensein, Wirklichkeit. 2. (Plural selten) materielle Lebensgrundlage, Auskommen, Unterhalt. 3. (mit abwertendem Attribut) Mensch, z. B. eine verkrachte, dunkle Existenz

E|xis|tenz|a|na|ly|se *die; -, -n:* (Psychol.) psychoanalytisches Verfahren, mit dem die Geschichte eines Individuums unter dem Gesichtspunkt von Sinn- u. Wertbezügen durchforscht wird

E|xis|tenz|be|weis *der; -es, -e:* Beweis für das tatsächliche Vorhandensein einer mathematisch festgelegten Größe

e|xis|ten|zi|al, auch: existential ⟨*lat.-nlat.*⟩: die Existenz, das [menschliche] Dasein hinsichtlich seines Seinscharakters betreffend; vgl. existenziell. **E|xis|ten|zi|al,** auch: Existential *das; -s, -ien :* (Philos.) (einzelner) Seinscharakter des [menschlichen] Daseins

E|xis|ten|zi|a|lis|mus, auch: Existentialismus *der; -:* a) (bes. auf Sartre zurückgehende) Form der Existenzphilosophie, die u. a. von der Absurdität des Daseins, von der Existenzangst sowie Vereinzelung des Menschen u. der Freiheit des Menschen, sich selbst zu entwerfen, ausgeht u. Begriffe wie Freiheit, Tod, Entscheidung in den Mittelpunkt stellt; b) vom Existentialismus (a) geprägte nihilistische Lebenseinstellung.

E|xis|ten|zi|a|list, auch: Existentialist *der; -en, -en:* a) Vertreter des Existenzialismus; b) Anhänger einer von der Norm abweichenden Lebensführung außerhalb der geltenden bürgerlichen, gesellschaftlichen u. moralischen Konvention. **E|xis|ten|zi|a|lis|tin,** auch: Existentialistin *die; -, -nen:* weibliche Form zu ↑ Existenzialist. **e|xis|ten|zi|a|lis|tisch,** auch: existentialistisch: den Existenzialismus betreffend

E|xis|ten|zi|al|phi|lo|so|phie, auch: Existential... *die; -:* ↑ Existenzphilosophie

e|xis|ten|zi|ell, auch: existentiell ⟨*lat.-fr.*⟩: auf das unmittelbare und wesenhafte Dasein bezogen, daseinsmäßig; vgl. existenzial

E|xis|tenz|mi|ni|mum *das; -s, ...ma:* Mindesteinkommen, das zur Lebenserhaltung eines Menschen erforderlich ist

E|xis|tenz|phi|lo|so|phie *die; -:* neuere philosophische Richtung, die das Dasein des Menschen in einer von ihm nicht gewählten Weise zum Thema hat

e|xis|tie|ren: 1. vorhanden sein, da sein, bestehen. 2. leben

E|xit *der; -s, -s* ⟨*lat.-engl.*⟩: engl. Bez. für: Ausgang, Notausgang

E|xi|tus *der; -* ⟨*lat.*⟩: 1. (Med.) Tod, tödlicher Ausgang eines Krankheitsfalles od. Unfalls. 2. (Anat.) Ausgang

ex ju|van|ti|bus ⟨*lat.*⟩: (Med.) Erkennung einer Krankheit aus der Wirksamkeit der spezifischen Mittel

Ex|kar|di|na|ti|on *die; -, -en* ⟨*lat.-mlat.*⟩: Entlassung eines katholischen Geistlichen aus seiner Diözese

Ex|ka|va|ti|on *die; -, -en* ⟨*lat.*⟩:
1. (Med.) (krankhafte od. normale) Aushöhlung, Ausbuchtung [eines Organs]. 2. (Zahnmed.) Entfernung kariösen Zahnbeins mit dem Exkavator. 3. (Fachspr.) Ausschachtung, Ausbaggerung, Auswaschung

Ex|ka|va|tor *der; -s, ...oren* ⟨*lat.-nlat.*⟩: 1. Maschine für Erdarbeiten. 2. (Zahnmed.) löffelartiges Instrument zur Entfernung kariösen Zahnbeins

ex|ka|vie|ren ⟨*lat.*⟩: 1. aushöhlen, ausschachten. 2. (Zahnmed.) kariöses Zahnbein mit dem Exkavator entfernen

Ex|kla|ma|ti|on *die; -, -en* ⟨*lat.*⟩: Ausruf

ex|kla|ma|to|risch ⟨*lat.-nlat.*⟩: ausrufend; marktschreierisch

ex|kla|mie|ren ⟨*lat.*⟩: ausrufen

Ex|kla|ve *die; -, -n* ⟨Analogiebildung zu ↑ Enklave⟩: 1. von fremdem Staatsgebiet eingeschlossener Teil des eigenen Staatsgebiets; Ggs. ↑ Enklave. 2. gelegentliches Auftreten einer Pflanzen- od. Tierart außerhalb ihres üblichen Verbreitungsgebiets

ex|klu|die|ren ⟨*lat.*⟩: ausschließen; Ggs. ↑ inkludieren

Ex|klu|si|on *die; -, -en:* Ausschließung

ex|klu|siv ⟨*lat.-mlat.-engl.*⟩:
1. a) sich gesellschaftlich abschließend, abgrenzend, abhebend [u. daher in der allgemeinen Wertschätzung hoch stehend]; b) den Ansprüchen der vornehmen Gesellschaft, höchsten Ansprüchen genügend; [vornehm u.] vorzüglich, anspruchsvoll. 2. ausschließlich einem bestimmten Personenkreis od. bestimmten Zwecken, Dingen vorbehalten, anderen [Dingen] nicht zukommend

Ex|klu|siv|be|richt *der; -[e]s, -e:* Bericht, der nur von einer Zeitschrift o. Ä. veröffentlicht wird, für den nur eine Zeitschrift o. Ä. das Recht der Veröffentlichung hat

ex|klu|si|ve ⟨*lat.-mlat.*⟩: ohne, ausschließlich; Abk.: exkl.; Ggs. ↑ inklusive. **Ex|klu|si|ve** *die; -:* (hist.) das von katholischen Monarchen beanspruchte Recht, unerwünschte Bewerber von der Papstwahl auszuschließen

Ex|klu|siv|fo|to *das; -s, -s:* nur einem bestimmten Fotografen gestattete, nur einer einzigen Zeitung usw. zur Veröffentlichung freigegebene Aufnahme

Ex|klu|siv|in|ter|view [...vju:] *das; -s, -s:* nur einer bestimmten Person (z. B. einem Reporter) gewährtes Interview

Ex|klu|si|vi|tät *die; - ⟨lat.-mlat.-engl.⟩:* das Exklusivsein, exklusiver Charakter, exklusive Beschaffenheit

Ex|kom|mu|ni|ka|ti|on *die; -, -en* ⟨*lat.*⟩: Ausschluss aus der Gemeinschaft der katholischen Kirche; Kirchenbann. **ex|kom|mu|ni|zie|ren:** aus der katholischen Kirchengemeinschaft ausschließen

Ex|ko|ri|a|ti|on *die; -, -en* ⟨*lat.-nlat.*⟩: (Med.) Hautabschürfung

Ex|kre|ment *das; -[e]s, -e* (meist Plural) ⟨*lat.*⟩: Ausscheidung (Kot, Harn)

Ex|kres|zenz *die; -, -en* ⟨*lat.*⟩: (Med.) krankhafter Auswuchs, Gewebewucherung

Ex|kret *das; -[e]s, -e* ⟨*lat.*⟩: Stoffwechselprodukt, das vom Körper nicht weiter zu verwerten ist u. daher ausgeschieden wird (z. B. Schweiß, Harn, Kot); vgl. ¹Sekret (1), Inkret

Ex|kre|ti|on *die; -, -en* ⟨*lat.-nlat.*⟩: (Med.) Ausscheidung nicht weiter verwertbarer Stoffwechselprodukte

ex|kre|to|risch: (Med.) ausscheidend, absondernd

Ex|kul|pa|ti|on *die; -, -en* ⟨*lat.-mlat.*⟩: (Rechtsw.) Rechtfertigung, Entschuldigung, Schuldbefreiung. **ex|kul|pie|ren:** (Rechtsw.) rechtfertigen, entschuldigen, von einer Schuld befreien

Ex|kurs *der; -es, -e* ⟨*lat.; „das Herauslaufen, der Streifzug"*⟩: a) kurze Erörterung eines Spezial- od. Randproblems im Rahmen einer wissenschaftlichen

Abhandlung; b) vorübergehende Abschweifung vom Hauptthema (z. B. während eines Vortrags)

Ex|kur|si|on *die; -, -en* ⟨*lat.-fr.*⟩: wissenschaftlich vorbereitete u. unter wissenschaftlicher Leitung durchgeführte Lehr- od. Studienfahrt

Ex|ku|sa|ti|on *die; -, -en* ⟨*lat.*⟩: (veraltet) Entschuldigung

ex|lex ⟨*lat.*⟩: (veraltet) recht- u. gesetzlos, vogelfrei, geächtet

Ex|li|b|ris *das; -, - ⟨lat.; „aus den Büchern"*⟩: meist kunstvoll ausgeführter, auf die Innenseite des vorderen Buchdeckels geklebter Zettel mit dem Namen od. Monogramm des Eigentümers

Ex|ma|t|ri|kel *die; -, -n* ⟨*lat.-nlat.*⟩: Bescheinigung über das Verlassen der Hochschule

Ex|ma|t|ri|ku|la|ti|on *die; -, -en:* Streichung aus dem Namenverzeichnis einer Hochschule; Ggs. ↑ Immatrikulation

ex|ma|t|ri|ku|lie|ren: jmdn. aus dem Namenverzeichnis einer Hochschule streichen; Ggs. ↑ immatrikulieren

Ex|mis|si|on *die; -, -en* ⟨*lat.-nlat.*⟩: gerichtliche Ausweisung aus einer Wohnung od. einem Grundstück

ex|mit|tie|ren: (Rechtsw.) zwangsweise aus einer Wohnung od. von einem Grundstück weisen. **Ex|mit|tie|rung** *die; -, -en:* Ausweisung aus einer Wohnung

ex nunc ⟨*lat.; „von jetzt an"*⟩: (Rechtsw.) Zeitpunkt für den Eintritt der Wirkung einer Bestimmung od. Vereinbarung; vgl. ex tunc

e|xo..., E|xo...

⟨*gr.* éxō „außen, außerhalb, heraus, hinaus"⟩

Präfix mit der Bedeutung „(nach) außen, außerhalb"
– Exobiologie
– Exogamie
– exogen
– exotherm

E|xo|bi|o|lo|ge *der; -n, -n* ⟨*gr.-nlat.*⟩: Wissenschaftler auf dem Gebiet der Exobiologie. **E|xo|bi|o|lo|gie** *die; -:* Wissenschaft vom außerirdischen Leben. **E|xo|bi|o|lo|gin** *die; -, -nen:* weibliche Form zu ↑ Exobiologe

E|xo|der|mis *die; -, ...men* ⟨*gr.-nlat.*⟩: äußeres [verkorktes] Abschlussgewebe der Pflanzenwurzel

E|x|o|dos *der; -, ...doi* ⟨*gr.; „Ausgang, Auszug"*⟩: a) Schlusslied des Chors im altgriechischen Drama; Ggs. ↑ Parodos; b) Schlussteil des altgriechischen Dramas

E|x|o|dus *der; -, -se* ⟨*gr.-lat.; nach dem 2. Buch Mose, das den Auszug der Juden aus Ägypten schildert*⟩: Auszug, das Verlassen eines Gebietes usw. (in Bezug auf eine größere Anzahl von Menschen)

ex of|fi|ci|o ⟨*lat.*⟩: (Rechtsw.) von Amts wegen, amtlich

E|xo|ga|mie *die; - ⟨gr.-nlat.*⟩: Heiratsordnung, nach der nur außerhalb des eigenen sozialen Verbandes (z. B. Stamm, Sippe) geheiratet werden darf; Ggs. ↑ Endogamie

e|xo|gen ⟨*gr.-nlat.*⟩: 1. a) (Med.) außerhalb des Organismus entstehend; von außen her in den Organismus eindringend (von Stoffen, Krankheitserregern od. Krankheiten); Ggs. ↑ endogen (1 a); b) (Bot.) außen entstehend (vor allem in Bezug auf Blattanlagen u. Seitenknospen); Ggs. ↑ endogen (1 b). 2. (Geol.) von Kräften ableitbar, die auf die Erdoberfläche einwirken, wie Wasser, Wind u. Ä.; Ggs. ↑ endogen (2)

E|xo|kan|ni|ba|lis|mus *der; -:* das Verzehren von Angehörigen eines fremden Stammes; Ggs. ↑ Endokannibalismus

E|xo|karp *das; -s, -e* ⟨*gr.-nlat.*⟩: (Bot.) bei Früchten die äußerste Schicht der Fruchtwand (z. B. die Haarüberzug bei Pfirsich u. Aprikose)

e|xo|krin ⟨*gr.-nlat.*⟩: (Med.) nach außen absondernd (von Drüsen); Ggs. ↑ endokrin

e|xo|morph ⟨*gr.-nlat.*⟩: (Geol.) das Nebengestein beeinflussend (in Bezug auf die Erstarrung einer Schmelze); Ggs. ↑ endomorph (1)

E|x|o|ne|ra|ti|on *die; -, -en* ⟨*lat.*⟩: (veraltet) Entlastung. **e|x|o|ne|rie|ren:** (veraltet) entlasten

E|x|o|nym *das; -s, -e u. E|x|o|nymon** *das; -s, ...ma* ⟨*gr.-nlat.*⟩: von dem amtlichen Namen abweichende, aber in anderen

Ländern gebrauchte Ortsnamenform (z. B. dt. *Mailand* für ital. *Milano*)

ex o|pe|re o|pe|ra|to ⟨*lat.;* „durch die vollzogene Handlung"⟩: Ausdruck der katholischen Theologie für die Gnadenwirksamkeit der Sakramente, unabhängig von der sittlichen ↑ Disposition des spendenden Priesters

E| xo|pho|rie *die;* - ⟨*gr.*⟩: (Med.) äußerlich nicht wahrnehmbare, latente Veranlagung zum Auswärtsschielen. **e| xo|pho|risch:** verweisend

e| x|oph|thal|misch ⟨*gr.*⟩: (Med.) aus der Augenhöhle heraustretend. **E| x|oph|thal|mus** *der;* - ⟨*gr.-nlat.*⟩: (Med.) krankhaftes Hervortreten des Augapfels aus der Augenhöhle

e| xo|phy|tisch vgl. ektophytisch

E| xo|pla|net *der;* -en, -en ⟨*gr.; gr.-lat.*⟩: Planet, der außerhalb unseres Sonnensystems einen Stern umkreist

e| x|or|bi|tant ⟨*lat.*⟩: außergewöhnlich; übertrieben; gewaltig. **E| x|or|bi|tanz** *die;* -, -en ⟨*lat.-nlat.*⟩: Übermaß; Übertreibung

E| x|or|di|um *das;* -s, ...ia ⟨*lat.;* „Anfang, Einleitung"⟩: (Rhet.) [kunstgerechte] Einleitung [einer Rede]

ex o| ri|en|te lux ⟨*lat.*⟩: aus dem Osten (kommt) das Licht (zunächst auf die Sonne bezogen, dann übertragen auf Christentum u. Kultur)

e| x|or|zie|ren u. **e| x|or|zi|sie|ren** ⟨*gr.-lat.*⟩: Dämonen u. Geister durch Beschwörung austreiben

E| x|or|zis|mus *der;* -, ...men: Beschwörung von Dämonen u. Geistern durch Wort [u. Geste]

E| x|or|zist *der;* -en, -en: 1. Geisterbeschwörer. 2. (veraltet) jmd., der den dritten Grad der katholischen niederen Weihen besitzt. **E| x|or|zis|tin** *die;* -, -nen: weibliche Form zu ↑ Exorzist

E| xo|ske|lett vgl. Ektoskelett

E| x|os|mo|se *die;* -, -n ⟨*gr.-nlat.*⟩: (Chem.) ↑ Osmose von Orten höherer zu Orten geringerer Konzentration

E| xo|s| phä|re *die;* - ⟨*gr.-nlat.*⟩: oberste Schicht der ↑ Atmosphäre (1 b); vgl. Dissipationssphäre

E| x|os|to|se *die;* -, -n ⟨*gr.-nlat.*⟩: (Med.) sich von der Knochen-

oberfläche aus entwickelnder knöcherner Zapfen

E| xot, auch: **E| xo|te** *der;* ...ten, ...ten ⟨*gr.-lat.*⟩: 1. Mensch, Tier od. Pflanze aus einem fernen, meist überseeischen, tropischen Land. 2. (nur Plural) überseeische Wertpapiere, die im Telefonhandel od. ungeregelten Freiverkehr gehandelt werden

E| xo|ta|ri|um *das;* -s, ...ien ⟨*gr.-nlat.*⟩: Anlage, in der exotische Tiere zur Schau gestellt werden

E| xo|te|ri|ker *der;* -s, - ⟨*gr.-lat.*⟩: Außenstehender, Nichteingeweihter; Ggs. ↑ Esoteriker. **E| xo|te|ri|ke|rin** *die;* -, -nen: weibliche Form zu ↑ Exoteriker. **e| xo|te|risch:** für Außenstehende, für die Öffentlichkeit bestimmt; allgemein verständlich; Ggs. ↑ esoterisch

e| xo|therm ⟨*gr.-nlat.*⟩: mit Freiwerden von Wärme verbunden, unter Freiwerden von Wärme ablaufend (von chemischen Vorgängen)

E| xo|tik *die;* - ⟨*gr.-lat.*⟩: exotisches Aussehen, Wesen; exotische Beschaffenheit, Gestaltung

E| xo|ti|ka *die* (Plural): aus fernen Ländern stammende Kunstwerke

E| xo|tin *die;* -, -nen: weibliche Form zu ↑ Exot

e| xo|tisch: a) fremdländisch, überseeisch; b) einen fremdartigen Zauber ausstrahlend

E| xo|tis|mus *der;* -, ...men ⟨*gr.-lat.-nlat.*⟩: fremdsprachiges Wort, das auf einen Begriff der fremdsprachigen Umwelt beschränkt bleibt (z. B. Kolchos, Lord, Cowboy)

ex o| vo vgl. ab ovo

E| xo|zen|t| ri|kum *das;* -s, ...ka ⟨*gr.-nlat.*⟩: ↑ exozentrisches Kompositum

e| xo|zen|t| risch: (Sprachw.; von sprachlichen Konstruktionen) als Ganzes einer anderen Kategorie angehörend als eines der konstituierenden Teile (z. B. *auf dich;* weder „auf" noch „dich" kann die syntaktische Funktion der Fügung „auf dich" übernehmen); Ggs. ↑ endozentrisch; **exozentrisches Kompositum:** Kompositum, das etwas gekennzeichnet, was mit seinem Grundwort nicht zu bezeichnen ist (z. B. *Löwenmäulchen,*

das nicht ein „Mäulchen" bezeichnet, sondern eine Blume; vgl. Bahuwrihi)

Ex|pan|der *der;* -s, - ⟨*lat.-engl.*⟩: (Sport) Trainingsgerät zur Kräftigung der Arm- u. Oberkörpermuskulatur

ex|pan|die|ren ⟨*lat.*⟩: [sich] ausdehnen

ex|pan|si|bel ⟨*lat.-fr.*⟩: ausdehnbar **Ex|pan|si|on** *die;* -, -en: das Expandieren, räumliche Ausdehnung [verbunden mit mehr Einfluss u. Macht]

Ex|pan|si|o|nist *der;* -en, -en: jmd., der auf stärkeres wirtschaftlich-materielles Wachstum ausgerichtet ist, ohne Rücksicht auf die Beeinträchtigung der natürlichen u. sozialen Lebensgrundlagen. **Ex|pan|si|o|nis|tin** *die;* -, -nen: weibliche Form zu ↑ Expansionist

ex|pan|si|o|nis| tisch: auf [wirtschaftliche] Expansion gerichtet

Ex|pan|si|ons|po|li|tik *die;* -: 1. auf Erweiterung des Macht- od. Einflussbereichs gerichtete Politik. 2. (Wirtsch.) auf eine kräftige Steigerung des Umsatzes u. des Marktanteils gerichtete Unternehmensführung

ex|pan|siv: sich ausdehnend, auf Ausdehnung u. Erweiterung bedacht od. gerichtet, starke Expansion aufweisend

Ex|pa|t| ri| a|ti|on *die;* -, -en ⟨*lat.-mlat.*⟩: Ausbürgerung, Verbannung; vgl. ...ation/...ierung

ex|pa|t| ri|ie|ren: ausbürgern, verbannen. **Ex|pa|t| ri|ie|rung** *die;* -, -en: das Expatriieren; vgl. ...ation/...ierung

Ex|pe|di|ent *der;* -en, -en ⟨*lat.*⟩: a) Abfertigungsbeauftragter in der Versandabteilung einer Firma; b) Angestellter in einem Reisebüro, Reisebürokaufmann. **Ex|pe|di|en|tin** *die;* -, -nen: weibliche Form zu ↑ Expedient

ex|pe|die|ren ⟨*lat.;* „losmachen"⟩: absenden, abfertigen, befördern (von Gütern u. Personen)

Ex|pe|dit *das;* -[e]s, -e: (österr.) Versandabteilung (z. B. in einem Kaufhaus)

Ex|pe|di|ti|on *die;* -, -en: 1. a) Forschungsreise [in unbekannte Gebiete]; b) Personengruppe, die eine Expedition (1 a) unternimmt; c) (veraltet) Kriegszug, militärisches Unternehmen.

E

2. Gruppe zusammengehörender Personen, die von einem Land, einem Verband od. einem Unternehmen zur Wahrnehmung bestimmter (bes. sportlicher) Aufgaben ins Ausland geschickt werden. 3. a) Versand- od. Abfertigungsabteilung (z. B. einer Firma); b) das Expedieren. 4. (veraltet) Anzeigenabteilung

ex|pe|di|tiv: zur Expedition gehörend

Ex|pe|di|tor der; -s, ...oren ⟨lat.-nlat.⟩: ↑ Expedient. **Ex|pe|di|to|rin** die; -, -nen: weibliche Form zu ↑ Expeditor

Ex|pek|to|rans das; -, ...ranzien u. ...rantia ⟨lat.⟩ u. **Ex|pek|to|ran|ti|um** das; -s, ...tia ⟨lat.-nlat.⟩: (Med.) schleimlösendes Mittel, Hustenmittel

Ex|pek|to|ra|ti|on die; -, -en: 1. das Sichaussprechen, Erklärung [von Gefühlen]. 2. (Med.) Auswurf

ex|pek|to|rie|ren ⟨lat.⟩: 1. seine Gefühle aussprechen. 2. (Med.) Schleim auswerfen, aushusten

ex|pel|lie|ren ⟨lat.⟩: (veraltet) austreiben, verjagen

Ex|pen|sen die (Plural) ⟨lat.⟩: [Gerichts]kosten

ex|pen|siv ⟨lat.-nlat.⟩: kostspielig

Ex|pe|ri|ment das; -[e]s, -e ⟨lat.⟩: 1. wissenschaftlicher Versuch, durch den etwas entdeckt, bestätigt od. gezeigt werden soll. 2. [gewagter] Versuch, Wagnis; gewagtes, unsicheres Unternehmen; Unternehmung mit unsicherem Ausgang

ex|pe|ri|men|tal ⟨lat.-nlat.⟩: (selten) ↑ experimentell; vgl. ...al/ ...ell

Ex|pe|ri|men|tal|film der; -s, -e: Studiofilm

Ex|pe|ri|men|tal|phy|sik die; -: Teilgebiet der Physik, auf dem mithilfe von Experimenten die Naturgesetze erforscht werden

Ex|pe|ri|men|ta|tor der; -s, ...oren: jmd., der Experimente macht od. vorführt. **Ex|pe|ri|men|ta|to|rin** die; -, -nen: weibliche Form zu ↑ Experimentator

ex|pe|ri|men|tell ⟨französierende Bildung⟩: auf Experimenten beruhend; vgl. ...al/...ell

ex|pe|ri|men|tie|ren ⟨lat.-mlat.⟩: Experimente anstellen

Ex|pe|ri|men|tum Cru|cis das; - - ⟨lat.⟩: Experiment, dessen Ausgang eine endgültige Entscheidung über mehrere Möglichkeiten herbeiführt

ex|pert ⟨lat.-fr.⟩: (veraltet) erfahren, sachverständig. **Ex|per|te** der; -n, -n: jmd., der auf dem infrage kommenden Gebiet besonders gut Bescheid weiß; Sachverständiger, Kenner. **Ex|per|tin** die; -, -nen: weibliche Form zu ↑ Experte

Ex|per|ti|se die; -, -n: Gutachten eines Experten. **ex|per|ti|sie|ren:** (selten) in einer Expertise begutachten

Ex|pla|na|ti|on die; -, -en ⟨lat.⟩: (Literaturw.) Auslegung, Erläuterung, Erklärung von Texten in sachlicher Hinsicht

ex|pla|na|tiv: auslegend, erläuternd

ex|pla|nie|ren: auslegen, erläutern

Ex|plan|ta|ti|on die; -, -en ⟨lat.-nlat.⟩: (Med., Zool.) das Explantieren; Auspflanzung. **ex|plan|tie|ren:** (Zellen, Gewebe, Organe) für die Gewebezüchtung od. Transplantation aus dem lebenden Organismus entnehmen, auspflanzen

Ex|ple|tiv das; -s, -e ⟨lat.; »ergänzend«⟩: für den Sinn des Satzes entbehrliches Wort; Gesprächspartikel (früher „Füll-, Flick-, Würzwort" genannt), z. B. „Ob er wohl Zeit hat?"

ex|pli|cit ⟨lat.⟩: »es ist vollzogen, es ist zu Ende" (gewöhnlich am Ende von Handschriften u. Frühdrucken); Ggs. ↑ incipit; vgl. explizit. **Ex|pli|cit** das; -s, -s: die Schlussworte einer mittelalterlichen Handschrift od. eines Frühdrucks

Ex|pli|ka|ti|on die; -, -en: (selten) Darlegung, Erklärung, Erläuterung

ex|pli|zie|ren: darlegen, erklären, erläutern

ex|pli|zit: a) ausdrücklich, deutlich; Ggs. ↑ implizit (1); b) ausführlich u. differenziert dargestellt; vgl. explicit; **explizite Funktion:** mathematische Funktion, deren Werte sich unmittelbar (d. h. ohne Umformung der Funktion) berechnen lassen

ex|pli|zi|te: in aller Deutlichkeit

ex|plo|die|ren ⟨lat.⟩: 1. durch heftigen inneren [Gas]druck plötzlich auseinander getrieben werden, mit Knall [zer]platzen, bersten. 2. einen heftigen Gefühlsausbruch zeigen

Ex|ploit [eks'ploa] der; -s, -s ⟨lat.-vulgärlat.-altfr.-fr.⟩: (schweiz., bes. Sport) hervorragende Leistung, Glanzleistung

Ex|ploi|ta|ti|on [eksploa...] die; -, -en ⟨lat.-fr.⟩: (veraltet) 1. Ausbeutung. 2. Nutzbarmachung (z. B. eines Bergwerks)

Ex|ploi|teur [eksploa'tøːɐ̯] der; -s, -e: (veraltet) jmd., der eine Sache od. Person exploitiert

ex|ploi|tie|ren [eksploa...]: (veraltet) 1. aus der Arbeitskraft eines andern Gewinn ziehen, dessen Arbeitskraft für sich ausnutzen, ausbeuten. 2. [Bodenschätze] nutzbar machen

Ex|plo|rand der; -en, -en ⟨lat.⟩: jmd., der exploriert wird. **Ex|plo|ran|din** die; -, -nen: weibliche Form zu ↑ Explorand

Ex|plo|ra|ti|on die; -, -en: Untersuchung u. Befragung; Nachforschung; das Explorieren

Ex|plo|ra|tor der; -s, ...oren: jmd., der exploriert

Ex|plo|ra|to|ren|ver|fah|ren das; -s, - ⟨lat.; dt.⟩: Erforschung der Volkskultur (Sprache, Brauchtum, Geräte u. a.) durch persönliche Befragung von Gewährsleuten

Ex|plo|ra|to|rin die; -, -nen: weibliche Form zu ↑ Explorator

ex|plo|ra|to|risch ⟨lat.⟩: [aus]forschend, prüfend

ex|plo|rie|ren ⟨lat.⟩: 1. erforschen, untersuchen, erkunden (z. B. Boden, Gelände). 2. (Psychol., Med.) [Personen]gruppen zu Untersuchungs-, Erkundungszwecken befragen, ausforschen; (Verhältnisse) durch Befragung u. Gespräche untersuchen, erkunden

ex|plo|si|bel ⟨lat.-nlat.⟩: 1. explosionsfähig, -gefährlich. 2. (Med., Psychol.) zu unvermittelten Gewalthandlungen u. plötzlichen Kurzschlussreaktionen neigend (von ↑ Psychopathen). **Ex|plo|si|bi|li|tät** die; -: Fähigkeit zu explodieren (1)

Ex|plo|si|on die; -, -en ⟨lat.⟩: 1. mit einem heftigen Knall verbundenes Zerplatzen u. Zerbersten eines Körpers. 2. heftiger Gefühlsausbruch, bes. Zornausbruch

Ex|plo|si|ons|kra|ter der; -s, -: durch explosionsartige Vulkanausbrüche entstandener Krater (z. B. Maar)

Ex|plo|si|ons|mo|tor *der;* -s, ...oren, auch: -e: Motor, der seine Energie aus der Explosion eines Treibstoff-Luft-Gemischs gewinnt

ex|plo|siv ⟨*lat.-nlat.*⟩: 1. a) leicht explodierend (1); b) zu Gefühlsausbrüchen neigend. 2. a) explosionsartig; b) sehr temperamentvoll, heftig. **Ex|plo|siv** *der;* -s, -e u. **Ex|plo|si|va** *die;* -, ...vä [...ve]: ↑ Explosivlaut

Ex|plo|si|vi|tät *die;* -: explosive Beschaffenheit, Art [u. Weise]

Ex|plo|siv|laut *der;* -[e]s, -e: Laut, der durch die plötzliche Öffnung eines Verschlusses entsteht (z. B. b, k)

Ex|po *die;* -, -s: Kurzform von ↑ Exposition (4)

Ex|po|nat *das;* -[e]s, -e ⟨*lat.-russ.*⟩: Ausstellungsstück, Museumsstück

Ex|po|nent *der;* -en, -en ⟨*lat.*⟩: 1. herausgehobener Vertreter einer Richtung, einer Partei usw. 2. Hochzahl, bes. in der Wurzel- u. Potenzrechnung (z. B. n bei a^n)

Ex|po|nen|ti|al|funk|ti|on *die;* -, -en ⟨*lat.-nlat.; lat.*⟩: mathematische Funktion, bei der die unabhängige Veränderliche als ↑ Exponent (2) einer konstanten Größe (meist e) auftritt

Ex|po|nen|ti|al|glei|chung *die;* -, -en ⟨*lat.-nlat.; dt.*⟩: Gleichung mit einer Unbekannten im ↑ Exponenten (2)

ex|po|nen|ti|ell ⟨*lat.*⟩: gemäß einer [speziellen] Exponentialfunktion verlaufend, z. B.: exponentieller Abfall einer physikalischen Größe

Ex|po|nen|tin *die;* -, -nen: weibliche Form zu ↑ Exponent (1)

ex|po|nie|ren: 1. a) darstellen, zur Schau stellen; b) (Fotogr. veraltet) belichten. 2. sich exponieren: die Aufmerksamkeit auf sich lenken, sich durch sein Handeln sichtbar herausheben, herausstellen [u. sich dadurch auch der Kritik, Angriffen aussetzen]. **ex|po|niert:** herausgehoben u. dadurch Gefährdungen od. Angriffen in erhöhtem Maß ausgesetzt

¹Ex|port *der;* -[e]s, -e ⟨*lat.-engl.*⟩: 1. Ausfuhr, Absatz von Waren

im Ausland. 2. das Ausgeführte; Ggs. ↑ Import

²Ex|port *das;* -, -: Kurzform von ↑ Exportbier

Ex|port|bier *das;* -[e]s, -e ⟨urspr. das für den Export nach Übersee stärker eingebraute Bier von besonderer Haltbarkeit⟩: ein qualitativ gutes, geschmacklich abgerundetes (nicht sehr bitteres) Bier

Ex|por|ten *die* (Plural): Ausfuhrwaren

Ex|por|teur [...'tøːɐ] *der;* -s, -e ⟨französierende Bildung⟩: jmd. (auch ein Unternehmen), der exportiert. **Ex|por|teu|rin** [...'tøːrɪn] *die;* -, -nen: weibliche Form zu ↑ Exporteur

ex|por|tie|ren ⟨*lat.-engl.*⟩: Waren ins Ausland ausführen

Ex|po|see, auch: Exposé [...'ze:] *das;* -s, -s ⟨*lat.-fr.*⟩: a) Denkschrift, Bericht, Darlegung, zusammenfassende Übersicht; b) Entwurf, Plan, Handlungsskizze (bes. für ein Filmdrehbuch)

Ex|po|si|ti|on *die;* -, -en ⟨*lat.*⟩: 1. (selten) Darlegung, Erörterung. 2. einführender, vorbereitender Teil des Dramas (meist im 1. Akt od. als ↑ Prolog). 3. a) erster Teil des Sonatensatzes mit der Aufstellung der musikalisch zu verarbeitenden Themen; b) Kopfteil bei der Fuge mit der ersten Themadurchführung. 4. Ausstellung, Schau. 5. in der katholischen Kirche im Mittelalter aufgekommener Brauch, das Allerheiligste in der ↑ Monstranz od. im ↑ Ziborium zur Anbetung zu zeigen. 6. (Biol.) Lage eines bewachsenen Berghanges in Bezug auf die Einfallsrichtung der Sonnenstrahlen. 7. (Fotogr. veraltet) Belichtung. 8. (Med.) Grad der Gefährdung für einen Organismus, der sich aus der Häufigkeit u. Intensität der äußeren Krankheitsbedingungen ergibt, denen der Organismus ausgesetzt ist

ex|po|si|to|risch ⟨*lat.-engl.*⟩: erklärend, darlegend; der Exposition (1, 2) dienend

Ex|po|si|tur *die;* -, -en ⟨*lat.-nlat.*⟩: 1. abgegrenzter selbstständiger Seelsorgebezirk einer Pfarrei. 2. (österr.) a) in einem anderen Gebäude untergebrachter Teil

einer Schule; b) auswärtige Zweigstelle eines Geschäftes

Ex|po|si|tus *der;* -, ...ti ⟨*lat.*⟩: Geistlicher als Leiter einer ↑ Expositur (1)

ex post ⟨*lat.*⟩: 1. nach geschehener Tat; hinterher. 2. (Wirtsch.) im Nachhinein; Ggs. ↑ ex ante

ex post fac|to: ↑ ex post (1)

ex|press ⟨*lat.*⟩: 1. eilig, Eil... 2. (landsch.) eigens, ausdrücklich, zum Trotz. **Ex|press** *der;* -es, -e ⟨*lat.-engl.*⟩: (veraltet) Schnellzug

Ex|press|gut *das;* -[e]s, ...güter: Versandgut, das auf dem schnellsten Weg zum Bestimmungsort gebracht wird

Ex|pres|si|on *die;* -, -en ⟨*lat.*⟩: 1. Ausdruck. 2. besonderes Register beim Harmonium. 3. (Med.) das Herauspressen (z. B. der Nachgeburt)

Ex|pres|si|o|nis|mus *der;* - ⟨*lat.-nlat.*⟩: 1. Kunstrichtung des frühen 20. Jh.s, die im bewussten Gegensatz zum ↑ Impressionismus (1 u. 2) steht. 2. musikalischer Ausdrucksstil um 1920

Ex|pres|si|o|nist *der;* -en, -en: Vertreter des Expressionismus. **Ex|pres|si|o|nis|tin** *die;* -, -nen: weibliche Form zu ↑ Expressionist

ex|pres|si|o|nis|tisch: a) im Stil des Expressionismus; b) den Expressionismus betreffend

ex|pres|sis ver|bis [...si:s ...bi:s] ⟨*lat.*⟩: ausdrücklich

ex|pres|siv ⟨*lat.-nlat.*⟩: ausdrucksstark, mit Ausdruck, ausdrucksbetont

Ex|pres|si|vi|tät *die;* -: 1. Fülle des Ausdrucks, Ausdrucksfähigkeit. 2. (Biol.) Ausprägungsgrad einer Erbanlage im Erscheinungsbild

ex|pri|mie|ren ⟨*lat.*⟩: etwas durch Druck entleeren, herausdrücken (z. B. einen Mitesser)

ex pro|fes|so ⟨*lat.*⟩: berufsmäßig, von Amts wegen, absichtlich

Ex|pro|mis|si|on *die;* -, -en ⟨*lat.-nlat.*⟩: (Rechtsw.) den ursprünglichen Schuldner befreiende Schuldübernahme durch einen Dritten

Ex|pro|p|ri|a|teur [...'tøːɐ] *der;* -s, -e ⟨*lat.-fr.*⟩: (veraltet) Enteigner, Ausbeuter. **Ex|pro|p|ri|a|ti|on** *die;* -, -en ⟨*lat.-nlat.*⟩: (veraltet) Enteignung. **ex|pro|p|ri|ie|ren:** (veraltet) enteignen

E

Ex|pul|si|on *die; -, -en ⟨lat.⟩:* (Med.) Entfernung, Abführung (z. B. von Eingeweidewürmern) **ex|pul|siv** *⟨lat.-nlat.⟩:* (Med.) die Expulsion betreffend **ex|qui|sit** *⟨lat.⟩:* ausgesucht, erlesen, vorzüglich **Ex|se|k|ra|ti|on** u. Exekration *die; -, -en ⟨lat.⟩:* 1. Entweihung. 2. (kath. Kirche) feierliche Verwünschung, Fluch. **ex|se|k|rie|ren** u. exekrieren: 1. entweihen. 2. (kath. Kirche) verwünschen, verfluchen **Ex|sik|kans** *das; -, ...kkanzien* u. *...kkantia ⟨lat.-nlat.⟩:* (Med.) austrocknendes, Flüssigkeit ↑ absorbierendes Mittel **Ex|sik|kat** *das; -[e]s, -e* (Bot.) getrocknete Pflanzenprobe **Ex|sik|ka|ti|on** *die; -, -en ⟨lat.⟩:* (Chem.) Austrocknung **ex|sik|ka|tiv** *⟨lat.-nlat.⟩:* (Chem.) austrocknend **Ex|sik|ka|tor** *der; -s, ...oren:* Gerät zum Austrocknen od. zum trockenen Aufbewahren von Chemikalien **Ex|sik|ko|se** *die; -, -n:* Austrocknung des Körpers bei starkem Flüssigkeitsverlust (z. B. bei Durchfall) **ex si|len|tio** *⟨lat.⟩:* ↑ ex tacendo **Ex|spek|tant** *der; -en, -en ⟨lat.⟩:* (hist.) jmd., der eine Exspektanz besitzt, Anwärter. **Ex|spek|tanz** *die; -, -en ⟨lat.-nlat.⟩:* (hist.) Anwartschaft auf eine noch nicht besetzte Stelle im Staats- od. im kirchlichen Dienst **ex|spek|ta|tiv:** 1. eine Exspektanz gewährend. 2. (Med.) abwartend (von einer Krankheitsbehandlung) **Ex|spi|ra|ti|on** *die; - ⟨lat.⟩:* (Med.) Ausatmung. **ex|spi|ra|to|risch** *⟨lat.-nlat.⟩:* auf Exspiration beruhend, mit ihr zusammenhängend; Ggs. ↑ inspiratorisch (2); **exspiratorische Artikulation:** Lautbildung beim Ausatmen; **exspiratorischer Akzent:** den germanischen Sprachen eigentümlicher Akzent, der auf der Tonstärke des Gesprochenen beruht, Druckakzent. **ex|spi|rie|ren** *⟨lat.⟩:* (Med.) ausatmen **Ex|spo|li|a|ti|on** *die; -, -en ⟨lat.⟩:* (veraltet) Beraubung. **ex|spo|li|ie|ren:** (veraltet) ausrauben, plündern **Ex|stir|pa|ti|on** *die; -, -en ⟨lat.; „Ausrottung"⟩:* (Med.) völlige

Entfernung [eines erkrankten Organs] **Ex|stir|pa|tor** *der; -s, ...oren:* besondere Art eines ↑ Grubbers **ex|stir|pie|ren:** (Med.) ein erkranktes Organ od. eine Geschwulst völlig entfernen **Ex|su|dat** *das; -[e]s, -e ⟨lat.⟩:* 1. (Med.) entzündliche Ausschwitzung (eiweißhaltige Flüssigkeit, die bei Entzündungen aus den Gefäßen austritt). 2. (Biol.) Drüsenabsonderung bei Insekten **Ex|su|da|ti|on** *die; -, -en:* 1. (Med., Biol.) Ausschwitzung, Absonderung eines Exsudats. 2. Ausscheidung von Mineralstoffen aus ↑ kapillar aufsteigenden u. verdunstenden Bodenlösungen; vgl. Effloreszenz (2) **ex|su|da|tiv** *⟨lat.-nlat.⟩:* mit der Exsudation (1) zusammenhängend, auf ihr beruhend **ex ta|cen|do** *⟨lat.⟩:* aus dem Nichtvorkommen (von Belegen) **Ex|tem|po|ra|le** *das; -s, ...lien ⟨lat.⟩:* (veraltet) unvorbereitet anzufertigende [Klassen]arbeit **Ex|tem|po|re** *das; -s, -s:* a) improvisierte Einlage [auf der Bühne]; b) Stegreifspiel, Stegreifrede **ex tem|po|re:** aus dem Stegreif **ex|tem|po|rie|ren** *⟨lat.-nlat.⟩:* a) eine improvisierte Einlage [auf der Bühne] geben; b) aus dem Stegreif reden, schreiben, musizieren usw. **Ex|ten|ded** *[ıks'tendıd] die; - ⟨lat.-engl.⟩:* (Druckw.) aus England stammende, breite Antiquadruckschrift **Ex|ten|der** *der; -s, - ⟨engl.⟩:* (bes. Chem.) Mittel zum Strecken teurer Rohstoffe (z. B. in der Farbenproduktion) **ex|ten|die|ren** *⟨lat.⟩:* (veraltet) ausweiten, ausdehnen, erweitern **ex|ten|si|bel** *⟨lat.-nlat.⟩:* (veraltet) ausdehnbar. **Ex|ten|si|bi|li|tät** *die; -, -en:* (veraltet) Ausdehnbarkeit **Ex|ten|si|on** *die; -, -en ⟨lat.⟩:* 1. Ausdehnung, Streckung. 2. (Logik) Umfang eines Begriffs; Gesamtheit der Gegenstände, die unter diesen Begriff fallen (z. B. Obst: Äpfel, Birnen ...); Ggs. ↑ Intension (2). **ex|ten|si|o|nal:** 1. auf die Extension (2) bezogen; Ggs. ↑ intensional (1).

2. (bes. in der Mengenlehre) umfangsgleich; vgl. intensional (2) **Ex|ten|si|tät** u. Extensivität *die; - ⟨lat.-nlat.⟩:* Ausdehnung, Umfang **ex|ten|siv** *⟨lat.⟩:* 1. ausgedehnt, umfassend, in die Breite gehend (z. B. -e Beeinflussung). 2. auf großen Flächen, aber mit verhältnismäßig geringem Aufwand betrieben (z. B. -e Nutzung des Bodens). 3. (Rechtsw.) ausdehnend, erweiternd (von der Auslegung eines Gesetzes) **ex|ten|si|vie|ren:** ausdehnen, in die Breite gehen od. wirken lassen **Ex|ten|si|vi|tät** vgl. Extensität **Ex|ten|sor** *der; -s, ...oren:* (Med.) Streckmuskel **Ex|te|ri|eur** *[...ri'øɐ] das; -s, -s* u. *-e ⟨lat.-fr.⟩:* 1. Äußeres; Außenseite; Erscheinung. 2. (Landw.) die Körperform eines Tieres im Hinblick auf einen bestimmten Zweck (z. B. beim Pferd als Zug- od. Reittier) **Ex|te|ri|o|ri|tät** *die; -, -en ⟨lat.-nlat.⟩:* (veraltet) Äußeres, Außenseite, Oberfläche **Ex|ter|mi|na|ti|on** *die; -, -en ⟨lat.⟩:* (veraltet) a) Vertreibung; Landesverweisung; b) Zerstörung **ex|ter|mi|nie|ren:** (veraltet) ausrotten, vertreiben **ex|tern** *⟨lat.⟩:* 1. auswärtig, fremd; draußen befindlich. 2. nicht im Internat wohnend; vgl. Externe **Ex|ter|na:** *Plural* von ↑ Externum **Ex|ter|na|li|sa|ti|on** *die; -, -en:* das Externalisieren; vgl. Projektion (4). **ex|ter|na|li|sie|ren:** (Psychol.) nach außen verlagern (z. B. Ängste); vgl. internalisieren **Ex|ter|nat** *das; -[e]s, -e ⟨lat.-nlat.⟩:* Gegenbildung zu ↑ Internat): Lehranstalt, deren Schüler außerhalb der Schule wohnen **Ex|ter|ne** *der* u. *die; -n, -n ⟨lat.⟩:* 1. Schüler[in], der bzw. die nicht im Internat wohnt. 2. Schüler[in], der bzw. die Abschlussprüfung an einer Schule ablegt, ohne diese zuvor besucht zu haben **Ex|ter|nist** *der; -en, -en ⟨lat.-nlat.⟩:* (österr.) ↑ Externe (1, 2). **Ex|ter|nis|tin** *die; -, -nen:* weibliche Form zu ↑ Externist **Ex|tern|spei|cher** *der; -s, -:* (EDV) außerhalb der Zentraleinheit angeordneter Datenspeicher

Ex|ter|num *das; -s, ...na* ⟨*lat.*⟩: (Med.) äußerlich anzuwendendes Arzneimittel

ex|te|ro|zep|tiv ⟨*lat.*⟩: (Psychol., Med.) Reize wahrnehmend, die von außerhalb des Organismus kommen (z. B. mittels Augen, Ohren); Ggs. ↑ propriozeptiv

ex|ter|ri|to|ri|al ⟨*lat.-nlat.*⟩: außerhalb der Landeshoheit stehend

ex|ter|ri|to|ri|a|li|sie|ren: jmdm. Exterritorialität gewähren

Ex|ter|ri|to|ri|a|li|tät *die; -:* a) Unabhängigkeit bestimmter ausländischer Personen (z. B. Gesandter) von der Gerichtsbarkeit des Aufenthaltsstaates; b) Unverletzlichkeit u. Unantastbarkeit von Diplomaten im Gastland

Ex|tink|teur [...ˈtøːɐ̯] *der; -s, -e* ⟨*lat.-fr.*⟩: (veraltet) Feuerlöscher

Ex|tink|ti|on *die; -, -en* ⟨*lat.*⟩: 1. (veraltet) Auslöschung, Tilgung. 2. (Phys., Astron., Meteor.) Schwächung einer Wellenbewegung (Strahlung) beim Durchgang durch ein ↑ ¹Medium (2)

Ex|tink|ti|ons|ko|ef|fi|zi|ent *der; -en:* Maß für die Extinktion (2)

ex|tor|quie|ren ⟨*lat.*⟩: (veraltet) abpressen, erzwingen

Ex|tor|si|on *die; -, -en:* (veraltet) Erpressung

---

ex|t|ra..., Ex|t|ra...

⟨*lat.* extra „außer, über ... hinaus, ohne; außerhalb"⟩
Präfix mit folgenden Bedeutungen:
1. „außer, außerhalb" (bes. fachsprachlich):
– extragalaktisch
– extralingual
– Extraterrestrik
– extravertiert
2. „besonders, außerordentlich" (in Verbindung mit Adjektiven):
– extrafein
– extragroß
– extralang
3. „Besonderes, Zusätzliches" (in Verbindung mit Substantiven):
– Extrablatt
– Extraklasse
– Extratour
– Extrawurst

---

ex|t|ra ⟨*lat.*⟩: a) besonders, für sich, getrennt; b) zusätzlich, dazu; c) ausdrücklich; d) absichtlich; e) zu einem bestimm-

ten Zweck; f) besonders, ausgesucht. **Ex|t|ra** *das; -s, -s* (meist Plural): Zubehörteil (speziell zu Autos), das über die übliche Ausstattung hinausgeht

Ex|t|ra|blatt *das; -[e]s, ...blätter:* Sonderausgabe einer Zeitung mit besonders aktuellen Nachrichten

ex|t|ra dry [- draị] ⟨*engl.*⟩: trocken (u. a. von Sekt u. Schaumweinen)

ex|t|ra ec|c|le|si|am nul|la sa|lus ⟨*lat.*⟩: „außerhalb der Kirche [ist] kein Heil" (Ausspruch des heiligen Cyprian, † 258)

ex|t|ra|flo|ral ⟨*lat.-nlat.*⟩: (Bot.) außerhalb der Blüte befindlich

ex|t|ra|ga|lak|tisch ⟨*lat.; gr.*⟩: (Astron.) außerhalb der Milchstraße (vgl. Galaxie) liegend

ex|t|ra|ge|ni|tal ⟨*lat.-nlat.*⟩: (Med.) 1. außerhalb der Geschlechtsteile. 2. unabhängig von den Geschlechtsteilen (bes. in Bezug auf die Übertragung von Geschlechtskrankheiten)

Ex|t|ra|hent *der; -en, -en* ⟨*lat.*⟩: (Rechtsw. veraltet) jmd., auf dessen Antrag eine gerichtliche Verfügung erlassen wird

ex|t|ra|hie|ren: 1. [einen Zahn] herausziehen. 2. eine Extraktion (1) vornehmen. 3. (Rechtsw. veraltet) eine Vollstreckungsmaßregel erwirken

ex|t|ra|in|tes|ti|nal ⟨*lat.-nlat.*⟩: (Med.) außerhalb des Darmkanals

ex|t|ra|kor|po|ral ⟨*lat.*⟩: (Med.) außerhalb des Körpers erfolgend, verlaufend

Ex|t|rakt *der* (naturwissenschaftlich fachspr. auch:) *das; -[e]s, -e* ⟨*lat.*⟩: 1. Auszug aus tierischen od. pflanzlichen Stoffen. 2. konzentrierte Zusammenfassung der wesentlichsten Punkte eines Buches, Schriftstücks od. einer Rede

Ex|t|rak|teur [...ˈtøːɐ̯] *der; -s, -e* ⟨*lat.-fr.*⟩: Gerät zur Vornahme einer Extraktion (1)

Ex|t|rak|ti|on *die; -, -en* ⟨*lat.-nlat.*⟩: 1. (Chem.) Herauslösung einzelner Bestandteile aus einem flüssigen od. festen Stoffgemisch mit einem geeigneten Lösungsmittel. 2. (Med.) das Ziehen eines Zahnes

ex|t|rak|tiv: ausziehend; auslaugend; löslich ausziehbar

Ex|t|rak|tiv|stoff *der; -[e]s, -e:* (Biol.) in Pflanzen od. Tieren

vorkommender Stoff, der durch Wasser od. Alkohol ausgezogen werden kann

ex|t|ra|lin|gu|al ⟨*lat.-nlat.*⟩: (Sprachw.) außersprachlich, nicht zur Sprache gehörend; Ggs. ↑ intralingual

ex|t|ra|mun|dan ⟨*lat.*⟩: (Philos.) außerweltlich, ↑ transzendent (1); Ggs. ↑ intramundan

ex|t|ra|mu|ral ⟨*lat.-nlat.*⟩: 1. außerhalb der Stadtmauern befindlich. 2. (Med.) außerhalb der Wand eines Hohlraums (z. B. des Darms) gelegen

ex|t|ra mu|ros ⟨*lat.*⟩: außerhalb der Mauern

ex|t|ran ⟨*lat.-nlat.*⟩: (veraltet) ausländisch, fremd

Ex|t|ra|ne|er *der; -s, -* u. **Ex|t|ra|ne|us** *der; -, ...neer* ⟨*lat.*⟩: ↑ Externe (1, 2)

Ex|t|ra|net *das; -s, -s:* (EDV) Vernetzung von Computersystemen zur Informationsübermittlung zwischen fusionierten Firmen, Institutionen o. Ä.

ex|t|ra|or|di|när ⟨*lat.-fr.*⟩: außergewöhnlich, außerordentlich

Ex|t|ra|or|di|na|ri|at *das; -[e]s, -e* ⟨*lat.-nlat.*⟩: Amt eines Extraordinarius

Ex|t|ra|or|di|na|ri|um *das; -s, ...ien* ⟨*lat.*⟩: außerordentlicher Haushalt[splan] eines Staates

Ex|t|ra|or|di|na|ri|us *der; -, ...ien:* außerordentlicher Professor

ex|t|ra or|di|nem: außerhalb der Reihe

ex|t|ra|pe|ri|to|ne|al ⟨(*lat.; gr.*) *nlat.*⟩: (Med.) außerhalb des Bauchfells gelegen

ex|t|ra|pleu|ral ⟨(*lat.; gr.*) *nlat.*⟩: (Med.) außerhalb des Brustfellraums gelegen

Ex|t|ra|po|la|ti|on *die; -, -en* ⟨*lat.-nlat.*⟩: näherungsweise Bestimmung von Funktionswerten außerhalb eines ↑ Intervalls (4) aufgrund der Kenntnis von Funktionswerten innerhalb dieses Intervalls. **ex|t|ra|po|lie|ren:** aus dem Verhalten einer Funktion innerhalb eines mathematischen Bereichs auf ihr Verhalten außerhalb dieses Bereichs schließen

Ex|t|ra|po|si|ti|on *die; -, -en* ⟨*lat.-nlat.*⟩: (Sprachw.) Herausstellung eines Gliedsatzes an das Ende des Satzgefüges, wobei ein stellvertretendes „es" vorangestellt wird, (z. B.: „Es ist

E

schön, dass du kommst" für: „Dass du kommst, ist schön")

Ex|t|ra|pro|fit *der; -[e]s, -e:* durch bessere Produktionstechniken u. höheren Grad der Arbeitsorganisation erzielter zusätzlicher Kapitalertrag (aus marxistischer Sicht)

Ex|t|ra|pu|ni|ti|vi|tät *die; -, -en* ⟨*lat.-nlat.*⟩: (Sozialpsychol.) Wunsch od. Wille, andere Personen für eigene moralische Unzulänglichkeit od. eigene Schuld büßen zu lassen

Ex|t|ra|sys|to|le [auch: ...ˈzʏstoːlə] *die; -, -n:* (Med.) auf einen ungewöhnlichen Reiz hin erfolgende vorzeitige Zusammenziehung des Herzens innerhalb der normalen Herzschlagfolge

Ex|t|ra|sys|to|lie *die; -, -n:* (Med.) durch Extrasystolen hervorgerufene Herzrhythmusstörung

ex|t|ra|ten|siv ⟨*lat.-nlat.*⟩: extensiv (2)

Ex|t|ra|ter|res|t|rik *die; -* ⟨*lat.-nlat.*⟩: Fachgebiet der Physik, auf dem die physikalischen Vorgänge u. Gegebenheiten untersucht werden, die sich außerhalb der Erde u. ihrer Atmosphäre abspielen

ex|t|ra|ter|res|t|risch: (Astron., Phys.) außerhalb der Erde (einschließlich ihrer Atmosphäre) gelegen

Ex|t|ra|tour *die; -, -en:* (ugs.) eigenwilliges u. eigensinniges Verhalten od. Vorgehen innerhalb einer Gruppe

ex|t|ra|u|te|rin ⟨*lat.-nlat.*⟩: (Med.) außerhalb der Gebärmutter

Ex|t|ra|u|te|rin|gra|vi|di|tät *die; -, -en:* (Med.) Schwangerschaft, bei der sich das befruchtete Ei außerhalb der Gebärmutter eingenistet hat

ex|t|ra|va|gant [auch: ˈɛks...] ⟨*lat.-mlat.-fr.*⟩: 1. a) ausgefallenen Geschmack habend, zeigend; b) von ungewöhnlichem u. ausgefallenem Geschmack zeugend u. dadurch auffallend. 2. überspannt, verstiegen, übertrieben

Ex|t|ra|va|ganz [auch: ˈɛks...] *die; -, -en:* 1. etwas, was aus dem Rahmen des Üblichen herausfällt; ausgefallenes Verhalten, Tun. 2. (ohne Plural) Ausgefallenheit. 3. Überspanntheit, Verstiegenheit

ex|t|ra|va|gie|ren ⟨*lat.-mlat.*⟩: (veraltet) überspannt handeln

Ex|t|ra|va|sat *das; -[e]s, -e* ⟨*lat.-nlat.*⟩: (Med.) aus einem Gefäß ins Gewebe ausgetretene Flüssigkeit wie Blut od. Lymphe. **Ex|t|ra|va|sa|ti|on** *die; -, -en:* (Med.) Blut- od. Lympherguss in das Zellgewebe

Ex|t|ra|ver|si|on *die; -, -en* ⟨*lat.-nlat.*⟩: seelische Einstellung, die durch Konzentration der Interessen auf äußere Objekte gekennzeichnet ist; Ggs. ↑ Introversion

ex|t|ra|ver|tiert u. extrovertiert: (Psychol.) nach außen gerichtet, für äußere Einflüsse leicht empfänglich; Ggs. ↑ introvertiert

ex|t|ra|zel|lu|lär ⟨*lat.-nlat.*⟩: (Med.) außerhalb der Zelle

ex|t|rem ⟨*lat.*⟩: 1. äußerst [hoch, niedrig]; ungewöhnlich. 2. radikal; **extremer Wert:** a) Hoch- od. Tiefpunkt einer Funktion od. einer Kurve; b) größter od. kleinster Wert einer Messreihe. **Ex|t|rem** *das; -s, -e:* höchster od. niedrigster Grad, äußerste Grenze

ex|t|re|mi|sie|ren ⟨*lat.-nlat.*⟩: zu einer extremen Haltung bringen, gelangen lassen, ins Extrem treiben. **Ex|t|re|mi|sie|rung** *die; -:* das Extremisieren

Ex|t|re|mis|mus *der; -, ...men:* 1. (ohne Plural) extreme, radikale [politische] Haltung od. Richtung. 2. auf Extremismus (1) beruhende Handlung

Ex|t|re|mist *der; -en, -en:* radikal eingestellter Mensch. **Ex|t|re|mis|tin** *die; -, -nen:* weibliche Form zu ↑ Extremist. **ex|t|re|mis|tisch:** eine extreme, radikale [politische] Einstellung zeigend; den Extremismus (1) verfechtend

Ex|t|re|mi|tät *die; -, -en* ⟨*lat.*⟩: 1. (Med.; meist Plural) Gliedmaße. 2. äußerstes Ende; Extremsein (z. B. einer Idee oder eines Planes)

Ex|t|rem|si|tu|a|ti|on *die; -, -en:* extreme Lage, Situation, in der sich jmd. [augenblicklich] befindet

Ex|t|rem|sport *der; -[e]s, -e* (Plural selten): mit höchster körperlicher Beanspruchung, mit besonderen Gefahren verbundener Sport (z. B. Triathlon, Freeclimbing)

Ex|t|re|mum *das; -s, ...ma u.* **Ex|t-**

rem|wert *der; -[e]s, -e:* a) höchster od. tiefster Wert einer Funktion od. einer Kurve; b) größter od. kleinster Wert einer Messreihe

ex|t|rin|sisch ⟨*lat.-fr.-engl.*⟩: (Psychol.) von außen her [angeregt], nicht aus eigenem inneren Anlass erfolgend, sondern aufgrund äußerer Antriebe; Ggs. ↑ intrinsisch; **extrinsische Motivation:** durch äußere Zwänge, Strafen verursachte Motivation (1); Ggs. ↑ intrinsische Motivation

Ex|t|ro|phie *die; -, ...ien* ⟨*gr.-nlat.*⟩: Ektopie

ex|t|rors ⟨*lat.*⟩: (Bot.) nach außen gewendet (in Bezug auf die Stellung der Staubbeutel zur Blütenachse); Ggs. ↑ intrors

ex|t|ro|ver|tiert vgl. extravertiert

Ex|t|ru|der *der; -s, -* ⟨*lat.-engl.*⟩: (Techn.) Maschine zur Herstellung von Formstücken (Rohre, Drähte, Bänder usw.) aus ↑ thermoplastischem Material, das im formbaren Zustand durch Düsen gepresst wird. **ex|t|ru|die|ren:** (Techn.) Formstücke aus ↑ thermoplastischem Material mit dem Extruder herstellen

Ex|t|ru|si|on *die; -, -en* ⟨*lat.-nlat.*⟩: 1. (Geol.) Ausfluss von Lava u. Auswurf von Lockermaterial an Vulkanen. 2. (Zahnmed.) das Überstehen eines Zahnes über die Bissebene

ex|t|ru|siv: (Geol.) an der Erdoberfläche erstarrt (von Gesteinen)

Ex|t|ru|siv|ge|stein *das; -s:* (Geol.) an der Erdoberfläche erstarrtes Ergussgestein

ex tunc ⟨*lat.; „von damals an"*⟩: Zeitpunkt für den Eintritt der Rückwirkung einer Bestimmung od. Vereinbarung; vgl. ex nunc

e|x|u|be|rans ⟨*lat.*⟩: (Med.) stark wuchernd. **e|x|u|be|rant:** (veraltet) überschwänglich, üppig. **E|x|u|be|ranz** *die; -, -en:* (veraltet) Üppigkeit, Überfluss, Überschwänglichkeit

E|x|u|lant *der; -en, -en* ⟨*lat.*⟩: 1. im 17. u. 18. Jh. aus einem der Länder der habsburgischen Monarchie vertriebener Protestant. 2. (veraltet) Verbannter, Vertriebener. **E|x|u|lan|tin** *die; -, -nen:* weibliche Form zu ↑ Exulant. e|x|u|lie|ren: (veraltet) in der Verbannung leben

E|x|u|lze|ra|ti|on die; -, -en ⟨lat.⟩: (Med.) Geschwürbildung. e|x|ul|ze|rie|ren: (Med.) sich geschwürartig verändern

E|x|un|da|ti|on die; -, -en ⟨lat.⟩: (veraltet) Überschwemmung. e|x|un|die|ren: (veraltet) über die Ufer treten

ex un|gue le o|nem ⟨lat.; „den Löwen nach der Klaue (malen)"⟩: aus einem Glied od. Teil auf die ganze Gestalt, auf das Ganze schließen

ex u|su ⟨lat.; „aus dem Gebrauch heraus"⟩: aus der Erfahrung, durch Übung, nach dem Brauch

E|x|u|vie die; -, -n ⟨lat.⟩: 1. tierische Körperhülle, die beim Wachstumsprozess von Zeit zu Zeit abgestreift wird (z. B. Schlangenhaut). 2. (Plural) (veraltet) Siegesbeute

ex vo|to ⟨lat.⟩: aufgrund eines Gelübdes (Inschrift auf ↑ Votivgaben). Ex|vo|to das; -s, -s od. Exvoten: Weihegabe, Votivbild od. -tafel

Ex|ze|dent der; -en, -en ⟨lat.⟩: 1. (veraltet) Übeltäter, Unfugstifter. 2. (Versicherungswesen) über eine selbst gewählte Versicherungssumme hinausgehender Betrag

Ex|ze|den|ten|ver|trag der; -[e]s, ...verträge: (Versicherungswesen) Vertrag, in dem der Erstversicherer dem Rückversicherer nur an einzelnen, über ein gewisses Maß hinausgehenden Objekten beteiligt

ex|ze|die|ren: (veraltet) a) Unfug stiften; b) ausschweifen, übertreiben

ex|zel|lent ⟨lat.-fr.⟩: hervorragend, ausgezeichnet, vortrefflich

Ex|zel|lenz die; -, -en ⟨„Vortrefflichkeit, Erhabenheit"⟩: 1. Anrede im diplomatischen Verkehr. 2. (hist.) Titel von Ministern u. hohen Beamten; Abk.: Exz.

ex|zel|lie|ren ⟨lat.⟩: hervorragen, glänzen

Ex|zel|si|or|marsch der; -es, ...märsche: (Kunstschach) Vorrücken eines Bauern vom Ausgangszum Umwandlungsfeld

Ex|zen|ter der; -s, - ⟨gr.-nlat.⟩: (Techn.) exzentrisch (2) auf einer Welle angebrachte Steuerungsscheibe

Ex|zen|ter|pres|se die; -, -n: Werkzeugmaschine, bes. zum Stanzen u. Pressen von Blechen, Kunststoffen usw., bei der die Auf- u. Abwärtsbewegung durch einen auf der Antriebswelle sitzenden Exzenter erzeugt wird

Ex|zen|t|rik die; -: 1. von üblichen Verhaltensweisen abweichendes, überspanntes Benehmen. 2. mit stark übertriebener Komik dargebotene ↑ Artistik

Ex|zen|t|ri|ker der; -s, -: 1. überspannter, verschrobener Mensch. 2. Artist in der Rolle eines Clowns. Ex|zen|t|ri|ke|rin die; -, -nen: weibliche Form zu ↑ Exzentriker (1)

ex|zen|t|risch: 1. überspannt, verschroben. 2. außerhalb des Mittelpunktes liegend. Ex|zen|t|ri|zi|tät die; -, -en: 1. das Abweichen, Abstand vom Mittelpunkt. 2. Überspanntheit

Ex|zep|ti|on die; -, -en ⟨lat.⟩: (veraltet) 1. Ausnahme. 2. juristische Einrede; vgl. Exceptio

Ex|zep|ti|o|na|lis|mus der; -, ...men ⟨lat.-nlat.⟩: 1. (ohne Plural; Geol.) Lehrmeinung, dass bestimmte Gesteine, Gebirge u. a. durch außergewöhnliche, heute nicht mehr beobachtbare Prozesse gebildet worden sind. 2. außergewöhnlicher Prozess der Bildung bestimmter Gesteine, Gebirge u. a.

ex|zep|ti|o|nell ⟨lat.-fr.⟩: ausnahmsweise eintretend, außergewöhnlich

ex|zep|tiv ⟨lat.-nlat.⟩: (veraltet) ausschließend, ausnehmend.

Ex|zep|tiv|satz der; -es, ...sätze: bedingender Gliedsatz, der eine Ausnahme ausdrückt (z. B. es sei denn)

ex|zer|pie|ren ⟨lat.; „herausklauben, auslesen"⟩: ein Exzerpt anfertigen. Ex|zerpt das; -[e]s, -e: schriftlicher, mit dem Text der Vorlage übereinstimmender Auszug aus einem Werk

Ex|zerp|ti|on die; -, en: 1. das Exzerpieren. 2. (selten) das Exzerpierte

Ex|zerp|tor der; -s, ...oren: jmd., der Exzerpte anfertigt. Ex|zerp|to|rin die; -, -nen: weibliche Form zu ↑ Exzerptor

Ex|zess der; -es, -e ⟨lat.⟩: Ausschreitung; Ausschweifung; Maßlosigkeit. ex|zes|siv ⟨lat.-

nlat.⟩: außerordentlich; das Maß überschreitend; ausschweifend; exzessives Klima: Landklima mit jährlichen Temperaturschwankungen über 40 °C

ex|zi|die|ren ⟨lat.⟩: (Med.) Gewebe (z. B. eine Geschwulst) aus dem Körper herausschneiden

ex|zi|pie|ren ⟨lat.⟩: (veraltet) ausnehmen, als Ausnahme hinstellen

Ex|zi|si|on die; -, -en ⟨lat.⟩: (Med.) das Herausschneiden von Gewebe (z. B. einer Geschwulst)

ex|zi|ta|bel ⟨lat.-nlat.⟩: (Med., Psychol.) reizbar, erregbar, nervös. Ex|zi|ta|bi|li|tät die; -: (Med., Psychol.) Reizbarkeit, Erregbarkeit, Nervosität

Ex|zi|tans das; -, ...tanzien u. ...tantia ⟨lat.⟩: (Med.) Herz-, Kreislauf, Atmung od. Nerven anregendes, belebendes Arzneimittel

Ex|zi|ta|ti|on die; -, -en: (Med.) Erregungszustand des Organismus. ex|zi|ta|tiv ⟨lat.-nlat.⟩: (Med.) erregend. ex|zi|tie|ren ⟨lat.⟩: (Med.) anregen

ey [eɪ] ⟨engl.⟩: (ugs.) a) Ausruf, der Erstaunen, Überraschung ausdrückt; b) Ausruf, der Empörung, Abwehr ausdrückt

Eye|cat|cher [ˈaɪkɛtʃə] der; -s, - ⟨engl.⟩: Blickfang (z. B. in der Werbung)

Eye|li|ner [ˈaɪlaɪnɐ] der; -s, -[s] ⟨engl.⟩: flüssiges Kosmetikum zum Ziehen eines Lidstriches

Ey|rir der od. das; -s, Aurar ⟨isländ.⟩: isländische Währungseinheit

Ez|zes, Eizes die (Plural) ⟨jidd.⟩: (österr. ugs.) Tipps, Ratschläge

fa ⟨it.⟩: Silbe, auf die man beim Solmisieren den Ton f singt; vgl. Solmisation

Fa|bi|a|nist der; -en, -en: Fabier

Fa|bi|an So|ci|e|ty [ˈfeɪbjən səˈsaɪətɪ] die; - - ⟨lat.-engl.; nach

dem röm. Feldherrn Fabius
Cunctator (d. h. der Zauderer)):
Vereinigung linksliberaler englischer Intellektueller, die Ende
des 19. Jh.s durch friedliche soziale Reformarbeit eine klas-
senlose Gesellschaft u. soziale
Gleichheit anstrebten

Fa|bi|er der; -s, -: Mitglied der Fa-
bian Society

Fa|bis|mus der; - ⟨lat.-nlat.⟩:
(Med.) Erkrankung nach dem
Genuss von Bohnen od. infolge
Einatmung ihres Blütenstaubs

Fab|leau [fa'blo:] das; -, -x [fa-
'blo:] ⟨it.-fr.⟩: ↑ Fabliau

Fab|le convenue [fɑbləkɔ̃v'ny]
die; - -, -s -s [fɑbləkɔ̃v'ny] („ver-
abredete Fabel"): etwas Erfun-
denes, das man als wahr gelten
lässt

Fab|li|au [fabli'o:] das; -, -x [fa-
bli'o:]: altfranzösische Verser-
zählung mit komischem, vorwiegend erotischem Inhalt

Fab|rik die; -, -en ⟨lat.-fr.⟩: a) ge-
werblicher, mit Maschinen aus-
gerüsteter Produktionsbetrieb;
b) Gebäude[komplex], in dem
ein Industriebetrieb unterge-
bracht ist; c) (ugs.) Belegschaft
eines Industriebetriebs

Fab|ri|kant der; -en, -en: a) Besit-
zer einer Fabrik; b) Hersteller
einer Ware. **Fab|ri|kan|tin** die; -,
-nen: weibliche Form zu ↑ Fa-
brikant

Fab|ri|kat das; -[e]s, -e ⟨lat.-
nlat.⟩: 1. fabrikmäßig hergestelltes Erzeugnis der Industrie. 2. bestimmte Ausführung
eines Fabrikats (1), Marke

Fab|ri|ka|ti|on die; -, -en ⟨lat.-fr.⟩:
Herstellung von Gütern in ei-
ner Fabrik. **fab|ri|ka|to|risch**
⟨lat.⟩: die Fabrikation betreffend

fab|ri|zie|ren ⟨lat.⟩: 1. (ugs.
scherzh. auch: abwertend) a) zu-
sammenbasteln; b) anstellen,
anrichten. 2. (veraltet) serien-
mäßig in einer Fabrik herstellen

fa|bu|la do|cet ⟨lat.; „die Fabel
lehrt"⟩: die Moral von der Geschichte ist ..., diese Lehre soll
man aus der Geschichte ziehen

Fa|bu|lant der; -en, -en: a) Erfinder
od. Erzähler von Fabeln, von
fantastisch ausgeschmückten
Geschichten; b) Schwätzer;
Schwindler. **Fa|bu|lan|tin** die; -,

-nen: weibliche Form zu ↑ Fabu-
lant

fa|bu|lie|ren: a) fantastische Ge-
schichten erzählen; b) munter
drauflosplaudern; schwätzen;
c) schwindeln

Fa|bu|list der; -en, -en ⟨lat.-nlat.⟩:
(veraltet) Fabeldichter. **Fa|bu-
lis|tin** die; -, -nen: weibliche
Form zu ↑ Fabulist

fa|bu|lös ⟨lat.-fr.⟩: (ugs. scherzh.)
1. märchenhaft. 2. unwirklich,
unwahrscheinlich

Fal|bur|den ['fæbədn̩] der; -s, -s
⟨fr.-engl.⟩: (Mus.) improvisierte
Unterstimme in der englischen
mehrstimmigen Musik des 15.
u. 16. Jh.s

fac ⟨lat.⟩: mach! (auf Rezepten)

Face [fa:s] die; -, -n ⟨lat.-fr.⟩: (veraltet) 1. Gesicht, Vorderseite;
vgl. en face. 2. ↑ Avers

Face|cre|di|bi|li|ty, auch: **Face-Cre-
di|bi|li|ty** ['feɪskredɪbɪlətɪ] die; -
⟨engl.⟩: Vertrauen erweckender
Eindruck (z. B. bei einem Ver-
kaufsgespräch)

Face|lif|ting ['feɪslɪftɪŋ] das; -s, -s
⟨engl.⟩: Gesichtsoperation, bei
der altersbedingte Hautfalten
durch Herausschneiden von
Hautstreifen operativ beseitigt
werden

Face-to-Face-Kom|mu|ni|ka|ti|on
['feɪstə'feɪs...] die; -: persönliches Gespräch (ohne zwischen-
geschaltete Medien)

Fal|ce|ti|te [...s...], auch: Fassette
die; -, -n ⟨lat.-fr.⟩: 1. kleine
eckige Fläche, die durch das
Schleifen eines Edelsteins od.
Metall entsteht. 2. Teilaspekt (einer Angelegenheit, eines Vorgangs u. Ä.). 3. (Druckw.) abge-
schrägte Kante an ↑ Klischees
(1) u. Ätzungen. 4. Verblendteil
bei Zahnersatz (z. B. bei einer
Brücke)

Fal|cet|ten|au|ge das; -s, -n: (Zool.) Sehor-
gan der Insekten u. anderer
Gliederfüßer, das aus zahlreichen Einzelaugen zusammengesetzt ist

fal|cet|ten|reich, auch: fassetten-
reich: viele Facetten (2) aufweisend

fal|cet|tie|ren, auch: fassettieren:
mit Facetten versehen

Fal|ci|a|lis vgl. Fazialis

Fal|ci|es [...sɪɛs] die; -, - ⟨lat.⟩:
1. (Med.) a) Gesicht; b) Außen-

fläche an Organen u. Knochen;
c) für bestimmte Krankheiten
typischer Gesichtsausdruck.
2. ↑ Fazies

Fal|ci|es ab|do|mi|na|lis die; - -
⟨lat.; lat.-nlat.⟩: (Med.) verfalle-
nes, blasses Gesicht bei an
Bauchfellentzündung Erkrankten

Fal|ci|es gas|t|ri|ca die; - - ⟨lat.; gr.;
nlat.⟩: (Med.) Gesichtsausdruck
Magenleidender mit tiefer Na-
sen-Lippen-Falte

Fal|ci|es hip|po|c|ra|ti|ca die; - -
⟨lat.; gr.-lat.⟩: (Med.) ängstli-
cher, verfallener Gesichtsausdruck bei Sterbenden

Fal|ci|es le|o|ni|na die; - - ⟨lat.;
„Löwengesicht"⟩: (Med.) ent-
stelltes Gesicht bei Leprakran-
ken

Fal|ci|li|ty [fə'sɪlɪtɪ] die; -, -s ⟨lat.-
fr.-engl.⟩: 1. Ausstattung, Kun-
diensteinrichtung, z. B. Tele-
fonzelle. 2. Gesamtheit der
Möglichkeiten zur Kreditauf-
nahme

Fal|ci|li|ty|ma|nage|ment, auch: **Fa-
ci|li|ty-Ma|nage|ment** [...mæ-
nɪdʒmənt] das; -s, -s: 1. umfassende Betreuung u. Überwachung von Gebäuden u. Grund-
stücken. 2. (Wirtsch.) gezielte
Kostensenkung auf dem Gebiet
der betrieblich genutzten
Grundstücke u. Gebäude

Fal|cing ['feɪsɪŋ] das; -s ⟨lat.-fr.-
engl.⟩: das Ausrichten der Ware
zum Kunden hin (in Regalen,
zur Verkaufsförderung)

Fal|çon [fa'sõ:] vgl. ¹Fasson

Fal|çon de par|ler [fasõ:dpar'le]
die; - - -, -s - - [fasõ:dpar'le] ⟨fr.⟩:
(veraltet) a) bestimmte Art zu
reden; b) bloße Redensart, leere
Worte

Fal|çon|né [fasɔ'ne:] der; -[s], -s:
modisches Gewebe mit kleiner
Musterung, die durch verschiedene Bindung zustande kommt

Fact [fækt] der; -s, -s (meist Plural) ⟨lat.-engl.⟩: Tatsache, Tatsa-
chenmaterial

Fac|tion|pro|sa, auch: **Fac|tion-Pro-
sa** ['fækʃən...] die; - ⟨engl.; lat.⟩:
amerikanische Dokumentarli-
teratur (seit Mitte der 60er-
Jahre des 20. Jh.s)

Fac|to|ring ['fæktərɪŋ] das; - ⟨lat.-
engl.⟩: (Wirtsch.) Methode der
Absatzfinanzierung, bei der die
Lieferfirma ihre Forderungen
aus Warenlieferungen einem

Finanzierungsinstitut verkauft, das meist auch das volle Kreditrisiko übernimmt

Fac|to|ry|out|let, auch: **Fac|to-ry-Out|let** [ˈfæktərɪaʊtlət] *das;* -s, -s ⟨*engl.*⟩: Verkaufsstelle einer Firma, in der die Waren [mit Rabatt] direkt an den Verbraucher verkauft werden. **Fac-to|ry-Out|let-Cen|ter** [...sɛntɐ̯] *das;* -s, -: Direktverkaufszentrum

Fac|tu|re [fakˈtyːrə] *die;* -, -n ⟨*lat.-fr.*⟩: Faktur (2 b)

Fa|cul|tas Do|cen|di *die;* - - ⟨*lat.*⟩: a) Lehrauftrag an einer höheren Schule im Angestelltenverhältnis; b) Lehrbefähigung

Fal|dai|se [faˈdɛːzə] *die;* -, -n ⟨*fr.*⟩: (veraltet) Albernheit, Geschmacklosigkeit

Fa|den|mo|le|kül *das;* -s, -e: ein lang gestrecktes ↑ Makromolekül

Fal|desse [faˈdɛs] *die;* -: (österr. ugs.) langweilige Art

Fa|ding [ˈfeɪdɪŋ] *das;* -s ⟨*engl.*⟩: 1. (Elektrot.) das An- u. Abschwellen der Empfangsfeldstärke elektromagnetischer Wellen (Schwund). 2. das Nachlassen der Bremswirkung bei Kraftfahrzeugen infolge Erhitzung der Bremsen

fa|di|sie|ren: (österr. ugs.) 1. jmdn. langweilen. 2. sich fadisieren: sich langweilen

Fa|do [port.: ˈfaðu] *der;* -[s], -s ⟨*lat.-port.*⟩: melancholisch gestimmtes, zur Gitarre gesungenes volkstümliches portugiesisches Lied

Fae|ces [ˈfɛːtse̝s] vgl. Fäzes

Fa|en|za|ma|jo|li|ka *die;* -, ...ken (meist Plural) ⟨nach der ital. Stadt Faenza⟩: besonders behandelte Tonware; vgl. Fayence

Fa|ga|ra|sei|de *die;* - ⟨*arab.-mlat.; dt.*⟩: eine Wildseide

Fa|gott *das;* -s, -e ⟨*it.*⟩: Holzblasinstrument in tiefer Tonlage mit u-förmig geknickter Röhre u. Doppelrohrblatt. **Fa|got|tist** *der;* -en, -en: Fagottspieler. **Fa|got-tis|tin** *die;* -, -nen: weibliche Form zu ↑ Fagottist

Fai|ble [ˈfɛːbl] *das;* -s, -s ⟨*lat.-galloroman.-fr.*⟩: Vorliebe, Neigung

Fail|le [faːj] *die;* - ⟨*fr.*⟩: Seidengewebe mit feinen Querrippen; Ripsseide. **Fail|le|ti|ne** [faːjaˌ... od. faljət...] *die;* - ⟨*fr.*⟩: Faille einer leichten Qualität

fair [fɛːɐ̯] ⟨*engl.*⟩: a) anständig, ehrlich, gerecht; b) (Sport) den [Spiel]regeln entsprechend, sie beachtend; kameradschaftlich

Fair|ness [ˈfɛːɐ̯nes] *die;* - ⟨*engl.*⟩: 1. (Sport) ehrliches, anständiges Verhalten in einem sportlichen Wettkampf. 2. a) gerechtes, anständiges Verhalten [im Geschäftsleben]; b) ehrliche Haltung anderen gegenüber

Fair|play [fɛəˈpleɪ] *das;* -, auch: **Fair Play** *das;* - - ⟨*engl.*⟩: „ehrliches Spiel"⟩: ↑ Fairness (1)

Fair|way [ˈfɛːweɪ] *das;* -s, -s ⟨*engl.*⟩: kurz gemähte Spielbahn zwischen Abschlag u. Grün beim Golf

Fai|ry|chess, auch: **Fai|ry-Chess** [ˈfɛːrɪt͡ʃes] *das;* - ⟨*engl.*⟩: „Märchenschach"⟩: (Kunstschach) modernes Teilgebiet des ↑ Problemschachs (z. B. Hilfsmatt) mit z. T. neu erfundenen Figuren (wie Nachtreiter, Kamelreiter, Grashüpfer) od. mit verändertem Schachbrett

Fait|seur [fɛˈzøːɐ̯] *der;* -s, -e ⟨*lat.-fr.;* „Macher"⟩: jmd., der ein geplantes [übles] Unternehmen durchführt, Anstifter

Fait ac|com|p|li [fɛtakõˈpli] *das;* - -, -s -s [fɛzakõˈpli]: vollendeter Tatbestand, Tatsache

Faith and Or|der [ˈfeɪθ ənd ˈɔːdə] ⟨*engl.;* „Glaube und Ordnung"⟩: ökumenische Einigungsbewegung, deren Ziel es ist, die Trennung der Christenheit ↑ dogmatisch u. rechtlich zu überwinden

fä|kal ⟨*lat.-nlat.*⟩: (Med.) kotig. **Fä|ka|li|en** *die* (Plural): (Med.) von Menschen u. Tieren ausgeschiedener Kot u. Harn

Fä|kal|s|ta|se *die;* -, -n ⟨*lat.-nlat.; gr.*⟩: Koprostase

Fake [feɪk] *das;* -s, -s ⟨*engl.* „Fälschung"⟩: [bewusste] Veränderung von Fotos, Musiktiteln u. Ä. durch Montagen, Schnitte, Einblendungen od. Ä. (bes. in der Werbung). **fa|ken** [ˈfeɪkn̩]: 1. (ugs.) fälschen; vortäuschen. 2. a) Bilddaten u. Ä. verändern, um bestimmte Effekte zu erzielen; b) unter falschem Namen auftreten (z. B. im Internet)

Fa|kih *der;* -s, -s ⟨*arab.*⟩: Lehrer der islamischen Rechtswissenschaft

Fa|kir [österr.: faˈkiːɐ̯] *der;* -s, -e ⟨*arab.;* „der Arme"⟩: a) Bettel-

mönch, frommer Asket [in islamischen Ländern]; b) Gaukler, Zauberkünstler [in Indien]

Fak|si|mi|le *das;* -s, -s ⟨*lat.-engl.;* „mache ähnlich!"⟩: mit einem Original in Größe u. Ausführung genau übereinstimmende Nachbildung od. ↑ Reproduktion (2 b), z. B. einer alten Handschrift. **fak|si|mi|lie|ren** ⟨*lat.-nlat.*⟩: eine Vorlage getreu nachbilden

Fakt *der,* auch: *das;* -[e]s, -en, auch: -s (meist Plural): ↑ Faktum. **Fak|ta:** *Plural* von ↑ Faktum

Fak|ta|ge [...ˈtaːʒə] *die;* -, -n ⟨*lat.-fr.*⟩: Beförderungsgebühr

Fak|ten: *Plural* von ↑ Fakt, ↑ Faktum

Fak|ti|on *die;* -, -en ⟨*lat.;* „Tatgemeinschaft"⟩: (veraltend) Gruppierung innerhalb einer Partei, deren Ziele u. Ansichten von der Generallinie der Partei abweichen. **fak|ti|ös** ⟨*lat.-fr.*⟩: (veraltend) vom Parteigeist beseelt; aufrührerisch, aufwiegelnd

Fak|tis *der;* - ⟨Kunstw.⟩: künstlich hergestellter, kautschukähnlicher Füllstoff

fak|tisch ⟨*lat.*⟩: a) tatsächlich, wirklich, auf Tatsachen gegründet; b) (österr. ugs.) praktisch, quasi

fak|ti|tiv ⟨*lat.-nlat.*⟩: a) das Faktitiv betreffend; b) bewirkend. **Fak|ti|tiv** [auch: ˈfak...] *das;* -s, -e u. **Fak|ti|ti|vum** *das;* -s, ...va: abgeleitetes Verb, das ein Bewirken zum Ausdruck bringt (z. B. schärfen = scharf machen)

Fak|ti|zi|tät *die;* -, -en: (Philos.) Tatsächlichkeit, Gegebenheit, feststellbare Wirklichkeit; Ggs. ↑ Logizität

Fak|to|gra|phie, auch: ...grafie *die;* -: ⟨*lat.; gr.*⟩: ↑ Factionprosa

fak|to|lo|gisch: die Fakten betreffend

Fak|tor *der;* -s, ...oren ⟨*lat.;* „Macher"⟩: 1. wichtiger Umstand; mitwirkende, mitbestimmende Ursache, Gesichtspunkt. 2. technischer Leiter einer Setzerei, Buchdruckerei, Buchbinderei. 3. Zahl od. Größe, die mit einer anderen multipliziert wird

Fak|to|rei *die;* -, -en ⟨*lat.-mlat.*⟩: (veraltet) größere Handelsniederlassung in Übersee

F

Fak|to|ren|a|nal|ly|se *die; -, -n:* (Psychol.) mathematisches Verfahren zur Ermittlung der Faktoren, die einer großen Menge verschiedener Eigenschaften zugrunde liegen

fak|to|ri|ell: nach Faktoren aufgeschlüsselt, in Faktoren zerlegt

Fak|to|tum *das; -s, -s u. ...ten ⟨lat.;* „mach alles!"⟩: jmd., der in einem Haushalt od. Betrieb alle nur möglichen Arbeiten u. Besorgungen erledigt; Mädchen für alles

Fak|tum *das; -s, ...ten,* veraltend auch: *...ta ⟨lat.⟩:* [nachweisbare] Tatsache, Ereignis

¹Fak|tur *die; -, -en ⟨lat.-it.⟩:* Warenrechnung; Lieferschein

²Fak|tur *die; -, -en ⟨lat.-fr.⟩:* a) handwerkliche Arbeit; b) kunstgerechter Aufbau [einer Komposition]

Fak|tu|ra *die; -, ...ren ⟨lat.-it.⟩:* (österr., schweiz., sonst veraltet) ↑ ¹Faktur

fak|tu|rie|ren: Fakturen ausschreiben, Waren berechnen

Fak|tu|rier|ma|schi|ne *die; -, -n:* früher übliche Büromaschine zum Erstellen von Rechnungen in einem Arbeitsgang

Fak|tu|rist *der; -en, -en:* Angestellter eines kaufmännischen Betriebes, der mit der Aufstellung u. Prüfung von Fakturen betraut ist. **Fak|tu|ris|tin** *die; -, -nen:* weibliche Form zu ↑ Fakturist

fä|ku|lent *⟨lat.-nlat.⟩:* (Med.) kotartig, kotig

Fä|ku|lom *das; -s, -e:* ↑ Koprom

Fa|kul|tas *die; - ⟨lat.;* „Fähigkeit, Vermögen"⟩: Lehrbefähigung; vgl. Facultas Docendi

Fa|kul|tät *die; -, -en ⟨lat.-(mlat.)⟩:* 1. a) eine Gruppe zusammengehörender Wissenschaften umfassende Abteilung einer Universität od. Hochschule (z. B. Philosophie, Medizin); b) die Gesamtheit der Lehrer u. Studenten, die zu einer Fakultät gehören. 2. ↑ Fakultas. 3. (kath. Kirchenrecht) die Rechte, die eine höhere kirchliche Stelle einer untergeordneten überträgt. 4. (Math.) ↑ Produkt, dessen Faktoren (3) durch die Gliederung der natürlichen Zahlenreihe, von 1 beginnend, gebildet werden,

z. B. 1 · 2 · 3 · 4 · 5 (geschrieben = 5!, gesprochen: 5 Fakultät)

fa|kul|ta|tiv *⟨lat.-nlat.⟩:* freigestellt, wahlfrei; dem eigenen Ermessen, Belieben überlassen; Ggs. ↑ obligatorisch

Fa|la|fel *die; -, -n ⟨arab.⟩:* arabisches Gericht aus gebratenen Kichererbsenbällchen

Fa|laises [fa'lɛːz], auch: **Fa|lai|sen** [fa'lɛːzn] *die* (Plural) *⟨fr.⟩:* Steilküsten [der Normandie u. Picardie]

Fa|lan|ge [fa'laŋe, auch: fa'laŋxe] *die; - ⟨gr.-span.⟩:* (1977 im Zuge der Demokratisierung aufgelöste) faschistische, totalitäre Staatspartei Spaniens unter Franco. **Fa|lan|gist** *der; -en, -en:* Mitglied der Falange. **Fa|lan|gis|tin** *die; -, -nen:* weibliche Form zu ↑ Falangist

Fa|la|sche *der; -n, -n ⟨semit.⟩:* äthiopischer Jude. **Fa|la|schin** *die; -, -nen:* weibliche Form zu ↑ Falasche

Fald|dis|to|ri|um *das; -s, ...ien ⟨germ.-mlat.;* „Faltstuhl"⟩: [faltbarer] Armlehnstuhl des Bischofs od. Abtes für besondere kirchliche Feiern

Fa|ler|ner *der; -s, - ⟨lat.⟩:* ein schwerer, trockener, weißer od. roter Tischwein aus Kampanien

Fal|ko|nett *das; -s, -e ⟨vulgär-lat.-it.⟩:* Feldgeschütz von kleinem Kaliber (im 16. u. 17. Jh.)

Fal|la|zi|en *die* (Plural) *⟨lat.⟩:* (Philos.) Täuschungen; formal unrichtige Schlüsse; Fehl- u. Trugschlüsse

fal|li|bel *⟨lat.-nlat.⟩:* dem Irrtum unterworfen

Fal|li|bi|lis|mus *der; -:* (Philos.) Anschauung der kritisch-rationalistischen Schule, nach der es keine unfehlbare Erkenntnisinstanz gibt

Fal|li|bi|li|tät *die; -, -en:* (veraltet) Fehlbarkeit

fal|lie|ren *⟨lat.-it.⟩:* 1. in Konkurs gehen. 2. (landsch.) missraten, misslingen

Fal|li|ment *das; -s, -e u.* **Fal|lis|se|ment** [falisə'mãː] *das; -s, -s ⟨lat.-fr.⟩:* (veraltet) Bankrott, Zahlungseinstellung

fal|lit *⟨lat.-it.⟩:* (veraltet) zahlungsunfähig. **Fal|lit** *der; -en, -en:* (veraltet) jmd., der zahlungsunfähig ist

Fall-out, auch: **Fall|out** [fɔːl'aut]

der; -s, -s ⟨engl.⟩: radioaktiver Niederschlag

Fal|lott u. **Fa|llot** *der; -en, -en ⟨fr.⟩:* (österr.) Gauner, Betrüger

Fal|sa: *Plural von* ↑ Falsum

Fal|sa De|mons|t|ra|tio *die; - - ⟨lat.⟩:* (Rechtsspr.) fehlerhafte (unrichtige od. mehrdeutige) Ausdrucksweise bei der Willenserklärung

Fal|sett *das; -[e]s, -e ⟨lat.-it.⟩:* [durch Brustresonanz verstärkte] Kopfstimme bei Männern; vgl. Fistelstimme

fal|set|tie|ren: Falsett singen

Fal|set|tist *der; -en, -en:* Sänger für Diskant- od. Altpartien [im 15. u. 16. Jh.]

Fal|sett|stim|me *die; -, -n:* ↑ Fistelstimme

Fal|si|fi|kat *das; -[e]s, -e ⟨lat.;* „Gefälschtes"⟩: Fälschung, gefälschter Gegenstand

Fal|si|fi|ka|ti|on *die; -, -en ⟨lat.-mlat.⟩:* 1. (Wissenschaftstheorie) Widerlegung einer wissenschaftlichen Aussage durch ein Gegenbeispiel. 2. (veraltet) Fälschung

fal|si|fi|zie|ren: 1. eine Hypothese durch empirische Beobachtung widerlegen; Ggs. ↑ verifizieren (1). 2. (veraltet) [ver]fälschen

Fal|sol|bor|do|ne *der; -, Falsibordoni ⟨it.⟩:* ↑ Fauxbourdon

Fals|taff *der; -s, -s ⟨nach einer komischen Dramenfigur bei Shakespeare⟩:* dicker Prahlhans, Schlemmer

Fal|sum *das; -s, ...sa ⟨lat.⟩:* (veraltet) Betrug, Fälschung

Fa|lun Gong [- 'gʊŋ] *die; - - ⟨chin.;* eigtl. „Rad des Gesetzes"⟩: auf dem ↑ Qigong beruhende Schule des chinesischen Buddhismus

Fa|ma *die; - ⟨lat.⟩:* etwas, was gerüchtweise über jmdn. od. etwas verbreitet, erzählt wird; Gerücht

fa|mi|li|al *⟨lat.⟩:* die Familie als soziale Gruppe betreffend

fa|mi|li|är: a) die Familie betreffend; b) ungezwungen, vertraulich

Fa|mi|li|a|re *der od. die; -n, -n* (meist Plural): 1. Mitglied des päpstlichen Hauses. 2. Bedienstete(r) eines Klosters, die (der) zwar in der Hausgemeinschaft lebt, aber nicht zum betreffenden Orden gehört

fa|mi|li|a|ri|sie|ren *⟨lat.-fr.⟩:* (veraltet) sich familiarisieren: sich vertraut machen

Fa|mi|li|a|ri|tät *die; -, -en ⟨lat.⟩:* familiäres (b) Verhalten; Vertraulichkeit

Fa|mi|lie *die; -, -n:* 1. a) Gemeinschaft aus einem Elternpaar u. mindestens einem Kind; b) Gruppe der nächsten Verwandten; Sippe. 2. (Biol.) systematische Kategorie, in der näher verwandte Gattungen zusammengefasst werden

Fa|mi|lis|mus *der; - ⟨lat.-fr.-engl.⟩:* (Soziol.) bestimmte Sozialstruktur, bei der das Verhältnis von Familie u. Gesellschaft durch weitgehende Identität gekennzeichnet ist (z. B. die chinesischen Großfamilien)

fa|mos *⟨lat.; „viel besprochen; berühmt; berüchtigt"⟩:* 1. (ugs.) durch seine Art beeindruckend, Gefallen, Bewunderung erweckend; großartig, prächtig, ausgezeichnet. 2. (veraltet) berüchtigt, verrufen; vgl. Famosschrift

Fa|mos|schrift *die; -, -en:* (hist.) Schmähschrift im Zeitalter des Humanismus u. der Reformation

Fa|mu|lant *der; -en, -en ⟨lat.⟩:* [Medizin]student, der seine Famulatur ableistet. **Fa|mu|lan|tin** *die; -, -nen:* weibliche Form zu ↑ Famulant

Fa|mu|la|tur *die; -, -en ⟨lat.-nlat.⟩:* Praktikum, das im Rahmen seiner Ausbildung ableisten muss

fa|mu|lie|ren *⟨lat.⟩:* als Student[in] das Praktikum ableisten

Fa|mu|lus *der; -, -se u. ...li („Diener"⟩:* (veraltet) a) ↑ Famulant; b) studentische Hilfskraft

Fan [fɛn] *der; -s, -s ⟨engl.-amerik.;* Kurzw. aus *engl. fanatic* „Fanatiker"⟩: begeisterter Anhänger von jmdm. od. etwas

Fa|nal *das; -s, -e ⟨gr.-arab.-it.-fr.⟩:* 1. (hist.) Feuer-, Flammenzeichen. 2. Ereignis, Tat, Handlung als weithin erkennbares u. wirkendes, Aufmerksamkeit erregendes Zeichen, das eine Veränderung, den Aufbruch zu etwas Neuem ankündigt

Fa|na|ti|ker *der; -s, - ⟨lat.(-fr.)⟩:* jmd., der sich für eine Überzeugung, eine Idee fanatisch einsetzt, sie fanatisch verficht; Eiferer; dogmatischer Verfechter einer Überzeugung od. einer

Idee; vgl. Fan. **Fa|na|ti|ke|rin** *die; -, -nen:* weibliche Form zu ↑ Fanatiker. **fa|na|tisch:** sich mit ↑ Fanatismus, mit einer Art Verbohrtheit, mit blindem Eifer [u. rücksichtslos] für etwas einsetzend

fa|na|ti|sie|ren *⟨lat.-fr.⟩:* jmdn. aufhetzen, fanatisch machen

Fa|na|tis|mus *der; - ⟨lat.-nlat.⟩:* rigoroses, unduldsames Eintreten für eine Sache od. Idee als Ziel, das kompromisslos durchzusetzen versucht wird

¹Fan|cy [ˈfɛnsi] *der od. das; -[s] ⟨gr.-lat.-fr.-engl.; „Fantasie"⟩:* beidseitig gerauter ↑ Flanell in Leinen- od. Köperbindung (eine Webart)

²Fan|cy *die; -, -s:* (Mus.) kurze Instrumentalfantasie

Fan|cy|drink [ˈfɛnsi...] *der; -[s], -s:* Mixgetränk ohne festes Rezept

Fan|cy|stock [ˈfɛnsistɔk] *der; -s, -s ⟨engl.⟩:* (Börsenw.) Spekulationspapier mit hohem Risiko

Fan|cy|work [ˈfɛnsiwə:k] *das; -s, -s:* aus Tauwerk hergestellte Zierknoten u. Flechtereien

Fan|dan|go *der; -s, -s ⟨span.⟩:* schneller spanischer Volkstanz im ³/₄- od. ⁶/₈-Takt mit Kastagnetten- u. Gitarrenbegleitung

Fan|da|rol|le vgl. Farandole

Fa|ne|ga *die; -, -s ⟨arab.-span.⟩:* früher in Spanien u. Lateinamerika verwendetes Hohlmaß unterschiedlicher Größe

Fan|fa|re *die; -, -n ⟨fr.⟩:* 1. Dreiklangstrompete ohne Ventile. 2. Trompetensignal. 3. kurzes Musikstück [für Trompeten u. Pauken] in der Militär- u. Kunstmusik

Fan|fa|ron [fãfaˈrõ:] *der; -s, -s ⟨span.-fr.⟩:* (veraltet) Großsprecher, Prahler. **Fan|fa|ro|na|de** *die; -, -en:* (veraltet) Großsprecherei, Prahlerei

Fan|glo|me|rat *das; -[e]s, -e ⟨lat.-engl.; lat.⟩:* (Geol.) ungeschichtete Ablagerung aus Schlammströmen zeitweilig Wasser führender Flüsse in Trockengebieten

Fan|go *der; -s ⟨germ.-it.⟩:* ein vulkanischer Mineralschlamm, der zu Heilzwecken verwendet wird

Fan|klub [ˈfɛn...] *der; -s, -s:* ↑ Klub (a) für die Fans einer bekannten Persönlichkeit, eines [bekannten] Sportklubs o. Ä.

Fan|nings [ˈfɛn...] *die* (Plural) *⟨engl.⟩:* durch Sieben gewonnene kleinblättrige, feine handelsübliche Teesorte (meist für Aufgussbeutel verwendet); vgl. Dust

Fa|non [faˈnõ:] *der; -s, -s ⟨germ.-fr.⟩* u. **Fa|no|ne** *der; -[s], ...oni ⟨germ.-fr.-it.⟩:* zweiteiliger ↑ liturgischer Schulterkragen des Papstes

Fan|shop [ˈfɛnʃɔp] *der; -s, -s ⟨engl.⟩:* Laden, in dem man Artikel eines Sportklubs o. Ä. kaufen kann

Fan|tas|sia *die; -, -s ⟨gr.-lat.-it.⟩:* 1. wettkampfartiges Reiterspiel [der Araber u. Berber]. 2. ital. Bez. für ↑ Fantasie (3)

Fan|ta|sie, auch: Phantasie *die; -, ...ien ⟨gr.-lat.⟩:* 1. a) (ohne Plural) Fähigkeit, sich etwas in Gedanken auszumalen; Vorstellungs-, Einbildungskraft; b) Vorstellung, Einbildung; Produkt der Fantasie (1 a). 2. (nur Plural) Med.) Fieberträume; bei Bewusstseinsstörungen wahrgenommene Trugbilder. 3. (Mus.) Instrumentalstück mit freier, improvisationsähnlicher Gestaltung ohne formale Bindung

fan|ta|sie|ren, auch: phantasieren *⟨gr.-lat.-mlat.⟩:* 1. sich mit wiederkehrenden Bildern, Vorstellungen der ↑ Fantasie (1), der Einbildungskraft hingeben; frei erfinden; erdichten, ausdenken. 2. (Med.) in Fieberträumen irrereden. 3. (Mus.) frei über eine Melodie od. ein Thema musizieren; vgl. improvisieren

Fan|tast, auch: Phantast *der; -en, -en ⟨gr.-mlat.⟩:* (abwertend) Träumer, Schwärmer; Mensch mit überspannten Ideen

Fan|tas|te|rei, auch: Phantasterei *die; -, -en:* wirklichkeitsfremde Fantasie, Überspanntheit

Fan|tas|tik, auch: Phantastik *die; -:* das Fantastische, Unwirkliche

Fan|tas|ti|ka, auch: Phantastika *die* (Plural): (Med.) Naturstoffe, Pharmaka (1) u. a., die stark erregend auf die Psyche wirken

Fan|tas|tin, auch: Phantastin *die; -, -nen:* weibliche Form zu ↑ Fantast

fan|tas|tisch, auch: phantastisch: 1. a) auf Fantasie (1) beruhend, nur in der Fantasie bestehend; unwirklich; **fantastische Lite-**

ratur: über den Realismus hinausgehende, durch fantastische Elemente gekennzeichnete Literatur; b) verstiegen, überspannt. 2. (ugs.) unglaublich; großartig, wunderbar

Fan|ta|sy ['fɛntəzɪ] *die;* - ⟨*engl.;* „Fantasie"⟩: Gattung von Romanen, Filmen u. a., die märchen- u. mythenhafte Traumwelten voller Magie darstellen

Fan|zine ['fɛnziːn] *das;* -s, -s ⟨amerik. Kurzw. aus *engl. fan* u. *magazine*⟩: Zeitschrift für Anhänger u. Fans bestimmter Personen od. Sachen

FAQ [ɛflɛr'kjuː] *die* (Plural) ⟨Abk. für *engl. frequently asked questions* „häufig gestellte Fragen"⟩: Zusammenstellung von Informationen zu besonders häufig gestellten Fragen, häufig auftretenden Problemen (z. B. bei Gebrauchsanweisungen od. auf einer Homepage)

Fa|rad *das;* -[s], - ⟨nach dem engl. Physiker M. Faraday, 1791–1867⟩: Einheit der elektrischen ↑ Kapazität; Zeichen: F

Fa|ra|day|kä|fig ['farade:..., auch: 'fɛradi...] *der;* -s, -e: (Phys.) metallene Umhüllung zur Abschirmung eines begrenzten Raumes gegen äußere ↑ elektrische (1) Felder u. zum Schutz empfindlicher [Mess]geräte gegen elektrische Störungen

fa|ra|daysch [...'deːʃ, auch: 'fɛrədɪʃ]: in der Fügung **faradaysche Gesetze:** zwei von Faraday aufgestellte Gesetze, die bei der Elektrolyse den Zusammenhang zwischen dem Stromfluss u. den an den Elektroden abgeschiedenen Stoffmengen beschreiben

Fa|ra|di|sa|ti|on *die;* - ⟨*nlat.*⟩: (Med.) Anwendung des faradischen Stroms zu Heilzwecken

fa|ra|disch: in der Fügung **faradischer Strom:** unsymmetrischer, durch Unterbrecherschaltung erzeugter Wechselstrom

fa|ra|di|sie|ren: (Med.) mit faradischem Strom behandeln

Fa|ra|do|the|ra|pie *die;* - ⟨*engl.; gr.*⟩: ↑ Faradisation

Fa|ran|do|le u. Fandarole *die;* -, -n ⟨*provenzal.-fr.*⟩: ein schneller Paartanz aus der Provence

Far|ce ['farsə] *die;* -, -n ⟨*lat.-vulgärlat.-fr.*⟩: 1. derbkomisches

Lustspiel. 2. abgeschmacktes Getue, billiger Scherz. 3. (Gastr.) Füllung für Fleisch od. Fisch [aus gehacktem Fleisch]

Far|ceur [...'søːɐ̯] *der;* -s, -e ⟨*fr.*⟩: (veraltet) Possenreißer

far|cie|ren [...'siː...]: (Gastr.) mit einer Farce (3) füllen

Fa|re|ghan vgl. Ferraghan

fare|well [fɛəˈwɛ] ⟨*engl.*⟩: leb[t] wohl! (englischer Abschiedsgruß)

Far|fal|le *die* (Plural) ⟨*it.*⟩: schmetterlingsförmige Nudeln

Fa|rin *der;* -s ⟨*lat.*⟩: a) gelblich brauner, feuchter Zucker; b) Puderzucker

Farm *die;* -, -en ⟨*lat.-fr.-engl.*⟩: 1. größerer landwirtschaftlicher Betrieb in angelsächsischen Ländern. 2. Landwirtschaftsbetrieb mit Geflügel- od. Pelztierzucht. **Far|mer** *der;* -s, -: Besitzer einer Farm. **Far|me|rin** *die;* -, -nen: weibliche Form zu ↑ Farmer

Fa|ro *der;* -s, -s ⟨*gr.-lat.-it.*⟩: ↑ Pharus

Fas *das;* - ⟨*lat.*⟩: (hist.) in der römischen Antike das von den Göttern Erlaubte; Ggs. ↑ Nefas; vgl. per fas

Fa|san *der;* -[e]s, -e[n] ⟨*gr.-lat.-fr.;* nach dem Fluss Phasis, dem antiken Namen für den russischen Fluss Rioni am Schwarzen Meer⟩: ein Hühnervogel

Fa|sa|ne|rie *die;* -, ...ien: a) Gartenanlage zur Aufzucht von Fasanen; b) (bes. im 17. u. 18. Jh.) Gebäude in einer Fasanerie (a)

Fas|ces [...tse:s] *die* (Plural) ⟨*lat.-it.*⟩: vgl. Faszes

Fa|sche *die;* -, -n ⟨*lat.-it.*⟩: (österr.) 1. lange Binde zum Umwickeln verletzter Gliedmaßen o. Ä. 2. [farblich abgesetzte] Umrandung an Fenstern u. Türen. 3. Eisenband zum Befestigen von Angeln an einer Tür, von Haken o. Ä. **fa|schen:** (österr.) mit einer Fasche (1) umwickeln

fa|schie|ren ⟨*lat.-fr.*⟩: (österr.) durch den Fleischwolf drehen. **Fa|schier|te** *das;* -n: (österr.) Hackfleisch, Gehacktes

Fa|schi|ne *die;* -, -n ⟨*lat.-it.-fr.*⟩: Reisiggeflecht für [Ufer]befestigungsbauten

fa|schi|sie|ren ⟨*lat.-it.-fr.*⟩: mit faschistischen Tendenzen durchsetzen. **Fa|schi|sie|rung** *die;* -, -en: das Eindringen faschisti-

scher Tendenzen [in eine Staatsform]

Fa|schis|mus *der;* -: 1. (hist.) das von Mussolini errichtete Herrschaftssystem in Italien (1922–1945). 2. eine nach dem Führerprinzip organisierte, nationalistische, antidemokratische, antisozialistische u. antikommunistische rechtsradikale Bewegung, Herrschaftsform

Fa|schist *der;* -en, -en: Anhänger des Faschismus. **Fa|schis|tin** *die;* -, -nen: weibliche Form zu ↑ Faschist. **fa|schis|tisch:** a) den Faschismus betreffend; zum Faschismus gehörend; b) vom Faschismus geprägt

fa|schis|to|id: dem Faschismus ähnlich, faschistische Züge zeigend

Fa|scho *der;* -s, -s: 1. (Jargon) ↑ Faschist. 2. mit dem ↑ Neofaschismus sympathisierender, meist gewalttätiger [u. in einer Clique organisierter] Jugendlicher

Fa|shion ['fɛʃn] *die;* - ⟨*lat.-fr.-engl.*⟩: a) Mode; b) Vornehmheit; gepflegter Lebensstil

fa|shio|na|bel [faʃjoˈnabl] u. **fa|shio|na|ble** ['fɛʃənəbl]: modisch, elegant, vornehm

Fa|shio|na|ble No|vel ['fɛʃənəbl 'nɔvəl] *die;* -, -s ⟨*engl.;* „Moderoman"⟩: englischer Roman der Übergangszeit zwischen Romantik u. Realismus im 19. Jh., der die Welt des Dandyismus [kritisch] behandelt

Fas|sa|de *die;* -, -n ⟨*lat.-vulgärlat.-it.-fr.*⟩: Vorderseite, Stirnseite [eines Gebäudes, die oft ansprechend, z. B. mit Ornamenten, geschmückt ist]

Fas|set|te usw. vgl. Facette usw.

Fas|si|on *die;* -, -en ⟨*lat.-mlat.*⟩: (veraltet) 1. Bekenntnis, Geständnis. 2. Steuererklärung

¹**Fas|son** [faˈsõː, schweiz. u. österr. meist: faˈsoːn] *die;* -, -s, schweiz. u. österr. -en ⟨*lat.-fr.*⟩: die bestimmte Art u. Weise (des Zuschnitts, Sitzes usw.)

²**Fas|son** [faˈsõː] *das;* -s, -s: ↑ ¹Revers

fas|so|nie|ren *die;* -: 1. in Form bringen, formen (bes. von Speisen). 2. (österr.) die Haare im Fassonschnitt scheiden

Fas|so|nie|rung *die;* -, -en: eingekerbtes ↑ Dekor (1) am Rand von Geschirr aus Keramik u. Metall

Fas|son|nu|del [faˈsõː...] *die; -, -n* (meist Plural): Nudel in Form eines Sternchens, Buchstabens o. Ä.

Fas|son|schnitt *der; -[e]s, -e:* mittellanger Haarschnitt für Herren, bei dem die Haare an der Seite u. im Nacken stufenlos geschnitten werden

Fas|ta|ge [...ʒə] vgl. Fustage

¹Fast|back [ˈfaːstbɛk] *das; -s, -s, ⟨engl.; „schnelles Heck"⟩:* Autodach, das in ein schräg abfallendes Heck übergeht; Fließheck

²Fast-back, auch: **Fast|back** *das; -s, -s ⟨engl.; „schnell rückwärts, schnell zurück"⟩:* Filmtrick, mit dem ein eben gezeigter Vorgang in umgekehrter Reihenfolge vorgeführt werden kann

Fast|break [ˈfaːstbreɪk] *der* od. *das; -, -s,* auch: **Fast Break** [ˈfaːst ˈbreɪk] *der* od. *das; - -, - -s ⟨engl.⟩:* äußerst schnell ausgeführter Durchbruch aus der Verteidigung, Steilangriff (beim ↑ Basketball)

Fast|food [ˈfaːstfuːd] *das; -[s],* auch: **Fast Food** [ˈfaːst ˈfuːd] *das; - -[s] ⟨engl.; „schnelles Essen"⟩:* (in bestimmten Schnellgaststätten angebotene) schnell und leicht verzehrbare kleinere Gerichte

Fas|ti *die* (Plural) *⟨lat.; „Spruchtage"⟩:* Tage des altrömischen Kalenders, an denen staatliche u. gerichtliche Angelegenheiten erledigt werden durften

fas|ti|di|ös *⟨lat.-fr.⟩:* (veraltet) widerwärtig, langweilig

Fas|ti|di|um *das; -s ⟨lat.⟩:* (Med.) Abneigung, Widerwille (z. B. gegen Essen)

Fas|zes [...tseːs] *die* (Plural) *⟨lat.⟩:* (hist.) Rutenbündel mit Beil (Abzeichen der altrömischen Liktoren als Symbol der Amtsgewalt der römischen Magistrate u. ihres Rechts, zu züchtigen u. die Todesstrafe zu verhängen

fas|zi|al *⟨lat.-nlat.⟩:* bündelweise

Fas|zi|a|ti|on *die; -, -en:* (Bot.) Bildung von bandähnlichen Querschnittsformen bei Pflanzenwurzeln (Verbänderung)

Fas|zie [...i̯ə] *die; -, -n ⟨lat.⟩:* (Med.) 1. dünne, sehnenartige Muskelhaut. 2. Binde, Bindenverband

Fas|zi|kel *der; -s, -:* 1. [Akten]bün-

del, Heft. 2. (Med.) kleines Bündel von Muskel- od. Nervenfasern

fas|zi|ku|lie|ren *⟨lat.-nlat.⟩:* (veraltet) aktenmäßig bündeln, heften

Fas|zi|na|ti|on *die; -, -en ⟨lat.; „Beschreibung, Behexung"⟩:* fesselnde Wirkung, die von einer Person od. Sache ausgeht. **fas-zi|nie|ren:** eine fesselnde, anziehende Wirkung auf jmdn. ausüben

Fas|zi|no|sum *das; -s:* auf seltsame, geheimnisvolle Weise Faszinierendes, Fesselndes, Anziehendes

Fas|zi|o|lo|se *die; -, -n ⟨nlat.⟩:* (Med.) Erkrankung der Gallenwege (Leberegelkrankheit)

Fa|ta *die* (Plural): 1. ↑ Parzen u. ↑ Moiren. 2. Plural von ↑ Fatum

fa|tal *⟨lat.; „vom Schicksal bestimmt"⟩:* a) sehr unangenehm u. peinlich; Unannehmlichkeiten, Ärger verursachend; im Verlegenheit bringend; misslich; b) unangenehme, schlimme Folgen nach sich ziehend; verhängnisvoll, verderblich, folgenschwer

Fa|ta|lis|mus *der; - ⟨lat.-nlat.⟩:* völlige Ergebenheit in die als unabänderlich hingenommene Macht des Schicksals; Schicksalsgläubigkeit

Fa|ta|list *der; -en, -en:* jmd., der sich dem Schicksal ohnmächtig ausgeliefert fühlt; Schicksalsgläubiger. **Fa|ta|lis|tin** *die; -, -nen:* weibliche Form zu ↑ Fatalist. **fa|ta|lis|tisch:** sich dem Schicksal ohnmächtig ausgeliefert fühlend; schicksalsgläubig

Fa|ta|li|tät *die; -, -en ⟨lat.-mlat.⟩:* Verhängnis, Missgeschick, peinliche Lage

Fa|ta Mor|ga|na *die; - -, - -...nen u. - -s ⟨it.⟩:* durch Luftspiegelung hervorgerufene Sinnestäuschung, bes. in Wüstengebieten, bei der entfernte Teile einer Landschaft näher gerückt scheinen od. bei der man Wasserflächen zu sehen meint

Fa|thom [ˈfæðəm] *das; -s, -[s] ⟨engl.; „Faden"⟩:* englisches Längenmaß (1,828 m), bes. bei der Schifffahrt

fa|tie|ren *⟨lat.⟩:* 1. (veraltet) bekennen, angeben. 2. (österr.) eine Steuererklärung abgeben

fa|ti|gant *⟨lat.-fr.⟩:* (veraltet) ermüdend, langweilig; lästig

Fa|ti|ge u. Fatigue *die; -, -n:* (veraltet) Ermüdung

fa|ti|gie|ren: (veraltet) ermüden; langweilen

Fa|tigue [faˈtiːg] vgl. Fatige

Fa|ti|mi|den *die* (Plural) *⟨nlat.; nach Fatima, einer Tochter Mohammeds⟩:* (hist.) vom 10. bis 12. Jh. regierende islamische Dynastie in Nordafrika u. im Vorderen Orient

Fat|sia *die; -, ...ien ⟨jap.-nlat.⟩:* ein Araliengewächs (eine Zimmerpflanze)

Fa|tu|i|tät *die; - ⟨lat.; „Albernheit, Einfalt"⟩:* (Med. veraltet) Intelligenzdefekt

Fa|tum *das; -s, ...ta ⟨lat.⟩:* Schicksal, Geschick, Verhängnis; vgl. Fata

Fat|wa vgl. Fetwa

Fau|bourg [foˈbuːr] *der; -s, -s ⟨fr.⟩:* franz. Bez. für: Vorstadt

Fault [fɔːlt] *der; -s, -s ⟨lat.-fr.-engl.⟩:* (Tennis) Fehler, bes. beim Aufschlag

Faun *der; -[e]s, -e ⟨lat.; nach dem altröm. Feld- u. Waldgott Faunus⟩:* geiler, lüsterner Mensch

Fau|na *die; -, ...nen ⟨nach der altröm. Fruchtbarkeitsgöttin⟩:* 1. Tierwelt eines bestimmten Gebiets (z. B. eines Erdteils, eines Landes). 2. systematische Zusammenstellung der in einem bestimmten Gebiet vorkommenden Tierarten

Fau|nen|kun|de *die; -:* ↑ Faunistik

fau|nisch: lüstern, geil

Fau|nist *der; -en, -en ⟨lat.-nlat.⟩:* Fachmann auf dem Gebiet der Faunistik. **Fau|nis|tik** *die; -:* Teilbereich der Zoologie, der sich mit der Erforschung der Tierwelt eines bestimmten Gebiets befasst. **Fau|nis|tin** *die; -, -nen:* weibliche Form zu ↑ Faunist. **fau|nis|tisch:** die Tierwelt od. ihre Erforschung betreffend

Fausse [foːs] *die; -, -n ⟨lat.-fr.⟩:* ↑ Foße

faute de mieux [fotdəˈmjø] *⟨fr.⟩:* in Ermangelung eines Besseren; im Notfall

Fau|teuil [foˈtøːj] *der; -s, -s ⟨germ.-fr.⟩:* (österr. u. schweiz., sonst veraltet) Armstuhl, Lehnsessel

Faut|fracht *die; - ⟨fr.; dt.⟩:* a) abmachungswidrig nicht genutzter [Schiffs]frachtraum; b) Ab-

standssumme, die ein Befrachter an eine Spedition od. Reederei bei Rücktritt vom Frachtvertrag zahlen muss
Fau|vis|mus [fo'vıs...] *der; -* ⟨*germ.-fr.-nlat.;* nach franz. fauves „wilde Tiere", wie eine Gruppe Pariser Maler scherzhaft genannt wurde⟩: (Kunstwiss.) Richtung innerhalb der französischen Malerei des frühen 20. Jh.s, die im Gegensatz zum ↑ Impressionismus steht
Fau|vist *der; -en, -en:* Vertreter des Fauvismus. **Fau|vis|tin** *die; -, -nen:* weibliche Form zu ↑ Fauvist
fau|vis|tisch: a) den Fauvismus betreffend, zu ihm gehörend; b) im Stil des Fauvismus gestaltet
Faux|ami [foza'mi] *der; -, -s* [foza'mi] ⟨*fr.;* „falscher Freund"⟩: in mehreren Sprachen in gleicher od. ähnlicher Form vorkommendes Wort, das jedoch von Sprache zu Sprache verschiedene Bedeutungen hat (z. B. *aktuell* für engl. *actually* statt *tatsächlich;* Staat für fr. *état,* aber dt. *Etat = Haushalt*)
Faux|bour|don [fobur'dɔ:] *der; -s, -s* ⟨*fr.⟩:* 1. franz. Bez. für ↑ Faburden. 2. (Mus.) Tonsatz mit einfachem Kontrapunkt in konsonanten ↑ Akkorden. 3. Sprechton in der ↑ Psalmodie
Faux|pas [fo'pa] *der; -, - [...'pas]* ⟨*fr.;* „Fehltritt"⟩: Taktlosigkeit; Verstoß gegen gesellschaftliche Umgangsformen
Fa|ve|la *die; -, -s* ⟨*port.⟩:* Elendsquartier, Slum [in südamerikanischen Großstädten]
Fa|ven: *Plural* von ↑ Favus (2)
Fa|vi: *Plural* von ↑ Favus (2)
Fa|vis|mus vgl. Fabismus
fa|vo|ra|bel ⟨*lat.-fr.⟩:* (veraltet) günstig, geneigt; vorteilhaft
Fa|vo|ris [...'ri:] *die* (Plural) ⟨*lat.-it.-fr.⟩:* (veraltet) schmaler, knapp bis an das Kinn reichender Backenbart
fa|vo|ri|sie|ren: 1. begünstigen, bevorzugen. 2. als voraussichtlichen Sieger in einem Wettbewerb ansehen, nennen; zum Favoriten erklären
Fa|vo|rit *der; -en, -en* ⟨*lat.-it.-fr.(-engl.)⟩:* 1. a) jmd., der bevorzugt, anderen vorgezogen wird; begünstigte Person; b) (veraltet) Günstling, Geliebter. 2. Teilneh-

mer an einem Wettbewerb mit den größten Aussichten auf den Sieg
Fa|vo|ri|te *die; -, -n* ⟨*lat.-it.-fr.⟩:* 1. Name mehrerer Lustschlösser des 18. Jh.s. 2. (veraltet) ↑ Favoritin (2)
Fa|vo|ri|tin *die; -, -nen:* 1. weibliche Form zu ↑ Favorit. 2. Geliebte [eines Herrschers]
Fa|vus *der; -, ...ven u. ...vi* ⟨*lat.⟩:* 1. (meist Plural) eine ansteckende Hautkrankheit (Erbgrind). 2. Wachsscheibe im Bienenstock
Fax *das, schweiz.* meist: *der; -, -e:* Kurzform von ↑ Telefax. **fa|xen:** ein Fax übermitteln; vgl. telefaxen
Fa|yence [fa'jã:s] *die; -, -n* ⟨*it.-fr.;* nach der ital. Stadt Faenza⟩: eine mit Zinnglasur bemalte Tonware; vgl. Majolika
Fa|yen|ce|rie [...sə...] *die; -, ...ien:* Fabrik, in der Fayencen hergestellt werden
Fa|ze|let, u. Fa|ze|net *das; -s, -s* ⟨*lat.-it.⟩:* (veraltet) [Zier]taschentuch
Fa|zen|da [fa'tsɛnda, fa'zɛnda] *die; -, -s* ⟨*port.;* „Besitz, Vermögen"⟩: Landgut in Brasilien
Fä|zes u. Faeces *die* (Plural) ⟨*lat.⟩:* (Med.) Stuhl, Kot
Fa|ze|tie [...jə] *die; -, -n* ⟨*lat.⟩:* 1. (meist Plural) witzige Erzählung erotischen od. satirischen Inhalts [im Italien des 15. u. 16. Jh.s]. 2. (nur Plural) drollige Einfälle, Spottreden
fa|zi|al ⟨*lat.-mlat.⟩:* (Med.) zum Gesicht gehörend. **Fa|zi|a|lis** *der; -* ⟨eigtl. Nervus facialis⟩: (Med.) Gesichtsnerv
fa|zi|ell ⟨französierende Bildung⟩: (Geol.) die verschiedenartige Ausbildung gleichaltriger Gesteinsschichten betreffend
Fa|zi|es *die; -, - [...e:s]* ⟨*lat.⟩:* 1. (Geol.) die verschiedene Ausbildung von Sedimentgesteinen gleichen Alters; vgl. Facies. 2. (Bot.) kleinste Einheit einer Pflanzengesellschaft
Fa|zi|li|tät *die; -, -en* ⟨*lat.(-engl.)⟩:* 1. (veraltet) Leichtigkeit, Gewandtheit; Umgänglichkeit. 2. (Wirtsch.) Kreditmöglichkeit, die bei Bedarf in Anspruch genommen werden kann; Erleichterung von Zahlungsbedingungen. 3. (nur Plural) Möglichkeiten, Einrichtungen, Ausstattung

Fa|zit *das; -s, -e u. -s* ⟨*lat.;* „es macht"⟩: 1. [Schluss]summe einer Rechnung. 2. Ergebnis; Schlussfolgerung
Fea|ture ['fi:tʃɐ] *das; -s, -s,* (auch:) *die; -, -s* ⟨*lat.-fr.-engl.;* „Aufmachung"⟩: 1. a) (Fernsehen, Rundfunk) Sendung in Form eines aus Reportagen, Kommentaren u. Dialogen zusammengesetzten [Dokumentar]berichtes; b) zu einem aktuellen Anlass herausgegebener, besonders aufgemachter Textod. Bildbeitrag. 2. Hauptfilm einer Filmvorstellung
fe|b|ril ⟨*lat.-nlat.⟩:* (Med.) fieberhaft, fiebrig. **Fe|b|ris** *die; -:* (Med.) Fieber
Fe|b|ru|ar *der; -[s], -e* ⟨*lat.;* „Reinigungsmonat"⟩: zweiter Monat des Jahres; Abk.: Febr.
fe|cit ['fe:tsɪt] ⟨*lat.⟩:* „hat (es) gemacht" (häufige Aufschrift auf Kunstwerken hinter dem Namen des Künstlers); Abk.: f. od. fec.; vgl. ipse fecit
Fe|da|jin *der; -s, -* ⟨*arab.;* „die sich Opfernden"⟩: a) arabischer Freischärler; b) Angehöriger einer arabischen politischen Untergrundorganisation
Fed|cup ['fedkap] *der; -s* ⟨Abk. für engl. *Federation Cup* „Verbandspokal", dem früheren Namen des Wettbewerbs⟩: dem ↑ Daviscup entsprechender Tenniswettbewerb für Frauen
Feed-back, auch: **Feed|back** ['fi:dbɛk] *das; -s, -s* ⟨*engl.⟩:* 1. (Kybernetik) zielgerichtete Steuerung eines technischen, biologischen od. sozialen Systems durch Rückmelden der Ergebnisse, wobei die Eingangsgröße durch Änderung der Ausgangsgröße beeinflusst werden kann. 2. (bes. Fachspr.) Reaktion, die jmdm. anzeigt, dass er bestimmtes Verhalten, eine Äußerung o. Ä. verstanden wurde; Rückmeldung, Rückkopplung
Fee|der ['fi:dɐ] *der; -s, -* ⟨*engl.;* „Fütterer"⟩: (Funkw.) elektrische Leitung, der die Energiezuführung dient (bes. die von einem Sender zur Sendeantenne führende Speiseleitung)
Fee|ling ['fi:lɪŋ] *das; -s, -s* ⟨*engl.⟩:* a) [den ganzen Körper erfüllendes] Gefühl; b) Gefühl für etwas; c) Stimmung, Atmosphäre
Fee|rie [feə'ri:, fe'ri:] *die; -, ...ien*

⟨*lat.-vulgärlat.-fr.*⟩: szenische Aufführung einer Feengeschichte unter großem bühnentechnischem u. austattungsmäßigem Aufwand

Feet [fiːt]: *Plural* von ↑ Foot

fe|kund ⟨*lat.*⟩: (Biol.) fruchtbar

Fe|kun|da|ti|on *die; -, -en* ⟨*lat.-nlat.*⟩: Befruchtung

Fe|kun|di|tät *die; -* ⟨*lat.*⟩: Fruchtbarkeit

Fel|bel *der; -s, -* ⟨*it.*⟩: hochfloriger [Kunst]seidenplüsch mit glänzender Oberfläche [für Zylinderhüte]

Fe|li|den *die* (Plural) ⟨*lat.-nlat.*⟩: Familie der Katzen u. katzenartigen Raubtiere

Fel|la|che *der; -n, -n* ⟨*arab.*⟩: Angehöriger der Ackerbau treibenden Landbevölkerung im Vorderen Orient; vgl. Beduine.

Fel|la|chin *die; -, -nen*: weibliche Form zu ↑ Fellache. **fel|la|chisch**: in der Art der Fellachen

Fel|lah *der; -s, -s*: ↑ Fellache

Fel|la|tio *die; -, ...ones* ⟨*lat.*⟩: Praxis sexueller Befriedigung, bei der der Penis mit Lippen, Zähnen u. Zunge gereizt wird; vgl. Cunnilingus. **fel|la|ti|o|nie|ren**: den Geschlechtspartner durch Fellatio befriedigen

Fel|la|t|rix *die; -, ...tri̱zen* ⟨*lat.-nlat.*⟩: weibliche Person, die Fellatio ausübt

fel|lie|ren: ↑ fellationieren

Fel|low [ˈfɛloʊ] *der; -s, -s* ⟨*engl.; „Geselle, Bursche"*⟩: 1. in Großbritannien: a) ein Mitglied u. Pflichten ausgestattetes Mitglied eines ↑ College (a); b) Inhaber eines Forschungsstipendiums; c) Mitglied einer wissenschaftlichen Gesellschaft. 2. in den USA: Student höherer Semesters

Fel|low|ship [...ʃɪp] *die; -, -s*: 1. Status eines Fellows (1). 2. Stipendium für graduierte Studenten an englischen u. amerikanischen Universitäten

Fel|low|tra|vel|ler [...trevəlɐ] *der; -s, -[s]* ⟨„*Mitreisender"*⟩: a) Anhänger u. Verfechter [kommunistischer] politischer Ideen, der nicht eingeschriebenes Parteimitglied ist; b) politischer Mitläufer

Fe|lo|nie *die; -, ...ien* ⟨*mlat.-fr.*⟩: (hist.) vorsätzlicher Bruch des Treueverhältnisses zwischen Lehnsherr u. Lehnsträger im Mittelalter

Fe|lu|ke *die; -, -n* ⟨*arab.-span.-fr.*⟩: a) zweimastiges Küstenfahrzeug des Mittelmeers mit einem dreieckigen Segel (Lateinsegel); b) früher verwendetes kleines Kriegsschiff in Galeerenform

Fe|mel u. Fimmel *der; -s, -* ⟨*lat.*⟩: männliche Pflanze bei Hanf u. Hopfen. **fe|meln** u. fimmeln: die reife männliche Hanfpflanze ernten

Fe|mi|nat *das; -[e]s, -e*: 1. System, in dem die Frau die bevorzugte Stellung innehat. 2. nur aus weiblichen Mitgliedern bestehendes Gremium

fe|mi|nie|ren: (Med., Biol.) infolge eines Eingriffs in den Hormonhaushalt verweiblichen (von Männern bzw. männlichen Tieren)

fe|mi|nin: 1. a) für die Frau charakteristisch; weiblich; b) das Weibliche betonend; c) (oft abwertend) (als Mann) nicht die charakteristischen Eigenschaften eines Mannes habend, nicht männlich, zu weich, weibisch. 2. [ˈfeːminiːn] (Sprachw.) mit weiblichem Geschlecht

Fe|mi|ni|num *das; -s, ...na*: (Sprachw.) a) weibliches Geschlecht eines Substantivs; b) weibliches Substantiv (z. B. die Uhr); Abk.: f., F., Fem.

Fe|mi|ni|sa|ti|on *die; -, -en*: ↑ Feminisierung; vgl. ...ation/ ...ierung. **fe|mi|ni|sie|ren**: verweiblichen. **Fe|mi|ni|sie|rung** *die; -, -en*: a) das Feminisieren; b) das Feminisiertsein; vgl. ...ation/ ...ierung

Fe|mi|nis|mus *der; -, ...men* ⟨*lat.-nlat.*⟩: 1. (häufig ohne Plural) Richtung der Frauenbewegung, die, von den Bedürfnissen der Frau ausgehend, eine grundlegende Veränderung der gesellschaftlichen ↑ Normen (1 a) (z. B. der traditionellen Rollenverteilung) u. der ↑ patriarchischen Kultur anstrebt. 2. (Med., Biol.) Vorhandensein od. die Ausbildung weiblicher Geschlechtsmerkmale beim Mann od. bei männlichen Tieren

Fe|mi|nist *der; -en, -en*: jmd., der sich zu den Überzeugungen u. Forderungen des Feminismus (1) bekennt. **Fe|mi|nis|tin** *die; -,*

-nen: Vertreterin des Feminismus (1)

fe|mi|nis|tisch: 1. den Feminismus (1) betreffend. 2. den Feminismus (2) betreffend; weibisch

Fe|mi|ni|tät *die; -*: das Femininsein; feminine Art

fe|misch ⟨Kunstw. aus *lat. fe̱rrum* „Eisen" u. ↑Magnesium⟩: reich an Eisen u. Magnesium; Ggs. ↑ salisch

Femme fa|tale [famfaˈtal] *die; - -, -s -s* [famfaˈtal] ⟨*fr.*⟩: Frau mit Charme u. Intellekt, die durch ihren extravaganten Lebenswandel u. ihr verführerisches Wesen ihren Partnern häufig zum Verhängnis wird

fe|mo|ral ⟨*lat.-nlat.*⟩: (Med.) zum Oberschenkel gehörend

Fem|to|fa|rad *das; -[s], -* ⟨*skand.; nach dem engl. Physiker M. Faraday, 1791–1867*⟩: der 10^{15}te Teil eines Farad; Zeichen: fF

Fe̱|mur *das; -s, Femora* ⟨*lat.*⟩: 1. (Med.) Oberschenkel[knochen]. 2. (Zool.) drittes Glied eines Insekten- od. Spinnenbeins

Fench u. Fennich *der; -[e]s, -e* ⟨*lat.*⟩: eine Hirseart

Fen|chel *der; -s* ⟨*lat.*⟩: 1. ein Gemüse. 2. eine Gewürz- u. Heilpflanze (Doldengewächs)

Fen|dant [fãˈdã:] *der; -s, -s* ⟨*fr.*⟩: Weißwein aus dem Kanton Wallis (Schweiz)

Fen|der *der; -s, -* ⟨*engl.; „Abwehrer, Verteidiger"*⟩: mit Kork od. Tauwerk gefülltes Kissen zum Schutz der Schiffsaußenseite beim Anlegen am Kai u. Ä.

Fe|nek vgl. Fennek

Feng|shui, auch: Feng-Shui *das; -* ⟨*chin.; „Wind-Wasser"*⟩: chinesische Kunst der harmonischen Lebens- u. Wohnraumgestaltung

Fe|ni|er *der; -s, -* ⟨*ir.-engl.*⟩: (hist.) Mitglied eines irischen Geheimbundes, der Ende des 19. u. Anfang des 20. Jh.s für die Trennung Irlands von Großbritannien kämpfte

Fen|nek u. Fenek *der; -s, -s u. -e* ⟨*arab.*⟩: Wüstenfuchs

Fen|nich vgl. Fench

Fen|no|sar|ma|tia *die; -* ⟨*nlat.; aus lat. Fenni „Finnen" u. lat. Sarmatia „polnisch-russisches Tiefland"*⟩: (Geol.) ↑ präkambrischer gefalteter Kontinentkern (Ureuropa). **fen|no|sar|ma|tisch**:

(Geol.) Fennosarmatia betreffend

Fen|no|skan|dia die; - ⟨aus lat. _Fenni_ „Finnen" u. lat. _Scandia_ „Schweden"⟩: (Geol.) 1. zusammenfassende Bez. für die skandinavischen Länder u. Finnland. 2. zusammenfassende Bez. für den Baltischen Schild u. die ↑ Kaledoniden. **fen|no|skan|disch:** (Geol.) Fennoskandia betreffend

Fenz die; -, -en ⟨lat.-fr.-engl.⟩: bes. von Deutschamerikanern verwendete Bez. für: Zaun, Einfriedung. **fen|zen:** einfrieden

Fe|ral|li|en die (Plural) ⟨lat.⟩: (hist.) öffentliche Totenfeier am Schlusstag der ↑ Parentalien

Fe|ria die; -, ...iae [...je] ⟨lat.⟩: Wochentag im Gegensatz zum Sonn- u. Feiertag in der katholischen ↑ Liturgie

fe|ri|al ⟨mlat.⟩: (österr.) zu den Ferien gehörend; frei, unbeschwert

Fe|ri|al|da|tie|rung die; -, -en: (vom 13. bis 16. Jh. übliche) Art der Datierung, bei der die Wochentage auf Heiligenfeste bezogen wurden

Fe|ri|al|tag der; -[e]s, -e: (österr.) Ferientag

Fe|ri|en die (Plural) ⟨lat.⟩: a) mehrere zusammenhängende Tage od. Wochen dauernde, der Erholung dienende, turnusmäßig wiederkehrende Arbeitspause einer Institution (z. B. der Schule, des Parlaments); b) dienst-, arbeitsfreie Zeit; Urlaub

ferm vgl. firm

fer|ma|men|te ⟨lat.-it.⟩: (Mus.) sicher, fest, kräftig (Vortragsanweisung)

Fer|man der; -s, -e ⟨pers.-türk.⟩: (hist.) Erlass eines islamischen Herrschers

Fer|ma|te die; -, -n ⟨lat.-it.; „Halt, Aufenthalt"⟩: 1. (Mus.) a) „Zeichen der musikalischen Notation über einer Note od. einer Pause, das dadurch auf eine nicht genau festgelegte Zeit verlängert wird; Zeichen: ⌢; b) durch eine Fermate (a) verlängerte Note od. Pause. 2. Dehnung der [vor]letzten Silbe eines Verses, die das metrische Schema sprengt

Ferme [fɛrm] die; -, -n ⟨lat.-fr.⟩: [Bauern]hof, Pachtgut (in Frankreich)

Fer|ment das; -s, -e ⟨lat.; „Gärung; Gärstoff"⟩: (veraltet) ↑ Enzym

Fer|men|ta|ti|on die; -, -en ⟨lat.-nlat.⟩: 1. chemische Umwandlung von Stoffen durch Bakterien u. ↑ Enzyme (Gärung). 2. biochemisches Verarbeitungsverfahren zur Aromaentwicklung in Lebens- u. Genussmitteln (z. B. Tee, Tabak)

fer|men|ta|tiv: durch Fermente hervorgerufen

Fer|men|ter der; -s, - ⟨lat.-engl.⟩: Anlage für die Massenkultur von Mikroorganismen in Forschung u. Industrie

fer|men|tie|ren ⟨lat.⟩: durch Fermentation (2) veredeln

Fer|mi|on das; -s, ...ionen ⟨nlat.; nach dem ital. Physiker E. Fermi, 1901–1954⟩: (Phys.) Elementarteilchen mit halbzahligem ↑ Spin

Fer|mi|um das; -s: chem. Element; ein Transuran; Zeichen: Fm

Fer|nam|buk|holz vgl. Pernambukholz

fe|ro|ce [feˈroːtʃə] ⟨lat.-it.⟩: (Mus.) wild, ungestüm, stürmisch (Vortragsanweisung)

Fer|ra|ghan der; -s, -e ⟨nach dem iran. Landschaft⟩: ein rot- od. blaugrundiger Teppich mit dichter Musterung

Fer|ri|mag|ne|tis|mus der; - ⟨lat.; gr.-lat.-nlat.⟩: eine vorwiegend beim ↑ Magnetit u. allen ↑ Ferriten auftretende magnetische Erscheinung

Fer|rit [auch: ...ˈrɪt] der; -s, -e (meist Plural) ⟨lat.-nlat.⟩: 1. reine, weiche, fast kohlenstofffreie Eisenkristalle (α-Eisen). 2. einer der magnetischen (1), zur Herstellung nachrichtentechnischer Bauteile verwendeten Werkstoffe

Fer|ri|an|ten|ne die; -, -n: Richtantenne mit hochmagnetischem Ferritkern (z. B. in Rundfunkempfängern)

Fer|ri|tin das; -s, -e: (Med.) Eisen speicherndes ↑ Protein im Körper

Fer|ro|e|lek|t|ri|zi|tät die; -: dem Ferromagnetismus analoges Verhalten einiger weniger Stoffe aufgrund bestimmter ↑ elektrischer (1) Eigenschaften

Fer|ro|graph, auch: ...graf der; -en, -en ⟨lat.; gr.⟩: Gerät zur Messung der magnetischen Eigenschaften eines Werkstoffs

Fer|ro|le|gie|rung die; -, -en: Eisenlegierung mit Begleitelementen

Fer|ro|mag|ne|ti|kum das; -s, ...ka ⟨lat.; gr.-lat.⟩: eine ferromagnetische Substanz. **fer|ro|mag|ne|tisch:** sich wie Eisen magnetisch verhaltend. **Fer|ro|mag|ne|tis|mus** der; -: Magnetismus des Eisens (Kobalts, Nickels u. a.), der durch eine besonders hohe ↑ Permeabilität (2) gekennzeichnet ist

Fer|ro|man|gan das; -s ⟨lat.⟩: Legierung des Eisens mit ↑ Mangan

Fer|ro|nie|re [...ˈnjɛːrə] die; -, -n ⟨fr.⟩: früher von Frauen um die Stirn getragene schmale Goldkette mit einem Edelstein od. einer ↑ Kamee

Fer|ro|sil|lit [auch: ...ˈlɪt] das; -s ⟨lat.⟩: ein Mineral

Fer|ros|kop das; -s, -e ⟨lat.; gr.⟩: tiermedizinisches Instrument, mit dem verschluckte Metallteile nachgewiesen werden können

Fer|ro|ty|pie die; -, ...ien: fotografisches Verfahren zur Herstellung von Bildern auf lichtempfindlich beschichteten, schwarz gelackten Eisenblechen

Fer|rum das; -s ⟨lat.⟩: Eisen; chem. Element; Zeichen: Fe

fer|til ⟨lat.⟩: (Biol., Med.) fruchtbar; Ggs. ↑ steril (2)

Fer|ti|li|sa|ti|on die; -, -en ⟨lat.-nlat.⟩: (Med.) Befruchtung

Fer|ti|li|tät die; -: (Biol., Med.) Fähigkeit von Organismen, Nachkommen hervorzubringen; Fruchtbarkeit; Ggs. ↑ Sterilität (2)

fer|vent ⟨lat.⟩: (veraltet) hitzig, glühend, eifrig

Fes der; -[es], -[e] ⟨türk.; nach der marokkanischen Stadt⟩: bes. in islamischen Ländern getragene kegelstumpfförmige rote Filzkappe

fesch [österr.: feːʃ] ⟨engl.⟩: a) (österr. u. ugs.) schick, schneidig, flott, elegant; b) (österr.) nett, freundlich

Fe|schak der; -s, -s: (österr. ugs.) fescher [junger] Mann

Fe|schak|tum das; -s: (österr.) Benehmen, Lebensform eines Feschaks; ↑ Snobismus (2)

fes|ti|na len|te ⟨lat.⟩: „Eile mit

Weile!" (nach Sueton ein häufiger Ausspruch des römischen Kaisers Augustus)

Fes|ti|val [ˈfestivəl, ...val] *das* (schweiz. auch: *der*); -s, -s ⟨*lat.-fr.-engl.(-fr.)*⟩: [in regelmäßigen Abständen wiederkehrende] kulturelle Großveranstaltung; Festspiele

Fes|ti|vi|tät *die;* -, -en ⟨*lat.*⟩: (ugs.) Festlichkeit

fes|ti|vo ⟨*lat.-it.*⟩: (Mus.) festlich, feierlich (Vortragsanweisung)

Fes|ton [fɛsˈtõ:] *das;* -s, -s ⟨*lat.-vulgärlat.-it.-fr.*⟩: 1. Schmuckmotiv von bogenförmig durchhängenden Gewinden aus Blumen, Blättern od. Früchten an Gebäuden od. in der Buchkunst. 2. mit Zierstichen gestickter bogen- od. zackenförmiger Rand eines Stück Stoffs.

fes|to|nie|ren: 1. mit Festons (1) versehen. 2. Stoffkanten mit Festonstich versehen

fes|to|so ⟨*lat.-it.*⟩: ↑ festivo

Fes|zen|ni|nen *die* (Plural) ⟨*lat.;* wahrscheinlich nach der etrusk. Stadt Fescennium⟩: altitalische Festlieder voll derben Spotts

Fe|ta *der;* -s ⟨*ngr.*⟩: [stark gesalzener] griechischer Weichkäse aus Schafsmilch

fe|tal u. fötal ⟨*lat.*⟩: (Med.) zum ↑ Fetus gehörend, den Fetus betreffend

Fe|te [auch: ˈfɛ:tə] *die;* -, -n ⟨*lat.-vulgärlat.-fr.*⟩: (ugs.) kleineres Fest, Party, ausgelassene Feier

Fe|ti|a|len *die* (Plural) ⟨*lat.*⟩: Priesterkollegium im alten Rom, die für den völkerrechtlichen Verkehr bestehenden Vorschriften überwachte

fe|tie|ren ⟨*lat.-vulgärlat.-fr.*⟩: (veraltet) jmdn. durch ein Fest ehren

Fe|tisch *der;* -[e]s, -e ⟨*lat.-port.-fr.*⟩: (Völkerk.) Gegenstand, dem helfende od. schützende Zauberkraft zugeschrieben wird; vgl. Amulett u. Talisman

fe|ti|schi|sie|ren: etwas zum Fetisch, Abgott machen

Fe|ti|schis|mus *der;* - ⟨*nlat.*⟩: 1. (Völkerk.) Glaube an einen Fetisch; Fetischverehrung [in primitiven Religionen]. 2. (Psychol.) sexuelle Neigung, bei der bestimmte Körperteile od. Gegenstände (z. B. Strümpfe, Wä-

schestücke), die der begehrten Person gehören, als einzige od. bevorzugte Objekte sexueller Erregung u. Befriedigung dienen

Fe|ti|schist *der;* -en, -en: 1. (Völkerk.) Fetischverehrer. 2. (Psychol.) Person mit fetischistischen Neigungen. **Fe|ti|schis|tin** *die;* -, -nen: weibliche Form zu ↑ Fetischist

fe|ti|schis|tisch: den Fetischismus betreffend

Fe|to|ge|ne|se *die;* -, -n ⟨*lat.; gr.-lat.*⟩: (Med.) Entwicklung des ↑ Fetus

Fe|to|me|t|rie *die;* -: das Ausmessen des Fetus im Mutterleib mithilfe von ↑ Ultraschall

Fe|to|pa|thie *die;* -, ...ien: (Med.) vor allem durch Stoffwechsel- u. Infektionskrankheiten der Mutter hervorgerufene angeborene, nicht erbbedingte Schädigung des Fetus im Mutterleib

Fet|tuc|ci|ne [...ˈtʃi:nə] *die* (Plural) ⟨*it.*⟩: Bandnudeln

Fe|tus u. Fötus *der;* - u. -ses, -se u. ...ten ⟨*lat.*⟩: (Med.) [menschliche] Leibesfrucht vom dritten Schwangerschaftsmonat an

Fet|wa, Fatwa *das;* -s, -s ⟨*arab.*⟩: Rechtsgutachten des ↑ Muftis, in dem festgestellt wird, ob eine Handlung mit den Grundsätzen des islamischen Rechts vereinbar ist

feu|dal ⟨*germ.-mlat.*⟩: 1. das Lehnswesen betreffend. 2. a) vornehm, herrschaftlich; b) reichhaltig ausgestattet

Feu|dal|herr|schaft *die;* -: ↑ Feudalismus

feu|da|li|sie|ren: in ein Feudalsystem mit einbeziehen

Feu|da|lis|mus *der;* - ⟨*nlat.*⟩: 1. auf dem Lehnsrecht aufgebaute Wirtschafts- u. Gesellschaftsform, in der alle Herrschaftsfunktionen der von der im Grundbesitz verfügenden aristokratischen Oberschicht ausgeübt werden. 2. a) System des Lehnswesens im mittelalterlichen Europa; b) Zeit des Feudalismus (2 a). **feu|da|lis|tisch:** zum Feudalismus gehörend

Feu|da|li|tät *die;* -: 1. Lehnsverhältnis im Mittelalter. 2. herrschaftliche Lebensform

Feu|dal|sys|tem *das;* -s: ↑ Feudalismus

Feuil|la|ge [fœˈjaːʒə] *die;* -, -en

⟨*lat.-vulgärlat.-fr.*⟩: geschnitztes od. gemaltes Laub- od. Blattwerk

Feuil|lan|ten [fœˈjã] u. **Feuillants** [fœˈjã] *die* (Plural) ⟨nach der Abtei Feuillant bei Toulouse⟩: 1. ↑ Kongregation französischer ↑ Zisterzienser. 2. Mitglieder eines gemäßigt-monarchistischen Klubs während der Französischen Revolution, die im Kloster der Feuillanten in Paris tagten

Feuil|le|ton [fœjətõ:, auch: ˈfœjətõ] *das;* -s, -s („Beiblättchen"): 1. kultureller Teil einer Zeitung. 2. literarischer Beitrag im Feuilletonteil einer Zeitung. 3. (österr.) populärwissenschaftlicher, im Plauderton geschriebener Aufsatz

feuil|le|to|ni|sie|ren: einen nicht zum Feuilleton gehörenden Beitrag in der Zeitung feuilletonistisch gestalten

Feuil|le|to|nis|mus *der;* - ⟨*nlat.*⟩: (oft abwertend) in der literarischen Form des Feuilletons ausgeprägte Sprach- u. Stilhaltung; vgl. ...ismus/...istik

Feuil|le|to|nist *der;* -en, -en: jmd., der Feuilletons schreibt

Feuil|le|to|nis|tik *die;* -: ↑ Feuilletonismus; vgl. ...ismus/...istik

Feuil|le|to|nis|tin *die;* -, -nen: weibliche Form zu ↑ Feuilletonist

feuil|le|to|nis|tisch: a) das Feuilleton betreffend; b) im Stil eines Feuilletons geschrieben

¹Fez *der;* - ⟨*fr.*⟩: (ugs.) Spaß, Vergnügen, Ulk, Unsinn

²Fez [fe:s, auch: fe:ts] *der;* -[es], -[e] ⟨*türk.*⟩: ↑ Fes

Fi|a|ker *der;* -s, - ⟨*fr.*⟩: (österr.) a) [zweispännige] Pferdedroschke; b) Kutscher, der einen Fiaker fährt

Fi|a|le *die;* -, -n ⟨*gr.-lat.-it.*⟩: (Archit.) schlankes, spitzes Türmchen an gotischen Bauwerken, das als Bekrönung von Strebepfeilern dient

Fi|an|chet|to [fiaŋˈketo] *das;* -[s], ...etti (auch: -s) ⟨*it.*⟩: (Schach) Eröffnung mit einem od. mit beiden Springerbauern zur Vorbereitung eines Flankenangriffs der Läufer

fi|ant vgl. ²fiat

Fi|as|co *der;* -s, -s u. ...chi ⟨*germ.-it.;* „Flasche"⟩: mit Stroh

F

umflochtene Flasche für ↑ Chianti

Fi|as|ko *das; -s, -s:* 1. Misserfolg, Reinfall. 2. Zusammenbruch

¹fi|at ⟨*lat;* nach dem Schöpfungsspruch „fiat lux!" = es werde Licht, 1. Mose 1, 3⟩: es geschehe!

²fi|at: (Med.) man verarbeite zu ... (auf Rezepten); Abk.: f.

Fi|at *das; -s, -s* ⟨*lat.*⟩: (veraltet) Zustimmung, Genehmigung

fi|at jus|ti|tia, et pe|re|at mun|dus: „Das Recht muss seinen Gang gehen, und sollte die Welt darüber zugrunde gehen" (angeblicher Wahlspruch Kaiser Ferdinands I.)

¹Fi|bel *die; -, -n* ⟨*gr.-lat.*⟩: 1. bebildertes Lesebuch für Schulanfänger. 2. Lehrbuch, das das Grundwissen eines Fachgebietes vermittelt

²Fi|bel *die; -, -n* ⟨*lat.*⟩: frühgeschichtliche Spange od. Nadel aus Metall zum Zusammenstecken der Kleidungsstücke

Fi|ber *die; -, -n* ⟨*lat.*⟩: 1. [Muskel]faser. 2. (ohne Plural) künstlich hergestellter Faserstoff

fi|b|ril|lär ⟨*lat.-nlat.*⟩: (Med.) aus Fibrillen bestehend; faserig

Fi|b|ril|le *die; -, -n:* (Med.) sehr feine Muskel- od. Nervenfaser

fi|b|ril|lie|ren: Papierrohstoff zerfasern u. mahlen

Fi|b|rin *das; -s:* (Med.) Eiweißstoff des Blutes, der bei der Blutgerinnung aus Fibrinogen entsteht

Fi|b|ri|no|gen *das; -s* ⟨*lat.-nlat.; gr.*⟩: (Med.) im Blut enthaltener Eiweißstoff, die lösliche Vorstufe des Fibrins

Fi|b|ri|no|ly|se *die; -, -n:* (Med.) Auflösung eines Fibringerinnsels durch Enzymeinwirkung

Fi|b|ri|no|ly|ti|kum *das; -s, ...ka:* (Med.) Arzneimittel zur Beseitigung frisch entstandener Blutgerinnsel

fi|b|ri|no|ly|tisch: (Med.) die Fibrinolyse betreffend

fi|b|ri|nös ⟨*lat.-nlat.*⟩: (Med.) fibrinhaltig, fibrinreich (z. B. von krankhaften Ausscheidungen)

Fi|b|ro|blast *der; -en, -en* (meist Plural) ⟨*lat.; gr.*⟩: (Med.) Bildungszelle des faserigen Bindegewebes

Fi|b|ro|blas|tom *das; -s, -e:* (Med.) gutartige Geschwulst des Bindegewebes

Fi|b|ro|chon|drom *das; -s, -e:* (Med.) gutartige Knorpelgeschwulst

Fi|b|ro|e|las|to|se *die; -, -n:* (Med.) übermäßiges Wachstum des faserigen u. elastischen Bindegewebes

fi|b|ro|gen ⟨*lat.; gr.*⟩: (Med.) eine Fibrose auslösend

Fi|b|ro|in *das; -s* ⟨*lat.*⟩: Eiweißstoff der Naturseide

Fi|b|ro|li|pom *das; -s, -e:* (Med.) gutartige Geschwulst aus Binde- u. Fettgewebe

Fi|b|rom *das; -s, -e:* (Med.) gutartige Geschwulst aus Bindegewebe

Fi|b|ro|ma|to|se *die; -, -n:* (Med.) 1. geschwulstartige Wucherung des Bindegewebes. 2. das gehäufte Auftreten von Fibromen

Fi|b|ro|my|lom *das; -s, -e* ⟨*lat.; gr.*⟩: (Med.) gutartige Geschwulst aus Binde- u. Muskelgewebe

fi|b|rös ⟨*lat.-nlat.*⟩: (Med.) aus derbem Bindegewebe bestehend; faserreich

Fi|b|ro|sar|kom *das; -s, -e* ⟨*lat.; gr.*⟩: (Med.) bösartige Form des Fibroms

Fi|b|ro|se *die; -, -n:* (Med.) krankhafte Vermehrung von Bindegewebe in Organen

Fi|b|ro|s|kop *das; -s, -e* ⟨*lat.; gr.*⟩: (Med.) Endoskop, dessen Optik (2) aus Glasfiber besteht

Fi|b|ro|zyt *der; -en, -en* (meist Plural): (Med.) spindelförmige Zelle im lockeren Bindegewebe

¹Fi|bu|la *die; -, Fibuln* ⟨*lat.*⟩: ↑ ²Fibel

²Fi|bu|la *die; -, ...lae* [...lɛ]: Wadenbein (hinter dem Schienbein gelegener Unterschenkelknochen)

Fi|ca|ria *die; -, ...iae* [...ǐɛ] ⟨*lat.*⟩: Scharbockskraut (Hahnenfußgewächs)

¹Fiche [fi:ʃ] *die; -, -s* ⟨*lat.-vulgärlat.-fr.*⟩: 1. Spielmarke. 2. (veraltet) Pflock zum Lagerabstecken

²Fiche [fi:ʃ] *das od. der; -s, -s* ⟨*lat.-vulgärlat.-fr.-engl.*⟩: mit einer lichtempfindlichen Schicht überzogene Karte, auf der in Form fotografischer Verkleinerungen Daten von Originalen gespeichert sind, die mit speziellen Lesegeräten gelesen werden

³Fi|che ['fiʃ(ə)] *die; -, -n* ⟨*lat.-vul-*

gärlat.-fr.⟩: (schweiz.) Karteikarte

Fi|chu [fi'ʃy:] *das; -s, -s* ⟨*fr.*⟩: großes dreieckiges, auf der Brust gekreuztes Schultertuch, dessen Enden vorn od. auf dem Rücken verschlungen werden

Fi|cus *der; -, ...ci* [...t͡si] ⟨*lat.*⟩: Feigenbaum (Maulbeergewächs)

Fi|de|i|kom|miss [auch: 'fi:...] *das; -es, -e* ⟨*lat.*⟩: (Rechtsw.) unveräußerliches u. unteilbares Vermögen einer Familie

Fi|de|is|mus *der; -* ⟨*lat.-nlat.*⟩: 1. (Philos.) erkenntnistheoretische Haltung, die den Glauben als einzige Erkenntnisgrundlage betrachtet u. ihn über die Vernunft setzt. 2. evangelischreformierte Lehre, nach der nicht der Glaubensinhalt, sondern nur der Glaube an sich entscheidend ist. **Fi|de|ist** *der; -en, -en:* Anhänger des Fideismus. **Fi|de|is|tin** *die; -, -nen:* weibliche Form zu ↑ Fideist. **fi|de|is|tisch:** den Fideismus betreffend

fi|del ⟨*lat.; „treu"*⟩: lustig, heiter, gut gelaunt, vergnügt

Fi|del *die; -, -n* ⟨Herkunft unsicher⟩: Saiteninstrument des Mittelalters

Fi|de|lis|mo *der; -[s]*, **Fi|de|lis|mus** *der; -* ⟨nach dem kubanischen Ministerpräsidenten Fidel Castro (*1927)⟩: revolutionäre politische Bewegung in Kuba [u. in Lateinamerika] auf marxistisch-leninistischer Grundlage; vgl. Castrismus. **Fi|de|list** *der; -en, -en:* Anhänger Fidel Castros; Vertreter des Fidelismos. **Fi|de|lis|tin** *die; -, -nen:* weibliche Form zu ↑ Fidelist

Fi|de|li|tas u. **Fi|de|li|tät** *die; -* ⟨*lat.*⟩: ↑ Fidulität

Fi|des *die; -:* im alten Rom das Treueverhältnis zwischen ↑ ¹Patron (1) u. Klient

Fi|di|bus *der; - u. -ses, - u. -se* ⟨Herkunft unsicher⟩: Holzspan od. gefalteter Papierstreifen zum Feuer- od. Pfeifeanzünden

Fi|du|li|tät *die; -, -en* ⟨*lat.*⟩: der inoffizielle, zwanglosere zweite Teil eines studentischen ↑ Kommerses

Fi|duz *das; -es:* (ugs. veraltend) in der Fügung **kein Fiduz zu etwas haben:** 1. keinen Mut zu etwas haben. 2. keine Lust zu etwas haben

Fi|du|zi|ant der; -en, -en: (Rechtsw.) Treugeber bei einem ↑ fiduziarischen Geschäft. **Fi|du|zi|an|tin** die; -, -nen: weibliche Form zu ↑ Fiduziant **Fi|du|zi|ar** der; -s, -e: (Rechtsw.) Treuhänder bei einem ↑ fiduziarischen Geschäft. **Fi|du|zi|a|rin** die; -, -nen: weibliche Form zu ↑ Fiduziar **fi|du|zi|a|risch:** (Rechtsw.) treuhänderisch; **fiduziarisches Geschäft:** Treuhandgeschäft, bei dem der Fiduziant dem Fiduziar ein Mehr an Rechten überträgt, als er selbst aus einer vorher getroffenen schuldrechtlichen Vereinbarung hat **fi|du|zit** ⟨aus lat. *fiducia sit* = vertraue darauf!⟩: Antwort des Studenten auf den Bruderschafts- u. Trinkzuruf „schmollis!". **Fi|du|zit** das; -: der Zuruf „fiduzit!"

Fiel|dis|tor der; -s, ...oren ⟨engl.⟩: Feldtransistor, bei dem das elektrische Feld den Stromfluss steuert **Field|re|search** [ˈfiːldrɪˈsɜːtʃ] das; -[s]: (Soziol.) Verfahren in der Markt- u. Meinungsforschung zur Erhebung statistischen Materials durch persönliche Befragung od. durch Fragebogen; Ggs. ↑ Deskresearch **Field|spa|ni|el** [...ʃpaːnjəl, ...spɛnjəl] der; -s, -s: kleiner englischer Jagdhund **Field|work** [...wɜːk] das; -s: (Soziol.) Verfahren in der Markt- u. Meinungsforschung zur Erhebung statistischen Materials durch persönliche Befragung von Testpersonen durch Interviewer. **Field|wor|ker** [...wɜːkə] der; -s, -: ↑ Interviewer, der zur Erhebung statistischen Materials Befragungen durchführt. **Field|wor|ke|rin** die; -, -nen: weibliche Form zu ↑ Fieldworker **Fi|e|rant** der; -en, -en ⟨lat.-it.⟩: (österr.) Markthändler. **Fi|e|ran|tin** die; -, -nen: weibliche Form zu ↑ Fierant **fi|e|ro** ⟨lat.-it.⟩: (Mus.) stolz, wild, heftig (Vortragsanweisung) **Fi|es|ta** die; -, -s ⟨lat.-span.⟩: spanisches [Volks]fest **fif|ty-fif|ty** ⟨engl.; „fünfzig-fünfzig"⟩: (ugs.) in den Fügungen **fifty-fifty machen:** so teilen, dass jeder die Hälfte erhält; fif-ty-fifty stehen/ausgehen: unentschieden stehen/ausgehen **Fi|ga|ro** der; -s, -s ⟨nach der Bühnengestalt in Beaumarchais' Lustspiel „Der Barbier von Sevilla": a) (scherzh.) Friseur; b) (selten) gewitzter, redegewandter Mann **Fight** [faɪt] der; -s, -s ⟨engl.⟩: a) Kampf, Wettkampf; harte Auseinandersetzung; b) Boxkampf. **figh|ten** [ˈfaɪtən]: a) hart, verbissen kämpfen; b) (beim Boxen) ungestüm, den Schlagabtausch suchend kämpfen. **Figh|ter** [ˈfaɪtə] der; -s, -: a) jmd., der fightet (a); Kämpfernatur; b) Boxer, der den Schlagabtausch u. eine ungestüme Kampfweise bevorzugt. **Figh|te|rin** die; -, -nen: weibliche Form zu ↑ Fighter **Fi|gur** die; -, -en ⟨lat.-fr.⟩: 1. Körperform, Gestalt, äußere Erscheinung eines Menschen im Hinblick auf ihre Proportioniertheit. 2. [künstlerische] Darstellung eines menschlichen, tierischen od. abstrakten Körpers. 3. Spielstein, bes. beim Schachspiel. 4. a) [geometrisches] Gebilde aus Linien od. Flächen, Umrisszeichnung o. Ä.; b) Abbildung, die als Illustration einem Text beigegeben ist. 5. a) Persönlichkeit, Person (in ihrer Wirkung auf ihre Umgebung, auf die Gesellschaft); b) (ugs.) Person, Mensch (meist männlichen Geschlechts), Typ, (z. B. an der Theke standen ein paar Figuren); c) handelnde Person, Gestalt in einem Werk der Dichtung. 6. (beim Tanz, Eistanz, Kunstflug, Kunstreiten u. a.) in sich geschlossene [tänzerische] Bewegungsfolge, die Teil eines größeren Ganzen ist. 7. (Mus.) in sich geschlossene Tonfolge als schmückendes u. vielfach zugleich textausdeutendes Stilmittel. 8. (Sprachw.) von der normalen Sprechweise abweichende sprachliche Form, die als Stilmittel eingesetzt wird; ↑ Allegorie, ↑ Anapher, ↑ Chiasmus **Fi|gu|ra** die; - ⟨lat.⟩: Bild, Figur; **wie Figura zeigt:** (veraltet) wie klar vor Augen liegt, wie an diesem Beispiel klar zu erkennen ist **Fi|gu|ra e|ty|mo|lo|gi|ca** die; - -,

...rae [...rɛ] ...cae [...kɛ] ⟨lat.; gr.-lat.⟩: (Rhet., Stilk.) Redefigur, bei der sich ein intransitives Verb mit einem Substantiv gleichen Stammes od. verwandter Bedeutung als Objekt verbindet (z. B. einen [schweren] Kampf kämpfen) **fi|gu|ral** ⟨lat.-nlat.⟩: mit Figuren versehen **Fi|gu|ra|li|tät** die; -: (Kunstwiss.) figürliche Beschaffenheit, Form **Fi|gu|ral|mu|sik** die; -: mehrstimmiger ↑ kontrapunktischer Tonsatz in der Kirchenmusik des Mittelalters; Ggs. ↑ gregorianischer Choral **Fi|gu|rant** der; -en, -en ⟨lat.⟩: 1. (Ballett veraltet) Gruppentänzer im Gegensatz zum Solotänzer. 2. (Theat. veraltet) Statist, stumme [Neben]rolle. 3. Nebenperson, Lückenbüßer. **Fi|gu|ran|tin** die; -, -nen: weibliche Form zu ↑ Figurant **Fi|gu|ra|ti|on** die; -, -en: 1. (Mus.) Auflösung einer Melodie od. eines Akkords in rhythmische [melodisch untereinander gleichartige] Notengruppen. 2. (Kunstwiss.) a) figürliche Darstellung; b) Formgebilde; vgl. ...ation/...ierung **fi|gu|ra|tiv:** 1. a) grafisch od. als Figur wiedergebend od. wiedergegeben; b) (etwas Abstraktes) gegenständlich wiedergebend. 2. (veraltend) figürlich (3) **Fi|gu|ren|ka|pi|tell** das; -s, -e: (Archit.) ein mit Figuren geschmücktes ↑ Kapitell [an romanischen Bauwerken] **fi|gu|rie|ren:** 1. eine Rolle spielen; in Erscheinung treten. 2. (Mus.) einen Akkord mit einer Figuration versehen. **Fi|gu|rie|rung** die; -, -en: ↑ Figuration; vgl. ...ation/...ierung **Fi|gu|ri|ne** die; -, -n ⟨lat.-it.-fr.⟩: 1. kleine Figur, kleine Statue. 2. Nebenfigur auf [Landschafts]gemälden. 3. Kostümzeichnung od. Modellbild für Theateraufführungen **fi|gür|lich** ⟨lat.; dt.⟩: 1. in Bezug auf die Figur (1). 2. (Kunstwiss.) eine Figur (2), Figuren (2) darstellend. 3. (veraltend) in einem bildlichen, übertragenen Sinn gebraucht (von Wortbedeutungen) **...fi|ka|ti|on** s. Kasten ...fizieren

Fikh [fɪk] *das;* - ⟨*arab.*⟩: die Rechtswissenschaft des Islams

Fik|ti|on *die; -, -en* ⟨*lat.*⟩: 1. etwas, was nur in der Vorstellung existiert; etwas Vorgestelltes, Erdachtes. 2. (Philos.) bewusst gesetzte widerspruchsvolle od. falsche Annahme als methodisches Hilfsmittel bei der Lösung eines Problems

fik|ti|o|nal ⟨*lat.-nlat.*⟩: auf einer Fiktion beruhend. **fik|ti|o|na|li|sie|ren**: als Fiktion darstellen. **Fik|ti|o|na|lis|mus** *der; -*: (Philos.) philosophische Theorie der Fiktionen

fik|tiv ⟨*lat.-nlat.*⟩: eingebildet, erdichtet; angenommen, auf einer Fiktion (1) beruhend

Fil-à-Fil [fila'fil] *das; -* ⟨*lat.-fr.;* „Faden an Faden"⟩: Kleiderstoff mit karoähnlichem Gewebebild

Fi|la|ge [...ʒə] *die; -, -n*: 1. das Zusammendrehen von Seidenfäden. 2. das Abziehen der gezinkten Karten beim Falschspiel

Fi|la|ment *das; -s, -e* ⟨*lat.*⟩: 1. (Bot.) Staubfaden der Blüte. 2. (meist Plural; Astron.) dunkles, fadenförmiges Gebilde in der ↑ Chromosphäre. 3. auf chemischtechnische Wege erzeugte, fast endlose Faser als Bestandteil von Garnen u. Kabeln

Fi|lan|da *die; -, ...den* ⟨*lat.-it.*⟩: (veraltet) Seidenspinnerei

Fi|la|ria *die; -, ...iae* [...jɛ] u. ...ien (meist Plural) ⟨*lat.-nlat.*⟩: Fadenwurm (Krankheitserreger)

Fi|la|ri|en|krank|heit *die; -, -en*: ↑ Filariose

fi|lar il tu|o|no ⟨*it.*⟩: (Mus.) den Ton gleichmäßig ausströmen, sich entwickeln lassen (Vortragsanweisung bei Gesang u. Streichinstrumenten)

Fi|la|ri|o|se *die; -, -n* ⟨*lat.-nlat.*⟩: (Med.) durch Filariaarten hervorgerufene Krankheit

File [faɪl] *das; -s, -s* ⟨*lat.-fr.-engl.*⟩: (EDV) engl. Bez. für: Datei

Fi|let [fi'le:] *das; -s, -s* ⟨*lat.-fr.*⟩: 1. netzartig gewirkter Stoff. 2. a) Handarbeitstechnik, bei der ein Gitterwerk aus quadratisch verknüpfte Fäden hergestellt wird; b) Handarbeit, die durch Filet (2 a) entstanden ist. 3. a) Lendenstück von Schlachtvieh u. Wild; b) Geflügelbrust[fleisch]; c) entgrätetes Rückenstück bei Fischen. 4. Ab-

nehmerwalze an der Auflockerungsmaschine (Krempel) in der Baumwollspinnerei

Fi|le|te *die; -, -n* ⟨*lat.-roman.*⟩: a) Stempel der Buchbinder mit bogenförmiger Prägefläche zum Aufdrucken von Goldverzierungen; b) mit der Filete (a) hergestellte Verzierung auf Bucheinbänden

fi|le|tie|ren u. filieren: aus Fleisch Filetstücke herauslösen

Fi|let|spit|ze [fi'le...] *die; -, -n*: Spitze mit geknüpftem Netzgrund

Fi|li|a|le *die; -, -n* ⟨*lat.-mlat.-fr.*⟩: Zweiggeschäft eines Unternehmens

Fi|li|al|ge|mein|de *die; -, -en*: Gemeinde einer Filialkirche

Fi|li|al|ge|ne|ra|ti|on *die; -, -en*: (Genetik) direkte Nachkommen eines Elternpaares bzw. eines sich durch ↑ Parthenogenese (2) fortpflanzenden Lebewesens

Fi|li|a|list *der; -en, -en*: 1. (Wirtsch.) Leiter einer Filiale. 2. Seelsorger einer Filialgemeinde. **Fi|li|a|lis|tin** *die; -, -nen*: weibliche Form zu ↑ Filialist

Fi|li|al|kir|che *die; -, -n*: von der Pfarrkirche der Hauptgemeinde aus betreute Kirche mit einer Filialgemeinde

Fi|li|al|pro|ku|ra *die; -, ...ren*: ↑ Prokura, die auf eine od. mehrere Filialen eines Unternehmens beschränkt ist

Fi|li|a|ti|on *die; -, -en* ⟨*lat.-nlat.*⟩: 1. (Geneal.) [Nachweis der] Abstammung einer Person von einer anderen. 2. (Rechtsw.) legitime Abstammung eines Kindes von seinen Eltern. 3. (Pol.) Gliederung des Staatshaushaltsplanes. 4. (hist.) Verhältnis von Mutter- u. Tochterkloster im Ordenswesen des Mittelalters

¹**Fi|li|bus|ter** vgl. Flibustier

²**Fi|li|bus|ter** [...'bastɐ] *das; -[s], -* ⟨*amerik.*⟩: im amerikanischen Senat von Minderheiten geübte Praktik, durch Marathonreden die Verabschiedung eines Gesetzes zu verhindern

fi|lie|ren ⟨*lat.-fr.*⟩: 1. ein ↑ Filet (1 b) anfertigen. 2. vgl. filetieren. 3. Karten beim Kartenspielen unterschlagen

fi|li|form ⟨*lat.-nlat.*⟩: (Med.) fadenförmig

fi|li|g|ran ⟨*lat.-it.*⟩: aus Filigran bestehend; filigranähnliche Formen aufweisend; sehr fein, feingliedrig. **Fi|li|g|ran** *das; -s, -e* u. **Fi|li|g|ran|ar|beit** *die; -, -en*: Goldschmiedearbeit aus feinem Gold-, Silber- od. versilbertem Kupferdraht

Fi|li|g|ran|glas *das; -es*: durch eingeschmolzene, Gitter u. Muster bildende weiße Glasfäden verziertes Kunstglas; Fadenglas

Fi|li|g|ran|pa|pier *das; -s*: feines Papier mit netz- od. linienförmigen Wasserzeichen

Fi|li|us *der; -, ...lii u. -se* ⟨*lat.*⟩: (scherzh.) Sohn

Fil|lér ['fil̦, auch: 'filɛːɐ] *der; -[s], -* ⟨*ung.*⟩: ungarische Münzeinheit (= 0,01 Forint)

Film|gro|tes|ke *die; -, -n*: ↑ Groteskfilm

fil|mo|gen: als Stoff für eine Verfilmung, eine filmische Darstellung geeignet

Film|mo|gra|phie, auch: ...grafie *die; -, ...ien*: Verzeichnis, Zusammenstellung aller Filme eines ↑ Regisseurs, Schauspielers o. Ä.

Film|o|thek *die; -, -en* ⟨*germ.-engl.; gr.*⟩: ↑ Kinemathek

Fi|lo *der; -s, -s* ⟨*lat.-it.*⟩: Art des Fechtangriffs, bei dem die angreifende Klinge die gegnerische an der Stoßrichtung zu drängen sucht, indem sie an ihr entlanggleitet

Fi|lou [fi'lu:] *der,* auch: *das; -s, -s* ⟨*engl.-fr.*⟩: (scherzh.) jmd., der andere mit Schläue, Raffinesse [in harmloser Weise] zu übervorteilen versteht

Fils *der; -, -* ⟨*arab.*⟩: Münzeinheit in Bahrein, Irak, Jemen, Jordanien und Kuwait

Fil|t|rat *das; -[e]s, -e* ⟨*lat.-it.*⟩: bei der Filtration anfallende geklärte Flüssigkeit

Fil|t|ra|ti|on *die; -, -en*: Verfahren zum Trennen von festen Stoffen u. Flüssigkeiten

fil|t|rie|ren ⟨*germ.-mlat.*⟩: eine Flüssigkeit od. ein Gas von darin enthaltenen Bestandteilen mithilfe eines Filters trennen; filtern

Fil|t|rier|pa|pier *das; -s*: ungeleimtes, saugfähiges Papier [in Trichterform] zum Filtrieren

Fi|lü|re *die; -, -n* ⟨*lat.-fr.*⟩: (veraltet) Gewebe, Gespinst

Fil|zo|kra|tie *die; -, ...ien* ⟨*dt.; gr.*⟩: verfilzte, ineinander verflochtene Machtverhältnisse, die durch Begünstigung o. Ä. bei der Ämterverteilung zustande kommen

Fim|b|rie *die; -, -n* ⟨*lat.;* „Faden, Franse"⟩: (Med., Anat.) fransenartige Gewebsbildung

Fim|bul|win|ter *der; -s* ⟨*altnord.*⟩: (germ. Mythologie) dreijähriger schrecklicher Winter, der die Welt veröden lässt u. die Ragnarök einleitet

Fim|mel usw. vgl. Femel usw.

FI̱NA u. **Fi̱|na** *die; -* ⟨Abk. für Fédération Internationale de Natation *Amateur*⟩: Internationaler Amateur-Schwimmverband

fi|nal ⟨*lat.*⟩: 1. das Ende, den Schluss von etwas bildend. 2. (Sprachw., Rechtsw.) die Absicht, den Zweck betreffend, bestimmend od. kennzeichnend; **finale Konjunktion:** (Sprachw.) den Zweck, die Absicht angebendes Bindewort (z. B. damit)

¹Fi|nal *der; -s, -s:* (schweiz.) Finale (2)

²Fi|nal ['faɪnl] *das; -s, -s* ⟨*lat.-engl.*⟩: engl. Bezeichnung für: Finale (2)

Fi|nal|cut ['faɪnlkat] *der; -s, -s,* auch: **Fi|nal Cut** *der; - -s, - -s* ⟨*engl.*⟩: die für die endgültige Form des Films entscheidende Bearbeitungsstufe

Fi|nal|de|cay [...dı'keɪ] *das; -s,* auch: **Fi|nal De|cay** *das; - -s:* Zeit des Abfallens des Tons im Maximum bis zu einem vorbestimmbaren Niveau u. endgültiges Abfallen von diesem Niveau auf 0 nach Loslassen der Taste beim Synthesizer

Fi|na̱|le *die; -s, -* ⟨*lat.-it.(-fr.)*⟩: 1. glanzvoller, Aufsehen erregender Abschluss von etwas; Ende, Schlussteil. 2. (Sport; Plural auch: Finals) a) Endkampf, Endspiel, Endrunde eines aus mehreren Teilen bestehenden sportlichen Wettbewerbs; b) Endspurt. 3. (Mus.) a) letzter (meist der vierte) Satz eines größeren Instrumentalwerkes; b) Schlussszene der einzelnen Akte eines musikalischen Bühnenwerkes

Fi|na̱|lis *die; -, ...les* [...le:s] ⟨*lat.-mlat.*⟩: (Mus.) die Tonart bestimmender Schlusston einer kirchentonalen Melodie

Fi|na̱|lis|mus *der; -* ⟨*lat.-nlat.*⟩:

(Philos.) philosophische Lehre, nach der alles Geschehen von Zwecken bestimmt ist bzw. zielstrebig verläuft

Fi|na̱|list *der; -en, -en* ⟨*lat.-it.-fr.*⟩: Teilnehmer an einem Finale (2 a). **Fi|na̱|lis|tin** *die; -, -nen:* weibliche Form zu ↑ Finalist

Fi|na|li|tät *die; -, -en* ⟨*lat.*⟩: Bestimmung eines Geschehens od. einer Handlung nicht durch ihre Ursachen, sondern durch ihren Zweck; Zweckbestimmtheit; Ggs. ↑ Kausalität

Fi|nal|satz *der; -es, ...sätze:* (Sprachw.) Gliedsatz, der die Absicht, den Zweck eines Verhaltens angibt; Zwecksatz

Fi|nan|ci|er [finãˈsi̯e:] vgl. Finanzier

Fi|nanz *die; -* ⟨*lat.-mlat.-fr.*⟩: 1. Finanz-, Geldwesen. 2. Gesamtheit der Fachleute des Bank- u. Geldwesens; Hochfinanz. 3. (österr. ugs.) Finanzamt

Fi|nanz|aus|gleich *der; -[e]s:* zweckmäßiger Ausgleich der anfallenden Einnahmen u. Ausgaben zwischen Bund, Ländern u. Gemeinden

Fi|nan|zen *die* (Plural): 1. Finanz-, Geldwesen. 2. Einkünfte od. Vermögen des Staates, eines Landes, einer Körperschaft des öffentlichen Rechts u. Ä. 3. (ugs.) Geld, das jmd. zur Verfügung hat

Fi|nan|zer *der; -s, -* ⟨*lat.-mlat.-fr.-it.*⟩: (österr. ugs.) Zollbeamter

fi|nan|zi|ell ⟨französierende Bildung⟩: geldlich, wirtschaftlich

Fi|nan|zi|er [...'tsi̯e:] *der; -s, -s* ⟨*lat.-mlat.-fr.*⟩: jmd., der über ein Vermögen verfügt u. damit bestimmte Dinge finanziert

fi|nan|zie|ren: 1. die finanziellen Mittel für etwas, jmdn. zur Verfügung stellen. 2 a) mithilfe eines Kredits kaufen, bezahlen; b) einen Kredit aufnehmen

Fi|nanz|po|li|tik *die; -:* a) Gesamtheit der finanzwirtschaftlichen Überlegungen u. Maßnahmen eines Staates; b) (Wirtsch.) Gesamtheit der Maßnahmen, die den finanziellen Sektor eines Unternehmens betreffen

Fi|nanz|wirt|schaft *die; -:* Wirtschaft der öffentlichen Körperschaften, bes. des Bundes, der Länder u. Gemeinden

---

Fi|nanz|wis|sen|schaft *die; -:* Gebiet der Wirtschaftswissenschaften, das die öffentliche Finanzwirtschaft zum Gegenstand hat

fi|nas|sie|ren ⟨*lat.-fr.*⟩: Ränke schmieden; Kniffe, Tricks, Kunstgriffe anwenden

Fi|nas|te|rid *das; -s* ⟨Kunstw.⟩: (Med.) Mittel zur Behandlung von genetisch bedingter ↑ Alopezie

Fin|ca *die; -, -s* ⟨*span.*⟩: Landhaus mit Garten; in Südamerika auch Landgut, ↑ Hazienda

Fin de Siè|cle [fɛ̃ː də ˈsi̯ɛːkl] *das; - - - ⟨fr.;* „Jahrhundertende"; nach dem gleichnamigen Lustspiel von Jouvenot u. Micard, 1888⟩: Bezeichnung für die Zeit des ausgehenden 19. Jh.s, die in Gesellschaft, bildender Kunst u. Literatur ausgeprägte Verfallserscheinungen wie Überfeinerung u. Ä. aufweist

Fi̱|ne *das; -s, -s* ⟨*lat.-it.*⟩: Bezeichnung am Ende des ersten Teils eines Musikstücks, das bis zu dieser Stelle wiederholt werden soll

Fines Herbes [fiːn ˈzɛrp] *die* (Plural) ⟨*fr.;* „feine Kräuter"⟩: (Gastr.) fein gehackte Kräuter [mit Champignons od. Trüffeln]

Fi|nes|se *die; -, -n* ⟨*lat.-fr.*⟩: 1. a) (meist Plural) Kunstgriff, Trick, besondere Technik in der Arbeitsweise; b) Schlauheit, Durchtriebenheit. 2. (meist Plural) [dem neuesten Stand der Technik entsprechende] Besonderheit, Feinheit in der Beschaffenheit. 3. (ohne Plural) reiches ↑ Bukett (2) (von Weinen)

Fi|nette [fiˈnɛt] *die; -:* feiner Baumwollflanell mit angerauter linker Seite

Fin|ger|board [...bɔːd] *die; -s, -s* ⟨*engl.*⟩: Skateboard im Miniaturformat, das mithilfe der Finger Tricks u. Figuren ausgeführt werden

Fin|ger|food, auch: **Fin|ger-Food** [...fuːd] *das; -[s]* ⟨*engl.*⟩: Speisen, die [auf Partys od. Empfängen] ohne Besteck [mit den Fingern] gegessen werden

fin|gie|ren ⟨*lat.*⟩: in einer bestimmten Absicht vorspiegeln, vortäuschen; erdichten

F

Fi|ni|me|ter *das; -s, -* ⟨*lat.; gr.*⟩: Apparat, der bei Gasschutzgeräten zur Überwachung des Sauerstoffvorrats dient

Fi|nis *das; -, -* ⟨*lat.;* „Ende"⟩:
1. (veraltet) Schlussvermerk in Druckwerken. 2. (ohne Artikel, ohne Plural) Schluss, Ende

Fi|nish [ˈfɪnɪʃ] *das; -s, -s* ⟨*lat.-fr.-engl.*⟩: 1. letzter Arbeitsgang, der einem Produkt die endgültige Form gibt; letzter Schliff, Vollendung. 2. Endkampf, Endspurt; letzte entscheidende Phase eines sportlichen Wettkampfs

fi|ni|shen: bei einem Pferderennen im Finish dem Pferd die äußerste Leistung abverlangen

Fi|nis|sa|ge [...ˈsaːʒə] *die; -, -n* ⟨*fr.*⟩: Veranstaltung zur Beendigung einer Kunstausstellung, Schließung einer Galerie o. Ä.

Fi|nis|seur [finɪˈsøːɐ̯] *der; -s, -e* ⟨*lat.-fr.*⟩: Rennsportler mit starkem Endspurt. **Fi|nis|seu|rin** [...ˈsøːrɪn] *die; -, -nen:* weibliche Form zu ↑ Finisseur

fi|nit ⟨*lat.*⟩: (Sprachw.) bestimmt; **finite Form:** in Person u. Zahl bestimmte Verbform im Unterschied zum Infinitiv u. Partizip

Fi|ni|tis|mus *der; -* ⟨*lat.-nlat.*⟩: (Philos.) Lehre von der Endlichkeit der Welt u. des Menschen

Fi|ni|tum *das; -s, ...ta:* ↑ finite Form

Finn-Din|gi *das; -s, -s* ⟨*schwed.; Hindi-engl.;* „finnisches Dingi"⟩: kleines Einmannboot für den Rennsegelsport

fin|nisch-u|g|risch: die Sprachfamilie betreffend, deren Sprecher heute auf der finnischen Halbinsel, im nordwestlichen Sibirien u. in der ungarischen Steppe beheimatet sind

Finn|mark *die; -, -:* finnische Währungseinheit; Abk.: Fmk; vgl. Markka

fin|no|u|g|risch vgl. finnischugrisch. **Fin|no|u|g|rist** *der; -en, -en:* Wissenschaftler, Spezialist für finnisch-ugrische Sprachen. **Fin|no|u|g|ris|tin** *die; -, -nen:* weibliche Form zu ↑ Finnougrist

finn|u|g|risch usw. vgl. finnischugrisch usw.

Fin|te *die; -, -n* ⟨*lat.-it.*⟩: 1. Vorwand, Täuschung, Scheinmanöver. 2. a) Scheinhieb beim Bo-

xen; Scheinhieb od. -stoß beim Fechten; b) angedeuteter Griff beim Ringen, der den Gegner täuschen soll

fin|tie|ren: eine Finte (2) ausführen

Fi|o|ret|te *die; -, -n* ⟨*it.-it.;* „Blümchen"⟩ u. **Fi|o|ri|tur** *die; -, -en* (meist Plural) ⟨*it.*⟩: (Mus.) Gesangsverzierung in Opernarien des 18. Jh.s

Fire|wall [ˈfaɪəwɔːl] *die; -, -s* u. *der; -s, -s* ⟨*engl.; eigtl.* „Brandmauer"⟩: (EDV) Sicherungssystem, das ein Netzwerk vor unerwünschtem Zugriff schützt

Fir|le|fanz *der; -es, -e* ⟨Herkunft unsicher⟩: (ugs. abwertend) 1. überflüssiges od. wertloses Zeug; Tand; Flitter. 2. Unsinn, törichtes Zeug, Gerede, Gebaren. 3. (selten) jmd., der nur Torheiten im Sinn hat, mit dem nicht viel anzufangen ist. **Fir|le|fan|ze|rei** *die; -, -en:* törichtes Zeug, Unsinn

firm ⟨*lat.*⟩, (österr. auch:) **ferm** ⟨*lat.-it.*⟩: bes. in der Verbindung **in etwas firm sein:** [in einem bestimmten Fachgebiet, Bereich] sicher, sattelfest, beschlagen sein

Fir|ma *die; -, ...men* ⟨*lat.-it.*⟩: 1. a) kaufmännischer Betrieb, gewerbliches Unternehmen; b) (Wirtsch.) der ins Handelsregister eingetragene Name eines Unternehmens, Geschäfts o. Ä.; Abk.: Fa. 2. (ugs. abwertend) Sippschaft, Gesellschaft

Fir|ma|ment *das; -[e]s* ⟨*lat.*⟩: der sichtbare Himmel, das Himmelsgewölbe

Fir|me|lung *die; -, -en:* ↑ Firmung

fir|men: jmdm. die Firmung erteilen

fir|mie|ren ⟨*lat.-it.*⟩: (von Firmen o. Ä.) unter einem bestimmten Namen bestehen, einen bestimmten Namen führen [u. mit diesem unterzeichnen]

Fir|mung *die; -, -en:* vom Bischof durch Salbung u. Handauflegen vollzogenes katholisches ↑ Sakrament (a), das der Kräftigung im Glauben dienen soll

Firm|ware [ˈfəːmwɛə] *die; -, -s* ⟨*engl.*⟩: zur ↑ Hardware eines Computers gehörende, vom Hersteller auf Festwertspeicher abgelegte u. vom Benutzer nicht veränderbare Programme (4)

Fir|nis *der; -ses, -se* ⟨*fr.*⟩: schnell trocknendes, farbloses Öl, das als Schutzanstrich auf etwas aufgetragen wird. **fir|nis|sen:** mit Firnis bestreichen

first class [ˈfəːst ˈklaːs] ⟨*engl.*⟩: der ersten Klasse, Spitzenklasse zugehörend, von hohem Standard. **First-Class-Ho|tel** *das; -s, -s:* Hotel von gehobenem Standard; Luxushotel

First-Day-Co|ver [fəːstdeɪˈkʌvə] *der; -, -* ⟨*engl.*⟩: Ersttagsbrief (Liebhaberstück für Briefmarkensammler)

First La|dy [ˈfəːst ˈleɪdɪ] *die; - -, - -:* Ladies ⟨*engl.*⟩: Frau eines Staatsoberhauptes

Firth [fəːθ] *der; -, -s* [ˈfəːθɪz] ⟨*altnord.-engl.*⟩: tief ins Landesinnere reichender, lang gestreckter Meeresarm in Schottland

Fi|sett|holz *das; -es* ⟨Herkunft unsicher⟩: das einen gelben Farbstoff enthaltende Holz des Färbermaulbeerbaumes u. des Perückenstrauches

Fish|bur|ger [ˈfɪʃbəːgə] *der; -s, -* ⟨*engl.*⟩: mit einer Fischfrikadelle u. weiteren Zutaten belegtes Brötchen

Fish|eye [ˈfɪʃlaɪ] *das; -s, -s* ⟨*engl.*⟩: fotografisches Objektiv mit extrem weitem Bildwinkel u. entsprechend kurzer Brennweite; Weitwinkel-, Fischaugenobjektiv

Fi|shing for Com|pli|ments [ˈfɪʃɪŋ fə ˈkɒmplɪmənts] *das; - - -* ⟨*engl.;* „nach Komplimenten angeln"⟩: auffallend bescheidene od. negative Selbstdarstellung [durch die erwartet wird zu einer positiven Reaktion od. zu Lob veranlasst sehen]

Fi|si|ma|ten|ten *die* (Plural) ⟨Herkunft unsicher⟩: (ugs.) 1. unernstes, albernes Verhalten. 2. umständliches Gebaren. 3. überflüssige Ausstattung

Fis|kal *der; -s, -e* ⟨*lat.*⟩: (veraltet) Amtsträger, der vor Gerichten die (vermögenswerten) Rechte des Kaisers od. eines Landesherrn zu vertreten hatte

Fis|ka|li|ne *der; -n, -n* ⟨*lat.-mlat.*⟩: (in merowingischer Zeit) Leibeigener am Hofe des Königs u. auf den königlichen Gütern

fis|ka|lisch: den Staat als Verwalter des Staatsvermögens betreffend

Fis|kus *der; -, ...ken* u. *-se* (Plural

selten) ⟨lat.; „Korb; Geldkorb"⟩: der Staat als Eigentümer des Staatsvermögens; Staatskasse

Fi|so|le die; -, -n ⟨gr.-lat.-roman.⟩: (österr.) Frucht der grünen Gartenbohne

fis|sil ⟨lat.⟩: spaltbar. **Fis|si|li|tät** die; - ⟨lat.-nlat.⟩: Spaltbarkeit

¹**Fis|si|on** die; -, -en ⟨lat.⟩: (Biol.) Teilung einzelliger pflanzlicher u. tierischer Organismen in zwei gleiche Teile

²**Fis|si|on** die; -, -en ⟨lat.-engl.⟩: 1. (Kernphysik) Atomkernspaltung. 2. (Biol.) Kern- bzw. Zellteilung bei Einzellern

Fis|sur die; -, -en ⟨lat.⟩: (Med.) 1. Riss, Schrunde, bes. der unelastisch gewordenen Haut od. Schleimhaut. 2. Knochenriss

Fis|tel die; -, -n ⟨lat.; „Röhre"⟩: 1. (Med.) durch Gewebszerfall entstandener od. operativ angelegter röhrenförmiger Kanal, der ein Organ mit der Körperoberfläche od. einem anderen Organ verbindet. 2. ↑ Fistelstimme

Fis|tel|stim|me die; -, -n ⟨lat.; dt.⟩: 1. (Mus.) die männliche Kopfstimme ohne Brustresonanz. 2. unangenehm hohe Sprechstimme bei Männern

fis|ten: (Jargon) Fistfucking praktizieren. **Fist|fu|cking** [...fakɪŋ] das; -s, -s ⟨engl.⟩: sexuelle Praktik, bei der die Hand od. Faust in den After des Geschlechtspartners eingeführt wird

Fis|tu|la die; -, ...ae [...ɛ] ⟨lat.⟩: 1. Hirtenflöte, Panflöte. 2. Orgelpfeife. 3. vgl. Fistel (1)

fit ⟨engl.-amerik.⟩: in guter körperlicher Verfassung, leistungsfähig, sportlich durchtrainiert

Fit|ness die; -: gute körperliche Verfassung, Leistungsfähigkeit (aufgrund eines planmäßigen sportlichen Trainings)

Fit|ness|cen|ter das; -s, -: mit Sportgeräten ausgestattete Einrichtung zur Erhaltung od. Verbesserung der körperlichen Leistungsfähigkeit

Fit|ness|stu|dio das; -s, -s: ↑ Fitnesscenter

Fit|ness|trai|ning das; -s, -s: sportliches Training zur Erhaltung od. Verbesserung der körperlichen Leistungsfähigkeit

fit|ten: 1. (Techn.) anpassen. 2. (Schiffsbau) einen Kiel auf Unebenheiten hin abtasten

Fit|ting das; -s, -s (meist Plural): Verbindungsstück bei Rohrleitungen

Fi|u|ma|ra u. **Fi|u|ma|re** die; -, ...re[n] ⟨lat.-it.⟩: (Geogr.) Flusslauf, der im regenlosen Sommer kaum od. kein Wasser führt

Five o'Clock ['faivə'klɔk] der; - -, - -s ⟨engl.⟩: Kurzform von Five o'Clock Tea. **Five o'Clock Tea** [- - 'ti:] der; - - -, - - -s: Fünfuhrtee

Fives [faɪvz] das; -: englisches Ballspiel, bei dem der gegen eine Wand geworfene Ball vom Gegner aufgefangen werden muss

fix ⟨lat.; „angeheftet, fest"⟩: 1. fest, feststehend; **fixe Idee:** Zwangsvorstellung. 2. (ugs.) a) geschickt, anstellig, gewandt, pfiffig; b) flink, schnell

Fi|xa: Plural von ↑ Fixum

Fi|xa|ge [...ʒə] die; -, -n ⟨lat.-fr.⟩: (Fotogr.) fototechnisches Verfahren, bei dem das entwickelte Bild mithilfe von Chemikalien lichtbeständig gemacht wird

Fi|xa|teur [...tø:ɐ̯] der; -s, -e ⟨lat.-fr.⟩: 1. Mittel zum Haltbarmachen von Parfümdüften. 2. Zerstäuber zum Auftragen eines Fixativs

Fi|xa|ti|on die; -, -en ⟨lat.-nlat.⟩: 1. (Psychol.) gefühlsmäßige Bindung an jmdn., an etwas. 2. (veraltet) Festigung; vgl. ...ation/...ierung

Fi|xa|tiv das; -s, -e: Mittel, das in verschiedenen Bereichen zum Festigen u. Härten verwendet wird

Fi|xa|tor der; -s, ...toren: ↑ Fixateur (1)

fi|xen ⟨lat.-fr.-engl.⟩: 1. (Börsenw.) ein Spekulationsgeschäft tätigen in der Weise, dass man Papiere verkauft, die man noch nicht besitzt, von denen man aber hofft, sie vor dem Termin der Vertragserfüllung billiger, als man sie verkauft hat, zu bekommen. 2. (Jargon) dem Körper durch Injektionen Rauschmittel zuführen. **Fi|xer** der; -s, -: 1. Börsenspekulant, der auf eine erwartete Baisse hin Geschäfte tätigt. 2. (Jargon) jmd., der harte Drogen (z. B. Opium od. Heroin) spritzt. **Fi|xe|rin** die; -, -nen: weibliche Form zu ↑ Fixer

Fix|ge|schäft das; -[e]s, -e ⟨lat.; dt.⟩: (Rechtsw.) Kaufvertrag, bei dem die vereinbarte Leistung zu einem genau festgelegten Zeitpunkt erbracht werden muss

fi|xie|ren ⟨lat.-(fr.)⟩: 1. a) schriftlich niederlegen, in Wort od. Bild dokumentarisch festhalten; b) [schriftlich] festlegen, formulieren; verbindlich bestimmen. 2. a) an einer Stelle befestigen, festmachen, -heften; b) (Gewichtheben) das Gewicht mit gestreckten Armen über dem Kopf halten u. damit die Beherrschung des Gewichts demonstrieren; c) (Ringen) den Gegner so festhalten, dass er sich nicht befreien kann. 3. (Psychol., Verhaltensforschung) sich emotional an jmdn., etwas binden. 4. a) die Augen fest auf ein Objekt richten, heften [um es genau zu erkennen]; b) in für den Betroffenen unangenehmer, irritierender Weise mit starrem Blick unverwandt ansehen, anstarren, mustern. 5. (Fachspr.) a) (fotografisches Material) im Fixierbad lichtbeständig machen; b) etwas mit einem Fixativ behandeln; c) (pflanzliche od. organische Gewebeteile) zum Zwecke mikroskopischer Untersuchung o. Ä. mit geeigneten Stoffen haltbar machen

Fi|xier|na|t|ron das; -s u. **Fi|xiersalz** das; -es: Natriumthiosulfat, das in der Fotografie zum Fixieren verwendet wird

Fi|xie|rung die; -, -en: 1. das Fixieren, Fixiertwerden. 2. Vorrichtung zur Befestigung von etwas

Fi|xing das; -s, -s: (Börsenw.) die (dreimal täglich) erfolgende Feststellung der Devisenkurse

Fi|xis|mus der; -: (Geol.) wissenschaftliche Theorie, die besagt, dass die Erdkruste als Ganzes od. in ihren Teilen fest mit ihrem Untergrund verbunden ist; Ggs. ↑ Mobilismus

Fix|punkt der; -[e]s, -e: fester Bezugspunkt für eine Messung, Beobachtung o. Ä.

Fix|stern der; -[e]s, -e: (Astron.) scheinbar unbeweglicher u. seine Lage zu anderen Sternen nicht verändernder, selbst leuchtender Stern

Fi|xum das; -s, ...xa ⟨lat.⟩: festes Gehalt, festes Einkommen

...fi|zie|ren

⟨zu *lat.* facere, ...ficere u. ...fiacere „machen"⟩ Wortbildungselement mit der Bedeutung „machen":
– elektrifizieren
– infizieren
– zertifizieren
Von Verben auf ...fizieren werden Substantive mit der Endung ...fizierung („das Machen, Herstellen") abgeleitet, wie z. B. Mumifizierung, Personifizie-rung und Qualifizierung. Daneben gibt es die Endung ...**fikation**, vermittelt über *lat.* (→ *nlat.*) ...ficatio, Gen. ...ficationis, wie z. B. in Desertifikation, Qualifikation und Spezifikation. Über Bedeutungsunterschiede zwischen ...fikation und ...fizierung, wie z. B. bei Klassifikation und Klassifizierung, gibt der Kasten ...ation/...ierung Auskunft.

Fizz [fɪs] *der;* -[es], -e ⟨*engl.*⟩: alkoholisches Mischgetränk mit Früchten od. Fruchtsäften

Fjäll ⟨*schwed.*⟩ u. Fjell ⟨*norw.*⟩ *der;* -s, -s: weite, baumlose Hochfläche in Skandinavien oberhalb der Waldgrenze

Fjärd *der;* -[e]s, -e ⟨*skand.*⟩: tief ins Land eingreifender Meeresarm an der schwedischen u. finnischen Küste; vgl. Fjord

Fjeld *der;* -[e]s, -s ⟨*norw.*⟩: (veraltet) Fjell

Fjell vgl. Fjäll

Fjord *der;* -[e]s, -e ⟨*skand.*⟩: [an einer Steilküste] tief ins Landinnere hineinreichender, lang gestreckter Meeresarm

Fla|gel|lant *der;* -en, -en (meist Plural) ⟨*lat.* „Geißler"⟩: 1. (hist.) Angehöriger religiöser Bruderschaften des Mittelalters, die durch Selbstgeißelung Sündenvergebung erreichen wollten. 2. (Med., Psychol.) Mensch, der in Züchtigung u. Geißelung sexuelle Erregung u. Befriedigung sucht. **Fla|gel|lan|tin** *die;* -, -nen: weibliche Form zu ↑ Flagellant (2)

Fla|gel|lan|tis|mus *der;* - ⟨*lat.-mlat.*⟩: Trieb zur sexuellen Lustgewinnung durch Flagellation

Fla|gel|lat *der;* -en, -en (meist Plural) ⟨*lat.*⟩: (Biol.) Einzeller mit einer od. mehreren Fortbewegungsgeißeln am Vorderende; Geißeltierchen

Fla|gel|la|ti|on *die;* -, -en: (Med., Psychol.) sexuelle Erregung u. Befriedigung durch aktive od. passive Geißelung mit einer Riemen- od. Strickpeitsche

Fla|gel|le vgl. Flagellum

Fla|gel|lo|ma|nie *die;* - ⟨*lat.; gr.*⟩: ↑ Flagellantismus

Fla|gel|lum *das;* -s, ...llen u. Flagelle *die;* -, -n ⟨*lat.*⟩: 1. Fortbewegungsorgan vieler einzelliger Tiere u. Pflanzen. 2. Riemen od. Strickpeitsche eines Flagellanten (2)

Fla|geo|lett [flaʒoˈlɛt] *das;* -s, -e od. -s ⟨*lat.-vulgärlat.-fr.*⟩: (Mus.) 1. besonders hohe Flöte, kleinster Typ der Schnabelflöte. 2. Flötenton bei Streichinstrumenten u. Harfen. 3. Flötenregister der Orgel

fla|g|rant ⟨*lat.-fr.*⟩: deutlich u. offenkundig [im Gegensatz zu etwas stehend], ins Auge fallend; vgl. in flagranti

Flag|ship|store, auch: **Flag|ship-Store** [ˈflægʃɪpstɔː] *der;* -s, -s ⟨*engl.*⟩: repräsentatives Geschäft einer Kette, das durch Produkte, Design und Service die Philosophie der Marke vermitteln soll

Flair [flɛːɐ̯] *das;* -s ⟨*lat.-fr.*⟩: 1. die einen Menschen od. eine Sache umgebende, als positiv empfundene persönliche Note, Atmosphäre, Fluidum. 2. (bes. schweiz.) feiner Instinkt, Gespür

Fla|kon [flaˈkõː] *der* od. *das;* -s, -s ⟨*germ.-galloroman.-fr.*⟩: Glasfläschchen mit Stöpsel [zum Aufbewahren von Parfüm]

Flam|beau [flãˈboː] *der;* -s, -s ⟨*lat.-fr.*⟩: a) Fackel; b) mehrarmiger Leuchter mit hohem Fuß

Flam|bee [flãˈbeː] *das;* -s, -s ⟨*lat.-fr.*⟩: flambierte Speise

Flam|berg *der;* -[e]s, -e ⟨*germ.-fr.*⟩: (hist.) mit beiden Händen zu führendes Landsknechtsschwert mit wellig geflammter Klinge; Flammenschwert

flam|bie|ren: 1. Speisen (z. B. Früchte, Eis o. Ä.) zur Geschmacksverfeinerung mit Alkohol übergießen, anzünden (u. brennend auftragen). 2. (veraltet) absengen, abflammen

flam|bo|y|ant [flãbŏaˈjant]: 1. a) flammend, geflammt; b) farbenprächtig, grell bunt. 2. heftig, energisch. **Flam|bo|y|ant** [...ˈjãː] *der;* -s, -s: (Bot.) in den Tropen u. Subtropen vorkommender, prächtig blühender Zierbaum

Flam|bo|y|ant|stil *der;* -[e]s ⟨*lat.-fr.; lat.*⟩: der spätgotische Baustil in England u. Frankreich; Flammenstil

Flame [fleɪm] *die;* -, -s, (auch:) *das;* -s, -s ⟨*lat.-altfr.-engl.*⟩: Wortgefecht, heftige Auseinandersetzung beim Chatten

Fla|men *der;* -, ...mines [...ne:s] (meist Plural) ⟨*lat.*⟩: (hist.) eigener Priester eines einzelnen Gottes im Rom der Antike

Fla|men|co *der;* -[s], -s ⟨*span.*⟩: a) andalusisches [Tanz]lied; b) stark rhythmisch bewegter Solo- od. Tanz, der auf den Flamenco (a) getanzt wird

Fla|men|ga u. **Fla|men|go** u. Flamingo *der;* -s, - ⟨*span.*⟩: Krepp in Leinwandbindung mit Querrippen u. glänzender Kette

Flame-out [fleɪmˈaʊt] *der;* -s, -s ⟨*engl.*⟩: durch Treibstoffmangel bedingter Ausfall eines Flugzeugstrahltriebwerks

Fla|min|go *der;* -s, -s ⟨*span.*⟩: 1. rosafarbener Wasserwatvogel. 2. vgl. Flamengo

Fla|mi|sol *der;* -s ⟨Kunstw.⟩: Krepp in Leinwandbindung mit Querrippen u. matter Kette

Flam|me|ri *der;* -[s], -s ⟨*kelt.-engl.*⟩: kalte Süßspeise aus Milch, Zucker, Stärkeprodukten u. Früchten (die zum Servieren gestürzt wird)

Fla|nell *der;* -s, -e ⟨*kelt.-engl.-fr.*⟩: [gestreiftes od. bedrucktes] gerautes Gewebe in Leinen- od. Köperbindung für Wäsche od. Oberbekleidung. **fla|nel|len**: aus Flanell

Fla|neur [flaˈnøːɐ̯] *der;* -s, -e ⟨*altisländ.-fr.*⟩: jmd., der flaniert

fla|nie|ren: ohne bestimmtes Ziel langsam spazieren gehen

flan|kie|ren ⟨*germ.-fr.*⟩: zu beiden Seiten von etwas, jmdm. stehen, gehen; [schützend] beglei-

ten; **flankierende Maßnahme:**
zusätzliche, unterstützende
Maßnahme zu einem Gesetz,
einer politischen Entscheidung
o. Ä.
Flap [flɛp] *das;* -s, -s ⟨*engl.*⟩: an
der Tragflächenunterseite von
Flugzeugen anliegender klap-
penähnlicher Teil als Start- u.
Landehilfe
Flap|per [flɛpɐ] *der;* -s, - ⟨*engl.*⟩: in
England u. Nordamerika Be-
zeichnung für ein selbstbe-
wusstes junges Mädchen
Flare [flɛːɐ̯] *die;* -s, -s ⟨*engl.*⟩: (Astron.) intensiver, stürmisch ver-
laufender Strahlungsausbruch
in der Chromosphäre, der im
Zusammenhang mit Sonnen-
flecken auftritt; chromosphäri-
sche Eruption
Flash [flɛʃ] *der;* -s, -es ⟨*engl.;*
„Blitz"⟩: 1. (Filmw.) a) kurze
Einblendung in eine längere
Bildfolge; b) Rückblick, Rück-
blende. 2. ↑ Flashlight. 3. (Jargon) Augenblick, in dem sich
das gespritzte Rauschmittel
mit dem Blut verbindet.
4. (Rundfunk, Fernsehen, Zei-
tungswesen) Eil-, Kurzmeldung
Flash-back, auch: **Flash|back**
['flæʃbɛk] *der* od. *das;* -[s], -s:
durch ↑ Konditionierung bedingter Rauschzustand wie
nach der Einnahme von Drogen, ohne dass eine Einnahme
von Drogen erfolgt wäre
Flash|light [...laɪt] *das;* -s, -s:
1. aufeinander folgende Licht-
blitze, aufblitzendes Licht (z. B.
in Diskotheken). 2. Anlage, die
Flashlights (1) erzeugt
flat [flɛt] ⟨*engl.*⟩: (Mus.) engl. Bez.
für das Erniedrigungszeichen
in der Notenschrift, z. B. a flat
(as)
Flat *das;* -s, -s: (veraltend)
[Klein]wohnung
Flat|rate ['flɛtreɪt] *die;* -, -s, auch:
Flat Rate *die;* - -, - -s ⟨*engl.*⟩: mo-
natlicher Pauschalpreis für ei-
nen nicht limitierten Internet-
zugang
Flat-Screen-Mo|ni|tor [...'skriː̯n...]
der; -s, ...oren, auch: - -e: Flach-
bildschirmmonitor
Flat|te|rie *die;* -, ...i̯en ⟨*germ.-fr.*⟩:
(veraltet) Schmeichelei
Flat|teur [...'tøː̯ɐ̯] *der;* -s, -e: (ver-
altet) Schmeichler
flat|tie|ren: (veraltet) schmei-
cheln

Fla|tu|lenz *die;* -, -en ⟨*lat.-nlat.*⟩:
(Med.) 1. Gasbildung im Magen
od. Darm, Blähsucht. 2. Abgang
von Blähungen
Fla|tus *der;* -, - [...tuːs] ⟨*lat.*⟩:
(Med.) Blähung
flau|tan|do u. **flau|ta|to** ⟨*it.*⟩:
(Mus.) Vorschrift für Streicher,
nahe am Griffbrett zu spielen,
um eine flötenartige Klangfarbe zu erzielen
Flau|to *der;* -, ...ti: [Block- od.
Schnabel]flöte
Flau|to tra|ver|so *der;* - -, ...ti ...si:
(Mus.) Querflöte
Fla|von *das;* -s, -e ⟨*lat.-nlat.*⟩: ein
gelblicher Pflanzenfarbstoff
Fleece [fliːs] *das;* - ⟨*engl.*⟩: synthetisch hergestellter flauschiger
Stoff mit gerauter Oberfläche
flek|tie|ren ⟨*lat.*⟩: ein Wort in sei-
nen grammatischen Formen
abwandeln, beugen; ↑ deklinie-
ren od. ↑ konjugieren; **flektie-
rende Sprache:** (Sprachw.)
Sprache, die die Beziehung
der Wörter im Satz zumeist
durch ↑ Flexion der Wörter ausdrückt; Ggs. ↑ agglutinierende
u. ↑ isolierende Sprache
flet|schern ⟨nach dem amerik. So-
ziologen H. Fletcher⟩: Speisen
langsam u. gründlich kauen
Fleur [fløː̯ɐ̯] *die;* -, -s ⟨*lat.-fr.;*
„Blume, Blüte"⟩: das Beste von
etwas, Zierde, Glanz
Fleu|ret [flø'reː] vgl. Florett
Fleu|rette [...'rɛt] *die;* - ⟨*lat.-fr.*⟩:
durchsichtiges Kunstseidenge-
webe mit Kreppeffekt
Fleu|rin *der;* -s, -[s] ⟨*Kunstw.*⟩:
Verrechnungseinheit der internationalen Organisation der
Blumengeschäfte
Fleu|rist *der;* -en, -en ⟨*lat.-fr.*⟩:
(veraltet) Blumenfreund, Blu-
menkenner. **Fleu|ris|tin** *die;* -,
-nen: weibliche Form zu ↑ Fleu-
rist
Fleu|ron [...'rõː] *der;* -s, -s ⟨*lat.-
it.-fr.*⟩: 1. Blumenverzierung [in
der Baukunst u. im Buch-
druck]. 2. (nur Plural) zur Gar-
nierung von Speisen verwendete ungesüßte Blätterteig-
stückchen
Fleu|te ['fløːtə] vgl. Flüte
fle|xi|bel ⟨*lat.*⟩: 1. biegsam, elas-
tisch. 2. beweglich, anpassungs-
fähig, geschmeidig.
3. (Sprachw.) beugbar (von einem Wort, das man flektieren
kann)

fle|xi|bi|li|sie|ren: flexibel (2) ge-
stalten, machen
Fle|xi|bi|li|tät *die;* -: 1. Biegsam-
keit. 2. Fähigkeit des Menschen,
sich wechselnden Situationen
rasch anzupassen
Fle|xi|ble Re|s|ponse ['flɛksəb̩ rɪ-
s'pɔns] *die;* - - ⟨*engl.;* „flexible
Reaktion"⟩: (Milit.) (in der stra-
tegischen Planung der NATO)
das Sich-offen-Halten verschiedener, der jeweiligen Situation
angepasster Möglichkeiten des
Reagierens auf einen Angriff,
das weder zeitlich noch von der
Wahl der Mittel her für den
Gegner kalkulierbar sein soll
Fle|xi|o|le® *die;* -, -n ⟨Kunstw.⟩:
(Med.) Tropfflasche od. -am-
pulle aus unzerbrechlichem
Kunststoff
Fle|xi|on *die;* -, -en: 1. (Sprachw.)
↑ Deklination od. ↑ Konjugation
eines Wortes. 2. (Med.) Beugung, Abknickung von Körper-
organen. 3. ↑ Flexur (2)
Fle|xiv *das;* -s, -e: (Sprachw.) Fle-
xionsmorphem; ↑ Morphem,
das zur Beugung eines Wortes
verwendet wird
fle|xi|visch ⟨*lat.-nlat.*⟩: (Sprachw.)
die Flexion (1) betreffend, Flexion zeigend
Fle|xo|druck *der;* -[e]s: (Druckw.)
besonderes Druckverfahren, bei
dem die flexiblen Druckformen
auf dem Druckzylinder befestigt werden
Fle|xor *der;* -s, ...oren: (Med.)
Beugemuskel
Fle|xur *die;* -, -en ⟨*lat.*⟩: 1. (Med.)
Biegung, gebogener Abschnitt
eines Organs. 2. (Geol.) bruch-
lose Verbiegung von Gesteinsschichten
Fli|bus|ti|er [...i̯ɐ] u. Filibuster
der; -s, - ⟨*engl.-fr.*⟩: (hist.) Angehöriger einer westindischen
Seeräubervereinigung in der
zweiten Hälfte des 17. Jh.s
Flic *der;* -s, -s ⟨*fr.*⟩: (ugs.) franz.
Bez. für: Polizist
Flick|flack *der;* -s, -s ⟨*fr.;* „klipp,
klapp"⟩: (Sport) [in schneller
Folge geturnter] Handstand-
überschlag
Flie|boot *das;* -s, -e ⟨*niederl.*⟩:
a) kleines Fischerboot; b) Beiboot
Flif|fis *der;* -, - ⟨Herkunft unsi-
cher⟩: zweifacher Salto mit
Schraube (beim Trampolintur-
nen)

Fremdwörter in Zahlen

Wie man in Fernsehen, Rundfunk und Presse beobachten kann, ist der Anteil der Fremdwörter am deutschen Wortschatz nicht gering. In fortlaufenden Zeitungstexten beispielsweise erreicht er 8–9 %. Zählt man nur die Substantive, Adjektive und Verben, so steigt der Anteil der Fremdwörter sogar auf 16–17 %. In Fachtexten, in denen naturgemäß viele Termini technici verwendet werden, liegt der prozentuale Anteil der Fremdwörter meist noch wesentlich höher.

Absolute Zahlen anzugeben ist jedoch schwierig, wenn nicht unmöglich. Das liegt daran, dass nicht bekannt ist, wie viele Wörter der deutsche Wortschatz überhaupt umfasst. Man weiß derzeit nicht einmal genau, wie viele Stichwörter in allen Wörterbüchern der deutschen Sprache verzeichnet sind. Aber es existieren weitaus mehr Wörter, als selbst das umfänglichste Nachschlagewerk verzeichnen könnte. Bereits Ende des 17. Jh.s errechnete der Philosoph und Mathematiker Gottfried Wilhelm Leibniz, dass eine systematische Ausschöpfung deutscher Wortbildungsmöglichkeiten rund 98 Millionen Wörter hervorbringen könnte. Die deutsche Sprache verfügt nämlich durch ihre spezifischen Möglichkeiten der Wortbildung durch Ableitung (Derivation) und vor allem Zusammensetzung (Komposition) über nahezu unbegrenzte Möglichkeiten, ihren Wortbestand zu erweitern und für jede beliebige Situation, zugeschnitten auf jeden kommunikativen Bedarf neue Wörter hervorzubringen. Beispielsweise beschreibt das Wort *Wortbildungsfunktionserläuterung* gut den Sinn der gegenwärtigen Ausführungen. In einem Wörterbuch des Deutschen wird man es indes vergeblich suchen, da es zum einen aus seinen Bestandteilen heraus verständlich und daher nicht erklärungsbedürftig ist, zum anderen aber nicht als lexikalisiert gelten kann. Das bedeutet: Es muss als Ausdruck allgemein üblich und vor allem unabhängig von der konkreten Situation seiner Erstverwendung gebräuchlich sein. Mehr oder weniger ernst gemeinte Neubildungen wie *brutalstmöglich* oder *unkaputtbar* werden daher vermutlich ebenso wenig zu Wörterbuchehren kommen wie »Bandwurmwörter«, z. B. das 1999 von der Gesellschaft für deutsche Sprache unter die Wörter des Jahres gewählte *Rindfleischetikettierungsüberwachungsaufgabenübertragungsgesetz*.

Kein einziges Wörterbuch verzeichnet also den gesamten Wortbestand des Deutschen, und es gibt auch keine Möglichkeit, über die Anzahl der Fremdwörter im Deutschen exakte Angaben zu machen: Man ist daher auf Schätzungen angewiesen. Veranschlagt man das gesamte deutsche Vokabular auf etwa 300 000 bis 500 000 Wörter, so dürfte der absolute Fremdwortanteil bei schätzungsweise 100 000 Wörtern liegen. Der mit rund 2 800 Wörtern aufgestellte deutsche Grundwortschatz enthält etwa 6 % fremde Wörter. Den größten Anteil am Fremdwort hat das Substantiv, an zweiter Stelle steht das Adjektiv, dann folgen die Verben und schließlich die übrigen Wortarten.

Allerdings ist nicht nur die wie auch immer geschätzte absolute Zahl von Fremdwörtern interessant, sondern auch deren Verwendungshäufigkeit, also ihr tatsächlicher Anteil an der gesprochenen und geschriebenen Sprache. Neueste sprachstatistische Untersuchungen zeigen aus dieser Perspektive übereinstimmend, dass Fremdwörter vergleichsweise geringe Beleghäufigkeiten aufweisen. Der Anteil beispielsweise von englischen Fremdwörtern an der Gesamtheit aller verwendeten Wörter lag selbst bei Untersuchung fremdwortintensiver, nämlich werbesprachlicher Textsorten lediglich bei 4 %.

Hinzu kommt, dass Fremdwörter genauso dem Sprachwandel unterliegen wie alle anderen Bestandteile des Wortschatzes. Sie kommen außer Mode und Gebrauch, werden oft völlig vergessen und verschwinden aus dem allgemeinen Sprachgebrauch. Sie können auch neue Bedeutungen annehmen oder ihre Schreibung bzw. Lautung ändern. Im letzten Fall überschreiten sie die fließende Grenze vom Fremdwort zum Lehnwort.

Bei einer Auszählung der Fremdwörter in einer Tageszeitung aus dem Jahre 1860 kam man zu einem Ergebnis, das nur wenig unter den heute ermittelten Durchschnittswerten lag. Der Grund dafür liegt u. a. in der relativ schnellen Vergänglichkeit vieler Fremdwörter: Es kommen nämlich fast ebenso viele Fremdwörter aus dem Gebrauch wie neue in Gebrauch. Die alten Fremdwörterbücher machen bei einem Vergleich mit dem gegenwärtigen Fremdwortgut das Kommen und Gehen der Wörter oder ihren Bedeutungswandel genauso deutlich wie die Lektüre unserer Klassiker. In einem Anhang zu Raabes Werken werden beispielsweise folgende Wörter, die heute weitgehend veraltet oder aber in anderer Bedeutung üblich sind, aufgeführt und erklärt: *pragmatisch* (›geschäftskundig‹), *peristaltisch* (›wurmförmig‹), *Utilität* (›Nützlichkeit‹), *Idiotismus* (›mundartlicher Ausdruck‹), *Kollaborator* (›Hilfslehrer‹), *subhastieren* (›zwangsversteigern‹), *Subsellien* (›Schulbänke‹), *Malefizbuch* (›Strafgesetzbuch‹), *Molestierung* (›Belästigung‹), *Molesten* (›Plagen‹), *Pennal* (spött.: ›neu angekommener Student‹), *quiesziert* (›in den Ruhestand versetzt‹), *Cockpit* (›Kampfplatz, [Zirkus]arena‹).

Flip *der; -s, -s ⟨engl.⟩:* 1. alkoholisches Mischgetränk mit Ei. 2. ein Drehsprung im Eiskunstlauf

Flip|chart, auch: **Flip-Chart** [...tʃaːt] *das; -s, -s:* auf einem Gestell befestigter großer Papierblock, dessen Blätter nach oben umgeschlagen werden können

Flip|flop *das; -s, -s* u. **Flip|flop-schal|tung** *die; -, -en ⟨engl.; dt.⟩:* Kippschaltung in elektronischen Geräten

Flip|flops *die* (Plural) *⟨engl.⟩:* (ugs.) badeschuhähnliche Sandalen

flip|pen vgl. flippern

Flip|per *der; -s, - ⟨engl.⟩:* Spielautomat, bei dem man eine Kugel möglichst lange auf dem abschüssigen Spielfeld halten muss

flip|pern: an einem Flipper spielen

Flip|pi *der; -s, -s:* (ugs.) außerhalb des normalen Lebens Stehender; jmd., der ausgeflippt ist

Flirt [flœrt, auch: flɪrt] *der; -[e]s, -s ⟨engl.⟩:* 1. Bekundung von Zuneigung durch das Verhalten, durch Blicke u. Worte in scherzender, verspielter Form. 2. unverbindliches Liebesabenteuer, Liebelei

flir|ten ['flœrtn̩, auch: 'flɪrtn̩]: jmdm. durch sein Verhalten, durch Blicke u. Worte scherzend u. verspielt seine Zuneigung zu erkennen geben; in netter, harmloser Form ein Liebesverhältnis anzubahnen suchen

Float [floʊt] *der; -s, -s ⟨engl.⟩:* Summe der von Konten abgebuchten, aber noch nicht gutgeschriebenen Zahlungen im bargeldlosen Zahlungsverkehr

floa|ten ['floʊtn̩] *⟨engl.⟩:* (Wirtsch.) durch Freigabe des Wechselkurses schwanken (vom Außenwert einer Währung)

Floa|ting *das; -s, -s:* durch die Freigabe des Wechselkurses eingeleitetes Schwanken des Außenwertes einer Währung in einem System fester Wechselkurse

Floa|ting|line, auch: **Floa|ting-Line** [...'laɪn] *die; -, -s ⟨engl.⟩:* untere Sicherheitsgrenze beim Floating, die für die Stabilität der einzelnen Währung einzuhalten ist

Flo|bert|ge|wehr, auch: **Flo-bert-Ge|wehr** [auch: floˈbeːɐ̯..., ...'bɛːɐ̯...] *das; -s, -e* (nach dem franz. Waffentechniker N. Flobert, 1819–1894): Kleinkalibergewehr

Flock|print *der; -[s] ⟨dt.; engl.⟩:* (Textilkunde) Flockdruck, bei dem das Muster durch aufgeklebten Faserstaub gebildet wird

Flo|con|né *der; -[s], -s ⟨lat.-fr.⟩:* weicher Mantelstoff mit flockiger Außenseite

Flo|ka|ti *der; -[s], -s ⟨ngr.⟩:* heller, schaffellartig zottiger Teppich [aus Schurwolle] in Art der griechischen Hirtenteppiche

Flok|ku|la|ti|on *die; -, -en ⟨lat.-engl.⟩:* Zusammenballung u. Ausfällung [von Pigmentpartikeln]

Floor [flɔː] *der; -s, -s ⟨engl.⟩:* 1. (an Produktenbörsen) abgegrenzter Raum, in dem sich die Makler zur Abwicklung von Termingeschäften zusammenfinden. 2. (Börsenw.) vereinbarter Mindestzins bei zinsvariablen Anleihen

Flop *der; -s, -s ⟨engl.⟩:* 1. Kurzw. für ↑ Fosburyflop. 2. Angelegenheit od. Sache, die keinen Anklang findet u. deshalb nicht den erwarteten [finanziellen] Erfolg bringt

flop|pen: 1. im Fosburyflop springen. 2. ein Misserfolg, Flop sein

Flop|py *die; -, -s:* Kurzbezeichnung für: Floppydisk

Flop|py|disk *die; -, -s,* auch: **Floppy Disk** *die; - -, - -s:* beidseitig beschichtete, als Datenspeicher dienende Magnetplatte; Diskette

¹Flor *der; -s, -e ⟨lat.⟩:* 1. a) Blumen-, Blütenfülle, Blütenpracht; b) Menge blühender [schöner] Blumen [der gleichen Art]; Fülle von Blüten [einer Pflanze]. 2. Wohlstand, Gedeihen

²Flor *der; -s, -e,* selten: Flöre *⟨lat.-provenzal.-fr.-niederl.⟩:* 1. a) feines, zartes, durchsichtiges Gewebe; b) Trauerflor; schwarzes Band, das als Zeichen der Trauer am Ärmel od. Rockaufschlag getragen wird. 2. aufrecht stehende Faserenden bei Samt, Plüsch u. Teppichen

Flo|ra *die; -, ...ren ⟨lat.; nach der altitalischen Frühlingsgöttin⟩:* 1. a) Pflanzenwelt eines bestimmten Gebietes; b) Bestimmungsbuch für die Pflanzen eines bestimmten Gebietes. 2. (Med.) Gesamtheit der natürlich vorkommenden Bakterien in einem Körperorgan, z. B. Darmflora

flo|ral: a) mit Blumen, geblümt; b) Blüten betreffend, darstellend

Flo|re|al *der; -, -s ⟨lat.-fr.; „Blütenmonat"⟩:* der achte Monat des französischen Revolutionskalenders (20. April bis 19. Mai)

Flo|ren|e|le|ment *das; -[e]s, -e:* Gruppe von Pflanzenarten, -gattungen usw., die bestimmte Gemeinsamkeiten besitzen, insbesondere Artengruppe etwa gleicher geographischer Verbreitung, die am Aufbau der Pflanzendecke eines bestimmten Gebietes beteiligt ist

Flo|ren|ti|ner *der; -s, - ⟨nach der ital. Stadt Florenz⟩:* 1. Damenstrohhut mit breitem, schwingendem Rand. 2. halbseitig mit Kuvertüre überzogenes Gebäckstück mit Honig u. Nüssen od. Mandeln

Flo|ren|ti|num *das; -s ⟨nlat.⟩:* (veraltet) ↑ Promethium

Flo|res [...reːs] *die* (Plural) *⟨lat.; „Blumen, Blüten"⟩:* 1. getrocknete Blüten[teile] als Bestandteile von Drogen. 2. in der Musik des Mittelalters Bezeichnung für gesungene, meist improvisierte Verzierungen

Flo|res|zenz *die; -, -en ⟨lat.-nlat.⟩:* (Bot.) a) Blütezeit; b) Gesamtheit der Blüten einer Pflanze, Blütenstand

Flo|rett *das; -[e]s, -e* u. Fleuret [floˈreː] *das; -s, -s ⟨lat.-it.-fr.⟩:* Stoßwaffe zum Fechten

flo|ret|tie|ren: mit dem Florett fechten

Flo|rett|sei|de *die; -:* Abfall der Naturseide

flo|rid *⟨lat.-nlat.⟩:* (Med.) voll entwickelt, stark ausgeprägt, rasch fortschreitend (von Krankheiten)

flo|rie|ren *⟨lat.⟩:* sich [geschäftlich] günstig entwickeln, gedeihen

Flo|ri|leg *das; -s, -e* u. **Flo|ri|le|gi-um** *das; -s, ...ien [...ǝn] ⟨lat.-mlat.; „Blütenlese"⟩:* 1. ↑ Anthologie. 2. a) (hist.) Auswahl aus den Werken von Schriftstellern der Antike; b) Sammlung von Redewendungen

Flo|rin der; -s, -e u. -s: a) niederländischer Gulden; b) ['flɔrɪn] ehemalige englische Silbermünze

Flo|rist der; -en, -en ⟨lat.-nlat.⟩: 1. Kenner u. Erforscher der ↑ Flora (1 a). 2. (Berufsbez.) Blumenbinder

Flo|ris|tik die; -: Zweig der Pflanzengeographie, der sich mit den verschiedenen Florengebieten der Erde befasst

Flo|ris|tin die; -, -nen: weibliche Form zu ↑ Florist

flo|ris|tisch: die Flora od. die Floristik betreffend

Flor|post|pa|pier das; -[e]s, -e ⟨zu ↑ ²Flor⟩: dünnes, durchsichtiges, aber festes Papier für Luftpost u. a.

Flos|kel die; -, -n ⟨lat.; „Blümchen"⟩: nichts sagende Redensart, formelhafte Redewendung

Flo|ta|ti|on die; -, -en ⟨engl.⟩: (Techn.) Aufbereitungsverfahren zur Anreicherung von Mineralien, Gesteinen u. chemischen Stoffen

flo|ta|tiv: die Flotation betreffend

flo|tie|ren: (Techn.) Erz aufbereiten

Flo|ti|gol u. **Flo|tol** das; -s, -e ⟨Kunstw.⟩: bei der Flotation zugesetztes Mittel, durch das die Oberflächenspannung herabgesetzt wird

Flot|te die; -, -n ⟨germ.-roman.⟩: 1. a) Gesamtheit der Schiffe eines Staates (Handels- od. Kriegsflotte); b) größerer [Kriegs]-schiffsverband. 2. Flüssigkeit, in der Textilien gebleicht, gefärbt od. imprägniert werden

flot|tie|ren: 1. schwimmen, schweben, schwanken. 2. sich verwickeln (von Kettfäden in der Weberei); **flottierender Faden:** im Gewebe freiliegender Kett- od. Schussfaden; **flottierende Schuld:** (Rechtsw.) schwebende, nicht fundierte Schuld

Flot|til|le [auch: flɔˈtɪljə] die; -, -n ⟨germ.-fr.-span.⟩: Verband kleinerer Kriegsschiffe

Flow [floʊ] der; -s, -s ⟨engl.⟩: (Med.) Durchströmung, Durchfluss, bes. von Flüssigkeiten (z. B. Blut, Harn) durch entsprechende Gefäße des Körpers

Flo|w|er|po|w|er, auch: **Flo|w-er-Po|w|er** ['flaʊəpaʊə] die; - ⟨engl.⟩: Schlagwort der Hippies, die in der Konfrontation mit der bürgerlichen Gesellschaft Blumen als Symbol für ihr Ideal einer humanisierten Gesellschaft verwenden

Flu|at das; -[e]s, -e ⟨Kurzw. für Fluorsilikat⟩: Mittel zur Härtung von Baustoffen gegen Verwitterung; Fluorsilikat

flu|a|tie|ren: mit Fluaten behandeln

Flud vgl. Fluid (2)

flu|id ⟨lat.⟩: (Chem.) flüssig, fließend. **Flu|id** das; -s, -s, auch: **Flu|id** das; -s, -e: 1. (Chem., Kosmetik) flüssiges Mittel, Flüssigkeit. 2. (Techn.) Getriebeflüssigkeit, die Druckkräfte übertragen kann; Flud. 3. (Strömungslehre) zusammenfassende Bez. für Flüssigkeiten, Gase und Plasmen (3)

Flu|i|da Plural von ↑ Fluidum

flu|i|dal ⟨lat.-nlat.⟩: (Geol.) Fließstrukturen aufweisend (vom Gefüge erstarrter Schmelzen)

Flu|i|dal|struk|tur u. **Flu|i|dal|textur** die; -, -en: (Geol.) Fließgefüge von Mineralien, die in Fließrichtung der ↑ Lava erstarrt sind

Flu|i|dics die (Plural) ⟨lat.-engl.⟩: nach den Gesetzen der Hydromechanik arbeitende Steuerelemente in technischen Geräten

Flu|i|dum das; -s, ...da ⟨lat.⟩: besondere von einer Person od. Sache ausgehende Wirkung, die eine bestimmte [geistige] Atmosphäre schafft

Fluk|tu|a|ti|on die; -, -en: 1. Schwanken, Schwankung, Wechsel. 2. (Med.) das mit dem Finger spürbare Schwappen einer Flüssigkeitsansammlung unter der Haut. **fluk|tu|ie|ren:** 1. schnell wechseln, schwanken. 2. hin u. her schwappen (von abgekapselten Körperflüssigkeiten)

¹Flu|or das; -s ⟨lat.⟩: chem. Element; ein Nichtmetall; Zeichen: F

²Flu|or der; -: (Med.) Ausfluss aus der Scheide u. der Gebärmutter

Flu|o|res|ce|in u. **Flu|o|res|cin** das; -s ⟨lat.-nlat.⟩: gelbroter Farbstoff, dessen verdünnte Lösung stark grün fluoresziert

Flu|o|res|zenz die; -: Eigenschaft

bestimmter Stoffe, bei Bestrahlung durch Licht-, Röntgen- od. Kathodenstrahlen selbst zu leuchten

flu|o|res|zie|ren: bei Bestrahlung (z. B. mit Licht) aufleuchten (von Stoffen)

Flu|o|rid das; -[e]s, -e: Salz der Fluorwasserstoffsäure

flu|o|rie|ren u. **flu|o|ri|die|ren** u. **flu|o|ri|sie|ren:** a) (Chem.) Fluor in chemische Verbindungen einführen; b) etwas mit ¹Fluor anreichern (z. B. Trinkwasser)

Flu|o|rit [auch: ...'rɪt] der; -s, -e: ein Mineral (Flussspat)

flu|o|ro|gen ⟨lat.; gr.⟩: die Eigenschaft der Fluoreszenz besitzend; **fluorogene Gruppen:** organische Gruppen, die in fluoreszierenden Stoffen als Träger der Fluoreszenz angesehen werden

Flu|o|ro|me|ter das; -s, -: Gerät zur Messung der Fluoreszenz. **Flu|o|ro|me|t|rie** die; -: Fluoreszenzmessung. **flu|o|ro|me|t|risch:** durch Fluorometrie ermittelt

flu|o|ro|phor: ↑ fluorogen; **fluorophore Gruppen:** ↑ fluorogene Gruppen. **Flu|o|ro|phor** der; -, -e: Fluoreszenzträger

Flu|o|ro|se die; -, -n: Gesundheitsschädigung durch Fluor[verbindungen]

Flu|or|si|li|kat das; -[e]s, -e: ↑ Fluat

Flu|or|test der; -s, -s: chemisches Verfahren zur Bestimmung des relativen Alters von Fossilien nach ihrem Fluorgehalt

Flush [flʌʃ] der, (auch:) das; -s, -s ⟨engl.⟩: (Med.) Hitzewallung mit Hautrötung

Flü|te u. Fleute die; -, -n ⟨niederl. (-fr.)⟩: Dreimaster des 17. u. 18. Jh.s

Flut|ter ['flʌtə] das; -s ⟨engl.; „Flattern"⟩: bei der Tonwiedergabe auftretendes Zittern infolge ungleichmäßigen Laufes der rotierenden Teile von Plattenspielern, Kassettenrekordern o. Ä.

flu|vi|al u. **flu|vi|a|til:** ⟨lat.⟩: (Geol.) von fließendem Wasser abgetragen od. abgelagert

flu|vi|o|gla|zi|al ⟨lat.-nlat.⟩: (Geol.) von einstilichem Schmelzwasser abgetragen od. abgelagert

Flu|vi|o|graph, auch: ...graf der;

Fluxion

-en, -en ⟨lat.; gr.⟩: selbst registrierender Pegel

Fluxion die; -, -en ⟨lat.; „das Fließen"⟩: (Med.) Blutandrang

Fluxionsrechnung u. **Fluxionsrechnung** die; -: (von I. Newton verwendete Bezeichnung für) Differenzialrechnung

Fly-by [ˈflaɪˌbaɪ] das; -s, -s ⟨engl.; „Vorbeiflug"⟩: (Raumfahrt) a) Steuermanöver eines Raumflugkörpers, bei dem die Freiflugbahn bei Annäherung an einen Planeten durch Ausnutzung von dessen Gravitation u. Bewegung verändert wird; b) Vorüberflug eines Raumflugkörpers an einem Planeten

Flyer [ˈflaɪɐ] der; -s, - ⟨engl.⟩: 1. Vorspinn-, Flügelspinnmaschine. 2. Arbeiter an einer Vorspinnmaschine. 3. (Jargon) Handzettel. **Flyerin** die; -, -nen: weibliche Form zu ↑ Flyer (2)

Flying Dutchman [ˈflaɪɪŋ ˈdatʃmən] der; - -, - -...men ⟨engl.; „fliegender Holländer"⟩: von zwei Personen zu segelndes Boot für den Rennsegelsport

Flymobil [ˈflaɪ...] das; -s, -e ⟨engl.; Kurzw. für flying automobile⟩: Kleinflugzeug, das nach einfachem Umbau auch als Auto verwendet werden kann

Fly-over der; -s, -s: Straßenüberführung

fob, f. o. b. = free on board. **Fobklausel** die; -: Klausel (1), die in der Bestimmung ↑ fob besteht

föderal ⟨lat.-fr.⟩: ↑ föderativ

föderalisieren: die Form einer Föderation geben

Föderalismus der; -: das Streben nach Errichtung od. Erhaltung eines Bundesstaates mit weitgehender Eigenständigkeit der Einzelstaaten; Ggs. ↑ Zentralismus. **Föderalist** der; -en, -en: Anhänger des Föderalismus. **Föderalistin** die; -, -nen: weibliche Form zu ↑ Föderalist. **föderalistisch:** den Föderalismus erstrebend, fördernd, erhaltend

Föderat der; -en, -en: Bündnispartner

Föderation die; -, -en ⟨lat.⟩: a) Verband; b) Verbindung, Bündnis [von Staaten]

föderativ ⟨lat.-fr.⟩: bundesmäßig

Föderativsystem das; -s, -e: föderative Gliederung, Verfassung eines Staates

föderieren: sich verbünden. **Föderierte** der u. die; -n, -n (meist Plural): verbündeter Staat, verbündete Macht

Fogging das; -s ⟨engl.⟩: das Einnebeln von dreidimensionalen Darstellungen auf dem Computerbildschirm zur besonderen Betonung bestimmter Einzelheiten

Fogosch der; -[e]s, -e ⟨ung.⟩: (österr.) Zander

Foie gras [foa ˈgraː] die; - -, -s - [foa ˈgraː] ⟨fr.⟩: Gänsestopfleber

fokal ⟨lat.-nlat.⟩: 1. (Phys.) den Brennpunkt betreffend, Brenn... 2. (Med.) von einem infektiösen Krankheitsherd ausgehend, ihn betreffend

Fokaldistanz die; -, -en: (Phys.) Brennweite

Fokalinfektion die; -, -en: (Med.) von einer Stelle im Körper ausgehende Infektion

Fokometer das; -s, - ⟨lat.; gr.⟩: (Phys.) Gerät zur Bestimmung der Brennweite

Fokus der; -, -se ⟨lat.⟩: 1. (Phys.) Brennpunkt. 2. (Med.) Streuherd einer Infektion

fokussieren: 1. a) (Phys.) optische Linsen ausrichten; b) etwas (z. B. Lichtstrahlen) auf einen zentralen Punkt richten. 2. Strahlen, die aus geladenen Teilchen bestehen, durch geeignete elektrische od. magnetische Felder sammeln

Folder [ˈfouldɐ] der; -s, - ⟨germ.-engl.⟩: (bes. Werbespr.) Faltblatt, Faltprospekt

¹Folia [lat.]: Plural von ↑ Folium

²Folia die; -, -s u. ...ien ⟨span.⟩: a) spanische Tanzmelodie im ³/₄-Takt; b) Variation über ein solches Tanzthema

Foliant der; -en, -en ⟨lat.-nlat.⟩: 1. Buch im Folioformat (vgl. Folio 1). 2. (ugs.) großes, unhandliches [altes] Buch

¹Folie [...jə] die; -, -n ⟨lat.-vulgärlat.⟩: 1. aus Metall od. Kunststoff in Bahnen hergestelltes, sehr dünnes Material zum Bekleben od. Verpacken. 2. (Druckw.) auf einer dünnen Haut aufgebrachte u. auf Buchdecken aufgepresste Farbschicht. 3. Hintergrund (von dem sich etwas abhebt)

²Folie die; -, ...ien ⟨fr.⟩: (veraltet) Torheit, Narrheit, Tollheit

Folien: der; Plural von ↑ ¹Folie, ↑ Folio u. ↑ Folium

foliieren ⟨lat.-nlat.⟩: 1. die Blätter eines Druckbogens nummerieren. 2. etwas mit einer Folie unterlegen. 3. (Wirtsch.) gegenüberliegende Bogenseiten gleich beziffern (in Geschäftsbüchern)

Foliensäule vgl. Folsäure

folio: auf dem Blatt [einer mittelalterlichen Handschrift]; Abk. fol., z. B. fol. 3 b. **Folio** das; -s, ...ien u. -s ⟨lat.⟩: 1. (veraltet) Buchformat in der Größe eines halben Bogens (gewöhnlich mehr als 35 cm); Zeichen: 2°; (Abk.: fol., Fol.). 2. Doppelseite des Geschäftsbuches

Folium das; -s, ...ia u. ...ien (meist Plural): (Pharm.) bes. als Bestandteil von Drogen od. Heilmittel verwendetes Pflanzenblatt

Folk [fouk] der; -s ⟨engl.⟩: ↑ Folkmusic

Folketing das; -s ⟨dän.⟩: a) bis 1953 die zweite Kammer des dänischen Reichstags; b) ab 1953 das dänische Parlament

Folkevise die; -, -r (meist Plural) ⟨dän.; „Volksweise"⟩: skandinavische Ballade des Mittelalters (13.–16. Jh.); vgl. Kämpevise

Folklore die; - ⟨engl.; „Wissen des Volkes"⟩: 1. a) Sammelbez. für die Volksüberlieferungen (z. B. Lied, Tracht, Brauchtum) als Gegenstand der Volkskunde; b) Volkskunde. 2. a) Volkslied, -tanz u. -musik [als Gegenstand der Musikwissenschaft]; b) volksmusikalische Züge in der Kunstmusik. 3. Moderichtung, die volkstümliche Trachten u. bäuerliche Kleidung (auch anderer Länder) als Vorlage dienen

Folklorismus der; -, ...men: Vermittlung und Vorführung von Folklore (1 a) zu kommerziellen Zwecken od. zur Selbstdarstellung von Minderheiten

Folklorist der; -en, -en: Kenner der Folklore, Volkskundler

Folkloristik die; -: Wissenschaft von den Volksüberlieferungen, bes. Volksliedforschung

Folkloristin die; -, -nen: weibliche Form zu ↑ Folklorist

folkloristisch: 1. die Folklore

betreffend. 2. volksliedhaft, nach Art der Volksmusik (von Werken der Kunstmusik). 3. volkskundlich

Folk|mu|sic [ˈfoʊkmjuːzɪk] *die; -* ⟨*engl.*⟩: moderne Musik, die ihre Elemente aus der traditionellen Volksmusik bezieht, deren Textinhalte jedoch zeitgenössisch [u. zeitkritisch] sind

Folk|song *der; -s, -s* ⟨*engl.; "Volks-lied"*⟩: Lied in der Art u. im Stil eines Volkslieds

Fol|let|te *die; -, -n* ⟨*fr.*⟩: großes Halstuch in Dreieckform in der Mode des 18. Jh.s

Fol|li|kel *der; -s, -* ⟨*lat.; "kleiner Ledersack, -schlauch"*⟩: (Med.) 1. Drüsenbläschen, kleiner [Drüsen]schlauch, Säckchen (z. B. Haarbalg, Lymphknötchen). 2. Zellhülle des gereiften Eies im Eierstock

Fol|li|kel|e|pi|thel *das; -s, -e:* (Med.) Zellschicht, die die Eizelle im Eierstock umgibt

Fol|li|kel|hor|mon *das; -s, -e:* weibliches Geschlechtshormon

Fol|li|kel|sprung *der; -s, ...sprünge:* ↑ Ovulation

fol|li|ku|lar u. **fol|li|ku|lär** ⟨*lat.-nlat.*⟩: (Med.) a) follikelartig, schlauchartig; b) den Follikel betreffend; von einem Follikel ausgehend

Fol|li|ku|li|tis *die; -, ...itiden:* (Med.) Entzündung der Haarbälge

Fol|low-up [fɔloʊˈap] *das; -s, -s* ⟨*engl.*⟩: Veranstaltung zum Auffrischen u. Vertiefen eines Seminarthemas, einer Weiterbildungsveranstaltung u. Ä.

Fol|säu|re u. Folinsäure *die; -* ⟨*Kunstw.*⟩: zum Vitamin-B-Komplex gehörendes Vitamin

Fo|ment *das; -[e]s, -e* u. **Fo|men|ta|ti|on** *die; -, -en* ⟨*lat.*⟩: (Med.) warmer Umschlag um einen erkrankten Körperteil

¹**Fon** vgl. Phon

²**Fon** *das; -s:* Kurzform von ↑ Telefon (bes. auf Briefbögen, Visitenkarten u. Ä.)

fon..., Fon... vgl. phono..., Phono...

...fon s. Kasten phono..., Phono...

fon|cé [fõˈse:] ⟨*lat.-fr.*⟩: (veraltet) dunkel (von einer Farbe)

Fond [fõ:] *der; -s, -s* ⟨*lat.-fr.*⟩: 1. Rücksitz im Auto. 2. a) Hintergrund (z. B. eines Gemäldes od.

einer Bühne); b) Stoffgrund, von dem sich ein Muster abhebt. 3. Grundlage, Hauptsache. 4. (Gastr.) beim Braten od. Dünsten zurückgebliebener Fleischsaft

Fon|da|co *der; -, ...chi* u. -s ⟨*gr.-arab.-it.*⟩: Kaufhaus im Orient u. im Mittelmeergebiet

Fon|dant [fõˈdã:] *der,* österr.: *das; -s, -s* ⟨*lat.-fr.; "schmelzend"*⟩: unter Zugabe von Farb- u. Geschmacksstoffen hergestellte Zuckermasse od. -ware

Fonds [fõ:] *der; - [fõ:(s)], - [fõ:s]* ⟨*lat.-fr.*⟩: 1. a) Geld- od. Vermögensreserve für bestimmte Zwecke; b) (in der sozialistischen Planwirtschaft) Gesamtheit der im gesellschaftlichen Interesse verwendbaren materiellen u. finanziellen Mittel eines sozialistischen Betriebes. 2. Schuldverschreibungen öffentlicher Körperschaften

Fonds|ma|nage|ment [ˈfõːmæ-nɪdʒmənt] *das; -s, -s:* Beirat, der für einen Fonds (z. B. einen Investmentfonds) die Anlageentscheidungen trifft

Fon|due [fõˈdy:, schweiz.: ˈfõdy:] *das; -s, -s* (schweiz.) *die; -, -s* ⟨*lat.-fr.; "geschmolzen"*⟩: a) Schweizer Spezialgericht aus geschmolzenem Käse, in das Brotwürfel getaucht werden; b) Fleischgericht, bei dem das in Würfel geschnittene Fleisch am Tisch in heißem Öl gegart wird; Fleischfondue; c) chinesisches **Fondue**: Fleischfondue, bei dem statt des Öls Brühe verwendet wird

Fo|nem vgl. Phonem

Fo|ne|ma|tik usw. vgl. Phonematik usw.

Fo|ne|mik usw. vgl. Phonemik usw.

Fon|en|dos|kop vgl. Phonendoskop

Fo|ne|tik usw. vgl. Phonetik usw.

Fo|ne|to|graf vgl. Phonetograph usw.

Fo|ni|a|ter vgl. Phoniater

...fo|nie s. Kasten phono..., Phono...

Fo|nik vgl. Phonik

fo|nisch vgl. phonisch

Fo|nis|mus vgl. Phonismus

fo|no..., Fo|no... vgl. phono..., Phono...

Fo|no|dik|tat vgl. Phonodiktat

fo|no|gen vgl. phonogen

Fo|no|g|no|mik vgl. Phonognomik

Fo|no|graf usw. vgl. Phonograph usw.

Fo|no|gramm vgl. Phonogramm

Fo|no|lith [auch: ...ˈlɪt] vgl. Phonolith

Fo|no|lo|ge usw. vgl. Phonologe usw.

Fo|no|me|ter usw. vgl. Phonometer usw.

Fo|no|pho|bie vgl. Phonophobie

Fo|no|ta|xie vgl. Phonotaxie

Fo|no|thek vgl. Phonothek

Fo|no|ty|pis|tin vgl. Phonotypistin

Font *der; -s, -s* ⟨*fr.-engl.; "Schriftsatz"*⟩: (EDV) Schriftsatzinventar [eines Textverarbeitungssystems]; Zeichensatz

Fon|tä|ne *die; -, -n* ⟨*lat.-fr.*⟩: aufsteigender [Wasser]strahl (bes. eines Springbrunnens)

Fon|ta|nel|le *die; -, -n* ⟨*lat.-mlat.-fr.*⟩: (Med.) Knochenlücke am Schädel von Neugeborenen

Fon|tan|ge [fõˈtãːʒə] *die; -, -n* ⟨nach dem Namen einer franz. Herzogin⟩: hoch getürmte, mit Schmuck u. Bändern gezierte Haartracht des ausgehenden 17. Jh.s

Food|de|si|g|ner [ˈfuːddizaɪnɐ] *der; -s, -* ⟨*engl.*⟩: jmd., der beruflich Speisen für Fotos in Kochbüchern und Zeitschriften zubereitet und dekorativ anrichtet. **Food|de|si|g|ne|rin** *die; -, -nen:* weibliche Form zu ↑ Fooddesigner

Food|en|gi|nee|ring [...ɛndʒɪnɪərɪŋ] *das; -[s]:* Herstellung von künstlichen Lebensmitteln

Foot [fʊt] *der; -, Feet* [fiːt] ⟨*engl.*⟩: Fuß (englisches u. amerikanisches Längenmaß von 13 Yard, geteilt in 12 Inches = 0,3048 m); Abk.: ft

Foot|ball [ˈfʊtbɔːl] *der; -[s]:* in Amerika aus dem ↑ Rugby entwickeltes Kampfspiel

Foot|can|dle [...kændl] *die; -, -s:* (Phys.) engl. u. amerik. physikalische Einheit der Beleuchtungsstärke (10,76 Lux)

Foo|ting [ˈfuːtɪŋ] *das; -[s], -s:* Dauerlaufgeschwindigkeit, bei der die Pulsfrequenz ständig bei 130/min liegt

Fo|ra *Plural* von ↑ Forum

Fo|ra|men *das; -s, - u. ...mina** ⟨*lat.*⟩: (Med.) Loch, Lücke, Öffnung

Fo|ra|mi|ni|fe|re *die; -, -n* (meist Plural) ⟨*lat.-nlat.*⟩: im Meer le-

fo|to..., Fo|to...

⟨zu gr. phõs, Gen. phõtós „Licht, Glanz, Helle; Sonnenlicht"⟩ Wortbildungselement mit der Bedeutung „Licht, durch Licht; Lichtbild" Vor allem in allgemeinsprachlichen Wörtern wird das ph in photo..., Photo... meist durch f ersetzt:
– Fotoalbum
– Fotoapparat
– Fotomodell
– Fotomontage

Vielfach sind beide Schreibungen möglich, wobei die f-Schreibung überwiegt:
– fotografisch, auch: photographisch
– Fotometer, auch: Photometer
Auch fachsprachliche Wörter können generell mit f geschrieben werden:
– Fotosphäre (aber häufiger: Photosphäre)
– fototrop (aber häufiger: phototrop)
vgl. photo..., Photo...

F

bender Wurzelfüßer mit einod. mehrkammeriger Schale u. fadenförmigen Scheinfüßchen

Force [fɔrs] *die; -* ⟨*lat.-vulgärlat.-fr.*⟩: (veraltet) Stärke, Gewalt, Zwang

Force de Frappe [- də 'frap] *die; - - -* ⟨*fr.*⟩: die Gesamtheit der mit Atomwaffen eigener Herstellung ausgerüsteten französischen militärischen Einheiten

Force ma|jeure [- ma'ʒœːr] *die; - -* ⟨*fr.*⟩: (veraltet) höhere Gewalt

For|ceps vgl. Forzeps

for|cie|ren [...'si...] ⟨*lat.-vulgärlat.-fr.*⟩: etwas mit Nachdruck betreiben, vorantreiben, beschleunigen, steigern. **for|ciert:** gewaltsam, erzwungen, gezwungen, unnatürlich; **forcierter Marsch:** (veraltet) Eilmarsch

For|dis|mus *der; -* ⟨*nlat.; nach dem amerik. Großindustriellen H. Ford*⟩: industriepolitische Konzeption der weitestgehenden Rationalisierung u. Standardisierung der Produktion

Fö|re *die; -* ⟨*skand.*⟩: Eignung des Schnees zum [Ski]fahren; Geführigkeit

Fore|cad|die ['fɔːkædi] *der; -s, -s* ⟨*engl.*⟩: (Golf) ↑ Caddie (1), der den Flug des Balles beobachten soll od. der vorausgeschickt wird, um ein Zeichen zu geben, dass der Platz frei ist

Fore|cast [...kaːst] *das od. der; -s, -s* ⟨*engl.; „Voraussage"*⟩: (bes. Wirtsch.) Vorblick, Hochrechnung auf ein zu erwartendes Ergebnis

Fore|che|cking [...tʃɛkɪŋ] *das; -s, -s* ⟨*engl.*⟩: (Eishockey) das Stören des gegnerischen Angriffs in der Entwicklung, bes. bereits im gegnerischen Verteidigungsdrittel

Fore|hand [...hænd] *die; -, -s,* (auch:) *der; -[s], -s:* Vorhand-

schlag im Tennis, Tischtennis, Federball und [Eis]hockey; Ggs. ↑ Backhand

Fo|reign Of|fice ['fɔrɪn 'ɔfɪs] *das; - -* ⟨*engl.*⟩: das britische Außenministerium

fo|ren|sisch ⟨*lat.*⟩: 1. (veraltet) zur wortgewandten Rede gehörend, ↑ rhetorisch. 2. die Gerichtsverhandlung betreffend, gerichtlich; **forensische Chemie:** Teilgebiet der Chemie im Bereich der Rechtsmedizin, das sich mit dem Nachweis von Vergiftungen u. der Aufklärung von Verbrechen durch eine chemische Spurenanalyse beschäftigt; **forensische Pädagogik:** zusammenfassende Bez. für die Bereiche Kriminalpädagogik u. Jugendstrafvollzug; **forensische Psychologie:** Psychologie, die sich mit den in der Gerichtspraxis auftretenden psychologischen Problemen befasst

For|fait [fɔr'fɛ:] *das; -s, -s* ⟨*fr.*⟩: (schweiz., bes. Sport) Zurückziehung einer Meldung, bes. für einen Sportwettbewerb

for|fai|tie|ren ⟨*lat.-fr.*⟩: (eine Forderung) nach überschlägiger Berechnung verkaufen

For|feit ['fɔ:fɪt] *das; -[s], -s* ⟨*engl.; „Strafe, Buße"*⟩: (Kaufmannsspr.) Abstandssumme bei Vertragsrücktritt, Reuegeld

Fo|rint [bes. österr. auch: ...'rɪnt] *der; -[s], -s,* österr.: -e (aber: 10 -) ⟨*ung.*⟩: ungarische Währungseinheit; Abk.: Ft.

For|la|na u. **For|la|ne** u. Furlana u. Furlane *die; -, ...nen* ⟨*it.*⟩: alter, der ↑ Tarantella ähnlicher italienischer Volkstanz im ⁶/₈-(⁶/₄-)Takt

For|mag|gio [...'madʒo] *der; -[s]* ⟨*lat.-vulgärlat.-it.*⟩: eigtl. „Formkäse"): ital. Bez. für: Käse

for|mal ⟨*lat.*⟩: 1. die äußere Form

betreffend; auf die äußere Form, Anlage o. Ä. bezüglich. 2. nur der Form nach [vorhanden], ohne eigentliche Entsprechung in der Wirklichkeit

For|mal *das; -s* Kurzw. für ↑ *Formaldehyd*⟩: ↑ Formaldehyd

for|mal|äs|the|tisch ⟨*lat.; gr.-nlat.*⟩: die reine Form eines Kunstwerks in Betracht ziehend

Form|al|de|hyd [auch: ...'hy:t] *der; -s* ⟨*Kurzw. aus nlat.* Acidum *formicum* „Ameisensäure" u. ↑ *Aldehyd*⟩: zur Desinfektion von Räumen verwendetes, farbloses, stechend riechendes Gas

For|ma|lie [...jə] *die; -, -n* (meist Plural) ⟨*lat.*⟩: Formalität, Förmlichkeit, Äußerlichkeit

For|ma|lin ® *das; -s* ⟨*Kunstw. aus* ↑ *Formal*dehyd u. *-in*⟩: als Konservierungs- od. Desinfektionsmittel verwendete gesättigte Lösung von ↑ Formaldehyd in Wasser

for|ma|li|sie|ren ⟨*lat.-nlat.*⟩: 1. etwas in bestimmte [strenge] Formen bringen; sich an gegebene Formen halten. 2. ein [wissenschaftliches] Problem mithilfe von Formeln allgemein formulieren u. darstellen. 3. a) zur bloßen bzw. festen, verbindlichen Form machen; b) sich formalisieren: (selten) zur bloßen bzw. festen, verbindlichen Form werden

For|ma|lis|mus *der; -, ...men:* 1. a) (ohne Plural) Bevorzugung der Form vor dem Inhalt, Überbetonung des rein Formalen, übertriebene Berücksichtigung von Äußerlichkeiten; b) etwas mechanisch Ausgeführtes; c) (ohne Plural; DDR abwertend) Vorwurf, die subjektive Kunstauffassung über den politisch-ideologischen Inhalt zu stellen u. somit im Widerspruch zum propagierten sozialistischen Realismus zu stehen. 2. Auffassung der Mathematik als Wissenschaft von rein formalen ↑ Strukturen (1). **For|ma|list** der; -en, -en: Anhänger des Formalismus. **For|ma|lis|tin** die; -, -nen: weibliche Form zu ↑ Formalist. **for|ma|listisch:** das Formale überbetonend **For|ma|li|tät** die; -, -en ⟨lat.-mlat.⟩: 1. Förmlichkeit, Äußerlichkeit, Formsache. 2. [amtliche] Vorschrift **for|ma|li|ter** ⟨lat.⟩: der [äußeren] Form nach **for|ma||ju|ris|tisch:** rein äußerlich genau dem Gesetz entsprechend **For|m|a|mid** das; -[e]s ⟨Kurzw. aus nlat. Acidum formicum „Ameisensäure" u. ↑ Amid⟩: als Lösungsmittel verwendete farblose Flüssigkeit, das ↑ Amid der Ameisensäure **For|mans** das; -, ...anzien u. ...antia ⟨lat.⟩: grammatisches Bildungselement; gebundenes Morphem (z. B. lieblich); Ggs. ↑ Determinativ (2) **For|mant** der; -en, -en: 1. (Sprachw.) ↑ Formans. 2. (Akustik) einer der charakteristischen Teiltöne eines Lautes **For|man|tia** u. **For|man|zi|en:** Plural von ↑ Formans **For|mat** das; -[e]s, -e ⟨„Geformtes; Genormtes"⟩: 1. [genormtes] Größenverhältnis eines [Handels]gegenstandes nach Länge u. Breite (bes. bei Papierbogen). 2. (ohne Plural) a) stark ausgeprägtes Persönlichkeitsbild; außergewöhnlicher Rang aufgrund der Persönlichkeit, bedeutender Fähigkeiten o. Ä.; b) besonderes Niveau, große Bedeutung. 3. (Druckw.) aus dem beim Schließen einer Buchdruckform zwischen die einzelnen Schriftkolumnen gelegten Eisen- od. Kunststoffstegen (Formatstegen) gebildeter Rahmen, der den gleichmäßigen Abstand der Druckseiten voneinander sichert **for|ma|tie|ren:** (EDV) a) Daten nach verbindlich vorgegebenen Vorschriften od. nach den Bedürfnissen des Benutzers anordnen u. zusammenstellen; b) einen Datenträger für die

Aufnahme von Daten bereitmachen **For|ma|ti|on** die; -, -en ⟨lat.(-fr.)⟩: 1. Herausbildung durch Zusammenstellung. 2. a) bestimmte Anordnung, Aufstellung, Verteilung; b) für einen bestimmten militärischen Zweck od. Auftrag gebildete Truppe, Gruppe, Verband. 3. a) Gruppe, zu der man sich zusammengeschlossen hat; b) in bestimmter Weise strukturiertes, soziales, ökonomisches o. ä. Gebilde. 4. Pflanzengesellschaft ohne Berücksichtigung der Artenzusammensetzung (z. B. Laubwald, Steppe). 5. (Geol.) a) Zeitabschnitt in der Erdgeschichte, der sich hinsichtlich Fauna od. Flora von anderen unterscheidet; b) Folge von Gesteinsschichten, die sich in einem größeren erdgeschichtlichen Zeitraum gebildet hat **For|ma|ti|ons|flug** der; -es, ...flüge: a) Flug mehrerer Luftfahrzeuge in Formation (2 a); b) Flug von zwei od. mehreren Raumfahrzeugen auf gleichen od. ähnlichen Bahnen als Vorbereitung eines Rendezvousmanövers **For|ma|ti|ons|grup|pe** die; -, -n: (Geol.) Gruppe einander nahe stehender Formationen (5 a) (z. B. Kreide, Jura, Trias) **For|ma|ti|ons|tanz** der; -es: (Tanzsport) Tanz, bei dem acht Paare eine Formation (2 a) bilden **for|ma|tiv** ⟨lat.-nlat.⟩: die Gestaltung betreffend, gestaltend. **For|ma|tiv** das; -s, -e: (Sprachw.) 1. ↑ Formans. 2. kleinstes Element mit syntaktischer Funktion innerhalb einer Kette. 3. Zeichenform, -gestalt (im Unterschied zum bezeichneten Inhalt) **Forme fruste** [fɔrm'fryst] die; - - ⟨fr.⟩: (Med.) nicht voll ausgeprägtes Krankheitsbild; milder Verlauf einer Krankheit **For|mel** die; -, -n ⟨lat.⟩: 1. fester sprachlicher Ausdruck, feste Formulierung für etwas Bestimmtes. 2. Folge von Buchstaben, Zahlen od. Worten zur verkürzten Bez. eines mathematischen, chemischen od. physikalischen Sachverhalts (z. B. H_2O = Wasser). 3. kurzer, knapper Satz od. Ausdruck, in dem sich ein gedanklicher Zu-

sammenhang erhellend fassen lässt. 4. durch eine Kommission des Internationalen Automobilverbandes od. durch einen Motorsportverband festgelegte Merkmale des Rennwagens einer bestimmten Klasse; Rennformel (z. B. Formel 1, 2, 3, V, Super-V) **For|mel-1-Klas|se** [...'ains...] die; -: Klasse von Rennwagen der Formel 1 **for|mell** ⟨lat.-fr.⟩: 1. a) dem Gesetz od. der Vorschrift nach, offiziell; b) bestimmten gesellschaftlichen Formen, den Regeln der Höflichkeit genau entsprechend. 2. a) aufgrund festgelegter Ordnung, aber nur äußerlich, ohne eigentlichen Wert, um den Anschein zu genügen; b) auf Distanz haltend, engeren persönlichen Kontakt meidend u. sich nur auf eine unverbindliche Umgangsform beschränkend **For|mi|at** das; -[e]s, -e ⟨lat.-nlat.⟩: Salz der Ameisensäure **For|mi|ca|tio** vgl. Formikatio **for|mi|da|bel** ⟨lat.-fr.⟩: 1. außergewöhnlich, erstaunlich; großartig. 2. (veraltet) furchtbar **for|mie|ren** ⟨lat.(-fr.)⟩: 1. a) bilden, gestalten; b) sich formieren: sich zusammenschließen, sich nach einem bestimmten Plan organisieren. 2. a) jmdn. od. etwas in einer bestimmten Reihenfolge aufstellen; b) sich formieren: sich in einer bestimmten Weise ordnen **For|mi|ka|ri|um** das; -s, ...ien ⟨lat.-nlat.⟩: zum Studium des Verhaltens der Tiere künstlich angelegtes Ameisennest **For|mi|ka|tio** die; - ⟨lat.⟩: (Med.) Hautjucken, Hautkribbeln **For|mol** ® das; -s ⟨Kunstw. aus nlat. Acidum formicum „Ameisensäure" u. ↑ Alkohol⟩: ↑ Formalin **For|mu|lar** das; -s, -e ⟨lat.⟩: [amtlicher] Vordruck; Formblatt, Muster **for|mu|lie|ren** ⟨lat.-fr.⟩: 1. in eine angemessene sprachliche Form bringen. 2. festlegen, entwerfen. **For|mu|lie|rung** die; -, -en: 1. das Formulieren. 2. etwas Formuliertes; in bestimmter Weise formulierter Text **For|myl** das; -s ⟨lat.; gr.⟩: (Chem.) Säurerest der Ameisensäure

F

For|nix *der; -, ...nices [...tse:s]*
⟨lat.⟩: (Med.) Wölbung, gewölbter Teil eines Organs

For|sy|thie [fɔr'zy:tsi̯ə, auch: ...ti̯ə,
österr., schweiz.: fɔr'zi:tsi̯ə]
die; -, -n ⟨nlat.; nach dem engl.
Botaniker *Forsyth*⟩: früh blühender Strauch (Ölbaumge-
wächs, Zierstrauch) mit leuch-
tend gelben, viergeteilten Blüten

Fort [foːɐ̯] *das; -s, -s* ⟨lat.-fr.⟩: ab-
geschlossenes, räumlich be-
grenztes Festungswerk

for|te ⟨lat.-it.⟩: (Mus.) laut, stark,
kräftig (Vortragsanweisung);
Abk.: f. **For|te** *das; -s, -s u. ...ti:*
(Mus.) große Lautstärke, starke
Klangfülle

for|te|pi|a|no: (Mus.) laut u. so-
fort danach leise (Vortragsan-
weisung); Abk.: fp. **For|te|pi|a-
no** *das; -s, -s u. ...ni:* 1.(Mus.)
laute u. sofort danach leise
Tonstärke. 2.(veraltet) Klavier,
↑ Pianoforte

For|tes: *Plural* von ↑ Fortis

for|tes for|tu|na ad|ju|vat ⟨lat.⟩:
den Mutigen hilft das Glück
(lateinisches Sprichwort)

For|ti: *Plural* von ↑ Forte

For|ti|fi|ka|ti|on *die; -, -en:* (veral-
tet) a) Befestigung, Befesti-
gungswerk; b) (ohne Plural) Be-
festigungskunst

for|ti|fi|ka|to|risch ⟨lat.-nlat.⟩: die
Fortifikation betreffend

for|ti|fi|zie|ren: befestigen

For|tis *die; -, Fortes [...te:s]* ⟨lat.⟩:
(Sprachw.) mit großer Intensi-
tät gesprochener u. mit gespannten Artikulationsorganen
gebildeter Konsonant (z. B. p, t,
k); Ggs. ↑ ¹Lenis

for|tis|si|mo ⟨lat.-it.⟩: (Mus.) sehr
laut, äußerst stark u. kräftig
(Vortragsanweisung); Abk.: ff.
For|tis|si|mo *das; -s, -s u. ...mi:*
(Mus.) sehr große Lautstärke,
sehr starke Klangfülle

FORTRAN *das; -s* ⟨Kurzw. für *engl.
formula translator*⟩: (EDV) bes.
auf wissenschaftliche u. technische Aufgaben ausgerichtete
Programmiersprache

For|tu|na *die; -* ⟨lat.⟩: röm. Glücks-
göttin⟩: Erfolg, Glück

For|tune [...'tyːn], (einge-
deutscht:) **For|tü|ne** *die; -*
⟨lat.-fr.⟩: Glück, Erfolg

Fo|rum *das; -s, ...ren u. ...ra* ⟨lat.⟩:
1.geeigneter Personenkreis, der
eine sachverständige Erörte-

rung von Problemen od. Fragen
garantiert. 2. geeigneter Ort für
etwas, Plattform. 3. öffentliche
Diskussion, Aussprache.
4. Markt- u. Versammlungs-
platz in den römischen Städten
der Antike (bes. im alten Rom)

For|ward ['fɔːɐ̯vɐt] *der; -s, -s*
⟨engl.⟩: (schweiz.; Fußball, Eishockey) Stürmer

for|zan|do vgl. sforzando

for|za|to vgl. sforzato

For|zeps u. Forceps ['fɔrtseps] *der*
od. *die; -, ...zipes u. ...cipes
[...tsipe:s]* ⟨lat.⟩: (Med.) Ge-
burtszange

Fos|bu|ry|flop, auch: **Fos|bu-
ry-Flop** ['fɔsbərɪflɔp] *der; -s, -s*
⟨nach dem amerik. Leichtathle-
ten R. *Fosbury*⟩: a) (ohne Plural)
Hochsprungtechnik, bei der
der Springer sich nach dem Ab-
sprung so dreht, dass er mit
dem Rücken der Latte über-
quert; b) einzelner Sprung in
dieser Technik

Fos|sa *die; -, Fossae [...ɛ]* ⟨lat.⟩:
(Med.) Grube, Vertiefung

Fo|ße *die; -, -n* ⟨lat.-fr.⟩: Fehlfarbe,
leere Karte (im Kartenspiel)

fos|sil ⟨lat.; „ausgegraben"⟩:
a) vorweltlich, urzeitlich; als
Versteinerung erhalten; Ggs.
↑ rezent (1); b) in früheren Zeiten entstanden [u. von jüngeren Ablagerungen überlagert].
Fos|sil *das; -s, -ien:* als Ab-
druck, Versteinerung o. Ä. er-
haltener Überrest von Tieren
od. Pflanzen aus früheren Epo-
chen der Erdgeschichte

Fos|si|li|sa|ti|on *die; -, -en* ⟨lat.-
nlat.⟩: Vorgang des Entstehens
von Fossilien. **fos|si|li|sie|ren:**
versteinern, zu Fossilien werden

Fos|su|la *die; -, ...lae [...ɛ]* ⟨lat.⟩:
(Med.) Grübchen, kleine Ver-
tiefung

fö|tal vgl. fetal

fö|tid ⟨lat.⟩: (Med.) übel riechend,
stinkend

fo|to..., Fo|to... *s. Kasten*

Fo|to *das; -s, -s* (schweiz. *die; -,
-s*): Kurzform von ↑ Fotogra-
fie (2)

Fo|to|bi|o|lo|gie usw. vgl. Photo-
biologie usw.

Fo|to|che|mie vgl. Photochemie

Fo|to|che|mi|gra|fie vgl. Photoche-
migraphie

fo|to|che|misch vgl. photoche-
misch

fo|to|chrom vgl. photochrom

Fo|to|de|sign [...di'zain] *das; -s:*
dem ↑ Grafikdesign zugerech-
neter Teil der angewandten Fotografie (z. B. in Mode, Werbung, Industrie)

Fo|to|ef|fekt vgl. Photoeffekt

Fo|to|e|lek|t|ri|zi|tät vgl. Photo-
elektrizität

Fo|to|e|lek|t|ron vgl. Photoelek-
tron

Fo|to|e|le|ment vgl. Photoelement

Fo|to|fi|nish [...fɪnɪʃ] *das; -s, -s:*
(Sport) Zieleinlauf, bei dem der
Sieger nur durch Zielfotografie
ermittelt werden kann

fo|to|gen, auch: photogen ⟨gr.-
engl.⟩: zum Filmen od. Fotografieren besonders geeignet, bild-
wirksam (bes. von Personen).
Fo|to|ge|ni|tät, auch: Photoge-
nität *die; -:* Bildwirksamkeit
(z. B. eines Gesichts)

Fo|to|graf, auch: Photograph *der;
-en, -en* ⟨gr.-engl.⟩: jmd., der
[berufsmäßig] Fotografien
macht. **Fo|to|gra|fie,** auch: Pho-
tographie *die; -, ...ien:* 1.(ohne
Plural) Verfahren zur Herstellung dauerhafter, durch elektromagnetische Strahlen od.
Licht erzeugter Bilder. 2. einzel-
nes Lichtbild, Foto. **fo|to|gra-
fie|ren:** mit dem Fotoapparat
Bilder machen. **Fo|to|gra|fin,**
auch: Photographin *die; -, -nen:*
weibliche Form zu ↑ Fotograf.
fo|to|gra|fisch, auch: photogra-
phisch: a) mithilfe der Fotografie [erfolgend], die Fotografie
betreffend; b) das Fotografieren
betreffend

Fo|to|gramm usw. vgl. Photo-
gramm usw.

Fo|to|gra|vü|re vgl. Photogravüre

Fo|to|ko|pie, auch: Photo... *die; -,
...ien:* fotografisch hergestellte
Kopie eines Schriftstücks, einer
Druckseite od. eines Bildes. Ab-
lichtung. **fo|to|ko|pie|ren,** auch:
photo...: ein Schriftstück, eine
Druckseite o. Ä. fotografisch
vervielfältigen, ablichten

Fo|to|ly|se vgl. Photolyse

Fo|tom vgl. Photom

fo|to|me|cha|nisch vgl. photome-
chanisch

Fo|to|me|ter, auch: Photo... *das;
-s, -:* Gerät, mit dem (durch
Vergleich zweier Lichtquellen)
die Lichtstärke gemessen wird.
Fo|to|me|t|rie, auch: Photo...
die; -: Verfahren zur Messung

der Lichtstärke. **fo|to|me̲lt-risch**, auch: photo...: die Lichtstärkemessung betreffend; mithilfe der Fotometrie erfolgend **Fo̲|to|mo|dell** *das; -s, -e:* fotogene Person, die als ↑ Modell (8) für [Mode]fotos o. Ä. tätig ist **Fo̲|to|mon|ta|ge** *die; -, -n:* 1. Zusammensetzung verschiedener Bildausschnitte zu einem neuen Gesamtbild. 2. ein durch Fotomontage hergestelltes Bild **Fo̲|to|nik** vgl. Photonik **Fo̲|to|ob|jek|tiv** *das; -s, -e:* Linsenkombination an Fotoapparaten zur Bilderzeugung **Fo̲|to|op|tik** *die; -, -en:* Kameraobjektiv **Fo̲|to|pe|ri|o|dis|mus** vgl. Photoperiodismus **fo̲|to|phil** vgl. photophil **fo̲|to|pho̲b** usw. vgl. photophob usw.

Fo̲|to|phy|si|o|lo|gie vgl. Photophysiologie **Fo̲|to|p|sie** vgl. Photopsie **Fo̲|tor** *der; -s* ⟨*lat.*⟩: (Med.) übler Geruch **Fo̲|to|re|a|lis|mus** *der; -:* 1. Stilrichtung in der künstlerischen Fotografie (1), die Welt kritisch-realistisch zu erfassen. 2. Stilrichtung in der [modernen] Malerei, bei der dem Maler Fotografien als Vorlagen für seine Bilder dienen. **Fo̲|to|re|a|list** *der; -en, -en:* Maler, der seine Bilder nach fotografischen Vorlagen malt. **Fo̲|to|re|a|lis|tin** *die; -, -nen:* weibliche Form zu ↑ Fotorealist **Fo̲|to|re|por|ta|ge** *die; -, -n:* Reportage, die ein Thema mit Fotos dokumentiert. **Fo̲|to|re|por|ter** *der; -s, -:* Reporter, der für eine Zeitung o. Ä. fotografiert (Berufsbez.). **Fo̲|to|re|por|te|rin** *die; -, -nen:* weibliche Form zu ↑ Fotoreporter **Fo̲|to|sa|fa|ri** *die; -, -s:* [Gesellschafts]reise bes. nach Afrika, um Tiere zu beobachten u. zu fotografieren **Fo̲|to|set|ter** *der; -s, -:* ↑ Intertype **Fo̲|to|shoo|ting** [...'ʃuːtɪŋ] *das; -s, -s* ⟨*engl.*⟩: Fototermin, bei dem Fotos für einen bestimmten Zweck (z. B. eine Werbekampagne o. Ä.) gemacht werden **Fo̲|to|s|phä|re** vgl. Photosphäre **Fo̲|to|syn|the|se** vgl. Photosyn these

fo̲|to|tak|tisch usw. vgl. phototaktisch usw. **Fo̲|to|the̲k** *die; -, -en:* geordnete Sammlung von Fotografien (2) od. Lichtbildern **Fo̲|to|the|ra|pie** vgl. Phototherapie **Fo̲|to|to|po|gra|fie** vgl. Phototopographie **fo̲|to|trop** usw. vgl. phototrop usw. **fo̲|to|tro̲|pisch** usw. vgl. phototropisch usw. **Fo̲|to|ty|pie** vgl. Phototypie **Fo̲|to|vol|ta̲|ik** usw. vgl. Photovoltaik usw. **Fo̲|to|zel|le** vgl. Photozelle **Fo̲|to|zin|ko|gra|fie** vgl. Photozinkographie **Fö̲|tus** vgl. Fetus **fou|d|ro|y|ant** [fudroa'jãː, ...jant] ⟨*lat.-fr.*⟩: (Med.) blitzartig entstehend, schnell u. heftig verlaufend **foul** [faul] ⟨*engl.*⟩: (Sport) regelwidrig, gegen die Spielregeln verstoßend. **Foul** *das; -s, -s:* (Sport) regelwidrige Behinderung eines gegnerischen Spielers, Regelverstoß ¹**Fou|lard** [fu'laːɐ̯] *der; -s, -s* ⟨*lat.-vulgärlat.-fr.*⟩: a) Maschine zum Färben, ↑ Imprägnieren von Geweben; b) leichtes [Kunst]seidengewebe mit kleinen Farbmustern (bes. für Krawatten u. Schals) ²**Fou|lard** *das; -s, -s:* (schweiz.) Halstuch aus Kunstseide **Fou|lar|dine** [fular'diːn] *die; -:* bedrucktes, feinfädiges Baumwollgewebe in Atlasbindung (Webart) **Fou|lé** [fu'leː] *der; -[s], -s:* weicher, kurz gerauter Wollstoff **fou|len** ['faulən] ⟨*engl.*⟩: (Sport) regelwidrig, unfair spielen **Fou|ra|ge** vgl. Furage **Four|gon** [fur'gõː] *der; -s, -s* ⟨*fr.; Herkunft unsicher*⟩: 1. (veraltet) Packwagen, Vorratswagen. 2. (schweiz.) Militärlastwagen. 3. (österr. veraltet) Leichenwagen **Fou|rier** [fu'riːɐ̯] *der; -s, -e* ⟨*fr.*⟩: 1. a) (österr., schweiz.) für die Verpflegung u. das Rechnungswesen einer Einheit verantwortlicher Unteroffizier; b) (schweiz.) dritthöchster Dienstgrad eines Unteroffiziers. 2. ↑ Furier **Four|let|ter|word**, auch: **Four-Letter-Word** ['fɔːlɛtəwaːd] *das; -s,*

-s ⟨*engl.; „Vierbuchstabenwort"*, nach *engl.* to fuck = ficken⟩: vulgäres [Schimpf]wort [aus dem Sexualbereich] **Four|ni|ture** [fʊrni'tyːɐ̯] *die; -, -n* [...ˈtyːrən] ⟨*germ.-fr.*⟩: 1. Speisezutat, bes. Kräuter u. Gewürze. 2. Halbfabrikate u. Einzelteile zur Herstellung von Schmuckstücken **Four|rure** [fʊ'ryːɐ̯] *die; -* ⟨*germ.-fr.*⟩: (veraltet) Pelzwerk **Fo̲|vea** *die; -, ...eae* [...eɛ] ⟨*lat.*⟩: (Anat.) flache Grube in Knochen, Geweben od. Organen **Fo̲|ve̲o|la** *die; -, ...lae* [...lɛ] ⟨*lat.-nlat.*⟩: (Anat.) kleine Fovea **fo̲w, f. o. w.** = free on waggon **Fox** *der; -[es], -e* ⟨*engl.*⟩: Kurzform von: ↑ Foxterrier u. ↑ Foxtrott **Fox|hound** [...haʊnt] *der; -s, -s* ⟨*engl.; „Fuchshund"*⟩: schneller, großer englischer Jagdhund (bes. für Fuchsjagden) **Fox|ter|ri|er** [...jɐ] *der; -s, -:* rauhaariger englischer Jagdhund **Fox|trott** *der; -s, -e u. -s* ⟨*engl.; „Fuchsschritt"*⟩: Gesellschaftstanz im ⁴/₄-Takt (um 1910 in den USA entstanden) **Fo̲|y|er** [foa'jeː] *das; -s, -s* ⟨*lat.-vulgärlat.-fr.*⟩: Wandelhalle, Wandelgang [im Theater] **Fra|cas** [fra'ka] *der; -* ⟨*lat.-it.-fr.*⟩: (veraltet) Lärm, Getöse **Fra̲ck** *der; -[e]s, Fräcke, (ugs. auch:) -s* ⟨*fr.-engl.*⟩: bei festlichen Anlässen od. von Kellnern u. Musikern als Berufskleidung getragene, vorn kurze, hinten mit langen, bis zu den Knien reichenden Rockschößen versehene, meist schwarze Jacke **fra|gil** ⟨*lat.*⟩: zerbrechlich; zart. **Fra|gi|li|tät** *die; -:* Zartheit, Zerbrechlichkeit **Frag|ment** *das; -[e]s, -e:* 1. Bruchstück, Überrest. 2. unvollständiges [literarisches] Werk. 3. (Med.) Knochenbruchstück **frag|men|tär:** (selten) fragmentarisch. **frag|men|ta|risch:** bruchstückhaft, unvollendet **Frag|men|ta|ti|on** *die; -, -en* ⟨*lat.-nlat.*⟩: (Bot.) 1. direkte Kernteilung (Durchschnürung des Kerns ohne genaue Chromosomenverteilung). 2. ungeschlechtliche Vermehrung von Pflanzen aus Pflanzenteilen (z. B. durch Zerteilen der Mutterpflanze) **frag|men|tie̲|ren:** in Bruchstücke zerlegen. **Frag|men|tie|rung** *die;* -, -en: 1. (veraltet) das Fragmentieren. 2. (EDV) ungeordnete Zergliederung eines Speichers in Bereiche, die von Programmen od. Daten belegt sind

frais [frɛːs], **fraise** [frɛːz] ⟨*lat.-vulgärlat.-fr.*⟩: erdbeerfarben

¹Fraise *das;* -, -: erdbeerfarbene Farbe

²Frai|se [ˈfrɛːzə], auch: **Fräse** *die;* -, -n: 1. im 16. u. 17. Jh. getragene Halskrause. 2. Backenbart

frak|tal ⟨*engl.-fr.-lat.*⟩: vielfältig gebrochen, stark gegliedert. **Frak|tal** *das;* -s, -e: komplexes geometrisches Gebilde (wie es ähnlich auch in der Natur vorkommt, z. B. das Adernetz der Lunge)

Frak|tal|ge|o|me|t|rie *die;* -: (Math.) Geometrie, die sich mit den Fraktalen befasst u. mit deren Hilfe z. B. komplexe Naturerscheinungen mathematisch erfasst u. am Computer simuliert werden können

Frak|ti|on *die;* -, -en ⟨*lat.-fr.*⟩: 1. a) organisatorische Gliederung im Parlament, in der alle Abgeordneten einer Partei od. befreundeter Parteien zusammengeschlossen sind; b) Zusammenschluss einer Sondergruppe innerhalb einer Organisation; c) (österr.) [einzeln gelegener] Ortsteil. 2. (Chem.) bei einem Trenn- bzw. Reinigungsverfahren anfallender Teil eines Substanzgemischs

frak|ti|o|nell: a) eine Fraktion betreffend; b) eine Fraktion bildend

Frak|ti|o|nier|ap|pa|rat *der;* -[e]s, -e: (Chem.) Gerät zur Ausführung einer fraktionierten Destillation

frak|ti|o|nie|ren: (Chem.) Flüssigkeitsgemische aus Flüssigkeiten mit verschiedenem Siedepunkt durch Verdampfung isolieren. **Frak|ti|o|nie|rung** *die;* -, -en: 1. Zusammenschluss zu Fraktionen (1 a, b). 2. (Chem.) Zerlegung eines chemischen Prozesses in mehrere Teilabschnitte

Frak|ti|ons|chef *der;* -s, -s: Vorsitzender einer ↑ Fraktion (1 a). **Frak|ti|ons|che|fin** *die;* -, -nen: weibliche Form zu ↑ Fraktionschef

Frak|ti|ons|zwang *der;* -[e]s: Ver-

pflichtung eines Abgeordneten, seine Stimme nur im Sinne der Fraktionsbeschlüsse abzugeben

Frak|tur *die;* -, -en ⟨*lat.*; „Bruch"⟩: 1. (Med.) Knochenbruch. 2. eine Schreib- u. Druckschrift; **Fraktur reden:** deutlich u. unmissverständlich seine Meinung sagen

Fram|bö|sie *die;* -, ...ien ⟨*fr.*⟩: (Med.) ansteckende Hautkrankheit der Tropen

¹Frame [frɛːm] *der;* -n [...mən], -n [...mən] ⟨*engl.*⟩: Rahmen, Träger in Eisenbahnfahrzeugen

²Frame *der* u. *das;* -s, -s: 1. a) (Sprachw., EDV) besondere Datenstruktur für die begriffliche Repräsentation von Objekten u. stereotypen Situationen in Modellen künstlicher Intelligenz; b) (EDV) Bez. für einen rechteckigen Abschnitt eines Fensters, das von einem Browser im Internet angezeigt wird. 2. Lernschritt innerhalb eines Lernprogramms

Fra|na *die;* -, Frane ⟨*it.*⟩: (Geol.) Erdrutsch [im Apennin]

Franc [frãː] *der;* -, -s (aber: 100 -) ⟨*germ.-mlat.-fr.*⟩: Währungseinheit verschiedener europäischer Länder; Abk.: fr, Plural: frs; **französische Franc;** Abk.: FF, (franz.:) F; **belgischer Franc;** Abk.: bfr, Plural: bfrs; **Luxemburger Franc;** Abk.: lfr, Plural: lfrs; **Schweizer Franc;** Abk.: sfr, Plural: sfrs

Fran|çai|se [frãˈsɛːzə] *die;* -, -n: älterer französischer Tanz im ⁶/₈-Takt

Fran|çais fon|da|men|tal [frãsɛː fõdamãˈtal] *das;* - - ⟨*fr.*⟩: (Sprachw.) Grundwortschatz der französischen Sprache

¹Fran|chi|se [frãˈʃiːzə] *die;* -, -n ⟨*germ.-mlat.-fr.*⟩: 1. (veraltet) Freiheit, Freimütigkeit. 2. Abgaben-, Zollfreiheit. 3. Freibetrag, für den die Versicherung [bei Bagatellschäden] nicht eintritt

²Fran|chise [ˈfrɛntʃais] *das;* - ⟨*germ.-mlat.-fr.-engl.*⟩: Vertriebsform im Einzelhandel, bei der ein Unternehmer seine Produkte durch einen Einzelhändler in Lizenz verkaufen lässt

Fran|chi|sing [...zɪŋ] *das;* -s: ↑ ²Franchise

Fran|ci|um *das;* -s ⟨*nlat.;* vom mlat. Namen Francia für Frankreich⟩: radioaktives Ele-

ment aus der Gruppe der Alkalimetalle; Zeichen: Fr

fran|co vgl. franko

Fra|ne: *Plural* von ↑ Frana

Fran|ka|tur *die;* -, -en ⟨*germ.-mlat.-it.*⟩: a) das Freimachen einer Postsendung; b) die zur Frankatur (a) bestimmten Briefmarken

fran|kie|ren: Postsendungen freimachen

fran|ko u. franco ⟨*germ.-mlat.-it.*⟩: portofrei für den Empfänger

fran|ko|fon usw. vgl. frankophon usw.

Fran|ko|ka|na|di|er *der;* -s, -: Französisch sprechender Bewohner Kanadas. **Fran|ko|ka|na|di|e|rin** *die;* -, -nen: weibliche Form zu ↑ Frankokanadier

fran|ko|man ⟨*germ.-mlat.; gr.*⟩: alles Französische übertrieben liebend u. nachahmend. **Fran|ko|ma|ne** *der;* -n, -n: jmd., der übertrieben alles Französische liebt u. nachahmt. **Fran|ko|ma|nie** *die;* -: übertriebene Nachahmung alles Französischen. **Fran|ko|ma|nin** *die;* -, -nen: weibliche Form zu ↑ Frankomane

fran|ko|phil ⟨*germ.-mlat.; gr.*⟩: Frankreich, seinen Bewohnern u. seiner Kultur besonders aufgeschlossen gegenüberstehend. **Fran|ko|phi|lie** *die;* -: Vorliebe für Frankreich, seine Bewohner u. seine Kultur

fran|ko|phob: Frankreich, seinen Bewohnern u. seiner Kultur ablehnend gegenüberstehend. **Fran|ko|pho|bie** *die;* -: Abneigung gegen Frankreich, seine Bewohner u. seine Kultur

fran|ko|phon, auch: ...fon ⟨*germ.-mlat.; gr.*⟩: französischsprachig. **Fran|ko|pho|ne,** auch: ...fone *der* u. *die;* -n, -n: jmd., der Französisch (als seine Muttersprache) spricht. **Fran|ko|pho|nie,** auch: ...fonie *die;* -: Französischsprachigkeit

Frank|ti|reur [frãtiˈrøːɐ̯, auch: frãk...] *der;* -s, - e u. (bei franz. Ausspr.:) -s ⟨*fr.;* „Freischütze"⟩: (veraltet) Freischärler

Fran|zis|ka|ner *der;* -s, - ⟨nach dem Ordensgründer Franziskus⟩: Angehöriger des vom heiligen Franz v. Assisi 1209/10 gegründeten Bettelordens (Erster Orden, Abk.: O. F. M.); vgl. Kapuziner, Konventuale, Klarisse, Terziar

Fran|zis|ka|ner|bru|der *der;* -s,
...brüder: Laienbruder des klös-
terlichen Dritten Ordens (↑ Terziar) des heiligen Franz
Fran|zis|ka|ne|rin *die;* -, -nen:
1. Angehörige des Zweiten Ordens des heiligen Franz, ↑ Kla-
risse. 2. Angehörige des Dritten
Ordens (vgl. Terziar), klöster-
lich lebende Schul- u. Missions-
schwester
fran|zö|sie|ren: a) auf französische
Art, nach französischem Geschmack gestalten; b) der französischen Sprache angleichen
frap|pant *⟨germ.-fr.⟩:* verblüffend,
treffend, überraschend
¹Frap|pee, auch: Frappé [fra'pe:]
der; -s, -s: Gewebe mit einge-
presster Musterung
²Frap|pee, auch: Frappé *das;* -s, -s:
ein mit klein geschlagenem Eis
serviertes [alkoholisches] Getränk
³Frap|pee, auch: Frappé *das;* -s, -s:
(Ballett) leichtes, schnelles Anschlagen der Ferse des Spiel-
beins gegen das Standbein vor
u. hinter dem Spann des Fußes
frap|pie|ren: 1. jmdn. überra-
schen, in Erstaunen versetzen.
2. Wein od. Sekt in Eis kalt stellen
Fras|ca|ti *der;* -, - ⟨nach der ital.
Stadt⟩: italienischer Weißwein
aus der Umgebung von Frascati
Frä|se vgl. ²Fraise
Fra|te *⟨lat.-it.⟩:* Anrede und Be-
zeichnung italienischer Klos-
terbrüder (meist vor vokalisch
beginnenden Namen, z. B. Frate
Elia, Frat' Antonio)
Fra|ter *der;* -s, Fratres [...re:s]
⟨lat.⟩: 1. [Kloster]bruder vor der
Priesterweihe; vgl. Pater. 2. Laienbruder eines Mönchsordens;
Abk.: Fr.
Fra|ter|her|ren *die* (Plural): katho-
lische Schulgenossenschaft des
späten Mittelalters, deren Ge-
lehrtenschulen durch die der
Jesuiten abgelöst wurden
Fra|ter|ni|sa|ti|on *die;* -, -en
⟨lat.-fr.⟩: Verbrüderung. **frater-
ni|sie|ren:** sich verbrüdern, ver-
traut werden
Fra|ter|ni|tät *die;* - *⟨lat.⟩:* 1. a) Brü-
derlichkeit; b) Verbrüderung.
2. [kirchliche] Bruderschaft
Fra|ter|ni|té [...ni'te:] *die;* - *⟨lat.-fr.⟩:*
Brüderlichkeit (eines der Schlag-
worte der Französischen Revolution); vgl. Égalité, Liberté

Fra|t| res: *Plural* von ↑ Frater
Fra|t| res mi|no|res *die* (Plural)
⟨lat.⟩: ↑ Franziskaner
Fra|wa|schi *die;* -, -s *⟨awest.⟩:* im
↑ Parsismus der persönliche
Schutzgeist (auch die Seele) eines Menschen
Freak [fri:k] *der;* -s, -s *⟨engl.-ame-
rik.⟩:* 1. jmd., der sich nicht ins
normale bürgerliche Leben ein-
fügt, der seine gesellschaftlichen Bindungen aufgegeben
hat. 2. jmd., der sich in über-
triebener Weise für etwas be-
geistert. **frea|kig** ['fri:...]: (Ju-
gendsprache) in der Art eines
Freaks, ungemein, unangepasst
free a| long|side ship ['fri: ə'lɔŋ-
saɪd 'ʃɪp] *⟨engl.⟩:* frei längsseits
Schiff (Klausel, die dem Verkäufer auferlegt, alle Kosten u.
Risiken bis zur Übergabe der
Ware an das Seeschiff zu tragen); Abk.: f. a. s.
Free|call ['friko:l] *der;* -s, -s, auch:
Free Call *der;* - -s, - -s *⟨engl.⟩:* für
den Anrufer kostenlose Ruf-
nummer
Free|clim|ber ['fri:klaɪmə] *der;* -s,
-, auch: **Free Clim|ber** *der;* - -s, - -
⟨engl.⟩: jmd., der Freeclimbing
[als Sportart] betreibt. **Free-
clim|be|rin** *die;* -, -nen, auch:
Free Clim|be|rin *die;* - -, - -nen:
weibliche Form zu ↑ Freeclim-
ber. **Free|clim|bing** [...mɪŋ] *das;*
-s, auch: **Free Clim|bing** *das;* - -s:
Bergsteigen ohne Hilfsmittel
(wie Seil, Haken o. Ä.); Freiklet-
tern
Free|con|cert ['fri:kɔnsət] *das;* -s,
-s, auch: **Free Con|cert** *das;* - -s,
- -s *⟨engl.⟩:* (bes. der Platten-
werbung dienendes) Rockkon-
zert, bei dem die Gruppen ohne
Gage auftreten u. kein Eintritt
erhoben wird
Free|dom-Rides ['fri:dəm'raɪdz]
die (Plural) *⟨engl.⟩:* Form der
Massendemonstration, bei der
sich Demonstrationszüge
sternförmig aus verschiedenen
Richtungen zu einem bestimmten Ziel hin bewegen u. sich
dort zu einer Massenkundge-
bung vereinigen
Free|flow ['fri:fləʊ] *der* u. *das;* -s,
-s, auch: **Free Flow** *der* u. *das;* -
-s, - -s *⟨engl.; „(Durch)fluss"⟩:*
1. (Plural selten) Selbstbedie-
nung. 2. Selbstbedienungsres-
taurant
Free|hold ['fri:həʊld] *das;* -s, -s

⟨engl.⟩: lehnsfreier Grundbesitz
in England. **Free|hol|der** [...də]
der; -s, -s: lehnsfreier Grundei-
gentümer in England
Free|jazz ['fri:dʒæz] *der;* -, auch:
Free Jazz *der;* - -: auf freier Improvisation beruhendes Spielen
von Jazzmusik
Free|lance ['fri:la:ns] *der;* -, -s
[...sɪz]: engl. Bez. für: a) freier
Musiker (ohne Bindung an ein
bestimmtes Ensemble); b) freier
Schriftsteller, Journalist;
c) freier Mitarbeiter
free on air|craft ['fri: ɔn 'eəkrɑ:ft]
⟨engl.⟩: frei Flugzeug (Klausel,
die besagt, dass der Verkäufer
die Ware auf den Flughafen
bzw. am Flugzeug zu übergeben u. bis dahin alle Kosten u.
Risiken zu tragen hat); Abk.:
foa, f. o. a.
free on board ['fri: ɔn 'bɔ:d]: frei
an Bord (Klausel, die besagt,
dass der Verkäufer die Ware auf
dem Schiff zu übergeben u. bis
dahin alle Kosten u. Risiken zu
tragen hat); Abk.: fob, f. o. b.
free on wag|gon ['fri: ɔn 'wægən]:
frei Waggon; vgl. free on board;
Abk.: fow, f. o. w.
Free|sie [...jə] *die;* -, -n *⟨nlat.;*
nach dem Kieler Arzt F. H. Th.
Freese⟩: als Schnittblume
(Schwertliliengewächs aus Südafrika) beliebte Zierpflanze mit
großen, glockigen, duftenden
Blüten
Free|ski|ing ['fri:ski:ɪŋ] *das;* -s,
auch: **Free Ski|ing** *das;* - -s
⟨engl.⟩: das Befahren von extrem steilen Hängen (abseits
der Pisten) auf speziellen
Skiern
Free|style ['fri:staɪl] *der;* -s, auch:
Free Style *der;* - -s *⟨engl.⟩:* Sportart, bei der auf speziellen
Skiern in den Disziplinen Ballett, Buckelpistenfahren u.
Springen akrobatische
Schwünge, Drehungen,
Sprünge u. Ä. ausgeführt werden
Free TV ['fri: ti'vi:] *das;* - -[s],
auch: **Free-TV** *das;* -[s] *⟨engl.⟩:*
kostenfrei zu empfangendes
[Privat]fernsehen; Ggs.
↑ Pay-TV
Free|ware ['fri:weə] *die;* -, -s
⟨engl.-amerik.⟩: Software, die
kostenlos abgegeben wird u.
beliebig kopiert, weitergegeben
und verändert werden darf

Freeze

Freeze [ˈfriːz] *das; -* ⟨*engl.*⟩: das Einfrieren aller atomaren Rüstung

Frelgatlte *die; -, -n* ⟨*roman.*⟩: schwer bewaffnetes, hauptsächlich zum Geleitschutz eingesetztes Kriegsschiff

Frelgattlvolgel *der; -s, ...vögel:* Raubvogel in tropischen Küstengebieten (Ruderfüßer)

Frelmiltus *der; -* ⟨*lat.*; „Rauschen; Dröhnen"⟩: (Med.) beim Sprechen fühlbare, schwirrende Erschütterung des Brustkorbes über verdichteten Lungenteilen

Frenchlknilcker [ˈfrɛntʃnɪkə] *der; -s, -s,* auch: **French Knilcker** *der; - -s, - -s:* ⟨dt. Bildung aus *engl.* French knickers „französischer Schlüpfer"⟩: lose fallende Damenunterhose aus glänzendem Stoff, meist mit spitzenverzierten Beinen

freneltisch ⟨*gr.-lat.-fr.*⟩: stürmisch, rasend, tobend (bes. von Beifall, Applaus); vgl. aber: phrenetisch

Frelnullum *das; -s, ...la* ⟨*lat.*⟩: (Med.) 1. kleines Bändchen, kleine Haut-, Schleimhautfalte. 2. die Eichel des männlichen Gliedes mit der Vorhaut verbindende Hautfalte; Vorhautbändchen

frelquent ⟨*lat.*⟩: 1. (veraltet) häufig, zahlreich. 2. (Med.) beschleunigt (vom Puls). 3. (Sprachw.) häufig vorkommend, häufig gebraucht

Frelquenlta ® *das; -[s]* ⟨Kunstw.⟩: keramischer Isolierstoff der Hochfrequenztechnik

Frelquenltant *der; -en, -en* ⟨*lat.*⟩: (veraltet) regelmäßiger Besucher. **Frelquenltanltin** *die; -, -nen:* weibliche Form zu ↑ Frequentant

Frelquenltaltilon *die; -, -en:* (veraltet) häufiges Besuchen

Frelquenltaltiv *das; -s, -e* u. **Frelquenltaltilvum** *das; -s, ...va:* ↑ Iterativ[um]

frelquenltielren: zahlreich besuchen, aufsuchen; häufig stark in Anspruch nehmen

Frelquenz *die; -, -en* („zahlreiches Vorhandensein"): 1. Höhe der Besucherzahl; Zustrom, Verkehrsdichte. 2. (Phys.) Schwingungs-, Periodenzahl von Wellen in der Sekunde. 3. (Med.) Anzahl der Atemzüge od. der Herz- bzw. Pulsschläge in der Minute

Frelquenzlmoldullaltilon *die; -, -en:* (Funkw.) Änderung der Frequenz der Trägerwelle entsprechend dem Nachrichteninhalt; Abk.: FM

Frelquenzlmoldullaltor *der; -s, -en:* Gerät zur Frequenzmodulation

Freslke *die; -, -n* ⟨*germ.-it.-fr.*⟩: ↑ Fresko

¹Freslko *das; -s, ...ken* ⟨*germ.-it.;* „frisch"⟩: (Kunstw.) auf frischem, noch feuchtem Putz ausgeführte Malerei

²Freslko *der; -s:* poröses, raues Kammgarngewebe in Leinwandbindung

Freslkolmallelrei *die; -:* Malerei auf feuchtem Putz; Ggs. ↑ Seccomalerei

Fresinellinse, auch: **Fresinel-Linse**[frɛˈnɛl...] *die; -, -n* ⟨nach A. J. Fresnel⟩: aus Teilstücken zusammengesetzte Linse für Beleuchtungszwecke

Fret *der; -s* ⟨*niederl.-fr.*⟩: Schiffsfracht

Frelteur [...ˈtøːɐ̯] *der; -s, -e:* Reeder, der Frachtgeschäfte abschließt

freltielren: Frachtgeschäfte (für Schiffe) abschließen

Frett *das; -[e]s, -e* u. **Frettlchen** *das; -s, -:* ⟨*lat.-vulgärlat.-fr.-niederl.*⟩: zum Kaninchenfang verwendeter blassgelber Iltis

frettlielren: mit dem Frett[chen] jagen

frildelrilzilalnisch ⟨zu Fridericus, der latinisierten Form von Friedrich⟩: auf die Zeit König Friedrichs II. von Preußen bezogen

Friendlly Fire [ˈfrɛndlɪ faɪə] *das; - -s* ⟨*engl.*; „Angriff von Verbündeten"⟩: 1. (Milit.) versehentlicher Beschuss durch eigene Truppen. 2. (Jargon) Kritik aus den eigenen Reihen

frilgid, frigide ⟨*lat.*⟩: 1. (Med.) sexuell nicht erregbar; orgasmusunfähig (von Frauen). 2. (gehoben veraltend) kühl, nüchtern

Frilgildalrilum *das; -s, ...ien* ⟨*lat.*⟩: 1. Abkühlungsraum in altrömischen Bädern. 2. kaltes Gewächshaus

frilgilde vgl. frigid

Frilgildiltät *die; -:* (bei einer Frau) mangelnde sexuelle Erregbarkeit, Unfähigkeit zum Orgasmus

Frilgolrilmelter *das; -s, -* ⟨*lat.; gr.*⟩: (Meteor.) Gerät zum Bestimmen der Abkühlungsgröße (Wärmemenge, die ein Körper unter dem Einfluss bestimmter äußerer Bedingungen abgibt)

Frilkaldelle *die; -, -n* ⟨*lat.-galloroman.-it.*⟩: gebratener Kloß aus Hackfleisch; deutsches Beefsteak, Bulette

Frilkanldeau [...ˈdoː] *das; -s, -s* ⟨*lat.-galloroman.-fr.*⟩: zarter Fleischteil an der inneren Seite der Kalbskeule (Kalbsnuss)

Frilkanldelle *die; -, -n* ⟨Mischbildung aus Frikadelle u. Frikandeau⟩: 1. Schnitte aus gedämpftem Fleisch. 2. ↑ Frikadelle

Frilkaslsee *das; -s, -s* ⟨*fr.*⟩: Gericht aus hellem Fleisch in einer hellen, leicht säuerlichen Soße

frilkaslsielren: 1. als Frikassee zubereiten. 2. (ugs.) verprügeln; übel zurichten

frilkaltiv ⟨*lat.-nlat.*⟩: (Sprachw.) durch Reibung hervorgebracht (von Lauten). **Frilkaltiv** *der; -s, -e:* (Sprachw.) Reibelaut (z. B. sch, f). **Frilkaltilvum** *das; -s, ...iva:* (veraltet) Frikativ

Friklti|o|graph, auch: **...graf** *der; -en, -en* ⟨*lat.; gr.*⟩: physikalisches Gerät zur Messung der Reibung

Friklti|on *die; -, -en* ⟨*lat.*⟩: 1. Reibung. 2. (Med.) a) Einreibung (z. B. mit Salben); b) eine Form der Massage (kreisförmig reibende Bewegung der Fingerspitzen). 3. (Wirtsch.) Widerstand, Verzögerung, die der sofortigen Wiederherstellung des wirtschaftlichen Gleichgewichts beim Überwiegen von Angebot od. Nachfrage entgegensteht

Friklti|onslkallanlder *der; -s, -:* Walzwerk zur ↑ Satinage des Papiers

Frilmaire [friˈmɛːɐ̯] *der; -[s], -s* ⟨*germ.-fr.*; „Reifmonat"⟩: der dritte Monat im französischen Revolutionskalender (21. Nov. bis 20. Dez.)

Frislbee ® [ˈfrɪzbɪ] *das; -, -s* ⟨*engl.*⟩: kleine, runde Wurfscheibe aus Plastik (Sportgerät)

Frilsé [...ˈzeː] *das; -s* ⟨*fr.*⟩: Kräuse, od. Frottierstoff aus [Kunst]seide

Frilsée *der; -s* u. **Frilséelsallat** *der; -[e]s:* Kopfsalat mit kraus gefiederten Blättern

Frilseur [...ˈzøːɐ̯] ⟨französierende Bildung zu ↑ frisieren⟩, auch: Frisör *der; -s, -e:* jmd., der anderen das Haar schneidet [u. frisiert]. **Frilseulrin** [...ˈsøːrɪn], auch: Frisörin *die; -, -nen:* ↑ Friseuse

Fri|seu|se [...'zø:zə], auch: Frisöse *die*; -, -n: (älter) weibliche Form zu ↑ Friseur

fri|sie|ren ⟨*fr.*⟩: 1. jmdn. od. sich kämmen; jmdm. od. sich die Haare [kunstvoll] herrichten. 2. a) (ugs.) Änderungen an etwas vornehmen, um dadurch einen ungünstigen Sachverhalt zu verschleiern, um etwas vorzutäuschen; b) die Leistung eines serienmäßig hergestellten Kfz-Motors durch nachträgliche Veränderungen steigern

Fri|sör usw. vgl. Friseur

Fri|sur *die*; -, -en ⟨*nlat.* Bildung zu ↑ frisieren⟩: 1. Art und Weise, in der das Haar gekämmt, gelegt, gesteckt, geschnitten, frisiert ist. 2. das Frisieren (2). 3. gekräuselter Kleiderbesatz

Fri|teu|se [...'tø:zə], **fri|tie|ren**: frühere Schreibung für ↑ Fritteuse, ↑ frittieren

Fri|til|la|ria *die*; -, ...ien ⟨*lat.-nlat.*⟩: Kaiserkrone (Liliengewächs)

Frit|ta|te *die*; -, -n ⟨*lat.-it.*⟩: in dünne Streifen geschnittener Eierkuchen als Suppeneinlage

Frit|te *die*; -, -n ⟨*lat.-fr.*; „Gebackenes"⟩: 1. aus dem Glasur- od. Emailgemenge hergestelltes Zwischenprodukt bei der Glasfabrikation. 2. (nur Plural) Kurzbezeichnung für: Pommes frites

frit|ten: 1. eine pulverförmige Mischung bis zum losen Aneinanderhaften der Teilchen erhitzen. 2. (Geol.) sich durch Hitze verändern (von Sedimentsteinen beim Emporsteigen von ↑ Magma [1]). 3. (ugs.) frittieren

Frit|ter *der*; -s, - ⟨*lat.-fr.-engl.*⟩: ↑ Kohärer

Frit|teu|se [...'tø:zə] *die*; -, -n ⟨französische Bildung zu ↑ frittieren⟩: elektrisches Gerät zum Frittieren von Speisen

frit|tie|ren ⟨*lat.-fr.*⟩ (Gastr.) Speisen od. Gebäck in heißem Fett schwimmend garen

Frit|tung *die*; -, -en: (Geol.). das Umschmelzen von Sedimentgesteinen durch Hitzeeinwirkung von aufsteigendem ↑ Magma (1)

Frit|tü|re *die*; -, -n: 1. heißes Fett od. Ölbad zum Ausbacken von Speisen. 2. eine in heißem Fett ausgebackene Speise. 3. ↑ Fritteuse

Fri|tü|re: frühere Schreibung für ↑ Frittüre

fri|vol ⟨*lat.-fr.*⟩: 1. a) leichtfertig,

bedenkenlos; b) das sittliche Empfinden, die geltenden Moralbegriffe verletzend; schamlos, frech. 2. (veraltet) eitel, nichtig. **Fri|vo|li|tät** *die*; -, -en: 1. a) Bedenkenlosigkeit, Leichtfertigkeit; b) Schamlosigkeit, Schlüpfrigkeit. 2. (meist Plural) Schiffchenspitze, ↑ Occhispitze (eine Handarbeit)

Frois|sé [frɔaˈseː] *der* od. *das*; -s, -s ⟨*fr.*⟩: künstlich geknittertes Gewebe

frois|sie|ren ⟨*lat.-fr.*⟩: (veraltet) kränken, verletzen

Fro|mage [froˈmaːʒ] *der*; -, -s ⟨*lat.-vulgärlat.-fr.*⟩: franz. Bez. für Käse

Fro|mage de Brie [- də ˈbriː] *der*; - - -, -s [froˈmaːʒ] - - ⟨nach der franz. Landschaft Brie⟩: ein Weichkäse

Fron|de [ˈfrõːdə] *die*; - ⟨*lat.-vulgärlat.-fr.*⟩: 1. a) Oppositionspartei des französischen Hochadels im 17. Jh.; b) der Aufstand des französischen Hochadels gegen das absolutistische Königtum (1648–1653). 2. scharfe politische Opposition, oppositionelle Gruppe innerhalb einer Partei od. einer Regierung

Fron|des|zenz *die*; - ⟨*lat.-nlat.*⟩: (Bot.) das Auswachsen gewisser Pflanzenorgane (z. B. Staubblätter) zu Laubblättern

Fron|deur [frõˈdøːɐ̯] *der*; -s, -e ⟨*lat.-vulgärlat.-fr.*⟩: 1. Anhänger der Fronde (1). 2. scharfer politischer Opponent u. Regierungsgegner

fron|die|ren: 1. als Frondeur tätig sein. 2. sich heftig gegen etwas auflehnen, sich widersetzen

fron|dos ⟨*lat.*⟩: zottenreich (z. B. von der Darmschleimhaut)

Frons *die*; -, Frontes ⟨*lat.*⟩: (Med., Anat.) Stirn; Stirnbein

Front *die*; -, -en ⟨*lat.-fr.*⟩: 1. a) Vorder-, Stirnseite; b) die ausgerichtete vordere Reihe einer angetretenen Truppe. 2. Gefechtslinie, an der feindliche Streitkräfte miteinander in Feindberührung kommen; Kampfgebiet. 3. geschlossene Einheit, Block. 4. (meist Plural) Trennungslinie, gegensätzliche Einstellung. 5. (Meteor.) Grenzfläche zwischen Luftmassen von verschiedener Dichte u. Temperatur

fron|tal ⟨*nlat.*⟩: a) an der Vorder-

seite befindlich, von der Vorderseite kommend, von vorn; b) unmittelbar nach vorn gerichtet; c) (Anat.) zur Stirn gehörend; stirnseitig

Fron|ta|le *das*; -[s], ...lien ⟨*lat.*⟩: ↑ Antependium

Fron|ta|li|tät *die*; - ⟨*lat.-nlat.*⟩: eine in der archaischen, ägyptischen u. vorderasiatischen Kunst beobachtete Gesetzmäßigkeit, nach der jeder menschliche Körper unabhängig von seiner Stellung od. Bewegung stets frontal dargestellt ist

Front|frau *die*; -, -en weibliche Form zu ↑ Frontmann

Fron|tis|piz *das*; -es, -e ⟨*lat.-mlat.-fr.*⟩: 1. (Archit.) Giebeldreieck [über einem Gebäudevorsprung]. 2. (Buchw.) Verzierung eines Buchtitelblattes

Front|man [...mən] *der*; -[s], ...men [...mən] u. **Front|mann** *der*; -[e]s, ...männer ⟨*engl.*⟩: Musiker einer Rockgruppe o. Ä., der bei Auftritten [als Sänger] im Vordergrund agiert

Fron|to|ge|ne|se *die*; -, -n ⟨*lat.-fr.*; *gr.*⟩: (Meteor.) Bildung von Fronten (5)

Fron|to|ly|se *die*; -, -n: (Meteor.) Auflösung von Fronten (5)

Fron|ton [frõˈtõ:] *das*; -s, -s ⟨*fr.*⟩: ↑ Frontispiz (1)

Fros|ter *der*; -s, - ⟨anglisierende Bildung zu dt. Frost⟩: Tiefkühlfach eines Kühlgeräts

Frot|ta|ge [...ʒə] *die*; -, -n ⟨*fr.*⟩: 1. a) (ohne Plural) grafisches Verfahren, bei dem Papier auf einen prägenden Untergrund (z. B. Holz) gedrückt wird, um dessen Struktur sichtbar zu machen, Durchreibung; b) Grafik, die diese Technik aufweist. 2. (Med., Psychol.) Erzeugung sexueller Lustempfindungen durch Reiben der Genitalien am [bekleideten] Partner

Frot|tee, auch: Frotté [ˈfrɔte, österr.: ...ˈteː] *das* od. *der*; -[s], -s ⟨*fr.*⟩: stark saugfähiges [Baum]wollgewebe mit noppiger Oberfläche

Frot|teur [...ˈtøːɐ̯] *der*; -s, -e: 1. (Med., Psychol.) jmd., der durch Reiben der Genitalien am [bekleideten] Partner sexuelle Lustempfindung erlebt. 2. (veraltet) Bohner

frot|tie|ren: 1. die Haut [nach einem Bad] mit Tüchern od.

Bürsten [ab]reiben. 2. (veraltet) bohnern

Frot|tol|la die; -, -s u. ...olen ⟨it.⟩: weltliches Lied der zweiten Hälfte des 15.Jh.s u. des frühen 16.Jh.s [in Norditalien]

Frou|frou [fru'fru:] der od. das; -, -s ⟨fr., lautmalende Bildung⟩: das Rascheln u. Knistern der eleganten (bes. für die Zeit um 1900 charakteristischen) weiblichen Unterkleidung

Fruc|to|se vgl. Fruktose

fru|gal ⟨lat.-fr.; „zu den Früchten gehörend, aus Früchten bestehend"⟩: einfach, bescheiden; nicht üppig (in Bezug auf die Lebensweise, bes. in Bezug auf Essen u. Trinken)

Fru|ga|li|tät die; -: Einfachheit, Bescheidenheit

Fru|gi|vo|re der; -n, -n (meist Plural) ⟨lat.-nlat.⟩: ↑ Fruktivore

Fruk|ti|dor [frykti'do:ɐ̯] der; -[s], -s ⟨⟨lat.; gr.⟩fr.; „Fruchtmonat"⟩: der zwölfte Monat des französischen Revolutionskalenders (18. Aug. bis 16. Sept.)

Fruk|ti|fi|ka|ti|on u. Fruktifizierung die; -, -en ⟨lat.⟩: 1. (selten) Nutzbarmachung, Verwertung. 2. (Bot.) Ausbildung von Fortpflanzungskörpern in besonderen Behältern (z. B. Ausbildung der Sporen bei Farnen); vgl. ...ation/...ierung. **fruk|ti|fi|zie|ren:** 1. (selten) aus etwas Nutzen ziehen. 2. (Bot.) Früchte ansetzen od. ausbilden. **Fruk|ti|fi|zie|rung** vgl. Fruktifikation

Fruk|ti|vo|re der; -n, -n (meist Plural): (Zool.) sich hauptsächlich von Früchten ernährendes Tier; Früchtefresser

Fruk|to|se, auch: Fructose die; - ⟨lat.-nlat.⟩: Fruchtzucker

Frust der; -[e]s, -e: (ugs.) 1. (ohne Plural) das Frustriertsein; Frustration. 2. frustrierendes Erlebnis

fruste [fryst] ⟨lat.-it.-fr.⟩: (Med.) unvollkommen, wenig ausgeprägt (von Symptomen einer Krankheit); vgl. Forme fruste

frus|ten: (ugs.) ↑ frustrieren

frus|t|ran ⟨lat.⟩: a) vergeblich, irrtümlich; **frustrane Herzkontraktion:** (Med.) Herzkontraktion, die zwar zu hören ist, deren Puls aber wegen zu geringer Stärke nicht gefühlt werden kann; b) zur Frustration führend, Frustration bewirkend

Frus|t|ra|ti|on die; -, -en ⟨lat.⟩: (Psychol.) Erlebnis einer wirklichen od. vermeintlichen Enttäuschung u. Zurücksetzung durch erzwungenen Verzicht od. versagte Befriedigung

Frus|t|ra|ti|ons|to|le|ranz die; -: (Psychol.) Umleitung einer Frustration in Wunschvorstellungen; [erlernbare] ↑ Kompensation, ↑ Sublimierung einer Frustration ohne Aggressionen od. Depressionen

frus|t|ra|to|risch: (selten) auf Täuschung bedacht

frus|t|rie|ren: jmds. Erwartung enttäuschen, jmdm. die Befriedigung eines Bedürfnisses versagen

Frut|ti di Ma|re die (Plural) ⟨it.; „Früchte des Meeres"⟩: Meeresfrüchte (z. B. Muscheln, Austern)

FSN ⟨Abk. für engl. full service network „Netzwerk mit vollem Service"⟩: Netzwerk, in dem der Benutzer eine Vielzahl von Diensten in Anspruch nehmen kann

Fuch|sie [...i̯ə] die; -, -n ⟨nlat.; nach dem Botaniker L. Fuchs, 16.Jh.⟩: als Strauch wachsende Pflanze mit dunkelgrünen Blättern u. hängenden, mehrfarbigen (roten, rosa, weißen od. violetten) Blüten

Fuch|sin das; -s ⟨Kurzw. aus ↑ Fuchsie u. der Endung -in⟩: synthetisch hergestellter roter Farbstoff

fu|dit ⟨lat.; „hat (es) gegossen"⟩: Aufschrift auf gegossenen Kunstwerken u. Glocken hinter dem Namen des Künstlers od. Gießers; Abk.: fud.

Fu|e|ro der; -[s], -s ⟨lat.-span.; „Forum"⟩: Gesetzessammlung, Grundgesetz, Satzung im spanischen Recht

Fu|fu der; -[s], -s ⟨westafrik.⟩: westafrikanisches Gericht aus zu einem Brei gestampften gekochten Maniok- od. Jamsknollen, der zu kleinen Kugeln geformt u. mit einer stark gewürzten, öligen Suppe übergossen wird

fu|gal ⟨lat.-it.-nlat.⟩: (Mus.) fugenartig, im Fugenstil

fu|ga|to ⟨lat.-it.⟩: fugenartig, frei nach der Fuge komponiert. **Fu|ga|to** das; -s, -s u. ...ti: (Mus.) Fugenthema mit freien kontrapunktischen Umspielungen

ohne die Gesetzmäßigkeit der Fuge

Fu|ga|zi|tät die; -, -en ⟨lat.⟩: (Chem.) Aktivität gasförmiger Systeme

Fu|ge die; -, -n ⟨lat.-it.⟩: (Mus.) nach strengen Regeln durchkomponierte kontrapunktische Satzart (mit nacheinander in allen Stimmen durchgeführtem, fest geprägtem Thema)

Fu|get|te u. Fu|ghet|ta die; -, ...tten: nach Fugenregeln gebaute, aber in allen Teilen verkürzte kleine Fuge

fu|gie|ren: (Mus.) ein Thema fugenartig durchführen

Fu|gu das; -[s], -s ⟨jap.⟩: japanisches Gericht aus Kugelfischen

Ful|gu|rant der; -[s] u. Ful|gu|ran|te die; - ⟨lat.; „glänzend"⟩: Atlasgewebe mit glänzender rechter Seite

Ful|gu|rit [auch: ...'rɪt] der; -s, -e ⟨lat.-nlat.⟩: 1. durch Blitzschlag röhrenförmig zusammengeschmolzene Sandkörner (Blitzröhre). 2. ein Sprengstoff. 3. ® Asbestzementbaustoff

Fu|li|go die, (auch:) der; -[s], ...gines [...gine:s] ⟨lat.; „Ruß"⟩: bräunlich schwarzer Belag der Mundhöhle bei schwer Fiebernden

Full|dress, der; - auch: **Full Dress** der; -, - ⟨engl.; „volle Kleidung"⟩: großer Gesellschaftsanzug, Gesellschaftskleidung

Full|house [ˈfʊlˈhaʊs] das; -, -s [...ˈhaʊzɪs], auch: **Full House** das; - -, - -s [' - ˈhaʊzɪs] ⟨„volles Haus"⟩: 1. Kartenkombination beim ↑ Poker. 2. (ugs.) volles Haus; drangvolle Enge

Full|ser|vice [...ˈsəːvɪs] der; -, -s [...ˈsəvɪsɪs], auch: **Full Service** der; - -, - -s [' - ˈsəːvɪsɪs] ⟨„volle Dienstleistung"⟩: Kundendienst, der alle anfallenden Arbeiten übernimmt

Full|speed [...ˈspiːd] der; -, auch: **Full Speed** der; - - ⟨„volle Geschwindigkeit"⟩: das Entfalten der Höchstgeschwindigkeit [eines Autos]

Full|time|job, auch: **Full-Time-Job** [...taɪm...] der; -s, -s: Tätigkeit, Beschäftigung, die jmds. ganze Zeit beansprucht, ihn voll ausfüllt; Ganztagsarbeit

ful|ly fa|shioned [ˈfʊlɪ ˈfæʃənd]: formgestrickt, formgearbeitet (von Kleidungsstücken)

ful|mi|nant ⟨*lat.*⟩: sich in seiner außergewöhnlichen Wirkung od. Qualität in auffallender Weise mitteilend; glänzend, großartig, ausgezeichnet **Ful|mi|nạt** *das; -[e]s, -e* ⟨*lat.-nlat.*⟩: hochexplosives Salz der Knallsäure **Fu|ma|ge** [fyˈmaːʒə] *die; -, -n* ⟨*lat.-fr.*⟩: „das Räuchern“): Collage, bei der mit einer Kerzenflamme auf ein bereits bemaltes Papier Rußspuren gezeichnet werden **Fu|ma|rọl|le** *die; -, -n* ⟨*lat.-it.*⟩: das Ausströmen von Gas u. Wasserdampf aus Erdspalten in vulkanischen Gebieten **Fu|mé** [fyˈmeː] *der; -[s], -s* ⟨*lat.-fr.*⟩: 1. Rauch- od. Rußabdruck beim Stempelschneiden. 2. erster Druck, Probeabzug eines Holzschnittes mithilfe feiner Rußfarbe **Fun** [fan] *der; -s* ⟨*engl.*⟩: Vergnügen, das eine bestimmte Handlung, ein Ereignis o. Ä. bereitet **Func|tio|nal Food** [ˈfʌŋkʃənəl ˈfuːd] *das; - -[s]* ⟨*engl.*⟩: Lebensmittel, das neben der Ernährung noch einen weiteren Zweck erfüllen (z. B. das körperliche Wohlbefinden, die Gesundheit fördern) soll **Fụn|da** *die; -, ...dae* [...dɛ] ⟨*lat.*⟩: (Med.) Bindenverband für Teilabdeckungen am Kopf **Fun|da|mẹnt** *das; -[e]s, -e* ⟨*lat.*⟩: 1. (Bauw.) Unterbau, Grundbau, Sockel. 2. (Druckw.) die Druckform tragende Eisenplatte bei einer Buchdruckerschnellpresse. 3. a) Grund, Grundlage; b) (Philos.) Grundbegriff, Grundlehre **fun|da|men|tạl:** grundlegend; schwerwiegend **Fun|da|men|tạl|bass** *der; -es:* (Mus.) der ideelle Basston, der zwar die Harmonie aufbaut, aber nicht selbst erklingen muss **Fun|da|men|ta|lis|mus** *der; -* ⟨*lat.-nlat.(-engl.)*⟩: 1. geistige Haltung, die durch kompromissloses Festhalten an [ideologischen, religiösen] Grundsätzen gekennzeichnet ist. 2. eine streng bibelgläubige, theologische Richtung im Protestantismus in den USA, die sich gegen Bibelkritik u. moderne Naturwissenschaft wendet

Fun|da|men|ta|list *der; -en, -en:* 1. Anhänger, Vertreter des Fundamentalismus. 2. jmd., der kompromisslos an seinen [ideologischen, religiösen] Grundsätzen festhält. **Fun|da|men|ta|lis|tin** *die; -, -nen:* weibliche Form zu ↑ Fundamentalist **fun|da|men|ta|lis|tisch:** 1. den Fundamentalismus betreffend. 2. die Fundamentalisten betreffend, ihnen eigen **Fun|da|men|tal|on|to|lo|gie** *die; -:* ↑ Ontologie des menschlichen Daseins **Fun|da|men|tal|phi|lo|so|phie** *die; -:* Philosophie als Prinzipienlehre **Fun|da|men|tal|punkt** *der; -[e]s, -e:* ↑ Fixpunkt **Fun|da|men|tal|the|o|lo|gie** *die; -:* Untersuchung der Grundlagen, auf denen die katholische Lehre aufbaut; vgl. Apologetik **fun|da|men|tie|ren** ⟨*lat.-nlat.*⟩: ein Fundament (1) legen; gründen **Fun|da|ti|ọn** *die; -, -en* ⟨*lat.*⟩: 1. (schweiz.; Bauw.) Fundament[ierung]. 2. [kirchliche] Stiftung **Fụn|di** *der; -s, -s:* Kurzform von ↑ Fundamentalist (2) **fun|die|ren** ⟨*lat.*⟩: „den Grund legen (für etwas)“): 1. etwas mit dem nötigen Fundus (2) ausstatten, mit den nötigen Mitteln versehen. 2. [be]gründen, untermauern (z. B. von Behauptungen) **Fund|rai|sing** [ˈfʌndreɪzɪŋ] *das; -s* ⟨*engl.*⟩: das Beschaffen von Spenden [für wohltätige Zwecke] **Fụn|dus** *der; -, -* ⟨*lat.*⟩: „Boden, Grund, Grundlage“): 1. [Abteilung mit der] Gesamtheit der Ausstattungsmittel in Theater u. Film. 2. [geistiger] Grundstock, auf den man für seinen Bedarf zurückgreifen kann. 3. (Med.) [Hinter]grund, Boden eines Hohlorgans. 4. (hist.) Grund u. Boden; Grundstück **fu|ne|bre** [fyˈnɛbr] ⟨*lat.-fr.*⟩ u. **fu|ne|ra|le** ⟨*lat.-it.*⟩: (Mus.) traurig, ernst (Vortragsanweisung) **Fu|ne|ra|li|en** *die* (Plural) ⟨*lat.*⟩: Feierlichkeiten bei einem Begräbnis **Fünf|li|ber** *der; -s, -* ⟨*dt.; lat.-fr.*⟩: (schweiz. mdal.) Fünffrankenstück **Fun|fur** [ˈfʌnfɜː] *der; -s, -s* ⟨*engl.*⟩:

Kleidungsstück aus einem od. mehreren weniger kostspieligen [Imitat]pelzen **Fụn|gi:** *Plural* von ↑ Fungus **fun|gi|bel** ⟨*lat.-nlat.*⟩: 1. (Rechtsw.) austauschbar, ersetzbar; **fungible Sache:** (Rechtsw.) vertretbare Sache, d. h. eine bewegliche Sache, die im Verkehr nach Maß, Zahl u. Gewicht bestimmt zu werden pflegt. 2. in beliebiger Funktion einsetzbar; ohne festgelegten Inhalt u. daher auf verschiedene Weise verwendbar **Fun|gi|bi|li|en** *die* (Plural): ↑ fungible Sachen **Fun|gi|bi|li|tät** *die; -:* 1. (Rechtsw.) Austauschbarkeit, Ersetzbarkeit. 2. die beliebige Einsetzbarkeit, Verwendbarkeit **fun|gie|ren** ⟨*lat.*⟩: eine bestimmte Funktion ausüben, eine bestimmte Aufgabe haben, zu etwas da sein **Fun|gis|ta|ti|kum** *das; -s, ...ka* ⟨*lat.; gr.*⟩: (Med.) Wachstum u. Vermehrung von [krankheitserregenden] Kleinpilzen hemmendes Mittel. **fun|gis|ta|tisch:** Wachstum u. Vermehrung von [krankheitserregenden] Kleinpilzen hemmend **fun|gi|zid** ⟨*lat.-nlat.*⟩: (Med.) pilztötend (von chemischen Mitteln). **Fun|gi|zid** *das; -[e]s, -e:* im Garten- u. Weinbau verwendetes Mittel zur Bekämpfung Pflanzen schädigender Pilze **fun|gös** ⟨*lat.*⟩: (Med.) schwammig (z. B. von Gewebe, von einer Entzündung) **Fun|go|si|tät** *die; -* ⟨*lat.-nlat.*⟩: (Med.) schwammige Wucherung tuberkulösen Gewebes (bes. im Kniegelenk) **Fụn|gus** *der; -, ...gi* ⟨*lat.*⟩: „Erdschwamm“): 1. lat. Bez. für: Pilz. 2. (Med.) schwammige Geschwulst **Fụni** vgl. Skifuni **Fu|ni|cu|la|re** [fyniˈkuˈlɛːɐ̯] *das; -[s], -s* ⟨*lat.-fr.*⟩: Drahtseilbahn **Fu|ni|cu|lus** *der; -, ...li* ⟨*lat.*⟩: 1. (Bot.) Stiel, durch den die Samenanlage mit dem Fruchtblatt verbunden ist. 2. (Med.) Gewebestrang (z. B. Samenstrang, Nabelschnur) **fu|ni|ku|lär:** einen Gewebestrang betreffend, zu einem Gewebestrang gehörend **Fu|ni|ku|lar|bahn** *die; -, -en* ⟨*lat.-it.*

od. *lat.-fr.*): (veraltet) Drahtseil-
bahn; vgl. Funiculaire
Fu|ni|ku|li|tis *die;* -, ...iti̱den ⟨*lat.-
nlat.*⟩: (Med.) Entzündung des
Samenstrangs
Funk [faŋk] *der;* -s ⟨*engl.-amerik.*⟩:
a) bluesbetonte u. auf Elemente
der Gospelmusik zurückgrei-
fende Spielweise im Jazz;
b) meist von Schwarzen in
Amerika gespielte Popmusik,
die eine Mischung aus Rock u.
Jazz darstellt
Fu̱n|kie [...jə] ⟨*nlat.*, nach dem dt.
Apotheker H. Chr. Funck⟩: Gar-
tenzierpflanze (Liliengewächs)
mit weißen, blauen od. violet-
ten Blütentrauben
fun|kig [ˈfaŋkɪç] ⟨*engl.- amerik.*⟩:
in der Art des ↑ Funk
Fu̱nk|kol|leg *das;* -s, -s u. -ien ⟨*dt.;
lat.*⟩: wissenschaftliche Vorle-
sungsreihe im Hörfunk als eine
Form des Fernstudiums
Funk|ti|o|le̱kt *der;* -[e]s, -e ⟨*lat.; gr.*⟩:
für eine bestimmte Funktion
charakteristische, ihr angemessene Schreib- od. Sprechweise
Funk|ti|on *die;* -, -en ⟨*lat.*⟩:
1. a) (ohne Plural) Tätigkeit, das
Arbeiten (z. B. eines Organs);
b) Amt, Stellung (von Personen); c) [klar umrissene] Aufgabe innerhalb eines größeren
Zusammenhanges, Rolle.
2. (Math.) veränderliche Größe,
die in ihrem Wert von einer anderen abhängig ist. 3. (Mus.)
auf die drei wesentlichen
Hauptakkorde ↑ 'Tonika, ↑ Do-
minante u. ↑ Subdominante zu-
rückgeführte harmonische Beziehung
funk|ti|o|nal ⟨*lat.-nlat.*⟩: die Funk-
tion betreffend, auf die Funk-
tion bezogen, der Funktion
entsprechend; vgl. ...al/...ell;
funktionale Grammatik:
(Sprachw.) Richtung innerhalb
der Sprachwissenschaft, die
grammatische Formen nicht
nur formal, sondern auch hinsichtlich ihrer Funktion im
Satz untersucht; **funktionale
Satzperspektive:** (Sprachw.)
Gliederung des Satzes nicht
nach den formalen, sondern
nach den informationstragen-
den Struktur. **Funk|ti|o|nal** *das;*
-s, -e: (Math.) eine ↑ Funktion
(2) mit beliebigem Definitions-
bereich, deren Werte ↑ kom-
plexe od. ↑ reelle Zahlen sind

funk|ti|o|na|li|sie̱|ren: dem Ge-
sichtspunkt der Funktion entsprechend gestalten
Funk|ti|o|na|lis̱|mus *der;* -: 1. (Ar-
chit.) ausschließliche Berücksichtigung des Gebrauchszwe-
ckes bei der Gestaltung von Gebäuden unter Verzicht auf jede
zweckfremde Formung. 2. philosophische Lehre, die das Bewusstsein als Funktion des Sin-
nesorgane u. die Welt als Funktion des Ich betrachtet. 3. Richtung in der Psychologie, die die
Bedeutung psychischer Funktionen für die Anpassung des
Organismus an die Umwelt be-
tont. **Funk|ti|o|na|lis̱t** *der;* -en,
-en: Vertreter u. Verfechter des
Funktionalismus. **Funk|ti|o|na-
lis̱|tin** *die;* -, -nen: weibliche
Form zu ↑ Funktionalist. **funk-
ti|o|na|lis̱|tisch:** den Funktiona-
lismus betreffend
Funk|ti|o|na|li|tä̱t *die;* -: funktio-
nale Beschaffenheit
Funk|ti|o|nal|stil *der;* -[e]s, -e:
(Sprachw.) Verwendungsweise
sprachlicher Mittel, die je nach
gesellschaftlicher Tätigkeit od.
sprachlich-kommunikativer
Funktion differieren
Funk|ti|o|nä̱r *der;* -s, -e ⟨*lat.-fr.*⟩:
offizieller Beauftragter eines
wirtschaftlichen, sozialen od.
politischen Verbandes od. einer
Sportorganisation. **Funk|ti|o|nä̱-
rin** *die;* -, -nen: weibliche Form
zu ↑ Funktionär
funk|ti|o|nell: 1. a) auf die Leis-
tung bezogen, durch Leistung
bedingt; b) wirksam; c) die
Funktion (1 c) erfüllend, im
Sinne der Funktion wirksam,
die Funktion betreffend. 2. die
Beziehung eines Tones (Klan-
ges) hinsichtlich der drei
Hauptakkorde betreffend. 3. die
Leistungsfähigkeit eines Organs betreffend; vgl. ...al/...ell;
funktionelle Erkrankung:
(Med.) Erkrankung, bei der nur
die Funktion eines Organs ge-
stört, nicht aber dieses selbst
krankhaft verändert ist; **funktionelle Gruppen:** (Chem.)
Atomgruppen in organischen
↑ Molekülen, bei denen charakteristische Reaktionen ablaufen
können
Funk|ti|o|nen|the|o|rie *die;* -:
(Math.) allgemeine Theorie der
Funktionen (2)

funk|ti|o|nie̱|ren ⟨*lat.-fr.*⟩: in [ord-
nungsgemäßem] Betrieb sein;
reibungslos ablaufen; vor-
schriftsmäßig erfolgen
Funk|ti|ons|leis̱|te *die;* -, -n: (EDV)
Aneinanderreihung von ↑ Icons
auf dem PC-Bild, bei deren Anklicken der Ablauf eines ↑ Ma-
kros gestartet wird, um ein auf
dem Icon in schriftlicher od.
symbolischer Form dargestell-
tes Ergebnis zu erreichen
Funk|ti|ons|psy|cho|lo|gie *die;* -:
Wissenschaft von den Erscheinungen u. Funktionen der see-
lischen Erlebnisse
Funk|ti|ons|verb *das;* -s, -en:
(Sprachw.) ein Verb, das in einer festen Verbindung mit einem Substantiv gebraucht
wird, wobei das Substantiv den
Inhalt der Wortverbindung bestimmt (z. B. in Verbindung *treten;* in Gang *bringen*)
Funk|ti|ons|verb|ge|fü|ge *das;* -s, -:
(Sprachw.) Verbalform, die aus
der festen Verbindung von Substantiv u. Funktionsverb besteht (z. B. *in Verbindung treten; in Betrieb sein*)
Funk|ti̱v *das;* -s, -e ⟨*lat.-nlat.*⟩: je-
des der beiden Glieder einer
Funktion (in der ↑ Glossematik
L. Hjelmslevs)
Fu̱nk|tor *der;* -s, ...o̱ren: 1. (mo-
derne Logik) ein Ausdruck, der
einen anderen Ausdruck näher
bestimmt. 2. (Sprachw.) Ergänzung einer Leerstelle im Satz
fun|ky [ˈfaŋkɪ] ⟨*engl.*; eigtl. „irre"⟩:
1. ↑ funkig. 2. (ugs.) modisch,
toll
Fun|sport [ˈfan...] *der;* -s ⟨*engl.*⟩:
Gesamtheit der sportlichen Be-
tätigungen, bei denen Freizeit-
gestaltung, Spaß u. Lebensgefühl im Vordergrund stehen,
z. B. Inlineskating, Skateboar-
den, Surfing
Fu|o|r|u|sci̱to [fu̱oruˈʃiːto] *der;*
-[s], ...ti ⟨*lat.-it.*⟩: italienischer
politischer Flüchtling während
der Zeit des ↑ Risorgimento u.
↑ Faschismus
Fu̱|ra|ge [fuˈraːʒə] *die;* -
⟨*germ.-fr.*⟩: (Milit. veraltet)
a) Verpflegung für die Truppe;
b) Futter für die Pferde. **fu|ra-
gie̱|ren:** (Milit. veraltet) Furage
beschaffen
Fu̱|ran *das;* -s, -e ⟨*lat.*⟩: (Chem.)
farblose, chloroformartig riechende, leicht entflammbare

Flüssigkeit, die meist aus ↑ Furfural gewonnen wird u. das Grundgerüst vieler heterozyklischer Verbindungen bildet

Fur|ca, auch: **Furka** *die; -, ...cae* [...t͜se] ⟨*lat.; „Gabel"*⟩: (Zool.) letzter, gegabelter Hinterleibsteil mancher Krebse

Fur|fu|ral *das; -s* ⟨*lat.*⟩: (Chem.) aus Pentosen enthaltenden landwirtschaftlichen Abfallstoffen (wie z. B. Kleie) gewonnene farblose, schleimhautreizende ölige Flüssigkeit, die u. a. als Lösungsmittel verwendet wird

Fu|ri|ant *der; -[s], -s* ⟨*lat.-tschech.*⟩: böhmischer Nationaltanz im schnellen ³/₄-Takt mit scharfen rhythmischen Akzenten

fu|ri|bund ⟨*lat.*⟩: (Med.) rasend, tobsüchtig

Fu|rie [...i̯ə] *die; -, -n:* 1. römische Rachegöttin; vgl. Erinnye. 2. rasende, wütende Frau

Fu|rier *der; -s, -e* ⟨*germ.-fr.*⟩: 1. der für Verpflegung u. Unterkunft einer Truppe sorgende Unteroffizier; vgl. Fourier. 2. Rechnungsführer

fu|ri|os ⟨*lat.*⟩: a) wütend, hitzig; b) mitreißend, glänzend

fu|ri|o|so ⟨*lat.-it.*⟩: (Mus.) wild, stürmisch, leidenschaftlich (Vortragsanweisung). **Fu|ri|o|so** *das; -s, -s u. ...si:* (Mus.) Musikstück od. musikalischer Satz von wild-leidenschaftlichem Charakter

Fur|ka vgl. Furca

Fur|la|na u. **Fur|la|ne** vgl. Forlana

Fur|nier *das; -s, -e* ⟨*germ.-fr.*⟩: dünnes Deckblatt (aus gutem, meist auch gut gemasertem Holz), das auf weniger wertvolles Holz aufgeleimt wird

fur|nie|ren: mit Furnier belegen

Fu|ror *der; -s* ⟨*lat.*⟩: Wut, Raserei

Fu|ro|re *die; - od. das; -s* ⟨*lat.-it.*⟩: rasender Beifall; Leidenschaftlichkeit; **Furore machen:** Aufsehen erregen, Beifall erringen

Fu|ror po|e|ti|cus *der; - - -* ⟨*lat.; gr.-lat.*⟩: (nach antiker [platonischer] Auffassung) rauschhafter Zustand des inspirierten Dichters

Fu|ror teu|to|ni|cus *der; - - -* ⟨*lat.; germ.-lat.*⟩: germanisches bzw. deutsches Ungestüm

Fu|run|kel *der,* (auch:) *das; -s, -* ⟨*lat.; „kleiner Dieb"*⟩: (Med.) eitrige Entzündung eines Haarbalgs u. seiner Talgdrüse; Eitergeschwür

Fu|run|ku|lo|se *die; -, -n* ⟨*lat.-nlat.*⟩: (Med.) ausgedehnte Furunkelbildung

Fu|sa *die; -, ...ze* [...ze] u. ...sen ⟨*lat.-it.*⟩: Achtelnote in der ↑ Mensuralnotation

Fu|sa|ri|o|se *die; -, -n* ⟨*lat.-nlat.*⟩: (Bot.) durch Fusarium erzeugte Pflanzenkrankheit

Fu|sa|ri|um *das; -s, ...ien:* (Bot.) ein Schlauchpilz (Pflanzenschädling)

fu|si|form ⟨*lat.*⟩: (Biol., Med.) lanzettförmig (von Bakterien)

Fü|si|lier *der; -s, -e* ⟨*lat.-vulgärlat.-fr.*⟩: (schweiz., sonst veraltet) Infanterist

fü|si|lie|ren: standrechtlich erschießen

Fü|sil|la|de [fyzi'ja:də] *die; -, -n:* [massenweise] standrechtliche Erschießung von Soldaten

Fu|sil|li *die* (Plural) ⟨*it.*⟩: spiralig gedrehte Nudeln

Fu|si|on *die; -, -en* ⟨*lat.; „Gießen, Schmelzen"*⟩: 1. Vereinigung, Verschmelzung (z. B. zweier od. mehrerer Unternehmen od. politischer Organisationen). 2. (Optik, Med.) Vereinigung der Bilder des rechten u. des linken Auges zu einem einzigen Bild

fu|si|o|nie|ren ⟨*lat.-nlat.*⟩: verschmelzen (von zwei od. mehreren [großen] Unternehmen)

Fu|si|ons|re|ak|tor *der; -s, -en:* ↑ Reaktor zur Energiegewinnung durch Atomkernfusion

Fu|sit [auch: ...'zɪt] *der; -s, -e* ⟨*lat.-nlat.*⟩: Steinkohle, deren einzelne Lagen aus verschieden zusammengesetztem Material bestehen

Fus|ta|ge [fʊs'ta:ʒə] u. Fastage [...'ta:ʒə] *die; -, -n* ⟨französierende Bildung⟩: 1. Leergut. 2. Preis für Leergut

Fus|ta|nel|la *die; -, ...llen* ⟨*ngr.-it.*⟩: kurzer Männerrock der griechischen Nationaltracht

Fus|ti *die* (Plural) ⟨*lat.-it.*⟩: [Vergütung für] Unreinheiten einer Ware

Fus|tik|holz *das; -es* ⟨*arab.-roman.-engl.; dt.*⟩: tropische, zur Farbstoffgewinnung geeignete Holzart (Gelbholz)

Fu|su|ma *die; -, -s* ⟨*jap.*⟩: undurchsichtige Schiebewand, die im japanischen Haus die einzelnen Räume voneinander trennt

Fu|thark ['fu:θark] *das; -s, -e* ⟨nach den ersten sechs Runenzeichen⟩: das älteste germanische Runenalphabet

fu|tie|ren ⟨*lat.-fr.*⟩: (schweiz.) 1. jmdn. beschimpfen, tadeln. 2. sich futieren: sich um etwas nicht kümmern, sich über etwas hinwegsetzen

fu|til ⟨*lat.*⟩: (veraltet) nichtig, unbedeutend, läppisch. **Fu|ti|li|tät** *die; -, -en:* (veraltet) Nichtigkeit, Unbedeutendheit

Fu|ton *der; -s, -s* ⟨*jap.*⟩: als Matratze dienende, relativ hart gepolsterte Matte eines japanischen Bettes

fut|schi|ka|to ⟨italianisierende Bildung⟩: (meist scherzh.) verloren, nicht mehr da; vorbei

Fut|te|ral *das; -s, -e* ⟨*germ.-mlat.*⟩: [eng] der Form angepasste Hülle für einen Gegenstand (z. B. für eine Brille)

Fu|tur *das; -s, -e* ⟨*lat.*⟩: 1. Zeitform, mit der ein verbales Geschehen od. Sein aus der Sicht des Sprechers als Vorhersage, Vermutung, als fester Entschluss, als Aufforderung o. Ä. charakterisiert wird. 2. Verbform des Futurs (1)

Fu|tu|ra *die; -:* (Druckw.) eine Schriftart

Fu|ture ['fju:tʃə] *der; -s, -s* (meist Plural) ⟨*engl.; eigtl. „Zukunft"*⟩: (Börsenw.) standardisiertes Termingeschäft, das an Börsen gehandelt wird (bes. zur Absicherung von Wechselkurs-, Aktienkurs- od. Zinsänderungsrisiken)

fu|tu|risch: (Sprachw.) a) das Futur betreffend; b) im Futur auftretend

Fu|tu|ris|mus *der; -* ⟨*lat.-nlat.*⟩: von Italien ausgehende literarische, künstlerische u. politische Bewegung des beginnenden 20. Jh.s, die den völligen Bruch mit der Überlieferung u. ihren Traditionswerten forderte

Fu|tu|rist *der; -en, -en:* Anhänger des Futurismus

Fu|tu|ris|tik *die; -:* ↑ Futurologie

Fu|tu|ris|tin *die; -, -nen:* weibliche Form zu ↑ Futurist

fu|tu|ris|tisch: zum Futurismus gehörend

Fu|tu|ro|lo|ge *der; -n, -n* ⟨*lat.; gr.*⟩: Wissenschaftler auf dem Gebiet der Futurologie. **Fu|tu|ro|lo|gie** *die; -:* moderne Wissenschaft, die sich mit den erwartbaren zukünftigen Entwicklungen auf technischem, wirtschaftlichem u. sozialem Gebiet beschäftigt. **Fu|tu|ro|lo|gin** *die;* -, -nen: weibliche Form zu ↑ Futurologe. **fu|tu|ro|lo|gisch:** die Futurologie betreffend

Fu|tu|rum *das;* -s, ...ra ⟨*lat.*⟩: (veraltet) ↑ Futur

Fu|tu|rum e|xak|tum *das;* - -, ...ra ...ta: (Sprachw.) vollendetes Futur (z. B. er *wird gegangen sein*)

Fuz|zi *der;* -s, -s ⟨nach der gleichnamigen Gestalt einer amerik. Westernserie⟩: (meist abwertend) [nicht ganz ernst zu nehmender] Mensch; komischer Typ

Fuz|zy|lo|gic [ˈfazilɔdʒɪk] *die;* -, auch: **Fuz|zy-Lo|gic** *die;* -: ↑ Fuzzylogik

Fuz|zy|lo|gik [ˈfazi...] *die;* -: (EDV) bei Systemen der künstlichen Intelligenz angewandte Methode der Nachahmung des menschlichen Denkens

Fylg|ja *die;* -, ...jur ⟨*altnord.*⟩: der persönliche Schutzgeist eines Menschen in der altnordischen Religion (Folgegeist)

Fyl|ke *das;* -[s], -r ⟨*norw.*⟩: norweg. Bez. für: Provinz, Verwaltungsgebiet

Ga|bar|dine [ˈgabardiːn, auch: ...ˈdiːn] *der;* -s, -, auch: *die;* -, - [...ˈdiːn] ⟨*fr.*⟩: Gewebe mit steil laufenden Schrägrippen (für Kleider, Mäntel u. Sportkleidung)

Gab|b|ro *der;* -s ⟨*it.*⟩: (Geol.) ein Tiefengestein

Ga|bel|le *die;* -, -n ⟨*arab.-it.-fr.*⟩: Steuer, Abgabe, bes. Salzsteuer in Frankreich 1341–1790

Gad|get [ˈgædʒɪt] *das;* -s, -s ⟨*engl.*⟩: kleine Werbebeigabe

Ga|do|li|nit [auch: ...ˈnɪt] *der;* -s, -e ⟨*nlat.;* nach dem finn. Chemiker J. Gadolin, 1760–1852⟩: ein Mineral

Ga|do|li|ni|um *das;* -s: zu den seltenen Erdmetallen gehörendes chem. Element; Zeichen: Gd

Gag [gɛk] *der;* -s, -s ⟨*engl.*⟩: 1. (im Theater, Film, Kabarett) [durch technische Tricks herbeigeführte] komische Situation, witziger Einfall. 2. etwas, was als eine überraschende Besonderheit angesehen wird

ga|ga ⟨*fr.*⟩: a) trottelig; b) (ugs.) übergeschnappt, nicht recht bei Verstand

Ga|ga|ku *das;* -s ⟨*jap.*⟩: aus China übernommene Kammer-, Orchester- od. Chormusik am japanischen Kaiserhof (8.–12. Jh. n. Chr.)

Ga|gat *der;* -[e]s, -e ⟨*gr.-lat.*⟩: als Schmuckstein verwendete Pechkohle

Ga|ge [ˈgaːʒə] *die;* -, -n ⟨*germ.-fr.*⟩: Bezahlung, Gehalt von Künstlern

Gag|ger [ˈgægə] *der;* -s, - ⟨*engl.-amerik.*⟩: ↑ Gagman

Ga|gist [gaˈʒɪst] *der;* -en, -en: 1. jmd., der Gage bezieht. 2. (österr. veraltet) Angestellter des Staates od. des Militärs (in der österr.-ungar. Monarchie). **Ga|gis|tin** *die;* -, -nen: weibliche Form zu ↑ Gagist (1)

Gag|li|ar|de [galˈjardə] vgl. Gaillarde

Gag|man [ˈgægmən] *der;* -[s], ...men [...mən] ⟨*engl.*⟩: jmd., der Gags erfindet

Gah|nit [auch: ...ˈnɪt] *der;* -s, -e ⟨*nlat.;* nach dem schwed. Chemiker J. G. Gahn, 1745–1818⟩: dunkelgrünes bis schwarzes metamorphes Mineral

gaie|ment [geˈmã] vgl. gaîment

Gail|lard [gaˈjaːr] *der;* -s, -s ⟨*fr.*⟩: franz. Bez. für: Bruder Lustig

Gail|lar|de *die;* -, -n: 1. (früher) lebhafter, gewöhnlich als Nachtanz zur ↑ Pavane getanzter Springtanz im ³/₄-Takt. 2. bestimmter Satz der ↑ Suite (4) (bis etwa 1600)

Gail|lar|dia [gaˈjardja] *die;* -, ...ien ⟨*nlat.;* nach dem franz. Botaniker Gaillard de Marentonneau⟩: Kokardenblume (Korbblütler; Zierstaude)

gaî|ment [geˈmã] ⟨*germ.-provenzal.-fr.*⟩: (Mus.) lustig, fröhlich, heiter (Vortragsanweisung)

gaio [ˈgajo] ⟨*germ.-provenzal.-fr.-it.*⟩: ↑ gaîment

Gai|ta *die;* -, -s ⟨*span.*⟩: Bez. für verschiedenartige spanische

Blasinstrumente (z. B. Dudelsack aus Ziegenleder, Hirtenflöte)

Gaj|da [ˈgaida] *die;* -, -s ⟨*span.-türk.*⟩: türkische Sackpfeife

Gal *das;* -s, - ⟨Kurzw. für Galilei, nach dem Namen des ital. Naturforschers Galileo Galilei, 1564–1642⟩: ältere physikalische Einheit der Beschleunigung

Ga|la [auch: ˈgala] *die;* -, -s ⟨*span.*⟩: 1. (ohne Plural) für einen besonderen Anlass vorgeschriebene festliche Kleidung; großer Gesellschaftsanzug. 2. (hist.) Hoftracht. 3. Theater-, Opernaufführung, Auftritt von Unterhaltungskünstlern o. Ä. [in festlichem Rahmen]; Galavorstellung

Gal|la|bi|ja *die;* -, -s ⟨*arab.*⟩: weites wollenes Gewand, das von den ärmeren Schichten der arabischsprachigen Bevölkerung des Vorderen Orients getragen wird

gal|akt..., **Gal|akt...** vgl. galakto..., Galakto...

Gal|lak|t|a|go|gum *das;* -s, ...ga ⟨*gr.*⟩: (Med.) milchtreibendes Mittel für Wöchnerinnen

gal|lak|tisch ⟨*gr.-lat.*⟩: zum System der Milchstraße (↑ Galaxis) gehörend; **galaktische Koordinaten:** ein astronomisches Koordinatensystem; **galaktisches Rauschen:** im Ursprung nicht lokalisierbare Radiowellen aus dem Milchstraßensystem

---

gal|lak|to..., Gal|lak|to...

vor Vokalen auch: galakt..., Galakt...

⟨*gr.* gála, Gen. gálaktos „Milch"⟩ Wortbildungselement mit der Bedeutung „Milch, milchartige Flüssigkeit; Milchstraße":
– Galaktagogum
– Galaktometer
– Galaktorrhö
– Galaktostase
Die gleiche Bedeutung hat das Wortbildungselement **lakto...,** **Lakto...,** vor Vokalen lakt..., Lakt... Verwandt mit *gr.* gála, Gen. gálaktos und vermittelt über *lat.* lac, Gen. lactis „Milch", ist es Bestandteil vieler Fremdwörter, wie z. B. in laktieren, Laktoflavin und Laktose.

Gal|lak|to|lo|gie *die; -* ⟨*gr.-nlat.*⟩: Wissenschaft von der Zusammensetzung u. Beschaffenheit der Milch u. ihrer Verbesserung

Gal|lak|to|me|ter *das; -s, -*: Messgerät zur Bestimmung des spezifischen Gewichts der Milch

Gal|lak|tor|rhö *die; -, -en* (Med.) Milchabsonderung, die nach dem Stillen od. auch bei Hypophysenerkrankungen eintritt

Gal|lak|to|s|ä|mie *die; -, ...ien*: angeborene Stoffwechselkrankheit des Säuglings, bei der die mit der Milch aufgenommene ↑ Galaktose nicht in ↑ Glukose umgewandelt werden kann

Gal|lak|to|se *die; -, -n*: Bestandteil des Milchzuckers

Gal|lak|to|si|da|se *die; -, -n*: Milchzucker spaltendes ↑ Enzym

Gal|lak|to|s|ta|se *die; -, -n*: (Med.) Milchstauung (z. B. bei Brustdrüsenentzündung od. Saugschwäche des Neugeborenen)

Gal|lak|to|s|u|rie *die; -, ...ien*: (Med.) das Auftreten von Milchzucker im Harn

Gal|lak|to|ze|lle *die; -, -n*: (Med.) Milchzyste (der Brustdrüse); ↑ Hydrozele mit milchigem Inhalt

Gal|la|lith ® [auch: ...'lɪt] *das; -s* („Milchstein"): harter, hornähnlicher, nicht brennbarer Kunststoff

Gal|lan *der; -s, -e* ⟨*span.*⟩: a) (veraltet) Mann, der sich mit besonderer Höflichkeit, Zuvorkommenheit um eine Frau bemüht; b) (iron.) Liebhaber, Freund

gal|lant ⟨*fr.-span.*⟩: a) (von Männern) betont höflich u. gefällig gegenüber Frauen; b) ein Liebeserlebnis betreffend; amourös; vgl. Roman, Stil; **galante Dichtung:** geistreich-spielerische Gesellschaftspoesie als literarische Mode in Europa 1680–1720

Gal|lan|te|rie *die; -, ...ien* ⟨*fr.*⟩: a) sich bes. in geschmeidigen Umgangsformen ausdrückendes höfliches, zuvorkommendes Verhalten gegenüber Frauen; b) galantes ↑ Kompliment.

Gal|lan|te|ri|en *die* (Plural): ↑ Galanteriewaren

Gal|lan|te|rie|wa|ren *die* (Plural): (veraltet) Mode-, Putz-, Schmuckwaren; modisches Zubehör wie Tücher, Fächer usw.

Gal|lant|homme [...'tɔm] *der; -s, -s*: franz. Bez. für: Ehrenmann, Mann von feiner Lebensart

Gal|lan|ti|ne *die; -, -n* ⟨*fr.*⟩: Pastete aus Fleisch od. Fisch, die mit Aspik überzogen ist u. kalt aufgeschnitten wird

Gal|lan|t|u|o|mo *der; -s, ...mini* ⟨*it.*⟩: ital. Bez. für: Ehrenmann

Gal|la|xi|as *die; -* ⟨*gr.*⟩: (veraltet) Milchstraße

Gal|la|xie *die; -, ...ien* ⟨*gr.-lat.-mlat.*⟩: (Astron.) a) großes Sternsystem außerhalb der Milchstraße; b) Spiralnebel

Gal|la|xis *die; -, ...xien*: (Astron.) a) (ohne Plural) Milchstraße; b) ↑ Galaxie

Gal|ban u. **Gal|ba|num** *das; -s* ⟨*semit.-gr.-lat.*⟩: Galbensaft (Heilmittel aus dem Milchsaft persischer Doldenblütler)

Gal|le|as|se *die; -, -n* ⟨*gr.-mgr.-mlat.-it.*⟩ u. Galjass *die; -, -en* ⟨*gr.-mgr.-mlat.-it.-fr.-niederl.*⟩: 1. Küstenfrachtsegler mit Kiel u. plattem Heck, mit Großmast u. kleinem Besanmast (vgl. Besan). 2. größere Galeere

Gal|lee|re *die; -, -n* ⟨*gr.-mgr.-mlat.-it.*⟩: mittelalterliches zweimastiges Ruderschiff des Mittelmeerraums mit 25–50 Ruderbänken, meist von Sklaven, Sträflingen gerudert

Gal|le|nik *die; -* ⟨*nach dem griech. Arzt Galen (129–199 n. Chr.)*⟩: Lehre von der Zubereitung u. Herstellung von Arzneimitteln

Gal|le|ni|kum *das; -s, ...ka* ⟨*nlat.*⟩: in der Apotheke aus ↑ Drogen (2) zubereitetes Arzneimittel (im Gegensatz zum chemischen Fabrikerzeugnis)

gal|le|nisch: aus Drogen (2) zubereitet; vgl. Galenikum

Gal|le|nit [auch: ...'nɪt] *der; -s, -e* ⟨*lat.-nlat.*⟩: Bleiglanz, wichtiges Bleierz

Gal|le|o|ne u. Galione *die; -, -n* ⟨*gr.-mgr.-mlat.-span.-niederl.*⟩: großes spanisches u. portugiesisches Kriegs- u. Handelssegelschiff des 15.–18. Jh.s mit 3–4 Decks übereinander

Gal|le|ot *der; -en, -en* ⟨*gr.-mgr.-mlat.-roman.*⟩: Galeerensklave

Gal|le|o|te u. Galiote *die; -, -n u.* Galjot *die; -, -en:* die ↑ Galeasse (1) ähnliches kleineres Küstenfahrzeug

Gal|le|ra *die; -, -s* ⟨*gr.-mgr.-mlat.-span.*⟩: größerer spanischer Planwagen als Transport- u. Reisefahrzeug

Gal|le|rie *die; -, ...ien* ⟨*it.*⟩: 1. (Archit.) a) mit Fenstern, Arkaden u. Ä. versehener Gang als Laufgang an der Fassade einer romanischen od. gotischen Kirche; b) umlaufender Gang, der auf der Innenhofseite um das Obergeschoss eines drei- od. vierflügeligen Schlosses, Palastes o. Ä. geführt ist; c) außen an Bauernhäusern angebrachter balkonartiger Umgang. 2. (Archit.) in altem Schlössern ein mehrere Räume verbindender Gang od. ein großer lang gestreckter, für Festlichkeiten od. auch zum Aufhängen od. Aufstellen von Bildwerken benutzter Raum. 3. a) kurz für Gemäldegalerie; b) Kunst-, insbes. Gemäldehandlung, die auch Ausstellungen veranstaltet. 4. a) Empore [in einem Saal, Kirchenraum]; b) (veraltend) oberster Rang im Theater; c) (veraltend) das auf der Galerie (4 a, b) sitzende Publikum. 5. Orientteppich in der Form eines Läufers. 6. (bes. österr., schweiz.) Tunnel an einem Berghang mit fensterartigen Öffnungen nach der Talseite. 7. (hist.) mit Schießscharten versehener, bedeckter Gang im Mauerwerk einer Befestigungsanlage. 8. [glasgedeckte] Passage o. Ä. mit Läden. 9. (Seemannsspr. veraltend) um das Heck laufender Rundgang an [alten Segel]schiffen. 10. (meist scherzh.) größere Anzahl gleichartiger Dinge, Personen (z. B. sie besitzt eine ganze Galerie schöner Hüte). 11. (österr. veraltend) Unterwelt, Verbrecherwelt

Gal|le|rie|ton *der; -[e]s:* durch ↑ Oxidation des Öls entstandene dunkle, bräunliche Tönung alter Ölgemälde

Gal|le|rie|wald *der; -[e]s, ...wälder:* schmaler Waldstreifen an Flüssen u. Seen afrikanischer Savannen u. Steppengebiete

Gal|le|rist *der; -en, -en:* Besitzer einer Galerie (3 b). **Gal|le|ris|tin** *die; -, -nen:* weibliche Form zu ↑ Galerist

Gal|let|te *die; -, -n* ⟨*fr.*⟩: flacher Kuchen [aus Blätterteig]

Gal|gant|wur|zel *die; -, -n* ⟨*arab.-*

mlat.; dt.): zu Heilzwecken u. als Gewürz verwendete Wurzel eines ursprünglich südchinesischen Ingwergewächses

Ga|li|ma|thi|as *der od. das; - ⟨fr.⟩*: sinnloses, verworrenes Gerede

Gal|li|on *das; -s, -s ⟨gr.-mgr.-mlat.- span.-niederl.⟩*: Vorbau am Bug älterer Schiffe

Gal|li| o|ne vgl. Galeone

Gal|li|ons|fi|gur *die; -, -en*: 1. aus Holz geschnitzte Verzierung des Schiffsbugs (meist in Form einer Frauengestalt). 2. zugkräftige, werbende Gestalt, Person an der Spitze einer Partei, Organisation, eines Verbands o. Ä.

Gal|li| o|te vgl. Galeote

Gal|li|pot *[...'po:] der; -s ⟨fr.⟩*: franz. Bez. für: Fichtenharz

Gal|li|um *das; -s ⟨gr.-lat.⟩*: Labkraut

Gal|li|va|lte *die; -, -n ⟨engl.⟩*: (früher) Transportschiff in Indien

Gal|jass vgl. Galeasse

Gal|jot vgl. Galeote

Gal|lat *das; -s, -e ⟨lat.-nlat.⟩*: (Chem.) Salz der ↑ Gallussäure

Gal|lé|glas *[ga'le:...] das; -es, ...gläser ⟨nach dem franz. Kunsthandwerker des Jugendstils E. Gallé, 1846–1904⟩*: ein Kunstglas

Gal|le|ria *die; -, -s ⟨it.⟩*: (Archit.) mehrere Räume od. Gebäudeteile verbindende hallenartige Konstruktion mit großen Glasflächen

Gal|lert *[auch: ...'lert] das; -s, -e u. Gal|ler|te die; -, -n ⟨lat.- mlat.⟩*: steif gewordene, durchsichtige, gelatineartige Masse aus eingedickten pflanzlichen od. tierischen Säften

gal|ler|tig *[auch: 'ga...]*: aus Gallerte od. gallertähnlichem Stoff bestehend

Gal|li|ar|de *[ga'jardə]* vgl. Gaillarde

gal|lie|ren *⟨lat.-nlat.⟩*: (Färberei) ein Textilgewebe für die Aufnahme von Farbstoff mit Flüssigkeiten behandeln, die Tannin od. Galläpfelauszug enthalten

gal|li|ka|nisch *⟨mlat.; nach dem lat. Namen Gallia für Frankreich⟩*: dem Gallikanismus entsprechend; **gallikanische Kirche**: mit Sonderrechten ausgestattete katholische Kirche in Frankreich vor 1789; **gallikanische Liturgie**: Sonderform der

vorkarolingischen ↑ Liturgie in Gallien; vgl. Confessio Gallicana

Gal|li|ka|nis|mus *der; - ⟨mlat.-fr.⟩*: a) französisches Staatskirchentum mit Sonderrechten gegenüber dem Papst (vor 1789); b) nationalkirchliche Bestrebungen in Frankreich bis 1789

Gal|li|on vgl. Galion

Gal|li|ons|fi|gur vgl. Galionsfigur

gal|li|sie|ren *⟨nlat.; vom Namen des dt. Chemikers L. Gall, 1791–1863⟩*: bei der Weinherstellung dem Traubensaft Zuckerlösung zusetzen, um den Säuregehalt abzubauen od. den Alkoholgehalt zu steigern

Gal|li|um *das; -s ⟨lat.-nlat.⟩*: chem. Element; ein Metall; Zeichen: Ga

Gal|li|zis|mus *der; -, ...men ⟨lat.- nlat.⟩*: Übertragung einer für das Französische charakteristischen sprachlichen Erscheinung auf eine nicht französische Sprache im lexikalischen od. syntaktischen Bereich, sowohl fälschlicherweise als auch bewusst; vgl. Interferenz (3)

Gal|l|jam|bus *der; -, ...ben ⟨gr.-lat.⟩*: antiker Vers aus ↑ katalektischen ionischen ↑ Tetrametern

Gal|lo|ma|nie *die; - ⟨lat.; gr.⟩*: ↑ Frankomanie

Gal|lon *['gælən] der od. das; -[s], -s*: ↑ Gallone. **Gal|lo|ne** *die; -, -n ⟨fr.-engl.⟩*: a) engl. Hohlmaß (= 4,546 l); Abk.: gal.; b) nordamerik. Hohlmaß (= 3,785 l); Abk.: gal.

gal|lo|phil *⟨lat.; gr.⟩*: ↑ frankophil; Ggs. ↑ gallophob. **Gal|lo|phi|lie** *die; -*: ↑ Frankophilie; Ggs. ↑ Gallophobie

gal|lo|phob *⟨lat.; gr.⟩*: ↑ frankophob; Ggs. ↑ gallophil. **Gal|lo|pho|bie** *die; -*: ↑ Frankophobie; Ggs. ↑ Gallophilie

gal|lo|ro|ma|nisch *⟨lat.-nlat.⟩*: das Galloromanische betreffend. **Gal|lo|ro|ma|nisch** *das; -[en]*: aus dem Vulgärlatein hervorgegangener Teil des Westromanischen, der sprachgeographisch auf das ehemalige römische Gallien beschränkt ist u. die unmittelbare Vorstufe des Altprovenzalischen u. Altfranzösischen bildet

Gal|lo|way|rind *['gæləweɪ...] das; -[s], -er ⟨nach der gleichnamigen schott. Landschaft⟩*: robuste schottische Rinderrasse

Gal|lup|in|s| ti|tut, auch: **Gal- lup-In|s|ti|tut** *[auch: 'gæləp...] das; -[e]s ⟨nach seinem Begründer, dem amerik. Statistiker G. H. Gallup, 1901–1984⟩*: amerikanisches Meinungsforschungsinstitut

Gal|lus|säu|re *die; - ⟨lat.-nlat.; dt.⟩*: in zahlreichen Pflanzenbestandteilen (z. B. Galläpfeln, Teeblättern, Rinden) vorkommende organische Säure

Gal|mei *[auch: 'gal...] der; -s, -e ⟨gr.-lat.-mlat.-fr.⟩*: (Geol.) Zinkspat, wichtiges Zinkerz

Ga|lon *[ga'lõ:] der; -s, -s ⟨fr.⟩* u. **Ga|lo|ne** *die; -, -n ⟨fr.-it.⟩*: Tresse, Borte, Litze. **ga|lo|nie|ren** *⟨fr.⟩*: a) mit Galons besetzen; b) langhaarige, dichte Felle durch Dazwischensetzen schmaler Lederstreifen o. Ä. verlängern

Ga|lo|pin *[...'pɛ:] der; -s, -s ⟨germ.-fr.⟩*: (veraltet) 1. Ordonnanzoffizier. 2. heiterer, unbeschwerter junger Mensch

Ga|lopp *der; -s, -s u. -e ⟨germ.- fr.(-it.)⟩*: 1. Gangart, Sprunglauf des Pferdes. 2. um 1825 aufgekommener schneller Rundtanz im $^3/_4$-Takt

Ga|lop|pa|de *die; -, -n ⟨germ.-fr.⟩*: (veraltet) ↑ Galopp

Ga|lop|per *der; -s, - ⟨germ.-fr.- engl.⟩*: für Galopprennen gezüchtetes Pferd

ga|lop|pie|ren *⟨germ.-fr.-it.⟩*: (von Pferden) im Sprunglauf gehen; **galoppierend**: sich schnell verschlimmernd, negativ entwickelnd (z. B. galoppierende Schwindsucht, eine galoppierende Geldentwertung)

Ga|lo|sche *die; -, -n ⟨fr.⟩*: (veraltet) Gummiüberschuh

Gal|to|nie *[...jə] die; -, -n ⟨nlat.; nach dem engl. Naturforscher u. Schriftsteller Sir Francis Galton, 1822–1911⟩*: (Bot.) südafrikanisches Liliengewächs mit hängenden, glockenförmigen Blüten

Gal|va|ni|sa|ti|on *die; -, -en ⟨it.- nlat.; nach dem ital. Anatomen L. Galvani, 1737–1798⟩*: Anwendung des elektrischen Gleichstroms zu Heilzwecken

gal|va|nisch: auf der elektrolytischen Erzeugung von elektrischem Strom beruhend; **galvanische Polarisation**: elektrische Gegenspannung bei galvanischen Vorgängen; **galvani-**

sches Element: Vorrichtung zur Erzeugung von elektrischem Strom auf galvanischer Grundlage; **galvanische Hautreaktion:** (Psychol.) Veränderung der elektrischen Leitfähigkeit, des Widerstandes der Haut (z. B. bei gefühlsmäßigen Reaktionen)

Gal|va|ni|seur [...'zøːɐ̯] *der;* -s, -e ⟨*it.-fr.*⟩: Facharbeiter für Galvanotechnik. **Gal|va|ni|seu|rin** [...'zøːrɪn] *die;* -, -nen: weibliche Form zu ↑ Galvaniseur **gal|va|ni|sie|ren:** durch Elektrolyse mit Metall überziehen

Gal|va|nis|mus *der;* - ⟨*it.-nlat.*⟩: Lehre vom galvanischen Strom

Gal|va|no *das;* -s, -s ⟨*it.*⟩: auf galvanischem Wege hergestellte Abformung von einer ↑ Autotypie, einer Strichätzung, einem Schriftsatz u. a.

Gal|va|no|gra|phie, auch: ...grafie *die;* - ⟨*it.; gr.*⟩: Verfahren zur Herstellung von Kupferdruckplatten

Gal|va|no|kaus| tik *die* -: (Med.) das Ausbrennen kranken Gewebes mit dem Galvanokauter.

Gal|va|no|kau|ter *der;* -s: ärztliches Instrument mit einem durch galvanischen Strom erhitzten Platindraht zur Vornahme von Operationen

Gal|va|no|kli|schee *das;* -s, -s: ↑ Galvanoplastik

Gal|va|no|me|ter *das;* -s, -: elektromagnetisches Messinstrument für elektrischen Strom.

gal|va|no|me|t| risch: mithilfe des Galvanometers erfolgend

Gal|va|no|nar|ko|se *die;* -, -n: Narkoseverfahren, bei dem mithilfe von elektrischem Gleichstrom die Erregbarkeit des Rückenmarks vollständig ausgeschaltet wird

Gal|va|no|plas| tik *die;* -: Verfahren zum Abformen von Gegenständen durch galvanisches Auftragen dicker, abziehbarer Metallschichten, wobei von den Originalen Wachs- od. andere Negative angefertigt werden, die dann in Kupfer, Nickel od. anderem Metall abgeformt werden können, wodurch z. B. Pressformen für die Schallplattenherstellung erzeugt, Druckplatten usw. hergestellt werden. **gal|va|no|plas| tisch:** die Galva-

noplastik betreffend, auf ihr basierend

Gal|va|no|punk|tur *die;* -, -en ⟨*it.; lat.*⟩: elektrische Entfernung von Haaren

Gal|va|no|s| kop *das;* -s, -e ⟨*it.; gr.*⟩: elektrisches Messgerät

Gal|va|no|s| te|gie *die;* -: galvanisches (elektrolytisches) Überziehen von Metallflächen mit Metallüberzug

Gal|va|no|ta|xis *die;* -, ...xen: durch elektrische Reize ausgelöste Bewegung bei Tieren, die positiv (zur Reizquelle hin) oder negativ (von der Reizquelle weg) verlaufen kann

Gal|va|no|tech|nik *die;* -: Technik des ↑ Galvanisierens

Gal|va|no|the|ra|pie *die;* -, ...ien: ↑ Galvanisation

Gal|va|no|tro|pis|mus *der;* -, ...men: durch elektrischen Strom experimentell beeinflusste Wachstumsbewegung bei Pflanzen

Gal|va|no|ty|pie *die;* -: (veraltet) ↑ Galvanoplastik

...gam

⟨zu *gr.* gámos „Vermählung, Ehe"⟩ Wortbildungselement mit folgenden Bedeutungen:
1. „Befruchtung, Bestäubung betreffend":
– autogam
– hydrogam
2. „die Ehe betreffend":
– Misogam
– monogam
– polygam
Von gleicher Herkunft ist das Wortbildungselement für weibliche Substantive **...gamie** mit den Bedeutungen „Befruchtung, Bestäubung", wie z. B. in Kleistogamie u. Xenogamie, sowie „Ehe", wie z. B. in Bigamie u. Monogamie.

Gal|man|der *der;* -s, - ⟨*gr.-mlat.*⟩: bes. auf kalkhaltigem Boden vorkommende Pflanze in vielen Arten, von denen einige als Heilpflanzen gelten; Teucrium (Gattung der Lippenblütler)

Gal|ma|sche *die;* -, -n ⟨*arab.-span.-provenzal.-fr.*⟩: a) über Strumpf u. Schuh getragene [knöpfbare] Beinbekleidung aus Stoff od. Leder; b) aus Bändern gewickelte Beinbekleidung

Gal|ma|sil|di| ol|se *die;* -, -n ⟨*nlat.*⟩: auf Menschen übertragbare Vogelmilbenkrätze

Gam|ba *die;* -, -s ⟨*lat.-vulgärlat.-span.*⟩: span. Bez. für Garnele, Krevette

Gam|ba|de [auch: gã'b...] *die;* -, -n ⟨*vulgärlat.-it.-fr.*⟩: 1. a) Luftsprung; b) Kapriole, närrischer Einfall. 2. schneller Entschluss

Gam|bang *das;* -s, -s ⟨*indones.*⟩: im Gamelan verwendetes xylophonartiges Instrument

Gam|be *die;* -, -n ⟨*vulgärlat.-it.*⟩: ↑ Viola da Gamba, mit den Knien gehaltenes Streichinstrument des 16. bis 18. Jh.s

Gam|bir *der;* -s ⟨*malai.*⟩: als Gerbu. Heilmittel verwendeter Saft eines ostasiatischen Kletterstrauches

Gam|bist *der;* -en, -en ⟨*vulgärlat.-it.*⟩: Musiker, der Gambe spielt. **Gam|bis| tin** *die;* -, -nen: weibliche Form zu ↑ Gambist

Gam|bit *das;* -s, -s ⟨*vulgärlat.-it.-span.*⟩: Schacheröffnung mit einem Bauernopfer zur Erlangung eines Stellungsvorteils

Game [geɪm] *das;* -s, -s ⟨*engl.;* „Spiel"⟩: 1. [Computer]spiel. 2. Spielgewinn beim Tennis

Game|boy® ['geːm...; 'geɪm...] *der;* -[s], -s ⟨*engl.*⟩: kleines elektronisches Spielgerät

Ga|me|lan *das;* -s, -s ⟨*indones.*⟩: auf einheimischen Schlag-, Blas- u. Saiteninstrumenten spielendes Orchester auf Java u. Bali, das vor allem Schattenspiele und rituelle Tänze musikalisch begleitet

Ga|me|lang vgl. Gamelan

Ga|me|lle *die;* -, -n ⟨*lat.-span.-it.-fr.*⟩: (schweiz.) Koch- u. Essgeschirr der Soldaten

Game|port, auch: **Game-Port** ['geɪm...] *der;* -s, -s ⟨*engl.*⟩: (EDV) Schnitt-, Anschlussstelle für eine Spielkonsole an einem Computer

Game|show ['geːmʃoː; 'geɪmʃoʊ] *die;* -, -s ⟨*engl.*⟩: Unterhaltungssendung im Fernsehen, in der bestimmte Spiele [um Preise, Gewinne] veranstaltet werden

Ga|met *der;* -en, -en ⟨*gr.-nlat.*⟩: geschlechtlich differenzierte Fortpflanzungszelle von Pflanze, Tier u. Mensch

Ga|me| t|an|gi| o|ga|mie *die;* -: (Bot.) bei Pilzen vorkommende Art der Befruchtung, bei der

G

die Gametangien verschmelzen, ohne Geschlechtszellen zu entlassen. **Ga|me|t|an|gi|um** *das; -s, ...ien:* Pflanzenzelle, in der sich die Geschlechtszellen in Ein- od. Mehrzahl bilden

Ga|me|to|ga|mie *die; -, ...ien:* Vereinigung zweier verschiedengeschlechtiger Zellen

Ga|me|to|ge|ne|se *die; -, -n:* (Biol.) Entstehung der Gameten u. ihre Wanderung im Körper bis zur Befruchtung

Ga|me|to|pa|thie *die; -, ...ien:* (Med.) Keimschäden, die von der Zeit der Reifung der Gameten bis zur Befruchtung auftreten

Ga|me|to|phyt *der; -en, -en:* Pflanzengeneration, die sich geschlechtlich fortpflanzt (im Wechsel mit dem ↑ Sporophyten)

Ga|me|to|zyt *der; -en, -en:* noch undifferenzierte Zelle, aus der im Verlauf der Gametenbildung die Gameten hervorgehen ...**ga|mie** s. Kasten ...**gam**

Ga|min [ga'mɛ̃] *der; -s, -s ⟨fr.⟩:* (veraltet) Straßen-, Gassenjunge, Bursche

Gam|ma *das; -[s], -s ⟨semit.-gr.⟩:* dritter Buchstabe des griechischen Alphabets: Γ, γ

Gam|ma|as|t|ro|no|mie vgl. Röntgenastronomie

Gam|ma|funk|ti|on *die; -:* Verallgemeinerung des mathematischen Ausdrucks ↑ Fakultät auf nicht natürliche Zahlen

Gam|ma|glo|bu|lin *das; -s:* (Med.) Eiweißbestandteil des Blutplasmas (zur Vorbeugung u. Behandlung bei verschiedenen Krankheiten verwendet)

Gam|ma|me|tall *das; -s:* Legierung aus Kupfer u. Zinn

Gam|ma|quant, γ-Quant *das; -s, -en:* den ↑ Gammastrahlen zugeordnetes Elementarteilchen

Gam|ma|rus *der; - ⟨gr.-lat.⟩:* Flohkrebs

Gam|ma|spek|t|ro|me|ter *das; -s, -:* Gerät zur Aufzeichnung der Linien eines Gammaspektrums.

Gam|ma|spek|t|rum *das; -s, ...tren u. ...tra:* Energiespektrum der Gammastrahlen

Gam|ma|strah|len, γ-Strah|len *die* (Plural) ⟨semit.-lat.; dt.⟩: vom Ehepaar Curie entdeckte radioaktive Strahlung, kurzwellige Röntgenstrahlen, die in der Strahlentherapie u. zur Prüfung von Werkstoffen eingesetzt werden

Gam|ma|zis|mus *der; - ⟨semit.-gr.-lat.-nlat.⟩:* Schwierigkeit bei der Aussprache von g u. k, die fälschlich wie j, d od. t ausgesprochen werden (häufig in der Kindersprache, als Dialektfehler od. auch infolge Krankheit)

Gam|me *die; -, -n ⟨gr.-lat.-fr.⟩:* Tonleiter, Skala

Ga|mo|ne *die* (Plural) ⟨gr.-nlat.⟩: von den Geschlechtszellen abgegebene (für den Befruchtungsvorgang wichtige) chemische Stoffe

Ga|mont *der; -en, -en:* (Biol.) Abschnitt im Entwicklungszyklus einzelliger Tiere u. Pflanzen, in dem der einzellige Organismus durch Vielfachteilung Geschlechtszellen bildet

ga|mo|phob ⟨gr.⟩: (Fachspr.) ehescheu

ga|mo|trop ⟨gr.⟩: (Bot.) auf den Schutz der Geschlechtsorgane gerichtet; **gamotrope Bewegungen:** Bewegungen der Blüten zum Schutz od. zur Unterstützung der Geschlechtsorgane (z. B. Schließen vor Regenfällen)

Gam|p|so|dak|ty|lie *die; -, ...ien* ⟨gr.-nlat.⟩: (Med.) Unfähigkeit, den kleinen Finger zu strecken

Ga|nache [ga'naʃ] *die; - ⟨fr.⟩:* cremige Nachspeise, die hauptsächlich aus einer Mischung von süßer Sahne u. geriebener Schokolade hergestellt wird

Ga|na|sche *die; -, -n ⟨gr.-it.-fr.⟩:* breiter Seitenteil des Pferdeunterkiefers

Gan|dha|ra|kunst [...'da:ra...] *die; -:* griechisch-buddhistische Kunst aus der Schule der in Afghanistan gelegenen Landschaft Gandhara

Gan|dhar|wa [...'da:ɐva] *die* (Plural) ⟨sanskr.⟩: Halbgötter (in Luft u. Wasser) des ↑ Hinduismus

Ga|neff *der; -[s], -e ⟨jidd.; aus der Gaunerspr.⟩:* ↑ Ganove

Gang [gɛŋ] *die; -, -s ⟨engl.⟩:* organisierte Gruppe von [jungen] Menschen, die sich kriminell, gewalttätig verhält

Gan|gli|en: *Plural* von ↑ Ganglion

Gan|gli|en|blo|cker *der; -s, - ⟨gr.-lat.; niederl.-fr.-dt.⟩:* (Med.) die Reizübertragung im Nervensystem hemmendes Mittel

Gan|gli|li|en|zel|le *die; -, -n:* Nervenzelle

Gan|gli|li|om *das; -s, -e:* (Med.) bösartige Geschwulst, die von Ganglien des ↑ Sympathikus ihren Ausgang nimmt

Gan|gli|li|on *das; -s, ...ien ⟨gr.-lat.⟩:* 1. Nervenknoten (Anhäufung von Nervenzellen). 2. (Med.) Überbein

Gan|gli|li|o|ni|tis vgl. Ganglitis

Gan|gli|li|o|ple|gi|kum *das; -s, ...ka* (meist Plural) ⟨gr.-nlat.⟩: (Med.) ↑ Ganglienblocker

Gan|gli|li|tis u. Ganglionitis *die; -, ...it|den:* Nervenknotenentzündung

Gan|g|rän [gaŋ'grɛ:n] *die; -, -en, auch: das; -s, -e u. (selten:)* **Gan|g|rä|ne** *die; -, -n ⟨gr.-lat.⟩:* (Med.) [bes. feuchter] Brand, Absterben des Gewebes. **gan|g|rä|nes|zie|ren** ⟨gr.-lat.-nlat.⟩: (Med.) brandig werden **gan|g|rä|nös:** (Med.) mit Gangränbildung einhergehend

Gang|spill *das; -[e]s, -e ⟨niederl.⟩:* Ankerwinde

Gangs|ter ['gɛŋstɐ] *der; -s, - ⟨engl.⟩:* (meist in einer Gruppe organisierter) [Schwer]verbrecher

Gang|way ['gɛŋwei] *die; -, -s ⟨engl.⟩:* an ein Schiff od. Flugzeug heranzuschiebende, einem Steg od. einer Treppe ähnliche Vorrichtung, über die die Passagiere ein- u. aussteigen

Ga|no|blast *der; -en, -en* (meist Plural) ⟨gr.-nlat.⟩: (Med.) Zahnschmelz bildende Zelle

Ga|no|i|den *die* (Plural): Schmelzschupper (zusammenfassende Bez. für Störe, Hechte u. ↑ Kaimanfische). **Ga|no|id|schup|pe** *die; -, -n ⟨gr.-nlat.; dt.⟩:* rhombenförmige Fischschuppe (charakteristisch für die Ganoiden)

Ga|no|in *das; -s ⟨gr.-nlat.⟩:* perlmutterglänzender Überzug der Ganoidschuppen

Ga|no|sis *die; -, ...osen ⟨gr.; „das Schmücken; der Glanz"⟩:* Imprägnierung von Bildwerken aus Gips od. Marmor

Ga|no|ve *der; -n, -n ⟨hebr.-jidd.; aus der Gaunerspr.⟩:* (ugs. abwertend) Verbrecher, Betrüger, Angehöriger der Unterwelt

Ga|ny|med *[auch: 'ga:...] der; -s, -e ⟨nach dem Mundschenk des*

Zeus in der griech. Sage): junger Kellner, Diener

Ga|ra|ge [...ʒə] *die; -, -n* ⟨*germ.-fr.*⟩: 1. Einstellraum für Kraftfahrzeuge. 2. Autowerkstatt

ga|ra|gie|ren [...ʒi:...]: (österr. u. schweiz.) in einer Garage einstellen

Ga|ra|gist [...ʒıst] *der; -en, -en*: (schweiz.) Besitzer einer Autowerkstatt, Mechaniker. **Ga|ragis|tin** *die; -, -nen*: weibliche Form zu ↑ Garagist

Ga|ra|mond [...mõ:] *die; -* ⟨nach dem franz. Stempelschneider Garamond, um 1480–1561⟩: eine Antiquadruckschrift; vgl. Garmond

Ga|rant *der; -en, -en* ⟨*germ.-fr.*⟩: Person, Institution o. Ä., die (durch ihr Ansehen) Gewähr für die Sicherung, Erhaltung o. Ä. von etwas bietet

Ga|ran|tie *die; -, ...ien*: 1. Gewähr, Sicherheit. 2. vom Hersteller schriftlich gegebene Zusicherung, innerhalb eines bestimmten begrenzten Zeitraums auftretende Defekte an einem gekauften Gegenstand kostenlos zu beheben. 3. a) einen bestimmten Sachverhalt betreffende verbindliche Zusage, [vertraglich festgelegte] Sicherheit; b) (Bankw.) Haftungsbetrag, Sicherheit, Bürgschaft

ga|ran|tie|ren: bürgen, verbürgen, gewährleisten. **ga|ran|tiert** (ugs.) mit Sicherheit, bestimmt

Ga|ran|tin *die; -, -nen*: weibliche Form zu ↑ Garant

Gar|çon [garˈsõ:] *der; -s, -s* ⟨*germ.-fr.*⟩: 1. franz. Bez. für: Kellner. 2. (veraltet) junger Mann; Junggeselle. **Gar|çonne** [...ˈsɔn] *die; -, -n* [...nən]: 1. (veraltet) ledige Frau. 2. (ohne Plural) knabenhafte Mode um 1925 u. wieder um 1950. **Garçon|ni|ère** [garsõˈjɛːr] *die; -, -n* [...rən]: (österr.) Einzimmerwohnung

Gar|de *die; -, -n* ⟨*germ.-fr.*⟩: 1. Leibwache eines Fürsten. 2. Kern-, Elitetruppe. 3. Fastnachtsgarde; [meist friderizianisch] uniformierte, in Karnevalsvereinen organisierte [junge] Frauen u. Männer

Gar|de|du|korps [gard(ə)dyˈkɔːr] *das; - -* ⟨fr.⟩: 1. Leibgarde eines Monarchen. 2. früher in Pots-

dam stationiertes Gardekavallerieregiment

Gar|de|korps [...koːr] *das; -, -*: Gesamtheit der ↑ Garden (2)

Gar|de|man|ger [gard(ə)mãˈʒeː] *der; -s, -s*: 1. (veraltet) Speisekammer. 2. (Gastr.) Spezialkoch für kalte Speisen

Gar|de|nie [...jə] *die; -, -n* ⟨nlat.; nach dem schott. Botaniker A. Garden, 1730?–1792⟩: immergrüner tropischer Strauch mit duftenden Blüten

Gar|den|par|ty [ˈgaːdnˈpaːtɪ] *die; -, -s* ⟨engl.⟩: [sommerliches] Fest im Garten

Gar|de|ro|be *die; -, -n* ⟨*germ.-fr.*⟩: 1. [gesamte] Oberbekleidung, die jmd. besitzt od. gerade trägt. 2. Kleiderablage[raum]. 3. Ankleideraum (z. B. von Schauspielern)

Gar|de|ro|bi|er [...ˈbjeː] *der; -s, -s*: (Theat.) männliche Person, die im Theater Künstler ankleidet u. ihre Garderobe in Ordnung hält. **Gar|de|ro|bi|e|re** *die; -, -n*: 1. (Theat.) weibliche Form zu ↑ Garderobier. 2. (veraltend) Garderobenfrau, Angestellte, die in der Garderobe tätig ist

gar|dez [garˈde:] ⟨fr.; "schützen Sie (Ihre Dame)!"⟩: (bei privaten Schachpartien manchmal verwendeter) höflicher Hinweis auf die Bedrohung der Dame

Gar|di|ne *die; -, -n* ⟨lat.-fr.-niederl.⟩: [durchsichtiger] Fenstervorhang

Gar|dist *der; -en, -en* ⟨*germ.-fr.*⟩: Angehöriger der ↑ Garde

gar|ga|ri|sie|ren ⟨gr.-lat.-fr.⟩: (Med.) gurgeln. **Gar|ga|ris|ma** *das; -s, -ta* ⟨gr.-lat.⟩: (Med.) Gurgelmittel

Ga|ri|gue w. Garrigue [gaˈrig] *die; -, -s* ⟨provenzal.-fr.⟩: strauchige, immergrüne Heide in Südfrankreich

Gar|mond [garˈmõ:] *die; -* ⟨nach dem franz. Stempelschneider Garamond, um 1480–1561⟩: (südd., österr.) ↑ ³Korpus; vgl. Garamond

Gar|ne|le *die; -, -n* ⟨niederl.⟩: (in verschiedenen Arten im Meer lebender) Krebs mit seitlich abgeflachtem Körper u. langem, kräftigem Hinterleib (z. B. Krabbe, ↑ ²Granat)

gar|ni vgl. Hotel garni

Gar|nier *das; -s*: Boden- u. Seiten-

verkleidung der Laderäume eines Frachtschiffs

gar|nie|ren ⟨*germ.-fr.*⟩: 1. a) mit Zubehör, Zutat versehen; b) schmücken, verzieren. 2. mit Garnier versehen

Gar|ni|e|rit [auch: ...ˈrıt] *der; -s, -e* ⟨nlat.; nach dem franz. Geologen J. Garnier (1839–1904)⟩: hellgrünes Mineral, das zur Nickelgewinnung dient

Gar|ni|son *die; -, -en* ⟨*germ.-fr.*⟩: 1. Standort militärischer Verbände u. ihrer Einrichtungen. 2. Gesamtheit der Truppen eines gemeinsamen Standorts.

gar|ni|so|nie|ren: in der Garnison (als Besatzung) liegen

Gar|ni|tur *die; -, -en*: 1. a) mehrere zu einem Ganzen gehörende Stücke (z. B. Wäsche-, Polster-, Schreibtischgarnitur); **die erste, zweite Garnitur**: (ugs.) die besten, weniger guten Vertreter aus einer Gruppe; b) zu einem Eisenbahnzug zusammengestellte Wagen, die mehrere Fahrten gemeinsam machen. 2. Verzierung, Besatz

Ga|rot|te usw. vgl. Garrotte usw.

Ga|rouil|le [gaˈru:jə] *die; -* ⟨fr.⟩: Wurzelrinde der Kermeseiche aus Algerien (als Gerbmittel)

Gar|rigue [gaˈrig] vgl. Garigue

Gar|rot|te *die; -, -n* ⟨span.⟩: (früher) Halseisen, Würgschraube zur Vollstreckung der Todesstrafe (in Spanien). **gar|rot|tie|ren**: mit der Garrotte erdrosseln

Ga|rúa *die; -* ⟨span.⟩: (Meteor.) dichter Küstennebel im Bereich des kalten Perustroms an der mittleren Westküste Südamerikas. **Ga|rú|a|kli|ma** *das; -s*: Klima im Einflussbereich kalter Meere

Ga|sel *das; -s, -e* u. **Ga|se|le** *die; -, -n* ⟨arab.⟩: [orientalische] Gedichtform mit wiederkehrenden gleichen od. „rührenden" Reimen; vgl. Bait

gal|sie|ren ⟨*germ.-niederl.-nlat.*⟩: Garne durch Absengen über Gasflammen von Faserenden befreien

gal|si|fi|zie|ren ⟨gr.-niederl.; lat.⟩: für Gasbetrieb herrichten

Gas|ko|na|de *die; -, -en* ⟨fr.; nach den Bewohnern der Gascogne⟩: (veraltet) Prahlerei, Aufschneiderei

Gas|ö|dem *das; -s, -e*: durch Gas-

brandbazillen erregte schwere
Infektion

Ga|so|me|ter *der; -s, -* ⟨*gr.-niederl.; gr.*⟩: Behälter für Leuchtgas

gastr..., **Gastr...** vgl. gastro..., Gastro...

Gas| t| räa *die; -, ...äen* ⟨*gr.-nlat.*⟩: hypothetisches Urdarmtier.

Gas| t| rä| a|the| o|rie *die; -:* von Haeckel aufgestellte Theorie über die Abstammung aller Tiere, die eine ↑Gastrulation durchlaufen, von einer gemeinsamen Urform, der Gasträa

gas| t| ral: (Med.) zum Magen gehörend, den Magen betreffend

Gas| t| ral|gie *die; -, ...ien:* (Med.) Magenkrampf

Gas| t| rek|ta|sie *die; -, ...ien:* (Med.) Magenerweiterung

Gas| t| rek|to|mie *die; -, ...ien:* (Med.) operative Entfernung des Magens

Gas| t| rin *das; -s:* (Med.) die Absonderung von Magensaft anregender hormonähnlicher Stoff

gas| t| risch: (Med.) zum Magen gehörend, vom Magen ausgehend

Gas| t| ri|tis *die; -, ...itiden:* Magenschleimhautentzündung, Magenkatarrh. **Gas| t| ri|zis|mus** *der; -:* (Med.) Magenverstimmung

---

gas| t| ro..., **Gas| t| ro...**

vor Vokalen meist gastr..., Gastr...
⟨*gr.* gastēr, Gen. gastrós „Bauch, (gefüllter) Magen"⟩
Wortbildungselement mit der Bedeutung „den Magen(-Darm)-Bereich, den Bauch betreffend, bauchig";
– Gastralgie
– Gastritis
– Gastromyzet
– Gastronomie
– Gastroskopie
– gastrosophisch

Gas| t| ro|a| na|s| to|mo|se *die; -, -n:* operative Verbindung zweier getrennter Magenabschnitte

Gas| t| ro|di| al|pha|nie *die; -, ...ien:* (Med.) Magendurchleuchtung

gas| t| ro|du| o|de|nal ⟨*gr.; lat.*⟩: (Med.) Magen u. Zwölffingerdarm betreffend. **Gas| t| ro|du| o|de|ni|tis** *die; -, ...itiden:* (Med.) Entzündung der Schleimhaut von Magen u. Zwölffingerdarm

Gas| t| ro|dy|nie *die; -, ...ien* ⟨*gr.-nlat.*⟩: (Med.) Magenschmerzen, Magenkrampf

gas| t| ro|en|te|risch: (Med.) Magen u. Darm betreffend. **Gas| t-ro|en|te|ri|tis** *die; -, ...itiden:* (Med.) Magen-Darm-Entzündung

Gas| t| ro|en|te|ro|ko|li|tis *die; -, ...itiden:* (Med.) Entzündung des gesamten Verdauungskanals vom Magen bis zum Dickdarm

Gas| t| ro|en|te|ro|lo|ge *der; -n, -n:* (Med.) Arzt mit speziellen Kenntnissen auf dem Gebiet der Magen- u. Darmkrankheiten. **Gas| t| ro|en|te|ro|lo|gie** *die; -:* (Med.) Wissenschaft von den Krankheiten des Magens u. Darms. **Gas| t| ro|en|te|ro|lo|gin** *die; -, -nen:* weibliche Form zu ↑Gastroenterologe

Gas| t| ro|en|te|ro|pa|thie *die; -, ...ien:* (Med.) Magen- u. Darmleiden

Gas| t| ro|en|te|ro|s| to|mie *die; -, ...ien:* (Med.) operativ geschaffene Verbindung zwischen Magen u. Dünndarm

gas| t| ro|gen: (Med.) vom Magen ausgehend

gas| t| ro|in|tes| ti|nal ⟨*gr.; lat.*⟩: (Med.) Magen u. Darm betreffend

Gas| t| ro|lith [auch: ...'lɪt] *der; -s u. -en, -e[n]* ⟨*gr.-nlat.*⟩: (Med.) Magenstein

Gas| t| ro|lo|gie *die; -:* (Med.) Teilgebiet der ↑Gastroenterologie

Gas| t| ro|ly|se *die; -, -n:* (Med.) operatives Herauslösen des Magens aus Verwachsungssträngen

Gas| t| ro|mal|la|zie *die; -, ...ien:* (Med.) Magenerweichung (infolge Selbstverdauung des Magens)

Gas| t| ro|mant *der; -en, -en* ⟨*gr.*⟩: ↑Engastrimant

Gas| t| ro|me|gal|lie *die; -, ...ien* ⟨*gr.-nlat.*⟩: (Med.) abnorme Vergrößerung des Magens

Gas| t| ro|my|zet *der; -en, -en* (meist Plural): Bauchpilz (z. B. Bofist)

Gas| t| ro|nom *der; -en, -en* ⟨*gr.-fr.*⟩: Gastwirt mit besonderen Kenntnissen auf dem Gebiet der Kochkunst. **Gas| t| ro|no|mie** *die; -:* 1. Gaststättengewerbe. 2. feine Kochkunst. **Gas| t| ro|no-min** *die; -, -nen:* weibliche Form

zu ↑Gastronom. **gas| t| ro|no-misch:** 1. das Gaststättengewerbe betreffend. 2. die feine Kochkunst betreffend

Gas| t| ro|pa|re|se *die; -, -n* ⟨*gr.-nlat.*⟩: (Med.) Erschlaffung des Magens

Gas| t| ro|pa|thie *die; -, ...ien:* (Med.) Magenleiden

Gas| t| ro|pe|xie *die; -, ...ien:* (Med.) Annähen des Magens an die Bauchwand (bei Magensenkung)

Gas| t| ro|plas| tik *die; -, -en:* (Med.) operative Wiederherstellung der normalen Magenform nach einer Magenresektion

Gas| t| ro|ple|gie *die; -, ...ien* ⟨„Magenlähmung"⟩: (Med.) Schwäche der Magenmuskulatur

Gas| t| ro|po|de *der; -n, -n* (meist Plural): (Zool.) Schnecke als Gattungsbezeichnung (eine Klasse der Weichtiere od. ↑Mollusken)

Gas| t| rop| to|se *die; -, -n:* (Med.) Magensenkung

Gas| t| ror|rha|gie *die; -, ...ien:* (Med.) Magenbluten

Gas| t| ro|se *die; -, -n:* (veraltend; Med.) nicht entzündliche ↑organische (1 a) u. ↑funktionelle Veränderung des Magens

Gas| t| ro|s| kop *das; -s, -e:* (Med.) mit Spiegel versehenes, durch die Speiseröhre eingeführtes Metallrohr zur Untersuchung des Mageninneren. **Gas| t| ro|s-ko|pie** *die; -, ...ien:* (Med.) Magenspiegelung mit dem Gastroskop

Gas| t| ro|soph *der; -en, -en:* Anhänger der Gastrosophie. **Gas| t-ro|so|phie** *die; -:* Kunst, Tafelfreuden [weise] zu genießen. **Gas| t| ro|so|phin** *die; -, -nen:* weibliche Form zu ↑Gastrosoph. **gas| t| ro|so|phisch:** Tafelfreuden [weise] genießend

Gas| t| ro|spas|mus *der; -, ...men:* (Med.) Magensteifung, -krampf, schmerzhafte Zusammenziehung des Magens

Gas| t| ro|s| to|mie *die; -, ...ien:* (Med.) operatives Anlegen einer Magenfistel (bes. zur künstlichen Ernährung)

Gas| t| ro|to|mie *die; -, ...ien:* (Med.) Magenschnitt, operative Öffnung des Magens

Gas| t| ro|tri|chen *die* (Plural): (Zool.) mikroskopisch kleine, wurmähnliche, bewimperte Tiere (Wasserbewohner)

Gas|t|ro|zöl *das; -s, -e:* (Med.; Biol.) Darmhöhle, der von Darm u. Magen umschlossene Hohlraum

Gas|t|ru|la *die; -:* (Zool.) zweischichtiger Becherkeim (Entwicklungsstadium vielzelliger Tiere). **Gas|t|ru|la|ti|on** *die; -:* Bildung der ↑ Gastrula aus der ↑ Blastula in der Entwicklung mehrzelliger Tiere

Gate [geɪt] *das; -s, -s* ⟨engl.; „Tor, Pol"⟩: 1. (Phys.) spezielle Elektrode zur Steuerung eines Elektronenstroms. 2. Flugsteig auf Flughäfen

Gate|fold [ˈgeɪtfoʊld] *das; -s, -s* ⟨engl.⟩: Seite in einem Buch, einer Zeitschrift o. Ä., die größer ist als die anderen u. daher in die passende Form gefaltet ist

Gate|way [ˈgeɪtweɪ] *das; -s, -s* ⟨engl.; „Tor(weg)"⟩: (EDV) Rechner, der Daten- bzw. Rechnernetze verbindet

Ga|thas *die* (Plural) ⟨awest.⟩: ältester Teil des ↑ Awesta, von Zarathustra selbst stammende strophische Lieder

gat|tie|ren ⟨dt., mit romanisierender Endung⟩: Ausgangsstoffe für Gießereiprodukte (z. B. Roheisen, Stahlschrott, Gussbruch) in bestimmten Mengenverhältnissen fachgemäß mischen

Gau|chis|mus [goˈʃɪs...] *der; -* ⟨fr.-nlat.⟩: (links von der Kommunistischen Partei Frankreichs stehende) linksradikale politische Bewegung, Ideologie in Frankreich. **Gau|chist** *der; -en, -en:* Anhänger des Gauchismus. **Gau|chis| tin** *die; -, -nen:* weibliche Form zu ↑ Gauchist. **gau-chis| tisch:** den Gauchismus betreffend, dazu gehörend, darauf beruhend

Gau|cho [ˈgautʃo] *der; -[s], -s* ⟨indian.-span.⟩: berittener südamerikanischer Viehhirt

Gau|de| a|mus *das; -* ⟨lat.; eigentlich: Gaudeamus igitur: „Freuen wir uns denn!"⟩: Name eines alten Studentenliedes

Gau|dee *die; -, -n:* (österr., oft abwertend) Vergnügen, Unterhaltung

Gau|di *die; -* (auch:) *das; -s* (ugs.) ↑ Gaudium. **gau|die|ren:** (veraltet) sich freuen. **Gau|di|um** *das;*

-s: großer Spaß, Belustigung, Vergnügen

Gau|f| ra|ge [goˈfraːʒə] *die; -, -n* ⟨fr.⟩: Narbung od. Musterung von Papier u. Geweben. **Gauf-ré** [goˈfreː] *das; -[s], -s:* Gewebe mit eingepresstem Muster. **gau-f| rie|ren:** mit dem Gaufrierkalander prägen od. mustern

Gau|f| rier|ka|lan|der *der; -s, -:* ↑ Kalander zur Narbung od. Musterung von Papier u. Geweben

Gauge [geɪdʒ] *das; -* ⟨fr.-engl.⟩: in der Strumpffabrikation Maß zur Angabe der Maschenzahl u. damit zur Feinheit des Erzeugnisses; Abk.: gg.

Gaul|lis|mus [goˈlɪs...] *der; -* ⟨fr.-nlat.; nach dem franz. Staatspräsidenten General Ch. de Gaulle, 1890–1970⟩: politische Bewegung, die eine autoritäre Staatsführung u. die führende Rolle Frankreichs in Europa zum Ziel hat. **Gaul|list** *der; -en, -en:* Verfechter, Anhänger des Gaullismus. **Gaul|lis| tin** *die; -, -nen:* weibliche Form zu ↑ Gaullist. **gaul|lis| tisch:** den Gaullismus betreffend, zu ihm gehörend

Gault [gɔːlt] *der; -[e]s* ⟨engl.⟩: (Geol.) zweitälteste Stufe der Kreide

Gaul|the|ria [gɔl...] *die; -, ...ien* ⟨nlat.; nach dem franz.-kanad. Botaniker J.-F. Gaultier, 1708–1756⟩: Gattung der Erikagewächse, aus deren Blättern das als Heilmittel verwendete Gaultheriaöl gewonnen wird

Gaur *der; -[s], -[s]* ⟨Hindi⟩: indisches Wildrind

Ga|vi|al *der; -s, -e* ⟨Hindi⟩: Schnabelkrokodil

Ga|vot|te [gaˈvɔt(ə)] *die; -, -n* ⟨provenzal.-fr.⟩: a) Tanz im $^2/_4$-Takt; b) die Sarabande folgender Satz der Suite (4)

gay [geɪ] ⟨engl.; „fröhlich"⟩: (Jargon) offen u. selbstbewusst homosexuell. **Gay** *der; -s, -s:* (Jargon) Homosexueller

Ga|ya ci| en|cia [ˈgaːja ˈtsjɛntsja] *die; - -* ⟨provenzal.; „fröhliche Wissenschaft"⟩: Dichtung der Toulouser Meistersingerschule im 14. Jh. (vorwiegend Mariendichtung)

Ga|yal [ˈgaːjal, auch: gaˈjaːl] *der; -s, -s* ⟨Hindi⟩: hinterindisches

leicht zähmbares Wildrind (Haustierform des ↑ Gaur)

Ga|ze [ˈgaːzə] *die; -, -n* ⟨pers.-arab.-span.-fr.⟩: 1. [als Stickgrundlage verwendetes weitmaschiges [gestärktes] Gewebe aus Baumwolle, Seide o. Ä. 2. Verbandmull

Ga|zel|le *die; -, -n* ⟨arab.-it.⟩: Antilopenart der Steppengebiete Nordafrikas und Asiens

Ga|zet|te [auch: gaˈzɛta] *die; -, -n* ⟨venez.-it.-fr.⟩: (oft iron.) Zeitung

Ga|zi [ˈgaːzi] vgl. Ghasi

Gaz|pa|cho [gasˈpatʃo] *der; -[s], -s* ⟨span.⟩: a) kalt angerichtete spanische Gemüsesuppe; b) als Brotbelag verwendetes Gericht aus Bröckchen eines in der Asche od. auf offenem Feuer gebackenen Eierkuchens

Ge|an|ti|kli|na|le vgl. Geoantiklinale

Ge| cko *der; -s, -s u. ...onen* ⟨malai.-engl.⟩: tropisches u. subtropisches eidechsenartiges Kriechtier

Ge|gen|kon|di|ti| o|nie|rung *die; -, -en* ⟨dt.; lat.-nlat.⟩: (Psychol.) Lernvorgang mit dem Ergebnis der Umkehrung eines ↑ konditionierten Verhaltens; vgl. Konditionierung

Ge|gen|kul|tur *die; -, -en* ⟨dt.; lat.⟩: (Soziol.) Kulturgruppierung, die in Ablehnung der bürgerlichen Gesellschaft eigene Kulturformen entwickelt; vgl. Subkultur

Ge|gen|re|for|ma|ti|on *die; -* ⟨dt.; lat.⟩: Gegenbewegung der katholischen Kirche gegen die ↑ Reformation im 16. u. 17. Jh.

ge|han|di|kapt [gəˈhɛndɪkɛpt], auch: gehandicapt ⟨engl.⟩: durch etwas behindert, benachteiligt; vgl. handikapen

Ge|hen|na *die; -* ⟨hebr.-gr.-lat.; nach Ge-Hinnom (= Tal Hinnoms) bei Jerusalem (urspr. wurden hier Menschenopfer dargebracht)⟩: spätjüdisch-neutestamentliche Bez. für Hölle

Ge|in *das; -s* ⟨gr.-nlat.⟩: 1. der schwarzbraune Hauptbestandteil der Ackererde. 2. (Bot.) ↑ Glykosid aus der Wurzel von Nelkenwurz

Gei|sa: Plural von ↑ Geison

Gei|ser *der; -s, -* ⟨isländ.⟩: ↑ Geysir

Gei|sha [ˈgeːʃa, auch: gaiʃa] *die; -, -s* ⟨jap.-engl.⟩: in Musik u. Tanz ausgebildete Gesellschafterin, die zur Unterhaltung der Gäste in japanischen Teehäusern o. Ä. beiträgt

Gei|**son** *das; -s, -s* u. *...sa* ⟨*gr.*⟩: Kranzgesims des antiken Tempels

Gei|**to**|**no**|**ga**|**mie** *die; -* ⟨*gr.-nlat.*⟩: (Bot.) Übertragung von Blütenstaub zwischen Blüten, die auf derselben Pflanze stehen

Gel *das; -s, -e* u. *-s* ⟨Kurzform von ↑ *Gelatine*⟩: 1. gallertartiger Niederschlag aus einer fein zerteilten Lösung. 2. gallertartiges Kosmetikum

Gel|**lar** *das; -s* ⟨Kunstw.⟩: dem ↑ Agar-Agar ähnliches Präparat aus Ostseealgen

Gel|**las**|**ma** *das; -s, -ta* u. *...men* ⟨*gr.;* „das Lachen"⟩: (Med.) Lachkrampf

Gel|**la**|**ti**|**ne** [ʒe...] *die; -* ⟨*lat.-it.-fr.*⟩: geschmack- u. farblose, aus Knochen u. Häuten hergestellte leimartige Substanz, die vor allem zum Eindicken u. Binden von Speisen, aber auch in der pharmazeutischen u. Kosmetikindustrie Verwendung findet. **ge**|**la**|**ti**|**nie**|**ren**: a) zu Gelatine erstarren; b) eine fein zerteilte Lösung in Gelatine verwandeln. **ge**|**la**|**ti**|**nös**: gelatineartig

Gel|**la**|**tit** [auch: ...'tɪt] *das; -s* ⟨Kunstw.⟩: Gesteinssprengstoff

Gel|**coat** [ˈgeːlkoːt, ˈdʒelkoʊt] *das; -s* ⟨engl.⟩: oberste Schicht der Außenhaut eines Bootes, das aus glasfaserverstärktem Kunststoff gebaut ist

Gel|**lee** [ʒeˈleː, ʒəˈleː] *das* od. *der; -s, -s* ⟨*lat.-vulgärlat.-fr.*⟩: a) süßer Brotaufstrich aus gallertartig eingedicktem Fruchtsaft; b) gallertartige, halbsteife Masse, z. B. aus Fleisch- od. Fischsaft; c) halbfeste, meist durchscheinende Substanz, die als Wirkstoffträger in der kosmetischen Industrie verwendet wird

Gel|**lée ro**|**yale** [ʒəlerwaˈjal] *das; - -* ⟨fr.⟩: Futtersaft für die Larven der Bienenköniginnen, der in der kosmetischen u. pharmazeutischen Industrie verwendet wird

Gel|**li**|**di**|**um** *das; -s* ⟨*lat.*⟩: Gattung meist fiederig verzweigter Rotalgen mit in allen Meeren verbreiteten Arten

gel|**lie**|**ren** [ʒe..., ʒə...] ⟨*lat.-vulgärlat.-fr.*⟩: zu Gelee werden

Gel|**li**|**frak**|**ti**|**on** *die; -, -en* ⟨*lat.-nlat.*⟩: Frostsprengung, durch Spaltenfrost verursachte Gesteinszerkleinerung

Gel|**lo**|**le**|**p**|**sie** u. **Gel**|**lo**|**ple**|**gie** *die; -, ...ien* ⟨*gr.-nlat.*⟩: (Med.) mit Bewusstlosigkeit verbundenes, plötzliches Hinstürzen bei Affekterregungen (z. B. Lachkrampf)

Gel|**lo**|**trip**|**sie** *die; -, ...ien* ⟨*lat.; gr.*⟩: (Med.) punktförmige Massage zur Behebung von Muskelhärten

Gel|**ma**|**ra** *die; -* ⟨*aram.*⟩: zweiter Teil des ↑ Talmuds, Erläuterung der ↑ Mischna

Gel|**malt**|**rie** *die; -* ⟨*gr.-hebr.*⟩: Deutung u. geheime Vertauschung von Wörtern mithilfe des Zahlenwertes ihrer Buchstaben (bes. in der ↑ Kabbala)

Gel|**mel**|**lus** *der; -, ...lli* u. Geminus *der; -, ...ni* ⟨*lat.*⟩: (Med.) Zwilling

Gel|**mi**|**na**|**ta** *die; -, ...ten*: Doppelkonsonant, dessen Bestandteile auf zwei Sprechsilben verteilt werden (z. B. ital. freddo, gesprochen: fred-do; im Deutschen nur noch orthographisches Mittel)

Gel|**mi**|**na**|**ti**|**on** *die; -, -en*: 1. Konsonantenverdoppelung; vgl. Geminata. 2. ↑ Epanalepse. **ge**|**mi**|**nie**|**ren**: einen Konsonanten od. ein Wort verdoppeln

Gel|**mi**|**ni**|**pro**|**gramm** *das; -s* ⟨(*lat.; gr.*) *amerik.*⟩: amerikanisches Programm des Zweimannraumflugs

Gel|**mi**|**nus** vgl. Gemellus

Gem|**me** *die; -, -n* ⟨*lat.(-it.)*⟩: 1. bes. im Altertum beliebter Edelstein mit vertieft od. erhaben eingeschnittenen Figuren. 2. (Biol.) Brutkörper niederer Pflanzen (Form der ungeschlechtlichen Vermehrung)

Gem|**mo**|**glyp**|**tik** *die; -* ⟨*lat.; gr.*⟩: ↑ Glyptik

Gem|**mo**|**lo**|**ge** *der; -en, -en*: Fachmann für Schmuck u. Edelsteine. **Gem**|**mo**|**lo**|**gie** *die; -*: Edelsteinkunde. **Gem**|**mo**|**lo**|**gin** *die; -, -nen*: weibliche Form zu ↑ Gemmologe. **gem**|**mo**|**lo**|**gisch**: die Edelsteinkunde betreffend

Gem|**mu**|**la** *die; -, ...lae [...lɛ]* ⟨*lat.*⟩: (Biol.) widerstandsfähiger Fortpflanzungskörper der

Schwämme, der ein Überdauern ungünstiger Lebensverhältnisse ermöglicht

Gen *das; -s, -e* ⟨*gr.*⟩: in den ↑ Chromosomen lokalisierter Erbfaktor

...gen

⟨zu *gr.* gígnesthai „geboren werden, entstehen" u. ...genḗs „hervorbringend, verursachend; hervorgebracht, verursacht"⟩

Suffix mit folgenden Bedeutungen:

1. a) „etwas erzeugend, bildend, liefernd":
– Allergen
– halluzinogen
– kanzerogen
b) „hervorgebracht, ausgehend von ...":
– anthropogen
– endogen
– indigen
2. „einer Sache angemessen, für etwas geeignet":
– fotogen
– telegen

Gen|**a**|**na**|**ly**|**se** *die; -, -n*: Analyse (2) von Genen zur Ermittlung der Erbanlagen

ge|**nant** [ʒe...] ⟨*germ.-fr.*⟩: a) lästig, unangenehm, peinlich; b) (landsch.) gehemmt u. unsicher, schüchtern; etwas als peinlich empfindend

Ge|**nan**|**tin** ® *das; -s* ⟨Kunstw.⟩: ↑ Glysantin

Gen|**bank** *die; -, -en*: (Bot., Landw.) Einrichtung zur Sammlung, Erhaltung u. Nutzung des Genmaterials bestimmter Pflanzenarten

Gen|**chip** [...tʃɪp] *der; -s, -s* ⟨*gr.; engl.*⟩: ↑ DNA-Chip

Gen|**chi**|**rur**|**gie** *die; -*: ↑ Genmanipulation

Gen|**darm** [ʒan..., auch: ʒã...] *der; -en, -en* ⟨fr.⟩: Polizist (österr., schweiz., sonst veraltet) (bes. auf dem Land eingesetzt). **Gen**|**dar**|**me**|**rie** *die; -, ...ien* (österr., schweiz., sonst veraltet) staatliche Polizei in Landbezirken

Gen|**da**|**tei** *die; -, -en*: Sammlung von genetischen Daten

Gen|**der** [ˈdʒɛndɐ] *das; -s* ⟨engl.; „Geschlecht"⟩: Bez. für die Geschlechtsidentität des Menschen als soziale Kategorie (z. B. im Hinblick auf Selbstwahrnehmung, Selbstwertgefühl, Rollenverhalten)

Gene [sch‌ɛ:n] *die; -* ⟨*germ.-fr.*⟩: (veraltet) [selbst auferlegter] Zwang; Unbehagen, Unbequemlichkeit; vgl. sans gêne

Ge|ne|a|lo|ge *der; -n, -n* ⟨*gr.*⟩: Forscher auf dem Gebiet der Genealogie. **Ge|ne|a|lo|gie** *die; -, ...ien:* Wissenschaft von Ursprung, Folge u. Verwandtschaft der Geschlechter; Ahnenforschung. **Ge|ne|a|lo|gin** *die; -, -nen:* weibliche Form zu ↑ Genealoge. **ge|ne|a|lo|gisch:** die Genealogie betreffend

Ge|ne|ra: *Plural* von ↑ Genus

Ge|ne|ral *der; -s, -e u. ...räle* ⟨*lat.(-fr.)*⟩: 1. a) (ohne Plural) [höchster] Dienstgrad der höchsten Rangklasse der Offiziere; b) Offizier dieses Dienstgrades. 2. a) oberster Vorsteher eines katholischen geistlichen Ordens od. einer ↑ Kongregation; b) oberster Vorsteher der Heilsarmee

---

ge|ne|ral..., Ge|ne|ral...

⟨*lat.* generalis „zur Gattung gehörend; allgemein"⟩ Wortbildungselement mit den Bedeutungen:
1. „alles umfassend, alles und alle betreffend":
– Generalamnestie
– Generalstreik
– generalüberholen
2. „oberste[r] Vertreter[in]; höchste Institution":
– Generaldirektorin
– Generalkonsul
– Generalsekretariat
– Generalsynode

Ge|ne|ral|ab|so|lu|ti|on *die; -, -en:* (kath. Rel.) 1. sakramentale Lossprechung ohne Einzelbeichte (in Notfällen). 2. vollkommener Ablass, Nachlass der Sündenstrafe in Verbindung mit den Sakramenten der Buße u. ↑ Eucharistie (für Sterbende od. Ordensmitglieder)

Ge|ne|ral|ad|mi|ral *der; -s, -e u. ...räle:* 1. Offizier der Kriegsmarine im Range eines Generalobersten. 2. (ohne Plural) Titel der ältesten Admirale (im 17. u. 18. Jh.)

Ge|ne|ral|a|gent *der; -en, -en:* Hauptvertreter. **Ge|ne|ral|a|gen-**

tin *die; -, -nen:* weibliche Form zu ↑ Generalagent. **Ge|ne|ral|a-gen|tur** *die; -, -en:* Hauptgeschäftsstelle

Ge|ne|ral|a|m|nes|tie *die; -, ...ien:* eine größere Anzahl von Personen betreffende Amnestie

Ge|ne|ral|at *das; -[e]s, -e* ⟨*lat.-nlat.*⟩: 1. Generalswürde. 2. a) Amt eines katholischen Ordensgenerals; b) Amtssitz eines katholischen Ordensgenerals

Ge|ne|ral|bass *der; -es, ...bässe:* unter einer Melodiestimme stehende fortlaufende Bassstimme mit den Ziffern der für die harmonische Begleitung zu greifenden Akkordtöne (in der Musik des 17. u. 18. Jh.s)

Ge|ne|ral|beich|te *die; -, -n:* Beichte über das ganze Leben od. einen größeren Lebensabschnitt vor wichtigen persönlichen Entscheidungen

Ge|ne|ral|di|rek|tor *der; -s, -en:* Leiter eines größeren Unternehmens. **Ge|ne|ral|di|rek|to|rin** *die; -, -nen:* weibliche Form zu ↑ Generaldirektor

Ge|ne|ral|le *das; -s, ...ien, auch: ...lia* ⟨*lat.*⟩: allgemein Gültiges; allgemeine Angelegenheit

Ge|ne|ral|gou|ver|ne|ment [...guvɛrnəmã] *das; -s, -s:* 1. Statthalterschaft. 2. größeres ↑ Gouvernement. **Ge|ne|ral|gou|ver|neur** [...nøː‍ɐ̯] *der; -s, -e:* 1. Statthalter. 2. Leiter eines Generalgouvernements

Ge|ne|ra|lia u. **Ge|ne|ra|li|en:** *Plural* von ↑ Generale

Ge|ne|ra|lin *die; -, -nen:* weibliche Form zu ↑ General (1 b, 2 b)

Ge|ne|ral|in|s|pek|teur [...tøːɐ̯] *der; -s, -e:* unmittelbar dem Verteidigungsminister unterstehender ranghöchster Soldat und höchster militärischer Repräsentant der Bundeswehr. **Ge|ne|ral|in|s|pek|ti|on** *die; -, -en:* gründliche, umfassende ↑ Inspektion (1)

Ge|ne|ral|in|ten|dant *der; -en, -en:* Leiter mehrerer Theater, eines Staatstheaters od. einer Rundfunkanstalt. **Ge|ne|ral|in|ten|dan|tin** *die; -, -nen:* weibliche Form zu ↑ Generalintendant

Ge|ne|ra|li|sa|ti|on *die; -, -en* ⟨*lat.-nlat.*⟩: 1. (Philos.) Gewinnung des Allgemeinen, der allgemeinen Regel, des Begriffs, des Gesetzes durch ↑ Induktion aus

Einzelfällen. 2. (Geogr.) Vereinfachung bei der Verkleinerung einer Landkarte. 3. ↑ Generalisierung (2); vgl. ...ation/...ierung

ge|ne|ra|li|sie|ren: verallgemeinern, aus Einzelfällen das Allgemeine (Begriff, Satz, Regel, Gesetz) gewinnen. **ge|ne|ra|li|siert:** (Med.) über den ganzen Körper verbreitet (bes. von Hautkrankheiten)

Ge|ne|ra|li|sie|rung *die; -, -en:* 1. das Generalisieren; Verallgemeinerung. 2. (Psychol.) Fähigkeit, eine ursprünglich an einen bestimmten Reiz gebundene Reaktion auch auf nur ähnliche Reize folgen zu lassen; vgl. ...ation/...ierung

Ge|ne|ra|lis|si|mus *der; -, ...mi u. -se* ⟨*lat.-it.*⟩: oberster Befehlshaber, Kommandierender

Ge|ne|ra|list *der; -en, -en:* jmd., der in seinen Interessen nicht auf ein bestimmtes Gebiet festgelegt ist. **Ge|ne|ra|lis|tin** *die; -, -nen:* weibliche Form zu ↑ Generalist

Ge|ne|ra|li|tät *die; -* ⟨*lat.(-fr.)*⟩: 1. Gesamtheit der Generale. 2. (veraltet) Allgemeinheit

ge|ne|ra|li|ter ⟨*lat.*⟩: im Allgemeinen, allgemein betrachtet

Ge|ne|ral|ka|pi|tel *das; -s, -:* Versammlung der Oberen u. Bevollmächtigten eines katholischen Ordens, bes. zur Neuwahl des Vorstehers

Ge|ne|ral|klau|sel *die; -, -n:* 1. allgemeine, nicht mit bestimmten Tatbestandsmerkmalen versehene Rechtsbestimmung. 2. Übertragung aller öffentlich-rechtlichen Streitigkeiten an die Verwaltungsgerichte (soweit vom Gesetz nichts anderes bestimmt ist)

Ge|ne|ral|kom|man|do *das; -s, -s:* oberste Kommandostelle u. Verwaltungsbehörde eines Armeekorps

Ge|ne|ral|kon|gre|ga|ti|on *die; -, -en:* Vollsitzung einer kirchlichen Körperschaft (z. B. ↑ Konzil, ↑ Synode)

Ge|ne|ral|kon|sul *der; -s, -n:* ranghöchster ↑ Konsul (2). **Ge|ne|ral|kon|su|lat** *das; -[e]s, -e:* a) Amt eines Generalkonsuls; b) Sitz eines Generalkonsuls

Ge|ne|ral|leut|nant *der; -s, -s:* a) (ohne Plural) zweithöchster

Dienstgrad in der Rangklasse der Generale; b) Inhaber dieses Dienstgrades

Ge|ne|ral|li|nie *die; -, -n:* allgemein gültige Richtlinie

Ge|ne|ral|ma|jor *der; -s, -e:* a) (ohne Plural) dritthöchster Dienstgrad in der Rangklasse der Generale; b) Inhaber dieses Dienstgrades

Ge|ne|ral|mu|sik|di|rek|tor *der; -s, -en:* a) erster Dirigent; b) (ohne Plural) Amt u. Titel des leitenden Dirigenten (z. B. eines Opernhauses); Abk.: GMD

Ge|ne|ral|par|don *der; -s, -s:* a) (veraltet) allgemeiner Straferlass; b) pauschale Vergebung; Nachsicht gegenüber jmds. Verfehlungen

Ge|ne|ral|pau|se *die; -, -n:* für alle Sing- u. Instrumentalstimmen geltende Pause; Abk.: GP

Ge|ne|ral|prä|ven|ti|on *die; -, -en:* allgemeine Abschreckung von der Neigung zur strafbaren Tat durch Strafandrohung

Ge|ne|ral|pro|be *die; -, -n:* letzte Probe vor der ersten Aufführung eines Musik- od. Bühnenwerkes

Ge|ne|ral|pro|fos *der; -es u. -en, -e[n]:* (hist.) 1. mit Polizeibefugnissen u. dem Recht über Leben u. Tod ausgestatteter Offizier (in den mittelalterlichen Söldnerheeren). 2. Leiter der Militärpolizei in Österreich (bis 1866)

Ge|ne|ral|pro|ku|ra|tor *der; -s, -en:* Vertreter eines geistlichen Ordens beim ↑ Vatikan

Ge|ne|ral|quar|tier|meis|ter *der; -s, -:* 1. (hist.) wichtigster ↑ Adjutant des Feldherrn; engster Mitarbeiter des Generalstabschefs. 2. Verantwortlicher für die Verpflegung aller Fronttruppen im 2. Weltkrieg

Ge|ne|ral|se|kre|tär *der; -s, -e:* mit ↑ exekutiven Vollmachten ausgestatteter hoher amtlicher Vertreter [internationaler] politischer, militärischer u. ä. Vereinigungen (z. B. der UNO od. NATO). **Ge|ne|ral|se|kre|ta|ri|at** *das; -s, -e:* Amt od. Sitz eines Generalsekretärs bzw. einer Generalsekretärin. **Ge|ne|ral|se|kre|tä|rin** *die; -, -nen:* weibliche Form zu ↑ Generalsekretär

Ge|ne|ral|staa|ten *die* (Plural): 1. das niederländische Parlament. 2. (hist.) im 15. Jh. der vereinigte Landtag der nieder-

ländischen Provinzen. 3. (hist.) 1593–1796 die Abgeordnetenversammlung der sieben niederländischen Nordprovinzen

Ge|ne|ral|stab *der; -s, ...stäbe:* zur Unterstützung des obersten militärischen Befehlshabers eingerichtetes zentrales Gremium, in dem besonders ausgebildete Offiziere (aller Ränge) die Organisation der militärischen Kriegsführung planen u. durchführen. **Ge|ne|ral|stäb|ler** *der; -s, -:* Offizier im Generalstab

Ge|ne|ral|stän|de *die* (Plural): (hist.) die französischen Reichsstände (Adel, Geistlichkeit u. Bürgertum)

Ge|ne|ral|streik *der; -s, -s:* [politischen Zielen dienender] allgemeiner Streik der Arbeitnehmer eines Landes

Ge|ne|ral|su|per|in|ten|dent *der; -en, -en:* dem Bischof od. ↑ Präses rangmäßig entsprechende[r] Leiter[in] einer evangelischen Kirchenprovinz od. Landeskirche. **Ge|ne|ral|su|per|in|ten|den|tin** *die; -, -nen:* weibliche Form zu ↑ Generalsuperintendent

Ge|ne|ral|sy|n|o|de *die; -, -n:* 1. oberste ↑ Synode der evangelischen Kirche. 2. (veraltet) allgemeines ↑ Konzil der römischkatholischen Kirche

Ge|ne|ral|ver|trag *der; -[e]s:* 1952 abgeschlossener Vertrag, der das Besatzungsstatut in der Bundesrepublik ablöste

Ge|ne|ral|vi|kar *der; -s, -e:* Stellvertreter des katholischen [Erz]bischofs für die Verwaltungsaufgaben. **Ge|ne|ral|vi|ka|ri|at** *das; -s, -e:* Verwaltungsbehörde einer katholischen ↑ Diözese od. Erzdiözese

Ge|ne|ra|ti|a|nis|mus *der; -* ⟨lat.-nlat.⟩: Lehre vom altchristlichen ↑ Traduzianismus von der Entstehung der menschlichen Seele durch elterliche Zeugung

Ge|ne|ra|tio ae|qui|vo|ca [- ɛˈkvi:voka] *die; - -* ⟨lat.; "mehrdeutige Zeugung"⟩: Urzeugung (Hypothese von der Entstehung des Lebens auf der Erde ohne göttlichen Schöpfungsakt)

Ge|ne|ra|ti|on *die; -, -en:* 1. a) die einzelnen Glieder der geschlechterfolge (Eltern, Kinder, Enkel usw.); vgl. Parentalgeneration u. Filialgeneration; b) in der Entwicklung einer Tier- od.

Pflanzenart die zu einem Fortpflanzungs- od. Wachstumsprozess gehörenden Tiere bzw. Pflanzen. 2. ungefähr die Lebenszeit eines Menschen umfassender Zeitraum. 3. alle innerhalb eines bestimmten kleineren Zeitraumes geborenen Menschen, bes. im Hinblick auf ihre Ansichten zu Kultur, Moral u. ihre Gesinnung; **Generation X:** Altersgruppe der etwa 1965–1975 Geborenen, für die Orientierungslosigkeit, Desinteresse an Staat, Politik u. Ä. typisch sein soll. 4. Gesamtheit der durch einen bestimmten Stand in der technischen Entwicklung o. Ä. gekennzeichneten Geräte

Ge|ne|ra|ti|o|nen|kon|flikt u. **Ge|ne|ra|ti|ons|kon|flikt** *der; -[e]s, -e:* Konflikt zwischen Angehörigen verschiedener Generationen, bes. zwischen Jugendlichen u. Erwachsenen, der aus den unterschiedlichen Auffassungen in bestimmten Lebensfragen erwächst

Ge|ne|ra|ti|ons|wech|sel *der; -s, -:* 1. (Biol.) Wechsel zwischen geschlechtlicher u. ungeschlechtlicher Fortpflanzung bei Pflanzen u. wirbellosen Tieren. 2. Ablösung von Angehörigen der älteren Generation durch Angehörige der jüngeren

Ge|ne|ra|tio pri|ma|ria ⟨lat.; "ursprüngliche Zeugung"⟩ u. **Ge|ne|ra|tio spon|ta|nea** *die; - -* ⟨"freiwillige Zeugung"⟩: ↑ Generatio aequivoca

ge|ne|ra|tiv ⟨lat.-nlat.⟩: (Biol.) die geschlechtliche Fortpflanzung betreffend; **generative Grammatik:** sprachwissenschaftliche Forschungsrichtung, die mithilfe der mathematischen Logik u. der Psychologie das Regelsystem der Sprache beschreibt, durch dessen unbewusste Beherrschung der Sprecher in der Lage ist, alle in der betreffenden Sprache vorkommenden Äußerungen zu erzeugen u. zu verstehen

Ge|ne|ra|ti|vist *der; -en, -en:* Vertreter der generativen Grammatik. **Ge|ne|ra|ti|vis|tin** *die; -, -nen:* weibliche Form zu ↑ Generativist

Ge|ne|ra|ti|vi|tät *die; -:* Fortpflanzungs-, Zeugungskraft

Ge|ne|ra|tor *der; -s, ...oren* ⟨*lat.*⟩:
1. Gerät zur Erzeugung einer
elektrischen Spannung od. eines
elektrischen Stroms. 2. Schachtofen zur Erzeugung von Gas aus
Kohle, Koks od. Holz
Ge|ne|ra|tor|gas *das; -es:* Treibgas
(Industriegas), das beim
Durchblasen von Luft durch
glühende Kohlen entsteht
ge|ne|rell ⟨*lat.;* französierende
Neubildung⟩: allgemein, allgemein gültig, im Allgemeinen,
für viele Fälle derselben Art zu-
treffend; Ggs. ↑ speziell
ge|ne|rie|ren: a) hervorbringen, er-
zeugen, produzieren;
b) (Sprachw.) sprachliche Äußerungen in Übereinstimmung mit
einem grammatischen Regelsys-
tem erzeugen, bilden; c) (EDV)
durch ein Verarbeitungspro-
gramm automatisch erzeugen
(z. B. Textelemente). **Ge|ne|rie-
rung** *die; -:* das Generieren
Ge|ne|ri|kum *das; -s, ...ka* ⟨*lat.-fr.-
engl.*⟩: Arzneimittel, das einen
bereits auf dem Markt befindlichen, als Markenzeichen einge-
tragenen Präparat in der Zusammensetzung gleicht, in der
Regel billiger angeboten wird
als dieses u. als Namen die chemische Kurzbezeichnung trägt
ge|ne|risch ⟨*lat.-nlat.*⟩: a) das Ge-
schlecht od. die Gattung betreffend; b) (Sprachw.) in allgemein
gültigem Sinne gebraucht
Gé|ne|ro chi|co [ˈxenero ˈtʃiko]
der; - -, -s -s ⟨*span.*⟩: (bes. in der
2. Hälfte des 19. Jh.s beliebte)
volkstümliche einaktige spanische Komödie
ge|ne|rös [auch: ʒe...] ⟨*lat.-fr.;*
„von (guter) Art, Rasse"⟩:
a) großzügig, nicht kleinlich im
Geben, im Gewähren von etwas; b) edel, großmütig denkend u. handelnd; von großher-
ziger Gesinnung [zeugend]
Ge|ne|ro|si|on *die; -, -en:* (Biol.)
der durch Aussterben von Ar-
ten bedingte Verlust genetischer Information
Ge|ne|ro|si|tät *die; -, -en:* a) Freige-
bigkeit; b) Großmut
Ge|ne|se *die; -, -n* ⟨*gr.-lat.*⟩: Ent-
stehung, Entwicklung; vgl. Ge-
nesis. **Ge|ne|sis** [auch: ˈge:n...]
die; -: 1. das Werden, Entstehen, Ursprung; vgl. Genese.
2. das 1. Buch Mose mit der
Schöpfungsgeschichte

Ge|n|eth|li|a|kon *das; -s, ...ka* ⟨*gr.*⟩:
antikes Geburtstagsgedicht
Ge|ne|tik *die; - ⟨gr.-nlat.*⟩: Verer-
bungslehre. **Ge|ne|ti|ker** *der; -s,
-:* Wissenschaftler auf dem Ge-
biet der Genetik. **Ge|ne|ti|ke|rin**
die; -, -nen: weibliche Form zu
↑ Genetiker. **ge|ne|tisch:** a) die
Entstehung, Entwicklung der
Lebewesen betreffend, ent-
wicklungsgeschichtlich; b) auf
der Genetik beruhend, zu ihr
gehörend; **genetische Philolo-
gie:** Erforschung der [sprachli-
chen] Entstehung von Werken
der Dichtkunst; **genetischer
Kode:** Schlüssel für die Übertragung genetischer ↑ Information (1) von den ↑ Nukleinsäu-
ren auf die ↑ Proteine beim Pro-
teinaufbau; **genetischer Fin-
gerabdruck:** Muster des per-
sönlichen Erbguts, das durch
molekularbiologische Genana-
lyse gewonnen wird
Ge|ne|tiv *der; -s, -e:* (veraltet)
↑ Genitiv
Ge|net|te [ʒaˈnɛt(ə), ʒe...] *die; -, -s
u. -n* ⟨*arab.-span.-fr.*⟩: Ginster-
katze; Schleichkatze der afrikanischen Steppen (auch in Südfrankreich u. den Pyrenäen)
Ge|ne|ver [ʒeˈne:vɐ, auch: ʒəˈn...,
geˈn...] *der; -s, - ⟨lat.-fr.*⟩: nie-
derländischer Wacholder-
branntwein
Ge|ni|food [...fuːd] *das;* [s] ⟨*gr.;
engl.*⟩: Nahrungsmittel, z. B.
Obst od. Gemüse, mit künstlich
veränderter Genstruktur
ge|ni|al ⟨*lat.*⟩: a) hervorragend be-
gabt; b) großartig, vollendet;
vgl. ...isch/-. **ge|ni|al|lisch:**
a) nach Art eines ¹Genies (2),
genieähnlich; b) in oft exaltier-
ter Weise das Konventionelle
missachtend; vgl. ...isch/-
Ge|ni|a|li|tät *die; - ⟨lat.-nlat.*⟩:
überragende schöpferische Veranlagung
¹Ge|nie [ʒe...] *das; -s, -s* ⟨*lat.-fr.*⟩:
1. überragende schöpferische
Geisteskraft. 2. hervorragend be-
gabter, schöpferischer Mensch
²Ge|nie [ʒe...] *die; -, -s:* (schweiz.
ugs.) Genietruppe
Ge|ni|en: *Plural* von ↑ Genius
Ge|nie|of|fi|zier [ʒe...] *der; -s, -e:*
(schweiz.) Offizier der ↑ Genie-
truppen
Ge|nie|pe|ri|o|de *die; -:* zeitgenös-
sische Bezeichnung für die ↑ Ge-
niezeit

ge|nie|ren [ʒe...] ⟨*germ.-fr.*⟩: a) sich
genieren: gehemmt sein, sich
unsicher fühlen, sich schämen;
b) stören, verlegen machen (z. B.
ihre Anwesenheit genierte ihn)
Ge|nie|trup|pe [ʒe...] *die; -, -n:*
(schweiz.) technische Kriegs-
truppe, ↑ Pioniere (eine der
Truppengattungen, aus denen
sich die schweizerische Armee
zusammensetzt)
Ge|nie|we|sen *das; -s:* (schweiz.)
militärisches Ingenieurwesen
Ge|nie|zeit *die; -:* (Literaturw.) die
Sturm-und-Drang-Zeit (Zeitab-
schnitt der deutschen Literatur-
geschichte von 1767 bis 1785)
Ge|ni|sa u. Geniza *die; -, -s* ⟨*hebr.*⟩:
Raum in der ↑ Synagoge zur
Aufbewahrung schadhaft ge-
wordener Handschriften u.
Kultgegenstände
Ge|nis|ta *die; - ⟨lat.*⟩: Ginster
(gelb blühender Strauch;
Schmetterlingsblütler)
ge|ni|tal ⟨*lat.*⟩: (Med.) zu den Ge-
schlechtsorganen gehörend,
von ihnen ausgehend, sie be-
treffend; vgl. ...isch/-. **Ge|ni|ta-
le** *das; -s, ...lien* (meist Plural):
(Med.) Geschlechtsorgan. **ge|ni-
ta|lisch:** sich auf das Genitale
beziehend, dazu gehörend; vgl.
...isch/-
Ge|ni|ta|li|tät *die; -:* (Psychol.) mit
dem Eintreten des Menschen in
die genitale Phase beginnende
Stufe der Sexualität
Ge|ni|tiv *der; -s, -e* ⟨*lat.*⟩: 1. zweiter
Fall, Wesfall (Abk.: Gen.).
2. Wort, das im Genitiv (1)
steht. **ge|ni|ti|visch:** zum Geni-
tiv gehörend
Ge|ni|tiv|kom|po|si|tum *das; -s,
...ta:* zusammengesetztes Substantiv, dessen Bestimmungswort aus einem Substantiv im
Genitiv besteht (z. B.: *Bundeskanzler*)
Ge|ni|tiv|ob|jekt *das; -[e]s, -e:* Er-
gänzung eines Verbs im Genitiv
(z. B.: ich bedarf *seines Rates*)
**Ge|ni|ti|vus de|fi|ni|ti|vus, Ge|ni|ti-
vus ex|pli|ca|ti|vus** *der; - -, ...vi
...vi:* unbestimmter, erklären-
der Genitiv (z. B.: das Vergehen
des Diebstahls [Diebstahl =
Vergehen])
Ge|ni|ti|vus ob|iec|ti|vus *der; - -,
...vi ...vi:* Genitiv als Objekt einer Handlung (z. B.: der Entdecker *des Atoms* [er entdeckte
das Atom])

G

Ge|ni|ti|vus par|ti|ti|vus *der; - -,* …vi …vi: Genitiv als Teil eines übergeordneten Ganzen (z. B.: die Hälfte *seines Vermögens)*

Ge|ni|ti|vus pos|ses|si|vus *der; - -,* …vi …vi: Genitiv des Besitzes, der Zugehörigkeit (z. B.: das Haus *des Vaters)*

Ge|ni|ti|vus Qua|li|ta|tis *der; - -,* …vi -: Genitiv der Eigenschaft (z. B.: ein Mann *mittleren Alters)*

Ge|ni|ti|vus sub|iec|ti|vus *der; - -,* …vi …vi: Genitiv als Subjekt eines Vorgangs (z. B.: die Ankunft *des Zuges* [der Zug kommt an])

Ge|ni|us *der; -, …ien ⟨lat.; eigtl.* „Erzeuger"⟩: 1. (hist.) altrömischer Schutzgeist, göttliche Verkörperung des Wesens eines Menschen, einer Gemeinschaft, eines Ortes. 2. a) (ohne Plural) schöpferische Kraft eines Menschen; b) schöpferisch begabter Mensch, [1]Genie (2). 3. (meist Plural) (Kunstw.) geflügelt dargestellte niedere Gottheit der römischen Mythologie

Ge|ni|us e|pi|de|mi|cus *der; - -:* vorherrschender Charakter einer [gerade herrschenden] Epidemie

Ge|ni|us Lo|ci [- …t͜si] *der; - -:* [Schutz]geist eines Ortes; geistiges Klima, das an einem bestimmten Ort herrscht

Ge|ni|us Mor|bi *der; - -:* (Med.) Charakter einer Krankheit

Ge|ni|za […za] vgl. Genisa

Gen|ma|ni|pu|la|ti|on *die; -, -en:* (Biol.; Med.) Manipulation am genetischen Material von Lebewesen in der Absicht, bestimmte Veränderungen herbeizuführen od. neue Kombinationen von Erbanlagen zu entwickeln. **gen|ma|ni|pu|liert:** durch Genmanipulation verändert

Gen|mu|ta|ti|on *die; -, -en:* erbliche Veränderung eines [1]Gens

gen|ne|ma|tisch u. **gen|ne|misch** ⟨gr.-nlat.⟩: (Sprachw.) Sprachlaute als akustische Erscheinung betreffend

Gen|ö|ko|lo|gie *die; -:* Lehre von den Beziehungen zwischen [1]Genetik u. [1]Ökologie

Ge|no|kol|pie *die; -, …jen:* die Ausprägung des gleichen Merkmals durch verschiedene Gene bzw. verschiedene Mutationen desselben Gens

Ge|nom *das; -s, -e ⟨gr.-nlat.⟩:* Gesamtheit des genetischen Materials einer Zelle od. eines Individuums

Ge|nom|la na|ly|se *die; -, -n:* Entschlüsselung der im Genom kodierten genetischen Information

ge|no|misch: das Genom betreffend; **genomische Prägung:** genetische Veränderung des Erbgutes in Abhängigkeit von der elterlichen Herkunft

Ge|nom|mu|ta|ti|on *die; -, -en:* erbliche Veränderung eines Genoms

Ge|nom|pro|jekt *das; -[e]s, -e:* das Bestreben, das Genom eines Organismus umfassend aufzuklären (z. B. das Genom des Menschen)

ge|no|spe|zi|fisch: charakteristisch für das Erbgut

Ge|no|typ *der; -s, -en* u. Genotypus *der; -, …pen:* Gesamtheit der Erbfaktoren eines Lebewesens; vgl. Phänotyp. **ge|no|ty|pisch:** auf den Genotyp bezogen. **Ge|no|ty|pus** vgl. Genotyp

Ge|no|zid *der* (auch:) *das; -[e]s, -e* u. -ien ⟨gr.; lat.⟩: Völkermord

Gen|re [ˈʒãːrə] *das; -s, -s ⟨lat.-fr.⟩:* Gattung, Wesen, Art

Gen|re|bild *das; -[e]s, -er:* Bild im Stil der Genremalerei

gen|re|haft: im Stil, in der Art der Genremalerei gestaltet

Gen|re|ma|le|rei *die; -:* Malerei, die typische Zustände aus dem täglichen Leben einer bestimmten Berufsgruppe od. einer sozialen Klasse darstellt

Gen|re|ser|voir […vǫa:ɐ̯] *das; -s, -e:* in natürlichen Biotopen lebende Organismen (z. B. Wildpflanzen), die mit ihrer genetischen Vielfalt für die Züchtung neuer Nutzpflanzensorten unersetzlich sind

Gen|ro *der; - ⟨jap.; „Älteste"⟩:* (hist.) vom japanischen Kaiser eingesetzter Staatsrat

Gens *die; -, Gentes […te:s] ⟨lat.;* „Geschlechtsverband, Sippe"⟩: (hist.) altrömischer Familienverband

Gent [dʒɛnt] *der; -s, -s ⟨engl.* Kurzform von *Gentleman⟩:* (iron.) Geck, feiner Mann

Gen|tech|nik *die; -, -en* (Plural selten): 1. Technik der Erforschung u. Manipulation der Gene. 2. [1]Gentechnologie. **gen|tech|nisch:** die Gentechnik betreffend

Gen|tech|no|lo|gie *die; -:* Teilgebiet der Molekularbiologie u. der Biotechnologie, das sich

mit der Isolierung, Analyse u. Veränderung des genetischen Materials befasst. **gen|tech|no|lo|gisch:** die Gentechnologie betreffend

Gen|tes: *Plural* von [1]Gens

Gen|the|ra|pie *die; -:* (Med.) Therapieform, bei der körpereigenen Zellen ein fremdes Gen übertragen wird, das diese Zellen aufgrund eines Gendefekts nicht selbst herstellen können

Gen|ti|a|na *die; -⟨illyrisch-lat.⟩:* Enzian

gen|til [ʒɛnˈtiːl, ʒãˈtiːl] ⟨lat.-fr.⟩: (veraltet) fein, nett, wohlerzogen

Gen|ti|len *die* (Plural) ⟨lat.⟩: (hist.) die Angehörigen der altrömischen Gentes (vgl. Gens)

Gen|til|homme [ʒãtiˈjɔm] *der; -s, -s ⟨lat.-fr.⟩:* franz. Bez. für Mann von vornehmer Gesinnung, Gentleman

Gen|t|le|man [ˈdʒɛntlmən] *der; -s, …men […mən] ⟨engl.⟩:* Mann von Lebensart u. Charakter; [1]Gentilhomme; vgl. Lady

gen|t|le|man|like […laik]: nach Art eines Gentlemans, vornehm, höchst anständig

Gen|t|le|men's A|g|ree|ment u. **Gen|t|le|men's A|g|ree|ment** [ˈdʒɛntlmənz əˈgriːmənt] *das; - -s, - -s:* [diplomatisches] Übereinkommen ohne formalen Vertrag; Übereinkunft auf Treu u. Glauben

Gen|trans|fer *der; -s, -s:* Übertragung einer zusätzlichen genetischen Information (in Form einer DNA) in den Kern einer Zelle

Gen|t|ry [ˈdʒɛntrɪ] *die; - ⟨lat.-fr.-engl.⟩:* niederer englischer Adel

Ge|nua *die; -, - ⟨nach dem erstmaligen Auftauchen dieses Segels 1927 bei einer Regatta in Genua⟩:* großes, den Mast u. das Großsegel stark überlappendes Vorsegel

Ge|nu|a|laicke u. **Ge|nu|a|lsamt** *der; -[e]s ⟨nach der ital. Stadt Genua⟩:* Rippsamt für Möbelbezüge

ge|nu|i|n ⟨lat.⟩: 1. echt, naturgemäß, rein, unverfälscht. 2. (Med.; Psychol.) angeboren, erblich

Ge|nu re|cur|va|tum *das; - -, Genua recurvata ⟨lat.⟩:* (Med.) überstreckbares Knie, das einen nach vorn offenen Winkel bildet

Ge|nus [auch: ˈgeːnʊs] *das; -, Ge-*

nera ⟨*lat.*⟩: 1. Art, Gattung.
2. grammatisches Geschlecht
Ge|nus|kauf [auch: ˈge:...] *der;*
-[e]s, ...käufe: (Rechtsw.) Kaufvertrag, bei dem nur die Gattungsmerkmale der zu liefernden Sache, nicht aber ihre Besonderheiten bestimmt werden
Ge|nus pro|xi|mum [auch: ˈge:...]
das; - -, Genera proxima:
nächsthöherer Gattungsbegriff
Ge|nus Ver|bi [auch: ˈge:...] *das; -*
-, Genera Verbi: (Sprachw.) Verhaltensrichtung des Verbs

---

ge |o..., Ge |o...

⟨zu *gr.* gē (gaĩa) „Erde, Land, Erdboden“)
Wortbildungselement mit der Bedeutung „Erde, Land“:
– Geodäsie
– geographisch
– Geologe
– Geophysik

---

ge |o|an|ti|kli|nal ⟨*gr.-nlat.*⟩: die
Geoantiklinale betreffend. **Geo|an|ti|kli|na|le**, auch: Geantiklinale *die;* -, -n: (Geol.) weiträumiges Aufwölbungsgebiet
der Erdkruste
Ge |o|bi |o|lo|gie *die;* -: Wissenschaft, die sich mit den Beziehungen zwischen ↑ Geosphäre
u. Menschen befasst. **ge |o|bi |olo|gisch:** die Geobiologie betreffend
Ge |o|bi|ont *der;* -en, -en: Lebewesen im Erdboden
Ge |o|bo|ta|nik *die;* -: Pflanzengeographie (Wissenschaft von
der geographischen Verbreitung der Pflanzen). **ge |o|bo|tanisch:** die Geobotanik betreffend
Ge |o|che|mie *die;* -: Wissenschaft
von der chemischen Zusammensetzung der Erde als Ganzes. **ge |o|che|misch:** die Geochemie betreffend
Ge |o|chro|no|lo|gie *die;* -: (Geol.)
Wissenschaft von der absoluten geologischen Zeitrechnung
Ge|o|dä|sie *die;* - ⟨*gr.*⟩: [Wissenschaft von der] Erdvermessung;
Vermessungswesen. **Ge|o|dät**
der; -en, -en ⟨*gr.-nlat.*⟩: Landvermesser. **Ge|o|dä|tin** *die;* -,
-nen: weibliche Form zu ↑ Geodät. **ge |o|dä|tisch:** die Geodäsie
betreffend
Ge|o|de *die;* -, -n ⟨*gr.-nlat.*⟩:

1. (Geol.) Blasenhohlraum
(Mandel) eines Ergussgesteins,
der mit Kristallen gefüllt sein
kann (z. B. Achatmandel).
2. ↑ Konkretion (3)
Ge |o|de|pres|si|on *die;* -, -en ⟨*gr.-
nlat.*⟩: ↑ Geosynklinale
Ge |o|drei|eck ® *das;* -s, -e, ugs.: -s
⟨Kunstw. aus ↑ *Geometrie* u.
Dreieck ⟩: mathematisches
Hilfsmittel in Form eines
(transparenten) Dreiecks zum
Ausmessen u. Zeichnen von
Winkeln, Parallelen o. Ä.
Ge |o|dy|na|mik *die;* -: allgemeine
Geologie, die die ↑ exogenen (2)
u. ↑ endogenen (2) Kräfte behandelt
Ge |o|frak|tur *die;* -, -en: (Geol.)
alte, innerhalb der Erdschichte immer wieder aufbrechende Schwächezone der Erdkruste
ge |o|gen ⟨*gr.*⟩: die Entstehung der
Erde betreffend. **Ge |o|ge|ne|se**
u. **Ge |o|ge|nie** u. Geogonie *die; -*
⟨*gr.-nlat.*⟩: Wissenschaft von
der Entstehung der Erde
Ge |o|g |no|sie *die;* - ⟨*gr.-nlat.*⟩:
(veraltet) Geologie. **ge |o|g |nostisch:** (veraltet) geologisch
Ge |o|go|nie vgl. Geogenese
Ge |o|graph, auch: Geograf *der;*
-en, -en ⟨*gr.-lat.*⟩: Wissenschaftler auf dem Gebiet der Geographie. **Ge |o|gra|phie**, auch: Geografie *die;* -: Erdkunde. **Ge |ogra|phin**, auch: Geografin *die;* -,
nen: weibliche Form zu ↑ Geograph. **ge |o|gra|phisch**, auch:
geografisch: a) die Geographie
betreffend, erdkundlich; b) die
Lage, das Klima usw. eines Ortes, Gebietes betreffend; c) sich
auf einen bestimmten Punkt
o. Ä. der Erdoberfläche beziehend
Ge |o|id *das;* -[e]s ⟨*gr.-nlat.*⟩: der
von der tatsächlichen Erdgestalt abweichende theoretische
Körper, dessen Oberfläche die
Feldlinien der Schwerkraft
überall im rechten Winkel
schneidet
Ge |o|i |so|ther|me *die;* -, -n: Kurve,
die Bereiche gleicher Temperatur des Erdinnern verbindet
ge |o|karp ⟨*gr.-nlat.*⟩: unter der
Erde reifend (von Pflanzenfrüchten). **Ge |o|kar|pie** *die;* -:
das Reifen von Pflanzenfrüchten unter der Erde
Ge |o|ko|ro|na *die;* -: überwiegend

aus Wasserstoff bestehende
Gashülle der Erde oberhalb
1000 km Höhe
Ge |o|kra|tie *die;* -, ...ien ⟨*gr.-lat.*⟩:
(Geol.) Erdperiode, in der die
Festländer größere Ausdehnung haben als die Meere
Ge |o|lo|ge *der;* -n, -n ⟨*gr.-nlat.*⟩:
Wissenschaftler auf dem Gebiet der Geologie. **Ge |o|lo|gie**
die; -: Wissenschaft von der
Entwicklung[sgeschichte] u.
vom Bau der Erde. **Ge |o|lo|gin**
die; -, -nen: weibliche Form zu
↑ Geologe. **ge |o|lo|gisch:** die
Geologie betreffend; **geologische Formation:** bestimmter
Zeitraum der Erdgeschichte
Ge |o|man|tie u. **Ge |o|man|tik** *die; -*
⟨*gr.-nlat.*⟩: Kunst (bes. der Chinesen u. Araber), aus Linien u.
Figuren im Sand wahrzusagen
Ge |o|me|di|zin *die;* -: Wissenschaft von den geographischen
u. klimatischen Bedingtheiten
der Krankheiten u. ihrer Verbreitung auf der Erde. **ge |o|medi|zi|nisch:** die Geomedizin betreffend
Ge |o|me|ter *der;* -s, - ⟨*gr.-lat.*⟩:
(veraltet) ↑ Geodät
Ge |o|me|t |rie *die;* -, ...ien: Zweig
der Mathematik, der sich mit
den Gebilden der Ebene u. des
Raumes befasst
ge |o|me|t |risch: die Geometrie
betreffend, durch Begriffe der
Geometrie darstellbar; **geometrischer Ort:** geometrisches
Gebilde, dessen sämtliche
Punkte die gleiche Bedingung
erfüllen; **geometrischer Stil:**
nach seiner Linienornamentik
benannter Stil der griechischen
Vasenmalerei; **geometrisches
Mittel:** n-te Wurzel aus dem
Produkt von n Zahlen
Ge |o|mor|pho|lo|ge *der;* -n, -n:
Wissenschaftler auf dem Gebiet der Geomorphologie. **Ge |omor|pho|lo|gie** *die;* -: (Geol.)
Wissenschaft von den Formen
der Erdoberfläche u. deren Veränderungen. **Ge |o|mor|pho|login** *die;* -, -nen: weibliche Form
zu ↑ Geomorphologe. **ge |o|morpho|lo|gisch:** die Geomorphologie betreffend
Ge|o |nym *das;* -s, -e ⟨*gr.-nlat.*⟩:
Deckname, der aus einem geographischen Namen od. Hinweis besteht (z. B. Stendhal
nach dem Ortsnamen Stendal)

G

Ge|o|ö|ko|lo|gie [auch 'geo...] *die;*
-: sich mit Funktionsweise, Verbreitung u. Zusammenhang der
↑ Ökosysteme befassendes Forschungsgebiet der Geographie
ge|o|pa|thisch: in Zusammen-
hang mit geographischen, klimatischen, meteorologischen
Bedingungen Krankheiten verursachend
Ge|o|pha|ge *der* u. *die;* -n, -n ⟨*gr.-
nlat.*⟩: a) jmd., der Erde isst;
b) jmd., der an Geophagie (b)
leidet. **Ge|o|pha|gie** *die;* -:
a) Sitte, bes. bei Naturvölkern,
tonige od. fette Erde zu essen;
b) krankhafter Trieb, Erde zu
essen. **Ge|o|pha|gin** *die;* -, -nen:
weibliche Form zu ↑ Geophage
Ge|o|phon, auch: Geofon *das;* -s, -e
⟨*gr.-nlat.*⟩: Instrument für geo-
physikalische Untersuchungen
Ge|o|phy|sik *die;* -: Wissenschaft
von den physikalischen Vorgängen u. Erscheinungen auf,
über u. in der Erde. **ge|o|phy|si-
ka|lisch:** die Geophysik betref-
fend. **Ge|o|phy|si|ker** *der;* -s, -:
Wissenschaftler auf dem Ge-
biet der Geophysik. **Ge|o|phy|si-
ke|rin** *die;* -, -nen: weibliche
Form zu ↑ Geophysiker
Ge|o|phyt *der;* -en, -en (meist Plu-
ral) ⟨*gr.-nlat.*⟩: (Bot.) Erd-
pflanze, die Trocken- u. Kälte-
zeiten mit unterirdischen
Knospen überdauert
Ge|o|plas|tik *die;* -, -en: räumli-
che Darstellung von Teilen der
Erdoberfläche
Ge|o|po|li|tik *die;* -: Wissenschaft
von der Einwirkung geographi-
scher Faktoren auf politische
Vorgänge u. Kräfte. **ge|o|po|li-
tisch:** die Geopolitik betreffend
Ge|o|psy|cho|lo|gie *die;* -: Wissen-
schaft von der Beeinflussung
der Psyche (1 a) durch Klima,
Wetter, Jahreszeiten u. Land-
schaft. **ge|o|psy|cho|lo|gisch:**
die Geopsychologie betreffend
Georl|gette [ʒɔrˈʒɛt] *der;* -s, -s ⟨*fr.*⟩:
Kurzform von ↑ Crêpe Georgette
Ge|or|gi|ne *die;* -, -n ⟨*nlat.;* nach
dem russ. Botaniker J. G. Ge-
orgi, 1729–1802⟩: Seerosendah-
lie (ein Korbblütler)
Ge|o|s|phä|re *die;* -: Raum, in dem
die Gesteinskruste der Erde,
die Wasser- u. Lufthülle anei-
nander grenzen
Ge|o|sta|tik *die;* -: Erdgleichge-
wichtslehre

ge|o|stal|ti|o|när: immer über
demselben Punkt des Erdäqua-
tors stehend u. dabei über dem
Äquator mit der Erdrotation
mitlaufend (von Satelliten)
ge|o|sta|tisch: die Geostatik be-
treffend
ge|o|s|t|ro|phisch ⟨*gr.-nlat.*⟩: in
der Fügung **geostrophischer
Wind:** (Meteor.) Wind in hohen Luftschichten bei geradlinigen ↑ Isobaren
Ge|o|su|tur *die;* -, -en: Geofraktur
ge|o|syn|kli|nal ⟨*gr.-nlat.*⟩: (Geol.)
die Geosynklinale betreffend.
Ge|o|syn|kli|na|le u. **Ge|o|syn-
kli|ne** *die;* -, -n: (Geol.) weiträu-
miges Senkungsgebiet der Erdkruste
Ge|o|ta|xis *die;* -, ...taxen: Orien-
tierungsbewegung bestimmter
Pflanzen u. Tiere, die in der
Richtung durch die Erdschwer-
kraft bestimmt ist
Ge|o|tech|nik *die;* -: Ingenieurgeo-
logie
Ge|o|tek|to|nik *die;* -: (Geol.)
Lehre von den allgemeinen Gesetzmäßigkeiten in der Entwicklung des gesamten Erd-
krustes. **ge|o|tek|to|nisch:** die
Geotektonik betreffend
Ge|o|the|ra|pie *die;* -: (Med.) kli-
matische Heilbehandlung
ge|o|ther|mal: die Erdwärme be-
treffend. **Ge|o|ther|mik** *die;* -:
Wissenschaft von der Tempera-
turverteilung u. den Wärme-
strömen innerhalb des Erdkör-
pers. **ge|o|ther|misch:** die Erd-
wärme betreffend; **geothermi-
sche Tiefenstufen:** Stufen der
Wärmezunahme in der Erde
(normal um 1°C auf 33 m)
Ge|o|ther|mo|me|ter *das;* -s, -:
Messgerät zur Bestimmung der
Temperatur in verschieden tiefen Erdschichten
Ge|o|top *der* od. *das;* -s, -e ⟨*gr.*⟩:
[räumlich begrenzter] Teil der
Erdoberfläche mit geowissen-
schaftlich wertvollen Naturer-
scheinungen
ge|o|trop u. **ge|o|tro|pisch** ⟨*gr.-
nlat.*⟩: auf die Schwerkraft an-
sprechend (von Pflanzen). **Ge-
o|tro|pis|mus** *der;* -: Erdwendig-
keit; Vermögen der Pflanzen,
sich in Richtung der Schwerkraft zu orientieren
Ge|o|tro|pos|kop *das;* -s, -e: ↑ Gy-
roskop

Ge|o|tu|mor *der;* -s, ...oren: ↑ Geo-
antiklinale
Ge|o|wis|sen|schaf|ten *die* (Plu-
ral): alle sich mit der Erforschung der Erde befassenden
Wissenschaften
ge|o|zen|t|risch: 1. auf die Erde als
Mittelpunkt bezogen; Ggs. ↑ heliozentrisch; **geozentrisches
Weltsystem:** Weltsystem, das
die Erde als Weltmittelpunkt
betrachtet (z. B. bei Ptolemäus).
2. auf den Erdmittelpunkt bezogen; vom Erdmittelpunkt aus
gerechnet (z. B. der geozentri-
sche Ort eines Gestirns)
Ge|o|zo|o|lo|gie *die;* -: Wissen-
schaft von der geographischen
Verbreitung der Tiere; Zoogeo-
graphie. **ge|o|zo|o|lo|gisch:** die
Geozoologie betreffend
ge|o|zy|k|lisch: den Umlauf der
Erde um die Sonne betreffend
Ge|pard *der;* -s, -e ⟨*mlat.-fr.*⟩: sehr
schlankes, hochbeiniges,
schnelles katzenartiges Raubtier (in Indien u. Afrika)
Ge|phy|ro|pho|bie *die;* -, ...ien ⟨*gr.-
nlat.*⟩: (Med.) Angst vor dem
Betreten einer Brücke
ger..., **Ger...** s. Kasten geronto...,
Geronto...
Ge|ra|go|ge *der;* -n, -n: jmd., der
auf dem Gebiet der Geragogik
ausgebildet, tätig ist. **Ge|ra|go-
gik** *die;* - ⟨*gr.-nlat.*⟩: Teilgebiet
der Pädagogik, das sich mit Bil-
dungsfragen u. -hilfen für äl-
tere Menschen befasst. **Ge|ra-
go|gin** *die;* -, -nen: weibliche
Form zu ↑ Geragoge
Ge|ra|nie *die;* -, -n u. Geranium
das; -s, ...ien ⟨*gr.-lat.*⟩: Storchschnabel; Zierstaude mit zahlreichen Arten
Ge|ra|ni|ol *das;* -s ⟨Kurzw. aus
↑ *Geranium* u. ↑ Alkohol⟩: aro-
matische, in zahlreichen Pflan-
zenölen (z. B. Rosenöl) enthaltene Alkohollösung
Ge|ra|ni|um vgl. Geranie. **Ge|ra|ni-
um|öl** *das;* -s: ätherisches Öl
mit feinem Rosenduft (aus Pe-
largonienblättern)
Ge|rant [ʒe...] *der;* -en, -en
⟨*lat.-fr.*⟩: (veraltet) Geschäfts-
führer, Herausgeber einer Zei-
tung od. Zeitschrift
Ger|be|ra *die;* -, -[s] ⟨*nlat.;* nach
dem dt. Arzt u. Naturforscher
T. Gerber, 1823–1891⟩: margeri-
tenähnliche Blume in roten u.
gelben Farbtönen (Korbblütler)

ger|bu|lie|ren ⟨*mlat.-it.*⟩: (veraltet) aus trockener Ware Verunreinigungen auslesen. **Ger|bu|lur** *die;* -, -en: (veraltet) 1. aus trockener Ware ausgelesene Verunreinigungen. 2. Abzug wegen Verunreinigung der Ware

Ge|re|nuk *der;* -[s], -s ⟨*Somali*⟩: eine Gazellenart (im Buschwald von Äthiopien bis Tansania)

Ge|r|ri|a|ter *der;* -s, - ⟨*gr.-nlat.*⟩: Arzt mit Spezialkenntnissen auf dem Gebiet der Geriatrie. **Ge|r|ri|a|te|rin** *die;* -, -nen: weibliche Form zu ↑ Geriater **Ge|r|ri|a|t|rie** *die;* -: Altersheilkunde; Zweig der Medizin, der sich mit den Krankheiten des alternden u. alten Menschen beschäftigt **Ge|r|ri|a|t|ri|kum** *das;* -s, ...ka: Mittel zur Behandlung von Alterserscheinungen **ge|r|ri|a|t|risch:** die Geriatrie betreffend

ge|rie|ren, sich ⟨*lat.*⟩: sich benehmen, auftreten

Ger|ma|nia *die;* - ⟨*lat.*⟩: Frauengestalt [im Waffenschmuck], die das ehemalige Deutsche Reich symbolisch verkörpert

Ger|ma|nin ® *das;* -s ⟨*lat.-nlat.*⟩: Mittel gegen die Schlafkrankheit

ger|ma|ni|sie|ren: der deutschen Sprache angleichen, anpassen **Ger|ma|nis|mus** *der;* -, ...men ⟨*lat.-nlat.*⟩: 1. sprachliche Besonderheit des Deutschen. 2. Entlehnung aus dem Deutschen [in eine andere Sprache] **Ger|ma|nist** *der;* -en, -en: 1. jmd., der sich wissenschaftlich mit der Germanistik befasst. 2. (veraltet) Jurist auf dem Gebiet des deutschen u. germanischen Rechts **Ger|ma|nis|tik** *die;* -: 1. Wissenschaft von den germanischen Sprachen. 2. deutsche Sprach- u. Literaturwissenschaft, Deutschkunde im weiteren Sinne (einschließlich Volks- u. Altertumskunde) **Ger|ma|nis|tin** *die;* -, -nen: weibliche Form zu ↑ Germanist (1) **ger|ma|nis|tisch:** die Germanistik betreffend **Ger|ma|ni|um** *das;* -s: chem. Element; ein Metall; Zeichen: Ge **ger|ma|no|phil** ⟨*lat.; gr.*⟩: deutschfreundlich. **Ger|ma|no|phi|lie** *die;* -: Deutschfreundlichkeit

ger|ma|no|phob ⟨*lat.-gr.*⟩: deutschfeindlich. **Ger|ma|no|pho|bie** *die;* -: Deutschfeindlichkeit

ger|ma|no|typ ⟨*lat.; gr.-lat.*⟩: (Geol.) einen für Mitteldeutschland kennzeichnenden Typ der Gebirgsbildung betreffend, bei dem der orogene Druck nicht zur Faltung, sondern zur Bruchbildung führt

ger|mi|nal ⟨*lat.-nlat.*⟩: den Keim betreffend **Ger|mi|nal** [ʒɛrmiˈnal] *der;* -[s], -s ⟨*lat.-fr.*⟩: „Keimmonat"): siebter Monat des französischen Revolutionskalenders (21. März bis 19. April) **Ger|mi|nal|drü|se** *die;* -, -n (meist Plural): Keim- od. Geschlechtsdrüse. **Ger|mi|na|lie** *die;* -, -n (meist Plural) ⟨*lat.-nlat.*⟩: Germinaldrüse **Ger|mi|na|ti|on** *die;* -, -en ⟨*lat.; „das Sprossen"*⟩: Keimungsperiode der Pflanzen. **ger|mi|na|tiv** ⟨*lat.-mlat.*⟩: die Keimung betreffend

ge|ro..., Ge|ro... s. Kasten geronto..., Geronto...

Ge|ro|der|ma *das;* -s, -ta ⟨*gr.-nlat.*⟩: (Med.) schlaffe, welke, runzlige Haut **Ge|ro|hy|gi|e|ne** *die;* -: (Med.) Hygiene im Alter **Ge|ront** *der;* -en, -en ⟨*gr.*⟩: Mitglied der ↑ Gerusia

ge|ron|to..., Ge|ron|to...

⟨zu *gr.* gérōn, Gen. gérontos „alter Mensch, Greis"⟩
Wortbildungselement mit der Bedeutung „alte Menschen betreffend, auf Alter [u. Erfahrung] beruhend":
– Gerontokratie
– gerontologisch
– Gerontopsychologie
Von verwandter Herkunft ist auch das Wortbildungselement **gero..., Gero...,** vor Vokalen auch: ger..., Ger..., mit der Bedeutung „das Alter betreffend; im Alter auftretend". Vermittelt über *gr.* gēras „hohes Alter", ist es Bestandteil vieler Fremdwörter, wie z. B. in geriatrisch, Geroderma und Gerohygiene.

Ge|ron|to|kra|tie *die;* -, -n ⟨*gr.-nlat.*⟩: (Gesch., Völkerk.) Herrschaft des Rates der Alten **Ge|ron|to|lo|ge** *der;* -n, -n: For-

scher od. Arzt mit Spezialkenntnissen auf dem Gebiet der Gerontologie. **Ge|ron|to|lo|gie** *die;* -: Fachgebiet, auf dem die Alterungsvorgänge beim Menschen unter biologischen, medizinischen, psychologischen u. sozialen Aspekten erforscht werden. **Ge|ron|to|lo|gin** *die;* -, -nen: weibliche Form zu ↑ Gerontologe. **ge|ron|to|lo|gisch:** die Gerontologie betreffend

Ge|ron|to|psy|cho|lo|gie *die;* -: psychologische Disziplin, die sich mit der Erforschung der seelischen Begleiterscheinungen des Alterns befasst

Ge|run|di|um *das;* -s, ...dien ⟨*lat.*⟩: gebeugter Infinitiv des lateinischen Verbs (z. B. lat. *[ars] amandi* = [die Kunst] des Liebens) **ge|run|div** ⟨*lat.-mlat.*⟩: ↑ gerundivisch; vgl. ...isch/-. **Ge|run|div** *das;* -s, -e: Verbaladjektiv (a) mit passivischer Bedeutung im Futur, das die Notwendigkeit eines Tuns ausdrückt (z. B. lat. *laudandus* = „jmd., der gelobt werden muss"). **ge|run|di|visch:** das Gerundiv betreffend, in der Art des Gerundivs; vgl. ...isch/-. **Ge|run|di|vum** *das;* -s, ...va: ↑ Gerundiv

Ge|ru|sia u. **Ge|ru|sie** *die;* - ⟨*gr.*⟩: (hist.) Rat der Alten (in Sparta) **Ge|sa|rol** *das;* -s ⟨*Kunstw.*⟩: ein Pflanzenschutzmittel gegen Insekten

Ge|sei|er u. **Ge|sei|re** *das;* -s u. **Ge|sei|res** *das;* - ⟨*jidd.*⟩: (ugs.) wehleidiges Klagen, überflüssiges Gerede

Ge|span *der;* -[e]s, -e ⟨*ung.*⟩: (hist.) Verwaltungsbeamter in Ungarn. **Ge|span|schaft** *die;* -, -en: (hist.) Grafschaft, Amt[sbereich] eines Gespans

Ge|so|pain|ting [ˈdʒɛsoʊpeɪntɪŋ] *das;* -s ⟨*engl.*⟩: von englischen Malern des 19. Jh.s aufgenommene Maltechnik des Mittelalters, die eine Verbindung von Malerei u. Flachrelief darstellt

Ges|ta|gen *das;* -s, -e (meist Plural) ⟨*gr.*⟩: (Biol., Med.) weibliches Keimdrüsenhormon des Corpus luteum, das der Vorbereitung u. Erhaltung der Schwangerschaft dient **Ges|ta|ti|on** *die;* -, -en ⟨*lat.-nlat.*⟩: ↑ Gravidität

Ges|te [auch: ˈgeː...] *die; -, -n:* Gebärde, die Rede begleitende Ausdrucksbewegung des Körpers, bes. der Arme u. Hände. **Ges|tik** [auch: ˈgeː...] *die; - ⟨lat.-nlat.⟩:* Gesamtheit der Gesten als Ausdruck der Psyche **Ges|ti|ku|la|ti|on** *die; -, -en ⟨lat.⟩:* Gebärdenspiel, Gebärde[nsprache]. **ges|ti|ku|lie|ren:** Gebärden machen **Ges|ti|on** *die; -, -en ⟨lat.⟩:* Führung, Verwaltung **ges|tisch** [auch: ˈgeː...]: die Gestik betreffend **Ges|to|se** *die; -, -n ⟨lat.-nlat.⟩:* krankhafte Schwangerschaftsstörung **Ges|tus** *der; - ⟨lat.⟩:* a) Gestik; b) Ausdruck, geistiges Gebaren **Ge|ta** *die; -, -s ⟨jap.⟩:* japanische Holzsandale (mit einer zwischen der großen Zehe u. den übrigen Zehen durchgezogenen Schnur) **Get|ter** *der; -s, - ⟨engl.⟩:* Fangstoff zur Bindung von Gasen (bes. in Elektronenröhren zur Aufrechterhaltung des Vakuums verwendet). **get|tern:** durch Getter binden; mit einem Getter versehen. **Get|te|rung** *die; -, -en:* Bindung von Gasen durch Getter **Get|to**, auch: Ghetto *das; -s, -s ⟨it.⟩:* a) von den übrigen Vierteln der Stadt [durch Mauern usw.] abgetrenntes Wohnviertel, in dem die jüdische Bevölkerung (im Anfang freiwillig, später zwangsweise) lebte; b) Stadtbezirk, in dem diskriminierte Minderheiten, Ausländer od. auch privilegierte Bevölkerungsschichten zusammenleben; c) bestimmter Bereich od. Rahmen, aus dem man sich nicht entfernen kann **Get|to|blas|ter**, auch: Ghettoblaster [...blaːstə] *der; -s, - ⟨engl.⟩:* großer, besonders leistungsstarker Radiorekorder **get|to|i|sie|ren**, auch: ghettoisieren: 1. zu einem Getto machen. 2. in ein Getto bringen **Geu|se** *der; -n, -n ⟨fr.-niederl.; „Bettler"⟩:* niederländischer Freiheitskämpfer in der Zeit der spanischen Herrschaft (im 16. Jh.) **Gey|sir** [ˈɡaizɪr] *der; -s, -e ⟨isländ.⟩:* durch Vulkanismus entstandene heiße Springquelle; vgl. Geiser

Gha|sel u. **Gha|se|le** vgl. Gasel **Gha|si** u. Gazi [...z...] *der; - ⟨arab.(-türk.); „Kämpfer im heiligen Krieg"⟩:* Ehrentitel türkischer Herrscher **Ghet|to** usw. vgl. Getto usw. **Ghi|bel|li|ne** vgl. Gibelline **Ghi|b|li** vgl. Gibli **Ghost|town** [ˈɡoʊsttaʊn] *die; -, -s ⟨engl.; eigtl. „Geisterstadt"⟩:* von den Bewohnern verlassene Stadt od. Siedlung **Ghost|word** [ˈɡoʊstwəːd] *das; -s, -s ⟨engl.; „Geisterwort"⟩:* Wort, das seine Entstehung einem Schreib-, Druck- od. Aussprachefehler verdankt **Ghost|wri|ter** [ˈɡoʊstraɪtə] *der; -s, - ⟨engl.; „Geisterschreiber"⟩:* Autor, der für eine andere Person schreibt u. nicht als Verfasser genannt wird **Ghusl** [ˈɡʊsl] ⟨arab.; „Waschung"⟩: Ganzkörperwaschung zur Herstellung der rituellen Reinheit (im Islam) **G. I.** u. **GI** [dʒiːˈaɪ] *der; -[s], -[s] ⟨amerik.⟩:* (ugs.) [einfacher] amerikanischer Soldat **Gi|aur** *der; -s, -s ⟨pers.-türk.⟩:* Ungläubiger (im Islam Bezeichnung für Nichtmuslime) **Gib|bon** *der; -s, -s ⟨fr.⟩:* südostasiatischer schwanzloser Langarmaffe **Gib|bus** *der; - ⟨lat.⟩:* (Med.) Buckel **Gi|bel|li|ne** *der; -n, -n ⟨it.⟩:* Anhänger der Hohenstaufenkaiser in Italien, Gegner der Guelfen **Gib|li**, auch: Ghibli *der; - ⟨arab.-it.⟩:* trockenheißer, Staub u. Sand führender Wüstenwind in Libyen (bes. an der Küste) **Gi|en** *das; -s, -e ⟨lat.-altfr.-engl.-niederl.⟩:* (Seemannsspr.) schweres Takel. **gi|e|nen** (Seemannsspr.) mit dem Gien schleppen, heben **¹Gig** *die; -, -s, (seltener:) das; -s, -s ⟨engl.⟩:* Sportruderboot, Beiboot **²Gig** *das; -s, -s: (früher) leichter, offener zweirädriger Wagen **³Gig** *das; -s, -s ⟨engl.⟩:* bezahlter Auftritt einer Band od. eines Einzelmusikers in einem Konzert, einem [Nacht]lokal, einem Plattenstudio **Gi|ga|byte** [...ˈbaɪt] *das; -[s], -[s] ⟨gr.; engl.⟩:* (EDV) 1 024 Megabyte (2^{30} Byte); Zeichen: GB, GByte **Gi|ga|e|lek|t|ro|nen|volt** *das; -* u.

-[e]s, - ⟨gr.⟩: (Phys.) eine Milliarde Elektronenvolt; Zeichen: GeV **Gi|ga|hertz** *das; -, - ⟨gr.⟩:* (Phys.) 1 Milliarde Hertz; Zeichen: GHz **Gi|gant** *der; -en, -en ⟨gr.-lat., nach den riesenhaften Söhnen der Gäa (= Erde) in der griech. Sage⟩:* jmd., der riesig, hünenhaft, beeindruckend groß ist in seinen Ausmaßen u. in seiner [Leistungs]kraft ist. **gi|gantesk:** ins Riesenhafte übersteigert; übertrieben groß, riesig **Gi|g|an|th|ro|pus** *der; -, ...pi ⟨gr.-nlat.⟩:* Urmenschenform mit übergroßen Knochen **Gi|gan|tik** *die; - ⟨gr.-nlat.⟩:* gigantisches Ausmaß; außerordentliche, beeindruckende Größe **Gi|gan|tin** *die; -, -nen:* weibliche Form zu ↑ Gigant **gi|gan|tisch** ⟨gr.-lat.⟩: riesenhaft, außerordentlich, von ungeheurer Größe **Gi|gan|tis|mus** *der; - ⟨gr.-nlat.⟩:* 1. (Med.) krankhafter Riesenwuchs. 2. Gesamtheit der Erscheinungsformen, in denen Gigantomanie offenbar wird **Gi|gan|to|gra|phie**, auch: ...grafie *die; -, ...ien:* Verfahren zur Vergrößerung von Bildern für Plakate durch Rasterübertragung **Gi|gan|to|ma|chie** *die; - ⟨gr.-lat.⟩:* der Kampf der Giganten gegen Zeus in der griechischen Mythologie (dargestellt im Fries am Pergamonaltar) **Gi|gan|to|ma|nie** *die; -:* Sucht, Bestreben, alles ins Riesenhafte zu übersteigern, mit riesenhaften Ausmaßen zu gestalten (z. B. in der Baukunst). **gi|gan|to|ma|nisch:** die Gigantomanie betreffend, auf ihr beruhend **Gi|go|llo** [ˈʒiːgolo, auch: ˈʒɪg...] *der; -[s], -s ⟨fr.⟩:* 1. Eintänzer. 2. (ugs.) jüngerer Mann, der sich von Frauen aushalten lässt **Gi|got** [ʒiˈɡoː] *das; -s, -s ⟨fr.⟩:* 1. (schweiz.) Hammelkeule. 2. (Mode) keulenförmig nach oben erweiterter Ärmel (im 16. u. 19. Jh.) **Gigue** [ʒiːg] *die; -, -n [ˈʒiːɡn] ⟨fr.-engl.-fr.⟩:* (Mus.) a) nach 1600 entwickelter heiterer Schreittanz im Dreiertakt; b) seit dem 17. Jh. Satz einer Suite (4) **Gi|la|tier** [auch: ˈhiːla...] *das; -[e]s, -e ⟨engl.; nach dem Fluss

Gila River in Arizona): eine sehr giftige Krustenechse

Gil|den|so|zi|a|lis|mus *der; -:* in England entstandene Lehre von der Verwirklichung des praktischen Sozialismus (Anfang des 20. Jh.s)

Gil|let [ʒiˈleː] *das; -s, -s* ⟨*türk.-arab.-span.-fr.*⟩: (veraltet) Weste

Gim|mick *der,* auch: *das; -s, -s* ⟨*engl.*⟩: überraschender, Aufmerksamkeit erregender, witziger Effekt, Gag (bes. in der Werbung)

Gin [dʒɪn] *der; -s, -s* (aber: 2 -) ⟨*lat.-fr.-niederl.-engl.*⟩: englischer Wacholderbranntwein

Gin|fizz, auch: **Gin-Fizz** [ˈdʒɪnfɪs] *der; -, -* (aber: 2 -) ⟨*engl.*⟩: Mixgetränk aus Gin, Mineralwasser, Zitrone u. Zucker

Gin|gan [ˈɡɪŋɡan] *der; -s, -s* ⟨*malai.*⟩: gemustertes Baumwollgewebe in Leinenbindung (eine Webart)

Gin|ger [ˈdʒɪndʒɐ] *der; -s, -* ⟨*lat.-engl.*⟩: Ingwer

Gin|ger|ale auch: **Gin|ger-Ale** [...eɪl] *das; -s, -s* (aber: 2 -) ⟨*engl.*⟩: alkoholfreies Erfrischungsgetränk mit Ingwergeschmack

Gin|ger|beer [...bɪə] *das; -s, -s* (aber: 2 -) ⟨*engl.*⟩: Ingwerbier

Ging|ham [ˈɡɪŋɛm] *der; -s, -s* ⟨*malai.-engl.*⟩: ↑ Gingan

Gin|gi|vi|tis [ɡɪŋɡi...] *die; -, ...iti̱den* ⟨*lat.-nlat.*⟩: Zahnfleischentzündung

Gink|go [ˈɡɪŋko], auch: **Gin|ko** *der; -s, -s* ⟨*jap.*⟩: den Nadelhölzern verwandter, in Japan u. China heimischer Zierbaum mit fächerartigen Blättern

Gin|seng [ˈɡɪnzɛŋ], auch: ˈʒ...] *der; -s, -s* ⟨*chin.*⟩: Wurzel eines ostasiatischen Araliengewächses (Anregungsmittel; Allheilmittel der Chinesen, das als lebensverlängernd gilt)

Gin To|nic [dʒɪn -] *der; - -[s], - -s* (aber: 2 - -): Gin mit Tonic [u. Zitronensaft o. Ä.]

gio|co|so [dʒoˈkoːzo] ⟨*lat.-it.*⟩: (Mus.) scherzend, spaßhaft, fröhlich, lustig (Vortragsanweisung)

Gi|pü|re *die; -, -n* ⟨*germ.-fr.*⟩: Klöppelspitze aus Gimpen (mit Seide übersponnenen Baumwollfäden)

Gi|raf|fe *die; -, -n* ⟨*arab.-it.*⟩: Säugetier der mittelafrikanischen

Steppe mit 2 bis 3 m langem Hals (Wiederkäuer)

Gi|ral|geld [ʒ...] *das; -[e]s, -er* ⟨*gr.-lat.-it.; dt.*⟩: [Buch]geld des Giroverkehrs, des bargeldlosen Zahlungsverkehrs der Banken

Gi|ran|do|la [dʒi...] *die; -, ...olen* ⟨*gr.-lat.-it.*⟩ u. **Gi|ran|do|le** [ʒi-ran..., ʒirɑ...] *die; -, -n* ⟨*it.-fr.*⟩: 1. Feuergarbe beim Feuerwerk. 2. mehrarmiger Leuchter. 3. mit Edelsteinen besetztes Ohrgehänge

Gi|rant [ʒi...] *der; -en, -en* ⟨*gr.-lat.-it.*⟩: (Wirtsch.) jmd., der einen Wechsel od. ein sonstiges Orderpapier durch Indossament überträgt

Gi|rar|di|hut [ʒi...] *der; -[e]s, ...hüte* (nach dem Wiener Schauspieler A. Girardi, 1850–1918): flacher Herrenstrohhut; ↑ Canotier

Gi|rat [ʒi...] *der; -en, -en* u. **Gi|ra|tar** [ʒi...] *der; -s, -e* ⟨*gr.-lat.-it.*⟩: (Wirtsch.) jmd., für den bei der Übertragung eines Orderpapiers ein Indossament erteilt wurde

Gi|ri [ˈʒi...]: *Plural* von ↑ ¹Giro

gi|rie|ren [ʒi...]: einen Wechsel od. ein sonstiges Orderpapier mit einem ¹Giro (2) versehen

Girl [ɡøː̯l, ɡœrl] *das; -s, -s* ⟨*engl.*⟩: 1. junges Mädchen. 2. einer Tanzgruppe, einem Ballett angehörende Tänzerin

Gir|lan|de *die; -, -n* ⟨*it.-fr.*⟩: langes, meist in durchhängenden Bogen angeordnetes Gebinde aus Blumen, Blättern, Tannengrün o. Ä. od. aus buntem Papier zur Dekoration an Gebäuden, in Räumen usw.

Gir|lie [ˈɡœrli] *das; -s, -s* ⟨*engl.*⟩: junge Frau, die unkonventionelle, mädchenhafte, aber körperbetonte Kleidung mit selbstbewusstem, manchmal frechem Auftreten verbindet

Gir|lie|group [...ɡruːp] *die; -, -s:* Popgruppe aus jungen, attraktiven Frauen, deren Bühnenshow bes. durch tänzerische Elemente geprägt ist

Gir|lie|look [...luk] *der; -s* ⟨*engl.*⟩: bewusst mädchenhaftes Aussehen junger Frauen

Girl|po|wer [...paʊɐ] *die; -* ⟨*engl.*⟩: Schlagwort für ein besonders stark ausgeprägtes Selbstbewusstsein junger Mädchen

¹Gi|ro [ˈʒiːro] *das; -s, -s,* österr.

auch: Giri ⟨*gr.-lat.-it.; „Kreis"*⟩: 1. Überweisung im bargeldlosen Zahlungsverkehr. 2. Indossament; Vermerk, durch den ein Wechsel od. ein sonstiges Orderpapier auf einen anderen übertragen wird

²Gi|ro [ˈdʒiːro] *der; -s:* kurz für ↑ Giro d'Italia

Gi|ro|bank [ˈʒiːro...] *die; -, -en:* Bank, die den Giroverkehr betreibt

Gi|ro d'I|ta|lia [ˈdʒiːro diˈtaːlia] *der; - -:* Etappenrennen in Italien für Berufsfahrer im Radsport

Gi|ro|kas|se [ˈʒiːro...] *die; -, -n:* Girobank

Gi|ro|kon|to [ˈʒiːro...] *das; -s, ...ten:* Konto, über das Girogeschäfte durch Scheck od. Überweisung abgewickelt werden

Gi|ron|dist [ʒirõˈdɪst] *der; -en, -en* ⟨*fr.;* nach dem franz. Departement Gironde): Anhänger der Gironde, des gemäßigten Flügels der Republikaner zur Zeit der Französischen Revolution

Gi|ro|scheck [ˈʒiːro...] *der; -s, -s:* Scheck, der durch Belastung des Girokontos des Ausstellers u. durch Gutschrift auf dem Konto des Zahlungsempfängers beglichen wird

Gi|ta|na [xiˈtana] *die; -* ⟨*span.*⟩: Zigeunerin mit Kastagnettenbegleitung

Gi|tar|re *die; -, -n* ⟨*gr.-arab.-span.*⟩: sechssaitiges Zupfinstrument mit flachem Klangkörper, offenem Schallloch, Griffbrett u. 12 bis 22 Bünden

Gi|tar|rist *der; -en, -en:* Musiker, der Gitarre spielt. **Gi|tar|ris|tin** *die; -, -nen:* weibliche Form zu ↑ Gitarrist

Giuo|co pi|a|no [ˈdʒuoːko -] *das; - -, Giuochi piani* [ˈdʒuoːki -] ⟨*lat.-it.*⟩: eine bestimmte Eröffnung im Schachspiel

gius|to [ˈdʒusto] ⟨*lat.-it.*⟩: (Mus.) richtig, angemessen (Vortragsanweisung)

Give|a|way [ɡɪvəˈweɪ] *das* od. *der; -s, -s* ⟨*engl.*⟩: (Werbespr.) [kleines] Werbegeschenk, Gratisprobe

Giv|rine [ʒivˈriːn] *der; -[s]* ⟨Kunstw. aus *fr.* givre „Raureif"⟩: krappartiges Ripsgewebe für Damenmäntel

Gla|bel|la *die; -, ...llen* ⟨*lat.-nlat.*⟩: 1. als anthropologischer Messpunkt geltende unbehaarte Stelle zwischen den Augenbrauen. 2. Kopfmittelstück der Trilobiten

¹Glace [gla(:)s] *die;* -, -s [gla(:)s] ⟨*lat.-vulgärlat.-fr.;* „Eis, Gefrorenes"⟩: a) aus Zucker hergestellte Glasur; b) Gelee aus Fleischsaft

²Gla|ce [ˈglasə] *die;* -, -n ⟨*fr.*⟩: (schweiz.) Speiseeis, Gefrorenes **Gla|cé,** auch: **Gla|cee** [glaˈse:] *der;* -[s], -s ⟨*fr.;* „Glanzie"⟩: 1. glänzendes, ↑ changierendes Gewebe aus Naturseide od. Reyon. 2. Glacéleder. **Gla|cé|le|der** *das;* -s, -: feines, glänzendes Zickelod. Lammleder

gla|cie|ren [glaˈsiːrən]: 1. (veraltet) zum Gefrieren bringen. 2. (Kochkunst) mit geleeartigem Fleischsaft überziehen, überglänzen

Gla|cis [glaˈsiː] *das;* - [glaˈsiː(s)], - [glaˈsiːs]: Erdaufschüttung vor einem Festungsgraben, die keinen toten Winkel entstehen lässt

Gla|di|a|tor *der;* -s, ...oren ⟨*lat.*⟩: (im alten Rom) Fechter, Schwertkämpfer, der in Zirkusspielen auf Leben u. Tod gegen andere Gladiatoren od. gegen wilde Tiere kämpft

Gla|di|o|le *die;* -, -n ⟨„kleines Schwert"⟩: als Schnittblume beliebte Gartenpflanze mit hohem Stiel, breiten, schwertförmigen Blättern u. trichterförmigen Blüten, die in einem dichten Blütenstand auf eine Seite ausgerichtet sind

gla|go|li|tisch ⟨*slaw.*⟩: altslawisch; **glagolitisches Alphabet:** auf die griechische Minuskel zurückgehendes altslawisches Alphabet, in dem kirchenslawische Texte geschrieben sind **Gla|go|li|za** *die;* -: die glagolitische Schrift

Gla|mour [ˈglæmə] *der* od. *das;* -s ⟨*engl.;* „Blendwerk, Zauber"⟩: blendender Glanz; auffällige, betörende Aufmachung

Gla|mour|girl [ˈglæməgəːl] *das;* -s, -s: auffällig attraktives, die Blicke auf sich ziehendes, blendend aufgemachtes Mädchen; Film-, Reklameschönheit

gla|mou|rös [glamu...]: bezaubernd aufgemacht; von äußerlicher, blendender Schönheit

Glan|del vgl. Glandula

Glan|des: *Plural* von ↑ Glans

---

glan|do|trop ⟨*lat.;* *gr.*⟩: (Med.) auf eine Drüse einwirkend

Glan|du|la *die;* -, ...lae [...lɛ] u. Glandel *die;* -, -n ⟨*lat.*⟩: (Med.) Drüse. **glan|du|lär** ⟨*lat.-nlat.*⟩: (Med.) zu einer Drüse gehörend

Glans *die;* -, Glandes ⟨*lat.*⟩: (Med.) Eichel; vorderer verdickter Teil des Penis, der Klitoris

Glas|har|mo|ni|ka *die;* -, -s u. ...ken ⟨*dt.;* *gr.-lat.-nlat.*⟩: Instrument, bei dem eine Anzahl von drehbaren Glasschalen, mit feuchten Fingern berührt, zart klingende Töne erzeugt

gla|sie|ren (mit romanisierender Endung zu dt. Glas gebildet): mit einer Glasur überziehen

Glas|nost *die;* - ⟨*russ.;* „Öffentlichkeit"⟩: Transparenz, bes. in Bezug auf die Zielsetzungen der Regierung (in der Sowjetunion gegen Ende des 20. Jh.s)

Gla|sur *die;* -, -en: 1. Zuckerguss. 2. glasartige Masse als Überzug auf Tonwaren

Glau|ko|ch|ro|it [...kro..., auch: ...ˈɪt] *der;* -s, -e ⟨*gr.-nlat.*⟩: ein Mineral

Glau|ko|dot *das;* -[e]s, -e: ein Mineral

Glau|kom *das;* -s, -e: (Med.) grüner Star (Augenkrankheit)

Glau|ko|nit [auch: ...ˈnɪt] *der;* -s, -e: ein Mineral. **Glau|ko|nit|sand** [auch: ...ˈnɪt...] *der;* -[e]s: (Geol.) Grünsand; Ablagerung im Schelfmeer

Glau|ko|phan *der;* -s, -e: ein Mineral

Glä|ve [...fə] vgl. Gleve

gla|zi|al ⟨*lat.*⟩: a) eiszeitlich; b) Eis, Gletscher betreffend. **Gla|zi|al** *das;* -s, -e: (Geol.) Eiszeit

Gla|zi|al|e|ro|si|on *die;* -, -en: (Geol.) die abtragende Wirkung eines Gletschers u. des Eises

Gla|zi|al|fau|na *die;* -: Tierwelt der unvereisten Nachbargebiete der eiszeitlichen Gletscher

Gla|zi|al|flo|ra *die;* -: Pflanzenwelt der unvereisten Nachbargebiete der eiszeitlichen Gletscher

Gla|zi|al|kos|mo|go|nie *die;* -: Welteislehre; kosmogonische Hypothese, nach der durch den Zusammenprall von riesenhaften Eis- u. Glutmassen die Gestirne entstanden sein sollen

Gla|zi|al|re|likt *das;* -[e]s, -e: durch die Eiszeit verdrängte Tier- od. Pflanzenart, die auch nach dem Rückzug der Glet-

---

scher in wärmeren Gebieten blieb

Gla|zi|al|zeit *die;* -, -en: Glazial

gla|zi|är ⟨*lat.-fr.*⟩: (Geol.) im Umkreis eines Gletschers od. des Inlandeises entstanden

gla|zi|gen ⟨*lat.;* *gr.*⟩: (Geol.) unmittelbar vom Eis geschaffen

gla|zi|o|flu|vi|a|til: (Geol.) während einer Eiszeit durch das Wirken eines Flusses entstanden

Gla|zi|o|lo|ge *der;* -n, -n: Wissenschaftler auf dem Gebiet der Glaziologie. **Gla|zi|o|lo|gie** *die;* -: Wissenschaft von der Entstehung u. Wirkung des Eises u. der Gletscher; Gletscherkunde. **Gla|zi|o|lo|gin** *die;* -, -nen: weibliche Form zu ↑ Glaziologe. **gla|zi|o|lo|gisch:** die Glaziologie betreffend

Gle|dit|schie [...ʃjə] *die;* -, -n ⟨*nlat.;* nach dem dt. Botaniker J. G. Gleditsch, 1714–1786)⟩: Christusdorn; zu den Hülsenfrüchten gehörender akazienähnlicher Zierbaum mit dornigen Zweigen

Glee [gliː] *der;* -s, -s ⟨*engl.*⟩: einfaches Lied für drei od. mehr Stimmen (meist Männerstimmen) ohne instrumentale Begleitung in der englischen Musik des 17. bis 19. Jh.s

Gle|fe vgl. Gleve

Glen|check [ˈɡlɛntʃɛk] *der;* -s, -s ⟨*engl.*⟩: [Woll]gewebe mit großer Karomusterung

Gle|ve [...fə] *die;* -, -n ⟨*lat.-fr.*⟩: 1. einschneidiges mittelalterliches Stangenschwert. 2. kleinste Einheit der mittelalterlichen Ritterheere. 3. (Heraldik) obere Hälfte einer Lilie

Glia *die;* -: ↑ Neuroglia

Gli|a|din *das;* -s ⟨*gr.-nlat.*⟩: einfacher Eiweißkörper im Getreidekorn

Gli|der [ˈɡlaɪ...] *der;* -s, - ⟨*engl.*⟩: Lastensegler (ohne eigenen motorischen Antrieb)

Gli|ma *die;* - ⟨*isländ.*⟩: alte, noch heute übliche Form des Ringkampfes in Island

Gli|o|blas|tom *das;* -s, -e ⟨*gr.-nlat.*⟩: (Med.) bösartiges Gliom des Großhirns. **Gli|om** *das;* -s, -e: (Med.) Geschwulst im Gehirn, Rückenmark od. Auge

Glis|sa|de *die;* -, -n ⟨*fr.*⟩: Gleitschritt in der Tanzkunst (im Bogen nach vorn od. hinten)

glis|san|do ⟨*fr.-it.*⟩: (Mus.) a) schnell mit der Nagelseite des Fingers über die Klaviertasten gleitend; b) bei Saiteninstrumenten mit dem Finger auf einer Saite gleitend. **Glis|san|do** *das; -s, -s u. ...di:* (Mus.) der Vorgang des Glissandospieles

Glis|son|schlin|ge [ˈɡlɪsən...] *die; -, -n* ⟨nach dem engl. Anatomen Glisson (1597–1677)⟩: (Med.) Zugvorrichtung zur Streckung der Wirbelsäule bei der Behandlung von Wirbelsäulenerkrankungen

glo|bal ⟨*lat.-nlat.*⟩: 1. auf die gesamte Erde bezüglich; weltumspannend. 2. a) umfassend, gesamt; b) allgemein, ungefähr **Glo|bal|ban|king** [ˈɡloʊbl̩bæŋkɪŋ] *das; -s,* auch: **Glo|bal Ban|king** *das; - -s* ⟨*engl.*⟩: Bez. für weltweit angewandte Strategien zur Abwicklung des Bankverkehrs

Glo|bal|call [ˈɡloʊbl̩kɔːl] *der; -s, -s,* auch: **Glo|bal Call** *der; - -s, - -s* ⟨*engl.*⟩: weltweite Telefonverbindung

Glo|bal|cui|sine [ˈɡloʊbl̩kwɪziːn] *die; -,* auch: **Glo|bal Cui|sine** *die; - -:* internationale Küche mit Spezialitäten aus den verschiedensten Ländern

glo|ba|li|sie|ren: auf die ganze Erde ausdehnen. **Glo|ba|li|sierung** *die; -, -en:* a) das Globalisieren; b) zusammenfassende Bez. für die weltweite Durchdringung von Wirtschaftsprozessen, Kapitalverflechtung u. die globale Ausrichtung von [multinationalen] Unternehmen

Glo|ba|lis|mus *der; -* ⟨*lat.-nlat.*⟩: global orientierte, ganzheitliche Denk- u. Handlungsweise

Glo|bal|mar|ke|ting [ˈɡloʊbl̩...] *das; -s,* auch: **Glo|bal Mar|keting** *das; - -s* ⟨*engl.*⟩: Bez. für weltweit angewandte Strategien zur Erschließung u. Sicherung von Absatzmärkten

Glo|bal|play|er [ˈɡloʊbl̩pleɪə] *der; -s, -,* auch: **Glo|bal Play|er** *der; - -s, - -* ⟨*engl.*⟩: 1. Konzern, Unternehmen mit weltweitem Wirkungskreis, das sich an internationalen Produktions- u. Absatzmärkten ausrichtet. 2. Weltmacht

Glo|bal|sour|cing [ˈɡloʊbl̩sɔːsɪŋ] *das; -s,* auch: **Glo|bal Sour|cing** *das; - -s* ⟨Kunstw. aus *engl.* re-

---

source using „Nutzung von Quellen"⟩: Bez. für weltweit angewandte Strategien zur Erschließung u. Nutzung von Rohstoffen u. Kapazitäten

Glo|bal|strah|lung *die; -:* (Meteor.) Summe aus Sonnen- u. Himmelsstrahlung

Glo|be|trot|ter [auch: ˈɡloːp...] *der; -s, -* ⟨*engl.*⟩: Weltenbummler. **Glo|be|trot|te|rin** *die; -, -nen:* weibliche Form zu ↑ Globetrotter

Glo|bi|ge|ri|ne *die; -, -n* (meist Plural) ⟨*lat.-nlat.*⟩: frei schwimmendes Meerestierchen, dessen Gehäuse aus mehreren [stachligen] Kugeln besteht

Glo|bi|ge|ri|nen|schlamm *der; -[e]s, -e u. ...schlämme:* aus den Schalen der Globigerinen entstandenes kalkreiches Sediment in der Tiefsee

Glo|bin *das; -s, -e:* Eiweißbestandteil des ↑ Hämoglobins

Glo|bo|id *das; -s, -e* ⟨*lat.; gr.*⟩: 1. (meist Plural; Biol.) glasiges Kügelchen, das bei der Bildung des ↑ Aleurons entsteht. 2. (Math.) Fläche, die von einem um eine beliebige Achse rotierenden Kreis erzeugt wird

Glo|bu|la|ria *die; -, ...ien* ⟨*lat.-nlat.*⟩: Kugelblume; niedrige, blau blühende Voralpen- u. Alpenpflanze

Glo|bu|lin *das; -s, -e:* (Med.; Biol.) wichtiger Eiweißkörper des menschlichen, tierischen u. pflanzlichen Organismus (vor allem in Blut, Milch, Eiern u. Pflanzensamen)

Glo|bu|lus *der; -, ...li* ⟨*lat.*⟩: (Med.) kugelförmiges Arzneimittel

Glo|bus *der; - u. -ses, ...ben u. -se* ⟨„Kugel"⟩: Kugel mit dem Abbild der Erdoberfläche od. der scheinbaren Himmelskugel auf ihrer Oberfläche

Glo|chi|di|um [...x...] *das; -s, ...ien* ⟨*gr.-nlat.*⟩: 1. Larve der Flussmuschel. 2. (meist Plural) borstenartiger Stachel bei Kaktusgewächsen

glo|me|ru|lär ⟨*lat.-nlat.*⟩: den Glomerulus betreffend. **Glo|me|rulus** *der; -, ...li:* (Med.) Blutgefäßknäuelchen der Nierenrinde

Glo|mus *das; -, ...mera* ⟨*lat.*⟩: (Med.) Knäuel, Knoten, Anschwellung, Geschwulst

¹Glo|ria *das; -s od. die; -* ⟨*lat.*⟩: (iron.) Ruhm, Herrlichkeit;

(ugs. iron.) mit Glanz und Gloria: ganz und gar

²Glo|ria *das; -s:* (nach dem Anfangswort bezeichneter) Lobgesang in der christlichen Liturgie

³Glo|ria *das od. der; -s, -s* (aber: 2 -) ⟨Fantasiebezeichnung⟩: (Gastr.) süßer, starker Kaffee, auf dem ein Löffel Kognak abgebrannt wird

Glo|ria in ex|cel|sis De̯o: Ehre sei Gott in der Höhe (Anfangsworte des auch als „großes Gloria" od. „große Doxologie" bezeichneten Lobgesanges in der christlichen Liturgie; nach Lukas 2, 14)

Glo|ria Pa̱t|ri et Fi̱|lio et Spi̱|ri̱|tu Sa̱nc|to: Ehre sei dem Vater und dem Sohne und dem Heiligen Geiste (Anfangsworte des auch als „kleines Gloria" od. „kleine Doxologie" bezeichneten Lobgesanges in der christlichen Liturgie)

Glo|ri|a|sei|de *die; -:* feiner Futter- u. Schirmstoff in Leinenbindung

Glo|rie [...rjə] *die; -, -n* ⟨*lat.*⟩: 1. Ruhm, Herrlichkeit [Gottes]. 2. Lichtkreis, Heiligenschein. 3. helle, farbige Ringe um den Schatten eines Körpers (z. B. Flugzeug, Ballon) auf einer vom Mond beschienenen Nebelwand od. Wolkenoberfläche, die durch Beugung des Lichts an den Wassertröpfchen od. Eiskristallen der Wolken entstehen. **Glo|ri|en|schein** *der; -s, -e:* Heiligenschein

Glo|ri|et|te *die; -, -n* ⟨*lat.-fr.*⟩: offener Gartenpavillon im barocken od. klassizistischen Park

Glo|ri|fi|ka|ti̯on *die; -, -en* ⟨*lat.*⟩: Verherrlichung; vgl. Glorifizierung u. ...ation/...ierung. **glo|ri|fi|zie|ren:** verherrlichen. **Glo|ri|fi|zie|rung** *die; -, -en:* das Glorifizieren; Verherrlichung; vgl. ...ation/...ierung

Glo|ri|o|le *die; -, -n:* Heiligenschein

glo|ri|os: 1. glorreich, ruhmvoll, glanzvoll. 2. (veraltet) großsprecherisch, prahlerisch

Glos|sa *die; -* ⟨*gr.-lat.*⟩: (Med.) Zunge

Glos|s|al|gie *die; -, ...i̯en* ⟨*gr.*⟩: ↑ Glossodynie

Glos|s|an|th|rax *der; -* ⟨*gr.-nlat.*⟩:

(Med.) Milzbrandkarbunkel der Zunge

Glos|sar *das;* -s, -e ⟨*gr.-lat.*⟩: 1. Sammlung von Glossen (1). 2. Wörterverzeichnis [mit Erklärungen]. **Glos|sa|ri|um** *das;* -s, ...ien: (veraltet) Glossar

Glos|sa|tor *der;* -s, ...oren ⟨*gr.- nlat.*⟩: Verfasser von Glossen (1, 4). **glos|sa|to|risch:** die Glossen (1, 4) betreffend

Glos|se [fachspr.: ˈgloˑ...] *die;* -, -n ⟨*gr.-lat.;* „Zunge; Sprache"⟩: 1. in alten Handschriften erscheinende Erläuterung eines der Erklärung bedürftigen Ausdrucks. 2. a) spöttische Randbemerkung; b) kurzer Kommentar in Tageszeitungen mit [polemischer] Stellungnahme zu Tagesereignissen. 3. spanische Gedichtform, bei der jede Zeile eines vorangestellten vierzeiligen Themas als jeweiliger Schlussvers von vier Strophen wiederkehrt. 4. erläuternde Randbemerkung zu einer Gesetzesvorlage (im Mittelalter bes. die den Inhalt aufhellenden Anmerkungen im ↑ Corpus Iuris Civilis)

Glos|sem *das;* -s, -e ⟨*gr.(-engl.)*⟩: 1. (Sprachw.) (nach der Kopenhagener Schule) aus dem ↑ Plerem u. dem ↑ Kenem bestehende kleinste sprachliche Einheit, die nicht weiter analysierbar ist. 2. (veraltet) ↑ Glosse (1)

Glos|se|ma|tik *die;* - ⟨*gr.-nlat.*⟩: (Sprachw.) Richtung des ↑ Strukturalismus (1) der Kopenhagener Schule, bei der unter Einbeziehung formallogischer u. wissenschaftsmethodologischer Grundsätze die Ausdrucks- u. Inhaltsseite der Sprache untersucht wird

Glos|se|ma|tist *der;* -en, -en: (Sprachw.) Anhänger der Glossematik. **Glos|se|ma|tis |tin** *die;* -, -nen: weibliche Form zu ↑ Glossematist

glos|sie|ren ⟨*gr.-lat.*⟩: 1. durch Glossen (1) erläutern. 2. mit spöttischen Randbemerkungen versehen, begleiten

Glos|si|na *die;* -, ...nae [...nɛ] ⟨*gr.- nlat.*⟩: ↑ Tsetsefliege

Glos|si|tis *die;* -, ...it|den: (Med.) Zungenentzündung

Glos |so |dy|nie *die;* -, ...ien ⟨*gr.- nlat.*⟩: (Med.) brennender od. stechender Zungenschmerz

Glos|so|graf usw. vgl. Glossograph usw.

Glos|so|graph, auch: ...graf *der;* -en, -en ⟨*gr.*⟩: antiker od. mittelalterlicher Verfasser von Glossen (1). **Glos|so|gra|phie,** auch: ...grafie *die;* -: das Erläutern durch Glossen (1) in der Antike u. im Mittelalter. **Glos|so|gra|phin,** auch: ...grafin *die;* -, -nen: weibliche Form zu ↑ Glossograph

Glos|so|la|le, Glottolale *der* u. *die;* -n, -n: ⟨*gr.-nlat.*⟩: Zungenredner[in]. **Glos|so|la|lie,** Glottolalie *die;* -: a) Zungenreden, ekstatisches Reden in fremden Sprachen in der Urchristengemeinde (Apostelgesch. 2; 1. Kor. 14); b) (Psychol.) Hervorbringung von fremdartigen Sprachlauten u. Wortneubildungen, bes. in der ↑ Ekstase

Glos|so|ple|gie *die;* -, ...ien: (Med.) Zungenlähmung

Glos|so|p |te|ris|flo|ra *die;* - ⟨*gr.; lat.*⟩: farnähnliche Flora des ↑ Gondwanalandes (nach dem das alte Festland rekonstruiert wurde)

Glos|so|p |to|se *die;* -, -n ⟨*gr.-nlat.*⟩: (Med.) das Zurücksinken der Zunge bei tiefer Bewusstlosigkeit

Glos|so|s |chi|sis [...sç...] *die;* -, ...sen: (Med.) Spaltzunge

Glos|so|spas|mus *der;* -: (Med.) Zungenkrampf

Glos|so|ze|le *die;* -, -n: (Med.) das Hervortreten der Zunge aus dem Mund bei krankhafter Zungenvergrößerung

glot|tal: durch die Stimmritze im Kehlkopf erzeugt (von Lauten). **Glot|tal** *der;* -s, -e: Kehlkopf-, Stimmritzenlaut

Glot|tis *die;* -, Glottides [...ˈtiˑdɛs] ⟨*gr.*⟩: a) das aus den beiden Stimmbändern bestehende Stimmorgan im Kehlkopf; b) die Stimmritze zwischen den beiden Stimmbändern im Kehlkopf

Glot|tis|schlag *der;* -[e]s, ...schläge: beim Gesang als harter, unschöner Tonansatz empfundener Knacklaut vor Vokalen

Glot|to|chro|no|lo|gie *die;* -: (Sprachw.) Wissensgebiet, das anhand etymologisch nachweisbarer Formen das Tempo sprachlicher Veränderungen u.

die Trennungszeiten von miteinander verwandten Sprachen zu bestimmen sucht

glot|to|gon ⟨*gr.-nlat.*⟩: den Ursprung der Sprache betreffend; vgl. ...isch/-. **Glot|to|go|nie** *die;* -: (veraltend) wissenschaftliche Erforschung der Entstehung einer Sprache, insbesondere ihrer formalen Ausdrucksmittel. **glot|to|go|nisch** vgl. glottogon; vgl. ...isch/-

Glot|to|la|le vgl. Glossolale. **Glot- to|la|lie** vgl. Glossolalie

Glo|xi|nie [...nı̯ə] *die;* -, -n ⟨nach dem elsässischen Arzt B. P. Gloxin, † 1784⟩: 1. im tropischen Südamerika vorkommende Pflanze mit glocken- bis röhrenförmigen Blüten. 2. aus Südbrasilien stammende Zierpflanze mit großen, glockenförmigen, leuchtenden Blüten

Glu|ci|ni|um *das;* -s ⟨*gr.-nlat.*⟩: ursprüngliche Bezeichnung für ↑ Beryllium

Glu|co|se vgl. Glukose. **Glu|co|si- de** vgl. Glukosid

Glue-Snif|fing, auch: **Glue-Snif|fing** [gluˑ...] *das;* -[s] ⟨*engl.*⟩: das ↑ Sniffen von euphorisierend wirkenden Dämpfen, die in bestimmten Klebstoffen enthalten sind

Glu|ko|se, chem. fachspr.: Glucose *die;* - ⟨*gr.*⟩: Traubenzucker. **Glu|ko|sid** *das;* -[e]s, -e (meist Plural): ↑ Glykosid

Glu|ko |su |rie *die;* -, ...ien: (Med.) Ausscheidung von Traubenzucker im Harn

Glu |t|a |mat *das;* -[e]s, -e ⟨*lat.; gr.*⟩: Salz der Glutaminsäure

Glu |t|in *das;* -s, -e: bes. im Pflanzenreich weit verbreitete, vor allem beim Keimen auftretende Aminosäure

Glu |t|a |min|säu|re *die;* - ⟨*lat.; gr.; dt.*⟩: (Med.) in sehr vielen Eiweißstoffen enthaltene Aminosäure, die sich u. a. reichlich in der Hirnsubstanz findet u. daher therapeutisch zur Erhöhung der geistigen Leistungsfähigkeit verwendet wird

Glu|ten *das;* -s ⟨*lat.;* „Leim"⟩: Eiweißstoff der Getreidekörner, der für die Backfähigkeit des Mehls wichtig ist; Kleber

Glu|tin *das;* -s ⟨*lat.-nlat.*⟩: Eiweißstoff (Hauptbestandteil der Gelatine)

Gly|ce|rid vgl. Glyzerid. **Gly|ce|rin**

vgl. Glyzerin. **Gly|ce|rol** *das; -s,
-e* ⟨*gr.-fr.-engl.*⟩: (Chem.) Glyzerin
Gly|cin *das; -s:* 1. ↑ Glykokoll. 2. ®
ein fotografischer Entwickler
Gly|k|ä|mie *die; -* ⟨*gr.-nlat.*⟩:
(Med.) normaler Zuckergehalt
des Blutes
Gly|ko|cho|lie [...ço... od. ...ko...]
die; -: Auftreten von Zucker in
der Gallenflüssigkeit
Gly|ko|gen *das; -s:* (Med.; Biol.)
tierische Stärke, energiereiches
Kohlehydrat in fast allen Körperzellen (bes. in Muskeln u.
der Leber). **Gly|ko|ge|nie** *die; -:*
(Med.; Biol.) Aufbau des Glyko-
gens in der Leber. **Gly|ko|ge|no-
ly|se** *die; -:* (Med.; Biol.) Abbau
des Glykogens im Körper
Gly|ko|ge|no|se *die; -, -n:* (Med.)
Glykogenspeicherkrankheit;
Stoffwechselerkrankung im
Kindesalter mit übermäßiger
Ablagerung von Glykogen, bes.
in Leber u. Niere
Gly|ko|koll *das; -s:* (Chem.) Ami-
noessigsäure, einfachste ↑ Aminosäure; Leimsüß
Gly|kol *das; -s, -e* ⟨*Kurzw. aus: gr.
glykýs* „süß" u. ↑ Alko*hol*⟩:
1. zweiwertiger giftiger Alkohol
von süßem Geschmack. 2. Äthy-
lenglykol, ein Frostschutz- u.
Desinfizierungsmittel
Gly|kol|säu|re *die; -:* in der Gerbe-
rei verwendete Oxyessigsäure,
die u. a. in unreifen Weintrauben vorkommt
Gly|ko|ly|se *die; -, -n* ⟨*gr.-nlat.*⟩:
Aufspaltung des Traubenzu-
ckers in Milchsäure
Gly|ko|ne|o|ge|nie *die; -:* Zucker-
neubildung aus Nichtzucker-
stoffen
Gly|ko|ne|us *der; -, ...neen* ⟨*gr.-lat.;
nach dem altgriech. Dichter
Glykon (2. Jh. v. Chr.)*⟩: achtsil-
biges antikes Versmaß
Gly|ko|se *die; -* ⟨*gr.-nlat.*⟩: ältere
Form für ↑ Glukose
Gly|ko|sid *das; -[e]s, -e* (meist
Plural): Pflanzenstoff, der in
Zucker u. a. Stoffe, bes. Alko-
hole, spaltbar ist
Gly|ko|s|u|rie *die; -, ...ien:* (Med.)
Ausscheidung von Zucker im
Harn
Gly|phe vgl. Glypte. **Gly|phik** *die; -*
⟨*gr.-nlat.*⟩: (veraltet) ↑ Glyptik
Gly|pho|gra|phie, auch: ...grafie
die; -: ↑ Glyptographie
Glyp|te, Glyphe *die; -, -n* ⟨*gr.*⟩: ge-

schnittener Stein; Skulptur.
Glyp|tik *die; -:* die Kunst, mit
Meißel od. Grabstichel in Stein
od. Metall zu arbeiten; Stein-
schneidekunst; das Schneiden
der Gemmen; vgl. Glyphik u.
Gemmoglyptik
Glyp|to|gra|phie, auch: ...grafie
die; - ⟨*gr.-nlat.*⟩: Beschreibung
der Glypten; Gemmenkunde
Glyp|to|thek *die; -, -en:* Samm-
lung von Glypten
Gly|san|tin ® *das; -s* ⟨Kunstw.⟩:
Gefrierschutzmittel aus ↑ Gly-
kol u. ↑ Glyzerin
Gly|ze|rid, chem. fachspr.: Glyce-
rid *das; -s, -e:* (Chem.) Ester
des ↑ Glyzerins
Gly|ze|rin, chem. fachspr.: Glyce-
rin *das; -s* ⟨*gr.-nlat.*⟩: dreiwerti-
ger, farbloser, sirupartiger Alkohol
Gly|zi|ne, Gly|zi|nie [...jə] *die; -, -n:*
sich in die Höhe windender
Zierstrauch mit blauvioletten
Blütentrauben; ↑ Wistaria
Gly|zyr|rhi|zin *das; -s:* Süßholzzu-
cker; Glykosid mit farblosen,
sehr süß schmeckenden Kristallen, die sich in heißem Wasser u. Alkohol lösen
G-Man [ˈdʒiːmæn] *der; -[s],
G-Men* ⟨*engl.-amerik.; Kurzw.
für: government man;* „Regie-
rungsmann"⟩: Sonderagent des
FBI
Gna|tho|lo|gie *die; -* ⟨*gr.-nlat.*⟩: im
Bereich der Zahnmedizin Lehre
von der Kaufunktion, bes. von
deren Wiederherstellung
Gna|tho|s|chi|sis [...sç...] *die; -,
...sen* ⟨*gr.-nlat.*⟩: (Med.) angeborene [Ober]kieferspalte
Gna|thos|to|men *die* (Plural): alle
Wirbeltiere mit Kiefern
Gnoc|chi [ˈnjɔki] *die* (Plural) ⟨*it.*⟩:
Klößchen aus Grieß, Mais, Kartoffeln u. Mehl, die in Salzwas-
ser gegart in verschiedenen Zu-
bereitungsarten als Vorspeise
od. Beilage gereicht werden
Gnom *der; -en, -en* ⟨auf Paracel-
sus (1493–1541) zurückge-
hende Wortneuschöpfung,
ohne sichere Deutung⟩: jmd.,
der sehr klein ist; Kobold, Zwerg
Gno|me *die; -, -n* ⟨*gr.-lat.*⟩: lehrhaf-
ter [Sinn-, Denk]spruch in
Versform od. in Prosa; ↑ Sen-
tenz (1 b). **Gno|mi|ker** *der; -s, -*
⟨*gr.*⟩: Verfasser von Gnomen.
Gno|mi|ke|rin *die; -, -nen:* weib-
liche Form zu ↑ Gnomiker

gno|misch: die Gnome betreffend,
in der Art der Gnome; **gnomi-
scher Aorist:** (Sprachw.) in
Gnomen zeitlos verwendeter
↑ Aorist; **gnomisches Präsens:**
(Sprachw.) in Sprichwörtern u.
Lehrsätzen zeitlos verwendetes
Präsens (z. B. Gelegenheit
macht Diebe)
Gno|mo|lo|gie *die; -, ...ien* ⟨*gr.*⟩:
Sammlung von Weisheitssprü-
chen u. Anekdoten; vgl. Florile-
gium (1). **gno|mo|lo|gisch:** die
Gnomologie betreffend
Gno|mon *der; -s, ...mo̱ne* ⟨*gr.-lat.*⟩:
senkrecht stehender Stab, des-
sen Schattenlänge zur Bestimmung der Sonnenhöhe gemessen wird (für Sonnenuhren).
gno|mo|nisch: Zentral...; gno-
monische Projektion: nicht
winkeltreue ↑ Zentralprojektion
Gno|se *o|lo|gie* *die; -* ⟨*gr.-nlat.*⟩:
Erkenntnislehre, -theorie. **gno-
se** *o|lo|gisch:* die Gnoseologie
betreffend
Gno|sis *die; -* ⟨*gr.*⟩: [Gottes]er-
kenntnis; in der Schau Gottes
erfahrene Welt des Übersinnli-
chen (hellenistische, jüdische
u. bes. christliche Versuche der
Spätantike, in der im Glauben ver-
borgenen Geheimnisse durch
philosophische Spekulation zu
erkennen u. so zur Erlösung
vorzudringen); vgl. Gnostizismus u. Pneumatiker
Gnos |tik *die; -* ⟨*gr.-lat.*⟩: (veraltet)
die Lehre der Gnosis. **Gnos |ti-
ker** *der; -s, -:* Vertreter der Gnosis od. des Gnostizismus. **Gnos -
ti|ke|rin** *die; -, -nen:* weibliche
Form zu ↑ Gnostiker. **gnos |tisch:**
die Gnosis od. den Gnostizismus betreffend
Gnos |ti|zis|mus *der; -* ⟨*gr.-nlat.*⟩:
1. alle religiösen Richtungen,
die die Erlösung durch [philo-
sophische] Erkenntnis Gottes
u. der Welt suchen. 2. ↑ synkre-
tistische religiöse Strömungen
u. Sekten (↑ Gnosis) der späten
Antike
Gno|to|bi *o|lo|gie* *die; -* ⟨*gr.-nlat.*⟩:
Forschungsrichtung, die sich
mit der keimfreien Aufzucht
von Tieren für die Immunolo-
gie beschäftigt
Gnu *das; -s, -s* ⟨hottentott.⟩: süd-
und ostafrikanische Antilope
Go *das; -* ⟨*jap.*⟩: japanisches
Brettspiel
Goal [goːl] *das; -s, -s* ⟨*engl.*⟩: (ös-

terr. u. schweiz.) Tor, Treffer (im Sport). **Goal|get|ter** [ˈgoːl...] *der; -s, -* ⟨anglisierende Bildung zu *engl.* to get a goal „ein Tor schießen"⟩: (Sport) besonders erfolgreicher Torschütze **Goa|lie** [ˈgoːli] *der; -s, -s:* (schweiz.) Torhüter **Goal|kee|per** [ˈgoːlkiːpɐ] *der; -s, -* ⟨*engl.*⟩: (bes. österr. u. schweiz.) Torhüter **Gol|bel|let** [gobaˈleː] *der; -s, -s* ⟨*fr.*⟩: Becher od. Pokal auf einem Fuß aus Gold, Silber od. Glas (vom Mittelalter bis zum 18. Jh.) **Gol|be|lin** [gobaˈlɛ̃] *der; -s, -s* ⟨*fr.*; nach der gleichnamigen franz. Färberfamilie⟩: Wandteppich mit eingewirkten Bildern. **Go|be|lin|ma|le|rei** *die; -:* Nachahmung gewirkter Gobelins durch Malerei **Go|de** *der; -n, -n* ⟨*altnord.*⟩: Priester u. Gauvorsteher im alten Island u. in Skandinavien **Gode|mi|ché** [goːtmiˈʃeː] *der; -, -s* ⟨*fr.*⟩: künstliche Nachbildung des erigierten Penis, die von Frauen zur Selbstbefriedigung od. bei der Ausübung gleichgeschlechtlichen Verkehrs benutzt wird **Go|det** [goˈdɛ] *das; -s, -s* ⟨*fr.*⟩: in einem Kleidungsstück eingesetzter Keil **Gol|d|ron** [goˈdrõ] *das; -s, -s* ⟨*fr.*⟩: ausgeschweifter Rand, Buckel an Metallgegenständen. **gold|ron|nie|ren:** ausschweifen, fälteln **Goe|the|a|na** *die* (Plural) ⟨*nlat.*⟩: Werke von u. über Goethe **Go-go-Boy** [ˈgoːgobɔy] *der; -s, -s* ⟨*engl.*⟩: Vortänzer in einer Diskothek o. Ä. **Go-go-Funds** [...fands] *die* (Plural): (Wirtsch.) besonders gewinnbringende ↑ Investmentfonds **Go-go-Girl** [...gəːl] *das; -s, -s* ⟨*engl.*⟩: Vortänzerin in einer Diskothek o. Ä. **Gog und Ma|gog:** barbarisches Volk der Bibel, das in der Endzeit herrscht u. untergeht (Offenb. 20, 8; eigtl. der König Gog von Magog, Hesekiel 38 f.) **Goi** *der; -[s], Gojim* [auch: goˈjiːm] ⟨*hebr.*⟩: jüd. Bez. für Nichtjude **Go-in** *das; -s, -s* ⟨*engl.*⟩: [gewaltsames] Eindringen demonstrierender Gruppen in einen Raum

od. ein Gebäude [um eine Diskussion zu erzwingen] **Go|ing-pu|b|lic** [goːɪŋˈpablɪk] *das; -[s]* ⟨*engl.*⟩: (Wirtsch.) Gang an die Börse als Aktiengesellschaft **Go|kart** *der; -[s], -s* ⟨*engl.*; „Laufwagen"⟩: niedriger, unverkleideter kleiner Sportrennwagen **Gol|den De|li|cious** [ˈgoʊldən dɪˈliːʃəs] *der; - -, - -* ⟨*engl.*⟩: mittelgroßer Apfel mit grüngoldgelber, bräunlich punktierter Schale **Gol|den Goal** [- ˈgoːl] *das; - -s, - -s* ⟨*engl.*; „goldenes Tor"⟩: (Ballspiele) Spielentscheidung durch das erste gefallene Tor in einem zusätzlichen Spielabschnitt (z. B. beim Fußball) **Gol|den League** [- ˈliːg] *die; - -* ⟨*engl.*; eigtl. „goldene Liga"⟩: Folge von jährlich ausgetragenen internationalen Leichtletikwettbewerben in europäischen [Haupt]städten mit hohen Preisgeldern **Gol|den Twen|ties** [ˈgoʊldən ˈtwentɪz] *die* (Plural) ⟨*engl.*⟩: die [goldenen] Zwanzigerjahre des 20. Jh.s **Go|lem** *der; -s* ⟨*hebr.*⟩: durch Zauber zum Leben erweckte menschliche Tonfigur (↑ Homunkulus) der jüdischen Sage **¹Golf** *der; -[e]s, -e* ⟨*gr.-lat.-it.*⟩: größere Meeresbucht, Meerbusen **²Golf** *das; -s* ⟨*schott.-engl.*⟩: Rasenspiel mit Hartgummiball u. Schläger **gol|fen:** ²Golf spielen. **Gol|fer** *der; -s, -:* Golfspieler. **Gol|fe|rin** *die; -, -nen:* weibliche Form zu ↑ Golfer **Gol|ga|tha,** ökum.: Golgota *das; -[s]* ⟨*hebr.-gr.-kirchenlat.*; nach der Kreuzigungsstätte Christi⟩: tiefster Schmerz, tiefstes Leid, das jmd. zu erleiden hat **Gol|gi|ap|pa|rat,** auch: **Gol|gi-Ap|pa|rat** [ˈgɔldʒi...] *der; -[e]s* ⟨nach dem ital. Histologen C. Golgi, 1844–1926⟩: am Zellstoffwechsel beteiligte Lamellen- od. Bläschenstruktur in der tierischen u. menschlichen Zelle **Gol|li|ard,** auch: **Gol|li|ar|de** *der; ...den* ⟨*fr.*⟩: umherziehender französischer Kleriker u. Scholar, bes. des 13. Jh.s; vgl. Vagant **Gol|li|ath** *der; -s, -s* ⟨riesenhafter Vorkämpfer der Philister, 1.

Sam. 17⟩: Mensch von riesenhafter Gestalt, Riese **Gol|lil|la** [goˈlɪlja] *die; -, -s* ⟨*span.*⟩: kleiner, runder, steifer Männerkragen des 17. Jh.s **Gon** *das; -s, -e* (aber: 5 -) ⟨*gr.*⟩: (Geodäsie) Einheit des [ebenen] Winkels (100. Teil eines rechten Winkels, auch Neugrad genannt); Zeichen: gon **Go|na|de** *die; -, -n* ⟨*gr.-nlat.*⟩: (Med., Biol.) Geschlechts-, Keimdrüse **go|na|do|trop:** (Med., Biol.) auf die Keimdrüsen wirkend (bes. von Hormonen) **Go|n|al|g|ra** *das; -s* ⟨*gr.-nlat.*⟩: Kniegicht **Go|n|ar|th|ri|tis** u. Gonitis *die; -, ...it|den:* (Med.) Kniegelenkentzündung **Gon|del** *die; -, -n* ⟨*venezian.-it.*⟩: 1. langes, schmales venezianisches Boot. 2. Korb am Ballon; Kabine am Luftschiff. 3. längerer, von allen Seiten zugänglicher Verkaufsstand in einem Kaufhaus. 4. Hängegefäß für Topfpflanzen. 5. (landsch.) einem Hocker ähnlicher Stuhl mit niedrigen Armlehnen. **gon|deln:** (ugs.) gemächlich fahren **Gon|do|let|ta** *die; -, -s:* kleines, meist überdachtes Boot (z. B. auf Parkseen) **Gon|do|li|e|ra** *die; -, ...ren:* italienisches Schifferlied im ⁶/₈- od. ¹²/₈-Takt (auch in die Kunstmusik übernommen) **Gon|do|li|e|re** *der; -, ...ri:* Führer einer Gondel (1) **Gond|wa|na|fau|na** *die; -* ⟨nach der ind. Provinz⟩: für das Gondwanaland typische Fauna **Gond|wa|na|flo|ra** *die; -:* für das Gondwanaland typische Flora; ↑ Glossopterisflora **Gond|wa|na|land** *das; -[e]s:* großer Kontinent der Südhalbkugel in ↑ Paläozoikum u. ↑ Mesozoikum **Gon|fa|lo|ni|e|re** *der; -s, ...ri* ⟨*germ.-it.*⟩: in Italien bis 1859, in den Provinzhauptstädten des Kirchenstaates bis 1870 gebräuchliche Bezeichnung für das Stadtoberhaupt **Gong** *der* (selten *das*); -s, -s ⟨*malai.-engl.*⟩: [an Schnüren aufgehängte, dickwandige] Metallscheibe, die einen dumpf hallenden Ton hervorbringt, wenn man sie mit einem Klöppel angeschlägt. **gon|gen:** a) ertönen (vom Gong); b) den Gong schlagen

Gon|go|ris|mus der; - ⟨span.-nlat.; nach dem span. Dichter Luis de Góngora y Argote, 1561–1627⟩: spanischer literarischer Stil des 17. Jh.s, der durch häufige Verwendung von Fremdwörtern, Nachbildungen der lateinischen Syntax, durch bewusst gesuchte u. überraschende Metaphern, rhetorische Figuren u. zahlreiche Anspielungen auf die antike Mythologie gekennzeichnet ist; vgl. Euphuismus u. Marinismus

Gon|go|rist der; -en, -en: Vertreter des Gongorismus. **Gon|go|ristin** die; -, -nen: weibliche Form zu ↑ Gongorist

Go|ni|a|tit [auch: ...'tɪt] der; -en, -en ⟨gr.-nlat.⟩: versteinerter Kopffüßler (wichtig als Leitfossil im ↑ Silur)

Go|ni|o|me|ter das; -s, -: 1. Gerät zum Messen der Winkel zwischen [Kristall]flächen durch Anlegen zweier Schenkel. 2. Winkelmesser für Schädel u. Knochen. **Go|ni|o|me|t|rie** die; -: (Math.) Winkelmessung; Teilgebiet der ↑ Trigonometrie, das sich mit den Winkelfunktionen befasst. **go|ni|o|me|t|risch:** (Math.) das Messen mit dem Goniometer; die Goniometrie betreffend; zur Goniometrie gehörend

Go|ni|tis die; -, ...iti̱den: ↑ Gonarthritis

Go|no|b|len|nor|rhö die; -, -en ⟨gr.-nlat.⟩: (Med.) eitrige, durch ↑ Gonokokken hervorgerufene Bindehautentzündung; Augentripper

Go|no|cho|ris|mus [...ko...] der; -: (Biol.) Getrenntgeschlechtigkeit. **Go|no|cho|ris|ten** die (Plural): getrenntgeschlechtige Tiere

Go|no|kok|kus der; -, ...kken: Bakterie, die als Erreger des Trippers gilt

Go|no|phor das; -s, -en: männliches Geschlechtsindividuum bei Röhrenquallen

Go|nor|rhö die; -, -en u. **Go|norrhöe** [...'røː] die; -, -n [...'røːən]: Tripper (Geschlechtskrankheit). **go|nor|rho̱isch:** a) den Tripper betreffend; b) auf Tripper beruhend

good|bye [gʊdˈbai̯] ⟨engl.⟩: englischer Gruß (= auf Wiedersehen!)

good for day [gʊd fə ˈdeɪ] ⟨engl.⟩: (Börsenw.) nur für den jeweiligen Börsentag gültig

good till date [gʊd tɪl ˈdeɪt] ⟨engl.⟩: (Börsenw.) nur bis zum angegebenen Datum gültig

Good|will [gʊdˈwɪl] der; -s ⟨engl.⟩: a) (Wirtsch.) ideeller Firmenwert, Geschäftswert; b) Ansehen, guter Ruf einer Institution o. Ä.; c) Wohlwollen, freundliche Gesinnung

Good|will|rei|se die; -, -n ⟨engl.; dt.⟩: Reise eines Politikers, einer einflussreichen Persönlichkeit od. Gruppe, um freundschaftliche Beziehungen zu einem anderen Land od. das eigene Ansehen wiederherzustellen od. zu stärken

Good|will|tour die; -, -en ⟨engl.; fr.⟩: ↑ Goodwillreise

Go|pak ⟨russ.⟩, **Hopak** ⟨ukrainisch⟩ der; -s, -s: bes. in der Ukraine u. in Weißrussland üblicher, schneller Tanz im ²/₄-Takt für einen od. mehrere Tänzer

gor|disch ⟨nach der antiken Stadt Gordion, wo nach der griech. Sage am Streitwagen des Königs Gordios ein als unentwirrbar geltender Knoten befestigt war, wobei dem die Herrschaft über Asien verheißen war, der ihn lösen konnte (Alexander der Große durchhieb ihn mit dem Schwert)⟩: in den Fügungen **ein gordischer Knoten:** ein schwieriges Problem; **den gordischen Knoten durchhauen:** eine schwierige Aufgabe verblüffend einfach lösen

Gore|tex ® [ˈgɔː...] das; - ⟨Kunstw.⟩: wasser- u. winddurchlässiges, atmungsaktives Gewebe für Jacken, Schuhe u. a.

Gor|go|nen|haupt das; -[e]s, ...häupter ⟨nach dem weiblichen Ungeheuer Gorgo in der griech. Sage⟩: Unheil abwehrendes [weibliches] Schreckgesicht, bes. auf Waffen u. Geräten der Antike (z. B. auf der ↑ Ägis)

Gor|gon|zo|la der; -s, -s ⟨it.; nach dem gleichnamigen ital. Ort⟩: mit Schimmelpilzen durchsetzter italienischer Weichkäse

Go|ri|l|la der; -s, -s ⟨afrik.-gr.-engl.⟩: 1. größter Menschenaffe

(in den Wäldern Äquatorialafrikas). 2. (Jargon) Leibwächter von kräftig-robuster Statur

Go|rod|ki die (Plural) ⟨russ.⟩: eine Art Kegelspiel in Russland

Go|sa|in der; -s, -s ⟨sanskr.-Hindi⟩: in religiöser Meditation lebender Mensch in Indien

Gösch die; -, -en ⟨fr.-niederl.⟩: a) kleine, rechteckige (an Feiertagen im Hafen gesetzte) Landesflagge; b) andersfarbige obere Ecke am Flaggenstock als Teil der Landesflagge

Go-slow [gou̯ˈslou̯] der od. das; -s, -s ⟨engl.⟩: Bummelstreik, Dienst nach Vorschrift [im Flugwesen]

Gos|pel das od. der; -s, -s ⟨engl.⟩: ↑ Gospelsong

Gos|pel|sän|ger der; -s, -: Gospelsinger. **Gos|pel|sän|ge|rin** die; -, -nen: weibliche Form zu ↑ Gospelsänger. **Gos|pel|sin|ger** der; -s, -[s]: jmd., der Gospelsongs vorträgt. **Gos|pel|sin|ge|rin** die; -, -nen: weibliche Form zu ↑ Gospelsinger

Gos|pel|song der; -s, -s: etwa seit 1940 bestehende verstädterte Form des ↑ Negrospirituals, bei der die jazzmäßigen Einflüsse zugunsten einer europäischen Musikalität zurückgedrängt sind

Gos|po|dar vgl. Hospodar

Gos|po|din der; -s, ...da̱ ⟨russ.⟩: Herr (russische Anrede)

Gos|sy|pi|um das; - ⟨gr.-lat.-nlat.⟩: Malvengewächs, das die Baumwolle liefert

Got|cha [ˈgɔtʃɐ] das; -s ⟨engl.-amerik.⟩: ↑ Paintball

Go|thic No|vel [ˈgɔθɪk ˈnɔvl̩] die; -, - -s ⟨engl.⟩: englische Variante des Schauerromans

Go|thic Rock der; - -[s]: Rockmusik mit ↑ okkulten Texten u. Bühnenritualen, bei der die Ausführenden meist in schwarzer Kleidung auftreten

Go|tik die; ⟨fr.⟩: a) europäischer Kunststil von der Mitte des 12. bis zum Ende des 15. Jh.s; b) Zeit des gotischen Stils. **go|tisch:** 1. den (germanischen) Stamm der Goten betreffend. 2. die Gotik betreffend; **gotische Schrift:** (Druckw.) (seit dem 12. Jh. aus der karolingischen ↑ Minuskel gebildete) Schrift mit spitzbogiger Linienführung u. engem Zusammenschluss der Buchstaben. 3. eine Faltungsphase der obersilurischen Gebirgsbildung betreffend. **Go|tisch** *das; -[s]:* 1. gotische (1) Sprache. 2. gotische Schrift. **Go|ti|sche** *das; -n:* a) die gotische Sprache im Allgemeinen; b) das die Gotik Kennzeichnende **Go|ti|zis|mus** *der; -, ...men ⟨fr.-nlat.⟩:* 1. (Sprachw.) Übertragung einer für das Gotische (a) charakteristischen sprachlichen Erscheinung auf eine nicht gotische Sprache. 2. Nachahmung des gotischen (2) Stils. **go|ti|zis |tisch:** den gotischen (2) Stil nachahmend **Got|lan|di|um** *das; -[s] ⟨nlat.; nach der schwed. Insel Gotland⟩:* a) Unterabteilung des ↑ Silurs (Obersilur); b) (Geol.) selbstständige erdgeschichtliche Formation (Silur) **Gou|ache** [gṵ'a(:)ʃ] *die; -, -n ⟨lat.-it.-fr.⟩:* 1. (ohne Plural) deckende Malerei mit Wasserfarben in Verbindung mit Bindemitteln u. Deckweiß, deren dicker Farbauftrag nach dem Trocknen eine dem ↑ Pastell ähnliche Wirkung ergibt. 2. Bild in der Technik der Gouache **Gou|da** ['gau̯da] *der; -s, -s ⟨nach der niederl. Stadt Gouda⟩:* ein [holländischer] Hartkäse **Gou|da|kä|se** *der; -s, - ⟨niederl.; dt.⟩:* ↑ Gouda **Gou|d iron** [gu'drõ:] *der (auch: das); -s ⟨arab.-fr.⟩:* wasserdichter Anstrich **Gourde** [gurd] *der; -, -s [gurd] (aber: 10 -) ⟨fr.⟩:* Währungseinheit auf Haiti (= 100 Centimes) **Gour|mand** [gur'mã:] *der; -s, -s ⟨fr.⟩:* jmd., der gern gut u. zugleich viel isst; Schlemmer **Gour|man|di|se** [gʊrmã'di:zə] *die; -, -n:* besondere Delikatesse; Leckerbissen **Gour|met** [gʊr'mɛ, auch: ...'me:] *der; -s, -s:* jmd., der ein Kenner von Speisen u. Getränken ist u. gern ausgesuchte Delikatessen isst; Feinschmecker; vgl. Gourmand **Gout** [gu:] *der; -s, -s ⟨lat.-fr.⟩:* Geschmack, Wohlgefallen; vgl. Hautgout **gou|tie|ren** [gu'ti:...] ⟨"kosten, schmecken"⟩: Geschmack an etwas finden; gutheißen **Gou|ver|nan|te** [guvɛr...] *die; -, -n*

⟨lat.-fr.⟩: [altjüngferliche, bevormundende, belehrende] Erzieherin, Hauslehrerin. **gou|ver|nan|ten|haft:** in der Art einer Gouvernante **Gou|ver|ne|ment** [guvɛrnə'mã:] *das; -s, -s:* a) Regierung; Verwaltung; b) Verwaltungsbezirk (militärischer od. ziviler Behörden). **gou|ver|ne|men|tal:** (veraltet) regierungsfreundlich; Regierungs... **Gou|ver|neur** [guvɛr'nø:ɐ̯] *der; -s, -e:* 1. Leiter eines Gouvernements; Statthalter (einer Kolonie). 2. Befehlshaber einer größeren Festung. 3. oberster Beamter eines Bundesstaates in den USA. **Gou|ver|neu|rin** [...'nø:rɪn] *die; -, -nen:* weibliche Form zu ↑ Gouverneur **GPS** [ge:|pe:|'ɛs] *das; - ⟨Abk. für engl.* global positioning system "weltweites Standortbestimmungssystem"⟩: satellitengestütztes Navigationssystem, mit dem Positionen auf der Erde mit sehr großer Genauigkeit ermittelt werden können **Graaf|fol|li|kel,** auch: **Graaf-Fol|li|kel** *der; -s, - ⟨nach dem niederl. Anatomen R. de Graaf, 1641–1673⟩: (Biol., Med.)* sprungreifes, das reife Ei enthaltendes Bläschen im Eierstock **Grab|ber** ['græbə] *der; -s, - ⟨engl.⟩:* 1. Gerät, das Daten von einer Videokamera erfasst u. in einem Computervideospeicher anlegt. 2. (EDV) Software, die durch Ablegen auf einem Zwischenspeicher den momentanen Bildschirminhalt festhält **Gra|ci|o|so** [gras...] *der; -s, -s ⟨lat.-span.⟩:* die komische Person im spanischen Lustspiel (der lustige, seinen Herrn parodierende Bediente) **gra|da|tim** ⟨lat.⟩: (veraltet) schritt-, stufenweise, nach und nach **Gra|da|ti|on** *die; -, -en:* a) Steigerung, stufenweise Erhöhung; Abstufung; b) Aneinanderreihung steigernder (vgl. Klimax 1) od. abschwächender (vgl. Antiklimax) Ausdrucksmittel (z. B.: Goethe, *groß* als Forscher, *größer* als Dichter, *am größten* als Mensch) **Gra|di|ent** *der; -en, -en:* 1. (Math.) Steigungsmaß einer Funktion

(2) in verschiedenen Richtungen (Abk.: grad). 2. (Meteor.) Gefälle (z. B. des Luftdruckes od. der Temperatur) auf einer bestimmten Strecke. **Gra|di|en|te** *die; -, -n:* von Gradienten gebildete Neigungslinie **Gra|di|ent|wind** *der; -[e]s, -e:* (Meteor.) Wind der freien Atmosphäre, der eigentlich in Richtung des Luftdruckgradienten weht, jedoch infolge der ↑ Corioliskraft nahezu parallel zu den ↑ Isobaren verläuft **gra|die|ren:** verstärken, auf einen höheren Grad bringen, bes. Salzsolen in Gradierwerken allmählich (gradweise) konzentrieren. **Gra|die|rung** *die; -, -en:* das Gradieren **Gra|dier|werk** *das; -[e]s, -e:* hohes, mit Reisig belegtes Holzgerüst, über das die Sole herabrieselt, die durch erhöhte Verdunstung konzentriert wird (früher zur Salzgewinnung, heute noch in Kurorten zur Erzeugung salzhaltiger u. heilkräftiger Luft) **gra|du|al** ⟨lat.-mlat.⟩: den Grad, Rang betreffend **Gra|du|a|le** *das; -s, ...lien:* 1. kurzer Psalmgesang nach der ↑ Epistel in der katholischen Messe (urspr. auf den Stufen des ↑ ²Ambos). 2. liturgisches Gesangbuch mit den Messgesängen **Gra|du|al|lied** *das; -[e]s, -er:* anbetendes u. lobpreisendes Gemeindelied zwischen den Schriftlesungen im evangelischen Gottesdienst **Gra|du|al|psalm** *der; -s, -en:* ↑ Graduale (1) **Gra|du|al|sys |tem** *das; -s:* Erbfolge nach dem Grade der Verwandtschaft zum Erblasser durch Eintritt der übrigen Erben der gleichen Ordnung in die Erbfolge eines ausfallenden Erben (gesetzlich geregelt für Erben vierter u. höherer Ordnung); vgl. Parentelsystem **Gra|du|a|ti|on** *die; -, -en:* -en: Gradeinteilung auf Messgeräten, Messgefäßen u. dgl.; vgl. ...ation/ ...ierung **gra|du|ell** ⟨lat.-mlat.-fr.⟩: grad-, stufenweise, allmählich **gra|du|ie|ren** ⟨lat.-mlat.⟩: 1. mit Graden versehen (z. B. ein Thermometer). 2. a) einen akademischen Grad verleihen;

b) einen akademischen Grad erwerben

gra|du|iert: a) mit einem akademischen Titel versehen; b) (veraltet) mit dem Abschlusszeugnis einer Fachhochschule versehen; Abk.: grad., z. B. Ingenieur (grad.)). **Gra|du|ier|te** *der* u. *die; -n, -n:* Träger[in] eines akademischen Titels

Gra|du|ie|rung *die; -, -en:* a) das Graduieren; b) ↑ Graduation; vgl. ...ation/...ierung

Gra|dus ad Par|nas|sum *der; - - -, - - - [*...du:s - -*] ⟨lat.; „*Stufe zum Parnass“ (dem altgriech. Musenberg u. Dichtersitz)⟩*: a) (hist.) Titel von Werken, die in die lateinische od. griechische Verskunst einführen; b) (Mus.) Titel von Etüdenwerken

Grae|cum [ˈgrɛ:...] *das; -s ⟨gr.-lat.⟩:* durch eine Prüfung nachgewiesene Kenntnisse in der altgriechischen Sprache

Graf vgl. [1,2]Graph

...graf s. Kasten ...graphie

Gra|fem usw. vgl. Graphem usw.

Gra|fe|ma|tik usw. vgl. Graphematik usw.

Gra|fe|mik usw. vgl. Graphemik usw.

Gra|fe|o|lo|gie usw. vgl. Grapheologie usw.

Graf|fi|a|to u. Sgraffiato *der; -s, ...ti ⟨germ.-it.⟩:* Verzierung von Tonwaren durch Anguss einer Farbschicht, in die ein Ornament eingegraben wird

Graf|fi|ti *das; -[s], -s:* ↑ Graffito (c)

Graf|fi|to *der od. das; -[s], ...ti ⟨it.; „*Schraffierung“)*: a) in Stein geritzte Inschrift; b) in eine Marmorfliese eingeritzte zweifarbige ornamentale od. figurale Dekoration; c) (meist Plural) auf Wände, Mauern, Fassaden usw. meist mit Spray gesprühte, gespritzte od. gemalte [künstlerisch gestaltete] Parole od. Darstellung; vgl. Sgraffito

Gra|fie vgl. Graphie

...grafie vgl. ...graphie

Gra|fik, auch: Graphik *die; -, -en ⟨gr.-lat.; „*Schreib-, Zeichenkunst“)*: 1. (ohne Plural) künstlerische, bes. zeichnerische Gestaltung von Flächen; Kunst u. Technik des Holzschnitts, Kupferstichs, der ↑ Radierung, ↑ Lithographie, Handzeichnung. 2. (ohne Plural) Gesamtheit von

Erzeugnissen der Grafik (1), des grafischen Schaffens. 3. Werk der künstlerischen Grafik (z. B. Holzschnitt), einzelnes grafisches Blatt. 4. [virtuell erzeugte] Illustration; Schaubild

Gra|fik|de|sign, auch: Graphikdesign [...dizaɪn] *das; -s ⟨gr.-lat.; engl.⟩:* Bereich der Grafik, der mithilfe von Bild, Fotografie, Typographie u. Ä. bestimmte Informationsinhalte in eine Bildsprache bzw. visuelle Zeichen umsetzt (z. B. in Werbung, Informationssystemen, Gelegenheitsgrafik); Gebrauchsgrafik

Gra|fi|ker, auch: Graphiker *der; -s, -:* Künstler u. Techniker auf dem Gebiet der Grafik (1). **Gra|fi|ke|rin,** auch: Graphikerin *die; -, -nen:* weibliche Form zu ↑ Grafiker

Gra|fik|kar|te, auch: Graphikkarte *die; -, -en:* spezielle Steckkarte zur Erstellung [farbiger] Grafiken auf dem Bildschirm eines Computers

...gra|fin s. Kasten ...graphie

gra|fisch, auch: graphisch: a) die Grafik betreffend; b) durch Grafik dargestellt, mithilfe von Grafik erfolgend

Gra|fis|mus, auch: Graphismus *der; -, ...men ⟨gr.-nlat.⟩:* (Kunstwiss.) grafisches Gestaltungselement

Gra|fit vgl. Graphit

gra|fi|tie|ren vgl. graphitieren

gra|fi|tisch vgl. graphitisch

gra|fo..., Gra|fo... s. Kasten ...graphie

Gra|fo|lo|ge usw. vgl. Graphologe usw.

Gra|fo|ma|nie vgl. Graphomanie

Gra|fo|spas|mus vgl. Graphospasmus

Gra|fo|sta|tik vgl. Graphostatik

Gra|fo|thek vgl. Graphothek

Gra|fo|the|ra|pie vgl. Graphotherapie

Gra|ham|brot *das; -[e]s, -e ⟨*nach dem amerik. Arzt S. Graham (1794–1851), dem Verfechter einer auf Diät abgestellten Ernährungsreform⟩*: ohne Gärung aus Weizenschrot hergestelltes Brot

[1]Grain [greɪn] *der; -s, -s (aber: 10 -)* ⟨*lat.-fr.-engl.; „*Korn“)*: älteres Gewicht für feine Wiegungen (Gold, Silber, Diamanten u. Perlen)

[2]Grain [grɛ̃:] *das; -s, -s ⟨lat.-fr.⟩:*

bes. für Kleider verwendetes, zweischüssiges Ripsgewebe

grai|nie|ren [grɛ...]: (Fachspr.) Papier, Karton, Pappe einseitig narben, aufrauen

Grä|ko|ma|ne *der; -n, -n ⟨gr.-nlat.⟩:* jmd., der mit einer Art von Besessenheit alles Griechische liebt, bewundert u. nachahmt. **Grä|ko|ma|nie** *die; -:* Nachahmung alles Griechischen mit einer Art von Besessenheit. **Grä|ko|ma|nin** *die; -, -nen:* weibliche Form zu ↑ Gräkomane

Grä|kum vgl. Graecum

Gral *der; -s ⟨fr.⟩:* in der mittelalterlichen Dichtung (in Verbindung mit den Sagen des Artusu. Parzivalkreises) wundertätiger Stein od. Gefäß mit heilender Wirkung, in dem Christi Blut aufgefangen worden sein soll

Gra|mi|ne|en *die* (Plural) ⟨*lat.⟩:* (Bot.) Gräser

Gramm|ä|qui|va|lent *das; -[e]s, -e ⟨gr.; lat.-nlat.⟩:* (Chem.) Einheit der Stoffmenge; 1 Grammäquivalent ist die dem ↑ Äquivalentgewicht zahlenmäßig entsprechende Grammmenge; Zeichen: ↑ Val

Gram|ma|tik *die; -, -en ⟨gr.-lat.⟩:* 1. a) Beschreibung der Struktur einer Sprache als Teil der Sprachwissenschaft; **inhaltsbezogene Grammatik:** primär auf das Feststellen der sprachlichen Inhalte abgestellte Grammatik; b) einer Sprache zugrunde liegendes Regelsystem. 2. Werk, in dem Sprachregeln aufgezeichnet sind; Sprachlehre. 3. gesetzmäßige Struktur von etwas (z. B. die - der Gefühle)

Gram|ma|ti|ka|li|sa|ti|on *die; -, -en ⟨gr.-lat.-nlat.⟩:* das Absinken eines Wortes mit selbstständigem Bedeutungsgehalt zu einem bloßen grammatischen Hilfsmittel (bes. bei den Bindewörtern); vgl. ...ation/...ierung

gram|ma|ti|ka|lisch: a) die Grammatik betreffend; vgl. grammatisch (a); b) sprachkundlich

gram|ma|ti|ka|li|sie|ren: der Grammatikalisation unterwerfen. **Gram|ma|ti|ka|li|sie|rung** *die; -, -en:* a) das Grammatikalisieren; b) ↑ Grammatikalisation; vgl. ...ation/...ierung

Gram|ma|ti|ka|li|tät *die; -:* gram-

matikalische Korrektheit, Stimmigkeit der Segmente eines Satzes; vgl. Akzeptabilität (b)
Gram|ma|ti|ker *der; -s, -* ⟨*gr.-lat.*⟩: Wissenschaftler auf dem Gebiet der Grammatik. **Gram|ma|ti|ke|rin** *die; -, -nen:* weibliche Form zu ↑ Grammatiker
gram|ma|tisch: a) die Grammatik betreffend; vgl. grammatikalisch; b) der Grammatik gemäß; sprachrichtig; nicht ungrammatisch
Gram|ma|ti|zi|tät *die; -:* das Grammatische in der Sprache
Gramm|a|tom *das; -s, -e:* so viele Gramm eines chem. Elementes, wie dessen Atomgewicht angibt
Gram|ma|tur *die; -, -en:* (Fachspr.) Quadratmetergewicht; Gewicht von Papier, gerechnet in Gramm pro Quadratmeter
Gram|mem *das; -s, -e:* die aus ↑ Episem u. ↑ Tagmem bestehende kleinste grammatische Einheit
Gramm|ka|lo|rie vgl. Kalorie
Gramm|mol u. **Gramm|mo|le|kül** *das; -s, -e* ⟨*gr.; lat.*⟩: Masse in Gramm, deren Zahlenwert gleich der relativen Molekülmasse ist
Gram|mo|fon vgl. Grammophon
Gram|mo|phon ®, auch: Grammofon *das; -s, -e* ⟨*gr.-nlat.*⟩: (früher) Schallplattenapparat
Gram|my [græmı] *der; -s, -s* ⟨*amerik.*⟩: amerikanischer Schallplattenpreis
gram|ne|ga|tiv ⟨nach dem dän. Bakteriologen H. C. J. Gram, 1853–1938⟩: (Med.) nach dem gramschen Färbeverfahren sich rot färbend (von Bakterien); vgl. grampositiv
Gra|mo|la|ta *die; -, -s* ⟨*it.*⟩: ital. Bez. für: halbgefrorene Limonade
gram|po|si|tiv ⟨nach dem dän. Bakteriologen Gram⟩: (Med.) nach dem gramschen Färbeverfahren sich dunkelblau färbend (von Bakterien); vgl. gramnegativ
Gra|na *die* (Plural) ⟨*lat.*⟩: (Biol.) farbstoffhaltige Körnchen in der farbstofflosen Grundsubstanz der ↑ Chromatophoren
Gra|na|di|lle vgl. Grenadille
Gra|na|li|en *die* (Plural) ⟨*lat.-nlat.*⟩: durch Granulieren (Kör-

nen) gewonnene [Metall]körner
¹Gra|nat *der; -[e]s, -e,* (österr.:) *der; -en, -en* ⟨*lat.-mlat.*⟩: Mineral, das in mehreren Abarten u. verschiedenen Farben vorkommt
²Gra|nat *der; -[e]s, -e* ⟨*niederl.*⟩: kleines Krebstier (Garnelenart)
Gra|nat|ap|fel *der; -s, ...äpfel* ⟨*lat.; dt.*⟩: apfelähnliche Beerenfrucht des Granatbaumes
Gra|nat|baum *der; -[e]s, ...bäume:* zu den Myrtenpflanzen gehörender Strauch od. Baum des Orients (auch eine Zierpflanzenart)
Gra|na|te *die; -, -n* ⟨*lat.-it.*⟩: mit Sprengstoff gefülltes, explodierendes Geschoss
Grand [grã:, ugs. auch: graŋ] *der; -s, -s* ⟨*lat.-fr.*⟩: höchstes Spiel im Skat, bei dem nur die Buben Trumpf sind; **Grand Hand:** Grand aus der Hand, bei dem der Skat nicht aufgenommen werden darf (verdeckt bleibt)
Grand Cru [grã'kry] *der; - -, -s -s* [grã'kry(s)]: franz. Bez. für Weinlagen besonderer Qualität
Gran|de *der; -n, -n* ⟨*lat.-span.*⟩: bis 1931 mit besonderen Privilegien u. Ehrenrechten verbundener Titel der Angehörigen des höchsten Adels in Spanien
Grande Ar|mée [grãdar'me] *die; - -* ⟨*lat.-fr.*⟩: [die] Große Armee (Napoleons I.)
Grande Na|tion [grãdna'sjõ] *die; - -:* Selbstbezeichnung des französischen Volkes (seit Napoleon I.)
Gran|deur [grã'dø:ɐ̯] *die; -:* strahlende Größe; Großartigkeit
Gran|dez|za *die; -* ⟨*lat.-span.*⟩: feierlich-hoheitsvolle Eleganz der Bewegung, des Auftretens
Grand Fleet ['grænd 'fli:t] *die; - -* ⟨*engl.*⟩: die im 1. Weltkrieg in der Nordsee eingesetzte englische Flotte
Grand-Gui|gnol [grãgi'ɲɔl] *das; -, -s* ⟨*fr.;* nach dem Namen des Pariser Theaters Le Grand-Guignol⟩: Theaterstück mit bewusst platt-abgeschmackter u. blutrünstiger, aber dennoch naiver Darstellungsweise
Grand|ho|tel ['grã:...] *das; -s, -s* ⟨*fr.*⟩: großes, komfortables Hotel
gran|dig ⟨*lat.-roman.*⟩: (mundartlich) groß, stark; großartig

gran|di|os ⟨*lat.-it.*⟩: großartig, überwältigend, erhaben. **Gran|di|o|si|tät** *die; -:* Großartigkeit, überwältigende Pracht
gran|di|o|so: (Mus.) großartig, erhaben (Vortragsanweisung)
Grand Ju|ry ['grænd 'dʒʊərɪ] *die; - - * ⟨*engl.-amerik.*⟩: ↑ Gremium im amerikanischen Strafprozessrecht, das die öffentliche Anklage auf Ablehnung od. Zulassung prüft
Grand Lit [grã'li:] *das; - -, -s -s* [grã'li:], auch: **Grand|lit** *das; -, -s* ⟨*fr.*⟩: breites Bett für zwei Personen
Grand Mal [grã'mal] *das; - -,* auch: **Grand|mal** *das; -* ⟨*lat.-fr.*⟩: (Med.) epileptischer Anfall mit schweren Krämpfen, Bewusstlosigkeit u. Gedächtnisverlust (auch Haut Mal genannt)
Grand Mar|ni|er ® [grãmar'nje:] *der; - -[s]* ⟨*fr.*⟩: Edellikör auf der Basis von Weinbrand mit Curaçaoorangen u. feinen Kräutern
Grand Old La|dy ['grænd 'ovld 'leɪdɪ] *die; - - -, - - Ladies* ⟨*engl.;* „große alte Dame"⟩: älteste bedeutende weibliche Persönlichkeit auf einem bestimmten Gebiet
Grand Old Man ['grænd 'ovld 'mæn] *der; - - -, - - Men* [- - 'men] ⟨*engl.;* „großer alter Mann"⟩: älteste bedeutende männliche Persönlichkeit auf einem bestimmten Gebiet
Grand ou|vert [grã: u've:ɐ̯ od. ...u've:ɐ̯] *der; - -[s], - -s* [...u've:ɐ̯s od. ...u've:ɐ̯s] ⟨*fr.*⟩: (im Skat) Grand aus der Hand, bei dem der Spieler seine Karten offen hinlegen muss
Grand Prix [grã'pri:] *der; - - [-'pri:(s)], - - [-'pri:(s)],* auch: **Grand|prix** *der; -, - [-'pri:(s)]* ⟨*lat.-fr.*⟩: franz. Bez. für: großer Preis, Hauptpreis
Grand|seig|neur [grãsɛn'jø:ɐ̯] *der; -s, -s u. -e* ⟨*fr.*⟩: vornehmer, weltgewandter Mann
Grand|slam [grænd'slæm] *der; -[s], -s, auch:* **Grand Slam** *der; -[s], - -s* ⟨*engl.*⟩: Gewinn der Einzelwettbewerbe bei den internationalen Tennismeisterschaften von Großbritannien, Frankreich, Australien und den USA innerhalb eines Jahres durch einen Spieler od. eine Spielerin
Grand-Tou|ris|me-Ren|nen [grãtu-

ˈrɪsmə...] *das;* -s, - ⟨*fr.; dt.*⟩: internationales Sportwagenrennen mit Wertungsläufen, Rundrennen, Bergrennen u. ↑ Rallyes
gra|nie|ren ⟨*lat.-nlat.*⟩: 1. die Platte beim Kupferstich aufrauen. 2. Papier körnen, aufrauen. 3. (selten) ↑ granulieren
Gra|nier|stahl *der;* -s: bogenförmiges, mit gezähnter Schneide versehenes Stahlinstrument („Wiege"), mit dem beim Kupferstich die Platte aufgeraut („gewiegt") wird
Gra|nit [auch: ...ˈnɪt] *der;* -s, -e ⟨*lat.-it.*⟩: sehr hartes Gestein aus körnigen Teilen von Feldspat, Quarz u. Glimmer
Gra|ni|ta vgl. Gramolata
gra|ni|ten [auch: ...ˈnɪ...]: 1. ↑ granitisch. 2. hart wie Granit
Gra|ni|ti|sa|ti|on *die;* -, -en ⟨*lat.-it.-nlat.*⟩: Entstehung der verschiedenen ↑ Granite; vgl. ...ation/ ...ierung
gra|ni|tisch [auch: ...ˈnɪ...]: den Granit betreffend
Gra|ni|ti|sie|rung *die;* -, -en: ↑ Granitisation
Gra|ni|tit [auch: ...ˈtɪt] *der;* -s, -e: eine Art des ↑ Granits, die hauptsächlich dunklen Glimmer enthält
Gra|nit|por|phyr *der;* -s: eine Art des Granits mit großen Feldspatkristallen in der feinkörnigen Grundmasse
Gran|ny Smith [ˈgræni ˈsmɪθ] *der;* - -, - - ⟨*engl.*⟩: glänzend grüner, saftiger, säuerlich schmeckender Apfel
Gra|no|di|o|rit [auch: ...ˈrɪt] *der;* -s, -e ⟨*lat.; gr.*⟩: (Geol.) ein kieselsäurereiches Tiefengestein
Gra|nu|la: *Plural* von ↑ Granulum
gra|nu|lär ⟨*lat.-nlat.*⟩: ↑ granulös
Gra|nu|lar|a|tro|phie *die;* -, ...ien ⟨*lat.; gr.*⟩: ↑ Zirrhose
Gra|nu|lat *das;* -[e]s, -e ⟨*lat.-nlat.*⟩: durch Granulieren in Körner zerkleinerte Substanz
Gra|nu|la|ti|on *die;* -, -en: 1. Herstellung u. Bildung einer körnigen [Oberflächen]struktur. 2. körnige [Oberflächen]struktur; vgl. ...ation/...ierung
Gra|nu|la|ti|ons|ge|we|be *das;* -s: a) sich bei der Heilung von Wunden u. Geschwüren neu bildendes gefäßreiches Bindegewebe, das nach einiger Zeit in Narbengewebe übergeht; b) (Med.) Gewebe, das sich bei

bestimmten Infektionen u. chronischen Entzündungen im Gewebsinneren bildet
Gra|nu|la|tor *der;* -s, ...oren: Vorrichtung zum Granulieren (1)
Gra|nu|len *die* (Plural): auf der nicht gleichmäßig hellen Oberfläche der Sonne als körnige Struktur sichtbare auf- u. absteigende Gasmassen, deren Anordnung sich innerhalb weniger Minuten ändert u. deren helle Elemente eine Ausdehnung von etwa 1 000 km haben
gra|nu|lie|ren: 1. (Fachspr.) [an der Oberfläche] körnig machen, in körnige, gekörnte Form bringen. 2. (Med.) Körnchen, Granulationsgewebe bilden. **gra|nu|liert:** (Med.) körnig zusammengeschrumpft (z. B. bei Schrumpfniere)
Gra|nu|lie|rung *die;* -, -en: 1. das Granulieren; Granulation (1). 2. (selten) ↑ Granulation (2); vgl. ...ation/...ierung
Gra|nu|lit [auch: ...ˈlɪt] *der;* -s, -e: Weißstein; hellfarbiger kristalliner Schiefer aus Quarz, Feldspat, Granat u. Rutil. **gra|nu|litisch** [auch: ...ˈlɪ...]: den Granulit betreffend
Gra|nu|lom *das;* -s, -e: (Med.) Granulationsgeschwulst (bes. an der Zahnwurzelspitze); vgl. Granulationsgewebe (b)
gra|nu|la|tös: mit der Bildung von Granulomen einhergehend; zu einer Granulomatose gehörend
Gra|nu|lo|ma|to|se *die;* -, -n: Bildung zahlreicher Granulome; Erkrankung, die mit der Bildung von Granulomen einhergeht
Gra|nu|lo|me|t|rie *die;* -: Gesamtheit der Methoden zur prozentualen Erfassung des Kornaufbaus von Sand, Kies, Böden od. Produkten der Grob- u. Feinzerkleinerung mithilfe von Sichtung, Siebung od. ↑ Sedimentation (1)
gra|nu|lös: körnig, gekörnt
Gra|nu|lo|se *die;* -, -n: ↑ Trachom
Gra|nu|lo|zyt *der;* -en, -en (meist Plural) ⟨*lat.; gr.*⟩: weißes Blutkörperchen von körniger Struktur
Gra|nu|lo|zy|to|pe|nie *die;* -, ...ien ⟨*gr.*⟩: Mangel an Granulozyten im Blut als Krankheitssymptom
Gra|nu|lum *das;* -s, ...la ⟨*lat.*⟩:

1. (Med.) Arzneimittel in Körnchenform; Arzneikügelchen. 2. (Med.) Teilchen der mikroskopischen Kornstruktur der lebenden Zelle. 3. (Med.) beim ↑ Trachom vorkommende körnige Bildung unter dem Oberlid. 4. (Med.) Gewebeknötchen im Granulationsgewebe
Grape|fruit [ˈgreɪpfruːt] *die;* -, -s ⟨*engl.*⟩: eine Art ↑ Pampelmuse
¹Graph, auch: Graf *der;* -en, -en ⟨*griech.*⟩: (Math.; Phys.; EDV) grafische Darstellung, bes. von Relationen [von Funktionen] in Form von Punktmengen, bei denen gewisse Punktpaare durch Kurven (meist Strecken) verbunden sind
²Graph, auch: Graf *das;* -s, -e: (Sprachw.) Schriftzeichen, kleinste, nicht bedeutungskennzeichnende Einheit in schriftlichen Äußerungen
...graph s. Kasten ...graphie
Gra|phem auch: Grafem *das;* -s, -e: (Sprachw.) kleinstes bedeutungsunterscheidendes grafisches Symbol, das ein od. mehrere ↑ Phoneme wiedergibt
Gra|phe|ma|tik, auch: Grafematik *die;* -: (Sprachw.) ↑ Graphemik. **gra|phe|ma|tisch,** auch: grafematisch: (Sprachw.) die Graphematik betreffend
Gra|phe|mik auch: Grafemik *die;* -: (Sprachw.) Wissenschaft von den Graphemen unter dem Aspekt ihrer Unterscheidungsmerkmale u. ihrer Stellung im Alphabet u. im geregelten ↑ graphisch: (Sprachw.) die Graphemik betreffend
Gra|phe|o|lo|gie, auch: Grafeologie *die;* -: 1. Wissenschaft von der Verschriftung von Sprache und von den Schreibsystemen. 2. ↑ Graphemik. **gra|phe|o|lo|gisch,** auch: grafeologisch: die Grapheologie betreffend
Gra|phie, auch: Grafie *die;* -, ...ien: (Sprachw.) Schreibung, Schreibweise
...gra|phie s. Kasten
Gra|phik vgl. Grafik
Gra|phik|de|sign [...dizaɪn] vgl. Grafikdesign
Gra|phi|ker usw. vgl. Grafiker usw.
Gra|phik|kar|te vgl. Grafikkarte
...gra|phin s. Kasten ...graphie
gra|phisch vgl. grafisch
Gra|phis|mus vgl. Grafismus
Gra|phit, auch: Grafit [auch:

G

...gra|phie

auch: ...grafie
die; -, ...ien (teilweise ohne Plural)
⟨zu *gr.* gráphein „kerben, (ein)ritzen, schreiben, zeichnen" → ...graphía „das Schreiben, Beschreiben"⟩
Wortbildungselement mit der Bedeutung „das Schreiben, Beschreiben; das grafische od. fotografische Darstellen":
– Biografie, auch: Biographie
– Fotografie, auch: Photographie
– Geographie, auch: Geografie
– Kalligraphie, auch: Kalligrafie
Bei einigen Wörtern überwiegt die *f*-Schreibung, bei anderen wird jedoch nach wie vor die Schreibung mit *ph* vorgezogen.

...graph

auch: ...graf
der; -en, -en, selten: das; -s, -e od. *en* ⟨zu *gr.* gráphein „kerben, (ein)ritzen, schreiben, zeichnen" → ...graphos „Schreiber; geschrieben" bzw. ...graphon „Geschriebenes"⟩
Wortbildungselement mit der Bedeutung „Schreiber; Beschreibender; Schrift, Geschriebenes":
– Autobiograf, auch: Autobiograph

– Historiograph, auch: Historiograf
– Oszillograph, auch: Oszillograf
Die weibliche Form des Wortbildungselementes mit der Bedeutung „Schreiberin, Beschreibende" lautet ...graphin, auch: ...grafin, wie z. B. in Demographin, auch: Demografin, und Choreographin, auch: Choreographin.
Bei einigen Wörtern überwiegt die *f*-Schreibung, bei anderen wird jedoch nach wie vor die Schreibung mit *ph* vorgezogen.

grapho..., Grapho...

auch: grafo..., Grafo...
⟨zu *gr.* gráphein „kerben, (ein)ritzen, schreiben, zeichnen"⟩
Wortbildungselement mit der Bedeutung „Schrift, Geschriebenes; das Schreiben betreffend":
– graphologisch, auch: grafologisch
– Graphomanie, auch: Grafomanie
Bei diesem Wortbildungselement überwiegt die Schreibung mit *ph*.

...'fit] *der; -s, -e* ⟨*gr.-nlat.*⟩: vielseitig in der Industrie verwendetes, weiches schwarzes Mineral aus reinem Kohlenstoff
gra|phi|tie|ren, auch: grafitieren: mit Graphit überziehen
gra|phi|tisch [auch: ...'fi...], auch: grafitisch: aus Graphit bestehend
gra|pho..., Gra|pho... s. Kasten
...graphie
Gra|pho|lo|ge, auch: Grafologe *der; -n, -n:* Wissenschaftler auf dem Gebiet der Graphologie.
Gra|pho|lo|gie, auch: Grafologie *die; -:* Wissenschaft von der Deutung der Handschrift als Ausdruck des Charakters. **Gra|pho|lo|gin,** auch: Grafologin *die; -, -nen:* weibliche Form zu ↑ Graphologe. **gra|pho|lo|gisch,** auch: grafologisch: die Graphologie betreffend
Gra|pho|ma|nie, auch: Grafomanie *die; -:* Schreibwut
Gra|pho|spas|mus, auch: Grafospasmus *der; -, ...men:* (Med.) Schreibkrampf
Gra|pho|sta|tik, auch: Grafostatik *die; -:* zeichnerische Methode zur Lösung statischer Aufgaben
Gra|pho|thek, auch: Grafothek *die; -, -en* ⟨Kunstw. aus *Grapho...* u. *...thek;* vgl. Bibliothek⟩:

Kabinett, das grafische Originalblätter moderner Kunst ausleiht
Gra|pho|the|ra|pie, auch: Grafotherapie *die; -:* (Psychol.) Befreiung von Erlebnissen od. Träumen durch Aufschreiben
Grap|pa *der; -s, -s* od. *die; -, -s* ⟨*it.*⟩: italienisches alkoholisches Getränk aus Trester (Traubenpressrückstände)
Grap|to|lith [auch: ...'lit] *der; -s* u. *-en, -en* ⟨*gr.-nlat.*⟩: koloniebildendes, fossiles, sehr kleines Meerestier aus dem Silur
Grass *das; -* ⟨*engl.-amerik.;* „Gras"⟩: (ugs. verhüllend) ↑ Marihuana
Grass|board [...bɔːd] *das; -s, -s* ⟨*engl.*⟩: spezielles Skateboard, das auch für das Surfen im Gelände geeignet ist
Grass|boar|ding *das; -s:* das Surfen über Wiesen, Waldwege, Asphalt od. Schotter mit einem Grassboard
gras|sie|ren ⟨*lat.*⟩: um sich greifen; wüten, sich ausbreiten (z. B. von Seuchen)
Gra|ti|al *das; -s, -e* u. **Gra|ti|a|le** *das; -s, ...lien* ⟨*lat.-mlat.*⟩: (veraltet) a) Dankgebet; b) Geschenk (Trinkgeld)
Gra|ti|as *das; -, -* ⟨*lat.;* gratias agamus Deo = lasst uns Gott dan-

ken⟩: nach dem Anfangswort bezeichnetes (urspr. klösterliches) Dankgebet nach Tisch
Gra|ti|fi|ka|ti|on *die; -, -en* ⟨*lat.;* „Gefälligkeit"⟩: zusätzliches [Arbeits]entgelt zu besonderen Anlässen (z. B. zu Weihnachten)
gra|ti|fi|zie|ren: (veraltend) als Sonderzuwendung zahlen
Gra|tin [gra'tɛ̃] *das* od. *der; -s, -s* ⟨*fr.*⟩: überbackenes Gericht (z. B. Apfel-, Käse-, Kartoffelgratin)
gra|ti|nie|ren ⟨*germ.-fr.*⟩: (Gastr.) überbacken, bis eine braune Kruste entsteht; vgl. au gratin
gra|tis ⟨*lat.*⟩: unentgeltlich, frei, unberechnet
Gra|tu|lant *der; -en, -en:* jmd., der jmdm. gratuliert. **Gra|tu|lan|tin** *die; -, -nen:* weibliche Form zu ↑ Gratulant
Gra|tu|la|ti|on *die; -, -en* ⟨*lat.*⟩: 1. das Gratulieren. 2. Glückwunsch
Gra|tu|la|ti|ons|cour [...ku:ʁ] *die; -, -en* ⟨*lat.; lat.-fr.*⟩: Glückwunschzeremoniell zu Ehren einer hoch gestellten Persönlichkeit
gra|tu|lie|ren ⟨*lat.*⟩: beglückwünschen, Glückwünsche aussprechen; Glück wünschen
Gra|va|men *das; -s, ...mina* (meist Plural) ⟨*lat.*⟩: Beschwerde, bes.

die Vorwürfe gegen Kirche u. Klerus im 15. u. 16. Jh.

Gra|va|ti|on *die; -, -en:* (veraltet) Beschwerung, Belastung

gra|ve ⟨*lat.-it.*⟩: (Mus.) schwer, feierlich, ernst (Vortragsanweisung). **Gra|ve** *das; -s, -s:* (Mus.) langsamer Satz od. Satzteil von ernstem, schwerem, majestätischem Charakter seit dem frühen 17. Jh.

Gra|vet|ti|en [graveˈtiɛ̃:] *das; -[s]* ⟨nach der Felsnische La Gravette in Frankreich⟩: Kulturstufe der Jüngeren Altsteinzeit

Gra|veur [...ˈvøːɐ̯] *der; -s, -e* ⟨*niederd.-niederl.-fr.*⟩: Metall-, Steinschneider, Stecher. **Gra|veu|rin** [...ˈvøːrɪn] *die; -, -nen:* weibliche Form zu ↑ Graveur

gra|vid ⟨*lat.;* „beschwert“⟩: (Med.) schwanger. **Gra|vi|da** *die; -, ...dae* [...dɛ]: (Med.) schwangere Frau. **gra|vi|de** vgl. gravid

Gra|vi|di|tät *die; -, -en:* (Med.) Schwangerschaft

¹gra|vie|ren ⟨*niederd.-niederl.-fr.*⟩: in Metall, Stein [ein]schneiden

²gra|vie|ren ⟨*lat.*⟩: (veraltet) beschweren, belasten

gra|vie|rend ⟨*lat.*⟩: ins Gewicht fallend, schwerwiegend u. sich möglicherweise nachteilig auswirkend

Gra|vie|rung *die; -, -en:* 1. das ¹Gravieren. 2. eingravierte Schrift, Verzierung o. Ä.

Gra|vi|me|ter *das; -s, -* ⟨*lat.; gr.*⟩: (Geol.) Instrument zur Messung der Veränderlichkeit der Schwerkraft. **Gra|vi|me|t|rie** *die; -:* 1. (Chem.) Messanalyse; Verfahren zur quantitativen Bestimmung von Elementen u. Gruppen in Stoffgemischen. 2. (Geol.) Messung der Veränderlichkeit der Schwerkraft. **gra|vi|me|t|risch:** die Erdschwere betreffend

Gra|vis *der; -, -* ⟨*lat.*⟩: Betonungszeichen für den „schweren“, fallenden Ton (z. B. à); vgl. Accent grave

Gra|vi|s|phä|re *die; -, -n* ⟨*lat.; gr.*⟩: Bereich des Weltraums, in dem die Schwerkraft eines Weltkörpers die Schwerkraft anderer Weltkörper überwiegt

Gra|vi|tät *die; -* ⟨*lat.*⟩: [steife] Würde, Gemessenheit im Gehaben

Gra|vi|ta|ti|on *die; -* ⟨*lat.-nlat.*⟩: Schwerkraft, Anziehungskraft,

bes. die zwischen der Erde u. den in ihrer Nähe befindlichen Körpern

Gra|vi|ta|ti|ons|dif|fe|ren|zi|a|ti|on, auch: ...differentiation *die; -:* (Geol.) das Absinken von Kristallen durch die Schwerkraft bei Erstarrung einer Schmelze

Gra|vi|ta|ti|ons|e|ner|gie *die; -:* die durch die Schwerkraft aufbringbare Energie

gra|vi|tä|tisch ⟨*lat.*⟩: ernst, würdevoll, gemessen

gra|vi|tie|ren ⟨*lat.-nlat.*⟩: a) infolge der Schwerkraft auf einen Punkt hinstreben; b) sich zu etwas hingezogen fühlen

Gra|vi|ton *das; -s, ...onen:* Feldquant; Elementarteilchen des Gravitationsfeldes; vgl. Quant

Gra|vur *die; -, -en* ⟨mit lat. Endung zu ↑ Gravüre⟩: eingravierte Verzierung

Gra|vü|re *die; -, -n* ⟨*niederd.-niederl.-fr.*⟩: 1. ↑ Gravur. 2. a) Erzeugnis der Gravierkunst (Kupfer-, Stahlstich); b) auf photomechanischem Wege hergestellte Tiefdruckform; c) Druck von einer auf photomechanischem Wege hergestellten Tiefdruckform

Gra|zie [...i̯ə] *die; -, -n* ⟨*lat.*⟩: 1. (ohne Plural) Anmut, Liebreiz. 2. (meist Plural) eine der drei (den Chariten in der griechischen Mythologie entsprechenden) altrömischen Göttinnen der Anmut u. Schönheit

gra|zil ⟨*lat.*⟩: fein gebildet, zartgliedrig, zierlich. **Gra|zi|li|tät** *die; -:* feine Bildung, Zartgliedrigkeit, Zierlichkeit

gra|zi|ös ⟨*lat.-fr.*⟩: anmutig, mit Grazie

gra|zi|o|so ⟨*lat.-it.*⟩: (Mus.) anmutig, mit Grazie (Vortragsanweisung). **Gra|zi|o|so** *das; -s, -s u. ...si:* (Mus.) Satz von anmutigem, graziösem Charakter

grä|zi|sie|ren ⟨*gr.-lat.*⟩: in [alt]griechische Sprachform bringen

Grä|zis|mus *der; -, ...men* ⟨*gr.-nlat.*⟩: altgriechische Spracheigentümlichkeit in einer nicht griechischen Sprache, bes. in der lateinischen; vgl. ...ismus/ ...istik

Grä|zist *der; -en, -en:* jmd., der sich wissenschaftlich mit dem Altgriechischen befasst (z. B. Hochschullehrer, Student)

Grä|zis|tik *die; -:* Wissenschaft von der altgriechischen Sprache [u. Kultur]; vgl. ...ismus/ ...istik

Grä|zis|tin *die; -, -nen:* weibliche Form zu ↑ Gräzist

grä|zis|tisch: a) das Gebiet des Altgriechischen betreffend; b) in der Art, nach dem Vorbild des Altgriechischen

Grä|zi|tät *die; -* ⟨*gr.-lat.*⟩: Wesen der altgriechischen Sprache, Sitte u. Kultur

Green [griːn] *das; -s, -s* ⟨*engl.;* eigtl. „grün“⟩: (Golf) um das Loch herum kurz geschnittene Rasenfläche

Green|back [ˈgriːnbɛk] *der; -[s], -s* ⟨*engl.-amerik.*⟩: a) amerikanische Schatzanweisung mit Banknotencharakter mit grünem Rückseitenaufdruck; b) (volkstümlich in den USA) US-Dollarnote

Green|card [ˈgriːnkaːɐ̯t] *die; -, -s,* auch: **Green Card** *die; - -, - -s* ⟨*engl.;* eigtl. „grüne Karte“⟩: a) Karte, die Ausländer in den USA benötigen, um legal eine Arbeitsstelle zu bekommen; b) Dokument, das Menschen aus Ländern außerhalb der Europäischen Union berechtigt, für eine begrenzte Zeit in Deutschland zu leben u. zu arbeiten

Green|fee [ˈgriːnfiː] *die; -, -s,* auch: **Green Fee** *die; - -, - -s* ⟨*engl.*⟩: von einem Golfspieler auf fremdem Platz zu entrichtende Gebühr

Green|horn [ˈgriːnhɔrn] *das; -s, -s* ⟨*engl.*⟩: jmd., der auf einem für ihn neuen Gebiet zu arbeiten begonnen hat u. noch ohne einschlägige Erfahrungen ist; Neuling, Grünschnabel

Green|peace [ˈgriːnpiːs] ⟨*engl.*⟩: internationale Umweltschutzorganisation

Green|wicher Zeit [ˈgrɪnɪdʒɐ -] *die; - -:* westeuropäische Zeit, bezogen auf den Nullmeridian, der durch Greenwich (Vorort von London) geht

Gre|ga|ri|ne *die; -, -n* ⟨*lat.-nlat.*⟩: (Zool.) einzelliger tierischer Schmarotzer im Innern von wirbellosen Tieren

Grège [grɛːʃ] *die; -* ⟨*it.-fr.*⟩: Rohseide[nfaden] aus 3–8 Kokonfäden, die nur durch den Sei-

G

G

denleim zusammengehalten werden

Gre|go|ri|a|nik *die;* - ⟨*nlat.*⟩: a) die Kunst des gregorianischen Gesangs; b) die den gregorianischen Choral betreffende Forschung

gre|go|ri|a|nisch: in den Fügungen **gregorianischer Choral** od. **Gesang:** einstimmiger, rhythmisch freier, unbegleiteter liturgischer Gesang der kath. Kirche (benannt nach Papst Gregor I., 590–604); Ggs. ↑ Figuralmusik; **gregorianischer Kalender:** der von Papst Gregor XIII. 1582 eingeführte, noch heute gültige Kalender

gre|go|ri|a|ni|sie|ren: in der Manier des gregorianischen Gesangs komponieren

Gre|gors|mes|se *die;* -: im Spätmittelalter häufige Darstellung in der bildenden Kunst, auf der Christus dem vor dem Altar knienden Papst Gregor I. erscheint

Gre|lots [grə'lo:] *die* (Plural) ⟨*fr.*⟩: [als Randverzierung angebrachte] plastische Posamentenstickerei in Form von Knötchen u. kleinen Schlingen

Gre|mi|a|le *das;* -s, ...lien ⟨*lat.-mlat.*⟩: Schoßtuch des kath. Bischofs beim Messelesen

Gre|mi|um *das;* -s, ...ien ⟨*lat.;* „ein Arm voll, Bündel"⟩: a) Gemeinschaft, beratende oder beschlussfassende Körperschaft; Ausschuss; b) (österr.) Berufsvereinigung

Gre|na|dier *der;* -s, -e ⟨*lat.-it.-fr.;* „Handgranatenwerfer"⟩: a) Soldat der Infanterie (besonderer Regimenter); b) (ohne Plural) unterster Dienstgrad eines Teils der Infanterie

Gre|na|dil|le ⟨*lat.-span.-fr.*⟩ u. Granadille ⟨*lat.-span.*⟩ *die;* -, -n: essbare Frucht verschiedener Arten von Passionsblumen

Gre|na|din [grəna'dɛ̃:] *das* od. *der;* -s, -s ⟨*lat.-it.-fr.;* nach der span. Stadt Granada⟩: kleine gebratene Fleischschnitte

¹**Gre|na|di|ne** *die;* - ⟨*lat.-it.-fr.*⟩: Saft aus Granatäpfeln [Orangen u. Zitronen]

²**Gre|na|di|ne** *die;* - ⟨*fr.*⟩: a) hart gedrehter Naturseidenzwirn; b) durchbrochenes Gewebe aus ²Grenadine (a) in Leinenbindung (Webart)

Grey|hound ['gre:haunt] *der;* -[s], -s ⟨*engl.*⟩: 1. englischer Windhund. 2. Kurzform von ↑ Greyhoundbus

Grey|hound|bus *der;* -ses, -se: Omnibus einer amerikanischen Busliniengesellschaft (in den Vereinigten Staaten ein wichtiges öffentliches Verkehrsmittel im Überlandverkehr)

Gri|b|let|te *die;* -, -n ⟨*fr.*⟩: (veraltet) kleine, gespickte Fleischschnitte

grie|chisch-ka|tho|lisch: 1. (auch:) griechisch-uniert: einer mit Rom ↑ unierten orthodoxen Nationalkirche angehörend (die bei eigenen Gottesdienstformen in Lehre u. Verfassung den Papst anerkennt). 2. (veraltet) ↑ griechisch-orthodox

grie|chisch-or|tho|dox: der von Rom (seit 1054) getrennten morgenländischen od. Ostkirche od. einer ihrer ↑ autokephalen Nationalkirchen angehörend

grie|chisch-rö|misch: 1. (beim Ringen) nur Griffe oberhalb der Gürtellinie gestattend. 2. ↑ griechisch-katholisch

grie|chisch-u|niert: ↑ griechisch-katholisch

Grieve [gri:v] vgl. James Grieve

Grif|fon [grɪ'fõ:] *der;* -s, -s ⟨*fr.*⟩: als Jagd- od. Schutzhund gehaltener, kräftiger Vorstehhund mit rauem bis struppigem Fell

gri|g|nar|die|ren [grinjar...] ⟨nach dem franz. Chemiker Grignard, 1871–1935⟩: ein bestimmtes Verfahren ↑ Synthesen organischer Stoffe bilden

Grill *der;* -s, -s ⟨*lat.-fr.-engl.*⟩: Bratrost

Grill|a|de [grɪ'ja:də] *die;* -, -n ⟨*lat.-fr.*⟩: gegrilltes Stück Fisch, Fleisch, Geflügel o. Ä.; Rostbratenstück

gril|len ⟨*lat.-fr.-engl.*⟩: auf dem Grill rösten

Grill|let|te *die;* -, -n: (regional) gegrilltes Hacksteak

gril|lie|ren [grɪ'li:rən, auch: gri'ji:rən]: (schweiz.) ↑ grillen

Grill|room ['grɪlru:m] *der;* -s, -s ⟨*engl.*⟩: Restaurant od. Speiseraum in einem Hotel, in dem hauptsächlich Grillgerichte [zubereitet u.] serviert werden

Gril|mas|se *die;* -, -n ⟨*germ.-fr.*⟩: eine bestimmte innere Einstellung, Haltung o. Ä. durch ver-

zerrte Züge wiedergebender Gesichtsausdruck; Fratze. **grimas|sie|ren:** das Gesicht verzerren, Fratzen schneiden

Grin|go *der;* -s, -s ⟨*gr.-lat.-span.;* „griechisch" (= unverständlich)⟩: (abwertend) jmd., der nicht romanischer Herkunft ist (in Südamerika)

Gri|ot [gri'o:] *der;* -s, -s ⟨*fr.*⟩: (bes. im nordwestlichen Afrika) einer eigenen Kaste angehörender fahrender Sänger u. Spaßmacher, der die mündliche Tradition bewahrt u. überliefert u. dem übernatürliche Kräfte zugeschrieben werden

Grip *der;* -s ⟨*engl.;* „Griff"⟩: Griffigkeit, Bodenhaftung von Fahrzeugreifen

grip|pal: a) die Grippe betreffend; b) von einer Grippe herrührend; mit Fieber u. ↑ Katarrh verbunden

Grip|pe *die;* -, -n ⟨*germ.-fr.;* „Grille, Laune"⟩: mit Fieber u. Katarrh verbundene [epidemisch auftretende] Virusinfektionskrankheit

Grip|pe|pneu|mo|nie *die;* -, -n: (Med.) gefährliche, durch Grippe hervorgerufene Lungenentzündung

grip|po|id: ↑ grippös

grip|pös ⟨*germ.-fr.-nlat.*⟩: (Med.) grippeartig

Gri|saille [gri'zai] *die;* -, -n [...'zaiən] ⟨*germ.-fr.*⟩: 1. a) Malerei in grauen (auch braunen od. grünen) Farbtönen; b) Gemälde in grauen (auch braunen od. grünen) Farbtönen. 2. (ohne Plural) Seidenstoff aus schwarzem u. weißem Garn

Gri|set|te *die;* -, -n ⟨*fr.;* „Kleid aus grauem Stoff (wie es von den Näherinnen getragen wurde)"⟩: 1. a) junge [Pariser] Näherin, Putzmacherin; b) leichtfertiges junges Mädchen. 2. eine Pastetenart

Gris|li|bär u. Grizzlybär *der;* -en, -en ⟨*engl.; dt.;* „grauer Bär"⟩: dunkelbrauner amerikanischer Bär (bis 2,30 m Körperlänge)

Gri|son [gri'zõ:] *der;* -s, -s ⟨*fr.*⟩: in Mittel- u. Südamerika heimischer, einem Dachs ähnlicher Marder mit oberseits hellgrauem Fell

Grit *der;* -s, -e ⟨*engl.*⟩: [Mühlen]sandstein

Grizz|ly|bär ['grɪsli...] vgl. Grislibär

gro|bi|a|nisch ⟨*dt.-nlat.*⟩: in der Art eines Grobians; **grobianische Dichtung:** Dichtung des 15. u. 16. Jh.s, die grobes, unflätiges Verhalten (bes. bei Tisch) ironisch u. satirisch darstellt

Gro|bi|a|nis|mus *der; -:* grobianische Dichtung

Grog *der; -s, -s* ⟨*engl.; vielleicht nach dem Spitznamen des engl. Admirals Vernon: „Old Grog"*⟩: heißes Getränk aus Rum (auch Arrak od. Weinbrand), Zucker u. Wasser

grog|gy ⟨*„vom Grog betrunken"*⟩: schwer angeschlagen, nicht mehr zu etwas (z. B. zum Kämpfen) fähig

gro|li|e|resk ⟨*fr.; nach dem franz. Bibliophilen Grolier de Servières, 1479–1565*⟩: in der Art eines Groliereinbandes (= Maroquin- od. Kalbsledereinband mit farbigen od. goldenen Verzierungen)

Groom [gru:m] *der; -s, -s* ⟨*engl.*⟩: engl. Bez. für: a) Reitknecht; b) junger Diener, Page

Groove [gru:v] *der; -s* ⟨*engl.*⟩: Art u. Weise, Musik in rhythmisch-melodischer Weise darzubieten, die innere Beteiligung, Anteilnahme erkennen lässt u. sich auf das Publikum überträgt

groo|ven [ˈgru:vən] 1. ein Instrument so spielen, dass man die innere Beteiligung erkennen kann, die sich auf das Publikum überträgt. 2. so rhythmisch-melodisch u. mitreißend sein, dass es sich auf das Publikum überträgt

Groo|ving [ˈgru:vɪŋ] *das; -[s]:* Herstellung einer aufgerauten Fahrbahn mit Rillen (auf Startpisten, Autobahnen)

groo|vy [ˈgru:vi] ⟨*aus engl.* (Jargon) *groovy „mitreißend"*⟩: 1. den Groove betreffend. 2. (ugs.) sehr gut, erstklassig

¹Gros [gro:] *das; -, -* [gro:s] ⟨*lat.-fr.*⟩: überwiegender Teil einer Personengruppe

²Gros *das; -ses, -se* (aber: 6 -) ⟨*lat.-fr.-niederl.*⟩: 12 Dutzend = 144 Stück

Groß|al|mo|se|nier [...i:r] *der; -s, -e* ⟨*dt.; gr.-mlat.*⟩: oberster Geistlicher (↑ Almosenier) des ↑ Klerus am französischen Hof (seit dem 15. Jh.)

Groß|dyn *das; -s* ⟨*dt.; gr.*⟩: ↑ Dyn

Gros|sesse ner|veuse [grosɛs

nɛrˈvø:z] *die; - -, -s -s* [groˈsɛs nɛrˈvø:z] ⟨*fr.*⟩: (Med.) eingebildete Schwangerschaft

Groß|in|qui|si|tor *der; -s, -en* ⟨*dt.; lat.*⟩: oberster Richter der spanischen ↑ Inquisition

Gros|sist *der; -en, -en* ⟨*lat.-fr.*⟩: Großhändler. **Gros|sis|tin** *die; -, -nen:* weibliche Form zu ↑ Grossist

Groß|koph|ta [...kɔfta] *der; -s* ⟨*nach dem angeblichen Gründer der ägypt. Freimaurerei; Herkunft unsicher*⟩: Leiter des von Cagliostro gestifteten Freimaurerbundes (um 1770)

Groß|kor|don [...dõ:] *der; -s* ⟨*dt.; fr.*⟩: höchste Klasse der Ritter- u. Verdienstorden

Groß|mo|gul *der; -s, -n* ⟨*dt.; pers.-Hindi-port.-fr.*⟩: 1. nordindischer Herrscher (16.–19. Jh.). 2. (ohne Plural) einer der größten Diamanten

Groß|muf|ti *der; -s, -s* ⟨*dt.; arab.*⟩: Titel des Rechtsgelehrten (↑ Mufti) Husaini von Jerusalem

Gros|so|han|del *der; -s* ⟨*lat.-it.; dt.*⟩: (veraltet) Großhandel

gros|so mo|do ⟨*lat.*⟩: im Großen u. Ganzen

Gros|su|lar *der; -s, -e* ⟨*germ.-fr.-nlat.*⟩: grüne u. gelbgrüne Abart des ↑ ¹Granats

Groß|we|sir *der; -s, -e* ⟨*dt.; arab.*⟩: 1. (hist.) hoher islamischer Beamter, der von dem Sultan unterstellt ist. 2. (ohne Plural) Titel des türkischen Ministerpräsidenten (bis 1922)

Grosz [grɔʃ] *der; -, -e* (aber: 10 -y) ⟨*dt.-poln.*⟩: kleine polnische Währungseinheit (100 Groszy = 1 Zloty)

gro|tesk ⟨*gr.-lat.-vulgärlat.-it.-fr.*⟩: a) durch eine Übersteigerung od. Verzerrung absonderlich, fantastisch wirkend; b) absurd, lächerlich. **Gro|tesk** *die; -:* gleichmäßig starke Antiquaschrift ohne ↑ Serifen

Gro|tes|ke *die; -, -n:* 1. fantastisch geformtes Tier- u. Pflanzenornament der Antike u. Renaissance. 2. Erzählform, die das Widersprüchliche, z. B. Komisches u. Grauen Erregendes, verbindet. 3. ↑ Grotesktanz

Gro|tesk|film *der; -[e]s, -e:* Lustspielfilm mit oft völlig sinnloser ↑ Situationskomik (z. B. Pat u. Patachon)

Gro|tesk|tanz *der; -es, ...tänze:* ka-

rikierender Tanz mit drastischen Übertreibungen u. verzerrenden Bewegungen

Grot|te *die; -, -n* ⟨*gr.-lat.-vulgärlat.-it.*⟩: malerische, oft in Renaissance- u. Barockgärten künstlich gebildete Felsenhöhle

Grot|to *das; -s, ...ti* (auch: -s): Tessiner Weinschenke

Ground|hos|tess [ˈgraʊnt...] *die; -, -en* ⟨*engl.*⟩: Angestellte einer Fluggesellschaft, der die Betreuung der Fluggäste auf dem Flughafen obliegt

Grou|pie [ˈgru:pi] *das; -s, -s* ⟨*engl.*⟩: meist weiblicher ↑ Fan, der möglichst engen Kontakt mit seinem Idol sucht

Group|ware [ˈgru:pwɛə] *die; -, -s* ⟨Analogiebildung zu ↑ Software⟩: (EDV) Software für eine bestimmte Benutzergruppe, die in einem Netzwerk (z. B. Intranet) an einem gemeinsamen Projekt arbeitet

Grow|er [ˈgroʊə] *der; -[s], -* ⟨*engl.; eigtl. „Pflanzer"*⟩: jmd., der heimlich Hanfpflanzen anbaut, um daraus Haschisch herzustellen

Growl [graʊl] *der* od. *das; -s, -s* ⟨*engl.*⟩: (im Jazz) spezieller Klangeffekt, bei dem vokale Ausdrucksmittel of Instrumenten nachgeahmt werden

grub|ben vgl. grubbern

Grub|ber *der; -s, -* ⟨*engl.*⟩: mit einer ungeraden Anzahl von Zinken versehenes, auf vier Rädern laufendes Gerät zur Bodenbearbeitung (Eggenpflug); vgl. Kultivator

grub|bern, grubben: mit dem Grubber pflügen

Grund|bass *der; -es* ⟨*dt.; lat.-it.*⟩: 1. Reihe der tiefsten Töne eines Musikwerkes als Grundlage seiner Harmonie. 2. ↑ Fundamentalbass

Grunge [grandʒ] *der; -* ⟨*engl.-amerik.*⟩: 1. Rockmusik, für die harte Gitarrenklänge u. eine lässige Vortragsweise typisch sind. 2. Mode in Form bewusst unansehnlicher, schmuddeliger Kleidung

Grupp *der; -s, -s* ⟨*it.-fr.*⟩: aus Geldrollen bestehendes, zur Versendung bestimmtes Paket

Grup|pen|dy|na|mik *die; -* ⟨*dt.; lat.*⟩: (Sozialpsychol.) a) koordiniertes Zusammenwirken, wechselseitige Steuerung des

Verhaltens der Mitglieder einer Gruppe bzw. Verhältnis des Individuums zur Gruppe; b) Wissenschaft von der Gruppendynamik (a). **grup|pen|dy|na-misch:** die Gruppendynamik betreffend, zu ihr gehörend

Gru|si|cal [ˈgruːzɪk]] *das;* -s, -s ⟨anglisierende Neubildung zu *gruseln* nach dem Vorbild von ↑ Mus*ical*⟩: nach Art eines Musicals aufgemachter Gruselfilm

Gruy|ère [gryˈjɛːr] *der;* -s: Hartkäse aus der gleichnamigen Schweizer Landschaft

Gruy|ère|käl|se *der;* -s ⟨fr.; dt.⟩: ↑ Gruyère

GSM [geːlɛsˈɛm] ⟨Abk. für *engl. global system for mobile communication*⟩: internationaler Standard für digitale Funknetze; vgl. UMTS

G-String [ˈdʒiːstrɪŋ] *die;* -, -s od. *der;* -s, -s ⟨engl.; „G-Saite"⟩: oft von [Striptease]tänzerinnen als Slip getragenes Kleidungsstück, das aus einem nur die Geschlechtsteile bedeckenden Stoffstreifen besteht, der an einer um die Hüften geschlungenen Schnur befestigt ist

Gu|a|jak|harz *das;* -es ⟨indian.-span.; dt.⟩: als Heilmittel verwendetes Harz des in Mittelamerika wachsenden Guajakbaumes

Gu|a|ja|kol *das;* -s ⟨Kurzw. aus *Guajak* u. ↑ Alko*hol*⟩: aromatischer Alkohol, der als ↑ Antiseptikum u. ↑ Expektorans verwendet wird

Gu|a|jak|pro|be *die;* -, -n: (Med.) Untersuchung auf Blut in Stuhl, Urin und Magensaft

Gu|a|ja|ve, auch: Guave *die;* -, -n ⟨indian.-span.⟩: tropische Frucht in Apfel- od. Birnenform

Gu|a|na|ko ⟨indian.-span.⟩ u. Huanaco ⟨indian.⟩ *das* (älter: *der*); -s, -s: (in Südamerika lebendes) dem ↑ Lama ähnliches, zur Familie der Kamele gehörendes Tier mit langem, dichtem Fell

Gu|a|ni|din *das;* -s ⟨indian.-span.-nlat.⟩: Imidoharnstoff; vgl. Imid

Gu|a|nin *das;* -s: Bestandteil der ↑ Nukleinsäuren

Gu|a|no *der;* -s ⟨indian.-span.⟩: aus Exkrementen von Seevögeln bestehender organischer Dünger

Gu|a|ra|na [auch: ...raˈna] *der* u.

das; -s, -s ⟨indian.-span.⟩: koffeinhaltige getrocknete Paste aus den Samen eines im Amazonasgebiet heimischen Seifenbaumgewächses, die zu Getränken, Tonika o. Ä. verarbeitet wird

Gu|a|ra|ni, Gu|a|ra|ní *der;* -, -: Währungseinheit in Paraguay

Gu|ar|dia ci|vil [- siˈvil] *die;* - - ⟨span.⟩: spanische ↑ Gendarmerie

Gu|ar|di|an *der;* -s, -e ⟨germ.-mlat.; „Wächter"⟩: Vorsteher eines Konvents der ↑ Franziskaner u. ↑ Kapuziner

Gu|ar|ne|ri *die;* -, -s u. **Gu|ar|ne|ri-us** *die;* -, ...rii: Geige aus der Werkstatt der Geigenbauerfamilie Guarneri aus Cremona

Gu|asch vgl. Gouache

Gu|a|ve vgl. Guajave

Gu|ber|ni|um *das;* -s, ...ien: (veraltet) ↑ Gouvernement

Gu|d|scha|ra|ti [gʊdʒa...] *das;* -s ⟨Hindi⟩: moderne indische Sprache

Gu|el|fe [auch: ˈgɛlfə] *der;* -n, -n ⟨germ.-it.; „Welfe"⟩: (hist.) Anhänger päpstlicher Politik, Gegner der ↑ Gibellinen

¹**Gue|ril|la** [geˈrɪlja] *die;* -, -s ⟨germ.-span.⟩: a) Kleinkrieg, den irreguläre Einheiten der einheimischen Bevölkerung gegen eine Besatzungsmacht od. im Rahmen eines Bürgerkriegs führen; b) einen Kleinkrieg führende Einheit

²**Gue|ril|la** *der;* -[s], -s (meist Plural): Angehöriger einer ¹Guerilla (b)

Gue|ril|le|ra [gerɪlˈjeːra] *die;* -, -s ⟨span.⟩: weibliche Form zu ↑ Guerillero. **Gue|ril|le|ro** [...ˈjeːro] *der;* -s, -s ⟨germ.-span.⟩: Untergrundkämpfer in Südamerika

Gu|er|ril|g|li|e|ro [gueˈrilˈjeːro] *der;* -, ...ri ⟨germ.-span.-it.⟩: italienischer Partisan (des 2. Weltkriegs)

Guide [fr.: gid, engl.: gaɪd] *der;* -s, -s ⟨germ.-fr.(-engl.)⟩: 1. Reisegleiter; jmd., der Touristen führt. 2. Reiseführer, -handbuch

gu|i|do|nisch [gui...] ⟨it.; dt.⟩: in der Fügung **guidonische Hand:** (Mus.) Guido von Arezzo (980–1050) zugeschriebene Darstellung der Solmisationssilben (vgl. Solmisation) durch Zeigen auf bestimmte Stellen

der offenen linken Hand zur optischen Festlegung einer Melodie

Guig |nol [ginˈjɔl] *der;* -s, -s ⟨fr.⟩: Kasperle des französischen Puppentheaters, Hanswurst des Lyoner Puppenspiels

Guild|hall [ˈgɪldhɔːl] *die;* -, -s ⟨engl.; „Gildenhalle"⟩: Rathaus in England (bes. in London)

Guil|loche [giˈjɔʃ, gɪlˈjɔʃ] *die;* -, -n ⟨fr.⟩: 1. verschlungene Linienzeichnung auf Wertpapieren od. zur Verzierung auf Metall, Elfenbein, Holz. 2. Werkzeug zum Anbringen verschlungener [Verzierungs]linien

Guil|lo|cheur [gijɔˈʃøːɐ̯, gɪljɔ...] *der;* -s, -e: Linienstecher. **Guil-lo|cheu|rin** [...ʃøːrɪn] *die;* -, -nen: weibliche Form zu ↑ Guillocheur

guil|lo|chie|ren [...ˈʃiː...]: Guillochen stechen

Guil|lo|ti|ne [gijo..., gɪljo...] *die;* -, -n ⟨nach dem franz. Arzt Guillotin, 1738–1814⟩: mit einem Fallbeil arbeitendes Hinrichtungsgerät. **guil|lo|ti|nie|ren:** durch die Guillotine hinrichten

Gui|nea [ˈgɪnɪ] *die;* -, -s u. **Gui|nee** [giˈneː(ə)] *die;* -, ...een ⟨engl.(-fr.)⟩: nach dem afrikan. Staat Guinea, woher das Gold für die Prägung stammte⟩: a) frühere englische Goldmünze; b) frühere englische Rechnungseinheit von 21 Schilling

Guin|ness ® [ˈgi...] *das;* -, - ⟨nach dem irischen Brauereigründer A. Guinness, 1725–1803⟩: eine irische Biersorte

Guin|ness|buch, auch: **Guinness-Buch** [ˈgi...] *das;* -[e]s, ...bücher ⟨nach Guinness ®; dt.⟩: Buch, das Rekorde u. Ä. verzeichnet

Gui|pure|spit|ze [giˈpyːɐ̯...] *die;* -, -n ⟨germ.-fr.; dt.⟩: reliefartiger Spitzenstoff; vgl. Gipüre

Guir|lan|de [gɪr...]:(veraltet) vgl. Girlande

Gui|tar|re [gi...] vgl. Gitarre

Gu|ja|ra|ti [gʊdʒa...] vgl. Gudscharati

Gu|lag [auch: ˈgʊ...] *der;* -[s] ⟨Kurzw. aus *russ. Glavnoe Upravlenije Lagerej*⟩: Hauptverwaltung des Straflagersystems in der Sowjetunion (1930–1955)

Gu|lasch [auch: ˈgʊ...] *das,* (auch:) *der;* -[e]s, -e u. -s, (österr. nur:)

das; -[e]s, -e ⟨ung.⟩: scharf gewürztes Fleischgericht

Gu|lasch|ka|no|ne *die; -, -n:* (scherzh.) Feldküche

Gu|l|ly *der* (auch: *das); -s, -s ⟨lat.-fr.-engl.⟩:* in die Fahrbahndecke eingelassener abgedeckter kastenförmiger Schacht, durch den das Straßenabwasser in die Kanalisation abfließen kann

Gu|l|yás [auch: ˈɡʊlaʃ] *das; -[e]s, -e:* (österr.) ↑ Gulasch

Gum|ma *das; -s, -ta u. Gummen ⟨ägypt.-gr.-lat.-nlat.⟩:* (Med.) gummiartige Geschwulst im Tertiärstadium der Syphilis

¹Gum|mi *der u. das; -s, -[s] ⟨ägypt.-gr.-lat.⟩:* a) Vulkanisationsprodukt aus ↑ Kautschuk; b) aus schmelzbaren Harzen gewonnener Klebstoff, z. B. ↑ Gummiarabikum

²Gum|mi *der; -s, -s:* a) Radiergummi; b) (ugs.) Kondom

³Gum|mi *das; -s, -s:* Gummiband

Gum|mi|a |ra|bi|kum *das; -s ⟨nlat.⟩:* wasserlöslicher Milchsaft verschiedener Akazienarten, der für Klebstoff u. Bindemittel verwendet wird

Gum|mi|e |las |ti|kum *das; -s ⟨nlat.⟩:* ↑ Kautschuk

gum|mie|ren: a) mit einer Klebstoffschicht versehen; b) (ein Gewebe) mit Latex, Kunststoff wasserdicht machen

Gum|mi|gutt *das; -s ⟨ägypt.-gr.-lat.; malai.⟩:* giftiges Harz ostindischer Bäume, das gelbe Aquarellfarbe liefert

Gum|mi|pa|ra|graph, auch: *...paragraf der; -en, -en:* (ugs.) Paragraph, der so allgemein od. unbestimmt formuliert ist, dass er die verschiedensten Auslegungen zulässt

gum|mi|mös *⟨ägypt.-gr.-lat.-nlat.⟩:* (Med.) gummiartig, Gummen bildend

Gum|mo|se *die; -, -n:* (Bot.) krankhafter Harzfluss bei Steinobstgewächsen

Gun [gan] *das od. der; -s, -s ⟨engl.-amerik.⟩:* (Jargon) Spritze, mit der Rauschgift in die ↑ Vene gespritzt wird

Gun|man [ˈɡanmən] *der; -s, ...men [...mən] ⟨engl.⟩:* bewaffneter Gangster, Killer

Gup|py *der; -s, -s ⟨nach dem britisch-westindischen Naturforscher R. J. L. Guppy (19. Jh.)⟩:* zu den Zahnkarpfen gehörender beliebter Aquarienfisch

Gur|de *die; -, -n ⟨lat.-fr.⟩:* Pilgerflasche im Mittelalter (aus getrocknetem Kürbis, dann auch aus Glas, Ton od. Metall)

Gur|kha [...ka] *der; -[s], -[s] ⟨angloind.; nach einem ostindischen Volk in Nepal⟩:* Soldat einer nepalesischen Spezialtruppe in der indischen bzw. in der britischen Armee

Gu|ru *der; -s, -s ⟨Hindi⟩:* a) [als Verkörperung eines göttlichen Wesens verehrter] religiöser Lehrer im ↑ Hinduismus; b) Idol; von einer Anhängerschaft als geistiger Führer verehrte u. anerkannte Persönlichkeit

Gus|la *die; -, -s u. ...len u. Gusle die; -, -s u. -n ⟨serb., kroat.⟩:* südslawisches Streichinstrument mit einer Rosshaarsaite, die über eine dem Tamburin ähnliche Felldecke gespannt ist

Gus|lar *der; -en, -en:* Guslaspieler

Gus|le vgl. Gusla

Gus|li *die; -, -s ⟨russ.⟩:* im 18. Jh. in Russland gebräuchliches harfenähnliches Klavichord mit 5 bis 32 Saiten

gus|ta|to|risch *⟨lat.⟩:* (Med.) den Geschmackssinn betreffend

gus |tie|ren *⟨lat.-it.⟩:* 1) (ugs.) ↑ goutieren. 2) (österr.) kosten, prüfen

gus |ti|ös *⟨lat.-it.⟩:* (österr.) lecker, appetitanregend (von Speisen)

Gus |to *der; -s, -s:* Geschmack, Neigung

Gus |to|mel|ter *das; -s, - ⟨lat.; gr.⟩:* (Med.) Gerät zur Prüfung des Geschmackssinnes. **Gus |to|met |rie** *die; -:* Prüfung des Geschmackssinnes

Gut|ta|per|cha *die; - od. das; -[s] ⟨malai.⟩:* kautschukähnliches Produkt aus dem Milchsaft einiger Bäume Südostasiens, das früher vor allem als Isoliermittel verwendet wurde

Gut|ta|ti|on *die; -, -en ⟨lat.-nlat.⟩:* Wasserausscheidung von Pflanzen durch ↑ Hydathoden

Gut|ti *das; -s ⟨malai.⟩:* ↑ Gummigutt

gut|tie|ren *⟨lat.-nlat.⟩:* Wasser ausscheiden (von Pflanzen)

Gut|ti|fe|ren *die* (Plural) *⟨malai.; lat.⟩:* Guttibaumgewächse, Pflanzenfamilie, zu der z. B. der Butterbaum gehört

Gut|ti |o|lle ® *die; -, -n ⟨lat.⟩:* (Med.) Tropffläschchen

gut|tu|ral *⟨lat.-nlat.⟩:* (Sprachw.)

die Kehle betreffend. **Gut|tu|ral** *der; -s, -e:* (Sprachw.) Gaumen-, Kehllaut, zusammenfassende Bez. für ↑ Palatal, ↑ Velar u. ↑ Labiovelar. **Gut|tu|ra|lis** *die; -, ...les* [...le:s]: (veraltet) Guttural

Gu|yot [ɡyiˈjo:] *der; -s, -s ⟨nach dem amerik. Geographen u. Geologen schweizerischer Abstammung A. H. Guyot, 1807–1884⟩:* tafelbergähnliche Tiefseekuppe

Gym|kha|na *das; -s, -s ⟨angloind.⟩:* Geschicklichkeitswettbewerb (bes. für Leichtathleten, Reiter, Wassersportler, Kraftwagenfahrer)

Gym|nae|s |t |ra|da [...nɛ...] *die; -, -s ⟨gr.; span.⟩:* internationales Turnfest (ohne Wettkämpfe) mit gymnastischen u. turnerischen Schaudarbietungen

gym|na|si|al *⟨gr.-nlat.⟩:* das Gymnasium betreffend

Gym|na|si|arch *der; -en, -en ⟨gr.-lat.⟩:* Leiter eines antiken Gymnasiums (2)

Gym|na|si|ast *der; -en, -en ⟨gr.-nlat.⟩:* Schüler eines Gymnasiums (1). **Gym|na|si |as |tin** *die; -, -nen:* weibliche Form zu ↑ Gymnasiast

Gym|na|si|um *das; -s, ...ien ⟨gr.-lat.⟩:* 1. a) zur Hochschulreife führende höhere Schule; b) (früher) höhere Schule mit Latein- und Griechischunterricht (humanistisches Gymnasium); c) Gebäude eines Gymnasiums (1 a). 2. im Altertum, bes. in Griechenland, Übungs- u. Wettkampfanlage zur körperlichen Ertüchtigung der Jugend

Gym|nast *der; -en, -en ⟨gr.⟩:* 1. Trainer der Athleten in der altgriechischen Gymnastik. 2. Lehrer der Heilgymnastik. 3. jmd., der körperliche Bewegungsübungen ausführt

Gym|nas |tik *die; - ⟨gr.-nlat.⟩:* rhythmische Bewegungsübungen zu sportlichen Zwecken, zur Körperertüchtigung od. zur Heilung bestimmter Körperschäden. **Gym|nas |ti|ker** *der; -s, -:* ↑ Gymnast (3). **Gym|nas |ti|ke|rin** *die; -, -nen:* weibliche Form zu ↑ Gymnastiker

Gym|nas |tin *die; -, -nen:* weibliche Form zu ↑ Gymnast (2, 3)

gym|nas |tisch: die Gymnastik betreffend

gym|nas |ti|zie|ren: die Muskeln

G

des Pferdes [u. Reiters] für höchste Anforderungen systematisch durchbilden

Gym|no|lo|gie *die; -:* Wissenschaft der Leibeserziehung, des Sports, der Bewegungsrekreation u. der Bewegungstherapie

Gym|no|so|phist *der; -en, -en ⟨gr.-lat.; „nackter Weiser"⟩:* indischer ↑ Asket, bes. in der griechischen Literatur

Gym|no|sper|me *die; -, -n* (meist Plural) ⟨gr.-nlat.⟩: (Bot.) nacktsamige Pflanze (deren Samen nicht von einem Fruchtknoten umschlossen sind)

gyn..., Gyn... s. Kasten gynäko..., Gynäko...

Gy|nae|ce|um [...nɛ...] *das; -s, ...ceen* ⟨gr.-nlat.⟩: ↑ Gynäzeum (2)

Gy|nä|kei|on *das; -s, ...eien* ⟨gr.⟩: Frauengemach des altgriechischen Hauses

---

gy|nä|ko..., Gy|nä|ko...

⟨gr. gynḗ, Gen. gynaikós „Frau, Weib, Ehefrau"⟩
Wortbildungselement mit der Bedeutung „die Frau betreffend; weiblich":
– gynäkologisch
– Gynäkophobie
– Gynäkospermium
Von gleicher Herkunft ist das Wortbildungselement **gyno...,** **Gyno...,** vor Vokalen meist **gyn..., Gyn...,** mit der Bedeutung „das weibliche Geschlecht betreffend; weiblich". Es ist Bestandteil einiger Fremdwörter, wie z. B. in gynandrisch und Gynogenese.

Gy|nä|ko|kra|tie *die; -, ...ien* ⟨„Frauenherrschaft"⟩: ↑ Matriarchat

Gy|nä|ko|lo|ge *der; -n, -n* ⟨gr.-nlat.⟩: (Med.) Frauenarzt, Wissenschaftler auf dem Gebiet der Frauenheilkunde. **Gy|nä|ko|lo|gie** *die; -:* (Med.) Frauenheilkunde. **Gy|nä|ko|lo|gin** *die; -, -nen:* weibliche Form zu ↑ Gynäkologe. **gy|nä|ko|lo|gisch:** (Med.) die Frauenheilkunde betreffend

Gy|nä|ko|mas|tie *die; -, ...ien:* (Med.) weibliche Brustbildung bei Männern

Gy|nä|ko|pho|bie *die; -:* (Psychol.) Abneigung gegen alles Weibliche

Gy|nä|ko|sper|mi|um *das; -s, ...ien:*

Samenfaden, der ein X-Chromosom enthält u. damit das Geschlecht als weiblich bestimmt

Gy|n|an|der *der; -s, -:* Tier mit der Erscheinung des Gynandromorphismus

Gy|n|an|d|rie *die; -:* 1. (Bot.) Verwachsung der männlichen u. weiblichen Blütenorgane. 2. (Zool.) Scheinzwittrigkeit bei Tieren (durch Auftreten von Merkmalen des andern Geschlechts). 3. Ausbildung von Körpermerkmalen des weiblichen Geschlechts bei männlichen Personen. **gy|n|an|d|risch:** scheinzwitterartig (von Tieren).

Gy|n|an|d|ris|mus *der; -:* (selten) ↑ Gynandrie

Gy|n|an|d|ro|mor|phis|mus *der; -, ...men:* 1. (Biol.) bei Tieren auftretendes Scheinzwittertum. 2. ↑ Gynandrie (3)

Gy|n|an|th|ro|pos *der; -, ...thropen* u. ...poi (,,Frauman"): (veraltet) menschlicher Zwitter

Gy|n|a|t|re|sie *die; -, ...ien:* (Med.) angeborenes Fehlen der weiblichen Geschlechtsöffnung od. Verschluss der Mündungen einzelner Geschlechtsorgane

Gy|nä|ze|um *das; -s, ...een* ⟨gr.-lat.⟩: 1. ↑ Gynäkeion. 2. Gesamtheit der weiblichen Blütenorgane einer Pflanze

Gy|n|er|gen® *das; -s* ⟨(gr.; fr.) nlat.⟩: (Med.) vielfach (z. B. in der ↑ Gynäkologie, bei Migräne) verwendetes Präparat aus dem Mutterkorn

gy|no..., Gy|no... s. Kasten gynäko..., Gynäko...

Gy|no|ga|met *der; -en, -en* (meist Plural) ⟨gr.-nlat.⟩: Eizelle, weibliche Geschlechtszelle; Ggs. ↑ Androgamet

Gy|no|ge|ne|se *die; -, -n:* Eientwicklung durch Scheinbefruchtung

Gy|no|phor *der; -s, -en:* (Bot.) Verlängerung der Blütenachse zwischen ↑ Gynäzeum (2) u. Blütenhülle

Gy|nos|te|mi|um *das; -s, ...ien:* Griffelsäule der Orchideenblüte

Gy|ro|bus *der; -ses, -se* ⟨gr.; lat.-fr.⟩: bes. in der Schweiz verwendeter Bus, der durch Speicherung der kinetischen Energie seines rotierenden Schwungrades angetrieben wird

gy|ro|mag|ne|tisch ⟨gr.-nlat.⟩:

(Phys.) kreiselmagnetisch, auf der Wechselwirkung von Drehimpuls u. magnetischem Moment beruhend

Gy|ro|me|ter *das; -s, -:* Drehungsmesser für Drehgeschwindigkeit, Tourenschreiber

Gy|ros *das; -, -* ⟨ngr.⟩: (Gastr.) griechisches Gericht aus Schweine-, Rind-, Hammelfleisch, das an einem senkrecht stehenden Spieß gebraten u. dann portionsweise abgeschnitten wird

Gy|ro|s|kop *das; -s, -e:* Messgerät für den Nachweis der Achsendrehung der Erde

Gy|ro|s|tat *der; -[e]s u. -en, -e[n]* ⟨gr.⟩: Schwungrad in Schiffen zum Dämpfen von Schlingerbewegungen, Schiffskreisel

Gy|ro|va|ge *der; -n, -n* ⟨gr.; lat.⟩: (veraltet) a) Landstreicher; b) Bettelmönch

Gy|rus *der; -, ...ri* ⟨gr.-lat.; „Kreis"⟩: (Med.) Gehirnwindung

Gytt|ja *die; -, ...jen* ⟨schwed.⟩: (Geol.) in Seen u. Mooren abgelagerter Faulschlamm organischer Herkunft

Hal|ba|ner *die* (Plural) ⟨Herkunft unsicher⟩: Nachkommen deutscher Wiedertäufer des 16. Jh.s in der Slowakei u. in Siebenbürgen

Hal|ba|ne|ra *die; -, -s* ⟨span.; vom Namen der kuban. Hauptstadt Havanna (span. La Habana)⟩: kubanischer (auch in Spanien heimischer) Tanz in ruhigem $^2/_4$-Takt

Hal|ba|ner|fa|yence [...fa'jã:s] *die -, -n* (meist Plural): volkstümliche ↑ Fayence, die bes. im 17. u. 18. Jh. von den ↑ Habanern hergestellt wurde

Hab|da|la *die; -, -s* ⟨hebr.⟩: vom jüdischen Hausherrn in der häuslichen Feier am Ausgang des ↑ Sabbats od. eines Feiertags gesprochenes lobpreisendes Gebet

Ha|be|as Cor|pus ⟨*lat.;* „du habest den Körper“⟩: Anfangsworte des mittelalterlichen Haftbefehls

Ha|be|as-Cor|pus-Ak|te *die; -:* 1679 vom englischen Oberhaus erlassenes Gesetz zum Schutze der persönlichen Freiheit, nach dem niemand ohne richterlichen Haftbefehl verhaftet od. in Haft gehalten werden darf

ha|be|mus Pa|pam ⟨*lat.;* „wir haben einen Papst“⟩: Ausruf von der Außenloggia der Peterskirche nach vollzogener Papstwahl

ha|bent sua fa|ta li|bel|li: „[auch] Bücher haben ihre Schicksale“ (nach Terentianus Maurus)

ha|bil: fähig, gewandt

ha|bil.: Abk. für: habilitatus = habilitiert (vgl. habilitieren a); Dr. habil. = doctor habilitatus: habilitierter Doktor

Ha|bi|li|tand *der; -en, -en* ⟨*lat.-mlat.*⟩: jmd., der zur Habilitation zugelassen ist. **Ha|bi|li|tan|din** *die; -, -nen:* weibliche Form zu ↑ Habilitand

Ha|bi|li|ta|ti|on *die; -, -en:* Erwerb der Lehrberechtigung an Hochschulen u. Universitäten durch Anfertigung einer schriftlichen Arbeit

ha|bi|li|ta|tus: mit Lehrberechtigung (an Hochschule u. Universität); Abk.: habil.

ha|bi|li|tie|ren: a) sich habilitieren: die Lehrberechtigung an einer Hochschule od. Universität erwerben; b) jmdm. die Lehrberechtigung erteilen

¹Ha|bit [auch: ...ˈbɪt, ˈhabɪt] *das* (auch: *der); -s, -e* ⟨*lat.-fr.*⟩: Kleidung, die einer beruflichen Stellung, einer bestimmten Gelegenheit od. Umgebung entspricht

²Ha|bit [ˈhɛbɪt] *das* (auch: *der); -s, -s* ⟨*lat.-fr.-engl.*⟩: (Psychol.) Gewohnheit, Erlerntes, Anerzogenes, Erworbenes

¹Ha|bi|tat *das; -s, -e* ⟨*lat.*⟩: a) Standort, an dem eine Tier- od. Pflanzenart regelmäßig vorkommt; b) Wohnplatz von Ur- u. Frühmenschen

²Ha|bi|tat *das; -s, -e* ⟨*lat.-engl.*⟩: a) Wohnstätte, Wohnraum, Wohnplatz; b) kapselförmige Unterwasserstation, in der die ↑ Aquanauten wohnen können

ha|bi|tu|a|li|sie|ren ⟨*lat.-mlat.-nlat.*⟩: 1. zur Gewohnheit werden. 2. zur Gewohnheit ma-

chen. **Ha|bi|tu|a|li|sie|rung** *die; -, -en:* das Habitualisieren

Ha|bi|tu|a|ti|on *die; -, -en* ⟨*lat.*⟩: a) (Med., Psychol.) Gewöhnung; b) physische u. psychische Gewöhnung an Drogen

Ha|bi|tué [(h)abiˈty̆e:] *der; -s, -s* ⟨*lat.-fr.*⟩: (österr., sonst veraltet) ständiger Besucher, Stammgast

ha|bi|tu|ell: 1. gewohnheitsmäßig; ständig. 2. (Psychol.) verhaltenseigen; zur Gewohnheit geworden, zum Charakter gehörend; **habituelle Krankheit:** (Med.) ständig vorkommende od. häufig wiederkehrende Krankheit

Ha|bi|tus *der; -* ⟨*lat.*⟩: 1. Erscheinung; Haltung; Gehaben. 2. (Med.) Besonderheiten im Erscheinungsbild eines Menschen, die einen gewissen Schluss auf Krankheitsanlagen zulassen. 3. Aussehen, Erscheinungsbild (von Tieren, Pflanzen u. Kristallen). 4. (kath. Theologie) auf einer Disposition aufgebaute, erworbene sittliche Haltung, z. B. guter Habitus (Tugend), böser Habitus (Laster)

Ha|boob [həˈbu:b] u. **Ha|bub** *der; -[s]* ⟨*arab.-engl.*⟩: Sandsturm in Nordafrika u. Indien

Ha|bu|tai *der; -[s], -s* ⟨*jap.*⟩: zartes Gewebe aus Japanseide in Taftbindung (Webart); vgl. Japon

Há|ček [ˈha:tʃɛk], auch: Hatschek *das; -s, -s* ⟨*tschech.;* „Häkchen“⟩: ↑ diakritisches Zeichen in Form eines Häkchens, das, bes. in den slawischen Sprachen, einen Zischlaut od. einen stimmhaften Reibelaut angibt, z. B. tschech. č [tʃ], ž [ʒ]

Ha|ché [haˈʃe:] vgl. Haschee

Ha|ci|en|da [aˈsjɛnda] vgl. Hazienda. **Ha|ci|en|de|ro** [aˈsjɛn...] vgl. Haziendero

Hack [hɛk, engl. hæk] *der; -[s], -s* ⟨Kurzform von *engl.* hackney; „Kutschpferd“⟩: keiner bestimmten Rasse angehörendes Reitpferd

Ha|cker [auch: ˈhɛkɐ] *der; -s, -* ⟨*engl.*⟩: jmd., der durch geschicktes Ausprobieren u. Anwenden verschiedener Programme unberechtigt in andere Computersysteme eindringt; vgl. Cracker (3).

Ha|cke|rin *die; -, -nen:* weibliche Form zu ↑ Hacker

Had|dock [ˈhɛdək] *der; -[s], -s* ⟨*engl.*⟩: kalt geräucherter Schellfisch ohne Kopf u. Gräten

Ha|des *der; -* ⟨nach dem griech. Gott der Unterwelt⟩: 1. Unterwelt, Totenreich. 2. (veraltet) jenseits des Pluto vermuteter Planet

Ha|dith *der,* auch: *das; -, -e* ⟨*arab.;* „Rede; Bericht“⟩: Überlieferung angeblicher Aussprüche Mohammeds, Hauptquelle der islamischen Religion neben dem ↑ Koran

Ha|d|rom *das; -s, -e* ⟨*gr.-nlat.*⟩: leitendes u. speicherndes Element des Wasser leitenden Gefäßbündels bei Pflanzen (Holzfaser)

Ha|d|ron *das; -s, ...onen* ⟨*gr.*⟩: Elementarteilchen, das starker Wechselwirkung mit anderen Elementarteilchen unterliegt

ha|d|ro|zen|t|risch ⟨*gr.-nlat.; gr.-lat.*⟩: (Bot.) konzentrisch um ein leitendes Gefäßbündel angeordnet

Ha|dsch, auch: **Ha|ddsch** *der; -* ⟨*arab.*⟩: Wallfahrt nach Mekka zur ↑ Kaaba, die jeder volljährige Muslim einmal unternehmen soll

Ha|d|schar, auch: **Ha|d|dschar** *der; -s* ⟨*arab.;* „Stein“⟩: schwarzer Stein an der ↑ Kaaba, den Mekkapilger küssen

Ha|d|schi, auch: **Ha|d|dschi** *der; -s, -s* ⟨*arab.-türk.*⟩: 1. Mekkapilger. 2. christlicher Jerusalempilger im Orient

Hae|m|an|thus [hɛ...] *der; -, ...thi* ⟨*gr.-nlat.*⟩: ein Narzissengewächs; Blutblume

haem..., **Haem...** vgl. hämo..., Hämo...

Hae|m|oc|cult-Test ® [hɛ...] *der; -[e]s, -s,* auch *-e* ⟨*gr.; lat.; engl.*⟩: (Med.) Test zur Früherkennung von Darmkrebs, bei dem Stuhlproben auf das Vorhandensein von Blut untersucht werden

Ha|fis *der; -* ⟨*arab.;* „Hüter, Bewahrer“⟩: Ehrentitel eines Mannes, der den ↑ Koran auswendig weiß

Haf|ni|um *das; -s* ⟨*nlat.; von* Hafnia, dem nlat. Namen für Kopenhagen⟩: chem. Element; ein Metall; Zeichen: Hf

Haf|ta|ra *die; -, ...roth* ⟨*hebr.;* „Abschluss“⟩: Lesung aus den Propheten beim jüdischen Gottesdienst als Abschluss des Wochenabschnitts; vgl. Parasche

Ha|ga|na *die; -* ⟨*hebr.;* „Schutz, Verteidigung“⟩: jüdische militärische Organisation in Palästina zur Zeit des britischen Mandats (1920–48), aus der sich die reguläre Armee Israels entwickelte

Hag|ga|da *die;* -, ...**doth** ⟨*hebr.;* „Erzählung"⟩: erbaulich-belehrende Erzählung biblischer Stoffe in der ↑ talmudischen Literatur

Hag|gis [ˈhægɪs] *der;* -, - ⟨schott.-engl.⟩: in Schafsmagen gegarte Innereien des Schafs

Ha|gi|as|mos *der;* - ⟨*gr.;* „Heiligung, Weihe"⟩: Wasserweihe der orthodoxen Kirche (zur Erinnerung an die Taufe Jesu)

Ha|gi |o|graf usw. vgl. Hagiograph usw.

Ha|gi |o|graph, auch: ...**graf** *der;* -en, -en ⟨*gr.-mlat.*⟩: Verfasser von Heiligenleben

Ha|gi |o|gra|pha u. **Ha|gi |o|gra|phen** *die* (Plural) ⟨*gr.;* „heilige Schriften"⟩: griech. Bez. des dritten Teils des Alten Testaments

Ha|gi |o|gra|phie, auch: ...**grafie** *die;* -, ...**ien** ⟨*gr.-nlat.*⟩: Erforschung u. Beschreibung von Heiligenleben

Ha|gi |o|gra|phin, auch: ...**grafin** *die;* -, -nen: weibliche Form zu ↑ Hagiograph

ha|gi |o|gra|phisch, auch: ...**grafisch:** die Hagiographie betreffend

Ha|gi |o|la|t |rie *die;* -, ...**ien:** Verehrung der Heiligen

Ha|gi |o|lo|gie *die;* -: Lehre von den Heiligen

Ha|gi |o|lo|gi|on *das;* -, ...**ien** ⟨*gr.-mgr.*⟩: liturgisches Buch mit Lebensbeschreibungen der Heiligen in der orthodoxen Kirche

ha|gi |o|lo|gisch vgl. hagiographisch

Ha|gi |o |nym *das;* -s, -e ⟨*gr.-nlat.*⟩: Deckname, der aus dem Namen eines Heiligen od. einer kirchlichen Persönlichkeit besteht

Hah|ni|um *das;* -s ⟨*nlat.;* von den USA vorgeschlagene Bez. nach dem dt. Chemiker O. Hahn (1879–1968), dem Entdecker der Kernspaltung⟩: ehem. Name des chem. Elementes ↑ Dubnium; Zeichen: Ha

Hai *der;* -[e]s, -e ⟨altnord.-isländ.-niederl.⟩: spindelförmiger, meist räuberischer Knorpelfisch

Hai|duck, Hai|duk vgl. Heiduck

Haik *das* od. *der;* -[s], -s ⟨arab.⟩: in Nordafrika mantelartiger Überwurf, bes. der Berber[frauen]

Hai|kai u. **Hai|ku** u. Hokku *das;* -[s] ⟨jap.⟩: aus drei Zeilen mit zusammen 17 Silben bestehende japanische Gedichtform

Hair|sty|list, auch: Hair-Sty|list

Hair|sty|list |in *der;* -en, -en ⟨engl.⟩: Friseur mit künstlerischem Anspruch. **Hair|sty|lis |tin,** auch: **Hair-Sty|lis |tin** *die;* -, -nen: weibliche Form zu ↑ Hairstylist

Ha |i |ti |enne [hai'tiɛn] *die;* - ⟨fr.⟩: nach der Insel Haiti): taftartiger Seidenrips

Ha|ji|me [ˈhadʒime] *die* ⟨jap.⟩: Kommando des Kampfrichters (beim ↑ Budo), mit dem er dazu auffordert, den Kampf zu beginnen

Ha|ka|ma *der;* -[s], -s ⟨jap.⟩: schwarzer Hosenrock (beim ↑ Aikido u. ↑ Kendo)

¹Ha|kim *der;* -s, -s ⟨arab.⟩: Arzt; Weiser, Philosoph (im Orient)

²Ha|kim *der;* -s, -s: Herrscher; Gouverneur; Richter (im Orient)

Ha|la|cha [...ˈxaː] *die;* -, ...**choth** ⟨hebr.; eigtl. „Weg"⟩: aus der Bibel abgeleitete verbindliche Auslegung der Thora. **ha|la|chisch:** die Halacha betreffend, ihr gemäß

Ha|la|li *das;* -s, -[s] ⟨fr.⟩: Jagdruf am Ende einer Treibjagd

Halb|af|fix *das;* -es, -e ⟨dt.; lat.⟩: (Sprachw.) als Wortbildungsmittel in der Art eines Präfixes od. Suffixes verwendetes, weitgehend noch als selbstständig empfundenes, wenn auch semantisch verblasstes Wort; Präfixoid od. Suffixoid (z. B. *stein-* in *stein*reich, *-geil* in erfolgs*geil*)

Halb|fa|b |ri|kat *das;* -s, -e: zwischen Rohstoff u. Fertigerzeugnis stehendes ↑ Produkt

Halb|fi|na|le *das;* -s, -: (Sport) vorletzte Spielrunde in einem sportlichen Wettbewerb (z. B. im Fußball)

Halb|for|mat *das;* -s, -e: (Fotogr.) ein Bildformat in der Größe 18 × 24 mm

Halb|nel|son *der;* -[s], -[s] ⟨nach einem nordamerik. Sportler⟩: (Ringen) Nackenhebel (Spezialgriff), bei dem nur ein Arm eingesetzt wird

halb|part ⟨dt.; lat.⟩: zu gleichen Teilen

Halb|prä|fix *das;* -es, -e: ↑ Präfixoid; vgl. Halbaffix

Halb|suf|fix *das;* -es, -e: ↑ Suffixoid; vgl. Halbaffix

Halb|vo|kal *der;* -s, -e: (Sprachw.) 1. unsilbisch gewordener, als ↑ Konsonant gesprochener Vokal (z. B. j). 2. unsilbischer ↑ Vokal (z. B. das i in dem ↑ Diphthong ai)

Hal|lér [ˈhalɛːrʃ] *der;* -, - (aber: 2 Halére, 10 Haléřů) ⟨dt.-tschech.⟩: tschechische Münzeinheit

Half [haːf] *der;* -s, -s ⟨engl.; „halb"⟩: (österr.) Läufer in einer [Fuß]ballmannschaft

Hal|fa *die;* - ⟨arab.⟩: ↑ Esparto

Half|back [ˈhaːfbɛk] *der;* -s, -s ⟨engl.⟩: (schweiz.) ↑ Half

Half|court [ˈhaːfkɔːt] *der;* -s, -s ⟨engl.⟩: (Tennis) zum Netz hin gelegener Teil des Spielfeldes

Half|pen|ny [ˈheːpəni] *der;* -[s], -s: engl. Münze (0,5 p)

Half|pipe [ˈhaːfpaip] *die;* -, -s: untere Hälfte einer waagerechten Röhre aus Holz, Beton o. Ä., in der Skateboarder, BMX-Radfahrer od. (bei Ausstattung mit einer Schneeoberfläche) Snowboarder üben u. Kunststücke ausführen können

Half|rei|he [ˈhaːf...] ⟨engl.; dt.; „Halbreihe"⟩: (österr.) Formation im Mittelfeld einer [Fuß]ballmannschaft

Half|time [ˈhaːftaim] *die;* -, -s ⟨engl.⟩: (Sport) Halbzeit

Half|vol|ley [ˈhaːfvɔli] *der;* -s, -s u. **Half|vol|ley|ball** *der;* -[e]s, ...**bälle:** (Tennis, Tischtennis) im Augenblick des Abprallens geschlagener Ball

Ha|lid *das;* -[e]s, -e ⟨gr.⟩: ↑ Halogenid

Ha|lis |te|re|se *die;* - ⟨gr.-nlat.⟩: (Med.) Abnahme der Kalksalze in den Knochen, Knochenerweichung

Ha|lit [auch: ...ɪt] *der;* -s, -e: 1. Steinsalz (ein Mineral). 2. Salzgestein

Ha|li|tus *der;* - ⟨lat.⟩: (Med.) Hauch, Atem, Ausdünstung, Geruch

hal|ky |o|nisch vgl. alkyonisch

Hal|lel *das;* -s ⟨hebr.; „preiset!"⟩: jüdischer Lobgesang an hohen Festtagen (Psalm 113–118)

hal|le|lu|ja u. alleluja ⟨hebr.-kirchenlat.⟩: „lobet den Herrn", (aus den Psalmen übernommener) gottesdienstlicher Freudenruf. **Hal|le|lu|ja** u. Alleluja *das;* -s, -s: liturgischer Freudengesang

Hal|lo|ween [hɛloˈviːn] *das;* -[s], -s ⟨engl.⟩: Tag vor Allerheiligen (der bes. in den USA gefeiert wird)

Häll|rist|nin|gar vgl. Helleristninger

Hal|lu|zi|nant *der;* -en, -en ⟨lat.⟩:

jmd., der an Halluzinationen leidet. **Hal|lu|zi|nan|tin** *die; -, -nen*: weibliche Form zu ↑ Halluzinant

Hal|lu|zi|na|ti|on *die; -, -en*: Sinnestäuschung, Trugwahrnehmung; Wahrnehmungserlebnis, ohne dass der wahrgenommene Gegenstand in der Wirklichkeit existiert

hal|lu|zi|na|tiv u. **hal|lu|zi|na|to|risch** ⟨*lat.*⟩: auf Halluzination beruhend, in Form einer Halluzination

hal|lu|zi|nie|ren: a) eine Halluzination haben, einer Sinnestäuschung unterliegen; b) nicht Existierendes als existierend vortäuschen, sich vorstellen

hal|lu|zi|no|gen ⟨*lat.; gr.*⟩: Halluzinationen hervorrufend, zu Halluzinationen führend. **Hal|lu|zi|no|gen** *das; -s, -e*: (Med.) Droge, die halluzinationsartige Erscheinungen hervorruft

Hal|ma *das; -s* ⟨*gr.; „Sprung"*⟩: ein Brettspiel für 2–4 Personen

hal|my|ro|gen ⟨*gr.-nlat.*⟩: (Geol.) aus dem Meerwasser ausgeschieden (z. B. von Salzlagerstätten)

Hal|my|ro|ly|se *die; -*: (Geol.) Verwitterung von Gestein auf dem Meeresgrund unter dem Einfluss von Meerwasser

Ha|lo *der; -[s], -s* od. Halonen ⟨*gr.-lat.*⟩: 1. (Phys.) Hof um eine Lichtquelle, hervorgerufen durch Reflexion, Beugung u. Brechung der Lichtstrahlen an kleinsten Teilchen. 2. (Med.) Ring um die Augen. 3. (Med.) Warzenhof

hal|lo|bi|ont ⟨*gr.-nlat.*⟩: ↑ halophil. **Hal|lo|bi|ont** *der; -en, -en*: (Biol.) Lebewesen, das vorzugsweise in salzreicher Umgebung gedeiht

Ha|lo|ef|fekt [auch: ˈheɪloʊ...] *der; -[e]s, -e* ⟨(*gr.-lat.*) *engl.*⟩: (Psychol.) positive od. negative Beeinflussung bei der Beurteilung bestimmter Einzelzüge einer Person durch den ersten Gesamteindruck od. die bereits vorhandene Kenntnis von anderen Eigenschaften

hal|lo|gen ⟨*gr.*⟩: Salz bildend. **Hal|lo|gen** *das; -s, -e*: Salzbildner; chem. Element, das ohne Beteiligung von Sauerstoff mit Metallen Salze bildet (z. B. Fluor, Chlor, Brom, Jod)

Ha|lo|ge|nid *das; -[e]s, -e*: Verbindung aus einem Halogen u. einem chem. Element (meist Metall), Salz einer Halogenwasserstoffsäure

ha|lo|ge|nie|ren: ein Halogen in eine organische Verbindung einführen, Salz bilden

Ha|lo|gen|lam|pe *die; -, -n*: sehr helle Glühlampe mit einer Fülung aus Edelgas, der eine geringe Menge von Halogen beigemischt ist

Ha|lo|gen|was|ser|stoff *der; -[e]s, -e*: Kohlenwasserstoff, bei dem die Wasserstoffatome ganz od. teilweise durch Halogene ersetzt sind

Ha|lo|gen|was|ser|stoff|säu|re *die; -, -en*: Säure, die aus einem Halogen u. Wasserstoff besteht (z. B. Salzsäure)

Ha|lo|id *das; -[e]s, -e*: ↑ Halogenid

Ha|lo|me|ter *das; -s, -*: Messgerät zur Bestimmung der Konzentration von Salzlösungen

Ha|lo|nen: *Plural* von ↑ Halo

ha|lo|niert ⟨*gr.-nlat.*⟩: (Med.) von einem Hof umgeben, umrändert (z. B. vom Auge)

Ha|lo|pe|ge *die; -, -n* ⟨*gr.*⟩: kalte Salzquelle

ha|lo|phil ⟨*gr.-nlat.*⟩: (Biol.) salzreiche Umgebung bevorzugend (von Lebewesen)

Ha|lo|phyt *der; -en, -en*: auf salzreichem Boden (vor allem an Meeresküsten) wachsende Pflanze; Salzpflanze

Ha|lo|ther|me *die; -, -n*: warme Salzquelle

Ha|lo|tri|chit [auch: ...ˈçɪt] *der; -s, -e*: ein Mineral

ha|lo|xen: (Biol.) salzreiche Umgebung als Lebensraum duldend (von Lebewesen)

Hal|te|re *die; -, -en* ⟨*gr.-lat.*⟩: 1. [beim Weitsprung zur Steigerung des Schwunges benutztes] hantelartiges Stein- oder Metallgewicht (im alten Griechenland). 2. (Zool.) zu einem Schwingkölbchen umgewandelter Flügel mancher Insekten

Ha|lun|ke *der; -n, -n* ⟨*tschech.*; urspr. „Henkersknecht"⟩: a) (abwertend) jmd., dessen Benehmen od. Tun als gemein od. hinterhältig angesehen wird; b) (scherzh.) kleiner, frecher Junge

Hal|wa *das; -[s]* ⟨*arab.*⟩: orientalische Süßigkeit aus einer flocki-

gen Mischung von zerstoßenem Sesamsamen u. Honig od. Sirup

Häm *das; -s* ⟨*gr.*; „Blut"⟩: Farbstoffanteil im ↑ Hämoglobin

häm..., **Häm...** vgl. hämo...,
Hämo...

Ha|mal|da vgl. Hammada

Ha|mal|dan *der; -[s], -s* ⟨nach dem Namen der iran. Stadt⟩: handgeknüpfter Teppich [aus Kamelwolle] mit stilisierter Musterung

Ha|ma|dry|a|de *die; -, -n* ⟨*gr.-lat.*⟩: ↑ Dryade

Hä|m|ag|glu|ti|na|ti|on *die; -, -en* ⟨*gr.; lat.*⟩: (Med.) Zusammenballung, Verklumpung von roten Blutkörperchen. **Hä|m|ag|glu|ti|nin** *das; -s, -e*: (Med.) Schutzstoff des Serums, der eine ↑ Agglutination von roten Blutkörperchen bewirkt

Hä|m|a|go|gum *das; -s, ...ga* ⟨*gr.-nlat.*⟩: (Med.) Mittel, das Blutungen herbeiführt od. fördert

Hä|ma|l|ops *der; -* ⟨*gr.-nlat.*⟩: (Med.) Bluterguss im Auge

Ha|mam *der; -[s], -s* ⟨*türk.*⟩: türkisches Bad

Ha|ma|me|lis *die; -* ⟨*gr.*⟩: haselnussähnliches Gewächs (in Amerika u. Asien), aus dessen Rinde ein zu pharmazeutischen u. kosmetischen Präparaten verwendeter Extrakt gewonnen wird u. dessen Äste als Wünschelruten verwendet werden; Zaubernuss

Ham and Eggs [ˈhæm ənd ˈɛgz] *die* (Plural) ⟨*engl.*; „Schinken u. Eier"⟩: gebratene Schinken[speck]scheiben mit Spiegeleiern in England

Hä|m|an|gi|om *das; -s, -e* ⟨*gr.-nlat.*⟩: (Med.) gutartige Blutgefäßgeschwulst, Blutschwamm

Hä|m|ar|th|ro|se *die; -, -n*: (Med.) Bluterguss in einem Gelenk

¹Ha|mar|tie *die; -* ⟨*gr.*⟩: Irrtum, Sünde als Ursache für die Verwicklungen in der altgriechischen Tragödie (bei Aristoteles)

²Ha|mar|tie *die; -, ...ien*: (Med.) örtlicher Gewebsdefekt als Folge einer embryonalen Fehlentwicklung des Keimgewebes

Ha|mar|tom *das; -s, -e* ⟨*gr.-nlat.*⟩: (Med.) geschwulstartige Wucherung defekten Gewebes, das durch eine ↑ ²Hamartie entstanden ist

Ha|mas *die; -* ⟨*arab.*; „Eifer"⟩: radikale islamistische Widerstandsbewegung in den von Israel besetzten Gebieten

Ha|ma|sa *die; -, -s ⟨arab.⟩:* Titel berühmter arabischer Anthologien

hä|mat..., Hämat... s. Kasten

hämo..., Hämo...

Hä|ma|te|in *das; -s:* ↑ Hämatoxylin

Hä|ma|t|e|me|sis *die; - ⟨gr.-nlat.⟩:* (Med.) Blutbrechen (z. B. bei Magengeschwüren)

Hä|mat|hid|ro|se, Hä|ma|t|i|d|ro|se *die; -, -n:* ↑ Hämidrose

Hä|ma|tin *das; -s:* eisenhaltiger Bestandteil des roten Blutfarbstoffs

Hä|ma|ti|non *das; -s:* in der Antike häufig verwendetes kupferhaltige rote Glasmasse

Hä|ma|tit [auch: ...'tɪt] *der; -s, -e:* wichtiges Eisenerz

hä|ma|to..., Hä|ma|to... s. Kasten hämo..., Hämo...

Hä|ma|to|blast *der; -en, -en (meist Plural):* ↑ Hämoblast

Hä|ma|to|chy|l|u|rie *die; -, ...ien:* (Med.) Auftreten von Blut u. Darmlymphe im Harn

hä|ma|to|gen: 1. (Med.) aus dem Blut stammend. 2. (Med.) Blut bildend

Hä|ma|to|gramm *das; -s, -e:* (Med.) Blutbild, tabellarische Zusammenfassung der zur Beurteilung eines Blutbildes wichtigen Befunde

Hä|ma|to|i|din *das; -s:* sich bei Blutaustritt aus Gefäßen bildender eisenfreier Farbstoff des ↑ Hämoglobins

Hä|ma|to|kok|kus *der; -, ...kken:* (Biol.) Grünalgengattung, von der einige Arten rot gefärbte ↑ Plastiden haben

Hä|ma|to|kol|pos *der; -:* (Med.) Ansammlung von Menstrualblut in der Scheide (bei Scheidenverschluss)

Hä|ma|to|ko|ni|en *die (Plural):* ↑ Hämokonien

Hä|ma|to|krit *der; -en, -en:* Glasröhrchen mit Gradeinteilung zur Bestimmung des Verhältnisses von roten Blutkörperchen zum Blutplasma

Hä|ma|to|krit|wert *der; -[e]s, -e:* (Med.) prozentualer Volumenanteil der Blutzellen an der Gesamtblutmenge

Hä|ma|to|lo|ge *der; -n, -n:* (Med.) Arzt mit Spezialkenntnissen auf dem Gebiet der Blutkrankheiten. **Hä|ma|to|lo|gie** *die; -:*

(Med.) Teilgebiet der Medizin, das sich mit dem Blut u. den Blutkrankheiten befasst. **Hä|ma|to|lo|gin** *die; -, -nen:* weibliche Form zu ↑ Hämatologe. **hä|ma|to|lo|gisch:** die Hämatologie betreffend

Hä|ma|tom *das; -s, -e:* (Med.) Ansammlung von Blut außerhalb der Blutbahn in den Weichteilen; Blutbeule, Bluterguss

Hä|ma|to|me|t|ra *die; -:* (Med.) Ansammlung von Menstrualblut in der Gebärmutter bei Verschluss des Muttermundes

Hä|ma|to|my|e|lie *die; -, ...ien:* (Med.) Rückenmarksblutung

Hä|ma|to|pha|ge *der; -n, -n (meist Plural):* (Biol.) blutsaugender Parasit

Hä|ma|to|pho|bie *die; -, ...ien:* (Psychol.) krankhafte Angst vor Blut

Hä|ma|to|pneu|mo|tho|rax *der; -[es]:* (Med.) Bluterguss u. Luftansammlung im Brustfellraum

Hä|ma|to|po|e|se *die; -:* (Med.) Blutbildung, bes. Bildung der roten Blutkörperchen. **hä|ma|to|po|e|tisch:** (Med.) blutbildend

Hä|ma|tor|rhö *die; -, -en:* (Med.) Blutsturz

Hä|ma|to|se *die; -, -en:* ↑ Hämatopoese

Hä|ma|to|s|ko|pie *die; -, ...ien:* (Med.) Blutuntersuchung

Hä|ma|to|sper|mie *die; -:* ↑ Hämospermie

Hä|ma|to|tho|rax *der; -[es]:* (Med.) Bluterguss in der Brusthöhle

Hä|ma|to|to|xi|ko|se *die; -, -n:* ↑ Hämotoxikose

Hä|ma|to|xy|lin *das; -s:* in der ↑ Histologie zur Zellkernfärbung verwendeter Farbstoff aus dem Holz des südamerikanischen Blutholzbaumes

Hä|ma|to|ze|le *die; -, -n:* (Med.) geschwulstartige Ansammlung von geronnenem Blut in einer Körperhöhle, bes. in der Bauchhöhle (z. B. als Folge einer Verletzung)

Hä|ma|to|ze|pha|lus *der; -:* (Med.) Bluterguss im Gehirn

Hä|ma|to|zo|on *das; -s, ...zoen (meist Plural) ⟨gr.-nlat.⟩:* (Biol., Med.) tierische ↑ Parasiten, die im Blut anderer Tiere od. des Menschen leben

Hä|ma|to|zyt *der; -en, -en (meist Plural):* ↑ Hämozyt

Hä|ma|to|zy|to|ly|se *die; -:* (Med.)

Auflösung der roten Blutkörperchen

Hä|ma|t|u|rie *die; -, ...ien:* (Med.) Ausscheidung nicht zerfallener (nicht aufgelöster) roter Blutkörperchen mit dem Urin

Ham|bur|ger [auch: 'hæmbɐːɡɐ] *der; -s, - ⟨dt.-amerik.; nach der Stadt Hamburg⟩:* aufgeschnittenes weiches, mit gebratenem Hackfleisch u. weiteren Zutaten belegtes Brötchen

Häm|hid|ro|se, Häm|hil|d|ro|sis, Hä|mi|i|d|ro|se, Hä|mi|i|d|ro|sis *die; - ⟨gr.⟩:* (Med.) Absonderung rot gefärbten Schweißes; Blutschwitzen

...hä|mie vgl. ...ämie

Hä|mi|glo|bin *das; -s:* ↑ Methämoglobin

Hä|min *das; -s, -e:* (Med.) Porphyrin-Eisenkomplexsalz, ein Oxidationsprodukt des Häms

Ham|ma|da u. Hamada *die; -, -s ⟨arab.⟩:* (Geogr.) Stein- u. Felswüste, die dadurch entstanden ist, dass lockeres Gestein vom Wind weggetragen wurde

Ham|mal *der; -s, -s ⟨arab.⟩:* Lastträger im Vorderen Orient

Ham|mam *der; -[s], -s ⟨arab.⟩:* Badehaus im Vorderen Orient

Ham|mond|or|gel ['hɛmənt...] *die; -, -n ⟨nach dem amerik. Erfinder Hammond⟩:* elektroakustische Orgel

---

hä|mo..., Hä|mo...

vor Vokalen meist häm..., Häm... ⟨zu gr. haîma, Gen. haímatos „Blut"⟩

Wortbildungselement mit der Bedeutung „Blut; blutartig":
– Hämarthrose
– Hämoglobin
– Hämophilie
– hämostatisch

Von gleicher Herkunft und Bedeutung ist auch das Wortbildungselement **hämato..., Hämato...**, vor Vokalen meist hämat..., Hämat... Es ist Bestandteil vieler Fremdwörter, wie z. B. in Hämatogramm, hämatologisch, Hämatom und Hämatophobie.

Die gleiche Herkunft haben auch die im Kasten ...ämie aufgeführten Wortbildungselemente.

Hä|mo|blast *der; -en, -en (meist Plural) ⟨gr.-nlat.⟩:* (Med.) blutbildende Zelle im Knochenmark (Stammzelle)

Hä|mo|chro|ma|to|se *die;* -, -n: (Med.) bräunliche Verfärbung von Haut u. Gewebe durch eisenhaltige ↑ Pigmente infolge Zerstörung roter Blutkörperchen

Hä|mo|chro|mo|me|ter *das;* -s, -: ↑ Hämometer

Hä|mo|di|al|ly|se *die;* -, -n: Reinigung des Blutes von krankhaften Bestandteilen (z. B. in der künstlichen Niere)

Hä|mo|dy|na|mik *die;* -: Lehre von den physikalischen Grundlagen der Blutbewegung. **hä|mo|dy|na-misch:** die Bewegung des Blutes betreffend

Hä|mo|dy|na|mo|me|ter *das;* -s, -: (Med.) Blutdruckmessapparat

Hä|mo|glo|bin *das;* -s ⟨*gr.; lat.*⟩: Farbstoff der roten Blutkörperchen (Zeichen: Hb). **hä|mo|glo-bi|no|gen** ⟨*gr.; lat.*⟩: (Med.) aus Hämoglobin entstanden, Hämoglobin bildend

Hä|mo|glo|bi|no|me|ter *das;* -s -: ↑ Hämometer

Hä|mo|glo|bi|n|u|rie *die;* -, ...i̯en: (Med.) Ausscheidung von rotem Blutfarbstoff im Harn

Hä|mo|gramm *das;* -s, -e ⟨*gr.-nlat.*⟩: (Med.) tabellarische Zusammenfassung der zur Beurteilung eines Blutbildes wichtigen Befunde

Hä|mo|ko|ni|en *die* (Plural): (Med.) kleinste Kern- od. Fettteilchen im Blut

Hä|mo|lym|phe *die;* -, -n: (Biol.) Blutflüssigkeit wirbelloser Tiere mit offenem Blutgefäßsystem

Hä|mo|ly|se *die;* -, -n: (Med.) Auflösung der roten Blutkörperchen durch Austritt des roten Blutfarbstoffs; Abbau des roten Blutfarbstoffs

Hä|mo|ly|sin *das;* -s, -e: (Med.) ↑ Antikörper, der artfremde Blutkörperchen auflöst

hä|mo|ly|tisch: (Med.) roten Blutfarbstoff auflösend, mit Hämolyse verbunden

Hä|mo|me|ter *das;* -s, -: (Med.) Gerät zur Bestimmung des Hämoglobingehaltes des Blutes

Hä|mo|pa|thie *die;* -, ...i̯en: (Med.) Blutkrankheit

Hä|mo|pe|ri|kard *das;* -[e]s, -e: (Med.) Bluterguss im Herzbeutel

Hä|mo|phi|lie *die;* -, ...i̯en: (Med.) Bluterkrankheit

Hä|m|oph|thal|mus *der;* -: ↑ Hämalops

Hä|mo|p|toe, Hä|mo|p|ty|se u. **Hä-mo|p|ty|sis** *die;* -: (Med.) Bluthusten, Blutspucken infolge Lungenblutung

Hä|mor|rha|gie *die;* -, ...i̯en: (Med.) Blutung. **hä|mor|rha-gisch:** (Med.) zu Blutungen führend, mit ihnen zusammenhängend

hä|mor|rho|i|dal: die Hämorrhoiden betreffend, durch sie hervorgerufen. **Hä|mor|rho|i|de,** auch: Hämorride *die;* -, -n (meist Plural) ⟨*gr.-lat.*⟩: (Med.) knotenförmig hervortretende Erweiterung der Mastdarmvenen um den After herum. **Hä-mor|ri|de** vgl. Hämorrhoide

Hä|mo|si|de|rin *das;* -s ⟨*gr.-nlat.*⟩: (Med.) eisenhaltiger, gelblicher Blutfarbstoff, der aus zerfallenden (sich auflösenden) roten Blutkörperchen stammt. **Hä-mo|si|de|ro|se** *die;* -, -n: (Med.) vermehrte Ablagerung von Hämosiderin in inneren Organen

Hä|mo|sit *der;* -en, -en (meist Plural): Blutparasit

Hä|mo|spa|sie *die;* -: (Med.) [trockenes] Schröpfen (örtliche Ansaugung des Blutes in die Haut mittels einer luftleer gemachten Glas- od. Gummiglocke)

Hä|mo|sper|mie *die;* -: (Med.) Entleerung von blutiger Samenflüssigkeit

Hä|mo|spo|ri|di|um *das;* -s, ...ien [...i̯ən] u. ...ia (meist Plural): (Biol., Med.) einzelliger Blutparasit

Hä|mo|s|ta|se *die;* -, -n: (Med.) 1. Blutstockung. 2. Blutstillung. **Hä|mo|s|ta|se|o|lo|gie** *die;* -: (Med.) interdisziplinäre Wissenschaft, die sich mit der Physiologie u. Pathologie der Gerinnung, der Blutstillung, der Fibrinolyse u. der Gefäßwandung beschäftigt

Hä|mo|s|ta|ti|kum *das;* -s, ...ka: Hämostyptikum. **hä|mo|s|ta-tisch:** ↑ hämostyptisch

Hä|mo|s|typ|ti|kum *das;* -s, ...ka: (Med.) blutstillendes Mittel. **hä|mo|s|typ|tisch:** (Med.) blutstillend

Hä|mo|the|ra|pie *die;* -, ...i̯en: (Med.) Form der Reizkörpertherapie, bei der eine bestimmte Menge körpereigenes Blut nach Entnahme wieder in einen Muskel injiziert wird

Hä|mo|tho|rax *der;* -[es]: ↑ Hämatothorax

Hä|mo|to|xi|ko|se *die;* -, -n: (Med.) auf Vergiftung beruhende Schädigung der blutbildenden Zentren im Knochenmark

Hä|mo|to|xin *das;* -s, -e (meist Plural): (Med.) die roten Blutkörperchen schädigendes bakterielles od. chemisches Blutgift

Hä|mo|zy|a|nin *das;* -s: (Biol.) blauer Blutfarbstoff mancher wirbellosen Tiere

Hä|mo|zyt *der;* -en, -en (meist Plural): (Med.) Blutkörperchen

Hä|mo|zy|to|blast *der;* -en, -en (meist Plural): Stammzelle der Hämozyten

Han vgl. Chan

han|deln ['hɛndln] ⟨*engl.*⟩: (Jargon) handhaben, gebrauchen, verfahren

Hand|held ['hɛndhɛlt] *das;* -s, -s: a) kleiner handlicher Computer; b) Handgerät zur Steuerung einer Anlage u. Ä.

Han|di|cap ['hɛndikɛp] usw. vgl. Handikap usw.

Han|di|kap, auch: Handicap ['hɛndikɛp] *das;* -s, -s ⟨*engl.*⟩: 1. etwas, was für jmdn., etwas eine Behinderung od. ein Nachteil ist. 2. (Sport) durch eine Vorgabe für den leistungsschwächeren Spieler, für das weniger leistungsfähige Pferd entstehender Ausgleich gegenüber dem Stärkeren

han|di|ka|pen, auch: handicapen [...kɛpn̩]: 1. eine Behinderung, einen Nachteil für jmdn., etwas darstellen. 2. jmdm. ein Handikap auferlegen; vgl. gehandikapt. **han|di|ka|pie|ren,** auch: handicapieren [...ke'pi:...]: (schweiz.) handikapen

Han|di|kap|per, auch: Handicapper [...kɛpɐ] *der;* -s, - (Sport) jmd., der bei Rennen mit der Festsetzung der Handikaps (2) beauftragt ist; Ausgleicher. **Han-di|kap|pe|rin,** auch: Handicapperin [...kɛpərɪn] *die;* -, -nen: weibliche Form zu ↑ Handikapper

Hand|kom|mu|ni|on *die;* -, -en ⟨*dt.; lat.*⟩: ↑ Kommunion (1), bei der die ↑ Hostie dem Gläubigen in die Hand gelegt wird

Hand|ling ['hɛ...] *das;* -[s] ⟨*germ.-engl.*⟩: Handhabung

Hand|ling|fee [...fi:], auch: **Hand-ling-Fee** *die; -, -s:* (Bankw.) für die Abwicklung einer Kreditvergabe zu entrichtende Gebühr

Hand-out, auch: **Hand|out** [ˈhɛntaʊt] *das; -s, -s* ⟨*engl.*⟩: ausgegebene Informationsunterlage, Informationsschrift (z. B. bei Tagungen, Sitzungen)

Hands [hɛnts] *das; -, -* ⟨*germ.-engl.*⟩: (Fußball; österr.) Handspiel

Han|d|schar u. Kandschar *der; -s, -e* ⟨*arab.*⟩: messerartige Waffe der Orientalen

Han|dy [ˈhɛndi] *das; -s, -s* ⟨anglisierende Bildung⟩: handliches Mobiltelefon

Han|dy |a|ner *der; -s, -:* (meist abwertend) jmd., der unablässig u. an allen Orten sein Handy benutzt. **Han|dy |a|ne|rin** *die; -, -nen:* weibliche Form zu ↑ Handyaner

Han|dy|cam *der; -s, -s* ⟨*engl.*⟩: kleine, handliche Videokamera

Han|dy|man [...mən] *der; -s, ...men* [...mən]: Bastler, Heimwerker

Ha|ne|fi|te *der; -n, -n* (meist Plural) ⟨nach dem Gründer Abu Hanifa⟩: Anhänger einer der Rechtsschulen im sunnitischen Islam, die bes. in der Türkei, in Zentralasien, Afghanistan, Pakistan, Indien u. China verbreitet ist u. in der Auslegung des Moralgesetzes am großzügigsten verfährt

Han|gar [auch: ...ˈgaːɐ̯] *der; -s, -s* ⟨*germ.-fr.*⟩: Flugzeug-, Luftschiffhalle

Hang-o |ver, auch: **Hang|o |ver** [ˈhɛŋˈoʊvə] *der; -s* ⟨*engl.*⟩: Katerstimmung nach dem Genuss von Alkohol od. Drogen

Han|gul *der; -s, -s* ⟨*Hindi*⟩: Kaschmirhirsch (nordindischer Hirsch mit fünfendigem Geweih)

Han|ni|bal ad por|tas, irrtümlich meist: **Han|ni|bal an|te por|tas** ⟨*lat.;* „Hannibal an (vor) den Toren"; Schreckensruf der Römer im 2. Punischen Krieg⟩: (scherzh.) Achtung! Vorsicht! (es kommt gerade jmd., von dem etwas Unangenehmes o. Ä. zu erwarten ist)

Han|som [ˈhænzəm] *der; -s, -s* ⟨nach dem engl. Erfinder J. A. Hansom, 1803–1882⟩: zweiräd-

rige englische Kutsche mit zwei Sitzplätzen u. Verdeck, bei der sich der Kutschbock erhöht hinter den Sitzen befindet

han|tie|ren ⟨*fr.-niederl.*⟩: (mit einem Gegenstand in der Hand) sichtbar, hörbar tätig, beschäftigt sein

Ha|num *die; -* ⟨*türk.* u. *pers.;* „Dame"⟩: Höflichkeitsanrede an Frauen im Türkischen u. Persischen

Ha |o|ma u. Hauma *der; -* ⟨*awest.*⟩: heiliges Opfergetränk (Pflanzensaft) der ↑ Parsen

Ha |o|ri *der; -[s], -s* ⟨*jap.*⟩: über dem Kimono getragener knielanger Überwurf mit angeschnittenen Ärmeln

ha|pa |x|anth u. **ha|pa |x|an|thisch** ⟨*gr.-nlat.*⟩: (Bot.) nur einmal blühend u. dann absterbend (von Pflanzen); Ggs. ↑ pollakanth

Ha|pax|le|go|me|non *das; -s, ...mena* ⟨*gr.*⟩: nur einmal belegtes, in seiner Bedeutung oft nicht genau zu bestimmendes Wort einer [heute nicht mehr gesprochenen] Sprache

Ha |ph|al|ge|sie *die; -* ⟨*gr.-nlat.*⟩: (Med.) übermäßige Schmerzempfindlichkeit der Haut bei jeder Berührung (z. B. bei ↑ Hysterie)

ha|p |lo|dont ⟨*gr.-nlat.*⟩: (Biol.) wurzellos u. kegelförmig (von den Zähnen niederer Wirbeltiere u. einiger Nagetiere). **Ha|p |lo|dont** *der; -en, -en:* (Biol.) einfacher kegelförmiger Zahn

Ha|p |lo|gra|phie, auch: ...grafie *die; -, ...ien:* fehlerhafte Auslassung eines von zwei gleichen od. ähnlichen Lauten od. Wortteilen in geschriebenen od. gedruckten Texten; Ggs. ↑ Dittographie

ha|p |lo|id ⟨*Biol.*⟩: nur einen einfachen Chromosomensatz aufweisend; Ggs. ↑ diploid

ha|p |lo|kau|lisch ⟨*gr.; lat.*⟩: (Bot.) einachsig (von Pflanzen, bei denen der Stängel mit einer Blüte abschließt)

Ha|p |lo|lo|gie *die; -, ...ien* ⟨*gr.-nlat.*⟩: (Sprachw.) Verschmelzung zweier gleicher od. ähnlicher Silben (z. B. Zauberin statt Zaubererin, Adaption statt Adaptation)

Ha|p |lont *der; -en, -en:* (Biol.) Lebewesen, dessen Zellen einen

einfachen Chromosomensatz aufweisen

Ha|p |lo|pha|se *die; -, -n:* (Biol.) die beim geschlechtlichen Fortpflanzungsprozess regelmäßig auftretende Phase mit nur einem einfachen Chromosomensatz

ha|p |los |te|mon: (Bot.) nur einen Staubblattkreis aufweisend (von Blüten)

Hap|pe|ning [ˈhɛpənɪŋ] *das; -s, -s* ⟨*engl.*⟩: [öffentliche] Veranstaltung eines Künstlers, die – unter Einbeziehung des Publikums – ein künstlerisches Erlebnis [mit überraschender od. schockierender Wirkung] vermitteln soll

Hap|pe|nist *der; -en, -en:* Künstler, der Happenings veranstaltet. **Hap|pe|nis |tin** *die; -, -nen:* weibliche Form zu ↑ Happenist

hap|py [ˈhɛpi] ⟨*engl.*⟩: in glückseliger, zufriedener Stimmung

Hap|py|end [hɛpiˈlɛnt] *das; -[s], -s*, auch: **Hap|py End**, *das, - [-s], - -s* ⟨„glückliches Ende"⟩: [unerwarteter] glücklicher Ausgang eines Konfliktes, einer Liebesgeschichte. **hap|py|en|den:** (ugs.) [doch noch] einen glücklichen Ausgang nehmen, ein Happyend finden

Hap|py Few [ˈhɛpi ˈfjuː] *die* (Plural): glückliche Minderheit

Hap|py|hour [ˈhɛpiaʊə] *die; -, -s*, auch: **Hap|py Hour** *die; - -, - -s:* festgesetzte Zeit, in der in bestimmten Lokalen die Getränke zu einem ermäßigten Preis angeboten werden

Hap|ten *das; -s, -e* (meist Plural) ⟨*gr.*⟩: organische, eiweißfreie Verbindung, die die Bildung von ↑ Antikörpern im Körper verhindert, Halbantigen

Hap|te|re *die; -, -n* (meist Plural) ⟨*gr.-nlat.*⟩: Haftorgan bei Pflanzen

Hap|tik *die; -:* (Psychol.) Lehre vom Tastsinn. **hap|tisch** ⟨*gr.;* „greifbar"⟩: den Tastsinn betreffend

Hap|to|nas |tie *die; -, ...ien* ⟨*gr.-nlat.*⟩: (Bot.) durch Berührungsreiz ausgelöste Pflanzenbewegung

Hap|to|tro|pis |mus *der; -, ...men:* (Bot.) durch Berührungsreiz ausgelöste Krümmungsbewegung, bes. bei Kletterpflanzen

Ha|ra|ki |ri *das; -[s], -s* ⟨*jap.*⟩: ritueller Selbstmord durch Bauchaufschlitzen (in Japan); Seppuku

Ha|ram der; -s, -s ⟨arab.⟩: heiliger, verbotener Bezirk im islamischen Orient

ha|ran|gie|ren ⟨germ.-it.-fr.⟩: (veraltet) 1. a) eine langweilige, überflüssige Rede halten; b) jmdn. mit einer Rede, mit einer Unterhaltung langweilen. 2. anreden, ansprechen

Ha|rass der; -es, -e ⟨fr.⟩: Lattenkiste od. Korb zum Verpacken zerbrechlicher Waren wie Glas, Porzellan o. Ä.

Har|dan|ger|ar|beit die; -, -en ⟨nach der norw. Landschaft Hardanger⟩: Durchbruchstickerei in grobem Gewebe mit quadratischer Musterung

Har|dan|ger|fie|del die; -, -n: volkstümliches norwegisches Streichinstrument mit vier Griff- u. vier Resonanzsaiten

Hard|bop ['ha:d...] der; -[s], -s, auch: **Hard Bob** der; - -[s], - -s: ⟨amerik.⟩: (Mus.) Jazzstil, der stilistisch eine Fortsetzung, gleichzeitig jedoch eine Glättung u. z. T. Vereinfachung des ↑ Bebop darstellt

Hard|co|py ['ha:dkɔpi] die; -, -s, auch: **Hard Co|py** die; - -, - -s ⟨engl.; „feste (im Sinne von gegenständliche) Kopie"⟩: (EDV) Ausdruck im Computer gespeicherten Daten od. Texten über einen Drucker od. ↑ Plotter; Ggs. ↑ Softcopy

Hard|core ['ha:dkɔ:] der; -s, -s ⟨engl.; „harter Kern"⟩: 1. harter innerer Kern von Elementarteilchen. 2. besonders harte u. aggressive Richtung der Rockmusik. 3. kurz für ↑ Hardcoreporno

Hard|core|film vgl. Hardcoreporno

Hard|core|por|no der; -s: pornografischer Film, in dem geschlechtliche Vorgänge z. T. in Großaufnahme u. mit genauen physischen Details gezeigt werden

Hard|court [...kɔ:t] der; -s, -s, auch: **Hard Court** der; - -s, - -s ⟨engl.⟩: (Tennis) Hartplatz

Hard|co|ver [...kʌvə] das; -s, -s, auch: **Hard Co|ver** das; - -s, - -s ⟨engl.⟩: Buch mit festem Einbanddeckel; Ggs. ↑ Paperback

Hard|disk die; -, -, auch: **Hard Disk** die; - -, - -s: (EDV) Festplatte

Hard|drink der; -s, -s, auch: **Hard Drink** der; - -s, - -s: hochprozentiges alkoholisches Getränk; Ggs. ↑ Softdrink

Hard|drug [...drʌg] die; -, -s, auch: **Hard Drug** die; - -, - -s: (Jargon) Rauschgift, das süchtig macht

Hard|edge [...ɛdʒ] die; - ⟨„harte Kante"⟩: Richtung in der modernen Malerei, die klare geometrische Formen u. kontrastreiche Farben verwendet

Hard|li|ner [...laɪnə] der; -s, - ⟨engl.⟩: Vertreter eines harten [politischen] Kurses

Hard|rock der; -[s], auch: **Hard Rock** der; - -[s]: (Mus.) Stilrichtung der Rockmusik, für die eine sehr einfache harmonische u. rhythmische Struktur u. extreme Lautstärke kennzeichnend sind

Hard|sel|ling das; -: Anwendung von aggressiven Verkaufsmethoden

Hard|stuff [...stʌf] der; -s, -s: starkes Rauschgift (z. B. Heroin, LSD)

Hard|top das od. der; -s, -s ⟨engl.⟩: 1. abnehmbares Verdeck von [Sport]wagen. 2. Sportwagen mit einem Hardtop (1)

Hard|ware [...wɛə] die; -, -s ⟨engl.; „harte Ware"⟩: (EDV) Gesamtheit der technisch-physikalischen Teile einer Datenverarbeitungsanlage; Ggs. ↑ Software

Har|dy|brem|se [...di...] die; -, -n ⟨nach dem engl. Ingenieur J. G. Hardy⟩: Saugluftbremse für Eisenbahnfahrzeuge

Ha|rem der; -s, -s ⟨arab.-türk.; „das Verbotene"⟩: 1. (in den Ländern des Islams) abgetrennte Frauenabteilung der Wohnhäuser, zu der kein fremder Mann Zutritt hat. 2. a) große Anzahl von Ehefrauen eines reichen orientalischen Mannes; b) alle im Harem (1) wohnenden Frauen

Hä|re|si|arch der; -en, -en ⟨gr.⟩: Begründer u. geistliches Oberhaupt einer [altkirchlichen] Häresie

Hä|re|sie die; -, ...ien ⟨gr.-nlat.⟩: von der offiziellen Kirchenmeinung abweichende Lehre, Irrlehre, Ketzerei

Hä|re|ti|ker der; -s, - ⟨gr.-lat.⟩: jmd., der von der offiziellen Lehre abweicht; Ketzer. **Hä|re-**

ti|ke|rin die; -, -nen: weibliche Form zu ↑ Häretiker

hä|re|tisch: vom Dogma abweichend, ketzerisch

Ha|ri|d|schan u. **Ha|ri|jan** der; -s, -s ⟨sanskr.; „Gotteskinder"⟩: Inder, der keiner Kaste angehört; vgl. Paria (1)

Har|le|kin [...ki:n] der; -s, -e ⟨fr.-it.-fr.⟩: 1. Hanswurst, Narrengestalt [der ital. Bühne]. 2. Bärenschmetterling (ein lebhaft gefärbter Nachtfalter). 3. Sprungspinne. 4. Zwergpinscher

Har|le|ki|na|de die; -, -n: Possenspiel

har|le|ki|nisch [auch: ...'ki:...]: nach Art eines Harlekins, [lustig] wie ein Harlekin

Har|ma|ged|don: ↑ Armageddon

Har|mat|tan der; -s ⟨afrik.⟩: (Meteor.) trockener, von der Sahara zur atlantischen Küste Afrikas wehender Nordostwind

Har|mo|nie die; -, ...ien ⟨gr.-lat.; „Fügung"⟩: 1. (Mus.) wohltönender Zusammenklang mehrerer Töne od. Akkorde; schöner, angenehmer Klang. 2. (Archit., bild. Kunst) ausgewogenes, ausgeglichenes, gesetzmäßiges Verhältnis der Teile zueinander; Ebenmaß. 3. innere u. äußere Übereinstimmung; Einklang; Eintracht

Har|mo|nie|leh|re die; -, -n: a) (ohne Plural) Teilgebiet der Musikwissenschaft, das sich mit den harmonischen Verbindungen von Tönen u. Akkorden im musikalischen Satz befasst; b) von einem Musikwissenschaftler od. Komponisten aufgestellte Theorie, die sich mit den harmonischen Verbindungen von Tönen u. Akkorden befasst

Har|mo|nie|mu|sik die; -: 1. nur durch Blasinstrumente ausgeführte Musik. 2. aus Blasinstrumenten bestehendes ↑ Orchester (1)

Har|mo|nie|or|ches|ter das; -s, -: Blasorchester

har|mo|nie|ren: gut zu jmdm. od. zu etwas passen, ein als angenehm empfundenes Ganzes bilden; gut zusammenpassen, -klingen; miteinander übereinstimmen

Har|mo|nik die; -: (Mus.) Lehre von der Harmonie (1)

Har|mo|ni|ka die; -, -s u. ...ken ⟨gr.-

lat.-nlat.): Musikinstrument, dessen Metallzungen durch Luftzufuhr (durch den Mund bzw. einen Balg) in Schwingung versetzt werden (z. B. Mund-, Zieh- od. Handharmonika)

har|mo|ni|kal: (Mus.) den Gesetzen der Harmonie (1) folgend, entsprechend

Har|mo|ni|ka|tür *die;* -, -en: besonders konstruierte Tür, die wie eine Ziehharmonika zusammengeschoben werden kann; Falttür

Har|mo|ni|ker *der;* -s, - ⟨*gr.-lat.*⟩: (Mus.) Musiktheoretiker im alten Griechenland

har|mo|nisch: 1. übereinstimmend, ausgeglichen, gut zusammenpassend. 2. (Mus.) den Harmoniegesetzen entsprechend; schön, angenehm klingend; **harmonische Teilung:** (Math.) Teilung einer Strecke durch einen Punkt auf der Strecke u. einen außerhalb, sodass gleiche Teilungsverhältnisse entstehen

Har|mo|ni|sche *die;* -n, -n: (Phys.) Schwingung, deren 1 Frequenz ein ganzzahliges Vielfaches einer Grundschwingung ist

har|mo|ni|sie|ren ⟨*gr.-lat.-nlat.*⟩: 1. (Mus.) eine Melodie mit passenden Akkorden od. Figuren begleiten. 2. in Einklang, in Übereinstimmung bringen, harmonisch gestalten. **Har|mo|ni|sie|rung** *die;* -, -en: das Harmonisieren

har|mo|nis|tisch: 1. die gegenseitige Anpassung, Harmonisierung betreffend; nach einem Harmonisierungsplan in Einklang bringend. 2. nach den Gesetzen der Harmonielehre gestaltet

Har|mo|ni|um *das;* -s, ...ien od. -s: Tasteninstrument, dessen Töne von saugluftbewegten Durchschlagzungen erzeugt werden

Har|mo|no|gramm *das;* -s, -e: (Wirtsch.) grafische Darstellung von zwei oder mehr voneinander abhängigen Arbeitsabläufen, als Hilfe zur Koordination

Har|most *der;* -en, -en ⟨*gr.*⟩: Befehlshaber in den von Sparta nach dem Peloponnesischen Krieg besetzten Städten

Har|pa|gon *der;* -s, -s ⟨*fr.*⟩: Bühnengestalt von Molière): (veraltet) Geizhals

Har|pol|lith [auch: ...'lɪt] *der;* -s u. -en, -e[n] ⟨*gr.-nlat.*⟩: (Geol.) Sichelstock, konvex u. konkav gekrümmter subvulkanischer Gesteinskörper

Harp|si|chord ['hɑːpsɪkɔːd] *das;* -s, -s ⟨*spätlat.-fr.-engl.*⟩: engl. Bez. für Cembalo

Har|pu|ne *die;* -, -n ⟨*germ.-fr.-niederl.*⟩: 1. bes. zum Fang von Fischen u. Meeressäugetieren benutzter Wurfspeer od. pfeilartiges Geschoss mit Widerhaken u. Leine. 2. (Textiltechnik) an Webautomaten Hilfsmittel zum Einweben der Querfäden

Har|pu|nen|ka|no|ne *die;* -, -n: kanonenartiges Gerät zum Abschießen von Harpunen

Har|pu|nier *der;* -s, -e: Harpunenwerfer

har|pu|nie|ren: mit der Harpune fangen

Har|py|ie [...jə] *die;* -, -n ⟨*gr.-lat.*⟩: 1. (meist Plural) Sturmdämon in Gestalt eines Mädchens mit Vogelflügeln in der griech. Mythologie. 2. großer süd- und mittelamerik. Raubvogel. 3. Jungfrauenadler; Wappentier, das den Oberkörper einer Frau hat

Har|ris|tweed ['hærɪs...] *der;* -s, als Warenzeichen: **Har|ris Tweed ®** *der;* - -s ⟨*engl.*⟩: handgesponnener und handgewebter 1 Tweed

Har|ry ['hærɪ] *der;* -s ⟨*engl.*⟩: (Jargon) Heroin

Har|te|beest *das;* -s, -s ⟨*niederl.-afrikaans*⟩: Kuhantilope der südafrikan. Steppe

Hart|schier *der;* -s, -e ⟨*lat.-it.*; „Bogenschütze"⟩: Leibwächter

Ha|rus|pex *der;* -, -e u. Haruspizes [...tse:s] ⟨*lat.*⟩: jmd., der aus den Eingeweiden von Opfertieren wahrsagt (bei Etruskern u. Römern)

Ha|rus|pi|zi|um *das;* -s, ...ien: Wahrsagung aus den Eingeweiden

Ha|sard *das;* -s ⟨*arab.-span.-fr.*⟩: Hasardspiel

Ha|sar|deur [...'døːɐ̯] *der;* -s, -e: (abwertend) jmd., der verantwortungslos handelt u. alles aufs Spiel setzt. **Ha|sar|deu|rin** [...'døːrɪn] *die;* -, -nen: weibliche Form zu 1 Hasardeur

ha|sar|die|ren: alles aufs Spiel setzen, wagen

Ha|sard|spiel *das;* -[e]s, -e:

1. Glücksspiel. 2. Unternehmung, bei der jmd. ohne Rücksicht auf andere u. auf sich selbst alles aufs Spiel setzt

Hasch *das;* -s: (ugs.) Kurzform von 1 Haschisch

Ha|schee *das;* -s, -s ⟨*germ.-fr.*⟩: Gericht aus fein gehacktem Fleisch

Ha|sche|mi|ten vgl. Haschimiden

ha|schen ⟨zu 1 Hasch⟩: (ugs.) Haschisch rauchen od. in anderer Form zu sich nehmen

Ha|scher *der;* -s, -: (ugs.) jmd., der hascht, der [gewohnheitsmäßig] Haschisch zu sich nimmt. **Ha|sche|rin** *die;* -, -nen: weibliche Form zu 1 Hascher

ha|schie|ren ⟨*fr.*⟩: fein hacken, zu 1 Haschee verarbeiten

Ha|schi|mi|den u. Haschemiten *die* (Plural) ⟨*arab.*⟩: von Mohammed abstammende arabische Dynastie in Irak u. Jordanien

Ha|schisch *das,* auch: *der;* -s ⟨*arab.*⟩: aus dem Blütenharz des indischen Hanfs gewonnenes Rauschgift

Hasch|joint *der;* -s, -s ⟨*arab.; engl.*⟩: (ugs.) Haschischzigarette

Ha|sel|lant *der;* -en, -en ⟨*lat.-vulgärlat.-fr.*⟩: Spaßmacher, Narr

ha|se|lie|ren: Possen machen; lärmen, toben

Hä|si|tal|ti|lon *die;* - ⟨*lat.*⟩: Zögern, Zaudern. **hä|si|tie|ren** ⟨„hängen bleiben"⟩: zögern, zaudern

Has|si|um *das;* -s ⟨*nlat.*; nach Hassia „Hessen" (weil das Element dort entdeckt wurde)⟩: künstlich hergestelltes chem. Element, ein Transuran; Zeichen: Hs

Haļt| schek vgl. Háček

Hat|trick ['hɛttrɪk] *der;* -s, -s ⟨*engl.*⟩: a) (Sport) a) dreimaliger Erfolg (in einer Meisterschaft o. Ä.); b) drei von einem Spieler in unmittelbarer Folge in einem Spielabschnitt erzielte Tore (im Fußball, Handball u. a.)

Hau|bit|ze *die;* -, -n ⟨*tschech.; „Steinschleuder"*⟩: Flach- und Steilfeuergeschütz

Hau|ma vgl. Haoma

Hau|sa u. Haussa

hau|sie|ren ⟨zu *Haus* mit französierender Endung⟩: mit etwas handeln, indem man von Haus zu Haus geht u. Waren zum Kauf anbietet

Haus|sa u. Hausa *das;* - ⟨nach

dem Volk im mittleren Sudan): afrikanische Sprache, die in West- u. Zentralafrika als Verkehrssprache verwendet wird

Haus|se [ˈhoːs(ə), oːs] *die; -, -n* ⟨*lat.-vulgärlat.-fr.*⟩: 1. a) allgemeiner Aufschwung [in der Wirtschaft]; b) Steigen der Börsenkurse; Ggs. ↑ Baisse. 2. Griff am unteren Bogenende bei Streichinstrumenten, Frosch

Haus|si|er [...ˈsi̯eː] *der; -s, -s*: Börsenspekulant, der mit Kurssteigerungen rechnet u. deshalb Wertpapiere ankauft; Ggs. ↑ Baissier

haus|sie|ren: im Kurswert steigen (von Wertpapieren)

Haus|to|ri|um *das; -s, ...ien* (meist Plural): ⟨*lat.-nlat.*⟩ 1. Saugwarze od. -wurzel pflanzlicher Schmarotzer. 2. (Bot.) zu einem Saugorgan umgewandelte Zelle im Embryosack der Samenpflanze, die Nährstoffe zum wachsenden ↑ Embryo (2) leitet

Haut|bois [(h)oːˈbo̯a] *die; -, -* ⟨*fr.*⟩: franz. Bez. für: Oboe

Haute Coif|fure [(h)oːtko̯aˈfyːɐ̯] *die; - -:* Frisierkunst, die für die Mode tonangebend ist (bes. in Paris u. Rom)

Haute Cou|ture [(h)oːtkuˈtyːɐ̯] *die; - -:* Schneiderkunst, die für die elegante Mode tonangebend ist (bes. in Paris u. Rom). **Haute Cou|tu|ri|er** [(h)oːtkutyˈri̯eː] *der; - -s, - -s:* Modeschöpfer

Haute|fi|nance [(h)oːtfiˈnãːs] *die; -:* Hochfinanz; Finanzgruppe, die politische u. wirtschaftliche Macht besitzt

Haute|lisse [(h)oːˈtlɪs] *die; -, -n:* 1. Webart mit senkrechter Kette. 2. Wand- oder Bildteppich, der mit senkrechter Kette gewebt ist

Haute|lisse|stuhl *der; -s, ...stühle:* Webstuhl für Gobelins u. Teppiche, auf dem die Kette senkrecht läuft; Hochwebstuhl

Haute|ri|vi|en [(h)oːtriˈvi̯ẽː] *das; -[s]* ⟨nach dem Ort Hauterive im Kanton Neuenburg (Schweiz)⟩: (Geol.) Stufe der Unterkreide (Erdzeitalter)

Haute|vo|lee [(h)oːtvoˈleː] *die; -* ⟨*fr.*⟩: (oft iron.) gesellschaftliche Oberschicht; die feine, bessere Gesellschaft

Haut|gout [oˈguː] *der; -s:* 1. eigentümlich scharfer, würziger Geschmack u. Geruch, den das

---

Fleisch von Wild nach dem Abhängen annimmt. 2. Anrüchigkeit

Haut Mal [oˈmal] *das; - -,* auch: **Haute|mal** *das; -:* ↑ Grand Mal

Haut|re|li|ef [ˈ(h)oː...] *das; -s, -s* u. -e: Hochrelief

Haut-Sau|ternes [osoˈtɛrn] *der; -* ⟨nach der südwestfrz. Stadt Sauternes⟩: weißer Bordeauxwein

Ha|va|mal *das; -s* ⟨*altnord.;* „Rede des Hohen"⟩: Sammlung von Lebensregeln in Sprüchen Odins (Teil der Edda)

¹Ha|van|na *der; -s* ⟨nach der kubanischen Stadt Havanna⟩: kubanische Tabaksorte

²Ha|van|na *die; -, -s:* Zigarre aus einer bestimmten kubanischen Tabaksorte

Ha|va|rie *die; -, ...ien* ⟨*arab.-it.-fr.-niederl.*⟩: 1. a) durch Unfall verursachter Schaden od. Beschädigung an Schiffen od. ihrer Ladung u. an Flugzeugen; b) (österr.) Schaden, Unfall bei einem Kraftfahrzeug. 2. Beschädigung an Maschinen u. technischen Anlagen

ha|va|rie|ren: a) durch eine Havarie (1 a, 2) beschädigt werden; b) (österr.) einen Autounfall haben. **ha|va|riert:** a) durch eine Havarie (1 a, 2) beschädigt; b) (österr.) durch einen Unfall beschädigt (von Kraftfahrzeugen)

Ha|va|rist *der; -en, -en:* 1. Eigentümer eines havarierten Schiffes. 2. beschädigtes Schiff. **Ha|va|ris|tin** *die; -, -nen:* weibliche Form zu ↑ Havarist (1)

Ha|ve|lock *der; -s, -s* ⟨nach dem brit. General Sir Henry Havelock, 1795–1857⟩: langer ärmelloser Herrenmantel mit pelerinenartigem Umhang

ha|ve, pi|a a|ni|ma ⟨*lat.;* „sei gegrüßt, fromme Seele!"⟩: Inschrift auf Grabsteinen o. Ä.; vgl. Ave

Ha|ve|rei *die; -, -en:* ↑ Havarie

Ha|waii|gi|tar|re *die; -, -n* ⟨nach den Hawaiinseln⟩: große Gitarre mit leicht gewölbter Decke u. 6–8 Stahlsaiten

Haw|thorne|ef|fekt, auch: **Haw-thorne-Ef|fekt** [ˈhɔːθɔːn...] *der; -[e]s, -e* ⟨nach einer zwischen 1927 u. 1932 durchgeführten Untersuchung in den Hawthorne-Werken, Chicago⟩: (Soziol., Psychol.) Einfluss, den

---

die bloße Teilnahme an einem Experiment auf die Versuchsperson u. damit auf das Experimentsergebnis auszuüben vermag

Haze [heɪz] *der; -s* [...sɪz] ⟨*engl.;* „Dunst(schleier)"⟩: Smog, der durch unkontrollierte Brände, Brandrodungen od. Naturkatastrophen entsteht

Ha|zi|en|da *die; -, -s,* auch: ...den ⟨*lat.-span.*⟩: Landgut, Farm, bes. in Süd- u. Mittelamerika

Ha|zi|en|de|ra *die; -, -s:* weibliche Form zu ↑ Haziendero. **Ha|zi|en|de|ro** *der; -s, -s:* Besitzer einer Hazienda

HDTV ⟨Abk. für *engl.* high definition *television*⟩: hochauflösendes Fernsehen

Head [hɛd] *der; -s, -s* ⟨*engl.;* eigtl. „Kopf"⟩: (Sprachw.) Wort als Trägerelement einer [Satz]konstruktion

Head|crash [ˈhɛdkræʃ] *der; -s, -s* ⟨*engl.*⟩: (EDV) Hardwareausfall infolge des Aufsetzens des Schreib-Lese-Kopfes auf die Festplatte

Hea|der [ˈhɛdə] *der* od. *das; -s, -s:* (EDV) Kopfteil einer ↑ E-Mail, der über Inhalt, Absender u. Datum informiert

Head|hun|ter [ˈhɛdhʌntɐ] *der; -s, -* ⟨*engl.;* „Kopfjäger"⟩: jmd., der Führungskräfte [durch gezielte Abwerbung] vermittelt. **Head-hun|te|rin** *die; -, -nen:* weibliche Form zu ↑ Headhunter

Head|hun|ting *das; -s:* Vermittlung von Führungskräften

Head|line [ˈhɛdlaɪn] *die; -, -s:* Schlagzeile; Überschrift in einer Zeitung, Anzeige o. Ä.

Head|li|ner [ˈhɛdlaɪnɐ] *der; -s, -* ⟨*engl.-amerik.*⟩: Person, Sache, die immer wieder in den Schlagzeilen der Zeitungen, auf Plakaten o. Ä. auftaucht

Head|quar|ter [ˈhɛdkwɔːtə] *das; -s, -s* ⟨*engl.*⟩: 1. Hauptquartier. 2. Zentrale eines Großunternehmens od. einer Institution

Head|set [ˈhɛd...] *das; -[s], -s* ⟨*engl.*⟩: am Kopf befestigtes technisches Gerät (z. B. Freisprechanlage für das Mobiltelefon)

Head|wri|ter [ˈhɛdraɪtə] *der; -s, -* ⟨*engl.;* eigtl. „Hauptschreiber"⟩: Hauptautor (z. B. bei Fernsehserien). **Head|wri|te|rin** *die; -, -nen:* weibliche Form zu ↑ Headwriter

Health|food, auch: **Health-Food** [ˈhelθfuːd] *das; -[s]* ⟨*engl.*⟩: gesundheitsfördernde Kost (ohne chemische Zusätze)

Hea|ring [ˈhiːrɪŋ] *das; -s, -s* ⟨*engl.*⟩: [öffentliche] Anhörung, Befragung von Sachverständigen, Betroffenen usw.

He|au|to|g|no|mie *die; -* ⟨*gr.-nlat.*⟩: (Philos.) Selbsterkenntnis

He|au|to|no|mie *die; -:* (Philos.) Selbstgesetzgebung

He|au|to|s|ko|pie *die; -:* (Psychol., Med.) Doppelgängerwahn

Hea|vi|side|schicht, auch: **Hea|vy-side-Schicht** [ˈhɛvɪsaɪd...] *die; -* ⟨nach dem engl. Physiker⟩: elektrisch leitende Schicht der Atmosphäre in etwa 100 km Höhe über dem Erdboden, die mittellange u. kurze elektrische Wellen reflektiert

Hea|vy|me|tal [ˈhɛvɪˈmetl]] *das; -[s]*, auch: **Hea|vy Me|tal** *das; - -[s]* ⟨*engl.;* „Schwermetall"⟩ u.

Hea|vy|rock [ˈhɛvɪˈrɔk] *der; -[s]*, auch: **Hea|vy Rock** *der; - -[s]* ⟨*engl.*⟩: aggressivere Variante des Hardrocks

Heb|do|ma|dar *der; -s, -e* u. **Heb-do|ma|da|ri|us** *der; -, ...ien* ⟨*gr.-lat.*⟩: katholischer Geistlicher, der im ↑ Kapitel (2 a) od. Kloster den Wochendienst hat

He|be|phre|nie *die; -, ...ien* ⟨*gr.-nlat.*⟩: (Med., Psychol.) Form der ↑ Schizophrenie, die in der Pubertät auftritt

He|bo|i|do|phre|nie *die; -, ...ien:* (Med.) leichte Form der ↑ Hebephrenie

He|b|os|te|o|to|mie u. **He|bo|to-mie** *die; -, ...ien:* ↑ Pubeotomie

He|b|ra|i|cum *das; -s* ⟨*gr.-lat.*⟩: durch eine Prüfung nachgewiesene Kenntnisse in der hebräischen Sprache, die bes. für das Theologiestudium erforderlich sind

He|b|ra|i|ka *die* (Plural) ⟨*gr.-lat.*⟩: Werke über die hebräische Geschichte u. Kultur

He|b|ra|is|mus *der; -, ...men* ⟨*nlat.*⟩: stilistisches u. syntaktisches Charakteristikum der hebräischen Sprache in einer anderen Sprache, bes. im griechischen Neuen Testament; vgl. ...ismus/...istik

He|b|ra|ist *der; -en, -en:* jmd., der sich wissenschaftlich mit der hebräischen Geschichte u. Sprache beschäftigt. **He|b|ra|is-tik:** *die; -:* Wissenschaft von der hebräischen Sprache [u. Kultur], bes. als wissenschaftliche Beschäftigung christlicher Gelehrter mit der hebräischen Sprache des Alten Testaments; vgl. ...ismus/...istik. **He|b|ra|is-tin** *die; -, -nen:* weibliche Form zu ↑ Hebraist. **he|b|ra|is|tisch:** die Erforschung der hebräischen Sprache u. Kultur betreffend

Hedge|ge|schäft [ˈhedʒ...] *das; -[e]s, -e* ⟨*engl.; dt.*⟩: besondere Art eines Warentermingeschäfts (z. B. Rohstoffeinkauf), das zur Absicherung gegen Preisschwankungen mit einem anderen, auf den gleichen Zeitpunkt terminierten Geschäft (z. B. Produktverkauf) gekoppelt wird

Hed|g|ing [ˈhedʒɪŋ] *das; -s, -s* ⟨*engl.*⟩: das Ergreifen von Maßnahmen zur Durchführung eines Hedgegeschäfts

He|do|nik *die; -* ⟨*gr.*⟩: ↑ Hedonismus. **He|do|ni|ker** *der; -s, -:* ↑ Hedonist. **He|do|ni|ke|rin** *die; -, -nen:* weibliche Form zu ↑ Hedoniker

He|do|nis|mus *der; -* ⟨*gr.-nlat.*⟩: in der Antike begründete philosophische Lehre, nach welcher das höchste ethische Prinzip das Streben nach Sinnenlust u. Genuss ist. **He|do|nist** *der; -en, -en:* Vertreter der Lehre des Hedonismus. **He|do|nis|tin** *die; -, -nen:* weibliche Form zu ↑ Hedonist. **he|do|nis|tisch:** 1. den Hedonismus betreffend, auf ihm beruhend. 2. (Psychol.) das Lustprinzip befolgend

He|d|ro|ze|le *die; -, -n* ⟨*gr.-nlat.*⟩: (Med.) Bruch, der durch eine Lücke im Beckenboden zwischen After und ↑ Skrotum bzw. ↑ Vagina (1 b) austritt

He|dsch|ra *die; -* ⟨*arab.;* „Auswanderung"⟩: Übersiedlung Mohammeds im Jahre 622 von Mekka nach Medina (Beginn der islamischen Zeitrechnung)

He|ge|mon *der; -en, -en* ⟨*gr.*⟩: Fürst, der über andere Fürsten herrscht

he|ge|mo|ni|al ⟨*gr.-nlat.*⟩: a) die Vormachtstellung habend; b) die Vormachtstellung erstrebend

He|ge|mo|nie *die; -, ...ien* ⟨*gr.;* „Oberbefehl"⟩: Vorherrschaft [eines Staates]; Vormachtstellung, Überlegenheit [kultureller, wirtschaftlicher, politischer u. a. Art]

He|ge|mo|ni|kon *das; -* ⟨*gr.-lat.*⟩: (Philos.) (in der stoischen Lehre) der herrschende Teil der Seele, die Vernunft

he|ge|mo|nisch ⟨*gr.*⟩: die Hegemonie betreffend

He|gu|me|nos *der; -, ...oi* ⟨*gr.*⟩ u. **I|gu|men** *der; -s, -e* ⟨*ngr.*⟩: Vorsteher eines orthodoxen Klosters

Hei|duck u. **Haiduck** u. **Haiduk** *der; -en, -en* ⟨*ung.*⟩: (hist.) 1. Angehöriger einer ungarischen Söldnertruppe im 15. u. 16. Jh., Freischärler zur Unterstützung Österreichs in den Türkenkriegen. 2. (seit dem 18. Jh.) Diener eines Magnaten in Österreich-Ungarn

Heil|la|n|äs|the|sie *die; -, -n* ⟨*dt.; gr.-nlat.*⟩: älter für ↑ Neuraltherapie

Heil|mar|me|ine *die; -* ⟨*gr.*⟩: (griech. Philosophie) das unausweichliche Verhängnis, Schicksal

Heim|trai|ner *der; -s, -* ⟨*dt.; engl.*⟩: ↑ Hometrainer

Hei|ti *das; -[s], -s* ⟨*altnord.*⟩: in der altnordischen Dichtung die bildliche Umschreibung eines Begriffs durch eine einfache eingliedrige Benennung (z. B. „Renner" statt „Ross")

He|ka|tom|be *die; -, -n* ⟨*gr.-lat.*⟩: einem unheilvollen Ereignis o. Ä. zum Opfer gefallene, erschreckend große Zahl, Menge von Menschen

Hek|t|ar [auch: ...ˈtaːɐ̯] *das,* auch: *der; -s, -e* (aber: 2 -) ⟨*gr.; lat.*⟩ *fr.*⟩: Flächen-, bes Feldmaß (= 100 Ar = 10 000 Quadratmeter); Zeichen: ha

Hek|t|a|re *die; -, -n:* (schweiz.) Hektar

Hek|tik *die; -* ⟨*gr.-mlat.*⟩: 1. übersteigerte Betriebsamkeit, fieberhafte Eile. 2. (Med. veraltet) krankhafte Abmagerung mit fortschreitendem Kräfteverfall (bes. bei Schwindsucht)

Hek|ti|ker *der; -s, -:* 1. (ugs.) jmd., der voller Hektik (1) ist. 2. (Med. veraltet) Lungenschwindsüchtiger. **Hek|ti|ke|rin** *die; -, -nen:* weibliche Form zu ↑ Hektiker

hek|tisch: 1. fieberhaft-aufgeregt, von unruhig-nervöser Betriebsamkeit. 2. (Med. veraltet) in

Begleitung der Lungentuberkulose auftretend; **hektische Röte:** [fleckige] Wangenröte des Schwindsüchtigen **Hek|to|graf** usw. vgl. Hektograph usw.

Hek|to|gramm [auch: 'hɛk...] das; -s, -e (aber: 2 -): 100 Gramm; Zeichen: hg

Hek|to|graph, auch: ...graf der; -en, -en ⟨gr.-nlat.⟩: ein Vervielfältigungsgerät. **Hek|to|graphie,** auch: ...grafie die; -, ...jen: 1. ein Vervielfältigungsverfahren. 2. eine mit dem Hektographen hergestellte Vervielfältigung. **hek|to|gra|phie|ren,** auch: ...grafieren: [mit dem Hektographen] vervielfältigen

Hek|to|li|ter [auch: 'hɛk...] der, auch: das; -s, - ⟨gr.-fr.⟩: 100 Liter; Zeichen: hl

Hek|to|me|ter [auch: 'hɛk...] der (auch: das); -s, -: 100 Meter; Zeichen: hm

Hek|to|pas|cal [auch: 'hɛk...] das; -s, -: 100 Pascal; Zeichen: hPa

Hek|to|ster [auch: 'hɛk...] der; -s, -e u. -s (aber: 2 -): Raummaß (bes. für Holz), 100 Kubikmeter; Zeichen: hs

Hek|to|watt [auch: 'hɛk...] das; -s, -: 100 Watt

He|ku|ba ⟨gr.-lat.⟩: griechische mythologische Gestalt (Gemahlin des Königs Priamos, Mutter von Hektor): in der Wendung **jmdm. Hekuba sein, werden:** jmdm. gleichgültig sein, werden; jmdn. nicht [mehr] interessieren (nach Shakespeares „Hamlet", worin auf die Stelle bei Homer angespielt wird, wo Hektor zu seiner Gattin Andromache sagt, ihn bekümmere seiner Mutter Hekuba Leid weniger als ihre)

He|lan|ca ® das; - ⟨Kunstw.⟩: hochelastisches Kräuselgarn aus Nylon

heli..., **Heli...** vgl. helio..., Helio...

he|li|a|kisch ⟨gr.-lat.⟩ u. helisch ⟨gr.-nlat.⟩: zur Sonne gehörend; **helischer Aufgang:** Aufgang eines Sterns in der Morgendämmerung; **helischer Untergang:** Untergang eines Sterns in der Abenddämmerung

He|li|an|the|mum das; -s, ...themen: (Bot.) Sonnenröschen (Zierstaude mit zahlreichen Arten)

He|li|an|thus der; -, ...then: Sonnenblume (Korbblütler mit großen Blüten)

He|li|ar ® das; -s, -e ⟨Kunstw.⟩: fotografisches Objektiv

He|li|co|bac|ter Py|lo|ri [...ko'bak... -] das; -s - ⟨nlat.⟩: (Med.) spiralförmiges Stäbchenbakterium, das als Hauptursache für Magen- od. Zwölffingerdarmgeschwüre angesehen wird

He|li|kes [...ke:s] die (Plural) ⟨gr.-lat.⟩: Volutenranken des korinthischen ↑ Kapitells, die nach innen eingerollt sind

He|li|ko|gy|re die; -, -n ⟨gr.⟩: (Kristallographie) Schraubenachse; symmetrische Form der Kristallbildung

He|li|kon das; -s, -s ⟨gr.-nlat.⟩: Musikinstrument; Kontrabasstuba mit kreisrunden Windungen (bes. in der Militärmusik verwendet)

He|li|ko|p|ter der; -s, - ⟨gr.-nlat.⟩: Hubschrauber

helio..., Helio...

vor Vokalen meist heli..., Heli... ⟨gr. hḗlios „Sonne, Sonnenschein"⟩ Wortbildungselement mit der Bedeutung „Sonne":
– Helianthus
– heliophil
– Heliotrop
– heliozentrisch

He|li|o|bi|o|lo|gie die; -: Teilbereich der Biologie, bei dem man sich mit dem Einfluss der Sonne auf die ↑ Biosphäre befasst. **he|li|o|bi|o|lo|gisch:** die Heliobiologie betreffend

He|li|o|dor der; -s, -e ⟨gr.-nlat.⟩: ein Mineral (Edelstein der Beryllgruppe)

He|li|o|graf usw. vgl. Heliograph usw.

He|li|o|graph, auch: ...graf der; -en, -en: 1. astronomisches Fernrohr mit fotografischem Gerät für Aufnahmen von der Sonne. 2. Blinkzeichengerät zur Nachrichtenübermittlung mithilfe des Sonnenlichts. **He|li|o|gra|phie,** auch: ...grafie die; -: 1. ein Druckverfahren, das sich der Fotografie bedient. 2. das Zeichengeben mit dem Heliographen (2). **he|li|o|gra|phisch,**

auch: ...grafisch: den Heliographen betreffend

He|li|o|gra|vü|re, Photogravüre die; -, -n ⟨gr.-fr.⟩: 1. (ohne Plural) ein Tiefdruckverfahren zur hochwertigen Bildreproduktion auf fotografischer Grundlage. 2. im Heliogravüreverfahren hergestellter Druck

He|li|o|me|ter das; -s, - ⟨gr.⟩: Spezialfernrohr zur Bestimmung bes. kleiner Winkel zwischen zwei Gestirnen

he|li|o|phil: (Biol.) sonnenliebend; Ggs. ↑ heliophob

he|li|o|phob: (Biol.) den Sonnenschein meidend; Ggs. ↑ heliophil

He|li|o|sis die; -: (Med.) 1. Sonnenstich, Übelkeit und Kopfschmerz infolge längerer Sonnenbestrahlung. 2. Hitzschlag, Wärmestau im Körper

He|li|o|s|kop das; -s, -e: (Astron.) Gerät zur direkten Sonnenbeobachtung, das die Strahlung abschwächt

He|li|o|s|tat der; -[e]s u. -en, -e[n]: (Astron.) Gerät mit Uhrwerk u. Spiegel, das dem Sonnenlicht für Beobachtungszwecke stets die gleiche Richtung gibt

He|li|o|the|ra|pie die; -: (Med.) Heilbehandlung mit Sonnenlicht u. -wärme

he|li|o|trop: 1. von der Farbe des ¹Heliotrops (1). 2. heliotropisch

¹He|li|o|trop das; -s, -e: 1. Sonnenwende, Zimmerpflanze, deren Blüten nach Vanille duften. 2. (ohne Plural) blauviolette Farbe (nach den Blüten des Heliotrops). 3. Sonnenspiegel zur Sichtbarmachung von Geländepunkten

²He|li|o|trop das; -s, -e: Edelstein (Abart des Quarzes)

He|li|o|t|ro|pin das; -s ⟨gr.⟩: organ. Verbindung, die zur Duftstoff- u. Seifenherstellung verwendet wird

he|li|o|tro|pisch: (veraltet) phototropisch, lichtwendig (von Pflanzen). **He|li|o|tro|pis|mus** der; -: (veraltet) Phototropismus

he|li|o|zen|t|risch: die Sonne als Weltmittelpunkt betrachtend; Ggs. ↑ geozentrisch; **heliozentrisches Weltsystem:** von Kopernikus entdecktes u. aufgestelltes Planetensystem mit der Sonne als Weltmittelpunkt

H

He|li|o|zo|on *das;* -s, ...zoen (meist Plural) ⟨*gr.-nlat.*⟩: Sonnentierchen (einzelliges, wasserbewohnendes Lebewesen)

He|li|port *der;* -s, -s ⟨*gr.-lat.;* Kurzw. aus ↑ *Heli*kopter u. ↑ *Airport*⟩: Landeplatz für Hubschrauber

he|lisch: ↑ heliakisch

He|li|ski|ing [...'ski:ɪŋ] *das;* -s ⟨Kunstw. aus *engl. heli*copter u. *skiing*⟩: Skilaufen auf Pisten, zu denen man sich mit einem Hubschrauber bringen lässt

He|li|um *das;* -s: chem. Element; ein Edelgas; Zeichen: He

He|li|um|i|on *das;* -s, -en: Ion des Heliumatoms

He|lix *die;* -, ...ices [...tse:s] ⟨*gr.-lat.;* „spiralig Gewundenes"⟩: 1. (Med.) der umgebogene Rand der menschlichen Ohrmuschel. 2. (Zool.) Schnirkelschnecke (z. B. Weinbergschnecke). 3. (Chem.) wendelförmige Molekülstruktur

He|li|zi|tät *die;* -: (Phys.) Projektion des Spins eines Elementarteilchens auf seine Bewegungsrichtung

hel|ko|gen ⟨*gr.-nlat.*⟩: (Med.) aus einem Geschwür entstanden

Hel|ko|lo|gie *die;* -: (Med.) Wissenschaft u. Lehre von den Geschwüren

Hel|ko|ma *das;* -[s], -ta ⟨*gr.*⟩: (Med.) Geschwür, Eiterung

Hel|ko|se *die;* -, -n: (Med.) Geschwürbildung

Hel|la|di|kum *das;* -s ⟨*gr.-lat.*⟩: bronzezeitliche Kultur auf dem griechischen Festland

hel|la|disch: das Helladikum betreffend

Hel|le|bo|rus *der;* -, ...ri ⟨*gr.-lat.*⟩: (Bot.) Vertreter der Gattung der Hahnenfußgewächse (mit Christrose u. Nieswurz)

hel|le|nisch ⟨*gr.*⟩: a) das antike Hellas (Griechenland) betreffend; b) griechisch (in Bezug auf den heutigen Staat)

hel|le|ni|sie|ren ⟨*gr.-nlat.*⟩: nach griechischem Vorbild gestalten; griechische Sprache u. Kultur nachahmen

Hel|le|nis|mus *der;* -: 1. Griechentum; (nach J. G. Droysen:) die Kulturepoche von Alexander dem Gr. bis Augustus (Verschmelzung des griechischen mit dem orientalischen Kulturgut). 2. die griechische nach-

klassische Sprache dieser Epoche; Ggs. ↑ Attizismus (1)

Hel|le|nist *der;* -en, -en: 1. jmd., der sich wissenschaftlich mit dem nachklassischen Griechentum befasst. 2. (im Neuen Testament) Griechisch sprechender, zur hellenistischen Kultur neigender Jude der Spätantike

Hel|le|nis|tik *die;* -: Wissenschaft, die sich mit der hellenischen Sprache u. Kultur befasst

Hel|le|nis|tin *die;* -, -nen: weibliche Form zu ↑ Hellenist (1)

hel|le|nis|tisch: den Hellenismus (1, 2) betreffend

Hel|le|no|phi|lie *die;* -: Vorliebe für die hellenistische Kultur

Hel|le|rist|nin|ger *die* (Plural) ⟨*norweg.*⟩: Felsenzeichnungen, -bilder der Jungstein- u. Bronzezeit in Schweden u. Norwegen

Hel|min|thi|a|go|gum *das;* -s, ...ga ⟨*gr.-nlat.*⟩: (Med.) Mittel gegen Wurmkrankheiten

Hel|min|the *die;* -, -n (meist Plural): (Med.) Eingeweidewurm

Hel|min|thi|a|sis *die;* -, ...thiasen: (Med.) Wurmkrankheit

Hel|min|tho|lo|gie *die;* -: (Med.) Wissenschaft von den Eingeweidewürmern

Hel|min|tho|se *die;* -, -n: ↑ Helminthiasis

He|lo|bi|ae *die* (Plural) ⟨*gr.-nlat.*⟩: (Bot.) Pflanzenordnung der Sumpflilien (mit Froschlöffel, Wasserpest u. a.)

He|lo|dea vgl. Elodea

He|lo|des *die;* -: (Med.) Sumpffieber, Malaria

He|lo|phyt *der;* -en, -en: Sumpfpflanze (unter Wasser wurzelnde, aber über die Wasseroberfläche herausragende Pflanze)

He|lot *der;* -en u. **He|lo|te** *der;* -n, -n ⟨*gr.-lat.*⟩: Staatssklave im alten Sparta

He|lo|tis|mus *der;* - ⟨*gr.-nlat.*⟩: Ernährungssymbiose, aus der eine Art mehr Nutzen hat als die andere

Hel|vet *das;* -s u. **Hel|ve|ti|en** [hel-ve'si̯ẹ] *das;* -s ⟨*lat.-fr.*⟩: (Geol.) mittlere Stufe des ↑ Miozäns (Erdzeitalter)

Hel|ve|ti|ka *die* (Plural) ⟨*lat.*⟩: Werke über die Schweiz (= Helvetien)

hel|ve|tisch ⟨*lat.*⟩: schweizerisch;

Helvetische Konfession, Helvetisches Bekenntnis: Bekenntnis[schriften] der evangelisch-reformierten Kirche von 1536 und bes. 1562/66; Abk.: H. B.

Hel|ve|tis|mus *der;* -, ...men ⟨*lat.-nlat.*⟩: eine innerhalb der deutschen Sprache nur in der Schweiz (= Helvetien) übliche sprachliche Ausdrucksweise (z. B. Blocher = Bohnerbesen)

He|man ['hi:mɛn] *der;* -s, Hemen ['hi:mɛn] ⟨*engl.*⟩: besonders männlich u. potent wirkender Mann

he|me|ra|di|a|phor ⟨*gr.*⟩: kulturindifferent, durch Kultureinflüsse weder beeinträchtigt noch begünstigt (von Lebewesen)

He|me|ra|l|lo|pie *die;* - ⟨*gr.-nlat.*⟩: (Med.) Nachtblindheit

He|me|ro|cal|lis *die;* - ⟨*gr.*⟩: Gattung der Taglilien

he|me|ro|phil ⟨*gr.*⟩: kulturliebend (von Tieren und Pflanzen, die Kulturbereiche bevorzugen)

he|me|ro|phob: kulturmeidend (von Tieren und Pflanzen, die nur außerhalb des menschlichen Kulturbereichs optimal zu leben vermögen)

He|me|ro|phyt *der;* -en, -en: Pflanze, die nur im menschlichen Kulturbereich richtig gedeiht

He|mi|al|gie *die;* -, ...ien ⟨*gr.-nlat.*⟩: (Med.) Kopfschmerz auf einer Kopfseite, Migräne

He|mi|a|n|äs|the|si|e *die;* -, ...ien ⟨*gr.-nlat.*⟩: (Med.) Empfindungslosigkeit einer Körperhälfte

He|mi|a|n|o|pie, He|mi|a|n|op|sie, Hemiop[s]ie *die;* -, ...ien: (Med.) Halbsichtigkeit, Ausfall einer Hälfte des Gesichtsfeldes

He|mi|a|ta|xie *die;* -, ...ien: (Med.) Bewegungsstörungen einer Körperhälfte

He|mi|a|tro|phie *die;* -, ...ien: (Med.) Schwund von Organen, Geweben u. Zellen der einen Körperhälfte

He|mi|e|d|ri|e *die;* -: (Mineral.) Kristallklasse, bei der nur die Hälfte der möglichen Flächen ausgebildet ist

He|mi|e|pes *der;* -, - ⟨*gr.*⟩: [unvollständiger] halber Hexameter

he|mi|fa|zi|al: (Med.) halbseitig das Gesicht betreffend

He|mi|g|na|thie *die;* -, ...ien ⟨*gr.-*

nlat.): (Med.) Fehlen einer Kieferhälfte (Fehlbildung)

He|mi|kra|nie *die; -, ...ien* ⟨*gr.-lat.*⟩: Hemialgie

He|mi|kra|ni| o|se *die; -, -n:* (Med.) halbseitige Schädelvergrößerung (Fehlbildung)

He|mi|kryp|to|phyt *der; -en:* (Bot.) -en: Pflanze, deren Überwinterungsknospen am Erdboden od. an Erdsprossen sitzen (z. B. Erdbeeren, Alpenveilchen)

He|mi|me|lie *die; -, ...ien:* (Med.) Fehlbildung, bei der die Gliedmaßen der einen Körperhälfte mehr od. weniger verkümmert sind

He|mi|me|ta|bo|len *die* (Plural): (Zool.) Insekten mit unvollständiger Verwandlung. **He|mi|me|ta|bo|lie** *die; -:* (Zool.) Verwandlung der Insektenlarve zum fertigen Insekt ohne die sonst übliche Einschaltung eines Puppenstadiums

he|mi|morph: (Mineral.) an zwei entgegengesetzten Enden verschieden ausgebildet (von Kristallen)

He|mi|mor|phit [auch: ...'fɪt] *der; -s, -e:* Kalamin

He|mi| o|le *die; -, -n:* (Mus.) 1. in der ↑ Mensuralnotation die Einführung schwarzer Noten zu den seit dem 15. Jh. üblichen weißen (zum Ausdruck des Verhältnisses 2 : 3). 2. das Umschlagen des zweimal dreiteiligen Taktes in den dreimal zweiteiligen Takt

He|mi|o| pie, He|mi|op|sie vgl. Hemianopsie

He|mi|pa|re|se *die; -, -n* ⟨*gr.-nlat.*⟩: (Med.) halbseitige leichte Lähmung

he|mi|pe|la|gisch: 1. dem 200 bis 2700 m tiefen Meer entstammend (von Meeresablagerungen, z. B. Blauschlick). 2. (Zool.) nicht immer frei schwimmend (von Wassertieren, die im Jungstadium das Wasser bewohnen und sich später am Meeresgrund ansiedeln)

He|mi|ple|gie *die; -, ...ien:* (Med.) Lähmung einer Körperseite (z. B. bei Schlaganfall); vgl. Monoplegie. **He|mi|ple|gi|ker** *der; -s, -:* (Med.) halbseitig Gelähmter. **He|mi|ple|gi|ke|rin** *die; -, -nen:* weibliche Form zu ↑ Hemiplegiker

He|mi|p| te|re *die; -, -n* (meist Plural): (Zool.) Halbflügler (Insekten, z. B. Wanzen)

He|mi|spas|mus *der; -, ...men:* (Med.) halbseitiger Krampf

He|mi|s| phä|re *die; -, -n* ⟨*gr.-lat.*⟩: a) eine der beiden bei einem gedachten Schnitt durch den Erdmittelpunkt entstehenden Hälften der Erde; Erdhälfte, Erdhalbkugel; b) Himmelshalbkugel; c) (Med.) rechte bzw. linke Hälfte des Großhirns u. des Kleinhirns. **he|mi|s| phä|risch:** die Hemisphäre betreffend

He|mi|s| ti|chi|on ⟨*gr.*⟩, **He|mi|s| ti|chi|um** *das; -s, ...ien* ⟨*gr.-lat.*⟩: Halbzeile eines Verses, Halb-, Kurzvers in der altgriechischen Metrik

He|mi|s| ti|cho|my|thie *die; -* ⟨*gr.-nlat.*⟩: aus Hemistichien bestehende Form des Dialogs im Versdrama; vgl. Stichomythie

He|mi|to|nie *die; -, ...ien* ⟨*gr.*⟩: (Med.) halbseitiger Krampf mit schnellem Wechsel des Muskeltonus

he|mi|to|nisch: (Mus.) mit Halbtönen versehen

He|mi|zel|lu|lo|se *die;*, chem. fachspr.: ...cellulose *die; -, -n:* Kohlenhydrat (Bestandteil pflanzlicher Zellwände)

he|mi|zy|k| lisch [auch: ...'tsyk...]: kreisförmig od. spiralig (von der Anordnung der [Blüten]blätter bei Pflanzen)

Hem|lock|tan|ne *die; -, -n* ⟨*engl.; dt.*⟩: Tsuga

He|na|de *die; -, -n* ⟨*gr.*⟩: (Philos.) Einheit im Gegensatz zur Vielheit, ↑ Monade

Hen|de|ka|gon *das; -s, -e* ⟨*gr.-nlat.*⟩: Elfeck

Hen|de|ka|syl|la|bus *der; -, ...syllaben u. ...syllabi* ⟨*gr.-lat.*⟩: elfsilbiger Vers; vgl. Endecasillabo

Hen|di| a|dy|oin *das; -s, - u. seltener* **Hen|di| a|dys** *das; -, -* ⟨*gr.-mlat.:* „eins durch zwei"⟩: (Stilk.) 1. die Ausdruckskraft verstärkende Verbindung zweier synonymer Substantive od. Verben, z. B.: bitten u. flehen. 2. das bes. in der Antike beliebte Ersetzen eines Attributs durch eine reihende Verbindung mit „und" (z. B.: die Masse *und die hohen Berge* statt: die Masse *der hohen Berge*)

Hen|ding *die; -, -ar* ⟨*altnord.*⟩: Silbenreim der nordischen Skaldendichtung, zunächst als Binnenreim neben dem Stabreim, später Endreim (bei den isländischen Skalden)

He|nis|mus *der; -* ⟨*gr.-nlat.*⟩: (Philos.) Weltdeutung von einem Urprinzip aus

Hen|na *das; -s, auch: die; -* ⟨*arab.*⟩: 1. Kurzform für: Hennastrauch (in Asien u. Afrika heimischer Strauch mit gelben bis ziegelroten Blüten). 2. aus Blättern u. Stängeln des Hennastrauchs gewonnenes rotgelbes Färbemittel für kosmetische Zwecke

Hen|nin [ɛˈnɛ̃] *der, auch: das; -s, -s* ⟨*fr.*⟩: (bis ins 15. Jh. von Frauen getragene) hohe, kegelförmige Haube, mit einem von der Spitze herabhängenden Schleier; burgundische Haube

He|no|the|is|mus *der; -* ⟨*gr.-nlat.*⟩: religiöse Haltung, die die Hingabe an nur einen Gott fordert, ohne allerdings die Existenz anderer Götter zu leugnen od. ihre Verehrung zu verbieten; vgl. Monotheismus. **he|no|the|is| tisch:** den Henotheismus betreffend

Hen|ri-deux-Stil [ãriˈdø...] *der; -[e]s* ⟨*fr.*⟩: zweite Stilperiode der französischen Renaissance während der Regierung Heinrichs II. (1547–59)

Hen|ri|qua|t| re [ãriˈkatr(ə)] *der; -[s] [...tr(ə)], -s [...tr(ə)]:* nach Heinrich IV. von Frankreich benannter Spitzbart

Hen|ry [ˈhɛnri] *das; -, -* ⟨nach dem amerik. Physiker J. Henry, 1797–1878⟩: Einheit der Induktivität u. des magnetischen Leitwerts; Zeichen: H

He|or|to|lo|gie *die; -* ⟨*gr.-nlat.*⟩: die kirchlichen Feste betreffender Teil der ↑ Liturgik. **He|or|to|lo|gium** *das; -s, ...ien:* kirchlicher Festkalender

He|par *das; -s, Hepata* ⟨*gr.-lat.*⟩: (Med.) Leber

He|pa|lrin *das; -s* ⟨*gr.-nlat.*⟩: (Med.) aus der Leber gewonnene, die Blutgerinnung hemmende Substanz

He|par|pro|be *die; -, -n:* (Med.) Verfahren zum Nachweis von Schwefel in Schwefelverbindungen

He|pa| t|al|gie *die; -, ...ien:* (Med.) Leberschmerz, Leberkolik. **he|pa| t|al|gisch:** (Med.) die Hepa-

talgie betreffend; mit Leber-
schmerzen verbunden
He|pa|t|ar|gie *die; -, ...ien:* (Med.)
Funktionsschwäche der Leber
mit Bildung giftiger Stoffwech-
selprodukte
He|pa|ti|cae [...t_s_e] *die* (Plural):
(Bot.) Lebermoose. **He|pa|ti|ka**
die; -, ...ken: (Bot.) Leberblüm-
chen
He|pa|ti|sa|ti|on *die; -, -en:* (Med.)
leberähnliche Beschaffenheit
der Lunge bei entzündlichen
Veränderungen in der Lunge
he|pa|tisch ⟨*gr.-lat.*⟩: (Med.) a) zur
Leber gehörend; b) die Leber
betreffend
He|pa|ti|tis *die; -, ...iti|den* ⟨*gr.-
nlat.*⟩: (Med.) Leberentzündung
He|pa|to|blas|tom *das; -s, -e* ⟨*gr.*⟩:
(Med.) Blastom der Leber
he|pa|to|gen ⟨*gr.-nlat.*⟩: (Med.)
1. in der Leber gebildet (z. B.
von der Gallenflüssigkeit).
2. von der Leber ausgehend
(von Krankheiten)
He|pa|to|gra|fie vgl. Hepatogra-
phie
He|pa|to|gra|phie, auch: ...grafie
die; -: (Med.) röntgenologische
Darstellung der Leber nach Injektion von Kontrastmitteln
He|pa|to|lith [auch: ...'lɪt] *der; -s*
u. -en, -e[n]: (Med.) Gallenstein
in den Gallengängen der Leber,
Leberstein
He|pa|to|lo|ge *der; -n, -n:* (Med.)
Arzt mit speziellen Kenntnis-
sen auf dem Gebiet der Leber-
krankheiten. **He|pa|to|lo|gie** *die;
-:* (Med.) Lehre von der Leber
(einschließlich der Gallenwege), ihren Funktionen u.
Krankheiten. **He|pa|to|lo|gin**
die; -, -nen: weibliche Form zu
↑ Hepatologe. **he|pa|to|lo|gisch:**
die Hepatologie betreffend
He|pa|to|me|ga|lie *die; -, ...ien:*
(Med.) Lebervergrößerung
He|pa|to|pan|k|re|as *das; -:* (Zool.)
Anhangdrüse des Darms, die
bei manchen Wirbellosen die
Funktion der Leber u. Bauchspeicheldrüse gleichzeitig ausübt
He|pa|to|pa|thie *die; -, ...ien:*
(Med.) Leberleiden
He|pa|to|phle|bi|tis *die; -, ...iti|den:*
(Med.) Entzündung der Venen
in der Leber
He|pa|to|p|to|se *die; -, -n:* (Med.)
Senkung der Leber; Wander-
leber

He|pa|to|se *die; -, -n:* (Med.) Er-
krankung mit degenerativer
Veränderung der eigentlichen
Leberzellen
He|pa|to|to|x|ä|mie *die; -, ...ien:*
Blutvergiftung durch Zerfalls-
produkte der erkrankten Leber
He|phäst *der; -s, -e* ⟨nach dem
griech. Gott des Feuers u. der
Schmiedekunst⟩: (scherzh.)
kunstfertiger Schmied
Heph|th|e|mi|me|res *die; -, -* ⟨*gr.*⟩:
↑ Zäsur nach sieben Halbfüßen
bzw. nach der ersten Hälfte des
vierten Fußes im ↑ Hexameter;
vgl. Penthemimeres, Trithemi-
meres
Hep|ta|chord [...'k...] *der od. das;
-[e]s, -e* ⟨*gr.-lat.*⟩: (Mus.) Folge
von sieben ↑ diatonischen Tonstufen (große Septime)
Hep|ta|gon *das; -s, -e:* Siebeneck.
hep|ta|go|nal: siebeneckig
Hep|t|a|me|ron *das; -s* ⟨*gr.-fr.*⟩:
' dem ↑ Dekameron nachgebil-
dete Erzählungen der „Sieben
Tage" der Margarete von Na-
varra; vgl. Hexameron
Hep|ta|me|ter *der; -s, -* ⟨*gr.-nlat.*⟩:
siebenfüßiger Vers
Hep|tan *das; -s, -e:* Kohlenwasser-
stoff mit sieben Kohlenstoffatomen im Molekül
Hep|t|ar|chie *die; -:* (hist.) Staa-
tenbund der sieben angelsächsischen Kleinkönigreiche (Es-
sex, Sussex, Wessex, Northum-
berland, Ostanglien, Mercien,
Kent)
Hep|ta|teuch *der; -s* ⟨*gr.-mlat.*⟩: die
ersten sieben Bücher des Alten
Testaments (1.–5. Buch Mose,
Josua, Richter); vgl. Pentateuch
Hep|ta|to|nik *die; -* ⟨*gr.-nlat.*⟩:
(Mus.) System der Siebentönig-
keit
Hep|t|o|de *die; -, -n:* Elektronen-
röhre mit sieben Elektroden
Hep|to|se *die; -, -n* (meist Plural):
(Biochem.) einfache Zuckerart
mit sieben Sauerstoffatomen
im Molekül
He|rai|on u. Heräon *das; -s, -s*
⟨*gr.*⟩: Tempel, Heiligtum der
griech. Göttin Hera, bes. in
Olympia u. auf Samos
He|ra|k|li|de *der; -n, -n* ⟨*gr.-lat.*⟩:
Nachkomme des Herakles
He|ra|k|li|te|er *der; -s, -:* Schüler u.
Anhänger des altgriechischen
Philosophen Heraklit
He|ra|k|lith ® [auch: ...'lɪt] *der; -s*

⟨Kunstw.⟩: Material für Leicht-
bauplatten
He|ral|dik *die; -* ⟨*germ.-mlat.-fr.*⟩:
Wappenkunde, Heroldskunst
(von den Herolden 2 entwickelt)
He|ral|di|ker *der; -s, -:* Wappenfor-
scher, -kundiger. **He|ral|di|ke|rin**
die; -, -nen: weibliche Form zu
↑ Heraldiker
he|ral|disch: die Heraldik betref-
fend
He|rä|on vgl. Heraion
He|rat *der; -s, -s* ⟨nach dem Na-
men der afghanischen Stadt⟩:
dichter, kurz geschorener Teppich in Rot od. Blau
He|ra|ti|mus|ter *das; -s, -:* aus Ro-
setten, Blüten u. Blättern in
geometrischer Anordnung bestehendes Teppichmuster
Her|ba|list *der; -en, -en* ⟨*lat.*⟩:
Heilkundiger, der auf Kräuter-
heilkunde spezialisiert ist. **Her-
ba|lis|tin** *die; -, -nen:* weibliche
Form zu ↑ Herbalist
Her|bar, Her|ba|ri|um *das; -s,
...rien:* systematisch angelegte
Sammlung gepresster u. ge-
trockneter Pflanzen u. Pflan-
zenteile
her|bi|kol: Kräuter bewohnend
(von Tieren, die auf grünen
Pflanzen leben)
her|bi|vor ⟨*lat.-nlat.*⟩: Kräuter
fressend (von Tieren, die nur
von pflanzlicher Nahrung le-
ben). **Her|bi|vo|re** *der; -n, -n:*
Tier, das nur pflanzliche Nahrung zu sich nimmt
her|bi|zid: Pflanzen tötend. **Her-
bi|zid** *das; -s, -e:* chemisches
Mittel zur Abtötung von Pflanzen
he|re|die|ren ⟨*lat.*⟩: erben
he|re|di|tär: 1. die Erbschaft, das
Erbe, die Erbfolge betreffend.
2. (Biol.; Med.) erblich, die Ver-
erbung betreffend
He|re|di|tät *die; -, -en:* (veraltet)
1. Erbschaft. 2. (Rechtsw.) Erbfolge
He|re|do|de|ge|ne|ra|ti|on *die; -*
⟨*lat.-nlat.*⟩: (Med.) erbliche
↑ Degeneration (2) in bestimmten Geschlechterfolgen
He|re|do|pa|thie *die; -, ...ien* ⟨*lat.-
gr.*⟩: (Med.) Erbkrankheit
He|re|ke *der; -s, -s* ⟨nach einem
Ort in der Türkei⟩: türkischer
Knüpfteppich
He|ris *der; -, -* ⟨nach dem Ort He-
ris in Iran⟩: Sammelbezeich-

nung für verschiedenartige, handgeknüpfte Gebrauchsteppiche aus dem iranischen Aserbaidschan

Her|ko|gal|mie die; - ⟨gr.-nlat.⟩: (Bot.) besondere Anordnung der Staubblätter u. Narben zur Verhinderung der Selbstbestäubung bei Pflanzen

Her|ku|les der; -, -se ⟨nach dem Halbgott der griechischen Sage⟩: Mensch mit großer Körperkraft

Her|ku|les|ar|beit die; -, -en: anstrengende, schwere Arbeit **her|ku|lisch:** riesenstark (wie Herkules)

Her|man|dad [span.: ɛrman'daθ] die; - ⟨lat.-span.; „Bruderschaft"⟩: a) im 13.–15. Jh. Bündnis kastilischer u. aragonesischer Städte gegen Übergriffe des Adels u. zur Wahrung des Landfriedens; b) seit dem 16. Jh. eine spanische Gendarmerie; **die heilige Hermandad:** (veraltet iron.) die Polizei

Her|mä|on das; -s ⟨gr.; „Geschenk des Hermes"⟩: (veraltet) Fund, Glücksfall

Her|ma|ph|ro|dis|mus: ↑ Hermaphroditismus. **Her|ma|ph|ro|dit** der; -en, -en ⟨gr.-lat.; zum Zwitter gewordener Sohn der griech. Gottheiten Hermes u. Aphrodite⟩: (Biol.; Med.) Zwitter; Individuum (Mensch, Tier od. Pflanze) mit Geschlechtsmerkmalen von beiden Geschlechtern. **her|ma|ph|ro|di|tisch:** zweigeschlechtig, zwittrig. **Her|ma|ph|ro|di|tis|mus** u. Hermaphrodismus der; - ⟨gr.-lat.-nlat.⟩: (Biol.; Med.) Zweigeschlechtigkeit, Zwittrigkeit

Her|me die; -, -n ⟨gr.-lat.⟩: Pfeiler od. Säule, die mit einer Büste gekrönt ist (urspr. des Gottes Hermes)

Her|me|neu|tik die; - ⟨gr.⟩: 1. wissenschaftliches Verfahren der Auslegung u. Erklärung von Texten, Kunstwerken od. Musikstücken. 2. metaphysische Methode des Verstehens menschlichen Daseins (in der Existenzphilosophie)

Her|me|neu|ti|ker der; -s, -: Wissenschaftler für hermeneutische Methoden und Verfahren. **Her|me|neu|ti|ke|rin** die; -, -nen: weibliche Form zu ↑ Hermeneutiker

her|me|neu|tisch: einen Text o. Ä. erklärend, auslegend

Her|me|tik die; - ⟨gr.-nlat.-engl.⟩: 1. (veraltend) ↑ Alchemie (1, 2) u. ↑ Magie (1, 3). 2. luftdichte ↑ Apparatur

Her|me|ti|ker der; -s, - ⟨gr.-nlat.⟩: 1. Anhänger des Hermes Trismegistos, des ägyptisch-spätantiken Gottes der Magie u. Alchemie. 2. Schriftsteller mit vieldeutiger dunkler Ausdrucksweise (bes. in der alchemistischen, astrologischen u. magischen Literatur). **Her|me|ti|ke|rin** die; -, -nen: weibliche Form zu ↑ Hermetiker

her|me|tisch: 1. a) dicht verschlossen, sodass nichts ein- od. herausdringen kann, z. B. hermetisch verschlossene Ampullen; b) durch eine Maßnahme od. einen Vorgang so beschaffen, dass nichts od. niemand eindringen od. hinausgelangen kann, z. B. ein Gebäude hermetisch abriegeln. 2. vieldeutig, dunkel, eine geheimnisvolle Ausdrucksweise bevorzugend; nach Art der Hermetiker; **hermetische Literatur:** philosophisch-okkultistische Literatur der Hermetiker (2)

her|me|ti|sie|ren: dicht verschließen, luft- u. wasserdicht machen

Her|me|tis|mus der; -: 1. Richtung der modernen italienischen Lyrik. 2. Dunkelheit, Vieldeutigkeit der Aussage als Wesenszug der modernen Poesie

Her|mi|ta|ge [ɛrmi'ta:ʒə] der; - ⟨fr.⟩: franz. Wein aus dem Anbaugebiet um die Gemeinde Tain-l'Hermitage im Rhonetal

Her|nie [...njə] die; -, -n ⟨lat.⟩: 1. (Med.) Eingeweidebruch. 2. (Bot.) krankhafte Veränderungen an Kohlpflanzen (durch Algenpilze hervorgerufen)

Her|ni|o|to|mie die; -, ...ien ⟨lat.; gr.⟩: (Med.) Bruchoperation

He|roa: Plural von ↑ Heroon

He|ro|en: Plural von ↑ Heros

He|ro|en|kult der; -[e]s, -e (Plural selten) u. **He|ro|en|kul|tus** der; -, ...kulte (Plural selten): Heldenverehrung

He|ro|i|de die; -, -n (meist Plural): Heldenbrief, von Ovid geschaffene Literaturgattung (Liebesbrief eines Heroen od. einer Heroin)

He|ro|ik die; -: Heldenhaftigkeit **¹He|ro|in** die; -, -nen ⟨gr.-lat.⟩: 1. Heldin. 2. (Theat.) Heroine **²He|ro|in** das; -s ⟨gr.-nlat.⟩: aus einem weißen, pulverförmigen Morphinderivat bestehendes, sehr starkes, süchtig machendes Rauschgift

He|ro|i|ne die; -, -n ⟨gr.-lat.⟩: Darstellerin einer Heldenrolle auf der Bühne

He|ro|i|nis|mus der; -: Heroinsucht

he|ro|isch ⟨gr.-lat.⟩: heldenmütig, heldenhaft; **heroische Landschaft:** 1. großes Landschaftsbild mit Gestalten der antiken Mythologie (17. Jh.). 2. Bild, das eine dramatisch bewegte, monumentale Landschaft darstellt (19. Jh.); **heroischer Vers:** Vers des Epos

he|ro|i|sie|ren ⟨gr.-lat.-nlat.⟩: als Helden verherrlichen, zum Helden erheben. **He|ro|is|mus** der; -: Heldentum, Heldenmut

He|rold der; -[e]s, -e ⟨germ.-fr.⟩: 1. jmd., der eine Botschaft überbringt, der etwas verkündet. 2. wappenkundiger Hofbeamter im Mittelalter

He|rolds|kunst die; -: (veraltet) Heraldik

He|rolds|li|te|ra|tur die; -: (Literaturw.) mittelalterliche Literatur, in der die Beschreibung fürstlicher Wappen mit Huldigung ihrer gegenwärtigen od. früheren Träger verbunden wird; Wappendichtung

He|rons|ball der; -s, ...bälle ⟨nach dem altgriech. Mathematiker Heron⟩: Gefäß mit Röhre, in dem Wasser mithilfe des Drucks zusammengepresster Luft hochgetragen od. ausgespritzt wird (z. B. ein Parfümzerstäuber)

He|ro|on das; -s, ...roa ⟨gr.⟩: Grabmal u. Tempel eines Heros

He|ros der; -, ...oen ⟨gr.-lat.⟩: 1. (in der griech. Mythologie) zwischen Göttern u. Menschen stehender Held, Halbgott, der im Leben große Taten vollbracht u. nach seinem Tod die Fähigkeit erlangt hat, den Menschen aus eigener Macht Hilfe zu leisten. 2. heldenhafter Mann, Held

He|ro|s|t|rat der; -en, -en ⟨nach dem Griechen Herostratos, der 356 v. Chr. den Artemistempel zu Ephesus in Brand steckte, um berühmt zu werden): Verbrecher aus Ruhmsucht. **He|ro**|**s**|**t**|**ra**|**ten**|**tum** *das;* -s: durch Ruhmsucht motiviertes Verbrechertum. **he|ro|s**|**t**|**ra**|**tisch**: aus Ruhmsucht Verbrechen begehend

He|ro|tricks|ter [ˈhɛːroˈtrɪkstɐ] *der;* -s, - ⟨gr.-engl.; „Held-Gauner"⟩: 1. listiger, oft selbst betrogener Widersacher des Himmelsgottes in vielen Religionen. 2. der Teufel im Märchen

Her|plan|gi|na *die;* -, ...nen ⟨gr.-nlat.⟩: (Med.) Entzündung der Mundhöhle mit Bläschenbildung

Her|pes *der;* - ⟨gr.-lat.⟩: (Med.) Bläschenausschlag

Her|pes Zos|ter [auch: ... ˈtsɔstɐ] *der;* - - u. Zoster *der;* -s ⟨gr.-nlat.⟩: (Med.) Viruserkrankung mit Hautbläschen in der Gürtelgegend; Gürtelrose

her|pe|ti|form ⟨gr.; lat.⟩: (Med.) einem Bläschenausschlag ähnlich, herpesartig

her|pe|tisch: a) den Herpes betreffend; b) die für einen Herpes charakteristischen Bläschen aufweisend

Her|pe|tol|lo|gie *die;* - ⟨gr.-nlat.⟩: (Biol.) Kriechtierkunde (Wissenschaft von den ↑ Amphibien u. ↑ Reptilien)

Herz|in|farkt *der;* -[e]s, -e ⟨dt.; lat.-nlat.⟩: ↑ Myokardinfarkt

Herz|in|suf|fi|zi|enz *die;* - ⟨dt.; lat.⟩: (Med.) Herz[muskel]schwäche

Herz|tam|po|na|de *die;* - ⟨dt.; germ.-fr.⟩: (Med.) tamponartiger Verschluss der Herzhöhle durch Blutgerinnsel

her|zy|nisch ⟨nach dem antiken Namen Hercynia silva = „Herzynischer Wald" für das deutsche Mittelgebirge⟩: (Geogr.) parallel zum Harznordrand von NW nach SO verlaufend (von tektonischen Strukturen)

Hes|pe|re|tin *das;* -s ⟨gr.⟩: zu den Flavonen gehörender Pflanzenfarbstoff

Hes|pe|ri|de *die;* -, -n (meist Plural): 1. weibliche Sagengestalt in der griech. Mythologie. 2. (Biol.) Dickkopffalter

Hes|pe|ri|din *das;* -s: Glykosid aus [unreifen] Orangenschalen

Hes|pe|ri|en [...jən] *das;* -s ⟨gr.-lat.⟩: (dichter.; in antiker Literatur) Name Italiens, dann auch Spaniens

Hes|pe|ros u. **Hes|pe|rus** *der;* -: der Abendstern in der griech. Mythologie

Hes|si|an [ˈhɛsɪən] *das* od. *der;* -s ⟨engl.⟩: grobes, naturfarbenes Jutegewebe in Leinenbindung für Säcke u. a.

He|sy|chas|mus [...ç...] *der;* - ⟨gr.-nlat.⟩: im orthodoxen Mönchtum der Ostkirche eine mystische Bewegung, die durch stille Konzentration das göttliche Licht (↑ Taborlicht) zu schauen sucht

He|sy|chast [...ç...] *der;* -en, -en: Anhänger des Hesychasmus

He|tä|re *die;* -, -n ⟨gr.; „Gefährtin"⟩: a) in der Antike [gebildete, politisch einflussreiche] Freundin, Geliebte bedeutender Männer; b) ↑ Prostituierte, Freudenmädchen

He|tä|rie *die;* -, ...ien ⟨gr.-lat.⟩: [alt]griechische (meist geheime) politische Verbindung; **Hetärie der Befreundeten:** griechischer Geheimbund zur Befreiung von den Türken

he|ter..., **He|ter...** vgl. hetero..., Hetero...

he|te|ro..., **He|te|ro...**

vor Vokalen gelegentlich heter..., Heter... ⟨gr. héteros „der andere; anders"⟩ Präfix mit der Bedeutung „andersartig, fremd, ungleich, verschieden":
– heterogen
– Heteronym
– heterosexuell

he|te|ro ⟨gr.⟩: Kurzform von ↑ heterosexuell; Ggs. ↑ homo. **He|te|ro** *der;* -s, -s: heterosexueller Mann; Ggs. ↑ Homo

he|te|ro|blas|tisch: 1. (Bot.) unterschiedlich ausgebildet (von Jugend- u. Folgeformen von Blättern). 2. unterschiedlich entwickelt (in Bezug auf die Korngröße bei metamorphen Gesteinen)

he|te|ro|chla|my|de|isch [...çla...]: (Bot.) verschieden ausgebildet (von Blüten mit verschiedenartigen Blütenhüllblättern, d. h. mit einem Kelch u. andersfarbigen Kronenblättern)

He|te|ro|chro|mie [...kro...] *die;* -,

...ien: (Biol.) verschiedene Färbung, z. B. der Iris der Augen

He|te|ro|chro|mo|som *das;* -s, -en: geschlechtsbestimmendes ↑ Chromosom

He|te|ro|chy|lie [...çy...] *die;* -: (Med.) wechselnder Salzsäuregehalt des Magensafts

he|te|ro|cy|c|lisch [auch: ...ˈtsyːk...] vgl. heterozyklisch

he|te|ro|dont: 1. mit verschieden gestalteten Zähnen (vom Gebiss der Säugetiere mit Schneide-, Eck- u. Backenzähnen); Ggs. ↑ homodont. 2. Haupt- u. Nebenzähne besitzend (vom Schalenverschluss mancher Muscheln). **He|te|ro|don|tie** *die;* -: (Biol.; Med.) das Ausgestattetsein mit verschieden gestalteten Zähnen (z. B. beim Gebiss des Menschen)

he|te|ro|dox ⟨gr.-mlat.⟩: 1. andersgläubig, von der herrschenden [Kirchen]lehre abweichend. 2. Schachprobleme betreffend, die nicht den normalen Spielbedingungen entsprechen, dem Märchenschach (vgl. Fairychess) angehörend. **He|te|ro|do|xie** *die;* -, ...ien ⟨gr.⟩: (Rel.) Lehre, die von der offiziellen, kirchlichen abweicht

he|te|ro|dy|na|misch ⟨gr.-nlat.⟩: (Bot.) ungleichwertig in Bezug auf die Entwicklungstendenz (von zwittrigen Blüten, deren weibliche od. männliche Organe so kräftig entwickelt sind, dass sie äußerlich wie eingeschlechtige Blüten erscheinen)

he|te|ro|fi|nal ⟨gr.; lat.⟩: (Philos.) durch einen anderen als den ursprünglichen Zweck bestimmt

he|te|ro|fon usw. vgl. heterophon usw.

he|te|ro|ga|me|tisch ⟨gr.-nlat.⟩: (Biol.) verschiedengeschlechtige ↑ Gameten bildend

He|te|ro|ga|mie *die;* -, ...ien: (Soziol.) Ungleichartigkeit der Gatten bei der Partnerwahl (z. B. in Bezug auf Alter, Gesellschaftsklasse, Konfession); Ggs. ↑ Homogamie

he|te|ro|gen: einer anderen Gattung angehörend; uneinheitlich, aus Ungleichartigem zusammengesetzt; Ggs. ↑ homogen

He|te|ro|ge|ne|se *die;* -: (Med.) anomale, gestörte Gewebebildung

Heterophonie

He|te|ro|ge|ni|tät *die;* -: Ungleichartigkeit, Verschiedenartigkeit, Uneinheitlichkeit; Ggs. ↑ Homogenität

He|te|ro|go|nie *die;* -: 1. (Philos.) die Entstehung aus Andersartigem; Ggs. ↑ Homogonie. 2. (Philos.) das Entstehen von anderen Wirkungen als den ursprünglich beabsichtigten, die wiederum neue Motive verursachen können (nach Wundt). 3. (Biol.) besondere Form des ↑ Generationswechsels bei Tieren (z. B. bei Wasserflöhen), wobei auf eine sich geschlechtlich fortpflanzende Generation eine andere, die sich aus unbefruchteten Eiern entwickelt, folgt

He|te|ro|grad: auf ↑ quantitative Unterschiede gerichtet (in der Statistik); Ggs. ↑ homograd

He|te|ro|gramm *das;* -s, -e: Schreibweise mit andersartigen Schriftzeichen (z. B. Zahlzeichen anstelle des ausgeschriebenen Zahlworts)

he|te|ro|graph, auch: ...graf: (Sprachw.) Heterographie aufweisend. He|te|ro|gra|phie, auch: ...grafie *die;* -: (Sprachw.) 1. unterschiedliche Schreibung von Wörtern mit gleicher Aussprache (z. B. viel – fiel). 2. Verwendung gleicher Schriftzeichen für verschiedene Laute (z. B. *ch* im Deutschen für den Achlaut und den Ichlaut)

He|te|ro|hyp|no|se *die;* -, -n: Versenkung in ↑ Hypnose durch Fremde; Ggs. ↑ Autohypnose

He|te|ro|kar|pie *die;* -: (Bot.) das Auftreten verschieden gestalteter Früchte bei einem Pflanzenindividuum

he|te|ro|klin: (Bot.) sich durch Fremdbestäubung fortpflanzend (von Pflanzen)

He|te|ro|kli|sie *die;* -: (Sprachw.) ↑ Deklination (1) eines ↑ Substantivs mit wechselnden Stämmen (z. B. griech. *hḗpar,* Genitiv: *hḗpatos* „Leber")

he|te|ro|kli|tisch ⟨*gr.*⟩: (Sprachw.) in den Deklinationsformen verschiedene Stämme aufweisend (von Substantiven)

He|te|ro|kli|ton *das;* -s, ...ta ⟨*gr.-lat.*⟩: (Sprachw.) Nomen, das seine Kasusformen nach mindestens zwei verschiedenen Deklinationstypen bildet oder

bei dem sich verschiedene Stammformen zu einem Paradigma ergänzen, z. B. der Staat, des Staates (stark), die Staaten (schwach); vgl. Heteroklisie

He|te|ro|kol|ty|lie *die;* - ⟨*gr.-nlat.*⟩: (Bot.) Einkeimblättrigkeit bei Pflanzen (durch Rückbildung des zweiten Keimblatts); Ggs. ↑ Synkotylie

he|te|ro|log: (Med.) abweichend, nicht übereinstimmend, artfremd; **heterologe Insemination:** künstliche Befruchtung mit nicht vom Ehemann stammendem Samen; Ggs. ↑ homologe Insemination

he|te|ro|mer: (Bot.) verschieden gegliedert (von Blüten, in deren verschiedenen Blattkreisen die Zahl der Glieder wechselt); Ggs. ↑ isomer. He|te|ro|me|rie *die;* -: (Bot.) unterschiedliche Gliederung in Bezug auf die Blattkreise einer Blüte, die alle unterschiedlich viele Glieder aufweisen

he|te|ro|me|sisch: (Geol.) in verschiedenen ¹Medien (3) gebildet (von Gestein); Ggs. ↑ isomesisch

He|te|ro|me|ta|bo|lie *die;* -, ...ien: schrittweise ↑ Metamorphose bei Insekten ohne Puppenstadium

he|te|ro|morph ⟨*gr.*⟩: (Chem.; Phys.) anders-, verschiedengestaltig, auf andere od. verschiedene Weise gebildet, gestaltet. He|te|ro|mor|phie *die;* - u. He|tero|mor|phis|mus *der;* - ⟨*gr.-nlat.*⟩: 1. (Chem.) Eigenschaft mancher Stoffe, verschiedene Kristallformen zu bilden. 2. das Auftreten heteromorpher Lebewesen innerhalb einer Art: a) bei einem Tierstock (z. B. Fress-, Geschlechts- u. Schwimmpolypen bei Nesseltieren); b) bei einem Tierstaat (z. B. Königin, Arbeiterin, Soldat bei Ameisen); c) im ↑ Generationswechsel

He|te|ro|mor|phop|sie *die;* -, ...ien: (Med.) Wahrnehmungsstörung, bei der im Gegenstand von jedem Auge anders wahrgenommen wird

He|te|ro|mor|pho|se *die;* -, -n: (Biol.) das Entstehen von Organen od. Organteilen an atypischer Stelle bei Regenerationsvorgängen (z. B. ein Bein anstelle eines Fühlers bei Krebsen)

he|te|ro|nom: 1. (Philos.) fremdgesetzlich, von fremden Gesetzen abhängend. 2. (Zool.) ungleichwertig (von den einzelnen Abschnitten bei Gliedertieren, z. B. Insekten); Ggs. ↑ homonom. He|te|ro|no|mie *die;* -: 1. Fremdgesetzlichkeit, von außen her bezogene Gesetzgebung. 2. (Philos.) Abhängigkeit von anderer als der eigenen sittl. Gesetzlichkeit; Ggs. ↑ Autonomie (2). 3. (Zool.) Ungleichwertigkeit, Ungleichartigkeit (z. B. der einzelnen Abschnitte bei Gliedertieren); Ggs. ↑ Homonomie

he|te|r|o|nym: die Heteronymie (1, 2) betreffend. He|te|r|o|nym *das;* -s, -e: 1. Wort, das von einer anderen Wurzel (einem anderen Stamm) gebildet ist als das Wort, mit dem es (sachlich) eng zusammengehört, z. B. *Schwester: Bruder* im Gegensatz zu griech. *adelphḗ* „Schwester": *adelphós* „Bruder"; vgl. Heteronymie (1). 2. Wort, das in einer anderen Sprache, Mundart od. einem anderen Sprachsystem dasselbe bedeutet (z. B. dt. *Bruder* / franz. *frère,* südd. *Samstag* / nordd. *Sonnabend*). He|te|r|o|ny|mie *die;* - ⟨*gr.*⟩: 1. Bildung sachlich zusammengehörender Wörter von verschiedenen Wurzeln (Stämmen). 2. das Vorhandensein mehrerer Wörter aus verschiedenen Sprachen, Mundarten od. Sprachsystemen bei gleicher Bedeutung

he|te|ro|phag: (Biol.) 1. sowohl pflanzliche wie tierische Nahrung fressend (von Tieren). 2. auf verschiedenen Wirtsserien od. Pflanzen schmarotzend (von Parasiten); Ggs. ↑ homophag

He|te|ro|phe|mie *die;* -: ↑ Paraphasie

He|te|ro|pho|bie *die;* -, ...ien: Angst vor dem anderen Geschlecht

he|te|ro|phon, auch: ...fon: 1. (Mus.) im Charakter der Heterophonie. 2. (Sprachw.) verschieden lautend, besonders bei gleicher Schreibung (z. B. *Rentier* [rɛnˈtjeː] = Rentner gegenüber *Rentier* [ˈrɛntiːɐ̯] = Ren). He|te|ro|pho|nie, auch: ...fonie *die;* -: (Musik) auf der

H

Grundlage eines bestimmten Themas improvisiertes Zusammenspiel von zwei od. mehr Stimmen, die tonlich u. rhythmisch völlig selbstständig spontan durch bestimmte Verzierungen vom Thema abweichen; Ggs. ↑ Unisono

He|te|ro|pho|rie *die; - ⟨gr.-nlat.⟩:* (Med.) Neigung zum Schielen infolge einer Veränderung in der Spannung der Augenmuskeln

He|te|ro|phyl|lie *die; -:* (Bot.) das Auftreten verschieden gestalteter Laubblätter bei einem Pflanzenindividuum

he|te|r|o|pisch: (Geol.) in verschiedener ↑ Fazies vorkommend (von Gestein); Ggs. ↑ isopisch

He|te|ro|pla|sie *die; -, ...ien:* (Med.) Neubildung von Geweben von anderer Beschaffenheit als der des Ursprungsgewebes, bes. bei bösartigen Tumoren

He|te|ro|plas|tik *die; -, -en:* (Med.) Überpflanzung von artfremdem (tierischem) Gewebe auf den Menschen; Ggs. ↑ Homöoplastik

he|te|ro|p|lo|id: (Biol.) abweichend (von Zellen, deren Chromosomenzahl von der einer normalen, ↑ diploiden Zelle abweicht)

he|te|ro|po|lar: (Phys.) entgegengesetzt elektrisch geladen; **heteropolare Bindung:** Zusammenhalt zweier Molekülteile durch entgegengesetzte elektrische Ladung (Anziehung) beider Teile

He|te|ro|p|te|ra *die* (Plural) u. **He|te|ro|p|te|ren** *die* (Plural):* Wanzen

He|te|ro|rhi|zie *die; -:* (Bot.) Verschiedenwurzeligkeit, das Auftreten verschiedenartiger Wurzeln mit verschiedenen Funktionen an einer Pflanze

He|te|ro|se|mie *die; -, ...ien:* (Sprachw.) abweichende, unterschiedliche Bedeutung des gleichen Wortes in verschiedenen Sprachsystemen (z. B. bedeutet *schnuddelig* im Obersächsischen *unsauber*, im Berlinischen *lecker*)

He|te|ro|se|xu|a|li|tät *die; -:* (Med.) auf das andere Geschlecht gerichtetes Geschlechtsempfinden; Ggs. ↑ Homosexualität. **he|te|ro|se|xu|ell:** (Med.) geschlechtlich auf das andere Geschlecht bezogen; Ggs. ↑ homosexuell

He|te|ro|sis *die; - ⟨gr.; „Veränderung“⟩:* (Biol.) das Auftreten einer im Vergleich zur Elterngeneration [in bestimmten Merkmalen] leistungsstärkeren ↑ Filialgeneration

He|te|ro|s|ke|das|ti|zi|tät *die; -, -en ⟨gr.⟩:* (Statistik) signifikante Ungleichheit in der Streuung der Ergebnisse von Stichproben in Bezug auf einer Erhebung zugrunde liegende statistische Gesamtheit

He|te|ro|som *das; -s, -en ⟨gr.-nlat.⟩:* ↑ Heterochromosom

He|te|ro|sper|mie *die; -:* (Biol.) verschiedenartige Samenausbildung bei derselben Art (z. B. bei Schnecken)

He|te|ro|s|phä|re *die; -:* der obere Bereich der ↑ Atmosphäre (1 b) (etwa ab 120 km Höhe); Ggs. ↑ Homosphäre

He|te|ro|spo|ren *die* (Plural) ⟨gr.; dt.⟩:* (Biol.) der Größe u. dem Geschlecht nach ungleich differenzierte Sporen. **He|te|ro|spo|rie** *die; - ⟨gr.-nlat.⟩:* (Biol.) Ausbildung von Heterosporen

He|te|ro|ste|re|o|typ *das; -s, -e* (meist Plural) ⟨gr.-engl.⟩:* (Soziol.) Vorstellung, Vorurteil, das Mitglieder einer Gruppe od. Gemeinschaft von anderen Gruppen besitzen

He|te|ro|st|ruk|tur *die; -, -en:* (Phys.) Materialkombination aus verschiedenen chemisch verwandten Materialien mit gleicher od. ähnlicher Gitterstruktur (z. B. für elektronische Bauelemente)

He|te|ro|s|ty|lie *die; - ⟨gr.-nlat.⟩:* (Bot.) das Vorkommen mehrerer Blütentypen auf verschiedenen Pflanzenindividuen derselben Art; Ggs. ↑ Homostylie

He|te|ro|ta|xie *die; -, ...ien:* (Med.) spiegelbildliche Umlagerung der Eingeweide im Bauch

He|te|ro|te|le|o|lo|gie u. **He|te|ro|te|lie** *die; -:* (Philos.) Unterordnung unter fremde, durch anderes bestimmte Zwecke

he|te|ro|therm: (Biol.) wechselwarm; die eigene Körpertemperatur der Temperatur der Umgebung angleichend (von Kriechtieren)

He|te|ro|to|nie *die; -, ...ien:* (Med.) ständiges Schwanken des Blutdrucks zwischen normalen und erhöhten Werten

He|te|ro|to|pie *die; -, ...ien:* (Med.) Entstehung von Geweben am falschen Ort (z. B. von Knorpelgewebe im Hoden). **he|te|ro|to|pisch:** (Geol.) in verschiedenen Räumen gebildet (von Gestein); Ggs. ↑ isotopisch

He|te|ro|trans|plan|ta|ti|on *die; -, -en:* ↑ Heteroplastik

he|te|ro|trop: ↑ anisotrop

he|te|ro|troph: (Biol.) in der Ernährung auf Körpersubstanz od. Stoffwechselprodukte anderer Organismen angewiesen; Ggs. ↑ autotroph. **He|te|ro|tro|phie** *die; -:* (Biol.) Ernährungsweise durch Aufnahme organischer Nahrung

he|te|ro|zerk: (Biol.) ungleich ausgebildet (von der Schwanzflosse bei Haien und Stören)

He|te|ro|ze|te|sis *die; -:* 1. falsche Beweisführung mit beweisfremden Argumenten. 2. verfängliche Frage mit verschiedenen Antwortmöglichkeiten

he|te|r|ö|zisch: (Biol.) zweihäusig (von Pflanzen, bei denen sich männliche und weibliche Blüten auf verschiedenen Individuen befinden); **heterözische Parasiten:** Schmarotzer, die eine Entwicklung auf verschiedenen Wirtsorganismen durchmachen

he|te|ro|zy|got: (Biol.) mischerbig, ungleicherbig (in Bezug auf die Erbanlagen von Eizellen oder Individuen, die durch Artkreuzung entstanden sind; z. B. rosa Blüte, entstanden aus einer roten und einer weißen); Ggs. ↑ homozygot. **He|te|ro|zy|go|tie** *die; -:* (Biol.) Mischerbigkeit, Ungleicherbigkeit einer befruchteten Eizelle oder eines Individuums; Ggs. ↑ Homozygotie

he|te|ro|zy|k|lisch: 1. (Bot.) verschiedenquirlig (von Blüten, deren Blattkreise unterschiedlich viele Blätter enthalten). 2. (chem. fachspr.) heterocyclisch: (Chem.) im Kohlenstoffring auch andere Atome enthaltend

He|t|hi|to|lo|ge *der; -n, -n ⟨hebr.; gr.⟩:* Wissenschaftler, Fachmann auf dem Gebiet der Hethitologie. He|thi|to|lo|gie *die;* -: Wissenschaft von den Hethitern u. den Sprachen u. Kulturen des alten Kleinasiens. He|thi|to|lo|gin *die;* -, -nen: weibliche Form zu ↑ Hethitologe

Het|man *der;* -s, -e (auch: -s) ⟨*dt.-slaw.;* „Hauptmann"⟩: 1. Oberhaupt der Kosaken. 2. in Polen (bis 1792) vom König eingesetzter Oberbefehlshaber

heu|re|ka ⟨*gr.;* „ich habe [es] gefunden" (angeblicher Ausruf des griechischen Mathematikers Archimedes bei der Entdeckung des hydrostatischen Grundgesetzes, d. h. des Auftriebs)⟩: freudiger Ausruf bei Lösung eines schweren Problems

Heu|ris|tik *die;* - ⟨*gr.-nlat.*⟩: Lehre, Wissenschaft von den Verfahren, Probleme zu lösen; methodische Anleitung, Anweisung zur Gewinnung neuer Erkenntnisse. heu|ris|tisch: die Heuristik betreffend; **heuristisches Prinzip:** Arbeitshypothese als Hilfsmittel der Forschung; vorläufige Annahme zum Zweck des besseren Verständnisses eines Sachverhalts

He|vea *die;* -, ...veae [...veɛ] u. ...veen ⟨*indian.-span.-nlat.*⟩: (Bot.) tropischer Baum, aus dem Kautschuk gewonnen wird

He|xa|chord [...'kɔrt] *der* od. *das;* -[e]s, -e ⟨*gr.-lat.;* „sechssaitig, -stimmig"⟩: (Mus.) Aufeinanderfolge von sechs Tönen der ↑ diatonischen Tonleiter (nach G. v. Arezzo als Grundlage der ↑ Solmisation benutzt)

he|xa|dak|tyl ⟨*gr.*⟩: (Med.) sechs Finger bzw. Zehen an einer Hand bzw. an einem Fuß aufweisend. He|xa|dak|ty|lie *die;* - ⟨*gr.-nlat.*⟩: (Med.) Fehlbildung der Hand bzw. des Fußes mit sechs Fingern bzw. Zehen

He|xa|de|zi|mal|sys|tem *das;* -s: (Math.; EDV) Zahlensystem mit der Grundzahl 16

he|xa|disch ⟨*gr.*⟩: (Math.) auf der Zahl Sechs als Grundzahl aufbauend

He|xa|e|der *das;* -s, - ⟨*gr.-nlat.*⟩: Sechsflächner, Würfel. he|xa|e|d|risch: sechsflächig

He|xa|e|me|ron *das;* -s ⟨*gr.-lat.*⟩: Sechstagewerk der Schöpfung (1. Mose, 1 ff.); vgl. Hexameron

He|xa|gon *das;* -s, -e: Sechseck.

he|xa|go|nal ⟨*gr.-nlat.*⟩: sechseckig

He|xa|gramm *das;* -s, -e: sechsstrahliger Stern aus zwei gekreuzten gleichseitigen Dreiecken; Sechsstern (Davidsstern der Juden)

he|xa|mer: sechsteilig, sechszählig (z. B. von Blüten)

He|xa|me|ron *das;* -s, -s: Titel für Sammlungen von Novellen, die an sechs Tagen erzählt werden; vgl. Hexaemeron, Dekameron u. Heptameron

He|xa|me|ter *der;* -s, - ⟨*gr.-lat.*⟩: aus sechs ↑ Versfüßen (meist ↑ Daktylen) bestehender epischer Vers (letzter Versfuß um eine Silbe gekürzt). he|xa|me|trisch ⟨*gr.*⟩: in Hexametern verfasst, den Hexameter betreffend

He |xa |min *das;* -s ⟨*gr.-nlat.*⟩: hochexplosiver Sprengstoff

He|xan *das;* -s, -e: (Chem.) Kohlenwasserstoff mit sechs Kohlenstoffatomen, der sich leicht verflüchtigt (Bestandteil des Benzins u. des Petroleums)

he|xan|gu|lär ⟨*gr.; lat.*⟩: sechswinklig

He|xa|p|la *die;* - ⟨*gr.*⟩: Ausgabe des Alten Testaments mit hebräischem Text, griech. Umschrift u. vier griech. Übersetzungen in sechs Spalten

he|xa|p|lo|id ⟨*gr.-nlat.*⟩: (Biol.) sechszählig; einen sechsfachen Chromosomensatz habend (von Zellen)

He|xa|po|de *der;* -n, -n (meist Plural) ⟨*gr.*⟩: Sechsfüßer; Insekt

He|xa|s|ty|los *der;* -, ...stylen: Tempel mit sechs Säulen [an der Vorderfront]

He|xa|teuch *der;* -s ⟨*gr.-nlat.*⟩: die ersten sechs Bücher des Alten Testaments (1.–5. Buch Mose, Buch Josua); vgl. Pentateuch

He|xis *die;* - ⟨*gr.*⟩: (Philos.) das Haben, Beschaffenheit, Zustand (z. B. bei Aristoteles die Tugend als Hexis der Seele)

He|xit *der;* -s, -e ⟨*gr.-nlat.*⟩: (Chem.) sechswertiger, der Hexose verwandter Alkohol

He |x|o |de *die;* -, -n: Elektronenröhre mit 6 Elektroden

He|x|o|gen *das;* -s: explosiver Sprengstoff

He|x|o|se *die;* -, -n: (Chem.) ↑ Monosaccharid mit sechs Kohlenstoffatomen im Molekül

He|xyl *das;* -s: ↑ Hexamin

Hi|at *der;* -s, -e ⟨*lat.*⟩: ↑ Hiatus. Hi|a|tus *der;* -, - [...tu:s] ⟨*lat.;* „Kluft"⟩: 1. (Med.) Öffnung, Spalt in Knochen od. Muskeln. 2. (Sprachw.) a) das Aufeinanderfolgen zweier Vokale in der Fuge zwischen zwei Wörtern, z. B. sagte *er*; b) das Aufeinanderfolgen zweier verschiedenen Silben angehörender Vokale im Wortinnern, z. B. Kooperation. 3. (Geol.) zeitliche Lücke bei der ↑ Sedimentation eines Gesteins. 4. (Prähistorie) Zeitraum ohne Funde; Fundlücke

Hi |a|tus|her|nie [...ịə] *die;* -, -n: (Med.) Zwerchfellbruch

Hi |a|wa|tha [haɪə'wɔθa, auch: hia-'va:ta] *der;* -[s], -s ⟨*engl.;* sagenhafter nordamerik. Indianerhäuptling⟩: Gesellschaftstanz in den Zwanzigerjahren des 20. Jh.s

Hi|ber|na|kel *das;* -s, -[n] (meist Plural) ⟨*lat.;* „Winterlager"⟩: (Bot.) im Herbst gebildete Überwinterungsknospen zahlreicher Wasserpflanzen

hi|ber|nal: winterlich; den Winter, die Wintermonate betreffend

Hi|ber|na|ti|on u. Hi|ber|ni|sie|rung *die;* -, -en: (Med.) künstlich herbeigeführter Winterschlaf (als Narkoseergänzung od. Heilschlaf); vgl. Hypothermie

Hi|bis|kus *der;* -, ...ken ⟨*gr.-lat.*⟩: Malvengewächs, das viele Arten von Ziersträuchern u. Sommerblumen aufweist; Eibisch

hic et nunc ⟨*lat.;* „hier und jetzt"⟩: sofort, im Augenblick, augenblicklich, ohne Aufschub, auf der Stelle (in Bezug auf etwas, was getan werden bzw. geschehen soll oder ausgeführt wird)

[1]Hi |cko|ry *der;* -s, -s, (auch:) *die;* -, -s ⟨*indian.-engl.*⟩: (in Nordamerika u. in China heimischer) Walnussbaum mit glatten, grau-baren Nüssen u. wertvollem Holz

[2]Hi |cko|ry *das;* -s: Holz des [1]Hickorys

hic Rho|dus, hic sal|ta ⟨*lat.;* „Hier ist Rhodos, hier springe!"; nach einer äsopischen Fabel⟩: hier gilt es; hier zeige, was du kannst

Hi|dal|go *der;* -s, -s ⟨*span.;* eigtl. „Sohn von etwas, Sohn des Vermögens"⟩: 1. (hist.) Mitglied des niederen iberischen Adels.

2. frühere mexikanische Goldmünze

Hid|ra|de|ni|tis u. Hidro[s]adeni-
tis *die; -, ...iti̯den ⟨gr.-nlat.⟩:*
(Med.) Entzündung einer
Schweißdrüse

Hid|roa *die* (Plural): (Med.)
Schwitzbläschen, Lichtpocken

Hid|ro[|s]|a|de|ni|tis vgl. Hidrade-
nitis

Hid|ro|se u. **Hid|ro|sis** *die; -:*
1. Schweißbildung u. -ausschei-
dung. 2. Erkrankung der Haut
infolge krankhafter Schweißab-
sonderung

Hid|ro|ti|kum *das; -s, ...ka:*
(Med.) schweißtreibendes Mittel

hid|ro|tisch: (Med.) schweißtrei-
bend

Hid|ro|zys|ten *die* (Plural): (Med.)
blasenartige Erweiterungen
von Schweißdrüsen

Hid̯sch|ra vgl. Hedschra

hi|e|mal *⟨lat.⟩:* ↑ hibernal

Hi|e|r|arch [hi̯e..., auch: hi...] *der;
-en, -en ⟨gr.⟩:* oberster Priester
im antiken Griechenland. **Hi|e-
r|ar|chie** *die; -, ...i̯en:* 1. [pyrami-
denförmige] Rangordnung,
Rangfolge, Über- u. Unterord-
nungsverhältnisse. 2. Gesamtheit derer, die in der kirchlichen Rangordnung stehen. **hi-
e|r|ar|chisch:** 1. einer pyrami-
denförmigen Rangordnung entsprechend, in der Art einer Hie-
rarchie streng gegliedert. 2. den
Priesterstand u. seine Rangord-
nung betreffend. **hi|e|r|ar|chi-
sie|ren** *⟨gr.-nlat.⟩:* (Soziol.)
Rangordnungen entwickeln

hi|e|ra|tisch [hi̯e...] *⟨gr.-lat.⟩:*
1. priesterlich; heilige Gebräu-
che od. Heiligtümer betreffend;
hieratische Schrift: von den
Priestern vereinfachte Hiero-
glyphenschrift, die beim Übergang vom Stein zum Papyrus
(als Schreibmaterial) entstand;
vgl. demotische Schrift. 2. (bes.
in der archaischen griechischen
od. in der byzantinischen
Kunst) streng, starr

¹Hi|e|ro|du|le [hi̯e..., auch: hi...]
der; -n, -n ⟨gr.-lat.⟩: Tempel-
sklave des griechischen Altertums

²Hi|e|ro|du|le *die; -, -n:* Tempel-
sklavin (des Altertums), die der
Gottheit gehörte u. deren
Dienst u. a. in sakraler Prostitu-
tion bestand

Hi|e|ro|gly|phe *die; -, -n ⟨gr.⟩:*
1. Zeichen der altägyptischen,
altkretischen u. hethitischen
Bilderschrift. 2. (nur Plural;
iron.) schwer od. nicht lesbare
Schriftzeichen. **Hi|e|ro|gly|phik**
die; - ⟨gr.-lat.⟩: Wissenschaft
von den Hieroglyphen (1). **hi|e-
ro|gly|phisch:** 1. in der Art der
Hieroglyphen. 2. die Hieroglyphen betreffend

Hi|e|ro|gramm *das; -s, -e ⟨gr.-nlat.;
„heilige Schrift"⟩:* Zeichen einer
geheimen altägyptischen Pries-
terschrift, die ungewöhnliche
Hieroglyphen aufweist

Hi|e|ro|kra|tie *die; -, ...i̯en:* Pries-
terherrschaft; Regierung eines
Staates durch Priester (z. B. in
Tibet vor der chinesischen Be-
setzung)

Hi|e|ro|mant *der; -en, -en:* jmd.,
der aus Opfern (bes. geopferten
Tieren) weissagt; vgl. Haru-
spex. **Hi|e|ro|man|tie** *die; -:*
Weissagung aus Opfern

Hi|e|ro|mo|na|chos *der; -, ...choi
⟨gr.-mgr.⟩:* zum Priester geweihter Mönch in der orthodoxen
Kirche

Hi|e|ro|nym *das; -s, -e ⟨gr.-nlat.⟩:*
heiliger Name, der jmdm. beim
Eintritt in eine Kultgemein-
schaft gegeben wird. **Hi|e|ro-
ny|mie** *die; -:* Namenswechsel
beim Eintritt in eine Kultge-
meinschaft

Hi|e|ro|phant *der; -en, -en ⟨gr.-
lat.⟩:* Oberpriester u. Lehrer der
heiligen Bräuche, bes. in den
↑ Eleusinischen Mysterien

Hi|e|ro|s|ko|pie *die; - ⟨gr.⟩:* ↑ Hiero-
mantie

Hi-Fi [ˈhai̯fi, auch: ˈhai̯fai̯]:
↑ Highfidelity

high [hai̯] *⟨engl.⟩:* (Jargon) in einem rauschhaften Zustand, in
begeisterter Hochstimmung,
z. B. nach dem Genuss von
Rauschgift

High|ball [ˈhai̯bɔːl] *der; -s, -s
⟨engl.-amerik.⟩:* ↑ Longdrink auf
der Basis von Whisky

High|board [...bɔːd] *das; -s, -s
⟨engl.⟩:* halbhohes Möbelstück
mit Schubfach- u. Vitrinenteil;
vgl. Sideboard

High|brow [...brau̯] *der; -[s], -s
⟨eigtl. „hohe Stirn"⟩:* Intellektueller; jmd., der sich überlegen
intellektuell gibt; vgl. Egghead

High Church [- ˈtʃɜːtʃ] *die; - -:*
Hochkirche; Richtung der eng-

lischen Staatskirche, die eine
Vertiefung der liturgischen For-
men anstrebt; vgl. Broad
Church, Low Church

High|end [...ˈɛnt] *das; -, -s, auch:
High End das; - -, - -s:* höchste
Preis- u. Qualitätsstufe, bes.
hinsichtlich der technischen
Leistungsfähigkeit (meist in
Zusammensetzungen, z. B.
Highendverstärker)

High|fi|de|li|ty [...fiˈdeliti] *die; -,
auch: High Fi|de|li|ty die; - -:*
1. originalgetreue Wiedergabe
bei Schallplatten u. elektroakustischen Geräten (Abk.:
Hi-Fi). 2. Lautsprechersystem,
das eine originalgetreue Wiedergabe ermöglichen soll (Abk.:
Hi-Fi)

High|fly|er [...ˈflai̯ɐ] *der; -s, -,
auch: High Fly|er der; - -s, - -
⟨eigtl. „Hochflieger"⟩:*
(Wirtsch.) [neu gegründetes]
Unternehmen, das sich sehr
schnell u. erfolgreich auf dem
Markt durchsetzt

High|heels [...ˈhiːls] *die* (Plural):
auch: **High
Heels** *die* (Plural): hochhackige
Schuhe; Stöckelschuhe

High|im|pact [...ˈimpɛkt] *der; -s,
-s, auch: High Im|pact der; - -s,
- -s:* hoher Grad, große Belastung, starke Wirkung

High|life [...lai̯f] *das; -[s], auch:
High Life das; - -[s]:* 1. exklusives
Leben neureicher Gesell-
schaftskreise. 2. Hochstimmung, Ausgelassenheit

High|light [...lai̯t] *das; -[s], -s:*
1. Höhepunkt, Glanzpunkt ei-
nes [kulturellen] Ereignisses.
2. (bildende Kunst) Lichteffekt
auf Bildern od. Fotografien.

high|ligh|ten [...lai̯tn]: (EDV) auf
einem Bildschirm optisch hervorheben (z. B. durch Unterlegen einer Kontrastfarbe)

High|noon [...ˈnuːn] *der; -[s], -s,
auch: High Noon der; - -[s], - -s
⟨amerik.⟩:* spannungsgeladene
Atmosphäre (wie im Wildwest-
film)

High|ri|ser [ˈhai̯rai̯zɐ] *der; -[s], -,
auch: High Ri|ser der; - -[s], - -
⟨engl.⟩:* Fahrrad od. Moped mit
hohem, geteiltem Lenker u.
Sattel mit Rückenlehne

High|school [...skuːl] *die; -, -s,
auch: High School die; -, - -s
⟨engl.-amerik.⟩:* amerikan. Bez.
für: höhere Schule

High|sno|bi|e|ty [...snɔˈbai̯əti] *die;*

-, auch: **High Sno|bi|e|ty** die; - - ⟨scherzh. Bildung aus engl.-amerik. high, snob u. society⟩: Gruppe der Gesellschaft, die durch entsprechende ↑ snobistische Lebensführung Anspruch auf Zugehörigkeit zur Highsociety erhebt

High|so|ci|e|ty [...sə'saiəti] die; -, auch: **High So|ci|e|ty** die; - -: die vornehme Gesellschaft, die oberen Zehntausend

¹High|tech [...'tɛk] der; -[s], auch: **High Tech** der; - -[s] ⟨Kunstw. aus engl. high style u. technology⟩: Stil der Innenarchitektur, bei dem industrielle Materialien u. Einrichtungsgegenstände für das Wohnen verwendet werden

²High|tech das; -[s], auch: die; -, auch: **High-Tech** die; - - ⟨engl. high tech, gekürzt aus high technology = Hochtechnologie⟩: Hochtechnologie, Spitzentechnologie

High|way ['haiwei] der; -s, -s: 1. engl. Bez. für: Haupt-, Landstraße. 2. amerik. Bez. für: Fernstraße

Hi|ja|cker [...dʒɛkɐ] der; -s, - ⟨engl.⟩: Luftpirat. **Hi|ja|cke|rin** die; -, -nen: weibliche Form zu ↑ Hijacker

Hi|ja|cking [...dʒɛkɪŋ] das; -[s], -s: Flugzeugentführung

Hi|la: Plural von ↑ Hilum

Hi|la|ri|tät die; - ⟨lat.⟩: (veraltet) Heiterkeit, Fröhlichkeit

Hi|li: Plural von ↑ Hilus

Hi|li|tis die; -, ...iti̱den ⟨lat.-nlat.⟩: (Med.) Entzündung der Lungenhilusdrüsen

Hill|bil|ly der; -s, -s ⟨amerik.⟩: (abwertend) Hinterwäldler [aus den Südstaaten der USA]

Hill|bil|ly|mu|sic, auch: **Hill|bil|ly-Mu|sic** [...mju:zık], **Hill|bil|li|mu|sik** die; -: 1. ländliche Musik der nordamerikanischen Südstaaten. 2. kommerzialisierte volkstümliche Musik der Cowboys

Hi|lum das; -s, ...la ⟨lat.-nlat.⟩: (Bot.) Nabel des Pflanzensamens; Stelle, an der der Samen angewachsen ist

Hi|lus der; -, Hi̱li: (Med.) vertiefte Stelle an der Oberfläche eines Organs, wo Gefäße, Nerven u. Ausführungsgänge strangförmig ein- od. austreten

Hi|ma|ti|on das; -[s], ...ien ⟨gr.⟩: mantelartiger Überwurf der Griechen in der Antike, der aus einem rechteckigen Stück Wollstoff besteht

Hi|na|ja|na, Hi|na|ya|na das; - ⟨sanskr.; „kleines Fahrzeug (der Erlösung)"⟩: strenge, nur mönchische Richtung des ↑ Buddhismus; vgl. Mahajana, Wadschrajana

Hin|di das; - ⟨pers.⟩: Amtssprache in Indien

¹Hin|du der; -[s], -[s]: eingeborener Inder, der Anhänger des Hinduismus ist

²Hin|du die; -, -[s], **Hin|du|frau** die; -, -en: eingeborene Hindufrau, die Anhängerin des Hinduismus ist

Hin|du|is|mus der; - ⟨pers.-nlat.⟩: 1. aus dem ↑ Brahmanismus entwickelte indische Volksreligion. 2. (selten) Brahmanismus. **hin|du|is|tisch**: den Hinduismus betreffend

Hink|jam|bus der; -, ...ben ⟨dt.; gr.-lat.⟩: ↑ Choliambus

Hi|obs|bot|schaft die; -, -en ⟨nach der Gestalt des Hiob im Alten Testament⟩: Unglücksbotschaft

hip [hıp] ⟨engl.⟩: (Jargon) modern, zeitgemäß, auf dem Laufenden

Hip-Hop, auch: **Hip|hop** der; -s ⟨engl.-amerik.⟩: auf dem ↑ Rap basierender, bes. zum Tanzen geeigneter Musikstil, der durch elektronisch erzeugte, stark rhythmisierte Musik [u. Texte, die vor allem das Leben der unteren sozialen Schichten in amerikanischen Großstädten widerspiegeln] gekennzeichnet ist

Hip|plan|th|ro|pie die; -, ...ien ⟨gr.-nlat.⟩: (Psychol.; Med.) Wahnvorstellung, ein Pferd zu sein

Hip|p|arch der; -en, -en ⟨gr.⟩: Befehlshaber der Reiterei in der griechischen Antike

Hip|pa|ri|on das; -s, ...ien ⟨gr.-nlat.⟩: (Zool.) ausgestorbene dreizehige Vorform des heutigen Pferdes

Hip|p|ia|t|rie u. **Hip|p|ia|t|rik** die; - ⟨gr.⟩: Pferdeheilkunde

Hip|pie der; -s, -s ⟨amerik.⟩: [jugendlicher] Anhänger einer vor allem in den USA in der 2. Hälfte der 1960er-Jahre ausgebildeten, betont antibürgerlichen u. pazifistischen Lebensform; Blumenkind

Hip|pi|kon das; -s, ...ka ⟨gr.⟩: altgriechisches Längenmaß (= 4 Stadien)

Hip|po|cam|pus der; -, ...pi ⟨gr.-lat.⟩: 1. (Anat.; Zool.) Teil des Großhirns bei Säugetieren u. beim Menschen; Ammonshorn. 2. Seepferdchen (Fisch mit pferdekopfähnlichem Schädel); vgl. Hippokamp

Hip|po|d|rom der od. (österr. nur:) das; -s, -e: 1. (hist.) Pferde- und Wagenrennbahn. 2. Reitbahn auf Jahrmärkten o. Ä.

Hip|po|gryph der; -s u. -en, -e[n] ⟨it.⟩: von Ariost u. Bojardo (italienischen Dichtern der Renaissancezeit) erfundenes geflügeltes Fabeltier mit Pferdeleib u. Greifenkopf; bei neueren Dichtern ↑ Pegasus

Hip|po|kamp der; -en, -en ⟨gr.-lat.⟩: fischschwänziges Seepferd der antiken Sage; vgl. Hippocampus (2)

Hip|po|kra|ti|ker der; -s, - ⟨nach dem altgriech. Arzt Hippokrates⟩: Anhänger des altgriechischen Arztes Hippokrates u. seiner Schule

hip|po|kra|tisch: 1. auf Hippokrates bezüglich, seiner Lehre gemäß; **hippokratischer Eid**: a) moralisch-ethische Grundlage des Ärzttums (z. B. immer zum Wohle des Kranken zu handeln); b) (hist.) Schwur auf die Satzung der Ärztezunft; **hippokratisches Gesicht**: (Med.) Gesichtsausdruck Schwerkranker u. Sterbender. 2. den altgriechischen Mathematiker Hippokrates betreffend, seiner Lehre entsprechend; **hippokratische Möndchen**: zwei mondsichelförmige Flächen, die aus den drei Halbkreisen über den Seiten eines rechtwinkligen Dreiecks entstehen (die Flächen sind zusammen den gleichen Inhalt wie das Dreieck)

Hip|po|kra|tis|mus der; - ⟨gr.-nlat.⟩: Lehre des altgriechischen Arztes Hippokrates

Hip|po|kre|ne die; - ⟨gr.-lat.; „Rossquelle"⟩: Quelle der Inspiration für den Dichter im alten Griechenland (nach der Sage durch den Hufschlag des ↑ Pegasus entstanden)

Hip|po|lo|ge der; -n, -n ⟨gr.-nlat.⟩: Wissenschaftler auf dem Gebiet der Hippologie. **Hip|po|lo-**

gie *die; -:* wissenschaftliche Pferdekunde. **Hip|pol|o|gin** *die; -, -nen:* weibliche Form zu ↑ Hippologe. **hip|pol|o|gisch:** die Hippologie betreffend

Hip|po|ma|nes *das; -, - ⟨gr.⟩:* gelbliche Masse auf der Stirn neugeborener Pferde od. Schleim aus der Scheide von Stuten (wurde im Altertum als ↑ Aphrodisiakum verwendet)

Hip|po|nak|te|us *der; -, ...teen ⟨gr.-lat.;* nach dem altgriech. Dichter Hipponax⟩: antiker Vers, Sonderform des ↑ Glykoneus

Hip|po|po|ta|mus *der; -, -:* (Biol.) großes Fluss- od. Nilpferd (Paarhufer)

hip|po|the|ra|peu|tisch: die Hippotherapie betreffend, darauf beruhend; mithilfe der Hippotherapie. **Hip|po|the|ra|pie** *die; -:* Therapie, bei der bestimmte körperliche Behinderungen durch Reiten behandelt werden

Hip|pu|rit *der; -en, -en ⟨gr.-nlat.⟩:* ausgestorbene Muschel der Kreidezeit

Hip|pur|säu|re *die; - ⟨gr.-nlat.; dt.⟩:* eine organische Säure, Stoffwechselprodukt von Pflanzenfressern

Hip|pus *der; - ⟨gr.-nlat.⟩:* (Med.) plötzlich auftretende, rhythmische Schwankungen der Pupillenweite

Hips|ter *der; -[s] ⟨engl.⟩:* (Jargon) 1. Jazzmusiker, -fan. 2. jmd., der über alles, was modern ist, Bescheid weiß u. ↑ hip ist

Hi|ra|ga|na *das; -[s] od. die; - ⟨jap.⟩:* japanische Silbenschrift, die zur Darstellung grammatischer Beugungsendungen verwendet wird; vgl. Katakana

Hir|su|ti|es *die; - ⟨lat.-nlat.⟩:* (Med.) abnorm starke Behaarung. **Hir|su|tis|mus** *der; -:* (Med.) übermäßig starker Haar-, bes. Bartwuchs

Hi|ru|din *der; -[s] ⟨lat.-nlat.⟩:* aus den Speicheldrüsen der Blutegel gewonnener, die Blutgerinnung hemmender Stoff

¹His|bol|lah *die; - ⟨arab.⟩:* Gruppe extremistischer, schiitischer Muslime, bes. im Libanon

²His|bol|lah *der; -s, -s:* Anhänger der ¹Hisbollah

His|pa|na *die; -, -s ⟨span.⟩:* weibliche Form von ↑ Hispano

His|pa|ni|dad [ispaniˈðað] *die; - ⟨span.⟩:* ↑ Hispanität

his|pa|ni|sie|ren ⟨lat.-nlat.⟩: spanisch machen, gestalten

His|pa|nis|mus *der; -, ...men:* fälschlicherweise oder bewusst vorgenommene Übertragung einer für die spanische Sprache charakteristischen Erscheinung auf eine nicht spanische Sprache im lexikalischen od. syntaktischen Bereich; vgl. Germanismus, Interferenz

His|pa|nist *der; -en, -en:* jmd., der sich wissenschaftlich mit der Hispanistik befasst

His|pa|nis|tik *die; -:* Wissenschaft von der spanischen Sprache u. Literatur (Teilgebiet der ↑ Romanistik 1)

His|pa|nis|tin *die; -, -nen:* weibliche Form zu ↑ Hispanist

His|pa|ni|tät *die; -:* Spaniertum; das Bewusstsein aller Spanisch sprechenden Völker von ihrer gemeinsamen Kultur; vgl. Hispanidad

His|pa|no *der; -s, -s ⟨span.⟩:* ↑ Hispanoamerikaner

His|pa|no|a|me|ri|ka|ner *der; -s, -:* in den USA lebender Einwanderer aus den Spanisch sprechenden Ländern Lateinamerikas. **His|pa|no|a|me|ri|ka|ne|rin** *die; -, -nen:* weibliche Form zu ↑ Hispanoamerikaner

his|pa|no|a|me|ri|ka|nisch: die Hispanoamerikaner, Hispanoamerikanerinnen betreffend

His|pa|no|a|me|ri|ka|nis|mus *der; -, ...men:* sprachliche Besonderheit des in Lateinamerika gesprochenen Spanisch

His|pa|no|mo|res|ke *die; -, -n ⟨lat.; span.⟩:* spanisch-maurische ↑ Majolika mit Goldglanzüberzug (spätes Mittelalter u. Renaissance)

His|t|a|min *das; -s, -e ⟨Kurzw. aus* ↑ *Histidin* u. ↑ *Amin⟩:* (Med.) Gewebehormon

His|ti|din *das; -s ⟨gr.-nlat.⟩:* eine ↑ Aminosäure

his|ti|o|id u. histoid: (Med.) gewebeähnlich, gewebeartig

His|ti|o|zyt *der; -en, -en:* (Med.) Wanderzelle des Bindegewebes, Blutzelle

His|to|che|mie *die; - ⟨gr.; arab.-roman.⟩:* Wissenschaft vom chemischen Aufbau der Gewebe u. von den chemischen Vorgängen darin. **his|to|che|misch:** die Histochemie betreffend

his|to|gen ⟨gr.-nlat.⟩: vom Gewebe herstammend

His|to|ge|ne|se u. **His|to|ge|nie** *die; -:* 1. (Biol.; Med.) Ausbildung von Organgewebe aus undifferenziertem Embryonalgewebe. 2. (Med.) Entstehung von krankhaftem Gewebe bei Tumoren. **his|to|ge|ne|tisch:** die Histogenese (1) betreffend

His|to|gramm *das; -s, -e ⟨lat.; gr.⟩:* grafische Darstellung einer Häufigkeitsverteilung in Form von Säulen, die den Häufigkeiten der Messwerte entsprechen

his|to|id vgl. histioid

His|to|lo|ge *der; -n, -n ⟨gr.-nlat.⟩:* Forscher u. Lehrer auf dem Gebiet der Histologie. **His|to|lo|gie** *die; -:* (Med.) Wissenschaft von den Geweben des Körpers. **His|to|lo|gin** *die; -, -nen:* weibliche Form zu ↑ Histologe. **his|to|lo|gisch:** (Med.) die Histologie betreffend, zu ihr gehörend

His|to|ly|se *die; -:* (Med.) Auflösung (Einschmelzung) des Gewebes unter Einwirkung von ↑ Enzymen (bei eitrigen Prozessen)

His|ton *das; -s, -e (meist Plural):* zu den ↑ Proteinen gehörender Eiweißkörper

His|to|pa|tho|lo|gie *die; -:* Wissenschaft von den krankhaften Gewebeveränderungen

His|to|ra|di|o|gra|phie, auch: ...grafie *die; -, ...ien ⟨gr.; lat.; gr.⟩:* Röntgenaufnahme von mikroskopisch dünnen Gewebeschnitten bzw. Präparaten

His|to|rie [...jə] *die; -, -n:* 1. (ohne Plural) [Welt]geschichte. 2. (veraltet; ohne Plural) Geschichtswissenschaft. 3. (veraltet) [abenteuerliche, erdichtete] Erzählung; Bericht

His|to|ri|en|bi|bel *die; -, -n:* im Mittelalter volkstümliche bebilderte Darstellung der biblischen Erzählungen

His|to|ri|en|ma|le|rei *die; -, -en ⟨gr.-lat.; dt.⟩:* Geschichtsmalerei (bildliche Darstellung von Ereignissen aus der Geschichte, der ↑ Mythologie u. der Dichtung)

His|to|rik *die; - ⟨gr.-lat.⟩:* a) Geschichtswissenschaft; b) Lehre von der historischen Methode der Geschichtswissenschaft.

His|to|ri|ker *der; -s, -:* Geschichtsforscher, -kenner, -wissenschaftler. **His|to|ri|ke|rin** die; -, -nen: weibliche Form zu ↑ Historiker

His|to|ri|o|graph, auch: ...graf der; -en, -en ⟨gr.⟩: Geschichtsschreiber. **His|to|ri|o|gra|phie**, auch: ...grafie die; -: Geschichtsschreibung. **His|to|ri|o|gra|phin**, auch: ...grafin die; -, -nen: weibliche Form zu ↑ Historiograph

His|to|ri|o|lo|gie die; - ⟨gr.-nlat.⟩: Studium und Kenntnis der Geschichte

his|to|risch ⟨gr.-lat.⟩: 1. geschichtlich, der Geschichte gemäß, überliefert; bedeutungsvoll für die Geschichte. 2. einer früheren Zeit, der Vergangenheit angehörend; **historischer Materialismus**: (Philos.) die von Marx u. Engels begründete Lehre, nach der die Geschichte von den ökonomischen Verhältnissen bestimmt wird; **historisches Präsens**: Präsensform des Verbs, die zur Schilderung eines vergangenen Geschehens eingesetzt wird

his|to|ri|sie|ren ⟨gr.-lat.-nlat.⟩: in geschichtlicher Weise darstellen, geschichtliche Elemente in stärkerem Maße mit einbeziehen, Historisches stärker hervorheben, ein historisches Aussehen geben, in ein historisches Gewand kleiden

His|to|ris|mus der; -, ...men: 1. (ohne Plural) eine Geschichtsbetrachtung, die alle Erscheinungen aus ihren geschichtlichen Bedingungen heraus zu verstehen u. zu erklären sucht. 2. Überbewertung des Geschichtlichen. 3. (Kunstwiss.) ↑ Eklektizismus. **His|to|rist** der; -en, -en: Vertreter des Historismus. **His|to|ris|tin** die; -, -nen: weibliche Form zu ↑ Historist. **his|to|ris|tisch**: a) den Historismus betreffend; b) in der Art des Historismus

His|to|ri|zis|mus der; -, ...men: ↑ Historismus (2)

His|to|ri|zi|tät die; -: Geschichtlichkeit, Geschichtsbewusstsein

His|to|the|ra|pie die; -, ...ien ⟨gr.-nlat.⟩: ↑ Organotherapie

His|t|ri|o|ne der; -n, -n ⟨lat.⟩: Schauspieler im Rom der Antike

Hit der; -[s], -s ⟨engl.⟩: 1. etwas, was sehr erfolgreich, beliebt,

begehrt ist, bes. ein Musikstück. 2. (Jargon) für einen Trip (2 a) vorgesehene Menge von Rauschgift. 3. (EDV) Zugriff auf einen Server im Internet

Hitch|cock [ˈhɪtʃkɔk] der; -, -s ⟨nach dem engl. Regisseur u. Autor Alfred Hitchcock (1899–1980)⟩: spannender, Angst u. Schauder hervorrufender Film [von Hitchcock]; Thriller

hitch|hi|ken [ˈhɪtʃhaikn̩] ⟨engl.⟩: (ugs.) Autos anhalten u. sich umsonst mitnehmen lassen

Hitch|hi|ker [...haikɐ] der; -s, -: (ugs.) jmd., der Autos anhält u. sich umsonst mitnehmen lässt. **Hitch|hi|ke|rin** die; -, -nen: weibliche Form zu ↑ Hitchhiker

Hit|lis|te die; -, -n ⟨engl.⟩: Verzeichnis der (innerhalb eines bestimmten Zeitraums) beliebtesten u. meistverkauften Musikstücke

Hit|pa|ra|de die; -, -n: 1. ↑ Hitliste. 2. Radio-, Fernsehsendung, in der die Hits vorgestellt werden

HIV [haːliːˈfau] das; -[s], -[s] (Plural selten) ⟨Abk. für engl. human immunodeficiency virus „menschliches Immundefektvirus“⟩: (Med.) Aidserreger

HIV-In|fek|ti|on die; -, -en: Infektion mit den Erregern von Aids. **HIV-in|fi|ziert**: mit den Erregern von Aids infiziert

HIV-ne|ga|tiv: nicht befallen von Aidserregern

HIV-po|si|tiv: von Aidserregern befallen

Hob|bock der; -s, -s ⟨wohl nach der engl. Firma Hubbuck⟩: Gefäß zum Versand von Fetten, Farben o. Ä.

Hob|by das; -s, -s ⟨engl.⟩: Beschäftigung, der man aus Freude an der Sache [u. zum Ausgleich für die Berufs- od. Tagesarbeit] in seiner Freizeit nachgeht

Hob|by|ist der; -en, -en: jmd., der ein Hobby hat. **Hob|by|is|tin** die; -, -nen: weibliche Form zu ↑ Hobbyist

Hob|bo [ˈhoʊboʊ] der; -s, -[e]s ⟨amerik.⟩: umherziehender Gelegenheitsarbeiter, Tramp in den USA, der das Land in Güterzügen als blinder Passagier durchreist

Hob|boe usw.: (veraltet) ↑ Oboe usw.

hoc an|no ⟨lat.⟩: in diesem Jahre; Abk.: h. a.

hoc est ⟨lat.⟩: (veraltet) das ist; Abk.: h. e.

Hoche|pot [ɔʃˈpo] das; -, -s [ɔʃˈpo] ⟨fr.⟩: Eintopfgericht

Hoch|fre|quenz die; -, -en ⟨dt.; lat.⟩: Gebiet der elektrischen Schwingungen oberhalb der Mittelfrequenz (etwa 20 000 Hertz) bis zum Gebiet der Höchstfrequenz (etwa ab 100 Millionen Hertz); Abk.: HF

Ho|ckey [...ke, auch: ...ki] das; -s ⟨engl.⟩: zwischen zwei Mannschaften ausgetragenes Ballspiel, bei dem ein kleiner Ball nach bestimmten Regeln mit gekrümmten Schlägern in das gegnerische Tor zu spielen ist

hoc lo|co ⟨lat.⟩: (veraltet) hier, an diesem Ort; Abk.: h. l.

Hol|de|ge|sis, Hol|de|ge|tik die; - ⟨gr.⟩: (veraltet) Anleitung zum Studium eines Wissens- od. Arbeitsgebietes

Hol|de|ge|t|ria die; -, ...trien ⟨„Wegführerin“⟩: stehende Mutter Gottes (auch als Halbfigur) mit dem Kind auf dem linken Arm (byzantinischer Bildtypus)

Hol|do|graph, auch: ...graf der; -en, -en ⟨gr.-nlat.⟩: grafische Darstellung der Geschwindigkeitsvektoren bei einem Bewegungsablauf

Hol|do|me|ter das; -s, -: Wegmesser, Schrittzähler

Hol|d|scha der; -[s], -s ⟨pers.-türk.⟩: 1. [geistlicher] Lehrer. 2. (nur Plural) Zweig der ↑ Ismailiten (unter dem ↑ Aga Khan)

Hol|jal|d|re [ɔˈxaldre] der; -[s], -s ⟨span.⟩: spanischer Mürbeteigkuchen

Hol|ke|tus u. Hoquetus der; - ⟨mlat.⟩: Kompositionsart vom 12. bis 15. Jh. (Verteilung der Melodie auf verschiedene Stimmen, sodass bei Pausen der einen der andere die Melodie übernimmt)

Hok|ku das; -[s], -s ⟨jap.⟩: ↑ Haikai

Hol|kus|po|kus der; - ⟨engl.⟩: 1. Zauberformel der Taschenspieler. 2. etwas, das hinter viel äußerem Aufwand nichts weiter steckt

hol|l|an|d|risch ⟨gr.⟩: (von Genen u. bestimmten Merkmalen) so beschaffen, dass etwas ausschließlich im genetischen Geschlecht, d. h. vom Vater auf den Sohn, vererbt werden kann; Ggs. ↑ hologyn

Hol|ạrk|tis *die;* - *(gr.-nlat.):* pflanzen- u. tiergeographisches Gebiet, das die ganze nördliche gemäßigte u. kalte Zone bis zum nördlichen Wendekreis umfasst. **hol|ạrk|tisch:** die Holarktis betreffend

Hol|ding ['hoʊldɪŋ] *die;* -, -s *(engl.)* u. **Hol|ding|ge|sell|schaft** *die;* -, -en: Gesellschaft, die nicht selbst produziert, die aber Aktien anderer Gesellschaften besitzt u. diese dadurch beeinflusst oder beherrscht

Hole [hoʊl] *das;* -s, -s *(engl.;* „Loch"):* (Sport) Golfloch

Ho|li|days ['hɔlɪdeɪs] *die* (Plural) *(germ.-engl.):* Ferien, Urlaub

Ho|lis|mus *der;* - *(gr.-nlat.):* (Philos.) Lehre, die alle Erscheinungen des Lebens aus einem ganzheitlichen Prinzip ableitet. **ho|lis|tisch:** das Ganze betreffend

Holk vgl. Hulk

hol|le|ri|thie|ren *(nach dem deutsch-amerik. Erfinder H. Hollerith, 1860–1929):* auf Hollerithkarten bringen

Hol|le|rith|kar|te, auch: **Hol|le-rith-Kar|te** *die;* -, -n: früher gebräuchliche Karte, auf der Informationen durch bestimmte Lochungen festgehalten waren; Lochkarte

Hol|le|rith|ma|schi|ne, auch: **Hol-le|rith-Ma|schi|ne** *die;* -, -n: früher übliche Lochkartenmaschine zum Buchen von Daten

Hol|ly|wood|schau|kel ['hɔlɪvʊt...] *die;* -, -n *(nach der amerik. Filmstadt):* Gartenmöbel in Form einer breiten, gepolsterten [u. überdachten] Bank, die frei aufgehängt ist u. wie eine Schaukel hin- u. herschwingen kann

Hol|mi|um *das;* -s *(nlat.; nach Holmia, dem latinisierten Namen der Stadt Stockholm):* chem. Element; Seltenerdmetall; Zeichen: Ho

ho|lo|ạrk|tisch vgl. holarktisch

Ho|lo|caust *der;* -[s], -s *(gr.-lat.-engl.):* Massenvernichtung menschlichen Lebens, bes. die der Juden während des Nationalsozialismus

Ho|lo|e|der *der;* -s, - *(gr.-nlat.):* holoedrischer Kristall. **Ho|lo|e-d|rie** *die;* -: Vollflächigkeit; volle Ausbildung aller Flächen eines Kristalls. **ho|lo|e|d|risch:** vollflächig von Kristallen)

Ho|lo|en|zym *das;* -s, -e: vollständiges, aus ↑ Apoenzym u. ↑ Koenzym zusammengesetztes ↑ Enzym

Ho|lo|fer|ment *das;* -s, -e: (veraltet) ↑ Holoenzym

Ho|lo|gramm *das;* -s, -e: Speicherbild; dreidimensionale Aufnahme eines Gegenstandes, die bei der Holographie entsteht

Ho|lo|gra|phie, auch: ...grafie *die;* -: Technik zur Speicherung u. Wiedergabe von Bildern in dreidimensionaler Struktur, die (in zwei zeitlich voneinander getrennten Schritten) durch das kohärente Licht von Laserstrahlen erzeugt sind; **akustische Holographie:** aus den Echos von Schallwellen mithilfe von Laser erzeugtes räumliches Bild des den Schall reflektierenden Objekts

ho|lo|gra|phie|ren, auch: ...grafieren: 1. (veraltet) völlig eigenhändig schreiben. 2. mit Holographie ausrüsten

ho|lo|gra|phisch, auch: ...grafisch: 1. (Bibliothekswesen) eigenhändig geschrieben. 2. mit der Technik der Holographie hergestellt

Ho|lo|gra|phon, auch: ...grafon *(gr.)* u. **Ho|lo|gra|phum,** auch: ...grafum *das;* -s, ...pha *(gr.-lat.):* (veraltet) eigenhändig geschriebene Urkunde

ho|lo|gyn *(gr.):* (von Genen u. bestimmten Merkmalen) so beschaffen, dass etwas ausschließlich von der Mutter auf die Tochter vererbt werden kann; Ggs. ↑ holandrisch

ho|lo|krin *(gr.-nlat.):* (Biol.; Med.) Sekrete absondernd, in denen sich die Zellen der Drüse völlig aufgelöst haben; Ggs. ↑ merokrin

ho|lo|kris|tal|lin: (Geol.) ganz kristallin (von Gesteinen)

Ho|lo|me|ta|bo|len *die* (Plural): (Biol.) Insekten mit vollständiger ↑ Metamorphose (2). **Ho|lo-me|ta|bo|lie** *die;* -: (Biol.) vollkommene ↑ Metamorphose (2) in der Entwicklung der Insekten (unter Einschaltung eines Puppenstadiums)

Ho|lo|pa|ra|sit *der;* -en, -en *(gr.-lat.):* Vollschmarotzer; Pflanze ohne Blattgrün, die sämtliche Nährstoffe von der Wirtspflanze bezieht

ho|lo|phras|tisch *(gr.-lat.):* aus einem Wort bestehend (von Sätzen); **holophrastische Rede:** Einwortsatz (z. B. *Komm!* od. *Feuer!*)

Ho|lo|si|de|rit [auch: ...'rɪt] *der;* -s, -e *(gr.-nlat.):* ↑ Meteorit, der ganz aus Nickeleisen besteht

Ho|lo|thu|rie [...jə] *die;* -, -n *(gr.-lat.):* (Zool.) Seewalze od. Seegurke (Stachelhäuter des Atlantiks und des Mittelmeers)

ho|lo|tisch: ganz, völlig, vollständig

Ho|lo|to|pie *die;* - *(gr.-nlat.):* (Med.) Lage eines Organs in Beziehung zum Gesamtkörper

Ho|lo|ty|pus *der;* -, ...pen: in der zoologischen Nomenklatur das Einzelstück einer Tierart, nach dem diese erstmals wissenschaftlich beschrieben wurde

ho|lo|zän: zum Holozän gehörend, es betreffend. **Ho|lo|zän** *das;* -s: jüngste Abteilung des ↑ Quartärs

Hols|ter *das;* -s, - *(mittelniederd.-niederl.-engl.):* 1. offene Ledertasche für eine griffbereit getragene Handfeuerwaffe. 2. (Jägerspr.) Jagdtasche

hom..., **Hom...** vgl. homo..., Homo...

Ho|ma vgl. Haoma

Ho|m|a|t|ro|pin *das;* -s *(gr.):* (Med.) dem ↑ Atropin verwandter chemischer Stoff aus Mandelsäure u. Tropin (zur kurzfristigen Pupillenerweiterung)

Home|ban|king, auch: **Home-Banking** ['hoʊmbɛŋkɪŋ] *das;* -s *(engl.):* Abwicklung von Bankgeschäften mithilfe einer EDV-Einrichtung von der Wohnung aus

Home|base, auch: **Home-Base** [...beɪs] *das;* -, -s [...sɪz]: im Baseball Markierung („Mal") zwischen den beiden Schlägerboxen

Home|care, auch: **Home-Care** [...kɛə] *die;* -, -s: Form der Kranken- u. Altenbetreuung, bei der die Patienten in der vertrauten häuslichen Umgebung versorgt werden

Home|com|pu|ter, auch: **Home-Com|pu|ter** [...kɔmpjuːtɐ] *der;* -s, -: (EDV) kleiner Computer für den häuslichen Anwendungsbereich

H

Home|dress, auch: **Home-Dress** *der; - u. -es, -e ⟨engl.⟩:* Hauskleid, Hausanzug

Home|figh|ter, auch: **Home-Fighter** [...f̮a͜itə] *der; -s, -:* im heimischen Boxring, vor heimischem Publikum besonders starker u. erfolgreicher ↑ Boxer

Home|land [...lɛnd] *das; -[s], -s* (meist Plural): (früher) in der Republik Südafrika den verschiedenen farbigen Bevölkerungsgruppen zugewiesenes Siedlungsgebiet

Home|lear|ning, auch: **Home-Learning** [...lə:nɪŋ], *das; -[s]:* Form des Lernens mithilfe von Telekommunikationsdiensten von der Wohnung aus

Home|page [...peɪdʒ] *der; -, -s* [...dʒɪz]: (EDV) a) über das Internet als grafische Darstellung abrufbare Datei, die als Ausgangspunkt zu den angebotenen Informationen einer Person, Firma od. Institution dient; Leitseite, Startseite; b) Gesamtheit der Dateien einer Person, Firma od. Institution, die von der Homepage (a) erreichbar sind

Home|plate, auch: **Home-Plate** [...pleıt] *das; -[s], -s:* ↑ Homebase

Ho|me|ri|de *der; -n, -n ⟨gr.-lat.⟩:* 1. Angehöriger einer altgriechischen Rhapsodengilde auf der Insel Chios, die sich von Homer herleitete. 2. Rhapsode, der die homerischen Gedichte vortrug

ho|me|risch: von dem altgriechischen Dichter Homer stammend, zu seinem dichterischen Werk gehörend; typisch für den Dichter Homer, in seinen Werken häufig anzutreffen; **homerisches Gelächter:** schallendes Gelächter (nach Stellen bei Homer, wo von dem „unauslöschlichen Gelächter der seligen Götter" die Rede ist)

Ho|me|ris|mus *der; -, ...men:* homerischer Ausdruck, homerisches Stilelement im Werk eines anderen Dichters

Home|rule [ˈhoʊmruːl] *die; - ⟨engl.; „Selbstregierung"⟩:* Schlagwort der irischen Unabhängigkeitsbewegung

Home|run, auch: **Home-Run** [...ran] *der; -[s], -s:* (Sport) im Baseball Treffer, der es dem

Schläger ermöglicht, nach Berühren des ersten, zweiten u. dritten Base das Schlagmal wieder zu erreichen

Home|shop|ping, auch: **Home-Shop|ping** [...ʃɔpɪŋ] *das; -s:* das Einkaufen per Bestellung von zu Hause aus (bes. über das Internet)

Home|sit|ter [...zɪtɐ] *der; -s, -* ⟨Analogiebildung zu ↑ Babysitter⟩: jmd., der das Haus des Hauseigentümers während dessen Abwesenheit bewohnt u. bewacht

Home|spun [...span] *das; -s, -s ⟨engl.; „hausgesponnen"⟩:* grobfädiger, früher handgesponnener noppiger Wollstoff

Home|sto|ry, auch: **Home-Sto|ry** [...ˈstɔ:rɪ] *die; -, -s:* mit Fotos versehener Bericht in einer Zeitschrift o. Ä. über eine [prominente] Person in ihrem häuslichen, privaten Bereich

Home|trai|ner [...tre:..., ...tre:...] *der; -s, -:* Übungsgerät (z. B. stationäres Fahrrad od. Rudergerät) zum Konditions- u. Ausgleichstraining od. für heilgymnastische Zwecke

Home|wear [...weə] *die -,* auch: *der od. das; -[s]:* 1. Kleidung für zu Hause. 2. Bezeichnung für Gegenstände im Wohnbereich (z. B. Kissen, Gardinen, Teppiche)

Ho|mi|let *der; -en, -en ⟨gr.⟩:* 1. Fachmann auf dem Gebiet der Homiletik. 2. Prediger. **Ho|mi|le|tik** *die; -:* Geschichte u. Theorie der Predigt. **Ho|mi|le|tin** *die; -, -nen:* weibliche Form zu ↑ Homilet. **ho|mi|le|tisch ⟨gr.- lat.⟩:** die Gestaltung der Predigt betreffend

Ho|mi|li|ar *das; -s, -e u.* (seltener:) **Ho|mi|li|a|ri|um** *das; -s, ...ien ⟨gr.-lat.-mlat.⟩:* mittelalterliche Predigtsammlung

Ho|mi|lie *die; -, ...ien:* erbauliche Bibelauslegung; Predigt über einen Abschnitt der Hl. Schrift

Ho|mi|lo|pha|thie *die; - ⟨gr.-nlat.⟩:* (Psychol.; Med.) krankhafte Angst beim Umgang mit Menschen, meist als Folge einer Isolierung

Ho|mi|nes: *Plural* von ↑ ¹Homo

Ho|mi|ni|de, auch: **Hominid** *der; ...den, -en den ⟨lat.-nlat.⟩:* (Biol.) Angehöriger einer Ordnung von Lebewesen, die aus dem

heutigen Menschen u. seinen Vorläufern sowie den Menschenaffen besteht

Ho|mi|ni|sa|ti|on *die; -:* Menschwerdung (im Hinblick auf die Stammesgeschichte). **ho|mi|ni|sie|ren:** zum Menschen entwickeln

Ho|mi|nis|mus *der; -:* philosophische Lehre, die alle Erkenntnis u. Wahrheit nur in Bezug auf den Menschen u. nicht an sich gelten lässt. **ho|mi|nis|tisch:** 1. den Hominismus betreffend, auf ihm beruhend. 2. auf den Menschen bezogen, nur für den Menschen geltend

Hom|mage [ɔˈma:ʃ] *die; -, -n* [...ʒn] ⟨lat.-fr.⟩: Huldigung, Ehrerbietung; Hommage à ...: Huldigung für ...

Homme à Femmes [ɔmaˈfam] *der; - - -, - - -* [ɔmaˈfam] ⟨fr.; „Mann für Frauen"⟩: Mann, der von Frauen geliebt wird, bei ihnen sehr beliebt ist; Frauentyp

Homme de Lett|res [ɔmdəˈletrə] *der; - - -, - s - -* [ɔmdə...] ⟨fr.⟩: ↑ Literat

ho|mo *⟨gr.⟩:* Kurzform von ↑ homosexuell; Ggs. ↑ hetero

¹Ho|mo *der; -, ...mines* [ˈhɔmineːs] ⟨lat.⟩: (Biol.) Frühform des Menschen; der Mensch selbst als Angehöriger einer Gattung der Hominiden

²Ho|mo *der; -s, -s ⟨gr.⟩:* homosexueller Mann; Ggs. ↑ Hetero

---

ho|mo..., Ho|mo...

vor Vokalen gelegentlich hom..., Hom... ⟨gr. homós „gleich, in gleicher Weise, ebenso"⟩ Präfix mit der Bedeutung „gleich, gleichartig, entsprechend": – Homoerotik – homogen – Homonym

---

Ho|mö|ark|ton *der; -s, ...ta ⟨gr.- nlat.; „ähnlich anfangend"⟩:* (Rhet.) Redefigur, bei der die Anfänge zweier aufeinander folgender Wörter gleich oder ähnlich lauten, z. B. *Mädchen mähen...,*

Ho|mo|chro|nie *die; -, ...ien:* (Geogr.; Meteor.; Meereskunde) gleichzeitiges Auftreten oder Einsetzen einer Erscheinung an verschiedenen Punkten der

H

Erde (z. B. das gleichzeitige Eintreten der Flut in räumlich getrennten Gebieten)

ho|m|o|dont: (Biol.) mit gleichartigen Zähnen ausgestattet (vom Gebiss der Amphibien, Reptilien u. a. Wirbeltierklassen); Ggs. ↑ heterodont

Ho|mo|e|mo|ti|o|na|li|tät *die; -:* das emotionale Sich-hingezogen-Fühlen zum gleichen Geschlecht

Ho|mo e|rec|tus *der; - -:* Vertreter einer ausgestorbenen Art der Gattung ¹Homo

Ho|mo|e|rot *der;* -en, -en : ↑ Homoerotiker, ↑ Homosexueller

Ho|mo|e|ro|tik *die; -:* auf das eigene Geschlecht gerichtete ↑ Erotik; vgl. Homosexualität

Ho|mo|e|ro|ti|ker *der;* -s, -: jmd., dessen erotisch-sexuelle Empfindungen auf Partner des gleichen Geschlechts gerichtet sind. **Ho|mo|e|ro|ti|ke|rin** *die; -,* -nen: weibliche Form zu ↑ Homoerotiker

ho|mo|e|ro|tisch: a) sich zum gleichen Geschlecht aufgrund sinnlich-ästhetischer Reize hingezogen fühlend; b) ↑ homosexuell

Ho|mo|e|ro|tis|mus *der; -:* Empfindungsweise, deren libidinöse Wünsche gleichgeschlechtlich bezogen, aber oft so gut sublimiert sind, dass sie unbewusst, latent bleiben

Ho|mo Fa|ber *der; - -* ⟨lat.; „Verfertiger"⟩: der Mensch mit seiner Fähigkeit, für sich Werkzeuge und technische Hilfsmittel zur Bewältigung u. Kultivierung der Natur herzustellen

ho|mo|fon usw. vgl. homophon usw.

Ho|mo|ga|mie *die; -:* 1. (Bot.) gleichzeitige Reife von männlichen u. weiblichen Blütenorganen bei einer zwittrigen Blüte. 2. (Soziol.) Gleichartigkeit der Gatten bei der Partnerwahl (z. B. in Bezug auf Alter, Klasse, Konfession); Ggs. ↑ Heterogamie

ho|mo|gen: gleich[artig]; gleichmäßig aufgebaut, einheitlich, aus Gleichartigem zusammengesetzt; Ggs. ↑ heterogen; **homogene Gleichung:** (Math.) Gleichung, in der alle Glieder den gleichen Grad haben wie die Unbekannte u. auf einer

Seite der Gleichung stehen (die andere Seite hat den Wert null)

ho|mo|ge|ni|sie|ren: 1. (Chem.) nicht mischbare Flüssigkeiten (z. B. Fett u. Wasser) durch Zerkleinerung der Bestandteile mischen. 2. Metall glühen, um ein gleichmäßiges Gefüge zu erhalten. 3. (Physiol.) Organe od. Gewebe zerkleinern. **Ho|mo|ge|ni|sie|rung** *die; -,* -en: Vermischung von prinzipiell verschiedenen Elementen oder Teilen

Ho|mo|ge|ni|tät *die; -:* Gleichartigkeit, Einheitlichkeit, Geschlossenheit; Ggs. ↑ Heterogenität

Ho|mo|go|nie *die; -:* (Philos.) Entstehung aus Gleichartigem; Ggs. ↑ Heterogonie

ho|mo|grad: (Statistik) auf qualitative Unterschiede gerichtet; Ggs. ↑ heterograd

Ho|mo|gramm *das;* -s, -e: ↑ Homograph

Ho|mo|graph, auch: ...graf *das;* -s, -e: Wort, das sich in der Aussprache von einem anderen gleich geschriebenen unterscheidet, z. B. Tenor „Haltung" neben Tenor „hohe Männerstimme"; vgl. Homonym (1 b)

Ho|mo ha|bi|lis *der; - -* ⟨lat.; eigtl. „geschickter Mensch"⟩: Hominid, ausgestorbener Vorläufer des heutigen Menschen

ho|mo ho|mi|ni lu|pus ⟨lat.; „der Mensch (ist) dem Menschen ein Wolf"⟩: der Mensch ist der gefährlichste Feind des Menschen (Grundprämisse der Staatstheorie des englischen Philosophen Th. Hobbes im „Leviathan")

Ho|moi|o|nym vgl. Homöonym

ho|mo|log ⟨gr.⟩: gleich liegend, gleich lautend; übereinstimmend; entsprechend; **homologe Insemination:** (Med.) künstliche Befruchtung mit vom Ehemann stammendem Samen; Ggs. ↑ heterologe Insemination; **homologe Organe:** (Biol.) Organe von entwicklungsgeschichtlich gleicher Herkunft, aber mit verschiedener Funktion (z. B. Schwimmblase der Fische u. Lunge der Landwirbeltiere); **homologe Stücke:** (Math.) sich entsprechende Punkte, Seiten oder Winkel in kongruenten oder ähnlichen geometrischen Figu-

ren; **homologe Reihe:** (Chem.) Gruppe chemisch nahe verwandter Verbindungen, für die sich eine allgemeine Reihenformel aufstellen lässt. **Ho|mo|log** *das;* -s, -e: chemische Verbindung einer ↑ homologen Reihe

Ho|mo|lo|ga|ti|on *die;* -, -en: (vom Internationalen Automobil-Verband festgelegtes) Reglement, wonach ein Wagenmodell für Wettbewerbszwecke in bestimmter Mindeststückzahl gebaut sein muss, um in eine bestimmte Wettbewerbskategorie eingestuft zu werden

Ho|mo|lo|gie *die; -,* ...ien: 1. (stoische Lehre) Übereinstimmung des Handelns mit der Vernunft und damit mit der Natur. 2. Übereinstimmung, Entsprechung von biologischen Organen hinsichtlich ihrer Entwicklungsgeschichte, nicht aber hinsichtlich der Funktion. 3. Übereinstimmung von Instinkten und Verhaltensformen bei verschiedenen Tieren od. Tier u. Mensch

ho|mo|lo|gie|ren ⟨gr.-nlat.⟩: 1. (Automobilsport) einen Serienwagen in die internationale Zulassungsliste zur Klasseneinteilung für Rennwettbewerbe aufnehmen. 2. (Skisport) eine Skirennstrecke nach bestimmten Normen anlegen

Ho|mo|lo|gu|me|non *das;* -s, ...mena (meist Plural) ⟨gr.; „das Übereinstimmende"⟩: unbestritten zum ↑ Kanon (5) gehörende Schrift des Neuen Testaments; vgl. Antilegomenon

Ho|mo lu|dens *der; - -:* der spielende u. dadurch schöpferische Mensch

ho|mo|morph ⟨gr.-nlat.⟩: (Math.) Homomorphismus aufweisend (von algebraischen Strukturen). **Ho|mo|mor|phis|mus** *der;* -, ...men: (Math.) spezielle Abbildung einer ↑ algebraischen Struktur in od. auf eine andere

ho|mo|nom: (Zool.) gleichwertig (hinsichtlich der einzelnen Abschnitte bei Gliedertieren); Ggs. ↑ heteronom. **Ho|mo|no|mie** *die; -:* (Zool.) gleichartige Gliederung eines Tierkörpers mit gleichwertigen Segmenten; Ggs. ↑ Heteronomie

Ho|mo no|vus *der; - -:* (veraltend) jmd., der neu in die obere Ge-

sellschaftsschicht aufgestiegen ist; Emporkömmling
ho|m|o|nym ⟨*gr.-lat.*⟩: (Sprachw.) in Lautung u. Schreibung übereinstimmend, aber mit stark abweichender Bedeutung; ein Homonym darstellend; vgl. ...isch/-. **Ho|m|o|nym** *das;* -s, -e: 1. (Sprachw.) a) Wort, das ebenso wie ein anderes geschrieben u. gesprochen wird, aber verschiedene Bedeutung hat u. sich grammatisch, z. B. durch Genus, Plural, Konjugation, von diesem unterscheidet, z. B. der/das Gehalt; die Bänke/Banken; sieben (Verb)/sieben (Zahl); vgl. Polysem; Homograph; Homophon; b) (früher) Wort, das ebenso wie ein anderes lautet u. geschrieben wird, aber einen deutlich anderen Inhalt [u. eine andere Herkunft] hat, z. B. Schloss (Türschloss u. Gebäude). 2. (Literaturw.) Deckname, der aus einem klassischen Namen besteht, z. B. Cassandra = William Neil Connor
Ho|m|o|ny|mie *die;* -: (Sprachw.) die Beziehung zwischen Wörtern, die Homonyme sind. **ho|m|o|ny|misch:** auf die Homonymie bezogen; vgl. ...isch/-
Ho|mo oe|co|no|mi|cus [- øko...] *der;* - -: (Psychol.; Soziol.) der ausschließlich von wirtschaftlichen Zweckmäßigkeitserwägungen geleitete Mensch; gelegentlich Bezeichnung des heutigen Menschen schlechthin
Ho|mö|o|me|ri|en *die* (Plural) ⟨*gr.-lat.*⟩: gleichartige, qualitativ fest bestimmte ähnliche Teilchen der Urstoffe (bei dem altgriechischen Philosophen Anaxagoras)
ho|mö|o|morph ⟨*gr.-nlat.*⟩: (Med.) gleichgestaltig, von gleicher Form u. Struktur (von Organen bzw. Organteilen)
Ho|mö|o|nym *das;* -s, -e: 1. ähnlich lautendes Wort od. ähnlich lautender Name (z. B. Schmied–Schmidt). 2. (Sprachw.) Wort, das mit einem anderen partiell synonym ist, das die gleiche Sache wie ein anderes bezeichnet, im Gefühlswert aber verschieden ist (z. B. Haupt/Kopf); vgl. Homonym
Ho|mö|o|path *der;* -en, -en: homöopathisch behandelnder

Arzt. **Ho|mö|o|pa|thie** *die;* -: Heilverfahren, bei dem die Kranken mit solchen Mitteln in hoher Verdünnung behandelt werden, die in größerer Menge bei Gesunden ähnliche Krankheitserscheinungen hervorrufen; Ggs. ↑ Allopathie. **Ho|mö|o|pa|thin** *die;* -, -nen: weibliche Form zu ↑ Homöopath. **ho|mö|o|pa|thisch:** die Homöopathie anwendend, betreffend
Ho|mö|o|pla|sie *die;* -: (Med.) organähnliche Neubildung
Ho|mö|o|plas|tik u. Homoplastik *die;* -, -en: (Med.) operativer Ersatz verloren gegangenen Gewebes durch arteigenes (z. B. Verpflanzen von einem Menschen auf den anderen); Ggs. ↑ Heteroplastik; vgl. Autoplastik
ho|mö|o|po|lar: gleichartig elektrisch geladen; **homöopolare Bindung:** (Phys.) Zusammenhalt von Atomen in Molekülen, der nicht auf der Anziehung entgegengesetzter Ladung beruht
Ho|mö|o|pro|pho|ron *das;* -s, ...ra ⟨*gr.-lat.*⟩: (Rhet.) Redefigur, bei der aufeinander folgende Wörter ähnlich od. gleiche klingende Laute haben (z. B. O *du, die du die* Tugend liebst)
Ho|mö|o|p|to|ton *das;* -s, ...ta ⟨"gleich deklinierend"⟩: (Rhet.) Redefigur, bei der ein Wort mit anderen aufeinander folgenden in der Kasusendung übereinstimmt (z. B. lat. omni*bus* viri*bus*)
Ho|mö|os|mie *die;* - ⟨*gr.-nlat.*⟩: das Gleichbleiben des ↑ osmotischen Druckes im Innern eines Organs bei schwankendem osmotischen Druck der Umgebung
Ho|mö|o|s|ta|se *die;* -, -n, **Ho|mö|o|s|ta|sie** *die;* -, ...ien u. **Ho|mö|o|s|ta|sis** *die;* -, ...sen: (Med.) Gleichgewicht der physiologischen Körperfunktionen; Stabilität des Verhältnisses von Blutdruck, Körpertemperatur, pH-Wert des Blutes u. a.
Ho|mö|o|s|tat *der;* -en, -en: (Kybernetik) technisches System, das sich der Umwelt gegenüber in einem stabilen Zustand halten kann
ho|mö|o|s|ta|tisch: die Homöostase betreffend, dazu gehörend

Ho|mö|o|te|leu|ton *das;* -s, ...ta ⟨*gr.-lat.;* „ähnlich endend"⟩: Redefigur, bei der aufeinander folgende Wörter oder Wortgruppen gleich klingen (z. B. tr*au,* sch*au* [wem])
ho|mö|o|therm ⟨*gr.-nlat.*⟩: warmblütig, gleich bleibend warm (von Tieren, deren Körpertemperatur bei schwankender Umwelttemperatur gleich bleibt, z. B. bei Vögeln u. Säugetieren); Ggs. ↑ poikilotherm. **Ho|mö|o|ther|mie** *die;* -: (Zool.) Warmblütigkeit
ho|mo|phag ⟨*gr.*⟩: a) nur pflanzliche od. tierische Nahrung fressend (von Tieren); b) (Biol.) auf nur einem Wirtsorganismus schmarotzend (von Parasiten); Ggs. ↑ heterophag
ho|mo|phil: ↑ homosexuell. **Ho|mo|phi|lie** *die;* -: ↑ Homosexualität
ho|mo|phob: die Homophobie betreffend. **Ho|mo|pho|bie** *die;* -: krankhafte Angst vor u. Abneigung gegen ↑ Homosexualität
ho|mo|phon, auch: ...fon ⟨*gr.*⟩: 1. gleichstimmig, melodiebetont, in der Kompositionsart der Homophonie; Ggs. ↑ polyphon (2). 2. (Sprachw.) gleich lautend (von Wörtern od. Wortsilben); vgl. ...isch/-. **Ho|mo|phon,** auch: ...fon *das;* -s, -e: Wort, das mit einem anderen gleich lautet, aber verschieden geschrieben wird (z. B. Lehre–Leere); vgl. Homograph, Homonym. **Ho|mo|pho|nie,** auch: ...fonie *die;* -: (Mus.) Satztechnik, bei der die Melodiestimme hervortritt, alle anderen Stimmen begleitend zurücktreten; Ggs. ↑ Polyphonie; vgl. Harmonie u. Monodie. **ho|mo|pho|nisch,** auch: ...fonisch: auf die Homophonie bezogen; vgl. ...isch/-
Ho|mo|pla|sie *die;* -: falsche ↑ Homologie (2); Übereinstimmung von Organen, die auf gleichartiger Anpassung an ähnliche Lebensbedingungen beruht
Ho|mo|plas|tik vgl. Homöoplastik
ho|m|or|gan ⟨*gr.-nlat.*⟩: mit dem gleichen Artikulationsorgan gebildet (von Lauten, z. B. b, p). **Ho|m|or|ga|ni|tät** *die;* -: ↑ Assimilation (1); Angleichung der Artikulation eines Lautes an die eines folgenden (z. B. mittelhochdt. i*nbiз* gegenüber neuhochdt. I*mbiss*)

Ho|mor|rhi|zie *die; -:* (Bot.) Bildung der ersten Wurzeln seitlich am Spross (Hauptwurzel wird nicht gebildet; bei Farnpflanzen); Ggs. ↑ Allorrhizie

Ho|mo sa|pi|ens *der; - -* ⟨*lat.;* „vernunftbegabter Mensch"⟩: wissenschaftl. Bez. des heutigen Menschen

Ho|mo|seis|te *die; -, -n* (meist Plural): Linie, die Orte gleichzeitiger Erschütterung an der Erdoberfläche (bei Erdbeben) verbindet

ho|mo|sem: ↑ synonym

Ho|mo|se|xu|a|li|tät *die; -* ⟨*gr.; lat.-nlat.*⟩: sich auf das eigene Geschlecht richtendes Geschlechtsempfinden, gleichgeschlechtliche Liebe (bes. von Männern); Ggs. ↑ Heterosexualität. **ho|mo|se|xu|ell:** a) gleichgeschlechtlich empfindend (bes. von Männern), zum eigenen Geschlecht hinneigend; Ggs. ↑ heterosexuell; b) für Homosexuelle u. deren Interessen bestimmt (z. B. eine -e Bar, -e Bücher). **Ho|mo|se|xu|el|le** *der* u. *die; -n, -n:* homosexuelle männliche bzw. weibliche Person

Ho|mo|s|ke|das|ti|zi|tät *die; -, -en:* (Statistik) Gleichheit bzw. nicht signifikante Ungleichheit in der Streuung der Ergebnisse von Stichproben in Bezug auf die der Erhebung zugrunde liegende statistische Gesamtheit

Ho|mo|s|phä|re *die; -:* (Meteor.) sich von den darüber liegenden Luftschichten abgrenzende untere Erdatmosphäre, die durch eine nahezu gleiche Zusammensetzung der Luft gekennzeichnet ist; Ggs. ↑ Heterosphäre

Ho|mo|s|ty|lie *die; -* ⟨*gr.-nlat.*⟩: (Bot.) Blütenausbildung, bei der die Narben der Blüten aller Individuen einer Art immer auf der gleichen Höhe wie die Staubbeutel stehen; Ggs. ↑ Heterostylie

ho|mo|the|tisch: ↑ synthetisch

Ho|mo|to|xi|ko|lo|gie *die; -* ⟨*lat.; gr.-nlat.*⟩: naturheilkundliche Lehre, die alle Krankheitserscheinungen im menschlichen Organismus auf die Wirkung von Homotoxinen zurückführt

Ho|mo|to|xin *das; -s, -e:* auf den menschlichen Organismus wirkendes ↑ Toxin

Ho|mo|trans|plan|ta|ti|on *die; -, -en* ⟨*gr.; lat.-nlat.*⟩: ↑ Homöoplastik

Ho|mo|tro|pie *die; -* ⟨*gr.-nlat.*⟩: (Fachspr.) das homoerotische, homosexuelle Hingewendetsein zum eigenen Geschlecht

Ho|mo|u|sie *die; -* ⟨*gr.;* „wesensgleich"⟩: Wesensgleichheit von Gott-Vater u. Gott-Sohn

Ho|möu|sie *die; -* ⟨„wesensähnlich"⟩: Wesensähnlichkeit zwischen Gott-Vater u. Gott-Sohn (Kompromissformel im Streit gegen den ↑ Arianismus)

ho|mo|zen|t|risch ⟨*gr.-nlat.*⟩: von einem Punkt ausgehend od. in einem Punkt zusammenlaufend (von Strahlenbündeln)

ho|mo|zy|got: (Biol.) mit gleichen Erbanlagen versehen; reinerbig (von Individuen, bei denen gleichartige mütterliche u. väterliche Erbanlagen zusammentreffen); Ggs. ↑ heterozygot. **Ho|mo|zy|go|tie** *die; -:* (Biol.) Erbgleichheit von Organismen, die aus einer ↑ Zygote von Keimzellen mit gleichen Erbfaktoren hervorgegangen sind; Ggs. ↑ Heterozygotie

Ho|mun|ku|lus *der; -, ...lusse od. ...li* ⟨*lat.;* „Menschlein"⟩: (nach alchemistischer Vorstellung) künstlich erzeugter Mensch

Ho|nan|sei|de *die; -, -n* ⟨nach der chines. Provinz Honan⟩: Rohseide, Seidengewebe aus Tussahseide mit leichten Fadenverdickungen

ho|nen ⟨*engl.*⟩: ziehschleifen (Verfahren zur Feinbearbeitung von zylindrischen Bohrungen, das die Oberfläche bei hoher Mess- u. Formgenauigkeit glättet)

ho|nett ⟨*lat.-fr.*⟩: anständig, ehrenhaft, rechtschaffen

Ho|ney ['hʌnɪ] *der; -[s], -s* ⟨*engl.;* „Honig"⟩: engl. Bez. für: Schätzchen, Liebling, Süße[r]

Ho|ney|moon [...mu:n] *der; -s, -s* ⟨*engl.;* „Honigmond"⟩: Flitterwochen

ho|ni soit qui mal y pense (auch: honni, honny ...) [ɔnisɔakimali'pãːs] ⟨*fr.-engl.;* „verachtet sei, wer Arges dabei denkt"⟩ Wahlspruch des Hosenbandordens, des höchsten englischen Ordens, der seine Stiftung angeblich einem galanten Zwischenfall verdankt⟩: nur ein Mensch, der etwas Schlechtes dabei denkt, wird hierbei etwas Anstößiges finden

Hon|neur [(h)ɔ'nøːɐ̯] *der; -s, -s* ⟨*lat.-fr.*⟩: 1. (meist Plural) Ehrenbezeigung, Ehre; **die Honneurs machen:** die Gäste willkommen heißen (bei Empfängen). 2. das Umwerfen der mittleren Kegelreihe beim Kegeln. 3. (nur Plural) höchste Karten bei ↑ Whist u. ↑ Bridge

hon|ni soit mal y pense (auch: **hon|ny** ...) vgl. honi soit ...

ho|no|ra|bel ⟨*lat.*⟩: (veraltet) ehrenvoll, ehrbar

Ho|no|rant *der; -en, -en:* jmd., der einen Wechsel anstelle des Bezogenen annimmt od. zahlt (vgl. honorieren); vgl. Intervention

Ho|no|rar *das; -s, -e* ⟨„Ehrensold"⟩: Vergütung für frei- od. nebenberufliche wissenschaftliche, künstlerische o. ä. Tätigkeit

Ho|no|rar|pro|fes|sor *der; -s, -en:* a) (ohne Plural) Ehrentitel für einen nicht beamteten Universitätsprofessor; Abk.: Hon.-Prof.; b) Träger dieses Titels. **Ho|no|rar|pro|fes|so|rin** *die; -, -nen:* weibliche Form zu ↑ Honorarprofessor

Ho|no|rat *der; -en, -en:* jmd., für den ein Wechsel bezahlt wird; vgl. Intervention

Ho|no|ra|ti|or *der; ...oren, ...oren* (meist Plural): 1. Person, die unentgeltlich Verwaltungsaufgaben übernimmt u. aufgrund ihres sozialen Status Einfluss ausübt. 2. angesehener Bürger, bes. in kleineren Orten

Ho|no|ra|ti|o|ren|de|mo|kra|tie *die; -:* Demokratie (bes. im 19. Jh.), in der die Politiker vorwiegend dem Besitz- bzw. dem Bildungsbürgertum entstammten

ho|no|rie|ren ⟨„ehren; belohnen"⟩: 1. ein Honorar zahlen; vergüten. 2. anerkennen, würdigen, durch Gegenleistungen abgelten. 3. (Wechselrecht) einen Wechsel annehmen, bezahlen

ho|no|rig: 1. ehrenhaft. 2. freigebig

ho|no|ris cau|sa ⟨*lat.*⟩: ehrenhalber; Abk.: h. c.: **Doktor honoris causa:** Doktor ehrenhalber; Abk.: Dr. h. c. (z. B. Dr. phil. h. c.)

Ho|no|ri|tät *die; -, -en:* 1. (ohne Plural) Ehrenhaftigkeit. 2. Ehrenperson

Ho|nou|ra|ble [ˈɔnərəbl] ⟨*lat.-fr.-engl.;* „ehrenwert"⟩: Hochwohlgeboren (englischer Ehrentitel); Abk.: Hon.

¹Hon|ved u. **Hon|véd** [ˈhɔnveːd] *der;* -s, -s ⟨*ung.;* „Vaterlandsverteidiger"⟩: ungarischer (freiwilliger) Landwehrsoldat

²Hon|ved u. **Hon|véd** *die;* -: a) ungarisches Freiwilligenheer (gegen Österreich 1848–67); b) ungarische Landwehr (1867–1918); c) ungarische Armee (1918–45)

Hook [hʊk] *der;* -s, -s ⟨*engl.*⟩: 1. a) Haken (im Boxsport); b) (Golf) Schlag, bei dem der Ball in einer der Schlaghand entgegengesetzten Kurve fliegt. 2. (Med.) hakenartiges Ansatzstück an Kunstarmen zum Greifen u. Halten

hoo|ken [ˈhʊkn̩]: einen Hook (1 b) spielen. **Hoo|ker** [ˈhʊkɐ] *der;* -s, -: 1. Golfspieler, dessen Spezialität der Hook (1 b) ist. 2. der zweite u. dritte Stürmer (beim ↑ Rugby), der beim Gedränge in der vorderen Reihe steht

Hook|shot [ˈhʊkʃɔt] *der;* -s, -s: meist im Sprung ausgeführter Korbwurf (beim ↑ Basketball 1), bei dem der Ball mit seitlich ausgestrecktem Arm über den Kopf aus dem Handgelenk geworfen wird

Hook|spin [...spɪn] *der;* -s, -s: mit ↑ Effet geschlagener Golfball

Hoo|li|gan [ˈhuːlɪgn̩] *der;* -s, -s ⟨*engl.*⟩: Halbstarker, Rowdy; Randalierer (bes. bei Massenveranstaltungen)

Hoo|li|ga|nis|mus *der;* - ⟨*engl.-nlat.*⟩: Rowdytum

Hoo|te|nan|ny [ˈhuːtənænɪ] *die;* -, -s, (auch:) *der* od. *das;* -[s], -s ⟨*engl.*⟩: [improvisiertes] gemeinsames Volksliedersingen

Hop *der;* -s, -s ⟨*engl.*⟩: in der Leichtathletik erster Sprung beim Dreisprung; vgl. Jump (1), Stepp (1)

Ho|pak *der;* -s, -s ⟨*ukrainisch*⟩: ↑ Gopak

Ho|p|lit *der;* -en, -en ⟨*gr.-lat.;* „Schildträger"⟩: schwer bewaffneter Fußsoldat im alten Griechenland

Ho|p|li|tes *der;* -, ...ten ⟨*nlat.*⟩: (Geol.) versteinerter ↑ Ammonit, der als eines der wichtigsten Leitfossilien der Kreidezeit gilt

Ho|que|tus vgl. Hoketus

¹Ho|ra, auch: Hore *die;* -, Horen (meist Plural) ⟨*lat.*⟩: a) Gebetsstunde, bes. eine der acht Gebetszeiten des Stundengebets in der katholischen Kirche; b) kirchliches Gebet zu verschiedenen Tageszeiten

²Ho|ra *die;* -, -s ⟨*gr.;* „Reigen"⟩: 1. jüdischer Volkstanz. 2. a) rumänischer Volkstanz; b) ländliche Tanzveranstaltung mit rumänischen Volkstänzen

Ho|ra|ri|um *das;* -s, ...ien ⟨*lat.*⟩: Stundenbuch, Gebetbuch für Laien

Hor|de|lin *das;* -s ⟨*lat.-nlat.*⟩: Eiweißkörper in der Gerste

Hor|de|nin *das;* -s: bes. in Malzkeimen enthaltenes Alkaloid, das in der Medizin als Herzanregungsmittel verwendet wird

Hor|de|o|lum *das;* -s, ...la: (Med.) Gerstenkorn; Drüsenabszess am Augenlid

Ho|re vgl. ¹Hora

Ho|ren *die* (Plural) ⟨*gr.-lat.*⟩: 1. *Plural* von ↑ ¹Hora. 2. griechische Göttinnen der Jahreszeiten u. der [sittlichen] Ordnung

Ho|ri|zont *der;* -[e]s, -e ⟨*gr.-lat.;* „Grenzlinie; Gesichtskreis"⟩: 1. Begrenzungslinie zwischen dem Himmel u. der Erde; **natürlicher Horizont:** sichtbare Grenzlinie zwischen Himmel u. Erde; **künstlicher Horizont:** a) (Astron.) spiegelnde Fläche (Quecksilber) zur Bestimmung der Richtung zum Zenit; b) (Flugw.) [Gerät zur] Anzeige der Lage im Verhältnis zur Horizontlinie. 2. Gesichtskreis; geistiges Fassungsvermögen. 3. (Geol.) kleinste Einheit innerhalb einer ↑ Formation (5), räumlich die kleinste Schichteinheit, zeitlich die kleinste Zeiteinheit. 4. Schnittgerade der vertikalen Zeichenebene mit der Ebene, die zur abzubildenden horizontalen Ebene parallel verläuft (in der Perspektive)

ho|ri|zon|tal ⟨*gr.-lat.-nlat.*⟩: waagerecht. **Ho|ri|zon|ta|le** *die;* -, -n (drei -n, auch: -): 1. a) waagerechte Gerade; Ggs. ↑ Vertikale; b) waagerechte Lage. 2. (salopp scherzh.) Prostituierte

Ho|ri|zon|tal|fre|quenz *die;* -, -en: (Fernsehtechnik) Anzahl der in einer Sekunde übertragenen Zeilen

Ho|ri|zon|tal|in|ten|si|tät *die;* -: Stärke des Erdmagnetfeldes in waagerechter Richtung

Ho|ri|zon|tal|kon|zern *der;* -s, -e: Konzern, der Unternehmen der gleichen Produktionsstufe umfasst; Ggs. ↑ Vertikalkonzern

Ho|ri|zon|tal|pen|del *das;* -s, -: Pendel, das um eine nahezu vertikale Drehachse in einer nahezu horizontalen Ebene schwingt

ho|ri|zon|tie|ren: 1. (Geol.) die verschiedene Höhenlage eines Horizonts einmessen. 2. (Geodäsie) die Achsen von geodätischen Messinstrumenten in waagerechte u./od. senkrechte Lage bringen

hor|misch ⟨*gr.-engl.*⟩: in der Wendung **hormische Psychologie:** Psychologie, die sich mit den Motivationen u. den dynamischen Aspekten des Verhaltens beschäftigt

Hor|mon *das;* -s, -e ⟨*gr.-nlat.*⟩: (Med.) körpereigener, von den Drüsen mit innerer Sekretion gebildeter u. ins Blut abgegebener Wirkstoff, der biochemischphysiologische Abläufe steuert u. koordiniert. **hor|mo|nal,** auch: **hor|mo|nell:** (Med.) aus Hormonen bestehend, auf sie bezüglich; vgl. ...al/...ell

Hor|mon|prä|pa|rat *das;* -s, -e: (Med.) aus Drüsen, Drüsenextrakten o. Ä. gewonnenes Arzneimittel, das z. B. bei fehlender od. unzureichender Produktion von Hormonen verwendet wird

Hor|mon|the|ra|pie *die;* -, -n: medizinische Behandlung mit Hormonpräparaten

Horn|back [ˈhɔːnbɛk] *das* od. *der;* -s, -s ⟨*engl.*⟩: verhornter Rücken einer Krokodilhaut, deren Abschleifen eine besonders ausgeprägte Maserung zutage treten lässt u. hauptsächlich für Luxusartikel der Lederwarenindustrie verwendet wird

Hor|ni|to *der;* -s, -s ⟨*span.*⟩: kegelförmige Aufwölbung über Austrittsstellen dünnflüssiger Lava

Horn|pipe [ˈhɔːnpaɪp] *die;* -, -s ⟨*engl.*⟩: 1. Schalmeienart. 2. alter Tanz im ³/₄- oder ⁴/₄-Takt

Ho|ro|log *das;* -s, -e ⟨*gr.-lat.*⟩: (veraltet) Uhr

Ho|ro|lo|gi|on *das;* -s, ...ien ⟨*gr.*⟩: ↑ Horologium (1)

Ho|ro|lo|gi|um *das; -s, ...ien* ⟨*lat.*⟩:
1. liturgisches Buch mit den Texten für die Stundengebete der orthodoxen Kirche. 2. ↑ Horolog

Ho|r|op|ter *der; -s* ⟨*gr.-nlat.*⟩: (Med.) kreisförmige horizontale Linie, auf der alle Punkte liegen, die bei gegebener Augenstellung mit beiden Augen nur einfach gesehen werden

Ho|ro|s|kop *das; -s, -e* ⟨*gr.-lat.;* „Stundenseher"⟩: (Astrol.) a) schematische Darstellung der Stellung der Gestirne zu einem bestimmten Zeitpunkt als Grundlage zur Schicksalsdeutung; b) Voraussage über kommende Ereignisse aufgrund von Sternkonstellationen; c) Aufzeichnung des Standes der Sterne bei der Geburt; Kosmogramm

ho|ro|s|ko|pie|ren ⟨*gr.-nlat.*⟩: ein Horoskop stellen

ho|ro|s|ko|pisch: das Horoskop betreffend, darauf beruhend

Hor|ra: ↑ ²Hora (1)

hor|rend ⟨*lat.*⟩: 1. (emotional) jedes normale Maß überschreitend, sodass es entsprechende Kritik hervorruft. 2. (veraltet) durch seinen geistigen Gehalt Entsetzen erregend

hor|ri|bel: (veraltet) 1. als Erlebnis, Mitteilung Grauen erregend, grausig, furchtbar. 2. ↑ horrend (1)

hor|ri|bi|le dic|tu: es ist furchtbar, dies sagen zu müssen; Gott sei's geklagt

Hor|ri|bi|li|tät *die; -, -en* (Plural selten): (veraltet) Schrecklichkeit, Furchtbarkeit

Hor|ror *der; -s:* a) auf Erfahrung beruhender, schreckerfüllter Schauder, Abscheu, Widerwille [sich mit etwas zu befassen]; b) schreckerfüllter Zustand, in den jmd. durch etwas gerät

Hor|ror|film *der; -[e]s, -e:* Film, dessen Thema u. Gestaltung bei den Zuschauenden Grauen u. Entsetzen erregen soll

Hor|ror|li|te|ra|tur *die; -, -en:* literarische Werke aller Gattungen, die Unheimliches, Gräueltaten u. Ä. darstellen

Hor|ror|trip *der; -s, -s:* 1. a) Reise voller Schrecken; Schreckensfahrt; b) schrecklicher Vorgang; schreckliches Ereignis. 2. Drogenrausch mit Angst- u. Panik-

gefühlen nach dem Genuss von starken Drogen

Hor|ror Va|cui [- 'va:kui] *der; - -:* (Philos.) Angst vor der Leere (von Aristoteles ausgehende Annahme, die Natur sei überall um Auffüllung eines leeren Raumes bemüht)

hors con|cours [ɔrkõ'kuːr] ⟨*lat.-fr.*⟩: außer Wettbewerb

Hors|d'œu|v|re [ɔr'dø:vr(ə)] *das; -s, -s* ⟨*fr.*⟩: appetitanregendes kaltes od. warmes Vor- od. Beigericht

Horse [hɔs] *das; -* ⟨*engl.;* „Pferd"; Tabuwort⟩: (Jargon) Heroin

Horse|po|w|er ['hɔspavə]: in Großbritannien u. Nordamerika verwendete Einheit der Leistung (= 745,7 Watt), Pferdestärke; Abk.: h. p. (früher: HP)

Hor|ta|tiv *der; -s, -e:* ↑ Adhortativ

Hor|ten|sie [...jə] *die; -, -n* ⟨*nlat.,* nach Hortense Lepaute, der Reisegefährtin des franz. Botanikers Commerson, 18. Jh.⟩: als Strauch- u. Topfpflanze verbreitetes Steinbrechgewächs mit kleinen weißen, grünlichen, roten od. blauen Blüten in Rispen od. [kugeligen] doldenähnlichen Blütenständen

Hor|ti|kul|tur *die; -* ⟨*lat.*⟩: Gartenbau

Hor|tu|lus A|ni|mae [- ...mɛ] *der od. das; - -, ...li* ⟨*lat.;* „Seelengärtlein"⟩: häufiger Titel von spätmittelalterlichen Gebetbüchern

ho|san|na vgl. hosianna

ho|si|an|na, ökum.: hosanna ⟨*hebr.-gr.-mlat.;* „hilf doch!"⟩: alttestamentlicher Gebets- u. Freudenruf, der in die christliche Liturgie übernommen wurde. **Ho|si|an|na** *das; -s, -s:* mit dem ↑ ²Sanctus verbundener Teil des christlichen Gottesdienstes vor der ↑ Eucharistie

Ho|si|an|na|ruf *der; -[e]s, -e:* (häufig iron.) lauter öffentlicher Beifall; Sympathiekundgebung, die einem prominenten Persönlichkeit zuteil wird

Hos|pi|tal *das; -s, -e u. ...täler* ⟨*lat.*⟩: 1. [kleineres] Krankenhaus. 2. (veraltet) Armenhaus; Altersheim

hos|pi|ta|li|sie|ren ⟨*lat.-nlat.*⟩: in ein Krankenhaus od. Pflegeheim einliefern. **Hos|pi|ta|li|sie-**

rung *die; -, -en:* das Hospitalisieren; das Hospitalisiertwerden

Hos|pi|ta|lis|mus *der; -* ⟨*lat.-nlat.*⟩: 1. (Psychol., Päd.) das Auftreten von Entwicklungsstörungen u. -rückständen bei Kindern als Folge mangelnder Zuwendung, bes. bei Heimerziehung. 2. (Med.) Infektion von Krankenhauspatienten od. -personal durch im Krankenhaus resistent gewordene Keime

Hos|pi|ta|li|tät *die; -* ⟨*lat.*⟩: (veraltet) Gastfreundschaft

Hos|pi|ta|li|ter *der; -s, -* ⟨*lat.-nlat.*⟩: Mitglied einer mittelalterlichen religiösen Genossenschaft (von Laienbrüdern, Mönchen od. Ordensrittern) für Krankenpflege

Hos|pi|tant *der; -en, -en* ⟨*lat.*⟩: a) Gasthörer an Hochschulen u. Universitäten; b) unabhängiger od. einer kleinen Partei angehörender Abgeordneter, der als Gast Mitglied einer nahe stehenden parlamentarischen Fraktion ist. **Hos|pi|tan|tin** *die; -, -nen:* weibliche Form zu ↑ Hospitant

Hos|pi|tanz *die; -:* Gastmitgliedschaft in einer parlamentarischen Fraktion

Hos|pi|ta|ti|on *die; -:* (Päd.) das Teilnehmen am Unterricht u. der Besuch von pädagogischen Einrichtungen als Teil der praktischen pädagogischen Ausbildung. **hos|pi|tie|ren:** als Gast zuhören u. teilnehmen

Hos|piz *das; -es, -e:* 1. großstädtisches Gasthaus od. Hotel mit christlicher Hausordnung. 2. von Mönchen errichtete Unterkunft für Reisende od. wandernde Mönche im Mittelalter (z. B. auf dem St.-Bernhard-Pass). 3. Einrichtung zur Betreuung schwer kranker od. sterbender Menschen u. deren Angehöriger

Hos|po|dar, Gospodar *der; -s u. -en, -e[n]* ⟨*slaw.;* „Herr"⟩: (hist.) slawischer Fürstentitel in einigen Ländern Südosteuropas

Host [hoʊst] *der; -s, -s* ⟨*engl.;* „Gastgeber"⟩: 1. kurz für: ↑ Hostcomputer. 2. Internetadresse

Host|com|pu|ter, auch: **Host-Com|pu|ter** ['hoʊst...] *der; -s, -*

⟨*engl.*⟩: (EDV) in einem Netzwerk unabhängig arbeitender Computer, der nur übermittelte Daten verarbeitet u. speichert

Hos|tess [auch: ˈhɔs...] *die; -, -en* ⟨*lat.-fr.-engl.;* „Gastgeberin"⟩: 1. a) junge weibliche Person, die auf Messen, in Hotels o. Ä. zur Betreuung od. Beratung der Besucher, Gäste o. Ä. angestellt ist; b) Angestellte einer Fluggesellschaft, die im Flugzeug od. auf dem Flughafen die Reisenden betreut. 2. (verhüllend) † Prostituierte, die ihre Dienste bes. über Zeitungsannoncen anbietet

Hos|tie [...jə] *die; -, -n* ⟨*lat.;* „Opfer, Opfertier"⟩: a) (in der katholischen Kirche) ¹Oblate (1 a), die zum Leib Christi geweiht u. in der Kommunion (1) an die Gläubigen ausgeteilt wird; b) (in der lutherischen Kirche) ¹Oblate (1 b), die als Abendmahlsbrot verwendet wird

hos|til ⟨*lat.*⟩: feindlich. **Hos|ti|li|tät** *die; -, -en:* Feindseligkeit

Hot *der; -s* ⟨*engl.*⟩: † Hotjazz

Hot|brines [...braɪnz], auch: **Hot Brines** *die* (Plural) ⟨*engl.*⟩: (Geol.) am Meeresboden austretende heiße Lösungen

Hotch|potch [ˈhɔtʃpɔtʃ] *das; -, -es* [...iz] ⟨*fr.-engl.*⟩: † Hochepot

Hot|dog *das* od. *der; -s, -s,* auch: **Hot Dog** *das* od. *der; - -s, - -s* ⟨*engl.-amerik.*⟩: in ein aufgeschnittenes Brötchen gelegtes heißes Würstchen mit Ketschup o. Ä.

Ho|tel *das; -s, -s* ⟨*lat.-fr.*⟩: Beherbergungs- u. Verpflegungsbetrieb gehobener Art mit einem gewissen Mindestkomfort

Ho|tel gar|ni *das; - -, -s -s* [hoˈtɛl garˈni] ⟨*lat.-fr.; germ.-fr.*⟩: Hotel[betrieb], in dem es nur Frühstück gibt

Ho|te|li|er [...ˈlie:] *der; -s, -s* ⟨*lat.-fr.*⟩: Eigentümer od. Pächter eines Hotels

Ho|tel|le|rie *die; -:* Gast-, Hotelgewerbe

Hot|jazz [...dʒæz] *der; -,* auch: **Hot Jazz** *der; - -* ⟨*engl.*⟩: scharf akzentuierende u. synkopierende Spielweise im Jazz

Hot|key [...kiː] *der; -s, -s,* auch: **Hot Key** *der; - -s, - -s* ⟨*engl.*⟩:

(EDV) Befehl zum † Aktivieren eines anderen Programms

Hot|line [...laɪn] *die; -, -s* ⟨*engl.;* „heißer Draht"⟩: Telefonanschluss für raschen Service (z. B. von Computerfirmen)

Hot|melt *das; -s, -s* ⟨*engl.*⟩: zum Versiegeln u. Kleben verwendeter Werk- od. Klebstoff, der bei normaler Temperatur fest ist, aber beim Erwärmen in eine flüssige Schmelze übergeht

Hot|pants [...pents], auch: **Hot Pants** *die* (Plural) ⟨*engl.;* „heiße Hosen"⟩: von Frauen getragene kurze, eng anliegende Hose

hot|ten ⟨*engl.*⟩: 1. (ugs.) zu Hotjazz tanzen. 2. Hotjazz spielen

Hot|to|nia *die; -, ...ien* ⟨*nlat.*⟩: nach dem holländischen Botaniker Peter Hotton, † 1709): als Zierpflanze für Aquarien u. Uferbepflanzungen verwendete Wasserprimel

Houppe|lande [uˈplã:d] *die; -, -s* [uˈplã:d] ⟨*fr.*⟩: im 14. Jh. aufgekommenes langes, glockenförmig geschnittenes Obergewand des Mannes

Hour|di [ʊrˈdi:] *der; -s, -s* ⟨*fr.*⟩: Hohlstein aus gebranntem Ton mit ein- od. zweireihiger Lochung, der bes. für Decken u. zwischen Stahlträgern verwendet wird

House [haʊs] *der; -* (meist ohne Artikel) ⟨*engl.;* „Haus"; nach der Diskothek „The Warehouse" in Chicago⟩: einfach strukturierte Variante des Dancefloors (2), die bei den dazu Tanzenden ein Trancegefühl erzeugen soll

House of Com|mons [ˈhaʊs ɔv ˈkɔmənz] *das; - - -* ⟨*engl.*⟩: das britische Unterhaus

House of Lords [- - ˈlɔ:dz] *das; - - -* ⟨„Haus der Lords"⟩: das britische Oberhaus

House|run|ning [ˈhaʊsrʌnɪŋ] *das; -[s]* ⟨*engl.*⟩: das Abseilen kopfüber an den Außenwänden von Hochhäusern

Hous|se [ˈhʊsə] vgl. Husse

Ho|ver|craft [ˈhɔvəkra:ft] *das; -[s], -s* ⟨*engl.;* „Schwebefahrzeug"⟩: Luftkissenfahrzeug (Auto, Schiff)

Ho|wea *die; -, ...ween* ⟨*nlat.;* nach der austr. Lord-Howe-Insel⟩: (Bot.) als Zierpflanze beliebtes Palmengewächs mit stark geringeltem Stamm

HTML *die; -* ⟨Abk. für *engl.* Hyper-

text Mark-up Language⟩: (EDV) normierte Auszeichnungssprache zur Beschreibung strukturierter Texte bes. für das Internet

Hu|a|na|co vgl. Guanako

Hub [hɑb] *der; -s, -s* ⟨*engl.;* „Mittelpunkt"⟩: Knotenpunkt des internationalen Luftverkehrs

Hu|er|ta [ˈ̯uɛrta] *die; -, -s* ⟨*lat.-span.;* „Garten"⟩: fruchtbare, künstlich bewässerte Ebene in Spanien

Hu|ge|not|te *der; -n, -n* ⟨*dt.-fr.;* „Eidgenosse"⟩: 1. Anhänger des Kalvinismus in Frankreich. 2. Nachkomme eines zur Zeit der Verfolgung aus Frankreich geflohenen Kalvinisten. **Hu|ge|not|tin** *die; -, -nen:* weibliche Form zu † Hugenotte

Hughes|te|le|graf, auch: **Hughes-Te|le|graf** [ˈhjuːz...] *der; -en, -en* ⟨nach dem engl. Physiker D. E. Hughes, 1831–1900⟩: Telegraf, der am Empfänger direkt Buchstaben druckt

hu|ius an|ni ⟨*lat.*⟩: dieses Jahres; Abk.: h. a.

hu|ius men|sis: dieses Monats; Abk.: h. m.

Huk *der; -s, -en* ⟨*niederl.*⟩: (Seemannsspr.) Landzunge, die den geradlinigen Verlauf einer Küste unterbricht

Hu|ka *die; -, -s* ⟨*arab.*⟩: orientalische Wasserpfeife

Huk|boot *das; -[e]s, -e* ⟨*niederl.; dt.*⟩: kleines Beiboot des Hukers

Hu|ker *der; -s, -* ⟨*niederl.*⟩: breites, flaches Segelschiff, das in der Hochseefischerei eingesetzt wurde

Huk|ka: † Huka

Hu|la *die; -, -s,* (auch:) *der; -s, -s* ⟨*hawaiisch*⟩: [kultischer] Gemeinschaftstanz der Eingeborenen auf Hawaii

Hu|la-Hoop [...ˈhʊp] u. Hula-Hopp *der* od. *das; -s, -s* ⟨*hawaiisch; engl.*⟩: a) † Hula-Hoop-Reifen; b) Reifenspiel, bei dem man einen Reifen um die Hüfte kreisen lässt

Hu|la-Hoop-Rei|fen [...ˈhʊp...] *der; -s, -:* Reifen, den man durch kreisende Bewegungen des Körpers um die Hüften schwingen lässt

Hu|la-Hopp: † Hula-Hoop

Hulk, Holk *die; -, -e[n]* od. *der; -[e]s, -e[n]* ⟨*engl.*⟩: abgetakelter, für Kasernen- u. Magazinzwecke verwendeter Schiffskörper

---

hu|man..., Hu|man...

⟨lat. humanus „irdisch; menschlich; menschenfreundlich; gebildet, kultiviert"⟩ Wortbildungselement mit der Bedeutung „den Menschen betreffend, zum Menschen gehörend":
– humangenetisch
– Humanmedizin
– Humanwissenschaft

---

hu|man ⟨lat.⟩: 1. a) die Menschenwürde achtend, menschenwürdig; Ggs. ↑ inhuman; b) ohne Härte, nachsichtig im Umgang mit anderen. 2. zum Menschen gehörend, ihn betreffend
Hu|man|bi|o|lo|ge der; -n, -n: Wissenschaftler auf dem Gebiet der Humanbiologie. **Hu|man|bi|o|logie** die; -: Teilgebiet der naturwissenschaftlichen Anthropologie, das sich mit der körperlichen Konstitution u. dem Verhalten des Menschen beschäftigt. **Hu|man|bi|o|lo|gin** die; -, -nen: weibliche Form zu ↑ Humanbiologe. **hu|man|bi|o|logisch**: die Humanbiologie betreffend
Hu|man|en|gi|nee|ring [ˈhju:mənendʒɪˈnɪərɪŋ] das; -: auch: **Human En|gi|nee|ring** das; - - ⟨engl.-amerik.⟩: (Sozialpsychol.) Berücksichtigung der psychologischen u. sozialen Voraussetzungen des Menschen bei der Gestaltung u. Einrichtung von Arbeitsplätzen u. maschinellen Einrichtungen; Sozialtechnologie
Hu|man|ge|ne|tik die; - ⟨lat.; gr.-nlat.⟩: Teilgebiet der Genetik, das sich mit den Erscheinungen der Vererbung beim Menschen, besonders mit der genetisch bedingten Variabilität, befasst. **Hu|man|ge|ne|ti|ker** der; -s, -: Wissenschaftler auf dem Gebiet der Humangenetik. **Human|ge|ne|ti|ke|rin** die; -, -nen: weibliche Form zu ↑ Humangenetiker. **hu|man|ge|ne|tisch**: die Humangenetik betreffend
Hu|ma|ni|o|ra die (Plural): (veraltet) das griechisch-römische Altertum als Grundlage der Bildung u. als Lehr- u. Prüfungsfächer

---

hu|ma|ni|sie|ren ⟨lat.-nlat.⟩: (bes. in Bezug auf die Lebens- u. Arbeitsbedingungen des Menschen) humaner, menschenwürdiger, menschlicher, sozialer gestalten. **Hu|ma|ni|sie|rung** die; -, -en: das Humanisieren
Hu|ma|nis|mus der; -: 1. (auf das Bildungsideal der griechisch-römischen Antike gegründetes) Denken u. Handeln im Bewusstsein der Würde des Menschen; Streben nach einer echten Menschlichkeit. 2. literarische u. philologische Neuentdeckung u. Wiedererweckung der antiken Kultur, ihrer Sprachen, ihrer Kunst u. Geisteshaltung vom 13. bis zum 16. Jh.
Hu|ma|nist der; -en, -en: 1. jmd., der die Ideale des Humanismus (1) in seinem Denken u. Handeln zu verwirklichen sucht, vertritt. 2. Vertreter des Humanismus (2). 3. jmd., der über eine humanistische [Schul]bildung verfügt; Kenner der alten Sprachen. **Hu|ma|nis|tin** die; -, -nen: weibliche Form zu ↑ Humanist
hu|ma|nis|tisch: 1. a) im Sinne des Humanismus (1) handelnd; b) am klassischen Altertum orientiert. 2. altsprachlich gebildet; **humanistisches Gymnasium**: höhere Schule mit vorwiegend altsprachlichen Lehrfächern
hu|ma|ni|tär: menschenfreundlich, wohltätig, speziell auf das Wohl des Menschen gerichtet
Hu|ma|ni|ta|ris|mus der; -: menschenfreundliche Gesinnung, Denkhaltung
Hu|ma|ni|tas die; - ⟨lat.⟩: Menschlichkeit, Menschenliebe (als Grundlage des Denkens u. Handelns)
Hu|ma|ni|tät die; -: vom Geist der Humanitas durchdrungene Haltung, Gesinnung; Menschlichkeit
Hu|man|me|di|zin die; -: Teilbereich der Medizin, der sich mit den Menschen befasst; Ggs.: Tiermedizin. **Hu|man|me|di|ziner** der; -s, -: Arzt der Humanmedizin. **Hu|man|me|di|zi|ne|rin** die; -, -nen: weibliche Form zu ↑ Humanmediziner. **hu|man|medi|zi|nisch**: die Humanmedizin betreffend, auf ihr beruhend, zu ihr gehörend

---

Hu|man|ö|ko|lo|ge der; -n, -n: Wissenschaftler auf dem Gebiet der Humanökologie. **Human|ö|ko|lo|gie** die; -: Teilgebiet der Ökologie; Lehre von den Wechselbeziehungen des Menschen mit seiner belebten u. unbelebten Umwelt. **Hu|man|öko|lo|gin** die; -, -nen: weibliche Form zu ↑ Humanökologe. **human|ö|ko|lo|gisch**: die Humanökologie betreffend, auf ihr beruhend
Hu|man|psy|cho|lo|ge der; -n, -n: Wissenschaftler auf dem Gebiet der Humanpsychologie. **Hu|man|psy|cho|lo|gie** die; -: Wissenschaft, die sich mit der ↑ Psyche (1) des Menschen befasst. **Hu|man|psy|cho|lo|gin** die; -, -nen: weibliche Form zu ↑ Humanpsychologe. **hu|man|psycho|lo|gisch**: die Humanpsychologie betreffend, auf ihr beruhend
Hu|man|re|la|tions [ˈhju:mənrɪˈleɪʃənz], auch: **Hu|man Re|la|tions** die (Plural) ⟨engl.-amerik.⟩: Richtung der betrieblichen Personal- u. Sozialpolitik, die die Bedeutung der zwischenmenschlichen Beziehungen am Arbeitsplatz untersucht
Hu|man|re|sour|ces [...rɪˈsɔːsɪz], auch: **Hu|man Re|sour|ces** die (Plural) ⟨engl.⟩: alle [einem Unternehmen] zur Verfügung stehenden menschlichen Leistungspotenziale
Hu|man|wis|sen|schaft die; -, -en (meist Plural): in den Bereich der Geisteswissenschaften gehörende Wissenschaft, die sich mit dem Menschen beschäftigt (z. B. Anthropologie, Soziologie, Psychologie)
Hum|bug der; -s ⟨engl.⟩: etwas, was als unsinnig, töricht angesehen wird
Hu|me|ra|le das; -s, ...lien u. ...lia ⟨lat.-mlat.⟩: 1. in der Liturgie der Eucharistie (a) verwendetes Schultertuch des katholischen Priesters; Amikt. 2. (Zool.) am Vorderende gelegener Hornschild des Bauchpanzers bei Schildkröten
Hu|me|rus der; -, ...ri ⟨lat.⟩: (Med.) Oberarmknochen
hu|mid, hu|mi|de ⟨lat.⟩: feucht, nass; **humide Gebiete**: (Meteor.) Landstriche mit einer jährlichen Niederschlagsmenge

von über 600 l/m². **Hu|mi|di|tät** *die; - ⟨lat.-nlat.⟩:* Feuchtigkeit (in Bezug auf das Klima)

Hu|mi|dor *der; -s, -s ⟨lat.-nlat.⟩:* Behälter mit konstanter [tropischer] Luftfeuchtigkeit zur Aufbewahrung od. Lagerung von Zigarren

Hu|mi|fi|ka|ti|on *die; - ⟨lat.-nlat.⟩:* die meist im Boden stattfindende Umwandlung organischer Stoffe in Humus; das Vermodern; Humusbildung. **hu|mi|fi|zie|ren:** zu Humus umwandeln; vermodern. **Hu|mi|fi|zie|rung** *die; -:* ↑ Humifikation

hu|mil *⟨lat.⟩:* (veraltet) niedrig; demütig. **hu|mi|li|ant:** (veraltet) demütigend

Hu|mi|li|at *der; -en, -en* (meist Plural): Anhänger einer Bußbewegung des 11. u. 12. Jh.s

Hu|mi|li|a|ti|on *die; -, -en:* (veraltet) Demütigung

Hu|mi|li|tät *die; -:* (veraltet) Demut

Hu|min|säu|re *die; -, -n ⟨lat.-nlat.; dt.⟩:* aus Resten abgestorbener Lebewesen sich im Boden bildende Säure

Hu|mit [auch ...'mɪt] *der; -s, -e:* ↑ Humolith

Hu|mo|lith [auch: ...'lɪt] *der; -s u. -en, -e[n]:* Humuskohle, ↑ Sediment pflanzlicher Herkunft (z. B. Torf, Braunkohle)

¹Hu|mor *der; -s, -e* (Plural selten) *⟨lat.-fr.-engl.⟩:* 1. (ohne Plural) Fähigkeit eines Menschen, über bestimmte Dinge zu lachen. 2. sprachliche, künstlerische o. ä. Äußerung einer von ¹Humor (1) bestimmten Geisteshaltung; **schwarzer Humor:** Humor, der das Grauen, das Grauenhafte einbezieht

²Hu|mor *der; -s, -es ⟨lat.⟩:* (Med.) Körperflüssigkeit

hu|mo|ral *⟨lat.-nlat.⟩:* den ²Humor, die Körperflüssigkeiten betreffend, auf sie bezüglich

Hu|mo|ral|di|ag|nos|tik *die; -:* medizinische Methode der Krankheitserkennung durch Untersuchung der Körperflüssigkeiten

Hu|mo|ral|pa|tho|lo|gie *die; -:* antike Lehre, nach der alle Krankheiten auf die fehlerhafte Zusammensetzung des Blutes u. anderer Körpersäfte zurückzuführen seien; Säftelehre; vgl. Solidarpathologie

Hu|mo|res|ke *die; -, -n ⟨dt.* Bildung

aus ↑ ¹Humor u. roman. Endung analog zu Groteske, Burleske⟩: 1. kleine humoristische Erzählung. 2. Musikstück von komischem od. erheiterndem Charakter

hu|mo|rig: launig, mit ↑ ¹Humor

Hu|mo|rist *der; -en, -en ⟨lat.-fr.-engl.⟩:* 1. Künstler, dessen Werke sich durch eine humoristische Behandlungsweise des Stoffes auszeichnen. 2. Vortragskünstler, der witzige Sketche o. Ä. darbietet

Hu|mo|ris|ti|kum *das; -s, ...ka ⟨nlat.⟩:* etwas Humorvolles

Hu|mo|ris|tin *die; -, -nen:* weibliche Form zu ↑ Humorist

hu|mo|ris|tisch: den ¹Humor betreffend; scherzhaft, launig, heiter

hu|mos *⟨lat.-nlat.⟩:* reich an Humus

Hu|mus *der; - ⟨lat.;* „Erde, Erdboden"⟩: fruchtbarer Bodenbestandteil von dunkelbrauner Färbung, der durch mikrobiologische u. biochemische Zersetzung abgestorbener pflanzlicher u. tierischer Substanz in einem ständigen Prozess entsteht

Hun|d|red|weight ['hʌndrədweɪt] *das; -[s], -s ⟨engl.⟩:* engl. Handelsgewicht von etwa 51 kg; Abk.: cwt. (eigtl.: centweight)

Hun|ga|ri|kum *das; -s, ...ka ⟨nlat.⟩:* Werk über Ungarn

Hun|ga|ris|tik *die; -:* ↑ Hungarologie

Hun|ga|ro|lo|ge *der; -en, -en:* Wissenschaftler auf dem Gebiet der Hungarologie. **Hun|ga|ro|lo|gie** *die; -:* Wissenschaft von der ungarischen Sprache u. Literatur. **Hun|ga|ro|lo|gin** *die; -, -nen:* weibliche Form zu ↑ Hungarologe

Hun|ter ['hantə] *der; -s, - ⟨engl.⟩:* 1. Jagdpferd. 2. Jagdhund

Hur|ling ['hə:lɪŋ] *das; -s ⟨engl.⟩:* (Sport) dem Hockey verwandtes, in Irland noch gespieltes Schlagballspiel

Hu|ron *das; -s ⟨nach dem Huronsee in Nordamerika⟩:* (Geol.) das mittlere ↑ Algonkium in Nordamerika

Hur|ri|kan [auch: 'harɪkən, 'hʊrɪkən] *der; -s, -e u. bei engl. Ausspr.: -s ⟨indian.-span.-engl.⟩:* Orkan; heftiger tropi-

scher mittelamerikanischer Wirbelsturm

Hu|sar *der; -en, -en ⟨lat.-mlat.-it.-serbokroat.-ung.⟩:* (hist.) Angehöriger der leichten Reiterei in ungarischer Nationaltracht

Hus|ky ['haski] *der; -s, -s ⟨engl.⟩:* Eskimohund (mittelgroße, spitzähnliche Hunderasse)

Hus|le *die; -, -n ⟨slaw.⟩:* altertümliche Geige der Lausitzer Wenden; vgl. Gusla

Hus|se, auch: Housse *die; -, -n ⟨germ.-fr.;* „Schutzkleidung"⟩: dekorativer textiler Überwurf für Sitzmöbel

Hus|sit *der; -en, -en ⟨nlat.;* nach dem tschech. Reformator Johannes Hus, 1370–1415): Anhänger der religiös-sozialen Aufstandsbewegung im 15. u. 16. Jh. in Böhmen, die durch die Verbrennung des Reformators Hus auf dem Konzil zu Konstanz 1415 hervorgerufen wurde

Hus|si|tis|mus *der; -:* Lehre u. Bewegung der Hussiten

Hustle ['hʌsl] *der; -[s], -s ⟨germ.-engl.⟩:* a) (in den 1970er-Jahren beliebter) Lineantanz, bei dem die Tanzenden in Reihen stehen u. bestimmte Schrittfolgen ausführen; b) ↑ Diskofox

Hy|a|de *die; -, -n ⟨gr.;* Herkunft unsicher⟩: 1. Nymphe in der griechischen Mythologie. 2. (Plural; Astron.) Sternanhäufung im Sternbild Stier

hy|a|lin *⟨gr.-lat.⟩:* (Med.) durchscheinend, glasartig, glasig. **Hy|a|lin** *das; -s, -e:* aus Gewebe umgewandelte glasige Eiweißmasse

Hy|a|li|no|se *die; -, -n ⟨gr.-nlat.⟩:* (Med.) Ablagerung von Hyalin in Geweben u. an Gefäßwänden

Hy|a|lith [auch: ...'lɪt] *der; -s, -e:* (Geol.) wie Glas glänzender Opal

Hy|a|li|tis *die; -, ...iti|den:* (Med.) Entzündung des Glaskörpers im Innern des Auges

Hy|a|lo|gra|phie, auch: ...grafie *die; -:* a) (ohne Plural) Druckverfahren, bei dem eine Zeichnung in eine Glasplatte eingeritzt u. (zur Herstellung von Abzügen) durch Eintauchen in eine Säure geätzt wird; b) (Kunstw.) durch das Verfah-

ren der Hyalographie (a) hergestelltes grafisches Blatt

hy|a|lo|id ⟨gr.-lat.⟩: a) glasartig;
b) (Med.) den Glaskörper des
Auges betreffend

hy|a|lo|klas|tisch: (von Gesteinen)
aus zerbrochener glasiger Lava
bestehend. **Hy|a|lo|klas|tit**
[auch: ...'tɪt] der; -s, -e: (Geol.)
aus kantigen, splittrigen
Bruchstücken erstarrter glasiger Lava bestehendes Gestein

Hy|a|lo|phan der; -s, -e ⟨gr.-nlat.⟩:
ein Mineral

hy|a|lo|pi|li|tisch ⟨lat.⟩: (Geol.) ei-
gengestaltig ausgebildete Kristalle in einer glasigen Grundmasse aufweisend (von mag-
matischen Gesteinen)

Hy|a|lo|plas|ma das; -s: (Med.)
flüssige, klare, fein granulierte
Grundsubstanz des Zellplas-
mas

Hy|ä|ne die; -, -n ⟨gr.-lat.⟩: (in
Afrika u. Asien heimisches)
nachtaktives hundeähnliches
Raubtier, das sich vorwiegend
von Aas ernährt

¹Hy|a|zinth der; -[e]s, -e ⟨gr.-lat.⟩:
durchsichtiges, gelbrotes Mine-
ral (Abart des Zirkons), das
häufig als Schmuckstein verwendet wird

²Hy|a|zinth der; -s, -e ⟨gr.⟩: (griech.
Mythologie) schöner Jüngling,
ein Liebling Apollos

Hy|a|zin|the die; -, -n: winterharte
Zwiebelpflanze mit stark duftenden, farbenprächtigen Blüten

¹hy|b|rid ⟨gr.⟩: hochmütig, über-
heblich, übersteigert, vermes-
sen

²hy|b|rid ⟨lat.⟩: gemischt, von
zweierlei Herkunft, aus Verschiedenem zusammengesetzt;
durch Kreuzung, Mischung
entstanden; **hybride Bildung:**
(Sprachw.) Zwitterbildung,
Mischbildung; zusammenge-
setztes od. abgeleitetes Wort,
dessen Teile verschiedenen
Sprachen angehören (z. B. Au-
to-mobil ⟨gr.; lat.⟩, Büro-kratie
⟨fr.; gr.⟩, Intelligenz-ler ⟨lat.;
dt.⟩; vgl. ...isch/-

Hy|b|ri|de die; -, -n, auch: der; -n,
-n ⟨lat.⟩: (Biol.) aus Kreuzungen
verschiedener Arten hervorgegangene Pflanze; aus Kreuzungen verschiedener Rassen her-
vorgegangenes Tier. **hy|b|ri-
disch:** sich auf Mischung, Kreu-

zung beziehend, sie betreffend;
vgl. ...isch/-. **Hy|b|ri|di|sie|rung**
die; -, -en: ⟨lat.-nlat.⟩: (Biol.) Ar-
tenkreuzung; Rassenkreuzung;
Hybridzüchtung

Hy|b|rid|ra|ke|te die; -, -n: Rakete,
die zum Antrieb sowohl feste
als auch flüssige Brennstoffe
verwendet

Hy|b|rid|rech|ner der; -s, -: elek-
tronische Rechenanlage, die Informationen sowohl in analo-
ger als auch in digitaler Form
verarbeiten kann

Hy|b|ris die; - ⟨gr.⟩: [in der Antike]
frevelhafter Übermut, Selbst-
überhebung (bes. gegen die
Gottheit); Vermessenheit

Hy|d|ar|th|ro|se u. Hydrarthrose
die; -, -n ⟨gr.-nlat.⟩: (Med.)
krankhafte Ansammlung von
Flüssigkeit in Gelenken; Ge-
lenkerguss

Hy|d|a|tho|de die; -, -n (meist Plu-
ral): (Bot.) Blattöffnung bei
Pflanzen zur Abgabe von Wasser

Hy|d|a|to|cho|rie die; -: ↑ Hydro-
chorie

hy|d|a|to|gen: (Geol.) 1. aus einer
wässerigen Lösung gebildet
(von Mineralien). 2. durch Wasser zusammengeführt od. aus
Wasser abgeschieden (von
Schichtgesteinen). 3. ↑ hydato-
pyrogen

hy|d|a|to|py|ro|gen: (Geol.) aus
einer mit Wasserdampf gesät-
tigten Schmelze entstanden
(von Gesteinen)

hydr..., Hydr... vgl. hydro..., Hydro...

Hy|d|ra die; -, ...dren ⟨gr.-lat.⟩:
1. (in der griechischen Mythologie von Herakles getötetes)
neunköpfiges Seeungeheuer,
dessen abgeschlagene Köpfe
doppelt nachwuchsen. 2. Süß-
wasserpolyp

hy|d|ra|go|gisch: (Med.) (von Arz-
neimitteln) stark abführend.
Hy|d|ra|go|gum das; -s, ...ga ⟨gr.-
nlat.⟩: (Med.) stark wirkendes,
die Ausscheidung flüssigen
Stuhls herbeiführendes Arzneimittel

Hy|d|rä|mie die; -, ...ien: (Med.)
erhöhter Wassergehalt des Blutes

Hy|d|ram|ni|on das; -s, ...ien:
(Med.) übermäßige Fruchtwas-
sermenge

Hy|d|rant der; -en, -en ⟨gr.-lat.⟩:

größere Zapfstelle zur Wasser-
entnahme aus Rohrleitungen

Hy|d|ranth der; -en, -en: (Zool.)
Einzelpolyp eines Polypenstoc-
kes (z. B. bei Korallen)

Hy|d|ra|pul|per [...palpɐ] der; -s, -
⟨gr.; engl.⟩: in der Papierherstel-
lung Maschine zur Aufberei-
tung von Altpapier u. Rohstoffen

Hy|d|rar|gil|lit [auch: ...'lɪt] der; -s,
-e: farbloses, weißes oder grünliches, glasig glänzendes Mineral, das besonders bei der Gewinnung von ↑ Aluminium u.
zur Herstellung feuerfester
Steine verwendet wird

Hy|d|rar|gy|ro|se die; -, -n ⟨gr.-
nlat.⟩: (Med.) durch eingeat-
mete Quecksilberdämpfe verursachte Vergiftung

Hy|d|rar|gy|rum das; -s: chem.
Element; Quecksilber; Zeichen:
Hg

Hy|d|rar|th|ro|se vgl. Hydarthrose

Hy|d|ra|sys|tem das; -s: [verbote-
nes] Verkaufs- u. Finanzie-
rungsverfahren nach dem
Schneeballsystem

Hy|d|rat das; -[e]s, -e ⟨gr.-nlat.⟩:
(Chem.) Verbindung von Oxi-
den od. wasserfreien Säuren
mit Wasser

Hy|d|ra|ta|ti|on u. Hy|d|ra|ti|on
die; -, -en: 1. (Chem.) Bildung
von Hydraten. 2. (Geol.) durch
Absorption von Wasser verursachte Quellung u. Volumen-
vergrößerung von Mineralien u.
die dadurch hervorgerufene
Sprengung der Gesteine. **hy|d-
ra|ti|sie|ren:** (Chem.) Hydrate
bilden

Hy|d|rau|lik die; -, -en ⟨gr.-lat.⟩:
1. Theorie u. Wissenschaft von
den Strömungen der Flüssigkeiten (z. B. im Wasserbau).
2. Gesamtheit der Steuer-, Re-
gel-, Antriebs- und Bremsvor-
richtungen von Fahrzeugen,
Flugzeugen od. Geräten, deren
Kräfte mithilfe des Drucks einer Flüssigkeit erzeugt od.
übertragen werden

hy|d|rau|lisch: mit Flüssigkeits-
druck arbeitend, mit Wasseran-
trieb; **hydraulische Bremse:**
Vorrichtung zum Abbremsen
rotierender Räder durch flüs-
sigkeitsgefüllte Druckzylinder;
hydraulische Presse: Flüssig-
keitsdruckpresse; **hydraulischer Abbau:** Gold- und Silber-

gewinnung durch Wasserschwemmung; **hydraulischer Mörtel:** besondere Art von Mörtel, die auch unter Wasser härtet; **hydraulisches Gestänge:** Gestänge, bei dem die Druckübertragung durch eine Flüssigkeitssäule erfolgt; **hydraulisches Getriebe:** Getriebe, in dem Flüssigkeiten zur Übertragung von Kräften u. Bewegungen dienen; **hydraulische Zuschläge:** ↑ Hydraulite

Hy|d|rau|lit [auch: ...'lɪt] *der; -[e]s, -e:* Zusatzstoff zur Erhöhung der Bindefähigkeit von Baustoffen

Hy|d|ra|zi|de *die* (Plural) *⟨gr.; gr.-fr.⟩:* Salze des Hydrazins. **Hy|d|ra|zin** *das; -s:* chemische Verbindung von Stickstoff mit Wasserstoff, z. B. für Raketentreibstoffe

Hy|d|ra|zin|gelb *das; -s:* gelber Teerfarbstoff

Hy|d|ra|zo|ne *die* (Plural): chemische Verbindungen von Hydrazin mit ↑ Aldehyden od. ↑ Ketonen

Hy|d|ra|zo|ver|bin|dung *die; -, -en:* ↑ Hydrazin

Hy|d|ria *die; -, ...ien ⟨gr.-lat.⟩:* bauchiger altgriechischer Wasserkrug mit drei Henkeln

Hy|d|ri|alt|rie *die; - ⟨gr.-nlat.⟩:* ↑ Hydrotherapie

Hy|d|rid *das; -[e]s, -e:* chemische Verbindung des Wasserstoffs mit einem od. mehreren anderen chemischen Elementen metallischen od. nicht metallischen Charakters

hy|d|rie|ren: (Chem.) Wasserstoff an ungesättigte Verbindungen anlagern

---

hy|d|ro..., Hy|d|ro...

vor Vokalen auch: hydr..., Hydr... *⟨gr. hýdōr „Wasser, Regenwasser, Trinkwasser, Quellwasser"⟩* Wortbildungselement mit der Bedeutung „Wasser":
– Hydrämie
– hydroelektrisch
– Hydrokultur
– Hydrologie
– hydrophil

Hy|d|ro|bi|en|schicht *die; -, -en* (meist Plural) *⟨gr.; dt.⟩:* im Tertiär entstandener versteinerungsreicher, bituminöser Mergelschiefer im Oberrheingebiet

Hy|d|ro|bi|o|lo|ge *der; -n, -n:* Wissenschaftler, der sich mit den im Wasser lebenden Organismen befasst. **Hy|d|ro|bi|o|lo|gie** *die; - ⟨gr.-nlat.⟩:* Teilgebiet der Biologie, das sich mit den im Wasser lebenden Organismen befasst. **Hy|d|ro|bi|o|lo|gin** *die; -, -nen:* weibliche Form zu ↑ Hydrobiologe. **hy|d|ro|bi|o|lo|gisch:** die Hydrobiologie betreffend

Hy|d|ro|chi|non *das; -s ⟨gr.; indian.⟩:* stark reduzierende organische Verbindung, die als fotografischer Entwickler verwendet wird

Hy|d|ro|cho|rie *die; - ⟨gr.-nlat.⟩:* (Bot.) Verbreitung von Pflanzenfrüchten u. -samen durch das Wasser

Hy|d|ro|cop|ter *der; -s, -:* Fahrzeug, das mit einem Propeller angetrieben wird u. sowohl im Wasser als auch auf dem Eis eingesetzt werden kann

Hy|d|ro|cor|ti|son vgl. Hydrokortison

Hy|d|ro|dy|na|mik *die; -:* (Phys.) Wissenschaft von den Bewegungsgesetzen der Flüssigkeiten. **hy|d|ro|dy|na|misch:** sich nach den Gesetzen der Hydrodynamik verhaltend

hy|d|ro|e|lek|t|risch *⟨gr.-lat.⟩:* elektrische Energie mit Wasserkraft erzeugend

Hy|d|ro|e|lek|t|ro|sta|ti|on *die; -, -en:* Station, in der elektrische Energie durch Wasserkraft erzeugt wird

hy|d|ro|e|ner|ge|tisch *⟨gr.⟩:* vom Wasser angetrieben

Hy|d|ro|fon vgl. Hydrophon

hy|d|ro|gam: (Bot.) (von Pflanzen) wasserblütig, die Pollen durch Wasser übertragend. **Hy|d|ro|ga|mie** *die; -:* (Bot.) Wasserblütigkeit; Bestäubung von Blüten unter Wasser bzw. Übertragung des Pollens durch Wasser

Hy|d|ro|gel *das; -s, -e ⟨gr.; lat.⟩:* aus wässriger Lösung ↑ kolloidaler Lösung ausgeschiedener Stoff

Hy|d|ro|gen u. **Hy|d|ro|ge|ni|um** *das; -s ⟨gr.-nlat.⟩:* chem. Element; Wasserstoff; Zeichen: H

Hy|d|ro|gen|bom|be *die; -, -n:* Wasserstoffbombe

Hy|d|ro|gen|kar|bo|nat *das; -s, -e:* doppeltkohlensaures Salz mit Säurewasserstoffrest

Hy|d|ro|gen|salz *das; -s, -e:* Salz mit Säurewasserstoff im Molekül

Hy|d|ro|ge|o|gra|phie, auch: ...grafie *die; -:* Teilgebiet der Geographie, das sich mit der Verteilung des Wassers auf u. unter der Erde beschäftigt

Hy|d|ro|ge|o|lo|ge *der; -n, -n:* Wissenschaftler auf dem Gebiet der Hydrogeologie. **Hy|d|ro|ge|o|lo|gie** *die; - ⟨Geol.⟩:* Teilgebiet der angewandten Geologie, das sich mit dem Wasserhaushalt des Bodens u. der Wasserversorgung befasst. **Hy|d|ro|ge|o|lo|gin** *die; -, -nen:* weibliche Form zu ↑ Hydrogeologe. **hy|d|ro|ge|o|lo|gisch:** die Hydrogeologie betreffend; **hydrogeologische Karte:** Gewässerkarte, die die Grundwasserverhältnisse eines bestimmten Gebietes darstellt

Hy|d|ro|graf usw. vgl. Hydrograph usw.

Hy|d|ro|graph, auch: ...graf *der; -en, -en ⟨gr.⟩:* Wissenschaftler auf dem Gebiet der Hydrographie. **Hy|d|ro|gra|phie,** auch: ...grafie *die; -:* Teilgebiet der Hydrologie, das sich mit den natürlichen Gewässern im Wasserkreislauf zwischen dem Niederschlag auf das Festland u. dem Rückfluss ins Meer befasst. **Hy|d|ro|gra|phin,** auch: ...grafin *die; -, -nen:* weibliche Form zu ↑ Hydrograph. **hy|d|ro|gra|phisch,** auch: ...grafisch: die Hydrographie betreffend

Hy|d|ro|ho|nen *das; -s ⟨gr.; engl.⟩:* Verfahren zur Oberflächenveredelung von Metallen

Hy|d|ro|kar|bon|gas *das; -es, -e ⟨gr.; lat.; dt.⟩:* Schwelgas

Hy|d|ro|kar|pie *die; - ⟨gr.⟩:* (Bot.) das Ausreifen von Früchten im Wasser

Hy|d|ro|ki|ne|ter *der; -s, -:* Dampfstrahlapparat, der Kesselwasser durch Einführen von Dampf aus einem anderen Kessel erwärmt

Hy|d|ro|kor|ti|son, fachspr.: Hydrocortison *das; -s:* (Med.) ein Hormon der Nebennierenrinde

Hy|d|ro|kul|tur *die; -, -en ⟨gr.; lat.⟩:* Kultivierung von Nutz- u. Zierpflanzen in Behältern mit Nährlösung statt auf natürlichem Boden

Hy|d|ro|la|se *die; -, -n* (meist Plural) ⟨gr.⟩: † Enzym, das Verbindungen durch Anlagerung von Wasser spaltet

Hy|d|ro|lo|ge der; -n, -n: Wissenschaftler auf dem Gebiet der Hydrologie. **Hy|d|ro|lo|gie** die; -: Wissenschaft vom Wasser, seinen Arten, Eigenschaften u. seinen Erscheinungsformen. **Hy|d|ro|lo|gin** die; -, -nen: weibliche Form zu † Hydrologe. **hy|d|ro|lo|gisch:** die Hydrologie betreffend

Hy|d|ro|lo|gi|um das; -s, ...ien: Wasseruhr (bis ins 17. Jh. in Gebrauch)

Hy|d|ro|ly|se die; -, -n: Spaltung chemischer Verbindungen durch Wasser. **hy|d|ro|ly|tisch:** die Hydrolyse betreffend, auf sie bezogen

Hy|d|ro|man|tie die; - ⟨gr.-lat.⟩: Zukunftsdeutung aus Erscheinungen in u. auf glänzendem Wasser (bes. im Vorderen Orient)

Hy|d|ro|me|cha|nik die; -: aus † Hydrodynamik u. † Hydrostatik bestehende Mechanik der Flüssigkeiten. **hy|d|ro|me|cha|nisch:** die Hydromechanik betreffend

Hy|d|ro|me|du|se die; -, -n ⟨gr.-nlat.⟩: Qualle aus der Gruppe der † Hydrozoen

Hy|d|ro|me|tal|l|ur|gie die; -: [Technik der] Metallgewinnung aus wässrigen Metallsalzlösungen

Hy|d|ro|me|te|o|re die (Plural): durch Verdichtung von Wasserdampf in der † Atmosphäre entstehende Niederschläge (z. B. Regen, Schnee, Tau). **Hy|d|ro|me|te|o|ro|lo|gie** die; -: (Meteor.) Wissenschaft vom Verhalten des Wasserdampfs in der † Atmosphäre

Hy|d|ro|me|ter das; -s, -: Gerät zur Messung der Geschwindigkeit fließenden Wassers, des Wasserstandes od. des spezifischen Gewichts von Wasser. **Hy|d|ro|me|t|rie** die; -: Wassermessung. **hy|d|ro|me|t|risch:** die Flüssigkeitsmessung betreffend

Hy|d|ro|mi|k|ro|bi|o|lo|gie die; - ⟨gr.⟩: Teilgebiet der Hydrobiologie, das sich mit der Bedeutung von Bakterien, Pilzen u. Hefen für den Stoffhaushalt der Gewässer befasst

Hy|d|ro|mo|ni|tor der; -s, ...oren

⟨gr.; lat.⟩: Gerät für Erdarbeiten mit Wasserstrahl

Hy|d|ro|mor|phie die; -: besondere Ausbildung von Organen, die unter Wasser vorkommen (z. B. Stängel u. Blätter bei Wasserpflanzen)

Hy|d|ro|my|e|lie die; - ⟨gr.-nlat.⟩: (Med.) angeborene Erweiterung des mit Flüssigkeit gefüllten Zentralkanals im Rückenmark

hy|d|ro|na|li|sie|ren ⟨Kunstw.⟩: mit † Hydronalium überziehen

Hy|d|ro|na|li|um das; -s: eine wasserbeständige Aluminium-Magnesium-Legierung

Hy|d|ro|naut der; -en, -en: † Aquanaut. **Hy|d|ro|nau|tin** die; -, -nen: weibliche Form zu † Hydronaut

Hy|d|ro|ne|ph|ro|se die; -, -n ⟨gr.-nlat.⟩: (Med.) durch Harnstauung verursachte Erweiterung des Nierenbeckens (Sackniere, Stauungsniere)

Hy|d|ron|farb|stoff der; -[e]s, -e ⟨gr.; dt.⟩: Schwefelfarbstoff (z. B. Hydronblau)

Hy|d|ro|ny|mie die; -: Gesamtheit der Gewässernamen; vorhandener Bestand an Namen von Gewässern, bes. von Flüssen

Hy|d|ro|path der; -en, -en ⟨gr.-nlat.⟩: Wasserheilkundiger. **Hy|d|ro|pa|thie** die; -: † Hydrotherapie. **Hy|d|ro|pa|thin** die; -, -nen: weibliche Form zu † Hydropath. **hy|d|ro|pa|thisch:** auf die Wasserheilkunde bezogen, sie betreffend

Hy|d|ro|pe|ri|kard das; -[e]s -e u. **Hy|d|ro|pe|ri|kar|di|um** das; -s, ...ien: (Med.) Ansammlung größerer Flüssigkeitsmengen im Herzbeutelraum

Hy|d|ro|phan der; -s, -e: als Schmuckstein beliebter, milchiger, durch Wasserverlust getrübter Opal, der durch Wasseraufnahme vorübergehend durchscheinend wird

hy|d|ro|phil: 1. (Bot.; Zool.) im od. am Wasser lebend (von Pflanzen u. Tieren); Ggs. † hydrophob (1). 2. (Chem.) Wasser, Feuchtigkeit aufnehmend; Ggs. † hydrophob (2). **Hy|d|ro|phi|lie** die; -: (Chem.) Eigenschaft von bestimmten Stoffen, Wasser anzuziehen; Bestreben, Wasser aufzunehmen

hy|d|ro|phob ⟨gr.-lat.⟩: 1. (Bot.; Zool.) trockene Lebensräume bevorzugend (von Pflanzen u. Tieren); Ggs. † hydrophil (1). 2. (Chem.) Wasser, Feuchtigkeit abstoßend; nicht in Wasser löslich; Ggs. † hydrophil (2). **Hy|d|ro|pho|bie** die; -, ...ien: 1. (Med.) krankhafte Wasserscheu bei Menschen u. Tieren, bes. als Begleitsymptom bei Tollwut. 2. (Biol.) Bestreben bestimmter Pflanzen u. Tiere, das Wasser zu meiden

hy|d|ro|pho|bie|ren ⟨gr.-lat.-nlat.⟩: Textilien wasserabweisend machen

Hy|d|ro|phor der; -s, -e ⟨gr.-nlat.⟩: Druckkessel in Wasserversorgungsanlagen u. Feuerspritzen

Hy|d|ro|pho|ren die (Plural) ⟨gr.⟩: Wasserträger[innen] (häufiges Motiv der griechischen Kunst)

Hy|d|ro|ph|thal|mus der; -, ...mi ⟨gr.-nlat.; „Wasserauge“⟩: (Med.) Vergrößerung des Augapfels infolge übermäßiger Ansammlung von Flüssigkeit im Auge

Hy|d|ro|phyt der; -en, -en: (Bot.) Wasserpflanze

hy|d|ro|pi|gen: (Med.) Wassersucht erzeugend (von Krankheiten)

hy|d|ro|pisch ⟨gr.-lat.⟩: (Med.) wassersüchtig, an Wassersucht leidend

Hy|d|ro|plan der; -s, -e ⟨gr.-nlat.⟩: 1. Wasserflugzeug. 2. Gleitboot

hy|d|ro|pneu|ma|tisch: gleichzeitig durch Luft u. Wasser angetrieben

Hy|d|ro|po|nik die; -: † Hydrokultur. **Hy|d|ro|po|nisch:** die Hydroponik betreffend

Hy|d|rops der; - u. **Hy|d|rop|sie** die; - ⟨gr.-nlat.⟩: (Med.) durch verschiedene Krankheiten verursachte Ansammlung seröser Flüssigkeit im Gewebe, in Gelenken od. in Körperhöhlen; Wassersucht

Hy|d|ro|pul|sa|tor der; -s, ...oren u. **Hy|d|ro|pul|sor** der; -s, ...oren ⟨gr.; lat.⟩: Pumpe, die den Treibflüssigkeitsstrom der Pumpleistung erbringt

Hy|d|ror|rha|chie die; -, ...ien: † Hydromyelie

Hy|d|ror|rhö die. -, -en ⟨gr.-nlat.⟩: (Med.) wässriger Ausfluss

Hy|d|ro|salz das; -es, -e: † Hydrogensalz

Hy|d|ro|sol das; -s, -e ⟨gr.; lat.⟩:

(Chem.) kolloidale Lösung mit Wasser als Lösungsmittel

Hy|d|ro|s|phä|re die; - ⟨gr.-nlat.⟩: aus den Meeren, den Binnengewässern, dem Grundwasser, dem in Eis gebundenen u. in der Atmosphäre vorhandenen Wasser bestehende Wasserhülle der Erde

Hy|d|ro|sta|tik die; - ⟨gr.-nlat.⟩: (Phys.) Wissenschaft von den Gleichgewichtszuständen bei ruhenden Flüssigkeiten **hy|d|ro|s|ta|tisch:** sich nach den Gesetzen der Hydrostatik verhaltend; **hydrostatischer Druck:** in jeder Richtung gleich hoher Druck einer ruhenden Flüssigkeit gegen die von ihr berührten Flächen (z. B. gegen eine Gefäßwand); **hydrostatisches Paradoxon:** Phänomen, dass der Druck, den eine Flüssigkeit auf den Boden eines Gefäßes ausübt, weder von der Form des Gefäßes noch von der Menge der Flüssigkeit, sondern von der Höhe der über dem Boden des Gefäßes stehenden Flüssigkeit abhängt; **hydrostatische Waage:** (Phys.) Waage, bei der durch den Auftrieb einer Flüssigkeit sowohl das Gewicht der Flüssigkeit als auch das des Eintauchkörpers bestimmt werden kann

Hy|d|ro|tech|nik die; - ⟨gr.⟩: Technik des Wasserbaues. **hy|d|ro|tech|nisch:** die Hydrotechnik betreffend, auf ihr beruhend; mit den Mitteln der Hydrotechnik

hy|d|ro|the|ra|peu|tisch: (Med.) zur Hydrotherapie gehörend. **Hy|d|ro|the|ra|pie** die; -, ...ien: (Med.) 1. (ohne Plural) als Teilbereich der Medizin Lehre von der Heilbehandlung durch Anwendung von Wasser. 2. Heilbehandlung durch Anwendung von Wasser in Form von Bädern, Waschungen, Güssen, Dämpfen o. Ä.

hy|d|ro|ther|mal: (von Erzen u. anderen Mineralien) aus verdünnten Lösungen ausgeschieden

Hy|d|ro|tho|rax der; -[es] ⟨gr.; lat.⟩: (Med.) bei Herzinsuffizienz u. Brustfellentzündung auftretende Ansammlung seröser, wässriger Flüssigkeit in der Brusthöhle

Hy|d|ro|xid, auch: Hydroxyd das; -[e]s, -e ⟨gr.⟩: anorganische Verbindung mit einer od. mehreren funktionellen Hydroxylgruppen (OH⁻)

Hy|d|ro|xid|i|on, auch: Hydroxydion das; -s, -en: in Hydroxiden enthaltenes einwertiges ↑ Anion

hy|d|ro|xi|disch, auch: hydroxydisch: (von chemischen Verbindungen) Hydroxide enthaltend

Hy|d|ro|xy|l|a|min das; -s: stark hygroskopische u. explosible chemische Verbindung, deren stark giftige Salze als fotografische Entwicklungssubstanzen u. als Reduktionsmittel verwendet werden

Hy|d|ro|xyl|grup|pe die; -, -n ⟨gr.; dt.⟩: OH-Gruppe (Wasserstoff-Sauerstoff-Gruppe) in chemischen Verbindungen

Hy|d|ro|ze|le die; -, -n ⟨gr.-lat.⟩: (Med.) Ansammlung von Flüssigkeit in einer Zyste am Hoden od. am Samenstrang; Wasserbruch

Hy|d|ro|ze|pha|le der; -n, -n u. **Hy|d|ro|ze|phal|us** der; -, ...alen od. ...li ⟨gr.-nlat.⟩: (Med.) abnorm vergrößerter Schädel infolge übermäßiger Flüssigkeitsansammlung; Wasserkopf

Hy|d|ro|zo|on das; -s, ...zoen (meist Plural): zu den Nesseltieren gehörendes, im Wasser lebendes Tier, das meist in Kolonien entweder am Grund festsitzt od. im Wasser umherschwimmt

Hy|d|ro|zy|k|l|on der; -s, -e: (Techn.) a) Vorrichtung zur Abwasserreinigung; b) Vorrichtung zur Aufbereitung von Erz

Hy|d|ru|rie die; -: (Med.) Ausscheidung stark verdünnten Urins durch die Nieren

Hy|e|to|graf usw. vgl. Hyetograph usw.

Hy|e|to|graph, auch: ...graf der; -en, -en ⟨gr.-nlat.⟩: (Meteor. veraltet) Gerät zur fortlaufenden Registrierung von Niederschlagsmengen. **Hy|e|to|gra|phie,** auch: ...grafie die; -: (Meteor.) Messung der Menge u. Verteilung von Niederschlägen. **hy|e|to|gra|phisch,** auch: ...grafisch: (Meteor.) die Niederschlagsverhältnisse auf der Erde betreffend

Hy|e|to|me|ter das; -s, -: (Meteor.

veraltet) Niederschlags-, Regenmesser

Hy|gi|e|ne die; - ⟨gr.-nlat.⟩: 1. Bereich der Medizin, der sich mit der Erhaltung u. Förderung der Gesundheit u. ihren natürlichen u. sozialen Vorbedingungen befasst; Gesundheitslehre. 2. Gesamtheit der Maßnahmen in den verschiedenen Bereichen zur Erhaltung u. Hebung des Gesundheitsstandes u. zur Verhütung u. Bekämpfung von Krankheiten; Gesundheitspflege. 3. Sauberkeit, Reinlichkeit; Maßnahmen zur Sauberhaltung

Hy|gi|e|ni|ker der; -s, -: 1. Mediziner auf dem Gebiet der Hygiene (1). 2. Fachmann für einen Bereich der Hygiene (2). **Hy|gi|e|ni|ke|rin** die; -, -nen: weibliche Form zu ↑ Hygieniker **hy|gi|e|nisch:** 1. die Hygiene (1, 2) betreffend, ihr entsprechend, auf ihr beruhend, zu ihr gehörend. 2. hinsichtlich der Sauberkeit, Reinlichkeit einwandfrei; den Vorschriften über Sauberkeit entsprechend; sehr sauber

Hy|g|ro|chalsie [...ça...] die; - ⟨gr.-nlat.⟩: (Bot.) das Sichöffnen von Fruchtständen bei Befeuchtung durch Regen od. Tau, das die Verbreitung der Sporen od. Samen ermöglicht

Hy|g|ro|gramm das; -s, -e ⟨gr.⟩: (Meteor.) Aufzeichnung eines Hygrometers

Hy|g|ro|graph, auch: ...graf der; -en, -en: ↑ Hygrometer

Hy|g|rom das; -s, -e ⟨gr.; nlat.⟩: (Med.) Wasser- od. Schleimgeschwulst in Schleimbeuteln u. Sehnenscheiden

Hy|g|ro|me|ter das; -s, - ⟨gr.⟩: (Meteor.) Luftfeuchtigkeitsmesser. **Hy|g|ro|me|t|rie** die; -: (Meteor.) Luftfeuchtigkeitsmessung. **hy|g|ro|me|t|risch:** a) die Hygrometrie betreffend, zu ihr gehörend; b) mithilfe eines Hygrometers

Hy|g|ro|mor|phie die; -: besondere Ausgestaltung von Pflanzenteilen zur Förderung der ↑ Transpiration (2). **Hy|g|ro|mor|pho|se** die; -: (Bot.) Anpassung von Teilen feucht wachsender Pflanzen an die feuchte Umgebung

Hy|g|ro|nas|tie die; -: (Bot.) Krümmungsbewegungen von

Pflanzen aufgrund von Veränderungen der Luftfeuchtigkeit **hy|g|ro|phil**: (Bot.) Feuchtigkeit, feuchte Standorte bevorzugend (von bestimmten Pflanzen). **Hy|g|ro|phi|lie** die; -: (Bot.) Vorliebe bestimmter Pflanzen für feuchte Standorte

Hy|g|ro|phyt der; -en, -en: (Bot.) an Standorten mit hoher Boden- u. Luftfeuchtigkeit wachsende Pflanze

Hy|g|ro|s|kop das; -s, -e: (Meteor.) Gerät zur annäherungsweisen Bestimmung des Luftfeuchtigkeitsgehaltes. **hy|g|ro|s|kopisch**: 1. (Chem.) Wasser an sich ziehend, bindend (von Stoffen). 2. (Bot.) sich aufgrund von Quellung od. Entquellung bewegend (von toten Pflanzenteilen). **Hy|g|ro|s|ko|pi|zi|tät** die; -: (Chem.) Fähigkeit mancher Stoffe, Luftfeuchtigkeit aufzunehmen u. an sich zu binden

Hy|g|ro|s|tat der; -[e]s u. -en, -e[n]: Gerät zur Aufrechterhaltung der Luftfeuchtigkeit

Hy|g|ro|ta|xis die; -: (Biol.) Fähigkeit mancher Tiere (z. B. Schildkröten, Asseln), [über weite Entfernungen] Wasser bzw. das ihnen zuträgliche feuchte Milieu zu finden

Hy|lä|a die; - ⟨gr.-nlat.⟩: tropisches Regenwaldgebiet am Amazonas

Hy|le die; - ⟨gr.-lat.; „Gehölz, Wald; Stoff"⟩: Stoff, Materie; (nach Aristoteles) der formbare Urstoff

Hy|le|mor|phis|mus u. Hylomorphismus der; - ⟨gr.-nlat.⟩: (von der Scholastik nach Aristoteles entwickelte) philosophische Lehre, nach der alle körperlichen Substanzen aus Stoff u. Form bestehen, eine Einheit von Form u. Materie darstellen

hy|lisch: (Philos.) materiell, stofflich, körperlich

Hy|lo|mor|phis|mus vgl. Hylemorphismus

hy|lo|trop: bei gleicher chemischer Zusammensetzung in andere Formen überführbar. **Hy|lo|tro|pie** die; -: Überführbarkeit eines Stoffes in einen anderen ohne Änderung der chemischen Zusammensetzung

Hy|lo|zo|is|mus der; -: Lehre der ionischen Naturphilosophen von einem belebten Urstoff, der

↑ Hyle, als der Substanz aller Dinge. **hy|lo|zo|is|tisch**: den Hylozoismus betreffend, auf ihm beruhend

¹Hy|men das, auch: der; -s, - ⟨gr.-lat.; „Häutchen"⟩: (Med.) dünnes Häutchen am Scheideneingang bei der Frau, das im Allgemeinen beim ersten Geschlechtsverkehr (unter leichter Blutung) zerreißt; Jungfernhäutchen

²Hy|men der; -s, - u. Hymenaeus, Hymenäus der; -, ...aei ⟨gr.-lat.⟩: nach dem griech. Hochzeitsgott⟩: altgriechisches, der Braut von einem [Mädchen]chor gesungenes Hochzeitslied

hy|me|nal ⟨gr.-lat.-nlat.⟩: (Med.) zum ¹Hymen gehörend, es betreffend

Hy|me|nä|us ⟨gr.-lat.⟩: ↑ ²Hymen

Hy|me|ni|um das; -s, ...ien ⟨gr.-nlat.⟩: (Bot.) Fruchtschicht der Schlauch- u. Ständerpilze

Hy|me|no|my|zet der; -en, -en (meist Plural): (Bot.) Pilz aus der Ordnung der Ständerpilze

Hy|me|no|p|ter der; -en, -en (meist Plural): Insekt der Ordnung Hautflügler

Hym|nar das; -s, -e u. -ien u. **Hym|na|ri|um** das; -s, ...ien ⟨gr.-lat.-mlat.⟩: liturgisches Buch mit den kirchlichen Hymnen

Hym|ne die; -, -n u. Hymnus der; -, ...nen ⟨gr.-lat.⟩: 1. feierlicher Festgesang; Lobgesang [für Gott], Weihelied. 2. kirchliches od. geistliches Gesangs- u. Instrumentalwerk von betont feierlichem Ausdruck. 3. (der Ode sehr ähnliches) feierliches Gedicht. 4. kurz für Nationalhymne

Hym|nik die; - ⟨gr.-nlat.⟩: Kunstform der Hymne. **Hym|ni|ker** der; -s, -: Hymnendichter. **Hym|ni|ke|rin** die; -, -nen: weibliche Form zu ↑ Hymniker. **hym|nisch**: in der Form od. Art der Hymne abgefasst

Hym|no|de der; -n, -n ⟨gr.⟩: altgriechischer Verfasser u. Sänger von Hymnen

Hym|no|die die; -: Hymnendichtung

Hym|no|graph, auch: ...graf der; -en, -en: altgriechischer Hymnenschreiber

Hym|no|lo|ge der; -n, -n ⟨gr.-nlat.⟩: Wissenschaftler auf dem Gebiet der Hymnologie. **Hym-**

no|lo|gie die; -: Wissenschaft von den [christlichen] Hymnen; Hymnenkunde. **Hym|no|lo|gin** die; -, -nen: weibliche Form zu ↑ Hymnologe. **hym|no|logisch**: die Hymnologie betreffend

Hym|nus der; -, ...nen: ↑ Hymne

Hy|os|cy|a|min, auch: **Hy|os|zy|a|min** das; -s ⟨gr.-nlat.⟩: als Arzneimittel verwendetes ↑ Alkaloid einiger Nachtschattengewächse

hyp..., **Hyp...** vgl. hypo..., Hypo...

hyp|a|bys|sisch ⟨gr.⟩: (Geol.) in geringer Tiefe zwischen schon festen Gesteinen erstarrt (von magmatischen Schmelzen)

Hyp|a|zi|di|tät u. Hypazidität die; -: ↑ Subacidität

Hyp|a|ku|sis die; - ⟨gr.-nlat.⟩: (Med.) [nervös bedingte] Schwerhörigkeit

Hyp|al|bu|mi|no|se die; - ⟨gr.; lat.⟩: (Med.) verminderter Eiweißgehalt des Blutes

Hyp|al|ga|tor der; -s, ...oren ⟨gr.-nlat.⟩: Narkosegerät

Hyp|al|ge|sie die; -: (Med.) verminderte Schmerzempfindlichkeit. **hyp|al|ge|tisch**: (Med.) vermindert schmerzempfindlich

Hyp|al|la|ge [auch: hy'palage] die; - ⟨gr.; „Vertauschung"⟩: 1. ↑ Enallage. 2. ↑ Metonymie. 3. (Sprachw.) Vertauschung eines attributiven Genitivs mit einem attributiven Adjektiv u. umgekehrt (z. B. „jagdliche Ausdrücke" statt „Ausdrücke der Jagd")

Hyp|äs|the|sie die; -, ...ien ⟨gr.-nlat.⟩: (Med.) herabgesetzte Empfindlichkeit. **hyp|äs|thetisch**: unterempfindlich für Berührungsreize

hyp|äth|ral ⟨gr.⟩: unter freiem Himmel, nicht überdacht

Hyp|äth|ral|tem|pel der; -s, - ⟨gr.; lat.⟩: großer antiker Tempel mit nicht überdachtem Innenraum

Hyp|a|zi|di|tät vgl. Hypacidität

Hype [haɪp] der; -s, -s ⟨engl.⟩: 1. besonders spektakuläre, mitreißende Werbung. 2. bewusst inszenierte Täuschung; Betrug

Hype|e|vent, auch: **Hype-E|vent** ['haɪpɪvɛnt] der od. das; -s, -s ⟨engl.⟩: (ugs.) großes Aufsehen erregendes Ereignis

hy|pen ['haɪpən]: (ugs.) [eine Per-

son od. Sache, ein Ereignis]
groß herausbringen

hy|per..., Hy|per...

⟨gr. hypér „über, über ... hinaus,
über das Maß hinaus"⟩
Präfix mit der Bedeutung „über;
übermäßig, über ... hinaus":
– Hyperfunktion
– hyperkinetisch
– hyperkorrekt
– Hyperlink
– hypersensibel

Hy|per|a|ci|di|tät u. Hyperazidität
die; -: ↑ Superacidität
hy|per|ak|tiv ⟨gr.; lat.⟩: einen über-
steigerten Bewegungsdrang
zeigend. **Hy|per|ak|ti|vi|tät** *die;
-:* übersteigerte Bewegungsakti-
vität
Hy|per|a|ku|sie *die; - ⟨gr.-nlat.⟩:*
(Med.) krankhaft verfeinertes
Gehör infolge gesteigerter Erregbarkeit des Hörnervs
Hy|per|al|ge|sie *die; - ⟨gr.-nlat.⟩:*
(Med.) gesteigertes Schmerz-
empfinden. **hy|per|al|ge|tisch:**
(Med.) schmerzüberempfind-
lich
Hy|per|ä|mie *die; - ⟨gr.-nlat.⟩:*
(Med.) vermehrte Blutfülle in
einem begrenzten Körperbe-
zirk; Wallung. **hy|per|ä|misch:**
(Med.) vermehrt durchblutet.
hy|per|ä|mi|sie|ren: (Med.) er-
höhte Durchblutung bewirken
Hy|per|äs|the|sie *die; -, ...ien ⟨gr.-*
nlat.⟩: (Med.) Überempfindlich-
keit, gesteigerte Erregbarkeit,
bes. gesteigerte Empfindlichkeit der Haut gegen Berührun-
gen. **hy|per|äs|the|tisch:** (Med.)
überempfindlich
Hy|per|a|zi|di|tät vgl. Hyperacidi-
tät
hy|per|bar ⟨gr.⟩: ein größeres spe-
zifisches Gewicht habend als
eine andere Flüssigkeit (von
Flüssigkeiten); **hyperbare Sau-
erstofftherapie:** (Med.) Über-
druckbeatmung eines Patienten mit reinem Sauerstoff
Hy|per|ba|sis *die; -, ...basen u.* **Hy-
per|ba|ton** *das; -s, ...ta ⟨gr.-lat.⟩:*
(Sprachw.) jede Abweichung
von der üblichen Wortstellung
(z. B.: Wenn er ins Getümmel
mich von Löwenkriegern reißt
... [Goethe])
Hy|per|bel *die; -, -n ⟨gr.-lat.; „Da-*
rüber-hinaus-Werfen"⟩: 1. ma-

thematischer Kegelschnitt,
geometrischer Ort aller Punkte,
die von zwei festen Punkten
(Brennpunkten) gleich blei-
bende Differenz der Entfernungen haben. 2. (Rhet.; Stilk.)
Übertreibung des Ausdrucks
(z. B. himmelhoch)
Hy|per|bel|funk|ti|on *die; -, -en:*
(Math.) eine aus Summe od.
Differenz zweier Exponential-
funktionen entwickelte Größe
Hy|per|bo|li|ker *der; -s, -:* jmd., der
zu Übertreibungen im Aus-
druck neigt. **Hy|per|bo|li|ke|rin**
die; -, -nen: weibliche Form zu
↑ Hyperboliker. **hy|per|bo|lisch:**
1. hyperbelartig, hyperbelför-
mig, als Hyperbel darstellbar;
hyberbolische Geometrie:
↑ nichteuklidische Geometrie.
2. im Ausdruck übertreibend
Hy|per|bo|lo|id *das; -[e]s, -e ⟨gr.-*
nlat.⟩: (Math.) Körper, der
durch Drehung einer Hyperbel
(1) um ihre Achse entsteht
Hy|per|bo|re|er *die (Plural) ⟨gr.-*
lat.⟩: (griech. Sage) ein Volk in
Thrakien, bei dem sich der
griechische Gott Apoll im Win-
ter aufhielt. **hy|per|bo|re|isch:**
(veraltet) im hohen Norden gelegen, wohnend
Hy|per|bu|lie *die; - ⟨gr.-nlat.⟩:*
krankhafter Betätigungsdrang
(bei verschiedenen psychischen
Erkrankungen); Ggs. ↑ Hypobu-
lie
Hy|per|cha|rak|te|ri|sie|rung *die; -,
-en:* (Sprachw.) Charakterisie-
rung durch mehr als nur ein
Element, z. B. die dreifache Plu-
ralkennzeichnung in *die Männer* (Artikel, Umlaut, -er-En-
dung)
Hy|per|chlor|hy|d|rie *die; - ⟨gr.-*
nlat.⟩: (Med.) zu
viel Blutfarbstoff besitzend;
überstark gefärbt; Ggs. ↑ hypo-
chrom
Hy|per|chro|ma|to|se *die; -:* (Med.)
vermehrte ↑ Pigmentation der
Haut
Hy|per|chro|mie *die; -, ...ien:*
(Med.) vermehrter Farbstoffge-
halt der roten Blutkörperchen;
Ggs. ↑ Hypochromie
Hy|per|dak|ty|lie *die; -, ...ien ⟨gr.-*
nlat.⟩: (Med.) angeborene Fehl-

bildung der Hand od. des Fußes
mit mehr als je fünf Fingern od.
Zehen
Hy|per|du|lie *die; - ⟨gr.⟩:* (kath.
Kirche) Verehrung Marias als
Gottesmutter (im Unterschied
zur Anbetung, die nur Gott zukommt)
Hy|per|e|me|sis *die; - ⟨gr.-nlat.⟩:*
(Med.) übermäßig starkes Er-
brechen
Hy|per|er|gie *die; -, ...ien ⟨gr.-nlat.;*
Kurzw. aus *Hyper...* u. ↑ *Aller-
gie⟩:* (Med.) allergische Über-
empfindlichkeit des Körpers
gegen Bakteriengifte
Hy|per|e|ro|sie *die; -, ...ien ⟨gr.-
nlat.⟩:* (Med.) Liebeswahn;
krankhafte Steigerung des Ge-
schlechtstriebes; vgl. Erotoma-
nie
Hy|per|frag|ment *das; -[e]s, -e:*
(Kernphysik) Atomkern, bei
dem eines der normalerweise
in ihm enthaltenen ↑ Neutronen durch ein ↑ Hyperon ersetzt
ist
Hy|per|funk|ti|on *die; -, -en:*
(Med.) Überfunktion, gesteigerte Tätigkeit eines Organs;
Ggs. ↑ Hypofunktion
Hy|per|ga|lak|tie *die; -, ...ien ⟨gr.-
nlat.⟩:* (Med.) übermäßige
Milchabsonderung bei stillen-
den Frauen; Ggs. ↑ Hypogalaktie
Hy|per|ga|mie *die; -:* (Soziol.) Hei-
rat einer Frau aus einer niede-
ren Schicht od. Kaste mit einem Mann aus einer höheren;
Ggs. ↑ Hypogamie
Hy|per|ge|ni|ta|lis|mus *der; - ⟨gr.;
lat.-nlat.⟩:* (Med.) übermäßige
u. frühzeitige Entwicklung der
Geschlechtsorgane
Hy|per|geu|sie *die; -, ...ien ⟨gr.-
nlat.⟩:* (Med.) abnorm verfeiner-
ter Geschmackssinn; Ggs. ↑ Hy-
pogeusie
Hy|per|glo|bu|lie *die; -, ...ien:* ↑ Po-
lyglobulie
Hy|per|gly|k|ä|mie *die; -, ...ien*
⟨gr.-nlat.⟩: (Med.) vermehrter
Blutzuckergehalt; Ggs. ↑ Hypo-
glykämie
hy|per|gol u. **hy|per|go|lisch** ⟨gr.;
lat.-nlat.⟩: spontan u. unter
Flammenbildung miteinander
reagierend (von zwei chemischen Substanzen); **hypergoler,
hypergolischer Treibstoff:**
[Raketen]treibstoff, der spontan zündet, wenn er mit einem

H

Sauerstoffträger in Berührung kommt

Hy|per|he|do|nie *die; -* ⟨*gr.-nlat.*⟩: (Psychol.; Med.) krankhaft übersteigertes Lustgefühl

Hy|per|hid|ro|sis u. **Hy|per|i|d|ro|se** u. **Hy|per|i|d|ro|sis** *die; -* ⟨*gr.-nlat.*⟩: (Med.) übermäßige Schweißabsonderung

Hy|per|in|su|li|nis|mus *der; -* ⟨*gr.; lat.-nlat.*⟩: (Med.) vermehrte Insulinbildung (vgl. Insulin) u. dadurch bewirkte Senkung des Blutzuckers; Ggs. ↑ Hypoinsulinismus

Hy|per|in|vo|lu|ti|on *die; -, -en* ⟨*gr.; lat.-nlat.*⟩: (Med.) starke Rückbildung eines Organs

Hy|per|kal|z|ä|mie *die; -, ...ien* ⟨*gr.; lat.; gr.*⟩: (Med.) Erhöhung des Kalziumgehaltes des Blutes

Hy|per|kap|nie *die; -, ...ien* ⟨*gr.-nlat.*⟩: (Med.) übermäßiger Kohlensäuregehalt des Blutes; Ggs. ↑ Hypokapnie

hy|per|ka|ta|lek|tisch ⟨*gr.-lat.*⟩: Hyperkatalexe aufweisend (von Versen). **Hy|per|ka|ta|le|xe** *die; -, -n* ⟨*gr.*⟩: die Verlängerung des Verses um eine od. mehrere Silben

Hy|per|ke|ra|to|se *die; -, -n* ⟨*gr.-nlat.*⟩: (Med.) übermäßig starke Verhornung der Haut

Hy|per|ki|ne|se *die; -, -n* ⟨*gr.-nlat.*⟩: (Med.) motorischer Reizzustand des Körpers mit Muskelzuckungen u. unwillkürlichen Bewegungen; Ggs. ↑ Hypokinese. **hy|per|ki|ne|tisch:** die Hyperkinese betreffend; mit Muskelzuckungen u. unwillkürlichen Bewegungen einhergehend

hy|per|kor|rekt ⟨*gr.; lat.*⟩: a) übertrieben korrekt; b) **hyperkorrekte Bildung:** (Sprachw.) irrtümlich nach dem Muster anderer hochsprachlich korrekter Formen gebildeter Ausdruck, den ein Mundartsprecher gebraucht, wenn er Hochsprache sprechen muss

Hy|per|kri|nie *die; -, ...ien* ⟨*gr.-nlat.*⟩: (Med.) übermäßige Drüsenabsonderung (z. B. von Speichel)

hy|per|kri|tisch ⟨*gr.*⟩: überstreng, tadelsüchtig

Hy|per|kul|tur *die; -* ⟨*gr.; lat.*⟩: übertriebene Verfeinerung; überfeinerte Kultur, Kultiviertheit

Hy|per|link [ˈhaipəlɪŋk] *der; -s, -s* ⟨*gr.; engl.*⟩: (EDV) a) durch das Anklicken einer Stelle auf dem Bildschirm ausgelöstes Aufrufen weiterer Informationen; b) Stelle auf dem Bildschirm, an der durch Anklicken mit der Maus der Hyperlink (a) ausgelöst wird

Hy|per|li|pi|d|ä|mie *die; -, -n* ⟨*gr.-nlat.*⟩: (Med.) erhöhter Gehalt des Blutes an Fetten u./od. Cholesterin

Hy|per|mas|tie *die; -, ...ien* ⟨*gr.*⟩: abnorm starke Entwicklung der weiblichen Brust; vgl. Polymastie

Hy|per|me|dia [haipə...] *das; -[s]* (meist ohne Artikel) ⟨zusammengezogen aus *Hyper*text u. Multi*media*⟩: (EDV) Multimedia unter dem Gesichtspunkt der durch Hyperlinks hergestellten netzartigen Verknüpfung von Text-, Bild-, Ton-, Grafik- u. Videoelementen

Hy|per|me|nor|rhö *die; -, -en* u. **Hy|per|me|nor|rhöe** [...ˈroː] *die; -, -n* [...ˈøːən] ⟨*gr.-nlat.*⟩: (Med.) verstärkte Regelblutung; Ggs. ↑ Hypomenorrhö

Hy|per|me|ta|bo|lie *die; -, ...ien* ⟨*gr.-nlat.*⟩: (Biol.) eine Form der ↑ Holometabolie, wobei dem Puppenstadium ein Scheinpuppenstadium vorausgeht

Hy|per|me|ter *der; -s, -* ⟨*gr.*⟩: (antike Metrik) Vers, dessen letzte, auf einen Vokal ausgehende überzählige Silbe mit der mit einem Vokal beginnenden Anfangssilbe des nächsten Verses durch ↑ Elision des Vokals verbunden wird

Hy|per|me|t|rie *die; -* ⟨*gr.-nlat.*⟩: (Med.) Bewegungsübermaß, das Hinausschießen der Bewegung über das angestrebte Ziel hinaus

hy|per|me|t|risch ⟨*gr.*⟩: in Hypermetern verfasst, den Hypermeter betreffend

Hy|per|me|t|ron *das; -s, ...tra:* ↑ Hypermeter

Hy|per|me|t|ro|pie *die; -* ⟨*gr.-nlat.*⟩: (Med.) Über-, Weitsichtigkeit; Ggs. ↑ Myopie. **hy|per|me|t|ro|pisch:** (Med.) weitsichtig; Ggs. ↑ myop

Hy|per|mne|sie *die; -* ⟨*gr.-nlat.*⟩: (Med.) abnorm gesteigerte Gedächtnisleistung (z. B. in Hypnose); Ggs. ↑ Amnesie

hy|per|mo|dern ⟨*gr.; lat.-fr.*⟩: übermodern, übertrieben neuzeitlich

hy|per|morph ⟨*gr.*⟩: (Biol.) das Merkmal verstärkt ausprägend (von einem ↑ mutierten Gen); Ggs. ↑ hypomorph

Hy|per|mo|ti|li|tät *die; -* ⟨*gr.; lat.-nlat.*⟩: ↑ Hyperkinese

Hy|per|ne|ph|ri|tis *die; -, ...iti|den* ⟨*gr.-nlat.*⟩: (Med.) Entzündung der Nebennieren. **Hy|per|ne|ph|rom** *das; -s, -e:* (Med.) Nierentumor, dessen Gewebestruktur der des Nebennierengewebes ähnlich ist

hy|per|ner|vös [auch ˈhy:...]: übertrieben nervös

Hy|per|o|don|tie *die; -* ⟨*gr.-nlat.*⟩: (Med.) das Vorhandensein von überzähligen Zähnen; vgl. Hypodontie

Hy|per|on *das; -s, ...onen* ⟨*gr.-nlat.*⟩: (Kernphysik) Elementarteilchen, dessen Masse größer ist als die eines ↑ Nukleons

Hy|per|o|ny|chie [...çi:] *die; -, ...ien* ⟨*gr.-nlat.*⟩: (Med.) abnorm starke Nagelbildung an Händen u. Füßen

Hy|per|o|nym *das; -s, -e* ⟨*gr.-nlat.*⟩: (Sprachw.) übergeordneter Begriff; Wort, Lexem, das in einer übergeordneten Beziehung zu einem bzw. mehreren anderen Wörtern, Lexemen steht, aber inhaltlich allgemeiner, weniger merkmalhaltig ist (z. B. *zu sich nehmen* zu *essen*, *Medikament* zu *Pille, Tablette, Dragee, Kapsel*); Superonym; Ggs. ↑ Hyponym. **Hy|per|o|ny|mie** *die; -, ...ien:* (Sprachw.) in Übergeordnetheit sich ausdrückende semantische Relation, wie sie zwischen Hyperonym u. ↑ Hyponym besteht; Ggs. ↑ Hyponymie

Hy|pe|ro|on *das; -s, ...roa* ⟨*gr.*⟩: das obere Stockwerk des altgriechischen Hauses

Hy|pe|ro|pie *die; -, ...ien:* ↑ Hypermetropie

Hy|per|o|re|xie *die; -, ...ien* ⟨*gr.-nlat.*⟩: (Med.) Heißhunger

Hy|per|os|mie *die; -* ⟨*gr.-nlat.*⟩: (Med.) abnorm gesteigertes Geruchsvermögen

Hy|per|os|to|se *die; -, -n* ⟨*gr.-nlat.*⟩: (Med.) Wucherung des Knochengewebes

Hy|per|phy|sik *die; -* ⟨*gr.-nlat.*⟩: Erklärung von Naturerscheinungen vom Übersinnlichen her.

hy|per|phy|sisch: übernatürlich

Hy|per|pla|sie *die; -, ...ien ⟨gr.-nlat.⟩:* (Med.; Biol.) Vergrößerung von Geweben u. Organen durch abnorme Vermehrung der Zellen; Ggs. ↑ Hypoplasie; vgl. Hypertrophie. **hy|per|plas|tisch:** Hyperplasie aufweisend

hy|per|py|re|tisch ⟨gr.-nlat.⟩: (Med.) abnorm hohes Fieber habend. **Hy|per|py|re|xie** *die; -:* (Med.) übermäßig hohes Fieber

Hy|per|se|kre|ti|on *die; -, -en ⟨gr.; lat.⟩:* (Med.) vermehrte Absonderung von Drüsensekret

hy|per|sen|si|bel ⟨gr.; lat.⟩: überaus sensibel (1, 2), empfindsam. **hy|per|sen|si|bi|li|sie|ren:** 1. die Empfindlichkeit, Sensibilität stark erhöhen. 2. (Fotogr.) die Empfindlichkeit von fotografischem Material durch bestimmte Maßnahmen vor der Belichtung erhöhen

Hy|per|so|mie *die; - ⟨gr.-nlat.⟩:* (Med.) Riesenwuchs; Ggs. ↑ Hyposomie; vgl. Gigantismus (1)

Hy|per|som|nie *die; - ⟨gr.-nlat.⟩:* (Med.) krankhaft gesteigertes Schlafbedürfnis

hy|per|so|nisch ⟨gr.; lat.⟩: Überschallgeschwindigkeit betreffend

Hy|per|sper|mie *die; -, ...ien ⟨gr.-nlat.⟩:* (Med.) vermehrte Samenbildung

Hy|per|ste|a|to|sis *die; -, ...osen ⟨gr.-nlat.⟩:* (Med.) 1. übermäßige Talgdrüsenausscheidung. 2. abnorme Fettsucht

Hy|per|sthen *der; -s, -e ⟨gr.-nlat.⟩:* ein Mineral

Hy|per|te|lie *die; - ⟨gr.-nlat.⟩:* (Biol.) Überentwicklung eines Körperteils

Hy|per|ten|si|on *die; -, -en ⟨gr.; lat.⟩:* ↑ Hypertonie

Hy|per|text [ˈhaɪpə...] *der; -[e]s, -e ⟨gr.; (lat.-)engl.⟩:* (EDV) über Hyperlinks (a) verbundenes Netz von Text-, Bild- u. Dateneinheiten, in dem sich die Nutzer je nach Interesse bewegen können

Hy|per|the|lie *die; -, ...ien ⟨gr.-nlat.⟩:* (Med.) Ausbildung überzähliger Brustwarzen bei Frauen u. Männern; vgl. Polymastie

Hy|per|ther|mie *die; - ⟨gr.-nlat.⟩:* (Med.) 1. Wärmestauung im Körper, ungenügende Abfuhr

der Körperwärme bei hoher Außentemperatur. 2. sehr hohes Fieber. 3. künstliche Überwärmung des Körpers zur Steigerung der Durchblutung; vgl. Hypothermie

Hy|per|thy|mie *die; - ⟨gr.-nlat.⟩:* (Psychol.) ungewöhnlich gehobene seelische Stimmung, erhöhte Betriebsamkeit

Hy|per|thy|re|o|i|dis|mus *der; - u.* **Hy|per|thy|re|o|se** *die; - ⟨gr.-nlat.⟩:* (Med.) Überfunktion der Schilddrüse; Ggs. ↑ Hypothyreoidismus, -thyreose

Hy|per|to|nie *die; -, ...ien ⟨gr.-nlat.⟩:* (Med.) 1. gesteigerte Muskelspannung; Ggs. ↑ Hypotonie (1). 2. erhöhter Blutdruck; Ggs. ↑ Hypotonie (2). 3. erhöhte Spannung im Augapfel; Ggs. ↑ Hypotonie (3)

Hy|per|to|ni|ker *der; -s, -:* (Med.) jmd., der an zu hohem Blutdruck leidet; Ggs. ↑ Hypotoniker. **Hy|per|to|ni|ke|rin** *die; -, -nen:* weibliche Form zu ↑ Hypertoniker

hy|per|to|nisch: 1. Hypertonie zeigend; Ggs. ↑ hypotonisch (1). 2. (Med.) höheren ↑ osmotischen Druck als das Blutplasma besitzend; Ggs. ↑ hypotonisch (2)

Hy|per|tri|cho|se *die; -, -n u.* **Hy|per|tri|cho|sis** *die; -, ...oses ⟨gr.-nlat.⟩:* (Med.) krankhaft vermehrte Körperbehaarung; ↑ Hypotrichose; vgl. Hirsutismus

hy|per|troph ⟨gr.-nlat.⟩: 1. (Med.) durch Zellenwachstum vergrößert (von Geweben u. Organen). 2. überspannt, überzogen; vgl. ...isch/-. **Hy|per|tro|phie** *die; -, ...ien:* (Med., Biol.) übermäßige Vergrößerung von Geweben u. Organen infolge Vergrößerung der Zellen; Ggs. ↑ Hypotrophie; vgl. Hyperplasie

hy|per|tro|phiert vgl. hypertroph

hy|per|tro|phisch: hypertroph; vgl. ...isch/-

Hy|per|ur|ba|nis|mus *der; -, ...men ⟨gr.; lat.-nlat.⟩:* (Sprachw.) hyperkorrekte Bildung (↑ hyperkorrekt b)

Hy|per|u|ri|k|ä|mie *die; -, ...ien ⟨gr.-nlat.⟩:* (Med.) Harnsäurevermehrung im Blut

Hy|per|ven|ti|la|ti|on *die; - ⟨gr.; lat.⟩:* (Med.) übermäßige Steige-

rung der Atmung, zu starke Beatmung der Lunge

Hy|per|vi|t|a|mi|no|se *die; - gr.; ⟨lat.; gr.⟩:* (Med.) Schädigung des Körpers durch zu reichliche Vitaminzufuhr; Ggs. ↑ Hypovitaminose

Hy|per|zy|k|lus [auch: ...ˈtsy...] *der; -, ...len ⟨gr.; gr.-lat.⟩:* (Biol.) zyklische Verknüpfung sich selbst reproduzierender Einzelzyklen

Hy|phä|ma *das; -s, -ta ⟨gr.-nlat.⟩:* (Med.) Bluterguss in der vorderen Augenkammer

Hy|phä|re|se *die; -, -n ⟨gr.⟩:* (Sprachw.) Ausstoßung eines kurzen Vokals vor einem anderen Vokal; vgl. Aphärese

Hy|phe *die; -, -n ⟨gr.⟩:* (Bot.) Pilzfaden; fadenförmige, oft zellig gegliederte Grundstruktur der Pilze

Hy|phen *das; -[s], - ⟨gr.-lat.⟩:* „in eins (zusammen)“: 1. in der antiken Grammatik die Zusammenziehung zweier Wörter zu einem ↑ Kompositum. 2. der bei einem Kompositum verwendete Bindestrich

Hy|phi|d|ro|se *die; -, -n ⟨gr.-nlat.⟩:* (Med.) verminderte Schweißabsonderung

hyp|na|gog, hyp|na|go|gisch ⟨gr.-nlat.⟩: a) zum Schlaf führend, einschläfernd; b) den Schlaf betreffend; vgl. ...isch/-

Hyp|na|go|gum *das; -s, ...ga:* (Med.) Schlafmittel

Hyp|nal|gie *die; -, ...ien ⟨gr.-nlat.⟩:* (Med.) Schmerz, der nur im Schlaf auftritt

Hyp|no|a|na|ly|se *die; - ⟨gr.-nlat.⟩:* Psychoanalyse mit vorausgehender Hypnose

hyp|no|id ⟨gr.⟩: dem Schlaf bzw. der Hypnose ähnlich (von Bewusstseinszuständen)

Hyp|no|lep|sie *die; -, -n:* (Med.) Narkolepsie

Hyp|no|nar|ko|se *die; -, -n:* (Med.) durch Hypnose geförderte od. eingeleitete Narkose

Hyp|no|pä|die *die; -:* Erziehung od. Unterricht im Schlaf od. schlafähnlichem Zustand. **hyp|no|pä|disch:** die Hypnopädie betreffend, auf ihr beruhend

Hyp|no|se *die; -, -n:* (Med., Psychol.) schlafähnlicher, eingeschränkter Bewusstseinszustand, der vom Hypnotiseur durch Suggestion herbeigeführt werden kann u. in dem der Willens- u. teilweise auch die körperlichen Funktionen leicht zu beeinflussen sind

Hyp|no|sie *die; -, ...ien:* (Med.) 1. Schlafkrankheit. 2. krankhafte Schläfrigkeit

Hyp|no|the|ra|peut *der; -en, -en:* jmd., der Hypnotherapie anwendet. **Hyp|no|the|ra|peu|tin** *die; -, -nen:* weibliche Form zu ↑ Hypnotherapeut. **Hyp|no|the|ra|pie** *die; -, ...ien:* ↑ Psychotherapie, bei der die Hypnose zu Hilfe genommen wird

Hyp|no|tik *die; -:* Wissenschaft von der Hypnose

Hyp|no|ti|kum *das; -s, ...ka ⟨gr.-lat.⟩:* ↑ Hypnagogum

hyp|no|tisch: 1. a) zur Hypnose gehörend; b) zur Hypnose führend; einschläfernd. 2. den Willen lähmend

Hyp|no|ti|seur *[...'zø:ɐ̯] der; -s, -e ⟨gr.-lat.-fr.⟩:* jmd., der andere hypnotisieren kann. **Hyp|no|ti|seu|rin** *[...'zø:rɪn] die; -, -nen:* weibliche Form zu ↑ Hypnotiseur

hyp|no|ti|sie|ren: in Hypnose versetzen

Hyp|no|tis|mus *der; - ⟨gr.-nlat.⟩:* 1. Wissenschaft von der Hypnose. 2. Beeinflussung

---

hy|po..., Hy|po...

vor Vokalen meist hyp..., Hyp... ⟨gr. hypó „darunter, unten, unterhalb"⟩
Präfix mit der Bedeutung „unter, darunter; unterhalb des Normalen":
– Hypalgesie
– hypochondrisch
– Hypofunktion
– Hypotoniker

Hy|po|a|ci|di|tät *[...ts...] u.* **Hy|po|a|zi|di|tät** *die; -:* ↑ Subacidität

Hy|po|bro|mit *das; -s, -e:* (Chem.) Salz der unterbromigen Säure

Hy|po|bu|lie *die; - ⟨gr.-nlat.⟩:* herabgesetzte Willenskraft, Willensschwäche (bei verschiedenen psychischen Krankheiten); Ggs. ↑ Hyperbulie

Hy|po|chlo|r|ä|mie *[...k...] die; -, ...ien ⟨gr.-nlat.⟩:* (Med.) Chlorbzw. Kochsalzmangel im Blut

Hy|po|chlor|hy|d|rie *die; -, ...ien:* (Med.) verminderte Salzsäureabsorderung des Magens

Hy|po|chlo|rit *das; -s, -e:* (Chem.) Salz der unterchlorigen Säure

Hy|po|chon|der *[...x...] der; -s, - ⟨gr.-nlat.⟩:* Mensch, der aus ständiger Angst, krank zu sein od. zu werden, sich fortwährend selbst beobachtet u. schon geringfügige Beschwerden als Krankheitssymptome deutet; eingebildeter Kranker

Hy|po|chon|d|rie *die; -, ...ien:* Gefühl einer körperlichen od. seelischen Krankheit ohne pathologische Grundlage. **hy|po|chon|d|risch** *⟨gr.⟩:* an Hypochondrie leidend; schwermütig, trübsinnig

hy|po|chrom *[...k...] ⟨gr.-nlat.⟩:* (Med.) zu wenig Blutfarbstoff besitzend; zu schwach gefärbt; Ggs. ↑ hyperchrom. **Hy|po|chro|mie** *die; -, ...ien:* (Med.) Mangel an Blutfarbstoff; Ggs. ↑ Hyperchromie

Hy|po|chy|lie *[...ç...] die; - ⟨gr.-nlat.⟩:* (Med.) verminderte Magensaftabsonderung

Hy|po|dak|ty|lie *die; -, ...ien ⟨gr.-nlat.⟩:* (Med.) angeborenes Fehlen von Fingern od. Zehen

Hy|po|derm *das; -s, -e ⟨gr.-nlat.⟩:* (Biol.) 1. unter der Oberhaut gelegene Zellschicht bei Sprossen u. Wurzeln von Pflanzen. 2. Lederhaut der Wirbeltiere. 3. äußere einschichtige Haut der Gliederfüßer, die den Chitinpanzer ausscheidet. **hy|po|der|ma|tisch:** unter der Haut gelegen

Hy|po|doch|mi|us *der; -, ...ien ⟨gr.-nlat.⟩:* antiker Versfuß, umgedrehter ↑ Dochmius (-́‿-‿-́)

Hy|po|don|tie *die; -, ...ien ⟨gr.-nlat.⟩:* (Med.) angeborenes Fehlen von Zähnen; vgl. Hyperodontie

Hy|po|drom *das; -s, -e ⟨gr.-nlat.⟩:* überdachter Platz zum Spazierengehen

Hy|po|funk|ti|on *die; -, -en ⟨gr.-lat.⟩:* (Med.) Unterfunktion, verminderte Tätigkeit, Arbeitsleistung eines Organs; Ggs. ↑ Hyperfunktion

hy|po|gä|isch *⟨gr.-lat.⟩:* unterirdisch (von Keimblättern, die während der Keimung des Samens unter der Erde bleiben u. als Reservestoffbehälter dienen)

Hy|po|ga|lak|tie *die; -, ...ien ⟨gr.-nlat.⟩:* (Med.) zu geringe Absonderung der Milchdrüsen in der Stillzeit, vorzeitig aufhörende Sekretion der Brustdrüsen; Ggs. ↑ Hypergalaktie; vgl. Agalaktie

Hy|po|ga|mie *die; - ⟨gr.-nlat.⟩:* (Soziol.) Heirat einer Frau aus einer höheren Schicht od. Kaste mit einem Mann aus einer niederen; Ggs. ↑ Hypergamie

Hy|po|gas|t|ri|um *das; -s, ...ien ⟨gr.-nlat.⟩:* (Med.) Unterleibsregion, Unterbauch

Hy|po|gä|um *das; -s, ...gäen ⟨gr.-lat.⟩:* unterirdisches Gewölbe; Grabraum; unterirdischer Kultraum (z. B. in der persisch-römischen Mithrasreligion); vgl. Mithräum

Hy|po|ge|ni|ta|lis|mus *der; - ⟨gr.; lat.-nlat.⟩:* (Med.) Unterentwicklung u. -funktion der Geschlechtsdrüsen u. -organe

Hy|po|geu|sie *die; - ⟨gr.-nlat.⟩:* (Med.) das Herabgesetztsein der Geschmacksempfindung, Geschmacksstörung; Ggs. ↑ Hypergeusie

Hy|po|gly|k|ä|mie *die; -, ...ien ⟨gr.-nlat.⟩:* (Med.) abnorm geringer Zuckergehalt des Blutes; Ggs. ↑ Hyperglykämie

Hy|po|gna|thie *die; -, ...ien ⟨gr.-nlat.⟩:* (Med.) Unterentwicklung des Unterkiefers

Hy|po|go|na|dis|mus *der; - ⟨gr.-nlat.⟩:* (Med.) Unterentwicklung, verminderte Funktion der männlichen Geschlechtsdrüsen

hy|po|gyn *⟨gr.-nlat.⟩:* (Bot.) unter dem Fruchtknoten stehend (von Blüten); Ggs. ↑ epigyn. **hy|po|gy|nisch** vgl. hypogyn

Hy|po|i|de|ge|trie|be *das; -s, - ⟨gr.; dt.⟩:* (Techn.) Kegelradgetriebe, dessen Wellen sich in geringem Abstand kreuzen

Hy|po|in|su|li|nis|mus *der; - ⟨gr.; lat.-nlat.⟩:* (Med.) verminderte Insulinbildung u. dadurch bedingte Steigerung des Blutzuckergehalts; Ggs. ↑ Hyperinsulinismus

Hy|po|ka|li|ä|mie *die; -, ...ien ⟨gr.; arab.; gr.⟩:* (Med.) verminderter Kaliumgehalt des Blutes

Hy|po|kal|z|ä|mie *die; -, ...ien ⟨gr.; lat.; gr.⟩:* (Med.) herabgesetzter Kalziumgehalt des Blutes

Hy|po|kap|nie *die; -, ...ien ⟨gr.-nlat.⟩:* (Med.) verminderter Kohlensäuregehalt des Blutes; Ggs. ↑ Hyperkapnie

hy|po|kaus|tisch ⟨*gr.-lat.*⟩: durch Bodenheizung erwärmt. **Hy|po|kaus|tum** *das; -s, ...ten:* antike Bodenheizanlage

Hy|po|kei|me|non *das; - ⟨gr.⟩:* 1. in der altgriechischen Philosophie das Zugrundeliegende, die Substanz. 2. altgriech. Bez. für das ↑ Subjekt (Satzgegenstand)

Hy|po|ki|ne|se *die; -, -n ⟨gr.-nlat.⟩:* (Med.) verminderte Bewegungsfähigkeit bei bestimmten Krankheiten; Ggs. ↑ Hyperkinese. **hy|po|ki|ne|tisch:** die Hypokinese betreffend

Hy|po|ko|ris|mus *der; -, ...men ⟨gr.-nlat.⟩:* Veränderung eines Namens in eine Kurz- od. Koseform. **Hy|po|ko|ris|ti|kum** *das; -s, ...ka:* Kosename, vertraute Kurzform eines Namens (z. B. *Fritz* statt *Friedrich*)

Hy|po|ko|tyl *das; -s, -e ⟨gr.-nlat.⟩:* (Bot.) Keimstängel der Samenpflanzen, Übergang von der Wurzel zum Spross

Hy|po|kre|nal *das; -s ⟨gr.-nlat.⟩:* 1. (Geogr.) unmittelbar unterhalb der Quelle liegender Abschnitt eines fließenden Gewässers. 2. (Biol.) der Lebensraum im unmittelbar unterhalb der Quelle gelegenen Abschnitt eines fließenden Gewässers

Hy|po|kri|sie *die; -, ...ien ⟨gr.-lat.⟩:* Heuchelei, Verstellung

hy|po|kris|tal|lin ⟨*gr.; gr.-lat.-mlat.*⟩: halbkristallin (von Gesteinen)

Hy|po|krit *der; -en, -en ⟨gr.-lat.⟩:* (veraltet) Heuchler. **hy|po|kri|tisch:** (veraltet) scheinheilig, heuchlerisch

hy|po|lep|tisch ⟨*gr.*⟩: (veraltet) etwas dünn, fein, zart

Hy|po|lim|ni|on *das; -s, ...ien ⟨gr.-nlat.⟩:* (Geogr.) Tiefenschicht eines Sees

Hy|po|lith|al *das; -s ⟨gr.-nlat.⟩:* (Biol., Zool.) Lebensraum unter Steinen (z. B. für bestimmte Schnecken, Käfer, Asseln)

hy|po|lo|gisch ⟨*gr.*⟩: unterhalb des Logischen liegend; **hypologisches Denken:** das vorsprachliche Denken des noch nicht sprachfähigen Kleinkindes u. der höheren Tiere

Hy|po|ma|nie *die; -, ...ien ⟨gr.-nlat.⟩:* (Med.) leichte Form von ↑ Manie in Form von gehobener, heiterer Stimmungslage, Lebhaftigkeit, unter Umständen im

Wechsel mit leicht ↑ depressiven Stimmungen **Hy|po|ma|ni|ker** *der; -s, -:* (Med.) an Hypomanie Leidender. **Hy|po|ma|ni|ke|rin** *die; -, -nen:* weibliche Form zu ↑ Hypomaniker

hy|po|ma|nisch: (Med.) an Hypomanie leidend

Hy|po|me|nor|rhö *die; -, -en ⟨gr.-nlat.⟩:* (Med.) zu schwache Regelblutung; Ggs. ↑ Hypermenorrhö

Hy|po|m|ne|ma *das; -s, ...mne̱mata ⟨gr.-lat.⟩:* (veraltet) Nachtrag, Zusatz; Bericht, Kommentar

Hy|po|m|ne|sie *die; -, ...ien ⟨gr.-nlat.⟩:* (Med.) mangelhaftes Erinnerungsvermögen, Gedächtnis

Hy|po|mo|bi|li|tät vgl. Hypokinese

Hy|po|moch|li|on *das; -s ⟨gr.⟩:* 1. Unterstützungs- bzw. Drehpunkt eines Hebels. 2. (Med.) Drehpunkt eines Gelenks

hy|po|morph ⟨*gr.*⟩: (Biol.) das Merkmal schwächer ausprägend (von einem ↑ mutierten Gen); Ggs. ↑ hypermorph

Hy|po|mo|ti|li|tät *die; - ⟨gr.; lat.-nlat.⟩:* ↑ Hypokinese

Hy|po|nas|tie *die; - ⟨gr.-nlat.⟩:* (Biol.) Krümmungsbewegung durch verstärktes Wachstum der Blattunterseite gegenüber der Blattoberseite bei Pflanzen

Hy|po|ni|t|rit *das; -s, -e:* (Chem.) Salz der untersalpetrigen Säure

Hy|p|o|nym *das; -s, -e ⟨gr.⟩:* (Sprachw.) Wort, Lexem, das in einer untergeordneten Beziehung zu einem anderen Wort, Lexem steht, aber inhaltlich differenzierter, merkmalhaltiger ist (z. B. *essen* zu *zu sich nehmen, Tablette* zu *Medikament*); Ggs. ↑ Hyperonym. **Hy|p|o|ny|mie** *die; -, ...ien:* (Sprachw.) in Untergeordnetheit sich ausdrückende semantische Relation, wie sie zwischen Hyponym u. Hyperonym besteht; Ggs. ↑ Hyperonymie

Hy|po|phos|phit *das; -s, -e:* (Chem.) Salz der unterphosphorigen Säure

hy|po|phre|nisch ⟨*gr.-nlat.⟩:* (Med.) unterhalb des Zwerchfells gelegen

Hy|po|phy|se *die; -, -n ⟨gr.⟩:* 1. (Med.) Hirnanhang[sdrüse]. 2. (Bot.) Keimanschluss; Zelle,

die im Pflanzensamen Embryo u. Embryoträger verbindet

Hy|po|pla|sie *die; -, ...ien ⟨gr.-nlat.⟩:* (Med., Biol.) unvollkommene Anlage; Unterentwicklung von Geweben od. Organen. **hy|po|plas|tisch:** Hypoplasie zeigend

Hy|po|py|on *das; -s ⟨gr.-nlat.⟩:* (Med.) Eiteransammlung in der vorderen Augenkammer

Hy|por|chem [...ç...] *das; -s, -en u. ...che̱mata ⟨gr.⟩:* altgriechisches Tanz- u. Chorlied

Hy|p|os|mie *die; -, ...ien ⟨gr.-nlat.⟩:* (Med.) vermindertes Geruchsvermögen; Ggs. ↑ Hyperosmie

hy|po|som ⟨*gr.-nlat.⟩:* (Med.) von zu kleinem Wuchs. **Hy|po|so|mie** *die; -:* (Med.) krankhaftes Zurückbleiben des Körperwachstums hinter der Normalmaß (Kleinwuchs); Ggs. ↑ Hypersomie

Hy|po|s|pa|die *die; -, ...ien ⟨gr.-nlat.⟩:* (Med.) untere Harnröhrenspalte (Fehlbildung)

Hy|po|sper|mie *die; -, -n ⟨gr.-nlat.⟩:* (Med.) verminderter Gehalt der Samenflüssigkeit an funktionstüchtigen Spermien

Hy|po|s|phag|ma *das; -s, ...mata ⟨gr.⟩:* (Med.) flächenhafter Blutaustritt unter die Augenbindehaut

Hy|po|s|ta|se *die; -, -n ⟨gr.-lat.⟩:* 1. Unterlage, Substanz; Verdinglichung, Vergegenständlichung eines bloß in Gedanken existierenden Begriffs. 2. a) Personifizierung göttlicher Eigenschaften od. religiöser Vorstellungen zu einem eigenständigen göttlichen Wesen (z. B. die Erzengel in der Lehre Zarathustras); b) Wesensmerkmal einer personifizierten göttlichen Gestalt. 3. (Med.) vermehrte Anfüllung tiefer liegender Körperteile mit Blut (z. B. bei Bettlägerigen in den hinteren unteren Lungenpartien). 4. (Sprachw.) Verselbstständigung eines Wortes als Folge einer Veränderung der syntaktischen Funktion (z. B. der Übergang eines Substantivs im Genitiv zum Adverb wie *des Mittags* zu *mittags*). 5. die Unterdrückung der Wirkung eines Gens durch ein anderes, das

H

nicht zum gleichen Erbanlagenpaar gehört; vgl. Epistase

Hy|pos|ta|si̯e vgl. Hypostase

hy|pos|ta|si̯e|ren ⟨*gr.-nlat.*⟩: a) verdinglichen, vergegenständlichen; b) personifizieren. **Hy|pos|ta|si̯e|rung** *die;* -, -en: ↑ Hypostase (1)

Hy|pos|ta|sis *die;* -, ...ạsen: ↑ Hypostase (5)

hy|pos|ta|tisch: a) vergegenständlichend, gegenständlich; b) durch Hypostase hervorgerufen; **hypostatische Union:** Vereinigung göttlicher u. menschlicher Natur in der Person Christi zu einer einzigen ↑ Hypostase (2 a)

Hy|pos|the|ni̯e *die;* -, ...i̯en ⟨*gr.-nlat.*⟩: leichter Kräfteverfall

hy|pos|to|ma|tisch ⟨*gr.-nlat.*⟩: (Bot.) nur auf der Unterseite Spaltöffnungen habend (von den Blättern vieler Laubbäume)

Hy|pos|ty|lon *das;* -s, ...la u. **Hy|pos|ty|los** *der;* -, ...loi ⟨*gr.*⟩: gedeckter Säulengang; Säulenhalle; Tempel mit Säulengang

hy|po|tak|tisch ⟨*gr.*⟩: (Sprachw.) der Hypotaxe (2) unterliegend, unterordnend; Ggs. ↑ parataktisch

Hy|po|ta|xe *die;* -, -n: 1. (Med.) Zustand herabgesetzter Willens- u. Handlungskontrolle, mittlerer Grad der Hypnose. 2. (Sprachw.) Unterordnung, ↑ Subordination von Satzgliedern od. Sätzen, z. B. *Mutters Schwester; er sagte, dass er krank sei;* Ggs. ↑ Parataxe. **Hy|po|ta|xis** *die;* -, ...tạxen: ↑ Hypotaxe (2)

Hy|po|ten|si̯on *die;* -, -en ⟨*gr.; lat.*⟩: ↑ Hypotonie

hy|po|ten|siv: blutdrucksenkend (von Arzneimitteln)

Hy|po|te|nu̯se *die;* -, -n ⟨*gr.-lat.*⟩: (Math.) im rechtwinkligen Dreieck die dem rechten Winkel gegenüberliegende Seite

Hy|po|thạ|la|mus *der;* -, ...mi ⟨*gr.; gr.-lat.*⟩: (Med.) unter dem ↑ Thalamus liegender Teil im Zwischenhirn

Hy|po|thek *die;* -, -en ⟨*gr.-lat.*⟩: „Unterlage; Unterpfand"): a) (zu den Grundpfandrechten gehörendes) Recht an einem Grundstück, einem Wohnungseigentum o. Ä. zur Sicherung einer Geldforderung, das (im Gegensatz zur Grundschuld) mit die-

ser Forderung rechtlich verknüpft ist; b) durch eine Hypothek (a) entstandene finanzielle Belastung eines Grundstücks, eines Wohnungseigentums o. Ä.; c) durch eine Hypothek (a) gesicherte Geldmittel, die jmdm. zur Verfügung gestellt werden

Hy|po|thẹ|kar *der;* -s, -e: Pfandgläubiger, dessen Forderung durch eine Hypothek (a) gesichert ist. **Hy|po|thẹ|ka|rin** *die;* -, -nen: weibliche Form zu ↑ Hypothekar

hy|po|thẹ|ka|risch: eine Hypothek betreffend

Hy|po|thẹ|kar|kre|dit *der;* -[e]s, -e: durch Hypothek (a) gesicherter Kredit

Hy|po|thẹ|ken|brief *der;* -[e]s, -e: Urkunde, die die Rechte aus einer Hypothek (a) enthält

Hy|po|ther|mi̯e *die;* -, ...i̯en ⟨*gr.-nlat.*⟩: (Med.) 1. (ohne Plural) abnorm niedrige Körpertemperatur. 2. künstliche Unterkühlung des Körpers zur Reduktion der Stoffwechsel- u. Lebensvorgänge im Organismus; vgl. Hibernation, Hyperthermie

Hy|po|thẹ|se *die;* -, -n ⟨*gr.-lat.*⟩: 1. a) zunächst unbewiesene Annahme von Gesetzlichkeiten od. Tatsachen mit dem Ziel, sie durch Beweise zu ↑ verifizieren (1) od. zu ↑ falsifizieren (1) (als Hilfsmittel für wissenschaftliche Erkenntnisse); Vorentwurf für eine Theorie; b) Unterstellung, unbewiesene Voraussetzung. 2. Vordersatz eines hypothetischen Urteils (wenn A gilt, gilt auch B)

hy|po|thẹ|tisch: nur angenommen, auf einer unbewiesenen Vermutung beruhend, fraglich, zweifelhaft; **hypothetischer Imperativ:** nur unter gewissen Bedingungen notwendiges Sollen; vgl. kategorischer Imperativ; **hypothetisches Konstrukt:** gedankliche Hilfskonstruktion zur Beschreibung von Dingen od. Eigenschaften, die nicht konkret beobachtbar, sondern nur als Beobachtbarem erschließbar sind

Hy|po|thy|re|o|i̯dis|mus *der;* - u. **Hy|po|thy|re|o|se** *die;* - ⟨*gr.-nlat.*⟩: (Med.) herabgesetzte Tätigkeit der Schilddrüse; Ggs.

↑ Hyperthyreoidismus, -thyreose

Hy|po|to|ni̯e *die;* -, ...i̯en ⟨*gr.-nlat.*⟩: (Med.) 1. herabgesetzte Muskelspannung; Ggs. ↑ Hypertonie (1). 2. zu niedriger Blutdruck; Ggs. ↑ Hypertonie (2). 3. Verminderung des Drucks im Auge; Ggs. ↑ Hypertonie (3)

Hy|po|to|ni|ker *der;* -s, -: (Med.) jmd., der an zu niedrigem Blutdruck leidet; Ggs. ↑ Hypertoniker. **Hy|po|to|ni|ke|rin** *die;* -, -nen: weibliche Form zu ↑ Hypotoniker

hy|po|to|nisch: 1. die Hypotonie betreffend; Ggs. ↑ hypertonisch (1). 2. geringeren osmotischen Druck besitzend als das Blut (von Lösungen); Ggs. ↑ hypertonisch (2)

Hy|po|tra|che|li̯on [...x...] *das;* -s, ...i̯en ⟨*gr.*⟩: Säulenhals (unter dem ↑ Kapitell befindlich)

Hy|po|tri|cho|se *die;* -, -n u. **Hy|po|tri|cho|sis** *die;* -, ...oses ⟨*gr.-nlat.*⟩: (Med.) spärlicher Haarwuchs, mangelhafte Behaarung des Körpers; Ggs. ↑ Hypertrichose

Hy|po|tro|phi̯e *die;* -, ...i̯en ⟨*gr.-nlat.*⟩: 1. (Med.) unterdurchschnittliche Größenentwicklung eines Gewebes oder Organs; Ggs. ↑ Hypertrophie. 2. Unterernährung

Hy|po|vi|ta|mi|no|se *die;* -, -n ⟨*gr.; lat.*⟩: (Med.) Vitaminmangelkrankheit; Ggs. ↑ Hypervitaminose

Hy|po|xä|mi̯e *die;* -, ...i̯en ⟨*gr.-nlat.*⟩: (Med.) Sauerstoffmangel im Blut

Hy|po|xi̯e *die;* -: (Med.) Sauerstoffmangel in den Geweben

Hy|po|zen|t|rum *das;* -s, ...tren: (Geol.) Erdbebenherd; Stelle im Erdinnern, von der ein Erdbeben ausgeht

Hy|po|zy|k|lo|i̯de *die;* -, -n ⟨*gr.-nlat.*⟩: (Math.) Kurve, die ein Peripheriepunkt eines Kreises beschreibt, wenn dieser Kreis auf der inneren Seite eines anderen, festen Kreises abrollt

Hyp|si|pho|bi̯e *die;* -, ...i̯en ⟨*gr.-nlat.*⟩: (Med.) Höhenangst, Höhenschwindel

Hyp|si|ze|phal|li̯e *die;* -, ...i̯en: (Med.) Schädeldeformation (Turmschädel)

Hyp|so|me|ter *das;* -s, -: Luftdruckmessgerät zur Höhenmessung. **Hyp|so|me|t|rie** die; -: Höhenmessung. **hyp|so|me|t- risch:** die Hypsometrie betreffend

Hyp|so|ther|mo|me|ter das; -s, -: mit einem Hypsometer gekoppeltes Thermometer

Hys|te|r|al|gie die; -, ...ien ⟨gr.-nlat.⟩: (Med.) Gebärmutterschmerz

Hys|te|r|ek|to|mie die; -, ...ien: (Med.) operative Entfernung der Gebärmutter

Hys|te|re|se u. **Hys|te|re|sis** die; - ⟨gr.⟩: das Zurückbleiben einer Wirkung hinter dem jeweiligen Stand der sie bedingenden veränderlichen Kraft; tritt als magnetische Hysterese (auch Trägheit od. Reibung genannt) auf

Hys|te|rie die; -, ...ien ⟨gr.-nlat.⟩: 1. (Med.) auf psychotischer Grundlage beruhende od. aus starken Gemütserregungen entstehende, abnorme seelische Verhaltensweise mit vielfachen Symptomen ohne genau umschriebenes Krankheitsbild. 2. hysterisches (2) Verhalten

Hys|te|ri|ker der; -s, - ⟨gr.-lat.⟩: (Med.) jmd., der Symptome der Hysterie in Charakter od. Verhalten zeigt. **Hys|te|ri|ke|rin** die; -, -nen: weibliche Form zu ↑ Hysteriker

hys|te|risch: 1. auf Hysterie beruhend. 2. an Hysterie leidend, zu nervöser Aufgeregtheit neigend, übertrieben leicht erregbar; übertrieben nervös, erregt; überspannt

hys|te|ri|sie|ren: hysterisch (2) machen

hys|te|ro|gen ⟨gr.-nlat.⟩: (Med.) 1. auf hysterischen Ursachen beruhend. 2. eine Hysterie auslösend; **hysterogene Zonen:** (Med.) Körperstellen, deren Berührung hysterische Zustände hervorrufen kann

Hys|te|ro|gra|fie vgl. Hysterographie

Hys|te|ro|gramm das; -s, -e: (Med.) Röntgenbild der Gebärmutter

Hys|te|ro|gra|phie, auch: ...grafie die; -, ...ien: röntgenologische Untersuchung u. Darstellung der Gebärmutter

hys|te|ro|id: hysterieähnlich

Hys|te|ro|lo|gie die; -, ...ien ⟨gr.⟩: ↑ Hysteron-Proteron (2)

Hys|te|ro|ma|nie die; -, ...ien ⟨gr.-nlat.⟩: ↑ Nymphomanie

Hys|te|ron-Pro|te|ron das; -s, Hystera-Protera ⟨gr.; „das Spätere (ist) das Frühere"⟩: 1. (Philos.) Scheinbeweis aus einem selbst erst zu beweisenden Satz. 2. (Rhet.) Redefigur, bei der das begrifflich od. zeitlich Spätere zuerst steht (z. B. bei Vergil: Lasst uns sterben und uns in die Feinde stürzen!)

Hys|te|ro|p|to|se die; - ⟨gr.-nlat.⟩: (Med.) Gebärmuttervorfall

Hys|te|ros|kop das; -s, -e: ↑ Endoskop zur Untersuchung der Gebärmutterhöhle. **Hys|te|ros|ko|pie** die; -: (Med.) Untersuchung der Gebärmutterhöhle mit einem Hysteroskop

Hys|te|ro|to|mie die; -, ...ien: (Med.) operative Öffnung der Gebärmutter, Gebärmutterschnitt

---

Iam|be usw. vgl. Jambe usw.

...i|a|ter s. Kasten ...iatrie

...i|a|te|rin s. Kasten ...iatrie

...i|a|t|rie

die; -

⟨gr. ...iatría „Heilkunde"⟩

Wortbildungselement mit der Bedeutung „Heilkunde":

– Geriatrie
– Hippiatrie
– Pädiatrie
– Psychiatrie

...i|a|ter

der; -s, -

⟨gr. iatrós „Arzt, Wundarzt, Helfer"⟩

Wortbildungselement mit der Bedeutung „Arzt":

– Geriater
– Pädiater
– Phoniater

Die weibliche Form des Wortbildungselementes lautet ...iaterin, wie z. B. in Psychiaterin.

I|a|t|rik die; - ⟨gr.⟩: (Med.) Heilkunst, ärztliche Kunst. **i|a|t- risch:** (Med.) zur Heilkunst gehörend

I|a|t|ro|che|mie die; - ⟨gr.; arab.-roman.⟩: von Paracelsus begründete [chemische] Heilkunst (im 16. u. 17. Jh.)

i|a|t|ro|gen ⟨gr.-nlat.⟩: (Med.) durch ärztliche Einwirkung entstanden

I|a|t|ro|lo|gie die; -: (Med.) ärztliche Lehre, Lehre von der ärztlichen Heilkunst. **i|a|t|ro|lo- gisch:** die Iatrologie betreffend

I|be|ris die; -, - ⟨gr.-lat.⟩: Schleifenblume (Kreuzblütler; Zierpflanze mit zahlreichen Arten)

i|be|risch: die Pyrenäenhalbinsel betreffend

I|be|ro|a|me|ri|ka, ohne Artikel; -s (in Verbindung mit Attributen: das; -[s]): das von der Iberischen Halbinsel aus kolonisierte u. durch Sprache u. Kultur mit ihr verbundene Lateinamerika.

i|be|ro|a|me|ri|ka|nisch: 1. Iberoamerika betreffend. 2. zwischen Spanien, Portugal u. Lateinamerika bestehend

I|bi|a|t|ron das; -s, -e (auch: -s) ⟨gr.⟩: (Med.) Gerät zur Blutbestrahlung

i|bi|dem [auch: ˈiːbi..., ˈɪbi...] ⟨lat.⟩: ebenda, ebendort (Hinweiswort in wissenschaftlichen Werken zur Ersparung der wiederholten vollständigen Anführung eines bereits zitierten Buches; Abk.: ib., ibid., ibid.)

I|bis der; Ibisses, Ibisse ⟨ägypt.-gr.-lat.⟩: Storchvogel der Tropen u. Subtropen mit sichelförmigem Schnabel (heiliger Vogel der ägyptischen Göttin Isis)

Ibn ⟨arab.⟩: Sohn (Teil arabischer Personennamen, z. B. Ibn Saud, Ibn Al Farid)

I|b|rik der od. das; -s, -s ⟨pers.⟩: [im Orient] Wasserkanne mit dünnem Hals u. ovalem Bauch

IC® = Intercityzug

IC-A|na|ly|se [iˈtseː...] die; -, -n ⟨Zusammensetzung aus der Abk. von engl. Immediate Constituents u. ↑ Analyse⟩: Konstituentenanalyse

ICE® = Intercityexpresszug

Ich|neu|mon der od. das; -s, -e u. -s ⟨gr.-lat.; „Spürer"⟩: große, langhaarige, einfarbig graue Schleichkatze mit langem Schwanz u. sehr kurzen Beinen

Eine kleine Fremdwortgeschichte

Das Phänomen »Fremdwort« ist nicht nur als Terminus schwer abgrenzbar und in den Griff zu bekommen; es ist auch grundsätzlich zu einem umstrittenen Thema geworden. Wörter aus fremden Sprachen sind schon immer, nicht erst in der jüngsten Vergangenheit und in der Gegenwart, in die deutsche Sprache aufgenommen worden. Der Kontakt mit anderen Völkern und der damit verbundene Austausch von Kenntnissen und Erfahrungen hat im Mittelalter genauso wie heute in der Sprache seinen Niederschlag gefunden, ohne dass man dies jedoch im Mittelalter als Problem sah.

Bereits in der Frühzeit der deutschen Sprachgeschichte finden sich fremdsprachliche Ausdrücke, vor allem aus dem Griechischen und Lateinischen, die zugleich mit dem dadurch Bezeichneten übernommen wurden, so z. B. *cirihha* (›Kirche‹, gr. *kyrikón* ›Gotteshaus‹), *einchoro* (›Einsiedler‹, gr./lat. *anachoreta*), *kruzi* (›Kreuz‹, lat. *crux*), *opharôn* (›opfern‹, lat. *operari*). Im hohen Mittelalter kamen viele Bezeichnungen – vor allem auch in Verbindung mit dem Rittertum – aus dem Französischen ins Deutsche, z. B. *âventiure* (›Abenteuer‹), *busûne* (›Posaune‹), *harnasch* (›Harnisch‹), *hurten* (›stoßen, stoßend losrennen‹), *krîe* (›Feldruf‹), *kroijieren* (›Feldgeschrei erheben‹), *kurteis/-ois* (›höfisch, ritterlich‹), *panzier* (›Panzer‹), *poisûn* (›Zaubertrank‹), *prîsant* (›Geschenk‹), *schastel* (›Burg, Schloss‹), *schevalier* (›Ritter‹), *turnei* (›Turnier‹), *zimierde* (›Helmschmuck‹).

Das Spätmittelalter und die frühe Neuzeit mit Lehrdichtung, Meistersang und Humanismus zeigen eine Fülle von gelehrten Bildungen zumeist lateinischer Herkunft, z. B. *Accidenz, Argument, artikulieren, Centrum, Decret, Disciplin, disputieren, Element, formieren, Intellect(us), Kanzelie, Klasse, Konvolut, Konzept, korrumpieren, Magister, Minute, Position, ratificieren, Region, Substanz, transportieren, Universität.*

Im 17. und 18. Jh. herrscht der französische Spracheinfluss deutlich vor. Frankreich war in dieser Zeit die kulturell führende Nation Europas. Ausdrücke wurden u. a. übernommen in den Bereichen der Diplomatie und Verwaltung *(Depesche, Etat, Minister)*, des Handels *(Comptoir, engagieren, Fabrik)*, des Transportwesens *(Karosse, Chaise, Equipage)*, der Esskultur *(Bouillon, Kotelett, Konfitüre)*, der Mode *(Frisur, Garderobe, Korsett)* sowie des gesellschaftlichen Auftretens *(Etikette, Kompliment, parlieren)*.

Das 19. Jh. ist gekennzeichnet durch die Ablösung der französischen durch englische Wortschatzerweiterung. Großbritannien galt als Vorbild u. a. im Bereich der Wirtschaft *(Kartell, Trust)* und der Presse *(Interview, Reporter)*. Das

Verkehrswesen verwendet weitgehend noch französische Ausdrücke *(Billett, Perron),* wobei allerdings auch hier der angelsächsische Einfluss auf dem Vormarsch ist *(Tender, Tunnel).* Ende des 19. Jh.s löst das Englische das Französische als Gesellschaftssprache weithin ab, was auch im Fremdwortschatz seinen Niederschlag findet: *Dandy, Flirt, Smoking, Cocktail.*

Im 20. Jh. gewinnt das Englische auch in Form des Angloamerikanischen weiter an Bedeutung und wirkt bis in den privaten Lebensbereich hinein: *Bestseller, Jazz, Make-up, Pullover, Rocker, Sex, Teenager.* Doch auch andere Sprachen haben Beiträge geleistet, z. B. das Russische: *Datscha, Sputnik, Glasnost, Perestroika.*

Wie sich zeigt, ist die deutsche Sprache zu keiner Zeit ohne Fremdwörter ausgekommen. Viele sind ihr im Laufe der Jahrhunderte so sehr angeglichen worden, dass man ihnen die fremde Herkunft nicht mehr ansieht. Die Sprachwissenschaft nennt solche Wörter Lehnwörter; Beispiele sind:

Engel (gr. *ángelos*), *dichten* (lat. *dictare*), *Fenster* (lat. *fenestra*), *Körper* (lat. *corpus*), *nüchtern* (lat. *nocturnus*), *predigen* (lat. *predicare*), *schreiben* (lat. *scribere*), *Tisch* (lat. *discus*), *fehlen* (altfr. *falir* bzw. *faillir*), *Flöte* (altfr. *flaüte*), *Finte* (it. *finta*); *Fetisch* (port. *feitiço*/fr. *fétiche*), *Maske* (fr. *masque*).

Der Grad der Eindeutschung fremder Wörter hängt aber nicht oder nur zum Teil davon ab, wie lange ein fremdes Wort schon gebraucht wird. Das bereits um 1500 aufgenommene Wort *Bibliothek* beispielsweise hat seinen fremden Charakter bis heute beibehalten, während Wörter wie *Streik* (engl. *strike*) und *fesch* (engl. *fashionable*), die erst im 19. Jahrhundert ins Deutsche gekommen sind, bereits völlig assimiliert sind. Gleichwohl sind vor dem 15. Jh. übernommene Wörter in der Regel stärker eingedeutscht: An ihnen konnten noch jene historischen Lautwandelerscheinungen wirksam werden, die, zur heutigen Sprachgestalt führend, im 14. Jh. weitgehend zum Abschluss kamen. Besonders gut zeigt sich der unterschiedliche Assimilationsgrad an Wörtern, die mehrfach – zu unterschiedlichen Zeiten in unterschiedlicher Gestalt – ins Deutsche Eingang fanden. Beispielsweise dient lat. *palatium* – ursprünglich der Name eines der sieben Hügel Roms, auf dem Kaiser Augustus und seine Nachfolger ihre Residenz hatten – als Ausgangspunkt für verschiedene Übernahmevorgänge. Bereits im 9. Jh. existierte im Deutschen das aus *palatium* entlehnte *Pfalz* (›Herrschersitz‹); Ende des 12. Jh.s entstand über altfr. *palais* bzw. *pales* das deutsche *Palas(t)*; im 17. Jh. schließlich wurde französisch *Palais* übernommen.

Ich|neu|mo|ni|den die (Plural) ⟨gr.-nlat.⟩: (Zool.) Schlupfwespen

Ich|no|gramm das; -s, -e: 1. Aufzeichnung der Gehspur. 2. Gipsabdruck des Fußes

I|chor [auch: ˈɪ...] der; -s ⟨gr.⟩: 1. Blut der Götter (bei Homer). 2. (Med.) blutig-seröse Absonderung ↑ gangränöser Geschwüre. 3. (Geol.) beim Absinken von Gesteinen in große Tiefen durch teilweises Aufschmelzen dieser Gesteine entstandene granitische Lösung

Ich|thy|o|dont der; -en, -en ⟨gr.-nlat.⟩: fossiler Fischzahn (früher als Amulett verwendet)

Ich|thy|ol ® das; -s ⟨gr.; lat.⟩: aus Ölschiefer mit fossilen Fischresten gewonnenes Mittel gegen Furunkel, rheumatische Beschwerden, Frostschäden u. a.

Ich|thy|o|lith [auch: ...ˈlɪt] der; -s u. -en, -e[n] ⟨gr.-nlat.⟩: versteinerter Fisch[rest]

Ich|thy|o|lo|ge der; -n, -n: Wissenschaftler auf dem Gebiet der Ichthyologie. **Ich|thy|o|lo|gie** die; -: Wissenschaft von den Fischen; Fischkunde. **Ich|thy|o|lo|gin** die; -, -nen: weibliche Form zu ↑ Ichthyologe. **ich|thy|o|lo|gisch:** die Ichthyologie betreffend

Ich|thy|o|pha|ge der; -n, -n (meist Plural) ⟨gr.-lat.; „Fischesser“⟩: Angehöriger von Küstenvölkern, die sich nur od. überwiegend von Fischen ernähren

Ich|thy|oph|thalm der; -s, -e ⟨gr.-nlat.⟩: ein Mineral (Fischaugenstein)

Ich|thy|oph|thi|ri|us der; -, ...ien: (Zool.) Wimpertierchen, das eine gefährliche Fischkrankheit, bes. bei Aquarienfischen, verursacht

Ich|thy|o|p|te|ry|gi|um das; -s: (Biol.) Fischflossenskelett, aus dem sich das Fuß- u. Handskelett der übrigen Wirbeltiere ableitet

Ich|thy|o|sau|ri|er [...i̯ɐ] der; -s, - u. **Ich|thy|o|sau|rus** der; -, ...rier [...i̯ɐ]: Fischechse (ausgestorbenes Meereskriechtier der Jura- u. Kreidezeit)

Ich|thy|o|se u. **Ich|thy|o|sis** die; -, ...osen: (Med.) Fischschuppenkrankheit (Verhornung der trockenen, schuppenden Haut)

Ich|thy|o|to|xin das; -s, -e: im Blutserum des Aales enthaltenes Gift (nach Erwärmung über 60 °C unschädlich)

I|cing [ˈaɪsɪŋ] das; -s, -s ⟨engl.-amerik.⟩: (Eishockey) unerlaubter Weitschuss, Befreiungsschlag

I|con [ˈaɪkən] das; -s, -s ⟨gr.-lat.-engl.; „Bild“⟩: (EDV) grafisches Sinnbild für Anwendungsprogramme, Dateien u. Ä. auf dem Bildschirm

Ic|te|rus vgl. Ikterus

Ic|tus vgl. Iktus

¹Id das; -[s], -e ⟨Kurzform von ↑ Idioplasma⟩: (Biol.) kleinster Bestandteil des ↑ Idioplasmas

²Id das; -[s], - ⟨arab.⟩: mit der Fastenzeit ↑ Ramadan in zeitlichem Zusammenhang stehendes höchstes islamisches Fest

³Id das; -[s] ⟨lat.⟩: (in der Tiefenpsychologie) das Unbewusste; Es

I|da|red [ˈaɪdʊrɛd] der; -s, -s ⟨Kurzw. aus Idaho (Bundesstaat in den USA) u. engl. red „rot“⟩: mittelgroßer Tafelapfel mit leicht säuerlichem Fruchtfleisch

i|de|al|gen u. **ideogen** ⟨gr.-nlat.⟩: (Psychol.) durch Vorstellungen ausgelöst, aufgrund von Vorstellungsbildern

i|de|al ⟨gr.-lat.⟩: 1. den höchsten Vorstellungen entsprechend, vollkommen. 2. nur gedacht, nur in der Vorstellung so vorhanden, der Idee entsprechend. 3. (veraltet) ideell, geistig, vom Ideellen bestimmt; vgl. ...isch/-. **I|de|al** das; -s, -e: 1. jmd., etwas als Verkörperung einer Vollkommenem; Idealbild. 2. als eine Art höchster Wert erkanntes Ziel; Idee, nach deren Verwirklichung man strebt

i|de|a|lisch: einem Ideal entsprechend od. angenähert; vgl. ...isch/-

i|de|a|li|sie|ren ⟨gr.-lat.-fr.⟩: jmdn., etwas vollkommener sehen, als die betreffende Person od. Sache ist; verklären, verschönern

I|de|a|lis|mus der; - ⟨gr.-lat.-nlat.⟩: 1. philosophische Anschauung, die die Welt u. das Sein als Idee, Geist, Vernunft, Bewusstsein bestimmt u. die Materie als deren Erscheinungsform versteht; Ggs. ↑ Materialismus (1). 2. [mit Selbstaufopferung verbundenes] Streben nach Verwirklichung von Idealen ethischer u. ästhetischer Natur; durch Ideale bestimmte Weltanschauung, Lebensführung

I|de|a|list der; -en, -en: 1. Vertreter des Idealismus (1); Ggs. ↑ Materialist (1). 2. jmd., der selbstlos, dabei aber auch die Wirklichkeit etwas außer Acht lassend, nach der Verwirklichung bestimmter Ideale (2) strebt; Ggs. ↑ Realist (1). **I|de|a|lis|tin** die; -, -nen: weibliche Form zu ↑ Idealist. **i|de|a|lis|tisch:** 1. in der Art des Idealismus (1); Ggs. ↑ materialistisch (1). 2. an Ideale (2) glaubend u. nach deren Verwirklichung strebend, dabei aber die Wirklichkeit etwas außer Acht lassend; Ggs. ↑ realistisch (1)

I|de|a|li|tät die; -: 1. das Sein als Idee od. Vorstellung, ideale Seinsweise. 2. Seinsweise des Mathematischen, der Werte

i|de|a|li|ter: idealerweise

I|de|al|kon|kur|renz die; -: (Rechtsw.) Tateinheit, Erfüllung mehrerer strafrechtlicher Tatbestände durch eine strafwürdige Handlung; vgl. Realkonkurrenz

I|de|al|spea|ker [aɪˈdɪəlˈspiːkə] der; -, -s, auch: **I|de|al Spea|ker** der; - -, - -s ⟨engl.⟩: (Sprachw.) im Rahmen der ↑ generativen Grammatik entwickeltes Modell eines ↑ idealen (2) Sprecher-Hörers, der eine Sprache perfekt beherrscht u. keine psychologisch bedingten Fehler macht

I|de|al|typ der; -s, -en: Individuum, das ausschließlich alle die Merkmale aufweist, aufgrund deren es einer bestimmten Gruppe zuzuordnen ist

I|de|a|ti|on die; -, -en: terminologische Bestimmung von Grundtermini der ↑ Geometrie, der ↑ Kinematik u. der ↑ Dynamik (1)

I|dee die; -, Ideen ⟨gr.-lat.(-fr.)⟩: 1. (Philos.) a) (in der Philosophie Platos) den Erscheinungen zugrunde liegender reiner Begriff der Dinge; b) Vorstellung, Begriff von etwas auf einer hohen Stufe der Abstraktion. 2. Gedanke, der jmdn. in seinem Denken, Handeln bestimmt; Leitbild. 3. schöpferischer Gedanke; guter Einfall; Vorstellung

I|dée fixe [i'de: 'fɪks] *die; - -, -s -s* [i'de: 'fɪks] ⟨fr.⟩: a) Zwangsvorstellung; b) der über einem ganzen musikalischen Werk stehende Grundgedanke (z. B. in der Symphonie fantastique von H. Berlioz)

i|de|ell ⟨französierende Bildung zu ↑ideal⟩: auf einer Idee beruhend, von ihr bestimmt; gedanklich, geistig

I|de|en|as|so|zi|a|ti|on *die; -, -en:* unwillkürlich sich einstellende Vorstellungs- u. Gedankenverbindung

I|de|en|dra|ma *das; -s, ...men:* Drama, dessen Handlung von einer allgemein gültigen Idee (Weltanschauung) bestimmt wird (z. B. Goethes „Pandora")

I|de|en|flucht *die; -:* krankhafte Beschleunigung u. Zusammenhanglosigkeit des Gedankenablaufs (z. B. als Symptom einer ↑manisch-depressiven Psychose)

¹i|dem ⟨lat.⟩: derselbe (Hinweiswort in wissenschaftlichen Werken zur Ersparung der wiederholten vollen Angabe eines Autorennamens; Abk.: id.)

²i|dem: dasselbe; Abk.: id.

I|den u. Idus ['i:du:s] *die* (Plural) ⟨lat.⟩: der 13. od. 15. Monatstag des altrömischen Kalenders; **die Iden/Idus des März:** 15. März (Tag der Ermordung Cäsars im Jahre 44 v. Chr.)

i|dent: (österr.) identisch

I|den|ti|fi|ka|ti|on *die; -, -en* ⟨lat.-nlat.⟩: 1. das Identifizieren. 2. (Psychol.) emotionales Sichgleichsetzen mit einer anderen Person od. Gruppe u. Übernahme ihrer Motive u. Ideale in das eigene Ich; vgl. ...ation/ ...ierung. i|den|ti|fi|zie|ren: 1. genau wieder erkennen; die Identität, Echtheit einer Person od. Sache feststellen. 2. a) mit einem anderen als dasselbe betrachten, gleichsetzen; b) sich identifizieren: jmds. Anliegen o. Ä. zu seiner eigenen Sache machen; aus innerer Überzeugung ganz mit jmdm., etwas übereinstimmen; c) sich identifizieren: (Psychol.) sich mit einer anderen Person od. Gruppe emotional gleichsetzen u. ihre Motive u. Ideale in das eigene Ich übernehmen. I|den|ti|fi|zie|rung *die; -, -en:* das Identifizieren; vgl. ...ation/...ierung

i|den|tisch: ein u. dasselbe [bedeutend], völlig gleich; wesensgleich; gleichbedeutend; **identischer Reim:** Reim mit gleichem Reimwort; rührender Reim (z. B. freien/freien); **identische Zwillinge:** (Med.) eineiige Zwillinge

I|den|ti|tät *die; - -* ⟨lat.⟩: a) vollkommene Gleichheit od. Übereinstimmung (in Bezug auf Dinge od. Personen); Wesensgleichheit; das Existieren von jmdm., etwas als ein Bestimmtes, Individuelles, Unverwechselbares; b) (Psychol.) die als „Selbst" erlebte innere Einheit der Person

I|den|ti|täts|aus|weis *der; -es, -e:* (österr.) während der Besatzungszeit 1945–1955 gültiger Personalausweis

I|den|ti|täts|kar|te *die; -, -n:* (österr. veraltet, schweiz.) Personalausweis

I|den|ti|täts|nach|weis *der; -es, -e:* (Wirtsch.) Nachweis, dass eine aus den Händen der Zollbehörde entlassene Ware, die aber noch mit Zoll belastet ist, unverändert wieder vorgeführt wird

I|den|ti|täts|pa|pie|re *die* (Plural): (Rechtsw.) Schriftstücke, die jmdn. als bestimmte Person od. als einen in einer bestimmten Angelegenheit Berechtigten ausweisen

I|den|ti|täts|phi|lo|so|phie *die; -:* Philosophie, in der die Differenz von Denken u. Sein, Geist u. Natur, Subjekt u. Objekt aufgehoben ist (bei Parmenides, Spinoza, im deutschen Idealismus, bes. bei Schelling, der den Ausdruck geprägt hat)

i|de|o..., I|de|o...

⟨gr. idéa „Erscheinung, Form, Plan, Urbild"⟩
Wortbildungselement mit der Bedeutung „Begriff, Idee, Vorstellung":
– Ideogramm
– Ideologie
– ideomotorisch

i|de|o|gen vgl. ideagen

I|de|o|gra|fie usw. vgl. Ideographie usw.

I|de|o|gramm *das; -s, -e* ⟨gr.-nlat.⟩: Schriftzeichen, das einen ganzen Begriff darstellt

I|de|o|gra|phie, auch: ...grafie *die; -, ...ien* (Plural selten): aus Ideogrammen gebildete Schrift, Begriffsschrift. i|de|o|gra|phisch, auch: ...grafisch: die Ideographie betreffend

I|de|o|ki|ne|se *die; -, -n:* (Med., Psychol.) Bewegung, die zwar aus einer richtigen Vorstellung heraus entsteht, aber bei krankhaft geschädigten Nervenbahnen falsch ausgeführt, z. B. mit einer anderen verwechselt wird

I|de|o|kra|tis|mus *der; -:* (veraltet) Herrschaft der Vernunftbegriffe u. vernünftiger [Rechts]verhältnisse

I|de|o|lo|ge *der; -n, -n:* 1. [exponierter] Vertreter od. Lehrer einer Ideologie. 2. (veraltet) weltfremder Schwärmer, Träumer

I|de|o|lo|gem *das; -s, -e:* Gedankengebilde; Vorstellungswert

I|de|o|lo|gie *die; -, ...ien* ⟨gr.-fr.; „Lehre von den Ideen"⟩: a) an eine soziale Gruppe, eine Kultur o. Ä. gebundenes System von Weltanschauungen, Grundeinstellungen u. Wertungen; b) weltanschauliche Konzeption, in der Ideen (2) der Erreichung politischer u. wirtschaftlicher Ziele dienen

I|de|o|lo|gie|kri|tik *die; -:* a) (Soziol.) das Aufzeigen der materiellen Bedingtheit einer Ideologie; b) Kritik der gesellschaftlichen ↑Prämissen bei der Textinterpretation

I|de|o|lo|gin *die; -, -nen:* weibliche Form zu ↑Ideologe

i|de|o|lo|gisch: a) eine Ideologie betreffend; b) (veraltet) weltfremd, schwärmerisch

i|de|o|lo|gi|sie|ren: 1. mit einer bestimmten Ideologie durchdringen. 2. zu einer Ideologie machen. I|de|o|lo|gi|sie|rung *die; -, -en:* das Ideologisieren

i|de|o|mo|to|risch ⟨gr.; lat.⟩: (Psychol.) ohne Mitwirkung des Willens, unbewusst ausgeführt, nur durch Vorstellungen ausgelöst (in Bezug auf Bewegungen od. Handlungen)

I|de|o|re|al|ge|setz *das; -es* ⟨gr.; lat.; dt.⟩: (Psychol.) für die Ausdruckskunde (Vorgänge der Nachahmung, Suggestion, Hypnose u. a.) bedeutsame Erscheinung, dass subjektive Erlebnisinhalte den Antrieb zu ihrer objektiven Verwirklichung einschließen

id est ⟨lat.⟩: das ist, das heißt; Abk.: i. e.

---

i|di|o..., I|di|o...

⟨gr. ídios „eigen, privat, persönlich"⟩ Wortbildungselement mit der Bedeutung „eigen, selbst, eigentümlich, besonders":
– idiographisch
– Idiolatrie
– Idiophon
– idiosynkratisch

I|di|o|blast der; -en, -en (meist Plural) ⟨gr.-nlat.⟩: (Biol.) Pflanzeneinzelzelle od. Zellgruppe von spezifischer Gestalt u. mit besonderer Funktion, die in einen größeren andersartigen Zellverband eingelagert ist

i|di|o|chro|ma|tisch [...k...]: (Geol.) eigenfarbig, ohne Färbung durch fremde Substanzen (in Bezug auf Mineralien); Ggs. ↑ allochromatisch

I|di|o|fon vgl. Idiophon

i|di|o|gra|fisch vgl. idiographisch

I|di|o|gramm das; -s, -e: (Biol.) grafische Darstellung der einzelnen ↑ Chromosomen eines Chromosomensatzes

i|di|o|gra|phisch, auch: ...grafisch: das Eigentümliche, Einmalige, Singuläre beschreibend (in Bezug auf die Geschichtswissenschaft)

I|di|o|ki|ne|se die; -, -n: Erbänderung, wobei die Erbmasse durch Umwelteinflüsse verändert u. eine ↑ Mutation bewirkt wird

I|di|o|kra|sie die; -, ...ien: ↑ Idiosynkrasie

I|di|o|la|t|rie die; -: Selbstvergötterung, Selbstanbetung

I|di|o|lekt der; -[e]s, -e ⟨gr.⟩: (Sprachw.) Sprachbesitz u. Sprachverhalten, Wortschatz u. Ausdrucksweise eines einzelnen Sprachteilhabers; vgl. Soziolekt. **i|di|o|lek|tal:** (Sprachw.) a) den Idiolekt betreffend; b) in der Art eines Idiolekts

I|di|om das; -s, -e ⟨gr.-lat.-fr.⟩: (Sprachw.) 1. die einer kleineren Gruppe od. einer sozialen Schicht eigentümliche Sprechweise od. Spracheigentümlich-

keit (z. B. Mundart, Jargon). 2. ↑ lexikalisierte feste Wortverbindung, Redewendung (z. B. die schwarze Kunst, ins Gras beißen)

I|di|o|ma|tik die; - ⟨gr.-nlat.⟩: 1. Teilgebiet der Sprachwissenschaft, auf dem man sich mit den Idiomen (1) befasst. 2. Gesamtbestand der Idiome (2) in einer Sprache. **i|di|o|ma|tisch:** die Idiomatik betreffend; **idiomatischer Ausdruck:** Redewendung, deren Gesamtbedeutung nicht aus der Bedeutung der Einzelwörter erschlossen werden kann

i|di|o|ma|ti|siert: (Sprachw.) zu einem Idiom (2) geworden u. damit ohne semantisch-morphologische Durchsichtigkeit. **I|di|o|ma|ti|sie|rung** die; -, -en: (Sprachw.) [teilweiser] Verlust der semantisch-morphologischen Durchsichtigkeit eines Wortes od. einer Wortverbindung

i|di|o|morph ⟨gr.-nlat.⟩: (Geol.) von eigenen echten Kristallflächen begrenzt (von Mineralien); Ggs. ↑ allotriomorph

i|di|o|pa|thisch: (Med.) ohne erkennbare Ursache, selbstständig, unabhängig von anderen Krankheiten entstanden (von bestimmten Krankheitsbildern); Ggs. ↑ traumatisch (1)

I|di|o|phon, auch: ...fon das; -s, -e: selbstklingendes Musikinstrument (Becken, Glocken)

I|di|o|plas|ma das; -s: (Biol.) Keimplasma, die Gesamtheit der im Zellplasma vorhandenen Erbpotenzen

I|di|or|rhyth|mie die; - ⟨gr.⟩: freiere Form des orthodoxen Mönchstums; vgl. idiorrhythmische Klöster. **i|di|or|rhyth|misch:** nach eigenem [Lebens]maß; **idiorrhythmische Klöster:** freiere Form des orthodoxen Klosterwesens, die dem Mönch, vom gemeinsamen Gottesdienst abgesehen, die private Gestaltung seines Lebens gestattet

I|di|o|som das; -s, -en (meist Plural) ⟨gr.-nlat.⟩: 1. ↑ Chromosom. 2. (Biol.) stark granulierte Plasmazone (vgl. Plasma 1) um das ↑ Zentrosom

I|di|o|syn|kra|sie die; -, ...ien: a) (Med.) [angeborene] Über-

empfindlichkeit gegen bestimmte Stoffe (z. B. Nahrungsmittel) u. Reize; b) (Psychol.) besonders starke Abneigung u. Überempfindlichkeit gegenüber bestimmten Personen, Lebewesen, Gegenständen, Reizen, Anschauungen u. Ä. **i|di|o|syn|kra|tisch:** a) (Med.) überempfindlich gegen bestimmte Stoffe u. Reize; b) (Psychol.) von unüberwindlicher Abneigung erfüllt u. entsprechend auf jmdn., etwas reagierend

I|di|ot der; -en, -en ⟨gr.-lat.; „Privatmann, einfacher Mensch; ungeübter Laie, Stümper"⟩: 1. (Med. veraltend) an Idiotie (1) leidender Mensch. 2. a) (veraltet) Laie, Ungelehrter; b) (abwertend) Dummkopf

I|di|o|tie die; -, ...ien ⟨gr.⟩: 1. (Med. veraltend) angeborener od. im frühen Kindesalter erworbener Intelligenzdefekt schwersten Grades; vgl. Debilität u. Imbezillität. 2. (abwertend) Dummheit, Einfältigkeit

I|di|o|ti|kon das; -s, ...ken (auch: ...ka) ⟨gr.-nlat.⟩: Mundartwörterbuch; auf eine Sprachlandschaft begrenztes Wörterbuch

I|di|o|tin die; -, -nen: weibliche Form zu ↑ Idiot

i|di|o|tisch ⟨gr.-lat.⟩: 1. (Med. veraltend) an Idiotie (1) leidend. 2. (abwertend) dumm, einfältig

I|di|o|tis|mus der; -, ...men ⟨gr.-nlat.⟩: 1. (Med.) a) (Medizin) Idiotie (1); b) Äußerung der Idiotie (1). 2. (Sprachw.) kennzeichnender, eigentümlicher Ausdruck eines Idioms; Spracheigenheit

i|di|o|ty|pisch: (Biol.) durch die Gesamtheit des Erbgutes festgelegt. **I|di|o|ty|pus** der; -, ...pen: (Biol.) das gesamte Erbgut, das sich aus ↑ Genom, ↑ Plasmon u. (bei grünen Pflanzen) ↑ Plastom zusammensetzt

I|di|o|va|ri|a|ti|on die; -, -en ⟨gr.; lat.⟩: ↑ Genmutation

I|do das; -s ⟨Kunstw.; nach dem unter dem Stichwort „Ido" eingereichten Vorschlag des Franzosen L. de Beaufort⟩: künstliche, aus dem ↑ Esperanto weiterentwickelte Welthilfssprache

I|do|kras der; -, -e ⟨gr.-nlat.⟩: ein Mineral

I|dol das; -s, -e ⟨gr.-lat.; „Gestalt, Bild; Trugbild, Götzenbild"⟩:

1. a) jmd., etwas als Gegenstand
bes. großer Verehrung, meist
als Wunschbild Jugendlicher;
b) (veraltend, abwertend) fal-
sches Ideal; Leitbild, dessen
Zugkraft im vordergründig Äu-
ßerlichen liegt. 2. Gottes-, Göt-
zenbild [in Menschengestalt]
I|do||la|t|rie, Idolatrie *die; -,*
...|en: Bilderverehrung, -anbe-
tung, Götzendienst
i|do|li|sie|ren *⟨gr.-lat.-nlat.⟩:* zum
Idol (1) machen. I|do|li|sie|rung
die; -, -en: das Idolisieren
I|do|lo|la|t|rie vgl. Idolatrie
I|do|ne|i|tät *die; - ⟨lat.-mlat.⟩:*
(veraltet) a) Geeignetheit, Taug-
lichkeit; b) passender Zeitpunkt
I|d|ri|a|l|it [auch: ...ˈlɪt] *der; -s, -e*
⟨nlat.; nach der jugoslaw. Berg-
werksstadt Idrija (ital.: Idria)⟩:
ein Mineral
Idsch|ma *die; - ⟨arab.⟩:* Überein-
stimmung der Gelehrten als
Grundlage für die Deutung der
islamischen Gesetze
I|dus vgl. Iden
I|dyll *das; -s, -e ⟨gr.-lat.;* „Bild-
chen"⟩: Bild, Zustand eines
friedlichen u. einfachen Lebens
in meist ländlicher Abgeschie-
denheit
I|dyl|le *die -, -n:* a) Schilderung ei-
nes Idylls in Literatur (Vers,
Prosa) u. bildender Kunst;
b) ↑ Idyll
I|dyl|lik *die; -:* idyllischer Charak-
ter, idyllische Atmosphäre.
I|dyl|li|ker *der; -s, -:* jmd., der ei-
nen Hang zum Idyll hat. I|dyl|li-
ke|rin *die; -, -nen:* weibliche
Form zu ↑ Idylliker. i|dyl|lisch:
a) das Idyll, die Idylle betreffend; b) beschaulich-friedlich
...ie|rung/...a|ti|on vgl. ...ation/
...ierung
I|for *die; - ⟨Kurzw. aus Implemen-
tation Force⟩:* internationale
Truppe unter NATO-Führung
in Bosnien u. Herzegowina
I|ge|l|it ® [auch: ...ˈlɪt] *das; -s*
⟨Kunstw.⟩: polymeres Vinyl-
chlorid (ein Kunststoff)
I|g|lu *der od. das; -s, -s ⟨eskim.⟩:*
runde Schneehütte der Eski-
mos
I|g|ni|punk|tur *die; -, -en ⟨lat.-
nlat.⟩:* (Med.) das Aufstechen
einer Zyste mit dem ↑ Thermo-
kauter (z. B. bei einer Zysten-
niere)
I|g|ni|t|ron *das; -s, ...one (auch:

-s) ⟨lat.; gr.⟩:* als Gleichrichter
(Gerät zur Umwandlung von
Wechselstrom in Gleichstrom)
für hohe Stromstärken verwendete Röhre mit Quecksilberka-
thode
i|g|no|ra|mus et i|g|no|ra|bi|mus
⟨lat. „wir wissen (es) nicht u.
werden (es auch) nicht wissen"⟩: Schlagwort für die Unlös-
barkeit der Welträtsel
i|g|no|rant: (abwertend) von Un-
wissenheit, Kenntnislosigkeit
zeugend. I|g|no|rant *der; -en,
-en:* (abwertend) unwissender,
kenntnisloser Mensch; Dumm-
kopf. I|g|no|ran|tin *die; -, -nen:*
weibliche Form zu ↑ Ignorant
I|g|no|ranz *die; -: (abwertend)
Unwissenheit, Dummheit
i|g|no|rie|ren: nicht wissen wol-
len; absichtlich übersehen,
nicht beachten
I|g|no|s|zenz *die; -: (veraltet) Ver-
zeihung. i|g|no|s|zie|ren: (veral-
tet) verzeihen
I|go *das; - ⟨jap.⟩:* ↑ Go
I|gu|a|na *die; -, ...nen ⟨indian.-
span.⟩:* in tropischen Gebieten
Amerikas vorkommender großer ↑ Leguan mit sichelförmi-
gem Kamm
I|gu|a|no|don *das; -s, -s od.
...odonten ⟨indian.-span.; gr.⟩:*
(Biol.) urzeitlicher, Pflanzen
fressender ↑ Dinosaurier
I|gu|men vgl. Hegumenos
Ih|ram [ixˈraːm] *der; -s, -s ⟨arab.⟩:*
(islam. Rel.) 1. (ohne Plural) Zustand kultischer Reinheit, in
dem der Muslim die rituellen
Gebete zu verrichten hat u. den
er auch auf der Pilgerfahrt nach
Mekka einzuhalten hat. 2. Bekleidung des nach Mekka pil-
gernden Muslims, die aus zwei
langen weißen Baumwolltü-
chern besteht, um den Rücken
u. linke Schulter bzw. um die
Taille geschlungen werden
I|ka|ko|pflau|me *die; -, -n ⟨indi-
an.-span.; dt.⟩:* Goldpflaume,
wohlschmeckende Steinfrucht
eines Rosengewächses (tropisches Westafrika u. Amerika)
I|ka|ri|er *der; -s, - ⟨nach der
griech. Sagengestalt Ikarus⟩:*
Angehöriger einer Artisten-
gruppe, bei deren Vorführungen einer auf dem Rücken liegt
u. mit den Füßen seine Partner
in der Luft herumwirbelt
I|ke|ba|na *das; -[s] ⟨jap.; „leben-

dige Blumen"⟩: japanische
Kunst des Blumensteckens, des
künstlerischen, symbolischen
Blumenarrangements
I|kon *das; -s, -e ⟨gr.⟩:* stilisierte
Abbildung eines Gegenstandes;
Zeichen, das mit dem Gegenstand, den es darstellt, Ähnlichkeit aufweist
I|ko|ne *die; -, -n ⟨gr.-mgr.-russ.;
„Bild"⟩:* 1. Kultbild, geweihtes
Tafelbild der orthodoxen Kirche (thematisch u. formal
streng an die Überlieferung gebunden). 2. Person od. Sache als
Verkörperung bestimmter
Werte, Vorstellungen, eines bestimmten Lebensgefühls o. Ä.
i|ko|nisch: 1. in der Art der Iko-
nen. 2. bildhaft, anschaulich
I|ko|nis|mus *der; -, ...men:* an-
schauliches Bild (z. B. in den
natürlichen Sprachen)
I|ko|no|du|le *der; -n, -n ⟨gr.-nlat.⟩:*
Bilderverehrer. I|ko|no|du|lie
die; -: Bilderverehrung
I|ko|no|graf usw. vgl. Ikonograph
usw.
I|ko|no|graph, auch: ...graf *der;
-en, -en:* 1. Wissenschaftler auf
dem Gebiet der Ikonographie.
2. dem Storchschnabel ähnliche
Vorrichtung zur Bildabzeich-
nung für ↑ Lithographen. I|ko-
no|gra|phie, auch: ...grafie *die; -
⟨gr.-lat.⟩:* 1. wissenschaftliche
Bestimmung von Bildnissen
des griechischen u. römischen
Altertums. 2. a) Beschreibung,
Form- u. Inhaltsdeutung von
[alten] Bildwerken; b) ↑ Ikonolo-
gie. I|ko|no|gra|phin, auch:
...grafin *die; -, -nen:* weibliche
Form zu ↑ Ikonograph (1). i|ko-
no|gra|phisch, auch: ...grafisch:
die Ikonographie betreffend
I|ko|no|klas|mus *der; -, ...men ⟨gr.-
nlat.⟩:* Bildersturm; Abschaf-
fung u. Zerstörung von Heili-
genbildern (bes. der Bilder-
streit der byzantinischen
Kirche des 8. u. 9. Jh.s). I|ko|no-
klast *der; -en, -en ⟨gr.-mgr.⟩:* Bil-
derstürmer, Anhänger des Iko-
noklasmus. i|ko|no|klas|tisch:
den Ikonoklasmus betreffend;
bilderstürmerisch
I|ko|no|la|t|rie *die; - ⟨gr.-nlat.⟩:*
↑ Ikonodulie
I|ko|no|lo|gie *die; -:* Lehre vom
Sinngehalt alter Bildwerke; vgl.
Ikonographie (2a)
I|ko|no|me|ter *das; -s, -:* Rahmen-

sucher an einem fotografischen Apparat

I|ko|no|s|kop *das;* -s, -e: speichernde Fernsehaufnahmeröhre

I|ko|no|s|tas *der;* -, -e u. I|ko|no|s|ta|se *die;* -, -n u. I|ko|no|s|ta|sis *die;* -, ...*asen* ⟨*gr.-mgr.*⟩: dreiürige Bilderwand zwischen Gemeinde- u. Altarraum in orthodoxen Kirchen

I|ko|sa|e|der *das;* -s, - ⟨*gr.-nlat.*⟩: (Math.) regelmäßiger Zwanzigflächner (von 20 gleichseitigen Dreiecken begrenzt)

I|ko|si|te|t|ra|e|der *das;* -s, -: Kristallform aus 24 symmetrischen Vierecken

ik|te|risch ⟨*gr.-lat.*⟩: (Med.) die Gelbsucht betreffend; mit Gelbsucht behaftet, gelbsüchtig

Ik|te|rus *der;* -: (Med.) Gelbsucht

ik|tus *der;* -, - [...u:s] u. Ikten ⟨*lat.;* „Stoß, Schlag"⟩: 1. (Sprachw.) [nachdrückliche] Betonung der Hebung im Vers; Versakzent. 2. (Med.) unerwartet u. plötzlich auftretendes Krankheitszeichen. 3. (Med.) Stoß, stoßförmige Erschütterung

I|lang-I|lang-Öl vgl. Ylang-Ylang-Öl

Il|chan [il'ka:n, ıl'xa:n] *der;* -s ⟨*mong.-türk.*⟩: (hist.) Titel der mongolischen Herrscher in Persien (13. u. 14. Jh.)

I|lea: *Plural* von ↑ Ileum

I|le|en: *Plural* von ↑ Ileus

I|le|i|tis *die;* -, ...it|den ⟨*lat.-nlat.*⟩: (Med.) Entzündung des Ileums

I|le|um *das;* -s, Ilea ⟨*lat.-nlat.*⟩: (Med.) Krummdarm, unterer Teil des Dünndarms

I|le|us *der;* -, Ileen ['i:leən] u. Ilei ['i:lei] ⟨*gr.-lat.*⟩: (Med.) Darmverschluss

I|lex *die* (auch: *der*); -, - ⟨*lat.*⟩: Stechpalme

il|la|tiv [auch: ...'ti:f] ⟨*lat.-nlat.*⟩: (Sprachw. veraltet) folgernd, konsekutiv. Il|la|tiv [auch: ...'ti:f] *der;* -s, -e: 1. (Sprachw.) Kasus zur Bezeichnung der Bewegung od. Richtung in etwas hinein (in den finnisch-ugrischen Sprachen). 2. (Sprachw. veraltet) konsekutive Konjunktion (z. B. deshalb)

Il|la|tum *das;* -s, ...ten u. ...ta (meist Plural) ⟨*lat.*⟩: (Rechtsw. veraltet) von der Frau in die Ehe eingebrachtes Vermögen

il|le|gal ⟨*lat.-mlat.*⟩: gesetzwidrig, ungesetzlich, ohne behördliche Genehmigung; Ggs. ↑ legal. Il|le|ga|li|tät *die;* -, -en: 1. a) (ohne Plural) Ungesetzlichkeit, Gesetzwidrigkeit; b) illegaler Zustand, illegale Lebensweise. 2. einzelne illegale Handlung

il|le|gi|tim ⟨*lat.*⟩: a) unrechtmäßig, im Widerspruch zur Rechtsordnung [stehend], nicht im Rahmen bestehender Vorschriften [erfolgend]; Ggs. ↑ legitim (1a); b) unehelich; außerehelich; Ggs. ↑ legitim (1b). Il|le|gi|ti|mi|tät *die;* - ⟨*lat.-nlat.*⟩: unrechtmäßiges Verhalten

il|li|be|ral ⟨*lat.*⟩: engherzig, unduldsam. Il|li|be|ra|li|tät *die;* -: Engherzigkeit, Unduldsamkeit

il|li|mi|tiert [auch: 'ıl...] ⟨*lat.*⟩: unbegrenzt, unbeschränkt

Il|li|ni|um *das;* -s ⟨*nlat.;* nach dem nordamerik. Bundesstaat Illinois⟩: (veraltet) ↑ Promethium

il|li|quid ⟨*lat.-nlat.*⟩: [vorübergehend] zahlungsunfähig. Il|li|qui|di|tät *die;* -: [vorübergehende] Zahlungsunfähigkeit, Mangel an flüssigen [Geld]mitteln

Il|lit [auch: ...'lıt] *der;* -s, -e ⟨*nlat.;* nach dem Vorkommen im nordamerik. Bundesstaat Illinois⟩: ein glimmerartiges Tonmineral

il|li|te|rat ⟨*lat.*⟩: ungelehrt, nicht wissenschaftlich gebildet. Il|li|te|rat *der;* -en, -en ⟨*lat.*⟩: Ungelehrter, nicht wissenschaftlich Gebildeter. Il|li|te|ra|tin *die;* -, -nen: weibliche Form zu ↑ Illiterat

Il|lo|ku|ti|on *die;* -, -en ⟨*lat.-nlat.*⟩: (Sprachw.) Sprechhandlung mit kommunikativer Funktion

il|lo|ku|ti|o|när: (Sprachw.) die Illokution betreffend; **illokutionärer Akt:** der Sprechakt im Hinblick auf seine ↑ kommunikative Funktion (z. B. Aufforderung, Frage); vgl. lokutionärer Akt, perlokutionärer Akt

il|lo|ku|tiv: ↑ illokutionär; **illokutiver Akt:** ↑ illokutionärer Akt; **illokutiver Indikator:** Partikelwort od. kurze Phrase, das eine Funktion hat, einen nicht eindeutigen Satz eindeutig zu machen, z. B.: du kannst ja noch überlegen (als Rat)

il|lo|y|al ['ıloaja:l, auch: ...'ja:l] ⟨*lat.-fr.*⟩: a) den Staat, eine Instanz nicht respektierend; Ggs. ↑ loyal (a); b) vertragsbrüchig, gegen Treu und Glauben; Ggs. ↑ loyal (b); c) die Interessen der Gegenseite nicht achtend; Ggs. ↑ loyal (b). Il|lo|ya|li|tät *die;* -: illoyale Gesinnung, Verhaltensweise

Il|lu|mi|nat *der;* -en, -en (meist Plural) ⟨*lat.;* „der Erleuchtete"⟩: Angehöriger einer geheimen Verbindung, bes. des Illuminatenordens

Il|lu|mi|na|ten|or|den *der;* -s: (hist.) aufklärerisch-freimaurerische geheime Gesellschaft des 18. Jh.s

Il|lu|mi|na|ti|on *die;* -, -en ⟨*lat.(-fr.)*⟩: 1. [farbige] Beleuchtung vor allem im Freien (von Gebäuden, Denkmälern). 2. göttliche Erleuchtung des menschlichen Geistes (nach der theologischen Lehre Augustins). 3. das Ausmalen von ↑ Kodizes, Handschriften, Drucken mit ↑ Lasurfarben

Il|lu|mi|na|tor *der;* -s, ...oren ⟨*lat.-mlat.*⟩: Hersteller von Malereien in Handschriften u. Büchern des Mittelalters

il|lu|mi|nie|ren ⟨*lat.(-fr.)*⟩: 1. festlich erleuchten. 2. Handschriften ausmalen, Buchmalereien herstellen (von Künstlern des Mittelalters). 3. erhellen

Il|lu|mi|nist *der;* -en, -en ⟨*lat.-nlat.*⟩: ↑ Illuminator

Il|lu|si|on *die;* -, -en ⟨*lat.-fr.*⟩: 1. beschönigende, dem Wunschdenken entsprechende Selbsttäuschung über einen in Wirklichkeit weniger positiven Sachverhalt. 2. (Psychol.) falsche Deutung von tatsächlichen Sinneswahrnehmungen (im Unterschied zur Halluzination). 3. (Ästhetik) Täuschung durch die Wirkung des Kunstwerks, das Darstellung als Wirklichkeit erleben lässt

il|lu|si|o|när ⟨*lat.-nlat.*⟩: 1. auf Illusionen beruhend. 2. ↑ illusionistisch (1)

il|lu|si|o|nie|ren ⟨*lat.-fr.*⟩: in jmdm. eine Illusion erwecken; jmdm. etwas vorgaukeln; täuschen

Il|lu|si|o|nis|mus *der;* - ⟨*lat.-nlat.*⟩: 1. die Objektivität der realen Welt, der Wahrheit, Schönheit, Sittlichkeit als Schein erklärende philosophische Anschauung. 2. illusionistische [Bild]wirkung

Il|lu|si|o|nist *der;* -en, -en: 1. jmd.,

der sich Illusionen macht; Träumer. 2. Zauberkünstler. **Il|lu|si|o|nis|tin** *die; -, -nen:* weibliche Form zu ↑ Illusionist

il|lu|si|o|nis|tisch: 1. (bildende Kunst) durch die künstlerische Darstellung Scheinwirkungen erzeugend. 2. ↑ illusionär (1)

il|lu|so|risch ⟨*lat.-fr.*⟩: a) nur in der Illusion (1, 2) bestehend, trügerisch; b) vergeblich, sich erübrigend

il|lus|ter ⟨*lat.-fr.*⟩: glanzvoll, vornehm, erlaucht

Il|lus|t|ra|ti|on *die; -, -en* ⟨*lat.*⟩: a) Bebilderung, erläuternde Bildbeigabe; b) Veranschaulichung, Erläuterung

il|lus|t|ra|tiv ⟨*lat.-nlat.*⟩: a) als ↑ Illustration (a) dienend; mittels Illustration; b) veranschaulichend, erläuternd

Il|lus|t|ra|tor *der; -s, ...oren* ⟨*lat.*⟩: Künstler, der ein Buch mit Bildern ausgestaltet. **Il|lus|t|ra|to|rin** *die; -, -nen:* weibliche Form zu ↑ Illustrator

il|lus|t|rie|ren: a) ein Buch mit Bildern ausgestalten, bebildern; b) veranschaulichen, erläutern

Il|lus|t|rier|te *die; -n, -n* (zwei -, auch: -n): periodisch erscheinende Zeitschrift, die überwiegend Bildberichte u. Reportagen aus dem Zeitgeschehen veröffentlicht

il|lu|vi|al ⟨*lat.-nlat.*⟩: (Geol.) den Illuvialhorizont betreffend

Il|lu|vi|al|ho|ri|zont *der; -[e]s:* (Geol.) a) Unterboden; b) Ausfällungszone des Bodenprofils; c) Bodenschicht, in der bestimmte Stoffe aus einer anderen Schicht ausgeschieden werden

Il|ly|rist *der; -en, -en* ⟨*lat.-nlat.*⟩: Wissenschaftler auf dem Gebiet der Illyristik

Il|ly|ris|tik *die; -:* Wissenschaft, die sich mit den illyrischen Sprachresten im europäischen Namengut befasst

Il|ly|ris|tin *die; -, -nen:* weibliche Form zu ↑ Illyrist

Il|me|nit [auch: ...'nɪt] *der; -s, -e* ⟨*nlat.;* nach dem russ. Ilmengebirge⟩: ein Mineral (Titaneisen)

I|mage ['ɪmɪtʃ, 'ɪmɪdʒ] *das; -[s], -s* ['ɪmɪtʃ(s), 'ɪmɪdʒɪz] ⟨*lat.-fr.-engl.*⟩: Vorstellung, [positives] Bild, das ein Einzelner od. eine Gruppe von einer Einzelperson od. einer anderen Gruppe (od.

einer Sache) hat; Persönlichkeits-, Charakterbild

I|mage|or|thi|kon *das; -s, ...one,* (auch: -s) ⟨*lat.-fr.-engl.; gr.*⟩: speichernde Fernsehaufnahmeröhre

i|ma|gi|na|bel ⟨*lat.-fr.-engl.*⟩: (Philos.) vorstellbar, erdenkbar

i|ma|gi|nal: (Biol.) ein fertig ausgebildetes Insekt betreffend

I|ma|gi|nal|sta|di|um *das; -s:* (Biol.) Stadium der Insekten nach Abschluss der ↑ Metamorphose (2)

i|ma|gi|när ⟨*lat.-fr.:* „bildhaft"⟩: nur in der Vorstellung vorhanden, nicht wirklich, nicht ↑ real (1); **imaginäre Zahl:** (Math.) durch eine positive od. negative Zahl nicht darstellbare Größe, die durch die Wurzel aus einer (der Wurzel von −1) gegeben u. nicht auf ↑ reelle Zahlen rückführbar ist

I|ma|gi|na|ti|on *die; -, -en:* Fantasie, Einbildungskraft, bildhaft anschauliches Denken

i|ma|gi|na|tiv ⟨*lat.-nlat.*⟩: auf Imagination beruhend; vorgestellt

i|ma|gi|nie|ren ⟨*lat.*⟩: sich vorstellen; bildlich, anschaulich machen; ersinnen

I|ma|gis|mus *der; -* ⟨*lat. engl.*⟩: englisch-amerikanische lyrische Bewegung von etwa 1912–1917, die für die Lyrik den Wortschatz der Alltagssprache forderte u. dabei höchste Präzision u. Knappheit des Ausdrucks u. Genauigkeit des dichterischen Bildes erstrebte. **I|ma|gist** *der; -en, -en:* Vertreter des Imagismus. **I|ma|gis|tin** *die; -, -nen:* weibliche Form zu ↑ Imagist. **i|ma|gis|tisch:** den Imagismus betreffend, zum Imagismus gehörend

I|ma|go *die; -, ...gines* [...gine:s] ⟨*lat.*⟩: 1. (Psychol.) im Unterbewusstsein existierendes [Ideal]bild einer anderen Person der sozialen Umwelt. 2. (Biol.) fertig ausgebildetes, geschlechtsreifes Insekt. 3. (im antiken Rom) wächserne Totenmaske von Vorfahren, die im Atrium des Hauses aufgestellt wurde

I|ma|go Dei *die; - -* ⟨„Ebenbild Gottes"⟩: die Gottebenbildlichkeit des Menschen als christliche Lehre (1. Mose 1, 27)

I|mam *der; -s, -s u. -e* ⟨*arab.;* „Vor-

steher"⟩: 1. a) Vorbeter in der ↑ Moschee; b) (ohne Plural) Titel für verdiente Gelehrte des Islams. 2. Prophet u. religiöses Oberhaupt der ↑ Schiiten. 3. (hist.) Titel der Herrscher von Jemen (Südarabien)

I|ma|mit *der; -en, -en:* Angehöriger der am weitesten verbreiteten Gruppe der Schiiten

I|man *das; -s* ⟨*arab.;* „der Glaube"⟩: (islam. Rel.) Glaube

I|ma|ri|por|zel|lan *das; -s:* (nach dem japan. Ausfuhrhafen Imari): ↑ Aritaporzellan

IMAX ® ['aɪmɛks] *das; -* ⟨Kurzw. aus Imagination maximum; engl.*⟩: spezielle Form der Filmprojektion, bei der der Zuschauer sich aufgrund eines besonderen Bildformats, spezieller Linsen sowie durch Querlauf des Films als Handlungsbeteiligter fühlt

Im|ba|llance [ɪm'bæləns] *die; -, -s* [...sız] ⟨*engl.*⟩: (Chem., Med.) Ungleichgewicht; gestörtes Gleichgewicht

im|be|zil u. **im|be|zill** ⟨*lat.*⟩: (Med.) an ↑ Imbezillität leidend. **Im|be|zil|li|tät** *die; -:* (Med.) angeborener od. frühzeitig erworbener Intelligenzdefekt mittleren Grades; vgl. Debilität u. Idiotie

im|bi|bie|ren ⟨*lat.;* „einsaugen"⟩: quellen (von Pflanzenteilen)

Im|bi|bi|ti|on *die; -, -en* ⟨*lat.-nlat.*⟩: 1. (Bot.) Quellen von Pflanzenteilen (z. B. Samen). 2. (Geol.) Durchtränken von Gesteinen mit magnetischen Gasen od. wässrigen Lösungen

Im|b|ro|g|lio [ɪm'brɔljo] *das; -s, ...li [...lji] u. -s* ⟨*it.*⟩: (Mus.) rhythmische Taktverwirrung durch Übereinanderschichtung mehrerer Stimmen in verschiedenen Taktarten

I|mid u. **I|min** *das; -s, -e* ⟨Kunstw.⟩: chemische Verbindung, die die NH-Gruppe (Imido-, Iminogruppe) enthält

I|mi|tat *das; -[e]s, -e* ⟨*lat.*⟩: Kurzform von ↑ Imitation (1b)

I|mi|ta|tio Chris|ti *die; - -* ⟨„Nachahmung Christi"; Titel eines lat. Erbauungsbuchs des 14. Jh.s⟩: christliches Leben im Gehorsam gegen das Evangelium (als Lebensideal, bes. in religiösen Gemeinschaften des 14. u. 15. Jh.s)

I|mi|ta|ti|on *die; -, -en:* 1. a) das

Nachahmen; Nachahmung;
b) [minderwertige] Nachbildung eines wertvollen ↑ Materials (1) od. eines Kunstgegenstandes. 2. genaue Wiederholung eines musikalischen Themas in anderer Tonlage (in Kanon u. Fuge)

i|mi|ta|tiv: auf Imitation beruhend; nachahmend. **I|mi|ta|tiv** *das;* -s, -e: (Sprachw.) Verb des Nachahmens (z. B. büffeln = arbeiten wie ein Büffel)

I|mi|ta|tor *der;* -s, ...oren: Nachahmer. **I|mi|ta|to|rin** *die;* -, -nen: weibliche Form zu ↑ Imitator.

i|mi|ta|to|risch: nachahmend

i|mi|tie|ren: 1. nachahmen; nachbilden. 2. ein musikalisches Thema wiederholen. **i|mi|tiert:** nachgeahmt, künstlich, unecht (bes. von Schmuck)

Im|ma|cu|la|ta *die;* - ⟨*lat.;* „die Unbefleckte", d. h. die unbefleckt Empfangene⟩: Beiname Marias in der katholischen Lehre

Im|ma|cu|la|ta Con|cep|tio *die;* - -: die Unbefleckte Empfängnis [Mariens] (d. h. ihre Bewahrung vor der Erbsünde im Augenblick der Empfängnis durch ihre Mutter Anna)

im|ma|nent ⟨*lat.;* „darin bleibend"⟩: 1. innewohnend, in etwas enthalten. 2. die Grenzen möglicher Erfahrung nicht übersteigend, innerhalb dieser Grenzen liegend, bleibend; den Bereich des menschlichen Bewusstseins nicht überschreitend; Ggs. ↑ transzendent (1)

Im|ma|nenz *die;* - ⟨*lat.-nlat.*⟩: 1. das, was innerhalb einer Grenze bleibt u. sie nicht überschreitet. 2. (Philos.) a) Beschränkung auf das innerweltliche Sein; b) Einschränkung des Erkennens auf das Bewusstsein od. auf Erfahrung; vgl. Transzendenz

Im|ma|nenz|phi|lo|so|phie *die;* -: Richtung der Philosophie, wonach alles Sein in das Bewusstsein verlegt ist u. nicht darüber hinausgeht

im|ma|nie|ren ⟨*lat.*⟩: innewohnen, enthalten sein

Im|ma|nu|el *der;* -s ⟨*hebr.*⟩: (Rel.) symbolischer Name des Sohnes einer jungen Frau (bzw. Jungfrau), dessen Geburt Jesaja weissagt (Jesaja 7, 14); später bezogen auf Jesus Christus

Im|ma|te|ri|al|gü|ter|recht *das;* -[e]s ⟨*lat.-nlat.; dt.*⟩: (Rechtsw.) Recht, das jmdm. an seinen geistigen Gütern zusteht (z. B. Patentrecht)

Im|ma|te|ri|a|lis|mus *der;* - ⟨*lat.-nlat.*⟩: (Philos.) Lehre, die die Materie als selbstständige Substanz leugnet u. dagegen ein geistig-seelisches Bewusstsein setzt

Im|ma|te|ri|a|li|tät [auch: 'ɪm...] *die;* -: unkörperliche Beschaffenheit, stoffloses Dasein

im|ma|te|ri|ell [auch: 'ɪm...] ⟨*lat.-fr.*⟩: unstofflich, unkörperlich; geistig; Ggs. ↑ materiell (1)

Im|ma|t|ri|ku|la|ti|on *die;* -, -en ⟨*lat.-mlat.*⟩: 1. Einschreibung an einer Hochschule, Eintragung in die ↑ Matrikel (1); Ggs. ↑ Exmatrikulation. 2. (schweiz.) amtliche Zulassung eines Kraftfahrzeugs o. Ä.

im|ma|t|ri|ku|lie|ren: 1. a) in die Matrikel (1) einer Hochschule aufnehmen; Ggs. ↑ exmatrikulieren; b) sich immatrikulieren; seine Anmeldung an ↑ Sekretariat (1) einer Universität abgeben; Ggs. ↑ exmatrikulieren. 2. (schweiz.) (ein Motorfahrzeug) anmelden

im|ma|tur ⟨*lat.*⟩: (Med.; von Frühgeborenen) unreif, nicht voll entwickelt

Im|me|di|at ⟨*lat.*⟩: (veraltend) unmittelbar, ohne Zwischenschaltung einer anderen Instanz [dem Staatsoberhaupt unterstehend]

Im|me|di|at|ge|such *das;* -[e]s, -e: unmittelbar an die höchste Behörde gerichtetes Gesuch

im|me|di|a|ti|sie|ren ⟨*lat.-nlat.*⟩: (hist.) [reichs]unmittelbar machen (in Bezug auf Fürsten od. Städte bis 1806)

im|mens ⟨*lat.*⟩: in Staunen, Bewunderung erregender Weise groß o. ä.; unermesslich [groß].

Im|men|si|tät *die;* -: (veraltet) Unermesslichkeit, Unendlichkeit

im|men|su|ra|bel: unmessbar. **Im|men|su|ra|bi|li|tät** *die;* - ⟨*lat.-nlat.*⟩: Unmessbarkeit

Im|mer|si|on *die;* -, -en ⟨*lat.;* „Eintauchen"⟩: 1. Einbetten eines Objekts in eine Flüssigkeit mit besonderen lichtbrechenden Eigenschaften (zur Untersuchung von Kristallformen u. in

der Mikroskopie). 2. Eintritt eines Himmelskörpers in den Schatten eines anderen. 3. ↑ Inundation. 4. (Med.) bei bestimmten Hautkrankheiten u. Verbrennungen angewandtes stunden- bis tagelanges Vollbad

Im|mer|si|ons|tau|fe *die;* -, -n: ältere (von den ↑ Baptisten noch geübte) Form der christlichen Taufe durch Untertauchen des Täuflings; vgl. Aspersion

Im|mi|g|rant *der;* -en, -en ⟨*lat.*⟩: Einwanderer (aus einem anderen Staat); Ggs. ↑ Emigrant. **Im|mi|g|ran|tin** *die;* -, -nen: weibliche Form zu ↑ Immigrant

Im|mi|g|ra|ti|on *die;* -, -en ⟨*lat.-nlat.*⟩: 1. Einwanderung; Ggs. ↑ Emigration (1). 2. (Biol.) besondere Art der ↑ Gastrulation, bei der sich Einzelzellen vom ↑ Blastoderm ins ↑ Blastozöl abgliedern u. eine neue Zellschicht ausbilden. **im|mi|g|rie|ren** ⟨*lat.*⟩: einwandern; Ggs. ↑ emigrieren

im|mi|nent ⟨*lat.*⟩: (Med.) drohend, nahe bevorstehend (z. B. von Fehlgeburten)

Im|mis|si|on *die;* -, -en (meist Plural) ⟨*lat.*⟩: 1. das Einwirken von Luftverunreinigungen, Schadstoffen, Lärm, Strahlen u. Ä. auf Menschen, Tiere, Pflanzen, Gebäude u. Ä. 2. (veraltet) Einsetzung in ein Amt. 3. kurz für: Immissionskonzentration

Im|mis|si|ons|kon|zen|t|ra|ti|on *die;* -, -en: Menge eines verunreinigten Spurenstoffes, die in der Volumeneinheit (Kubikmeter) Luft enthalten ist

Im|mis|si|ons|schutz *der;* -es: (gesetzlich festgelegter) Schutz vor Immissionen (1)

im|mo|bil [auch: ...'bi:l] ⟨*lat.*⟩: 1. unbeweglich; Ggs. ↑ mobil (1 a). 2. nicht für den Krieg bestimmt od. ausgerüstet, nicht kriegsbereit (in Bezug auf Truppen); Ggs. ↑ mobil (2)

Im|mo|bi|li|ar|kre|dit *der;* -[e]s, -e ⟨*lat.-nlat.; lat.-it.*⟩: durch Grundbesitz abgesicherter Kredit

Im|mo|bi|li|ar|ver|si|che|rung *die;* -, -en ⟨*lat.-nlat.; dt.*⟩: Gebäudeversicherung

Im|mo|bi|lie [...i̯ə] *die;* -, -n ⟨*lat.*⟩: unbeweglicher Besitz (z. B. Grundstück, Gebäude); Ggs. ↑ Mobilien (2)

Im|mo|bi|li|en|fonds [...fõ:] *der; -, -* [...fõ:s]: (Wirtsch.) Fonds, der das Geld der Anleger in Immobilien investiert

Im|mo|bi|li|sa|ti|on *die; -, -en ⟨lat.-nlat.⟩*: a) (Med.) Ruhigstellung von Gliedern od. Gelenken; b) Verlust der Beweglichkeit (in Bezug auf einen Körperteil); vgl. ...ation/...ierung. **im|mo|bi|li|sie|ren**: (Med.) (ein Glied od. Gelenk) ruhig stellen. **Im|mo|bi|li|sie|rung** *die; -, -en*: (Med.) das Immobilisieren; vgl. ...ation/...ierung

Im|mo|bi|lis|mus *der; -*: Unbeweglichkeit als geistige Haltung

Im|mo|bi|li|tät *die; - ⟨lat.⟩*: Zustand der Unbeweglichkeit, bes. bei Truppen

im|mo|ra|lisch [auch: ...ˈraː...] *⟨lat.-nlat.⟩*: (Philos.) unmoralisch, unsittlich. **Im|mo|ra|lis|mus** *der; -*: (Philos.) Ablehnung der Verbindlichkeit moralischer Grundsätze u. Werte. **Im|mo|ra|list** *der; -en, -en*: jmd., der die Geltung der herrschenden Moral leugnet. **Im|mo|ra|lis|tin** *die; -, -nen*: weibliche Form zu ↑ Immoralist

Im|mo|ra|li|tät *die; -*: a) Unmoral, Unsittlichkeit; b) Gleichgültigkeit gegenüber moralischen Grundsätzen

im|mor|ta|li|sie|ren *⟨lat.⟩*: (Gentechnik) dauerhaft, unsterblich machen (z. B. von Zellen). **Im|mor|ta|li|tät** *die; - ⟨lat.⟩*: Unsterblichkeit

Im|mor|tel|le *die; -, -n ⟨lat.-fr.; „Unsterbliche"⟩*: Sommerblume mit strohtrockenen, gefüllten Blüten (Korbblütler); Strohblume

Im|mum Coe|li [- ˈtsø:li] *das; - - ⟨lat.⟩*: (Astrol.) Schnittpunkt der ↑ Ekliptik u. des unter dem Ortshorizont gelegenen Halbbogens des Ortsmeridians; Spitze des IV. Hauses; Himmelstiefe; Abk.: I. C.

im|mun *⟨lat.; „frei von Leistungen"⟩*: 1. (Med.) für bestimmte Krankheiten unempfänglich, gegen Ansteckung gefeit. 2. (Rechtsw.) (als Angehöriger des diplomatischen Korps od. als Parlamentarier) vor Strafverfolgung geschützt

Im|mun|ant|wort *die; -, -en*: (Med.) Reaktion des Organismus auf ein Antigen, die entweder zur Bildung von Antikörpern od. zur Bildung von Lymphozyten führt, die mit dem Antigen spezifisch reagieren

Im|mun|bi|o|lo|gie *die; -*: Teilgebiet der Immunologie, das sich mit den Fragen ererbter od. erworbener Immunität, mit Abwehrreaktionen bei Organtransplantationen u. Ä. befasst

Im|mun|che|mie *die; -*: Teilgebiet der Immunologie, das sich mit den chemischen u. biochemischen Grundlagen der Immunität (1) befasst

Im|mun|de|fekt *der; -[e]s, -e*: angeborene od. erworbene Störung der ↑ Immunität (1)

Im|mun|ge|ne|tik *die; -*: Teilgebiet der Immunologie, das sich mit den genetischen Systemen beschäftigt, die dem Immunsystem zugrunde liegen. **im|mun|ge|ne|tisch**: a) die Immungenetik betreffend, darauf beruhend; b) (Med.) die Entstehung einer ↑ Immunität (1) betreffend

Im|mun|glo|bu|lin *das; -s, -e*: (Med.) Protein, das die Eigenschaften eines Antikörpers aufweist

im|mu|ni|sie|ren *⟨lat.-nlat.⟩*: (gegen Bakterien u. Ä.) unempfindlich machen. **Im|mu|ni|sie|rung** *die; -, -en*: Bewirkung von Immunität (1)

Im|mu|ni|tät *die; -, -en (Plural selten) ⟨lat.⟩*: 1. (Med.; Biol.) angeborene od. durch Impfung erworbene Unempfänglichkeit für Krankheitserreger od. deren ↑ Toxine. 2. verfassungsrechtlich garantierter Schutz vor Strafverfolgung (für Bundes- u. Landtagsabgeordnete); vgl. Indemnität. 3. ↑ Exterritorialität

Im|mun|kör|per *der; -s, -*: ↑ Antikörper

im|mu|no|ge|ne|tisch vgl. immungenetisch

Im|mu|no|lo|ge *der; -n, -n ⟨lat.; gr.⟩*: (Med.) Wissenschaftler auf dem Gebiet der Immunologie. **Im|mu|no|lo|gie** *die; -*: Wissenschaft, die sich mit der Reaktion des Organismus auf das Eindringen körperfremder Substanzen befasst. **Im|mu|no|lo|gin** *die; -, -nen*: weibliche Form zu ↑ Immunologe. **im|mu|no|lo|gisch**: a) die Immunologie be-

treffend; b) die Immunität (1) betreffend

Im|mu|no|pa|thie *die; -, ...ien*: Gesamtheit der durch ↑ Immunantworten verursachten Krankheitserscheinungen; Immunkrankheit

Im|mu|no|sup|pres|si|on vgl. Immunsuppression. **im|mu|no|sup|pres|siv** vgl. immunsuppressiv

Im|mun|sup|pres|si|on *die; -, -en*: Unterdrückung einer immunologischen (b) Reaktion (z. B. bei Transplantationen). **im|mun|sup|pres|siv**: eine immunologische (b) Reaktion unterdrückend (z. B. in Bezug auf Arzneimittel)

Im|mun|sys|tem *das; -s, -e*: für die Immunität (1) verantwortliches Abwehrsystem des Körpers

Im|mu|ta|bi|li|tät *die; - ⟨lat.⟩*: (veraltet) Unveränderlichkeit

Im|pact [...pεkt] *der; -s, -s ⟨lat.-engl.⟩*: 1. Belastung, Wirkung. 2. (Werbespr.) Stärke der von einer Werbemaßnahme ausgehenden Wirkung. 3. (Golf) Moment, in dem der Schläger den Ball trifft

im|pair [ε̃ˈpε:ʀ] *⟨lat.-fr.⟩*: (von den Zahlen beim Roulett) ungerade; Ggs. ↑ pair

Im|pakt *der; -s, -e ⟨lat.-engl.⟩*: 1. Meteoriteneinschlag. 2. (auch: *das*) ↑ Impact

im|pak|tiert *⟨lat.-nlat.⟩*: (Med.) eingeklemmt, eingekeilt (z. B. von Zähnen)

Im|pak|tit [auch: ...ˈtɪt] *der; -s, -e*: Glasbildung, die mit einem Meteoriteneinschlag in Beziehung steht

Im|pa|la *die; -, -s ⟨afrik.⟩*: (in den Steppen Afrikas heimische) kleine Antilope mit braunem Rücken, weißer Unterseite u. schwarzer Zeichnung auf den Fersen

Im|pa|ri|tät *die; - ⟨lat.⟩*: (veraltet) Ungleichheit

Im|passe [ε̃ˈpas] *die; -, -s [ε̃ˈpas] ⟨fr.⟩*: (veraltet) Ausweglosigkeit, Sackgasse

im|pas|tie|ren *⟨it.⟩*: (Malerei) Farbe [mit dem Spachtel] dick auftragen

Im|pas|to *das; -s, -s u. ...sti*: (Malerei) dicker Farbauftrag auf einem Gemälde

Im|pa|ti|ens [...tsiɛns] *die; - ⟨lat.⟩*: Springkraut, Balsamine (beliebte Topfpflanze)

Im|peach|ment [ɪmˈpiːtʃmənt] *das;* -[s], -s ⟨*engl.*⟩: (in England, in den USA) gegen einen hohen Staatsbeamten (vom Parlament bzw. vom Repräsentantenhaus) erhobene Anklage wegen Amtsmissbrauchs o. Ä., die im Falle der Verurteilung die Amtsenthebung zur Folge hat

Im|pe|danz *die;* -, -en ⟨*lat.-nlat.*⟩: (Phys.) elektrischer Scheinwiderstand; Wechselstromwiderstand eines Stromkreises

Im|pe|danz|re|lais *das:* ↑ Distanzrelais

Im|pe|di|ment *das;* -[e]s, -e ⟨*lat.*⟩: (veraltet) rechtliches Hindernis (z. B. Ehehindernis)

im|pe|ne|t|ra|bel ⟨*lat.*⟩: (veraltet) undurchdringlich

im|pe|ra|tiv ⟨*lat.*⟩: befehlend, zwingend, bindend; **imperatives Mandat:** ↑ Mandat (2), das den Abgeordneten an den Auftrag seiner Wähler bindet; vgl. ...isch/-. **Im|pe|ra|tiv** *der;* -s, -e: 1. (Sprachw.) Befehlsform (z. B. geh!). 2. (Philos.) Pflichtgebot; vgl. kategorischer Imperativ.

im|pe|ra|ti|visch [auch: ˈɪm...]: in der Art des Imperativs (1); vgl. ...isch/-

Im|pe|ra|tor *der;* -s, ...ọren: 1. im Rom der Antike Titel für den Oberfeldherrn. 2. von Kaisern gebrauchter Titel zur Bezeichnung ihrer kaiserlichen Würde; Abk.: Imp.; **Imperator Rex:** Kaiser u. König (Titel z. B. Wilhelms II.); Abk.: I. R. **im|pe|ra|tọ|risch:** 1. den Imperator betreffend. 2. in der Art eines Imperators, gebieterisch. **Im|pe|ra|t|rix** *die;* -, ...rices [...ˈtriːʦeːs]: weibliche Form zu ↑ Imperator

Im|per|fekt [auch: ...ˈfekt] *das;* -s, -e ⟨*lat.*⟩: 1. (ohne Plural) Zeitform, mit der ein verbales Geschehen od. Sein aus der Sicht des Sprechers als [unabgeschlossene, „unvollendete"] Vergangenheit charakterisiert wird. 2. Verbform des Imperfekts (1), ↑ Präteritum (z. B. rauchte, fuhr)

im|per|fek|ti|bel ⟨*lat.-fr.*⟩: (veraltet) vervollkommnungsunfähig, unbildsam. **Im|per|fek|ti|bi|li|tät** *die;* -: Unfähigkeit zur Vervollkommnung, Unbildsamkeit

im|per|fek|tisch [auch: ...ˈfek...] ⟨*lat.*⟩: das Imperfekt betreffend.

im|per|fek|tiv ⟨*lat.-nlat.*⟩: 1. imperfektisch. 2. unvollendet, einen Vorgang in seinem Verlauf darstellend; **imperfektive Aktionsart:** ↑ Aktionsart eines Verbs, die das Sein od. Geschehen als zeitlich unbegrenzt, als unvollendet, als dauernd (↑ durativ) kennzeichnet (z. B. wachen)

Im|per|fek|tum *das;* -s, ...ta ⟨*lat.*⟩: ↑ Imperfekt

im|per|fo|ra|bel ⟨*lat.-nlat.*⟩: undurchbohrbar

Im|per|fo|ra|ti|on *die;* -, -en: (Med.) angeborene Verwachsung einer Körperöffnung (z. B. des Afters); ↑ Atresie

im|pe|ri|al ⟨*lat.*⟩: das Imperium betreffend; herrschaftlich, kaiserlich

¹**Im|pe|ri|al** *das;* -[s]: ein vor Einführung der DIN-Größen übliches Papierformat (57 × 78 cm)

²**Im|pe|ri|al** *der;* -s, -e: 1. kleine italienische Silbermünze (12.–15. Jh.). 2. frühere russische Goldmünze

³**Im|pe|ri|al** *die;* -: (veraltet) Schriftgrad von 9 ↑ Cicero

Im|pe|ri|a|lis|mus *der;* - ⟨*lat.-fr.*⟩: 1. Bestrebung einer Großmacht, ihren politischen, militärischen u. wirtschaftlichen Macht- u. Einflussbereich ständig auszudehnen. 2. (nach marxistischer Anschauung) die Endstufe des Kapitalismus mit Verflechtung der Industrie- u. Bankmonopole. **Im|pe|ri|a|list** *der;* -en, -en: Vertreter des Imperialismus. **Im|pe|ri|a|lis|tin** *die;* -, -nen: weibliche Form zu ↑ Imperialist. **im|pe|ri|a|lis|tisch:** dem Imperialismus zugehörig

Im|pe|ri|um *das;* -s, ...ien ⟨*lat.*⟩: 1. [römisches] Kaiserreich; Weltreich, Weltmacht. 2. sehr großer Herrschafts-, Macht- u. Einflussbereich

im|per|me|a|bel ⟨*lat.-nlat.*⟩: (Med.) undurchlässig. **Im|per|me|a|bi|li|tät** *die;* -: Undurchlässigkeit

Im|per|so|na|le *das;* -s, ...lia u. ...lien ⟨*lat.*⟩: unpersönliches Verb, das nur in der 3. Person Singular vorkommt (z. B. es schneit); Ggs. ↑ Personale (1)

im|per|ti|nent ⟨*lat.;* „nicht dazu (zur Sache) gehörig"⟩: in herausfordernder Weise ungehörig, frech, unverschämt. **Im|per-**

ti|nenz *die;* -, -en ⟨*lat.-mlat.*⟩: 1. (ohne Plural) dreiste Ungehörigkeit, Frechheit, Unverschämtheit. 2. impertinente Äußerung, Handlung

im|per|zep|ti|bel ⟨*lat.*⟩: (Psychol. selten) nicht wahrnehmbar

im|pe|ti|gi|nös ⟨*lat.*⟩: (Med.) borkig, grindig

Im|pe|ti|go *die;* -, ...gines: (Med.) Eitergrind, -flechte; entzündliche [ansteckende] Hautkrankheit mit charakteristischer Blasen-, Pustel- u. Borkenbildung

im|pe|tu|o|so ⟨*lat.-it.*⟩: (Mus.) stürmisch, ungestüm, heftig (Vortragsanweisung)

Im|pe|tus *der;* - ⟨*lat.*⟩: a) [innerer] Antrieb, Anstoß, Impuls; b) Schwung[kraft], Ungestüm

Im|pi|e|tät *die;* - ⟨*lat.*⟩: (veraltet) Mangel an ↑ Pietät; Gottlosigkeit, Lieblosigkeit

Im|plan|tat *das;* -[e]s, -e ⟨*lat.-nlat.*⟩: (Med.) dem Körper eingepflanztes Gewebestück o. Ä.

Im|plan|ta|ti|on *die;* -, -en: (Med.) Einpflanzung von Gewebe (z. B. Haut), Organteilen (z. B. Zähnen) od. sonstigen Substanzen in den Körper; Organeinpflanzung. **im|plan|tie|ren:** eine Implantation vornehmen

Im|plan|to|lo|gie *die;* -: (Med.) Lehre von den [Möglichkeiten der] Implantationen

Im|ple|ment *das;* -[e]s, -e ⟨*lat.*⟩: (veraltet) Ergänzung, Erfüllung [eines Vertrages]

im|ple|men|tie|ren ⟨*lat.-engl.*⟩: (EDV) (Software, Hardware o. Ä.) in ein bestehendes Computersystem einsetzen, einbauen u. so ein funktionsfähiges Programm erstellen. **Im|ple|men|tie|rung** *die;* -, -en: (EDV) das Implementieren, Implementiertwerden

Im|pli|kat *das;* -[e]s, -e ⟨*lat.*⟩: etwas, das in etwas anderes einbezogen ist. **Im|pli|ka|ti|on** *die;* -, -en ⟨*lat.;* „Verflechtung"⟩: a) Einbeziehung einer Sache in eine andere; b) (Philos.; Sprachw.) Bez. für die logische „Wenn-dann"-Beziehung

im|pli|zie|ren: einbeziehen, gleichzeitig beinhalten, bedeuten; mit enthalten

im|pli|zit: 1. mit enthaltend, mit gemeint, aber nicht ausdrücklich gesagt; Ggs. ↑ explizit (a).

2. nicht aus sich selbst zu verstehen, sondern logisch zu erschließen. 3. (Med.) als Anlage vorhanden

im|pli|zi|te: [unausgesprochen] mit inbegriffen, eingeschlossen

im|plo|die|ren ⟨*lat.-nlat.*⟩: durch Implosion zerstört werden (z. B. die Bildröhre eines Fernsehers). **Im|plo|si|on** *die;* -, -en: schlagartige Zertrümmerung eines Hohlkörpers durch äußeren Überdruck

Im|plo|siv *der;* -s, -e u. **Im|plo|siv|laut** *der;* -[e]s, -e: Verschlusslaut, bei dessen Artikulation der von innen nach außen drängende Luftstrom nicht unterbrochen wird (z. B. das b in „abputzen")

Im|plu|vi|um *das;* -s, ...ien u. ...ia ⟨*lat.*⟩: (in altrömischen Häusern) rechteckiges Sammelbecken für Regenwasser im Fußboden des ↑ Atriums (1)

im|pon|de|ra|bel ⟨*lat.-nlat.*⟩: (veraltet) unwägbar, unberechenbar

Im|pon|de|ra|bi|li|en *die* (Plural): Unwägbarkeiten; Gefühls- u. Stimmungswerte; Ggs. ↑ Ponderabilien

Im|pon|de|ra|bi|li|tät *die;* -: Unwägbarkeit, Unberechenbarkeit

im|po|nie|ren ⟨*lat.(-fr.)*⟩: a) Achtung einflößen, großen Eindruck machen; b) (veraltet) sich geltend machen

Im|po|nier|ge|ha|be *das;* -s ⟨*lat.(-fr.); dt.*⟩: (Verhaltensforschung) von [männlichen] Tieren vor der Paarung od. einem Rivalen gegenüber gezeigtes kraftvolles Auftreten (mit gesträubten Federn, hoch gestelltem Schwanz o. Ä.), das der Werbung od. Drohung dient

Im|port *der;* -[e]s, -e ⟨*lat.-fr.-engl.*⟩: 1. Einfuhr. 2. das Eingeführte; Ggs. ↑ ¹Export

im|por|tant ⟨*lat.-fr.*⟩: (veraltet) wichtig, bedeutsam. **Im|por|tanz** *die;* -: (veraltet) Wichtigkeit, Bedeutsamkeit

Im|por|te *die;* -, -n (meist Plural) ⟨*lat.-fr.-engl.*⟩: 1. Einfuhrware. 2. (veraltend) im Ausland hergestellte Zigarre

Im|por|teur [...'tø:ɐ̯] *der;* -s, -e ⟨französierende Ableitung von ↑ importieren⟩: Person, Firma, die etwas importiert. **Im|por-**

teu|rin [...'tø:rɪn] *die;* -, -nen: weibliche Form zu ↑ Importeur

im|por|tie|ren ⟨*lat.(-fr.-engl.)*⟩: Waren aus dem Ausland einführen

im|por|tun ⟨*lat.*⟩: ungeeignet; ungelegen; Ggs. ↑ opportun

im|po|sant ⟨*lat.-fr.*⟩: durch Größe, Bedeutsamkeit od. Ungewöhnlichkeit ins Auge fallend; einen bedeutenden Eindruck hinterlassend; eindrucksvoll, großartig, überwältigend. **Im|po|sanz** *die;* -: überwältigende Größe, außergewöhnliche Bedeutsamkeit

im|pos|si|bel ⟨*lat.*⟩: (veraltet) unmöglich. **Im|pos|si|bi|li|tät** *die;* -, -en: (veraltet) Unmöglichkeit

Im|post *der;* -[e]s ⟨*lat.-mlat.*⟩: (veraltet) Warensteuer

im|po|tent [auch: ...'tɛnt] ⟨*lat.*⟩: 1. a) (vom Mann) unfähig zum Geschlechtsverkehr; b) zeugungsunfähig; unfähig, Kinder zu bekommen, aufgrund der Unfruchtbarkeit des Mannes; Ggs. ↑ potent (2). 2. nicht schöpferisch, leistungsschwach, unfähig, untüchtig. **Im|po|tenz** [auch: ...'tɛnts] *die;* -, -en: 1. a) Unfähigkeit (des Mannes) zum Geschlechtsverkehr; b) Zeugungsunfähigkeit, Unfruchtbarkeit (des Mannes). 2. Unvermögen, [künstlerische] Unfähigkeit

Im|präg|na|ti|on *die;* -, -en ⟨*lat.-vulgärlat.*⟩: 1. (Geol.) feine Verteilung von Erdöl od. Erz auf Spalten od. in Poren eines Gesteins. 2. (Med.) das Eindringen der Samenfäden in das reife Ei; Befruchtung. 3. das Imprägnieren

im|präg|nie|ren ⟨*lat.;* „schwängern"⟩: 1. feste Stoffe mit einem Schutzmittel gegen Feuchtigkeit, Zerfall u. a. durchtränken. 2. Getränke (z. B. Sekt, Wein) unter Druck Kohlensäure zusetzen, um ihnen ↑ moussierende Eigenschaften zu verleihen. **Im|präg|nie|rung** *die;* -, -en: a) das Imprägnieren; b) durch Imprägnieren erreichter Zustand

im|prak|ti|ka|bel ⟨*lat.; gr.-mlat.*⟩: undurchführbar, nicht anwendbar

Im|pre|sa|rio *der;* -s, -s u. ...ri (auch: ...rien) ⟨*lat.-it.*⟩: (veraltend) Theater-, Konzertagent, der für einen Künstler die Ver-

träge abschließt u. die Geschäfte führt

Im|pres|si|on *die;* -, -en ⟨*lat.-fr.;* „Eindruck"⟩: 1. Sinneseindruck, Empfindung, Wahrnehmung, Gefühlseindruck; jeder unmittelbar empfangene Bewusstseinsinhalt (Hume). 2. a) (Anat.) Einbuchtung od. Vertiefung an Organen od. anderen Körperteilen; b) (Med.) durch Druck od. Stoß verursachte ↑ pathologische Eindellung eines Körperteils. **im|pres|si|o|na|bel** ⟨*lat.-nlat.*⟩: für Impressionen besonders empfänglich; erregbar, reizbar

Im|pres|si|o|nis|mus *der;* - ⟨*lat.-fr.*⟩: Ende des 19. Jh.s entstandene Stilrichtung der bildenden Kunst, der Literatur u. der Musik, deren Vertreter persönliche Umwelteindrücke u. Stimmungen besonders in künstlerischen Kleinformen (Skizzen, Einaktern, Tonmalereien) wiedergeben. **Im|pres|si|o|nist** *der;* -en, -en: Vertreter des Impressionismus. **Im|pres|si|o|nis|tin** *die;* -, -nen: weibliche Form zu ↑ Impressionist. **im|pres|si|o|nis|tisch:** a) im Stil des Impressionismus gestaltet; b) den Impressionismus betreffend

Im|pres|sum *das;* -s, ...ssen ⟨*lat.*⟩: Angabe über Verleger, Drucker, Redakteure u. a. in Zeitungen, Zeitschriften, Büchern u. Ä.

im|pri|ma|tur („es werde gedruckt"): Vermerk des Autors od. Verlegers auf dem letzten Korrekturabzug, dass der Satz zum Druck freigegeben ist; Abk.: impr.; imp. **Im|pri|ma|tur** *das;* -s u. österr. auch: **Im|pri|ma|tur** *die;* -: 1. Druckerlaubnis (allgemein). 2. am Anfang od. Ende eines Werks vermerkte, nach katholischem Kirchenrecht erforderliche bischöfliche Druckerlaubnis für Bibelausgaben u. religiöse Schriften; vgl. approbatur

Im|pri|mé [ɛ̃pri'me:] *der;* -[s], -s ⟨*lat.-fr.*⟩: 1. bedrucktes Seidengewebe mit ausdrucksvollem Muster. 2. (Postw.) internationale Bez. für Drucksache

im|pri|mie|ren ⟨*lat.-nlat.*⟩: das Imprimatur erteilen

Im|print [auch: 'ɪm...] *das* od. *der;* -s ⟨*lat.-fr.-engl.*⟩: 1. ↑ Impressum. 2. nicht mehr eigenständiger

Verlag, unter dessen Namen ein anderer Verlag weiterhin Bücher publiziert

Im|prin|ting das; -s ⟨engl.; „Abdruck"⟩: (Genetik) genetischer Mechanismus, durch den von den beiden Allelen eines Gens nur eines, entweder das väterliche od. mütterliche, zur Geltung kommt

Im|promp|tu [ɛ̃prõˈty:] das; -s, -s ⟨lat.-fr.⟩: Komposition der Romantik, bes. für Klavier, in der Art einer Improvisation

Im|pro|pe|ri|en die (Plural) ⟨lat.⟩: „Vorwürfe"): die Klagen des Gekreuzigten über das undankbare Volk Israel darstellende Gesänge der katholischen Karfreitagsliturgie

Im|pro|vi|sa|teur [...ˈtøːɐ̯] der; -s, -e ⟨lat.-fr.⟩: jmd., der am Klavier [zur Unterhaltung] improvisiert. **Im|pro|vi|sa|teu|rin** [...ˈtøː-rɪn] die; -, -nen: weibliche Form zu ↑ Improvisateur

Im|pro|vi|sa|ti|on die; -, -en ⟨lat.-it.⟩: 1. das Improvisieren, Kunst des Improvisierens. 2. ohne Vorbereitung, aus dem Stegreif Dargebotenes; Stegreifschöpfung, [an ein Thema gebundene] musikalische Stegreiferfindung u. -darbietung

Im|pro|vi|sa|tor der; -s, ...oren: jmd., der etwas aus dem Stegreif darbietet; Stegreifkünstler. **Im|pro|vi|sa|to|rin** die; -, -nen: weibliche Form zu ↑ Improvisator. **im|pro|vi|sa|to|risch:** in der Art eines Improvisators

im|pro|vi|sie|ren: 1. etwas ohne Vorbereitung, aus dem Stegreif tun; mit einfachen Mitteln herstellen, verfertigen. 2. a) Improvisationen (2) spielen; b) während der Darstellung auf der Bühne seinem Rollentext frei Erfundenes hinzufügen

Im|puls der; -es, -e ⟨lat.; „Anstoß"⟩: 1. a) Anstoß, Anregung; b) Antrieb, innere Regung. 2. a) Strom- od. Spannungsstoß von relativ kurzer Dauer; b) (Med.) Anstoß, Erregung, die von den Nerven auf entsprechende Zellen, Muskeln o. Ä. übertragen wird. 3. (Phys.) a) Produkt aus Kraft u. Dauer eines Stoßes; b) Produkt aus Masse u. Geschwindigkeit eines Körpers

Im|puls|ge|ne|ra|tor der; -s, -en:

Gerät zur Erzeugung elektrischer Impulse in gleichmäßiger Folge

im|pul|siv ⟨lat.-nlat.⟩: aus einem plötzlichen, augenblicklichen Impuls heraus handelnd, einer Eingebung sogleich folgend, spontan. **Im|pul|si|vi|tät** die; -: impulsives Wesen

Im|puls|tech|nik die; -: Teilgebiet der ↑ Elektrotechnik, auf dem man sich mit der Erzeugung, Verbreitung u. Anwendung elektrischer Impulse befasst

Im|pu|ta|bi|li|tät die; - ⟨lat.-nlat.⟩: (Med.) Zurechnungsfähigkeit, geistige Gesundheit

Im|pu|ta|ti|on die; -, -en ⟨lat.⟩: 1. von Luther bes. betonter Grundbegriff der christlichen Rechtfertigungs- u. Gnadenlehre, nach der dem sündigen Menschen als Glaubendem die Gerechtigkeit Christi angerechnet u. zugesprochen wird. 2. (veraltet) [ungerechtfertigte] Beschuldigung

im|pu|ta|tiv: (veraltet) eine [ungerechtfertigte] Beschuldigung enthaltend; **imputative Rechtfertigung:** ↑ Imputation (1)

im|pu|tie|ren ⟨lat.⟩: (veraltet) [ungerechtfertigt] beschuldigen

in ⟨engl.⟩: in der Verbindung: **in sein:** 1. (bes. von Personen im Showgeschäft o. Ä.) im Brennpunkt des Interesses stehen, gefragt sein; Ggs. ↑ out (sein 1). 2. (ugs.) sehr in Mode sein, von vielen begehrt sein, betrieben werden; Ggs. ↑ out (sein 2)

in ab|sen|tia ⟨lat.⟩: (bes. Rechtsw.) in jmds. Abwesenheit

in abs|t|rac|to ⟨lat.⟩: rein begrifflich, nur in der Vorstellung; Ggs. ↑ in concreto; vgl. abstrakt

In|a|ci|di|tät die; - ⟨lat.; nlat.⟩: ↑ Anacidität

in|a|dä|quat [auch: ...ˈkvaːt] ⟨lat.-nlat.⟩: unangemessen, nicht passend, nicht entsprechend; Ggs. ↑ adäquat. **In|a|dä|quat|heit** die; -, -en: a) (ohne Plural) Unangemessenheit; Ggs. ↑ Adäquatheit; b) etwas Unangemessenes; Beispiel, Fall von Unangemessenheit

in ae|ter|num [-ɛ...] ⟨lat.⟩: auf ewig

in|ak|ku|rat [auch: ...ˈraːt] ⟨lat.-nlat.⟩: ungenau, unsorgfältig

in|ak|tiv [auch: ...ˈtiːf] ⟨lat.-nlat.⟩: 1. sich untätig, passiv verhal-

tend; Ggs. ↑ aktiv (1 a). 2. a) außer Dienst; sich im Ruhestand befindend, verabschiedet, ohne Amt; b) (Studentenspr.) zur Verbindung in freierem Verhältnis stehend; Ggs. ↑ aktiv (6). 3. a) chemisch unwirksam (in Bezug auf chemische Substanzen, ↑ Toxine o. Ä., deren normale Wirksamkeit durch bestimmte Faktoren wie z. B. starke Hitze ausgeschaltet wurde); Ggs. ↑ aktiv (5); b) ruhend; vorübergehend keine Krankheitssymptome zeigend (in Bezug auf Krankheitsprozesse wie z. B. Lungentuberkulose)

In|ak|ti|ve der; -n, -n: von den offiziellen Veranstaltungen weitgehend befreites Mitglied (älteren Semesters) einer studentischen Verbindung

in|ak|ti|vie|ren: 1. in den Ruhestand versetzen, von seinen [Amts]pflichten entbinden. 2. (Med.) einem Mikroorganismus (z. B. einem Serum o. Ä.) durch bestimmte chemische od. physikalische Verfahren seine spezifische Wirksamkeit nehmen

In|ak|ti|vi|tät [auch: ...ˈtɛːt] die; -: 1. Untätigkeit, passives Verhalten; Ggs. ↑ Aktivität (1). 2. chemische Unwirksamkeit. 3. (Med.) das Ruhen eines krankhaften Prozesses

in|ak|tu|ell [auch: ...tuˈɛl]: nicht im augenblicklichen Interesse liegend, nicht zeitgemäß, nicht zeitnah; Ggs. ↑ aktuell (1)

in|ak|zep|ta|bel [auch: ...ˈtaː...] ⟨lat.-nlat.⟩: unannehmbar. **In|ak|zep|ta|bi|li|tät** [auch: ...ˈtɛːt] die; -: Unannehmbarkeit

in all|bis [-ˈalbiːs] ⟨lat.; „in weißen (Bogen)"⟩: (veraltet) in Rohbogen, nicht gebunden (von Büchern); vgl. Dominica (in albis)

in|a|li|e|na|bel ⟨lat.-nlat.⟩: (Rechtsw.) unveräußerlich, nicht übertragbar

i|n|an ⟨lat.⟩: nichtig, leer, hohl, eitel (in der atomistischen Philosophie)

I|n|a|ni|tät die; -: Nichtigkeit, Leere, Eitelkeit

I|n|a|ni|ti|on die; - ⟨lat.-nlat.⟩: (Med.) Abmagerung mit völliger Entkräftung u. Erschöpfung als Folge unzureichender Ernährung od. bei auszehrenden

Krankheiten wie der Tuberkulose

in|ap|pa|rent [auch: ...'rɛnt] ⟨*lat.-engl.*⟩: (Med.) nicht sichtbar, nicht wahrnehmbar (von Krankheiten); Ggs. ↑ apparent

in|ap|pel|la|bel ⟨*lat.-nlat.*⟩: (veraltet) keine Möglichkeit mehr bietend, ein Rechtsmittel einzulegen, durch Berufung nicht anfechtbar (von gerichtlichen Entscheidungen)

In|ap|pe|tenz [auch: ...'tɛnts] *die; -* ⟨*lat.-nlat.*⟩: (Med.) fehlendes Verlangen (z. B. nach Nahrung)

in|ä|qual ⟨*lat.-nlat.*⟩: (veraltet) ungleich, verschieden; Ggs. ↑ äqual

in|ar|ti|ku|liert [auch: ...'liːɐ̯t] ⟨*lat.-nlat.*⟩: nicht artikuliert (vgl. artikulieren), ohne deutliche Gliederung gesprochen

In|au|gu|ral|dis|ser|ta|ti|on *die; -, -en* ⟨*lat.-nlat.*⟩: wissenschaftliche Arbeit (↑ Dissertation) zur Erlangung der Doktorwürde

In|au|gu|ra|ti|on *die; -, -en* ⟨*lat.*⟩: feierliche Einsetzung in ein hohes [politisches, akademisches] Amt, eine Würde

in|au|gu|rie|ren: a) in ein hohes [politisches, akademisches] Amt, eine Würde einsetzen; b) etwas Neues [feierlich] einführen, etwas ins Leben rufen, schaffen; c) (österr. selten) einweihen

In|a|zi|di|tät vgl. Inacidität

In|bet|ween [ɪnbɪ'twiːn] *der; -s, -s* ⟨*engl.*⟩: halbdurchsichtiger, in seiner Dichte zwischen Gardinen- u. Vorhangstoff liegender Stoff zur Raumausstattung

in blan|ko ⟨*it.*⟩: unausgefüllt, leer (von Schecks o. Ä.)

in bond ⟨*engl.*⟩: (Wirtsch.) unverzollt, aber unter Zollaufsicht stehend (von gelagerten Waren)

In|bound ['ɪnba̲u̲nt] *das; -s, -s* ⟨*engl.*⟩: Entgegennahme eines [Kunden]anrufs (z. B. in einem Callcenter); Ggs. ↑ Outbound

in bre|vi ⟨*lat.*⟩: (veraltet) bald, in Kürze

In|bus ® *der; -ses, -se* ⟨Kunstw. für *In*nensechskantschlüssel [der Firma] *Bauer und Schaurte*⟩: Werkzeug mit Innensechskant zum Anziehen od. Lockern von Schrauben

In|cen|tive [ɪn'sɛntɪf] *das; -s, -s* ⟨*lat.-engl.*⟩: a) (Plural) durch wirtschaftspolitische (meist steuerliche) Maßnahmen ausgelöste Anreizeffekte zu erhöhter ↑ ökonomischer (a) Leistungsbereitschaft; b) von einem Unternehmen seinen Mitarbeitern angebotene Gratifikation, die zur Leistungssteigerung anreizen soll; c) ↑ Inzentiv

In|cen|tive|rei|se *die; -, -n*: Reise, die ein Unternehmen bestimmten Mitarbeitern als Prämie od. als Anreiz zur Leistungssteigerung stiftet

Inch [ɪntʃ] *der; -, -es* [...tʃɪs] (4 Inch[es]) ⟨*engl.*⟩: Längeneinheit in Großbritannien und den USA (= 2,54 cm); Abk.: in.; Zeichen: "

in|cho|a|tiv [...k...] ⟨*lat.*⟩: (Sprachw.) bei Verben einen Beginn ausdrückend (z. B. erwachen). **In|cho|a|tiv** *das; -s, -e*: Verb mit inchoativer Aktionsart. **In|cho|a|ti|vum** *das; -s, ...va*: ↑ Inchoativ

in|chro|mie|ren [...k...] ⟨*gr.-nlat.*⟩: auf Metalle eine Oberflächenschutzschicht aus Chrom auf nicht galvanischem Wege aufbringen

in|ci|den|tell [...ts...] vgl. inzidentell

in|ci|dit [...ts...] ⟨*lat.*⟩: „(dies) hat geschnitten" (vor dem Namen des Stechers auf Kupferstichen); Abk.: inc.

in|ci|pit [...ts...] ⟨*lat.*⟩: „(es) beginnt" (am Anfang von Handschriften u. Frühdrucken); Ggs. ↑ explicit. **In|ci|pit** *das; -s, -s*: 1. Anfangsformel, Anfangsworte einer mittelalterlichen Handschrift od. eines Frühdruckes. 2. (Mus.) a) Bezeichnung eines Liedes, einer Arie mit den Anfangsworten ihres Textes; b) Anfangstakte eines Musikstücks in einem thematischen Verzeichnis

in|clu|si|ve vgl. inklusive

In|co|ming ['ɪnkamɪŋ] *das; -s* ⟨*engl.*; eigtl. „Ankunft"⟩: organisierte Betreuung ausländischer Touristen an ihrem Urlaubsort

in con|cert [- 'kɔnsɐt] ⟨*engl.*⟩: (Werbespr.) a) in einem öffentlichen Konzert, in öffentlicher Veranstaltung [auftretend]; b) in einem Mitschnitt eines öffentlichen Konzerts (im Unterschied zu einer Studioaufnahme)

in con|cre|to ⟨*lat.*⟩: auf den vorliegenden Fall bezogen; im Einzelfall; in Wirklichkeit; Ggs. ↑ in abstracto; vgl. konkret

In|con|t|ro vgl. Inkontro

in con|tu|ma|ci|am ⟨*lat.*; „wegen Unbotmäßigkeit"⟩: wegen Widerspenstigkeit; **in contumaciam urteilen**: in (wegen, trotz) Abwesenheit des Beklagten ein Urteil fällen; **in contumaciam verurteilen**: gegen jmdn. wegen Nichterscheinens vor Gericht (trotz ergangener Vorladung) ein Versäumnisurteil fällen; vgl. Kontumaz

in|cor|po|ra|ted [ɪn'kɔːpəreɪtɪd] ⟨*engl.-amerik.*⟩: engl.-amerik. Bez. für: [als Aktiengesellschaft, im Handelsregister] eingetragen; Abk.: Inc.

in cor|po|re ⟨*lat.*⟩: gemeinsam, alle zusammen

In|co|terms *die* (Plural) ⟨Kurzw. aus *in*ternational *commercial terms*; *engl.*⟩: (Wirtsch.) Gesamtheit der im internationalen Handel üblichen Bedingungen für Lieferung, Beförderung, Abnahme u. Ä. von Waren

In|cro|ya|ble [ɛ̃krŏa'ja:bl̩] *der; -[s], -s* [...b]] ⟨*lat.-fr.*; „der Unglaubliche"⟩: (scherzh.) a) großer, um 1800 in Frankreich getragener Zweispitz; b) stutzerhafter Träger eines großen Zweispitzes

In|cu|bus vgl. Inkubus

In|cus *der; -, Incudes* [...'ku:de:s] ⟨*lat.*⟩: (Biol., Med.) Amboss, mittleres Knöchelchen des Gehörorgans

In|d|an|th|ren ® *das; -s, -e* ⟨Kurzw. aus ↑ *Ind*igo u. ↑ *Anthra*zen⟩: (Chem.) licht- u. waschechter synthetischer Farbstoff für Textilien

in|de|bi|te ⟨*lat.*⟩: irrtümlich u. ohne rechtlichen Grund geleistet (von Zahlungen). **In|de|bi|tum** *das; -s, ...ta*: (veraltet) Zahlung, die irrtümlich u. ohne rechtlichen Grund geleistet wurde

in|de|ci|so [inde'tʃi:zo] ⟨*lat.-it.*⟩: (Mus.) unbestimmt (Vortragsanweisung)

in|de|fi|ni|bel [auch: 'ɪn...] ⟨*lat.*⟩: nicht definierbar, nicht begrifflich abgrenzbar; unerklärbar

in|de|fi|nit [auch: 'ɪn...] ⟨*lat.*⟩: unbestimmt; **indefinites Prono-men:** ↑ Indefinitpronomen

In|de|fi|nit|pro|no|men *das;* -s, - u. ...mina: unbestimmtes Fürwort (z. B. jemand, kein)

In|de|fi|ni|tum *das;* -s, ...ta: (selten) ↑ Indefinitpronomen

in|de|kli|na|bel [auch: ...'na:...] ⟨*lat.*⟩: (Sprachw.) nicht beugbar (z. B. rosa: ein rosa Kleid). **In-de|kli|na|bi|le** *das;* -, ...bilia: indeklinables Wort

in|de|li|kat [auch: ...'ka:t] ⟨*lat.-fr.*⟩: unzart; unfein; Ggs. ↑ delikat (1, 2)

in|dem|ni|sie|ren ⟨*lat.-fr.*⟩: Rechtsw. veraltet) entschädigen, vergüten; Indemnität erteilen

In|dem|ni|tät *die;* -: 1. nachträgliche Billigung eines Regierungsaktes, den das Parlament zuvor [als verfassungswidrig] abgelehnt hatte. 2. Straffreiheit des Abgeordneten in Bezug auf Äußerungen im Parlament

in|de|mons|t|ra|bel [auch: ...'tra:...] ⟨*lat.*⟩: (Philos.) nicht demonstrierbar, nicht beweisbar

In|dent|ge|schäft *das;* -[e]s, -e ⟨*engl.; dt.*⟩: Exportgeschäft, das der Minderung des Risikos für den Exporteur dient

In|de|pen|dence Day [ɪndɪ'pɛn-dəns 'deɪ] *der;* - - ⟨*engl.-amerik.*⟩: Unabhängigkeitstag der USA (4. Juli)

In|de|pen|dent *der;* -en, -en (meist Plural) ⟨*lat.-fr.-engl.*⟩: a) Anhänger eines radikalen Puritanismus in England im 17. Jh.; b) ↑ Kongregationalist

In|de|pen|dent La|bour Par|ty [- 'leɪbə 'pɑ:tɪ] *die;* - - - ⟨*engl.*⟩: a) Name der ↑ Labour Party bis 1906; b) 1914 von der Labour Party abgespaltene Partei mit pazifistischer Einstellung

In|de|pen|denz *die;* - ⟨*lat.-nlat.*⟩: (veraltet) Unabhängigkeit

in|de|ter|mi|na|bel [auch: 'ɪn...] ⟨*lat.*⟩: (Philos.) unbestimmt, unbestimmbar

In|de|ter|mi|na|ti|on [auch: 'ɪn...] *die;* - ⟨*lat.-nlat.*⟩: 1. (Philos.) Unbestimmtheit. 2. Unentschlossenheit

in|de|ter|mi|niert [auch: 'ɪn...] ⟨*lat.*⟩: (Philos.) unbestimmt, nicht festgelegt (abgegrenzt), frei

In|de|ter|mi|nis|mus *der;* - ⟨*lat.-nlat.*⟩: (Philos.) Lehrmeinung, nach der ein Geschehen nicht od. nur bedingt durch Kausalität od. Naturgeschehen bestimmt ist; Ggs. ↑ Determinismus (2)

In|dex *der;* - u. -es, -e u. ...dizes, auch: ...dices [...ditse:s] ⟨*lat.;* „Anzeiger; Register, Verzeichnis"⟩: 1. alphabetisches [Stichwort]verzeichnis (von Namen, Sachen, Orten u. a.). 2. (Plural Indexe, Indices) Liste von Büchern, die nach päpstlichem Entscheid von den Gläubigen nicht gelesen werden durften; **auf dem Index stehen:** verboten sein. 3. (Plural Indizes, Indices; Wirtsch.) statistischer Messwert, durch den eine Veränderung bestimmter wirtschaftlicher Tatbestände (z. B. Preisentwicklung in einem bestimmten Bereich) ausgedrückt wird. 4. (Plural Indizes) a) (Math.) Buchstabe od. Zahl, die zur Kennzeichnung od. Unterscheidung gleichartiger Größen an diese (meist tiefer stehend) angehängt wird (z. B. a_1, a_2, a_3 od. allgemein a_i, a_n, a_i); b) (Lexikographie) hochgestellte Zahl, die ↑ Homographe o. Ä. zum Zwecke der Unterscheidung vorangestellt wird. 5. (Med.) Zeigefinger. 6. Verhältnis der Schädelbreite zur Schädellänge in Prozenten (Messwert der ↑ Anthropologie). 7. (EDV) als separate ↑ Datei gespeichertes Verzeichnis von ↑ [2]Adressen (2)

In|dex|fonds [...fõ:] *der;* -, - [...fõ:s]: (Wirtsch.) Investmentfonds, der einen bestimmten Wertpapierindex (z. B. den DAX) nachbildet

in|de|xie|ren ⟨*lat.-nlat.*⟩: a) (EDV) Speicheradressen ermitteln, indem man den Wert im Adressfeld einer Instruktion zum Inhalt eines ↑ Indexregisters hinzuzählt; vgl. [2]Adresse (2); b) einen Index, eine Liste von Gegenständen od. Hinweisen anlegen; vgl. indizieren c) Titel, Bücher auf den ↑ Index (2) setzen. **In|de|xie|rung** *die;* -, -en: 1. das Indexieren (a, b). 2. Dynamisierung (vgl. dynamisieren b) eines Betrages durch Knüpfung an eine Indexklausel

In|dex|klau|sel *die;* -, -n: Wertsi-

cherungsklausel, nach der die Höhe eines geschuldeten Betrages vom Preisindex der Lebenshaltung abhängig gemacht wird

In|dex|re|gis|ter *das;* -s, -: (EDV) Teil in Computeranlagen, in dem unabhängig vom Rechenwerk mit Zahlen gerechnet werden kann, die in der Position eines Adressenteils stehen; vgl. [2]Adresse (2)

In|dex|wäh|rung *die;* -, -en ⟨*lat.; dt.*⟩: Währung, die durch die Beeinflussung der Geld- u. Kreditmenge durch die Notenbank manipuliert wird

In|dex|zif|fer *die;* -, -n: Ziffer, die die Veränderung von Zahlenwerten zum Ausdruck bringt (z. B. Preisindex)

in|de|zent [auch: ...tsɛnt] ⟨*lat.*⟩: nicht taktvoll, nicht feinfühlig; Ggs. ↑ dezent. **In|de|zenz** [auch: ...tsɛnts] *die;* -, -en: Mangel an Takt, Feinfühligkeit; Ggs. ↑ Dezenz (1)

[1]In|di|a|ca ® *das;* - ⟨*Kunstw.*⟩: von den südamerikanischen Indianern stammendes, dem ↑ Volleyball (1) verwandtes Mannschaftsspiel, bei dem anstelle des Balles eine [2]Indiaca verwendet wird

[2]In|di|a|ca *die;* -, -s: für das [1]Indiaca verwendeter, mit Federn versehener Lederball mit elastischer Füllung

In|di|an *der;* -s, -e ⟨kurz für „indianischer Hahn"⟩: (bes. österr.) Truthahn

In|di|a|na|po|lis|start *der;* -[e]s, -s, selten: -e ⟨nach der Rennstrecke in Indianapolis, der Hauptstadt des US-Bundesstaates Indiana⟩: Form des Starts bei Autorennen, bei der die Fahrzeuge nach einer Einlaufrunde im fliegenden Start über die Startlinie fahren

In|di|a|ner|fal|te *die;* -, -n: ↑ Mongolenfalte

in|di|a|nisch: a) die Indianer betreffend; b) zu den Indianern gehörend. **In|di|a|nist** *der;* -en, -en ⟨*nlat.*⟩: Kenner, Erforscher der indianischen Sprachen u. Kulturen. **In|di|a|nis|tik** *die;* -: Wissenschaft, die sich mit der Erforschung der indianischen Sprachen u. Kulturen beschäftigt. **In|di|a|nis|tin** *die;* -, -nen: weibliche Form zu ↑ Indianist

In|di|ca|tor *der;* -s ⟨*lat.-nlat.*⟩: Gattung der Honiganzeiger (spechtartige Vögel des afrikanischen Urwaldes)

In|die [ˈɪndi] das; -, -s ⟨Kurzform von engl. independent „unabhängig"⟩: a) kleine, unabhängige Plattenfirma; b) unabhängiger Produzent von Musik, Filmen o. Ä.

in|dif|fe|rent [auch: …ˈrɛnt] ⟨lat.⟩: unbestimmt; gleichgültig, teilnahmslos, unentschieden; **indifferentes Gleichgewicht:** (Mechanik) Gleichgewicht, bei dem eine Verschiebung die Energieverhältnisse nicht ändert; **indifferente Stoffe:** feste, flüssige od. gasförmige Substanzen, die entweder gar nicht od. unter extremen Bedingungen nur sehr geringfügig mit Chemikalien reagieren

In|dif|fe|ren|tis|mus der; - ⟨lat.-nlat.⟩: Gleichgültigkeit gegenüber bestimmten Dingen, Meinungen, Lehren; Uninteressiertheit, Verzicht auf eigene Stellungnahme

In|dif|fe|renz [auch: …ˈrɛnts] die; -, -en ⟨lat.⟩: 1. (ohne Plural) Gleichgültigkeit, Uninteressiertheit. 2. (von chem. Stoffen [in Arzneimitteln]) Neutralität

in|dil|gen ⟨lat.⟩: eingeboren, einheimisch. **In|di|ge|nat** das; -[e]s; -e ⟨lat.-nlat.⟩: a) Heimat-, Bürgerrecht; b) Staatsangehörigkeit

In|di|ges|ti|on die; -, -en ⟨lat.⟩: (Med.) Verdauungsstörung

In|dilg|na|ti|on die; - ⟨lat.⟩: Unwille, Entrüstung. **in|dilg|nie|ren:** Unwillen, Entrüstung hervorrufen. **in|dilg|niert:** peinlich berührt, unwillig, entrüstet

In|dilg|ni|tät die; -: 1. (veraltet) Unwürdigkeit. 2. (Rechtsw.) Erbunwürdigkeit

In|di|go der od. das; -s, -s ⟨gr.-lat.-span.⟩: (Chem.) ältester u. wichtigster organischer, heute synthetisch hergestellter tief dunkelblauer ↑ [Küpen]farbstoff

In|di|go|blau das; -s, - (ugs.: -s): ↑ Indigo

in|di|go|id ⟨gr.-lat.-span.; gr.⟩: indigoähnlich

In|di|go|lith [auch: …ˈlɪt] der; -s u. -en, -e[n]: seltener, indigoblauer Turmalin

In|di|go|tin das; -s ⟨nlat.⟩: ↑ Indigo

In|dik der; -s ⟨gr.-lat.⟩: Indischer Ozean

In|di|ka|ti|on die; -, -en ⟨lat.⟩: 1. (Med.) aus der ärztlichen Diagnose sich ergebende Veranlassung, ein bestimmtes Heilverfahren anzuwenden, ein Medikament zu verabreichen; Ggs. ↑ Kontraindikation; vgl. indizieren (2), vgl. …ation/…ierung. 2. das Angezeigtsein eines Schwangerschaftsabbruchs aus unterschiedlichen Gründen: **kriminologische Indikation** (bei Vergewaltigung); **embryopathische Indikation** (wegen möglicher Schäden des Kindes); **medizinische Indikation** (bei Gefahr für das Leben der Mutter); **soziale Indikation** (bei einer Notlage)

In|di|ka|ti|o|nen|mo|dell, In|di|ka|ti|ons|mo|dell das; -s, -e: Modell zur Freigabe des Schwangerschaftsabbruchs unter bestimmten medizinisch-embryopathischen od. kriminologischen Voraussetzungen

¹In|di|ka|tiv der; -s, -e ⟨lat.⟩: Wirklichkeitsform des Verbs (z. B. fährt); Abk.: Ind.; Ggs. ↑ Konjunktiv

²In|di|ka|tiv das; -s, -s ⟨lat.-fr.⟩: Erkennungsmelodie; bestimmtes Musikstück, das immer wiederkehrende Radio- u. Fernsehendungen einleitet

in|di|ka|ti|visch [auch: …ˈtiː…]: den Indikativ betreffend, im Indikativ [stehend]

In|di|ka|tor der; -s, …oren ⟨lat.-nlat.⟩: 1. Umstand od. Merkmal, das als [beweiskräftiges] Anzeichen od. als Hinweis auf etwas anderes dient. 2. (veraltet) Liste der ausleihbaren Bücher einer Bibliothek. 3. Gerät zum Aufzeichnen des theoretischen Arbeitsverbrauches u. der ↑ indizierten Leistung einer Maschine (z. B. Druckverlauf im Zylinder von Kolbenmaschinen). 4. Stoff (z. B. Lackmus), der durch Farbwechsel eine bestimmte chemische Reaktion anzeigt

In|di|ka|t|rix die; -: mathematisches Hilfsmittel zur Feststellung der Krümmung einer Fläche in einem ihrer Punkte

In|dik|ti|on die; -, -en ⟨lat.; „Ansage, Ankündigung"⟩: mittelalterliche Jahreszählung (Römerzinszahl) mit 15-jähriger Periode, von 312 n. Chr. an gerech-

net (nach dem alle 15 Jahre aufgestellten römischen Steuerplan)

In|dio der; -s, -s ⟨span.⟩: süd- od. mittelamerikanischer Indianer

in|di|rekt [auch: …ˈrɛkt] ⟨lat.-mlat.⟩: 1. nicht durch eine unmittelbare Äußerung, Einflussnahme o. Ä.; nicht persönlich; über einen Umweg; Ggs. ↑ direkt; **indirekte Rede:** abhängige Rede (z. B.: Er sagte, er sei nach Hause gegangen); Ggs. ↑ direkte Rede; **indirekte Steuer:** Steuer, die im Preis bestimmter Waren, bes. bei Genuss- u. Lebensmitteln, Mineralöl o. Ä. enthalten ist; **indirekte Wahl:** Wahl [der Abgeordneten, des Präsidenten] durch Wahlmänner. 2. (in Bezug auf räumliche Beziehungen) nicht unmittelbar, nicht auf einem direkten Weg; **indirekte Beleuchtung:** Beleuchtung, bei der die Lichtquelle nicht sichtbar ist

in|dis|kret [auch: …ˈkreː:t]: ohne den gebotenen Takt od. die gebotene Zurückhaltung in Bezug auf die Privatsphäre eines anderen; Ggs. ↑ diskret. **In|dis|kre|ti|on** [auch: ˈin…] die; -, -en: a) Mangel an Verschwiegenheit; Vertrauensbruch; b) Taktlosigkeit

in|dis|ku|ta|bel [auch: …ˈta:…]: nicht der Erörterung wert; Ggs. ↑ diskutabel

in|dis|pen|sa|bel [auch: …ˈza:…]: (veraltet) unerlässlich

in|dis|po|ni|bel [auch: …ˈni:…]: a) nicht verfügbar; festgelegt; b) (selten) unveräußerlich

in|dis|po|niert: unpässlich; nicht zu etwas aufgelegt; in schlechter Verfassung. **In|dis|po|niertheit** die; -: Zustand der Indispositniertseins

In|dis|po|si|ti|on die; -, -en: Unpässlichkeit; schlechte körperlich-seelische Verfassung

in|dis|pu|ta|bel [auch: …ˈta:…] ⟨lat.⟩: (veraltet) nicht strittig, unbestreitbar; Ggs. ↑ disputabel

In|dis|zi|p|lin [auch: …ˈpli:n] die; -: (selten) Mangel an Disziplin. **in|dis|zi|p|li|niert** [auch: …ˈni:ɐt]: keine Disziplin haltend

In|di|um das; -s ⟨nlat.; von lat. indicum „Indigo", wegen der zwei indigoblauen Linien im Spektrum des Indiums>: chem. Element; ein Metall; Zeichen: In

In|di|vi|du|al|di|a|g|no|se die; -, -n: Methode zur Erfassung der Persönlichkeit eines Menschen mithilfe von Tests sowie der ↑ differenziellen u. Tiefenpsychologie

In|di|vi|du|al|dis|tanz die; -, -en: (Zool.) spezifischer Abstand, auf den sich Tiere bestimmter Arten (außer bei der Brutpflege) untereinander annähern

In|di|vi|du|al|e|thik die; -: 1. Teilgebiet der ↑ Ethik (1a), das insbesondere die Pflichten des Einzelnen gegen sich selbst berücksichtigt. 2. Ethik, in der der Wille od. die Bedürfnisse des Einzelnen als oberster Maßstab zur Bewertung von Handlungen angesehen werden

In|di|vi|du|a|li|sa|ti|on die; -, -en ⟨lat.-nlat.⟩: ↑ Individualisierung; vgl. ...ation/...ierung

in|di|vi|du|a|li|sie|ren ⟨lat.-mlat.-fr.⟩: die Individualität eines Gegenstandes bestimmen; das Besondere, Einzelne, Eigentümliche [einer Person, eines Falles] hervorheben. **In|di|vi|du|a|li|sie|rung** die; -, -en: a) das Individualisieren; b) individualisierte Darstellung; vgl. ...ation/...ierung

In|di|vi|du|a|lis|mus der; - ⟨lat.-mlat.-nlat.⟩: 1. (Philos.) Anschauung, die dem Individuum u. seinen Bedürfnissen den Vorrang vor der Gemeinschaft einräumt. 2. Haltung eines Individualisten (2)

In|di|vi|du|a|list der; -en, -en: 1. Vertreter des Individualismus. 2. jmd., der einen ganz persönlichen, eigenwilligen Lebensstil entwickelt hat u. sich dadurch von anderen, ihren Verhaltens- u. Denkweisen abhebt. **In|di|vi|du|a|lis|tin** die; -, -nen: weibliche Form zu ↑ Individualist. **in|di|vi|du|a|lis|tisch**: 1. dem Individualismus entsprechend. 2. der Haltung, Eigenart eines Individualisten entsprechend

In|di|vi|du|a|li|tät die; -, -en ⟨lat.-mlat.-fr.⟩: 1. (ohne Plural) persönliche Eigenart; Eigenartigkeit, Einzigartigkeit. 2. Persönlichkeit

In|di|vi|du|al|po|tenz die; -, -en:

1. (Biol.) [sexuelle] Leistungsfähigkeit männlicher Individuen. 2. (Biol.) Ausmaß der Erbtüchtigkeit eines Zuchttieres

In|di|vi|du|al|prä|ven|ti|on die; -, -en: ↑ Spezialprävention

In|di|vi|du|al|psy|cho|lo|gie die; -: 1. psychologische Forschungsrichtung, die sich mit dem Einzelwesen befasst. 2. (von dem Psychiater u. Psychologen A. Adler entwickelte) Psychologie des Unbewussten, nach der der Hauptantrieb des menschlichen Handelns in sozialen Bedürfnissen u. damit in einem gewissen Streben nach Geltung u. Macht liegt. **in|di|vi|du|al|psy|cho|lo|gisch**: die Individualpsychologie betreffend

In|di|vi|du|al|tou|ris|mus der; -: Tourismus, der sich auf den individuell reisenden Urlauber bezieht; Ggs. ↑ Pauschaltourismus

In|di|vi|du|a|ti|on die; -, -en ⟨lat.-nlat.⟩: Prozess der Selbstwerdung des Menschen, in dessen Verlauf sich das Bewusstsein der eigenen Individualität bzw. der Unterschiedenheit von anderen zunehmend verfestigt; Ggs. ↑ Sozialisation; vgl. ...ation/...ierung

in|di|vi|du|ell ⟨lat.-mlat.-fr.⟩: 1. a) auf das Individuum (1), den einzelnen Menschen, seine Bedürfnisse, speziellen Verhältnisse u. Ä. zugeschnitten, ihnen angemessen, ihnen entsprechend; b) durch die Eigenart, Besonderheit u. Ä. der Einzelpersönlichkeit geprägt; je nach persönlicher Eigenart [verschieden]. 2. [als persönliches Eigentum] einem Einzelnen gehörend, nicht gemeinschaftlich, öffentlich genutzt, verwendet, verbraucht. 3. als Individuum (1), als Persönlichkeit zu respektieren; als Einzelpersönlichkeit in Erscheinung tretend, auffallend

In|di|vi|du|en: Plural von ↑ Individuum

in|di|vi|du|ie|ren: eine individuelle, akzentuierte [Persönlichkeits]struktur gewinnen. **In|di|vi|du|ie|rung** die; -, -en: ↑ Individuation; vgl. ...ation/...ierung

In|di|vi|du|um das; -s, ...duen ⟨lat.; „das Unteilbare"⟩: 1. der Mensch als Einzelwesen [in sei-

ner jeweiligen Besonderheit]. 2. (abwertend) Mensch von zweifelhaftem Charakter; in irgendeiner Hinsicht negativ eingeschätzte Person. 3. (Biol.) Pflanze, Tier als Einzelexemplar. 4. (Chem.) kleinstes chemisches Teilchen jeglicher Art

in|di|vi|si|bel: unteilbar

In|diz das; -es, -ien [...jən] ⟨lat.; „Anzeige; Anzeichen"⟩: 1. Hinweis, Anzeichen. 2. (meist Plural; Rechtsw.) Umstand, der mit großer Wahrscheinlichkeit auf einen bestimmten Sachverhalt (vor allem auf eine Täterschaft) schließen lässt; Tatumstand; Verdachtsmoment

In|di|zes: Plural von ↑ Index

in|di|zi|ell: (Rechtsw. seltener) ein Indiz (2), Indizien betreffend

In|di|zi|en: Plural von ↑ Indiz. **In|di|zi|en|be|weis** der; -es, -e: (Rechtsw.) Beweis, der sich nur auf zwingende Verdachtsmomente stützt

in|di|zie|ren: 1. anzeigen, auf etwas hinweisen. 2. (Med.) etwas als angezeigt erscheinen lassen. 3. auf den ↑ Index (1) setzen. 4. a) ↑ indexieren (a, b); b) zum Zwecke der Unterscheidung mit einer hochgestellten Zahl versehen (z. B. Homonyme). **in|di|ziert**: 1. angezeigt, ratsam. 2. (Med.) ein bestimmtes Heilverfahren nahe legend; Ggs. ↑ kontraindiziert; **indizierte Leistung**: durch den ↑ Indikator (3) angezeigte, von der Maschine aufgenommene Leistung. **In|di|zie|rung** die; -, -en: das Indizieren; vgl. ...ation/...ierung

In|di|zi|um das; -s, ...ien: (veraltet) ↑ Indiz

in|do|a|risch: die von den ↑ Ariern hergeleiteten Völker Vorderindiens betreffend

In|do|eu|ro|pä|er der; -s, -: ↑ Indogermane. **in|do|eu|ro|pä|isch**: ↑ indogermanisch

In|do|eu|ro|pä|ist der; -en, -en: ↑ Indogermanist. **In|do|eu|ro|pä|is|tik** die; -: ↑ Indogermanistik. **In|do|eu|ro|pä|is|tin** die; -, -nen: weibliche Form zu ↑ Indoeuropäist

In|do|ger|ma|ne der; -n, -n: Angehöriger eines der Völker, die das Indogermanische als Grundsprache haben. **in|do|ger|ma|nisch**: die Indogermanen od.

das Indogermanische betreffend (Abk.: idg.). In|do|ger|ma|ni|sche *das; -n:* erschlossene Grundsprache der Indogermanen (benannt nach den räumlich am weitesten voneinander entfernten Vertretern, den Indern im Südosten u. den Germanen im Nordwesten) In|do|ger|ma|nist *der; -en, -en* ⟨*nlat.*⟩: Wissenschaftler auf dem Gebiet der Indogermanistik. In|do|ger|ma|nis|tik *die; -:* Wissenschaft, die die einzelnen Sprachzweige des Indogermanischen u. die Kultur der Indogermanen erforscht. In|do|ger|ma|nis|tin *die; -, -nen:* weibliche Form zu ↑ Indogermanist In|dok|t| ri|na|ti|on *die; -, -en* ⟨*lat.*⟩: [massive] psychologische Mittel nutzende Beeinflussung von Einzelnen od. ganzen Gruppen der Gesellschaft im Hinblick auf die Bildung einer bestimmten Meinung od. Einstellung; vgl. ...ation/...ierung. in|dok|t|ri|na|tiv: auf indoktrinierende Weise. in|dok|t| ri|nie|ren: in eine bestimmte Richtung drängen, beeinflussen. In|dok|t| ri|nie|rung *die; -, -en:* das Indoktrinieren, Indoktriniertwerden; vgl. ...ation/...ierung In|dol *das; -s* ⟨Kurzw. aus *lat. in*dicum „Indigo" u. dem fachspr. Suffix *...ol*⟩: chemische Verbindung, die bei Fäulnis von Eiweiß entsteht in|do|lent [auch: ...'lɛnt] ⟨*lat.*⟩: 1. geistig träge u. gleichgültig; keine Gemütsbewegung erkennen lassend. 2. a) schmerzunempfindlich; gleichgültig gegenüber Schmerzen; b) (vom Organismus od. von einzelnen Körperteilen) schmerzfrei; c) (von krankhaften Prozessen) keine Schmerzen verursachend. In|do|lenz [auch: ...'lɛnts] *die; -:* das Indolentsein In|do|lo|ge *der; -n, -n* ⟨*gr.-nlat.*⟩: Wissenschaftler auf dem Gebiet der Indologie. In|do|lo|gie *die; -:* Wissenschaft von der indischen Sprache u. Kultur. In|do|lo|gin *die; -, -nen:* weibliche Form zu ↑ Indologe in|door ['ɪndɔːɐ̯] ⟨*engl.;* „im Hause"⟩: innen, im Haus, in der Halle [befindlich, stattfindend] (z. B. von Veranstaltungen). In|door|sport *der; -s:* Gesamtheit

der sportlichen Disziplinen, die in Hallen ausgetragen werden, z. B. Hallenfußball in|do|pa|zi|fisch: um den Indischen u. Pazifischen Ozean gelegen in|dos|sa|bel ⟨*lat.-it.*⟩: (Wirtsch.) durch Indossament übertragbar. In|dos|sa|ment *das; -[e]s, -e:* (Wirtsch.) Wechselübertragung, Wechselübertragungsvermerk In|dos|sant u. Indossent *der; -en, -en:* (Wirtsch.) jmd., der die Rechte an einem Wechsel auf einen anderen überträgt; Wechselüberschreiber. In|dos|sat *der; -en, -en* u. In|dos|sa|tar *der; -s, -e:* (Wirtsch.) durch Indossament ausgewiesener Wechselgläubiger. In|dos|sent vgl. Indossant in|dos|sie|ren: (Wirtsch.) einen Wechsel durch Indossament übertragen. In|dos|so *das; -s, -s* u. ...ssi: Übertragungsvermerk eines Wechsels in du|bio ⟨*lat.*⟩: im Zweifelsfall; in dubio pro reo: im Zweifelsfall für den Angeklagten (alter Rechtsgrundsatz, nach dem in Zweifelsfällen ein Angeklagter mangels Beweises freigesprochen werden soll) In|duk|tanz *die; -* ⟨*lat.-nlat.*⟩: (Elektrot.) ↑ induktiver Widerstand In|duk|ti|on *die; -, -en* ⟨*lat.-nlat.*⟩: „das Hineinführen"): 1. wissenschaftliche Methode, vom besonderen Einzelfall auf das Allgemeine, Gesetzmäßige zu schließen; Ggs. ↑ Deduktion (a). 2. (Elektrot.) Erzeugung elektrischer Ströme u. Spannungen in elektrischen Leitern durch bewegte Magnetfelder. 3. (Biol.) von einem bestimmten Keimteil ausgehende Wirkung, die einen anderen Teil des Keimes zu bestimmten Entwicklungsvorgängen zwingt In|duk|ti|ons|ap|pa|rat *der; -[e]s, -e* ⟨*lat.-nlat.*⟩: Transformator zur Erzeugung hoher Spannung, der durch Gleichstromimpulse betrieben wird In|duk|ti|ons|krank|heit *die; -, -en:* (Med.) unechte, bes. psychotische Krankheit, die alle Symptome einer echten Krankheit zeigt u. die durch ständigen persönlichen Kontakt mit ei-

nem Kranken auf psychischem, suggestivem Weg übertragen wird In|duk|ti|ons|o| fen *der; -s, ...öfen:* elektrischer Schmelzofen, Ofen für hohe Temperaturen, bei dem das Metall induktiv (2) geschmolzen wird In|duk|ti|ons|strom *der; -[e]s, ...ströme:* durch Induktion (2) erzeugter Strom in|duk|tiv ⟨*lat.*⟩: 1. in der Art der Induktion (1) vom Einzelnen zum Allgemeinen hinführend; Ggs. ↑ deduktiv. 2. durch Induktion (2) wirkend od. entstehend; induktiver Widerstand: durch die Wirkung der Selbstinduktion bedingter Wechselstromwiderstand In|duk|ti|vi|tät *die; -, -en* ⟨*lat.-nlat.*⟩: Verhältnis zwischen induzierter Spannung u. Änderung der Stromstärke pro Zeiteinheit In|duk|tor *der; -s, ...oren:* Induktionsapparat in du|l|ci ju|bi|lo ⟨*lat.;* „in süßem Jubel", Anfang eines mittelalterlichen Weihnachtsliedes mit gemischtem lateinischem u. deutschem Text (dt.: Nun singet u. seid froh!)⟩: (ugs.) herrlich u. in Freuden in|dul|gent ⟨*lat.*⟩: nachsichtig. In|dul|genz *die; -, -en:* 1. Nachsicht. 2. (Rechtsw.) Straferlass. 3. Ablass, Nachlass der zeitlichen Sündenstrafen In|du|lin *das; -s, -e* (meist Plural) ⟨Kunstw.⟩: (Chem.) blaugrauer Teerfarbstoff In|du|lt *der* od. *das; -[e]s, -e* ⟨*lat.*⟩: 1. Frist, Vergünstigung, die in bestimmten Fällen gewährt wird. 2. (Wirtsch.) Einräumung einer Frist, wenn der Schuldner in Verzug ist. 3. (kath. Kirchenrecht) vorübergehende Befreiung von einer gesetzlichen Verpflichtung in du|plo ⟨*lat.*⟩: (veraltet) in zweifacher Ausfertigung, doppelt In|du|ra|ti|on *die; -, -en* ⟨*lat.-nlat.*⟩: (Med.) Gewebe- od. Organverhärtung. in|du|rie|ren ⟨*lat.*⟩: (Med.) sich verhärten (in Bezug auf Haut, Muskeln od. Gewebe) In|du|si *die; -* ⟨Kurzw. für *induk*tive Zugsicherung): durch Induktion (2) gesteuerte Sicherheitsvorrichtung zur automatischen Steuerung von Zügen

In|du|si|en|kalk *der; -[e]s ⟨lat.; dt.⟩:* Kalkbänke aus Röhren von Köcherfliegenlarven des Tertiärs

In|du|si|um *das; -s, ...ien ⟨lat.⟩:* (Bot.) häutiger Auswuchs der Blattunterseite von Farnen, der die Sporangien überdeckt

In|dus|t|ri|al|de|sign [in'dʌstrɪəl-'dizain] *das; -s,* auch: **In|dus|t|ri|al De|sign** *das; - -s ⟨lat.-engl.⟩:* Formgebung, bewusste Gestaltung von Gebrauchsgegenständen

In|dus|t|ri|al|de|si|g|ner [...dɪ-'zainə] *der; -s, -,* auch: **In|dus|t|ri|al De|si|g|ner** *der; - -s, - -:* Formgestalter für Gebrauchsgegenstände

In|dus|t|ri|al|en|gi|neer [...ɛndʒɪ-'nɪə] *der; -s, -s,* auch: **In|dus|t|ri|al En|gi|neer** *der; - -s, - -s ⟨lat.-engl.⟩:* jmd., der über Spezialkenntnisse auf dem Gebiet der Rationalisierung von Arbeitsprozessen in der Industrie verfügt

In|dus|t|ri|al|en|gi|nee|ring [...'nɪərɪŋ] *das; -s,* auch: **In|dus-t|ri|al En|gi|nee|ring** *das; - -s:* Wissenschaft u. Technik der Rationalisierung von Arbeitsprozessen in der Industrie

in|dus|t|ri|a|li|sie|ren *⟨lat.-fr.⟩:* a) mit Industrie versehen, Industrie ansiedeln; b) industrielle Herstellungsmethoden in einem Produktionsbereich, einem Betrieb o. Ä. einführen.

In|dus|t|ri|a|li|sie|rung *die; -, -en:* das Industrialisieren, Industrialisiertwerden

In|dus|t|ri|a|lis|mus *der; -:* Prägung einer Volkswirtschaft durch die Industrie mit ihren Auswirkungen

In|dus|t|rie *die; -, ...ien* ⟨„Fleiß, Betriebsamkeit"⟩: 1. Wirtschaftszweig, der die Gesamtheit aller mit der Massenherstellung von Konsum- u. Produktionsgütern beschäftigten Fabrikationsbetriebe eines Gebietes erfasst. 2. Gesamtheit der Fabrikationsbetriebe einer bestimmten Branche in einem Gebiet

In|dus|t|rie|ar|chä|o|lo|gie *die; -:* Erhaltung, Restauration, Erforschung von Objekten der Industrie (wie Bauwerke, Maschinen, Produkte industrieller Fertigung) mit den Methoden von Archäologie u. Denkmalschutz

In|dus|t|rie|ka|pi|tän *der; -s, -e:* (ugs.) Leiter eines großen Industriebetriebes

In|dus|t|rie|kon|zern *der; -s, -e:* Konzern, in dem mehrere Industriebetriebe zusammengeschlossen sind

in|dus|t|ri|ell: a) die Industrie betreffend; b) mithilfe der Industrie (1) hergestellt. **In|dus|t|ri|el|le** *der u. die; -n, -n:* Unternehmer[in], Eigentümer[in] eines Industriebetriebs

In|dus|t|rie|ma|g|nat *der; -en, -en:* Eigentümer großer, in Industriebetrieben investierter Kapitalien

In|dus|t|rie|ob|li|ga|ti|on *die; -, -en* (meist Plural): Anleihe eines [Industrie]unternehmens

In|dus|t|rie|so|zi|o|lo|gie *die; -:* Teilgebiet der Soziologie, das sich mit den Institutionen, Organisationen, Verhaltensmustern u. Einstellungen in Industriegesellschaften befasst. **in-dus|t|rie|so|zi|o|lo|gisch:** die Industriesoziologie betreffend

in|du|zie|ren *⟨lat.⟩:* 1. vom besonderen Einzelfall auf das Allgemeine, Gesetzmäßige schließen; Ggs. ↑ deduzieren. 2. (Elektrot.) elektrische Ströme u. Spannungen in elektrischen Leitern durch bewegte Magnetfelder erzeugen. 3. (Fachspr.) bewirken, hervorrufen, auslösen; **induzierende Reaktion:** (Chem.) Umsetzung von zwei Stoffen durch Vermittlung eines dritten Stoffes; **induziertes Irresein:** (Psychol.) psychotischer Zustand durch Übernahme von Wahnvorstellungen, Hysterie eines Geisteskranken

In|dy|car ['ɪndikɑː] *der; -s, -s ⟨engl.-amerik.⟩:* schwerer amerikanischer Rennwagen (der Formel-1-Klasse vergleichbar)

In|e|di|tum *das; -s, ...ta ⟨lat.⟩:* noch nicht herausgegebene Schrift

in ef|fec|tu *⟨lat.⟩:* (veraltet) in der Tat, wirklich

in|ef|fek|tiv [auch: ...'ti:f] *⟨lat.-nlat.⟩:* unwirksam; Ggs. ↑ effektiv

in ef|fi|gie [- ...je] *⟨lat.; „im Bilde"⟩:* bildlich; **in effigie hinrichten:** (veraltet) an einer bildlichen Darstellung eines entflohenen Verbrechers dessen Hinrichtung symbolisch vollziehen

in|ef|fi|zi|ent [auch: ...tsi̯'ɛnt]: nicht wirksam, keine Wirkung habend, sich als Kraft nicht auswirkend; Ggs. ↑ effizient. **In-ef|fi|zi|enz** [auch: ...tsi̯'ɛnts] *die; -, -en:* Unwirksamkeit, Wirkungslosigkeit; Ggs. ↑ Effizienz

in|e|l|gal [auch: ...'ga:l] *⟨lat.-fr.⟩:* (selten) ungleich

i|n|ert *⟨lat.⟩:* (veraltet) untätig, träge; unbeteiligt; **inerter Stoff:** (Chem.) reaktionsträger Stoff, der sich an gewissen chemischen Vorgängen nicht beteiligt (z. B. Edelgase)

I|n|er|ti|al|sys|tem *das; -s, -e ⟨lat.-nlat.; gr.-lat.⟩:* (Phys.) Koordinatensystem, das sich geradlinig mit konstanter Geschwindigkeit bewegt

I|n|er|tie *die; -:* (Med.) Trägheit, Langsamkeit (z. B. eines Körperorgans hinsichtlich seiner Arbeitsleistung)

in|es|sen|zi|ell, auch: inessentiell [auch: ...'tsjɛl]: (Philos.) nicht wesensmäßig, unwesentlich; Ggs. ↑ essenziell

In|es|siv *der; -s, -e ⟨lat.-nlat.⟩:* Kasus in den finnisch-ugrischen Sprachen, der die Lage in etwas angibt

in|e|x|akt [auch: ...k'sakt] *⟨lat.⟩:* ungenau

in|e|xis|tent [auch: ...'tɛnt] *⟨lat.⟩:* nicht vorhanden, nicht bestehend; Ggs. ↑ existent

¹In|e|xis|tenz [auch: ...'tɛnts] *die; - ⟨spätlat. inex(s)istens „nicht vorhanden"⟩:* das Nicht-vorhanden-Sein

²In|e|xis|tenz [auch: ...'tɛnts] *die; - ⟨spätlat. inexsistens „darin vorhanden"⟩:* (Philos.) das Enthaltensein in etwas

in|ex|plo|si|bel [auch: ...'zi:...] *⟨lat.-nlat.⟩:* nicht explodierend, ohne Anlage zum Explodieren

in ex|ten|so *⟨lat.⟩:* ausführlich; vollständig

in ex|t|re|mis *⟨lat.⟩:* (Med.) im Sterben [liegend]

in fac|to *⟨lat.⟩:* in der Tat, in Wirklichkeit, wirklich

in|fal|li|bel *⟨lat.-nlat.⟩:* unfehlbar (vom Papst). **In|fal|li|bi|list** *der; -en, -en:* Anhänger des katholischen Unfehlbarkeitsdogmas. **In|fal|li|bi|lis|tin** *die; -, -nen:*

weibliche Form zu ↑ Infallibilist. **In|fal|li|bi|li|tät** *die; -*: Unfehlbarkeit des Papstes in Dingen der Glaubenslehre

in|fam ⟨*lat.;* „berüchtigt, verrufen"⟩: 1. bösartig u. jmdm. auf durchtriebene, schändliche Weise schadend. 2. (ugs.) a) in beeinträchtigender, schädigender Weise stark, z. B. infame Schmerzen; b) in beeinträchtigend, schädigend hohem Maße; sehr, z. B. es ist infam kalt. **In|fa|mie** *die; -, ...ien*: 1. a) (ohne Plural) infame Art, Niedertracht; b) infame Äußerung, Handlung o. Ä.; Unverschämtheit. 2. (kath. Kirchenrecht) Verlust der kirchlichen Ehrenhaftigkeit [als Folge richterlicher Ehrloserklärung]

in|fa|mie|ren: (veraltet) verleumden, für ehrlos erklären

In|fant *der; -en, -en* ⟨*lat.-span.;* „Kind, Knabe; Edelknabe"⟩: (hist.) Titel spanischer u. portugiesischer Prinzen

In|fan|te|rie [...t(ə)ri, auch: ...tə'ri:, ...'tri:] *die; -, ...ien* ⟨*lat.-it.(-fr.)*⟩: a) auf den Nahkampf spezialisierte Waffengattung der Kampftruppen, die die meist zu Fuß mit der Waffe in der Hand kämpfenden Soldaten umfasst; b) (ohne Plural) Soldaten der Infanterie (a). **In|fan|te|rist** [...t(ə)rɪst, auch: ...tə-'rɪst, ...'trɪst] *der; -en, -en*: Soldat der Infanterie, Fußsoldat.

in|fan|te|ris|tisch: zur Infanterie gehörend

in|fan|til ⟨*lat.*⟩: a) (abwertend) auf kindlicher Entwicklungsstufe stehen geblieben, geistig od. körperlich unterentwickelt; kindisch; b) (Fachspr.) der kindlichen Entwicklungsstufe entsprechend, einem Kind angemessen, kindlich. **in|fan|ti|li|sie|ren**: geistig unselbstständig, zum Kind machen; bevormunden. **In|fan|ti|li|sie|rung** *die; -*: a) das Infantilisieren; b) das Infantilwerden

In|fan|ti|lis|mus *der; -, ...men* ⟨*lat.-nlat.*⟩: 1. (ohne Plural; Psychol.; Med.) körperliches, geistig seelisches Stehenbleiben auf kindlicher Entwicklungsstufe. 2. Äußerung, Merkmal des Infantilismus (1). **In|fan|ti|list** *der; -en, -en*: jmd., der auf der kindlichen Entwicklungsstufe stehen

geblieben ist. **In|fan|ti|lis|tin** *die; -, -nen*: weibliche Form zu ↑ Infantilist

In|fan|ti|li|tät *die; - ⟨lat.-mlat.⟩*: a) kindisches Wesen, Unreife; b) Kindlichkeit, kindliches Wesen

In|fan|tin *die; -, -nen*: weibliche Form zu ↑ Infant

in|fan|ti|zid ⟨*lat.-nlat.*⟩: den Kindesmord betreffend. **In|fan|ti|zid** *der; -[e]s, -e*: Kindesmord

In|farkt *der; -[e]s, -e ⟨lat.-nlat.⟩*: a) (Med.) Absterben eines Gewebestücks od. Organteils nach längerer Blutleere infolge Gefäßverschlusses; b) (Med.) plötzliche Unterbrechung der Blutzufuhr in den Herzkranzgefäßen; Herzinfarkt

In|farkt|per|sön|lich|keit *die; -, -en*: (Med.) jmd., der aufgrund seiner körperlich-psychischen Voraussetzungen zum Infarkt disponiert ist

in|far|zie|ren ⟨*lat.*⟩: (Med.) einen Infarkt hervorrufen

in|faust ⟨*lat.*⟩: (Med.) ungünstig (z. B. in Bezug auf den angenommenen Verlauf einer Krankheit)

In|fekt *der; -[e]s, -e*: (Med.) 1. Infektionskrankheit. 2. ↑ Infektion (1). **In|fek|ti|on** *die; -, -en ⟨lat.⟩*: (Med.) 1. Ansteckung [durch Krankheitserreger]. 2. (ugs.) Infektionskrankheit, Entzündung. 3. (Jargon) Infektionsabteilung (in einem Krankenhaus o. Ä.)

In|fek|ti|ons|psy|cho|se *die; -, -n*: (Med.) Psychose bei u. nach Infektionskrankheiten

in|fek|ti|ös ⟨*lat.-fr.*⟩: (Med.) ansteckend; auf Ansteckung beruhend. **In|fek|ti|o|si|tät** *die; - ⟨lat.-nlat.⟩*: (Med.) Ansteckungsfähigkeit [eines Krankheitserregers]

In|fel vgl. Inful

In|fe|renz *die; -, -en ⟨lat.⟩*: aufbereitetes Wissen, das aufgrund von logischen Schlussfolgerungen gewonnen wurde

in|fe|ri|or ⟨*lat.*⟩: 1. untergeordnet. 2. a) jmdm. unterlegen; b) (österr.) äußerst mittelmäßig (im Vergleich mit einem andern). 3. minderwertig, gering. **In|fe|ri|o|ri|tät** *die; - ⟨lat.-nlat.⟩*: 1. untergeordnete Stellung. 2. Unterlegenheit. 3. Minderwertigkeit

in|fer|nal, seltener: **in|fer|na|lisch**

⟨*lat.;* „unterirdisch"⟩: a) höllisch, teuflisch; Vorstellungen von der Hölle weckend; b) schrecklich, unerträglich; vgl. ...isch/-. **In|fer|na|li|tät** *die; - ⟨lat.-nlat.⟩*: (veraltet) teuflische Verruchtheit

In|fer|no *das; -s ⟨lat.-it.⟩*: 1. Unterwelt, Hölle. 2. a) schreckliches, unheilvolles Geschehen, von dem viele Menschen gleichzeitig betroffen sind; b) Ort eines schrecklichen, unheilvollen Geschehens; c) Zustand entsetzlicher Qualen von unvorstellbarem Ausmaß

in|fer|til ⟨*lat.*⟩: 1. unfruchtbar. 2. (Med.) unfähig, eine Schwangerschaft auszutragen. **In|fer|ti|li|tät** *die; -*: (Med.) Unfruchtbarkeit

In|fi|bu|la|ti|on *die; -, -en ⟨lat.;* fibula „Nadel"⟩: (aus rituellen Gründen) bei Männern das Fixieren der Vorhaut durch Draht od. das Einziehen eines Ringes bzw. bei Frauen das Vernähen od. Verklammern der Vulva, um so das Vollziehen des Geschlechtsverkehrs [bis zur Hochzeit] zu verhindern

In|fight ['ɪnfaɪt] *der; -[s], -s* u. **Infight|ing** *das; -[s], -s ⟨engl.⟩*: (Boxsport) Nahkampf

In|fil|t|rant *der; -en, -en ⟨lat.; germ.-mlat.⟩*: jmd., der sich zum Zwecke der ↑ Infiltration (2) in einem Land aufhält. **In|fil|t|ran|tin** *die; -, -nen*: weibliche Form zu ↑ Infiltrant

In|fil|t|rat *das; -[e]s, -e*: (Med.) in normales Gewebe eingelagerte fremdartige, bes. krankheitserregende Zellen, Gewebe od. Flüssigkeiten. **In|fil|t|ra|ti|on** *die; -, -en*: 1. das Eindringen, Einsickern, Einströmen (z. B. von Flüssigkeiten). 2. ideologische Unterwanderung; vgl. ...ation/...ierung

In|fil|t|ra|ti|ons|an|äs|the|sie *die; -, ...ien*: (Med.) örtliche Betäubung durch Einspritzungen

in|fil|t|ra|tiv: 1. sich in der Art einer Infiltration ausbreitend. 2. auf eine Infiltration (2) abzielend, in der Art einer Infiltration (2) wirkend. **In|fil|t|ra|tor** *der; -s, ...oren ⟨lat.-engl.⟩*: ↑ Infiltrant. **In|fil|t|ra|to|rin** *die; -, -nen*: weibliche Form zu ↑ Infiltrator. **in|fil|t|rie|ren**: 1. a) eindringen, einsickern; b) einflößen. 2. in fremdes Staatsgebiet, in eine Organisation eindringen [lassen] u. ideologisch unterwandern. **In|fil|t| rie|rung** *die;* -, -en: das Infiltrieren; vgl. ...ation/...ierung

in|fi|nit [auch: ...'ni:t] *⟨lat.⟩:* (Sprachw.) unbestimmt; **infinite Form:** Form des Verbs, die keine Person oder Zahl bezeichnet (z. B. erwachen [Infinitiv], erwachend [Partizip Präsens], erwacht [Partizip Perfekt])

in|fi|ni|te|si|mal *⟨lat.-nlat.⟩:* (Math.) zum Grenzwert hin unendlich klein werdend. **In|fi|ni|te|si|mal|rech|nung** *die;* -: ↑ Differenzial- u. ↑ Integralrechnung **In|fi|ni|tis|mus** *der;* -: (Philos.) Lehre von der Unendlichkeit der Welt, des Raumes u. der Zeit

In|fi|ni|tiv [auch: ...'ti:f] *der;* -s, -e *⟨lat.⟩:* Grundform, Nennform, durch Person, Numerus u. Modus nicht näher bestimmte Verbform (z. B. wachen)

In|fi|ni|tiv|kon|junk|ti|on *die;* -, -en: die im Deutschen vor dem Infinitiv stehende Konjunktion „zu"

In|fir|mi|tät *die; - ⟨lat.⟩:* (Med.) Gebrechlichkeit

In|fix [auch: 'ɪn...] *das;* -es, -e *⟨lat.⟩:* (Sprachw.) in den Wortstamm eingefügtes Sprachelement (z. B. das n in *lat.* fundo [Präs.] gegenüber fudi [Perf.])

in|fi|zie|ren *⟨lat.⟩:* (Med.) a) eine Krankheit, Krankheitserreger übertragen; anstecken; b) sich infizieren: Krankheitskeime aufnehmen, sich anstecken

in fla|g| ran|ti *⟨lat.; „in brennendem (Zustand)"⟩:* auf frischer Tat

in|flam|ma|bel *⟨lat.-mlat.⟩:* entzündbar. **In|flam|ma|bi|li|tät** *die;* -: Entzündbarkeit, Brennbarkeit

In|flam|ma|ti|on *die;* -, -en *⟨lat.⟩:* 1. (veraltet) Feuer, Brand. 2. (Med.) Entzündung. **in|flam|mie|ren:** (veraltet) entflammen, in Begeisterung versetzen

in|fla|tie|ren *⟨lat.-nlat.⟩:* (Wirtsch.) die Geldentwertung vorantreiben, durch eine Inflation entwerten

In|fla|ti|on *die;* -, -en *⟨lat.; „das Sichaufblasen; das Aufschwellen"⟩:* 1. a) (Wirtsch.) mit Geldentwertung u. Preissteigerungen verbundene beträchtliche Erhöhung des Geldumlaufs im Verhältnis zur Produktion; Ggs. ↑ Deflation (1); b) Zeit, in der eine Inflation (a) stattfindet. 2. das Auftreten in allzu großer Menge; übermäßige Ausweitung. **in|fla|ti|o|när:** die Geldentwertung vorantreibend, auf eine Inflation hindeutend **in|fla|ti|o|nie|ren:** ↑ inflatieren. **In|fla|ti|o|nie|rung** *die;* -, -en: das Inflationieren

In|fla|ti|o|nis|mus *der;* -: Form der Wirtschaftspolitik, bei der die Wirtschaft durch Vermehrung des umlaufenden Geldes bei Vollbeschäftigung beeinflusst wird. **in|fla|ti|o|nis| tisch:** 1. den Inflationismus betreffend. 2. ↑ inflationär; Ggs. ↑ deflationistisch

in|fla|to|risch: 1. ↑ inflationär. 2. eine Inflation darstellend

in|fle|xi|bel [auch: ...'ksi:...] *⟨lat.⟩:* 1. (selten) unbiegsam, unelastisch. 2. (Sprachw.) nicht beugbar. 3. nicht anpassungsfähig. **In|fle|xi|bi|le** *das;* -s, ...bilia: (Sprachw.) nicht flexibles (2) Wort

In|fle|xi|bi|li|tät *die;* - *⟨lat.-nlat.⟩:* 1. (selten) Unbiegsamkeit. 2. starre Geisteshaltung; Unfähigkeit zu anpassungsfähigem Verhalten

In|flo|res|zenz *die;* -, -en *⟨lat.-nlat.⟩:* (Bot.) Blütenstand

in flo|ri|bus *⟨lat.; „in Blüten"⟩:* in Blüte, im Wohlstand

In|flu|enz *die;* -, -en *⟨lat.-mlat.; „Einfluss"⟩:* die Beeinflussung eines elektrisch ungeladenen Körpers durch die Annäherung eines geladenen (z. B. die Erzeugung von Magnetpolen in unmagnetisiertem Eisen durch die Annäherung eines Magnetpoles)

In|flu|en|za *die; - ⟨lat.-mlat.-it.⟩:* ↑ Grippe

in|flu|en|zie|ren *⟨lat.-mlat.-nlat.⟩:* einen elektrisch ungeladenen Körper durch die Annäherung eines geladenen beeinflussen

In|flu|enz|ma|schi|ne *die;* -, -n: Maschine zur Erzeugung hoher elektrischer Spannung

In|flu|enz|mi|ne *die;* -, -n: ¹Mine (4), die durch die (elektrische od. magnetische) Beeinflussung eines sich nähernden Körpers explodiert

In|flu|xus phy|si|cus *der; - - ⟨lat.; gr.-lat.⟩:* 1. Beeinflussung der Seele durch den Leib in der Scholastik. 2. Wechselwirkung von Leib–Seele, Körper–Geist (17. u. 18. Jh.)

¹In|fo *das;* -s, -s *⟨Kurzform von Informationsblatt⟩:* über ein aktuelles Problem informierendes [Flug]blatt

²In|fo *die;* -, -s: (ugs.) Kurzform von ↑ Information (1 a)

In|fo|bahn *die;* -, -en *⟨lat.-engl.-amerik.; dt.⟩:* Hochgeschwindigkeits-Datenleitungen u. -Datennetze; ↑ Datenhighway

In|fo|bro|ker [...bro:kɐ] *der;* -s, - *⟨lat.; engl.⟩:* Fachmann für die Vermittlung der neuesten Daten u. Informationen; Recherchedienstleister

In|fo|line [...laɪn] *die;* -, -s *⟨engl.⟩:* telefonischer Auskunftsdienst

in fo|lio *⟨lat.⟩:* in Folioformat (von Büchern)

In|fo|mer|cial [...'mɜ:ʃl] *das;* -s, -s *⟨Kurzw. aus Information u. Commercial⟩:* Werbeblock innerhalb einer Fernsehsendung, in dem meist mehrere Produkte angeboten werden

In|fo|mo|bil [auch: 'ɪn...] *das;* -s, -e *⟨Kunstw. aus Information u. Automobil⟩:* (ugs.) Fahrzeug, meist Omnibus, als fahrbarer Informationsstand

In|fo|post *die;* -: (Postw.) in größeren Mengen verschickte Postsendungen (z. B. Werbung, Kataloge); Massendrucksachen

In|for|ma|lis|mus *der; - ⟨lat.⟩:* ↑ Informel

In|for|mand *der;* -en, -en *⟨„der zu Unterrichtende"⟩:* a) jmd., der [im Rahmen einer praktischen Ausbildung] mit den Grundfragen eines bestimmten Tätigkeitsbereiches vertraut gemacht werden soll; b) Ingenieur, der sich in verschiedenen Abteilungen [über deren Aufgaben u. Arbeitsweise] informieren soll. **In|for|man|din** *die;* -, -nen: weibliche Form zu ↑ Informand

In|for|mant *der;* -en, -en *⟨lat.⟩:* jmd., der [geheime] Informationen liefert, Gewährsmann. **In|for|man|tin** *die;* -, -nen: weibliche Form zu ↑ Informant

In|for|ma|tik *die; - ⟨lat.-nlat.⟩:* Wissenschaft von den elektronischen Datenverarbeitungsanlagen u. den Grundlagen ihrer Anwendung. **In|for|ma|ti|ker** *der;* -s, -: Wissenschaftler, Fachmann auf dem Gebiet der Informatik. **In|for|ma|ti|ke|rin** *die;* -, -nen: weibliche Form zu ↑ Informatiker

In|for|ma|ti|on *die;* -, -en ⟨*lat.*⟩: 1. a) Nachricht, Mitteilung, Hinweis; Auskunft; Belehrung, Aufklärung; b) Informationsstand. 2. (Informatik) a) Gehalt einer Nachricht, die aus Zeichen eines Kodes (1) zusammengesetzt ist; b) als räumliche od. zeitliche Folge physikalischer Signale, die mit bestimmten Wahrscheinlichkeiten od. Häufigkeiten auftreten, sich zusammensetzende Mitteilung, die beim Empfänger ein bestimmtes [Denk]verhalten bewirkt; vgl. ...ation/...ierung. **in|for|ma|ti|o|nell:** die Information betreffend

In|for|ma|ti|ons|äs|the|tik *die;* -: moderne ↑ Ästhetik (1), die ästhetische Produkte als Summe informativer Zeichen betrachtet u. sie mit mathematisch-informationstheoretischen Mitteln beschreibt

In|for|ma|ti|ons|tech|no|lo|gie *die;* -, -n: Technologie (2) der Gewinnung, Speicherung u. Verarbeitung von Informationen; Abk.: IT

in|for|ma|ti|ons|the|o|re|tisch: die Informationstheorie betreffend. **In|for|ma|ti|ons|the|o|rie** *die;* -: 1. Forschungszweig der Psychologie, der die Abhängigkeit menschlicher Entscheidungen vom Umfang der für eine sichere Entscheidung erforderlichen Informationen zu ermitteln versucht. 2. mathematische Theorie, die sich mit der quantitativen u. strukturellen Erforschung der Information (2) befasst; Theorie der elektronischen Nachrichtenübertragung

in|for|ma|tiv ⟨*lat.-nlat.*⟩: belehrend; Einblicke, Aufklärung bietend; aufschlussreich; vgl. ...iv/...orisch

In|for|ma|tor *der;* -s, ...oren ⟨*lat.*⟩: jmd., der andere informiert (1), von denen andere Informationen beziehen. **In|for|ma|to|rin** *die;* -, -nen: weibliche Form zu ↑ Informator. **in|for|ma|to|risch** ⟨*lat.-*

nlat.⟩: dem Zwecke der Information dienend, einen allgemeinen Überblick verschaffend; vgl. ...iv/...orisch

In|for|mel [ɛ̃fɔr'mɛl] *das;* - ⟨*lat.-fr.*⟩: Richtung der modernen Malerei, die frei von allen Regeln unter Verwendung von Stofffetzen, Holz o. Ä. zu kühnen u. fantastischen Bildern gelangt

¹**in|for|mell** ⟨*lat.-fr.*⟩: (selten) informatorisch, informierend

²**in|for|mell** [auch: ...'mɛl] *das* ⟨*lat.-fr.*⟩: ohne [formalen] Auftrag; ohne Formalitäten, nicht offiziell; **informelle Kunst:** ↑ Informel; **informelle Gruppe:** sich spontan bildende Gruppe innerhalb einer festen Organisation

in|for|mie|ren ⟨*lat.*⟩: 1. Nachricht, Auskunft geben, in Kenntnis setzen; belehren. 2. sich informieren: Auskünfte, Erkundigungen einziehen, sich unterrichten. **In|for|mie|rung** *die;* -, -en: das Informieren (1, 2); vgl. ...ation/...ierung

In|fo|tain|ment [...'teinmənt] *das;* -s ⟨Kurzw. aus ↑ *Inform*ation u. ↑ *Entertainment*⟩: durch Showelemente, -effekte aufgelockerte Vorstellung von Nachrichten, Fakten o. Ä. (z. B. bei einer Informationsveranstaltung, im Fernsehen od. in Nachschlagewerken)

In|fo|thek *die;* -, -en ⟨Kunstw.⟩: Informationsstand, an dem gespeicherte Informationen (z. B. zur Verkehrslage) abgerufen werden können

In|fi|ra|grill ® *der;* -s, -s ⟨Kunstw.⟩: Grill, der durch Infrarot erhitzt wird

in|fi|ra|krus|tal ⟨*lat.-nlat.*⟩: (Geol.) unterhalb der Erdkruste befindlich

In|frak|ti|on *die;* -, -en ⟨*lat.-nlat.*⟩: (Med.) Knickungsbruch ohne vollständige Durchtrennung der Knochenstruktur

in|fi|ra|rot: zum Bereich des Infrarots gehörend. **In|fi|ra|rot** *das;* -s ⟨*lat.; dt.*⟩: (Phys.) unsichtbare Wärmestrahlen, die im Spektrum zwischen dem roten Licht u. den kürzesten Radiowellen liegen. **In|fi|ra|rot|film** [auch: ...'ro:t...] *der;* -[e]s, -e: für infrarote Strahlen empfindlicher Film

In|fi|ra|schall *der;* -[e]s: Schall,

dessen Frequenz unter 20 Hertz liegt; Ggs. ↑ Ultraschall

In|fi|ra|struk|tur *die;* -, -en ⟨*lat.*⟩: 1. notwendiger wirtschaftlicher u. organisatorischer Unterbau einer hoch entwickelten Wirtschaft (Verkehrsnetz, Arbeitskräfte u. a.). 2. militärische Anlagen (Kasernen, Flugplätze usw.). **in|fi|ra|struk|tu|rell:** die Infrastruktur betreffend

In|fi|ra|test *der;* -[e]s, -s, auch: -e: Feststellen der Beliebtheit von Fernsehsendungen anhand der Messung der Einschaltquoten

In|ful *die;* -, -n ⟨*lat.*⟩: 1. altrömische weiße Stirnbinde der Priester u. der kaiserlichen Statthalter. 2. katholisches geistliches Würdezeichen. **in|fu|liert:** 1. zum Tragen der Inful od. Mitra berechtigt, mit der Inful ausgezeichnet. 2. mit einer Mitra gekrönt (von geistlichen Wappen)

in|fun|die|ren ⟨*lat.;* „hineingießen“⟩: (Med.) eine Infusion vornehmen

In|fus *das;* -es, -e: Aufguss, wässriger Pflanzenauszug

In|fu|si|on *die;* -, -en: (Med.) Einführung größerer Flüssigkeitsmengen (z. B. physiologische Kochsalzlösung) in den Organismus, bes. über die Blutwege (intravenös), über das Unterhautgewebe (subkutan) od. durch den After (rektal)

In|fu|si|ons|tier|chen *das;* -s, -: ↑ Infusorium

In|fu|so|ri|en|er|de *die;* - ⟨*lat.-nlat.; dt.*⟩: Kieselgur, ↑ Diatomeenerde

In|fu|so|ri|um *das;* -s, ...ien (meist Plural) ⟨*lat.-nlat.*⟩: Aufgusstierchen (einzelliges Wimpertierchen)

In|fu|sum *das;* -s, ...sa: ↑ Infus

in ge|ne|re ⟨*lat.*⟩: im Allgemeinen, allgemein

in|ge|ne|riert: (Med.) angeboren

In|ge|ni|eur [ɪnʒe'niø:ɐ̯] *der;* -s, -e ⟨*lat.-fr.*⟩: auf einer Hoch- od. Fachhochschule ausgebildeter Techniker; Abkürzungen: Ing., Dipl.-Ing., Dr.-Ing.

In|ge|ni|eur|geo|lo|ge *der;* -n, -n: jmd., der in Ingenieurgeologie ausgebildet ist (Berufsbez.). **In|ge|ni|eur|geo|lo|gie** *die;* -: Teilgebiet der angewandten Geologie, das die geologische Vorarbeit u. Beratung bei Bauinge-

nieuraufgaben umfasst. In|ge-
ni|eur|ge|o|lo|gin *die; -, -nen:*
weibliche Form zu ↑ Ingenieur-
geologe
In|ge|ni|eu|rin *die; -, -nen:* weibli-
che Form zu ↑ Ingenieur
in|ge|ni|eur|tech|nisch: die Arbeit
des Ingenieurs betreffend, damit befasst
in|ge|ni|ös: erfinderisch, kunst-
voll erdacht; scharfsinnig,
geistreich
In|ge|ni|o|si|tät *die; -:* a) Erfin-
dungsgabe, Scharfsinn; b) von
Ingenium zeugende Beschaffenheit
In|ge|ni|um *das; -s, ...ien ⟨lat.⟩:* na-
türliche Begabung, [schöpferi-
sche] Geistesanlage, Erfin-
dungskraft, Genie
In|ge|nu|i|tät *die; -:* 1. (hist.) Stand
eines Freigeborenen, Freiheit.
2. (veraltet) Freimut, Offenheit,
Natürlichkeit im Benehmen
In|ge|renz *die; -, -en ⟨lat.-nlat.⟩:*
1. (veraltet) Einmischung; Ein-
flussbereich, Wirkungskreis.
2. (Rechtsw.) strafbares Herbei-
führen einer Gefahrenlage
durch den Täter, der es dann
unterlässt, die Schädigung ab-
zuwenden (z. B. Unterlassung
der Sicherung einer Straßen-
baustelle)
In|ges|ta *die* (Plural) *⟨lat.⟩:* (Med.)
aufgenommene Nahrung. In-
ges|ti|on *die; -:* (Med.) Nah-
rungsaufnahme
in glo|bo *⟨lat.⟩:* im Ganzen, insge-
samt
In|got ['ɪŋɔt] *der; -s, -s ⟨engl.⟩:*
1. Form, in die Metall gegossen
wird. 2. Barren (z. B. Gold, Silber); [Stahl]block
In|grain|pa|pier [ɪn'greɪn...] *das;
-s ⟨lat.-fr.-engl.; gr.-lat.⟩:* Zei-
chenpapier von rauer Oberfläche mit farbigen od. schwarzen
Wollfasern
In|gre|di|ens *das; -, ...ienzien*
(meist Plural) u. In|gre|di|enz
die; -, -en (meist Plural) *⟨lat.;
„Hineinkommendes"⟩:*
1. (Pharm., Gastr.) Zutat. 2. Bestandteil (z. B. einer Arznei)
In|gre|mi|a|ti|on *die; -, -en ⟨lat.-
mlat.⟩:* (veraltet) Aufnahme in
eine geistliche Körperschaft
In|g|res|pa|pier ['ɛ̃:gr...] *das; -s
⟨nach dem franz. Maler Ingres
(1780–1867)⟩:* farbiges Papier
für Kohle- u. Kreidezeichnun-
gen

In|gress *der; -es, -e ⟨lat.⟩:* (veral-
tet) Eingang, Zutritt
In|gres|si|on *die; -, -en:* (Geogr.)
kleinräumige Meeresüberflu-
tung des Festlandes
in|gres|siv [auch: ...'si:f] *⟨lat.-
nlat.⟩:* 1. (Sprachw.) einen Beginn ausdrückend (in Bezug
auf Verben; z. B. entzünden, er-
blassen); Ggs. ↑ egressiv (1); in-
gressive Aktionsart: ↑ inchoa-
tive Aktionsart; ingressiver
Aorist: den Eintritt einer
Handlung bezeichnender ↑ Aorist. 2. (Sprachw.) bei der Arti-
kulation von Sprachlauten den
Luftstrom von außen nach innen richtend; Ggs. ↑ egressiv
(2). In|gres|si|vum *das; -s, ...va:*
Verb mit ingressiver Aktionsart
in gros|so *⟨lat.-it.⟩:* (veraltend)
↑ en gros
In|group ['ɪngru:p] *die; -, -s
⟨engl.⟩:* (Soziol.) [soziale]
Gruppe, zu der jmd. gehört u.
der er sich innerlich stark verbunden fühlt; Ggs. ↑ Outgroup
in|gu|i|nal [ɪŋg...] *⟨lat.⟩:* (Med.)
zur Leistengegend gehörend
Ing|wä|o|nis|mus *der; -, ...men
⟨nlat.⟩:* (Sprachw.) sprachlicher
Einfluss des Nordseegermani-
schen (auf das Altsächsische)
Ing|wer *der; -s, - ⟨sanskr.-gr.-lat.⟩:*
1. (ohne Plural) tropische u.
subtropische Gewürzpflanze.
2. (ohne Plural) a) essbarer, aro-
matischer, brennend scharf
schmeckender Teil des Wurzel-
stocks des Ingwers (1); b) aus
dem Wurzelstock der Ingwer-
pflanze gewonnenes aromatisches, brennend scharfes Gewürz. 3. mit Ingweröl gewürzter
Likör
In|ha|la|ti|on *die; -, -en ⟨lat.⟩:* Ein-
atmung von Heilmitteln (z. B.
in Form von Dämpfen). In|ha|la-
tor *der; -s, ...oren ⟨lat.-nlat.⟩:*
(Med.) Inhalationsgerät. In|ha-
la|to|ri|um *das; -s, ...ien:* mit In-
halationsgeräten ausgestatteter
Raum
In|ha|ler ['ɪnhɛlə] *der; -s, - ⟨lat.-
engl.⟩:* Inhalationsgerät, Inha-
tionsfläschchen
in|ha|lie|ren *⟨lat.⟩:* a) eine Inhala-
tion vornehmen; b) (ugs.) [Zi-
garetten] über die Lunge rauchen
in|hä|rent *⟨lat.⟩:* (Philos.) an etwas
haftend, ihm innewohnend;
das Zusammengehören von

Ding u. Eigenschaft betreffend.
In|hä|renz *die; - ⟨lat.-mlat.⟩:*
(Philos.) die Verknüpfung (das
Anhaften) von Eigenschaften
(↑ Akzidenzien) mit den Dingen
(↑ Substanzen), zu denen sie gehören
in|hä|rie|ren *⟨lat.⟩:* (Philos.) an et-
was hängen, anhaften
in|hi|bie|ren *⟨lat.⟩:* 1. hemmen
(z. B. die Wirkung eines Enzyms). 2. (veraltet) einer Sache
Einhalt tun; verhindern
In|hi|bin *das; -s, -e ⟨lat.-nlat.⟩:*
(Med.) Stoff im Speichel, der
auf die Entwicklung von Bakterien hemmend wirkt
In|hi|bi|ti|on *die; -, -en ⟨lat.⟩:*
1. a) Hemmung od. Unterdrückung der spezifischen Wirkung eines Stoffes (z. B. eines
Enzyms) durch einen anderen
Stoff; b) Gefühls-, Reaktions-
hemmung. 2. (veraltet) Einhalt,
gerichtliches Verbot, einstwei-
lige Verfügung
In|hi|bi|tor *der; -s ...oren ⟨lat.-
nlat.⟩:* (Chem.) Hemmstoff, der
chemische Vorgänge ein-
schränkt od. verhindert. in|hi-
bi|to|risch: (Rechtsw. veraltet)
verhindernd, verbietend (durch
Gerichtsbeschluss)
in hoc sal|lus *⟨lat.⟩:* „in diesem (ist)
Heil" (Auflösung der früh-
christlichen Abkürzung des Na-
mens Jesu in griechischer
Form: IH[ΣΟΥ]Σ; Abk.: I. H. S.
od. IHS
in hoc si|g|no *⟨lat.; eigtl.:* in hoc
signo vinces „in diesem Zeichen [wirst du siegen]"⟩: In-
schrift eines Kreuzes, das nach
der Legende dem römischen
Kaiser Konstantin im Jahre 312
n. Chr. am Himmel erschien;
Abk.: I. H. S. od. IHS
in|ho|mo|gen [auch: ...'ge:n] *⟨lat.;
gr.⟩:* nicht gleich[artig]; inho-
mogene Gleichung: Gleichung,
bei der mindestens zwei Glieder verschiedenen Grades auf-
treten; vgl. heterogen. In|ho|mo-
ge|ni|tät [auch: 'ɪn...] *die; -:* Un-
gleichartigkeit
in ho|no|rem *⟨lat.⟩:* zu Ehren
In|house|se|mi|nar ['ɪnhaus...]
das; -s, -e ⟨engl.; lat.⟩: in einem
Unternehmen, Betrieb stattfin-
dendes Seminar (2 b); betriebli-
che Informationsveranstaltung
in|hu|man [auch: ...'ma:n] *⟨lat.⟩:*
nicht menschenwürdig, un-

menschlich; Ggs. ↑ human (1 a).
In|hu|ma|ni|tät [auch: 'ɪn...] *die;*
-, -en: Nichtachtung der Menschenwürde, Unmenschlichkeit; Ggs. ↑ Humanität
in in|fi|ni|tum: ↑ ad infinitum
in in|te|g|rum ⟨*lat.*⟩: in der Fügung: **in integrum restituieren:** (Rechtsw. veraltet) in den vorigen [Rechts]stand wieder einsetzen, den früheren Rechtszustand wieder herstellen
in|in|tel|li|gi|bel ⟨*lat.*⟩: (veraltet) unverständlich, nicht erkennbar; Ggs. ↑ intelligibel
I|n|i |qui|tät *die; -* ⟨*lat.*⟩: (veraltet) Unbilligkeit, Härte
i |n|i |ti|al ⟨*lat.*⟩: anfänglich, beginnend
I |n|i |ti|al *das; -s, -e* (seltener) u. **I |n|i |ti|a|le** *die; -, -n:* großer, meist durch Verzierung u. Farbe ausgezeichneter Anfangsbuchstabe [in alten Büchern od. Handschriften]
i |n|i |ti |a|li|sie|ren: eine Initialisierung vornehmen
I |n|i |ti |a|li|sie|rung *die; -, -en:* (EDV) das Herstellen eines bestimmten Anfangszustandes von Computern, Programmeinheiten o. Ä., um das gewünschte Betriebsverhalten zu erzielen
I |n|i |ti|al|spreng|stoff *der; -s, -e:* leicht entzündlicher Zündstoff, der einen schwer entzündlichen Sprengstoff zur Explosion bringt
I |n|i |ti|al|sta|di|um *das; -s, ...ien:* (Med.) Anfangsstadium eines Krankheitsverlaufs
I |n|i |ti|al|wort *das; -[e]s, ...wör-ter:* ↑ Akronym
I |n|i |ti|al|zel|len *die* (Plural): (Bot.) unbegrenzt teilungs- u. wachstumsfähige Zellgruppe an der Spitze von Pflanzensprossen, aus denen sämtliche Zellen des ganzen Pflanzenkörpers hervorgehen
I |n|i |ti|al|zün|dung *die; -, -en:* Sprengstoffexplosion mit Initialsprengstoff
I |n|i |ti|and *der; -en, -en:* jmd., der in etwas eingeweiht werden soll; Anwärter für eine Initiation. **I |n|i |ti|an|din** *die; -, -nen:* weibliche Form zu ↑ Initiand
I |n|i |ti|ant *der; -en, -en:* 1. jmd., der die Initiative (1 a) ergreift. 2. (schweiz.) a) jmd., der das

Initiativrecht hat; b) jmd., der das Initiativrecht ausübt. **I |n|i-ti|an|tin** *die; -, -nen:* weibliche Form zu ↑ Initiant
I |n|i |ti |a|ti|on *die; -, -en:* [durch bestimmte Bräuche geregelte] Aufnahme eines Neulings in eine Standes- od. Altersgemeinschaft, einen Geheimbund o. Ä., bes. die Einführung der Jugendlichen in den Kreis der Männer od. Frauen bei Naturvölkern; vgl. ...ation/...ierung
I |n|i |ti |a|ti|ons|ri|tus *der; -, ...ten:* (Völkerk.) Brauch bei der Initiation
i |n|i |ti |a|tiv ⟨*lat.-fr.*⟩: a) die Initiative (1a) ergreifend; Anregungen gebend; erste Schritte in einer Angelegenheit unternehmend; b) Unternehmungsgeist besitzend
I |n|i |ti |a|tiv|an|trag *der; -[e]s, ...anträge:* die parlamentarische Diskussion eines bestimmten Problems (z. B. einer Gesetzesvorlage) einleitender Antrag
I |n|i |ti |a|ti|ve *die; -, -n:* 1. a) erster tätiger Anstoß zu einer Handlung, der Beginn einer Handlung; b) Entschlusskraft, Unternehmungsgeist. 2. Recht zur Einbringung einer Gesetzesvorlage (in der Volksvertretung). 3. (schweiz.) Volksbegehren
I |n|i |ti |a|tiv|recht *das; -[e]s:* das Recht, Gesetzentwürfe einzubringen (z. B. einer Fraktion, der Regierung)
I |n|i |ti |a|tor *der; -s, ...oren* ⟨*lat.*⟩: 1. jmd., der etwas veranlasst u. dafür verantwortlich ist; Urheber, Anreger. 2. (Chem.) Stoff, der bereits in geringer Konzentration eine chemische Reaktion einleitet. **I |n|i |ti |a|to|rin** *die; -, -nen:* weibliche Form zu ↑ Initiator (1). **i |n|i |ti |a|to|risch** ⟨*lat.-nlat.*⟩: einleitend; veranlassend; anstiftend
I |n|i |ti|en *die* (Plural) ⟨*lat.*⟩: Anfänge, Anfangsgründe
i |n|i |ti|ie|ren: 1. a) den Anstoß geben; b) die Initiative (1a) ergreifen. 2. [mit einem Ritual] in einen Kreis aufnehmen, in eine Gemeinschaft aufnehmen; einweihen. **I |n|i |ti|ie|rung** *die; -, -en:* das Initiieren; vgl. ...ation/...ierung
In|jek|ti|on *die; -, -en* ⟨*lat.*⟩: 1. (Med.) Einspritzung (intrave-

nös, subkutan od. intramuskulär) von Flüssigkeiten in den Körper zu therapeutischen od. diagnostischen Zwecken. 2. (Med.) starke Füllung u. damit Sichtbarwerden kleinster Blutgefäße im Auge bei Entzündungen. 3. Einspritzung von Verfestigungsmitteln (z. B. Zement) in unfesten Bauuntergrund. 4. (Geol.) das Eindringen ↑ magmatischer Schmelze in Fugen u. Spalten des Nebengesteins. 5. (Phys.) das Einbringen von [Elementar]teilchen (Ladungsträgern) in einen Halbleiterbereich von bestimmter elektrischer Leitfähigkeit bzw. in der Hochenergie- u. Kernphysik in einen Teilchenbeschleuniger
In|jek|ti|ons|me|ta|mor|pho|se *die; -, -n:* (Geol.) starke Injektion (4), die Mischgesteine erzeugt
in|jek|tiv: (Math.) bei der Abbildung einer Menge verschiedenen Urbildern verschiedene Bildpunkte zuordnend
In|jek|tiv *der; -[e]s, -e* u. **In|jek|tiv-laut** *der; -[e]s, -e:* Verschlusslaut, bei dem Luft in die Mundhöhle strömt; Ggs. ↑ Ejektiv
In|jek|to|ma|ne *der; -n, -n* ⟨*lat.; gr.*⟩: (Psychol.) jmd., der sich in krankhafter Sucht Injektionen (1) zu verschaffen sucht. **In|jek-to|ma|nie** *die; -:* Sucht nach Injektionen (1), wobei der Akt des Einspritzens als Koitussymbol verstanden wird. **In|jek-to|ma|nin** *die; -, -nen:* weibliche Form zu ↑ Injektomane
In|jek|tor *der; -s, ...oren* ⟨*lat.-nlat.*⟩: 1. Pressluftzubringer in Saugpumpen. 2. Dampfstrahlpumpe zur Speisung von Dampfkesseln
in|ji|zie|ren ⟨*lat.*⟩: (Med.) in den Körper einspritzen
in|jun|gie|ren ⟨*lat.*⟩: (veraltet) anbefehlen, zur Pflicht machen, einschärfen. **In|junk|ti|on** *die; -, -en:* (veraltet) Einschärfung, Vorschrift; Befehl
In|ju|ri|ant *der; -en, -en* ⟨*lat.*⟩: (veraltet) Beleidiger, Ehrabschneider
In|ju|ri|at *der; -en, -en:* (veraltet) Beleidigter
In|ju|rie [...jə] *die; -, -n:* Unrecht, Beleidigung durch Worte od. Taten
in|ju|ri|ie|ren: (veraltet) beleidi-

gen, jmdm. die Ehre abschneiden. **in|ju|ri|ös:** (veraltet) beleidigend, ehrenrührig

In|ka der; -[s], -[s] ⟨Quechua „[Gott]könig"⟩: (hist.) Angehöriger der ehemaligen indianischen Herrscher- u. Adelsschicht in Peru, bes. der König des Inkareiches

In|kan|ta|ti|on die; -, -en ⟨lat.⟩: (Volksk.) Bezauberung, Beschwörung [durch Zauberformeln o. Ä.]

In|kar|di|na|ti|on die; -, -en ⟨lat.-mlat.⟩: Eingliederung eines katholischen Geistlichen in eine bestimmte Diözese od. einen Orden [nach voraufgegangener ↑ Exkardination]

in|kar|nat ⟨lat.⟩: fleischfarben. **In|kar|nat** das; -[e]s: fleischfarbener Ton (auf Gemälden). **In|kar|na|ti|on** die; -, -en: 1. Fleischwerdung, Menschwerdung eines göttlichen Wesens. 2. Verkörperung. **in|kar|nie|ren,** sich: sich verkörpern. **in|kar|niert:** 1. Fleisch geworden. 2. verkörpert

In|kar|ze|ra|ti|on die; -, -en ⟨lat.-nlat.⟩: (Med.) Einklemmung (z. B. eines Eingeweidebruches). **in|kar|ze|rie|ren:** (Med.) sich einklemmen (z. B. in Bezug auf einen Bruch)

In|kas|sant der; -en, -en ⟨lat.-it.⟩: (österr.) Kassierer

In|kas|so das; -s, -s, auch, österr. nur: ...ssi: Beitreibung, Einziehung fälliger Forderungen. **In|kas|so|bü|ro** das; -s, -s: Unternehmen, das sich mit der Einziehung fälliger Forderungen befasst

In|kas|so|in|dos|sa|ment das; -s, -e: Indossament mit dem Zweck, den Wechselbetrag durch den Indossatar auf Rechnung des Wechselinhabers einziehen zu lassen

In|kli|na|ti|on die; -, -en ⟨lat.⟩: 1. Neigung, Hang. 2. (Geogr.) Neigung einer frei aufgehängten Magnetnadel zur Waagerechten. 3. (Math.) Neigung zweier Ebenen od. einer Linie u. einer Ebene gegeneinander. 4. (Astron.) Winkel, den eine Planeten- od. Kometenbahn mit der ↑ Ekliptik bildet. **in|kli|nie|ren:** (veraltet) eine Neigung, Vorliebe für etwas haben

in|klu|die|ren ⟨lat.⟩: (veraltet) einschließen; Ggs. ↑ exkludieren

In|klu|sen die (Plural) ⟨lat.; „Eingeschlossene"⟩: (hist.) Menschen, die sich zu Askese u. Gebet einschließen od. einmauern ließen

In|klu|si|on die; -, -en: (selten) Einschließung, Einschluss

in|klu|si|ve ⟨lat.-mlat.⟩: einschließlich, inbegriffen; Abk.: inkl.; Ggs. ↑ exklusive

in|ko|g|ni|to ⟨lat.-it.⟩ „unerkannt"⟩: unter fremdem Namen [auftretend, lebend]. **In|ko|g|ni|to** das; -s, -s: Verheimlichung der Identität einer Person, das Auftreten unter fremdem Namen

in|ko|hä|rent ⟨lat.⟩: unzusammenhängend; Ggs. ↑ kohärent. **In|ko|hä|renz** die; -, -en ⟨lat.-nlat.⟩: mangelnder Zusammenhang; Ggs. ↑ Kohärenz (1)

in|ko|hal|tiv vgl. inchoativ

In|ko|lat das; -s, -e ⟨lat.⟩: ↑ Indigenat

in|kom|men|su|ra|bel ⟨lat.⟩: nicht messbar; nicht vergleichbar; **inkommensurable Größen:** (Math.) Größen, deren Verhältnis irrational ist; Ggs. ↑ kommensurabel. **In|kom|men|su|ra|bi|li|tät** die; -: ⟨lat.-nlat.⟩: (Phys.) Unvergleichbarkeit von Stoffen mit Messwerten wegen fehlender zum Vergleich geeigneter Eigenschaften; Ggs. ↑ Kommensurabilität

in|kom|mo|die|ren ⟨lat.⟩: (veraltet) a) bemühen, Unbequemlichkeiten bereiten; belästigen; b) sich inkommodieren: sich Mühe, Umstände machen. **In|kom|mo|di|tät** die; -, -en: (veraltet) Unbequemlichkeit, Lästigkeit

in|kom|pa|ra|bel ⟨lat.⟩: 1. (veraltet) unvergleichbar. 2. (Sprachw.) nicht steigerungsfähig (von Adjektiven). **In|kom|pa|ra|bi|le** das; -s, ...bilia u....bilien: (veraltet) inkomparables Adjektiv

in|kom|pa|ti|bel ⟨lat.-mlat.⟩: nicht ↑ kompatibel. **In|kom|pa|ti|bi|li|tät** die; -, -en: das Inkompatibelsein

in|kom|pe|tent [auch: ...'tɛnt] ⟨lat.⟩: 1. a) (bes. Rechtsw.) nicht zuständig, nicht befugt, eine Angelegenheit zu behandeln; Ggs. ↑ kompetent (1 b); b) nicht maßgebend, nicht urteilsfähig, nicht über den nötigen Sachverstand verfügend; Ggs.

↑ kompetent (1 a). 2. tektonisch verformbar (in Bezug auf Gesteine); Ggs. ↑ kompetent (2). **In|kom|pe|tenz** [auch: ...'tɛnts] die; -, -en ⟨lat.-nlat.⟩: a) das Nicht-zuständig-Sein, Nichtbefugnis; Ggs. ↑ Kompetenz (1 b); b) Unfähigkeit, Unvermögen

in|kom|plett [auch: ...'plɛt] ⟨lat.-fr.⟩: unvollständig; Ggs. ↑ komplett (1 a)

in|kom|pre|hen|si|bel ⟨lat.⟩: (veraltet) unbegreiflich; Ggs. ↑ komprehensibel

in|kom|pres|si|bel ⟨lat.-nlat.⟩: (Phys.) nicht zusammenpressbar (von Körpern). **In|kom|pres|si|bi|li|tät** die; -: (Phys.) Nichtzusammenpressbarkeit

in|kon|gru|ent [auch: ...'ɛnt] ⟨lat.⟩: nicht übereinstimmend, nicht passend, nicht deckungsgleich; Ggs. ↑ kongruent (2). **In|kon|gru|enz** [auch: ...'ɛnts] die; -, -en: Nichtübereinstimmung, Nichtdeckung

in|kon|se|quent [auch: ...'kvɛnt] ⟨lat.⟩: nicht folgerichtig; widersprüchlich [in seinem Verhalten]; Ggs. ↑ konsequent. **In|kon|se|quenz** [auch: ...'kvɛnts] die; -, -en: mangelnde Folgerichtigkeit; Widersprüchlichkeit [in seinem Verhalten]; Ggs. ↑ Konsequenz

in|kon|sis|tent [auch: ...'tɛnt] ⟨lat.-nlat.⟩: a) keinen Bestand habend; Ggs. ↑ konsistent; b) widersprüchlich, unzusammenhängend in der Gedankenführung; Ggs. ↑ konsistent. **In|kon|sis|tenz** [auch: ...'tɛnts] die; -: a) Unbeständigkeit; b) Widersprüchlichkeit; Ggs. ↑ Konsistenz (2)

in|kon|s|tant [auch: ...'stant] ⟨lat.⟩: nicht feststehend, unbeständig; Ggs. ↑ konstant. **In|kon|s|tanz** [auch: ...'stants] die; -: Unbeständigkeit

in|kon|ti|nent [auch: ...'nɛnt] ⟨lat.⟩: Inkontinenz aufweisend. **In|kon|ti|nenz** [auch: ...'nɛnts] die; -, -en ⟨lat.⟩: (Med.) Unvermögen, Harn od. Stuhl willkürlich zurückzuhalten; Ggs. ↑ Kontinenz (2)

In|kon|t|ro das; -s, -s u. ...ri ⟨it.⟩: Doppeltreffer, bei dem ein Fechter gegen die Regeln verstößt, sodass dem Gegner ein Treffer gutgeschrieben wird

in|kon|ve|na|bel [auch: ...'na...]

⟨*lat.-fr.*⟩: (veraltet) unpassend, ungelegen; unschicklich; Ggs. ↑ konvenabel

in|kon|ve|ni|ent [auch: …'njɛnt] ⟨*lat.*⟩: (veraltet) 1. unpassend, unschicklich. 2. unbequem. **In|kon|ve|ni|enz** [auch: …'njɛnts] *die;* -, -en: (veraltet) 1. Ungehörigkeit, Unschicklichkeit; Ggs. ↑ Konvenienz (2 b). 2. Unbequemlichkeit, Ungelegenheit; Ggs. ↑ Konvenienz (2 a)

in|kon|ver|ti|bel [auch: …'ti:…] ⟨*lat.*⟩: 1. (veraltet) unbekehrbar; unwandelbar. 2. (Wirtsch.) nicht frei austauschbar (von Währungen)

In|k|o|nym [auch: 'ın…] *das;* -s, -e ⟨*gr.*⟩: (Sprachw.) ↑ Kohyponym, das zu einem anderen Kohyponym in einer kontradiktorischen Beziehung steht (z. B. *Hahn* zu *Henne* unter dem ↑ Hyperonym *Huhn*). **In|k|o|ny|mie** [auch: 'ın…] *die;* -, …ien: (Sprachw.) in Nebengeordnetheit sich ausdrückende semantische Relation, wie sie zwischen Inkonymen besteht

in|kon|zi|li|ant [auch: …'ljant] ⟨*lat.*⟩: nicht umgänglich; unverbindlich; Ggs. ↑ konziliant. **In|kon|zi|li|anz** [auch: …'ljants] *die;* -: mangelndes Entgegenkommen; Unverbindlichkeit

in|kon|zinn [auch: …'tsın] ⟨*lat.*⟩: 1. (veraltet) unangemessen, nicht gefällig; Ggs. ↑ konzinn (1). 2. (Rhet.; Stilk.) ungleichmäßig, unharmonisch im Satzbau; Ggs. ↑ konzinn (2). **In|kon|zin|ni|tät** *die;* -: 1. Unangemessenheit, mangelnde Gefälligkeit; Ggs. ↑ Konzinnität (1). 2. (Rhet.; Stilk.) Unebenmäßigkeit im Satzbau; Ggs ↑ Konzinnität (2)

In|ko|or|di|na|ti|on [auch: …'tsjo:n] *die;* -, -en ⟨*lat.-nlat.*⟩: (Med.) das Fehlen des Zusammenwirkens bei Bewegungsmuskeln. **in|ko|or|di|niert** [auch: …'niːɐ̯t]: (Med.) nicht aufeinander abgestimmt

in|kor|po|ral ⟨*lat.*⟩: (Med.) im Körper [befindlich]

In|kor|po|ra|ti|on *die;* -, -en ⟨*lat.*⟩: 1. Einverleibung. 2. (Rechtsw.) Eingemeindung; rechtliche Einverleibung eines Staates durch einen anderen Staat. 3. Aufnahme in eine Körperschaft od. studentische Verbindung. 4. Angliederung (z. B. einer Pfarrei) an ein geistliches Stift, um dieses wirtschaftlich besser zu stellen (bes. im Mittelalter); vgl. …ation/…ierung

in|kor|po|rie|ren: 1. einverleiben. 2. eingemeinden, einen Staat in einen andern eingliedern. 3. in eine Körperschaft od. studentische Verbindung aufnehmen. 4. angliedern, eine ↑ Inkorporation (4) durchführen; **inkorporierende Sprachen:** indianische Sprachen, die das Objekt in das Verb aufnehmen; vgl. polysynthetisch. **In|kor|po|rie|rung** *die;* -, -en: das Inkorporieren; vgl. …ation/…ierung

in|kor|rekt [auch: …'rɛkt] ⟨*lat.*⟩: ungenau, unrichtig; fehlerhaft, unangemessen [im Benehmen]; unordentlich; Ggs. ↑ korrekt. **In|kor|rekt|heit** [auch: …'rɛkt…] *die;* -, -en: 1. (ohne Plural) a) inkorrekte Art, Fehlerhaftigkeit; Ggs. ↑ Korrektheit (1); b) Unangemessenheit; Ggs. ↑ Korrektheit (2). 2. a) Fehler, Unrichtigkeit (in einer Äußerung usw.); b) Beispiel, Fall inkorrekten Verhaltens

In|kre|ment *das;* -[e]s, -e ⟨*lat.;* „Zuwachs"⟩: (Math.) Betrag, um den eine Größe zunimmt; Ggs. ↑ Dekrement

In|kret *das;* -[e]s, -e ⟨*lat.*⟩: von den Blutdrüsen in den Körper abgegebener Stoff; ein Hormon; vgl. Exkret. **In|kre|ti|on** *die;* - ⟨*lat.-nlat.*⟩: (Med.) innere Sekretion. **in|kre|to|risch**: (Med.) der inneren Sekretion zugehörend, ihr dienend

in|kri|mi|nie|ren ⟨*lat.-mlat.*⟩: (Rechtsw.) jmdn. [eines Verbrechens] beschuldigen, anschuldigen. **in|kri|mi|niert**: (als Verstoß, Vergehen o. Ä.) zur Last gelegt, zum Gegenstand einer Strafanzeige, einer öffentlichen Beschuldigung gemacht

In|krus|ta|ti|on *die;* -, -en ⟨*lat.*⟩: 1. (Kunstwiss.) farbige Verzierung von Flächen durch Einlagen (meist Stein in Stein). 2. (Geol.) Krustenbildung durch chemische Ausscheidung (z. B. Wüstenlack). 3. eingesetzter Besatzteil, Blende, Ornament; Inkrustierung (beim Schneiderhandwerk); vgl. …ation/…ierung. **in|krus|tie|ren**: 1. mit einer Inkrustation (1) verzieren.

2. (Geol.) durch chemische Ausscheidung Krusten bilden. 3. mit einer Inkrustation (3) versehen. **In|krus|tie|rung** *die;* -, -en: Inkrustation (3); vgl. …ation/…ierung

In|ku|bant *der;* -en, -en ⟨*lat.*⟩: jmd., der sich einer Inkubation (3) unterzieht. **In|ku|ban|tin** *die;* -, -nen: weibliche Form zu ↑ Inkubant

In|ku|ba|ti|on *die;* -, -en: 1. (Biol.) Bebrütung von Vogeleiern. 2. (Med.) a) das Sichfestsetzen von Krankheitserregern im Körper; b) das Aufziehen von Frühgeborenen in einem Inkubator (1); c) kurz für ↑ Inkubationszeit. 3. (hist.) Tempelschlaf in der Antike (um Heilung od. Belehrung durch den Gott zu erfahren)

In|ku|ba|ti|ons|zeit *die;* -, -en: (Med.) Zeit von der Ansteckung bis zum Ausbruch einer Krankheit

In|ku|ba|tor *der;* -s, …oren: 1. (Med.) Brutkasten für Frühgeburten. 2. Behälter mit Bakterienkulturen. 3. (Wirtsch.) Fördereinrichtung für neu gegründete Wirtschaftsunternehmen

In|ku|bus *der;* -, Inkuben ⟨*lat.*⟩: 1. a) nächtlicher Dämon, Alb im römischen Volksglauben; b) Teufel, der mit einer Hexe geschlechtlich verkehrt (im Volksglauben des Mittelalters). 2. (ohne Plural; Med.) während des Schlafs auftretende Atembeklemmung mit Angstzuständen

in|ku|lant [auch: …'lant] ⟨*lat.-nlat.*⟩: ungefällig (im Geschäftsverkehr), die Gewährung von Zahlungs- od. Lieferungserleichterungen ablehnend; Ggs. ↑ kulant. **In|ku|lanz** [auch: …'lants] *die;* -, -en: Ungefälligkeit (im Geschäftsverkehr); Ggs. ↑ Kulanz

In|kul|pant *der;* -en, -en ⟨*lat.*⟩: (Rechtsw. veraltet) Ankläger, Beschuldiger

In|kul|pat *der;* -en, -en: (Rechtsw. veraltet) Angeklagter, Angeschuldigter

In|kul|tu|ra|ti|on *die;* -, -en ⟨*lat.*⟩: 1. das Eindringen einer Kultur in eine andere. 2. (bei der Missionstätigkeit) Berücksichtigung der jeweiligen Eigenart der Kultur, in die das Christentum vermittelt wird

In|ku|na|bel *die;* -, -n (meist Plural) ⟨*lat.;* „Windeln; Wiege"⟩: Wiegendruck, Frühdruck, Druckerzeugnis aus der Frühzeit des Buchdrucks (vor 1500)

In|ku|na|blist *die;* -en, -en ⟨*lat.-nlat.*⟩: Wissenschaftler auf dem Gebiet der Inkunabelkunde. **In|ku|na|b|lis|tin** *die;* -, -nen: weibliche Form zu ↑ Inkunablist

in|ku|ra|bel [auch: ...'ra:...] ⟨*lat.*⟩: (Med.) unheilbar

in|ku|rant [auch: ...'rant] ⟨*lat.-fr.*⟩: a) nicht im Umlauf; b) schwer verkäuflich

In|kur|si|on *die;* -, -en ⟨*lat.*⟩: Übergriff, Eingriff

In|kur|va|ti|on *die;* -, -en ⟨*lat.*⟩: (veraltet) Krümmung

In|laid ['inlait] *der;* -s, -e [...ai̯də] ⟨*engl.*⟩: (schweiz.) durchgemustertes Linoleum

In|lay ['ɪnle:] *das;* -s, -s ⟨*engl.;* „Einlegestück"⟩: aus Metall (z. B. Gold), Keramik od. Porzellan gegossene Zahnfüllung

In|li|ner ['inlainɐ] *der;* -s, - ⟨*engl.*⟩: 1. ↑ Inlineskater (1). 2. ↑ Inlineskater (2). **In|li|ne|rin** *die;* -, -nen: weibliche Form zu ↑ Inliner (2)

In|line|skate ['inlainske:t] *der;* -s, -s (meist Plural) ⟨*engl.*⟩: Rollschuh mit schmalen, in einer Linie hintereinander angeordneten Rollen

in|line|skaten [...skeitn̩] ⟨*engl.*⟩: auf Inlineskates laufen

In|line|ska|ter [...ske:tɐ] *der;* -s, -: 1. Rollschuh mit schmalen, hintereinander angeordneten Rollen. 2. jmd., der mit Inlineskates läuft. **In|line|ska|te|rin** *die;* -, -nen: weibliche Form zu ↑ Inlineskater (2)

In|line|ska|ting [...ske:tiŋ] *das;* -s: Rollschuhlaufen mit Inlineskates

in ma|io|rem Dei glo|ri|am ⟨*lat.*⟩: ↑ omnia ad maiorem Dei gloriam

in me|di|as res ⟨*lat.;* „mitten in die Dinge hinein"⟩: ohne Einleitung u. Umschweife zur Sache

in me|mo|ri|am ⟨*lat.*⟩: zum Gedächtnis, zum Andenken (z. B.: in memoriam des großen Staatsmannes; in memoriam Maria Theresia)

in na|tu|ra ⟨*lat.;* „in Natur"⟩: 1. leibhaftig, wirklich, persönlich. 2. (ugs.) in Waren, in Form von Naturalien

In|ne|ra|ti|on *die;* -, -en ⟨*nlat.*⟩: ↑ Internalisation

In|ner|space|for|schung, auch: **Inner-Space-For|schung** ['ınə-'speıs...] *die;* - ⟨*engl.; dt.*⟩: Meereskunde, Meeresforschung; vgl. Outerspaceforschung

In|ner|va|ti|on *die;* -, -en ⟨*lat.-nlat.*⟩: 1. Versorgung von Geweben u. Organen mit Nerven. 2. (Med.) Leitung der Reize durch die Nerven zu den Organen u. Geweben des Organismus. **in|ner|vie|ren:** 1. (Med.) mit Nerven od. Nervenreizen versehen. 2. anregen

in|no|cen|te [ɪno'tʃɛntə] ⟨*lat.-it.;* „unschuldig"⟩: (Mus.) anspruchslos; ursprünglich (Vortragsanweisung)

in no|mi|ne Dei ⟨*lat.*⟩: im Namen Gottes (unter Berufung auf Gott); Abk.: I. N. D.

in no|mi|ne Do|mi|ni ⟨*lat.*⟩: im Namen des Herrn; Abk.: I. N. D. (Eingangsformel alter Urkunden)

In|no|va|ti|on *die;* -, -en ⟨*lat.-nlat.*⟩: Einführung von etwas Neuem; Erneuerung, Neuerung

in|no|va|ti|ons|spross *der;* -es, -e ⟨*lat.-nlat.; dt.*⟩: Erneuerungsspross bei mehrjährigen Pflanzen; Jahrestrieb

in|no|va|tiv ⟨*lat.-nlat.*⟩: Innovationen schaffend, beinhaltend; vgl. ...iv/...orisch. **In|no|va|ti|vi|tät** *die;* - ⟨*lat.-nlat.*⟩: Fähigkeit, Innovationen hervorzubringen bzw. innovative Lösungen zu finden

in|no|va|to|risch: Innovationen zum Ziel habend; vgl. ...iv/...orisch

in nu|ce ⟨*lat.;* „in der Nuss"⟩: im Kern; in Kürze, kurz u. bündig

In|nu|en|do *das;* -s, -s ⟨*lat.-engl.*⟩: versteckte Andeutung, Anspielung

in|of|fen|siv [auch: ...'zi:f]: nicht angreifend, nicht angriffslustig; Ggs. ↑ offensiv

in|of|fi|zi|ell [auch: ...'tsjɛl]: 1. a) nicht in amtlichem, offiziellem Auftrag; nicht amtlich, außerdienstlich; b) einer amtlichen, offiziellen Stelle nicht bekannt, nicht von ihr bestätigt, anerkannt, nicht von ihr ausgehend; Ggs. ↑ offiziell (1). 2. nicht förmlich, nicht feierlich, nicht

in offiziellem Rahmen; Ggs. ↑ offiziell (2)

in|of|fi|zi|ös [auch: ...'tsjø:s]: nicht von einer halbamtlichen Stelle veranlasst, beeinflusst, bestätigt

In|o|ku|la|ti|on *die;* -, -en ⟨*lat.*⟩: 1. (Med.) Impfung (als vorbeugende u. therapeutische Maßnahme). 2. (Med.) unbeabsichtigte Übertragung von Krankheitserregern bei Blutentnahmen, Injektionen od. Impfungen. 3. das Einbringen von Krankheitserregern, Gewebe, Zellmaterial in einen Organismus od. in Nährböden. **in|o|ku|lie|ren:** 1. (Med.) eine Inokulation (1) vornehmen. 2. (Med.) Krankheitserreger im Sinne einer Inokulation (2) übertragen

In|o|ku|lum *das;* -s, ...la: (Biol.; Pharm.) Impfkultur, Menge einer Reinkultur von Mikroorganismen, die zur Auf- und Weiterzucht verwendet werden

in|o|pe|ra|bel [auch: ...'ra:...]: (Med.) nicht operierbar; durch Operation nicht heilbar; Ggs. ↑ operabel

in|op|por|tun [auch: ...'tu:n] ⟨*lat.*⟩: nicht angebracht, nicht zweckmäßig, unpassend; Ggs. ↑ opportun. **In|op|por|tu|ni|tät** [auch: ...'tɛt] *die;* -, -en: das Unangebrachtsein, Unzweckmäßigkeit, Ungünstigkeit; Ggs. ↑ Opportunität

in op|ti|ma for|ma ⟨*lat.*⟩: in bester Form; einwandfrei; wie sichs gehört

I|no|sin *das;* -s, -e ⟨*gr.-nlat.*⟩: (Chem.) kristallisierende Nukleinsäure, die in Fleisch, in Hefe u. a. enthalten ist

I|no|sit *der;* -s, -e ⟨*gr.-nlat.*⟩: (Chem.) wichtiger Wirkstoff, vor allem Wuchsstoff der Hefe (kristalliner, leicht süßlich schmeckender und in Wasser löslicher Stoff)

I|no|si|t|u|rie u. **I|no|su|rie** *die;* -: (Med.) vermehrte Ausscheidung von Inosit im Harn

in|o|xi|die|ren, auch: **in|o|xy|die|ren** ⟨*lat.; gr.*⟩: eine Rostschutzschicht aus Oxiden auf einer Metalloberfläche aufbringen

in par|ti|bus in|fi|de|li|um ⟨*lat.;* „im Gebiet der Ungläubigen"⟩: (hist.) Zusatz zum Titel von Bischöfen in wieder heidnisch gewordenen Gebieten; Abk.: i. p. i.

in pec|to|re ⟨*lat.;* „in der Brust"⟩: unter Geheimhaltung (z. B. bei der Ernennung eines Kardinals, dessen Namen der Papst aus bestimmten [politischen] Gründen zunächst nicht bekannt gibt); vgl. in petto

in per|pe|tu|um ⟨*lat.*⟩: auf immer, für ewige Zeiten

in per|so|na ⟨*lat.*⟩: in Person, persönlich, selbst

in pet|to ⟨*lat.-it.;* „in der Brust"⟩: beabsichtigt, geplant; **etwas in petto haben:** etwas im Sinne, bereit haben, etwas vorhaben, im Schilde führen; vgl. in pectore

in ple|no ⟨*lat.*⟩: in voller Versammlung; vollzählig; vgl. Plenum

in pon|ti|fi|ca|li|bus ⟨*lat.;* „in priesterlichen Gewändern"⟩: (scherzh.) im Festgewand, [höchst] feierlich

in pra|xi ⟨*lat.; gr.-lat.*⟩: a) in der Praxis, im wirklichen Leben; tatsächlich; b) in der Rechtsprechung (im Gegensatz zur Rechtslehre); vgl. Praxis (1)

in punc|to ⟨*lat.*⟩: in dem Punkt, hinsichtlich; **in puncto puncti [sexti]:** (veraltet, scherzh.) hinsichtlich [des sechsten Gebotes] der Keuschheit

In|put *der,* auch: *das;* -s, -s ⟨*engl.;* „Zugeführtes"⟩: 1. (Wirtsch.) die in einem Produktionsbetrieb eingesetzten, aus anderen Teilbereichen der Wirtschaft bezogenen Produktionsmittel; Ggs. ↑ Output (1). 2. (EDV) Eingabe von Daten od. eines Programms in eine Rechenanlage; Ggs. ↑ Output (2 b)

In|put-Out|put-A|na|ly|se [...'aut...] *die,* -, -n ⟨*engl.*⟩: 1. Methode zur Untersuchung der produktionsmäßigen Beziehungen zwischen den Teilbereichen der Wirtschaft. 2. Untersuchung der wechselseitigen Zusammenhänge zwischen Inputs (2) u. ↑ Outputs (2 b)

In|qui|li|ne *der;* -en, -en (meist Plural) ⟨*lat.*⟩: (Zool.) Insekt, das in Körperhohlräumen od. Behausungen anderer Lebewesen als Mitbewohner lebt

In|qui|rent *der;* -en, -en ⟨*lat.*⟩: (veraltet) Untersuchungsführer. **in-qui|rie|ren:** nachforschen; [gerichtlich] untersuchen, verhören

In|qui|sit *der;* -en, -en: (veraltet) Angeklagter

In|qui|si|ti|on *die;* -, -en ⟨„Untersuchung"⟩: 1. (hist.) Untersuchung durch Institutionen der katholischen Kirche u. daraufhin durchgeführte staatliche Verfolgung der ↑ Häretiker zur Reinerhaltung des Glaubens (bis ins 19. Jh., bes. während der Gegenreformation). 2. ↑ Inquisitionsprozess

In|qui|si|ti|ons|ma|xi|me *die;* -: (Rechtsw.) strafprozessualer Grundsatz, nach dem der Richter selbst ein Strafverfahren einleitet

In|qui|si|ti|ons|pro|zess *der;* -es, -e: (Rechtsw.) gerichtliche Eröffnung u. Durchführung eines Strafprozesses aufgrund der ↑ Inquisitionsmaxime

in|qui|si|tiv: [nach]forschend, neugierig, wissbegierig; vgl. ...iv/...orisch

In|qui|si|tor *der;* -s, ...oren: 1. (hist.) jmd., der ein Inquisitionsverfahren leitet od. anstrengt. 2. [strenger] Untersuchungsrichter. **In|qui|si|to|rin** *die;* -, -nen: weibliche Form zu ↑ Inquisitor (2)

in|qui|si|to|risch ⟨*lat.-nlat.*⟩: nach Art eines Inquisitors, peinlich ausfragend; vgl. ...iv/...orisch

In|ro *das;* -s, -s ⟨*jap.*⟩: reich verziertes od. geschnitztes japanisches Döschen aus Elfenbein od. gelacktem Holz

in sal|do ⟨*lat.-it.*⟩: (veraltet) im Rest, im Rückstand

In|sa|li|va|ti|on *die;* -, -en ⟨*lat.-nlat.*⟩: (Med.) Einspeichelung, Vermischung der aufgenommenen Speise mit Speichel, speziell beim Kauakt im Mund

in sal|vo ⟨*lat.*⟩: (veraltet) in Sicherheit

in|san ⟨*lat.*⟩: (Med.) geistig krank.

In|sa|nia *die;* -: (Med.) Denkstörung mit Verlust des Realitätsbezugs

in|sal|ti|a|bel ⟨*lat.*⟩: (veraltet) unersättlich

in|schal|lah ⟨*arab.*⟩: wenn Allah will

In|sekt *das;* -[e]s, -en ⟨*lat.*⟩: Kerbtier (gegliederter, Luft atmender Gliederfüßer)

In|sek|ta|ri|um *das;* -s, ...ien ⟨*lat.-nlat.*⟩: der Aufzucht u. dem Studium von Insekten dienende Anlage

in|sek|ti|vor: Insekten fressend

¹In|sek|ti|vo|re *der;* -n, -n (meist Plural): Insekten fressendes Tier

²In|sek|ti|vo|re *die;* -n, -n (meist Plural): Insekten fressende Pflanze

in|sek|ti|zid: Insekten vernichtend (in Bezug auf chemische Mittel). **In|sek|ti|zid** *das;* -s, -e: Insektenbekämpfungsmittel

In|sek|to|lo|ge *der;* -n, -n ⟨*lat.; gr.*⟩: ↑ Entomologe. **In|sek|to|lo|gin** *die;* -, -nen: weibliche Form zu ↑ Insektologe

In|sel|hop|ping *das;* -s ⟨*dt.; engl.*⟩: touristische Unternehmung, bei der nacheinander mehrere Inseln eines Archipels besucht werden

In|se|mi|na|ti|on *die;* -, -en ⟨*lat.-nlat.*⟩: 1. künstliche Befruchtung; vgl. heterologe Insemination u. homologe Insemination. 2. (Med.) das Eindringen der Samenfäden in das reife Ei

In|se|mi|na|tor *der;* -s, ...oren: jmd., der auf einer Tierbesamungsstation als Fachmann Methoden für die künstliche Befruchtung der Tiere entwickelt u. anwendet. **In|se|mi|na|to|rin** *die;* -, -nen: weibliche Form zu ↑ Inseminator. **in|se|mi|nie|ren:** künstlich befruchten

in|sen|si|bel [auch: ...'zi:...] ⟨*lat.*⟩: unempfindlich gegenüber Schmerzen u. Reizen von außen. **In|sen|si|bi|li|tät** [auch: ...'te:t] *die;* -: Unempfindlichkeit gegenüber Schmerzen u. Reizen von außen

In|se|pa|rables [ẽsepa'rabl] *die* (Plural) ⟨*lat.-fr.;* „Unzertrennliche"⟩: kleine, kurzschwänzige Papageien (Käfigvögel)

in|se|quent [auch: ...'kvɛnt] ⟨*lat.*⟩: (Geol.) keine Beziehung zum Schichtenbau der Erde habend (in Bezug auf Flussläufe); Ggs. ↑ konsequent (3)

In|se|rat *das;* -[e]s, -e ⟨*lat.-nlat.*⟩: Anzeige (in einer Zeitung, Zeitschrift o. Ä.)

In|se|rent *der;* -en, -en ⟨*lat.*⟩: jmd., der ein Inserat aufgibt. **In|se|ren|tin** *die;* -, -nen: weibliche Form zu ↑ Inserent. **in|se|rie|ren:** a) ein Inserat aufgeben; b) durch ein Inserat anbieten, suchen, vermitteln

In|sert *das;* -s, -s ⟨*lat.-engl.*⟩: 1. Inserat, bes. in einer Zeitschrift,

in Verbindung mit einer bei-
gehefteten Karte zum Anfordern
weiterer Informationen od.
zum Bestellen der angebotenen
Ware. 2. in einen Kunststoff zur
Verstärkung eingelassenes Element. 3. grafische Darstellung,
Schautafel für den Zuschauer,
die als Einschub [zwischen
zwei Programmbestandteile]
eingeblendet wird
In|ser|ti|on *die;* -, -en: 1. das Auf-
geben einer Anzeige.
2. (Sprachw.) das Einfügen
sprachlicher Einheiten in einen
vorgegebenen Satz (als Verfahren zur Gewinnung von Kern-
sätzen). 3. das Einfügen einer
Urkunde in vollem Wortlaut in
eine neue Urkunde als Form
der Bestätigung, ↑ Transsumie-
rung. 4. (Med.; Biol.; Bot.) An-
satz, Ansatzstelle (z. B. einer
Sehne am Knochen od. eines
Blattes am Spross)
In|sert|tas|te *die;* -, -n: Taste, mit
der ein Insert (3), z. B. eine Grafik, ins Computerprogramm
eingeblendet werden kann
In|side ['ınsaıd] *der;* -[s], -s
⟨*engl.*⟩: (Fußball; schweiz. veraltet) Innenstürmer, Halbstür-
mer
In|si|der ['ınsaıdɐ] *der;* -s, -: jmd.,
der bestimmte Dinge, Vorgänge
od. Verhältnisse als ein Dazu-
gehörender, Eingeweihter
kennt. In|si|de|rin *die;* -, -nen:
weibliche Form zu ↑ Insider
In|si|der|sto|ry [...stɔ:rɪ] *die;* -, -s:
aus interner Sicht, von einem
Beteiligten selbst verfasster Bericht
In|si|der|tipp *der;* -s, -s: Geheim-
tipp
In|si|di|en [...jən] *die* (Plural)
⟨*lat.*⟩: (veraltet) Nachstellungen
in|si|di|ös: (Med.) heimtückisch,
schleichend (von Krankheiten)
In|si|g|ne *das;* -s, ...nien [...jən]
(meist Plural) ⟨*lat.;* „Abzei-
chen"⟩: Zeichen staatlicher od.
ständischer Macht u. Würde
(z. B. Krone, Rittersporn)
In|si|mul|la|ti|on *die;* -, -en ⟨*lat.*⟩:
(veraltet) Verdächtigung, An-
schuldigung. in|si|mu|lie|ren:
(veraltet) verdächtigen, an-
schuldigen
In|si|nu|ant *der;* -en, -en ⟨*lat.*⟩:
1. jmd., der Unterstellungen,
Verdächtigungen äußert.
2. jmd., der anderen etwas zu-

trägt, einflüstert. 3. jmd., der
sich bei anderen einschmei-
chelt. In|si|nu|an|tin *die;* -, -nen:
weibliche Form zu ↑ Insinuant
In|si|nu|a|ti|on *die;* -, -en: 1. a) Un-
terstellung, Verdächtigung;
b) Einflüsterung, Zuträgerei;
c) Einschmeichelung. 2. (veraltet) Eingabe eines Schriftstücks
an ein Gericht
In|si|nu|a|ti|ons|do|ku|ment *das;*
-[e]s, -e: Bescheinigung über
eine Insinuation (2)
In|si|nu|a|ti|ons|man|da|tar *der;* -s,
-e: zur Entgegennahme von In-
sinuationen (2) Bevollmächtig-
ter
in|si|nu|ie|ren: 1. a) unterstellen;
b) einflüstern, zutragen; c) sich
insinuieren: sich einschmei-
cheln. 2. (veraltet) ein Schriftstück einem Gericht einreichen
in|si|pid, in|si|pi|de ⟨*lat.*⟩: (veral-
tet) schal, fade; albern, töricht
in|sis|tent ⟨*lat.*⟩: (selten) auf et-
was bestehend, beharrlich,
hartnäckig. In|sis|tenz *die;* -:
Beharrlichkeit, Hartnäckigkeit.
in|sis|tie|ren: auf etwas beste-
hen, beharren; Ggs. ↑ desistie-
ren
in si|tu ⟨*lat.*⟩: a) (Med.) in der na-
türlichen, richtigen Lage (von
Organen, Körperteilen, Geweben o. Ä.); vgl. Situs; b) (Archäol.) in originaler Lage (von
ausgegrabenen Gegenständen,
Fundstücken)
in|s|k|ri|bie|ren ⟨*lat.*⟩: (österr.)
a) sich an einer Universität ein-
schreiben; b) (ein Studienfach,
eine Vorlesung, Übung o. Ä.)
belegen. In|s|k|rip|ti|on *die;* -,
-en: (österr.) a) Einschreibung
an einer Universität; b) Anmel-
dung zur Teilnahme an einer
Vorlesung, Übung o. Ä.
In|so|la|ti|on *die;* -, -en ⟨*lat.-nlat.*⟩:
1. (Meteor.) Strahlung der
Sonne auf die Erde, Sonnenein-
strahlung. 2. Sonnenstich
in|so|lent [auch: ...'lent] ⟨*lat.*⟩: an-
maßend, unverschämt. In|so-
lenz [auch: ...'lents] *die;* -, -en:
Anmaßung, Unverschämtheit
in|so|lie|ren ⟨*lat.-nlat.*⟩: (veraltet)
sich der Sonne aussetzen, sich
sonnen; vgl. Insolation
in|so|lu|bel ⟨*lat.*⟩: (Chem.) unlös-
lich, unlösbar
in|sol|vent [auch: ...'vɛnt] ⟨*lat.-
nlat.*⟩: (Wirtsch.) zahlungsun-
fähig; Ggs. ↑ solvent. In|sol|venz

[auch: ...'vɛnts] *die;* -, -en:
(Wirtsch.) Zahlungsunfähig-
keit; Ggs. ↑ Solvenz
In|som|nie *die;* - ⟨*lat.*⟩: (Med.)
Schlaflosigkeit
in spe [- 'spe:] ⟨*lat.;* „in der Hoff-
nung"⟩: zukünftig, baldig
In|s|pek|teur [...'tø:ɐ̯] *der;* -s, -e
⟨*lat.-fr.*⟩: 1. Leiter einer Inspektion (2). 2. Dienststellung der
ranghöchsten, Aufsicht führenden Offiziere der Teilstreit-
kräfte der Bundeswehr. In|s-
pek|teu|rin [...'tø:rɪn] *die;* -,
-nen: weibliche Form zu ↑ In-
spekteur
In|s|pek|ti|on *die;* -, -en ⟨*lat.;* „Be-
sichtigung, Untersuchung"⟩:
1. a) Prüfung, Kontrolle; b) regelmäßige Untersuchung u.
Wartung eines Kraftfahrzeugs
(gegebenenfalls mit Reparaturen). 2. Behörde, der die Prüfung od. Aufsicht [über die
Ausbildung der Truppen] ob-
liegt
In|s|pek|tor *der;* -s, ...oren: 1. Ver-
waltungsbeamter auf der ersten
Stufe des gehobenen Dienstes
(bei Bund, Ländern u. Gemein-
den). 2. jmd., der etwas inspi-
ziert, dessen Amt es ist, In-
spektionen durchzuführen. In-
s|pek|to|rat *das;* -[e]s, -e: (veral-
tet) Amt eines Inspektors. In|s-
pek|to|rin *die;* -, -nen: weibliche
Form zu ↑ Inspektor
In|s|pi|ra|ti|on *die;* -, -en ⟨*lat.;*
„Einhauchung"⟩: 1. schöpferischer Einfall, Gedanke; plötzli-
che Erkenntnis, erhellende
Idee, die jmdn. bes. bei einer
geistigen Tätigkeit, weiter-
führt; Erleuchtung, Eingebung.
2. (Med.; ohne Plural) Einatmung; das Einsaugen der
Atemluft; Ggs. ↑ Exspiration. in-
s|pi|ra|tiv: durch Inspiration
wirkend; vgl. ...iv/...orisch
In|s|pi|ra|tor *der;* -s, ...oren: jmd.,
der jmdn. anderen inspiriert, zu
etwas anregt. In|s|pi|ra|to|rin
die; -, -nen: weibliche Form zu
↑ Inspirator
in|s|pi|ra|to|risch ⟨*lat.-nlat.*⟩:
1. ↑ inspirativ. 2. (Med.) die In-
spiration (2) betreffend; Ggs.
↑ exspiratorisch; vgl. ...iv/
...orisch
in|s|pi|rie|ren ⟨*lat.*⟩: zu etwas an-
regen, animieren. In|s|pi|ri|er|te
der u. *die;* -n, -n: Anhänger[in]
einer Sekte des 18. Jh.s, die an

göttliche Eingebung bei einzelnen Mitgliedern glaubte

In|s| pi|zi|ent *der; -en, -en* ⟨*lat.*⟩: 1. für den reibungslosen Ablauf von Proben und Aufführungen beim Theater oder von Sendungen beim Rundfunk und Fernsehen Verantwortlicher. 2. Aufsicht führende Person. **In|s| pi|zi|en|tin** *die; -, -nen:* weibliche Form zu ↑ Inspizient

in|s| pi|zie|ren ⟨*lat.;* „besichtigen"⟩: be[auf]sichtigen; prüfen. **In|s| pi|zie|rung** *die; -, -en:* genaue Prüfung

in|sta|bil [auch: …'biːl] ⟨*lat.*⟩: unbeständig; Ggs. ↑ stabil; **instabiles Atom:** (Phys.) Atom, dessen Kern durch radioaktiven Prozess von selbst zerfällt; **instabile Schwingungen:** Flatterschwingungen bei Flugzeugtragflügeln; angefachte, durch äußere Einwirkung entstandene Schwingungen bei Hängebrücken u. Ä. **In|sta|bi|li|tät** *die; -, -en* (Plural selten): Unbeständigkeit, Veränderlichkeit, Unsicherheit

In|s| tal|la|teur […'tøːɐ̯] *der; -s, -e* ⟨französierende Bildung zu ↑ installieren⟩: (Berufsbez.) Handwerker, der die technischen Anlagen eines Hauses (Rohre, Gas-, Elektroleitungen o. Ä.) verlegt, anschließt, repariert. **In|s| tal|la|teu|rin** […'tøːrɪn] *die; -, -nen:* weibliche Form zu ↑ Installateur

In|s| tal|la|ti|on *die; -, -en* ⟨*lat.-mlat.*⟩: 1. a) Einbau, Anschluss (von technischen Anlagen); b) technische Anlage. 2. (schweiz., sonst veraltet) Einweisung in ein [geistliches] Amt. 3. (EDV) das Überspielen eines Computerprogramms auf die Festplatte

in|s| tal|lie|ren: 1. technische Anlagen einrichten, einbauen, anschließen. 2. in ein [geistliches] Amt einweisen. 3. (EDV) ein Computerprogramm auf die Festplatte überspielen. 4. a) irgendwo einrichten, in etwas unterbringen; b) sich installieren: sich einrichten

in|s| tant [auch: 'ɪnstənt] ⟨*lat.-engl.*⟩: sofort, ohne Vorbereitung zur Verfügung (als nachgestelltes Attribut gebraucht), z. B. Haferflocken instant

in|s| tan|tan ⟨*lat.-mlat.*⟩: unverzüg-

---

lich einsetzend, sich sofort auswirkend, augenblicklich

In|s| tant|ge|tränk [auch: 'ɪnstənt…] *das; -[e]s, -e* ⟨*lat.-engl.; dt.*⟩: Schnellgetränk; Getränk, das ohne Vorbereitung aus pulveriger Substanz schnell zubereitet werden kann. **in|s| tan|ti|sie|ren:** pulverförmige Extrakte herstellen

In|s| tanz *die; -, -en* ⟨*lat.-mlat.*⟩: zuständige Stelle (bes. bei Behörden od. Gerichten)

In|s| tan|zen|weg *der; -[e]s:* Dienstweg

In|s| tan|zen|zug *der; -[e]s:* (Rechtsw.) Übergang einer Rechtssache an das nächsthöhere, zuständige Gericht

in|sta|til o|när ⟨*lat.-nlat.*⟩: nicht gleich bleibend, schwankend, z. B. bei veränderlichen Stromröhren (Hydraulik)

in sta|tu nas|cen|di ⟨*lat.*⟩: im Zustand des Entstehens

in sta|tu quo: im gegenwärtigen Zustand, unverändert; vgl. Status quo. **in sta|tu quo an|te:** im früheren Zustand; vgl. Status quo ante

In|stau|ra|ti|on *die; -, -en* ⟨*lat.*⟩: (veraltet) Erneuerung; Wiedereröffnung. **in|stau|rie|ren:** (veraltet) erneuern

in|sti|gie|ren ⟨*lat.*⟩: anregen, anstacheln

In|stil|la|ti|on *die; -, -en* ⟨*lat.*⟩: (Med.) Einträufelung; tropfenweise Verabreichung [von Arzneimitteln] unter die Haut, in die Blutbahn od. in Körperhöhlen. **in|s| til|lie|ren:** (Med.) in den Organismus einträufeln

In|s| tinkt *der; -[e]s, -e* ⟨*lat.-mlat.; instinctus naturae* „Anreizung der Natur, Naturtrieb"⟩: 1. a) angeborene, keiner Übung bedürfende Verhaltensweise u. Reaktionsbereitschaft der Triebsphäre, meist im Interesse der Selbst- u. Arterhaltung (bes. bei Tieren); b) (meist Plural) schlechter, zum Schlechten neigender Trieb im Menschen. 2. sicheres Gefühl für etwas. **in|s| tink|tiv** ⟨*lat.-fr.*⟩: 1. instinktbedingt, durch den Instinkt geleitet. 2. von einem Gefühl geleitet, gefühlsmäßig, unwillkürlich. **in|s| tink|tu|ell:** ↑ instinktiv (1)

in|s| ti|tu|ie|ren ⟨*lat.*⟩: 1. einrichten,

---

errichten. 2. (veraltet) anordnen, unterweisen; stiften

In|s| ti|tut *das; -[e]s, -e:* 1. a) Einrichtung, Anstalt, die [als Teil einer Hochschule] wissenschaftlichen Arbeiten, der Forschung, der Erziehung o. Ä. dient; b) Institutsgebäude. 2. durch positives (gesetzlich verankertes) Recht geschaffenes Rechtsgebilde (z. B. Ehe, Familie, Eigentum o. Ä.)

In|s| ti|tu|ti|on *die; -, -en:* 1. einem bestimmten Bereich zugeordnete öffentliche [staatliche, kirchliche] Einrichtung, die dem Wohl od. Nutzen des Einzelnen od. der Allgemeinheit dient. 2. (veraltet) Einsetzung in ein [kirchliches] Amt

in|s| ti|tu|ti| o|na|li|sie|ren ⟨*lat.-nlat.*⟩: a) in eine gesellschaftlich anerkannte, feste [starre] Form bringen; b) sich institutionalisieren: eine [gesellschaftlich anerkannte] feste [starre] Form annehmen; zu einer Institution (1) werden. **In|s| ti|tu|ti| o|na|li|sie|rung** *die; -:* das Institutionalisieren

In|s| ti|tu|ti| o|na|lis|mus *der; -:* sozialökonomische Lehre des amerikanischen Nationalökonomen u. Soziologen Th. Veblen (1857–1929)

in|s| ti|tu|ti| o|nell ⟨*lat.-fr.*⟩: 1. die Institution betreffend; **institutionelle Garantie:** (Rechtsw.) Unantastbarkeit bestimmter Einrichtungen (z. B. der Ehe, der Familie o. Ä.). 2. ein Institut (1 a, 2) betreffend, zu einem Institut gehörend

in|s| ti ra|die|ren ⟨*lat.-it.*⟩: 1. a) (veraltet) Soldaten in Marsch setzen; b) den Weg eines Briefes o. Ä. bestimmen. 2. (schweiz.) über eine bestimmte Straße befördern, leiten. **In|s| ti ra|die|rung** *die; -, -en:* das Instradieren

in|s| ti ru|ie|ren ⟨*lat.*⟩: „herrichten; ausrüsten; unterweisen"⟩: 1. in Kenntnis setzen; unterweisen, lehren, anleiten. 2. (veraltet) eine Rechtssache zur Entscheidung vorbereiten

In|s| ti ruk|teur […'tøːɐ̯] *der; -s, -e* ⟨*lat.-fr.*⟩: jmd., der andere unterrichtet, [zum Gebrauch von Maschinen, zur Auslegung von Vorschriften, Richtlinien o. Ä.] anleitet. **In|s| ti ruk|teu|rin** […'tørin] *die; -, -nen*: weibliche Form zu ↑ Instrukteur

In|s|t|ruk|ti|on *die; -, -en ⟨lat.⟩*: Anleitung; Vorschrift, Richtschnur, Dienstanweisung

in|s|t|ruk|tiv *⟨lat.-fr.⟩*: lehrreich, aufschlussreich

In|s|t|ruk|tiv *der; -s, -e ⟨lat.-nlat.⟩*: finnisch-ugrischer Kasus zur Bezeichnung der Art und Weise

In|s|t|ruk|tor *der; -s, ...ọren ⟨lat.-mlat.⟩*: 1. (veraltet) Lehrer; Erzieher (bes. von Einzelpersonen). 2. (österr.) ↑ Instrukteur.

In|s|t|ruk|to|rin *die; -, -nen*: weibliche Form zu ↑ Instruktor

In|s|t|ru|ment *das; -[e]s, -e ⟨lat.; „Ausrüstung"⟩*: 1. Gerät, feines Werkzeug [für technische od. wissenschaftliche Arbeiten]. 2. kurz für Musikinstrument

in|s|t|ru|men|tal *⟨lat.-nlat.⟩*: 1. a) durch Musikinstrumente ausgeführt, Musikinstrumente betreffend; Ggs. ↑ vokal; b) wie Instrumentalmusik klingend. 2. als Mittel od. Werkzeug dienend. 3. das Mittel od. Werkzeug bezeichnend; **instrumentale Konjunktion:** (Sprachw.) das Mittel angebendes Bindewort (z. B. indem); vgl. ...al/...ell

In|s|t|ru|men|tal *der; -s, -e*: (Sprachw.) das Mittel od. Werkzeug bezeichnender Kasus (im Deutschen weitgehend durch Präpositionalfall ersetzt, im Slawischen noch erhalten). **In|s|t|ru|men|ta|lis** *der; -, ...les*: Instrumental

in|s|t|ru|men|ta|li|sie|ren: 1. [in der Unterhaltungsmusik] ein Gesangsstück zu einem Instrumentalstück umschreiben; vgl. instrumentieren (1 b). 2. (für seine Zwecke) als Instrument benutzen. **In|s|t|ru|men|ta|li|sie|rung** *die; -, -en*: 1. (ohne Plural) Tendenz in der deutschen Gegenwartssprache, bestimmte Aussagen in die Form des ↑ Instrumentals zu bringen (z. B. den Kunden *mit Waren* beliefern, statt: dem Kunden Waren liefern). 2. das Instrumentalisieren

In|s|t|ru|men|ta|lis|mus *der; -*: (Philos.) amerikanische Ausprägung des ↑ Pragmatismus, in der Denken u. Begriffsbildung (Logik, Ethik, Metaphysik) nur Werkzeuge zur Beherrschung von Natur u. Mensch sind

In|s|t|ru|men|ta|list *der; -en, -en*: 1. jmd., der [berufsmäßig] bes. in einem ↑ Ensemble (2) ein Instrument (2) spielt; Ggs. ↑ Vokalist. 2. Anhänger, Vertreter des Instrumentalismus. **In|s|t|ru|men|ta|lis|tin** *die; -, -nen*: weibliche Form zu ↑ Instrumentalist

In|s|t|ru|men|tal|mu|sik *die; -, -en*: nur mit Instrumenten (2) ausgeführte Musik; Ggs. ↑ Vokalmusik

In|s|t|ru|men|tal|satz *der; -es, ...sätze ⟨lat.-nlat.; dt.⟩*: (Sprachw.) Adverbialsatz des Mittels od. Werkzeuges (z. B.: er vernichtete das Ungeziefer, *indem er es mit Gift besprühte*)

In|s|t|ru|men|tal|so|list *der; -en, -en*: jmd., der innerhalb eines Orchesters, Ensembles o. Ä. ein Instrument (2) als ↑ Solist (a) spielt. **In|s|t|ru|men|tal|so|lis|tin** *die; -, -nen*: weibliche Form zu ↑ Instrumentalsolist

in|s|t|ru|men|ta|ri|sie|ren *⟨lat.-nlat.⟩*: zu einem Instrumentarium (1) machen. **In|s|t|ru|men|ta|ri|sie|rung** *die; -, -en*: das Instrumentarisieren

In|s|t|ru|men|ta|ri|um *das; -s, ...ien*: 1. alles, was zur Durchführung einer Tätigkeit o. Ä. gebraucht wird. 2. Instrumentensammlung. 3. Gesamtzahl der in einem Klangkörper für eine bestimmte musikalische Aufführung vorgesehenen Musikinstrumente

In|s|t|ru|men|ta|ti|on *die; -, -en*: a) Besetzung der einzelnen Stimmen einer mehrstimmigen ↑ Komposition (2 b) mit bestimmten Instrumenten (2) eines Orchesters zwecks bestimmter Klangwirkungen; b) Einrichtung einer (ursprünglich für [verschiedene] Instrumente geschriebenen) Komposition für mehrere Instrumente, für ein Orchester; vgl. ...ation/...ierung

In|s|t|ru|men|ta|tiv *das; -s, -e*: Verb des Benutzens (z. B. *hämmern* = „mit dem Hammer arbeiten")

In|s|t|ru|men|ta|tor *der; -s, ...ọren*: jmd., der die ↑ Instrumentation durchführt. **In|s|t|ru|men|ta|to|rin** *die; -, -nen*: weibliche Form zu ↑ Instrumentator

in|s|t|ru|men|ta|to|risch: die ↑ Instrumentation betreffend

in|s|t|ru|men|tell: Instrumente (1) betreffend, mit Instrumenten versehen, unter Zuhilfenahme von Instrumenten; vgl. ...al/...ell

in|s|t|ru|men|tie|ren: 1. a) eine Komposition [nach der Klavierskizze] für die einzelnen Orchesterinstrumente ausarbeiten u. dabei bestimmte Klangvorstellungen realisieren; b) eine Komposition für Orchesterbesetzung umschreiben, eine Orchesterfassung von etwas herstellen. 2. mit [technischen] Instrumenten ausstatten. 3. einem operierenden Arzt die chirurgischen Instrumente zureichen. **In|s|t|ru|men|tie|rung** *die; -, -en*: das Instrumentieren (1, 2); vgl. ...ation/...ierung

In|sub|or|di|na|ti|on [auch: 'ɪn...] *die; -, -en ⟨lat.-nlat.⟩*: mangelnde Unterordnung; Ungehorsam gegenüber [militärischen] Vorgesetzten

In|su|dat *das; -[e]s, -e ⟨lat.⟩*: (Med.) entzündliche Ausschwitzung (eiweißhaltige Flüssigkeit, die bei Entzündungen in den Gefäßen verbleibt). **In|su|da|ti|on** *die; -, -en*: (Med.) Ausschwitzung, Absonderung eines Insudats

in|suf|fi|zi|ent [auch: ...'tsjɛnt] *⟨lat.⟩*. 1. unzulänglich, unzureichend. 2. (Med.) ungenügend, unzureichend, geschwächt (von der Funktion, Leistungsfähigkeit eines Organs). **In|suf|fi|zi|enz** [auch: ...'tsjɛnts] *die; -, -en*: 1. Unzulänglichkeit; Schwäche; Ggs. ↑ Suffizienz (1). 2. (Med.) ungenügende Leistung, Schwäche eines Organs; Ggs. ↑ Suffizienz (2). 3. (Rechtsw.) Vermögenslage eines Schuldners, bei der die Gläubiger nicht ausreichend befriedigt werden können

In|su|la|ner *der; -s, - ⟨lat.⟩*: Inselbewohner. **In|su|la|ne|rin** *die; -, -nen*: weibliche Form zu ↑ Insulaner

in|su|lar: die Insel od. Inseln betreffend; inselartig; Insel...

In|su|la|ri|tät *die; - ⟨lat.-nlat.⟩*: Insellage, geographische Abgeschlossenheit

In|su|lin *das; -s*: 1. Hormon der

Bauchspeicheldrüse. 2. Ⓡ Arzneimittel für Zuckerkranke

In|su|lin|de *die; - ⟨lat.-niederl.⟩*: geprägt vom niederl. Schriftsteller Multatuli, 1820–1887⟩: Name für die Inselwelt des Malaiischen Archipels

In|su|lin|pen *der; -s, -s ⟨lat.; engl.⟩*: Gerät zur sicheren und wenig Schmerz verursachenden Injektion von Insulin (2)

In|su|lin|schock *der; -s, -s, selten: -e*: 1. bei Diabetikern durch hohe Insulingaben [nach Diätfehlern] ausgelöster Schock. 2. durch Einspritzung von Insulin (2) künstlich erzeugter Schock zur Behandlung von ↑ Schizophrenie

In|sult *der; -[e]s, -e ⟨lat.-mlat.⟩*: 1. [schwere] Beleidigung, Beschimpfung. 2. (Med.) Anfall (z. B. Schlaganfall). **In|sul|ta|ti|on** *die; -, -en ⟨lat.⟩*: Insult (1). **in|sul|tie|ren**: [schwer] beleidigen, verhöhnen

in sum|ma *⟨lat.⟩*: im Ganzen, insgesamt

In|sur|gent *der; -en, -en ⟨lat.⟩*: Aufständischer. **In|sur|gen|tin** *die; -, -nen*: weibliche Form zu ↑ Insurgent. **in|sur|gie|ren**: 1. zum Aufstand reizen. 2. einen Aufstand machen

In|sur|rek|ti|on *die; -, -en*: Aufstand; Volkserhebung

in sus|pen|so *⟨lat.⟩*: (veraltet) unentschieden, in der Schwebe

In|sze|na|tor *der; -s, ...oren ⟨lat.; gr.-lat.-fr.⟩*: (selten) Leiter einer Inszenierung. **In|sze|na|to|rin** *die; -, -nen*: weibliche Form zu ↑ Inszenator. **in|sze|na|to|risch**: die Inszenierung betreffend

in|sze|nie|ren: 1. (ein Stück beim Theater, Fernsehen, einen Film) vorbereiten, bearbeiten, einstudieren, künstlerisch gestalten; bei einem Bühnenstück, Fernsehspiel, Film Regie führen. 2. (oft abwertend) geschickt ins Werk setzen, organisieren, vorbereiten, einfädeln. **In|sze|nie|rung** *die; -, -en*: 1. das Inszenieren. 2. inszeniertes Stück

In|ta|bu|la|ti|on *die; -, -en ⟨lat.-nlat.⟩*: 1. (veraltet) Einschreibung in eine Tabelle. 2. Eintragung ins Grundbuch (früher in Ungarn). **in|ta|bu|lie|ren**: (veraltet) [in eine Tabelle] eintragen

In|ta|g|lio *[ın'taljo] das; -s, ...ien*

[...jən] *⟨lat.-mlat.-it.⟩*: Gemme mit eingeschnittenen Figuren

in|takt *⟨lat.⟩*: a) unversehrt, unberührt, heil; b) [voll] funktionsfähig, ohne Störungen funktionierend

In|tar|seur *[...'zø:ɐ̯] der; -s, -e* ⟨französische Bildung⟩: ↑ Intarsiator. **In|tar|seu|rin** *[...'zø:-rın] die; -, -nen*: weibliche Form zu ↑ Intarseur

In|tar|sia *die; -, ...ien (meist Plural) ⟨(lat.; arab.) it.⟩*: Einlegearbeit (andersfarbige Hölzer, Elfenbein, Metall usw. in Holz)

In|tar|si|a|tor *der; -s, ...oren ⟨(lat.; arab.) it.-nlat.⟩*: Kunsthandwerker, Künstler, der Intarsien herstellt. **In|tar|si|a|to|rin** *die; -, -nen*: weibliche Form zu ↑ Intarsiator

In|tar|si|a|tur *die; -, -en ⟨(lat.; arab.) it.⟩*: (selten) ↑ Intarsia

In|tar|sie *[...zjə] die; -, -n*: ↑ Intarsia. **in|tar|sie|ren**: Intarsien herstellen

in|te|ger *⟨lat.⟩*: 1. unbescholten, ohne Makel; unbestechlich. 2. (veraltet) neu; sauber, unversehrt

in|te|g|ral *⟨lat.-mlat.⟩*: ein Ganzes ausmachend; für sich bestehend. **In|te|g|ral** *das; -s, -e*: 1. Rechensymbol der Integralrechnung (Zeichen: ∫). 2. mathematischer Summenausdruck über eine ↑ Differenziale eines endlichen od. unendlichen Bereiches

In|te|g|ral|glei|chung *die; -, -en ⟨lat.-mlat.; dt.⟩*: mathematische Gleichung, bei der die Unbekannte in irgendeiner Form unter dem Integralzeichen auftritt

In|te|g|ral|helm *der; -[e]s, -e*: mit einem durchsichtigen ↑ Visier (1 b) zum Schutz des Gesichts versehener Sturzhelm für Motorradfahrer u. a., der infolge seiner Größe (im Unterschied zu anderen Sturzhelmen) auch Hals u. Kinnpartie schützt

In|te|g|ral|lis|mus *der; - ⟨lat.-mlat.-nlat.⟩*: zeitweilige katholische Bestrebung, alle Lebensbereiche nach kirchlichen Maßstäben zu gestalten. **In|te|g|ral|list** *der; -en, -en*: Anhänger des Integralismus. **In|te|g|ra|lis|tin** *die; -, -nen*: weibliche Form zu ↑ Integralist

In|te|g|ral|rech|nung *die; -*: Teilge-

biet der ↑ Infinitesimalrechnung (Umkehrung der Differenzialrechnung)

In|te|g|rand *der; -en, -en ⟨lat.⟩*: (Math.) das zu Integrierende, was unter dem Integralzeichen steht

In|te|graph, auch: ...graf *der; -en, -en ⟨lat.; gr.⟩*: ein ↑ Integriergerät

In|te|g|ra|ti|on *die; -, -en ⟨lat.; „Wiederherstellung eines Ganzen"⟩*: 1. [Wieder]herstellung einer Einheit [aus Differenziertem]; Vervollständigung. 2. Einbeziehung, Eingliederung in ein größeres Ganzes; Ggs. ↑ Desintegration (1). 3. Zustand, in dem sich etwas befindet, nachdem es integriert worden ist; Ggs. ↑ Desintegration (2). 4. Berechnung eines Integrals (2); vgl. ...ation/...ierung

In|te|g|ra|ti|o|nist *der; -en, -en ⟨lat.-nlat.⟩*: Anhänger der Aufhebung der Rassentrennung in den USA. **In|te|g|ra|ti|o|nis|tin** *die; -, -nen*: weibliche Form zu ↑ Integrationist

in|te|g|ra|ti|o|nis|tisch: 1. die Integration (1, 2, 3) zum Ziele habend, im Sinne der Integration. 2. im Sinne der ↑ Integrationisten

In|te|g|ra|ti|ons|pro|zess *der; -es, -e*: Prozess der Integration (1, 2)

In|te|g|ra|ti|ons|psy|cho|lo|gie u. **In|te|g|ra|ti|ons|ty|po|lo|gie** *die; -*: Typenlehre, die die Einheit im Aufbau der Persönlichkeit u. ihrer Beziehung zur Umwelt annimmt, je nach dem Grade des Zusammenwirkens u. Sichdurchdringens der einzelnen physischen u. psychischen Funktionen (E. R. Jaensch)

in|te|g|ra|tiv: eine Integration (1, 2, 3) darstellend, in der Art einer Integration, auf eine Integration hindeutend

In|te|g|ra|tor *der; -s, ...oren ⟨lat.⟩*: Rechenmaschine zur zahlenmäßigen Darstellung von Infinitesimalrechnungen

In|te|g|rier|an|la|ge *die; -, -n ⟨lat.; dt.⟩*: auf dem Dualsystem aufgebauter Integrator [größeren Ausmaßes]

in|te|g|rie|ren *⟨lat.; „wiederherstellen; ergänzen"⟩*: 1. a) in ein übergeordnetes Ganzes aufnehmen; b) sich integrieren: sich in ein übergeordnetes Ganzes einfügen. 2. (Math.) ein Integral (2) berechnen

in|te|g|rie|rend: zu einem Ganzen notwendig gehörend; wesentlich, unerlässlich

In|te|g|rie|rer *der;* -s, - : (EDV) Rechenanlage, in der die Ausgangswerte u. das Ergebnis einer Rechenaufgabe als physikalische Größen dargestellt werden; Analogrechner

In|te|g|rier|ge|rät *das;* -[e]s, -e ⟨*lat.; dt.*⟩: Integrator [für spezielle Zwecke]

in|te|g|riert ⟨*lat.*⟩: durch Integration (1) entstanden, z. B.: integrierte Gesamt[hoch]schule; **integrierter Typus:** (Psychol.) die durch ganzheitliche Auffassungs-, Reaktions- u. Erlebnisweise gekennzeichnete Persönlichkeit

In|te|g|rie|rung *die;* -, -en: das Integrieren (1, 2); Ggs. ↑ Desintegrierung; vgl. ...ation/...ierung

In|te|g|rii|me|ter *das;* -s, - ⟨*lat.; gr.*⟩: spezielle Vorrichtung zur Lösung von Integralen (2)

In|te|g|ri|tät *die;* - ⟨*lat.*⟩: 1. Makellosigkeit, Unbescholtenheit, Unbestechlichkeit. 2. (Rechtsw.) Unverletzlichkeit [eines Staatsgebietes]

In|te|gu|ment *das;* -s, -e ⟨*lat.;* „Bedeckung, Hülle"⟩: 1. (Biol.) Gesamtheit der Hautschichten der Tiere u. des Menschen einschließlich der in der Haut gebildeten Haare, Federn, Stacheln, Kalkpanzer usw. 2. (Bot.) Hülle um den ↑ Nucellus der Samenanlage. In|te|gu|men|tum *das;* -s, ...ta: ↑ Integument

In|tel|lec|tus ar|che|ty|pus *der;* - - ⟨*lat.; gr.-lat.;* „urbildlicher Verstand"⟩: (Scholastik) das Urbild prägendes, göttliches, schauend-schaffendes Denken im Unterschied zum menschlichen, diskursiven Denken

In|tel|lekt *der;* -[e]s ⟨*lat.;* „das Innewerden, Wahrnehmung; Erkenntnis(vermögen)"⟩: Fähigkeit, Vermögen, unter Einsatz des Denkens Erkenntnisse, Einsichten zu erlangen; Denk-, Erkenntnisvermögen; Verstand

in|tel|lek|tu|al: (selten) vom Intellekt ausgehend, zum Intellekt gehörend; vgl. ...al/...ell

in|tel|lek|tu|a|li|sie|ren ⟨*lat.-nlat.*⟩:

einer intellektuellen Betrachtung unterziehen

In|tel|lek|tu|a|lis|mus *der;* - : 1. philosophische Lehre, die dem Intellekt den Vorrang gibt. 2. übermäßige Betonung des Verstandes; einseitig verstandesmäßiges Denken

in|tel|lek|tu|a|lis|tisch: die Bedeutung des Verstandes einseitig betonend

In|tel|lek|tu|a|li|tät *die;* - ⟨*lat.*⟩: Verstandesmäßigkeit

in|tel|lek|tu|ell ⟨*lat.-fr.*⟩: a) den Intellekt betreffend; geistig-begrifflich; b) einseitig, betont verstandesmäßig; auf den Intellekt ausgerichtet; c) die Intellektuellen betreffend; vgl. ...al/...ell. In|tel|lek|tu|el|le *der* u. *die;* -n, -n: jmd. mit akademischer Ausbildung, der in geistig-schöpferischer, kritischer Weise Themen problematisiert u. sich mit ihnen auseinandersetzt

in|tel|li|gent ⟨*lat.*⟩: a) Intelligenz (1) besitzend; verständig; klug; begabt; b) (EDV) mit künstlicher Intelligenz arbeitend

In|tel|li|genz *die;* -, -en: 1. [besondere] geistige Fähigkeit; Klugheit; **künstliche Intelligenz:** (EDV) Fähigkeit bestimmter Computerprogramme, menschliche Intelligenz nachzuahmen. 2. (ohne Plural) Schicht der wissenschaftlich Gebildeten. 3. (meist Plural; veraltend) Vernunftwesen, mit Intelligenz (1) ausgestattetes Lebewesen

In|tel|li|genz|bes|tie [...tjə] *die;* -, -n: a) (ugs.) ungewöhnlich intelligenter Mensch; b) (abwertend) jmd., der seine Intelligenz zur Schau stellt

In|tel|li|genz|blatt *das;* -[e]s, ...blätter ⟨*lat.; dt.*⟩: Nachrichten- u. Inseratenblatt des 18. u. 19. Jh.s (mit staatlichem Monopol für Inserate)

In|tel|li|gen|zi|ja *die;* - ⟨*lat.-russ.*⟩: a) alte russ. Bez. für die Gebildeten; b) russ. Bez. für: Intelligenz (2)

In|tel|li|genz|ler *der;* -s, - : (abwertend) Angehöriger der Intelligenz (2). In|tel|li|genz|le|rin *die;* -, -nen: weibliche Form zu ↑ Intelligenzler

In|tel|li|genz|quo|ti|ent *der;* -en, -en: Maß für die allgemeine intellektuelle Leistungsfähigkeit,

das sich aus dem Verhältnis des Intelligenzalters zum Lebensalter (od. auch von anderen vergleichbaren Größen) ergibt; Abk.: IQ

In|tel|li|genz|test *der;* -[e]s, -s (auch: -e): psychologischer Test zur Messung der Intelligenz (1)

in|tel|li|gi|bel: (Philos.) nur durch den ↑ Intellekt im Gegensatz zur sinnlichen Wahrnehmung, Erfahrung erkennbar; **intelligibler Charakter:** der freie Wille des Menschen als Ding an sich; der Charakter als Kausalität aus Freiheit (Kant); **intelligible Welt:** 1. die nur geistig wahrnehmbare Ideenwelt Platos (Philo von Alexandrien). 2. Gesamtheit des objektiv Geistigen, des nur Gedachten (Scholastik). 3. die unerkennbare u. unerfahrbare Welt des Seienden an sich (Kant)

in|tel|li|go, ut cre|dam: ich gebrauche den Verstand, um zum Glauben zu kommen (zusammenfassende Formel für die Lehren P. Abälards, 1079–1142); vgl. credo, ut intelligam

In|ten|dant *der;* -en, -en ⟨*lat.-fr.*⟩: künstlerischer u. geschäftlicher Leiter eines Theaters, einer Rundfunk- od. Fernsehanstalt. In|ten|dan|tin *die;* -, -nen: weibliche Form zu ↑ Intendant

In|ten|dan|tur *die;* -, -en: (veraltet) 1. Amt eines Intendanten. 2. Verwaltungsbehörde eines Heeres

In|ten|danz *die;* -, -en: a) Amt eines Intendanten; b) Büro eines Intendanten

in|ten|die|ren ⟨*lat.*⟩: auf etwas hinzielen; beabsichtigen, anstreben, planen

In|ten|si|me|ter *das;* -s, - ⟨*lat.; gr.*⟩: Messgerät, bes. für Röntgenstrahlen

In|ten|si|on *die;* -, -en ⟨*lat.*⟩: 1. Anspannung; Eifer; Kraft. 2. (Logik) Sinn, Inhalt einer Aussage; Ggs. ↑ Extension (2). in|ten|si|o|nal: 1. auf die Intension (2) bezogen; Ggs. ↑ extensional (1). 2. (in der Mathematik) inhaltsgleich, obwohl äußerlich verschieden; vgl. extensional (2)

In|ten|si|tät *die;* - ⟨*lat.-nlat.*⟩: 1. [konzentrierte] Stärke, Kraft, Wirksamkeit. 2. (Phys.) Maß für die Stärke einer Strahlung

In|ten|si|täts|ge|ni|tiv *der; -s, -e:* vgl. paronomastisch

in|ten|siv *⟨lat.-fr.⟩:* 1. gründlich u. auf die betreffende Sache konzentriert; **intensive Aktionsart:** (Sprachw.) ↑ Aktionsart, die den größeren oder geringeren Grad, die Intensität eines Geschehens kennzeichnet (z. B. *schnitzen* = kräftig u. ausdauernd schneiden). 2. stark, kräftig, durchdringend (in Bezug auf Sinneseindrücke). 3. (Landw.) auf kleinen Flächen, aber mit verhältnismäßig großem Aufwand betreiben; Ggs. ↑ extensiv (2)

in|ten|si|vie|ren *⟨lat.-fr.⟩:* verstärken, steigern; gründlicher durchführen

In|ten|siv|kurs *der; -es, -e:* ↑ Kurs (2 a), bei dem Kenntnisse durch intensiven (1) Unterricht in vergleichsweise kurzer Zeit vermittelt werden

In|ten|siv|sta|ti|on *die; -, -en:* (Med.) Krankenhausstation zur Betreuung akut lebensgefährlich erkrankter Personen (z. B. bei Herzinfarkt) unter Anwendung bestimmter lebenserhaltender Sofortmaßnahmen (Sauerstoffzelt, Tropfinfusion, ständige ärztliche Überwachung)

In|ten|si|vum *das; -s, ...va ⟨nlat.⟩:* Verb mit intensiver Aktionsart

In|ten|ti|on *die; -, -en ⟨lat.⟩:* 1. Absicht; Vorhaben; Anspannung geistiger Kräfte auf ein bestimmtes Ziel. 2. (Med.) Wundheilung. in|ten|ti|o|nal *⟨lat.-nlat.⟩:* mit einer Intention (1) verknüpft, zielgerichtet, zweckbestimmt; vgl. ...al/...ell

In|ten|ti|o|na|lis|mus *der; -:* philosophische Lehre, nach der jede Handlung nur nach ihrer Absicht, nicht nach ihrer Wirkung zu beurteilen ist

In|ten|ti|o|na|li|tät *die; -:* Lehre von der Ausrichtung aller psychischen Akte auf ein reales od. ideales Ziel

in|ten|ti|o|nell: ↑ intentional; vgl. ...al/...ell

In|ten|ti|ons|psy|cho|se *die; -, -n:* (Med.; Psychol.) geistige Störung, in deren Verlauf Hemmungen die Ausführung bestimmter Handlungen unterbinden

In|ten|ti|ons|tre|mor *der; -s:*

(Med.; Psychol.) krankhaftes Zittern bei Beginn u. Verlauf willkürlicher, gezielter Bewegungen

in|ter..., In|ter...

⟨*lat.* inter „zwischen, unter, inmitten; während"⟩
Präfix mit der Bedeutung „zwischen" (lokal, temporal u. übertragen)
– interaktiv
– Intercity
– interdental
– Interesse
– interkontinental

In|ter|ac|tive Store *[ɪntərˈɛktɪvˈstoːɐ̯] der; - -s, - -s ⟨engl.⟩:* Verkaufseinrichtung mit Erlebnisbereichen u. vielseitigen Zusatzangeboten

in|ter|a|gie|ren *⟨lat.-nlat.⟩:* sich, agierend u. aufeinander reagierend, wechselseitig in seinem Verhalten beeinflussen (von Menschen, auch z. B. von Computersystemen, Medien usw. u. deren Benutzern)

In|ter|ak|ti|on *die; -, -en ⟨lat.-nlat.⟩:* das Interagieren

In|ter|ak|ti|ons|gram|ma|tik *die; -:* (Sprachw.) Forschungsrichtung der modernen Linguistik, die Sprechhandlungen im Hinblick auf ihren dialogischen u. interaktiven Charakter untersucht u. darstellt

in|ter|ak|tiv: interagierend, zur Interaktion bereit, Interaktion ermöglichend. In|ter|ak|ti|vi|tät *die; -:* das Interaktivsein

in|ter|al|li|iert: mehrere Alliierte gemeinsam betreffend

In|ter|bri|ga|dist *der; -en, -en:* Angehöriger der internationalen antifaschistischen ↑ Brigaden (1), die im spanischen Bürgerkrieg auf republikanischer Seite kämpften

In|ter|car|ri|er|ver|fah|ren *[...ˈkɛrɪ̯...] das; -s ⟨engl.; dt.⟩:* Verfahren zur Gewinnung des zum Fernsehbild gehörenden Tons im Fernsehempfänger

In|ter|ci|ty ® *[...ˈsɪti] der; -s, -s ⟨engl.⟩:* kurz für: Intercityzug

In|ter|ci|ty|ex|press ® *[...ˈsɪti...] der; -es, -e:* kurz für: Intercityexpresszug. In|ter|ci|ty|ex|press|zug ® *[...ˈsɪti...] der; -[e]s,*

...züge: besonders schneller Intercityzug; Abk.: ICE ®

In|ter|ci|ty|zug *[...ˈsɪti...] der; -[e]s,* ...züge: mit besonderem ↑ Komfort ausgestatteter Schnellzug, der nur an wichtigen Bahnhöfen hält, günstige Anschlusszüge hat und daher kürzere Fahrzeiten ermöglicht; Abk.: IC ®

in|ter|den|tal: (Med.) zwischen den Zähnen gebildet od. liegend, den Zahnzwischenraum betreffend. In|ter|den|tal *der; -s, -e:* Zwischenzahnlaut, stimmloser od. stimmhafter ↑ dentaler Reibelaut (z. B. th im Englischen). In|ter|den|ta|lis *die; -, ...les [...le:s]:* Interdental

in|ter|de|pen|dent *⟨lat.-nlat.⟩:* voneinander abhängend. In|ter|de|pen|denz *die; -, -en:* gegenseitige Abhängigkeit

In|ter|dikt *das; -[e]s, -e ⟨lat.⟩:* (kath. Kirchenrecht) Verbot kirchlicher Amtshandlungen als Strafe für eine bestimmte Person od. einen bestimmten Bezirk

In|ter|dik|ti|on *die; -, -en:* (veraltet) Untersagung, Entmündigung

in|ter|dis|zi|p|li|när *⟨lat.-nlat.⟩:* mehrere Disziplinen (2) umfassend, die Zusammenarbeit mehrerer Disziplinen betreffend; vgl. multidisziplinär. In|ter|dis|zi|p|li|na|ri|tät *die; -:* Zusammenarbeit mehrerer Disziplinen (2)

in|ter|di|urn *⟨lat.-nlat.⟩:* (veraltet) einen Tag lang; **interdiurne Veränderlichkeit:** (Meteor.) Mittelwert des Temperatur- od. Luftdruckunterschiedes zweier aufeinander folgender Tage

in|ter|di|zie|ren *⟨lat.⟩:* (veraltet) 1. untersagen, verbieten. 2. entmündigen

in|te|r|es|sant *⟨lat.-mlat.-fr.⟩:* 1. geistige Teilnahme, Aufmerksamkeit erweckend, fesselnd. 2. (Kaufmannsspr.) vorteilhaft

In|te|r|es|se *das; -s, -n ⟨lat.-mlat.(-fr.)⟩:* 1. (ohne Plural) geistige Anteilnahme, Aufmerksamkeit; Ggs. ↑ Desinteresse. 2. a) (meist Plural) Vorliebe, Neigung; b) Neigung zum Kauf. 3. a) (meist Plural) Bestrebung, Absicht; b) das, woran jmdm. sehr gelegen ist, was für jmdn. od. etwas wichtig od. nützlich

ist; Vorteil, Nutzen. 4. (nur Plural; veraltet) Zinsen
In|te|r|es|sen|ge|mein|schaft die; -, -en ⟨lat.-mlat.(-fr.); dt.⟩: 1. Zusammenschluss mehrerer Personen, Gruppen o. Ä. zur Wahrung od. Förderung gemeinsamer Interessen. 2. Zusammenschluss mehrerer selbstständig bleibender Unternehmen o. Ä. zur Wahrung wirtschaftlicher Interessen
In|te|r|es|sen|s|phä|re die; -, -n: Einflussgebiet eines Staates
In|te|r|es|sent der; -en, -en ⟨lat.-mlat.-nlat.⟩: a) jmd., der an etwas Interesse zeigt, hat; b) potenzieller Käufer. **In|te|r|es|sen|tin** die; -, -nen: weibliche Form zu ↑ Interessent
in|te|r|es|sie|ren ⟨lat.-mlat.(-fr.)⟩: 1. sich interessieren: a) Interesse zeigen, Anteilnahme bekunden; b) sich nach etwas erkundigen; etwas beabsichtigen, anstreben; an jmdm., an etwas interessiert sein (Interesse bekunden; haben wollen). 2. jmdn. interessieren: a) jmds. Interesse wecken; b) jmdn. zu gewinnen suchen
in|te|r|es|siert: [starken] Anteil nehmend; geistig aufgeschlossen; aufmerksam; Ggs. ↑ desinteressiert
In|te|r|es|siert|heit die; -: das Interessiertsein an etwas, das Habenwollen; bekundetes Interesse; **materielle Interessiertheit:** (in sozialistischen Ländern) Interesse an der Verbesserung des eigenen Lebensstandards, das durch größere Leistungen befriedigt werden kann
In|ter|face [...feɪs] das; -, -s [...sɪz] ⟨engl.⟩: (EDV) Schnittstelle; Übergangs- bzw. Verbindungsstelle zwischen Bauteilen, Schaltkreisen, Programmen, Rechnern od. Geräten. **in|ter|fa|cen** [...feɪsn̩]: (EDV) über eine bestimmte Schnittstelle mit dem Rechner kommunizieren (z. B. zur Identifikation)
in|ter|fas|zi|ku|lär ⟨lat.-nlat.⟩: (Bot.) den Kambiumstreifen (vgl. Kambium) innerhalb der Markstrahlen betreffend
In|ter|fe|renz die; -, -en ⟨lat.-nlat.⟩: 1. Erscheinung des ↑ Interferierens, Überlagerung, Überschneidung. 2. (Biol.; Med.)

Hemmung eines biologischen Vorgangs durch einen gleichzeitigen u. gleichartigen anderen (z. B. Hemmung des Chromosomenaustausches in der Nähe eines bereits erfolgten Chromosomenbruchs, einer Virusinfektion durch ein anderes Virus o. Ä.). 3. (Sprachw.) a) Einwirkung eines sprachlichen Systems auf ein anderes, die durch die Ähnlichkeit von Strukturen verschiedener Sprachen od. durch die Vertrautheit mit verschiedenen Sprachen entsteht; b) falsche Analogie beim Erlernen einer Fremdsprache auf ein anderes (z. B. die Verwechslung ähnlich klingender Wörter); c) Verwechslung von ähnlich klingenden [u. semantisch verwandten] Wörtern innerhalb der eigenen Sprache
In|ter|fe|renz|far|be die; -, -n ⟨lat.-nlat.; dt.⟩: von Dicke u. Doppelbrechung eines Kristalls abhängige Farbe, die beim Lichtdurchgang durch eine Kristallplatte auftritt u. durch die Interferenz der beiden polarisierten Wellen bedingt ist
in|ter|fe|rie|ren ⟨lat.-nlat.⟩: sich überlagern, überschneiden
In|ter|fe|ro|me|ter das; -s, - ⟨lat.; gr.⟩: Gerät, mit dem man unter Ausnutzung der Interferenz Messungen ausführt (z. B. die Messung von Wellenlängen, der Konzentration bei Gasen, Flüssigkeiten o. Ä.). **In|ter|fe|ro|met|rie** die; -: Messverfahren mithilfe des ↑ Interferometers. **in|ter|fe|ro|met|risch:** unter Ausnutzung der Interferenz messend
In|ter|fe|ron das; -s, -e ⟨lat.-nlat.⟩: (Med.) von Körperzellen gebildeter Eiweißkörper, der als Abwehrsubstanz bei der ↑ Interferenz (2) von Infektionen wirksam ist u. deshalb als Mittel zur Krebsbekämpfung angewendet wird
In|ter|fer|ri|kum das; -s ⟨lat.-nlat.⟩: Luftspalt zwischen den Polen eines Elektromagneten mit Eisenkern
in|ter|fo|li|ie|ren ⟨lat.-nlat.⟩: (Druckw.) hinter jeder Blattseite eines Buches ein leeres

weißes Blatt folgen lassen, „durchschießen"
in|ter|frak|ti|o|nell: zwischen den Fraktionen bestehend (in Bezug auf Vereinbarungen), allen Fraktionen gemeinsam
in|ter|ga|lak|tisch: (Astron.) zwischen den verschiedenen Milchstraßensystemen (vgl. Galaxie) gelegen
in|ter|gla|zi|al: zwischeneiszeitlich; warmzeitlich. **In|ter|gla|zi|al** das; -s, -e u. **In|ter|gla|zi|al|zeit** die; -, -en: Zwischeneiszeit (Zeitraum zwischen zwei Eiszeiten)
in|ter|grup|pal ⟨lat.; dt.-nlat.⟩: (Soziol.) die Beziehungen u. Spannungen zwischen verschiedenen sozialen Gruppen betreffend
In|ter|ho|tel das; -s, -s ⟨Kunstw. aus ↑ international und ↑ Hotel⟩: gut ausgestattetes Hotel, bes. für ausländische Gäste (in der ehemaligen DDR)
In|te|ri|eur [ɛ̃teˈrjøːɐ̯] das; -s, -s u. -e ⟨lat.-fr.⟩: 1. a) das Innere [eines Raumes]; b) die Ausstattung eines Innenraums. 2. einen Innenraum darstellendes Bild, bes. in der niederländischen Malerei des 17. Jh.s
In|te|rim das; -s, -s ⟨lat.; „inzwischen, einstweilen"⟩: 1. Zwischenzeit. 2. vorläufige Regelung, Übergangslösung (vor allem im politischen Bereich). **in|te|ri|mis|tisch** ⟨lat.-nlat.⟩: vorläufig, einstweilig
In|te|rims|kon|to das; -s, ...ten (auch: -s u. ...ti): Zwischenkonto; vorläufig eingerichtetes Konto, das zwischen endgültigen Konten eingeschaltet wird
In|te|rim|spra|che die; -: (Sprachw.) beim Erlernen einer Fremdsprache erreichter Entwicklungsstand zwischen Unkenntnis u. Beherrschung der zu erlernenden Sprache
in|ter|in|di|vi|du|ell: zwischen Individuen ablaufend, mehrere Individuen betreffend
In|ter|jek|ti|on die; -, -en ⟨lat.; „Dazwischenwurf"⟩: Ausrufe-, Empfindungswort (z. B.: au, bäh). **in|ter|jek|ti|o|nell:** die Interjektion betreffend, in der Art einer Interjektion, eine Interjektion darstellend
in|ter|ka|lar ⟨lat.⟩: 1. eingeschaltet (in Bezug auf Schaltjahre).

2.(Bot.) auf bestimmte Zonen des Sprosses beschränkt (in Bezug auf das Streckungswachstum der Pflanzen). **In|ter|kal|la|re** die (Plural): (Biol.) Zwischenknorpel im Fuß- u. Handskelett **In|ter|ka|lar|früch|te** u. **In|ter|ka|la|ri|en** [...ri̯ən] die (Plural): Einkünfte einer unbesetzten katholischen Kirchenpfründe **in|ter|kan|to|nal:** (schweiz.) zwischen den Kantonen bestehend, allgemein **in|ter|ka|te|go|ri|al:** zwischen ↑ Kategorien bestehend **In|ter|ko|lum|nie** [...i̯ə] die; -, -n u. **In|ter|ko|lum|ni|um** das; -s, ...ien] ⟨lat.⟩: Abstand zwischen zwei Säulen eines antiken Tempels **in|ter|kom|mu|nal** ⟨lat.-nlat.⟩: zwischen ↑ Kommunen (1) bestehend (in Bezug auf Vereinbarungen, Finanzabkommen o. Ä.) **In|ter|kom|mu|ni|on** die; - ⟨„gegenseitige Gemeinschaft"⟩: Abendmahlsgemeinschaft zwischen Angehörigen verschiedener christlicher ↑ Konfessionen (teilweise in der ↑ ökumenischen Bewegung) **In|ter|kon|fes|si|o|na|lis|mus** der; -: das Streben nach Zusammenarbeit der christlichen ↑ Konfessionen über bestehende Glaubensgegensätze hinweg, Bemühung um (bes. politische u. soziale) Zusammenarbeit zwischen ihnen **in|ter|kon|fes|si|o|nell:** das Verhältnis verschiedener Konfessionen zueinander betreffend; über den Bereich einer Konfession hinausgehend; zwischenkirchlich **in|ter|kon|ti|nen|tal:** a) zwischen zwei Kontinenten gelegen (in Bezug auf Mittelmeere); b) von einem Kontinent zu einem anderen erreichend (z. B.: interkontinentale Raketen) **In|ter|kon|ti|nen|tal|ra|ke|te** die; -, -n: landgestützte militärische Rakete mit großer Reichweite **in|ter|kos|tal:** (Med.) zwischen den Rippen liegend **In|ter|kos|tal|neu|r|al|gie** die; -, -n: (Med.) ↑ Neuralgie im Bereich der Zwischenrippennerven **in|ter|kra|ni|al:** (Med.) im Schä-

delinnern gelegen, vorkommend **in|ter|krus|tal** ⟨lat.-nlat.⟩: (Geol.) in der Erdkruste gebildet od. liegend (von Gesteinen) **in|ter|kul|tu|rell:** die Beziehungen zwischen den verschiedenen Kulturen betreffend **in|ter|kur|rent** u. **in|ter|kur|rie|rend** ⟨lat.⟩: hinzukommend (z. B. von einer Krankheit, die zu einer anderen hinzukommt) **in|ter|li|ne|ar:** zwischen die Zeilen des fremdsprachigen Urtextes geschrieben (von Übersetzungen, bes. in frühen mittelalterlichen Handschriften) **In|ter|li|ne|ar|glos|se** die; -, -n: interlineare ↑ Glosse (1) **In|ter|li|ne|ar|ver|si|on** die; -, -en: interlineare wörtliche Übersetzung **In|ter|lin|gua** die; - ⟨lat.-nlat.⟩: Welthilfssprache, die auf dem Latein u. den romanischen Sprachen fußt **in|ter|lin|gu|al:** zwei od. mehrere Sprachen betreffend, zwei od. mehreren Sprachen gemeinsam **In|ter|lin|gue** die; -: neuerer Name für die Welthilfssprache ↑ Occidental **In|ter|lin|gu|ist** der; -en, -en: 1. jmd., der Interlingua spricht. 2. Wissenschaftler auf dem Gebiet der Interlinguistik. **In|ter|lin|gu|is|tik** die; -: 1. Plansprachenwissenschaft; Wissenschaft von den künstlichen Welthilfssprachen. 2. die Mehrsprachigkeit, die Linguistik der Übersetzung, die Sozio- u. Psycholinguistik umfassender ↑ synchroner vergleichender Sprachwissenschaftszweig. **In|ter|lin|gu|is|tin** die; -, -nen: weibliche Form zu ↑ Interlinguist. **in|ter|lin|gu|is|tisch:** die Interlinguistik betreffend **In|ter|lock|wa|re** die; -, -n ⟨engl.; dt.⟩: feinmaschige Rundstrickware für Herren- u. Damenwäsche **In|ter|lu|di|um** das; -s, ...ien ⟨lat.-nlat.⟩: musikalisches Zwischenspiel (bes. in der Orgelmusik) **In|ter|lu|ni|um** das; -s, ...ien ⟨lat.⟩: Zeit des Neumonds **In|ter|ma|xil|la|re** die; -, -n, **In|ter|ma|xil|lar|kno|chen** der; -s, - ⟨lat.-nlat.⟩: (Med.) Zwischenkieferknochen **In|ter|mé|di|aire** [ɛ̃tɛrmeˈdi̯ɛːr]

das; -, -s ⟨lat.-fr.⟩: eine Dressuraufgabe im internationalen Reitsport **in|ter|me|di|är** ⟨lat.-nlat.⟩: in der Mitte liegend, dazwischen befindlich, ein Zwischenglied bildend; **intermediärer Stoffwechsel:** (Med.) Zwischenstoffwechsel; Gesamtheit der Abbau- u. Umbauvorgänge der Stoffe im Körper nach ihrer Aufnahme; **intermediäres Gestein:** (Geol.) neutrales, weder saures noch basisches Eruptivgestein **In|ter|me|di|ate|rei|fen** [...ˈmiːdi̯ət...] der; -s, - ⟨lat.-engl.; dt.⟩: (Motorsport) Reifen für teils nasse u. teils trockene Piste (2) **In|ter|me|din** das; -s ⟨lat.-nlat.⟩: Hormon, das den Farbwechsel bei Fischen u. Fröschen beeinflusst **In|ter|me|dio** das; -s, -s ⟨lat.-it.⟩ u. **In|ter|me|di|um** das; -s, ...ien ⟨lat.⟩: kleines musikalisches Zwischenspiel (ursprünglich zur Erheiterung des Publikums bei Schauspielaufführungen, bei Fürstenhochzeiten o. Ä. Ende des 16. Jh.s) **in|ter|me|di|us** ⟨lat.⟩: (Med.) in der Mitte liegend **in|ter|mens|t|ru|al** u. **in|ter|mens|t|ru|ell** ⟨lat.-nlat.⟩: (Med.) zwischen zwei ↑ Menstruationen liegend, den Zeitraum zwischen zwei Menstruationen betreffend; vgl. ...al/...ell **In|ter|mens|t|ru|um** das; -s, ...ua: (Med.) Zeitraum zwischen zwei ↑ Menstruationen **In|ter|mez|zo** das; -s, -s u. ...zzi ⟨lat.-it.⟩: 1. a) Zwischenspiel im Drama, in der ernsten Oper; b) kürzeres Klavier- od. Orchesterstück. 2. lustiger Zwischenfall; kleine, unbedeutende Begebenheit am Rande eines Geschehens **in|ter|mi|nis|te|ri|ell** ⟨lat.-mlat.-fr.⟩: die Zusammenarbeit zwischen den einzelnen Ministerien betreffend **In|ter|mis|si|on** die; - ⟨lat.⟩: (Med.) zeitweiliges Zurücktreten von Krankheitssymptomen **in|ter|mit|tie|ren:** (Med.) [zeitweilig] zurücktreten (von Krankheitssymptomen). **in|ter|mit|tie|rend:** zeitweilig aussetzend, nachlassend; mit Unterbrechungen verlaufend, z. B. intermittierender Strom; intermittierendes Fieber; **intermittierendes Hinken:** (Med.) zeitweiliges Hinken infolge von Schmerzen, die bei ungenügender Mehrdurchblutung während einer Mehrarbeit der Muskulatur, vor allem der Wadenmuskulatur, auftreten

in|ter|mo|le|ku|lar: (Chem.; Phys.) zwischen den Molekülen bestehend, stattfindend

In|ter|mun|di|en die (Plural) ⟨lat.⟩: die nach Epikur zwischen den unendlich vielen Welten liegenden, von Göttern bewohnten Zwischenräume

in|tern ⟨lat.; „inwendig"⟩: 1. innerlich, inwendig. 2. (Med.) die inneren Organe betreffend. 3. nur den inneren, engsten Kreis einer Gruppe betreffend; im vertrauten Kreis erfolgend; nicht öffentlich. 4. im Internat wohnend

In|ter|na: Plural von ↑ Internum
in|ter|nal: innerlich, verinnerlicht
In|ter|na|li|sa|ti|on die; -, -en ⟨lat.-engl.⟩: ↑ Internalisierung; vgl. ...ation/...ierung. in|ter|na|li|sie|ren: Werte, Normen, Auffassungen o. Ä. übernehmen u. sich zu Eigen machen; verinnerlichen. In|ter|na|li|sie|rung die; -, -en: das Internalisieren; vgl. ...ation/...ierung

In|ter|nat das; -[e]s, -e: 1. [höhere] Lehranstalt, in der die Schüler zugleich wohnen u. verpflegt werden; vgl. Externat. 2. an eine [höhere] Lehranstalt angeschlossenes Heim, in dem die Schüler wohnen u. verpflegt werden

in|ter|na|ti|o|nal [auch: ˈɪn...] ⟨lat.-nlat.⟩: 1. zwischen mehreren Staaten bestehend. 2. über den Rahmen eines Staates hinausgehend, nicht national begrenzt, überstaatlich, weltweit

¹In|ter|na|ti|o|na|le die; -, -n ⟨lat.-nlat.⟩: 1. ⟨Kurzform von „Internationale Arbeiterassoziation"⟩: Vereinigung von Sozialisten u. Kommunisten (I., II. u. III. Internationale) unter dem Kampfruf: „Proletarier aller Länder, vereinigt euch!" 2. (ohne Plural) Kampflied der internationalen Arbeiterbewegung („Wacht auf, Verdammte dieser Erde")

²In|ter|na|ti|o|na|le der u. die; -n,

-n: (Sport) jmd., der als Mitglied einer Nationalmannschaft internationale Wettkämpfe bestreitet

in|ter|na|ti|o|na|li|sie|ren ⟨lat.-nlat.⟩: 1. die Gebietshoheit eines Staates über ein bestimmtes Staatsgebiet zugunsten mehrerer Staaten od. der ganzen Völkerrechtsgemeinschaft beschränken. 2. international (2) machen. In|ter|na|ti|o|na|li|sie|rung die; -, -en: das Internationalisieren

In|ter|na|ti|o|na|lis|mus der; -, ...men: 1. (ohne Plural) das Streben nach zwischenstaatlichem Zusammenschluss. 2. (Sprachw.) Wort, das in gleicher Bedeutung u. gleicher od. ähnlicher Form in verschiedenen Kultursprachen vorkommt (z. B. Container)

In|ter|na|ti|o|na|list der; -en, -en: Anhänger des Internationalismus (1). In|ter|na|ti|o|na|lis|tin die; -, -nen: weibliche Form zu ↑ Internationalist

In|ter|na|ti|o|na|li|tät die; -: Überstaatlichkeit

In|ter|ne der u. die; -n, -n ⟨lat.⟩: Schüler[in] eines Internats; vgl. Externe

In|ter|net das; -s ⟨Kurzw. aus engl. international u. network „internationales Netzwerk"⟩: weltweiter Verbund von Computersystemen, in dem verschiedene Dienste angeboten werden

In|ter|net|a|d|res|se die; -, -n: aus dem Namen einer Person, einer Firma o. Ä. sowie weiteren [standardisierten] Zeichen bestehende Angabe, unter der jmd. im Internet erreichbar ist

In|ter|net|ca|fé das; -s, -s: Café, wo den Gästen Terminals zur Verfügung stehen, mit denen sie das Internet benutzen können

In|ter|net|pro|vi|der [...prɔˈvaɪdɐ] der; -s, -: Anbieter von Internetdienstleistungen

In|ter|net|ra|dio das; -s: über das Internet verbreiteter Hörfunk, z. T. ergänzt durch Videobilder

In|ter|net|sur|fen [...sɐːfn̩] das; -s: das Herumstöbern im Internet

In|ter|net-TV [...tiˈviː] das; -s: die Übertragung von Audio- u. Videosignalen (Fernsehprogrammen) über das Internet

in|ter|nie|ren ⟨lat.-fr.⟩: 1. a) Ange-

hörige eines gegnerischen Staates während des Krieges in staatlichen Gewahrsam nehmen, in Lagern unterbringen; b) jmdn. in einem Lager festsetzen. 2. einen Kranken isolieren, in einer geschlossenen Anstalt unterbringen

In|ter|nie|rungs|la|ger das; -s, -: Lager, in dem Zivilpersonen [während des Krieges] gefangen gehalten werden

In|ter|nist der; -en, -en ⟨lat.-nlat.⟩: 1. Facharzt für innere Krankheiten. 2. (veraltet) ↑ Interne. In|ter|nis|tin die; -, -nen: weibliche Form zu ↑ Internist (1). in|ter|nis|tisch: die innere Medizin betreffend

In|ter|no|di|um das; -s, ...ien ⟨lat.⟩: (Bot.) zwischen zwei Blattansatzstellen od. Blattknoten liegender Sprossabschnitt einer Pflanze

In|ter|num das; -s, ...na ⟨lat.⟩: 1. Gebiet, das einer bestimmten Person, Gruppe od. Behörde vorbehalten u. Dritten gegenüber abgeschlossen ist. 2. nur die eigenen inneren Verhältnisse angehende Angelegenheit

In|ter|nun|ti|us der; -, ...ien ⟨lat.⟩: diplomatischer Vertreter des Papstes in kleineren Staaten; vgl. Nuntius

in|ter|or|bi|tal: zwischen den ↑ Orbits befindlich; für den Raum zwischen den Orbits bestimmt

in|ter|o|ze|a|nisch: Weltmeere verbindend

in|ter|par|la|men|ta|risch: die Parlamente der einzelnen Staaten umfassend; **Interparlamentarische Union:** Vereinigung von Parlamentariern verschiedener Länder; Abk.: IPU

In|ter|pel|lant der; -en, -en ⟨lat.⟩: Parlamentarier, der eine Interpellation (1) einbringt. In|ter|pel|lan|tin die; -, -nen: weibliche Form zu ↑ Interpellant

In|ter|pel|la|ti|on die; -, -en ⟨„Unterbrechung"⟩: 1. parlamentarische Anfrage an die Regierung. 2. (veraltet; Rechtsw.) a) Einrede; das Recht, die Erfüllung eines Anspruchs ganz od. teilweise zu verweigern; b) Einspruchsrecht gegen Versäumnisurteile, Vollstreckungsbefehle o. Ä.; c) Mahnung des Gläubigers an den Schuldner.

3. (veraltet) Unterbrechung, Zwischenrede **in|ter|pel|lie|ren:** 1. eine Interpellation einbringen. 2. (veraltet) unterbrechen, dazwischenreden, ins Wort fallen **in|ter|per|so|nal** u. **in|ter|per|so|nell:** zwischen zwei od. mehreren Personen ablaufend, mehrere Personen betreffend; vgl. ...al/...ell **In|ter|pe|ti|o|lar|sti|pel** *die;* -, -n ⟨*lat.*⟩: (Bot.) Verwachsungsprodukt der Nebenblätter bei Pflanzen mit gegenständigen (einander gegenüberstehenden) Blättern **in|ter|pla|ne|tar** u. **in|ter|pla|ne|ta|risch:** zwischen den Planeten befindlich; vgl. ...isch/- **In|ter|pla|ne|to|sen** *die* (Plural) ⟨*lat.; gr.*⟩: (Med.) beim Weltraumflug drohende Krankheiten (bes. als Folge der starken Beschleunigung, der Schwerelosigkeit u. der veränderten Umweltbedingungen) **In|ter|plu|vi|al** *das;* -s, -e u. **In|ter|plu|vi|al|zeit** *die;* -, -en ⟨*lat.-nlat.*⟩: regenärmere Zeit in den heutigen Tropen u. Subtropen während der ↑ Interglazialzeiten **in|ter po|cu|la** ⟨*lat.;* „zwischen den Bechern"): (veraltet) beim Wein, beim Trinken **In|ter|pol** *die;* - ⟨Kurzw. aus *Inter*nationale Kriminal*po*li*zei*liche Organisation⟩: zentrale Stelle (mit Sitz in Paris) zur internationalen Koordination der Ermittlungsarbeit in der Verbrechensbekämpfung **In|ter|po|la|ti|on** *die;* -, -en ⟨*lat.*⟩: 1. (Math.) das Errechnen von Werten, die zwischen bekannten Werten einer ↑ Funktion (2) liegen. 2. spätere unberechtigte Einschaltung in den Text eines Werkes **In|ter|po|la|tor** *der;* -s, ...oren: jmd., der eine Interpolation (2) vornimmt. **In|ter|po|la|to|rin** *die;* -, -nen: weibliche Form zu ↑ Interpolator **in|ter|po|lie|ren:** 1. Werte zwischen bekannten Werten einer ↑ Funktion (2) errechnen. 2. eine Interpolation (2) vornehmen **in|ter|pol|nie|ren** ⟨*lat.*⟩: (veraltet) 1. [etwas] vermitteln. 2. ein Rechtsmittel [gegen einen Bescheid] einlegen

In|ter|po|si|ti|on *die;* -, -en: (Med.) 1. Lagerung von Weichteilen zwischen Knochenbruchstücken. 2. operative Einlagerung der Gebärmutter zwischen Blase u. vorderer Scheidenwand (bei Scheidenvorfall) **In|ter|pret** *der;* -en, -en ⟨*lat.*⟩: 1. jmd., der etwas interpretiert (1). 2. Künstler, der Lieder od. andere Musikkompositionen einem Publikum vermittelt (z. B. Musiker, Sänger) **In|ter|pre|ta|ment** *das;* -[e]s, -e: Deutungsmittel, Verständigungsmittel, Kommunikationsmittel **In|ter|pre|tant** *der;* -en, -en: jmd., der sich um die Interpretation (1) von etwas bemüht. **In|ter|pre|tan|tin** *die;* -, -nen: weibliche Form zu ↑ Interpretant **In|ter|pre|ta|ti|on** *die;* -, -en: 1. Auslegung, Erklärung, Deutung [von Texten]. 2. künstlerische Wiedergabe von Musik **In|ter|pre|ta|tio ro|ma|na** *die;* - -: (hist.) 1. Bezeichnung fremder Gottheiten mit Namen römischer Götter (z. B. Donar mit Jupiter). 2. Deutung u. Übernahme germanischer religiöser Bräuche u. Vorstellungen durch die katholische Kirche **in|ter|pre|ta|tiv** ⟨*lat.-nlat.*⟩: auf Interpretation beruhend; erklärend, deutend, erhellend; vgl. ...iv/...orisch **In|ter|pre|ta|tor** *der;* -s, ...oren ⟨*lat.*⟩: ↑ Interpret (1). **In|ter|pre|ta|to|rin** *die;* -, -nen: weibliche Form zu ↑ Interpretator **in|ter|pre|ta|to|risch:** den Interpreten, die Interpretation betreffend; vgl. ...iv/...orisch **In|ter|pre|ter** [auch: ınˈtɑːprɪtə] *der;* -s, - ⟨*lat.-engl.*⟩: (EDV) ↑ Programm (4), das die Anweisungen eines in einer anderen Programmiersprache geschriebenen Programms sofort ausführt **in|ter|pre|tie|ren:** 1. [einen Text] auslegen, erklären, deuten. 2. Musik künstlerisch wiedergeben **In|ter|pre|tin** *die;* -, -nen: weibliche Form zu ↑ Interpret **In|ter|psy|cho|lo|gie** *die;* -: Psychologie der zwischenmenschlichen Beziehungen **in|ter|pun|gie|ren** ⟨*lat.*⟩: ↑ inter-

punktieren. **in|ter|punk|tie|ren** ⟨*lat.-nlat.*⟩: Satzzeichen setzen **In|ter|punk|ti|on** *die;* - ⟨*lat.*⟩: Setzung von Satzzeichen; Zeichensetzung **In|ter|ra|di|us** *der;* -, ...ien (meist Plural): Linie, welche den Winkel zwischen den Körperachsen strahlig symmetrischer Tiere halbiert **In|ter|re|gio**® *der;* -s, -s u. **In|ter|re|gi|o|zug** *der;* -[e]s, ...züge: gewöhnlich im Zweistundentakt verkehrender Schnellzug, der das Programm der Intercityzüge auf bestimmten Strecken ergänzt; Abk.: IR® **In|ter|re|g|num** *das;* -s, ...nen u. ...na ⟨*lat.*⟩: 1. Zwischenregierung, vorläufige Regierung. 2. Zeitraum, in dem eine vorläufig eingesetzte Regierung die Regierungsgeschäfte wahrnimmt. 3. (ohne Plural; hist.) die kaiserlose Zeit zwischen 1254 u. 1273 **In|ter|re|na|lis|mus** *der;* - ⟨*lat.-nlat.*⟩: (Biol.; Med.) Beeinflussung von Körperbau u. Geschlechtsmerkmalen durch Überproduktion von Nebennierenhormonen **in|ter|ro|ga|tiv** ⟨*lat.*⟩: (Sprachw.) fragend. **In|ter|ro|ga|tiv** *das;* -s, -e: ↑ Interrogativpronomen **In|ter|ro|ga|tiv|ad|verb** *das;* -s, ...bien: Frageumstandswort (z. B. wo?, wann?) **In|ter|ro|ga|tiv|pro|no|men** *das;* -s, - u. ...mina: fragendes Fürwort, Fragefürwort (z. B. wer?, welcher?) **In|ter|ro|ga|tiv|satz** *der;* -es, ...sätze: (direkter od. indirekter) Fragesatz (z. B.: *Wo warst du gestern?; Er fragte mich, wo ich gewesen sei*) **In|ter|ro|ga|tiv|vum** *das;* -s, ...va: ↑ Interrogativpronomen **In|ter|rup|ti|on** *die;* -, -en ⟨*lat.*⟩: 1. (Med.) [künstliche] Unterbrechung (z. B. einer Schwangerschaft od. des ↑ Koitus). 2. Unterbrechung; Störung **In|ter|rup|tus** *der;* -, -: kurz für: Coitus interruptus; vgl. Koitus **In|ter|sek|ti|on** *die;* -: Durchschnittsmenge zweier Mengen, deren Elemente in beiden Mengen vorkommen (z. B. bilden die Mengen „Frauen" u. „Ärzte" die Intersektion „Ärztinnen")

In|ter|sep|tum *das; -s, ...ta ⟨lat.⟩:* (veraltet) ↑ Septum

In|ter|se|rie *die; -, -n ⟨lat.-nlat.⟩:* (Motorsport) europäische Wettbewerbsserie mit Rundstreckenrennen für Sportwagen, zweisitzige Rennwagen o. Ä.

In|ter|sex [auch: ˈɪn...] *das; -es, -e ⟨lat.-nlat.⟩:* (Biol.) Individuum, das die typischen Merkmale der Intersexualität zeigt

In|ter|se|xu|a|li|tät *die; -:* (Biol.) krankhafte Mischung von männlichen u. weiblichen Geschlechtsmerkmalen u. Eigenschaften in einem Individuum, das normalerweise getrenntgeschlechtig sein müsste (eine Form des Scheinzwittertums)

in|ter|se|xu|ell: (Biol.) eine geschlechtliche Zwischenform im Sinn der Intersexualität zeigend (von Individuen)

In|ter|shop *der; -[s], -s u. ...läden ⟨Kunstw. aus ↑ inter*national u. ↑ *Shop*⟩: früher in der DDR existierendes Geschäft (innerhalb einer Kette), in dem ausländische Waren u. Spitzenerzeugnisse aus der Produktion der DDR nur gegen frei konvertierbare Währung verkauft wurden

in|ter|sta|di|al *⟨lat.-nlat.⟩:* (Geol.) die Ablagerungen während eines Interstadials betreffend. **In|ter|sta|di|al** *das; -s, -e:* (Geol.) Wärmeschwankung während einer Glazialzeit

in|ter|stel|lar *⟨lat.-nlat.⟩:* zwischen den Fixsternen befindlich; **interstellare Materie:** nicht genau lokalisierbare, wolkenartig verteilte Materie zwischen den Fixsternen

in|ter|sti|ti|ell *⟨lat.-nlat.⟩* (Biol.) in den Zwischenräumen liegend (z. B. von Gewebe, Gewebeflüssigkeiten o. Ä.)

In|ter|sti|ti|um *das; -s, ...ien ⟨lat.⟩:* 1. Zwischenraum (z. B. zwischen Organen). 2. (nur Plural; kath. Kirchenrecht) vorgeschriebene Zwischenzeit zwischen dem Empfang zweier geistlicher Weihen

in|ter|sub|jek|tiv: verschiedenen Personen gemeinsam, von verschiedenen Personen nachvollziehbar

in|ter|ter|ri|to|ri|al: zwischenstaatlich (von Abkommen od. Vereinbarungen)

In|ter|tri|go *die; -, ...gines [...ne:s] ⟨lat.⟩:* (Med.) Wundsein, Hautwolf

In|ter|tri|tur *die; -, -en ⟨lat.-nlat.⟩:* (veraltet) Abnutzung durch Reibung (z. B. bei Münzen)

in|ter|tro|chan|tär *⟨lat.; gr.⟩:* (Anat.) zwischen den beiden Rollhügeln (Knochenvorsprüngen) am Oberschenkelknochen liegend

In|ter|type ® *[...taip] die; -, -s u.* *⟨engl.⟩:* Lichtsetzmaschine mit auswechselbaren Linsensystemen, durch die die Schrifttype in verschiedenen Größen projiziert werden kann

in|ter|ur|ban *⟨lat.-nlat.⟩: „zwischenstädtisch"⟩:* (veraltet) Überland...

In|ter|u|su|ri|um *das; -s, ...ien ⟨lat.⟩:* Zwischenzinsen, die sich als Vorteil des Gläubigers bei vorzeitiger Leistung des Schuldners einer unverzinslichen Geldsumme ergeben

In|ter|vall *das; -s, -e ⟨lat.⟩:* 1. Zeitabstand, Zeitspanne; Frist; Pause. 2. (Mus.) Abstand zweier zusammen od. nacheinander klingender Töne. 3. (Med.) a) symptom- od. schmerzfreie Zwischenzeit im Verlauf einer Krankheit; b) Zeit zwischen den ↑ Menstruation. 4. (Math.) der Bereich zwischen zwei Punkten einer Strecke od. Skala

in|ter|val|lisch: (Mus.) das Intervall (2) betreffend

In|ter|vall|trai|ning *das; -s, -s ⟨lat.; engl.⟩:* (Sport) Trainingsmethode, bei der ein Trainingsprogramm stufenweise so durchgeführt wird, dass die einzelnen Übungen in einem bestimmten Rhythmus von kürzeren Entspannungspausen unterbrochen werden

in|ter|va|lu|ta|risch *⟨lat.; lat.-it.⟩:* im Währungsaustausch stehend

In|ter|ve|ni|ent *der; -en, -en ⟨lat.⟩:* jmd., der sich in [Rechts]streitigkeiten [als Mittelsmann] einmischt

in|ter|ve|nie|ren *⟨lat.-fr.⟩:* 1. dazwischentreten; vermitteln; sich einmischen (von einem Staat in die Verhältnisse eines anderen). 2. (Rechtsw.) einem Prozess beitreten, sich vermittelnd in

eine Rechtssache einschalten. 3. als hemmender Faktor in Erscheinung treten

In|ter|vent *der; -en, -en ⟨lat.-russ.⟩:* russ. Bez. für: kriegerischer ↑ Intervenient

In|ter|ven|ti|on *die; -, -en ⟨lat.-fr.⟩:* 1. Vermittlung; diplomatische, wirtschaftliche, militärische Einmischung eines Staates in die Verhältnisse eines anderen. 2. (Wechselrecht) Ehreneintritt eines Dritten zum Schutze eines Rückgriffschuldners; vgl. Honorant, Honorat. 3. (Börsenw.) Maßnahme zur Verhinderung von Kursrückgängen bestimmter ↑ Effekten

In|ter|ven|ti|o|nis|mus *der; - ⟨lat.-nlat.⟩:* [unsystematisches] Eingreifen des Staates in die [private] Wirtschaft

In|ter|ven|ti|o|nist *der; -en, -en:* Anhänger des Interventionismus. **In|ter|ven|ti|o|nis|tin** *die; -, -nen:* weibliche Form zu ↑ Interventionist

in|ter|ven|ti|o|nis|tisch: den Interventionismus betreffend

In|ter|ven|ti|ons|kla|ge *die; -, -n:* (Rechtsw.) Widerspruchs-, Anfechtungsklage gegen die Zwangsvollstreckung

in|ter|ven|tiv: (veraltet) dazwischentretend, vermittelnd

In|ter|ver|si|on *die; -, -en ⟨lat.⟩:* ↑ Interlinearversion

in|ter|ver|te|b|ral *⟨lat.-nlat.⟩:* (Med.) zwischen den Wirbeln liegend

In|ter|view [ˈɪntɐvjuː, auch: ...ˈvjuː] *das; -s, -s ⟨lat.-fr.-engl.⟩:* 1. von einem Berichterstatter von Presse, Rundfunk od. Fernsehen vorgenommene Befragung einer meist bekannten Persönlichkeit zu bestimmten Themen od. zur eigenen Person. 2. a) (Soziol.) gezielte Befragung beliebiger od. ausgewählter Personen zu statistischen Zwecken; b) (Med.; Psychol.) ↑ methodische (2) Befragung eines Patienten zur Aufnahme einer ↑ Anamnese u. zur Diagnose

in|ter|vie|wen [...ˈvjuːən, auch: ˈɪn...]: 1. mit jmdm. ein Interview führen. 2. (ugs.) jmdn. in einer bestimmten Angelegenheit befragen, ausfragen

In|ter|vie|wer [...ˈvjuːɐ, auch: ˈɪn...] *der; -s, -:* jmd., der mit jmdm. ein Interview führt. **In|ter|vie|w|e|rin** *die;* -, -nen: weibliche Form zu ↑ Interviewer **In|ter|vi|si|on** *die;* - ⟨Kurzw. aus ↑ *international* u. ↑ Tele*vision*⟩: (früher) Zusammenschluss osteuropäischer Fernsehanstalten zum Zwecke des Austausches von Fernsehprogrammen; vgl. Eurovision **in|ter|ze|die|ren** ⟨*lat.*⟩: dazwischentreten (zwischen Schuldner u. Gläubiger); sich verbürgen, für jmdn. eintreten **in|ter|zel|lu|lar** u. **in|ter|zel|lu|lär** ⟨*lat.-nlat.*⟩: (Med.; Biol.) zwischen den Zellen gelegen. **In|ter|zel|lu|la|re** *die;* -, -n (meist Plural): (Med.; Biol.) Zwischenzellraum **In|ter|zep|ti|on** *die;* -, -en ⟨*lat.*⟩: 1. Verdunstungsverlust bei Niederschlägen durch Abgabe von Feuchtigkeit an die Außenluft, bes. im Wald. 2. (Rechtsw. veraltet) Wegnahme, Unterschlagung **In|ter|zes|si|on** *die;* -, -en ⟨*lat.*⟩: 1. das Eintreten für die Schuld eines anderen (z. B. Bürgschaftsübernahme). 2. (veraltet) ↑ Intervention (1) **in|ter|zo|nal:** zwischen zwei Bereichen (z. B. von Vereinbarungen, Verbindungen o. Ä.) **In|ter|zo|nen|tur|nier** *das;* -s, -e: Schachturnier der Sieger u. Bestplatzierten aus den einzelnen Zonenturnieren zur Ermittlung der Teilnehmer am ↑ Kandidatenturnier **in|tes|ta|bel** ⟨*lat.*⟩: (Rechtsw.) unfähig, ein Testament zu machen od. als Zeuge aufzutreten **In|tes|tat|er|be** *der;* -n, -n ⟨*lat.; dt.*⟩: gesetzlicher Erbe eines Erblassers, der kein Testament hinterlassen hat **In|tes|tat|erb|fol|ge** *die;* -: gesetzliche Erbfolge **In|tes|tat|er|bin** *die;* -, -nen: weibliche Form zu ↑ Intestaterbe **in|tes|ti|nal** ⟨*lat.-nlat.*⟩: (Med.) zum Darmkanal gehörend **In|tes|ti|num** *das;* -, ...nen u. ...na ⟨*lat.*⟩: (Med.) Darmkanal, Eingeweide **In|thro|ni|sa|ti|on** *die;* -, -en ⟨⟨*lat.; gr.-⟩mlat.*⟩: a) Thronerhebung eines Monarchen; b) feierliche Einsetzung eines neuen Abtes, Bischofs od. Papstes; vgl. ...ation/...ierung. **in|thro|ni|sie|ren:**

a) einen Monarchen auf den Thron erheben; b) einen neuen Abt, Bischof od. Papst feierlich einsetzen. **In|thro|ni|sie|rung** *die;* -, -en: ↑ Inthronisation; vgl. ...ation/...ierung **In|ti** *der;* -[s], -s (aber: 5 -) ⟨*indian.*⟩: (seit 1985) Währungseinheit in Peru **In|ti|fa|da** *die;* - ⟨*arab.;* „Aufstand, Erhebung"⟩: palästinensischer Widerstand in den von Israel besetzten Gebieten **in|tim** ⟨*lat.;* „innerst; vertrautest"⟩: 1. innig; vertraut, eng [befreundet]. 2. a) (verhüllend) sexuell; **mit jmdm. intim sein:** mit jmdm. geschlechtlich verkehren; b) den Bereich der Geschlechtsorgane betreffend. 3. ganz persönlich, verborgen, geheim. 4. gemütlich, anheimelnd. 5. genau, bis ins Innerste ¹**In|ti|ma** *die;* -, ...mä: 1. (Med.) innerste Haut der Gefäße. 2. Vertraute; [eng] Befreundete, Busenfreundin ²**In|ti|ma** *die* (Plural): intime Einzelheiten **In|ti|ma|ti|on** *die;* -, -en: (veraltet) gerichtliche Ankündigung, Aufforderung, Vorladung **In|tim|hy|gi|e|ne** *die;* -: Körperpflege im Bereich der Geschlechtsteile **In|ti|mi:** *Plural* von ↑ Intimus **In|ti|mi|da|ti|on** *die;* -, -en ⟨*lat.-nlat.*⟩: (veraltet) Einschüchterung. **in|ti|mi|die|ren:** (veraltet) einschüchtern; Furcht, Schrecken einjagen; abschrecken **in|ti|mie|ren** ⟨*lat.*⟩: jmdm. eine ↑ Intimation zustellen **In|ti|mi|tät** *die;* -, -en ⟨*lat.-nlat.*⟩: 1. (ohne Plural) a) vertrautes, intimes Verhältnis; Vertrautheit; b) Vertraulichkeit; vertrauliche Angelegenheit. 2. (meist Plural) sexuelle, erotische Handlung, Berührung, Äußerung. 3. (ohne Plural) gemütliche, intime Atmosphäre. 4. (ohne Plural) ↑ Intimsphäre **In|tim|s|phä|re** *die;* -: innerster persönlicher Bereich **In|tim|spray** *der* od. *das;* -s, -s ⟨*lat.; engl.*⟩: Deodorant für den Intimbereich **In|ti|mus** *der;* -, ...mi ⟨*lat.*⟩: Vertrauter; [eng] Befreundeter, Busenfreund **In|ti|ne** *die;* -, -n ⟨*lat.-nlat.*⟩: (Bot.)

innere Zellwand der Sporen der Moose u. Farnpflanzen u. der Pollenkörner der Blütenpflanzen; Ggs. ↑ Exine **In|ti|tu|la|ti|on** *die;* -, -en ⟨*lat.-nlat.*⟩: (veraltet) Betitelung, Überschrift **in|to|le|ra|bel** ⟨*lat.*⟩: (veraltet) unerträglich; unleidlich, unausstehlich **in|to|le|rant** ⟨*lat.-fr.*⟩: 1. unduldsam; [eine andere Meinung, Haltung, Weltanschauung] auf keinen Fall gelten lassend; Ggs. ↑ tolerant. 2. (Med.) bestimmte Stoffe (bes. Nahrungsmittel od. Alkohol) nicht vertragend **In|to|le|ranz** *die;* -, -en: 1. Unduldsamkeit (gegenüber einer anderen Meinung, Haltung, Weltanschauung usw.); Ggs. ↑ Toleranz (1). 2. (Med.) auf Unverträglichkeit beruhende Abneigung des Organismus gegen bestimmte Stoffe (bes. gegen bestimmte Nahrungsmittel od. Alkohol); mangelnde Widerstandsfähigkeit des Organismus gegen schädigende äußere Einwirkungen; Ggs. ↑ Toleranz (2) **In|to|na|ti|on** *die;* -, -en ⟨*lat.-mlat.;* „Einstimmung"⟩: 1. (Sprachw.) Veränderung des Tones nach Höhe u. Stärke beim Sprechen von Silben od. ganzen Sätzen; Tongebung. 2. in der Gregorianik die vom Priester, Vorsänger od. Kantor gesungenen Anfangsworte eines liturgischen Gesangs, der dann vom Chor od. von der Gemeinde weitergeführt wird. 3. (Mus.) präludierende Einleitung in größeren Tonsätzen; kurzes Orgelvorspiel. 4. (Mus.) Art der Tongebung bei Sängern u. Instrumentalisten, z. B. eine reine, unsaubere, weiche Intonation. 5. (Mus.) im Instrumentenbau, bes. bei Orgeln, der Ausgleich der Töne u. ihrer Klangfarben **In|to|nem** *das;* -s, -e ⟨*lat.; gr.*⟩: (Sprachw.) Einzelsegment aus der Tonkurve, in der ein gesprochener Textabschnitt verläuft **in|to|nie|ren** ⟨*lat.*⟩: 1. (Physiol.) beim Sprechen od. Singen die Stimme auf eine bestimmte Tonhöhe einstellen. 2. a) anstimmen, etwas zu singen od. zu spielen beginnen; b) den Ton angeben; c) Töne mit der

Stimme od. auf einem Instrument in einer bestimmten Tongebung hervorbringen

in to|to ⟨*lat.*⟩: im Ganzen; insgesamt, vollständig

In|tou|rist [ˈɪntu...] *die* od. *der;* - (oft ohne Artikel gebraucht) ⟨*russ.*⟩: (früher) staatliches sowjetisches Reisebüro mit Vertretungen im Ausland

In|to|xi|ka|ti|on *die;* -, -en ⟨*gr.-nlat.*⟩: (Med.) Vergiftung; schädigende Einwirkung von Giftstoffen auf den Organismus

---

in|t|ra..., In|t|ra...

⟨*lat.* intra „innerhalb, in ... hinein; binnen, während"⟩
Präfix mit der Bedeutung „innerhalb":
– intralingual
– intramuskulär
– Intranet
– intravenös

---

in|t|ra|ab|do|mi|nal u. **in|t|ra|ab-do|mi|nell:** (Med.) innerhalb des Bauchraums gelegen od. erfolgend; vgl. ...al/...ell

in|t|ra|al|ve|o|lar: (Med.) innerhalb der ↑ Alveolen liegend

In|t|ra|bi|li|tät *die;* - ⟨*lat.-nlat.*⟩: (Biol.) Eintritt von Stoffen in das Zellplasma (vgl. Plasma) durch die äußere Plasmahaut

In|t|ra|da u. Entrada *die;* -, ...den: ↑ Intrade

In|t|ra|day|han|del [...'deɪ...] *der;* -s ⟨*lat.-engl.; dt.*⟩: (Börsenw.) Kauf u. Verkauf von Wertpapieren od. Devisen innerhalb eines Börsentages

In|t|ra|de *die;* -, -n ⟨*lat.-it.*⟩: (Mus.) festliches, feierliches Eröffnungs- od. Einleitungsstück (z. B. der Suite)

in|t|ra|glu|tä|al ⟨*lat.-nlat.*⟩: (Med.) in den großen Gesäßmuskel erfolgend (z. B. von Injektionen); innerhalb des großen Gesäßmuskels [gelegen]

in|t|ra|grup|pal ⟨*lat.; dt.-nlat.*⟩: (Soziol.) die Beziehungen u. Spannungen innerhalb einer sozialen Gruppe betreffend

in|t|ra|in|di|vi|du|ell: innerhalb eines Individuums ablaufend

in|t|ra|kar|di|al: (Med.) innerhalb des Herzens gelegen, unmittelbar ins Herz hinein erfolgend

in|t|ra|kon|ti|nen|tal: (Geol.) in einen Kontinent eingesenkt (von

Einbruchs- u. Ingressionsmeeren)

in|t|ra|kra|ni|ell ⟨*lat.; gr.-nlat.*⟩: (Med.) innerhalb des Schädels lokalisiert (z. B. von Tumoren)

in|t|ra|krus|tal ⟨*lat.-nlat.*⟩: ↑ interkrustal

in|t|ra|ku|tan ⟨*lat.-nlat.*⟩: (Med.) in der Haut [gelegen]; in die Haut hinein (z. B. von Injektionen)

in|t|ra le|gem ⟨*lat.*⟩: (Rechtsw.) innerhalb, im Rahmen des Gesetzes; Ggs. ↑ contra legem

int|ra|lin|gu|al: innersprachlich, innerhalb einer Sprache auftretend; Ggs. ↑ extralingual

in|t|ra|lum|bal: (Med.) im Lendenwirbelkanal [gelegen], in ihn hinein erfolgend

in|t|ra|mer|ku|ri|ell ⟨*lat.-nlat.*⟩: innerhalb der vom Planeten Merkur beschriebenen Bahn befindlich

in|t|ra|mo|le|ku|lar: (Chem.) sich innerhalb der Moleküle vollziehend

in|t|ra|mon|tan: (Geol.) im Gebirge eingesenkt (von Becken)

in|t|ra|mun|dan ⟨*lat.*⟩: (Philos.) innerhalb dieser Welt, innerweltlich; Ggs. ↑ extramundan

in|t|ra|mu|ral ⟨*lat.-nlat.*⟩: (Med.) innerhalb der Wand eines Hohlorgans gelegen

in|t|ra mu|ros ⟨*lat.;* „innerhalb der Mauern"⟩: nicht öffentlich, geheim

in|t|ra|mus|ku|lär: (Med.) im Innern eines Muskels gelegen; ins Innere des Muskels hinein erfolgend (von Injektionen); Abk.: i. m.

In|t|ra|net *das;* -s, -s ⟨*lat.; engl.*⟩: Vernetzung von Computersystemen zur Informationsübermittlung zwischen Filialen, Arbeitsstellen o. Ä. einer Firma, Institution o. Ä.

in|tran|si|gent ⟨*lat.-nlat.*⟩: unversöhnlich, zu keinen Konzessionen od. Kompromissen bereit (bes. in der Politik). **In|tran|si|gent** *der;* -en, -en: 1. starr an seinen Prinzipien festhaltender Parteimann. 2. (nur Plural) extreme politische Parteien. **In|tran|si|gen|tin** *die;* -, -nen: weibliche Form zu ↑ Intransigent (1). **In|tran|si|genz** *die;* -: Unversöhnlichkeit; mangelnde Bereitschaft zu Konzessionen

in|tran|si|tiv ⟨*lat.*⟩: (Sprachw.; von

bestimmten Verben) nicht zielend; kein Akkusativobjekt nach sich ziehend u. kein persönliches Passiv bildend (z. B. danken); Ggs. ↑ transitiv. **In|tran|si|ti|vum** *das;* -s, -e: intransitives Verb. **In|tran|si|ti|vum** *das;* -s, ...va: ↑ Intransitiv

in|t|ra|o|ku|lar: (Med.) innerhalb des Auges gelegen (z. B. von Tumoren od. Fremdkörpern)

in|t|ra|o|ral: (Med.) in die Mundhöhle hinein erfolgend; innerhalb der Mundhöhle

in|t|ra|os|sär ⟨*lat.-nlat.*⟩: (Med.) innerhalb des Knochens

in|t|ra par|tum ⟨*lat.*⟩: (Med.) während der Geburt

in|t|ra|pe|ri|to|ne|al: (Med.) innerhalb des Bauchfellraumes gelegen bzw. erfolgend

in|t|ra|per|so|nal, in|t|ra|per|so-nell: innerhalb einer Person ablaufend, stattfindend; nur eine Person betreffend; vgl. ...al/...ell

in|t|ra|pleu|ral: (Med.) innerhalb der Pleurahöhle (vgl. Pleura) gelegen bzw. erfolgend

in|t|ra|pul|mo|nal: (Med.) innerhalb des Lungengewebes liegend

in|t|ra|sub|jek|tiv: innerhalb des einzelnen Subjekts bleibend

in|t|ra|tel|lu|risch: 1. (Astron.) innerhalb der von der Erde beschriebenen Bahn befindlich. 2. (Geol.) im Erdkörper liegend od. entstehend

in|t|ra|tho|ra|kal: (Med.) innerhalb der Brusthöhle gelegen

in|t|ra|u|te|rin: innerhalb der Gebärmutter liegend bzw. erfolgend

In|t|ra|u|te|rin|pes|sar *das;* -s, -e: (Med.) in die Gebärmutter eingelegtes ↑ Pessar

in|t|ra|va|gi|nal: (Med.) innerhalb der Scheide gelegen

in|t|ra|va|sal ⟨*lat.-nlat.*⟩: (Med.) innerhalb der Blutgefäße gelegen

in|t|ra|ve|nös: (Med.) innerhalb einer Vene gelegen bzw. vorkommend; in die Vene hinein erfolgend (von Injektionen); Abk.: i. v.

in|t|ra|vi|tal: (Med.) während des Lebens vorkommend, auftretend

in|t|ra|zel|lu|lar u. **in|t|ra|zel|lu|lär:** (Med.; Biol.) innerhalb der Zelle[n] gelegen

in|t|ri|gant ⟨*lat.-it.-fr.*⟩: ständig auf Intrigen sinnend; ränkesüchtig, hinterlistig. **In|t|ri|gant** *der; -en, -en:* jmd., der intrigiert; Ränkeschmied. **In|t|ri|gan|tin** *die; -,* -nen: weibliche Form zu ↑ Intrigant. **In|t|ri|ganz** *die; -:* intrigantes Verhalten

In|t|ri|ge *die; -, -n:* hinterlistig angelegte Verwicklung, Ränkespiel

in|t|ri|gie|ren: Ränke schmieden, hinterlistig Verwicklungen inszenieren, einen gegen den anderen ausspielen

in|t|ri|kat ⟨*lat.*⟩: (veraltet) verwickelt, verworren; heikel; verfänglich

in|t|rin|sisch ⟨*lat.-fr.-engl.*⟩: (Psychol.) von innen her, aus eigenem Antrieb durch Interesse an der Sache erfolgend, durch in der Sache liegende Anreize bedingt; Ggs. ↑ extrinsisch; **intrinsische Motivation:** durch die von einer Aufgabe ausgehenden Anreize bedingte ↑ Motivation (1); Ggs. ↑ extrinsische Motivation

in tri|plo ⟨*lat.*⟩: (selten) [in] dreifach[er Ausfertigung]; vgl. Triplum

In|t|ro *das; -s, -s* ⟨*lat.-engl.*⟩: a) einleitender Musiktitel; b) Vorbemerkung, einleitender Artikel einer Zeitschrift o. Ä.

---

in|t|ro…, In|t|ro…

⟨*lat.* intro „hinein"⟩
Präfix mit der Bedeutung „hinein, nach innen":
– introduzieren
– Introspektion
– introvertiert

In|t|ro|duk|ti|on *die; -, -en* ⟨*lat.*⟩: 1. (veraltet) Einleitung, Einführung. 2. a) freier Einleitungssatz vor dem Hauptsatz einer Sonate, einer Sinfonie od. eines Konzerts; b) erste Gesangsnummer einer Oper. 3. (Med.) Einführen des ↑ Penis in die ↑ Vagina beim Geschlechtsverkehr. **in|t|ro|du|zie|ren:** einleiten, einführen

In|t|ro|du|zi|o|ne *die; -, …ni* ⟨*lat.-it.*⟩: ↑ Introduktion (2)

In|t|ro|i|tis *die; -, …iti|den* ⟨*lat.-nlat.*⟩: (Med.) Entzündung des Scheideneinganges

In|t|ro|i|tus *der; -, -* ⟨*lat.*⟩: 1. (Med.)

Eingang in ein Hohlorgan des Körpers (z. B. Scheideneingang). 2. a) Eingangsgesang [im Wechsel mit Psalmversen] in der Messe; b) [im Wechsel gesungene] Eingangsworte od. Eingangslied im evangelischen Gottesdienst

In|t|ro|jek|ti|on *die; -, -en* ⟨*lat.-nlat.*⟩: (Psychol.) unbewusste Einbeziehung fremder Anschauungen, Motive o. Ä. in das eigene Ich, in den subjektiven Interessenkreis. **in|t|ro|ji|zie|ren:** (Psychol.) fremde Anschauungen, Ideale o. Ä. in die eigenen einbeziehen

In|t|ro|mis|si|on *die; -, -en* ⟨*lat.-nlat.*⟩: das Intromittieren. **in|t|ro|mit|tie|ren:** a) hineinstecken, hineinschieben; b) eindringen

in|t|rors ⟨*lat.*⟩: (Bot.) nach innen gewendet (von Staubbeuteln, die der Blütenachse zugewendet sind); Ggs. ↑ extrors

In|t|ro|s|pek|ti|on *die; -, -en* ⟨*lat.-nlat.;* „Hineinsehen"⟩: (Psychol.) Selbstbeobachtung; Beobachtung der eigenen seelischen Vorgänge zum Zwecke psychologischer Selbsterkenntnis

in|t|ro|s|pek|tiv: auf dem Weg der Innenschau, der psychologischen Selbsterkenntnis

In|t|ro|ver|si|on *die; -, -en* ⟨*lat.-nlat.*⟩: (Psychol.) Konzentration des Interesses von der Außenwelt weg auf innerseelische Vorgänge; Ggs. ↑ Extraversion

in|t|ro|ver|siv: zur Introversion fähig (in Verbindung mit einer gewissen Extraversion)

in|t|ro|ver|tiert: (Psychol.) nach innen gewandt, zur Innenverarbeitung der Erlebnisse veranlagt; Ggs. ↑ extravertiert

In|t|ru|der *der; -s, -[s]* ⟨*lat.-engl.*⟩: militärisches Schutz- u. Aufklärungsflugzeug, speziell im Schnellwarndienst zur Unterstützung von Flugzeugträgern

in|t|ru|die|ren ⟨*lat.-nlat.*⟩: (Geol.) eindringen (von Schmelzen in Gestein)

In|t|ru|si|on *die; -, -en:* 1. (Geol.) Vorgang, bei dem Magma zwischen die Gesteine der Erdkruste eindringt u. erstarrt. 2. widerrechtliches Eindringen in einen fremden Bereich

in|t|ru|siv: (Geol.) durch Intrusion entstanden

In|t|ru|si|va *die* (Plural): ↑ Intrusivgestein

In|t|ru|siv|ge|stein *das; -s, -e:* (Geol.) Tiefengestein (in der Erdkruste erstarrtes Magma)

In|tu|ba|ti|on *die; -, -en* ⟨*lat.-nlat.*⟩: (Med.) (bei Erstickungsgefahr) Einführung eines [Metall]rohrs vom Mund aus in den Kehlkopf zum Einbringen von Medikamenten in die Luftwege od. zu Narkosezwecken. **in|tu|bie|ren:** (Med.) eine Intubation vornehmen

In|tu|i|ti|on *die; -, -en* ⟨*lat.-mlat.*⟩: a) das unmittelbare, nicht diskursive, nicht auf Reflexion beruhende Erkennen, Erfassen eines Sachverhalts od. eines komplizierten Vorgangs; b) Eingebung, [plötzliches] ahnendes Erfassen

In|tu|i|ti|o|nis|mus *der; -* ⟨*lat.-mlat.-nlat.*⟩: 1. Lehre, die der Intuition den Vorrang vor der Reflexion, vor dem diskursiven Denken gibt. 2. (Ethik) Lehre von der ursprünglichen Gewissheit des Unterschiedes von Gut u. Böse. 3. bei der Begründung der Mathematik entwickelte Theorie, die mathematische Existenz mit Konstruierbarkeit gleichsetzt. **in|tu|i|ti|o|nis| tisch:** den Intuitionismus betreffend

in|tu|i|tiv ⟨*lat.-mlat.*⟩: a) auf Intuition (a) beruhend; Ggs. ↑ diskursiv; b) mit Intuition (b)

In|tu|mes|zenz *u.* **In|tur|ges|zenz** *die; -, -en* ⟨*lat.-nlat.*⟩: (Med.) Anschwellung

in|tus ⟨*lat.*⟩: innen, inwendig; **etwas intus haben:** (ugs.) etwas begriffen haben; sich etwas einverleibt haben, etwas gegessen od. getrunken haben; **einen intus haben:** (ugs.) angetrunken, beschwipst sein

In|tus|krus|ta|ti|on *die; -, -en:* (Geol.) ↑ Fossilisation toter Organismen durch Ausfüllen mit mineralischen Stoffen

In|tus|sus|zep|ti|on *die; -, -en:* 1. (Biol.) Einlagerung neuer Teilchen zwischen bereits vorhandene (besondere Form des Pflanzenwachstums); Ggs. ↑ Apposition (2). 2. (Med.) Einstülpung eines Darmabschnitts in einen anderen

I|nu|it: Plural von ↑ Inuk
I|nuk *der; -s,* Inuit ⟨*eskim.;*

„Mensch"): Selbstbezeichnung der Eskimos

I|nu|la *die; -, ...lae [...le] ⟨gr.-lat.⟩:* Alant; Vertreter der Gattung der Korbblütler mit zahlreichen Arten von Gewürz- u. Heilkräutern

I|nu|lin *das; -s ⟨gr.-lat.-nlat.⟩:* aus gewissen Pflanzenknollen (z. B. den Wurzeln von Löwenzahn, Alant, Dahlie) gewonnenes ↑ Kohlehydrat, das als Diätzucker für Zuckerkranke verwendet wird

I|n|un|da|ti|on *die; -, -en ⟨lat.⟩:* (Geogr.) völlige Überflutung des Landes bei ↑ Transgression des Meeres

I|n|un|da|ti|ons|ge|biet *das; -[e]s, -e:* (Geogr.) Hochflutbett eines seichten Stromes

In|unk|ti|on *die; -, -en ⟨lat.⟩:* (Med.) Einreibung (von Arzneimitteln in flüssiger od. Salbenform)

in u|sum Del|phi|ni: ↑ ad usum Delphini

in|va|die|ren ⟨lat.⟩: in fremdes Gebiet einfallen; vgl. Invasion

In|va|gi|na|ti|on *die; -, -en ⟨lat.-nlat.⟩:* 1. (Med.) Darmeinstülpung. 2. (Biol., Med.) Einstülpungsvorgang (in der Keimesentwicklung) mit Ausbildung der ↑ dorsalen (1) u. der ↑ ventralen (1) Urmundlippe

in|va|lid, in|va|li|de ⟨lat.-fr.⟩: arbeits-, dienst-, erwerbsunfähig (infolge einer Verwundung, eines Unfalles, einer Krankheit o. Ä.)

In|va|li|da|ti|on *die; -, -en:* (veraltet) Ungültigmachung

In|va|li|de *der u. die; -n, -n:* Arbeits-, Dienst-, Erwerbsunfähige[r] (infolge von Unfall, Verwundung, Krankheit o. Ä.)

in|va|li|die|ren: (veraltet) ungültig machen, umstoßen

in|va|li|di|sie|ren: 1. für invalide erklären. 2. jmdm. eine Altersod. Arbeitsunfähigkeitsrente gewähren

In|va|li|di|tät *die; -:* [dauernde] erhebliche Beeinträchtigung der Arbeits-, Dienst-, Erwerbsfähigkeit

In|var ® *das; -s ⟨Kunstw. aus engl. invaria*ble⟩: (Chem.) Eisen-Nickel-Legierung, die bes. zur Herstellung unempfindlicher Messgeräte verwendet wird

in|va|ri|a|bel [auch: ınva'rịa...]

⟨lat.-nlat.⟩: unveränderlich; **invariable Erdschicht:** (Geol.) Erdschicht, in der sich die Temperaturschwankungen der Erdoberfläche nicht mehr auswirken

in|va|ri|ant [auch: ...'rịant]: unveränderlich (von Messgrößen in der Mathematik). **In|va|ri|an|te** *die; -, -n:* (Math.) Größe, die bei Eintritt gewisser Veränderungen unveränderlich bleibt

In|va|ri|an|ten|the|o|rie *die; -:* mathematische Theorie, die die [geometrischen] Größen untersucht, die bei den einzelnen ↑ Transformationen unverändert bleiben

In|va|ri|anz [auch: ...rị'ants] *die; -:* Unveränderlichkeit (z. B. von Größen in der Mathematik)

In|var|stahl ® *der; -[e]s ⟨Kunstw.⟩:* Eisen-Nickel-Legierung mit sehr niedrigem Wärmeausdehnungskoeffizienten

In|va|si|on *die; -, -en ⟨lat.-fr.⟩:* 1. Einfall; feindliches Einrücken von Truppen in fremdes Gebiet; vgl. Evasion (1). 2. (Med.) das Eindringen von Krankheitserregern in die Blutbahn

In|va|si|ons|bi|o|lo|gie *die; -:* Forschungsrichtung der ↑ Ökologie, die sich mit dem Einwanderungsprozess fremder Pflanzen- u. Tierarten in ein neues Ökosystem befasst

in|va|siv: (Med.) in das umgebende Bindegewebe wuchernd hineinwachsend (von Krebszellen)

In|va|sor *der; -s, ...oren (meist Plural)* ⟨lat.⟩: Eroberer; eindringender Feind. **In|va|so|rin** *die; -, -nen:* weibliche Form zu ↑ Invasor

In|vek|ti|ve *die; -, -n ⟨lat.⟩:* Schmährede od. -schrift; beleidigende Äußerung; Beleidigung

in|ve|nit ⟨lat.⟩: hat [es] erfunden (auf grafischen Blättern vor dem Namen des Künstlers, der die Originalzeichnung schuf); Abk.: inv.

In|ven|tar *das; -s, -e:* 1. Gesamtheit der zu einem Betrieb, Unternehmen, Haus, Hof o. Ä. gehörenden Einrichtungsgegenstände u. Vermögenswerte (einschließlich Schulden). 2. Verzeichnis des Besitzstandes eines Unternehmens, Betriebes, Hauses [das neben der ↑ Bilanz

jährlich zu erstellen ist]. 3. Verzeichnis der Vermögensgegenstände u./od. Verbindlichkeiten aus einem Nachlass

In|ven|ta|ri|sa|ti|on *die; -, -en ⟨lat.-nlat.⟩:* Bestandsaufnahme [des Inventars]; vgl. ...ation/...ierung

In|ven|ta|ri|sa|tor *der; -s, ...oren:* mit einer Bestandsaufnahme betraute Person. **In|ven|ta|ri|sa|to|rin** *die; -, -nen:* weibliche Form zu ↑ Inventarisator

in|ven|ta|ri|sie|ren: ein Inventar, den Bestand von etwas aufnehmen. **In|ven|ta|ri|sie|rung** *die; -, -en:* das Inventarisieren; vgl. ...ation/...ierung

In|ven|ta|ri|um *das; -s, ...ien ⟨lat.⟩:* (veraltet) Inventar

in|ven|tie|ren ⟨lat.-nlat.⟩: (veraltet) 1. erfinden. 2. Bestandsaufnahme machen

In|ven|ti|on *die; -, -en ⟨lat.⟩:* 1. (veraltet) Erfindung. 2. kleines zwei- od. dreistimmiges Klavierstück in kontrapunktisch imitierendem Satzbau mit nur einem zugrunde liegenden Thema

In|ven|tor *der; -s, ...oren:* Erfinder, Urheber. **In|ven|to|rin** *die; -, -nen:* weibliche Form zu ↑ Inventor

In|ven|tur *die; -, -en ⟨lat.-mlat.⟩:* Bestandsaufnahme der Vermögensteile u. Schulden eines Unternehmens zu einem bestimmten Zeitpunkt durch Zählen, Messen o. Ä. anlässlich der Erstellung der ↑ Bilanz; vgl. Skontro

in ver|ba ma|gis|t|ri vgl. jurare in verba magistri

in|vers ⟨lat.⟩: umgekehrt; **inverse Funktion:** (Math.) durch Vertauschung der unabhängigen u. der abhängigen Variablen gewonnene Umkehrfunktion der ursprünglichen Funktion

In|ver|si|on *die; -, -en ⟨"Umkehrung"⟩:* 1. Umkehrung der üblichen Wortstellung (Subjekt–Prädikat), d. h. die Stellung Prädikat–Subjekt. 2. (Chem.) a) Darstellung von Kaliumnitrat aus einem Lösungsgemisch von Natriumnitrat u. Kaliumchlorid; b) Umwandlung von Rohrzucker in ein Gemisch aus Traubenzucker u. Fruchtzucker. 3. (Math.) Berechnung der inversen Funktion (Umkehrfunktion). 4. a) Umkehrung des Geschlechtstriebs; vgl. Homosexualität; b) (Med.) Umlagerung od. Umstülpung eines Organs (z. B. der Eingeweide od. der Gebärmutter). 5. (Biol.) Form der Chromosomenmutation, bei der ein herausgebrochenes Teilstück sich unter Drehung um 180° wieder an der bisherigen Stelle einfügt. 6. (Geol.) Reliefumkehr; durch unterschiedliche Widerstandsfähigkeit der Gesteine hervorgerufene Nichtübereinstimmung von ↑ tektonischem Bau u. Landschaftsbild, sodass z. B. eine geologische Grabenzone landschaftlich als Erhebung erscheint. 7. (Meteor.) Temperaturumkehr an einer Sperrschicht, an der die normalerweise mit der Höhe abnehmende Temperatur sprunghaft zunimmt. 8. (Mus.) Umkehrung der Notenfolge der Intervalle

In|vert der u. das; -s, -s ⟨lat.-fr.-engl.⟩: Saltosprung, Überschlag beim ↑ Freestyle

In|ver|ta|se die; -: ↑ Saccharase

In|ver|te|b|rat der; -en, -en (meist Plural): ↑ Evertebrat

In|ver|ter der; -s, - ⟨lat.-engl.⟩: Sprachumwandlungsgerät zur Wahrung des Fernsprechgeheimnisses auf Funkverbindungen

in|ver|tie|ren ⟨lat.⟩: umkehren, umstellen, eine Inversion vornehmen. **in|ver|tiert:** 1. umgekehrt. 2. (Med.) zum eigenen Geschlecht hin empfindend; vgl. homosexuell

In|ver|tin das; -s: ↑ Saccharase

In|vert|zu|cker der; -s ⟨lat.; dt.⟩: das bei der ↑ Inversion (2 b) entstehende Gemisch aus Traubenzucker u. Fruchtzucker (z. B. im Bienenhonig)

in|ves|tie|ren ⟨lat.; „einkleiden"⟩: 1. mit den Zeichen der Amtswürde bekleiden, in ein Amt einsetzen; vgl. Investitur (1). 2. a) Kapital langfristig in Sachgütern anlegen; b) etwas auf jmdn./etwas [in reichem Maße] verwenden. **In|ves|tie|rung** die; -, -en: das Investieren (2); vgl. Investition

In|ves|ti|ga|ti|on die; -, -en ⟨lat.⟩: (veraltet) Untersuchung, Nachforschung

in|ves|ti|ga|tiv ⟨lat.-engl.⟩: nach-, ausforschend; enthüllend, aufdeckend

In|ves|ti|ga|tor der; -s, ...oren ⟨lat.⟩: jmd., der investigiert. **In|ves|ti|ga|to|rin** die; -, -nen: weibliche Form zu ↑ Investigator

in|ves|ti|gie|ren: nachforschen, nachspüren, untersuchen

In|ves|ti|ti|on die; -, -en ⟨lat.-nlat.⟩: 1. langfristige Anlage von Kapital in Sachgütern. 2. Erhöhung des Bestandes an Gütern für späteren Bedarf

In|ves|ti|ti|ons|gü|ter die (Plural): Güter, die der ↑ Produktion dienen (z. B. Maschinen, Fahrzeuge, Werkhallen)

In|ves|ti|tur die; -, -en ⟨lat.-mlat.⟩: 1. a) Einweisung in ein niederes geistliches Amt (katholisches Pfarramt); b) im Mittelalter feierliche Belehnung mit dem Bischofsamt durch den König. 2. abschließender Akt der Eigentumsübertragung (im älteren deutschen Recht). 3. Bestätigung des Ministerpräsidenten durch die Nationalversammlung (in Frankreich)

in|ves|tiv: als Investition, in Form von Investitionen, zur produktiven Verwendung; Ggs. ↑ konsumtiv

In|ves|tiv|lohn der; -[e]s, ...löhne ⟨lat.-nlat.; dt.⟩: Lohnanteil, der nicht dem Konsum zufließt, sondern zwangsweise investiv verwendet wird

In|vest|ment das; -s, -s ⟨lat.-engl.⟩: Kapitalanlage in Investmentzertifikaten

In|vest|ment|fonds [...fõ:] der; -, - [...fõ:s] ⟨lat.-engl.; lat.-fr.⟩: (Wirtsch.) Sondervermögen einer Kapitalanlagegesellschaft, das in Wertpapieren od. Grundstücken angelegt wird

In|vest|ment|ge|schäft das; -[e]s, -e: Geschäft einer Investmentgesellschaft (Anlage u. Beschaffung des Fondskapitals)

In|vest|ment|pa|pier das; -s, -e: ↑ Investmentzertifikat

In|vest|ment|trust [...trast] der; -s, -s: Investmentgesellschaft; Kapitalanlage- u. Beteiligungsgesellschaft, die Investmentgeschäfte betreibt

In|vest|ment|zer|ti|fi|kat das; -[e]s, -e: Schein über einen Anteil am Vermögen eines Investmentfonds

In|ves|tor der; -s, ...oren ⟨lat.-nlat.⟩: Kapitalanleger. **In|ves|to|rin** die; -, -nen: weibliche Form zu ↑ Investor

In|ve|te|ra|ti|on die; -, -en ⟨lat.⟩: (Rechtsw. veraltet) Verjährung. **in|ve|te|rie|ren:** (Rechtsw. veraltet) verjähren

in vi|no ve|ri|tas ⟨lat.; „im Wein [ist] Wahrheit"⟩: jmd., der etwas getrunken hat, spricht Wahrheiten aus, die man im nüchternen Zustand sonst eher für sich behält

in|vi|si|bel [auch: ...'zi:...] ⟨lat.⟩: (selten) unsichtbar

In|vi|ta|ti|on die; -, -en ⟨lat.⟩: (selten) Einladung

In|vi|ta|to|ri|um das; -s, ...ien ⟨lat.-mlat.⟩: Einleitungsgesang der ↑ Matutin mit der Aufforderung zum Gebet (Psalm 95)

in|vi|tie|ren ⟨lat.⟩: (veraltet) 1. einladen, zu Gast bitten. 2. ersuchen

in vi|t|ro ⟨lat.; „im Glas"⟩: im Reagenzglas [durchgeführt] (von wissenschaftlichen Versuchen); vgl. aber: in vivo

In-vi|t|ro-Fer|ti|li|sa|ti|on die; -, -en: künstlich herbeigeführte Verschmelzung einer menschlichen Eizelle mit einer Samenzelle außerhalb des Körpers der Frau

in vi|vo ⟨lat.; „im Leben"⟩: am lebenden Objekt [beobachtet od. durchgeführt] (von wissenschaftlichen Versuchen); vgl. aber: in vitro

In|vo|ka|ti|on die; -, -en ⟨lat.⟩: Anrufung Gottes [u. der Heiligen] (z. B. am Anfang von mittelalterlichen Urkunden)

In|vo|ka|vit: Bezeichnung des ersten Fastensonntags nach dem alten ↑ Introitus (2) des Gottesdienstes (Psalm 91, 15: „Er rief [mich] an, [so will ich ihn erhören]")

In|vo|lu|ti|on die; -, -en ⟨lat.; „Windung"⟩: 1. Darstellung des Verhältnisses zwischen Punkten, Geraden oder Ebenen in der ↑ projektiven Geometrie. 2. (Med.) normale Rückbildung eines Organs (z. B. der Gebärmutter nach der Entbindung) od. des ganzen Organismus (als Alterungsvorgang). 3. a) Verfall eines sozialen Organismus; b) Rückentwicklung demokratischer Systeme u. Formen in vor- od. antidemokratische

in|vol|vie|ren: 1. einschließen, einbegreifen, enthalten (den Sinn eines Ausdrucks). 2. an etwas beteiligen, in etwas verwickeln; vgl. evolvieren

In|zens *der; -es, -e od. die; -, -ationen* ⟨*lat.*⟩ u. **In|zen|sa|ti|on** *die; -, -en* ⟨*lat.-nlat.*⟩: (kath. Kirche) das Beräuchern mit Weihrauch.
in|zen|sie|ren ⟨*lat.-mlat.*⟩: mit Weihrauch beräuchern
In|zen|so|ri|um *das; -s, ...ien:* (veraltet) Räucherfass
in|zen|tiv ⟨*lat.-engl.*⟩: ansornend, anreizend, antreibend. **In|zen|tiv** *das; -s, -e* ⟨*lat.*⟩: Anreiz, Ansporn
In|zest *der; -[e]s, -e* ⟨*lat.*⟩: a) (Med.) Geschlechtsverkehr zwischen Blutsverwandten, zwischen Geschwistern od. zwischen Eltern u. Kindern; Blutschande; b) Paarung von eng verwandten Tieren
in|zes|tu|ös ⟨*lat.-fr.*⟩: blutschänderisch, einen Inzest bedeutend, in der Art eines Inzests
In|zest|zucht *die; -* ⟨*lat.; dt.*⟩: 1. bei Tieren die Paarung nächster Blutsverwandter zur Herauszüchtung reiner Linien. 2. züchterisch vorgenommene Selbstbestäubung bei fremdbestäubenden Pflanzen
in|zi|dent ⟨*lat.*⟩: (veraltet) im Verlauf einer Angelegenheit nebenbei auffallend; zufällig
in|zi|den|tell: 1. (bes. fachspr.) beiläufig, unwillkürlich erfolgend (z. B. von Lernvorgängen). 2. überwiegend an den Details einer Sache interessiert
in|zi|den|ter: beiläufig, am Rande
In|zi|denz *die; -, -en* ⟨*lat.-mlat.*⟩: 1. (veraltet) Eintritt (eines Ereignisses), Vorfall. 2. (Geometrie) Eigenschaft, gemeinsame Punkte zu besitzen; Beziehung zwischen einem Punkt u. einer Geraden, wobei der Punkt auf der Geraden liegt bzw. die Gerade durch den Punkt geht. 3. (Astron.) Einfall von [atomaren] Teilchen in ein bestimmtes Raumgebiet. 4. (Wirtsch.) Umstand, dass öffentliche Subventionen od. Steuern nicht das Wirtschaftssubjekte begünstigen od. belasten, denen sie vom Gesetzgeber zugedacht sind
in|zi|die|ren ⟨*lat.*⟩: (Med.) einen Einschnitt machen

in|zi|pi|ent ⟨*lat.*⟩: (Med.) beginnend
In|zi|si|on *die; -, -en* ⟨*lat.*⟩: 1. (Med.) Einschnitt. 2.↑ Zäsur, bes. des Pentameters
In|zi|siv *der; -s, -en* u. **In|zi|si|vus** *der; -, ...vi* ⟨*lat.-nlat.*⟩: (Med.) Schneidezahn
In|zi|sur *die; -, -en* ⟨*lat.*⟩: (Anat.) Einschnitt, Einbuchtung, Einsenkung an Knochen u. Organen des menschlichen u. tierischen Körpers
I|od vgl. Jod
I|o|dat vgl. Jodat
I|o|did vgl. Jodid
I|on [auch: 'i:ɔn] *das; -s, Ionen* ⟨*gr.* „Gehendes, Wanderndes"⟩: (Phys.) elektrisch geladenes Atom od. Molekül
I|o|nen|hy|d|ra|ta|ti|on u. **I|o|nenhy|d|ra|ti|on** *die; -:* Anlagerung von Wassermolekülen an Ionen (Hydratwolke)
I|o|nen|re|ak|ti|on *die; -, -en:* chemische Reaktion, deren Triebkraft durch die Anwesenheit von Ionen maßgeblich beeinflusst wird
I|o|nen|strah|len *die* (Plural): aus [rasch bewegten] geladenen materiellen Teilchen (Ionen) bestehende Strahlen
I|o|nen|the|ra|pie *die; -:* (Med.) Heilmethode zur Beeinflussung des Ionenhaushalts des menschlichen Körpers
I|o|ni|cus *der; -, ...ci* [...tsi] u. **I|oni|ker** *der; -s, -* ⟨*gr.-lat.*⟩: antiker Versfuß (rhythmische Einheit); **Ionicus a maiore:** Ionicus mit meist zwei Längen u. zwei Kürzen (‒ ‒ ◡ ◡); **Ionicus a minore:** Ionicus mit meist zwei Kürzen u. zwei Längen (◡ ◡ ‒ ‒)
...i|on/...ie|rung vgl. ...ation/...ierung
I|o|ni|sa|ti|on *die; -, -en* ⟨*gr.-nlat.*⟩: Versetzung von Atomen od. Molekülen in elektrisch geladenen Zustand; vgl. ...ation/...ierung
I|o|ni|sa|tor *der; -s, ...oren:* Gerät, das Ionisation bewirkt
¹**i|o|nisch:** aus Ionen bestehend, sie betreffend
²**i|o|nisch** ⟨*gr.-lat.*⟩: den altgriechischen Dialekt u. die Kunst der Ionier betreffend; **ionischer Dimeter:** aus zwei Ionici bestehendes antikes Versmaß
I|o|nisch *das; -* u. **I|o|ni|sche** *das; -n:* altgriechische (ionische)

Tonart; in der alten Kirchenmusik die dem heutigen C-Dur entsprechende Tonart
i|o|ni|sie|ren ⟨*gr.-nlat.*⟩: 1. Ionisation bewirken. 2. in ein Ion übergehen. **I|o|ni|sie|rung** *die; -, -en:* das Ionisieren; vgl. ...ation/ ...ierung
I|o|ni|um *das; -s:* radioaktives Zerfallsprodukt des Urans, Ordnungszahl 90; Zeichen: Io
I|o|no|me|ter *das; -s, -:* Messgerät zur Bestimmung der Ionisation eines Gases (meist der Luft), um Rückschlüsse auf vorhandene Strahlung zu ziehen
I|o|non vgl. Jonon
I|o|no|pho|re|se *die; -, -n:* ↑ Iontophorese
I|o|nos|phä|re *die; -* ⟨*gr.-nlat.*⟩: äußerste Hülle der Erdatmosphäre (in einer Höhe von 80 bis 800 km)
I|on|to|pho|re|se *die; -, -n* ⟨*gr.-nlat.; gr.*⟩: (Med.) Einführung von Ionen mithilfe des ↑ galvanischen Stroms durch die Haut in den Körper zu therapeutischen Zwecken (bes. bei Erkrankungen des Bewegungsapparates, ferner bei Haut- u. Schleimhautkrankheiten)
I|o|ta usw. vgl. Jota usw.
I|o|vi op|ti|mo ma|xi|mo ⟨*lat.*⟩: Jupiter, dem Besten u. Größten (Eingangsformel römischer Weihinschriften); Abk.: I. O. M.; vgl. Deo optimo maximo
I|pe|ka|ku|an|ha [...ˈku̯anja] *die; -* ⟨*indian.-port.*⟩: Brechwurz; Wurzel einer südamerikanischen Pflanze (Husten- u. Brechmittel)
Ip|sa|ti|on *die; -, -en* ⟨*lat.-nlat.*⟩: Selbstbefriedigung, Onanie
ip|se fe|cit ⟨*lat.*⟩: er hat [es] selbst gemacht (auf Kunstwerken vor od. hinter der Signatur des Künstlers; Abk.: i. f.)
Ip|sis|mus *der; -, ...men:* ↑ Ipsation
ip|sis|si|ma ver|ba: völlig die eigenen Worte (einer Person, die sie gesprochen hat)
ip|so fac|to („durch die Tat selbst"): Rechtsformel, die besagt, dass die Folgen einer Tat von selbst eintreten
ip|so ju|re („durch das Recht selbst"): Rechtsformel, die besagt, dass die Rechtsfolgen einer Tat von selbst eintreten
IQ [iˈkuː, auch: aˈkjuː] *der; -s, -s:* ↑ Intelligenzquotient

IQ-Test *der; -[e]s, -s (auch: -e):* Test zur Feststellung des Intelligenzquotienten

I|ra|de *der* od. *das; -s, -n ⟨arab.-türk.; „Wille"⟩:* (hist.) Erlass des Sultans (der Kabinettsorder des absoluten Herrschers entsprechend)

i|ra|nisch: die auf dem Hochland von Iran lebenden Völker betreffend; **iranische Sprachen:** Sprachen der von den ↑ Ariern hergeleiteten Völker auf dem Hochland von Iran

I|ra|nist *der; -en, -en ⟨nlat.⟩:* Wissenschaftler auf dem Gebiet der Iranistik

I|ra|nis|tik *die; -:* Wissenschaft von den iranischen Sprachen u. Kulturen; Irankunde

I|ra|nis|tin *die; -, -nen:* weibliche Form zu ↑ Iranist

Ir|bis *der; -ses, -se ⟨mong.-russ.⟩:* Schneeleopard (in den Hochgebirgen Zentralasiens)

I|re|nik *die; - ⟨gr.⟩:* das Bemühen um eine friedliche interkonfessionelle Auseinandersetzung mit dem Ziel der Aussöhnung.

i|re|nisch: friedliebend, friedfertig

I|ri|d|ek|to|mie *die; -, ...i̯en ⟨gr.-nlat.⟩:* (Med.) Ausschneidung [eines Teils] der Regenbogenhaut

I|ri|di|um *das; -s:* chem. Element; ein Edelmetall; Zeichen: Ir

I|ri|do|lo|ge *der; -n, -n:* Augendiagnostiker. **I|ri|do|lo|gie** *die; -:* Augendiagnose. **I|ri|do|lo|gin** *die; -, -nen:* weibliche Form zu ↑ Iridologe

I|ri|do|to|mie *die; -, ...i̯en:* ↑ Iridektomie

I|ris *die; -, - ⟨gr.-lat.; „Regenbogen"⟩:* 1. (Meteor.) Regenbogen. 2. (Plural auch: Irides [i'ri:de:s]; Med.) Regenbogenhaut des Auges. 3. Schwertlilie

I|ris|blen|de *die; -, -n:* verstellbare Blende (bes. bei fotografischen Apparaten), deren Öffnung in der Größe kontinuierlich verändert werden kann

I|ris|di|a|g|no|se *die; -:* ↑ Iridologie

I|rish|cof|fee ['aɪrɪʃ'kɔfɪ] *der; -, -s,* auch: **I|rish Cof|fee** *der; - -, - -s ⟨engl.⟩:* Kaffee mit einem Schuss Whiskey u. Schlagsahne

I|rish|cream [...kri:m] *der* od. *die; -, -s,* auch: **I|rish Cream** *der* od. *die; - -, - -s ⟨engl.⟩:* Likör aus Sahne u. Whiskey

I|rish|stew [...'stju:] *das; -[s], -s,* auch: **I|rish Stew** *das; - -[s], - -s ⟨engl.⟩:* Eintopfgericht aus Weißkraut mit Hammelfleisch u. a.

i|ri|sie|ren *⟨gr.-lat.-nlat.⟩:* in Regenbogenfarben schillern; **irisierende Wolken:** (Meteor.) Wolken, deren Ränder perlmutterfarbene Lichterscheinungen zeigen

I|ris|scan|ner [...skɛnɐ] *der; -s, - ⟨lat.; engl.⟩:* (EDV) Scanner, der die Identität einer Person an den Augen ermittelt (z. B. in Geldautomaten)

I|ri|tis *die; -, ...iti̯den:* (Med.) Regenbogenhautentzündung

I|ro|nie *die; -, ...i̯en* (Plural selten) *⟨gr.-lat.⟩:* a) feiner, verdeckter Spott, mit dem man etwas dadurch zu treffen sucht, dass man es unter dem auffälligen Schein der eigenen Billigung lächerlich macht; b) paradoxe Konstellation, die einem als frivoles Spiel einer höheren Macht erscheint (z. B. eine Ironie des Schicksals, der Geschichte)

I|ro|ni|ker *der; -s, -:* Mensch mit ironischer Geisteshaltung. **I|ro|ni|ke|rin** *die; -, -nen:* weibliche Form zu ↑ Ironiker

i|ro|nisch: voller Ironie; mit feinem, verstecktem Spott; durch übertriebene Zustimmung seine Kritik zum Ausdruck bringend

i|ro|ni|sie|ren *⟨gr.-lat.-fr.⟩:* einer ironischen Betrachtung unterziehen

I|ron|man ['aɪənmən] *der; -s ⟨engl.; „eiserner Mann"⟩:* Triathlonwettkampf über die volle Distanz von 3,8 km Schwimmen, 180 km Radfahren und 42,195 km Laufen

I|rons ['aɪəns] *die* (Plural) *⟨engl.⟩:* [Golf]schläger aus Metall

I|ro|nym *das; -s, -e ⟨gr.-nlat.⟩:* ironische Wendung als Deckname (z. B.: Von einem sehr Klugen)

Ir|ra|di|a|ti|on *die; -, -en ⟨lat.-nlat.⟩:* 1. (Med.) Ausbreitung von Erregungen od. von Schmerzen im Bereich ↑ peripherer Nerven. 2. (Psychol.) das Übergreifen von Gefühlen auf neutrale Bewusstseinsinhalte od. Assoziationen. 3. Überbelichtung von fotografischen Platten. 4. optische Täuschung,

durch die ein heller Fleck auf dunklem Grund dem Auge größer erscheint als ein dunkler Fleck auf hellem Grund

ir|ra|di|ie|ren *⟨lat.⟩:* ausstrahlen, als eine Irradiation (1 u. 2) wirken

ir|ra|ti|o|nal [auch: ...'na:l] *⟨lat.⟩:* a) mit dem Verstand nicht fassbar, dem logischen Denken nicht zugänglich; b) vernunftwidrig; **irrationale Zahlen:** (Math.) alle Zahlen, die sich nicht durch Brüche ganzer Zahlen ausdrücken lassen, sondern nur als periodische Dezimalbrüche mit unbegrenzter Stellenzahl dargestellt werden können; Ggs. ↑ rational; vgl. ...al/...ell

Ir|ra|ti|o|na|lis|mus *der; -, ...men ⟨lat.-nlat.⟩:* 1. (ohne Plural) Vorrang des Gefühlsmäßigen vor der Verstandeserkenntnis. 2. (ohne Plural) metaphysische Lehre, nach deren Wesen u. Ursprung der Welt dem Verstand (der Ratio) unzugänglich sind. 3. irrationale Verhaltensweise, Geschehen o. Ä.

Ir|ra|ti|o|na|li|tät *die; -:* die Eigenschaft des Irrationalen

ir|ra|ti|o|nell [auch: ...'nɛl]: dem Verstand nicht zugänglich, außerhalb des Rationalen, vgl. ...al/...ell

ir|re|al: nicht wirklich, unwirklich; Ggs. ↑ real (2). **Ir|re|al** *der; -s, -e:* ↑ Irrealis. **Ir|re|a|lis** *der; -, ...les [...le:s]:* ↑ Modus des unerfüllbaren Wunsches, einer als unwirklich hingestellten Annahme (z. B.: Wenn ich ein Vöglein wär ..., Hättest du es doch nicht getan!)

Ir|re|a|li|tät *die; -, -en:* die Nichtod. Unwirklichkeit; Ggs. ↑ Realität

Ir|re|den|ta *die; -, ...ten ⟨lat.-it.⟩:* 1. (ohne Plural) italienische Unabhängigkeitsbewegung im 19. Jh. 2. politische Unabhängigkeitsbewegung, die den Anschluss abgetrennter Gebiete an das Mutterland anstrebt

Ir|re|den|tis|mus *der; -⟨lat.-it.-nlat.⟩:* Geisteshaltung der Irredenta. **Ir|re|den|tist** *der; -en, -en:* Angehöriger der Irredenta, Verfechter des Irredentismus. **Ir|re|den|tis|tin** *die; -, -nen:* weibliche Form zu ↑ Irredentist. **ir|re|den|tis|tisch:** den Irredentismus betreffend

ir|re|duk|ti|bel [auch: ...'ti:...] ⟨*lat.-nlat.*⟩: nicht zurückführbar, nicht wiederherstellbar

ir|re|du|zi|bel [auch: ...'tsi:...]: (Philos.; Math.) nicht zurückführbar, nicht ableitbar; Ggs. ↑ reduzibel. **Ir|re|du|zi|bi|li|tät** *die; -:* (Philos.; Math.) Nichtableitbarkeit

ir|re|gu|lär [auch:...'lɛ:ɐ]: 1. a) nicht regelgemäß, nicht der Regel entsprechend; b) nicht dem Gesetz entsprechend, ungesetzlich, regelwidrig; Ggs. ↑ regulär; **irreguläre Truppen:** außerhalb des regulären Heeres aufgebotene Verbände (Freikorps, Partisanen o. Ä.). 2. vom Empfang der katholischen geistlichen Weihen ausgeschlossen. **Ir|re|gu|lä|re** *der* u. *die; -n, -n:* Angehöriger irregulärer Truppen **Ir|re|gu|la|ri|tät** *die; -, -en:* 1. a) Regellosigkeit; mangelnde Gesetzmäßigkeit; Ggs. ↑ Regularität (a); b) (Sprachw.) vom üblichen Sprachgebrauch abweichende Erscheinung; Ggs. ↑ Regularität (b). 2. (kath. Kirchenrecht) kirchenrechtliches Hindernis, das vom Empfang der geistlichen Weihen ausschließt

ir|re|le|vant [auch: ...'vant]: unerheblich, belanglos; Ggs. ↑ relevant. **Ir|re|le|vanz** [auch: ...'vants] *die; -, -en:* Unwichtigkeit, Bedeutungslosigkeit; Ggs. ↑ Relevanz

ir|re|li|gi|ös [auch: ...'gjøs] ⟨*lat.*⟩: nicht religiös (2). **Ir|re|li|gi|o|si|tät** [auch: 'ɪr...] *die; -:* irreligiöse Einstellung; Ggs. ↑ Religiosität

ir|re|pa|ra|bel [auch: ...'ra:...] ⟨*lat.*⟩: a) sich nicht durch eine Reparatur instand setzen lassend; b) sich nicht ersetzen, beheben lassend; c) (Med.) nicht heilbar, in der Funktion nicht wiederherzustellen. **Ir|re|pa|ra|bi|li|tät** *die; -:* Unmöglichkeit, einen Schaden, Fehler o. Ä. wieder auszugleichen

ir|re|po|ni|bel [auch: ...'ni:...]: (Med.) nicht wieder in die normale Lage zurückzubringen (z. B. von Gelenken); Ggs. ↑ reponibel

ir|res|pi|ra|bel [auch: ...'ra:...] ⟨*lat.*⟩: (Med.) nicht atembar, zum Einatmen untauglich

ir|re|ver|si|bel [auch: ...'zi:...] ⟨*lat.-fr.*⟩: nicht umkehrbar, nicht rückgängig zu machen; Ggs.

↑ reversibel (1). **Ir|re|ver|si|bi|li|tät** [auch: 'ɪr...] *die; -:* Unumkehrbarkeit; Ggs. ↑ Reversibilität

ir|re|vi|si|bel [auch: ...'zi:...]: (veraltet) nicht mit Rechtsmitteln anfechtbar (in Bezug auf Urteile); Ggs. ↑ revisibel

Ir|ri|ga|ti|on *die; -, -en* ⟨*lat.;* „Bewässerung"⟩: 1. (Med.) Ausspülung (bes. des Darms bei Verstopfung), Einlauf. 2. (Fachspr. selten) Bewässerung

Ir|ri|ga|tor *der; -s, ...oren:* (Med.) Spülapparat (z. B. für Spülungen des Dickdarms)

ir|ri|gie|ren: (selten) bewässern

ir|ri|ta|bel ⟨*lat.*⟩: (Med.) reizbar, erregbar, empfindlich (z. B. von Nerven). **Ir|ri|ta|bi|li|tät** *die; -:* (Med.) Reizbarkeit, Empfindlichkeit (z. B. eines Gewebes)

Ir|ri|ta|ti|on *die; -, -en:* a) auf jmdn., etwas ausgeübter Reiz, Reizung; b) das Erregtsein; c) Verwirrung, Zustand der Verunsicherheit. **ir|ri|tie|ren:** a) [auf] reizen, erregen; b) unsicher machen, verwirren, beunruhigen, beirren; c) stören, lästig sein; d) (veraltend) ärgern

Ir|vin|gi|a|ner *der; -s, -* ⟨nach dem Volksprediger Edward Irving, 1792–1834⟩: Angehöriger einer schwärmerischen katholischapostolischen Sekte des 19. Jh.s [in England], die die baldige Wiederkunft Christi erwartete. **Ir|vin|gi|a|ne|rin** *die; -, -nen:* weibliche Form zu ↑ Irvingianer. **Ir|vin|gi|a|nis|mus** *der; -* ⟨*nlat.*⟩: Lehre der Irvingianer

is..., Is... vgl. iso..., Iso...

I|sa|bel|le *die; -, -n* ⟨angeblich nach der Farbe des Hemdes, das die span. Erzherzogin Isabelle von 1601 bis 1604 getragen haben soll⟩: Pferd mit isabellfarbenem Fell u. gleichfarbenem od. hellerem Mähnen- u. Schweifhaar. **i|sa|bell|far|ben** u. **i|sa|bell|far|big:** graugelb

I|sa|go|ge *die; -, -n* ⟨*gr.-lat.*⟩: in der Antike Einführung in eine Wissenschaft. **I|sa|go|gik** *die; -* ⟨*gr.*⟩: Kunst der Einführung in eine Wissenschaft, bes. die Lehre von der Entstehung der biblischen Bücher

I|sa|kus|te *die; -, -n* ⟨*gr.-nlat.*⟩: Verbindungslinie zwischen Orten gleicher Schallstärke (bei Erdbeben)

I|sal|lo|ba|re *die; -, -n* ⟨*gr.-nlat.*⟩:

(Meteor.) Linie, die Orte gleicher Luftdruckveränderung verbindet

I|sal|lo|ther|me *die; -, -n:* (Meteor.) Linie, die Orte gleicher Temperaturveränderung verbindet

I|sa|na|ba|se *die; -, -n* ⟨*gr.-nlat.*⟩: Verbindungslinie zwischen Orten gleicher Hebung (bei tektonischer Bewegung der Erdkruste)

I|sa|ne|mo|ne *die; -, -n* ⟨*gr.-nlat.*⟩: (Meteor.) Linie, die Orte verbindet, an denen gleiche Windgeschwindigkeit herrscht

I|sa|no|ma|le *die; -, -n* ⟨*gr.-nlat.*⟩: (Meteor.) Linie, die Orte verbindet, deren Abweichung von einem Normalwert gleich ist

ISA-Sys|tem *das; -s:* die von der International Federation of the National Standardizing Associations festgelegten Normzahlen, Toleranzen, Passungen bei einander zugeordneten Maschinenteilen

I|sa|tin *das; -s* ⟨*gr.-lat.-nlat.*⟩: bei der Oxidation von Indigo mit Salpetersäure entstehendes Zwischen- u. Ausgangsprodukt in der pharmazeutischen u. Farbstoffindustrie

I|sa|tis *die; -* ⟨*gr.-lat.*⟩: (Bot.) Gattung der Kreuzblütler; Waid

Is|ba *die; -, -i|sbi* ⟨*russ.*⟩: russische Bezeichnung für Holzhaus, Blockhütte (bes. der Bauern)

ISBN Abk. für *engl.* International Standard Book Number (mehrstellige Nummer, die seit 1973 jedes Buch erhält)

...isch/-

Bei Adjektiven aus fremden Sprachen konkurrieren des Öfteren endungslose Adjektive mit solchen, die auf ...isch enden:
– genial/genialisch
– ideal/idealisch
Dabei haben die endungslose Adjektive mehr die Qualität eines Eigenschaftswortes:
– antik
– sentimental
Die selteneren, auf ...isch endenden Relativadjektive, drücken hingegen eine Beziehung (Zugehörigkeit, Vergleichsbildung, Gleichsetzung) aus:
– antikisch
– sentimentalisch

I|s|ch|ä|mie *die; -, ...ien ⟨gr.-nlat.⟩:* (Med.) örtliche Blutleere, mangelnde Versorgung einzelner Organe mit Blut. i|s|ch|ä|misch: (Med.) blutleer

I|sche *die; -, -n ⟨hebr.-jidd.⟩:* (ugs.) Mädchen, junge Frau (aus der Sicht eines Jungen, jungen Mannes)

I|s|chi|al|di|kus [auch: ı'ʃi̯a...] *der; -, ...izi* (Plural selten) ⟨gr.-lat.⟩: Ischias-, Hüftnerv. i|s|chi|a|disch [auch: ı'ʃi̯a...]: den Ischias betreffend

I|s|chi|al|gie [auch: ı'ʃi̯...] *die; -, ...ien⟨gr.-nlat.⟩:* ↑ Ischias

I|s|chi|as [auch: 'ıʃi̯as] *der od. das,* fachspr. auch: *die; - ⟨gr.-lat.⟩:* (Med.) Hüftschmerzen; [anfallsweise auftretende] Neuralgie im Ausbreitungsbereich des ↑ Ischiadikus. I|s|chi|um ['ıʃi̯ʊm] *das; -s, ...ia:* (Med.) Hüfte, Gesäß

I|s|ch|u|rie *die; -, ...ien ⟨gr.-nlat.⟩:* (Med.) Harnverhaltung; Unmöglichkeit, Harn zu entleeren

ISDN *das; - ⟨Abk. für engl.; integrated services digital network* „Dienste integrierendes digitales [Nachrichten]netz"⟩: der schnellen Übermittlung von Sprache, Text, Bild, Daten dienendes Kommunikationsnetz

i|s|en|trop u. i|s|en|tro|pisch ⟨gr.-nlat.⟩: bei gleich bleibender ↑ Entropie verlaufend (von thermodynamischen Prozessen)

Is|fa|han u. Ispahan *der; -[s], -s* ⟨nach der iran. Stadt Isfahan (früher: Ispahan)⟩: feiner, handgeknüpfter Teppich mit Blüten-, Ranken- od. Arabeskenmusterung auf meist beigefarbenem Grund

Is|lam [auch: 'ıslam] *der; -[s]* ⟨arab.; „Hingabe [an Gott]"⟩: auf die im Koran niedergelegte Verkündigung des arabischen Propheten Mohammed (um 570–632) zurückgehende monotheistische Religion

Is|la|mi|sa|ti|on *die; -, -en ⟨arab.-nlat.⟩:* Bekehrung zum Islam; vgl. ...ation/...ierung

is|la|misch: zum Islam gehörend

is|la|mi|sie|ren: zum Islam bekehren; unter die Herrschaft des Islams bringen. Is|la|mi|sie|rung *die; -, -en:* das Islamisieren; vgl. ...ation/...ierung

Is|la|mis|mus *der; - ⟨arab.-nlat.⟩:* dem islamischen Fundamentalismus zugrunde liegende Ideologie. Is|la|mist *der; -en, -en:* 1. Anhänger des Islamismus. 2. jmd., der den Islam wissenschaftlich erforscht. Is|la|mistin *die; -, -nen:* weibliche Form von ↑ Islamist. is|la|mis|tisch: den Islamismus betreffend, von ihm geprägt

Is|ma|e|lit *der; -en, -en ⟨nach Ismael, dem Sohn Abrahams, der nach Isaaks Geburt mit seiner Mutter Hagar verstoßen wurde⟩:* a) Angehöriger alttestamentlicher nordarabischer Stämme, die Ismael als ihren Stammvater ansehen; b) ↑ Ismailit

Is|ma|i|lit *der; -en, -en ⟨nach Ismail (†760), einem Nachkommen Mohammeds⟩:* Angehöriger einer ↑ schiitischen Glaubensgemeinschaft, in der nur sieben ↑ Imame (2), als letzter Ismail, anerkannt werden

Is|mus *der; -, Ismen:* abwertende Bez. für eine bloße Theorie, eine von den vielen auf ...ismus endenden Richtungen in Wissenschaft, Kunst o. Ä., von Lehrmeinungen u. Systemen

...is|mus/...is|tik *s. Kasten*

ISO *die; - ⟨Kurzw. für International Organization for Standardization⟩:* Internationale Normierungsorganisation

---

i|so..., I|so...

vor Vokalen meist is..., Is...
⟨gr. ísos „ähnlich, entsprechend, gleich"⟩
Präfix mit der Bedeutung „gleich":
– Isanabase
– Isobare
– Isoglosse
– isometrisch
– isotonisch

I|so|am|p|li|tu|de *die; -, -n:* (Meteor.) Linie, die Orte verbindet, an denen gleiche mittlere Temperaturschwankungen bestehen

i|so|bar ⟨gr.-nlat.⟩: 1. (in Bezug auf Atomkerne) gleiche Nukleonenzahl bei verschiedener Protonen- u. Neutronenzahl besitzend. 2. (Phys.) gleichen Druck habend; **isobarer Vorgang:** (Phys.) ohne Druckänderung verlaufender Vorgang.

I|so|bar *das; -s, -e:* Atomkern mit isobaren Eigenschaften

I|so|ba|re *die; -, -n:* Verbindungslinie zwischen Orten, an denen gleicher Luftdruck herrscht

I|so|ba|se *die; -, -n ⟨gr.-nlat.⟩:* ↑ Isanabase

I|so|ba|the *die; -, -n ⟨gr.-nlat.⟩:* Verbindungslinie zwischen Punkten, an denen gleiche Wassertiefe herrscht

I|so|bu|tan *das; -s:* gesättigter Kohlenwasserstoff; farbloses, brennbares Gas

I|so|chas|me [...ç...] *die; -, -n ⟨gr.-nlat.⟩:* (Meteor.) Verbindungslinie zwischen Orten gleich häufigen Auftretens von Polarlicht

I|so|chi|me|ne *die; -, -n ⟨gr.-nlat.⟩:* (Meteor.) Verbindungslinie zwischen Orten gleicher mittlerer Wintertemperatur

i|so|chor ⟨gr.-nlat.⟩: gleiches Volumen habend; **isochorer Vorgang:** Vorgang ohne Änderung des Volumens

i|so|chrom ⟨gr.-nlat.⟩: ↑ isochromatisch

I|so|chro|ma|sie *die; -:* gleiche Farbempfindlichkeit, Farbtonrichtigkeit, bes. bei fotografischen Emulsionen

i|so|chro|ma|tisch: verschiedene Farben gleich behandelnd, für alle Spektralfarben gleich empfindlich, farbtonrichtig; **isochromatische Platte:** für den gesamten Spektralbereich gleich empfindliche fotografische Platte

i|so|chron ⟨gr.-nlat.⟩: (Phys.) gleich lang dauernd. I|so|chro|ne *die; -, -n:* Verbindungslinie zwischen Orten gleichzeitigen Auftretens bestimmter Erscheinungen (z. B. einer Erdbebenwelle)

i|so|chro|nis|mus *der; -:* Eigenschaft von Schwingsystemen bei Uhren, dass die Schwingungsdauer von Störungen unabhängig ist

i|so|cy|c|lisch vgl. isozyklisch

i|so|dont ⟨gr.-nlat.⟩: ↑ homodont

I|so|dy|na|me *die; -, -n ⟨gr.-nlat.⟩:* Verbindungslinie zwischen Orten, an denen gleiche magnetische Stärke herrscht

I|so|dy|ne *die; -, -n:* (Phys.) Linie, die Punkte gleicher Kraft verbindet

i|so|e|lek|t|risch: die gleiche Anzahl positiver wie negativer La-

...is|mus/...is|tik

Zuweilen konkurrieren die beiden Suffixe für abstrakte Substantive und stehen ohne Bedeutungs-
unterschied nebeneinander:
– Alpinismus/Alpinistik
Im Allgemeinen zeigen sich aber Bedeutungsnuancen:

...ismus	...istik
der; -, ...ismen (häufig ohne Plural) ⟨*gr.* ...ismos → *(n)lat.* ...ismus (→ *engl.* ...ism und *fr.* ...isme)⟩ Suffix, das eine Strömung, Tendenz, Geisteshaltung oder eine Erscheinung selbst bezeichnet: – Darwinismus – Journalismus – Realismus – Tourismus	*die;* -, -en (häufig ohne Plural) ⟨*gr.* ...istiké (téchne) → *(n)lat.* ...istica (→ *fr.* ...istique)⟩ Suffix, das auf eine übergeordnete Ebene verweist, die die Theorie, die Lehre oder Wissenschaft von etwas meint: – Arabistik – Essayistik – Publizistik – Touristik

dungen aufweisend (bei ↑ am-
photeren ↑ Elektrolyten); **iso-
elektrischer Punkt:** bei organischen ↑ Kolloiden auf der
Kurve, die den Ladungsüber-
schuss der positiven Wasser-
stoffionen angibt, der Punkt,
bei dem durch Zugabe von Lau-
gen od. Säuren die negativen
Ionen die freien Wasserstoffio-
nen gerade neutralisieren
I|so|fo|ne vgl. Isophone
I|so|ga|met *der;* -en, -en ⟨*gr.-
nlat.*⟩: (Biol.) männliche od.
weibliche Geschlechtszelle
ohne geschlechtsspezifische
Merkmale
I|so|ga|mie *die;* -, ...ien: (Biol.)
Vereinigung gleich gestalteter
Geschlechtszellen
i|so|gen ⟨*gr.-nlat.*⟩: (in Bezug auf
pflanzliche od. tierische Organismen) genetisch identisch
I|so|ge|o|ther|me *die;* -, -n ⟨*gr.-
nlat.*⟩: (Meteor.) Verbindungslinie zwischen Orten, an denen
gleiche Erdbodentemperatur
herrscht
I|so|glos|se *die;* -, -n ⟨*gr.-nlat.*⟩:
(Sprachw.) auf Sprachkarten Linie, die Gebiete gleichen Wort-
gebrauchs begrenzt
I|so|gon *das;* -s, -e ⟨*gr.-nlat.*⟩: re-
gelmäßiges Vieleck. i|so|go|nal:
winkelgetreu (bes. bei geometrischen Figuren u. bei Land-
karten), gleichwinklig. I|so|go-
na|li|tät *die;* -: Winkeltreue
(bes. bei Landkarten)
I|so|go|ne *die;* -, -n: (Meteor.)
Verbindungslinie zwischen Orten gleicher ↑ Deklination (3)
od. gleichen Windes
I|so|hal|li|ne *die;* -, -n ⟨*gr.-nlat.*⟩:
(Geol.) Verbindungslinie zwi-

schen Orten gleichen Salzge-
halts
I|so|he|lie [...ljə] *die;* -, -n ⟨*gr.-
nlat.*⟩: (Meteor.) Verbindungslinie zwischen Orten mit gleich
langer Sonnenbestrahlung
I|so|hy|e|te *die;* -, -n ⟨*gr.-nlat.*⟩:
(Meteor.) Verbindungslinie
zwischen Orten mit gleicher
Niederschlagsmenge
I|so|hyp|se *die;* -, -n ⟨*gr.-nlat.*⟩:
(Geogr.) Verbindungslinie zwischen Orten gleicher Meeres-
höhe
I|so|kepha|lie *die;* - ⟨*gr.-nlat.*⟩:
gleiche Kopfhöhe aller Gestalten eines Gemäldes od. Reliefs
I|so|ke|rau|ne *die;* -, -n ⟨*gr.-nlat.*⟩:
(Meteor.) Verbindungslinie
zwischen Orten gleicher Häufigkeit, Stärke od. der Gleich-
zeitigkeit von Gewittern
i|so|kli|nal ⟨*gr.-nlat.*⟩: (Geol.) nach
der gleichen Richtung einfal-
lend. I|so|kli|na|le *die;* -, -n u.
I|so|kli|nal|fal|te *die;* -, -n:
(Geol.) Gesteinsfalte, deren
beide Schenkel gleich geneigt
sind
I|so|kli|ne *die;* -, -n: (Geogr.) Ver-
bindungslinie zwischen Orten
gleicher ↑ Inklination (2)
I|so|ko|lon *das;* -s, ...la ⟨*gr.*⟩: (an-
tike Rhet.) Satzteil, der innerhalb einer Periode mit anderen
koordinierten Satzteilen in der
Länge gleich ist; vgl. Kolon (2)
I|so|kry|me *die;* -, -n ⟨*gr.-nlat.*⟩:
1. (Meteor.) Verbindungslinie
zwischen Orten mit gleichzeitiger Eisbildung auf Gewässern.
2. Verbindungslinie zwischen
Orten gleicher Minimaltempe-
ratur
I|so|lar|plat|te *die;* -, -n ⟨*lat.-it.-fr.-*

nlat.; dt.⟩: lichthoffreie fotografische Platte
I|so|la|ti|on *die;* -, -en ⟨*lat.-it.-fr.*⟩:
1. Absonderung, Getrennthal-
tung [von Infektionskranken,
psychisch Auffälligen od. Häft-
lingen]. 2. a) Vereinzelung, Ver-
einsamung (eines Individuums
innerhalb einer Gruppe); Ab-
kapselung; b) Abgeschnitten-
heit eines Gebietes (vom Verkehr, von der Kultur o. Ä.).
3. a) Verhinderung des Durch-
gangs von Strömen (Gas,
Wärme, Elektrizität, Wasser
u. a.) mittels nicht leitender
Stoffe; b) (Techn.) Isoliermate-
rial; vgl. ...ation/...ierung
I|so|la|ti|o|nis|mus *der;* - ⟨*lat.-it.-
fr.-nlat.*⟩: politische Tendenz,
sich vom Ausland abzuschlie-
ßen u. staatliche Eigeninteres-
sen zu betonen. I|so|la|ti|o|nist
der; -en, -en: Verfechter des
Isolationismus. I|so|la|ti|o|nis-
tin *die;* -, -nen: weibliche Form
zu ↑ Isolationist. i|so|la|ti|o|nis-
tisch: den Isolationismus betreffend, dem Isolationismus
entsprechend
I|so|la|ti|ons|haft *die;* -: Haft, bei
der die Kontakte des Häftlings
zur Außenwelt eingeschränkt
od. unterbunden werden
i|so|la|tiv ⟨*lat.-it.-fr.*⟩: eine Isola-
tion (1, 2, 3) darstellend, be-
inhaltend
I|so|la|tor *der;* -s, ...oren: 1. Stoff,
der Energieströme schlecht od.
gar nicht leitet. 2. a) Material
zum Abdichten, Isolieren;
b) zur Verhinderung von Kurz-
schlüssen o. Ä. verwendetes
Material als Umhüllung u.

Stütze für unter Spannung stehende elektrische Leitungen

Il so|le|xe *die; -, -n* ⟨*gr.-nlat.*⟩: ↑ Isoglosse

i| so|lie|ren ⟨*lat.-it.-fr.*⟩: 1. absondern; vereinzeln; abschließen; **isolierende Sprache:** Sprache, die die Beziehungen der Wörter im Satz nur durch die Wortstellung ausdrückt (z. B. das Chinesische); Ggs. ↑ agglutinierende, ↑ flektierende Sprache; **isolierte Bildung:** von einer Gruppe od. einer bestimmten Funktion losgelöste, erstarrte sprachliche Form (z. B. verschollen; lebt nicht mehr als 2. Partizip zu „verschallen", sondern ist zum Adjektiv geworden). 2. (Med.) Infizierte von Nichtinfizierten getrennt halten. 3. (Schach) eine Figur von ihren Mitstreitkräften abschneiden. 4. (Techn.) einen ↑ Isolator anbringen

Il so|lier|sta|ti|on *die; -, -en:* Abteilung eines Krankenhauses, in der Patienten mit Infektionskrankheiten, seltener auch psychisch Kranke untergebracht werden

Il so|lie|rung *die; -, -en:* a) das Isolieren; b) ↑ Isolation (3 b); vgl. ...ation/...ierung

I| so|li|nie *die; -, -n:* Linie auf geographischen, meteorologischen u. sonstigen Karten, die Punkte gleicher Wertung od. gleicher Erscheinungen verbindet

i| so|ma|g|ne|tisch: gleiche erdmagnetische Werte aufweisend; **isomagnetische Kurve:** Verbindungslinie zwischen isomagnetischen Punkten

i| so|mer ⟨*gr.;* „von gleichen Teilen"⟩: 1. (Bot.) gleich gegliedert in Bezug auf die Blattkreise einer Blüte, die alle gleich viele Glieder aufweisen; Ggs. ↑ heteromer. 2. (Chem.) die Eigenschaft der Isomeren aufweisend. **Il so|mer** *das; -s, -e* (meist Plural) u. **Il so|me|re** *das; -n, -n* (meist Plural) die 1. chemische Verbindung, die trotz der gleichen Anzahl gleichartiger Atome im Molekül durch deren Anordnung von einer entsprechenden anderen Verbindung hinsichtlich ihrer chemischen u. physikalischen Eigenschaften unterschieden ist. 2. Atomkern, der die gleiche Anzahl

Protonen u. Neutronen wie ein anderer Atomkern hat, aber unterschiedliche kernphysikalische Eigenschaften aufweist

Il so|me|rie *die; - ⟨gr.-nlat.⟩:* 1. (Bot.) gleiche Gliederung in Bezug auf die Blattkreise einer Blüte, die alle gleich viele Glieder aufweisen. 2. die Verhaltensweise der Isomeren

Il so|me|ri|sa|ti|on *die; -, -en* u. **Il so|me|ri|sie|rung** *die; -, -en:* Umwandlung einer chemischen Verbindung in eine andere von gleicher Summenformel u. gleicher Molekülgröße; vgl. ...ation/...ierung

i| so|me|sisch ⟨*gr.*⟩: (Geol.) im gleichen ↑ ¹Medium (3) gebildet (in Bezug auf Gesteine); Ggs. ↑ heteromesisch

Il so|me|t|rie *die; - ⟨gr.*⟩: „gleiches Maß"⟩: 1. Längengleichheit, Längentreue, bes. bei Landkarten. 2. (Biol.) mit dem Gesamtwachstum übereinstimmendes, gleichmäßig verlaufendes Wachstum von Organen od. Organsystemen; Ggs. ↑ Allometrie. **Il so|me|t|rik** *die; -:* isometrisches Muskeltraining. **i| so|me|t|risch:** die gleiche Längenausdehnung beibehaltend; **isometrisches Muskeltraining:** rationelle Methode des Krafttrainings, bei der die Muskulatur ohne Änderung der Längenausdehnung angespannt wird; **isometrisches Wachstum:** ↑ Isometrie (2)

i| so|me|t|rop ⟨*gr.-nlat.*⟩: (Med.) (auf beiden Augen) gleichsichtig. **Il so|me|t|ro|pie** *die; -:* (Med.) gleiche Sehkraft auf beiden Augen

i| so|morph ⟨*gr.-nlat.*⟩: 1. (Phys., Chem.) von gleicher Gestalt (bes. bei Kristallen). 2. (Math.) in der algebraischen Struktur einen Isomorphismus enthaltend. 3. (Sprachw.) die gleiche sprachliche Struktur (die gleiche Anzahl von Konstituenten mit den gleichen Beziehungen zueinander, z. B. unbezähmbar, unverlierbar) aufweisend. **Il so|mor|phie** *die; -:* isomorpher Zustand

Il so|mor|phis|mus *der; -:* 1. Eigenschaft gewisser chemischer Stoffe, gemeinsam dieselben Kristalle (Mischkristalle) zu bilden. 2. (Math.) spezielle, um-

kehrbar eindeutige Abbildung einer algebraischen Struktur auf eine andere

Il so|ne|phe *die; -, -n* ⟨*gr.-nlat.*⟩: (Meteor.) Verbindungslinie zwischen Orten mit gleich starker Bewölkung

Il so|no|mie *die; - ⟨gr.*⟩: (veraltet) a) Gleichheit vor dem Gesetz; b) [politische] Gleichberechtigung

Il so|om|b|re *die; -, -n* ⟨*gr.-nlat.*⟩: (Meteor.) Verbindungslinie zwischen Orten mit gleicher Wasserverdunstung

Il so|pa|ge *die; -, -n* ⟨*gr.-nlat.*⟩: (Meteor.) Verbindungslinie zwischen Orten mit zeitlich gleich langer Eisbildung auf Gewässern

Il so|pa|thie *die; - ⟨gr.-nlat.*⟩: (Med.) Behandlung einer Krankheit mit Stoffen, die durch die Krankheit im Organismus gebildet werden (z. B. Antikörper, Vakzine)

i| so|pe|ri|me|t|risch ⟨*gr.-nlat.*⟩: (Math.) (von Flächen u. Körpern) von gleichem Ausmaß

Il so|perm *das; -s ⟨gr.; lat.*⟩: (Phys.) magnetisches Material mit möglichst konstanter ↑ Permeabilität bei verschiedenen Magnetfeldstärken

Il so|pha|ne *die; -, -n* ⟨*gr.-nlat.*⟩: (Meteor.) Verbindungslinie zwischen Orten mit gleichem Vegetationsbeginn

Il so|pho|ne, auch: Isofone *die; -, -n* ⟨*gr.-nlat.*⟩: Linie auf Sprachkarten, die die geographische Verbreitung bestimmter Lauterscheinungen verzeichnet

i| si|o|pisch ⟨*gr.-nlat.*⟩: (Geol.) in der gleichen ↑ Fazies vorkommend (in Bezug auf Gesteine); Ggs. ↑ heteropisch

Il so|ple|the *die; -, -n* ⟨*gr.-nlat.*⟩: (Meteor.) Verbindungslinie zwischen Orten mit gleichen Zahlenwerten, die hauptsächlich zur grafischen Darstellung der täglichen u. jährlichen Temperaturänderungen dient

Il so|po|de *die; -n, -n* (meist Plural) ⟨*gr.-nlat.*⟩: Assel

Il so|p|ren *das; -s* ⟨Kunstw.⟩: flüssiger, ungesättigter Kohlenwasserstoff

Il so|p|te|ra *die* (Plural) ⟨*gr.-nlat.*⟩: ↑ Termiten

Il so|quan|te *die; -, -n* ⟨*gr.; lat.*⟩: grafische Darstellung des Verhältnisses der einzelnen für die Produktion notwendigen Faktoren (z. B. Arbeit, Boden, Kapital) zur Feststellung u. Planung von Produktmenge, Kosten u. a. i|so|rhyth|misch ⟨gr.⟩: (Mus.) a) unabhängig von Tonhöhe u. Text rhythmisch sich wiederholend (in Kompositionen des ausgehenden Mittelalters); b) in allen Stimmen eines Satzes rhythmisch gleich bleibend (in kontrapunktischen Sätzen) I|sor|rha|chie [...xjə] die; -, -n ⟨gr.-nlat.⟩: Verbindungslinie zwischen Orten mit gleichzeitigem Fluteintritt I|so|seis|te die; -, -n ⟨gr.-nlat.⟩: Verbindungslinie zwischen Orten mit gleicher Erdbebenstärke I|so|skop das; -s, -e ⟨gr.-nlat.⟩: Bildaufnahmevorrichtung beim Fernsehen i|s|os|mo|tisch: ↑ isotonisch I|so|spin der; -s, -s ⟨gr.; engl.⟩: (Phys.) Quantenzahl zur Klassifizierung von Elementarteilchen I|so|s|ta|sie die; - ⟨gr.-nlat.⟩: Gleichgewichtszustand zwischen einzelnen Krustenstücken der Erdrinde u. der darunter befindlichen unteren Zone der Erdkruste. i|so|s|ta|tisch: die Isostasie betreffend I|so|tal|lan|to|se die; -, -n ⟨gr.-nlat.⟩: (Meteor.) Verbindungslinie zwischen Orten mit gleicher jährlicher Temperaturschwankung I|so|the|re die; -, -n ⟨gr.-nlat.⟩: (Meteor.) Verbindungslinie zwischen Orten mit gleich starker Sommersonnenbestrahlung i|so|therm ⟨gr.-nlat.⟩: (Meteor.) gleiche Temperatur habend; isothermer Vorgang: Vorgang, der ohne Temperaturveränderung verläuft. I|so|ther|me die; -, -n: (Meteor.) Verbindungslinie zwischen Orten mit gleicher Temperatur. I|so|ther|mie die; -, ...ien: 1. (Meteor.) gleich bleibende Temperaturverteilung. 2. (Med.) Erhaltung der normalen Körpertemperatur I|so|to|mie die; - ⟨gr.-nlat.⟩: gleichmäßiges Wachstum der Triebe einer ↑ dichotomen Verzweigung bei Pflanzen I|so|ton das; -s, -e (meist Plural) ⟨gr.-nlat.⟩: (Kernphysik) Atom-

kern, der die gleiche Anzahl Neutronen wie ein anderer, aber eine von diesem verschiedene Protonenzahl enthält. i|so|to|nisch: gleichen ↑ osmotischen Druck habend (in Bezug auf Lösungen) i|so|top ⟨gr.-nlat.⟩: gleiche Kernladungszahl, gleiche chemische Eigenschaften, aber verschiedene Masse besitzend; vgl. ...isch/-. I|so|top das; -s, -e (meist Plural): Atom od. Atomkern, der sich von einem andern des gleichen chemischen Elements nur in seiner Massenzahl unterscheidet I|so|to|pen|di|a|g|nos|tik die; -: (Med.) Verwendung von radioaktiven Isotopen zu medizinisch-diagnostischen Zwecken I|so|to|pen|the|ra|pie die; -: (Med.) Verwendung von radioaktiven Isotopen zu therapeutischen Zwecken I|so|to|pie die; -: 1. a) isotoper Zustand; b) das Vorkommen von Isotopen. 2. (Sprachw.) Einheitlichkeit von Rede u. Realitätsebene. i|so|to|pisch: (Geol.) im gleichen Raum gebildet (in Bezug auf Gesteine); Ggs. ↑ heterotopisch; vgl. ...isch/- I|so|t|ron das; -s, ...trone, auch: -s ⟨gr.-nlat.⟩: Gerät zur Isotopentrennung, das die unterschiedliche Geschwindigkeit verschiedener Isotope gleicher Bewegungsenergie ausnutzt i|so|trop ⟨gr.⟩: (Phys.) nach allen Richtungen hin gleiche Eigenschaften aufweisend; Ggs. ↑ anisotrop. I|so|tro|pie die; - ⟨gr.-nlat.⟩: isotrope Eigenschaft I|so|ty|pie die; - ⟨gr.-nlat.⟩: (Chem.) Übereinstimmung von Stoffen in Bezug auf Zusammensetzung u. Kristallgitter, ohne dass sie Mischkristalle miteinander bilden können i|so|zy|k|lisch ⟨gr.-nlat.⟩: 1. ↑ isomer (1). 2. (chem. fachspr.: isocyclisch) als organisch-chemische Verbindung ringförmig angeordnete Moleküle aufweisend, wobei im Ring nur Kohlenstoffatome auftreten Is|pa|han vgl. Isfahan ISS [engl.: ˈaɪləsˈɛs] ⟨Abk. für engl. International Space Station „Internationale Raumstation"⟩: [permanent] bemannte

Raumstation mit internationaler Beteiligung Isth|mi|en die (Plural) ⟨gr.-lat.⟩: in der Antike auf dem Isthmus von Korinth zu Ehren des Poseidon alle zwei Jahre veranstaltete panhellenistische Spiele mit sportlichen Wettkämpfen u. Wettbewerben in Musik, Vortrag u. Malerei Isth|mus der; -, ...men: 1. Landenge (z. B. die von Korinth od. Sues). 2. (Plural ...mi od. ...men; Anat.) enger Durchgang, verengte Stelle, schmale Verbindung [zwischen zwei Hohlräumen] ...is|tik s. Kasten ...ismus/...istik IT [auch: aɪˈtiː] ⟨Abk. für engl. information technology⟩: ↑ Informationstechnologie I|ta|ko|lu|mit [auch: ...ˈmɪt] der; -s, -e ⟨nach dem bras. Berg Pico Itacolomi⟩: Gelenksandstein aus verzahnten, nicht verwachsenen Quarzkörnern I|tal|a die; - ⟨lat.⟩: a) wichtiger Typ unter den ältesten der Vulgata vorausgehenden lateinischen Bibelübersetzungen; b) fälschliche Bezeichnung für ↑ Vetus Latina i|ta|li|a|ni|sie|ren, italienisieren: a) auf italienische Art, nach italienischem Geschmack gestalten; b) der italienischen Sprache angleichen I|ta|li|a|nis|mus der; -, ...men: 1. Übertragung einer für das Italienische charakteristischen sprachlichen Erscheinung auf eine nicht italienische Sprache. 2. Entlehnung aus dem Italienischen (z. B. in der deutschen Schriftsprache in Südtirol). I|ta|li|a|nist der; -en, -en: Romanist, der sich auf die italienische Sprache u. Literatur spezialisiert hat. I|ta|li|a|nis|tin die; -, -nen: weibliche Form zu ↑ Italianist. i|ta|li|a|nis|tisch: das Gebiet der italienischen Sprache u. Literatur betreffend i|ta|li|e|ni|sie|ren vgl. italianisieren I|ta|li|enne [...ˈljɛn] die; - ⟨lat.-fr.⟩: Antiqua mit fetten Querstrichen; Schriftart I|ta|lique [...ˈlik] die; -: franz. Bez. für: Kursiv i|ta|lisch: das antike Italien betreffend I|tal|lo|wes|tern der; -[s], -: Wes-

---

...iv/...o|risch

Gelegentlich konkurrieren die beiden Adjektivsuffixe und stehen ohne Bedeutungsunterschied nebeneinander:
- regenerativ/regeneratorisch

Im Allgemeinen zeigen sich aber Bedeutungsnuancen:

...iv	...orisch
⟨*lat.* ...ivus (→ *fr.* ...if bzw. ...ive)⟩	⟨*lat.* ...orius⟩
Suffix für Adjektive, die eine Eigenschaft bezeichnen, die beabsichtigt sein kann, aber nicht muss:	seltener verwendetes Suffix für Adjektive, die den im Basiswort enthaltenen Inhalt bewusst zum Ziel haben:
– argumentativ	– informatorisch
– exekutiv	– innovatorisch
– informativ	– provokatorisch
– innovativ	
– provokativ	

---

tern mit besonderen, durch italienische Regisseure entwickelten Stilmerkmalen

I |ta|zis|mus *der; -* ⟨*gr.-nlat.*⟩: Aussprache des [alt]griechischen Eta wie langes i; vgl. Etazismus

i |tem ⟨*lat.*⟩: (veraltet) ebenso, desgleichen, ferner; Abk.: it.

¹I |tem *das; -s, -s* ⟨*lat.*⟩: (veraltet) das Fernere, Weitere; weiterer [Frage]punkt

²I |tem [ˈaɪtəm] *das; -s, -s* ⟨*lat.-engl.*⟩: (fachspr.) a) etwas einzeln Aufgeführtes; Einzelangabe, Posten, Bestandteil, Element, Einheit; b) einzelne Aufgabe innerhalb eines Tests

i |te, mis|sa est ⟨*lat.;* „geht, (die gottesdienstliche Versammlung) ist entlassen!"⟩: Schlussworte der katholischen Messfeier (ursprünglich zur Entlassung der ↑ Katechumenen vor dem Abendmahl; vgl. ¹Messe)

I |te|ra|ti|on *die; -, -en* ⟨*lat.;* „Wiederholung"⟩: 1. (Math.) schrittweises Rechenverfahren zur Annäherung an die exakte Lösung. 2. a) (Sprachw.) Verdoppelung einer Silbe od. eines Wortes, z. B. soso; b) (Rhet.; Stilk.) Wiederholung eines Wortes od. einer Wortgruppe im Satz. 3. (Psychol.) zwanghafte u. gleichförmige ständige Wiederholung von Wörtern, Sätzen u. einfachen Bewegungen

i |te|ra|tiv: 1. wiederholend; **iterative Aktionsart:** Aktionsart, die eine häufige Wiederholung von Vorgängen ausdrückt (z. B. sticheln = immer wieder stechen). 2. (Math.) sich schrittweise in wiederholten Rechengängen der exakten Lösung annähernd. **I |te|ra|tiv** *das; -s, -e:**

Verb mit iterativer Aktionsart. **I |te|ra|ti|vum** *das; -s, ...va:* Verb mit iterativer Aktionsart

i |te|rie|ren: wiederholen, eine Iteration (1) vornehmen

I |thy|phal|li|cus *der; -, ...ci [...tsi]* ⟨*gr.-lat.*⟩: dem Dionysoskult entstammender dreifüßiger trochäischer Kurzvers der Antike

i |thy|phal|lisch: (von antiken Götterbildern) mit aufgerecktem männlichem Glied (als Sinnbild der Fruchtbarkeit)

I |ti|ne|rar *das; -s, -e u.* **I |ti|ne|ra|ri|um** *das; -s, ...ien* ⟨*lat.*⟩: 1. Straßen- und Stationenverzeichnis der römischen Kaiserzeit mit Angaben über Wegstrecken u. a. 2. Verzeichnis der Wegeaufnahmen bei Forschungsreisen

...iv/...o|risch *s. Kasten*

Iw |rit[h] *das; -[s]* ⟨*neuhebr.*⟩: Neuhebräisch; Amtssprache in Israel

i |xo|thym ⟨*gr.-nlat.*⟩: (Psychol.) von schwerfälligem Temperament, beharrlich. **I |xo|thy|mie** *die; -:* (Psychol.) schwerfälliges, beharrliches Temperament

Jab [dʒɛp] *der; -s, -s* ⟨*engl.*⟩: (Boxen) kurzer, hakenartiger Schlag

Ja|bo|ran|di|blatt [auch: ʒ...] *das; -[e]s, ...blätter (meist Plural)* ⟨*indian.-port.; dt.*⟩: giftiges

Blatt brasilianischer Sträucher, aus dem ↑ Pilokarpin gewonnen wird

Ja|bot [ʒaˈbo:] *das; -s, -s* ⟨*fr.*⟩: am Kragen befestigte Spitzen- od. Seidenrüsche (früher zum Verdecken des vorderen Verschlusses an Damenblusen, im 18. Jh. an Männerhemden)

Ja|cket|kro|ne [ˈdʒɛkɪt...] *die; -, -n* ⟨*engl.; dt.*⟩: (Med.) Zahnmantelkrone aus Porzellan od. Kunstharz

Ja|ckett [ʒa...] *das; -s, -s, seltener: -e* ⟨*fr.*⟩: Jacke als Teil eines Herrenanzugs

Jack|pot [ˈdʒɛkpɔt] *der; -s, -s* ⟨*engl.*⟩: 1. Grundeinsatz beim Kauf von Pokerkarten. 2. bes. hohe Gewinnquote, die dadurch entsteht, dass es in dem vorausgegangenen Spiel od. den vorausgegangenen Spielen keinen Gewinner gegeben hat (bei Toto, Lotto)

Jack|stag [ˈdʒɛk...] *das; -[e]s, -e[n]* ⟨*engl.; niederd.*⟩: Schiene zum Festmachen von Segeln

Ja|co|net, Ja|con|net [ˈʒakɔnɛt, auch: ...ˈnɛt] *u.* Jakonett *der; -[s], -s* ⟨*engl.*⟩: weicher baumwollener Futterstoff

Jac|quard [ʒaˈkaːɐ̯] *der; -[s], -s* ⟨nach dem Erfinder dieses Webverfahrens, dem franz. Seidenweber Jacquard, 1752–1834⟩: Gewebe, dessen Musterung mithilfe von Lochkarten (so genannten Jacquardkarten) hergestellt wird

Jac|que|rie [ʒaka...] *die; -* ⟨*lat.-fr.;* nach dem Spitznamen *Jacques Bonhomme* für den franz. Bauern⟩: Bauernaufstand in Frankreich im 14. Jh.

Ja|cuz|zi ® [auch: dʒəˈkuːzɪ] *der;*

-[s], -s ⟨nach dem Namen der amerik. Herstellerfirma⟩: [für therapeutische Zwecke genutzter] Whirlpool

ja|de ⟨*lat.-span.-fr.*⟩: blassgrün

Ja|de *der;* -[s], auch: *die;* -: blassgrüner, durchscheinender Schmuckstein

Ja|de|it [auch: ...'it] *der;* -s, -e: weißlich grünes, dichtes, körniges bis faseriges Mineral, das in der Jungsteinzeit zu geschliffenen Beilen u. Äxten verarbeitet wurde und das als Schmuckstein verwendet wird

ja|den: aus Jade bestehend

j'a|doube [ʒaˈdub] ⟨*fr.;* „ich stelle zurecht"⟩: international gebräuchlicher Schachausdruck, der besagt, dass man eine berührte Schachfigur nicht ziehen, sondern nur an den richtigen Platz stellen will

Jaf|fa|ap|fel|si|ne, auch: **Jaf|fa-Apfel|si|ne,** *die;* -, -n ⟨nach dem Ausfuhrhafen Jaffa, Teil der Stadt Tel Aviv-Jaffa in Israel⟩: im Vorderen Orient angebaute Apfelsine mit heller Schale

Ja|gu|ar *der;* -s, -e ⟨*indian.-port.*⟩: dem Leoparden sehr ähnliches südamerikanisches Raubtier

Jah|ve vgl. Jahwe

Jah|vist vgl. Jahwist

Jah|we, ökum. auch: Jahve ⟨*hebr.*⟩: Name Gottes im Alten Testament; vgl. Jehova

Jah|wist, auch: Jahvist *der;* -en ⟨*hebr.-nlat.*⟩: Quellenschrift des ↑ Pentateuchs, die den Gottesnamen Jahwe gebraucht

Jak, auch: Yak *der;* -s, -s ⟨*tibet.*⟩: wild lebendes asiatisches Hochgebirgsrind

¹**Ja|ka|ran|da** *die;* -, -s ⟨*indian.-port.*⟩: in den Tropen heimisches, als Zimmerpflanze gehaltenes Gewächs mit blauen od. violetten Blüten

²**Ja|ka|ran|da** *das;* -s, -s u. **Ja|karan|da|holz** *das;* -es, ...hölzer ⟨*indian.-port.; dt.*⟩: ↑ Palisander

Ja|ko *der;* -s, -s ⟨*fr.*⟩: Graupapagei

Ja|ko|bi *das;* - (meist ohne Artikel) ⟨nach dem Apostel Jakobus d. Ä.⟩: Jakobstag (25. Juli), an dem nach altem Brauch die Ernte beginnt

Ja|ko|bi|ner *der;* -s, - ⟨nach dem Dominikanerkloster St. Jakob in Paris⟩: 1. Mitglied des radikalsten u. wichtigsten politischen Klubs während der Französischen Revolution. 2. (selten) französischer Angehöriger des Dominikanerordens

Ja|ko|bi|ner|müt|ze *die;* -, -n: als Freiheitssymbol getragene rote Wollmütze der Jakobiner (1)

ja|ko|bi|nisch: a) zu den Jakobinern gehörend; b) die Jakobiner betreffend

Ja|ko|bit *der;* -en, -en ⟨nach dem Bischof Jakob Baradäus, 6. Jh.⟩: 1. Anhänger der syrischen ↑ monophysitischen Nationalkirche. 2. (bes. in Schottland) Anhänger des 1688 aus England vertriebenen Königs Jakob II. u. seiner Nachkommen

Ja|ko|net vgl. Jaconet

Jak|ta|ti|on *die;* - ⟨*lat.*⟩: (Med.) unwillkürliches Gliederzucken, unruhiges Hin- u. Herwälzen bei schweren Erkrankungen

Ja|la|pe *die;* -, -n ⟨*span.;* nach der mexik. Stadt Jalapa⟩: tropisches Windengewächs, das ein als Abführmittel verwendetes Harz liefert

Jal|eo [xa...] *der;* -[s], -s ⟨*span.*⟩ lebhafter spanischer Tanz im ³/₈-Takt

Jal|on [ʒaˈlõ:] *der;* -s, -s ⟨*fr.*⟩: Absteckpfahl, Messlatte, Fluchtstab (für Vermessungen)

Ja|lou|set|te [ʒalu...] *die;* -, -n ⟨französisierende Verkleinerungsbildung zu ↑ Jalousie⟩: Jalousie aus Leichtmetall- od. Kunststofflamellen

Ja|lou|sie *die;* -, ...ien ⟨*gr.-lat.-vulgärlat.-fr.*⟩: Vorrichtung am Fenster, die meist aus Querleisten zusammengesetzt ist u. teilweise od. als Ganzes heruntergelassen wird

Ja|lou|sie|schwel|ler *der;* -s, - ⟨*gr.-lat.-vulgärlat.-fr.; dt.*⟩: Schwellwerk der Orgel, das eine Schwellung od. Dämpfung des Tons ermöglicht

Ja|mai|ka|pfef|fer, auch: **Ja|maika-Pfef|fer** *der;* -s ⟨nach der Antilleninsel, dem wichtigsten Herkunftsland⟩: ↑ Piment

Ja|mai|ka|rum *der;* -s: auf Jamaika od. einer anderen Antilleninsel aus vergorenem Zuckerrohrsaft durch mehrmaliges Destillieren hergestellter hochprozentiger Rum

Jam|be *die;* -, -n: ↑ Jambus

Jam|be|le|gus *der;* -, ...gi ⟨*gr.-lat.*⟩: aus einem ↑ Jambus u. einem

↑ Hemiepes bestehendes antikes Versmaß

Jam|ben: *Plural* von ↑ Jambus

Jam|bi|ker *der;* -s, -: Dichter, der vorwiegend Verse in Jamben schreibt

jam|bisch: den Jambus betreffend, nach der Art des Jambus

Jam|bo|graf vgl. Jambograph

Jam|bo|graph, auch: ...graf *der;* -en, -en: Vertreter der altgriechischen Jambendichtung

Jam|bo|ree [dʒɛmbəˈriː] *das;* -[s], -s ⟨*engl.*⟩: 1. internationales Pfadfindertreffen. 2. Zusammenkunft zu einer Tanz- od. Unterhaltungsveranstaltung

Jam|bus *der;* -, ...ben ⟨*gr.-lat.*⟩: Versfuß aus einer kurzen (unbetonten) und einer langen (betonten) Silbe (‿–)

Jam|bu|se *die;* -, -n ⟨*angloind.*⟩: apfel- od. aprikosenartige Frucht tropischer Obstbäume

James Grieve [ˈdʒeːmz ˈɡriːf] *der;* - -, - - ⟨*engl.;* nach dem Namen des Züchters⟩: mittelgroßer, hellgelb u. hellrot geflammter saftiger Tafelapfel

Jam|ses|sion, auch: **Jam-Ses|sion** [ˈdʒɛmˈseʃn] *die;* -, -s ⟨*engl.*⟩: zwanglose Zusammenkunft von [Jazz]musikern, bei der aus dem Stegreif gespielt wird (auch als Programmteil von Jazzkonzerten)

Jams|wur|zel *die;* -, -n ⟨*afrik.-port.-engl.; dt.*⟩: a) in tropischen Gebieten angebaute kletternde Pflanze mit essbaren Wurzelknollen; b) der Kartoffel ähnliche, sehr große Knolle der Jamswurzel (a), die in tropischen Gebieten ein wichtiges Nahrungsmittel ist

Jang vgl. Yang

Jan|ga|da [auch: ʒaŋ...] *die;* -, -s ⟨*tamil.-port.*⟩: aus mehreren zusammengebundenen Baumstämmen bestehendes Floßboot, das bes. von den Fischern Nordostbrasiliens benutzt wird

Jan|ga|dei|ro [...deˈro] *der;* -[s], -s: zur Besatzung einer Jangada gehörender Fischer

Ja|ni|t|schar *der;* -en, -en ⟨*türk.;* „neue Streitmacht"⟩: Soldat einer Kerntruppe des osmanischen Sultans (14.–17. Jh.)

Ja|ni|t|scha|ren|mu|sik *die;* -, -en ⟨*türk.; dt.*⟩: 1. [türkische] Militärmusik mit Trommeln, Becken, Triangel und Schellenbaum. 2. charakteristisches Instrumentarium der Janitscharenmusik (1)

Jạn Maat der; - -[e]s, - -e u. - -en u. **Jan|maat** der; -[e]s, -e u. -en ⟨niederl.⟩: (scherzh.) Matrose

Jan|se|nis|mus der; - ⟨nlat.; nach dem niederl. Theologen Cornelius Jansen, 1585–1638⟩: romfeindliche, auf Augustin zurückgreifende katholisch-theologische Richtung des 17.–18. Jh.s in Frankreich. **Janse|nist** der; -en, -en: Anhänger des Jansenismus. **Jan|se|nis|tin** die; -, -nen: weibliche Form zu ↑ Jansenist. **jan|se|nis|tisch**: den Jansenismus betreffend

Jạ|nu|ar der; -[s], -e ⟨lat.; nach dem röm. Gott der Tür, Janus, der gleichzeitig Ein- u. Ausgang, Beginn u. Ende bedeutet u. mit einem zweigesichtigen Kopf, der vorwärts u. rückwärts blickt, dargestellt wird⟩: erster Monat im Jahr; Abk.: Jan.

Jạ|nus|ge|sicht das; -[e]s, -er: ↑ Januskopf

Jạ|nus|kopf der; -[e]s, ...köpfe ⟨lat.; dt.⟩: Kopf mit zwei in entgegengesetzter Richtung blickenden Gesichtern (oft als Sinnbild des Zwiespalts)

Ja|pa|no|lo|ge der; -n, -n ⟨jap.; gr.⟩: Wissenschaftler auf dem Gebiet der Japanologie. **Ja|pa|nolo|gie** die; -: Wissenschaft von der japanischen Sprache u. Literatur. **Ja|pa|no|lo|gin** die; -, -nen: weibliche Form zu ↑ Japanologe. **ja|pa|no|lo|gisch**: die Japanologie betreffend

Ja|phe|ti|tol|lo|ge der; -n, -n ⟨nach Japhet, dem dritten Sohn Noahs u. Stammvater bes. der kleinasiatischen Völker⟩: Wissenschaftler auf dem Gebiet der Japhetitologie. **Ja|phe|ti|to|logie** die; -: wissenschaftliche Anschauung des russischen Sprachwissenschaftlers N. Marr von einer vorindogermanischen (japhetitischen) Sprachfamilie. **Ja|phe|ti|to|lo|gin** die; -, -nen: weibliche Form zu ↑ Japhetitologe

Ja|pon [ʒa'põ] der; -[s], -s ⟨fr.; „Japan"⟩: Gewebe in Taftbindung aus Japanseide

Jar|di|ni|e|re ['ʒar..., auch: ...'njɛ:rə] die; -, -n ⟨germ.-fr.⟩: Schale für Blumenpflanzen

Jar|gon [ʒar'gõ:] der; -s, -s ⟨fr.⟩:

a) umgangssprachlich geprägte Sondersprache einer Berufsgruppe od. einer sozialen Gruppe; b) (abwertend) saloppe, ungepflegte Ausdrucksweise

Jarl der; -s, -s ⟨altnord.⟩: 1. normannischer Edelmann. 2. Statthalter in Skandinavien (im Mittelalter)

Jar|mul|ke die; -, -s u. ...ka ⟨poln.-jidd.⟩: Samtkäppchen der Juden

Ja|ro|wi|sa|ti|on die; -, -en ⟨russ.-nlat.⟩: künstliche Kältebehandlung von Samen u. Keimlingen, um eine Entwicklungsbeschleunigung zu erzielen. **ja|rowi|sie|ren**: Saatgut einer künstlichen Kältebehandlung aussetzen

Jaschlmak der; -[s], -s ⟨türk.⟩: Kopfschleier muslimischer Frauen

Jas|min der; -s, -e ⟨pers.-arab.-span.⟩: 1. zu den Ölbaumgewächsen gehörender Zierstrauch mit stark duftenden Blüten. 2. zu den Steinbrechegewächsen gehörender Zierstrauch mit stark duftenden Blüten; Falscher Jasmin, Pfeifenstrauch

Jas|pé|garn das; -[e]s, -e ⟨semit.-gr.-lat.-fr.; dt.⟩: aus zwei od. drei verschiedenfarbigen Vorgarnen gesponnenes Garn

Jas|per|wa|re ['dʒɛspə:...] die; -, -en ⟨semit.-gr.-lat.-fr.-engl.; dt.⟩: farbiges [mit weißen Reliefs verziertes] englisches Steingut aus Töpferton u. pulverisiertem Feuerstein

jas|pie|ren ⟨semit.-gr.-lat.-fr.⟩: etwas wie Jaspis mustern, sprenkeln; **jaspierter Stoff:** aus Jaspégarn hergestellter Woll- u. Baumwollstoff mit marmoriertem Aussehen

Jas|pis der; - u. -ses, -se ⟨semit.-gr.-lat.⟩: undurchsichtiges, intensiv grau, bläulich, gelb, rot od. braun gefärbtes, zum Teil gebändertes Mineral, das als Schmuckstein verwendet wird

Jas|tik u. Yastik der; -[s], -s ⟨türk.; „Polster"⟩: kleiner orientalischer Gebrauchsteppich, der meist als Vorleger od. Sitzbelag verwendet wird

Ja|tal|gan der; -s, -e ⟨türk.⟩: früher im Orient als Hauptwaffe der Janitscharen verbreiteter Säbel mit s-förmiger Klinge

Ja|t|ro|che|mie vgl. Iatrochemie

Jau|se die; -, -n ⟨slowen.⟩: (österr.) Zwischenmahlzeit, Vesper

jau|sen: seltener für ↑ jausnen

jaus|nen: a) eine Jause einnehmen; b) (etwas Bestimmtes) zur Jause essen, trinken

Ja|va [auch: 'dʒa:va] das; -[s] (meist ohne Artikel) ⟨engl.; eigtl. „Kaffee (aus Java)"⟩: (EDV) eine systemunabhängige Programmiersprache, bes. für Anwendungen im Internet

Jazz [dʒæz, dʒɛs, auch: jats] der; - ⟨amerik.⟩: a) aus der Volksmusik der nordamerikanischen Schwarzen entstandene Musik mit charakteristischen Rhythmusinstrumenten u. mit Bläsergruppen; b) Musik im Stil des Jazz (a)

Jazz|band ['dʒæzbænd, 'dʒɛsbɛnt] die; -, -s: aus zwei Instrumentalgruppen (mit rhythmischer u. melodischer Funktion) bestehende Band, die Jazz spielt

jaz|zen ['dʒæzn, 'dʒɛsn, auch: 'jatsn]: Jazzmusik spielen. **Jazzer** der; -s, -: Jazzmusiker. **Jazze|rin** die; -, -nen: weibliche Form zu ↑ Jazzer

Jazz|gym|nas|tik ['dʒæz..., 'dʒɛs..., auch: 'jats...] die; -: Gymnastik zu Jazzmusik od. anderer moderner Musik

jaz|zo|lid [jatso...] ⟨amerik.; gr.⟩: dem Jazz ähnlich, in der Art des Jazz

Jazz|rock ['dʒæz..., dʒɛs..., auch: 'jats...] der; -s: Musikstil der 1970er-Jahre, bei dem die Elemente des Jazz u. des ²Rocks miteinander verschmolzen sind

Jean Po|tage [ʒãpɔ'ta:ʒ] ⟨fr.; „Hans Suppe"⟩: franz. Bez. für: Hanswurst

¹Jeans [dʒi:nz] die (Plural) od. die; -, - ⟨amerik.⟩: a) saloppe Hose [aus Baumwollstoff] im Stil der Bluejeans; b) Kurzform von ↑ Bluejeans

²Jeans das; - ⟨ugs.⟩: verwaschener blauer Farbton, der der Farbe der Bluejeans entspricht

Jeep ® [dʒi:p] der; -s, -s ⟨amerik.⟩: (bes. als Militärfahrzeug, aber auch in Land- u. Forstwirtschaft usw. gebrauchtes) kleineres, oft offenes, geländegängiges Fahrzeug mit starkem Motor u. Vierradantrieb

Je|ho|va ⟨hebr.⟩: ↑ Jahwe

Je|ju|ni|tis die; -, ...itiden ⟨lat.-

nlat.): (Med.) Entzündung des zum Dünndarm gehörenden Leerdarms

je|mi|ne ⟨entstellt aus *lat.* Jesu do|mi|ne „o Herr Jesus!"⟩: (ugs.) du lieber Himmel! (Schreckensruf)

Jen vgl. Yen

je|nisch ⟨*Zigeunerspr.*; „klug, gescheit"⟩: wandernde Volksstämme betreffend; **jenische Sprache:** (Sprachw.) Rotwelsch, Gaunersprache

Je|re|mi|a|de die; -, -n ⟨nach dem biblischen Propheten Jeremia⟩: Klagelied, Jammerrede

Je|rez [ˈçeːres, x...] der; - ⟨nach der span. Stadt Jerez de la Frontera⟩: alkoholreicher, bernsteingelber Süßwein

Je|ri|cho|ro|se, auch: **Je|ri|cho-Ro|se** die; -, -n: Pflanze des Mittelmeerraums, die bei Trockenheit ihre Zweige nach innen rollt, sodass ein kugeliges Gebilde entsteht, das sich erst bei Feuchtigkeit wieder entrollt

Jerk [dʒɔːɐ̯k, dʒœrk] der; -[s], -s ⟨*engl.*⟩: (Golf) scharf ausgeführter Schlag, bei dem der Schläger in dem Moment, in dem er den Ball trifft, plötzlich abgebremst wird

¹**Jer|sey** [ˈdʒɔːɐ̯zi, ˈdʒœrzi] der; -[s], -s: feinmaschig gewirkter od. gestrickter Kleiderstoff aus Wolle, Baumwolle od. Chemiefasern

²**Jer|sey** das; -s, -s: eng anliegendes Hemd aus Trikot

Je|schi|wa die; -, -s od. ...wot ⟨*hebr.*⟩: höhere Talmudschule zur Ausbildung der Gelehrten u. Rabbiner

je|su|a|nisch: auf Jesus bezüglich, zurückgehend

Je|su|it der; -en, -en ⟨*nlat.*⟩: 1. Angehöriger des Jesuitenordens. 2. Mensch, der trickreich u. oft wortverdrehend zu argumentieren versteht (als Schimpfwort)

Je|su|i|ten|dich|tung die; -, -en (Plural selten): (vom 16. bis 18. Jh.) hauptsächlich in lateinischer Sprache verfasste Dichtungen (bes. Dramen u. geistliche Lieder) von Angehörigen des Jesuitenordens

Je|su|i|ten|dra|ma das; -s, ...men: a) (ohne Plural) von Angehörigen des Jesuitenordens geschaffene Dramendichtung aus der Zeit der Gegenreformation (16. u. 17. Jh.); b) zur Jesuitendichtung gehörendes Drama

Je|su|i|ten|ge|ne|ral der; -s, -e u. ...räle: oberster Ordensgeistlicher der Jesuiten

Je|su|i|ten|or|den der; -s: vom hl. Ignatius v. Loyola 1534 gegründeter Orden; Abk.: SJ (Societas Jesu)

Je|su|i|ten|stil der; -[e]s ⟨*nlat.*; *lat.*⟩: prunkvolle Form des Barocks, bes. in südamerikanischen Kirchen des 17. Jh.s

Je|su|i|ten|tum das; -s: Geist u. Wesen des Jesuitenordens

je|su|i|tisch: 1. die Jesuiten betreffend. 2. einem Jesuiten (2) entsprechend

Je|su|i|tis|mus der; -: 1. Jesuitentum. 2. Wesens-, Verhaltensart eines Jesuiten (2)

Je|sus Ho|mi|num Sal|va|tor: Jesus, Erlöser der Menschen (Deutung des latinisierten Monogramms Christi, IHS)

Je|sus Na|za|re|nus Rex Ju|dae|o|rum ⟨*lat.*⟩: Jesus von Nazareth, König der Juden (Inschrift am Kreuz; nach Joh. 19, 19); Abk.: I. N. R. I.

Je|sus Peo|ple [ˈdʒiːzəs ˈpiːpl̩] die (Plural) ⟨*engl.*⟩: Angehörige der Jesus-People-Bewegung

Je|sus-Peo|ple-Be|we|gung die; -: (um 1967 in Amerika) unter Jugendlichen entstandene ekstatisch-religiöse Bewegung, die u. a. durch eine spontane Form gemeinschaftlichen Betens u. bes. durch die Überzeugung von einem unmittelbaren Wirken des göttlichen Geistes in den Menschen einen neuen Zugang zum Glauben findet

¹**Jet** [dʒɛt, auch: jɛt] vgl. Jett

²**Jet** [dʒɛt] der; -[s], -s ⟨*engl.*⟩: (ugs.) Flugzeug mit Strahlantrieb, Düsenflugzeug

Jet|bag [ˈdʒɛtbɛk] der; -s, -s ⟨*engl.*⟩: stromlinienförmiger Dachgepäckträger für Pkws

Jet|lag [...lɛk] der; -s, -s: Störung des biologischen Rhythmus aufgrund der mit weiten Flugreisen verbundenen Zeitunterschiede

Jet|li|ner [...laɪnɐ] der; -s, - ⟨*engl.*⟩: Düsenverkehrsflugzeug

Je|ton [ʒəˈtõ:] der; -s, -s ⟨*lat.-vulgärlat.*-*fr.*⟩: a) Spielmünze, Spielmarke; b) einer Münze ähnliche Marke, mit deren Hilfe ein Au-

tomat o. Ä. bedient werden kann; c) Rechenpfennig

Jet|pi|lot [ˈdʒɛt...] der; -en, -en: Pilot eines ²Jets. **Jet|pi|lo|tin** die; -, -nen: weibliche Form zu ↑ Jetpilot

Jet|schwung der; -[e]s, ...schwünge: Drehschwung beim Skifahren, der durch Vorschieben der Füße vor den Körper (beim Tiefgehen) eingeleitet wird u. fahrtbeschleunigend wirkt

Jet|set [...zɛt] der; -[s], -s ⟨*engl.*⟩: internationale Gesellschaftsschicht, die über genügend Geld verfügt, um sich – unter Benutzung eines [Privat]jets – mehr od. weniger häufig an den verschiedensten exklusiven Urlaubsorten od. entsprechenden Treffpunkten zu vergnügen

Jet|stream [...striːm] der; -s, -s ⟨„Strahlstrom"⟩: 1. (Meteor.) starker Luftstrom in der Tropod. Stratosphäre. 2. Gegenstromanlage (z. B. in [Hallen]bädern)

Jett [dʒɛt, auch: jɛt], fachspr.: ²Jet der od. das; -[e]s ⟨*gr.-lat.-fr.-engl.*⟩: als Schmuckstein verwendete Pechkohle; Gagat

Jet|ta|to|re [dʒɛta...] der; -, ...ri ⟨*lat.-it.*⟩: ital. Bez. für: Mensch mit dem bösen Blick

jet|ten [ˈdʒɛtn̩] ⟨*engl.*⟩: a) mit einem ²Jet fliegen; b) mit einem ²Jet bringen [lassen]; c) einen Flug machen (von einem ²Jet gesagt)

Jeu [ʒøː] das; -s, -s ⟨*lat.-fr.*⟩: Spiel, Kartenspiel. **jeu|len:** das Glücksspiel betreiben

Jeu|nesse do|rée [ʒøˈnɛs dɔˈre:] die; - - ⟨*lat.-fr.*⟩: (veraltet) zur begüterten Oberschicht gehörende Jugendliche, deren Leben durch Luxus u. Amüsement gekennzeichnet ist

Jeu|nes|ses Mu|si|cales [ʒøˈnɛs myziˈkal] die (Plural): Organisation der an der Musik interessierten Jugend (1940 in Belgien entstanden)

Jeux flo|raux [ʒøflɔˈro] die (Plural) ⟨*lat.-fr.*; „Blumenspiele"⟩: jährlich in Toulouse (Frankreich) veranstaltete Dichterwettkämpfe (seit 1323)

Je|wel|box [ˈdʒuːəl...] die; -, -en ⟨*engl.*⟩: durchsichtiges Plastikbehältnis als Schutzhülle für CDs u. DVDs

Jid|dist der; -en, -en ⟨nlat.⟩: Wissenschaftler auf dem Gebiet der Jiddistik

Jid|dis|tik die; -: jiddische Sprach- u. Literaturwissenschaft

Jid|dis|tin die; -, -nen: weibliche Form zu ↑ Jiddist

Jig|ger [ˈdʒɪɡɐ] der; -s, -[s] ⟨engl.⟩: 1. Golfschläger für den Annäherungsschlag. 2. Segel am hintersten Mast eines Viermasters

Ji|me|nes [çiˈmeːnɛs] der; - ⟨span.⟩: likörähnlicher spanischer Süßwein

Jin vgl. Yin

Jin|gle [ˈdʒɪŋɡl] der; -[s], -[s] ⟨engl.⟩: kurze, einprägsame Melodie, Tonfolge (z. B. als Bestandteil eines Werbespots)

Jin|go [ˈdʒɪŋɡo] der; -s, -s ⟨engl.⟩: engl. Bez. für: Chauvinist, Nationalist. **Jin|go|is|mus** der; -: engl. Bez. für: Chauvinismus.

Jin|go|is|tin die; -, -nen: weibliche Form zu ↑ Jingo

Jir|mi|lik der; -s, -s ⟨türk.⟩: (hist.) türkische Silbermünze

Jit|ter [ˈdʒɪtɐ] der; -s, - ⟨engl.; eigtl. „das Zittern"⟩: 1. Vibration od. Bildschwankung auf dem Computermonitor. 2. (Elektronik) Verzerrung, die durch mangelhafte Signalsynchronisierung hervorgerufen wird

Jit|ter|bug [ˈdʒɪtɐbak] der; -, -[s] ⟨amerik.⟩: um 1920 in Amerika entstandener Jazztanz

Jiu-Jit|su [ˈdʒiːuˈdʒɪtsu]: ältere Bez. für: ↑ Ju-Jutsu

Jive [dʒaif] der; - ⟨amerik.⟩: 1. eine Art Swingmusik. 2. gemäßigte Form des Jitterbug als Turniertanz

Job [dʒɔp] der; -s, -s ⟨engl.-amerik.⟩: 1. (ugs.) a) [Gelegenheits]arbeit, vorübergehende einträgliche Beschäftigung, Verdienstmöglichkeit; b) Arbeitsplatz, Stellung. 2. (EDV) bestimmte Aufgabenstellung für den Computer

job|ben [ˈdʒ...]: (ugs.) einen Job (1 a) haben

Job|ber der; -s, -: 1. a) Händler an der Londoner Börse, der nur in eigenem Namen Geschäfte abschließen darf; b) Börsenspekulant. 2. (ugs. abwertend) skrupelloser Geschäftemacher. 3. (ugs.) jmd., der jobbt. **Job|be|rin** die; -, -nen: weibliche Form zu ↑ Jobber

job|bern: (ugs. abwertend) sich als Jobber (2) betätigen

Jo|bel|jahr das; -[e]s, -e ⟨zu hebr. yôvel „Widderhorn" (das zu Beginn geblasen wurde)⟩: nach 3. Mose 25, 8 ff. alle 50 Jahre von den Juden zu feierndes Jahr mit Schuldenerlass, Freilassung der israelitischen Sklaven u. Rückgabe von verkauftem Boden; vgl. Jubeljahr

Job|en|lar|ge|ment [ˈdʒɔpɪnlaːʤmənt] das; -s ⟨engl.; „Arbeitserweiterung"⟩: Übernahme von bisher getrennt ausgeführten, ungefähr gleichwertigen Arbeitsaufgaben durch nur einen Beschäftigten

Job|en|rich|ment [...ɪnrɪtʃmənt] das; -s ⟨„Arbeitsbereicherung"⟩: Zusammenfassung von bisher getrennt ausgeführten Arbeitsaufgaben zu einem neuen Arbeitsbereich

Job|hop|per [...hɔpɐ] der; -s, -: jmd., der häufig seine Stelle wechselt [um Karriere zu machen]

Job|hop|ping [...hɔpɪŋ] das; -s, -s: häufig u. in kürzeren Abständen vorgenommener Stellungs-, Firmenwechsel [um sich in höhere Positionen zu bringen]

Job|kil|ler der; -s, -: (Jargon) etwas, das Arbeitsplätze überflüssig macht, beseitigt

Job|ro|ta|tion [...roteːʃn] die; -, -s: (von einem Mitarbeiter zum Zweck der Vorbereitung auf eine Führungsaufgabe) das Durchlaufen der verschiedensten Arbeitsbereiche eines Unternehmens

Job|sha|ring [...ʃeːrɪŋ] das; -[s] ⟨engl.⟩: Aufteilung eines Vollzeitarbeitsplatzes unter zwei od. mehrere Personen

Job|ti|cket das; -s, -s: zu einem günstigen Tarif überlassene Dauerkarte zur Benutzung öffentlicher Verkehrsmittel für Beschäftigte einer Firma

Jo|ckei, auch: **Jockey** [ˈdʒɔke, ˈdʒɔki, auch: ˈdʒɔkai, ˈjɔkai] der; -s, -s ⟨engl.⟩: berufsmäßiger Rennreiter. **Jo|cket|te** [dʒɔˈkɛtə, auch: jɔ...] die; -, -n ⟨engl.⟩: weiblicher Jockei. **Jo|ckey** vgl. Jockei

Jod, fachspr.: Iod das; -[e]s ⟨gr.-fr.⟩: chemisches Element, das weiche, dunkelgraue, metallisch glänzende Kristalle bil-det, die bei Raumtemperatur bereits ein wenig ↑ sublimieren; Zeichen: J bzw. I

Jo|dat, fachspr.: Iodat das; -[e]s, -e ⟨gr.-fr.-nlat.⟩: Salz der Jodsäure

Jodh|pur [ˈdʒɔdpʊə] die; -, -s u. **Jodh|pur|ho|se** die; -, -n ⟨engl.; nach der ind. Stadt⟩: oben weite, von den Knien an enge Reithose

Jo|did, fachspr.: Iodid das; -[e]s, -e: Salz der Jodwasserstoffsäure

jo|die|ren: a) Jodate, Jodite zusetzen (z. B. bei Speisesalz); b) (Med.) mit Jod bestreichen (z. B. eine Operationsstelle)

Jo|dis|mus der; -: (Med.) Jodvergiftung mit Auftreten von Reizerscheinungen (Fieber, Bindehautentzündung u. a.) nach längerem Gebrauch von Jod

Jo|dit [auch: ...ˈdɪt] das; -s, -e: ein Mineral (Silberjodid)

Jo|do, auch: - ⟨jap.⟩: ↑ Dschodo

Jo|do|form das; -s ⟨Kunstw. aus ↑ Jod u. ↑ Formyl⟩: (Med.) früher verwendetes Mittel zur Wunddesinfektion

Jo|do|me|t|rie die; -, ⟨gr.-fr.; gr.⟩: Bestimmung von Stoffen mithilfe von Jod

Jo|ga vgl. Yoga

jog|gen [ˈdʒɔɡn] ⟨engl.⟩: ↑ Jogging betreiben. **Jog|ger** der; -s, -: jmd., der joggt. **Jog|ge|rin** die; -, -nen: weibliche Form zu ↑ Jogger. **Jog|ging** das; -s: Fitnesstraining, bei dem man entspannt in mäßigem Tempo läuft

Jo|ghurt, auch: Jogurt der u., bes. österr. u. schweiz., das; -[s], -[s], österr. seltener auch: die; -, -[s] ⟨türk.⟩: durch Zusetzen bestimmter Bakterien gewonnene Art Dickmilch

Jo|gi, **Jo|gin** vgl. Yogi, Yogin

Jo|gurt vgl. Joghurt

Jo|han|ni[s] das (meist ohne Artikel): - ⟨nach Johannes dem Täufer⟩: Johannistag (24. Juni)

Jo|han|nis|brot das; -[e]s, -e: getrocknete Schotenfrucht des im Mittelmeergebiet heimischen Johannisbrotbaumes

Jo|han|nis|trieb der; -[e]s, -e: 1. (Bot.) der zweite Trieb vieler Holzgewächse im Juni/Juli. 2. (ohne Plural; scherzh.) neuerliches, gesteigertes Bedürfnis nach Sex bei Männern im vorgerückten Alter

J

Jo|han|ni|ter *der; -s, -*: Angehöriger des Johanniterordens

Jo|han|ni|ter|kreuz *das; -es, -e*: achtspitziges [weißes Ordens]kreuz [der Johanniter]; vgl. Malteserkreuz

Jo|han|ni|ter|or|den *der; -s*: um 1100 in Jerusalem ursprünglich zur Pflege kranker Pilger gegründeter geistlicher Ritterorden

John Bull [ˈdʒɔn ˈbʊl] ⟨*engl.; „Hans Stier"*⟩: (scherzh.) Spitzname des typischen Engländers, des englischen Volkes

Joint [dʒɔynt] *der; -s, -s* ⟨*engl.*⟩: a) selbst gedrehte Zigarette, deren Tabak mit Haschisch od. Marihuana vermischt ist; b) (salopp, bes. Jugendsprache) Zigarette

Joint|ven|ture [...ˈvɛntʃɐ] *das; -[s], -s, auch:* **Joint Ven|ture** *das; --[s], --s*: ⟨*engl.-amerik.*⟩: (Wirtsch.) vorübergehender od. dauernder Zusammenschluss von Unternehmen zum Zweck der gemeinsamen Ausführung von Projekten

Jo-Jo *das; -s, -s* ⟨*amerik.*⟩: Geschicklichkeitsspiel mit elastischer Schnur u. daran befestigter Holzscheibe

Jo|jo|ba *die; -, -s* ⟨*mexikan.*⟩: ein Buchsbaumgewächs

Jo-Jo-Ef|fekt *der; -[e]s, -e*: die Erscheinung, dass ein abwärts gerichteter Trend an seinem Tiefpunkt automatisch in sein Gegenteil verkehrt (z. B. Gewichtsab- u. -wiederzunahme bei Diäten)

Joke [dʒoːk] *der; -s, -s* ⟨*lat.-fr.-engl.*⟩: (ugs.) Witz, spaßige Geschichte

Jo|ker [ˈjoːkɐ, auch: ˈdʒoːkɐ] *der; -s, -* ⟨*lat.-engl.*⟩: für jede andere Karte einsetzbare zusätzliche Spielkarte mit der Abbildung eines Narren

jo|kos ⟨*lat.*⟩: (veraltet) scherzhaft, spaßig

Jo|ku|la|tor *der; -s, ...oren*: ↑ Jongleur (2). **Jo|ku|la|to|rin** *die; -, -nen*: weibliche Form zu ↑ Jokulator

Jo|kus *der; -, -se*: (ugs.) Scherz, Spaß

Jom Kip|pur *der; - -* ⟨*hebr.*⟩: Versöhnungstag (höchstes jüdisches Fest)

Jo|na|than *der; -s, -* ⟨*nach dem amerik. Juristen Jonathan Has-*

brouck⟩: Winterapfel mit matt glänzender, gelb bis purpurrot gefleckter Schale

Jon|g|lage [ʒɔŋˈ(g)laːʒ, auch: ʒõˈglaːʒ] *die; -, -n* ⟨französisierende Bildung zu ↑ jonglieren⟩: Darbietung, Trick eines Jongleurs, einer Jongleurin

Jon|g|leur [ʒɔŋˈ(g)løːɐ̯, auch: ʒõˈgløːɐ̯] *der; -s, -e* ⟨*lat.-fr.*⟩: 1. Artist, Geschicklichkeitskünstler im Jonglieren (1). 2. Spielmann u. Possenreißer des Mittelalters. 3. (Kunstkraftsport) jmd., der die Sportart des Jonglierens (2) ausübt. **Jon|g|leu|rin** [...ˈløː-rɪn] *die; -, -nen*: weibliche Form zu ↑ Jongleur. **jon|g|lie|ren**: 1. mit artistischem Können mehrere Gegenstände gleichzeitig spielerisch werfen u. auffangen. 2. (Kunstkraftsport) mit Gewichten o. Ä. bestimmte Geschicklichkeitsübungen ausführen. 3. [in verblüffender Weise] abwägen geschickt mit jmdm., etwas umgehen

Jo|ni|kus vgl. Ionicus

Jo|non *das; -s* ⟨*gr.-nlat.*⟩: nach Veilchen riechender Duftstoff

Jo|ru|ri [ˈdʒoː...] *das; -[s]* ⟨*jap.*⟩: altes japanisches Puppenspiel

Jo|se|phi|nis|mus *der; -* ⟨*nlat.; nach Kaiser Joseph II., 1741–1790*⟩: aufgeklärte katholische Staatskirchenpolitik im Österreich des 18. u. 19. Jh.s, die auch noch die Staatsauffassung der österreichischen Beamten u. Offiziere des 19. Jh.s bestimmte

Jot *das; -, -* ⟨*semit.-gr.-lat.*⟩: zehnter Buchstabe des deutschen Alphabets

¹Jo|ta *das; -[s], -s*: neunter Buchstabe des griechischen Alphabets: I, ι; **kein Jota**: nicht das Geringste

²Jo|ta [ˈxɔta] *die; -, -s* ⟨*span.*⟩: schneller spanischer Tanz im ³/₈- od. ³/₄-Takt mit Kastagnettenbegleitung

Joule [von DIN u. anderen Organisationen festgelegte Aussprache nur: dʒuːl, sonst auch: dʒaʊl] *das; -[s], -* ⟨*nach dem engl. Physiker J. P. Joule, 1818–1889*⟩: (Phys.) Einheit für die Arbeit, Energie u. Wärmemenge (z. B. für die Energie-

umsatz des Körpers; 1 cal = 4,186 Joule); Zeichen: J

Jour [ʒuːɐ̯] *der; -s, -s* ⟨*lat.-vulgärlat.-fr.*⟩: (veraltend) [Wochen]tag, an dem regelmäßig Gäste empfangen werden; **Jour fixe**: 1. für ein regelmäßiges Treffen fest vereinbarter Tag. 2. (veraltet) Tag, an dem jmd. Dienst hat, mit Dienst an der Reihe ist; vgl. auch du jour u. à jour

Jour|nail|le [ʒʊrˈnaljə, auch: ...ˈnai] *die; -*: verantwortungslose, verleumderische Presse u. ihre Journalisten

Jour|nal [ʒʊr...] *das; -s, -e*: 1. (veraltet) [Tages]zeitung. 2. (geh., veraltend) bebilderte Zeitschrift unterhaltenden od. informierenden Inhalts. 3. (veraltend) Tagebuch. 4. Schiffstagebuch. 5. (Wirtsch.) in der Buchführung neben dem Hauptbuch zu führendes Tagebuch

Jour|na|lis|mus *der; -*: 1. a) Tätigkeit des Journalisten; b) (salopp, häufig abwertend) journalistische Berichterstattung. 2. Zeitungs-, Pressewesen; vgl. ...ismus/...istik

Jour|na|list *der; -en, -en*: jmd., der als freier Mitarbeiter, als Auslandskorrespondent od. Mitglied einer Redaktion Artikel o. Ä. für Zeitungen od. andere Medien verfasst bzw. redigiert od. der als Fotograf Bildberichte liefert

Jour|na|lis|tik *die; -*: 1. (neben Zeitungswissenschaft u. Publizistik) Studienfach für das Pressewesen. 2. (geh., selten) Bericht, Arbeit aus der Feder eines Journalisten

Jour|na|lis|tin *die; -, -nen*: weibliche Form zu ↑ Journalist

jour|na|lis|tisch: a) die Journalistik betreffend; b) in der Art des Journalismus (1)

jo|vi|al ⟨*lat.-mlat.*⟩: (nur in Bezug auf Männer) betont wohlwollend; leutselig. **Jo|vi|a|li|tät** *die; -*: joviale Art, joviales Wesen, Leutseligkeit

jo|vi|a|nisch ⟨*lat.-nlat.*⟩: den Planeten Jupiter betreffend, zu ihm gehörend

Joy|ri|ding [ˈdʒɔyraɪdɪŋ] *das; -s* ⟨*engl.*⟩: waghalsiges Autofahren mit überhöhter Geschwindigkeit u. riskanten Überholmanövern

Joy|stick [...stɪk] *der;* -s, -s ⟨*engl.*⟩: [Vorrichtung mit] Steuerhebel für Computerspiele

Ju|an vgl. Yuan

Ju|bel|jahr ⟨*hebr.-vulgärlat.; dt.*⟩: 1. ↑ Jobeljahr; **alle Jubeljahre:** selten. 2. heiliges Jahr mit besonderen Ablässen in der katholischen Kirche (alle 25 Jahre)

Ju|bi|lar *der;* -s, -e ⟨*(hebr.-)vulgärlat.-mlat.*⟩: Gefeierter; jmd., der ein Jubiläum begeht. **Ju|bi|la|rin** *die;* -, -nen: weibliche Form zu ↑ Jubilar

Ju|bi|la|te ⟨*lat.-vulgärlat.*; nach dem alten ↑ Introitus des Gottesdienstes, Psalm 66, 1, „Jauchzet (Gott, alle Lande)!"⟩: (ev. Kirche) dritter Sonntag nach Ostern

Ju|bi|la|tio u. **Ju|bi|la|ti|on** *die;* -: im gregorianischen Choral eine jubelnde, auf einem Vokal (z. B. auf der letzten Silbe des Alleluja) gesungene Tonfolge

Ju|bi|lä|um *das;* -s, ...äen ⟨*(hebr.-)lat.-vulgärlat.*⟩: festlich begangener Jahrestag eines bestimmten Ereignisses

Ju|bi|lee [ˈdʒuːbɪliː] *das;* -[s], -s ⟨*lat.-vulgärlat.-fr.-engl.*⟩: religiöser Hymnengesang der Afroamerikaner

ju|bi|lie|ren ⟨*lat.*⟩: 1. jubeln, frohlocken. 2. ein Jubiläum feiern

Ju|bi|lus *der;* - ⟨*lat.-vulgärlat.-mlat.*⟩: ↑ Jubilatio

juch|ten ⟨*russ.*⟩: aus Juchtenleder.

Juch|ten *der* od. *das;* -s: 1. feines [Kalbs]leder, das mit Birkenteeröl wasserdicht gemacht wird u. dadurch seinen besonderen Geruch erhält. 2. aus Birkenteeröl gewonnenes Parfüm mit dem charakteristischen Duft des Juchtenleders

Ju|da|i|ka *die* (Plural) ⟨*hebr.-gr.-lat.*⟩: a) jüdische Schriften; b) Bücher, Sammelobjekte der jüdischen Kultur u. Religion

ju|da|i|sie|ren: jüdisch machen, unter jüdischen Einfluss bringen. **Ju|da|i|sie|rung** *die;* -, -en: das Judaisieren, Judaisiertwerden

Ju|da|is|mus *der;* -: judenchristliche gesetzestreue Richtung im Urchristentum; jüdische Religion, Judentum

Ju|da|is|tik *die;* ⟨*nlat.*⟩: Wissenschaft von der jüdischen Religion, Geschichte u. Kultur. **ju-**

da|is|tisch: die Judaistik betreffend

Ju|das *der;* -, -se ⟨nach Judas Ischariot im Neuen Testament⟩: jmd., der treulos an jmdm. handelt, ihn verrät

Ju|di|ka ⟨*lat.;* nach dem alten ↑ Introitus des Gottesdienstes, Psalm 43, 1, „Richte (mich, Gott)!"⟩: (ev. Kirche) vorletzter Sonntag vor Ostern

Ju|di|kat *das;* -[e]s, -e: (veraltet) Rechtsspruch, richterlicher Entscheid

Ju|di|ka|ti|on *die;* -, -en: (Rechtsw. veraltet) richterliche Untersuchung, Beurteilung, Aburteilung

Ju|di|ka|ti|ve *die;* -, -n ⟨*lat.-nlat.*⟩: richterliche Gewalt im Staat; Ggs. ↑ Exekutive, ↑ Legislative

ju|di|ka|to|risch ⟨*lat.*⟩: (Rechtsw. veraltet) richterlich

Ju|di|ka|tur *die;* -, -en ⟨*lat.-nlat.*⟩: Rechtsprechung

Ju|di|kum *das;* -s ⟨eigtl. Judicum liber „Buch der Richter"⟩: siebentes Buch des Alten Testaments

Ju|diz *das;* -es, ...ien: ↑ Judizium

ju|di|zi|ell: die Rechtsprechung betreffend, richterlich

ju|di|zie|ren ⟨*lat.*⟩: (veraltet) Recht sprechen; gerichtlich urteilen, entscheiden

Ju|di|zi|um *das;* -s, ...ien: auf langjährige Gerichtspraxis gegründetes Vermögen der Rechtsfindung

Ju|do *das;* -[s] ⟨*jap.*⟩: sportliche Form des ↑ Ju-Jutsu mit festen Regeln. **Ju|do|ka** *der;* -[s], -[s] u. *die;* -, -[s]: jmd., der Judo als Sport betreibt

Jug [dʒak] *der;* -[s], -s ⟨*engl.-amerik.*⟩: einfaches Blasinstrument der afroamerikanischen Folklore (irdener Krug mit engem Hals)

Ju|ga *das;* -[s] ⟨*sanskr.*⟩: in der indischen Lehre von den Weltzeitaltern einer der vier Abschnitte der ↑ Kalpa

ju|gu|lar ⟨*lat.-nlat.*⟩: das Jugulum betreffend

Ju|gu|lum *das;* -s, ...la ⟨*lat.*⟩: (Med.) Drosselgrube, natürliche Einsenkung an der Vorderseite des Halses zwischen den Halsmuskeln, der Schultermuskulatur u. dem Schlüsselbein

Juice [dʒuːs] *der* od. *das;* -, -s

[...sɪs, auch: ...sɪz] ⟨*lat.-fr.-engl.*⟩: Obst-, Gemüsesaft

Ju|ju|be *die;* -, -n ⟨*gr.-lat.-fr.*⟩: 1. Gattung der Kreuzdorngewächse, Sträucher u. Bäume mit dornigen Zweigen u. mit Steinfrüchten. 2. Brustbeere, Frucht der Kreuzdorngewächse

Ju-Jut|su *das;* -[s] ⟨*jap.*⟩: in Japan entwickelte Technik der Selbstverteidigung ohne Waffen od. Gewalt; vgl. Judo, Kendo

Juke|box [ˈdʒuːk...] *die;* -, -es [...sɪz, auch: ...sɪs] ⟨*engl.*⟩: Musikautomat, der nach Einwurf entsprechender Geldmünzen durch Tastendruck gewählte Schallplatten abspielt

Jul *das;* -[s] ⟨*altnord.*⟩: a) (hist.) germanisches Fest der Wintersonnenwende; b) (in Skandinavien) Weihnachtsfest

Jul|bock *der;* -[e]s, ...böcke ⟨*schwed.*⟩: in Skandinavien bei weihnachtlichen Umzügen auftretende, mit Fellen u. einem gehörnten Ziegenkopf maskierte Gestalt (oft als kleine Nachbildung aus Stroh od. in Form von Gebäck)

Ju|lep [ˈdʒuːlɛp] *das* od. *der;* -[s], -s ⟨*pers.-arab.-fr.-engl.*⟩: in England u. Amerika beliebtes [alkoholisches] Erfrischungsgetränk mit Pfefferminzgeschmack

Ju|li *der;* -[s], -s ⟨*lat.;* nach Julius Cäsar⟩: siebenter Monat im Jahr

ju|li|a|nisch; in der Fügung **julianischer Kalender:** der von Julius Cäsar eingeführte Kalender

Ju|li|en|ne [ʒyˈljɛn] *die;* - ⟨*fr.*⟩: in schmale Streifen geschnittenes Gemüse (od. Fleisch) als Suppeneinlage

Ju|li|us|turm *der;* -[e]s ⟨nach einem Turm der früheren Zitadelle in Spandau, in dem sich bis 1914 ein Teil der von Frankreich an das Deutsche Reich gezahlten Kriegsentschädigung befand⟩: vom Staat angesparte, als Reserve zurückgelegte Gelder

Jul|klapp *der;* -s ⟨*altnord.*⟩: [scherzhaft mehrfach verpacktes] kleines Weihnachtsgeschenk, das man im Rahmen einer Feier von einem unbekannten Geber erhält

Jum|bo *der;* -s, -s: kurz für Jumbojet. **Jum|bo|jet,** auch: **Jum|bo-Jet**

der; -s, -s ⟨engl.-amerik.; „Düsenriese"⟩: Großraumflugzeug

Ju|mel|la|ge [ʒymə'la:ʒə] die; -, -n [...ʒn] ⟨fr.⟩: Städtepartnerschaft zwischen Städten verschiedener Länder

Jump [dʒamp] der; -[s], -s ⟨engl.-amerik.⟩: 1. (Leichtathletik) dritter Sprung beim Dreisprung; vgl. Hop, Stepp (1). 2. (ohne Plural) in Harlem entwickelter Jazzstil

jum|pen ['dʒampn̩] ⟨engl.⟩: (ugs.) springen

Jum|per [auch: 'dʒampɐ u. südd., österr.: 'dʒɛmpɐ] der; -s, - ⟨engl.⟩: gestricktes, gewirktes, blusen-, pulloverähnliches Kleidungsstück [für Damen]

Jump|suit ['dʒampsu:t] der; -[s], -s ⟨engl.⟩: einteiliger Hosenanzug

jun|gie|ren ⟨lat.⟩: (veraltet) verbinden, zusammenlegen

Jun|gle ['dʒaŋl] der; -s ⟨engl.; eigtl. „Dschungel"⟩: eine Form der Technomusik mit Rap- u. Reggaeeinflüssen

Jun|gle|stil der; -[e]s ⟨engl.-amerik.⟩: Spielweise mit Dämpfern o. Ä. zur Erzeugung von Groll- oder Brummeffekten (Growl) bei den Blasinstrumenten im Jazz (von Duke Ellington eingeführt)

Ju|ni der; -[s], -s (Plural selten) ⟨lat.; nach der altröm. Göttin Juno⟩: der sechste Monat des Jahres

ju|ni|or ⟨lat.; „jünger"⟩: (nur unflektiert hinter dem Personennamen) ... der Jüngere (z. B. Krause junior; Abk.: jr. u. jun.); Ggs. ↑ senior

Ju|ni|or der; -s, ...oren: 1. (ugs.) a) (ohne Plural) jüngerer Teilhaber, bes. Sohn eines Firmeninhabers; b) Sohn (im Verhältnis zum Vater). 2. junger Sportler im Alter von 18 (u. je nach Sportart) bis 20, 21 od. 23 Jahren. 3. Jugendlicher, Heranwachsender

Ju|ni|o|rat das;¹ -[e]s, -e: ↑ Minorat

Ju|ni|or|chef der; -s, -s: Sohn des Geschäftsinhabers. **Ju|ni|or|chefin** die; -, -nen: weibliche Form zu ↑ Juniorchef

Ju|ni|o|rin die; -, -nen: weibliche Form zu ↑ Junior (1a, 2)

Ju|ni|or|part|ner der; -s, -: (Wirtsch.) mit weniger Rechten ausgestatteter [jüngerer] Ge-

schäftspartner. **Ju|ni|or|part|nerin** die; -, -nen: weibliche Form zu ↑ Juniorpartner

Ju|ni|pe|rus der; -, - ⟨lat.⟩: (Bot.) Wacholder (über die ganze Erde verbreitetes Zypressengewächs)

Junk|art, auch: **Junk-Art** ['dʒaŋka:ɐ̯t] die; - ⟨engl.⟩: moderne Kunstrichtung, bei der vor allem Abfälle als Materialien für Bilder u. Plastiken verwendet werden

Junk|bond, auch: **Junk-Bond** der; -s, -s ⟨engl.⟩: (Börsenw.) hochverzinsliche Anleihe von Schuldnern mit geringer Bonität

Junk|food, auch: **Junk-Food** [...'fu:t] das; -[s]: Nahrung von geringem Nährwert, aber von hoher Kalorienzahl (z. B. Süßigkeiten, Pommes frites)

Jun|kie ['dʒaŋki] der; -s, -s ⟨engl.⟩: Drogenabhängiger, Rauschgiftsüchtiger

Junk|mail, auch: **Junk-Mail** ['dʒaŋkmeɪl] die; -, -s ⟨engl.⟩: unerwünschte Werbung (z. B. als Postwurfsendung od. als E-Mail)

Junk|tim das; -s, -s ⟨lat.; „vereinigt"⟩: wegen innerer Zusammengehörigkeit notwendige Verbindung zwischen zwei Verträgen od. Gesetzesvorlagen. **junk|ti|mie|ren**: (bes. österr.) in einem Junktim verknüpfen, festlegen

Junk|tor der; -s, ...oren: (Logik, Sprachw.) (durch bestimmte Zeichen wiedergegebene) logische Partikel, durch die bestimmte Aussagen zu einer neuen Aussage verbunden werden (z. B. und, oder)

Junk|tur die; -, -en: 1. (veraltet) Verbindung, Fuge. 2. (Med.) Verbindung zwischen benachbarten Knochen des Skeletts. 3. (Sprachw.) Grenze zwischen aufeinander folgenden sprachlichen Einheiten, die sich als Sprechpause niederschlägt (z. B. bei ver-eisen statt verreisen)

ju|no|nisch ⟨nach der altröm. Göttin Juno⟩: (geh.) wie eine Juno, von stattlicher, erhabener Schönheit

Jun|ta ['xʊnta, auch: 'jʊnta] die; -, ...ten ⟨lat.-span.; „Vereinigung; Versammlung"⟩: 1. Regie-

rungsausschuss, bes. in Spanien, Portugal u. Lateinamerika. 2. kurz für: Militärjunta

Jupe [ʒy:p] der, seltener das; -s, -s ⟨arab.-it.-fr.⟩: 1. (schweiz.) Damenrock. 2. (veraltet) knöchellanger Damenunterrock; vgl. Jupon

Ju|pi|ter|lam|pe ® die; -, -n ⟨nach der Berliner Firma „Jupiterlicht"⟩: sehr starke elektrische Bogenlampe für Film- u. Fernsehaufnahmen

Ju|pon [ʒy'põ:] der; -[s], -s ⟨arab.-it.-fr.⟩: 1. (früher) langer, knöchellanger Damenunterrock. 2. (schweiz.) Unterrock

¹Ju|ra (ohne Artikel) ⟨lat.; „die Rechte"⟩: Rechtswissenschaft; vgl. ¹Jus

²Ju|ra der; -s ⟨nach dem franz.-schweiz.-südd. Gebirge⟩: (Geol.) erdgeschichtliche Formation des ↑ Mesozoikums, die ↑ Lias, ↑ ²Dogger u. ↑ Malm umfasst. **Ju|ra|for|ma|ti|on** die; -: ↑ ²Jura

Ju|ra|ment der; -s, -e ⟨Kurzw. aus ↑ ²Jura u. ↑ ¹Zement"⟩: Kunststein aus Kalkzement u. Schlackenrückständen von Ölschiefer

ju|ra no|vit cu|ria ⟨lat.; „das Gericht kennt das (anzuwendende) Recht"⟩: alte, im deutschen Zivilprozess gültige Rechtsformel, die besagt, dass das geltende Recht dem Gericht von den streitenden Parteien nicht vorgetragen werden muss, es sei denn, dass es sich um dem Gericht unbekanntes fremdes (ausländisches) Recht handelt

ju|ra|re in ver|ba ma|gis|t|ri ⟨„auf des Meisters Worte schwören"; nach Horaz⟩: die Meinung eines anderen nachbeten

ju|ras|sisch ⟨fr.⟩: a) zum ²Jura gehörend; b) aus dem Juragebirge stammend

ju|ri|disch: juristisch

ju|rie|ren: a) Werke für eine Ausstellung, Filmfestspiele o. Ä. zusammenstellen; b) in einer Jury (1) mitwirken. **Ju|rie|rung** die; -, -en: das Jurieren

Ju|ris|dik|ti|on die; -, -en: 1. weltliche u. geistliche Gerichtsbarkeit, Rechtsprechung. 2. Vollmacht, Recht des Klerus zur Leitung der Mitglieder der Kirche (mit den Funktionen Gesetzgebung, Rechtsprechung, Verwaltung)

Ju|ris|pru|denz *die; -*: Rechtswissenschaft

Ju|rist *der; -en, -en ⟨lat.-mlat.⟩*: jmd., der ↑ ¹Jura studiert, das Jurastudium mit der staatlichen Referendar- u. Assessorprüfung abgeschlossen hat

Ju|ris |te|rei *die; - ⟨dt. Bildung zu* ↑ Jurist⟩: (ugs.) Rechtswissenschaft

Ju|ris |tin *die; -, -nen*: weibliche Form zu ↑ Jurist

ju|ris |tisch *⟨lat.-mlat.⟩*: a) die Rechtswissenschaft, die Rechtsprechung betreffend; b) den Vorschriften der Rechtswissenschaft, Rechtsprechung genau entsprechend, ihre Mittel anwendend

Ju|ror *der; -s, ...oren ⟨lat.-engl.⟩*: Mitglied einer Jury. **Ju|ro|rin** *die; -, -nen*: weibliche Form zu ↑ Juror

Jur|te *die; -, -n ⟨türk.⟩*: runde Filzhütte mittelasiatischer Nomaden

Jü|rük *u.* Yürük *der; -[s], -s ⟨nach den Jürüken, einem kleinasiat. Nomadenvolk⟩*: langfloriger türkischer Teppich aus feiner, glänzender Wolle

Ju|ry *[ʒyˈriː, auch:ˈʒyːri] die; -, -s ⟨lat.-fr.-engl.(-fr.)⟩*: 1. a) Kollegium von Sachverständigen als Preisrichter bei sportlichen, künstlerischen Wettbewerben, bei Quizveranstaltungen o. Ä.; b) Kollegium von Fachleuten, das Werke für eine Ausstellung, für Filmfestspiele o. Ä. auswählt. 2. Schwurgericht, ein bes. in England u. Amerika bei Kapitalverbrechen zur Urteilsfindung verpflichtetes Gremium von Laien

ju|ry|frei: nicht von Fachleuten zusammengestellt

¹Jus *das; - ⟨lat.⟩*: (österr.) ↑ ¹Jura; **Jus divinum**: göttliches Recht; auf menschliches Verhalten bezogener göttlicher Wille; **Jus Gentium**: Völkerrecht; **Jus naturale**: Naturrecht; **Jus primae Noctis**: im Mittelalter gelegentlich bezeugtes Recht des Grundherrn auf die erste Nacht mit der Frau eines neu vermählten Hörigen, Leibeigenen

²Jus *[ʒyː] die; -, (auch, bes. südd. u. schweiz.: das; - u. bes. schweiz.: der; -) ⟨lat.-fr.⟩*: 1. Fleischsaft, Bratensaft.

2. (schweiz.) Fruchtsaft, Gemüsesaft

Jus|siv *der; -s, -e ⟨lat.-nlat.⟩*: (Sprachw.) imperativisch gebrauchter Konjunktiv (z. B. er lebe hoch!)

just *⟨lat.⟩*: eben, gerade (in Bezug auf eine Situation in gewissem Sinne passend)

Jus |ta|ge *[jʊˈstaːʒə] die; -, -n ⟨fr.⟩*: ↑ Justierung

jus |ta|ment *⟨lat.-fr.⟩*: (veraltet) [nun] gerade

Juste|mi|li|eu *[ʒystmiˈljø:] das; - ⟨fr.; „die rechte Mitte"; nach 1830 Schlagwort für die den Ausgleich suchende, kompromissbereite Politik von Louis Philippe von Frankreich⟩*: (selten) laue Gesinnung

just for fun *[dʒʌst fə ˈfʌn] ⟨engl.⟩*: nur zum eigenen Vergnügen, nur zum Spaß

jus |tie|ren *⟨lat.-mlat.; „berichtigen"⟩*: 1. Geräte od. Maschinen, bei denen es auf genaue Einstellung ankommt, vor Gebrauch einstellen. 2. (Druckw.) a) Druckstöcke auf Schrifthöhe u. Winkelständigkeit bringen; b) Fahnensatz auf Seitenhöhe bringen (umbrechen). 3. das gesetzlich vorgeschriebene Gewicht einer Münze kontrollieren

Jus |tie|rer *der; -s, -*: jmd., der beruflich mit dem Justieren von etwas beschäftigt ist. **Jus |tie|re|rin** *die; -, -nen*: weibliche Form zu ↑ Justierer

Jus |tie|rung *die; -, -en*: ↑ das Justieren (1, 2 u. 3)

Jus |tier|waa|ge *die; -, -n ⟨lat.-mlat.; dt.⟩*: Münzkontrollwaage

Jus |ti|fi|ka|ti|on *die; -, -en ⟨lat.⟩*: 1. Rechtfertigung. 2. ↑ Justifikatur

Jus |ti|fi|ka|tur *die; -, -en ⟨lat.-nlat.⟩*: Rechnungsgenehmigung nach erfolgter Prüfung

jus |ti|fi|zie|ren: 1. rechtfertigen. 2. eine Rechnung nach Prüfung genehmigen

just in time *[dʒʌst ɪn ˈtaɪm] ⟨engl.; „gerade zur Zeit, rechtzeitig"⟩*: zeitlich aufeinander abgestimmt, gleichzeitig

Just-in-time-Pro|duk|ti|on *die; - ⟨engl.; dt.⟩*: Organisationsprinzip der Produktion u. Materialwirtschaft, bei dem mithilfe der Informationsverarbeitung Zuliefer- u. Produktionstermine

genau aufeinander abgestimmt werden

Jus |ti|tia *die; - ⟨lat.⟩*: a) römische Göttin der Gerechtigkeit; b) Verkörperung, Personifizierung, Sinnbild der Gerechtigkeit

jus |ti|ti |a|bel *usw.* vgl. justiziabel *usw.*

Jus |ti|ti |a|ri|us *der; -, ...ien*: ↑ Justiziar (1 u. 2)

Jus |tiz *die; -*: 1. Rechtswesen, -pflege; Rechtsprechung. 2. Behörde, Gesamtheit der Behörden, die für die Ausübung des Rechts (der Justiz (1), für Einhaltung der Rechtsordnung verantwortlich ist, sie gewährleistet

jus |ti|zi |a|bel, auch: justitiabel *⟨lat.-mlat.⟩*: vom Gericht abzuurteilen, richterlicher Entscheidung zu unterwerfen

Jus |ti|zi |ar, auch: Justitiar *der; -s, -e*: 1. ständiger, für alle Rechtsangelegenheiten zuständiger Mitarbeiter eines Unternehmens, einer Behörde o. Ä. 2. (hist.) in der Patrimonialgerichtsbarkeit Gerichtsherr, Gerichtsverwalter

Jus |ti|zi |a|riat, auch: Justitiariat *das; -[e]s, -e*: Amt des Justiziars (1 u. 2)

Jus |ti|zi |a|rin, auch: Justitiarin *die; -, -nen*: weibliche Form zu ↑ Justiziar

jus |ti|zi |ell, auch: justitiell: die Justiz betreffend

Jus |ti|zi |um *das; -s, ...ien ⟨lat.⟩*: Unterbrechung der Rechtspflege durch Krieg od. höhere Gewalt

Jus |tiz|mord *der; -[e]s, -e ⟨lat.; dt.⟩*: (emotional) Hinrichtung eines Unschuldigen aufgrund eines fehlerhaften Gerichtsurteils

Ju|te *die; - ⟨bengal.-engl.⟩*: 1. Gattung der Lindengewächse mit zahlreichen tropischen Arten. 2. Bastfaser der Jutepflanzen

ju|ve|na|lisch *⟨nach dem röm. Satiriker Juvenal⟩*: beißend, spöttisch, satirisch

ju|ve|na|li|sie|ren *⟨lat.-nlat.⟩*: am Stil, Geschmack der Jugend orientieren. **Ju|ve|na|li|sie|rung** *die; -, -en*: Orientierung am Stil, Geschmack der Jugend

Ju|ve|nat *das; -[e]s, -e*: (früher) katholisches Schülerheim; Internatsschule, bes. für jmdn., der in einen Orden eintreten will

ju|ve|nil ⟨lat.⟩: 1. jugendlich, für junge Menschen charakteristisch. 2. (Geol.) direkt aus dem Erdinnern stammend, aufgestiegen; vgl. vados

Ju|ve|ni|lis|mus der; - ⟨lat.-nlat.⟩: 1. Entwicklungsstufe des Jugendstadiums. 2. (Psychol.) Form seelischer Undifferenziertheit, bei der die seelische Entwicklung auf einer jugendlichen Stufe stehen geblieben ist

Ju|ve|ni|li|tät die; - ⟨lat.⟩: Jugendlichkeit

Ju|ve|nil|was|ser das; -s ⟨lat.; dt.⟩: ↑ juveniles (2) Wasser

¹Ju|wel das, (auch: der); -s, -en (meist Plural) ⟨lat.-vulgärlat.-fr.-niederl.⟩: Edelstein, Schmuckstück

²Ju|wel das; -s, -e: Person od. Sache, die für jmdn. besonders wertvoll ist

Ju|we|lier der; -s, -e ⟨lat.-vulgärlat.-fr.-niederl.⟩: jmd., der [als ausgebildeter Goldschmied, Uhrmacher o. Ä.] mit Schmuckwaren u. Ä. handelt. Ju|we|lie|rin die; -, -nen: weibliche Form zu ↑ Juwelier

Jux der; -es, -e ⟨durch Entstellung aus lat. iocus = „Scherz" entstanden⟩: (ugs.) Scherz, Spaß, Ulk. ju|xen: (ugs.) Spaß machen

Jux|ta u. ⟨österr.:⟩ Juxte die; -, ...ten ⟨lat.-nlat.⟩: meist an der linken Seite von kleinen Wertpapieren (Lottozetteln) befindlicher Kontrollstreifen

Jux|ta|kom|po|si|tum das; -s, ...ta: ↑ Juxtapositum

Jux|ta|po|si|ti|on die; -, -en: 1. (Sprachw.) a) Zusammenrückung der Glieder einer syntaktischen Fügung als besondere Form der Wortbildung; vgl. Juxtapositum; b) bloße Nebeneinanderstellung im Ggs. zur Komposition (z. B. engl. *football game* = „Fußballspiel"). 2. Ausbildung von zwei miteinander verwachsenen Kristallen, die eine Fläche gemeinsam haben

Jux|ta|po|si|tum das; -s, ...ta: (Sprachw.) durch ↑ Juxtaposition (1a) entstandene Zusammensetzung (z. B. Dreikäsehoch)

Jux|te vgl. Juxta

K k

Ka|a|ba die; - ⟨arab.; „Würfel"⟩: Steinbau in der großen Moschee von Mekka, Hauptheiligtum des Islams, Ziel der Mekkapilger; vgl. Hadsch u. Hadschar

Ka|ba|che u. Ka|ba|cke die; -, -n ⟨russ.⟩: a) primitive Hütte; b) anrüchige Kneipe

Ka|ba|le die; -, -n ⟨hebr.-fr.⟩: (veraltet) Intrige

ka|ba|lie|ren u. ka|bal|li|sie|ren: (veraltet) intrigieren

Ka|ba|list der; -en, -en: (veraltet) heimtückischer Gegner, ↑ Intrigant; vgl. aber: Kabbalist. **Ka|ba|lis|tin** die; -, -nen: weibliche Form zu ↑ Kabalist

Ka|ban vgl. Caban

Ka|ba|nos|si die; -, - ⟨Herkunft unsicher⟩: stark gewürzte, grobe, geräucherte Brühwurst

Ka|ba|rett [kaba'rɛt, auch: 'ka..., ...'re:] das; -s, -s u. (bei eingedeutschter Ausspr. auch:) -e, auch (bes. österr.:) Cabaret […'re:, auch: 'kabare] das; -s, -s ⟨lat.-fr.⟩: 1. (ohne Plural) Kleinkunst in Form von Sketchs u. Chansons, die in parodistischer, witziger Weise politische Zustände od. aktuelle Ereignisse kritisieren. 2. a) Kleinkunstbühne; b) Ensemble, das Kabarett (1) macht. 3. [drehbare] mit kleinen Fächern od. Schüsselchen versehene Salat- od. Speiseplatte

Ka|ba|ret|ti|er […'tje:] der; -s, -s: Leiter eines Kabaretts (2)

Ka|ba|ret|tist der; -en, -en: Künstler des Kabaretts (1). Ka|ba|ret|tis|tin die; -, -nen: weibliche Form zu ↑ Kabarettist. ka|ba|ret|tis|tisch: in der Art des Kabaretts (1)

Kab|ba|la [auch: ...'la] die; - ⟨hebr.; „Überlieferung"⟩: a) stark mit Buchstaben- und Zahlendeutung arbeitende jüdische Geheimlehre und Mystik vor allem im Mittelalter; b) esoteri-

sche u. theosophische Bewegung im Judentum

Kab|ba|list der; -en, -en ⟨hebr.-nlat.⟩: Anhänger der Kabbala; vgl. aber: Kabalist

Kab|ba|lis|tik die; -: Lehre der Kabbala, bes. ↑ Magie mit Buchstaben u. Zahlen

Kab|ba|lis|tin die; -, -nen: weibliche Form zu ↑ Kabbalist

kab|ba|lis|tisch: a) auf die Kabbala bezüglich; b) [für Uneingeweihte] unverständlich

Ka|bel|jau der; -s, -e u. -s ⟨niederl.⟩: (bes. im Nordatlantik heimischer) großer, olivgrün gefleckter Raubfisch

Ka|bi|ne die; -, -n ⟨lat.-provenzal.-fr.-engl. (-fr.)⟩: 1. a) Wohn- u. Schlafraum für Passagiere auf größeren [Fahrgast]schiffen; b) Fahrgastraum eines Passagierflugzeugs. 2. a) kleiner, abgeteilter Raum zum Aus- u. Ankleiden; Bade-, Umkleidekabine; b) kleiner, abgeteilter Raum, kleines Häuschen für bestimmte Tätigkeiten, Verrichtungen einzelner Personen. 3. Gondel einer Seilbahn o. Ä.

Ka|bi|nett das; -s, -e ⟨fr.; „kleines Gemach, Nebenzimmer"⟩: 1. a) (veraltet) abgeschlossener Beratungs- u. Arbeitsraum (bes. an Fürstenhöfen); b) kleinerer Museumsraum [für besonders wertvolle Objekte]; c) (österr.) kleines, einfenstriges Zimmer. 2. a) Kollegium der die Regierungsgeschäfte eines Staates führenden Minister; b) (veraltet) engster Beraterkreis eines Fürsten. 3. (regional) Lehr- u. Beratungszentrum; Fachunterrichtsraum. 4. (nach dem deutschen Weingesetz) Wein der ersten Kategorie der Qualitätsweine mit Prädikat

Ka|bi|nett|for|mat das; -[e]s: (früher) Format von fotografischen Platten

Ka|bi|nett|male|rei die; - ⟨fr.; dt.⟩: Verfahren der Glasmalerei, bei dem mit Schmelzfarbe gearbeitet wird

Ka|bi|netts|schei|be die; -, -n: in der Kabinettmalerei runde od. viereckige Glasscheibe mit Darstellung eines Wappens od. einer Szene

Ka|bi|netts|fra|ge die; -, -n: Vertrauensfrage, die das Kabinett an das Parlament richtet u. von deren positiver od. negativer Beantwortung das Verbleiben der Regierung im Amt abhängt

Ka|bi|netts|jus|tiz *die; -:* a) (hist.) Rechtsprechung od. Einflussnahme auf die Justiz durch einen Herrscher; b) [unzulässige] Einwirkung der Regierung auf die Rechtsprechung; vgl. Amnestie

Ka|bi|nett|s|or|der *die; -, -n:* (veraltet) [unmittelbarer] Befehl des Fürsten

Ka|bi|nett|stück *das; -[e]s, -e* ⟨*fr.; dt.*⟩: 1. (veraltet) besonders wertvoller, in seiner Art einmaliger Gegenstand; Prunkstück. 2. besonders geschicktes, erfolgreiches Vorgehen, Handeln

Ka|bi|nett|wein *der; -s, -e:* ↑ Kabinett (4)

Ka|bis *der; - ⟨lat.-mlat.⟩:* (südd., schweiz.) Kohl; vgl. Kappes

Ka|bo|ta|ge [...'ta:ʒə] *die; - ⟨lat.-span.-fr.⟩:* die meist den Bewohnern eines Landes vorbehaltene Beförderung von Gütern u. Personen innerhalb des Landes od. Hoheitsgebietes (z. B. Küstenschifffahrt, Binnenflugverkehr). **ka|bo|tie|ren:** (im Rahmen bestimmter Abkommen) Güter od. Personen innerhalb eines Landes od. Hoheitsgebiets befördern

Ka|bi rio, Cabrio *das; -[s], -s:* Kurzw. für: Kabriolett, Cabriolet

Ka|bri ri|o|lett [auch, österr. nur: ...'le:], Cabriolet [...'le:] *das; -s, -s ⟨lat.-it.-fr.⟩:* 1. Auto mit aufklappbarem od. versenkbarem Verdeck. 2. (veraltet) leichter, zweirädriger Einspänner

Ka|bri|o|li|mou|si|ne *die; -, -n* ⟨Kurzw. aus: *Kabrio*lett u. ↑ *Limousine*⟩: a) Auto mit aufrollbarem Verdeck; b) ↑ Limousine mit abnehmbarem Verdeck

Ka|bu|ki *das; - ⟨jap.⟩:* im 17. Jh. aus Singtanzpantomimen entstandenes japanisches Volkstheater in übersteigert realistischem Stil

Ka| ch|ek|ti|ker *der; -s, - ⟨gr.-lat.⟩:* (Med.) an Kachexie leidender, hinfälliger Mensch. **Ka| ch|ek|ti|ke|rin** *die; -, -nen:* weibliche Form zu ↑ Kachektiker. **ka|ch|ek|tisch:** (Med.) an Kachexie leidend, hinfällig

Ka| ch|e| xie *die; -, ...ien:* (Med.) mit allgemeiner Schwäche u.

Blutarmut verbundener starker Kräfteverfall [als Begleiterscheinung schwerer Krankheiten]

Ka|da|ver *der; -s, - ⟨lat.; „gefallener (tot daliegender) Körper"⟩:* toter, in Verwesung übergehender Tierkörper; Aas

Ka|da|ver|ge|hor|sam *der; -s ⟨lat.; dt.⟩:* (abwertend) blinder, willenloser Gehorsam unter völliger Aufgabe der eigenen Persönlichkeit

Ka|da|ve|rin u. Cadaverin *das; -s ⟨lat.-nlat.⟩:* zu den Leichengiften zählendes biogenes Amin, das von Bakterien im Darm u. bei der Eiweißzersetzung in Leichen gebildet wird

Ka|da|ver|mehl *das; -[e]s ⟨lat.; dt.⟩:* Knochen- od. Fleischrückstände verendeter Tiere, die als Futter od. Dünger verwendet werden

Kad|disch *das; -s ⟨aram.⟩:* jüdisches Gebet, das bes. für das Seelenheil Verstorbener während des Trauerjahres gesprochen wird

Ka|denz *die; -, -en ⟨lat.-vulgärlat.-it.⟩:* 1. (Mus.) Akkordfolge als Abschluss od. Gliederung eines Musikstücks. 2. (Mus.) improvisierte od. [vom Komponisten] ausgeschriebene solistische Paraphrasierung eines Themas am Schluss [einzelner Sätze] eines Konzerts, die dem Künstler die Möglichkeit bietet, sein virtuoses Können zu zeigen. 3. (Sprachw.) das Abfallen der Stimme. 4. (Verslehre) metrische Form des Versschlusses. 5. (Waffentechnik) Feuergeschwindigkeit. **ka|den|zie|ren:** (Mus.) a) durch eine Kadenz (1) zu einem harmonischen Abschluss leiten; b) eine Kadenz (3) ausführen

¹Ka|der *der* (schweiz.: *das*); *-s, - ⟨lat.-it.-fr.⟩:* 1. aus Offizieren u. Unteroffizieren bestehende Kerngruppe eines Heeres. 2. Stamm von Sportlern, die für ein Spiel, einen Wettkampf infrage kommen

²Ka|der *der; -s, - ⟨lat.-it.-fr.-russ.⟩:* 1. (DDR) Gruppe von Personen mit wichtigen Funktionen in Partei, Wirtschaft, Staat o. Ä. 2. Angehöriger, Mitglied eines ¹Kaders (2)

Ka|der|ar|mee *die; -, -n:* ↑ Armee

(a), die in Friedenszeiten nur aus ¹Kadern (1) besteht u. im Kriegsfalle mit Wehrpflichtigen aufgefüllt wird

Ka|der|par|tie *die; -, -n:* bestimmte Partie im ↑ Billard

¹Ka|dett *der; -en, -en ⟨lat.-provenzal.-fr.⟩:* 1. (hist.) Zögling eines militärischen Internats für Offiziersanwärter. 2. (schweiz.) Mitglied einer [Schul]organisation für vormilitärischen Unterricht. 3. (ugs.) Bursche, Kerl

²Ka|dett *der; -s, -s:* blauweiß od. schwarzweiß gestreiftes Baumwollgewebe für Berufskleidung

³Ka|dett *der; -en, -en ⟨russ.; nach den Anfangsbuchstaben K u. D der russischen Konstitutionellen Demokratischen (Partei)⟩:* (hist.) Mitglied einer russischen Partei (1905–1917) mit dem Ziel einer konstitutionellen Monarchie

Ka|det|ten|korps [...ko:ɐ̯] *das; - [...ko:ɐ̯(s)], - [...ko:ɐ̯s]:* (hist.) Gesamtheit der Zöglinge der Kadettenanstalten eines Landes

Ka|di *der; -s, -s ⟨arab.; „Richter"⟩:* 1. Richter in islamischen Ländern. 2. (ugs.) richterliche Instanz, Gericht

kad|mie|ren u. verkadmen ⟨*gr.-lat.-nlat.*⟩: Metalle zum Schutz gegen ↑ Korrosion auf ↑ galvanischem Wege mit einer Kadmiumschicht überziehen. **Kad|mie|rung** *die; -, -en:* Vorgang des Kadmierens

Kad|mi|um, chem. fachspr.: Cadmium *das; -s:* chem. Element; ein Metall; Zeichen: Cd

ka|duk ⟨*lat.*⟩: (veraltet) hinfällig, gebrechlich, verfallen

ka|du|zie|ren ⟨*lat.-nlat.*⟩: (Rechtsw.) geleistete Einlagen für verfallen erklären. **Ka|du|zie|rung** *die; -, -en:* (Rechtsw.) Verfallserklärung hinsichtlich bereits geleisteter Einlagen eines Aktionärs od. Gesellschafters, der mit seinen satzungsgemäßen Einzahlungen im Verzug ist

Kaf *das* od. *der; -[s] ⟨arab.⟩:* nach islamischen Anschauungen legendäres Gebirge als Grenze der Erde u. Sitz der Götter u. Dämonen

Kaf|fee [auch, österr. nur: ka'fe:] *der; -s, -s ⟨arab.-türk.-it.-fr.⟩:* 1. Kaffeepflanze, Kaffeestrauch.

K

2. a) bohnenförmige Samen des Kaffeestrauchs; b) geröstete [gemahlene] Kaffeebohnen. 3. aus den Kaffeebohnen bereitetes, anregendes, leicht bitter schmeckendes Getränk. 4. a) kleine Zwischenmahlzeit am Nachmittag, bei der Kaffee getrunken wird; b) Morgenkaffee, Frühstück.

Kaf|fee|ex|trakt, auch: **Kaf|fee-Extrakt** der; -[e]s, -e: pulverisierter, [gefrier]getrockneter Auszug aus starkem Kaffeeaufguss

Kaf|fee|sie|der der; -s, - ⟨arab.-türk.-it.-fr.; dt.⟩: (österr., oft abwertend) Besitzer eines Kaffeehauses

Kaf|fer der; -s, - ⟨hebr.-jidd.; „Bauer"⟩: (ugs.) jmd., der (nach Ansicht des Sprechers) dumm, ungebildet o. Ä. ist

Ka|fil|ler der; -s, - ⟨hebr.-jidd.⟩: (Gaunerspr.) Schinder, Abdecker. **Ka|fil|le|rei** die; -, -en: Abdeckerei

Ka|fir der; -s, -n ⟨arab.⟩: (abwertend; im Islam) jmd., der nicht dem islamischen Glauben angehört

kaf|ka|esk ⟨nach dem österr. Schriftsteller F. Kafka, 1883 bis 1924⟩: in der Art der Schilderungen Kafkas; auf rätselvolle Weise unheimlich, bedrohlich

Kaf|tan der; -s, -e ⟨pers.-arab.-türk.-slaw.; „[militär.] Obergewand"⟩: 1. langes [orientalisches] Obergewand mit langen [weiten] Ärmeln, das oft mit einer breiten Schärpe zusammengehalten od. mit kleinen Knöpfen über der Brust geschlossen wird. 2. (ugs. abwertend) langes, weites Kleidungsstück

Ka|gu der; -s, -s ⟨polynes.⟩: Kranichvogel mit hellschiefergrauem Gefieder, der in den Gebirgswäldern Neukaledoniens lebt

Kai der; -s, -s, auch: Quai [ke:, auch: kɛ:] der od. das; -s, -s ⟨gall.-fr.-niederl.⟩: durch Mauern befestigtes Ufer im Bereich eines Hafens zum Beladen u. Löschen von Schiffen

Kai|man der; -s, -e ⟨indian.-span.⟩: (bes. im tropischen Südamerika vorkommender) Alligator

Kai|man|fisch der; -[e]s, -e ⟨indian.-span.; dt.⟩: hechtartiger Knochenfisch mit ↑ Ganoid-

schuppen, dessen Kiefer zu einer Krokodilschnauze verlängert ist

Kai|nit [auch: ...ˈnɪt] der; -s, -e ⟨gr.-nlat.⟩: weißliches, gelbliches od. rötliches, leicht wasserlösliches Mineral, das gemahlen als Kalidünger verwendet wird

Kains|mal [ˈkaɪns..., auch: ˈkaːɪns...] das; -[e]s, -e ⟨nach 1. Mose 4, 15 Zeichen, das Kain nach dem Brudermord an Abel erhalten haben soll u. das ihn als nur von Gott zu Richtenden kennzeichnen sollte⟩: Schuld, die jmdm. gleichsam an der Stirn geschrieben steht

Kains|zei|chen das; -s, -: ↑ Kainsmal

kai|ro|phob ⟨gr.⟩: (Med.; Psychol.) Situationsangst empfindend

Kai|ro|pho|bie die; -, ...ien: (Med.; Psychol.) Situationsangst

Kai|ros der; -, ...roi [...ˈrɔy]: 1. (Philos.) günstiger Zeitpunkt, entscheidender Augenblick. 2. (Rel.) Zeitpunkt der Entscheidung (z. B. zwischen Glauben u. Unglauben)

Kai|zen [...zɛn] das; - ⟨jap.; „Verbesserung"⟩: Unternehmensführungskonzept aus Japan, das darin besteht, einen kontinuierlichen Verbesserungsprozess in Gang zu halten

Ka|jak der (selten: das); -s, -s ⟨eskim.⟩: a) schmales, einsitziges Männerboot der Eskimos; vgl. Umiak; b) ein- od. mehrsitziges Sportpaddelboot, das mit Doppelpaddel vorwärts bewegt wird

Ka|jal das; -[s] ⟨sanskr.⟩: als Kosmetikum zum Umranden der Augen verwendete [schwarze] Farbe

Ka|je die; -, -n ⟨niederl.⟩: (landsch.) [Schutz]deich, Uferbefestigung

Ka|je|put|baum der; -[e]s, ...bäume ⟨malai.; dt.⟩: ein Myrtengewächs in Indonesien u. Australien, dessen Öl in der Medizin und Parfümerie verwendet wird

kaj|jo|lie|ren [kaʒ...] ⟨fr.⟩: (veraltet) schmeicheln, liebkosen

Ka|jü|te die; -, -n ⟨niederd., weitere Herkunft unsicher⟩: Wohn- u. Schlafraum auf Booten u. Schiffen

Ka|ka|du [auch: ...ˈduː] der; -s, -s ⟨malai.-niederl.⟩: (bes. in Australien heimischer) großer Papagei mit weißem, schwarzem od. rosenrotem Gefieder, einem kräftigen Schnabel u. einem Schopf aus Federn auf dem Kopf

Ka|kao [...ˈkau, auch: ...ˈkaːo] der; -s, -s ⟨mex.-span.⟩: 1. Kakaobaum, -pflanze. 2. Samen des Kakaobaumes. 3. aus gemahlenen Kakaobohnen hergestelltes Pulver. 4. aus Kakaopulver, Milch u. Zucker bereitetes Getränk; **jmdn. durch den Kakao ziehen:** (ugs.) spöttisch-abfällig über jmdn. reden

Ka|ke|mo|no das; -s, -s ⟨jap.⟩: japanisches Gemälde im Hochformat auf einer Rolle aus Seide od. Papier; vgl. Makimono

Ka|ker|lak der; -s u. -en, -en u. **Ker|la|ke** die; -, -n ⟨Herkunft unsicher⟩: 1. Küchenschabe. 2. (von Tieren) lichtempfindlicher ↑ Albino (1)

¹Ka|ki, auch: Khaki das; -[s] ⟨pers.-Hindi-engl.⟩: Erdbraun

²Ka|ki, auch: Khaki der; -[s]: gelbbrauner Stoff [für die Tropenuniform]

Ka|ki|baum der; -s, ...bäume ⟨jap.; dt.⟩: ein ostasiatisches Ebenholzgewächs mit tomatenähnlichen Früchten

Ka|ki|rit [auch: ...ˈrɪt] der; -s, -e ⟨nlat.; nach dem See Kakir in Nordschweden⟩: (Geol.) durch Erdbewegungen stark zerklüftetes Gestein

Ka|ko|dyl|ver|bin|dung die; -, -en (meist Plural) ⟨gr.; dt.⟩: (Chem.) übel riechende organische Verbindung des Arsens

Kakofonie usw. vgl. Kakophonie usw.

Ka|ko|geu|sie die; -, ...ien ⟨gr.-nlat.⟩: (Med.) übler Geschmack im Mund

Ka|ko|pho|nie, auch: ...fonie die; -, ...ien ⟨gr.⟩: 1. (Mus.) Missklang, ↑ Dissonanz. 2. (Sprachw.) schlecht klingende Folge von Lauten; Ggs. ↑ Euphonie. **Ka|ko|pho|ni|ker**, auch: ...foniker der; -s, -: ein Komponist, der häufig die ↑ Kakophonie (1) anwendet. **ka|ko|pho|nisch**, auch: ...fonisch: die Kakophonie betreffend, misstönend, schlecht klingend

Ka|k|os|mie die; -: (Med.) subjektive Empfindung eines tatsächlich [nicht] vorhandenen üblen Geruchs

Ka|ko|s|to|mie *die; -* ⟨*gr.-nlat.*⟩: (Med.) übler Mundgeruch

Kak|ta|ze|en *die* (Plural) ⟨*gr.-lat.-nlat.*⟩: Kaktusgewächse (Pflanzenfamilie)

Kak|tee *die; -, -n:* ↑ Kaktus

· **Kak|tus** *der; -* (ugs. u. österr. auch: -ses), ...teen (ugs. u. österr. auch: -se) ⟨*gr.-lat.*⟩: (in vielen Arten in Trockengebieten vorkommende) meist säulen- od. kugelförmige Pflanze, die in ihrem verdickten Stamm Wasser speichert u. meist Dornen trägt

ka|ku|mi|nal ⟨*lat.-nlat.*⟩: (veraltet) ↑ retroflex. **Ka|ku|mi|nal** *der; -s, -e:* ↑ Retroflex

Ka|la-A|zar *die; -* ⟨*Hindi*⟩, „schwarze Krankheit“⟩: schwere tropische Infektionskrankheit, die mit Fieber, Schwellung von Leber u. Milz u. allgemeinem Kräfteverfall einhergeht

Ka|la|bas|se vgl. Kalebasse

Ka|la|b|re|ser *der; -s, -* ⟨nach der ital. Landschaft Kalabrien⟩: Filzhut mit breiter Krempe u. nach oben spitz zulaufendem Kopfteil

Ka|la|mai|ka *die; -, ...ken* ⟨*slaw.*⟩: slawisch, bes. ungarischer Nationaltanz im ²/₄-Takt

Ka|la|ma|ri|en *die* (Plural) ⟨*gr.-nlat.*⟩: mit den ↑ Kalamiten verwandte ↑ fossile Schachtelhalme

Ka|la|min *der; -s* ⟨*gr.-lat.-mlat.*⟩: Zinkspat

Ka|la|mit *der; -en, -en* (meist Plural) ⟨*gr.-lat.*⟩: ausgestorbener baumhoher Schachtelhalm des ↑ Karbons

Ka|la|mi|tät *die; -, -en* ⟨*lat.*⟩: 1. [schlimme] Verlegenheit, missliche Lage. 2. (Biol.) durch Schädlinge, Hagel, Sturm o. Ä. hervorgerufener schwerer Schaden in Pflanzenkulturen

Ka|lan|choe [...çoe] *die; -, -n* ⟨*chin.-fr.*⟩: (Bot.) zu den Dickblattgewächsen gehörende Pflanze mit weißen, gelben od. roten Blüten

Ka|lan|der *der; -s, -* ⟨*fr.*⟩: Maschine mit verschiedenen Walzen zum Glätten od. Prägen von Stoff, Papier, Folie o. Ä. **ka|lan|dern** u. **ka|lan|d|rie|ren** ⟨*fr.*⟩: einen Werkstoff mit dem Kalander bearbeiten

Ka|llands|brü|der *die* (Plural) ⟨*lat.-mlat.; dt.*; nach lat. *calendae* = „erster Tag eines Monats“⟩: religiös-soziale Bruderschaften des 13.–16. Jh.s, die sich am Monatsersten versammelten

Ka|lla|sche *die; -, -n* ⟨*russ.*⟩: (landsch.) [Tracht] Prügel. **ka|la|schen:** (landsch.) prügeln

Ka|llasch|ni|kow *die; -, -s* ⟨nach dem sowjetischen Konstrukteur M. T. Kalaschnikow, * 1919⟩: ein sowjetisches Sturmgewehr

Ka|la|si|ris *die; -, -* ⟨*ägypt.-gr.*⟩: (im alten Ägypten u. in Griechenland getragenes) langes Gewand für Männer u. Frauen

Ka|lla|thos *der; -, ...thoi* [...tɔy] ⟨*gr.*⟩: 1. (im antiken Griechenland) aus Weiden geflochtener, an einen Lilienkelch erinnernder Korb. 2. Kopfschmuck, bes. der weiblichen griechischen Gottheiten. 3. (Kunstw.) Kernstück des korinthischen ↑ Kapitells

Ka|llau|er *der; -s, -* ⟨aus franz. *calembour* = „Wortspiel“, in Anlehnung an den Namen der Stadt Calau bei Cottbus umgebildet⟩: nicht sehr geistreicher, meist auf einem Wortspiel beruhender Witz. **ka|lau|ern:** Kalauer erzählen

Kal|da|ri|um u. Caldarium *das; -s, ...ien* ⟨*lat.;* „Warmzelle“⟩: 1. altrömisches Warmwasserbad. 2. (veraltet) warmes Gewächshaus

Kal|dau|ne *die; -, -n* (meist Plural) ⟨*lat.-mlat.*⟩: a) (landsch.) Stück der Innereien, bes. vom Rind; b) (salopp) Stück der Eingeweide des Menschen

Kal|de|ra vgl. Caldera

Ka|le|bas|se u. Kalabasse *die; -, -n* ⟨*arab.-span.-fr.*⟩: dickbauchiges, aus einem Flaschenkürbis od. der Frucht des Kalebassenbaumes hergestelltes Gefäß mit langem Hals

Ka|le|bas|sen|baum *der; -[e]s, ...bäume:* tropischer Baum mit sehr großen, hartschaligen Früchten

Ka|le|do|ni|den *die* (Plural) ⟨*nlat.;* nach dem lat. Namen Caledonia für Nordschottland⟩: (Geol.) die im älteren Paläozoikum entstandene Gebirge, die sich innerhalb Europas vor allem vom Westen der Skandinavi-

schen Halbinsel bis nach Schottland u. Irland erstrecken

ka|le|do|nisch: (Geol.) die Kaledoniden u. die Zeit ihrer Herausbildung betreffend

Ka|llei|do|s|kop *das; -s, -e* ⟨*gr.-nlat.;* eigtl. „Schönbildschauer“⟩: 1. fernrohrähnliches Spielzeug, bei dem sich beim Drehen bunte Glassteinchen zu verschiedenen Mustern u. Bildern anordnen. 2. lebendig-bunte [Bilder]folge, bunter Wechsel. **ka|llei|do|s|ko|pisch:** 1. das Kaleidoskop betreffend. 2. in bunter Folge, ständig wechselnd (z. B. von Bildern od. Eindrücken)

Ka|llei|ka *das; -s* ⟨*poln.*⟩: (landsch.) Aufheben, Umstand

ka|llen|da|risch ⟨*lat.*⟩: nach dem Kalender. **Ka|llen|da|ri|um** *das; -s, ...ien:* 1. Verzeichnis kirchlicher Gedenk- u. Festtage. 2. [Termin]kalender. 3. altrömisches Verzeichnis von Zinsen, die am Ersten des Monats fällig waren

Ka|llen|den u. Calendae [...dɛ] *die* (Plural): der erste Tag des altrömischen Monats

Ka|lle|sche *die; -, -n* ⟨*poln.*⟩: leicht gebaute Kutsche mit zusammenklappbarem Verdeck

Ka|lle|va|la, Ka|lle|wa|la *die* od. *das; -* ⟨*finn.*⟩: finnisches Nationalepos

Kal|fak|ter *der; -s, -* u. **Kal|fak|tor** *der; -s, ...oren* ⟨*lat.-mlat.;* „Einheizer“⟩: 1. a) (veraltend, oft leicht abwertend) jmd., der für jmdn. verschiedenste untergeordnete Hilfsdienste verrichtet; b) (oft abwertend) Gefangener, der in der Strafanstalt den Gefängniswärtern Hilfsdienste leistet. 2. (landsch. abwertend) jmd., der andere aushorcht

kal|fa|tern ⟨*arab.-mgr.-roman.-niederl.*⟩: (Seemannsspr.) (die hölzernen Wände, das Deck eines Schiffes) in den Fugen mit Werg u. Teer od. Kitt abdichten

Ka|li *das; -s, -s* ⟨*arab.*⟩: 1. bes. als Dünge- u. Ätzmittel verwendetes, natürlich vorkommendes Kalisalz. 2. Kurzform von Kalium[verbindungen]

Ka|lli|an u. Kaliun *der* od. *das; -s, -e* ⟨*pers.*⟩: persische Wasserpfeife

Ka|li|ban *der; -s, -e* ⟨nach Caliban, einer Gestalt in Shakespeares

K

Drama „Tempest" („Sturm")⟩:
roher, grobschlächtiger, primitiver Mensch

Ka|li|ber *das; -s, -* ⟨*gr.-arab.-fr.*⟩:
1. a) innerer Durchmesser von Rohren u. Bohrungen; b) äußerer Durchmesser eines Geschosses. 2. Gerät zum Messen des inneren od. äußeren Durchmessers an Werkstücken. 3. a) Form eines Uhrwerks; b) Durchmesser eines Uhrgehäuses. 4. Aussparung, Abstand zwischen zwei Walzen bei einem Walzwerk. 5. (ugs.) Art, Schlag, Sorte

Ka|li|ber|maß *das; -es, -e* ⟨*gr.-arab.-fr.; dt.*⟩: ↑ Kaliber (1 b)

Ka|li|b|ra|ti|on *die; -, -en*: 1. Messung des Kalibers (1 a). 2. das Eichen von Messinstrumenten. 3. das Ausrichten von Werkstücken auf ein genaues Maß; vgl. ...ation/...ierung

Ka|li|b|reur [...ˈbrøːɐ̯] *der; -s, -e*: jmd., der eine Kalibration vornimmt. **Ka|li|b|reu|rin** [...ˈbrøːrɪn] *die; -, -nen*: weibliche Form zu ↑ Kalibreur

ka|li|b|rie|ren: 1. das Kaliber (1 a) bestimmen, messen. 2. Werkstücke auf ein genaues Maß bringen, ausrichten. 3. Messinstrumente eichen, prüfen u. mit der Norm in Übereinstimmung bringen. **Ka|li|b|rie|rung** *die; -, -en*: ↑ Kalibration; vgl. ...ation/...ierung

Ka|lif *der; -en, -en* ⟨*arab.; „Nachfolger, Stellvertreter"*⟩: (hist.) a) (ohne Plural) Bez. für den Nachfolger des Propheten Mohammed als Oberhaupt der muslimischen Gemeinschaft; b) Träger des Titels Kalif (a)

Ka|li|fat *das; -[e]s, -e* ⟨*arab.-nlat.*⟩: (hist.) Amt, Herrschaft, Reich eines Kalifen

Ka|li|ko *der; -s, -s* ⟨*fr.-niederl.; nach der ostindischen Stadt Kalikut = Kalkutta*⟩: feines, dichtes Baumwollgewebe (bes. für Bucheinbände)

Ka|li|lau|ge *die; -, -n* ⟨*arab.; dt.*⟩: durch Lösung von Kaliumhydroxid in Wasser entstandene farblose, ätzende Flüssigkeit, die bes. in der Waschmittel- u. Farbindustrie verwendet wird

Ka|li|sal|pe|ter *der; -s*: bes. als Düngemittel u. bei der Herstellung von Feuerwerkskörpern,

Glas u. Porzellan verwendetes Salz der Salpetersäure

Ka|li|salz *das; -es, -e* (meist Plural) ⟨*arab.*⟩: Doppelsalz od. Gemisch von Verbindungen des Kaliums, Kalziums, Magnesiums u. Natriums, das bes. als Düngemittel u. als Rohstoff in der chemischen Industrie verwendet wird

Ka|li|um *das; -s* ⟨*arab.-nlat.*⟩: chem. Element; ein Alkalimetall, das in der Natur nur in Verbindungen vorkommt; Zeichen: K

Ka|li|um|bro|mid *das; -[e]s, -e*: halogenhaltiges Kaliumsalz, das in der Pharmazie für Beruhigungsmittel u. in der Fototechnik als Zusatz zu Entwicklern verwendet wird

Ka|li|um|chlo|rat *das; -s, -e*: aus Kalium und Chlorsäure entstehendes Salz, das bes. bei der Herstellung von Zündholzköpfen, Feuerwerkskörpern u. Ä. verwendet wird

Ka|li|um|chlo|rid *das; -[e]s, -e*: chemische Verbindung aus Kalium mit Chlor, die bes. zur Herstellung von Kalidüngemitteln verwendet wird

Ka|li|um|hy|d|ro|xid, auch: **Ka|li|um|hy|d|ro|xyd** *das; -[e]s, -e*: durch Elektrolyse der Lösung von Kaliumchlorid entstehendes Hydroxid, das eine harte weiße Masse bildet, die stark Wasser anzieht u. sich in Wasser zu Kalilauge löst

Ka|li|um|kar|bo|nat *das; -[e]s, -e*: aus Kalium u. Kohlensäure entstehendes Salz, das ein weißes, leicht in Wasser lösliches Pulver bildet u. u. a. zur Herstellung von Seifen u. Glas verwendet wird; Pottasche

Ka|li|um|ni|t|rat *das; -[e]s, -e*: ↑ Kalisalpeter

Ka|li|um|per|man|ga|nat *das; -[e]s, -e*: dunkelviolett glänzende, Kristalle bildende chemische Verbindung, die bes. als Desinfektions- u. Bleichmittel, zum Beizen von Holz u. Ä. verwendet wird

Ka|li|um|sul|fat *das; -[e]s, -e*: als Düngemittel verwendetes Salz aus Kalium u. Schwefelsäure

Ka|li|um|zy|a|nid *das; -s*: ↑ Zyankali

Ka|li|un vgl. Kalian

Ka|lix|ti|ner *der; -s, -* (meist Plu-

ral) ⟨*lat.-nlat.*⟩: (hist.) Anhänger der gemäßigten Richtung der Hussiten, die 1420 den Laienkelch beim Abendmahl forderten; vgl. Utraquist

Ka|li|kant *der; -en, -en* ⟨*lat.*⟩: (veraltet) jmd., der an der Orgel den Blasebalg tritt

Ka|li|ka|ri|u|rie *die; -, ...ien* ⟨*lat.; gr.*⟩: (Med.) vermehrte Ausscheidung von Kalksalzen im Urin

Kalk|o|o|lith [...liːt, auch: ...lɪt] *der; -s u. -en, -e[n]*: (Geol.) Gestein aus fischrogenartigem, körnigem Kalk u. kalkigem Bindemittel

Kalk|sal|pe|ter *der; -s* ⟨*lat.*⟩: (Chem.) durch Auflösen von Kalkstein in Salpetersäure gewonnenes Stickstoffdüngemittel

¹Kal|kül *das* (auch: *der*); -s, -e ⟨*lat.-fr.*⟩: etwas im Voraus abschätzende, einschätzende Berechnung, Überlegung

²Kal|kül *der; -s, -e*: (Math.) durch ein System von Regeln festgelegte Methode, mit deren Hilfe bestimmte mathematische Probleme systematisch behandelt u. automatisch gelöst werden können

Kal|ku|la|ti|on *die; -, -en* ⟨*lat.; „Berechnung"*⟩: 1. Kostenermittlung, [Kosten]voranschlag. 2. in Bezug auf etwas angestellte Überlegung; Schätzung

Kal|ku|la|tor *der; -s, ...oren*: Angestellter des betrieblichen Rechnungswesens. **Kal|ku|la|to|rin** *die; -, -nen*: weibliche Form zu ↑ Kalkulator. **kal|ku|la|to|risch**: rechnungsmäßig

kal|ku|lie|ren: 1. [be]rechnen, veranschlagen. 2. abschätzen, überlegen

Kal|la *die; -, -s* ⟨*gr.-nlat.*⟩: ↑ Calla

Kal|le *die; -, -n* ⟨*hebr.-jidd.*⟩: (Gaunerspr.) 1. a) Braut; b) Geliebte. 2. Prostituierte

Kal|li|graph, auch: ...graf *der; -en, -en* ⟨*gr.*⟩: (veraltet) Schönschreiber. **Kal|li|gra|phie**, auch: ...grafie *die; -*: Schönschreibkunst. **Kal|li|gra|phin**, auch: ...grafin *die; -, -nen*: weibliche Form zu ↑ Kalligraph. **kal|li|gra|phisch**, auch: ...grafisch: die Kalligraphie betreffend

kal|lös ⟨*lat.-nlat.*⟩: 1. von Kallus (1) überzogen. 2. (Med.) schwielig

Kal|lo|se *die; -:* (Bot.) zelluloseähnlicher pflanzlicher Stoff, der den Stoffaustausch zwischen benachbarten Zellen od. zwischen Pflanze u. Außenwelt verhindert

Kal|lus *der; -, -se* ⟨*lat.*⟩: 1. (Bot.) an Wundrändern von Pflanzen durch vermehrte Teilung entstehendes Gewebe. 2. (Med.) a) Schwiele; b) nach Knochenbrüchen neu gebildetes Gewebe

Kal|mar *der; -s, ...are* ⟨*gr.-lat.-fr.*⟩: zehnarmiger Tintenfisch

Kal|me *die; -, -n* ⟨*gr.-vulgärlat.-it.-fr.*⟩: völlige Windstille

Kal|men|gür|tel *der; -s* ⟨*gr.-vulgärlat.-it.-fr.; dt.*⟩: (Meteor.) Gebiet schwacher, veränderlicher Winde u. häufiger Windstillen [über den Meeren]

Kal|men|zo|ne *die; -:* (Meteor.) Zone völliger Windstille in der Nähe des Äquators

kal|mie|ren: (veraltet) beruhigen, besänftigen

Kal|muck *der; -[e]s, -e* ⟨nach dem westmongolischen Volk der Kalmücken⟩: beidseitig gerautes, tuchartiges [Baum]wollgewebe

Kal|mus *der; -, -se* ⟨*gr.-lat.*⟩: ein Aronstabgewächs (Zierstaude u. Heilpflanze)

Ka|lo *der; -s, -s* ⟨*gr.-lat.-it.*⟩: (veraltet) Schwund, Gewichtsverlust von Waren od. Material durch Auslaufen, Eintrocknen u. a.

Ka|lo|bi|o|tik *die; -* ⟨*gr.*⟩: die im antiken Griechenland geübte Kunst, ein sinnliches u. geistigen Natur des Menschen entsprechendes harmonisches Leben zu führen

Ka|loi|ka|ga|thoi [...loy...] *die* (Plural): die Angehörigen der Oberschicht im antiken Griechenland

Ka|lo|ka|ga|thie *die; -:* körperliche u. geistige Vollkommenheit als Bildungsideal im antiken Griechenland

Ka|lo|mel *das; -s* ⟨*gr.-fr.*⟩: Quecksilber-I-Chlorid (ein Mineral)

Ka|lo|rie *die; -, -n* ⟨*lat.-nlat.*⟩, auch: Grammkalorie *die; -, ...ien:* 1. frühere physikalische Einheit der Wärme (Zeichen: cal). 2. (meist Plural) frühere Einheit für den Energiewert (Nährwert) von Lebensmitteln (Zeichen: cal)

ka|lo|ri|en|re|du|ziert: (von Le-

bensmitteln) einen deutlich geringeren physiologischen Brennwert besitzend, als ihn Produkte derselben Art üblicherweise haben

Ka|lo|ri|fer *der; -s, -s* u. -en (,,Wärmeträger"): (veraltet) Heißluftofen

Ka|lo|rik *die; -:* Wärmelehre

Ka|lo|ri|me|ter *das; -s, -* ⟨*lat.; gr.*⟩: Gerät zur Bestimmung von Wärmemengen, die durch chemische od. physikalische Veränderungen abgegeben od. aufgenommen werden. **Ka|lo|ri|me|t rie** *die; -:* Lehre von der Messung von Wärmemengen. **kalo|ri|me|t risch:** die Wärmemessung betreffend; **kalorimetrisches Gerät:** ↑ Kalorimeter

ka|lo|risch ⟨*lat.-nlat.*⟩: die Wärme betreffend; **kalorische Maschine:** ↑ Generator mit Wärmeantrieb

ka|lo|ri|sie|ren, chem. fachspr.: calorisieren: auf Metallen eine Schutzschicht durch Glühen in Aluminiumpulver herstellen

Ka|lot|te *die; -, -n* ⟨*fr.*⟩: 1. (Math.) gekrümmte Fläche eines Kugelabschnitts. 2. (Archit.) flache Kuppel. 3. (Anthropol., Med.) Schädeldach ohne Schädelbasis. 4. Käppchen katholischer Geistlicher. 5. wattierte Kappe unter Helmen. 6. anliegende Kopfbedeckung der Frauen im 16. Jh.

Kal|pa *der; -[s]* ⟨*sanskr.*⟩: (in der indischen Lehre von den Weltzeitaltern die zusammenfassende Bez. für) eine große Zahl von ↑ Perioden (1)

Kal|pak u. Kolpak *der; -s, -s* ⟨*türk.*⟩: 1. a) tatarische Lammfellmütze; b) Filzmütze der Armenier. 2. [Tuchzipfel an der] Husarenmütze

Kalt|kaus| tik *die; -* ⟨*dt; gr.*⟩: Verfahren in der Chirurgie zur ↑ Elektrotomie od. ↑ Elektrokoagulation von Geweben mittels hochfrequenter Ströme

Ka|lum|bin *das; -s* ⟨*Bantuspr.-nlat.*⟩: (Pharm.) Bitterstoff der Kolombowurzel

Ka|lu|met [auch: kalyˈmɛ] *das; -s, -s* ⟨*gr.-lat.-fr.*⟩: Friedenspfeife der nordamerikanischen Indianer

Ka|lum-

ni|an|tin *die; -, -nen:* weibliche Form zu ↑ Kalumniant

Kal|lup|pe *die; -, -n* ⟨*tschech.*⟩: (landsch.) baufälliges, altes Haus

Kal|va *die; -, ...ven* ⟨*lat.*⟩: ↑ Kalotte (3)

Kal|va|ri|en|berg *der; -[e]s, -e* ⟨*lat.; dt.*⟩: (bes. an katholischen Wallfahrtsorten als Nachbildung Golgathas) hügelartige Erhöhung mit plastischer Darstellung einer Kreuzigungsgruppe, zu der Kreuzwegstationen hinaufführen

Kal|vill *der; -s, -en* (fachspr.: -) u. **Kal|vil|le** *die; -, -n* ⟨*fr.*⟩: feiner, aromatischer Tafelapfel

kal|vi|nisch, calvinisch ⟨*nlat.; nach dem Genfer Reformator J. Calvin, 1509–64*⟩: die Lehre Calvins betreffend; nach der Art Calvins. **Kal|vi|nis|mus,** Calvinismus *der; -:* evangelisch-reformierter Glaube; Lehre Calvins. **Kal|vi|nist,** Calvinist *der; -en, -en:* Anhänger des Kalvinismus. **Kal|vi|nis| tin,** Calvinistin *die; -, -nen:* weibliche Form zu ↑ Kalvinist. **kal|vi|nis| tisch,** calvinistisch: zum Kalvinismus gehörend, ihn betreffend

Ka|lym *der; -s, -s* ⟨*turkotat.*⟩: Brautkaufpreis bei den Kirgisenstämmen

Ka|lyp|t ra *die; -, ...tren* ⟨*gr.; ,,Hülle, Decke"*⟩: (Bot.) 1. Wurzelhaube der Farn- u. Samenpflanzen. 2. Hülle der Sporenkapsel bei Laubmoosen

Ka|lyp|t ro|gen *das; -s* ⟨*gr.-nlat.*⟩: (Bot.) Gewebeschicht, aus der sich die ↑ Kalyptra (1) entwickelt

Kal|ze| ol|la|rie [...jə] u. Calceolaria *die; -, ...rien* ⟨*lat.-nlat.*⟩: Pantoffelblume (Zimmerpflanze mit pantoffelförmigen Blüten)

kal|zi|fi|zie|ren ⟨*nlat.*⟩: Kalke bilden, verkalken

kal|zi|fug ⟨*lat.-nlat.*⟩: kalkhaltigen Boden meidend (von Pflanzen); Ggs. ↑ kalziphil

Kal|zi|na|ti|on, chem. fachspr.: Calcination *die; -:* (Chem.) a) Zersetzung einer chemischen Verbindung durch Erhitzen; b) das Austreiben von Wasser aus Kristallen; c) Umwandlung in kalkähnliche Substanz. **kal|zi|nie|ren,** chem. fachspr.: calcinieren: aus einer chemischen Verbindung durch Erhitzen

Wasser od. Kohlendioxid austreiben

Kal|zi|no|se *die; -, -n:* (Med.) Verkalkung von Gewebe infolge vermehrter Ablagerung von Kalksalzen

kal|zi|phil ⟨*lat.; gr.*⟩: kalkhaltigen Boden bevorzugend (von Pflanzen); Ggs. ↑ kalzifug

Kal|zit [auch: ...'tsɪt], chem. fachspr.: Calcit *der; -s, -e* ⟨*lat.-nlat.*⟩: Kalkspat

Kal|zi|um, chem. fachspr.: Calcium *das; -s:* chem. Element; ein Metall; Zeichen: Ca

Kal|zi|um|bro|mid, chem. fachspr.: Calciumbromid *das; -[e]s* u. Bromkalzium *das; -s:* eine Bromverbindung

Kal|zi|um|chlo|rid, chem. fachspr.: Calciumchlorid *das; -[e]s:* u. a. als Trockenmittel, Frostschutzmittel, in der Medizin verwendete Verbindung aus Kalzium u. Chlor

Kal|zi|um|hy|d|ro|xid, auch: **Kal|zi|um|hy|d|ro|xyd,** chem. fachspr.: Calciumhydroxid *das; -[e]s:* gelöschter Kalk

Kal|zi|um|kar|bid, chem. fachspr.: Calciumcarbid: vgl. Karbid

Kal|zi|um|kar|bo|nat, chem. fachspr.: Calciumcarbonat *das; -[e]s, -e:* (kohlensaurer) Kalk

Kal|zi|um|o|xid, auch: **Kal|zi|um|o|xyd,** chem. fachspr.: Calciumoxid *das; -[e]s:* gebrannter Kalk, Ätzkalk

Kal|zi|um|phos|phat, chem. fachspr.: Calcium... *das; -[e]s, -e:* u. a. als Düngemittel verwendetes Kalziumsalz der Phosphorsäure

Kal|zi|um|sul|fat, chem. fachspr.: Calcium... *das; -[e]s, -e:* (in Form von Gips, Anhydrit, Alabaster vorkommendes) Kalziumsalz der Schwefelsäure

Ka|mal|du|len|ser *der; -s, -* (meist Plural) ⟨nach dem Kloster Camaldoli bei Arezzo⟩: Angehöriger eines katholischen Ordens

Ka|man|gah [...'dʒaː] *die; -, -s* ⟨*arab.*⟩: in Vorderasien u. Nordafrika verbreitetes Streichinstrument; Kemantsche

Ka|ma|ra|de|rie vgl. Kameraderie

Ka|ma|res|va|sen *die* (Plural) ⟨nach dem Fundort Kamares auf der Insel Kreta⟩: schwarzod. braungrundig glasierte, bunte Keramikgefäße aus minoischer Zeit (um 2000 v. Chr.)

Ka|ma|ril|la [kamaˈrɪlja, auch: ...ˈrɪla] *die; -, ...llen* ⟨*lat.-span.;* „Kämmerchen"⟩: Hofpartei od. ↑ Clique (a) in unmittelbarer Umgebung eines Herrschers, die auf diesen einen unkontrollierbaren Einfluss ausübt

kam|bi|al ⟨*gall.-lat.-mlat.-it.*⟩: (veraltet) den Kambio betreffend, sich auf diesen beziehend

kam|bi|e|ren: (veraltet) Wechselgeschäfte betreiben

Kam|bio *der; -s, ...bi od. -s:* (Bankw.; veraltet) Wechsel

Kam|bi|um *das; -s, ...ien* ⟨*gall.-lat.-mlat.-nlat.*⟩: (Bot.) ein teilungsfähig bleibendes Pflanzengewebe

Kam|b|rik [ˈkambrɪk, auch: ˈkeɪmbrɪk] *der; -s* ⟨nach der franz. Stadt Cambrai⟩: ein feinfädiges Zellwoll- od. Makogewebe

kam|b|risch ⟨*lat.;* nach dem kelt.-mlat. Namen Cambria für Nordwales⟩: das Kambrium betreffend

Kam|b|ri|um *das; -s:* (Geol.) älteste Stufe des ↑ Paläozoikums

Ka|mee *die; -, -n* ⟨*ital.-fr.*⟩: [Edel]stein mit erhabener figürlicher Darstellung

Ka|mel *das; -[e]s, -e* ⟨*semit.-gr.-lat.*⟩: 1. a) (in Wüsten- u. Steppengebieten beheimatetes) großes Säugetier mit einem od. zwei Höckern, das als Last- u. Reittier verwendet u. dessen zottiges Haar für Wolle genutzt wird; b) Trampeltier. 2. (derb) jmd., der sich dumm verhalten hat

Ka|mel|lie [...jə] *die; -, -n* ⟨*nlat.;* nach dem aus Mähren stammenden Jesuiten G. J. Camel, 1661–1706⟩: eine Zierpflanze mit immergrünen, ledrigen Blättern u. roten bis weißen, rosenähnlichen Blüten

¹Ka|mel|lott *der; -s, -e:* 1. feines Kammgarngewebe. 2. [Halb]seidengewebe in Taftbindung (Webart)

²Ka|mel|lott *der; -s, -s:* französischer Zeitungsverkäufer

Ka|me|ra *die; -, -s* ⟨Kurzform von Camera obscura⟩: 1. Aufnahmegerät für Filme u. Fernsehübertragungen; vgl. Camera obscura. 2. Fotoapparat

Ka|me|ra|de|rie *die; -, -* ⟨*gr.-lat.-it.-fr.*⟩: (meist abwertend) in entsprechenden Verhaltensweisen anderen bewusst vor Augen

geführte Kameradschaft, Cliquengeist

Ka|me|ra|li|en *die* (Plural) ⟨*gr.-lat.-nlat.*⟩: Staatswissenschaft, Staats- u. Volkswirtschaftslehre

Ka|me|ra|lis|mus *der; -:* Lehre von der ertragreichsten Gestaltung der Staatseinkünfte; vgl. ...ismus/...istik

Ka|me|ra|list *der; -en, -en:* 1. Fachmann auf dem Gebiet der Kameralistik (2). 2. (hist.) Beamter einer fürstlichen Kammer

Ka|me|ra|lis|tik *die; -:* 1. (veraltet) Finanzwissenschaft. 2. auf dem Nachweis von Einnahmen u. Ausgaben sowie dem Vergleich mit dem Haushaltsplan ausgerichtete Rechnungsführung; vgl. ...ismus/...istik

Ka|me|ra|lis|tin *die; -, -nen:* weibliche Form zu ↑ Kameralist (1)

ka|me|ra|lis|tisch: staatswirtschaftlich, staatswissenschaftlich

Ka|me|ral|wis|sen|schaft *die; -:* ↑ Kameralismus

Ka|me|ra|re|kor|der, auch: ...recorder *der; -s, -:* Videoaufzeichnungsgerät, das Videokamera u. Videorekorder zusammen in einem Gehäuse enthält

¹Ka|me|ru|ner [auch: ...ˈruː...] *die; -, -* ⟨nach dem afrik. Land Kamerun⟩: (landsch.) Erdnuss

²Ka|me|ru|ner [auch: ...ˈruː...] *der; -s, -:* (landsch.) in Fett gebackenes, auf einer Seite mit Zucker bestreutes Hefegebäck (in der Form einer Acht ähnlich)

Ka|mes [auch: keɪmz] *die* (Plural) ⟨*engl.*⟩: (Geol.) Hügelgelände aus Sand u. Geröll von eiszeitlicher Herkunft

Ka|mi *der; -, -* (meist Plural) ⟨*jap.;* „Gott"⟩: schintoistische Gottheit

ka|mie|ren u. kaminieren ⟨*it.*⟩: (Fechten) die gegnerische Klinge umgehen

Ka|mi|ka|ze *der; -, -* ⟨*jap.*⟩: japanischer Flieger im 2. Weltkrieg, der sich mit seinem Bomber auf das feindliche Ziel stürzte u. dabei sein eigenes Leben opferte

Ka|mi|lav|ki|on [...ˈlaf...] *das; -s, ...ien* [...jən] ⟨*gr.-ngr.*⟩: randloser zylinderförmiger Hut der orthodoxen Geistlichen

Ka|mil|le *die; -, -n* ⟨*gr.-lat.-mlat.*⟩: eine Heilpflanze

Ka|mil|li|a|ner *der; -s, -* ⟨nach dem

Vornamen des Ordensgründers Camillo de Lellis, 1550–1614): Angehöriger des Kamillianerordens

Ka|mil|li|a|ner|or|den der; -s: 1582 gegründeter katholischer Krankenpflegeorden

Ka|min der (schweiz. meist: das); -s, -e ⟨gr.-lat.⟩: 1. offene Feuerstelle in Wohnräumen. 2. (Alpinistik) steile, enge Felsenspalte. 3. (landsch.) Schornstein

¹ka|mi|nie|ren: (Alpinistik) im Kamin, zwischen überhängenden Felsen klettern

²ka|mi|nie|ren vgl. kamieren

Ka|min|kleid das; -s, -er ⟨gr.-lat.; dt.⟩: Kleid mit langem Wollrock

Ka|mi|sar|de der; -n, -n ⟨fr.; „Hemden-, Kittelträger"⟩: (hist.) Angehöriger einer Gruppe von hugenottischen Bauern in den französischen Cevennen, die sich gegen Ludwig XIV. erhoben

Ka|mi|sol das; -s, -e ⟨fr.⟩: (veraltet) [Trachten]jacke; Unterjacke, Mieder

Ka|mö|ne die; -, -n ⟨lat.⟩: italische Quellnymphe, Muse

Ka|mor|ra, Camorra die; - ⟨it.⟩: Geheimbund in Süditalien, bes. in Neapel

Kamp der; -[e]s, Kämpe ⟨lat.⟩: 1. (landsch.) eingefriedetes Feld; Grasplatz; Feldstück. 2. (Forstw.) [eingezäunte] kleinere Baumschule

Kam|pa|g|ne [kam'panjə], auch: Campagne die; -, -n ⟨lat.-it.-fr.⟩: 1. (veraltet) militärischer Feldzug. 2. gemeinschaftliche, groß angelegte, aber zeitlich begrenzte ↑ Aktion, Aktivität in Bezug auf jmdn., etwas

Kam|pa|ni|le die; -, - ⟨lat.-it.⟩: frei stehender Glockenturm [in Italien]

Kam|pan|je die; -, -n ⟨lat.-it.-fr.-niederl.⟩: in früherer Zeit der hintere Aufbau auf dem Schiffsoberdeck

Kam|pa|nu|la vgl. Campanula

Kam|pe|sche|holz, auch: Campecheholz das; -es ⟨nach dem Staat Campeche in Mexiko⟩: Hämatoxylin lieferndes Blauholz (Holz eines tropischen Baumes)

Käm|pe|vi|se die; -, -r (meist Plural) ⟨dän.; „Heldengedicht"⟩: epische, lyrische u. dramatische altdänische u. altschwedische Ballade in Dialog- u. Kehrreimform (13. u. 14. Jh.), Gattung der ↑ Folkevise

Kampfer der; -s ⟨sanskr.-arab.-mlat.⟩: aus dem Holz des in Japan, China u. auf Taiwan vorkommenden Kampferbaums destillierte, auch synthetisch hergestellte harzartige Verbindung, die bes. in Medizin u. chemischer Industrie verwendet wird

kam|pie|ren ⟨lat.-it.-fr.⟩: a) an einem bestimmten Ort (im Freien) für einige Zeit sein Lager aufschlagen, sich lagern; b) (ugs.) irgendwo behelfsmäßig untergebracht sein, wohnen, eine notdürftige Unterkunft haben

Kam|pong der od. das; -s, -s ⟨malai.⟩: malaiische Dorfsiedlung

kam|py|lo|trop ⟨gr.-nlat.⟩: (Bot.) im Verhältnis zum ↑ Funiculus in verschiedener Weise gekrümmt (von der Achse einer Samenanlage)

Kam|sin u. Chamsin [ka...] der; -s, -e ⟨arab.⟩: (Meteor.) trockenheißer Sandwind in der ägyptischen Wüste; vgl. Gibli u. Schirokko

Ka|na|da|bal|sam der; -s ⟨nach dem Staat in Nordamerika⟩: farbloses Harz nordamerikanischer Tannen, das zum Verkitten optischer Linsen u. als Einschlussmittel für mikroskopische Präparate dient

Ka|na|di|er der; -s, -: 1. offenes, in halb kniender Haltung [mit einseitigem Paddel fortbewegtes Sportboot [mit gerundetem Steven]. 2. (österr.) Polstersessel

Ka|nail|le, auch: Canaille [ka-'naljə, auch: ka'najə] die; -, -n ⟨lat.-it.-fr.⟩: 1. (abwertend) schurkischer Mensch. 2. (ohne Plural; abwertend veraltend) Gesindel; Pack

Ka|na|ke der; -n, -n u. -r ⟨polynes.; „Mensch"⟩: 1. (Plural: -n) Eingeborener in Polynesien u. der Südsee. 2. (Plural: -n) (ugs. abwertend) ungebildeter, ungehobelter Mensch. 3. [meist: ka-'naka] Ausländer, bes. ↑ Türke (Schimpfwort)

Ka|nal der; -s, ...äle ⟨gr.-lat.-it.⟩: 1. a) künstlicher Wasserlauf als Verbindungsweg für Schiffe zwischen Flüssen od. Meeren;

b) [unterirdischer] Graben zum Ableiten von Abwässern. 2. (Med.) röhrenförmiger Durchgang. 3. (Techn.) bestimmter Frequenzbereich eines Senders

Ka|na|li|sa|ti|on die; -, -en: 1. a) System von [unterirdischen] Rohrleitungen u. Kanälen zum Abführen der Abwässer; b) der Bau von [unterirdischen] Rohrleitungen u. Kanälen zum Abführen der Abwässer. 2. Ausbau von Flüssen zu schiffbaren Wasserstraßen; vgl. ...ation/ ...ierung

ka|na|li|sie|ren: 1. (eine Ortschaft, einen Betrieb o. Ä.) mit einer Kanalisation (1 a) versehen. 2. (einen Fluss) schiffbar machen. 3. gezielt lenken, in eine bestimmte Richtung leiten (z. B. von politischen od. geistigen Bewegungen)

Ka|na|li|sie|rung die; -, -en: 1. ↑ Kanalisation. 2. gezielte Lenkung (z. B. von politischen od. geistigen Bewegungen); vgl. ...ation/ ...ierung

Ka|na|my|cin ® das; -s ⟨Kunstw.⟩: ein ↑ Antibiotikum

Ka|na|pee (österr. auch:) das; -s, -s ⟨gr.-lat.-mlat.-fr.⟩: 1. (veraltet) Sofa mit Rücken- u. Seitenlehne. 2. (meist Plural) pikant belegtes u. garniertes [getoastetes] Weißbrothäppchen

Ka|na|ri der; -s, - ⟨fr.; nach den Kanarischen Inseln⟩: (südd., österr.) Kanarienvogel. **Ka|na|rie** [...jə] die; -, -n: (fachspr.) Kanarienvogel

Ka|nas|ter der; -s, - ⟨gr.-span.⟩: (veraltet) Knaster

Kan|da|har|ren|nen, auch: **Kan|da-har-Ren|nen** das; -s, - ⟨nach dem engl. Lord F. R. of Kandahar, 1832–1914): ein jährlich stattfindendes alpines Skirennen

Kan|da|re die; -, -n ⟨ung.⟩: Gebissstange im Maul des Pferdes

Kan|de|la|ber der; -s, - ⟨lat.-fr.⟩: a) mehrarmiger Leuchter für Lampen od. Kerzen; b) mehrarmiger, säulenartiger Ständer für die Straßenbeleuchtung

Kan|del|zu|cker der; -s: (landsch.) Kandis[zucker]

Kan|di|dat der; -en, -en ⟨lat.; „weiß Gekleideter"⟩: 1. jmd., der sich um etwas, z. B. um ein Amt, bewirbt. 2. a) Student höheren Semesters, der sich auf sein Examen vorbereitet; b) Prüfling

Kan|di|da|ten|tur|nier *das; -s, -e:* Turnier der im ↑ Interzonenturnier bestplatzierten Spieler zur Ermittlung des Herausforderers des jeweiligen Schachweltmeisters

Kan|di|da|tin *die; -, -nen:* weibliche Form zu ↑ Kandidat

Kan|di|da|tur *die; -, -en ⟨lat.-nlat.⟩:* Anwartschaft, das Kandidieren

kan|di|die|ren: sich (z. B. um ein Amt) bewerben

kan|die|ren ⟨arab.-it.-fr.⟩: (Früchte) mit einer Zuckerlösung überziehen u. dadurch haltbar machen

Kan|dis *der; - ⟨arab.-it.⟩* u. **Kan|diszu cker** *der; -s:* in großen Stücken an Fäden auskristallisierter Zucker

Kan|di|ten *die* (Plural): (bes. österr.) kandierte Früchte

Kan|d schar vgl. Handschar

Kan|d schur *der; -[s] ⟨tibet.⟩; „übersetztes Wort (Buddhas)"⟩:* die heilige Schrift des ↑ Lamaismus; vgl. Tandschur

Ka|neel *der; -s, -e ⟨sumer.-babylon.-gr.-lat.-mlat.-fr.⟩:* hochwertige Zimtsorte

Ka|ne|pho|re *die; -, -n* (meist Plural) ⟨gr.-lat.⟩: (im antiken Griechenland) aus vornehmer Familie stammende Jungfrau, die bei religiösen Festen u. Umzügen geweihte Gerät im Korb auf dem Kopf trägt

Ka|ne|vas *der; - u. -ses, - u. -se* ⟨fr.⟩: 1. leinwandbindiges, gitterartiges Gewebe für Handarbeiten. 2. (in der italienischen Stegreifkomödie) Einteilung des Stoffs in Akte u. Szenenbilder. **ka|ne|vas|sen:** aus Kanevas (1)

Kang *der od. das; -s, -s ⟨chin.⟩:* 1. altchinesisches Halsbrett zur Kennzeichnung u. Bestrafung eines Verbrechers. 2. gemauerte, von außen heizbare Schlafbank in nordchinesischen Häusern

Kän|gu|ru *das; -s, -s ⟨austr.⟩:* australisches Springbeuteltier mit sehr langen Hinterbeinen

Ka|ni|den *die* (Plural) ⟨lat.-nlat.⟩: zusammenfassende Bez. für: Hunde u. hundeartige Tiere (z. B. Fuchs, Schakal, Wolf)

Ka|nin *das; -s, -e ⟨iber.-lat.-fr.⟩:* Fell der Wild- u. Hauskaninchen

Ka|niş ter *der; -s, - ⟨sumer.-babylon.-gr.-lat.-engl.⟩:* tragbarer Behälter für Flüssigkeiten

Kan|k ro|id *das; -[e]s, -e ⟨lat.; gr.⟩:* (veraltet) Spinaliom

kan|k rös: ↑ kanzerös

Kan|na vgl. Canna

Kan|nä, Cannae [...nɛ] *das; -, -* ⟨nach der Schlacht bei Cannae, in der Hannibal 216 v. Chr. ein Römerheer völlig vernichtete⟩: katastrophale Niederlage; vgl. kannensisch

Kan|na|bi|nol *das; -s ⟨lat.-nlat.⟩:* (Chem.) wichtigster Bestandteil des ↑ Haschischs

kan|ne|lie|ren ⟨sumer.-babylon.-gr.-lat.-fr.⟩: [eine Säule] mit senkrechten Rillen versehen.

Kan|ne|lie|rung *die; -, -en:* 1. (Geol.) Rinnen- u. Furchenbildung auf der Oberfläche von Kalk- u. Sandsteinen (verursacht durch Wasser od. Wind). 2. Gestaltung der Oberfläche einer Säule od. eines Pfeilers mit ↑ Kannelüren

Kän|nel|koh|le, auch: Cannelkohle *die; - ⟨engl.; dt.⟩:* eine Steinkohlenart

Kan|ne|lü|re *die; -, -n ⟨sumer.-babylon.-gr.-lat.-fr.⟩:* senkrechte Rille am Säulenschaft

kan|nen|sisch ⟨zu ↑ Kannä⟩: in der Fügung **kannensische Niederlage:** völlige Niederlage, Vernichtung; vgl. Kannä

Kan|ni|ba|le *der; -n, -n ⟨span.;* nach dem Stammesnamen der Kariben⟩: 1. Menschenfresser. 2. roher, ungesitteter Mensch.

Kan|ni|ba|lin *die; -, -nen:* weibliche Form zu ↑ Kannibale. **kan|ni|ba|lisch:** 1. in der Art eines Kannibalen. 2. roh, grausam, ungesittet. 3. (ugs.) ungemein, sehr groß, überaus

kan|ni|ba|li|sie|ren ⟨span.-nlat.⟩: 1. (Zool.) Kannibalismus (2) hervorrufen. 2. (Jargon) einer Sache in hohem Maße schaden.

Kan|ni|ba|lis|mus *der; - ⟨span.-nlat.⟩:* 1. Menschenfresserei. 2. das Fressen von Tieren der eigenen Art. 3. unmenschliche Rohheit

Kan|nu|schi *der; -s, - ⟨jap.⟩:* ↑ schintoistischer Priester

¹Ka|non *der; -s, -e ⟨sumer.-babylon.-gr.-lat.⟩:* 1. Richtschnur, Leitfaden. 2. Gesamtheit der für ein bestimmtes [Fach]gebiet geltenden Regeln u. Vereinbarungen. 3. (Mus.) Musikstück, bei dem verschiedene Stimmen in bestimmten Abständen nacheinander mit derselben Melodie einsetzen. 4. [von den alexandrinischen Grammatikern aufgestelltes] Verzeichnis mustergültiger Schriftsteller [der Antike]. 5. a) unabänderliche Liste der von einer Religionsgemeinschaft anerkannten Schriften; b) die im Kanon (5 a) enthaltenen Schriften. 6. (Plural: -es [...e:s]) Einzelbestimmung des katholischen Kirchenrechts. 7. Hochgebet der Eucharistie in der katholischen Liturgie. 8. (ohne Plural) kirchenamtliches Verzeichnis der Heiligen. 9. Regel von den [richtigen] Proportionen (z. B. in der bildenden Kunst). 10. (hist.) jährlicher Grundzins, Abgabe des Lehnsmannes an den Lehnsherrn. 11. (Math.) allgemeine Lösung einer mathematischen Aufgabe, nach der dann besondere Probleme gelöst werden können. 12. (Astron.) a) Tafel für die Bewegungen der Himmelskörper; b) Zusammenstellung aller Mond- und Sonnenfinsternisse

²Ka|non *die; -:* (Druckw. veraltet) ein Schriftgrad

Ka|no|na|de *die; -, -n ⟨sumer.-babylon.-gr.-lat.-it.-fr.⟩:* [anhaltendes] Geschützfeuer, Trommelfeuer

Ka|no|ne *die; -, -n ⟨sumer.-babylon.-gr.-lat.-it.⟩:* 1. [schweres] Geschütz. 2. (ugs.) jmd., der auf seinem Gebiet Bedeutendes leistet, [Sport]größe; **unter aller Kanone:** 1. (ugs.) sehr schlecht, unter aller Kritik. 3. (salopp scherzh.) ↑ Revolver (1)

Ka|no|nen|boot *das; -[e]s, -e:* kleines Kriegsschiff im Küstendienst od. auf Binnengewässern

Ka|no|nen|fut|ter *das; -s:* (ugs. abwertend) im Krieg sinnlos u. gewissenlos geopferte Soldaten

Ka|no|nes [...no:ne:s]: *Plural* von ↑ Kanon (6)

Ka|no|nier *der; -s, -e ⟨sumer.-babylon.-gr.-lat.-it.-fr.⟩:* Soldat, der ein Geschütz bedient. **ka|no|nie|ren:** 1. (veraltet) mit Kanonen [be]schießen. 2. (ugs.) einen kraftvollen Schuss auf das Tor abgeben (z. B. Fuß-, Handball)

Ka|no|nik die; - ⟨sumer.-babylon.-gr.-lat.⟩: Name der Logik bei Epikur

Ka|o|ni|kat das; -[e]s, -e ⟨sumer.-babylon.-gr.-lat.-nlat.⟩: Amt u. Würde eines Kanonikers

Ka|no|ni|ker der; -s, - u. **Ka|no|ni|kus** der; -, ...ker ⟨sumer.-babylon.-gr.-lat.⟩: Mitglied eines ↑ Kapitels (2), ↑ Chorherr (1)

Ka|no|ni|sa|ti|on die; -, -en ⟨sumer.-babylon.-gr.-lat.-mlat.⟩: (kath. Rel.) Aufnahme in den ↑ Kanon (8); Heiligsprechung

Ka|no|ni|sa|ti|ons|kon|gre|ga|ti|on die; -: ↑ Kurienkongregation für die Heilig- u. Seligsprechungsprozesse

ka|no|nisch ⟨sumer.-babylon.-gr.-lat.⟩: 1. als Vorbild dienend. 2. (kath. Rel.) den kirchlichen [Rechts]bestimmungen gemäß. 3. (Mus.) den ↑ Kanon (3) betreffend, ihm entsprechend, nach den musikalischen Gesetzen des Kanons gestaltet

ka|no|ni|sie|ren ⟨sumer.-babylon.-gr.-lat.-mlat.⟩: 1. in den ¹Kanon (8) aufnehmen, heilig sprechen. 2. a) zum ¹Kanon (2) machen; b) in eine Liste mustergültiger Autoren, Werke aufnehmen

Ka|no|nis|se die; -, -n u. **Ka|no|nis|sin** die; -, -nen ⟨sumer.-babylon.-gr.-lat.-mlat.⟩: Stiftsdame; vgl. Chorfrau (1)

Ka|no|nist der; -en, -en ⟨sumer.-babylon.-gr.-lat.-nlat.⟩: Lehrer des kanonischen (2) Rechts

Ka|no|nis| tik die; -: Lehre vom kanonischen (2) Recht

Ka|non|ta|feln die (Plural): 1. reich ausgemalte Tafeln mit Abschnittsnummern u. ↑ Konkordanzen in Evangelienbüchern des Mittelalters. 2. (kath. Rel.) drei früher auf dem Altar aufgestellte Tafeln mit bestimmten unveränderlichen Texten aus der Messe; vgl. Kanon (7)

Ka|no|pe die; -, -n ⟨nach der altägypt. Stadt Kanobos⟩: 1. dickbauchiger altägyptischer Krug mit Deckel in Form eines Menschen- od. Tierkopfes zur Bestattung von Eingeweiden mumifizierter Toter. 2. etruskische Urne

Kä|no|phy|ti|kum das; -s ⟨gr.-nlat.⟩: (Geol.) Oberkreide, ↑ Ter-

tiär u. ↑ Quartär umfassender, durch neuzeitliche Pflanzenentwicklung gekennzeichneter Abschnitt der Erdgeschichte

Ka|nos|sa vgl. Canossa

Kä|no|zo| i|kum das; -s ⟨gr.-nlat.⟩: (Geol.) ↑ Tertiär u. ↑ Quartär umfassende erdgeschichtliche Neuzeit. **kä|no|zo|lisch:** das Känozoikum betreffend

kan|ta|bel ⟨spätlat.-it.⟩: (Mus.) gesanglich vorgetragen; sangbar

Kan|ta|bi|le das; -, -: (Mus.) ernstes, getragenes Tonstück

Kan|ta|bi|li|tät die; - ⟨lat.-it.-nlat.⟩: (Mus.) Sangbarkeit, gesanglicher Ausdruck, melodische Schönheit

Kan|ta|la die; - ⟨nlat.; Herkunft unbekannt⟩: Pflanzenfaser einer mexikanischen ↑ Agave (für Taue u. Bindfäden verwendet)

Kan|tar der od. das; -s, -e (aber: 2 Kantar) ⟨lat.-mgr.-arab.⟩: heute nicht mehr gebräuchliches Handelsgewicht Italiens u. der östlichen Mittelmeerländer; vgl. Cantaro

¹**Kan|ta|te** ⟨lat.; nach dem alten ↑ Introitus, Psalm 98, 1, „Singet (dem Herrn ein neues Lied)"⟩: vierter Sonntag nach Ostern

²**Kan|ta|te** die; -, -n ⟨lat.⟩: am Sonntag ¹Kantate abgehaltene jährliche Zusammenkunft der deutschen Buchhändler

³**Kan|ta|te** die; -, -n ⟨lat.-it.⟩: (Mus.) mehrteiliges, vorwiegend lyrisches Gesangsstück im ↑ monodischen Stil für Solisten u. Chor mit Instrumentalbegleitung

Kan|te|le die; -, -n ⟨finn.⟩: ein finnisches Zupfinstrument mit 5–30 Saiten

Kan|ter [auch: ˈkɛntɐ] der; -s, - ⟨engl.; Kurzform vom Namen der engl. Stadt Canterbury⟩: (Reiten) kurzer, leichter Galopp. **kan|tern:** (Pferdesport) kurz u. leicht galoppieren

Kan|ter|sieg der; -s, -e: müheloser [hoher] Sieg (bei Sportwettkämpfen)

Kan|tha|ri|de der; -n, -n (meist Plural) ⟨gr.-lat.⟩: Weichkäfer; Käfer mit weichen Flügeldecken (z. B. Spanische Fliege)

Kan|tha|ri|din, chem. fachspr.: Cantharidin ⟨gr.-lat.-nlat.⟩: Drüsenabsonderung der Ölkäfer u. Spanischen Fliegen (früher zur Herstellung von

Blasen ziehenden Pflastern verwendet)

Kan|tha|ros der; -, ...roi ⟨gr.-lat.⟩: altgriechischer weitbauchiger, doppelhenkliger Becher

Kan|ti|le|ne die; -, -n ⟨lat.-it.⟩: (Mus.) gesangartige, meist getragene Melodie

Kan|ti|le [auch: ...ˈtɪljə] die; -, -n ⟨sumer.-babylon.-gr.-lat.-roman.⟩: schraubenförmig gedrehter, vergoldeter od. versilberter Draht zur Herstellung von Borten u. Tressen

Kan|ti|ne die; -, -n ⟨gall.-it.-fr.⟩: Speiseraum in Betrieben, Kasernen u. Ä.

Kan|ti|ni er [...ˈnje:] der; -s, -s: (scherzh.) Kantinenwirt

Kan|ton der; -s, -e ⟨lat.-it.-fr.⟩: 1. Bundesland der Schweiz; Abk.: Kt. 2. Bezirk, Kreis in Frankreich u. Belgien. 3. (hist.) Wehrverwaltungsbezirk (in Preußen). **kan|to|nal:** den Kanton betreffend, zu einem Kanton gehörend

Kan|to|nal|tu|lar der; -s, -e: (schweiz.) am Kantonsgericht (höchstes ordentliches Gericht eines Kantons) angestellter Schriftführer

Kan|to|ne|se der; -n, -n: (schweiz.) ↑ Partikularist

Kan|to|ni er|e die; -, -n ⟨lat.-it.⟩: Straßenwärterhaus in den italienischen Alpen

kan|to|nie|ren ⟨lat.-it.-fr.⟩: (veraltet) Truppen unterbringen, in Standorte legen

Kan|to|nist der; -en, -en: (veraltet) ausgehobener Rekrut; **unsicherer Kantonist:** (ugs.) unzuverlässiger Mensch

Kan|to|ne|ment [kantɔnəˈmãː, schweiz.: ...ˈmɛnt] das; -s, -s u. (schweiz.:) -e: (veraltet) a) Bezirk, in dem Truppen ↑ kantoniert worden sind; b) Truppenunterkunft

Kan|ton|sys| tem das; -s: (hist.) militärisches System in Preußen, das das Land in Kantone (3) gliederte

Kan|tor der; -s, ...oren ⟨lat.; „Sänger"⟩: 1. Vorsänger u. Leiter der ↑ Schola im ↑ gregorianischen Choral. 2. Leiter des Kirchenchores, Organist, Dirigent der Kirchenmusik

Kan|to|rat das; -[e]s, -e ⟨lat.-mlat.⟩: Amt[szeit] eines Kantors

Kan|to|rei *die; -, -en:* 1. Singbruderschaft, Gesangschor [mit nur geistlichen Mitgliedern] im Mittelalter. 2. fürstliche Kapellinstitution im 15. u. 16. Jh. 3. kleine Singgemeinschaft, Schulchor. 4. evangelischer Kirchenchor

Kan|to|rin *die; -, -nen:* weibliche Form zu ↑ Kantor (2)

Kan|t |schu *der; -s, -s ⟨türk.-slaw.⟩:* Riemenpeitsche

Kan|tus *der; -, -se ⟨lat.⟩:* (Studenspr.) Gesang; vgl. Cantus

Ka|nu [auch, österr. nur: ka'nu:] *das; -s, -s ⟨karib.-span.-fr.-engl.⟩:* 1. als Boot benutzter ausgehöhlter Baumstamm. 2. ↑ Kajak; ↑ Kanadier (1)

Ka|nü|le *die; -, -n ⟨sumer.-babylon.-gr.-lat.-fr.⟩:* (Med.) 1. Röhrchen zum Einführen od. Ableiten von Luft od. Flüssigkeiten. 2. Hohlnadel an einer Injektionsspritze

Ka|nut u. Knut *der; -s, -e ⟨lat.⟩:* isländischer Strandläufer (eine Schnepfenart)

Ka|nu|te *der; -n, -n ⟨karib.-span.-fr.-engl.⟩:* (Sport) Kanufahrer.

Ka|nu|tin *die; -, -nen:* weibliche Form zu ↑ Kanute

Kan|zel|la|ri|at *das; -[e]s, -e ⟨lat.-mlat.⟩:* (veraltet) 1. Kanzlerwürde. 2. Kanzleistube

Kan|zel|le *die; -, -n:* 1. Chorschranke in der altchristlichen Kirche. 2. der die Zunge enthaltende Kanal beim Harmonium, bei Hand- u. Mundharmonika. 3. die den Wind verteilende Abteilung der Windlade bei der Orgel

kan|zel|lie|ren: (veraltet) Geschriebenes mit gitterförmig sich kreuzenden Strichen (xxx) ungültig machen

kan|ze|ro|gen *⟨lat.; gr.⟩:* (Med.) Krebs erzeugend

Kan|ze|ro|lo|ge *der; -n, -n:* (Med.) Facharzt für Kanzerologie. **Kan|ze|ro|lo|gie** *die; -:* (Med.) Lehre von der Erkennung u. Behandlung bösartiger ↑ Tumoren. **Kan|ze|ro|lo|gin** *die; -, -nen:* weibliche Form zu ↑ Kanzerologe

Kan|ze|ro|pho|bie *die; -, ...ien:* (Med.) Furcht, an Krebs erkrankt zu sein

kan|ze|rös *⟨lat.⟩:* (Med.) krebsartig

Kanz|lei *die; -, -en ⟨lat.-mlat.⟩:* Büro [eines Rechtsanwalts od. einer Behörde]

Kanz|lei|for|mat *das; -[e]s:* ein früher übliches Papierformat (33 × 42 cm)

Kanz|lei|stil *der; -[e]s:* die altertümliche u. schwerfällige Sprache der Kanzleien; Amtssprache

Kanz|list *der; -en, -en:* (veraltet) Schreiber, Angestellter in einer Kanzlei

Kan|zo|ne *die; -, -n ⟨lat.-it.⟩:* 1. eine romanische Gedichtform. 2. leichtes, heiteres, empfindungsvolles Lied. 3. (Mus.) kontrapunktisch gesetzter A-cappella-Chorgesang im 14. u. 15. Jh. 4. (Mus.) seit dem 16. Jh. liedartige Instrumentalkomposition für Orgel, Laute, Klavier u. kleine Streicherbesetzung

Kan|zo|net|ta u. **Kan|zo|net|te** *die; -, ...ten:* (Mus.) kleines Gesangs- od. Instrumentalstück

Ka |ol|in *das* (fachspr.: *der); -s, -e ⟨chin.-fr.;* nach dem chines. Berg Kaoling⟩: weicher, formbarer Ton, der durch Zersetzung von Feldspaten entstanden ist; Porzellanerde. **ka |o|li|ni|sie|ren:** Kaolin bilden

Ka |o|li|nit [auch: ...'nɪt] *der; -s, -e ⟨nlat.⟩:* Hauptbestandteil des Kaolins

Kap *das; -s, -s ⟨lat.-vulgärlat.-provenzal.-fr.-niederl.⟩:* Vorgebirge; vorspringender Teil einer Felsenküste

ka|pa|bel *⟨lat.-fr.⟩:* (veraltet, aber noch landsch.) befähigt, fähig

Ka|paun *der; -s, -e ⟨lat.-vulgärlat.-fr.⟩:* kastrierter Masthahn. **ka|pau|nen** u. **ka|pau|ni|sie|ren:** (einen Hahn) kastrieren

Ka|pa|zi|tanz *die; -, -en ⟨lat.⟩:* (Elektrot.) Wechselstromwiderstand eines ↑ Kapazität (1b)

Ka|pa|zi|tät *die; -, -en:* 1. (ohne Plural) a) Fassungs- od. Speicherungsvermögen eines technischen Geräts od. Bauteils; b) ↑ Kondensator (1) od. ähnlich wirkendes Element einer elektrischen Schaltung. 2. a) Produktions- od. Leistungsvermögen einer Maschine od. Fabrik; b) (meist Plural) Produktionsstätte u. Gesamtheit aller Einrichtungen, die zur Herstellung von Industriegütern nötig sind. 3. a) räumliches Fassungsvermögen [eines Gebäudes];

b) geistiges Leistungs- od. Fassungsvermögen. 4. hervorragender Fachmann

ka|pa|zi|tal|tiv *⟨lat.-nlat.⟩:* ↑ kapazitiv; **kapazitativer Widerstand:** (Elektrot.) Wechselstromwiderstand eines Kondensators

Ka|pa|zi|täts|re|ser|ve *die; -, -n:* freie, unausgenutzte Betriebskapazität

ka|pa|zi|tiv *⟨lat.-engl.⟩:* a) die Kapazität eines Kondensators betreffend; b) die Kapazität (2, 3) betreffend

Ka|pe |a|dor vgl. Capeador

Ka|pee *⟨mit französierender Endung zu ↑ kapieren gebildet⟩:* (ugs.) in der Redewendung **schwer von Kapee sein:** begriffsstutzig sein

Ka|pel|lan *der; -s, -e ⟨lat.-mlat.-provenzal.-fr.⟩:* kleiner Lachsfisch des nördlichen Atlantischen Ozeans

[1]Ka|pel|le *die; -, -n ⟨lat.-mlat.⟩:* 1. kleines [privates] Gotteshaus ohne Gemeinde. 2. abgeteilter Raum für Gottesdienste in einer Kirche od. einem Wohngebäude

[2]Ka|pel|le *die; -, -n ⟨lat.-mlat.-it.⟩:* a) (im Mittelalter) ein Sängerchor in der Kirche, der die reine Gesangsmusik pflegte; vgl. a cappella; b) Musikergruppe, Instrumentalorchester

[3]Ka|pel|le, auch: Kupelle *die; -, -n ⟨lat.-mlat.-fr.⟩:* Tiegel aus Knochenasche zum Untersuchen von silberhaltigem Blei, in dem das Silber nach dem Schmelzen des Bleis zurückbleibt

ka|pel|lie|ren u. kupellieren: Silber mithilfe der [3]Kapelle von Blei trennen

Ka|pell|meis |ter *der; -s, -:* a) Leiter einer [2]Kapelle (b), eines Orchesters; b) nach dem ↑ [General]musikdirektor rangierender Orchesterdirigent. **Ka|pell|meis|te|rin** *die; -, -nen:* weibliche Form zu ↑ Kapellmeister

[1]Ka|per *die; -, -n (meist Plural) ⟨gr.-lat.-roman.⟩:* [in Essig eingemachte] Blütenknospe des Kapernstrauches (ein Gewürz)

[2]Ka|per *der; -s, - ⟨lat.-niederl.⟩:* (hist.) 1. Schiff, das (im Seekrieg) feindliche Handelsschiffe erbeutet. 2. Freibeuter, Seeräuber

Ka|per|brief *der; -s, -e:* (hist.) staatliche Vollmacht, die einen privaten Unternehmer zur Erbeutung von feindlichen Handelsschiffen (im Seekrieg) ermächtigt

Ka|pe|rei *die;* -, -en: (hist.) das Erbeuten feindlicher Handelsschiffe durch private Unternehmer aufgrund des Kaperbriefes **ka|pern:** 1. (hist.) als Freibeuter ein Schiff aufbringen. 2. (ugs.) a) jmdn. [wider dessen Willen] für etwas gewinnen; b) sich einer Sache bemächtigen

ka|pie|ren ⟨*lat.*⟩: (ugs.) begreifen, verstehen

ka|pil|lar ⟨*lat.*⟩: (Med.) haarfein (z. B. von Blutgefäßen)

Ka|pil|lar|a|na|ly|se *die;* -, -n: (Chem.) chemische Analyse, bei der die Geschwindigkeiten u. Erscheinungen beim Aufsteigen von Lösungen in senkrecht aufgehängten Filterpapierstreifen zur Trennung u. Unterscheidung benutzt werden

Ka|pil|la|re *die;* -, -n: 1. (Biol.; Med.) Haargefäß, kleinstes Blutgefäß. 2. (Phys.) ein Röhrchen mit sehr kleinem Querschnitt

Ka|pil|la|ri|tät *die;* - ⟨*lat.-nlat.*⟩: (Phys.) das Verhalten von Flüssigkeiten in engen Röhren

Ka|pil|lar|mi|k|ro|s|ko|pie u. **Ka-pil|la|ro|s|ko|pie** *die;* -: (Med.) mikroskopische Untersuchung der feinsten Blutgefäße der Haut am lebenden Menschen

Ka|pil|lär|si|rup *der;* -s: ein Stärkesirup, bes. zur Herstellung billiger Zuckerwaren

Ka|pil|li|ti|um *das;* -s, ...ien ⟨*lat.;* „Haarwerk"⟩: (Bot.) röhren- od. fadenartiges Gerüstwerk in den Fruchtkörpern von Schleimpilzen

ka|pi|tal ⟨*lat.*⟩: a) von solcher Art, dass die betreffende Person od. Sache alles Vergleichbare übersteigt; b) (Jägerspr.) außerordentlich groß, stark

Ka|pi|tal *das;* -s, -e u., österr. nur, -ien [...jən] ⟨*lat.-it.*⟩: 1. a) (ohne Plural) alle Geld- u. Sachwerte, die zu einer Produktion verwendet werden, die Gewinn abwirft; b) Wert des Vermögens eines Unternehmens; Vermögen[sstamm]. 2. a) verfügbare Geldsumme, die bei entsprechendem Einsatz Gewinn erbringt; **Kapital aus etwas schlagen:** Nutzen, Gewinn aus

etwas ziehen; b) verfügbarer kleinerer Betrag an Bargeld. 3. (ohne Plural) Gesamtheit der kapitalkräftigen Unternehmen [eines Landes]. 4. (Buchw.) gewebtes [buntes] Band, das vom Buchbinder an die Ober- u. Unterkante des Buchblockrückens geklebt wird

Ka|pi|tal vgl. Kapitell

Ka|pi|tal|band u. Kaptalband *das;* -[e]s, ...bänder: ↑ Kapital (4)

Ka|pi|täl|chen *das;* -s, - ⟨*lat.; dt.*⟩: (Druckw.) Großbuchstabe in der Größe der kleinen Buchstaben

Ka|pi|ta|le *die;* -, -n ⟨*lat.-fr.*⟩: 1. (veraltet) Hauptstadt. 2. Majuskelschrift

Ka|pi|tal|ex|port *der;* -[e]s, -e: ↑ Export von Kapital (1) ins Ausland

Ka|pi|tal|flucht *die;* -: das Fortbringen von Kapital (1) ins Ausland bei politischer ↑ Instabilität, ungünstigen Steuergesetzen u. Ä.

Ka|pi|ta|lis *die;* - ⟨*lat.*⟩: altrömische Monumentalschrift [auf Bauwerken]

Ka|pi|ta|li|sa|ti|on *die;* -, -en ⟨*lat.-nlat.*⟩: Umwandlung eines laufenden Ertrags od. einer Rente in einen einmaligen Kapitalbetrag; vgl. ...ation/...ierung. **ka|pi|ta|li|sie|ren:** in eine Geldsumme umwandeln. **Ka|pi|ta|li-sie|rung** *die;* -, -en: ↑ Kapitalisation; vgl. ...ation/...ierung

Ka|pi|ta|lis|mus *der;* -: Wirtschaftssystem, das auf dem freien Unternehmertum basiert u. dessen treibende Kraft das Gewinnstreben Einzelner ist, während die Arbeiter keinen Besitzanteil an den Produktionsmitteln haben. **Ka|pi|ta|list** *der;* -en, -en: 1. Kapitalbesitzer. 2. Person, deren Einkommen überwiegend aus Zinsen, Renten od. Gewinnen besteht. 3. (ugs. abwertend) jmd., der über viel Geld verfügt. **Ka|pi|ta-lis|tin** *die;* -, -nen: weibliche Form zu ↑ Kapitalist. **ka|pi|ta-lis|tisch:** den Kapitalismus betreffend

Ka|pi|tal|ma|g|nat *der;* -en, -en: Eigentümer großer Kapitalien

Ka|pi|tal|ver|bre|chen *das;* -s, -: besonders schwere Straftat (z. B. Mord)

Ka|pi|tän *der;* -s, -e ⟨*lat.-it.(-fr.)*⟩:

1. Kommandant eines Schiffs; **Kapitän zur See:** Seeoffizier im Range eines Obersten. 2. Kommandant eines Flugzeugs; Chefpilot. 3. Anführer, Spielführer einer Sportmannschaft. **Ka|pi|tä|nin** *die;* -, -nen: weibliche Form zu ↑ Kapitän

Ka|pi|tän|leut|nant *der;* -s, -s (selten: -e): Offizier der Bundesmarine im Range eines Hauptmanns

Ka|pi|täns|pa|tent *das;* -[e]s, -e: amtliches Zeugnis, das jmdn. zur Führung eines Schiffs berechtigt

Ka|pi|tel *das;* -s, - ⟨*lat.:* „Köpfchen; Hauptabschnitt"⟩: 1. Hauptstück, Abschnitt in einem Schrift- od. Druckwerk; Abk.: Kap. 2. a) Körperschaft der Geistlichen einer Dom- od. Stiftskirche od. eines Kirchenbezirks (Landkapitel); b) Versammlung eines [geistlichen] Ordens

ka|pi|tel|fest: a) über genaue Kenntnisse in etwas verfügend u. daher bei entsprechenden Fragen o. Ä. ganz sicher; b) bibelfest

Ka|pi|tell *das;* -s, -e (‚Köpfchen"): oberer Abschluss einer Säule, eines Pfeilers od. ↑ Pilasters

ka|pi|teln: (landsch.) jmdn. zurechtweisen, schelten

Ka|pi|tel|saal *der;* -[e]s, ...säle: Sitzungssaal im Kloster

Ka|pi|tol *das;* -s: 1. (hist.) Stadtburg im alten Rom, Sitz des ↑ Senats (1). 2. Sitz des amerikanischen ↑ Senats (2); Parlamentsgebäude der Vereinigten Staaten in Washington

Ka|pi|tu|lant *der;* -en, -en ⟨*lat.-mlat.*⟩: 1. (veraltet) Soldat, der sich verpflichtet, über die gesetzliche Dienstzeit hinaus zu dienen. 2. jmd., der vor Schwierigkeiten [leicht, schnell] kapituliert (2). **Ka|pi|tu|lan|tin** *die;* -, -nen: weibliche Form zu ↑ Kapitulant (2)

Ka|pi|tu|lar *der;* -s, -e: Mitglied eines Kapitels (2 a), z. B. ein Domherr

Ka|pi|tu|la|ri|en *die* (Plural): (hist.) Gesetze u. Verordnungen der fränkischen Könige

Ka|pi|tu|la|ti|on *die;* -, -en ⟨*lat.-mlat.-fr.*⟩: 1. a) das Kapitulieren (1); b) Vertrag über die Kapitulation (1a). 2. resignierendes

Nachgeben, Aufgeben. 3. (veraltet) Vertrag, der den Dienst eines Soldaten verlängert. ka|pi|tu|lie|ren: 1. sich dem Feind ergeben; sich für besiegt erklären u. sich dem Gegner unterwerfen. 2. (angesichts einer Sache) resignierend aufgeben, nachgeben, die Waffen strecken. 3. (veraltet) eine Kapitulation (3) abschließen

Kap|la|ken u. Kapplaken das; -s, - ⟨niederl.-niederd.⟩: (Seemannsspr.) Sondervergütung für den Schiffskapitän über das vertraglich vereinbarte Entgelt hinaus

Kap|lan der; -s, ...läne ⟨lat.-mlat.; „Kapellengeistlicher"⟩: a) dem Pfarrer untergeordneter katholischer Geistlicher; b) Geistlicher mit besonderen Aufgaben (z. B. in einem Krankenhaus od. beim Heer)

Kap|lan|tur|bi|ne, auch: Kaplan-Tur|bi|ne die; -, -n ⟨nach dem österr. Ingenieur V. Kaplan, † 1934⟩: (Techn.) eine Überdruckwasserturbine (vgl. Turbine) mit verstellbaren Laufschaufeln

Kap|po der; -s, -s ⟨Kurzform von fr. caporal = „Hauptmann, Anführer; Korporal"⟩: 1. (Soldatenspr.) Unteroffizier. 2. (Jargon) Häftling eines Straf- od. Konzentrationslagers, der die Aufsicht über andere Häftlinge führt. 3. (südd.) Vorarbeiter

Ka|po|das|ter der; -s, - ⟨it.⟩: ein über alle Saiten reichender, auf dem Griffbrett sitzender verschiebbarer Bund bei Lauten u. Gitarren; vgl. Capotasto

Ka|pok [auch: ˈka:...] der; -s ⟨malai.⟩: Samenfasern des Kapokbaums (ein Füllmaterial für Polster)

Ka|pon|ni|e|re der; -, -n ⟨lat.-span.-it.-fr.⟩: (veraltet) bombensicherer Gang in einer Festung

ka|po|res ⟨hebr.-jidd.⟩: (ugs.) entzwei, kaputt

Ka|po|ti|te die; -, -n ⟨lat.-provenzal.-fr.⟩ u. Ka|pott|hut der; -s, ...hüte: im 19. Jh. u. um 1900 modischer, unter dem Kinn gebundener kleiner, hoch sitzender Damenhut

Kap|pa das; -[s], -s ⟨gr.⟩: zehnter Buchstabe des griechischen Alphabets: K, κ

Kap|pes u. Kappus der; - ⟨lat.-

mlat.⟩: 1. (landsch.) Weißkohl. 2. (landsch. ugs.) a) dummes Zeug, törichtes Geschwätz; Kappes/Kappus reden: Unsinn reden; b) unbrauchbare Pfuscharbeit; vgl. Kabis

Kapp|la|ken vgl. Kaplaken

Kap|pus vgl. Kappes

Kalp ric|cio vgl. Capriccio

Kalp ri|ce [kaˈpriːsə] die; -, -n ⟨lat.-it.-fr.⟩: Laune; vgl. Kaprize

Kalp ri|fi|ka|ti|on die; - ⟨lat.⟩: ein Verfahren zur Verbesserung der Befruchtungsbedingungen beim Feigenbaum

Kalp ri|fo|li|a|ze|en die (Plural) ⟨lat.-nlat.⟩: eine Pflanzenfamilie (Geißblattgewächse; z. B. Holunder, Schneeball)

Kalp ri|o|le die; -, -n ⟨lat.-it.; „Bocksprung"⟩: 1. Luftsprung. 2. launenhafter, toller Einfall; übermütiger Streich. 3. ein Sprung in der Reitkunst. kalp ri|o|len: Kapriolen machen

Kalp ri|ze die; (österr.) vgl. Kaprice

kalp ri|zie|ren, sich ⟨lat.-it.-fr.⟩: eigensinnig auf etwas bestehen; sich auf etwas festlegen

kalp ri|zi|ös: launenhaft, eigenwillig

Kalp riz|pols ter der; -s, -: (österr. ugs. veraltet) kleines Kissen

Kalp rol|lak|tam, chem. fachspr.: Caprolactam das; -s ⟨lat.; gr.⟩: (Chem.) fester, weißer Stoff, der als Ausgangsmaterial für Kunststoffe dient

Kalp rol|nat, chem. fachspr.: Capronat das; -[e]s, -e (meist Plural) ⟨lat.; gr.⟩: (Chem.) † Ester der † Kapronsäure, der zur Herstellung von Fruchtessenzen verwendet wird

Kalp ron|säu|re, chem. fachspr.: Capronsäure die; -, -n ⟨lat.; gr.; dt.⟩: gesättigte Fettsäure von ranzigem Geruch

Kalp rol|ti|nen|kalk der; -s ⟨lat.⟩: Kalkstein der alpinen Kreideformation mit Resten der Muschelgattung der Kaprotinen

Kap|si|kum das; -s ⟨lat.-nlat.⟩: aus den Schoten eines mittelamerikanischen Strauchs gewonnenes scharfes Gewürz (spanischer Pfeffer)

Kap|tal das; -s, -e: † Kapitalband

Kap|tal|band vgl. Kapitalband

kap|ta|len ⟨lat.-nlat.⟩: ein † Kapitalband anbringen

Kap|ta|ti|on die; -, -en ⟨lat.⟩: (ver-

altet) Erschleichung; Erbschleicherei

kap|ta|tiv: etwas besitzen, sich aneignen wollend; vgl. ...iv/ ...orisch

kap|ta|to|risch: (veraltet) erschleichend; kaptatorische Verfügung: (Rechtsw.) auf eine Gegenleistung des Bedachten zielende testamentarische Verfügung; vgl. ...iv/...orisch

Kap|ti|on die; -, -en: (veraltet) verfängliche Art zu fragen; verfänglicher Trugschluss, Fehlschluss

kap|ti|ös: (veraltet) verfänglich

Kap|ti|va|ti|on die; -, -en: (veraltet) Gefangennahme. kap|ti|vie|ren: (veraltet) a) gefangen nehmen; b) für sich gewinnen

Kap|ti|vi|tät die; -: (veraltet) Gefangenschaft

Kap|tur die; -, -en: (veraltet) Beschlagnahme, Aneignung eines feindlichen Schiffes

Ka|pu das; -, -s ⟨türk.; „Pforte"⟩: (früher) Amtsgebäude in der Türkei

Ka|pus ta u. Ka|pus ter der; -s ⟨slaw.⟩: (ostdeutsch) Kohl

Ka|put der; -s, -e ⟨lat.-roman.⟩: (schweiz.) [Soldaten]mantel

ka|putt ⟨fr.⟩: (ugs.) a) entzwei, zerbrochen; b) verloren, bankrott [im Spiel]; c) in Unordnung, aus der Ordnung gekommen; kaputt sein: a) matt, erschöpft sein; b) aufgrund körperlicher od. seelischer Zerrüttung od. wegen schlechter sozialer Bedingungen sich nicht mehr den gesellschaftlichen Anforderungen u. Zwängen unterwerfen können

Ka|pu|ze die; -, -n ⟨lat.-it.⟩: an einen Mantel od. eine Jacke angearbeitete Kopfbedeckung, die sich ganz über den Kopf ziehen lässt

Ka|pu|zi|na|de die; -, -n ⟨lat.-it.-fr.⟩: (veraltet) Kapuzinerpredigt, [derbe] Strafpredigt

Ka|pu|zi|ner der; -s, - ⟨lat.-it.⟩: 1. Angehöriger eines katholischen Ordens; Abk.: O. F. M. Cap. 2. (österr.) † Kaffee (3) mit etwas Milch. 3. Kapuzineraffe. 4. (landsch.) Birkenröhrling

Kalp wein der; -[e]s, -e: südafrikanischer Wein aus der Kapprovinz

Ka|ra|bach u. Ka|ra|bagh [...x] der; -[s], -s: handgeknüpfter, meist rot- od. blaugrundiger, vielfach gemusterter Orientteppich aus der gleichnamigen Landschaft in Aserbaidschan

Ka|ra|bi|ner der; -s, - ⟨fr.⟩: 1. kurzes Gewehr. 2. (österr.) Karabinerhaken

Ka|ra|bi|ner|ha|ken der; -s, -: federnder Verschlusshaken

Ka|ra|bi|ni|er [...'nje:] der; -s, -s: 1. [mit einem Karabiner (1) ausgerüsteter] Reiter. 2. Jäger zu Fuß

Ka|ra|bi|ni|e|re der; -s, ...ri ⟨fr.-it.⟩: italienischer Polizist

Ka|ra|bu|ran der; -s ⟨turkotat.⟩: (Meteor.) anhaltender Sommersandsturm in Turkestan

Ka|ra|cho das; -s ⟨span.; „Penis"⟩: (ugs.) große Geschwindigkeit, Rasanz; **mit Karacho:** mit großer Geschwindigkeit, mit Schwung

Ka|rä|er der; -s, - ⟨hebr.; „Schriftkundiger"⟩: Angehöriger einer [ost]jüdischen Sekte (seit dem 8. Jh.), die den ↑ Talmud verwirft

Ka|raf|fe die; -, -n ⟨arab.-span.it.-fr.⟩: geschliffene, bauchige Glasflasche [mit Glasstöpsel]

Ka|raf|fi|ne die; -, -n: (veraltet) kleine Karaffe

Ka|ra|gös der; - ⟨türk.⟩: a) Hanswurst im türkisch-arabischen Schattenspiel; b) das nach dem Karagös (a) benannte Schauspiel

Ka|ra|it der; -en, -en ⟨hebr.-nlat.⟩: ↑ Karäer

Ka|ra|kal der; -s, -s ⟨türk.-roman.⟩: Wüstenluchs Afrikas u. Vorderasiens

ka|ra|kol|lie|ren ⟨span.-fr.⟩: (veraltet) sich herumtummeln (von Pferden)

Ka|ra|kul|schaf das; -s, -e ⟨nach einem See im Hochland von Pamir⟩: Fettschwanzschaf, dessen Lämmer den wertvollen Persianerpelz liefern

Ka|ram|bo|la|ge [...ʒə] die; -, -n ⟨fr.⟩: 1. Zusammenstoß, Zusammenprall. 2. das Anstoßen des Spielballes an die beiden anderen Bälle im Billardspiel. 3. Zusammenstoß zweier od. mehrerer Spieler bei Sportwettkämpfen

Ka|ram|bo|la|ge|bil|lard das; -s: besondere Art des Billardspiels

¹**Ka|ram|bo|le** die; -, -n: der Spielball (roter Ball) im Billardspiel

²**Ka|ram|bo|le** die; -, -n ⟨malai.port.⟩: sternförmig gerippte, gelbgrüne Frucht mit hohem Vitamin-C-Gehalt (in Brasilien, der Karibik u. im südpazifischen Raum)

ka|ram|bo|lie|ren ⟨fr.⟩: 1. zusammenstoßen. 2. (Billardspiel) mit dem Spielball die beiden anderen Bälle treffen

ka|ra|mell ⟨lat.-span.-fr.⟩: bräunlich gelb. **Ka|ra|mell** der; -s: gebrannter Zucker

Ka|ra|mell|bon|bon der od. das; -s, -s: aus Karamell u. Milch od. Sahne hergestellte bonbonartige, weich-zähe Süßigkeit

Ka|ra|mel|le die; -, -n (meist Plural): ↑ Karamellbonbon

ka|ra|mel|lie|ren: (von Zucker) zu Karamell werden, sich bräunen

ka|ra|mel|li|sie|ren: 1. Zucker zu Karamell brennen. 2. Speisen (bes. Früchte) mit gebranntem Zucker übergießen od. in Zucker rösten

Ka|ra|o|ke die; -[s] ⟨jap.; „leeres Orchester"⟩: 1. Veranstaltung, bei der zur (vom Band abgespielten) Instrumentalmusik eines Schlagers dessen Text (von nicht berufsmäßigen Sängern) gesungen wird. 2. für Karaoke (1) geeignete Musikaufnahme

Ka|rat das; -[e]s, -e (aber: 2 -) ⟨gr.arab.-mlat.-fr.; nach dem Samen des Johannisbrotbaums⟩: 1. Einheit für die Gewichtsbestimmung von Edelsteinen (1 Karat = etwa 205 mg, 1 metrisches Karat = 200 mg). 2. Maß für die Feinheit einer Goldlegierung (reines Gold = 24 Karat)

Ka|ra|te das; -[s] ⟨jap.; „leere Hand"⟩: System waffenloser Selbstverteidigung

Ka|ra|te|ka der; -[s], -[s] u. die; -, -[s]: jmd., der Karate als Sport betreibt

Ka|rau|sche die; -, -n ⟨russ.-lit.⟩: ein karpfenartiger Fisch

Ka|ra|vel|le die; -, -n ⟨lat.-gr.-lat.-port.fr.-niederl.⟩: ein mittelalterliches Segelschiff (14.–16. Jh.)

Ka|ra|wa|ne die; -, -n ⟨pers.-it.⟩: 1. durch unbewohnte Gebiete [Asiens od. Afrikas] ziehende Gruppe von Reisenden, Kaufleuten, Forschern o. Ä. 2. größere Anzahl von Personen od. Fahrzeugen, die sich in einem langen Zug fortbewegen

Ka|ra|wan|se|rei die; -, -en: Unterkunft für Karawanen (1)

Kar|b|a|mid das; -[e]s ⟨Kurzw. aus ↑ Karbonyl u. ↑ Amid⟩: Harnstoff

Kar|bat|sche die; -, -n ⟨türk.-ung.tschech.⟩: Riemenpeitsche. **karbat|schen:** mit der Karbatsche schlagen

Kar|b|a|zol, chem. fachspr.: Carbazol das; -s ⟨lat.; gr.-fr.; arab.⟩: eine organische Verbindung, die als wichtiges Ausgangsmittel zur Herstellung von Kunststoffen dient

Kar|bid, chem. fachspr.: Carbid das; -[e]s, -e ⟨lat.-nlat.⟩: 1. (ohne Plural) Kalziumkarbid (ein wichtiger Rohstoff der chemischen Industrie). 2. chemische Verbindung aus Kohlenstoff u. einem Metall od. Bor (Borkarbid) od. Silicium (Siliciumkarbid). **kar|bi|disch:** die Eigenschaften eines Karbids aufweisend

Kar|bi|nol das; -s: ↑ Methylalkohol

Kar|bo|hyd|ra|se die; -, -n ⟨lat.; gr.⟩: Kohlenhydrat spaltendes Enzym

Kar|bo|lid das; -[e]s, -e: (Techn.) zusammengepresste u. scharf gebrannte Mischung aus Graphit und Speckstein

Kar|bol das; -s: (ugs.) ↑ Karbolsäure

Kar|bo|li|ne|um das; -s ⟨lat.-nlat.⟩: ein Imprägnierungs- u. Schädlingsbekämpfungsmittel für Holz u. Bäume

Kar|bol|säu|re die; -: ↑ Phenol

Kar|bon das; -s: (Geol.) erdgeschichtliche Formation des ↑ Paläozoikums

Kar|bo|na|de die; -, -n ⟨lat.-it.-fr.⟩: 1. (landsch.) Kotelett, [gebratenes] Rippenstück. 2. (österr., sonst veraltet) Frikadelle

Kar|bo|na|do der; -s, -s ⟨lat.span.⟩: ↑ ¹Karbonat

Kar|bo|na|ro der; -s, ...ri ⟨lat.-it.; „Köhler"⟩: Mitglied einer geheimen politischen Gesellschaft in Italien (Anfang des 19. Jh.s) mit dem Ziel der Befreiung von der französischen Herrschaft

¹**Kar|bo|nat** der; -[e]s, -e ⟨lat.nlat.⟩: grauschwarze Abart des Diamanten

²**Kar|bo|nat**, chem. fachspr.: Carbonat das; -[e]s, -e: kohlensaures Salz

kar|bo|na|tisch: von ²Karbonat

abgeleitet, ²Karbonat enthaltend

Kar|bo|ni|sa|ti|on *die; -, -en:* 1. (Med.) Verbrennung vierten Grades, schwerster Grad eines Hitzeschadens. 2. Umwandlung in ²Karbonat

kar|bo|nisch: das ↑Karbon betreffend

kar|bo|ni|sie|ren: 1. a) verkohlen lassen; b) in ²Karbonat umwandeln. 2. Zellulosereste in Wolle durch Schwefelsäure od. andere Chemikalien zerstören

kar|bo|ni|t|rie|ren: durch einen bestimmten chemischen Prozess härten

Kar|bon|säu|re *die; -, -n:* (Chem.) Säure, die eine bestimmte organische Gruppe mit einem leicht abzuspaltenden Wasserstoffatom enthält

Kar|bo|nyl vgl. Carbonyl

Kar|bo|rund *das; -[e]s* u. Carborundum ® *das; -s* ⟨Kunstw. aus *lat.* carbo „Kohle" u. ↑Korund⟩: ein Schleifmittel

kar|bo|zy|k|lisch, chem. fachspr.: carbocyclisch [auch: ...'tsyk...]: Kohlenstoffringe enthaltend

Kar|bun|kel *der; -s, -* ⟨*lat.*⟩: (Med.) Ansammlung dicht beieinander liegender ↑Furunkel

kar|bu|rie|ren ⟨*lat.-nlat.*⟩: die Leuchtkraft von Gasgemischen durch Zusatz von Ölgas heraufsetzen

Kar|da|mom *der* od. *das; -s, -e[n]* ⟨*gr.-lat.*⟩: reife Samen indischer u. afrikanischer Ingwergewächse, die als Gewürz verwendet werden

Kar|dan|an|trieb *der; -s* ⟨nach dem ital. Erfinder Cardano, † 1576⟩: Antrieb über ein Kardangelenk

Kar|dan|gelenk *das; -s, -e:* Verbindungsstück zweier Wellen, das durch wechselnde Knickung Kraftübertragung unter einem Winkel gestattet

kar|da|nisch: in den Fügungen **kardanische Aufhängung:** nach allen Seiten drehbare Aufhängung für Lampen, Kompasse u. a., die ein Schwanken der aufgehängten Körper ausschließt; **kardanische Formel:** (Math.) mathematischer Ausdruck zur Lösung kubischer Gleichungen

Kar|dan|wel|le *die; -, -n:* Antriebswelle mit Kardangelenk für Kraftfahrzeuge

Kar|dät|sche *die; -, -n* ⟨*lat.-vulgärlat.-it.*⟩: 1. grobe Pferdebürste. 2. (Weberei veraltet) Wollkamm. **kar|dät|schen:** (Pferde) striegeln

Kar|de *die; -, -n* ⟨*lat.-vulgärlat.*⟩: 1. (Spinnerei) Maschine zum Auflösen von Faserbüscheln u. -flocken. 2. eine distelähnliche, krautige Pflanze mit scharf zugespitzten Spreublättern

Kar|deel *das; -s, -e* ⟨*gr.-lat.-fr.-niederl.*⟩: (Seemannsspr.) Strang eines starken Taus, einer Trosse

kar|den u. kardieren ⟨*lat.-nlat.*⟩: rauen, kämmen (von Wolle)

kar|di..., **Kar|di...** vgl. kardio...,

Kardio

Kar|dia *die; -* ⟨*gr.*⟩: (Med.) 1. Herz. 2. Magenmund

Kar|di|a|kum *das; -s, ...ka* ⟨*gr.-nlat.*⟩: (Med.) herzstärkendes Arzneimittel

kar|di|al: (Med.) das Herz betreffend, von ihm ausgehend

Kar|di|al|gie *die; -, ...ien* ⟨*gr.*⟩: (Med.) 1. Schmerzen im Bereich des Herzens. 2. ↑Kardiospasmus

kar|die|ren vgl. karden

Kar|di|nal ⟨*lat.-mlat.*⟩: grundlegend, hauptsächlich

Kar|di|nal *der; -s, ...näle:* 1. (kath. Rel.) höchster katholischer Würdenträger nach dem Papst. 2. zu den ↑Tangaren gehörender, häufig als Stubenvogel gehaltener Singvogel. 3. eine Art ↑Bowle, meist mit Pomeranzen[schalen] angesetzt

Kar|di|nal|lat *das; -[e]s, -e:* Amt u. Würde eines Kardinals (1)

Kar|di|na|le *die; -s, ...lia:* (veraltet) Kardinalzahl

Kar|di|nal|pro|tek|tor *der; -s, -en:* mit der geistlichen Schutzherrschaft über einen Orden od. eine katholische Einrichtung beauftragter Kardinal (1)

Kar|di|nal|punkt *der; -[e]s, -e:* 1. Hauptpunkt. 2. (nur Plural; Biol.) durch Temperatur, Nährstoffangebot u. a. bestimmtes Minimum, Maximum u. Optimum von Stoffwechsel, Wachstum o. Ä. von Organismen

Kar|di|nals|kol|le|gi|um *das; -s, ...ien:* Körperschaft der katholischen Kardinäle

Kar|di|nals|kon|gre|ga|ti|on *die; -:* ↑Kurienkongregation

Kar|di|nal|staats|se|kre|tär *der; -s,* -e: erster Berater des Papstes, bes. in politischen Fragen

Kar|di|nal|tu|gend *die; -, -en* (meist Plural): eine der vier wichtigsten Tugenden der christlichen Sittenlehre u. der philosophischen Ethik (Weisheit, Gerechtigkeit, Besonnenheit, Tapferkeit).

Kar|di|nal|vi|kar *der; -s, -e:* Stellvertreter des Papstes als Bischof von Rom

Kar|di|nal|zahl *die; -, -en:* Grundzahl, ganze Zahl (z. B. zwei, zehn)

Kar|di|nal|zei|chen *das; -s, -:* wichtiges Zeichen innerhalb eines bestimmten Zeichensystems (z. B. innerhalb der Tierkreiszeichen)

kar|di|lo..., **Kar|di|o...**

vor Vokalen gelegentlich kardi..., Kardi...

⟨zu *gr.* kardía „Herz; Seele"⟩ Wortbildungselement mit der Bedeutung „Herz":

– Kardialgie

– Kardiogramm

– kardiologisch

Kar|di|o|gramm *das; -s, -e* ⟨*gr.-nlat.*⟩: (Med.) 1. ↑Elektrokardiogramm. 2. grafische Darstellung der Herzbewegungen

Kar|di|o|graph, auch: ...graf *der; -en, -en:* (Med.) 1. Elektrokardiograph. 2. Gerät zur Aufzeichnung eines Kardiogramms (2). **Kar|di|o|gra|phie,** auch ...grafie *die; -, ...ien:* 1. ↑Elektrokardiographie. 2. Verfahren, die Aktionsströme des Herzens grafisch darzustellen

Kar|di|o|i|de *die; -, -n:* (Math.) eine Form der ↑Epizykloide (Herzlinie)

Kar|di|o|lo|ge *der; -n, -n:* (Med.) Facharzt auf dem Gebiet der Kardiologie; Herzspezialist. **Kar|di|o|lo|gie** *die; -:* (Med.) Teilgebiet der Medizin, das sich mit der Funktion u. den Erkrankungen des Herzens befasst. **Kar|di|o|lo|gin** *die; -, -nen:* weibliche Form zu ↑Kardiologe

Kar|di|o|ly|se *die; -, -n:* (Med.) operative Ablösung der knöchernen Brustwand bei Herzbeutelverwachsungen

Kar|di|o|me|ga|lie *die; -, ...ien:* (Med.) Herzvergrößerung

Kar|di|o|pa|thie *die; -, ...ien:* (Med.) Herzleiden, Herzerkrankung

Kar|di|o|ple|gie *die; -, ...ien:* (Med.) 1. plötzliche Herzlähmung, Herzschlag. 2. künstliche Ruhigstellung des Herzens für Herzoperationen

Kar|di|o|p|to|se *die; -, -n:* (Med.) Senkung des Herzens ohne krankhaften organischen Befund (Wanderherz)

Kar|di|o|spas|mus *der; -, ...men:* (Med.) Krampf der Mageneingangsmuskulatur

Kar|di|o|thy|mie *die; -, ...ien:* (Med.) funktionelle Herzstörung ohne organische Veränderung des Herzens (Herzneurose)

Kar|di|o|to|ko|graph, auch: ...graf *der; -en, -en:* (Med.) Gerät zum ↑ Registrieren (1 b) der kindlichen Herztöne u. der Wehen während des Geburtsvorgangs

kar|di|o|vas|ku|lär ⟨*gr.; lat.-nlat.*⟩: (Med.) Herz u. Gefäße betreffend

Kar|di|tis *die; -, ...iti|den:* (Med.) Entzündung des Herzens

Kar|do|ne *die; -, -n* ⟨*lat.-spätlat.-it.*⟩: (als Gemüse angebaute) der ↑ Artischocke ähnliche Pflanze, deren Blattstiele u. Rippen gegessen werden

Ka|renz *die; -, -en* ⟨*lat.;* „Nichthaben, Entbehren"⟩: 1. Karenzzeit. 2. (Med.) Enthaltsamkeit, Verzicht (z. B. auf bestimmte Nahrungsmittel)

Ka|renz|jahr *das; -[e]s, -e:* (kath. Kirchenrecht) Jahr, in dem ein neuer Pfründeninhaber auf seine Einkünfte ganz od. teilweise verzichten muss

Ka|renz|zeit *die; -, -en:* Wartezeit, Sperrfrist, bes. in der Krankenversicherung

ka|res|sie|ren ⟨*lat.-it.-fr.*⟩: (veraltet, aber noch landsch.) a) liebkosen, schmeicheln; b) eine [geheime] Liebschaft haben

Ka|ret|te u. **Ka|rett|schild|krö|te** *die; -, -n* ⟨*span.-fr.*⟩: eine Meeresschildkröte

Ka|rez|za *die; -* ⟨*lat.-it.*⟩: ↑ Koitus, bei dem Orgasmus u. Samenerguss vermieden werden

Kar|fi|ol *der; -s* ⟨*lat.*⟩: (südd., österr.) Blumenkohl

Kar|fun|kel *der; -s, -* ⟨*lat.*⟩: 1. feurig roter Edelstein (z. B. ↑ ¹Granat, ↑ Rubin). 2. ↑ Karbunkel

Kar|ga|deur [...'dø:ɐ̯] ⟨*gall.-lat.-vulgärlat.-span.-fr.*⟩ u. **Kar|ga|dor** ⟨*gall.-lat.-vulgärlat.-span.*⟩ *der; -s, -e:* Begleiter einer Schiffsladung, der den Transport der Ladung bis zur Übergabe an den Empfänger zu überwachen hat

Kar|go, auch: Cargo *der; -s, -s* ⟨*gall.-lat.-vulgärlat.-span.*⟩: Fracht, Ladung eines Flugzeugs, Lkws, Schiffs o. Ä.

Ka|ri|bu *das* od. *der; -s, -s* ⟨*indian.-fr.*⟩: nordamerikanisches Ren

ka|rie|ren ⟨*lat.-fr.*⟩: mit Würfelzeichnung mustern, kästeln.

ka|riert: 1. gewürfelt, gekästelt. 2. (ugs. abwertend) wirr, ohne erkennbaren Sinn

Ka|ri|es *die; -* ⟨*lat.;* „Morschheit, Fäulnis"⟩: 1. (Zahnmed.) akuter od. chronischer Zerfall der harten Substanz der Zähne; Zahnkaries. 2. (Med.) entzündliche Erkrankung des Knochens mit Zerstörung von Knochengewebe, bes. bei Knochentuberkulose

Ka|ri|es|pro|phy|la|xe *die; -, -n:* (Med.) vorbeugende Maßnahme zur Verhinderung von Karies

ka|ri|ka|tiv ⟨*gall.-lat.-vulgärlat.-it.*⟩: in der Art einer Karikatur, verzerrt komisch

Ka|ri|ka|tur *die; -, -en* ⟨*it.;* „Überladung"⟩: 1. a) komisch übertreibende Zeichnung o. Ä., die eine Person, eine Sache od. ein Ereignis durch humoristische od. satirische Hervorhebung u. Überbetonung bestimmter charakteristischer Merkmale der Lächerlichkeit preisgibt; b) das Karikieren; Kunst der Karikatur (1 a). 2. Zerr-, Spottbild

Ka|ri|ka|tu|rist *der; -en, -en:* Karikaturenzeichner. **Ka|ri|ka|tu|ris|tin** *die; -, -nen:* weibliche Form zu ↑ Karikaturist. **ka|ri|ka|tu|ris|tisch:** in der Art einer Karikatur

ka|ri|kie|ren: verzerren, zur Karikatur machen, als Karikatur darstellen

Ka|rinth vgl. Karn

ka|ri|o|gen ⟨*lat.; gr.*⟩: (Med.) Karies hervorrufend

ka|ri|ös ⟨*lat.*⟩: (Med.) von ↑ Karies befallen

Ka|ri|tas *die; -* ⟨*lat.*⟩: [christliche] Nächstenliebe, Wohltätigkeit; vgl. Fides, Caritas. **ka|ri|ta|tiv**

⟨*lat.-nlat.*⟩: von Nächstenliebe bestimmt, mildtätig

kar|jo|len vgl. karriolen

Kar|kas|se *die; -, -n* ⟨*fr.;* „Gerippe"⟩: 1. (früher) Geschoss mit einem Gerippe aus Eisenringen u. brennbarer Füllung zum Beschießen von Häusern. 2. Unterbau [eines Gummireifens]. 3. (Gastr.) Rumpf von Geflügel, Wild, Fisch

Kar|list *der; -en, -en:* Anhänger einer ehemaligen spanischen Partei (seit 1833), die in den so genannten Karlistenkriegen die Thronansprüche der drei Prätendenten mit Namen Carlos verfocht

Kar|ma *das; -s* ⟨*sanskr.*⟩: (Rel.) im Buddhismus das die Form der Wiedergeburten eines Menschen bestimmende Handeln bzw. das durch ein früheres Handeln bedingte gegenwärtige Schicksal

Kar|ma|mar|ga *der; -s:* im ↑ Hinduismus der „Weg der Tat" zur glücklichen Wiedergeburt nach dem Tode

Kar|man *das; -s:* ↑ Karma

Kar|me|lit *der; -en, -en* u. **Kar|me|li|ter** *der; -s, -* ⟨nach dem Berg Karmel im Norden Israels⟩: Angehöriger eines katholischen Mönchsordens

Kar|me|li|ter|geist *der; -[e]s, -er:* ein Heilkräuterdestillat

Kar|me|li|tin u. **Kar|me|li|te|rin** *die; -, -nen:* Angehörige des weiblichen Zweiges der Karmeliten

Kar|men vgl. Carmen

Kar|me|sin ⟨*pers.-arab.-roman.*⟩ u. **Kar|min** ⟨*fr.*⟩ *das; -s:* roter Farbstoff

kar|mi|na|tiv ⟨*lat.-nlat.*⟩: (Med.) blähungstreibend

Kar|mi|na|ti|vum *das; -s, ...va:* (Med.) Mittel gegen Blähungen aus pflanzlichen Stoffen

kar|mo|sie|ren ⟨*arab.*⟩: einen Edelstein mit weiteren kleinen Steinen umranden

Karn u. Karinth *das; -s* ⟨nach dem nlat. Namen Carinthia für Kärnten⟩: (Geol.) eine Stufe der alpinen ↑ Trias (1)

Kar|nal|lit [auch: ...'lit] *der; -s* ⟨*nlat.*, nach dem dt. Oberbergrat R. v. Carnall, 1804–1874⟩: ein Mineral

Kar|nat *das; -[e]s* u. **Kar|na|ti|on** *die; -:* vgl. Inkarnat

Kar|nau|ba|wachs *das; -es ⟨indi-an.-port.; dt.⟩:* wertvolles Pflanzenwachs einer brasilianischen Palme (das für Kerzen, Bohnerwachs u. a. verwendet wird)

Kar|ne|ol *der; -s, -e ⟨lat.-it.⟩:* ein Schmuckstein

Kar|ne|val *der; -s, -e u. -s ⟨it.⟩:* Fastnacht, Fastnachtszeit

Kar|ne|va|list *der; -en, -en:* aktiver Teilnehmer am Karneval, bes. Vortragender (Büttenredner, Sänger usw.) bei Karnevalsveranstaltungen. Kar|ne|va|lis|tin *die; -, -nen:* weibliche Form zu ↑ Karnevalist. kar|ne|va|lis|tisch: den Karneval betreffend

Kar|nies *das; -es, -e ⟨roman.⟩:* (Archit.) Kranzleiste od. Gesims mit s-förmigem Querschnitt

Kar|nie|se u. Karnische *die; -, -n:* (österr.) Vorhangstange

Kar|ni|fi|ka|ti|on *die; - ⟨lat.-nlat.⟩:* (Med.) Umwandlung von entzündlichem Lungengewebe in Bindegewebe anstelle einer normalerweise erfolgenden Rückbildung

kar|nisch: zum Karn gehörend, im Karn entstanden; karnische Stufe: ↑ Karn

Kar|ni|sche vgl. Karniese

kar|ni|vor ⟨lat.⟩: (Biol.) Fleisch fressend (von bestimmten Tieren u. Pflanzen)

¹Kar|ni|vo|re *der; -n, -n:* Fleisch fressendes Tier, vor allem Raubtier

²Kar|ni|vo|re *die; -, -n:* Fleisch fressende Pflanze

Ka|ro *das; -s, -s ⟨lat.-galloroman.-fr.⟩:* 1. Raute, [auf der Spitze stehendes] Viereck. 2. durch ein rotes Karo (1) gekennzeichnete Spielkarte

Ka|ro|schi u. Ka|ro|shi [...ʃi] *der; -[s] ⟨jap.⟩:* Tod durch Überarbeitung (mit dem japanischen Arbeitssystem u. -ethos zusammenhängendes Phänomen)

Ka|ros|se *die; -, -n ⟨gall.-lat.-it.-fr.⟩:* von Pferden gezogener Prunkwagen; Staatskutsche

Ka|ros|se|rie *die; -, ...ien:* Wagenoberbau, -aufbau [von Kraftwagen]

Ka|ros|si|er [...'sje:] *der; -s, -s:* 1. (veraltet) Kutschpferd. 2. Karosseriebauer; Karosserieentwerfer

ka|ros|sie|ren: [ein Auto] mit einer Karosserie versehen

Ka|ro|ti|de vgl. Karotis

Ka|ro|tin, chem. fachspr.: Carotin *das; -s ⟨gr.-lat.-nlat.⟩:* ein [pflanzlicher] Farbstoff als Vorstufe des Vitamins A

Ka|ro|ti|no|id, chem. fachspr.: Carotinoid *das; -[e]s, -e* (meist Plural) ⟨gr.-lat.-nlat.; gr.⟩: in organischen Fetten vorkommender gelbroter Farbstoff

Ka|ro|tis *die; -, ...tiden u. Karotide die; -, -n ⟨gr.⟩:* (Med.) Kopf-, Halsschlagader

Ka|rot|te *die; -, -n ⟨gall.-lat.-fr.-niederl.⟩:* 1. Mohrrübe. 2. (landsch.) Rote Rübe, Rote Bete. 3. Bündel von ausgerippten, gebeizten Tabakblättern

Ka|rot|tie|ren *das; -s ⟨gr.-lat.-fr.⟩:* 1. das Entfernen der Rippen aus den Tabakblättern. 2. eine besondere Art des Verteidigungsspiels beim Billard

Kar|pell *das; -s, -e u.* Kar|pel|lum *das; -s, ...pella ⟨gr.-nlat.⟩:* (Bot.) Fruchtblatt

Kar|pen|ter|brem|se *die; -, -n* ⟨nach dem amerik. Erfinder Carpenter, 1852–1901⟩: eine Druckluftbremse für Eisenbahnzüge

Kar|po|gon *das; -s, -e ⟨gr.-nlat.⟩:* (Bot.) weibliches Geschlechtsorgan der Rotalgen

Kar|po|lith [auch: ...'lit] *der; -s u. -en, -e[n]:* (veraltet) Versteinerung von Früchten u. Samen

Kar|po|lo|gie *die; -:* Teilgebiet der Botanik, das sich mit den Pflanzenfrüchten befasst

Kar|po|pha|ge *der; -n, -n:* ↑ Fruktivore

Kar|po|phor *das; -s, -e:* (Bot.) Fruchtträger auf dem Blütenstiel der Doldenblütler

Kar|po|so|ma *das; -s, ...men u. -ta:* (Bot.) Fruchtkörper

Kar|ra|geen, Kar|ra|gheen *das; -[s]* ⟨nach dem irischen Ort Carragheen⟩: Irländisches Moos (getrocknete Rotalgen, die als Heilmittel verwendet werden)

Kar|ree *das; -s, -s ⟨lat.-fr.⟩:* 1. Viereck. 2. (Gastr.) gebratenes od. gedämpftes Rippenstück vom Kalb, Schwein od. Hammel. 3. eine Schliffform für ↑ ¹Diamanten

Kar|re|te *die; -, -n ⟨gall.-lat.-mlat.-it.⟩:* (landsch., bes. ostmitteld.) schlechter Wagen

Kar|ret|te *die; -, -n:* 1. (schweiz.) Schubkarren; zweirädriger Karren. 2. schmalspuriges, gelände-

gängiges Transport- u. Zugmittel der Gebirgstruppen. 3. zweirädriger, kleiner Einkaufswagen

Kar|ri|e|re *die; -, -n ⟨gall.-lat.-provenzal.-fr.;* „Rennbahn; Laufbahn"⟩: 1. schnellste Gangart des Pferdes. 2. [bedeutende, erfolgreiche] Laufbahn

Kar|ri|e|re|frau *die; -, -en:* Frau, die beruflich eine wichtige Stellung innehat u. auf eine erfolgreiche Laufbahn bedacht ist

Kar|ri|e|ris|mus *der; -:* (abwertend) rücksichtsloses Karrierestreben

Kar|ri|e|rist *der; -en, -en ⟨nlat.⟩:* (abwertend) rücksichtsloser Karrieremacher. Kar|ri|e|ris|tin *die; -, -nen:* weibliche Form zu ↑ Karrierist. kar|ri|e|ris|tisch: nach Art eines Karrieristen

Kar|ri|ol *das; -s, -s u.* Kar|ri|o|le *die; -, -n ⟨gall.-lat.-mlat.-it.-fr.⟩:* 1. leichtes, zweirädriges Fuhrwerk mit Kasten. 2. (veraltet) Briefpostwagen

kar|ri|o|len: 1. (veraltet) mit der Briefpost fahren. 2. (landsch. ugs.) herumfahren, unsinnig fahren

Kar|ru|for|ma|ti|on *die; -* ⟨nach einer Steppenlandschaft in Südafrika⟩: (Geol.) mächtige Schichtenfolge in Südafrika vom Alter der oberen Karbonbis unteren Juraformation

Karst *der; -[e]s, -e* ⟨nach der Hochfläche nordöstlich von Triest⟩: (Geol.) durch die Wirkung von Oberflächen- u. Grundwasser in löslichen Gesteinen (Kalk, Gips) entstehende typische Oberflächenform

Kart *der; -[s], -s ⟨engl.-amerik.⟩:* Kurzform von ↑ Gokart

Kar|tät|sche *die; -, -n ⟨ägypt.-gr.-lat.-it.(-fr.-engl.)⟩:* 1. (hist.) mit Bleikugeln gefülltes Artilleriegeschoss. 2. (Bauw.) ein Brett zum Verreiben des Putzes. kar|tät|schen: 1. mit Kartätschen (1) schießen. 2. den Putz mit der Kartätsche (2) verreiben

Kar|tau|ne *die; -, -n ⟨lat.-it.⟩:* ein schweres Geschütz des 16. u. 17. Jh.s

Kar|tau|se *die; -, -n* ⟨nach dem südfranz. Kloster Chartreuse⟩: Kloster (mit Einzelhäusern) der Kartäusermönche

Kar|täu|ser *der; -s, -:* 1. Angehöriger eines katholischen Einsiedlerordens; Abk.: OCart. 2. (ohne Plural) Kräuterlikör in der Art des ↑ ¹Chartreuse. **Kar|täu|se|rin** *die;* -, -nen: weibliche Form zu ↑ Kartäuser (1)

Kar|tell *das;* -s, -e ⟨*ägypt.-gr.-lat.-it.-fr.*⟩: 1. Zusammenschluss von wirtschaftlichen Unternehmen (die rechtlich u. wirtschaftlich weitgehend selbstständig bleiben). 2. Zusammenschluss von studentischen Verbindungen mit gleicher Zielsetzung. 3. befristetes Bündnis mehrerer Parteien [im Wahlkampf].

kar|tel|lie|ren: in Kartellen zusammenfassen

Kar|tell|trä|ger *der;* -s, -: (hist.) Überbringer einer Herausforderung zum ↑ Duell mit Waffen

kar|te|si|a|nisch u. kartesisch ⟨*nlat.;* nach dem latinisierten Namen des franz. Philosophen Descartes „Cartesius“)⟩: von Cartesius eingeführt, nach ihm benannt

Kar|te|si|a|nis|mus *der;* -: die Philosophie von Descartes u. seinen Nachfolgern, die durch Selbstgewissheit des Bewusstseins, Leib-Seele-Dualismus u. mathematischen Rationalismus gekennzeichnet ist. **kar|te|sisch:** ↑ kartesianisch

Kar|tha|min *das;* -s ⟨*arab.-nlat.*⟩: roter Farbstoff, der aus der Färberdistel gewonnen wird

kar|tie|ren ⟨*ägypt.-gr.-lat.-fr.*⟩: 1. (Geogr.) auf einer Karte darstellen (ein umgrenztes Gebiet o. Ä.). 2. in eine Kartei einordnen

kar|ti|la|gi|när ⟨*lat.*⟩: (Med.) knorpelig

Kar|ting *das;* -s ⟨*engl.-amerik.*⟩: das Ausüben des Gokartsports

Kar|to|graf usw. vgl. Kartograph usw.

Kar|to|gramm *das;* -s, -e ⟨*ägypt.-gr.-lat.-fr.; gr.*⟩: (Geogr.) Darstellung ↑ statistischer Daten auf Landkarten

Kar|to|graph, auch: ...graf *der;* -en, -en: Zeichner od. wissenschaftlicher Bearbeiter einer Landkarte. **Kar|to|gra|phie,** auch: ...grafie *die;* -: Wissenschaft u. Technik von der Herstellung von Land- u. Seekarten. **kar|to|gra|phie|ren,** auch:

...grafieren: auf Karten aufnehmen, kartographisch darstellen. **Kar|to|gra|phin,** auch: ...grafin *die;* -, -nen: weibliche Form zu ↑ Kartograph. **kar|to|gra|phisch,** auch: ...grafisch: die Kartographie betreffend

Kar|to|man|tie *die;* -: das Kartenlegen

Kar|to|me|ter *das;* -s, -: Kurvenmesser. **Kar|to|me|t|rie** *die;* -: das Übertragen geometrischer Größen (Längen, Flächen, Winkel) auf Karten. **kar|to|me|t|risch:** die Kartometrie betreffend

Kar|ton [...'tõ:, ...'tɔŋ, auch, bes. südd., österr. u. schweiz.: ...'to:n] *der;* -s, -s u. (bei nicht nasalierter Aussprache): -e (aber: 5 - Seife) ⟨*ägypt.-gr.-lat.-it.-fr.*⟩: 1. [leichte] Pappe, Steifpapier. 2. Schachtel aus [leichter] Pappe. 3. Vorzeichnung zu einem [Wand]gemälde. 4. Ersatzblatt, das nachträglich für ein fehlerhaftes Blatt in ein Buch eingefügt wird

Kar|to|na|ge [...'naːʒə] *die;* -, -n: 1. Pappverpackung. 2. Einbandart, bei der Deckel u. Rücken eines Buches nur aus starkem Karton bestehen

kar|to|nie|ren: [ein Buch] in Pappe [leicht] einbinden, steif heften. **kar|to|niert:** in Karton geheftet; Abk.: kart.

Kar|to|thek *die;* -, -en ⟨*ägypt.-lat.-fr.; gr.*⟩: Kartei, Zettelkasten

Kar|tu|sche *die;* -, -n ⟨*ägypt.-gr.-lat.-it.-fr.*⟩: 1. (Kunstwiss.; bes. in der Architektur, der Grafik, dem Kunstgewerbe der Renaissance u. des Barocks) aus einer schildartigen Fläche (zur Aufnahme von Inschriften, Wappen, ↑ Initialen o. Ä.) u. einem ornamental geschmückten Rahmen bestehende Verzierung. 2. Metallhülse für die Pulverladung, Hülse mit Pulver als Treibladung von Artilleriegeschossen. 3. Patronentasche berittener Truppen

Ka|ru|be *die;* -, -n ⟨*arab.-mlat.-fr.*⟩: Johannisbrot

Ka|run|kel *die;* -, -n ⟨*lat.;* „Stückchen Fleisch“⟩: (Med.) von der Haut od. Schleimhaut ausgehende kleine Warze aus gefäßreichem Bindegewebe

Ka|rus|sell *das;* -s, -s u. -e ⟨*it.-fr.*⟩: auf Jahrmärkten od. Volksfes-

ten aufgestellte, sich im Kreis drehende große, runde Bahn mit verschiedenartigen Aufbauten, auf denen Personen, bes. Kinder, im Kreis herumfahren können

Ka|ry|a|ti|de *die;* -, -n ⟨*gr.-lat.*⟩: weibliche Statue mit langem Gewand, die anstelle einer Säule das Gebälk eines Bauwerks trägt (in der Architektur der Antike); vgl. Atlant

Ka|ry|o|gal|mie *die;* -, ...ien ⟨*gr.-nlat.*⟩: (Biol.) Verschmelzung zweier Zellkerne

Ka|ry|o|ki|ne|se *die;* -, -n: ↑ Mitose. **ka|ry|o|ki|ne|tisch:** ↑ mitotisch

Ka|ry|o|lo|gie *die;* -: (Biol.) Wissenschaft vom Zellkern, bes. der in ihm enthaltenen ↑ Chromosomen

Ka|ry|o|lym|phe *die;* -, -n: (Biol.) Grundsubstanz des Zellkerns, Kernsaft

Ka|ry|o|ly|se *die;* -, -n: 1. (Biol.) scheinbares Verschwinden des Zellkerns bei der Kernteilung. 2. (Biol.) Auflösung des Zellkerns (z. B. nach dem Absterben der Zelle)

ka|ry|o|phag: (Med.) den Zellkern zerstörend

Ka|ry|o|plas|ma *das;* -s: (Biol.) Kernplasma

Ka|ry|op|se *die;* -, -n: (Bot.) Frucht der Gräser

Kar|zer *der;* -s, - ⟨*lat.*⟩: (hist.) 1. Arrestraum in Universitäten u. Gymnasien. 2. (ohne Plural) Haftstrafe an Universitäten u. Gymnasien; Arrest

---

kar|zi|no..., Kar|zi|no...

⟨zu *gr.* karkínos „Krebs“⟩ Wortbildungselement mit der Bedeutung „krebsartig, den Krebs (als Krankheit) betreffend“:
– karzinogen
– Karzinologe
– Karzinophobie
Die gleiche Bedeutung hat **kan-zero..., Kanzero...** (zu *lat.* cancer „Krebs; Krebsgeschwür“ [verwandt mit *gr.* karkínos]) in Fremdwörtern wie kanzerogen und Kanzerologie

---

kar|zi|no|gen ⟨*gr.-nlat.*⟩: ↑ kanzerogen. **Kar|zi|no|gen** *das;* -s, -e: (Med.) Substanz, Strahlung o. Ä., von der eine Krebs erzeugende Wirkung ausgeht

Kar|zi|no|id *das; -[e]s, -e:* (Med.)
1. gutartige Schleimhautge-
schwulst im Magen-Darm-Be-
reich. 2. ↑ abortiver Hautkrebs
Kar|zi|no|lo|ge *der; -n, -n:* (Med.)
Spezialist für Krebskrankhei-
ten; Krebsforscher. **Kar|zi|no|lo-
gie** *die; -:* 1. (Med.) Wissenschaft von den Krebserkran-
kungen, ihrer Entstehung, Bekämpfung u. Behandlung.
2. (Zool.) Lehre von den Kreb-
sen. **Kar|zi|no|lo|gin** *die; -, -nen:*
weibliche Form zu ↑ Karzino-
loge. **kar|zi|no|lo|gisch:** (Med.)
die Karzinologie betreffend
Kar|zi|nom *das; -s, -e ⟨gr.-lat.⟩:*
bösartige Krebsgeschwulst;
Krebs (Abk.: Ca.). **kar|zi|no|ma-
tös** *⟨gr.-lat.-nlat.⟩:* (Med.) krebsartig, von Krebs befallen
Kar|zi|no|pho|bie *die; -, ...ien:*
krankhafte Angst, an Krebs zu
erkranken bzw. erkrankt zu sein
Kar|zi|no|sar|kom *das; -s, -e:*
(Med.) Geschwulst aus karzino-
matösem u. sarkomatösem Gewebe
Kar|zi|no|se *die; -, -n ⟨gr.-nlat.⟩:*
(Med.) über den ganzen Körper
verbreitete Krebsbildung
Ka|sach u. Kasak *der; -[s], -s*
⟨nach dem mittelasiatischen
Nomadenvolk der Kasachen⟩:
handgeknüpfter kaukasischer
Gebrauchsteppich mit fast ausschließlich geometrischen
Musterformen
Ka|sack *der; -s, -s ⟨fr.⟩:* dreiviertel-
lange Damenbluse, die über
Rock od. langer Hose getragen
wird
Ka|sak vgl. Kasach
Ka|salt|schok *der; -s, -s ⟨russ.⟩:* ein
russischer Volkstanz
Kas|ba[h] *die; -, -s od. Ksabi*
⟨arab.⟩: 1. Sultanschloss in Ma-
rokko. 2. arabisches Viertel in
nordafrikanischen Städten
Kasch *der; -s u.* **Ka|scha** *die; -*
⟨russ.⟩: [Buchweizen]grütze
Käsch *das; -[s], -[s] od. -e* ⟨Her-
kunft unsicher⟩: ostasiatische,
bes. chinesische Nichtedelme-
tallmünze
Ka|schan vgl. Keschan
Ka|schel|lott *der; -s, -e ⟨port.-fr.⟩:*
Pottwal
Ka|schem|me *die; -, -n ⟨Zigeu-
nerspr.⟩:* (abwertend) zweifel-
haftes, schlechtes Lokal mit
fragwürdigen Gästen
Ka|scheur [...ˈʃøːɐ̯] *der; -s, -e ⟨lat.-*
galloroman.-fr.⟩: (Theat.) jmd.,
der plastische Teile der Büh-
nendekoration (mithilfe von
Holz, Pappe, Gips o. Ä.) her-
stellt (Berufsbez.). **Ka|scheu|rin**
[...ˈʃørɪn] *die; -, -nen:* weibliche
Form zu ↑ Kascheur
ka|schie|ren: 1. so darstellen, ver-
ändern, dass eine positivere
Wirkung erzielt wird, be-
stimmte Mängel nicht erkennbar, nicht sichtbar werden; ver-
hüllen, verbergen, verheimli-
chen. 2. (Theat.) plastische
Teile mithilfe von Leinwand,
Papier u. Leim od. Gips herstellen. 3. (Druckw.) [Buchein-
band]pappe mit buntem od.
bedrucktem Papier überkleben.
4. zwei Gewebe mithilfe eines
Klebstoffs miteinander verbinden
Ka|schi|ri *die; - ⟨indian.⟩:* aus den
Wurzelknollen des ↑ Manioks
gewonnenes berauschendes
Getränk der Indianer
Kasch|mir *der; -s, -e ⟨fr.; nach der*
Himalajalandschaft⟩: feines
Kammgarngewebe in Köper-
od. Atlasbindung (eine Webart)
Ka|schol|long *der; -s, -s ⟨mong.-fr.⟩:*
ein Halbedelstein (Abart des
↑ Opals 1)
Ka|schott vgl. Cachot
Ka|schu|be *der; -n, -n ⟨nach einem*
westslawischen Volksstamm⟩:
(landsch.) bäurischer Mensch,
Hinterwäldler
Ka|schur|pa|pier *das; -s ⟨lat.-gallo-
roman.-fr.; gr.-lat.⟩:* Schmuckpa-
pier zum Überkleben von
Pappe, Karton usw.
Ka|se|in, chem. fachspr.: Casein
das; -s ⟨lat.-nlat.⟩: wichtigster
Eiweißbestandteil der Milch
Ka|sel *die; -, -n, auch: Casula die; -,
...lae* [...lɛ] *⟨lat.-mlat.⟩:* seidenes
Messgewand, das über den anderen Gewändern zu tragen ist
Ka|se|mat|te *die; -, -n ⟨gr.-mgr.-
it.-fr.⟩:* 1. (Milit.) gegen feindli-
chen Beschuss gesicherter
Raum in Festungen. 2. durch
Panzerwände geschützter Ge-
schützraum eines Kriegsschiffes
ka|se|mat|tie|ren: (veraltet) [eine
Festung, ein Schiff] mit Kase-
matten versehen
Ka|ser|ne *die; -, -n ⟨lat.-vulgärlat.-
provenz.-fr.⟩:* Gebäude zur
ortsfesten u. ständigen Unterbringung von Soldaten, einer
militärischen Einheit; Trup-
penunterkunft in Friedenszeiten
Ka|ser|ne|ment [...ˈmãː] *das; -s, -s*
⟨fr.⟩: 1. Gesamtheit der zum Bereich einer Kaserne gehörenden
Gebäude. 2. (veraltet) das Ka-
sernieren
ka|ser|nie|ren: [Truppen] in Ka-
sernen unterbringen
Ka|sha ® [ˈkaʃa] *der; -[s], -s*
⟨wahrscheinlich eine verstüm-
melte Wortbildung aus Kasch-
mir⟩: weicher, dem ↑ Kaschmir
ähnlicher Kleiderstoff
Ka|si|no u. Casino *das; -s, -s*
⟨lat.-it.⟩: 1. Gebäude mit Räumen
für gesellige Zusammenkünfte.
2. Speiseraum in bestimmten
Betrieben. 3. Spielkasino
Kas|ka|de *die; -, -n ⟨lat.-vulgärlat.-
it.-fr.⟩:* 1. [künstlicher] stufen-
förmiger Wasserfall. 2. wagemu-
tiger Sprung in der Artistik
(z. B. Salto mortale). 3. Anordnung hintereinander geschalte-
ter, gleichartiger Gefäße (in der
chemischen Technik). 4. ↑ Kas-
kadenschaltung
Kas|ka|den|bat|te|rie *die; -, -n:*
hintereinander geschaltete Bat-
terien, die bes. für ↑ Kondensatoren verwendet werden
Kas|ka|den|ge|ne|ra|tor *der; -s,
-en:* (Elektrot.) Gerät zur Erzeugung elektrischer Hoch-
spannung durch eine Reihenschaltung von ↑ Kondensatoren
(1) u. Gleichrichtern
Kas|ka|den|schal|tung *die; -, -en:*
(Elektrot.) Reihenschaltung
gleich gearteter Teile, z. B. ↑ Ge-
neratoren
Kas|ka|deur [...ˈdøːɐ̯] *der; -s, -e:*
Artist, der eine Kaskade (2)
ausführt. **Kas|ka|deu|rin** [...ˈdø-
rɪn] *die; -, -nen:* weibliche Form
zu ↑ Kaskadeur
Kas|ka|rill|rin|de *die; - ⟨span.; dt.⟩:*
ein (angenehm riechendes)
westindisches Gewürz
Kas|kett *das; -s, -e ⟨lat.-vulgärlat.-
span.-fr.⟩:* (veraltet) einfacher
Visierhelm, leichter Lederhelm
¹Kas|ko *der; -s, -s ⟨lat.-vulgärlat.-
span.⟩:* 1. Schiffsrumpf. 2. Fahrzeug (im Unterschied zur Ladung). 3. Spielart des ↑ Lombers
²Kas|ko *der; -s, -s:* Kurzform von
↑ Kaskoversicherung
Kas|ko|ver|si|che|rung *die; -, -en:*
Versicherung gegen Schäden an
Beförderungsmitteln des Versi-
cherungsnehmers

Kas|sa *die; -, ...ssen ⟨lat.-it.⟩:* (österr.) Kasse; vgl. per cassa

Kas|sa|ge|schäft *das; -s, -e:* Geschäft, das sofort od. kurzfristig erfüllt werden soll (bes. im Börsenverkehr)

Kas|sa|kurs *der; -es, -e:* Kurs der ↑ bonem gehandelten Wertpapiere an der Börse

Kas|san|d|ra *die; -, ...dren ⟨nach der Seherin Kassandra in der griech. Sage⟩:* weibliche Person, die gegenüber etwas Bevorstehendem eine pessimistische Grundhaltung zeigt u. davor warnt

Kas|san|d|ra|ruf *der; -[e]s, -e:* Unheil kündende Warnung

¹Kas|sa|ti|on *die; -, -en ⟨lat.-nlat.⟩:* 1. Ungültigkeitserklärung (von Urkunden). 2. Aufhebung eines Gerichtsurteils durch die nächsthöhere Instanz. 3. (veraltet) bedingungslose Entlassung aus dem Militärdienst od. aus dem Beamtenverhältnis; vgl. ...ation/...ierung

²Kas|sa|ti|on *die; -, -en ⟨Herkunft unsicher⟩:* mehrsätziges Tonwerk für mehrere Instrumente in der Musik des 18. Jh.s

Kas|sa|ti|ons|hof *der; -[e]s, ...höfe:* oberster Gerichtshof in manchen Ländern (z. B. Belgien, Frankreich)

kas|sa|to|risch: die ↑ ¹Kassation betreffend; **kassatorische Klausel:** a) (Rechtsw.) Vertragsklausel, die das Recht des Gläubigers, vom Vertrag zurückzutreten, für den Fall gewährleistet, dass der Schuldner seine Verbindlichkeit nicht erfüllt; b) die Vereinbarung der Fälligkeit der Gesamtschuld bei teilweisem Verzug (z. B. bei Teilzahlungsgeschäften)

Kas|sa|ve *die; -, -n,* **Kas|sa|wa** *die; -, -s ⟨indian.-span.⟩:* ↑ Maniok

Kas|sa|zah|lung *die; -, -en ⟨lat.-it.; dt.⟩:* Barzahlung

Kas|se *die; -, -n ⟨lat.-it.⟩:* 1. verschließbarer Behälter zur Aufbewahrung von Geld. 2. (ohne Plural) zur Verfügung stehendes Geld, Bargeld. 3. Zahlungsraum, Bankschalter, an dem Geld aus- od. einbezahlt wird. 4. (ugs.) a) kurz für Sparkasse; b) kurz für Krankenkasse; vgl. Kassa

Kas|se|rol|le *die; -, -n ⟨vulgärlat.-provenzal.-fr.⟩:* flacher Topf mit Stiel od. Henkel zum Kochen u. Schmoren

Kas|set|te *die; -, -n ⟨lat.-it.-fr.⟩:* 1. verschließbares Holz- od. Metallkästchen zur Aufbewahrung von Geld u. Wertsachen. 2. flache, feste Schutzhülle für Bücher, Schallplatten o. Ä. 3. (Fotogr.) lichtundurchlässiger Behälter in einem Fotoapparat od. in einer Kamera, in den der Film od. die Fotoplatte eingelegt wird. 4. (Archit.) vertieftes Feld [in der Zimmerdecke]. 5. Magnetband u. zwei kleine Spulen, die fest in ein kleines, flaches, rechteckiges Gehäuse aus Kunststoff eingebaut sind

Kas|set|ten|deck *das; -s, -s:* Teil einer Stereoanlage, mit dem Kassetten (5) bespielt od. abgespielt werden können

Kas|set|ten|de|cke *die; -, -n:* in Kassetten (4) aufgeteilte Zimmerdecke

Kas|set|ten|re|kor|der *der; -s, -:* Tonbandgerät, bei dem für Aufnahme u. Wiedergabe Kassetten (5) verwendet werden

kas|set|tie|ren: die Decke eines Raums mit Kassetten (4) versehen, täfeln

Kas|sia *die; -, ...ien ⟨semit.-gr.-lat.⟩:* eine Heil- u. Gewürzpflanze

Kas|si|ber *der; -s, - ⟨hebr.-jidd.⟩:* (Gaunerspr.) heimliches Schreiben od. unerlaubte schriftliche Mitteilung eines Häftlings an einen anderen od. an Außenstehende. **kas|si|bern:** einen Kassiber abfassen

Kas|si|da *die; -, -n ⟨arab.⟩:* arabische Gedichtgattung

Kas|sie *[...jə] vgl.* Kassia

Kas|sier *der; -s, -e ⟨lat.-it.⟩:* (österr., schweiz., südd.) ↑ Kassierer

¹kas|sie|ren *⟨lat.-it.⟩:* 1. Geld einnehmen, einziehen, einsammeln. 2. (ugs.) a) etwas an sich nehmen; b) etwas hinnehmen; c) jmdn. gefangen nehmen

²kas|sie|ren *⟨lat.⟩:* a) jmdn. seines Amtes entheben, jmdn. aus seinem Dienst entlassen; b) etwas für ungültig erklären, ein Gerichtsurteil aufheben

Kas|sie|rer *der; -s, - ⟨lat.-it.⟩:* Angestellter eines Unternehmens od. Vereins, der die Kasse führt. **Kas|sie|re|rin** *die; -, -nen:* weibliche Form zu ↑ Kassierer

Kas|sie|rung *die; -, -en:* 1. ↑ ¹Kassation. 2. das Einziehen von Geldbeträgen; vgl. ...ation/...ierung

Kas|si|nett *vgl.* Cassinet

Kas|si|o|pei|um *vgl.* Cassiopeium

Kas|si|te|rit *[auch: ...'rɪt] der; -s,-e ⟨gr.-nlat.⟩:* Zinnerz

Kas|tag|net|te *[...tan'jɛtə] die; -, -n ⟨gr.-lat.-span.(-fr.)⟩:* kleines Rhythmusinstrument aus zwei ausgehöhlten Hartholzschälchen, die durch ein über den Daumen od. die Mittelhand gestreiftes Band gehalten und mit den Fingern gegeneinander geschlagen werden

kas|ta|lisch *⟨nach der griech. Nymphe Kastalia⟩:* in der Fügung **kastalische Quelle:** (bes. in hellenistischer Zeit) Sinnbild für dichterische Begeisterung

Kas|ta|nie *[...jə] die; -, -n ⟨gr.-lat.⟩:* 1. Edelkastanie. 2. Rosskastanie. 3. Frucht von Edel- od. Rosskastanie. 4. (Jägerspr.) Wulst von Haaren an den Hinterläufen des Wildes

Kas|te *die; -, -n ⟨lat.-port.-fr.⟩:* 1. Gruppe innerhalb der hinduistischen Gesellschaftsordnung. 2. (abwertend) sich gegenüber anderen Gruppen streng absondernde Gesellschaftsschicht [deren Angehörige ein übertriebenes Standesbewusstsein pflegen]

Kas|tell *das; -s, -e ⟨lat.⟩:* 1. (hist.) a) altrömische Befestigungsanlage; b) Burg, Schloss. 2. (veraltet) Aufbau auf dem Vorder- und Hinterdeck eines Kriegsschiffes

Kas|tel|lan *der; -s, -e ⟨lat.-mlat.⟩:* 1. (hist.) Burg-, Schlossvogt. 2. Aufsichtsbeamter in Schlössern u. öffentlichen Gebäuden. **Kas|tel|la|nei** *die; -, -nen:* Schlossverwaltung. **Kas|tel|la|nin** *die; -, -nen:* weibliche Form zu ↑ Kastellan (2)

Kas|ti|ga|ti|on *die; -, -en ⟨lat.⟩:* (veraltet) Züchtigung

Kas|ti|ga|tor *der; -s, ...oren:* (hist.) Korrektor in der Frühzeit des Buchdrucks

kas|ti|gie|ren: (veraltet) züchtigen

¹Kas|tor *der; -[s] ⟨gr.-lat.⟩:* weiches, langhaariges, aus hochwertiger Wolle gewebtes Tuch

²Kas|tor *⟨einer der Zwillingsbrüder Kastor und Pollux, Helden der griech. Sage⟩:* in der Wendung **wie Kastor und Pollux sein:** (veraltend) eng befreundet, unzertrennlich sein (von Männern)

Kas|tor|öl das; -[e]s ⟨gr.-lat.; dt.⟩: Handelsbezeichnung für Rizinusöl

Kas|t|rat der; -en, -en ⟨lat.-it.⟩:
1. (veraltet) kastrierter Mann.
2. (Mus.) in der Jugend kastrierter Sänger mit hoher, umfangreicher Sopran- od. Altstimme (im 17. u. 18. Jh.)

Kas|t|ra|ti|on die; -, -en ⟨lat.⟩:
1. Ausschaltung od. Entfernung der Keimdrüsen (Hoden od. Eierstöcke) bei Menschen u. Tieren; Verschneidung; **chemische Kastration**: Ausschaltung des Geschlechtstriebs durch Injektion bestimmter, den Geschlechtstrieb hemmender Präparate. 2. Entfernung der Staubblätter bei Pflanzen (aus züchterischen Gründen)

Kas|t|ra|ti|ons|angst die; -, ...ängste: (Psychol.) in der Kindheit durch den Vergleich zwischen Jungen u. Mädchen auftretende Angst, das Geschlechtsorgan zu verlieren

Kas|t|ra|ti|ons|kom|plex der; -es, -e: (Psychol.) Gesamtheit der Fantasien u. Ängste, die sich um den Begriff der Kastration (1) gruppieren

kas|t|rie|ren: eine Kastration vornehmen; **kastrierte Ausgabe**: (ugs. scherzh.) ↑ Editio castigata

Kas|t|rier|te die; -n, -n: (ugs. scherzh.) Filterzigarette

ka|su|al ⟨lat.⟩: (veraltet) zufällig, nicht voraussehbar

Ka|su|al|li|en die (Plural) („Zufälligkeiten"): 1. (selten) nicht vorhersehbare Ereignisse. 2. geistliche Amtshandlungen aus besonderem Anlass (Taufe, Trauung u. a.)

Ka|su|al|lis|mus der; - ⟨lat.-nlat.⟩: (Philos.) [altgriech.ische] philosophische Lehre, nach der die Welt durch Zufall entstanden ist u. sich zufällig entwickelt hat

Ka|su|ar der; -s, -e ⟨malai.-niederl.⟩: Straußvogel Australiens

Ka|su|a|ri|ne, auch: Casuarina die; -, ...nen ⟨malai.-niederl.-nlat.⟩: Baum od. Strauch Indonesiens u. Australiens mit federartigen Zweigen, der Hartholz u. Gerbrinde liefert

ka|su|ell ⟨lat.-fr.⟩: den Kasus betreffend

Ka|su|ist der; -en, -en ⟨lat.-nlat.⟩:

1. Vertreter der Kasuistik.
2. jmd., der spitzfindig argumentiert; Wortverdreher, Haarspalter

Ka|su|is|tik die; -: 1. Teil der Sittenlehre, der für mögliche Fälle des praktischen Lebens im Voraus anhand eines Systems von Geboten das rechte Verhalten bestimmt (bei den Stoikern u. in der katholischen Moraltheologie). 2. (Rechtsw.) Versuch u. Methode einer Rechtsfindung, die nicht von allgemeinen, umfassenden, sondern spezifischen, für möglichst viele Einzelfälle gesetzlich geregelten Tatbeständen ausgeht. 3. (Med.) Beschreibung von Krankheitsfällen. 4. spitzfindige Argumentation; Wortverdreherei, Haarspalterei

Ka|su|is|tin die; -, -nen: weibliche Form zu ↑ Kasuist

ka|su|is|tisch: 1. Grundsätze bzw. Methoden der Kasuistik (1, 2) befolgend. 2. spitzfindig argumentierend, haarspalterisch

Ka|sus der; -, - [...zu:s] ⟨lat.⟩: 1. Fall, Vorkommnis. 2. (Sprachw.) Fall, Beugungsfall (z. B. Dativ, Akkusativ); vgl. Casus

Ka|sus|gram|ma|tik die; -: (Sprachw.) grammatische Theorie, die die einfachen Satz als eine Verbindung von Verb u. einer od. mehreren Nominalphrasen interpretiert, von denen jede aufgrund bestimmter Relationen zwischen den Kasus an das Verb gebunden ist

Ka|sus|syn|kre|tis|mus der; -: (Sprachw.) Zusammenfall zweier od. mehrerer Fälle (Kasus) in einer Form, z. B. Patienten (Gen., Dat., Akk. Sing. u. in allen Fällen des Plurals)

¹Kat das; -s ⟨arab.⟩: aus den Blättern eines afrikanischen Baums gewonnenes Rauschgift

²Kat der; -s, -s: 1. Kurzform von ↑ Katalysator (2). 2. Kurzform von ↑ Katalysatorauto

Ka|ta das; -[s] ⟨jap.⟩: (Budo) stilisierte Form des Kampfes gegen einen od. mehrere imaginäre Gegner, festgelegte Serie von Techniken

ka|ta|ba|tisch ⟨gr.⟩: (Meteor.) absteigend, abfallend (von Winden); Ggs. ↑ anabatisch

ka|ta|bol ⟨gr.-nlat.⟩: (Biol.; Med.) den Abbaustoffwechsel betref-

fend. **Ka|ta|bo|lie** die; - u. **Ka|ta|bo|lis|mus** der; -: Abbau der Stoffe im Körper durch den Stoffwechsel; Ggs. ↑ Anabolismus

Ka|ta|bo|th|re vgl. Katavothre

Ka|ta|chre|se [...ç...] u. **Ka|ta|chresis** [auch: ...'ta...] die; -, ...chresen ⟨gr.; „Missbrauch"⟩:
1. (Rhet.; Stilk.) verblasste Bildlichkeit, gelöschte ↑ Metapher (z. B. Bein des Tisches).
2. (Rhet.; Stilk.) Bildbruch, d. h. Vermengung von nicht zusammengehörenden ↑ Metaphern (z. B.: Das schlägt dem Fass die Krone ins Gesicht). **ka|ta|chres-tisch**: in Form einer Katachrese

Ka|ta|dyn|ver|fah|ren das; -s ⟨gr.; dt.⟩: Wasserentkeimung mithilfe fein verteilten Silbers

Ka|ta|falk der; -s, -e ⟨(gr.; lat.) vulgärlat.-it.-fr.⟩: schwarz verhängtes Gestell, auf dem der Sarg während der Trauerfeierlichkeit steht

Ka|ta|ka|na das; -[s] od. die; - ⟨jap.⟩: japanische Silbenschrift, die auf bestimmte Anwendungsbereiche begrenzt ist; vgl. Hiragana

Ka|ta|kaus|tik die; - ⟨gr.-nlat.⟩: (Optik) die beim Einfall von parallelem Licht auf einen Hohlspiegel entstehende Brennfläche, die im Idealfall ein Brennpunkt ist. **ka|ta|kaus|tisch**: einbrennend; **katakaustische Fläche**: (Optik) Brennfläche eines Hohlspiegels

Ka|ta|kla|se die; -, -n ⟨gr.⟩: (Geol.) das Zerbrechen u. Zerreiben einzelner Mineralkomponenten eines Gesteins durch ↑ tektonische Kräfte

Ka|ta|klas|struk|tur die; -, -en ⟨gr.; lat.⟩: (Geol.) kataklastische ↑ Struktur (1) eines Gesteins

ka|ta|klas|tisch: die ↑ Kataklase betreffend

Ka|ta|klys|men|the|o|rie die; - ⟨gr.⟩: (Geol.) geologische Theorie, die die Unterschiede der Tier- u. Pflanzenwelt der verschiedenen Erdzeitalter als Folge von Vernichtung u. Neuschöpfung erklärt

Ka|ta|klys|mus der; -, ...men ⟨gr.-lat.⟩: (Geol.) erdgeschichtliche Katastrophe; plötzliche Vernichtung, Zerstörung. **ka|ta|klys-tisch**: den Kataklysmus betreffend; vernichtend, zerstörend

Ka|ta|kom|be *die; -, -n* (meist Plural) ⟨*lat.-it.*⟩: (in frühchristlicher Zeit) unterirdische Anlage zur Beisetzung von Toten

ka|ta|krot ⟨*gr.*⟩: (Med.) mehrgipflig (vom Pulsschlag). **Ka|ta|kro|tie** *die; -*: (Med.) anormale Mehrgipfligkeit des Pulsschlags

Ka ↑|a kus ↑ik *die; - -* ⟨*gr.-nlat.*⟩: Lehre vom ↑ Echo (1)

Ka|ta|la|se *die; -, -n* ⟨*gr.-nlat.*⟩: ↑ Enzym, das das Zellgift Wasserstoffperoxid durch Spaltung in Wasser u. Sauerstoff unschädlich macht

Ka|ta|lek|ten *die* (Plural) ⟨*gr.*⟩: (veraltet) ↑ Fragmente alter Werke

ka|ta|lek|tisch ⟨*gr.-lat.*⟩: (antike Metrik) mit einem unvollständigen Versfuß endend

Ka|ta|lep|sie *die; -, ...ien* ⟨*gr.*⟩: (Med.) Starrkrampf der Muskeln. **ka|ta|lep|tisch** ⟨*gr.-lat.*⟩: von Muskelstarre befallen; **kataleptische Totenstarre:** seltene Art der Totenstarre bereits bei Eintritt des Todes

Ka|ta|le|xe u. **Ka|ta|le|xis** [auch: ...'lɛ] *die; -, ...lexen* ⟨*gr.-lat.*⟩: (antike Metrik) Unvollständigkeit des letzten Versfußes

Ka|ta|log *der; -[e]s, -e* ⟨*gr.-nlat.*⟩: (nach einem bestimmten System angelegtes) Verzeichnis, z. B. für Bücher, für eine Ausstellung. **ka|ta|lo|gi|sie|ren** ⟨*gr.-lat.-nlat.*⟩: a) zu einem Katalog zusammenstellen; b) in einen Katalog aufnehmen

Ka|ta|l|pa u. **Ka|tal|pe** *die; -, ...pen* ⟨*indian.-nlat.*⟩: (Bot.) Zierstrauch mit kastanienähnlichen Blättern; Trompetenbaum

Ka|ta|ly|sa|tor *der; -s, ...oren* ⟨*gr.-nlat.*⟩: 1. (Chem.) Stoff, der durch seine Anwesenheit chemische Reaktionen herbeiführt od. in ihrem Verlauf beeinflusst, selbst aber unverändert bleibt. 2. Vorrichtung in Kraftfahrzeugen, mit deren Hilfe das Abgas von umweltschädlichen Stoffen gereinigt wird

Ka|ta|ly|sa|tor|au|to *das; -s, -s:* mit einem ↑ Katalysator (2) ausgestatteter Pkw

Ka|ta|ly|se *die; -, -n* ⟨*gr.-lat.*⟩: (Chem.) Herbeiführung, Beschleunigung od. Verlangsamung einer Stoffumsetzung durch einen Katalysator. **ka|ta|ly|sie|ren** ⟨*gr.-nlat.*⟩: eine chemische Reaktion durch einen Katalysator herbeiführen, verlangsamen od. beschleunigen. **ka|tally|tisch:** durch eine Katalyse od. einen ↑ Katalysator (1) bewirkt

Ka|ta|lyt|o fen *der; -s, ...öfen* ⟨*gr.; dt.*⟩: kleiner Sicherheitsofen für feuergefährdete Räume (Garagen usw.), in dem Benzin od. Öl katalytisch ohne Flamme verbrannt wird

Ka|ta|ma|ran *der; -s, -e* ⟨*tamil.-engl.*⟩: a) schnelles, offenes Segelboot mit Doppelrumpf; b) Boot mit doppeltem Rumpf

Ka|ta|me|ni|en *die* (Plural) ⟨*gr.*⟩: ↑ Menstruation

Ka|ta|m ne|se *die; -, -n* ⟨*gr.-nlat.*⟩: (Med.) abschließender Krankenbericht eines Arztes

Ka|ta|pha|sie *die; -* ⟨*gr.-nlat.*⟩: (Med.) Sprachstörung mit mechanischer Wiederholung der gleichen Wörter od. Sätze

Ka|ta|p|her *die; -, -n* ⟨*gr.*⟩: Wort, dessen Bezugswort erst an späterer Stelle im Text folgt (z. B. *Er erwachte; Karl hatte schlecht geschlafen*)

Ka|ta|pho|re|se *die; -, -n* ⟨*gr.-nlat.*⟩: ↑ Elektrophorese positiv geladener Teilchen in Richtung der ↑ Kathode

ka|ta|pho|risch: (Rhet.; Stilk.) vorausweisend (von sprachlichen Formen)

Ka|ta|phrakt *der; -en, -en* ⟨*gr.-lat.*⟩: schwer gepanzerter Reiter auf gepanzertem Pferd in den Reiterheeren der Antike

Ka|ta|pla|sie *die; -, ...ien* ⟨*gr.-nlat.*⟩: (Med.) rückläufige Umbildung eines Körpergewebes unter gleichzeitiger Herabsetzung der Differenzierung

Ka|ta|plas|ma *das; -s, ...men* ⟨*gr.-lat.*⟩: (Med.) heißer Breiumschlag zur Schmerzlinderung (bei ↑ Koliken)

Ka|ta|plek|tisch ⟨*gr.*⟩: (Med.) vor Schreck starr, gelähmt. **Kataple|xie** *die; -, ...ien:* (Med.) [mit körperlichem Zusammensinken verbundene] Schrecklähmung; Schreckstarre

Ka|ta|pult *das, auch: der; -[e]s, -e* ⟨*gr.-lat.*⟩: 1. Wurf-, Schleudermaschine im Altertum. 2. gabelförmige Schleuder mit zwei Gummibändern, mit der Kinder Steine o. Ä. schleudern od. schießen. 3. Schleudervorrichtung zum Starten von Flugzeugen; Startschleuder

Ka|ta|pult|flug|zeug *das; -[e]s, -e:* für den Katapultstart geeignetes Flugzeug

ka|ta|pul|tie|ren ⟨*gr.-lat.-nlat.*⟩: [mit einem Katapult] weg-schnellen, [weg]schleudern

¹Ka|ta|rakt *der; -[e]s, -e* ⟨*gr.-lat.*⟩: a) Stromschnelle; b) Wasserfall

²Ka|ta|rakt *die; -, -e:* (Med.) Trübung der Augenlinse; grauer Star

Ka|ta|rak|ta u. Cataracta *die; -, ...ten:* ↑ ²Katarakt

Ka|tarr usw. vgl. Katarrh usw.

Ka|tarrh, auch: Katarr *der; -s, -e* ⟨*gr.-lat.*; eigtl. „Herabfluss"⟩: (Med.) Schleimhautentzündung [der Atmungsorgane] mit meist reichlichen Absonderungen. **ka|tar|rha|lisch**, auch: katarralisch ⟨*gr.-lat.-nlat.*⟩: zum Erscheinungsbild eines Katarrhs gehörend

Ka|ta|s ta|se u. **Ka|ta|s ta|sis** *die; -, ...stasen* ⟨*gr.*⟩: Höhepunkt, Vollendung der Verwicklung vor der ↑ Katastrophe (2) im [antiken] Drama

Ka|tas ter *der* (österr. nur so) od. *das; -s, -* ⟨*it.*⟩: amtliches Grundstücksverzeichnis, das als Unterlage für die Bemessung der Grundsteuer geführt wird

Ka|tas te|ris|mus *der; -* ⟨*gr.-nlat.*⟩: alter Glaube, nach dem Tiere u. Menschen [nach dem Tode] in Sterne verwandelt werden können u. als neues Sternbild am Himmel erscheinen

Ka|tas t ral|ge|mein|de *die; -, -n* ⟨*it.; dt.*⟩: (österr.) in einem Grundbuch zusammengefasste Verwaltungseinheit, Steuergemeinde

Ka|tas t ral|joch *das; -s, -e:* (österr.) ein Feldmaß (= 5 755 m²)

ka|tas t rie|ren ⟨*it.*⟩: in ein ↑ Kataster eintragen

Ka|tas t ro|phal ⟨*gr.-lat.-nlat.*⟩: einer Katastrophe gleichkommend; verhängnisvoll, entsetzlich, furchtbar, schlimm

Ka|tas t ro|phe *die; -, -n* ⟨*gr.-lat.*; „Umkehr, Wendung"⟩: 1. Unglück von großen Ausmaßen u. entsetzlichen Folgen. 2. entscheidende Wendung [zum Schlimmen] als Schlusshandlung im [antiken] Drama

Ka|tas t ro|phen|me|di|zin *die; -:* Einsatz von Ärzten, Geräten

K

usw. im Falle einer [atomaren] Katastrophe

Ka|ta|s|t|ro|phen|the|o|rie *die; -:* 1. Theorie über die Entstehung der Planeten. 2. ↑ Kataklysmentheorie

Ka|ta|s|t|ro|phen|tou|ris|mus *der; -:* (abwertend) das gezielte Anreisen von Schaulustigen bei Unglücksfällen größeren Ausmaßes, Naturkatastrophen u. Ä.

ka|ta|s|t|ro|phisch: unheilvoll, verhängnisvoll

Ka|ta|syl|lo|gis|mus *der; -, ...men* ⟨*gr.-nlat.*⟩: (Logik) Gegenschluss, Gegenbeweis

Ka|ta|ther|mo|me|ter *das; -s, -* ⟨*gr.-nlat.*⟩: Gerät für raumklimatische Messungen

ka|ta|thym ⟨*gr.-nlat.*⟩: (Psychol.; Med.) affektbedingt, wunschbedingt, durch Wahnvorstellungen entstanden. **Ka|ta|thy|mie** *die; -, ...jen:* (Psychol.; Med.) Beeinflussung des Denkens, Wahrnehmens od. Erlebens durch affektbedingte u. gefühlsmäßige Einflüsse

Ka|ta|to|nie *die; -, ...jen* ⟨*gr.-nlat.*⟩: (Med.) Form der Schizophrenie mit Krampfzuständen der Muskulatur u. mit Wahnideen; Spannungsirresein

Ka|ta|to|ni|ker *der; -s, -:* jmd., der an Katatonie leidet. **Ka|ta|to|ni|ke|rin** *die; -, -nen:* weibliche Form zu ↑ Katatoniker. **ka|ta|to|nisch:** die Katatonie betreffend

Ka|ta|vo|th|re *die; -, -n* ⟨*gr.-ngr.*⟩: Schluckloch in Karstgebieten; vgl. Ponor

Ka|ta|wert *der; -[e]s, -e* ⟨*gr.; dt.*⟩: (Techn.) Maß für die in der Temperatur eines Raumes auftretende Kühlwirkung, die sich aus Raumlufttemperatur u. Luftgeschwindigkeit ergibt

Ka|ta|zo|ne *die; -, -n* ⟨*gr.-nlat.*⟩: (Geol.) unterste Tiefenzone bei der ↑ Metamorphose (4) der Gesteine

Ka|te|che|se *die; -, -n* ⟨*gr.-lat.;* „mündlicher Unterricht"⟩: a) die Vermittlung der christlichen Botschaft [an Ungetaufte]; b) Religionsunterricht

Ka|te|chet *der; -en, -en* ⟨*gr.-nlat.*⟩: Religionslehrer, bes. für die kirchliche Christenlehre außerhalb der Schule

Ka|te|che|tik *die; -:* die wissenschaftliche Theorie der Katechese

Ka|te|che|tin *die; -, -nen:* weibliche Form zu ↑ Katechet

ka|te|che|tisch: die kirchliche Unterweisung betreffend

Ka|te|chi|sa|ti|on *die; -, -en:* ↑ Katechese

ka|te|chi|sie|ren: [Religions]unterricht erteilen

Ka|te|chis|mus *der; -, ...men* ⟨*gr.-mlat.*⟩: 1. Lehrbuch für den christlichen Glaubensunterricht. 2. Glaubensunterricht für die ↑ Katechumenen (1). **Ka|te|chist** *der; -en, -en:* einheimischer Laienhelfer in der katholischen Heidenmission. **Ka|te|chis|tin** *die; -, -nen:* weibliche Form zu ↑ Katechist

Ka|te|chu *das; -s, -s* ⟨*malai.-port.*⟩: ↑ Gambir

Ka|te|chu|me|nat *das,* fachspr. auch: *der; -[e]s* ⟨*gr.-nlat.*⟩: a) die Vorbereitung der [erwachsenen] Taufbewerber; b) kirchliche Stellung der Taufbewerber während des Katechumenats (a); c) kirchlicher Glaubensunterricht in Gemeinde, Schule u. Elternhaus

Ka|te|chu|me|ne [auch: ...'çu...] *der; -n, -n* ⟨*gr.-mlat.*⟩: 1. [erwachsener] Taufbewerber im Vorbereitungsunterricht. 2. Konfirmand, bes. im 1. Jahr des Konfirmandenunterrichts

ka|te|go|ri|al ⟨*gr.-nlat.*⟩: in Kategorienart; Kategorien betreffend; vgl. ...al/...ell

Ka|te|go|rie *die; -, ...jen* ⟨*gr.-lat.;* „Grundaussage"⟩: 1. Gruppe, in die jmd. od. etwas eingeordnet wird; Klasse, Gattung. 2. (Philos.) eine der zehn möglichen Arten von Aussagen über einen realen Gegenstand; Aussageweise (nach Aristoteles). 3. (Philos.) eines der ↑ Prädikamente der scholastischen Logik u. Ontologie. 4. (Philos.) einer der zwölf reinen Verstandesbegriffe Kants, die das Erkenntnis u. denkende Erfassung von Wahrnehmungsinhalten erst ermöglichen

ka|te|go|ri|ell: 1. kategorial; vgl. ...al/...ell. 2. ↑ kategorisch)

ka|te|go|risch: 1. einfach aussagend, behauptend; **kategorisches Urteil:** einfache, nicht an Bedingungen geknüpfte Aussage (A ist B). 2. unbedingt gültig; **kategorischer Imperativ:** unbedingt gültiges ethisches Gesetz, Pflichtgebot; vgl. hypo-

thetischer Imperativ. 3. keinen Widerspruch duldend; bestimmt, mit Nachdruck

ka|te|go|ri|sie|ren ⟨*gr.-nlat.*⟩: etwas nach Kategorien (1) ordnen, einordnen. **Ka|te|go|ri|sie|rung** *die; -, -en:* das Kategorisieren, Einordnen nach Kategorien (1)

Ka|te|ne *die; -, -n* (meist Plural) ⟨*lat.;* „Kette, Reihe"⟩: Sammlung von Auslegungen der Kirchenväter zu Bibelstellen

Ka|te|no|id *das; -[e]s, -e* ⟨*lat.; gr.*⟩: (Math.) Drehfläche, deren ↑ Meridiane Kettenlinien (parabelähnliche Kurven) sind

kat|e|xo|chen [...'xe:n] ⟨*gr.*⟩: vorzugsweise; schlechthin, im eigentlichen Sinne

Kat|fisch *der; -[e]s, -e* ⟨*engl.; dt.*⟩: Seewolf

Kat|gut [auch: 'ketgat] *das; -s* ⟨*engl.*⟩: (Med.) chirurgischer Nähfaden aus tierischen Darmsaiten (ursprünglich aus Katzendarm) od. aus synthetischen Fasern, der sich im Körper auflöst

Ka|tha|rer *der; -s, -* (meist Plural) ⟨*gr.-mlat.;* „der Reine"⟩: Angehöriger verschiedener mittelalterlicher strenger Sekten, bes. der ↑ Albigenser

kat|ha|rob ⟨*gr.-nlat.*⟩: (Biol.) nicht durch Abfallstoffe verunreinigt (z. B. von Gewässern)

Ka|tha|ro|bie [...jə] *die; -, -n* u. **Ka|tha|ro|bi|ont** *der; -en, -en* (meist Plural): in sauberen, nicht schlammigem Wasser lebender Organismus; Ggs. ↑ Saprobie

Kat|har|sis ['ka:(:)..., auch: ...ka'tar...] *die; -* ⟨*gr.;* „(kultische) Reinigung"⟩: 1. (Literaturw.) Läuterung der Seele von Leidenschaften als Wirkung des [antiken] Trauerspiels. 2. (Psychol.) das Sichbefreien von seelischen Konflikten u. inneren Spannungen durch eine emotionale Abreaktion. **kat|har|tisch:** die Katharsis betreffend

Ka|the|der *das,* od. *der; -s, -* ⟨*gr.-lat.(-mlat.)*⟩: 1. [Lehrer]pult, Podium. 2. (selten) Lehrstuhl [eines Hochschullehrers]; vgl. ex cathedra

Ka|the|der|so|zi|a|lis|mus *der; -:* (hist.) Richtung innerhalb der deutschen Volkswirtschaftslehre am Ende des 19. Jh.s mit sozialreformerischen Zielen, die das Eingreifen des Staates in das soziale Leben forderte, um die Klassengegensätze abzubauen. **Ka|the|der|so|zi|a|list** *der;* -en, -en: Vertreter des Kathedersozialismus. **Ka|the|der-so|zi|a|lis|tin** *die;* -, -nen: weibliche Form zu ↑ Kathedersozialist **Ka|the|d|ra|le** *die;* -, -n ⟨*gr.-lat.-mlat.*⟩: a) [erz]bischöfliche Hauptkirche, bes. in Spanien, Frankreich u. England; b) ↑ ¹Dom, Münster **Ka|the|d|ral|ent|schei|dung** *die;* -, -en: eine Unfehlbarkeit beanspruchende Lehrentscheidung des Papstes; vgl. ex cathedra **Ka|the|d|ral|glas** *das;* -es: undurchsichtiges Schmuckglas **Ka|th|ep|sin** *das;* -s ⟨*gr.-nlat.*⟩: (Med.; Biol.) Eiweiß spaltendes ↑ Enzym **Ka|the|te** *die;* -, -n ⟨*gr.-lat.*⟩: (Math.) eine der beiden Seiten, die die Schenkel des rechten Winkels eines Dreiecks bilden **Ka|the|ter** *der;* -s, -: (Med.) Röhrchen zur Einführung in Körperorgane (z. B. in die Harnblase) zu deren Entleerung, Füllung, Spülung od. Untersuchung **ka|the|te|ri|sie|ren** ⟨*gr.-nlat.*⟩: (Med.) einen Katheter in Körperorgane einführen **Ka|the|te|ris|mus** *der;* -, ...men: (Med.) Einführung eines Katheters **ka|the|tern:** ↑ katheterisieren **Ka|the|to|me|ter** *das;* -s, -: optisches Gerät zum Messen kleiner Höhenunterschiede **Ka|tho|de,** fachspr. auch: Katode *die;* -, -n ⟨*gr.-engl.*⟩: ↑ negative (4) ↑ Elektrode; Ggs. ↑ Anode **Ka|tho|den|fall,** fachspr. auch: Katoden... *der;* -s, ...fälle: Spannungsabfall an der Kathode bei Gasentladungsröhren **Ka|tho|den|strahl,** fachspr. auch: Katoden... *der;* -s, -en (meist Plural): Elektronenstrahl, der von der Kathode ausgeht **Ka|tho|den|strahl|os|zil|lo|graph,** auch: ...graf, fachspr. auch: Katoden... *der;* -en, -en: Gerät, das auf einem Fluoreszenzschirm Formen von elektrischen Schwingungen anzeigt **Ka|tho|den|zer|stäu|bung,** fachspr. auch: Katoden... *die;* -, -en: Bildung feinster Metallschichten auf der ↑ Anode durch Zerstäuben des Kathodenmaterials im Hochvakuum

ka|tho|disch, fachspr. auch: katodisch: die Kathode betreffend, an ihr erfolgend **Ka|tho|do|phon,** auch: ...fon *das;* -s, -e ⟨*gr.-nlat.*⟩: veraltetes, heute durch das Mikrofon ersetztes Gerät zur Umwandlung von Schall in elektrischen Strom (beim Tonfilm) **Ka|tho|le** *der;* -n, -n ⟨*gr.-nlat.*⟩: (ugs.) Katholik; vgl. Evangele **Ka|tho|lik** *der;* -en, -en ⟨*gr.-mlat.*⟩: Angehöriger der katholischen Kirche. **Ka|tho|li|kin** *die;* -, -nen: weibliche Form zu ↑ Katholik **Ka|tho|li|kos** *der;* - ⟨*gr.-mgr.*⟩: Titel des Oberhauptes einer unabhängigen orientalischen Nationalkirche (z. B. der armenischen) **ka|tho|lisch** ⟨*gr.-mlat.;* „das Ganze, alle betreffend; allgemein"⟩: 1. zur katholischen Kirche gehörend; die katholische Kirche betreffend. 2. allgemein, [die ganze Erde] umfassend (von der Kirche Christi); **Katholische Aktion:** Laienbewegung in kirchlichem Auftrag, die katholisches Gedankengut im weltanschaulichen, sozialen u. politischen Bereich verbreitet; **katholische Briefe:** die nicht an bestimmte Empfänger gerichteten neutestamentlichen Briefe des Jakobus, Petrus, Johannes u. Judas **ka|tho|lisch-apos|to|lisch:** zur Sekte der ↑ Irvingianer gehörend **ka|tho|li|sie|ren** ⟨*gr.-mlat.-nlat.*⟩: a) für die katholische Kirche gewinnen; b) zum Katholizismus neigen **Ka|tho|li|zis|mus** *der;* -: Geist u. Lehre des katholischen Glaubens **Ka|tho|li|zi|tät** *die;* -: Rechtgläubigkeit im Sinne der katholischen Kirche **Ka|tho|lyt,** fachspr. auch: Katolyt *der;* -s od. -en, -e[n] ⟨*Kurzw.* aus ↑ *Katho*de u. ↑ *Elektro*lyt⟩: (Phys.) der ↑ Elektrolyt im Kathodenraum (bei Verwendung von zwei getrennten Elektrolyten) **ka|ti|li|na|risch** ⟨*lat.-nlat.;* nach dem röm. Verschwörer Catilina, etwa 108–62 v. Chr.⟩: in der Fügung **katilinarische Existenz:** heruntergekommener, zu verzweifelten Schritten neigender Mensch, der nichts mehr zu verlieren hat

Kat|i|on *das;* -s, -en ⟨*gr.-nlat.*⟩: positiv geladenes Ion, das bei der ↑ Elektrolyse zur Kathode wandert **Kal|to|de** usw. vgl. Kathode usw. **ka|to|gen** ⟨*gr.-nlat.*⟩: (Geol.) von oben nach unten entstanden (von der Ablagerung der Sedimentgesteine) **ka|to|hal|lin** ⟨*gr.-nlat.*⟩: (Geogr.) im Salzgehalt nach der Tiefe zunehmend (von Meeren) **Ka|to|lyt** vgl. Katholyt **ka|to|nisch** ⟨nach dem für seine Sittenstrenge bekannten röm. Zensor Cato, † 46 v. Chr.⟩: in der Fügung **katonische Strenge:** unnachsichtige Strenge **Ka|t|op|t|rik** *die;* - ⟨*gr.*⟩: (veraltet) Lehre von der Lichtreflexion (vgl. Reflexion 1). **ka|t|op|t|risch:** die Katoptrik betreffend **ka|to|therm** ⟨*gr.-nlat.*⟩: mit zunehmender Wassertiefe wärmer werdend; Ggs. ↑ anotherm. **Ka|to|ther|mie** *die;* -: Zunahme der Wassertemperatur in den Tiefenzonen stehender Gewässer u. der Meere; Ggs. ↑ Anothermie **Kat|tun** *der;* -s, -e ⟨*arab.-niederl.*⟩: einfarbiges od. buntes Baumwollgewebe in Leinwandbindung (sehr feste Webart). **kat|tu|nen:** aus Kattun bestehend **Kat|zoff** u. **Kat|zuff** *der;* -s, -s ⟨*hebr.-jidd.*⟩: (landsch.) Fleischer **kau|dal** ⟨*lat.-nlat.*⟩: 1. (Med.) nach dem unteren Körperende od. nach dem unteren Ende eines Organs zu gelegen (von Organen od. Körperteilen). 2. (Biol.) in der Schwanzregion gelegen **kau|di|nisch** ⟨*lat.*⟩: nach der altitalischen Stadt Caudium, wo 321 v. Chr. ein geschlagenes röm. Heer waffenlos unter dem von Speeren gebildeten Joch hindurchgehen musste⟩: in der Fügung **kaudinisches Joch:** tiefe Demütigung, Erniedrigung **Kau|ka|sist** *der;* -en, -en ⟨*gr.-lat.-nlat.*⟩: jmd., der sich wissenschaftlich mit den kaukasischen Sprachen u. Literaturen befasst **Kau|ka|sis|tik** *die;* -: Wissenschaft von den kaukasischen Sprachen u. Literaturen **Kau|ka|sis|tin** *die;* -, -nen: weibliche Form zu ↑ Kaukasist **kau|li|flor** ⟨*lat.-nlat.*⟩: (Bot.) unmittelbar am Stamm der Pflanze ansetzend (von Blüten). **Kau|li|flo|rie** *die; -:* (Bot.) das Ansetzen der Blüten unmittelbar am Stamm (z. B. beim Kakaobaum)

Kau|lom *das; -s, -e:* (Bot. veraltet) Sprossachse der Pflanzen

Kau|ma|zit [auch: ...'tsɪt] *der; -s, -e* ⟨*gr.-nlat.*⟩: Braunkohlenkoks

Kau|ri *der; -s, -s* od. *die; -, -s* ⟨*Hindi*⟩: Porzellanschnecke des Indischen Ozeans, die [in vorgeschichtlicher Zeit] als Schmuck od. Zahlungsmittel verwendet wurde

kau|sal ⟨*lat.*⟩: ursächlich, das Verhältnis Ursache – Wirkung betreffend, dem Kausalgesetz entsprechend; **kausale Konjunktion:** (Sprachw.) begründendes Bindewort (z. B. weil)

Kau|sal|ad|verb *das; -s, -ien:* (Sprachw.) ↑ Adverb, das eine Begründung bezeichnet (z. B. deshalb)

Kau|sal|la|na|ly|se *die; -, -n:* (Philos., Logik) Analyse, durch die die kausalen Zusammenhänge erforscht werden. **kau|sal|la na|ly|tisch:** die Kausalanalyse betreffend, von ihr ausgehend

Kau|sal|be|stim|mung *die; -, -en:* (Sprachw.) Umstandsangabe des Grundes; Begründungsangabe (z. B. aus Liebe)

Kau|sal|ge|setz *das; -es:* Grundsatz, nach dem für jedes Geschehen notwendig eine Ursache angenommen werden muss

Kau s|al|gie *die; -, ...ien* ⟨*gr.-nlat.*⟩: (Med.) durch Nervenverletzung hervorgerufener brennender Schmerz

Kau|sal|lis *die; -, ...les* [...le:s] ⟨*lat.-spätlat.*⟩: (Sprachw.) 1. (ohne Plural) Kasus in bestimmten Sprachen, der die Ursache od. den Grund einer Handlung angibt. 2. Wort, das im Kausalis (1) steht

Kau|sa|li|tät *die; -, -en* ⟨*lat.-nlat.*⟩: Zusammenhang von Ursache und Wirkung; Ggs. ↑ Finalität

Kau|sa|li|täts|ge|setz *das; -es u.* **Kau|sa|li|täts|prin|zip** *das; -s:* ↑ Kausalgesetz

Kau|sa|li|täts|the o|rie *die; -:* (Rechtsw.) ↑ Adäquanztheorie, Äquivalenztheorie (1)

Kau|sal|kon|junk|ti|on *die; -, -en:* (Sprachw.) begründende ↑ Konjunktion (1) (z. B. weil)

Kau|sal|ne|xus *der; -, -* [...ksu:s]: ursächlicher Zusammenhang, Verknüpfung von Ursache u. Wirkung

Kau|sal|prin|zip *das; -s:* (Phys.) Forderung, dass jeder Vorgang genau durch seine Ursachen vorauszubestimmen ist

Kau|sal|satz *der; -es, ...sätze:* (Sprachw.) Adverbialsatz (Umstandssatz) des Grundes

kau|sa|tiv: (Sprachw.) das Veranlassen ausdrückend, bewirkend. **Kau|sa|tiv** [auch: ...'ti:f] *das; -s, -e* ⟨*lat.*⟩: (Sprachw.) Verb des Veranlassens (z. B. fällen = fallen machen). **Kau|sa|ti|vum** *das; -s, ...va:* (veraltet) ↑ Kausativ

kau|sie|ren ⟨*lat.-fr.*⟩: (veraltet) verursachen

kaus ti|fi|zie|ren ⟨*gr.; lat.*⟩: (Chem.) milde Alkalien (vgl. Alkali) in ätzende überführen

Kaus tik *die; -* ⟨*gr.-nlat.*⟩: 1. (Optik) Brennfläche einer Linse; vgl. Katakaustik. 2. ↑ Kauterisation

Kaus ti|kum *das; -s, ...ka* ⟨*gr.-lat.*⟩: (Med.; Chem.) Ätzmittel zum Verschorfen schlecht heilender Wunden

kaus tisch: a) (Chem.) scharf, ätzend; Ggs. ↑ akaustisch; **kaustische Alkalien:** (Chem.) Ätzalkalien (vgl. Alkali); b) sarkastisch, spöttisch

Kaus to|bi o|lith [auch: ...'lɪt] *der; -s u. -en, -e[n]* (meist Plural) ⟨*gr.-nlat.*⟩: (Geol.) aus fossilen Organismen bestehendes brennbares Produkt (z. B. Torf, Kohle)

Kau|tel *die; -, -en* ⟨*lat.*⟩: 1. (Rechtsw.) Vorkehrung, Absicherung, [vertraglicher] Vorbehalt. 2. (Med.; nur Plural) Vorsichtsmaßregeln (zur Vermeidung von Gesundheitsschäden bei der Behandlung)

Kau|ter *der; -s, -* ⟨*gr.-lat.*⟩: (Med.) chirurgisches Instrument zum Ausbrennen von Gewebeteilen

Kau|te|ri|sa|ti|on *die; -, -en* ⟨*gr.-nlat.*⟩: (Med.) Gewebezerstörung durch Brenn- od. Ätzmittel. **kau|te|ri|sie|ren:** (Med.) durch Hitze od. Chemikalien zerstören od. verätzen

Kau|te|ri|um *das; -s, ...ien* ⟨*gr.-lat.*⟩: 1. (Chem.) Ätzmittel. 2. (Med.) Brenneisen

Kau|ti|on *die; -, -en* ⟨*lat.;* „Behutsamkeit, Vorsicht"⟩: Bürg-

schaft; Sicherheitsleistung in Form einer Geldhinterlegung (z. B. beim Mieten einer Wohnung od. bei der Freilassung von Untersuchungsgefangenen)

kaut schie|ren ⟨*indian.-span.-fr.*⟩: ↑ kautschutieren

Kau|t schuk *der; -s, -e:* Milchsaft des Kautschukbaumes (Rohstoff für die Gummiherstellung)

kaut schu|tie|ren: a) mit Kautschuk überziehen; b) aus Kautschuk herstellen

Ka|val *der; -s, -s* ⟨*lat.-it.*⟩: eine Spielkarte im ↑ Tarock

Ka|va|lett *das; -s, -s u. -en:* (österr. veraltet, Soldatenspr.) einfaches Bettgestell

Ka|va|lier *der; -s, -e* ⟨*lat.-it.-fr.;* „Reiter", „Ritter"⟩: 1. Mann, der bes. Frauen gegenüber höflichhilfsbereit, zuvorkommend ist (u. auf diese Weise sich ein nimmt). 2. (ugs. scherzh.) Freund, Begleiter eines Mädchens od. einer Frau. 3. (hist.) Edelmann

Ka|va|lier|per|s pek|ti|ve *die; -, -en:* Form der schiefen ↑ Parallelprojektion

Ka|va|liers|de|likt *das; -[e]s, -e* ⟨*lat.-it.; lat.*⟩: [strafbare] Handlung, die von der Gesellschaft, von der Umwelt als nicht ehrenrührig, als nicht sehr schlimm angesehen wird

Ka|va|lier[s]|start *der; -s, -s:* scharfes, schnelles Anfahren mit Vollgas (z. B. an einer Verkehrsampel)

Ka|val|ka|de *die; -, -n:* (veraltend) prachtvoller Reiteraufzug, Pferdeschau

Ka|val|le|rie [...'ri:, auch: ...'ri:] *die; -, ...ien:* Reiterei; Reitertruppe

Ka|val|le|rist [auch: ...'rɪst] *der; -en, -en:* Angehöriger der Reitertruppe

Ka|va|ti|ne *die; -, -n* ⟨*lat.-it.*⟩: (Mus.) a) Sologesangsstück in der Oper von einfachem, liedmäßigem Charakter; b) liedartiger Instrumentalsatz

Ka|ve|ling *die; -, -en* ⟨*niederl.*⟩: (Wirtsch.) Mindestmenge, die ein Käufer auf einer Auktion erwerben muss

Ka|vent *der; -en, -en* ⟨*lat.*⟩: (veraltet) Gewährsmann, Bürge

Ka|vents|mann *der; -[e]s, ...männer* ⟨*lat.-mlat.; dt.*⟩: 1. (landsch.)

durch seine Größe beeindruckendes Exemplar von etwas 2. (Seemannsspr.) sehr hoher Wellenberg

Ka|ver|ne *die;* -, -n ⟨*lat.*⟩: 1. [künstlich angelegter] unterirdischer Hohlraum zur Unterbringung technischer od. militärischer Anlagen od. zur Müllablagerung. 2. (Med.) durch Gewebseinschmelzung entstandener Hohlraum im Körpergewebe, bes. in tuberkulösen Lungen

ka|ver|ni|kol ⟨*lat.-nlat.*⟩: (Zool.) Höhlen bewohnend (von Tieren)

Ka|ver|nom *das;* -s, -e: (Med.) Geschwulst aus Blutgefäßen; Blutschwamm

ka|ver|nös: 1. (Med.) a) Kavernen aufweisend, schwammig (von krankem Gewebe); b) zu einem Hohlraum gehörend (z. B. von Organen). 2. (Geol.) reich an Hohlräumen (von Gesteinsarten)

Ka|vi|lar *der;* -s, -e ⟨*türk.-it.*⟩: mit Salz konservierter Rogen verschiedener Störarten

ka|vie|ren ⟨*lat.*⟩: (veraltet) Bürgschaft leisten

Ka|vi|tät *die;* -, -en ⟨*lat.*⟩: (Anat.) Hohlraum

Ka|vi|ta|ti|on *die;* -, -en ⟨*lat.-nlat.*⟩: (Techn.) Hohlraumbildung [in sehr rasch strömenden Flüssigkeiten]

Ka|wa *die;* - ⟨*polynes.*⟩: säuerlicherfrischendes, stark berauschendes Getränk der Polynesier, das aus der Wurzel eines Pfeffergewächses hergestellt wird

Ka|wass u. **Ka|was|se** *der;* ...ssen, ...ssen ⟨*arab.-türk.*⟩: 1. (hist.) Ehrenwächter (für Diplomaten) in der Türkei. 2. Wächter u. Bote einer Gesandtschaft im Vorderen Orient

Ka|wi *das;* -[s] ⟨*sanskr.-jav.*⟩: alte, stark vom ↑ Sanskrit beeinflusste Literatursprache Javas

Ka|wir u. Kewir *die;* - ⟨*pers.*⟩: Salzwüste im Iran

Ka|w|ja *das;* - ⟨*sanskr.*⟩: literarisch anspruchsvolle Form der klassischen indischen Dichtung (v. a. Lyrik, Kunstroman und Kunstepos)

Kay|se|ri [ˈkaj...] *der;* -[s], -s ⟨nach der türk. Stadt⟩: einfacher, kleinformatiger Teppich mittlerer Qualität

Ka|zi|ke *der;* -n, -n ⟨*indian.-span.*⟩: a) (hist.) Häuptling bei den Indianern Süd- u. Mittelamerikas; b) Titel eines indianischen Ortsvorstehers

Ka|zoo [kəˈzuː] *das;* -[s], -s ⟨*amerik.*⟩: primitives Rohrblasinstrument

Kea *der;* -s, -s ⟨*maorisch*⟩: neuseeländischer Papagei

Ke|bab *der;* -s, -s ⟨*arab.-türk.*⟩: [süd]osteuropäisches u. orientalisches Gericht aus kleinen, am Spieß gebratenen [Hammel]fleischstückchen

Kee|per [ˈkiːpɐ] *der;* -s, - ⟨*engl.*⟩: (Sport) ↑ Goalkeeper

keep smi|ling [ˈkiːp ˈsmaɪlɪŋ] ⟨„höre nicht auf zu lächeln"⟩: nimms leicht; immer nur lächeln. **Keep|smi|ling** *das;* -: auch unter widrigen Umständen optimistische Lebensanschauung

Ke|fi|je *die;* -, -s u. -n ⟨*arab.*⟩: ↑ Kufija

Ke|fir *der;* -s ⟨*tatar.*⟩: ein aus Kuhmilch (in Russland ursprünglich aus Stutenmilch) durch Gärung gewonnenes Getränk mit säuerlichem, prickelndem Geschmack u. geringem Alkoholgehalt

Kei|me|lie […jə] vgl. Zimelie

Kei|rin [ˈkeɪ...] *das;* -[s] ⟨*jap.*⟩: (Radsport) Bahnwettbewerb hinter Schrittmachermaschinen mit anschließendem freien Endspurt

Keks *der* od. *das;* - u. -es, - u. -e, (österr.:) *das;* -, -[e] ⟨*engl.*⟩: 1. a) (ohne Plural) kleines trockenes Feingebäck; b) einzelner Keks (1 a). 2. (salopp) Kopf

Kelch|kom|mu|ni|on *die;* -, -en ⟨*dt.; lat.*⟩: das Trinken von ↑ konsekriertem Wein bei Messe od. Abendmahl

Ke|lek *das;* -s, -s ⟨*pers.-türk.*⟩: im Orient verwendetes Floß, das von aufgeblasenen Tierbälgen getragen wird

Ke|lim *der;* -[s], -[s] ⟨*türk.*⟩: a) orientalischer Wandbehang od. Teppich mit gleichem Aussehen auf Vorder- u. Rückseite; b) der gewebte Teppichrand

Ke|lim|stich *der;* -[e]s, -e: schräger Flachstich, verwendet für Wandbehänge, Teppiche u. a.

Kel|lek vgl. Kelek

Kel|li|lon *das;* -s, Kellien ⟨*lat.-mgr.*⟩: kleines Kloster der orthodoxen Kirche; vgl. Cella (2 b)

Kel|lo|id *das;* -[e]s, -e ⟨*gr.-nlat.*⟩: (Med.) strang- od. plattenförmiger Hautwulst; Wulstnarbe

Kel|lo i|do|se *die;* -: (Med.) angeborene Neigung der Haut zur Bildung von Keloiden

Kel|lo|to|mie *die;* -, ...ien: (Med. selten) Bruchoperation

Kelp *das;* -s ⟨*engl.*⟩: zur Gewinnung von Jod verwendete Asche von Seetang

¹Kelt *der;* -[e]s, -e ⟨*lat.*⟩: vorgeschichtliches Beil aus der Bronzezeit

²Kelt *der;* -s ⟨*gäl.-engl.*⟩: grober, schwarzer Wollstoff aus Schottland

Kel|tist *der;* -en, -en ⟨*lat.-nlat.*⟩: ↑ Keltologe. **Kel|tis tik** *die;* -: ↑ Keltologie. **Kel|tis tin** *die;* -, -nen: weibliche Form zu ↑ Keltist

Kel|to|lo|ge *der;* -n, -n ⟨*lat.; gr.*⟩: jmd., der sich wissenschaftlich mit den keltischen Sprachen u. Literaturen befasst. **Kel|to|lo|gie** *die;* -: Wissenschaft von den keltischen Sprachen u. Literaturen. **Kel|to|lo|gin** *die;* -, -nen: weibliche Form zu ↑ Keltologe. **kel|to|lo|gisch:** die Keltologie betreffend

Kel|vin *das;* -s, - ⟨nach dem engl. Physiker Lord Kelvin, 1824–1907⟩: Gradeinheit auf der Kelvinskala; Zeichen: K

Kel|vin|ska|la, auch: **Kel|vin-Ska|la** *die;* -: Temperaturskala, deren Nullpunkt (0 K) der absolute Nullpunkt (−273,16 °C) ist

Ke|ma|lis|mus *der;* - ⟨*nlat.*⟩: nach dem türk. Präsidenten Kemal Atatürk (1880–1938): von Kemal Atatürk begründete politische Richtung in der Türkei mit dem Ziel der Europäisierung von Wirtschaft u. Technik. **Ke|ma|list** *der;* -en, -en: Anhänger des Kemalismus. **Ke|ma|lis tin** *die;* -, -nen: weibliche Form zu ↑ Kemalist. **ke|ma|lis tisch:** den Kemalismus betreffend

Ke|mant|sche *die;* -, -n ⟨*pers.*⟩: ↑ Kamangah

Kem|po *das;* - ⟨*jap.*⟩: als Vorläufer des Karate geltende, traditionelle Art des chinesischen Boxens, bei der Fußtritte erlaubt sind

Ken *das;* -, - ⟨*jap.*⟩: Verwaltungsbezirk, ↑ Präfektur (a) in Japan

Ken|do *das;* -[s] ⟨*jap.*⟩: 1. (hist.) Fechtkunst der ↑ Samurais (2)

K

(in der Feudalzeit Japans). 2. japanische Form des Schwertkampfs, die als sportliche Fechtkunst u. zugleich Selbstverteidigungskunst mit zusammengebundenen, elastischen Bambusstäben ausgeführt wird, wobei nur die geschützten Körperstellen des Gegners getroffen werden dürfen

Ken|do|ka der; -[s], -[s] u. die; -, -[s]: jmd., der Kendo als Sport betreibt

Kel|nem das; -s, -e ⟨gr.⟩: (Sprachw.) kleinste Einheit auf der Ebene der Form des Ausdrucks (in der Kopenhagener Schule)

Ken|nel der; -s, - ⟨lat.-vulgärlat.-fr.-engl.⟩: Hundezwinger [für die zur ↑ Parforcejagd dressierte Meute]

Ken|nel|ly-Hea|vi|side-Schicht ['ken(ə)lɪ'hevɪsaɪd...] vgl. Heavisideschicht

Ken|ning die; -, -ar, auch: -e ⟨altnord.⟩: die bildliche Umschreibung eines Begriffes durch eine mehrgliedrige Benennung in der altgermanischen Dichtung (z. B. „Tosen der Pfeile" für „Kampf")

Ke|no|kar|pie die; - ⟨gr.⟩: (Bot.) das Ausbilden von Früchten ohne od. mit taubem Samen

Ke|no|sis [auch: 'ken...] die; - ⟨gr.-mlat.; „Entleerung"⟩: theologische Auffassung, dass Christus bei der Menschwerdung auf die Ausübung seiner göttlichen Eigenschaften verzichtet habe (Philipper 2, 6 ff.)

Ke|no|taph u. Zenotaph das; -s, -e ⟨gr.-lat.⟩: ein leeres Grabmal zur Erinnerung an einen Toten, der an anderer Stelle begraben ist

Ke|no|ti|ker der; -s, -: theologischer Vertreter der Lehre von der Kenosis. **Ke|no|ti|ke|rin** die; -, -nen: weibliche Form zu ↑ Kenotiker

Ken|taur vgl. Zentaur

Ken|tum|spra|che die; -, -n ⟨lat.; dt.; nach der k-Aussprache des Anlauts in lat. centum = „hundert"⟩: (Sprachw.) Sprache aus der westindogermanischen Gruppe des ↑ Indogermanischen, in der sich bestimmte Verschlusslaute (bes. g u. k) erhalten haben; Ggs. ↑ Satemsprache

Ken|zan [...zan] der; -s, -s ⟨jap.⟩: Metall- od. Kunststoffplatte mit Stacheln zum Befestigen von Blumengestecken; Blumenigel

Kel|pha|l|al|gie die; -, ...ien ⟨gr.⟩: (Med.) Kopfschmerz

Kel|phal|hä|ma|tom das; -s, -e: (Med.) durch die Geburt hervorgerufener Bluterguss am Schädel des Neugeborenen

Kel|pha|lo|graph, auch: ...graf der; -en, -en ⟨gr.-nlat.⟩: Gerät zur Aufzeichnung der Schädelform

Kel|pha|lo|me|lt|rie die; -: Schädelmessung

Kel|phal|lon das; -s, -s u. ...la: (Med. veraltet) ↑ Makrozephalie. **Kephallo|nie** die; -: ↑ Makrozephalie

Kel|pha|lo|po|de der; -n, -n (meist Plural): (Zool.) Tintenfisch (eine Gruppe der Weichtiere)

Kel|pha|lo|to|mie die; -, ...ien (Med.) geburtshilfliche Operation, ↑ Kraniotomie (2)

Kel|pha|lo|ze|lle die; -, -n: ↑ Enzephalozele

Kel|ra|bau der; -s, -s ⟨asiat.⟩: indischer Wasserbüffel

Kel|ra|lo|gie ® die; - ⟨gr.⟩: (Produktserie zur) Bekämpfung von Haar- u. Kopfhautschäden

Kel|ra|mik die; -, -en ⟨gr.-fr.⟩: 1. (ohne Plural) a) Erzeugnisse aus gebranntem Ton (Steingut, Majoliken, Porzellan usw.); b) gebrannter Ton als Grundmaterial für die Herstellung von Steingut, Porzellan u. Majoliken; c) Technik der Keramikherstellung. 2. einzelnes Erzeugnis aus gebranntem Ton

Kel|ra|mi|ker der; -s, -: Angehöriger eines der Berufe, die sich mit der Herstellung u. Bearbeitung keramischer Erzeugnisse befassen. **Kel|ra|mi|ke|rin** die; -, -nen: weibliche Form zu ↑ Keramiker

kel|ra|misch: zur Keramik gehörend, sie betreffend

Kel|ra|tin das; -s, -e ⟨gr.-nlat.⟩: Hornstoff; schwefelhaltiger Eiweißkörper in Haut, Haar u. Nägeln

Kel|ra|ti|tis die; -, ...iti̱den: (Med.) Hornhautentzündung des Auges

Kel|ra|to|glo|bus der; - ⟨gr.; lat.⟩: (Med.) kugelige Vorwölbung der Hornhaut

Kel|ra|to|ko|nus der; - ⟨gr.-nlat.⟩: (Med.) kegelförmige Vorwölbung der Hornhaut

Kel|ra|tom das; -s, -e: Horngeschwulst der Haut

Kel|ra|to|ma|la|zie die; -, ...ien: (Med.) Entzündung der Augenhornhaut mit allmählicher Hornhauterweichung

Kel|ra|to|me|ter das; -s, -: (Med.) optisches Messinstrument zur genauen Bestimmung des Durchmessers der Hornhaut des Auges

Kel|ra|to|phyr der; -s, -e: (Geol.) ein Ergussgestein

Kel|ra|to|plas|tik die; -: (Med.) operative Hornhautüberpflanzung zum Ersatz für erkrankte Hornhaut

Kel|ra|to|se die; -, -n: (Med.) Verhornung (bes. der Haut)

Kel|ra|tols|kop das; -s, -e: optisches Instrument zur Bestimmung der Krümmung der Augenhornhaut

Kel|r|ek|ta|sie die; -: ↑ Keratokonus

Kel|ren der (Plural) ⟨gr.⟩: dämonische Wesen der griechischen Mythologie, die Verderben bringen

Ker|man u. Kirman der; -[s], -s ⟨nach der iran. Stadt⟩: wertvoller handgeknüpfter Teppich, meist mit einem charakteristischen rautenförmig gegliederten Ranken- od. Blumenmuster

Ker|nit [auch: ...'nɪt] der; -s, -e ⟨nach dem Ort Kern in Kalifornien (USA)⟩: borhaltiges Mineral

Kern|phy|sik die; - ⟨dt.; gr.-lat.⟩: Teilgebiet der Physik, auf der Aufbau u. die Eigenschaften der Atomkerne untersucht werden

Kern|re|ak|ti|on die; -, -en ⟨dt.; lat.-nlat.(-fr.)⟩: Umwandlung des Atomkerns durch Stöße von [Elementar]teilchen

Kern|re|ak|tor der; -s, -en: ↑ Reaktor

Kern|spin der; -s, -s ⟨dt.; engl.⟩: Drehimpuls (vgl. Spin) des Atomkerns

Kern|spin|to|mo|gra|phie, auch: ...grafie die; -: ↑ Tomographie mithilfe elektromagnetischer Wellen, die eine dreidimensionale Darstellung von Körperschichten ermöglicht

Kel|ro|gen das; -s, -e ⟨gr.-nlat.⟩: (Mineral.) organische Substanz der Ölschiefer

Kel|ro|plas|tik vgl. Zeroplastik

Kel|ro|sin das; -s: der im Erdöl vorkommende Petroleumanteil, der bes. als Treibstoff für Flugzeug- u. Raketentriebwerke verwendet wird

Kẹrr|ef|fekt, auch: **Kẹrr-Ef|fekt** *der; -[e]s* ⟨nach dem engl. Physiker J. Kerr, 1824–1907⟩: unter der Einwirkung eines elektrischen Feldes auftretende Doppelbrechung von Lichtstrahlen

Kẹr|rie [...jə] *die; -, -n* ⟨*nlat.;* nach dem engl. Botaniker W. Kerr, † 1814⟩: Ranunkelstrauch; Goldnessel (ein Zierstrauch der Rosengewächse)

Ker|san|tịt [auch: ...'tt] *der; -s, -e* ⟨*nlat.;* nach dem Fundort Kersanton in der Bretagne⟩: (Geol.) ein Ergussgestein

Kẹ|ryg|ma *das; -s* ⟨*gr.*⟩: (Rel.) Verkündigung, bes. des ↑ Evangeliums. **ke|ryg|ma|tisch:** zur Verkündigung gehörend; predigend

Kẹ|ry|kei|on *das; -s, ...keia:* Heroldsstab; vgl. Caduceus

Kẹ|schan u. **Kaschan** *der; -[s], -s* ⟨nach der iran. Stadt⟩: fein geknüpfter Woll- od. Seidenteppich mit reicher Musterung

Ket|ch|up ['kɛtʃap, auch: 'kɛtʃəp] vgl. Ketschup

Kẹ|to|grup|pe *die; -, -n:* ↑ Carbonylgruppe

Ke|toi|lid *das; -[e]s, -e* ⟨Kunstw.⟩: auch gegen resistente Bakterien wirksames Antibiotikum

Kẹ|ton *das; -s, -e* ⟨von Aceton hergeleitet⟩: organische Verbindung mit einer od. mehreren CO-Gruppen, die an Kohlenwasserstoffreste gebunden sind

Kẹ|to|n|u|rie *die; -, ...ien* ⟨*lat.; gr.*⟩: ↑ Acetonurie

Kẹ|to|se *die; -, -n* ⟨Kurzw. aus *Keton* u. *-ose*⟩: 1. (Med.) vermehrte Bildung von ↑ Aceton im Blut; vgl. Acetonämie. 2. einfacher Zucker mit einer CO-Gruppe (Ketogruppe)

Kẹtsch *die; -, -en* ⟨*engl.*⟩: (Sport) zweimastiges Segelboot

Kẹt|schua vgl. Quechua

Kẹt|schup, auch: Ketchup ['kɛtʃap, auch: 'kɛtʃʊp, 'kɛtʃəp] *der* od. *das; -[s], -s* ⟨*malai.-engl.*⟩: pikante, dickflüssige [Tomaten]soße

Kẹtt|car® *der* od. *das; -s, -s* ⟨*dt.; engl.*⟩: mit ↑ Pedalen (1) über eine Kette angetriebenes Kinderfahrzeug

Kẹ|tu|bim *die* (Plural) ⟨*hebr.;* „Schriften"⟩: hebr. Bez. für: Hagiographa

---

Kẹ|wir vgl. Kawir

Key-Ac|count-Ma|nage|ment ['ki:ə-kaʊntmænɪdʒmənt] *das; -s, -s* ⟨*engl.*⟩: Management, das für den Kontakt zu Partnerunternehmen u. Großkunden zuständig ist

Key|board ['ki:bɔ:d] *das; -s, -s* ⟨*engl.*⟩: Tasteninstrument (z. B. elektronische Orgel, ↑ Synthesizer). **Key|boar|der** ['ki:bɔ:dɐ] *der; -s, -:* jmd., der Keyboard spielt. **Key|boar|de|rin** *die; -, -nen:* weibliche Form zu ↑ Keyboarder

Keyne|si|a|ni̱s|mus [ke:nz...] *der; -* ⟨nach dem brit. Volkswirtschaftler J. M. Keynes, 1883–1946⟩: wirtschaftstheoretische u. -politische Konzeption, die das ökonomische Denken nach dem 2. Weltkrieg lange Zeit geprägt hat

Khạl|ki vgl. [1,2]Kaki

Khạn, Chan *der; -s, -e* ⟨*mong.-türk.*⟩: (hist.) 1. mongolisch-türkischer Herrschertitel. 2. Statthalter im 16. Jh. in Persien

Khạ|nat *das; -[e]s, -e* ⟨*türk.-nlat.*⟩: a) Amt eines Khans; b) Land eines Khans

Khe|di̱|ve *der; -s u. -n, -n* ⟨*pers.-türk.;* „Herr"⟩: (hist.) Titel des Vizekönigs von Ägypten (bis 1914)

Khị|pu vgl. Quipu

Khị|lang *der; -s, -s* ⟨*tibet.*⟩: tibetischer Halbesel

Kib|buz *der; -, -im u. -e* ⟨*hebr.*⟩: Gemeinschaftssiedlung in Israel

Kib|buz|nik *der; -s, -s:* Mitglied eines Kibbuz

Kị|bit|ka *die; -, -s u.* **Ki|bit|ke** *die; -, -n* ⟨*russ.*⟩: 1. Filzzelt asiatischer Nomadenstämme. 2. russischer Bretterwagen. 3. russischer Schlitten mit einem Mattendach

Kị|bl|la *die; -* ⟨*arab.*⟩: die Richtung nach Mekka, in die sich die Muslime beim Gebet wenden

Kịck *der; -[s], -s* ⟨*engl.*⟩: 1. a) (ugs.) Tritt, Stoß (beim Fußball); b) [An]stoß. 2. a) Hochstimmung, Erregung, rauschhafter Zustand; b) durch ↑ Drogen (1) hervorgerufene Hochstimmung

Kick-and-rush [...ənd'rʌʃ] *das; -* ⟨aus engl. to kick and to rush „schießen und stürmen"⟩: planloses Nach-vorn-Spielen

---

des Balls (bes. im britischen u. irischen Fußball)

Kick-back, auch: **Kick|back** [kɪk-'bɛk] *der; -[s], -s* ⟨*engl.-amerik.*⟩: (Jargon) Rabatt o. Ä., der offiziell gewährt wird, aber an den Auftraggeber od. den Auftragsvermittler fließt

Kịck|board *das; -s, -s* ⟨*engl.*⟩: Kombination aus Skateboard u. Tretroller mit schmaler Stehfläche, teilweise mit zwei Vorder- od. Hinterrädern sowie Lenkstange [u. Bremse], bes. als schnelles Fortbewegungsmittel auf Asphaltflächen

Kịck|bo|xen *das; -s:* Kampfsportart, bei der die Gegner sowohl boxen als auch mit bloßen Füßen treten

Kick-down, auch: **Kick|down** [...'daʊn] *der* od. *das; -s, -s* ⟨*engl.*⟩: plötzliches kräftiges Durchtreten des Gaspedals (zum raschen Beschleunigen)

kị|cken: (ugs.) Fußball spielen. **Kị|cker** *der; -s, -[s]:* (ugs.) Fußballspieler. **Kị|cke|rin** *die; -, -nen:* weibliche Form zu ↑ Kicker

Kick-off, auch: **Kick|off** *der; -s, -s:* (schweiz.) Beginn, Anstoß beim Fußballspiel

Kịck|star|ter *der; -s, -:* Anlasser bei Motorrädern in Form eines Fußhebels

Kịck|xia *die; -, ...ien* ⟨*nlat.;* nach dem belg. Botaniker J. Kickx, 1775–1831⟩: baumartiges Hundsgiftgewächs der westafrikanischen Tropenwälder, das Kautschuk liefert

Kid *das; -s, -s* ⟨*engl.*⟩: 1. feines Kalb-, Ziegen-, Schafleder. 2. (Plural) Handschuhe aus Kid (1). 3. (meist Plural) Kind, Jugendlicher

Kid|dusch *der; -, -im* ⟨*hebr.*⟩: jüdisches Gebet am Sabbat od. Feiertag

kid|nap|pen ['kɪtnɛpn] ⟨*engl.*⟩: einen Menschen entführen [um Lösegeld zu erpressen]. **Kịd|nap|per** *der; -s, -:* jmd., der kidnappt. **Kịd|nap|pe|rin** *die; -, -nen:* weibliche Form zu ↑ Kidnapper. **Kịd|nap|ping** *das; -s, -s:* Entführung eines Menschen

Kie|sel|gal|mei *der; -s* ⟨*dt.; gr.-lat.-mlat.-fr.*⟩: ↑ Kalamin

Kie|se|rịt [auch: ...'rɪt] *der; -s, -e* ⟨*nlat.;* nach dem dt. Naturforscher D. G. Kieser, 1779–1862⟩: ein Mineral (ein Kalisalz)

K

Kiez *der; -es, -e* ⟨*slaw.*⟩:
1. (landsch.) Fischersiedlung, -hütte. 2. a) (landsch.) abgesonderter Ortsteil; b) (Jargon) Stadtviertel, in dem ↑ Prostituierte u. Strichjungen ihrem Gewerbe nachgehen; Strich

Kif *der; -[s]* ⟨*arab.-amerik.*⟩: (Jargon) tabakähnliche Mischung von getrockneten Hanfblättern; ↑ Haschisch, ↑ Marihuana **kiffen**: (Jargon) Haschisch od. Marihuana rauchen. **Kiffer** *der; -s, -*: (Jargon) jmd., der Haschisch od. Marihuana raucht. **Kiffferin** *die; -, -nen*: weibliche Form zu ↑ Kiffer

Kikumon *das; -* ⟨*jap.*; „Chrysanthemenwappen"⟩: kaiserliches Wappen von Japan, eine 16-blättrige Chrysanthemenblüte

Kilim vgl. Kelim

killen ⟨*engl.*⟩: 1. a) (ugs.) töten; b) (ugs.) verhindern, zunichte machen, vernichten. 2. (Seemannsspr.) leicht flattern (von Segeln)

Killer *der; -s, -*: (ugs.) jmd., der [in fremdem Auftrag] jmdn. tötet. **Killerin** *die; -, -nen*: weibliche Form zu ↑ Killer

Killersatellit *der; -en, -en*: ↑ Satellit (3), der die Aufgabe hat, andere Flugkörper im All zu zerstören

Kiln *der; -[e]s, -e* ⟨*engl.*⟩: (Bergbau) Schachtofen zur Holzverkohlung od. Metallgewinnung

---

Kilo...

⟨zu *gr.* chílioi „Tausende" → *fr.* kilo... „tausend(mal)"⟩
1. Vorsatz vor naturwissenschaftlich-technischen Einheiten mit der Bedeutung „das Tausendfache der genannten Einheit" (Zeichen: k):
– Kilogramm
– Kilometer
– Kilowatt
2. Vorsatz vor binären Einheiten in der Datenverarbeitung mit der Bedeutung „das 2^{10}fache [= 1 024] der genannten Einheit" (Zeichen: k):
– Kilobit
– Kilobyte

Kilo *das; -s, -s* (aber: 5 -): Kurzform von ↑ Kilogramm
Kilobit, *das; -[s], -[s]*: (EDV) Einheit von 1 024 ↑ Bit, (2^{10} Bit); Zeichen: kBit
Kilobyte [...'bait, auch: 'ki:...] *das; -[s], -[s]*: (EDV) Einheit von 1 024 ↑ Byte, 2^{10} Byte; Zeichen: kByte
Kilogramm *das; -s, -e* (aber: 5 -): Einheit der Masse; 1 000 Gramm (das Tausendfache der Einheit Gramm); Zeichen: kg
Kilogrammkalorie *die; -, -n*: (veraltet) ↑ Kilokalorie
Kilohertz *das; -, -* ⟨nach dem dt. Physiker H. Hertz, 1857–1894⟩: (Phys.) 1 000 Hertz (das Tausendfache der Frequenzeinheit Hertz); Zeichen: kHz
Kilojoule [...'dʒu:l] *das; -[s], -*: (Phys.) 1 000 Joule (das Tausendfache der Energieeinheit Joule); Zeichen: kJ
Kilokalorie *die; -, -n*: (Phys.) 1 000 Kalorien (das Tausendfache der früheren Energieeinheit Kalorie); Zeichen: kcal
Kilometer *der; -s, -*: (Phys.) 1 000 Meter (das Tausendfache der Längeneinheit Meter); Zeichen: km
kilometrieren: [Straßen, Flüsse usw.] mit Kilometersteinen versehen
Kilopond *das; -s, -*: (veraltend) 1 000 Pond (das Tausendfache der früheren Krafteinheit Pond); Zeichen: kp
Kilopondmeter *das; -s, -*: (veraltend) Einheit des Kraftmoments, der Arbeit u. der Energie; Zeichen: kpm
Kilovolt *das; - u. -[e]s, -*: (Phys.) 1 000 Volt (das Tausendfache der elektrischen Spannungseinheit Volt); Zeichen: kV
Kilovoltampere [...'pɛ:ɐ̯] *das; -[s], -*: 1 000 Voltampere (das Tausendfache der elektrischen Leistungseinheit Voltampere); Zeichen: kVA
Kilowatt *das; -s, -*: (Phys.) 1 000 Watt (das Tausendfache der elektrischen Leistungseinheit Watt); Zeichen: kW
Kilowattstunde *die; -, -n*: (Phys.) Leistung an elektrischer Energie (2) von einem Kilowatt während einer Stunde; Zeichen: kWh
Kilt *der; -[e]s, -s* ⟨*skand.-engl.*⟩: a) bunt karierter schottischer Faltenrock für Männer; b) karierter Faltenrock für Damen
Kimberlit [auch: ...'lɪt] *der; -s, -e* ⟨*nlat.*; nach der Stadt Kimberley in Südafrika⟩: (Geol.) diamantenhaltiger vulkanischer Tuff

Kimmeridge [...rɪdʒ] *das; -* ⟨nach dem Ort in Südengland⟩: (Geol.) Name für einen Teil des Oberen ↑ ^{2}Juras (in Norddeutschland, England u. Frankreich)
kimmerisch ⟨nach dem früher in Südrussland ansässigen Stamm der Kimmerier⟩: (Geol.) die beiden ältesten Faltungsphasen der Alpen u. anderer Hochgebirge betreffend
Kimono [auch: 'kɪ... od. ki-'mo:no] *der; -s, -s* ⟨*jap.*⟩: kaftanartiges japanisches Gewand für Männer u. Frauen mit angeschnittenen Ärmeln
Kin *das; -, -* ⟨*chin.*⟩: chines. Sammelbez. für 5- bis 25-saitige zitherartige Saiteninstrumente
Kina *das; -[s], -[s]* ⟨*melanes.*⟩: Währungseinheit in Papua-Neuguinea; Abk. K
Kinäde *der; -n, -n* ⟨*gr.-lat.*⟩: ↑ Päderast
Kinhästhesie *die; -* ⟨*gr.-nlat.*⟩: (Med., Zool.) Fähigkeit, Bewegungen der Körperteile unbewusst zu kontrollieren u. zu steuern
Kinhästhetik *die; -*: (Med., Zool.) Lehre von der Kinästhesie. **kinhästhetisch**: die Kinästhesie betreffend
Kinegramm *das; -s, -e*: (zum Schutz vor Fälschung angebrachtes) siegelartiges Bild, dessen Größe u. Farbton sich je nach Lichteinfall ändert
Kinem *das; -s, -e* ⟨*Kunstw.*⟩: a) kleinste Einheit nicht verbaler Kommunikation, z. B. Kopfnicken; b) kleinste Einheit der Taubstummensprache
Kinemathek *die; -, -en*: a) Sammlung wissenschaftlicher od. künstlerisch wertvoller Filme; b) Raum od. Gebäude, in dem eine Filmsammlung aufbewahrt wird
Kinematik *die; -*: (Phys.) Teil der ↑ Mechanik (1); Bewegungslehre; Phoronomie (1). **Kinematiker** *der; -s, -*: (Phys.) Fachmann auf dem Gebiet der Kinematik. **Kinematikerin** *die; -, -nen*: weibliche Form zu ↑ Kinematiker. **kinematisch**: die Kinematik betreffend; sich aus der Bewegung ergebend

Ki|ne|ma|to|graph, auch: ...graf der; -en, -en ⟨gr.-fr.⟩: der erste Apparat zur Aufnahme u. Wiedergabe bewegter Bilder. **Ki|ne|ma|to|gra|phie**, auch: ...grafie die; -: 1.(hist.) Verfahren zur Aufnahme u. Wiedergabe von bewegten Bildern. 2. Filmkunst, Filmindustrie. **ki|ne|ma|to|gra|phisch**, auch: ...grafisch: die Kinematographie betreffend **Ki|ne s|i a|t r|ik** vgl. Kinesiotherapie **Ki|ne|sik** die; -: Wissenschaft, die sich mit der Erforschung ↑ nonverbaler Kommunikation befasst **Ki|ne|si b|lo|ge** der; -n, -n: Fachmann auf dem Gebiet der Kinesiologie. **Ki|ne|si b|lo|gie** die; -: 1.(Med.) Lehre von der ↑ Physiologie der Bewegungsabläufe u. den damit zusammenhängenden Fragen. 2. Verfahren in der Naturheilkunde, dessen Untersuchungs- u. Behandlungsgegenstand die Muskulatur ist. **Ki|ne|si b|lo|gin** die; -, -nen: weibliche Form zu ↑ Kinesiologe **Ki|ne|si b|the|ra|pie** u. Kinesiatrik die; - ⟨gr.-nlat.⟩: (Med.) Heilgymnastik, Bewegungstherapie **ki|ne|sisch**: die Kinesik betreffend **Ki|ne|tik** die; -: 1.(Phys.) Lehre von der Bewegung durch Kräfte. 2.(Kunstwiss.) Richtung der modernen Kunst, in der mit beweglichen Objekten, Bewegungen, Spiegelungen von Licht o. Ä. optisch variable Erscheinungsbilder erzeugt werden **Ki|ne|tin** das; -s, -e: (Biol.) Umwandlungsprodukt der ↑ Desoxyribonukleinsäure, das starken Einfluss auf die Zellteilung hat **ki|ne|tisch**: bewegend, auf die Bewegung bezogen; **kinetische Energie**: (Phys.) Bewegungsenergie; **kinetische Kunst**: ↑ Kinetik (2) **Ki|ne|tit** [auch: ...'tɪt] das; -s: ein Sprengstoff **Ki|ne|to|fon** vgl. Kinetophon **Ki|ne|to|gra|phie**, auch: ...grafie die; -: eine Art der Choreografie **Ki|ne|to|phon**, auch: ...fon das; -s, -e: erster Apparat zur gleichzeitigen Bild- u. Tonwiedergabe beim Vorführen eines Films **Ki|ne|to|se** die; -, -n: (Med.) durch

Reizung des Gleichgewichtsorgans erregte Bewegungskrankheit (z. B. See- u. Luftkrankheit) **Ki|ne|to|s kop** das; -s, -e: ein kinematographisches Aufnahme- u. Betrachtungsgerät **¹King** der od. das; -[s], - ⟨chin.⟩: aus 12 aufgehängten Klingsteinen bestehendes chinesisches Schlaginstrument **²King** der; -[s], -s ⟨engl.; „König"⟩: (Jargon) jmd., der in einer Gruppe, in seiner Umgebung als Anführer gilt, bei den anderen das größte Ansehen genießt **King|size** [...sa̲i̲z] die, auch: das; - ⟨engl.; „Königsformat"⟩: Großformat, Überlänge (von Zigaretten) **Ki|nin** das; -s, -e (meist Plural) ⟨gr.⟩: (Biochem.) aus ↑ Aminosäuren zusammengesetzte Substanz im pflanzlichen, tierischen u. menschlichen Organismus **Ki|no** das; -s, -s ⟨Kurzw. für ↑ Kinematograph⟩: 1. Filmtheater, Lichtspielhaus. 2. Filmvorführung, Vorstellung im Kino. 3.(ohne Plural) Film als Massenmedium, als Institution **Ki|non|glas** das; -es ⟨Kunstw.⟩: nicht splitterndes Sicherheitsglas **Kin|topp** der od. das; -s, -s u. ...töppe ⟨Kurzw. für: Kinematograph⟩: (ugs.) Kino **Ki b|ni|tis** die; -, ...iti̲den ⟨gr.-nlat.⟩: (Med.) Entzündung des Gaumenzäpfchens **Ki|osk** [auch: kj̲osk] der; -[e]s, -e ⟨pers.-türk.-fr.⟩: 1. Verkaufshäuschen [für Zeitungen, Getränke usw.]. 2. orientalisches Gartenhäuschen. 3. erkerartiger Vorbau vor den oberen Räumen orientalischer Paläste **Ki|osk|ter|mi|nal** der, auch: das; -s, -s: Informationseinrichtung mit Computern u. [Groß]bildschirmen an öffentlichen Standorten, z. B. auf Bahnhöfen, Messen u. Ä. **Kip|pa, Kip|pah** die; -, ...pot ⟨hebr.⟩: „Kappe"): kleine, flache Kopfbedeckung der jüdischen Männer, die während religiöser Handlungen getragen wird **Kip|per** der; -[s], -[s] ⟨engl.⟩: gepökelter, geräucherter Hering **kip|pis** ⟨finn.⟩: prost! **Kips** das; -es, -e (meist Plural)

⟨engl.⟩: getrocknete Haut des ↑ Zebus **Kir** der; -s, -s (aber: 3 -) ⟨nach dem Bürgermeister von Dijon, Felix Kir, 1876–1968⟩: aus Johannisbeerlikör u. trockenem Weißwein bestehendes alkoholisches Getränk **Kir|chen|fa|b rik** die; -, -en ⟨gr.-dt.; lat.-fr.⟩: Stiftungsvermögen einer katholischen Kirche, das dem Bau u. der Erhaltung der Kirche dient **Kir|ke** vgl. Circe **Kir|man** vgl. Kerman **Kir ro y|al** [- rǫa'ja:l] der; - -[s], -s -s (aber: 3 - -): Getränk aus Johannisbeerlikör und Champagner **Kis|met** das; -s ⟨arab.-türk.; „Zugeteiltes"⟩: das dem Menschen von Allah zugeteilte Los (zentraler Begriff der islamischen Religion) **Kis|wa** die; -, -s ⟨arab.⟩: kostbares Tuch aus schwarzem Brokat, das während des großen Wallfahrt die ↑ Kaaba in Mekka bedeckt **Kit** das od. der; -[s], -s ⟨engl.⟩: Satz bestimmter zusammengehöriger Dinge; Set **Kit|che|nette** [kɪtʃə'nɛt] die; -, -s ⟨engl.⟩: Kochnische, sehr kleine Küche **Kite|sai|ling** [ˈkaɪtse:lɪŋ] die; -s ⟨engl.⟩: das Fahren auf speziellen Skiern hinter einem Lenkdrachen über Schnee- und Eisflächen **Kite|ska|ting** [...ske:tɪŋ] das; -s ⟨engl.⟩: das Fahren auf einem speziellen Skateboard hinter einem Lenkdrachen über Asphaltflächen **Kite|sur|fen** [...sə:fn̩] das; -s: das Surfen über das Wasser mit einem Surfboard u. einem an zwei Seilen geführten Lenkdrachen **Kit|fuchs** vgl. Kittfuchs **Ki|tha|ra** die; -, -s u. ...aren ⟨gr.-lat.⟩: bedeutendstes altgriechisches 4- bis 18-saitiges Zupfinstrument mit kastenförmigem ↑ ²Korpus (3) **Ki|tha|r is tik** die; - ⟨gr.⟩: Lehre des altgriechischen Kitharaspiels **Ki|tha r|o b|de** der; -n, -n: Kitharaspieler u. -sänger im antiken Griechenland **Ki|tha r|o b die** die; -: Kitharaspiel als Gesangsbegleitung im antiken Griechenland

Kit|ta *die; -, -s* ⟨*gr.*⟩: Vertreter einer Gruppe elsterartiger Vögel

Kitt|fuchs *der; -es, ...füchse* ⟨*engl.; dt.*⟩: kleiner, in den Wüsten Nordamerikas lebender Fuchs mit großen Ohren

¹Ki|wi *der; -s, -s* ⟨*maorisch*⟩: 1. auf Neuseeland beheimateter flugunfähiger Vogel. 2. (ugs.) Neuseeländer

²Ki|wi *die; -, -s* ⟨*engl.*⟩: länglich runde, behaarte Frucht mit saftigem, säuerlichem, glasigem Fruchtfleisch; chinesische Stachelbeere

Kjök|ken|möd|din|ger vgl. Kökkenmöddinger

Kla|ber|jasch *das; -s* u. **Kla|ber|jass** u. **Kla|bi'ri|as** *das; -* ⟨*jidd.*⟩: ein altes Kartenspiel

Kla|do|die [...jə] *die; -, -n* (meist Plural) ⟨*gr.-nlat.*⟩: blattartig verbreiterte Sprossachse, die der ↑ Assimilation (2 b) dient; vgl. Phyllokladium

Kla|do|nie [...jə] *die; -, -n*: Rentierflechte

Kla|do|ze|re *die; -, -n* (meist Plural): Wasserfloh

Kla|mot|te *die; -, -n* ⟨*Rotwelsch*⟩: 1. (landsch.) größerer Stein. 2. (salopp) a) wertloser Gegenstand, minderwertiges Stück; b) (meist Plural) [altes] Kleidungsstück. 3. (Jargon) a) längst vergessenes u. wieder an die Öffentlichkeit gebrachtes Theaterstück, Lied, Buch o. Ä.; b) anspruchsloses Theaterstück

Klan *der; -s, -e* ⟨*kelt.-engl.*⟩: 1. (Völkerk.) Gruppe eines Stammes, die sich von gleichen Vorfahren herleitet. 2. ↑ Clan (2)

klan|des|tin ⟨*lat.*⟩: (veraltet) heimlich; **klandestine Ehe:** eine nicht nach ↑ kanonischer Vorschrift vor zwei Zeugen geschlossene u. daher kirchlich ungültige Ehe

Kla|rett *der; -s, -s* ⟨*lat.-mlat.-fr.*⟩: ein mit Gewürzen versetzter Rotwein

kla|rie|ren ⟨*lat.*⟩: (Seemannsspr.) 1. klarmachen, einsatzbereit machen. 2. beim Ein- u. Auslaufen eines Schiffes die Zollformalitäten erledigen

Kla|ri|net|te *die; -, -n* ⟨*lat.-it.(-fr.)*⟩: ein Holzblasinstrument

Kla|ri|net|tist *der; -en, -en*: jmd., der [berufsmäßig] Klarinette

spielt. **Kla|ri|net|tis'tin** *die; -, -nen**: weibliche Form zu ↑ Klarinettist

Kla|ris|se *die; -, -n* u. **Kla|ris|sin** *die; -, -nen* ⟨*lat.-fr.; nach der hl. Klara v. Assisi*⟩: Angehörige des 1212 gegründeten Klarissenordens, des zweiten (weiblichen) Ordens der ↑ Franziskaner

Klas|sem *das; -s, -e* ⟨*lat.-nlat.*⟩: (Sprachw.) 1. semantisches Merkmal, durch das eine ganze Gruppe von Wörtern erfasst wird (z. B. bei Substantiven „Lebewesen" od. „Sachen"). 2. das Gemeinsame aller möglichen Positionseinnehmer einer Leerstelle (z. B. „Verb" in: Die Kinder ... im Garten)

Klas|se|ment [...'mã:, schweiz. auch: ...'ment] *das; -s, -s* ⟨*lat.-fr.*⟩: 1. Einteilung; Ordnung. 2. (Sport) Rangliste, Reihenfolge

klas|sie|ren: 1. (Bergmannsspr.) Fördergut (z. B. Steinkohle) nach der Größe aussortieren. 2. nach bestimmten Merkmalen einer Klasse zuordnen

Klas|si|fi|ka|ti|on *die; -, -en* ⟨*lat.-nlat.*⟩: 1. das Klassifizieren. 2. das Klassifizierte; vgl. ...ation/...ierung

Klas|si|fi|ka|tor *der; -s, ...oren*: (Bibliotheksw.) Sachkatalogbearbeiter. **Klas|si|fi|ka|to|rin** *die; -, -nen*: weibliche Form zu ↑ Klassifikator. **klas|si|fi|ka|to|risch**: die Klassifikation betreffend

klas|si|fi|zie|ren: 1. jmdn. od. etwas (z. B. Tiere, Pflanzen) in Klassen einteilen, einordnen. 2. jmdn. od. etwas als etwas abstempeln. **Klas|si|fi|zie|rung** *die; -, -en*: das Klassifizieren; Klassifikation; vgl. ...ation/...ierung

Klas|sik *die; -*: 1. Kultur u. Kunst der griechisch-römischen Antike. 2. Epoche, die sich Kultur u. Kunst der Antike zum Vorbild genommen hat. 3. Epoche kultureller Höchstleistungen eines Volkes, die über ihre Zeit hinaus Maßstäbe setzt. **Klas|si|ker** *der; -s, -* ⟨*lat.*⟩: 1. Vertreter der Klassik (1, 2). 2. Künstler, Schriftsteller, Wissenschaftler, der allgemein anerkannte, richtungsweisende Arbeit auf seinem Gebiet geleistet hat. 3. Sache, die ↑ klassisch (3) ist. 4. Gegenstand, der ↑ klassisch (4) ist. 5. (Radsport) traditionelles Ein-

tagesrennen, das stets auf [nahezu] gleichem Kurs ausgetragen wird (z. B. Mailand–San Remo). **Klas|si|ke|rin** *die; -, -nen*: weibliche Form zu ↑ Klassiker (1, 2)

klas|sisch: 1. die [antike] Klassik betreffend, z. B. klassische Sprachen (Griechisch u. Latein). 2. a) die Merkmale der Klassik tragend (z. B. von einem Kunstwerk, einem Bauwerk); b) vollkommen, ausgewogen in Form u. Inhalt, ausgereift, Maßstäbe setzend (von Kunstwerken, wissenschaftlichen Leistungen o. Ä.). 3. altbewährt, seit langem verwendet. 4. mustergültig, zeitlos (in Bezug auf Form od. Aussehen). 5. (ugs.) toll, großartig

Klas|si|zis|mus *der; -* ⟨*lat.-nlat.*⟩: 1. Nachahmung eines klassischen [antiken] Vorbildes (bes. in der Literatur des 16. u. 17. Jh.s). 2. Baustil, der in Anlehnung an die Antike die Strenge der Gliederung u. die Gesetzmäßigkeit der Verhältnisse betont. 3. europäischer Kunststil etwa von 1770 bis 1830. **klas|si|zis'tisch:** a) den Klassizismus betreffend, zum Klassizismus gehörend; b) die Antike [ohne Originalität] nachahmend

Klas|si|zi|tät *die; -*: (veraltet) Mustergültigkeit

klas'tisch ⟨*gr.-nlat.*⟩: (Geol.) aus den Trümmern anderer Gesteine stammend (von Sedimentgestein)

Klau|se *die; -, -n* ⟨*lat.-mlat.*⟩: 1. Klosterzelle; Einsiedelei; weltabgeschiedene Behausung. 2. enger Raum, kleines [Studier]zimmer. 3. a) Engpass, Schlucht (bes. in den Alpen); b) enger Taldurchbruch durch eine ↑ Antiklinale; vgl. Klus. 4. Frucht der Windengewächse u. Lippenblütler. 5. Damm zum Aufstauen von Bach-, Flusswasser, das bei Bedarf abgelassen wird u. dadurch die Holzflößerei ermöglicht; Klausdamm

Klau|sel *die; -, -n* ⟨*lat.; „Schluss; Schlusssatz, -former; Gesetzesformel"*⟩: 1. (Rechtsw.) vertraglicher Vorbehalt, Sondervereinbarung. 2. metrische Gestaltung des Satzschlusses [in der antiken Kunstprosa]. 3. (Mus.)

formelhafter, melodischer Schluss; vgl. Kadenz

Klau|si|lie [...jə] *die;* -, -n (meist Plural) ⟨*lat.-nlat.*⟩: (Zool.) Schnecke mit einem Verschlussmechanismus aus beweglichen Schließblättchen; Schließmundschnecke

Klaus|ner *der;* -s, - ⟨*lat.-mlat.*⟩: Bewohner einer ↑ Klause (1); Einsiedler. **Klaus|ne|rin** *die;* -, -nen: weibliche Form zu ↑ Klausner

Klaus|t|ra|ti|on *die;* -, -en ⟨*lat.*⟩ u. **Klaus|t|ro|phi|lie** *die;* -, ...ien ⟨*lat.; gr.*⟩: (Psychol.) krankhafter Drang, sich einzuschließen, abzusondern; Hang zur Einsamkeit

Klaus|t|ro|pho|bie *die;* -, ...ien: (Psychol.) krankhafte Angst vor Aufenthalt in geschlossenen Räumen

klau|su|lie|ren: in Klauseln fassen, bringen; verklausulieren

Klau|sur *die;* -, -en ⟨*lat.*⟩: 1. (ohne Plural) Einsamkeit, Abgeschlossenheit. 2. Bereich eines Klosters, der nur für einen bestimmten Personenkreis zugänglich ist. 3. ↑ Klausurarbeit

Klau|sur|ar|beit *die;* -, -en: unter Aufsicht zu schreibende Prüfungsarbeit

Klau|sur|ta|gung *die;* -, -en: Tagung unter Ausschluss der Öffentlichkeit

Kla|vi|a|tur *die;* -, -en ⟨*lat.-mlat.-fr.-nlat.*⟩: Gesamtheit der dem Spiel dienenden Tasten bei Klavier, Orgel u. Harmonium

Kla|vi|chord [...'kɔrt] *das;* -[e]s, -e ⟨*lat.; gr.-lat.*⟩: im 12. Jh. entstandenes Tasteninstrument, dessen waagerecht liegende Saiten mit einem Metallplättchen angeschlagen werden (Vorläufer des Klaviers)

Kla|vi|ci|the|ri|um *das;* -s, ...rien ⟨*lat.; gr.-nlat.*⟩: ein Harfenklavier des 16. Jh.s (Vorläufer des ↑ Pianinos)

Kla|vier *das;* -s, -e ⟨*lat.-mlat.-fr.*⟩: 1. Musikinstrument mit schwarzen u. weißen Tasten zum Anschlagen der senkrecht zur Tastatur gespannten Saiten. 2. (Fachspr.) (allgemein für) Tasteninstrument mit Klaviatur (z. B. Tafelklavier, Flügel)

kla|vie|ren: (ugs.) an etwas herumfingern

kla|vie|ris|tisch ⟨*lat.-fr.-nlat.*⟩: a) für das Klavier gedacht; b) die Technik des Klavierspiels betreffend, ihr gemäß

Kla|vier|quar|tett *das;* -[e]s, -e: a) Komposition für drei Streichinstrumente u. Klavier; b) die vier Ausführenden eines Klavierquartetts (a)

Kla|vier|quin|tett *das;* -[e]s, -e: a) Komposition für vier Streichinstrumente u. Klavier; b) die fünf Ausführenden eines Klavierquintetts (a)

Kla|vier|trio *das;* -s, -s: a) Komposition für zwei Streichinstrumente u. Klavier; b) die drei Ausführenden eines Klaviertrios (a)

Kla|vi|kel *das;* -s, - ⟨*lat.*⟩: (veraltet) ↑ Clavicula. **Kla|vi|ku|la** vgl. Clavicula. **kla|vi|ku|lar:** die Clavicula betreffend

Kla|vi|zim|bel *das;* -s, -: ↑ Clavicembalo

Kla|vus vgl. Clavus (2)

Kleck|so|gra|phie, auch: ...grafie *die;* -, ...ien ⟨*dt.; gr.*⟩: eines von mehreren aus Klecksen erzeugten, keinen Sinn enthaltenden Bildern einer Reihe, die bei bestimmten Persönlichkeitstests von der Testperson gedeutet werden müssen

Klein|kli|ma *das;* -s, -s u. ...ma̱te ⟨*dt.; gr.-lat.*⟩: ↑ Mikroklima

kleis|to|gam ⟨*gr.-nlat.*⟩: (Bot.) sich in geschlossenem Zustand selbst bestäubend (von Blüten); Ggs. ↑ chasmogam. **Kleis|to|ga|mie** *die;* -: (Bot.) Selbstbestäubung geschlossener Blüten; Ggs. ↑ Chasmogamie

Kle|ma|tis, fachspr. auch: Clematis *die;* -, - ⟨*gr.-lat.*⟩: Kletterpflanze mit stark duftenden Blüten; Waldrebe

Kle|men|ti|ne vgl. Clementine

Kleph|te *der;* -n, -n ⟨*gr.-ngr.*; "Räuber"⟩: griechischer Freischärler im Kampf gegen die türkische Herrschaft

Kleph|ten|lie|der *die* (Plural): die Abenteuer der Klephten behandelnde lyrisch-epische Gesänge

Klep|sy|d|ra *die;* -, ...ydren ⟨*gr.-lat.*⟩: (veraltet) Wasseruhr

Klep|to|ma|ne *der;* -n, -n ⟨*gr.-nlat.*⟩: jmd., der an Kleptomanie leidet. **Klep|to|ma|nie** *die;* -, ...ien (Med., Psychol.) zwanghafter Trieb zum Stehlen ohne Bereicherungsabsicht. **Klep|to|ma|nin** *die;* -, -nen: weibliche Form zu ↑ Kleptomane. **klep|to-**

ma̱|nisch: die Kleptomanie betreffend

Klep|to|pho|bie *die;* -, ...ien: (Med., Psychol.) krankhafte Furcht, zu stehlen od. bestohlen zu werden

kle|ri|kal ⟨*gr.-lat.*⟩: a) dem Stand der katholischen Geistlichen angehörend, zu ihm gehörend; Ggs. ↑ laikal; b) in der Gesinnung konsequent den Standpunkt des katholischen Priesterstandes vertretend; Ansprüche des Klerus fördernd, unterstützend

Kle|ri|ka|le *der* u. *die;* -n, -n: jmd., der zur Anhängerschaft der katholischen Geistlichkeit gehört

Kle|ri|ka|lis|mus *der;* - ⟨*gr.-lat.-nlat.*⟩: das Bestreben der [katholischen] Kirche, ihren Einflussbereich auf Staat u. Gesellschaft auszudehnen. **kle|ri|ka|lis|tisch:** (abwertend) ausgeprägt klerikale (b) Tendenzen vertretend u. zeigend

Kle|ri|ker *der;* -s, - ⟨*gr.-lat.*⟩: Angehöriger des Klerus

Kle|ri|sei *die;* - ⟨*gr.-lat.-mlat.*⟩: (veraltet) Klerus

Kle|rus *der;* - ⟨*gr.-lat.*⟩: katholische Geistlichkeit, Priesterschaft, -stand

¹**Klez|mer** ['klɛs...] *die* od. *der;* - ⟨*hebr.-jidd.-amerik.*⟩: aus Osteuropa stammende traditionelle jüdische Instrumentalmusik

²**Klez|mer** *der;* -s, -: Musiker, der ¹Klezmer spielt

Kli|ent *der;* -en, -en ⟨*lat.;* "der Hörige"⟩: 1. Auftraggeber, Kunde bestimmter freiberuflich tätiger Personen od. bestimmter Einrichtungen. 2. Bürger mit wenigen Rechten im alten Rom, der einem ↑ ¹Patron (1) zu Dienst verpflichtet war

Kli|en|tel *die;* -, -en: 1. Gesamtheit der Klienten (1). 2. Gesamtheit der von einem ↑ ¹Patron (1) abhängigen Bürger

kli|en|tzen|t|riert, kli|en|ten|zen|t-riert ⟨*lat.-engl.*⟩: (bes. in der Psychotherapie) auf den Klienten ausgerichtet, nach seinen Bedürfnissen; **klient[en]zentrierte Therapie:** Gesprächstherapie; Therapieform, bei der sich der Therapeut sehr zurückhält, um es dem Klienten zu ermöglichen, seine Probleme selbst zu lösen

Kli|ma *das;* -s, -ta, (selten:) -s,

bes. fachspr.: ...m**a**te ⟨gr.-lat.⟩:
1. a) (Meteor.) der für ein bestimmtes geographisches Gebiet charakteristische Ablauf der Witterung; b) künstlich hergestellte Luft-, Wärme- u. Feuchtigkeitsverhältnisse in einem Raum. 2. durch bestimmte Ereignisse od. Umstände hervorgerufene Atmosphäre od. Beziehungen zwischen Personen, Gruppen, Staaten o. Ä.

Kli|ma|e le|men|te die (Plural): klimabestimmende Witterungsbedingungen (z. B. Temperatur, Luftfeuchtigkeit)

Kli|ma|fak|tor der; -s, -en: die Klimaelemente bedingende geographische Beschaffenheit eines Ortes (z. B. Höhenlage, Lage zum Meer)

Kli|ma|ge o|gra|phie, auch: ...grafie die; -: Wissenschaft u. Lehre von den klimatischen Erscheinungen unter geographischen Gesichtspunkten

kli|mak|te|risch ⟨gr.-lat.⟩: (Med.) durch die Wechseljahre bedingt, sie betreffend

Kli|mak|te|ri|um das; -s ⟨gr.-nlat.⟩: (Med.) Wechseljahre [der Frau]; vgl. Klimax (2)

Kli|ma|ta: Plural von ↑ Klima

Kli|ma|the|ra|pie die; -, -n: (Med.) eine Kurbehandlung, bei der die bestimmenden klimatischen Verhältnisse einer Gegend für die Behandlung von Krankheiten eingesetzt werden

kli|ma|tisch ⟨gr.-lat.-nlat.⟩: das Klima betreffend

kli|ma|ti|sie|ren: a) in einen Raum od. ein Gebäude eine Klimaanlage einbauen; b) Temperatur, Luftzufuhr u. -feuchtigkeit [in geschlossenen Räumen] künstlich beeinflussen u. regeln

Kli|ma|to|gra|phie, auch: ...grafie die; - ⟨gr.-nlat.⟩: Beschreibung der klimatischen Verhältnisse auf der Erde

Kli|ma|tol|lo|gie die; -: vergleichende Wissenschaft der klimatischen Verhältnisse auf der Erde

Kli|ma|to|the|ra|pie die; -, -n: ↑ Klimatherapie

Kli|max die; -, -e ⟨gr.-lat.⟩:
1. (Rhet., Stilk.) Steigerung des Ausdrucks, Übergang vom weniger Wichtigen zum Wichtigeren; Ggs. ↑ Antiklimax; vgl. Gradation. 2. ↑ Klimakterium.

3. (Bot.) Endzustand der Boden- u. Vegetationsentwicklung in einem bestimmten Gebiet.
4. Höhepunkt

Kli|nik die; -, -en: 1. [großes] Krankenhaus [das auf die Behandlung bestimmter Krankheiten usw. spezialisiert ist]. 2. (Med.; ohne Plural) praktischer Unterricht im Krankenhaus [für Medizinstudenten]

Kli|ni|ker der; -s, -: 1. in einer Klinik (1) tätiger u. lehrender Arzt. 2. Medizinstudent in den klinischen Semestern. **Kli|ni|ke|rin** die; -, -nen: weibliche Form zu ↑ Kliniker

Kli|ni|kum das; -s, ...ka u. ...ken ⟨gr.-nlat.⟩: 1. (ohne Plural) Hauptteil des praktischen ärztlichen Ausbildung in einem Krankenhaus. 2. Zusammenschluss der [Universitäts]kliniken unter einheitlicher Leitung

kli|nisch: 1. a) die Klinik betreffend; b) die klinischen Semester betreffend. 2. durch ärztliche Untersuchung feststellbar od. festgestellt

Kli|no|chlor das; -s, -e ⟨gr.-nlat.⟩: ein Mineral

Kli|no|graph, auch: ...graf der; -s, -en ⟨gr.⟩: (Geogr.) Messinstrument für Neigungsvorgänge der Erdoberfläche

Kli|no|ke|phal|lie die; -, ...ien: (Med.) eine angeborene Schädeldeformierung; Sattelkopf

Kli|no|me|ter das; -s, -: 1. Neigungsmesser für Schiffe u. Flugzeuge. 2. Neigungsmesser im Geologenkompass zur Messung des Einfallens von Gesteinen

Kli|no|mo|bil u. Clinomobil das; -s, -e ⟨gr.; lat.⟩: Rettungswagen, in dem Operationen durchgeführt werden können

Kli|no|s tat der; -[e]s u. -en, -e[n]: Apparat mit einer kreisenden Scheibe zur Ausschaltung einseitiger Schwerkraftwirkung für pflanzenphysiologische Untersuchungen

Klipp u. Clip der; -s, -s ⟨engl.⟩: a) Klammer, Klemme; b) ↑ Klips

Klip|per der; -s, - ⟨engl.⟩: (früher) schnelles Segelschiff für den Transport verderblicher Waren

Klips der; -es, -e ⟨engl.⟩:
1. Schmuckstück zum Festklemmen (z. B. Ohrklips).

2. Klammer zum Befestigen des Haares beim Eindrehen

Kli|schee das; -s, -s ⟨fr.⟩: 1. a) mittels ↑ Stereotypie (1) od. ↑ Galvanoplastik hergestellte Vervielfältigung eines Druckstockes; b) Druckstock. 2. a) unschöpferische Nachbildung, Abklatsch; b) eingefahrene, überkommene Vorstellung; c) abgedroschene Redewendung

kli|schie|ren: 1. ein Klischee (1 a) herstellen. 2. a) talentlos etwas nachahmen; b) etwas in ein Klischee zwängen, klischeehaft darstellen

Kli|scho|graph, auch: ...graf der; -en, -en ⟨fr.; gr.⟩: (Druckw.) elektrische Graviermaschine für Druckstöcke

Klis ter das; -s ⟨Kunstw.⟩: weiches Skiwachs, das zum Fahren im Firnschnee aufgetragen wird

Klis tier das; -s, -e ⟨gr.-lat.; „Spülung, Reinigung"⟩: Darmeinlauf, -spülung (meist mit warmem Wasser). **klis tie|ren:** ein Klistier geben

kli|to|ral ⟨gr.⟩: die Klitoris betreffend

Kli|to|ris die; -, - u. ...orides (Med.): schwellfähiges weibliches Geschlechtsorgan; Kitzler

Kli|to|ris|mus der; - ⟨gr.-nlat.⟩: (Med.) übermäßige Entwicklung der Klitoris

Kli|vie [...vjə] vgl. Clivia

Klo a|ke die; -, -n ⟨lat.⟩: 1. [unterirdischer] Abzugskanal für Abwässer; Senkgrube. 2. (Zool.) gemeinsamer Ausführungsgang für den Darm, die Harnblase u. die Geschlechtsorgane bei Reptilien u. einigen niederen Säugetieren

Klo|bas|se u. **Klo|bas|si** die; -, ...ssen ⟨slaw.⟩: (österr.) eine grobe, gewürzte Wurst

Klon der; -s, -e ⟨gr.-engl.⟩: (Biol.) durch Klonen entstandenes Lebewesen

klo|nen: (Biol.) durch künstlich herbeigeführte ungeschlechtliche Vermehrung genetisch identische Exemplare von Lebewesen erzeugen

Klo|ni: Plural von ↑ Klonus

klo|nie|ren vgl. klonen

klo|nisch ⟨gr.-nlat.⟩: (Med.) schüttelnd, krampfhaft zuckend (von Muskeln); Ggs. ↑ tonisch (2)

Klo̱|nus *der; -, ...ni:* (Med.) krampfartige Zuckungen infolge rasch aufeinander folgender Muskelzusammenziehungen; Schüttelkrampf

Klo|sett *das; -s, -s, (auch:) -e ⟨lat.-fr.-engl.⟩:* 1. Toilettenraum. 2. Toilettenbecken

Klo|tho̱ i̱|de *die; -, -n ⟨gr.-nlat.⟩:* a) (Math.) Spiralkurve mit immer kleiner werdendem Krümmungsradius; b) der Übergangsbogen zwischen einer Geraden u. einer Krümmung im modernen Straßenbau

Klu̱b, auch: Club *der; -s, -s ⟨altnord.-engl.⟩:* a) [geschlossene] Vereinigung mit politischen, geschäftlichen, sportlichen od. anderen Zielen; b) Gruppe von Leuten, die sich amüsieren; Clique; c) Gebäude, Räume eines Klubs (a)

Klu̱b|gar|ni̱|tur *die; -, -en:* Gruppe von [gepolsterten] Sitzmöbeln

Klu̱|ni a̱|zen|ser *der; -s, - ⟨nach dem ostfranz. Kloster Cluny⟩:* (hist.) Mönch, der der ↑ Kongregation (1) von Cluny, einer auf der Benediktinerregel fußenden [mönchisch-]kirchlichen Reformbewegung des 11./12. Jh.s, angehört. **klu|ni a̱-zen|sisch:** die Kluniazenser u. ihre Reformen betreffend

Klu̱s *die; -, -en ⟨lat.-mlat.⟩:* (schweiz.) Engpass, Schlucht; vgl. Klause (3)

Klü̱|se *die; -, -n ⟨lat.-niederl.⟩:* (Seemannsspr.) Öffnung im Schiffsbug für [Anker]ketten u. Taue

Klu̱|sil *der; -s, -e ⟨lat.⟩:* (Sprachw.) Verschlusslaut

Klü̱|ver *der; -s, - ⟨niederl.⟩:* ein dreieckiges Vorsegel

Kly̱s|ma *das; -s, ...men ⟨gr.-lat.⟩:* ↑ Klistier

Kly|so|pomp|sprit|ze *die; -, -n ⟨gr.; fr.; dt.⟩:* (Med.) Spritze zur Darm- u. Scheidenausspülung

Klys t ron *das; -s, ...o̱ne, (auch:) -s ⟨gr.-nlat.⟩:* eine hauptsächlich als Senderöhre verwendete Elektronenröhre zur Erzeugung u. Verstärkung von Mikrowellen

Knas ter *der; -s, - ⟨gr.-span.-niederl.; „Korb"⟩:* 1. (veraltet) guter Tabak, der in Körben gehandelt wurde. 2. (ugs.) schlechter Tabak

Knaus-O gi̱no-Me|tho̱|de *die; -*

⟨nach den Gynäkologen H. Knaus (1892–1970, Österreicher) u. K. Ogino (1882–1975, Japaner)⟩: (Med.) für Empfängnisverhütung u. Familienplanung anwendbare, auf der Berechnung des Eisprungs basierende Methode zur Bestimmung der fruchtbaren u. unfruchtbaren Tage einer Frau

Knau̱|tie *[...i̱ə] die; -, -n ⟨nlat.; nach dem dt. Arzt u. Botaniker Chr. Knaut, 1654–1716⟩:* Witwenblume, ein violett blühendes, heilkräftiges Kraut (Kardengewächs)

Kne̱s|set[h] *die; - ⟨hebr.; „Versammlung"⟩:* das Parlament in Israel

Kni̱ cker|bo cker *[auch: ˈnɪkə...] die* (Plural) ⟨engl.⟩: unter dem Knie mit einem Bund geschlossene u. dadurch überfallende, halblange sportliche Hose

Knight *[naɪt] der; -s, -s ⟨engl.; „Ritter"⟩:* die nicht erbliche, unterste Stufe des englischen Adels

Knights of La̱|bor *[ˈnaɪts ɔv ˈleːbə] die* (Plural) ⟨engl.-amerik.; „Ritter der Arbeit"⟩: (hist.) 1869 gegründeter Geheimbund, der den ersten Versuch einer Gewerkschaftsorganisation in Nordamerika darstellte

Knit|wear *[ˈnɪtweə] die; -, (auch:) der od. das; -[s] ⟨engl.⟩:* modische Strickkleidung

knock-down, auch: **knock|down** *[nɔkˈdaʊn] ⟨engl.⟩:* (Boxen) niedergeschlagen, aber nicht kampfunfähig. **Knock-down,** auch: **Knock|down** *der; -[s], -s:* (Boxen) einfacher Niederschlag

knock-out, auch: **knock|out** *[...ˈaʊt]:* (Boxen) kampfunfähig nach einem Niederschlag; (Abk.: k. o.). **Knock-out,** auch: **Knock|out** *der; -[s], -s:* (Boxen) Kampfunfähigkeit bewirkender Niederschlag; (Abk.: K. o.).

Knock|ou|ter *der; -s, - ↑ Boxer (1), der seine Gegner meist durch einen K. o. besiegt.* **Knock-ou|te|rin** *die; -, -nen:* weibliche Form zu ↑ Knockouter

Know-how *[noʊˈhaʊ] das; -[s] ⟨engl.⟩:* auf Forschung u. Erfahrung beruhendes Wissen, wie man u. Sache praktisch verwirklicht, anwendet

Know|ledge *[ˈnɔʊlɪdʒ] das; -[s] ⟨engl.⟩:* engl. Bez. für: Wissen

Knu̱t vgl. Kanut

Knu̱|te *die; -, -n ⟨germ.-russ.; „Knotenpeitsche"⟩:* Peitsche aus Lederriemen. **knu|ten:** knechten, unterdrücken, tyrannisieren

ko..., Ko... vgl. kon..., Kon...

k. o. *[kaˈoː]: ↑ Knock-out.* **K. o.** *der; -[s], -[s]: ↑ Knock-out*

Ko̱|a dap|ta|ti|on *die; -, -en ⟨lat.-nlat.⟩:* 1. (Genetik) gesteigerte körperliche Anpassung eines Lebewesens an abgeänderte Umweltbedingungen aufgrund einer günstigen Genkombination. 2. (Psychol.) Mitveränderung von nicht unmittelbar betroffenen Organen bei der Veränderung von Umweltbedingungen

Ko̱|ad|ju̱|tor *[auch: ...ˈjuː...] der; -s, ...o̱ren ⟨lat.⟩:* katholischer ↑ Vikar, der den durch Alter od. Krankheit behinderten Stelleninhaber mit dem Recht der Nachfolge vertritt

Ko̱|a gu̱|lans *das; -, ...la̱ntia u. ...la̱nzien* (meist Plural) ⟨lat.⟩: (Med.) die Blutgerinnung förderndes od. beschleunigendes Mittel

Ko̱|a gu̱|la̱se *die; -, -n:* (Med.) ↑ Enzym, das die Blutgerinnung beschleunigt

Ko̱|a gu̱|lat *das; -[e]s, -e:* (Chem.) aus einer ↑ kolloidalen Lösung ausgeflockter Stoff (z. B. Eiweißgerinnsel)

Ko̱|a gu̱|la̱|ti|on *die; -, -en:* (Chem.) Ausflockung, Gerinnung eines Stoffes aus einer ↑ kolloidalen Lösung. **ko|a gu̱-lie̱|ren:** (Chem.) ausflocken, gerinnen [lassen]. **Ko|a gu̱|lum,** fachspr. auch: Coagulum *das; -s, ...la:* (Med.) Blutgerinnsel

Ko a̱|la *der; -s, -s ⟨austr.⟩:* in Australien auf Bäumen lebender kleiner Beutelbär (ein Beuteltier)

Ko̱|a les|ze̱nz *die; -, -en ⟨lat.⟩:* (veraltet) innere Vereinigung, Verwachsung

ko̱|a lie̱|ren u. ko̱|a li̱|sie̱|ren *⟨lat.-mlat.-engl.-fr.⟩:* a) verbinden; sich verbünden; b) mit jmdm. eine Koalition eingehen, bilden. **Ko̱|a li̱|ti|on** *die; -, -en:* Vereinigung, Bündnis mehrerer Parteien od. Staaten zur Durchsetzung ihrer Ziele

Ko̱|a li̱ti o̱när *der; -s, -e* (meist Plural): Angehöriger einer Ko-

K

alition. **Ko|a|li|ti|o|nä|rin** *die; -,
-nen:* weibliche Form zu ↑ Koalitionär
Ko|a|li|ti|ons|krieg *der; -[e]s, -e:*
1. die gemeinsame Kriegführung mehrerer Staaten mit einem od. mehreren anderen.
2. (nur Plural; hist.) die Kriege
der verbündeten europäischen
Monarchien gegen das revolutionäre Frankreich von 1792 bis
1807
Ko|a|li|ti|ons|par|tei *die; -, -en:* die
Partei, die zusammen mit einer
anderen eine Koalition bildet
Ko|a|li|ti|ons|recht *das; -[e]s:* das
den Bürgern eines Staates verfassungsmäßig garantierte
Recht, sich zur Wahrung ihrer
Interessen mit anderen zusammenzuschließen
Ko|a|li|ti|ons|re|gie|rung *die; -,
-en:* von mehreren Parteien gebildete Regierung
ko|äl|tan ⟨*lat.*⟩: (veraltet) gleichaltrig, gleichzeitig. **Ko|äl|tan** *der;
-en, -en:* (veraltet) Alters-, Zeitgenosse, Schulkamerad
Ko|au|tor u. Konautor *der; -s, -en*
⟨*lat.*⟩: Mitverfasser. **Ko|au|to|rin**
u. Konautorin *die; -, -nen:*
weibliche Form zu ↑ Koautor
ko|a|xi|al ⟨*lat.-nlat.*⟩: mit gleicher
Achse
Ko|a|xi|al|ka|bel *das; -s, -:* aus einem zylindrischen inneren u.
einem rohrförmigen äußeren
Leiter bestehendes elektrisches
Kabel
Ko|a|zer|vat *das; -[e]s, -e* ⟨*lat.*⟩:
(Chem.) ein im Schwebezustand zwischen ↑ kolloidaler
Lösung u. Ausfällung befindlicher Stoff, meist im Anfangsstadium bei der Bildung hochpolymerer (vgl. polymer) ↑ Kolloide
Ko|balt, chem. fachspr.: Cobalt
das; -[e]s ⟨*nlat.; scherzhafte
Umbildung aus dt. Kobold*⟩:
chem. Element; ein Metall; Zeichen: Co (von *nlat.* Cobaltum)
Ko|balt|glanz *der; -es* u. **Ko|balt|tin**
der; -s: wichtiges Kobalterz
Ko|balt|ka|no|ne *die; -, -n:* Apparat zur Bestrahlung bösartiger
Tumoren mit radioaktivem Kobalt
Ko|b|ra *die; -, -s* ⟨*lat.-port.*⟩: südasiatische Brillenschlange
Ko|chie [...xiə] *die; -, -n* ⟨*nlat.;
nach dem dt. Botaniker
W. D. J. Koch, 1771–1849*⟩: Gat

tung der Gänsefußgewächse
(darunter z. B. die Sommerzypresse)
Ko|da, auch: Coda *die; -, -s*
⟨*lat.-it.; „Schwanz"*⟩: 1. Schluss
od. Anhang eines musikalischen Satzes. 2. zusätzliche
Verse beim ↑ Sonett u. bei anderen romantischen Gedichtformen
Kode, fachspr.: Code [ko:t] *der;
-s, -s* ⟨*lat.-fr.-engl.*⟩: 1. System
von Regeln u. Zeichen, das die
Zuordnung von Zeichen[folgen] zweier verschiedener Zeichenvorräte erlaubt u. somit einen Schlüssel zur Übertragung
verschlüsselter Texte darstellt.
2. (Sprachw.) Gesamtheit
sprachlicher Zeichen u. Regeln
u. ihre Verknüpfungen. 3. (Soziolinguistik) durch die Zugehörigkeit zu einer bestimmten
sozialen Schicht vorgegebene
Verwendungsweise von Sprache
Ko|de|in, auch: Codein *das; -s*
⟨*gr.-nlat.*⟩: ein ↑ Alkaloid des
Opiums, das als hustenstillendes Mittel verwendet wird
Ko|dex *der; -es* u. -, -e u. ...*dizes,*
auch: Codex *der; -, ...dices*
⟨*lat.*⟩: 1. Sammlung von Gesetzen, Handschriften usw. 2. eine
mit Wachs überzogene hölzerne Schreibtafel der Antike,
mit anderen zu einer Art Buch
vereinigt
Ko|di|ak|bär *der; -en, -en* ⟨*nach
Kodiak Island, einer Insel im
Golf von Alaska*⟩: (Zool.) in
Alaska vorkommender großer
Bär (zu den Braunbären gehörend)
ko|die|ren, fachspr.: codieren
⟨*lat.-fr.-engl.*⟩: 1. eine Nachricht
mithilfe eines ↑ Kodes (1) verschlüsseln; Ggs. ↑ dekodieren.
2. etwas Mitzuteilendes mithilfe des ↑ Kodes (2) in eine
sprachliche Form bringen. **Kodie|rung**, fachspr.: Codierung
die; -, -en: das Kodieren
Ko|di|fi|ka|ti|on *die; -, -en* ⟨*lat.-
nlat.*⟩: a) systematische Erfassung aller Fakten, Normen usw.
eines bestimmten Gebietes,
z. B. des Rechts; b) Gesetzessammlung; vgl. ...ation/...ierung
Ko|di|fi|ka|tor *der; -s, ...oren:*
jmd., der eine Kodifikation zusammenstellt. **Ko|di|fi|ka|to|rin**

die; -, -nen: weibliche Form zu
↑ Kodifikator
ko|di|fi|zie|ren: a) eine Kodifikation (a) zusammenstellen;
b) systematisch erfassen. **Ko|difi|zie|rung** *die; -, -en:* das Kodifizieren; vgl. ...ation/...ierung
Ko|di|ko|lo|gie *die; -* ⟨*lat.-fr.-engl.*⟩:
Handschriftenkunde
Ko|di|zill *das; -s, -e* ⟨*lat.*⟩: 1. Handschreiben des römischen Kaisers. 2. (veraltet; Rechtsw.)
a) privatschriftlicher Zusatz zu
einem Testament; b) [vor Zeugen zustande gekommene]
letzte Verfügung
Ko|d|löl *das; -s* ⟨*engl.; dt.*⟩: Lebertran, der aus dem ↑ Kabeljau gewonnen wird
Ko|d|schi|ki, auch: Kojiki *der; -*
⟨*jap.; „Geschichte der Begebenheiten im Altertum"*⟩: die wichtigste Quellenschrift des
↑ Schintoismus, zugleich das älteste japanische Sprachdenkmal (712 n. Chr.)
Ko|e|di|ti|on [auch: ...'tsjo:n] *die;
-, -en* ⟨*lat.*⟩: a) ↑ Edition (1 a) eines Werkes von zwei od. mehreren Herausgebern; b) gleichzeitige ↑ Edition (1 a) eines
Werkes von zwei od. mehreren
Verlagen
Ko|e|du|ka|ti|on *die; -:* ⟨*lat.-engl.*⟩
Gemeinschaftserziehung von
Jungen u. Mädchen in Schulen
u. Internaten. **ko|e|du|ka|tiv:**
zur Koedukation gehörend
Ko|ef|fi|zi|ent *der; -en, -en* ⟨*lat.-
nlat.*⟩: 1. (Math.) Multiplikator
einer veränderlichen Größe einer ↑ Funktion (2). 2. kennzeichnende Größe für bestimmte
physikalische od. technische
Verhaltensweisen
Ko|en|zym [auch: ...'tsy:m] *das; -s,
-e* ⟨*lat.; gr.*⟩: spezifische Wirkungsgruppe eines ↑ Enzyms,
die zusammen mit dem ↑ Apoenzym das vollständige Enzym
bildet
ko|er|zi|bel ⟨*lat.-nlat.*⟩: verflüssigbar (von Gasen)
Ko|er|zi|tiv|feld|stär|ke u. **Ko|er|zitiv|kraft** *die; -, ...nlat.; dt.*⟩:
Fähigkeit eines Stoffes, der
Magnetisierung zu widerstehen
od. die einmal angenommene
Magnetisierung zu behalten
ko|e|xis|tent [auch: ...'tɛnt] ⟨*lat.*⟩:
nebeneinander bestehend. **Koe|xis|tenz** [auch: ...'tɛnts] *die; -*
⟨*lat.-fr.*⟩: das gleichzeitige Vor

handensein, das Nebeneinan-
derbestehen, z. B. von unterschiedlichen geistigen, religiösen, politischen od. gesellschaftlichen Systemen
ko|e|xis|tie|ren: zusammen da
sein, nebeneinander bestehen
Ko|fer|ment [auch: ...'ment] das;
-s, -e ⟨lat.-nlat.⟩: (veraltet) Ko-
enzym
Kof|fe|in, Coffein das; -s ⟨arab.-
türk.-engl.-nlat.⟩: in Kaffee, Tee
u. Kolanüssen (vgl. ¹Kola) enthaltenes ↑ Alkaloid
Kof|fe|i|nis|mus der; -: 1. Koffein-
süchtigkeit. 2. Koffeinvergiftung
Kof|fin|na|gel vgl. Coffeynagel
Köf|te die; -, - u. das; -[s], - ⟨türk.⟩:
gegrilltes od. gebratenes Hack-
fleischbällchen
Ko|g|nak ['kɔnjak] der; -s, -s
(aber: 2 -): (ugs.) Weinbrand;
vgl. Cognac
Ko|g|nat der; -en, -en (meist Plu-
ral) ⟨lat.⟩: (Rechtsw.) Blutsver-
wandter, der nicht ↑ Agnat ist
Ko|g|na|ti|on die; -: (Rechtsw.)
Blutsverwandtschaft
ko|g|na|tisch: (Rechtsw.) den od.
die Kognaten betreffend; **ko-
gnatische Erbfolge:** Gleichbe-
rechtigung der Geschlechter
bei der Thronfolge
Ko|g|ni|ti|on die; -, -en ⟨lat.⟩: 1. Ge-
samtheit aller Prozesse, die mit
dem Wahrnehmen u. Erkennen
zusammenhängen. 2. (veraltet)
gerichtliche Untersuchung
ko|g|ni|tiv [auch: 'kɔ...] ⟨lat.-
nlat.⟩: die Erkenntnis betreffend; erkenntnismäßig. **kogni-
tive Entwicklung:** (Päd., Psychol.) Entwicklung all der
Funktionen beim Kind, die
zum Wahrnehmen eines Gegenstandes od. zum Wissen
über ihn beitragen
Ko|g|no|men das; -s, - u. ...mina
⟨lat.⟩: dem römischen Vor- u.
Geschlechtsnamen beigegebe-
ner Name (z. B. Gaius Iulius
Caesar); vgl. Nomen gentile u.
Pränomen
Ko|g|o das; -[s], -s ⟨jap.⟩: kunst-
volle, kleine japanische Dose
für Räucherwerk, meist Töpfer-
od. Lackarbeit
Ko|ha|bi|ta|ti|on die; -, -en
⟨lat.(-fr.)⟩: 1. (Med.) Geschlechtsverkehr. 2. (in Frankreich) Zusammenarbeit des
Staatspräsidenten mit einer Regierung einer anderen politi-

schen Richtung. ko|ha|bi|tie|ren
⟨lat.⟩: (Med.) Geschlechtsverkehr ausüben
ko|hä|rent ⟨lat.⟩: zusammenhän-
gend; **kohärentes Licht:**
(Phys.) Lichtbündel von gleicher Wellenlänge u. Schwin-
gungsart. Ko|hä|renz die; -:
1. Zusammenhang. 2. (Phys.) Eigenschaft von Lichtbündeln,
die die gleiche Wellenlänge u.
Schwingungsart haben
Ko|hä|renz|fak|tor der; -s, -en:
(Psychol.) die durch räumliche
Nachbarschaft, Ähnlichkeit,
Symmetrie o. ä. Faktoren bewirkte Vereinigung von Einzel-
empfindungen zu einem Ge-
staltzusammenhang
Ko|hä|renz|prin|zip das; -s: (Phi-
los.) Grundsatz von dem Zusammenhang alles Seienden
Ko|hä|rer der; -s, - ⟨lat.-engl.⟩: frü-
her verwendeter Apparat zum
Nachweis elektrischer Wellen
ko|hä|rie|ren ⟨lat.⟩: zusammen-
hängen, Kohäsion zeigen
Ko|hä|si|on die; - ⟨lat.-nlat.⟩: der
innere Zusammenhalt der Moleküle eines Körpers
ko|hä|siv: zusammenhaltend
Ko|he|leth der; - ⟨hebr.⟩: hebr. Bez.
für ↑ Ekklesiastes
ko|hi|bie|ren ⟨lat.⟩: (veraltet) zu-
rückhalten, mäßigen. Ko|hi|bi-
ti|on die; -, -en: (veraltet) Zu-
rückhaltung, Mäßigung
Koh|le|hy|d|rat vgl. Kohlenhydrat
Koh|len|di|o|xid, auch: Koh|len|di-
o|xyd das; -[e]s ⟨dt.; gr.-nlat.⟩:
farb- u. geruchloses, in
Wasser lösliches Gas, das u. a.
bei der Atmung tierischer u.
pflanzlicher Organismen u. bei
der Verbrennung kohlenstoffhaltiger Stoffe entsteht; Zeichen: CO_2
Koh|len|hy|d|rat u. Kohlehydrat
das; -[e]s, -e ⟨dt.; gr.-nlat.⟩: aus
Kohlenstoff, Sauerstoff u. Wasserstoff zusammengesetzte organische Verbindung (z. B.
Stärke, Zellulose, Zucker)
Koh|len|mo|n|o|xid, auch: Koh|len-
mo|n|o|xyd das; -s ⟨dt.; gr.-
nlat.⟩: farb- u. geruchloses, sehr
giftiges Gas, das bei der Verbrennung kohlenstoffhaltiger
Stoffe entsteht; Zeichen: CO
Ko|hor|ta|ti|on die; -, -en ⟨lat.⟩:
(veraltet) Ermahnung, Ermun-
terung
ko|hor|ta|tiv ⟨lat.-nlat.⟩: (veraltet)

ermahnend. Ko|hor|ta|tiv der;
-s, -e: (Sprachw.) Gebrauchs-
weise des ↑ Konjunktivs zum
Ausdruck einer Aufforderung
an die eigene Person, z. B. lat.
eamus = „gehen wir!"
Ko|hor|te die; -, -n ⟨lat.⟩: 1. (hist.)
den zehnten Teil einer römischen Legion umfassende Einheit. 2. a) (Soziol., Med.) eine
nach bestimmten Kriterien
ausgewählte Personengruppe,
deren Entwicklung u. Veränderung in einem bestimmten
Zeitablauf soziologisch untersucht wird; b) (Tiermed.) nach
bestimmten Kriterien (z. B.
gleiche Abstammung) zusammengestellte Gruppe von Tieren. 3. Schar, Gruppe (von gemeinsam auftretenden, agie-
renden Personen)
Ko|hor|ten|a|na|ly|se die; -, -n:
(Soziol.) Untersuchung [von
Teilen] der Bevölkerung, bei
der Entwicklungen von Gruppen, die die-
selben zeitlichen Merkmale
(z. B. gleiches Geburtsdatum)
tragen, untersucht u. vergli-
chen werden
Ko|hy|pe|r|o|nym [auch: ...'ny:m]
das; -s, -e ⟨lat.; gr.-nlat.⟩:
(Sprachw.) ein ↑ Hyperonym,
das anderen Hyperonymen auf
einer ↑ hierarchischen Stufe
gleichgeordnet ist u. mit diesen
gemeinsam ↑ Hyponymen übergeordnet ist (z. B. „Arzneimittel, Medikament" zu „Tablette,
Kapsel, Pille"). Ko|hy|pe|r|o|ny-
mie [auch: ...'mi:] die; -:
(Sprachw.) in Nebengeordnet-
heit sich ausdrückende seman-
tische Relation, wie sie zwischen Kohyperonymen besteht
Ko|hy|p|o|nym [auch: ...'ny:m]
das; -s, -e ⟨lat.; gr.-nlat.⟩:
(Sprachw.) ↑ Hyponym, das anderen Hyponymen auf einer
↑ hierarchischen Stufe gleichgeordnet u. mit diesen gemeinsam einem ↑ Hyperonym unter-
geordnet ist (z. B. „Junge" zu
„Mädchen" zu „Kind"). Ko|hy|p-
o|ny|mie [auch: ...'mi:] die; -:
(Sprachw.) in Nebengeordnet-
heit sich ausdrückende seman-
tische Relation, wie sie zwischen Kohyponymen besteht
Koi|me|sis die; -, ...mesen ⟨gr.⟩:
1. (ohne Plural) [das Fest von]
Mariä Tod u. Himmelsauf-

nahme in der orthodoxen Kirche. 2. Darstellung des Marientodes in der bildenden Kunst
Koi|ne [kɔy'ne:] *die; -*, Koin*ai* ⟨*gr.*⟩: 1. (ohne Plural) griechische Umgangssprache im Zeitalter des Hellenismus. 2. (Sprachw.) eine durch Einebnung von Dialektunterschieden entstandene Sprache
Koi|non [kɔy...] *das; -s*, Koin*a*: (hist.) a) berufliche, politische od. sakrale Vereinigung im Griechenland der Antike; b) Bundesstaat, [Stadt]staatenbund in hellenistischer Zeit (z. B. der Äolische Bund)
ko|in|zi|dent ⟨*lat.-nlat.*⟩: zusammenfallend; einander deckend.
Ko|in|zi|denz *die; -*, -en: das Zusammentreffen, der Zusammenfall (z. B. zweier Ereignisse), gleichzeitiges Auftreten (z. B. mehrerer Krankheiten bei einer Person)
ko|in|zi|die|ren: zusammenfallen, einander decken
ko|i tie|ren ⟨*lat.-nlat.*⟩: [mit jmdm.] den Geschlechtsverkehr vollziehen
Ko|i tus, in lat. Fügungen: Coitus *der; -*, - [...tu:s] ⟨*lat.*⟩: (Med.) geschlechtliche, genitale Vereinigung; Geschlechtsakt; Beischlaf; vgl. Coitus usw.
Ko|je *die; -*, -n ⟨*lat.-niederl.*⟩: 1. fest eingebautes Bett [auf Schiffen]. 2. Raum zur Aufbewahrung von Segeln. 3. Ausstellungsstand
Ko|ji|ki [ˈkoːdʒiki] vgl. Kodschiki
Ko|jo|te *der; -n*, -n ⟨*mex.-span.*⟩: 1. nordamerikanischer Präriewolf. 2. Schuft (Schimpfwort)
Ko|ka *die; -*, - ⟨*indian.-span.*⟩ u. Kokastrauch *der; -[e]s*, ...sträucher: in Peru u. Bolivien vorkommender Strauch, aus dessen Blättern Kokain gewonnen wird
Ko|ka|in *das; -s* ⟨*indian.-span.-nlat.*⟩: aus den Blättern des Kokastrauches gewonnenes ↑ Alkaloid (ein Rauschgift u. Betäubungsmittel)
Ko|ka i|nis|mus *der; -*: (Med.) 1. Kokainsucht. 2. Kokainvergiftung. **Ko|ka i|nist** *der; -en*, -en: jmd., der an Kokainismus leidet. **Ko|ka i|nis tin** *die; -*, -nen: weibliche Form zu ↑ Kokainist
Ko|kar|de *die; -*, -n ⟨*fr.*⟩: rosettenförmiges od. rundes Hoheitszeichen in den Landes- od. Stadtfarben an Kopfbedeckungen von Uniformen od. an Militärflugzeugen
Ko|kar|zi|no|gen *das; -s*, -e ⟨*nlat.*⟩: Substanz, die in Zusammenhang mit einem Karzinogen Krebs hervorruft
Ko|ka|strauch vgl. Koka
ko|ken ⟨*engl.*⟩: [1]Koks (1) herstellen
Ko|ker *der; -s*, -: Arbeiter in einer Kokerei. **Ko|ke|rei** *die; -*, -en: Betrieb zur Herstellung von [1]Koks (1)
ko|kett ⟨*fr.*⟩: [von eitel-selbstgefälligem Wesen u.] bestrebt, die Aufmerksamkeit anderer zu erregen u. ihnen zu gefallen. **Ko|ket|te** *die; -*, -n: Frau, die darauf bedacht ist, auf Männer zu wirken
Ko|ket|te|rie *die; -*, ...ien: 1. kokette Art. 2. das Kokettieren
ko|ket|tie|ren: 1. sich als Frau einem Mann gegenüber kokett benehmen. 2. mit etwas nur spielen, sich nicht wirklich darauf einlassen. 3. auf etwas im Zusammenhang mit der eigenen Person hinweisen, um sich damit interessant zu machen, eine bestimmte Reaktion hervorzurufen
Ko|kil|le *die; -*, -n ⟨*fr.*⟩: (Hüttentechnik) metallische, wiederholt verwendbare Gießform
Kok|ke *die; -*, -n u. Kokkus *der; -*, ...ken (meist Plural) ⟨*gr.-lat.*⟩: (Med.) Kugelbakterie
Kok|kels|kör|ner *die* (Plural) ⟨*gr.-lat.-nlat.; dt.*⟩: (Bot.) giftige Früchte eines südostasiatischen Schlingstrauchs
Kök|ken|möd|din|ger u. Kjökkenmöddinger *die* (Plural) ⟨*dän.;* „Küchenabfälle"⟩: (in Dänemark) Abfallhaufen der Steinzeitmenschen aus Muschelschalen, Kohlenresten u. a.
Kok|ko|lith [auch: ...ˈlɪt] *der; -s* u. -en, -e[n] ⟨*gr.-nlat.*⟩: (Geol.) in Sedimenten der Tiefsee vorkommendes kleines rundes Kalkplättchen aus dem Panzer einer Geißelalge
Kok|ko|s phä|re *die; -*, -n: (Geol.) kugelartig geformte Zusammenballung aus Kokkolithen
Kok|kus vgl. Kokke
Ko|kon [koˈkõː, auch: koˈkɔŋ, österr.: koˈkoːn] *der; -s*, -s, österr.: -ne ⟨*provenzal.-fr.*⟩: Hülle um die Eier od. die Puppen verschiedener Insekten (aus der z. B. beim Seidenspinner die Seide gewonnen wird)
Ko|ko|sette [...ˈzɛt] *das; -s* ⟨*span.-fr.*⟩: (österr.) geraspelte Kokosflocken
Ko|kos|pal|me *die; -*, -n ⟨*span.; lat.*⟩: in Asien beheimatete Palme von hohem Nutzwert, deren große, braune Früchte eine sehr harte, mit einer Faserschicht bedeckte Schale besitzen und im Innern eine milchige Flüssigkeit sowie eine weiße, fleischige Schicht enthalten
Ko|kot|te *die; -*, -n ⟨*fr.*⟩: 1. (veraltet) Frau von einer gewissen Eleganz u. mit guten Umgangsformen, die mit Männern sexuell verkehrt u. sich von ihnen aushalten lässt. 2. Schmortopf aus Ton, Glas
[1]Koks *der; -es*, -e ⟨*engl.*⟩: 1. durch Erhitzen unter Luftabschluss gewonnener Brennstoff aus Stein- od. Braunkohle. 2. (ohne Plural; salopp scherzh.) [zur Verfügung stehendes] Geld
[2]Koks *der; -es* ⟨Kurzform von ↑ Kokain⟩: (Jargon) Kokain
[3]Koks *der; -[es]*, -e ⟨*jidd.*⟩: (ugs.) steifer Hut, ↑ Melone (2)
[4]Koks *der; -*, - ⟨Herkunft unsicher⟩: 1. (landsch.) ein Glas Rum mit Würfelzucker. 2. (ohne Plural; ugs.) Unsinn
Kok-Sa|ghys [...saˈgʏs] *der; -*, - ⟨*turkotat.*⟩: russische Kautschukpflanze, Abart des Löwenzahns
Kok|se *die; -*, -n: (Jargon) kokainsüchtige weibliche Person. **kok|sen**: (Jargon) Kokain nehmen. **Kok|ser** *der; -s*, -: (Jargon) jmd., der Kokain nimmt. **Kok|se|rin** *die; -*, -nen: weibliche Form zu ↑ Kokser
Kok|zi|di|e [...dʒə] *die; -*, -n (meist Plural) ⟨*gr.-nlat.*⟩: parasitisches Sporentierchen (Krankheitserreger bei Tieren u. Menschen)
Kok|zi|di|o|se *die; -*, -n: durch Kokzidien hervorgerufene Krankheit (z. B. die Leberkokzidiose der Kaninchen)
kol..., Kol... vgl. kon..., Kon...
[1]Ko|la *die; -* ⟨*afrik.*⟩: der ↑ Koffein enthaltende Samen des Kolastrauchs; Kolanuss
[2]Ko|la: Plural von ↑ Kolon
Ko|la|ni, auch: Colani *der; -s*, -s

⟨Herkunft unsicher⟩: (bei der Marine getragenes) hüftlanges ↑ Jackett aus dickem, dunkelblauem Wollstoff

Kol|lat|sche die; -, -n ⟨tschech.-poln.⟩: (österr.) kleiner, gefüllter Hefekuchen

Kol|la|tur die; -, -en ⟨lat.⟩: (veraltet) [durch ein Tuch] durchgeseihte Flüssigkeit; vgl. kolieren

Kol|chi|zin, fachspr. auch: Colchicin das; -s ⟨gr.-nlat.⟩: giftiges, die Zellkernteilung hemmendes ↑ Alkaloid der Herbstzeitlose (ein Gicht- u. Rheumamittel)

Kol|chos der, (auch:) das; -, ...ose u. (österr. nur so) **Kol|cho|se** die; -, -n ⟨russ.; Kurzw. aus kollektivnoje chosjaistwo = Kollektivwirtschaft⟩: landwirtschaftliche Produktionsgenossenschaft (in der Sowjetunion, heute u. a. in Russland)

Kol|le|da die; -, -s ⟨lat.-slaw.⟩: in den slawischen Sprachen Bez. für das Weihnachtsfest u. das dazugehörende Brauchtum

Kol|le|o|p|ter vgl. Coleopter

Kol|le|o|p|te|re die; -, -n (meist Plural) ⟨gr.-nlat.⟩: (Zool.) Käfer

Kol|le|o|p|te|ro|lo|ge der; -n, -n: Wissenschaftler auf dem Gebiet der Koleopterologie. **Kol|le|o|p|te|ro|lo|gie** die; -: Teilgebiet der Zoologie, auf dem man sich mit den Käfern befasst. **Kol|le|o|p|te|ro|lo|gin** die; -, -nen: weibliche Form zu ↑ Koleopterologe. **ko|le|o|p|te|ro|lo|gisch:** die Koleopterologie betreffend, auf ihr beruhend

Kol|le|o|p|ti|le die; -, -n: (Bot.) Schutzorgan für das aufgehende erste Blatt eines Grases; Sprossscheide

Kol|le|o|p|to|se die; -, -n: (Med.) das Heraustreten der Scheide aus der ↑ Vulva; Scheidenvorfall

Kol|le|or|rhi|za die; -, ...zen: (Bot.) Hülle um die Keimwurzel der Gräser; Wurzelscheide

Kol|li|bak|te|rie [...jə] die; -, -n (meist Plural) ⟨gr.⟩: (Med.) Darmbakterie bei Mensch u. Tier, außerhalb des Darms Krankheitserreger

Kol|li|b|ri der; -s, -s ⟨karib.-fr.⟩: in Amerika vorkommender kleiner Vogel mit buntem, metallisch glänzendem Gefieder

ko|lie|ren ⟨lat.⟩: (veraltet) [durch]seihen; vgl. Kolatur

Ko|lik [auch: ko'li:k] die; -, -en ⟨gr.-lat.⟩: (Med.) krampfartig auftretender Schmerz im Leib u. seinen Organen (z. B. Magen-, Darm-, Nierenkolik)

Ko|lins|ki der; -s, -s ⟨russ.⟩: Pelz des sibirischen Feuerwiesels

Ko|li|tis die; -, ...itiden ⟨gr.-nlat.⟩: (Med.) Entzündung des Dickdarms

Ko|li|u|rie die; -, ...ien: (Med.) Ausscheidung von Kolibakterien im Urin

Kol|ko|thar der; -s, -e ⟨arab.-span.-mlat.⟩: rotes Eisenoxid

Kol|la die; - ⟨gr.⟩: (Chem., Med.) Leim

kol|la|bes|zie|ren ⟨lat.⟩: (Med.) körperlich verfallen

kol|la|bie|ren: 1. (Med.) einen Kollaps (1) erleiden, plötzlich schwach werden, verfallen. 2. (Astron.) in sich zusammenfallen (von Sternen in der Endphase ihrer Entwicklung)

Kol|la|bo|ra|teur [...'tø:ɐ̯] der; -s, -e ⟨lat.-fr.⟩: Angehöriger eines von feindlichen Truppen besetzten Gebiets, der mit dem Feind zusammenarbeitet. **Kol|la|bo|ra|teu|rin** [...'tø:rɪn] die; -, -nen: weibliche Form zu ↑ Kollaborateur

Kol|la|bo|ra|ti|on die; -, -en: aktive Unterstützung einer feindlichen Besatzungsmacht gegen die eigenen Landsleute

Kol|la|bo|ra|tor der; -s, ...oren ⟨lat.-nlat.⟩: (veraltet) Hilfslehrer, -geistlicher

Kol|la|bo|ra|tur die; -, -en: (veraltet) Stelle, Amt eines Kollaborators

kol|la|bo|rie|ren ⟨lat.-fr.⟩: 1. mit einer feindlichen Besatzungsmacht gegen die eigenen Landsleute zusammenarbeiten. 2. zusammenarbeiten

kol|la|gen ⟨gr.-nlat.⟩: (Biol., Med.) aus Kollagenen bestehend. **Kol|la|gen** das; -s, -e: (Biol., Med.) leimartiger, stark quellender Eiweißkörper in Bindegewebe, Sehnen, Knorpeln, Knochen

Kol|la|ge|na|se die; -, -n: ↑ Enzym, das Kollagene u. deren Abbauprodukte angreift

Kol|la|ge|no|se die; -, -n: (Med.) eine der Krankheiten, bei denen sich das kollagenhaltige Gewebe verändert (z. B. Rheumatismus)

Kol|laps [auch: ...'laps] der; -es, -e ⟨lat.-mlat.; „Zusammenbruch"⟩: 1. (Med.) plötzlicher Schwächeanfall infolge Kreislaufversagens. 2. starkes Schwinden des Holzes senkrecht zur Faserrichtung während der Trocknung. 3. (Astron.) Endphase der Sternentwicklung, bei der der Stern unter dem Einfluss der eigenen Gravitation in sich zusammenfällt. 4. [wirtschaftlicher] Zusammenbruch. **Kol|lap|sus** der; -, ...pse: (veraltet) Kollaps (1)

Kol|lar das; -s, -e ⟨lat.-mlat.⟩: steifer Halskragen, bes. des katholischen Geistlichen

Kol|l|ar|gol das; -s ⟨Kunstw.⟩: ↑ kolloides, in Wasser lösliches Silber; vgl. Collargol

kol|la|te|ral ⟨lat.-nlat.⟩: (Bot.) seitlich angeordnet (von den Leitbündeln, den strangartigen Gewebebündeln, in denen die Stoffleitung der Pflanzen vor sich geht)

Kol|la|te|ra|le die; -n, -n u. **Kol|la|te|ral|ge|fäß** das; -es, -e: (Med.) Querverbindung zwischen Blutgefäßen; Umgehungsgefäß

Kol|la|te|ral|scha|den der; -s, ...schäden: (Milit. verhüllend) bei einer militärischen Aktion in Kauf genommener schwerer Schaden, bes. der Tod von Zivilisten

Kol|la|te|ral|ver|wand|te der u. die; -n, -n: (veraltet) Verwandte[r] einer Seitenlinie

Kol|la|ti|on die; -, -en ⟨lat.⟩: 1. Vergleich einer Abschrift mit der Urschrift zur Prüfung der Richtigkeit. 2. a) Prüfung der Bogen in der Buchbinderei auf Vollzähligkeit; b) Prüfung antiquarischer Bücher auf Vollständigkeit. 3. Übertragung eines frei gewordenen Kirchenamtes, bes. einer Pfarrei. 4. a) [erlaubte] kleine Erfrischung an katholischen Fasttagen od. für einen Gast im Kloster; b) (veraltet, aber noch landsch.) kleine Zwischenmahlzeit, Imbiss. 5. (Rechtsw. veraltet) Hinzufügung der Vorausleistungen des Erblassers [an einen Erben] zu dem Gesamtnachlass

kol|la|ti|o|nie|ren ⟨lat.-nlat.⟩: 1. [eine Abschrift mit der Urschrift] vergleichen. 2. auf seine Richtigkeit u. Vollständigkeit prüfen. 3. (veraltet) einen kleinen Imbiss einnehmen

Kol|la|tor *der;* -s, ...oren ⟨*lat.*⟩: Inhaber der Kollatur (z. B. der katholische Bischof)

Kol|la|tur *die;* -, -en ⟨*lat.-nlat.*⟩: das Recht zur Verleihung eines Kirchenamtes

Kol|lau|da|ti|on *die;* -, -en: (schweiz.) Kollaudierung; vgl. ...ation/...ierung. **kol|lau|die|ren:** (schweiz., österr.) [ein Gebäude] amtlich prüfen u. die Übergabe an seine Bestimmung genehmigen. **Kol|lau|die|rung** *die;* -, -en ⟨*lat.*⟩: (schweiz., österr.) amtliche Prüfung u. Schlussgenehmigung eines Bauwerks; vgl. ...ation/...ierung

Kol|leg *das;* -s, -s u. (selten:) -ien [...jən] ⟨*lat.*⟩: 1. a) Vorlesung[stunde] an einer Hochschule; b) Fernunterricht im Medienverbund (z. B. Telekolleg). 2. a) kirchliche Studienanstalt für katholische Theologen; b) Schule [mit ↑ Internat] der Jesuiten. 3. Kollegium

Kol|le|ga *der;* -[s], ...gen (1a)

Kol|le|ge *der;* -n, -n ⟨„Mitabgeordneter"⟩: 1. a) jmd., der mit anderen zusammen im gleichen Betrieb od. im gleichen Beruf tätig ist; b) jmd., der mit anderen zusammen der gleichen Einrichtung, Organisation (z. B. der Gewerkschaft) angehört; c) Klassen-, Schulkamerad. 2. saloppe Anrede an einen Unbekannten, nicht mit Namen Bekannten

kol|le|gi|al: 1. freundschaftlich, hilfsbereit (wie ein guter Kollege). 2. a) durch ein Kollegium erfolgend; b) nach Art eines Kollegiums zusammengesetzt

Kol|le|gi|al|ge|richt *das;* -[e]s, -e: Gericht, dessen Entscheidungen von mehreren Richtern gemeinsam gefällt werden

Kol|le|gi|a|li|tät *die;* - ⟨*lat.-nlat.*⟩: gutes Einvernehmen unter Kollegen, kollegiales Verhalten, kollegiale Einstellung

Kol|le|gi|al|sys|tem *das;* -s: gemeinsame Verwaltung u. Beschlussfassung [von gleichberechtigten Personen in einer Behörde]

Kol|le|gi|at *der;* -en, -en ⟨*lat.*⟩: 1. Teilnehmer an einem ↑ Kolleg (2). 2. Stiftsgenosse

Kol|le|gi|at|ka|pi|tel *das;* -s, -: Körperschaft der Weltgeistlichen (↑ Kanoniker) an einer Kollegiatkirche (Stiftskirche)

Kol|le|gin *die;* -, -nen: weibliche Form zu ↑ Kollege

Kol|le|gi|um *das;* -s, ...ien: Gruppe von Personen mit gleichem Amt od. Beruf

Kol|lek|ta|ne|en [auch: ...ta'ne:ən] *die* (Plural) ⟨*lat.*⟩: (veraltet) Sammlung von Auszügen aus literarischen od. wissenschaftlichen Werken

Kol|lek|te *die;* -, -n ⟨*lat.-mlat.*⟩: 1. Sammlung freiwilliger Spenden [während u. nach einem Gottesdienst]. 2. kurzes Altargebet

Kol|lek|teur [...'tø:ɐ] *der;* -s, -e ⟨*lat.-fr.*⟩: (veraltet) a) Lotterieeinnehmer; b) jmd., der für wohltätige Zwecke sammelt.

Kol|lek|teu|rin [...'tø:rɪn] *die;* -, -nen: weibliche Form zu ↑ Kollekteur

Kol|lek|ti|on *die;* -, -en: a) Mustersammlung von Waren, bes. der neuesten Modelle der Textilbranche; b) für einen bestimmten Zweck zusammengestellte Sammlung, Auswahl

kol|lek|tiv ⟨*lat.*⟩: a) gemeinschaftlich; b) alle Beteiligten betreffend, erfassend, umfassend.

Kol|lek|tiv *das;* -s, -e (auch: -s) ⟨*lat.(-russ.)*⟩: 1. a) Gruppe, in der Menschen zusammen leben [u. in der die Persönlichkeit des Einzelnen von untergeordneter Bedeutung ist]; b) Gruppe, in der Menschen zusammen arbeiten; Team. 2. Grundbegriff der kommunistischen Gesellschaftstheorie zur Bezeichnung einer von gemeinsamen Zielvorstellungen u. Überzeugungen getragenen Arbeits- u. Interessengemeinschaft. 3. (Statistik) beliebig große Gesamtheit von Messwerten, Zähldaten, die an eindeutig gegeneinander abgrenzbaren Exemplaren einer statistischen Menge zu beobachten sind. 4. (Phys.) Gesamtheit von Teilchen, deren Bewegungen infolge ihrer gegenseitigen Wechselwirkung mehr od. weniger stark korreliert sind

kol|lek|ti|vie|ren ⟨*lat.-russ.*⟩: Privateigentum in Gemeineigentum überführen. **Kol|lek|ti|vie|rung** *die;* -, -en: Überführung

privater Produktionsmittel in Gemeinwirtschaften

Kol|lek|tiv|im|pro|vi|sa|ti|on *die;* -, -en: gemeinsames Stegreifspiel im Jazz

Kol|lek|ti|vis|mus *der;* -: 1. Anschauung, die mit Nachdruck den Vorrang des gesellschaftlichen Ganzen vor dem Individuum betont u. Letzterem jedes Eigenrecht abspricht. 2. kollektive Wirtschaftslenkung mit Vergesellschaftung des Privateigentums. **Kol|lek|ti|vist** *der;* -en, -en: Anhänger des Kollektivismus. **Kol|lek|ti|vis|tin** *die;* -, -nen: weibliche Form zu ↑ Kollektivist. **kol|lek|ti|vis|tisch:** den Kollektivismus betreffend; im Sinne des Kollektivismus

Kol|lek|ti|vi|tät *die;* -: 1. Gemeinschaftlichkeit. 2. Gemeinschaft

Kol|lek|tiv|suf|fix *das;* -es, -e: (Sprachw.) ↑ Suffix, das typisch für eine Sammelbezeichnung ist (z. B.: -schaft)

Kol|lek|ti|vum *das;* -s, ...va u. ...ven ⟨*lat.*⟩: (Sprachw.) Sammelbezeichnung (z. B.: Herde, Gebirge)

Kol|lek|tiv|ver|trag *der;* -[e]s, ...verträge ⟨*lat.; dt.*⟩: 1. Vertrag zwischen Gewerkschaften u. Arbeitgeberverbänden zur gemeinsamen Regelung der arbeitsrechtlichen Probleme zwischen Arbeitgeber u. Arbeitnehmer (Tarifvertrag). 2. (Völkerrecht) Vertrag zwischen mehreren Staaten

Kol|lek|tiv|wirt|schaft *die;* -: (veraltet) landwirtschaftliche Produktionsgenossenschaft, bes. in der Sowjetunion

Kol|lek|tiv|zug *der;* -[e]s, ...züge: (Mus.) Registerzug der Orgel zum gleichzeitigen Erklingenlassen mehrerer Stimmen

Kol|lek|tor *der;* -s, ...oren ⟨*lat.-nlat.*⟩: 1. (Elektrot.) auf der Welle einer elektrischen Maschine (1) aufsitzendes Bauteil für die Stromzufuhr od. -aufnahme. 2. (Phys.) Vorrichtung, in der [unter Ausnutzung der Sonnenstrahlung] Strahlungsenergie gesammelt wird. 3. Sammler

Kol|lek|tur *die;* -, -en: (österr.) [Lotto]geschäftsstelle

Kol|lem|bo|le *der;* -n, -n (meist Plural) ⟨*gr.-nlat.*⟩: (Zool.) ein flügelloses Insekt; Spring-schwanz

Kol|l|en|chym *das; -s, -e:* (Bot.) Festigungsgewebe der Pflanzen

Kol|l|le|te|re *die; -, -n:* (Bot.) pflanzliches Drüsenorgan auf den Winterknospen vieler Holzgewächse

Kol|lett *das; -s, -e ⟨lat.-fr.⟩:* (veraltet) Reitjacke

¹**Kol|li:** *Plural* von ↑ Kollo

²**Kol|li** *das; -s, - (auch: -s) ⟨it.⟩:* (österr.) ↑ Kollo

kol|li|die|ren *⟨lat.⟩:* 1. (von Fahrzeugen) zusammenstoßen. 2. (von Interessen, Ansprüchen, Rechten, Pflichten o. Ä.) nicht zu vereinbaren sein

Kol|li|er, auch: Collier [...'lie:] *das; -s, -s ⟨lat.-fr.⟩:* 1. wertvolle, aus mehreren Reihen Edelsteinen od. Perlen bestehende Halskette. 2. schmaler Pelz, der um den Hals getragen wird

Kol|li|ma|ti|on *die; -, -en ⟨lat.-nlat.⟩:* das Zusammenfallen von zwei Linien an einem Messgerät (z. B. beim Einstellen eines Fernrohrs)

Kol|li|ma|tor *der; -s, ...oren:* 1. Vorrichtung in optischen Geräten, mit der ein unendlich entferntes Ziel in endlichem Abstand dargestellt wird. 2. (Kernphysik) Vorrichtung, mit der aus einem [Teilchen]strahl ein Bündel mit bestimmtem Raumwinkel ausgeblendet wird

kol|li|ne|ar: einander entsprechende gerade Linien zeigend [bei der ↑ Projektion (3) geometrischer Figuren]. **Kol|li|ne|ar** *das; -s, -e:* (Fotogr.) ein symmetrisches Objektiv

Kol|li|ne|a|ti|on *die; -, -en:* (Math.) ↑ kollineare Abbildung zweier geometrischer Figuren aufeinander

Kol|li|qua|ti|on *die; -, -en ⟨lat.⟩:* (Med.) Einschmelzung, Verflüssigung von Gewebe (bes. des Gehirns) bei Entzündungen u. Nekrosen

Kol|li|si|on *die; -, -en ⟨lat.⟩:* 1. Zusammenstoß von Fahrzeugen. 2. Widerstreit [nicht miteinander vereinbarer Interessen, Rechte u. Pflichten]

Kol|lo *das; -s, -s u. ...li ⟨it.⟩:* Frachtstück, Warenballen; vgl. Kolli

Kol|lo|di|um *das; -s ⟨gr.-nlat.⟩:* zähflüssige Lösung von ↑ Nitro-zellulose in Alkohol u. Äther (z. B. zum Verschließen von Wunden verwendet)

kol|lo|id u. kolloidal: fein zerteilt (von Stoffen). **Kol|lo|id** *das; -[e]s, -e:* (Chem.) Stoff, der sich in feinster, mikroskopisch nicht mehr erkennbarer Verteilung in einer Flüssigkeit od. einem Gas befindet. **kol|lo|i|dal** vgl. kolloid

Kol|lo|id|che|mie *die; -:* ↑ physikalische Chemie, die sich mit den besonderen Eigenschaften der Kolloide befasst

Kol|lo|id|re|ak|ti|on *die; -, -en:* (Med.) der Diagnostik dienende Methode zur Untersuchung von Blut u. Rückenmarksflüssigkeit

Kol|lo|ka|bi|li|tät *die; -, -en ⟨lat.-nlat.⟩:* (Sprachw.) Fähigkeit zur Kollokation (2)

Kol|lo|ka|ti|on *die; -, -en ⟨lat.⟩:* 1. a) Ordnung nach der Reihenfolge; b) Platzanweisung. 2. (Sprachw.) a) inhaltliche Kombinierbarkeit sprachlicher Einheiten miteinander (z. B.: Biene + summen; dick + Buch; aber nicht: dick + Haus); b) Zusammenfall, gemeinsames Vorkommen verschiedener Inhalte in einer lexikalischen Einheit (z. B. engl. *to swim* u. *to float* in deutsch *schwimmen*).

Kol|lo|ka|tor *der; -s, ...oren:* Teil einer Kollokation (2 a)

kol|lo|kie|ren: (Sprachw.) a) inhaltlich zusammenpassende sprachliche Einheiten miteinander verbinden; b) (zusammen mit einem anderen sprachlichen Inhalt) in einer einzigen lexikalischen Einheit enthalten sein; vgl. Kollokation (2 b)

Kol|lo|ne|ma *das; -s, -ta ⟨gr.-nlat.⟩:* ↑ Myxom

kol|lo|qui|al *⟨lat.-engl.⟩:* (Sprachw.) wie im Gespräch üblich, für die Redeweise im Gespräch charakteristisch. **Kol|lo|qui|a|lis|mus** *der; -, ...men:* (Sprachw.) kolloquialer Ausdruck

Kol|lo|qui|um *das; -s, ...ien ⟨lat.⟩:* 1. a) wissenschaftliches Gespräch [zwischen Fachleuten]; b) kleinere Einzelprüfung an einer Hochschule (bes. über eine einzelne Vorlesung). 2. Zusammenkunft, Beratung von Wissenschaftlern od. Politikern über spezielle Probleme

kol|lu|die|ren *⟨lat.⟩:* sich zur Täuschung eines Dritten mit jmdm. absprechen

Kol|lum|kar|zi|nom *das; -s, -e ⟨lat.; gr.⟩:* (Med.) Gebärmutterhalskrebs

Kol|lu|si|on *die; -, -en ⟨lat.⟩:* (Rechtsw.) a) geheime, betrügerische Verabredung, sittenwidrige Absprache; b) Verdunkelung, Verschleierung (z. B. wichtigen Beweismaterials einer Straftat)

Kol|ma|tage [...'ta:ʒə] *die; -, -n:* ↑ Kolmation

kol|ma|tie|ren *⟨lat.-it.-fr.⟩:* Gelände mit sinkstoffhaltigem Wasser überfluten. **Kol|ma|ti|on** *die; -, -en:* künstliche Geländeerhöhung durch Überschwemmung des Gebiets mit sinkstoffhaltigem Wasser; Auflandung

Kol Ni|d|re *das; - - - ⟨hebr.; "alle Gelübde"⟩:* Name u. Anfangswort des jüdischen Synagogengebets am Vorabend des Versöhnungstages (↑ Jom Kippur)

Ko|lo *der; -s, -s ⟨slaw.; "Rad"⟩:* 1. Nationaltanz der Serben. 2. auf dem Balkan verbreiteter Kettenreigentanz in schnellem $^2/_4$-Takt

Ko|lo|bom *das; -s, -e ⟨gr.⟩:* (Med.) angeborene Spaltbildung, bes. im Bereich der Regenbogenhaut, der Augenlider od. des Gaumens

Ko|lom|bi|ne u. Kolumbine *die; -, -n ⟨lat.-it.; "Täubchen"⟩:* weibliche Hauptfigur der ↑ Commedia dell' Arte

Ko|lom|bo|wur|zel *die; -, -n ⟨nach Colombo, der Hauptstadt von Sri Lanka⟩:* die Wurzel eines in Ostasien vorkommenden Mondsamengewächses; ein Heilmittel gegen Verdauungsstörungen

Ko|lo|me|t|rie *die; - ⟨gr.⟩:* Zerlegung fortlaufend geschriebener Gedichte od. Texte in Kola (vgl. Kolon 2)

Ko|lon *das; -s, -s u. ...la ⟨gr.-lat.; "Körperglied; gliedartiges Gebilde; Satzglied"⟩:* 1. (veraltet) Doppelpunkt. 2. (antike Metrik u. Rhet.) auf der Atempause beruhende rhythmische Spracheinheit in Vers u. Prosa. 3. (Med.) ein Teil des Dickdarms; Grimmdarm

K

Ko|lo|nat *das* (auch: *der*); -[e]s, -e
⟨*lat.*⟩: 1. Gebundenheit der
Pächter an ihr Land in der römischen Kaiserzeit; Grundhö-
rigkeit. 2. Erbzinsgut
Ko|lo|ne *der*; -n, -n: 1. persönlich
freier, aber [erblich] an seinen
Landbesitz gebundener Pächter in der römischen Kaiserzeit.
2. Erbzinsbauer
Ko|lo|nel *die*; - ⟨*lat.-it.-fr.*⟩:
(Druckw.) Schriftgrad von sieben Punkt (etwa 2,5 mm
Schrifthöhe)
ko|lo|ni|al ⟨*lat.-fr.*⟩: 1. a) aus den
Kolonien stammend; b) die Ko-
lonien betreffend. 2. (Biol.; von
Tieren od. Pflanzen) in enger,
natürlicher Gemeinschaft lebend
ko|lo|ni|a|li|sie|ren: in koloniale
Abhängigkeit bringen
Ko|lo|ni|a|lis|mus *der*; - ⟨*nlat.*⟩:
1. (hist.) auf Erwerb u. Ausbau
von [überseeischen] Besitzun-
gen ausgerichtete Politik eines
Staates. 2. (abwertend) System
der politischen Unterdrückung
u. wirtschaftlichen Ausbeutung
unterentwickelter Völker [in
Übersee] durch politisch u.
wirtschaftlich einflussreiche
Staaten. **Ko|lo|ni|a|list** *der*; -en,
-en: Anhänger des Kolonialis-
mus. **Ko|lo|ni|a|lis|tin** *die*; -,
-nen: weibliche Form zu ↑ Kolo-
nialist. **ko|lo|ni|a|lis|tisch:** dem
Kolonialismus entsprechend,
nach seinen ↑ Prinzipien vorgehend
Ko|lo|ni|al|stil *der*; -[e]s: vom Stil
des kolonisierenden Landes ge-
prägter Wohn- u. Baustil des
kolonisierten Landes
Ko|lo|ni|al|wa|ren *die* (Plural):
(veraltet) Lebens- u. Genussmittel [aus Übersee]
Ko|lo|nie *die*; -, ...ien ⟨*lat.*⟩: 1. aus-
wärtige Besitzung eines Staa-
tes, die politisch u. wirtschaftlich von ihm abhängig ist.
2. Gruppe von Personen gleicher Nationalität, die im Ausl-
and [am gleichen Ort] lebt u.
dort das Brauchtum u. die Tra-
ditionen des eigenen Landes
pflegt. 3. (Biol.) häufig mit Ar-
beitsteilung verbundener Zusammenschluss ein- od. mehr-
zelliger pflanzlicher od. tierischer Individuen einer Art zu
mehr od. weniger lockeren Ver-
bänden. 4. a) Siedlung; b) (hist.)

römische od. griechische Siedlung in eroberten Gebieten.
5. Lager (z. B. Ferienlager)
Ko|lo|ni|sa|ti|on *die*; -, -en ⟨*lat.-fr.*
u. *engl.*⟩: 1. Gründung, Entwick-
lung [u. wirtschaftliche Aus-
beutung] von Kolonien. 2. wirtschaftliche Entwicklung rück-
ständiger Gebiete des eigenen
Staates (innere Kolonisation);
vgl. ...ation/...ierung
Ko|lo|ni|sa|tor *der*; -s, ...oren ⟨Sub-
stantivbildung zu ↑ kolonisie-
ren⟩: 1. jmd., der führend an der
Gründung u. Entwicklung von
Kolonien (1) beteiligt ist.
2. jmd., der kolonisiert (2). **Ko-
lo|ni|sa|to|rin** *die*; -, -nen: weib-
liche Form zu ↑ Kolonisator. **ko-
lo|ni|sa|to|risch:** die Kolonisa-
tion betreffend
ko|lo|ni|sie|ren ⟨*lat.-fr.* u. *engl.*⟩:
1. zu einer Kolonie (1) machen.
2. urbar machen, besiedeln u.
wirtschaftlich erschließen. **Ko-
lo|ni|sie|rung** *die*; -, -en: das Ko-
lonisieren; vgl. ...ation/...ierung
Ko|lo|nist *der*; -en, -en ⟨*lat.-engl.*⟩:
1. a) europäischer Siedler in ei-
ner Kolonie (1); b) jmd., der in
einer Kolonie wohnt; c) jmd.,
der kolonisiert. 2. (Bot.) ↑ Ad-
ventivpflanze. **Ko|lo|nis|tin** *die*;
-, -nen: weibliche Form zu ↑ Ko-
lonist (1)
Ko|lon|na|de *die*; -, -n ⟨*lat.-it.-fr.*⟩:
Säulengang, -halle
Ko|lon|ne *die*; -, -n ⟨*lat.-fr.*⟩: 1. a) in
langer Formation marschie-
rende Truppe, sich fortbewe-
gende Gruppe von Menschen;
die fünfte Kolonne: ein Spio-
nage- u. Sabotagetrupp;
b) lange Formation in gleich-
mäßigen Abständen hintereinander fahrender [militäri-
scher] Fahrzeuge; c) für bestimmte Arbeiten im Freien zusammengestellter Trupp.
2. senkrechte Reihe untereinander geschriebener Zahlen, Zeichen od. Wörter [einer Tabelle].
3. (Druckw.) Druckspalte, Ko-
lumne. 4. (Chem.) zur Destilla-
tion von Stoffen verwendeter
säulen- od. turmartiger Apparat. 5. a) Wettkampfgemein-
schaft im Kunstkraftsport;
b) bestimmte Darbietung einer
Kolonne (5 a)
Ko|lo|phon *der*; -s, -e ⟨*gr.*⟩: 1. (ver-
altet) Gipfel, Abschluss;
Schlussstein. 2. Schlussformel

mittelalterlicher Handschriften
u. Frühdrucke mit Angaben
über Verfasser, Druckort u.
Druckjahr; vgl. Impressum
Ko|lo|pho|ni|um *das*; -s ⟨nach der
griech. Stadt Kolophon in
Kleinasien⟩: ein Harzprodukt
(z. B. als Geigenharz verwendet)
Ko|lo|p|to|se *die*; -, -n ⟨*gr.-nlat.*⟩:
(Med.) Senkung des Dickdarms
Ko|lo|quin|te *die*; -, -n ⟨*gr.-lat.-
mlat.*⟩: Frucht einer subtropischen Kürbispflanze, die Öl liefert u. als Heilmittel verwendet
wird
Ko|lo|ra|do|kä|fer *der*; -s, - ⟨nach
dem US-Staat Colorado⟩: der
aus Nordamerika einge-
schleppte Kartoffelkäfer
Ko|lo|ra|tur *die*; -, -en ⟨*lat.-it.*⟩:
Ausschmückung u. Verzierung
einer Melodie mit einer Reihe
umspielender Töne
Ko|lo|ra|tur|so|p|ran *der*; -s, -e:
a) für hohe Sopranlage geeignete geschmeidige u. bewegliche Frauenstimme; b) Sängerin
mit dieser Stimmlage
ko|lo|rie|ren ⟨*lat.(-it.)*⟩: 1. mit Far-
ben ausmalen (z. B. Holz-
schnitte). 2. eine Komposition
mit Verzierungen versehen (15.
u. 16. Jh.)
Ko|lo|ri|me|ter *das*; -s, - ⟨*lat.; gr.*⟩:
Gerät zur Bestimmung von
Farbtönen
Ko|lo|ri|me|t|rie *die*; -: 1. (Chem.)
Bestimmung der Konzentra-
tion einer Lösung durch Messung ihrer Farbintensität.
2. (Astron.) Temperaturbestim-
mung der Gestirne durch Vergleich von künstlich gefärbten
Lichtquellen mit der Farbe des
Gestirne. **ko|lo|ri|me|t|risch:**
a) das Verfahren der Kolorime-
trie anwendend; b) die Kolori-
metrie betreffend
Ko|lo|ris|mus *der*; - ⟨*lat.-nlat.*⟩:
(Kunstwiss.) die einseitige Betonung der Farbe in der Malerei
(z. B. im Impressionismus)
Ko|lo|rist *der*; -en, -en: a) jmd.,
der Zeichnungen od. Drucke
farbig ausmalt; b) Maler, der
den Schwerpunkt auf das Kolo-
rit (1) legt. **Ko|lo|ris|tin** *die*; -,
-nen: weibliche Form zu ↑ Kolo-
rist. **ko|lo|ris|tisch:** die Farbge-
bung betreffend
Ko|lo|rit [auch: ...'rɪt] *das*; -[e]s, -e
⟨*lat.-it.*⟩: 1. a) farbige Gestaltung

od. Wirkung eines Gemäldes; b) Farbgebung; Farbwirkung. 2. (Mus.) die durch Instrumentation u. Harmonik bedingte Klangfarbe. 3. (ohne Plural) eigentümliche Atmosphäre, Stil

Ko|lo|s|kop *das;* -s, -e ⟨*gr.*⟩: (Med.) Gerät zur direkten Untersuchung des Grimmdarms. **Ko|los|ko|pie** *die;* -, ...ien: (Med.) direkte Untersuchung des Grimmdarms mit dem Koloskop

Ko|loss *der;* -es, -e ⟨*gr.-lat.*⟩: a) (hist.) Riesenstandbild; b) etwas, jmd. von gewaltigem Ausmaß; eine Person von außergewöhnlicher Körperfülle

ko|los|sal ⟨*gr.-lat.-fr.*⟩: a) riesig, gewaltig; Riesen...; b) (ugs.) sehr groß, von ungewöhnlichem Ausmaß; c) (ugs.) äußerst, ungewöhnlich; vgl. ...isch/-. **ko|los|sa|lisch:** (veraltet) kolossal; vgl. ...isch/-

Ko|los|sa|li|tät *die;* -: (selten) das Kolossale einer Person od. Sache; riesenhaftes Ausmaß

Ko|los|sal|ord|nung *die;* -, -en: (Archit.) mehrere (meist zwei) Geschosse einer Fassade übergreifende Säulenordnung

Ko|lo|s|to|mie *die;* -, ...ien⟨*gr.-nlat.*⟩: (Med.) das Anlegen einer Dickdarmfistel (vgl. Fistel)

Ko|los|t|ral|milch *die;* - ⟨*lat.-nlat.; dt.*⟩ u. **Ko|los|t|rum** *das;* -s ⟨*lat.*⟩: (Med.) Sekret der weiblichen Brustdrüsen, das bereits vor u. noch unmittelbar nach der Geburt abgesondert wird u. sich von der eigentlichen Milch unterscheidet

Ko|lo|to|mie *die;* -, ...ien ⟨*gr.-nlat.*⟩: (Med.) operative Öffnung des Dickdarms [zur Anlegung eines künstlichen Afters]

Kol|pak vgl. Kalpak

Kol|pi|tis *die;* -, ...it|iden ⟨*gr.-nlat.*⟩: (Med.) Entzündung der weiblichen Scheide

Kol|po|k|lei|sis *die;* -: (Med.) operativer Verschluss der Scheide

Kol|por|ta|ge [...'ta:ʒə, österr.: ...ta:ʒ] *die;* -, -n ⟨*lat.-fr.*⟩: 1. literarisch minderwertiger, auf billige Wirkung abzielender Bericht. 2. Verbreitung von Gerüchten. 3. (veraltet) [Hausierer]handel mit Kolportageliteratur

Kol|por|ta|ge|li|te|ra|tur *die;* -: billige, literarisch wertlose [Un-

terhaltungs]literatur; Hintertreppen-, Schundliteratur

Kol|por|teur [...'tøːɐ̯] *der;* -s, -e: 1. jmd., der Gerüchte verbreitet. 2. a) (veraltet) jmd., der mit Büchern od. Zeitschriften hausieren geht; b) (österr.) Zeitungsausträger. **Kol|por|teu|rin** [...'tøːrɪn] *die;* -, -nen: weibliche Form zu ↑ Kolporteur

kol|por|tie|ren: 1. Gerüchte verbreiten. 2. (veraltet) von Haus zu Haus gehen u. Waren anbieten

Kol|pos *der;* - ⟨*gr.*⟩: über dem Gürtel des ↑ Chitons entstehender Faltenbausch

Kol|po|s|kop *das;* -s, -e ⟨*gr.-nlat.*⟩: (Med.) vergrößerndes Spiegelgerät zur Untersuchung des Scheideninnern. **Kol|po|s|ko|pie** *die;* -, ...ien: (Med.) Untersuchung der Scheidenschleimhaut mit dem Koloskop

¹Kol|ter *das;* -s, - ⟨*lat.-fr.*⟩: (landsch.) Messer vor der Pflugschar

²Kol|ter *der;* -s, - od. *die;* -, -n ⟨*lat.-fr.*⟩: (landsch.) [gesteppte] Bettdecke

Ko|lum|ba|ri|um *das;* -s, ...ien ⟨*lat.; „Taubenhaus“*⟩: 1. (hist.) römische Grabkammer der Kaiserzeit mit Wandnischen für Aschenurnen. 2. Urnenhalle eines Friedhofs

Ko|lum|bi|ne vgl. Kolombine

Ko|lum|bit [auch: ...'bɪt] *der;* -s, -e ⟨*nlat.;* nach dem Vorkommen im Gebiet von Columbia in den USA⟩: ein Mineral

Ko|lu|mel|la *die;* -, ...llen ⟨*lat.; „kleine Säule“*⟩: 1. (Bot.) Säulchen steriler Zellen in den Sporen bildenden Organen einiger Pilze u. Moose. 2. (Zool.) Kalksäule bei Korallentieren. 3. (Zool.) säulenförmiger Knochen im Mittelohr vieler Wirbeltiere

Ko|lum|ne *die;* -, -n ⟨*lat.; „Säule“*⟩: 1. (Druckw.) Satzspalte. 2. von stets demselben [prominenten] Journalisten verfasster, regelmäßig an bestimmter Stelle einer Zeitung od. Zeitschrift veröffentlichter Meinungsbeitrag

Ko|lum|nen|ti|tel *der;* -s, -: Überschrift über einer Buchseite

Ko|lum|nist *der;* -en, -e ⟨*lat.-nlat.*⟩: jmd., der Kolumnen (2) schreibt. **Ko|lum|nis|tin** *die;* -,

-nen: weibliche Form zu ↑ Kolumnist

kom..., Kom... vgl. kon..., Kon...

¹Ko|ma *das;* -s, -s u. -ta ⟨*gr.; „tiefer Schlaf“*⟩: (Med.) tiefste, durch keine äußeren Reize zu unterbrechende Bewusstlosigkeit

²Ko|ma *die;* -, -s ⟨*gr.-lat.; „Haar“*⟩: 1. (Astron.) Nebelhülle um den Kern eines Kometen. 2. (Optik) Linsenfehler, durch den auf der Bildfläche eine kometenschweifähnliche Abbildung statt eines Punktes entsteht

ko|ma|tös ⟨*gr.-nlat.*⟩: (Med.) in tiefster Bewusstlosigkeit befindlich; vgl. ¹Koma

kom|bat|tant ⟨*lat.-vulgärlat.-fr.*⟩: kämpferisch. **Kom|bat|tant** *der;* -en, -en: 1. [Mit]kämpfer, Kampfteilnehmer. 2. Angehöriger der Kampftruppen, die nach dem Völkerrecht zur Durchführung von Kampfhandlungen allein berechtigt sind

Kom|bi *der;* -[s], -s: 1. Kurzform von ↑ Kombiwagen. 2. (schweiz.) Kurzform von ↑ Kombischrank

Kom|bi|nat *das;* -[e]s, -e ⟨*lat.-russ.*⟩: (in sozialistischen Ländern üblicher) Großbetrieb, in dem Betriebe produktionsmäßig eng zusammengehörender Industriezweige zusammengeschlossen sind

¹Kom|bi|na|ti|on *die;* -, -en ⟨*lat.*⟩: 1. Verbindung, [geistige] Verknüpfung; Zusammenstellung. 2. Herrenanzug, bei dem ↑ Sakko u. Hose aus verschiedenen Stoffarten [u. in unterschiedlicher Farbe] gearbeitet sind. 3. a) planmäßiges Zusammenspiel [im Fußball]; b) aus mehreren Disziplinen bestehender Wettkampf; **nordische Kombination:** Sprunglauf u. 15-km-Langlauf als Skiwettbewerb. 4. Schlussfolgerung, Vermutung. 5. (Math.) willkürliche Zusammenstellung einer bestimmten Anzahl aus gegebenen Dingen; vgl. Kombinatorik (2)

²Kom|bi|na|ti|on [auch engl.: kɔmbɪ'neɪʃən] *die;* -, -en u. (bei engl. Ausspr.) -s ⟨*lat.-fr.-engl.*⟩: 1. einteiliger [Schutz]anzug, bes. der Flieger. 2. (veraltend) Wäschegarnitur, bei der Hemd u. Schlüpfer in einem Stück gearbeitet sind

K

Kom|bi|na|ti|ons|leh|re vgl. Kombinatorik

Kom|bi|na|ti|ons|ton der; -s, ...töne: (Mus.; Phys.) schwach hörbarer Ton, der durch das gleichzeitige Erklingen zweier kräftiger Töne entsteht, deren Tonhöhen nicht zu nahe beisammenliegen

kom|bi|na|tiv ⟨lat.-nlat.⟩: gedanklich verbindend, verknüpfend

Kom|bi|na|to|rik u. Kombinationslehre die; -: 1. [Begriffs]aufbau nach bestimmten Regeln. 2. (Math.) Teilgebiet der Mathematik, das sich mit den Anordnungsmöglichkeiten gegebener Dinge (Elemente) befasst

kom|bi|na|to|risch: die ¹Kombination (1) od. Kombinatorik betreffend; **kombinatorischer Lautwandel:** von einem Nachbarlaut abhängiger Lautwandel eines Lauts (z. B. beim Umlaut, der durch ein i od. j der folgenden Silbe hervorgerufen wird: althochdt. gast „Gast" – gesti „Gäste")

Kom|bi|ne [auch engl.: ...'baɪn] die; -, -n u. (bei engl. Ausspr.:) -s ⟨engl.-russ.⟩ u. Combine die; -, -s: landwirtschaftliche Maschine, die verschiedene Arbeitsgänge gleichzeitig ausführt (z. B. Mähdrescher)

kom|bi|nie|ren ⟨lat.⟩: 1. [gedanklich] miteinander verknüpfen. 2. schlussfolgern. 3. [im Fußball] planmäßig zusammenspielen

Kom|bi|nier|te der; -n, -n: jmd., der die nordische Kombination läuft

Kom|bi|schrank der; -[e]s, ...schränke ⟨lat.; dt.⟩: Mehrzweckschrank

Kom|bi|wa|gen der; -s, -: kombinierter Liefer- u. Personenwagen

Kom|bu|cha der; -s ⟨Herkunft unsicher; vielleicht jap.⟩: 1. (auch: die; -) aus Meeresalgen gewonnener Teepilz. 2. (auch: das; -s) mit Kombucha (1) vergorener Tee

kom|bus|ti|bel ⟨lat.-nlat.⟩: (veraltet) leicht verbrennbar. **Kombus|ti|bi|li|en** die (Plural): Brennstoffe

Kom|bus|ti|on die; -, -en ⟨spätlat.⟩: (Med.) Verbrennung

Ko|me|do der; -s, ...onen ⟨lat.⟩:

1. (veraltet) Fresser, Schlemmer. 2. (meist Plural; Med.): Mitesser

ko|mes|ti|bel: (veraltet) genießbar, essbar. **Ko|mes|ti|bi|li|en** die (Plural): Esswaren, Lebensmittel

Ko|met der; -en, -en ⟨gr.-lat.⟩: (Astron.) Schweif-, Haarstern mit ↑ elliptischer od. ↑ parabolischer Bahn im Sonnensystem

ko|me|tar: von [einem] Kometen stammend, durch [einen] Kometen bedingt

Kom|fort [...'foːɐ̯] der; -s ⟨lat.-fr.-engl.⟩: luxuriöse Ausstattung (z. B. einer Wohnung), behagliche Einrichtung; Annehmlichkeiten; Bequemlichkeit

kom|for|ta|bel: behaglich, wohnlich; mit allen Bequemlichkeiten des modernen Lebensstandards ausgestattet. **Kom|for|ta|bel** der; -s, -[s]: (veraltet) Einspännerdroschke

Ko|mik die; - ⟨gr.-lat.-fr.⟩: die einer Situation od. Handlung innewohnende od. davon ausgehende erheiternde, belustigende Wirkung

Ko|mi|ker der; -s, -: 1. a) Vortragskünstler, der sein Publikum durch das, was er darstellt, u. durch die Art, wie er es darstellt, erheitert; b) Darsteller komischer Rollen auf der Bühne, im Film, im Fernsehen. 2. Schimpfwort. **Ko|mi|ke|rin** die; -, -nen: weibliche Form zu ↑ Komiker

Ko|m|in|form das; -s ⟨Kurzw. aus: kommunistisches Informationsbüro⟩: (hist.) zum Zwecke des Erfahrungsaustausches unter den kommunistischen Parteien u. zu deren Koordinierung eingerichtetes Informationsbüro in den Jahren 1947–1956

Ko|m|in|tern die; - ⟨Kurzw. aus: kommunistische Internationale⟩: (hist.) Vereinigung aller kommunistischen Parteien in den Jahren 1919–1943

ko|misch ⟨gr.-lat.-fr.⟩: 1. zum Lachen reizend, belustigend. 2. eigenartig, sonderbar

Ko|mi|tat das (auch: der); -[e]s, -e ⟨lat.-mlat.⟩: 1. (hist.) Begleitung; [feierliches] Geleit [für einen die Universität verlassenden Studenten]. 2. (hist.) Grafschaft. 3. (hist.) Verwaltungsbezirk in Ungarn; vgl. Gespanschaft

Ko|mi|ta|tiv der; -s, -e ⟨lat.-nlat.⟩:

(Sprachw.) Kasus in den finnisch-ugrischen Sprachen, der die Begleitung durch eine Person od. Sache bezeichnet

Ko|mi|tee das; -s, -s ⟨lat.-engl.-fr.⟩: a) [leitender] Ausschuss; b) Gruppe von Personen, die mit der Vorbereitung, Organisation u. Durchführung einer Veranstaltung betraut ist

Ko|mi|ti|en die (Plural) ⟨lat.⟩: Bürgerschaftsversammlungen im alten Rom

Kom|ma das; -s, -s u. -ta ⟨gr.-lat.; „Schlag; Abschnitt, Einschnitt"⟩: 1. a) Satzzeichen, das den Ablauf der Rede u. bes. den Satzbau kennzeichnet, indem es u. a. Haupt- u. Gliedsatz trennt, Einschübe u. Zusätze kenntlich macht u. Aufzählungen von Wörtern u. Wortgruppen unterteilt; b) Zeichen, das bei der Ziffernschreibung die Dezimalstellen abtrennt. 2. (antike Metrik u. Rhet.) Untergliederung des ↑ Kolons (2). 3. (Mus.) über der fünften Notenlinie stehendes Phrasierungszeichen (Bogenende od. Atempause). 4. (Phys.) kleiner Unterschied zwischen den Schwingungszahlen beinahe gleich hoher Töne

Kom|ma|ba|zil|lus der; -, ...llen: (Med.) Erreger der asiatischen ↑ Cholera

Kom|man|dant der; -en, -en ⟨lat.-vulgärlat.-fr.⟩: 1. Befehlshaber [einer Festung, eines Schiffs usw.]. 2. (schweiz.) Kommandeur. **Kom|man|dan|tin** die; -, -nen: weibliche Form zu ↑ Kommandant

Kom|man|dan|tur die; -, -en ⟨nlat.⟩: 1. Dienstgebäude eines Kommandanten. 2. Amt des Befehlshabers einer Truppenabteilung (vom Bataillon bis zur Division)

Kom|man|deur [...'døːɐ̯] der; -s, -e ⟨lat.-vulgärlat.-fr.⟩: Befehlshaber eines größeren Truppenteils (vom Bataillon bis zur Division). **Kom|man|deu|rin** [...'døːrɪn] die; -, -nen: weibliche Form zu ↑ Kommandeur

kom|man|die|ren: 1. a) befehligen; b) an einen bestimmten Ort beordern, dienstlich versetzen; c) etwas [im Befehlston] anordnen, ein Kommando geben. 2. (ugs.) Befehle erteilen, den Befehlston anschlagen

Kom|man|di|tär *der; -s, -e* ⟨*lat.-it.-fr.*⟩: (schweiz.) Kommanditist. **Kom|man|di|tä|rin** *die; -, -nen*: weibliche Form zu ↑ Kommanditär **Kom|man|di|te** *die; -, -n*: 1. (veraltet) Kommanditgesellschaft. 2. Zweiggeschäft, Niederlassung **Kom|man|dit|ge|sell|schaft** *die; -, -en*: Handelsgesellschaft, die unter gemeinschaftlicher Firma ein Handelsgewerbe betreibt u. bei der einer od. mehrere Gesellschafter persönlich haften u. mindestens einer der Gesellschafter nur mit seiner Einlage haftet; Abk.: KG **Kom|man|di|tist** *der; -en, -en*: Gesellschafter einer ↑ Kommanditgesellschaft, dessen Haftung auf seine Einlage beschränkt ist. **Kom|man|di|tis|tin** *die; -, -nen*: weibliche Form zu ↑ Kommanditist **Kom|man|do** *das; -s, -s* (österr. auch: ...den) ⟨*lat.-it.*⟩: 1. (ohne Plural) Befehlsgewalt. 2. a) Befehl[swort]; b) befohlener Auftrag; c) vereinbarte Wortfolge, die als Startsignal dient. 3. [militärische] Abteilung, die zur Erledigung eines Sonderauftrags zusammengestellt wird **Kom|mas|sa|ti|on** *die; -, -en* ⟨*lat.; gr.-lat.-mlat.-nlat.*⟩: Flurbereinigung; Grundstückszusammenlegung. **kom|mas|sie|ren**: Grundstücke zusammenlegen **Kom|me|mo|ra|ti|on** *die; -, -en* ⟨*lat.*⟩: 1. (veraltet) Erwähnung, Gedächtnis, Andenken. 2. Gedächtnis, Fürbitte in der katholischen Messe; kirchliche Gedächtnisfeier (z. B. Allerseelen). **kom|me|mo|rie|ren**: (veraltet) erwähnen, gedenken **Kom|men|de** *die; -, -n* ⟨*lat.-mlat.*⟩: 1. ohne Amtsverpflichtung übertragene kirchliche Pfründe. 2. Verwaltungsbezirk od. Ordenshaus der ↑ Johanniter od. des Deutschherrenordens **kom|men|sal** ⟨*lat.-mlat.-nlat.*⟩: (Biol.) als Kommensale lebend. **Kom|men|sa|le** *der; -n, -n* (meist Plural): (Biol.) Organismus, der sich auf Kosten eines (artfremden) Wirtsorganismus ernährt, ohne ihm dabei zu schaden. **Kom|men|sa|lis|mus** *der; -*:

(Biol.) das Leben als Kommensale **kom|men|su|ra|bel** ⟨*lat.*⟩: mit gleichem Maß messbar; vergleichbar; Ggs. ↑ inkommensurabel. **Kom|men|su|ra|bi|li|tät** *die; -* ⟨*lat.-nlat.*⟩: (Math.; Phys.) Messbarkeit mit gleichem Maß; Vergleichbarkeit; Ggs. ↑ Inkommensurabilität **Kom|ment** [kɔ'mã:] *der; -s, -s* ⟨*lat.-vulgärlat.-fr.; „wie"*⟩: (Verbindungsw.) Brauch, Sitte, Regel [des studentischen Lebens] **Kom|men|tar** *der; -s, -e* ⟨*lat.*⟩: 1. a) mit Erläuterungen u. kritischen Anmerkungen versehenes Zusatzwerk zu einem Druckwerk (bes. zu einem Gesetzestext, einer Dichtung od. einer wissenschaftlichen Abhandlung); b) kritische Stellungnahme in Presse, Radio od. Fernsehen zu aktuellen Tagesereignissen. 2. (ugs.) Anmerkung, Erklärung, Stellungnahme. **kom|men|ta|risch**: in Form eines Kommentars (1 b) [abgefasst] **Kom|men|ta|ti|on** *die; -, -en*: (veraltet) Sammlung von gelehrten Schriften meist kritischen Inhalts **Kom|men|ta|tor** *der; -s, ...oren*: 1. Verfasser eines Kommentars (1 b). 2. ↑ Postglossator. **Kom|men|ta|to|rin** *die; -, -nen*: weibliche Form zu ↑ Kommentator **Kom|ment|hand|lung** [kɔ'mã:...] *die; -, -en* ⟨*lat.-vulgärlat.-fr.; dt.*⟩: (Verhaltensforschung) angeborenen Trieben entsprechende Handlung **kom|men|tie|ren**: a) ein Druckwerk (bes. einen Gesetzestext od. eine wissenschaftliche Abhandlung) mit erläuternden u. kritischen Anmerkungen versehen; b) in einem Kommentar (1 b) zu aktuellen Tagesereignissen Stellung nehmen; c) (ugs.) eine Anmerkung zu etwas machen **Kom|ment|kampf** [kɔ'mã:...] *der; -[e]s, ...kämpfe* ⟨*lat.-vulgärlat.-fr.; dt.*⟩: (Verhaltensforschung) nach festen Regeln ablaufende Art des Kampfes unter Artgenossen, die ernsthafte Verletzungen des Kampfpartners ausschließt (bei bestimmten Tierarten) **Kom|mers** *der; -es, -e* ⟨*lat.-fr.*⟩:

(Verbindungsw.) Trinkabend in festlichem Rahmen **Kom|mers|buch** *das; -[e]s, ...bücher*: (Verbindungsw.) Sammlung festlicher u. geselliger Studentenlieder **kom|mer|sie|ren**: (Verbindungsw. veraltet) an einem Kommers teilnehmen **Kom|merz** *der; -es*: 1. Wirtschaft, Handel u. Verkehr. 2. wirtschaftliches, auf Gewinn bedachtes Interesse **kom|mer|zi|a|li|sie|ren**: 1. öffentliche Schulden in privatwirtschaftliche umwandeln. 2. kulturelle Werte wirtschaftlichen Interessen unterordnen, dem Gewinnstreben dienstbar machen **Kom|mer|zi|a|lis|mus** *der; -*: nur auf die Erzielung eines möglichst großen Gewinns gerichtetes wirtschaftliches Handeln **Kom|mer|zi|al|rat** *der; -[e]s, ...räte*: (österr.) ↑ Kommerzienrat **kom|mer|zi|ell**: 1. Wirtschaft u. Handel betreffend, auf ihnen beruhend. 2. Geschäftsinteressen wahrnehmend, auf Gewinn bedacht **Kom|mer|zi|en|rat** *der; -[e]s, ...räte*: (früher) a) Titel für Großkaufleute u. Industrielle; b) Träger dieses Titels. **Kom|mer|zi|en|rä|tin** *die; -*: Ehefrau des Kommerzienrates (b) **Kom|mi|li|to|ne** *der; -n, -n* ⟨*lat.; „Mitsoldat, Waffenbruder"*⟩: (Studentenspr.) Studienkollege. **Kom|mi|li|to|nin** *die; -, -nen*: weibliche Form zu ↑ Kommilitone **Kom|mis** [kɔ'mi:] *der; - [...'mi:(s)], - [...'mi:s]* ⟨*lat.-fr.*⟩: (veraltet) Handlungsgehilfe **Kom|miss** *der; -es* ⟨*lat.*⟩: (ugs.) Militär[dienst] **Kom|mis|sar** *der; -s, -e* ⟨*lat.-mlat.*⟩: a) [vom Staat] Beauftragter; b) Dienstrangbezeichnung [für Polizeibeamte] **Kom|mis|sär** *der; -s, -e* ⟨*lat.-fr.*⟩: (landsch.) Kommissar **Kom|mis|sa|ri|at** *das; -[e]s, -e* ⟨*lat.-mlat.-nlat.*⟩: 1. Amt[szimmer] eines Kommissars. 2. (österr.) Polizeidienststelle **Kom|mis|sa|rin** *die; -, -nen*: weibliche Form zu ↑ Kommissar **Kom|mis|sä|rin** *die; -, -nen*: weibliche Form zu ↑ Kommissär **kom|mis|sa|risch**: vorübergehend, vertretungsweise [ein Amt verwaltend]

Kom|mis|si|on *die; -, -en* ⟨*lat.-mlat.-fr.*⟩: 1. Ausschuss [von beauftragten Personen]. 2. (veraltet) Auftrag; **in Kommission:** im eigenen Namen für fremde Rechnung ausgeführt (von einem Auftrag)

Kom|mis|si|o|när *der; -s, -e* ⟨*lat.-mlat.-fr.*⟩: jmd., der gewerbsmäßig Waren od. Wertpapiere in eigenem Namen für fremde Rechnung ankauft od. verkauft.

Kom|mis|si|o|nä|rin *die; -, -nen:* weibliche Form zu ↑ Kommissionär

kom|mis|si|o|nie|ren: 1. (österr.) [ein Gebäude] durch eine staatliche Kommission prüfen u. für die Übergabe an seine Bestimmung freigeben. 2. (Wirtsch.) manuell nach vorgegebenen Aufträgen Güter u. Waren zusammenstellen

Kom|mis|si|ons|buch|han|del *der; -s:* Zwischenbuchhandel [zwischen Verlag u. ↑ Sortiment (2)]

Kom|mis|si|v|de|likt *das; -[e]s, -e* ⟨*lat.-nlat.; lat.*⟩: (Rechtsw. veraltet) strafbare Handlung im Gegensatz zur strafbaren Unterlassung

Kom|mis|so|ri|um *das; -s, ...ien* ⟨*lat.*⟩: (veraltet) 1. Geschäftsauftrag. 2. Sendung. 3. Vollmacht[sbrief]

Kom|mis|sur *die; -, -en:* (Anat.) 1. Querverbindung zwischen ↑ symmetrischen (3) Teilen des ↑ Zentralnervensystems, bes. zwischen den beiden ↑ Hemisphären (c) des Großhirns. 2. Verbindung zwischen Weichteilen im Bereich der Organe

Kom|mit|tent *der; -en, -en:* Auftraggeber eines Kommissionärs

kom|mit|tie|ren: einen Kommissionär beauftragen, bevollmächtigen

Kom|mit|tiv *das; -s, -e* ⟨*lat.-nlat.*⟩: (Rechtsw. veraltet) Vollmachtschreiben

kom|mod ⟨*lat.-fr.*⟩: (veraltet, aber noch österr. u. landsch.) bequem, angenehm

Kom|mo|de *die; -, -n:* Möbelstück mit mehreren Schubladen

Kom|mo|di|tät *die; -, -en:* (veraltet, noch landsch.) 1. Bequemlichkeit. 2. Toilette

Kom|mo|do|re *der; -s, -n u. -s* ⟨*lat.-fr.-engl.*⟩: 1. Geschwaderführer

(bei Marine u. Luftwaffe). 2. erprobter ältester Kapitän bei großen Schifffahrtslinien

Kom|moi: *Plural* von ↑ Kommos

Kom|mos *der; -, ...moi* ⟨*gr.*⟩: 1. im Wechselgesang vorgetragenes Klagelied in der altgriechischen Tragödie. 2. Wechselrede zwischen Chor u. Schauspieler in der altgriechischen Tragödie

Kom|mo|tio u. **Kom|mo|ti|on** *die; -, ...tionen* ⟨*lat.*⟩: (Med.) 1. durch eine stumpfe Gewalteinwirkung hervorgerufene Erschütterung von Organen. 2. Gehirnerschütterung

kom|mun ⟨*lat.*⟩: gemeinschaftlich, gemein

kom|mu|nal: eine Gemeinde od. die Gemeinden betreffend, Gemeinde..., gemeindeeigen

kom|mu|na|li|sie|ren ⟨*lat.-nlat.*⟩: Privatunternehmen in Gemeindebesitz u. -verwaltung überführen

Kom|mu|nal|ob|li|ga|ti|on *die; -, -en:* von einer Gemeinde aufgenommene öffentliche Anleihe

Kom|mu|nal|po|li|tik *die; -:* die Belange einer Gemeinde betreffende Politik

Kom|mu|nal|wahl *die; -, -en:* Wahl der Gemeindevertretung (z. B. des Stadtrats)

Kom|mu|nar|de *der; -n, -n* ⟨*lat.-fr.*⟩: 1. Mitglied einer Kommune (4). 2. Anhänger der Pariser Kommune. **Kom|mu|nar|din** *die; -, -nen:* weibliche Form zu ↑ Kommunarde (1)

Kom|mu|ne *die; -, -n* ⟨*lat.-vulgärlat.-fr.*⟩: 1. Gemeinde als unterste Verwaltungseinheit. 2. (ohne Plural; hist.) Pariser Gemeinderat während der Französischen Revolution u. von März bis Mai 1871. 3. (ohne Plural; veraltet abwertend) Kommunisten. 4. Wohngemeinschaft, die bürgerliche Vorstellungen hinsichtlich Eigentum, Leistung, Konkurrenz und Moral ablehnt

Kom|mu|ni|kant *der; -en, -en* ⟨*lat.*⟩: 1. (kath. Rel.) jmd., der [zum ersten Mal] kommuniziert (3). 2. (Sprachw.; Soziol.) Gesprächsteilnehmer, Teilhaber an einer ↑ Kommunikation (1). **Kom|mu|ni|kan|tin** *die; -, -nen:* weibliche Form zu ↑ Kommunikant

Kom|mu|ni|ka|ti|on *die; -, -en:*

1. (ohne Plural) Verständigung untereinander, Umgang, Verkehr. 2. Verbindung, Zusammenhang

Kom|mu|ni|ka|ti|ons|for|schung *die; -:* Forschungsrichtung, die Probleme der ↑ Kommunikation (1) unter den verschiedensten wissenschaftlichen Gesichtspunkten (z. B. soziologischer od. linguistischer Art) untersucht

Kom|mu|ni|ka|ti|ons|sa|tel|lit *der; -en, -en:* der Nachrichtenübermittlung dienender ↑ Satellit (3)

Kom|mu|ni|ka|ti|ons|trai|ning *das; -s:* das Erlernen u. Üben, mit anderen Menschen zu kommunizieren (1), umzugehen

Kom|mu|ni|ka|ti|ons|zen|t|rum *das; -s, ...ren:* zentraler Begegnungsort von Menschen u. Gruppen

kom|mu|ni|ka|tiv ⟨*lat.-nlat.*⟩: a) mitteilbar, mitteilsam; b) auf die Kommunikation bezogen, die Kommunikation betreffend; **kommunikative Kompetenz:** (Sprachw.) Fähigkeit eines Sprachteilhabers, [neue] Redesituationen zu bewältigen

Kom|mu|ni|kee vgl. Kommuniqué

Kom|mu|ni|on *die; -, -en* ⟨*lat.*⟩: (kath. Rel.) 1. Gemeinschaft der Gläubigen in der Feier des heiligen Abendmahls (vgl. Eucharistie [b]). 2. der [erste] Empfang des Abendmahls

Kom|mu|ni|qué [kɔmyni'ke:, auch: kɔmu...], auch: **Kom|mu|ni|kee** *das; -s, -s* ⟨*lat.-fr.*⟩: a) [regierungs]amtliche Mitteilung (z. B. über Sitzungen, Vertragsabschlüsse); b) Denkschrift

Kom|mu|nis|mus *der; -* ⟨*lat.-engl.-fr.*⟩: 1. nach Karl Marx die auf den Sozialismus folgende Entwicklungsstufe, in der alle Produktionsmittel u. Erzeugnisse das gemeinsame Eigentum aller Staatsbürger übergehen u. in der alle sozialen Gegensätze aufgehoben sind. 2. politische Richtung, Bewegung, die sich gegen den ↑ Kapitalismus wendet u. eine zentral gelenkte Wirtschafts- u. Sozialordnung verficht

Kom|mu|nist *der; -en, -en:* a) Vertreter, Anhänger des Kommunismus; b) Mitglied einer kommunistischen Partei. **Kom|mu|nis|tin** *die; -, -nen:* weibliche Form zu ↑ Kommunist

kom|mu|nis̜ tisch: a) den Kommunismus u. seine Grundsätze betreffend; b) auf den Grundsätzen des Kommunismus aufbauend, basierend **Kom|mu|ni|ta|ris̜|mus** der; - ⟨lat.-amerik.⟩: (von den USA ausgehende) politische Bewegung, die bes. Gemeinsinn u. soziale Tugenden in den Vordergrund stellt u. eine auf das Gemeinwohl orientierte Erneuerung gesellschaftlicher Institutionen anstrebt **Kom|mu|ni|tät** die; -, -en ⟨lat.⟩:
1. Gemeinschaft, Gemeingut.
2. (veraltet) Ort, an dem sich bes. Studenten zum Speisen versammeln. 3. ordensähnliche evangelische Bruderschaft mit besonderen religiösen od. missionarischen Aufgaben **kom|mu|ni|zie|ren:** 1. sich verständigen, miteinander sprechen.
2. zusammenhängen, in Verbindung stehen; **kommunizierende Röhren:** (Phys.) unten miteinander verbundene u. oben offene Röhren od. Gefäße, in denen eine Flüssigkeit gleich hoch steht. 3. (kath. Rel.) das Altarsakrament empfangen, zur Kommunion gehen **kom|mu|ta|bel** ⟨lat.⟩: veränderlich; vertauschbar **Kom|mu|ta|ti|on** die; -, -en:
1. a) (Math.) Umstellbarkeit, Vertauschbarkeit von Größen; b) (Sprachw.) Ersetzen einer sprachlichen Einheit (z. B. eines Buchstabens) durch eine andere u. Untersuchung der dadurch bewirkten Veränderung (z. B. der Bedeutung). 2. (Astron.) Winkel zweier Geraden, die von der Sonne zur Erde u. zu einem anderen Planeten gehen. 3. ↑ Kommutierung **kom|mu|ta|tiv** ⟨lat.-nlat.⟩:
1. (Math., Sprachw.) umstellbar, vertauschbar (von mathematischen Größen u. sprachlichen Einheiten); vgl. Kommutation (1 a, b). 2. a) die ↑ Kommutation (2) betreffend; b) die Kommutierung betreffend **Kom|mu|ta|tor** der; -s, ...oren: (Elektrot.) Stromwender, ↑ Kollektor (1) **kom|mu|tie|ren** ⟨lat.⟩: 1. (Math., Sprachw.) Größen umstellen, miteinander vertauschen. 2. die Richtung des elektrischen

Stroms ändern. **Kom|mu|tie|rung** die; -: Umkehrung der Stromrichtung **Ko|mö|di|ant** der; -en, -en ⟨gr.-lat.-it.(-engl.)⟩: 1. Schauspieler.
2. (abwertend) jmd., der anderen etwas vorzumachen versucht; Heuchler. **Ko|mö|di|an|tin** die; -, -nen: weibliche Form zu ↑ Komödiant. **ko|mö|di|an|tisch:** zum Wesen des Komödianten gehörend; schauspielerisch [begabt] **Ko|mö|die** [...jə] die; -, -n ⟨gr.-lat.⟩:
1. a) (ohne Plural) dramatische Gattung, in der menschliche Schwächen dargestellt u. [scheinbare] Konflikte heiterüberlegen gelöst werden; b) Bühnenstück mit heiterem Inhalt; Ggs. ↑ Tragödie (1).
2. kleines Theater, in dem vorwiegend Komödien gespielt werden. 3. (ohne Plural) unechtes, theatralisches Gebaren, Heuchelei, Verstellung **Kom|pa|g̜ nie** [...pa'ni:]: (schweiz.) ↑ Kompanie **Kom|pa|g̜ non** [...pan'jõ:, 'kɔm..., auch: 'kɔmpanjɔŋ] der; -s, -s ⟨lat.-vulgärlat.-fr.⟩: Gesellschafter, Teilhaber, Mitinhaber eines Geschäfts od. eines Handelsunternehmens **kom|pakt** ⟨lat.-fr.⟩: 1. (ugs.) massig, gedrungen. 2. undurchdringlich, dicht, fest. 3. gedrängt, kurz gefasst, das Wesentliche zusammenfügend **Kom|pakt|an|la|ge** die; -, -n: fest zusammengebaute Stereoanlage mit dem nötigen Zubehör **Kom|pak|tat** der od. das; -[e]s, -e[n] ⟨lat.-nlat.⟩: (veraltet) Vertrag (z. B. Prager Kompaktaten von 1433) **Kom|pa|nie** die; -, ...ien ⟨lat.-vulgärlat.-it. u. fr.⟩: 1. (veraltet) Handelsgesellschaft; Abk.: Co., Cie. 2. Truppeneinheit von 100–250 Mann innerhalb eines ↑ Bataillons; Abk.: Komp. **kom|pa|ra|bel** ⟨lat.⟩: vergleichbar. **Kom|pa|ra|bi|li|tät** die; - ⟨lat.-nlat.⟩: Vergleichbarkeit **Kom|pa|ra|ti|on** die; -, -en ⟨lat.⟩:
1. das Vergleichen. 2. (Sprachw.) Steigerung des Adjektivs **Kom|pa|ra|tist** der; -en, -en ⟨lat.-nlat.⟩: vergleichender Literaturwissenschaftler. **Kom|pa|ra|tis̜ tik** die; -: 1. ↑ Komparativistik.
2. vergleichende Literatur- od.

Sprachwissenschaft. **Kom|pa|ra|tis̜ tin** die; -, -nen: weibliche Form zu ↑ Komparatist. **kom|pa|ra|tis̜ tisch:** a) die Komparatistik betreffend; b) mit den Methoden der Komparatistik arbeitend **kom|pa|ra|tiv** [auch: ...'ti:f] ⟨lat.⟩:
1. (Philos.) auf Vergleichung beruhend. 2. (Sprachw.) a) vergleichend (von der Untersuchung zweier od. mehrerer Sprachen); b) steigernd. **Kom|pa|ra|tiv** [auch: ...'ti:f] der; -s, -e: (Sprachw.) Steigerungsstufe, Höherstufe, Mehrstufe **Kom|pa|ra|ti|vis̜ tik** die; - ⟨lat.-nlat.⟩: (seltener) Teilgebiet der Sprachwissenschaft, das sich mit der gegenüberstellend-vergleichenden Untersuchung von zwei od. mehreren Sprachen befasst **Kom|pa|ra|tiv|satz** [auch: ...'ti:f...] der; -es, ...sätze ⟨lat.-nlat.; dt.⟩: Vergleichssatz, Konjunktionalsatz, der einen Vergleich enthält (z. B.: Eva ist größer, als ihre Schwester es im gleichen Alter war) **Kom|pa|ra|tor** der; -s, ...oren ⟨lat.⟩:
1. Gerät zum Vergleich u. zur genauen Messung von Längenmaßen. 2. (Astron.) Gerät zur Feststellung von Lage- u. Helligkeitsveränderungen bestimmter Sterne. 3. (Elektrot.) ein elektrischer ↑ Kompensator (1) **Kom|pa|rent** der; -en, -en ⟨lat.⟩: (veraltet) jmd., der vor einer Behörde, einem Gericht erscheint. **Kom|pa|renz** die; - ⟨lat.-nlat.⟩: (veraltet) das Erscheinen vor Gericht **¹kom|pa|rie|ren** ⟨lat. comparere "erscheinen"⟩: (veraltet) vor Gericht erscheinen **²kom|pa|rie|ren** ⟨lat. comparare "vergleichen"⟩: a) (veraltet) vergleichen; b) (Sprachw.) die Komparation (2) anwenden; steigern **Kom|pa|ri|ti|on** die; - ⟨lat.-nlat.⟩: ↑ Komparenz **Kom|par|se** der; -n, -n ⟨lat.-it.⟩: jmd., der als stumme Figur bei einem Film od. auch einem Theaterstück mitwirkt. **Kom|par|se|rie** die; -, ...ien: Gesamtheit der Komparsen; ↑ Statisterie. **Kom|par|sin** die; -, -nen: weibliche Form zu ↑ Komparse

Kom|par|ti|ment *das;* -[e]s, -e ⟨*lat.-mlat.*⟩: (veraltet) 1. abgeteiltes Feld. 2. [Zug]abteil

Kom|pass *der;* -es, -e ⟨*lat.-vulgärlat.-it.*⟩: Gerät zur Feststellung der Himmelsrichtung

kom|pa|ti|bel ⟨*lat.-fr.(-engl.)*⟩: 1. (Sprachw.) syntaktisch-semantisch anschließbar (von ↑ Lexemen [im Satz]). 2. miteinander vereinbar, zusammenpassend. 3. (von Hard- u. Softwarekomponenten) austauschbar, zu einem System zusammensetzbar. 4. (Med.) miteinander vereinbar, verträglich (von Medikamenten od. Blutgruppen)

Kom|pa|ti|bi|li|tät *die;* -, -en: 1. Vereinbarkeit [zweier Ämter in einer Person]. 2. Austauschbarkeit, Vereinbarkeit verschiedener Systeme (z. B. das Benutzen eines Programms auf einem anderen Computermodell). 3. (Sprachw.) syntaktisch-semantische Anschließbarkeit, Kombinierbarkeit von ↑ Lexemen [im Satz]. 4. (Med.) Verträglichkeit verschiedener ↑ Medikamente od. Blutgruppen

Kom|pa|t|ri|ot *der;* -en, -en ⟨⟨*lat.; gr.-spätlat.-fr.*⟩ nlat.⟩: (veraltet) Landsmann

Kom|pa|t|ro|nat *das;* -[e]s, -e ⟨*lat.-nlat.*⟩: (Kirchenrecht) gemeinsames ↑ Patronat (2) mehrerer Personen

kom|pen|di|a|risch ⟨*lat.*⟩: ↑ kompendiös

kom|pen|di|ös: (veraltet) das Kompendium betreffend, in der Art eines Kompendiums; zusammengefasst, gedrängt

Kom|pen|di|um *das;* -s, ...ien ⟨*lat.;* „Ersparnis, Abkürzung"⟩: Abriss, kurz gefasstes Lehrbuch

Kom|pen|sa|ti|on *die;* -, -en: 1. Ausgleich, Aufhebung von Wirkungen einander entgegenstehender Ursachen. 2. (Rechtsw.) a) Aufrechnung; b) Schuldaufwiegung in Falle wechselseitiger Täterschaft (bei Beleidigung u. leichter Körperverletzung), meist als strafmildernd od. strafbefreiend gewertet. 3. (Psychol.) das Streben nach Ersatzbefriedigung als Ausgleich von Minderwertigkeitsgefühlen. 4. (Med.) Ausgleich einer durch krankhafte Organ-

veränderungen gestörten Funktion eines Organs durch den Organismus selbst od. durch Medikamente

Kom|pen|sa|tor *der;* -s, ...oren ⟨*lat.-nlat.*⟩: 1. (Optik) Gerät zur Messung einer elektrischen Spannung od. einer Lichtintensität. 2. (Techn.) Vorrichtung zum Ausgleichen (z. B. Zwischenglied bei Rohrleitungen zum Ausgleich der durch Temperaturwechsel hervorgerufenen Längenänderung)

Kom|pen|sa|to|rik *die;* -: kompensatorische Erziehung. **kom|pen|sa|to|risch:** ausgleichend; **kompensatorische Erziehung:** (Päd., Psychol.) [vor der Einschulung einsetzende] Förderungsmaßnahmen, die bei Kindern auftretende sprachliche, ↑ kognitive, ↑ emotionale od. soziale Entwicklungsrückstände ausgleichen od. mildern sollen

kom|pen|sie|ren ⟨*lat.*⟩: 1. die Wirkungen einander entgegenstehender Ursachen ausgleichen. 2. (Rechtsw.) bei wechselseitigem Verschulden die Strafe ausgleichen. 3. (Psychol.) Minderwertigkeitsgefühle durch Vorstellungen od. Handlungen ausgleichen, die das Bewusstsein der Vollwertigkeit erzeugen. 4. (Med.) Funktionsstörungen eines Organs od. ihre Folgen ausgleichen

kom|pe|tent ⟨*lat.*⟩: 1. a) sachverständig, fähig; Ggs. ↑ inkompetent (1 b); **kompetenter Sprecher:** (Sprachw.) Sprecher, der fähig ist, in seiner Muttersprache beliebig viele Sätze zu bilden u. zu verstehen; b) zuständig, maßgebend, befugt; Ggs. ↑ inkompetent (1 a). 2. (Geol.) tektonisch wenig verformbar (von Gesteinen); Ggs. ↑ inkompetent (2)

Kom|pe|tent *der;* -en, -en: (veraltet) Mitbewerber

Kom|pe|tenz *die;* -, -en: 1. a) Vermögen, Fähigkeit; Ggs. ↑ Inkompetenz (b); b) Zuständigkeit, Befugnis; Ggs. ↑ Inkompetenz (a). 2. (ohne Plural; Sprachw.) (idealisierte) Fähigkeit des Sprechers einer Sprache, mit einer begrenzten Anzahl von Elementen u. Regeln eine unbegrenzte Zahl von Äußerungen zu bilden u. zu ver-

stehen sowie über die sprachliche Richtigkeit von Äußerungen zu entscheiden. 3. (Biol.) zeitlich begrenzte Reaktionsbereitschaft von Zellen gegenüber einem bestimmten Entwicklungsreiz. 4. (kath. Kirchenrecht) zum Unterhalt eines Klerikers nötige, nicht pfändbare Mittel

Kom|pe|tenz|kom|pe|tenz *die;* -, -en: (Rechtsw.) 1. (ohne Plural) das Recht eines Bundesstaates, seine Zuständigkeiten durch Verfassungsänderung auf Kosten der Gliedstaaten zu erweitern. 2. gerichtliche Entscheidung über die Zulässigkeit eines Rechtsstreites

Kom|pe|tenz|kon|flikt *der;* -[e]s, -e: (Rechtsw.) Zuständigkeitsstreit zwischen Gerichten od. Verwaltungsbehörden

kom|pe|tie|ren (veraltet) a) gebühren, zustehen; b) sich mitbewerben

kom|pe|ti|tiv ⟨*lat.-nlat.*⟩: 1. zuständig, maßgebend. 2. (veraltet) sich mitbewerbend. 3. (Med.) eine notwendige Ergänzung fordernd (z. B. von Reaktionen, die zu ihrem Ablauf ein weiteres ↑ Reagens erfordern)

Kom|pi|la|ti|on *die;* -, -en ⟨*lat.*⟩: 1. Zusammenstellung, Zusammentragen mehrerer [wissenschaftlicher] Quellen. 2. a) unschöpferisches Abschreiben aus mehreren Schriften; b) durch Zusammentragen von unverarbeiteten Stoffes entstandene Schrift (ohne wissenschaftlichen Wert)

Kom|pi|la|tor *der;* -s, ...oren: Verfasser einer Kompilation. **Kompi|la|to|rin** *die;* -, -nen: weibliche Form zu ↑ Kompilator. **kompi|la|to|risch:** auf Kompilation beruhend, aus Teilen verschiedener Werke zusammengeschrieben

kom|pi|lie|ren: [unverarbeiteten] Stoff zu einer Schrift [ohne wissenschaftlichen Wert] zusammentragen

kom|pla|nar ⟨*lat.*⟩: (Math.) in der gleichen Ebene liegend (z. B. von ↑ Vektoren)

Kom|pla|na|ti|on *die;* -, -en: (Math.) Berechnung des Flächeninhalts von [gekrümmten] Oberflächen

Kom|ple|ment *das;* -[e]s, -e ⟨*lat.*⟩:

1. Ergänzung. 2. (Math.) Komplementärmenge, Differenzmenge von zwei Mengen. 3. (Med.) Serumbestandteil, der die spezifische Wirkung eines ↑ Antikörpers ergänzt od. aktiviert

kom|ple|men|tär ⟨*lat.-fr.*⟩: sich gegenseitig ergänzend; **komplementäre Distribution:** (Sprachw.) das Vorkommen eines sprachlichen Elements in einer Umgebung, in der ein anderes nicht erscheinen kann u. umgekehrt

Kom|ple|men|tär *der; -s, -e:* 1. persönlich haftender Gesellschafter einer ↑ Kommanditgesellschaft. 2. (DDR) Eigentümer einer privaten Firma, die mit Staatsbeteiligung arbeitet

Kom|ple|men|tär|far|be *die; -, -n* ⟨*lat.-fr.; dt.*⟩: Farbe, die eine andere Farbe, mit der sie gemischt wird, je nach Mischungsverhältnis zu Weiß od. fast zu Schwarz ergänzt; Ergänzungsfarbe

Kom|ple|men|tär|ge|ne *die* (Plural): (Genetik) ↑ Gene, die voneinander abhängen u. nur gemeinsam wirken

Kom|ple|men|tä|rin *die; -, -nen:* weibliche Form zu ↑ Komplementär

Kom|ple|men|ta|ri|tät *die; -, -en* ⟨*lat.-nlat.*⟩: 1. (Phys.) Beziehung zwischen Messgrößen im Bereich der Quantenmechanik, die besagt, dass diese Messgrößen nicht gleichzeitig gemessen werden können. 2. (Biol.; Chem.) wechselseitige Entsprechung der Struktur zweier Größen. 3. (Sprachw.) semantisches Gegensatzverhältnis

Kom|ple|men|tär|win|kel *der; -s, -* ⟨*lat.-fr.; dt.*⟩: ↑ Komplementwinkel

Kom|ple|men|ta|ti|on *die; -, -en:* (Genetik) das Ausgleichen von Erbgutschäden durch Kombination von ↑ Genomen; vgl. ...ation/...ierung. **kom|ple|men|tie|ren:** ergänzen. **Kom|ple|men|tie|rung** *die; -, -en:* a) das Komplementieren; b) ↑ Komplementation; vgl. ...ation/...ierung

Kom|ple|ment|win|kel *der; -s, -* ⟨*lat.; dt.*⟩: (Math.) Ergänzungswinkel, der einen gegebenen Winkel zu 90° ergänzt

Kom|ple|nym *das; -s, -e:*

(Sprachw.) Gegensatzwort zu einem bestimmten Wort, das durch Hinzusetzen einer Negation zu diesem synonym wird (z. B. nicht verheiratet, ledig).

Kom|ple|ny|mie *die; -:* semantische Relation, wie sie zwischen Komplenymen besteht

¹**Kom|plet** *die; -, -e* ⟨*lat.-mlat.*⟩: Abendgebet als Schluss der katholischen kirchlichen Tageszeiten

²**Kom|plet** [kɔmˈpleː, auch: kõˈpleː] *das; -[s], -s* ⟨*lat.-fr.*⟩: Mantel (od. Jacke) u. Kleid aus gleichem Stoff

kom|ple|tiv ⟨*lat.*⟩: (Sprachw.) ergänzend

Kom|ple|to|ri|um *das; -s, ...ien* ⟨*lat.-mlat.*⟩: 1. (veraltet) Ergänzungsvorschrift (zu einem Gesetz). 2. ↑ ¹Komplet

kom|plett ⟨*lat.-fr.*⟩: 1. a) vollständig, abgeschlossen; b) ganz, gesamt, vollzählig; c) (ugs.) ganz u. gar, absolut. 2. (bes. österr.) voll, besetzt. **kom|plet|tie|ren:** etwas vervollständigen; auffüllen, ergänzen

kom|plex ⟨*lat.*⟩: a) vielschichtig; viele, sehr verschiedene Dinge umfassend; b) zusammenhängend; c) allseitig, alle umfassend; **komplexe Integration:** (Math.) ↑ Integration (4) einer Funktion längs eines Weges in der gaußschen Ebene; **komplexe Zahl:** (Math.) Zahl, die nur als Summe aus einer ↑ imaginären u. einer ↑ reellen Zahl darstellbar ist

Kom|plex *der; -es, -e:* 1. Zusammenfassung, Verknüpfung von verschiedenen Teilen zu einem geschlossenen Ganzen. 2. Gebiet, Bereich. 3. Gruppe, [Gebäude]block. 4. (Psychol.) stark affektbesetzte Vorstellungsgruppe, die nach Verdrängung aus dem Bewusstsein vielfach Zwangshandlungen, -vorstellungen od. einfache Fehlleistungen auslöst. 5. (Chem.) chemische Vereinigung mehrerer Atome zu einer Gruppe, die freie ↑ Valenzen (1) hat u. andere Reaktionen zeigen kann als das ihre Art bestimmende ↑ Ion

Kom|plex|au|ge *das; -s, -n* ⟨*lat.; dt.*⟩: ↑ Facettenauge

Kom|plex|bri|ga|de *die; -, -n:* (DDR) Gruppe von Arbeitern

unterschiedlicher Berufe, die gemeinsam an einem Produktionsauftrag arbeiten

Kom|plex|che|mie *die; -:* Chemie der Komplexe (5)

Kom|ple|xi|on *die; -, -en:* 1. (Anthropol.) zusammenfassende Bez. für Augen-, Haar- u. Hautfarbe eines Menschen. 2. (veraltet) Zusammenfassung

Kom|ple|xi|tät *die; -* ⟨*lat.-nlat.*⟩: 1. Gesamtheit aller Merkmale, Möglichkeiten (z. B. eines Begriffs, Zustandes). 2. Vielschichtigkeit

Kom|plex|me|tho|de *die; -:* Unterrichtsmethode, die den gesamten Unterricht um bestimmte Sachgebiete (Arbeit, Natur usw.) zu ordnen sucht

Kom|ple|xo|me|t|rie *die; -, ...ien* ⟨*lat.; gr.*⟩: (Chem.) maßanalytisches Verfahren zur mengenmäßigen Bestimmung von Metallionen durch Bildung von Komplexen (5)

Kom|ple|xo|ne *die* (Plural): (Chem.) Verbindungen, die mit Metallionen Koordinationsverbindungen bilden

Kom|pli|ce [...sə] vgl. Komplize

Kom|ple|xi|ka|ti|on *die; -, -en* ⟨*lat.*⟩: 1. Schwierigkeit, Verwicklung; [plötzlich eintretende] Erschwerung. 2. (Med.) ungünstige Beeinflussung od. Verschlimmerung eines normalerweise überschaubaren Krankheitszustandes, eines chirurgischen Eingriffs od. eines biologischen Prozesses durch einen unvorhergesehenen Umstand

Kom|pli|ment *das; -[e]s, -e* ⟨*lat.-span.-fr.*⟩: 1. höfliche Redensart, Schmeichelei. 2. (veraltet) a) Gruß; b) Verbeugung

kom|pli|men|tie|ren: (veraltet) 1. jmdn. willkommen heißen. 2. jmdn. mit höflichen Gesten u. Redensarten irgendwohin geleiten

Kom|pli|ze, auch: Komplice [...ˈpliːsə] *der; -n, -n* ⟨*lat.-fr.*⟩: (abwertend) jmd., der an einer Straftat beteiligt ist; Mittäter, Helfershelfer

kom|pli|zie|ren ⟨*lat.*⟩: verwickeln; erschweren. **kom|pli|ziert:** schwierig, verwickelt; umständlich

Kom|pli|zin [...sɪn] *die; -, -nen:* weibliche Form zu ↑ Komplize

Freund oder Feind? – Haltungen gegenüber dem Fremdwort

Bestrebungen, die Sprache richtig und rein von allen systemfremden Einmischungen zu verwenden, werden als Sprachpurismus bezeichnet. Eine besonders verbreitete Form des Sprachpurismus ist der Fremdwortpurismus, die kritische oder ablehnende Einstellung gegenüber Wörtern fremder Herkunft.

Das Wort *Fremdwort* wurde vermutlich von dem Philosophen und Puristen K. C. F. Krause (1781–1832) geprägt und durch Jean Paul im »Hesperus« (1819) verbreitet; zuvor finden sich meist zusammengesetzte Ausdrücke wie *ausheimisches/ausländisches/fremdes Wort*. Die kritische Reflexion über den Fremdwortgebrauch ist allerdings mindestens vierhundert Jahre älter als das Wort selbst. Sie findet sich bereits im 15. Jh., in gemäßigter Form z. B. bei dem Humanisten Niclas von Wyle (1478).

Eine erste Konjunktur erlebt die Fremdwortkritik im 17. Jahrhundert, und zwar vor allem im Umfeld der so genannten Sprachgesellschaften. Diese patriotischen Vereinigungen wurden mit dem Anspruch ins Leben gerufen, einem konstatierten allgemeinen Sittenverfall entgegenzuwirken. Insbesondere widmeten sie sich der »Beförderung der Teutschen Sprache«.

Die älteste und bedeutendste deutsche Sprachgesellschaft, die Fruchtbringende Gesellschaft oder der Palmenorden, auf deren Arbeit diese Aussage von Georg Neumark (1668) sich bezog, wurde 1617 gegründet.

Hand in Hand mit der Kritik am fremden Wort ging die Suche nach neuen deutschen Wörtern als Entsprechung, von denen sich manche durchsetzten, während andere wirkungslos blieben.

Fest zum deutschen Wortschatz gehören heute Bildungen wie *Ableitung (Derivation), Abstand (Distanz), Angelpunkt (Pol), Anschrift (Adresse), Augenblick (Moment), Ausflug (Exkursion), Beifügung (Apposition), Beistrich (Komma), Bittsteller (Supplikant), Bücherei (Bibliothek), Farbengebung (Kolorit), Fernsprecher (Telefon), fortschrittlich (progressiv), Freistaat (Republik), Gesichtskreis (Horizont), Kerbtier (Insekt), Kreislauf (Zirkulation), Leidenschaft (Passion), Mundart (Dialekt), Sinngedicht (Epigramm), Sterblichkeit (Mortalität), Wahlspruch (Devise), Weltall (Universum).*

Es zeigt sich, dass in vielen Fällen die einheimischen Neubildungen als Synonyme neben die Fremdwörter getreten sind (z. B. *Anschrift/Adresse, Bücherei/Bibliothek, Weltall/Universum*), während sie in anderen Fällen eine inhaltliche Veränderung erfahren haben und auf diese Weise einen Beitrag zur inhaltlichen oder stilistischen Bereicherung des entsprechenden Wortfeldes leisten konnten (z. B. *Angelpunkt/Pol, Freistaat/Republik, Zerrbild/Karikatur*).

Nicht durchgesetzt haben sich hingegen Verdeutschungsvorschläge wie *Blitzfeuererregung (Elektrisierung), Dörrleiche (Mumie), Entgliederer (Anatom), Gottestum (Religion), Jungfernzwinger (Nonnenkloster), Kirchentisch (Altar), klägeln (querulieren), Krautbeschreiber (Botaniker), Lusthöhle (Grotte), Lotterbett (Sofa), Leuthold (Patriot), Menschenschlachter (Soldat), Meuchelpuffer (Pistole), Schalksernst (Ironie), Scheidekunst (Chemie), Spitzgebäude (Pyramide), Spottnachbildung (Parodie), Weiberhof (Harem), Zeugemutter (Natur)*. Solche Wörter erscheinen heute als sprachgeschichtliche Kuriositäten.

Puristischer Übereifer hat immer wieder Kritik und Spott hervorgerufen. Beispielsweise spricht sich Johann Wolfgang v. Goethe (1749–1832) dafür aus, Fremdwörter nicht zu verpönen, sondern produktiv aufzunehmen, der eigenen Sprache einzuverleiben und diese dadurch in ihren Möglichkeiten zu erweitern. Pedantischer Purismus ist für Goethe »ein absurdes Ablehnen weiterer Ausbreitung des Sinnes und Geistes«. Sein kategorisches Urteil lautet: »Ich verfluche allen negativen Purismus, dass man ein Wort nicht brauchen soll, in welchem eine andre Sprache vieles oder Zarteres gefasst hat.«

Die gemäßigte Haltung der Klassiker wurde allerdings von den sich auf sie berufenden Bildungsbürgern des 19. Jahrhunderts kaum zur Kenntnis genommen. 1885 wurde der Allgemeine Deutsche Sprachverein gegründet. Dessen formulierter Zweck bestand in der »Erhaltung und Wiederherstellung des echten Geistes und eigentümlichen Wesens der deutschen Sprache«. Trotz gelegentlicher gegenteiliger Aussagen, in denen die Vielfalt der Aufgaben angesprochen wurde, bestand die Tätigkeit des Sprachvereins hauptsächlich in der Bekämpfung von Fremdwörtern. Dieser widmete man sich in meist sehr scharfem nationalistischem Ton. Im Dritten Reich sympathisierte man ausdrücklich mit den nationalsozialistischen Machthabern und versuchte deren Rassenideologie auf die Sprache zu übertragen.

Die Zeit nach dem Zweiten Weltkrieg zeigt ein vielfältiges Bild. Während vor allem Laien nach wie vor ausdrücklich zum »Kampf« gegen Fremdwörter (vor allem Anglizismen) aufrufen und dabei oft eine undifferenzierte Haltung an den Tag legen, zeigen die auf der Grundlage moderner sprachwissenschaftlicher Erkenntnisse operierenden Institutionen zur Sprachpflege wie die Gesellschaft für deutsche Sprache eine weitaus gemäßigtere Haltung. Ihnen geht es nicht um Ächtung oder Verdrängung, sondern um einen reflektierten Einsatz von Fremdwörtern.

Kom|plott das, (ugs. auch:) der; -[e]s, -e ⟨fr.⟩: Verabredung zu einer gemeinsamen Straftat; Anschlag, Verschwörung

kom|plot|tie|ren: (veraltet) ein Komplott anzetteln

Kom|po|nen|te die; -, -n ⟨lat.⟩: a) innerhalb eines Ganzen wirkende Teilkraft; b) Bestandteil eines Ganzen

Kom|po|nen|ten|a|na|ly|se die; -, -n: (Sprachw.) Beschreibung der Bestandteile einer sprachlichen Einheit u. des Aufbaus ihrer verschiedenen Kombinationen, bes. im Inhaltsbereich

kom|po|nie|ren: 1. [ein Kunstwerk nach bestimmten Gesetzen] aufbauen, gestalten. 2. ein musikalisches Werk schaffen. 3. etwas aus Einzelteilen zusammensetzen, gliedern

Kom|po|nist der; -en, -en ⟨lat.-nlat.⟩: jmd., der ein musikalisches Werk komponiert. **Kom|po|nis|tin** die; -, -nen: weibliche Form zu ↑ Komponist

Kom|po|si|ta: Plural von ↑ Kompositum

¹Kom|po|si|te die; -, -n (meist Plural) ⟨lat.-nlat.⟩: Pflanze mit Blüten, die zu korbförmigen Blütenständen vereinigt sind; Korbblütler (z. B. Margerite, Sonnenblume)

²Kom|po|site [ˈkɔmpəzɪt], auch: Composite das; -s, -s ⟨lat.-fr.-engl.⟩: (Zahnmed.) zahnfarbenes Füllungsmaterial aus Kunststoff u. Glas, das schichtweise aufgetragen wird

Kom|po|si|ten: Plural von ↑ ¹Komposite u. ↑ Kompositum

Kom|po|si|teur [...ˈtøːɐ̯] der; -s, -e ⟨lat.-fr.⟩: (veraltet) Komponist. **Kom|po|si|teu|rin** [...ˈtøːrɪn] die; -, -nen: weibliche Form zu ↑ Kompositeur

Kom|po|si|ti|on die; -, -en ⟨lat.⟩: 1. Zusammensetzung, -stellung [von Dingen] aus Einzelteilen. 2. a) (ohne Plural) das Komponieren eines Musikstücks; b) Musikwerk. 3. Aufbau eines Kunstwerks (z. B. eines Gemäldes, eines Romans). 4. (Sprachw.) a) das Zusammensetzen eines Wortes aus mehreren freien ↑ Morphemen (als Art od. Vorgang der Wortbildung); b) Ergebnis der Komposition (4 a), Kompositum. 5. (veraltet) gütliche Beilegung eines Rechtsstreites; Lösegeld, Sühnegeld

kom|po|si|ti|o|nell: ↑ kompositorisch

Kom|po|sit|ka|pi|tell das; -s, -e: (Archit.) römische Form des ↑ Kapitells

kom|po|si|to|risch ⟨lat.-nlat.⟩: 1. die Komposition [eines Musikwerks] betreffend. 2. gestalterisch

Kom|po|si|tum das; -s, ...ta u. ...si|ten ⟨lat.⟩: (Sprachw.) zusammengesetztes Wort, Zusammensetzung; Ggs. ↑ Simplex

kom|pos|si|bel ⟨lat.-mlat.⟩: (Philos.) zusammensetzbar, vereinbar. **Kom|pos|si|bi|li|tät** die; -: (Philos.) Zusammensetzbarkeit, mögliche Vereinbarkeit zweier Dinge

Kom|post [auch: ˈkɔm...] der; -[e]s, -e ⟨lat.-mlat.-fr.⟩: als Dünger verwendetes Produkt aus mit Erde vermischten pflanzlichen od. tierischen Abfällen.

kom|pos|tie|ren: 1. zu Kompost verarbeiten. 2. mit Kompost düngen

Kom|pott das; -[e]s, -e ⟨lat.-vulgärlat.-fr.⟩: gekochtes Obst, das als Nachtisch od. zu bestimmten Gerichten gegessen wird

kom|pre|hen|si|bel ⟨lat.⟩: (veraltet) begreifbar; Ggs. ↑ inkomprehensibel

Kom|pre|hen|si|on die; -: (Philos.) Zusammenfassung, Vereinigung von Mannigfaltigem zu einer Einheit

kom|press ⟨lat.⟩: 1. (veraltet) eng, dicht, zusammengedrängt. 2. (Druckw.) ohne Durchschuss

Kom|pres|se die; -, -n ⟨lat.-fr.⟩: 1. feuchter Umschlag. 2. zusammengelegtes Mullstück für Druckverbände

kom|pres|si|bel ⟨lat.-nlat.⟩: (Phys.) zusammendrückbar, verdichtbar (z. B. von Flüssigkeiten, Gasen). **Kom|pres|si|bi|li|tät** die; -: (Phys.) Zusammendrückbarkeit, Verdichtbarkeit

Kom|pres|si|on die; -, -en ⟨lat.⟩: 1. (Phys.) Zusammenpressung (z. B. von Gasen, Dämpfen). 2. (Med.) a) Quetschung eines Körperorgans od. einer Körperstelle durch mechanische Einwirkung; b) mechanische Abdrückung eines blutenden Gefäßes. 3. (Skisport) Teil einer Abfahrtsstrecke, bei dem der aus einem Steilhang kommende Fahrer in ein flaches Teilstück hineingepresst wird

Kom|pres|si|ons|di|a|gramm das; -s, -e ⟨lat.; gr.-lat.⟩: grafische Wiedergabe der in den einzelnen ↑ Zylindern (2) eines Motors gemessenen Kompression (1)

Kom|pres|sor der; -s, ...oren ⟨lat.-nlat.⟩: (Techn.) Apparat zum Verdichten von Gasen od. Dämpfen

Kom|pres|so|ri|um das; -s, ...ien: (Med.) Gerät zur Kompression (2 b) eines blutenden Gefäßes

kom|pri|mier|bar ⟨lat.; dt.⟩: zusammenpressbar

kom|pri|mie|ren ⟨lat.⟩: a) zusammenpressen; b) verdichten.

kom|pri|miert: in gedrängter Kürze dargestellt, nur das Wesentliche enthaltend

Kom|pro|miss der, (selten:) das; -es, -e ⟨lat.⟩: Übereinkunft durch gegenseitige Zugeständnisse

Kom|pro|miss|ler der; -s, -: (abwertend) jmd., der zu schnell bereit ist, Kompromisse zu schließen. **Kom|pro|miss|le|rin** die; -, -nen: weibliche Form zu ↑ Kompromissler

kom|pro|mit|tie|ren ⟨lat.-fr.⟩: seinem eigenen od. dem Ansehen eines anderen durch ein entsprechendes Verhalten empfindlich schaden; jmdn., sich bloßstellen. **Kom|pro|mit|tie|rung** die; -, -en: das Kompromittieren; Bloßstellung

kom|p|ta|bel ⟨lat.-fr.⟩: (Rechtsw. veraltet) verantwortlich, rechenschaftspflichtig

Kom|p|ta|bi|li|tät die; -: Verantwortlichkeit, Rechenschaftspflicht [in Bezug auf die Verwaltung öffentlicher Stellen]

Kom|p|tant|ge|schäft [kõˈtã:...] vgl. Kontantgeschäft

Kom|pul|sa|ti|on die; -, -en ⟨lat.⟩: ↑ Kompulsion. **Kom|pul|si|on** die; -, -en: (Rechtsw. veraltet) Nötigung, Zwang

kom|pul|siv ⟨lat.-nlat.⟩: (Rechtsw. veraltet) nötigend, zwingend

Kom|pul|so|ri|um das; -s, ...ien ⟨lat.⟩: (veraltet) Mahnschreiben [eines übergeordneten Gerichts an ein untergeordnetes zur Beschleunigung einer Rechtssache]

Kom|pu|ta|ti|on die; -, -en ⟨lat.⟩: (veraltet) Überschlag, Berechnung

Kom|pu|tis|tik, auch: Computistik *die; -* ⟨*lat.-nlat.*⟩: Wissenschaft von der Kalenderberechnung

Kom|so|mol *der; -* ⟨*russ.; Kurzw.* aus *Kom*munistitscheski *Sojus Molo*djoschi⟩: kommunistische Jugendorganisation in der ehemaligen UdSSR. **Kom|so|mol|ze** *der; -n, -n:* Mitglied des Komsomol. **Kom|so|mol|zin** *die; -, -nen:* weibliche Form zu ↑ Komsomolze

Kom|tess u. **Kom|tes|se** [beide auch: kõˈtɛs] *die; -, ...essen* ⟨*lat.-fr.*⟩: unverheiratete Tochter eines Grafen

Kom|tur *der; -s, -e* ⟨*lat.-mlat.-fr.*⟩: 1.(hist.) Ordensritter als Leiter einer Komturei. 2. Inhaber eines Komturkreuzes

Kom|tu|rei *die; -, -en:* (hist.) Verwaltungsbezirk od. Ordenshaus eines geistlichen Ritterordens

Kom|tur|kreuz *das; -es, -e* ⟨*lat.-nlat.-fr.; dt.*⟩: Halskreuz eines Verdienstordens

---

kon..., Kon...

vor b, m, p angeglichen zu kom..., Kom...; vor l zu kol..., Kol...; vor r zu kor..., Kor...; vor Vokalen und h zu kon..., Ko...; fach- und fremdsprachlich auch: con..., Con... (co..., Co...; col..., Col...; com..., Com...; cor..., Cor...) ⟨*lat.* com... → con... „zusammen, mit, völlig"⟩ Präfix mit der Bedeutung „zusammen, mit":
– kohäsiv
– Kollekte
– komplex
– konfrontieren
– korrekt
Von gleicher Herkunft ist auch das Wortbildungselement **ko...**, **Ko...** Vermittelt über *engl.* co..., ist es in der Bedeutung „zusammen mit, gemeinsam, Zweit..." Bestandteil vieler Fremdwörter, wie z. B. in Koautor, Kopilot und Koproduktion.

Ko|nak *der; -s, -e* ⟨*türk.*⟩: Palast, Amtsgebäude in der Türkei

Ko|na|ti|on *die; -, -en* ⟨*lat.-engl.*⟩: (Psychol.) zielgerichtete ↑ Aktivität (1), Trieb, Antrieb, Streben. **ko|na|tiv:** strebend, antriebhaft

Ko|nau|tor vgl. Koautor. **Ko|nau-**

to|rin *die; -, -nen:* weibliche Form zu ↑ Konautor

kon|a|xi|al vgl. koaxial

Kon|cha *die; -, -s u. ...chen* ⟨*gr.-lat.*⟩: 1.(in frühchristlichen u. mittelalterlichen Kirchen) halbkreisförmige ↑ Apsis (1). 2.(Med.) muschelähnlicher Teil eines Organs

Kon|che *die; -, -n:* 1. ↑ Koncha (1). 2. bei der Schokoladenherstellung verwendete muschelförmiger Trog

kon|chie|ren ⟨*gr.-lat.-fr.*⟩: Schokoladenmasse in der Konche (2) einer Wärmebehandlung aussetzen

Kon|chi|fe|re *die; -, -n* (meist Plural) ⟨*gr.-lat.; lat.*⟩: Weichtier mit einheitlicher Schale

kon|chi|form: (Kunstw.) muschelförmig

Kon|cho|i|de *die; -, -n* ⟨*gr.-nlat.*⟩: (Math.) Muschellinie, Kurve vierter Ordnung

Kon|chol|lo|ge usw. vgl. Konchyliologe usw.

Kon|chos|kop *das; -s, -e:* (Med.) Spiegelinstrument zur Untersuchung der Nasenmuscheln; Nasenspiegel

Kon|chy|lie [...i̯ə] *die; -, -n* (meist Plural) ⟨*gr.-lat.*⟩: Schale der Weichtiere

Kon|chy|li|o|lo|ge *der; -n, -n* ⟨*gr.-nlat.*⟩: Wissenschaftler, der auf dem Gebiet der Konchyliologie arbeitet. **Kon|chy|li|o|lo|gie** *die; -:* Teilgebiet der ↑ Malakologie, das sich mit der Untersuchung von Weichtierschalen befasst. **Kon|chy|li|o|lo|gin** *die; -, -nen:* weibliche Form zu ↑ Konchyliologe. **kon|chy|li|o|lo|gisch:** die Konchyliologie betreffend

Kon|dem|na|ti|on *die; -, -en* ⟨*lat.*⟩: 1.(veraltet) Verurteilung, Verdammung. 2.(Seerecht) Erklärung eines Sachverständigen, durch die festgestellt wird, dass ein durch ↑ Kollision (1), Brand, Strandung o. Ä. beschädigtes Schiff nicht mehr repariert werden kann, sich eine Reparatur nicht mehr lohnt. **kon|dem|nie|ren:** 1.(veraltet) jmdn. verdammen, verurteilen. 2.(Seerecht) eine Kondemnation (2) herausgeben

Kon|den|sat *das; -[e]s, -e* ⟨*lat.*⟩: (Phys.) bei der Kondensation (1) entstandene Flüssigkeit

Kon|den|sa|ti|on *die; -, -en:*

1.(Phys.) Verdichtung von Gas od. Dampf zu Flüssigkeit durch Druck od. Abkühlung.

2.(Chem.) chemische Reaktion, bei der zwei Moleküle unter Austritt eines chemisch einfachen Stoffes (z. B. Wasser) zu einem größeren Molekül vereinigen

Kon|den|sa|ti|ons|kern *der; -[e]s, -e* ⟨*lat.; dt.*⟩: (Meteor.) feinstes Teilchen, Ausgangspunkt für die Kondensation (1) von Wasserdampf in der Atmosphäre

Kon|den|sa|ti|ons|ni|veau *das; -s:* (Meteor.) Höhenschicht, bei der die Kondensation (1) von Wasserdampf einsetzt

Kon|den|sa|ti|ons|punkt *der; -[e]s:* Temperatur, bei der sich Dampf verflüssigt; Taupunkt

Kon|den|sa|tor *der; -s, ...oren* ⟨*lat. nlat.; „Verdichter"*⟩: 1.(Elektrot.) Gerät zur Speicherung elektrischer Ladungen. 2. Anlage zur Kondensation (1) von Dämpfen; Verflüssiger

kon|den|sie|ren ⟨*lat.*⟩: 1. a) Gase od. Dämpfe durch Druck od. Abkühlung verflüssigen; b) aus dem gas- od. dampfförmigen in einen flüssigen Zustand übergehen, sich verflüssigen. 2. eine Flüssigkeit durch Verdampfen eindicken; **kondensierte Ringe:** chemische Verbindungen, bei denen zwei od. mehrere Ringe gemeinsame Atome haben; **kondensierte Systeme:** organische Stoffe, deren Moleküle mehrere Benzolringe enthalten, von denen je zwei zwei nebeneinander liegende Kohlenstoffatome gemeinsam haben

Kon|dens|milch *die; -* ⟨*lat.; dt.*⟩: durch Wasserentzug eingedickte, in kleinere Gefäße abgefüllte [sterilisierte] Milch

Kon|den|sor *der; -s, ...oren* ⟨*lat.-nlat.*⟩: ein System von Linsen in optischen Apparaten, mit dem ein Objekt möglichst hell ausgeleuchtet werden kann

Kon|dens|strei|fen *der; -s, -:* schmaler, weißer, wolkenähnlicher Streifen am Himmel, der sich durch Kondensation (1) von Wasserdampf in den Abgasen eines Flugzeugs bilden kann

Kon|des|zen|denz *die; -, -en* ⟨*lat.*⟩: a) Herablassung, Nachgiebigkeit; b) (im theologischen Sprachgebrauch) gnädige Herablassung Gottes zu den Menschen in der Gestalt Jesu Christi

Kon|dik|ti|on *die; -, -en* ⟨*lat.*⟩: (Rechtsw. veraltet) Klage auf Rückgabe einer nicht rechtmäßig erworbenen Sache

kon|di|tern ⟨*lat.*⟩: 1. (landsch.) [häufig] Konditoreien besuchen. 2. (ugs.) Feinbackwaren herstellen

Kon|di|ti|on *die; -, -en* ⟨*lat.*⟩: 1. (meist Plural) Geschäftsbedingung (Lieferungs- u. Zahlungsbedingung). 2. (ohne Plural) a) körperlich-seelische Gesamtverfassung eines Menschen; b) körperliche Leistungsfähigkeit; Ausdauer (bes. eines Sportlers). 3. (veraltet) Stellung, Dienst [eines Angestellten]

kon|di|ti|o|nal: (Sprachw.) eine Bedingung angebend; bedingend (z. B. von Konjunktionen: *falls* er kommt ...); vgl. ...al/ ...ell. **Kon|di|ti|o|nal** *der; -s, -e* u. **Kon|di|ti|o|na|lis** *der; -, ...les* [...le:s]: (Sprachw.) Modus der Bedingung (z. B.: ich *würde* kommen, wenn ...)

Kon|di|ti|o|na|lis|mus u. Konditionismus *der; -* ⟨*lat.-nlat.*⟩: (Philos.) philosophische Richtung, die den Begriff der Ursache durch den der Bedingung ersetzt

Kon|di|ti|o|nal|satz *der; -es, ...sätze:* (Sprachw.) Adverbialsatz der Bedingung (z. B.: *wenn das wahr ist,* dann ...)

kon|di|ti|o|nell: die Kondition (2 b) betreffend; vgl. ...al/...ell

Kon|di|ti|o|nen|kar|tell *das; -s, -e:* (Wirtsch.) ↑ Kartell, bei dem sich die Abmachungen zwischen den teilnehmenden Unternehmern auf die Verpflichtung zur Einhaltung gleicher Liefer- u. Zahlungsbedingungen beziehen

kon|di|ti|o|nie|ren: 1. (veraltet) in Stellung sein, in Diensten stehen. 2. gereinigtes Getreide für die Vermahlung vorbereiten. 3. den Feuchtigkeitsgrad von Textilrohstoffen ermitteln. 4. Ausgangsrohstoffen vor der Verarbeitung bestimmte Eigenschaften verleihen. 5. (Psychol.) bestimmte Reaktionen hervorrufen (von Reizen). **kon|di|ti|o|niert:** 1. bedingt; beschaffen (von Waren). 2. (Psychol.) bestimmte Reaktionen bedingend (von Reizen). **Kon|di|ti|o|nie|rung** *die; -, -en:* 1. (Psychol.) das Ausbilden bedingter Reaktionen bei Mensch od. Tier, wobei eine Reaktion auch dann eintritt, wenn anstelle des ursprünglichen Auslösereizes ein zunächst neutraler Reiz tritt; vgl. Gegenkonditionierung. 2. Behandlung des Getreides vor dem Mahlen mit Feuchtigkeit u. Wärme. 3. Ermittlung des Feuchtigkeitsgrades von Textilrohstoffen

Kon|di|ti|o|nis|mus vgl. Konditionalismus

Kon|di|ti|ons|trai|ning *das; -s:* auf die Verbesserung der ↑ Kondition (2 b) ausgerichtetes Training

Kon|di|tor *der; -s, ...oren* ⟨*lat.;* „Hersteller würziger Speisen"⟩: Feinbäcker. **Kon|di|to|rei** *die; -, -en:* 1. Betrieb, der Feinbackwaren herstellt u. verkauft u. zu dem oft ein Café gehört. 2. (ohne Plural) Feinbackwaren, Feingebäck. **Kon|di|to|rin** [auch: ...'di:...] *die; -, -nen:* weibliche Form zu ↑ Konditor

kon|di|zie|ren: (Rechtsw.; eine nicht rechtmäßig erworbene Sache) zurückfordern; vgl. Kondiktion

Kon|do *das; -s, -s* ⟨*jap.;* „goldene Halle"⟩: zentrales Gebäude im japanischen buddhistischen Tempel, in dem Kultbilder oder -statuen stehen, die umschritten werden können

Kon|do|lenz *die; -, -en* ⟨*lat.-nlat.*⟩: Beileid; Beileidsbezeigung

kon|do|lie|ren ⟨*lat.*⟩: sein Beileid aussprechen

Kon|dom *das* od. *der; -s, -e,* (selten) *-s* ⟨*engl.;* Herkunft unsicher⟩: dünne Hülle aus vulkanisiertem Gummi für das männliche Glied zur Empfängnisverhütung sowie zum Schutz gegen Geschlechtskrankheiten u. Aids

Kon|do|mi|nat *das* od. *der; -[e]s, -e* u. **Kon|do|mi|ni|um** *das; -s, ...ien* ⟨*lat.-nlat.*⟩: a) Herrschaft mehrerer Staaten über dasselbe Gebiet; b) Gebiet, das unter der Herrschaft mehrerer Staaten steht

Kon|dor *der; -s, -e* ⟨*indian.-span.*⟩: sehr großer in Südamerika heimischer Geier

Kon|dot|ti|e|re *der; -s, ...ri* ⟨*lat.-it.*⟩: Söldnerführer im 14. u. 15. Jh. in Italien

Kon|du|i|te [auch: kõ'dỹi:tə] *die; -* ⟨*lat.-fr.*⟩: (veraltet) Führung, Betragen

Kon|dukt *der; -[e]s, -e* ⟨*lat.*⟩: (veraltend) [feierliches] Geleit, Gefolge [bei Begräbnissen]

Kon|duk|tanz *die; -* ⟨*lat.-nlat.*⟩: (Elektrot.) Wirkleitwert

Kon|duk|teur [...'tø:ɐ̯, schweiz.: 'kɔn...] *der; -s, -e* ⟨*lat.-fr.*⟩: (schweiz., sonst veraltet) [Straßen-, Eisenbahn]schaffner

Kon|duk|to|me|t|rie *die; -* ⟨*lat.; gr.*⟩: (Chem.) Verfahren zur Bestimmung der Zusammensetzung chemischer Verbindungen durch Messung der sich ändernden Leitfähigkeit. **kon|duk|to|me|t|risch:** die Konduktometrie betreffend, auf ihr beruhend

Kon|duk|tor *der; -s, ...oren* ⟨*lat.*⟩: 1. Hauptleiter der Elektrisiermaschine. 2. (Med.) selbst gesund bleibender Überträger einer Erbkrankheit (z. B. Frauen bei der Übertragung der Bluterkrankheit, an der nur Männer erkranken)

Kon|duk|tus vgl. Conductus

Kon|du|ran|go [...ŋgo] *die; -, -s* ⟨*indian.-span.*⟩: südamerikanischer Strauch, dessen Rinde ein bitteres Magenmittel liefert

Kon|dy|lom *das; -s, -e* ⟨*gr.-lat.*⟩: (Med.) nässende ↑ Papel in der Genitalgegend

Ko|nen: *Plural* von ↑ Konus

Kon|fa|bu|la|ti|on *die; -, -en* ⟨*lat.*⟩: (Psychol.) auf Erinnerungstäuschung beruhender Bericht über vermeintlich erlebte Vorgänge. **kon|fa|bu|lie|ren:** erfundene Erlebnisse als selbst erlebt darstellen

Kon|fekt *das; -[e]s, -e* ⟨*lat.-mlat.;* „Zubereitetes"⟩: 1. feine Zuckerwaren, Pralinen. 2. (südd., schweiz., österr.) Teegebäck

Kon|fek|ti|on *die; -, -en* ⟨*lat.-fr.*⟩: 1. fabrikmäßige Serienherstellung von Kleidungsstücken. 2. in Konfektion (1) hergestellte Kleidung. 3. Bekleidungsindustrie

Kon|fek|ti|o|när *der; -s, -e:* jmd., der Konfektion (2) entwirft,

herstellt. **Kon|fek|ti|o|nä|rin** *die;*
-, -nen: weibliche Form zu
↑ Konfektionär
kon|fek|ti|o|nie|ren: 1. serien-, fa-
brikmäßig herstellen. 2. die
letzte Stufe eines Produktions-
prozesses ausführen, die letzten Arbeitsgänge durchführen
(z. B. Bücher zum Versand fertig machen, verpacken)
Kon|fe|renz *die;* -, -en ⟨*lat.-mlat.*⟩:
1. Sitzung; Besprechung; Ta-
gung. 2. beratschlagende Versammlung. 3. kartellartiger Zusammenschluss von Reedereien
im Überseegeschäft
Kon|fe|renz|schal|tung *die;* -, -en
⟨*lat.-mlat.; dt.*⟩: drahtlose od.
telefonische Zusammenschal-
tung verschiedener Teilnehmer
(an verschiedenen Orten), bei
der jeder mit allen in Kontakt
treten kann
kon|fe|rie|ren ⟨*lat.-fr.*⟩: 1. mit
jmdm. verhandeln, über etwas
[in größerem Kreis] beraten.
2. bei einer Veranstaltung als
↑ Conférencier arbeiten
Kon|fes|si|on *die;* -, -en ⟨*lat.*⟩:
1. [christliche] Glaubensgemeinschaft; Gesamtheit der
Menschen, die zu der gleichen
Glaubensgemeinschaft gehören.
2. literarische Zusammenfassung von Glaubenssätzen; vgl.
Confessio (1 b). 3. a) christliches
[Glaubens]bekenntnis; b) Ge-
ständnis, [Sünden]bekenntnis
kon|fes|si|o|na|li|sie|ren: die Be-
sonderheit einer Konfession
(1) in allen Bereichen des Lebens, der Kirche, der Theologie
durchsetzen
Kon|fes|si|o|na|lis|mus *der;* -:
[übermäßige] Betonung der ei-
genen Konfession. **kon|fes|si|o-
na|lis tisch:** den Konfessionalis-
mus betreffend; eng kirchlich
denkend
kon|fes|si|o|nell: zu einer Konfes-
sion gehörend
Kon|fes|si|ons|schu|le *die;* -, -n
⟨*lat.; dt.*⟩: Bekenntnisschule, in
der der Unterricht im Geiste einer bestimmten Konfession,
bes. der katholischen, gestaltet
wird; Ggs. ↑ Simultanschule
Kon|fet|ti *das;* -[s] ⟨*lat.-mlat.-it.*⟩:
1. bunte Papierblättchen, die
bes. bei Faschingsveranstaltun-
gen geworfen werden. 2. (österr.
veraltet) Zuckergebäck, Süßigkeiten

Kon|fet|ti|pa|ra|de *die;* -, -n: (bes.
in Amerika) Umzug, bei dem
eine Persönlichkeit des öffentlichen Lebens gefeiert wird u. bei
dem große Mengen von Kon-
fetti geworfen werden
Kon|fi|dent *der;* -en, -en ⟨*lat.-fr.*⟩:
1. a) (veraltet) Vertrauter,
Freund; b) jmd., der mit bestimmten Gegebenheiten ver-
traut ist. 2. (österr.) [Poli-
zei]spitzel
kon|fi|den|ti|ell vgl. konfidenziell
Kon|fi|den|tin *die;* -, -nen: weibli-
che Form zu ↑ Konfident
Kon|fi|denz *die;* -, -en: (veraltend)
1. Vertrauen. 2. vertrauliche
Mitteilung
kon|fi|den|zi|ell, auch: konfiden-
tiell: (veraltend) vertraulich
(von Briefen, Mitteilungen)
Kon|fi|gu|ra|ti|on *die;* -, -en ⟨*lat.*⟩:
1. (veraltet) Gestaltung, Gestalt.
2. (Med.) a) äußere Form, Gestalt od. Aufbau eines Organs
od. Körperteils; b) Verformung
(z. B. des kindlichen Schädels
bei der Geburt). 3. ↑ Aspekt (2).
4. (Chem.) die dreidimensionale, räumliche Anordnung der
Atome um ein Zentralatom.
5. (Psychol.) Anordnung u.
wechselseitige Beziehung verschiedener Einzelerlebnisse in
einem zusammenhängenden
Sachverhalt. 6. (Sprachw.) a) ge-
ordnete Menge bes. von seman-
tischen Merkmalen; b) Gruppe
syntaktisch verbundener Wörter. 7. (Astron., Astrol.) bestimmte Stellung der Planeten.
8. (EDV) konkrete Zusammenstellung einer Rechenanlage
aus Zentraleinheit[en], Ein- u.
Ausgabegeräten u. Speicherge-
räten sowie deren Vernet-
zungsstruktur; Auswahl, Zusammenstellung und Verknüpfung der Software für einen
Rechner, eine Rechenanlage
kon|fi|gu|rie|ren: 1. (veraltet) ge-
stalten. 2. (fachspr.) verformen.
3. (EDV) einen Computer für
eine konkrete Aufgabenstellung od. Problemlösung einrichten
Kon|fi|na|ti|on *die;* -, -en ⟨*lat.-
nlat.*⟩: (veraltet) 1. Einteilung in
bestimmte Bezirke. 2. Hausar-
rest; gerichtliche Aufenthalts-
bzw. Wohnbeschränkung auf
einen bestimmten Bezirk. **kon-
fi|nie|ren:** (veraltet) 1. in be-

stimmte Bezirke einteilen.
2. den Aufenthalt einer Person
durch gerichtliche Anordnung
auf einen bestimmten Ort be-
schränken
Kon|fi|ni|tät *die;* -: (veraltet)
Grenznachbarschaft
Kon|fi|ni|um *das;* -s, ...ien ⟨*lat.*⟩:
(veraltet) 1. Grenze; Grenzland.
2. (hist.) die österreichischen
Grenzgebiete in Südtirol
Kon|fir|mand *der;* -en, -en ⟨*lat.;*
„der zu Bestärkende"⟩: jmd.,
der konfirmiert wird. **Kon|fir-
man|din** *die;* -, -nen: weibliche
Form zu ↑ Konfirmand
Kon|fir|ma|ti|on *die;* -, -nen: feierli-
che Aufnahme junger evangeli-
scher Christen in die Gemeinde
der Erwachsenen. **kon|fir|mie-
ren:** einen evangelischen Jugendlichen nach vorbereiten-
dem Unterricht feierlich in die
Gemeinde der Erwachsenen
aufnehmen
Kon|fi|se|rie [auch: kō...], auch:
Confiserie *die;* -, ...ien ⟨*lat.-fr.*⟩:
(schweiz.) Betrieb, der Süßwa-
ren, Pralinen o. Ä. herstellt u.
verkauft. **Kon|fi|seur** [...'zø:ɐ̯],
auch: Confiseur *der;* -s, -e: (
schweiz.) jmd., der berufsmä-
ßig Süßwaren, Pralinen o. Ä.
herstellt. **Kon|fi|seu|rin** [...'zø:-
rɪn], auch: Confiseurin *die;* -,
-nen: weibliche Form zu ↑ Kon-
fiseur
Kon|fis|kat *das;* -[e]s, -e (meist
Plural) ⟨*lat.*⟩: (Tiermed.) 1. nicht
zum Verzehr geeigneter Teil
von Schlachttieren. 2. Ge-
schlechtsteil eines ungebore-
nen Tieres
Kon|fis|ka|ti|on *die;* -, -en: ent-
schädigungslose staatliche Ent-
eignung einer Person od.
Gruppe
kon|fis|ka|to|risch: eine Konfiska-
tion betreffend, darauf beruhend; in der Art einer Konfiska-
tion
kon|fis|zie|ren: etwas [von Staats
wegen, gerichtlich] einziehen,
beschlagnahmen
Kon|fi|tent *der;* -en, -en ⟨*lat.*⟩:
(veraltet) Beichtender, Beicht-
kind. **Kon|fi|ten|tin** *die;* -, -nen:
weibliche Form zu ↑ Konfitent
Kon|fi|tü|re *die;* -, -n ⟨*lat.-fr.*⟩: aus
nur einer Obstsorte herge-
stellte Marmelade [mit ganzen
Früchten od. Fruchtstücken]
Kon|fix *das;* -es, -e ⟨*lat.-nlat.*⟩:

K

(Sprachw.) aus einer Verkürzung od. Kurzform entstandenes, nicht selbstständiges Wortbildungselement (z. B. bio[logischer] Rhythmus = Biorhythmus)

Kon|fla|gl ra|ti|on *die; -, -en ⟨lat.⟩:* Feuersbrunst, Brand

kon|fli|gie|ren *⟨lat.⟩:* mit etwas in Konflikt geraten

Kon|flikt *der; -[e]s, -e ⟨lat.; „Zusammenstoß"⟩:* 1. a) [bewaffnete, militärische] Auseinandersetzung zwischen Staaten; b) Streit, Zerwürfnis. 2. Widerstreit der Motive, Zwiespalt

kon|flik|tär: einen Konflikt enthaltend, voller Konflikte

kon|flik|tiv: einen Konflikt in sich bergend, Konflikte erzeugend

Kon|flikt|kom|mis|si|on *die; -, -en:* (DDR) außergerichtliche Schiedskommission in Betrieben u. staatlichen Verwaltungen

Kon|flu|enz *die; -, -en ⟨lat.⟩:* (Geol.) Zusammenfluss zweier Gletscher; Ggs. ↑ Diffluenz

kon|flu|ie|ren: (Med.) zusammenfließen, sich vereinigen (z. B. von Blutgefäßen)

Kon|flux *der; -es, -e:* ↑ Konfluenz

Kon|fö|de|ra|ti|on *die; -, -en ⟨lat.; „Bündnis"⟩:* Staatenbund

kon|fö|de|rie|ren, sich: sich verbünden; **die Konföderierten Staaten von Amerika:** (hist.) die 1861 von den USA abgefallenen u. dann wieder zur Rückkehr gezwungenen Südstaaten der USA

Kon|fö|de|rier|te *der u. die; -n, -n:* 1. Verbündete[r]. 2. (hist.) Anhänger[in] der Südstaaten im Sezessionskrieg

kon|fo|kal *⟨lat.-nlat.⟩:* (Phys.) mit gleichen Brennpunkten

kon|form *⟨lat.; „gleichförmig, ähnlich"⟩:* 1. einig, übereinstimmend (in den Ansichten); **mit etwas konform gehen:** mit etwas einig gehen, übereinstimmen. 2. (Math.) winkel-, maßstabgetreu (von Abbildungen)

Kon|for|ma|ti|on *die; -, -en ⟨lat.-engl.⟩:* (Chem.) eine der verschiedenen räumlichen Anordnungsmöglichkeiten der ↑ Atome eines ↑ Moleküls, die sich durch Drehung um eine einfache Achse ergeben. **kon|for|mie|ren:** (veraltet) anpassen, einfügen, übereinstimmend machen

Kon|for|mis|mus *der; - ⟨lat.-engl.⟩:* Haltung, die durch Angleichung der eigenen Einstellung an die herrschende Meinung gekennzeichnet ist; Ggs. ↑ Nonkonformismus. **Kon|for|mist** *der; -en, -en:* 1. jmd., der seine eigene Einstellung der herrschenden Meinung angleicht; Ggs. ↑ Nonkonformist (1). 2. Anhänger der anglikanischen Staatskirche; Ggs. ↑ Nonkonformist (2). **Kon|for|mis| tin** *die; -, -nen:* weibliche Form zu ↑ Konformist. **kon|for|mis| tisch:** 1. den Konformismus betreffend, ihm entsprechend; Ggs. ↑ nonkonformistisch (1). 2. im Sinne der anglikanischen Staatskirche denkend od. handelnd; Ggs. ↑ nonkonformistisch (2)

Kon|for|mi|tät *die; - ⟨lat.-mlat.⟩:* 1. a) Übereinstimmung mit der Einstellung anderer; Ggs. ↑ Nonkonformität; b) (Soziol.) das Gleichgerichtetsein des Verhaltens einer Person mit dem einer Gruppe als Ergebnis der ↑ Sozialisation. 2. (Math.) Winkel- u. Maßstabtreue einer Abbildung

Kon|fra|ter *der; -s, ...fratres [...re:s] ⟨lat.-mlat.; „Mitbruder"⟩:* Amtsbruder innerhalb der katholischen Geistlichkeit

Kon|fra|ter|ni|tät *die; -, -en (veraltet)* Bruderschaft innerhalb der katholischen Geistlichkeit

Kon|fron|ta|ti|on *die; -, -en ⟨lat.-mlat.⟩:* 1. Gegenüberstellung von einander widersprechenden Meinungen, Sachverhalten od. Personengruppen. 2. [politische] Auseinandersetzung zwischen Gegnern. 3. (Sprachw.) ↑ synchronischer Vergleich von zwei Sprachzuständen, der das Ziel hat, die Unterschiede u. die Gemeinsamkeiten von zwei untersuchten Sprachen im Hinblick auf den Fremdsprachenunterricht festzustellen

kon|fron|ta|tiv: ↑ komparativ (2 a), ↑ kontrastiv

kon|fron|tie|ren: a) jmdn. jmdm. anderen gegenüberstellen, bes. um etwas aufzuklären; b) jmdn. in eine Situation bringen, die ihn zur Auseinandersetzung mit etwas Unangenehmem zwingt; c) als ↑ Kontrast (1), zum Vergleich einander gegenüberstellen

kon|fun|die|ren *⟨lat.⟩:* (veraltet) vermengen, verwirren

kon|fus *⟨lat.; „ineinander gegossen"⟩:* verwirrt, verworren; wirr (im Kopf), durcheinander

Kon|fu|si|on *die; -, -en:* 1. Verwirrung, Zerstreutheit; Unklarheit. 2. (Rechtsw.) das Erlöschen eines Rechtes, wenn Berechtigung u. Verpflichtung in einer Person zusammenfallen (z. B. durch Kauf)

Kon|fu|ta|ti|on *die; -, -en ⟨lat.⟩:* (Rechtsw. veraltet) Widerlegung, Überführung

Kon|fu|zi|a|ner *der; -s, - ⟨nlat.; nach dem chin. Philosophen Konfuzius, etwa 551 bis etwa 470 v. Chr.⟩:* Anhänger der Lehren des Konfuzius. **Kon|fu|zi|a|ne|rin** *die; -, -nen:* weibliche Form zu ↑ Konfuzianer

kon|fu|zi|a|nisch: nach Art des Konfuzius

Kon|fu|zi|a|nis|mus *der; -:* auf dem Leben u. der Lehre des Konfuzius beruhende, weltanschauliche (ethische) Grundhaltung; zwischen dem 2. Jh. v. Chr. und dem 3. Jh. n. Chr. offizielle Staatsdoktrin in China. **kon|fu|zi|a|nis| tisch:** den Konfuzianismus betreffend

kon|ge|ni|al *⟨lat.-nlat.⟩:* hinsichtlich der Interpretation eines [genialen] Werks von entsprechendem [gleichem] Rang. **Kon|ge|ni|a|li|tät** *die; -:* Gleichrangigkeit hinsichtlich der Interpretation eines [genialen] Werks

kon|ge|ni|tal *⟨lat.-nlat.⟩:* (Med.) angeboren; aufgrund einer Erbanlage bei der Geburt vorhanden (z. B. von Erbkrankheiten)

Kon|ges| ti|on *die; -, -en ⟨lat.; „Aufhäufung"⟩:* (Med.) lokaler Blutandrang (z. B. bei Entzündungen)

kon|ges| tiv *⟨lat.-nlat.⟩:* (Med.) Blutandrang bewirkend

Kon|glo|ba|ti|on *die; -, -en ⟨lat.⟩:* (Zool.) Anhäufung von Individuen einer Art aufgrund bestimmter örtlicher Gegebenheiten

Kon|glo|me|rat *das; -[e]s, -e ⟨lat.-fr.⟩:* 1. Zusammenballung, Gemisch. 2. (Geol.) Sedimentgestein aus gerundeten, durch ein Bindemittel verfestigten Gesteinstrümmern

kon|glo|me|ra|tisch: (Geol.) das

Gesteinsgefüge eines Konglomerats (2) betreffend

Kon|glo|me|rat|tu|mor *der;* -s, -en: (Med.) durch eine entzündliche Verwachsung verschiedener Organe entstandene Geschwulst

Kon|glu|ti|nat *das;* -[e]s, -e ⟨*lat.*⟩: (selten) ↑ Konglomerat

Kon|glu|ti|na|ti|on *die;* -, -en: (Med.) Verklebung [von roten Blutkörperchen]

kon|glu|ti|nie|ren: (Med.) zusammenballen, verkleben

Kon|go|rot *das;* -s ⟨nach dem Namen des afrik. Flusses⟩: ↑ Azofarbstoff, der als ↑ Indikator (4) für Säuren u. Basen (früher auch als Textilfarbstoff) verwendet wird

Kon|gre|ga|ti|on *die;* -, -en ⟨*lat.*⟩: 1. kirchliche Vereinigung [mit einfacher Mönchsregel] für bestimmte kirchliche Aufgaben. 2. engerer Verband von Klöstern innerhalb eines Mönchsordens. 3. ↑ Kardinalskongregation. 4. (veraltet) Vereinigung, Versammlung

Kon|gre|ga|ti|o|na|lis|mus *der;* - ⟨*lat.-engl.*⟩: reformiert-kalvinistische religiöse Bewegung in England u. Nordamerika, die eine übergeordnete Kirchenstruktur ablehnt. **Kon|gre|ga|ti|o|na|list** *der;* -en, -en: Angehöriger einer englisch-nordamerikanischen Kirchengemeinschaft. **Kon|gre|ga|ti|o|na|lis|tin** *die;* -, -nen: weibliche Form zu ↑ Kongregationalist. **kon|gre|ga|ti|o|na|lis|tisch:** den Kongregationalismus betreffend

Kon|gre|ga|ti|o|nist *der;* -en, -en ⟨*lat.-nlat.*⟩: Mitglied einer Kongregation. **Kon|gre|ga|ti|o|nis|tin** *die;* -, -nen: weibliche Form zu ↑ Kongregationist

kon|gre|gie|ren: sich versammeln, vereinigen

Kon|gress *der;* -es, -e ⟨*lat.;* „Zusammenkunft; Gesellschaft"⟩: 1. [größere] fachliche od. politische Versammlung, Tagung. 2. (ohne Plural) aus ↑ Senat (2) u. ↑ Repräsentantenhaus bestehendes Parlament in den USA

kon|gru|ent ⟨*lat.*⟩: 1. übereinstimmend (von Ansichten); Ggs. ↑ disgruent. 2. (Math.) a) deckungsgleich (von geometrischen Figuren); b) übereinstimmend (von zwei Zahlen, die,

durch eine dritte geteilt, gleiche Reste liefern); Ggs. ↑ inkongruent

Kon|gru|enz *die;* -, -en: 1. Übereinstimmung. 2. (Math.) a) Deckungsgleichheit; b) Übereinstimmung; vgl. kongruent (2 b). 3. (Sprachw.) a) formale Übereinstimmung zusammengehöriger Teile im Satz in ↑ Kasus (2), ↑ Numerus (3), ↑ Genus (2) u. ↑ Person (5); b) inhaltlich sinnvolle Vereinbarkeit des ↑ Verbs mit anderen Satzgliedern

kon|gru|ie|ren: übereinstimmen, sich decken

Ko|ni|die [...jə] *die;* -, -n (meist Plural) ⟨*gr.-nlat.*⟩: durch Abschnürung entstehende Fortpflanzungszelle vieler Pilze

Ko|ni|fe|re *die;* -, -n (meist Plural) ⟨*lat.;* „Zapfen tragend"⟩: Nadelholzgewächs

Kö|nigs|bait *das;* -[s] ⟨*dt.; arab.*⟩: erstes gereimtes Verspaar des ↑ Gasels

Ko|ni|in *das;* -s ⟨*gr.-nlat.*⟩: giftiges ↑ Alkaloid aus den unreifen Früchten des Gefleckten Schierlings

Ko|ni|ma|harz *das;* -es ⟨*indian.; dt.*⟩: weihrauchartiges Harz eines südamerikanischen Baumes

Ko|ni|me|ter *das;* -s, - ⟨*gr.; gr.-lat.-fr.*⟩: Apparat zur Bestimmung des Staubgehalts in der Luft

Ko|ni|o|se *die;* -, -n ⟨*gr.-nlat.*⟩: (Med.) Staubkrankheit

Ko|ni|o|to|mie *die;* -, ...ien ⟨*gr.-lat.*⟩: (Med.) operative Durchtrennung des Bandes zwischen Ring- u. Schildknorpel am Kehlkopf als Notoperation bei Erstickungsgefahr

ko|nisch ⟨*gr.-nlat.*⟩: kegelförmig; **konische Projektion:** (Math.) Kartenprojektion auf eine Kegeloberfläche

Ko|ni|zi|tät *die;* -, -en: (Math.) Kegelförmigkeit, Kegelähnlichkeit

Kon|jek|ta|ne|en *die* (Plural) ⟨*lat.*⟩: [Sammlung von] Bemerkungen

Kon|jek|tur *die;* -, -en: 1. (veraltet) Vermutung. 2. mutmaßlich richtige Lesart; Textverbesserung bei schlecht überlieferten Texten

kon|jek|tu|ral: die Konjektur be-

treffend, auf einer Konjektur beruhend

Kon|jek|tu|ral|kri|tik *die;* -: philologische Kritik, die Konjekturen (2) anbringt u. prüft

kon|ji|zie|ren: 1. (veraltet) vermuten. 2. Konjekturen (2) anbringen

kon|ju|gal ⟨*lat.*⟩: (veraltet) ehelich

Kon|ju|gal|te *die;* -, -n (Biol.; meist Plural): Jochalge

Kon|ju|ga|ti|on *die;* -, -en ⟨*lat.;* „Verbindung; Beugung"⟩: 1. (Sprachw.) Abwandlung, Beugung des Verbs nach ↑ Person (5), ↑ Numerus (3), ↑ Tempus, ↑ Modus (2) u. a.; vgl. Deklination. 2. (Biol.) a) vorübergehende Vereinigung zweier Wimpertierchen, die mit Kernaustausch verbunden ist; b) Vereinigung der gleich gestalteten Geschlechtszellen von Konjugaten

kon|ju|gie|ren: 1. (Sprachw.) ein Verb beugen; vgl. deklinieren. 2. (veraltet) verbinden. **kon|ju|giert:** 1. (Math.) zusammengehörend, einander zugeordnet (z. B. von Zahlen, Punkten, Geraden); **konjugierter Durchmesser:** (Math.) Durchmesser von Kegelschnitten, der durch die Halbierungspunkte aller Sehnen geht, die zu einem anderen Durchmesser parallel sind. 2. (Chem.) mit Doppelbindungen abwechselnd (von einfachen Bindungen)

Kon|junkt *das;* -s, -e ⟨*lat.*⟩: (Sprachw.) Teil des Satzes, der mit anderen Satzelementen zusammen auftreten kann; Ggs. ↑ ¹Adjunkt

Kon|junk|ti|on *die;* -, -en ⟨*lat.;* „Verbindung; Bindewort"⟩: 1. (Sprachw.) neben- od. unterordnendes Bindewort (z. B.: und, obwohl). 2. (Astrol.) das Zusammentreffen mehrerer Planeten im gleichen Tierkreiszeichen. 3. (Astron.) Stellung zweier Gestirne im gleichen Längengrad. 4. (Logik) Verknüpfung zweier od. mehrerer Aussagen durch ↑ Konjunktor „und"

kon|junk|ti|o|nal ⟨*lat.-nlat.*⟩: die ↑ Konjunktion (1) betreffend, durch sie ausgedrückt

Kon|junk|ti|o|nal|ad|verb *das;* -s, ...ien: ↑ Adverb, das auch die Funktion einer ↑ Konjunktion

K

(1) erfüllen kann (z. B. trotzdem: er hat *trotzdem* [Adv.] geraucht; er kennt die Gefahr, *trotzdem* [Konj.] will er es tun)

Kon|junk|ti o|nal|satz *der;* -es, ...sätze: durch eine Konjunktion (1) eingeleiteter Gliedsatz (z. B.: er weiß nicht, *dass Maria und Klaus verreist sind*)

kon|junk|tiv [auch: ...'tiːf] ⟨*lat.*⟩: verbindend; Ggs. ↑ disjunktiv (a); **konjunktives Urteil:** (Philos.) Satz mit Subjekt u. mehreren Prädikaten (Formel: X = A + B). **Kon|junk|tiv** [auch: ...'tiːf] *der;* -s, -e: (Sprachw.) Aussageweise der Vorstellung; Möglichkeitsform (sie sagte, sie *sei* verreist); Abk.: Konj.; Ggs. ↑ ¹Indikativ

Kon|junk|ti|va *die;* -, ...vä: (Med.) Bindehaut des Auges

kon|junk|ti|visch [auch: ...'tiː...]: den Konjunktiv betreffend, auf ihn bezogen

Kon|junk|ti|vi|tis *die;* -, ...iti|den ⟨*lat.-nlat.*⟩: (Med.) Bindehautentzündung des Auges

Kon|junk|tor *der;* -s: (Logik) die logische Partikel "und" (Zeichen: ∧) zur Herstellung einer ↑ Konjunktion (4)

Kon|junk|tur *die;* -, -en: (Wirtsch.) a) Wirtschaftslage, -entwicklung; vgl. Depression (3) u. Prosperität; b) Wirtschaftsaufschwung (Hochkonjunktur)

kon|junk|tu|rell: die wirtschaftliche Gesamtlage u. ihre Entwicklungstendenz betreffend

Kon|ju|rant *der;* -en, -en ⟨*lat.*⟩: (veraltet) Verschworener. **Kon|ju|ran|tin** *die;* -, -nen: weibliche Form zu ↑ Konjurant

Kon|ju|ra|ti|on *die;* -, -en: (veraltet) Verschwörung

kon|kav ⟨*lat.;* "hohlrund, gewölbt"⟩: (Phys.) hohl, vertieft, nach innen gewölbt (z. B. von Linsen od. Spiegeln); Ggs. ↑ konvex. **Kon|ka|vi|tät** *die;* -: Wölbung nach innen; Ggs. ↑ Konvexität

Kon|kav|spie|gel *der;* -s, -: Hohlspiegel

Kon|kla|ve *das;* -s, -n ⟨*lat.*⟩: a) streng abgeschlossener Versammlungsort der Kardinäle bei einer Papstwahl; b) Kardinalsversammlung zur Papstwahl

kon|klu|dent ⟨*lat.*⟩: (bes. Philos.) eine Schlussfolgerung zulassend; schlüssig; **konkludentes Verhalten:** (Rechtsw.) eine ausdrückliche Willenserklärung rechtswirksam ersetzendes, schlüssiges Verhalten

kon|klu|die|ren: (Philos.) etwas aus etwas folgern, einen Schluss ziehen. **Kon|klu|si|on** *die;* -, -en: (Philos.) Schluss, Folgerung, Schlusssatz im ↑ Syllogismus

kon|klu|siv ⟨*lat.-nlat.*⟩: 1. (Philos.) folgernd. 2. (Sprachw.) den allmählichen Abschluss eines Geschehens von Verben kennzeichnend (z. B. verklingen, verblühen)

kon|ko|mi|tant ⟨*lat.*⟩: nicht relevant, nicht distinktiv; redundant

Kon|ko|mi|tanz *die;* - ⟨*lat.-mlat.;* "Begleitung"⟩: 1. (Sprachw.) das gemeinsame Vorkommen von sprachlichen Elementen verschiedener Klassen, das obligatorisch (z. B. etwas bekommen), fakultativ (z. B. [etwas] rauchen) oder nie (z. B. kommen) stattfindet. 2. Lehre, nach der Christus mit Fleisch u. Blut in jeder der beiden konsekrierten Gestalten Brot u. Wein zugegen ist

kon|kor|dant ⟨*lat.*⟩: 1. übereinstimmend. 2. (Geol.) gleichlaufend übereinander gelagert (von Gesteinsschichten)

Kon|kor|danz *die;* -, -en ⟨*lat.; mlat.*⟩: 1. a) alphabetisches Verzeichnis von Wörtern od. Sachen zum Vergleich ihres Vorkommens u. Sinngehaltes an verschiedenen Stellen eines Buches (bes. als Bibelkonkordanz); b) Vergleichstabelle von Seitenzahlen verschiedener Ausgaben eines Werkes. 2. (Geol.) gleichlaufende Lagerung mehrerer Gesteinsschichten übereinander. 3. (Biol.) die Übereinstimmung in Bezug auf ein bestimmtes Merkmal (z. B. von Zwillingen). 4. (Druckw.) ein Schriftgrad (Einheit von 48 ↑ Cicero). 5. (Sprachw.) Ausdruck grammatischer Zusammenhänge durch formal gleiche Elemente, bes. durch ↑ Präfixe (in bestimmten Sprachen)

Kon|kor|dat *das;* -[e]s, -e: 1. Vertrag zwischen einem Staat u. dem Vatikan. 2. (schweiz.) Vertrag zwischen Kantonen

Kon|kor|dia *die;* -: Eintracht, Einigkeit

Kon|kor|di|en|buch *das;* -[e]s ⟨*lat.; dt.*⟩: am weitesten verbreitete Sammlung lutherischer Bekenntnisschriften

Kon|kor|di|en|for|mel *die;* -: letzte, allgemein anerkannte lutherische Bekenntnisschrift von 1577

Kon|kre|ment *das;* -[e]s, -e ⟨*lat.*⟩: "Zusammenhäufung"⟩: (Med.) vorwiegend aus Salzen bestehendes, krankhaftes, festes Gebilde, das in Körperhöhlen bzw. ableitenden Systemen entsteht (z. B. Nierenstein)

kon|kret ⟨*lat.;* "zusammengewachsen"⟩: 1. als etwas sinnlich, anschaulich Gegebenes erfahrbar; **konkrete Kunst:** Richtung der modernen Kunst, bes. der Malerei, deren bildnerische Elemente nur sich selbst bedeuten wollen; **konkrete Literatur:** Richtung der modernen Literatur, die versucht, mit sprachlichen Mitteln, losgelöst von syntaktischen Zusammenhängen, rein visuell od. akustisch eine Aussage zu gestalten; **konkrete Musik:** Richtung der modernen Musik, bei der Geräusche aus dem täglichen Leben in elektronischer Verarbeitung im Vordergrund stehen. 2. im Einzelnen genau erklärt, genau dargelegt, tatsächlich. 3. gerade anstehend, im Augenblick so gegeben

Kon|kre|ti|on *die;* -, -en: 1. Vergegenständlichung. 2. (Med.) Verklebung, Verwachsung. 3. (Geol.) knolliger, kugeliger mineralischer Körper in Gesteinen

kon|kre|ti|sie|ren ⟨*lat.-nlat.*⟩: im Einzelnen ausführen, näher bestimmen, deutlich machen

Kon|kre|tum *das;* -s, ...ta ⟨*lat.*⟩: (Sprachw.) Substantiv, das etwas Gegenständliches bezeichnet (z. B. Tisch); Ggs. ↑ Abstraktum

Kon|ku|bi|nat *das;* -[e]s, -e ⟨*lat.*⟩: 1. (Rechtsw.) eheähnliche Gemeinschaft ohne Eheschließung. 2. in der römischen Kaiserzeit eine gesetzlich erlaubte außereheliche Verbindung zwischen Personen, die die bürgerliche Ehe nicht eingehen durften

Kon|ku|bi|ne *die; -, -n* ⟨„Beischläferin"⟩: 1. (veraltet) im Konkubinat lebende Frau. 2. (abwertend) Geliebte

Kon|ku|pis|zenz *die; -* ⟨*lat.*⟩: (Philos., Theol.) sinnliche Begehrlichkeit, Begehrlichkeit des Menschen

Kon|kur|rent *der; -en, -en* ⟨*lat.*⟩: 1. jmd., der auf einem bestimmten Gebiet mit jmdm. konkurriert; Rivale (im geschäftlichen Bereich, in einer sportlichen Disziplin o. Ä.). 2. (Plural; kath. Liturgie) zwei Feste, die auf aufeinander folgende Tage fallen. **Kon|kur|ren|tin** *die; -, -nen:* weibliche Form zu ↑ Konkurrent (1)

Kon|kur|renz *die; -, -en* ⟨*lat.mlat.*⟩: 1. (ohne Plural) das Konkurrieren, bes. im wirtschaftlichen Bereich. 2. auf einem bestimmten Gebiet, bes. in einer sportlichen Disziplin, stattfindender Wettkampf, Wettbewerb; **außer Konkurrenz:** außerhalb der offiziellen Wertung. 3. (ohne Plural) jmds. Konkurrent[en]. 4. (ohne Plural) das Zusammentreffen bestimmter Umstände

kon|kur|ren|zie|ren ⟨*lat.-nlat.*⟩: (südd., österr. u. schweiz.) mit jmdm. konkurrieren, jmdm. Konkurrenz machen, jmds. Konkurrent sein

Kon|kur|renz|klau|sel *die; -:* vertraglich vereinbartes Wettbewerbsverbot

kon|kur|rie|ren ⟨*lat.;* „zusammenlaufen, -treffen, aufeinander stoßen"⟩: mit anderen in Wettbewerb treten; sich gleichzeitig mit anderen um etwas bewerben

Kon|kurs *der; -es, -e:* 1. Zahlungsunfähigkeit, Zahlungseinstellung einer Firma. 2. gerichtliches Vollstreckungsverfahren zur gleichmäßigen u. gleichzeitigen Befriedigung aller Gläubiger eines Unternehmens, das die Zahlungen eingestellt hat

kon|na|tal ⟨*lat.-nlat.*⟩: (Med.) angeboren (von Krankheiten od. Schädigungen)

Kon|nek|ti o|nis|mus *der; -* ⟨*lat.nlat.*⟩: Forschungsrichtung der Neuroinformatik, die sich mit der Entwicklung künstlicher neuronaler Netze zur Simulie

rung von künstlicher Intelligenz befasst

Kon|nek|tiv *das; -s, -e* ⟨*lat.-nlat.*⟩: (Biol., Med.) Verbindungsglied (z. B. zwischen Pflanzenteilen od. Nervensträngen)

Kon|nek|tor *der; -s, -oren* ⟨*lat.engl.*⟩: 1. (EDV) Symbol in Flussdiagrammen (grafische Darstellungen von Arbeitsabläufen), das auf die Stelle verweist, an der der Programmablauf fortgesetzt werden soll. 2. (Sprachw.) für den Textzusammenhang wichtiges Verknüpfungselement

Kon|ne|ta|bel *der; -s, -s* ⟨*lat.-fr.*⟩: (hist.) Oberfeldherr des französischen Königs

Kon|nex *der; -es, -e* ⟨*lat.;* „Verflechtung, Verknüpfung"⟩: 1. zwischen Dingen bestehende Zusammenhänge; Verbindung. 2. persönlicher Kontakt

Kon|ne|xi|on *die; -, -en* ⟨*lat.-fr.*⟩: 1. (meist Plural) einflussreiche, vorteilhafte Bekanntschaft, Beziehung. 2. (Sprachw.) Beziehung zwischen regierendem u. regiertem Element eines Satzes (in der ↑ Dependenzgrammatik)

Kon|ne|xi|tät *die; -* ⟨*lat.-nlat.*⟩: (Rechtsw.) a) innerer Zusammenhang mehrerer [Straf]rechtsfälle als Voraussetzung für die Zusammenfassung in einem Gerichtsverfahren; b) innere Abhängigkeit der auf demselben Rechtsverhältnis beruhenden wechselseitigen Ansprüche von Gläubiger u. Schuldner

kon|ni|vent ⟨*lat.*⟩: 1. nachsichtig, duldsam. 2. (Rechtsw.) Amtsdelikte untergebener od. beaufsichtigter Personen bewusst duldend od. dazu verleitend (von Vorgesetzten, Aufsichtsbeamten)

Kon|ni|venz *die; -, -en:* 1. Nachsichtigkeit, Duldsamkeit. 2. (Rechtsw.) ↑ konniventes (2) Verhalten, konnivente Handlung

kon|ni|vie|ren: (veraltet) dulden, Nachsicht üben

Kon|nos|se|ment *das; -[e]s, -e* ⟨*lat.-it.*⟩: Frachtbrief

Kon|no|tat *das; -s, -e* ⟨*lat.*⟩: (Sprachw.) 1. vom Sprecher bezeichneter Begriffsinhalt (im Gegensatz zu den entsprechenden Gegenständen in der au

ßersprachlichen Wirklichkeit); Ggs. ↑ Denotat (1). 2. konnotative [Neben]bedeutung; Ggs. ↑ Denotat (2)

Kon|no|ta|ti|on *die; -, -en:* 1. (Logik) Begriffsinhalt (im Gegensatz zum Umfang). 2. a) (Sprachw.) assoziative, emotionale, stilistische, wertende [Neben]bedeutung; Ggs. ↑ Denotation (2 a); b) Beziehung zwischen Zeichen u. Zeichenbenutzer; ↑ Denotation (2 b)

kon|no|ta|tiv [auch: ˈkɔn...]: (Sprachw.) die assoziative, emotionale, stilistische, wertende [Neben]bedeutung, Begleitvorstellung eines sprachlichen Zeichens betreffend; Ggs. ↑ denotativ

kon|nu|bi|al ⟨*lat.*⟩: (Rechtsw. veraltet) die Ehe betreffend. **Kon|nu|bi|um** *das; -s, ...ien:* (Rechtsw. veraltet) Ehe[gemeinschaft]

Ko|no|id *das; -[e]s, -e* ⟨*gr.-nlat.*⟩: (Math.) kegelähnlicher Körper, der z. B. durch ↑ Rotation (1) einer Kurve um ihre Achse entsteht

Ko|no|pe|um *das; -s, ...een* ⟨*gr.nlat.*⟩: Vorhang zur Verhüllung des Altartabernakels

Kon|quis ta|dor *der; -en, -en* ⟨*lat.span.*⟩: (hist.) Teilnehmer an der spanischen Eroberung Südamerikas im 16. Jh.

Kon|rek|tor *der; -s, ...oren* ⟨*lat.nlat.*⟩: Stellvertreter des Rektors [einer Grund-, Haupt- od. Realschule]. **Kon|rek|to|rin** *die; -, -nen:* weibliche Form zu ↑ Konrektor

Kon|san|gu i|ni|tät *die; -* ⟨*lat.*⟩: (veraltet) Blutsverwandtschaft

Kon|seil [kõˈsɛj] *der; -s, -s* ⟨*lat.-fr.*⟩: (veraltet) Staats-, Ministerrat, Ratsversammlung; Beratung; vgl. Conseil

Kon|se|k rant *der; -en, -en* ⟨*lat.*⟩: (kath. Rel.) jmd., der eine Konsekration vornimmt

Kon|se|k ra|ti|on *die; -, -en:* 1. (kath. Rel.) liturgische Weihe einer Person od. Sache. 2. (kath. Rel.) liturgische Weihe von Brot u. Wein durch Verwandlung in Leib u. Blut Christi; vgl. Transubstantiation. 3. (hist.) die Vergöttlichung des verstorbenen Kaisers in der römischen Kaiserzeit

Kon|se|k ra|ti|ons|mün|ze *die; -, -n:*

(hist.) bei der Konsekration (3) eines römischen Kaisers geprägte Münze

kon|se|k| rie|ren: (durch Konsekration 1, 2) liturgisch weihen

kon|se|ku|tiv [auch: ...'ti:f] ⟨*lat.-nlat.*⟩: 1. zeitlich folgend; **konsekutives Dolmetschen:** zeitlich nachgetragenes Dolmetschen; Ggs. ↑ simultanes Dolmetschen. 2. (Philos.) aus einem konstitutiven Begriffsmerkmal folgend, abgeleitet. 3. (Sprachw.) die Folge kennzeichnend, angebend

Kon|se|ku|tiv|satz *der; -es, ...sätze:* (Sprachw.) Nebensatz, der die Folge (Wirkung) des im übergeordneten Satz genannten Sachverhalts angibt (z. B.: er ist so krank, *dass er zum Arzt muss*)

Kon|se|mes| ter *das; -s, -* ⟨*lat.*⟩: Kommilitone, Kommilitonin (Student[in] im gleichen Semester)

Kon|sens *der; -es, -e* ⟨*lat.*⟩: a) (veraltet) Zustimmung, Einwilligung; b) Übereinstimmung der Meinungen; Ggs. ↑ Dissens; vgl. Consensus

Kon|sen|su|al|kon|trakt *der; -[e]s, -e* ⟨*lat.-nlat.; lat.*⟩: (Rechtsw.) der (allgemein übliche) durch beiderseitige Willenserklärungen rechtswirksam werdende Vertrag

kon|sen|su|ell ⟨*lat.-nlat.*⟩: (veraltet) [sinngemäß] übereinstimmend

Kon|sen|sus *der; -, - [...zu:s]:* ↑ Konsens

kon|sen|tie|ren ⟨*lat.*⟩: (veraltet) 1. mit jmdm. übereinstimmen; einig sein. 2. (Rechtsw.) genehmigen

kon|se|quent ⟨*lat.*⟩: 1. folgerichtig, logisch zwingend. 2. a) unbeirrbar, fest entschlossen; b) beharrlich, immer, jedes Mal. 3. (Geol.) der Abdachung eines Gebietes od. einer ↑ tektonischen Linie folgend (von Flüssen); Ggs. ↑ insequent

Kon|se|quenz *die; -, -en:* 1. (ohne Plural) a) Folgerichtigkeit; b) Zielstrebigkeit, Beharrlichkeit. 2. (meist Plural) Folge, Aus-, Nachwirkung

Kon|ser|va|ti|on *die; -, -en* ⟨*lat.*⟩: (veraltet) Erhaltung, Instandhaltung

Kon|ser|va|tis|mus vgl. Konservativismus

kon|ser|va|tiv [auch: 'kɔn...] ⟨*lat.-mlat.-engl.*⟩: 1. am Hergebrachten festhaltend, auf Überliefertem beharrend, bes. im politischen Leben. 2. althergebracht, bisher üblich. 3. (Med.) erhaltend, bewahrend (im Sinne der Schonung u. Erhaltung eines verletzten Organs, im Gegensatz zu operativer Behandlung). 4. politisch dem Konservativismus zugehörend, ihm eigen. **Kon|ser|va|ti|ve** *der* u. *die; -n, -n:* Anhänger[in] des Konservativismus, einer konservativen Partei

Kon|ser|va|ti|vis|mus u. Konservatismus *der; -, ...men* ⟨*lat.-nlat.*⟩: 1. a) [politische] Anschauung, die sich am Hergebrachten, Überlieferten orientiert; b) [politische] Anschauung, Grundhaltung, die auf weitgehende Erhaltung der bestehenden Ordnung gerichtet ist. 2. konservative politische Bewegung[en], Parteien o. Ä.

Kon|ser|va|ti|vi|tät *die; -:* konservative (1) Haltung, Art, Beschaffenheit, konservativer Charakter

Kon|ser|va|tor *der; -s, ...oren* ⟨*lat.*⟩: mit der Erhaltung von Kunstwerken, Kunstdenkmälern o. Ä. betrauter Beamter, insbesondere beamteter Kunsthistoriker. **Kon|ser|va|to|rin** *die; -, -nen:* weibliche Form zu ↑ Konservator. **kon|ser|va|to|risch** ⟨*lat.-nlat.*⟩: 1. die Bewahrung u. Erhaltung von Kunstwerken betreffend. 2. das Konservatorium betreffend

Kon|ser|va|to|rist *der; -en, -en:* Schüler eines Konservatoriums. **Kon|ser|va|to|ris| tin** *die; -, -nen:* weibliche Form zu ↑ Konservatorist. **kon|ser|va|to|ris| tisch:** ↑ konservatorisch (2)

Kon|ser|va|to|ri|um *das; -s, ...ien* ⟨*lat.-it.*⟩: Musik[hoch]schule für die Ausbildung von Musikern

Kon|ser|ve *die; -, -n* ⟨*lat.-mlat.*⟩: 1. a) Konservenbüchse od. -glas mit (durch Sterilisierung haltbar gemachten) Lebensmitteln o. Ä.; b) in einer Konservenbüchse od. einem -glas enthaltenes konserviertes Lebensmittel o. Ä. 2. Aufzeichnung auf Bild- u. Tonträger. 3. (Med.) kurz für: Blutkonserve (steril abgefülltes, mit gerinnungshemmenden Flüssigkeiten versetztes Blut für Blutübertragungen)

kon|ser|vie|ren ⟨*lat.*⟩: 1. (bes. Lebensmittel) durch spezielle Behandlung haltbar machen. 2. durch besondere Behandlung, Pflege erhalten, bewahren

kon|si|de|ra|bel ⟨*lat.-fr.*⟩: (veraltet) beachtlich, ansehnlich

Kon|si|g| nant *der; -en, -en* ⟨*lat.*⟩: Versender von Konsignationsgut. **Kon|si|g| nan|tin** *die; -, -nen:* weibliche Form zu ↑ Konsignant

Kon|si|g| na|tar u. **Kon|si|g| na|tär** *der; -s, -e* ⟨*lat.-nlat.*⟩: Empfänger [von Waren zum Weiterverkauf], bes. im Überseehandel. **Kon|si|g| na|ta|rin** u. **Kon|si|g| na|tä|rin** *die; -, -nen:* weibliche Form zu ↑ Konsignatar

Kon|si|g| na|ti|on *die; -, -en* ⟨*lat.*⟩: 1. (bes. im Überseehandel) Kommissionsgeschäfte; Warenübergabe, -übersendung an einen ↑ Kommissionär. 2. (veraltet) Niederschrift, Aufzeichnung. **kon|si|g| nie|ren:** (Wirtsch.) als Auftraggeber Waren an einen Konsignatär übergeben, übersenden (bes. im Überseehandel)

Kon|si|li|ar|arzt *der; -es, ...ärzte* u. Konsiliarius *der; -, ...rii* ⟨*lat.*⟩: vom behandelnden Arzt zur Beratung in einem unklaren Krankheitsfall hinzugezogener zweiter Arzt. **Kon|si|li|ar|ärz|tin** *die; -, -nen:* weibliche Form zu ↑ Konsiliararzt

Kon|si|li|um *das; -s, ...ien:* Beratung [mehrerer Ärzte über einen Krankheitsfall]

kon|sis| tent ⟨*lat.*⟩: 1. a) dicht, fest od. zäh zusammenhängend; b) dickflüssig, von festem Zusammenhalt, in sich ↑ stabil (1), beständig. 2. (Logik) widerspruchsfrei; Ggs. ↑ inkonsistent

Kon|sis| tenz *die; - ⟨lat.-nlat.⟩:* 1. a) (Chem.) Grad u. Art des Zusammenhalts eines Stoffes; b) konsistente Beschaffenheit. 2. (Logik) strenger, gedanklicher Zusammenhang, Widerspruchslosigkeit; Ggs. ↑ Inkonsistenz (b)

kon|sis| to|ri|al: das Konsistorium betreffend

Kon|sis| to|ri|al|rat *der; -[e]s, ...räte* ⟨*lat.-mlat.; dt.*⟩: [Amtstitel für ein] Mitglied des Konsistoriums (2) einer konsistorial verfassten evangelischen Landeskirche

Kon|sis|to|ri|um *das; -s, ...ien* ⟨*lat.*⟩: 1. a) Plenarversammlung der Kardinäle unter Vorsitz des Papstes; b) Verwaltungsbehörde einer Diözese (in Österreich). 2. oberste Verwaltungsbehörde einer evangelischen Landeskirche

kon|s|k|ri|bie|ren ⟨*lat.*; „verzeichnen; in eine Liste eintragen"⟩: (früher) zum Wehrdienst einberufen. **Kon|s|k|rip|ti|on** *die; -, -en:* (früher) das Konskribieren

¹Kon|sol *der; -s, -s* (meist Plural) ⟨*lat.-engl.*⟩: englischer Staatsschuldschein

²Kon|sol *das; -s, -e* ⟨*lat.-fr.*⟩: (landsch.) ↑ Konsole (2)

Kon|so|la|ti|on *die; -, -en* ⟨*lat.*⟩: (veraltet) Trost, Beruhigung

Kon|so|le *die; -, -n* ⟨*fr.*⟩: 1. (Archit.) Vorsprung (als Teil einer Wand, Mauer), der etwas trägt od. auf dem etwas aufgestellt werden kann. 2. Wandbord, -brett; an der Wand angebrachtes tischartiges Möbel mit zwei Beinen (für Vasen, Uhren o. Ä.). 3. (EDV) Ein- u. Ausgabegerät, Steuerpult am Computer, Anschlussmöglichkeit an ein Fernsehgerät

Kon|so|li|da|ti|on *die; -, -en* ⟨*lat.(-fr.)*⟩: 1. Festigung, Sicherung. 2. (Wirtsch.) a) Umwandlung kurzfristiger Staatsschulden in Anleihen; b) Vereinigung unterschiedlicher Staatsanleihen zu einer einheitlichen Anleihe; c) Senkung der Nettoneuverschuldung (des Staates). 3. (Med.) a) Stillstand eines Krankheitsprozesses; b) Verknöcherung des sich bei Knochenbrüchen neu bildenden Gewebes. 4. (Geol.) Versteifung von Teilen der Erdkruste durch Zusammenpressung u. Faltung sowie durch ↑ magmatische ↑ Intrusionen; vgl. ...ation/...ierung. **kon|so|li|die|ren**: 1. [sich] in seinem Bestand festigen. 2. (Wirtsch.) durch ↑ Konsolidation (2) umwandeln od. zusammenlegen. **Kon|so|li|die|rung** *die; -, -en:* ↑ Konsolidation; vgl. ...ation/...ierung

Kon|som|mee vgl. Consommé

kon|so|nant ⟨*lat.*⟩: 1. (veraltet) einstimmig, übereinstimmend.

2. (Mus.) harmonisch zusammenklingend. 3. (Akustik) mitklingend, -schwingend

Kon|so|nant *der; -en, -en:* (Sprachw.) Laut, bei dessen ↑ Artikulation (1 b) der Atemstrom gehemmt od. eingeengt wird; Mitlaut (z. B. d, m); Ggs. ↑ Vokal. **kon|so|nan|tisch:** [einen] Konsonanten betreffend, damit gebildet

Kon|so|nan|tis|mus *der; -* ⟨*lat.-nlat.*⟩: (Sprachw.) System, Funktion der Konsonanten

Kon|so|nanz *die; -, -en* ⟨*lat.*⟩: 1. Konsonantenverbindung, -häufung. 2. (Mus.) konsonanter Gleichklang von Tönen

kon|so|nie|ren: zusammen-, mitklingen; **konsonierende Geräusche:** (Med.) durch Resonanz verstärkte Rasselgeräusche

Kon|sor|te *der; -n, -n* ⟨*lat.*; „Genosse"⟩: 1. (Plural; abwertend) die Mitbeteiligten (bei Streichen, nicht einwandfreien Geschäften o. Ä.). 2. Mitglied eines Konsortiums

Kon|sor|ti|al|bank *die; -, -en* ⟨*lat.-nlat.; dt.*⟩: Mitgliedsbank eines Konsortiums

Kon|sor|ti|al|ge|schäft *das; -[e]s, -e:* gemeinsames Finanz- od. Handelsgeschäft mehrerer Unternehmen

Kon|sor|ti|al|quo|te *die; -, -n* ⟨*lat.-nlat.; lat.-mlat.*⟩: der dem einzelnen Mitglied eines Konsortiums zustehende Teil des Gesamtgewinns

Kon|sor|ti|um *das; -s, ...ien* ⟨*lat.*⟩: vorübergehender Zusammenschluss von Unternehmen, bes. Banken, zur gemeinsamen Durchführung eines größeren Geschäfts

Kon|so|zi|a|ti|on *die; -, -en* ⟨*lat.*⟩: (Sprachw.) sprachlicher u. sachlicher Zusammenhang, in dem ein Wort üblicherweise erscheint

Kon|s|pekt *der; -[e]s, -e* ⟨*lat.*⟩: Zusammenfassung, Inhaltsangabe, -übersicht. **kon|s|pek|tie|ren:** einen Konspekt anfertigen

kon|s|pe|zi|fisch ⟨*lat.*⟩: (Biol.) derselben Art angehörend

Kon|s|pi|ku|i|tät *die; -* ⟨*lat.-nlat.*⟩: (veraltet) Anschaulichkeit, Klarheit

Kon|s|pi|rant *der; -en, -en* ⟨*lat.*⟩: (veraltet) [politischer] Ver-

schwörer. **Kon|s|pi|ran|tin** *die; -, -nen:* weibliche Form zu ↑ Konspirant

Kon|s|pi|ra|teur *[...'tø:ɐ̯] der; -s, -e* ⟨*lat.-fr.*⟩: (selten) [politischer] Verschwörer. **Kon|s|pi|ra|teu|rin** *[...'tø:rɪn] die; -, -nen:* weibliche Form zu ↑ Konspirateur

Kon|s|pi|ra|ti|on *die; -, -en:* Verschwörung

kon|s|pi|ra|tiv ⟨*lat.-nlat.*⟩: a) [politisch] eine Verschwörung bezweckend, anstrebend; b) zu einer Verschwörung, in den Zusammenhang einer Verschwörung gehörend

Kon|s|pi|ra|tor *der; -s, ...oren* ⟨*lat.-mlat.*⟩: (veraltet) [politischer] Verschwörer

kon|s|pi|rie|ren ⟨*lat.*⟩: sich verschwören (bes. zur Erreichung politischer Ziele)

¹Kon|s|ta|b|ler *der; -s, -* ⟨*lat.-mlat.*⟩: (hist.) Geschützmeister (auf Kriegsschiffen usw.), Unteroffiziersgrad der Artillerie

²Kon|s|ta|b|ler *der; -s, -* ⟨*lat.-mlat.-engl.*⟩: (veraltet) Polizist

kon|s|tant ⟨*lat.*⟩: unveränderlich; ständig gleich bleibend; beharrlich; **konstante Größe:** ↑ Konstante (2)

Kon|s|tan|te *die; -[n], -n* ⟨*lat.*⟩: 1. unveränderliche, feste Größe; fester Wert. 2. (Math.) mathematische Größe, deren Wert sich nicht ändert; Ggs. ↑ Variable

Kon|s|tanz *die; -:* Unveränderlichkeit, Beständigkeit; das Konstantbleiben

kon|s|ta|tie|ren ⟨*lat.-fr.*⟩: [eine Tatsache] feststellen, bemerken

Kon|s|tel|la|ti|on *die; -, -en* ⟨*lat.*⟩: 1. das Zusammentreffen bestimmter Umstände u. die daraus resultierende Lage. 2. (Astron.) Planetenstand, Stellung der Gestirne zueinander

Kon|s|ter|na|ti|on *die; -, -en* ⟨*lat.*⟩: Bestürzung. **kon|s|ter|nie|ren:** bestürzt, fassungslos machen. **kon|s|ter|niert:** bestürzt, fassungslos

Kon|s|ti|pa|ti|on *die; -, -en* ⟨*lat.*⟩: (Med.) Verstopfung

Kon|s|ti|tu|an|te vgl. Constituante

Kon|s|ti|tu|ens *das; -s, ...enzien* ⟨*lat.*⟩: konstitutiver (1), wesentlicher [Bestand]teil, Zug

Kon|s|ti|tu|en|te *die; -, -n:* (Sprachw.) sprachliche Einheit,

K

die Teil einer größeren, komplexeren Einheit ist

Kon|s ti|tu|en|ten|a na|ly|se *die; -, -n:* (Sprachw.) Zerlegung in [syntaktische] Konstituenten (z. B. in Nominalphrase u. Verbalphrase)

Kon|s ti|tu|en|ten|struk|tur|gram|ma|tik *die; -, -:* (Sprachw.) Grammatik, die die Struktur komplexer sprachlicher Einheiten mithilfe der Konstituentenanalyse beschreibt; vgl. Phrasenstrukturgrammatik

kon|s ti|tu|ie|ren ⟨*lat.-fr.*⟩: 1. a) gründen, ins Leben rufen; **konstituierende Versammlung:** verfassunggebende Versammlung; vgl. Constituante; b) für etwas konstitutiv, grundlegend sein.; etwas begründen. 2. sich konstituieren: [zur Gründung zusammentreten u.] die eigene Organisationsform, Geschäftsordnung o. Ä. festlegen; sich bilden, zusammenschließen u. festen Bestand gewinnen

Kon|s ti|tut *das; -[e]s, -e* ⟨*lat.*⟩: (Rechtsw. veraltet) festgesetzter, erneuerter Vertrag

Kon|s ti|tu|ti|on *die; -, -en:* 1. a) allgemeine, bes. körperliche Verfassung; b) (bes. Med.) Körperbau. 2. (Pol.) Verfassung; Satzung. 3. (kath. Kirche) a) Erlass eines Papstes bzw. Konzils; b) Statut, Satzung (eines klösterlichen Verbandes). 4. (Chem.) Aufbau, Struktur eines Moleküls

Kon|s ti|tu|ti o|na|lis|mus *der; -* ⟨*lat.-nlat.*⟩: (Pol.) 1. Staatsform, bei der Rechte u. Pflichten der Staatsgewalt u. der Bürger in einer Verfassung festgelegt sind. 2. für den Konstitutionalismus (1) eintretende Lehre

kon|s ti|tu|ti o|nell ⟨*lat.-fr.*⟩: 1. (Rechtsw.) verfassungsmäßig; an die Verfassung gebunden. 2. (Med.) anlagebedingt

Kon|s ti|tu|ti|ons|for|mel *die; -, -n:* ↑ Strukturformel

Kon|s ti|tu|ti|ons|typ *der; -s, -en:* eine der Grundformen des menschlichen Körperbaus [u. die ihm zuzuordnenden seelischen Eigenheiten]

kon|s ti|tu|tiv ⟨*lat.-nlat.*⟩: als wesentliche Bedingung den Bestand von etwas ermöglichend,

das Bild der Gesamterscheinung bestimmend

Kon|s † rik|ti|on *die; -, -en* ⟨*lat.*⟩: 1. (Med.) Zusammenziehung (eines Muskels). 2. (Biol.) Einschnürung an bestimmten Stellen der Chromosomen

Kon|s † rik|tor *der; -s, …oren* ⟨*lat.-nlat.*⟩: (Med.) Schließmuskel

kon|s † rin|gie|ren ⟨*lat.*⟩: (Med.) zusammenziehen

kon|s † ru|ie|ren ⟨*lat.*⟩: 1. a) Form u. [Zusammen]bau eines technischen Objektes durch Ausarbeitung des Entwurfs, durch technische Berechnungen, Überlegungen usw. maßgebend gestalten; b) (bes. Math., Logik) mithilfe vorgeschriebener Operationen herleiten; c) eine geometrische Figur mithilfe bestimmter Zeichengeräte zeichnen; d) (Sprachw.) nach den Regeln der Grammatik bilden. 2. a) gedanklich, begrifflich, logisch aufbauen, herstellen; b) (abwertend) weitgehend gedanklich, theoretisch mithilfe von Annahmen u. daher künstlich, in gezwungener Weise aufbauen, herstellen

Kon|s † rukt *das; -[e]s, -e u. -s:* Arbeitshypothese od. gedankliche Hilfskonstruktion für die Beschreibung erschlossener Phänomene

Kon|s † ruk|teur […ˈtøːɐ̯] *der; -s, -e* ⟨*lat.-fr.*⟩: Fachmann (bes. Ingenieur, Techniker), der technische Objekte konstruiert. **Kon|s † ruk|teu|rin** […ˈtøːrɪn] *die; -, -nen:* weibliche Form zu ↑ Konstrukteur

Kon|s † ruk|ti|on *die; -, -en* ⟨*lat.*⟩: 1. Bauart (z. B. eines Gebäudes, einer Maschine). 2. (Math.) geometrische Darstellung einer Figur mithilfe gegebener Größen. 3. (Sprachw.) nach den syntaktischen Regeln vorgenommene Zusammenordnung von Wörtern od. Satzgliedern zu einem Satz od. einer Fügung. 4. (Philos.) a) Darstellung von Begriffen in der Anschauung; b) Aufbau eines Erfahrung vorausgehenden Begriffssystems. 5. wirklichkeitsfremder Gedankengang. 6. a) (ohne Plural) das Entwerfen, die Entwicklung; b) Entwurf, Plan

kon|s † ruk|tiv ⟨*lat.-nlat.*⟩: 1. die Konstruktion (1) betreffend.

2. auf die Erhaltung, Stärkung u. Erweiterung des Bestehenden gerichtet; aufbauend, einen brauchbaren Beitrag liefernd; **konstruktives Misstrauensvotum:** Misstrauensvotum gegen den Bundeskanzler, das nur durch die Wahl eines Nachfolgers wirksam wird

Kon|s † ruk|ti|vis|mus *der; -:* 1. (Kunstwiss.) Kunst[richtung], bei der die geometrischtechnische Konstruktion wichtigstes Gestaltungsprinzip ist. 2. (Math., Logik, Philos.) Lehre, die ein herleitendes, methodisch konstruierendes Vorgehen vertritt u. darauf basierend verschiedene, u. a. erkenntnistheoretische Schlüsse zieht

Kon|s † ruk|ti|vist *der; -en, -en:* Vertreter des Konstruktivismus. **Kon|s † ruk|ti|vis tin** *die; -, -nen:* weibliche Form zu ↑ Konstruktivist. **kon|s † ruk|ti|vis tisch:** in der Art des Konstruktivismus

Kon|s ub|s tan|ti a|ti|on *die; -* ⟨*lat.-mlat.*⟩: (nach Luther) die Verbindung der realen Gegenwart Christi mit Brot u. Wein beim Abendmahl

Kon|sul *der; -s, -n* ⟨*lat.*⟩: 1. (hist.) einer der beiden auf Zeit gewählten obersten Beamten der römischen Republik. 2. mit der Wahrnehmung bestimmter [wirtschaftlicher] Interessen u. der Interessen von Staatsbürgern des Heimatstaates beauftragter (halbdiplomatischer) offizieller Vertreter eines Staates im Ausland

Kon|su|lar|a gent *der; -en, -en* ⟨*lat.; lat.-it.*⟩: Bevollmächtigter eines Konsuls. **Kon|su|lar|a gen tin** *die; -, -nen:* weibliche Form zu ↑ Konsulagent

kon|su|la|risch ⟨*lat.*⟩: a) den Konsul betreffend; b) das Konsulat betreffend

Kon|su|lat *das; -[e]s, -e:* a) (ohne Plural) Amt[szeit] eines Konsuls; b) Dienststelle eines Konsuls

Kon|su|lent *der; -en, -en:* (veraltet) [Rechts]berater, Anwalt

Kon|su|lin *die; -, -nen:* 1. weibliche Form zu ↑ Konsul (1). 2. (veraltet) Frau eines Konsuls (2)

Kon|sult *das; -[e]s, -e:* (veraltet) Beschluss

Kon|sul|tant *der; -en, -en:* fach-

Kontemplation

männischer Berater, Gutachter.
Kon|sul|tan|tin *die;* -, -nen:
weibliche Form zu ↑ Konsultant
Kon|sul|ta|ti|on *die;* -, -en: 1. Untersuchung u. Beratung [durch einen Arzt]. 2. gemeinsame Beratung von Regierungen od. von Vertragspartnern. 3. (regional) Beratung durch einen Wissenschaftler od. Fachmann; vgl. ...ation/...ierung
kon|sul|ta|tiv ⟨*lat.-nlat.*⟩: beratend
kon|sul|tie|ren ⟨*lat.*⟩: 1. bei jmdm. [wissenschaftlichen, bes. ärztlichen] Rat einholen, jmdn. zurate ziehen. 2. (mit Bündnispartnern) beratende Gespräche führen, sich besprechen, beratschlagen. **Kon|sul|tie|rung** *die;* -, -en: a) das Konsultieren; b) das Konsultiertwerden; vgl. ...ation/...ierung
Kon|sul|tor *der;* -s, ...oren: 1. wissenschaftlicher Berater einer Kardinalskongregation. 2. Geistlicher, der von einem Bischof als Berater in die Verwaltung einer Diözese ohne Domkapitel berufen wird
¹**Kon|sum** *der;* -s ⟨*lat.-it.*⟩: 1. Verbrauch (bes. von Nahrungs-, Genussmitteln); Verzehr, Genuss. 2. ↑ Konsumtion (1)
²**Kon|sum** [ˈkɔnzuːm, ...zʊm, auch: kɔnˈzuːm] *der;* -s, -s ⟨urspr. kurz für: Konsumverein⟩: 1. (veraltet; ohne Plural) Konsumverein. 2. Laden einer Konsumgenossenschaft, eines Konsumvereins
Kon|su|ma|ti|on *die;* -, -en: (österr. u. schweiz.) Verzehr, Zeche
Kon|su|ment *der;* -en, -en: Käufer, Verbraucher. **Kon|su|men|tin** *die;* -, -nen: weibliche Form zu ↑ Konsument
Kon|su|me|ris|mus *der;* - ⟨*lat.-amerik.*⟩: organisierter Schutz der Verbraucherinteressen
kon|su|mie|ren: Konsumgüter, bes. Verbrauchsgüter, verbrauchen
Kon|sump|ti|on vgl. Konsumtion
kon|sump|tiv vgl. konsumtiv
Kon|sum|ter|ror *der;* -s: (emotional abwertend) durch die Werbung ausgeübter Druck, der den Verbraucher zur fortgesetzten Steigerung seines Konsums antreibt
Kon|sum|ti|bi|li|en *die* (Plural) ⟨*lat.-nlat.*⟩: (veraltet) Verbrauchsgüter
Kon|sum|ti|on *die;* -, -en ⟨*lat.*⟩:

1. Verbrauch von Wirtschaftsgütern. 2. (Rechtsw.) das Aufgehen eines einfachen [strafrechtlichen] Tatbestandes in einem übergeordneten, umfassenderen. 3. (Med.) körperliche Auszehrung
kon|sum|tiv ⟨*lat.-nlat.*⟩: für den Verbrauch bestimmt; Ggs. ↑ investiv
Kon|szi|en|ti|a|lis|mus *der;* - ⟨*lat.-nlat.*⟩: (Philos.) Lehre, nach der die Gegenstände der Erkenntnis nur als Bewusstseinsinhalte existieren
Kon|ta|gi|on *die;* -, -en ⟨*lat.*⟩: (Med.) Ansteckung, Infektion.
kon|ta|gi|ös: (Med.) ansteckend. **Kon|ta|gi|o|si|tät** *die;* - ⟨*lat.-nlat.*⟩: (Med.) kontagiöse Beschaffenheit
Kon|ta|gi|um *das;* -s, ...ien ⟨*lat.*⟩: 1. (Med.) der bei der Ansteckung durch Krankheitserreger wirksame Stoff. 2. (veraltet) Ansteckung
Kon|ta|ki|on *das;* -s, ...ien ⟨*gr.-mgr.*⟩: frühe Form der byzantinischen Hymnendichtung
Kon|takt *der;* -[e]s, -e ⟨*lat.*⟩: 1. Verbindung, die man (einmal od. in bestimmten Abständen wieder) für eine kurze Dauer herstellt; Fühlung. 2. Berührung. 3. (Elektrot.) a) Berührung, durch die ein Strom führende Verbindung hergestellt wird; b) Übergangsstelle, Kontaktstelle für den Strom; Verbindungsteil zur Herstellung des elektrischen Kontakts
Kon|takt|la|d|res|se *die;* -, -n: Anschrift, über die man mit einer Person, Organisation, Gruppe o. Ä. Kontakt aufnehmen kann
Kon|takt|der|ma|ti|tis *die;* -, ...iti-den ⟨*lat.-gr.*⟩: (Med.) krankhafte Hautreaktion durch Berührung mit hautschädigenden Stoffen
kon|tak|ten ⟨*lat.-engl.-amerik.*⟩: (Wirtsch.) als Kontakter tätig sein, neue Geschäftsbeziehungen einleiten
Kon|tak|ter *der;* -s, -: Angestellter einer Werbeagentur, der den Kontakt zu den Auftraggebern hält. **Kon|tak|te|rin** *die;* -, -nen: weibliche Form zu ↑ Kontakter
Kon|takt|frau *die;* -, -en: weibliche Form zu ↑ Kontaktmann
kon|tak|tie|ren ⟨*lat.-nlat.*⟩: (mit jmdm.) Kontakt aufnehmen, unterhalten

Kon|takt|lin|sek|ti|zid *das;* -s, -e: gegen Insekten eingesetztes Kontaktgift
Kon|takt|lin|se *die;* -, -n (meist Plural): dünne, die Brille ersetzende, durchsichtige, kleine Kunststoffschale, die unmittelbar auf die Hornhaut des Auges gesetzt wird
Kon|takt|mann *der;* -[e]s, ...männer: Verbindungsmann, Kontakter
Kon|takt|me|ta|mor|pho|se *die;* -, -n: (Geol.) Umbildung des Nachbargesteins durch aufsteigendes Magma
Kon|takt|per|son *die;* -, -en: 1. (Med.) jmd., der mit dem Träger od. der Quelle einer Infektion direkten od. indirekten Kontakt hatte. 2. jmd., zu dem man Kontakt aufnehmen kann
Kon|takt|stu|di|um *das;* -s, ...ien: weiterbildendes zusätzliches Studium, durch das bes. der Kontakt mit der Entwicklung der Wissenschaften hergestellt bzw. aufrechterhalten wird
Kon|ta|mi|na|ti|on *die;* -, -en ⟨*lat.*⟩: 1. (Sprachw.) die Verschmelzung, Vermengung von Wörtern od. Fügungen, die zu einer Kontaminationsform führt (z. B. *Gebäulichkeiten* aus *Gebäude* und *Baulichkeiten*). 2. Verschmutzung, Verunreinigung, Verseuchung. 3. Verunreinigung von Kernbrennstoff mit Neutronen absorbierenden Spaltprodukten; Ggs. ↑ Dekontamination. **kon|ta|mi|nie|ren**: 1. eine Kontamination (1) vornehmen. 2. verschmutzen, verunreinigen, verseuchen. 3. Kernbrennstoff mit Neutronen absorbierenden Spaltprodukten verunreinigen; Ggs. ↑ dekontaminieren
kon|tant ⟨*lat.-it.*⟩: bar
Kon|tan|ten *die* (Plural): 1. ausländische Münzen, die nicht als Zahlungsmittel, sondern als Ware gehandelt werden. 2. Bargeld
Kon|tant|ge|schäft u. Komptantgeschäft *das;* -[e]s, -e: Barkauf, bei dem Zug um Zug geleistet wird
Kon|tem|p|la|ti|on *die;* -, -en ⟨*lat.*⟩: a) (Rel.) innere Sammlung u. religiöse Betrachtung; Versenkung; b) beschauliches Nachdenken u. geistiges Sichversen-

K

ken in etwas. **kon|tem|p|la|tiv:** beschaulich, besinnlich. **kontem|p|lie|ren:** sich der Kontemplation (b) hingeben **kon|tem|po|rär** ⟨*lat.-nlat.*⟩: zeitgenössisch **Kon|ten:** *Plural* von ↑ Konto **Kon|te|nance** vgl. Contenance **Kon|ten|plan** *der;* -[e]s, ...pläne: systematische Gliederung der Konten der Buchführung eines Unternehmens **Kon|ten|ten** *die* (Plural) ⟨*lat.*⟩: Ladeverzeichnisse der Seeschiffe **kon|ten|tie|ren** ⟨*lat.-fr.*⟩: (veraltet) [einen Gläubiger] zufrieden stellen **Kon|ten|tiv|ver|band** *der;* -[e]s, ...verbände ⟨*lat.-nlat.; dt.*⟩: (Med.) ruhig stellender Stützverband **Kon|ter** *der;* -s, - ⟨*lat.-fr.-engl.*⟩: 1. (Ringen) Griff, mit dem ein Ringer einen gegnerischen Angriff unterbindet u. seinerseits angreift. 2. (Ballspiele) schneller Gegenangriff, nachdem ein Angriff des Gegners abgewehrt werden konnte. 3. (Turnen) Pendelschwung zur Verlagerung des Körperschwerpunkts bei Griff- u. Positionswechsel am Stufenbarren. 4. (Boxen) aus der Verteidigung heraus geführter Gegenschlag. 5. Äußerung od. Handlung, mit der jmd. etwas ↑ kontert (2) **Kon|ter|ad|mi|ral** *der;* -s, -e, auch: ...äle: a) (ohne Plural) dritthöchster Offiziersdienstgrad der Marine; b) Offizier mit dem Dienstgrad Konteradmiral **kon|ter|a|gie|ren:** gegen jmd. od. etwas agieren (a) **Kon|ter|ban|de** *die;* - ⟨*it.-fr.*⟩: 1. für eine Krieg führende Macht bestimmte kriegswichtige Güter, die verbotenerweise von neutralen Schiffen mitgeführt werden. 2. Schmuggelware **Kon|ter|fei** [auch: ...ˈfai] *das;* -s, -s ⟨*lat.-fr.*⟩: (veraltet, aber noch scherzh.) Bild[nis], Abbild, Porträt. **kon|ter|fei|en** [auch: ...ˈfaiən]: (veraltet, aber noch scherzh.) abbilden, porträtieren **Kon|ter|ga|lopp** *der;* -, -s, (auch:) -e: (Reiten) Außengalopp, d. h. beim Reiten auf der rechten Hand Linksgalopp und umgekehrt **kon|ter|ka|rie|ren:** hintertreiben, durchkreuzen

Kon|ter|mi|ne *die;* -, -n: 1. a) durchkreuzende, hintertreibende Maßnahme; Gegenmaßnahme; b) Spekulation, bei der das Fallen der Kurse erwartet wird. 2. (hist.) Mine der Belagerten zur Abwehr der feindlichen Minen. **kon|ter|mi|nie|ren:** 1. a) hintertreiben; Gegenmaßnahmen ergreifen; b) auf das Fallen der Börsenkurse spekulieren. 2. (hist.) eine Gegenmine legen **kon|tern** ⟨*lat.-fr.-engl.*⟩: 1. (Sport) a) den Gegner im Angriff abfangen u. aus der Verteidigung heraus selbst angreifen; b) einen ↑ Konter (3) ausführen. 2. sich aktiv zur Wehr setzen, schlagfertig erwidern, entgegnen. 3. (Druckw.) ein Druckbild umkehren. 4. (Techn.) eine Mutter auf einem Schraubengewinde durch Aufschrauben einer Kontermutter im Gegensinn fest anziehen **Kon|ter|re|vo|lu|ti|on** *die;* -, -en: 1. Gegenrevolution. 2. (marxistisch) a) antikommunistische Revolution od. Opposition; b) (ohne Plural) Gesamtheit von Kräften, Personen, die die Konterrevolution (2 a) anstreben **kon|ter|re|vo|lu|ti|o|när:** die Konterrevolution betreffend, bezweckend, anstrebend. **Kon|ter|re|vo|lu|ti|o|när** *der;* -s, -e: jmd., der auf [eine] Konterrevolution hinarbeitet od. an ihr beteiligt ist. **Kon|ter|re|vo|lu|ti|o|nä|rin** *die;* -, -nen: weibliche Form zu ↑ Konterrevolutionär **Kon|ter|tanz** vgl. Kontretanz **kon|tes|ta|bel** ⟨*lat.-nlat.*⟩: (Rechtsw. veraltet) strittig, umstritten, anfechtbar **Kon|tes|ta|ti|on** *die;* -, -en ⟨*lat.*⟩: 1. das Infragestellen von bestehenden Herrschafts- u. Gesellschaftsstrukturen. 2. (Rechtsw.) a) Bezeugung; b) Streit, Bestreitung, Anfechtung. **kon|tes|tie|ren:** (Rechtsw.) a) durch Zeugen, Zeugnis bestätigen; b) bestreiten, anfechten **Kon|text** [auch: ...ˈtɛkst] *der;* -[e]s, -e ⟨*lat.*⟩: 1. (Sprachw.) a) der umgebende Text einer sprachlichen Einheit; b) (relativ selbstständiges) Text- od. Redestück; c) der inhaltliche (Gedanken-, Sinn)zusammenhang, in dem eine Äußerung steht, u. der Sach- u. Situationszusam-

menhang, aus dem heraus sie verstanden werden muss; vgl. Kotext. 2. Zusammenhang **Kon|text|glos|se** *die;* -, -n: in den Text [einer Handschrift] eingefügte Glosse **kon|tex|tu|al:** ↑ kontextuell; vgl. ...al/...ell **Kon|tex|tu|a|lis|mus** *der;* -: (Sprachw.) Richtung innerhalb des Strukturalismus, die beim Beschreiben der Sprachverwendung außer dem sprachlichen bes. den situativen Kontext berücksichtigt **kon|tex|tu|ell** ⟨*lat.-nlat.*⟩: den Kontext betreffend; vgl. ...al/...ell **Kon|tex|tur** *die;* -, -en: (veraltet) Verbindung, Zusammenhang **Kon|ti:** *Plural* von ↑ Konto **kon|tie|ren** ⟨*lat.-it.*⟩: für die Verbuchung eines Belegs das entsprechendeˈKonto bestimmen [u. ihn verbuchen]. **Kon|tie|rung** *die;* -, -en: das Kontieren **Kon|ti|gu|i|tät** *die;* - ⟨*lat.-mlat.;* „Berührung"⟩: 1. (veraltet) Angrenzung, Berührung. 2. (Psychol.) zeitliches Zusammentreffen (z. B. von Reiz u. Reaktion) **Kon|ti|nent** [auch: ˈkɔn...] *der;* -[e]s, -e ⟨*lat.*⟩: 1. (ohne Plural) [europäisches] Festland. 2. Erdteil. **kon|ti|nen|tal** ⟨*lat.-nlat.*⟩: den Kontinent betreffend, zu ihm gehörend, ihm eigentümlich; festländisch **Kon|ti|nen|tal|drift** *die;* - ⟨*lat.-nlat.; dt.*⟩: ↑ Epirogenese **Kon|ti|nen|ta|li|tät** *die;* - ⟨*lat.-nlat.*⟩: (Meteor.) Einfluss einer größeren Festlandmasse auf das Klima **Kon|ti|nen|tal|kli|ma** *das;* -s: typisches Klima im Innern großer Landmassen (im Gegensatz zum Seeklima charakterisiert durch größere Temperaturschwankungen u. weniger Niederschläge) **Kon|ti|nenz** *die;* - ⟨*lat.*⟩: 1. (selten) Enthaltsamkeit. 2. (Med.) Fähigkeit, Harn od. Stuhl zurückzuhalten; Ggs. ↑ Inkontinenz **kon|tin|gent** ⟨*lat.*⟩: zufällig; wirklich od. möglich, aber nicht [wesens]notwendig; Kontingenz (1) aufweisend, beinhaltend **Kon|tin|gent** *das;* -[e]s, -e ⟨*lat.-(fr.)*⟩: 1. anteilmäßig zu erbringende od. zu erwartende

Leistung, Menge, Anzahl. 2. Truppenkontingent **kon|tin|gen|tie|ren** ⟨*lat.-nlat.*⟩: durch Beschränkung auf Kontingente (1) einteilen, in Umfang od. Menge begrenzen **Kon|tin|genz** *die;* -, -en: 1. a) (Philos.; ohne Plural) das Kontingentsein; kontingente Beschaffenheit; b) (Logik) Möglichkeit u. gleichzeitige Nichtnotwendigkeit (einer Aussage). 2. (Statistik; Psychol.) die Häufigkeit bzw. der Grad der Wahrscheinlichkeit des gemeinsamen Auftretens zweier Sachverhalte, Merkmale usw.

Kon|ti|nu|a|ti|on *die;* -, -en ⟨*lat.*⟩: (Verlagsw., sonst veraltet) Fortsetzung [einer Lieferung]. **kon|ti|nu|ie|ren:** (veraltet) 1. fortsetzen; fortfahren. 2. fortdauern **kon|ti|nu|ier|lich:** stetig, fortdauernd, unaufhörlich, durchlaufend; Ggs. ↑ diskontinuierlich **Kon|ti|nu|i|tät** *die;* -: lückenloser Zusammenhang, Stetigkeit, Fortdauer; ununterbrochener, gleichmäßiger Fortgang von etwas; Ggs. ↑ Diskontinuität (1). **Kon|ti|nuo** vgl. Continuo **Kon|ti|nu|um** *das;* -s, ...nua u. ...nuen: kontinuierlich, lückenlos Zusammenhängendes **Kon|to** *das;* -s, ...ten, (auch:) -s u. ...ti ⟨*lat.-it.*⟩: von einem Unternehmen, bes. einer Bank, für einen Kunden im Rahmen längerer gegenseitiger Geschäftsbeziehungen geführte laufende Gegenüberstellung u. Abrechnung von Ein- u. Ausgängen bzw. Gut- u. Lastschriften; vgl. a conto, per conto **Kon|to|kor|rent** *das;* -s, -e: 1. im Rahmen einer dauernden Geschäftsverbindung vereinbarte periodische Abrechnung[sweise], bei der die beiderseitigen Leistungen laufend in Form eines Kontos verbucht werden. 2. (ohne Plural) der die Personenkonten, d. h. die Konten der Debitoren u. der Kreditoren, umfassende Bereich der Buchführung. 3. Hilfsbuch der doppelten Buchführung mit den Konten der Kunden u. Lieferanten **Kon|tor** *das;* -s, -e ⟨*lat.-fr.-niederl.*⟩: 1. Niederlassung eines Handelsunternehmens im Ausland. 2. (DDR) Handelszentrale

als Mittler zwischen Industrie u. Einzelhandel. 3. (veraltet) Büro eines Kaufmanns, einer Firma **Kon|to|rist** *der;* -en, -en: kaufmännischer Angestellter, der einfachere Verwaltungsarbeiten erledigt. **Kon|to|ris|tin** *die;* -, -nen: weibliche Form zu ↑ Kontorist **Kon|tor|si|on** *die;* -, -en ⟨*lat.-nlat.*⟩: (Med.) Verdrehung eines Gliedes od. Gelenkes, die zu einer Zerrung od. Verstauchung führen kann **Kon|tor|si|o|nist** *der;* -en, -en: Schlangenmensch. **Kon|tor|si|o|nis|tin** *die;* -, -nen: weibliche Form zu ↑ Kontorsionist **kon|tort** ⟨*lat.*⟩: (Bot.) gedreht, geschraubt (von Blumenblättern)

kon|t|ra..., Kon|t|ra...

⟨*lat.* contra „gegen; gegenüber; wider; dagegen"⟩ Präfix mit der Bedeutung „gegen, entgegengesetzt [wirkend]": – Kontradiktion – kontraindiziert – kontraproduktiv – Kontrazeption

kon|t|ra, auch: contra ⟨*lat.*⟩: gegen, entgegengesetzt; vgl. contra. **Kon|t|ra,** auch: Contra *das;* -s, -s: Aussage beim Kartenspiel, nach der das Spiel doppelt gezählt wird; **jmdm. Kontra geben:** jmdm. energisch widersprechen, gegen jmds. Meinung Stellung nehmen **Kon|t|ra|bass** *der;* -es, ...bässe: (Mus.) einem Violoncello ähnliches, jedoch größeres u. tiefer gestimmtes Streichinstrument **Kon|t|ra|dik|ti|on** *die;* -, -en: (Philos.) Widerspruch **kon|t|ra|dik|to|risch:** (Philos.) sich widersprechend, sich gegenseitig aufhebend (von zwei Aussagen) **Kon|t|ra|fa|gott** *das;* -s, -e: (Mus.) eine Oktave tiefer als das Fagott stehendes Holzblasinstrument **kon|t|ra|fak|tisch:** der Realität, Wirklichkeit nicht entsprechend, nicht wirklich gegeben **Kon|t|ra|fak|tur** *die;* -, -en ⟨*lat.-nlat.*⟩: geistliche Nachdichtung eines weltlichen Liedes (u. umgekehrt) unter Beibehaltung der Melodie

Kon|t|ra|ha|ge [...'ha:ʒə] *die;* -, -n ⟨mit französischer Endung zu ↑ kontrahieren (3) gebildet⟩: (Studentenspr. hist.) Verabredung eines Duells **Kon|t|ra|hent** *der;* -en, -en ⟨*lat.*⟩: 1. (Rechtsw.) Vertragspartner. 2. Gegner in einem Streit od. Wettkampf. **Kon|t|ra|hen|tin** *die;* -, -nen: weibliche Form zu ↑ Kontrahent **kon|t|ra|hie|ren:** 1. (Rechtsw.) einen Vertrag schließen. 2. a) (Med.) sich zusammenziehen (z. B. von einem Muskel); b) das Zusammenziehen von Muskeln bewirken. 3. (Studentenspr. hist.) jmdn. zum Duell fordern. 4. (Fechten) einen gegnerischen Stoß abwehren u. seinerseits angreifen **Kon|t|ra|hie|rungs|zwang** *der;* -[e]s: (Rechtsw.) besonders für gewisse Monopolgesellschaften (wie Eisenbahn usw.) bestehende gesetzliche Verpflichtung zum Abschluss eines Vertrages aufgrund ihrer gemeinnützigen Zweckbestimmung **Kon|t|ra|in|di|ka|ti|on** *die;* -, -en: (Med.) Umstand, der die [fortgesetzte] Anwendung einer an sich zweckmäßigen od. notwendigen ärztlichen Maßnahme verbietet; Ggs. ↑ Indikation. **kon|t|ra|in|di|ziert:** (Med.) aus bestimmten Gründen nicht anwendbar (von therapeutischen Maßnahmen); Ggs. ↑ indiziert (2) **kon|t|ra|kon|flik|tär** ⟨*lat.-nlat.*⟩: einem Konflikt entgegenwirkend; problemlösend **kon|t|rakt** ⟨*lat.*⟩: (veraltet) zusammengezogen, verkrümmt, gelähmt **Kon|t|rakt** *der;* -[e]s, -e: Vertrag, Abmachung; Handelsabkommen **kon|t|rak|til** ⟨*lat.-nlat.*⟩: (Med.) fähig, sich zusammenzuziehen. **Kon|t|rak|ti|li|tät** *die;* -: (Med.) Fähigkeit, sich zusammenzuziehen **Kon|t|rak|ti|on** *die;* -, -en ⟨*lat.*⟩: 1. (Med.) das Sichzusammenziehen (bes. von Muskeln). 2. (Wirtsch.) Verminderung der in einer Volkswirtschaft vorhandenen Geld- u. Kreditmenge. 3. (Sprachw.) Zusammenziehung zweier od. mehrerer Vokale zu einem Vokal od.

K

Diphthong, oft unter Ausfall eines dazwischenstehenden Konsonanten (z. B. „nein" aus: niein). 4. (Geol.) Schrumpfung der Erdkruste durch Abkühlung od. Austrocknung. 5. (Phys.) Zusammenziehung, Verringerung des Volumens, der Länge od. des Querschnitts eines Körpers (z. B. durch Abkühlung). 6. Abwehr eines gegnerischen Angriffs beim Fechten durch einen eigenen Angriff bei gleichzeitiger Deckung der Blöße

kon|trak|tiv: die Kontraktion (2) betreffend, auf ihr beruhend

Kon|trak|tur die; -, -en ⟨lat.⟩: (Med.) 1. bleibende Einschränkung der Beweglichkeit eines Gelenks; Versteifung. 2. dauernde Verkürzung u. Schrumpfung von Weichteilen (z. B. der Haut nach Verbrennungen)

Kon|tra|ok|ta|ve die; -, -n ⟨lat.; lat.-mlat.⟩: Oktave von C' bis H', die nur von bestimmten Instrumenten erreicht wird

Kon|t|ra|po|si|ti|on die; -, -en ⟨lat.-mlat.⟩: (Logik) 1. Ableitung einer negativen Aussage aus einer positiven. 2. Formel der traditionellen Logik (alle A sind B, folglich: kein Nicht-B ist A)

Kon|t|ra|post der; -[e]s, -e ⟨lat.-it.; „Gegenstück"⟩: der harmonische Ausgleich in der künstlerischen Gestaltung des stehenden menschlichen Körpers durch Unterscheidung von tragendem Stand- u. Spielbein u. entsprechender Hebung bzw. Senkung der Schulter

kon|t|ra|pro|duk|tiv: bestimmten Interessen zuwiderlaufend; ein gewünschtes Ergebnis verhindernd

Kon|t|ra|punkt der; -[e]s ⟨lat.-mlat.; „Note gegen Note"⟩: 1. (Mus.) Technik des musikalischen Satzes, in der mehrere Stimmen gleichberechtigt nebeneinandergeführt werden. 2. etwas, was einen Gegenpol zu etwas anderem bildet

kon|t|ra|punk|tie|ren: eine Handlung begleiten, etwas parallel zu etwas anderem tun o. Ä. **kon|t|ra|punk|tie|rend:** (Mus.) den gegenüber anderen Stimmen selbstständigen Stimmverlauf betreffend

Kon|t|ra|punk|tik die; - ⟨lat.-mlat.-

nlat.⟩: (Mus.) die Lehre des Kontrapunktes; die Kunst kontrapunktischer Stimmführung.

Kon|t|ra|punk|ti|ker der; -s, -: (Mus.) Komponist, der die Technik des Kontrapunkts (1) verwendet. **Kon|t|ra|punk|ti|ke|rin** die; -, -nen: weibliche Form zu ↑ Kontrapunktiker. **kon|t|ra|punk|tisch** u. **kon|t|ra|punk|tis-tisch:** (Mus.) den Kontrapunkt betreffend

kon|t|rär ⟨lat.-fr.⟩: gegensätzlich; entgegengesetzt

Kon|t|ra|ri|e|tät die; -, -en ⟨lat.⟩: (veraltet) Hindernis, Unannehmlichkeit

Kon|t|ra|ri|pos|te vgl. Kontroriposte.

Kon|t|ra|si|g|na|tur die; -, -en: Gegenzeichnung. **kon|t|ra|si|g|nie-ren:** gegenzeichnen

Kon|t|rast der; -[e]s, -e ⟨lat.-vulgärlat.-it.⟩: 1. starker, ins Auge springender Gegensatz; auffallender Unterschied. 2. a) (Fotogr.) Unterschied in der Helligkeit der hellen u. dunklen Partien eines Bildes; b) (Elektronik) Helldunkelabstimmung auf einem Bildschirm, Display (2) u. Ä.

kon|t|ras|tie|ren ⟨lat.-vulgärlat.-it.-fr.⟩: 1. einen augenfälligen Kontrast zu etwas bilden; sich von etwas abheben. 2. (zu etwas) einen Kontrast schaffen

kon|t|ras|tiv: vergleichend, gegenüberstellend

Kon|t|rast|mit|tel das; -s, - ⟨Med.⟩ Stoff, der vor einer Röntgenuntersuchung in den Körper eingebracht, auf dem Röntgenbild in Kontrast zu dem zu untersuchenden Gewebe erscheint

Kon|t|rast|pro|gramm das; -s, -e: Rundfunk- od. Fernsehprogramm, das eine Alternative zu einem oder mehreren anderen bietet

Kon|t|ra|sub|jekt das; -[e]s, -e: (Mus.) die kontrapunktische Stimme, in der die Fuge der erste Themeneinsatz mündet

Kon|t|ra|ve|ni|ent der; -en, -en ⟨lat.⟩: (Rechtsw. veraltet) jmd., der einer Verordnung od. Abmachung zuwiderhandelt

kon|t|ra|ve|nie|ren: (Rechtsw. veraltet) ordnungs-, gesetz-, vertragswidrig handeln

Kon|t|ra|ven|ti|on die; -, -en ⟨lat.-

nlat.⟩: (Rechtsw. veraltet) Gesetzes-, Vertragsbruch

Kon|t|ra|zep|ti|on die; -: (Med.) Empfängnisverhütung

kon|t|ra|zep|tiv: (Med.) empfängnisverhütend. **Kon|t|ra|zep|tiv** das; -s, -e u. **Kon|t|ra|zep|ti|vum** das; -s, ...va: (Med.) empfängnisverhütendes Mittel

Kon|t|re|ban|dist [kɔntrə...] der; -en, -en ⟨it.-fr.⟩: (veraltet) jmd., der ↑ Konterbande (2) einschmuggelt

Kon|trek|ta|ti|ons|trieb der; -[e]s ⟨lat.; dt.⟩: (Med.) sexuelle Triebkomponente, die vor allem nach der körperlichen Berührung mit dem Partner strebt

Kon|t|re|tanz ⟨engl.-fr.; „Gegentanz"⟩, auch: Contretanz ⟨fr.⟩ der; -es, ...tänze: alter Gesellschaftstanz, bei dem jeweils vier Paare bestimmte Figuren miteinander ausführen; vgl. Contredanse

Kon|t|ri|bu|ent der; -en, -en ⟨lat.⟩: (veraltet) Steuerpflichtiger, Steuerzahler

kon|t|ri|bu|ie|ren: (veraltet) 1. Steuern entrichten. 2. beitragen, behilflich sein

Kon|t|ri|bu|ti|on die; -, -en: 1. (veraltet) für den Unterhalt der Besatzungstruppen erhobener Beitrag im besetzten Gebiet. 2. von der Bevölkerung eines besetzten Gebietes erhobene Geldzahlung. 3. (veraltet) Beitrag (zu einer gemeinsamen Sache)

kon|t|rie|ren ⟨lat.-nlat.⟩: beim Kartenspielen Kontra geben

Kon|t|ri|ti|on die; -, -en ⟨lat.⟩: vollkommene Reue als Voraussetzung für die Absolution

Kon|t|ri|ti|o|nis|mus der; - ⟨lat.-nlat.⟩: katholische Lehre von der Notwendigkeit der echten Reue als Voraussetzung für die Gültigkeit des Bußsakramentes; vgl. Attritionismus

Kon|t|rol|le die; -, -n ⟨lat.-fr.⟩: 1. Aufsicht, Überwachung; Überprüfung. 2. Herrschaft, Gewalt

Kon|t|rol|ler der; -s, - ⟨lat.-fr.-engl.⟩: Steuerschalter an Elektromotoren

Kon|t|rol|leur [...lø:ɐ̯] der; -s, -e ⟨lat.-fr.⟩: jmd., der eine Kontrollfunktion ausübt. **Kon|t|rol-leu|rin** [...løːrɪn] die; -, -nen: weibliche Form zu ↑ Kontrolleur

kon|t|rol|lie|ren: 1. jmdn., etwas überwachen. 2. etwas unter seinem Einflussbereich haben, beherrschen (einen Markt u. a.) **Kon|t|rol|lor** *der;* -s, -e ⟨*lat.-fr.-it.*⟩: (österr.) Kontrolleur. **Kon|t|rol|lo|rin** *die;* -, -nen: weibliche Form zu ↑ Kontrollor **Kon|t|ro|ri|pos|te** u. Kontrariposte *die;* -, -n ⟨*lat.; lat.-it.-fr.*⟩: (Fechten) Gegenschlag auf eine abgewehrte Riposte **kon|t|ro|vers** ⟨*lat.*⟩: a) [einander] entgegengesetzt; b) strittig; c) umstritten. **Kon|t|ro|ver|se** *die;* -, -n: Meinungsverschiedenheit, Auseinandersetzung (um eine Sachfrage) **kon|t|ro|ver|si|ell:** (österr.) kontrovers **Kon|tu|maz** *die;* - ⟨*lat.*⟩: 1. (Rechtsw. veraltet) das Nichterscheinen vor Gericht; vgl. in contumaciam. 2. (österr. veraltet) Quarantäne **Kon|tu|ma|zi|al|be|scheid** *der;* -[e]s, -e ⟨*lat.; dt.*⟩: (Rechtsw. veraltet) in Abwesenheit des Beklagten ergangener Bescheid **kon|tu|ma|zie|ren** ⟨*lat.-nlat.*⟩: (Rechtsw. veraltet) gegen jmdn. ein Versäumnisurteil fällen **kon|tun|die|ren** ⟨*lat.*⟩: (Med.) quetschen (z. B. Gewebe); vgl. Kontusion **Kon|tur** *die;* -, -en, (fachspr. auch:) *der;* -s, -en (meist Plural) ⟨⟨*lat.; gr.-lat.*⟩ *vulgärlat.-it.-fr.*⟩: Linie, die durch etwas begrenzt ist; Umriss[linie]. **kon|tu|rie|ren:** in Umrissen zeichnen **Kon|tu|si|on** *die;* -, -en ⟨*lat.*⟩: (Med.) Quetschung; vgl. kontundieren **Kon|ur|ba|ti|on** vgl. Conurbation **Ko|nus** *der;* -, -se, (Techn. auch: ...nen) ⟨*gr.-lat.;* „Pinienzapfen; Kegel"⟩: 1. (Math.) Körper von der Form eines Kegels od. Kegelstumpfs. 2. (Druckw.) bei Drucktypen die Seitenflächen des das Schriftbild tragenden Oberteils **Kon|va|les|zent** *der;* -en, -en ⟨*lat.*⟩: (selten) ↑ Rekonvaleszent. **Kon|va|les|zen|tin** *die;* -, -nen: weibliche Form zu ↑ Konvaleszent **Kon|va|les|zenz** *die;* -, -en (Plural selten): 1. (Med. selten) ↑ Rekonvaleszenz. 2. (Rechtsw.) das nachträgliche Gültigwerden eines Rechtsgeschäfts

kon|va|les|zie|ren: (selten) ↑ rekonvaleszieren **Kon|va|li|da|ti|on** *die;* -, -en ⟨*lat.*⟩: Gültigmachung einer [noch] nicht gültigen Ehe nach dem katholischen Kirchenrecht **Kon|va|ri|e|tät** *die;* -, -en ⟨*lat.-nlat.*⟩: (Bot.) Gruppe von Vertretern einer Tier-, Pflanzenart mit sehr ähnlichen, für die Züchtung bedeutsamen Merkmalen **Kon|vek|ti|on** *die;* -, -en ⟨*lat.*⟩: 1. (Phys.) Mitführung von Energie od. elektrischer Ladung durch die kleinsten Teilchen einer Strömung. 2. (Meteor.) vertikale Luftbewegung; Ggs. ↑ Advektion (1). 3. vertikale Bewegung von Wassermassen der Weltmeere; Ggs. ↑ Advektion (2). 4. (Phys.) Strömungsbewegung in einem flüssigen od. gasförmigen Medium. **kon|vek|tiv** ⟨*lat.-nlat.*⟩: (Meteor.) durch Konvektion bewirkt; auf die Konvektion bezogen **Kon|vek|tor** *der;* -s, ...oren: Heizkörper, der die Luft durch Bewegung erwärmt **kon|ve|na|bel** ⟨*lat.-fr.*⟩: (veraltet) 1. schicklich. 2. gelegen, passend, bequem; Ggs. ↑ inkonvenabel **Kon|ve|ni|at** *das;* -s, -s ⟨*lat.;* „er (der Klerus) komme zusammen"⟩: Zusammenkunft der katholischen Geistlichen eines ↑ Dechanats **Kon|ve|ni|enz** *die;* -, -en: (veraltend) 1. ↑ Kompatibilität (3). 2. a) Bequemlichkeit, Annehmlichkeit; Ggs. ↑ Inkonvenienz (2); b) das Schickliche, Erlaubte; Ggs. ↑ Inkonvenienz (1). **kon|ve|nie|ren:** (veraltend) zusagen, gefallen, passen; annehmbar sein **Kon|vent** *der;* -[e]s, -e: 1. a) Versammlung der stimmberechtigten Mitglieder eines Klosters; b) Gesamtheit der Mitglieder eines Klosters; Kloster[gemeinschaft]; c) Zusammenkunft von evangelischen Pfarrern zum Zweck der Weiterbildung, der Beratung u. Ä. 2. wöchentliche Zusammenkunft der [aktiven] Mitglieder einer Studentenverbindung. 3. (ohne Plural; hist.) Volksvertretung in der Französischen Revolution **Kon|ven|ti|kel** *das;* -s, -: [heimli-

che] Zusammenkunft; b) Zusammenkunft von Angehörigen außerkirchlicher religiöser Gemeinschaften **Kon|ven|ti|on** *die;* -, -en ⟨*lat.-fr.*⟩: 1. Übereinkunft, Abkommen, [völkerrechtlicher] Vertrag. 2. Regeln des Umgangs, des sozialen Verhaltens, die für die Gesellschaft als Verhaltensnorm gelten. 3. Regel (beim Fechten mit Florett od. Säbel) **kon|ven|ti|o|nal** ⟨*lat.-fr.-nlat.*⟩: die Konvention (1) betreffend; vgl. konventionell; vgl. ...al/...ell **kon|ven|ti|o|na|li|sie|ren:** zur Konvention (2) erheben. **kon|ven|ti|o|na|li|siert:** im Herkömmlichen verankert, sich in eingefahrenen Bahnen bewegend **Kon|ven|ti|o|na|lis|mus** *der;* -: (Philos.) philosophische Richtung im 19. Jh., die den auf rein zweckmäßiger Vereinbarung beruhenden Charakter von geometrischen Axiomen, Begriffen, Definitionen betont **Kon|ven|ti|o|na|li|tät** *die;* -: 1. ↑ Arbitrarität. 2. konventionelle Art **Kon|ven|ti|o|nal|stra|fe** *die;* -, -n: (Rechtsw.) (bei Vertragsschluss vereinbarte) Geldsumme od. anderweitige Leistung, die ein Vertragspartner erbringen muss, wenn er die vertraglich vereinbarte Leistung nicht zum festgelegten Zeitpunkt od. in der festgelegten Weise erfüllt hat **kon|ven|ti|o|nell** ⟨*lat.-fr.*⟩: 1. a) den gesellschaftlichen Konventionen entsprechend; b) förmlich, steif; 2. (bes. Techn., Milit.) herkömmlich, hergebracht (bes. im Gegensatz zu atomar, biologisch, chemisch) **Kon|vents|mes|se** *die;* -, -n ⟨*lat.-dt.*⟩: (kath. Kirche) Feier der Messe mit Chorgebet in einem Kloster od. Stift **Kon|ven|tu|a|le** *der;* -n, -n ⟨*lat.-mlat.*⟩: 1. stimmberechtigtes Klostermitglied. 2. Angehöriger eines Zweiges des Franziskanerordens. **Kon|ven|tu|a|lin** *die;* -, -nen: Angehörige eines Zweiges des Franziskanerordens **kon|ver|gent** ⟨*lat.-mlat.*⟩: sich einander annähernd, übereinstimmend; Ggs. ↑ divergent; vgl. konvergierend **Kon|ver|genz** *die;* -, -en: 1. Annäherung, Übereinstimmung von

Meinungen, Zielen u. Ä.; Ggs. ↑ Divergenz. 2. (Biol.) Ausbildung ähnlicher Merkmale hinsichtlich Gestalt u. Organen bei genetisch verschiedenen Lebewesen, meist durch Anpassung an gleiche Umweltbedingungen. 3. (Med.) gleichsinnige Bewegung der Augen nach innen beim Sehen in unmittelbarer Nähe. 4. (Math.) Vorhandensein einer Annäherung od. eines Grenzwertes konvergenter Linien u. Reihen; Ggs. ↑ Divergenz. 5. (Phys.) das Sichschneiden von Lichtstrahlen; Ggs. ↑ Divergenz. 6. (Psychol.) das Zusammenwirken von Anlage u. Umwelt als Prinzip der psychischen Entwicklung. 7. Zusammentreffen von verschiedenen Strömungen des Meerwassers. 8. das Auftreten von gleichen od. ähnlichen Oberflächenformen in unterschiedlichen Klimazonen

Kon|ver|genz|kri|te|ri|um *das; -s, ...ien*: 1. (Wirtsch.) Bedingung für die Teilnahme an der Europäischen Wirtschafts- u. Währungsunion. 2. (Math.) Angabe von Bedingungen, unter denen vor allem eine Reihe einen Grenzwert besitzt; vgl. Konvergenz (4)

Kon|ver|genz|the|o|rie *die; -*: (Pol.) Theorie, die eine allmähliche Annäherung kapitalistischer u. sozialistischer Industriestaaten annimmt

kon|ver|gie|ren: a) sich nähern, einander näher kommen, zusammenlaufen; b) demselben Ziel zustreben; übereinstimmen; Ggs. ↑ divergieren. **kon|ver|gie-rend**: zusammenlaufend; Ggs. ↑ divergierend; vgl. konvergent

kon|vers *(lat.-engl.)*: (Sprachw.) umgekehrt, gegenteilig; eine Konversion (2 b) darstellend

Kon|ver|sa|ti|on *die; -, -en (lat.-fr.)*: [geselliges, leichtes] Gespräch, Plauderei

Kon|ver|sa|ti|ons|le|xi|kon *das; -s, ...ka (auch: ...ken)*: alphabetisch geordnetes Nachschlagewerk zur raschen Information über alle Gebiete des Wissens; Enzyklopädie

Kon|ver|sa|ti|ons|stück *das; -[e]s, -e*: [in der höheren Gesellschaft spielendes] Unterhaltungs-

stück, dessen Wirkung bes. auf geistvollen Dialogen beruht

[1]**Kon|ver|se** *der; -n, -n (lat.)*: Laienbruder eines katholischen Mönchsordens

[2]**Kon|ver|se** *die; -, -n*: (Sprachw.) Begriff, Satz, der zu einem anderen konvers ist

kon|ver|sie|ren *(lat.-fr.)*: (veraltet) sich unterhalten

Kon|ver|si|on *die; -, -en (lat.)*: 1. der Übertritt von einer Konfession zu einer anderen, meist zur katholischen Kirche. 2. (Sprachw.) a) Übergang von einer Wortart in eine andere ohne formale Veränderung (z. B. Dank – dank); b) Gegensätzlichkeit der Bedeutung, die sich ergibt, wenn ein Vorgang von zwei verschiedenen Standpunkten aus betrachtet wird (z. B.: der Lehrer *gibt* dem Schüler ein Buch – der Schüler *erhält* vom Lehrer ein Buch). 3. (Rechtsw.) sinngemäße, der Absicht der Vertragspartner entsprechende Umdeutung eines nichtigen Rechtsgeschäftes. 4. (Bankw.) Schuldumwandlung zur Erlangung günstigerer Bedingungen. 5. (Psychol.) a) grundlegende Einstellungs- od. Meinungsänderung; b) Umwandlung unbewältigter starker Erlebnisse in körperliche Symptome. 6. (Kernphys.) Erzeugung neuer spaltbarer Stoffe in einem Reaktor. 7. (Logik) Veränderung einer Aussage durch Vertauschen von Subjekt u. Prädikat. 8. Umwandlung von militärischer in zivile Nutzung. 9. ↑ Konvertierung (3)

Kon|ver|ter *der; -s, - (lat.-fr.-engl.)*: 1. (Techn.) Gerät, mit dem Wechselspannungen bestimmter Frequenzen umgeformt werden können. 2. (Fotogr.) Linsensystem, das zwischen Objektiv u. Kamera geschaltet wird, wodurch sich die Brennweite verlängert. 3. (Hüttenw.) ein kippbares birnen- od. kastenförmiges Gefäß für die Stahlerzeugung u. Kupfergewinnung. 4. (Kernphys.) Reaktor, in dem nicht spaltbares in spaltbares Material verwandelt wird. 5. (EDV) Gerät od. Programm zum Umwandeln von Daten

kon|ver|ti|bel *(lat.-fr.)*: frei austauschbar; vgl. Konvertibilität

Kon|ver|ti|bi|li|tät u. **Kon|ver|tier-bar|keit** *die; -*: (Wirtsch.) die freie Austauschbarkeit der Währungen verschiedener Länder zum jeweiligen Wechselkurs

kon|ver|tie|ren *(lat.(-fr.))*: 1. inländische gegen ausländische Währung tauschen u. umgekehrt. 2. zu einem anderen Glauben übertreten. 3. (EDV) Informationen von einem Datenträger auf einen anderen übertragen; Daten umwandeln

Kon|ver|tie|rung *die; -, -en*: 1. ↑ Konversion (3, 4). 2. das Konvertieren; das Konvertiertwerden. 3. (Chem.) Verfahren zur Herstellung von Wasserstoff durch Umsetzung von Kohlenmonoxid mit Wasserdampf

Kon|ver|tit *der; -en, -en (lat.-engl.)*: jmd., der zu einem anderen Glauben übergetreten ist.

Kon|ver|ti|tin *die; -, -nen*: weibliche Form zu ↑ Konvertit

kon|vex *(lat.)*: (Phys.) erhaben, nach außen gewölbt (z. B. von Spiegeln od. Linsen); Ggs. ↑ konkav. **Kon|ve|xi|tät** *die; -*: (Phys.) Wölbung nach außen (z. B. von Linsen); Ggs. ↑ Konkavität

Kon|vikt *das; -[e]s, -e (lat.)*: 1. Stift, Wohnheim für Theologiestudenten. 2. (österr.) Schülerheim, katholisches Internat

Kon|vik|ti|on *die; -, -en (lat.)*: (veraltet) 1. Überführung eines Angeklagten. 2. Überzeugung

Kon|vik|tu|a|le *der; -n, -n (lat.-nlat.)*: (veraltet) Angehöriger eines Konvikts

kon|vin|zie|ren *(lat.)*: (veraltet) 1. [eines Verbrechens] überführen. 2. überzeugen

Kon|vi|ve *der; -n, -n (lat.)*: (veraltet) Gast, Tischgenosse

kon|vi|vi|al: (veraltet) gesellig, heiter. **Kon|vi|vi|a|li|tät** *die; -*: (veraltet) Geselligkeit, Fröhlichkeit

Kon|vi|vi|um *das; -s, ...ien*: (veraltet) [Fest]gelage

Kon|voi *[...'vɔy, auch: 'kɔn...] der; -s, -s (lat.-vulgärlat.-fr.-engl.)*: Geleitzug (bes. von Autos od. Schiffen), Fahrzeugkolonne

Kon|vo|ka|ti|on *die; -, -en (lat.)*: (veraltet) das Einberufen, Zusammenrufen der Mitglieder (von Körperschaften)

Kon|vol|lut *das; -[e]s, -e ⟨lat.⟩:* 1. a) Bündel von verschiedenen Schriftstücken od. Drucksachen; b) Sammelband, Sammelmappe. 2. (Med.) Knäuel (z. B. von Darmschlingen)

Kon|vo|lu|te *die; -, -n:* ↑ Volute

Kon|vul|si|on *die; -, -en ⟨lat.⟩:* (Med.) Schüttelkrampf

kon|vul|siv u. **kon|vul|si|visch** *⟨lat.-nlat.⟩:* (Med.) krampfhaft zuckend, krampfartig

Kon|ya *der; -[s], -s ⟨nach der türk. Stadt⟩:* Gebetsteppich mit streng stilisierter Musterung

kon|ze|die|ren *⟨lat.⟩:* zugestehen; erlauben; einräumen

Kon|ze|le|b|rant *der; -en, -en ⟨lat.⟩:* (kath. Kirche) Geistlicher, der mit anderen Geistlichen die Eucharistie feiert

Kon|ze|le|b|ra|ti|on *die; -, -en* u. Concelebratio *die; -, ...tiones [...ne:s] ⟨lat.-mlat.⟩:* (kath. Kirche) die Feier der Eucharistie durch mehrere Geistliche gemeinsam. **kon|ze|le|b|rie|ren:** gemeinsam mit anderen Geistlichen die Eucharistie feiern

Kon|zen|t|rat *das; -[e]s, -e ⟨(lat.; gr.-lat.) fr.-nlat.⟩:* 1. a) angereicherter Stoff, hochprozentige Lösung; b) hochprozentiger Pflanzen- od. Fruchtauszug. 2. Zusammenfassung

Kon|zen|t|ra|ti|on *die; -, -en ⟨(lat.; gr.-lat.) fr.⟩:* 1. Zusammenballung [wirtschaftlicher od. militärischer Kräfte]; Ggs. ↑ Dekonzentration. 2. (ohne Plural) geistige Sammlung, Anspannung, höchste Aufmerksamkeit. 3. (ohne Plural) gezielte Lenkung auf etwas hin. 4. (Chem.) Gehalt einer Lösung an gelöstem Stoff

Kon|zen|t|ra|ti|ons|la|ger *das; -s, -:* 1. Bez. für nationalsozialistische Sammellager für politische Gegner, Zwangsarbeitslager u. Stätten des Massenvernichtung von als minderwertig erachteten Menschen, bes. von Juden. 2. Massenlager, das Elemente des Arbeits-, Internierungs- u. Kriegsgefangenenlagers sowie des Gefängnisses u. Gettos vereinigt; Abk.: KZ

kon|zen|t|ra|tiv: (Fachspr.) die Konzentration (2) betreffend

kon|zen|t|rie|ren: 1. [wirtschaftli-

che od. militärische Kräfte] zusammenziehen, -ballen; Ggs. ↑ dekonzentrieren. 2. etwas verstärkt auf etwas od. jmdn. ausrichten. 3. sich konzentrieren: sich [geistig] sammeln, anspannen. 4. (Chem.) anreichern, gehaltreich machen. **kon|zen|t|riert:** 1. gesammelt, aufmerksam. 2. (Chem.) einen gelösten Stoff in großer Menge enthaltend; angereichert

kon|zen|t|risch *⟨(lat.; gr.-lat.-) mlat.⟩:* 1. (Math.) einen gemeinsamen Mittelpunkt habend (von Kreisen). 2. um einen gemeinsamen Mittelpunkt herum angeordnet, auf einen [Mittel]punkt hinstrebend

Kon|zen|t|ri|zi|tät *die; - ⟨nlat.⟩:* Gemeinsamkeit des Mittelpunkts

Kon|zept *das; -[e]s, -e ⟨lat.⟩:* 1. [stichwortartiger] Entwurf einer Rede od. einer Schrift. 2. Plan, Programm

Kon|zept|al|bum *das; -s, ...ben:* (Mus.) Langspielplatte od. CD, die nicht eine bestimmte Anzahl verschiedener, jedes für sich abgeschlossener Lieder enthält, sondern ein Thema, eine Idee in voneinander abhängigen Kompositionen behandelt

kon|zep|ti|bel *⟨lat.-nlat.⟩:* (veraltet) begreiflich, fasslich

Kon|zep|ti|on *die; -, -en ⟨lat.⟩:* 1. geistiger, künstlerischer Einfall; Entwurf eines Werkes. 2. klar umrissene Grundvorstellung, Leitprogramm, gedanklicher Entwurf. 3. (Biol., Med.) Befruchtung der Eizelle; Schwangerschaftseintritt, Empfängnis

kon|zep|ti|o|nell: die Konzeption betreffend

Kon|zep|tis|mus *der; - ⟨lat.-nlat.⟩:* (Literaturw.) literarische Stilrichtung des spanischen Barocks; vgl. Konzetti

kon|zep|tu|a|li|sie|ren: ein Konzept (2) entwerfen, als Konzept (2) gestalten

Kon|zep|tu|a|lis|mus *der; - ⟨Philos.⟩:* Lehre der Scholastik, nach der das Allgemeine (vgl. Universalien) nicht bloß Wort, sondern Begriff u. selbstständiges Denkgebilde sei

kon|zep|tu|ell: ein Konzept (2) aufweisend

Kon|zern *der; -[e]s, -e ⟨lat.-mlat.-*

fr.-engl.⟩: (Wirtsch.) Zusammenschluss von Unternehmen, die eine wirtschaftliche Einheit bilden, ohne dabei ihre rechtliche Selbstständigkeit aufzugeben. **kon|zer|nie|ren:** (Wirtsch.) zu einem Konzern zusammenschließen

Kon|zert *das; -[e]s, -e ⟨lat.-it.; „Wettstreit (der Stimmen)"⟩:* 1. öffentliche Musikaufführung. 2. Komposition für Solo u. Orchester. 3. (ohne Plural) Zusammenwirken verschiedener Faktoren od. [politischer] Kräfte

Kon|zer|t|a|gen|tur *die; -, -en ⟨lat.-it.; nlat.⟩:* Agentur, die Künstlern Konzerte vermittelt

kon|zer|tant: konzertmäßig, in Konzertform; **konzertante Sinfonie:** Konzert mit mehreren solistisch auftretenden Instrumenten od. Instrumentengruppen

Kon|zer|t|an|te vgl. Concertante

Kon|zer|t|e|tü|de *die; -, -n:* solistisches Musikstück mit technischen Schwierigkeiten

kon|zer|tie|ren: 1. ein Konzert geben. 2. (veraltet) etwas verabreden, besprechen. **kon|zer|tiert** *⟨lat.-engl.⟩:* verabredet, aufeinander abgestimmt, übereinstimmend; **konzertierte Aktion:** (Wirtsch.) das Zusammenwirken verschiedener Gruppen (Gewerkschaften, Unternehmerverbände u. Ä.) zur Erreichung eines bestimmten Zieles

Kon|zer|ti|na *die; -, -s ⟨lat.-it.-fr.-engl.⟩:* Handharmonika mit sechseckigem od. quadratischem Gehäuse

Kon|zes|si|on *die; -, -en ⟨lat.⟩:* 1. (meist Plural) Zugeständnis, Entgegenkommen. 2. (Rechtsw.) a) befristete behördliche Genehmigung zur Ausübung eines konzessionspflichtigen Gewerbes; b) dem Staat vorbehaltenes Recht, ein Gebiet zur erschließen, dessen Bodenschätze auszubeuten. **Kon|zes|si|o|när** *der; -s, -e ⟨lat.-nlat.⟩:* Inhaber einer Konzession. **Kon|zes|si|o|nä|rin** *die; -, -nen:* weibliche Form zu ↑ Konzessionär

kon|zes|si|o|nie|ren: eine Konzession erteilen, behördlich genehmigen

kon|zes|siv *⟨lat.⟩:* (Sprachw.) einräumend; **konzessive Kon-**

junktion: einräumendes Bindewort (z. B. obgleich)
Kon|zes|siv|satz der; -es, ...sätze:
(Sprachw.) Adverbialsatz der
Einräumung (z. B.: obwohl es
regnete, ging er spazieren)
Kon|zet|ti die (Plural) ⟨lat.-it.⟩:
(Literaturw.) witzige Einfälle in
zugespitztem, gekünsteltem
Stil, bes. in der Literatur der
italienischen Spätrenaissance;
vgl. Konzeptismus
Kon|zil das; -s, -e u. -ien ⟨lat.⟩:
1. Versammlung von Bischöfen
u. anderen hohen Vertretern
der katholischen Kirche zur Er-
ledigung wichtiger kirchlicher
Angelegenheiten; vgl. ökume-
nisch. 2. aus Professoren, Vertretern von Studenten u. nicht
akademischen Bediensteten einer Hochschule gebildetes Gremium, das bestimmte Ent-
scheidungsbefugnisse hat
kon|zi|li|ant ⟨lat.-fr.⟩: umgänglich,
verbindlich, freundlich; ver-
söhnlich. **Kon|zi|li|anz** die; -:
Umgänglichkeit, Verbindlich-
keit, freundliches Entgegenkommen
kon|zi|li|ar, kon|zi|li |a|risch: a) zu
einem Konzil gehörend; b) ei-
nem Konzil entsprechend; vgl.
...isch/-
Kon|zi|li |a|ris|mus der; - ⟨lat.-
nlat.⟩: (kath. Kirchenrecht) vom
↑ Episkopalismus vertretene
Theorie, dass die Rechtmäßig-
keit u. Geltung der Beschlüsse
eines Konzils nicht von der Zu-
stimmung des Papstes abhängig seien
Kon|zi|li |a|ti|on die; -, -en ⟨lat.⟩:
(veraltet) Versöhnung, Vereinigung [verschiedener Meinun-
gen]
Kon|zi|li|en: Plural von ↑ Konzil
kon|zi|li|e|ren: (veraltet) [verschie-
dene Meinungen] vereinigen;
versöhnen
kon|zinn ⟨lat.⟩: 1. (veraltet) ange-
messen, gefällig; Ggs. ↑ inkonzinn (1). 2. (Rhet., Stilk.) syntaktisch gleich gebaut, harmonisch zusammengefügt, abge-
rundet; Ggs. ↑ inkonzinn (2).
Kon|zin|ni|tät die; -: 1. (veraltet)
Gefälligkeit; Ggs. ↑ Inkonzinnität (1). 2. (Rhet., Stilk.) gleichartige syntaktische Konstruktion gleichwertiger Sätze; Ggs.
↑ Inkonzinnität (2)
Kon|zi|pi|ent der; -en, -en ⟨lat.⟩:

1. (veraltet) Verfasser eines
Schriftstücks. 2. (österr.) Jurist
[zur Ausbildung] in einem An-
waltsbüro. **Kon|zi|pi|en|tin** die; -,
-nen: weibliche Form zu ↑ Konzipient
kon|zi|pie|ren: 1. a) ein schriftli-
ches Konzept (1) für etwas machen; b) (von einer bestimmten
Vorstellung, Idee ausgehend)
etwas planen, entwerfen, entwickeln. 2. (Med.) schwanger
werden. **Kon|zi|pie|rung** die; -,
-en: das Konzipieren (1)
Kon|zi|pist der; -en, -en ⟨lat.-
nlat.⟩: (österr. hist.) niederer
Beamter, der ein Konzept (1)
entwirft; vgl. Konzipient
kon|zis ⟨lat.⟩: (Rhet., Stilk.) kurz,
gedrängt
Koo|ka|bur|ra [ˈkʊkəbʌrə] der; -s,
-s ⟨austr.-engl.⟩: Rieseneisvogel
in Australien, Tasmanien u.
Neuguinea; Lachender Hans
Ko|ok|kur|renz die; -, -en ⟨lat.⟩:
(Sprachw.) das Miteinandervor-
kommen sprachlicher Einheiten in derselben Umgebung
(z. B. im Satz)
Ko|o |pe|ra|teur [...ˈtøːɐ̯] der; -s, -e
⟨lat.-fr.⟩: Wirtschaftspartner,
Unternehmenspartner. **Ko|o |pe-
ra|teu|rin** [...ˈtøːrɪn] die; -, -nen:
weibliche Form zu ↑ Koopera-
teur
Ko|o |pe|ra|ti|on die; -, -en ⟨lat.⟩:
Zusammenarbeit verschiede-
ner Partner
ko|o |pe|ra|tiv ⟨lat.-nlat.⟩: zusam-
menarbeitend, gemeinsam. **Ko-
o |pe|ra|ti|ve** die; -, -n u. Koope-
rativ das; -s, -e ⟨lat.-fr.-russ.⟩:
(bes. DDR) Genossenschaft
Ko|o |pe|ra|tor der; -s, ...oren ⟨lat.⟩:
1. (veraltet) Mitarbeiter.
2. (landsch. u. österr.) katholischer Hilfsgeistlicher
ko|o |pe|rie|ren: [auf wirtschaftli-
chem od. politischem Gebiet]
zusammenarbeiten
Ko|op|ta|ti|on die; -, -en ⟨lat.⟩:
nachträgliche Hinzuwahl neuer
Mitglieder in eine Körperschaft
durch die dieser Körperschaft
bereits angehörenden Mitglieder
ko|op|ta|tiv: die Kooptation be-
treffend
ko|op|tie|ren: jmdn. durch eine
Nachwahl noch in eine Körperschaft aufnehmen
Ko|op|ti|on die; -, -en: ↑ Koopta-
tion

Ko|or|di|na|te die; -, -n ⟨lat.-nlat.⟩:
1. (meist Plural; Math., Geogr.)
Zahl, die die Lage eines Punktes in der Ebene u. im Raum
angibt. 2. (nur Plural; Math.)
↑ Abszisse u. ↑ Ordinate
Ko|or|di|na|ten|sys |tem das; -s, -e:
(Math.) mathematisches Sys-
tem, in dem mithilfe von Koordinaten die Lage eines Punktes
od. eines geometrischen Gebil-
des in der Ebene od. im Raum
festgelegt wird
Ko|or|di|na|ti|on die; -, -en: 1. ge-
genseitiges Abstimmen verschiedener Dinge, Faktoren od.
Vorgänge. 2. (Sprachw.) Neben-,
Beiordnung von Satzgliedern
od. Sätzen; Ggs. ↑ Subordina-
tion (2). 3. (Med.) das harmonische Zusammenwirken der bei
einer Bewegung tätigen Muskeln. 4. (Chem.) Zusammensetzung u. Aufbau von chemi-
schen Verbindungen höherer
Ordnung
Ko|or|di|na|tor der; -s, ...oren:
jmd., der etwas aufeinander ab-
stimmt, etwas mit etwas in Ein-
klang bringt. **Ko|or|di|na|to|rin**
die; -, -nen: weibliche Form zu
↑ Koordinator
ko|or|di|nie|ren ⟨lat.-mlat.⟩: meh-
rere Dinge od. Vorgänge aufeinander abstimmen; **koordinie-
rende Konjunktion:** (Sprachw.)
nebenordnendes Bindewort
(z. B. und)
Ko|pa |i|va|bal|sam der; -s ⟨indi-
an.-span.-engl.; hebr.-gr.-lat.⟩:
Harz des tropischen Kopaiva-
baumes, das in der Lackverar-
beitung u. als Heilmittel verwendet wird
Ko|pal der; -s, -e ⟨indian.-span.⟩:
ein Harz verschiedener tropischer Bäume, das für Lacke
verwendet wird
Ko|pe|ke die; -, -n ⟨russ.⟩: russi-
sche Münze (= 0,01 Rubel);
Abk.: Kop.
Ko|pe|po|de die; -n, -n ⟨gr.-nlat.⟩:
(Zool.) ein schalenloses Krebs-
tier; Ruderfußkrebs
Kö|per der; -s, - ⟨niederl.⟩: Gewebe
in Köperbindung (Webart)
Ko|per|ni|ka|nisch nach dem As-
tronomen N. Kopernikus,
1473–1543): die Lehre des Kopernikus betreffend, auf ihr beruhend; **kopernikanisches
Weltsystem:** ↑ heliozentrisches
Weltsystem

Ko|pho|sis die; - ⟨gr.⟩: (Med.) [völlige] Taubheit

Koph|ta der; -s, -s ⟨Herkunft unsicher⟩: (hist.) ägyptischer Magier; vgl. Großkophta. **kophtisch:** den Kophta betreffend

Ko|pi|al|buch das; -[e]s, ...bücher ⟨lat.-nlat.; dt.⟩: (hist.) Sammlung von Urkundenabschriften

Ko|pi|a|li|en die (Plural) ⟨lat.-nlat.⟩: (veraltet) Abschreibegebühren

Ko|pi|a|tur die; -, -en: (veraltet) das Abschreiben

Ko|pie [österr.: ˈkoːpiə] die; -, ...i̯en [österr.: ˈkoː...] ⟨lat.⟩: 1. a) Abschrift, Durchschrift, originalgetreue Wiedergabe eines geschriebenen Textes; b) ↑ Fotokopie. 2. Nachbildung, Nachgestaltung [eines Kunstwerks]. 3. a) durch Belichten hergestelltes Bild von einem Negativ; b) fotografisch hergestelltes Doppel eines Films

ko|pie|ren ⟨lat.-mlat.⟩: 1. a) etwas in Zweitausfertigung, eine Kopie (1a) von etwas herstellen; b) eine Fotokopie von etwas machen. 2. [ein Kunstwerk] nachbilden. 3. a) eine Kopie (3a) herstellen; b) von einem Negativfilm einen Positivfilm herstellen

Ko|pie|rer der; -s, -: (ugs.) Gerät, mit dem Fotokopien gemacht werden

Ko|pier|stift der; -[e]s, -e: Schreibstift mit einer Mine, die wasserlösliche Farbstoffe enthält u. nicht wegradiert werden kann

Ko|pij|ka die; -, ...ki: ukrainische Münze

Ko|pi|lot der; -en, -en: a) zweiter Pilot in einem Flugzeug; b) zweiter Fahrer in einem Rennwagen. **Ko|pi|lo|tin** die; -, -nen: weibliche Form zu ↑ Kopilot

Ko|pi|lo̱ pie die; - ⟨gr.-nlat.⟩: (Med.) Sehschwäche, Erschöpfung der Augen infolge Überanstrengung

ko|pi|ös ⟨lat.-fr.⟩: (Med.) reichlich, massenhaft

Ko|pist der; -en, -en ⟨lat.-mlat.⟩: jmd., der eine Kopie anfertigt. **Ko|pis|tin** die; -, -nen: weibliche Form zu ↑ Kopist

Kop|pa das; -[s], -s ⟨gr.⟩: Buchstabe im ältesten griechischen Alphabet: Ϙ, Ϙ, Ϙ

Ko|pra die; - ⟨tamil.-port.⟩: zerkleinerte u. getrocknete Kokosnusskerne

Ko|p räl|mie die; -, ...i̯en ⟨gr.-nlat.⟩: (Med.) durch lang dauernde Verstopfung verursachte Selbstvergiftung des Körpers

Ko|präl|senz die; - ⟨lat.-engl.⟩: (Sprachw.) gemeinsames, gleichzeitiges Auftreten sprachlicher Elemente, z. B. das gleichzeitige Vorhandensein von veralteten u. veraltenden Wörtern neben Wörtern der modernen Gegenwartssprache

Ko|p re|me|sis die; - ⟨gr.⟩: (Med.) Koterbrechen (bei Darmverschluss)

Ko|pro|duk|ti|on die; -, -en ⟨lat.; lat.-fr.⟩: Gemeinschaftsherstellung, bes. beim Film

Ko|pro|du|zent der; -en, -en: jmd., der mit jmd. anderem zusammen einen Film, eine Fernsehsendung o. Ä. produziert. **Ko|pro|du|zen|tin** die; -, -nen: weibliche Form zu ↑ Koproduzent

ko|pro|du|zie|ren: mit jmd. anderem zusammen etwas herstellen (bes. einen Film)

ko|p ro|gen ⟨gr.-nlat.⟩: (Med.) vom Kot stammend, durch Kot verursacht

Ko|p ro|la|lie die; -: krankhafte Neigung zum Aussprechen unanständiger, obszöner Wörter (meist aus dem analen Bereich)

Ko|p ro|lith [auch: ...ˈlɪt] der; -s u. -en, -e[n]: 1. (Med.) ↑ Konkrement aus verhärtetem Kot u. Mineralsalzen im unteren Verdauungstrakt. 2. (Geol.) versteinerter Kot urweltlicher Tiere

Ko|p rom das; -s, -e: (Med.) Scheingeschwulst in Form einer Ansammlung verhärteten Kots im Darm

ko|p ro|phag: (Biol.) Kot essend. **Ko|p ro|pha|ge** der; -n, -n: (Biol.) Tier, das sich von den Exkrementen anderer Tiere ernährt; Kotfresser

Ko|p ro|pha|gie die; -: (Med.) das Essen von Kot bei bestimmten psychischen Erkrankungen

ko|p ro|phil: (Biol.) vorzugsweise auf Kot (Dung) lebend (von Tieren und Pflanzen)

Ko|p ro|pho|bie die; -: (Med., Psychol.) [krankhafte] Angst vor der Berührung von Fäkalien, oft auch Angst vor Schmerz u. Ansteckung

Ko|p ro|s ta|se die; -, -n: (Med.) Kotstauung, Verstopfung

Kops der; -es, -e ⟨engl.⟩: (Spinnerei) Spinnhülse mit aufgewundenem Garn, Garnkörper, Kötzer

Kop|te der; -n, -n ⟨gr.-arab.⟩: Angehöriger der christlichen Kirche in Ägypten. **Kop|tin** die; -, -nen: weibliche Form zu ↑ Kopte. **kop|tisch:** a) zur christlichen Kirche Ägyptens, zu den Kopten gehörend; b) die jüngste Stufe des Ägyptischen, die Sprache der Kopten betreffend

Kop|to|lo|ge der; -n, -n: Wissenschaftler auf dem Gebiet der Koptologie. **Kop|to|lo|gie** die; -: Wissenschaft von der koptischen Sprache u. Literatur. **Kop|to|lo|gin** die; -, -nen: weibliche Form zu ↑ Koptologe

Ko|p u|la die; -, -s u. ...lae [...lɛ] ⟨lat.; „Band"⟩: 1. ↑ Kopulation (2). 2. a) (Sprachw.) Verbform, die die Verbindung zwischen Subjekt u. Prädikativ (Prädikatsnomen) herstellt; b) (Logik) das Glied, das Subjekt und Prädikat zu einer Aussage verbindet

Ko|p u|la|ti|on die; -, -en: 1. (Rechtsw. veraltet) Trauung, eheliche Verbindung. 2. (Biol.) Verschmelzung der verschiedengeschlechtigen Geschlechtszellen bei der Befruchtung. 3. (Gartenbau) Veredlung von Pflanzen, bei der das schräg geschnittene Edelreis mit der schräg geschnittenen Unterlage genau aufeinander gepasst wird. 4. ↑ Koitus

ko|p u|la|tiv: (Sprachw.) verbindend, anreihend; **kopulative Konjunktion:** anreihendes Bindewort (z. B. und, auch)

Ko|p u|la|tiv|kom|po|si|tum das; -s, ...ta u. **Ko|p u|la|ti|vum** das; -s, ...va: ↑ Additionswort

ko|p u|lie|ren: 1. (Biol.) miteinander verschmelzen (von Geschlechtszellen bei der Befruchtung). 2. Pflanzen veredeln. 3. (Rechtsw. veraltet) jmdn. trauen. 4. ↑ koitieren

kor..., Kor... vgl. kon..., Kon...

Ko|rah, ökum.: Korach ⟨nach dem in 4. Mose 16, 1 ff. genannten Enkel des Levi Korah⟩: in der Fügung **eine Rotte Korah:** eine zügellose Horde

Ko|ral|le *die;* -, -n ⟨*gr.-lat.-fr.*⟩:
1. koloniebildendes Hohltier
tropischer Meere. 2. das als
Schmuck verwendete [rote]
Kalkskelett der Koralle (1). **ko|ral|len:** a) aus Korallen bestehend; b) korallenrot
Ko|ral|lin *das;* -s ⟨*gr.-lat.-fr.-nlat.*⟩:
roter Farbstoff
ko|ral|lo|gen ⟨*gr.-lat.-fr.; gr.*⟩:
(Geol.) aus Ablagerungen von
↑ Korallen (1) gebildet (von Gesteinsschichten)
ko|ram ⟨*lat.; ,,*vor aller Augen, offen"⟩: öffentlich; **jmdn. koram nehmen:** (veraltet) jmdn.
scharf tadeln; vgl. coram publico
ko|ra|mie|ren ⟨*lat.-nlat.*⟩: (veraltet)
zur Rede stellen
Ko|ran [auch: ˈkoː...] *der;* -s, -e
⟨*arab.; ,,*Lesung"⟩: Sammlung
der Offenbarungen Mohammeds, das heilige Buch des Islams (7. Jh. n. Chr.)
ko|ran|zen vgl. kuranzen
Kord vgl. Cord
Kor|dax *der;* - ⟨*gr.-lat.*⟩: groteskausgelassener Verkleidungstanz des Männerchores in der
antiken Komödie
Kor|de *die;* -, -n ⟨*gr.-lat.-fr.*⟩: (veraltet) schnurartiger Besatz
Kor|del *die;* -, -n: 1. (landsch.)
Bindfaden. 2. (österr.) ↑ Korde
Kor|de|latsch *der;* -[e]s, -e ⟨*it.*⟩:
kurzes italienisches Krummschwert im Mittelalter
kor|di|al ⟨*lat.-mlat.*⟩: (veraltet)
herzlich; vertraulich. **Kor|di|a|li|tät** *die;* -, -en: (veraltet) Herzlichkeit, Freundlichkeit. **Kor|di|e|ren** ⟨*gr.-lat.-fr.*⟩: 1. feine
schraubenförmige Linien in
Gold- u. Silberdraht einarbeiten. 2. Griffe an Werkzeugen
zur besseren Handhabung aufrauen
Kor|di|e|rit [auch: ...ˈrɪt] *der;* -s, -e
⟨*nlat.;* nach dem franz. Geologen Cordier, 1777–1861): ein
kristallines Mineral (ein Edelstein)
Kor|dit *der;* -s ⟨*gr.-lat.-fr.-engl.*⟩: fadenförmiges, rauchschwaches
Schießpulver
Kor|don [...ˈdõː, österr.: ...ˈdoːn]
der; -s, -s u. (österr.:) -e ⟨*gr.-lat.-fr.; ,,*Schnur, Seil; Reihe"⟩:
1. Postenkette, polizeiliche od.
militärische Absperrung. 2. Ordensband. 3. Spalierbaum
Kor|do|nett|sei|de *die;* - ⟨*gr.-*

lat.-fr.; dt.⟩: schnurartig gedrehte Handarbeits- u. Knopflochseide
Kor|du|an *das;* -s ⟨nach der span.
Stadt Córdoba): weiches,
saffianähnliches Leder
Ko|re *die;* -, -n ⟨*gr.; ,,*Mädchen"⟩:
bekleidete Mädchenfigur der
[archaischen] griechischen
Kunst
Ko|re|fe|rat vgl. Korreferat
Ko|re|fe|rent usw. vgl. Korreferent
usw.
ko|re|fe|rie|ren vgl. korreferieren
Ko|ri|an|der *der;* -s, - ⟨*gr.-lat.*⟩:
a) Gewürzpflanze des Mittelmeerraums; b) aus den Samenkörnern des Korianders (a) gewonnenes Gewürz
Ko|ri|an|do|li *das;* -[s], - ⟨*gr.-lat.-it.*⟩: (österr.) ↑ Konfetti
Ko|rin|the *die;* -, -n ⟨nach der
griech. Stadt Korinth): kleine,
getrocknete, kernlose Weinbeere
Kor|mo|phyt *der;* -en, -en (meist
Plural) ⟨*gr.-nlat.*⟩: in Wurzel,
Stängel u. Blätter gegliederte
Farn- od. Samenpflanze
(Sprosspflanze)
Kor|mo|ran [österr.: ˈkɔr...] *der;* -s,
-e ⟨*lat.-fr.*⟩: großer, meist
schwarzgrüner Schwimmvogel
Kor|mus *der;* - ⟨*gr.-nlat.*⟩: (Bot.) in
Wurzel, Sprossachse od. Stängel u. Blätter gegliederter
Pflanzenkörper; Ggs. ↑ Thallus
Kor|nak *der;* -s, -s ⟨*singhal.-port.-fr.*⟩: [indischer] Elefantenführer
Kor|nea vgl. Cornea
kor|ne|al ⟨*lat.-nlat.*⟩: die ↑ Cornea
betreffend
Kor|ne|al|kon|takt|scha|le *die;* -,
-n: (regional) Kontaktlinse
Kor|nel|kir|sche *die;* -, -n ⟨*lat.; dt.*⟩:
ein Zier- u. Heckenstrauch mit
gelben Doldenblüten u. essbaren Früchten
Kor|ner vgl. Corner (2)
¹**Kor|nett** *der;* -[e]s, -e u. -s ⟨*lat.-fr.*⟩:
(veraltet) Fähnrich [bei der Reiterei]
²**Kor|nett** *das;* -[e]s, -e u. -s: (Mus.)
1. Orgelregister. 2. ein kleines
Horn mit Ventilen
Kor|net|tist *der;* -en, -en: jmd., der
²Kornett (2) spielt. **Kor|net|tis|tin** *die;* -, -nen: weibliche Form
zu ↑ Kornettist
Ko|roi: *Plural* von ↑ Koros
Ko|rol|la u. Korolle *die;* -, ...llen
⟨*gr.-lat.*⟩: (Bot.) Gesamtheit der

Blütenblätter einer Blüte (Blumenkrone)
Ko|rol|lar *das;* -s, -e u. **Ko|rol|la|ri|um** *das;* -s, ...ien ⟨*,,*Kränzchen;
Zugabe"⟩: (Logik) Satz, der aus
einem bewiesenen Satz folgt,
von ihm abgeleitet wird
Ko|rol|le vgl. Korolla
Ko|ro|man|del|holz *das;* -es ⟨nach
dem vorderindischen Küstenstrich Koromandel): wertvolles
Holz eines vorderindischen
Baumes
Ko|ro|na *die;* -, ...nen ⟨*gr.-lat.;
,,*Kranz, Krone"⟩: 1. (bildende
Kunst) Heiligenschein an einer
Figur. 2. (Astron.) [bei totaler
Sonnenfinsternis sichtbarer]
Strahlenkranz der Sonne.
3. a) (ugs.) [fröhliche] Runde,
[Zuhörer]kreis; b) (ugs. abwertend) Horde
ko|ro|nar: (Med.) zu den Herzkranzgefäßen gehörend, von
ihnen ausgehend
Ko|ro|nar|an|gi|o|gra|phie, auch:
...grafie *die;* -, ...ien: ↑ Angiographie der Herzkranzgefäße
Ko|ro|nar|ge|fäß *das;* -es, -e
(meist Plural) ⟨*gr.-lat.; dt.*⟩:
(Med.) Blutgefäß des Herzens
(Kranzgefäß)
Ko|ro|nar|in|suf|fi|zi|enz *die;* -, -en
⟨*gr.-lat.; lat.*⟩: mangelhafte Sauerstoffversorgung des Herzmuskels
Ko|ro|nar|skle|ro|se *die;* -: (Med.)
Verkalkung der den Herzmuskel versorgenden Koronargefäße
Ko|ro|nis *die;* -, ...nides [...ˈniːdeːs]
⟨*gr.-lat.; ,,*Krümmung"⟩: in altgriechischen Wörtern das Zeichen für ↑ Krasis (') (z. B. griech.
tàmá für *tà emá* „das Meine")
Ko|ro|no|graph, auch: ...graf *das;*
-en, -en ⟨*gr.-lat.; gr.*⟩: Fernrohr
zum Beobachten u. Fotografieren der Korona (2)
Ko|ros *der;* -, Koroi ⟨*gr.*⟩: Statue eines nackten Jünglings in der
[archaischen] griechischen
Kunst
Kor|po|ra: *Plural* von ↑ Korpus
Kor|po|ral *der;* -s, -e (auch : ...äle)
⟨*lat.-it.-fr.*⟩: 1. (veraltet) Führer
einer Korporalschaft; Unteroffizier. 2. (schweiz.) niederster
Unteroffiziersgrad
Kor|po|ral|le *die;* -, ...lien ⟨*lat.-mlat.; ,,*Leibtuch"⟩: quadratisches od. rechteckiges Leinentuch als Unterlage für Hostie u.

Hostienteller in der katholischen Liturgie

Kor|po|ral|schaft die; -, -en ⟨lat.-it.-fr.; dt.⟩: (veraltet) Unterabteilung der Kompanie im inneren Dienst

Kor|po|ra|ti|on die; -, -en ⟨lat.-mlat.-engl.⟩: 1. Körperschaft, Innung, juristische Person. 2. Studentenverbindung

kor|po|ra|tiv: 1. körperschaftlich; geschlossen. 2. eine Studentenverbindung betreffend

Kor|po|ra|ti|vis|mus der; - ⟨nlat.⟩: politisches Bestreben, den Staat durch Schaffung von berufsständischen Korporationen (1) zu erneuern

kor|po|riert ⟨lat.⟩: einer Korporation (2) angehörend

Korps [ko:ɐ̯] das; -, - [ko:ɐ̯s] ⟨lat.-fr.⟩: 1. größerer Truppenverband. 2. studentische Verbindung

Korps|geist der; -[e]s: 1. Gemeinschafts-, Standesbewusstsein. 2. Standeshochmut

Korps|stu|dent der; -en, -en: Student, der einem Korps (2) angehört

kor|pu|lent ⟨lat.⟩: beleibt, wohlgenährt. **Kor|pu|lenz** die; -: Beleibtheit, Wohlgenährtheit

¹Kor|pus der; -, -se ⟨lat.⟩: 1. (ugs., scherzh.) Körper. 2. (bildende Kunst) der Leib Christi am Kreuz. 3. (ohne Plural) das massive, hinsichtlich Holz od. Farbe einheitliche Grundteil ohne die Einsatzteile [bei Möbeln]. 4. (schweiz.) Ladentisch; [Büro]möbel mit Fächern od. Schubladen, dessen Deckfläche als Ablage od. Arbeitstisch dient. 5. (auch: das; ohne Plural; Mus.) Klangkörper eines Musikinstruments, bes. eines Saiteninstruments

²Kor|pus das; -, ...pora: 1. Belegsammlung von Texten od. Schriften [aus dem Mittelalter od. der Antike]. 2. einer wissenschaftlichen [Sprach]analyse zugrunde liegendes Material, repräsentative Sprachprobe

³Kor|pus das; -: (Druckw. veraltet) Schriftgrad von 10 Punkt (ungefähr 3,7 mm Schrifthöhe)

Kor|pus De|lik|ti vgl. Corpus Delicti

Kor|pus Ju|ris vgl. Corpus Iuris

Kor|pus|kel das; -s, -n (fachspr. auch: die; -, -n) ⟨lat.; „Körper-

chen"⟩: (Phys.) kleinstes Teilchen der Materie; Elementarteilchen

kor|pus|ku|lar ⟨lat.-nlat.⟩: (Phys.) die Korpuskeln betreffend

Kor|pus|ku|lar|the|o|rie die; -: (hist.) Theorie, die davon ausgeht, dass das Licht aus ↑ Korpuskeln besteht

Kor|ral der; -s, -e ⟨span.⟩: [Fang]gehege für wilde Tiere

Kor|ra|si|on die; -, -en ⟨lat.-nlat.⟩: Abschleifung von Gesteinen durch windbewegten Sand

kor|re|al ⟨spätlat.⟩: a) (veraltet) mitschuldig; b) (Rechtsw.) zusammen mit einem anderen Schuldner zu einer Leistung verpflichtet

Kor|re|fe|rat [auch: ...ˈraːt] u. (bes. österr.:) Koreferat das; -[e]s, -e ⟨lat.-nlat.⟩: zweiter Bericht; Nebenbericht [zu dem gleichen wissenschaftlichen Thema]

Kor|re|fe|rent [auch: ...ˈrɛnt] u. (bes. österr.:) Koreferent der; -en, -en: a) jmd., der ein Koreferat hält; b) zweiter Gutachter [bei der Beurteilung einer wissenschaftlichen Arbeit]. **Kor|re|fe|ren|tin** [auch: ...ˈren...] u. (bes. österr.:) Koreferentin die; -, -nen: weibliche Form zu ↑ Koreferent

Kor|re|fe|renz [auch: ...ˈrɛnt̮s] die; -, -en: ↑ Referenzidentität

kor|re|fe|rie|ren [auch: ...ˈriː...] u. (bes. österr.:) koreferieren: a) ein Koreferat halten; b) als zweiter Gutachter berichten, mitberichten

Kor|re|gi|dor [...xi...] vgl. Corregidor

kor|rekt ⟨lat.⟩: richtig, fehlerfrei; einwandfrei; Ggs. ↑ inkorrekt. **Kor|rekt|heit** die; -: 1. Richtigkeit; Ggs. ↑ Inkorrektheit (1 a). 2. einwandfreies Benehmen; Ggs. ↑ Inkorrektheit (1 b)

Kor|rek|ti|on die; -, -en: (veraltet) Besserung; Verbesserung; Regelung. **kor|rek|ti|o|nie|ren:** (schweiz.) korrigieren; regulieren

kor|rek|tiv ⟨lat.-nlat.⟩: (veraltet) bessernd; zurechtweisend. **Kor|rek|tiv** das; -s, -e: etwas, was dazu dienen kann, Missstände, Mängel, Gegensätzlichkeiten, Ungleichheiten o. Ä. auszugleichen

Kor|rek|tor der; -s, ...oren ⟨lat.⟩:

1. jmd., der beruflich Schriftsätze auf Fehler hin durchsieht. 2. (hist.) Aufsichtsbeamter der römischen Kaiserzeit. 3. jmd., der eine Prüfungsarbeit korrigiert und benotet. **Kor|rek|to|rin** die; -, -nen: weibliche Form zu ↑ Korrektor (1, 3)

Kor|rek|tur die; -, -en: a) Verbesserung, [Druck]berichtigung; b) schriftliche Berichtigung

kor|re|lat u. korrelativ ⟨lat.-mlat.⟩: sich gegenseitig bedingend. **Kor|re|lat** das; -[e]s, -e: 1. etwas, was etwas anderem als Ergänzung, ergänzende Entsprechung zugeordnet ist. 2. (Sprachw.) Wort, das mit einem anderen in bedeutungsmäßiger od. grammatischer Beziehung steht (z. B. Gatte–Gattin, Rechte–Pflichten; darauf [bestehen], dass...). 3. (Math.) eine bestimmte Art mathematischer Größen, die in der Ausgleichs- u. Fehlerrechnung auftreten

Kor|re|la|ti|on die; -, -en ⟨„Wechselbeziehung"⟩: 1. wechselseitige Beziehung. 2. (Math.) Zusammenhang zwischen statistischen Ergebnissen, die durch Wahrscheinlichkeitsrechnung ermittelt werden. 3. (Med.) Wechselbeziehung zwischen verschiedenen Organen od. Organteilen

Kor|re|la|ti|ons|ko|ef|fi|zi|ent der; -en, -en: (Statistik) Maß für die wechselseitige Beziehung zwischen zwei zufälligen Größen

kor|re|la|tiv vgl. korrelat

Kor|re|la|ti|vis|mus der; - ⟨nlat.⟩: (Philos.) Erkenntnistheorie, nach der Subjekt u. Erkenntnisobjekt in Wechselbeziehung stehen

kor|re|lie|ren: einander bedingen, miteinander in [Wechsel]beziehung stehen

kor|re|pe|tie|ren ⟨lat.-nlat.⟩: (Mus.) mit jmdm. eine Gesangspartie von Klavier aus einüben. **Kor|re|pe|ti|ti|on** die; -, -en: (Mus.) Einübung einer Gesangspartie von Klavier aus

Kor|re|pe|ti|tor der; -s, ...oren: (Mus.) Musiker, der korrepetiert. **Kor|re|pe|ti|to|rin** die; -, -nen: weibliche Form zu ↑ Korrepetitor

kor|re|s|pek|tiv ⟨lat.-nlat.⟩: (Rechtsspr.) gemeinschaftlich.

Kor|re|s| pek|ti|vi|tät *die; -:* (veraltet) Gemeinschaftlichkeit

Kor|re|s| pon|dent *der; -en, -en* ⟨*lat.-mlat.*⟩: 1. Journalist, der [aus dem Ausland] regelmäßig aktuelle Berichte für Presse, Rundfunk od. Fernsehen liefert. 2. a) Angestellter eines Betriebs, der den kaufmännischen Schriftwechsel führt; b) (veraltet) Briefpartner. **Kor|re|s| pon|den|tin** *die; -, -nen:* weibliche Form zu ↑ Korrespondent

Kor|re|s| pon|dent|ree|der *der; -s, -:* Geschäftsführer einer Reederei mit beschränkter Vertretungsmacht

Kor|re|s| pon|denz *die; -, -en:* 1. Briefwechsel, -verkehr. 2. Beitrag eines Korrespondenten (1) einer Zeitung. 3. (veraltet) Übereinstimmung

Kor|re|s| pon|denz|bü|ro *das; -s, -s:* Agentur, die Berichte, Nachrichten, Bilder u. a. für die Presse sammelt

Kor|re|s| pon|denz|kar|te *die; -, -n:* (österr.) Postkarte

Kor|re|s| pon|denz|trai|ning *das; -s:* Schulungskurs für präzises Formulieren

kor|re|s| pon|die|ren ⟨*lat.-mlat.-fr.*⟩: 1. in Briefverkehr stehen. 2. übereinstimmen, entsprechen

Kor|ri|dor *der; -s, -e* ⟨*lat.-it.*⟩: 1. [Wohnungs]flur, Gang. 2. schmaler Gebietsstreifen, der durch das Hoheitsgebiet eines fremden Staates führt

Kor|ri|gend *der; -en, -en* ⟨*lat.*⟩: (veraltet) Sträfling

Kor|ri|gen|da *die* (Plural): Druckfehler, Fehlerverzeichnis

Kor|ri|gens *das; -, ...gentia u. ...genzien* (meist Plural): (Pharm.) geschmackverbessernder Zusatz in Arzneien

kor|ri|gi|bel ⟨*lat.-nlat.*⟩: (veraltet) korrigierbar

kor|ri|gie|ren ⟨*lat.*⟩: etwas berichtigen; verbessern

Kor|ro|bo|ri *der; -[s], -s* ⟨*austr.-engl.*⟩: [Kriegs]tanz der australischen Ureinwohner mit Lied- u. Trommelbegleitung

Kor|ro|den|tia u. **Kor|ro|den|zi|en** *die* (Plural) ⟨*lat.;* „Zernager"⟩: (Biol. veraltet) systematische Bezeichnung für die Termiten, Staubläuse u. Pelzfresser

kor|ro|die|ren: angreifen, zerstören; der Korrosion unterliegen

Kor|ro|si|on *die; -, -en* ⟨*lat.-mlat.*⟩: 1. chemische Veränderung im Material an der Oberfläche fester Körper (z. B. von Gesteinen u. Metallen). 2. (Geol.) Wiederauflösung von früh ausgeschiedenen Mineralien durch die Schmelze. 3. (Med.) durch Entzündung od. Ätzmittel hervorgerufene Zerstörung von Körpergewebe

kor|ro|siv: 1. angreifend, zerstörend. 2. durch ↑ Korrosion hervorrufend

kor|rum|pie|ren ⟨*lat.*⟩: a) bestechen; b) moralisch verderben.

kor|rum|piert: nur schwer od. nicht mehr zu entziffern (von Stellen in alten Texten u. Handschriften); verderbt

kor|rupt: a) bestechlich; b) moralisch verdorben

Kor|rup|tel *die; -, -en:* (von alten Texten u. Handschriften) verderbte Textstelle

Kor|rup|ti|on *die; -, -en:* a) Bestechung, Bestechlichkeit; b) moralischer Verfall

Kor|sa|ge [...ʒə] *die; -, -n* ⟨*lat.-fr.*⟩: auf Figur gearbeitetes, versteiftes Oberteil eines Kleides

Kor|sak *das; -s, -s* ⟨*russ.*⟩: kleiner, kurzohriger Steppenfuchs

Kor|sar *der; -en, -en* ⟨*lat.-mlat.-it.*⟩: (hist.) 1. a) Seeräuber; b) Seeräuberschiff. 2. Zweimannjolle mit Vor- u. Großsegel

Kor|se|lett *das; -s, -s* (auch: -e) ⟨*lat.-fr.*⟩: leichteres Korsett (1)

Kor|sett *das; -s, -s* (auch: -e): 1. mit Stäbchen versehenes u. mit Schnürung od. Gummieinsätzen ausgestattetes Mieder. 2. (Med.) Stützvorrichtung für die Wirbelsäule

Kor|so *der; -s, -s* ⟨*lat.-it.*⟩: 1. Umzug, festliche Demonstrationsfahrt. 2. große, breite Straße für Umzüge. 3. (hist.) Wettrennen von Pferden ohne Reiter

Kor|tege [...'teːʒ] *das; -s, -s* ⟨*lat.-vulgärlat.-it.-fr.*⟩: (veraltet) Gefolge, Ehrengeleit

Kor|tex *der; -[es], -e u. ...tizes* [...titse:s] ⟨*lat.*⟩: (Med.) 1. äußere Zellschicht eines Organs. 2. Hirnrinde

kor|ti|kal ⟨*lat.-nlat.*⟩: 1. (Med.) von der Hirnrinde ausgehend, in der Hirnrinde sitzend; **kortikale Zentren:** wichtige Teile der Hirnrinde, in denen z. B.

Hör- u. Sehzentrum liegen. 2. (Biol.; Med.) die äußere Zellschicht von Organen betreffend

Kor|ti|ko|s| te|ron, fachspr.: Corticosteron *das; -s* ⟨*Kunstw.*⟩: (Med.) Hormon der Nebennierenrinde

kor|ti|ko|trop: auf die Nebennierenrinde einwirkend

Kor|tin *das; -s, -e* (meist Plural) ⟨*Kunstw.*⟩: (Med.) in der Nebennierenrinde gebildetes Hormon

Kor|ti|son, fachspr.: Cortison *das; -s* ⟨*Kunstw.*⟩: (Med.) [Präparat aus dem] Hormon der Nebennierenrinde

Ko|rund *der; -[e]s, -e* ⟨*tamil.-nlat.*⟩: ein sehr hartes Mineral

Kor|vet|te *die; -, -n* ⟨*fr.*⟩: 1. a) leichtes Kriegsschiff; b) (veraltet) Segelkriegsschiff. 2. (Sport) Sprung in den Handstand

Kor|vet|ten|ka|pi|tän *der; -s, -e:* Marineoffizier im Majorsrang

Ko|ry|bant *der; -en, -en* ⟨*gr.-lat.*⟩: (hist.) Priester der phrygischen Muttergöttin Kybele. **ko|ry|ban|tisch:** wild begeistert; ausgelassen tobend

Ko|ry|da|lis *die; -, -* ⟨*gr.-nlat.*⟩: Lerchensporn (Zierstaude)

Ko|ry|o|phyl|lie *die; -:* (Bot.) abnorme Blattbildung

[1]Ko|ry|phäe *die; -, -n* ⟨*gr.-lat.-fr.;* „an der Spitze Stehender"⟩: 1. jmd., der auf seinem Gebiet durch außergewöhnliche Leistungen hervortritt. 2. (Ballett; bes. österr.) erste Solotänzerin

[2]Ko|ry|phäe *der; -n, -n* ⟨*gr.*⟩: Chorführer im antiken Drama

Ko|ry|za *die; -* ⟨*gr.-lat.*⟩: (Med.) Schnupfen, Entzündung der Nasenschleimhaut

Ko|sak *der; -en, -en* ⟨*russ.*⟩: (hist.) Angehöriger der militärisch organisierten Grenzbevölkerung im zaristischen Russland

Ko|sche|nil|le [...'nɪljə] *die; -, -n* ⟨*span.-fr.*⟩: 1. Weibchen der Scharlachschildlaus. 2. (ohne Plural) karminroter Farbstoff

ko|scher ⟨*hebr.-jidd.*⟩: 1. den jüdischen Speisegesetzen gemäß. 2. (ugs.) in Ordnung, einwandfrei

Ko|se|kans *der; -, -* (auch: ...nten) ⟨*lat.-nlat.*⟩: (Math.) Kehrwert des ↑ Sinus (1) im rechtwinkligen Dreieck; Zeichen: cosec

Ko|si|nus *der; -, - u. -se* ⟨*lat.-nlat.*⟩: (Math.) Verhältnis von Ankathete zu Hypotenuse im rechtwinkligen Dreieck; Zeichen: cos

Kos|me|tik die; - 〈gr.-fr.〉: 1. Körper- u. Schönheitspflege. 2. nur oberflächlich vorgenommene Ausbesserung, die nicht den Kern der Sache trifft

Kos|me|ti|ker der; -s, -: Laborant für kosmetische Erzeugnisse.

Kos|me|ti|ke|rin die; -, -nen: weibliche Fachkraft für Kosmetik (1) (Berufsbez.)

Kos|me|ti|kum das; -s, ...ka (meist Plural) 〈gr.-nlat.〉: Mittel zur Körper- u. Schönheitspflege

kos|me|tisch 〈gr.-fr.〉: 1. a) die Kosmetik (1) betreffend; b) mithilfe der Kosmetik (1) [gepflegt]; c) der Verschönerung dienend, sie bewirkend; **kosmetische Chirurgie:** Teilgebiet der Chirurgie, bei dem [als entstellend empfundene] körperliche Mängel od. Verunstaltungen operativ behoben od. vermindert werden. 2. nur oberflächlich [vorgenommen] ohne den eigentlichen Missstand aufzuheben od. ohne etwas zum Grund aus wirklich zu verändern

Kos|me|to|lo|ge der; -n, -n 〈gr.-nlat.〉: Fachmann auf dem Gebiet der Kosmetologie. **Kos|me|to|lo|gie** die; -: Lehre von der Körper- u. Schönheitspflege.

Kos|me|to|lo|gin die; -, -nen: weibliche Form zu ↑ Kosmetologe

kos|misch 〈gr.-lat.〉: 1. das Weltall betreffend, aus ihm stammend. 2. weltumfassend, unermesslich, unendlich

---

kos|mo..., Kos|mo...

〈zu gr. kósmos „Ordnung; Weltordnung, Weltall, Welt" (→ russ. kosmo... „Welt, Weltall")〉 Wortbildungselement mit der Bedeutung „Welt, Weltraum; die Welt, den Weltraum betreffend":
– Kosmobiologie
– Kosmologie
– Kosmonaut
– kosmopolitisch

Kos|mo|bi|o|lo|ge der; -n, -n: Wissenschaftler auf dem Gebiet der Kosmobiologie. **Kos|mo|bi|o|lo|gie** die; -: Wissenschaftsbereich, in dem die Lebensbedingungen im Weltraum sowie die Einflüsse des Weltraums auf ir-

---

dische Lebenserscheinungen untersucht werden. **Kos|mo|bi|o|lo|gin** die; -, -nen: weibliche Form zu ↑ Kosmobiologe. **kos|mo|bi|o|lo|gisch:** die Kosmobiologie betreffend

Kos|mo|che|mie die; -: Wissenschaft, die das Vorkommen u. die Verteilung chemischer Elemente im Weltraum untersucht

Kos|mo|drom das; -s, -e 〈gr.-russ.〉: (bes. in Russland) Startplatz für Weltraumraketen

Kos|mo|go|nie die; -, ...ien 〈gr.〉: 1. [mythische Lehre von der] Entstehung der Welt. 2. wissenschaftliche Theorienbildung über die Entstehung des Weltalls. **kos|mo|go|nisch:** die Kosmogonie betreffend

Kos|mo|gramm das; -s, -e: ↑ Horoskop

Kos|mo|graph, auch: ...graf der; -en, -en 〈gr.-lat.〉: Verfasser einer ↑ Kosmographie. **Kos|mo|gra|phie,** auch: ...grafie die; -, ...ien: 1. (veraltet) Beschreibung der Entstehung u. Entwicklung des Kosmos. 2. (im Mittelalter) ↑ Geographie. **kos|mo|gra|phisch,** auch: ...grafisch: die Kosmographie betreffend

Kos|mo|kra|tor der; -s 〈gr.〉: (in der Kunst) Christus als Weltbeherrscher, auf einer Weltkugel thronend

Kos|mo|lo|gie die; -, ...ien: Lehre von der Entstehung u. Entwicklung des Weltalls. **kos|mo|lo|gisch:** die Kosmologie betreffend

Kos|mo|me|di|zin die; -: Teilgebiet der Medizin, das dem Einfluss der veränderten Lebensbedingungen während eines Raumflugs auf den menschlichen Organismus untersucht wird

Kos|mo|naut der; -en, -en 〈gr.-russ.〉: (bes. in Russland) Weltraumfahrer, Teilnehmer an einem Raumfahrtunternehmen; vgl. Astronaut. **Kos|mo|nau|tik** die; -: ↑ Astronautik. **Kos|mo|nau|tin** die; -, -nen: weibliche Form zu ↑ Kosmonaut. **kos|mo|nau|tisch:** die Kosmonautik betreffend; vgl. astronautisch

Kos|mo|po|lit der; -en, -en 〈gr.〉: 1. Weltbürger. 2. Vertreter des Kosmopolitismus (2). 3. Tierod. Pflanzenart, die über die ganze Erde verbreitet ist. **Kos-**

---

mo|po|li|tin die; -, -nen: weibliche Form zu ↑ Kosmopolit (1, 2). **kos|mo|po|li|tisch:** die Anschauung des Kosmopolitismus (1, 2) vertretend

Kos|mo|po|li|tis|mus der; - 〈gr.-nlat.〉: 1. Weltbürgertum. 2. (kommunistisch abwertend) Weltanschauung, die das Streben der imperialistischen Großmächte nach Weltherrschaft mit dem Vorwand begründet, der Nationalstaat, der Patriotismus usw. sei in der gegenwärtigen Epoche historisch überholt

Kos|mos der; - 〈gr.〉: a) Weltraum, Weltall; b) [die] Welt [als geordnetes Ganzes]

Kos|mo|so|phie die; - 〈gr.-nlat.〉: (Philos.) Weltweisheit

Kos|mo|the|is|mus der; -: (Philos.) philosophische Anschauung, die Gott u. Welt als Einheit begreift

Kos|mo|t|ron [auch: ...'tro:n] das; -s, ...trone (auch: -s): Gerät zur Erzeugung äußerst energiereicher Partikelstrahlungen (Teilchenbeschleuniger)

Ko|so|blü|ten die (Plural) 〈äthiopisch; dt.〉: Blüten des ostafrikanischen Kosobaums (Wurmmittel)

kos|tal 〈lat.-nlat.〉: (Med.) zu den Rippen gehörend, sie betreffend

Kos|tal|at|mung die; -: (Med.) Atmung, bei der sich beim Ein- u. Ausatmen der Brustkorb hebt u. senkt

Kos|to|to|mie die; -, ...ien 〈lat.; gr.〉: (Med.) Rippenresektion; operative Durchtrennung der Rippen

Kos|tüm das; -s, -e 〈lat.-it.-fr.〉: 1. [historische] Kleidung, Tracht. 2. aus Rock u. Jacke bestehende Damenkleidung. 3. a) zur Ausstattung eines Theaterstückes nötige Kleidung; b) Verkleidung für ein Maskenfest

Kos|tü|mi|er [...'mje:] der; -s, -s: Theaterschneider, Garderobenaufseher

kos|tü|mie|ren: [für ein Maskenfest] verkleiden

Ko|tan|gens der; -, - 〈lat.-nlat.〉: (Math.) Kehrwert des ↑ Tangens (im rechtwinkligen Dreieck); Zeichen: cot, cotg, ctg

Ko|tau der; -s, -s 〈chin.〉: demütige Ehrerweisung, Verbeugung

¹**Ko|te** die; -, -n ⟨lat.-fr.⟩: Geländepunkt [einer Karte], dessen Höhenlage genau vermessen ist

²**Ko|te** die; -, -n ⟨finn.⟩: Lappenzelt

³**Ko|te** die; -, -n ⟨niederd.⟩: (landsch.) Hütte

Ko|te|lett das; -s, -s (selten: -e) ⟨lat.-fr.⟩: Rippenstück vom Kalb, Schwein, Lamm od. Hammel

Ko|te|let|ten die (Plural): Haare an beiden Seiten des Gesichts neben den Ohren

Ko|te|rie die; -, ...ien ⟨fr.⟩: (abwertend) Kaste; Klüngel; Sippschaft

Ko|text der; -[e]s, -e ⟨lat.⟩: (Sprachw.) ↑ Kontext (1)

Ko|thurn der; -s, -e ⟨gr.-lat.⟩: 1. Bühnenschuh der Schauspieler mit hoher Sohle (im antiken Trauerspiel); vgl. Soccus. 2. erhabener, pathetischer Stil

ko|tie|ren ⟨lat.-fr.⟩: 1. ein Wertpapier zur Notierung an der Börse zulassen. 2. (veraltet) die Höhe eines Geländepunktes messen; vgl. nivellieren u. ¹Kote. **Ko|tie|rung** die; -, -en: Zulassung eines Wertpapiers zur amtlichen Notierung an der Börse

Ko|til|lon [ˈkɔtɪljõ, auch: ...ˈjõː] der; -s, -s ⟨germ.-fr.⟩: (veraltet) Gesellschaftsspiel in Tanzform

Ko|tin|ga die; -, -s ⟨indian.-span.⟩: farbenprächtiger, in Mittel- u. Südamerika beheimateter Vogel

Ko|to das; -s, -s od. die; -, -s ⟨jap.⟩: 6- od. 13-saitiges zitherähnliches japanisches Musikinstrument

Ko|ton [koˈtõː] der; -s, -s ⟨arab.-fr.⟩: Baumwolle; vgl. Cotton. **ko|to|ni|sie|ren**: Bastfasern durch chemische Behandlung die Beschaffenheit von Baumwolle geben

Ko|to|rin|de die; - ⟨indian.-port.; dt.⟩: Rinde eines bolivianischen Baumes, die früher als Heilmittel verwendet wurde

Kolt|schin|chi|na|huhn das; -[e]s, ...hühner ⟨nach dem früheren Namen für den Süden Vietnams, Kotschinchina⟩: [in England gezüchtetes] großes u. kräftiges Huhn

Ko|ty|le|do|ne die; -, -n ⟨gr.-lat.⟩: (Biol.) 1. Keimblatt der Samenpflanze. 2. Zotte der tierischen Embryohülle

Ko|ty|lo|sau|ri|er der; -s, -, **Ko|ty-**

lo|sau|rus der; -, ...rier ⟨gr.-nlat.⟩: ausgestorbenes Reptil der Trias- u. Permzeit

Ko|va|ri|an|ten|phä|no|men das; -s ⟨lat.; gr.⟩: (Psychol.) Täuschung in der Wahrnehmung von Raum u. Tiefe

Ko|va|ri|anz [auch: ...ˈrjants] die; -, -en: 1. (Phys.) die Unveränderlichkeit der Form bestimmter physikalischer Gleichungen bei bestimmten Rechenvorgängen. 2. (Statistik) Maß für die gegenseitige Abhängigkeit zweier Größen

Ko|x|al|gie die; -, ...ien ⟨lat.; gr.⟩: (Med.) Schmerz im Hüftgelenk od. im Bereich der Hüfte

Ko|x|i|tis die; -, ...itiden ⟨lat.-nlat.⟩: (Med.) Entzündung des Hüftgelenks

Kraal vgl. Kral

kra|cken [ˈkrɛkn] ⟨engl.⟩: in einem chemischen Verfahren Schweröle in Leichtöle (Benzine) umwandeln

Krä|cker der; -s, - (meist Plural): ↑ Cracker (1, 2)

Kra|ke der; -n, -n ⟨norw.⟩: ein Riesentintenfisch

Kra|ke|lee vgl. Craquelé

kra|ke|lie|ren ⟨fr.⟩: die Glasur von Keramiken od. die Oberfläche von Gläsern mit ↑ Craquelés (2) versehen

Kra|ke|lü|re die; -, -n: feiner Riss, der durch Austrocknung der Farben u. des Firnisses auf Gemälden entsteht

Kra|ko|wi|ak der; -s, -s ⟨poln.; „Krakauer (Tanz)"⟩: polnischer Nationaltanz im ²/₄-Takt mit Betonungswechsel von Ferse u. Stiefelspitze

Kra|ku|se der; -n, -n: Angehöriger einer 1812 in Krakau gebildeten Truppe polnischer leichter Reiter

Kral der; -s, -e (auch: -s) ⟨port.-afrikaans⟩: Runddorf afrikanischer Stämme

¹**Kram|pus** der; -, ...pi ⟨dt.-mlat.⟩: (Med.) Muskelkrampf

²**Kram|pus** der; -[ses], -se ⟨Herkunft unsicher⟩: (bes. österr.) Begleiter des ↑ Nikolaus (1)

kra|ni|al ⟨gr.⟩: (Med.) a) zum Kopf gehörend; b) kopfwärts gelegen

Kra|ni|o|klast der; -en, -en: (Med.) zangenartiges Instrument zur Schädelzertrümmerung bei der ↑ Embryotomie

Kra|ni|o|lo|gie die; -: (Med.) Lehre vom Schädelbau. **kra|ni|o|lo|gisch**: (Med.) zur Kraniologie gehörend

Kra|ni|o|me|ter das; -s, -: (Med.) Instrument zur Schädelmessung. **Kra|ni|o|me|t|rie** die; -, ...ien: (Med.) Schädelmessung. **kra|ni|o|me|t|risch**: (Med.) die Kraniometrie betreffend

Kra|ni|o|neu|r|al|gie die; -, ...ien: (Med.) ↑ Neuralgie der Kopfhautnerven

Kra|ni|o|phor der; -s, -e: (Med.) Vorrichtung zum Festhalten des Schädels bei der Schädelmessung

Kra|ni|o|skle|ro|se die; -, -n: (Med.) Verformung des Schädels durch Verdickung der Knochen

Kra|ni|o|s|tat der; -[e]s u. -en, -e u. -en: ↑ Kraniophor

Kra|ni|o|ste|no|se die; -, -n: (Med.) vermindertes Schädelwachstum

Kra|ni|os|to|se die; -, -n: (Med.) Schädeldeformierung infolge einer vorzeitigen Nahtverknöcherung am Schädel

Kra|ni|o|tal|bes die; - ⟨gr.; lat.⟩: (Med.) rachitische Erweichung des Schädelbeins

Kra|ni|o|te der; -n, -n (meist Plural) ⟨gr.-nlat.⟩: Wirbeltier mit Schädel; vgl. Akranier

Kra|ni|o|to|mie die; -, ...ien: (Med.) 1. operative Öffnung des Schädels. 2. das Zerschneiden des Schädels beim toten Embryo im Mutterleib

Kra|ni|um vgl. Cranium

krap|pen ⟨niederl.⟩: Geweben Glanz verleihen; vgl. appretieren

Kra|püle die; -, -n ⟨gr.-lat.-fr.⟩: (veraltet) Gesindel

Kra|se u. **Kra|sis** die; -, Krasen ⟨gr.-lat.; „Mischung"⟩: in der altgriechischen Grammatik die Zusammenziehung zweier aufeinander folgender Wörter, deren erstes auf einen Vokal ausgeht u. deren zweites mit einem Vokal beginnt, in ein einziges Wort; vgl. Koronis

Kras|pe|do|te die; -, -n (meist Plural) ⟨gr.-nlat.⟩: durch Knospung entstandene Quallenform

Kras|su|la|ze|en die (Plural) ⟨lat.-nlat.⟩: Dickblattgewächse (z. B. Fetthenne, Hauswurz)

...krat s. Kasten ...kratie

...kra|tie

die; -, ...ien
(teilweise ohne Plural)
⟨zu *gr.* kratein „herrschen, Macht haben, vorherrschen" → ...kratía bzw. ...krateia „Herrschaft einer Gruppe, herrschende Gruppe"⟩
Wortbildungselement, das eine bestimmte Herrschaftsform oder Verhaltensweise kennzeichnet:
– Aristokratie
– Bürokratie
– Demokratie
– Plutokratie
– Theokratie

...krat

der; -en, -en
⟨zu *gr.* kratein „herrschen, Macht haben, vorherrschend" und ...krates „herrschend"⟩
Wortbildungselement mit der Bedeutung „Anhänger, Vertreter der entsprechenden Herrschaftsform oder Verhaltensweise":
– Aristokrat
– Demokrat
– Technokrat
Die weibliche Form des Wortbildungselementes lautet ...kratin, wie z. B. in Aristokratin und Bürokratin.

---

¹Kra|ter *der; -s, -* ⟨*gr.-lat.*⟩: 1. trichter- od. kesselförmige Öffnung eines Vulkans. 2. trichter- od. kesselförmige Vertiefung im Erd- od. Mondboden

²Kra|ter *der; -s, -e* ⟨*gr.*⟩: altgriechischer Krug, in dem Wein mit Wasser gemischt wurde

...kra|tie s. Kasten

kra|ti|ku|lie|ren ⟨*lat.-nlat.*⟩: eine Figur mithilfe eines darüber gelegten Gitters ausmessen, übertragen, verkleinern, vergrößern

...kra|tin s. Kasten ...kratie

Kra|to|gen u. **Kra|ton** *das; -s* ⟨*gr.-nlat.*⟩: (Geol.) verfestigte Teile der Erdkruste, die auf tektonische Beanspruchung nur noch mit Bruchbildung u. nicht mit Faltung reagieren

Kraul *das; -[s]* ⟨*altnord.-engl.*⟩: Schwimmstil, bei dem die Arme lang gezogene Schaufelbewegungen zu einem rhythmischen Wechselschlag der Beine ausführen

krau|len: im Kraulstil schwimmen

Krau|ler *der; -s, -*: jmd., der im Kraulstil schwimmt. **Krau|le|rin** *die; -, -nen*: weibliche Form zu ↑ Krauler

Kra|wat|te *die; -, -n* ⟨*dt.-fr.*⟩: nach einer Mundartform *Krawat* für „Kroate"⟩: 1. a) Schlips; b) kleiner, schmaler Pelzkragen. 2. (Sport) unerlaubter Würgegriff beim griechisch-römischen Ringkampf

Kra|y|on [krɛ'jõː] *der; -s, -s* ⟨*lat.-fr.*⟩: (veraltet) 1. [Dreh]bleistift. 2. Kreide

Kra|y|on|ma|nier *die; -*: ein Radierverfahren nach Art einer Kreide- od. Rötelzeichnung

kra|y|on|nie|ren [krɛjon...]: (veraltet) mit Kreide od. einem [Kohle]stift [ab]zeichnen

---

Kre|as *das; -* ⟨*bret.-altfr.-span.*⟩: ungebleichte Leinwand

Kre|a|ti|a|nis|mus *der; -* ⟨*lat.-nlat.*⟩: christliche Lehre, die besagt, dass Gott jede einzelne Menschenseele aus dem Nichts erschaffe

Kre|a|tin *das; -s* ⟨*gr.-nlat.*⟩: (Biol.; Med.) Stoffwechselprodukt des Eiweißes im Blut u. in der Muskulatur der Wirbeltiere u. des Menschen

Kre|a|ti|on *die; -, -en* ⟨*lat.(-fr.)*⟩: 1. Modeschöpfung, Modell[kleid]. 2. (veraltet) Schöpfung, Erschaffung. 3. (veraltet) Wahl, Ernennung

Kre|a|ti|o|nis|mus *der; -* ⟨*lat.-engl.*⟩: (bes. in den USA verbreitetes) Festhalten an einer wortwörtlichen Auslegung des biblischen Schöpfungsberichts

kre|a|tiv ⟨*lat.-nlat.*⟩: schöpferisch, Ideen habend u. diese gestalterisch verwirklichend

Kre|a|ti|vi|tät *die; -*: 1. das Schöpferische; Schöpferkraft. 2. (Sprachw.) die ↑ Kompetenz (2), neue, nie zuvor gehörte Sätze zu bilden u. zu verstehen

Kre|a|tor *der; -s, ...oren* ⟨*lat.*⟩: (veraltet) Schöpfer

Kre|a|tur *die; -, -en* ⟨*lat.-mlat.*⟩: 1. [Lebe]wesen, Geschöpf. 2. a) bedauernswerter, verachtenswerter Mensch; b) Günstling, willenloses, gehorsames Werkzeug eines anderen. **kre|a|tür|lich**: dem Geschöpf eigen, für ein Lebewesen typisch

Kre|denz *die; -, -en* ⟨*lat.-mlat.-it.*⟩: (veraltet) Anrichte, Anrichteschrank. **kre|den|zen**: [ein Getränk] feierlich anbieten, darreichen, einschenken, auftischen

¹Kre|dit [auch: ...'dɪt] *der; -[e]s, -e* ⟨*lat.-it.-fr.*⟩: 1. Vertrauen in die Fähigkeit und Bereitschaft einer Person od. eines Unternehmens, bestehende Verbindlichkeiten ordnungsgemäß u. zum richtigen Zeitpunkt zu begleichen. 2. a) die einer Person od. einem Unternehmen kurz- od. langfristig zur Verfügung stehenden fremden Geldmittel od. Sachgüter; b) (ohne Plural) gewährter Zahlungsaufschub; Stundung

²Kre|dit *das; -s, -s* ⟨*lat.*⟩: Kontoseite (Habenseite), auf der das Guthaben verzeichnet ist; Ggs. ↑ Debet

kre|di|tär ⟨*lat.-it.-fr.*⟩: das Kreditwesen, ¹Kredite (2) betreffend

kre|di|tie|ren ⟨*lat.-it.-fr.*⟩: a) ↑ ¹Kredit (2 a) geben; b) gutschreiben

Kre|di|tiv *das; -s, -e*: Vollmacht, Beglaubigungsschreiben

Kre|di|tor [österr.: ...'di:...] *der; -s, ...oren* ⟨*lat.*⟩: Gläubiger

Kre|di|to|ren|kon|to *das; -s, ...ten* (auch:) -s u. ...ti: Konto, auf dem die Verbindlichkeiten in Bezug auf Lieferungen u. Leistungen verbucht werden

Kre|dit|pla|fond [...fõː] *der; -s, -s*: einem öffentlichen Schuldner eingeräumter Kreditbetrag

Kre|do u. **Credo** *das; -s, -s* ⟨*lat.; „ich glaube"*⟩: 1. ↑ Apostolikum (1). 2. Teil der katholischen Messe. 3. Leitsatz, Glaubensbekenntnis

Kre|du|li|tät *die; -*: (veraltet) Leichtgläubigkeit

kre|ie|ren ⟨*lat.(-fr.)*⟩: 1. eine neue Linie, einen neuen [Mode]stil schaffen, gestalten, erfinden. 2. als Eigenes, eigene, persönliche Prägung o. Ä. hervorbringen. 3. (Theat.) eine Rolle als Erste[r] spielen. 4. einen Kardinal ernennen

Krem *die; -, -s*: 1. (ugs. auch: *der*; -s, -e u. -s) ↑ Creme (2 a u. b). 2. (selten) ↑ Creme (1)

Kre|ma|ti|on *die; -, -en* ⟨*lat.*⟩: Einäscherung [von Leichen]

Kre|ma|to|ri|um *das; -s, ...ien* ⟨*lat.-nlat.*⟩: Einäscherungsanstalt, Anlage zur Feuerbestattung

Kre|me *die; -, -s*: ↑ Creme

kre|mie|ren ⟨*lat.*⟩: einäschern, Leichen verbrennen

Kreml [auch: ˈkrɛml]] *der; -[s], -* ⟨*russ.*⟩: 1. Stadtteil in russischen Städten. 2. (ohne Plural) a) Sitz der Regierung in Russland; b) die Regierung Russlands

Kren *der; -[e]s* ⟨*slaw.*⟩: (südd., bes. österr.) Meerrettich

kre|nel|lie|ren ⟨*vulgärlat.-fr.*⟩: (hist.) [eine Burg] mit Zinnen versehen

Kre|no|the|ra|pie *die; -* ⟨*gr.*⟩: ↑ Balneotherapie

Kre|o|don *das; -s, ...onten* ⟨*gr.-nlat.*⟩: ausgestorbenes Urraubtier

¹Kre|o|le *der; -n, -n* ⟨*lat.-port.-span.-fr.*⟩: 1. Nachkomme weißer romanischer Einwanderer in Südamerika (weißer Kreole). 2. Nachkomme von schwarzen Sklaven [in Brasilien] (schwarzer Kreole)

²Kre|o|le vgl. Creole

¹Kre|o|lin *die; -, -nen*: weibliche Form zu ↑ ¹Kreole

²Kre|o|lin ® *das; -s* ⟨*nlat.*⟩: ein aus Teerölen gewonnenes Desinfektionsmittel

Kre|o|pha|ge *der; -n, -n* ⟨*gr.*⟩: ↑ ¹,²Karnivore

Kre|o|sot *das; -[e]s* ⟨*gr.-nlat.*⟩: ein aus Holzteer destilliertes Räucher- u. Arzneimittel

Kre|o|so|tal *das; -s*: Kohlensäureester des Kreosots (Arzneimittel)

Krepe|line [krɛˈpliːn] *die; -, -s* ⟨*lat.-fr.*⟩: leichtes wollenes Kreppgewebe

Kre|pi|do|ma *das; -s* ⟨*gr.*⟩: Stufenunterbau des altgriechischen Tempels

kre|pie|ren ⟨*lat.-it.*⟩: 1. bersten, platzen, zerspringen (von Sprenggeschossen). 2. (ugs.) sterben; verenden

Kre|pis *die; -* ⟨*gr.*⟩: ↑ Krepidoma

Kre|pi|tal|ti|on *die; -, -en* ⟨*lat.; „das Knarren“*⟩: (Med.) 1. Knisterrasseln; besondere Geräusche bei beginnender Lungenentzündung. 2. Knirschen, das durch das Aneinanderreiben von Knochenbruchenden sowie von Sehnen u. Sehnenscheiden bei

entzündlichen Veränderungen entsteht

Krep|lach *der; -[s], -* ⟨*jidd.*⟩: dreieckige, mit Gehacktem od. Käse gefüllte Teigtasche (in der Suppe od. als Beilage)

Kre|pon [kreˈpõː] *der; -s, -s* ⟨*lat.-fr.*⟩: ein Kreppgewebe. **kre|po|nie|ren** vgl. krepponieren

¹Krepp *der; -s, -s* u. -e, auch: Crêpe [krɛp] *der; -*, -s: Gewebe mit welliger od. gekräuselter Oberfläche

²Krepp, auch: Crêpe [krɛp] *die; -, -s* ⟨*fr.*⟩: sehr dünner Eierkuchen

krep|pen: 1. (Textilfasergewebe) durch spezielle Behandlung zu Krepp verarbeiten. 2. (Papier) kräuseln

krep|po|nie|ren: ↑ kreppen (1)

Kre|scen|do [kreˈʃɛndo] vgl. Crescendo

Kre|sol *das; -s, -e* ⟨*Kunstw.*⟩: ein aus Teer destilliertes Desinfektionsmittel

Kres|zenz *die; -, -en* ⟨*lat.; „Wachstum“*⟩: 1. a) Herkunft [edler Weine], Wachstum; b) Rebsorte; c) (früher) Qualitätsbezeichnung für naturreine, ungezuckerte Weine. 2. (veraltet) Ertrag

kre|ta|ze|isch u. **kre|ta|zisch** ⟨*lat.*⟩: (Geol.) zur Kreideformation gehörend, sie betreffend

Kre|te *die; -, -n* ⟨*lat.-fr.*⟩: (schweiz.) [Gelände]kamm, Grat

Kre|thi und Ple|thi ⟨nach den Kretern u. Philistern in der Söldnertruppe des biblischen Königs David⟩: (abwertend) jedermann, alle Welt, z. B. - - - - war/ waren dort versammelt

Kre|ti|kus *der; -, ...izi* ⟨*gr.-lat.*⟩: ein antiker Versfuß (rhythmische Einheit: – ◡ –)

Kre|tin [kreˈtɛ̃ː] *der; -s, -s* ⟨*gr.-lat.-fr.*⟩: 1. (Med.) jmd., der an Kretinismus leidet. 2. (ugs. abwertend) Dummkopf. **Kre|ti|nis|mus** *der; -* ⟨*gr.-lat.-fr.-nlat.*⟩: (Med.) auf Unterfunktion der Schilddrüse beruhendes Zurückbleiben der körperlichen u. geistigen Entwicklung

kre|ti|no|id ⟨*gr.-lat.-fr.; gr.*⟩: (Med.) kretinähnlich, wie ein Kretin

Kre|ti|zi *Plural* von ↑ Kretikus

Kre|ton *der; -s, -e* ⟨*fr.*⟩: (österr.) ↑ Cretonne

Kre|tonne [kreˈtɔn] vgl. Cretonne

Kret|scham u. **Kret|schem** *der; -s,*

-e ⟨*slaw.*⟩: (landsch.) Gastwirtschaft

Kretsch|mer *der; -s, -*: (landsch.) Wirt

Kre|vet|te, auch: Crevette *die; -, -n* ⟨*lat.-fr.*⟩: Garnelenart (vgl. Garnele)

Kri|cket *das; -s, -s* ⟨*engl.*⟩: englisches Schlagballspiel

Kri|da *die; -* ⟨*lat.-mlat.*⟩: (österr.) Konkursvergehen

Kri|dar u. **Kri|da|tar** *der; -s, -e* ⟨*nlat.*⟩: (österr.) Konkursschuldner

Kri|ko|to|mie *die; -, ...ien* ⟨*gr.-nlat.*⟩: (Med.) operative Spaltung des Ringknorpels der Luftröhre bei drohender Erstickung

Krill *der; -[e]s* ⟨*norw.-engl.*⟩: (bes. in den Polarmeeren auftretendes) eiweißreiches tierisches ↑ Plankton (vor allem winzige Krebse u. Schnecken)

Kri|mi [auch: ˈkrɪmi] *der; -s, -s* ⟨Kurzform von *Krimi*nalfilm od. *Krimi*nalroman⟩: (ugs.) 1. Kriminalfilm. 2. Kriminalroman

kri|mi|nal ⟨*lat.*⟩: (veraltet) strafrechtlich; vgl. ...al/...ell. **Kri|mi|nal** *das; -s, -e*: (österr. veraltend) Strafanstalt, Zuchthaus

Kri|mi|na|le *der; -n, -n* u. **Kri|mi|na|ler** *der; -s, -*: (ugs.) Kriminalbeamter

Kri|mi|nal|film *der; -[e]s, -e*: ein Film, der die Aufdeckung u. Aufklärung eines Verbrechens (meist eines Mordes) schildert

Kri|mi|nal|ge|richt *das; -[e]s, -e* ⟨*lat.; dt.*⟩: (veraltet) Strafgericht, Strafkammer

kri|mi|na|li|sie|ren: 1. kriminell werden lassen, machen, in die Kriminalität a) treiben. 2. als kriminell erscheinen lassen, hinstellen. **Kri|mi|na|li|sie|rung** *die; -, -en* ⟨*lat.-nlat.*⟩: a) das Kriminalisieren; b) das Kriminalisiertwerden

Kri|mi|na|list *der; -en, -en*: 1. Professor für Strafrecht an einer Universität; Strafrechtler. 2. Beamter, Sachverständiger der Kriminalpolizei. **Kri|mi|na|lis|tik** *die; -*: (als Teilbereich der Kriminologie) Wissenschaft, Lehre von der Aufklärung u. Verhinderung von Verbrechen. **Kri|mi|na|lis|tin** *die; -, -nen*: weibliche Form zu ↑ Kriminalist. **kri|mi|na|lis|tisch**: die Kriminalistik betreffend, die Mittel der Kriminalistik anwendend

Kri|mi|na|li|tät *die; -:* a) Straffälligkeit; b) Umfang der strafbaren Handlungen, die in einem bestimmten Gebiet innerhalb eines bestimmten Zeitraums [von einer bestimmten Tätergruppe] begangen werden

Kri|mi|nal|pä|d|a|go|gik *die; -:* ↑ Pädagogik, die im Strafvollzug die ↑ Resozialisierung in den Vordergrund stellt; forensische Pädagogik

Kri|mi|nal|po|li|zei *die; -, -en* (Plural selten): die mit der Verhütung, Aufklärung u. Bekämpfung von Verbrechen od. Vergehen beauftragte Polizei; Kurzw.: Kripo

Kri|mi|nal|pro|zess *der; -es, -e:* (veraltet) Strafprozess

Kri|mi|nal|psy|cho|lo|gie *die; -:* forensische Psychologie

Kri|mi|nal|ro|man *der; -[e]s, -e:* Roman, bei dem ein Verbrechen u. seine Aufklärung im Mittelpunkt stehen

Kri|mi|nal|so|zi|o|lo|gie *die; -:* Zweig der Kriminologie, der die Umweltbedingtheit von Tat u. Täter erforscht

kri|mi|nell ⟨*lat.-fr.*⟩: 1. a) straffällig; b) strafbar, verbrecherisch. 2. (ugs.) sich an der Grenze des Erlaubten bewegend; rücksichtslos, unverantwortlich, schlimm; vgl. ...al/...ell. **Kri|mi|nel|le** *der u. die; -n, -n* (abwertend) jmd., der ein Verbrechen begangen hat

kri|mi|no|gen ⟨*lat.; gr.*⟩: zu Verbrechen führend, sie hervorrufend

Kri|mi|no|lo|ge *der; -n, -n:* Wissenschaftler, Fachmann auf dem Gebiet der Kriminologie. **Kri|mi|no|lo|gie** *die; -:* Wissenschaft, die die Ursachen u. Erscheinungsformen von Verbrechen untersucht u. sich mit der Verhinderung, Aufklärung u. Bekämpfung von Verbrechen befasst. **Kri|mi|no|lo|gin** *die; -, -nen:* weibliche Form zu ↑ Kriminologe. **kri|mi|no|lo|gisch:** a) die Kriminologie u. ihre Methoden betreffend; b) mit den Methoden, Mitteln der Kriminologie arbeitend

Krim|mer *der; -s, -* ⟨nach der Halbinsel Krim⟩: 1. Fell eines ↑ Karakulschafs. 2. das Fell des

↑ Karakulschafs nachahmendes Wollgewebe

Krim|sekt *der; -[e]s:* aus Weinen der Halbinsel Krim hergestellter Schaumwein

Krim|ste|cher *der; -s, -* ⟨nach dessen Aufkommen im Krimkrieg⟩: (veraltet) Feldstecher

Kri|no|i|de *der; -n, -n* (meist Plural) ⟨*gr.-nlat.*⟩: (Zool.) Haarstern

Kri|no|li|ne *die; -, -n* ⟨*lat.-it.-fr.*⟩: um die Mitte des 19. Jh.s getragener Reifrock

Kri|po *die; -, -s* (Plural selten): Kurzw. für: Kriminalpolizei

Kris *der; -es, -e* ⟨*malai.*⟩: Dolch der Malaien

Kri|se u. **Krisis** *die; -, ...sen* ⟨*gr.-lat.(-fr.)*⟩: 1. Entscheidungssituation, Wende-, Höhepunkt einer gefährlichen Entwicklung. 2. gefährliche Situation. 3. (Med.) a) schneller Fieberabfall als Wendepunkt einer Infektionskrankheit; b) (meist Plural) plötzlich auftretende heftige Schmerzanfälle im Bereich verschiedener Körperorgane od. -regionen

kri|seln: nur unpersönlich: **es kriselt:** es gibt Anzeichen für eine bevorstehende Krise

Kri|sis vgl. Krise

¹Kris|tall *der; -s, -e* ⟨*gr.-lat.-mlat.*⟩: fester, regelmäßig geformter, von ebenen Flächen begrenzter Körper

²Kris|tall *das; -s:* a) geschliffenes Glas; b) Gegenstände aus geschliffenem Glas

kris|tal|len ⟨*gr.-lat.-mlat.*⟩: 1. aus, von Kristallglas. 2. kristallklar, wie Kristall

kris|tal|lin u. **kris|tal|li|nisch** ⟨*gr.-lat.*⟩: aus vielen kleinen, unvollkommen ausgebildeten ¹Kristallen bestehend (z. B. Granit); **kristalline** u. **kristallinische Schiefer:** (Geol.) durch ↑ Metamorphose (4) veränderte Erguss- u. Absatzgesteine; vgl. ...isch/-

Kris|tal|li|sa|ti|on *die; -, -en* ⟨*gr.-lat.-fr.*⟩: (Chem.) der Prozess, Zeitpunkt des Kristallisierens eines Stoffes

kris|tal|lisch: ↑ kristallin

kris|tal|li|sie|ren: ¹Kristalle bilden

Kris|tal|lit [auch: ...'lɪt] *der; -s, -e* ⟨*gr.-lat.-nlat.*⟩: mikroskopisch kleiner ¹Kristall ohne deutlich ausgeprägte Oberflächenformen

Kris| tal|lo|blas| te|se *die; - ⟨gr.-nlat.⟩:* (Geol.) Entstehung des typischen Gefüges der kristallinen Schiefer (Geol.) durch Um- od. Neukristallisation der Minerale gebildet (von Gesteinsgefügen)

Kris| tal|lo|gra|phie, auch: ...grafie *die; -:* Wissenschaft von den chemischen u. physikalischen Eigenschaften der Kristalle.

kris| tal|lo|gra|phisch, auch: ...grafisch: die Kristallographie betreffend

Kris| tal|lo|id *das; -[e]s, -e:* ein kristallähnlicher Körper od. ein Stoff mit kristallähnlicher Struktur

Kris| tal|lo|man|tie *die; -:* das Hervorrufen subjektiv wahrnehmbarer Bilder auf transparenten Flächen durch längeres Fixieren von Kristallen, glänzenden Gegenständen, Spiegelflächen zum Zweck des Hellsehens

Kris| ti| a|nia *der; -s, -s* ⟨ehemaliger Name der norweg. Hauptstadt Oslo⟩: (veraltet) Querschwung beim Skilauf

Kris| to|bal|lit vgl. Cristobalit

Kri|te|ri|um *das; -s, ...ien* ⟨*gr.-nlat.*⟩: 1. Prüfstein, unterscheidendes Merkmal, Kennzeichen. 2. (Sport) a) Wettbewerb, bei dem keine Meisterschaft ausgetragen, sondern nur ein Sieger ermittelt wird; b) Straßenradrennen auf einem Rundkurs, bei dem der Sieger durch die Ergebnisse einzelner Wertungen nach Punkten ermittelt wird

Kri|tik [auch: ...'tɪk] *die; -, -en* ⟨*gr.-lat.-fr.*⟩: 1. [wissenschaftliche, künstlerische] Beurteilung, Begutachtung, Bewertung. 2. Beanstandung, Tadel. 3. a) kritische (1 a) Beurteilung, Besprechung einer künstlerischen Leistung, eines wissenschaftlichen, literarischen, künstlerischen Werkes (in einer Zeitung, im Rundfunk o. Ä.); b) (ohne Plural) Gesamtheit der kritischen Betrachter

kri|ti|ka|bel: der Kritik (1, 2) unterworfen, zu unterwerfen

Kri|ti|ka|li|tät *die; -, -en:* (Kernphys.) das Kritischwerden eines ↑ Reaktors, bei dem eine eingetretene Kettenreaktion nicht abreißt

Kri|ti|kas| ter *der; -s, -* ⟨*gr.-lat.-*

K

nlat.): (abwertend) Nörgler, kleinlicher Kritiker

Kri|ti|ker *der; -s, -* ⟨*gr.-lat.*⟩: 1. Beurteiler. 2. jmd., der beruflich Besprechungen von neu herausgebrachten Büchern, Theaterstücken o. Ä. verfasst. 3. jmd., der eine Person tadelt od. etwas beanstandet. **Kri|ti|ke|rin** *die; -, -nen*: weibliche Form zu ↑ Kritiker

Kri|ti|kus *der; -, -se*: (abwertend) Kritiker

kri|tisch ⟨*gr.-lat.(-fr.)*⟩: 1. a) nach präzisen [wissenschaftlichen od. künstlerischen] Maßstäben prüfend u. beurteilend, genau abwägend; b) eine negative Beurteilung enthaltend, missbilligend. 2. schwierig, bedenklich, gefährlich. 3. entscheidend. 4. wissenschaftlich erläuternd; **kritische Ausgabe:** wissenschaftliche Ausgabe eines Originaltextes mit Angabe der Textvarianten u. der Textgeschichte; **kritischer Apparat:** Gesamtheit der einer Textausgabe beigegebenen textkritischen Anmerkungen (zu verschiedenen Lesarten, zur Textgeschichte usw.). 5. (Kernphys.) nicht abreißend (von einer Kettenreaktion im ↑ Reaktor)

kri|ti|sie|ren ⟨*gr.-lat.-fr.*⟩: 1. beanstanden, bemängeln, tadeln. 2. als Kritiker beurteilen

Kri|ti|zis|mus *der; -* ⟨*gr.-lat.-nlat.*⟩: 1. (Philos.) von Kant eingeführtes wissenschaftlich-philosophisches Verfahren, vor der Aufstellung eines philosophischen od. ideologischen Systems die Möglichkeit, Gültigkeit u. Gesetzmäßigkeit sowie die Grenzen des menschlichen Erkenntnisvermögens zu kennzeichnen. 2. starker Hang zu kritisieren

Kri|ti|zist *der; -en, -en*: Vertreter des Kritizismus (1). **Kri|ti|zis|tin** *die; -, -nen*: weibliche Form zu ↑ Kritizist

Kro|cket [auch: krɔˈkɛt] *das; -s, -s* ⟨*engl.*⟩: englisches Rasenspiel. **kro|cket|tie|ren** u. **kro|ckie|ren:** Holzkugeln (im Krocketspiel) wegschlagen

Kroe|poek [ˈkruːpuːk] *der; -[s]* ⟨*indones.*⟩: indonesische Fladenspezialität aus gemahlenen Garnelen u. ↑ Tapioka (kleine, in Fett gebackene Plättchen als Beilage zur indonesischen Reistafel u. zu anderen Gerichten)

Kro|kant *der; -s* ⟨*fr.*⟩: a) aus zerkleinerten Mandeln od. Nüssen u. karamellisiertem Zucker hergestellte knusprige Masse; b) Konfekt, Pralinen aus Krokant (a)

Kro|ket|te *die; -, -n* (meist Plural): in Fett ausgebackenes Klößchen od. Röllchen aus Kartoffelbrei od. zerkleinertem Fleisch u. a.

Kro|ki *das; -s, -s* ⟨*fr.*⟩: Plan, einfache Geländezeichnung. **kro|kie|ren:** ein Kroki zeichnen

Kro|ko *das; -[s], -s*: kurz für: Krokodilleder

Kro|ko|dil *das; -s, -e* ⟨*gr.-lat.*⟩: im Wasser lebendes Kriechtier (zahlreiche, bis 10 m lange Arten)

Kro|kus *der; -, - u. -se* ⟨*gr.-lat.*⟩: früh blühende Gartenpflanze (Schwertliliengewächs)

Krom|lech […lɛk, auch: ˈkroːm…, auch: …lɛç] *der; -s, -e u. -s* ⟨*kelt.*⟩: jungsteinzeitliche kreisförmige Steinsetzung; Kultstätte

Kro|mo *das; -[s]* ⟨*jav.*⟩: Sprache der Oberschicht auf der Sundainsel Java; Ggs. ↑ Ngoko

Kro|ne *die; -, -n* ⟨*gr.-lat.*⟩: Währungseinheit in verschiedenen europäischen Ländern

Kro|ni|de *der; -n, -n* ⟨*gr.; nach Kronos, dem Vater des Zeus*⟩: 1. Nachkomme (Sohn) des Kronos. 2. (ohne Plural) Beiname des obersten griechischen Gottes Zeus

Krö|sus *der; - u. -ses, -se* ⟨*gr.-lat.; nach dem letzten König von Lydien im 6. Jh. v. Chr.*⟩: sehr reicher Mann

Kro|ta|lin *der; -s* ⟨*lat.-nlat.*⟩: Gift bestimmter Klapperschlangen, das in der Medizin Anwendung findet

Kro|ton *der; -s, -s* ⟨*gr.*⟩: ostasiatisches Wolfsmilchgewächs

Kro|ton|öl *das; -[e]s* ⟨*gr.; dt.*⟩: aus den Samen des ↑ Krotons gewonnenes Abführmittel

Kro|ze|in *das; -s* ⟨*gr.-lat.-nlat.*⟩: aus dem Krozin gewonnener ziegelroter Farbstoff

Kro|zin *das; -s*: gelber Safranfarbstoff

krud u. **kru|de** ⟨*lat.*⟩: 1. a) roh (von Nahrungsmitteln); b) unverdaulich. 2. roh, grausam

Kru|de|li|tät *die; -*: Grausamkeit

Kru|di|tät *die; -, -en*: a) (ohne Plural) das Grob-, Derb-, Plumpsein; Rohheit; b) grober, derber Ausdruck; rohe, rücksichtslose Handlung; Grobheit

Krupp *der; -s* ⟨*engl.-fr.*⟩: (Med.) akute Entzündung der Kehlkopfschleimhaut bei Diphtherie

Krup|pa|de *die; -, -n* ⟨*germ.-it.-fr.*⟩: eine Reitfigur der hohen Schule

krup|pös ⟨*engl.-fr.*⟩: (Med.) kruppartig (von Husten); vgl. Krupp

kru|ral ⟨*lat.*⟩: (Med.) zum [Unter]schenkel gehörend, ihn betreffend; Schenkel...

Krus|ka ® *die; -* ⟨*schwed.*⟩: aus verschiedenen Getreidesorten bestehende Grütze (Diätmittel)

Krus|ta|de *die; -, -n* (meist Plural) ⟨*lat.-it.-fr.*⟩: eine Pastete

Krus|ta|zee *die; -, ...een* (meist Plural) ⟨*lat.-nlat.*⟩: Krebstier (Krustentier)

Krux *die; -* ⟨*lat.*⟩: a) (ohne Plural) Last, Kummer, Leid; b) Schwierigkeit

Kru|zi|a|ner *der; -s, -* ⟨*lat.-nlat.*⟩: a) Schüler der Kreuzschule in Dresden; b) Mitglied des Dresdener Kreuzchors

Kru|zi|fe|re *die; -, -n* (meist Plural): (Bot.) Kreuzblütler

Kru|zi|fix [auch: ...ˈfɪks] *das; -es, -e* ⟨*lat.-mlat.*⟩: plastische Darstellung des gekreuzigten Christus am Kreuz

Kru|zi|fi|xus *der; -*: die Figur des Gekreuzigten in der bildenden Kunst

Kry|al *das; -s* ⟨*gr.-nlat.*⟩: (Biol.) Lebensraum von Biozönosen im Bereich von Gletschern u. Gletscherabflüssen

Kry|läs|the|sie *die; -*: (Med.) Überempfindlichkeit gegen Kälte

kry|o..., **Kry|o...**

⟨zu gr. krýos „Eiskälte, Frost, Schauder"⟩

Wortbildungselement mit der Bedeutung „Kälte, Frost":

– Kryochemie
– kryophil
– Kryotechnik
– Kryotherapie

Kry|o|bi|o|lo|gie *die; -*: Teilgebiet der Biologie, das sich mit der Einwirkung sehr tiefer Temperaturen auf Organismen o. Ä. befasst

Kry|o|chi|r|ur|gie die; -: (Med.) Anwendung der Kältetechnik in der Chirurgie; Kältechirurgie

Kry|o|flo|ra die; -: Algenflora, die sich auf längere Zeit unveränderten Altschneedecken im Hochgebirge oder auf Eis in Polarregionen entwickeln kann

Kry|o|ge|nik die; - ⟨gr.-engl.⟩: (Phys.) Forschungszweig, der sich mit den physikalischen Erscheinungen im Bereich tiefer Temperaturen befasst

Kry|o|gen|tank der; -s, -s, seltener auch: -e: wärmeisolierter Behälter zum Transport verflüssigter, auf sehr niedrige Temperaturen gekühlter Gase

Kry|o|ko|nit [auch: …'nɪt] der; -s, -e: auf Gletschern durch Wind abgelagerter dunkelfarbiger Staub, der infolge seiner größeren Wärmeabsorption das Gletschereis schmelzen lässt

Kry|o|lith [auch: …'lɪt] der; -s u. -en, -e[n]: ein Mineral

Kry|o|ma|g|net der; -en u. -[e]s, -e, (seltener:) -en: (Phys.) mit flüssigem Wasserstoff gekühlter ↑ Elektromagnet

Kry|o|me|ter das; -s, -: (Phys.) Thermometer für tiefe Temperaturen

Kry|on das; -s: (Biol.) Biozönose im Bereich von Gletschern u. Gletscherabflüssen

kry|o|phil ⟨gr.⟩: (Biol.) Kälte liebend

Kry|o|skal|pell das; -s, -e: (Med.) in der Kryochirurgie verwendetes ↑ Skalpell

Kry|o|s|kop das; -s, -e: Messgerät zur Bestimmung der Molekülmasse. **Kry|o|s|ko|pie** die; -: Bestimmung der ↑ Molekülmasse durch Messung der Gefrierpunkterniedrigung

Kry|o|s|tat der; -[e]s u. -en, -en u. -e[n]: ↑ Thermostat für tiefe Temperaturen

Kry|o|tech|nik die; -: Tieftemperaturtechnik

Kry|o|the|ra|pie die; -: (Med.) Anwendung von Kälte zur Zerstörung von krankem Gewebe durch Erfrieren

Kry|o|t|ron das; -s, …one, (auch:) -s: (EDV) Schaltelement [in ↑ Computern]

Kry|o|tur|ba|ti|on die; -, -en ⟨gr.-lat.⟩: (Geol.) Bodenbewegung, die im Bereich des Frostbodens bei wechselndem Frost in der

oberen Bodenschicht vor sich geht

Kry|o|zön das; -s: (Biol.) ↑ Kryon

krypt…, Krypt… vgl. krypto…, Krypto…

Kryp|ta die; -, …ten ⟨gr.-lat.⟩: unterirdische Grabanlage unter dem Chor alter romanischer od. gotischer Kirchen.

Kryp|t|äs|the|sie die; - ⟨gr.-nlat.; „Wahrnehmung von Verborgenem"⟩: hochgradig verfeinerte Wahrnehmung; außersinnliche Wahrnehmung; vgl. Kryptoskopie

Kryp|te die; -, -n (meist Plural): (Med.) Einbuchtung in Form einer Schleimhautsenkung (z. B. bei den Gaumenmandeln od. in der Dickdarmschleimhaut)

kryp|tisch: unklar in seiner Ausdrucksweise oder Darstellung u. deshalb schwer zu deuten, dem Verständnis Schwierigkeiten bereitend

kryp|to…, Krypto…

vor Vokalen meist krypt…, Krypt…

⟨zu gr. kryptós „verborgen, heimlich, geheim"⟩

Wortbildungselement mit der Bedeutung „geheim, verborgen":
– Kryptästhesie
– Kryptogramm
– kryptomer
– Kryptonym
– Kryptovulkanismus

Kryp|to|chip […'tʃɪp] der; -s, -s: Chip (3), der besonders sicher gegen unberechtigte Entschlüsselung ist

Kryp|to|ga|me die; -, -n (meist Plural) ⟨gr.-nlat.⟩: blütenlose Pflanze, Sporenpflanze (z. B. Farn, Alge); Ggs. ↑ Phanerogame

kryp|to|gen u. **kryp|to|ge|ne|tisch:** (Med.) von unbekanntem Ursprung (bei Krankheiten)

Kryp|to|gramm das; -s, -e: 1. ein Text, aus dessen Worten sich durch einige besonders gekennzeichnete Buchstaben eine neue Angabe entnehmen lässt (z. B. eine Jahreszahl, eine Nachricht). 2. (veraltet) Geheimtext

Kryp|to|graph, auch: …graf der; -en, -en: (veraltet) Gerät zur

Herstellung von Geheimschriften (für die telegrafischen Verkehr)

Kryp|to|gra|phie, auch: …grafie die; -, …ien: 1. (Psychol.) absichtslos entstandene Kritzelzeichnung bei Erwachsenen. 2. (veraltet) Geheimschrift. 3. (Informatik) Verschlüsselung u. Entschlüsselung von Informationen

Kryp|to|kal|vi|nist der; -en, -en: (hist.) Anhänger der Theologie Melanchthons im 16. Jh., die in der Abendmahlslehre den ↑ Kalvinisten zuneigte. **Kryp|to|kal|vi|nis|tin** die; -, -nen: weibliche Form zu ↑ Kryptokalvinist

kryp|to|kris|tal|lin u. **kryp|to|kris|tal|li|nisch:** (Geol.) erst bei mikroskopischer Untersuchung als kristallinisch erkennbar

Kryp|to|lo|gie die; -: wissenschaftliche Disziplin, deren Gegenstand die Kryptographie ist. **kryp|to|lo|gisch:** die Kryptologie betreffend

kryp|to|mer: (Geol.) ohne Vergrößerung nicht erkennbar (von den Bestandteilen eines Gesteins); Ggs. ↑ phaneromer

¹Kryp|to|me|rie die; -, …ien ⟨gr.-nlat.⟩: (Biol.) das Verborgenbleiben einer Erbanlage

²Kryp|to|me|rie […ja] die; -, -n: (Bot.) japanische Zeder

Kryp|ton [auch: …'tɔ:n] das; -s ⟨gr.-engl.⟩: chem. Element; ein Edelgas; Zeichen: Kr

Kryp|ton|lam|pe die; -, -n: mit Krypton gefüllte Glühlampe mit starker Leuchtkraft

Kryp|to|nym das; -s, -e: Verfassername, dessen Buchstaben in Wörtern bzw. Sätzen verborgen sind od. der nur aus den Anfangsbuchstaben bzw. -silben besteht

kryp|t|orch: an Kryptorchismus leidend. **Kryp|t|or|chis|mus** der; -, …men: (Med.) das Verbleiben eines od. beider Hoden in der Bauchhöhle od. im Leistenkanal, das Ausbleiben der normalen Verlagerung der Hoden in den Hodensack

Kryp|to|s|kop das; -s, -e: (Med.) tragbarer Röntgenapparat für eine Behandlung außerhalb des Röntgenraums (z. B. im Krankenzimmer)

Kryp|to|s|ko|pie die; -: Wahrnehmung in der Nähe befindlicher

verborgener Gegenstände; Ggs.
↑ Teleskopie (2); vgl. Kryptästhesie

Kryp|to|sper|mie die; -, ...ien:
(Med.) das Vorhandensein ei-
ner extrem weit unter der
Norm liegenden Anzahl von
Spermien im Ejakulat

Kryp|to|vul|ka|nis|mus der; -:
(Geol.) vulkanische Erscheinungen unterhalb der Erdoberfläche

Kryp|to|xan|thin das; -s: in ver-
schiedenen pflanzlichen u. tierischen Substanzen vorkommender gelbroter Farbstoff, der
eine Vorstufe des Vitamins A
darstellt

Kryp|to|zo|ikum das; -s: (Geol.)
Präkambrium

Ksa|bi: Plural von ↑ Kasba[h]

Ksar das; -s, Ksur ⟨berberisch⟩:
rechteckig angelegte, mit einer
Mauer umgebene Berbersied-
lung

Kscha|t|ri|ja der; -s, -s ⟨sanskr.⟩:
(hist.) Angehöriger der adligen
Kriegerkaste in Indien

KS-Gram|ma|tik [ka'ɛs...] die; -:
Kurzform von ↑ Konstituenten-
strukturgrammatik

Ksur: Plural von ↑ Ksar

Kte|ni|di|um das; -s, ...ien ⟨gr.-
nlat.⟩: (Zool.) Atmungsorgan
vieler Weichtiere; Kammkieme

Kte|no|id|schup|pe die; -, -n ⟨gr.-
nlat.; dt.⟩: (Zool.) Kamm-
schuppe vieler Fische

Kte|no|pho|re die; -, -n (meist Plu-
ral) ⟨gr.-nlat.⟩: (Zool.) Rippen-
qualle (Gruppe der Hohltiere)

Ku|ba|tur die; -, -en ⟨gr.-lat.-nlat.⟩:
(Math.) 1. Erhebung zur dritten
↑ Potenz (4). 2. Berechnung des
Rauminhalts von [Rotati-
ons]körpern

Kub|ba die; -, -s od. ...bben
⟨arab.⟩: 1. Kuppel. 2. überwölb-
ter Grabbau in der islamischen
Baukunst

Ku|be|be die; -, -n ⟨arab.-mlat.-fr.⟩:
getrocknete Frucht eines indo-
nesischen Pfeffergewächses

Ku|ben: Plural von ↑ Kubus

ku|bie|ren ⟨gr.-lat.-nlat.⟩:
1. (Forstw.) den Rauminhalt eines Baumstammes aus Länge
u. Durchmesser ermitteln.
2. (Math.) eine Zahl in die
dritte Potenz erheben

Ku|bik|de|zi|me|ter der, auch: das;
-s, -: (Math.) dem Rauminhalt
eines Würfels mit einer Kan-

tenlänge von 1 Dezimeter entsprechendes Raummaß; Zei-
chen: dm³

Ku|bi|kel das; -s, - ⟨lat.⟩: (veraltet)
[Schlaf]zimmer

Ku|bik|ki|lo|me|ter der; -s, -:
(Math.) dem Rauminhalt eines
Würfels mit einer Kantenlänge
von 1 Kilometer entsprechendes Raummaß; Zeichen: km³

Ku|bik|maß das; -es, -e: (Math.)
Raummaß

Ku|bik|me|ter der, auch: das; -s, -:
(Math.) dem Rauminhalt eines
Würfels mit einer Kantenlänge
von 1 Meter entsprechendes
Raummaß; Zeichen: m³

Ku|bik|mil|li|me|ter der, auch: das;
-s, -: (Math.) dem Rauminhalt
eines Würfels mit einer Kantenlänge von 1 Millimeter entsprechendes Raummaß; Zei-
chen: mm³

Ku|bik|wur|zel die; -, -n: (Math.)
dritte Wurzel

Ku|bik|zahl die; -, -en: (Math.) als
dritte Potenz einer natürlichen
Zahl darstellbare Zahl

Ku|bik|zen|ti|me|ter der, auch: das;
-s, -: (Math.) dem Rauminhalt
eines Würfels mit einer Kantenlänge von 1 Zentimeter entsprechendes Raummaß; Zei-
chen: cm³

ku|bisch: a) würfelförmig;
b) (Math.) in die dritte Potenz
erhoben

Ku|bis|mus der; - ⟨ gr.-lat.-nlat.⟩:
(Kunstwiss.) Kunstrichtung in
der Malerei u. Plastik Anfang
des 20. Jh.s, bei der die Land-
schaften u. Figuren in geometrische Formen (wie Zylinder,
Kugel, Kegel) aufgelöst sind.

Ku|bist der; -en, -en: Vertreter
des Kubismus. **Ku|bis|tin** die; -,
-nen: weibliche Form zu ↑ Ku-
bist. **ku|bis|tisch:** a) im Stil des
Kubismus [gemalt]; b) den Kubismus betreffend

ku|bi|tal ⟨lat.⟩: a) zum Ellbogen
gehörend; b) (Med.) den Ellbo-
gen betreffend

Ku|bus der; -, ...ben ⟨gr.-lat.⟩:
a) Würfel; b) (Math.) dritte Potenz

Ku|cker|sit [auch: ...'zɪt] der; -s
⟨nlat.; nach dem Fundort Ku-
ckers in Estland⟩: stark bitumi-
nöser Schiefer im ↑ Silur von
Estland

Ku|du der; -s, -s ⟨afrik.⟩: eine afri-
kanische ↑ Antilope

Kuff die; -, -e ⟨niederd.⟩: früher
verbreitetes ostfriesisches Küs-
tenfahrzeug mit geringem Tief-
gang

Ku|fi|ja die; -, -s ⟨arab.⟩: quadrati-
sches Kopftuch der Araber aus
weißer, rot od. schwarz gemus-
terter Baumwolle; Palästinen-
sertuch

Ku|gu|lar der; -s, -e ⟨indian.-
port.-fr.⟩: ↑ Puma

Ku|ja|wi|ak der; -s, -s ⟨poln.; nach
dem poln. Landstrich Kuja-
wien⟩: polnischer Tanz in lang-
samem ³/₄-Takt

Ku|jon der; -s, -e ⟨lat.-vulgärlat.-
it.-fr.⟩: (veraltend abwertend)
Schuft, Quäler. **ku|jo|nie|ren**
(ugs. abwertend) [bei der Ar-
beit] unwürdig behandeln,
schikanieren, böswillig peini-
gen

Ku-Klux-Klan [selten auch: 'kju:-
klʌks'klæn] der; -s ⟨engl.⟩:
(1865 gegründeter) terroristi-
scher Geheimbund in den USA

Kuk|sa die; -, -s ⟨finn.⟩: Tasse aus
[Wurzel]holz

Ku|kul|le die; -, -n ⟨lat.-mlat.⟩:
a) kapuzenartige Kopfbede-
ckung bei Mönchen der orthodoxen Kirche; b) weites Obergewand der Benediktiner u. anderer katholischer Orden beim
Chorgebet

Ku|ku|mer die; -, -n ⟨lat.⟩:
(landsch.) Gurke

Ku|ku|ruz [auch: 'ku:...] der; -[es]
⟨slaw.⟩: (landsch., bes. österr.)
Mais

Kul|lak der; -en, -en ⟨russ.⟩: (hist.)
Großbauer im zaristischen
Russland

Ku|lan der; -s, -e ⟨kirg.⟩: asiati-
scher Wildesel

Ku|la|ni vgl. Kolani

ku|lant ⟨lat.-fr.⟩: gefällig, entge-
genkommend, großzügig (im
Geschäftsverkehr). **Ku|lanz** die;
-: Entgegenkommen, Großzü-
gigkeit (im Geschäftsverkehr)

Kü|las|se die; -, -n ⟨lat.-it.-fr.⟩: Un-
terseite von Brillanten

Kul|do|s| kop das; -s, -e ⟨fr.; gr.⟩:
↑ Douglasskop. **Kul|do|s| ko|pie**
die; -, ...ien: ↑ Douglasskopie

Ku|li der; -s, -s ⟨Hindi-angloind.⟩:
a) Tagelöhner in [Süd]ostasien;
b) (rücksichtslos) ausgenutzter,
ausgebeuteter Arbeiter

Ku|lier|wa|re die; -, -n ⟨lat.-fr.; dt.⟩:
Maschenware mit waagerecht
laufendem Faden

ku|li|na|risch ⟨*lat.*⟩: a) auf die [feine] Küche, die Kochkunst bezogen; b) (leicht abwertend) ohne Anstrengung geistigen Genuss verschaffend, ausschließlich dem Genuss dienend

Ku|lis|se *die; -, -n* ⟨*lat.-fr.*⟩: 1. (meist Plural) bewegliche Dekorationswand auf einer Theaterbühne; Bühnendekoration. 2. a) Hintergrund; b) vorgetäuschte Wirklichkeit, Schein. 3. äußerer Rahmen einer Veranstaltung. 4. a) nicht amtlicher Börsenmarkt; b) Personen, die sich auf eigene Rechnung am Börsenverkehr beteiligen. 5. (Techn.) Hebel mit verschiebbarem Drehpunkt

Kul|la|ni vgl. Kolani

¹**Kulm** *der* od. *das; -[e]s, -e* ⟨*slaw. u. roman.*⟩: abgerundete [Berg]kuppe

²**Kulm** *das; -s* ⟨*engl.*⟩: (Geol.) sandig-schiefrige ↑ Fazies (1) des unteren ↑ Karbons

Kul|mi|na|ti|on *die; -, -en* ⟨*lat.-fr.*⟩: 1. Erreichung des Höhe-, Gipfelpunktes [einer Laufbahn]. 2. (Astron.) Durchgang eines Gestirns durch den ↑ Meridian (2) im höchsten od. tiefsten Punkt seiner Bahn

Kul|mi|na|ti|ons|punkt *der; -[e]s, -e*: 1. Höhepunkt [einer Laufbahn od. Entwicklung]. 2. (Astron.) höchster od. tiefster Stand eines Gestirns (beim Durchgang durch den ↑ Meridian 2)

kul|mi|nie|ren: seinen Höhepunkt erreichen

kul|misch ⟨*engl.*⟩: das ²Kulm betreffend

Kult *der; -[e]s, -e u.* Kultus *der; -, Kulte* ⟨*lat.; „Pflege"*⟩: 1. an feste Vollzugsformen gebundene Religionsausübung einer Gemeinschaft. 2. a) übertriebene Verehrung für eine bestimmte Person; b) übertriebene Sorgfalt für einen Gegenstand

Kul|te|ra|nist *der; -en, -en* ⟨*lat.-nlat.*⟩: Vertreter des Kultismus.

Kul|te|ra|nis| tin *die; -, -nen*: weibliche Form zu ↑ Kulteranist

kul|tig (ugs.) bei einer bestimmten Gruppe, Anhängerschaft hohes Ansehen genießend

kul|tisch ⟨*lat.*⟩: den Kult betreffend, zum Kult gehörend

Kul|tis|mus *der; -* ⟨*lat.-nlat.*⟩: ↑ Gongorismus

Kul|ti|va|tor *der; -s, ...oren*: ↑ Grubber

kul|ti|vie|ren ⟨*lat.-fr.*⟩: 1. a) (Land) bearbeiten, urbar machen; b) Kulturpflanzen anbauen. 2. a) sorgsam pflegen; b) auf eine höhere Stufe bringen, verfeinern. 3. mit dem Kultivator bearbeiten

kul|ti|viert: gebildet; verfeinert, gepflegt; von vornehmer Lebensart

Kul|tur *die; -, -en* ⟨*lat.*⟩: 1. (ohne Plural) Gesamtheit der geistigen u. künstlerischen Lebensäußerungen einer Gemeinschaft, eines Volkes. 2. (ohne Plural) feine Lebensart, Erziehung u. Bildung. 3. Zucht von Bakterien u. anderen Lebewesen auf Nährböden. 4. Nutzung, Pflege u. Bebauung von Ackerboden. 5. junger Bestand von Forstpflanzen. 6. (ohne Plural) das Kultivieren (1)

kul|tu|ral: die Kultur (1) in ihrem Vorhandensein an sich betreffend; vgl. ...al/...ell

kul|tu|ra|lis| tisch: auf die Kultur (1) ausgerichtet, abgestellt

Kul|tu|ral|ver|fah|ren *das; -s* ⟨*lat.-nlat.; dt.*⟩: Verfahren zur unmittelbaren Bekämpfung der Reblaus in den Weinbergen

Kul|tur|at|ta|ché *der; -s, -s* ⟨*lat.-fr.*⟩: für kulturelle Belange zuständiger ↑ Attaché (2) einer Auslandsvertretung. **Kul|tur|at|ta|chée** *die; -, -n*: weibliche Form zu ↑ Kulturattaché

kul|tu|rell: die Kultur (1) u. ihre Erscheinungsformen betreffend; vgl. ...al/...ell

Kul|tur|en|sem|ble *das; -s, -s* [...ã'sã:bl] (regional veraltend) [Volksmusik u. Volkstanz pflegende] Gruppe von Laienkünstlern

Kul|tur|film *der; -[e]s, -e* ⟨*lat.; engl.*⟩: der Allgemeinbildung dienender, kürzerer dokumentarischer od. künstlerischer Film

Kul|tur|flüch|ter *der; -s, -* ⟨*lat.; dt.*⟩: (Biol.) Tier- od. Pflanzenart, die aus einer Kulturlandschaft verschwindet; Ggs. ↑ Kulturfolger

Kul|tur|fol|ger *der; -s, -*: (Biol.) Tier- od. Pflanzenart, die sich in einer Kulturlandschaft ansiedelt; Ggs. ↑ Kulturflüchter

Kul|tur|fonds [...fõ:] *der; - [...fõ:s]*,

- [...fõ:s] ⟨*lat.; lat.-fr.*⟩: (DDR) Fonds zur Finanzierung kultureller Belange

kul|tur|his| to|risch: kulturgeschichtlich

Kul|tu|ris| tik *die; -*: (selten) Bodybuilding

kul|tür|lich: der Kultur (1) entsprechend, gemäß

Kul|tur|mor|pho|lo|gie *die; -*: (von L. Frobenius begründete) völkerkundliche Richtung, die eigengesetzliche Entwicklung der Völkerkulturen erforscht

Kul|tur|phi|lo|so|phie *die; -*: Zweig der Philosophie, der sich mit den allgemeinen Erscheinungen der Kultur u. den ihr wirksamen Entwicklungs- u. Ordnungsgesetzen befasst

Kul|tur|po|li|tik *die; -*: Tätigkeit des Staates od. anderer Institutionen zur Förderung von Bildung, Wissenschaft u. Kunst

Kul|tur|psy|cho|lo|gie *die; -*: Teilgebiet der Psychologie, das sich mit den seelischen Kräften befasst, die der Entwicklung von Kulturen u. Kulturkreisen zugrunde liegen

Kul|tur|re|vo|lu|ti|on *die; -, -en*: sozialistische Revolution im kulturellen Bereich, deren Ziel die Herausbildung einer sozialistischen Kultur ist

Kul|tur|schock *der; -[e]s, -s*: (Soziol.) schreckhaftes Erleben (beim unmittelbaren Kontakt mit einer fremden Kultur) über die Andersartigkeit der durch die fremde Kultur erlebbaren Realität

Kul|tur|spon|so|ring *das; -s*: [meist] finanzielle Förderung von Kunst u. Kultur, z. B. durch Unternehmen, die dafür Werbungs- o. ä. Zwecken dienende Gegenleistungen erhalten

Kul|tur|step|pe *die; -, -n*: Landschaft, die zugunsten eines großflächigen Getreide- od. Hackfrüchteanbaus durch Abholzung des Waldes um ihren natürlichen Tier- u. Pflanzenbestand gebracht wurde

Kul|tus vgl. Kult

Kul|tus|kon|gre|ga|ti|on *die; -*: ↑ Kurienkongregation für die Liturgie der römisch-katholischen Kirche

Kul|tus|mi|nis| ter *der; -s, -*: für den kulturellen Bereich zuständiger Fachminister. **Kul|tus|mi|nis| te-**

rin *die; -, -nen:* weibliche Form zu ↑ Kultusminister

Kul|tus|mi|nis|te|ri|um *das; -s, ...ien:* für kulturelle Angelegenheiten zuständiges Ministerium

Ku|ma|rin *das; -s ⟨indian.-port.-fr.⟩:* ein [pflanzlicher] Duftstoff

Ku|ma|ron *das; -s ⟨indian.-port.-fr.-nlat.⟩:* eine chemische Verbindung

Kum|pan *der; -s, -e ⟨lat.-vulgär-lat.-fr.; „Brotgenosse"⟩:* a) (ugs.) Kamerad, Begleiter, Gefährte; b) (ugs. abwertend) Mittäter, Helfer

Kum|pa|nei *die; -, -en:* 1. (ugs. abwertend) Gruppe, Zusammenschluss von ↑ Kumpanen. 2. (ohne Plural) kameradschaftliches Zusammengehörigkeitsgefühl, Freundschaft unter Kumpanen

Kum|pa|nin *die; -, -nen:* weibliche Form zu ↑ Kumpan

Kum|pel *der; -s, - (ugs.: -s):* 1. Bergmann. 2. (ugs.) [Arbeits]kamerad, Freund

Kum|quat *die; -, -s ⟨chin.⟩:* kleine eiförmige bis kugelige Frucht verschiedener in Ostasien, Nord- u. Südafrika sowie in Amerika kultivierter Rautengewächse; Zwergorange

Ku|mu|la|ti|on *die; -, -en ⟨lat.⟩:* 1. Anhäufung. 2. (Med.) vergiftende Wirkung kleiner, aber fortgesetzt gegebener Dosen bestimmter Arzneimittel

ku|mu|la|tiv *⟨lat.-nlat.⟩:* [an]häufend

ku|mu|lie|ren *⟨lat.⟩:* a) [an]häufen; b) einem Wahlkandidaten mehrere Stimmen geben

Ku|mu|lo|nim|bus *der; -, -se ⟨lat.-nlat.⟩:* (Meteor.) Gewitterwolke, mächtig aufgetürmte Haufenwolke; Abk.: Cb

Ku|mu|lus *der; -, ...li:* (Meteor.) Haufenwolke; Abk.: Cu

Ku|mys u. **Ku|myss** *der; - ⟨russ.⟩:* alkoholhaltiges Getränk aus vergorener Stutenmilch, das bes. in Innerasien verbreitet ist

ku|ne|i|form *⟨lat.-nlat.⟩:* (Med.) keilförmig, zugespitzt

Kü|net|te *die; -, -n ⟨lat.-it.-fr.⟩:* (hist.) Abzugsgraben auf der Sohle eines Festungsgrabens

Kung-Fu *das; -[s] ⟨chin.⟩:* Form der Selbstverteidigung

Kunk|ta|tor *der; -s, ...oren ⟨lat.⟩:* (veraltet) Zauderer

Kun|ni|lin|gus vgl. Cunnilingus

Ku|o|min|tang *die; - ⟨chin.⟩:* demokratisch-nationale Partei Taiwans

Ku|pal *das; -s ⟨Kurzw. aus Kupfer u. ↑Aluminium⟩:* kupferplattiertes Reinaluminium

Kü|pe *die; -, -n ⟨lat.⟩:* 1. (landsch.) Färbebad, -kessel. 2. Lösung eines ↑ Küpenfarbstoffs

Ku|pee vgl. Coupé (1)

Ku|pel|le vgl. ³Kapelle

ku|pel|lie|ren kapellieren

Kü|pen|farb|stoff *der; -[e]s, -e:* wasch- u. lichtechter, auf Gewebefasern gut haftender Farbstoff

Kup|fer|vi|t|ri|ol *das; -s:* Kupfersulfat (vgl. Sulfat) in Form blauer Kristalle

Ku|pi|di|tät *die; - ⟨lat.⟩:* Begierde, Lüsternheit

Ku|pi|do *die; -:* sinnliche Begierde, Verlangen

ku|pie|ren *⟨fr.⟩:* 1. (veraltet) a) abschneiden; b) lochen, knipsen. 2. durch Schneiden kürzen, stutzen (z. B. bei Pflanzen, bei Hunden u. Pferden). 3. (Med.) einen Krankheitsprozess aufhalten od. unterdrücken

Ku|po|lo|fen *der; -s, ...öfen ⟨lat.-it.; dt.⟩:* Schmelzofen zur Herstellung von Gusseisen

Ku|pon, auch: Coupon *[ku'pɔŋ,* auch: *...'põ:,* österr.: 'pɔːn] der; -s, -s ⟨galloroman.-fr.⟩:* 1. abtrennbarer Zettel (z. B. als Gutschein, Beleg o. Ä.). 2. abgemessenes Stück Stoff, Stoffabschnitt. 3. (Bankw.) Zinsschein bei festverzinslichen Wertpapieren

Kup|pel *die; -, -n ⟨lat.-it.⟩:* [halbkugelförmige] Überdachung eines größeren Raumes

Ku|p|ris|mus *der; - ⟨lat.-nlat.⟩:* (Med.) Kupfervergiftung

Ku|pu|la vgl. Cupula

Kur *die; -, -en ⟨lat.; „Sorge, Pflege"⟩:* ein unter ärztlicher Aufsicht durchgeführtes Heilverfahren; Heilbehandlung; Pflege

ku|ra|bel: (Med.) heilbar (von Krankheiten)

Ku|rand *der; -en, -en:* (Med. veraltet) a) der einem Arzt zur Behandlung anvertraute Patient; b) Pflegling. **Ku|ran|din** *die; -, -nen:* weibliche Form zu ↑ Kurand

ku|rant, auch: courant *⟨lat.-fr.⟩:*

(veraltet) gangbar, gängig, umlaufend; Abk.: crt.

¹**Ku|rant** *das; -[e]s, -e,* auch: Courant *das; -s, -s ⟨lat.-fr.⟩:* (veraltet) Währungsmünze, deren Materialwert dem aufgedruckten Geldwert entspricht

²**Ku|rant** *der; -en, -en ⟨lat.⟩:* (schweiz.) Kurgast. **Ku|ran|tin** *die; -, -nen:* weibliche Form zu ↑ ²Kurant

ku|ran|zen u. koranzen *⟨lat.-mlat.⟩:* (veraltet) quälen, plagen, prügeln, schelten

Ku|ra|re, fachspr.: Curare *das; -[s] ⟨indian.-span.⟩:* zu [tödlichen] Lähmungen führendes indianisches Pfeilgift, das in niedrigen Dosierungen als Narkosehilfsmittel verwendet wird

Ku|ra|rin vgl. Curarin

Kü|rass *der; -es, -e ⟨lat.-it.-fr.⟩:* (hist.) Brustharnisch. **Kü|ras|sier** *der; -s, -e:* (hist.) Reiter mit Küraß; schwerer Reiter

Ku|rat *der; -en, -en ⟨lat.-mlat.⟩:* a) Hilfsgeistlicher mit eigenem Seelsorgebezirk; b) geistlicher Betreuer von Pfadfindergruppen o. Ä.

Ku|ra|tel *die; -, -en:* (veraltet) Pflegschaft, Vormundschaft; **unter Kuratel stehen:** (ugs.) unter [strenger] Aufsicht, Kontrolle stehen

Ku|ra|tie *die; -, ...ien ⟨nlat.⟩:* mit der Pfarrei lose verbundener Außenbezirk eines Kuraten

ku|ra|tiv: (Med.) heilend

Ku|ra|tor *der; -s, ...oren ⟨lat.⟩:* 1. (veraltet) Vormund, Pfleger. 2. Verwalter [einer Stiftung]. 3. Staatsbeamter an der Universitätsverwaltung zur Verwaltung des Vermögens u. zur Wahrnehmung der Rechtsgeschäfte. 4. (wissenschaftlicher) Leiter eines Museums, einer zoologischen Sammlung, einer Ausstellung o. Ä. **Ku|ra|to|rin** *die; -, -nen:* weibliche Form zu ↑ Kurator

Ku|ra|to|ri|um *das; -s, ...ien:* 1. Aufsichtsbehörde (von öffentlichen Körperschaften od. privaten Institutionen). 2. Behörde eines Kurators (3)

Ku|ra|tus *der; -, ...ten u. ...ti ⟨lat.-mlat.⟩:* (veraltet) Kurat

Kur|bet|te *die; -, -n ⟨lat.-vulgär-lat.-fr.⟩:* (Sport) Bogensprung, Aufeinanderfolge mehrerer rhythmischer Sprünge (von

Pferden in der hohen Schule).
kur|bet|tie|ren: (Sport) eine Kurbette ausführen
Kü|ret|ta|ge u. Curettage [...'ta:ʒə] *die; -, -n* ⟨*lat.-fr.*⟩: (Med.) Ausschabung bzw. Auskratzung der Gebärmutter zu therapeutischen od. diagnostischen Zwecken. **Kü|ret|te** u. Curette *die; -, -n:* (Med.) ein ärztliches Instrument zur Ausschabung der Gebärmutter. **kü|ret|tie|ren** u. curettieren: (Med.) (die Gebärmutter) mit der Kürette ausschaben, auskratzen
Kur|gan *der; -s, -e* ⟨*türk.-russ.*⟩: Hügelgrab in Osteuropa
ku|ri|al ⟨*lat.-mlat.*⟩: zur päpstlichen Kurie gehörend
Ku|ri|a|le *die; -:* Schreibschrift der ↑ Kurie (1) im frühen Mittelalter
Ku|ri|a|len *die* (Plural): die geistlichen u. weltlichen Beamten der päpstlichen Kurie
Ku|ri|a|li|en *die* (Plural): (hist.) die im Kurialstil überlieferten Formeln von Titel, Anrede u. Schluss in den Briefen der ehemaligen Kanzleien
Ku|ri|a|lis|mus *der; -* ⟨*lat.-nlat.*⟩: katholische kirchenrechtliche Richtung, die der päpstlichen Kurie die oberste Gewalt zuspricht; Ggs. ↑ Episkopalismus; vgl. Papalismus. **Ku|ri|a|list** *der; -en, -en:* Vertreter des Kurialismus
Ku|ri|al|stil *der; -s:* (veraltet) Kanzleistil
Ku|ri|at|stim|me *die; -* ⟨*lat.; dt.*⟩: (hist.) Gesamtstimme von mehreren Stimmberechtigten eines Kollegiums
Ku|rie [...jə] *die; -, -n* ⟨*lat.*⟩: 1. [Sitz der] päpstliche[n] Zentralbehörden; päpstlicher Hof. 2. (hist.) eine der 30 Körperschaften, in die die altrömische Bürgerschaft aufgeteilt war
Ku|ri|en|kar|di|nal *der; -s, ...äle:* an der Kurie (1) tätiger Kardinal als Mitglied od. Leiter einer ↑ Kardinalskongregation od. einer päpstlichen Behörde
Ku|ri|en|kon|gre|ga|ti|on *die; -:* oberste Behörde der römischen ↑ Kurie (1), in der seit 1967 außer Kardinälen auch Diözesanbischöfe Mitglieder sind; vgl. Kardinalskongregation
Ku|ri|er *der; -s, -e* ⟨*lat.-it.-fr.*⟩: jmd., der im Auftrag, Dienst des

Staates, beim Militär o. Ä. wichtige Nachrichten, Informationen überbringt; Eilbote [im diplomatischen Dienst]
ku|rie|ren ⟨*lat.*⟩: [durch ärztliche Behandlung] von einer Krankheit heilen, gesundheitlich wiederherstellen
Ku|rie|rin *die; -, -nen:* weibliche Form zu ↑ Kurier
ku|ri|os ⟨*lat.(-fr.)*⟩: auf unverständliche, ungereimte, fast spaßig anmutende Weise sonderbar, merkwürdig
Ku|ri|o|si|tät *die; -, -en:* 1. (ohne Plural) das Kuriossein; Sonderbarkeit, Merkwürdigkeit. 2. kuriose Sache; etwas, was merkwürdig ist, vom Normalen abweicht [u. deshalb selten ist u. besonderes Aufsehen erregt]
Ku|ri|o|sum *das; -s, ...sa* ⟨*lat.*⟩: kuriose Sache, Angelegenheit, Situation
Kur|ku|ma u. Curcuma *die; -, ...umen* ⟨*arab.-nlat.*⟩: Gelbwurzel, gelber ↑ Ingwer
Kur|ku|ma|pa|pier *das; -s:* mit Kurkumin getränktes Fließpapier zum Nachweis von Laugen
Kur|ku|min *das; -s:* aus der Kurkumawurzel gewonnener gelber Farbstoff
Ku|ros *der; -, ...roi* ⟨*gr.*⟩: ↑ Koros
Kur|ren|da|ner *der; -s, -* ⟨*lat.-nlat.*⟩: Mitglied einer Kurrende (1).
Kur|ren|de *die; -, -n:* 1. a) (hist.) Schülerchor, der vor den Häusern, bei Begräbnissen u. Ä. gegen eine Entlohnung geistliche Lieder singt; b) evangelischer Jugend- od. Studentenchor. 2. (veraltet) Umlaufschreiben
kur|rent: (österr.) in deutscher Schrift
Kur|rent|schrift *die; -* ⟨*lat.; dt.*⟩: früher benutzte handschriftliche Form der so genannten deutschen Schrift
Kur|ri|ku|lum *das; -s, ...la* ⟨*lat.*⟩: (veraltet) Laufbahn, Lebenslauf; vgl. Curriculum u. Curriculum Vitae
Kurs *der; -es, -e* ⟨*lat.(-it., fr. u. niederl.)*⟩: 1. a) Fahrtrichtung, Reiseroute; b) Rennstrecke. 2. a) zusammengehörende Folge von Unterrichtsstunden, Vorträgen o. Ä.; Lehrgang; b) Gesamtheit der Teilnehmer eines Kurses (2 a). 3. Preis der Wertpapiere, Devisen u. vertretbaren Sachen,

die an der Börse gehandelt werden
Kur|sant *der; -en, -en:* (regional) Kursteilnehmer. **Kur|san|tin** *die; -, -nen:* weibliche Form zu ↑ Kursant
Kur|se: *Plural* von ↑ Kurs u. ↑ Kursus
kur|sie|ren ⟨*lat.*⟩: umlaufen, im Umlauf sein, die Runde machen
Kur|sist *der; -en, -en* ⟨*lat.-nlat.*⟩: (veraltet) Kursteilnehmer
kur|siv ⟨*lat.-mlat.*⟩: schräg (von Schreib- u. Druckschrift). **Kur|si|ve** *die; -, -n:* schräg liegende Druckschrift
Kurs|kor|rek|tur *die; -, -en:* Änderung, Korrektur des Kurses (1 a)
kur|so|risch ⟨*lat.*⟩: fortlaufend, nicht unterbrochen, hintereinander, rasch; **kursorische Lektüre:** schnelles Lesen eines Textes, das einen raschen Überblick verschaffen soll; Ggs. ↑ statarisch
Kur|sus *der; -, Kurse* ⟨*lat.-mlat.*⟩: ↑ Kurs (2)
Kur|ta|ge [...'ta:ʒə] vgl. Courtage
Kur|ta|xe *die; -, -n:* Gebühr, die ein Gast in Erholungs- od. Kurorten zahlen muss
Kur|ti|ne *die; -, -n* ⟨*lat.-mlat.-fr.*⟩: 1. (hist.) Teil des Hauptwalls einer Festung. 2. (österr., sonst veraltet) Mittelvorhang auf der Bühne
Kur|ti|san *der; -s, -e* ⟨*lat.-it.-fr.*⟩: (veraltet) Höfling, Liebhaber. **Kur|ti|sa|ne** *die; -, -n:* (hist.) Geliebte eines Adligen [am Hof]; Halbweltdame
ku|ru|lisch ⟨*lat.; dt.*⟩: in der Fügung **kurulischer Stuhl:** Amtssessel der höchsten altrömischen Beamten
Ku|rus [...'uʃ] *der; -, -* ⟨*türk.; „Groschen"*⟩: ↑ Piaster (2)
Kur|va|tur *die; -, -en* ⟨*lat.*⟩: 1. (Med.) Krümmung, gekrümmter Teil eines Organs. 2. (Archit.) geringfügige Krümmung des Stufenbaus u. des Gebälks beim klassischen griechischen Tempel
Kur|ve [auch: ...fə] *die; -, -n:* 1. [Straßen-, Fahrbahn]krümmung. 2. gekrümmte Linie als Darstellung mathematischer od. statistischer Größen. 3. Bogen, Bogenlinie; Wendung
kur|ven [auch: ...f...]: (ugs.) in Kurven [kreuz u. quer] fahren

Kur|ven|dis|kus|si|on [auch: ...f...] *die;* -, -en: (Math.) rechnerische Untersuchung mit grafischer Darstellung einer ↑ Kurve (2) u. ihrer Eigenschaften **Kur|ven|li|ne|al** [auch: ...f...] *das;* -s, -e: (Math.) Zeichengerät mit vorgeschnittenen Kurven (z. B. ↑ Parabel, ↑ Hyperbel) od. Kurventeilen **kur|vig** [auch: ...f...] ⟨*lat.*⟩: 1. (Math.) gekrümmt, gebogen. 2. kurvenreich **kur|vi|li|ne|ar** ⟨*lat.*⟩: krummlinig **Kur|vi|me|ter** *das;* -s, - ⟨*lat.; gr.*⟩: a) (Math.) Gerät zum Messen der Bogenlänge einer Kurve; b) (Geogr.) Gerät zur Entfernungsmessung auf Landkarten **Kur|vi|me|t rie** *die;* -: (Math.; Geogr.) Kurvenmessung, Entfernungsmessung mithilfe eines ↑ Kurvimeters. **kur|vi|me|t risch:** (Math.; Geogr.) auf die Kurvimetrie bezogen **Ku|si|ne** vgl. Cousine

¹Kus|kus *der;* -, - ⟨Herkunft unsicher⟩: Gattung der Beuteltiere in Australien u. Indonesien **²Kus|kus,** auch: Couscous [ˈkʊskʊs] *der* u. *das;* -, - ⟨*berberisch*⟩: nordafrikanisches Gericht aus Hirse od. Hartweizengrieß mit Hammelfleisch, verschiedenen Gemüsen u. Kichererbsen **Kus|so|blü|ten** *die* (Plural) ⟨*äthiopisch; dt.*⟩: ↑ Kosoblüten **¹Kus| to|de** *die;* -, -n ⟨*lat.*⟩: 1. (hist.) Kennzeichen der einzelnen Lagen einer Handschrift. 2. ↑ Kustos (3) **²Kus| to|de** *der;* -n, -n: ↑ Kustos (1) **Kus| to|dia** *die;* -, ...ien: (kath. Rel.) Behälter zur Aufbewahrung der Hostie **Kus| to|die** *die;* -, ...ien: kleineres Ordensgebiet der ↑ Franziskaner **Kus| tos** *der;* -, ...oden ⟨„Wächter, Aufseher"⟩: 1. wissenschaftlicher Sachbearbeiter an Museen u. Bibliotheken. 2. (veraltet) Küster, Kirchendiener. 3. (meist Plural; hist.) Zahl, Silbe od. Wort am Kopf od. am Fuß einer Buchseite zur Verbindung mit der kommenden Seite; vgl. ¹Kustode **ku|tan** ⟨*lat.-nlat.*⟩: (Med.) zur Haut gehörend, sie betreffend **Ku|tan|re|ak|ti|on** *die;* -, -en: (Med.) [mit Quaddelbildung verbundene] Rötung der Haut

als Reaktion auf einen künstlichen Reiz (z. B. auf Einreibung od. Einspritzung zu diagnostischen Zwecken, bes. zur Feststellung von Tuberkulose) **Ku|ti|ku|la** *die;* -, -s u. ...lä ⟨*lat.*⟩: (Biol.) dünnes Häutchen über der äußeren Zellschicht bei Pflanzen u. Tieren; vgl. Pellicula **Ku|tin** *das;* -s: (Bot.) wachsartiger, wasserundurchlässiger Überzug auf Blättern u. Sprossen **Ku|tis** *die;* -: 1. Lederhaut der Wirbeltiere. 2. nachträglich verkorktes Pflanzengewebe (z. B. an Wurzeln) **Ku|tis|re|ak|ti|on** *die;* -, -en: ↑ Kutanreaktion **Kut|ter** *der;* -s, - ⟨*engl.*; „(Wogen)schneider"⟩: 1. a) einmastiges Segelfahrzeug; b) Jacht mit einer Kuttertakelung. 2. motorgetriebenes Fischereifahrzeug. 3. Rettungs-, Beiboot eines Kriegsschiffes **Kü|vel|la|ge** [...ˈlaːʒə] *die;* -, -n ⟨*lat.-fr.*⟩: (Bergbau) Ausbau eines wasserdichten Schachts mit gusseisernen Ringen. **kü|vel|lie|ren:** (Bergbau) einen wasserdichten Schacht mit gusseisernen Ringen ausbauen. **Kü|vel|lie|rung** *die;* -, -en: ↑ Küvelage **Ku|vert** [kuˈveːɐ̯, kuˈvɛːɐ̯, landsch. auch eingedeutscht: kuˈvert] *das;* -s u (bei dt. Ausspr.:) -[e]s, -s u. (bei dt. Ausspr.:) -e ⟨*lat.-fr.*⟩: 1. Briefumschlag. 2. [Tafel]gedeck für eine Person **ku|ver|tie|ren:** mit einem [Brief]umschlag versehen **Ku|ver|tü|re** *die;* -, -n: Überzugmasse für Gebäck od. Pralinen aus Kakao, Kakaobutter u. Zucker **Kü|vet|te** *die;* -, -n ⟨*lat.-fr.*⟩: 1. (veraltet) kleines Gefäß. 2. ↑ Künette. 3. (veraltet) Innendeckel der Taschenuhr **ku|v rie|ren** ⟨*lat.-fr.*⟩: (veraltet) bedecken, verbergen **Kux** *der;* -es, -e ⟨*tschech.-mlat.*⟩: Wertpapier über den Anteil an einer bergrechtlichen Gewerkschaft **Kwass** *der;* -es ⟨*russ.*⟩: russisches alkoholisches Getränk aus gegorenem Brot, Mehl, Malz u. a. **Ky| a|ni|sa|ti|on** *die;* -, -en ⟨*nlat.*⟩: nach dem engl. Erfinder J. H. Kyan, 1774–1850): ein Verfahren zur Veredelung von Holz durch

Imprägnieren mit einer Sublimatlösung. **ky| a|ni|sie|ren:** Holz durch Imprägnieren veredeln **Ky| a|thos** *der;* -, - ⟨*gr.*⟩: antikes Schöpfgefäß, mit dem der Mundschenk den Wein aus dem Mischkrug in den Becher schöpfte, ähnlich einer Tasse mit einem über den Rand hochgezogenen Henkel **Ky|ber|ne|tik** *die;* - ⟨*gr.*; „Steuermannskunst"⟩: 1. wissenschaftliche Forschungsrichtung, die Systeme verschiedenster Art (z. B. biologische, technische, soziologische Systeme) auf selbsttätige Regelungs- u. Steuerungsmechanismen hin untersucht. 2. (ev. Rel.) Lehre von den Kirchen- u. Gemeindeleitung **Ky|ber|ne|ti|ker** *der;* -s, -: Wissenschaftler der Fachrichtung Kybernetik (1). **Ky|ber|ne|ti|ke|rin** *die;* -, -nen: weibliche Form zu ↑ Kybernetiker **ky|ber|ne|tisch:** die Kybernetik betreffend **Ky|em** *das;* -s, -e ⟨*gr.*⟩: (Med.) die befruchtete Eizelle im Gesamtverlauf ihrer Entwicklungsstadien vom ↑ Embryo bis zum ↑ Fetus **Ky| e|ma|to|ge|ne|se** *die;* -, -n: Embryogenese **Ky| e|ma|to|pa|thie** *die;* -, ...ien: Embryopathie **Ky|k| li|ker** [auch: ˈkyːk...]: vgl. Zykliker **Ky|k| lop** vgl. Zyklop **Ky|ma** *das;* -s, -s u. **Ky|ma|ti|on** *das;* -s, -s u. -ien ⟨*gr.-lat.*⟩: Zierleiste mit stilisierten Eiformen (bes. am Gesims griechischer Tempel) **Ky|mo|gramm** *das;* -s, -e ⟨*gr.-nlat.*⟩: (Med.) Röntgenbild von sich bewegenden Organen **Ky|mo|graph,** auch: ...graf *der;* -en, -en u. Kymographion *das;* -s, ...ien: (Med.) Gerät zur mechanischen Aufzeichnung von rhythmischen Bewegungen (z. B. des Pulsschlags). **Ky|mo|gra|phie** auch: ...grafie *die;* -: (Med.) Röntgenverfahren zur Darstellung von Organbewegungen. **ky|mo|gra|phie|ren** auch: ...grafieren: (Med.) eine Kymographie durchführen **Ky|mo|gra|phi|on** vgl. Kymograph **Ky|mo|s| kop** *das;* -s, -e: (Med.) Gerät zur Sichtbarmachung

wellenförmig fortschreitender Organbewegungen
Ky|ne|ge|tik usw. vgl. Zynegetik usw.
Ky|ni|ker *der; -s, - ⟨gr.⟩:* (hist.) Angehöriger einer antiken Philosophenschule, die Bedürfnislosigkeit u. Selbstgenügsamkeit forderte; vgl. Zyniker. **ky|nisch:** die [Philosophie der] Kyniker betreffend
Ky|no|lo|ge *der; -n, -n ⟨gr.-nlat.⟩:* Hundezüchter; Hundekenner.
Ky|no|lo|gie *die; -:* Lehre von Zucht, Dressur u. den Krankheiten der Hunde. **Ky|no|lo|gin** *die; -, -nen:* weibliche Form zu ↑ Kynologe
Ky |n|o |re|xia *die; -:* (Med.) Heißhunger
Ky|pho|se *die; -, -n ⟨gr.⟩:* (Med.) Wirbelsäulenverkrümmung nach hinten. **ky|pho|tisch:** eine Kyphose aufweisend, an Kyphose leidend
Ky|re|na |i|ker *der; -s, - ⟨*nach der antiken nordafrik. Stadt Kyrene⟩:* (hist.) Angehöriger der von Aristipp von Kyrene um 380 v. Chr. gegründeten, den ↑ Hedonismus lehrenden Philosophenschule
Ky|rie *[...iə] das; -, -s ⟨gr.⟩:* Kurzform von ↑ Kyrieeleison. **Ky|rie-e |lei|son** *[auch: ...e'le:izɔn] das; -s, -s:* Bittruf [als Teil der musikalischen Messe]
Ky|rie e |lei|son *[auch: ... e'le:izɔn]* u. **Ky|ri|e |leis:** Herr, erbarme dich! [Bittruf in der Messe u. im lutherischen u. unierten Hauptgottesdienst; vgl. Leis]
ky|ril|lisch u. zyrillisch ⟨nach dem Slawenapostel Kyrill, 826–869⟩: auf das nach Kyrill benannte Alphabet verschiedener slawischer Sprachen bezogen
Ky|ril|li|za *die; -:* kyrillische Schrift
Kyu *[kju:] der; -s, -s ⟨jap.; „vorherig(e Stufe)“⟩:* in sechs Leistungsgrade eingeteilte Rangstufe der Anfänger in den Budosportarten
Ky |u|do *das; -[s] ⟨jap.; „Weg des Bogens“⟩:* japanische Form des Bogenschießens auf ein 28 m entferntes Ziel.
Ky |u|do|ka *der; -[s], -[s] u. die; -, -[s]:* jmd., der Kyudo als Sport betreibt
KZ *[ka(:)'tset] das; -[s], -[s]:* Abk. für ↑ Konzentrationslager

L ⟨Abk. für *engl. large*⟩: groß (Kleidergröße)
la ⟨*it.*⟩: Silbe, auf die man beim Solmisieren den Ton a singt; vgl. Solmisation
La Bam|ba *die; - -, - -s, ugs. auch: der; - -s, - -s ⟨port.⟩:* ein Modetanz in lateinamerikanischem Rhythmus
La|ba|rum *das; -s ⟨lat.⟩:* 1. die von dem römischen Kaiser Konstantin im Jahr 312 n. Chr. eingeführte spätrömische Kaiserstandarte mit dem ↑ Christusmonogramm. 2. Christusmonogramm
Lab|da|num *das; -s ⟨gr.-lat.⟩:* ↑ Ladanum
La|bel *[le:b], engl.: leɪbl] das; -s, -s ⟨engl.⟩:* 1. [Klebe]etikett (z. B. zur Kennzeichnung von Waren). 2. a) Etikett einer Schallplatte; b) Schallplattenfirma. 3. (EDV) Markierung eines Programmbeginns
La|bel|sys |tem *['le:b]...] das; -s:* in den USA entstandene u. hauptsächlich dort angewendete Art des indirekten wirtschaftlichen Boykotts
La|ber|dan *der; -s, -e ⟨niederl.⟩:* eingesalzener Kabeljau aus Norwegen
La|bia: *Plural* von ↑ Labium
la|bi|al ⟨*lat.-mlat.*⟩: 1. (Med.) zu den Lippen gehörend, sie betreffend. 2. (Sprachw.) mit den Lippen gebildet (von Lauten). **La|bi|al** *der; -s, -e:* mithilfe der Lippen gebildeter ↑ Konsonant (z. B. b); vgl. bilabial, labioapikal, labiodental, Labiovelar. **La|bi |a|lis** *die; -, ...les [...le:s]:* ↑ Labial
la|bi |a|li|sie|ren ⟨*lat.-mlat.-nlat.*⟩: (von Lauten) zusätzlich zur eigentlichen Artikulation mit Rundung der Lippen sprechen
La|bi|a|llaut *der; -[e]s, -e:* ↑ Labial
La|bi|al|pfei|fe *die; -, -n:* Orgelpfeife, bei der der Ton durch Reibung des Luftstroms an der scharfkantigen Schneide des

Labiums erzeugt wird; Ggs. ↑ Lingualpfeife
La|bi |a|te *die; -, -n (meist Plural) ⟨lat.-nlat.⟩:* (Bot.) Lippenblütler
La|bi|en: *Plural* von ↑ Labium
la|bil ⟨*lat.; „leicht gleitend“⟩:* 1. schwankend, leicht aus dem Gleichgewicht kommend, veränderlich (in Bezug auf eine Konstruktion, auf Wetter, Gesundheit); Ggs. ↑ stabil (1). 2. unsicher, schwach, leicht zu beeinflussen (von Menschen); Ggs. ↑ stabil (2)
la|bi|li|sie|ren: labil machen, labil werden lassen. **La|bi|li|sie|rung** *die; -:* das Labilisieren, Labilmachen
La|bi|li|tät *die; -, -en ⟨lat.-nlat.⟩:* 1. leichte Wandelbarkeit, Beeinflussbarkeit, Schwäche; Ggs. ↑ Stabilität (1). 2. (Meteor.) uneinheitliche Luftbewegung
la|bi |o|a |pi|kal ⟨*lat.-nlat.*⟩: (Sprachw.) mit Lippen u. Zungenspitze gebildet (von Lauten)
la|bi |o|den|tal: 1. (Sprachw.) mit der gegen die oberen Zähne gepressten Unterlippe gebildet (von Lauten). 2. (Med.) zu den Lippen u. den Zähnen gehörend. **La|bi |o|den|tal** *der; -s, -e:* (Sprachw.) Laut, der mithilfe der gegen die oberen Zähne gepressten Unterlippe gebildet wird; Lippenzahnlaut (z. B. f)
La|bi |o|den|ta|lis *die; -, ...les [...le:s]:* ↑ Labiodental
la|bi |o|ve|lar: (von Lauten) mit Lippen u. hinterem Gaumen gleichzeitig gebildet. **La|bi |o|ve|lar** *der; -s, -e:* (Sprachw.) Laut, der mit Lippen u. Gaumen zugleich gebildet wird; Lippengaumenlaut (z. B. in der afrikanischen Ewesprache)
La|bi|um *das; -s, ...ien u. ...ia ⟨lat.⟩:* 1. (Med.) Lippe. 2. (Med.) a) „Schamlippe“, Hautfalte mit Fettgewebe am Eingang der Scheide; b) lippenförmiger Rand (z. B. eines Hohlorgans). 3. a) Unterlippe der Insektenmundwerkzeuge; b) (Biol.) Lippe der ↑ Labiaten. 4. (bei ↑ Labialpfeifen u. [Block]flöten) Teil, der die Luftaustrittsspalte nach oben und unten begrenzt u. damit die Qualität des Tons entscheidend bestimmt
La|bor *[österr. auch, schweiz. meist: 'la:bo:ɐ̯] das; -s, -s, auch: -e ⟨Kurzform von Laborato-*

rium): Arbeitsstätte für naturwissenschaftliche, technische od. medizinische Arbeiten, Untersuchungen, Versuche o. Ä.

La|bo|rant *der; -en, -en* ⟨*lat.*⟩: Fachkraft in Labors u. Apotheken. **La|bo|ran|tin** *die; -, -nen*: weibliche Form zu ↑ Laborant

La|bo|ra|to|ri|um *das; -s, ...ien* ⟨*lat.-mlat.*⟩: ↑ Labor

la|bo|rie|ren ⟨*lat.*⟩: (ugs.) 1. sich mit der Herstellung von etwas abmühen. 2. an einer Krankheit o. Ä. leiden und sie ohne rechten Erfolg zu heilen suchen

la|bo|ri|ös: (veraltet) arbeitsam, fleißig

La Bos|tel|la *die; - -, - -s* ⟨Herkunft unsicher⟩: in einer Gruppe getanzter Modetanz in lateinamerikanischem Rhythmus, bei dem man mit den Händen klatscht

La|bour Par|ty [ˈleɪbə ˈpɑːtɪ] *die; - -* ⟨*lat.-engl.*⟩: die englische Arbeiterpartei; vgl. Independent Labour Party

La|b|ra|dor *der; -s, -e* ⟨*nlat.;* nach der nordamerik. Halbinsel⟩: 1. Labradorit. 2. großer Jagdhund (eine Hunderasse)

La|b|ra|do|rit [auch: ...ˈrɪt] *der; -s, -e*: Abart des Feldspats (Schmuckstein)

La|b|rum *das; -s, ...bren u. ...bra* ⟨*lat.*⟩: 1. (Med.) Lippe. 2. (Biol.) Oberlippe der Insektenmundwerkzeuge

Labs|kaus *das; -* ⟨*engl.*⟩: seemännisches Eintopfgericht aus Fleisch [u. Fisch] mit Kartoffeln u. Salzgurken

La|by|rinth *das; -[e]s, -e* ⟨*gr.-lat.*⟩: 1. Irrgang, -garten. 2. undurchdringbares Wirrsal, Durcheinander. 3. Innenohr. **la|by|rin|thisch**: wie in einem Labyrinth; verschlungen gebaut

La|by|rin|thi|tis *die; -, ...itjden* ⟨*nlat.*⟩: (Med.) Entzündung des Innenohrs

La|by|rin|th|o|don *das; -s, ...odọnten*: ausgestorbenes gepanzertes Kriechtier

La|by|rinth|or|gan *das; -s*: Kiemenhöhle oberhalb der blutgefäßreichen Kammer, die bei den Labyrinthfischen als Atmungsorgan dient

Lac|ca|se vgl. Lakkase

La|cer|na [...ts...] *die; -, ...nen* ⟨*lat.*⟩: über die ↑ Toga getragener Umhang der Römer

---

La|cet|band [laˈseː...] *das; -[e]s, ...bänder* ⟨*lat.-fr.; dt.*⟩: schmales Flechtband für Verzierungen

la|cie|ren [...s...] ⟨*lat.-fr.*⟩: a) schnüren, einschnüren; b) mit Band durchflechten

La|cis [laˈsiː] *das; -, -* ⟨*fr.*⟩: netzartiges Gewebe

la|ckie|ren ⟨*sanskr.-pers.-arab.-it.*⟩: 1. mit Lack überziehen. 2. (salopp) hintergehen, hereinlegen

La|ckie|rer *der; -s, -*: Facharbeiter, der lackiert, z. B. Autolackierer

La|ckie|re|rin *die; -, -nen*: weibliche Form zu ↑ Lackierer

Lạck|mus *das od. der; -* ⟨*niederl.*⟩: aus einer Flechtenart (der Lackmusflechte) gewonnener blauer Farbstoff, der als chemischer ↑ Indikator (4) verwendbar ist (reagiert in Säuren rot, in Laugen blau)

Lạck|mus|pa|pier *das; -s*: (Chem.) mit Lackmustinktur getränktes Papier, das zur Erkennung von Säuren u. Laugen dient

Lạc|ri|ma Chris|ti, La|c|ri|ma Chris|ti [...mɐ -] *der; - -, - -* ⟨*lat.;* „Träne[n] Christi"⟩: alkoholreicher, goldfarbener od roter, süßer Wein von den Hängen des Vesuvs

La|c|ri|mo|sa *das; -* ⟨*lat.*⟩: (Mus.) Anfangswort u. Bezeichnung der in Molltonart komponierten 10. Strophe des ↑ Dies Irae in der Totenmesse

la|c|ri|mo|so: (Mus.) klagend, traurig (Vortragsanweisung)

La|c|rosse [laˈkrɔs] *das; -* ⟨*fr.*⟩: dem Hockey verwandtes amerikanisches Mannschaftsspiel, bei dem im Gummiball mit Schlägern in die Tore geschleudert wird

Lac|tam *das; -s, -e* ⟨*lat.; gr.*⟩: durch Wasserabspaltung aus bestimmten Aminosäuren entstehendes ↑ Amid

Lac|tat *das; -s, -e* ⟨*lat.-nlat.*⟩: (Chem.) Salz der Milchsäure

Lac|to|se vgl. Laktose

Lạd|a|num *das; -s* ⟨*gr.-lat.*⟩: aus Zistrosen gewonnene weiche Harzmasse (vor allem für Räucherpulver u. Parfüme)

lä|die|ren ⟨*lat.*⟩: in einer das Aussehen beeinträchtigenden Weise beschädigen, verletzen

Lạ|dik *der; -[s], -s* ⟨nach einem anatolischen Ort⟩: rot- od. blaugrundiger Gebetsteppich

---

¹La|di|no *der; -s, -s* (meist Plural) ⟨*lat.-span.*⟩: Mischling von Weißen u. Indianern in Mexiko u. Mittelamerika

²La|di|no *das; -s*: jüdisch-spanische Sprache

La|dy [ˈleɪdɪ] *die; -, -s* ⟨*engl.*⟩: 1. (ohne Plural) Titel der Frau des ↑ Peers. 2. Trägerin des Titels Lady (1). 3. Dame. 4. Kurzform von ↑ Lady Mary Jane

La|dy|kil|ler *der; -s, -* ⟨*engl.-amerik.*⟩: (scherzh.) Frauenheld, Verführer

la|dy|like [ˈleɪdɪlaɪk] ⟨*engl.*⟩: nach Art einer Lady; damenhaft

La|dy Ma|ry Jane [- ˈmɛərɪ ˈdʒeɪn] *die; - - - -* ⟨*engl.*⟩: (verhüllend) Marihuana

La|dy|shave [ˈleɪdɪʃeɪv] *der; -s, -s* ⟨*engl.*⟩: Rasierapparat für Frauen

Lae|sio e|nor|mis [ˈlɛ... -] *die; - -* ⟨*lat.;* „übermäßige Verletzung"⟩: (Rechtsw., österr.) Rechtsgrundsatz, nach dem ein Kauf rückgängig gemacht werden kann, wenn der Preis das Doppelte des Wertes einer Ware überschreitet

Lae|te [ˈlɛːtə] *der; -n, -n od. ...ti* ⟨*lat.*⟩: (hist.) römischer Militärkolonist, meist germanischer Kriegsgefangene, der zum Kriegsdienst unter römischem Kommando verpflichtet war

La|fet|te *die; -, -n* ⟨*lat.-fr.*⟩: [fahrbares] Untergestell eines Geschützes. **la|fet|tie|ren**: (veraltet) ein Geschütz auf eine Lafette bringen

Lag [læg] *der; -s, -s* ⟨*engl.;* „Verzögerung"⟩: zeitliche Verschiebung zwischen dem Beginn eines wirtschaftlichen Ereignisses und seinen Folgen, z. B. Lohnlag

La|gan [ˈlægən] u. Ligan *das; -s, -s* ⟨*engl.*⟩: Schiffsgut, das versenkt, aber durch eine Boje gekennzeichnet wird, damit es später wieder geborgen werden kann

Lạgg *das; -s* ⟨*schwed.*⟩: grabenförmiger, der Entwässerung dienender Rand von Hochmooren

La|g|loph|thal|mus *der; -* ⟨*gr.-nlat.*⟩: (Med.) unvollständiger Lidschluss; Hasenauge

Lạg|ting *das; -s* ⟨*norw.*⟩: das norwegische Oberhaus

La|gu|ne *die; -, -n* ⟨*lat.-it.*⟩: 1. durch

eine Reihe von Sandinseln od. durch eine Nehrung vom offenen Meer abgetrenntes Flachwassergebiet vor einer Küste. 2. von Korallenriffen umgebene Wasserfläche eines Atolls

La̱|har *der;* -s, -s ⟨*malai.*⟩: (Geol.) bei Vulkanausbrüchen austretender Schlammstrom aus Asche u. Wasser

Lai [lɛ:] *das;* -[s], -s ⟨*gall.-fr.*⟩: 1. gereimte Kurzerzählung in der altfranzösischen Literatur. 2. Instrumentalstück in der altfranzösischen Musik. 3. (formal dem Leich entsprechendes) liedhaftes Gedicht in der altfranzösischen Literatur

La̱ie *der;* -n, -n ⟨*gr.-lat.-roman.;* „zum Volk gehörend; gemein; Nichtgeistlicher"⟩: 1. Nichtfachmann; Außenstehender. 2. Nichtkleriker

Lai̱|en|a|po̱|s|to̱|lat *das,* fachspr. auch: *der;* -[e]s: (kath. Kirche) Teilnahme von Laien an den Aufgaben der Kirche, ↑ Apostolat (b) der Laien

Lai̱|en|kelch *der;* -[e]s: (kath. Kirche) dem Laien gewährtes Trinken vom konsekrierten Wein beim Abendmahl

Lai̱|en|pries̱|ter *der;* -s, -: (veraltet) Weltpriester (katholischer Pfarrer im Unterschied zum katholischen Ordenspriester)

la|i̱|kal: den ↑ Laien (2) betreffend; Ggs. ↑ klerikal (a)

La̱is: *Plural* von ↑ Lai

la|i̱|sie̱|ren ⟨*gr.-lat.-roman.*⟩: (kath. Kirche) einen Kleriker in den Laienstand zurücksetzen.

La̱|i̱|sie̱|rung *die;* -, -en: das Laisieren; das Laisiertwerden

Laisse [lɛ:s] *die;* -, -s [lɛ:s] ⟨*lat.-fr.*⟩: durch ↑ Assonanz verbundene Strophe des altfranzösischen Heldenepos

Lais̱|ser-aḻ|ler [lɛsea'le:] u. **Lais̱ser-faire** [lɛse'fɛ:r] *das;* -: 1. (veraltet) das Sich-gehen-Lassen; Ungezwungenheit, Ungebundenheit. 2. das Gewährenlassen; Nichteinmischung

Lais̱|ser-pas̱|ser [lɛsepa'se:] *das;* -: ↑ Laisser-aller

lais̱|sez faire, lais̱|sez aḻ|ler [lɛse-'fɛ:r, lɛsea'le:], auch: **lais̱|sez faire, lais̱|sez pas̱|ser** [- -, - pa'se:]: 1. Schlagwort des wirtschaftlichen Liberalismus (bes. des 19. Jh.s), nach dem sich die von staatlichen Eingriffen freie

Wirtschaft am besten entwickelt. 2. Schlagwort für das Gewährenlassen (z. B. in der Kindererziehung)

Lais̱|sez-pas̱|ser [lɛsepa'se:] *der;* -, -: (veraltet) Passierschein

La̱|i̱|zis̱|mus *der;* - ⟨*gr.-nlat.*⟩: weltanschauliche Richtung, die die radikale Trennung von Kirche und Staat fordert. **La̱|i̱|zist** *der;* -en, -en: Anhänger, Vertreter des Laizismus. **La̱|i̱|zis̱|tin** *die;* -, -nen: weibliche Form zu ↑ Laizist. **la̱|i̱|zis̱|tisch:** 1. den Laizismus betreffend. 2. das Laientum in der katholischen Kirche betonend

La̱|kai̱ *der;* -en, -en ⟨*fr.*⟩: 1. (früher) herrschaftlicher, fürstlicher Diener [in Livree]. 2. (abwertend) Mensch, der sich willfährig für die Interessen anderer gebrauchen lässt; Kriecher

Laḵ|ka̱|se *die;* - ⟨*sanskr.-pers.-arab.-it.-nlat.*⟩: ↑ Enzym, das den gelben Milchsaft der (zu den Wolfsmilchgewächsen zählenden) Lackbäume zum tiefschwarzen Japanlack oxidiert

Laḵ|ko̱|lith [auch: ...'lɪt] *der;* -s u. -en, -e[n] ⟨*gr.-nlat.*⟩: (Geol.) ein Tiefengesteinskörper; in relativ flachem Untergrund stecken gebliebenes ↑ Magma (1)

La̱k|ko̱|da *die;* -[s], -s ⟨nach dem Gebiet auf einer Inselgruppe im Beringmeer⟩: kostbarer, kurz geschorener Seal (Robbenfell)

La̱|ko̱|nik *die;* - ⟨*gr.-lat.*⟩: lakonische Art des Ausdrucks. **la̱|ko̱nisch:** kurz, einfach [u. treffend], ohne zusätzliche Erläuterungen

La̱|ko̱|nis̱|mus *der;* -, ...men ⟨*gr.-nlat.*⟩: 1. (ohne Plural) ↑ Lakonik. 2. lakonischer Ausdruck, lakonische Aussage

La̱k|ri̱tz *der,* auch: *das;* -es, -e, u. landsch.: **La̱k|ri̱t|ze** *die;* -, -n ⟨*gr.-lat.-mlat.*⟩: aus einer süß schmeckenden, schwarzen Masse bestehende Süßigkeit, die aus eingedicktem Saft von Süßholz hergestellt ist

lakt..., Lakt... s. Kasten galakto..., Galakto...

La̱k|ta|ci̱|dä̱|mie̱ *die;* -, ...ien ⟨*gr.-lat.*⟩: Auftreten von Milchsäure im Blut

La̱k|ta|go̱|gum *das;* -s, ...ga: ↑ Galaktagogum

La̱k|ta|l|bu̱|min *das;* -s, -e ⟨*lat.-nlat.*⟩: in Kuhmilch enthaltener,

biologisch hochwertiger Eiweißstoff; Milcheiweiß

La̱k|tam vgl. Lactam

La̱k|ta̱|se *die;* -, -n: ↑ Galaktosidase

La̱k|tat vgl. Lactat

La̱k|ta|ti̱|on *die;* -, -en ⟨*lat.*⟩: a) (Med.; Biol.) Milchabsonderung aus der Brustdrüse; b) (Med.; Biol.) das Stillen, Zeit des Stillens. **la̱k|tie̱|ren:** a) (Med.; Biol.) Milch absondern; b) (Med.; Biol.) stillen

La̱k|ti̱|zi̱|ni̱|en *die* (Plural) ⟨*lat.-mlat.*⟩: Milch u. Milchprodukte, deren Genuss an Fasttagen heute erlaubt ist

laḵ|to..., La̱k|to... s. Kasten galakto..., Galakto...

La̱k|to|den|si̱|me̱|ter *das;* -s, - ⟨*lat.; gr.*⟩: Gerät zur Bestimmung des spezifischen Gewichtes der Milch, woraus der Fettgehalt errechnet werden kann

La̱k|to|fla̱|vin *das;* -s ⟨*lat.-nlat.*⟩: Vitamin B_2

La̱k|to|glo̱|bu̱|lin *das;* -s, -e: in Kuhmilch nur in geringen Mengen enthaltener Eiweißstoff

La̱k|to|me̱|ter *das;* -s, - ⟨*lat.; gr.*⟩: ↑ Laktodensimeter

La̱k|to̱|se *die;* - ⟨*lat.-nlat.*⟩: Milchzucker (Zucker der Säugetier- u. Muttermilch)

La̱k|to̱|s|ko̱p *das;* -s, -e ⟨*lat.; gr.*⟩: Gerät zur Prüfung der Milch nach ihrer Durchsichtigkeit

La̱k|to̱|s|u|ri̱e *die;* -, ...ien: (Med.) Auftreten von Milchzucker im Harn (nicht krankhaft bei Schwangeren u. Wöchnerinnen)

laḵ|to|trop: auf die Milchabsonderung gerichtet

La̱|ku̱|na *die;* -, ...nae [...nɛ] ⟨*lat.*⟩: ↑ Lakune (1)

la̱|ku̱|när ⟨*lat.-nlat.*⟩: (Med.; Biol.) Ausbuchtungen enthaltend, Gewebelücken bildend; höhlenartig, buchtig; schwammig

La̱|ku̱|ne *die;* -, -n ⟨*lat.*⟩: 1. (Sprachw.) Lücke in einem Text. 2. (Med.) Vertiefung, Ausbuchtung (z. B. an der Oberfläche von Organen); Muskel- od. Gefäßlücke

la̱|ku̱|s|t|risch ⟨*lat.-nlat.*⟩: (Geol.; Biol.) in Seen sich bildend od. vorkommend (von Gesteinen u. Lebewesen)

La̱l|lem *das;* -s, -e ⟨*gr.-nlat.*⟩: durch die ↑ Artikulation (1) bestimmte Sprecheinheit in der

L

Lautlehre. **La|le|tik** *die; -:* Wissenschaft von den Lalemen; Sprechkunde, -lehre

La|lo|pa|thie *die; -:* (Med.) Sprachstörung

La|lo|pho|bie *die; -:* Furcht vor dem Sprechen (z. B. bei Stotterern)

¹**La|ma** *das; -s, -s* ⟨*peruan.-span.*⟩: 1. in Südamerika heimisches, als Haustier gehaltenes (aus dem ↑ Guanako gezüchtetes) höckerloses Kamel. 2. flanellartiger Futter- od. Mantelstoff aus [Baum]wolle

²**La|ma** *der; -[s], -s* ⟨*tibet.;* „der Obere"⟩: buddhistischer Priester, Mönch in Tibet u. der Mongolei

La|ma|is|mus *der; -* ⟨*tibet.-nlat.*⟩: Form des ↑ Buddhismus in Tibet u. der Mongolei. **La|ma|ist** *der; -en, -en:* Anhänger des Lamaismus. **La|ma|is|tin** *die; -, -nen:* weibliche Form zu ↑ Lamaist. **la|ma|is|tisch:** den Lamaismus betreffend, auf ihm beruhend, ihm angehörend

La|mäng *die; -* ⟨*lat.-fr.;* zusammengezogen aus *fr.* la main „die Hand"⟩: (scherzh.) Hand; **aus der Lamäng:** unvorbereitet u. mit Leichtigkeit

La|man|tin *der; -s, -e* ⟨*indian.-span.-fr.*⟩: Seekuh im tropischen Amerika, deren Fleisch, Fett u. Fell wirtschaftlich verwertet werden

La|mar|ckis|mus *der; -* ⟨*nlat.;* nach dem Begründer, dem franz. Naturforscher J. B. de Lamarck, 1744–1829⟩: Hypothese Lamarcks über die Entstehung neuer Arten durch funktionelle Anpassung, die vererbbar sein soll. **la|mar|ckis|tisch:** der Hypothese Lamarcks folgend

Lam|ba|da *der; -, -s,* auch: *der; -[s], -s* ⟨*port.*⟩: aus Brasilien stammender Modetanz in lateinamerikanischem Rhythmus

Lamb|da *das; -[s], -s* ⟨*gr.*⟩: elfter Buchstabe des griechischen Alphabets: Λ, λ

Lamb|da|naht *die; -* ⟨*gr.; dt.*⟩: (Anat.) Schädelnaht zwischen Hinterhauptsbein u. beiden Scheitelbeinen

Lamb|da|zis|mus *der; -* ⟨*gr.-nlat.*⟩: Sprachfehler mit erschwerter, oft fehlerhafter Aussprache des r als l

Lam|beth|walk ['læmbəϴwɔ:k]

der; -s ⟨*engl.;* nach dem Londoner Stadtteil Lambeth⟩: (etwa 1938 in Mode gekommener) englischer Gesellschaftstanz

Lam|bi|tus *der; -* ⟨*lat.*⟩: [gegenseitiges] Belecken, Küssen o. Ä. der Genitalien, des Afters od. anderer Körperstellen

Lam|b|li|a|sis ⟨*nlat.;* nach dem tschech. Arzt W. Lambl, 1824–1895⟩ u. **Lambliose** *die; -:* (Med.) durch Lamblien hervorgerufene Entzündung der Darmwand, der Gallenblase u. der Gallenwege

Lam|b|lie [...iə] *die; -, -n* (meist Plural): (Med.) im Zwölffingerdarm, im Dünndarm u. in den Gallenwegen schmarotzendes Geißeltierchen

Lam|b|li|o|se vgl. Lambliasis

Lam|b|re|quin [lãbrə'kɛ̃:] *der; -s, -s* ⟨*fr.*⟩: 1. (veraltet, noch österr.) drapierter Querbehang von Fenstern, Türen u. a. 2. (Archit.) im Barock übliche Nachbildung eines Vorhanges, Querbehanges o. Ä. aus Bronze, Holz, meist aus Stein od. Stuck als Zierde von Gebäudeteilen

Lam|b|ris [lã'bri:] *der; -* [lã'bri:(s)], - [lã'bri:s], österr.: *die; -, - u. ...jen* ⟨*lat.-roman.-fr.*⟩: untere Wandverkleidung aus Holz, Marmor od. Stuck

Lam|b|rus|co *der; -* ⟨*lat.-it.*⟩: süßer, leicht schäumender italienischer Rotwein

Lamb|skin ['læmskɪn] *das; -s, -s* ⟨*engl.;* „Lammfell"⟩: Lammfellimitation aus Plüsch

Lambs|wool ['læmzwʊl] *die; -:* 1. weiche Lamm-, Schafwolle. 2. feine Strickware aus Lamm-, Schafwolle

la|mé [la'me:], auch: **la|mee** ⟨*lat.-fr.*⟩: mit Lamé durchwirkt. **La|mé,** auch: **La|mee** *der; -s, -s:* Gewebe aus Metallfäden, die mit [Kunst]seide übersponnen sind

la|mel|lar ⟨*lat.-nlat.*⟩: streifig, schichtig, in Lamellen (1) angeordnet. **La|mel|le** *die; -, -n* (meist Plural) ⟨*lat.-fr.*⟩: 1. eines der strahlenförmig stehenden Blättchen an der Unterseite des Hutes der Blätterpilze. 2. a) schmale, dünne Platte, Scheibe (bes. als Glied einer Schicht, Reihe); b) Glied, Rippe eines Heizkörpers

La|mel|li|bran|chi|a|ta *die* (Plural)

⟨*lat.; gr.*⟩: zusammenfassende systematische Bez. für: Muscheln

la|mel|lie|ren: lamellenartig formen, lamellenförmig gestalten

la|mel|lös ⟨*lat.-fr.*⟩: (Med.; Biol.) aus Lamellen bestehend

la|men|ta|bel ⟨*lat.*⟩: beklagenswert, kläglich, jämmerlich

la|men|ta|bi|le: ↑ lamentoso

La|men|ta|ti|on *der; -, -en:* 1. Gejammer, weinerliches, jammerndes Klagen. 2. (nur Plural) a) Klagelieder Jeremias im Alten Testament; b) bei den katholischen Stundengebeten der Karwoche aus den Klageliedern Jeremias verlesene Abschnitte

la|men|tie|ren: 1. (ugs. abwertend) laut klagen, jammern. 2. (landsch.) jammernd um etwas betteln

La|men|to *das; -s, -s* ⟨*lat.-it.*⟩: 1. (abwertend) Klage, Gejammer. 2. (Plural auch: ...ti) Musikstück von schmerzlich-leidenschaftlichem Charakter

la|men|to|so: (Mus.) wehklagend, traurig (Vortragsanweisung)

La|met|ta *das; -s* ⟨*lat.-it.*⟩: 1. aus schmalen, dünnen, glitzernden Metallstreifen bestehender Christbaumschmuck. 2. (ugs. abwertend) Orden, Uniformschnüre, Schulterstücke usw.

La|mia *die; -, ...ien* ⟨*gr.-lat.*⟩: weibliches Schreckgespenst des [alt]griechischen Volksglaubens, das Kinder raubt

La|mi|na *die; -, -nen* [... nɛ] ⟨*lat.*⟩: 1. (Bot.) Blattspreite, -fläche. 2. (Plural auch: -s; Anat.) plattenförmige Gewebsschicht, Knochenplatte (z. B. innere u. äußere Platte des Schädeldaches)

la|mi|nal ⟨*lat.-nlat.*⟩: (Bot.) auf der Innenfläche des Fruchtblattes entspringend, flächenständig (in Bezug auf die Samenanlage)

la|mi|nar: gleichmäßig schichtweise gleitend

La|mi|na|ria *die; -, ...ien:* zu den Braunalgen gehörender Blatttang

La|mi|nat *das; -[e]s, -e* ⟨*lat.-nlat.*⟩: Schichtpressstoff aus Kunstharz (z. B. für wetterfeste Verkleidungen, Isolierplatten o. Ä.)

La|mi|n|ek|to|mie *die; -, ...ien* ⟨*lat.; gr.*⟩: (Med.) operative Entfernung des hinteren Teiles eines Wirbelbogens

la|mi|nie|ren ⟨*lat.-fr.*⟩: 1. das Material strecken, um die Fasern längs zu richten (in der Spinnerei). 2. (Buchw.) ein Buch mit Glanzfolie überziehen

La|mi|um *das; -s* ⟨*gr.-lat.*⟩: Taubnessel

¹Lam|pa|da|ri|us *der; -, ...ien* ⟨*gr.-lat.*⟩: aus mehreren Armen bestehendes Lampengestell (im alten Rom)

²Lam|pa|da|ri|us *der; -, ...rii*: (in der Antike) Sklave, der seinem Herrn nachts die Fackel vorantrug

Lam|pas *der; -, -* ⟨*fr.*⟩: schweres, dichtes, gemustertes Damastgewebe als Möbelbezug

Lam|pas|sen *die* (Plural): breite Streifen an [Uniform]hosen

Lam|pi|on [lam'pi̯ɔŋ, ...'pi̯õ, auch: 'lam..., österr. ...'pi̯o:n] *der,* seltener auch: *das; -s, -s* ⟨*gr.-lat.-vulgärlat.-it.-fr.*⟩: Laterne aus Papier, dünnem Stoff o. Ä.

Lam|p|re|te *die; -, -n* ⟨*mlat.*⟩: Meeresneunauge (beliebter Speisefisch)

Lam|p|ro|phyr *der; -s, -e* ⟨*gr.-nlat.*⟩: (Geol.) dunkles, häufig feinkörniges Ganggestein (↑ Eruptivgestein als Ausfüllung von Spalten in der Erdrinde)

Län *das; -, -[s]* ⟨*schwed.*⟩: schwed. Bez. für: Regierungsbezirk

La|na|me|ter u. Lanometer *das; -s, -* ⟨*lat.; gr.*⟩: Gerät zur Bestimmung der Feinheit eines Wollhaares

Lan|ça|de [lã'sadə] *die; -, -n* ⟨*lat.-fr.*⟩: Sprung des Pferdes aus der ↑ Levade nach vorn (eine Figur der hohen Schule)

Lan|ci|er [...'si̯e:] *der; -s, -s*: 1. (hist.) Lanzenreiter, Ulan. 2. ein alter Gesellschaftstanz

lan|cie|ren [lã'si:...]: 1. auf geschickte Weise bewirken, dass etwas in die Öffentlichkeit gelangt, dass etwas bekannt wird. 2. geschickt an eine gewünschte Stelle, auf einen vorteilhaften Posten bringen, zu Ansehen, Anerkennung verhelfen

Lan|cier|rohr *das; -[e]s, -e*: (veraltet) Abschussvorrichtung für Torpedos

lan|ciert: (von Stoffen, Geweben) so gemustert, dass die Figuren durch die ganze Stoffbreite hindurchgehen

Land|art, auch: **Land-Art** ['lænd-a:t] *die; -* ⟨*amerik.*⟩: moderne

Kunstrichtung, bei der die Aktionen im Freien, die künstliche Veränderung einer Landschaft (z. B. durch Ziehen von Furchen, Aufstellen von Gegenständen o. Ä.) im Mittelpunkt stehen

Land|ro|ver ® [...rɔʊvə] *der; -s, -* ⟨*engl.*⟩: geländegängiges Kraftfahrzeug mit Allradantrieb

Lands|mål ['lantsmo:l] *das; -s* ⟨*norw.; „Landessprache"*⟩: (veraltet) ↑ Nynorsk

Lands|ting *das; -s* ⟨*dän.*⟩: bis 1953 der Senat des dänischen Reichstags

Lan|ga|ge [lã'gaʒ(ə)] *die; -* ⟨*fr.*⟩: (Sprachw.) Vermögen der Menschen, Sprache zu lernen u. zu gebrauchen; Begriff der menschlichen Redetätigkeit schlechthin (nach F. de Saussure, 1857–1913)

Lan|get|te *die; -, -n* ⟨*lat.-fr.*⟩: 1. dichter Schlingenstich als Randbefestigung von Zacken- u. Bogenkanten. 2. Trennungswand zwischen zwei Schornsteinen. **lan|get|tie|ren**: mit Langetten (1) festigen u. verzieren

Lán|gos ['lã:ŋgoʃ] *das* od. *der; -, -* ⟨*ung.*⟩: süß od. herzhaft zubereitetes ungarisches Schmalzgebäck

Langue ['lã:gə] *die; -* ⟨*lat.-fr.*⟩: (Sprachw.) die Sprache als grammatisches u. lexikalisches System (nach F. de Saussure, 1857–1913); Ggs. ↑ ¹Parole

lan|gu|en|do u. **lan|gu|en|te** u. **languido** ⟨*lat.-it.*⟩: (Mus.) schmachtend (Vortragsanweisung)

Lan|guet|tes [lã'gɛt] *die* (Plural) ⟨*lat.-fr.*⟩: (Mus. veraltet) Zungen (einseitig befestigte, dünne, elastische Blättchen) an den Rohrpfeifen der Orgel

lan|gu|i|do vgl. languendo

Lan|gus|te *die; -, -n* ⟨*lat.-vulgärlat.-provenzal.-fr.*⟩: scherenloser Panzerkrebs des Mittelmeers u. des Atlantischen Ozeans

La|ni|tal|fa|ser *die; -, -n* ⟨*lat.-nlat.; dt.*⟩: [in Italien] aus ↑ Kasein hergestellter Spinnstoff

La|no|lin *das; -s* ⟨*lat.-nlat.*⟩: in Schafwolle enthaltenes, gereinigtes Fett (Wollfett), das z. B. als Salbengrundlage dient

La|no|me|ter vgl. Lanameter

Lan|ta|na *die; -* ⟨*nlat.*⟩: Wandelröschen

Lan|than *das; -s* ⟨*gr.-nlat.*⟩: chem. Element; ein Metall; Zeichen: La

Lan|tha|nid *das; -[e]s, -e*: (veraltet) ↑ Lanthanoid

Lan|tha|nit [auch: ...'nɪt] *der; -s, -e*: ein Mineral

Lan|tha|no|id *das; -[e]s, -e*: zu den seltenen Erden gehörendes unedles Metall

La|nu|go *die; -, ...gines* [...ne:s] ⟨*lat.*⟩: Wollhaarflaum des ↑ Fetus in der zweiten Hälfte der Schwangerschaft, der kurz vor oder bald nach der Geburt verloren geht

Lan|zett|bo|gen *der; -s, -* ⟨*lat.-fr.; dt.*⟩: sehr schmaler Spitzbogen, bes. der englischen Gotik

Lan|zet|te *die; -, -n* ⟨*lat.-fr.*⟩: (Med.) zweischneidiges kleines Operationsmesser

Lan|zett|fens|ter *das; -s, -* ⟨*lat.-fr.; dt.*⟩: langes, schmales Fenster der englischen Frühgotik

Lan|zett|fisch *der; -[e]s, -e*: ↑ Amphioxus

lan|zi|nie|ren ⟨*lat.-fr.*⟩: (Med.) plötzlich u. heftig zu schmerzen beginnen

La O|la *die; - -, - -s* (meist ohne Artikel) ⟨*span.; „die Welle"*⟩: durch abwechselndes Aufstehen und Sichniedersetzen der Zuschauer eine Sportveranstaltung in einem Stadion aus Begeisterung o. Ä. hervorgerufene Bewegung, die den Eindruck einer großen, im Stadion umlaufenden Welle entstehen lässt

La|pa|ro|s|kop *das; -s, -e* ⟨*gr.-nlat.*⟩: (Med.) ↑ Endoskop zur Untersuchung der Bauchhöhle.

La|pa|ro|s|ko|pie *die; -, ...ien*: (Med.) Untersuchung der Bauchhöhle mit dem Laparoskop

La|pa|ro|to|mie *die; -, ...ien*: (Med.) operative Öffnung der Bauchhöhle; Bauchschnitt

La|pa|ro|ze|le *die; -, -n*: (Med.) Bauchbruch (mit Hervortreten der Eingeweide)

la|pi|dar ⟨*lat.; „in Stein gehauen"*⟩: knapp [formuliert], ohne weitere Erläuterungen, kurz u. bündig

la|pi|där *der; -s, -e*: Schleif- u. Polindergerät (z. B. eines Uhrmachers)

La|pi|da|ri|um *das; -s, ...ien*: Steinsammlung

L

La|pi|dar|schrift *die; -:* ↑ Versalschrift ohne Verzierung

La|pil|des [...de:s]: *Plural* von ↑ Lapis

La|pil|li, auch: **Rapilli** *die* (Plural) ⟨*lat.-it.*⟩: (Geol.) hasel- bis walnussgroße Lavabröckchen, die bei einem Vulkanausbruch herausgeschleudert werden

La|pi|ne *die; -* ⟨*lat.-fr.*⟩: (Med.) Kaninchenpockenimpfstoff

La|pis *der; -, ...ides* [...de:s] ⟨*lat.*⟩: lat. Bez. für: Stein. **La|pis|la|zu|li** *der; -, -* ⟨⟨*lat.; pers.-arab.*⟩ *mlat.*⟩: ↑ Lasurit, blauer Schmuckstein

Lap|pa|lie [...jə] *die; -, -n* ⟨*dt.-nlat.*⟩: (abwertend) höchst unbedeutende Sache, Angelegenheit; Nichtigkeit, Belanglosigkeit

Lap|so|lo|gie *die; -* ⟨*lat.; gr.*⟩: Teilgebiet der angewandten ↑ Linguistik, das sich mit Fehlerbeschreibung, -bewertung, -behebung hauptsächlich auf dem Gebiet der fremdsprachlichen ↑ Didaktik (1) befasst

Lap|sus *der; -, -* [...su:s] ⟨*lat.*⟩: Fehlleistung, Versehen, Schnitzer

Lap|sus Ca|la|mi *der; - -, -* [...su:s] -: Schreibfehler

Lap|sus Lin|gu|ae [- ...ε] *der; - -, -* [...su:s] -: das Sichversprechen

Lap|sus Me|mo|ri|ae [- ...ε] *der; - -, - ...su:s] -: Gedächtnisfehler

Lap|top ['lεp...] *der; -s, -s* ⟨*engl.*⟩: kleiner, tragbarer Personalcomputer

Lar *der; -s, -en* ⟨*malai.*⟩: hinterindischer Langarmaffe mit weißen Händen

la|ra|misch ⟨nach den Laramie Mountains (Gebirge in den USA)⟩: die Laramie Mountains betreffend; **laramische Phase:** Alpenfaltung zwischen Kreide u. ↑ Tertiär

La|ren *die* (Plural) ⟨*lat.*⟩: altrömische Schutzgeister, bes. von Haus u. Familie

lar|gan|do: ↑ allargando

¹large [larʒ] ⟨*lat.-fr.*⟩: (bes. schweiz.) großzügig, weitherzig

²large [la:dʒ] ⟨*lat.-fr.-engl.*⟩: groß (als Kleidergröße); Abk.: L

Lar|gesse [lar'ʒεs] *die; - -* ⟨*lat.-fr.*⟩: Freigebigkeit, Weitherzigkeit

lar|ghet|to ⟨*lat.-it.*⟩: (Mus.) etwas breit, etwas gedehnt, langsam (Vortragsanweisung). **Lar|ghet|to** *das; -s, -s u. ...tti:* larghetto gespieltes Musikstück

Lar|ghi: *Plural* von ↑ Largo

lar|go: (Mus.) breit, gedehnt, im langsamsten Zeitmaß (Vortragsanweisung); **largo assai** od. **largo di molto:** sehr langsam, schleppend; **largo ma non troppo:** nicht allzu langsam; **un poco largo:** ein wenig breit. **Lar|go** *das; -s, -s* (auch: ...ghi): largo gespieltes Musikstück

la|ri|fa|ri ⟨scherzhafte Bildung aus den Solmisationssilben: la, re, fa⟩: (ugs. abwertend) oberflächlich, nachlässig. **La|ri|fa|ri** *das; -s:* (ugs. abwertend) Geschwätz, Unsinn

lar|mo|y|ant [larmoa'jant] ⟨*lat.-fr.*⟩: sentimental-weinerlich; mit allzu viel Gefühl [u. Selbstmitleid]. **Lar|mo|y|anz** *die; -:* Weinerlichkeit, Rührseligkeit

Lar|nax *die; -, ...nakes* [...ke:s] ⟨*gr.*⟩: (Archäol.) kleinerer ↑ Sarkophag, Urne

L'art pour l'art [larpur'la:r] *das; - - - -* ⟨*fr.*⟩: „die Kunst für die Kunst"): Kunst als Selbstzweck; Kunst, die keine bestimmte Absicht u. keinen gesellschaftlichen Zweck verfolgt

lar|val ⟨*lat.*⟩: (Biol.) die Tierlarve betreffend; im Larvenstadium befindlich

Lar|ve ['larfə] *die; -, -n:* 1. (Zool.) Tierlarve; Jugendform vieler Tiere, die in Gestalt [u. Lebensweise] vom ausgewachsenen Tier stark abweicht. 2. a) (veraltend) Gesichtsmaske; b) (iron. od. abwertend) Gesicht. 3. (veraltet) Gespenst; böser Geist eines Verstorbenen

lar|vie|ren [...'vi:...]: (veraltet) verstecken, verbergen. **lar|viert:** (Med.) versteckt, verkappt, ohne typische Merkmale verlaufend

La|ryn|gal *der; -s, -e* ⟨*gr.-nlat.*⟩: (Sprachw.) Kehlkopflaut. **La|ryn|gal|is** *die; -, ...les* [...le:s]: (veraltet) ↑ Laryngal

La|ryn|gal|the|o|rie *die; -:* (Sprachw.) Theorie, die den Nachweis von Laryngalen im Indogermanischen zu erbringen versucht

la|ryn|ge|al: (Med.) den ↑ Larynx betreffend, zu ihm gehörend

La|ryn|gek|to|mie *die; -, ...ien:* (Med.) operative Entfernung des Kehlkopfs

La|ryn|gen: *Plural* von ↑ Larynx

La|ryn|gi|tis *die; -, ...itiden:* (Med.) Kehlkopfentzündung

La|ryn|go|lo|ge *der; -n, -n:* Facharzt für Kehlkopfleiden. **La|ryn|go|lo|gie** *die; -:* Teilgebiet der Medizin, das sich mit dem Kehlkopf u. seinen Krankheiten befasst. **La|ryn|go|lo|gin** *die; -, -nen:* weibliche Form zu ↑ Laryngologe

La|ryn|go|s|kop *das; -s, -e:* (Med.) a) ebener Spiegel an einem Stiel zur indirekten Betrachtung des Kehlkopfs; Kehlkopfspiegel; b) röhrenförmiges Instrument mit Lichtquelle zur direkten Betrachtung des Kehlkopfs; Kehlkopfspatel. **La|ryn|go|s|ko|pie** *die; -, ...ien:* (Med.) Untersuchung des Kehlkopfs mit dem Laryngoskop; Kehlkopfspiegelung. **la|ryn|go|s|ko|pisch:** das Laryngoskop, die Laryngoskopie betreffend

La|ryn|go|s|pas|mus *der; -, ...men:* (Med.) schmerzhafter Krampf im Bereich der ↑ Glottis; Glottiskrampf, Stimmritzenkrampf

La|ryn|go|ste|no|se *die; -, -n:* (Med.) krankhafte Verengung des Kehlkopfs

La|ryn|go|s| to|mie *die; -, ...ien:* (Med.) operatives Anlegen einer künstlichen Kehlkopffistel (eines röhrenförmigen Kanals) durch Spaltung des Kehlkopfs in der Mittellinie

La|ryn|go|to|mie *die; -, ...ien* ⟨*gr.-lat.*⟩: (Med.) operatives Öffnen des Kehlkopfs; Kehlkopfschnitt

La|ryn|go|ze|le *die; -, -n* ⟨*gr.-nlat.*⟩: (Med.) meist angeborene, lufthaltige Ausbuchtung der Kehlkopfwandung; Blähhals

La|rynx *der; -, Laryngen* ⟨*gr.*⟩: (Med.) Kehlkopf

La|rynx|kar|zi|nom *das; -s, -e* ⟨*gr.; gr.-lat.*⟩: (Med.) Kehlkopfkrebs

La|sa|g|ne [la'zanjə] *die; -, -n* ⟨*gr.-lat.-vulgärlat.-it.*⟩: (Gastr.) Auflaufgericht, bei dem Platten aus Nudelteig abwechselnd mit einer Hackfleischmasse, Tomaten od. anderen Zutaten geschichtet u. mit Käse überbacken sind

La|ser ['le:zɐ, engl.: 'leɪzə] *der; -s, -* ⟨*engl.*⟩: Kurzw. aus *light amplification by stimulated emission of radiation* = Lichtverstärkung durch angeregte Aussendung von Strahlung): 1. (Phys.) Gerät zur Verstärkung von Licht einer bestimmten Wellenlänge bzw. zur Erzeugung eines scharf gebündelten Strahls ↑ kohärenten Lichts. 2. Einmannjolle für den Rennsegelsport (Kennzeichen: stilisierter Laserstrahl)

La|ser|chi|r|ur|gie *die; -* ⟨*engl.; gr.-lat.*⟩: Chirurgie (1), die mit Laserstrahlen arbeitet

La|ser|disc [...dɪsk] *die; -, -s* ⟨*engl.*⟩: Bildplatte

La|ser|drom *das; -s, -e* ⟨*engl.; gr.*⟩: Spielstätte, in der die Spieler aus Pistolen Laserstrahlen auf ihre jeweiligen Gegner feuern, um sie aktionsunfähig zu machen

la|sern [ˈleːzɐn] ⟨*engl.*⟩: (Med.) mit Laserstrahl behandeln

La|ser|pis|tol|le [ˈleːzɐ...] *die; -, -n* ⟨*engl.; tschech.*⟩: 1. mobiles Gerät, mit dem ein Strichcode auf Distanz gelesen werden kann. 2. mobiles Gerät zur Geschwindigkeitsmessung von Kraftfahrzeugen im Straßenverkehr. 3. Waffe in Science-Fiction-Filmen

La|ser|poin|ter [...pɔɪntɐ] *der; -s, -* ⟨*engl.*⟩: Lasergerät, mit dem ein farbiger Lichtpunkt zur Hervorhebung bestimmter Stellen auf Projektionen (1) erzeugt werden kann

La|ser|prin|ter *der; -s, -:* (bes. EDV) Drucker, der mit Laserstrahl arbeitet

La|ser|strahl *der; -s, -en* ⟨*engl.; dt.*⟩: von einem Laser (1) erzeugter Lichtstrahl

la|sie|ren ⟨*pers.-arab.-mlat.*⟩: a) (ein Bild) mit durchsichtigen Farben übermalen; b) (bes. Holz) mit einer durchsichtigen Schicht überziehen

Lä|si|on *die; -, -en* ⟨*lat.*⟩: 1. (Med.) Verletzung od. Störung der Funktion eines Organs od. Körperglieds. 2. ↑ Laesio enormis

Las|kar *der; -s, ... karen* ⟨*anglo-ind.*⟩: (veraltet) ostindischer Matrose, Soldat

Las|sa|fie|ber *das; -s* ⟨nach dem Ort Lassa in Nigeria⟩: (Med.) durch ein Virus hervorgerufene, sehr ansteckende Erkrankung mit hohem Fieber, Gelenkschmerzen, Mund- u. Gaumengeschwüren u. anderen Symptomen

Las|so *das* (österr. nur so) od. (seltener) *der; -s, -s* ⟨*lat.-span.*⟩: Wurfschlinge zum [Ein]fangen von Tieren

Las|ta|die [...jə, auch: ...taˈdiː] *die; -, -n* [...jən, auch: ...ˈdiːən] ⟨*germ.-mlat.*⟩: (hist.) Ladeplatz [für Schiffe]

last, but not least [ˈlaːst bʌt nɔt ˈliːst]: ↑ last, not least

Las|tex ® *das; -* ⟨*Kunstw.*⟩: elastisches Gewebe aus Gummifäden, die mit Kunstseiden- od. Chemiefasern umsponnen sind

Las|ting *der; -s, -s* ⟨*engl.*⟩: damastartiger Stoff. bes für Möbel, Schuhe o. Ä.

Last-Mi|nute-An|ge|bot [laːstˈmɪnɪt...] ⟨*engl.; dt.*⟩: kurzfristiges Angebot von Reiseveranstaltern, Fluggesellschaften u. Ä., um für frei gebliebene Plätze gegen Preisnachlass noch Interessenten zu gewinnen

last, not least [ˈlaːst nɔt ˈliːst] ⟨*engl.;* „als Letzter (bzw. Letztes), nicht Geringster (bzw. Geringstes)"⟩: in der Reihenfolge zuletzt, aber nicht in der Bedeutung; nicht zu vergessen

La|sur *die; -, -en* ⟨*pers.-arab.-mlat.*⟩: Farb-, Lackschicht, die den Untergrund durchscheinen lässt

La|sur|far|be *die; -, -n*: durchsichtige Farbe zum Übermalen von Bildern

La|su|rit [auch: ...ˈrɪt] *der; -s, -e* ⟨*pers.-arab.-mlat.-nlat.*⟩: tiefblaues, mitunter grünliches od. violettes, feinkörniges u. als Kalkstein gebundenes Mineral; Lapislazuli

La|sur|stein *der; -[e]s, -e:* ↑ Lapislazuli

las|ziv ⟨*lat.*⟩: in einer zur Anstößigkeit grenzenden Weise sinnlich, schwül-erotisch, schlüpfrig. **Las|zi|vi|tät** *die; -:* lasziver Wesen, laszive Art

La|tah *das; -* ⟨*malai.*⟩: bes. bei Malaien auftretende Anfälle krankhafter Verhaltensstörung

Lä|ta|re ⟨*lat.; nach dem alten* ↑ Introitus des Gottesdienstes, Jesaja 66, 10: „Freue dich (Jerusalem)!"⟩: vierter Sonntag der Passionszeit

La-Tène-Stil [laˈtɛːn...] *der; -[e]s* ⟨nach dem Schweizer Fundort La Tène⟩: (Archäol.) in der La-Tène-Zeit entstandene Stilrichtung der bildenden Kunst, die durch stilisierte pflanzliche u. abstrakte Ornamentik, Tiergestalten u. menschliche Maskenköpfe gekennzeichnet ist

La-Tène-Zeit *die; -:* zweiter Abschnitt der europäischen Eisenzeit

Late-Night-Show [ˈleɪtnaɪtʃoʊ] *die; -, -s* ⟨*engl.-amerik.*⟩: Veranstaltung, Unterhaltungssendung, die am späten Abend beginnt bzw. stattfindet

la|tent ⟨*lat.(-fr.)*⟩: 1. versteckt, verborgen; [der Möglichkeit nach] vorhanden, aber [noch] nicht in Erscheinung tretend, nicht offenkundig. 2. (Med.) ohne typische Merkmale vorhanden, nicht gleich erkennbar, kaum od. nicht in Erscheinung tretend (von Krankheiten od. Krankheitssymptomen). 3. (Fotogr.) unsichtbar, unentwickelt

La|tenz *die; -* ⟨*lat.-nlat.*⟩: 1. Verstecktheit, Verborgenheit. 2. (Med.) zeitweiliges Verborgensein, unbemerktes Vorhandensein einer Krankheit. 3. (Psychol.) durch die Nervenleitung bedingte Zeit zwischen Reizeinwirkung u. Reaktion

La|tenz|ei *das; -[e]s, -er:* Winterei vieler niederer Süßwassertiere (Würmer u. Krebse), das im Gegensatz zum Sommerei dotterreich u. durch eine Hülle geschützt ist

La|tenz|pe|ri|o|de *die; -, -n:* Ruhepause in der sexuellen Entwicklung des Menschen zwischen dem 6. u. 10. Lebensjahr

La|tenz|zeit *die; -, -en:* ↑ Inkubationszeit

la|te|ral ⟨*lat.*⟩: 1. seitlich, seitwärts [gelegen]; **laterales Denken:** Denken, das alle Seiten eines Problems einzuschließen sucht, wobei auch unorthodoxe, beim logischen Denken oft unbeachtete od ignorierte Methoden angewendet werden. 2. (Med.) von der Mittellinie eines Organs abgewandt, an der Seite gelegen

La|te|ral *der; -s, -e:* (Sprachw.) Laut, bei dem die Luft nicht durch die Mitte, sondern auf einer od. auf beiden Seiten des Mundes entweicht (z. B. l)

La|te|ral|in|farkt *der; -[e]s, -e:* (Med.) ↑ Infarkt im Bereich der Vorder- u. Hinterwand der linken Herzkammer

la|te|ra|li|sie|ren: (Med.) nach der Seite verlagern, verschieben

La|te|ra|li|tät *die; -:* (Psychol.) das Vorherrschen, die Dominanz

einer Körperseite (z. B. Rechts-
od. Linkshändigkeit)
La|te|ral|laut *der;* -[e]s, -e: ↑ Lateral
La|te|ral|plan *der;* -[e]s, ...pläne:
(Seew.) Fläche des Längsschnittes des Schiffsteils, der unter
Wasser liegt
La|te|ral|skle|ro|se *die;* -, -n:
(Med.) ↑ Sklerose der Seitenstränge des Rückenmarks
La|te|ran *der;* -s ⟨nach der Familie
der Laterani aus der röm. Kaiserzeit⟩: außerhalb der Vatikanstadt gelegener ehemaliger
päpstlicher Palast in Rom mit
↑ Basilika u. Museum
La|te|ran|kon|zi|li|en u. **La|te|ran-
sy|n|o|den** *die* (Plural): (hist.)
die fünf im Mittelalter
(1123–1512) im Lateran abgehaltenen allgemeinen Konzilien
la|te|rie|ren ⟨lat.⟩: (veraltet) seitenweise zusammenzählen
La|te|ri|sa|ti|on *die;* -, -en ⟨lat.-
nlat.⟩: ↑ Laterisierung; vgl. ...ation/...ierung. **La|te|ri|sie|rung**
die; -, -en: Entstehung von Laterit; vgl. ...ation/...ierung
La|te|rit [auch: ...'rɪt] *der;* -s, -e:
roter Verwitterungsboden in
den Tropen u. Subtropen
La|ter|na ma|gi|ca *die;* - -, ...nae
...cae [...nɛ ...kɛ] ⟨gr.-lat.; „Zauberlaterne"⟩: 1. einfachster (im
17. Jh. erfundener) Projektionsapparat. 2. Form der Bühnenaufführung (Ballettdarbietung)
in Kombination mit vielfältiger
Projektion von Filmen u. Diapositiven auf [variable] Bildwände
La|ter|ne *die;* -, -n ⟨gr.-lat.-vulgär-
lat.⟩: 1. durch ein Gehäuse aus
Glas, Papier o. Ä. geschützte
[tragbare] Lampe. 2. (Archit.)
auf die Scheitelöffnung einer
Kuppel gesetztes, von Fenstern
durchbrochenes Türmchen
La|tex *der;* -, ...tizes [...tse:s] ⟨gr.-
lat.⟩: Milchsaft einiger tropischer Pflanzen, aus dem ↑ Kautschuk, Klebstoff u. a. hergestellt
wird u. der zur Imprägnierung
dient
la|te|xie|ren: mit einer aus Latex
hergestellten Substanz beschichten, bestreichen
La|th|raea [...'trɛa] *die;* - ⟨gr.-
nlat.⟩: Schuppenwurz; eine
schmarotzende Pflanze auf Haselsträuchern u. Erlen
La|thy|ris|mus *der;* - ⟨gr.-nlat.⟩:
(Med.) Vergiftung durch die als

Futterpflanze angebaute Erbsenart Lathyrus (Platterbse)
La|ti|fun|di|en|wirt|schaft *die;* -
⟨lat.; dt.⟩: Bewirtschaftung eines Großgrundbesitzes durch
abhängige Bauern in Abwesenheit des Besitzers (z. B. in Südamerika)
La|ti|fun|di|um *das;* -s, ...ien ⟨lat.⟩:
1. (hist.) von Sklaven bewirtschaftetes Landgut im Römischen Reich. 2. (nur Plural) Liegenschaften, großer Land- od.
Forstbesitz
La|ti|me|ria *die;* - ⟨nlat.; nach der
Entdeckerin Courtenay-Latimer⟩: einzige noch lebende, zu
den Quastenflossern zählende
Fischart (die als ausgestorben
galt, aber 1938 wieder entdeckt
wurde)
la|ti|ni|sie|ren ⟨lat.⟩: in lateinische
Sprachform bringen; der lateinischen Sprachart angleichen
La|ti|nis|mus *der;* -, ...men ⟨lat.-
mlat.⟩: Entlehnung aus dem Lateinischen; dem Lateinischen
eigentümlicher Ausdruck in einer nicht lateinischen Sprache
La|ti|nist *der;* -en, -en: jmd., der
sich wissenschaftlich mit der
lateinischen Sprache u. Literatur befasst. **La|ti|nis|tin** *die;* -,
-nen: weibliche Form zu ↑ Latinist
La|ti|ni|tät *die;* - ⟨lat.⟩: a) klassische, mustergültige lateinische
Schreibweise; b) klassisches lateinisches Schrifttum
La|tin|lo|ver ['lætɪnlʌvə] *der;* -[s],
-s, auch: **La|tin Lo|ver** *der;* - -[s],
- -s ⟨engl.⟩: feuriger südländischer Liebhaber; Papagallo
La|ti|no *der;* -s, -s ⟨lat.-span.-ame-
rik.⟩: ↑ Hispanoamerikaner
La|tin|rock ['lætɪnrɔk] *der;* -(s),
auch: **La|tin Rock** *der;* - -(s)
⟨engl.⟩: Stilrichtung der Rockmusik, die Elemente der lateinamerikanischen Musik (Tanzrhythmen, Instrumente) aufgreift
La|ti|num *das;* -s: durch eine Prüfung nachgewiesene Kenntnisse in der lateinischen Sprache
La|ti|tü|de *die;* -, -n ⟨lat.-fr.⟩:
1. geographische Breite. 2. (veraltet) Weite, Spielraum
la|ti|tu|di|nal ⟨lat.-nlat.⟩: den Breitengrad betreffend
La|ti|tu|di|na|ri|er *der;* -s, -: 1. Anhänger des Latitudinarismus.

2. (veraltet) jmd., der nicht
allzu strenge Grundsätze hat,
der duldsam, tolerant ist. **La|ti-
tu|di|na|ri|e|rin** *die;* -, -nen:
weibliche Form zu ↑ Latitudinarier
La|ti|tu|di|na|ris|mus *der;* -: (im
17. Jh. entstandene) Richtung
der anglikanischen Kirche, die
durch ihre konfessionelle Toleranz u. ihre Offenheit gegenüber den Erkenntnissen der
modernen Wissenschaft gekennzeichnet ist
La|ti|zes [...tse:s]: Plural von ↑ Latex
La|t|rie *die;* - ⟨gr.-lat.; „Dienst"⟩:
(kath. Rel.) Gott u. Christus allein zustehende Verehrung, Anbetung
La|t|ri|ne *die;* -, -n ⟨lat.⟩: primitive
Toilette; Senkgrube
La|t|ri|nen|pa|ro|le *die;* -, -n: (ugs.
abwertend) Gerücht
La|tus *das;* -, -, ...ren ⟨lat.; „Seite"⟩: (veraltet) Gesamtbetrag einer Seite,
der auf die folgende zu übertragen ist; Übertragssumme
Lau|da *die;* -, ...de ⟨lat.-it.⟩: im Mittelalter in Italien ein volkstümlicher geistlicher Lobgesang
lau|da|bel ⟨lat.⟩: löblich, lobenswert
Lau|da|num *das;* -s ⟨semit.-gr.-lat.-
nlat.⟩: Lösung von Opium in Alkohol; Opiumtinktur (ein Beruhigungs- u. Schmerzmittel)
Lau|da|tio *die;* -, ...ones [...ne:s] u.
...onen ⟨lat.⟩: anlässlich einer
Preisverleihung o. Ä. gehaltene
Rede, in der die Leistungen u.
Verdienste des Preisträgers
hervorgehoben werden
Lau|da|ti|on *die;* -, -en: Lobrede
Lau|da|tor *der;* -s, ...oren: jmd.,
der eine Laudatio hält; Redner
bei einer Preisverleihung. **Lau-
da|to|rin** *die;* -, -nen: weibliche
Form zu ↑ Laudator
Lau|de *die;* -, ...di ⟨lat.-it.⟩:
1. ↑ Lauda. 2. Plural von ↑ Lauda
Lau|de|mi|um *das;* -s, ...ien ⟨lat.-
mlat.⟩: (hist.) Abgabe an den
Lehnsherrn
Lau|des [...de:s] *die* (Plural)
⟨„Lobgesänge"⟩: im katholischen ↑ Brevier enthaltenes
Morgengebet
Lau|di: Plural von ↑ Laude
lau|die|ren ⟨lat.⟩: (veraltet) 1. loben. 2. (Rechtsw.) [dem Gericht] einen Zeugen vorschlagen, benennen

Lau|dist *der; -en, -en ⟨lat.-nlat.⟩:* Hymnen- u. Psalmensänger des 13.–16. Jh.s

Launch [lɔ:ntʃ] *der od. das; -[e]s, -[e]s ⟨engl.⟩:* (Werbespr.) Einführung eines neu entwickelten Produktes auf dem Markt.

laun|chen ['lɔ:ntʃən]: auf dem Markt einführen (von neuen Produkten); lancieren

Laun|cher ['lɔ:ntʃɐ] *der u. das; -s, - ⟨engl.⟩:* Abschussvorrichtung, bes. für Raketen

Lau|ra u. Lawra *die; -, ...ren ⟨gr.-mgr.; „enge Gasse"⟩:* 1. Eremitensiedlung der Ostkirche. 2. bedeutendes ↑ zönobitisches Kloster

Lau|rat *das; -s, -e ⟨lat.-nlat.⟩:* (Chem.) Salz der Laurinsäure, einer Fettsäure

Lau|re|at *der; -en, -en ⟨lat.⟩:* a) (hist.) mit dem Lorbeerkranz gekrönter Dichter; vgl. Poeta laureatus; b) jmd., der einen Preis erhält, dem eine besondere Auszeichnung zuteil wird; Preisträger. **Lau|re a̱|tin** *die; -, -nen:* weibliche Form zu ↑ Laureat (b)

Lau|ren|tia *die; - ⟨nlat.; vom latinisierten Namen des Sankt-Lorenz-Stromes⟩:* (Geol.) altes Festland in Kanada u. Grönland

lau|ren|tisch: die Laurentia betreffend; **laurentische Faltung, laurentische Gebirgsbildung, laurentische Revolution:** (Geol.) Hochgebirgsbildung am Ende des ↑ Archaikums

lau|re|ta|nisch *⟨nlat.; nach dem ital. Wallfahrtsort Loreto⟩:* aus Loreto; **Lauretanische Litanei:** im 16. Jh. in Loreto entstandene Marienlitanei

Lau̱|rus *der; - u. -ses, - u. -se ⟨lat.⟩:* Lorbeerbaum

Lau|tal *das; -s ⟨Kunstw.⟩:* Aluminium-Kupfer-Legierung von großer Festigkeit

Lau|te|nist *der; -en, -en ⟨mlat.⟩:* jmd., der [als Berufsmusiker] Laute spielt; Lautenspieler. **Lau|te|nis tin** *die; -, -nen:* weibliche Form zu ↑ Lautenist

La̱|va *die; -, Laven ⟨it.⟩:* (Geol.) bei Vulkanausbrüchen an die Erdoberfläche tretender Schmelzfluss u. das daraus durch Erstarrung hervorgehende Gestein

La|va̱|bel *der; -s ⟨lat.-fr.⟩:* feinfädi-

ges, waschbares Kreppgewebe in Leinwandbindung (Webart)

La|va̱|bo *das; -[s], -s ⟨lat.: „ich werde waschen"; nach Psalm 26, 6⟩:* 1. Handwaschung des Priesters in der katholischen Liturgie. 2. vom Priester bei der Handwaschung verwendetes Waschbecken mit Kanne. 3. ['la:...] (schweiz.) Waschbecken

La̱|ven: *Plural von* ↑ Lava

la|veṉ|del *⟨lat.-mlat.-it.⟩:* [blau]violett (wie die Blüte des Lavendels)

[1]La|veṉ|del *der; -s, -:* Heil- u. Gewürzpflanze, die auch für Parfüme verwendet wird

[2]La|veṉ|del *das; -s:* mit Lavendelöl hergestelltes Parfüm; Lavendelwasser

[3]La|veṉ|del *das; -s, -:* (bei Schwarz-Weiß-Filmen lavendelblaue) Kopie vom Negativfilmstreifen des Originals, die zur Herstellung von weiteren Negativen dient

[1]la|vie̱|ren *⟨lat.-it.⟩:* a) die Konturen einer [farbigen] Tuschzeichnung mit wassergefülltem Pinsel verwischen; b) eine Zeichnung kolorieren, mit verlaufenden Farbflächen arbeiten

[2]la|vie̱|ren *⟨niederl.⟩:* 1. (auch: sich lavieren) mit Geschick Schwierigkeiten überwinden, vorsichtig zu Werke gehen, sich durch Schwierigkeiten hindurchwinden. 2. (Seemannsspr. veraltet) gegen den Wind kreuzen

La|vi|pe̱|di|um *das; -s, ...ien ⟨lat.-nlat.⟩:* (Med.) Fußbad

lä|vo|gyr *⟨gr.-lat.; gr.⟩:* (Phys.; Chem.) die Ebene des polarisierten Lichts nach links drehend; Zeichen: l; Ggs. ↑ dextrogyr

La|voir [la'voa:ɐ̯] *das; -s, -s ⟨lat.-fr.⟩:* (österr., sonst veraltet) Waschbecken, -schüssel

Lä|vo|kar|die *die; -, ...ien ⟨lat.; gr.⟩:* (Med.) Lage eines mit seiner Spitze nach links zeigenden Herzens

La|vor [auch: ...f...] *das; -s, -e ⟨lat.-fr.⟩:* (südd.) Lavoir, Waschbecken

Lä|vu|lo|se *die; - ⟨gr.-lat.-nlat.⟩:* (veraltet) Fruchtzucker

Lä|vu|lo s̱u ri̱e *die; - ⟨gr.-lat.-nlat.; gr.⟩:* (Med.) das Auftreten von Lävulose im Harn

Law and Or|der ['lɔ: ənd 'ɔ:də] *⟨engl.; „Gesetz und Ordnung"⟩:*

(oft abwertend) Schlagwort, das die Bekämpfung von Kriminalität u. Gewalt durch drastische Gesetze und harte Polizeimaßnahmen fordert

La|wi̱|ne *die; -, -n ⟨lat.-mlat.-ladinisch⟩:* an Hängen niedergehende Schnee- od. Eismassen

Lawn|bow|ling, auch: **Lawn-Bowling** ['lɔ:nboʊlɪŋ] *das; -s ⟨engl.⟩:* Bowling (1) auf Rasenplätzen

Lawn|ten|nis, auch: **Lawn-Ten|nis** ['lɔ:n...] *das; - ⟨engl.⟩:* Tennis auf Rasenplätzen

La̱w|ra vgl. Laura

Law|ren|ci|um [lɔ'rɛ...] *das; -s ⟨nlat.; nach dem amerik. Physiker E. O. Lawrence, 1901–1958⟩:* künstlich hergestelltes chem. Element; ein Transuran; Zeichen: Lr

la̱x *⟨lat.⟩:* nachlässig, ohne feste Grundsätze, nicht streng auf etwas achten

La̱|xans *das; -, ...antia u. ...anzien,* **La̱|xa|ti̱v** *das; -s, -e u. La̱|xa|ti̱|vum** *das; -s, ...va:* (Med.) Abführmittel von verhältnismäßig milder Wirkung

la|xie̱|ren: (Med.) abführen

La̱|xis|mus *der; - ⟨lat.-nlat.⟩:* von der Kirche verurteilte Richtung der katholischen Moraltheologie, die Handlungen auch dann für erlaubt hält, wenn nur eine geringe Wahrscheinlichkeit für das Erlaubtsein dieser Handlungen spricht

Lay-out, auch: **Lay|out** [le:'aʊt, auch: 'le:...] *das; -s, -s ⟨engl.⟩:* 1. Text- u. Bildgestaltung einer Seite bzw. eines Buches. 2. skizzenhaft angelegter Entwurf von Text- u. Bildgestaltung eines Werbemittels (z. B. Anzeige, Plakat) od. einer Publikation (z. B. Zeitschrift, Buch). 3. (Elektronik) Schema (Plan) der Anordnung der Bauelemente einer Schaltung

lay|ou|ten [le:'aʊtn, auch: 'le:...]: ein Lay-out entwerfen. **Lay|ou|ter** *der; -s, -:* jmd., der Lay-outs entwirft. **Lay|ou|te|rin** *die; -, -nen:* weibliche Form zu ↑ Layouter

lay|ou|tie̱|ren [le:aʊ...] *⟨engl.-nlat.⟩:* a) ein Lay-out [am Bildschirm] erstellen; b) [Texte] in ein Lay-out einfließen lassen

La|za|reṯt *das; -[e]s, -e ⟨venez.-it.-fr.; als Wortbildung beeinflusst von dem Namen der bib-**

L

lischen Gestalt des Lazarus›: Krankenanstalt für verwundete od. erkrankte Soldaten; Militärkrankenhaus

La|za|rist der; -en, -en ‹nach dem Mutterhaus Saint-Lazare in Paris›: Angehöriger einer katholischen Kongregation von Missionspriestern; vgl. Vinzentiner

La|za|rus der; -[ses], -se ‹mlat.›: (ugs.) bedauernswerter Mensch

La|ze|ra|ti|on die; -, -en ‹lat.›: (Med.) Einriss, Zerreißung [von Körpergewebe]. **la|ze|rie|ren:** (Med.) einreißen

La|zer|te die; -, -n ‹lat.›: Eidechse

La|zu|lith [auch: ...'lɪt] der; -s, -e ‹nlat.›: himmelblaues bis bläulich weißes Mineral; Blauspat

Laz|za|ro|ne der; -[n] u. -s, -n u. ...ni ‹mlat.-it.›: Armer, Bettler in Neapel

LCD [ɛl'tse:'de:] die; -, -s ‹Abk. für engl. *l*iquid *c*rystal *d*isplay›: Flüssigkristallanzeige

Lea|ching ['li:tʃɪŋ] das; -s ‹engl.›: (Bergbau) Erzlaugung, [biologisches] Abbauverfahren für nur schwach metallhaltige Erze

Lead [li:d] das; -[s] ‹engl.›: 1. Führungsstimme in einer [Jazz]band (z. B. Trompete). 2. (Wirtsch.) das Vorauseilen, der Vorsprung bestimmter Werte vor anderen im Konjunkturverlauf. 3. Anfang, Beginn, [kurz zusammenfassende] Einleitung zu einer Veröffentlichung od. Rede

Lea|der ['li:dɐ] der; -s, -: 1. ↑ Bandleader (2). 2. Spitzenreiter (beim Sport). **Lea|de|rin** die; -, -nen: weibliche Form zu ↑ Leader (1)

Lead|gi|tar|re die; -, -n: elektrische Gitarre, auf der die Melodie gespielt wird; vgl. Rhythmusgitarre

Lead|gi|tar|rist der; -en, -en: jmd., der die Leadgitarre spielt. **Lead|gi|tar|ris|tin** die; -, -nen: weibliche Form zu ↑ Leadgitarrist

Lean|ma|nage|ment ['li:nmænɪdʒmənt] das; -s, -s, auch: **Lean Ma|nage|ment** das; - -s, - -s ‹engl.›: (Wirtsch.) Unternehmensführung nach einem Gestaltungskonzept, das auf die zielgerichtete Gestaltung wirtschaftlicher Aktivitäten u. den Abbau unnötiger Kostenbereiche ausgerichtet ist

Lean|pro|duc|tion [...prədʌkʃn]

die; -, auch: **Lean Pro|duc|tion** die; - - ‹engl.›: (Wirtsch.) Industriefertigung unter größtmöglicher Einsparung von Arbeitskräften, Kosten u. Material

Lear|ning by Do|ing ['lə:nɪŋ baɪ 'du:ɪŋ] das; - - - - ‹engl.; eigtl. „Lernen durch Tun"›: Lernen durch selbstständiges Handeln, durch unmittelbares Anwenden

Lear|ning on the Job [- ɔn ðə 'dʒɔb] das; - - - - ‹engl.›: Lernen durch Berufstätigkeit

lea|sen ['li:zn] ‹engl.›: (im Leasingverfahren) mieten, pachten

Lea|sing das; -s, -s: (Wirtsch.) Vermietung von [Investitions]gütern, bes. von Industrieanlagen, wobei die Mietzahlungen bei einem eventuellen späteren Kauf angerechnet werden können

Least-Cost-Rou|ter ['li:stkɔstru:tɐ] der; -s, - ‹engl.; „Wegweiser zum niedrigsten Preis"›: elektronisches Gerät, das automatisch den günstigsten Callby-Call-Anbieter für Telefongespräche auswählt

Le|ci|thin vgl. Lezithin

Le| cka|ge [le'ka:ʒə] die; -, -n ‹aus Leck u. fr. -age›: 1. Gewichtsverlust durch Verdunsten od. Aussickern aufgrund einer undichten Stelle. 2. Leck

Le|clan|ché-E|le|ment [ləklã'ʃe:...] das; -[e]s, -e ‹nach dem franz. Chemiker G. Leclanché, 1839–1882›: ↑ galvanisches Element (das in bestimmter Form z. B. auch in Taschenlampenbatterien verwendet wird)

Lec|tis|ter|ni|um das; -s, ...ien ‹lat.›: (hist.) Göttermahlzeit des altrömischen Kultes, bei der auf Polstern ruhenden Götterbildern Speisen vorgesetzt wurden

lec|to|ri sa|lu|tem ‹lat.; „dem Leser Heil!"›: Formel zur Begrüßung des Lesers in alten Schriften; Abk.: L. S.

LED [ɛlle:'de:] die; -, -s ‹Abk. für engl. *l*ight *e*mitting *d*iode›: (als Kontrollanzeige verwendete) Leuchtdiode

le|gal|bile: ↑ legato

le|gal ‹lat.›: gesetzlich [erlaubt], dem Gesetz gemäß; Ggs. ↑ illegal

Le|gal|de|fi|ni|ti|on die; -, -en: durch ein Gesetz gegebene Begriffsbestimmung

Le|gal|in|ter|pre|ta|ti|on die; -, -en: Erläuterung eines Rechtssatzes durch den Gesetzgeber selbst; im Gesetz formulierte Auslegung einer [anderen] gesetzlichen Vorschrift

Le|ga|li|sa|ti|on die; -, -en ‹lat.-nlat.›: Beglaubigung [von Urkunden]. **le|ga|li|sie|ren:** 1. [Urkunden] amtlich beglaubigen. 2. legal machen

Le|ga|lis|mus der; -: strikte Befolgung des Gesetzes, starres Festhalten an Paragraphen u. Vorschriften. **le|ga|lis| tisch:** a) an Paragraphen u. Vorschriften kleinlich festhaltend; b) auf Legalismus beruhend

Le|ga|li|tät die; -‹lat.-mlat.›: Gesetzmäßigkeit; die Bindung der Staatsbürger u. der Staatsgewalt an das geltende Recht

Le|ga|li|täts|ma|xi|me die; - u. **Le|ga|li|täts|prin|zip** das; -s: die Pflicht der Staatsanwaltschaft zur Verfolgung aller strafbaren Handlungen

le| gas| then ‹lat.; gr.›: ↑ legasthenisch. ...**ien** („Leseschwäche"›: (Psychol.; Med.) mangelhafte Fähigkeit, Wörter, zusammenhängende Texte zu lesen od. zu schreiben. **Le| gas| the|ni|ker** der; -s, -: jmd., der an Legasthenie leidet. **Le| gas| the|ni|ke|rin** die; -, -nen: weibliche Form zu ↑ Legastheniker. **le| gas| the|nisch:** die Legasthenie betreffend, an Legasthenie leidend

¹Le|gat der; -en, -en ‹lat.›: 1. (hist.) a) im alten Rom Gesandter [des Senats]; Gehilfe eines Feldherrn u. Statthalters; b) in der römischen Kaiserzeit Unterfeldherr u. Statthalter in kaiserlichen Provinzen. 2. (kath. Rel.) päpstlicher Gesandter (meist ein Kardinal) bei besonderen Anlässen

²Le|gat das; -[e]s, -e: Vermächtnis; Zuwendung einzelner Vermögensgegenstände durch letztwillige Verfügung **Le|ga|tar** der; -s, -e: jmd., der ein ↑ ²Legat erhält; Vermächtnisnehmer. **Le|ga|ta|rin** die; -, -nen: weibliche Form zu ↑ Legatar

Le|ga|ti|on die; -, -en: 1. [päpstliche] Gesandtschaft. 2. Provinz des früheren Kirchenstaates

le|ga|tis|si|mo ‹lat.-it.›: (Mus.) äußerst gebunden (Vortragsanweisung)

le|ga|to: (Mus.) gebunden; Abk.: leg. (Vortragsanweisung); **ben legato:** (Mus.) gut, sehr gebunden (Vortragsanweisung). **Le|ga|to** das; -s, -s u. ...ti: (Mus.) gebundenes Spiel

le|ge ar|tis ⟨lat.⟩: vorschriftsmäßig, nach den Regeln der [ärztlichen] Kunst; Abk.: l. a.

Le|gen|da au|rea die; - - ⟨lat.-mlat.⟩: Legendensammlung des Jacobus a Voragine (†1298), ein Erbauungsbuch des Mittelalters

le|gen|där: (veraltet) ↑ legendär **le|gen|där:** 1. legendenhaft, sagenhaft. 2. unwahrscheinlich, unglaublich, fantastisch

Le|gen|dar das; -s, -e: Legendenbuch; Sammlung von Heiligenleben, bes. zur Lesung in der ↑ Mette

le|gen|da|risch: a) eine Legende betreffend, zur Legende gehörend; b) nach Art der Legenden; c) Legenden enthaltend (z. B. von einem Bericht mit historischem Kern)

Le|gen|da|ri|um das; -s, ...ien: (veraltet) ↑ Legendar

Le|gen|de die; -, -n ⟨„zu Lesendes"⟩: 1. a) kurze, erbauliche religiöse Erzählung über Leben und Tod od. auch über das Martyrium von Heiligen; b) Person od. Sache, die so bekannt geworden ist, dass sich bereits zahlreiche Legenden (2) um sie gebildet haben; Mythos (2). 2. sagenhafte, unglaubwürdige Geschichte od. Erzählung. 3. (Mus.) episch-lyrisches Tonstück, ursprünglich die Heiligenlegenden behandelnd. 4. Erklärung der (in einer Landkarte, einer Abbildung o. Ä.) verwendeten Zeichen; Zeichenerklärung. 5. Umschrift auf einer Münze

le|ger [leˈʒeːɐ̯, leˈʒɛːɐ̯] ⟨lat.-vulgärlat.-fr.⟩: a) lässig, zwanglos (in Bezug auf Benehmen u. Haltung); b) bequem, leicht (in Bezug auf die Kleidung); c) nachlässig, oberflächlich (in Bezug auf die Ausführung von etwas)

Le|ger|de|main [leʒedəˈmɛ̃] das; -s, -s ⟨fr.⟩: (veraltet) Taschenspielerstück, Trick

Le|ges [...geːs]: Plural von ↑ Lex

leg|gia|d| ra|men|te [ledʒa...] u. **leg|gia|d| ro** [leˈdʒaː...] ⟨lat.-it.⟩ u. **leg|gie|ro** [leˈdʒeːro] ⟨lat.-

fr.-it.⟩: (Mus.) leicht, anmutig, spielerisch, ungezwungen, perlend (Vortragsanweisung)

Leg|gings, Leg|gins die (Plural) ⟨engl.⟩: 1. aus Leder hergestelltes, einer Hose ähnliches Kleidungsstück der nordamerikanischen Indianer. 2. einer Strumpfhose ohne Füßlinge ähnliches Kleidungsstück

Leg|horn das; -s, -[s] (landsch. auch: ...hörner) ⟨engl.; vom engl. Namen der ital. Stadt Livorno⟩: Huhn einer weit verbreiteten weißen od. braunen Rasse mit hoher Legeleistung

¹le|gie|ren ⟨lat.⟩: (veraltet) ein ²Legat aussetzen

²le|gie|ren ⟨lat.-it.⟩: 1. eine Legierung herstellen. 2. Suppen u. Soßen mit Ei od. Mehl eindicken

Le|gie|rung die; -, -en: durch Zusammenschmelzen mehrerer Metalle entstandenes Mischmetall (z. B. Messing)

Le|gi|on die; -, -en ⟨lat.⟩: 1. (hist.) altrömische Heereseinheit. 2. Truppe aus freiwilligen [fremdländischen] Soldaten; Söldnerheer; **die Legion:** (Jargon) die französische Fremdenlegion. 3. unbestimmt große Anzahl, Menge; **etwas ist Legion:** etwas ist in sehr großer Zahl vorhanden

le|gi|o|när ⟨lat.-fr.⟩: die Legion betreffend, von ihr ausgehend

Le|gi|o|nar der; -s, -e: (hist.) Soldat einer römischen Legion

Le|gi|o|när der; -s, -e: Mitglied einer Legion (2), z. B. der französischen Fremdenlegion

Le|gi|o|närs|krank|heit die; - ⟨nach dem ersten Auftreten 1976 bei einem Legionärstreffen in den USA⟩: (Med.) Infektionskrankheit mit starkem Fieber, Anzeichen einer Lungenentzündung od. schweren Grippe

Le|gis|la|ti|on die; - ⟨lat.⟩: ↑ Legislatur

le|gis|la|tiv ⟨lat.-nlat.⟩: gesetzgebend; vgl. ...iv/...orisch. **Le|gis|la|ti|ve** die; -, -n: a) gesetzgebende Gewalt, Gesetzgebung; vgl. Exekutive; b) (veraltet) gesetzgebende Versammlung

le|gis|la|to|risch: gesetzgeberisch; vgl. ...iv/...orisch

Le|gis|la|tur die; -, -en: a) Gesetzgebung; b) (veraltet) gesetzgebende Versammlung

Le|gis|la|tur|pe|ri|o| de die; -, -n: Gesetzgebungsperiode, Wahlperiode; Amtsdauer einer [gesetzgebenden] Volksvertretung

Le|gis|mus der; - ⟨lat.-nlat.⟩: (veraltet) starres Festhalten am Gesetz. **Le|gist** der; -en, -en ⟨lat.-mlat.; „Rechtskundiger"⟩: 1. (bes. österr.) Verfasser von Gesetzestexten. 2. (hist.) Kenner des römischen Rechts. **Le|gis| tin** die; -, -nen: weibliche Form zu ↑ Legist (1). **le|gis| tisch** ⟨lat.-nlat.⟩: das Gesetz betreffend, gesetzlich

le|gi|tim ⟨lat.⟩: 1. a) rechtmäßig, gesetzlich anerkannt; Ggs. ↑ illegitim (a); b) ehelich (von Kindern); Ggs. ↑ illegitim (b). 2. berechtigt, begründet; allgemein anerkannt, vertretbar

Le|gi|ti|ma|ti|on die; -, -en ⟨lat.-fr.⟩: 1. Beglaubigung; [Rechts]ausweis. 2. Berechtigung. 3. Ehelichkeitserklärung (für ein vorher uneheliches Kind); vgl. ...ation/...ierung

Le|gi|ti|ma|ti|ons|pa|pier das; -s, -e: dem Nachweis einer Berechtigung dienendes Papier, Dokument

le|gi|ti|mie|ren ⟨lat.-mlat.(-fr.)⟩: 1. a) beglaubigen; b) für gesetzmäßig erklären. 2. ein Kind für ehelich erklären. 3. sich legitimieren: sich ausweisen. 4. jmdn. berechtigen. **Le|gi|ti|mie|rung** die; -, -en: das Legitimieren; vgl. ...ation/...ierung

Le|gi|ti|mis|mus der; - ⟨nlat.⟩: Lehre von der Unabsetzbarkeit des angestammten Herrscherhauses. **Le|gi|ti|mist** der; -en, -en: 1. Anhänger des Legitimismus. 2. Vertreter des monarchischen Legitimitätsprinzips (z. B. in Frankreich um 1830 die Anhänger der Bourbonen). **Le|gi|ti|mis| tin** die; -, -nen: weibliche Form zu ↑ Legitimist. **le|gi|ti|mis| tisch:** a) den Legitimismus betreffend; b) den Legitimisten (2) betreffend

Le|gi|ti|mi|tät die; - ⟨lat.-fr.⟩: Rechtmäßigkeit einer Staatsgewalt; Übereinstimmung mit der [demokratischen od. dynastischen] Verfassung; Gesetzmäßigkeit [eines Besitzes, Anspruchs]

Le|gi|ti|mi|täts|prin|zip das; -s: innere Rechtfertigung der Gesetzmäßigkeit einer monar-

L

chischen od. demokratischen Regierungsform

Le|gu|lan [auch: ˈleː...] *der; -s, -e* ⟨*karib.-span.*⟩: tropische Baumeidechse mit gezacktem Rückenkamm

Le|gu|men *das; -s, -* ⟨*lat.;* „Hülsenfrucht"⟩: Frucht der Hülsenfrüchtler

Le|gu|min *das; -s* ⟨*lat.-nlat.*⟩: Eiweiß der Hülsenfrüchte

Le|gu|mi|no|se *die; -, -n* (meist Plural): Hülsenfrüchtler (z. B. Mimose, Erbse, Bohne, Erdnuss)

Leg|war|mer [ˈlɛgwɔːmə] *der; -s, -[s]* (meist Plural) ⟨*engl.;* „Beinwärmer"⟩: von den Knöcheln bis zu den Knien reichender [Woll]strumpf ohne Füßling

Lei: *Plural* von ↑Leu

Leicht|ath|let *der; -en, -en* ⟨*dt.; gr.-lat.*⟩: Sportler, der Leichtathletik treibt. **Leicht|ath|le|tik** *die; -:* die Disziplinen Laufen, Gehen, Springen, Werfen, Stoßen umfassender Sport; vgl. Schwerathletik. **Leicht|ath|le|tin** *die; -, -nen:* weibliche Form zu ↑Leichtathlet

lei|po|gram|ma|tisch ⟨*gr.*⟩: einen bestimmten Buchstaben nicht aufweisend (bezogen auf Texte, bei denen der Dichter aus literarischer Spielerei einen Buchstaben, meist das r, vermieden hat)

Leis *der; - u. -es, -e[n]* ⟨aus: Kyrieleis, ↑Kyrie eleison⟩: geistliches Volkslied des Mittelalters mit dem Kehrreim „Kyrieleis"

Leish|ma|nia [laiʃ...] *die; -, ...ien* ⟨*nlat.;* nach dem engl. Arzt Leishman, 1865–1926⟩: verschiedene Krankheiten übertragendes Geißeltierchen

Leish|ma|ni o|se *die; -, -n* (Med.) durch Leishmanien hervorgerufene tropische Krankheit

Leit|fos|sil *das; -s, -ien* ⟨*dt.; lat.*⟩: (Geol.) für einen bestimmten geologischen Zeitabschnitt charakteristisches ↑Fossil

Lek *der; -, -* ⟨*alban.*⟩: albanische Währungseinheit

Lek|ti|on *die; -, -en* ⟨*lat.*⟩: 1. Unterrichtsstunde. 2. Lernpensum, -abschnitt. 3. Zurechtweisung, Verweis. 4. liturgische [Bibel]lesung in christlichen Gottesdienst

Lek|ti o|nar *das; -s, -e u. -ien u.*

Lek|ti o|na|ri um *das; -s, ...ien* ⟨*lat.-mlat.*⟩: (Rel.) 1. liturgisches Buch mit den Bibelabschnitten für den christlichen Gottesdienst. 2. Lesepult, an dem die Verlesung der nach der kirchlichen Ordnung vorgeschriebenen Bibelabschnitte vorgenommen wird

Lek|tor *der; -s, ...oren* ⟨*lat.;* „Leser, Vorleser"⟩: 1. Sprachlehrer für praktische Übungen an einer Hochschule. 2. Mitarbeiter eines Verlags, der Manuskripte prüft u. bearbeitet, Autoren betreut, Projekte vorschlägt u. a. 3. a) (früher) zweiter Grad der katholischen niederen Weihen; b) Gemeindemitglied, das während der ↑ 1 Messe (1) od. im Gottesdienst [liturgische] Texte vorliest

Lek|to|rat *das; -[e]s, -e* ⟨*lat.-mlat.*⟩: 1. Lehrauftrag eines Lektors (1)/einer Lektorin. 2. [Verlags]abteilung, in der Lektoren (2) u. Lektorinnen arbeiten

lek|to|rie|ren ⟨*lat.-nlat.*⟩: als Lektor (2)/Lektorin ein Manuskript prüfen

Lek|to|rin *der; -, -nen:* weibliche Form zu ↑Lektor

Lek|tü|re *die; -, -n* ⟨*lat.-mlat.-fr.*⟩: 1. Lesestoff. 2. (ohne Plural) das Lesen

Le|ky|thos *die; -, ...ythen* ⟨*gr.-lat.*⟩: altgriechischer, als Ölgefäß dienender Henkelkrug aus Ton mit schlankem Hals

Le-Mans-Start [ləˈmã...] *der; -[e]s, -s* ⟨nach der franz. Stadt Le Mans⟩: (Motorsport früher) Start bei Autorennen, bei dem die Fahrer quer über die Fahrbahn zu ihrem Wagen (mit abgestelltem Motor) laufen

Lem|ma *das; -s, -ta* ⟨*gr.-lat.*⟩: 1. Stichwort in einem Nachschlagewerk (Wörterbuch, Lexikon). 2. (veraltet) Überschrift, Motto als Inhaltsanzeige eines Werkes. 3. a) (Math.; Logik) Hilfssatz (in einer Beweisführung gebraucht wird; b) (altgriech. Philos.) Vordersatz eines Schlusses. **lem|ma|ti|sie|ren** ⟨*gr.-lat.-nlat.*⟩: 1. zum Stichwort (in einem Nachschlagewerk) machen. 2. mit Stichwörtern versehen [u. entsprechend ordnen]

Lem|ming *der; -s, -e* ⟨*dän.*⟩: zu den Wühlmäusen gehörendes Nagetier

Lem|nis|ka|te *die; -, -n* ⟨*gr.-lat.*⟩: ebene algebraische Kurve vierter Ordnung von der Form einer liegenden Acht

Lem|pi|ra *die; -, -s* (aber: 5 -) ⟨*indian.-span.*⟩: nach dem Namen eines Indianerhäuptlings⟩: Währungseinheit in Honduras

Le|mur *der; -en, -en u.* **Le|mu|re** *der; -n, -n* (meist Plural) ⟨*lat.*⟩: 1. (nach altröm. Glauben) Geist eines Verstorbenen; Gespenst. 2. (auf Madagaskar heimischer) Halbaffe mit dichtem, weichem Fell, langem Schwanz u. langen Hinterbeinen

le|mu|ren|haft: gespenstisch

Le|mu|ria *die; -* ⟨*lat.-nlat.*⟩: (Geol.) früher zur Deutung der Verbreitung der Lemuren (2) über die Triaszeit vermutete Landmasse zwischen Vorderindien u. Madagaskar

le|mu|risch: a) zu den Lemuren (1) gehörend; b) ↑lemurenhaft

Le|nä|en *die* (Plural) ⟨*gr.*⟩: Fest im alten Athen zu Ehren des Gottes Dionysos mit Aufführungen von Tragödien u. Komödien

Le|nes [...neːs]: *Plural* von ↑ 1 Lenis

le|ni|ens ⟨*lat.*⟩: (Med.) lindernd, mild (z. B. von Salben)

Le|nie|rung *die; -* ⟨„Milderung"⟩: Schwächung von Konsonanten, bes. in den keltischen Sprachen

Le|ni|nis|mus *der; -* ⟨*nlat.*⟩: der von Lenin (1870–1924) beeinflusste u. geprägte ↑Marxismus. **Le|ni|nist** *der; -en, -en:* Anhänger, Vertreter des Leninismus. **Le|ni|nis|tin** *der; -, -nen:* weibliche Form zu ↑Leninist. **le|ni|nis|tisch:** den Leninismus betreffend, im Sinne des Leninismus

1 Le|nis *die; -, Lenes* [...neːs] ⟨*lat.*⟩: (Sprachw.) mit schwachem Druck u. ungespannten Artikulationsorganen gebildeter Laut (z. B. b, w); Ggs. ↑Fortis

2 Le|nis *der; -, -* ↑ Spiritus lenis

le|ni|sie|ren ⟨*lat.*⟩: (Sprachw.) stimmlose Konsonanten zu stimmhaften erweichen

le|ni|tiv ↑ leniens. **Le|ni|ti|vum** *das; -s, ...va* ⟨*lat.-nlat.*⟩: (Med.) mildes Abführmittel

len|ta|men|te ⟨*lat.-it.*⟩: (Mus.) langsam (Vortragsanweisung)

len|tan|do u. slentando: (Mus.) nachlassend, zögernd, nach u. nach langsamer (Vortragsanweisung). **Len|tan|do** *das; -s, -s u. ...di:* nachlassendes, zögern-

des, nach u. nach langsamer werdendes Zeitmaß
len|te|ment [lãt'mã] ⟨*lat.-fr.*⟩: (Mus.) langsam (Vortragsanweisung)
Len|ti|go *die; -, ...tigines* [...ne:s] ⟨*lat.*⟩: (Med.) kleines, rundliches, braunes bis tiefschwarzes, etwas vorspringendes Muttermal
len|ti|ku|lar u. **len|ti|ku|lär:** (Med.) 1. linsenförmig. 2. zur Linse des Auges gehörend
Len|ti|ku|la|ris|wol|ke *die; -, -n* ⟨*lat.; dt.*⟩: (Meteor.) linsenförmige Wolke
Len|ti|zel|len *die* (Plural) ⟨*lat.-nlat.*⟩: dem Gasaustausch dienende, nach außen warzenförmige Erhebungen bildende Kanäle in der Korkschicht von Holzgewächsen
len|to ⟨*lat.-it.*⟩: (Mus.) langsam; **lento assai** od. **lento di molto:** sehr langsam; **non lento:** nicht zu langsam, nicht schleppend (Vortragsanweisungen). **Len|to** *das; -s, -s* u. ...ti: langsames, gedehntes Zeitmaß
Len|to|form *die; -, -en:* (Sprachw.) beim langsamen Sprechen verwendete volle Form (z. B. *ob es* statt *ob 's*)
Le|o|ni|den *die* (Plural) ⟨*lat.-nlat.*⟩: im November sichtbarer periodischer Meteorstrom
¹le|o|ni|nisch ⟨nach einem mittelalterlichen Dichter namens Leo od. nach einem Papst Leo⟩: in der Fügung **leoninischer Vers:** Hexameter od. Pentameter, dessen Mitte u. Versende sich reimen
²le|o|ni|nisch ⟨„zum Löwen gehörend"; nach einer Fabel Äsops⟩: in der Fügung **leoninischer Vertrag:** Vertrag, bei dem der eine Partner allen Nutzen hat
le|o|nisch ⟨nach der span. Stadt León⟩: mit Metallfäden umwickelt od. umsponnen
Le|on|to|po|di|um *das; -[s]* ⟨*gr.-nlat.*⟩: Edelweiß
Le|o|pard *der; -en, -en* ⟨*lat.*⟩: asiatische u. afrikanische Großkatze mit meist fahlgelbem bis rötlich gelbem Fell mit schwarzen Ringelflecken
Le|o|tard *das; -s, -s* ⟨*engl.*⟩: (veraltet) einteiliges, eng anliegendes [ärmelloses] Trikot (für Artisten o. Ä.)
le|pi|do|blas|tisch ⟨*gr.*⟩: (von Ge-

steinen) aus blättchen- od. schuppenförmigem Material aufgebaut
Le|pi|do|den|d|ron *das; -s, ...ren* ⟨*gr.-nlat.*⟩: (ausgestorbener, bes. im Karbon häufiger) Baum; Schuppenbaum
Le|pi|do|lith [auch: ...'lıt] *der; -s* u. *-en, -e*[n]: in schuppiger od. blättriger Form vorkommendes zartrotes, weißes od. graues Mineral
Le|pi|do|me|lan *der; -s, -e:* tiefschwarzer, eisenreicher Glimmer
Le|pi|dop|te|ren *die* (Plural): Schmetterlinge
Le|pi|dop|te|ro|lo|ge *der; -n, -n:* Fachmann, Wissenschaftler auf dem Gebiet der Lepidopterologie. **Le|pi|dop|te|ro|lo|gie** *die; -:* Schmetterlingskunde. **Le|pi|dop|te|ro|lo|gin** *die; -, -nen:* weibliche Form zu ↑ Lepidopterologe
Le|po|rel|lo *das,* auch: *der; -s, -s* ⟨nach einer Operngestalt bei Mozart⟩: ↑ Leporelloalbum
Le|po|rel|lo|al|bum *das; -s, ...ben:* harmonikaartig zusammenfaltende Bilderreihe (z. B. Ansichtskartenreihe, Bilderbuch)
Lep|ra *die; -* ⟨*gr.-lat.*⟩: (Med.) in den Tropen u. Subtropen verbreitete Infektionskrankheit, die bes. zu entstellenden Veränderungen der Haut führt; Aussatz
Le|p|rom *das; -s, -e* ⟨*gr.-nlat.*⟩: (Med.) Knotenbildung bei Lepra; Lepraknoten
le|p|rös u. **le|p|rös** ⟨*gr.-lat.*⟩: (Med.) an Lepra leidend, aussätzig
Le|p|ro|so|ri|um *das; -s, ...ien* ⟨*gr.-vulgärlat.*⟩: (veraltet) 1. Krankenhaus zur Pflege Leprakranker. 2. Siedlung, Dorf od. Kolonie, in der Leprakranke isoliert sind u. medizinisch versorgt werden
Lep|ta: *Plural* von ↑ ¹Lepton
Lep|to|me|nin|gi|tis *die; -, ...it|iden:* (Med.) Entzündung der weichen Hirnhaut
Lep|to|me|ninx *die; -:* (Med.) weiche Hirn- bzw. Rückenmarkshaut
lep|to|morph: ↑ leptosom
¹Lep|ton *das; -s,* Lepta ⟨*gr.*⟩: 1. Währungseinheit in Griechenland. 2. a) sehr kleines alt-

griechisches Gewicht; b) kleine altgriechische Münze
²Lep|ton *das; -s, ...onen* ⟨*gr.-nlat.*⟩: (Phys.) Elementarteilchen mit halbzahligem Spin
lep|to|som: (Med.) schmal-, schlankwüchsig. **Lep|to|so|me** *der* u. *die; -n, -n,* auch: *-n* (Med.) Mensch mit schlankem Körperbau u. schmalen, längeren, zartknochigen Gliedmaßen
Lep|to|s *pi|re die; -, -n:* (Med.) Krankheiten auslösende Schraubenbakterie
Lep|to|s *pi|ro|se die; -, -n:* (Med.) durch Leptospiren hervorgerufene meldepflichtige Infektionskrankheit
Les|be *der; -, -n:* (Selbstbezeichnung; ugs.) Lesbierin
Les|bi|a|nis|mus *der; -* ⟨*nlat.; nach der Insel Lesbos*⟩: ↑ Homosexualität bei Frauen
Les|bi|e|rin *die; -, -nen:* lesbische Frau
les|bisch: (in Bezug auf Frauen) homosexuell; **lesbische Liebe:** Homosexualität bei Frauen
Les|gin|ka *die; -, -s* ⟨*russ.*⟩: kaukasischer Tanz
Les|ley u. Leslie ['lɛzlɪ] *das; -s, -s* ⟨*engl.*⟩: (bes. bei moderner Unterhaltungsmusik verwendetes) hauptsächlich durch Schallumlenkung mithilfe rotierender Lautsprecher od. einer rotierenden Trommel bewirktes Vibrato
Les|te *der; -* ⟨*span.*⟩: warmer Wüstenwind aus der Sahara in Richtung der Kanarischen Inseln
les|to ⟨*it.*⟩: (Mus.) flink, behände (Vortragsanweisung)
le|tal ⟨*lat.*⟩: (Med.) zum Tode führend, tödlich, todbringend
Le|tal|do|sis *die; -, ...sen:* (Med.) bestimmte Menge schädigender Substanzen, die tödlich ist
Le|tal|fak|tor *der; -s, -en:* (Med.) Mutation, die zum Tod des Embryos, seltener auch des geborenen Kindes führt
Le|ta|li|tät *die; -* ⟨*lat.-nlat.*⟩: Wahrscheinlichkeit, an einer Krankheit zu sterben
Le|thar|gie *die; -* ⟨*gr.-lat.*⟩: 1. (Med.) krankheitsbedingte Schlafsucht mit Bewusstseinsstörungen (z. B. bei Vergiftungen). 2. körperliche u. seelische Trägheit; Gleichgültigkeit, Teilnahmslosigkeit. **le|thar|gisch:** 1. schlafsüchtig. 2. körperlich u.

seelisch träge; leidenschaftslos, teilnahmslos, gleichgültig

Le|the die; - ⟨Unterweltsfluss der griech. Sage⟩: (dichter.) Vergessenheitstrank, Vergessenheit

Let|kiss der; -, - ⟨finn.-engl.⟩: Modetanz der späten 1960er-Jahre mit folkloristischem Charakter

Let|ter die; -, -n ⟨lat.-fr.⟩: 1. Druckbuchstabe. 2. Drucktype

Let|ter|set|druck der; -[e]s: (Druckw.) Hochdruckverfahren, bei dem der Abdruck zunächst auf einem Gummizylinder u. von hier auf das Papier erfolgt

Let|tris|me [lɛˈtrɪsm(ə)] u. **Let|tris|mus** der; - ⟨fr.⟩: (1945 in Paris gegründete) literarische Bewegung, für die in Weiterführung des ↑ Dadaismus u. des ↑ Surrealismus Dichtung nur im Klang willkürlich aneinander gereihter Vokale u. Konsonanten bestand. **Let|t|rist** der; -en, -en: Vertreter, Anhänger des Lettrismus. **Let|t|ri|s|tin** die; -, -nen: weibliche Form zu ↑ Lettrist. **let|t|ri|s|tisch:** den Lettrismus betreffend; in der Art des Lettrismus

Leu der; -, Lei ⟨lat.-rumän.; „Löwe"⟩: rumänische Währungseinheit

Leu|cit [auch: ...ˈtsɪt] der; -s, -e: graues od. weißes, zu den Feldspatvertretern gehörendes Mineral

leuk..., Leuk... vgl. leuko..., Leuko...

Leu|k|ä|mie die; -, ...ien ⟨gr.-nlat.; „Weißblütigkeit"⟩: (Med.) bösartige Erkrankung mit Überproduktion von weißen Blutkörperchen; Blutkrebs. **leu|k|ämisch:** (Med.) a) die Leukämie betreffend; zum Krankheitsbild der Leukämie gehörend; b) an Leukämie leidend

leu|ko..., Leu|ko...

vor Vokalen meist leuk..., Leuk... ⟨zu gr. leukós „klar, blank, glänzend; weiß"⟩
Wortbildungselement mit der Bedeutung „weiß, glänzend":
– Leukämie
– leukoderm
– Leukometer
– Leukozyt

Leu|ko|ba|se die; -, -n ⟨gr.-nlat.⟩: chemische Verbindung zur Herstellung künstlicher Farbstoffe

leu|ko|derm: (Med.; von der Haut) pigmentarm, hellhäutig; Ggs. ↑ melanoderm. **Leu|ko|derm** das; -s, ...men: (Med.) das Auftreten rundlicher weißer Flecken in der Haut

leu|ko|krat: (Geol.) überwiegend helle Bestandteile (wie Quarz, Feldspat u. a.) aufweisend u. deshalb hell erscheinend (von bestimmten Erstarrungsgesteinen); Ggs. ↑ melanokrat

Leu|ko|ly|sin das; -s, -e (meist Plural): (Med.) Substanz, die den Abbau u. die Auflösung der weißen Blutkörperchen bewirkt

Leu|kom das; -s, -e: (Med.) weiße Narbe auf der Hornhaut des Auges

Leu|ko|mel|l|al|gie die; -, ...ien: (Med.) anfallsweises Auftreten von Kälte u. Blässe der Haut

Leu|ko|me|ter das; -s, -: (Techn.) Messgerät zur Bestimmung des Reflexionsgrades heller Objekte bzw. Stoffe

Leu|k|o|ny|chie die; -, ...ien: (Med.) [teilweise] Weißfärbung der Nägel

Leu|ko|pa|thie die; -, ...ien: ↑ Albinismus

Leu|ko|pe|de|se die; -, -n: ↑ Diapedese

Leu|ko|pe|nie die; -, ...ien: (Med.) krankhafte Verminderung der weißen Blutkörperchen

Leu|ko|pla|kie die; -, ...ien: (Med.) das Auftreten weißlicher Flecke, Verdickungen an der Schleimhaut

¹Leu|ko|plast das; -en, -en ⟨gr.-nlat.⟩: farbloser Bestandteil der pflanzlichen Zelle

²Leu|ko|plast ® das; -[e]s, -e: Zinkoxid enthaltendes Heftpflaster ohne Mullauflage

Leu|ko|po|e|se die; - ⟨gr.-nlat.⟩: (Med.) Bildung weißer Blutkörperchen. **leu|ko|po|e|tisch:** (Med.) die Leukopoese betreffend; weiße Blutkörperchen bildend

Leu|kor|rhö die; -, -en: (Med.) Übermaß an weißlichem Scheidensekret. **leu|kor|rhö|isch:** die Leukorrhö betreffend

Leu|ko|to|mie die; -, ...ien: (Med.) heute nicht mehr üblicher operativer Eingriff in die weiße Gehirnsubstanz bei bestimmten psychiatrischen Erkrankungen

Leu|ko|to|xin das; -s, -e: (Med.) beim Zerfall weißer Blutkörperchen entstehender giftiger Stoff

Leu|ko|tri|cho|se die; -: (Med.) das Weißwerden der Haare

Leu|ko|zyt der; -en, -en (meist Plural): (Med.) weißes Blutkörperchen. **Leu|ko|zy|to|se** die; -: (Med.) krankhafte Vermehrung der weißen Blutkörperchen

Leu|ko|zyt|u|rie die; -, ...ien: Ausscheidung weißer Blutkörperchen mit dem Harn

Leut|nant der; -s, -s (selten: -e) ⟨lat.-mlat.-fr.⟩: Offizier der untersten Rangstufe; Abk.: Lt.

Leut|nan|tin die; -, -nen: weibliche Form zu ↑ Leutnant

Leu|zis|mus der; - ⟨gr.-nlat.⟩: unerwünschte Weißfärbung des Haarkleides bei Hunden, wobei im Unterschied zum Albinismus die Augen normal gefärbt bleiben

Leu|zi|to|e|der das; -s, -: ↑ Ikositetraeder

Le|va|de die; -, -n ⟨lat.-fr.⟩: das Sichaufrichten des Pferdes auf der Hinterhand als Figur der hohen Schule

Le|val|loi|si|en [ləvalwaˈzjɛ̃] das; -[s] ⟨fr.; nach Levallois-Perret, einer Pariser Vorstadt⟩: Stufe der Altsteinzeit

Le|van|te die; - ⟨lat.-it.⟩: (veraltet) die Mittelmeerländer östlich von Italien

Le|van|ti|ne die; -: dichtes Gewebe aus Chemiefasern in Köperbindung, bes. für Steppdeckenbezüge, als Futter- u. Kleiderstoff

Le|van|ti|ner der; -s, - in der Levante geborener u. aufgewachsener Abkömmling eines Europäers u. einer Orientalin. **Le|van|ti|ne|rin** die; -, -nen: weibliche Form zu ↑ Levantiner

le|van|ti|nisch: die Levante od. die Levantiner(innen) betreffend

Le|va|tor der; -s, ...oren ⟨lat.⟩: (Anat., Med.) Muskel mit Hebefunktion; Hebemuskel

Le|vee die; -, -s ⟨lat.-fr.⟩: (veraltet) Aushebung von Rekruten

Le|vel [ˈlɛvl] der; -s, -s ⟨lat.-engl.⟩: erreichtes Niveau, Leistungsstand; Rang, Stufe

Le|vel|ler [ˈlɛvələ] der; -s, -s (meist Plural) ⟨engl.; „Gleichmacher"⟩: Angehöriger einer radikalen demokratischen Gruppe (zur Zeit Cromwells)

mit dem Streben nach völliger bürgerlicher u. religiöser Freiheit

Le|ver [lə've:] *das; -s, -s* ⟨*lat.-fr.*⟩: (hist.) Audienz am Morgen, Morgenempfang bei einem Fürsten

Le|ver|sze|ne *die; -, -n:* das Erwachen u. Aufstehen am Morgen darstellende Szene in der Komödie

Le|vi|a|than, ökum.: Leviatan [auch: ...'ta:n] *der; -s, -e* [...'ta:nə] ⟨*hebr.-mlat.*⟩: 1. (ohne Plural) Ungeheuer (Drache) der altorientalischen Mythologie (auch im Alten Testament). 2. (ohne Plural) Symbol für den allmächtigen Staat bei dem englischen Philosophen Hobbes (17. Jh.). 3. (Textilwesen) Maschine für die Entfettung u. Reinigung von Wolle

Le|vi|rat *das; -[e]s, -e* u. **Le|vi|rats-e|he** *die; -, -n* ⟨*lat.-nlat.; dt.*⟩: Ehe eines Mannes mit der Frau seines kinderlos verstorbenen Bruders (zum Zwecke der Zeugung eines Erben für den Verstorbenen; im Alten Testament u. bei Naturvölkern)

Le|vit *der; -en, -en* ⟨*hebr.-gr.-mlat.;* nach dem jüd. Stamm Levi⟩: 1. Tempeldiener im Alten Testament. 2. (nur Plural; kath. Kirche früher) Diakon u. Subdiakon als Assistenten des Priesters beim feierlichen Hochamt

Le|vi|ta|ti|on *die; -, -en* ⟨*lat.-nlat.*⟩: freies Schweben eines Körpers im Raum (als Traumerlebnis od. als parapsychologische Erscheinung)

Le|vi|ten ⟨*hebr.-gr.-mlat.;* nach dem jüd. Stamm Levi⟩: in der Wendung **jmdm. die Leviten lesen:** (ugs.) jmdn. wegen seines tadelnswerten Verhaltens zur Rede stellen u. ihn mit Nachdruck auf seine Pflichten usw. hinweisen (ursprünglich nach den Verhaltensvorschriften des Levitikus)

le|vi|tie|ren ⟨*lat.-nlat.*⟩: (Parapsychol.) a) sich erheben lassen, frei schweben lassen; b) sich erheben u. frei schweben

Le|vi|ti|kus *der; -:* lat. Bez. des 3. Buches Mose im Alten Testament

le|vi|tisch: auf die Leviten (1, 2) bezüglich

Le|vit|town ['levɪttaʊn] *die; -, -s* (meist Plural) ⟨nach der nach A. S. Levitt benannten Stadt Levittown im Bundesstaat New York⟩: in den Außenbezirken amerikanischer Großstädte errichtete, große Wohnsiedlung aus einheitlichen Fertighäusern

Lev|koie [lɛf'kɔyə] *die; -, -n* ⟨*gr.-ngr.*⟩: älter für: Levkoje. **Lev|ko-je** *die; -, -n:* Pflanze mit länglichen, blassgrünen Blättern u. weiß bis violett gefärbten, meist stark duftenden Blüten in Trauben

Lew *der; -[s],* Lewa ⟨*lat.-bulgar.*⟩: bulgarische Währungseinheit

Le|wi|sit [auch: lui...] *das; -s, -e* ⟨nach dem amerik. Chemiker W. L. Lewis, 1878–1943⟩: flüssiger chemischer Kampfstoff, der schmerzhafte Hautreizungen mit Blasenbildung verursacht

Lex *die; -,* Leges ['le:ge:s] ⟨*lat.*⟩: aus bestimmtem Anlass erlassenes Gesetz, das (unter Anspielung auf die römische Gesetzgebung) mit dem Namen des Antragstellers od. der betreffenden Sache versehen wird (z. B. Lex Heinze)

Lex.-8°: ↑ Lexikonoktav; ↑ Lexikonformat

Le|xem *das; -s, -e* ⟨*gr.-russ.*⟩: (Sprachw.) Einheit des Wortschatzes, die die begriffliche Bedeutung trägt

Le|xe|ma|tik *die; -:* Lehre von den Lexemen. **le|xe|ma|tisch:** die Lexematik betreffend

Lex ge|ne|ra|lis *die; - -,* Leges ...les ['le:ge:s ...le:s] ⟨*lat.*⟩: allgemeines Gesetz; vgl. Lex specialis

le|xi|gra|phisch, auch: ...grafisch ⟨*gr.-nlat.*⟩: (selten) ↑ lexikographisch

Le|xik *die; -:* Wortschatz einer Sprache

Le|xi|ka: *Plural* von ↑ Lexikon

le|xi|kal (seltener) u. **le|xi|ka|lisch:** a) das Wörterbuch betreffend; b) die vom Kotext weitgehend unabhängige Bedeutung eines Wortes betreffend; vgl. ...isch/-

le|xi|ka|li|sie|ren: (Sprachw.) als ein neues Lexem festlegen, zum festen inhaltlich-begrifflichen Bestandteil der Sprache machen. **Le|xi|ka|li|sie|rung** *die; -en, -en:* (Sprachw.) a) das Lexikalisieren; b) lexikalisiertes Wort

Le|xi|ken: *Plural* von ↑ Lexikon

Le|xi|ko|graph, auch: ...graf *der; -en, -en* ⟨*gr.*⟩: Verfasser, Bearbeiter [einzelner Artikel] eines Wörterbuchs od. Lexikons. **Le-xi|ko|gra|phie,** auch: ...grafie *die; -:* [Wissenschaft von der] Aufzeichnung u. Erklärung des Wortschatzes in Form eines Wörterbuchs. **Le|xi|ko|gra|phin,** auch: ...grafin *die; -, -nen:* weibliche Form zu ↑ Lexikograph. **le-xi|ko|gra|phisch,** auch: ...grafisch: die Lexikographie betreffend

Le|xi|ko|lo|ge *der; -n, -n* ⟨*gr.-nlat.*⟩: Wissenschaftler auf dem Gebiet der Lexikologie. **Le|xi|ko|lo-gie** *die; -:* Bereich der Sprachwissenschaft, der sich mit der Erforschung des Wortschatzes (bes. mit der Struktur des Wortschatzes) befasst [u. die theoretischen Grundlagen für die Lexikographie schafft]. **Le-xi|ko|lo|gin** *die; -, -nen:* weibliche Form zu ↑ Lexikologe. **le|xi-ko|lo|gisch:** die Lexikologie betreffend

Le|xi|kon *das; -s, ...ka u. ...ken* ⟨*gr.*⟩: 1. nach Stichwörtern alphabetisch geordnetes Nachschlagewerk für alle Wissensgebiete od. für ein bestimmtes Sachgebiet. 2. (veraltet) Wörterbuch. 3. (Sprachw.) a) Gesamtheit der selbstständigen bedeutungstragenden Einheiten einer Sprache; Wortschatz im Unterschied zur Grammatik einer Sprache; b) (in der generativen Grammatik) Sammlung der Lexikoneinträge einer Sprache

Le|xi|kon|for|mat *das; -[e]s, -e* u. **Le|xi|kon|ok|tav** *das; -s, -e* ⟨*gr.; lat.*⟩: bei Lexika übliches Buchformat von etwa 25 bis 30 cm; Abk.: Lex.-8°

Le|xi|ko|sta|tis|tik *die; -:* a) Erforschung der Sprache in Bezug auf die Häufigkeit des Gebrauchs einzelner Wörter u. Ä.; Sprachstatistik; b) (selten) ↑ Glottochronologie

le|xisch: das Lexik betreffend

Le|xo|thek *die; -, -en:* in Rechenanlagen gespeichertes, in Morpheme zerlegtes Wortmaterial, das nach verschiedenen Gesichtspunkten abgerufen, sortiert u. ausgedruckt werden kann

Lex spe|ci|a|lis [- ...ts...] *die; - -,* Leges ...les ['le:ge:s ...le:s] ⟨*lat.*⟩:

Sondergesetz (das Vorrang hat vor der Lex generalis) **Le|zi|thin,** fachspr.: Lecithin *das; -s, -e* ⟨*lat.-nlat.*⟩: als Bestandteil aller Zellen wichtiger, phosphorhaltiger, fettähnlicher Stoff **L'hom|b re** [ˈlõːbrə] ⟨*lat.-span.-fr.*⟩: ↑ Lomber

Li|ai|son [lje̩ˈzõː] *die; -, -s* ⟨*lat.-fr.*⟩: 1. (veraltet) Liebesverhältnis, Liebschaft. 2. im Französischen das Aussprechen eines sonst stummen Konsonanten am Wortende vor einem vokalisch beginnenden Wort. 3. (Gastr.) Mischung aus Ei, Sahne u. Butter od. Mehl, Fleischbrühe u. a. zur Herstellung von Soßen, Cremes o. Ä.

Li a̱|ne *die; -, -n* ⟨*fr.*⟩: bes. für tropische Regenwälder charakteristische Schlingpflanze, die an Bäumen o. Ä. emporklettert u. häufig herabhängende, sehr starke Ausläufer bildet

Li̱|as *der* od. *die; -* ⟨*(alt)fr.-engl.-fr.*⟩: (Geol.) älteste Abteilung des ↑ ²Jura

Li|ba|ti|o̱n *die; -, -en* ⟨*lat.*⟩: (hist.) [altrömisch] Trankspende für die Götter u. die Verstorbenen

Li|be̱ll *das; -s, -e* ⟨*lat.; „Büchlein"*⟩: 1. (hist.) gerichtliche Klageschrift im alten Rom. 2. Schmähschrift, Streitschrift

Li|be̱l|le *die; -, -n* ⟨*lat.; „kleine Waage"*⟩: 1. am Wasser lebendes größeres Insekt mit schlankem Körper u. 2 Paar schillernden Flügeln. 2. Hilfseinrichtung an [Mess]instrumenten zur genauen Horizontal- od. Vertikalstellung. 3. Haarspange bestimmter Art

¹li|bel|lie̱|ren ⟨*lat.-nlat.*⟩: mit der Libelle (2) nachmessen

²li|bel|lie̱|ren ⟨*lat.-nlat.*⟩: (veraltet) eine Klageschrift verfassen u. bei einer Behörde einreichen

Li|bel|list *der; -en, -en* ⟨*lat.*⟩: Verfasser eines Libells (2). **Li|bel|lis tin** *die; -, -nen:* weibliche Form zu ↑ Libellist

Li|ber *der; -, Libri* ⟨*lat.*⟩: lat. Bez. für: Buch

li|be|ra̱l ⟨*lat.(-fr.)*⟩: 1. dem Einzelnen wenige Einschränkungen auferlegend, die Selbstverantwortung des Individuums unterstützend, freiheitlich. 2. die Weltanschauung des Liberalismus (1) betreffend, sie vertretend. 3. eine den Liberalismus

(1) vertretende Partei betreffend, zu ihr gehörend. **Li|be̱|ra̱|le** *der* u. *die; -n, -n:* Anhänger(in) einer liberalen (3) Partei, des Liberalismus (1)

li|be|ra̱|li|sie̱|ren ⟨*lat.-nlat.*⟩: 1. von Einschränkungen freimachen; liberal (1) gestalten. 2. (Wirtsch.) stufenweise Einfuhrverbote u. -kontingente im Außenhandel beseitigen

Li|be|ra̱|lis|mus *der; -:* 1. im Individualismus wurzelnde, im 19. Jh. in politischer, wirtschaftlicher u. gesellschaftlicher Hinsicht entscheidend prägende Denkrichtung u. Lebensform, die Freiheit, Autonomie, Verantwortung u. freie Entfaltung der Persönlichkeit vertritt u. staatliche Eingriffe auf ein Minimum beschränkt sehen will. 2. liberales (1) Wesen, liberaler Zustand. **Li|be|ra̱|list** *der; -en, -en:* Anhänger, Verfechter des Liberalismus (1). **Li|be|ra̱|lis tin** *die; -, -nen:* weibliche Form zu ↑ Liberalist. **li|be|ra̱|lis tisch:** a) den Liberalismus betreffend, auf ihm beruhend; freiheitlich im Sinne des Liberalismus; b) extrem liberal

Li|be|ra̱|li|tä̱t *die; -* ⟨*lat.*⟩: liberales (1) Wesen, Denken; liberale Gesinnung

Li|be|ra̱|li|um Ar|ti|um Ma̱|gis ter [- ...t̪s̪... -] *der; - - -:* Magister der freien Künste (Titel mittelalterlicher Universitätslehrer)

Li|be|ra̱|ti|o̱n *die; -, -en:* (veraltet) Befreiung; Entlastung

Li|be̱|ro *der; -s, -s* ⟨*lat.-it.; „der Freie"*⟩: (Fußball) Abwehrspieler ohne unmittelbaren Gegenspieler, der sich aber in Angriffsspiel einschalten kann

Li|ber pon|ti|fi|ca̱|lis *der; - -* ⟨*lat.*⟩: Papstbuch (mittelalterliche Sammlung der ältesten Papstbiografien)

li|ber|tä̱r ⟨*lat.-fr.*⟩: extrem freiheitlich; anarchistisch

Li|ber|tä̱t *die; -, -en:* 1. (hist.) ständische Freiheit. 2. Freiheit, [beschränkte] Bewegungs- u. Handlungsfreiheit

Li|ber|té [...ˈteː] *die; -:* Freiheit (Schlagwort der Französischen Revolution); vgl. Egalité, Fraternité

li|ber|tin ⟨*lat.-fr.*⟩: (veraltet) zügellos, schrankenlos. **Li|ber|tin** [...ˈtɛ̃ː] *der; -s, -s:* (veraltet)

1. Freigeist. 2. ausschweifend lebender Mensch, Wüstling **Li|ber|ti|na̱|ge** [...ʒə] *die; -, -n:* Ausschweifung, Zügellosigkeit **Li|ber|ti|nis|mus** *der; - -* ⟨*lat.-nlat.*⟩: Zügellosigkeit

Li|ber|ty *der; -[s]* ⟨*lat.-fr.-engl.; „Freiheit"; nach dem Namen einer Londoner Textilfirma*⟩: feines atlasbindiges Gewebe aus Naturseide od. Chemiefasern

Li|be̱|rum Ar|bi̱|t ri|um *das; - - -* ⟨*lat.*⟩: (Philos.) Willens- u. Wahlfreiheit

li|bi|di|nie̱|sie̱|ren ⟨*lat.-nlat.*⟩: (Med.; Psychol.) ganz auf die Libido (1) ausrichten

Li|bi|di|nist *der; -en, -en:* (Med.; Psychol.) sexuell triebhafter Mensch. **Li|bi|di|nis tin** *die; -, -nen:* weibliche Form zu ↑ Libidinist

li|bi|di|nös ⟨*lat.*⟩: (Med.; Psychol.) auf die Libido bezogen, die sexuelle Lust betreffend

Li|bi̱|do [auch: liˈbiːdo] *die; -:* (Med.; Psychol.) auf sexuelle Befriedigung gerichteter Trieb

Li̱b ra *die; -, -[s]* ⟨*lat.*⟩: 1. altrömisches Gewichtsmaß. 2. früheres Gewichtsmaß in Spanien, Portugal u. Brasilien

Li̱b ra̱|ri|us *der; -, ...rii* ⟨*lat.*⟩: im alten Rom) Bücherabschreiber [u. Buchhändler]

Li̱b ra̱|ti|o̱n *die; -, -en* ⟨*lat.*⟩: (Astron.) auf der Ungleichförmigkeit der Bahnbewegungen des Mondes, optischen Effekten o. Ä. beruhende, scheinbare teilweise Drehbewegung des Mondes um die eigene Achse nach beiden Seiten

Li̱b re̱s|so *das; -[s], -s* ⟨*lat.-it.*⟩: in Österreich Kaffeehaus mit Büchern, Zeitungen u. Zeitschriften

li̱b ret|ti|sie̱|ren: in die Form eines Librettos bringen

Li̱b ret|tist *der; -en, -en:* Verfasser eines Librettos. **Li̱b ret|tis tin** *die; -, -nen:* weibliche Form zu ↑ Librettist

Li̱b ret|to *das; -s, -s u. ...tti:* Text[buch] von Opern, Operetten, Singspielen, Oratorien

Li̱b ri: Plural von ↑ Liber

Li|chen [ˈliːçeːn] *der; -s* ⟨*gr.-lat.*⟩: (Med.) Hautflechte; Knötchenflechte

Li|che|ni|fi|ka|ti|o̱n *die; -, -en:* (Med.) Vergröberung u. Verdickung der Haut, Vertiefung der

Hautfurchen mit teilweisem Auftreten von Knötchen

Li|che|nin das; -s, -e ⟨gr.-lat.-nlat.⟩: (Bot.) zelluloseähnlicher Stoff in den Zellwänden der Flechten

Li|che|ni|sa|ti|on die; -, -en: ↑ Lichenifikation

li|che|no|id ⟨gr.-nlat.⟩: (Med.; Biol.) flechtenartig, flechtenähnlich

Li|che|no|lo|lo|ge der; -n, -n: Wissenschaftler auf dem Gebiet der Lichenologie. **Li|che|no|lo|gie** die; -: Spezialgebiet der Botanik, das sich mit den Flechten befasst; Flechtenkunde. **Li|che|no|lo|gin** die; -, -nen: weibliche Form zu ↑ Lichenologe

Li|che|no|me|t |rie die; -: Verfahren zur Altersbestimmung von geologischen Ablagerungen (z. B. Moränen) sowie von vor- u. frühgeschichtlichen Steinbauwerken mithilfe von Flechten

Li |cker der; -s, - ⟨engl.⟩: Fettemulsion, mit der Leder nach dem Gerben eingefettet wird. **li -ckern:** Leder nach dem Gerben mit Licker einfetten

Li|do der; -s, -s (auch: Lidi) ⟨lat.-it.⟩: schmaler, lang gestreckter Landstreifen vor einer Küste; Nehrung zwischen Lagune u. offenem Meer

Li|en [auch: lje:n] der; -s, Lienes ⟨lat.⟩: (Med.) Milz

li |e|nal ⟨lat.-nlat.⟩: (Med.) die Milz betreffend, zu ihr gehörend

Li |e|ni|tis die; -, ...iti|den: (Med.) Milzentzündung

Li|en|te|rie die; - ⟨gr.-lat.⟩: (Med.) Durchfall mit Abgang unverdauter Speisereste

Li|er|ne die; -, -n ⟨fr.⟩: (Archit.) Neben- od. Zwischenrippe zur Teilung der Laibungsfläche eines Kreuzgewölbes

Li |eue [ljø:] die; -, -s ⟨gall.-lat.-fr.⟩: altes französisches Längenmaß

Life|is|land, auch: **Life-Is|land** ['laif aɪlənd] das; -[s], -s ⟨engl.; „Lebensinsel"⟩: (Med.) steriles Kunststoffgehäuse, in dem Patient[inn]en für einige Zeit untergebracht werden, wenn ihre körpereigenen Abwehrreaktionen nicht mehr funktionieren; Patientenisolator

Life|ja |cket [...dʒɛkɪt] das; -s, -s ⟨engl.; „Schwimmweste"⟩: ↑ Lifevest

Life|style [...staɪl] der; -s ⟨engl.⟩:

Lebensstil; [moderne] charakteristische Art u. Weise, das Leben zu gestalten

Life|time|sport [...taɪm...] der; -s ⟨engl.⟩: Sportart, die von Menschen jeder Altersstufe ausgeübt werden kann

Life|vest die; -, -s ⟨engl.⟩: aufblasbare Schwimmweste als Schutz vor dem Ertrinken

¹Lift der; -[e]s, -e u. -s ⟨altnord.-engl.⟩: 1. Fahrstuhl, Aufzug. 2. (Plural nur: -e) Skilift, Sessellift

²Lift der od. das; -s, -s: kosmetische Operation zur Straffung der [Gesichts]haut

Lift|boy der; -s, -s ⟨engl.⟩: [junger] Fahrstuhlführer

lif|ten: 1. einen ²Lift durchführen. 2. mit dem Skilift fahren, den Skilift benutzen. 3. in die Höhe heben, wuchten

Lif|ter der; -s, -: Person, Unternehmung, die einen ¹Lift (2) betreibt

Lif|ting das; -s, -s: 1. ²Lift. 2. (Leichtathletik) Übung, bei der die Fersen vom Boden abfedern u. die Fußspitzen am Boden bleiben

Lift|van [...vɛn] der; -[s], -s ⟨engl.-amerik.⟩: Spezialmöbelwagen für Umzüge nach Übersee ohne Umladung

Li|ga die; -, ...gen ⟨lat.-span.⟩: 1. Bund, Bündnis (bes. der kath. Fürsten im 16. u. 17. Jh.). 2. (Sport) Wettkampfklasse, in der mehrere Vereinsmannschaften eines bestimmten Gebietes zusammengeschlossen sind

Li|ga|de die; -, -n ⟨lat.-it.-span.⟩: (Fechten) das Zur-Seite-Drücken der gegnerischen Klinge

Li|ga|ment das; -[e]s, -e u. -a. **Li|ga|men|tum** das; -s, ...ta ⟨lat.⟩: (Anat.; Med.) festes, sehnenähnliches Band aus Bindegewebe zur Verbindung beweglicher Teile des Knochensystems, bes. an Gelenken

Li|gan ['laɪgn] vgl. Lagan

Li|gand der; -en, -en ⟨lat.⟩: Atom, Molekül od. Ion, das in einer chemischen Verbindung höherer Ordnung dem zentralen Atom od. Ion angelagert ist

Li|ga|se die; -, -n: Enzym, das eine Verknüpfung von zwei Molekülen katalysiert

li|ga|to: ↑ legato

Li|ga|tur die; -, -en: 1. a) (Druckw.) Buchstabenverbindung auf einer Drucktype (z. B. ff, æ); b) das Zusammenziehen von Buchstaben in der Schrift (das ein flüssigeres Schreiben ermöglicht). 2. (Mus.) a) Zusammenfassung mehrerer (auf einer Silbe gesungener) Noten zu Notengruppen in der Mensuralmusik des 13. bis 16. Jh.s; b) das Zusammenbinden zweier Noten gleicher Tonhöhe mit dem Haltebogen zu einem Ton über einen Takt od. einen betonten Taktteil hinweg (zur Darstellung einer Synkope 3). 3. (Med.) Unterbindung von Blutgefäßen mithilfe einer Naht (z. B. bei einer Operation)

Li|gen: Plural von ↑ Liga

Li|ger der; -s, - ⟨Kunstw. aus engl. lion = Löwe u. tiger = Tiger⟩: (Zool.) Bastard aus der Kreuzung eines Löwenmännchens mit einem Tigerweibchen; vgl. Tigon

light [laɪt] ⟨engl.; „leicht"⟩: (in Bezug auf Nahrungs- u. Genussmittel) weniger unerwünschte, belastende o. ä. Inhaltsstoffe enthaltend

Light|pen, auch: **Light-Pen** ['laɪtpɛn] der; -s, -s ⟨engl.; eigtl. „Lichtgriffel"⟩: Lichtstift zur direkten Eingabe am Computerbildschirm

Light|show, auch: **Light-Show** die; -, -s ⟨engl.⟩: a) Darbietung von Lichteffekten und anderen optischen Effekten zur Verstärkung der Wirkung von Popmusiktiteln (bei Konzerten, Tanzveranstaltungen, in Diskotheken usw.); b) Anlage, die eine Lightshow (a) liefert

Light|ver|si|on die; -, -en ⟨engl.; lat.⟩: Version (2) eines Produktes od. einer Idee, die auf die wichtigsten Bestandteile beschränkt ist; reduzierte Fassung

li|gie|ren ⟨lat.-it.⟩: (Fechten) die gegnerische Klinge zur Seite drücken

Li|gist der; -en, -en ⟨lat.-span.-nlat.⟩: Angehöriger einer Liga (2). **Li|gis |tin** die; -, -nen: weibliche Form zu ↑ Ligist. **li|gis |tisch:** zur Liga gehörend

lig |ni|kol ⟨lat.⟩: in Holz lebend (z. B. von Holzwespen, Bockkäfern)

L

Li|g|ni|kul|tur *die; -, -en* ⟨*lat.-nlat.*⟩: Holzanbau außerhalb des Waldes

Li|g|nin *das; -s, -e:* Verholzung bewirkender, farbloser, fester Stoff, der neben der Zellulose wichtigster Bestandteil des Holzes ist; Holzstoff

Li|g|nit [auch: ...'nɪt] *der; -s, -e:* 1. junge Braunkohle mit noch sichtbarer Holzstruktur. 2.↑Xylit (2)

li|g|ni|vor: Holz fressend; sich von Holz ernährend. **Li|g|ni|vo|re** *der; -n, -n:* zu den Pflanzenfressern gehörendes Tier, das an od. in Holz lebt u. sich von Holz ernährt; Xylophage

Li|g|no|se *die; -:* 1.↑Zellulose. 2. früher gebräuchlicher Sprengstoff aus Nitroglyzerin u. nitriertem Holzmehl

Li|g|ro|in *das; -s* ⟨Kunstw.⟩: als Verdünnungs- od. Lösungsmittel verwendetes Leichtöl, das Bestandteil des Erdöls ist

Ligue [lig] *die; -, -s* [lig] ⟨*lat.-it.-fr.*⟩: ↑Liga (1)

Li|gu|la *die; -, ...lae* [...lɛ] ⟨*lat.*⟩: 1. bei vielen Gräsern die Sprossachse eng anliegendes, dünnes, durchsichtiges Blättchen, Blatthäutchen. 2. Riemenwurm; Bandwurm bei Fischen u. Vögeln

Li|gu|o|ri|a|ner *der; -s, -* ⟨nach dem heiligen Alfons von Liguori⟩: ↑Redemptorist

Li|gus|ter *der; -s, -* ⟨*lat.*⟩: häufig in Zierhecken angepflanzter Strauch mit weißen Blütenrispen u. schwarzen Beeren

li|li|e|ren, sich ⟨*lat.-fr.*⟩: a) ein Liebesverhältnis mit jmdm. beginnen; b) eine Geschäftsverbindung eingehen; mit jmdm. [geschäftlich] zusammenarbeiten.

Li|li|er|te *der u. die; -n, -n:* (veraltet) Vertraute[r]. **Li|li|e|rung** *die; -, -en:* enge [geschäftliche] Verbindung

Like|li|hood ['laɪklɪhʊt] *die; -* ⟨*engl.; „Wahrscheinlichkeit"*⟩: (Statistik) Maß, das die Wahrscheinlichkeit verschiedener unbekannter Werte eines Parameters (1) angibt

Li|kör *der; -s, -e* ⟨*lat.-fr.*⟩: süßes alkoholisches Getränk aus Branntwein mit Zucker[lösung] u. aromatischen Geschmacksträgern

Lik|tor *der; -s, ...oren* ⟨*lat.*⟩: (hist.)

Amtsdiener als Begleiter hoher Beamter im alten Rom, Träger der ↑Faszes

Lik|to|ren|bün|del *das; -s, -:* ↑Faszes

Li|kud|block *der; -[e]s* ⟨*hebr.; „Einigung, Zusammenfassung"*⟩: Bündnis von fünf Parteien in Israel

li|la ⟨*sanskr.-pers.-arab.-span.-fr.*⟩: 1. fliederblau, hellviolett. 2. (ugs.) mittelmäßig. **Li|la** *das; -s:* lila Farbe

Li|li|a|zee *die; -, -n* ⟨*lat.*⟩: (Bot.) Liliengewächs

Li|lie [...jə] *die; -, -n:* stark duftende Gartenpflanze mit schmalen Blättern u. trichterförmigen od. fast glockenartigen Blüten in vielen Arten (z. B. Tigerlilie, Türkenbund)

Li|li|put *(ohne Artikel) -s* ⟨nach „Lilliput", dem Zwergenland in „Gullivers Reisen" von J. Swift, 1667–1745⟩: Märchenland, dessen Bewohner winzig klein sind. **Li|li|pu|ta|ner** *der; -s, -:* 1. Bewohner von Liliput. 2. (veraltend abwertend) kleinwüchsiger Mensch. **Li|li|pu|ta|ne|rin** *die; -, -nen:* weibliche Form zu ↑Liliputaner. **li|li|pu|ta|nisch:** 1. zu Liliput gehörend. 2. winzig klein

Li|ma|ko|lo|gie *die; -* ⟨*gr.-nlat.*⟩: (veraltet) [Nackt]schneckenkunde

Li|man *der; -s, -e* ⟨*gr.-türk.-russ.*⟩: lagunenartiger Strandsee an der Küste des Schwarzen u. des Kaspischen Meeres

Lim|ba *das; -s* ⟨*afrik.*⟩: aus dem tropischen Westafrika stammendes gelbbraunes bis grünlich braunes Holz, das häufig als Furnierholz verwendet wird

Lim|bi: *Plural* von ↑Limbus

lim|bisch: in der Fügung limbisches System: (Med.) Randgebiet zwischen Großhirn u. Gehirnstamm, das die hormonale Steuerung u. das vegetative Nervensystem beeinflusst u. von dem gefühlsmäßige Reaktionen auf Umwelt und ausgehen

Lim|bo *der; -s, -s* ⟨*karib.*⟩: akrobatischer Tanz westindischer Herkunft, bei dem sich der/die Tanzende rückwärts beugt u. mit schiebenden Tanzschritten unter einer Querstange hindurchbewegt, die nach jedem

gelungenen Durchgang niedriger gestellt wird

Lim|bus *der; -, ...bi* ⟨*lat.; „Rand"*⟩: 1. (ohne Plural) nach traditioneller, heute weitgehend aufgegebener katholischer Lehre die Vorhölle als Aufenthaltsort der vorchristlichen Gerechten u. der ungetauft gestorbenen Kinder. 2. (Bot.) oberer, nicht verwachsener Teil einer Blüte. 3. (Techn.) Gradkreis, Teilkreis an Winkelmessinstrumenten

Li|me|rick *der; -[s], -s* ⟨*engl.; nach der gleichnamigen irischen Stadt*⟩: 1. nach festliegendem Reimschema verfasstes fünfzeiliges Gedicht von ironischem od. grotesk-komischem Inhalt. 2. in der Mode des 17. Jh.s Handschuh aus dem Fell ungeborener Kälber. **li|me|ri|cken:** Limericks (1) verfassen

Li|mes *der; -, -* ⟨*lat.*⟩: 1. (ohne Plural; hist.) von den Römern angelegter Grenzwall (vom Rhein bis zur Donau). 2. mathematischer Grenzwert, dem eine Zahlenfolge zustrebt; Abk.: lim

Li|met|ta vgl. Limette. **Li|met|te** *die; -, -n* ⟨*pers.-arab.-provenzal.-fr.-nlat.*⟩: dünnschalige westindische Zitrone

li|mi|kol ⟨*lat.*⟩: (Biol.) im Schlamm lebend (von Tieren)

Li|mit *das; -s, -s, auch: -e* ⟨*lat.-fr.-engl.*⟩: 1. Grenze, die räumlich, zeitlich, mengen- od. geschwindigkeitsmäßig nicht über- bzw. unterschritten werden darf. 2. (Wirtsch.) obere od. untere Preisgrenze (für ein Geschäft). 3. a) (Sport) für die Qualifikation festgelegte Mindestleistung; b) (Boxen) Grenze der jeweiligen Gewichtsklasse

Li|mi|ta|ti|on *die; -, -en* ⟨*lat.*⟩: Begrenzung, Einschränkung

li|mi|ta|tiv ⟨*lat.-nlat.*⟩: begrenzend, einschränkend; **limitatives Urteil:** (Philos.) Satz, der der Form nach bejahend, dem Inhalt nach verneinend ist

Li|mi|te *die; -, -n* ⟨*lat.-fr.*⟩: (schweiz.) Limit

li|mi|ted ['lɪmɪtɪd] ⟨*lat.-fr.-engl.*⟩: (Wirtsch.) Zusatz bei Handelsgesellschaften mit beschränkter Haftung in Großbritannien; Abk.: Ltd., lim., Lim. od. Ld.

Li|mi|ted E|di|ti|on [- ɪˈdɪʃn̩] *die; -, - -s* ⟨*engl.*⟩: eingeschränkte

Auflage (Vermerk auf Produkten, z. B. auf Büchern)
Li|mi|ted Or|der die; - -, - -s: (Börsenw.) Kauf- od. Verkaufsauftrag, bei dem eine obere od. untere Preisgrenze angegeben wird
li|mi|tie|ren ⟨lat.⟩: begrenzen, einschränken
lim|ni|kol ⟨gr.; lat.-nlat.⟩: (Biol.) im Süßwasser lebend (von Organismen)
Lim|ni|me|ter das; -s, - ⟨gr.-nlat.⟩: Pegel zum Messen u. selbstständigen Aufzeichnen des Wasserstandes (z. B. eines Sees)
lim|nisch: 1. (Biol.) im Süßwasser lebend od. entstanden (von Pflanzen u. Tieren); Ggs. ↑ terrestrisch (2 a), marin (2). 2. (Geol.) in Süßwasser abgelagert (von Kohlenlagern)
Lim|no|gramm das; -s, -e: Aufzeichnung des Wasserstandes durch ein Limnimeter
Lim|no|graph, auch: ...graf der; -en, -en: ↑ Limnimeter
Lim|no|lo|ge der; -n, -n: Wissenschaftler auf dem Gebiet der Limnologie. **Lim|no|lo|gie** die; -: Seenkunde. **Lim|no|lo|gin** die; -, -nen: weibliche Form zu ↑ Limnologe. **lim|no|lo|gisch:** die Limnologie betreffend; auf Binnengewässer bezogen
Lim|no|plank|ton das; -s: das ↑ Plankton des Süßwassers
Li|mo|na|de die; -, -n ⟨pers.-arab.(-it.)-fr.⟩: alkoholfreies Getränk aus Obstsaft, -sirup od. künstlicher Essenz, Zucker u. Wasser, meist mit Zusatz von Kohlensäure
Li|mo|ne die; -, -n ⟨pers.-arab.-it.⟩: 1. (selten) Zitrone (b). 2. ↑ Limette
Li|mo|nel|le die; -, -n: ↑ Limette
Li|mo|nen das; -s, -e ⟨pers.-arab.-it.-nlat.⟩: zitronenartig riechender flüssiger Kohlenwasserstoff, der in vielen ätherischen Ölen enthalten ist
Li|mo|nit [auch: ...'nɪt] der; -s, -e ⟨gr.-nlat.⟩: Brauneisenstein
li|mos u. **li|mös** ⟨lat.-nlat.⟩: (Biol.) schlammig, sumpfig
Li|mo|si|ner E| mail das; - -s ⟨nach der franz. Stadt Limoges⟩: ein (bes. im 15. u. 16. Jh.) in Limoges hergestelltes Maleremail
Li|mou|si|ne [limu...] die; -, -n ⟨fr.; nach der franz. Landschaft Limousin⟩: Personenwagen mit festem Verdeck

lim|pid ⟨lat.-fr.⟩: durchscheinend, hell, durchsichtig, klar
Li|na|lo|ol das; -s, -e ⟨engl.⟩: nach Maiglöckchen riechender Alkohol, der in zahlreichen ätherischen Ölen vorkommt
Lin|c| rus| ta vgl. Linkrusta
Li|neage ['lɪnɪɜ] die od. das; -, -s ⟨lat.-engl.⟩: soziale Einheit, deren Angehörige alle von einem gemeinsamen Ahnen abstammen u. meist an einem Ort wohnen
li|ne|al: ↑ linealisch
Li|ne|al das; -s, -e ⟨lat.-mlat.⟩: meist mit einer Messskala versehenes Gerät zum Ziehen von Geraden
li|ne| a|lisch: (von Blättern) lang u. mit parallelen Rändern
Li|ne| a|ment das; -[e]s, -e ⟨lat.; „Federstrich"⟩: 1. (Med.) Linie in der Hand od. im Gesicht; Handlinie, Gesichtszug. 2. (bildende Kunst) Gesamtheit von gezeichneten od. sich abzeichnenden Linien in ihrer besonderen Anordnung, in ihrem eigentümlichen Verlauf. 3. (Geol.) Erdnaht, tief greifende Bewegungsfläche der Erdkruste
li|ne|ar ⟨lat.⟩: 1. geradlinig; linienförmig. 2. (Wirtsch.) für alle in gleicher Weise erfolgend; gleichmäßig, gleich bleibend (z. B. Steuersenkung). 3. (Mus.) den gleichzeitigen Verlauf selbstständiger Melodien, Stimmen in den Vordergrund stellend
Li|ne|ar|e| rup|ti|on die; -, -en: (Geol.) von Erdspalten ausgehende vulkanische Tätigkeit
Li|ne|ar|i|tät die; - ⟨lat.-nlat.⟩: (Fachspr.) lineare Beschaffenheit
Li|ne|ar|mo|tor der; -s, -en: Elektromotor, bei dem sich der eine Motorteil gegenüber dem anderen unter dem Einfluss elektromagnetischer Kräfte geradlinig verschiebt, sodass eine geradlinige Bewegung bzw. ein Vortrieb erzeugt wird
Li|ne|ar|or|na|men|tik die; -: ausschließlich aus Linien bestehende vulkanische Verzierung, bes. der griechischen Vasen in der Zeit der geometrischen Kunst
Li|ne|ar|pers|pek|ti|ve die; -: geometrisch angelegte Perspektivenwirkung eines Bildes
Li|ne| a|tur die; -, -en: 1. Linierung

(z. B. in einem Schulheft). 2. Linienführung (z. B. einer Zeichnung)
Li|ner ['laɪnɐ] der; -s, - ⟨engl.⟩: 1. Überseedampfer, Linienschiff. 2. Linien-, Passagierflugzeug
Li|net|te die; - ⟨lat.-fr.⟩: veredelter ↑ Linon
Lin|ga u. **Lin|gam** das; -s ⟨sanskr.⟩: ↑ Phallus als Sinnbild Schiwas, des indischen Gottes der Zeugungskraft
Lin|gam|kult der; -[e]s, -e: ↑ Phalluskult
Linge [lɛ̃:ʒ] die; - ⟨lat.-fr.⟩: (schweiz.) Wäsche. **Lin|ge|rie** [lɛ̃ʒə'ri:] die; -, ...ien: (schweiz.) a) Wäschekammer; b) betriebsinterne Wäscherei; c) Wäschegeschäft
Lin|gua fran|ca die; - - ⟨lat.-it.⟩: a) Verkehrssprache meist für Handel u. Seefahrt im Mittelmeerraum mit romanischem, vor allem italienischem Wortgut, das mit arabischen Bestandteilen vermischt ist; b) Verkehrssprache eines großen, verschiedene mehrsprachige Länder umfassenden Raumes (z. B. Englisch als internationale Verkehrssprache)
Lin|gua ge|ral [- ʒe'ral] die; - - ⟨lat.-port.; „allgemeine Sprache"⟩: 1. portugiesische Schriftsprache. 2. Verkehrssprache zwischen den europäischen Siedlern Brasiliens u. den Indianerstämmen, bes. den Tupi
lin|gu|al ⟨lat.-mlat.⟩: (Med.) a) die Zunge betreffend; b) zur Zunge gehörend. **Lin|gu|al** der; -s, -e: (Sprachw.) mit der Zunge gebildeter Laut; Zungenlaut (z. B. das Zungen-r). **Lin|gu| a|lis** die; -, ...les [...le:s]: (veraltet) Lingual
Lin|gu|a|l|laut der; -[e]s, -e: ↑ Lingual
Lin|gu|a|l|pfei|fe die; -, -n: Orgelpfeife, bei der der Ton mithilfe eines im Luftstrom schwingenden Metallblättchens erzeugt wird; Zungenpfeife; Ggs. ↑ Labialpfeife
Lin|gu|ist der; -en, -en ⟨lat.-nlat.⟩: Sprachwissenschaftler. **Lin|gu|is| tik** die; -: Sprachwissenschaft, bes. der modernen Prägung. **Lin|gu|is| tin** die; -, -nen: weibliche Form zu ↑ Linguist.

lin|gu |is |tisch: sprachwissenschaftlich

lin|gu |is |ti|sie|ren, linguistizieren: zu stark unter linguistischen Gesichtspunkten betrachten, behandeln. **Lin|gu |is |ti|sie|rung, Lin|gu |is |ti|zie|rung** die; -, -en: das Linguistisieren

Li|nie [...jə] die; -, -n ⟨lat.; „Leine, Schnur; (mit einer Schnur gezogene gerade) Linie"⟩: 1. a) längerer (gezeichneter od. sich abzeichnender) Strich; b) (Math.) zusammenhängendes, eindimensionales geometrisches Gebilde ohne Querausdehnung; c) (Sport) Markierungslinie, Begrenzungslinie; d) (Druckw.) Metallstreifen mit Druckbild zum Drucken einer Linie (1 b); e) (früher) kleines Längenmaß (zwischen 2 u. $2^1/_4$ mm). 2. Umriss[linie], Umrissform, -gestalt. 3. a) gedachte, angenommene Linie (1 a), die etwas verbindet (z. B. die Linie Freiburg–Basel); b) (ohne Plural; Seemannsspr.) ↑ Äquator (1); c) Fechtlinie; Klingenlage, bei der der gestreckte Waffenarm u. die Klinge eine gerade Linie (3 a) bilden u. die Klingenspitze auf die gültige Trefffläche zeigt; d) einer der acht senkrechten, ein Feld breiten Abschnitte des Schachbretts. 4. Reihe. 5. a) Front (2), Kampfgebiet mit den Stellungen der auf einer Seite kämpfenden Truppen; b) die in gleichmäßigen Abständen nebeneinander aufgestellten Truppen; c) (ohne Plural; früher) die Truppen des stehenden Heeres. 6. a) von [öffentlichen] Verkehrsmitteln regelmäßig befahrene, beflogene Verkehrsstrecke zwischen bestimmten Orten, Punkten; b) die Verkehrsmittel, Fahrzeuge einer bestimmten Linie (6 a). 7. Verwandtschaftszweig. 8. allgemeine Richtung, die bei einem Vorhaben, Verhalten usw. eingeschlagen, befolgt wird

li|ni|e|ren (österr. nur so) u. liniieren: mit Linien versehen, Linien ziehen. **Li|ni|e|rung** (österr. nur so) u. Liniierung die; -, -en: das Linienziehen, das Versehen mit Linien

Li|ni|ment das; -[e]s, -e ⟨lat.⟩: (Med.) [dick]flüssiges Einreibemittel

Link der; -[s], -s ⟨engl.; „(Binde)glied"⟩: (EDV) a) Kurzform von ↑ Hyperlink (Verknüpfung zu einem anderen Dokument); b) feste Kabelverbindung, die zwei Vermittlungsstellen miteinander verbindet

lin|ken: (EDV) ein arbeitsfähiges Gesamtprogramm aus Programmteilen erzeugen

Lin|ker der; -s, -[s] ⟨engl.⟩: (EDV) Programm, das mehrere Programme oder Programmteile zu einem arbeitsfähigen Programm verbindet

Lin|k |rus |ta die; - ⟨Kunstw.⟩: dicke abwaschbare Papiertapete

Links|ex|t |re|mis|mus der; - ⟨dt.; lat.-nlat.⟩: extrem sozialistische od. kommunistische Haltung u. Richtung. **Links|ex|t |re|mist** der; -en, -en: Anhänger, Vertreter des Linksextremismus. **Links|ex|t |re|mis |tin** die; -, -nen: weibliche Form zu ↑ Linksextremist. **links|ex|t |re|mis |tisch:** den Linksextremismus betreffend

lin|nésch ⟨nach dem schwed. Naturforscher C. von Linné, 1707–1778⟩; in der Fügung **lin-nésches** (auch: **Linné'sches**) **System:** (Bot.) System, worin das Pflanzenreich nach den Merkmalen der Blüte eingeteilt ist

Li|no|fil das; -s ⟨lat.-nlat.⟩: aus Flachsabfällen hergestelltes Garn

Li|no|le|um [auch: ...le:ʊm] das; -s ⟨lat.-engl.⟩: [Fußboden]belag aus starkem Jutegewebe, auf das eine Masse aus Leinöl, Kork, Harzen o. Ä. aufgepresst ist

Li|nol|säu|re die; -, -n ⟨lat.-nlat.; dt.⟩: (u. a. in Leinöl enthaltene) ungesättigte Fettsäure

Li|nol|schnitt der; -[e]s, -e: 1. (ohne Plural) grafische Technik, bei der die Darstellung in eine Linoleumplatte geschnitten wird. 2. Abzug in der Technik des Linolschnitts (1)

Li|non [li'nõ:, auch: 'lɪnɔn] der; -[s], -s ⟨lat.-fr.⟩: Baumwollgewebe in Leinwandbindung mit Leinenausrüstung

Li|no|type ® ['laɪnotaɪp] die; -, -s ⟨engl.⟩: (Druckw.) Setz- u. Zeilengießmaschine

Lin|ters die (Plural) ⟨lat.-engl.⟩:

(zum Verspinnen zu kurze) Fasern des Baumwollsamens

Li|nux das; - ⟨Kunstw. aus Linus Torvalds' UNIX⟩: frei verfügbare Variante des Betriebssystems UNIX

Li |o|der|ma das; -s ⟨gr.-nlat.⟩: (Med.) angeborene od. als Folge einer Krankheit entstandene dünne, glänzende, trockene Haut mit Schwund des Unterhautgewebes; Glanzhaut

Li|on ['laɪən] der; -s, -s ⟨engl.⟩: Mitglied des Lions Clubs

Li|ons Club ['laɪənz 'klʌb] der; - -s, - -s ⟨engl.⟩: 1. (ohne Plural) ↑ Lions International. 2. zu Lions International gehörender örtlicher Klub

Li|ons In|ter|na|tio|nal [- ɪntə'næ-ʃənl] der; - -: karitativ tätige, um internationale Verständigung bemühte Vereinigung führender Persönlichkeiten des öffentlichen Lebens

Li |p |a |ci |d|ä |mie, Lipazidämie die; -, ...ien ⟨gr.; lat.; gr.⟩: (Med.) krankhafte Erhöhung des Fettsäuregehaltes im Blut

Li |p |a |ci |d|u |rie, Lipazidurie die; -, ...ien: (Med.) vermehrte Ausscheidung von Fettsäuren mit dem Harn

Li |p |ä |mie die; -, ...ien ⟨gr.-nlat.⟩: (Med.) Vermehrung des Fettgehaltes im Blut. **li |p|ä |misch:** (Med.) die Lipämie betreffend, mit einer Lipämie einhergehend; fettblütig

Li|pa|rit [auch: ...rɪt] der; -s, -e ⟨nlat.; vom Namen der Liparischen Inseln⟩: graues, gelblich grünes od. rötliches junges vulkanisches Gestein

Li|pa|se die; -, -n ⟨gr.-nlat.⟩: Fett spaltendes ↑ Enzym

Li |p |a |zi |d|ä |mie vgl. Lipacidämie

Li |p |a |zi |d|u |rie vgl. Lipacidurie

Lip|gloss das; -, - ⟨engl.; „Lippenglanz"⟩: Kosmetikmittel, das den Lippen Glanz verleiht

Li|pid das; -[e]s, -e ⟨gr.-nlat.⟩: (Chem.) a) (meist Plural) Fett od. fettähnliche Substanz; b) (nur Plural) Sammelbezeichnung für alle Fette u. ↑ Lipoide

Li|pi|do|se die; -: (Med.) Störung des Fettstoffwechsels

Li|pi|za|ner der; -s, - ⟨nach dem (heute slowenischen) Gestüt Lipizza (Lipica) bei Triest⟩: edles Warmblutpferd, meist Schimmel, mit etwas gedrungenem Körper, breiter Brust u. kurzen, starken Beinen

Li|po|chrom *das; -s, -e* (meist Plural) ⟨*gr.-nlat.*⟩: organischer gelber od. roter Fettfarbstoff

Li|po|dys|tro|phie *die; -, ...ien:* auf einer Störung des Fettstoffwechsels beruhende Abmagerung [mit Fettschwund am Oberkörper bei gleichzeitigem Fettansatz im Bereich der unteren Körperhälfte]

li|po|gram|ma|tisch vgl. leipogrammatisch

li|po|lid ⟨*gr.-nlat.*⟩: fettähnlich. **Li|po|id** *das; -s, -e:* (Chem.; Biol.) a) (meist Plural) lebenswichtige, in tierischen u. pflanzlichen Zellen vorkommende fettähnliche Substanz; b) (nur Plural) Sammelbezeichnung für die uneinheitliche Gruppe fettähnlicher organischer Substanzen

Li|po |i|do|se *die; -, -n:* (Med.) krankhafte Einlagerung von Lipoiden in den Geweben

Li|po|ly|se *die; -, -n:* (Biochem.; Med.) Fettspaltung, Fettverdauung

Li|pom *das; -s, -e* u. **Li|po|ma** *das; -s, -ta:* (Med.) Fettgeschwulst, gutartige, geschwulstartige Neubildung aus Fettgewebe

Li|po|ma|to|se *die; -, -n:* (Med.) Fettsucht, gutartige Fettgeschwulstbildungen, vor allem im Unterhautfettgewebe

li|po|phil: 1. (Chem.) in Fett löslich; Ggs. ↑ lipophob. 2. (Med.) zu übermäßigem Fettansatz neigend. **Li|po|phi|lie** *die; -, ...ien:* (Med.) Neigung zu übermäßigem Fettansatz

li|po|phob: (Chem.) in Fett nicht löslich; Ggs. ↑ lipophil (1)

Li|po|plast *der; -en, -en* (meist Plural): (Med.) Fettgewebe bildende Zelle

Li|po|pro|te|id *das; -[e]s, -e:* (Chem.) Verbindung aus Eiweißstoff u. Lipoid (hochmolekulare Substanz)

Li|po|zel|le *die; -, -n:* (Med.) Fettbruch; Bruch, der Fett od. Fettgewebe enthält

Lip |s|a |no|thek *die; -, -en* ⟨*gr.-nlat.*⟩: ↑ Reliquiar

Lip|si *der; -s, -s* (von Lipsia, dem nlat. Namen der Stadt Leipzig, dem Entstehungsort): Gesellschaftstanz im ⁶/₄-Takt

Li |p|u |rie *die; -, ...ien* ⟨*gr.-nlat.*⟩:

(Med.) krankhaftes Auftreten von Fett im Harn

Li|que|fak|ti|on *die; -, -en* ⟨*lat.- mlat.*⟩: (Chem.) Verflüssigung; Überführung eines festen Stoffes in flüssige Form

Li|ques|zenz *die; - ⟨lat.-nlat.⟩:* (Chem.) das Flüssigsein. **li|ques|zie|ren** ⟨*lat.*⟩: (Chem.) flüssig werden, schmelzen

li|quet: es ist klar, erwiesen

li|quid u. liquide: 1. (Chem.) flüssig. 2. (Wirtsch.) a) verfügbar; b) zahlungsfähig. 3. (Phon.) die Eigenschaften einer Liquida aufweisend. **Li|quid** *der; -s, -e:* ↑ Liquida

Li|qui|da *die; -, ...dä* u. ...qui|den: (Sprachw.) Fließlaut; Laut, der sowohl ↑ Konsonant wie ↑ Sonant sein kann (z. B. r, l, [m, n])

Li|qui|da|ti|on *die; -, -en* ⟨*lat.- mlat.-roman.*⟩: 1. Abwicklung der Rechtsgeschäfte einer aufgelösten Handelsgesellschaft. 2. Abwicklung von Börsengeschäften. 3. Kostenrechnung freier Berufe (z. B. eines Arztes). 4. Beilegung eines Konflikts; Liquidierung. 5. a) Beseitigung, Liquidierung; b) Tötung, Ermordung, Hinrichtung eines Menschen; Liquidierung; vgl. ...ation/...ierung

Li|qui|da|tor *der; -s ...oren* ⟨*lat.- nlat.*⟩: 1. jmd., der eine Liquidation (1) durchführt. 2. jmd., der einen umbringt, liquidiert (5 b). **Li|qui|da|to|rin** *die; -, -nen:* weibliche Form zu ↑ Liquidator

li|qui|de vgl. liquid

li|qui|den: *Plural* von ↑ Liquida

li|qui|die|ren ⟨*lat.-mlat.-it.*⟩: 1. eine Gesellschaft, ein Geschäft auflösen. 2. eine Forderung in Rechnung stellen (von freien Berufen). 3. Sachwerte in Geld umwandeln. 4. einen Konflikt beilegen. 5. a) beseitigen, abschaffen; b) hinrichten lassen, beseitigen, umbringen. **Li|qui|die|rung** *die; -, -en:* das Liquidieren

Li|qui|di|tät *die; - ⟨lat.-roman.⟩:* 1. durch Geld od. Tauschmittel vertretene Verfügungsmacht über Bedarfsgüter. 2. Möglichkeit, Sachgegenstände des Vermögens schnell in Geld umzuwandeln. 3. Fähigkeit eines Unternehmens, seine Zahlungs-

verpflichtungen fristgerecht zu erfüllen; Zahlungsfähigkeit

Li|quor *der; -, ...ores* ⟨*lat.*⟩: 1. (Med.) seröse Körperflüssigkeit. 2. (Pharm.) flüssiges Arzneimittel; Abk.: Liq.

¹Li|ra *die; -, ...ren* ⟨*gr.-lat.-it.*⟩: birnenförmige, einsaitige Geige des Mittelalters; **Lira da Braccio** [- - 'bratʃo]: Vorgängerin der Geige mit fünf Griff- u. zwei Bordunsaiten (Armhaltung); **Lira da Gamba:** celloähnliches Streichinstrument mit 9 bis 13 Spiel- u. zwei Bordunsaiten (Kniehaltung)

²Li|ra *die; -, Lire* ⟨*lat.-it.*⟩: italienische Währungseinheit; Abk.: Lit

³Li|ra *die; -, - ⟨lat.-it.-türk.⟩:* türkische Währungseinheit; Abk.: TL

li|ri|co ⟨*gr.-lat.-it.*⟩: (Mus.) lyrisch (Vortragsanweisung)

Li|se|ne *die; -, -n* ⟨zu ↑ Lisiere⟩: pfeilerartiger, wenig hervortretender Mauerstreifen ohne Kapitell u. Basis (bes. an romanischen Gebäuden)

Li|si |e|re *die; -, -n* ⟨*fr.*⟩: (veraltet) 1. Waldrand, Feldrain. 2. Saum, Kante (an Kleidern u. a.)

Lis|seu|se [lɪ'søːzə] *die; -, -n* ⟨*fr.*⟩: in der Kammgarnspinnerei Maschine zum Strecken, Waschen u. Trocknen des Spinngutes. **lis|sie|ren:** Spinngut mithilfe der Lisseuse nachwaschen, trocknen u. glätten

Lis |te|ria *die; -, ...rien u. ...riae* [...je] ⟨nach dem brit. Chirurgen J. Lister, 1827–1912⟩: (Med.) in der Natur (z. B. in Fäkalien) weit verbreitete, krankheitserregende Bakterie

l'is |tes|so tem|po u. lo stesso tempo ⟨*it.*⟩: (Mus.) dasselbe Zeitmaß, im selben Tempo wie zuvor

Li|ta|nei *die; -, -en* ⟨*gr.-mlat.*⟩: 1. im Wechsel gesungenes Fürbitten- u. Anrufungsgebet des christlichen Gottesdienstes (z. B. die ↑ Lauretanische Litanei). 2. (abwertend) eintöniges Gerede; endlose Aufzählung

Li|ter [auch: 'lɪ...] *der* (schweiz. nur so; auch:) *das; -s, -* ⟨*gr.- mlat.-fr.*⟩: Hohlmaß; 1 Kubikdezimeter; Zeichen: l

Li|te|ra *die; -, ...rä* ⟨*lat.*⟩: 1. Buchstabe; Abk.: Lit. od. lit. 2. auf Effekten, Banknoten,

L

Kassenscheinen usw. aufgedruckter Buchstabe zur Kennzeichnung verschiedener ↑ Emissionen (1)

Li|te|ral|sinn *der;* -[e]s ⟨*lat.; dt.*⟩: buchstäblicher Sinn einer Textstelle, bes. in der Bibel

Li|te|rar|his| to|ri|ker *der;* -s, - ⟨*lat.; gr.-lat.*⟩: Wissenschaftler auf dem Gebiet der Schrifttumsgeschichte eines Volkes. **Li|te|rar|his| to|ri|ke|rin** *die;* -, -nen: weibliche Form zu ↑ Literarhistoriker. **li|te|rar|his| to|risch:** die Schrifttumsgeschichte betreffend, auf ihr beruhend

li|te|ra|risch ⟨*lat.*⟩: 1. die Literatur (1) betreffend, schriftstellerisch. 2. [vordergründig] symbolisierend, mit allzu viel Bildungsgut befrachtet (z. B. von einem [modernen] Gemälde)

li|te|ra|ri|sie|ren ⟨*lat.-nlat.*⟩: in [allzu] literarischer (2) Weise gestalten

Li|te|rar|kri|tik *die;* -, -en: a) literaturwissenschaftliches Verfahren bes. der biblischen ↑ Exegese, mit dem die verschiedenen Quellen eines Textes isoliert werden, um die Geschichte seiner Entstehung zu rekonstruieren; b) ↑ Literaturkritik. **li|te|rar|kri|tisch:** literaturkritisch

Li|te|ra|rum Hu|ma|ni| o|rum Doc|tor u. Litterarum Humaniorum Doctor ⟨*lat.*⟩: Doktor der Literaturwissenschaft in England; Abk.: L. H. D.

Li|te|rat *der;* -en, -en: Schriftsteller. **Li|te|ra|tin** *die;* -, -nen: weibliche Form zu ↑ Literat

Li|te|ra|tor *der;* -s, ...oren: (veraltet) Schriftsteller, Gelehrter

Li|te|ra|tur *die;* -, -en: 1. schöngeistiges Schrifttum. 2. Gesamtbestand aller Schriftwerke eines Volkes. 3. (ohne Plural) Fachschrifttum eines bestimmten Bereichs; Schriftennachweise

Li|te|ra|tur|his| to|ri|ker *der;* -s, -: ↑ Literarhistoriker. **Li|te|ra|tur|his| to|ri|ke|rin** *die;* -, -nen: weibliche Form zu ↑ Literaturhistoriker

Li|te|ra|tur|kri|tik *die;* -, -en: wissenschaftliche Beurteilung des Schrifttums. **li|te|ra|tur|kri|tisch:** die Literaturkritik betreffend, auf ihr beruhend

Li|te|ra|tur|so|zi| o|lo|gie *die;* -: Wissenschaft von der Wechsel-

wirkung zwischen Literatur (1) u. Gesellschaft

Li|te|ra|tur|spra|che *die;* -: 1. in der Literatur (1) verwendete Sprache, die oft (z. B. durch Stilisierung) von der Gemeinsprache abweicht. 2. (Sprachw.) ↑ Standardsprache

Li|tew|ka *die;* -, ...ken ⟨*poln.*⟩: bequemer, weicher Uniformrock mit Umlegekragen

lith..., Lith... vgl. litho..., Litho...

...lith s. Kasten litho..., Litho...

Li| thi|a go|gum *das;* -s, ...ga ⟨*gr.-nlat.*⟩: (Med.) Medikament, das die Ausschwemmung von Gallen-, Blasen- od. Nierensteinen herbeiführt

Li| thier|gol *das;* -s, -e ⟨*gr.; arab.*⟩: Raketentreibstoff

Li|thi| a|sis *die;* -, ...iasen: (Med.) Steinleiden; Steinbildung in inneren Organen wie Niere, Galle od. Blase

Li|thi|kum *das;* -s, ...ka: ↑ Lithagogum

...li|thi|kum s. Kasten litho..., Litho...

Li|thi|um *das;* -s: chem. Element; ein Metall; Zeichen: Li

Li|tho *das;* -s, -s: Kurzform von ↑ Lithographie (2)

---

litho..., Litho...

vor Vokalen lith..., Lith...
⟨zu *gr.* líthos „Stein, Felsen"⟩
Wortbildungselement mit der Bedeutung „Stein, Gestein":
– Lithagogum
– lithographisch
– Lithosphäre

...lith

der; -s und -en, -e[n]
⟨zu *gr.* líthos „Stein, Felsen"⟩
Wortbildungselement mit der Bedeutung „Stein, Mineral":
– Cholelith
– Eolith
– Megalith

...lithikum

das; -s
⟨zu *gr.* líthos „Stein, Felsen"; *lat.* ...icum⟩
Wortbildungselement mit der Bedeutung „Steinzeit":
– Eolithikum
– Neolithikum
– Paläolithikum

---

li|tho|gen ⟨*gr.-nlat.*⟩: 1. aus Gesteinen entstanden: **lithogene**

Schmelze: (Geol.) Aufschmelzung aus der Granitschale der Erdkruste. 2. (Med.) zur Bildung von ↑ Konkrementen, Steinen führend; steinbildend

Li|tho|ge|ne|se *die;* -, -n: (Geol.) Gesamtheit der Vorgänge bei der Entstehung von Sedimentgesteinen wie Verwitterung, Abtragung, Umlagerung, ↑ Sedimentation u. ↑ Diagenese

Li|tho|gly|phik vgl. Lithoglyptik

Li|tho|glyp|tik u. Lithoglyphik *die;* -: Steinschneidekunst

Li|tho|graf usw. vgl. Lithograph usw.

Li|tho|graph, auch: ...graf *der;* -en, -en: 1. in der Lithographie, im Flachdruckverfahren ausgebildeter Drucker. 2. jmd., der Steinzeichnungen, Lithographien (2) herstellt

Li|tho|gra|phie, auch: ...grafie *die;* -, ...ien: 1. a) (ohne Plural) [Verfahren zur] Herstellung von Platten für den Steindruck, für das Flachdruckverfahren; b) Originalplatte für Stein- od. Flachdruck. 2. grafisches Kunstblatt in Steindruck; Steinzeichnung; Kurzform: Litho. **li|tho|gra|phie|ren,** auch: ...grafieren: 1. in Steindruck wiedergeben, im Flachdruckverfahren arbeiten. 2. Steinzeichnungen, Lithographien (2) herstellen, auf Stein zeichnen

Li|tho|gra|phin, auch: ...grafin *die;* -, -nen: weibliche Form zu ↑ Lithograph

li|tho|gra|phisch, auch: ...grafisch: im Steindruckverfahren hergestellt, zum Steindruck gehörend

Li|tho|klast *der;* -en, -en: (Med.) Instrument zur Zertrümmerung von Blasensteinen

Li|tho|la|pa|xie *die;* -, ...ien: (Med.) Beseitigung von Steintrümmern aus der Blase

Li|tho|lo|ge *der;* -n, -n: Wissenschaftler auf dem Gebiet der Lithologie. **Li|tho|lo|gie** *die;* -: Gesteinskunde, bes. in Bezug auf Sedimentgesteine (vgl. Petrographie). **Li|tho|lo|gin** *die;* -, -nen: weibliche Form zu ↑ Lithologe. **li|tho|lo|gisch:** die Lithologie betreffend, auf ihr beruhend

Li|tho|ly|se *die;* -, -n: (Med.) Auflösung von Nieren-, Gallensteinen usw. durch Arzneimittel

Li|tho|pä|di|on *das; -s, ...ia u. ...ien* ⟨„Steinkind"⟩: verkalkte Leibesfrucht bei Mensch u. Tier

li|tho|phag: (Zool.) sich [unter Abgabe von Gestein auflösender Säure] in Gestein einbohrend (von Tieren, z. B. Bohrmuschel, Seeigel)

Li|tho|pha|nie *die; -, ...ien:* reliefartig in eine Platte aus dünnem Porzellan eingepresste bildliche Darstellung

li|tho|phil: 1. (Zool.) auf Gestein als Untergrund angewiesen (von Tieren). 2. im Wesentlichen die Erdkruste bildend u. mit großer ↑ Affinität zu Sauerstoff (von Elementen wie Natrium, Aluminium, Silicium, von Alkalien u. a.)

Li|tho|phy|sen *die* (Plural): (Geol.) vulkanische Gesteine mit besonderer Struktur (oft mit Hohlräumen)

Li|tho|phyt *der; -en, -en* (meist Plural): Pflanze, die eine Felsoberfläche besiedelt

Li|tho|po|ne *die; -:* lichtechte, gut deckende weiße Anstrichfarbe

Li|tho|s| phä|re *die; -:* (Geol.) bis in 100 km Tiefe reichende Gesteinshülle der Erde

Li|tho|to|mie *die; -, ...ien:* (Med.) operative Entfernung von Steinen

Li|tho|trip|sie *die; -, ...ien:* (Med.) Zertrümmerung von Blasensteinen mit einem durch die Harnröhre eingeführten Lithoklasten

Li|tho|trip|tor *der; -s, ...oren:* ↑ Lithoklast

Li| th|ur|gik *die; -:* Lehre von der Verwendung u. Verarbeitung von Gesteinen u. Mineralien

Li|ti|gant *der; -en, -en* ⟨*lat.*⟩: (veraltet) jmd., der vor Gericht einen Rechtsstreit führt

Li|ti|ga|ti|on *die; -, -en:* (veraltet) Rechtsstreit. **li|ti|gie|ren:** (veraltet) einen Rechtsstreit führen

Li|tis|pen|denz *die; -* ⟨*lat.-nlat.*⟩: (veraltet) mit der Klageerhebung eintretende Zugehörigkeit eines Streitfalls zur Entscheidungsbefugnis eines bestimmten Gerichts; Rechtshängigkeit (eines Streitfalls)

li|to|ral ⟨*lat.*⟩: (Geogr.) die Küsten-, Ufer-, Strandzone betreffend. **Li|to|ral** *das; -s, -e:* (Geogr.) Küsten-, Ufer-, Strand-

zone. **Li|to|ra|le** *das; -s, -s* ⟨*lat.-it.*⟩: Küstenland

Li|to|ral|fau|na *die; -, ...nen:* Tierwelt der Uferregion u. Gezeitenzone

Li|to|ral|flo|ra *die; -, ...ren:* Pflanzenwelt der Uferregion u. Gezeitenzone

Li|to|ri|na, fachspr. auch: Littorina *die; -, ...nen* ⟨*lat.-nlat.*⟩: Uferschnecke (am Strand der Nord- u. Ostsee häufig)

Li|to|ri|na|meer *das; -[e]s:* (Geol.) geologisches Stadium der Ostsee in der Litorinazeit

Li|to|ri|na|zeit *die; -:* (Geol.) Zeitraum zwischen 5500 u. 2000 v. Chr.

Li|to|ri|nel|len|kalk *der; -[e]s* ⟨*lat.-nlat.; dt.;*⟩: nach der darin vorkommenden Schneckengattung Litorinella⟩: (veraltet) ↑ Hydrobienschichten

Li|to|ri|nen: *Plural* von ↑ Litorina

Li|to|tes [auch: li'tɔ...] *die; -, -* ⟨*gr.-lat.*⟩: (Rhet.; Stilk.) Redefigur, die durch doppelte Verneinung od. durch Verneinung des Gegenteils eine vorsichtige Behauptung ausdrückt u. die dadurch eine (oft ironisierende) Hervorhebung des Gesagten bewirkt (z. B. nicht der schlechteste [= ein guter] Lehrer; nicht unwahrscheinlich = ziemlich wahrscheinlich; er ist nicht ohne Talent = er hat Talent)

Lit|schi *die; -, -s* ⟨*chin.*⟩ u. **Lit|schi|pflau|me** *die; -, -n* ⟨*chin.; dt.*⟩: pflaumengroße, wohlschmeckende Frucht (mit dünner rauer Schale u. weißem, saftigem Fleisch) eines in China beheimateten Baumes

Lit|te|ra|rum Hu|ma|ni| o|rum Doc|tor vgl. Literarum Humaniorum Doctor

Lit|te|ring *das; -* ⟨*engl.*⟩: a) das ungeordnete Wegwerfen von Verpackungen ohne vorheriges Sortieren; b) das Wegwerfen von Müll in die Umgebung

Lit|to|ri|na: ↑ Litorina

Lit|t| re| i|tis *die; -, ...itiden* ⟨*nlat.; nach dem franz. Arzt Alexis Littre, 1658–1725*⟩: (Med.) Entzündung der Schleimdrüsen der Harnröhre

Li|tu| a|nist *der; -en, -en* ⟨*lat.-nlat.*⟩: Sprachwissenschaftler, der sich auf Lituanistik spezialisiert hat. **Li|tu| a|nis| tik** *die; -:*

Wissenschaft von der litauischen Sprache u. Literatur.

Li|tu| a|nis| tin *die; -, -nen:* weibliche Form zu ↑ Lituanist. **li|tu-a|nis| tisch:** die Lituanistik betreffend, zu ihr gehörend

Li|tui [...tui]: *Plural* von ↑ Lituus

Li|turg *der; -en, -en* u. **Li|tur|ge** *der; -n, -n* ⟨*gr.-mlat.*⟩: der den Gottesdienst, bes. die Liturgie, haltende Geistliche (im Unterschied zum Prediger)

Li|tur|gie *die; -, ...ien* ⟨„öffentlicher Dienst"⟩: a) amtliche od. gewohnheitsrechtliche Form des Gottesdienstes; b) in der evangelischen Kirche am Altar [im Wechselgesang] mit der Gemeinde gehaltener Teil des Gottesdienstes

Li|tur|gik *die; -:* Theorie u. Geschichte der Liturgie

Li|tur|gin *die; -, -nen:* weibliche Form zu ↑ Liturg

li|tur|gisch: den Gottesdienst, die Liturgie betreffend, zu ihr gehörend; **liturgisches Jahr:** in bestimmte Festkreise (Fest mit seiner Vorbereitungszeit u. Ausklangszeit) eingeteiltes, am 1. Adventssonntag beginnendes Jahr; Kirchenjahr

Li|tu|us *der; -, Litui* ⟨*lat.*⟩: (hist.) 1. Krummstab der ↑ Auguren. 2. altrömisches Militär- u. Signalinstrument mit Kesselmundstück. 3. im 16. u. 17. Jh. Krummhorn (Blasinstrument)

live [laif] ⟨*engl.*⟩: a) direkt, original (von Rundfunk- od. Fernsehübertragungen); b) unmittelbar, in realer Anwesenheit, persönlich

Live|act ['laiflɛkt] *der; -s, -s* ⟨*engl.; lat.-engl.*⟩: (Jargon) musikalische Vorstellung, bei der die Sänger, Musiker live singen, spielen usw.; direkter, persönlicher Auftritt

Live|fo|to|gra|fie *die; -* ⟨*engl.; gr.-engl.*⟩: bes. bei Bildjournalisten übliche Art des Fotografierens, bei der es weniger auf die technische Vollkommenheit als auf die Aussage des Bildes ankommt

Live|sen|dung *die; -, -en* ⟨*engl.; dt.*⟩: Sendung, die unmittelbar vom Ort der Aufnahme aus gesendet wird; Originalübertragung, Direktsendung

Live|show [...ʃou] *die; -, -s* ⟨*engl.*⟩: 1. live (a) ausgestrahlte, revueartige Unterhaltungssendung mit ↑ Jazz, ↑ Pop (2) u. Humor. 2. a) ↑ Peepshow; b) Vorführung sexueller Handlungen auf der Bühne (z. B. eines Nachtlokals)

Live|ware [...wɛə] *die; -* ⟨Analogiebildung zu Hardware, Software u. Ä.⟩: (Jargon) Personal, das in der Datenverarbeitung tätig ist

li|vid u. **li|vi|de** ⟨*lat.*⟩: 1. (Med.) bläulich, blassblau, fahl (bezogen auf die Färbung von Haut u. Schleimhäuten, bes. der Lippen). 2. (veraltet) neidisch

Li|v re *der* od. *das; -[s], -s* (aber: 6 -) ⟨*lat.-fr.*⟩: 1. französisches Gewichtsmaß. 2. frühere französische Währungseinheit, Rechnungsmünze (bis zum Ende des 18. Jh.s)

Li|v ree [li'vre:] *die; -, ...een* ⟨*lat.-mlat.-fr.*⟩: uniformartige Dienerkleidung. **li|v riert:** Livree tragend

Li|wan *der; -s, -e* ⟨*pers.*⟩: 1. nach dem Hof zu offener, überwölbter Raum mit anschließenden kleinen, geschlossenen Zimmern (orientalische Bauform des arabischen Hauses). 2. Moschee mit vier auf einen Hof sich öffnenden Hallen in der als Schule dienenden persischen Sonderform der ↑ Medresse (2)

Li|wan|ze *die; -, -n* (meist Plural) ⟨*tschech.*⟩: (Gastr.) beidseitig gebackenes Hefeplätzchen [das mit Pflaumenmus bestrichen u. mit Zucker bestreut wird]

Li|zen|ti|at vgl. [1, 2]Lizenziat

Li|zenz *die; -, -en* ⟨*lat.*⟩: [behördliche] Erlaubnis, Genehmigung

[1]**Li|zen|zi|at**, auch: Lizentiat *das; -[e]s, -e* ⟨*lat.-mlat.*⟩: akademischer Grad (vor allem in der Schweiz, z. B. Lizenziat der Theologie)

[2]**Li|zen|zi|at**, auch: Lizentiat *der; -en, -en*: Inhaber eines Lizenziatstitels; Abk.: Lic. [theol.], (in der Schweiz:) lic. phil. usw.

li|zen|zie|ren ⟨*lat.-nlat.*⟩: Lizenz erteilen. **Li|zen|zie|rung** *die; -, -en*: das Lizenzieren

li|zen|zi|ös: frei, ungebunden; zügellos

Li|zenz|spie|ler *der; -s, -:* Fußballspieler, der auf der Basis einer vom Deutschen Fußballbund erteilten Spielerlizenz als Angestellter seines Vereins gegen feste monatliche Vergütung (u.

zusätzliche Prämien) in der Fußballbundesliga spielberechtigt ist. **Li|zenz|spie|le|rin** *die; -, -nen:* weibliche Form zu ↑ Lizenzspieler

Li|zi|tant *der; -en, -en* ⟨*lat.*⟩: (veraltend) jmd., der bei Versteigerungen bietet; Meistbietender. **Li|zi|tan|tin** *die; -, -nen:* weibliche Form zu ↑ Lizitant

Li|zi|ta|ti|on *die; -, -en:* Versteigerung. **li|zi|tie|ren:** versteigern

Ljo|da|hattr *der; -, -* ⟨*altnord.*⟩: Strophenform der Edda

Lla|ne|ra [lja...] *die; -, ...s* ⟨*lat.-span.*⟩: weibliche Form zu ↑ Llanero. **Lla|ne|ro** *der; -s, -s:* Bewohner eines Llanos

Lla|no ['lja:no] *der; -s, -s* (meist Plural): baumlose od. baumarme Ebene in den lateinamerikanischen Tropen u. Subtropen

Lo|a *die; -, -s* ⟨*lat.-span.; „Lob"*⟩: (Literaturw.) 1. [mit einem Lob des Autors, des Publikums o. Ä.] verbundenes Vorspiel, kurze dramatische Dichtung vor dem eigentlichen Schauspiel in älteren spanischen Dramen. 2. kurzes spanisches Drama, das eine berühmte Person od. ein glückliches Ereignis feiert

Load [loʊd] *die; -, -s* ⟨*germ.-engl.*⟩: 1. altes britisches Maß, bes. Hohlmaß unterschiedlicher Größe. 2. (Jargon) für einen Rauschzustand benötigte Dosis eines Rauschgiftes

Lob *der; -[s], -s* ⟨*engl.*⟩: 1. (Tennis, Badminton) hoch über den am Netz angreifenden Gegner hinweggeschlagener Ball. 2. (Volleyball) angetäuschter Schmetterschlag, der an den am Netz verteidigenden Spielern vorbei od. hoch über sie hinweggefliegt

lo|ben ⟨*engl.*⟩: (Tennis, Badminton, Volleyball) einen ↑ Lob schlagen

Lob|by *die; -, -s* ⟨*germ.-mlat.-engl.*⟩: 1. Wandelhalle im [britischen, amerikanischen] Parlamentsgebäude, in der die Abgeordneten mit Wählern u. Interessengruppen zusammentreffen. 2. Interessengruppe, die [in der Lobby (1)] versucht, die Entscheidung von Abgeordneten zu beeinflussen [u. die

diese ihrerseits unterstützt]. 3. Vestibül, Hotelhalle

Lob|by|ing *das; -s, -s:* Beeinflussung von Abgeordneten durch Interessen[gruppen]

Lob|by|is|mus *der; -:* [ständiger] Versuch, Gepflogenheit, Zustand der Beeinflussung von Abgeordneten durch Interessengruppen. **Lob|by|ist** *der; -en, -en:* jmd., der Abgeordnete für seine Interessen zu gewinnen sucht. **Lob|by i̱s t|in** *die; -, -nen:* weibliche Form zu ↑ Lobbyist

Lo b|ek|to|mie *die; -, ...ien* ⟨*gr.-nlat.*⟩: (Med.) operative Entfernung eines Organlappens (z. B. eines Lungenlappens)

Lo|be|lie [...i̯ə] *die; -, -n* ⟨*nlat.;* nach dem flandrischen Botaniker M. de l'Obel, 1538–1616⟩: niedrige, buschige Pflanze mit zahlreichen blauen, seltener violetten od. weißen Blüten

Lo|be|lin *das; -s:* (Pharm.) aus der Lobelie gewonnenes ↑ Alkaloid, das die Atemtätigkeit anregt

Lo|bi: *Plural* von ↑ Lobus

Lo|bo|to|mie *die; -, ...ien* ⟨*gr.-nlat.*⟩: ↑ Leukotomie

Lob s ter *der; -s, -* ⟨*engl.*⟩: (Gastr.) engl. Bez. für: Hummer

lo|bu|lär *die; -, -* ⟨*nlat.*⟩: (Med.) einzelne Läppchen eines Lobus betreffend

Lo|bu|lär|pneu|mo|nie *die; -, ...ien:* (Med.) ↑ fibrinöse Entzündung eines Lungenlappens

Lo|bus *der; -, Lobi* ⟨*gr.-lat.*⟩: 1. (Med.) Lappen eines Organs. 2. (Geol.) zungenartige Ausbuchtung des Eisrandes von Gletschern od. Inlandeismassen

Lo|çan|da *die; -, ...den* ⟨*lat.-it.*⟩: (veraltet) Gasthaus, Schenke; Herberge

Lo|ca|tion [lɔ'keɪʃən] *die; -, -s* ⟨*lat.-engl.*⟩: (Jargon) 1. Örtlichkeit, Lokalität. 2. (Filmw.) Drehort im Freien

Loch [engl.: lɔk] *der; -[s], -s* ⟨*schott.*⟩: Binnensee, ↑ Fjord in Schottland

Lo|chi|en *die* (Plural) ⟨*gr.*⟩: (Med.) Absonderung der Gebärmutter während der ersten Tage nach einer Entbindung; Wochenfluss

Lo|chi o|me t ra *die; -, ...tren* ⟨*gr.-nlat.*⟩: (Med.) Stauung des Lochien, des Wochenflusses in der Gebärmutter

Lo|co [auch: 'lɔko] ⟨*lat.*⟩: 1. (Kauf-

...lo|gie

die; -, ...ien (häufig ohne Plural)
⟨zu *gr.* lógos „Wort, Rede, das Sprechen; wissenschaftliche Untersuchung; Vernunft" → ...logía „Lehre, Kunde, Wissenschaft"⟩
Wortbildungselement mit der Bedeutung „Lehre, Kunde, Wissenschaft":
– Ägyptologie
– Ethnologie
– Mythologie
– Önologie

...loge

der; -n, -n
⟨zu *gr.* lógos „Wort, Rede, das Sprechen; wissenschaftliche Untersuchung; Vernunft"⟩
Wortbildungselement mit der Bedeutung „Kundiger, Forscher, Wissenschaftler":

– Geologe
– Kriminologe
– Ornithologe
– Psychologe
Die weibliche Form des Wortbildungselementes lautet ...login, wie z. B. in Biologin und Ökotrophologin.

logo..., Logo...

vor Vokalen auch: log..., Log...
⟨zu *gr.* lógos „Wort, Rede, das Sprechen; wissenschaftliche Untersuchung; Vernunft"⟩
Wortbildungselement mit der Bedeutung „Wort, Rede, Vernunft":
– Logasthenie
– Logopädin
– logozentrisch

---

mannsspr.) am Ort, hier; greifbar, vorrätig. 2. (Mus.) a) die Noten sind wieder in der gewöhnlichen Tonhöhe zu spielen (Aufhebung eines vorangegangenen Oktavenzeichens; vgl. ottava); b) wieder in gewöhnlichen Lagen zu spielen (bei Streichinstrumenten Aufhebung einer vorangegangenen abweichenden Lagenbezeichnung)

lo|co ci|ta|to: an der angeführten Stelle (eines Buches); Abk.: l. c.; vgl. citato loco

lo|co lau|da|to: (selten) ↑ loco citato; Abk.: l. l.

lo|co si|gil|li: anstatt des Siegels (auf Abschriften); Abk.: l. s. od. L. S.

Lo|cus a |moe|nus [- a'mø:..., auch:'lɔ...-] *der; - -,* Loci amoeni: (Literatur:) aus bestimmten Elementen zusammengesetztes Bild einer lieblichen Landschaft als literarischer ↑ Topos (2), bes. der Idylle

Lo|cus com|mu|nis *der; - -,* Loci communes [- ...ne:s]: Gemeinplatz, bekannte Tatsache, allgemein verständliche Redensart

Lodge [lɔdʒ] *die; -, -s* [...dʒɪs] ⟨*germ.-mlat.-altfr.-engl.*⟩: 1. (veraltet) Hütte, Wohnung eines Pförtners. 2. Ferienhotel, Anlage mit Ferienwohnungen

Lo|di|cu|lae [...lɛ] *die* (Plural) ⟨*lat.*; „kleine gewebte Decken"⟩: (Bot.) zwei kleine Schuppen am Grund der Einzelblüten im Gras, die als Schwellkörper das Öffnen der Blüte regulieren

Loft *der; -[s], -s* ⟨*engl.*⟩: 1. (ohne Plural) Neigungsgrad der Schlagfläche eines Golfschlägers. 2. aus einer Etage einer Fabrik o. Ä. umgebaute Wohnung

Loft|jazz, auch: **Loft-Jazz** *der; -:* in alten Industrieanlagen, Fabriken o. Ä. (ohne Konzertveranstalter) für Gehör gebrachter [avantgardistischer] Jazz

Log *das; -s, -e* u. **Logge** *die; -, -n* ⟨*engl.*⟩: (Seew.) Fahrgeschwindigkeitsmesser eines Schiffes

log..., Log... s. Kasten ...logie

lo |ga |ö|disch ⟨*gr.-mlat.*⟩: in der Fügung logaödische Verse: (veraltet) ↑ äolische Versmaße

Lo |ga |rith|mand *der; -en, -en* ⟨*gr.-nlat.*⟩: (Math.) zu logarithmierende Zahl; ↑ Numerus (2) zum Logarithmus

Lo |ga |rith|men|ta|fel *die; -, -n* ⟨*gr.-nlat.; lat.-roman.-dt.*⟩: (Math.) tabellenartige Sammlung der ↑ Mantissen (2) der Logarithmen

lo |ga |rith|mie|ren ⟨*gr.-nlat.*⟩: (Math.) a) mit Logarithmen rechnen; b) den Logarithmus berechnen

lo |ga |rith|misch: (Math.) den Logarithmus betreffend, auf einem Logarithmus beruhend, ihn anwendend; **logarithmisches Dekrement:** (Math.; Phys.) den Abklingvorgang gedämpfter freier Schwingungen kennzeichnende Größe

Lo |ga |rith|mus *der; -, ...men:* (Math.) Zahl, mit der man eine andere Zahl, die ↑ Basis (4 c), ↑ potenzieren (3) muss, um eine vorgegebene Zahl, den ↑ Nume-

rus (2), zu erhalten; Abk.: log; **Logarithmus naturalis:** Logarithmus, bei dem die Basis die Konstante e (e = 2,71828) ist; natürlicher Logarithmus; Abk.: ln; **dekadischer Logarithmus:** Logarithmus mit der Basis 10, briggsscher Logarithmus; Abk.: lg; **dyadischer Logarithmus:** Logarithmus mit der Basis 2; Zweierlogarithmus; Abk.: ld

Lo |g|as |the|nie *die; -, ...ien* ⟨*gr.-nlat.*⟩: (Med.) Gedächtnisstörung, die sich in Sprachstörungen, vor allem im Vergessen von Wörtern äußert

Log|buch *das; -[e]s, ...bücher* ⟨*engl.; dt.*⟩: Schiffstagebuch

Lo|ge ['lo:ʒə] *die; -, -n* ⟨*germ.-mlat.-fr.(-engl.)*⟩: 1. kleiner, abgeteilter Raum mit mehreren Sitzplätzen im Theater. 2. Pförtnerraum. 3. a) geheime Gesellschaft; Vereinigung von Freimaurern; b) Versammlungsort einer geheimen Gesellschaft, einer Vereinigung von Freimaurern

...lo|ge s. Kasten ...logie

Lo|ge|ment [loʒə'mã:] *das; -s, -s* ⟨*germ.-fr.*⟩: 1. (veraltet) Wohnung, Bleibe. 2. (hist.) Verteidigungsanlage auf [noch nicht ganz] genommenen Festungsanlagen (z. B. Breschen)

Lo|gen|bru|der *der; -s, ...brüder* ⟨*germ.-fr.(-engl.)*⟩: Mitglied einer Freimaurerloge; Freimaurer

Log|file [...fail] *das; -s, -s* ⟨*engl.*⟩: (EDV) Datei zur Erfassung der Zugriffsdaten einer Website

Log|gast *der; -[e]s, -en* ⟨*engl.; dt.*⟩:

(Seew.) Matrose, der das ↑ Log bedient

Log|ge vgl. Log

log|gen ⟨engl.⟩: (Seew.) die Fahrgeschwindigkeit eines Schiffes mit dem ↑ Log messen

Log|ger der; -s, - ⟨niederl.⟩: kleineres Küsten[segel]fahrzeug zum Fischfang

Log|gia ['lɔdʒa od. 'lɔdʒja] die; -, -s od. ...ien ⟨germ.-fr.-it.; „Laube"⟩: 1. (Archit.) Bogengang; gewölbte, von Pfeilern od. Säulen getragene, ein- od. mehrseitig offene Bogenhalle, die meist vor das Erdgeschoss gebaut od. auch selbstständiger Bau ist. 2. nach einer Seite offener, überdeckter, kaum od. gar nicht vorspringender Raum im [Ober]geschoss eines Hauses

Log|glas das; -es, ...gläser ⟨engl.; dt.⟩: Sanduhr zum Loggen

Lo|gi|cal ['lɔdʒɪk|l] das; -s, -s ⟨gr.-engl.⟩: nach den Gesetzen der ↑ Logik (1 b) aufgebautes Rätsel

...lo|gie s. Kasten

lo|gie|ren [lo'ʒi:...] ⟨germ.-fr.⟩: 1. [vorübergehend] wohnen. 2. (veraltet) beherbergen, unterbringen

Lo|gik die; - ⟨gr.-lat.⟩: 1. a) (Philos.) Lehre, Wissenschaft von der Struktur, den Formen u. Gesetzen des Denkens; Lehre vom folgerichtigen Denken, vom richtigen Schließen aufgrund gegebener Aussagen; b) folgerichtiges, schlüssiges Denken, Folgerichtigkeit des Denkens. 2. a) Fähigkeit, folgerichtig zu denken; b) Zwangsläufigkeit; zwingende, notwendige Folgerung

Lo|gik|chip [...tʃɪp] der; -s, -s: (EDV) Chip (3), der Informationen verarbeitet u. nicht nur speichert

Lo|gi|ker der; -s, -: 1. Wissenschaftler auf dem Gebiet der Logik (1 a). 2. Mensch mit scharfem, klarem Verstand. **Lo|gi|ke|rin** die; -, -nen: weibliche Form zu ↑ Logiker

...lo|gin s. Kasten ...logie

Log-in, auch: **Log|in** [lɔg'ɪn] das; -s, -s ⟨engl.⟩: (EDV) das Sichanmelden in einen Computer, in ein Netzwerk u. Ä.

Lo|gi|on das; -[s], ...ien ⟨gr.⟩: (Theol.) überlieferter Ausspruch, Wort Jesu Christi

Lo|gis [lo'ʒi:] das; - [...ʒi:(s)], -

[lo'ʒi:s] ⟨germ.-fr.⟩: 1. Wohnung, Bleibe. 2. (Seemannsspr.) Mannschaftsraum auf Schiffen

lo|gisch ⟨gr.-lat.⟩: 1. die Logik (1 a) betreffend. 2. denkrichtig, folgerichtig, schlüssig. 3. (ugs.) natürlich, selbstverständlich, klar

lo|gi|sie|ren ⟨gr.-lat.-nlat.⟩: der Vernunft, der Erkenntnis zugänglich machen

Lo|gis|ma das; -s, Logismata ⟨gr.⟩: (nach A. von Pauler) eines der letzten Elemente, aus denen sich Wahrheiten zusammensetzen

Lo|gis|mus der; -, ...men ⟨gr.-nlat.⟩: (Philos.) 1. Vernunftschluss. 2. (ohne Plural) Theorie, Lehre von der logischen Ordnung der Welt

¹Lo|gis|tik die; - ⟨gr.⟩: mathematische Logik

²Lo|gis|tik die; - ⟨gr.-lat.-fr.-(engl.)⟩: 1. Versorgung der Truppe; militärisches Nachschubwesen. 2. (Wirtsch.) Gesamtheit aller Aktivitäten eines Unternehmens

Lo|gis|ti|ker der; -s, - ⟨gr.-lat.-nlat.⟩: 1. Vertreter der ¹Logistik. 2. Fachmann, Spezialist auf dem Gebiet der ²Logistik. **Lo|gis|ti|ke|rin** die; -, -nen: weibliche Form zu ↑ Logistiker

lo|gis|tisch: die ¹,²Logistik betreffend, auf ihr beruhend

Lo|gi|zis|mus der; -: 1. Bevorzugung der logischen Argumentation gegenüber der psychologischen (z. B. innerhalb einer bestimmten wissenschaftlichen Richtung). 2. Rückführung der mathematischen Begriffe u. Methoden auf eine allgemeine Logik. 3. (abwertend) Überbewertung der Logik

Lo|gi|zis|tik die; -: (abwertend) ↑ Logizismus (3). **lo|gi|zis|tisch**: 1. den Logizismus (1) betreffend; auf der Bevorzugung des Logischen gegenüber dem Psychologischen beruhend. 2. den Logizismus (2) betreffend, zu ihm gehörend, auf ihm beruhend. 3. (abwertend) überspitzt logisch, haarspalterisch

Lo|gi|zi|tät die; -: (Philos.) das Logische an einer Sache, an einem Sachverhalt; der logische Charakter; Denkrichtigkeit; Ggs. ↑ Faktizität

lo|go: (salopp, bes. Jugendsprache) logisch (3)

Lo|go der od. das; -s, -s ⟨engl.; Kurzw. für: logotype⟩: Marken-, Firmenzeichen

lo|go..., Lo|go... s. Kasten ...logie

Lo|go|gramm das; -s, -e: Schriftzeichen für eine bedeutungstragende Einheit eines Wortes

Lo|go|graph, auch: ...graf der; -en, -en: frühgriechischer Geschichtsschreiber; Prosaschriftsteller der ältesten griechischen Literatur; **rhetorischer Logograph**: im Athen der Antike Person, die Reden zum Vortrag bei Gericht für die Bürger entwarf (die ihre Sache stets selbst vertreten mussten).

Lo|go|gra|phie, auch: ...grafie die; -: aus Logogrammen gebildete Schrift. **lo|go|gra|phisch**, auch: ...grafisch: die Logographie betreffend

Lo|go|griph der; -s u. -en, -e[n] ⟨gr.-nlat.⟩: Buchstabenrätsel, bei dem durch Wegnehmen, Hinzufügen od. Ändern eines Buchstabens ein neues Wort entsteht

Lo|goi: Plural von ↑ Logos

Lo|go|klo|nie die; -: (Psychol.; Med.) krankhaftes Wiederholen von Wort- od. Silbenteilen

Lo|go|kra|tie die; -: Herrschaft der Vernunft in der Gesellschaft

Lo|go|ma|chie die; - ⟨gr.⟩: (Philos.) Wortstreit, Haarspalterei

Lo|go|neu|ro|se ⟨gr.-nlat.⟩: (Med.) neurotisch bedingte Sprachstörung

Lo|go|pä|de der; -n, -n: (Med.; Psychol.) Spezialist auf dem Gebiet der Logopädie. **Lo|go|pä|die** die; -: (Med.; Psychol.) Sprachheilkunde; Lehre von den Sprachstörungen u. ihrer Heilung; Spracherziehung von Sprachgestörten. **Lo|go|pä|din** die; -, -nen: weibliche Form zu ↑ Logopäde. **lo|go|pä|disch**: (Med.; Psychol.) die Logopädie betreffend, auf ihr beruhend

Lo|go|pa|thie die; -, ...ien: (Med.) eine Sprachstörung, der zentralnervöse Veränderungen zugrunde liegen

Lo|gor|rhö die; -, -en: (Med.) krankhafte Geschwätzigkeit. **lo|gor|rho|isch**: die Logorrhö betreffend, an ihr leidend

Lo|gos der; -, (selten:) Logoi ⟨gr.-lat.⟩: 1. (Philos.) menschliche Rede, sinnvolles Wort. 2. (Philos.) logisches Urteil; Begriff.

3. (Philos.) menschliche Vernunft, umfassender Sinn.
4. (ohne Plural; Philos.) göttliche Vernunft, Weltvernunft.
5. (ohne Plural; Theol.) Gott, Vernunft Gottes als Weltschöpfungskraft. 6. (ohne Plural; Theol.) Offenbarung, Wille Gottes u. Mensch gewordenes Wort Gottes in der Person Jesu

lo|go|the|ra|peu|tisch: die Logotherapie betreffend, auf ihr beruhend. **Lo|go|the|ra|pie** die; -, ...ien ⟨gr.-nlat.⟩: psychotherapeutische Behandlung von Neurosen durch methodische Einbeziehung des Geistigen u. Hinführung bzw. Ausrichtung des Kranken auf sein Selbst, seine personale Existenz

Lo|go|ty|pe die; -, -n: (früher in der Setzerei beim Handsatz verwendete) Drucktype mit häufig vorkommender Buchstabenverbindung

Log-out, auch **Log|out** [lɔɡˈaʊt] das; -s, -s ⟨engl.⟩: (EDV) das Sichabmelden aus einem Computer, Netzwerk u. Ä.

lo|go|zen|t|risch: dem Geist im Sinne der ordnenden Weltvernunft vor dem Leben den Vorrang gebend; Ggs. ↑ biozentrisch

Lo|han der; -[s], -s ⟨sanskr.-chin.⟩: als Gott verehrter buddhistischer Heiliger der höchsten Stufe

Loi|pe die; -, -n ⟨skand.⟩: (Skisport) Langlaufbahn, -spur

Lok die; -, -s: Kurzform von ↑ Lokomotive

lo|kal ⟨lat.-fr.⟩: 1. örtlich. 2. örtlich beschränkt. **Lo|kal** das; -[e]s, -e: 1. Gaststätte, Restaurant, [Gast]wirtschaft. 2. Raum, in dem Zusammenkünfte, Versammlungen o. Ä. stattfinden

Lo|kal|a|n|äs|the|sie die; -, ...ien: (Med.) örtliche Betäubung

Lo|kal|der|by das; -[s], -s: [Fußball]spiel zweier Ortsrivalen

Lo|kal|far|be die; -, -n: die einem Gegenstand eigentümliche Farbe, wenn sie auf dem Bild nicht durch Schattierungen od. Anpassung an die Farben der Umgebung verändert wird

Lo|ka|lis der; -, ...les [...le:s] ⟨lat.⟩: (veraltet) Lokativ

Lo|ka|li|sa|ti|on die; -, -en ⟨lat.-fr.⟩: 1. Ortsbestimmung, Zuordnung zu einer bestimmten Stelle.

2. Niederlassung, Ansammlung an einem bestimmten Ort, Platz. **lo|ka|li|sie|ren:** 1. örtlich beschränken, eingrenzen. 2. örtlich bestimmen, festlegen, zuordnen. **Lo|ka|li|sie|rung** die; -, -en: das Lokalisieren (1, 2) **Lo|ka|li|tät** die; -, -en: Örtlichkeit; Raum

Lo|kal|ko|lo|rit das; -[e]s, -e: besondere ↑ Atmosphäre (3) einer Stadt od. Landschaft

Lo|kal|ma|ta|dor der; -s, -e: (bes. Sport) örtliche Berühmtheit, erfolgreicher u. gefeierter Held in einem Ort, in einem begrenzten Gebiet. **Lo|kal|ma|ta|do|rin** die; -, -nen: weibliche Form zu ↑ Lokalmatador

Lo|kal|pa|t|ri|o|tis|mus der; -: starke od. übertriebene Liebe zur engeren Heimat, zur Vaterstadt o. Ä.

Lo|kal|re|dak|ti|on die; -, -en: a) ↑ Redaktion (2 a) einer Zeitung, die die Lokalnachrichten bearbeitet; b) Geschäftsstelle einer Zeitung, die für die Erstellung der Lokalseite verantwortlich ist

Lo|kal|satz der; -es, ...sätze: (Sprachw.) Adverbialsatz des Ortes (z. B.: ich gehe, wohin du gehst)

Lo|kal|ter|min der; -s, -e: Gerichtstermin, der am Tatort, am Ort des fraglichen Geschehens abgehalten wird

Lo|ka|tar der; -s, -e ⟨lat.-nlat.⟩: (veraltet) Pächter, Mieter

Lo|ka|ti|on die; -, -en ⟨lat.⟩: 1. (veraltet) Platz-, Rangbestimmung. 2. ↑ Location

Lo|ka|tiv der; -s, -e ⟨lat.-nlat.⟩: (Sprachw.) den Ort ausdrückender ↑ Kasus; Ortsfall (z. B. griech. oíkoi = zu Hause)

Lo|ka|tor der; -s, ...oren ⟨lat.⟩: 1. (hist.) im Mittelalter ein im Auftrag seines Landesherrn [Kolonisations]land verteilender Ritter. 2. (veraltet) Vermieter, Verpächter

lo|ko vgl. loco

Lo|ko|ge|schäft das; -[e]s, -e ⟨lat.; dt.⟩: (Wirtsch.) Geschäft über sofort verfügbare Ware; Ggs. ↑ Distanzgeschäft

Lo|ko|mo|bil das; -s, -e u. **Lo|ko|mo|bi|le** die; -, -n ⟨lat.-nlat.⟩: (veraltet) fahrbare Dampf-, Kraftmaschine

Lo|ko|mo|ti|on die; -, -en: (Med.)

der menschliche Gang; Bewegung von einer Stelle zur anderen

Lo|ko|mo|ti|ve die; -, -n ⟨lat.-engl.⟩: Fahrzeug auf Schienen zum Ziehen der Eisenbahnwagen; Kurzform: Lok

lo|ko|mo|to|risch ⟨lat.-nlat.⟩: (Med.) die Fortbewegung, den Gang betreffend

Lo|ko|wa|re die; -, -n ⟨lat.; dt.⟩: sofort verfügbare, am Ort befindliche Ware

lo|ku|li|zid ⟨lat.-nlat.⟩: (Bot.) entlang der Mittellinie der Fruchtblätter aufspringend (von Kapselfrüchten)

¹Lo|kus der; -, Lozi ⟨lat.⟩: (veraltet) Platz, Ort, Stelle

²Lo|kus der; - u. -ses, -se: (ugs.) Toilette (2)

Lo|ku|ti|on die; -, -en ⟨lat.⟩: a) Redewendung, Redensart; b) Redestil, Ausdrucksweise

lo|ku|ti|o|när: (Sprachw.) die Lokution betreffend; **lokutionärer Akt:** der Sprechakt im Hinblick auf Artikulation, Konstruktion u. Logik der Aussage; vgl. illokutionärer Akt, perlokutionärer Akt

lo|ku|tiv: ↑ lokutionär; **lokutiver Akt:** ↑ lokutionärer Akt

Lo|li|ta die; -, -s ⟨nach dem Kosenamen der Heldin im gleichnamigen Roman von V. Nabokov, 1899–1977⟩: Mädchen, das seinem Alter nach noch fast ein Kind, körperlich aber schon entwickelt ist u. zugleich unschuldig u. raffiniert, naiv u. verführerisch wirkt; Kindfrau

Lol|lar|de der; -n, -n ⟨niederl.-engl.⟩: 1. Mitglied der Alexianer (Kongregation von Laienbrüdern). 2. Anhänger des englischen Vorreformators Wyclif (14. Jh.)

Lol|lo ros|so, auch: Lollo rossa der; - - u. -s ⟨it.⟩: italienische Salatsorte mit rötlich geränderten, krausen Blättern

Lom|bard der od. das; -[e]s, -e ⟨it.-fr.⟩: vom Namen der Lombardei⟩: (Wirtsch.) Kredit gegen Verpfändung beweglicher Sachen (Wertpapiere, Waren)

Lom|bar|de der; -n, -n ⟨meist Plural⟩ ⟨it.⟩: oberitalienischer Geldwechsler im ausgehenden Mittelalter

Lom|bard|ge|schäft das; -[e]s, -e ⟨it.-fr.; dt.⟩: ↑ Lombard

L

lom|bar|die|ren ⟨it.-fr.⟩: (Wirtsch.) Wertpapiere od. Waren bankmäßig beleihen

Lom|bard|satz der; -es, ...sätze ⟨it.-fr.; dt.⟩: (Wirtsch.) von der Notenbank festgesetzter Zinsfuß für Lombardgeschäfte; vgl. Diskontsatz

Lom|ber das; -s ⟨lat.-span.-fr.⟩: Kartenspiel

Lon|ga die; -, ...gae [...gɛ] u. ...gen ⟨lat.⟩: (Mus.) zweitlängster Notenwert der ↑ Ars nova des 14. Jh.s

Lon|gä|vi|tät die; -: (Med.) Langlebigkeit

Long|drink der; -[s], -s, auch: **Long Drink** der; - -[s], - -s ⟨engl.⟩: neben Alkohol vor allem Soda, Fruchtsaft o. Ä. enthaltendes Mixgetränk

Lon|ge [ˈlõːʒə] die; -, -n ⟨lat.-fr.⟩: a) (Reitsport) sehr lange Laufleine für Pferde; b) an einem Sicherheitsgurt befestigte Leine zum Abfangen von Stürzen bei gefährlichen Übungen beim Turnen od. beim Schwimmunterricht. lon|gie|ren [...ʒ...]: ein Pferd an der Longe laufen lassen

Lon|gi|mel|rie die; - ⟨lat.; gr.⟩: Längenmessung

lon|gi|tu|di|nal ⟨lat.-nlat.⟩: a) in der Längsrichtung verlaufend, längs gerichtet; b) die geographische Länge betreffend

Lon|gi|tu|di|nal|schwin|gung die; -, -en u. Lon|gi|tu|di|nal|wel|le die; -, -n: (Phys.) Welle, bei der die Schwingungsrichtung der Teilchen übereinstimmt mit der Richtung, in der sie sich ausbreitet

long|line [...lain] ⟨lat.-engl.-amerik.⟩: an der Seitenlinie entlang.

Long|line der; -[s], -s: (Tennis) entlang der Seitenlinie gespielter Ball

Long|sel|ler der; -s, - ⟨engl.⟩: Buch, das über einen langen Zeitraum gut verkauft wird; vgl. Steadyseller

Long|shirt [...ʃøːt] das; -s, -s ⟨engl.⟩: lang geschnittenes, kragenloses Shirt

Long|ton [...tʌn] die; -, -s: englisches Gewichtsmaß (= 1016,05 kg)

Look [luk, lʊk] der; -s, -s ⟨engl.; „Aussehen“⟩: Modestil, Modeerscheinung; Aussehen, Note

Look|a|like [ˈlʊkəlaik] der; -s, -s:

Doppelgänger [einer prominenten Person]

loo|pen [ˈluːpn̩] ⟨engl.⟩: einen Looping ausführen

Loop|garn [ˈluːp...] das; -[e]s, -e ⟨engl.; dt.⟩: Garn mit Schlingen (die beim Zwirnen von einem ohne Spannung laufenden Faden gebildet werden)

Loo|ping [ˈluːpɪŋ] der (auch: das); -s, -s: senkrechter Schleifenflug, Überschlag (beim Kunstflug)

lo |pho |dont ⟨gr.-nlat.⟩: (Zool.) statt einzelner Höcker zusammenhängende, gekrümmte Kämme od. Leisten tragend (von den Backenzähnen vieler Pflanzen fressender Säugetiere)

Lo|quat die; -, -s ⟨chin.⟩: aus China stammendes baumförmiges Rosengewächs mit essbaren Früchten

Lo|qua|zi|tät die; - ⟨lat.⟩: (Med.) Geschwätzigkeit

Lor|bass der; -es, -e ⟨lit.⟩: (landsch.) Lümmel, Taugenichts

Lord der; -s, -s ⟨engl.⟩: 1. (ohne Plural) Titel für einen Vertreter des hohen englischen Adels. 2. Träger des Titels Lord (1)

Lord Chan|cel|lor [- ˈtʃɑːnsələ] der; - -s, - -s ⟨engl.; lat.-fr.-engl.⟩ u. Lord|kanz|ler der; -s, - ⟨engl.; lat.-spätlat.-dt.⟩: höchster englischer Staatsbeamter; Präsident des Oberhauses u. des Obersten Gerichtshofes

Lord May |or [- ˈmɛə] der; - -s,- -s: Oberbürgermeister bestimmter Großstädte im britischen Commonwealth

Lor|do|se die; -, -n ⟨gr.⟩: (Med.) Verkrümmung der Wirbelsäule nach vorn. lor|do|tisch: zur Lordose gehörend, mit Lordose einhergehend

Lord|ship [...ʃıp] die; - ⟨engl.⟩: 1. Lordschaft (Rang bzw. Titel, auch Anrede eines Lords). 2. Herrschaftsgebiet eines Lords

Lo|ret|te die; -, -n ⟨fr.⟩: (veraltet) Lebedame; leichtfertiges Mädchen (bes. im Paris des 19. Jh.s)

Lorg |net|te [lɔrnˈjɛta] die; -, -n ⟨fr.⟩: bügellose, an einem Stiel vor die Augen zu haltende Brille. lorg |net|tie|ren: (veraltet) durch die Lorgnette betrachten; scharf mustern

Lorg |non [lɔrnˈjõː] das; -s, -s: a) früher übliches Stieleinglas;

b) Lorgnette, früher übliche Stielbrille

¹Lo|ri der; -s, -s ⟨malai.-engl.⟩: farbenprächtiger, langflügeliger Papagei

²Lo|ri der; -s, -s ⟨fr.; Herkunft unsicher⟩: schwanzloser Halbaffe

Lo|ro|kon|to das; -s, ...ten (auch: -s u. ...ti) ⟨it.⟩: das bei einer Bank geführte Konto einer anderen Bank

Lo|sa|ment das; -[e]s, -e ⟨aus ↑ Logement umgestaltet⟩: (veraltet) Wohnung, Unterkunft

Lo|ser [ˈluːzɐ] der; -s, - ⟨engl.⟩: Verlierer, Versager

Lost der; -[e]s ⟨Kunstw.⟩: chemischer Kampfstoff; Senfgas

lo stes|so tem|po vgl. l'istesso tempo

Lost|ge|ne|ra|tion [ˈlɔstdʒɛnəˈreiʃən] die; -, auch: **Lost Ge|ne|ra|tion** die; - - ⟨engl.; „verlorene Generation“; von der amerik. Schriftstellerin Gertrude Stein (1874–1946) geprägte Bezeichnung⟩: a) Gruppe der jungen, durch das Erlebnis des 1. Weltkriegs desillusionierten und pessimistisch gestimmten amerikanischen Schriftsteller der Zwanzigerjahre; b) junge amerikanische u. europäische Generation nach dem 1. Weltkrieg

Lot das; -s, -s ⟨engl.⟩: [vom Händler angebotene] Zusammenstellung von Briefmarken

Lo|ti|on [auch: ˈloʊʃn̩] die; -, -en u. (bei engl. Ausspr.:) -s ⟨lat.-fr.(-engl.)⟩: flüssiges Kosmetikum zur Reinigung u. Pflege der Haut

Lo|tos der; -, - ⟨gr.-lat.⟩ u. Lo|tos|blu|me die; -, -n ⟨gr.-lat.; dt.⟩: Wasserrose mit weißen, rosa od. hellblauen Blüten

Lo|tos|säu|le die; -, -n: altägyptische Säule mit einem stilisierten Pflanzenkapitell

Lo|tos|sitz der; -es: Sitzhaltung, bei der die Oberschenkel gegrätscht u. die Füße über Kreuz auf den Oberschenkeln liegen

Lot|te|rie die; -, ...ien ⟨germ.-niederl.⟩: 1. Zahlenglücksspiel, bei dem Lose gekauft od. gezogen werden. 2. Verlosung. 3. Kartenglücksspiel. 4. Lotteriespiel, riskantes Handeln mit Inkaufnahme aller Eventualitäten

Lot|te|rie|kol|lek|teur [...tøːɐ̯] der; -s, -e ⟨germ.-niederl.; lat.-fr.⟩: (veraltet) Lotterieeinnehmer

Lot|te|rie|kol|lek|ti|on *die;* -, -en: (veraltet) Lotterieeinnahme

Lot|to *das;* -s, -s ⟨*germ.-fr.-it.*⟩: 1. Glücksspiel, bei dem man auf Zahlen wettet, die bei der jeweiligen Ziehung als Gewinnzahlen ausgelost werden; Zahlenlotterie. 2. Gesellschaftsspiel, bei dem Karten mit Zahlen od. Bildern durch dazugehörige Karten bedeckt werden müssen

Lot|to|kol|lek|tur *die;* -, -en: (österr.) Geschäftsstelle für das Lottospiel

Lo|tus *der;* -, - ⟨*gr.-lat.*⟩: 1. Hornklee. 2. ↑ Lotos

Lou|is [ˈluːi] *der;* -, - [ˈluːis] ⟨franz. Name für Ludwig⟩: (ugs.) Zuhälter

Lou|is|dor [lu̯iˈdoɐ̯] *der;* -s, -e (aber: 5 -) ⟨*fr.;* nach Ludwig XIII., 1601–1643⟩: französische Goldmünze, die zuerst unter Ludwig XIII. geprägt wurde

Lou |i|sette [...ˈzɛt] *die;* -, -n: erste Bez. für die ↑ Guillotine

Lou|is-qua|torze [...kaˈtɔrz] *das;* -: französischer Kunststil zur Zeit Ludwigs XIV. (französisches Barock)

Lou|is-quinze [...ˈkɛ̃ːz] *das;* -: dem deutschen Rokoko vergleichbarer französischer Kunststil zur Zeit Ludwigs XV.

Lou|is-seize [...ˈsɛːz] *das;* -: französischer Kunststil zur Zeit Ludwigs XVI.

Lou|is-treize [...ˈtrɛːz] *das;* -: französischer Kunststil zur Zeit Ludwigs XIII.

Lounge [laʊndʒ] *die;* -, -s [ˈlaʊndʒɪs] ⟨engl.⟩: 1. Gesellschaftsraum in Hotels o. Ä.; Hotelhalle. 2. [Cocktail]bar mit anheimelnder Atmosphäre

Loup de Mer [luːdəˈmɛːɐ̯] *der;* -s [luː] - -, -s [luː] - - ⟨fr.⟩: Wolfsbarsch

Loure [luːɐ̯] *die;* -, -n [ˈluːrən] ⟨fr.⟩: Tanz mit merklicher Hervorhebung des Taktanfangs im $^6/_4$-Takt od. $^3/_8$-Takt

love [lʌv] ⟨engl.⟩: engl. Bez. im Tennis für: null, zu null

Love-in [lʌvˈɪn] *das;* -s, -s ⟨engl.⟩: (vor allem in den 1960er-Jahren) aus einer Protesthaltung hervorgegangene Veranstaltung jugendlicher Gruppen, bei der es zu öffentlichen erotisch-sexuellen Handlungen kommt

Love|pa|rade, auch: **Love-Pa|rade** [ˈlʌvpəreɪd] *die;* -, -s: (jährlich in Berlin stattfindender) Umzug der ↑ Raver

Lo|ver [ˈlʌvɐ] *der;* -s, -[s]: Freund u. Liebhaber; Liebespartner

Love|sto|ry, auch: **Love-Sto|ry** [ˈlʌv...] *die;* -, -s: Liebesgeschichte

Low Church [ˈloʊ ˈtʃəːtʃ] *die;* - ⟨engl.⟩: vom ↑ Methodismus beeinflusste Richtung in der ↑ anglikanischen Kirche; vgl. Broad Church, High Church

Low|im|pact [ˈloʊɪmpɛkt] *der;* -s, -s, auch: **Low Im|pact** *der;* - -s, - -s ⟨engl.⟩: geringe Belastung, schwächere Wirkung

lo|xo|drom ⟨gr.-nlat.⟩: (Math.) die Längenkreise (vgl. auch Meridian) einer Kugel bzw. der Erdkugel unter gleichem Winkel schneidend (von gedachten Kurven auf einer Kugel bzw. auf der Erdkugel). **Lo|xo|dro|me** *die;* -, -n: (Math.) Kurve, die loxodrom ist. **Lo|xo|dro|misch:** (veraltet) loxodrom

lo|xo|go|nal: schiefwinklig

Lo |x|oph|thal|mus *der;* -: (Med. selten) Strabismus; das Schielen

lo |y|al [lo̯aˈjaːl] ⟨lat.-fr.⟩: a) zur Regierung, zum Vorgesetzten stehend; die Gesetze, die Regierungsform respektierend; gesetzes-, regierungstreu; Ggs. ↑ disloyal, ↑ illoyal (a); b) die Interessen anderer achtend; vertragstreu; anständig, redlich; Ggs. ↑ illoyal (b, c) **Loyalist** *der;* -en, -en: jmd., der loyal (a) ist, regierungstreu, gesetzestreu handelt. **Lo |ya|lis |tin** *die;* -, -nen: weibliche Form zu ↑ Loyalist

Lo |ya|li|tät *die;* -, -en: a) Treue gegenüber der herrschenden Gewalt, der Regierung, dem Vorgesetzten; Gesetzes-, Regierungstreue; b) Vertragstreue; Achtung von Interessen anderer; Anständigkeit, Redlichkeit

lo|zie|ren ⟨lat.⟩: (veraltet) 1. an einen Ort setzen od. stellen, einordnen. 2. verpachten

LSD *das;* -[s] ⟨Abk. für Lysergsäurediäthylamid⟩: aus Bestandteilen des Mutterkorns gewonnenes Rauschgift, das bewusstseinsveränderund wirkt

Lu|b |ri|ka|ti|on *die;* - ⟨lat.⟩: (Med.) bei sexueller Erregung durch Sekrete bewirkte Gleitfähigkeit der Scheide

Lu|ci|dol ® *das;* -s ⟨lat.-nlat.⟩: Bleichmittel für pflanzliche Öle und Fette

Lu|ci|fer vgl. Luzifer

Lu |cky Lo|ser [ˈlʌkɪ ˈluːzɐ] *der;* - -s, - - (meist Plural) ⟨engl.; eigtl. „glücklicher Verlierer"⟩: (Sport) [punkt]bester Verlierer in einem Ausscheidungswettkampf, der noch das Finale erreicht

Lud|di|ten *die* (Plural) ⟨engl.; angeblich nach einem engl. Arbeiter Lud[d]⟩: aufrührerische Arbeiter in England, die im Anfang des 19. Jh.s aus Furcht vor Arbeitslosigkeit [Textil]maschinen zerstörten

Lu|dus *der;* -, Ludi ⟨lat.⟩: 1. öffentliches Fest- u. Schauspiel im Rom der Antike. 2. mittelalterliches geistliches Drama. 3. lat. Bez. für: Elementarschule

Lu |es *die;* - ⟨lat.; „Seuche, Pest"⟩: (Med.) Syphilis. **lu |e|tisch** ⟨lat.-nlat.⟩: (Med.) syphilitisch

Luf|fa *die;* -, -s ⟨arab.-span.-nlat.⟩: kürbisartige Pflanze, aus deren schwammartiger Frucht die Luffaschwämme hergestellt werden

Lü|gen|de|tek|tor *der;* -s, -en ⟨dt.; lat.-engl.⟩: Registriergerät zur Feststellung unwillkürlicher körperlicher Reaktionen, die möglicherweise Rückschlüsse auf den Wahrheitsgehalt von gemachten Aussagen zulassen

Lug|ger vgl. Logger

lu|gu|bre ⟨lat.-fr.⟩: traurig, düster

lu|gu|b |re ⟨lat.-it.⟩: (Mus.) klagend, traurig

Lu|gu|b |ri|tät *die;* - ⟨lat.-nlat.⟩: Traurigkeit, Düsterkeit

Lu |i|ker *der;* -s, - ⟨lat.-nlat.⟩: (Med.) an Syphilis Erkrankter. **Lu |i|ke|rin** *die;* -, -nen: weibliche Form zu ↑ Luiker

lu|isch: ↑ luetisch

Lu |i|si|ne *das;* - ⟨fr.⟩: weiches Gewebe aus reiner Seide in Taftbindung (Webart)

Lu|kar|ne *die;* -, -n ⟨fr.⟩: 1. (Archit.) Dacherker mit verziertem Giebelfenster (bes. in der Schlossbaukunst der französischen Spätgotik). 2. (landsch.) Dachfenster, -luke

lu|k |ra|tiv ⟨lat.⟩: Gewinn bringend, einträglich

lu|k |rie|ren (österr., sonst veraltet) gewinnen, einen Gewinn bei etwas machen

Lu|ku|b|ra|ti|on *die; -, -en* ⟨*lat.*⟩: (veraltet) [wissenschaftliches] Arbeiten bei Nacht

lu|ku|lent: (veraltet) lichtvoll, klar

lu|ku|l|lisch ⟨*lat.; nach dem röm.* Feldherrn Lucullus⟩: üppig, erlesen (von Speisen)

Lu|ku|l|lus *der; -, -se:* Schlemmer

Lul|la|by [ˈlʌləbaɪ] *das; -s, -s* ⟨*engl.*⟩: engl. Bez. für: Wiegenlied, Schlaflied

Lu|ma|chel|le [...ˈʃɛlə] *die; -, -n* ⟨*gr.-lat.-it.-fr.*⟩: (Geol.) aus Muschel- u. Schneckenschalenresten zusammengesetzter Kalkstein mit großen Poren

Lum|ba|go *die; - ⟨lat.⟩:* (Med.) Schmerzen im Bereich der Lendenwirbelsäule u. der angrenzenden Körperteile; Hexenschuss

lum|bal ⟨*lat.-nlat.*⟩: (Med.) zu den Lenden gehörend, sie betreffend

Lum|ba|l|a|n|äs|the|sie *die; -, -n:* (Med.) örtliche Betäubung durch Einspritzungen in den Wirbelkanal der Lendengegend

Lum|bal|gie *die; -, ...ien ⟨lat.; gr.⟩:* (Med.) Lendenschmerz

Lum|bal|punk|ti|on *die; -, -en:* (Med.) ↑ Punktion des Lendenwirbelkanals

Lum|ber [ˈlʌmbɐ] *der; -s, -:* Kurzform von ↑ Lumberjack

Lum|ber|jack [...dʒɛk] *der; -s, -s* ⟨*engl.-amerik.; „Holzfäller“⟩:* Jacke aus Leder, Cord o. Ä., meist mit Reißverschluss, mit engem Taillenschluss u. Bund an den Ärmeln

Lu|men *das; -s, - u. Lumina ⟨lat.; „Licht“⟩:* 1. (veraltet scherzh.) kluger Mensch, Könner, hervorragender Kopf. 2. (Med., Biol.) Hohlraum eines röhrenförmigen Körperorgans, z. B. eines Blutgefäßes od. des Darms. 3. (Med., Biol.) innerer Durchmesser eines röhrenförmig hohlen Organs. 4. (Phys.) Einheit des Lichtstroms; Zeichen: lm

Lu|men na|tu|ra|le *das; - -:* (Philos.) das natürliche Licht der Vernunft im Unterschied zum göttlichen; das menschliche endliche Erkenntnisvermögen mit seiner Abhängigkeit vom „übernatürlichen Licht“ der göttlichen Offenbarung

Lu|mie [...jə] *die; -, -n ⟨pers.-arab.-it.⟩:* im Mittelmeergebiet beheimatete, meist nur noch als Schmuckbaum angepflanzte Zitrusfrucht; süße Zitronenart

Lu|mi|nal ® *das; -s ⟨Kunstw.⟩:* Schlafmittel; Mittel gegen Epilepsie u. andere Krankheiten

Lu|mi|nanz|si|g|nal *das; -s, -e:* das beim Farbfernsehen zur Übertragung der Helligkeitswerte ausgestrahlte Signal

Lu|mi|nes|zenz *die; -, -en ⟨lat.-nlat.⟩:* das Leuchten eines Stoffes ohne gleichzeitige Temperaturerhöhung; kaltes Leuchten (z. B. von Phosphor im Dunkeln). **lu|mi|nes|zie|ren:** ohne gleichzeitige Temperaturerhöhung leuchten

Lu|mi|neux [lymiˈnø:] *der; - ⟨lat.-fr.⟩:* glanzreicher Kleiderod. Futterstoff in Taftbindung (Webart)

Lu|mi|no|g|ra|phie, auch: ...grafie *die; - ⟨lat.; gr.⟩:* Verfahren zur Herstellung fotografischer Kopien mithilfe von Leuchtstofffolien als Lichtquelle

Lu|mi|no|phor *der; -s, -e:* Masse, Substanz, die durch Bestrahlen mit Licht lange Zeit im Dunkeln leuchtet

lu|mi|nös ⟨*lat.-fr.*⟩: 1. hell, lichtvoll, leuchtend. 2. deutlich, vortrefflich

Lum|me *die; -, -n ⟨nord.⟩:* auf steilen Felsen der Nordmeerinseln lebender arktischer Seevogel mit kurzen Flügeln

Lum|pa|zi|us *der; -, -se ⟨mit latinisierender Endung zu „Lump“ gebildet⟩:* (ugs. scherzh.) Lump

Lum|pa|zi|va|ga|bun|dus *der; -, -se u. ...di ⟨nach der Titelgestalt einer Posse von Nestroy⟩:* Landstreicher, Herumtreiber

Lum|pen|pro|le|ta|ri|at *das; -[e]s, -e:* (marxistische Theorie) unterste Gesellschaftsschicht (im kapitalistischen Gesellschaftssystem), die unfähig ist zum politischen Kampf, da sie kein Klassenbewusstsein entwickelt hat

Lu|na (meist ohne Artikel); *-s; mit Artikel: die; - ⟨lat.⟩:* (dichter.) Mond

lu|nar: (Astron.) den Mond betreffend, zu ihm gehörend, von ihm ausgehend

Lu|na|ria *die; - ⟨nlat.⟩:* (Bot.) Gattung der Kreuzblütler; Silberblatt

lu|na|risch: (veraltet) ↑ lunar

Lu|na|ri|um *das; -s, ...ien ⟨lat.-nlat.⟩:* Gerät zur Veranschaulichung der Mondbewegung

Lu|nar|or|bit *der; -s, -s:* (Astron.) Umlaufbahn um den Mond

Lu|na|ti|ker *der; -s, - ⟨lat.⟩:* (Med.) Mondsüchtiger. **Lu|na|ti|ke|rin** *die; -, -nen:* weibliche Form zu ↑ Lunatiker

Lu|na|ti|on *die; -, -en ⟨lat.-nlat.⟩:* Mondumlauf von Neumond zu Neumond

lu|na|tisch ⟨*lat.*⟩: (Med.) mondsüchtig, ↑ somnambul. **Lu|na|tis|mus** *der; - ⟨lat.-nlat.⟩:* (Med.) Mondsüchtigkeit, ↑ Somnambulismus

Lunch [lanʃ, lantʃ] *der; -[e]s u. -, -[e]s u. -e ⟨engl.⟩:* (in den angelsächsischen Ländern) kleinere, leichte Mahlzeit in der Mittagszeit. **lun|chen** [ˈlanʃn, ˈlantʃn]: den Lunch einnehmen

Lunch|pa|ket [ˈlanʃ..., ˈlantʃ...] *das; -[e]s, -e:* kleines Paket mit Verpflegung für die Teilnehmer an einem Ausflug o. Ä.

Lun|dist [lœˈdɪst] *der; -en, -en ⟨lat.-vulgärlat.-fr.⟩:* (veraltet) Herausgeber einer Montagszeitung

Lü|net|te *die; -, -n ⟨lat.-fr.; „Möndchen“⟩:* 1. (Archit.) Bogenfeld als Abschluss über Türen od. Fenstern od. als Bekrönung eines Rechtecks. 2. (veraltet) Grundrissform in Festungsbau bei Schanzen u. Forts. 3. verstellbare Vorrichtung an Drehmaschinen, Setzstock bei der Metallverarbeitung zur Unterstützung langer Werkstücke

lun|go ⟨*lat.-it.*⟩: (Mus.) lang gehalten (Vortragsanweisung)

lu|ni|so|lar ⟨*lat.-nlat.*⟩: den Mond u. Sonnenlauf betreffend, von Mond u. Sonne ausgehend

Lu|ni|so|lar|prä|zes|si|on *die; -:* das durch die Anziehung von Sonne u. Mond bewirkte Fortschreiten der Tagundnachtgleiche-Punkte der Erde auf der ↑ Ekliptik

Lu|no|lo|gie *die; - ⟨lat.⟩:* Wissenschaft von der Beschaffenheit des Mondes

Lu|no|naut *der; -en, -en ⟨lat.-gr.⟩:* für einen Mondflug eingesetzter Astronaut. **Lu|no|nau|tin** *die; -, -nen:* weibliche Form zu ↑ Lunonaut

Lu|nu|la *die; -, ...lae [...lɛ] u. ...nu|len ⟨lat.⟩:* 1. halbmondförmiger

[Hals]schmuck aus der Bronzezeit. 2. glasumschlossener Hostienbehälter in der Monstranz. 3. (Med.) halbmondförmiges weißliches Feld am hinteren Nagelwall

lu|nu|lar ⟨*lat.-nlat.*⟩: halbmondförmig

Lu|pa|nar *das;* -s, -e ⟨*lat.*⟩: altrömisches Bordell

Lu|per|ka|li|en *die* (Plural) ⟨*lat.*⟩: altrömisches Fest, urspr. zu Ehren des Hirtengottes Faun, das später zur Reinigungs- u. Fruchtbarkeitsfeier wurde

Lu|pi|ne *die;* -, -n ⟨*lat.-nlat.*⟩: Pflanze mit meist gefingerten Blättern u. ährigen Blüten

Lu|pi|no|se *die;* -, -n: (Tiermed.) Futtermittelvergiftung mit schwerer Erkrankung der Leber bei Wiederkäuern [infolge Fütterung mit bitteren Lupinen]

lu|pös ⟨*lat.-nlat.*⟩: (Med.) an Lupus erkrankt, leidend

Lu|pu|lin *das;* -s: bei der Bierbrauerei u. als Beruhigungsmittel in der Medizin verwendeter Bitterstoff der Hopfenpflanze

Lu|pus *der;* -, -[se] ⟨*lat.* „Wolf“⟩: (Med.) meist chronisch verlaufende tuberkulöse Hautflechte mit entstellender Narbenbildung (meist im Gesicht)

Lu|pus in fa|bu|la *der;* - - - ⟨„der Wolf in der Fabel“⟩: wenn man vom Teufel spricht, ist er nicht weit! (Ausruf, wenn jemand kommt, von dem man gerade gesprochen hat)

Lu|re *die;* -, -n ⟨*nord.*⟩: altes nordisches hornähnliches Blasinstrument

Lu|rex ® *das;* - ⟨Kunstw.⟩: mit metallisierten Fasern hergestelltes Garn, Gewebe, Gewirk

lur|ken [ˈlaː...] ⟨*engl.;* „auf der Lauer liegen“⟩: Artikel, Nachrichten (z. B. einer Onlinekonferenz) empfangen u. lesen, ohne sich an der Diskussion zu beteiligen. **Lur|ker** *der;* -s, -: jmd., der lurkt. **Lur|ke|rin** *die;* -, -nen: weibliche Form zu ↑ Lurker

lu|sin|gan|do ⟨*germ.-provenzal.-it.*⟩: (Mus.) schmeichelnd, gefällig, gleitend, zart, spielerisch (Vortragsanweisung)

Lu|si|ta|nis|mus *der;* -, ...men ⟨*lat.*⟩: (veraltet) Übertragung einer für das Portugiesische bzw. Brasilianische typischen Erscheinung auf eine nicht portu-

giesische bzw. nicht brasilianische Sprache

Lu|si|ta|nis|tik *die;* -: Wissenschaft von der portugiesischen bzw. brasilianischen Sprache u. Literatur

Lus|ter *der;* -s, - ⟨*lat.-it.-fr.*⟩: (österr.) ↑ Lüster

Lüs|ter *der;* -s, -: 1. Kronleuchter. 2. Glanzüberzug auf Glas-, Ton-, Porzellanwaren. 3. in der Lederfabrikation (u. bei der Pelzveredlung) verwendetes Appreturmittel, das die Leuchtkraft der Farben erhöht u. einen leichten Glanz verleiht. 4. glänzendes, etwas steifes [Halb]wollgewebe

Lüs| ter|far|be *die;* -, -n: zur Herstellung des Lüsters (2) verwendete Farbe, die wenig Metall enthält

Lus| t| ra *Plural* von ↑ Lustrum

Lus| t| ra|ti|on *die;* -, -en ⟨*lat.*⟩: 1. (Rel.) feierliche kultische Reinigung [durch Sühneopfer]. 2. (veraltet) Durchsicht, Musterung, Prüfung

lus| t| ra|tiv ⟨*lat.-nlat.*⟩: (Rel.) kultische Reinheit bewirkend

Lus| t| ren *Plural* von ↑ Lustrum

lus| t| rie|ren ⟨*lat.*⟩: 1. (Rel.) feierlich reinigen. 2. (veraltet) durchsehen, mustern, prüfen

lüs| t| rie|ren ⟨*lat.-it.-fr.*⟩: Baumwoll- u. Leinengarne fest u. glänzend machen

Lüs| t| ri|ne *die;* -: stark glänzendes Hutfutter in Taftbindung (Webart)

Lus| t| rum *das;* -s, ...ren u. ...ra ⟨*lat.*⟩: 1. (hist.) altrömisches Reinigungs- u. Sühneopfer, das alle fünf Jahre stattfand. 2. Zeitraum von fünf Jahren

Lu|t| ro|pho|ros *der;* -, ...ren ⟨*gr.*⟩: schlankes Kultgefäß der griechischen Antike mit zwei oder drei Henkeln

lut|tu| o|so ⟨*lat.-it.*⟩: (Mus.) schmerzvoll, traurig (Vortragsanweisung)

Lux *das;* -, - ⟨*lat.*⟩: (Phys.) Einheit der Beleuchtungsstärke; Zeichen: lx

Lu|xa|ti|on *die;* -, -en ⟨*lat.*⟩: (Med.) Verrenkung, Ausrenkung eines Gelenks; vgl. Distorsion (1). **lu|xie|ren**: (Med.) verrenken, ausrenken

Lux|me|ter *das;* -s, - ⟨*lat.; gr.*⟩: Messgerät für den Lichtstrom; Beleuchtungsmesser

Lux|se|kun|de *die;* -, -n: fotometrische Einheit der Belichtung; Zeichen: lx s

lu|xu|rie|ren ⟨*lat.-nlat.*⟩: 1. üppig, reichlich vorhanden sein; schwelgen. 2. (Bot.) sich in Wuchs od. Vitalität im Vergleich zur Elterngeneration steigern (von Pflanzenbastarden)

lu|xu|ri|ös ⟨*lat.*⟩: sehr komfortabel ausgestattet; üppig, verschwenderisch; kostbar, prunkvoll

Lu|xus *der;* -: kostspieliger Aufwand, der den normalen Rahmen [der Lebenshaltung] übersteigt; nicht notwendiger, nur zum Vergnügen betriebener Aufwand; Pracht, verschwenderische Fülle

Lu|xus|li|ner [...lainɐ] *der;* -s, - : im Liniendienst eingesetztes Luxusschiff; Schiff, das viel Komfort bietet

Lu|zer|ne *die;* -, -n ⟨*lat.-vulgärlat.-provenzal.-fr.*⟩: zur Familie der Schmetterlingsblütler zählende wichtige Futterpflanze mit meist blauen, violetten od. gelben Blüten

lu|zid ⟨*lat.*⟩: 1. hell; durchsichtig. 2. klar, verständlich. **Lu|zi|di|tät** *die;* -: 1. Helle, Durchsichtigkeit. 2. Klarheit, Verständlichkeit. 3. (Psychol.) Hellsehen

Lu|zi|fer, (kirchenlat.:) Lucifer *der;* -s: Teufel, Satan

Lu|zi|fe|rin *das;* -s: Leuchtstoff vieler Tiere u. Pflanzen

lu|zi|fe|risch: teuflisch

Lu|zi|me|ter *das;* -s, - ⟨*lat.; gr.*⟩: (Meteor. veraltet) Gerät zur Messung der auf die Erde treffenden Sonnenstrahlen; Kugelpyranometer

Ly| a|se *die;* -, -n ⟨*gr.-nlat.*⟩: (Chem.) Enzym, das organische Stoffe aufspaltet

Ly|chee [ˈlɪtʃi] *die;* -, -s ⟨*chin.-engl.*⟩: ↑ Litschi

Ly|co|po|di|um das; -s, ...ien ⟨gr.⟩:
↑ Lykopodium

Ly|c|ra ® [auch: 'laikra] das; -s
⟨Kunstw.⟩: hochelastische
Kunstfaser

Lyd|dit das; -s ⟨engl.-nlat.; nach
der engl. Stadt Lydd⟩: Sprengstoff aus ↑ Pikrinsäure

ly|disch ⟨nach der Landschaft Lydien⟩: die antike Landschaft Lydien in Kleinasien betreffend;
lydische Tonart: (Mus.) 1. altgriechische Tonart. 2. zu den
authentischen vier ersten Tonreihen gehörende, auf f stehende Tonleiter der Kirchentonarten des Mittelalters. **Ly|dische** das; -n: (Mus.) 1. altgriechische Tonart. 2. Kirchentonart

Ly|dit der; -s, -e ⟨gr.-nlat.⟩: (dem
Erkennen der Echtheit von
Gold- u. Silberlegierungen dienender) schwarzer Kieselschiefer

Ly|ko|ma|nie die; - ⟨gr.-nlat.⟩:
(Med., Psychol.) Wahnvorstellung, in einen Werwolf od. in
ein anderes wildes Tier verwandelt zu sein

Ly|ko|po|di|um das; -s, ...ien:
1. Vertreter einer Klasse Farnpflanzen; Bärlapp. 2. aus den
Sporen von Bärlapparten hergestelltes Pulver, das als Streupulver bei der Pillenherstellung
u. technisch (als Blitzpulver bei
Feuerwerkskörpern) verwendet
wird

Ly k|lo re|xie die; -, ...ien: (Med.)
krankhaft gesteigerter Appetit;
Heißhunger

Lyme|ar|th ri|tis ['laim...] die; -,
...itiden ⟨nach dem Ort Lyme in
Connecticut, USA, wo die
Krankheit zuerst diagnostiziert
wurde⟩: (Med.) durch eine bestimmte Zeckenart übertragene Erkrankung der großen
Gelenke, bes. des Kniegelenks

Lym ph|a |de|nie die; -, ...ien u.
Lymphadenose die; -, -n ⟨gr.-
nlat.⟩: (Med.) Lymphknotenwucherung

Lym ph|a |de|ni|tis die; -, ...itiden:
(Med.) Lymphknotenentzündung

Lym ph|a |de|nom, Lymphom das;
-s, -e u. Lymphoma das; -s, -ta:
(Med.) Lymphknotengeschwulst

Lym ph|a |de|no|se vgl. Lymphadenie

Lym ph|an|gi|om das; -s, -e:

(Med.) gutartige Lymphgefäßgeschwulst

Lym ph|an|gi|tis die; -, ...itiden:
(Med.) Lymphgefäßentzündung

lym|pha|tisch: (Med.) auf Lymphe,
Lymphknötchen, -drüsen bezüglich, sie betreffend

Lym|pha|tis|mus der; -, ...men:
(Med.) auf bes. ausgeprägter
Reaktionsbereitschaft des lymphatischen Systems beruhender krankhafter Zustand mit
blassem Aussehen, träger Atmung, Neigung zu Drüsen- u.
Schleimhautentzündungen,
Milzschwellung u. chronischen
Schwellungen der lymphatischen Organe

Lymph|drai|na|ge ...ʒə die; -, -n
⟨gr.-lat.; engl.-fr.⟩: (Med.) Massage, bei der krankhaft gestaute Lymphgefäße ausgestrichen werden

Lym|phe die; -, -n ⟨gr.-lat.⟩: 1. hellgelbe, eiweißhaltige, für den
Stoffaustausch der Gewebe
wichtige Körperflüssigkeit in
eigenem Gefäßsystem u. in Gewebsspalten. 2. Impfstoff gegen
Pocken

lym|pho|gen ⟨gr.-lat.; gr.⟩: lymphatischen Ursprungs, auf dem
Lymphwege entstanden (z. B.
von einer Infektion)

Lym|pho|gra|nu|lo|ma|to|se die; -,
-n ⟨gr.-lat.; lat.-nlat.⟩: (Med.)
Auftreten von bösartigen Geschwulstbildungen des lymphatischen Gewebes

Lym|pho|gra|phie, auch: ...grafie
die; -, ...ien: (Med.) röntgenologische Darstellung von Lymphbahnen u. Lymphknoten

lym|pho|id ⟨gr.-nlat.⟩: (Med.)
lymphartig, lymphähnlich (bezogen auf die Beschaffenheit
von Zellen u. Flüssigkeiten)

Lym|pho i|do|zyt der; -en, -en
(meist Plural): (Med.) den Lymphozyten ähnliche Zelle im
Blut, die eigentlich eine noch
unausgereifte Knochenmarkzelle ist (z. B. bei Leukämie)

Lym|phom u. **Lym|pho|ma** vgl.
Lymphadenom

Lym|pho|pe|nie die; -, ...ien:
(Med.) krankhafte Verminderung der Zahl der Lymphozyten im Blut

Lym|pho|po e|se die; -: (Med.)
a) Bildung der zellarmen Lymphe in den Gewebsspalten;
b) Ausbildung u. Entwicklung

der Lymphozyten im lymphatischen Gewebe der Lymphknoten, der ↑ Tonsillen u. der Milz

Lym|pho|s ta|se die; -, -n: (Med.)
Lymphstauung

Lym|pho|zyt der; -en, -en (meist
Plural): (Med.) im lymphatischen Gewebe entstehendes,
außer im Blut auch in den Lymphe u. im Knochenmark vorkommendes weißes Blutkörperchen

Lym|pho|zy|to|se die; -, -n: (Med.)
[krankhafte] Vermehrung der
Lymphozyten im Blut

lyn|chen [auch: 'lɪnçn] ⟨engl.;
wahrscheinlich nach dem nordamerik. Pflanzer u. Friedensrichter Charles Lynch⟩: (jmdn.)
für eine [als Unrecht empfundene] Tat ohne Urteil eines Gerichts grausam misshandeln
od. töten ˙

Lynch|jus |tiz die; -: das Lynchen;
grausame Misshandlung od.
Tötung eines Menschen [durch
eine aufgebrachte Volksmenge]

Ly |o|ner [li...] die; -, - ⟨nach der
franz. Stadt Lyon⟩ u. **Ly |o|ner
Wurst** die; - -, - Würste: rosa
Brühwurst von gehobener Qualität (aus Schweinefleisch)

ly |o|phil ⟨gr.-nlat.⟩: (Chem.) Lösungsmittel aufnehmend,
leicht löslich; Ggs. ↑ lyophob

Ly |o|phi|li|sa|ti|on die; -, -en:
(Techn.) Verfahren zur Haltbarmachung bestimmter Güter
(Lebensmittel, Medikamente
u. a.), die in gefrorenem Zustand im Vakuum getrocknet
werden; Gefriertrocknung

ly |o|phob: (Chem.) kein Lösungsmittel aufnehmend, schwer löslich; Ggs. ↑ lyophil

Ly|pe|ma|nie die; - ⟨gr.-nlat.⟩: (Psychol.) meist auf neurotischen
Störungen beruhende anomale
Traurigkeit; Melancholie

Ly|ra die; -, ...ren ⟨gr.-lat.⟩: 1. altgriechisches, der ↑ Kithara ähnliches Zupfinstrument mit fünf
bis sieben Saiten. 2. ↑ Viella (2),
Drehleier (10. Jh.). 3. Streichinstrument, Vorgängerin der Violine (16. Jh.); vgl. Viola da Braccio. 4. dem Schellenbaum ähnliches Glockenspiel der Militärkapellen. 5. in Lyraform gebaute Gitarre mit sechs Saiten
u. einem od. zwei Schalllöchern; Lyragitarre (frühes
19. Jh.)

Ly|ri|den die (Plural) ⟨gr.-lat.-nlat.⟩: im April regelmäßig zu beobachtender Sternschnuppenschwarm

Ly|rik die; - ⟨gr.-lat.-fr.⟩: Dichtungsgattung, in der subjektives Erleben, Gefühle, Stimmungen usw. od. Reflexionen mit den Formmitteln von Reim, Rhythmus, Metrik, Takt, Vers, Strophe u. a. ausgedrückt werden. **Ly|ri|ker** der; -s, -: Dichter, der Lyrik schreibt. **Ly|ri|ke|rin** die; -, -nen: weibliche Form zu ↑ Lyriker. **ly|risch**: 1. a) die Lyrik betreffend, zu ihr gehörend; b) in der Art von Lyrik, mit stimmungsvollem, gefühlsbetontem Grundton. 2. (Mus.) weich, von schönem Schmelz u. daher für gefühlsbetonten Gesang geeignet (auf die Gesangsstimme bezogen). 3. gefühl-, stimmungsvoll

ly|ri|sie|ren ⟨gr.-nlat.⟩: dichterisch od. musikalisch [übertrieben] stimmungsvoll gestalten

Ly|ris|mus der; -, ...men: [übertrieben] stimmungsvolle, gefühlsbetonte dichterische od. musikalische Gestaltung, Darbietung

...ly|se

die; -, -n (teilweise ohne Plural) ⟨zu gr. lýein „(auf)lösen; trennen" → lýsis „das (Auf)lösen"⟩ Wortbildungselement mit der Bedeutung „Lösung, Auflösung":
– Analyse
– Dialyse
– Hydrolyse

Ly|se vgl. Lysis

ly|si|gen ⟨gr.-nlat.⟩: (Biol.) durch Auflösung entstanden (z. B. von Gewebslücken)

Ly|si|me|ter das; -s, -: Gerät für wasser- u. landwirtschaftswissenschaftliche Untersuchungen zur Messung des Niederschlags, zur Bestimmung von Boden- u. Pflanzenverdunstung

Ly|sin das; -s, -e (meist Plural): (Med.) Antikörper, der fremde Zellen u. Krankheitserreger, die in den menschlichen Organismus eingedrungen sind, aufzulösen vermag

Ly|sis u. Lyse die; -, ...sen ⟨gr.; „Auflösung"⟩: 1. (Med.) allmählicher Fieberabfall. 2. (Med.)

Auflösung von Zellen (z. B. von Bakterien, Blutkörperchen). 3. (Psychol.) Zerfall der Persönlichkeit

Ly|so|form ® das; -s ⟨Kunstw.⟩: Desinfektionsmittel

Ly|sol ® das; -s: Kresolseifenlösung (Desinfektionsmittel); vgl. Kresol

Ly|so|som das; -s, -en (meist Plural) ⟨gr.-nlat.⟩: (Biol., Med.) Zellbläschen mit Enzymen, die bei Freiwerden die Zelle auflösen

Ly|so|typ der; -s, -en ⟨gr.⟩: (Med.) Bakterienstamm, der sich durch seine Reaktion auf bestimmte ↑ Bakteriophagen von anderen (des gleichen Typs) unterscheiden lässt. **Ly|so|ty|pie** die; -, ...ien: (Med.) Testverfahren, Bakterienstämme in Lysotypen zu trennen

Ly|so|zym das; -s, -e: (Med.) Bakterien tötender Stoff in Drüsenabsonderungen (Tränen, Speichel u. a.)

Lys|sa die; - ⟨gr.-lat.⟩: (Med.) Tollwut; auf Menschen übertragbare Viruskrankheit bei Tieren

Lys|so|pho|bie die; - ⟨gr.-nlat.⟩: (Med., Psychol.) krankhafte Angst, an Tollwut zu erkranken bzw. erkrankt zu sein

ly|tisch ⟨gr.⟩: (Med.) allmählich sinkend, abfallend (vom Fieber)

Ly|ze|al ⟨gr.-nlat.⟩: (veraltet) zum Lyzeum gehörend; das Lyzeum betreffend

Ly|ze|um das; -s, ...een ⟨gr.-lat.⟩: (veraltet) höhere Lehranstalt für Mädchen

M ⟨Abk. für engl. medium⟩: mittelgroß (Kleidergröße)

M' vgl. ²Mac

Mä|an|der der; -s, - ⟨nach dem kleinasiatischen Fluss⟩: 1. (meist Plural) [Reihe von] Windung[en] od. Schleife[n] (z. T. mit Gleit- u. Prallhängen) von Fluss- oder Bachläufen;

Flussschlinge[n]. 2. rechtwinklig od. spiralenförmig geschwungenes Zierband (bes. auf Keramiken)

mä|an|dern u. **mä|an|d|rie|ren**: 1. sich schlangenförmig bewegen (von Flüssen u. Bächen). 2. Mäander als Verzierung auf Gegenständen anbringen

mä|an|d|risch: in Mäanderform

¹Mac der; -s, -s: Kurzform von ↑ Maquereau

²Mac... u. Mc... u. M'... [ˈmɛk..., engl.: ˈmæk..., vor dem Namen, wenn unbetont: mə(k)...] ⟨schott.; „Sohn des ..."⟩: Präfix in schottischen (auch irischen) patronymischen Familiennamen (z. B.: McIntosh [ˈmɛkɪn-tɔʃ, ˈmækɪntɔʃ], M'Donald [məkˈdɔnəld], MacGregor [məˈgrɛgə])

Ma|ca|da|mia [...k...] die; -, ...ien ⟨nach dem austr. Naturforscher J. Macadam, 1827–1865⟩: Gattung der Silberbaumgewächse, zu deren Arten die Queenslandnuss u. die Australische Haselnuss zählen

mac|ca|ro|nisch vgl. makkaronisch

Mac|chia [ˈmakja] u. **Mac|chie** [ˈmakjə] die; -, ...ien ⟨lat.-it.⟩: charakteristischer immergrüner Buschwald des Mittelmeergebietes; vgl. Maquis

Ma|che|te [auch: maˈtʃeːtə] die; -, -n ⟨span.⟩: großes südamerikanisches Buschmesser

Ma|che|tik [...x...] die; - ⟨gr.⟩: (Sport veraltet) Gefechts-, Kampflehre

Ma|chi|a|vel|lis|mus [makja...] der; - ⟨nlat.; nach dem ital. Staatsmann Machiavelli, 1469–1527⟩: politische Lehre u. Praxis, die der Politik den Vorrang vor der Moral gibt; durch keine Bedenken gehemmte Machtpolitik. **Ma|chi|a|vel|list** der; -en, -en: Anhänger des Machiavellismus. **Ma|chi|a|vel|lis|tin** die; -, -nen: weibliche Form zu ↑ Machiavellist. **ma|chi|a|vel|lis|tisch**: nach der Lehre Machiavellis, im Sinne des Machiavellismus

Ma|chi|che [maˈtʃitʃə, bras.: maˈʃiʃi] der; -s, -s ⟨port.⟩: dem Twostepp ähnlicher, mäßig schneller südamerikanischer Tanz im ⁴/₄-Takt (um 1890 vorübergehend Gesellschaftstanz)

Ma|chi|na|ti|on [...x...] die; -, -en

⟨*lat.*⟩: 1. (veraltet) listiger Anschlag, Kniff. 2. (nur Plural; geh.) Ränke, Machenschaften, Winkelzüge. **ma|chi|nie|ren:** (veraltet) Intrigen spinnen

Ma|chis|mo [ma't∫ısmo] *der; -s* ⟨*lat.-span.*⟩: übersteigertes Männlichkeitsgefühl; Männlichkeitswahn, Betonung der männlichen Überlegenheit

Ma|cho ['mat∫o] *der; -s, -s:* (ugs.) sich übertrieben männlich gebender Mann

¹Ma|chor|ka *der; -s, -s* ⟨*russ.*⟩: grob geschnittener russischer Bauerntabak

²Ma|chor|ka *die; -, -s:* Zigarette aus ¹Machorka

Mach|sor *der; -s, -s u. ...r̲im* ⟨*hebr.*⟩: jüdisches Gebetbuch für die Festtage

ma|chul|le ⟨*hebr.-jidd.*⟩: 1. (ugs.) bankrott, pleite. 2. (landsch.) ermüdet, erschöpft

Ma|cis ['matsıs] vgl. Mazis

Ma| ck|in|tosh ['mækıntɔʃ] *der; -[s], -s* ⟨*engl.; nach dem schott. Chemiker Ch. Macintosh, † 1843*⟩: 1. mit Kautschuk imprägnierter Baumwollstoff. 2. Regenmantel aus beschichtetem Baumwollstoff

Mac|lea|ya [mak'le:a, ...'laia] *die; -, ...eayen* ⟨*nlat.; nach dem engl. Entomologen A. MacLeay, † 1848*⟩: ostasiatische Mohnpflanze (Zierstrauch)

Ma|c|ra|mé vgl. Makramee

Ma|dam *der; -, -s u. -en* ⟨*lat.-fr.*⟩: 1. (veraltet, aber noch ugs.) Hausherrin, gnädige Frau. 2. (scherzh.) (dickliche, behäbige) Frau. 3. (landsch. scherzh.) Ehefrau

Ma|dame [ma'dam]: französische Anrede für eine Frau, etwa dem deutschen „gnädige Frau" entsprechend; als Anrede ohne Artikel; Abk.: Mme. (schweiz.: Mme; Plural: Mesdames [me'dam]; Abk.: Mmes. (schweiz.: Mmes)

Ma|da|po|l̲am [auch: ...'la:m] *der; -s, -s* ⟨*nach der gleichnamigen Vorstadt der ind. Stadt Narsapur*⟩: glatter, weich ausgerüsteter Baumwollstoff für Wäsche

Ma|da|ro|se *die; -, -n* ⟨*gr.*⟩: (Med.) Lidrandentzündung mit Verlust der Wimpern

made in ... ['meː st ın ...] ⟨*engl.; „hergestellt in ..."*⟩: Aufdruck auf Waren in Verbindung mit dem jeweiligen Herstellungsland (z. B.: made in Italy = hergestellt in Italien)

Ma|dei|ra [...'deːra] *u.* Madera *der; -s, -s* ⟨*nach der port. Insel*⟩: ein Süßwein

Ma|dei|ra|sti|ckel|rei *die; -, -en:* auf der Insel Madeira hergestellte Durchbruchstickerei in Leinen od. Batist

Ma|de|moi|selle [madəmŏa'zɛl] ⟨*lat.-galloroman.-fr.*⟩: französische Anrede für: Fräulein; als Anrede ohne Artikel; Abk.: Mlle. (schweiz.: Mlle); Plural: Mesdemoiselles [medəmŏa'zɛl], Abk.: Mlles. (schweiz.: Mlles)

Ma|de|ra vgl. Madeira

ma|des|z̲ent *u.* ma|di|d̲ant ⟨*lat.*⟩: (Med.) nässend (von Geschwüren)

Ma|di|jo *das; -[s]* ⟨*jav.*⟩: aus Bestandteilen des ↑ Kromo u. des ↑ Ngoko gemischte Sprache des javanischen Bürgertums

Ma|di|son ['mædısn] *der; -s, -s* ⟨*engl.*⟩: 1962 aufgekommener Modetanz im ⁴/₄-Takt

ma|d| ja|ri|sie|ren ⟨*ung.-nlat.*⟩: ungarisch machen, gestalten

Ma|don|na *die; -, ...nnen* ⟨*lat.-it.; „meine Herrin"*⟩: a) (ohne Plural) die Gottesmutter Maria; b) die Darstellung der Gottesmutter [mit dem Kinde]

Ma|d| ras *der; -* ⟨*nach der ind. Stadt*⟩: 1. feinfädiger, gitterartiger Gardinenstoff mit eingewebter Musterung. 2. Baumwollgewebe mit großzügiger Karomusterung (für Hemden, Blusen, Strandkleidung o. Ä.)

Ma|d| re|po|ra|rie [...jə] *u.* Ma|d| re|po|re *die; -, -n* ⟨*(lat.; gr.) it.-fr.*⟩: (Zool.) Löcherkoralle

Ma|d| re|po|ren|plat|te *die; -, -n:* (Zool.) siebartige Kalkplatte auf der Rückenseite von Seesternen u. Seeigeln

Ma|d| ri|gal *das; -s, -e* ⟨*it.*⟩: 1. (Literaturw.) aus dem italienischen Schäferdichtung entwickeltes Gedicht in zunächst freier, dann festerer Form. 2. (Mus.) a) meist zwei- bis dreistimmiger Gesang des 14. Jh.s; b) vier- od. mehrstimmiges weltliches Lied mit reichen Klangeffekten im 16. u. 17. Jh.

Ma|d| ri|gal|chor *der; -s, ...chöre:* (Mus.) Chor in kleiner Besetzung

ma|d| ri|gal|esk vgl. madrigalistisch

Ma|d| ri|ga|l|et|to *das; -s, -s u. ...tti* ⟨*it.*⟩: kurzes, einfaches Madrigal (2 b)

Ma|d| ri|ga|lis|mus *der; -s* ⟨*it.-nlat.*⟩: ↑ Madrigalstil

Ma|d| ri|ga|list *der; -en, -en:* Komponist eines Madrigals (2 b), Vertreter des Madrigalstils

Ma|d| ri|ga|lis|tik *die; -:* Kunst der Madrigalkomposition

ma|d| ri|ga|lis| tisch *u.* madrigalesk ⟨*it.*⟩: das Madrigal betreffend, im Madrigalstil, nach der Art des Madrigals komponiert

Ma|d| ri|ga|l|ko|mö|die [...jə] *die; -, -n:* nach Inhalt u. Anlage der Komödie aufgebautes Madrigal (2 b)

Ma|d| ri|ga|l|on *das; -s, -e:* mehr als 15 Zeilen umfassendes Madrigal (1)

Ma|d| ri|ga|l|stil *der; -[e]s:* mehrstimmiger, die Singstimme artikulierender Kompositionsstil (seit dem frühen 16. Jh.)

Ma|d| u|ra|fuß *der; -es* ⟨*nach der ind. Stadt Madura*⟩: durch verschiedene Pilzarten hervorgerufene Fußkrankheit mit Knotenbildung u. chronischen Geschwüren (in Indien u. im Orient auftretend)

Ma|es|tà *die; -* ⟨*lat.-it.*⟩: ital. Bez. für die Darstellung der inmitten von Engeln u. Heiligen thronenden Maria (bes. im 12. u. 13. Jh.)

ma|es|to|so: (Mus.) feierlich, würdevoll, gemessen (Vortragsanweisung). **Ma|es|to|so** *das; -s, -s u. ...si:* feierliches, getragenes Musikstück

Ma|es|t| ra|le *der; -s:* ↑ Mistral

Ma|es|t| ro *der; -s, -s u. ...stri* ⟨*„Meister"*⟩: a) großer Musiker od. Komponist; b) Musiklehrer; **Maestro al Cembalo:** jmd., der vom Cembalo aus, Generalbass spielend, die Kapelle leitet

Mä|eu|tik *die; -* ⟨*gr.; „Hebammenkunst"*⟩: die sokratische Methode, durch geschicktes Fragen die im Partner schlummernden, ihm aber nicht bewussten richtigen Antworten u. Einsichten heraufzuholen. **mä|eu|tisch:** die Mäeutik betreffend

Maf|fia usw. vgl. ↑ Mafia usw.

Ma|fia *die; -, -s* ⟨*arab.-it.; eigtl. „Anmaßung"*⟩: erpresserische Geheimorganisation (ursprünglich in Sizilien)

ma|fi|os: die Mafia betreffend, zu

ihr gehörend; nach Art der Mafia

Malfi|o|so der; -s, ...si: Angehöriger einer Mafia

Malfi|o|te der; -n, -n: ↑ Mafioso

ma|fisch ⟨Kunstw. aus ↑ Magnesium u. lat. ferrum „Eisen"⟩: ↑ femisch

Malga|zin das; -s, -e ⟨arab.-it.(-fr. u. -engl.)⟩: 1. Vorratshaus. 2. Lagerraum [für Bücher]. 3. Laden. 4. periodisch erscheinende, reich bebilderte, unterhaltende Zeitschrift. 5. Rundfunk- od. Fernsehsendung, die über politische, wirtschaftliche, gesellschaftliche o. ä. Themen u. Ereignisse informiert. 6. Aufbewahrungs- u. Vorführkasten für Diapositive, in dem die Diapositive einzeln eingesteckt sind. 7. abnehmbares, lichtfest verschließbares Rückteil einer Kamera, das den Film enthält u. schnellen Wechsel des Films ermöglicht. 8. Patronenkammer in [automatischen] Gewehren u. Pistolen

Malga|zin|balg der; -[e]s, ...bälge: durch kleinere sog. Schöpfbälge gefüllter, der Speicherung der Luft dienender Balg bei Orgel u. Harmonium

Malga|zi|ner der; -s, -: (schweiz.) Magazinarbeiter. **Malga|zi|nerin** die; -, -nen: weibliche Form zu ↑ Magaziner

Malga|zi|neur [...'nø:ɐ̯] der; -s, -e ⟨französierende Ableitung von Magazin⟩: (österr.) Lagerverwalter

malga|zi|nie|ren: 1. einspeichern, lagern. 2. gedrängt zusammenstellen

Mag|da|lé|ni|en [...le'njɛ̃:] das; -s ⟨fr.; nach dem franz. Fundort, der Höhle La Madeleine⟩: Stufe der jüngeren Altsteinzeit

Malgen|ta [...dʒ...] das; -s ⟨it.; nach einem Ort in Italien⟩: Anilinrot

Mag|e| thos das; - ⟨gr.-nlat.⟩: aus der Magie der kultischen Handlungen erwachsende ethische Haltung als Anfang der Religion

Maglgio|la|ta [madʒo...] die; -, ...te ⟨lat.-it.⟩: Mailied im Stil eines ↑ Madrigals (16. Jh.)

mag|gio|re [ma'dʒo:rə]: Bez. für die große Terz der Durtonart; Ggs. ↑ minore. **Mag|gio|re** das;

-s, -s: Durteil eines Molltonstückes

Malgh|reb der; -[s] ⟨arab.; „Westen"⟩: Tunesien, Nordalgerien u. Marokko umfassender westlicher Teil der arabischen Welt.

malgh|re|bi|nisch: zum Maghreb gehörig

Malgie die; - ⟨pers.-gr.-lat.⟩: 1. Zauberkunst, Geheimkunst, die sich übersinnliche Kräfte dienstbar zu machen sucht (in vielen Religionen). 2. Trickkunst des Zauberers im Varietee. 3. Zauberkraft, Zauber

Malgi|er u. **Malgi|ker** der; -s, -: 1. [persisch-medischer] Zauberpriester. 2. Zauberer, [berufsmäßiger] Zauberkünstler. **Malgi|e|rin** die; -, -nen: weibliche Form zu ↑ Magier

malgisch: 1. die Magie (1) betreffend. 2. zauberhaft, geheimnisvoll bannend

Malgis|ter der; -s, - ⟨lat.; „Meister"⟩: 1. a) in einigen Hochschulfächern verliehener akademischer Grad, gleichwertig mit einem Diplom; b) (hist.) zum Unterricht an Universitäten berechtigender akademischer Grad. 2. (veraltet, noch scherzh.) Lehrer

Malgis|ter Ar|ti|um der; -s -, - - ⟨lat.; „Meister der (freien) Künste"⟩: in den geisteswissenschaftlichen Hochschulfächern deutscher Universitäten verliehener Grad; Abk.: M. A.; Master of Arts

Malgis| t| ra die; -, ...trae [...trɛ]: weibliche Form zu ↑ Magister

Malgis| t| ra Ar|ti|um die; - -, ...ae [...trɛ] -: weibliche Form zu ↑ Magister Artium; Abk.: M. A.

malgis| t| ral: nach ärztlicher Vorschrift bereitet (von Arzneien)

Malgis| t| ra|le die; -, -n ⟨lat.-nlat.⟩: Hauptverkehrslinie, -straße [in einer Großstadt]

¹Malgis| t| rat der; -[e]s, -e ⟨lat.⟩: 1. a) hoher altrömischer Beamter (z. B. Konsul, Prätor usw.); b) öffentliches Amt im alten Rom. 2. Stadtverwaltung (in einigen Staaten)

²Malgis| t| rat der; -en, -en: (schweiz.) Mitglied der Regierung bzw. der ausführenden Behörde

Malgis| t| ra|tur die; -, -en ⟨lat.-nlat.⟩: (veraltet) behördliche Würde, obrigkeitliches Amt

Mag|ma das; -s, ...men ⟨gr.-lat.⟩: 1. (Geol.) heiße natürliche Gesteinsschmelze im od. aus dem Erdinnern, aus der Erstarrungsgesteine entstehen. 2. (Med.) knetbare Masse, Brei **mag|ma|tisch** ⟨gr.-nlat.⟩: aus dem Magma (1) kommend (z. B. von Gasen bei Vulkanausbrüchen)

Mag|ma|tis|mus der; -: (Geol.) Bez. für alle mit dem Magma (1) zusammenhängenden Vorgänge

Mag|ma|tit der; -s, -e: Erstarrungsgestein

mag|ma|to|gen: durch Anreicherung in einer Restschmelze entstanden (von Erzlagerstätten)

Malg| na Char|ta die; - - ⟨lat.⟩: 1. englisches [Grund]gesetz von 1215, in dem der König dem Adel grundlegende Freiheitsrechte garantiert. 2. Grundsetz, Verfassung, Satzung

malg| na cum lau|de ⟨lat.; „mit großem Lob"⟩: sehr gut (zweitbestes Prädikat bei der Doktorprüfung)

Malg| na|li|um das; -s ⟨Kunstw.⟩: eine Magnesium-Aluminium-Legierung

Malg| na Ma|ter die; - - ⟨lat.⟩: Große Mutter, Muttergottheit (Beiname der phrygischen Göttin Kybele)

Malg| nat der; -en, -en ⟨lat.-mlat.⟩: 1. Inhaber [Branchen beherrschender] wirtschaftlicher Macht (z. B. Zeitungsmagnat, Ölmagnat). 2. (hist.) hoher Adliger (bes. in Polen u. Ungarn)

Malg| ne|sia die; - ⟨gr.-mlat.; nach der altgriech. Landschaft): Magnesiumoxid [in Form von weißem Pulver], das vor allem als Mittel gegen Magenüberäuerung u. zum Trockenhalten der Handflächen beim Geräteturnen gebraucht wird; vgl. biserierte Magnesia

Malg| ne|sit der; -s, -e ⟨gr.-nlat.⟩: ein Mineral

Malg| ne|sit|stein der; -[e]s, -e: feuerfester Stein

Malg| ne|sium das; -s: chem. Element; ein Metall; Zeichen: Mg

Malg| ne|si|um|chlo|rid das; -s, -e: farbloses Salz, das im Meerwasser u. in Salzseen vorkommt

Malg| net der; -en u. -[e]s, -e (seltener: -en) ⟨gr.-lat.⟩: 1. Eisenod. Stahlstück, das andere ↑ ferromagnetische Stoffe anzieht; b) Elektromagnet. 2. anziehende

Person, reizvoller Gegenstand, Ort

Ma|g |net|auf|zeich|nung *die; -, -en:* Aufzeichnung von Rundfunksendungen od. Fernsehbildern auf magnetischem (2) Wege

Ma|g |net|band *das; -[e]s, ...bänder:* mit einer magnetisierbaren Schicht versehenes Band, auf dem Informationen in Form magnetischer Aufzeichnungen gespeichert werden

Ma|g |ne|tik *die; -:* Lehre vom Verhalten der Materie im magnetischen Feld

ma|g |ne|tisch: 1. die Eigenschaften eines Magneten (1) aufweisend; ↑ ferromagnetische Stoffe anziehend. 2. auf der Wirkung eines Magneten (1) beruhend, durch einen Magneten bewirkt. 3. unwiderstehlich, auf geheimnisvolle Weise anziehend

Ma|g |ne|ti|seur [...'zø:ɐ̯] *der; -s, -e:* ↑ Magnetopath. **Ma|g |ne|ti|seu|rin** [...'zørɪn] *die; -, -nen:* weibliche Form zu ↑ Magnetiseur

ma|g |ne|ti|sie|ren: magnetisch (1) machen

Ma|g |ne|tis|mus *der; - ⟨gr.-lat.-nlat.⟩:* 1. Fähigkeit eines Stoffes, Eisen od. andere ↑ ferromagnetische Stoffe anzuziehen. 2. Wissenschaft von den magnetischen Erscheinungen. 3. ↑ Mesmerismus

Ma|g |ne|tit *der; -s, -e:* wichtiges Eisenerz

Ma|g |net|kies *der; -es:* Eisenerz, oft nickelhaltig

Ma|g |ne|to|graph, auch: ...graf *der; -en, -en:* Apparat zur selbsttätigen Aufzeichnung erdmagnetischer Schwankungen

ma|g |ne|to|ka|lo|risch: in der Wendung **magnetokalorischer Effekt:** von magnetischen Zustandsänderungen der Materie herrührende Temperaturänderung

Ma|g |ne|to|me|ter *das; -s, -:* Instrument zur Messung magnetischer Feldstärke u. des Erdmagnetismus

Ma|g |ne|ton *das; -s, -s (aber: 2 -):* (Kernphysik) Einheit des magnetischen Moments

Ma|g |ne|to|op|tik *die; -:* Wissenschaft von den optischen Erscheinungen, die durch die Ein-

wirkung eines magnetischen Feldes auf Licht entstehen

Ma|g |ne|to|path *der; -en, -en:* mit Magnetismus behandelnder Heilkundiger. **Ma|g |ne|to|pa|thie** *die; - ⟨gr.-nlat.⟩:* Heilwirkung durch magnetische Kräfte. **Ma|g |ne|to|pa|thin** *die; -, -nen:* weibliche Form zu ↑ Magnetopath

Ma|g |ne|to|phon ®, auch: ...fon *das; -s, -e:* ein Tonbandgerät

Ma|g |ne|to|s |phä|re *die; -:* Teil der die Erde umgebenden Atmosphäre, in dem die ↑ ¹Elektronen u. ↑ Ionen durch das Magnetfeld der Erde beeinflusst werden

Ma|g |ne|t |ron *das; -s, ...one u. -s ⟨Kurzw. aus ↑ Magnet u. ↑ Elektron ⟩:* eine Elektronenröhre, die magnetische Energie verwendet (für hohe Impulsleistungen)

Ma|g |net|ton|ge|rät *das; -[e]s, -e:* Tonbandgerät

ma|g |ni|fik [manji...] ⟨*lat.-fr.*⟩*:* (veraltet) herrlich, prächtig, großartig

Ma|g |ni|fi|ka *die; -, ...kae [...kɛ]:* weibliche Form zu ↑ Magnifikus

Ma|g |ni|fi|kat *das; -s, -s ⟨lat.⟩:* 1. a) (ohne Plural) Lobgesang Marias (Lukas 1, 46–55) nach seinem Anfangswort in der lateinischen Bibel (Teil der katholischen Vesper); b) auf den Text von Magnifikat (a) komponiertes Chorwerk. 2. (landsch. veraltet) katholisches Gesangbuch

Ma|g |ni|fi|kus *der; -, ...fizi:* (veraltet) Rektor einer Hochschule; vgl. Rector magnificus

Ma|g |ni|fi|zen|tis|si|mus *der; -, ...mi:* ↑ Rector magnificentissimus

Ma|g |ni|fi|zenz *die; -, -en:* a) (ohne Plural) Titel für Hochschulrektor[inn]en u. a.; b) Träger dieses Titels; als Anrede: Euer, Eure (Abk.: Ew.) Magnifizenz

Ma|g |ni|fi|zi: *Plural* von ↑ Magnifikus

Ma|g |ni|sia vgl. Magnesia

Ma|g |ni|tu|de *die; - ⟨lat.⟩:* Maß für die Stärke von Erdbeben

Ma|g |ni|tu|do *die; -:* Maß für die Helligkeit eines Gestirns

Ma|g |no|lie [...jə] *die; -, -n ⟨nlat.; nach dem franz. Botaniker Pierre Magnol, 1638–1715⟩:* früh blühender Zierbaum (aus

Japan u. China) mit tulpenförmigen Blüten

Ma|g |num *die; -, ...gna ⟨lat.⟩:* 1. Wein- od. Sektflasche mit doppeltem Fassungsvermögen (1,5 l). 2. (Waffentechnik) spezielle Patrone mit verstärkter Ladung

Ma|got *der; -s, -s ⟨hebr.-fr.⟩:* in Nordafrika heimischer, zu den Makaken gehörender Affe

Ma|gus *der; -, ...gi ⟨pers.-gr.-lat.⟩:* ↑ Magier (2)

ma|g |ya|ri|sie|ren [madja...] vgl. madjarisieren

Ma|ha|bha|ra|ta [...'ba:rata] *das; - ⟨sanskr.⟩:* altindisches Nationalepos, zugleich religiöses Gesetzbuch des Hinduismus; vgl. Bhagawadgita

Ma|ha|go|ni *das; -s ⟨indian.-engl.⟩:* wertvolles, rotbraunes, hartes Holz

Ma|ha|go|ni|baum *der; -[e]s, ...bäume:* zu den Zedrachgewächsen gehörender Baum (liefert das echte Mahagoniholz)

Ma|ha|ja|na u. Mahayana *das; - ⟨sanskr.; „großes Fahrzeug (der Erlösung)"⟩:* freie, durch Nächstenliebe auch den Laien Erlösung verheißende Richtung des Buddhismus; vgl. Hinajana, Wadschrajana

Ma|hal *der; -s, -s ⟨nach dem iran. Ort Mahallat⟩:* Perserteppich minderer bis mittlerer Qualität aus dem Gebiet um Mahallat

Ma|ha|ra|d |scha *der; -s, -s ⟨sanskr.⟩:* a) (ohne Plural) Titel eines indischen Großfürsten; b) Träger dieses Titels. **Ma|ha|ra|ni** *die; -, -s:* a) (ohne Plural) Titel für die Frau eines Maharadschas; b) Trägerin dieses Titels

Ma|ha|ri|schi *der; -[s], -s ⟨Hindi⟩:* a) (ohne Plural) Ehrentitel für einen geistig-religiösen Führer in Indien; b) Träger dieses Titels

Ma|hat|ma *der; -s, -s ⟨sanskr.; „große Seele"⟩:* indischer Ehrentitel für geistig hoch stehende Männer (z. B. Gandhi), die oft göttlich verehrt werden

Ma|hayala|na vgl. Mahajana

Mah|di ['maxdi, auch: 'ma:di] *der; -[s], -s ⟨arab.⟩:* von den Muslimen erwarteter letzter Prophet, Glaubens- u. Welterneuerer

Mah|dist *der; -en, -en:* Anhänger des sudanesischen Derwischs

Muhammad Ahmad, der sich 1881 zum Mahdi erklärte u. den zur Beseitigung der britisch-ägyptischen Fremdherrschaft führenden „Mahdiaufstand" anführte

Mah-Jongg u. Ma-Jongg [ma-'dʒɔŋ] *das;* -s, -s ⟨*chin.*⟩: chinesisches Gesellschaftsspiel

Ma|hoî|t |res [ma'ɒa:trə] *die* (Plural) ⟨*fr.*⟩: Schulterpolster an der Männerkleidung des 15. Jh.s

Ma|ho|nie [...i̯ə] *die;* -, -n ⟨*nlat.;* nach dem amerik. Gärtner B. MacMahon, 1775–1816⟩: Zierstrauch mit gefiederten Blättern u. gelben Blüten

Ma|hut *der;* -s, -s ⟨*sanskr.-Hindi-engl.*⟩: ostindischer Elefantenführer

Mai *der;* -[e]s u. - (dichter. auch: -en), -e ⟨*lat.*⟩: fünfter Monat im Jahr

Mai|den ['meɪdn̩] *das;* -s, -s ⟨*engl.*⟩: (Sport) auf der Rennbahn unerprobtes Pferd

Mai|kong *der;* -s, -s ⟨*indian.-port.*⟩: südamerikanischer Wildhund

Mail [meɪl] *die;* -s ⟨*engl.;* „Post"⟩: Kurzform von ↑ E-Mail

Mail|bom|bing ['meɪl...] *das;* -s: (Jargon) das Versenden großer Mengen nutzloser Daten an eine Person od. ein System

Mail|box *die;* -, -en ⟨*engl.;* „Briefkasten"⟩: (EDV) Datei zur Speicherung und zum Austausch von Nachrichten

mai|len ['meɪlən] ⟨*engl.*⟩: etwas als ↑ E-Mail senden

Mai|ling ['meɪlɪŋ] *das;* -[s], -s ⟨*engl.*⟩: Versendung von Werbematerial durch die Post u. a. Zustelldienste

Mai|ling|lis |te *die;* -, -n: E-Mail-Adressenliste im Internet für das Versenden u. Empfangen von Beiträgen

Mail|or|der ['meɪl'ɔ:də] *die;* -, -s ⟨*engl.*⟩: postalisch od. elektronisch erfolgende Bestellung von Waren [im Versandhandel]

Main|board ['meɪnbɔ:d] *das;* -s, -s ⟨*engl.*⟩: ↑ Motherboard

Main|li|ner ['meɪnlaɪnɐ] *der;* -s, - ⟨*engl.*⟩: Drogensüchtiger, -abhängiger, der sich Rauschgift injiziert. **Main|li|ning** *das;* -s: das Injizieren von Rauschgift

Main|stream ['meɪnstri:m] *der;* -s ⟨*engl.;* „Hauptstrom"⟩: 1. stark vom Swing beeinflusste Form des modernen Jazz. 2. (oft abwertend) vorherrschende Richtung (z. B. in der Gesellschaftspolitik, im Kulturleben, in der Musik)

Maire ['mɛːɐ̯] *der;* -s, -s ⟨*lat.-fr.*⟩: Bürgermeister in Frankreich.

Mai|rie [mɛ...] *die;* -, ...i̯en: Bürgermeisterei in Frankreich

Mais *der;* -es, -e ⟨*indian.-span.*⟩: wichtige Getreidepflanze

Mai|so|net|te, auch: **Mai|son|net|te** [mɛzɔ'nɛt] *die;* -, -s ⟨*fr.*⟩: zweistöckige Wohnung in einem [Hoch]haus

Maî|t |re de Plai|sir ['mɛ:trə də plɛ'zi:ɐ̯] *der;* - - -, -s ['mɛ:trə] - - ⟨*fr.*⟩: (veraltet, noch scherzh.) jmd., der bei einer Veranstaltung das Unterhaltungsprogramm arrangiert u. leitet, der bei einem Fest für die Unterhaltung der Gäste sorgt

Mai|t |res|se vgl. Mätresse

Mai|ze|na ® *das;* -s ⟨Kunstw.⟩: Maisstärkepuder

Ma|ja *die;* - ⟨*sanskr.;* „Trugbild"⟩: die als Blendwerk angesehene Erscheinungswelt (als verschleierte Gottheit dargestellt) in der ↑ wedischen u. ↑ brahmanischen Philosophie

Ma|jes |tas Do|mi|ni *die;* - - ⟨*lat.;* „Herrlichkeit des Herrn"⟩: (bildende Kunst) [frontale] Darstellung des thronenden Christus

Ma|jes |tät *die;* -, -en: 1. (ohne Plural) Herrlichkeit, Erhabenheit. 2. Titel u. Anrede von Kaisern u. Königen. **ma|jes |tä|tisch**: herrlich, erhaben; hoheitsvoll

ma|jeur [ma'ʒø:ɐ̯] ⟨*lat.-fr.*⟩: (Mus.) franz. Bez. für: Dur; Ggs. ↑ mineur

Ma|jol|li|ka *die;* -, ...ken u. -s ⟨*it.;* nach der span. Insel Mallorca⟩: Töpferware mit Zinnglasur; vgl. Fayence

Ma|jo|nä|se, auch: Mayonnaise *die;* -, -n ⟨*fr.;* nach der Stadt Mahón auf Menorca⟩: kalte, dickliche Soße aus Eigelb, Öl u. Gewürzen

Ma-Jongg vgl. Mah-Jongg

ma|jor ['meɪdʒə] ⟨*lat.-engl.;* „größer"⟩: (Mus.) engl. Bez. für: ↑ Dur; Ggs. mineur

¹Ma|jor *der;* -s, -e ⟨*lat.-span.*⟩: Offizier, der im Rang über dem Hauptmann steht

²Ma|jor *der;* -s ⟨eigtl. major terminus; *lat.*⟩: (Logik) der größere, weitere Begriff in ↑ Syllogismus

Ma|jo|ran [auch: ...'ra:n] *der;* -s, -e ⟨*mlat.*⟩: a) Gewürz- u. Heilpflanze (Lippenblütler); b) als Gewürz verwendete, getrocknete Blätter des Majorans (a)

Ma|jo|rat *das;* -[e]s, -e ⟨*lat.-mlat.*⟩: (Rechtsw.) 1. Vorrecht des Ältesten auf das Erbgut; Ältestenrecht. 2. nach dem Ältestenrecht zu vererbendes Gut; vgl. Minorat u. Juniorat

Ma|jor|do|mus *der;* -, - ⟨„Hausmeier"⟩: (hist.) oberster Hofbeamter, Befehlshaber des Heeres (unter den fränkischen Königen)

ma|jo|renn: (Rechtsw. veraltet) volljährig, mündig; Ggs. ↑ minorenn. **Ma|jo|ren|ni|tät** *die;* -: (Rechtsw. veraltet) Volljährigkeit, Mündigkeit; Ggs. ↑ Minorennität

Ma|jo|rette [...'rɛt] *die;* -, -s u. -n [...tn̩] ⟨*fr.*⟩: junges Mädchen in Uniform, das bei festlichen Umzügen paradiert

Ma|jo|rin *die;* -, -nen: 1. weibliche Form zu ↑ ¹Major. 2. weibliches Mitglied der Heilsarmee im Rang eines ¹Majors. 3. (veraltet) Frau eines ¹Majors

ma|jo|ri|sie|ren ⟨*lat.-nlat.*⟩: überstimmen, durch Stimmenmehrheit zwingen

Ma|jo|rist *der;* -en, -en: Inhaber der höheren Weihen (vom Subdiakon aufwärts) im katholischen Klerus

Ma|jo|ri|tät *die;* -, -en ⟨*lat.-mlat.-fr.*⟩: [Stimmen]mehrheit; Ggs. ↑ Minorität

Ma|jo|ri|täts|prin|zip *das;* -s: Grundsatz, dass bei Abstimmungen u. Wahlen die Mehrheit der Stimmen entscheidet

Ma|jo|ri|täts|wahl *die;* -, -en: Mehrheitswahl, bei der die Mehrheit den Kandidaten wählt, die Stimmen der Minderheit[en] hingegen unberücksichtigt bleiben

Ma|jorz *der;* -es ⟨gebildet nach Proporz⟩: (schweiz.) ↑ Majoritätswahl

Ma|jus|kel *die;* -, -n ⟨*lat.*⟩: Großbuchstabe; Ggs. ↑ Minuskel; vgl. Versal

ma|ka|ber ⟨*fr.*⟩: a) (durch eine bestimmte Beziehung zum Tod) unheimlich, Grauen hervorrufend; b) mit Tod u. Vergänglichkeit Scherz treibend

M

Ma|ka|ber|tanz *der; -es, ...tänze:*
↑ Danse macabre

Ma|ka|dam *der* od. *das; -s, -e*
⟨nach dem schott. Straßenbauingenieur McAdam,
1756–1836⟩: Straßenbelag, in dem sich zahlreiche Hohlräume befinden

Ma|kak [auch: ma'ka(:)k] *der; -s*
u. *-en, -en* [ma'ka(:)kn̩] ⟨afrik.-
port.-fr.⟩: meerkatzenartiger Affe (zahlreiche Arten in Asien, bes. in Japan)

Ma|ka|me *die; -, -n* ⟨arab.⟩:
1. kunstvolle alte arabische Stegreifdichtung. 2. (hist.) a) im Orient ein Podium, auf dem die höfischen Sänger standen;
b) Gesang der höfischen Sänger im Orient; vgl. Maqam

¹Ma|kao *der; -s, -s* ⟨Hindi-port.⟩:
ein zu den Aras gehörender Papagei

²Ma|kao [auch: ma'kau] *das; -s*
⟨nach der port. Kolonie⟩:
Glücksspiel mit Würfeln u. Karten

Ma|ka|ris|mus *der; -, ...men* (meist Plural) ⟨gr.-nlat.⟩: Seligpreisung (altgriech. u. biblische Stilform, bes. in der Bergpredigt)

Make-up [meık'ap] *das; -s, -s*
⟨engl.; „Aufmachung"⟩: 1. Verschönerung des Gesichts mit kosmetischen Mitteln. 2. kosmetisches Mittel; Creme zum Tönen u./od. Glätten der Haut.
3. Aufmachung, Verschönerung eines Gegenstandes mit künstlichen Mitteln

Ma|ki *der; -s, -s* ⟨madagassisch-fr.⟩: ↑ Lemure (2)

Ma|kie [...jə] *die; -* ⟨jap.⟩: Dekorationsart der japanischen Lackkunst

Ma|ki|mo|no *das; -s, -s* ⟨jap.⟩: Bildrolle im Querformat (in der ostasiatischen Kunst)

Ma|king-of [meıkıŋ'ɔf] *das; -, -*
⟨engl.⟩: [filmischer] Bericht über die Entstehung u. Produktion eines Films

Mak|ka|bi *der; -[s], -s* ⟨hebr.⟩:
Name jüdischer Sportvereinigungen

Mak|ka|bi|a|de *die; -, -n* ⟨hebr.-
nlat.⟩: in vierjährigem Zyklus stattfindender jüdischer Sportwettkampf nach Art der Olympiade

Mak|ka|lu|be *die; -, -n* ⟨it.⟩: durch Erdgas aufgeworfener

Schlammkegel (in Erdölgebieten)

Mak|ka|ro|ni *die* (Plural) ⟨it.⟩: röhrenförmige Nudeln aus Hartweizengrieß

mak|ka|ro|ni|sch: in der Fügung **makkaronische Dichtung:**
scherzhafte Dichtung, in die lateinisch deklinierte Wörter einer anderen Sprache eingestreut sind (z. B.: totschlago vos sofortissime, nisi vos benehmitis bene, B. von Münchhausen;
it. poesia maccaronica; „Knödeldichtung"). **mak|ka|ro|ni|sieren**: lateinische u. lateinisch deklinierte Wörter innerhalb eines anderssprachigen Kontextes verwenden

Ma|ko *die; -, -s,* auch: *der* od. *das;*
-[s], -s ⟨nach Mako Bey, dem Hauptförderer des ägypt. Baumwollanbaus⟩: 1. ägyptische Baumwolle. 2. Gewebe aus Mako (1)

Ma|ko|ré [...'re:] *das; -s* ⟨fr.⟩: rotbraunes Hartholz des afrikanischen Birnbaums

ma|k|r..., **Ma|k|r...** vgl. makro...,
Makro...

Ma|k|ra|mee *das; -s, -s* ⟨arab.-
türk.-it.⟩: a) (ohne Plural) ursprünglich arabische Knüpftechnik, bei der gedrehte Fäden mit Fransen zu kunstvollen Mustern miteinander verknüpft werden; b) Knüpfarbeit in Makramee (a)

Ma|k|re|le *die; -, -n* ⟨niederl.⟩: bis 35 cm langer Speisefisch des Mittelmeergebiets, des Atlantiks u. nordischer Gewässer

Ma|k|ren|ze|pha|lie *die; -, ...ien*
⟨gr.; nlat.⟩: ↑ Megalenzephalie

---

ma|k|ro..., **Ma|k|ro...**

vor Vokalen auch: makr...,
Makr...
⟨gr. makrós „groß, hoch, tief, fern, lange dauernd, weit"⟩
Wortbildungselement mit den Bedeutungen:
a) „lang, groß, im Großen":
– Makroklima
– Makrokosmos
– makroökonomisch
– Makrostruktur
b) „groß, größer als normal":
– Makrenzephalie
– Makromolekül
– makrozephal

Ma|k|ro *der* od. *das; -s, -s:* (EDV)
kurz für ↑ Makrobefehl

Ma|k|ro|a|na|ly|se [auch: 'ma:-
kro...] *die; -, -n:* (Chem.) chemische Analyse, bei der Substanzmengen im Grammbereich (0,5–10 g) eingesetzt werden;
Ggs. ↑ Mikroanalyse

Ma|k|ro|läs|the|sie *die; -, ...ien:*
(Med.) Empfindungsstörung, bei der Gegenstände größer wahrgenommen werden, als sie sind (z. B. bei Hysterie)

Ma|k|ro|auf|nah|me *die; -, -n:*
↑ Makrofotografie (2)

Ma|k|ro|be|fehl *der; -[e]s, -e*
⟨engl.; dt.⟩: (EDV) zu einer Einheit zusammengefasste Folge von Befehlen

Ma|k|ro|bi|o|se *die; -* ⟨gr.-nlat.⟩:
(Med.) Langlebigkeit eines Organismus; vgl. Longävität

Ma|k|ro|bi|o|tik *die; -:* 1. (Med.)
Kunst, das Leben zu verlängern. 2. spezielle, hauptsächlich auf Getreide u. Gemüse basierende Ernährungsweise. **makro|bi|o|tisch:** die Makrobiotik betreffend; **makrobiotische Kost:** Kost, die sich hauptsächlich aus Getreide u. Gemüse zusammensetzt

Ma|k|ro|chei|lie *die; -, ...ien:*
(Med.) abnorme Verdickung der Lippen

Ma|k|ro|chei|rie *die; -, ...ien:*
(Med.) abnorme Größe der Hände

Ma|k|ro|dak|ty|lie *die; -, ...ien:*
(Med.) abnorme Größe der Finger

Ma|k|ro|e|vo|lu|ti|on [auch: 'ma:-
kro...] *die; -, -en:* (Biol.) bedeutsamer Evolutionsschritt, der einen neuen Zweig des Stammbaums entstehen lassen kann;
Ggs. ↑ Mikroevolution; vgl. Makromutation

Ma|k|ro|fau|na [auch: 'ma:kro...]
die; -, ...nen: (Biol.) die Arten der Tierwelt, die mit bloßem Auge sichtbar sind; Ggs. ↑ Mikrofauna

Ma|k|ro|fo|to|gra|fie *die; -, ...ien:*
1. (ohne Plural) fotografisches Aufnehmen im Nahbereich mit vergrößernder Abbildung.
2. Nahaufnahme; Aufnahme in natürlicher Größe

Ma|k|ro|ga|met u. **Ma|k|ro|ga|meto|zyt** [auch: 'ma:kro...] *der;*
-en, -en: (Biol.) größere u. unbewegliche weibliche Ge-

schlechtzelle bei niederen Lebewesen; Ggs. ↑ Mikrogamet

Ma|k| ro|glos|sie *die; -, ...ien:* (Med.) Vergrößerung der Zunge

ma|k| ro|ke|phal usw. vgl. makrozephal usw.

Ma|k| ro|kli|ma *das; -s, -s* u. ...mate: Großklima

ma|k| ro|kos|misch [auch: 'ma:-kro...]: den Makrokosmos betreffend; Ggs. ↑ mikrokosmisch.

Ma|k| ro|kos|mos u. **Ma|k| ro|kosmus** [auch: 'ma:kro...] *der; -:* das Weltall; Ggs. ↑ Mikrokosmos

ma|k| ro|kris| tal|lin: grobkristallin (von Gesteinen)

Ma|k| ro|lin|gu| is| tik [auch: 'ma:-kro...] *die; -:* Gesamtbereich der Wissenschaft von der Sprache; vgl. Metalinguistik u. Mikrolinguistik

Ma|k| ro|me|lie *die; -, ...ien:* (Med.) Riesenwuchs; Ggs. ↑ Mikromelie; vgl. Gigantismus (1)

Ma|k| ro|me|re *die; -, -n* (meist Plural): dotterreiche, große Furchungszelle bei tierischen Embryonen; Ggs. ↑ Mikromere

Ma|k| ro|mo|le|kül [auch: 'ma:-kro...] *das; -s, -e:* ein aus tausend od. mehr Atomen aufgebautes Molekül. **ma|k| ro|mo|le-ku|lar** [auch: 'ma:kro...]: aus Makromolekülen bestehend

Ma|k| ro|mu|ta|ti|on [auch: 'ma:-kro...] *die; -, -en:* Erbänderung als Folge einer strukturellen Chromosomenumbaus, die sprunghaft zu neuen Arten führt; vgl. Makroevolution

Ma|k| ro|ne *die; -, -n* 〈it.-fr.〉: Gebäck aus Mandeln, Zucker u. Eiweiß

Ma|k| ro|nu|k| le|us *der; -, ...lei* 〈gr.; lat.〉: (Biol.) Großkern der Wimpertierchen (regelt den Ablauf des Stoffwechsels)

Ma|k| ro|ö| ko|no|mie [auch: 'ma:-kro...] *die; - 〈gr.-nlat.〉:* (Wirtsch.) Teilgebiet der Wirtschaftstheorie, dessen Gegenstand die Untersuchung gesamtwirtschaftlicher Zusammenhänge ist; Ggs. ↑ Mikroökonomie. **ma|k| ro|ö| ko|no|misch** [auch: 'ma:kro...]: (Wirtsch.) die Makroökonomie betreffend; Ggs. ↑ mikroökonomisch

Ma|k| ro|pha|ge *der; -n, -n:* (Med.) großer ↑ Phagozyt

Ma|k| ro|phy|sik [auch: 'ma:kro...]

die; -: die Teilbereiche der Physik, die die atomaren Aufbau der Materie nicht in ihre Betrachtungen einbeziehen; Ggs. ↑ Mikrophysik

Ma|k| ro|phyt [auch: 'ma:kro...] *der; -en, -en* (meist Plural): (Biol.) mit dem bloßen Auge sichtbarer pflanzlicher Organismus; Ggs. ↑ Mikrophyt

Ma|k| ro|pla|sie *die; -:* (Med.) übermäßige Entwicklung von Körperteilen

Ma|k| ro|po|de *der; -n, -n:* Paradiesfisch, ein zu den Labyrinthfischen gehörender Aquarienfisch

Ma|k| rop|sie *die; -, ...ien:* (Med.) Sehstörung, bei der die Gegenstände größer erscheinen, als sie in Wirklichkeit sind; Ggs. ↑ Mikropsie

ma|k| ro|seis|misch: ohne Instrumente wahrnehmbar (von starken Erdbeben)

ma|k| ro|s| ko|pisch: ohne optische Hilfsmittel, mit bloßem Auge erkennbar; Ggs. ↑ mikroskopisch (1)

Ma|k| ros|mat *der; -en, -en:* gut witterndes Säugetier; Ggs. ↑ Mikrosmat

Ma|k| ro|so|mie *die; -, ...ien:* (Med.) Riesenwuchs; vgl. Gigantismus (1); Ggs. ↑ Mikrosomie

Ma|k| ro|so|zi| o|lo|gie [auch: 'ma:-kro...] *die; -:* Soziologie gesamtgesellschaftlicher Gebilde; Ggs. ↑ Mikrosoziologie

Ma|k| ro|spo|re *die; -, -n* (meist Plural): große weibliche Spore einiger Farnpflanzen

Ma|k| ro|sto|ma *das; -s, -ta:* (Med.) angeborene Fehlbildung mit seitlicher Erweiterung der Mundspalte

Ma|k| ro|struk|tur *die; -, -en:* ohne optische Hilfsmittel erkennbare Struktur (z. B. von pflanzlichen Geweben)

Ma|k| ro|the| o|rie *die; -, -n:* Teilbereich der wirtschaftswissenschaftlichen Theorie, dessen Erkenntnisobjekt die gesamte Volkswirtschaft darstellt; Ggs. ↑ Mikrotheorie

Ma|k| ro|tie *die; -, ...ien:* (Med.) abnorme Größe der Ohren; Ggs. ↑ Mikrotie

Ma|k| ro|vi|rus *das* (auch: *der*); -, ...ren: (EDV) sich per ↑ E-Mail verbreitendes Computervirus

ma|k| ro|ze|phal: (Med.) großköpfig; Ggs. ↑ mikrozephal. **Ma|k-ro|ze|pha|lle** *der* u. *die; -n, -n:* (Med.) jmd., der einen abnorm großen Kopf hat; Großköpfige[r]; Ggs. ↑ Mikrozephale. **Ma|k| ro|ze|pha|lie** *die; -, ...ien:* (Med.) abnorme Vergrößerung des Kopfes; Ggs. ↑ Mikrozephalie

Ma|k| ro|zyt *der; -en, -en:* übergroße, unreife Form der roten Blutkörperchen

Ma|k| ru|lie *die; -, ...ien:* Wucherung des Zahnfleisches

Mak|su|ra *die; -, -s* 〈arab.〉: abgeteilter Raum in einer Moschee

Ma|ku|ba *der; -s* 〈fr.; nach einem Bezirk der Insel Martinique〉: ein Schnupftabak

Ma|ku|la|tur *die; -, -en* 〈lat.-mlat.〉: a) beim Druck schadhaft gewordene u. fehlerhafte Bogen; Fehldruck; b) Altpapier; Abfall der Papierindustrie; **Makulatur reden:** (ugs.) Unsinn, dummes Zeug reden. **ma|ku|lie|ren** 〈lat.〉: zu Makulatur machen, einstampfen

Ma|la: *Plural* von ↑ Malum

Ma|la|chit [auch: ...'xɪt] *der; -s, -e* 〈gr.-nlat.〉: ein schwärzlich grünes Mineral; Schmuckstein

ma|lad, seltener: ma|la|de 〈lat.-vulgärlat.-fr.〉: [leicht] krank u. sich entsprechend lustlos, unwohl, elend fühlen

ma|la fi|de 〈lat.〉: in böser Absicht; trotz besseren Wissens; vgl. bona fide

Ma|la|ga *der; -s, -s* 〈nach der span. Provinz〉: südspanischer brauner Süßwein

Ma|la|gue|ña [mala'gɛnja] *die; -, -s:* (Mus.) spanischer Tanz im $^3/_2$-Takt mit einem ostinaten Thema, über dem der Sänger frei improvisieren kann

Ma|lai|se [ma'lɛːzə] *der; -, -n,* (schweiz.) *das; -s, - 〈lat.-fr.〉:* 1. Übelkeit, Übelbefinden; Unbehagen. 2. Unglück, Widrigkeit, ungünstiger Umstand, Misere

Ma|la|ja|lam vgl. Malayalam

Ma|la|sie vgl. Malazie

Ma|la|ko|lo|ge *der; -n, -n* 〈gr.-nlat.〉: Wissenschaftler, der sich auf Malakologie spezialisiert hat. **Ma|la|ko|lo|gie** *die; -:* Teilgebiet der Zoologie, das sich mit den Muscheln, Schnecken u. a. befasst; Weichtierkunde.

M

Ma|la|ko|lo|gin *die; -, -nen:* weibliche Form zu ↑ Malakologe. ma|la|ko|lo|gisch: die Weichtierkunde betreffend

Ma|la|ko|phi|le *die; -, -n* (meist Plural): Pflanze, deren Blüten durch Schnecken bestäubt werden

Ma|la|ko|s|t|ra|ke *der; -n, -n:* Ringelkrebs, ein hoch entwickeltes Krebstier

Ma|la|ko|zo|o|lo|gie *die; -:* ↑ Malakologie

Ma|la|ko|zo|on *das; -s, ...zoen* (meist Plural): (veraltet) Weichtier

mal-à-pro|pos [malapro'po:] *⟨fr.⟩:* (veraltet) ungelegen, zur Unzeit

Ma|la|ria *die; - ⟨lat.-it.⟩:* Sumpffieber, Wechselfieber. Ma|la|ri|a|lo|gie *die; -:* Erforschung der Malaria

Ma|la|yal|am, auch: Malajalam *das; -[s]:* eine drawidische Sprache in Südindien

Ma|la|zie *die; -, ...ien ⟨gr.-nlat.⟩:* (Med.) Erweichung, Auflösung der Struktur eines Organs od. Gewebes (z. B. der Knochen)

ma|le|dei|en *⟨lat.⟩:* (veraltet) verwünschen; vgl. vermaledeien

Ma|le|dik|ti|on *die; -, -en* (veraltet) Verleumdung, Schmähung

Ma|le|dik|to|lo|gie *die; - ⟨lat.; gr.-nlat.⟩:* Wissenschaft, Lehre von den Schimpfwörtern

Ma|le|di|ven|nuss *die; -, ...nüsse* ⟨nach den Inseln im Indischen Ozean⟩: ↑ Seychellennuss

ma|le|di|zie|ren *⟨lat.⟩:* (veraltet) verwünschen

Ma|le|fi|kant *der; -en, -en ⟨lat.-nlat.⟩:* (veraltet) Missetäter, Übeltäter. Ma|le|fi|kan|tin *die; -, -nen:* weibliche Form zu ↑ Malefikant

Ma|le|fi|kus *der; -, - u. ...fizi ⟨lat.⟩:* 1. ↑ Malefikant. 2. (Astrol.) ein Unheil bringender Planet

Ma|le|fiz *das; -es, -e:* 1. (veraltet) Missetat, Verbrechen. 2. (landsch.) Strafgericht

Ma|le|fi|zer *der; -s, - u.* Ma|le|fiz|kerl *der; -s, -e u. -s:* (landsch.) 1. Draufgänger. 2. jmd., über den man sich ärgert, auf den man wütend ist

Ma|le|par|tus *der; - ⟨nlat.⟩:* Wohnung des Fuchses in der Tierfabel

Ma|ler|le|mail *das; -s, -s ⟨dt.; germ.-fr.⟩:* Schmelzmalerei, wobei eine mit einer Schmelz-

schicht überzogene Kupferplatte den Malgrund bildet

Ma|le|sche *die; -, -n ⟨fr. malaise; vgl. Malaise⟩:* (niederd.) Unannehmlichkeit

Mal|heur [ma'lø:ɐ̯] *das; -s, -e u. -s ⟨lat.-fr.⟩:* 1. (veraltet) Unglück, Unfall. 2. (ugs.) Pech; kleines Unglück, [peinliches] Missgeschick

mal|ho|nett: (veraltet) unfein, unredlich

Ma|li|ce [ma'li:sə] *die; -, -n:* (veraltet) 1. Bosheit. 2. boshafte Äußerung

ma|li|g|ne *⟨lat.⟩:* (Med.) bösartig (z. B. von Gewebsveränderungen); Ggs. ↑ benigne. Ma|li|g|ni|tät *die; -:* (Med.) Bösartigkeit (z. B. einer Geschwulst); Ggs. ↑ Benignität

Ma|li|g|nom *das; -s, -e:* (Med.) bösartige Geschwulst

Ma|li|mo ® *das; -s, -s* ⟨Kunstw.; nach dem dt. Erfinder H. Mauersberger (1909–1982) aus Limbach/Sachsen u. ↑ Molton⟩: in Nähwirktechnik hergestelltes Gewebe (z. B. für Dekorations- u. Haustextilien)

Ma|lines [ma'lin] *die* (Plural) ⟨nach dem franz. Namen für die niederl. Stadt Mecheln⟩: Klöppelspitzen mit Blumenmuster

ma|li|zi|ös *⟨lat.-fr.⟩:* arglistig, hämisch, boshaft

mal|kon|tent: (veraltet, noch landsch.) unzufrieden, missvergnügt

mall *⟨niederl.⟩:* 1. (Seew.) gedreht, verdreht (vom Wind). 2. (ugs. landsch.) töricht, von Sinnen, verrückt

¹Mall *das; -[e]s, -e ⟨niederl.⟩:* (Seew.) Muster, Modell für Schiffsteile; Spantenschablone

²Mall [mɔːl] *die; -, -s ⟨engl.⟩:* (bes. in den USA) Einkaufszentrum

¹mal|len *⟨niederl.⟩:* (Seew.) nach dem ¹Mall behauen; messen

²mal|len *⟨niederl.⟩:* (Seew.) umlaufen, umspringen (vom Wind)

mal|le|o|lar *⟨lat.⟩:* (Med.) zum Knöchel gehörend

Mal|le|us *der; -, ...lei ⟨lat.⟩:* 1. (ohne Plural) auf den Menschen übertragbare ↑ Zoonose; Rotzkrankheit. 2. (Med.) Hammer, eines der drei Gehörknöchelchen

Malm *der; -[e]s ⟨engl.⟩:* (Geol.) die obere Abteilung des Juras (in Süddeutschland: Weißer Jura)

Mal|mi|g|nat|te [...min'jatə] *die; -, -n ⟨it.⟩:* Giftspinne der Mittelmeerländer

Ma|l|oc|chio [ma'lɔkjo] *der; -s, -s u. ...occhi [...ɔki] ⟨lat.-it.⟩:* böser Blick; vgl. Jettatore

Ma|lo|che [auch: ma'lɔ...] *die; - ⟨hebr.-jidd.⟩:* (ugs.) [schwere] Arbeit. ma|lo|chen: (ugs.) schwer arbeiten, schuften

Ma|lo|cher [auch: ma'lɔ...] *der; -s, -:* (ugs.) Arbeiter. Ma|lo|che|rin *die; -, -nen:* weibliche Form zu ↑ Malocher

Ma|lon|säu|re *die; - ⟨gr.-lat.-nlat.; dt.⟩:* (Chem.) organische Säure, die bei der Oxidation von Apfelsäure entsteht

Ma|los|sol *der; -s ⟨russ.⟩:* schwach gesalzener Kaviar

mal|pro|per *⟨lat.-fr.⟩:* (veraltet, noch landsch.) unsauber, unordentlich

Mal|ta|se *die; -, -n ⟨germ.-nlat.⟩:* Enzym, das die Malzzucker in Traubenzucker spaltet

Mal|te|ser *der; -s, - ⟨nach der Mittelmeerinsel Malta⟩:* 1. Angehöriger des katholischen Zweigs der Johanniter, deren Sitz 1530 bis 1798 Malta war. 2. weißer Schoßhund mit langhaarigem Fell

Mal|te|ser|kreuz *das; -es, -e:* 1. ↑ Johanniterkreuz. 2. Schaltteil in der Form eines achtspitzigen Kreuzes am Projektor zur ruckweisen Fortbewegung des Films

Mal|thu|si|a|ner *der; -s, - ⟨nlat.; nach dem engl. Nationalökonomen Malthus, 1766–1834⟩:* Anhänger des Malthusianismus. Mal|thu|si|a|nis|mus *der; -:* (hist.) wirtschaftspolitische Bewegung, die die theoretischen Erkenntnisse des Engländers Malthus (die Bevölkerung wächst tendenziell schneller als der Bodenertrag) auf die Wirklichkeit anzuwenden suchte. mal|thu|si|a|nis|tisch: den Malthusianismus betreffend

Mal|tin *das; -s ⟨germ.-nlat.⟩:* (veraltet) ↑ Amylase

Mal|to|se *die; -: ⟨lat.⟩:* Malzzucker

mal|t|rä|tie|ren *⟨lat.-fr.⟩:* misshandeln, quälen

Malt|whis|ky ['mɔːlt...] *der; -s, -s ⟨engl.⟩:* Malzwhisky

Ma|lum *das; -s, ...la ⟨lat.⟩:* „das Schlechte"): (Med.) Krankheit, Übel

Ma̱llus *der;* - u. -ses, - u. -se:
1. nachträglicher Prämienzu-
schlag bei Häufung von Scha-
densfällen in der Kraftfahrzeug-
versicherung. 2. zum Ausgleich
für eine bessere Ausgangsposi-
tion erteilter Punktnachteil
(z. B. beim Vergleich der Abitur-
noten aus verschiedenen Bun-
desländern); Ggs. ↑ Bonus (2)
Ma̱lva̱lsier *der;* -s ⟨nach dem ital.
Namen Malvasia für die griech.
Stadt Monemvasia⟩: likörartig
süßer u. schwerer Weißwein
Ma̱llve *die;* -, -n ⟨*lat.-it.*⟩: Käse-
pappel, eine krautige Heil- u.
Zierpflanze
Ma̱lma [auch: ma'ma:] *die;* -, -s
⟨*fr.*⟩: (ugs.) Mutter
Ma̱mlba *die;* -, -s ⟨*Zulu*⟩: eine afrikanische Giftschlange
Ma̱mlbo *der;* -s, -s, auch: *die;* -, -s
⟨*kreol.*⟩: mäßig schneller lateinamerikanischer Tanz im
⁴/₄-Takt
¹Ma̱mellluck *der;* -en, -en
⟨*arab.-it.*⟩: Sklave; Leibwächter
orientalischer Herrscher
²Ma̱mellluck *der;* -en, -en: (hist.)
1. Angehöriger eines ägypti-
schen Herrschergeschlechts
(13.–16. Jh.). 2. Söldner islamischer Herrscher
Ma̱lmi̱llla *die;* -, ...lae [...lɛ] ⟨*lat.*⟩:
↑ Mamille
Ma̱lmi̱lllaria vgl. Mammillaria
Ma̱lmi̱llle *die;* -, -n: (Anat.; Med.)
Brustwarze
Ma̱mlma *die;* -, ...mae [...mɛ]
⟨*lat.*⟩: 1. (Med.) weibliche Brust,
Brustdrüse. 2. (Biol.) Zitze der
Säugetiere
Ma̱mlma̱llia *die* (Plural) ⟨*lat.-
nlat.*⟩: Säugetiere
Ma̱mlma̱llo̱lge *der;* -n, -n: Wissenschaftler auf dem Gebiet der
Mammalogie. **Ma̱mlma̱llo̱lgie**
die; -: Teilgebiet der Zoologie,
auf dem man sich mit den Säu-
getieren befasst. **Ma̱mlma̱llo̱lgin**
die; -, -nen: weibliche Form zu
↑ Mammaloge
Ma̱mlma̱ltuslwollke *die;* -, -n ⟨*lat.;
dt.*⟩: (Meteor.) während od.
nach Gewittern auftretende
Wolke mit abwärts gerichteten,
beutelförmigen Quellungen
Ma̱mlmi̱lllla̱ria u. Mamillaria *die;*
-, ...ien ⟨*lat.-nlat.*⟩: Warzenkak-
tus (mexikanische Kakteengat-
tung)
Ma̱mlmo̱lgra̱lphie, auch: ...grafie
die; -, ...ien ⟨*lat.; gr.*⟩: (Med.)

röntgendiagnostische Methode
zur Untersuchung der weiblichen Brust (vor allem zur Feststellung bösartiger Ge-
schwülste)
Ma̱mlmon *der;* -s ⟨*aram.-gr.-lat.*⟩:
(meist abwertend) Geld als et-
was, was begehrt, wonach ge-
strebt wird
Ma̱mlmo̱lni̱slmus *der;* - ⟨*aram.-gr.-
nlat.*⟩: Geldgier, Geldherrschaft
Ma̱mlmo̱lpla̱sltik *die;* -, -en ⟨*gr.-
lat.*⟩: (Med.) plastische Operation der weiblichen Brust
Ma̱mlmut *das;* -s, -e u. -s
⟨*russ.-fr.*⟩: ausgestorbene Ele-
fantenart der Eiszeit mit lang-
haarigem Fell u. langen gebogen-
nen Stoßzähnen
Ma̱mlmutlbaum *der;* -[e]s,
...bäume: ↑ Sequoia
Ma̱mlse̱ll *die;* -, -en u. -s ⟨*lat.-gal-
loroman.-fr.*⟩: 1. Angestellte im
Gaststättengewerbe. 2. a) (veraltet, noch spöttisch-scherzh.)
Fräulein; b) (veraltend) Hausge-
hilfin. 3. (veraltend) Hauswirt-
schafterin auf einem Gutshof
Ma̱n *der* od. *das;* -s, -s (aber: 2 -)
⟨*pers.*⟩: altes persisches Gewicht
...ma̱n s. Kasten ...manie
Ma̱lna *das;* -s ⟨*polynes.*⟩: (nach
der Vorstellung der Südseein-
sulaner) eine geheimnisvolle,
übernatürliche Kraft in Menschen, Tieren u. Dingen, die
Außergewöhnliches bewirkt;
vgl. Orenda
Mä̱lna̱lde *die;* -, -n ⟨*gr.-lat.*⟩: sich
wild gebärdende, rasende weib-
liche Person
Ma̱lna̱gelment ['mænɪdʒmənt]
das; -s, -s ⟨*lat.-it.-engl.*⟩: 1. Leitung, Führung eines Unterneh-
mens, die Planung, Grundsatz-
entscheidungen o. Ä. umfasst;
Betriebsführung. 2. Gesamtheit
der Führungskräfte in einem
Großunternehmen o. Ä.
Ma̱lna̱gelment-Buy-in [...baɪ'ɪn]
das; -s, -s: (Wirtsch.) Übernahme einer Firma durch ex-
terne Manager; Abk.: MBI
Ma̱lna̱gelment-Buy-out [...baɪ'aʊt]
das; -s, -s: (Wirtsch.) Übernahme einer Firma durch die
eigene Geschäftsleitung; Abk.:
MBO
ma̱lna̱lgen ['mænɪdʒn] 1. (ugs.)
leiten, zustande bringen, geschickt bewerkstelligen, organisieren. 2. (einen Berufssport-
ler, Künstler o. Ä.) betreuen

Ma̱lna̱lger ['mɛnɪdʒɐ] *der;* -s, -:
1. mit weit gehender Verfü-
gungsgewalt, Entscheidungsbe-
fugnis ausgestattete leitende
Persönlichkeit [eines großen
Unternehmens]. 2. Betreuer (eines Berufssportlers, Künstlers
o. Ä.). **Ma̱lna̱lgelrin** *die;* -, -nen:
weibliche Form zu ↑ Manager
Ma̱lna̱lgerlkranklheit *die;* -: Erkrankung des Herz-Kreislauf-
Systems infolge dauernder körperlicher u. seelischer Überbe-
anspruchung u. dadurch verursachter vegetativer Störungen
(bes. bei Menschen in verant-
wortlicher Stellung)
Ma̱lna̱lti *der;* -s, -s ⟨*karib.-span.*⟩:
↑ Lamantin
man|ca̱n|do ⟨*lat.-it.*⟩: (Mus.) ab-
nehmend, die Lautstärke zu-
rücknehmend (Vortragsanweisung)
Man|ches̱ |ter ['mɛntʃɛstɐ, auch:
man'ʃɛstɐ] *der;* -s ⟨nach der
engl. Stadt⟩: kräftiger Cordsamt
Man|ches̱ |ter|tum *das;* -s: Rich-
tung des extremen wirtschafts-
politischen Liberalismus mit
der Forderung nach völliger
Freiheit der Wirtschaft
Man|chon [mã'ʃõ:] *der;* -s, -s ⟨*lat.-
fr.*⟩: Filzüberzug der Quetsch-
walze bei Papiermaschinen
Man|dä̱ler *die* (Plural) ⟨*aram.*⟩:
Mitglieder einer alten ↑ gnosti-
schen Täufersekte, die einen
Erlöser aus dem Lichtreich erwartet (im Irak u. im Iran heute
noch verbreitet). **man|dä̱lisch:**
die [Lehre u. Sprache der] Man-
däer betreffend
Ma̱n|da̱lla *das;* -s, -s ⟨*sanskr.*⟩:
1. mystisches Kreis- od. Viel-
eckbild in den indischen Religionen, ein Hilfsmittel zur Meditation. 2. (Psychol.) Traum-
bild od. von Patienten angefer-
tigte bildliche Darstellung als
Symbol der Selbstfindung
(nach C. G. Jung)
Man|da̱nt *der;* -en, -en ⟨*lat.*⟩:
Klient eines Rechtsanwalts.
Man|da̱n|tin *die;* -, -nen: weibli-
che Form zu ↑ Mandant
¹Man|da̱lri̱n *der;* -s, -e ⟨*sanskr.-ma-
lai.-port.*⟩: (hist.) europäischer
Name für hohe Beamte des
ehemaligen chinesischen Kai-
serreichs
²Man|da̱lri̱n *das;* -[s]: Hochchine-
sisch (Nordchinesisch, Dialekt
von Peking)

M

...ma|nie

die; -, ...ien (häufig ohne Plural) ⟨zu *gr.* maínesthai „rasen, toben" u. ...manía „Raserei, Wahnsinn, Begeisterung" → *spätlat.* ...mania⟩ Wortbildungselement mit den Bedeutungen:
a) „Sucht; krankhafte Leidenschaft":
– Kleptomanie
– Nymphomanie
b) „übertriebene Vorliebe für etwas":
– Frankomanie
– Gräkomanie

...man

⟨zu *gr.* manikós „rasend, wahnsinnig, überspannt"⟩ Wortbildungselement mit den Bedeutungen:
a) „süchtig; eine krankhafte Leidenschaft besitzend":
– egoman
– nymphoman

b) „übertrieben nachahmend":
– frankoman

...ma|ne

der; -n, -n ⟨zu *gr.* manikós „rasend, wahnsinnig, überspannt"⟩ Wortbildungselement mit den Bedeutungen:
a) „Süchtiger, (psychisch) krankhaft Veranlagter":
– Bibliomane
– Pyromane
b) „übertrieben Nachahmender":
– Gräkomane
Die weibliche Form des Wortbildungselementes ist in einigen Fällen ebenfalls ...mane, wie z. B. in Dipsomane. Meistens lautet sie jedoch ...manin, wie z. B. in Egomanin.

Man|da|ri|ne *die;* -, -n ⟨*sanskr.-malai.-port.-span.-fr.*⟩: kleine apfelsinenähnliche Zitrusfrucht von süßem Geschmack

Man|dat *das;* -[e]s, -e ⟨*lat.*⟩: 1. (Rechtsw.) Auftrag, jmdn. juristisch zu vertreten. 2. (Pol.) Amt eines gewählten Abgeordneten mit Sitz u. Stimme im Parlament. 3. (Pol.) in Treuhand von einem Staat verwaltetes Gebiet. 4. (hist.) Erlass, Auftrag an einen Untergebenen

Man|da|tar *der;* -s, -e ⟨*lat.-mlat.*⟩: 1. jmd., der im Auftrag, kraft Vollmacht eines anderen handelt (z. B. ein Rechtsanwalt). 2. (österr.) Abgeordneter. **Man|da|ta|rin** *die;* -, -nen: weibliche Form zu ↑ Mandatar

man|da|tie|ren ⟨*lat.-nlat.*⟩: (Rechtsw. veraltet) jmdn. beauftragen, bevollmächtigen

Man|da|tor *der;* -s, ...oren: (hist.) Reichsbote im Byzantinischen Reich

Man|dats|ge|biet *das;* -[e]s, -e: durch einen fremden Staat verwaltetes Gebiet

Man|da|tum *das;* -s, ...ta: (kath. Kirche) Zeremonie der Fußwaschung in der Gründonnerstagsliturgie

Man|di|bel *die;* -, -n (meist Plural) ⟨*lat.*⟩: (Biol.) Oberkiefer, erstes Mundgliedmaßenteil der Gliederfüßer

Man|di|bu|la *die;* -, ...lae [...lɛ]: (Med.) Unterkiefer. **man|di|bu|lar** u. **man|di|bu|lär** ⟨*lat.-nlat.*⟩: (Med.) zum Unterkiefer gehörend

Man|di|bu|la|re *das;* -, -n: 1. knor-peliger Unterkiefer der Haifische. 2. Unterkiefer der Wirbeltiere

Man|di|o|ka *die;* - ⟨*indian.-span.*⟩: ↑ Maniok

Man|do|la *die;* -, ...len ⟨*gr.-lat.-it.*⟩: eine Oktave tiefer als die Mandoline klingendes Zupfinstrument

Man|do|li|ne *die;* -, -n ⟨*gr.-lat.-it.-fr.*⟩: kleine Mandola; lautenähnliches Zupfinstrument mit stark gewölbtem, kürbisähnlichem Schallkörper u. 4 Doppelsaiten, das mit einem ↑ Plektron gespielt wird

Man|do|lon|cel|lo [...'tʃɛlo] *das;* -s, -s u. ...lli: Tenormandoline

Man|do|lo|ne *der;* -s, -s u. ...ni ⟨*gr.-lat.-it.*⟩: Bassmandoline

Man|do|ra *die;* -, ...ren: 1. ↑ Mandola. 2. kleine Laute mit 4–24 Saiten (bis zum 19. Jh.)

Man|dor|la *die;* -, ...dorlen ⟨*gr.-lat.-it.*⟩: (bildende Kunst) mandelförmiger Heiligenschein um die ganze Figur (bei Christus- u. Mariendarstellungen)

Man|d|ra|go|ra u. **Man|d|ra|go|re** *die;* -, ...oren ⟨*gr.-lat.*⟩: stängelloses Nachtschattengewächs mit großen Blättern und glockigen Blüten

Man|d|rill *der;* -s, -e ⟨*engl.*⟩: meerkatzenartiger Affe Westafrikas mit meist buntfarbigem Gesicht

Man|d|rin [mã'drɛ̃:] *der;* -s, -s ⟨*fr.*⟩: 1. (Med.) Einlagedraht oder -stab in Kanülen zur Verhinderung von Verstopfungen. 2. (Med.) fester Führungsstab zum Einführen für biegsame Katheter

...ma|ne s. Kasten ...manie

Ma|ne|ge [...ʒə] *die;* -, -n ⟨*lat.-it.-fr.*⟩: runde Fläche für Darbietungen im Zirkus, in einer Reitschule

Ma|nen *die* (Plural) ⟨*lat.*⟩: gute Geister der Toten im altrömischen Glauben

Man|ga *das* od. *der;* -s, -s ⟨*jap.*⟩: aus Japan stammender handlungsreicher Comic, der durch besondere grafische Effekte gekennzeichnet ist

Man|ga|be *die;* -, -n ⟨*afrik.*⟩: langschwänzige, meerkatzenartige Affenart Afrikas

Man|gan *das;* -s ⟨*gr.-lat.-mlat.-it.-fr.*⟩: chem. Element; ein Metall; Zeichen: Mn

Man|ga|nat *das;* -s, -e: Salz der Mangansäure

Man|ga|nin ® *das;* -s: für elektrische Widerstände verwendete Kupfer-Mangan-Nickel-Legierung

Man|ga|nit [auch: ...'nɪt] *der;* -s, -e: ein Mineral

Ma|ni|gi|le|baum *der;* -[e]s, ...bäume ⟨*indian.-span.; dt.*⟩: dauerhaftes Holz liefernder Baum der amerikanischen u. westafrikanischen ↑ Mangroven

Man|go *die;* -, ...onen od. -s ⟨*tamil.-port.*⟩: längliche, grüne bis rotgelbe, saftige, wohlschmeckende Frucht des Mangobaumes

Man|go|baum *der;* -[e]s, ...bäume: tropischer Obstbaum mit wohlschmeckenden Früchten

Man|gos|tan|baum *der;* -[e]s,

...bäume ⟨*malai.; dt.*⟩: tropischer Obstbaum mit apfelgroßen Früchten, von denen nur die Samenschale essbar ist

Man|gi̱|ro̱|ve *die; -, -n* ⟨*(indian.-span.; engl.) engl.*⟩: immergrüner Laubwald in Meeresbuchten u. Flussmündungen tropischer Gebiete

Man|gi̱|ro̱|ve[n]|küs|te *die; -, -n:* wegen der Mangrovenwurzeln u. des Schlicks, der sich in ihnen verfängt, schwer durchdringbare tropische Küste

Man|gus|te *die; -, -n* ⟨*Marathi-port.-fr.*⟩: südostasiatische Schleichkatze

ma|ni̱ a̱|bel ⟨*lat.-fr.*⟩: leicht zu handhaben, handlich

Ma|ni̱|ac ['meːnjɛk] *der; -s, -s* ⟨*(gr.-mlat.-)engl.*⟩: Person mit einer besonders starken Leidenschaft für eine Sache, die bis zur krankhaften Besessenheit reichen kann. **ma|ni̱ a̱|ka̱|lisch** ⟨*gr.-nlat.*⟩: (veraltet) manisch

Ma|ni̱|chä̱|er *der; -s, -* ⟨nach dem pers. Religionsstifter Mani (3. Jh. n. Chr.)⟩: 1. Anhänger des Manichäismus. 2. (veraltet) drängender Gläubiger

Ma|ni̱|chä̱|is|mus *der; -* ⟨*nlat.*⟩: von Mani gestiftete, dualistische Weltreligion

Ma|ni̱e̱ *die; -, ...i̱en* ⟨*gr.-lat.*⟩: 1. Besessenheit; Sucht; krankhafte Leidenschaft. 2. (Psychol.) Phase der manisch-depressiven Psychose mit abnorm heiterem Gemützustand, Enthemmung u. Triebsteigerung

...ma|ni̱e̱ s. Kasten

Ma|ni̱e̱r *die; -, -en* ⟨*lat.-galloroman.-fr.*⟩: 1. (ohne Plural) a) Art u. Weise, Eigenart; Stil [eines Künstlers]; b) (abwertend) Künstelei, Manieriertheit. 2. (meist Plural) Umgangsform, Sitte, Benehmen. 3. (Mus.) Verzierung

Ma|ni̱e̱ e̱|ra̱ gre̱|ca *die; - -* ⟨*it.* „griechischer Kunststil"⟩: byzantinisch geprägte italienische Malerei, bes. des 13. Jh.s

ma|ni̱e̱|ri̱e̱rt ⟨*lat.-galloroman.-fr.*⟩: (abwertend) gekünstelt, unnatürlich. **Ma|ni̱e̱|ri̱e̱rt|heit** *die; -, -en*: (abwertend) Geziertheit, Künstelei, unnatürliches Ausdrucksverhalten

Ma|ni̱e̱|ris̱|mus *der; -, ...men* ⟨*lat.-galloroman.-fr.-nlat.*⟩: 1. (ohne Plural; Kunstwiss.) Stilbegriff für die Kunst der Zeit zwischen Renaissance u. Barock. 2. (ohne Plural; Literaturw.) Stil der Übergangsphase zwischen Renaissance u. Barock. 3. (ohne Plural) Epoche des Manierismus (1, 2) von etwa 1520 bis 1580. 4. (ohne Plural) in verschiedenen Epochen (z. B. Hellenismus, Romantik, Jugendstil) dominierender gegenklassischer Stil. 5. manieriertes Verhalten, manierierte Ausdrucksweise

Ma|ni̱e̱|ris̱t *der; -en, -en:* Vertreter des Manierismus. **Ma|ni̱e̱|ris̱| tin** *die; -, -nen:* weibliche Form zu ↑ Manierist

ma|ni̱e̱|ris̱| tisch: in der Art des Manierismus

ma|ni̱e̱r|lich ⟨*lat.-galloroman.-fr.; dt.*⟩: 1. den guten Manieren entsprechend, wohlerzogen; sich als Kind od. Jugendlicher so benehmend, wie es die Erwachsenen im Allgemeinen erwarten. 2. (ugs.) so beschaffen, dass sich daran eigentlich nichts aussetzen lässt; ganz gut, recht akzeptabel

ma|ni̱|fest ⟨*lat.*⟩: 1. offenbar, offenkundig. 2. (Med.) im Laufe der Zeit deutlich erkennbar (von Krankheiten u. Ä.)

Ma|ni̱|fest *das; -[e]s, -e* ⟨*lat.-mlat.*⟩: 1. Grundsatzerklärung, Programm [einer Partei, Kunstod. Literaturrichtung, politischen Organisation]: **Kommunistisches Manifest:** von K. Marx u. F. Engels verfasstes Grundsatzprogramm für den „Bund der Kommunisten" (1848). 2. Verzeichnis der Güter auf einem Schiff

Ma|ni̱|fes̱| tant *der; -en, -en* ⟨*lat.*⟩: (veraltet) 1. Teilnehmer an einer Kundgebung. 2. (Rechtsw.) jmd., der den Offenbarungseid leistet. **Ma|ni̱|fes̱| tan|tin** *die; -, -nen:* weibliche Form zu ↑ Manifestant

Ma|ni̱|fes̱| ta̱|ti̱|on *die; -, -en:* 1. das Offenbar-, Sichtbarwerden. 2. (Rechtsw.) Offenlegung, Darlegung; Bekundung. 3. (Med.) das Erkennbarwerden (von latenten Krankheiten, Erbanlagen u. Ä.)

Ma|ni̱|fes̱| ta̱|ti̱|ons̱|eid *der; -[e]s, -e:* (Rechtsw., veraltet) Offenbarungseid

ma|ni̱|fes̱| tie̱|ren: 1. a) offenbaren; kundgeben, bekunden; b) sich manifestieren: offenbar, sichtbar werden. 2. (veraltet) den Offenbarungseid leisten

Ma|ni̱|hot *der; -s, -s* ⟨*indian.-fr.*⟩: zu den tropischen Wolfsmilchgewächsen gehörende Pflanze (z. B. Kautschukpflanzen u. bes. ↑ Maniok)

Ma|ni̱|kü̱re *die; -, -n* ⟨*lat.-fr.*⟩: 1. (ohne Plural) Hand-, bes. Nagelpflege. 2. Kosmetikerin od. Friseuse mit einer Zusatzausbildung in Maniküre (1). 3. Necessaire für die Geräte zur Nagelpflege

ma|ni̱|kü̱|ren: die Hände (bes. die Nägel) pflegen

Ma|ni̱|la̱|hanf *der; -[e]s* ⟨nach der Hafenstadt Manila⟩: Spinnfaser der philippinischen Faserbanane; Abaka

¹Ma|ni̱l|le [maˈnɪljə] *die; -, -n* ⟨*lat.-span.-fr.*⟩: zweithöchste Trumpfkarte in verschiedenen Kartenspielen

²Ma|ni̱l|le *die; -, -n* ⟨*lat.-span.*⟩: (veraltet) Armband

...ma̱|nin s. Kasten

Ma|ni̱|ok *der; -s, -s* ⟨*indian.-span.-fr.*⟩: tropische Kulturpflanze, aus deren Wurzelknollen die ↑ Tapioka gewonnen wird

Ma|ni̱|pel *der; -s, -* ⟨*lat.*⟩: 1. (hist.) Unterabteilung der römischen ↑ Kohorte. 2. (auch: *die; -, -n*) am linken Unterarm getragenes gesticktes Band des katholischen Messgewandes

Ma|ni̱|pu|la̱nt *der; -en, -en* ⟨*lat.-fr.*⟩: 1. Manipulator (1); Person od. Einrichtung, die durch direkte od. unterschwellige Beeinflussung bestimmte [soziale] Verhaltensweisen auslöst od. steuert. 2. (österr. Amtsspr. veraltet) Hilfskraft, Amtshelfer. **Ma|ni̱|pu|la̱n|tin** *die; -, -nen:* weibliche Form zu ↑ Manipulant

Ma|ni̱|pu|la̱|ti̱|on *die; -, -en:* 1. bewusster u. gezielter Einfluss auf Menschen ohne deren Wissen u. oft gegen deren Willen (z. B. mithilfe der Werbung). 2. absichtliche Verfälschung von Informationen durch Auswahl, Zusätze od. Auslassungen. 3. (meist Plural) Machenschaft, undurchsichtiger Kniff. 4. (Techn.) Handhabung, Verfahren. 5. das Anpassen der Ware an die Bedürfnisse des Verbrauchers durch Sortieren, Mischen. Veredeln (z. B. bei Tabak). 6. a) (veraltet) Handbewegung, Hantierung; b) (Med.) kunstgerechter u. geschickter Handgriff; vgl. ...ation/...ierung

ma|ni|pu|la|tiv: auf Manipulation beruhend; durch Manipulation entstanden

Ma|ni|pu|la|tor der; -s, ...oren: 1. jemand, der andere zu seinem eigenen Vorteil lenkt oder beeinflusst. 2. Vorrichtung zur Handhabung glühender, staubempfindlicher od. radioaktiver Substanzen aus größerem Abstand od. hinter [Strahlen]schutzwänden. 3. Zauberkünstler, Jongleur, Taschenspieler. **Ma|ni|pu|la|to|rin** die; -, -nen: weibliche Form zu ↑ Manipulator (1, 3)

ma|ni|pu|la|to|risch: beeinflussend, lenkend

ma|ni|pu|lier|bar: sich manipulieren lassend

ma|ni|pu|lie|ren: 1. Menschen bewusst u. gezielt beeinflussen od. lenken. 2. Informationen verfälschen od. bewusst ungenau wiedergeben. 3. a) (veraltet) etwas handhaben, betasten, sich an etwas zu schaffen machen; b) etwas geschickt handhaben, kunstgerecht damit umgehen. 4. mit etwas hantieren; **manipulierte Währung:** (Bankw.) staatlich gesteuerte Währung, bei der die ausgegebene Geldmenge nach den jeweiligen wirtschaftlichen Erfordernissen reguliert wird u. an keine Deckung durch Gold, Silber u. a. gebunden ist

Ma|ni|pu|lie|rer der; -s, -: ↑ Manipulator (1). **Ma|ni|pu|lie|re|rin** die; -, -nen: weibliche Form zu ↑ Manipulierer

Ma|ni|pu|lie|rung die; -, -en: ↑ Manipulation (1, 2); vgl. ...ation/ ...ierung

Ma|nis die; -, - ⟨lat.-nlat.⟩: chinesisches Schuppentier

ma|nisch ⟨gr.⟩: 1. (Psychol.) für die ↑ Manie (2) kennzeichnend; krankhaft heiter; erregt. 2. einer ↑ Manie (1) entspringend; krankhaft übersteigert

ma|nisch-de|pres|siv ⟨gr.; lat.⟩: (Psychol.) abwechselnd krankhaft heiter u. schwermütig

Ma|nis|mus der; - ⟨lat.-nlat.⟩: (Völkerk.) Ahnenkult, Totenverehrung

Ma|ni|tu der; -s ⟨indian.⟩: die allem innewohnende, unpersönliche, auch als Geist personifizierte Macht des indianischen Glaubens

Man|ka|la u. **Man|kal|la** das; -s, -s ⟨arab.⟩: afrikanisches und asiatisches Brettspiel

man|kie|ren ⟨lat.-it.-fr.⟩: (veraltet, noch landsch.) fehlen, mangeln; verfehlen

Man|ko das; -s, -s ⟨lat.-it.⟩: 1. Fehlbetrag. 2. Fehler, Unzulänglichkeit, Mangel

Man|na das; -[s] od. die; - ⟨hebr.-gr.-lat.⟩: 1. (Altes Testament) vom Himmel gefallene Nahrung für die Israeliten in der Wüste nach ihrem Auszug aus Ägypten. 2. bestimmter essbarer Stoff (z. B. der süße Saft der Mannaesche, die Ausscheidung der Mannaschildlaus auf Tamarisken). 3. Nahrung, die jmdm. auf wundersame Weise zuteil wird

Man|ne|quin [ˈmanəkɛ̃, auch: ...kɛ̃ː] das, selten: der; -s, -s ⟨niederl.-fr.; „Männchen"⟩: 1. weibliche Person, die Kleider vorführt. 2. lebensechte Schaufensterpuppe. 3. (veraltet) Gliederpuppe

Man|nit der; -s, -e ⟨hebr.-gr.-lat.-nlat.⟩: in der Natur weit verbreiteter sechswertiger, kristalliner Alkohol, der für Kunstharze u. Heilmittel verwendet wird

Man|no|se die; -: in Apfelsinenschalen vorkommender Zucker

ma|no des|t|ra u. destra mano ⟨lat.-it.⟩: (Mus.) mit der rechten Hand (zu spielen); Abk.: m. d., d. m.

Ma|no|me|ter das; -s, - ⟨gr.-fr.⟩: 1. (Phys.) Druckmesser für Gase u. Flüssigkeiten. 2. (salopp; als Ausruf des Erstaunens, des Unwillens) Mann!; Menschenskind!

Ma|no|me|t|rie die; -: Druckmesstechnik

ma|no|me|t|risch: mit dem Manometer gemessen

ma non tan|to ⟨it.⟩: (Mus.) aber nicht so sehr (Vortragsanweisung)

ma non trop|po: (Mus.) aber nicht zu sehr (Vortragsanweisung)

ma|no si|nis|t|ra u. sinistra mano ⟨lat.-it.⟩: (Mus.) mit der linken Hand (zu spielen); Abk.: m. s., s. m.

Ma|no|s|tat der; -[e]s u. -en, -e[n] ⟨gr.⟩: Druckregler

Ma|nö|ver das; -s, - ⟨lat.-vulgärlat.-fr.⟩: 1. (Milit.) a) größere Truppen-, Flottenübung unter kriegsmäßigen Bedingungen; b) taktische Truppenbewegung. 2. Bewegung, die mit einem Schiff, Flugzeug, Auto o. Ä. ausgeführt wird. 3. Scheinmaßnahme, Kniff, Ablenkungs-, Täuschungsversuch

Ma|nö|ver|kri|tik die; -, -en: kritische Besprechung der Erfahrungen und Ergebnisse [nach einem Manöver]

ma|nö|v|rie|ren: 1. ein Manöver (1 b) durchführen. 2. eine Sache od. ein Fahrzeug (Schiff, Flugzeug, Raumschiff, Auto) geschickt lenken od. bewegen. 3. Kunstgriffe anwenden, um sich od. jmdn. in eine bestimmte Situation zu bringen

Man|po|w|er [ˈmænpaʊər] die; - ⟨engl.⟩: (Jargon) Personal; Arbeitskräfte

manque [mãːk] ⟨lat.-it.-fr.⟩: die Zahlen 1–18 betreffend (in Bezug auf eine Gewinnmöglichkeit beim Roulett)

Manque die; -: depressiver Zustand, der durch Drogenmangel hervorgerufen wird

Man|sar|de die; -, -n ⟨fr.; nach dem franz. Baumeister J. Hardouin-Mansart, 1646–1708)⟩: 1. für Wohnzwecke ausgebautes Dachgeschoss, -zimmer. 2. mit Heißluft beheizte Vorrichtung zum Trocknen bedruckter Gewebe (in der Stoffdruckerei)

Man|sches|ter vgl. Manchester

Man|sche|t|te die; -, -en ⟨lat.-fr.; „Ärmelchen"⟩: 1. [steifer] Ärmelabschluss an Herrenhemden od. langärmeligen Damenblusen; **Manschetten haben:** (ugs.) Angst haben. 2. Papierkrause für Blumentöpfe. 3. unerlaubter Würgegriff beim Ringkampf. 4. (Techn.) Dichtungsring aus Gummi, Leder od. Kunststoff mit eingestülptem Rand

Man|su|be die; -, -n ⟨arab.⟩: in Arabien geschaffene, im Mittelalter u. in der frühen Neuzeit besonders in Europa weiterentwickelte Vorform des modernen Schachproblems

Man|teau [mãˈtoː] *der; -s, -s* ⟨*lat.-fr.*⟩: franz. Bez. für: Mantel

Man|tel|let|ta *die; -, ...tten* ⟨*lat.-it.*⟩: vorn offenes, knielanges Gewand katholischer Prälaten, das nach dem Rang in Farbe u. Stoff verschieden ist

Man|tel|lo|ne *der; -s, -s:* langer, ärmelloser Mantel der päpstlichen Geheim- u. Ehrenkämmerer mit herabhängendem langem Streifen an beiden Schultern

Man|tik *die; -* ⟨*gr.-lat.*⟩: Seher-, Wahrsagekunst

¹Man|til|le [manˈtɪl(j)ə] *die; -, -n* ⟨*lat.-span.*⟩: Schleier- od. Spitzentuch der traditionellen Festkleidung der Spanierin

²Man|til|le [mãˈtiːjə] *die; -, -n* ⟨*lat.-fr.*⟩: a) ↑ Fichu; b) halblanger Damenmantel

Man|ti|nell *das; -s, -s* ⟨*lat.-it.*⟩: Bande des Billardtisches

Man|tis *die; -, -* ⟨*gr.*⟩: Gattung der Fangheuschrecken, zu der u. a. die Gottesanbeterin gehört

man|tisch ⟨*gr.*⟩: die Mantik betreffend

Man|tis|se *die; -, -n* ⟨*lat.*⟩: 1. (veraltet) Zugabe, Anhängsel. 2. Ziffern des ↑ Logarithmus hinter dem Komma

Man|t|ra *das; -s, -s* ⟨*sanskr.*⟩: als wirkungskräftig geltender religiöser Spruch, magische Formel der Inder

Man|t|ra|ja|na *das; -* ⟨„Spruchfahrzeug"⟩: buddhistische Richtung, die die Erlösung durch ständige Wiederholung der Mantras sucht (z. B. im Lamaismus)

¹Ma|nu|al *das; -s, -e, auch:* Manuale *das; -[s], -[n]* ⟨*lat.*⟩: 1. Handklaviatur der Orgel. 2. (veraltet) Handbuch, Tagebuch

²Ma|nu|al [ˈmɛnjʊəl] *das; -s, -s* ⟨*lat.-engl.*⟩: (bes. EDV) ausführliche Bedienungsanleitung; Handbuch

Ma|nu|a|le vgl. ¹Manual

ma|nu|a|li|ter ⟨*lat.*⟩: auf dem ¹Manual zu spielen (bei der Orgel)

Ma|nu|b|ri|um *das; -s, ...ien* ⟨„Handhabe, Griff"⟩: Knopf od. Griff in den Registerzügen der Orgel

ma|nu|ell ⟨*lat.-fr.*⟩: die Hände, die Tätigkeit der Hände betreffend; mit der Hand, von Hand

Ma|nu|fakt *das; -[e]s, -e* ⟨*lat.-nlat.*⟩: (veraltet) Erzeugnis menschlicher Handarbeit

Ma|nu|fak|tur *die; -, -en* ⟨*lat.-fr.(-engl.)*⟩: 1. (veraltet) Handarbeit. 2. vorindustrieller gewerblicher Großbetrieb mit Handarbeit. 3. (veraltet) Web- u. Wirkwaren. 4. in Handarbeit hergestelltes Industrieerzeugnis

ma|nu|fak|tu|rie|ren: (veraltet) anfertigen, verarbeiten

Ma|nu|fak|tu|rist *der; -en, -en:* 1. (früher) Leiter einer ↑ Manufaktur (2). 2. (früher) Händler mit Manufakturwaren

Ma|nu|fak|tur|wa|ren *die* (Plural): Meterwaren, Textilwaren, die nach der Maßangabe des Käufers geschnitten u. verkauft werden

ma|nu pro|p|ria ⟨*lat.*⟩: eigenhändig; Abk.: m. p.

Ma|nus *das; -, -:* (österr., schweiz.) Kurzform von ↑ Manuskript

Ma|nu|s|k|ript *das; -[e]s, -e* ⟨*lat.-mlat.*⟩: 1. Handschrift, handschriftliches Buch der Antike und des Mittelalters. 2. handod. maschinenschriftlich angefertigte Niederschrift eines literarischen od. wissenschaftlichen Textes als Vorlage für den Setzer; Abk.: Ms. od. Mskr., Plural: Mss. 3. vollständige od. stichwortartige Ausarbeitung eines Vortrags, einer Vorlesung, Rede u. Ä.

ma|nus ma|num la|vat ⟨*lat.*⟩: eine Hand wäscht die andere

Ma|nus mor|tua *die; - -:* (veraltet) tote Hand (Bez. der Kirche im Vermögensrecht, da sie erworbenes Vermögen nicht veräußern durfte)

Man|za|nil|la [mantsaˈnɪlja, auch: mansa...] *der; -s* ⟨*span.*⟩: südspanischer Weißwein

Man|za|nil|lo|baum [...ˈnɪljo...] *der; -[e]s* ⟨*span.; dt.*⟩ u. **Man|zi|nel|la** [...ˈnɛlja] *die; -* ⟨*span.*⟩: mittelamerikanisches Wolfsmilchgewächs mit giftigem Milchsaft

Ma|o|is|mus *der; -* ⟨nach dem chin. Staatsmann Mao Tsetung, 1893–1976⟩: politische Ideologie, die streng dem Konzept des chinesischen Kommunismus folgt. **Ma|o|ist** *der; -en, -en:* jmd., der die Ideologie des Maoismus vertritt. **Ma|o|is|tin** *die; -, -nen:* weibliche Form zu ↑ Maoist. **ma|o|is|tisch:** den Maoismus betreffend; zum Maoismus gehörend

Ma|o|look [...lʊk] *der; -s:* aus einem halbmilitärischen Anzug mit hoch geschlossener, einfacher [blauer] Jacke bestehende Kleidung

¹Ma|o|ri [auch: ˈmaʊri] *der; -[s], -[s]* ⟨*polynes.*⟩: Angehöriger eines polynesischen Volkes auf Neuseeland

²Ma|o|ri *das; -:* Sprache der ¹Maoris

Ma|pai *die; -* ⟨*hebr.;* Kurzw. aus *Miflegeth Poale Erez Israel*⟩: gemäßigte sozialistische Partei Israels

Ma|pam *die;* ⟨Kurzw. aus: *hebr. Miflegeth Poalim Meuhedet*⟩: vereinigte Arbeiterpartei Israels

Ma|pho|ri|on *das; -s, ...ien* ⟨*ngr.*⟩: blaues od. purpurfarbenes, Kopf u. Oberkörper bedeckendes Umschlagtuch in byzantinischen Darstellungen der Madonna

Map|pa *die; -* ⟨*lat.;* „Vortuch"⟩: (veraltet) 1. Altartuch in der katholischen Kirche. 2. Schultertuch des ↑ Akolythen. 3. Landkarte

Map|peur [...ˈpøːɐ̯] *der; -s, -e* ⟨*lat.-fr.*⟩: (veraltet) Landkartenzeichner. **map|pie|ren:** topographisch-kartographisch aufnehmen

Ma|qam [maˈkaːm] *der; -, -en od. ...amat* ⟨*arab.*⟩: (Mus.) a) Melodiemodell auf 17 Stufen im arabischen Tonsystem; vgl. Makame; b) liedartiger Zyklus, der das Maqam (a) variiert

Ma|que|reau [makəˈro:] *der; -, -s* ⟨*lat.-fr.*⟩: (Jargon) Zuhälter; Kurzw.: ↑ ²Mac

Ma|quet|te [maˈketə] *die; -, -n* ⟨*fr.*⟩: Skizze, Entwurf, Modell

Ma|quil|la|ge [makiˈjaːʒə] *die; -* ⟨*fr.*⟩: 1. franz. Bez. für ↑ Make-up (1, 2). 2. ertastbares Kenntlichmachen von Spielkarten

Ma|quis [maˈkiː] *der; -* ⟨*lat.-it.-fr.;* „Gestrüpp, Unterholz"⟩: 1. französische Widerstandsorganisation im Zweiten Weltkrieg. 2. franz. Bez. für ↑ Macchia

Ma|qui|sard [makiˈzaːɐ̯] *der; -, -s* u. *-en* [...ˈzardn̩] ⟨*fr.*⟩: Angehöriger des Maquis (1)

Ma|ra *die; -, -s* ⟨*indian.-span.*⟩: ha-

M

sengroße Meerschweinchenart der Pampas in Argentinien

Ma|ra|bu *der; -s, -s ⟨arab.-port.-fr.⟩:* tropische Storchenart mit kropfartigem Kehlsack

Ma|ra|but *der; - u. -[e]s, -[s] ⟨arab.-port.⟩:* islamischer Einsiedler od. Heiliger

Ma|ra|cu|ja *die; -, -s ⟨indian.-port.⟩:* essbare Frucht der Passionsblume

Ma|rae *die; -, -[s] ⟨polynes.⟩:* polynesische Kultstätte in Form einer Stufenpyramide mit Plattform für Götterbilder

Ma|ral *der; -s, Ma|ra|le ⟨pers.⟩:* kaukasische Hirschart

Ma|ra|na|tha *⟨aram.⟩:* unser Herr, komm! (1. Kor. 16, 22; liturgischer Bekenntnisruf in der urchristlichen Abendmahlsfeier)

Ma|ra|ne vgl. Marrane

Ma|rä|ne *die; -, -n ⟨slaw.⟩:* in den Seen Nordostdeutschlands lebender Lachsfisch

Ma|ran|ta u. **Ma|ran|te** *die; -, ...ten ⟨nlat.; nach dem venez. Botaniker B. Maranta, 1500–1571⟩:* Pfeilwurz (Bananengewächs; die Wurzeln der westindischen Art liefern ↑ Arrowroot; Zimmerpflanze)

ma|ran|tisch u. marastisch *⟨gr.⟩:* (Med.) verfallend, schwindend (von körperlichen u. geistigen Kräften)

Ma|ras|chi|no *[...'ki:no] der; -s, -s ⟨lat.-it.⟩:* aus [dalmatinischen Maraska]kirschen hergestellter farbloser Likör

Ma|ras|mus *der; -, ...men ⟨gr.-nlat.⟩:* (Med.) allgemeiner geistig-körperlicher Kräfteverfall; **Marasmus senilis:** Kräfteverfall im Greisenalter; Altersschwäche

ma|ras| tisch vgl. marantisch

Ma|ra|thi *das; - ⟨sanskr.⟩:* westindische Sprache

¹Ma|ra|thon *[auch: 'ma...] der; -s, -s ⟨nach dem griech. Ort, von dem aus ein Läufer die Nachricht vom Sieg der Griechen über die Perser (490 v. Chr.) nach Athen brachte u. dort tot zusammenbrach⟩:* ↑ Marathonlauf

²Ma|ra|thon *[auch: 'ma...] das; -s, -s ⟨ugs.⟩:* etwas übermäßig lange Dauerndes u. dadurch Anstrengendes

Ma|ra|thon|lauf *[auch: 'ma...] der; -[e]s, ...läufe ⟨gr.; dt.⟩:* Langstre-

ckenlauf über 42,2 km (olympische Disziplin)

Ma|ra|ve|di *der; -, -s ⟨span.⟩:* alte spanische [Gold]münze

Mar|ble|wood *['ma:blwʊd] das; -[s] ⟨engl.⟩:* Handelsbezeichnung für Ebenholz

Marc *[ma:r] der; -s [ma:r] ⟨fr.⟩:* starker Branntwein aus den Rückständen der Weintrauben beim Keltern

mar|can|do *⟨germ.-it.⟩:* ↑ marcato

mar|ca|tis|si|mo: in verstärktem Maße ↑ marcato

mar|ca|to: (Mus.) markiert, scharf hervorgehoben, betont (Vortragsanweisung)

Mar|che|sa *[...'ke:za] die; -, -s od. ...sen ⟨germ.-it.⟩:* a) (ohne Plural) hoher italienischer Adelstitel; b) Trägerin dieses Titels. **Mar|che|se** *[...'ke:zə] der; -, -n:* a) (ohne Plural) hoher italienischer Adelstitel; b) Träger dieses Titels

Mar|ching|band *['ma:tʃɪŋ'bænd] die; -, -s, auch:* **Mar|ching Band** *die; - -, - -s ⟨engl.⟩:* Marschkapelle

Mar|cia *['martʃa] die; -, -s ⟨germ.-it.⟩:* (Mus.) Marsch. **Marcia fu|ne|bre** *[- fy'nebr̩] die; - -, -s -s:* (Mus.) Trauermarsch

mar|cia|le *[mar'tʃa:le]:* (Mus.) marschmäßig (Vortragsanweisung)

Mar|ci|o|ni|te *der; -n, -n ⟨nach dem Sektengründer Marcion⟩:* Anhänger einer bedeutenden gnostischen Sekte (2.–4. Jh.), die das Alte Testament verwarf

Mar|co|ni|an|te|ni|ne *die; -, -n ⟨nach dem Erfinder G. Marconi, 1874–1937⟩:* einfachste Form einer geerdeten Sendeantenne

Mar|dell *der; -s, -e,* **Mar|del|le** *die; -, -n ⟨Herkunft unsicher⟩:* 1. durch den Tagebau von Erz entstandene kleinere Mulde. 2. Unterbau von prähistorischen Wohnungen, Aufbewahrungsraum für Vorräte

Ma|re *das; -, - od. ...ria ⟨lat.; „Meer"⟩:* als dunkle Fläche erscheinende große Ebene auf dem Mond u. auf dem Mars

Ma|rel|le vgl. Morelle u. Marille

Ma|rem|men *die (Plural) ⟨lat.-it.⟩:* sumpfige, heute zum Teil in Kulturland umgewandelte Küstengegend in Mittelitalien

Ma|rend *das; -s, -i ⟨lat.-it.-rätoro-*

man.⟩: (schweiz.) Zwischenmahlzeit

ma|ren|go *⟨nach dem oberital. Ort Marengo⟩:* grau od. braun mit weißen Pünktchen (von Stoff). **Ma|ren|go** *der; -s:* grau melierter Kammgarnstoff für Mäntel u. Kostüme

Ma|re| o|graph, *auch: ...graf der; -en, -en ⟨lat.; gr.⟩:* selbstregistrierender Flutmesser, Schreibpegel

Mar|ga|ri|ne *die; - ⟨gr.-fr.⟩:* streichfähiges, butterähnliches Speisefett aus tierischen u. pflanzlichen od. rein pflanzlichen Fetten

Mar|ge *['marʒə] die; -, -n ⟨lat.-fr.⟩:* 1. Abstand, Spielraum, Spanne. 2. (Wirtsch.) Unterschied zwischen Selbstkosten u. Verkaufspreisen; Handelsspanne. 3. (Wirtsch.) Preisunterschied für dieselbe Ware od. dasselbe Wertpapier an verschiedenen Orten. 4. (Wirtsch.) Abstand zwischen Ausgabekurs u. Tageskurs eines Wertpapiers. 5. (Wirtsch.) Bareinzahlung bei Wertpapierkäufen auf Kredit, die an verschiedenen Börsen zur Sicherung der Forderungen aus Termingeschäften zu hinterlegen ist. 6. Risikospanne; Unterschied zwischen dem Wert eines Pfandes u. dem darauf gewährten Vorschuss

Mar|ge|ri|te *die; -, -n ⟨gr.-lat.-fr.⟩:* (Bot.) [Wiesen]blume mit sternförmigem weißem Blütenstand

mar|gi|nal *⟨lat.-mlat.⟩:* 1. am Rande, auf der Grenze liegend; in den unsicheren Bereich zwischen zwei Entscheidungsmöglichkeiten fallend. 2. auf dem Rand stehend. 3. (Bot.) randständig, am Rande eines Fruchtblattes gelegen (von Samenanlagen)

Mar|gi|nal|a|na|ly|se *die; -, -n:* Untersuchung der Auswirkung einer geringfügigen Veränderung einer od. mehrerer Variablen auf bestimmte ökonomische Größen mithilfe der Differenzialrechnung; Grenzanalyse

Mar|gi|na|le *das; -s, ...lien (meist Plural):* ↑ Marginalie (1)

Mar|gi|nal|e| xis|tenz *die; -, -en:* (Soziol.) Übergangszustand, in dem jmd. der einen von zwei sozialen Gruppen od. Gesell-

schaftsformen nicht mehr ganz, der anderen hingegen noch nicht angehört; Randpersönlichkeit
Mar|gi|nal|glos|se *die; -, -n:* an den Rand der Seite geschriebene ↑ Glosse (1)
Mar|gi|na|lie [...jə] *die; -, -n* (meist Plural): 1. Anmerkung am Rande einer Handschrift od. eines Buches. 2. (Rechtsw.) Randtitel bei Gesetzeserlassen
mar|gi|na|li|sie|ren: 1. mit Marginalien versehen. 2. [politisch] ins Abseits schieben. **Mar|gi|na|li|sie|rung** *die; -, -en:* das Marginalisieren
Mar|gi|na|lis|mus *der; -:* volkswirtschaftliche Theorie, die mit Grenzwerten u. nicht mit absoluten Größen arbeitet
Mar|gi|na|li|tät *die; -:* (Soziol.) Existenz am Rande einer sozialen Gruppe, Klasse od. Schicht
Ma|ri|a|ge [...ʒə] *die; -, -n* ⟨*lat.-fr.*⟩: 1. (veraltet) Heirat, Ehe. 2. das Zusammentreffen von König u. Dame in der Hand eines Spielers (bei verschiedenen Kartenspielen). 3. Kartenspiel, das mit 32 Karten gespielt wird
ma|ri|a|nisch ⟨*hebr.-gr.-mlat.*⟩: die Gottesmutter Maria betreffend; **marianische Theologie:** ↑ Mariologie; **marianische Antiphon:** in der katholischen Liturgie Lobgesang zu Ehren Marias; **Marianische Kongregation:** nach Geschlecht, Alter u. Berufsständen gegliederte katholische Vereinigung mit besonderer Verehrung Marias
Ma|ri|a|nis|ten *die* (Plural) ⟨*hebr.-gr.-nlat.*⟩: Schul- u. Missionsbrüder einer (1817 in Frankreich gegründeten) ↑ Kongregation Mariä; Abk.: SM
Ma|ri|a|vit *der; -en, -en* ⟨*hebr.-gr.-lat.-poln.*⟩: Angehöriger einer romfreien katholischen Sekte in Polen, die in sozialer Arbeit dem Leben Marias nacheifern will
Ma|ri|hu|a|na *das; -s* ⟨*mex.-span.*⟩: aus getrockneten Blättern, Stängeln u. Blüten des indischen Hanfs hergestelltes Rauschgift
Ma|ri|le u. Marelle *die; -, -n* ⟨*roman.*⟩: (landsch., bes. österr.) Aprikose
Ma|rim|ba *die; -, -s* ⟨*afrik.-span.*⟩: (bes. in Guatemala beliebtes)

dem Xylophon ähnliches, ursprünglich aus Afrika stammendes Musikinstrument
Ma|rim|ba|phon, auch: ...fon *das; -s, -e* ⟨*afrik.-span.; gr.*⟩: Xylophon mit Resonatoren
ma|rin ⟨*lat.*⟩: 1. zum Meer gehörend. 2. aus dem Meer stammend, im Meer lebend; Ggs. ↑ limnisch (1), ↑ terrestrisch (2 b)
Ma|ri|na *die; -, -s* ⟨*lat.-it.-engl.*⟩: Jachthafen, Motorboothafen
Ma|ri|na|de *die; -, -n* ⟨*lat.-fr.*⟩: 1. aus Öl, Essig u. Gewürzen hergestellte Beize zum Einlegen von Fleisch u. Fisch od. für Salate. 2. in eine gewürzte Soße eingelegte Fische od. Fischteile
Ma|ri|ne *die; -, -n:* 1. Seewesen eines Staates; Flottenwesen. 2. Kriegsflotte, Flotte. 3. (Kunstwiss.) bildliche Darstellung des Meeres, der Küste od. des Hafens; Seestück
ma|ri|ne|blau: dunkelblau
Ma|ri|ner *der; -s, -:* (ugs. scherzh.) Matrose, Marinesoldat
Ma|ri|ni|è|re [...'njɛ:rə] *die; -, -n* ⟨*lat.-fr.*⟩: locker fallende Damenbluse, Matrosenbluse
ma|ri|nie|ren: in eine Marinade (1) einlegen od. damit beträufeln
¹Ma|ri|nis|mus *der; -* ⟨*lat.-nlat.*⟩: (selten) das Streben eines Staates, eine starke Seemacht zu werden
²Ma|ri|nis|mus *der; -* ⟨*nlat.; nach dem ital. Dichter Marino, 1569–1625*⟩: literarische Ausprägung des Manierismus (2) in Italien
Ma|ri|nist *der; -en, -en:* Vertreter des ²Marinismus. **Ma|ri|nis|tin** *die; -, -nen:* weibliche Form zu ↑ Marinist
ma|rin|mar|gi|nal ⟨*lat.-nlat.*⟩: (Geol.) in Meeresbuchten sich absetzend (von Salzlagern)
Ma|ri|o|la|t|rie *die; -* ⟨*hebr.-gr.-lat.; gr.*⟩: Marienverehrung
Ma|ri|o|lo|ge *der; -n, -n:* Vertreter der Mariologie. **Ma|ri|o|lo|gie** *die; -:* katholisch-theologische Lehre von der Gottesmutter. **Ma|ri|o|lo|gin** *die; -, -nen:* weibliche Form zu ↑ Mariologe. **ma|ri|o|lo|gisch:** die Mariologie betreffend
Ma|ri|o|net|te *die; -, -n* ⟨*hebr.-gr.-lat.-fr.; „Mariechen"*⟩: 1. an Fäden od. Drähten aufgehängte u.

dadurch bewegliche Gliederpuppe. 2. willenloses Geschöpf; ein Mensch, der einem anderen als Werkzeug dient
Ma|rist *der; -en, -en* (meist Plural) ⟨*hebr.-gr.-lat.-nlat.*⟩: Priester einer [1824 in Frankreich gegründeten] ↑ Kongregation zur Mission in der Südsee
ma|ri|tim ⟨*lat.*⟩: 1. das Meer betreffend; **maritimes Klima:** Seeklima. 2. das Seewesen betreffend
Mar|jell *die; -, -en* u. **Mar|jell|chen** *das; -s, -* ⟨*lit.*⟩: (ostpreußisch) Mädchen
mar|kant ⟨*germ.-it.-fr.*⟩: stark ausgeprägt
Mar|ka|sit [auch: ...'zɪt] *der; -s, -e* ⟨*arab.-mlat.-fr.*⟩: metallisch glänzendes, gelbes, oft bunt anlaufendes Mineral
Mar|ker [auch: 'ma:kə] *der; -s, -[s]* ⟨*engl.*⟩: 1. (Sprachw.) a) Merkmal eines vorhandenen Elements, dessen Vorhandensein mit + u. dessen Fehlen mit − gekennzeichnet wird; b) Darstellung der Konstituentenstruktur in einem ↑ Stemma; c) Darstellung der Reihenfolge von Transformationsregeln. 2. (Biol.) genetisches Merkmal von Viren. 3. Stift zum Markieren (1)
Mar|ke|ten|der *der; -s, -* ⟨*lat.-it.*⟩: (früher) die Truppe bei Manövern u. im Krieg begleitender Händler. **Mar|ke|ten|de|rin** *die; -, -nen:* weibliche Form zu ↑ Marketender
mar|ke|ten|dern: (veraltet, noch scherzh.) Marketenderware zum Verkauf anbieten, weniger wertvolle Dinge des Alltagsgebrauchs verkaufen
Mar|ke|ten|der|wa|re *die; -, -n* ⟨*lat.-it.; dt.*⟩: (veraltend) für den Bedarf der Soldaten zum Verkauf stehende Lebens- u. Genussmittel, Gebrauchsgegenstände
Mar|ke|te|rie *die; -, ...ien* ⟨*germ.-it.-fr.*⟩: Einlegearbeit, bei der figürliche Darstellungen od. Ornamente aus Furnierblättern zusammengesetzt u. auf eine Grundfläche aufgeleimt werden
Mar|ke|ting [auch: 'ma:kɪtɪŋ] *das; -[s]* ⟨*lat.-fr.-engl.*⟩: (Wirtsch.) Ausrichtung der Teilbereiche eines Unternehmens auf die Förderung des Absatzes durch

M

Werbung, durch Steuerung der eigenen Produktion u. a.

Mar|ke|ting|mix *der; -:* (Wirtsch.) Kombination verschiedener Maßnahmen zur Absatzförderung im Hinblick auf eine bestimmte Zielsetzung

mar|ke|ting|o|ri|en|tiert: (Wirtsch.) das Marketing besonders berücksichtigend

Mar|ke|ting|re|search [...rɪsə:tʃ] *das; -[s], -s:* (Wirtsch.) Absatzforschung

Mar|keur [...'kø:ɐ̯] usw. vgl. Markör usw.

mar|kie|ren ⟨*germ.-it.-fr.*⟩: 1. bezeichnen, kennzeichnen, kenntlich machen. 2. a) hervorheben, betonen; b) sich markieren: sich deutlich abzeichnen. 3. (österr.) entwerten (von Fahrkarten). 4. (Gastr.) ein Gericht vorbereiten. 5. etwas [nur] andeuten (z. B. auf einer [Theater]probe). 6. (Sport) einen Treffer erzielen. 7. (Sport) in einer bestimmten Art u. Weise decken. 8. (ugs.) vortäuschen; so tun, als ob

mar|kiert: mit einem Marker (1 a) versehen. **Mar|kie|rung** *die; -, -en:* Kennzeichnung; [Kenn]zeichen; Einkerbung

Mar|ki|se *die; -, -n* ⟨*germ.-fr.*⟩: 1. Sonnendach, Schutzdach, -vorhang aus festem Stoff. 2. länglicher Diamantenschliff

Mar|ki|set|te vgl. Marquisette

Mark|ka *die; -, -* (aber: 10 Markkaa [...ka]) ⟨*germ.-finn.*⟩: finnische Währungseinheit; Abk.: mk; vgl. Finnmark

Mar|kör, auch: Markeur *der; -s, -e* ⟨*germ.-it.-fr.*⟩: 1. Schiedsrichter, Punktezähler beim Billardspiel. 2. (österr. veraltet) Kellner. 3. (Landw.) Furchenzieher (Gerät zur Anzeichnung der Reihen, in denen angepflanzt od. ausgesät wird). **Mar|kö|rin** *die; -, -nen:* weibliche Form zu ↑ Markör (1, 2)

Mar|ly *der; -* ⟨nach der franz. Stadt Marly-le-Roi⟩: gazeartiges [Baumwoll]gewebe

Mar|me|la|de *die; -, -n* ⟨*gr.-lat.-port.;* „Quittenmus"⟩: 1. Brotaufstrich aus mit Zucker eingekochtem Fruchtmark bzw. eingekochten reifen Früchten. 2. (nach einer Verordnung der Europäischen Gemeinschaft)

süßer Brotaufstrich aus Zitrusfrüchten

Mar|mor *der; -s, -e* ⟨*gr.-lat.*⟩: weißes od. farbiges, häufig geädertes, sehr hartes Kalkgestein, das bes. in der Bildhauerei u. als Baumaterial verwendet wird

mar|mo|rie|ren: marmorartig bemalen, ädern

mar|morn: aus Marmor

Mar|mot|te *die; -, -n* ⟨*fr.*⟩: Murmeltier der Alpen u. Karpaten

Ma|ro|cain [...'kɛ̃:] *der* od. *das; -s, -s:* ↑ Crêpe marocain

ma|rod ⟨*fr.*⟩: (österr. ugs.) leicht krank

ma|ro|de: 1. (Soldatenspr. veraltet) marschunfähig, wegmüde. 2. (veraltend, aber noch landsch.) erschöpft, ermattet, von großer Anstrengung müde. 3. heruntergekommen, ruiniert, abgewirtschaftet

Ma|ro|deur [...'dø:ɐ̯] *der; -s, -e:* plündernder Nachzügler einer Truppe

ma|ro|die|ren: [als Nachzügler einer Truppe] plündern

Ma|ron *das; -s* ⟨*it.-fr.*⟩: Kastanienbraun

¹**Ma|ro|ne** *die; -, -n u. bes. österr.:* ...ni ⟨*it.*⟩: [geröstete] essbare Edelkastanie

²**Ma|ro|ne** *die; -, -n:* essbarer Röhrenpilz mit dunkelbraunem Hut

Ma|ro|nen|pilz *der; -es, -e* ⟨*it.; dt.*⟩: ↑ ²Marone

Ma|ro|ni: *Plural* von ↑ ¹Marone

Ma|ro|nit *der; -en, -en* (meist Plural) ⟨nach dem hl. Maro, † vor 423⟩: Angehöriger der mit Rom unierten syrisch-christlichen Kirche im Libanon. **ma|ro|ni|tisch:** die Maroniten betreffend

Ma|ro|quin [...'kɛ̃:] *der; -s* ⟨*fr.;* „marokkanisch"⟩: feines, genarbtes Ziegenleder

Ma|rot|te *die; -, -n* ⟨*hebr.-gr.-lat.*⟩: Schrulle, wunderliche Neigung, merkwürdige Idee

Mar|quess ['markvɪs] *der; -, -* ⟨*germ.-fr.-engl.*⟩: 1. (ohne Plural) englischer Adelstitel. 2. Träger dieses Titels

Mar|que|te|rie [marke...] *die; -, ...ien* ⟨*germ.-fr.*⟩: ↑ Marketerie

Mar|quis [...'ki:] *der; - [...ki:(s)], -* [...ki:s] ⟨*germ.-fr.;* „Markgraf"⟩: 1. (ohne Plural) französischer Adelstitel. 2. Träger dieses Titels. **Mar|qui|sat** *das; -[e]s, -e:* 1. Würde eines Marquis. 2. Gebiet eines Marquis. **Mar|qui|se** *die; -, -n* ⟨„Markgräfin"⟩: 1. (ohne Plural) weibliche Form zu ↑ Marquis. 2. Ehefrau eines Marquis

Mar|qui|set|te, auch: Markisette *die; -, auch: der; -s:* gazeartiges Gardinengewebe

Mar|ra|ne u. Marane *der; -n, -n* (meist Plural) ⟨*arab.-span.*⟩: Schimpfname für die im 15. Jh. zwangsweise getauften, z. T. heimlich mosaisch gebliebenen spanischen Juden

Mar|ris|mus *der; -* ⟨nach dem russ. Sprachwissenschaftler N. J. Marr, 1865–1934⟩: Richtung in der Sprachwissenschaft; vgl. Japhetitologie

Mars *der; -, -e* (auch: *die; -, -en*) ⟨*niederd.*⟩: (Seemannsspr.) Plattform zur Führung u. Befestigung der Marsstenge

Mar|sa|la *der; -s, -s* ⟨nach der sizilian. Stadt⟩: goldgelber Süßwein

Mar|seil|lai|se [...sɛ'jɛ:z(ə)] *die; -* ⟨nach der franz. Stadt Marseille⟩: französische Nationalhymne (1792 entstandenes Marschlied der Französischen Revolution)

Mar|shall|plan ['marʃal..., auch: 'ma:ɐ̯ʃl...] *der; -[e]s* ⟨nach dem früheren amerik. Außenminister Marshall, 1880–1959⟩: amerikanisches [wirtschaftliches] Hilfsprogramm für die westeuropäischen Staaten nach dem Zweiten Weltkrieg

Marsh|mal|low ['ma:ʃmɛlo] *das; -s, -s* ⟨*engl.*⟩: weiche Süßigkeit aus Zucker, Eiweiß, Gelatine u. a.

Mar|su|pi|a|li|er *der; -s, -* (meist Plural) ⟨*gr.-lat.-nlat.*⟩: (Zool.) Beuteltier

mar|tel|le [...'le:] vgl. martellando

Mar|tel|lé vgl. Martellato

mar|tel|lan|do, mar|tel|la|to ⟨*lat.-vulgärlat.-it.*⟩ u. martelé ⟨*lat.-vulgärlat.-fr.;* „hämmernd, gehämmert"⟩: (Mus.) mit fest gestrichenem od. an der Bogenspitze drückendem Bogen (Vortragsanweisung für Streichinstrumente). **Mar|tel|la|to** *das; -s, -s* u. ...ti ⟨*lat.-vulgärlat.-it.*⟩ u. Martelé *das; -s, -s* ⟨*lat.-vulgärlat.-fr.*⟩: (Mus.) gehämmertes, scharf akzentuiertes od. fest gestrichenes Spiel

Mar|tel|le|ment [...'mã:] *das; -s,*

-s: 1. (veraltet) ↑ Mordent.
2. (Mus.) Tonwiederholung auf
der Harfe

Mar|ti|a|lisch ⟨*lat.*⟩: kriegerisch;
grimmig, wild, verwegen

Mar|tin|gal *das;* -s, -e ⟨*fr.*⟩: (Reiten) zwischen den Vorderbeinen des Pferdes durchlaufender
Hilfszügel

Mär|ty|rer *der;* -s, - ⟨*gr.-lat.*⟩: jmd.,
der wegen seines Glaubens
oder seiner Überzeugung Verfolgungen, körperliche Leiden,
den Tod auf sich nimmt. **Mär|ty|re|rin,** Märtyrin *die;* -, -nen:
weibliche Form zu ↑ Märtyrer

Mär|ty|rin vgl. Märtyrerin

Mar|ty|ri|um *das;* -s, ...ien: 1. Opfertod, schweres Leiden [um
des Glaubens oder der Überzeugung willen]. 2. Grab[kirche]
eines christlichen Märtyrers

Mar|ty|ro|lo|gi|um *das;* -s, ...ien
⟨*gr.-mlat.*⟩: liturgisches Buch
mit Verzeichnis der Märtyrer u.
Heiligen u. ihrer Feste mit beigefügter Lebensbeschreibung;
Martyrologium Romanum:
amtliches Märtyrerbuch der römisch-katholischen Kirche (seit
1584)

Ma|ru|n|ke *die;* -, -n ⟨*lat.-slaw.*⟩:
(ostmitteldt.) gelbe Pflaume,
Eierpflaume

Ma|ruts *die* (Plural) ⟨*sanskr.*⟩:
Sturmgeister der wedischen
Religion, Begleiter des Gottes
Indra

Mar|xis|mus *der;* -, ...men ⟨*nlat.*⟩:
1. (ohne Plural) von Karl Marx
u. Friedrich Engels entwickeltes System von philosophischen, politisch-sozialen und
ökonomischen Lehren. 2. aus
dem marxistischen Jargon
stammendes sprachliches od.
stilistisches Element in gesprochenen od. geschriebenen Texten

Mar|xis|mus-Le|ni|nis|mus *der;* -:
von Lenin weiterentwickelter
Marxismus (1)

Mar|xist *der;* -en, -en: Vertreter u.
Anhänger des Marxismus (1).
Mar|xis |tin *die;* -, -nen: weibliche Form zu ↑ Marxist

Mar|xis |tin-Le|ni|nis |tin *die;* -,
Marxistinnen-Leninistinnen:
weibliche Form zu ↑ Marxist-Leninist

mar|xis |tisch: a) den Marxismus
(1) betreffend; b) im Sinne des
Marxismus (1)

mar|xis |tisch-le|ni|nis |tisch: den
Marxismus-Leninismus betreffend

Mar|xist-Le|ni|nist *der;* des Marxisten-Leninisten, die Marxisten-Leninisten: Vertreter, Anhänger des Marxismus-Leninismus

Mar|xo|lo|gie *die;* -: (veraltend,
meist scherzh. od. abwertend)
Wissenschaft, die sich mit dem
Marxismus beschäftigt

Ma|ry Jane [ˈmɛərɪ ˈdʒeɪn] *die;* - -
⟨*engl.*⟩: (ugs. verhüllend) Marihuana

März *der;* -[es] (dichter. auch:
-en), -e ⟨*lat.*⟩: dritter Monat im
Jahr

Mar|zi|pan [auch: ˈmar...] *das* (selten: *der*); -s, -e ⟨*it.*⟩: weiche
Masse aus Mandeln, Aromastoffen u. Zucker

¹**Mas|ca|ra** *die;* -, -s ⟨*span.-engl.*⟩:
Wimperntusche

²**Mas|ca|ra** *der;* -, -s: Stift od.
Bürste zum Auftragen von
Wimperntusche

Mas|car|po|ne *der;* -s ⟨*it.*⟩: aus
Molke hergestellter italienischer Frischkäse

Ma|schad [mæˈʃæd] vgl. Maschhad

ma |sch|al|lah ⟨*arab.*⟩: bewundernder od. zustimmender Ausruf
der Muslime

Ma|schans|ker *der;* -s, - ⟨*tschech.*⟩:
(österr.) Borsdorfer ↑ Renette,
eine Apfelsorte

Masch|had [mæʃˈhæd], Maschad
u. Mesch[h]ed *der;* -[s], -s:
handgeknüpfter Orientteppich
aus der Gegend um die iranische Provinzhauptstadt Maschhad

Ma|schi|ne *die;* -, -n ⟨*gr.-lat.-fr.*⟩:
1. Gerät mit beweglichen Teilen, das Arbeitsgänge selbstständig verrichtet u. damit
menschliche od. tierische Arbeitskraft einspart. 2. a) Motorrad; b) Flugzeug; c) Rennwagen;
d) Schreibmaschine. 3. (ugs.
scherzh.) große, dicke [weibliche] Person

ma|schi|nell ⟨französierende Ableitung von ↑ Maschine⟩: maschinenmäßig; mit einer Maschine [hergestellt]

Ma|schi|nen|mo|dell *das;* -s, -e:
Vorstellung vom maschinenartigen psychophysischen Funktionieren des Menschen

Ma|schi|nen|re|vi|si|on *die;* -, -en:

(Druckw.) Überprüfung der
Druckbogen vor Druckbeginn
auf die richtige Ausführung der
letzten Korrektur

Ma|schi|nen|te|le|graf, auch:
...graph *der;* -en, -en: Signalapparat, bes. auf Schiffen, zur Befehlsübermittlung von der
Kommandostelle zum Maschinenraum

Ma|schi|nen|the |o|rie *die;* -: (Philos.) auf Descartes zurückgehende Auffassung von den Lebewesen als seelenlosen Automaten

Ma|schi|ne|rie *die;* -, ...ien ⟨französierende Ableitung von ↑ Maschine⟩: 1. maschinelle Einrichtung. 2. System von automatisch ablaufenden Vorgängen,
in die einzugreifen schwer od.
unmöglich ist

ma|schi|nie|ren: bei der Pelzveredelung die zarten Grannen
des Fells abscheren

Ma|schi|nis|mus *der;* -: (Philos.)
auf der ↑ Maschinentheorie beruhender, alle Lebewesen als
Maschine auffassender Materialismus

Ma|schi|nist *der;* -en, -en: 1. jmd.,
der fachkundig Maschinen bedient u. überwacht. 2. auf Schiffen der für Inbetriebsetzung,
Instandhaltung u. Reparaturen
an der Maschine Verantwortliche. 3. Vertreter des Maschinismus. **Ma|schi|nis |tin** *die;* -, -nen:
weibliche Form zu ↑ Maschinist
(1, 2)

Ma|ser [ˈmeɪzə] *der;* -s, - ⟨*engl.;*
Kurzw. aus: *m*icrowave *a*mplification by *s*timulated *e*mission
of *r*adiation = Kurzwellenverstärkung durch angeregte Aussendung von Strahlung⟩:
(Phys.) Gerät zur Verstärkung
bzw. Erzeugung von Mikrowellen

Ma|set|te *die;* -, -n ⟨*it.*⟩: (österr.)
Eintrittskartenblock, aus dem
die perforierten Eintrittskarten
herausgerissen werden

Ma|shie [ˈmɛʃi, ˈmæʃɪ] *der;* -s, -s
⟨*engl.*⟩: mit Eisenkopf versehener Golfschläger (für Annäherungsschläge)

Mas|ka|rill *der;* -[s], -e ⟨*span.*⟩: typisierte Figur der älteren spanischen Komödie (Bedienter, der
sich als Marquis verkleidet)

Mas|ka|ron *der;* -s, -e ⟨*it.-fr.*⟩: Menschen- od. Fratzengesicht als

Ornament in der Baukunst (bes. im Barock)

Mas|ke *die;* -, -n ⟨*it.-fr.;* Bedeutung 7: *engl.*⟩: 1. a) Gesichtsform aus Holz, Leder, Pappe, Metall als Requisit des Theaters, Tanzes, der Magie zur Veränderung des Gesichts; b) (Sport) beim Fechten u. Eishockey Gesichtsschutz aus festem, unzerbrechlichem Material; c) (Med.) bei der Narkose ein Mund u. Nase bedeckendes Gerät, mit dem Gase eingeatmet werden. 2. verkleidete, vermummte Person. 3. a) einer bestimmten Rolle entsprechende Verkleidung u. entsprechendes Geschminktsein eines Schauspielers; b) (bes. Fernsehen) Schminkraum. 4. (Fotogr.) Schablone zum Abdecken eines Negativs beim Belichten od. Kopieren. 5. (Fotogr.) halbdurchlässiger, selektiver Filter zur Farb- u. Tonwertkorrektur bei der Reproduktion von Fotografien. 6. (Fotogr.) Schablone zum Abdecken eines Negativs beim Belichten od. Kopieren. 6. Verstellung, Vortäuschung. 7. eine Art Schablone, die auf den Computerbildschirm abgerufen werden kann und in die Daten eingetragen werden

Mas|ke|ra|de *die;* -, -n ⟨*it.-fr.* (u. *-span.*)⟩: 1. Verkleidung. 2. Maskenfest, Mummenschanz. 3. Heuchelei, Vortäuschung

mas|kie|ren ⟨*it.-fr.*⟩: 1. verkleiden, eine Maske umbinden. 2. verdecken, verbergen. 3. (Gastr.) angerichtete Speisen mit einer Soße, Glasur o. Ä. überziehen

Mas|kie|rung *die;* -, -en: 1. (Chem.) Bildung von chemischen Komplexen, um eine Ionenart quantitativ bestimmen zu können. 2. Ton- u. Farbwertkorrektur mithilfe von Masken (5). 3. (Zool.) Tarnung, Schutztracht mithilfe von Steinchen, Schmutz od. Pflanzenteilen bei Tieren. 4. (EDV) Unterdrückung einer Aufforderung zur Unterbrechung eines Programms mithilfe einer Maske (7)

Mas|kott|chen *das;* -s, - u. **Mas|kott|te** *die;* -, -n ⟨*provenzal.-fr.*⟩: Talisman (Anhänger, Puppe u. a.), der Glück bringen soll

mas|ku|lin [auch: ˈma...] ⟨*lat.*⟩: a) für den Mann charakteristisch; männlich (in Bezug auf Menschen); b) das Männliche

betonend, hervorhebend (in Bezug auf die äußere Erscheinung); c) als Frau männliche Züge habend, nicht weiblich; d) (Sprachw.) mit männlichem Geschlecht; Abk.: m; vgl. ...isch/-. **mas|ku|li|nisch:** (Biol., Med., Sprachw., veraltend) männlichen Geschlechts; Abk.: m; vgl. ...isch/-

Mas|ku|li|ni|sie|rung *die;* -, -en: 1. (Med.) Vermännlichung der Frau im äußeren Erscheinungsbild. 2. (Biol.) Vermännlichung weiblicher Tiere

Mas|ku|li|num *das;* -s, ...na: (Sprachw.) a) männliches Geschlecht eines Substantivs; b) männliches Substantiv (z. B. der Wagen); Abk.: M., Mask.

Ma|so|chis|mus *der;* -, ...men ⟨*nlat.;* nach dem österr. Schriftsteller Sacher-Masoch, 1836–1895⟩: 1. (ohne Plural) das Empfinden von sexueller Erregung durch Erleiden von körperlichen od. seelischen Misshandlungen. 2. masochistische Handlung; vgl. Sadismus.

Ma|so|chist *der;* -en, -en: jmd., der durch Erleiden von Misshandlungen sexuelle Erregung empfindet. **Ma|so|chis|tin** *die;* -, -nen: weibliche Form zu ↑ Masochist. **ma|so|chis|tisch:** den Masochismus betreffend

Ma|so|ra usw. vgl. Massora usw.

Mas|sa *der;* -s, -s ⟨verstümmelt aus *engl.* master, eigtl. „Meister"⟩: früher von den schwarzen Sklaven Nordamerikas verwendete Bez. für: Herr

Mass|ac|tion [mɛsˈlækʃn̩] u. **Mass-reaction** *die;* - ⟨*engl.-amerik.*⟩: (Psychol.) unspezifische Reaktion eines Säuglings (od. tierischen Organismus) auf irgendwelche Reize

Mas|sa|ge [...ʒə] *die;* -, -n ⟨*arab.-fr.*⟩: Behandlung des Körpergewebes mit den Händen (durch Kneten, Klopfen, Streichen u. Ä.) od. mit mechanischen Apparaten zur Lockerung u. Kräftigung der Muskeln sowie zur Förderung der Durchblutung o. Ä.

Mas|sa|ge|sa|lon *der;* -s, -s: 1. (veraltend) Arbeitsraum eines ↑ Masseurs. 2. (verhüllend) einem Bordell ähnliche, meist nicht offiziell geführte Einrich-

tung, in der bes. masturbatorische Praktiken geübt werden

Mas|sa|ker *das;* -s, - ⟨*fr.*⟩: Gemetzel, Blutbad, Massenmord

mas|sa|k|rie|ren: 1. niedermetzeln, grausam umbringen. 2. (ugs., meist scherzh.) quälen

Maß|a|na|ly|se *die;* -, -n ⟨*dt.; gr.-mlat.*⟩: (Chem.) Verfahren, durch ↑ Titration die Zusammensetzung von Lösungen zu ermitteln

Mas|se|be *die;* -, -n ⟨*hebr.*⟩: aufgerichteter Malstein (urspr. als Behausung einer kanaanischen Gottheit) im Jordanland

¹**Mas|sel** *der* (österr.: *das*); -s ⟨*hebr.-jidd.-Gaunerspr.*⟩: Glück

²**Mas|sel** *die;* -, -n ⟨*lat.-it.*⟩: durch Gießen in einer entsprechenden Form hergestellter, plattenförmiger Metallblock

Mas|sen|de|fekt *der;* -[e]s, -e: (Phys.) Betrag, um den die Masse eines Atomkerns kleiner ist als die Summe der Massen seiner Bausteine

Mas|sen|me|di|um *das;* -s, ...dien (meist Plural): auf große Massen ausgerichteter Vermittler von Information u. Kulturgut (z. B. Presse, Film, Funk, Fernsehen)

Mas|sen|psy|cho|lo|gie *die;* -: Teilgebiet der Psychologie, das sich mit den Reaktionen des Einzelnen auf die Masse u. mit den Verhaltensweisen der Masse beschäftigt

Mas|sen|spek|t|ro|graph, auch: ...graf *der;* -en, -en: (Phys.) Gerät zur Zerlegung eines Isotopengemischs in die der Masse nach sich unterscheidenden Bestandteile u. zur Bestimmung der Massen selbst

Mas|se|ter *der;* -s, - ⟨*gr.*⟩: (Med.) Kaumuskel

Mas|seur [...ˈsøːɐ̯] *der;* -s, -e ⟨*arab.-fr.*⟩: jmd., der berufsmäßig Massagen verabreicht. **Mas|seu|rin** [...ˈsøːrɪn] *die;* -, -nen: weibliche Form zu ↑ Masseur

Mas|seu|se [...ˈsøːzə] *die;* -, -n: 1. weibliche Form zu ↑ Masseur. 2. (verhüllend) Prostituierte, bes. in einem Massagesalon (2)

¹**mas|sie|ren** ⟨*arab.-fr.*⟩: jmdn. mit einer Massage behandeln

²**mas|sie|ren** ⟨*gr.-lat.-fr.*⟩: 1. Truppen zusammenziehen. 2. verstärken

mas|siv: 1. ganz aus ein u. demselben Material, nicht hohl. 2. fest,

M

wuchtig. 3. stark, grob, heftig; in bedrohlicher u. unangenehmer Weise erfolgend (z. B. massiven Druck auf jmdn. ausüben). **Mas|siv** *das;* -s, -e: 1. Gebirgsstock, geschlossene Gebirgseinheit. 2. (Geol.) durch Hebung u. Abtragung freigelegte Masse alter Gesteine

Mas|siv|bau *der;* -[e]s: Bauweise, bei der fast ausschließlich Naturstein, Ziegelstein od. Beton verwendet wird

Mas|si|vi|tät *die;* -: Wucht, Nachdruck; Derbheit

Mas|so|ra *die;* - ⟨*hebr.;* „Überlieferung"⟩: [jüdische] Textkritik des Alten Testaments; Gesamtheit textkritischer Rand- od. Schlussbemerkungen in alttestamentlichen Handschriften

Mas|so|ret *der;* -en, -en: mit der Massora befasster jüdischer Schriftgelehrter u. Textkritiker. **mas|so|re|tisch:** die Massoreten betreffend; **massoretischer Text:** von den Massoreten festgelegter alttestamentlicher Text

Mass|re|ac|tion [ˈmɛsriˌɛkʃn̩] vgl. Massaction

Mas|ta|ba *die;* -, -s u. ...tabas ⟨*arab.*⟩: altägyptischer Grabbau (Schachtgrab mit flachem Lehm- od. Steinhügel u. Kammern)

Mas|t|al|gie *die;* -, ...ien: ↑ Mastodynie

Mas|ter *der;* -s, - ⟨*lat.-fr.-engl.*⟩: 1. englische Anrede für: junger Herr. 2. in den Vereinigten Staaten u. in England akademischer Grad; z. B. Master of Arts (etwa dem Dr. phil. entsprechend); Abk.: M. A.; vgl. Magister Artium. 3. englisch-amerikanische Bez. für: Schallplattenmatrize. 4. Anführer bei Parforcejagden

Mas|ters [ˈmɑːstəz] *das;* -, - ⟨*lat.-fr.-engl.*⟩: (Sport) Turnier von besonderer Wertigkeit

Mas|tiff *der;* -s, -s ⟨*lat.-vulgärlat.-fr.-engl.*⟩: doggenartiger Hund (englische Hunderasse)

Mas|ti|go|pho|ren *die* (Plural) ⟨*gr.-nlat.*⟩: Geißeltierchen

Mas|tik *der;* -s ⟨*gr.-lat.-fr.*⟩: (Seew.) eine Art Kitt

Mas|ti|ka|tor *der;* -s, ...oren ⟨*gr.-lat.-nlat.*⟩: Knetmaschine

mas|ti|ka|to|risch: (Med.) den Kauakt betreffend

Mas|ti|tis *die;* -, ...itiden ⟨*gr.-nlat.*⟩: (Med.) Brustdrüsenentzündung

Mas|tix *der;* -[es] ⟨*gr.-lat.*⟩: 1. Harz des Mastixbaumes, das für Pflaster, Kaumittel, Lacke u. a. verwendet wird. 2. Gemisch aus Bitumen u. Gesteinsmehl, das als Straßenbelag verwendet wird

Mas|to|don *das;* -s, ...donten ⟨*gr.-nlat.*⟩: ausgestorbene Elefantenart des Tertiärs

Mas|to|dy|nie *die;* -, ...ien: (Med.) Schwellung u. Schmerzhaftigkeit der weiblichen Brüste vor der Monatsblutung

mas|to|id: (Med.) von der Form einer Brustwarze; einer Brustwarze ähnlich

Mas|to|i|di|tis *die;* -, ...itiden: (Med.) Entzündung der Schleimhäute am Warzenfortsatz des Schläfenbeins

Mas|to|mys *die;* -, - ⟨*gr.*⟩: afrikanische Ratte (wichtiges Versuchstier in der Krebsforschung)

Mas|to|pa|thie *die;* -: (Med.) Erkrankung der Brust mit Ausbildung von Zysten u. Bindegewebswucherungen

Mas|to|p|to|se *die;* -, -n: (Med.) Hängebrust

Mas|tur|ba|ti|on *die;* -, -en ⟨*lat.-nlat.*⟩: 1. geschlechtliche Selbstbefriedigung; Onanie. 2. geschlechtliche Befriedigung eines anderen durch manuelle Reizung der Geschlechtsorgane

mas|tur|ba|to|risch: die Masturbation betreffend, auf ihr beruhend

mas|tur|bie|ren ⟨*lat.*⟩: 1. sich selbst geschlechtlich befriedigen; onanieren. 2. bei jmdm. die Masturbation (2) ausüben

Ma|sur|ka, auch: Mazurka [maˈzʊrka] *die;* -, ...ken u. -s ⟨*poln.*⟩: polnischer Nationaltanz im $^3/_4$- od. $^3/_8$-Takt

Ma|sut *das;* -[e]s ⟨*turkotat.-russ.*⟩: hochsiedender Destillationsrückstand des Erdöls sowie Produkt der Hochtemperaturpyrolyse, das für Heizöl od. als Schmiermittel verwendet wird

Ma|ta|dor *der;* -s (auch: -en), -e (auch: -en) ⟨*lat.-span.*⟩: 1. Stierkämpfer, der dem Stier den Todesstoß versetzt. 2. wichtigster Mann, Hauptperson. **Ma|ta|do|rin** *die;* -, -nen: weibliche Form zu ↑ Matador

Mal|ta|mal|ta *die;* -, -s ⟨*indian.-port.*⟩: langhalsige südamerikanische Süßwasserschildkröte

Mal|ta|pan *der;* -, -e ⟨*venez.*⟩: (hist.) venezianische Groschenmünze aus Silber

Match [mɛtʃ] *das* (auch, schweiz. nur: *der*); -[e]s (auch: -e, österr. u. schweiz. auch: -es) ⟨*engl.*⟩: sportlicher Wettkampf in Form eines Spiels

Match|ball [ˈmɛtʃ...] *der;* -[e]s, ...bälle: ([Tisch]tennis, Badminton) über den Sieg entscheidender Ball

Match|beu|tel *der;* -s, - : ein größerer, für Sport u. Wanderung geeigneter Beutel, den man über die Schulter hängen kann

Matched|groups [ˈmɛtʃtgruːps], auch: **Matched Groups** *die* (Plural) („zugeordnete Gruppen"): jeweils in bestimmten Punkten (Alter, Ausbildung, Intelligenz) übereinstimmende Gruppen von Individuen (psychologische Testmethode)

Match|sack [ˈmɛtʃ...] *der;* -[e]s, ...säcke: ↑ Matchbeutel

Match|stra|fe *der;* -, -n: (Eishockey) Feldverweis für die gesamte Spieldauer

Match|win|ner *der;* -s, - ⟨*engl.*⟩: 1. Spieler in einem Mannschaftsspiel, der die Entscheidung für einen Sieg herbeiführt. 2. a) den Verlauf des Spiels entscheidend beeinflussender Spielzug; b) spielentscheidender Punkt

¹**Ma|te** *der;* - ⟨*indian.-span.*⟩: aus den gerösteten, koffeinhaltigen Blättern der Matepflanze zubereiteter Tee

²**Ma|te** *die;* -, -n: südamerikanisches Stechpalmengewächs; Matepflanze

Ma|tel|las|sé [...ˈseː] *der;* -[s], -s ⟨*arab.-it.-fr.;* „gepolstert"⟩: Gewebe mit plastischer, reliefartiger Musterung

Ma|te|lot [...ˈloː] *der;* -s, -s ⟨*niederl.-fr.*⟩: zum Matrosenanzug getragener runder Hut mit Band u. gerollter Krempe

Ma|te|lote [...ˈlɔt] *die;* -, -s: Fischragout mit scharfer Weißweinsoße

Ma|ter *die;* -, -n ⟨*lat.;* „Mutter"⟩: (Druckw.) 1. eine Art Papptafel, in die der Satz zum nachfolgenden Guss der Druckplatte abgeformt ist. 2. ↑ Matrize

Ma|ter do|lo|ro|sa *die; - -* ⟨"schmerzensreiche Mutter"⟩: (Kunstwiss.; Rel.) Darstellung Marias in ihrem Schmerz über die Leiden ihres Sohnes; vgl. Pieta

ma|te|ri|al ⟨*lat.*⟩: 1. stofflich, sich auf einen Stoff beziehend, als Material gegeben; vgl. materiell (1). 2. (Philos.) inhaltlich, sich auf den Inhalt beziehend; vgl. ...al/...ell. **Ma|te|ri|al** *das; -s, -ien* ⟨*lat.-mlat.;* "zur Materie Gehörendes; Rohstoff"⟩: 1. Stoff, Werkstoff, Rohstoff, aus dem etwas besteht, gefertigt wird. 2. Hilfsmittel, Gegenstände, die für eine bestimmte Arbeit, für die Herstellung von etwas, als Ausrüstung o. Ä. benötigt werden. 3. [schriftliche] Angaben, Unterlagen, Belege, Nachweise o. Ä.

Ma|te|ri|a|li|sa|ti|on *die; -, -en* ⟨*lat.-nlat.*⟩: 1. (Phys.) Umwandlung von [Strahlungs]energie in materielle Teilchen mit Ruhemasse. 2. (Parapsychol.) Bildung körperhafter Gebilde in Abhängigkeit von einem [1]Medium (4). **ma|te|ri|a|li|sie|ren:** verstofflichen, verwirklichen

Ma|te|ri|a|lis|mus *der; -* ⟨*lat.-fr.*⟩: 1. philosophische Lehre, die die ganze Wirklichkeit (einschließlich Seele, Geist, Denken) auf Kräfte od. Bedingungen der Materie zurückführt; Ggs. ↑ Idealismus (1); vgl. dialektischer Materialismus. 2. Streben nach bloßem Lebensgenuss ohne ethische Ziele u. Ideale. **Ma|te|ri|a|list** *der; -en, -en:* 1. Vertreter u. Anhänger des philosophischen Materialismus; Ggs. ↑ Idealist (1). 2. für höhere geistige Dinge wenig interessierter, nur auf eigenen Nutzen u. Vorteil bedachter Mensch. **Ma|te|ri|a|lis|tin** *die; -, -nen:* weibliche Form zu ↑ Materialist. **ma|te|ri|a|lis|tisch:** 1. den Materialismus betreffend; Ggs. ↑ idealistisch (1). 2. nur auf eigenen Nutzen u. Vorteil bedacht

Ma|te|ri|a|li|tät *die; -:* Stofflichkeit, Körperlichkeit, das Bestehen aus Materie; Ggs. ↑ Spiritualität

Ma|te|ri|al|kon|s |tan|te *die; -, -n:* (Phys.) feste Größe, die vom Material (1) eines untersuchten Körpers abhängt (z. B. die Dichte)

Ma|te|rie *die; -, -n* ⟨*lat.*⟩: 1. (ohne Plural; Phys.) Stoff, Substanz, unabhängig vom Aggregatzustand. 2. Gegenstand, Gebiet [einer Untersuchung]. 3. Urstoff, Ungeformtes. 4. (Philos.) die außerhalb unseres Bewusstseins vorhandene Wirklichkeit im Gegensatz zum Geist. 5. Inhalt, Substanz im Gegensatz zur Form

ma|te|ri|ell ⟨*lat.-fr.*⟩: 1. stofflich, körperlich greifbar; die Materie betreffend; Ggs. ↑ immateriell[1]. 2. auf Besitz, auf Gewinn bedacht. 3. finanziell, wirtschaftlich; vgl. ...al/...ell

[1]**ma|tern** ⟨*lat.*⟩: (Druckw.) von einem Satz Matern herstellen

[2]**ma|tern:** (Med.) zur Mutter gehörend, mütterlich

ma|ter|ni|siert ⟨*lat.-fr.*⟩: dem Mütterlichen angeglichen; **maternisierte Milch:** Milch, die in ihrer Zusammensetzung der Muttermilch gleicht

Ma|ter|ni|tät *die; -* ⟨*lat.-nlat.*⟩: (Med.) Mutterschaft

Ma|te|tee *der; -s:* ↑ [1]Mate

Ma|the|ma|tik [auch: ...'tık, österr.: ...'matık] *die; -* ⟨*gr.-lat.*⟩: Wissenschaft von den Raum- u. Zahlengrößen. **Ma|the|ma|ti|ker** *der; -s, -:* Wissenschaftler auf dem Gebiet der Mathematik. **Ma|the|ma|ti|ke|rin** *die; -, -nen:* weibliche Form zu ↑ Mathematiker. **ma|the|ma|tisch:** die Mathematik betreffend; **mathematische Logik:** Behandlung der logischen Gesetze mithilfe von mathematischen Symbolen u. Methoden; vgl. [1]Logistik

ma|the|ma|ti|sie|ren: [in verstärktem Maß] mit mathematischen Methoden behandeln od. untersuchen. **Ma|the|ma|ti|sie|rung** *die; -, -en:* [verstärkte] Anwendung mathematischer Methoden in wissenschaftlichen Untersuchungen

Ma|the|ma|ti|zis|mus *der; -* ⟨*gr.-nlat.*⟩: Tendenz, alle Vorgänge der Wirklichkeit, die Wissenschaft u. besonders die Logik in mathematischen Formeln wiederzugeben

Ma|thu|ra|kunst ['mæθυτα:...] *die; -* ⟨nach der Bildhauerschule der nordindischen Stadt Mathura⟩: Ikonographie u. Stilistik prägende Richtung der indischen Plastik in den ersten Jahrhunderten n. Chr. mit Skulpturen u. Terrakotten verschiedener religiöser Bestimmung

Ma|ti|nee *die; -, ...een* ⟨*lat.-fr.*⟩: 1. am Vormittag stattfindende künstlerische Veranstaltung. 2. (veraltet) eleganter Morgenrock

Mat|jes|he|ring *der; -s, -e* ⟨niederl.; "Mädchenhering"⟩: gesalzener, junger Hering (ohne Milch od. Rogen)

Malt |rat|ze *die; -, -n* ⟨arab.-roman.⟩: Bettpolster aus Rosshaar, Seegras, Wolle od. Schaumstoff; federnder Betteinsatz

Mäl|t |res|se *die; -, -n* ⟨*lat.-fr.*⟩: 1. (hist.) Geliebte eines Fürsten. 2. (abwertend) Geliebte eines Ehemannes

ma|t |ri|ar|chal u. **ma|t |ri|ar|cha|lisch** ⟨⟨*lat.; gr.*⟩ *nlat.*⟩: das Matriarchat betreffend, darauf beruhend. **Ma|t |ri|ar|chat** *das; -[e]s, -e:* Gesellschaftsordnung, bei der die Frau eine bevorzugte Stellung in Staat u. Familie innehat u. bei der in Erbfolge u. sozialer Stellung die weibliche Linie ausschlaggebend ist; Ggs. ↑ Patriarchat (2); vgl. Avunkulat, Matrilokalität

Ma|t |ri|ca|ria *die; -* ⟨*lat.-nlat.*⟩: wissenschaftliche Bez. der ↑ Kamille

Ma|t |rik *die; -, -en* ⟨*lat.*⟩: (österr.) Matrikel. **Ma|t |ri|kel** *die; -, -n:* 1. Verzeichnis von Personen (z. B. der Studenten an einer Universität); vgl. Immatrikulation. 2. (österr.) Personenstandsregister

ma|t |ri|li|ne|al u. **ma|t |ri|li|ne|ar:** in der Erbfolge der mütterlichen Linie folgend; Ggs. ↑ patrilineal, patrilinear

Ma|t |ri|lo|ka|li|tät *die; -* ⟨*lat.-nlat.*⟩: Übersiedlung des Mannes mit der Heirat an den Wohnort seiner Frau

ma|t |ri|mo|ni|al u. **ma|t |ri|mo|ni|ell** ⟨*lat.*⟩: (Rechtsw. veraltend) zur Ehe gehörig; ehelich

Ma|t |ri|oschka *die; -, -s* ⟨*russ.*⟩: vgl. Matroschka

Ma|t |rix *die; -, Matrizes, auch:* Matrices [...tse:s] u. Matrizen ⟨*lat.;* "Muttertier; Gebärmutter; Quelle, Ursache"⟩: 1. a) Keimschicht der Haarzwiebel; b) Krallen- u. Nagelbett (bei

Wirbeltieren); c) (Biol.) Hülle der ↑ Chromosomen.

2. a) (Math.) rechteckiges Schema von Zahlen, für das bestimmte Rechenregeln gelten; **b)** (EDV) System, das zusammengehörende Einzelfaktoren darstellt. **3.** (Mineral.) das natürliche Material (Gestein), in dem Mineralien eingebettet sind

Ma|t|rix|or|ga|ni|sa|ti|on *die;* -, -en ⟨*lat.; gr.-lat.*⟩: Strukturform, bei der sich eine nach Fachabteilungen gegliederte u. eine nach Objekten bzw. Projekten gegliederte Organisation überlappen (in der betrieblichen Organisationslehre)

Ma|t|rix|satz *der;* -es, ...sätze ⟨*lat.; dt.*⟩: (Sprachw.) übergeordneter Satz in einem komplexen Satz

Ma|t|ri|ze *die;* -, -n ⟨*lat.-fr.*⟩: 1. (Druckw.) a) bei der Setzmaschine die in einem Metallkörper befindliche Hohlform zum Erzeugen der Druckbuchstaben; b) die von einem Druckstock zur Anfertigung eines ↑ Galvanos hergestellte [Wachs]form. 2. bei der Formung eines Werkstücks derjenige Teil des Werkzeugs, in dessen Hohlform der Stempel eindringt

Ma|t|ri|zes: *Plural* von ↑ Matrix

Ma|t|ro|ne *die;* -, -n ⟨*lat.*⟩: a) ältere, Gesetztheit u. Würde ausstrahlende Frau; b) (abwertend) ältere, füllige Frau

Ma|t|ro|ny|mi|kon vgl. Metronymikon

Ma|t|roschka u. (seltener:) Matrioschka *die;* -, -s ⟨*russ.*⟩: aus zwei Teilen zusammengesetzte Figur mit aufgemalter Darstellung einer weiblichen Person, die in ihrem hohlen Inneren mehrere kleinere Exemplare der gleichen Form in Größenabstufungen enthält; Puppe in der Puppe

Ma|t|ro|se *der;* -n, -n ⟨*niederl.-fr.-niederl.*⟩: Seemann

Matt *das;* -s, -s ⟨*arab.-roman.*⟩: das Ende einer Schachpartie bedeutende Stellung, bei der die Bedrohung des Königs durch keinen Zug mehr abgewendet werden kann

matt|tie|ren ⟨*arab.-roman.-fr.*⟩: matt, glanzlos machen

Mat|toir [ma'toa:ɐ̯] *das;* -s, -s:

Stahlstab mit gerauter u. mit kleinen Spitzen besetzter Aufsatzfläche für den Kupferstich

Ma|tur u. Maturum *das;* -s ⟨*lat.*⟩: (veraltet) ↑ Abitur, Reifeprüfung; vgl. Matura. **Ma|tu|ra** *die;* -: (österr., schweiz.) Reifeprüfung

Ma|tu|rand *der;* -en, -en: (schweiz.) Abiturient. **Ma|tu|ran|din** *die;* -, -nen: weibliche Form zu ↑ Maturand

Ma|tu|rant *der;* -en, -en: (österr.) jmd., der die Reifeprüfung gemacht hat od. in der Reifeprüfung steht. **Ma|tu|ran|tin** *die;* -, -nen: weibliche Form zu ↑ Maturant

ma|tu|rie|ren: (österr., schweiz.) die Matura, die Reifeprüfung ablegen

Ma|tu|ri|tas prae|cox [- ˈprɛ:...] *die;* - -: (Med.; Psychol.) [sexuelle] Frühreife

Ma|tu|ri|tät *die;* -: 1. (veraltet) Reife[zustand]. 2. (schweiz.) Abitur; Hochschulreife

Ma|tu|rum vgl. Matur

Ma|tu|tin *die;* -, -e[n] ⟨*lat.*⟩: nächtliches Stundengebet; vgl. Mette. **ma|tu|ti|nal:** (veraltet) früh, morgendlich

Mat|ze *die;* -, -n u. **Mat|zen** *der;* -s, - ⟨*hebr.*⟩: ungesäuertes Fladenbrot, wie es die Juden während der Passahzeit essen

¹Mau-Mau *die* (Plural) ⟨*afrik.*⟩: Geheimbund in Kenia

²Mau-Mau *das;* -[s] ⟨Herkunft unsicher⟩: Kartenspiel, bei dem in der Farbe od. im Kartenwert bedient werden muss u. derjenige gewonnen hat, der als Erster alle Karten ausgespielt hat

Mau|res|ke vgl. Moreske

Mau|ri|ner *der;* -, - (meist Plural) ⟨nach dem hl. Maurus von Subiaco⟩: Angehöriger der französischen benediktinischen ↑ Kongregation im 17./18. Jh., deren Mitglieder bedeutende Leistungen in der ↑ Patristik und katholischen Kirchengeschichte vollbrachten

Mau|schel *der;* -s, - ⟨*hebr.-jidd.;* „Moses"⟩: (veraltet spöttisch) [armer] Jude

Mau|schel|bei|te [...bɛ:tə] *die;* -, -n ⟨*hebr.-jidd.; lat.-vulgärlat.-fr.*⟩: doppelter Strafeinsatz beim Mauscheln; vgl. bête

mau|scheln ⟨*hebr.-jidd.*⟩: 1. a) unter der Hand in undurchsichtiger

---

Weise Vorteile aushandeln, begünstigende Vereinbarungen treffen, Geschäfte machen; b) beim [Karten]spiel betrügen. 2. Mauscheln spielen. 3. a) Jiddisch sprechen; b) undeutlich sprechen

Mau|scheln *das;* -s: Kartenspiel für 3–6 Personen

Maus|klick *der;* -s, -s ⟨*dt.; engl.*⟩: (EDV) das Anklicken mit der Maus, mit dem ein Prozess aktiviert wird

Mau|so|le|um *das;* -s, ...een ⟨*gr.-lat.;* nach dem altkarischen König Mausolos, † um 353 v. Chr.⟩: monumentales Grabmal in Form eines Bauwerks

Maus|pad [...pɛd] vgl. Mousepad

maus|sade [moˈsad] ⟨*lat.-fr.*⟩: (veraltet) 1. abgeschmackt, schal. 2. mürrisch, verdrießlich

mauve [mo:f] ⟨*lat.-fr.*⟩: malvenfarbig

Mau|ve|in [moveˈi:n] *das;* -s ⟨*lat.-fr.-nlat.*⟩: ein Anilinfarbstoff

ma|xi ⟨*lat.;* Analogiebildung zu ↑ mini⟩: knöchellang (von Röcken, Kleidern od. Mänteln); Ggs. ↑ mini

¹Ma|xi *das;* -s, -s: 1. (ohne Plural) a) knöchellange Kleidung; b) (von Röcken, Kleidern, Mänteln) Länge bis zu den Knöcheln. 2. (ugs.) knöchellanges Kleid

²Ma|xi *der;* -s, -s: (ugs.) knöchellanger Rock, Mantel usw.

³Ma|xi *die;* -, -s: Kurzform von ↑ Maxi-CD

Ma|xi-CD *die;* -s, -[s]: CD mit nur einem od. nur wenigen Titeln, bes. der Popmusik

Ma|xil|la *die;* -, ...llae [...lɛ] ⟨*lat.*⟩: (Med.) Oberkiefer[knochen]. **ma|xil|lar** u. **ma|xil|lär:** (Med.) zum Oberkiefer gehörend

Ma|xil|len *die* (Plural): (Zool.) als Unterkiefer dienende Mundwerkzeuge der Gliederfüßer

Ma|xi|ma *die;* -, ...mae [...me] u. ...men ⟨*lat.*⟩: längste gebräuchliche Note der Mensuralmusik (im Zeitwert von 8 ganzen Noten)

ma|xi|mal ⟨*lat.-nlat.*⟩: a) sehr groß, größt..., höchst...; b) höchstens möglich

ma|xi|ma|li|sie|ren: bis zum Höchstmöglichen, aufs Äußerste steigern

Ma|xi|ma|list *der;* -en, -en: 1. jmd., der das Äußerste fordert. 2. Sozialist, der die sofortige Machtübernahme der revolutionären Kräfte fordert. **Ma|xi|ma|lis| tin** *die; -, -nen:* weibliche Form zu ↑ Maximalist

Ma|xi|mal|pro|fit *der; -[e]s, -e:* der höchste Gewinn, der erreichbar ist

Ma|xi|me *die; -, -n ⟨lat.- mlat.(-fr.)⟩:* Leitsatz

ma|xi|mie|ren: systematisch bis zum Höchstwert steigern. **Ma|xi|mie|rung** *die; -, -en:* das Maximieren

Ma|xi|mum *das; -s, ...ma ⟨lat.⟩:* 1. (Plural selten) größtes Maß, Höchstmaß; Ggs. ↑ Minimum (1). 2. a) (Math.) oberer Extremwert; Ggs. ↑ Minimum (2 a); b) (Meteor.) höchster Wert (bes. der Temperatur) eines Tages, einer Woche usw. od. einer Beobachtungsreihe; Ggs. ↑ Minimum (2 b). 3. (Meteor.) Kern eines Hochdruckgebiets; Ggs. ↑ Minimum (3). 4. (ugs.) etwas Unüberbietbares

Ma|xi|mum-Mi|ni|mum-Ther|mome|ter *das; -s, -:* Thermometer, das die tiefste u. die höchste gemessene Temperatur festhält

Max|well [ˈmækswəl] *das; -, - ⟨*nach dem brit. Physiker, 1831–1879⟩:* (Phys.) Einheit des magnetischen Flusses im elektromagnetischen ↑ CGS-System; Zeichen: M

Ma|ya *die; - ⟨sanskr.⟩:* ↑ Maja

May|day [ˈmeɪdeɪ] ⟨verkürzt aus *fr.* venez m'aider „helfen Sie mir"⟩: internationaler Notruf im Funksprechverkehr

Ma|yon|nai|se vgl. Majonäse

Ma|ly| or [mɛə, auch: ˈmeːɐ̯] *der; -s, -s ⟨lat.-fr.-engl.⟩:* Bürgermeister in Großbritannien u. in den USA

MAZ *die; - ⟨*Kurzw. für *Magnetbild*aufzeichnung⟩:* Vorrichtung zur Aufzeichnung von Fernsehbildern auf Magnetband

ma|za|rin|blau [mazaˈrɛ̃...] ⟨*fr.; dt.⟩:* hellblau mit leichtem Rotstich

Maz|da|is|mus [mas...] *der; - ⟨awest.-nlat.;* nach dem pers. Gottesnamen Ahura Mazda⟩: von Zarathustra gestiftete altpersische Religion. **Maz|da|ist** *der; -en, -en:* Anhänger des Mazdaismus. **Maz|da|is| tin** *die; -, -nen:* weibliche Form zu ↑ Mazdaist

Maz|daz|nan [masdasˈnaːn] *das,*

(*auch:*) *der; -s ⟨awest.⟩:* (von O. Hanisch um 1900 begründete) auf der Lehre Zarathustras fußende Heilsbewegung

Mä|zen *der; -s, -e ⟨lat.; nach Maecenas (dem Vertrauten des Kaisers Augustus), einem besonderen Gönner der Dichter Horaz u. Vergil⟩:* vermögender Privatmann, der [einen] Künstler od. Sportler bzw. Kunst, Kultur od. Sport mit finanziellen Mitteln fördert

Mä|ze|na|ten|tum *das; -[e]s:* freigebige, gönnerhafte Kunstpflege, -freundschaft

Mä|ze|na|tin vgl. Mäzenin

mä|ze|na|tisch: nach Art eines Mäzens, sich als Mäzen gebend

Mä|ze|nin, Mäzenatin *die; -, -nen:* weibliche Formen zu ↑ Mäzen

Ma|ze|ral *das; -s, -e (meist Plural) ⟨lat.-nlat.⟩:* Gefügebestandteil der Kohle

Ma|ze|rat *das; -[e]s, -e ⟨lat.⟩:* Auszug aus Kräutern od. Gewürzen

Ma|ze|ra|ti|on *der; -, -en: 1. (Med.; Biol.) Aufweichung pflanzlicher od. tierischer Gewebe bei längerem Kontakt mit Flüssigkeiten. 2. (Biol.) mikroskopisches Präparationsverfahren zur Isolierung von Gewebeanteilen (z. B. von einzelnen Zellen) unter Erhaltung der Zellstruktur. 3. (Biol.; Chem.) Gewinnung von Drogenextrakten durch Ziehenlassen von Pflanzenteilen in Wasser od. Alkohol bei Normaltemperatur

ma|ze|rie|ren: eine Mazeration (2, 3) durchführen

Ma|zis *der; -* u. **Ma|zis|blü|te** *die; -, -n ⟨lat.-fr.⟩:* getrocknete Samenhülle der Muskatnuss (als Gewürz u. Heilmittel verwendet)

Ma|zu|rek [maˈzuːrɛk] *der; -s, -s:* ↑ Masurka

Ma|zur|ka vgl. Masurka

Maz|ze, Maz|zen vgl. Matze, Matzen

MBI: Abk. für: Management-Buy-in

MBO: Abk. für: Management-Buy-out

Mc vgl. Mac

McDo|nal|di|sie|rung [mɛkˈdonald...] *der; - ⟨engl.-nlat.;* nach der Restaurantkette der McDonald's Corp.⟩: Bez. für den Trend moderner Gesellschaften, weltweit immer mehr Be-

reiche u. Prozesse zu vereinheitlichen u. zu standardisieren

Mc-Job [ˈmɛkdʒɔp] *der; -s, -s ⟨engl.-amerik.⟩:* (ugs.) schlecht bezahlter, ungesicherter Arbeitsplatz

M-Com|merce [ˈɛmkɔməːs] *der; -s ⟨*kurz für *engl.* mobile commerce „mobiler Handel"⟩: elektronischer Handel mithilfe von mobilen, internetfähigen Geräten, z. B. WAP-Handys

MDAX ® [ˈɛmdaks] *der; - ⟨*Abk. für *engl.* midcap „mittlere Kapitalisierung" u. ↑ DAX⟩: Aufstellung der Durchschnittskurse von siebzig Aktien mittelgroßer deutscher Unternehmen

mea cul|pa *⟨lat.⟩:* „[durch] meine Schuld!" (Ausruf aus dem lat. Sündenbekenntnis, dem ↑ Confiteor)

Me| a|to|mie *die; -, ...jen ⟨lat.; gr.⟩:* (Med.) operative Erweiterung eines Körperkanals, -gangs

Me|cha|nik *die; -, -en ⟨gr.-lat.⟩:* 1. (ohne Plural) Wissenschaft von der Bewegung der Körper unter dem Einfluss äußerer Kräfte od. Wechselwirkungen. 2. Getriebe, Triebwerk, Räderwerk. 3. automatisch ablaufender, selbsttätiger Prozess

Me|cha|ni|ker *der; -s, -:* Handwerker od. Facharbeiter, der Maschinen, technische Geräte o. Ä. zusammenbaut, prüft, instand hält u. repariert. **Me|chani|ke|rin** *die; -, -nen:* weibliche Form zu ↑ Mechaniker

Me|cha|ni|sa|tor *der; -s, ...oren:* technische Fachkraft in der sozialistischen Land- u. Forstwirtschaft. **Me|cha|ni|sa|to|rin** *die; -, -nen:* weibliche Form zu ↑ Mechanisator

me|cha|nisch: 1. den Gesetzen der Mechanik entsprechend. 2. maschinenmäßig, von Maschinen angetrieben. 3. gewohnheitsmäßig, unwillkürlich, unbewusst [ablaufend]. 4. ohne Nachdenken [ablaufend], kein Nachdenken erfordernd

me|cha|ni|sie|ren *⟨gr.-lat.-fr.⟩:* auf mechanischen Ablauf, Betrieb umstellen

Me|cha|nis|mus *der; -, ...men:* 1. Getriebe, Triebwerk, sich bewegende Einrichtung zur Kraftübertragung. 2. [selbsttätiger] Ablauf (z. B. von ineinander greifenden Vorgängen in einer

Behörde od. Körperschaft); Zusammenhang od. Geschehen, das gesetzmäßig u. wie selbstverständlich abläuft. 3. (Philos.) Richtung der Naturphilosophie, die Natur, Naturgeschehen od. auch Leben u. Verhalten rein mechanisch bzw. kausal erklärt **Me|cha|nist** *der; -en, -en*: Vertreter des Mechanismus (3). **Me|cha|nis|tin** *die; -, -nen*: weibliche Form zu ↑ Mechanist. **me|cha|nis|tisch**: 1. den Mechanismus (3) betreffend. 2. [nur] auf mechanischen Ursachen beruhend **Me|cha|ni|zis|mus** *der; -*: ↑ Mechanismus (3). **Me|cha|ni|zist** *der; -en, -en*: ↑ Mechanist. **Me|cha|ni|zis|tin** *die; -, -nen*: weibliche Form zu ↑ Mechanizist. **me|cha|ni|zis|tisch**: ↑ mechanistisch (1) **Me|cha|no|re|zep|to|ren** *die* (Plural): (Biol.) mechanische Sinne **Me|cha|no|the|ra|pie** [auch: meˈça:no...] *die; -*: (Med.) Therapie mithilfe mechanischer Einwirkung auf den Körper (bes. Massage, Krankengymnastik o. Ä.) **Me|cha|t| ro|nik** *die; -* ⟨Kunstw. aus *Mecha*nik u. Elek*tronik*⟩: interdisziplinäres Gebiet der Ingenieurwissenschaften, das eine Ergänzung u. Erweiterung mechanischer Systeme durch Sensoren u. Mikrorechner zum Herstellen intelligenter Produkte dient. **Me|cha|t| ro|ni|ker** *der; -s, -*: Fachmann auf dem Gebiet der Mechatronik. **Me|cha|t| ro|ni|ke|rin** *die; -, -nen*: weibliche Form zu ↑ Mechatroniker. **me|cha|t| ro|nisch**: die Mechatronik betreffend, auf ihr beruhend
Mèche [me:ʃ], Mesche *die; -, -n* ⟨*fr.*⟩: (österr.) gefärbte Haarsträhne. **mè|chen** [ˈme:...], meschen: (österr.) Farbstreifen ins Haar färben
Me|chi|ta|rist *der; -en, -en* (meist Plural) ⟨*nlat.*; nach dem armen. Priester Mechitar, 1676–1749⟩: armenische ↑ Kongregation von Benediktinern (heute in Venedig u. Wien)
me|chul|le vgl. machulle
Me|dail|le [meˈdaljə] *die; -, -n* ⟨*gr.-lat.-vulgärlat.-it.-fr.*⟩: (nicht als Zahlungsmittel bestimmte) Münze mit Inschrift od. figürlicher Darstellung zur Erinnerung an eine Persönlichkeit, ein

Geschehen, zur Auszeichnung für besondere Leistungen **Me|dail|leur** [...ˈjø:ɐ̯] *der; -s, -e*: a) Künstler, der Medaillen vom Entwurf bis zur Vollendung herstellt; b) Handwerker, der Medaillen nach künstlerischem Modell gießt od. prägt. **Me|dail|leu|rin** [...ˈjørɪn] *die; -, -nen*: weibliche Form zu ↑ Medailleur **me|dail|lie|ren** [...ˈji:...]: (selten) mit einer Medaille auszeichnen **Me|dail|lon** [...dalˈjõ:] *das; -s, -s*: 1. (an einem Kettchen getragene) kleine, flache Kapsel, die ein Bild od. ein Andenken enthält. 2. (Kunstwiss.) rundes, ovales (in etwas eingearbeitetes) Relief od. Bild[nis]. 3. (Gastr.) kleine, runde od. ovale kurz gebratene Fleisch-, Fischscheibe (bes. vom Filetstück)
Me|dia *die; -, ...diä u. ...dien* ⟨*lat.*⟩: 1. (Sprachw.) stimmhafter ↑ Explosivlaut (z. B. b); Ggs. ↑ Tenuis. 2. (Med.) mittlere Schicht der Gefäßwand (von Arterien, Venen u. Lymphgefäßen). 3. *Plural* von ↑ Medium
Me|di| a|a| na|ly|se *die; -, -n*: Untersuchung von Werbeträgern in Bezug auf deren gezielte Anwendung
Me|di| a|kom|bi|na|ti|on *die; -, -en*: Heranziehung verschiedener Medien für eine Werbung **me|di|al**: 1. das ¹Medium (2) betreffend. 2. (Med.) in der Mitte liegend, die Mitte bildend. 3. den Kräften u. Fähigkeiten eines ¹Mediums (4) entsprechend. 4. von den ¹Medien (5) ausgehend, zu ihnen gehörend **Me|di|al** *das; -s, -e*: Spiegellinsenfernrohr zum Beobachten astronomischer Objekte **Me|di| a|man** [ˈmi:diəmæn] *der; -, ...men* [...mən] u. **Me|di| a|mann** *der; -[e]s, ...männer* ⟨*engl.-amerik.*⟩: Fachmann für Auswahl u. Einsatz von Werbemitteln **me|di|an**: (Anat.) in der Mitte[llinie] eines Körpers od. Organs gelegen **Me|di| a|ne** *die; -, -n*: 1. Seitenhalbierende eines Dreiecks. 2. Verbindungslinie von einer Ecke eines Tetraeders zum Schwerpunkt der gegenüberliegenden Seite **Me|di| a|n| e|be|ne** *die; -, -n*: durch die Körpermitte verlaufende

Symmetrieebene des menschlichen Körpers **Me|di| an|te** *die; -, -n* ⟨*lat.-it.*⟩: (Mus.) 1. dritte Stufe einer Tonleiter. 2. über der Mediante (1) errichteter Dreiklang **me|di| at** ⟨*lat.-fr.*⟩: (veraltet) mittelbar **Me|di| a|teur** [...ˈtø:ɐ̯] *der; -s, -e*: (veraltet) in einem Streit zwischen zwei od. mehreren Mächten vermittelnder Staat **Me|di| a|ti|on** *die; -, -en*: 1. Vermittlung eines Staates in einem Streit zwischen anderen Mächten. 2. harmonisierende Vermittlung bei persönlichen od. sozialen Konflikten, z. B. zwischen Scheidungswilligen **me|di| a|ti|sie|ren**: (hist.) „mittelbar" machen; bisher unmittelbar dem Reich unterstehende Herrschaften od. Besitzungen (z. B. Reichsstädte) der Landeshoheit unterwerfen. **Me|di| a|ti|sie|rung** *die; -*: 1. (hist.) das Mediatisieren. 2. (oft abwertend) die zunehmende Ausbreitung der [elektronischen] Medien in allen wirtschaftlichen, politischen u. gesellschaftlichen Bereichen
Me|di| a|tor *der; -s, ...oren* ⟨*lat.-mlat.*⟩: 1. Transmitter (2), der bes. bei einer Allergie u. beim Schock freigesetzt od. gebildet wird u. die jeweils charakteristischen Symptome hervorruft. 2. a) Vermittler, bes. zwischen Scheidungswilligen; b) Schlichter, bes. bei sozialen Konflikten. **Me|di| a|to|rin** *die; -, -nen*: weibliche Form zu ↑ Mediator (2). **me|di| a|to|risch**: vermittelnd **me|di| ä|val** ⟨*lat.-nlat.*⟩: mittelalterlich. **Me|di| ä|val** *die; -*: Antiqua, bei der die einzelnen Lettern nahezu gleich sind **Me|di| ä|vist** *der; -en, -en*: Wissenschaftler auf dem Gebiet der Mediävistik. **Me|di| ä|vis| tik** *die; -*: Wissenschaft von der Geschichte, Kunst, Literatur usw. des europäischen Mittelalters. **Me|di| ä|vis| tin** *die; -, -nen*: weibliche Form zu ↑ Mediävist. **Me|di| en**: *Plural* von ↑ Medium u. ↑ Media
Me|di| en|di|dak| tik *die; -*: Didaktik als Unterrichtshilfsmittel eingesetzten Medien. **me|di| en|di|dak| tisch**: didaktisch im Rahmen der Mediendidaktik

M

M

Me|di|en|pä |d|a |go|gik *die; -:* Pädagogik der Massenmedien, ihres Einsatzes als Bildungsmittel u. des kritischen Verhaltens ihnen gegenüber

Me|di|en|ver|bund *der; -[e]s:* Kombination verschiedener Kommunikationsmittel unter einer Organisation

Me|di|ka|ment *das; -[e]s, -e ⟨lat.⟩:* Mittel, das in bestimmter Dosierung der Heilung von Krankheiten, der Vorbeugung od. der Diagnose dient; Arzneimittel. me|di|ka|men|tös: mithilfe von Medikamenten

Me|di|kas |ter *der; -s, - ⟨lat.-nlat.⟩:* (veraltet abwertend) Kurpfuscher, Quacksalber

Me|di|ka|ti|on *die; -, -en ⟨lat.⟩:* Verordnung, Verabreichung, Anwendung eines Medikaments (einschließlich Auswahl u. Dosierung)

Me|di|kus *der; -, Medizi:* (scherzhaft) Arzt

me|dio ⟨*lat.-it.*⟩: zum [Zeitpunkt des] Medio. Me|dio *der; -[s], -s:* (Wirtsch.) Monatsmitte (15. des Monats oder, falls dieser ein Samstag, Sonntag oder Feiertag ist, der nachfolgende Werktag)

Me|di |o|garn *das; -[e]s, -e:* mittelfest gedrehtes Baumwollgarn

me|di |o|ker ⟨*lat.-fr.*⟩: mittelmäßig. Me|di |o|k |ri|tät *die; -, -en:* Mittelmäßigkeit

Me|di |o|thek *die; -, -en ⟨lat.; gr.⟩:* meist als Abteilung in öffentlichen Büchereien bereitgestellte Sammlung audiovisueller ¹Medien (5) zur Weiterbildung

Me|di |o|wech|sel *der; -s, -:* (Wirtsch.) in der Mitte eines Monats fälliger Wechsel

Me|di|san|ce [...ˈzãːsə] *die; -, -n ⟨lat.-fr.⟩:* boshafte Bemerkung. me|di|sant: sarkastisch, boshaft me|di|sie|ren: (veraltet) schmähen, lästern

Me|di|ta|ti|on *die; -, -en ⟨lat.⟩:* 1. [sinnende] Betrachtung. 2. mystische, kontemplative Versenkung. me|di|ta|tiv: die Meditation betreffend

me|di|ter|ran ⟨*lat.*⟩: dem Mittelmeerraum angehörend, eigen

me|di|tie|ren ⟨*lat.*⟩: 1. nachsinnen, nachdenken, Betrachtungen anstellen. 2. sich der Meditation (2) hingeben

me|di|um ['miːdjəm] ⟨*lat.-engl.*⟩:

1. mittelgroß (als Kleidergröße; Abk.: M). 2. (Gastr.) [auch: ˈmeːdjʊm] nicht ganz durchgebraten (von Fleisch)

¹Me|di|um *das; -s, ...ien u. ...ia ⟨lat.; „Mitte"⟩:* 1. (Plural selten auch: ...ia) vermittelndes Element. 2. (Plural ...ia; selten) (Sprachw.) Mittelform zwischen ¹Aktiv u. Passiv (bes. im Griechischen; im Deutschen reflexiv ausgedrückt). 3. (Plural ...ien; Phys.; Chem.) Träger bestimmter physikalischer od. chemischer Vorgänge. 4. (Plural ...ien) a) (Parapsychol.) jmd., der für Verbindungen zum übersinnlichen Bereich besonders befähigt ist; b) jmd., an dem sich aufgrund seiner körperlichen, seelischen Beschaffenheit Experimente, bes. Hypnoseversuche, durchführen lassen. 5. (meist Plural) a) (Plural selten auch: ...ia) Einrichtung, organisatorischer u. technischer Apparat für die Vermittlung von Meinungen, Informationen od. Kulturgütern; eines der Massenmedien Film, Funk, Fernsehen, Presse; b) (Plural selten auch: ...ia) Unterrichts[hilfs]mittel, das der Vermittlung von Information u. Bildung dient; c) (Plural meist ...ia) für die Werbung benutztes Kommunikationsmittel, Werbeträger

²Me|di|um *das; - ⟨lat.-engl.-amerik.⟩:* genormter Schriftgrad für die Schreibmaschine

Me|di|um Coe|li [- ˈtsøːli] *das; - - ⟨lat.⟩:* (Astrol.) Himmelsmitte, Zenit, Spitze des zehnten Hauses; der Punkt der ↑ Ekliptik, der in dem zu untersuchenden Zeitpunkt der Geburt o. Ä. kulminiert; Abk.: M. C.

Me|di |u|mis|mus *der; - ⟨lat.-nlat.⟩:* Bez. aller mit einem Medium (4) zusammenhängenden Erscheinungen. me|di |u|mis |tisch: den Mediumismus betreffend

Me|di|us *der; - ⟨lat.⟩:* Begriff, der die Prämissen des ↑ Syllogismus verknüpft u. nicht in den Schlusssatz des Syllogismus eingeht

Me|di|zi: *Plural* von ↑ Medikus

Me|di|zin *die; -, -en ⟨lat.⟩:* 1. (ohne Plural) Wissenschaft vom gesunden u. kranken Organismus des Menschen, von seinen

Krankheiten, ihrer Verhütung u. Heilung. 2. [flüssiges] Medikament. me|di|zi|nal: zur Medizin gehörend, die Medizin betreffend; medizinisch verwendet

Me|di|zin|ball *der; -[e]s, ...bälle:* (Sport) großer, schwerer, nicht elastischer Lederball

Me|di|zi|ner *der; -s, -:* jmd., der Medizin studiert [hat]. Me|di|zi|ne|rin *die; -, -nen:* weibliche Form zu ↑ Mediziner

me|di|zi|nie|ren: ärztlich behandeln

me|di|zi|nisch: a) die Medizin betreffend, dazu gehörend; b) nach den Gesichtspunkten der Medizin [hergestellt]

me|di|zi|nisch-tech|nisch: die Medizin (1) in Verbindung mit der Technik betreffend; medizinisch-technische Assistentin: weibliche Person, die durch praktisch-wissenschaftliche Arbeit (z. B. im Labor) die Tätigkeit eines Arztes o. Ä. unterstützt (Berufsbez.); Abk.: MTA

Me|di|zin|mann *der; -[e]s, ...männer:* (bei vielen Naturvölkern) eine Art Arzt u. Priester, der sich der Magie bedient

Med|ley ['mɛdlɪ] *das; -s, -s ⟨lat.- mlat.-altfr.-engl.⟩:* Potpourri

Me|doc *der; -s, -s ⟨nach der franz. Landschaft⟩:* französischer Rotwein

Me|d |re|se u. Me|d |res|se *die; -, -n ⟨arab.-türk.⟩:* 1. islamische juristisch-theologische Hochschule. 2. Koranschule einer Moschee; vgl. Liwan (2)

Me|dul|la *die; - ⟨lat.⟩:* (Med.) Mark (z. B. Knochenmark); Medulla oblongata: verlängertes Rückenmark. me|dul|lär: (Med.) auf das Mark bezüglich, zu ihm gehörend

Me|du|se *die; -, -n ⟨gr.-lat.⟩:* nach der Medusa, einem weiblichen Ungeheuer der griech. Sage): Qualle

Me|du|sen|blick *der; -[e]s, -e:* fürchterlicher, Schrecken erregender Blick

Me|du|sen|haupt *das; -[e]s:* 1. vgl. Medusenblick. 2. (Med.) Geflecht von Krampfadern im Bereich des Nabels

me|du|sisch: von, in der Art der Medusa

Mee|ting ['miːtɪŋ] *das; -s, -s ⟨engl.⟩:* 1. offizielle Zusammen-

me|ga..., Me|ga...

vor Vokalen auch: meg..., Meg...
⟨zu *gr.* mégas „groß"⟩
Wortbildungselement mit der Bedeutung „groß,
lang, mächtig, bedeutend":
– Megalith
– Meganthropus
– Megaphon
In *umgangssprachlicher Bedeutung* heißt mega...,
Mega... außerdem „völlig; ganz und gar,
außerordentlich", wie z. B. in mega-out und
Megastar.

Mega...
1. Vorsatz vor naturwissenschaftlich-technischen
Einheiten mit der Bedeutung „das Millionenfache
der genannten Einheit" (Zeichen: M):
– Megahertz
– Megawatt
2. Vorsatz vor binären Einheiten in der Datenverarbeitung mit der Bedeutung „das 2^{20}fache
[= 1 048 576] der genannten Einheit" (Zeichen: M):
– Megabit
– Megabyte

---

kunft zweier od. mehrerer Personen zur Erörterung von Problemen u. Fachfragen. 2. Sport-
veranstaltung [in kleinerem
Rahmen]
meets [mi:ts] ⟨*engl.*⟩: nur in der
Fügung **etwas meets etwas***:*
(Jargon) etwas trifft auf etwas,
vermischt sich mit etwas
me|fi|tisch vgl. mephitisch
meg..., Meg... vgl. mega...,
Mega...
me|ga..., Me|ga... s. Kasten
Me|ga|bit [auch: 'meː...] *das;* -[s],
-[s]: (EDV) Einheit von
1 048 576 ↑ Bit (= 2^{20} Bit); Zeichen: MBit
Me|ga|byte [...'baɪt, auch: 'meː...]
das; -[s], -[s]: (EDV) Einheit
von 1 048 576 ↑ Byte (= 2^{20}
Byte); Zeichen: MB, MByte
Me|ga|e|lek|t ron|volt *das;* -s, -:
1 Million ↑ Elektronvolt; Zeichen: MeV
Me|ga|fon vgl. Megaphon
Me|ga|hertz *das;* -, - ⟨nach dem
dt. Physiker H. Hertz,
1857–1894⟩: 1 Million Hertz;
Zeichen: MHz
me|ga-in ⟨*gr.; engl.*⟩: in der Ver-
bindung **mega-in sein:** besonders, sehr gefragt, begehrt sein;
Ggs. ↑ mega-out (sein)
Me|ga l|en|ze|pha|lie *die;* -, ...ien
⟨*gr.-nlat.*⟩: (Med.) abnorme Vergrößerung des Gehirns
Me|ga|lith [auch: ...'lɪt] *der;* -s u.
-en, -e[n] ⟨„großer Stein"⟩: großer, roher Steinblock vorgeschichtlicher Grabbauten
Me|ga|lith|grab [auch: ...'lɪt...]
das; -[e]s, ...gräber: vorgeschichtliches Großsteingrab
Me|ga|li|thi|ker [auch: ...'lɪt...]
der; -s, -: Träger der Megalith-
kultur
me|ga|li|thisch [auch: ...'lɪtɪʃ]: aus
großen Steinen bestehend
Me|ga|lith|kul|tur [auch: ...'lɪt...]

die; -: Kultur der Jungsteinzeit,
für die Megalithgräber u. der
Ornamentstil der Keramik typisch sind
Me|ga|lo|blast *der;* -en, -en (meist
Plural): (Med.) abnorm große,
kernhaltige Vorstufe der roten
Blutkörperchen
Me|ga|lo|ma|nie *die;* -, ...ien: (Psy-
chol.) Größenwahn
Me|ga|lo|po|le u. **Me|ga|lo|po|lis**
die; -, ...polen ⟨*gr.-engl.-ame-
rik.*⟩: Zusammenballung von
benachbarten Großstädten;
Riesenstadt
Me|ga l|op|sie *die;* -, ...ien: ↑ Ma-
kropsie
Me|ga|lo|ze|pha|lie *die;* -, ...ien:
↑ Makrozephalie
Me|ga|lo|zyt *der;* -en, -en, auch:
Me|ga|lo|zy|te *die;* -, -n: (Med.)
abnorm großes rotes Blutkörperchen
Me g|an|th ro|pus *der;* -, ...pi: Le-
bewesen aus der Übergangs-
stufe von Tier u. Mensch
Me|ga|ohm [auch: 'meː...] u. Meg-
ohm *das;* -, - ⟨nach dem dt.
Physiker G. S. Ohm,
1789–1854⟩: 1 Million Ohm;
Zeichen: MΩ
me|ga-out [...aʊt] ⟨*gr.; engl.*⟩: in
der Verbindung **mega-out sein:**
überhaupt, absolut nicht mehr
gefragt, begehrt sein; Ggs. ↑ mega-in (sein)
Me|ga|phon, auch: ...fon *das;* -s,
-e: Sprachrohr [mit elektrischem Verstärker]
Me|gä|re *die;* -, -n ⟨*gr.-lat.*⟩: wü-
tende, böse Frau
Me|ga|ri|ker *der;* -s, - ⟨*gr.-lat.*⟩:
(hist.) Angehöriger der von
dem Sokratesschüler Eukleides
von Megara (450–380 v. Chr.)
gegründeten Philosophen-
schule
Me|ga|ron *das;* -s, ...ra ⟨*gr.*⟩: mit
einer Vorhalle verbundener

Hauptraum des altgriechischen
Hauses (mit Herd als Mittelpunkt)
Me|ga|sel|ler *der;* -s, - ⟨*gr.; engl.*⟩:
überaus erfolgreicher Bestseller
Me|ga|star *der;* -s, -s ⟨*gr.; engl.*⟩:
überaus beliebter, bekannter
Star
Me|ga|the|ri|um *das;* -s, ...ien ⟨*gr.-
nlat.*⟩: ausgestorbenes Riesen-
faultier
me|ga|therm: (Bot.) warme
Standorte bevorzugend (von
Pflanzen)
Me|ga|ton|ne [auch: 'meː...] *die;* -,
-n: 1 Million Tonnen; Zeichen:
Mt
Me|ga|u re|ter *der;* -s, -: (Med.)
stark erweiterter Harnleiter
Me|ga|volt [auch: 'meː...] *das;* - u.
-[e]s, - ⟨nach dem ital. Physiker
A. Volta, 1745–1827⟩: 1 Million
↑ Volt; Zeichen: MV
Me|ga|watt [auch: 'meː...] *das;* -, -
⟨nach dem engl. Ingenieur
J. Watt, 1736–1819⟩: 1 Million
Watt; Zeichen: MW
Me|gil|loth *die* (Plural) ⟨*hebr.;*
„Rollen"⟩: Sammelbez. der 5 alt-
testamentlichen Schriften Hohes Lied, Ruth, Klagelieder,
Prediger Salomo, Esther, die an
jüdischen Festen verlesen werden
Meg|ohm: ↑ Megaohm
Me|ha|ri *das;* -s, -s ⟨*arab.-fr.*⟩:
schnelles Reitdromedar in
Nordafrika
Mehn|di *das;* -[s], - ⟨*Hindi*⟩: aus
Indien stammende, mit Henna-
farbe aufgetragene Hautmalerei
Mei o|se *die;* -, -n ⟨*gr.;* „Verrin-
gern, Verkleinern"⟩: (Biol.) in
zwei unterschiedlichen Prozes-
sen verlaufende Reduktion des
bei der Befruchtung verdoppel-
ten Bestandes an Chromosomen um die Hälfte, um so ihre
Zahl pro Zelle konstant zu hal-

M

ten (bei der Zellteilung); Reduktionsteilung; Reifeteilung
Mei|ran *der; -s, -e* ⟨*mlat.*⟩: ↑ Majoran
Meis|je *das; -s, -s* ⟨*niederl.*; Verkleinerung von *meid* = Mädchen⟩: holländisches Mädchen
Meit|ne|ri|um *das; -s* ⟨nach der österr.-schwed. Physikerin Lise Meitner, 1878–1968⟩: chem. Element; ein Transuran; Zeichen: Mt
Mei|u̯|ros *der; -, ...roi* [...reu] ⟨*gr.*⟩ u. **Mei|u̯|rus** *der; -, ...ri* ⟨*gr.-nlat.*⟩: ↑ Hexameter mit gekürzter vorletzter Silbe
Mek|ka *das; -s, -s* ⟨*arab.*; nach der heiligen Stadt des Islams⟩: Platz, Ort, der ein Zentrum für etwas Bestimmtes ist u. darum eine große Anziehungskraft ausübt
Me|ko|ni|um *das; -s* ⟨*gr.-lat.*⟩:
1. (Med.) erste Darmentleerungen des Neugeborenen; Kindspech. 2. (Zool.) erste Darmausscheidung des aus der Puppe geschlüpften Insekts. 3. (veraltet) Opium
Me|la|ju|ku|na *das; -[s]* ⟨*malai.*⟩: die klassische malaiische Schriftsprache
Me|la|min *das; -s* ⟨*Kunstw.*⟩: technisch vielfach verwertbares Kunstharz
Me|lä|na *die; -* ⟨*gr.-nlat.*⟩: (Med.) Blutstuhl; Ausscheidung von Blut aus dem Darm (z. B. bei Neugeborenen)
Me|la|n|ä|mie *die; -, ...ien*: (Med.) das Auftreten von dunklen Pigmentkörperchen in Leber, Milz, Nieren, Knochenmark u. Hirnrinde
Me|lan|cho|lie [...ko'li:] *die; -, ...ien* ⟨*gr.-lat.*⟩: von großer Niedergeschlagenheit, Traurigkeit od. Depressivität gekennzeichneter Gemütszustand
Me|lan|cho|li|ker *der; -s, -*: (nach dem von Hippokrates aufgestellten Temperamentstyp) jmd., der zu Depressivität u. Schwermütigkeit neigt. **Me|lan|cho|li|ke|rin** *die; -, -nen*: weibliche Form zu ↑ Melancholiker
me|lan|cho|lisch: schwermütig, niedergedrückt, trübsinnig; vgl. cholerisch, phlegmatisch, sanguinisch
Me|lan|ge [me'lã:ʒə] *die; -, -n* ⟨*lat.-vulgärlat.-fr.*⟩: 1. Mischung, Gemisch. 2. (österr.) Milchkaffee, der zur Hälfte aus Milch

besteht. 3. aus verschiedenfarbigen Fasern hergestelltes Garn
Me|la|nin *das; -s, -e* ⟨*gr.-nlat.*⟩: (Biol.) vom Organismus gebildeter gelblicher bis brauner od. schwarzer Farbstoff
Me|la|nis|mus *der; -, ...men*: ↑ Melanose
Me|la|nit [auch: ...'nɪt] *der; -s, -e*: bräunlich schwarzer Granat
Me|la|no *der; -s, -s* ⟨*gr.-nlat.*; „Schwärzling“; Analogiebildung zu ↑ Albino⟩: (Zool.) Tier mit stark ausgebildeter schwärzlicher Pigmentierung
me|la|no|derm: (Med.) dunkelhäutig, dunkle Flecken bildend (von Hautveränderungen); Ggs. ↑ leukoderm. **Me|la|no|der|mie** *die; -, ...ien*: (Med.) krankhafte Dunkelfärbung der Haut
Me|la|no|glos|sie *die; -, ...ien*: (Med.) krankhafte Schwarzfärbung der Zunge
me|la|no|krat: (Geol.) überwiegend dunkle Bestandteile aufweisend u. daher dunkel erscheinend (von Erstarrungsgesteinen, z. B. Basalt); Ggs. ↑ leukokrat
Me|la|nom *das; -s, -e*: (Med.) bösartige braune bis schwärzliche, an Haut u. Schleimhäuten auftretende Geschwulst
Me|la|no|pho|re *die; -, -n* (meist Plural): (Biol.) Melanin enthaltende Zelle in der Haut von Kaltblütern
Me|la|no|se *die; -, -n*: (Med.) [im Zusammenhang mit inneren Krankheiten] an Haut u. Schleimhäuten auftretende Dunkelfärbung der Haut
Me|la|no|t|ro|pin *das; -s*: Hormon des Hypophysenmittellappens, das bei Fischen u. Amphibien Verdunkelung der Haut bewirkt (Gegenspieler des ↑ Melatonins)
Me|la|no|zyt *der; -en, -en* (meist Plural): (Med.) Zelle, in der Melanin gebildet wird. **me|la|no|zy|tär**: (Med.) einen Melanozyten betreffend, in der Art von Melanozyten
Me|la|n|u|rie *die; -, ...ien*: Ausscheidung melaninhaltigen Harns
Me|lan|za|ni *die; -, -* ⟨*it.*⟩: (österr.) ↑ Aubergine (1)
Me|la|phyr *das; -s, -e* ⟨*gr.-fr.*⟩: (Geol.) [grünlich] schwarzes Ergussgestein

Me|las *der; -, -* ⟨nach der Stadt Milas in Anatolien⟩: in Kleinasien hergestellter [Gebets]teppich
Me|las|ma *das; -s, ...men u. -ta* ⟨*gr.*⟩: (Med.) Hautkrankheit mit Bildung schwärzlicher Flecken
Me|las|se *die; -, -n* ⟨*lat.-span.-fr.*⟩: bei der Zuckergewinnung anfallender, zähflüssiger brauner Rückstand
Me|la|to|nin *das; -s* ⟨*gr.-nlat.*⟩: a) Hormon, das bei Säugetieren (einschließlich des Menschen) die Schilddrüsenfunktion hemmt u. den Stoffwechsel senkt; b) Hormon der Zirbeldrüse, das bei Amphibien Aufhellung der Haut bewirkt (Gegenspieler des ↑ Melanotropins)
Mel|chit *der; -en, -en* (meist Plural) ⟨*syr.*⟩: Angehöriger der syrischen, ägyptischen u. palästinensischen Christenheit mit byzantinischer Liturgie. **Mel|chi|tin** *die; -, -nen*: weibliche Form zu ↑ Melchit
me|lie|ren ⟨*lat.-vulgärlat.-fr.*⟩: mischen, mengen. **me|liert**: a) aus verschiedenen Farben gemischt (z. B. von Wolle od. Stoffen); b) (vom Haar) leicht ergraut
Me|lik *die; -* ⟨*gr.*⟩: gesungene Lyrik
Me|li|lith [auch: ...'lɪt] *der; -s, -e* ⟨*gr.-nlat.*⟩: gelbes, braunes od. graues Mineral
Me|li|nit [auch: ...'nɪt] *das; -s* ⟨*gr.-nlat.*⟩: Pikrinsäure enthaltender Explosivstoff
Me|li|o|ra|ti|on *die; -, -en* ⟨*lat.*⟩: 1. (veraltet) Verbesserung. 2. Verbesserung des Bodens
me|li|o|ra|tiv ⟨*lat.-nlat.*⟩: (Sprachw.) einen positiven Bedeutungswandel erfahrend (von Wörtern). **Me|li|o|ra|ti|vum** *das; -s, ...va*: (Sprachw.) Wort, das einen positiven Bedeutungswandel erfahren hat (z. B. mhd. marschalc „Pferdeknecht“ zu nhd. Marschall „hoher militärischer Rang“); vgl. Pejorativum
me|li|o|rie|ren: [Ackerland] verbessern
Me|lis *der; -* ⟨*gr.-nlat.*⟩: weißer Zucker verschiedener Zuckersorten
me|lisch ⟨*gr.*⟩: (Mus.) liedhaft
Me|lis|ma *das; -s, ...men*: (Mus.) melodische Verzierung, Koloratur
Me|lis|ma|tik *die; -* ⟨*gr.-nlat.*⟩:

(Mus.) Kunst der melodischen Verzierung (beim Gesang). **me|lis|ma|tisch:** (Mus.) koloraturhaft ausgeziert
me|lis|misch: (Mus.) ↑ melodisch
Me|lis|se *die;* -, -n ⟨*gr.-lat.-mlat.*⟩: (zu den Lippenblütlern gehörende) Pflanze mit unscheinbaren weißen Blüten u. zitronenähnlich duftenden Blättern, die als Heil- u. Gewürzpflanze verwendet wird
Mel|lit [auch: ...'lɪt] *der;* -s, -e ⟨*lat.-nlat.*⟩: ein honigfarbenes, körniges Mineral (ein Aluminiumsalz)
Me|lo|die *die;* -, ...ien ⟨*gr.-lat.*⟩: a) singbare, sich nach Höhe od. Tiefe ändernde, abgeschlossene u. geordnete Tonfolge; b) Weise; Vertonung (eines Liedes); c) einzelnes [in einen größeren Rahmen gehörendes] Musikstück, Gesangsstück
Me|lo|die|in|s| t| ru|ment *das;* -s, -e: Instrument, das die Melodie (in einer Jazzband) führt
Me|lo|dik *die;* - ⟨*gr.-nlat.*⟩: 1. Lehre von der Melodie. 2. die melodischen Merkmale eines Musikstücks
Me|lo|di|ker *der;* -s, -: Schöpfer melodischer Tonfolgen. **Me|lo|di|ke|rin** *die;* -, -nen: weibliche Form zu ↑ Melodiker
Me|lo|di|on *das;* -s, -s: Tasteninstrument mit harmonikaartigem Ton
me|lo|di|ös ⟨*gr.-lat.-fr.*⟩: wohlklingend; reich an klanglichen Nuancen
me|lo|disch ⟨*gr.-lat.*⟩: von einem dem Ohr angenehmen Klang; harmonisch klingend
Me|lo|dist *der;* -en, -en ⟨*gr.-nlat.*⟩: Verfasser von Melodien für Kirchenlieder. **Me|lo|dis| tin** *die;* -, -nen: weibliche Form zu ↑ Melodist
Me|lo|dram *das;* -s, -en: 1. (Mus.) einzelner melodramatischer Teil einer Bühnenmusik od. Oper. 2. ↑ Melodrama
Me|lo|dra|ma *das;* -s, ...men ⟨*gr.-fr.*⟩: 1. (Literaturw., Mus.) Schauspiel mit untermalender Musik (mit Pathos deklamiert). 2. (Theat., Film; oft abwertend) Schauspiel mit rührenden od. schaurigen Effekten, oft mittelalterlichen od. orientalischen Schauplätzen (in pathetischer Inszenierung)

Me|lo|dra|ma|tik *die;* -: das Theatralische, (übertrieben) Pathetische (in einem Verhalten, in einer Situation)
me|lo|dra|ma|tisch: in der Art eines Melodramas
Me|lo|ma|nie *die;* -: Musikbesessenheit
Me|lo|mi|mik *die;* -: Versuch, den Inhalt eines Musikstücks durch Mimik (od. Tanz) wiederzugeben
Me|lo|ne *die;* -, -n ⟨*gr.-lat.-it.(-fr.)*⟩: 1. a) (zu den Kürbisgewächsen gehörende) Pflanze mit großen kugeligen, saftreichen Früchten; b) Frucht der Melone (1 a). 2. (ugs. scherzh.) runder steifer Hut; vgl. Bowler
Me|lo|nen|baum *der;* -[e]s, ...bäume: (in tropischen Ländern kultivierter) Baum, an dessen Spitze die ↑ Papayas (2) wachsen
Me|lo|phon, auch: ...fon *das;* -s, -e ⟨*gr.-nlat.*⟩: sehr großes Akkordeon mit chromatischer Skala für jede Hand
Me|lo|pö ie *die;* - ⟨*gr.*⟩: 1. im antiken Griechenland die Kunst, ein ↑ Melos (1) zu verfertigen. 2. (Mus.) Lehre vom Bau der Melodien
Me|los *das;* - ⟨*gr.-lat.*⟩: 1. gesangliches Element in der Musik; Melodie (im Unterschied zum Rhythmus). 2. a) (Sprachw.) Sprachmelodie; b) klangliche Gestalt einer Dichtung
Me|lo|s| chi|se *die;* -, -n ⟨*gr.-nlat.*⟩: angeborene Spaltbildung des Gesichts; Wangenspalte
Me|lo|ty|pie *die;* - ⟨*gr.-nlat.*⟩: Notendruck in Buchdrucklettern
Mel|ton ['mɛltən] *der;* -[s], -s ⟨nach der engl. Stadt Melton Mowbray⟩: weicher Kammgarnstoff in Köperbindung (eine Webart) mit leicht verfilzter Oberfläche
Mem|ber of Par|lia|ment [- ɔf 'pɑ:ləmənt] *das;* - - -, -s - - ⟨*engl.*⟩: Mitglied des englischen Unterhauses; Abk.: M. P.
Mem|b| ra: *Plural* von ↑ Membrum
Mem|b| ran u. **Mem|b| ra|ne** *die;* -, ...nen ⟨*lat.*⟩: 1. (Techn.) dünnes Blättchen aus Metall, Papier o. Ä., das durch seine Schwingungsfähigkeit geeignet ist, Schallwellen zu übertragen. 2. (Biol.) dünnes, feines Häutchen, das trennende od. ab-

grenzende Funktion hat.
3. (Chem.; Phys.) dünne Haut, die die Funktion eines Filters hat
Mem|b| ra|no|phon, auch: ...fon *das;* -s, -e ⟨*lat.; gr.*⟩: jedes Musikinstrument, dessen Töne durch Erregung einer gespannten Membran erzeugt werden (z. B. Trommel)
Mem|b| rum *das;* -s, ...bra ⟨*lat.*⟩: (Med.) [Körper]glied, Extremität
Me|men|to *das;* -s, -s ⟨*lat.*⟩: 1. Fürbitte, Bitte um Fürsprache in der katholischen Messe. 2. Mahnung
Me|men|to mo|ri *das;* - -, - - ⟨"gedenke des Sterbens!"⟩: etwas, was an den Tod gemahnt
Me|mo *das;* -s, -s: 1. Kurzform von ↑ Memorandum. 2. Merkzettel
Me|moire [me'mŏa:ɐ̯] *das;* -s, -s ⟨*lat.-fr.*⟩: Denkschrift, Eingabe
Me|moi|ren [me'mŏa:rən] *der* (Plural): Denkwürdigkeiten; Lebenserinnerungen [in denen neben der Mitteilung des persönlichen Entwicklungsganges ein besonderes Gewicht auf die Darstellung der zeitgeschichtlichen Ereignisse gelegt wird]; vgl. Autobiographie
me|mo|ra|bel ⟨*lat.*⟩: (veraltet) denkwürdig. **Me|mo|ra|bi|li|en** *die* (Plural): Denkwürdigkeiten, Erinnerungen
Me|mo|ran|dum *das;* -s, ...den u. ...da: Denkschrift
[1]**Me|mo|ri|al** *das;* -s, -e u. -ien ⟨*lat.*⟩: (veraltet) Tagebuch, Merkbuch
[2]**Me|mo|ri|al** [mɪ'mɔ:rɪəl] *das;* -s, -s ⟨*lat.-engl.*⟩: 1. [sportliche] Veranstaltung zum Gedenken an einen Verstorbenen. 2. Denkmal
me|mo|rie|ren: a) auswendig lernen; b) (selten) wieder ins Gedächtnis rufen, an etwas erinnern
Me|mo|rier|stoff *der;* -[e]s, -e: Lernstoff
Me|mo|ry ® [...rɪ] *das;* -s, -s: Gesellschaftsspiel, bei dem man mit Bildern, Symbolen o. Ä. bedruckte, jeweils doppelt vorhandene Karten zunächst einzeln aufdeckt, um dann später aus der Erinnerung das Gegenstück wieder zu finden
[1]**Mem|phis** *die;* - ⟨nach der altägypt. Stadt⟩: eine Druckschrift

M

Fremdwörter – eine Stilfrage

Wichtig für die Wahl eines Wortes ist immer seine Leistung, nicht seine Herkunft. Fremdwörter haben in der deutschen Sprache verschiedene Funktionen:

– Sie ermöglichen inhaltliche Nuancierung durch Hervorrufung spezifischer Assoziationen: *cholerisch/reizbar, Exkursion/Ausflug, fair/anständig, Praktikum/Übung, Präludium/Vorspiel, simpel/einfach, autokratisch/selbstherrlich.* Unerwünschte Assoziationen oder nicht zutreffende Vorstellungen können durch Fremdwortgebrauch vermieden werden *(Passiv* statt *Leideform, Substantiv* statt *Hauptwort, Verb* statt *Tätigkeitswort).* Durch so genannte Bezeichnungsexotismen, Wörter, die auf Sachen, Personen und Begriffe der fremdsprachigen Umwelt beschränkt bleiben (z. B. *Bagno, Garrotte, Iglu, Kreml, Torero),* kann wirkungsvoll ein kulturspezifisches Kolorit erzeugt werden. Daneben vermögen Fremdwörter ein bestimmtes Lebensgefühl zum Ausdruck zu bringen: »Ich muss nur eben noch schnell mein Handy catchen, dann sind wir weg, okay?« Wer so redet, möchte jugendlich, dynamisch, zeitgemäß *(trendy)* und weltläufig wirken, und dazu dienen heute vor allem englische Fremdwörter (Anglizismen).

– Fremdwörter erlauben eine Nuancierung der Stilebenen *(Portier/Pförtner; transpirieren/schwitzen; ventilieren/überlegen).* Sie können verschiedene Stilhöhen erzeugen: eine gehobene *(kredenzen/einschenken, Preziosen/Schmuckstücke),* eine neutrale *(Ekstase/Verzückung, produzieren/fertigen),* aber auch eine umgangssprachlich-jargonhafte *(Job/Arbeit, Krawall/Aufruhr).* Nicht selten erscheint das Fremdwort eleganter, da pointierter *(Ausweichmöglichkeit – Alternative),* bisweilen auch klanglich besser zum Wortsinn passend *(Attacke/Angriff).* Auch subjektive Haltungen und Einstellungen kann es zum Ausdruck bringen, sowohl positive *(phänomenal/außergewöhnlich, professionell/beruflich)* als auch negative *(krepieren/verenden, Visage/Gesicht).* Spezifische Schattierungen sind möglich: *Elaborat* wirkt in seiner Abwertung distanzierter als *Machwerk, Defätismus* klingt kritischer als *Mutlosigkeit, Gazette* hat im Gegensatz zu *Groschenblatt* eine Spur Ironie.

– Fremdwörter haben versachlichende Funktion und ermöglichen dadurch das taktvolle Sprechen über heikle, unangenehme oder tabuisierte Themen wie beruflichen Misserfolg *(Demission* statt *Kündigung, illiquid* statt *pleite),* Krankheit *(Epilepsie* statt *Fallsucht, Inkontinenz* statt *Bettnässen, Psychiatrie* statt *Irrenanstalt)* oder Tod *(letal* statt *tödlich, Exitus* statt *Tod).* Insbesondere für den Sexualbereich fehlen im Deutschen vielfach neutrale,

d. h. stilistisch nicht markierte einheimische Wörter, so dass Fremdwörter wirkliche Bezeichnungslücken schließen können: *koitieren, Penis, Hoden, Vagina.*

– Fremdwörter ermöglichen die Anspielung auf Bildungsinhalte: Ausdrücke wie *Danaergeschenk* (›Unheilsgabe‹), *Judaslohn* (›Lohn für Verrat‹), *Ostrazismus* (›Urteil durch eine Volksversammlung‹), *Pyrrhussieg* (›Scheinsieg‹), *Schibboleth* (›Erkennungszeichen‹), *Tantalusqualen* (›Hungerqualen‹) weisen über ihre unmittelbare Bedeutung hinaus. Sie stellen Wissensappelle dar und haben dadurch sozial integrierende bzw. ausgrenzende Funktion.

– Fremdwörter können eine Signalfunktion haben, d. h., sie können Aufmerksamkeit erregen. So finden sich Fremdwörter (vor allem Anglizismen) häufig in der Kommunikationsbranche, im Marketing und in der Werbung *(Business Class, Global Call, New Economy, Service Point).*

– Fremdwörter ermöglichen Variation im Ausdruck. Um störende Wiederholungen zu vermeiden, gibt es zum Fremdwort oft keine Alternative: *Enthaltsamkeit – Abstinenz; Fehlgeburt – Abortus; Feinkost – Delikatessen; Grillfest – Barbecue; Leitartikler – Kolumnist; Mitlaut – Konsonant; Mundart – Dialekt; Nachtisch – Dessert; Preisgericht – Jury; Rechtschreibung – Orthographie; Reifezeugnis – Abitur; Spielleitung – Regie; unterrichten – informieren; Wochenende – Weekend.*

– Fremdwörter ermöglichen Präzision und Kürze. Diese erfüllen stilistisch zwar keinen Selbstzweck, können aber in bestimmten Redesituationen oder Textsorten (z. B. in der Fachsprache) wünschenswert sein. Manche Fremdwörter, vor allem Fachwörter, lassen sich überhaupt nicht durch ein einziges deutsches Wort ersetzen; oft müssten sie umständlich umschrieben werden *(Aggregat, Automat, Elektrizität, Politik).*

– Auf syntaktischem Gebiet ermöglichen Fremdwörter eine ausgewogene Verwendung des Satzrahmens. Fremdsprachliche Verben geben dem deutschen Satz oft aufgrund ihrer Untrennbarkeit einen anderen Aufbau. Die Satzklammer fällt weg. Das muss nicht besser, kann aber übersichtlicher sein und bietet auf jeden Fall eine Variationsmöglichkeit (z. B. »Klaus *zitiert* bei solcher Gelegenheit seine Frau«/»Klaus *führt* bei solcher Gelegenheit seine Frau/einen Ausspruch seiner Frau *an*).

All diese stilistischen Funktionen des Fremdworts sind zu berücksichtigen, wenn es um die Frage eines differenzierten Sprachgebrauchs geht. Fremdwörter grundsätzlich meiden zu wollen, hieße auf vielfältige sprachliche Möglichkeiten zu verzichten.

²**Mem|phis** *der; -, -* ⟨nach der nordamerik. Stadt⟩: 1. Modetanz der 1960er-Jahre, bei dem die Tanzenden in einer Reihe stehen u. gemeinsam verschiedene Figuren tanzen. 2. Designstilrichtung der 1980er-Jahre

Me|na|ge [...ˈnaːʒə] *die; -, -n* ⟨*lat.-galloroman.-fr.*; „Haushaltung"⟩: 1. Tischgestell für Essig, Öl, Pfeffer u. a. 2. (veraltet) Haushalt, [sparsame] Wirtschaft. 3. (österr.) [militärische] Verpflegung

Me|na|ge|rie *die; -, ...ien*: Tierschau, Tiergehege

me|na|gie|ren [...ˈʒiːrən]: 1. (veraltet) sich selbst verköstigen. 2. (österr.) Essen in Empfang nehmen (beim Militär). 3. sich menagieren: sich mäßigen

Me|n|ar|che *die; -* ⟨*gr.-nlat.*⟩: (Med.) Zeitpunkt des ersten Eintritts der Regelblutung; vgl. Menopause

Me|nä|um *das; -s, ...äen* ⟨*gr.-nlat.*⟩: liturgisches Monatsbuch der orthodoxen Kirche mit den Texten für jeden Tag des unveränderlichen Festzyklus

Men|de|le|vi|um *das; -s* ⟨*nlat.*; nach dem russ. Chemiker D. Mendelejew, 1834–1907⟩: chem. Element; ein Transuran; Zeichen: Md

Men|de|lis|mus *der; -* ⟨*nlat.*; nach dem Augustinerabt u. Biologen J. G. Mendel, 1822–1884⟩: Richtung der Vererbungslehre, die sich auf die mendelschen Gesetze beruft

Men|di|kant *der; -en, -en* ⟨*lat.*⟩: Angehöriger eines Bettelordens. **Men|di|kan|tin** *die; -, -nen*: weibliche Form zu ↑ Mendikant

Me|nes|t|rel *der; -s, -s* ⟨*lat.-provenzal.-fr.*⟩: altprovenzalischer u. altfranzösischer Spielmann, fahrender Musikant; vgl. Minstrel

Me|ne|te|kel *das; -s, -* ⟨*aram.*; nach der Geisterschrift für den babylonischen König Belsazar (Daniel 5, 25)⟩: geheimnisvolles Anzeichen eines drohenden Unheils. **me|ne|te|keln:** (ugs.) sich in düsteren Prophezeiungen ergehen; unken

Men|ha|den [mɛnˈheːdn̩] *der; -s, -s* ⟨*indian.-engl.*⟩: heringsähnlicher Speisefisch Nordamerikas

Men|hir *der; -s, -e* ⟨*bret.-fr.*⟩: aufrecht stehender [unbehauener] Stein aus vorgeschichtlicher Zeit

me|nin|ge|al *⟨gr.-nlat.*⟩: (Med.) die Hirnhäute betreffend

Me|nin|gen: *Plural* von ↑ Meninx

Me|nin|ge|om vgl. Meningiom

Me|nin|ges: *Plural* von ↑ Meninx

Me|nin|gi|om u. Meningeom u. Meningom *das; -s, -e*: langsam wachsende Geschwulst der Hirnhäute

Me|nin|gis|mus *der; -, ...men*: in den Symptomen der Meningitis ähnelnde Krankheit ohne nachweisbare Entzündung der Hirnhaut

Me|nin|gi|tis *die; -, ...itiden*: Hirnhautentzündung

Me|nin|go|en|ze|pha|li|tis *die; -, ...itiden*: (Med.) Form der Meningitis, bei der die Gehirnsubstanz in Mitleidenschaft gezogen ist

Me|nin|go|kok|ke *die; -, -n* (meist Plural): (Med.) Erreger der epidemischen Meningitis

Me|nin|gom vgl. Meningiom

Me|nin|go|mye|li|tis *die; -, ...itiden*: (Med.) Entzündung des Rückenmarks u. seiner Häute

Me|nin|go|ze|le *die; -, -n*: (Med.) Hirn[haut]bruch

Me|ninx *die; -, ...ninges u. ...ningen* ⟨*gr.*⟩: (Med.) Hirn- bzw. Rückenmarkshaut

Me|nis|ken|glas *das; -es, ...gläser*: sichelförmig (im Querschnitt) geschliffenes Brillenglas

Me|nis|kus *der; -, ...ken* ⟨*gr.-nlat.*; „Möndchen"⟩: 1. (Med.) knorpelige Scheibe, bes. im Kniegelenk. 2. gekrümmte Oberfläche einer Flüssigkeit in einer Röhre. 3. (Phys.) Linse mit zwei nach derselben Seite gekrümmten Linsenflächen

Men|jou|bart [ˈmɛnʒu...] *der; -[e]s, ...bärte u.* **Men|jou|bärt|chen** *das; -s, -* (nach dem amerik.-franz. Filmschauspieler A. Menjou, 1890–1963): schmaler, gestutzter Schnurrbart

Men|ni|ge *die; -* ⟨*iber.-lat.*⟩: rote Malerfarbe aus Bleioxid, die als Schutzanstrich gegen Rost verwendet wird

Men|no|nit *der; -en, -en* ⟨nach dem Westfriesen Menno Simons, 1496–1561⟩: Anhänger einer evangelischen Freikirche, die die Erwachsenentaufe pflegt u. Wehrdienst u. Eidesleistung ablehnt. **Men|no|ni|tin** *die; -, -nen*: weibliche Form zu ↑ Mennonit

me|no ⟨*lat.-it.*⟩: (Mus.) weniger (Vortragsanweisung)

Me|no|lo|gi|on *das; -s, ...ien* ⟨*gr.-mgr.*⟩: nach Monaten geordnetes liturgisches Buch der orthodoxen Kirche mit Lebensbeschreibungen der Heiligen jedes Monats

Me|no|pau|se *die; -, -n* ⟨*gr.-nlat.*⟩: (Med.) das Aufhören der Monatsblutung in den Wechseljahren der Frau; vgl. Menarche

Me|no|ra *die; -, -* ⟨*hebr.*⟩: siebenarmiger Leuchter der jüdischen Liturgie

Me|nor|rha|gie *die; -, ...ien* ⟨*gr.-nlat.*⟩: (Med.) abnorm starke u. lang anhaltende Monatsblutung

Me|nor|rhö *die; -, -en* ⟨*gr.*⟩: vgl. ↑ Menstruation. **me|nor|rhö|isch:** (Med.) der Monatsblutung betreffend

Me|nos| ta|se *die; -, -n*: (Med.) das Ausbleiben der Monatsblutung

Men|sa *die; -, -s u. ...sen* ⟨*lat.*⟩: 1. (kath. Kirche) Altartisch. 2. kantinenähnliche Einrichtung in einer Hochschule od. Universität, wo Studenten verbilligt essen können

Men|sa a| cal|de|mi|ca *die; - -, ...sae ...cae* [...zɛ ...t͜sɛ]: (veraltet) Mensa (2)

Men|sal|gut *das; -[e]s, ...güter* ⟨*lat.; dt.*⟩: Kirchenvermögen eines katholischen Bischofs od. ↑ Kapitels (2 a) zur persönlichen Nutzung

Men|sche|wik *der; -en, -en u. -i* ⟨*russ.*⟩: Vertreter des Menschewismus. **Men|sche|wi|kin** *die; -, -nen*: weibliche Form zu ↑ Menschewik

Men|sche|wis|mus *der; -* ⟨*russ.-nlat.*⟩: (hist.) gemäßigter russischer Sozialismus

Men|sche|wist *der; -en, -en*: ↑ Menschewik. **Men|sche|wis|tin** *die; -, -nen*: weibliche Form zu ↑ Menschewist. **men|sche|wis|tisch:** den Menschewismus betreffend

Men|sel u. Mensul *die; -, -n* ⟨*lat.*; „kleiner Tisch"⟩: (Geogr.) Messtisch

men|sen|die| cken ⟨nach der amerik. Ärztin B. Mensendieck, 1864–1957⟩: eine bestimmte, bes. dem Körper der Frau angepasste Gymnastik betreiben

Men|ses [...zeːs] *die* (Plural) ⟨*lat.*⟩: (Med.) Monatsblutung

men|sis cur|ren|tis: (veraltet) [des] laufenden Monats; Abk.: m. c.

M

mens sa̲na in co̲r|po̲re sa̲|no ⟨lat.; Zitat aus den Satiren des altröm. Dichters Juvenal⟩: in einem gesunden Körper [möge auch] ein gesunder Geist [wohnen]

Mens| t| rua: Plural von ↑ Menstruum

mens| t| ru|a̲l ⟨lat.⟩: (Med.) zur Menstruation gehörend. **Menst| ru| a̲|ti|o̲n** die; -, -en ⟨lat.-nlat.⟩: (Med.) Monatsblutung, Regel. **mens| t| ru|e̲ll:** (Med.) die Monatsblutung betreffend. **mens| t-ru|ie̲|ren** ⟨lat.⟩: (Med.) die Monatsblutung haben

Mens| t| ru̲|um das; -s, ...strua: pharmazeutisches Lösungs- u. Extraktionsmittel

men|su|a̲l: (veraltet) monatlich

Men|sul vgl. Mensel

Men|su̲r die; -, -en ⟨lat.; „das Messen, das Maß"⟩: 1. (Fechten) Abstand der beiden Fechter. 2. (Verbindungswesen) studentischer Zweikampf mit Schläger od. Säbel. 3. (Mus.) a) Maß, das (in der ↑ Mensuralnotation) die Geltungsdauer der einzelnen Notenwerte untereinander bestimmt; b) Maßverhältnis bei Musikinstrumenten (z. B. Anordnung der Löcher bei Blasinstrumenten). 4. (Chem.) Messzylinder, Messglas

men|su|ra̲|bel: messbar. **Men|su-ra|bi|li|tä̲t** die; - ⟨lat.-nlat.⟩: Messbarkeit

men|su|ra̲l ⟨lat.⟩: a) zum Messen gehörend; b) zum Messen dienend

Men|su|ra̲l|mu|sik die; -: (Mus.) die in Mensuralnotation aufgezeichnete mehrstimmige Musik des 13.–16. Jh.s

Men|su|ra̲l|no|ta̲|ti|on die; -: im 13. Jh. entwickelte Notenschrift, die im Gegensatz zur älteren Notenschrift auch die Tondauer mit rhythmisch differenzierten Noten- u. Pausenzeichen angibt; Ggs. ↑ Choralnotation

men|su|ra̲|riert: (Mus.) abgemessen, in Maßverhältnissen bestehend

¹men|ta̲l ⟨lat.-nlat.⟩: (Med.) zum Kinn gehörend

²men|ta̲l ⟨lat.-mlat.⟩: 1. den Bereich des Verstandes betreffend; geistig, gedanklich. 2. (veraltet) in Gedanken, heimlich

Men|ta̲|lis|mus der; - ⟨lat.-mlat.-nlat.⟩: psychologisch-philoso-

phische Richtung, die theoretische Modelle des Denkvorgangs erstellt u. so die Prinzipien der Organisation des menschlichen Geistes zu erklären versucht, Handlungen als das Ergebnis ²mentaler (1) Vorgänge ansieht. **men|ta|lis| tisch:** den Mentalismus betreffend, zu ihm gehörend

Men|ta|li|tä̲t die; -, -en ⟨lat.-mlat.-engl.⟩: Geistes- u. Gemütsart; besondere Art des Denkens u. Fühlens

Men|tal|re|ser|va|ti|on die; -, -en: (Rechtsw.) stiller Vorbehalt

Men|tal|sug|ges| ti|on die; -, -en: (Parapsychol.) Gedankenübertragung auf außersinnlichem Weg

me̲n|te ca̲p|tus ⟨lat.⟩: 1. begriffsstutzig. 2. nicht bei Verstand, unzurechnungsfähig

Men|thol das; -s ⟨lat.-nlat.⟩: aus dem ätherischen Öl der Pfefferminze gewonnene, weiße kristalline Substanz

Men|ti|zid der, auch: das; -[e]s, -e: Gehirnwäsche

Me̲n|tor der; -s, ...o̲ren ⟨gr.; nach dem Lehrer des Telemach, des Sohnes des Odysseus⟩: a) Fürsprecher, Förderer, erfahrener Berater; b) (veraltet) [Haus]lehrer, [Prinzen]erzieher; c) erfahrener Pädagoge, der Studenten, Lehramtskandidaten während ihres Schulpraktikums betreut.

Men|to̲|rin die; -, -nen: weibliche Form zu ↑ Mentor

Me̲n|tum das; -s, ...ta ⟨lat.⟩: 1. (Med.) Kinn des Menschen. 2. (Zool.) Teil der Unterlippe der Insekten

Me̲|nu [me`ny:] ⟨lat.-fr.⟩: (schweiz.) Menü

Me|nü̲ das; -s, -s: 1. Speisenfolge; aus mehreren Gängen bestehende Mahlzeit. 2. (EDV, Elektronik) auf einem Bildschirm od. Display (2) angebotene Programmauswahl [u. deren systematische Abfolge]

Me|nu|e̲tt das; -s, -e, auch: -s: 1. aus Frankreich stammender, mäßig schneller Tanz im ³/₄-Takt. 2. meist der dritte Satz in einer Sonate od. Sinfonie

Me|phi̲s| to der; -[s], -s ⟨nach der Gestalt in Goethes Faust⟩: jmd., der seine geistige Überlegenheit in zynisch-teuflischer Weise zeigt u. zur Geltung

bringt. **me|phis| to|phe̲|lisch:** teuflisch, voll boshafter List

me|phi̲|tisch ⟨nach der altitalischen Göttin Mephitis, der Beherrscherin erstickender Dünste⟩: verpestend, stinkend

Mer|ca̲l|li|ska̲|la, auch: **Mer|ca̲l-li-Ska̲|la** die; - ⟨nach dem ital. Vulkanologen G. Mercalli, 1850–1914⟩: zwölfstufige Skala, mit der die Stärke eines Erdbebens nach seinen Auswirkungen an der Erdoberfläche gemessen wird

Mer|ca̲|tor|pro|jek|ti|on, auch: **Mer|ca̲tor-Pro|jek|ti|o̲n** die; -, -en ⟨nach dem niederl. Geographen G. Mercator, 1512–1594⟩: (Geogr.) winkeltreuer Kartennetzentwurf mit rechtwinklig sich schneidenden Längen- u. Breitenkreisen

Mer|ce̲|rie [mɛrsə...] die; -, ...i̲en ⟨lat.-fr.⟩: (schweiz.) 1. (ohne Plural) Kurzwaren. 2. Kurzwarenhandlung

Mer|ce|ri|sa̲|ti|on vgl. Merzerisation

Mer|chan|di̲|ser ['mə:tʃəndaizə] der; -s, - ⟨lat.-fr.-engl.-amerik.⟩: (Wirtsch.) Angestellter eines Unternehmens, der für die Verkaufsförderung zuständig ist.

Mer|chan|di̲|sing [...zɪŋ] das; -: a) Gesamtheit der verkaufsfördernden Maßnahmen des Herstellers einer Ware; b) Vermarktung aller mit einem bestimmten Film in Zusammenhang stehenden Produkte

Mer|chant Ad|ven|tu̲|rers ['mə:tʃənt əd`ventʃərəz] die (Plural) ⟨engl.⟩: (hist.) im 14. Jh. entstandene englische Kaufmannsgilde

Mer|chant|bank [...'bæŋk] die; -, -s: engl. Bez. für: Handelsbank

mer|ci [mɛr`si:] ⟨lat.-fr.⟩: danke!

me̲r|de ⟨lat.-fr.⟩: Scheiße! (Ausruf der Enttäuschung o. Ä.)

Mer|ger ['mə:dʒɐ] der; -s, - ⟨engl.⟩: (Wirtsch.) Zusammenschluss von Firmen; Fusion

Me|ri|di|a̲n der; -s, -e ⟨lat.⟩: 1. (Geogr.) Längenkreis (von Pol zu Pol). 2. (Astron.) durch Zenit, Südpunkt, Nadir u. Nordpunkt gehender größter Kreis an der Himmelskugel; Mittagskreis

Me|ri|di|a̲n|kreis der; -es, -e: astronomisches Messinstrument zur Ortsbestimmung von Gestirnen

M

me|ri|di |o|nal: den Längenkreis betreffend
Me|ri|di |o|na|li|tät die; - ⟨lat.-nlat.⟩: (Geogr.) südliche Lage od. Richtung
Me|rin|ge die; -, -n, **Me|rin|gel** das; -s, - schweiz.: **Me|ringue** [mə-'rɛ̃:g] die; -, -s ⟨fr.⟩: Gebäck aus Eischnee u. Zucker
Me|ri|no der; -s, -s ⟨span.⟩: 1. Merinoschaf, krauswolliges Schaf (eine Kreuzung nordafrikanischer u. spanischer Rassen). 2. Kleiderstoff in Köperbindung aus Merinowolle. 3. fein gekräuselte, weiche Wolle des Merinoschafs
Me|ris |tem das; -s, -e ⟨gr.-nlat.⟩: (Bot.) pflanzliches Bildungsgewebe, das durch fortgesetzte Zweiteilungen neue Gewebe liefert. **me|ris |te|ma|tisch:** (Bot.) teilungsfähig (von pflanzlichem Gewebe)
Me|ris |tom das; -s, -e: ↑ Zytoblastom
Me|ri|ten: Plural von ↑ Meritum
me|ri|tie|ren ⟨lat.-fr.⟩: (veraltet) verdienen, sich verdient machen
Me|ri|to|kra|tie die; -, ...ien ⟨lat.; gr.⟩: Verdienstadel; gesellschaftliche Vorherrschaft einer durch Leistung u. Verdienst ausgezeichneten Bevölkerungsschicht. **me|ri|to|kra|tisch:** die Meritokratie betreffend
me|ri|to|risch ⟨lat.⟩: (veraltet) verdienstlich
Me|ri|tum das; -s, ...iten (meist Plural): das Verdienst
mer|kan|til u. **mer|kan|ti|lisch** ⟨lat.-it.-fr.⟩: kaufmännisch, den Handel betreffend
Mer|kan|ti|lis|mus der; - (hist.) Wirtschaftspolitik im Zeitalter des ↑ Absolutismus, die den Außenhandel u. damit die Industrie förderte, um den nationalen Reichtum u. die Macht des Staates zu vergrößern
Mer|kan|ti|list der; -en, -en: Vertreter des Merkantilismus. **Mer|kan|ti|lis |tin** die; -, -nen: weibliche Form zu ↑ Merkantilist.
mer|kan|ti|lis |tisch: dem Merkantilismus entsprechend, auf seinem System beruhend
Mer|kan|til|sys |tem das; -s: ↑ Merkantilismus
Mer|kap|tan das; -s, -e ⟨nlat.-nlat.⟩: alkoholartige chemische Verbindung, die u. a. zur Arzneiherstellung verwendet wird

Mer|kur der od. das; -s ⟨lat.; nach dem Planeten, der seinerseits nach dem altröm. Gott des Handels benannt ist⟩: [alchemistische] Bez. für: Quecksilber
mer|ku|ri|al ⟨lat.-nlat.; nach dem altröm. Handelsgott Merkur⟩: kaufmännisch; geschäftstüchtig
Mer|ku|ri |a|lis|mus der; - ⟨lat.-nlat.⟩: Quecksilbervergiftung
mer|ku|risch: ↑ merkurial
Mer|kur|stab der; -[e]s, ...stäbe: geflügelter, schlangenumwundener Stab des altröm. Gottes Merkur als Sinnbild des Handels
Mer|lan der; -s, -e ⟨lat.-fr.⟩: Schellfisch (ein Speisefisch)
¹**Mer|lin** der; -s, -e ⟨germ.-fr.-engl.⟩: Zwergfalke in Nord- u. Osteuropa
²**Mer|lin** [auch: 'mɛr...] der; -s, -e ⟨fr.; nach dem Seher u. Zauberer der Artussage⟩: Zauberer
me|ro|blas |tisch ⟨gr.⟩: nur teilweise gefurcht (von Eizellen, ihrer Plasmamasse)
Me|ro|ga|mie die; -: (Biol.) Befruchtung durch Verschmelzung von Keimzellen, die aus der Vielfachteilung eines Individuums hervorgegangen sind
Me|ro|go|nie die; -, ...ien: (Biol.) experimentell erreichbare Besamung kernloser Eiteilstücke mit einem Spermium
me|ro|krin: (Biol.; Med.) einen Teil des Zellinhaltes als Sekret abgebend; teilsezernierend (von Drüsen); Ggs. ↑ holokrin
Me|ro|ze|le die; -, -n ⟨gr.-nlat.⟩: (Med.) Schenkelbruch
Me|ro|zo|it der; -en, -en ⟨gr.⟩: (Biol.; Med.) a) im Verlauf des Entwicklungszyklus vieler Sporentierchen entstehender ↑ Agamet; b) Agamet der Malariaerreger, die ins Blut des Menschen geschwemmt werden u. die roten Blutkörperchen befallen
Mer|veil|leuse [mɛrvɛ'jø:z] die; -, -s [...'jø:z] ⟨lat.-fr.; „die Wunderbare"⟩: (hist.) scherzhaftspöttische Bez. für eine allzu modisch gekleidete Dame des ↑ Directoire
Mer|veil|leux [...vɛ'jø:] der; -: glänzender [Futter]stoff aus [Kunst]seide in Atlasbindung (eine Webart)
Me|ry|zis|mus der; -, ...men ⟨gr.-

nlat.⟩: (Med.) erneutes Verschlucken von Speisen, die sich bereits im Magen befanden u. infolge einer Magenfunktionsstörung durch die Speiseröhre in den Mund zurückbefördert wurden (bes. bei Säuglingen)
Mer|ze|ri|sa|ti|on die; -, -en ⟨engl.-nlat.; nach dem engl. Erfinder J. Mercer, 1791–1866)⟩: das Veredeln und Glänzendmachen von Baumwolle. **mer|ze|ri|sie-ren:** Baumwolle veredeln
mes..., Mes... vgl. meso..., Meso...
Me |s |al|li|ance [meza'ljã:s] die; -, -n [...sn̩] ⟨fr.⟩: 1. nicht standesgemäße Ehe; Ehe zwischen Partnern ungleicher sozialer Herkunft. 2. unglückliche, unebenbürtige Verbindung od. Freundschaft
Mes|ca|lin vgl. Meskalin
me|schant ⟨fr.⟩: (landsch.) boshaft, ungezogen, niederträchtig
Me|sche vgl. Mèche
Me|sched vgl. **Mesch|hed** vgl. Maschhad
me|schen vgl. mèchen
me|schug|ge ⟨hebr.-jidd.⟩: (ugs.) verrückt
Mes|dames [me'dam]: Plural von ↑ Madame
Mes|de|moi|selles [medəmŏa'zɛl]: Plural von ↑ Mademoiselle
Me |s |em|b |ri|an|the|mum das; -s ⟨gr.-nlat.⟩: Mittagsblume (eine Zierpflanze aus Südafrika)
Me |s |en|chym das; -s, -e: (Med.; Biol.) einzelliges Gewebe, aus dem sich die Formen des Stützgewebes entwickeln; embryonales Bindegewebe. **me |s |en-chym|al:** (Med.; Biol.) das Mesenchym betreffend
Me |s |en|te|ri|um das; -s: (Med.) Dünndarmgekröse
Me |s |en|ze|phal der; -s, -e ⟨gr.⟩: (Med.) das Mittelhirn betreffend
Me |s |en|ze|pha|li|tis die; -, ...iti-den: (Med.) Entzündung des Mittelhirns
Me |s |en|ze|pha|lon das; -s: (Med.) Mittelhirn; Hirnabschnitt zwischen Hinterhirn und Zwischenhirn
Me|se|ta die; -, ...ten ⟨span.⟩: span. Bez. für Hochebene
Mes|kal der; -s ⟨indian.-span.⟩: Agavenbranntwein
Mes|ka|lin das; -s ⟨indian.-span.-nlat.⟩: Alkaloid einer mexikanischen Kaktee, Rauschmittel

Mes|mer, Messmer *der;* -s, - ⟨*mlat.*⟩: (schweiz.) ↑ Mesner.
Mes|me|rin *die;* -, -nen: weibliche Form zu ↑ Mesmer
Mes|me|ris|mus *der;* - ⟨*nlat.;* nach dem dt. Arzt F. Mesmer, 1734–1815⟩: Lehre von der Heilkraft des Magnetismus, aus der die Hypnosetherapie entwickelt wurde
Mes|ner, auch: Messner *der;* -s, - ⟨*mlat.*⟩: [katholischer] Kirchendiener.
Mes|ne|rin, auch: Messnerin *die;* -, -nen: weibliche Form zu ↑ Mesner

---

me|so..., Me|so...

---

vor Vokalen auch: mes..., Mes... ⟨zu *gr.* mésos „mitten; Mitte"⟩ Wortbildungselement mit der Bedeutung „mittlere(r), in der Mitte zwischen mehreren Dingen befindlich":
– Mesenzephalon
– Mesoderm
– mesolithisch
– Mesozoikum

Me|so|derm *das;* -s, -e ⟨*gr.-nlat.*⟩: (Med.; Biol.) mittleres Keimblatt in der menschlichen u. tierischen Embryonalentwicklung. **me|so|der|mal:** (Med.; Biol.) das Mesoderm betreffend; aus dem Mesoderm hervorgehend (von Organen u. Geweben)
Me|so|eu|ro|pa: (Geol.) der nach der ↑ variskischen Gebirgsbildung versteifte Teil Europas
Me|so|gas| t| ri|um *das;* -s ⟨*gr.-nlat.*⟩: 1.(Med.; Biol.) Mittelbauchgegend. 2.(Med.) Gekröse des Magens
Me|so|karp *das;* -s, -e u. **Me|so-kar|pi|um** *das;* -s, ...ien: (Bot.) Mittelschicht der Fruchtwand bei Pflanzen (z.B. das fleischige Gewebe der Steinfrüchte); vgl. Endokarp u. Exokarp
me|so|ke|phal usw. vgl. mesozephal usw.
Me|so|kli|ma *das;* -s, -s u. ...ma̱te: Klima eines kleineren Landschaftsausschnittes (z.B. eines Hanges, Waldrandes); Kleinklima
Me|so|ko|lon *das;* -s, ...la: (Med.) Dickdarmgekröse
Me|so|li|thi|kum [auch: ...'lɪt...] *das;* -s: (Geol.) Mittelsteinzeit.

---

me|so|li|thisch [auch: ...'lɪt...]: die Mittelsteinzeit betreffend
Me|so|me|rie *die;* -: (Chem.) Erscheinung, dass die in einem organischen Molekül vorliegenden Bindungsverhältnisse nicht durch eine einzige Strukturformel dargestellt werden können
Me|so|me|t| ri|um *das;* -s: (Med.) breites Mutterband beiderseits der Gebärmutter. 2.(selten) mittlere muskuläre Wandschicht der Gebärmutter
me|so|morph: der Mesomorphie entsprechend. **Me|so|mor|phie** *die;* - ⟨*gr.-nlat.*⟩: Konstitution eines bestimmten Menschentyps, der ungefähr dem Athletiker entspricht; vgl. Ektomorphie u. Endomorphie
Me|son *das;* -s, ...onen (meist Plural): (Phys.) unstabiles Elementarteilchen, dessen Masse geringer ist als die eines ↑ Protons, jedoch größer als die eines ↑ Leptons
Me|so|ne|ph| ros *der;* -: Urniere (bei Säugetier u. Mensch als Embryonalniere in Funktion)
Me|so|nyk|ti|kon *das;* -s, ...ka ⟨*gr.*⟩: mitternächtlicher Gottesdienst in der Ostkirche
Me|so|pau|se *die;* -: obere Grenze der Mesosphäre
Me|so|phyll *das;* -s, -en: zwischen der oberen u. unteren ↑ Epidermis gelegenes Gewebe des Pflanzenblattes
Me|so|phyt *der;* -en, -en: Pflanze, die Böden mittleren Feuchtigkeitsgrades bevorzugt
Me|so|phy|ti|kum *das;* -s: das Mittelalter der Entwicklung der Pflanzenwelt im Verlauf der Erdgeschichte
Me|so|si|de|rit [auch: ...'rɪt] *der;* -s, -e ⟨*gr.-nlat.*⟩: Meteorstein aus Silikaten u. Nickeleisen
Me|so|s| phä|re *die;* -: (Meteor.) in etwa 50 bis 80 Kilometer Höhe liegende Schicht der Erdatmosphäre
Me|sos| te|ni|um *das;* -s: ↑ Mesenterium
Me|so|s| ti|chon *das;* -s, ...chen u. ...cha ⟨*gr.*⟩: Gedicht, bei dem die an bestimmter Stelle in der Versmitte stehenden Buchstaben, von oben nach unten gelesen, ein Wort od. einen Satz ergeben; vgl. Akrostichon, Telestichon
Me|so|tes *die;* - ⟨*gr.;* „die Mitte"⟩:

(Philos.) vernünftige Mitte zwischen zwei Extremen menschlichen Verhaltens (z.B. Tapferkeit zwischen Feigheit u. Tollkühnheit)
Me|so|thel *das;* -s, -e u. -ien u. **Me|so|the|li|um** *das;* -s, ...lien ⟨*gr.-nlat.*⟩: aus dem Mesoderm hervorgehende Deckzellenschicht, die bes. Brust- u. Bauchhöhle auskleidet
Me|so|tho|ri|um *das;* -s ⟨⟨*gr.;* altnord.⟩ nlat.⟩: (Phys.) Zerfallsprodukt des ↑ Thoriums; Abk.: MsTh
Me|so|t| ron *das;* -s, ...onen ⟨*gr.-nlat.*⟩: ↑ Meson
me|so|typ: (Geol.) weder sehr hell noch sehr dunkel aussehend (von Erstarrungsgesteinen)
me|so|ze|phal: (Med.) mittelköpfig; eine Kopfform besitzend, die zwischen dem so genannten Kurzkopf u. dem Langkopf steht. **Me|so|ze|pha|le** *der* u. *die;* -n, -n: (Med.) Mensch mit mittelhoher Kopfform. **Me|so|ze-pha|lie** *die;* -: (Med.) mittelhohe Kopfform
Me|so|zo|en: *Plural* von ↑ Mesozoon
Me|so|zo| i|kum *das;* -s: das erdgeschichtliche Mittelalter (umfasst ↑ Trias, ↑²Jura, Kreide).
me|so|zo|isch: das erdgeschichtliche Mittelalter betreffend
Me|so|zo|ne *die;* -: (Geol.) die mittlere Tiefenzone bei der ↑ Metamorphose (4) der Gesteine
Me|so|zo|on *das;* -s, ...zoen (meist Plural): einfach gebautes mehrzelliges Tier, das in Körper- u. Fortpflanzungszellen differenziert ist (meist als Parasit lebend)
mes|quin [mɛsˈkɛ̃] ⟨*arab.-it.-fr.*⟩: (veraltet) karg, knauserig; armselig. **Mes|qui|ne|rie** [mɛskin...] *die;* -, ...jen: (veraltet) Kärglichkeit, Knauserei, Armseligkeit
Mes|sa |da Vo|ce [- - 'vo:tʃə] *das;* - - ⟨*lat.-it.*⟩: ↑ Messa Voce
Mes|sage ['mɛsɪdʒ] *die;* -, -s [...dʒɪz] ⟨*lat.-mlat.-engl.*⟩: 1. Mitteilung, Nachricht, Information, die durch die Verbindung von Zeichen ausgedrückt u. vom Sender zum Empfänger übertragen wird. 2. Gehalt, Aussage, Botschaft (z.B. eines Kunstwerkes)
Mes|sa|li|na *die;* -, ...nen ⟨*lat.;*

nach der wegen ihrer Sittenlosigkeit u. Grausamkeit berüchtigten Frau des röm. Kaisers Claudius): genusssüchtige, zügellose Frau

Mes|sa|li|ne die; - ⟨lat.-fr.⟩: glänzender [Kunst]seidenatlas für Futter u. Besatz

Mes|sa Vo|ce [- ˈvoːtʃə] das; - - ⟨lat.-it.⟩: (Mus.) allmähliches An- u. Abschwellen des Tones; Zeichen: < >

¹Mes|se die; -, -n ⟨lat.-mlat.; nach der Schlussformel ↑ ite, missa est⟩: 1. nach einer bestimmten Messordnung abgehaltener katholischer Gottesdienst mit der Feier der Eucharistie. 2. geistliche Komposition als Vertonung der [unveränderlichen] liturgischen Bestandteile der ¹Messe (1). 3. a) in bestimmten Zeitabständen stattfindende Ausstellung, bei der das Warenangebot eines größeren Gebiets od. Wirtschaftsbereiches in besonderen Ausstellungsräumen dem Handel u. der Industrie in Form von Mustern gezeigt wird (was dem Abschluss von Kaufverträgen dienen soll); b) (landsch.) Jahrmarkt, Kirmes

²Mes|se die; -, -n ⟨lat.-vulgärlat.-fr.-engl.⟩: 1. Tischgenossenschaft von [Unter]offizieren auf [Kriegs]schiffen. 2. Speise- u. Aufenthaltsraum der Besatzung eines [Kriegs]schiffs; Schiffskantine

Mes|si|a|de die; -, -n ⟨hebr.-gr.-mlat.-nlat.⟩: geistliche Dichtung, die das Leben u. Leiden Jesu Christi (des Messias) schildert

mes|si|a|nisch: 1. auf den Messias bezüglich. 2. auf den Messianismus bezüglich. **Mes|si|a|nis|mus** der; -: geistige Bewegung, die die religiöse od. politische Erlösung von einem Messias erwartet

Mes|si|a|nist der; -en, -en: Anhänger des Messianismus. **Mes|si|a|nis|tin** die; -, -nen: weibliche Form zu ↑ Messianist

Mes|si|as der; -, -se ⟨hebr.-gr.-mlat.; „der Gesalbte"⟩: 1. (ohne Plural) der im Alten Testament verheißene Heilskönig, in der christlichen Religion auf Jesus von Nazareth bezogen. 2. Befreier, Erlöser aus religiöser, sozialer o. ä. Unterdrückung

Mes|si|dor der; -[s], -s ⟨(lat.; gr.)

fr.; „Erntemonat"⟩: der zehnte Monat (19. Juni bis 18. Juli) im Kalender der Französischen Revolution

Mes|sie der; -s, -s ⟨engl.⟩: (Jargon) Person mit chaotischer Unordnung in der Wohnung

Mes|sieurs [meˈsjø:]: Plural von ↑ Monsieur

Mes|sing das; -s ⟨Herkunft unsicher⟩: Kupfer-Zink-Legierung. **mes|sin|gen**: aus Messing [bestehend]

Mess|ka|non der; -s, -s: ↑ ¹Kanon (7)

Mess|mer vgl. Mesmer

Mess|ner usw. vgl. Mesner usw.

Mes|so|lan u. Mesulan der; -s ⟨it.⟩: (veraltet) Stoff aus Leinengarn u. Schafwolle

Mess|sti|pen|di|um das; -s, ...dien: Geldspende od. Stiftung, die den katholischen Priester verpflichtet, für ein Anliegen des Spenders ¹Messen (1) zu lesen

Mes|ti|ze der; -n, -n ⟨lat.-span.⟩: Nachkomme eines weißen u. eines indianischen Elternteils. **Mes|ti|zin** die; -, -nen: weibliche Form zu ↑ Mestize

mes|to ⟨lat.-it.⟩: (Mus.) traurig, betrübt (Vortragsanweisung)

Me|su|lan vgl. Messolan

Me|su|sa die; - ⟨hebr.; „Pfosten"⟩: kleine Schriftrolle in einer Kapsel am Türpfosten jüdischer Häuser mit den Schriftworten 5. Mose 6, 4–9 und 11, 13–21

met..., Met... vgl. meta..., Meta...

---

me|ta..., Me|ta...

vor Vokalen und h met..., Met... ⟨gr. metá „inmitten, zwischen, hinter, nach"⟩

Präfix mit den Bedeutungen:
1. „zwischen, inmitten, nach, nachher, später, ver... (im Sinne der Umwandlung, des Wechsels)":
– Metamorphose
– metaphysisch
– Methämoglobin
– metonymisch
2. „auf einer höheren Stufe, Ebene befindlich; übergeordnet, hinter etwas stehend":
– Metakommunikation
– metasprachlich

Me|ta|ba|sis die; -, ...basen ⟨gr.-nlat.⟩: (Logik) Gedankensprung, [unzulässiger] Denk-

schritt [im Beweis] auf ein fremdes Gebiet

Me|tal|bi|o|se die; -, -n ⟨gr.-nlat.⟩: Form der ↑ Symbiose; Zusammenleben zweier Organismen, bei dem nur ein Teil Vorteile hat

Me|ta|blas|te|se die; - ⟨gr.-nlat.⟩: (Geol.) Vorgang bei der Metamorphose (4), bei dem eine Neu- u. Umkristallisation eines Gesteinskomplexes stattfindet, wobei das schieferartige Ausgangsmaterial ein granitartiges Gefüge erhält

me|ta|bol vgl. metabolisch

Me|ta|bo|lie die; -, ...ien ⟨gr.; „Veränderung"⟩: 1. Formveränderung bei Einzellern. 2. Gestaltveränderung bei Insekten während der Embryonalentwicklung; vgl. ↑ Metamorphose (2); vgl. Holometabolie u. Hemimetabolie. 3. (Biol.) Veränderung eines Organismus, die auf Stoffwechsel beruht

me|ta|bo|lisch u. metabol: 1. veränderlich (z. B. in Bezug auf die Gestalt von Einzellern). 2. (Med.; Biol.) im Stoffwechselprozess entstanden

Me|ta|bo|lis|mus der; - ⟨gr.-nlat.⟩: 1. Umwandlung, Veränderung. 2. (Med.; Biol.) Stoffwechsel

Me|ta|bo|lit [auch: ...ˈlɪt] der; -en, -en: (Biol.; Med.) Substanz, deren Vorhandensein für den normalen Ablauf der Stoffwechselprozesse unentbehrlich ist (z. B. Vitamine, Enzyme, Hormone)

Me|ta|chro|nis|mus [...kro...] der; -, ...men ⟨gr.-nlat.⟩: irrtümliche Einordnung eines Ereignisses in eine zu späte Zeit; vgl. Anachronismus

Me|ta|dy|ne die; -, -n ⟨gr.-nlat.⟩: Gleichstromgenerator in Sonderbauweise für Konstantstromerzeugung

Me|ta|file [...faɪl] das; -s, -s ⟨gr.; engl.⟩: (EDV) eine Datei, die andere Dateien enthält od. definiert

Me|ta|ga|la|xis die; - ⟨gr.⟩: (Astron.) hypothetisches System, dem das Milchstraßensystem u. viele andere Sternsysteme angehören

me|ta|gam ⟨gr.-nlat.⟩: (Med.; Biol.) nach der Befruchtung erfolgend (z. B. von der Festlegung des Geschlechts)

Me|ta|ge|ne|se die; -, -n ⟨gr.-nlat.⟩:

↑ Generationswechsel bei Tieren u. Pflanzen. **Me|ta|ge|ne|tisch:** die Metagenese betreffend

Me|ta|ge|schäft *das; -[e]s, -e* ⟨*lat.-it.; dt.*⟩: vertragliche Vereinbarung zwischen zwei Partnern, nach der Gewinn u. Verlust aus Geschäften, die die Vertragspartner abschließen, aufgeteilt werden

Me|ta|g|nom *der; -en, -en* ⟨*gr.-nlat.*⟩: (Parapsychol.) Mittler bei okkulten Phänomenen. **Me|ta|g|no|mie** *die; -:* (Parapsychol.) Fähigkeit zur Wahrnehmung von Phänomenen, die der normalen sinnlichen Wahrnehmung nicht zugänglich sind; Gedankenlesekunst

Me|ta|gy|nie *die; -* ⟨*gr.-nlat.*⟩: (Bot.) das frühere Geschlechtsreifwerden der männlichen Blüten bei einer eingeschlechtigen Pflanze; Ggs. ↑ Metandrie

me|ta|kar|pal ⟨*gr.-nlat.*⟩: (Med.) zur Mittelhand gehörend, sie betreffend

Me|ta|kom|mu|ni|ka|ti|on *die; -* ⟨*gr.-nlat.*⟩: a) über die verbale Verständigung hinausgehende Kommunikation (z. B. Gesten, Mimik); b) Kommunikation über einzelne Ausdrücke, Aussagen od. die Kommunikation selbst

Me|ta|kri|tik *die; -* ⟨*gr.-nlat.*⟩: (Philos.) auf die Kritik folgende u. sachlich über sie hinausgehende Kritik; Kritik der Kritik

Me|tal [ˈmetl] *das; -[s]* ⟨*gr.-lat.-engl.*⟩: Kurzform von ↑ Heavymetal

Me|ta|lep|se u. **Me|ta|lep|sis** *die; -, ...epsen* ⟨*gr.*⟩: (Rhet.) rhetorische Figur (Art der ↑ Metonymie), bei der das Nachfolgende mit dem Vorhergehenden vertauscht wird (z. B. „Grab" statt „Tod") od. ein mehrdeutiges Wort durch das Synonym zu einer im Kontext (1) nicht gemeinten Bedeutung ersetzt wird (z. B. „Geschickter" [zu „geschickt, gewandt, fähig"] statt „Gesandter" [zu „senden"])

Me|ta|lim|ni|on *das; -s, ...ien* ⟨*gr.-nlat.*⟩: (Geogr.) Wasserschicht, in der die Temperatur sprunghaft absinkt (von Seen)

Me|ta|lin|gu|is|tik *die; -* ⟨*gr.-nlat.*⟩: Teil der Linguistik, der sich mit den Beziehungen der Sprache zu außersprachlichen Phänomenen (z. B. zur Kultur, Gesellschaft) beschäftigt u. der untersucht, inwieweit die Muttersprache die Art des Erfassens der Wirklichkeit bestimmt; vgl. Linguistik

Me|tall *das; -s, -e* ⟨*gr.-lat.*⟩: chemischer Grundstoff, der sich durch charakteristischen Glanz, Undurchsichtigkeit, Legierbarkeit u. gute Fähigkeit, Wärme u. Elektrizität zu leiten, auszeichnet. **me|tal|len:** aus Metall [bestehend]

Me|tal|ler *der; -s, -:* (ugs.) kurz für: Metallarbeiter [als Gewerkschaftsangehöriger]. **Me|tal|le|rin** *die; -, -nen:* weibliche Form zu ↑ Metaller

me|tal|lic [...lɪk] *⟨gr.-lat.-engl.⟩:* metallisch schimmernd u. dabei von einem stumpfen, nicht leuchtenden Glanz

Me|tal|li|sa|ti|on *die; -, -en* ⟨*gr.-lat.-nlat.*⟩: 1. Vererzung (beim Vorgang der Gesteinsbildung). 2. ↑ Metallisierung; vgl. ...ation/ ...ierung

Me|tal|li|sa|tor *der; -s, ...oren:* Spritzpistole zum Aufbringen von Metallüberzügen

me|tal|lisch ⟨*gr.-lat.*⟩: 1. aus Metall bestehend, die Eigenschaften eines Metalls besitzend. 2. a) hart klingend, im Klang hell u. durchdringend; b) in seinem optischen Eindruck wie Metall, an Metall erinnernd; metallartig

mé|tal|li|sé [metaliˈze] ⟨*gr.-lat.-fr.*⟩: ↑ metallic

me|tal|li|sie|ren ⟨*gr.-nlat.*⟩: einen Gegenstand mit einer widerstandsfähigen metallischen Schicht überziehen. **Me|tal|li|sie|rung** *die; -, -en:* das Überziehen eines Gegenstandes mit Metall; vgl. ...ation/...ierung

Me|tal|lis|mus *der; -:* Theorie, die den Geldwert aus dem Stoff- od. Metallwert des Geldes zu erklären versucht

Me|tal|lo|chro|mie *die; -* ⟨*gr.-nlat.*⟩: Färbung von Metallen im galvanischen Verfahren

Me|tal|lo|fon vgl. Metallophon

Me|tal|lo|ge *der; -n, -n:* Fachwissenschaftler auf dem Gebiet der Metallogie

Me|tal|lo|ge|ne|se *die; -:* Bildung von Erzlagerstätten in bestimmten Räumen der Erdkruste

Me|tal|lo|gie *die; -:* Wissenschaft vom Aufbau, von den Eigenschaften u. Verarbeitungsmöglichkeiten der Metalle. **Me|tal|lo|gin** *die; -, -nen:* weibliche Form zu ↑ Metalloge

Me|tal|lo|graph, auch: ...graf *der; -en, -en:* Spezialist auf dem Gebiet der Metallographie. **Me|tal|lo|gra|phie,** auch: ...grafie *die; -:* Teilgebiet der Metallogie, auf dem mit mikroskopischen Methoden Aufbau, Struktur u. Eigenschaften der Metalle untersucht werden. **Me|tal|lo|gra|phin,** auch: ...grafin *die; -, -nen:* weibliche Form zu ↑ Metallograph

Me|tal|lo|id *das; -[e]s, -e:* (veraltet) chem. Element, das kein Metall ist

Me|tal|lo|phon, auch: ...fon *das; -s, -e:* mit einem Hammer geschlagenes, aus aufeinander abgestimmten Metallplatten bestehendes Glockenspiel

Me|tal|lo|xid, auch: **Me|tal|lo|xyd** *das; -s, -e:* Verbindung eines Metalls mit Sauerstoff

Me|tal|l|urg u. **Me|tal|l|ur|ge** *der; ...gen, ...gen:* Fachwissenschaftler der Metallurgie

Me|tal|l|ur|gie *die; -:* Hüttenkunde; Wissenschaft vom Ausschmelzen der Metalle aus Erzen, von der Metallreinigung, -veredlung u. (im weiteren Sinne) -verarbeitung

Me|tal|l|ur|gin *die; -, -nen:* weibliche Form zu ↑ Metallurg

me|tal|l|ur|gisch: die Metallurgie betreffend; Hütten...

Me|ta|ma|the|ma|tik *die; -* ⟨*gr.-nlat.*⟩: mathematische Theorie, mit der die Mathematik selbst untersucht wird

me|ta|mer ⟨*gr.-nlat.*⟩: (Biol.) in hintereinander liegende, gleichartige Abschnitte gegliedert; die Metamerie betreffend

Me|ta|me|ren *die* (Plural): gleichartige Körperabschnitte in der Längsachse des Tierkörpers

Me|ta|me|rie *die; -:* 1. Gliederung des Tierkörpers in hintereinander liegende Abschnitte mit sich wiederholenden Organen. 2. Eigenschaft spektral unterschiedlicher Farbreize, die gleiche Farbempfindung auszulösen

M

Me|ta|me|ta|spra|che *die; -, -n* ⟨*gr.; dt.*⟩: Sprache, in der eine ↑ Metasprache (als ↑ Objektsprache) beschrieben wird

me|ta|morph u. **me|ta|mor|phisch** ⟨*gr.-nlat.*⟩: die Gestalt, den Zustand wandelnd

Me|ta|mor|phis|mus *der; -, ...men:* ↑ Metamorphose

Me|ta|mor|phit [auch: ...'fit] *der; -s, -e* (meist Plural): (Geol.) durch Metamorphose (4) entstandenes Gestein

Me|ta|mor| phlop|sie *die; -, ...ien:* (Med.) Sehstörung, bei der die Gegenstände verzerrt gesehen werden

Me|ta|mor|pho|se *die; -, -n* ⟨*gr.-lat.*⟩: 1. Umgestaltung, Verwandlung. 2. (Zool.) Entwicklung vom Ei zum geschlechtsreifen Tier durch Einschaltung gesonderter gestalteter, selbstständiger Larvenstadien (bes. bei Insekten). 3. (Bot.) Umwandlung der Grundform pflanzlicher Organe in Anpassung an die Funktion. 4. (Geol.) Umwandlung, die ein Gestein durch Druck, Temperatur u. Bewegung in der Erdkruste erleidet. 5. (nur Plural; Mus.) Variationen. 6. (griech. Mythologie) Verwandlung von Menschen in Tiere, Pflanzen, Steine o. Ä.

me|ta|mor|pho|sie|ren ⟨*gr.-lat.-nlat.*⟩: verwandeln, umwandeln; die Gestalt ändern

Me|tan|dl|rie *die; - ⟨gr.-nlat.⟩:* (Bot.) das spätere Geschlechtsreifwerden der männlichen Blüten bei einer eingeschlechtigen Pflanze; Ggs. ↑ Metagynie

Me|ta|ne|phl ros *der; - ⟨gr.-nlat.⟩:* (Med.; Biol.) Nachniere od. Dauerniere (entsteht aus dem ↑ Mesonephros u. bildet die dritte u. letzte Stufe im Entwicklungsgang des Harnapparates)

me|ta|no|ei|te ⟨*gr.*⟩: Kehrt (euern Sinn) um! Tut Buße! (nach der Predigt Johannes' des Täufers u. Jesu, Matth. 3, 2; 4, 17)

me|ta|nol eltisch: (Philos.) das Denken übersteigend, nicht mehr denkbar

Me|ta|noia [...nɔya] *die; - ⟨*„das Umdenken"⟩: 1̈. (Rel.) innere Umkehr, Buße. 2. (Philos.) Änderung der eigenen Lebensauffassung, Gewinnung einer

neuen Weltsicht. 3. in der orthodoxen Kirche Kniebeugung mit Verneigung bis zur Erde

me|ta|öl ko|no|misch ⟨*gr.-nlat.*⟩: außerwirtschaftlich

Me|ta|or|ga|nis|mus *der; -, ...men* ⟨*gr.-nlat.*⟩: (Parapsychol.) Verkörperung von Seelenkräften

Me|ta|pe|llet *die; -, ...plɔt* ⟨*hebr.*⟩: Erzieherin u. Kindergärtnerin in einem ↑ Kibbuz

Me|ta|pha|se *die; -, -n* ⟨*gr.-nlat.*⟩: (Biol.) Stadium der Kernteilung mit Anordnung der Chromosomen zu einer Kernplatte

Me|ta|pher *die; -, -n* ⟨*gr.-lat.*⟩: (Sprachw.) sprachlicher Ausdruck, bei dem ein Wort, eine Wortgruppe aus seinem eigentlichen Bedeutungszusammenhang in einen anderen übertragen wird, ohne dass ein direkter Vergleich zwischen Bezeichnendem u. Bezeichnetem vorliegt; bildhafte Übertragung (z. B. das Haupt der Familie)

Me|ta|pho|rik *die; -:* das Vorkommen, der Gebrauch von Metaphern [als Stilmittel]. **me|ta|pho|risch:** a) die Metapher betreffend; b) bildlich, übertragen [gebraucht]

Me|ta|phra|se *die; -, -n* ⟨*gr.-lat.*⟩: 1. (Literaturw.) umschreibende Übertragung einer Versdichtung in Prosa. 2. (Stilk.) erläuternde Wiederholung eines Wortes durch ein ↑ Synonym

Me|ta|phrast *der; -en, -en* ⟨*gr.*⟩: Verfasser einer Metaphrase

me|ta|phras| tisch: 1. die Metaphrase betreffend. 2. umschreibend

Me|ta|phy|la|xe *die; -, -n* ⟨*gr.-nlat.; Analogiebildung zu* ↑ Prophylaxe⟩: (Med.) Nachbehandlung eines Patienten nach überstandener Krankheit als vorbeugende Maßnahme gegen mögliche Rückfallerkrankungen

Me|ta|phy|se *die; -, -n* ⟨*gr.-nlat.*⟩: (Med.) Wachstumszone der Röhrenknochen

Me|ta|phy|sik *die; -:* 1. (Philos.) a) philosophische Disziplin od. Lehre, die das hinter dem sinnlich erfahrbaren, natürlichen Welt Liegende, die letzten Gründe u. Zusammenhänge des Seins behandelt; b) die Metaphysik (1 a) darstellendes Werk. 2. (Philos.) der ↑ Dialektik entgegengesetzte Denkweise,

die die Erscheinungen als isoliert u. als unveränderlich betrachtet (im Marxismus)

Me|ta|phy|si|ker *der; -s, -:* Vertreter der Metaphysik. **Me|ta|phy-si|ke|rin** *die; -, -nen:* weibliche Form zu ↑ Metaphysiker

me|ta|phy|sisch: 1. (Philos.) zur Metaphysik (1 a) gehörend; überempirisch, jede mögliche Erfahrung überschreitend. 2. die Metaphysik (2) betreffend; undialektisch

Me|ta|pla|sie *die; -, ...ien* ⟨*gr.-nlat.*⟩: (Med.; Biol.) Umwandlung eines Gewebes in ein anderes, das dem gleichen Mutterboden entstammt (z. B. als Folge von Gewebsreizungen)

Me|ta|plas|mus *der; -, ...men* ⟨*gr.-lat.*⟩: Umbildung von Wortformen aus Gründen des Wohlklangs, der Metrik u. a. (z. B. durch ↑ Apokope). **me|ta|plas-tisch:** den Metaplasmus betreffend

Me|ta|psy|chik *die; - ⟨gr.-nlat.⟩:* ↑ Parapsychologie. **me|ta|psy-chisch:** die Metapsychik betreffend

Me|ta|psy|cho|lo|gie *die; -:* 1. (von S. Freud gewählte Bezeichnung für die von ihm begründete) psychologische Lehre in ihrer ausschließlich theoretischen Dimension. 2. ↑ Parapsychologie

Me|ta|säu|re *die; -, -n ⟨gr.; dt.⟩:* wasserärmste Form einer Säure

Me|ta|se|quo|ia u. **Me|ta|se|quo|ie** *die; -, ...ien ⟨gr.; indian.-nlat.⟩:* chinesischer Mammutbaum

Me|ta|som *das; -s, -e ⟨gr.-nlat.⟩:* (Geol.) fester Bestandteil eines Gesteins (bei seiner Zerlegung durch Hitze)

me|ta|so|ma|tisch: (Geol.) durch Metasomatose entstanden. **Me-ta|so|ma|to|se** *die; -:* (Geol.) Umwandlung eines Gesteins durch Austausch von Bestandteilen (bei Zufuhr von Lösungen und Dämpfen)

Me|ta|spra|che *die; -, -n ⟨gr.; dt.⟩:* (Sprachw., Informatik, Math.) wissenschaftliche, terminologische Beschreibung der natürlichen Sprache; Sprache od. Symbolsystem, das dazu dient, Sprache od. ein Symbolsystem zu beschreiben od. zu analysieren; vgl. Metametasprache, Objektsprache. **me|ta|sprach|lich:**

M

die Metasprache betreffend, auf ihr beruhend

me|ta|sta|bil ⟨gr.; lat⟩: (Phys.) durch Verzögerungserscheinung noch in einem Zustand befindlich, der den äußeren Bedingungen nicht mehr entspricht

Me|ta|s| ta|se die; -, -n ⟨gr.; „Umstellung; Veränderung"⟩: 1. (Med.) Tochtergeschwulst; durch Verschleppung von Geschwulstkeimen an vom Ursprungsort entfernt gelegene Körperstellen entstandener Tumor (z. B. bei Krebs). 2. (antike Rhet.) Redefigur, mit der der Redner die Verantwortung für eine Sache auf eine andere Person überträgt. **me|ta|s| ta|sie|ren** ⟨gr.-nlat.⟩: (Med.) Tochtergeschwülste bilden

me|ta|s| ta|tisch: (Med.) über die Blutbahn od. die Lymphgefäße an eine andere Körperstelle verschleppt (von Tumoren o. Ä.)

Me|ta|tekt das; -[e]s, -e ⟨gr.-nlat.⟩: (Geol.) flüssiger Bestandteil eines Gesteins (bei seiner Zerlegung durch hohe Temperatur).

Me|ta|te|xis die; -: (Geol.) Vorgang der Zerlegung eines Gesteins in feste u. flüssige Teile (bei hohen Temperaturen)

Me|ta|the|o|rie die; -, -n ⟨gr.⟩: wissenschaftliche Theorie, die ihrerseits eine Theorie zum Gegenstand hat; vgl. Metasprache

Me|ta|the|se u. **Me|ta|the|sis** die; -, ...esen ⟨gr.-lat.⟩: (Sprachw.) Lautumstellung in einem Wort, auch bei Entlehnung in eine andere Sprache (z. B. Wepse–Wespe, Born–Bronn)

Me|ta|to|nie die; -, ...ien ⟨gr.-nlat.⟩: Wechsel der Intonation (z. B. in slawischen Sprachen)

Me|ta|tro|psis|mus der; - ⟨gr.-nlat.; „Umkehrung"⟩: (Psychol.) anderes geschlechtliches Empfinden od. Gefühlsleben, d. h. Verschiebung od. Vertauschung der Rollen von Mann u. Frau, wobei die Frau den aktiveren, der Mann den passiveren Teil übernimmt

Me|ta|xa ® der; -[s], -s (aber: 2 -): ⟨gr.⟩: milder, aromatischer Branntwein aus Griechenland

me|ta|zen|t| risch ⟨gr.-nlat.⟩: das Metazentrum betreffend, sich auf das Metazentrum beziehend; schwankend

Me|ta|zen|t| rum das; -s, ...ren: (Schiffbau) der für die Stabilität wichtige Schnittpunkt der Auftriebsrichtung mit der vertikalen Symmetrieachse eines geneigten Schiffes

me|ta|zo|isch: echte Gewebe bildend (bei vielzelligen Tieren)

Me|ta|zo|on das; -s, ...zoen (meist Plural) ⟨gr.-nlat.⟩: vielzelliges Tier, das echte Gewebe bildet; Ggs. ↑ Protozoon

Me| t|em|psy|cho|se die; -, -n ⟨gr.-lat.⟩: Seelenwanderung

Me|te|or der (selten: das); -s, ...ore ⟨gr.; „Himmels-, Lufterscheinung"⟩: Lichterscheinung (Feuerkugel), die durch in die Erdatmosphäre eindringende kosmische Partikeln hervorgerufen wird

me|te|o|risch: (Meteor.) die Lufterscheinung u. Luftverhältnisse betreffend; **meteorische Blüte:** Blüte, deren Öffnung von den Wetterverhältnissen abhängt

Me|te|o|ris|mus der; -, ...men ⟨gr.-nlat.⟩: (Med.) Darmblähungen, Blähsucht

Me|te|o|rit [auch: ...ˈrɪt] der; -en u. -s, -e[n]: in die Erdatmosphäre eindringender kosmischer Körper. **me|te|o|ri|tisch** [auch: ...ˈrɪt...]: 1. von einem Meteor stammend. 2. von einem Meteoriten stammend

Me|te|o|ro|graf vgl. Meteorograph

Me|te|o|ro|gramm das; -s, -e: Messergebnis eines Meteorographen

Me|te|o|ro|graph, auch: ...graf der; -en, -en: (Meteor.) Gerät zur gleichzeitigen Messung mehrerer Witterungselemente

Me|te|o|ro|lo|ge der; -n, -n: Wissenschaftler, zu dessen Arbeitsbereich die Erforschung des Wetters u. des Klimas gehört

Me|te|o|ro|lo|gie die; - ⟨gr.⟩: Wetterkunde; Wissenschaft von der Erdatmosphäre u. dem sich in ihr abspielenden Wettergeschehen

Me|te|o|ro|lo|gin die; -, -nen: weibliche Form zu ↑ Meteorologe

me|te|o|ro|lo|gisch: die Meteorologie betreffend

Me|te|o|ro|path der; -en, -en: jmd., dessen körperliches Befinden in abnormer Weise von Witterungseinflüssen bestimmt wird. **Me|te|o|ro|pa|thin** die; -, -nen: weibliche Form zu ↑ Meteoropath

Me|te|o|ro|pa|tho|lo|gie die; -: (Med.) Zweig der ↑ Pathologie, der sich mit den Einflüssen des Wetters auf die Funktionen des kranken Organismus befasst

Me|te|o|ro|phy|si| o|lo|gie die; -: Wissenschaft, die die Einflüsse des Wettergeschehens auf die Funktionen des pflanzlichen, tierischen u. menschlichen Organismus erforscht

me|te|o|ro|trop ⟨gr.-nlat.⟩: wetter-, klimabedingt. **Me|te|o|ro|tro|pis|mus** der; -: durch Wetterfühligkeit bedingter Krankheitszustand

Me|ter der (schweiz. nur so) od. das; -s, - ⟨gr.-lat.-fr.⟩: Längenmaß; Zeichen: m

...me|ter s. Kasten ...metrie

Me|ter|se|kun|de die; -, -n: Geschwindigkeit in Metern je Sekunde; Zeichen: m/s, älter auch: m/sec

Me|thal|don das; -s ⟨Kurzw. aus engl. dimethylamino- u. diphenyl u. heptanone⟩: synthetisches ↑ Derivat (3) des Morphins (als Ersatzdroge für Heroinabhängige)

Met|hä|mo|glo|bin das; -s ⟨gr.; lat.⟩: (Med.; Biol.) Oxidationsform des roten Blutfarbstoffs, bei der sich der Sauerstoff, statt dass er an die Körperzellen abgegeben wird, fest mit dem Eisen des Blutfarbstoffs verbindet

Met|hä|mo|glo|bi| n|ä| mie die; -, ...ien ⟨gr.; lat.; gr.⟩: (Med.) Methämoglobinvergiftung infolge Sauerstoffmangels (innere Erstickung)

Me|than das; -s ⟨gr.-nlat.⟩: farbloses, geruchloses u. brennbares Gas, einfachster gesättigter Kohlenwasserstoff (bes. als Heizgas verwendet)

Me|tha|nol das; -s ⟨Kurzw. aus Methan u. ↑ Alkohol⟩: ↑ Methylalkohol

Me| t|he| xis die; - ⟨gr.; „Teilnahme"⟩: (Philos.) Verhältnis der Einzeldinge der Sinnenwelt (Abbild) zu ihren Ideen (Urbild; Zentralbegriff bei Plato)

Me|thi| o|nin das; -s ⟨Kunstw.⟩: schwefelhaltige Aminosäure von vielfacher Heilwirkung

Me|thod-Ac|ting [ˈmɛðədˈɛktɪŋ]

...me|t|rie

die; -, ...ien (häufig ohne Plural) ⟨zu *gr.* metreïn „messen, ausmessen; bemessen; prüfen" → ...metría „(Ver)messung"⟩ Wortbildungselement mit der Bedeutung „[Ver]messung":
- Audiometrie
- Chronometrie
- Geometrie
- Symmetrie

...meter

das; -s, - ⟨*gr.* métron „Maß; Silbenmaß, Versmaß"⟩

Wortbildungselement mit der Bedeutung „Messgerät":
- Amperemeter
- Barometer
- Chronometer
- Kalorimeter
- Thermometer

Von gleicher Herkunft ist auch das Wortbildungselement ...meter (der; -s, -) in der Bedeutung „ein Maß Enthaltendes, Messendes" wie z. B. in Hexameter und Parameter.

---

das; -s ⟨*amerik.*⟩: Art der Schauspielerei, bei der die Schauspieler sich auf sich selbst konzentrieren, auf eigene Erfahrungen zurückgreifen

Me|tho|de *die; -, -n* ⟨*gr.-lat.*⟩: 1. auf einem Regelsystem aufbauendes Verfahren, das zur Erlangung von [wissenschaftlichen] Erkenntnissen od. praktischen Ergebnissen dient. 2. Art u. Weise eines Vorgehens

Me|tho|dik *die; -, -en*: 1. Wissenschaft von den Verfahrensweisen der Wissenschaften. 2. (ohne Plural) Unterrichtsmethode; Wissenschaft vom planmäßigen Vorgehen beim Unterrichten. 3. in der Art des Vorgehens festgelegte Arbeitsweise

Me|tho|di|ker *der; -s, -*: 1. planmäßig Verfahrender. 2. Begründer einer Forschungsrichtung. **Me|tho|di|ke|rin** *die; -, -nen*: weibliche Form zu ↑ Methodiker

me|tho|disch: 1. die Methode (1) betreffend. 2. planmäßig, überlegt, durchdacht, schrittweise

me|tho|di|sie|ren ⟨*lat.-nlat.*⟩: eine Methode in etwas hineinbringen

Me|tho|dis|mus *der; -* ⟨*gr.-lat.-engl.*⟩: aus dem Anglikanismus im 18. Jh. hervorgegangene evangelische Erweckungsbewegung mit religiösen Übungen u. bedeutender Sozialarbeit. **Me|tho|dist** *der; -en, -en*: Mitglied einer Methodistenkirche; vgl. Wesleyaner. **Me|tho|dis|tin** *die; -, -nen*: weibliche Form zu ↑ Methodist. **me|tho|dis|tisch**: a) den Methodismus betreffend; b) in der Art des Methodismus denkend

Me|tho|do|lo|gie *die; -, ...ien* ⟨*gr.-nlat.*⟩: Methodenlehre, Theorie der wissenschaftlichen Methoden; vgl. Methodik (1). **me|tho|do|lo|gisch**: zur Methodenlehre gehörend

Me|thu|sa|lem *der; -[s], -s* ⟨nach der biblischen Gestalt in 1. Mose 5, 25 ff.⟩: 1. sehr alter Mann. 2. sehr große Champagnerflasche [mit 6 l Inhalt]

Me|thyl *das; -s* ⟨*gr.-nlat.*⟩: einwertiger Methanrest in zahlreichen organisch-chemischen Verbindungen

Me|thyl|al|ko|hol *der; -s*: Methanol, Holzgeist, einfachster Alkohol; farblose, brennend schmeckende, sehr giftige Flüssigkeit

Me|thy|l|a|min *das; -s, -e*: einfachste organische ↑ ¹Base, ein brennbares Gas

Me|thy|len *das; -s* ⟨*gr.-nlat.*⟩: eine frei nicht vorkommende, zweiwertige Atomgruppe (CH_2)

Me|thy|len|blau *das; -s* ⟨*gr.-nlat.; dt.*⟩: ein synthetischer Farbstoff

Me|ti|er [me'tje:] *das; -s, -s* ⟨*lat.-fr.*⟩: bestimmte berufliche o. ä. Tätigkeit als jmds. Aufgabe, die durch die Beherrschung der dabei erforderlichen Fertigkeiten erfüllt

Me|tist *der; -en, -en* ⟨*lat.-it.*⟩: Teilnehmer an einem ↑ Metageschäft. **Me|tis|tin** *die; -, -nen*: weibliche Form zu ↑ Metist

Me|t|ö|ke *der; -n, -n* ⟨*gr.-lat.*⟩: ortsansässiger Fremder ohne politische Rechte (in den altgriechischen Stadtstaaten)

me|to|nisch ⟨nach dem altgriech. Mathematiker Meton (von Athen)⟩: in der Fügung **metonischer Zyklus:** alter Kalenderzyklus (Zeitraum von 19 Jahren), der der Berechnung des christlichen Osterdatums zugrunde liegt

Me|t|o|no|ma|sie *die; -, ...ien* ⟨*gr.; „Umbenennung"*⟩: Veränderung eines Eigennamens durch Übersetzung in eine fremde Sprache (z. B. Schwarzerd, griech. = Melanchthon)

Me|t|o|ny|mie *die; -, ...ien* ⟨*gr.; „Namensvertauschung"*⟩: übertragener Gebrauch eines Wortes od. einer Fügung für einen verwandten Begriff (z. B. Stahl für „Dolch", Jung u. Alt für „alle"). **me|t|o|ny|misch**: die Metonymie betreffend; nach Art der Metonymie

Me|t|o|pe *die; -, -n* ⟨*gr.-lat.*⟩: abgeteilte, fast quadratische, bemalte od. mit Reliefs verzierte Platte aus gebranntem Ton od. Stein als Teil des Gebälks beim dorischen Tempel

Me|t|ra u. **Me|t|ren:** *Plural* von ↑ Metrum

...me|t|rie s. *Kasten*

Me|t|rik *die; -, -en* ⟨*gr.-lat.*⟩: 1. a) Verslehre; Lehre von den Gesetzmäßigkeiten des Versbaus u. den Versmaßen; b) Verskunst. 2. (Mus.) Lehre vom Takt u. von der Taktbetonung

Me|t|ri|ker *der; -s, -*: Fachmann auf dem Gebiet der Metrik. **Me|t|ri|ke|rin** *die; -, -nen*: weibliche Form zu ↑ Metriker

me|t|risch: 1. die Metrik betreffend. 2. auf den ↑ Meter als Längeneinheit bezogen; **metrisches System:** urspr. auf dem Meter, dann auf Meter u. Kilogramm beruhendes Maß- u. Gewichtssystem

Me|t|ri|tis *die; -, ...itiden* ⟨*gr.-nlat.*⟩: (Med.) Entzündung der Muskulatur der Gebärmutter

Me|t|ro *die; -, -s* ⟨*gr.-lat.-fr.*⟩: Untergrundbahn (bes. in Paris u. Moskau)

Me|t|ro|lo|lo|gie *die;* - ⟨*gr.*⟩: Maß- u. Gewichtskunde. **me|t|ro|lo|gisch:** die Metrologie betreffend

Me|t|ro|ma|nie *die;* - ⟨*gr.-nlat.*⟩: ↑ Nymphomanie

me|t|ro|morph ⟨*gr.-nlat.*⟩: von ausgeglichener [Körper]konstitution

Me|t|ro|nom *das;* -s, -e ⟨*gr.*⟩: (Mus.) Gerät mit einer Skala, das im eingestellten Tempo zur Kontrolle mechanisch den Takt schlägt; Taktmesser

Me|t|ro|ny|mi|kon u. Matronymikon *das;* -s, ...ka ⟨*gr.*⟩: vom Namen der Mutter abgeleiteter Name (z. B. Niobide: Sohn der Niobe); Ggs. ↑ Patronymikon. **me|t|ro|ny|misch:** nach der Mutter benannt

Me|t|ro|po|le *die;* -, -n ⟨*gr.-lat.;* „Mutterstadt"⟩: a) Hauptstadt mit weltstädtischem Charakter; Weltstadt; b) Stadt, die als Zentrum für etwas gilt. **Me|t|ro|po|lis** *die;* -, ...polen ⟨*gr.*⟩: (veraltet) ↑ Metropole

Me|t|ro|po|lit *der;* -en, -en: a) katholischer Erzbischof; b) in der orthodoxen Kirche Bischof als Leiter einer Kirchenprovinz. **me|t|ro|po|li|tan:** dem Metropoliten zustehend

Me|t|ro|po|li|tan ® [metrə'pɔli-tən] *der;* -s, -s ⟨*gr.-lat.-engl.*⟩: im Verkehr zwischen Großstädten eingesetzter komfortabler Geschäftsreisezug mit umfassenden Serviceleistungen

Me|t|ro|po|li|tan|kir|che *die;* -, -n ⟨*gr.-lat.; gr.-dt.*⟩: Hauptkirche eines Metropoliten

Me|t|ro|p|to|se *die;* -, -n ⟨*gr.-nlat.*⟩: (Med.) Gebärmuttervorfall

Me|t|ror|rha|gie *die;* -, ...ien: (Med.) Blutung aus der Gebärmutter außerhalb der Menstruation

Me|t|rum *das;* -s, ...tren u. (älter:) ...tra ⟨*gr.-lat.*⟩: 1. Versmaß, metrisches Schema. 2. (Mus.) a) Zeitmaß, ↑ Tempo (2 c); b) Taktart (z. B. ³/₄-Takt)

Met|ta|ge [...ʒə] *die;* -, -n ⟨*lat.-fr.*⟩: Umbruch (Anordnung des Drucksatzes zu Seiten) [in einer Zeitungsdruckerei]

Met|te *die;* -, -n ⟨*lat.-roman.*⟩: Nacht- od. Frühgottesdienst; nächtliches Gebet (Teil des ↑ Breviers); vgl. Matutin

Met|teur [...'tø:ɐ̯] *der;* -s, -e ⟨*lat.-fr.*⟩: (Druckw.) Schriftsetzer, der beim Bleisatz die Spalten zu Seiten umbricht u. druckfertig machte. **Met|teu|rin** [...'tørɪn] *die;* -, -nen: weibliche Form zu ↑ Metteur

Meu|b|le|ment [møblə'mã:] *das;* -s, -s ⟨*lat.-mlat.-fr.*⟩: (veraltet) Zimmer-, Wohnungseinrichtung

Mez|za|ma|jo|li|ka *die;* -, ...ken u. -s ⟨*it.*⟩: eine Art ↑ Fayence, bei der die Bemalung u. Glasur in verschiedenen Arbeitsgängen angebracht werden; Halbmajolika

Mez|za|nin *das;* -s, -e ⟨*lat.-it.-fr.*⟩: niedriges Zwischengeschoss, meist zwischen Erdgeschoss u. erstem Obergeschoss od. unmittelbar unter dem Dach (bes. in der Baukunst der Renaissance u. des Barocks)

mez|za vo|ce [-'vo:tʃə] ⟨*lat.-it.*⟩: (Mus.) mit halber Stimme; Abk.: m. v. (Vortragsanweisung)

mez|zo|for|te: (Mus.) halblaut, mittelstark; Abk.: mf. **Mez|zo|for|te** *das;* -s, -s u. ...ti: (Mus.) halblautes Spiel

Mez|zo|gior|no [...'dʒɔrno] *der;* - ⟨*it.;* „Mittag"⟩: der Teil Italiens südlich von Rom, einschließlich Siziliens

mez|zo|pia|no: (Mus.) halbleise; Abk.: mp (Vortragsanweisung). **Mez|zo|pia|no** *das;* -s, -s u. ...ni: (Mus.) halbleises Spiel

Mez|zo|so|p|ran *der;* -s, -e: a) Stimmlage zwischen Sopran u. Alt; b) Mezzosopransängerin

Mez|zo|tin|to *das;* -[s], -s u. ...ti: a) Schabkunst, Technik des Kupferstichs (bes. im 17. Jh.); b) Produkt dieser Technik

mi ⟨*it.*⟩: Silbe, auf der beim Solmisieren der Ton e gesungen wird; vgl. Solmisation

mi|a|ro|li|tisch [auch: ...'lɪ...] ⟨*it.; gr.*⟩: (Geol.) drusigen (d. h. mit kleinen Hohlräumen durchsetzten) Granit betreffend

Mi|as|ma *das;* -s, ...men ⟨*gr.;* „Besudelung, Verunreinigung"⟩: früher angenommene giftige Ausdünstung des Bodens. **mi|as|ma|tisch:** giftig, ansteckend

mi|c|ro..., Mi|c|ro... vgl. mikro..., Mikro...

Mi|c|ro|burst ['maɪkroʊbœst] *der;* -[s], -s ⟨*engl.-amerik.*⟩: (Luftf.) den Start- od. Landevorgang

von Flugzeugen gefährdende Fallbö

Mi|c|ro|fa|ser ® *die;* -, -n ⟨*gr.-engl.-; dt.*⟩: ↑ Mikrofaser

Mi|das|oh|ren *die* (Plural) ⟨nach dem griech. Sagenkönig Midas⟩: Eselsohren

Mi|d|gard *der;* - ⟨*altnord.*⟩: (nord. Mythologie) von den Menschen bewohnte Welt; die Erde

Mi|d|gard|schlan|ge *die;* -: im Weltmeer lebendes Ungeheuer, das Midgard umschlingt (Sinnbild für das die Erde umgebende Meer)

mi|di ⟨vermutlich Fantasiebildung zu *engl.* middle „Mitte" in Analogie zu ↑ mini⟩: halblang, wadenlang (auf Kleider, Röcke od. Mäntel bezogen)

¹Mi|di *das;* -s, -s: a) halblange Kleidung; b) Länge, die bis zur Mitte der Waden reicht (von Mänteln, Kleidern, Röcken)

²Mi|di *der;* -s, -s: Rock, der bis zur Mitte der Waden reicht

Mi|di|nette [...'nɛt] *die;* -, -n ⟨*fr.*⟩: 1. Pariser Modistin, Näherin. 2. (veraltet) leichtlebiges Mädchen

Mid|life|cri|sis ['mɪdlaɪfkraɪsɪs], auch: **Mid|life-Cri|sis** *die;* - ⟨*engl.-amerik.*⟩: Phase in der Lebensmitte [des Mannes], in der der Betroffene sein bisheriges Leben kritisch überdenkt, gefühlsmäßig in Zweifel zieht

Mi|d|rasch *der;* -, ...schim ⟨*hebr.;* „Forschung"⟩: 1. Auslegung des Alten Testaments nach den Regeln der jüdischen Schriftgelehrten. 2. Sammlung von Auslegungen der Hl. Schrift

Mi|d|ship|man [...'ʃɪpmæn] *der;* -s, ...men [...mən] ⟨*engl.*⟩: a) in der britischen Marine unterster Rang eines Seeoffiziers; b) in der amerikanischen Marine Seeoffiziersanwärter

Mi|fe|gy|ne ® [...'gɪnə] *die;* - ⟨Kunstw.⟩: Medikament zur Auslösung einer Fehlgeburt

Mig|ma|tit [auch: ...'tɪt] *der;* -s, -e ⟨*gr.-nlat.*⟩: (Geol.) ein Mischgestein

Mi|g|non [mɪn'jõ:, 'mɪnjõ] *der;* -s, -s ⟨*fr.*⟩: (veraltet) 1. Liebling, Günstling. 2. Kolonel

Mi|g|no|nette [...jo'nɛt] *die;* -, -s: 1. klein gemusterter Kattun. 2. schmale, feine Spitze aus Zwirn

Mi|g|non|fas|sung die; -, -en: Fassung für kleine Glühlampen

Mi|g|non|zel|le die; -, -n: dünne, kleine, längliche Batterie

Mi|g|rä|ne die; -, -n ⟨gr.-lat.-fr.⟩: anfallsweise auftretender, meist einseitiger, u. a. mit Sehstörungen u. Erbrechen verbundener heftiger Kopfschmerz

Mi|g|rant der; -en, -en ⟨lat.⟩: 1. (Zool.) ab- od. eingewandertes Tier. 2. (Soziol.) jmd., der eine Migration (2) vornimmt.

Mi|g|ran|tin die; -, -nen: weibliche Form zu ↑ Migrant (2)

Mi|g|ra|ti|on die; -, -en: 1. (Zool.) a) dauerhafte Abwanderung od. dauerhafte Einwanderung einzelner Tiere od. einer Population in eine andere Population der gleichen Art; b) Wirtswechsel bei verschiedenen niederen Tieren, die von einer Pflanzenart auf eine andere überwandern. 2. (Soziol.) Wanderung, Bewegung von Individuen od. Gruppen im geographischen od. sozialen Raum, die mit einem Wechsel des Wohnsitzes verbunden ist. 3. das Wandern von Erdöl u. Erdgas vom Mutter- zum Speichergestein

mi|g|ra|to|risch ⟨lat.-nlat.⟩: wandernd, durch Wanderung übertragen

mi|g|rie|ren ⟨lat.⟩: wandern (z. B. von tierischen ↑ Parasiten)

Mih|rab [mɪˈxraːp] der; -[s], -s ⟨arab.⟩: die nach Mekka weisende Gebetsnische in der Moschee

Mijn|heer [məˈneːɐ̯] der; -s, -s ⟨niederl.; „mein Herr"⟩: a) (ohne Artikel) niederländische Anrede eines Herrn; b) (scherzh.) Niederländer

Mi|ka die, auch: der; - ⟨lat.⟩: (Geol.) Glimmer

¹Mi|ka|do der; -s, -s ⟨jap.; „erhabene Pforte"⟩: 1. (hist.) Bezeichnung für den Kaiser von Japan; vgl. Tenno. 2. das Hauptstäbchen im Mikadospiel

²Mi|ka|do das; -s, -s: Geschicklichkeitsspiel mit dünnen, langen Holzstäbchen

mikr..., Mikr... vgl. mikro..., Mikro...

Mi|k|rat das; -[s], -e ⟨Kunstw.⟩: sehr stark verkleinerte Wiedergabe eines Schriftstücks (etwa im Verhältnis 1:200)

Mi|k|ren|ze|pha|lie die; -, ...ien ⟨gr.-nlat.⟩: (Med.) abnorm geringe Größe des Gehirns

mi|k|ro..., Mi|k|ro...

vor Vokalen meist mikr..., Mikr...; bes. fachspr. auch: micro..., Micro... ⟨gr. mikrós „klein, kurz, schwächlich, gering"⟩ Wortbildungselement mit den Bedeutungen:
a) „klein, fein, gering":
– Mikrofaser
– Mikroklima
– Mikrokosmos
– mikroskopisch
b) „klein, kleiner als normal, sehr klein":
– Mikrenzephalie
– Mikrochip
– mikrosoziologisch

Mikro...
Vorsatz vor naturwissenschaftlich-technischen Einheiten mit der Bedeutung „ein Millionstel der genannten Einheit" (Zeichen: μ):
– Mikrofarad
– Mikrometer

¹Mi|k|ro das; -s, -s: kurz für ↑ Mikrofon

²Mi|k|ro die; -: genormter kleinster Schriftgrad für Schreibmaschinen

Mi|k|ro|a|na|ly|se [auch: ˈmiː-kro...] die; -, -n: chemische Untersuchung mit kleinsten Stoffmengen; Ggs. ↑ Makroanalyse

Mi|k|ro|be die; -, -n (meist Plural) ⟨gr.-fr.⟩: Mikroorganismus. **mi|k|ro|bi|ell** ⟨gr.-nlat.⟩: durch Mikroben hervorgerufen od. erzeugt

Mi|k|ro|bi|o|lo|ge der; -n, -n: Wissenschaftler auf dem Gebiet der Mikrobiologie. **Mi|k|ro|bi|o|lo|gie** die; -: Wissenschaftszweig, der sich mit der Erforschung der Mikroorganismen befasst. **Mi|k|ro|bi|o|lo|gin** die; -, -nen: weibliche Form zu ↑ Mikrobiologe

Mi|k|ro|bi|on das; -s, ...ien (meist Plural): ↑ Mikrobe

mi|k|ro|bi|zid: Mikroben abtötend; entkeimend. **Mi|k|ro|bi|zid** das; -[s], -e: Mittel zur Abtötung von Mikroben

Mi|k|ro|blast der; -en, -en: ↑ Mikrozyt

Mi|k|ro|chei|lie die; -, ...ien: abnorm geringe Größe der Lippen

Mi|k|ro|che|mie die; -: Zweig der Chemie, der mit mikroanalytischen Methoden arbeitet; vgl. Mikroanalyse

Mi|k|ro|chip [...tʃɪp] der; -s, -s: miniaturisierter ↑ Chip (3)

Mi|k|ro|chi|r|ur|gie die; -: Spezialgebiet der Chirurgie, das sich mit Operationen (z. B. Augenoperationen) unter dem Mikroskop befasst

Mi|k|ro|com|pu|ter der; -s, -: in extrem miniaturisierter Bauweise hergestellter Computer

Mi|k|ro|con|t|rol|ler [...kantroʊlɐ] der; -s, - ⟨gr.; lat.-engl.⟩: Mikroprozessorsystem, das eigenständig bestimmte Aufgaben, bes. Mess- u. Steuerungsfunktionen, ausführen kann

Mi|k|ro|e|lek|t|ro|nik die; -: Zweig der ↑ Elektronik, der sich mit Entwurf u. Herstellung von integrierten elektronischen Schaltungen mit hoher Dichte befasst. **mi|k|ro|e|lek|t|ro|nisch:** die Mikroelektronik betreffend, zu ihr gehörend

Mi|k|ro|e|vo|lu|ti|on die; -, -en: (Biol.) Evolution, die kurzzeitig u. in kleinen Schritten vor sich geht; Ggs. ↑ Makroevolution; vgl. Mikromutation

Mi|k|ro|fa|rad das; -[s], - (Phys.) ein millionstel Farad; Zeichen: μF

Mi|k|ro|fa|ser die; -, -n: Kunstfaser mit feinsten Strukturen, die zu leichten, wärme- u. feuchtigkeitsregulierenden Stoffen verarbeitet wird

Mi|k|ro|fau|na die; -, ...nen: (Biol.) Kleintierwelt; Ggs. ↑ Makrofauna

Mi|k|ro|fiche [...fiːʃ] das od. der; -s, -s ⟨gr.; fr.⟩: Mikrofilm mit reihenweise angeordneten Mikrokopien

Mi|k|ro|film der; -[e]s, -e ⟨gr.-nlat.⟩: Film mit Mikrokopien

Mi|k|ro|fon, auch: ...phon das; -s, -e ⟨gr.-nlat.⟩: Gerät, durch das Töne, Geräusche u. Ä. auf Tonträger, über Lautsprecher u. Ä. übertragen werden können **mi|k|ro|fo|nisch,** auch: ...phonisch: 1. schwach-, feinstimmig. 2. zum Mikrofon gehörend, das Mikrofon betreffend

Mi|k|ro|fo|to|gra|fie die; -, -n: 1. (ohne Plural) fotografisches

Aufnehmen mithilfe eines Mikroskops. 2. fotografisch aufgenommenes Bild eines kleinen Objekts mithilfe eines Mikroskops

Mi|k|ro|fo|to|ko|pie *die; -, -n:* ↑ Mikrokopie

Mi|k|ro|ga|met *der; -en, -en:* (Biol.) die kleinere u. beweglichere männliche Geschlechtszelle bei niederen Lebewesen; Ggs. ↑ Makrogamet

Mi|k|ro|ge|nie *die; -, ...ien:* (Med.) abnorm geringe Größe des Unterkiefers

Mi|k|ro|gramm *das; -s, -e:* ein millionstel Gramm; Zeichen: µg

mi|k|ro|ke|phal usw. vgl. mikrozephal usw.

Mi|k|ro|kli|ma *das; -s, -s u. ...mate* (Plural selten):* 1. ↑ Mesoklima. 2. Klima der bodennahen Luftschicht

Mi|k|ro|kli|ma|to|lo|gie *die; -:* Wissenschaft vom Mikroklima

Mi|k|ro|kok|kus *der; -, ...kken* (meist Plural): kugelförmige Bakterie

Mi|k|ro|ko|pie *die; -, ...ien:* stark verkleinerte, nur mit Lupe o. Ä. lesbare fotografische Reproduktion von Schrift- od. Bilddokumenten. **Mi|k|ro|ko|pieren:** eine Mikrokopie anfertigen

mi|k|ro|kos|misch: zum Mikrokosmos gehörend; Ggs. ↑ makrokosmisch. **Mi|k|ro|kos|mos** u. **Mi|k|ro|kos|mus** *der – ⟨gr.-mlat.⟩:* 1. (Biol.) die Welt der Kleinlebewesen. 2. die Welt des Menschen als verkleinertes Abbild des Universums; Ggs. ↑ Makrokosmos

Mi|k|ro|lin|gu|is|tik *die; -:* Teil der ↑ Makrolinguistik, der sich mit der Beschreibung des Sprachsystems selbst befasst; vgl. Makrolinguistik, Metalinguistik

Mi|k|ro|lith [auch: ...'lɪt] *der; -s u. -en, -e[n] ⟨gr.-nlat.⟩:* 1. mit dem bloßen Auge nicht erkennbarer, winziger Kristall. 2. Feuersteingerät der Jungsteinzeit

Mi|k|ro|lo|ge *der; -n, -n:* (veraltet) Kleinigkeitskrämer. **Mi|k|ro|lo|gie** *die; -:* (veraltet) Kleinigkeitskrämerei. **mi|k|ro|lo|gisch:** (veraltet) kleinlich denkend

Mi|k|ro|ma|nie *die; -, ...ien:* (Med.) übertriebenes Minderwertigkeitsgefühl

Mi|k|ro|ma|ni|pu|la|tor *der; -s, ...oren ⟨gr.; lat.-nlat.⟩:* Gerät zur

Ausführung von Feinstbewegungen [bei Operationen]

Mi|k|ro|me|lie *die; -, ...ien ⟨gr.-nlat.⟩:* (Med.) abnorm geringe Größe der Gliedmaßen; Ggs. ↑ Makromelie

Mi|k|ro|me|re *die -, -n* (meist Plural): kleine Furchungszelle (ohne Dotter) bei tierischen Embryonen; Ggs. ↑ Makromere

Mi|k|ro|me|te|o|rit *der; -s u. -en, -e[n]:* sehr kleiner ↑ Meteorit ($^1/_{1000}$ mm Durchmesser)

¹Mi|k|ro|me|ter *das; -s, -:* ein Feinmessgerät

²Mi|k|ro|me|ter *der od. das; -s, -:* ein millionstel Meter; Zeichen: µm

mi|k|ro|me|t|risch: das ¹Mikrometer betreffend

Mi|k|ro|mu|ta|ti|on *die; -, -en:* ↑ Mutation, die nur ein ↑ Gen betrifft; Kleinmutation

Mi|k|ron *das; -s, -:* (veraltet) ²Mikrometer; Kurzform: My; Zeichen: µ

Mi|k|ro|nu|k|le|us *der; -, ...klei* [...ei] ⟨*gr.; lat.*⟩: (Biol.) Klein- od. Geschlechtskern der Wimpertierchen (regelt die geschlechtliche Fortpflanzung)

Mi|k|ro|ö|ko|no|mie *die; -:* wirtschaftstheoretisches Konzept, das die einzelnen wirtschaftlichen Erscheinungen untersucht; Ggs. ↑ Makroökonomie. **mi|k|ro|ö|ko|no|misch:** die Mikroökonomie betreffend; Ggs. ↑ makroökonomisch.

Mi|k|ro|or|ga|nis|mus *der; -, ...men* (meist Plural): (Biol.) pflanzlicher u. tierischer Organismus des mikroskopisch sichtbaren Bereiches

Mi|k|ro|pa|lä|on|to|lo|gie *die; -:* Zweig der ↑ Paläontologie, der mikroskopisch kleine pflanzliche u. tierische ↑ Fossilien untersucht

Mi|k|ro|pha|ge *der; -n, -n:* ↑ Mikrozyt

Mi|k|ro|phon vgl. Mikrofon. **mi|k|ro|pho|nisch** vgl. mikrofonisch

Mi|k|ro|pho|to|gra|phie vgl. Mikrofotografie

Mi|k|rophthal|mus *der; -, ...mi:* (Med.) angeborene krankhafte Kleinheit des Auges

Mi|k|ro|phyll *das; -s, -en:* (Bot.) kleines, ungegliedertes Blättchen

Mi|k|ro|phy|sik *die; -:* Physik der

Moleküle u. Atome; Ggs. ↑ Makrophysik. **mi|k|ro|phy|si|ka|lisch:** die Mikrophysik betreffend

Mi|k|ro|phyt *der; -en, -en* (meist Plural): (Biol., Med.) pflanzlicher Mikroorganismus (z. B. Pilze, Algen, Bakterien); Ggs. ↑ Makrophyt

Mi|k|ro|po|ly|pho|nie, auch: ...fo**nie** *die; - ⟨von G. Ligeti geprägt⟩:* (Mus.) das Erzeugen von sehr feinen ↑ polyphonen (2) Klangfeldern (in einem Zwischenbereich zwischen Klang u. Geräusch)

Mi|k|ro|prä|pa|rat *das; -[e]s, -e:* (Bot., Zool.) zur mikroskopischen Untersuchung angefertigtes botanisches od. zoologisches Präparat

Mi|k|ro|pro|zes|sor *der; -s, -en:* (EDV) standardisierter Baustein eines Mikrocomputers, der Rechen- u. Steuerfunktion in sich vereint

Mi|k|ro|p|sie *die; -, ...ien:* ⟨*gr.-nlat.*⟩: (Med.) Sehstörung, bei der die Gegenstände kleiner wahrgenommen werden, als sie sind; Ggs. ↑ Makropsie

Mi|k|ro|py|le *die; -, -n:* 1. (Bot.) kleiner Kanal der Samenanlage, durch den der Pollenschlauch zur Befruchtung eindringt. 2. kleine Öffnung an der Eihülle, durch die bei der Befruchtung der Samenfaden eindringt u./od. die der Eiernährung dient

Mi|k|ro|ra|di|o|me|ter *das; -s, -:* Messgerät für kleinste Strahlungsmengen

mi|k|ro|seis|misch: nur mit Messinstrumenten wahrnehmbar (von Erdbeben)

Mi|k|ro|s|kop *das; -s, -e:* ⟨*gr.*⟩: optisches Vergrößerungsgerät; Gerät, mit dem man sehr kleine Objekte vergrößert sehen kann.

Mi|k|ro|s|ko|pie *die; -:* Verwendung des Mikroskops zu wissenschaftlichen Untersuchungen

mi|k|ro|s|ko|pie|ren ⟨*gr.-nlat.*⟩: mit dem Mikroskop arbeiten

mi|k|ro|s|ko|pisch: 1. nur durch das Mikroskop erkennbar. 2. verschwindend klein, winzig. 3. die Mikroskopie betreffend, mithilfe des Mikroskops

Mi|k|ros|mat *der; -en, -en:*

schlecht witterndes Säugetier; Ggs. ↑ Makrosmat

Mi|k|ro|som *das; -s, -en* (meist Plural): (Biol.) kleinstes lichtbrechendes Körnchen im Zellplasma (↑ Ribosom u. ↑ Lysosom)

Mi|k|ro|so|mie *die; -*: (Med.) Zwergwuchs; Ggs. ↑ Makrosomie

Mi|k|ro|so|zi|o|lo|gie *die; -*: Teilbereich der ↑ Soziologie, in dem kleinste soziologische Gebilde unabhängig von gesamtgesellschaftlichen Zusammenhängen untersucht werden; Ggs. ↑ Makrosoziologie. **mi|k|ro|so|zi|o|lo|gisch**: die Mikrosoziologie betreffend, auf ihr beruhend

Mi|k|ro|spo|re *die; -, -n* (meist Plural): a) kleine männliche Spore einiger Farnpflanzen; b) Pollenkorn der Blütenpflanzen

Mi|k|ro|spo|rie *die; -, ...ien* ⟨*gr.-lat.*⟩: (Med.) Kopfhautflechte

Mi|k|ro|s|to|mie *die; -, ...ien*: (Med.) angeborene Kleinheit des Mundes

Mi|k|ro|ta|si|me|ter *das; -s, -*: (Elektrot., Phys.) Gerät zur Registrierung von Längen- u. Druckänderungen u. der damit bewirkten Änderungen des elektrischen Widerstandes

Mi|k|ro|the|o|rie *die; -, -n*: Teilbereich der wirtschaftswissenschaftlichen Theorie, dessen Erkenntnisobjekt die Einzelgebiete der Volkswirtschaft od. einzelne Wirtschaftseinheiten sind; Ggs. ↑ Makrotheorie

Mi|k|ro|tie *die; -, ...ien*: (Med.) abnorme Kleinheit der Ohrmuschel; Ggs. ↑ Makrotie

Mi|k|ro|tom *der od. das; -s, -e*: (Biol., Med.) Präzisionsgerät zur Herstellung feinster Schnitte für mikroskopische Untersuchungen

Mi|k|ro|to|p|o|nym *das; -s, -e*: Flurname. **Mi|k|ro|to|p|o|ny|mie** *die; -*: die Gesamtheit der Flurnamen [eines bestimmten Gebietes]

Mi|k|ro|t|ron *das; -s, -s od. ...one*: Kreisbeschleuniger für ↑ ¹Elektronen

Mi|k|ro|wel|le *die; -, -n*: 1. (meist Plural) elektromagnetische Welle mit einer Länge zwischen 10 cm u. 1 mm, die bes. in der Radartechnik, zur Wärmeer-

zeugung u. Ä. eingesetzt wird. 2. (ohne Plural) Bestrahlung mit Mikrowellen. 3. (ugs.) Kurzform von ↑ Mikrowellenherd

Mi|k|ro|wel|len|herd *der; -[e]s, -e*: Gerät bes. zum Auftauen u. Erwärmen von Speisen in wenigen Minuten mithilfe von Mikrowellen

Mi|k|ro|zen|sus *der; -, - [...zu:s]* ⟨*gr.; lat.*⟩: statistische Repräsentativerhebung der Bevölkerung u. des Erwerbslebens

mi|k|ro|ze|phal ⟨*gr.-nlat.*⟩: (Med.) kleinköpfig; Ggs. ↑ makrozephal. **Mi|k|ro|ze|pha|le** *der u. die; -n, -n*: (Med.) jmd., der einen abnorm kleinen Kopf hat; Kleinköpfige[r]; Ggs. ↑ Makrozephale. **Mi|k|ro|ze|pha|lie** *die; -, ...ien*: (Med.) abnorme Kleinheit des Kopfes (Abflachung des Hinterschädels u. fliehende Stirn); Ggs. ↑ Makrozephalie

Mi|k|ro|zyt *der; -en, -en* (meist Plural): (Med.) abnorm kleines rotes Blutkörperchen (z. B. bei ↑ Anämie)

Mik|ti|on *die; -, -en* ⟨*lat.*⟩: (Med.) Harnlassen

Mik|we *die; -, Mikwaot u. -n* ⟨*hebr.*⟩: jüdisches Ritualbad

Mi|lan [auch: ...'la:n] *der; -s, -e* ⟨*lat.-vulgärlat.-provenzal.-fr.*⟩: weit verbreitete Greifvogelgattung mit gegabeltem Schwanz

Mi|la|ne|se *der; -s, -n* ⟨nach der ital. Stadt Milano (Mailand)⟩: maschenfeste, sehr feine Wirkware

Mi|las *der; -, -*: handgeknüpfter, sehr bunter Gebetsteppich aus der türkischen Stadt Milâs

Mi|les glo|ri|o|sus *der; - -* ⟨*lat.*; „ruhmrediger Soldat" (Titelheld eines Lustspiels von Plautus)⟩: Aufschneider, Prahlhans

Mile|stone ['maɪlstoʊn] *der; -s, -s* ⟨*engl.*; eigtl. „Meilenstein"⟩: wichtiger Einschnitt, [Wende]punkt o. Ä. in einer Entwicklung od. bei einem Vorhaben

mil|li|ar ⟨*lat.*⟩: (Med.) hirsekorngroß (z. B. von ↑ Tuberkeln 2)

Mi|li|a|ria *die* (Plural) ⟨*lat.-nlat.*⟩: (Med.) mit Flüssigkeit gefüllte Hautbläschen, die bei starkem Schwitzen im Gefolge von fieberhaften Erkrankungen auftreten; Frieselausschlag

Mi|li|ar|tu|ber|ku|lo|se *die; -,-n*: (Med.) meist rasch tödlich ver-

laufende Allgemeininfektion des Körpers mit kleinsten Herden in fast allen Organen

Mi|li|eu [mi'ljø:] *das; -s, -s* ⟨*lat.-fr.*⟩: 1. [soziales] Umfeld, Umgebung. 2. Lebensraum von Pflanzen, Tieren, Kleinstlebewesen u. Ä. 3. (österr. veraltend) kleine Tischdecke. 4. (bes. schweiz.) a) Welt der Prostituierten; b) Stadtteil, Straße, wo Prostituierte ihren Wirkungskreis haben

Mi|li|eu|the|o|rie *die; -*: (Psychol.) Theorie, nach der das Milieu im Gegensatz zum Ererbten als allein entscheidende Faktor für die seelische u. charakterliche Entwicklung des Menschen sei

mi|li|tant ⟨*lat.*⟩: mit kriegerischen Mitteln für eine Überzeugung kämpfend; streitbar. **Mi|li|tanz** *die; -*: militantes Verhalten, militante Einstellung

¹Mi|li|tär *das; -s* ⟨*lat.-fr.*⟩: 1. Heerwesen, Gesamtheit der Soldaten eines Landes. 2. (eine bestimmte Anzahl von) Soldaten

²Mi|li|tär *der; -s, -s*: (meist Plural) hoher Offizier

Mi|li|tär|a|ka|de|mie *die; -, -n*: ↑ Akademie (2) zur Aus- u. Weiterbildung von Soldaten u. Beamten der Militärverwaltung

Mi|li|tär|at|ta|ché [...'ʃe:] *der; -s, -s* ⟨*lat.-fr.; fr.*⟩: einer diplomatischen Vertretung zugeteilter Offizier

Mi|li|tär|ba|sis *die; -, ...basen*: Ort od. Gelände als Stützpunkt militärischer Operationen

Mi|li|tär|dik|ta|tur *die; -, -en*: ↑ Diktatur, in der ²Militärs die Herrschaft innehaben

Mi|li|tär|es|kor|te *die; -, -n*: von ¹Militär (2) gebildete ↑ Eskorte

Mi|li|tär|ge|o|gra|phie, auch: ...grafie *die; -*: Zweig der Geographie u. der Militärwissenschaft, der sich mit der Verwendung geographischer Kenntnisse für militärische Zwecke befasst

Mi|li|ta|ria *die* (Plural) ⟨*lat.*⟩: 1. (veraltet) Heeresangelegenheiten. 2. a) Sammelobjekte verschiedenster Art aus dem militärischen Bereich; b) Bücher über das Militärwesen

mi|li|tä|risch ⟨*lat.-fr.*⟩: 1. das ¹Militär betreffend, zu ihm gehörend; vgl. zivil (1). 2. a) schneidig, forsch, soldatisch; b) streng geordnet

mi|li|ta|ri|sie|ren: militärische Anlagen errichten, Truppen aufstellen, das Heerwesen [eines Landes] organisieren

Mi|li|ta|ris|mus *der; - ⟨lat.-fr.-nlat.⟩:* Zustand des Übergewichts militärischer Grundsätze, Ziele u. Wertvorstellungen in der Politik eines Staates u. die Übertragung militärischer Prinzipien auf alle Lebensbereiche

Mi|li|ta|rist *der;* -en, -en: Anhänger des Militarismus. **Mi|li|ta|ris|tin** *die;* -, -nen: weibliche Form zu ↑ Militarist

mi|li|ta|ris|tisch: a) im Geist des Militarismus; b) den Militarismus betreffend

Mi|li|tär|jun|ta [...xunta, auch: ...xunta] *die;* -, ...ten ⟨lat.-fr.; lat.-span.⟩: Regierung von Offizieren, die meist durch einen militärischen Handstreich, durch Putsch an die Macht gekommen sind; vgl. Junta

Mi|li|tär|kon|ven|ti|on *die;* -, -en ⟨lat.-fr.⟩: militärische zwischenstaatliche Vereinbarung

Mi|li|tär|mis|si|on *die;* -, -en: a) ins Ausland entsandte Gruppe von Offizieren, die andere Staaten in militärischen Fragen beraten; b) Gebäude, in dem sich eine Militärmission (a) befindet

Mi|li|tär|per|s|pek|ti|ve *die;* -: Form der ↑ Axonometrie, bei der die Grundrissebene unverzerrt dargestellt wird

Mi|li|tär|po|li|zei *die;* -: militärischer Verband mit polizeilicher Funktion

Mi|li|tär|tri|bu|nal *das;* -s, -e: Militärgericht zur Aburteilung militärischer Straftaten

Mi|li|ta|ry ['mɪlɪtərɪ] *die;* -, -s ⟨lat.-fr.-engl.⟩: reitsportliche Vielseitigkeitsprüfung (bestehend aus Dressurprüfung, Geländeritt u. Jagdspringen)

Mi|li|ta|ry Po|lice ['mɪlɪtərɪ pə'li:s] *die;* - - ⟨engl.⟩: Militärpolizei (der britischen od. der US-Streitkräfte); Abk.: MP

Mi|li|um *das;* -s, ...ien (meist Plural) ⟨lat.⟩: (Med.) Hautgrieß

Mi|liz *die;* -, -en ⟨lat.⟩: 1. a) (hist.) Heer; b) Streitkräfte, deren Angehörige eine nur kurzfristige militärische Ausbildung haben u. erst im Kriegsfall einberufen werden. 2. (bes. in einigen [ehemals] sozialistischen Staaten)

Polizei mit halbmilitärischem Charakter. 3. (schweiz.) Streitkräfte der Schweiz, denen nur Wehrpflichtige angehören. **Mi|li|zi|o|när** *der;* -s, -e: Angehöriger einer Miliz. **Mi|li|zi|o|nä|rin** *die;* -, -nen: weibliche Form zu ↑ Milizionär

Milk|shake [...ʃeɪk] *der;* -s, -s ⟨engl.⟩: Milchmixgetränk

¹Mil|le *die;* -, - ⟨lat.⟩: Tausend; Abk.: M

²Mil|le *die;* -, - (meist Plural): (ugs.) tausend Euro

Mil|le|fi|o|ri|glas *das;* -es ⟨lat.-it.; dt.⟩: vielfarbiges, blumenartig gemustertes Kunstglas

¹Mil|le|fleurs [mil'flœːr] *der;* - ⟨lat.-fr.⟩: „tausend Blumen"): Stoff mit Streublumenmusterung

²Mil|le|fleurs *das;* -: Streublumenmuster

mil|le|nar ⟨lat.⟩: (selten) tausendfach, -fältig

Mil|le|na|ris|mus *der;* - ⟨lat.-nlat.⟩: ↑ Chiliasmus

Mil|len|ni|um *das;* -s, ...ien: 1. Jahrtausend. 2. das Tausendjährige Reich der Offenbarung Johannis (20, 2 ff.); vgl. Chiliasmus

Mille|points [mil'pŏɛ̃:] *der* od. *das;* - ⟨lat.-fr.⟩: „tausend Punkte"): mit regelmäßig angeordneten Punkten gemustertes Stoff

Mil|li|am|pere [...ãpɛ:ɐ̯] *das;* -s, -: Einheit kleiner elektrischer Stromstärken; ein tausendstel ↑ Ampere; Zeichen: mA

Mil|li|am|pere|me|ter *das;* -s, -: Gerät zur Messung geringer Stromstärken

Mil|li|ar|där *der;* -s, -e ⟨lat.-fr.⟩: Besitzer eines Vermögens von einer Milliarde od. mehr. **Mil|li|ar|dä|rin** *die;* -, -nen: weibliche Form zu ↑ Milliardär

Mil|li|ar|de *die;* -, -n: 1000 Millionen; Abk.: Md., Mrd. u. Mia.

Mil|li|ards|tel *das;* -s, -: der milliardste Teil

Mil|li|bar *das;* -s, -s (aber: 2 -): (veraltend) Einheit für den Luftdruck, $^1/_{1000}$ Bar; Zeichen: mbar

Mil|li|gramm *das;* -s, -e (aber: 2 -): $^1/_{1000}$ Gramm; Zeichen: mg

Mil|li|li|ter *der* od. *das;* -s, -: $^1/_{1000}$ Liter; Zeichen: ml

Mil|li|me [mi'li:m] *der;* -[s], -s (aber: 5 -) ⟨fr.-arab.⟩: Münzeinheit in Tunesien (1 000 Millime = 1 Dinar)

Mil|li|me|ter [auch: ...'me:tɐ] *der* od. *das;* -s, -: $^1/_{1000}$ Meter; Zeichen: mm

Mil|li|on *die;* -, -en ⟨lat.-it.⟩: 1 000 mal 1 000; Abk.: Mill. u. Mio.

Mil|li|o|när *der;* -s, -e ⟨lat.-it.-fr.⟩: Besitzer eines Vermögens von einer Million od. mehr. **Mil|li|o|nä|rin** *die;* -, -nen: weibliche Form zu ↑ Millionär

Mil|li|ons|tel u. **Mil|li|on|tel** *das,* schweiz. meist: *der;* -s, -: der millionste Teil

Mil|li|se|kun|de *die;* -, -n: $^1/_{1000}$ Sekunde; Abk. ms

Mil|reis *das;* -, - ⟨lat.-port.⟩: (hist.) Währungseinheit in Portugal u. Brasilien (= 1 000 Reis)

Mim|bar *der;* - ⟨arab.⟩: Predigtkanzel in der Moschee

Mi|me *der;* -n, -n ⟨gr.-lat.⟩: Schauspieler; vgl. Mimus

mi|men: (ugs.) a) ein Gefühl o. Ä. zeigen, das in Wirklichkeit nicht vorhanden ist; vortäuschen; b) so tun, als ob man jmd., etwas sei

Mi|men: *Plural* von ↑ Mime u. ↑ Mimus

Mi|me|o|graph, auch: ...graf *der;* -en, -en: (von Edison erfundener) Vervielfältigungsapparat

Mi|me|se u. Mimesis *die;* -, ...esen ⟨gr.⟩: 1. nachahmende Darstellung der Natur im Bereich der Kunst (nach Plato, Aristoteles). 2. (antike Rhet.) a) spottende Wiederholung der Rede eines anderen; b) Nachahmung eines Charakters dadurch, dass man einer betreffenden Person Worte in den Mund legt, die den Charakter besonders gut kennzeichnen. 3. (Biol.; nur Mimese) Schutztracht mancher Tiere, die sich vor allem in der Färbung ihrer Umgebung anpassen können; vgl. Mimikry

Mi|me|sie *die;* -, ...ien ⟨gr.-nlat.⟩: Nachahmung einer höheren Symmetrie (bei Kristallzwillingen)

Mi|me|sis vgl. Mimese

Mi|me|te|sit [auch: ...'zɪt] *der;* -s, -e: ein Mineral

mi|me|tisch ⟨gr.-lat.⟩: 1. die Mimese betreffend; nachahmend, nachäffend. 2. die Mimesie betreffend, durch Mimesie ausgezeichnet

Mi|m|i|am|ben *die* (Plural): [dialogische] in Choliamben geschriebene komische od. satirische Gedichte

Mi|mik die; -: Gebärden- u. Mienenspiel des Gesichts [des Schauspielers] als Nachahmung fremden od. als Ausdruck eigenen seelischen Erlebens

Mi|mi|ker der; -s, -: ↑ Mimus (1)

Mi|mi|k|ry [...kri] die; - ⟨gr.-lat.-engl.; „Nachahmung"⟩: 1. Selbstschutz von Tieren, der dadurch erreicht wird, dass das Tier die Gestalt, die Färbung, Zeichnung wehrhafterer od. nicht genießbarer Tiere täuschend nachahmt. 2. der Täuschung u. dem Selbstschutz dienende Anpassung[sgabe]

Mi|min die; -, -nen: weibliche Form zu ↑ Mime

mi|misch ⟨gr.-lat.⟩: a) die Mimik betreffend; b) den Mimen betreffend; c) schauspielerisch, von Gebärden begleitet

Mi|mo|d|ram u. **Mi|mo|dra|ma** das; -s, ...men ⟨gr.-nlat.⟩: 1. (Literaturw.) ohne Worte, nur mithilfe der Mimik aufgeführtes Drama. 2. (veraltet) Schaustellung von Kunstreitern usw.

Mi|mo|se die; -, -n ⟨gr.-lat.-nlat.⟩: 1. hoher Baum mit gefiederten Blättern, dessen gelbe Blüten wie kleine Kugeln an Rispen hängen; Silberakazie. 2. (im tropischen Brasilien) als großer Strauch wachsende, rosaviolett blühende Pflanze, die ihre gefiederten Blätter bei der geringsten Erschütterung abwärts klappt; Sinnpflanze. 3. überempfindlicher, leicht zu kränkender Mensch

mi|mo|sen|haft: überaus empfindlich, verletzlich; verschüchtert

Mi|mus der; -, ...men ⟨gr.-lat.⟩: 1. Darsteller in Mimen (vgl. Mimus 2). 2. in der Antike [improvisierte] derb-komische Szene aus dem täglichen Leben auf der Bühne. 3. (ohne Plural) ↑ Mimik

Mi|na|rett das; -s, -e u. -s ⟨arab.-türk.-fr.⟩: schlanker Turm einer Moschee (zum Ausrufen der Gebetsstunden)

Mi|n|au|d|rie [mino'dri:] die; - ⟨fr.⟩: (veraltet) geziertes Benehmen

Min|cha die; - ⟨hebr.; „Gabe"⟩: 1. unblutiges Opfer im Alten Testament. 2. jüdisches Nachmittagsgebet

¹Mi|ne die; -, -n ⟨kelt.-mlat.-fr.⟩: 1. unterirdischer Gang. 2. Bergwerk; unterirdisches Erzvorkommen. 3. stäbchenförmige Bleistift-, Kugelschreibereinlage. 4. gegen Personen, Landfahrzeuge u. Schiffe einsetzbarer Sprengkörper, der meist massenweise im Gelände bzw. im Wasser verlegt wird

²Mi|ne die; -, -n ⟨gr.-lat.⟩: 1. altgriechische Gewichtseinheit. 2. altgriechische Münze

Mi|ne|ral das; -s, -e u. -ien ⟨kelt.-mlat.⟩: jeder anorganische, chemisch u. physikalisch einheitliche u. natürlich gebildete Stoff der Erdkruste

Mi|ne|ral|fa|zi|es die; -, - [...e:s]: (Geol.) gleichförmige Ausbildung von Gesteinen verschiedener Herkunft

Mi|ne|ra|li|sa|ti|on die; -, -en ⟨kelt.-mlat.-fr.-nlat.⟩: (Geol.) Vorgang der Mineralbildung; vgl. Mineralisierung; vgl. ...ation/...ierung

Mi|ne|ra|li|sa|tor der; -s, ...toren: (Geol.) verdunstender Bestandteil einer Gesteinsschmelze

mi|ne|ra|lisch: a) aus Mineralien entstehend; b) Mineralien enthaltend

mi|ne|ra|li|sie|ren: Mineralbildung bewirken; zum Mineral werden. **Mi|ne|ra|li|sie|rung** die; -, -en: Umwandlung von organischer in anorganische Substanz; vgl. Mineralisation; vgl. ...ation/...ierung

Mi|ne|ral|ma|le|rei die; -, -en: Herstellung von wetterfesten Fresken u. Ölgemälden mit Mineralfarben

Mi|ne|ral|o|ge der; -n, -n ⟨kelt.-mlat.-fr.; gr.⟩: Kenner u. Erforscher der Mineralien u. Gesteine

Mi|ne|ral|o|gie die; -: Wissenschaft von der Zusammensetzung der Mineralien u. Gesteine, ihrem Vorkommen u. ihren Lagerstätten

Mi|ne|ral|o|gin die; -, -nen: weibliche Form zu ↑ Mineraloge

mi|ne|ral|o|gisch: die Mineralogie betreffend

Mi|ne|ral|öl das; -s, -e: durch ↑ Destillation von Erdöl erzeugter Kohlenwasserstoff (z. B. Heizöl, Benzin, Bitumen)

Mi|ne|ral|quel|le die; -, -n: Quelle, in deren Wasser eine bestimmte Menge an Mineralsalz od. Kohlensäure gelöst ist

Mi|ne|ral|salz das; -es, -e: ↑ anorganisches Salz, das sowohl in der Natur vorkommt als auch künstlich hergestellt wird

Mi|ne|ral|säu|re die; -, -n: (Chem.) anorganische Säure (z. B. Phosphor-, Schwefelsäure)

Mi|ne|ral|was|ser das; -s, ...wässer: 1. Wasser, dem Mineralsalze u./od. Kohlensäure zugesetzt wurden. 2. Wasser einer Mineralquelle

mi|ne|ro|gen ⟨lat.-mlat.; gr.⟩: aus anorganischen Bestandteilen entstanden

Mi|nes|t|ra die; -, ...ren ⟨it.⟩: 1. ↑ Minestrone. 2. (österr.) Kohlsuppe

Mi|nes|t|ro|ne die; -, -n: italienische Gemüsesuppe mit Reis u. Parmesankäse

Mi|net|te die; -, -n ⟨kelt.-mlat.-fr.⟩: 1. dunkelgraues, in gangförmiger Lagerung auftretendes Gestein. 2. eisenhaltige, abbauwürdige Schichten des Mittleren ↑ ²Juras in Lothringen u. Luxemburg

mi|neur [mi'nø:ɐ̯] ⟨lat.-fr.⟩: (Mus.) franz. Bez. für ↑ ¹Moll; Ggs. ↑ majeur

Mi|neur [mi'nø:ɐ̯] der; -s, -e ⟨kelt.-mlat.-fr.⟩: (Milit.) im Minenbau ausgebildeter Pionier

mi|ni ⟨lat.-it.-fr.-engl.; Kurzform von engl. miniature⟩: sehr kurz, [weit] oberhalb des Knies endend (auf Kleider, Röcke od. Mäntel bezogen); Ggs. ↑ maxi, ↑ midi

¹Mi|ni das; -s, -s: 1. (ohne Plural) a) [weit] oberhalb des Knies endende, sehr kurze Kleidung; b) (von Röcken, Kleidern, Mänteln) Länge, die [weit] oberhalb des Knies endet. 2. (ugs.) Kleid, das [weit] oberhalb des Knies endet; Minikleid

²Mi|ni der; -s, -s: (ugs.) Rock, der [weit] oberhalb des Knies endet; Minirock

Mi|ni|a|tor der; -s, ...oren ⟨lat.-it.-nlat.⟩: Handschriften-, Buchmaler. **Mi|ni|a|to|rin** die; -, -nen: weibliche Form zu ↑ Miniator

Mi|ni|a|tur die; -, -en ⟨lat.-it.⟩: 1. a) Bild od. Zeichnung als Illustration einer [alten] Handschrift od. eines Buches; b) zierliche Kleinmalerei, kleines Bild[nis]. 2. Schachproblem, das aus höchstens 7 Figuren gefügt ist

mi|ni|a|tu|ri|sie|ren: verkleinern (bes. von elektronischen Bauelementen). **Mi|ni|a|tu|ri|sie|rung** *die; -, -en:* Verkleinerung, Kleinbauweise (z. B. von elektronischen Anlagen, Kameras u. Ä.)

Mi|ni|bi|ki|ni *der; -s, -s:* äußerst knapper, den Körper nur so wenig wie möglich bedeckender ↑ Bikini

Mi|ni|break [...breɪk] *das; -s, -s:* (Tennis) Gewinn eines Punkts im Tiebreak gegen den aufschlagenden Spieler

Mi|ni|car *der; -s, -s ⟨engl.⟩:* 1. Kleintaxi. 2. selbst gebasteltes Fahrzeug ohne Motor [mit dem Wettbewerbe ausgetragen werden]

Mi|ni|com|pu|ter *der; -s, -:* Kleinstrechner

Mi|ni|disc® [...dɪsk] *die; -, -s:* beiderseits bespielbarer, CD-ähnlicher Tonträger mit kleinem Durchmesser; Abk.: MD

mi|nie|ren ⟨*kelt.-mlat.-fr.*⟩: unterirdische Gänge, Stollen anlegen; vgl. ¹Mine (1)

Mi|ni|golf *das; -s ⟨lat.; schott.⟩:* (Sport) Kleingolf, Bahnengolf

Mi|ni|ki|ni *der; -s, -s:* Badebekleidung ohne Oberteil für Damen

mi|nim ⟨*lat.*⟩: (veraltet) geringfügig, minimal

¹Mi|ni|ma *die; -, ...men:* kleiner Notenwert der Mensuralmusik (entspricht der halben Taktnote)

²Mi|ni|ma: *Plural von* ↑ Minimum

mi|ni|mal ⟨*lat.-nlat.*⟩: a) sehr klein, sehr wenig, niedrigst; b) mindestens

Mi|ni|mal *das; -s, -e:* Kurzform von ↑ Minimalproblem

Mi|ni|mal|art [ˈmɪnɪməlɑːt] *die; -,* auch: **Mi|ni|mal Art** *die; - -* ⟨*engl.*⟩: amerikanische Kunstrichtung, die Formen u. Farbe auf die einfachsten Elemente reduziert

mi|ni|mal|in|va|siv ⟨*lat.-nlat.*⟩: (Med.) mit kleinstmöglichem Aufwand eingreifend; **minimalinvasive Chirurgie:** Durchführung operativer Eingriffe ohne größere Schnitte zur Öffnung von Körperhöhlen

mi|ni|ma|li|sie|ren: a) so klein wie

möglich machen, sehr stark reduzieren, vereinfachen; b) abwerten, geringschätzen

Mi|ni|ma|li|sie|rung *die; -, -en:* Vereinfachung; Reduzierung auf die elementaren Bestandteile

Mi|ni|ma|list *der; -en, -en:* (Kunstwiss.) Vertreter der ↑ Minimalart. **Mi|ni|ma|lis|tin** *die; -, -nen:* weibliche Form zu ↑ Minimalist

mi|ni|ma|lis|tisch: 1. die Minimalart bzw. die Minimalmusic betreffend. 2. geringfügig, in geringem Ausmaß; sich wenig bemühend

Mi|ni|mal|mu|sic [ˈmɪnɪməlmjuːzɪk] *die; -,* auch: **Mi|ni|mal Music** *die; - -* ⟨*engl.*⟩: Musikrichtung, die mit unaufhörlicher Wiederholung u. geringster ↑ Variation einfachster Klänge arbeitet

Mi|ni|mal|paar *das; -[e]s, -e:* (Sprachw.) zwei sonst gleiche sprachliche Einheiten, die durch ein einziges, den Bedeutungsunterschied bewirkendes Merkmal unterschieden sind (z. B. tot/rot)

Mi|ni|mal|pro|b|lem *das; -s, -e:* Schachproblem, bei dem eine Seite außer dem König nur noch eine Figur zur Verfügung hat

Mi|ni|max|prin|zip *das; -s:* spieltheoretisches Prinzip der Vorsicht, das dem Spieler denjenigen Gewinn garantiert, den er unter Berücksichtigung der für ihn ungünstigsten Reaktionen des Gegners in jedem Fall erzielen kann

Mi|ni|max|the|o|rem *das; -s:* mathematischer Lehrsatz der Spieltheorie, nach dem Spieler nur dann ihren eigenen Anteil am Gesamtergebnis maximieren können, wenn sie den des Gegners zu minimieren vermögen

mi|ni|mie|ren: so weit wie möglich verringern, verkleinern. **Mi|ni|mie|rung** *die; -:* Verringerung, Verkleinerung

Mi|ni|mum *das; -s, ...ma ⟨lat.; „das Geringste, Mindeste"⟩:* 1. geringstes, niedrigstes Maß; Mindestmaß; Ggs. ↑ Maximum (1). 2. a) (Math.) unterer Extremwert; Ggs. ↑ Maximum (2 a); b) (Meteor.) niedrigster Wert (bes. der Temperatur) eines Ta-

ges, einer Woche usw. od. einer Beobachtungsreihe; Ggs. ↑ Maximum (2 b). 3. (Meteor.) Kern eines Tiefdruckgebiets; Ggs. ↑ Maximum (3)

Mi|ni|mum|ther|mo|me|ter *das; -s, -:* ↑ Thermometer, mit dem der niedrigste Wert zwischen zwei Messungen festgestellt wird

Mi|ni|mum vi|si|bi|le [- v..., auch: ˈmɪni... -] *das; -s -, ...ma ...bi|lia* ⟨*nlat.*⟩: (Psychol.) kleinster, gerade noch empfindbarer Sehreiz

Mi|ni|pil|le *die; -, -n:* ↑ Antibabypille mit sehr geringer Hormonmenge

Mi|ni|rock *der; -[e]s, ...röcke:* sehr kurzer Rock

Mi|ni|ski *der; -s, - u. -er:* äußerst kurzer ↑ Ski für Anfänger im Skilaufen

Mi|nis|ter *der; -s, - ⟨lat.-fr.; „Diener"⟩:* Mitglied der Regierung eines Staates od. Landes, das einen bestimmten Geschäftsbereich verwaltet

mi|nis|te|ri|al: von einem Ministerium ausgehend, zu ihm gehörend; vgl. ...al/...ell

Mi|nis|te|ri|al|di|rek|tor *der; -s, -en:* Abteilungsleiter in einem Ministerium. **Mi|nis|te|ri|al|di|rek|to|rin** *die; -, -nen:* weibliche Form zu ↑ Ministerialdirektor

Mi|nis|te|ri|al|di|ri|gent *der; -en, -en:* Unterabteilungsleiter, Referatsleiter in einem Ministerium. **Mi|nis|te|ri|al|di|ri|gen|tin** *die; -, -nen:* weibliche Form zu ↑ Ministerialdirigent

Mi|nis|te|ri|a|le *der; -n, -n:* Angehöriger des mittelalterlichen Dienstadels

Mi|nis|te|ri|a|li|tät *die; - ⟨lat.-nlat.⟩:* der mittelalterliche Dienstadel

mi|nis|te|ri|ell ⟨*lat.-mlat.-fr.*⟩: a) einen Minister betreffend; b) ein Ministerium betreffend; vgl. ...al/...ell

Mi|nis|te|rin *die; -, -nen:* weibliche Form zu ↑ Minister

Mi|nis|te|ri|um *das; -s, ...ien* ⟨*lat.-fr.*⟩: höchste Verwaltungsbehörde eines Staates od. Landes mit einem bestimmten Aufgabenbereich (Wirtschaft, Justiz u. a.)

Mi|nis|ter|prä|si|dent *der; -en, -en:* 1. Chef einer Landesregierung. 2. Leiter der Regierung in bestimmten Staaten. **Mi|nis|ter-**

M

prä|si|den|tin *die; -, -nen:* weibliche Form zu ↑ Ministerpräsident

mi|nis|t|ra|bel ⟨*lat.-nlat.*⟩: befähigt, Minister zu werden

Mi|nis|t|rant *der; -en, -en* ⟨*lat.*⟩: katholischer Messdiener. **Mi|nis|t|ran|tin** *die; -, -nen:* weibliche Form zu ↑ Ministrant

mi|nis|t|rie|ren: bei der Messe dienen

Mi|ni|to|w|er [...taʊə] *der; -[s], -:* halbhohes Standgehäuse für einen Computer

Mi|ni|um *das; -s* ⟨*lat.*⟩: Mennige

Mi|ni|van [...væn] *der; -s, -s:* äußerlich relativ klein dimensionierter Van

Mink *der; -s, -e* ⟨*engl.*⟩: nordamerikanische Marderart; Nerz

mi|no|isch ⟨nach dem kretischen Sagenkönig Minos⟩: die Kultur Kretas von etwa 3000 bis 1200 v. Chr. (vor der Besiedlung durch griechische Stämme) betreffend

mi|nor [ˈmaɪnə] ⟨*lat.-engl.; „*kleiner, geringer"⟩: (Mus.) engl. Bez. für ↑ ¹Moll; Ggs. major

Mi|nor *der; -* ⟨*lat.*⟩: (Logik) der „kleinere, engere Begriff" im ↑ Syllogismus

Mi|no|rat *das; -[e]s, -e* ⟨*lat.-nlat.*⟩: 1. Vorrecht des Jüngsten auf das Erbgut; Jüngstenrecht. 2. (Rechtsw.) nach dem Jüngstenrecht zu vererbendes Gut; vgl. Majorat

mi|no|re ⟨*lat.-it.*⟩: ital. Bez. für ↑ ¹Moll; Ggs. ↑ maggiore

Mi|no|re *das; -s, -s:* Molltonart; Mittelteil in Moll eines Tonsatzes in Dur

mi|no|renn ⟨*lat.-mlat.*⟩: (veraltet) minderjährig, unmündig; Ggs. ↑ majorenn

Mi|no|ren|ni|tät *die; -:* (Rechtsw. veraltet) Minderjährigkeit, Unmündigkeit; Ggs. ↑ Majorennität

Mi|no|rist *der; -en, -en* ⟨*lat.-nlat.*⟩: katholischer Kleriker der niederen Weihegrade

Mi|no|rit *der; -en, -en* ⟨„Geringerer"⟩: ↑ Franziskaner, insbesondere Angehöriger des Zweiges der ↑ Konventualen (2)

Mi|no|ri|tät *die; -, -en* ⟨*lat.-mlat.-fr.*⟩: Minderzahl, Minderheit; Ggs. ↑ Majorität

Mi|no|ri|tin *die; -, -nen:* Angehörige eines weiblichen Zweiges der Minoriten

Mi|nor|ka *das; -[s], -s* ⟨nach der Insel Menorca⟩: englische Hühnerrasse spanischen Ursprungs

Mins|t|rel *der; -s, -s* ⟨*lat.-fr.-engl.*⟩: 1. mittelalterlicher Spielmann u. Sänger in England im Dienste eines Adligen; vgl. Menestrel. 2. fahrender Musiker od. Sänger im 18. u. 19. Jh. in den USA

mint ⟨*engl.*⟩: von einem blassen, leicht blaustichigen Grün

Mint|so|ße *die; -, -n* ⟨*engl.*⟩: (Gastr.) würzige (bes. in England beliebte) Soße aus Grüner Minze

Mi|nu|end *der; -en, -en* ⟨*lat.*⟩: Zahl, von der etwas abgezogen werden soll

Mi|nu|et|to *das; -s, -s u. ...tti* ⟨*lat.-it.*⟩: ital. Bez. für ↑ Menuett

mi|nus ⟨*lat.*⟩: 1. (Math.) weniger; Zeichen: −. 2. unter dem Gefrierpunkt liegend. 3. (Elektrot.) negativ. 4. (Wirtsch.) abzüglich

Mi|nus *das; -, -:* 1. Verlust, Fehlbetrag. 2. Mangel, Nachteil

Mi|nus|kel *die; -, -n:* Kleinbuchstabe; Ggs. ↑ Majuskel

Mi|nus|mann *der; -[e]s, ...männer:* Mann mit dominant negativen Eigenschaften

Mi|nus|typ *der; -s, -en:* Person mit dominant negativen Eigenschaften

Mi|nu|te *die; -, -n* ⟨*lat.-mlat.*⟩: 1. der sechzigste Teil einer Stunde; Zeichen: min (für die Uhrzeit: ᵐⁱⁿ od. ᵐ); Abk.: Min. 2. (Math.) der sechzigste Teil eines Grades; Zeichen: ′

mi|nu|ti|ös [minuˈtsjøːs] ⟨*lat.-fr.*⟩: 1. peinlich genau, äußerst gründlich. 2. (veraltet) kleinlich

mi|nüt|lich, seltener: **mi|nut|lich:** jede Minute

Mi|nu|zi|en *die* (Plural) ⟨*lat.*⟩: (veraltet) Kleinigkeiten, Nichtigkeiten

Mi|nu|zi|en|stift *der; -[e]s, -e:* Aufstecknadel für Insektensammlungen

mi|nu|zi|ös vgl. minutiös

Mi|o|sis *die; -, ...sen* ⟨*gr.-nlat.*⟩: (Med.) Pupillenverengung

Mi|o|ti|kum *das; -s, ...ka:* pupillenverengendes Mittel. **mi|o|tisch:** (Med.) pupillenverengend

mi|o|zän ⟨*gr.-nlat.*⟩: das Miozän betreffend. **Mi|o|zän** *das; -s:* (Geol.) zweitjüngste Abteilung des ↑ Tertiärs

Mi-par|ti *das; -* ⟨*lat.-fr.; „*halb geteilt"⟩: „geteilte Tracht"; [Männer]kleidung des Mittelalters mit in Farbe u. Form verschiedener rechter u. linker Seite

¹Mir *der; -s* ⟨*russ.*⟩: (bis 1917) russische Dorfgemeinschaft; Gemeinschaftsbesitz einer Dorfgemeinde

²Mir *der; -[s], -s* ⟨*pers.*⟩: kostbarer persischer Teppich mit dem Palmwedelmuster ↑ Miri

Mi|ra|bel|le *die; -, -n* ⟨*fr.*⟩: gelbe, kleinfruchtige, süße Pflaume[nart]

mi|ra|bi|le dic|tu ⟨*lat.; „*wundersam zu sagen"⟩: kaum zu glauben

Mi|ra|bi|li|en *die* (Plural): (veraltet) Wunderdinge

Mi|ra|bi|lit *der; -s:* Glaubersalz; kristallisiertes Natriumsulfat

Mi|rage [miˈraːʒ] *die; -, -n* ⟨*lat.-fr.*⟩: a) (Meteor.) Luftspiegelung; b) (veraltet) leichter Selbstbetrug, Selbsttäuschung

Mi|ra|kel *das; -s, -* ⟨*lat.*⟩: 1. Wunder, wunderbare Begebenheit; Gebetserhörung (an Wallfahrtsorten). 2. mittelalterliches Drama über Marien- u. Heiligenwunder; Mirakelspiel

mi|ra|ku|lös: (veraltet) durch ein Wunder bewirkt

Mi|ra|stern *der; -[e]s, -e* ⟨nach dem Stern Mira⟩: Stern, dessen Helligkeitsperiode zwischen 80 und 1000 Tagen liegt

Mir|ban|öl *das; -[e]s* ⟨*fr; dt.*⟩: nach Bittermandelöl riechende, sehr giftige aromatische Nitroverbindung

Mi|re *die; -, -n* ⟨*lat.-fr.*⟩: Meridianmarke zur Einstellung des Fernrohrs in Meridianrichtung

Mi|ri *das; -[s]* ⟨*pers.*⟩: [Teppich]muster, bestehend aus regelmäßig angeordneten, an der Spitze geknickten Palmblättern

Mir|za *der; -s, -s* ⟨*pers.; „*Fürstensohn"⟩: persischer Ehrentitel (vor dem Namen „Herr"; hinter dem Namen „Prinz")

Mi|s|an|d|rie *die; -* ⟨*gr.*⟩: (Psychol., Med.) krankhafter Männerhass (von Frauen)

Mi|s|an|th|rop *der; -en, -en:* Menschenfeind, -hasser; Ggs. ↑ Philanthrop. **Mi|s|an|th|ro|pie** *die; -:* Menschenhass, -scheu; Ggs. ↑ Philanthropie. **Mi|s|an|th|ro|pin** *die; -, -nen:* weibliche Form zu ↑ Misanthrop. **mi|s|an|th|ro|pisch:** menschenfeindlich, menschenscheu; Ggs. ↑ philanthropisch

Mis|cel|la|nea *die* (Plural) ⟨*lat.*⟩: ↑ Miszellaneen

Misch|na *die; -* ⟨*hebr.;* „Unterweisung"⟩: Sammlung der jüdischen Gesetzeslehre aus dem 2. Jh. n. Chr. (Grundlage des ↑ Talmuds)

Misch|po|che u. **Misch|po|ke** *die; -* ⟨*hebr.-jidd.*⟩: (ugs. abwertend) a) jmds. Familie, Verwandtschaft; b) üble Gesellschaft; Gruppe von unangenehmen Leuten

Mi|se *die; -, -n* ⟨*lat.-fr.*⟩: 1. einmalige Prämie bei der Lebensversicherung. 2. Spieleinsatz beim Glücksspiel

Mise en Scène [mizaˈsɛn] *die; - - -, -s - -* [mizaˈsɛn] ⟨*fr.*⟩: (selten) Inszenierung

mi|se|ra|bel ⟨*lat.-fr.*⟩: (ugs.) a) auf ärgerliche Weise sehr schlecht; b) erbärmlich; c) moralisch minderwertig, niederträchtig, gemein

Mi|se|re *die; -, -n*: Elend, Unglück, Notsituation, -lage

Mi|se|re|or *das; -[s]* ⟨*lat.;* „ich erbarme mich"⟩: katholische Organisation, die mit einem jährlichen Fastenopfer der deutschen Katholiken den Menschen in den Entwicklungsländern helfen will (seit 1959)

Mi|se|re|re *das; -s* („erbarme dich!"⟩: 1. Anfang und Bezeichnung des 51. Psalms (Bußpsalm) in der ↑ Vulgata. 2. (Med.) Koterbrechen bei Darmverschluss

Mi|se|ri|cor|di|as Do|mi|ni ⟨nach dem alten ↑ Introitus des Gottesdienstes, Psalm 89, 2: „die Barmherzigkeit des Herrn"⟩: zweiter Sonntag nach Ostern

Mi|se|ri|kor|die [...jə] *die; -, -n*: [mit Schnitzereien versehener] Vorsprung an den Klappsitzen des Chorgestühls als Stütze während des Stehens

Mi|se|ri|kor|di|en|bild *das; -[e]s, -er*: (bildende Kunst) Darstellung Christi als Schmerzensmann

Mi|so *das; -s, -s* ⟨*jap.*⟩: Paste aus fermentierten ↑ Sojabohnen

Mi|so|gam *der; -s* u. *-en, -e[n]* ⟨*gr.*⟩: Ehefeind. **Mi|so|ga|mie** *die; -*: (Med., Psychol.) Ehescheu

Mi|so|gyn *der; -s* u. *-en, -e[n]*: (Med., Psychol.) Frauenfeind.

Mi|so|gy|nie *die; -*: 1. (Med., Psychol.) krankhafter Hass von Männern gegenüber Frauen. 2. Frauen entgegengebrachte Verachtung, Geringschätzung; Frauenfeindlichkeit

Mi|so|lo|gie *die; -*: (Philos.) Hass gegen den ↑ Logos; Abneigung gegen vernünftige, sachliche Auseinandersetzung

Mi|so|pä|die *die; -, ...ien* ⟨*gr.-nlat.*⟩: (Med., Psychol.) krankhafter Hass gegen [die eigenen] Kinder

Mis|ra|chi *die; -* ⟨*hebr.*⟩: bes. in den USA verbreitete Organisation orthodoxer Zionisten

Miss *die; -, -es* ⟨*lat.-fr.-engl.*⟩: 1. (ohne Artikel) englische Anrede für eine (meist unverheiratete) Frau. 2. (veraltet) aus England stammende Erzieherin. 3. Schönheitskönigin, häufig in Verbindung mit einem Ländernod. Ortsnamen (z. B. Miss Germany)

Mis|sa *die; -, ...ae* [...ε] ⟨*lat.-mlat.*⟩: kirchenlat. Bez. der ↑ ¹Messe (1)

¹Mis|sal *das; -s, -e* u. Missale *das; -s, -n* u. ...alien ⟨*lat.-mlat.*⟩: Messbuch

²Mis|sal *die; -*: (Druckw.) Schriftgrad von 48 Punkt (ungefähr 20 mm Schrifthöhe)

Mis|sa|le vgl. ¹Missal

Mis|sa le|c|ta *die; - -, ...ae* [...ε] ...ae [...ε]: stille od. Lesemesse

Mis|sa|le Ro|ma|num *das; - -*: amtliches Messbuch der römisch-katholischen Kirche

Mis|sa pon|ti|fi|ca|lis *die; - -, ...ae* [...ε] -: ↑ Pontifikalamt

Mis|sa so|lem|nis *die; - -, ...ae* [...ε] -: feierliches Hochamt

Mis|ses: Plural von ↑ Miss

Mis|sile [ˈmɪsaɪl, auch: ˈmɪsl] *das; -s, -s* ⟨*engl.*⟩: (Milit.) Flugkörpergeschoss

Mis|sing|link *das; -s, auch:* **Mis|sing Link** *das; - -s* ⟨*engl.;* „fehlendes Glied"⟩: 1. fehlende Übergangsform zwischen Mensch u. Affe. 2. (Biol.) fehlende Übergangsform in tierischen u. pflanzlichen Stammbäumen

Mis|sio ca|no|ni|ca *die; - -* ⟨*mlat.*⟩: (kath. Kirchenrecht) kirchliche Ermächtigung zur Erteilung des Religionsunterrichts

Mis|si|on *die; -, -en* ⟨*lat.-mlat.*⟩: 1. Sendung, [ehrenvoller] Auf-

trag, innere Aufgabe. 2. Verbreitung einer religiösen Lehre unter Andersgläubigen; innere Mission: religiöse Erneuerung u. Sozialarbeit im eigenen Volk. 3. [ins Ausland] entsandte Person[engruppe] mit besonderem Auftrag (z. B. Abschluss eines Vertrages). 4. diplomatische Vertretung eines Staates im Ausland

Mis|si|o|nar u. (österr. nur so:) **Mis|si|o|när** *der; -s, -e* ⟨*lat.-nlat.*⟩: in der [christlichen] Mission (2) tätiger Geistlicher od. Laie; Glaubensbote. **Mis|si|o|na|rin** u. (österr. nur so:) **Mis|si|o|nä|rin** *die; -, -nen*: weibliche Form zu ↑ Missionar. **mis|si|o|na|risch:** die Mission (2) betreffend; auf Bekehrung hinzielend **mis|si|o|nie|ren:** eine (bes. die christliche) Glaubenslehre verbreiten

Mis|si|ons|chef *der; -s, -s:* ↑ Chef de Mission

Mis|siv *das; -s, -e* u. **Mis|si|ve** *die; -, -n:* (veraltet) 1. Sendschreiben. 2. verschließbare Aktentasche

Mis|sou|ri|sy|n|o|de [...ˈsuː...] *die; -* ⟨nach dem nordamerik. Bundesstaat Missouri⟩: streng lutherische Freikirche deutscher Herkunft in den USA

Mist *der; -s, -e* ⟨*engl.*⟩: (Seew.) leichter Nebel

Mis|ter *der; -s* ⟨*lat.-fr.-engl.*⟩: engl. Anrede für einen Mann; Abk. Mr

mis|te|ri|o|sa|men|te u. **mis|te|ri|o|so** ⟨*gr.-lat.-it.*⟩: (Mus.) geheimnisvoll (Vortragsanweisung)

mis|tig ⟨*engl.*⟩: (Seew.) neblig

Mist|puf|fers [...pafəz] *die* (Plural) ⟨*engl.*⟩: scheinbar aus großer Entfernung kommende dumpfe Knallgeräusche unbekannter Herkunft, die man an Küsten wahrnimmt

Mis|t|ral *der; -s, -e* ⟨*lat.-provenzal.-fr.*⟩: kalter Nord[west]wind im Rhonetal, in der Provence u. an der französischen Mittelmeerküste

mi|su|ra|to ⟨*lat.-it.*⟩: (Mus.) gemessen, wieder streng im Takt (Vortragsanweisung)

Mis|zel|la|ne|en [auch: ...ˈlaːneən] u. **Mis|zel|len** *die* (Plural) ⟨*lat.*⟩: kleine Aufsätze verschiedenen Inhalts; Vermischtes, bes. in wissenschaftlichen Zeitschriften

M

Mi|tel|la *die; -, ...llen ⟨gr.-lat.⟩:* Dreieckstuch; um den Nacken geschlungenes Tragetuch für den Arm zur Ruhigstellung bei Unterarm- u. Handverletzungen

Mi|thr|rä|um *das; -s, ...räen ⟨pers.-gr.-nlat.⟩:* unterirdischer Kultraum des altpersischen Rechts- u. Lichtgottes Mithra[s] (vielfach im römischen Heeresgebiet an Rhein u. Donau)

Mi|th|ri|da|tis|mus *der; - ⟨nach König Mithridates VI., um 132–63 v. Chr.⟩:* (Med.) durch Gewöhnung erworbene Immunität gegen Gifte

Mi|ti|gans *das; -, ...anzien u. ...antia [...tsia] ⟨lat.⟩:* 1. (Med.) Linderungs-, Beruhigungsmittel. 2. (nur Plural; Rechtsw. veraltet) mildernde Umstände

Mi|ti|ga|ti|on *die; -, -en:* 1. (Med.) Abschwächung, Milderung. 2. (Rechtsw. veraltet) Strafminderung

Mi|to|chon|d|ri|um [...x...] *das; -s, ...ien ⟨gr.-nlat.⟩:* (Biol.) fadenod. kugelförmiges Gebilde in menschlichen, tierischen u. pflanzlichen Zellen, das der Atmung u. dem Stoffwechsel der Zelle dient

mi|ton|nie|ren ⟨fr.⟩: langsam in einer Flüssigkeit kochen lassen

Mi|to|se *die; -, -n ⟨gr.-nlat.⟩:* (Biol.) Zellkernteilung mit Längsspaltung der Chromosomen; indirekte Zellkernteilung; Ggs. ↑ Amitose

Mi|to|se|gift *das; -[e]s, -e:* (Biol.) Stoff, der den normalen Verlauf der Kernteilung stört (z. B. ↑ Kolchizin)

mi|to|tisch: (Biol.) die Zellkernteilung betreffend

Mi|t|ra *die; -, ...ren ⟨gr.-lat.⟩:* 1. Kopfbedeckung hoher katholischer Geistlicher; Bischofsmütze. 2. mützenartige Kopfbedeckung altorientalischer Herrscher. 3. a) bei den Griechen u. Römern Stirnbinde der Frauen; b) metallener Leibgurt der Krieger. 4. (Med.) haubenartiger Kopfverband

Mi|t|rail|leu|se [mitra(l)'jø:zə] *die; -, -n ⟨fr.⟩:* französisches Salvengeschütz (1870–1871), Vorläufer des Maschinengewehrs

mi|t|ral ⟨gr.-lat.-nlat.⟩: 1. (Med.) sich auf die Mitralklappe beziehend. 2. von haubenförmiger Gestalt

Mi|t|ral|klap|pe *die; -, -n:* (Med.) zweizipfelige Herzklappe zwischen linkem Vorhof u. linker Kammer

Mi|t|ro|pa *die; - ⟨Kunstw.⟩:* Mitteleuropäische Schlaf- und Speisewagen-Aktiengesellschaft

Mitz|wa *die; -, ...woth od. -s ⟨hebr.⟩:* gute, gottgefällige Tat

Mix *der; -, -e ⟨lat.-fr.-engl.⟩:* (Jargon) Gemisch, spezielle Mischung

Mixed [mɪkst] *das; -[s], -[s] ⟨lat.-fr.-engl.⟩:* gemischtes Doppel (aus je einem Spieler u. einer Spielerin auf jeder Seite) im Tennis, Tischtennis u. Badminton

Mixed|drink ['mɪkst...] *der; -[s], -s, auch: Mixed Drink der; - -[s], - -s ⟨engl.⟩:* alkoholisches Mischgetränk

Mixed E|co|no|my ['mɪkst ɪ'kɔnəmɪ] *die; - - ⟨engl.⟩:* Form der [Markt]wirtschaft, die neben der wettbewerblichen Selbststeuerung auch durch Lenkungsmaßnahmen u. Verhandlungen zwischen Interessengruppen gekennzeichnet ist

Mixed|grill ['mɪkst...] *der; -[s], -s, auch: Mixed Grill der; - -[s], - -s ⟨engl.⟩:* (Gastr.) Gericht aus verschiedenen gegrillten Fleischstücken [u. kleinen Würstchen]

Mixed|me|dia ['mɪkstmi:dja], auch: Mixed Me|dia *die (Plural) ⟨engl.⟩:* Kombination verschiedener Medien, bes. für künstlerische Zwecke

Mixed-Me|dia-Show [...ʃoʊ] *die; -, -s:* ↑ Multimediashow

Mixed|pi|ckles ['mɪkstpɪkļs], auch: Mixed Pi|ckles *die (Plural)* u. **Mixpickles** *die (Plural) ⟨engl.⟩:* in Essig eingelegte Stückchen verschiedener Gemüsesorten, bes. Gurken

mi|xen ⟨lat.-fr.-engl.⟩: 1. (bes. Getränke) mischen. 2. die auf verschiedene Bänder aufgenommenen akustischen Elemente eines Films (Sprache, Musik, Geräusche) aufeinander abstimmen u. auf eine Tonspur überspielen. 3. Speisen mit einem elektrischen Küchengerät zerkleinern u. mischen. 4. (Eishockey) den Puck mit dem Schläger schnell hin u. her schieben

Mi|xer *der; -s, -:* 1. jmd., der [in einer Bar] alkoholische Getränke mischt. 2. a) Tontechniker, der getrennt aufgenommene akustische Elemente eines Films auf eine Tonspur überspielt; b) Gerät zum Mixen (2). 3. (bei der Zubereitung von Getränken, Speisen gebrauchtes) elektrisches Gerät zum Zerkleinern u. Vermischen. **Mi|xe|rin** *die; -, -nen:* weibliche Form zu ↑ Mixer (1, 2 a)

Mi|xo|ly|disch u. **Mi|xo|ly|di|sche** *das; ...schen ⟨gr.; nach der kleinasiatischen Landschaft Lydien⟩:* (Mus.) a) altgriechische Tonart; b) 7. Kirchentonart (g-g') des Mittelalters

Mi|xo|s|ko|pie *die; -:* sexuelle Lust u. Befriedigung beim Betrachten des Koitus anderer; vgl. Voyeur

Mix|pi|ckles ['mɪkspɪkļs] vgl. Mixedpickles

Mix|ti|on *die; -, -en ⟨lat.⟩:* (veraltet) Mischung

Mix|tum com|po|si|tum *das; - -, ...ta ...ta:* Durcheinander, buntes Gemisch

Mix|tur *die; -, -en:* 1. Mischung; flüssige Arzneimischung. 2. (Mus.) Orgelregister, das auf jeder Taste mehrere Pfeifen in Oktaven, Terzen, Quinten, auch Septimen ertönen lässt

Mi|zell vgl. Mizelle

Mi|zel|le *die; -, -n u. (seltener:) Mizell das; -s, -e ⟨lat.-nlat.⟩:* (Chem.) aus vielen Molekülen aufgebautes Kolloidteilchen

Mne|me *die; - ⟨gr.⟩:* (Med.; Psychol.) Gedächtnis; Erinnerung; Fähigkeit lebender Substanz, für die Lebensvorgänge wichtige Information zu speichern

Mne|mis|mus *der; - ⟨gr.-nlat.⟩:* Lehre, dass alle lebende Substanz eine Mneme habe, die das vitalen Funktionen steuere

Mne|mo|nik *die; - ⟨gr.⟩:* ↑ Mnemotechnik. **Mne|mo|ni|ker** *der; -s, -:* ↑ Mnemotechniker. **Mne|mo|ni|ke|rin** *die; -, -nen:* weibliche Form zu ↑ Mnemoniker. **mne|mo|nisch:** ↑ mnemotechnisch

Mne|mo|tech|nik *die; -, -en:* Technik, Verfahren, sich etwas leichter einzuprägen, seine Gedächtnisleistung zu steigern, z. B. durch systematische Übung od. Lernhilfen (wie z. B. Merkverse). **Mne|mo|tech|ni|ker**

der; -s, -: jmd., der die Mnemotechnik beherrscht. **Mne|mo-tech|ni|ke|rin** *die;* -, -nen: weibliche Form zu ↑ Mnemotechniker. **mne|mo|tech|nisch:** die Mnemotechnik betreffend **mnes|tisch:** die Mneme betreffend

Moa *der;* -[s], -s ⟨*maorisch*⟩: ausgestorbener, sehr großer, straußenähnlicher neuseeländischer Laufvogel (bis 3,50 m hoch) **Mo|a|holz** *das;* -es: aus Neuseeland eingeführtes, sehr hartes Holz

Mob *der;* -s ⟨*lat.-engl.*⟩: 1. Pöbel. 2. kriminelle Bande, organisiertes Verbrechertum **mob|ben** ⟨*engl.*⟩: (einen Kollegen) ständig schikanieren, quälen, verletzen [mit der Absicht, ihn zur Aufgabe seines Arbeitsplatzes zu veranlassen]. **Mob|bing** *das;* -s: das Mobben

Mö|bel *das;* -s, - ⟨*lat.-mlat.-fr.;* „bewegliches Gut"⟩: 1. a) Einrichtungsgegenstand für Wohn- u. Arbeitsräume; b) (nur Plural) Einrichtung, Mobiliar. 2. (ohne Plural): (ugs.) ungefüger Gegenstand

mo|bil ⟨*lat.-fr.*⟩: 1. a) beweglich, nicht an einen festen Standort gebunden; Ggs. ↑ immobil (1); b) den Wohnsitz u. Arbeitsplatz häufig wechselnd. 2. für den Krieg bestimmt od. ausgerüstet; einsatzbereit; Ggs. ↑ immobil (2). 3. (ugs.) wohlauf, gesund; lebendig, munter; **mobiles Buch:** Loseblattsammlung; **mobil machen:** das Militär u. das ganze Land in den Kriegszustand versetzen **Mo|bil** *das;* -s, -e: Fahrzeug, Auto **mo|bi|le** [...le] ⟨*lat.-it.*⟩: (Mus.) beweglich, nicht steif (Vortragsanweisung) **Mo|bi|le** *das;* -s, -s ⟨*lat.-mlat.-engl.*⟩: hängend befestigtes Gebilde aus [Metall]plättchen, Stäben, Figuren u. Drähten, das durch Luftzug, Warmluft od. Anstoßen in Bewegung gerät **Mo|bil|funk** *der;* -s: Funk zwischen mobilen od. zwischen mobilen u. festen Stationen **Mo|bi|li|ar** *das;* -s, -e ⟨*lat.-mlat.-nlat.*⟩: Gesamtheit der Möbel u. sonstigen Einrichtungsgegenstände [einer Wohnung] **Mo|bi|li|ar|kre|dit** *der;* -[e]s, -e:

Kredit gegen Verpfändung beweglicher Sachen **Mo|bi|li|en** *die* (Plural) ⟨*lat.-mlat.*⟩: 1. (veraltet) Hausrat, Möbel. 2. (Wirtsch.) bewegliche Güter; Ggs. ↑ Immobilien **Mo|bi|li|sa|ti|on** *die;* -, -en ⟨*lat.-fr.*⟩: 1. (Med.) das Mobilisieren (3). 2. ↑ Mobilmachung; Ggs. ↑ Demobilisation (a). 3. das Mobilisieren (4); vgl. ...ation/...ierung **Mo|bi|li|sa|tor** *der;* -s, ...oren ⟨*lat.-nlat.*⟩: Faktor, der eine mobilisierende Wirkung auf jemanden, etwas ausübt **mo|bi|li|sie|ren:** 1. (Milit.) mobil machen; Ggs. ↑ demobilisieren (a). 2. (Wirtsch.) beweglich, zu Geld machen. 3. (Med.) auf operativem Weg ein Organ [wieder] beweglich machen. 4. a) in Bewegung versetzen, zum Handeln veranlassen; b) rege, wirksam machen; aktivieren **Mo|bi|li|sie|rung** *die;* -, -en: 1. (Biol.) Aktivierung von Lebensvorgängen. 2. Umwandlung von in Aktien o. Ä. gebundenem Kapital in Geldvermögen. 3. ↑ Mobilmachung; Ggs. ↑ Demobilisierung. 4. das Mobilisieren (3, 4); vgl. ...ation/...ierung **Mo|bi|lis|mus** *der;* -: (Geol.) Theorie, dass die Erdkruste auf dem sie unterlagernden Untergrund frei beweglich ist; Ggs. ↑ Fixismus **Mo|bi|list** *der;* -en, -en: (ugs. scherzh.) Autofahrer. **Mo|bi|lis|tin** *die;* -, -nen: weibliche Form zu ↑ Mobilist **Mo|bi|li|tät** *die;* - ⟨*lat.*⟩: 1. (geistige) Beweglichkeit. 2. Beweglichkeit von Individuen od. Gruppen innerhalb der Gesellschaft. 3. (Bevölkerungsstatistik) die Häufigkeit des Wohnsitzwechsels einer Person **Mo|bi|li|täts|ga|ran|tie** *die;* -, -n: Garantie, die im Falle einer Fahrzeugpanne das weitere Fortkommen des Berechtigten gewährleistet **Mo|bil|ma|chung** *die;* -, -en: Vorbereitung auf einen bevorstehenden Krieg durch Einberufung der Reserve u. Aufstellung neuer Truppenteile **Mo|bil|sta|ti|on** *die;* -, -en: Sprechfunkanlage im Auto, mobile (1 a) ↑ Station beim Funksprech-bzw. Funktelefonverkehr **Mo|bil|te|le|fon** *das;* -s, -e: (inner-

halb eines bestimmten Gebiets) von praktisch jedem beliebigen Ort aus benutzbares Funktelefon **mö|b|lie|ren** ⟨*lat.-mlat.-fr.*⟩: mit Hausrat einrichten, ausstatten **Mobs|ter** *der;* -s, - ⟨*lat.-engl.-amerik.*⟩: Gangster, Bandit **Moc|ca dou|ble** [- 'du:bl] *der;* - -, -s -s ['mɔka 'du:bl] ⟨*fr.*⟩: (Gastr.) doppelter Mokka **¹Mo|cha** [...xa, auch: ...ka] *der;* - ⟨nach der jemenitischen Hafenstadt Mokka (Mocha) am Roten Meer⟩: Abart des Quarzes **²Mo|cha** [...xa, auch: ...ka] *das;* -s: auf der Narbenseite abgeschliffenes, samtartiges Glacéleder **Mock|tur|tle|sup|pe** [...tœrtl...] *die;* -, -n ⟨*engl.; dt.*⟩: unechte Schildkrötensuppe (aus Kalbskopf hergestellt) **Mod** *der;* -s, -s (meist Plural) ⟨*engl.*⟩: Angehöriger einer Gruppe männlicher Jugendlicher, die den Musikstil der 1960er-Jahre u. als Kleidung Anzug u. Krawatte bevorzugen **mo|dal** ⟨*lat.-mlat.*⟩: (Philos.; Sprachw.) den Modus (1) betreffend, die Art u. Weise bezeichnend; **modale Konjunktion:** (Sprachw.) die Art und Weise bestimmendes Bindewort (z. B. wie, indem); **modale Persönlichkeit:** (Soziol.) Persönlichkeit mit Verhaltensweisen, die typisch für den Kulturkreis sind, dem sie angehört. 2. (Mus.) in Modalnotation notiert, sie betreffend **Mo|dal|ad|verb** *das;* -s, -ien (Sprachw.) Adverb der Art u. Weise (z. B.: kopfüber) **Mo|dal|be|stim|mung** *die;* -, -en: (Sprachw.) Umstandsbestimmung der Art u. Weise (z. B. sie malt *ausdrucksvoll*) **Mo|da|lis|mus** *der;* - ⟨*lat.-mlat.*⟩: altkirchliche, der Lehre von der ↑ Trinität widersprechende Anschauung, die Christus nur als Erscheinungsform Gottes sieht (Zweig des ↑ Monarchianismus) **Mo|da|li|tät** *die;* -, -en: 1. (Philos.; Sprachw.) Art u. Weise (des Seins, des Denkens). 2. (meist Plural) Art u. Weise der Aus- u. Durchführung eines Vertrages, Beschlusses o. Ä. **Mo|dal|lo|gik** *die;* -: Zweig der formalen Logik

Mo|dal|no|ta|ti|on *die; -:* (Mus.) Notenschrift des 12. u. 13. Jh.s, Vorstufe der ↑ Mensuralnotation

Mo|dal|satz *der; -es, ...sätze:* (Sprachw.) Adverbialsatz der Art u. Weise (z. B.: ich half ihm, *indem ich ihm Geld schickte*)

Mo|dal|verb *das; -s, -en:* (Sprachw.) Verb, das in Verbindung mit einem reinen Infinitiv ein anderes Sein od. Geschehen modifiziert (z. B.: er *will* kommen)

mode [mo:t] ⟨*lat.-fr.-engl.*⟩: bräunlich

¹Mo|de *die; -, -n* ⟨*lat.-fr.*⟩: 1. a) Brauch, Sitte zu einem bestimmten Zeitpunkt; b) Tages-, Zeitgeschmack. 2. die zu einem bestimmten Zeitpunkt bevorzugte Art, sich zu kleiden od. zu frisieren. 3. (meist Plural) dem herrschenden Zeitgeschmack entsprechende od. ihn bestimmende Kleidung

²Mo|de *der; -s, -n* od. *die; -, -n* ⟨*lat.-engl.*⟩: (Elektrot.) Schwingungsform elektromagnetischer Wellen, insbesondere in Hohlleitern

¹Mo|del *der; -s, - u. Modul der; -s, -n* ⟨*lat.*⟩: 1. Halbmesser des unteren Teils einer antiken Säule (Maßeinheit zur Bestimmung architektonischer Verhältnisse, bes. in der Antike u. Renaissance). 2. Hohlform für die Herstellung von Gebäck od. zum Formen von Butter. 3. erhabene Druckform für Stoff- u. Tapetendruck. 4. Stick- u. Wirkmuster

²Mo|del *das; -s, -s* ⟨*lat.-vulgärlat.-it.-engl.*⟩: Mannequin, Fotomodell

Mo|dell *das; -s, -e* ⟨*lat.-vulgärlat.-it.*⟩: 1. Muster, Vorbild. 2. Entwurf od. Nachbildung in kleinerem Maßstab (z. B. eines Bauwerks). 3. [Holz]form zur Herstellung der Gussform. 4. Kleidungsstück, das eine Einzelanfertigung ist. 5. Mensch od. Gegenstand als Vorbild für ein Werk der bildenden Kunst. 6. Typ, Ausführungsart eines Fabrikats. 7. vereinfachte Darstellung der Funktion eines Gegenstands od. des Ablaufs eines Sachverhalts, die eine Untersuchung erleichtert od. erst möglich macht.

8. Mannequin; vgl. ²Model.
9. (verhüllend) ↑ Callgirl

Mo|del|la|ge [...'la:ʒə] *die; -, -n* ⟨*lat.-vulgärlat.-it.-fr.*⟩: modellierend formende Bearbeitung, Gestaltung

Mo|del|leur [...'løː.ʁ] *der; -s, -e:* ↑ Modellierer.

Mo|del|leu|rin [...'løːrɪn] *die; -, -nen:* weibliche Form zu ↑ Modelleur

mo|del|lie|ren ⟨*lat.-vulgärlat.-it.*⟩: [eine Plastik] formen, ein Modell herstellen.

Mo|del|lie|rer *der; -s, -:* Former, Musterformer.

Mo|del|lie|re|rin *die; -, -nen:* weibliche Form zu ↑ Modellierer

mo|del|lig: in der Art eines Modells (von Kleidungsstücken)

Mo|del|list *der; -en, -en:* ↑ Modellierer.

Mo|del|lis|tin *die; -, -nen:* weibliche Form zu ↑ Modellist

¹mo|deln ⟨*lat.*⟩: gestalten, in Form bringen

²mo|deln ⟨*lat.-vulgärlat.-it.-engl.*⟩: als ²Model arbeiten

Mo|dem *der, auch: das; -s, -s* ⟨Kurzw. aus *engl.* modulator u. demodulator⟩: Gerät zur Übertragung von Daten über Fernsprechleitungen

Mo|de|ra|men *das; -s, - u. ...mina:* 1. (veraltet) Mäßigung. 2. gewähltes Vorstandskollegium einer reformierten ↑ Synode

mo|de|rat: gemäßigt, maßvoll

Mo|de|ra|ti|on *die; -, -en:* 1. (veraltet) Mäßigung; Gleichmut. 2. Leitung u. Redaktion einer Rundfunk- od. Fernsehsendung

mo|de|ra|to ⟨*lat.-it.*⟩: (Mus.) gemäßigt, mäßig schnell; Abk.: mod. (Vortragsanweisung). **Mo|de|ra|to** *das; -s, -s u. ...ti:* (Mus.) Musikstück in mäßig schnellem Zeitmaß

Mo|de|ra|tor *der; -s, ...oren* ⟨*lat.*⟩: 1. [leitender] Redakteur einer Rundfunk- od. Fernsehanstalt, der durch eine Sendung führt u. dabei die einzelnen Programmpunkte ankündigt, erläutert u. kommentiert. 2. (Kernphysik) Stoff, der Neutronen hoher Energie abbremst. 3. Vorsteher eines Moderamens (2). **Mo|de|ra|to|rin** *die; -, -nen:* weibliche Form zu ↑ Moderator (1)

mo|de|rie|ren ⟨*lat.*⟩: (eine Rundfunk- od. Fernsehsendung) mit einleitenden u. verbindenden

Worten versehen. 2. (veraltet, aber noch landsch.) mäßigen

mo|dern ⟨*lat.-fr.*⟩: 1. der ¹Mode entsprechend. 2. neuzeitlich, -artig

Mo|der|ne *die; -:* 1. moderne Richtung in Literatur, Musik u. Kunst. 2. die jetzige Zeit u. ihr Geist

mo|der|ni|sie|ren: 1. der gegenwärtigen ¹Mode entsprechend umgestalten, umändern (von Kleidungsstücken o. Ä.). 2. nach neuesten technischen od. wissenschaftlichen Erkenntnissen ausstatten od. verändern

Mo|der|nis|mus *der; -, ...men:* ⟨*lat.-fr.-nlat.*⟩: 1. (ohne Plural) Bejahung des Modernen; Streben nach Modernität [in Kunst u. Literatur]. 2. (ohne Plural) liberal-wissenschaftliche Reformbewegung in der katholischen Kirche (1907 von Pius X. verurteilt). 3. modernes Stilelement

Mo|der|nist *der; -en, -en:* Anhänger des Modernismus (1, 2). **Mo|der|nis|tin** *die; -, -nen:* weibliche Form zu ↑ Modernist

mo|der|nis|tisch: zum Modernismus gehörend; sich modern gebend

Mo|der|ni|tät *die; -, -en:* 1. (ohne Plural) neuzeitliches Verhalten, Gepräge. 2. Neuheit

Mo|dern|jazz ['mɔdənd̮ʒɛz] *der; -, auch:* **Mo|dern Jazz** *der; - -* ⟨*engl.*⟩: Stilrichtung des Jazz, etwa seit 1945

mo|dest ⟨*lat.*⟩: (veraltet) bescheiden, sittsam

Mo|di: *Plural* von ↑ Modus

Mo|di|fi|ka|ti|on *die; -, -en:* 1. Abwandlung, Veränderung, Einschränkung. 2. (Biol.) das Abgewandelte, Veränderte, die durch äußere Faktoren bedingte nicht erbliche Änderung bei Pflanzen, Tieren od. Menschen. 3. (Chem.) durch die Kristallstruktur bedingte Zustandsform, in der ein Stoff vorkommt

Mo|di|fi|ka|tor *der; -s, ...oren:* 1. etwas, das abschwächende od. verstärkende Wirkung hat. 2. (Biol.) Gen, das nur modifizierend (verstärkend od. abschwächend) auf die Wirkung anderer Gene Einfluss nimmt

mo|di|fi|zie|ren: einschränken, abändern; abwandeln; **modifizie-**

rendes Verb: (Sprachw.) Verb, das ein durch einen Infinitiv mit „zu" ausgedrücktes Sein od. Geschehen modifiziert (z. B.: er *pflegt* lange zu schlafen)
mo|disch ⟨*lat.-fr.*⟩: nach der Mode
Mo|dist *der;* -en, -en: 1. Schreibkünstler des Spätmittelalters. 2. (veraltet) Modewarenhändler
Mo|dis|tin *die;* -, -nen: Hutmacherin
¹Mo|dul *der;* -s, -n ⟨*lat.*⟩: 1. vgl. ¹Model. 2. (Math.) a) (in verschiedenen Zusammenhängen) zugrunde liegendes Verhältnis, zugrunde liegende Verhältniszahl; b) ↑ Divisor (natürliche Zahl), in Bezug auf den zwei ganze Zahlen ↑ kongruent (2 b) sind, d. h. bei der ↑ Division (1) den gleichen Rest ergeben; c) absoluter Betrag einer komplexen Zahl. 3. a) (Phys., Techn.) (in verschiedenen Zusammenhängen) ↑ Materialkonstante (z. B. Elastizitätsmodul); b) (Techn.) Maß für die Berechnung der Zahngröße bei Zahnrädern
²Mo|dul *das;* -s, -e ⟨*lat.-engl.*⟩: 1. (bes. Elektrot.) austauschbares, einer Teil eines Geräts od. einer Maschine, das eine geschlossene Funktionseinheit bildet. 2. (Informatik) eine sich aus mehreren Elementen zusammensetzende Einheit innerhalb eines Gesamtsystems, die jederzeit ausgetauscht werden kann
mo|du|lar ⟨*lat.-engl.*⟩: 1. in der Art eines ²Moduls; wie ein Bauelement beschaffen. 2. das ²Modul betreffend
Mo|du|la|ti|on *die;* -, -en ⟨*lat.*⟩: 1. Beeinflussung einer Trägerfrequenz zum Zwecke der Übertragung von Nachrichten auf Drahtleitungen od. auf drahtlosem Weg. 2. (Mus.) Übergang von einer Tonart in die andere. 3. (Mus.) das Abstimmen von Tonstärke u. Klangfarbe im Musikvortrag (z. B. beim Gesang)
Mo|du|la|tor *der;* -s, ...oren ⟨*lat.-nlat.*⟩: Gerät zur Modulation (1)
mo|du|la|to|risch: die Modulation betreffend
mo|du|lie|ren ⟨*lat.*⟩: 1. abwandeln. 2. (eine Frequenz) zum Zwecke der Nachrichtenübermittlung

beeinflussen. 3. in eine andere Tonart übergehen
Mo|du||lor *der;* -s ⟨*nlat.*⟩: (Archit.) von Le Corbusier entwickeltes Proportionsschema, das die Proportionen des menschlichen Körpers auf Bauten überträgt
Mo|dul|tech|nik *die;* -: (Elektrot.) Methode der Miniaturisierung elektronischer Geräte mithilfe von ²Modulen (1)
Mo|dus [auch: ˈmɔ...] *der;* -, ...di: 1. Art u. Weise [des Geschehens od. Seins]. 2. (Sprachw.) Aussageweise des Verbs (z. B. Konjunktiv). 3. (Mus.) a) Kirchentonart; b) eine von sechs rhythmischen Grundformen (in Modalnotation aufgezeichneter) mehrstimmiger Musik des 13. Jh.s; c) (in der Mensuraltation) Verhältnis zwischen Maxima u. Longa od. zwischen Longa u. Brevis. 4. (Statistik) statistischer Mittelwert, in einer Reihe am häufigsten vorkommender Wert
Mo|dus O|pe|ran|di *der;* - -, ...di - -: Art u. Weise des Handelns, Tätigwerdens
Mo|dus Pro|ce|den|di *der;* - -, ...di -: Verfahrens-, Vorgehensweise
Mo|dus Vi|ven|di *der;* - -, ...di -: Form eines erträglichen Zusammenlebens zweier od. mehrerer Parteien ohne Rechtsgrundlage od. völlige Übereinstimmung
¹Moel|lon [mɔaˈlõ:] *der;* -s, -s ⟨*fr.*⟩: (selten) quaderartig behauener Bruchstein
²Moel|lon [mɔaˈlõ:] *das;* -s ⟨*fr.*⟩: ↑ Degras
Mo|fa *das;* -s, -s ⟨Kurzw. aus *Motorfahrrad*⟩: Kleinkraftrad mit geringer Höchstgeschwindigkeit (bis 25 km/h) u. Pedalstart.
mo|feln (ugs.) mit dem Mofa fahren
Mo|fet|te *die;* -, -n ⟨*germ.-it.-fr.*⟩: (Geol.) Stelle der Erdoberfläche, an der Kohlensäure vulkanischen Ursprungs ausströmt
Mo|gi|gra|phie, auch: ...grafie *die;* -, ...ien ⟨*gr.-nlat.*⟩: (Med.) Schreibkrampf
Mo|gi|la|lie *die;* -, ...ien: (Med.) erschwertes Aussprechen bestimmter Laute
Mo|gi|pho|nie, auch: ...fonie *die;* -, ...ien: (Med.) Schwäche bzw. Versagen der Stimme bei ge-

wohnheitsmäßiger Überanstrengung
Mo|gul [auch: ...ˈguːl] *der;* -s, -n ⟨*pers.*⟩: (hist.) muslimische Herrscherdynastie mongolischer Herkunft in Indien (1526–1857)
Mo|hair [moˈhɛːɐ̯] vgl. Mohär
Mo|hal|lim: *Plural* von ↑ Mohel
Mo|ham|me|da|ner *der;* -s, - ⟨nach dem Stifter des Islams, Mohammed, um 570–632 n. Chr.⟩: veraltete Bez. für ↑ Muslim. **Mo|ham|me|da|ne|rin** *die;* -, -nen: weibliche Form zu ↑ Mohammedaner
mo|ham|me|da|nisch: 1. zu Mohammed u. seiner Lehre gehörend. 2. veraltende Bez. für ↑ islamisch
Mo|ham|me|da|nis|mus *der;* -: veraltete Bez. für ↑ Islam
Mo|här, auch: Mohair *der;* -s, -e ⟨*arab.-it.-engl.*⟩: 1. Wolle der Angoraziege. 2. Stoff aus der Wolle der Angoraziege
Mo|hel *der;* -s, ...halim ⟨*hebr.*⟩: (im jüdischen Ritus) jmd., der die Beschneidung vornimmt
Mo|hi|ka|ner: in der Fügung **der letzte Mohikaner** od. **der Letzte der Mohikaner** ⟨nach dem 1826 erschienenen Roman „The last of the Mohicans" von J. F. Cooper⟩: (ugs. scherzh.) jmd., der von vielem übrig geblieben ist; etwas, was von vielem übrig geblieben ist; der od. das Letzte
Moi|ra *die;* -, ...ren ⟨*gr.*⟩: 1. (ohne Plural) das nach griechischem Glauben Göttern u. Menschen zugeteilte Schicksal. 2. griechische Schicksalsgöttin
Moi|ré [mɔaˈre:] *das;* -s, -s ⟨*arab.-it.-engl.-fr.*⟩: 1. (auch: *der*) Stoff mit Wasserlinienmusterung (hervorgerufen durch Lichtreflexe). 2. (Druckw.) fehlerhafte Musterung beim Mehrfarbendruck, z. B. wenn mehrere Rasterplatten übereinander gedruckt werden. 3. bei der Überlagerung von Streifengittern auftretende [unruhige] Bildmusterung (z. B. auf dem Fernsehbildschirm)
Moi|ren: *Plural* von ↑ Moira
moi|rie|ren [mɔa...] ⟨*arab.-it.-engl.-fr.*⟩: Geweben ein schillerndes Aussehen geben; flammen; vgl. Moiré (1)
Mois|tu|ri|zer [ˈmɔɪstʃəraɪzɐ] *der;*

M

-s, - u. -s ⟨*lat.-fr.-engl.*⟩: ↑ Moisturizingcream

Mois|tu|ri|zing|cream [mɔɪstʃə-'raɪzɪŋkriːm] *die;* -, -s, auch: **Mois|tu|ri|zing Cream** *die;* - -, - -s: Feuchtigkeitscreme

mo|kant ⟨*fr.*⟩: spöttisch

Mo|kas|sin [auch: 'mɔk...] *der;* -s, -s u.-e ⟨*indian.-engl.*⟩: 1. [farbig gestickter] absatzloser Wildlederschuh der nordamerikanischen Indianer. 2. modischer [Haus]schuh in der Art eines indianischen Mokassins

Mo|ke|rie *die;* -, ...ien ⟨*fr.*⟩: (veraltet) Spottlust

Mo|kett *der;* -s ⟨*fr.*⟩: Möbelplüsch aus [Baum]wolle

Mo|kick *das;* -s, -s ⟨Kurzw. aus *Moped* u. *Kick*starter⟩: Kleinkraftrad mit Kickstarter anstelle von Tretkurbeln (Höchstgeschwindigkeit von 40 km/h); vgl. Moped

mo|kie|ren, sich ⟨*fr.*⟩: sich abfällig od. spöttisch äußern, sich lustig machen

Mok|ka *der;* -s, -s ⟨*engl.;* nach dem jemenitischen Hafen Mokka⟩: 1. eine bes. aromatische Kaffeesorte. 2. starkes Kaffeegetränk

Mok|scha u. **Mok|sha** [...ʃa] ⟨*sanskr.;* „Erlösung"⟩: eines der vier Lebensziele eines Hindu (das Streben nach Erlösung)

Mol *das;* -s, -e (aber: 1000 -): (Chem.) Menge eines chemisch einheitlichen Stoffes, die seiner relativen ↑ Molekülmasse in Gramm entspricht (Einheit der molaren Masse)

Mo|la|li|tät *die;* -: (Chem.) Maßangabe der Konzentration von Lösungen in Mol je Kilogramm

mo|lar ⟨*lat.-nlat.*⟩: das Mol betreffend; je 1 Mol; **molare Lösung:** ↑ Molarlösung

Mo|lar *der;* -s, (auch:) -en, -en ⟨*lat.*⟩: (Med.) Mahlzahn, Backenzahn

Mo|la|ri|tät *die;* - ⟨*lat.-nlat.*⟩: (Chem.) Gehalt einer Lösung an chemisch wirksamer Substanz in Mol je Liter

Mo|lar|lö|sung *die;* -, -en: Lösung, die 1 Mol einer chemischen Substanz in 1 Liter enthält

Mo|las|se *die;* - ⟨*lat.-fr.*⟩: (Geol.) 1. weicher, lockerer Sandstein im Alpenrandgebiet, bes. in der Schweiz. 2. Sandstein u. Konglomeratschichten ↑ tertiären

Alters im nördlichen Alpenvorland

Mol|da|vit [auch: ...'vɪt] *der;* -s, -e ⟨*nlat.;* nach den Fundorten an der Moldau⟩: ein glasiges Gestein (wahrscheinlich ein Glasmeteorit); vgl. Tektit

Mo|le|kel *die;* -, -n (österr. auch: *das;* -s, -): ältere Bez. für ↑ Molekül

Mo|lek|t|ro|nik *die;* - ⟨Kunstw. aus *molek*ular u. Elek*tronik* ⟩: ↑ Molekularelektronik

Mo|le|kül *das;* -s, -e ⟨*lat.-fr.*⟩: kleinste Einheit einer chemischen Verbindung, die noch die charakteristischen Eigenschaften dieser Verbindung aufweist

mo|le|ku|lar: die Moleküle betreffend

Mo|le|ku|lar|bi|o|lo|ge *der;* -n, -n: Wissenschaftler auf dem Gebiet der Molekularbiologie. **Mole|ku|lar|bi|o|lo|gie** *die;* -: Forschungszweig der Biologie, der sich mit den chemisch-physikalischen Eigenschaften organischer Verbindungen im lebenden Organismus beschäftigt.

Mo|le|ku|lar|bi|o|lo|gin *die;* -, -nen: weibliche Form zu ↑ Molekularbiologe

Mo|le|ku|lar|e|lek|t|ro|nik *die;* -: (Elektrot.) Teilgebiet der Elektronik, das mit Halbleitern kleiner Größe arbeitet

Mo|le|ku|lar|ge|ne|tik *die;* -: Teilgebiet der Genetik u. der Molekularbiologie, das sich mit den Zusammenhängen zwischen der Vererbung u. den chemisch-physikalischen Eigenschaften der Gene beschäftigt

Mo|le|ku|lar|ge|wicht *das;* -[e]s, -e: ältere Bez. für ↑ Molekülmasse

Mo|le|kül|mas|se *die;* -, -n: Masse eines Moleküls (Summe der Massen der in einem bestimmten Molekül vorhandenen Atome)

Mole|skin ['moːlskɪn, auch: 'moʊl...] *der* od. *das;* -s, -s ⟨*engl.;* „Maulwurfsfell"⟩: ein dichtes Baumwollgewebe in Atlasbindung; Englischleder

Mo|les|ten *die* (Plural) ⟨*lat.*⟩: (landsch., sonst veraltet) Beschwerden; Belästigungen. **moles|tie|ren**: (landsch., sonst veraltet) belästigen

Mo|le|t|ro|nik *die;* - ⟨Kurzw. aus

*molek*ular u. Elek*tronik*⟩: ↑ Molekularelektronik

Mo|let|te *die;* -, -n ⟨*lat.-fr.*⟩: kleine Stahlwalze, deren erhabene Mustergravur in die eigentliche Kupferdruckwelle eingepresst wird; Rändelrad; Prägewalze

Mo|li: *Plural* von ↑ Molo

Mo|li|nis|mus *der;* - ⟨*nlat.;* nach dem span. Jesuiten Luis de Molina, 1535–1600⟩: katholisch-theologische Richtung, nach der göttliche Gnade u. menschliche Willensfreiheit sich nicht ausschließen, sondern zusammenwirken sollen

¹**Moll** *das;* -, - ⟨*lat.-mlat.*⟩: (Mus.) Tongeschlecht aller Tonarten mit einem Halbton zwischen der zweiten u. dritten Stufe, sodass der Dreiklang der Tonika mit einer kleinen Terz beginnt; Ggs. ↑ Dur

²**Moll** *der;* -[e]s -e u. -s: ↑ Molton

Mol|la vgl. Mulla[h]

Mol|lus|ke *die;* -, -n (meist Plural) ⟨*lat.-nlat.*⟩: Weichtier (Muscheln, Schnecken, Tintenfische u. Käferschnecken)

Mol|lus|ki|zid *das;* -s, -e: Schnecken tötendes Pestizid

Mo|lo *der;* -s, Moli ⟨*lat.-it.*⟩: (österr.) Mole, Hafendamm

Mo|loch [auch: 'moː...] *der;* -s, -e ⟨*hebr.-gr.*⟩: grausame Macht, die immer wieder Opfer fordert u. alles zu verschlingen droht

Mo|lo|ka|ne *der;* -n, -n ⟨*russ.*⟩: (hist.) Angehöriger einer weit verzweigten christlichen Sekte des 18. Jh.s in Russland

Mo|los|ser *der;* -s, - ⟨*gr.-lat.;* nach dem alten illyrischen Volksstamm⟩: antiker Kampf- u. Hirtenhund

Mo|los|sus *der;* -, ...ssi: antiker Versfuß

Mo|lo|tow|cock|tail [...tɔf...], auch: **Mo|lo|tow-Cock|tail** *der;* -s, -s ⟨nach dem sowjet. Außenminister W. M. Molotow, 1890–1986⟩: mit Benzin [u. Phosphor] gefüllte Flasche, die als einfache Handgranate verwendet wird

mol|to u. di molto ⟨*lat.-it.*⟩: (Mus.) viel, sehr (Vortragsanweisung); z. B. **molto adagio** od. **adagio [di] molto:** sehr langsam

Mol|ton *der;* -s, -s ⟨*fr.*⟩: weiche, doppelseitig geraute Baumwollware in Köperbindung

Mol|to|pren ® *das;* -s, -e

⟨Kunstw.⟩: sehr leichter, druckfester, schaumartiger Kunststoff

mo̱l|lum ⟨hebr.-Gaunerspr.⟩: (landsch.) in der Fügung **molum sein:** betrunken sein

Mo̱l|vo|lu|men das; -s, -u. ...mina ⟨lat.-nlat.⟩: (Chem.) Volumen, das von einem Mol eines Stoffes eingenommen wird

Mo̱|lyb|dän das; -s ⟨gr.-lat.-nlat.⟩: chem. Element; ein Metall; Zeichen: Mo

Mo̱|lyb|dän|glanz der; -es u. **Mo̱|lyb|dä|ni̱t** [auch: ...'nɪt] der; -s, -e: ein Mineral

Mo̱|lyb|dän|kar|bid, chem. fachspr.: ...carbid das; -[e]s, -e: Verbindung aus Molybdän u. Kohlenstoff, die in geringem Umfang zur Herstellung gesinterter Hartmetalle verwendet wird

¹Mo̱|ment der; -[e]s, -e ⟨lat.-fr.⟩: 1. Augenblick, Zeitpunkt. 2. kurze Zeitspanne

²Mo̱|ment das; -[e]s, -e ⟨lat.; „Bewegung, Bewegkraft"⟩: 1. ausschlaggebender Umstand; Merkmal; Gesichtspunkt; **erregendes Moment:** Szene im Drama, die zum Höhepunkt des Konflikts hinleitet. 2. (Phys.) Produkt aus zwei physikalischen Größen, deren eine meist eine Kraft ist

mo|men|tan: augenblicklich, vorübergehend

Mo̱|ment|an|laut der; -[e]s, -e: (Sprachw.) Verschlusslaut mit nur ganz kurz während der Sprengung (z. B. p)

Mo̱|ment mu|si|cal [mõmãmyzi-'kal] das; - -, -s ...caux [- -...'ko] ⟨fr.⟩: (Mus.) kleineres, lyrisches [Klavier]stück ohne festgelegte Form; liedhaftes Charakterstück

Mo̱m|me die; -. -n ⟨jap.⟩: japanisches [Seiden]gewicht

mon..., Mon... vgl. mono..., Mono...

Mo̱|na|de die; -, -n ⟨gr.-lat.⟩: 1. (ohne Plural; Philos.) das Einfache, nicht Zusammengesetzte, Unteilbare. 2. (meist Plural; Philos.) eine der letzten, in sich geschlossenen, vollendeten, nicht mehr auflösbaren Ureinheiten, aus denen die Weltsubstanz zusammengesetzt ist

Mo̱|na|dis|mus der; - ⟨gr.-lat.-nlat.⟩: ↑ Monadologie

Mo̱|nad|nock [məˈnædnɔk] der; -s, -s ⟨nach einem Berg in den USA⟩: (Geol.) Gesteinskomplex, der der Verwitterung gegenüber widerstandsfähig ist; Härtling

Mo̱|na|do|lo|gie die; - ⟨gr.-nlat.⟩: Lehre von den ↑ Monaden. **mo|na|do|lo|gisch:** die Monadologie betreffend

Mo̱n|arch der; -en, -en ⟨gr.-mlat.⟩: legitimer [Allein]herrscher (z. B. Kaiser od. König) in einem Staat mit entsprechender Verfassung

Mo̱n|ar|chi|a|ner der; -s, -: Anhänger des Monarchianismus.

Mo̱n|ar|chi|a|nis|mus der; - ⟨gr.-mlat.-nlat.⟩: altkirchliche Lehre, die die Einheit Gottes vertrat u. Christus als vergöttlichten Menschen od. als bloße Erscheinungsform Gottes ansah

Mo̱n|ar|chie die; -, ...ien ⟨gr.-lat.; „Alleinherrschaft"⟩: a) (ohne Plural) Staatsform mit einem/ einer durch Herkunft legitimierten Herrscher[in] an der Spitze; b) Staat mit der Monarchie (a) als Staatsform

Mo̱n|ar|chin die; -, -nen: weibliche Form zu ↑ Monarch

mo|n|ar|chisch ⟨gr.-mlat.⟩: a) eine Monarchin/einen Monarchen betreffend; b) die Monarchie betreffend

Mo̱n|ar|chis|mus der; - ⟨gr.-nlat.⟩: ideologische Rechtfertigung der Monarchie. **Mo̱n|ar|chist** der; -en, -en: Anhänger des Monarchismus. **Mo̱n|ar|chis|tin** die; -, -nen: weibliche Form zu ↑ Monarchist. **mo|n|ar|chis|tisch:** den Monarchismus betreffend

Mo̱n|ar|thri̱|tis die; -, ...itiden ⟨gr.-nlat.⟩: (Med.) eine auf ein einzelnes Gelenk beschränkte Entzündung

mo|n|ar|ti|ku|lär: (Med.) nur ein Gelenk betreffend

Mo̱|nas|te|ri|um das; -s, ...ien ⟨gr.-lat.⟩: lat. Bez. für: Kloster, Klosterkirche, Münster

mo|nas|tisch: mönchisch, klösterlich

mo|n|au|ra̱l ⟨gr.; lat.⟩: 1. ein Ohr bzw. das Gehör auf einer Seite betreffend. 2. einkanalig (von der Tonaufnahme u. Tonwie-

dergabe bei Tonträgern); Ggs. ↑ binaural, ↑ stereophonisch

Mo̱|n|a|xo̱ni|er die (Plural) ⟨gr.-nlat.⟩: (Biol.) Kieselschwämme mit einachsigen Kieselnadeln

Mo̱|n|a|zi̱t [auch: ...'tsɪt] der; -s, -e: glänzendes, hellgelbes bis dunkelbraunes Mineral

Mon|da|mi̱n ® das; -s ⟨indian.-engl.⟩: zum Kochen u. Backen verwendeter Puder aus Maisstärke

mon|dän ⟨lat.-fr.⟩: eine extravagante Eleganz zeigend, zur Schau tragend

mon|di|a̱l: weltweit, weltumspannend. **Mon|di|a̱l** das; -s ⟨lat.-nlat.⟩: künstliche Weltsprache

mon dieu [mõ'djø:] ⟨fr.⟩: mein Gott! (Ausruf der Bestürzung o. Ä.)

Mo̱|nem das; -s, -e ⟨gr.⟩: (Sprachw.) kleinste bedeutungstragende Spracheinheit

mo|n|e|pi|gra̱|phisch, auch: ...grafisch ⟨gr.⟩: (von Münzen) nur Schrift aufweisend

Mo̱|ne̱|re die; -, -n (meist Plural) ⟨gr.-nlat.⟩: 1. (veraltet) Organismus ohne Zellkern. 2. (Biol.) Entwicklungsstadium bei Einzellern, in dem kein Zellkern erkennbar ist

Mo̱|n|er|gol das; -s, -e ⟨Kunstw.⟩: fester od. flüssiger Raketentreibstoff, der aus Brennstoff u. Oxidator besteht u. zur Reaktion keiner weiteren Partner bedarf

mo|ne|tär ⟨lat.⟩: geldlich; die Finanzen betreffend

Mo̱|ne|ta|ris|mus der; -: Theorie in den Wirtschaftswissenschaften, die besagt, dass in einer Volkswirtschaft der Geldmenge (d. h. der Menge des umlaufenden Bar- u. ↑ Giralgeldes) überragende Bedeutung beigemessen werden muss u. deshalb die Wirtschaft primär über die Geldmenge zu steuern ist. **Mo̱|ne|ta|rist** der; -en, -en: Vertreter, Anhänger des Monetarismus. **Mo̱|ne|ta|ris|tin** die; -, -nen: weibliche Form zu ↑ Monetarist. **mo|ne|ta|ris|tisch:** den Monetarismus betreffend

Mo̱|ne|tar|sys|tem das; -s, -e: Währungssystem

mo|ne|ti|sie̱|ren ⟨lat.-nlat.⟩: in Geld umwandeln. **Mo̱|ne|ti|sie̱rung** die; -: Umwandlung in Geld

Mo|ney|ma|ker [ˈmʌnɪmeɪkə] *der;*
-s, - ⟨*engl.;* „Geldmacher"⟩: (ugs.
abwertend) cleverer Geschäfts-
mann, Großverdiener
mon|gol|lid ⟨*mong.; gr.*⟩: zu dem
hauptsächlich in Asien, Indo-
nesien, Ozeanien u. der Arktis
verbreiteten Rassenkreis gehö-
rend. **Mon|gol|li|de** *der* u. *die;* -n,
-n: Angehörige(r) des mongoli-
den Rassenkreises
mon|gol|lisch: die Völkergruppe
der Mongolen betreffend, zu
ihr gehörend
Mon|gol|lis|mus *der;* - ⟨*mong.-
nlat.*⟩: (veraltend) ↑ Downsyn-
drom
Mon|gol|lis|tik *die;* -: wissen-
schaftliche Erforschung der
mongolischen Sprachen u. Kulturen
mon|gol|lo|id ⟨*mong.; gr.*⟩: 1. den
Mongolen ähnlich. 2. (Med.)
Symptome des Downsyndroms
aufweisend
Mo|ni|er|bau|wei|se *die;* - ⟨nach
dem Erfinder des Stahlbetons,
dem franz. Gärtner J. Monier,
1823–1906)⟩: Bauweise mit
Stahlbeton
mo|nie|ren ⟨*lat.*⟩: etwas bemän-
geln, beanstanden
Mo|nil|lia *die;* - ⟨*lat.-nlat.*⟩:
Schlauchpilz, der als Erreger
verschiedener Pflanzenkrank-
heiten gilt
Mo|nis|mus *der;* - ⟨*gr.-nlat.*⟩: (Phi-
los.) philosophisch-religiöse
Lehre von der Existenz nur eines einheitlichen Grundprin-
zips des Seins; Ggs. ↑ Dualis-
mus (2). **Mo|nist** *der;* -en, -en:
Vertreter des Monismus. **Mo-
nis|tin** *die;* -, -nen: weibliche
Form zu ↑ Monist. **mo|nis|tisch:**
den Monismus betreffend
Mo|ni|ta: *Plural* von ↑ Monitum
Mo|ni|teur [...ˈtøːɐ̯] *der;* -s, -e
⟨*lat.-fr.;* „Ratgeber"⟩: Anzeiger
(Titel französischer Zeitungen)
Mo|ni|tor *der;* -s, ...oren (auch: -e)
⟨*lat.-engl.*⟩: 1. Kontrollbild-
schirm beim Fernsehen für Re-
dakteure, Sprecher u. Kom-
mentatoren, die das Bild kom-
mentieren. 2. a) Kontrollgerät
zur Überwachung elektronischer Anlagen; b) Kontrollgerät
zur Überwachung der Herztätigkeit o. Ä. bei gefährdeten Patienten; c) Bildschirm eines
Personalcomputers o. Ä.
3. (Kernphysik) einfaches Strah-

lennachweis- u. -messgerät.
4. (Bergbau) Gerät zur Gewinnung von lockerem Gestein
mittels Druckwasserspülung.
5. (veraltet) Aufseher. 6. veralte-
ter Panzerschiffstyp
Mo|ni|to|ring [ˈmɔnɪtərɪŋ] *das;* -s,
-s ⟨*engl.*⟩: [Dauer]beobachtung
[eines bestimmten Systems]
Mo|ni|to|ri|um *das;* -s, ...ien ⟨*lat.-
mlat.*⟩: (Rechtsw. veraltet)
Mahnschreiben
Mo|ni|tum *das;* -s, ...ta ⟨*lat.-nlat.*⟩:
Mahnung, Rüge, Beanstandung

---

mo|no..., Mo|no...

vor Vokalen meist mon..., Mon...
⟨*gr.* mónos „allein, einzeln, ein-
zig"⟩
Präfix mit der Bedeutung „allein,
einzeln, einmalig":
– monaural
– monochromatisch
– Monogamie
– monokausal
– Monokultur

---

mo|no: Kurzform von ↑ mono-
phon. **Mo|no** *das;* -s: Kurzform
von ↑ Monophonie
Mo|no|cha|si|um [...ˈça:... od.
...ˈxa:...] *das;* -s, ...ien ⟨*gr.-nlat.*⟩:
(Bot.) Form der Verzweigung
des Pflanzensprosses, bei der
ein einziger Seitenzweig jeweils
die Verzweigung fortsetzt
Mo|no|chla|my|de|en [...ç...] *die*
(Plural): (Bot.) zweikeimblätt-
rige Blütenpflanzen ohne Blütenblätter od. mit unscheinba-
ren kelchblattartigen Blüten-
blättern
Mo|no|chord [...ˈkɔrt] *das;* -s, -e
⟨*gr.-lat.*⟩: (Mus.) Instrument zur
Ton- u. Intervallmessung, das
aus einer über einen Resonanz-
kasten gespannten Saite besteht
mo|no|chrom ⟨*gr.-nlat.*⟩: einfarbig.
Mo|no|chrom *das;* -s, -en: ein-
farbiges Gemälde
Mo|no|chro|ma|sie *die;* -: (Med.)
völlige Farbenblindheit
¹Mo|no|chro|mat *das* od. *der;* -[e]s,
-e ⟨*gr.-nlat.*⟩: (Phys.) Objektiv,
das nur mit Licht einer bestimmten Wellenlänge verwendet werden kann
²Mo|no|chro|mat *der;* -en, -en:
(Med.) jmd., der völlig farben-
blind ist
mo|no|chro|ma|tisch ⟨*gr.-nlat.*⟩:

(Phys.) einfarbig, zu nur einer
Spektrallinie gehörend
Mo|no|chro|ma|tor *der;* -s, ...oren:
(Phys.) Gerät zur Gewinnung
einfarbigen Lichtes
Mo|no|chro|mie *die;* -: Einfarbig-
keit
mo|no|col|lor: (österr.) von einer
Partei gebildet
Mo|no|coque [...ˈkɔk] *das;* -[s], -s
⟨*engl.*⟩: bestimmte Schalenkon-
struktion, bes. in Rennwagen,
die das Chassis u. den Rahmen
ersetzt
mo|no|cy|c|lisch vgl. monozy-
klisch
Mo|no|die *die;* - ⟨*gr.-lat.*⟩: (Mus.)
1. einstimmiger Gesang. 2. Solo-
gesang mit Generalbassbeglei-
tung. **mo|no|disch:** a) die Mo-
nodie betreffend; b) im Stil der
Monodie; einstimmig
Mo|no|dis|ti|chon *das;* -s, ...chen
⟨*gr.-nlat.*⟩: aus einem einzigen
Distichon bestehendes Gedicht
Mo|no|dra|ma *das;* -s, ...men: Ein-
personenstück
mo|no|fil ⟨*gr.; lat.*⟩: aus einer ein-
zigen [langen] Faser bestehend;
Ggs. ↑ multifil. **Mo|no|fil** *das;*
-[s]: aus einer einzigen Faser
bestehender vollsynthetischer
Faden
mo|no|fon usw. vgl. monophon
usw.
mo|no|gam ⟨*gr.-nlat.*⟩: a) von der
Anlage her auf nur einen Ge-
schlechtspartner bezogen;
b) (Völkerk.) nur die Einehe
kennend. **Mo|no|ga|mie** *die;* -:
Zusammenleben mit nur einem
Partner; Ggs. ↑ Polygamie (1 b).
mo|no|ga|misch: a) die Monoga-
mie betreffend; b) ↑ monogam;
vgl. ...isch/-
mo|no|gen: 1. durch nur ein Gen
bestimmt (von einem Erbvor-
gang); Ggs. ↑ polygen (1). 2. aus
einer einmaligen Ursache entstanden; Ggs. ↑ polygen (2);
monogener Vulkan: durch einen einzigen Ausbruch entstandener Vulkan
Mo|no|ge|ne|se u. **Mo|no|ge|ne|sis**
die; -, ...nesen: 1. (ohne Plural)
biologische Theorie von der
Herleitung jeder gegebenen
Gruppe von Lebewesen aus je
einer gemeinsamen Urform
(Stammform); Ggs. ↑ Polyge-
nese. 2. (Biol.) ungeschlechtli-
che Fortpflanzung
Mo|no|ge|ne|ti|ker *der;* -s, -: Ver-

treter u. Anhänger der Mono-
genese (1). **Mo|no|ge|ne|ti|ke|rin**
die; -, -nen: weibliche Form zu
↑ Monogenetiker. **mo|no|ge|ne-**
tisch: aus einer Urform entstanden
Mo|no|ge|nie *die; -, ...ien:* (Biol.)
1. (bei bestimmten Tieren als
Sonderfall) Hervorbringung
nur männlicher od. nur weibli-
cher Nachkommen. 2. die Erscheinung, dass an der Ausbildung eines Merkmals eines
Phänotypus nur ein Gen beteiligt ist; Ggs. ↑ Polygenie
Mo|no|ge|nis|mus *der; -:* 1.↑ Mono-
genese (1). 2. Lehre der katholischen Theologie, nach der alle
Menschen auf einen gemeinsamen Stammvater (Adam) zu-
rückgehen; Ggs. ↑ Polygenismus
(2)
mo|no|glott: nur eine Sprache
sprechend
Mo|no|go|nie *die; -, ...ien:* ↑ Mono-
genese (2)
Mo|no|gra|fie usw. vgl. Monogra-
phie usw.
Mo|no|gramm *das; -s, -e ⟨gr.-lat.⟩:*
Namenszeichen, meist aus den
Anfangsbuchstaben von Vor- u.
Familiennamen bestehend
mo|no|gram|mie|ren: als Signatur
nur mit einem Monogramm
versehen
Mo|no|gram|mist *der; -en, -en ⟨gr.-*
nlat.⟩: Künstler, von dem nur
die Anfangsbuchstaben des Na-
mens bekannt sind. **Mo|no-**
gram|mis|tin *die; -, -nen:* weibli-
che Form zu ↑ Monogrammist
Mo|no|gra|phie, auch: ...grafie *die;*
-, ...ien: größere, wissenschaft-
liche Einzeldarstellung. **mo|no-**
gra|phisch, auch: ...grafisch: ein
einzelnes Problem od. eine einzelne Persönlichkeit untersu-
chend od. darstellend
mo|no|hy|b|rid *⟨gr.; lat.⟩:* (Biol.)
von Eltern abstammend, die
sich nur in einem Merkmal unterscheiden (von tierischen od.
pflanzlichen Kreuzungspro-
dukten); Ggs. ↑ polyhybrid. **Mo-**
no|hy|b|ri|de *die; -, -n, auch:*
der; -n, -n: (Biol.) Bastard, dessen Eltern sich nur in einem
Merkmal unterscheiden; Ggs.
↑ Polyhybride
Mo|no|i|de|is|mus *der; - ⟨gr.-nlat.;*
„Einideenherrschaft"⟩: 1. (Psychol.) Beherrschtsein von einem einzigen Gedankenkom-

plex; Ggs. ↑ Polyideismus.
2. (Psychol.) halluzinatorische
Einengung des Bewusstseins in
der Hypnose
mo|no|kau|sal: sich auf nur eine
Grundlage stützend; auf nur einen Grund zurückgehend
Mo|no|kel *das; -s, - ⟨⟨gr.; lat.⟩*
lat.-fr.⟩: Einglas; Korrekturlinse
für ein Auge, die durch die
Muskulatur der Augenlider gehalten wird
mo|no|klin *⟨gr.-nlat.⟩:* 1. die Kris-
tallform eines Kristallsystems
betreffend, bei dem eine Kris-
tallachse schiefwinklig zu den
beiden anderen, zueinander
senkrechten Achsen steht.
2. (Bot.) zweigeschlechtig (von
Blüten). **Mo|no|kli|ne** *die; -, -n:*
(Geol.) nach einer Richtung ge-
neigtes Gesteinspaket
Mo|no|ko|ty|le|do|ne *die; -, -n:*
(Bot.) einkeimblättrige Pflanze
Mo|no|kra|tie *die; -, ...ien:* (Allein-
herrschaft; Herrschaft einer/ei-
nes Einzelnen. **mo|no|kra|tisch:**
Monokratie betreffend; **mo-**
nokratisches System: die Leitung eines Amtes durch eine(n)
Einzelne(n), die/der mit alleini-
gem Entscheidungsrecht ausgestattet ist
mo|no|ku|lar *⟨gr.; lat.⟩ lat.-nlat.⟩:*
(Med.) a) mit [nur] einem Auge;
b) für [nur] ein Auge
Mo|no|kul|tur *die; -, -en ⟨gr.; lat.⟩:*
Form der landwirtschaftlichen
Bodennutzung, bei der nur eine
Nutzpflanze angebaut wird
mo|no|la|te|ral: (Med.) einseitig
Mo|no|la|t|rie *die; - ⟨gr.-nlat.⟩:*
Verehrung nur eines Gottes
mo|no|lin|gu|al: nur eine Sprache
sprechend; ↑ monoglott
mo|no|lith: ↑ monolithisch; vgl.
...isch/-
Mo|no|lith *der; -s od. -en, -e[n]:*
Säule, Denkmal aus einem ein-
zigen Steinblock. **mo|no|li-**
thisch: 1. aus nur einem Stein
bestehend; **monolithische**
Bauweise: fugenlose Bauweise
(z. B. Betonguss- od. Ziegelbau-
weise) im Ggs. zur Montage-
bauweise. 2. aus mehr kleinen
elektronischen Bauelementen
untrennbar zusammengesetzt;
vgl. ...isch/-
Mo|no|log *der; -[e]s, -e ⟨gr.-fr.⟩:*
a) laut geführtes Selbstge-
spräch einer Figur auf der
Bühne; b) [längere] Rede, die

jmd. während eines Gesprächs
hält; Ggs. ↑ Dialog (a). **mo|no|lo-**
gisch: in der Form eines Mono-
logs
mo|no|lo|gi|sie|ren: innerhalb ei-
nes Gesprächs für längere Zeit
allein reden
Mo|no|lo|gist *der; -en, -en ⟨gr.-fr.-*
nlat.⟩: (Theat.) Monologspre-
cher. **Mo|no|lo|gis|tin** *die; -,*
-nen: weibliche Form zu ↑ Mo-
nologist
Mo|nom *das; -s, -e ⟨gr.-nlat.⟩:*
(Math.) eingliedrige Zahlen-
größe
mo|no|man: (Psychol.) an einer
Zwangsvorstellung leidend.
Mo|no|ma|ne *der; -n, -n:* jmd.,
der an Monomanie leidet. **Mo-**
no|ma|nie *die; -, ...ien:* (Psy-
chol.) krankhaftes Geprägtsein
von einer Zwangsvorstellung
oder einer Wahnidee. **Mo|no-**
ma|nin *die; -, -nen:* weibliche
Form zu ↑ Monomane. **mo|no-**
ma|nisch: ↑ monoman
mo|no|mer: (Chem.) aus einzel-
nen, voneinander getrennten,
selbstständigen Molekülen be-
stehend; Ggs. ↑ polymer. **Mo|no-**
mer *das; -s, -e u.* **Mo|no|me|re**
das; -n, -n (meist Plural):
(Chem.) Stoff, dessen Moleküle
monomer sind
Mo|no|me|tal|lis|mus *der; -:* Wäh-
rungssystem, in dem nur ein
Währungsmetall als gesetzli-
ches Zahlungsmittel anerkannt
ist
Mo|no|me|ter *der; -s, - ⟨gr.-lat.⟩:*
(antike Metrik) aus nur einem
Metrum (1) bestehende metri-
sche Einheit, die selbstständig
nur als Satzschluss verwendet
wird
mo|no|misch *⟨gr.-nlat.⟩:* (Math.)
eingliedrig
mo|no|morph: (Bot.) gleichartig,
gleich gestaltet (in Bezug auf
Blüten u. Gewebe)
Mo|no|nom *das; -s, -e:* ↑ Monom.
mo|no|nomisch: ↑ monomisch
mo|no|phag: (Biol.) 1. (von Tieren)
hinsichtlich der Ernährung auf
nur eine Pflanzen- od. Tierart
spezialisiert; Ggs. ↑ polyphag.
2. (von schmarotzenden Pflanzen) auf nur eine Wirtspflanze
spezialisiert. **Mo|no|pha|ge** *der;*
-n, -n (meist Plural): (Biol.)
Tier, das in seiner Ernährung
monophag (1) ist; Ggs. ↑ Poly-
phage (1)

M

Mo|no|pha|gie *die; -:* (Biol.) Beschränkung in der Nahrungswahl auf eine Pflanzen- od. Tierart

Mo|no|phar|ma|kon *das; -s, ...ka:* (Med.) aus einem einzigen Wirkstoff hergestelltes Arzneimittel

Mo|no|pha|sie *die; -:* (Psychol.) Sprachstörung mit Beschränkung des Wortschatzes auf eine Silbe, einen Satz od. ein Wort

Mo|no|pho|bie *die; -:* (Psychol.) Angst vor dem Alleinsein

mo|no|phon, auch: ...fon: einkanalig (in Bezug auf die Schallübertragung). **Mo|no|pho|nie**, auch: ...fonie *die; -:* einkanalige Schallübertragung

Mo|n|oph|thal|mie *die; -:* (Med.) Einäugigkeit

Mo|no|phthong *der; -s, -e* ⟨gr.⟩: (Sprachw.) einfacher Vokal (z. B. a, i); Ggs. ↑ Diphthong

mo|no|phthon|gie|ren ⟨gr.-nlat.⟩: a) einen Diphthong in einen Monophthong umbilden; b) (von Diphthongen) zum Monophthong werden; Ggs. ↑ diphthongieren

mo|no|phthon|gisch: a) einen Monophthong enthaltend; b) als Monophthong [gesprochen]; Ggs. ↑ diphthongisch

mo|no|phthon|gi|sie|ren: ↑ monophthongieren

mo|no|phy|le|tisch: (Biol.) einstämmig; von einer Urform abstammend; Ggs. ↑ polyphyletisch. **Mo|no|phy|le|tis|mus** *der; -* u. **Mo|no|phy|lie** *die; -:* ↑ Monogenese (1)

Mo|no|phy|lo|dont *der; -en, -en:* (Biol.) Säugetier, bei dem kein Zahnwechsel stattfindet. **Mo|no|phy|lo|don|tie** *die; -:* (Med.) einmalige Zahnung

Mo|no|phy|sit *der; -en, -en* (meist Plural): Anhänger des Monophysitismus. **mo|no|phy|si|tisch:** den Monophysitismus betreffend, ihm entsprechend. **Mo|no|phy|si|tis|mus** *der; -:* altkirchliche Lehre, nach der die zwei Naturen Christi zu einer neuen gottmenschlichen Natur verbunden sind

Mo|no|plan *der; -s, -e:* (Flugw. veraltet) Eindecker

Mo|no|ple|gie *die; -, ...ien:* Lähmung eines einzelnen Gliedes od. Gliedabschnittes

Mo|no|po|die *die; -, ...ien* ⟨gr.⟩: aus nur einem Versfuß bestehender Takt in einem Vers. **mo|no|po|disch** ⟨gr.-lat.⟩: aus nur einem Versfuß bestehend; **monopodischer Vers:** Vers, dessen Monopodien gleichmäßiges Gewicht der Hebungen haben

Mo|no|po|di|um *das; -s* ⟨gr.-n.lat.⟩: (Bot.) einheitliche echte Hauptachse bei pflanzlichen Verzweigungen; Ggs. ↑ Sympodium

Mo|no|pol *das; -s, -e* ⟨gr.-lat.⟩: 1. Vorrecht, alleiniger Anspruch, alleiniges Recht, bes. auf Herstellung u. Verkauf eines bestimmten Produktes. 2. marktbeherrschendes Unternehmen od. Unternehmensgruppe, die auf einem Markt als alleiniger Anbieter od. Nachfrager auftritt u. damit die Preise diktieren kann

mo|no|po|li|sie|ren ⟨gr.-lat.-nlat.⟩: ein Monopol aufbauen, die Entwicklung von Monopolen vorantreiben

Mo|no|po|lis|mus *der; -:* auf Marktbeherrschung gerichtetes wirtschaftspolitisches Streben.

Mo|no|po|list *der; -en, -en:* Inhaber eines monopolistischen Unternehmens. **Mo|no|po|lis|tin** *die; -, -nen:* weibliche Form zu ↑ Monopolist. **mo|no|po|lis|tisch:** auf Marktbeherrschung und Höchstgewinnerzielung ausgehend

Mo|no|pol|ka|pi|tal *das; -s:* (abwertend) 1. in Monopolen (2) arbeitendes Kapital. 2. Gesamtheit monopolistischer Unternehmungen

Mo|no|pol|ka|pi|ta|lis|mus *der; -:* (abwertend) Entwicklungsepoche des Kapitalismus, die durch Unternehmenszusammenschlüsse mit monopolähnlichen Merkmalen gekennzeichnet ist

Mo|no|pol|ka|pi|ta|list *der; -en, -en:* (abwertend) Eigentümer eines marktbeherrschenden [Industrie]unternehmens. **Mo|no|pol|ka|pi|ta|lis|tin** *die; -, -nen:* weibliche Form zu ↑ Monopolkapitalist

mo|no|pol|ka|pi|ta|lis|tisch: (abwertend) den Monopolkapitalismus betreffend

Mo|no|po|ly ® *das; -:* Gesellschaftsspiel, bei dem mithilfe von Würfeln, Spielgeld, Anteil-

scheinen u. Ä. Grundstücksspekulation simuliert wird

Mo|no|pos|to *der; -s, -s* ⟨gr.; lat.⟩ *it.⟩:* (Automobilsport) einsitziger Rennwagen mit unverkleideten Rädern

Mo|n|op|son *das; -s, -e* ⟨gr.-nlat.⟩: Marktform, bei der ein Nachfrager vielen Anbietern gegenübersteht

Mo|no|psy|chis|mus *der; -* ⟨gr.-nlat.; „Einseelenlehre"⟩: (Philos.) Lehre von Averroes, nach der es nur eine einzige überindividuelle Seele gibt

Mo|n|op|te|ros *der; -, ...eren* ⟨gr.-lat.⟩: von einer Säulenreihe umgebener, kleiner, runder Tempel [der Antike]

Mo|no|sac|cha|rid u. **Mo|no|sa|cha|rid** [beide: ...zaxa...] *das; -[e]s, -e:* einfach gebauter Zucker (z. B. ↑ Glucose)

Mo|no|se *die; -, -n* ⟨gr.-nlat.⟩: ↑ Monosaccharid

mo|no|sem: (Sprachw.) nur eine Bedeutung habend (von Wörtern); Ggs. ↑ polysem

mo|no|se|man|tisch: ↑ monosem

Mo|no|se|mie *die; -:* (Sprachw.) 1. das Vorhandensein nur einer Bedeutung bei einem Wort; Ggs. ↑ Polysemie. 2. durch Monosemierung [im Kontext] erreichte Eindeutigkeit zwischen einem sprachlichen Zeichen (Wort) u. einer zugehörigen Bedeutung

mo|no|se|mie|ren: (durch den sprachlichen od. situativen Kontext) monosem machen

Mo|no|s|kop *das; -s, -e:* Fernsehprüfrohr

Mo|no|som *das; -s, -en:* einzeln bleibendes Chromosom in der diploiden Zellkern

Mo|no|sper|mie *die; -, ...ien:* Besamung einer Eizelle durch nur eine männliche Geschlechtszelle; Ggs. ↑ Polyspermie

mo|no|sta|bil: einen stabilen Zustand besitzend (von elektronischen Schaltungen)

Mo|no|s|ti|cha: *Plural* von ↑ Monostichon

mo|no|s|ti|chisch: das Monostichon betreffend; aus metrisch gleichen Einzelversen bestehend (in Bezug auf Gedichte); Ggs. ↑ distichisch. **mo|no|s|ti|chi|tisch:** ↑ monostichisch

Mo|no|s|ti|chon *das; -s, ...cha* ⟨gr.⟩: (Metrik) einzelner Vers

mo|no|syl|la|bisch: einsilbig (von Wörtern). **Mo|no|syl|la|bum** *das; -s, ...ba ⟨gr.-nlat.⟩:* (Sprachw.) einsilbiges Wort

Mo|no|syn|de|ta: *Plural* von ↑ Monosyndeton

mo|no|syn|de|tisch: (Sprachw.) in der Art eines Monosyndetons

Mo|no|syn|de|ton *das; -s, ...ta:* (Sprachw.) Reihe von Satzteilen, bei der vor dem letzten Glied eine Konjunktion steht

Mo|no|the|is|mus *der; -:* Glaube an einen einzigen Gott. **Mo|no|the|ist** *der; -en, -en:* Bekenner des Monotheismus; jmd., der nur an einen Gott glaubt. **Mo|no|the|is|tin** *die; -, -nen:* weibliche Form zu ↑ Monotheist. **mo|no|the|is|tisch:** an einen einzigen Gott glaubend

Mo|no|the|let *der; -en, -en ⟨gr.-mlat.⟩:* Vertreter des Monotheletismus. **Mo|no|the|le|tis|mus** *der; - ⟨gr.-nlat.⟩:* altchristliche Sektenlehre, die in Christus zwei unvereinigte Naturen, aber nur einen gottmenschlichen Willen wirksam glaubte

mo|no|ton ⟨gr.-lat.-fr.⟩: gleichförmig, ermüdend-eintönig; **monotone Funktion:** (Math.) eine entweder dauernd steigende od. dauernd fallende Funktion. **Mo|no|to|nie** *die; -, ...ien:* Gleichförmigkeit, Eintönigkeit **Mo|no|to|no|me|ter** *das; -s, - ⟨gr.-nlat.⟩:* (Psychol.) Gerät zur Untersuchung der Auswirkung eintöniger, ermüdend wirkender Arbeit

Mo|no|t|re|men *die* (Plural): ↑ Kloakentiere

mo|no|trop ⟨gr.-lat.⟩: (Biol.) beschränkt anpassungsfähig. **Mo|no|tro|pie** *die; - ⟨gr.-nlat.⟩:* (Chem.) nur in einer Richtung mögliche Umwandelbarkeit der Zustandsform eines Stoffes in eine andere

Mo|no|type ® [...ṭaip] *die; -, -s ⟨gr.-engl.⟩:* (Druckw.) Gieß- u. Setzmaschine für Einzelbuchstaben

Mo|no|ty|pie *die; -, ...ien ⟨gr.-nlat.⟩:* 1. (Kunstwiss.) grafisches Verfahren, das nur einen Abdruck gestattet. 2. im Monotypieverfahren hergestellte Reproduktion

mo|no|va|lent ⟨gr.; lat.⟩: (Chem.) einwertig

Mo|n|o|xid, auch: **Mo|n|o|xyd** *das;*

-[e]s, -e: Oxid, das ein Sauerstoffatom enthält

Mo|n|ö|zie *die; - ⟨gr.-nlat.⟩:* (Bot.) das Vorkommen männlicher u. weiblicher Blüten auf einem Pflanzenindividuum; Einhäusigkeit. **mo|n|ö|zisch:** (Bot.) männliche u. weibliche Blüten auf einem Pflanzenindividuum aufweisend; einhäusig

mo|no|zy|got: aus einer einzigen befruchteten Eizelle stammend; eineiig (von Mehrlingen) **mo|no|zy|k|lisch,** chem. fachspr.: ...cyclisch: nur einen Ring im Molekül aufweisend (von organischen chemischen Verbindungen); Ggs. ↑ polyzyklisch

Mo|no|zyt *der; -en, -en* (meist Plural): (Med.) größtes weißes Blutkörperchen. **Mo|no|zy|to|se** *die; -, -n:* krankhafte Vermehrung der Monozyten (z. B. bei Malaria)

Mon|roe|dok|t|rin [mənˈrou..., ˈmɔnro...] *die; - ⟨amerik.; nach dem amerik. Präsidenten Monroe, 1758–1831⟩:* in der amerikanischen Außenpolitik des 19. u. frühen 20. Jh.s geltender Grundsatz der gegenseitigen Nichteinmischung

Mon|sei|g|neur [mõsɛnˈjøːʁ] *der; -s, -e u. -s ⟨lat.-fr.⟩:* 1. (ohne Plural) Titel u. Anrede hoher Geistlicher, Adliger u. hoch gestellter Personen (in Frankreich); Abk.: Mgr. 2. Träger dieses Titels

Mon|si|eur [məˈsjø:] *der; -[s], Messieurs [mɛˈsjø:] ⟨„mein Herr“⟩:* franz. Bez. für: Herr; als Anrede ohne Artikel; Abk.: M., Plural: MM.

Mon|si|g|no|re [mɔnzɪnˈjoːrə] *der; -[s], ...ri ⟨lat.-it.; „mein Herr“⟩:* 1. (ohne Plural) Titel u. Anrede von Prälaten der katholischen Kirche; Abk.: Mgr., Msgr. 2. Träger dieses Titels

Mons|ter *das; -s, - ⟨lat.-fr.-engl.⟩:* Ungeheuer

Mons|te|ra *die; -, ...rae [...rɛ] ⟨nlat.; Herkunft unsicher⟩:* ↑ Philodendron

Mons|t|ra: *Plural* von ↑ Monstrum

Mons|t|ranz *die; -, -en ⟨lat.-mlat.⟩:* kostbares Behältnis zum Tragen u. Zeigen der geweihten Hostie

Mons|t|ren: *Plural* von ↑ Monstrum

mons|t|rös ⟨lat.(-fr.)⟩: ungeheuer-

lich. **Mons|t|ro|si|tät** *die; -, -en:* Ungeheuerlichkeit

Mons|t|rum *das; -s, ...ren u. ...ra:* 1. Monster, Ungeheuer. 2. großer, unförmiger Gegenstand; Ungetüm

Mon|sun *der; -s, -e ⟨arab.-port.-engl.⟩:* a) jahreszeitlich wechselnder Wind in Asien; b) die Sommerregenzeit [in Süd- u. Ostasien]. **mon|su|nisch:** den Monsun betreffend, vom Monsun beeinflusst

Mon|ta|ge [...ʒə, auch: mõ..., österr.: ...ˈta:ʒ] *die; -, -n ⟨lat.-vulgärlat.-fr.⟩:* 1. a) Zusammensetzen [einer Maschine, technischen Anlage] aus vorgefertigten Teilen zum fertigen Produkt; b) Aufstellen u. Anschließen [einer Maschine] zur Inbetriebnahme. 2. Kunstwerk (Literatur, Musik, bildende Kunst), das aus ursprünglich nicht zusammengehörenden Einzelteilen zu einer neuen Einheit zusammengesetzt ist. 3. a) künstlerischer Aufbau eines Films aus einzelnen Bild- u. Handlungseinheiten; b) der zur letzten bildwirksamen Gestaltung eines Films notwendige Feinschnitt mit den technischen Mitteln der Ein- u. Überblendung und der Mehrfachbelichtung

Mon|ta|g|nard [mõtaˈnja:ʁ] *der; -s, -s ⟨nach den höher gelegenen Plätzen in der verfassunggebenden Versammlung⟩:* Mitglied der Bergpartei während der Französischen Revolution

Mon|ta|gue|gram|ma|tik, auch: **Mon|ta|gue-Gram|ma|tik** [ˈmɔntəgju...] *die; - ⟨nach dem Sprachwissenschaftler R. Montague, 1932–1971⟩:* grammatisches Modell zur Beschreibung natürlicher Sprachen auf mathematisch-logischer Basis

mon|tan ⟨lat.⟩: Bergbau und Hüttenwesen betreffend

Mon|tan|ge|sell|schaft *die; -, -en:* Handelsgesellschaft, die den Bergbau betreibt

Mon|tan|in|dus|t|rie *die; -, -n:* Gesamtheit der bergbaulichen Industrieunternehmen

Mon|ta|nis|mus *der; - ⟨lat.-nlat.; nach dem Begründer Montanus, † vor 179⟩:* schwärmerische, sittenstrenge christliche Sekte in Kleinasien (2.–8. Jh.)

¹**Mon|ta|nist** *der; -en, -en ⟨lat.-nlat.⟩:* Fachmann im Bergbau u. Hüttenwesen

²**Mon|ta|nist** *der; -en, -en:* Anhänger des Montanismus

Mon|ta|nis|tin *die; -, -nen:* weibliche Form zu ↑ ¹Montanist

mon|ta|nis|tisch ⟨*lat.-nlat.*⟩: ↑ montan

Mon|tan|u|ni|on *die; -:* Europäische Gemeinschaft für Kohle und Stahl

Mon|tan|wachs *das; -es ⟨lat.; dt.⟩:* ↑ Bitumen der Braunkohle

Mont|bre|tie [mõˈbreːtsjə] *die; -, -n ⟨nlat.; nach dem franz. Naturforscher A. F. E. C. de Montbret, † 1801⟩:* (zu den Schwertlilien gehörende) in Südafrika heimische Pflanze mit ährenförmigem Blütenstand

Mon|teur [...ˈtøːɐ̯, auch: mõ...] *der; -s, -e ⟨lat.-vulgärlat.-fr.⟩:* Montagefacharbeiter. **Mon|teu|rin** [...tøːrɪn] *die; -, -nen:* weibliche Form zu ↑ Monteur

Mont|gol|fi|e|re [mõgɔl...] *die; -, -n ⟨fr.; nach den Erfindern, den Brüdern Montgolfier, 18. Jh.⟩:* Heißluftballon

mon|tie|ren ⟨*lat.-vulgärlat.-fr.*⟩: 1. eine Maschine o. Ä. aus Einzelteilen zusammensetzen u. betriebsbereit machen. 2. etwas an einer bestimmten Stelle mit technischen Hilfsmitteln anbringen; installieren. 3. etwas aus nicht zusammengehörenden Einzelteilen zusammensetzen, um einen künstlerischen Effekt zu erzielen. 4. einen Edelstein fassen. **Mon|tie|rung** *die; -, -en:* (veraltet) Uniform

Mon|tur *die; -, -en:* 1. (veraltet) Uniform, Dienstkleidung. 2. (ugs., oft scherzh.) Kleidung, bes. als Ausrüstung für einen bestimmten Zweck. 3. Unterbau für eine Perücke. 4. Fassung für Edelsteine

Mo|nu|ment *das; -[e]s, -e ⟨lat.⟩:* 1. [großes] Denkmal. 2. [wichtiges] Zeichen der Vergangenheit; Erinnerungszeichen. **mo|nu|men|tal:** 1. denkmalartig. 2. gewaltig, großartig. **Mo|nu|men|ta|li|tät** *die; - ⟨lat.-nlat.⟩:* eindrucksvolle Größe, Großartigkeit

Moon|boot [ˈmuːnbuːt] *der; -s, -s* (meist Plural) ⟨*engl.*⟩: dick gefütterter Winterstiefel [aus synthetischem Material]

Mop: frühere Schreibung für: Mopp

Mo|ped *das; -s, -s ⟨Kurzw. aus Motorvelo*ziped *od. Motor u. Pedal⟩:* Kleinkraftrad mit geringem Hubraum u. begrenzter Höchstgeschwindigkeit

Mopp *der; -s, -s ⟨engl.⟩:* Staubbesen mit [ölgetränkten] Fransen. **mop|pen** ⟨*engl.*⟩: mit dem Mopp sauber machen

Mo|quette [mɔˈkɛt] vgl. Mokett

¹**Mo|ra** *die; - ⟨it.⟩:* italienisches Fingerspiel

²**Mo|ra,** auch: More *die; -, Mo|ren ⟨lat.: „das Verweilen; Verzögerung"⟩:* 1. kleinste Zeiteinheit im Verstakt, der Dauer einer kurzen Silbe entsprechend. 2. (veraltet) [Zahlungs-, Weisungs]verzug

Mo|ral *die; -, -en* (Plural selten) ⟨*lat.-fr.*⟩: 1. Gesamtheit von ethisch-sittlichen Normen, Grundsätzen, Werten, die das zwischenmenschliche Verhalten in einer Gesellschaft regulieren, die von ihr als verbindlich akzeptiert werden. 2. (ohne Plural) Stimmung, Kampfgeist. 3. philosophische Lehre von der Sittlichkeit. 4. das sittliche Verhalten eines Einzelnen od. einer Gruppe. 5. (ohne Plural) lehrreiche Nutzanwendung. **Mo|ra|lin** *das; -s ⟨nlat.⟩:* heuchlerische Entrüstung in moralischen Dingen; enge, spießbürgerliche Sittlichkeitsauffassung

mo|ra|lin|[sau|er] ⟨*nlat.; dt.*⟩: heuchlerisch moralisch (3)

mo|ra|lisch ⟨*lat.-fr.*⟩: 1. der Moral (1) entsprechend, sie befolgend; im Einklang mit den [eigenen] Moralgesetzen stehend. 2. die Moral (3) betreffend. 3. sittenstreng, tugendhaft. 4. eine Moral (5) enthaltend. 5. (veraltet) geistig, nur gedanklich, nicht körperlich

mo|ra|li|sie|ren: 1. moralische (1) Überlegungen anstellen. 2. die Moral (2, 4) verbessern. 3. sich für sittliche Dinge ereifern. **Mo|ra|lis|mus** *der; - ⟨nlat.⟩:* 1. Haltung, die die Moral (1) als verbindliche Grundlage des zwischenmenschlichen Verhaltens anerkennt. 2. (übertreibende) Beurteilung der Moral (1) als alleiniger Maßstab für das zwischenmenschliche Verhalten. **Mo|ra|list** *der; -en, -en:* 1. Vertre-

ter des Moralismus (1); Moralphilosoph. 2. (oft abwertend) jmd., der alle Dinge in übertriebener Weise moralisierend beurteilt. **Mo|ra|lis|tin** *die; -, -nen:* weibliche Form zu ↑ Moralist. **mo|ra|lis|tisch:** den Moralismus betreffend, ihm gemäß handelnd

Mo|ra|li|tät *die; -, -en ⟨lat.-fr.⟩:* 1. (ohne Plural) moralische Haltung, moralisches Bewusstsein; sittliches Empfinden, Verhalten; Sittlichkeit. 2. (Literaturw.) mittelalterliches Drama von ausgeprägt lehrhafter Tendenz mit Personifizierung u. Allegorisierung abstrakter Begriffe wie Tugend, Laster, Leben, Tod o. Ä.

Mo|ral|ko|dex *der; -[es], -e u. ...di|zes [...tseːs]:* Kodex moralischen Verhaltens

Mo|ral|phi|lo|so|phie *die; -:* philosophische Lehre von den Grundlagen u. dem Wesen der Sittlichkeit; Ethik

Mo|rä|ne *die; -, -n ⟨fr.⟩:* von einem Gletscher bewegte u. abgelagerte Masse von Gestein, Geröll

Mo|rast *der; -[e]s, -e u. Moräste ⟨germ.-fr.-niederd.⟩:* a) schlammiges Stück Land, Sumpfland; b) (ohne Plural) schlammiger Boden; Schlamm

Mo|ra|to|ri|um *das; -s, ...ien ⟨lat.-mlat.⟩:* gesetzlich angeordneter od. [vertraglich] vereinbarter Aufschub

Mor|bi: *Plural* von ↑ Morbus

mor|bid ⟨*lat.-fr.*⟩: 1. (Med.) kränklich, krankhaft (in Bezug auf den körperlichen Zustand). 2. im Verfall begriffen; brüchig (im Hinblick auf den inneren, moralischen Zustand)

Mor|bi|dez|za *die; - ⟨lat.-it.⟩:* (veraltet) Weichheit, Weichlichkeit (in der Malerei)

Mor|bi|di|tät *die; - ⟨lat.-nlat.⟩:* 1. morbider Zustand. 2. (Med.) Häufigkeit der Erkrankungen innerhalb einer Bevölkerungsgruppe

Mor|bil|li *die* (Plural) ⟨*lat.*⟩: Masern

mor|bi|phor ⟨*lat.; gr.*⟩: (Med.) ansteckend; Krankheiten übertragend

Mor|bo|si|tät *die; - ⟨lat.⟩:* (Med.) Kränklichkeit

Mor|bus *der; -, ...bi:* (Med.) Krankheit; **Morbus Crohn:**

chronische, in Schüben verlaufende Entzündung des Dünndarms; **Morbus sacer** („heilige Krankheit"): ↑ Epilepsie
Mor|cel|le|ment [...sɛləˈmãː] *das;* -s ⟨*lat.-fr.*⟩: (Med.) Zerstückelung sehr großer Tumoren
Mor|dant [...ˈdãː] *der;* -s, -s u. *die;* -, -s (meist Plural) ⟨*lat.-fr.*⟩: (Grafik) Ätzmittel, ätzende Paste, die mit dem Pinsel auf die Platte aufgetragen wird
Mor|da|zi|tät *die;* - ⟨*lat.;* „Bissigkeit"⟩: (Chem.) Ätzkraft
Mor|dent *der;* -s, -e ⟨*lat.-it.;* „Beißer"⟩: (Mus.) musikalische Verzierung, die aus einfachem od. mehrfachem Wechsel einer Note mit ihrer unteren Nebennote besteht; Pralltriller
Mo|re vgl. ²Mora
Mo|re ge|o|me|t|ri|co *die;* - - ⟨*lat.; gr.-lat.;* „nach der Art der Geometrie"⟩: (Philos.) philosophische Methode der Deduktion von Sätzen aus Prinzipien u. Axiomen nach Art der Mathematik
Mo|rel|le u. Marelle *die;* -, -n ⟨*roman.*⟩: eine bes. in Südosteuropa angepflanzte Sauerkirschenart; Süßweichsel
Mo|ren: *Plural* von ↑ ²Mora
mo|ren|do ⟨*lat.-it.*⟩: (Mus.) verhauchend (Vortragsanweisung). **Mo|ren|do** *das;* -s, -s u. ...di: (Mus.) leise werdendes, verhauchendes Spiel
Mo|res [...reːs] *die* (Plural) ⟨*lat.;* „[gute] Sitten"⟩: in der Wendung **jmdn. Mores lehren:** (ugs.) jmdn. energisch zurechtweisen
Mo|res|ca vgl. Morisca
Mo|res|ke u. Maureske *die;* -, -n ⟨*gr.-lat.-span.-fr.*⟩: aus der islamischen Kunst übernommenes Flächenornament aus schematischen Linien u. stilisierten Pflanzen
mor|ga|na|tisch ⟨*mlat.*⟩: in der Fügung **morganatische Ehe:** (Rechtsw. hist.) nicht standesgemäße Ehe
Morgue [mɔrg] *die;* -, -n [...gn̩] ⟨*germ.-fr.*⟩: Leichenschauhaus [in Paris]
Mo|ria *die;* - ⟨*gr.*⟩: (Psychol.) heitere Geschwätzigkeit
mo|ri|bund ⟨*lat.*⟩: (Med.) im Sterben liegend; sterbend; dem Tode geweiht
Mo|ri|nell *der;* -s, -e ⟨*span.*⟩:

Schnepfenvogel in Schottland u. Skandinavien
Mo|rio-Mus|kat *der;* -, -s ⟨nach dem dt. Züchter P. Morio⟩: a) (ohne Plural) Rebsorte aus einer Kreuzung zwischen Silvaner u. weißem Burgunder, die einen Wein mit muskatähnlichem Bukett liefert; b) Wein dieser Rebsorte
Mo|ri|on *der;* -s ⟨*gr.-lat.*⟩: dunkelbrauner bis fast schwarzer Bergkristall
Mo|ris|ca u. Moresca *die;* - ⟨*gr.lat.-span.;* „Maurentanz"⟩: (vom 15. bis 17. Jh. in Europa verbreiteter) maurischer, Sarazenenkämpfe schildernder, mäßig schneller, mit Schellen an den Füßen getanzter Tanz
Mo|ris|ke *der;* -n, -n (meist Plural): nach der arabischen Herrschaft in Spanien zurückgebliebener Maure, der [nach außen hin] Christ war
Mor|mo|ne *der;* -n, -n ⟨nach dem Buch Mormon des Stifters Joseph Smith, 1805–1844⟩: Angehöriger einer chiliastischen Religionsgemeinschaft in Nordamerika (Kirche Jesu Christi der Heiligen der Letzten Tage). **Mor|mo|nin** *die;* -, -nen: weibliche Form zu ↑ Mormone
mo|ros ⟨*lat.*⟩: (veraltet) mürrisch, verdrießlich. **Mo|ro|si|tät** *die;* -: (veraltet) Grämlichkeit, Verdrießlichkeit
Morph *das;* -s, -e (Sprachw.): kleinstes bedeutungstragendes Bauelement des gesprochenen Sprache
Mor|ph|al|la|xis *die;* - ⟨*gr.-nlat.*⟩: (Biol.) Ersatz verloren gegangener Körperteile durch Umbildung u. Verlagerung bereits vorhandener Teile
Mor|phe *die;* - ⟨*gr.*⟩: Gestalt, Form, Aussehen, ↑ Eidos (1)
Mor|phem *das;* -s, -e ⟨*gr.-nlat.*⟩: (Sprachw.) kleinste bedeutungstragende Gestalteinheit in der Sprache, kleinstes sprachliches Zeichen; **freies Morphem:** isoliert auftretendes Morphem als eigenes Wort (z. B. Tür, gut); **gebundenes Morphem:** Morphem, das nur zusammen mit anderen Morphemen auftritt (z. B. aus- in *ausfahren*, -en in Frauen)
Mor|phe|ma|tik *die;* -: Wissenschaft von den Morphemen.

mor|phe|ma|tisch: das Morphem betreffend
Mor|phe|mik *die;* -: ↑ Morphematik
mor|phen ⟨*gr.-engl.*⟩: (ugs.) Morphing betreiben
Mor|pheus ⟨*gr.-lat.*⟩: griechischer Gott des Schlafes; in der Wendung **in Morpheus' Armen:** in wohltuendem Schlaf
Mor|phin *das;* -s ⟨*gr.-nlat.;* nach dem griech. Gott Morpheus⟩: (Med., Chem.) aus Opium gewonnene Droge, die in der Medizin bes. als schmerzlinderndes Mittel eingesetzt wird
Mor|phing *das;* -s ⟨*gr.-engl.*⟩: (bes. in der Werbung angewandtes) computergestütztes Verfahren, eine Gestalt, ein Bild o. Ä. übergangslos in ein anderes wechseln zu lassen
Mor|phi|nis|mus *der;* - ⟨*gr.-nlat.*⟩: Morphiumsucht. **Mor|phi|nist** *der;* -en, -en: Morphiumsüchtiger. **Mor|phi|nis|tin** *die;* -, -nen: weibliche Form zu ↑ Morphinist
Mor|phi|um *das;* -s: (allgemeinsprachlich) ↑ Morphin
Mor|pho|ge|ne|se u. **Mor|pho|ge|ne|sis** *die;* -, ...nesen: (Biol.) Ausgestaltung und Entwicklung von Organen od. Geweben eines pflanzlichen od. tierischen Organismus. **mor|pho|ge|ne|tisch:** (Biol.) die Morphogenese betreffend. **Mor|pho|ge|ne|se** *die;* -, ...jen: ↑ Morphogenese
Mor|pho|gra|phie, auch: ...grafie *die;* -: (veraltet) Gestaltbeschreibung und -wissenschaft, bes. von der Erdoberfläche. **mor|pho|gra|phisch,** auch: ...grafisch: (veraltet) gestaltbeschreibend
Mor|pho|lo|ge *der;* -n, -n: 1. Wissenschaftler auf dem Gebiet der Morphologie. 2. ↑ Geomorphologe. **Mor|pho|lo|gie** *die;* -: 1. (bes. Philos.) Wissenschaft von den Gestalten und Formen. 2. (Med., Biol.) Wissenschaft von der Gestalt u. dem Bau des Menschen, der Tiere u. Pflanzen. 3. (Sprachw.) Wissenschaft von den Formveränderungen, denen die Wörter durch Deklination (1) u. Konjugation (1) unterliegen; Formenlehre. 4. ↑ Geomorphologie. 5. Teilgebiet der Soziologie, das sich mit der Struktur der Gesellschaft (z. B. Bevölkerungsdichte, Ge-

M

schlecht, Alter, Berufe u. Ä.) befasst. **Mor|pho|lo|gin** *die; -, -nen:* weibliche Form zu ↑ Morphologe. **mor|pho|lo|gisch:** die Morphologie betreffend, auf ihr beruhend, zu ihr gehörend; die äußere Gestalt, Form, den Bau betreffend; der Form nach **Mor|pho|me|t|rie** *die; -, …ien:* 1. Ausmessung der äußeren Form (z. B. von Körpern, Organen). 2. Teilgebiet der Geomorphologie mit der Aufgabe, die Formen der Erdoberfläche durch genaue Messungen zu erfassen. **mor|pho|me|t|risch:** (Geol.) durch Messungen erfasst (von Geröllen) **Mor|pho|nem** u. Morphophonem, auch: …fonem *das; -s, -e:* Variation eines Phonems, das im gleichen Morphem bei unterschiedlicher Umgebung auftaucht (z. B. i/a/u in *binden, band, gebunden*) **Mor|pho|no|lo|gie** u. Morphophonologie, auch: …fono… *die; -:* Teilgebiet der Linguistik, das sich mit den Beziehungen zwischen Phonologie u. Morphologie befasst **Mor|pho|pho|nem**, auch: …fonem vgl. Morphonem **Mor|pho|pho|no|lo|gie**, auch: …fono… vgl. Morphonologie **mor|pho|syn|tak|tisch:** die Morphosyntax betreffend. **Mor|pho|syn|tax** *die; -:* (Sprachw.) Syntax der äußeren Form eines Satzes; Ggs. ↑ Nomosyntax **Mor|se|al|pha|bet**, auch: **Mor|se-Al|pha|bet** *das; -[e]s ⟨*nach dem amerik. Erfinder S. Morse, 1791–1872⟩: dem Alphabet entsprechende Folge von Zeichen, die beim Morsen verwendet werden u. aus Kombinationen von Punkten u. Strichen bzw. kurzen u. langen Stromimpulsen bestehen **Mor|se|ap|pa|rat,** *der; -[e]s, -e:* auch: **Mor|se-Ap|pa|rat** Gerät zur telegrafischen Übermittlung von Nachrichten mithilfe von Zeichen des Morsealphabets **Mor|sel|le** *die; -, -n ⟨lat.-fr.⟩:* (veraltet) aus Zuckermasse gegossenes Täfelchen mit Schokolade, Mandeln u. a. **mor|sen** ⟨nach dem amerik. Erfinder S. Morse, 1791–1872⟩: 1. den Morseapparat bedienen. 2. un-

ter Verwendung des Morsealphabets hörbare od. sichtbare Zeichen geben **Mor|ta|del|la** *die; -, -s ⟨gr.-lat.-it.⟩:* dickere Brühwurst aus Schweine- u. Kalbfleisch **Mor|ta|li|tät** *die; - ⟨lat.⟩:* (Med.) Sterblichkeit, Sterblichkeitsziffer; Verhältnis der Zahl der Todesfälle zur Gesamtzahl der berücksichtigten Personen **Mor|ti|fi|ka|ti|on** *die; -, -en:* 1. (veraltet) Kränkung. 2. Abtötung [der Begierden in der Askese]. 3. (Med.) Absterben von Organen od. Geweben. 4. (Rechtsw. veraltet) Ungültigkeitserklärung; Tilgung. **mor|ti|fi|zie|ren:** 1. (veraltet) demütigen, beleidigen. 2. kasteien. 3. absterben [lassen], abtöten. 4. (veraltet) tilgen, für ungültig erklären **Mor|tu|a|ri|um** *das; -s, …ien:* 1. im Mittelalter beim Tod eines Hörigen von den Erben zu entrichtender Betrag. 2. Bestattungsort **Mo|ru|la** *die; -, …lae […lɛ] ⟨lat.-nlat.⟩:* (Biol.) maulbeerähnlicher, kugeliger Zellhaufen, der nach mehreren Furchungsteilungen aus der befruchteten Eizelle entsteht **Mo|sa|ik** *das; -s, -en (auch: -e) ⟨gr.-lat.-mlat.-it.-fr.⟩:* 1. aus kleinen, bunten Steinen od. Glassplittern zusammengesetztes Bild, Ornament zur Verzierung von Fußböden, Wänden, Gewölben. 2. eine aus vielen kleinen Teilen zusammengesetzte Einheit **Mo|sa|ik|glas** *das; -es:* antikes ↑ Millefioriglas **Mo|sa|ik|gold** *das; -es:* ↑ Musivgold **mo|sa|isch** ⟨hebr.-gr.-nlat.; nach Moses, dem Stifter der israelitischen Religion⟩: jüdisch, israelitisch (in Bezug auf die Religion des Alten Testaments). **Mo|sa|is|mus** *der; -:* (veraltet) Judentum **Mo|sa|ist** *der; -en, -en:* (veraltet) ↑ Mosaizist. **mo|sa|is|tisch:** Mosaiken betreffend **Mo|sa|i|zist** *der; -en, -en ⟨gr.-lat.-mlat.-it.-fr.-nlat.⟩:* Künstler, der mit Musivgold arbeitet od. Mosaiken herstellt. **Mo|sa|i|zis|tin** *die; -, -nen:* weibliche Form zu ↑ Mosaizist **Mo|schaw** *der; -s, …wim ⟨hebr.⟩:*

Genossenschaftssiedlung von Kleinbauern mit Privatbesitz in Israel **Mo|schee** *die; -, …scheen ⟨arab.-span.-it.-fr.⟩:* islamisches Gotteshaus, das ein Zentrum des religiösen u. politischen Lebens der Muslime darstellt **Mo|schus** *der; - ⟨sanskr.-pers.-gr.-lat.⟩:* Duftstoff aus der Moschusdrüse der männlichen Moschustiere **Mo|schus|tier** *das; -[e]s, -e:* geweihlose, kleine Hirschart Zentralasiens **Mo|ses** *der; -, - ⟨hebr.-gr.-lat.; nach dem Stifter der israelitischen Religion⟩:* 1. (seemännisch spöttisch) jüngstes Besatzungsmitglied an Bord; Schiffsjunge. 2. Beiboot einer Jacht, kleinstes Boot **Mos|ki|to** *der; -s, -s (meist Plural) ⟨lat.-span.⟩:* 1. tropische Stechmücke, die gefährliche Krankheiten (z. B. Malaria) übertragen kann. 2. (Fachspr., sonst selten) Stechmücke **Mos|lem** usw. vgl. Muslim usw. **mos|so** ⟨lat.-it.⟩: (Mus.) bewegt, lebhaft (Vortragsanweisung); **molto mosso:** sehr viel schneller; **più mosso:** etwas schneller **Mo|tel** [auch: moˈtɛl] *das; -s, -s ⟨amerik. Kurzw. für motorists hotel⟩:* an Autobahnen o. Ä. gelegenes Hotel [für Autoreisende] **Mo|tet|te** *die; -, -n ⟨lat.-vulgär-lat.-it.⟩:* in mehrere Teile gegliederter mehrstimmiger Chorgesang [ohne Instrumentalbegleitung] **Mo|tet|ten|pas|si|on** *die; -, -en:* im Motettenstil vertonte Passionserzählung **Mo|ther|board** [ˈmʌðəbɔ:d] *das; -s, -s ⟨engl.⟩:* (EDV) Platine (1) eines Computers, auf der alle wesentlichen Baugruppen angeordnet sind (z. B. Prozessor, Speicherelemente, Ein- u. Ausgabeeinheiten) **Mo|ti|li|tät** *die; - ⟨lat.-nlat.⟩:* 1. (Med.) Gesamtheit der nicht bewusst gesteuerten Bewegungen des menschlichen Körpers u. seiner Organe; Ggs. ↑ Motorik (1a). 2. (Biol.) Bewegungsvermögen von Organismen u. Zellorganellen **Mo|ti|on** *die; -, -en ⟨lat.-fr.⟩:* 1. (veraltet) [Leibes]bewegung.

2. (schweiz.) schriftlicher Antrag in einem Parlament.
3. (Sprachw.) a) Bildung einer weiblichen Personen- od. Berufsbezeichnung o. Ä. mit einem Suffix von einer männlichen Form (z. B. *Ministerin* von *Minister*); b) Beugung des Adjektivs nach dem Geschlecht des zugehörigen Substantivs.
4. (Fechten) Faustlage
Mo|ti|o|när *der;* -s, -e: (schweiz.) jmd., der eine Motion (2) einreicht. **Mo|ti|o|nä|rin** *die;* -, -nen: weibliche Form zu ↑ Motionär
Mo|tion|pic|ture, auch: **Motion-Pic|ture** [ˈmoʊʃənˈpɪktʃə] *das;* -[s], -s ⟨*lat.-fr.-engl.*⟩: engl. Bez. für: Film, Spielfilm
Mo|tiv *das;* -s, -e ⟨*lat.-mlat. (-fr.)*⟩: 1. Beweggrund, Antrieb, Ursache; Leitgedanke. 2. (bildende Kunst, Literaturw.) Gegenstand einer künstlerischen Darstellung; Vorlage. 3. (Mus.) kleinste, gestaltbildende musikalische Einheit [innerhalb eines Themas]
Mo|ti|va|ti|on *die;* -, -en ⟨*lat.-mlat.-nlat.*⟩: 1. Summe der Beweggründe, die jmds. Entscheidung, Handlung beeinflussen. 2. (Sprachw.) Durchschaubarkeit einer Wortbildung in Bezug auf die Teile, aus denen sie zusammengesetzt ist. 3. das Motiviertsein; Ggs. ↑ Demotivation (2); vgl. ...ation/...ierung
mo|ti|va|ti|o|nal: (Psychol., Päd.) das Motiv (1) betreffend
Mo|tiv|for|schung *die;* -, -en: Teil der Marktforschung, der die Motive für das Verhalten u. Handeln [der Käufer] untersucht
mo|ti|vie|ren ⟨*lat.-mlat.-fr.*⟩: 1. begründen. 2. zu etwas anregen, veranlassen; Ggs. ↑ demotivieren. **mo|ti|viert:** 1. starken Antrieb zu etwas habend; großes Interesse zeigend, etwas zu tun. 2. (Sprachw.) in der formalen od. inhaltlichen Beschaffenheit durchschaubar, aus sich selbst heraus verständlich (von Wörtern); Ggs. ↑ arbiträr (2). **Mo|ti|vie|rung** *die;* -, -en: das Motivieren; vgl. ...ation/...ierung
Mo|ti|vik *die;* - ⟨*lat.-mlat.-nlat.*⟩: (Mus.) Kunst der Motivverarbeitung in einem Tonwerk. **mo-**

ti|visch: a) das Motiv betreffend; b) die Motivik betreffend
Mo|to|ball *der;* -s ⟨*fr.*⟩: Fußballspiel auf Motorrädern; Motorradfußball
Mo|to|cross, auch: **Mo|to-Cross** *das;* -, -e ⟨*engl.*⟩: Gelände-, Vielseitigkeitsprüfung für Motorradsportler; vgl. Autocross
Mo|to|drom *das;* -s, -e ⟨⟨*lat.; gr.*⟩ *fr.*⟩: Rennstrecke (Rundkurs) für Motorsportveranstaltungen
Mo|to|lo|ge *der;* -n, -n ⟨*lat.; gr.-nlat.*⟩: (Med.) Fachmann auf dem Gebiet der ↑ Motologie.
Mo|to|lo|gie *die;* -: (Med.) Lehre von der menschlichen ↑ Motorik u. deren Anwendung in Erziehung u. Therapie. **Mo|to|lo|gin** *die;* -, -nen: weibliche Form zu ↑ Motologe
Mo|tor *der;* -s, ...oren ⟨*lat.; „Beweger"*⟩: 1. [auch: moˈtoːɐ̯] (Plural auch: ...ore) Maschine, die Kraft erzeugt u. etwas in Bewegung setzt. 2. Kraft, die etwas antreibt; jmd., der etwas vorantreibt
Mo|to|rik *die;* - ⟨*lat.-nlat.*⟩: 1. (Med.) Gesamtheit der aktiven, vom Gehirn aus gesteuerten, koordinierten Bewegungen des menschlichen Körpers; Ggs. ↑ Motilität. 2. (Med.) Lehre von den Funktionen der Bewegung des menschlichen Körpers u. seiner Organe. 3. die Gesamtheit von [gleichförmigen, regelmäßigen] Bewegungsabläufen
Mo|to|ri|ker *der;* -s, -: (Psychol.) jmd., dessen Persönlichkeit von einer auffallenden Motorik geprägt ist. **Mo|to|ri|ke|rin** *die;* -, -nen: weibliche Form zu ↑ Motoriker
mo|to|risch ⟨*lat.*⟩: 1. a) den Motor betreffend, im Hinblick auf den Motor; b) von einem Motor angetrieben. 2. die Motorik (1) betreffend, auf ihr beruhend, ihr dienend. 3. gleichförmig, mit nur geringen Schwankungen ablaufend (von Bewegungsabläufen, Rhythmen o. Ä.)
mo|to|ri|sie|ren ⟨*lat.-fr.*⟩: 1. auf Maschinen od. Motorfahrzeuge umstellen; mit Maschinen od. Motorfahrzeugen ausrüsten. 2. sich motorisieren: (ugs.) sich ein Kraftfahrzeug anschaffen. 3. in etwas einen Motor einbauen, mit einem Motor verse-

hen. **Mo|to|ri|sie|rung** *die;* -, -en: das Motorisieren (1, 3)
Mo|t|ro|nic *die;* - ⟨Kurzw. aus *Motor* u. Elek*tronik*⟩: elektronisch gesteuerte Benzineinspritzung u. Zündung bei Verbrennungsmotoren
Mot|to *das;* -s, -s ⟨*lat.-vulgärlat.-it.*⟩: Denk-, Wahl-, Leitspruch; Kennwort
Mo|tu|pro|p|rio *das;* -s, -s ⟨*lat.; „aus eigenem Antrieb"*⟩: (nicht auf Eingaben beruhender) päpstlicher Erlass
Mouche [muʃ] *die;* -, -s [muʃ] ⟨*fr.; „Fliege"*⟩: 1. Schönheitspflästerchen. 2. Treffer in den absoluten Mittelpunkt der Zielscheibe beim Schießen
Mouches vo|lantes [muʃvɔˈlãːt] *die* (Plural) ⟨*fr.; „fliegende Mücken"*⟩: (Med.) Sehstörung, bei der gegen einen hellen Hintergrund kleine schwarze Flecken gesehen werden
mouil|lie|ren [muˈjiː...] ⟨*lat.-vulgärlat.-fr.*⟩: bestimmte Konsonanten mithilfe von j erweichen (z. B. l in brillant [= brilˈjant]). **Mouil|lie|rung** *die;* -, -en: das Mouillieren; das Mouilliertwerden
Mou|la|ge [muˈlaːʒə] *der;* -, -s (auch: *die;* -, -n) ⟨*lat.-fr.*⟩: aus Wachs, Gips o. Ä. hergestelltes [farbiges] Modell eines Organs, des Körpers od. eines Körperteils
Mou|li|na|ge [muliˈnaːʒə] *die;* - ⟨*lat.-fr.*⟩: (veraltet) Zwirnen der Seide
Mou|li|né [muliˈne:] *der;* -s, -s: 1. Zwirn aus verschiedenfarbigen Garnen. 2. gesprenkeltes Gewebe aus Mouliné (1). **mou|li|nie|ren:** Seidenfäden zwirnen
Mound [maunt, engl.: maʊnd] *der;* -s, -s ⟨*engl.*⟩: vorgeschichtlicher indianischer Erdwall als Grabhügel, Verteidigungsanlage od. Kultstätte in Nordamerika
Mount [maunt, engl.: maʊnt] *der;* -s, -s ⟨*engl.*⟩: engl. Bez. für: Berg
Moun|tain|bike [ˈmaʊntɪnbaɪk], auch: **Moun|tain-Bike** *das;* -s, -s ⟨*engl.; „Bergfahrrad"*⟩: Fahrrad für Gelände- bzw. Gebirgsfahrten. **moun|tain|bi|ken:** mit dem Mountainbike fahren. **Moun|tain|bi|ker,** auch: **Moun|tain-Bi|ker** *der;* -s, -: jmd., der Mountainbike fährt. **Moun|tain|bi|ke-**

M

rin, auch: **Moun|tain-Bi|ke|rin** *die;* -, -nen: weibliche Form zu ↑Mountainbiker

Mouse [maʊs, engl.: maʊs] *die;* -, -s [...sɪz] ⟨engl.⟩: (EDV) engl. Bez. für: Maus (Zeige- u. Eingabegerät, das mit einer Hand auf einer Unterlage verschoben werden kann)

Mouse|pad ['maʊspɛd, engl.: maʊspæd] ⟨engl.⟩ u. **Mauspad** ⟨dt.; engl.⟩ *das;* -s, -s: (EDV) Unterlage, auf der die Maus bewegt wird

Mous|sa|ka [mʊ...] *das;* -s, -s u. *die;* -, -s ⟨ngr.⟩: Auflauf aus Hackfleisch, Auberginen u. a.

Mousse [mus] *die;* -, -s [mus] ⟨fr.; „Schaum"⟩: a) kalte Vorspeise aus püriertem Fleisch o. Ä.; b) schaumartige Süßspeise

Mousse au Cho|co|lat [musoʃɔ-kɔˈla] *die;* - - -, -s - - [mus - -]: mit Schokolade hergestellte Mousse (b)

Mous|se|line [mus(ə)ˈliːn] vgl. Musselin

Mous|se|ron [musəˈrõː] vgl. Musseron

Mous|seux [muˈsøː] *der;* -, - ⟨fr.⟩: Schaumwein

mous|sie|ren: perlen, in Bläschen schäumen (von Wein, Sekt)

Mous|té|ri|en [mustɛˈrjɛ̃ː] *das;* -[s] ⟨fr.; nach dem franz. Fundort Le Moustier⟩: (Anthropol.) Kulturstufe der Älteren Altsteinzeit

Mo|vens *das;* - ⟨lat.⟩: Beweggrund

Mo|vie [ˈmuːvi] *das;* -[s], -s (meist Plural) ⟨lat.-fr.-engl.(-amerik.)⟩ engl. Bez. für: Unterhaltungsfilm, Kino

mo|vie|ren ⟨lat.⟩: (Sprachw.) a) eine weibliche Personenbezeichnung o. Ä. von einer männlichen Form bilden; b) ein Adjektiv nach dem Geschlecht des zugehörigen Substantivs beugen. **Mo|vie|rung** *die;* -, -en: das Movieren

Mo|vi|men|to *das;* -s, ...ti ⟨lat.-it.⟩: (Mus.) ital. Bez. für: Zeitmaß, Tempo

Mo|xa *die;* -, ...xen ⟨jap.-engl. u. fr. u. span.⟩: 1. (in Ostasien, bes. in Japan) als Brennkraut verwendete Beifußwolle. 2. ↑ Moxibustion

Mo|xi|bus|ti|on *die;* - ⟨jap.; lat.⟩: ostasiatische Heilmethode, die durch Einbrennen von Moxa (1) in bestimmte Hautstellen

eine Erhöhung der allgemeinen Abwehrreaktion bewirkt

Moz|a|ra|ber *die* (Plural) ⟨arab.-span.⟩: die unter arabischer Herrschaft lebenden spanischen Christen der Maurenzeit (711–1492). **moz|a|ra|bisch**: die Mozaraber betreffend

Mo|zet|ta u. Mozzetta *die;* -, ...tten ⟨it.⟩: vorn geknöpfter Schulterkragen mit kleiner Kapuze für hohe katholische Geistliche

Moz|za|rel|la *der;* -s, -s ⟨it.⟩: ein italienischer Frischkäse

MS-DOS ® *das;* - ⟨Kurzw. aus engl. MicroSoft Disc Operating System⟩: (EDV) und Personalcomputern weit verbreitetes Betriebssystem

Much|tar *der;* -s, -s ⟨arab.-türk.⟩: türkischer Gemeinde-, Ortsvorsteher

Muck|ra|ker [ˈmʌkreɪkə] *der;* -s, -[s] ⟨engl.-amerik.⟩: Journalist od. Schriftsteller (bes. in den USA zu Beginn des 20. Jh.s), der soziale, politische, ökonomische Missstände aufdeckt u. an die Öffentlichkeit bringt

Mu|cor *der;* - ⟨lat.⟩: ein Schimmelpilz (z. B. auf Brot)

MUD [mjuːd] *das;* -[s], -s ⟨Kurzw. aus engl. multi user dungeon „Verlies für viele Benutzer" (in Anlehnung an den Titel eines Computerspiels)⟩: Fantasyspiel im Internet, an dem mehrere Spieler teilnehmen können

Mu|de|jar|stil [muˈdexar...] *der;* -[e]s ⟨nach den Mudejaren, arab. Künstlern u. Handwerkern⟩: auf maurischem u. gotischem Formengut basierender spanischer Kunststil (12.–16. Jh.)

Mud|head [ˈmjuːdhɛd] *der;* -s, -s ⟨engl.⟩: (scherzh. od. abwertend) jmd., der [fast] nur am Computerspiele im Kopf hat; vgl. MUD

Mu|dir *der;* -s, -e ⟨arab.(-türk.)⟩: 1. Leiter eines Verwaltungsbezirks (in Ägypten). 2. Beamtentitel in der Türkei. **Mu|di|ri|je** *die;* -, -n u. ...riyye: Verwaltungsgebiet, Provinz (in Ägypten)

Mud|lumps [ˈmʌdlʌmps] *die* (Plural) ⟨engl.⟩: Schlammvulkane im Mississippidelta

Mud|ra *die;* -, -s ⟨sanskr.⟩: magisch-symbolische Finger- u.

Handstellung in buddhistischen u. hinduistischen Kulten

Mu|ez|zin [auch, österr. nur: ˈmuːɛ...] *der;* -s, -s ⟨arab.⟩: (islam. Rel.) Ausrufer, der vom Minarett die Zeiten zum Gebet verkündet

Muf|fin [ˈmafɪn] *der;* -s, -s ⟨engl.⟩: in einem kleinen Förmchen gebackenes Kleingebäck

Muf|l|f|lon *der;* -s, -s ⟨it.-fr.⟩: braunes Wildschaf mit großen, quer geringelten, nach hinten gebogenen od. kurzen, nach oben gerichteten Hörnern (auf Sardinien, Korsika)

Muf|ti *der;* -s, -s ⟨arab.⟩: islamischer Rechtsgelehrter und Gutachter; vgl. par ordre du mufti

Mu|ko|li|de *die* (Plural) ⟨lat.; gr.⟩: den ↑ Muzinen ähnliche Schleimstoffe

mu|ko|pu|ru|lent ⟨lat.-nlat.⟩: (Med.) schleimig-eitrig

mu|kös ⟨lat.⟩: (Med.) schleimig

Mu|ko|sa *die;* -, ...sen: (Med.) Schleimhaut

Mu|ko|vis|zi|do|se *die;* -, -n ⟨lat.-nlat.⟩: (Med.) Erbkrankheit mit Funktionsstörungen der Sekrete produzierenden Drüsen

Mu|ko|ze|le *die;* -, -n ⟨lat.; gr.⟩: (Med.) Schleimansammlung in einer Zyste

mu|la|tie|ren: (österr.) an einem Mulatschag teilnehmen; ausgiebig feiern

Mu|la|t|schag *der;* -s, -s ⟨ung.; „Belustigung"⟩: (österr.) ausgelassenes Fest [bei dem am Schluss Geschirr zertrümmert wird]

Mu|lat|te *der;* -n, -n ⟨lat.-span.⟩: Nachkomme eines weißen u. eines schwarzen Elternteils. **Mu|lat|tin** *die;* -, -nen: weibliche Form zu ↑ Mulatte

Mu|le|ta *die;* -, -s ⟨lat.-span.⟩: rotes Tuch für Stierkämpfer

Mu|li *das* (auch: *der*); -s, -[s] ⟨lat.⟩: (südd. u. österr.) Kreuzung zwischen Esel u. Pferd; Maultier, -esel; vgl. Mulus (1)

Mul|lah *der;* -s, -s ⟨arab.-pers.-türk.⟩: 1. a) (ohne Plural) Titel der untersten Stufe der ↑ schiitischen Geistlichen; b) Träger dieses Titels. 2. a) (ohne Plural) von ↑ Sunniten für islamische Würdenträger u. Gelehrte gebrauchte Ehrenbezeichnung;

b) Träger dieser Ehrenbezeichnung

mul|ti..., Mul|ti...

⟨*lat.* multus „viel, zahlreich, reichlich, groß")
Präfix mit der Bedeutung „viel, vielfach, mehrfach":
– multifaktoriell
– multifunktional
– multikulturell
– Multimedia
– Multimillionär

Mul|ti *der;* -s, -s ⟨zu ↑*multi*national (b)⟩: (ugs.) multinationaler Konzern

mul|ti|di|men|si|o|nal: mehrere Dimensionen umfassend; vielschichtig. **Mul|ti|di|men|si|o|na|li|tät** *die;* -: (Psychol., Soziol.) Vielschichtigkeit

mul|ti|dis|zi|p|li|när: sehr viele Disziplinen (2) umfassend, die Zusammenarbeit vieler Disziplinen betreffend; vgl. interdisziplinär

mul|ti|fak|to|ri|ell: durch viele Faktoren, Einflüsse bedingt

mul|ti|fil: aus mehreren [miteinander verdrehten] einzelnen Fasern bestehend; vgl. monofil.
Mul|ti|fil *das;* -[s]: aus mehreren Fasern bestehender vollsynthetischer Faden; vgl. Monofil

mul|ti|funk|ti|o|nal: vielen Funktionen gerecht werdend
Mul|ti|funk|ti|ons|dis|play *das;* -s, -s: multifunktionales Display (2)

Mul|ti|k|l|on *der;* -s, -e ⟨Kurzw. aus *multi...* u. ²*Zyklon*⟩: (Techn.) aus mehreren nebeneinander angeordneten ²Zyklonen bestehendes Gerät zur Entstaubung von Gasen

mul|ti|kul|ti: (ugs.) kurz für: multikulturell. **Mul|ti|kul|ti** *das;* -, -: (ugs.) das Vorhandensein von Einflüssen mehrerer Kulturen; kulturelle Vielfalt

mul|ti|kul|tu|rell: viele Kulturen umfassend, beinhaltend

mul|ti|la|te|ral ⟨*lat.-nlat.*⟩: mehrseitig, mehrere Seiten betreffend. **Mul|ti|la|te|ra|lis|mus** *der;* -: System einer vielfach verknüpften Weltwirtschaft mit allseitig geöffneten Märkten

mul|ti|lin|gu|al: a) mehrsprachig; b) mehrsprachige Äußerungen, Mehrsprachigkeit betreffend,

darauf bezogen. **Mul|ti|lin|gu|a|lis|mus** u. **Mul|ti|lin|gu|is|mus** *der;* -: Mehrsprachigkeit, Vielsprachigkeit (von Personengruppen, Büchern u. Ä.); vgl. Bilinguismus

Mul|ti|me|dia *das;* -[s] (meist ohne Artikel): das Zusammenwirken, die gleichzeitige Anwendung von verschiedenen Medien (Texten, Bildern, Animationen, Tönen) [mithilfe von Computern]. **mul|ti|me|di|al:** a) viele Medien betreffend, berücksichtigend; für viele Medien bestimmt; aus vielen Medien bestehend, zusammengesetzt; b) den Bereich, die Technik o. Ä. von Multimedia betreffend

Mul|ti|me|di|a|show [...ʃoʊ] *die;* -, -s: Veranstaltung, Vorstellung, bei der verschiedene Kunstarten u. ihre Mischformen unter Einbeziehung der verschiedensten Medien in Abfolge od. auch gleichzeitig dargeboten werden

Mul|ti|me|di|a|sys|tem *das;* -s, -e: Informations- u. Unterrichtssystem, das mehrere Medien (z. B. Fernsehen, Dias, Bücher) gleichzeitig verwendet

Mul|ti|me|ter *das;* -s, -: Messgerät mit mehreren Messbereichen

Mul|ti|mil|li|o|när *der;* -s, -e: mehrfacher Millionär. **Mul|ti|mil|li|o|nä|rin** *die;* -, -nen: weibliche Form zu ↑ Multimillionär

mul|ti|na|ti|o|nal: a) aus vielen Nationen bestehend (von Vereinigungen); b) in vielen Staaten vertreten (z. B. von einem Industrieunternehmen)

mul|ti|nu|k|le|ar: (Biol.) vielkernig, viele Kerne enthaltend (z. B. von Zellen)

Mul|ti|pack *das* (auch: *der*); -s, -s ⟨*lat.-engl.*⟩: Verpackung, die mehrere Waren der gleichen Art enthält u. als Einheit verkauft wird

Mul|ti|pa|ra *die;* -, ...paren ⟨*lat.-nlat.*⟩: ↑ Pluripara

mul|ti|pel ⟨*lat.*⟩: 1. (Psychol.) vielfältig; **multiple Persönlichkeit:** Persönlichkeit, in der anscheinend Erlebnis- u. Verhaltenssysteme mehrfach vorhanden sind. 2. (Med.) an vielen Stellen od. im Körper auftretend; **multiple Sklerose:** Erkrankung des Gehirns u. Rü-

ckenmarks unter Bildung zahlreicher Verhärtungsherde in den Nervenbahnen

Mul|ti|p|le *das;* -s, -s ⟨*fr.*⟩: ein modernes Kunstwerk (Plastik, Grafik), das auf industriellem Wege serienmäßig hergestellt wird

Mul|ti|ple|choice|ver|fah|ren, auch: **Mul|ti|ple-Choice-Ver|fah|ren** [ˈmaltɪpˈtʃɔʏs...] *das;* -s, - ⟨*engl.; dt.*⟩: Prüfungsmethode od. Test, bei dem der Prüfling unter mehreren vorgegebenen Antworten die richtige erkennen muss

Mul|ti|plett *das;* -s, -s ⟨*lat.-engl.*⟩: Folge eng benachbarter Werte einer messbaren physikalischen Größe (z. B. in der Spektroskopie eine Gruppe dicht beieinander liegender Spektrallinien)

mul|ti|plex: (veraltet) vielfältig. **Mul|ti|plex** *das;* -[es], -e ⟨*engl.*⟩: großes Kinozentrum

Mul|ti|plex|ver|fah|ren *das;* -s, - ⟨*lat.; dt.*⟩: gleichzeitige Übertragung von mehreren Nachrichten über denselben Sender

Mul|ti|pli|er [ˈmaltɪplaɪə] *der;* -s, - ⟨*lat.-engl.*⟩: (Phys.) Sekundärelektronenvervielfacher, ein Gerät zur Verstärkung schwacher, durch Lichteinfall ausgelöster Elektronenströme

Mul|ti|pli|kand *der;* -en, -en ⟨*lat.*⟩: Zahl, die mit einer anderen multipliziert werden soll

Mul|ti|pli|ka|ti|on *die;* -, -en: a) Vervielfachung einer Zahl um eine andere; Ggs. ↑ Division (1); b) Vervielfältigung

mul|ti|pli|ka|tiv: die Multiplikation betreffend

Mul|ti|pli|ka|ti|vum *das;* -s, ...va: Zahlwort, das angibt, wievielmal etwas vorkommt; Wiederholungszahlwort, Vervielfältigungszahlwort (z. B. dreifach, zweimal)

Mul|ti|pli|ka|tor *der;* -s, ...oren: 1. Zahl, mit der eine vorgegebene Zahl multipliziert werden soll. 2. Person, Einrichtung, die Wissen od. Informationen weitergibt u. dadurch zu deren Verbreitung beiträgt

Mul|ti|pli|ka|tor|a|na|ly|se *die;* -, -n: Untersuchung der durch eine Investition hervorgerufenen Zunahme des Gesamteinkommens einer Volkswirtschaft

mul|ti|pli|zie|ren: 1. (Math.) um eine bestimmte Zahl vervielfachen, malnehmen; Ggs. ↑ dividieren. 2. a) vervielfältigen, [steigernd] zunehmen lassen, vermehren; b) sich multiplizieren: sich steigern; zunehmen **Mul|ti|pli|zi|tät** die; -, -en: mehrfaches Vorkommen, Vorhandensein **Mul|ti|plum** das; -s, ...pla: (veraltet) Vielfaches, Mehrfaches **Mul|ti|pol** der; -s, -e: aus mehreren ↑ Dipolen bestehende Anordnung elektrischer od. magnetischer Ladungen. **mul|ti|po|lar:** mehrpolig **Mul|ti|pro|gram|ming** [maltɪˈproʊgrɛmɪŋ, auch: multi...] das; -[s] ⟨engl.⟩: ↑ Multitasking **Mul|ti|tas|king** [maltɪˈta:skɪŋ, auch: multi...] das -[s]: (EDV) gleichzeitiges Abarbeiten mehrerer Tasks (2) in einem Computer **mul|ti|va|lent** ⟨lat.-nlat.⟩: (Psychol.) mehr-, vielwertig (von Tests, die mehrere Lösungen zulassen). **Mul|ti|va|lenz** die; -, -en: (Psychol.) Mehrwertigkeit von psychischen Eigenschaften, Schriftmerkmalen, Tests **mul|ti|va|ri|at** ⟨lat.-engl.⟩: mehrere Variablen (1) betreffend **Mul|ti|ver|sum** das; -s ⟨Analogiebildung zu ↑ Universum⟩: das Weltall, sofern es als eine nicht auf eine Einheit zurückführbare Vielheit betrachtet wird **Mul|ti|vi|b|ra|tor** der; -s, ...oren ⟨lat.⟩: elektrische Schaltung mit zwei steuerbaren Schaltelementen, von denen jeweils eines Strom führt **Mul|ti|vi|si|on** die; -: Technik der gleichzeitigen Projektion (1) von Dias auf eine Leinwand, wobei jedes Dia entweder ein eigenes Motiv (2) od. einen Bildausschnitt darstellen kann **Mul|ti|zet** ® das; -[e]s, -e: (Elektrot.) Vielfachmessgerät **mul|tum, non mul|ta** ⟨lat.⟩: „viel (= ein Gesamtes), nicht vielerlei (viele Einzelheiten)", d. h. Gründlichkeit, nicht Oberflächlichkeit **Mu|lun|gu** der; - ⟨Bantuspr.; „der da oben"⟩: ostafrikanische Gottesbezeichnung (urspr. ↑ Mana) **My|lus** der; -, ...li ⟨lat.⟩: 1. lat. Bez. für: Maulesel, -tier; vgl. Muli. 2. (scherzh. veraltet) Abiturient vor Beginn des Studiums **Mu|mie** die; -, -n ⟨pers.-arab.-it.⟩: durch Einbalsamieren usw. vor Verwesung geschützter Leichnam **Mu|mi|en|por|t|rät** das; -s, -s: (bes. vom 1. bis 4. Jh. in Ägypten) das Gesicht der Mumie bedeckendes, auf Holz od. Leinwand gemaltes Porträt **Mu|mi|fi|ka|ti|on** die; -, -en ⟨pers.-arab.-it.; lat.; nlat.⟩: 1. ↑ Mumifizierung. 2. (Med.) Austrocknung abgestorbener Gewebeteile an der Luft; vgl. ...ation/ ...ierung. **mu|mi|fi|zie|ren:** 1. einbalsamieren. 2. (Med.) eintrocknen lassen, absterben lassen (bes. Gewebe). **Mu|mi|fi|zie|rung** die; -, -en: Einbalsamierung; vgl. ...ation/...ierung **Mum|my** [ˈmʌmɪ] der; -s, -s ⟨engl.; „Mumie"⟩: Auftraggeber eines ↑ Ghostwriters **Mumps** der (landsch. auch: die); - ⟨engl.⟩: (Med.) Ziegenpeter; Entzündung der Ohrspeicheldrüse mit schmerzhaften Schwellungen **Mun|da:** Plural von ↑ Mundum **mun|dan** ⟨lat.⟩: (veraltet) weltlich, auf das Weltganze bezüglich **Mun|dan|as|t|ro|lo|gie** die; -: Zweig der Astrologie, der sich mit dem Schicksal von Völkern, Nationen o. Ä. befasst u. Prognosen sowohl politischer od. sozialpsychologischer als auch natur- u. umweltbezogener Art fällt **Mun|da|ti|on** die; -, -en: (veraltet) Reinigung, Säuberung. **mun|die|ren:** (veraltet) ins Reine schreiben; reinigen **Mun|di|um** das; -s, ...ien u. ...ia ⟨germ.-mlat.⟩: Schutzverpflichtung, -gewalt im frühen deutschen Recht **Mun|do|lin|gue** die; - ⟨Kunstw.⟩: von Lott 1890 aufgestellte Welthilfssprache **Mun|dum** das; -s, Munda ⟨lat.⟩: (veraltet) Reinschrift **Mun|dus** der; -: Welt, Weltall, Weltordnung; **Mundus archetypus:** urbildliche Welt; **Mundus intelligibilis:** die geistige, nur mit der Vernunft erfassbare Welt (der Ideen); **Mundus sensibilis:** (Philos.) die sinnlich wahrnehmbare Welt **mun|dus vult de|ci|pi:** „die Welt will betrogen sein" (nach Sebastian Brant) **¹Mun|go** der; -[s], -s ⟨tamil.-engl.⟩: bräunliche, silbergrau gesprenkelte Schleichkatze in Afrika u. Asien **²Mun|go** der; -[s], -s ⟨engl.⟩: Garn, Gewebe aus Reißwolle **Mu|ni|fi|zenz** die; -, -en ⟨lat.⟩: (veraltet) Freigebigkeit **Mu|ni|ti|on** die; - ⟨lat.-fr.⟩: das aus Geschossen, Sprengladungen, Zünd- u. Leuchtspursätzen bestehende Schießmaterial für Feuerwaffen. **mu|ni|ti|o|nie|ren:** mit Munition versehen, ausrüsten **mu|ni|zi|pal** ⟨lat.⟩: städtisch **mu|ni|zi|pa|li|sie|ren** ⟨lat.-nlat.⟩: (veraltet) einer Stadt od. Gemeinde eine Verfassung geben **Mu|ni|zi|pa|li|tät** die; -, -en: (veraltet) Stadtobrigkeit **Mu|ni|zi|pi|um** das; -s, ...ien ⟨lat.⟩: 1. (hist.) altrömische Landstadt. 2. (veraltet) Stadtverwaltung **Munt|jak** der; -s, -s ⟨jav.-engl.⟩: (Zool.) im tropischen Südasien lebender Hirsch mit rotbraunem Rücken, weißem Bauch u. kleinem Geweih **Mu|rä|ne** die; -, -n ⟨gr.-lat.⟩: aalartiger Knochenfisch, bes. in [sub]tropischen Meeren **mu|ri|a|tisch** ⟨lat.⟩: kochsalzhaltig (von Quellen) **Mu|ring** die; -, -e ⟨engl.⟩: (Seew.) Vorrichtung zum Verankern mit zwei Ankern **Mur|ky|bäs|se** die (Plural) ⟨engl.; lat.-it.⟩: (Mus.) Akkordbrechungen in der Bassstimme, meist in Oktavschritten (Brillen- od. Trommelbässe) **Mu|sa** die; - ⟨arab.-nlat.⟩: Banane (z. B. die philippinische Faserbanane) **Mu|sa|fa|ser** die; -, -n: ↑ Manilahanf **Mu|s|a|get** der; -en, -en ⟨gr.-lat.; „Musen[an]führer", Beiname des griech. Gottes Apollo⟩: (veraltet) Musenfreund; Gönner der Künste u. Wissenschaften **Mus|ca|det** [myskaˈdɛ] der; -[s], -s [myskaˈdɛ(s)] ⟨fr.⟩: leichter, trockener, würziger Weißwein aus der Gegend um die französische Stadt Nantes **Mu|sche** vgl. Mouche (1) **Mu|schik** [auch: mʊˈʃɪk] der; -s, -s

⟨*russ.*⟩: Bauer im zaristischen Russland

Mu|schir u. **Mü|schir** *der; -s, -e* ⟨*arab.-türk.*⟩: 1. (hist.) hoher türkischer Beamter. 2. türkischer Feldmarschall

Musch|ko|te *der; -n, -n* ⟨entstellt aus ↑ Musketier⟩: (Soldatenspr. abwertend) Fußsoldat

Mu|se *die; -, -n* ⟨*gr.-lat.*⟩: (griech. Mythologie) eine von neun Schwestern als Schutzgöttinnen der Künste

mu|se|al ⟨*gr.-lat.-nlat.*⟩: 1. zum, ins Museum gehörend, Museums... 2. (ugs.) veraltet, verstaubt, unzeitgemäß

Mu|se|en: *Plural* von ↑ Museum

Mu|sel|man *der; -en, -en* ⟨*arab.-pers.-türk.-it.*⟩: (veraltet) ↑ Muslim. **Mu|sel|ma|nin** [auch: ...'ma:...] *die; -, -nen:* weibliche Form zu ↑ Muselman

Mu|sen|al|ma|nach *der; -s, -e* ⟨*gr.-lat.; mlat.-niederl.*⟩: im 18. u. 19. Jh. jährlich erschienene Sammlung bisher ungedruckter Gedichte usw.

Mu|sette [my'zɛt] *die; -, -s* ⟨*fr.*⟩: (Mus.) 1. franz. Bez. für: Dudelsack. 2. mäßig schneller Tanz im Dreiertakt mit liegendem Bass (den Dudelsack nachahmend). 3. Zwischensatz der Gavotte. 4. kleines Tanz- u. Unterhaltungsorchester mit Akkordeon

Mu|se|um *das; -s, Mus̱e̱en* ⟨*lat.*⟩: Ausstellungsgebäude für Kunstgegenstände u. wissenschaftliche od. technische Sammlungen

Mu|se̱ums|pä|d̲a̲|go̲|ge *der; -n, -n* ⟨*gr.-lat.; gr.-lat.*⟩: jmd., der in der Museumspädagogik tätig ist. **Mu|se̱ums|pä|d̲a̲|go̲|gik** *die; -* ⟨*gr.-lat.; gr.*⟩: auf Kinder u. Erwachsene bezogene pädagogische Arbeit im Museum. **Mu|se̱ums|pä|d̲a̲|go̲|gin** *die; -, -nen:* weibliche Form zu ↑ Museums-pädagoge

Mu|sher ['mʌʃə] *der; -s, -* ⟨*engl.*⟩: Schlittenhundeführer

Mu|si|ca *die; -* ⟨*gr.-lat.*⟩: Musik, Tonkunst; **Musica antiqua:** alte Musik; **Musica mensurata:** ↑ Mensuralmusik; **Musica mundana** od. **celestis:** himmlische, sphärische Musik; **Musica nova:** neue Musik; **Musica sacra:** Kirchenmusik; **Musica viva:** moderne Musik

Mu|si|cal ['mju:zɪk] *das; -s, -s* ⟨*gr.-lat.-mlat.-fr.-engl.-amerik.*⟩: populäres Musiktheater, das Elemente des Dramas, der Operette, Revue u. des Varietees miteinander verbindet

Mu|si|cal|clown *der; -s, -s:* Clown, der vorwiegend mit grotesken Musikdarbietungen unterhält

Mu|sic|box ['mju:zɪk...] *die; -, -en* u. -es [...is] ⟨*amerik.*⟩: ↑ Musikbox

Mu|sic-on-De|mand [...dɪ'ma:nd] *das; -* [s] ⟨*engl.; eigtl. „Musik auf Anforderung"*⟩: das individuelle Anfordern u. Zusammenstellen von Musiktiteln, die vom Anbieter eines Musikarchivs auf CD od. per Internet geliefert werden

mu|siert ⟨*gr.-lat.-nlat.*⟩: ↑ musivisch

Mu|sik *die; -, -en* ⟨*gr.-lat.-fr.*⟩: 1. (ohne Plural) die Kunst, Töne in melodischer, harmonischer u. rhythmischer Ordnung zu einem Ganzen zu fügen; Tonkunst. 2. Kunstwerk, bei dem Töne u. Rhythmus eine Einheit bilden

Mu|si|ka|ka|de|mie *die; -, -n:* Musikhochschule

Mu|si|ka|li|en *die* (Plural) ⟨*gr.-lat.-mlat.*⟩: (urspr. in Kupfer gestochene, seit 1755 gedruckte) Musikwerke

mu|si|ka|lisch: 1. die Musik betreffend; tonkünstlerisch. 2. musikbegabt, Musik liebend. 3. klangvoll; wie Musik wirkend

Mu|si|ka|li|tät *die; -:* 1. a) musikalisches Empfinden; b) Musikbegabung. 2. Wirkung wie Musik (2)

Mu|si|kant *der; -en, -en* ⟨mit latinisierender Endung zu ↑ Musik gebildet⟩: Musiker, der zum Tanz, zu Umzügen u. Ä. aufspielt. **Mu|si|kan|tin** *die; -, -nen:* weibliche Form zu ↑ Musikant.

mu|si|kan|tisch: musizierfreudig, musikliebhaberisch

Mu|sik|au|to|mat *der; -en, -en:* a) Apparat, der mit mechanischer Antriebsvorrichtung ein od. mehrere Musikstücke abspielt; b) ↑ Musikbox

Mu|sik|box *die; -, -en* ⟨*amerik.*⟩: Schallplattenapparat (bes. in Gaststätten), der gegen Geldeinwurf nach freier Wahl Musikstücke (meist Schlager) abspielt

Mu|sik|di|rek|tor *der; -s, -en:* staatlicher od. städtischer Dirigent u. Betreuer musikalischer Aufführungen u. des Musikwesens (Abk.: MD). **Mu|sik|di|rek|to|rin** *die; -, -nen:* weibliche Form zu ↑ Musikdirektor

Mu|sik|dra|ma *das; -s, ...men:* Oper mit besonderem Akzent auf dem Dramatischen (bes. die Opern Richard Wagners)

Mu|si|ker *der; -s, -* ⟨*gr.-lat.*⟩: a) jmd., der beruflich Musik, eine Tätigkeit im musikalischen Bereich ausübt; b) Mitglied eines Orchesters; Orchestermusiker. **Mu|si|ke|rin** *die; -, -nen:* weibliche Form zu ↑ Musiker

Mu|sik|in|s|t|ru|ment *das; -[e]s, -e:* Gerät zum Hervorbringen von Tönen u. Klängen, zum Musikmachen

Mu|sik|kas|set|te *die; -, -n:* Kassette (5), auf der Musik aufgenommen ist

Mu|sik|korps [...ko:ɐ̯] *das; - [...ko:ɐ̯(s)], - [...ko:ɐ̯s]:* Blasorchester als militärische Einheit

Mu|si|ko|lo|ge *der; -n, -n* ⟨*gr.-nlat.*⟩: Musikgelehrter, Musikwissenschaftler. **Mu|si|ko|lo|gie** *die; -:* Musikwissenschaft. **Mu|si|ko|lo|gin** *die; -, -nen:* weibliche Form zu ↑ Musikologe. **mu|si|ko|lo|gisch:** musikwissenschaftlich

Mu|si|ko|ma|ne *der* u. *die; -n, -n:* Musikbessenere[r]

Mu|sik|pä|d̲a̲|go̲|ge *der; -n, -n:* a) Pädagoge (a), der Musikunterricht erteilt; b) Wissenschaftler auf dem Gebiet der Musikpädagogik. **Mu|sik|pä|d̲a̲|go̲|gik** *die; -:* Wissenschaft von der Erziehung im Bereich der Musik. **Mu|sik|pä|d̲a̲|go̲|gin** *die; -, -nen:* weibliche Form zu ↑ Musikpädagoge

Mu|sik|the̲|o̲|rie *die; -, -n:* a) begriffliche Erfassung u. systematische Darstellung musikalischer Sachverhalten; b) Musiktheorie (a) als Lehrfach, das allgemeine Musiklehre, Harmonielehre, Kontrapunkt und Formenlehre umfasst

Mu|sik|the̲|ra̲|pie *die; -, -n:* Anwendung musikalischer Mittel zu psychotherapeutischen Zwecken

Mu|si|kus *der; -, ...sizi* ⟨*gr.-lat.*⟩:

M

(veraltet, noch scherzh. od. iron.) Musiker

Mu|sique con|crète [myzikkõ'krɛt] *die; - - ⟨fr.⟩:* konkrete Musik; vgl. konkret (3)

mu|sisch ⟨*gr.-lat.*⟩: 1. die schönen Künste betreffend. 2. künstlerisch [begabt], kunstempfänglich

Mu|siv|ar|beit *die; -, -en ⟨gr.-lat.; dt.⟩:* ↑ Mosaik

Mu|siv|gold *das; -es:* goldglänzendes, schuppiges Pulver, das bes. früher in der Malerei für bronzene Farbtöne u. zur Vergoldung von Spiegel- u. Bilderrahmen verwendet wurde

mu|si|visch ⟨*gr.-lat.*⟩: eingelegt (von Glassplittern od. Steinen)

Mu|siv|sil|ber *das; -s ⟨gr.-lat.; dt.⟩:* Legierung aus Zinn, Wismut u. Quecksilber zum Bronzieren

Mu|si|zi: *Plural von* ↑ Musikus

mu|si|zie|ren ⟨*gr.-lat.*⟩: [mit jemandem zusammen] Musik machen, spielen, zu Gehör bringen; eine Musik darbieten

Mus|ka|rin *das; -s ⟨lat.-nlat.⟩:* Gift des Fliegenpilzes

Mus|kat *der; -[e]s, -e ⟨sanskr.-pers.-gr.-lat.-mlat.-fr.⟩:* als Gewürz verwendeter Samenkern der Muskatfrucht

Mus|kat|blü|te *die; -, -n:* als Gewürz verwendete Samenhülle der Muskatfrucht

Mus|ka|te *die; -, -n:* (veraltet) ↑ Muskatnuss

Mus|ka|tel|ler *der; -s, - ⟨sanskr.-pers.-gr.-lat.-mlat.-it.⟩:* 1. (ohne Plural) Traubensorte mit Muskatgeschmack. 2. [süßer] Wein aus der Muskatellertraube

Mus|kat|nuss *die; -, ...nüsse:* getrockneter [als Gewürz verwendeter] Samenkern der Muskatfrucht

Mus|ke|te *die; -, -n ⟨lat.-it.-fr.⟩:* (hist.) schwere Handfeuerwaffe

Mus|ke|tier *der; -s, -e ⟨„Musketenschütze"⟩:* (hist.) [mit einer Muskete bewaffneter] Fußsoldat; vgl. Muschkote

Mus|ko|vit [auch: ...'vɪt], auch: **Mus|ko|wit** [auch: ...'vɪt] *der; -s, -e ⟨von nlat. Muscovia = Russland⟩:* heller Glimmer

mus|ku|lär ⟨*lat.-nlat.*⟩: zu den Muskeln gehörend, die Muskulatur betreffend

Mus|ku|la|tur *die; -, -en:* Muskelgefüge, Gesamtheit der Muskeln eines Körpers od. Organs

mus|ku|lös ⟨*lat.; fr.*⟩: mit starken Muskeln versehen, äußerst kräftig

Mus|lim *der; -[s], -e u. -s u. Moslem der; -s, -s ⟨arab.⟩:* Anhänger des Islams. **Mus|li|ma** *die; -, -s u.* (selten:) ...men, **Mus|li|me** u. Moslime *die; -, -n:* weibliche Form zu ↑ Muslim. **Mus|li|min** u. Moslemin *die; -, -nen:* weibliche Form zu ↑ Muslim. **mus|li|misch** u. moslemisch: die Muslime, ihren Glauben, ihren Herrschaftsbereich betreffend

Mus|se|lin u. Mousseline [mʊs(ə)'li:n] *der; -s, -e ⟨it.-fr.⟩:* vom ital. Namen der Stadt Mossul am Tigris): feines, locker gewebtes [Baum]wollgewebe. **mus|se|li|nen:** aus Musselin

Mus|se|ron [...'rõ:] *der; -s, -s ⟨vulgärlat.-fr.⟩:* nach Knoblauch riechender Pilz zum Würzen von Soßen

Mus|tang *der; -s, -s ⟨span.-engl.⟩:* wild lebendes Präriepferd in Nordamerika

Mus|tie [...jə] *die; -, -n ⟨span.⟩:* Tochter eines Weißen u. einer Mulattin. **Mus|tio** *der; -s, -s:* Sohn eines Weißen u. einer Mulattin

mu|ta ⟨*lat.; „verändere!"⟩:* (Mus.) Anweisung für das Umstimmen bei den transponierenden Blasinstrumenten u. Pauken

Mu|ta *die; -, ...tä ⟨lat.⟩:* (Sprachw. veraltet) Explosiv-, Verschlusslaut; vgl. Explosiv u. Klusil; **Muta cum Liquida:** (Sprachw.) Verbindung von Verschluss- u. Fließlaut

mu|ta|bel ⟨*lat.*⟩: veränderlich; wandelbar. **Mu|ta|bi|li|tät** *die; -:* Unbeständigkeit, Veränderlichkeit

mu|ta|gen ⟨*lat.; gr.*⟩: Mutationen auslösend. **Mu|ta|gen** *das; -s, -e* (meist Plural) (Biol.) chemischer od. physikalischer Faktor, der Mutationen (1) auslöst. **Mu|ta|ge|ni|tät** *die; -:* die Fähigkeit [eines chemischen od. physikalischen Stoffes], Mutationen (1) auszulösen

Mu|tant *der; -en, -en ⟨lat.⟩:* 1. (österr.) Junge, der mutiert (2). 2. ↑ Mutante. **Mu|tan|te** *die; -, -n:* durch Mutation (1) verändertes Individuum

Mu|ta|ti|on *die; -, -en:* 1. (Biol.) spontane od. künstlich er-

zeugte Veränderung im Erbgefüge. 2. (Med.) Stimmbruch (bei Eintritt der Pubertät). 3. (veraltet) Änderung, Wandlung

mu|ta|tis mu|tan|dis: mit den nötigen Abänderungen; Abk.: m. m.

mu|ta|tiv ⟨*lat.-nlat.*⟩: (Biol.) sich spontan ändernd

Mu|ta|zi|li|ten *die* (Plural) ⟨*arab.-nlat.*⟩: Anhänger einer philosophischen Richtung des Islams im 8. Jh.

Mu|ta|zis|mus *der; - ⟨lat.-nlat.⟩:* ↑ Mutismus

mu|tie|ren ⟨*lat.*⟩: 1. (Biol.) sich spontan im Erbgefüge ändern. 2. (Med.) sich im Stimmwechsel befinden

Mu|ti|la|ti|on *die; -, -en ⟨lat.⟩:* (Med.) Verstümmelung; das Absterben von Geweben u. Körperteilen [im Bereich der Extremitäten]. **mu|ti|lie|ren:** (Med.) verstümmeln

Mu|tis|mus *der; - ⟨lat.-nlat.⟩:* (Med.) absichtliche od. psychisch bedingte Stummheit; Stummheit ohne organischen Defekt. **Mu|tist** *der; -en, -en:* (Med.) jmd., der an Mutismus leidet. **Mu|tis|tin** *die; -, -nen:* weibliche Form zu ↑ Mutist

Mu|ti|tät *die; -:* (Med.) Stummheit

Mu|ton *der; -s, -s ⟨lat.; gr.⟩:* (Biol.) kleinster Chromosomenabschnitt, der durch eine Mutation verändert werden kann

Mu|tos|kop *das; -s, -e ⟨lat.; gr.⟩:* Guckkasten, in dem durch eine bestimmte Bildanordnung Bewegungsvorgänge vorgetäuscht werden

mu|tu|al u. mutuell ⟨*lat.-nlat.*⟩: gegenseitig, wechselseitig

Mu|tu|a|lis|mus *der; -:* 1. (Biol.) Form der Lebensgemeinschaft zwischen Tieren od. zwischen Pflanzen mit gegenseitigem Nutzen. 2. System des utopischen Sozialismus von Proudhon. 3. (Wirtsch.) finanzwissenschaftliche Hypothese, nach der bei relativ gleicher steuerlicher Belastung jeder Steuerzahler auch solche Geldopfer auf sich nehmen würde, von denen andere einen Nutzen haben

Mu|tu|a|li|tät *die; -, -en:* Gegenseitigkeit, Wechselseitigkeit

mu|tu|ell vgl. mutual

Mu|tu|lus *der; -, ...li ⟨lat.⟩:* Dielenkopf; plattenförmige Verzierung an der Unterseite des Kranzgesimses dorischer Tempel

Mu|zak [ˈmjuːzɛk] *die;* - ⟨*engl.*⟩: (Jargon) [anspruchslose, gefällige] Hintergrundmusik für Büros, Einkaufszentren, Flughäfen o. Ä.

Mu|zin *das;* -s, -e (meist Plural) ⟨*lat.-nlat.*⟩: (Med., Biol.) Schleimstoff, der von Hautdrüsen od. Schleimhäuten abgesondert wird

My *das;* -[s], -s ⟨*gr.*⟩: 1. zwölfter Buchstabe des griechischen Alphabets; M, μ. 2. Kurzform von ↑ Mikron

my..., My... vgl. myo..., Myo...

My|al|gie *die;* -, ...ien ⟨*gr.-nlat.*⟩: (Med.) Muskelschmerz

My|a|s|the|nie *die;* -, ...ien: (Med.) krankhafte Muskelschwäche

My|a|to|nie *die;* -, ...ien: (Med.) [angeborene] Muskelerschlaffung

My|d|ri|a|se *die;* -, -n ⟨*gr.*⟩: (Med.) Pupillenerweiterung. **My|d|ri|a|ti|kum** *das;* -s, ...ka ⟨*gr.-nlat.*⟩: (Med.) Arzneimittel, das die Pupillen erweitert

My|e|l|a|s|the|nie *die;* -, ...ien ⟨*gr.-nlat.*⟩: (Med.) vom Rückenmark ausgehende Nervenschwäche

My|e|l|en|ze|pha|li|tis *die;* -, ...itiden: (Med.) Entzündung des Gehirns u. des Rückenmarks

My|e|lin *das;* -s: (Med.) Gemisch fettähnlicher Stoffe

My|e|li|tis *die;* -, ...itiden: (Med.) Rückenmarksentzündung

my|e|lo|gen: (Med.) vom Knochenmark ausgehend

My|e|lo|gra|phie, auch: ...grafie *die;* -, ...ien: (Med.) röntgenologische Darstellung des Wirbelkanals

my|e|lo|id u. **my|e|lo|isch:** (Med.) das Knochenmark betreffend, von ihm ausgehend

My|e|lom *das;* -s, -e: (Med.) Knochenmarksgeschwulst

My|e|lo|ma|la|zie *die;* -, ...ien: (Med.) Rückenmarkserweichung

My|e|lo|ma|to|se *die;* -, -n: (Med.) zahlreiches Auftreten bösartiger Myelome

My|e|lo|me|nin|gi|tis *die;* -, ...itiden: (Med.) Entzündung des Rückenmarks u. seiner Häute

My|e|lo|pa|thie *die;* -, ...ien: (Med.) 1. Rückenmarkserkrankung. 2. Knochenmarkserkrankung

My|e|lo|se *die;* -, -n: Wucherung des Markgewebes, bes. bei Leukämie

My|i|a|se *die;* -, -n ⟨*gr.-nlat.*⟩: (Med.) Madenkrankheit, Madenfraß; durch Fliegenmaden verursachte Krankheit

My|i|tis *die;* -, ...itiden ⟨*gr.-nlat.*⟩: ↑ Myositis

my|ke|nisch ⟨nach der altgriech. Ruinenstätte Mykenä): die griechische Kultur der Bronzezeit betreffend

My|ke|tis|mus *der;* - ⟨*gr.-nlat.*⟩: ↑ Myzetismus

My|ko|i|ne *die* (Plural): aus Pilzen gewonnene Antibiotika

My|ko|lo|ge *der;* -n, -n: Wissenschaftler, der auf dem Gebiet der Mykologie arbeitet. **My|ko|lo|gie** *die;* -: 1. (Biol.) Pilzkunde. 2. (Med.) Wissenschaft von den Mykosen. **My|ko|lo|gin** *die;* -, -nen: weibliche Form zu ↑ Mykologe. **my|ko|lo|gisch:** die Mykologie od. die Pilzkrankheiten betreffend

My|ko|plas|men *die* (Plural): kleinste frei lebende Bakterien ohne Zellwand (und ohne feste Gestalt)

My|kor|rhi|za *die;* -, ...zen: (Bot.) Lebensgemeinschaft zwischen den Wurzeln von Blütenpflanzen u. Pilzen

My|ko|se *die;* -, -n: (Med.) jede durch [niedere] Pilze hervorgerufene Krankheit

My|ko|to|xin *das;* -s, -e: von Schimmelpilzen erzeugter Giftstoff

My|la|dy [mɪˈleːdi, mɪˈleɪdɪ] ⟨*engl.*⟩: (in Großbritannien, veraltend) Anrede an eine Trägerin des Titels Lady (1)

My|lo|nit [auch: ...ˈnɪt] *der;* -s, -e ⟨*gr.-nlat.*⟩: (Geol.) durch Druck an ↑ tektonischen Bewegungsflächen zerriebenes u. wieder verfestigtes Gestein

my|lo|ni|tisch [auch: ...ˈnɪt...]: (Geol.) die Struktur eines zerriebenen Gesteins betreffend

my|lo|ni|ti|sie|ren: (Geol.) durch ↑ tektonische Kräfte zu feinen Bruchstücken zerreiben (von Gesteinen)

My|lord [mɪˈlɔrt, mɪˈlɔːd] ⟨*engl.*⟩: 1. (in Großbritannien, veraltend) Anrede an einen Träger des Titels Lord (1). 2. (in Großbritannien) Anrede an einen Richter

Myn|heer [məˈneːɐ̯] vgl. Mijnheer

mylo..., Mylo...
vor Vokalen meist my..., My... ⟨*gr.* mỹs, Gen. myós „Maus; Muskel"⟩ Wortbildungselement mit der Bedeutung „Muskel":
– Myalgie
– Myokardinfarkt
– myomorph

My|o|blast *der;* -en, -en (meist Plural) ⟨*gr.-nlat.*⟩: (Med.) Bildungszelle der Muskelfasern

My|o|car|di|um vgl. Myokard

My|o|chrom *das;* -s: ↑ Myoglobin

My|o|dy|nie *die;* -, ...ien: (Med.) Muskelschmerz

my|o|e|lek|t|risch: (von Prothesen) mit einer Batterie betrieben und durch die Kontraktion eines Muskels in Bewegung gesetzt

My|o|fib|ril|le *die;* -, -n ⟨*gr.; lat.-fr.*⟩: (Med.) zusammenziehbare Faser des Muskelgewebes

My|o|gel|o|se *die;* -, -n ⟨*gr.; lat.-nlat.*⟩: (Med.) das Auftreten von Verhärtungen in den Muskeln

my|o|gen ⟨*gr.-nlat.*⟩: (Med.) vom Muskel ausgehend

My|o|glo|bin *das;* -s ⟨*gr.; lat.-nlat.*⟩: (Med.) roter Muskelfarbstoff

My|o|graf vgl. Myograph

My|o|gramm *das;* -s, -e: mithilfe eines Myographen aufgezeichnetes Kurvenbild der Muskelzuckungen

My|o|graph, auch: Myograf *der;* -en, -en: Gerät, das die Zuckungen eines Muskels in Kurvenform aufzeichnet

My|o|kard *das;* -s, -e u. Myokardium, fachspr.: Myocardium *das;* -s, ...ien ⟨*gr.-nlat.*⟩: (Med.) [mittlere] Muskelschicht, Wandschicht des Herzens; Herzmuskel

My|o|kar|die *die;* -, ...ien u. Myokardose *die;* -, -n: (Med.) Kreislaufstörungen mit Beteiligung des Herzmuskels

My|o|kard|in|farkt *der;* -[e]s, -e: (Med.) Herzinfarkt

My|o|kar|di|tis *die;* -, ...itiden: (Med.) Herzmuskelentzündung

My|o|kar|di|um vgl. Myokard

My|o|kar|do|se *die;* -, -n: ↑ Myokardie

My|o|klo|nie *die; -, ...jen:* (Med.)
(bes. bei Kleinkindern) Schüt-
telkrampf
My|o|kyl|mie *die; -, ...jen* ⟨„Mus-
kelwogen"⟩: (Med.) langsam
verlaufende Muskelzuckungen
My|o|lo|gie *die; -:* (Med.) Wissen-
schaft von den Muskeln, ihren
Krankheiten u. deren Behandlung
My|om *das; -s, -e:* (Med.) gutar-
tige Geschwulst des Muskelge-
webes
My|o|me|re *die; -, -n:* (Med.) Mus-
kelabschnitt
My|o|me|t|ri|um *das; -s, ...ien:*
(Med.) Muskelschicht der Ge-
bärmutterwand
my|o|morph (Med.) muskelfaserig
My|on *das; -s, ...onen* ⟨gr.⟩:
1. (Phys.) zur Klasse der ↑ Lep-
tonen gehörendes Elementarteilchen. 2. (Med.) kleinste
Funktionseinheit eines Muskels, bestehend aus einer Nervenfaser mit Muskelfasern
My|o|ni|um *das; -s, ...ien:* (Phys.)
Atom, das aus einem positiven
Myon (als Kern) u. einem Elektron besteht
my|op u. myopisch ⟨gr.⟩: (Med.)
kurzsichtig; Ggs. ↑ hypermetro-
pisch
My|o|pa|raly|se *die; -, -n* ⟨gr.-
nlat.⟩: (Med.) Muskellähmung
My|o|pa|thie *die; -, ...jen:* (Med.)
Muskelerkrankung. **my|o|pa-
thisch:** auf Myopathie beruhend
My|o|pe *der od. die; -n, -n* ⟨gr.⟩:
Kurzsichtige[r]. **My|o|pie** *die; -,
...jen:* (Med.) Kurzsichtigkeit;
Ggs. ↑ Hypermetropie. **my|o-
pisch** vgl. myop
My|or|rhe|xis *die; -* ⟨gr.-nlat.⟩:
(Med.) Muskelzerreißung
My|o|sin *das; -s:* (Med.) Muskelei-
weiß
My|o|si|tis *die; -, ...itjden:* (Med.)
Muskelentzündung
My|o|skle|ro|se *die; -, -n:* (Med.)
Muskelverhärtung
My|o|s|o|tis *die; -* ⟨„Mäuseohr"⟩:
(Bot.) Vergissmeinnicht
My|o|spas|mus *der; -, ...men:*
Muskelkrampf
My|o|to|mie *die; -, ...jen:* (Med.)
operative Muskeldurchtren-
nung
My|o|to|nie *die; -, ...jen:* (Med.)
lang dauernde Muskelspan-
nung; Muskelkrampf
my|o|trop: (Med.) auf Muskeln
einwirkend

My|ri|a|de *die; -, -n* ⟨gr.-lat.⟩: 1. An-
zahl von 10 000. 2. (nur Plural)
Unzahl, unzählig große Menge
My|ri|a|gramm *das; -s, -e* (aber:
2 -): 10 000 Gramm
My|ri|a|me|ter *der; -s, -:* Zehnkilo-
meterstein, der alle zehntau-
send Meter rechts u. links des
Rheins zwischen Basel u. Rot-
terdam angebracht ist
My|ri|a|po|de vgl. Myriopode
My|rin|g|ek|to|mie *die; -, ...jen*
⟨gr.-nlat.⟩: (Med.) operative
Entfernung [eines Teiles] des
Trommelfells
My|rin|gi|tis *die; -, ...itjden:*
(Med.) Trommelfellentzündung
My|rin|g|o|to|mie *die; -, ...jen:*
↑ Parazentese
My|ri|o|phyl|lum *das; -s, ...llen*
⟨gr.-nlat.⟩: Tausendblatt (Was-
serpflanze Mitteleuropas, bekannte Aquarienpflanze)
My|ri|o|po|de u. Myriapode *der;
-n, -n* (meist Plural): (Zool.)
Tausendfüßer
My|ris|tin|säu|re *die; -, -n* ⟨gr.-
nlat.; dt.⟩: (Chem.) organische
Säure, die in verschiedenen tierischen u. pflanzlichen Fetten
vorkommt
Myr|mel|kia *die* (Plural) ⟨gr.-nlat.⟩:
(Med.) meist schmerzhaft-ent-
zündliche Warzen an Handflä-
che u. Fußsohlen
Myr|me|ko|cho|rie *die; -:* (Bot.)
Ausbreitung von Pflanzensa-
men durch Ameisen (z. B. bei
der Wolfsmilch)
Myr|me|ko|lo|ge *der; -n, -n:* Wis-
senschaftler, der sich mit der
Myrmekologie befasst. **Myr|me-
ko|lo|gie** *die; -:* Teilgebiet der
Zoologie, das sich mit den
Ameisen befasst. **Myr|me|ko|lo-
gin** *die; -, -nen:* weibliche Form
zu ↑ Myrmekologe. **myr|me|ko-
lo|gisch:** ameisenkundlich
Myr|me|ko|phi|le *der; -n, -n* (meist
Plural): Ameisengast; Gliederfüßer, der in Ameisennestern
lebt (z. B. Wurzellaus). **Myr|me-
ko|phi|lie** *die; -:* das Zusammen-
leben (vgl. Symbiose) mit Ameisen (z. B. bei Myrmekophilen u.
Myrmekophyten)
Myr|me|ko|phyt *der; -en, -en*
(meist Plural): (Biol.) Pflanze,
die Ameisen zu gegenseitigem
Nutzen aufnimmt
Myr|o|bal|la|ne *die; -, -n* ⟨gr.-lat.⟩:
gerbstoffreiche Frucht vorder-
indischer Holzgewächse

Myr|re usw. vgl. Myrrhe usw.
Myr|rhe, auch: Myrre *die; -, -n* ⟨se-
mit.-gr.-lat.⟩: aus nordafrikanischen Bäumen gewonnenes
Harz, das als Räuchermittel u.
für Arzneien verwendet wird
Myr|rhen|öl, auch: Myrrenöl *das;
-s* ⟨semit.-gr.-lat.; dt.⟩: aus Myrrhe gewonnenes aromatisches
Öl
Myr|rhen|tink|tur, auch: Myrren-
tinktur *die; -:* alkoholischer
Auszug aus Myrrhe zur Zahn-
fleischbehandlung
Myr|te *die; -, -n* ⟨semit.-gr.-lat.⟩:
immergrüner Baum od. Strauch
des Mittelmeergebietes u. Süd-
amerikas, dessen weiß blü-
hende Zweige oft als Braut-
schmuck verwendet werden
My|so|pho|bie *die; -* ⟨gr.-nlat.⟩:
(Med.) krankhafte Angst vor
Beschmutzung bzw. vor Berührung mit vermeintlich be-
schmutzenden Gegenständen
Mys|t|a|gog u. **Mys|t|a|go|ge** *der;
...gen, ...gen* ⟨gr.-lat.⟩: Priester
der Antike, der in die Mysterien einführte
Mys|te *der; -n, -n:* Eingeweihter
eines Mysterienkults
Mys|te|ri|en *die* (Plural): grie-
chische u. römische Geheim-
kulte der Antike, die nur Eingeweihten zugänglich waren u.
ein persönliches Verhältnis zu
der verehrten Gottheit vermit-
teln wollten
Mys|te|ri|en|spiel *das; -s, -e:* mit-
telalterliches geistliches Drama
mys|te|ri|ös ⟨gr.-lat.-fr.⟩: geheim-
nisvoll; rätselhaft, dunkel
Mys|te|ri|um *das; -s, ...ien* ⟨gr.-
lat.⟩: 1. [religiöses] Geheimnis;
Geheimlehre (vgl. Mysterien);
Mysterium tremendum: die
erschauern machende Wirkung
des Göttlichen (↑ Numen) in
der Religion. 2. ↑ Mysterienspiel
Mys|te|ry [ˈmɪst(ə)rɪ] *der; -s, -s od.
das; -s, -s* (meist ohne Artikel)
⟨lat.-engl.; „Rätsel, Geheimnis"⟩:
[Fernseh]film, Roman o. Ä. mit
geheimnisvoller, schauriger Darstellung von mysteriösen, meist
nicht mit natürlichen Phänome-
nen erklärbaren Verbrechen
Mys|ti|fi|ka|ti|on *die; -, -en* ⟨(gr.-
lat.-) fr.⟩: Täuschung, Vorspie-
gelung. **mys|ti|fi|zie|ren:** 1. ein
geheimnisvolles Gepräge ge-
ben, mystisch machen. 2. (veraltet) täuschen, vorspiegeln

Mys|tik *die; -* ⟨*gr.-lat.-mlat.*: „Geheimlehre"⟩: besondere Form der Religiosität, bei der der Mensch durch Hingabe u. Versenkung zu persönlicher Vereinigung mit Gott zu gelangen sucht; vgl. ↑ Unio mystica. **Mys|ti|ker** *der; -s, -*: Vertreter, Anhänger der Mystik. **Mys|ti|ke|rin** *die; -, -nen*: weibliche Form zu ↑ Mystiker. **mys|tisch**: 1. geheimnisvoll, dunkel. 2. zur Mystik gehörend; **mystische Partizipation**: ↑ Sympathie (2) **Mys|ti|zis|mus** *der; -, ...men* ⟨*gr.-lat.-nlat.*⟩: 1. (ohne Plural) Wunderglaube; [Glaubens]schwärmerei. 2. schwärmerischer Gedanke. **mys|ti|zis|tisch**: wundergläubig; schwärmerisch **My|the** *die; -, -n* ⟨*gr.-lat.*⟩: ↑ Mythos (1) **my|thisch** ⟨*gr.*⟩: dem Mythos angehörend; sagenhaft, erdichtet **My|tho|graph**, auch: ...graf *der; -en, -en*: jmd., der Mythen aufschreibt und sammelt. **My|tho|gra|phin**, auch: ...grafin *die; -, -nen*: weibliche Form zu ↑ Mythograph **My|tho|lo|gem** *das; -s, -e*: mythologisches Element innerhalb einer Mythologie; abgrenzbare, in sich abgeschlossene mythologische Aussage **My|tho|lo|gie** *die; -, ...ien*. 1. [systematisch verknüpfte] Gesamtheit der mythischen Überlieferungen eines Volkes. 2. wissenschaftliche Erforschung u. Darstellung der Mythen. **my|tho|lo|gisch**: auf die Mythen bezogen, sie betreffend **my|tho|lo|gi|sie|ren** ⟨*gr.-nlat.*⟩: in mythischer Form darstellen od. mythologisch erklären **My|tho|ma|nie** *die; -, ...ien*: (Med.) krankhafte Lügensucht (z. B. bei Psychopathen) **My|thos** u. **My|thus** *der; -, ...then* ⟨*gr.-lat.*⟩: 1. überlieferte Dichtung, Sage, Erzählung o. Ä. aus der Vorzeit eines Volkes (die sich bes. mit Göttern, Dämonen, der Entstehung der Welt, der Erschaffung des Menschen befasst). 2. Person, Sache, Begebenheit, die (aus meist verschwommenen, irrationalen Vorstellungen heraus) glorifiziert wird, legendären Charakter hat. 3. falsche Vorstellung **My|ti|lus** *die; -* ⟨*gr.-lat.*⟩: Miesmu-

schel; essbare Muschel der nordeuropäischen Meere **My|xo|bak|te|ri|en** *die* (Plural) ⟨*gr.-nlat.*⟩: kleine, zellwand- u. geißellose Stäbchen, die sich gleitend bewegen können; koloniebildende Bakterien auf Erdboden u. Mist; Schleimbakterien **Myx|öl|dem** *das; -s, -e*: (Med.) auf Unterfunktion der Schilddrüse beruhende körperliche u. geistige Erkrankung mit heftigen Hautanschwellungen u. anderen Symptomen. **my|xö|de|ma|tös**: (Med.) ein Myxödem betreffend, mit einem Myxödem zusammenhängend **My|xom** *das; -s, -e*: (Med.) gutartige Geschwulst aus Schleimgewebe **my|xo|mal|tös**: (Med.) myxomartig **My|xo|mal|to|se** *die; -, -n*: seuchenhaft auftretende, tödlich verlaufende Viruskrankheit bei Hasen u. Kaninchen **My|xo|my|zet** *der; -en, -en*: Schleimpilz; niederer Pilz **My|xo|sar|kom** *das; -s, -e*: (Med.) bösartige Schleimgewebsgeschwulst **My|zel** u. **My|ze|li|um** *das; -s, ...lien* ⟨*gr.-nlat.*⟩: Gesamtheit der Pilzfäden eines höheren Pilzes **My|zet** *der; -en, -en*: (selten) Pilz **My|ze|tis|mus** *der; -, ...men*: (Med.) Pilzvergiftung **My|ze|to|lo|gie** *die; -*: ↑ Mykologie **My|ze|tom** *das; -s, -e*: 1. (Biol.) Organ (od. Zellgruppe) bei Tieren, das Mikroorganismen als ↑ Symbionten aufnimmt. 2. (Med.) durch Pilze hervorgerufene geschwulstartige Infektion

N

Na|bob *der; -s, -s* ⟨*Hindi-engl.*⟩: 1. Provinzgouverneur in Indien. 2. reicher Mann **Nach|mo|der|ne** *die; -* ⟨*dt.; lat.-fr.*⟩: ↑ Postmoderne **Na|dir** [auch: ˈnaː...] *der; -s* ⟨*arab.*⟩: (Astron.) Fußpunkt; dem Zenit genau gegenüberlie-

gender Punkt an der Himmelskugel **Nae|vus** [ˈnɛːvʊs] *der; -, Naevi* ⟨*lat.*⟩: (Med.) Mal, Muttermal **NAFTA** *die; -* ⟨Kurzw. aus *engl.* North American Free Trade Agreement⟩: Freihandelsabkommen zwischen den USA, Kanada u. Mexiko **Na|gai|ka** *die; -, -s* ⟨*russ.*⟩: aus Leinstreifen geflochtene Peitsche der Kosaken u. Tataren **Na|ga|na** *die; -* ⟨*afrik.*⟩: durch die Tsetsefliege übertragene, oft seuchenartige, fiebrige Krankheit bei Haustieren (bes. Rindern u. anderen Huftieren) in Afrika **Na|gu|a|llis|mus** *der; -* ⟨*aztek.; lat.-nlat.*⟩: (bes. in Zentralamerika verbreiteter) Glaube an einen meist als Tier od. Pflanze vorgestellten persönlichen Schutzgeist, den sich ein Individuum während der Pubertätsweihen in der Einsamkeit durch Fasten u. Gebete erwirbt u. mit dem es sich in schicksalhafter Simultanexistenz verbunden fühlt **Na|hie** u. **Na|hije** *die; -, -s* ⟨*arab.-türk.*⟩: untergeordneter Verwaltungsbezirk in der Türkei **Nal|hur** *der; -s, -s* ⟨*Hindi*⟩: (in der zoologischen Systematik zwischen Schaf u. Ziege stehendes) Halbschaf aus den Hochländern Zentralasiens mit in der Jugend blaugrauem, später graubraunem Fell; Blauschaf **na|iv** ⟨*lat.-fr.*⟩: 1. a) von kindlich unbefangener, direkter u. unkritischer Gemüts-, Denkart [zeugend]; treuherzig Arglosigkeit beweisend; b) wenig Erfahrung, Sachkenntnis od. Urteilsvermögen erkennen lassend u. entsprechend einfältig, töricht [wirkend]. 2. (Literaturw.) in vollem Einklang mit Natur u. Wirklichkeit stehend; Ggs. ↑ sentimentalisch (b) **Na|i|ve** *die; -n, -n* (aber: -2 -): Darstellerin jugendlich-naiver Mädchengestalten (Rollenfach beim Theater) **Na|i|vi|tät** *die; -*: 1. Natürlichkeit, Unbefangenheit, Offenheit; Treuherzigkeit, Kindlichkeit, Arglosigkeit. 2. Einfalt; Leichtgläubigkeit **Na|ja** *die; -, -s* ⟨*sanskr.-Hindi-*

nlat.): Giftnatter (Kobra, Königshutschlange u. a.)

Na|ja|de *die; -, -n ⟨gr.-lat.⟩:* 1. in Quellen u. Gewässern wohnende Nymphe des altgriechischen Volksglaubens. 2. (Zool.) Flussmuschel (z. B. Teichmuschel, Flussperlmuschel)

Na|la|na|ne *die; - ⟨Bantuspr.⟩:* (Med.) Schlafkrankheit, ↑ Trypanosomiasis

Na|liw|ka *die; -, ...ki ⟨russ.⟩:* leichter russischer Fruchtbranntwein

Na|mas u. **Na|maz** [na'ma:s] *das; - ⟨sanskr.-pers.-türk.⟩:* täglich fünfmal zu verrichtendes Stundengebet der Muslime; vgl. ²Salat

Name|drop|ping ['neɪm...] *das; -s, -s ⟨engl.⟩:* das Erwähnen bekannter Persönlichkeiten, um den Anschein zu erwecken, sie zu kennen

Na|mur [na'my:r] *das; -s ⟨nach der belgischen Provinz⟩:* (Geol.) untere Stufe des Oberkarbons

Nan|d|ro|lon *das; -s ⟨Kunstw.⟩:* ein synthetisches Steroid, das (als unerlaubtes Dopingmittel) zur Vermehrung der Muskelmasse eingesetzt wird

Nan|du *der; -s, -s ⟨indian.-span.⟩:* straußenähnlicher flugunfähiger Laufvogel, der in den Steppen u. Savannen Südamerikas lebt

Nä|nie [...jə] *die; -, -n ⟨lat.⟩:* altrömische Totenklage; Trauergesang

Na|nis|mus *der; - ⟨gr.-lat.-nlat.⟩:* (Med., Biol.) Zwergwuchs

Nan|king *der; -s, -e u. -s ⟨nach der chin. Stadt⟩:* glattes, dichtes, meist als Futter verwendetes Baumwollgewebe

Nan|no|plank|ton *das; -s ⟨gr.-nlat.⟩:* (Biol.) durch Zentrifugieren des Wassers gewonnenes feinstes Plankton

Na|no|fa|rad *das; -[s], -: ein milliardstel* ↑ Farad; Zeichen: nF

Na|no|me|ter *der od. das; -s, -: ein milliardstel Meter; Zeichen: nm*

Na|no|so|mie *die; - ⟨gr.-nlat.⟩:* ↑ Nanismus

Na|no|tech|no|lo|gie *die; -:* Gebiet der physikalischen Grundlagenforschung u. der Halbleitertechnik, das die Manipulation von Materie im atomaren Maß-

stab erlaubt (z. B. zur Herstellung extrem kleiner Bauelemente)

Na|os *der; - ⟨gr.⟩:* 1. Hauptraum im altgriechischen Tempel, in dem das Götter- od. Kultbild stand; vgl. Cella. 2. Hauptraum für die Gläubigen in der orthodoxen Kirche; vgl. Pronaos

Na|palm ® *das; -s ⟨Kurzw. aus amerik. Naphtensäure u.* ↑ *Palmitinsäure⟩:* hochwirksamer Füllstoff für Benzinbrandbomben

Na|palm|bom|be *die; -, -n:* mit Napalm gefüllte Brandbombe, die bei der Explosion extrem hohe Temperatur (über 2000 °C) erzeugt u. dadurch große zerstörerische Wirkung hat

Naph|tha *das; -s od. die; - ⟨pers.-gr.-lat.⟩:* 1. (veraltet) Roherdöl. 2. Schwerbenzin als wichtiger Rohstoff für die petrochemische Industrie

Naph|tha|lin *das; -s ⟨pers.-gr.-lat.-nlat.⟩:* aus Steinkohlenteer gewonnener bizyklischer aromatischer Kohlenwasserstoff, der u. a. als Ausgangsmaterial für Lösungsmittel, Farb-, Kunststoffe, Weichmacher sowie als stark riechendes Mottenvernichtungs- u. Desinfektionsmittel dient

Naph|the|ne *die (Plural):* Kohlenwasserstoffe, die Hauptbestandteil des galizischen u. kaukasischen Erdöls sind

Naph|tho|le *die (Plural):* aromatische Alkohole zur Herstellung künstlicher Farb- u. Riechstoffe

Na|po|le|on|dor *der; -s, -e (aber: 5 -) ⟨fr.⟩:* 20-Franc-Stück in Gold, das unter Napoleon I. u. Napoleon III. geprägt wurde

Na|po|le|o|ni|de *der; -n, -n ⟨fr.-nlat.⟩:* Abkömmling der Familie Napoleons

na|po|le|o|nisch: a) Napoleon betreffend, wie Napoleon (beschaffen; handelnd); b) auf die Zeit Napoleons bezogen

Na|po|li|tain [...'tɛ̃] *das; -s, -s ⟨fr.; nach der ital. Stadt Napoli (Neapel)⟩:* Schokoladentäfelchen

Na|po|li|taine [...'tɛ:n] *die; -:* feinfädiges, dem Flanell ähnliches Wollgewebe

Nap|pa *das; -[s], -s* u. **Nap|pa|le|der** *das; -s, - ⟨nach der kalifornischen Stadt Napa⟩:* durch

Nachgerbung mit pflanzlichen Gerbstoffen od. mit Chromsalz waschbar gemachtes u. immer durchgefärbtes Glacéleder, vor allem aus Schaf- u. Ziegenfellen

nap|pie|ren ⟨*fr.*⟩: ↑ maskieren (3)

Nar|co|tin vgl. Narkotin

Nar|de *die; -, -n ⟨semit.-gr.-lat.⟩:* a) eine der wohlriechenden Pflanzen, Pflanzenwurzeln o. Ä., die schon im Altertum für Salböle verwendet wurden, z. B. Indische Narde; b) Öl od. Salbe aus der Narde (a)

Nar|gi|leh [auch: ...'gi:le] *die; -, -[s] od. das; -s, -s ⟨pers.⟩:* orientalische Wasserpfeife zum Rauchen

Na|ris *die; -, Nares (meist Plural) ⟨lat.⟩:* (Anat.) eine der beiden Nasenöffnungen, die den Eingang zur Nasenhöhle bilden; Nasenloch

Nar|ko|a|na|ly|se *die; -, -n ⟨gr.-nlat.⟩:* unter Narkose des Patienten durchgeführte Psychoanalyse

Nar|ko|lep|sie *die; -, ...ien:* (Med.) meist kurz dauernder, unvermittelt u. anfallartig auftretender Schlafdrang, der häufig auf Störungen des Zentralnervensystems beruht

Nar|ko|lo|gie *die; -:* (Med.) Lehre von der Schmerzbetäubung; ↑ Anästhesiologie

Nar|ko|ma|ne *der; -n, -n:* (Med.) jmd., der an Narkomanie leidet. **Nar|ko|ma|nie** *die; -:* (Med.) krankhaftes Verlangen nach Schlaf- od. Betäubungsmitteln; Rauschgiftsucht. **Nar|ko|ma|nin** *die; -, -nen:* weibliche Form zu ↑ Narkomane

Nar|ko|se *die; -, -n ⟨gr.; "Erstarrung"⟩:* (Med.) allgemeine Betäubung des Organismus mit zentraler Schmerz- u. Bewusstseinsausschaltung durch Zufuhr von Betäubungsmitteln

Nar|ko|ti|kum *das; -s, ...ka ⟨gr.-nlat.⟩:* Betäubungsmittel; Rauschmittel

Nar|ko|tin, fachspr. Narcotin *das; -s:* den Hustenreiz stillendes Mittel von geringer narkotischer Wirkung, ein Hauptalkaloid des Opiums

nar|ko|tisch ⟨*gr.*⟩: (Med.) betäubend; berauschend

Nar|ko|ti|seur [...'zø:ɐ̯] *der; -s, -e ⟨mit französierender Endung zu narkotisieren gebildet⟩:*

jmd., bes. ein Arzt, der eine Narkose durchführt. **nar|ko|ti-sie|ren** ⟨gr.-nlat.⟩: betäuben, unter Narkose setzen

Nar|ko|tis|mus der; -: Sucht nach Narkosemitteln

Na|rod|na|ja Wol|ja die; - - ⟨russ.⟩: russische Geheimorganisation, die um 1880 im Geiste der Narodniki den Agrarsozialismus vertrat

Na|rod|ni|ki die (Plural): Anhänger einer russischen Bewegung in der zweiten Hälfte des 19. Jh.s, die eine soziale Erneuerung Russlands durch das Bauerntum u. den Übergang zum Agrarkommunismus (vgl. [1]Mir) erhoffte

Nar|ra|ti|on die; -, -en ⟨lat.⟩: (veraltet) Erzählung, Bericht

nar|ra|tiv: (Sprachw.) erzählend, in erzählender Form darstellend

Nar|ra|ti|vik die; -: (Sprachw.) Forschungsbereich, bei dem man sich mit der Kunst des Erzählens (als Darstellungsform), der Struktur von (literarischen) Erzählungen befasst

Nar|ra|tor der; -s, ...oren: (Literaturw.) Erzähler

nar|ra|to|risch: (Literaturw.) den Erzähler, die Erzählung betreffend; erzählerisch

Nar|thex der; -, ...thizes ⟨gr.⟩: schmale Binnenvorhalle der altchristlichen u. byzantinischen ↑Basiliken

Nar|wal der; -[e]s, -e ⟨nord.⟩: 4,5 bis 6,6 m langer, grauweißer, dunkelbraun gefleckter Gründelwal der Arktis; Einhornwal

Nar|ziss der; - u. -es, -e ⟨gr.-lat.;⟩ schöner Jüngling der griech. Sage, der sich in sein Spiegelbild verliebte⟩: ganz auf sich selbst bezogener Mensch; jmd., der sich selbst bewundert u. liebt

Nar|zis|se die; -, -n: als Zier- u. Schnittpflanze beliebte, in etwa 30 Arten vorkommende, meist stark duftende Zwiebelpflanze

Nar|ziss|mus der; - ⟨gr.-lat.-nlat.⟩: [krankhafte] Selbstliebe, Selbstbewunderung, Ichbezogenheit; vgl. Autoerotik

Nar|zisst der; -en, -en: jmd., der [erotisch] nur auf sich selbst bezogen, zu sich hingewandt ist. **Nar|ziss|tin** die; -, -nen: weibliche Form zu ↑Narzisst.

nar|ziss|tisch: a) eigensüchtig, voller Eigenliebe; b) den Narzissmus betreffend, auf ihm beruhend

NASA die; - ⟨Kurzw. aus amerik. National Aeronautics and Space Administration⟩: Nationale Luft- u. Raumfahrtbehörde der USA

na|sal ⟨lat.-nlat.⟩: 1. (Med.) zur Nase gehörend, die Nase betreffend. 2. a) (Sprachw.) als Nasal ausgesprochen; b) [unbeabsichtigt] näselnd (z. B. von jmds. Aussprache, Stimme). **Na|sal** der; -s, -e: (Sprachw.) Konsonant od. Vokal, bei dessen Aussprache die Luft [zum Teil] durch die Nase entweicht; Nasenlaut (z. B. m, ng; franz. on [õ])

na|sa|lie|ren: (Sprachw.) einen Laut durch die Nase, nasal aussprechen. **Na|sa|lie|rung** die; -, -en: (Sprachw.) Aussprache eines Lautes durch die Nase, als Nasal

Na|sal|laut der; -[e]s, -e ⟨lat.-nlat.; dt.⟩: ↑Nasal

Na|sal|vo|kal der; -s, -e: (Sprachw.) nasalierter Vokal (z. B. in Bon [bõ:])

NASDAQ® [ˈnɛsdɛk] der; - ⟨Abk. für engl. National Association of Securities Dealers Automated Quotations System⟩: in den USA betriebenes elektronisches Kursinformations- u. Handelssystem der Aktien junger, wachstumsorientierter Unternehmen, bes. der Informationstechnologie

Na|shi [ˈnaʃi] die; -, -s ⟨Herkunft ungeklärt⟩: aus Ostasien stammende apfelförmige Frucht mit frischem, birnenähnlichem Geschmack

Na|si|go|reng das; -[s], -s ⟨malai.⟩: indonesisches Reisgericht

Na|si|rä|er der; -s, - ⟨hebr.-gr.⟩: (im Alten Testament) Israelit, der ein besonderes Gelübde der Enthaltsamkeit abgelegt hat (4. Mose 6)

Na|so|bem das; -s, -e ⟨aus nasus = latinisierte Form von „Nase" u. gr. bema „Schritt, Gang"⟩: (von Christian Morgenstern erdachtes) Fabeltier (in den „Galgenliedern"), das auf seinen Nasen schreitet

Nas|tie die; - ⟨gr.-nlat.⟩: (Bot.) durch Reiz ausgelöste Bewegung von Organen festgewachsener Pflanzen ohne Beziehung zur Richtung des Reizes; vgl. Chemonastie

nas|zie|rend ⟨lat.⟩: entstehend, im Werden begriffen (bes. von chemischen Stoffen)

Nas|zi|tu|rus der; -, ...ri: (Rechtsw.) die grundsätzlich noch nicht rechtsfähige, aber bereits erbfähige ungeborene Leibesfrucht

Na|ta|li|ci|um das; -s, ...ien ⟨„Geburtstag"⟩: Heiligenfest, Todestag eines Märtyrers (als Tag seiner Geburt zum ewigen Leben)

Na|ta|li|tät die; - ⟨lat.-nlat.⟩: Geburtenhäufigkeit (Zahl der lebend Geborenen auf je 1000 Einwohner im Jahr)

Na|ti|on die; -, -en ⟨lat.(-fr.)⟩: 1. große, meist geschlossen siedelnde Gemeinschaft von Menschen mit gleicher Abstammung, Geschichte, Sprache, Kultur. 2. Staat, Staatswesen

na|ti|o|nal ⟨lat.-fr.⟩: a) zur Nation gehörend, sie betreffend, für sie charakteristisch; b) überwiegend die Interessen der eigenen Nation vertretend; vaterländisch

Na|ti|o|na|le das; -s, -: (österr.) a) Personalangaben (Name, Alter, Wohnort u. a.); b) Formular, Fragebogen für die Personalangaben

Na|ti|o|nal|e|pos das; -, ...epen: Heldenepos eines Volkes, dessen Grundhaltung ihm besonders wesensgemäß zu sein scheint

Na|ti|o|nal|gar|de die; -, -n: 1. (ohne Plural) die 1789 gegründete, nach dem Krieg 1870/71 wieder aufgelöste französische Bürgerwehr. 2. die Miliz der US-Einzelstaaten (zugleich Reserve der US-Streitkräfte)

Na|ti|o|nal|hym|ne die; -, -n: [meist bei feierlichen Anlässen gespieltes oder gesungenes] Lied als Ausdruck des Nationalbewusstseins eines Volkes

na|ti|o|na|li|sie|ren: 1. [einen Wirtschaftszweig] verstaatlichen, zum Nationaleigentum erklären. 2. die Staatsangehörigkeit verleihen, ↑naturalisieren (1), einbürgern. **Na|ti|o|na|li|sie|rung** die; -, -en: 1. Verstaatlichung. 2. Verleihung der

N

Staatsangehörigkeit, ↑ Naturalisation (1)

Na|ti|o|na|lis|mus *der; -:* a) (abwertend) starkes, meist intolerantes, übersteigertes Nationalbewusstsein, das Macht u. Größe der eigenen Nation als höchsten Wert erachtet; b) erwachendes Selbstbewusstsein einer Nation mit dem Bestreben, einen eigenen Staat zu bilden.

Na|ti|o|na|list *der; -en, -en:* jmd., der nationalistisch eingestellt ist; Verfechter des Nationalismus. **Na|ti|o|na|lis|tin** *die; -, -nen:* weibliche Form zu ↑ Nationalist. **na|ti|o|na|lis|tisch:** (abwertend) den Nationalismus (a) betreffend, aus ihm erwachsend, für ihn charakteristisch, im Sinne des Nationalismus

Na|ti|o|na|li|tät *die; -, -en:* 1. Volks- od. Staatszugehörigkeit. 2. Volksgruppe in einem Staat; nationale Minderheit

Na|ti|o|na|li|tä|ten|staat *der; -[e]s, -en:* Vielvölkerstaat; Staat, dessen Bevölkerung aus mehreren (weitgehend eigenständigen) nationalen Gruppen besteht; vgl. Nationalstaat

Na|ti|o|na|li|täts|prin|zip *das; -s:* (bes. im 19. Jh. erhobene) Forderung, dass jede Nation in einem Staat vereint sein solle

Na|ti|o|nal|kir|che *die; -, -n:* auf den Bereich einer Nation begrenzte, rechtlich selbstständige Kirche (z. B. die ↑ autokephalen Kirchen des Ostens)

Na|ti|o|nal|kon|vent *der; -[e]s:* die 1792 in Frankreich gewählte Volksvertretung

na|ti|o|nal|li|be|ral: der Nationalliberalen Partei (von 1867 bis 1918) angehörend, sie betreffend, ihr Gedankengut vertretend

Na|ti|o|nal|ö|ko|no|mie *die; -:* Volkswirtschaftslehre

Na|ti|o|nal|rat *der; -[e]s, ...räte:* 1. in Österreich u. in der Schweiz Volksvertretung, Abgeordnetenhaus des Parlaments. 2. in Österreich u. in der Schweiz Mitglied der Volksvertretung. **Na|ti|o|nal|rä|tin** *die; -, -nen:* weibliche Form zu ↑ Nationalrat (2)

Na|ti|o|nal|so|zi|a|lis|mus *der; -:* (nach dem 1. Weltkrieg in Deutschland aufgekommene) extrem nationalistische, impe-

rialistische u. rassistische Bewegung [u. die darauf basierende faschistische Herrschaft in Deutschland von 1933 bis 1945]. **Na|ti|o|nal|so|zi|a|list** *der; -en, -en:* a) Anhänger des Nationalsozialismus; b) Mitglied der Nationalsozialistischen Deutschen Arbeiterpartei. **Na|ti|o|nal|so|zi|a|lis|tin** *die; -, -nen:* weibliche Form zu ↑ Nationalsozialist. **na|ti|o|nal|so|zi|a|lis|tisch:** den Nationalsozialismus betreffend, für ihn charakteristisch, auf ihm beruhend

Na|ti|o|nal|staat *der; -[e]s, -en:* Staat, dessen Bürger einem einzigen Volk angehören; vgl. Nationalitätenstaat

Na|tis *die; -, Nates* [ˈnaːteːs] (meist Plural) ⟨*lat.*⟩: (Anat.) Gesäßbacke

na|tiv ⟨*lat.*⟩: 1. (Chem.; Med.) natürlich, unverändert, im natürlichen Zustand befindlich (z. B. von Eiweißstoffen). 2. (Med.) angeboren. 3. (Sprachw.) einheimisch, nicht entlehnt

¹Na|tive [ˈneɪtɪv] *der; -s, -s* ⟨*lat.-engl.*⟩: Eingeborener in den britischen Kolonien

²Na|tive *die; -, -s:* nicht in Austernbänken gezüchtete Auster

Na|tive|spea|ker [...ˈspiːkɐ] *der; -s, -* ⟨*engl.*⟩: jmd., der eine Sprache als Muttersprache spricht; Muttersprachler

Na|ti|vis|mus *der; -* ⟨*lat.-nlat.*⟩: 1. (Psychol.) Theorie, nach der dem Menschen Vorstellungen, Begriffe, Grundansichten, bes. Raum- u. Zeitvorstellungen, angeboren sind. 2. betontes Festhalten an bestimmten Elementen der eigenen Kultur infolge ihrer Bedrohung durch eine überlegene fremde Kultur. **Na|ti|vist** *der; -en, -en:* Vertreter des Nativismus. **Na|ti|vis|tin** *die; -, -nen:* weibliche Form zu ↑ Nativist. **na|ti|vis|tisch:** 1. den Nativismus betreffend, zu ihm gehörend, auf ihm beruhend. 2. (Med.; Biol.) angeboren; auf Vererbung beruhend

Na|ti|vi|tät *die; -, -en* ⟨*lat.*⟩: 1. (veraltet) Geburtsstunde, Geburt. 2. (Astrol.) Stand der Gestirne bei der Geburt u. das angeblich dadurch vorbestimmte Schicksal

Na|ti|vi|täts|stil *der; -[e]s:* mittelalterliche Zeitbestimmung mit

dem Jahresanfang am 25. Dezember (Geburtsfest Christi)

NATO, auch: **Na|to** *die; -* ⟨Kurzw. aus *engl.* North Atlantic Treaty Organization⟩: westliches Verteidigungsbündnis

Na|t|ri|um *das; -s* ⟨*ägypt.-arab.-nlat.*⟩: chem. Element; ein Alkalimetall; Zeichen: Na

Na|t|ri|um|chlo|rid *das; -[e]s:* Kochsalz

Na|t|ri|um|kar|bo|nat, chem. fachspr.: Natriumcarbonat *das; -[e]s:* ↑ Soda

Na|t|ri|um|salz *das; -es, -e:* Salz des Natriums

Na|t|ro|lith [auch: ...ˈlɪt] *der; -s u. -en, -e[n]* ⟨*ägypt.-arab.; gr.*⟩: häufig vorkommendes Mineral aus der Gruppe der ↑ Zeolithe

Na|t|ron *das; -s* ⟨*ägypt.-arab.*⟩: in Back- u. Brausepulver u. als Mittel gegen übermäßige Übersäuerung des Magens verwendetes Natriumsalz der Kohlensäure

Na|t|scha|l|nik *der; -s, -s* ⟨*russ.*⟩: russ. Bez. für: Chef, Vorgesetzter, Leiter

Nat|té [...ˈteː] *der; -[s], -s* ⟨*lat.-fr.*; „geflochten"⟩: poröses Gewebe aus [Baum]wolle mit flechtwerkartiger Musterung

Na|tur *die; -, -en* ⟨*lat.*⟩: 1. (ohne Plural) Gesamtheit dessen, was an organischen u. anorganischen Erscheinungen ohne Zutun des Menschen existiert od. sich entwickelt; Stoff, Substanz, Materie in allen Erscheinungsformen. 2. (ohne Plural) [Gesamtheit der] Pflanzen, Tiere, Gewässer u. Gesteine als Teil der Erdoberfläche od. eines bestimmten Gebietes [das nicht od. nur wenig von Menschen besiedelt od. umgestaltet ist]. 3. a) [auf Veranlagung beruhende] geistige, seelische, körperliche od. biologische Eigentümlichkeit, Besonderheit, Eigenart von [bestimmten] Menschen od. Tieren, die ihr spontanes Verhalten o. Ä. entscheidend prägt; b) Mensch im Hinblick auf eine bestimmte, typische Eigenschaft, Eigenart. 4. (ohne Plural) einer Sache o. Ä. eigentümliche Beschaffenheit. 5. (ohne Plural) natürliche, ursprüngliche Beschaffenheit, natürlicher Zustand von etwas

na|tu|ral: (selten) ↑ naturell

Na|tu|ra|li|en *die* (Plural): 1. Naturprodukte; Lebensmittel, Waren, Rohstoffe (meist im Hinblick auf ihre Verwendbarkeit als Zahlungsmittel). 2. (selten) Gegenstände einer naturwissenschaftlichen Sammlung **Na|tu|ra|li|en|ka|bi|nett** das; -s, -e: (veraltet) naturwissenschaftliche Sammlung von Gesteinen, Versteinerungen, Tierpräparaten usw.

Na|tu|ra|li|sa|ti|on die; -, -en ⟨lat.-fr.⟩: 1. (Rechtsw.) Einbürgerung eines Ausländers in einen Staatsverband. 2. (Biol.) allmähliche Anpassung von Pflanzen u. Tieren in ihnen ursprünglich fremden Lebensräumen. 3. (seltener) das Naturalisieren (3); vgl. ...ation/ ...ierung **na|tu|ra|li|sie|ren**: 1. einen Ausländer einbürgern, ihm die Staatsbürgerrechte verleihen. 2. (Biol.) sich in ursprünglich fremden Lebensräumen anpassen (von Pflanzen u. Tieren). 3. (seltener) naturgetreu präparieren (z. B. die Tierköpfe an Fellen). **Na|tu|ra|li|sie|rung** die; -, -en: Naturalisation; vgl. ...ation/ ...ierung **Na|tu|ra|lis|mus** der; -, ...men ⟨lat.-nlat.⟩: 1. a) (ohne Plural) Wirklichkeitstreue, -nähe in der Darstellung (bes. in Literatur u. Kunst); b) Wirklichkeitstreue aufweisender, naturalistischer Zug (z. B. eines Kunstwerks). 2. (ohne Plural) philosophische, religiöse Weltanschauung, nach der alles aus der Natur u. diese allein aus sich selbst erklärbar ist. 3. eine möglichst genaue Wiedergabe der Wirklichkeit (bes. auch des Hässlichen u. des Elends) anstrebender, naturgetreu abbildender u. auf jegliche Stilisierung verzichtender Kunststil, bes. die gesamteuropäische literarische Richtung von etwa 1880 bis 1900 **Na|tu|ra|list** der; -en, -en: Vertreter des Naturalismus (3) **Na|tu|ra|lis|tik** die; -: ↑ Naturalismus (1 a) **Na|tu|ra|lis|tin** die; -, -nen: weibliche Form zu ↑ Naturalist **na|tu|ra|lis|tisch**: a) den Naturalismus (3) betreffend; b) (bes. von künstlerischen Darstellungen) naturgetreu, wirklichkeitsnah **Na|tu|ra|l|lohn** der; -[e]s, ...löhne ⟨lat.; dt.⟩: Arbeitsentgelt in Form von Naturalien

Na|tu|ral|ob|li|ga|ti|on die; -, -en: nicht [mehr] einklagbarer Rechtsanspruch (z. B. Spiel-, Wettschuld, verjährte Forderung) **Na|tu|ral|re|gis| ter** das; -s, -: in der landwirtschaftlichen Buchführung das Buch zur Eintragung der Hofvorräte u. des Viehstandes **Na|tu|ral|re|s| ti|tu|ti|on** die; -, -en: (Rechtsw.) Wiederherstellung des vor Eintritt eines Schadens bestehenden Zustandes (grundsätzliche Form des Schadensersatzes) **Na|tu|ra na|tu|rans** die; - -: (Philos.) schaffende Natur (oft gleichbedeutend mit Gott, bes. bei Spinoza); Ggs. ↑ Natura naturata **Na|tu|ra na|tu|ra|ta** die; - -: (Philos.) geschaffene Natur (oft gleichbedeutend mit der Welt, bes. bei Spinoza); Ggs. ↑ Natura naturans **na|tu|rell** ⟨lat.-fr.⟩: 1. natürlich; ungefärbt, unbearbeitet. 2. (Gastr.) ohne besondere Zutaten zubereitet **Na|tu|rell** das; -s, -e: Veranlagung, Wesensart **Na|tu|ris|mus** der; - ⟨lat.-nlat.⟩: ↑ Nudismus **Na|tu|rist** der; -en, -en: ↑ Nudist. **Na|tu|ris| tin** die; -, -nen: weibliche Form zu ↑ Naturist. **na|tu|ris| tisch**: ↑ nudistisch **Na|tur|phi|lo|so|phie** die; -: Gesamtheit der philosophischen, erkenntniskritischen, metaphysischen Versuche u. Bemühungen, die Natur zu interpretieren u. zu einem Gesamtbild ihres Wesens zu kommen **Na|tur|recht** das; -[e]s: Auffassung vom Recht als einem in der Vernunft des Menschen begründeten Prinzip, unabhängig von der gesetzlich fixierten Rechtsauffassung eines bestimmten Staates o. Ä. **Na|tur|the|a| ter** das; -s, -: Freilichtbühne, Theater mit den natürlichen Kulissen einer meist eindrucksvollen Landschaft **Na|tur|ton** der; -[e]s, ...töne (meist Plural): (Mus.) Oberton; ohne Verkürzung od. Verlängerung (durch Klappen, Ventile od. Schalllöcher) des Schallrohrs hervorgebrachter Ton bei Blasinstrumenten **Nau|arch** der; -en, -en ⟨gr.-lat.⟩:

Flottenführer im alten Griechenland **Nau|ma|chie** die; -, ...ien: (hist.) 1. Seeschlacht im alten Griechenland. 2. Gladiatorenkampf in Form einer Seeschlacht in den altrömischen Amphitheatern **Nau|p|li|us** der; -, ...ien: (Zool.) Larve im ursprünglichen Stadium der Krebstiere **Na|u|ra** die; -, -s ⟨arab.⟩: in Mesopotamien verwendetes Wasserschöpfrad **Nau|sea** die; - ⟨gr.-lat.⟩: (Med.) Übelkeit, Brechreiz, vor allem im Zusammenhang mit einer ↑ Kinetose; Seekrankheit **Nau|te** die; - ⟨hebr.-jidd.⟩: in jüdischen Familien am Purimfest gegessenes Konfekt aus Mohn, Nüssen u. Honig **Nau|tik** die; - ⟨gr.-lat.⟩: 1. Schifffahrtskunde. 2. Kunst, Fähigkeit, ein Schiff zu führen **Nau|ti|ker** der; -s, -: Seemann, der in der Führung eines Schiffes Erfahrung besitzt **Nau|ti|lus** der; -, - u. -se: im Indischen u. Pazifischen Ozean in 60–600 m Tiefe am Boden lebender Tintenfisch mit schneckenähnlichem Gehäuse **nau|tisch**: die Nautik betreffend, zu ihr gehörend **Na|vel** [auch: ˈneɪvəl] die; -, -s ⟨engl.; eigtl. „Nabel“⟩: kernlose Orange mit nabelförmiger Nebenfrucht **Na|vi|cert** [ˈnɛvɪsə:t] das; -s, -s ⟨lat.-engl.⟩: von Konsulaten einer [Krieg führenden] Nation ausgestelltes Unbedenklichkeitszeugnis für neutrale [Handels]schiffe **Na|vi|cu|la** die; -, ...lae [...lɛ] ⟨lat.⟩: (kath. Kirche) Gefäß zur Aufbewahrung des Weihrauchs **Na|vi|ga|teur** [...ˈtø:ɐ̯] der; -s, -e ⟨lat.-fr.⟩: Seemann, der für die Navigation beherrscht **Na|vi|ga|ti|on** die; - ⟨lat.; „Schifffahrt“⟩: bei Schiffen, Luft- u. Raumfahrzeugen Gesamtheit der Maßnahmen zur Bestimmung des Standorts u. zur Einhaltung des gewählten Kurses **Na|vi|ga|ti|ons|ak|te** die; -: Gesetzessammlung zum Schutz der eigenen Schifffahrt (England im 17. Jh.) **Na|vi|ga|ti|ons|sys| tem** das; -s, -e: Einrichtung, die die Bestim-

N

mung der Fahrzeugposition sowie eine Orientierungshilfe od. Zielführung ermöglicht; vgl. GPS

Na|vi|ga|tor *der; -s, ...oren* ⟨*lat.;* „Schiffer, Seemann"⟩: Mitglied der Flugzeugbesatzung, das für die Navigation verantwortlich ist. **Na|vi|ga|to|rin** *die; -, -nen:* weibliche Form zu ↑ Navigator **na|vi|ga|to|risch:** die Navigation betreffend, mit ihr zusammenhängend **na|vi|gie|ren:** bei einem Schiff od. Flugzeug die Navigation durchführen

Nä|vus vgl. Naevus

Nax *der; -* ⟨Kurzw. für *Naturaktienindex*⟩: Index von zwanzig weltweit ausgewählten Aktien, deren Unternehmen eine Vorreiterrolle bei der Verbesserung der Ökobilanz spielen

Nay [naɪ] *der; -s, -s* ⟨*pers.-arab.*⟩: in Persien u. in den arabischen Ländern gespieltes flötenähnliches Blasinstrument

Na|za|rä|er u. Nazoräer *der; -s, -* ⟨*hebr.-gr.-lat.*⟩: 1. (ohne Plural) Beiname Jesu (Matth. 2, 23 u. a.); vgl. Nazarener (1). 2. zu den ersten Christen Gehörender (Apostelgesch. 24, 5); vgl. Nazarener (2). 3. zu den syrischen Judenchristen Gehörender

Na|za|re|ner *der; -s, -* ⟨nach der Stadt Nazareth in Galiläa⟩: 1. (ohne Plural) Beiname Jesu (Markus 1, 24); vgl. Nazaräer (1). 2. Nazaräer, Anhänger Jesu (Apostelgesch. 24, 5); vgl. Nazaräer (2). 3. Angehöriger einer adventistischen Sekte des 19. Jh.s in Südwestdeutschland u. der Schweiz. 4. Angehöriger einer Gruppe deutscher romantischer Künstler, die eine Erneuerung christlicher Kunst im Sinne der Kunst des Mittelalters anstrebte

na|za|re|nisch: a) in der Art der Nazarener (4); b) die Nazarener (4) betreffend, zu ihnen gehörend

Na|zi *der; -s, -s:* (abwertend) Kurzform von ↑ Nationalsozialist

Na|zis|mus *der; -* ⟨*nlat.*⟩: (abwertend) Nationalsozialismus. **na|zis|tisch:** (abwertend) nationalsozialistisch

Na|zo|rä|er vgl. Nazaräer

n-di|men|si|o|nal ⟨*lat.-nlat.*⟩: (Math.) mehr als drei Dimensionen betreffend

Near Bank [ˈnɪə ˈbɛŋk] *die; - -, - -* (meist Plural) ⟨*engl.*⟩: banknahes Institut, das Finanzdienstleistungen, aber keine Bankgeschäfte im engeren Sinne anbietet (z. B. Versicherungs-, Anlageberatungsgesellschaft)

Ne|ark|tis *die; -* ⟨*gr.-nlat.*⟩: tiergeographisches Gebiet, das Nordamerika u. Mexiko umfasst. **ne|ark|tisch:** die Nearktis betreffend; **nearktische Region:** ↑ Nearktis

Ne|ar|th|ro|se *die; -, -n:* (Med.) 1. krankhafte Neubildung eines falschen Gelenks (z. B. zwischen den Bruchenden eines gebrochenen Knochens). 2. operative Neubildung eines Gelenks

neb|bich ⟨Herkunft unsicher⟩: 1. (Gaunerspr.) leider, schade. 2. (ugs.) nun wenn schon!, was macht das! **Neb|bich** *der; -s, -e* ⟨*jidd.*⟩: (abwertend) jmd., der als unbedeutend, unwichtig o. Ä. angesehen wird

Ne|bi|im *die* (Plural) ⟨*hebr.;* „Propheten"⟩: 1. alttestamentliche Propheten, z. T. mit ↑ ekstatischen Zügen (vgl. 1. Samuelis 10). 2. im hebräischen ↑ Kanon zweiter Teil des Alten Testaments

ne bis in i|dem ⟨*lat.;* „nicht zweimal gegen dasselbe"⟩: (Rechtsw.) in einer Strafsache, die materiell rechtskräftig abgeurteilt ist, darf kein neues Verfahren eröffnet werden (Verfahrensgrundsatz des Strafrechts)

Ne|bu|lar|hy|po|the|se *die; -* ⟨*lat.-nlat.; gr.*⟩: von Kant aufgestellte Hypothese über die Entstehung des Sonnensystems aus einem Nebel

ne|bu|lös u. **ne|bu|lôs** ⟨*lat.*⟩: unklar, undurchsichtig, dunkel, verworren, geheimnisvoll

Ne|ces|saire [neseˈsɛːɐ̯] auch: Nessessär *das; -s, -s* ⟨*lat.-fr.;* „Notwendiges"⟩: Täschchen, Beutel o. Ä. für Toiletten-, Nähutensilien u. a.

Neck *der; -s, -s* ⟨*engl.*⟩: (Geol.) durch Abtragung freigelegter vulkanischer Schlot (Durchschlagsröhre)

Ne|cking *das; -[s], -s* ⟨*engl.-ame-*

rik.⟩: Austausch von Zärtlichkeiten, Liebkosungen (Vorstufe des ↑ Pettings, bes. bei heranwachsenden Jugendlichen)

Need [niːd] *das; -s* ⟨*engl.*⟩: (Psychol.) Gesamtheit der auf die Umwelt bezogenen inneren Spannungslagen von Bedürfnissen, Antrieben, subjektiven Wünschen u. Haltungen

Ne|fas *das; -* ⟨*lat.*⟩: in der römischen Antike das von den Göttern Verbotene; Ggs. ↑ Fas; vgl. per nefas

Ne|ga|ti|on *die; -, -en* ⟨*lat.*⟩: 1. Verneinung; Ablehnung einer Aussage; Ggs. ↑ Affirmation. 2. Verneinungswort (z. B. nicht)

ne|ga|tiv [auch: negaˈtiːf]: 1. a) verneinend, ablehnend; Ggs. ↑ positiv (1 a); b) ergebnislos; ungünstig, schlecht; Ggs. ↑ positiv (1 b). 2. (Math.) kleiner als null; Zeichen: −; Ggs. ↑ positiv (2). 3. (Fotogr.) das Negativ betreffend; in der Helligkeit, in den Farben gegenüber dem Original vertauscht; Ggs. ↑ positiv (3). 4. (Phys.) eine der beiden Formen elektrischer Ladung betreffend, bezeichnend; Ggs. ↑ positiv (4). 5. (Med.) nicht für das Bestehen einer Krankheit sprechend, keinen krankhaften Befund zeigend; Ggs. ↑ positiv (5)

Ne|ga|tiv [auch: negaˈtiːf] *das; -s, -e:* (Fotogr.) fotografisches Bild, das gegenüber der Vorlage od. dem Aufnahmeobjekt umgekehrte Helligkeits- od. Farbenverhältnisse aufweist u. aus dem das ↑ 2Positiv (2) entsteht

Ne|ga|tiv|druck *der; -[e]s, -e:* 1. (ohne Plural) Druckverfahren, bei dem Schrift od. Zeichnung dadurch sichtbar wird, dass ihre Umgebung mit Farbe bedruckt wird, sie selbst jedoch ausgespart bleibt. 2. im Hochdruck hergestelltes gedrucktes Werk, Bild

Ne|ga|ti|ve *die; -, -n:* (veraltet) Verneinung, Ablehnung

Ne|ga|tiv|i|mage [...mɪts] *das; -[s], -s:* durch negativ auffallendes Verhalten entstandenes Image

Ne|ga|ti|vis|mus *der; -* ⟨*lat.-nlat.*⟩: 1. (Psychol.) ablehnende Haltung, negative Einstellung, Grundhaltung, meist als Trotzverhalten Jugendlicher in einer bestimmten Entwicklungsphase. 2. (Med.) Widerstand Geisteskranker gegen jede äußere Einwirkung u. gegen die eigenen Triebe; Antriebsanomalie (z. B. bei Schizophrenie)

ne|ga|ti|vis|tisch: aus Grundsatz ablehnend

Ne|ga|ti|vi|tät *die; -:* (selten) verneinendes, ablehnendes Verhalten

Ne|ga|tiv|lis|te *die; -:* Verzeichnis der Arzneimittel, deren Kosten von der gesetzlichen Krankenversicherung nicht übernommen werden

Ne|ga|tiv|steu|er *die; -, -n:* (Wirtsch.) Zahlung des Staates an Bürger [mit geringem Einkommen]

Ne|ga|ti|vum *das; -s, ...va:* etwas, was an einer Sache als negativ (1 b), ungünstig, schlecht empfunden wird; etwas Negatives; Ggs. ↑ Positivum

Ne|ga|tor *der; -s, ...oren:* (Logik) logischer ↑ Junktor, durch den das Ergebnis der Negation symbolisiert werden kann; Zeichen: ¬, auch: ~

Ne|g|en|tro|pie *die; -, ...ien ⟨lat.; gr.-nlat.⟩:* (Informationstheorie) mittlerer Informationsgehalt einer Informationsquelle; negative ↑ Entropie (2)

ne|gie|ren ⟨lat.⟩: 1. a) ablehnen, verneinen; b) bestreiten. 2. mit einer Negation (2) versehen

Ne|g|lek|ti|on *die; -, -en ⟨lat.⟩:* (veraltet) Vernachlässigung

Neg|li|gé [...'ʒe:] vgl. Negligee

ne|g|li|geant [...'ʒant]: unachtsam, sorglos, nachlässig

Neg|li|gee [...'ʒe:], auch: Negligé *das; -s, -s ⟨lat.-fr.⟩:* zarter, oft durchsichtiger Überwurfmantel, meist passend zur Damennachtwäsche

ne|g|li|gen|te [...'dʒɛntə] ⟨lat.-it.⟩: (Mus.) nachlässig, flüchtig, darüber hinhuschend (Vortragsanweisung)

Neg|li|genz [auch: ...'ʒɛnts] *die; -, -en ⟨lat.-fr.⟩:* Unachtsamkeit, Nachlässigkeit, Sorglosigkeit

ne|g|li|gie|ren [...'ʒi:...]: vernachlässigen

Ne|go|zi|a|bel ⟨lat.-roman.⟩: (Wirtsch.) handelsfähig (von Waren, Wertpapieren)

Ne|go|zi|ant *der; -en, -en:* Kaufmann, Geschäftsmann. **Ne|go|zi|an|tin** *die; -, -nen:* weibliche Form zu ↑ Negoziant

Ne|go|zi|a|ti|on *die; -, -en:* (Wirtsch.) 1. Verkauf von Wertpapieren durch feste Übernahme dieser Wertpapiere durch eine Bank od. ein Bankenkonsortium. 2. Begebung, Verkauf, Verwertung eines Wechsels durch Weitergabe

ne|go|zi|ie|ren: (Wirtsch.) Handel treiben, Wechsel begeben

ne|g|rid ⟨lat.-span.-nlat.⟩: (Anthropol.) zum Menschentypus der Negriden gehörend; **negrider Rassenkreis:** Rasse der in Afrika beheimateten dunkelhäutigen, kraushaarigen Menschen. **Ne|g|ri|de** *der u. die; -n, -n:* (Anthropol.) Angehörige[r] des auf dem afrikanischen Kontinent beheimateten Menschentypus

Ne|g|ril|le *der; -n, -n ⟨lat.-span.⟩:* ↑ Pygmäe

Ne|g|ri|to *der; -[s], -[s]:* Angehöriger eines kleinwüchsigen Menschentyps auf den Philippinen, Andamanen u. auf Malakka

Ne|g|ri|tude [...'ty:d] *die; - ⟨lat.-fr.⟩:* aus der Rückbesinnung der Afrikaner u. Afroamerikaner auf afrikanische Kulturtraditionen erwachsene philosophische u. politische Ideologie, die mit der Forderung nach [kultureller] Eigenständigkeit vor allem der Französisch sprechenden Länder Afrikas verbunden ist

ne|g|ro|id ⟨lat.-span.; gr.⟩: (Anthropol.) den Negriden ähnliche Rassenmerkmale aufweisend. **Ne|g|ro|i|de** *der u. die; -n, -n:* (Anthropol.) Angehörige[r] eines negroiden Menschentypus

Ne|g|ro|spi|ri|tu|al ['ni:groʊ'spɪrɪtjʊəl] *das,* (auch:) *der; -s, -s ⟨lat.-engl.-amerik.⟩:* geistliches Volkslied der im Süden Nordamerikas lebenden Afroamerikaner mit schwermütiger, synkopierter Melodie

[1]Ne|gus *der; -, - u. -se ⟨amharisch⟩:* a) (ohne Plural) abessinischer Herrschertitel; b) Herrscher, Kaiser von Äthiopien

[2]Ne|gus ['ni:gəs] *der; - ⟨nach dem Namen eines engl. Obersten⟩:* in England beliebtes punschartiges Getränk

Ne|k|ro|bi|o|se *die; - ⟨gr.-nlat.⟩:* (Med., Biol.) allmähliches Absterben von Geweben, von Zellen im Organismus (als natürlicher od. pathologischer Vorgang)

Ne|k|ro|kaus|tie *die; -, ...ien:* Leichenverbrennung

Ne|k|ro|log *der; -[e]s, -e:* mit einem kurzen Lebensabriss verbundener Nachruf auf einen Verstorbenen

Ne|k|ro|lo|gie *die; -:* Lehre u. statistische Erfassung der Todesursachen; Todesstatistik

Ne|k|ro|lo|gi|um *das; -s, ...ien:* kalenderartiges Verzeichnis der Toten einer mittelalterlichen kirchlichen Gemeinschaft zur Verwendung bei den liturgischen Fürbitte, für die jährliche Gedächtnisfeier o. Ä.

Ne|k|ro|mal|nie *die; -, ...ien:* ↑ Nekrophilie

Ne|k|ro|mant *der; -en, -en ⟨gr.-lat.⟩:* Toten-, Geisterbeschwörer (bes. des Altertums). **Ne|k|ro|man|tie** *die; -:* Weissagung durch Geister- u. Totenbeschwörung. **Ne|k|ro|man|tin** *die; -, -nen:* weibliche Form zu ↑ Nekromant

Ne|k|ro|phi|lie *die; -, ...ien ⟨gr.-nlat.⟩:* (Psychol.; Med.) auf Leichen gerichtetes sexuelles Verlangen

Ne|k|ro|pho|bie *die; -:* (Psychol.; Med.) krankhafte Angst vor dem Tod od. vor Toten

Ne|k|ro|pie vgl. Nekropsie

Ne|k|ro|po|le u. **Ne|k|ro|po|lis** *die; -, ...polen ⟨gr.; „Totenstadt"⟩:* großes Gräberfeld des Altertums, der vorgeschichtlichen Zeit

Ne|k|rop|sie *die; -, ...ien ⟨gr.-nlat.⟩:* Totenschau, Leichenöffnung

Ne|k|ro|se *die; -, -n ⟨gr.-lat.⟩:* (Med.) örtlicher Gewebstod, Absterben von Zellen, Gewebsod. Organbezirken als pathologische Reaktion auf bestimmte Einwirkungen

Ne|k|ro|s|ko|pie *die; -, ...ien ⟨gr.-nlat.⟩:* ↑ Nekropsie

Ne|k|ro|sper|mie *die; -:* Zeugungsunfähigkeit infolge von Abgestorbensein od. Funktionsunfähigkeit der männlichen Samenzellen

ne|k|ro|tisch: abgestorben, brandig

Ne|k|ro|to|mie *die; -, ...ien:* ↑ Sequestrotomie

Nek|tar *der; -s, -e ⟨gr.-lat.⟩:* 1. (ohne Plural) ewige Jugend spendender Göttertrank der griechischen Sage. 2. (Biol.) von einem ↑ Nektarium ausgeschiedene Zuckerlösung zur Anlockung von Insekten. 3. (Fachspr.) Getränk aus zu Mus zerdrücktem, gezuckertem u. mit Wasser [u. Säure] verdünntem Fruchtfleisch

Nek|ta|ri|en: Plural von ↑ Nektarium

Nek|ta|ri|ne die; -, -n ⟨gr.-lat.-nlat.⟩: glatthäutiger Pfirsich mit leicht herauslösbarem Stein (eine Abart des Pfirsichs)

Nek|ta|ri|ni|en die (Plural): bunte u. schillernde, bis 20 cm große tropische Singvögel Afrikas und Asiens, deren Zunge zum Saugorgan umgewandelt ist, mit dem Nektar u. Insekten vom Grund der Blüten aufgesammelt werden können; Nektarvögel, Honigsauger

nek|ta|risch ⟨gr.-lat.⟩: (dichter. veraltet) süß wie Nektar; göttlich

Nek|ta|ri|um das; -s, ...ien ⟨gr.-lat.-nlat.⟩: (Biol.) Honigdrüse im Bereich der Blüte, seltener der Blätter, die der Anlockung von Insekten und anderen Tieren für die Bestäubung dient

nek|tarn ⟨gr.-lat.⟩: ↑ nektarisch

nek|tie|ren ⟨lat.⟩: verbinden, verknüpfen

Nek|ti|on die; -, -en: (Sprachw.) Verbindung, Verknüpfung mehrerer gleichartiger, ↑ kommutierender Satzteile od. Sätze (z. B. Hund und Katze [sind Haustiere])

Nek|tiv das; -s, -e: (Sprachw.) koordinierende Konjunktion (z. B. Hund und Katze)

Nek|ton das; -s ⟨gr.; „Schwimmendes"⟩: (Biol.) das ↑ Pelagial (2) bewohnende Organismen mit großer Eigenbewegung; Gesamtheit der sich im Wasser aktiv bewegenden Tiere. **nek|to|nisch:** (Biol.) das Nekton betreffend, zu ihm gehörend

Ne|ky|ia die; -, ...yien [ne'ky:jən] ⟨gr.⟩: Totenbeschwörung, Totenopfer (Untertitel des 11. Gesangs der homerischen Odyssee nach dem Besuch des Odysseus im Hades)

Ne|ky|man|tie die; - ⟨gr.-lat.⟩: ↑ Nekromantie

Nel|a|na|ne die; - ⟨Bantuspr.⟩: ↑ Nalanane

Nel|son der; -[s], -[s] ⟨engl., viel-leicht nach einem Personennamen⟩: (Sport) Nackenhebel beim Ringen

Nel|mal|t| hel|min|then die (Plural) ⟨gr.-nlat.⟩: (Zool. veraltet) Schlauchwürmer, Rundwürmer, Hohlwürmer (z. B. Rädertiere, Fadenwürmer, Igelwürmer)

Ne|ma|ti|zid, Nematozid das; -[e]s, -e: Bekämpfungsmittel für Fadenwürmer

Ne|ma|to|de der; -n, -n (meist Plural): (Zool.) Fadenwurm (z. B. Spulwurm, Trichine)

Ne|ma|to|zid vgl. Nematizid

NEMAX ® der; - ⟨Abk. für Neuer-Markt-Index⟩: Aufstellung der errechneten Durchschnittskurse der Aktien junger, wachstumsorientierter Unternehmen aus Zukunftsbranchen (z. B. Biotechnologie, Multimedia, Telekommunikation)

Ne|mec|t| ro|dyn das; -s, -e ⟨nach dem Konstrukteur Nemec⟩: (Med.) Gerät für die therapeutische Anwendung von Interferenzströmen (gekreuzte Wechselströme mittlerer, gering unterschiedlicher Frequenz), wobei die zu behandelnde Körperstelle in zwei getrennte Stromkreise gebracht wird

Ne|me|sis [auch: 'ne...] die; - ⟨gr.-lat.; griech. Göttin⟩: ausgleichende, vergeltende, strafende Gerechtigkeit

---

ne| o..., Ne| o...

⟨gr. néos „neu, frisch, zart, jung"⟩ Wortbildungselement mit den Bedeutungen:
a) „neu, jung":
– Neolithikum
– Neologismus
b) „in erneuerter Form, weiterentwickelt; wieder aufgelebt":
– Neoklassizismus
– neonazistisch

Ne| o|dar|wi|nis|mus der; - ⟨gr.; nlat.⟩: 1. (auf Weismann zurückgehende) Abstammungslehre, die sich im Wesentlichen auf die darwinistische Theorie stützt. 2. (Biol.) moderne Abstammungslehre, die das Auftreten neuer Arten durch Mutationen in Verbindung mit natürlicher Auslese zu erklären versucht

Ne| o|dym das; -s ⟨gr.-nlat.⟩: chem. Element; ein Metall der seltenen Erden; Zeichen: Nd

Ne| o|dy|na|tor der; -s, ...oren: (Med.) Gerät für die therapeutische Anwendung diadynamischer Ströme (Wechselströme, die in modulierbarer Form einem in seiner Intensität frei einstellbaren Gleichstrom überlagert sind)

Ne| o|fa|schis|mus der; -: rechtsradikale Bewegung, die in Zielsetzung u. Ideologie an die Epoche des Faschismus anknüpft

Ne| o|fa|schist der; -en, -en: Vertreter des Neofaschismus. **Ne| o|fa|schis| tin** die; -, -nen: weibliche Form zu ↑ Neofaschist

ne| o|fa|schis| tisch: den Neofaschismus betreffend, zu ihm gehörend

Ne| o|gen das; -s: (Geol.) Jungtertiär (umfasst ↑ Miozän u. ↑ Pliozän)

Ne| o|klas|si|zis|mus der; -: sich bes. in kolossalen Säulenordnungen ausdrückende formalistische u. historisierende Tendenzen in der Architektur des 20. Jh.s. **ne| o|klas|si|zis| tisch:** den Neoklassizismus betreffend

Ne| o|ko|lo|ni| a|lis|mus der; -: Politik entwickelter Industrienationen, ehemalige Kolonien, Entwicklungsländer wirtschaftlich u. politisch abhängig zu halten

Ne| o|kom u. **Ne| o|ko|mi|um** das; -s ⟨nach dem niat. Namen Neocom(i)um für Neuenburg i. d. Schweiz⟩: (Geol.) älterer Teil der unteren Kreideformation

Ne| o|la|mar| ckis|mus der; -: Abstammungslehre, die sich auf die unbewiesene Annahme der Vererbung erworbener Eigenschaften stützt

Ne| o|lin|gu| is| tik die; -: (von dem italienischen Sprachwissenschaftler Bartoli begründete) linguistische Richtung, die sich gegen die starren, ausnahmslosen Gesetze der junggrammatischen Schule richtet.

Ne| o|li|thi|ker [auch: ...'li:...] der; -s, -: Mensch des Neolithikums. **Ne| o|li|thi|kum** [auch: ...'li:...] das; -s: Jungsteinzeit; Epoche des vorgeschichtlichen Menschen, deren Beginn meist mit dem Beginn produktiver Nahrungserzeugung (Haustiere,

Kulturpflanzen) gleichgesetzt wird. ne|o|li|thisch [auch: ...'lɪ...]: das Neolithikum betreffend, zu ihm gehörend

Ne|o|lo|ge der; -n, -n: jmd., der Neologismen (2) prägt; Spracherneuerer

Ne|o|lo|gie die; -, ...ien: 1. Neuerung, bes. auf religiösem od. sprachlichem Gebiet. 2. (ohne Plural) aufklärerische Richtung der evangelischen Theologie des 18. Jh.s, die die kirchliche Überlieferung rein historisch deutet, ohne die Offenbarung selbst zu leugnen

Ne|o|lo|gin die; -, -nen: weibliche Form zu ↑ Neologe

ne|o|lo|gisch: 1. a) Neuerungen, bes. auf religiösem od. sprachlichem Gebiet betreffend; b) neuerungssüchtig. 2. aufklärerisch im Sinne der Neologie (2)

Ne|o|lo|gis|mus der; -, ...men: 1. (ohne Plural) Neuerungssucht, bes. auf religiösem od. sprachlichem Gebiet. 2. (Sprachw.) [in den allgemeinen Gebrauch übergegangene] sprachliche Neubildung (Neuwort bzw. Neuprägung)

Ne|o|mar|xis|mus der; -: Gesamtheit der wissenschaftlichen u. literarischen Versuche, die marxistische Theorie angesichts der veränderten wirtschaftlichen u. politischen Gegebenheiten neu zu überdenken

Ne|o|mor|ta|li|tät die; -: Frühsterblichkeit der Säuglinge (in den ersten zehn Lebenstagen)

Ne|o|myst der; -en, -en ⟨gr.; „neu eingeweiht"⟩: (veraltet) neu geweihter katholischer Priester

Ne|on das; -s ⟨gr.; „das Neue"⟩: chem. Element; ein Edelgas; Zeichen: Ne

Ne|o|na|to|lo|ge der; -n, -n: Kinderarzt, der bes. Neugeborene behandelt u. medizinisch betreut. Ne|o|na|to|lo|gie die; -: Zweig der Medizin, der sich bes. mit der Physiologie u. Pathologie Neugeborener befasst. Ne|o|na|to|lo|gin die; -, -nen: weibliche Form zu ↑ Neonatologe

Ne|o|na|zi der; -s, -s: ↑ Neonazist

Ne|o|na|zis|mus der; -: rechtsradikale Bewegung (nach 1945) zur Wiederbelebung des Nationalsozialismus

Ne|o|na|zist der; -en, -en: Anhänger des Neonazismus. Ne|o|na|zis|tin die; -, -nen: weibliche Form zu ↑ Neonazist

ne|o|na|zis|tisch: den Neonazismus betreffend, zu ihm gehörend

Ne|on|fisch der; -[e]s, -e: (Zool.) sehr kleiner Fisch mit einem schillernden Streifen auf beiden Körperseiten (beliebter Aquarienfisch)

Ne|on|röh|re die; -, -n: mit Neon gefüllte Leuchtröhre

Ne|o|phyt der; -en, -en ⟨gr.-lat.; „neu gepflanzt"⟩: 1. a) in der alten Kirche durch die Taufe in die christliche Gemeinschaft neu Aufgenommener; b) in bestimmte Geheimbünde neu Aufgenommener. 2. (Bot.) Pflanze, die sich in historischer Zeit in bestimmten, ihr ursprünglich fremden Gebieten eingebürgert hat

Ne|o|phy|ti|kum u. Neozoikum das; -s ⟨gr.-nlat.⟩: ↑ Känozoikum

Ne|o|plas|ma das; -s, ...men: (Med.) Neubildung von Gewebe in Form einer [bösartigen] Geschwulst

Ne|o|plas|ti|zis|mus der; -: (von dem niederländischen Maler P. Mondrian [1872–1944] entwickelte) Stilrichtung in der modernen Malerei, die Formen u. Farben auf eine Horizontal-vertikal-Beziehung reduziert

Ne|o|pren ® das; -s, -e ⟨Kunstw.⟩: stark wärmeisolierender synthetischer Kautschuk, z. B. für Taucheranzüge

Ne|o|psy|cho|a|na|ly|se die; -: von H. Schultz-Hencke unter Verwendung jungscher u. adlerscher Thesen in Abwandlung der freudschen Lehre entwickeltes tiefenpsychologisches System, das neben den biologischen Antrieben bes. die kulturellen u. sozialen Komponenten als Konflikt- u. Neurosestoffe betont

Ne|o|re|a|lis|mus der; -: ↑ Neoverismus

Ne|o|s|tol|mie die; -, ...ien: (Med.) Herstellung einer künstlichen Verbindung zwischen zwei Organen od. zwischen einem Organ u. der Körperoberfläche

Ne|o|te|nie die; - ⟨gr.-nlat.⟩: 1. (Med.) unvollkommener Entwicklungszustand eines Organs. 2. (Biol.) Eintritt der Ge-

schlechtsreife im Larvenstadium

Ne|o|te|ri|ker der; -s, -⟨gr.-lat.⟩: Angehöriger eines Dichterkreises im alten Rom (1. Jh. v. Chr.), der einen neuen literarischen Stil vertrat

ne|o|te|risch: (veraltet) a) neuartig; b) neuerungssüchtig

Ne|o|tro|pis die; - ⟨gr.-nlat.⟩: tier-u. pflanzengeographisches Gebiet, das Zentral- u. Südamerika (ausgenommen die zentralen Hochflächen) umfasst. ne|o|tro|pisch: zu den Tropen der Neuen Welt gehörend, die Neotropis betreffend; neotropische Region: ↑ Neotropis

Ne|ot|tia die; - ⟨gr.; „Nest"⟩: Nestwurz (Orchideenart in schattigen Wäldern)

Ne|o|ve|ris|mus der; - ⟨gr.; lat.-nlat.⟩: nach dem 2. Weltkrieg bes. von Italien ausgehende Stilrichtung des modernen Films u. der Literatur mit der Tendenz zur sachlichen u. formal-realistischen Erneuerung der vom ↑ Verismo vorgezeichneten Gegebenheiten u. Ausdrucksmöglichkeiten

Ne|o|vi|ta|lis|mus der; -: (Biol.) auf den Biologen Hans Driesch zurückgehende Lehre von der Eigengesetzlichkeit des Lebendigen

Ne|o|zo|i|kum u. Neophytikum das; -s: ↑ Känozoikum. ne|o|zo|isch: ↑ känozoisch

Ne|o|zo|on das; -s, ...zoen (meist Plural) ⟨gr.-nlat.⟩: Tierart, die in ein Gebiet, wo sie nicht schon immer vorkam, eingeführt (z. B. das Kaninchen nach Australien) od. unabsichtlich eingeschleppt wurde

Ne|pen|thes der; -, - ⟨gr.-lat.⟩: Kannenpflanze (Fleisch fressende Pflanze des tropischen Regenwaldes)

Ne|per das; -, - ⟨nach dem schott. Mathematiker John Napier, 1550–1617⟩: Einheit zur Kennzeichnung des logarithmierten Verhältnisses zweier gleichartiger physikalischer Größen (häufig als Pegel oder Maß bezeichnet); Zeichen: N

Ne|phe|lin der; -s, -e ⟨gr.-nlat.⟩: farblos-durchsichtiges bis weißes od. graues Mineral

Ne|phe|li|nit [auch: ...'nɪt] der; -s,

Ne|phe|li|um *das;* -s, ...ien: javanischer Baum, der Nutzholz und essbare Früchte liefert

Ne|phe|lo|me|ter *das;* -s, -: (Chem.) optisches Gerät zur Messung der Trübung von Flüssigkeiten od. Gasen. **Ne|phe|lo|me|t|rie** *die;* -: (Chem.) Messung der Trübung von Flüssigkeiten od. Gasen

Ne|phe|l|iop|sie *die;* -: (Med.) Sehstörung mit Wahrnehmung verschwommener, nebliger Bilder infolge Trübung der Hornhaut, der Linse od. des Glaskörpers des Auges; Nebelsehen

ne|phisch: (Meteor.) Wolken betreffend

Ne|pho|graph, auch: ...graf *der;* -en, -en: (Meteor.) Gerät, das die verschiedenen Arten u. die Dichte der Bewölkung fotografisch aufzeichnet

Ne|pho|me|ter *das;* -s, -: (Meteor.) Gerät zur unmittelbaren Bestimmung der Wolkendichte u. -geschwindigkeit

Ne|pho|s|kop *das;* -s, -e: (Meteor.) Gerät zur Bestimmung der Zugrichtung u. -geschwindigkeit von Wolken

Ne|ph|ral|gie *die;* -, ...ien ⟨*gr.-nlat.*⟩: (Med.) Nierenschmerz

Ne|ph|rek|to|mie *die;* -, ...ien: (Med.) operative Entfernung einer Niere

Ne|ph|ri|di|um *das;* -s, ...ien: Ausscheidungsorgan in Form einer gewundenen Röhre mit einer Mündung nach außen, das mit der Leibeshöhle durch einen Flimmertrichter verbunden ist (bei vielen wirbellosen Tieren, bes. bei Ringelwürmern, Weichtieren u. im ↑ Mesonephros der Wirbeltiere)

Ne|ph|rit [auch: ...'frit] *der;* -s, -e: lauchgrüner bis graugrüner, durchscheinender, aus wirr durcheinander geflochtenen Mineralfasern zusammengesetzter Stein, der zu Schmuck- u. kleinen Kunstgegenständen verarbeitet wird u. in vorgeschichtlicher Zeit als Material für Waffen u. Geräte diente

Ne|ph|ri|tis *die;* -, ...itiden ⟨*gr.-lat.*⟩: (Med.) Nierenentzündung

ne|ph|ro|gen ⟨*gr.-nlat.*⟩: (Med.) von den Nieren ausgehend

Ne|ph|ro|le|pis *die;* -: als Zierpflanze beliebter tropischer und subtropischer Tüpfelfarn; Nierenschuppenfarn

Ne|ph|ro|lith [auch: ...'lit] *der;* -s od. -en, -e[n]: Nierenstein

Ne|ph|ro|li|thi|a|se u. Ne|ph|ro|li|thi|a|sis *die;* -, ...iasen: (Med.) Bildung von Nierensteinen u. dadurch verursachte Erkrankung

Ne|ph|ro|li|tho|to|mie *die;* -, ...ien: (Med.) operative Entfernung von Nierensteinen

Ne|ph|ro|lo|ge *der;* -n, -n: (Med.) Facharzt für Nierenkrankheiten

Ne|ph|ro|lo|gie *die;* -: (Med.) Wissenschaft von den Nierenkrankheiten. **Ne|ph|ro|lo|gin** *die;* -, -nen: weibliche Form zu ↑ Nephrologe

ne|ph|ro|lo|gisch: (Med.) die Nierenkrankheiten betreffend, für sie charakteristisch

Ne|ph|rom *das;* -s, -e: (Med.) [bösartige] Nierengeschwulst

Ne|ph|ro|pa|thie *die;* -, ...ien: (Med.) Nierenleiden

Ne|ph|ro|ph|thi|se u. Ne|ph|ro|ph|thi|sis *die;* -, ...sen: (Med.) Nierentuberkulose

Ne|ph|ro|p|to|se *die;* -, -n: (Med.) abnorme Beweglichkeit u. Abwärtsverlagerung der Nieren; Nierensenkung, Senkniere, Wanderniere

Ne|ph|ro|py|e|li|tis *die;* -, ...itiden: (Med.) Nierenbeckenentzündung

Ne|ph|ror|rha|gie *die;* -, ...ien: (Med.) Blutung in der Niere; Nierenbluten

Ne|ph|ro|se *die;* -, -n: (Med.) nicht entzündliche Nierenerkrankung mit Gewebeschädigung

Ne|ph|ro|skle|ro|se *die;* -, -n: (Med.) von den kleinen Nierengefäßen ausgehende Erkrankung der Nieren mit nachfolgender Verhärtung u. Schrumpfung des Nierengewebes; Nierenschrumpfung, Schrumpfniere

Ne|ph|ro|s|to|mie *die;* -, ...ien: (Med.) Anlegung einer Nierenfistel zur Ableitung des Urins nach außen

Ne|ph|ro|to|mie *die;* -, ...ien: (Med.) operative Öffnung der Niere

Ne|po|te *der;* -n, -n ⟨*lat.*⟩: (veraltet) 1. Neffe. 2. Enkel. 3. Vetter. 4. Verwandter

ne|po|ti|sie|ren ⟨*lat.-nlat.*⟩: (veraltet) Verwandte begünstigen

Ne|po|tis|mus *der;* -: Vetternwirtschaft, bes. bei den Päpsten der Renaissancezeit

ne|po|tis|tisch: den Nepotismus betreffend; durch Nepotismus begünstigt

nep|tu|nisch ⟨*lat.; nach dem röm. Meeresgott Neptun*⟩: das Meer u. den Meeresgott Neptun betreffend; **neptunisches Gestein:** (Geol. veraltet) Sedimentgestein

Nep|tu|nis|mus *der;* - ⟨*lat.-nlat.*⟩: (Geol.) widerlegte geologische Hypothese, die sämtliche Gesteine (auch die vulkanischen) als Ablagerungen im Wasser erklärt

Nep|tu|nist *der;* -en, -en: Verfechter des Neptunismus

Nep|tu|ni|um *das;* -s: radioaktives chem. Element, ein ↑ Transuran; Zeichen: Np

Ne|re|i|de *die;* -, -n (meist Plural) ⟨*gr.-lat.; „Tochter des Meeresgottes Nereus"*⟩: 1. Meernymphe der griechischen Sage. 2. (Zool.) Vertreter der Familie der vielborstigen Würmer

Ne|ri|ti|de *die;* -, -n (meist Plural) ⟨*gr.-nlat.*⟩: (Zool.) Vertreter der Familie der Süßwasserschnecken; Schwimmschnecke

ne|ri|tisch: 1. in erwachsenem Zustand auf dem Meeresboden u. im Larvenstadium im freien Wasser lebend (von Tieren der Küstenregion). 2. den Raum u. die Absatzgesteine der Flachmeere betreffend

Ne|ro|li|öl *das;* -[e]s, -e ⟨*it.; dt.*⟩: angenehm riechendes, für Parfüme, Liköre, Feinbackwaren verwendetes Blütenöl der Pomeranze

Ner ta|mid *das;* - - ⟨*hebr.*⟩: (Rel.) in jeder Synagoge ununterbrochen brennende Lampe

Nerv *der;* -s, -en ⟨*lat.(-engl.)*⟩: 1. Blattader oder -rippe. 2. rippenartige Versteifung, Ader der Insektenflügel. 3. (Med.) aus parallel angeordneten Fasern bestehender, in einer Bindegewebshülle liegender Strang, der der Reizleitung zwischen Gehirn, Rückenmark u. Körperorgan od. -teil dient. 4. (nur Plural) nervliche Konstitution, psychische Verfassung. 5. Kernpunkt; kritische Stelle

ner|val: (Med.) die Nerventätigkeit betreffend, durch die Nervenfunktion bewirkt; nervlich

Ner|va|tur *die; -, -en* ⟨*lat.-nlat.*⟩:
1. Blattaderung. 2. Aderung der
Insektenflügel
ner|ven [...fn̩]: (ugs.) a) jmdm. auf
die Nerven gehen; b) nervlich
strapazieren, anstrengen; an
die Nerven gehen; c) hartnäckig
bedrängen; jmdm. in zermür-
bender Weise zusetzen
ner|vig [...fïç, auch: ...vïç]: 1. seh-
nig, kraftvoll. 2. (ugs.) äußerst
lästig werdend, aufreibend, un-
angenehm
Ner|vi|num *das; -s, ...na:* (Med.;
Pharm.) Arzneimittel, das auf
das Nervensystem einwirkt
ner|vös ⟨*lat.(-fr.* u. *engl.)*⟩: 1. ↑ ner-
val. 2. a) unruhig, leicht reizbar,
aufgeregt; b) fahrig, zerfahren
Ner|vo|si|tät *die; -, -en:* 1. (ohne
Plural) nervöser (2) Zustand,
nervöse Art. 2. einzelne nervöse
Äußerung, Handlung. 3. (veraltend) ↑ Neurasthenie
Ner|vus *der; -, ...vi* ⟨*lat.*⟩: (Med.)
Nerv
Ner|vus ab|du|cens *der; - -:* sechs-
ter Gehirnnerv; vgl. Abduzens
Ner|vus Pro|ban|di *der; - -:* (selten)
eigentlicher entscheidender Be-
weisgrund
Ner|vus Re|rum *der; - -:* 1. Triebfe-
der, Hauptsache. 2. (scherzh.)
Geld als Zielpunkt allen Stre-
bens, als wichtige Grundlage
Nes|ca|fé ® *der; -s, -s* ⟨Kurzw. für
den Namen der Schweizer
Firma Nestlé u. *fr. café* „Kaffee"⟩: löslicher Kaffeeextrakt in
Pulverform
Nes|chi [ˈnɛski] *das* od. *die; -*
⟨*arab.*⟩: arabische Schreib-
schrift
Nes|ses|sär vgl. Necessaire
Nes|sus|ge|wand *das; -[e]s, ...ge-
wänder* ⟨nach dem vergifteten
Gewand des Herakles in der
griech. Sage⟩: Verderben brin-
gende Gabe
Nes|tor *der; -s, ...oren* ⟨*gr.-lat.;*
kluger u. redegewandter griech.
Held der Ilias u. der Odyssee,
der drei Menschenalter gelebt
haben soll⟩: herausragender ältester Vertreter einer Wissenschaft, eines [künstlerischen]
Faches; Ältester eines bestimmten Kreises
Nes|to|ri|a|ner *der; -s, -* ⟨*nlat.*⟩:
Anhänger der Lehre des Patri-
archen Nestorius v. Konstanti-
nopel († um 451) u. einer von
dieser Lehre bestimmten Kir-

che. **Nes|to|ri|a|nis|mus** *der; -:*
von der Kirche verworfene
Lehre des Nestorius, die die
göttliche u. menschliche Natur
in Christus für unverbunden
hielt u. in Maria nur die Chris-
tusgebärerin, nicht aber die
Gottesgebärerin sah
Nes|to|rin *die; -, -nen:* weibliche
Form zu ↑ Nestor
Net *das; -s* ⟨*engl.;* „Netz"⟩: Kurzform von ↑ Internet
Ne|ti|quet|te [...ˈkɛtə] *die; -*
⟨Kurzw. aus *engl. net* „Netz" u.
etiquette „Etikette"⟩: Gesamtheit der Regeln für soziales
Kommunikationsverhalten im
Internet
Ne|ti|zens [nəˈtɪzəns] *die* (Plural)
⟨Kurzw. aus *engl. net* u. *citizens*
„Bürger, Einwohner"⟩: Gesamtheit aller Teilnehmer, die gemeinsam im Internet kommu-
nizieren
Net|su|ke [auch: ˈnɛtske] *die; -,
-[s], auch: das; -[s], -[s]* ⟨*jap.*⟩:
kunstvoll gefertigte Zier-
knöpfe, die in Japan zum Tragen von Kleingerät an einer unter dem Gürtel durchgezoge-
nen Schnur benutzt werden
net|sur|fen [...səˈfn̩] ⟨*engl.*⟩: (Jar-
gon) im Internet wahllos Informationen abrufen od. gezielt
nach Informationen suchen.
Net|sur|fer [...səfɐ] *der; -s, -:*
jmd., der (ziellos) im Internet
surft. **Net|sur|fing** [...səˈfɪŋ] *das;
-s:* das Netsurfen
Net|ting *das; -s* ⟨*engl.*⟩: (Börsenw.)
Verfahren zur Minimierung des
Risikos, indem Forderungen u.
Verbindlichkeiten gegeneinander aufgerechnet werden
net|to ⟨*lat.-it.*⟩: (Wirtsch.; Han-
del) rein, nach Abzug, ohne
Verpackung

Net|to...

⟨*lat. nitidus* „glänzend; sauber"
→ *it. netto* „gereinigt, unver-
mischt"⟩
Wortbildungselement auf dem
Gebiet der Wirtschaft u. des
Handels mit der Bedeutung „rein,
nach Abzug (der Kosten); ohne
Verpackung":
– Nettogewicht
– Nettopreis
– Nettosozialprodukt
Ggs. ↑ Brutto...

net|to à point [- - -ˈpo̯ɛː] ⟨*lat.-it.;
lat.-fr.*⟩: 1. in Form von Bezahlung (einer geschuldeten
Summe) durch mehrere nach
dem Wunsch des Gläubigers
auszustellende Teilwechsel od.
andere Schuldurkunden, die
zusammen der geschuldeten
Summe entsprechen. 2. unter
Einberechnung der Spesen in
eine Hauptsumme (im Gegensatz zur Erhöhung der Hauptsumme um die Spesen)
net|to cas|sa ⟨*lat.-it.*⟩: bar u. ohne
jeden Abzug
Net|to|ge|wicht *das; -[e]s, -e:*
Reingewicht einer Ware ohne
Verpackung
Net|to|preis *der; -es, -e:* Endpreis
einer Ware, von dem keinerlei
Abzug mehr möglich ist
Net|to|re|gis|ter|ton|ne *die; -, -n:*
Raummaß im Seewesen zur Bestimmung des Schiffsraumes,
der für die Ladung zur Verfügung steht; Zeichen: NRT
Net|to|so|zi|al|pro|dukt *das; -[e]s,
-e:* Bruttosozialprodukt abzüg-
lich der Abschreibungen
Net|work [ˈnɛtwaːk] *das; -[s], -s*
⟨*engl.*; eigtl. „Netzwerk"⟩:
1. Rundfunkverbundsystem
durch Zusammenschalten
mehrerer Sender. 2. (EDV) Da-
tenverbundsystem zwischen
mehreren, voneinander unab-
hängigen Geräten
neu|a|pos|to|lisch: einer aus den
katholisch-apostolischen Ge-
meinden hervorgegangenen Re-
ligionsgemeinschaft angehö-
rend, deren Bekenntnis entsprechend
Neu|me *die; -, -n* (meist Plural)
⟨*gr.-mlat.*⟩: vor der Erfindung
der Notenschrift im Mittelalter
übliches Notenhilfszeichen
neu|mie|ren ⟨*gr.-mlat.-nlat.*⟩: eine
Musik in Neumen niederschrei-
ben; einen Text mit Neumen
versehen
Neu|mi|nu|te *die; -, -n* ⟨*dt.; lat.*⟩:
(Math.) hundertster Teil eines
↑ Gons
neur..., Neur... vgl. neuro...,
Neuro...
neu|ral ⟨*gr.-nlat.*⟩: (Med.) einen
Nerv, die Nerven betreffend,
vom Nervensystem ausgehend
Neu|ral|gie *die; -, ...ien* ⟨*gr.-nlat.*⟩:
(Med.) in Anfällen auftretende
Schmerz im Ausbreitungsge-
biet bestimmter Nerven ohne

N

nachweisbare entzündliche Veränderungen od. Störung der Sensibilität (2) **Neu|r|al|gi|ker** *der; -s, -:* (Med.) an Neuralgie Leidender. **Neu|r|al|gi|ke|rin** *die; -, -nen:* weibliche Form zu ↑ Neuralgiker **neu|r|al|gisch:** 1.(Med.) auf Neuralgie beruhend, für sie charakteristisch. 2. sehr problematisch, kritisch **Neu|r|al|leis|te** *die; -, -n:* embryonales Gewebe, aus dem sich u. a. ↑ Neuronen entwickeln **Neu|r|al|pa|tho|lo|gie** *die; -:* (Med.) wissenschaftliche Theorie, nach der die krankhaften Veränderungen im Organismus vom Nervensystem ausgehen **Neu|r|al|the|ra|peut** *der; -en, -en:* jmd., der Neuraltherapie anwendet. **Neu|r|al|the|ra|peu|tin** *die; -, -nen:* weibliche Form zu ↑ Neuraltherapeut **Neu|r|al|the|ra|pie** *die; -:* (Med.) Behandlungsmethode zur Beeinflussung von Krankheiten bzw. zur Ausschaltung von Störherden durch Einwirkung auf das örtliche Nervensystem **Neu|r|a|s|the|nie** *die; -, ...ien:* (Med.) 1.(ohne Plural) Zustand nervöser Erschöpfung, Nervenschwäche. 2. Erschöpfung nervöser Art **Neu|r|a|s|the|ni|ker** *der; -s, -:* (Med.) an Neurasthenie Leidender. **Neu|r|a|s|the|ni|ke|rin** *die; -, -nen:* weibliche Form zu ↑ Neurastheniker **neu|r|a|s|the|nisch:** (Med.) 1. die Neurasthenie betreffend, auf ihr beruhend. 2. nervenschwach **Neu|r|ek|to|mie** *die; -, ...ien:* (Med.) operative Entfernung (Herausschneiden) eines Nervs od. Nervenstücks zur Heilung einer Neuralgie **Neu|r|e|x|ai|re|se** *die; -, -n:* (Med.) operative Entfernung (Herausreißen od. Herausdrehen) eines schmerzüberempfindlichen, erkrankten Nervs **neu|ri...**, **Neu|ri...** vgl. neuro..., Neuro... **Neu|ri|lemm** u. **Neu|ri|le|m|mem** *das; -s, ...lemmen:* (Med.; Biol.) aus Bindegewebe bestehende Hülle der Nervenfasern; Nervenscheide **Neu|rin** *das; -s:* starkes Fäulnisgift **Neu|ri|nom** *das; -s, -e:* (Med.) von

den Zellen der Nervenscheide ausgehende, meist gutartige Nervenfasergeschwulst **Neu|r|it** *der; -en -en:* (Med.; Biol.) oft lang ausgezogener, der Reizleitung dienender Fortsatz der Nervenzellen **Neu|ri|tis** *die; -, ...itiden:* (Med.) akute od. chronische Erkrankung der peripheren Nerven mit entzündlichen Veränderungen, häufig auch mit degenerativen Veränderungen des betroffenen Gewebes u. Ausfallserscheinungen (wie partiellen Lähmungen); Nervenentzündung. **neu|ri|tisch:** (Med.) auf einer Neuritis beruhend, das Krankheitsbild einer Neuritis zeigend

neu|ro..., **Neu|ro...**

selten neuri..., Neuri...; vor Vokalen auch: neur..., Neur... ⟨gr. neûron "Sehne, Faser, Nerv"⟩ Wortbildungselement mit der Bedeutung "Nerv; Nervengewebe; Nervensystem": – neuralgisch – Neurinom – Neurophysiologie

Neu|ro|a|na|to|mie *die; -:* (Med.) Anatomie der Nerven bzw. des Nervensystems **Neu|ro|bi|o|lo|gie** *die; -:* interdisziplinäre Forschungsrichtung, die sich die Aufklärung von Struktur u. Funktion des Nervensystems zum Ziel gesetzt hat **Neu|ro|blast** *der; -en, -en* ⟨gr.-nlat.⟩: (Med.; Biol.) unausgereifte Nervenzelle (Vorstufe der Nervenzellen) **Neu|ro|blas|tom** *das; -s, -e:* 1.(Med.) Geschwulst aus Neuroblasten. 2.(Med.) ↑ Neurom **Neu|ro|che|mie** *die; -:* (Med.) Wissenschaft von den chemischen Vorgängen, die in Nervenzellen ablaufen u. die Erregungsleitung auslösen **Neu|ro|chip** [...tʃɪp] *der; -s, -s* ⟨gr.; engl.⟩: Chip (3), der ähnlich wie eine Nervenzelle des menschlichen Gehirns funktioniert **Neu|ro|chi|r|urg** *der; -en, -en* ⟨gr.⟩: Facharzt auf dem Gebiet der Neurochirurgie. **Neu|ro|chi|r|ur|gie** *die; -:* Spezialgebiet der Chirurgie, das alle operativen Ein-

griffe am Zentralnervensystem umfasst. **Neu|ro|chi|r|ur|gin** *die; -, -nen:* weibliche Form zu ↑ Neurochirurg. **neu|ro|chi|r|ur|gisch:** die Neurochirurgie betreffend, mit den Mitteln der Neurochirurgie **Neu|ro|cra|ni|um** vgl. Neurokranium **Neu|ro|der|ma|to|se** *die; -, -n:* (Med.) nervöse Hauterkrankung **Neu|ro|der|mi|tis** *die; -, ...itiden:* (Med.) zu den Ekzemen zählende entzündliche, auf nervalen Störungen beruhende chronische Hauterkrankung mit Bläschenbildung u. ↑ Lichenifikation; Juckflechte **neu|ro|en|do|krin:** (Med.) durch nervale Störungen u. Störungen der inneren Sekretion bedingt **Neu|ro|e|pi|thel** *das; -s, -e:* (Med.) ↑ epithelialer Zellverband aus Sinneszellen **Neu|ro|fi|b|ril|le** *die; -, -n* (meist Plural): (Med.; Biol.) feinste Nervenfaser **neu|ro|gen:** (Med.) von den Nerven ausgehend **Neu|ro|g|lia** *die; -:* (Med.; Biol.) bindegewebige Stützsubstanz des Zentralnervensystems **Neu|ro|hor|mon** *das; -s, -e:* (Med.) hormonartiger, körpereigener Wirkstoff (Gewebshormon) des vegetativen Nervensystems, der für die Reizweiterleitung von Bedeutung ist (z. B. Adrenalin) **Neu|ro|im|mu|no|lo|gie** *die; -:* Teilgebiet der Medizin, das sich mit den Mechanismen der Immunregelung im Zentralnervensystem befasst **Neu|ro|in|for|ma|tik** *die; -:* Arbeitsgebiet der Informatik, das die menschlichen Gehirnstrukturen für die Computertechnik zu nutzen sucht **Neu|ro|kra|ni|um**, auch: Neurocranium *das; -s, ...ia:* (Med.; Biol.) Teil des Schädels, der das Gehirn umschließt **Neu|ro|le|mm** u. **Neu|ro|le|m|ma** *das; -s, ...lemmen:* ↑ Neurilemm **Neu|ro|lep|ti|kum** *das; -s, ...ka* (meist Plural): (Med.; Pharm.) zur Behandlung von Psychosen angewandtes Arzneimittel, das die motorische Aktivität hemmt, Erregung u. Aggressivität dämpft u. das vegetative Nervensystem beeinflusst

Neu|ro|lin|gu|is |tik *die;* -: Wissenschaft von den Wechselbeziehungen, die zwischen der klinisch-anatomischen und der linguistischen ↑ Typologie (1) der ↑ Aphasie (1) bestehen; Sprachpathologie. **neu|ro|lin|gu|is |tisch:** die Neurolinguistik betreffend; **neurolinguistisches Programmieren:** psychotherapeutisches Verfahren zur Veränderung menschlichen Verhaltens mit dem Ziel, positives Empfinden u. bestimmte Fähigkeiten zu mobilisieren u. negative Gefühle durch positive Erfahrungen zu ersetzen; Abk.: NLP

Neu|ro|lo|ge *der;* -n, -n: Facharzt auf dem Gebiet der Neurologie (2); Nervenarzt. **Neu|ro|lo|gie** *die;* -: 1. Wissenschaft von Aufbau u. Funktion des Nervensystems. 2. Wissenschaft von den Nervenkrankheiten, ihrer Entstehung u. Behandlung. **Neu|ro|lo|gin** *die;* -, -nen: weibliche Form zu ↑ Neurologe. **neu|ro|lo|gisch:** 1. Aufbau u. Funktion des Nervensystems betreffend, zur Neurologie (1) gehörend, auf ihr beruhend. 2. die Nervenkrankheiten betreffend; zur Neurologie (2) gehörend, auf ihr beruhend

Neu|rom *das;* -s, -e: (Med.) aus einer Wucherung der Nervenfasern u. -zellen entstandene Geschwulst

Neu|ron *das;* -s, ...one (auch: ...onen): (Med.; Biol.) Nerveneinheit, Nervenzelle mit Fortsätzen

Neu|ro|pä |di |a|t |rie *die;* -: Teilgebiet der ↑ Pädiatrie, das sich mit nervalen Vorgängen u. Nervenkrankheiten befasst

Neu|ro|pa|thie *die;* -, ...ien: (Med.) Nervenleiden, -krankheit, bes. anlagebedingte Anfälligkeit des Organismus für Störungen im Bereich des vegetativen Nervensystems

Neu|ro|pa|tho|lo|ge *der;* -n, -n: Arzt mit Spezialkenntnissen auf dem Gebiet der Neuropathologie; Nervenarzt. **Neu|ro|pa|tho|lo|gie** *die;* -: Teilgebiet der ↑ Pathologie, das sich mit den krankhaften Vorgängen u. Veränderungen des Nervensystems u. mit den Nervenkrankheiten befasst. **Neu|ro|pa|tho|lo-**

gin *die;* -, -nen: weibliche Form zu ↑ Neuropathologe. **neu|ro|pa|tho|lo|gisch:** die Neuropathologie betreffend, zu ihr gehörend

Neu|ro|phy|si |o|lo|ge *der;* -n, -n: Wissenschaftler auf dem Gebiet der Neurophysiologie. **Neu|ro|phy|si |o|lo|gie** *die;* -: ↑ Physiologie des Nervensystems. **Neu|ro|phy|si |o|lo|gin** *die;* -, -nen: weibliche Form zu ↑ Neurophysiologe. **neu|ro|phy|si |o|lo|gisch:** die Neurophysiologie betreffend, zu ihr gehörend

Neu|ro|ple|gi|kum *das;* -s, ...ka (meist Plural): (veraltet) ↑ Neuroleptikum

neu|ro|psy|chisch: (Psychol.) den Zusammenhang zwischen nervalen u. psychischen Vorgängen betreffend; für seelisch gehalten (von Nervenvorgängen) **Neu|ro|psy|cho|lo|ge** *der;* -n, -n: Wissenschaftler auf dem Gebiet der Neuropsychologie. **Neu|ro|psy|cho|lo|gie** *die;* -: Teilgebiet der Psychologie, das sich mit den Zusammenhängen von Nervensystem u. psychischen Vorgängen befasst. **Neu|ro|psy|cho|lo|gin** *die;* -, -nen: weibliche Form zu ↑ Neuropsychologe

Neu|ro|p |te|ren *die* (Plural): (Zool.) Netzflügler

Neu|ro|re|ti|ni|tis *die;* -, ...itiden ⟨*gr.; lat.-nlat.*⟩: (Med.) Entzündung der Sehnerven und der Netzhaut des Auges

Neu|ro|se *die;* -, -n ⟨*gr.-nlat.*⟩: (Med.) hauptsächlich durch Fehlentwicklung des Trieblebens u. durch unverarbeitete seelische Konflikte mit der Umwelt entstandene krankhafte, aber heilbare Verhaltensanomalie mit seelischen Ausnahmezuständen u. verschiedenen körperlichen Funktionsstörungen ohne organische Ursachen

Neu|ro|se|k |ret *das;* -[e]s, -e: (Biol.) hormonales Sekret von Nervenzellen. **Neu|ro|se|k |re|ti|on** *die;* -, -en: (Biol.) Absonderung hormonaler Stoffe aus Nervenzellen (bei den meisten Wirbeltiergruppen u. beim Menschen)

Neu|ro|ti |ker *der;* -s, -: (Med.) jmd., der an einer Neurose leidet. **Neu|ro|ti |ke|rin** *die;* -, -nen: weibliche Form zu ↑ Neurotiker **Neu|ro|ti |sa|ti |on** *die;* -: (Med.)

1. operative Einpflanzung eines Nervs in einen gelähmten Muskel. 2. Regeneration, Neubildung eines durchtrennten Nervs **neu|ro|tisch:** a) auf einer Neurose beruhend, im Zusammenhang mit ihr stehend; b) an einer Neurose leidend **neu|ro|ti |sie|ren:** eine Neurose hervorrufen

Neu|ro|to|mie *die;* -, ...ien: (Med.) Nervendurchtrennung (zur Schmerzausschaltung, bes. bei einer Neuralgie)

Neu|ro|to|nie *die;* -, ...ien: (Med.) Nervendehnung, -lockerung (bes. zur Schmerzlinderung, z. B. bei Ischias)

Neu|ro|to|xi|ko|se *die;* -, -n: (Med.) auf Gifteinwirkung beruhende Schädigung des Nervensystems **Neu|ro|to|xin** *das;* -s, -e: (Med.) Stoff (z. B. Bakteriengift), der eine schädigende Wirkung auf das Nervensystem hat; Nervengift. **neu|ro|to|xisch:** (Med.) das Nervensystem schädigend (von bestimmten Stoffen)

Neu|ro|trip|sie *die;* -, ...ien: (Med.) Nervenquetschung, Druckschädigung eines Nervs durch Unfall, Prothesen o. Ä.

neu|ro|trop: (Med.) auf Nerven gerichtet, das Nervensystem beeinflussend

Neus |ton *das;* -s ⟨*gr.;* „das Schwimmende"⟩: (Biol.) Gesamtheit mikroskopisch kleiner Lebewesen auf den Oberflächenhäutchen stehender Gewässer (z. B. die so genannten Wasserblüten)

Neu|t *Plural* von ↑ Neutrum **neu|t |ral** ⟨*lat.-mlat.*⟩: 1. a) unparteiisch, unabhängig, nicht an eine Interessengruppe, Partei o. Ä. gebunden; b) keinem Staatenbündnis angehörend; nicht an einem Krieg, Konflikt o. Ä. zwischen anderen Staaten teilnehmend. 2. (Sprachw.) sächlich, sächlichen Geschlechts. 3. [nicht auffällig u. daher] zu allem passend, nicht einseitig festgelegt (z. B. von einer Farbe). 4. (Chem.) a) weder basisch noch sauer reagierend (z. B. von einer Lösung); b) weder positiv noch negativ reagierend (z. B. von Elementarteilchen) **Neu|t |ra|li|sa|ti |on** *die;* -, -en

N

⟨*lat.-fr.*⟩: 1.↑ Neutralisierung (1).
2.(Chem.) Aufhebung der Säurewirkung durch Zugabe von Basen u. umgekehrt. 3.(Phys.) Aufhebung, gegenseitige Auslöschung von Spannungen, Kräften, Ladungen u. a.
4.(Sport) vorübergehende Unterbrechung eines Wettkampfs, bei der die Wertung ausgesetzt wird; vgl. ...ation/...ierung
neu|t|ra|li|sie|ren: 1. unwirksam machen, eine Wirkung, einen Einfluss aufheben, ausschalten. 2.(Rechtsw.) einen Staat durch Vertrag zur Neutralität verpflichten. 3.(Milit.) ein [Grenz]gebiet von militärischen Anlagen u. Truppen räumen, frei machen. 4.(Chem.) bewirken, dass eine Lösung weder basisch noch sauer reagiert. 5.(Phys.) Spannungen, Kräfte, Ladungen u. a. aufheben, gegenseitig auslöschen. 6.(Sport) einen Wettkampf unterbrechen u. die Wertung aussetzen
Neu|t|ra|li|sie|rung *die;* -, -en: 1. Aufhebung einer Wirkung, eines Einflusses. 2.(Rechtsw.) einem Staat durch Vertrag auferlegte Verpflichtung zur Neutralität bei kriegerischen Auseinandersetzungen. 3.(Milit.) Räumung bestimmter [Grenz]gebiete von militärischen Anlagen u. Truppen; vgl. ...ation/...ierung
Neu|t|ra|lis|mus *der;* - ⟨*lat.-nlat.*⟩: Grundsatz der Nichteinmischung in fremde Angelegenheiten (vor allem in der Politik).
Neu|t|ra|list *der;* -en, -en: Verfechter und Vertreter des Neutralismus. **Neu|t|ra|lis|tin** *die;* -, -nen: weibliche Form zu ↑ Neutralist. **neu|t|ra|lis|tisch:** zum Neutralismus gehörend, den Grundsätzen des Neutralismus folgend
Neu|t|ra|li|tät *die;* - ⟨*lat.-mlat.*⟩: a) unparteiische Haltung, Nichteinmischung, Nichtbeteiligung; b) Nichtbeteiligung eines Staates an einem Krieg od. Konflikt
Neu|t|ren: *Plural* von ↑ Neutrum
Neu|t|ri|no *das;* -s, -s ⟨*lat.-it.*⟩: (Phys.) masseloses Elementarteilchen ohne elektrische Ladung
Neu|t|ron *das;* -s, ...onen ⟨*lat.-nlat.*⟩: (Phys.) Elementarteil-

chen ohne elektrische Ladung u. mit der Masse des Wasserstoffkerns; Zeichen: n
Neu|t|ro|nen|bom|be vgl. Neutronenwaffe
Neu|t|ro|nen|waf|fe *die;* -, -n: Kernwaffe, die bei verhältnismäßig geringer Sprengwirkung eine extrem starke Neutronenstrahlung auslöst u. dadurch bes. Lebewesen schädigt od. tötet, Objekte dagegen weitgehend unbeschädigt lässt
neu|t|ro|phil ⟨*lat.; gr.*⟩: (Med.) mit chemisch neutralen Stoffen leicht färbbar, besonders empfänglich für neutrale Farbstoffe (z. B. von Leukozyten)
Neu|t|ro|phi|lie *die;* -, ...ien: (Med.) übermäßige Vermehrung der neutrophilen weißen Blutkörperchen
Neu|t|rum *das;* -s, ...tra, auch: ...tren ⟨*lat.;* „keines von beiden"⟩: (Sprachw.) a) sächliches Geschlecht eines Substantivs; b) sächliches Substantiv (z. B. das Kind); Abk.: n., N., Neutr.
Ne|veu [nəˈvøː] *der;* -s, -s ⟨*lat.-fr.*⟩: (veraltet, noch scherzh.) Neffe
New|age [ˈnjuːˈeɪdʒ] *das;* -, auch: **New Age** *das;* - - ⟨*engl.*⟩: neues Zeitalter als Inbegriff eines von verschiedenen Forschungsrichtungen u. alternativen Bewegungen vertretenen neuen integralen Weltbildes
New|co|mer [ˈnjuːkʌmə] *der;* -[s], -[s]: jmd., der noch nicht lange bekannt, etwas, was noch neu ist [aber schon einen gewissen Erfolg hat]; Neuling
New Deal [ˈnjuːˈdiːl] *der;* - -: wirtschafts- u. sozialpolitisches Reformprogramm des ehemaligen amerikanischen Präsidenten F. D. Roosevelt
New E|co|no|my [ˈnjuːiˈkɔnəmɪ] *die;* - - ⟨*engl.*⟩: Wirtschaftsbereich, der junge, wachstumsorientierte Unternehmen aus Zukunftsbranchen (z. B. Biotechnologie, Informationstechnologie, Multimedia) umfasst u. für den u. a. neue Formen des Marktverhaltens (z. B. E-Business) charakteristisch sind
New|look [ˈnjuːluːk] *der* od. *das;* -[s], auch: **New Look** *der* od. *das;* - -[s] ⟨*engl.;* „neues Aussehen"⟩: neue Linie, neuer Stil (z. B. in der Mode)
New-Or|leans-Jazz [njuːˈɔːlɪənz-

dʒæz, auch: ...ɔːˈliːnz...] *der;* -: frühester, improvisierender Jazzstil der nordamerikanischen Afroamerikaner in u. um New Orleans; vgl. Chicagojazz
New|roz *das;* - ⟨*kurdisch;* eigtl. „neuer Tag"⟩: kurdisches Neujahrsfest (21. März)
News [njuːs] *die* (Plural) ⟨*engl.*⟩: [sensationelle] Neuigkeiten, Nachrichten, Meldungen (häufig als Name englischer Zeitungen)
News|group [ˈnjuːsgruːp] *die;* -, -s ⟨*engl.*⟩: Diskussionsforum im Internet zu einem bestimmten Thema
News|let|ter [ˈnjuːslɛtɐ] *der;* -[s], -s ⟨*engl.;* „Rundschreiben"⟩: a) elektronisch verbreitetes Informationsschreiben; b) regelmäßig erscheinender Internetbeitrag o. Ä.
New|ton [ˈnjuːtn̩] *das;* -s, - ⟨nach dem engl. Physiker I. Newton, 1643–1727⟩: physikalische Krafteinheit; Zeichen: N
New|wave [ˈnjuːweɪv] *der;* -, auch: **New Wave** *der;* - - ⟨*engl.*⟩: neue Richtung in der Rockmusik, die durch einfachere Formen (z. B. in der Instrumentierung, im Arrangement), durch Verzicht auf Perfektion u. durch zeitgemäße Texte gekennzeichnet ist
Ne|xus *der;* -, - [...su:s] ⟨*lat.*⟩: Zusammenhang, Verbindung, Verflechtung
Ne|zes|si|tät *die;* -, -en ⟨*lat.*⟩: (veraltet) Notwendigkeit
NGO [ɛndʒiːˈoʊ] *die;* - ⟨Kurzw. für *engl.* non-governmental organization⟩: Nichtregierungsorganisation, nicht staatliche Organisation in den unterschiedlichsten Politikbereichen
Ngo|ko *der;* -[s] ⟨*jav.*⟩: Sprache der Unterschicht auf der Sundainsel Java; Ggs. ↑ Kromo
Ni|ai|se|rie [njɛzaˈriː] *die;* -, ...ien ⟨*lat.-vulgärlat.-fr.*⟩: (veraltet) Albernheit, Dummheit, Einfältigkeit
Ni|b|lick *der;* -s, -s ⟨*engl.*⟩: schwerer Golfschläger mit Eisenkopf
Ni|cae|num [niˈtsɛ:...] vgl. Nizänum
nicht|eu|k|li|disch, auch: **nicht euk|li|disch:** in der Fügung **nichteuklidische Geometrie:** (Math.) Geometrie, die sich in ihrem axiomatischen Aufbau von der Geometrie des Euklid

bes. dadurch unterscheidet, dass sie das ↑ Parallelenaxiom nicht anerkennt; Ggs. ↑ euklidische Geometrie

Ni|cki *der; -[s], -s* ⟨nach der Kurzform von Nikolaus⟩: Pullover aus plüschartigem [Baumwoll]material

Ni|col [ˈnɪkəl] *das; -s, -s* ⟨nach dem engl. Physiker W. Nicol, 1768–1851⟩: (Optik) aus zwei geeignet geschliffenen Teilprismen aus Kalkspat zusammengesetzter ↑ Polarisator des Lichts; Polarisationsprisma

Ni|co|tin vgl. Nikotin

Ni|da|men|tal|drü|se *die; -, -n* (meist Plural) ⟨*lat.-nlat.; dt.*⟩: (Zool.) Drüse bei den weiblichen Tieren vieler Kopffüßer, deren klebriges Sekret zur Umhüllung u. Befestigung der Eier dient

Ni|da|ti|on *die; - ⟨lat.-nlat.⟩:* (Med.; Biol.) das Sicheinbetten eines befruchteten Eies in der Gebärmutterschleimhaut

Ni|da|ti|ons|hem|mer *der; -s, -:* (Med.) Empfängnisverhütungsmittel, dessen Wirkung darin besteht, eine Nidation zu verhindern

Nie|der|fre|quenz *die; -, -en:* Bereich der elektrischen Schwingungen unterhalb der Mittelfrequenz (5 000–10 000 Hertz)

ni|el|lie|ren [nie...] ⟨*lat.-it.*⟩: (Kunstwiss.) in Metall (meist Silber od. Gold) gravierte Zeichnungen mit Niello (1) ausfüllen. **Ni|el|lo** *das; -[s], -s u. ...llen,* bei Kunstwerken auch: ...lli (Kunstwiss.) 1. Masse u. a. aus Blei, Kupfer u. Schwefel, die zum Ausfüllen einer in Metall eingravierten Zeichnung dient u. die sich als schwarze od. schwärzliche Verzierung von dem Metall abhebt. 2. mit Niello (1) bearbeitete Metallzeichnung, mit Niello (1) verzierter Metallgegenstand (meist aus Silber od. Gold). 3. Abdruck einer zur Aufnahme von Niello (1) bestimmten gravierten Platte auf Papier

Ni|fe [...fə, auch: ...fe] *das; -* ⟨Kurzw. aus Nickel u. *lat. ferrum* „Eisen"⟩: (Geol.) wahrscheinlich aus Eisen u. Nickel bestehender Erdkern

Ni|fe|kern *der; -[e]s:* (Geol.) ↑ Nife

Nig|ger *der; -s, - ⟨lat.-span.-fr.-*

engl.-amerik.⟩: (veraltetes Schimpfwort) Schwarzer

Night|club [ˈnaɪtklʌb] *der; -s, -s* ⟨*engl.*⟩: Nachtbar, Nachtlokal

Night|li|ner [...laɪnɐ] *der; -s, -* ⟨*engl.*⟩: Bus od. Bahn im Nachtverkehr

Night|ska|ting [...skeɪtɪŋ] *das; -s, -s* ⟨*engl.*⟩: gemeinsames Inlineskaten bei Nacht

Nig|ro|mant *der; -en, -en* ⟨*lat.; gr.*⟩: Zauberer, Wahrsager, Magier. **Nig|ro|man|tie** *die; -:* schwarze Kunst, Magie, Zauberei. **Nig|ro|man|tin** *die; -, -nen:* weibliche Form zu ↑ Nigromant

Nig|ro|sin *das; -s, -e ⟨lat.-nlat.⟩:* violetter bis blauschwarzer synthetischer Farbstoff zum Färben von Papier, Leder, Kunststoffen u. a.

Ni|hi|lis|mus *der; - ⟨lat.-nlat.⟩:* a) [philosophische] Anschauung, Überzeugung von der Nichtigkeit alles Bestehenden, Seienden; b) weltanschauliche Haltung, die alle positiven Zielsetzungen, Ideale, Werte ablehnt; völlige Verneinung aller Normen, Werte, Ziele. **Ni|hi|list** *der; -en, -en:* Vertreter des Nihilismus; jmd., der nihilistisch eingestellt ist. **Ni|hi|lis|tin** *die; -, -nen:* weibliche Form zu ↑ Nihilist. **ni|hi|lis|tisch:** a) in der Art des Nihilismus; b) alle positiven Zielsetzungen, Ideale, Werte, Normen bedingungslos ablehnend

ni|hil ob|s|tat ⟨*lat.;* „es steht nichts im Wege"⟩: Unbedenklichkeitsformel der katholischen Kirche für die Erteilung der Druckerlaubnis od. der ↑ Missio canonica; vgl. Imprimatur (2)

Ni|hon|gi *der; - ⟨jap.;* „Annalen von Nihon (Japan)"⟩: erste japanische Reichsgeschichte, Quellenschrift des ↑ Schintoismus (720 n. Chr.); vgl. Kodschiki

Nik|kei-In|dex *der; - ⟨nach dem Namen eines jap. Zeitungsverlages⟩:* (Wirtsch.) Aufstellung der errechneten Durchschnittskurse von 225 an der Börse in Tokio notierten Aktien

Ni|kol vgl. Nicol

Ni|ko|laus [auch: ˈniːko...] *der; -, -e, ugs.:* ...läuse ⟨nach einem als Heiliger verehrten Bischof von Myra⟩: 1. als hl. Nikolaus verkleidete Person. 2. (ohne Plural)

mit bestimmten Bräuchen verbundener Tag des hl. Nikolaus (6. Dezember); Nikolaustag. 3. Geschenk [für Kinder] zum Nikolaustag

Ni|ko|lo *der; -s, -s ⟨gr.-it.⟩:* (österr.) ↑ Nikolaus

Ni|ko|tin, chem. fachspr.: Nicotin *das; -s ⟨fr.,* nach dem franz. Gelehrten J. Nicot, um 1530–1600⟩: in den Wurzeln der Tabakpflanze gebildetes ↑ Alkaloid, das sich in den Blättern ablagert u. beim Tabakrauchen als [anregendes] Genussmittel dient

Ni|ko|ti|nis|mus *der; - ⟨fr.-nlat.⟩:* durch übermäßige Aufnahme von Nikotin hervorgerufene Erkrankung des Nervensystems; Nikotinvergiftung

Nik|ta|ti|on u. **Nik|ti|ta|ti|on** *die; - ⟨lat.-nlat.⟩:* (Med.) durch eine schnelle Folge von Zuckungen gekennzeichneter Krampf im Augenlid

Nil|gau *der; -[e]s, -e ⟨Hindi⟩:* in Indien heimische Antilope

Nim|bo|stra|tus *der; -, ...ti ⟨lat.-nlat.⟩:* (Meteor.) sehr große, tief hängende Regenwolke

Nim|bus *der; -, -se ⟨lat.-mlat.⟩:* 1. Heiligenschein, Gloriole. 2. besonderes Ansehen, glanzvoller Ruhm. 3. (veraltet) ↑ Nimbostratus

Nim|rod *der; -s, -e ⟨hebr.;* nach der biblischen Gestalt⟩: großer, leidenschaftlicher Jäger

Nin|ja *der; -[s], -[s] ⟨jap.;* „Spion, Kundschafter"⟩: in Geheimbünden organisierter Krieger der japanischen Feudalzeit, der sich spezieller Waffen u. eines besonderen Kampfstils bediente

Ni|ño [ˈninjɔ] vgl. El Niño

Nil|no|flex ® *der od. das; -es, -e* ⟨Kunstw.⟩: ein wasserdichtes, luftdurchlässiges Gewebe (bes. für Regenmäntel)

Ni|ob u. Niobium *das; -s ⟨nlat.;* nach der griech. Sagengestalt Niobe⟩: chem. Element; hellgraues, glänzendes Metall, das sich gut walzen u. schmieden lässt; Zeichen: Nb

Ni|o|bi|de *der; -n, -n u. die; -, -n:* Abkömmling der Niobe

Ni|o|bit [auch: ...ˈbɪt] *der; -s, -e:* ein Niob enthaltendes Mineral, schwarz glänzendes Metall

Ni|o|bi|um vgl. Niob

Ni|ph|a |b |le|p|sie *die; -, ...ien* ⟨*gr.-nlat.*⟩: (Med.) Schneeblindheit

Nip|pes [auch: nıps, nıp] *die* (Plural) ⟨*fr.*⟩: kleine Gegenstände, Figuren [aus Porzellan], die zur Zierde aufgestellt werden

Nir|wa|na *das; -*[s] ⟨*sanskr.*; „Erlöschen, Verwehen"⟩: (im Buddhismus) Endziel des Lebens als Zustand völliger Ruhe

Ni|san *der; -* ⟨*hebr.*⟩: siebenter Monat im jüdischen Kalender (März/April)

Ni|sus *der; -, -* [...zu:s] ⟨*lat.*; „Ansatz; Anstrengung; Schwung"⟩: (Med.) Trieb

Ni|ton *das; -s* ⟨*lat.-nlat.*⟩: (veraltet) ↑ Radon

Ni|t |rat *das; -*[e]s, *-e* ⟨*ägypt.-gr.-lat.-nlat.*⟩: häufig als Oxidations- u. Düngemittel verwendetes Salz der Salpetersäure

Ni|t |rid *das; -s, -e*: chemische Verbindung von Stickstoff mit einem Metall

ni|t |rie|ren: (Chem., Techn.) organische Substanzen mit Salpetersäure od. Gemischen aus konzentrierter Salpeter- u. Schwefelsäure behandeln, bes. zur Gewinnung von Sprengstoffen, Farbstoffen, Heilmitteln

Ni|t |ri|fi|ka|ti|on *die; -, -en* ⟨*ägypt.-gr.-lat.-nlat.*⟩: Bildung von Salpeter durch Oxidation, die von Bakterien im Boden bewirkt wird. **ni|t |ri|fi|zie|ren**: durch Oxidation Salpeter im Boden bilden

Ni|t |ril *das; -s, -e* ⟨*ägypt.-gr.-lat.-nlat.*⟩: organische Verbindung mit einer Zyangruppe

Ni|t |rit [auch: ...'trıt] *das; -s, -e*: farbloses, in Wasser meist leicht lösliches Salz der salpetrigen Säure

Ni|t |ro|bak|te|rie *die; -, -n* (meist Plural) ⟨*ägypt.-gr.-lat.-nlat.; gr.-lat.*⟩: (Chem., Landw.) Bakterie, die Ammoniak im Ackerboden in Nitrit oder Nitrat verwandelt

Ni|t |ro|cel|lu|lo|se vgl. Nitrozellulose

Ni|t |ro|gel|la|ti|ne [auch: ...ʒela-'ti:nə] *die; -*: Sprenggelatine, brisanter Sprengstoff (wirksamer Bestandteil des Dynamits)

Ni|t |ro|gen u. **Ni|t |ro|ge|ni|um** *das; -s* ⟨*ägypt.-gr.-lat.-nlat.; gr.-nlat.*⟩: chem. Element; Stickstoff; Zeichen: N

Ni|t |ro|gly|ze|rin [auch: ...'ri:n],

chem. fachspr.: Nitroglycerin *das; -s*: ölige, farblose bis gelbliche, geruchlose Flüssigkeit, die als brisanter Sprengstoff in Sprenggelatine und Dynamit verarbeitet und in der Medizin als gefäßerweiterndes Arzneimittel verwendet wird

Ni|t |ro|grup|pe *die; -*: als Bestandteil zahlreicher chemischer Verbindungen auftretende einwertige Gruppe, die ein Stickstoff- und zwei Sauerstoffatome enthält

Ni|t |ro|pen|ta *das; -*[s] ⟨*Kunstw.*⟩: brisanter Explosivstoff mit extrem hoher Detonationsgeschwindigkeit

ni|t |ro|phil ⟨*ägypt.-gr.-lat.-nlat.; gr.*⟩: (Bot.) Nitrate speichernd u. auf nitratreichem Boden besonders gut wachsend (von bestimmten Pflanzen)

Ni|t |ro|phos|ka ® *die; -* ⟨*Kunstw.*⟩: Stickstoff, Phosphor u. Kalium enthaltendes Düngemittel

Ni|t |ro|phos|phat *das; -*[e]s, *-e*: Stickstoff, Phosphor, Kali u. Kalk enthaltendes Düngemittel

ni|t |ros ⟨*ägypt.-gr.-lat.*⟩: Stickoxid enthaltend

Ni|t |ro|sa |min *das; -s, -e*: bestimmte Stickstoffverbindung, die u. a. beim Räuchern, Rösten entsteht u. Krebs erregend sein kann

Ni|t |ro|se *die; -*: nitrose Schwefelsäure

Ni|t |ro|zel|lu|lo|se, chem. fachspr.: Nitrocellulose *die; -* ⟨*ägypt.-gr.-lat.; lat.-nlat.*⟩: durch Nitrieren von Zellulose hergestellte weiße, faserige Masse, die beim Entzünden sehr rasch verbrennt u. für die Herstellung von Lacken u. Zelluloid od. für Sprengstoffe verwendet wird

Ni|t |rum *das; -s* ⟨*ägypt.-gr.-lat.*⟩: (veraltet) ↑ Salpeter

ni|t |sche|wo ⟨*russ.*⟩: (ugs. scherzh.) macht nichts!; hat nichts zu bedeuten

ni|val ⟨*lat.*⟩: (Meteor.) in fester Form von Schnee, Eis, Eisregen geprägt (von Niederschlägen). **Ni|val** *das; -s, -*: Gebiet mit dauernder od. langfristiger Schnee- od. Eisdecke

Ni|val|or|ga|nis|mus *der; -, ...men* (meist Plural): (Biol.) Tier od. Pflanze aus Gebieten mit ständiger Schnee- od. Eisdecke

Ni|veau [ni'vo:] *das; -s, -s* ⟨*lat.-*

vulgärlat.-fr.*⟩: 1. waagerechte, ebene Fläche in bestimmter Höhe. 2. Stufe in einer Skala bestimmter Werte, auf der sich etwas bewegt. 3. geistiger Rang; Stand, Grad, Stufe der bildungsmäßigen, künstlerischen o. ä. Ausprägung. 4. feine Wasserwaage an geodätischen u. astronomischen Instrumenten. 5. Gesamtbild einer persönlich gestalteten, ausdruckskräftigen Handschrift (in der Graphologie)

Ni|veau|flä|che *die; -, -n*: (Math.) Fläche, die auf gleicher Höhe liegende Punkte verbindet

ni|veau|frei: (Verkehrsw.) sich nicht auf dem gleichen Niveau (1) befindend, kreuzend

Ni|veau|li|nie *die; -, -n*: (Geogr.) ↑ Isohypse, Höhenlinie

ni|veau|los: sich auf einem niedrigen Niveau (3) bewegend; geistig anspruchslos

Ni|vel|le|ment [nivɛlə'mã:] *das; -s, -s*: 1. Einebnung, Ausgleichung. 2. (Geodäsie) a) Messung u. Bestimmung von Höhenunterschieden im Gelände mithilfe des Nivelliergeräts; b) Ergebnis des Nivellements (2a)

ni|vel|lie|ren: 1. (Unterschiede) durch Ausgleichung aufheben, mildern. 2. Höhenunterschiede mithilfe eines Nivelliergeräts bestimmen. 3. (selten) ebnen, planieren

Ni|vel|lier|ge|rät *das; -*[e]s, *-e*: Gerät für die nivellitische Höhenmessung

ni|vel|li|tisch: das Nivellement (2) betreffend; mithilfe eines Nivelliergeräts erfolgend

Ni|vo|me|ter *das; -s, -* ⟨*lat.; gr.*⟩: (Meteor.) Gerät zur Messung der Dichte gefallenen Schnees

Ni|vose [ni'vo:s] *der; -, -s* ⟨*lat.-fr.*; „Schneemonat"⟩: (im Kalender der Französischen Revolution) vierter Monat des Jahres (21. Dez. bis 19. Jan.)

Ni|zä|num u. **Ni|zä|um**, auch: Nicaenum [ni'tsɛ:...] *das; -s* ⟨*nlat.*; nach der kleinasiatischen Stadt Nizäa, heute Isnik⟩: auf dem ersten allgemeinen Konzil zu Nizäa 325 n. Chr. angenommenes und 381 in Konstantinopel fortgebildetes zweites ↑ ökumenisches Glaubensbekenntnis

No *das; -* ⟨*jap.*⟩: ↑ No-Spiel

no|bel ⟨*lat.-fr.*⟩: 1. in bewundernswerter Weise großmütig, edel [gesinnt], menschlich vornehm. 2. elegant [wirkend]; luxuriös. 3. (ugs.) freigebig, großzügig

No̱|bel|gar|de *die; -*: (hist.) aus Adligen gebildete päpstliche Ehrenwache

No̱|be̱l|li̱um *das; -s* ⟨*nlat.; nach dem schwed. Chemiker A. Nobel, 1833–1896⟩*: chem. Element; ↑ Transuran; Zeichen: No

No̱|bel|preis *der; -es, -e*: von dem schwed. Chemiker A. Nobel gestifteter, jährlich für hervorragende kulturelle u. wissenschaftliche Leistungen auf verschiedenen Gebieten verliehener Geldpreis

No̱|bi̱|les [...le:s] *die* (Plural) ⟨*lat.*⟩: (hist.) Angehörige der Nobilität im alten Rom

No̱|bi̱|li *die* (Plural) ⟨*lat.-it.*⟩: (hist.) Angehörige der adligen Geschlechter in den ehemaligen italienischen Freistaaten

No̱|bi̱|li̱|tät *die; -* ⟨*lat.*⟩: Amtsadel im alten Rom

No̱|bi̱|li̱|ta̱|ti̱|on *die; -, -en* ⟨*lat.-nlat.*⟩: Adelung. **no̱|bi̱|li̱|tie̱|ren** ⟨*lat.*⟩: adeln. **No̱|bi̱|li̱|tie̱|rung** *die; -, -en*: ↑ Nobilitation; vgl. ...ation/...ierung

No̱|bi̱|li̱ty [nou̯'bɪlɪtɪ] *die; -* ⟨*lat.-engl.*⟩: Hochadel Großbritanniens

No̱|b|les̱|se [auch: nɔ'blɛs] *die; -, -n* ⟨*lat.-fr.*⟩: 1. (veraltet) Adel; adlige, vornehme Gesellschaft. 2. (ohne Plural) edle Gesinnung, Vornehmheit, vornehmes Benehmen

no̱b|les̱se o̱ |b|li̱ge [nɔblɛsɔ'bli:ʒ] ⟨„Adel verpflichtet"⟩: eine höhere gesellschaftliche Stellung verpflichtet zu Verhaltensweisen, die von anderen nicht unbedingt erwartet werden

No̱|bo̱|dy ['nou̯bədɪ] *der; -[s], -s* ⟨*engl.*⟩: jmd., der unbedeutend, [noch] ein Niemand ist

No̱ck *das; -[e]s, -e, auch: die; -, -en* ⟨*niederl.*⟩: (Seew.) 1. äußerstes Ende eines Rundholzes, einer Spiere. 2. seitlich hervorragender Teil einer Schiffsbrücke

Noc|ti̱|lu̱|ca *die; -* ⟨*lat.*⟩: im Oberflächenwasser der Meere lebende, das Meeresleuchten verursachende, 1–2 mm große Geißeltierchenart mit rundem, ungepanzertem Körper

Noc|tu̱rne [nɔk'tʏrn] *das; -s, -s od. die; -, -* ⟨*lat.-fr.*⟩: (Mus.)

1. elegisches od. träumerisches Charakterstück in einem Satz (für Klavier). 2. (selten) ↑ Notturno

No̱|di̱: *Plural* von ↑ Nodus

no̱|dös *die;* ⟨*lat.*⟩: (Med.) knotig, mit Knötchenbildung

No̱|du̱|la̱|ti̱|on *die; -, -en* ⟨*lat.-nlat.*⟩: (Med.) Knötchenbildung

No̱|du̱|lus *der; -, ...li* ⟨*lat.-nlat.;* „kleiner Knoten"⟩: (Med.) a) knötchenförmiges Gebilde im Körper; b) krankhafte knötchenförmige Gewebsverdickung

No̱|dus *der; -, ...di:* 1. (Med.) Knoten (z. B. Lymphknoten). 2. (Bot.) oft knotig verdickte Ansatzstelle des Blattes. 3. Knauf am Schaft eines Gerätes (z. B. eines Kelches)

No̱|ël [nɔ'ɛl] *der; -* ⟨*lat.-fr.;* „Weihnachten"⟩: französisches mundartliches Weihnachtslied, -spiel

No̱|em *das; -s, -e* ⟨*gr.;* „Gedanke, Sinn"⟩: (Sprachw.) kleinste begriffliche Einheit; kleinstes bedeutungstragendes Element eines Semems

No̱ |e̱|ma *das; -s, No̱emata:* 1. Gegenstand des Denkens; Gedanke. 2. (in der Phänomenologie) Inhalt eines Gedankens im Unterschied zum Denkvorgang

No̱ |e̱|ma̱|tik *die; -* ⟨*gr.-nlat.*⟩: Theorie, die die Beziehungen der Noeme untereinander sowie ihre Kombinationsmöglichkeiten zum Gegenstand hat

No̱ |e̱|sis *die; -*: 1. geistige Tätigkeit, das Denken. 2. Denkvorgang im Unterschied zum Inhalt eines Gedankens (in der Phänomenologie)

No̱ |e̱|tik *die; -* ⟨*gr.-nlat.*⟩: Lehre vom Denken, vom Erkennen geistiger Gegenstände. **no̱ e̱|tisch:** 1. die Noetik betreffend. 2. die Noesis betreffend

no̱ fu̱|ture ['nou̯ 'fju:tʃɐ] ⟨*engl.;* „keine Zukunft"⟩: Schlagwort meist arbeitsloser Jugendlicher als Ausdruck der Hoffnungslosigkeit

No̱|fu̱|ture|ge̱|ne̱|ra̱|tion, auch: **No̱-Fu̱|ture-Ge̱|ne̱|ra̱|tion** [...dʒə-nə'rɛɪʃən] *die; -* ⟨*engl.*⟩: junge Generation ohne Zukunftsaussichten, Jugend ohne Berufserwartungen (bes. in den 1980er-Jahren)

No̱ir [nɔa·ɐ̯] *das; -s* ⟨*lat.-fr.;* „schwarz"⟩: Schwarz als Farbe

u. Gewinnmöglichkeit beim ↑ Roulett

no̱ i̱ |ron ['nɔ: 'aɪ̯ən, auch: -'aɪ̯rən] ⟨*engl.;* „nicht bügeln"⟩: bügelfrei (als Hinweis in Kleidungsstücken)

No̱-i̱ |ron-Blu̱|se *die; -, -n*: bügelfreie Bluse

No̱-i̱ |ron-Hemd *das; -[e]s, -en*: bügelfreies Hemd

No̱ise [nɔɪz] *der; -* ⟨*lat.-altfr.-engl.;* „Lärm"⟩: stilisierte Form des Punkrocks

No̱i|sette [nɔa'zɛt] *die; -, -s* ⟨*lat.-fr.*⟩: 1. kurz für ↑ Noisetteschokolade. 2. (meist Plural) rundes Fleischstück aus der Keule von bestimmten Schlachttieren

No̱i|sette|scho̱|ko̱|la̱|de *die; -, -n*: Milchschokolade mit fein gemahlenen Haselnüssen

Noḵ |t|am|bu̱|lis̱mus *der; -* ⟨*lat.-nlat.*⟩: (Med.) ↑ Somnambulismus

Noḵ|tu̱rn *die; -, -en* ⟨*lat.-mlat.*⟩: Teil der ↑ Matutin im katholischen Breviergebet

Noḵ|tu̱r|ne *die; -, -n* ⟨*lat.-fr.*⟩: ↑ Nocturne

no̱l|lens vo̱l|lens ⟨*lat.;* „nicht wollend wollend"⟩: wohl od. übel

No̱|li̱|me̱|taṉ|ge̱|re *das; -, -* ⟨*lat.;* „rühr mich nicht an"⟩: 1. Darstellung der biblischen Szene, in der der auferstandene Jesus Maria Magdalena erscheint. 2. Springkraut, dessen Früchte den Samen bei Berührung ausschleudern

No̱|ma *das; -s, -s u. die; -, No̱mae [...me]* ⟨*gr.*⟩: (Med.) brandiges Absterben der Wangen bei unterernährten od. durch Krankheit geschwächten Kindern

No̱|ma̱|de *der; -n, -n* ⟨*gr.-lat.;* „Viehherden weidend u. mit ihnen umherziehend"⟩: Angehöriger eines [Hirten]volkes, das innerhalb eines begrenzten Gebietes umherzieht. **No̱|ma̱|din** *die; -, -nen*: weibliche Form zu ↑ Nomade. **no̱|ma̱|disch:** die Nomaden betreffend; zu den Nomaden gehörend

no̱|ma̱|di̱|sie̱|ren ⟨*gr.-lat.-nlat.*⟩: a) als Nomade leben, umherziehen; b) zu Nomaden machen

No̱|ma̱|dis̱mus *der; -*: 1. nomadische Wirtschafts-, Gesellschafts- und Lebensform. 2. [durch Nahrungssuche u. arteigenen Bewegungstrieb be-

N

dingte] ständige [Gruppen]wanderungen von Tierarten

No-Mas|ke *die;* -, -n: Maske der Schauspieler im ↑ No-Spiel

Nom de Guerre [nõ də ˈgɛːɐ̯] *der;* - - -, -s [nõ...] - - ⟨*fr.;* „Kriegsname"⟩: franz. Bez. für: Deck-, Künstler-, auch Spottname

Nom de Plume [nõ də ˈplym] *der;* - - -, -s [nõ...] - - ⟨*fr.* „(Schreib)federname"⟩: franz. Bez. für: Schriftstellerdeckname

No|men *das;* -s, - u. ...mina ⟨*lat.*⟩: (Sprachw.) 1. Substantiv. 2. deklinierbares Wort, das weder Pronomen noch Artikel ist (zusammenfassende Bez. für Substantiv u. Adjektiv)

No|men Ac|ti *das;* - -, Nomina -: von einem Verb abgeleitetes Substantiv, das das Ergebnis eines Geschehens bezeichnet (z. B. *Bruch* zu *brechen*)

No|men Ac|ti|o|nis *das;* - -, Nomina -: von einem Verb abgeleitetes Substantiv, das ein Geschehen bezeichnet (z. B. *Schlaf* zu *schlafen*)

No|men A|gen|tis *das;* - -, Nomina -: von einem Verb abgeleitetes Substantiv, das das [handelnde] Subjekt eines Geschehens bezeichnet (z. B. *Läufer* zu *laufen*)

no|men est o|men ⟨*lat.*⟩: der Name deutet schon darauf hin

No|men gen|ti|le *das;* - -, Nomina gentilia: (in der Antike) [an zweiter Stelle stehender] Geschlechtsname der Römer (z. B. Gaius *Julius* Caesar)

No|men In|s|t|ru|men|ti *das;* - -, Nomina -: von einem Verb abgeleitetes Substantiv, das ein Gerät od. Werkzeug, das Mittel einer Tätigkeit bezeichnet (z. B. *Bohrer* zu *bohren*)

No|men|kla|tor *der;* -s, ...oren ⟨(*lat.; gr.*) *lat.*⟩: 1. (hist.) altrömischer Sklave, der seinem Herrn die Namen seiner Sklaven, Besucher usw. anzugeben hatte. 2. Verzeichnis der für ein bestimmtes Fachgebiet, einen bestimmten Wissenschaftszweig gültigen Namen u. Bezeichnungen

no|men|kla|to|risch: den Nomenklator (2) u. die Nomenklatur betreffend

No|men|kla|tur *die;* -, -en ⟨„Namenverzeichnis"⟩: System der Namen u. Fachbezeichnungen, die für ein bestimmtes Fachgebiet, einen bestimmten Wissenschaftszweig o. Ä. [allgemeine] Gültigkeit haben

No|men|kla|tu|ra *die;* - ⟨(*lat.-gr.; lat.*) *russ.*⟩: 1. Verzeichnis der wichtigsten Führungspositionen (in der Sowjetunion). 2. herrschende Klasse

No|men Pa|ti|en|tis *das;* - -, Nomina -: Substantiv mit passivischer Bedeutung (z. B. *Hammer* = Werkzeug, mit dem *gehämmert* wird)

No|men post|ver|ba|le *das;* - -, Nomina postverbalia: Substantiv, das von einem Verb [rück]gebildet ist (z. B. *Kauf* von *kaufen*)

No|men pro|p|ri|um *das;* - -, Nomina propria: Eigenname

No|men Qua|li|ta|tis *das;* - -, Nomina -: Substantiv, das einen Zustand od. eine Eigenschaft bezeichnet (z. B. Hitze)

...no|mie

die; -, ...ien (häufig ohne Plural) ⟨zu *gr.* némein „teilen, zuteilen; verwalten" → ...nómos „verwaltend" → ...nomía⟩ Wortbildungselement mit der Bedeutung „Lehre von ...; Gesetz, Gesetzlichkeit":
– Ergonomie
– Heteronomie
– Taxonomie

No|mi|na: *Plural* von ↑ Nomen

no|mi|nal ⟨*lat.-fr.*⟩: 1. a) (Sprachw.) das Nomen (2) betreffend, mit einem Nomen (2) gebildet; b) substantivisch. 2. (Wirtsch.) zum Nennwert; vgl. ...al/...ell

No|mi|na|lab|s|trak|tum *das;* -s, ...ta: ↑ Abstraktum, das von einem Nomen (2) abgeleitet ist (z. B. *Schwärze* zu *schwarz*)

No|mi|nal|de|fi|ni|ti|on *die;* -, -en: (Philos.) Angabe der Bedeutung eines Wortes, einer Bezeichnung; Ggs. ↑ Realdefinition

No|mi|na|le *die;* -, -n: (Wirtsch.) Nominalwert [einer Münze]

No|mi|nal|ein|kom|men *das;* -s, -: (Wirtsch.) in Form einer bestimmten Summe angegebenes Einkommen, dessen Höhe allein nichts über seine Kaufkraft aussagt; Ggs. ↑ Realeinkommen

No|mi|nal|form *die;* -, -en: ↑ infinite Form eines Verbs (z. B. erwachend)

no|mi|na|li|sie|ren: 1. ↑ substantivieren. 2. einen ganzen Satz in eine Nominalphrase verwandeln (z. B. der Hund bellt – das Bellen des Hundes)

No|mi|na|lis|mus *der;* - ⟨*lat.-nlat.*⟩: 1. (Philos.) Denkrichtung, nach der die Begriffe nur als Namen, Bezeichnungen für einzelne Erscheinungen der Wirklichkeit fungieren, d. h. als Allgemeinbegriffe nur im Denken existieren u. keine Entsprechungen in der Realität haben. 2. (Wirtsch.) volkswirtschaftliche Theorie, nach der das Geld einen Wert nur symbolisiert. **No|mi|na|list** *der;* -en, -en: Vertreter des Nominalismus. **No|mi|na|lis|tin** *die;* -, -nen: weibliche Form zu ↑ Nominalist. **no|mi|na|lis|tisch:** den Nominalismus betreffend, auf ihm beruhend, zu ihm gehörend

No|mi|nal|ka|pi|tal *das;* -s, -e u. österr. nur: -ien (Wirtsch.) a) Grundkapital einer Aktiengesellschaft; b) Stammkapital einer Gesellschaft mit beschränkter Haftung

No|mi|nal|ka|ta|log *der;* -[e]s, -e: alphabetischer Namenkatalog einer Bibliothek; Ggs. ↑ Realkatalog

No|mi|nal|kom|po|si|tum *das;* -s, ...ta u. ...ten: Kompositum, dessen Glieder aus Nomina (vgl. Nomen 2) bestehen (z. B. Wassereimer, wasserarm)

No|mi|nal|phra|se *die;* -, -n: Wortgruppe in einem Satz mit einem Nomen (2) als Kernglied

No|mi|nal|prä|fix *das;* -es, -e: ↑ Präfix, das vor ein Nomen (2) tritt (z. B. Ur-, ur- in Urbild, uralt)

No|mi|nal|satz *der;* -es, ...sätze: a) aus einem od. mehreren Nomina bestehender Satz ohne Verb (z. B. Viel Feind, viel Ehr!); b) Satz, dessen Prädikat aus Kopula u. Prädikatsnomen besteht (z. B. er ist Bäcker)

No|mi|nal|stil *der;* -[e]s -e: Stil, der durch Häufung von Substantiven gekennzeichnet ist; Ggs. ↑ Verbalstil

No|mi|nal|wert *der;* -[e]s, -e: (Wirtsch.) der auf Münzen, Banknoten, Wertpapieren usw.

in Zahlen od. Worten angegebene Nennwert
no|mi|na|tim ⟨*lat.*⟩: (veraltet) namentlich
No|mi|na|ti|on *die; -, -en:*
1. a) (kath. Kirchenrecht) Ernennung der bischöflichen Beamten; b) (hist.) Benennung eines Bewerbers für das Bischofsamt durch die Landesregierung. 2. (veraltet) Nominierung; vgl. ...ation/...ierung
No|mi|na|tiv *der; -s -e:* (Sprachw.)
1. (ohne Plural) Kasus, in dem vor allem die den Kern eines grammatischen Subjekts bildenden deklinierbaren Wörter stehen u. dessen [singularische] Formen als Grundformen der deklinierbaren Wörter gelten; Werfall, erster Fall; Abk.: Nom. 2. Wort, das im Nominativ (1) steht. **no|mi|na|ti|visch:** den Nominativ betreffend; im Nominativ stehend
no|mi|nell: 1. [nur] dem Namen nach [bestehend], vorgeblich. 2. ↑ nominal (2); vgl. ...al/...ell
no|mi|nie|ren ⟨*lat.*⟩: zur Wahl, für ein Amt, für die Teilnahme an etwas namentlich vorschlagen, ernennen. **No|mi|nie|rung** *die; -, -en:* das Vorschlagen eines Kandidaten, Ernennung; vgl. ...ation/...ierung
No|mis|mus *der; -* ⟨*gr.-nlat.*⟩: Bindung an Gesetze, Gesetzlichkeit, bes. die vom alttestamentlichen Gesetz bestimmte Haltung der strengen Juden u. mancher christlicher Gemeinschaften
No|mo|gra|fie usw. vgl. Nomographie usw.
No|mo|gramm *das; -s, -e* ⟨*gr.-nlat.*⟩: (Math.) Schaubild, Zeichnung als Hilfsmittel zum grafischen Rechnen
No|mo|gra|phie, auch: ...grafie *die; -:* Teilgebiet der Mathematik, das die verschiedenen Verfahren zur Aufstellung von Nomogrammen u. deren Anwendung zum Gegenstand hat. **no|mo|gra|phisch,** auch: ...grafisch: die Nomographie betreffend, zu ihr gehörend, auf ihr beruhend
No|mo|kra|tie *die; -, ...ien:* (Rechtsw.) Ausübung der Herrschaft nach [geschriebenen] Gesetzen; Ggs. ↑ Autokratie
No|mo|lo|gie *die; -:* 1. (veraltet) Lehre von den Gesetzen, der

Gesetzgebung. 2. (Philos.) Lehre von den Denkgesetzen
No|mos *der; -, ...moi* ⟨*gr.*⟩: 1. (Philos.) menschliche Ordnung, von Menschen gesetztes Recht (im Unterschied zum Naturrecht, göttlichen Recht). 2. (Mus.) nach festen, urspr. für kultische Zwecke entwickelten Modellen, Regeln komponierte [gesungene] Weise der altgriechischen Musik
no|mo|syn|tak|tisch: die Nomosyntax betreffend. **No|mo|syntax** *die; -:* (Sprachw.) Syntax des Inhalts eines Satzes; Ggs. ↑ Morphosyntax
No|mo|the|sie *die; -, ...ien:* (Rechtsw. veraltet) Gesetzgebung. **No|mo|thet** *der; -en, -en:* (Rechtsw. veraltet) Gesetzgeber. **no|mo|the|tisch:**
1. (Rechtsw. veraltet) gesetzgebend. 2. (von wissenschaftlichen Aussagen) auf die Aufstellung von Gesetzen, auf die Auffindung von Gesetzmäßigkeiten zielend
Non *die; -, -en* ⟨*lat.-mlat.*⟩: ↑ None (1)
No|na|gon *das; -s, -e* ⟨*lat.; gr.*⟩: Neuneck. **no|na|go|nal:** von der Form eines Nonagons
No|name|pro|dukt, auch: **No-Name-Pro|dukt** [noːˈneːm...] *das; -[e]s, -e* ⟨*engl.; lat.*⟩: neutral verpackte Ware ohne Markenod. Firmenzeichen
No|na|ri|me *die; -, -n* ⟨*lat; germ.-fr.*⟩ *it.*⟩: neunzeilige, d. h. um eine Zeile erweiterte ↑ Stanze
Non|bank, auch: **Non-Banks** [ˈnɔnbɛŋks] *die* (Plural) ⟨*engl.*⟩: Unternehmen des Nichtbankenbereichs, die auch Finanzdienstleistungen anbieten (z. B. Warenhausketten)
Non|book|ab|tei|lung, auch: **Non-Book-Ab|tei|lung** *die; -, -en:* einer Buchhandlung angeschlossene Abteilung, in der Schallplatten, Spiele, Kunstblätter o. Ä. verkauft werden
Non|book|ar|ti|kel, auch: **Non-Book-Ar|ti|kel** *der; -s, -* (meist Plural): in einer Buchhandlung angebotener Artikel, der kein Buch ist
Non|chal|lance [nõʃaˈlãːs] *die; -* ⟨*lat.-fr.*⟩: Nachlässigkeit; formlose Ungezwungenheit, Lässigkeit, Unbekümmertheit. **non-chal|lant** [...lãː, bei attributivem

Gebrauch: ...lant]: nachlässig; formlos ungezwungen, lässig
Non|co|lo|pe|ra|tion, auch: **Non-Co|lo|pe|ra|tion** [ˈnɔnkoːopəreːʃn] *die; -* ⟨*engl.*⟩: „Nichtzusammenarbeit"): Kampfesweise Gandhis, mit der er durch Verweigerung der Zusammenarbeit mit den britischen Behörden u. durch Boykott britischer Einrichtungen die Unabhängigkeit Indiens zu erreichen suchte
No|ne *die; -, -n* ⟨*lat.-mlat.*⟩: 1. Teil des katholischen Stundengebets (zur neunten Tagesstunde = 15 Uhr). 2. (Mus.) a) neunter Ton einer diatonischen Tonleiter vom Grundton aus; b) Intervall (2) von neun diatonischen Tonstufen
No|nen *die* (Plural) ⟨*lat.*⟩: im altrömischen Kalender der neunte Tag vor den ↑ Iden
No|nen|ak|kord *der; -[e]s, -e:* (Mus.) aus vier Terzen bestehender Akkord
Non|es|sen|tials, auch: **Non-Essen|tials** [nɔnɛˈsɛnʃlz] *die* (Plural) ⟨*engl.*⟩: (Wirtsch.) nicht lebensnotwendige Güter
No|nett *das; -[e]s, -e* ⟨*lat.-it.*⟩: (Mus.) a) Komposition für neun Instrumente; b) aus neun Instrumentalsolisten bestehendes Ensemble
Non|fic|tion, auch: **Non-Fic|tion** [nɔnˈfɪkʃn] *die; -, -och das;* -[s] ⟨*engl.-amerik.*⟩: Bereich des nicht Erdachten, Sach- od. Fachliteratur
non|fi|gu|ra|tiv ⟨*lat.-nlat.*⟩: (bildende Kunst) nicht gegenständlich; gegenstandslos (z. B. von Malerei)
Non|food, auch: **Non-Food** [nɔnˈfuːd] *das;* -[s] ⟨*engl.*⟩: Kurzform von ↑ Nonfoodartikel
Non|food|ab|tei|lung, auch: **Non-Food-Ab|tei|lung** *die; -, -en* ⟨*engl.; dt.*⟩: Abteilung in einem Supermarkt, in der Artikel, die keine Lebensmittel sind, angeboten werden
Non|food|ar|ti|kel, auch: **Non-Food-Ar|ti|kel** *der; -s, -* (meist Plural): Artikel, der nicht zur Kategorie der Lebensmittel gehört (z. B. Elektrogerät)
No|ni|us *der; -, ...ien u. -se* ⟨*nlat.;* latinisierter Name des port. Mathematikers Nuñez, 1492–1577⟩: verschiebbarer

Messstabzusatz, der die Ablesung von Zehnteln der Einheiten des eigentlichen Messstabes ermöglicht

Non|kon|for|mis|mus *der;* ‹*lat.-engl.*›: individualistische Haltung in politischen, weltanschaulichen, religiösen u. sozialen Fragen; Ggs. ↑ Konformismus. **Non|kon|for|mist** *der;* -en, -en: 1. jmd., der sich in seiner politischen, weltanschaulichen, religiösen, sozialen Einstellung nicht nach der herrschenden Meinung richtet; Ggs. ↑ Konformist (1). 2. Anhänger britischer protestantischer Kirchen (die die Staatskirche ablehnen); Ggs. ↑ Konformist (2). **Non|kon|for|mis|tin** *die;* -, -nen: weibliche Form zu ↑ Nonkonformist. **non|kon|for|mis|tisch:** 1. auf Nonkonformismus (1) beruhend; seine eigene Einstellung nicht nach der herrschenden Meinung richtend; Ggs. ↑ konformistisch (1). 2. im Sinne eines Nonkonformisten (2) denkend od. handelnd; Ggs. ↑ konformistisch (2)

Non|kon|for|mi|tät *die;* -: 1. Nichtübereinstimmung; mangelnde Anpassung; Ggs. ↑ Konformität (1 a). 2. ↑ Nonkonformismus

non li|quet ‹*lat.;* „es ist nicht klar"›: (Rechtsspr.) Feststellung, dass eine Behauptung od. ein Sachverhalt unklar u. nicht durch Beweis od. Gegenbeweis erhellt ist

non mul|ta, sed mul|tum ‹*lat.*›: ↑ multum, non multa

No |n|o |de *die;* -, -n ‹*lat.; gr.*›: Elektronenröhre mit neun Elektroden

non o |let ‹*lat.;* „es (das Geld) stinkt nicht"›: man sieht es dem Geld nicht an, auf welche [unsaubere] Weise es verdient wird

Non|pa|per, auch: **Non-Pa|per** [nɔnˈpeɪpə] *das;* -s, -[s] ‹*engl.*›: (Pol.) nicht sanktionierte u. daher offiziell nicht zitierfähige Veröffentlichung

Non|pa|reille [nõpaˈrɛːj] *die;* - ‹*lat.-fr.*›: 1. (Druckw.) Schriftgrad von 6 Punkt. 2. kleine, farbige Zuckerkörner zum Bestreuen von Backwerk o. Ä. 3. (veraltet) leichtes Wollgewebe

Non|plus|ul|t|ra *das;* - ‹*lat.*›: Un-

übertreffbares, Unvergleichliches

non pos|su|mus ‹*lat.;* „wir können nicht"›: Weigerungsformel der römischen Kurie (1) gegenüber der weltlichen Macht

Non|pro|fit|or|ga|ni|sa|ti|on, auch: **Non-Pro|fit-Or|ga|ni|sa|ti|on** *die;* -, -en ‹*engl.; gr.-lat.-fr.*›: ohne Gewinnerzielungsabsicht agierende Organisation bzw. Institution (z. B. Gewerkschaft, Sportverein, Bildungseinrichtung)

Non|pro|li|fe|ra|ti|on [nɔnprovlɪfaˈreɪʃən] *die;* - ‹‹*lat.-engl.*) *amerik.*›: Nichtweitergabe von Atomwaffen

non scho|lae, sed vi|tae dis|ci|mus [- ˈsçoːlɛ - - -, auch: - ˈskoːlɛ - - -] ‹*lat.;* „nicht für die Schule, sondern für das Leben lernen wir"›: was man lernt, lernt man für sich selbst (meist so umgekehrt zitiert nach einer Briefstelle des Seneca; vgl. non vitae, sed scholae discimus)

Non|sens *der;* - u. -es ‹*lat.-engl.*›: Unsinn; absurde, unlogische Gedankenverbindung

non|stop ‹*engl.*›: ohne Unterbrechung, ohne Pause

Non|stop|flug *der;* -[e]s, ...flüge ‹*engl.; dt.*›: Flug ohne Zwischenlandung

Non|stop|ki|no, auch: **Non|stop-Ki|no** *das;* -s, -s: Kino mit fortlaufenden Vorführungen und durchgehendem Einlass

non tan|to ‹*it.*›: ↑ ma non tanto

non trop|po ‹*it.*›: ↑ ma non troppo

Non|u |sus *der;* - ‹*lat.-nlat.*›: (Rechtsw. veraltet) Verzicht auf die Inanspruchnahme eines Rechts

Non|va|leur [nõvaˈløː ɐ̯] *der;* -s, -s ‹*lat.-fr.*›: 1. (Wirtsch.) a) [fast] wertloses Wertpapier; b) Investition, die keine Rendite abwirft. 2. a) (Plural auch: -e) unfähiger Mensch; Versager; b) etwas Wertloses, Unnützes

non|ver|bal ‹*lat.*›: nicht mithilfe der Sprache; **nonverbale Kommunikation:** zwischenmenschliche Verbindung, Verständigung durch Gestik, Mimik od. andere optische Zeichen

non vi|tae, sed scho|lae dis|ci|mus [- - - ˈsçoːlɛ, auch: ˈskoːlɛ - -] ‹*lat.;* „nicht für das Leben, sondern für die Schule lernen wir (lei-

der)"›: (originaler Wortlaut der meist belehrend ↑ „non scholae, sed vitae discimus" zitierten Briefstelle bei Seneca)

no |o|gen ‹*gr.-nlat.*›: (Psychol.) ein geistiges Problem, eine existenzielle Krise o. Ä. zur Ursache habend (von Neurosen)

No |o|lo|gie *die;* - ‹*gr.-nlat.*›: (Philos.) philosophische Lehre, die eine selbstständige, von materiellen u. psychischen Momenten unabhängige Existenz des Geistes annimmt. **no |o|lo|gisch:** (Philos.) die Noologie, die selbstständige Existenz des Geistes betreffend. **No |o|lo|gist** *der;* -en, -en: (Philos.) Philosoph, der die Vernunft als Quelle der Erkenntnis annimmt. **No |o|lo|gis |tin** *die;* -, -nen: weibliche Form zu ↑ Noologist

No |o|psy|che *die;* -: (Psychol.) intellektuelle Seite des Seelenlebens; Ggs. ↑ Thymopsyche

Noor *das;* -[e]s, -e ‹*dän.*›: (landsch.) Haff; flaches Gewässer, das durch einen Kanal mit dem Meer verbunden ist

Nor *das;* -s ‹Kurzform von *Nori-cum,* dem lat. Namen für das Ostalpenland›: (Geol.) mittlere Stufe der alpinen ↑ Trias (1)

Nord|at|lan|tik|pakt *der;* -[e]s ‹*dt.; gr.-lat.; lat.*›: ↑ NATO

Norm *die;* -, -en ‹*gr.-etrusk.-lat.;* „Winkelmaß; Richtschnur, Regel"›: 1. (meist Plural) allgemein anerkannte, als verbindlich geltende Regel für das Zusammenleben der Menschen. 2. eigentlich übliche, den Erwartungen entsprechende Beschaffenheit, Größe o. Ä.; Durchschnitt. 3. a) festgesetzte, vom Arbeitnehmer geforderte Arbeitsleistung; b) in der ehemaligen DDR als Richtwert geltendes Maß des für die Produktion von Gütern notwendigen Aufwands an Arbeit, Material u. Arbeitsmitteln. 4. (Sport) als Voraussetzung zur Teilnahme an einem Wettkampf [für einen Sportverband] vorgeschriebene Mindestleistung. 5. (in Wirtschaft, Industrie, Technik, Wissenschaft) Vorschrift, Regel, Richtlinien o. Ä. für die Herstellung von Produkten, die Durchführung von Verfahren, die Anwendung von Fachtermini o. Ä. 6. (Druckw.) klein auf den unteren Rand der ersten Seite eines Druckbogens gedruckter Titel [u. Verfassername] eines Buches [in verkürzter od. verschlüsselter Form]

norm|a|cid ⟨*gr.-etrusk.-lat.; lat.*⟩: (Med.) einen normalen Säuregehalt aufweisend (bes. vom Magensaft). **Norm|a|ci|di|tät** *die; -:* (Med.) normaler Säurewert einer Lösung (bes. des Magensaftes)

nor|mal: 1. a) der Norm entsprechend; vorschriftsmäßig; b) so [beschaffen, geartet], wie es sich die allgemeine Meinung als das Übliche, Richtige vorstellt; c) (ugs.) normalerweise. 2. in [geistiger] Entwicklung u. Wachstum keine ins Auge fallenden Abweichungen aufweisend; geistig [u. körperlich] gesund

Nor|mal *das; -s, -e:* 1. mit besonderer Genauigkeit hergestellter Maßstab, der zur Kontrolle für andere verwendet wird. 2. (meist ohne Artikel; ohne Plural) kurz für ↑ Normalbenzin

Nor|mal|ben|zin *das; -s:* Benzin mit geringerer Klopffestigkeit, mit niedrigerer Oktanzahl

Nor|ma|le *die; -[n], -n* (fachspr.: 2-):* (Math.) auf einer Ebene od. Kurve in einem vorgegebenen Punkt errichtete Senkrechte; Tangentenlot

Nor|ma|li|en *die* (Plural): 1. Grundformen; Regeln, Vorschriften. 2. (Techn.) nach bestimmten Systemen vereinheitlichte Bauelemente für den Bau von Formen u. Werkzeugen

nor|ma|li|sie|ren ⟨*gr.-etrusk.-lat.-fr.*⟩: 1. wieder normal gestalten, auf ein normales Maß zurückführen. 2. sich normalisieren: wieder normal (1 b) werden, wieder in einen normalen Zustand zurückkehren

Nor|ma|li|tät *die; -:* 1. normale Beschaffenheit, normaler Zustand. 2. (selten) Vorschriftsmäßigkeit

Nor|mal|null *das; -s:* festgelegte Höhe, auf die sich die Höhenmessungen beziehen; Abk.: N. N. od. NN

Nor|mal|ton *der; -[e]s:* (Mus.) Kammerton, Stimmton a

nor|ma|tiv ⟨*nlat.*⟩: als Norm (1) geltend, maßgebend, als Richtschnur dienend. **Nor|ma|tiv** *das; -s, -e:*

(regional) aufgrund von Erfahrung gewonnene, besonderen Erfordernissen entsprechende Regel, Anweisung, Vorschrift

Nor|ma|ti|ve *die; -, -n:* Grundbestimmung, grundlegende Festsetzung

Nor|ma|ti|vis|mus *der; -* ⟨*nlat.*⟩: (Philos.) Theorie vom Vorrang des als Norm (1) Geltenden, des Sollens vor dem Sein, der praktischen Vernunft vor der theoretischen

Norm|blatt *das; -[e]s, ...blätter:* (vom Deutschen Institut für Normung herausgegebenes) Verzeichnis mit normativen Festlegungen

nor|men: (zur Vereinheitlichung) für etwas eine Norm aufstellen

Nor|men|kon|t|roll|kla|ge *die; -, -n:* (Rechtsw.) Klage der Bundesod. einer Landesregierung od. eines Drittels der Mitglieder des Bundestages beim Bundesverfassungsgericht zur grundsätzlichen Klärung der Vereinbarkeit von Bundes- od. Landesrecht mit dem Grundgesetz einerseits od. von Bundesrecht mit Landesrecht andererseits

nor|mie|ren ⟨*gr.-etrusk.-lat.-fr.*⟩: a) vereinheitlichen, nach einem einheitlichen Schema, in einer bestimmten Weise festlegen, regeln; b) normen. **Nor|mie|rung** *die; -, -en:* das Normieren

nor|mig: (selten) ↑ normativ

Nor|mo|blast *der; -en, -en* (meist Plural) ⟨*gr.-etrusk.-lat.; gr.*⟩: (Med.) kernhaltige Vorstufe eines roten Blutkörperchens von der ungefähren Größe u. Reife eines normalen roten Blutkörperchens

nor|mo|som: (Med.) von normalem Körperwuchs

Nor|mo|sper|mie *die; -:* (Med.) normaler Gehalt der Samenflüssigkeit an funktionstüchtigen Spermien

Nor|mo|zyt *der; -en, -en:* (Med.) hinsichtlich Gestalt, Größe u. Farbe normales rotes Blutkörperchen

Nor|mung *die; -, -en:* einheitliche Gestaltung, Festsetzung [als Norm (1)]

Nor|ne *die; -, -n* (meist Plural) ⟨*altnord.*⟩: Schicksalsgöttin in der nordischen Mythologie

North [nɔːθ] ⟨*engl.*⟩: engl. Bez. für: Norden; Abk.: N

Nor|ther ['nɔːðə] *der; -s, -:* 1. heftiger, kalter Nordwind in Nordu. Mittelamerika. 2. heißer, trockener Wüstenwind an der Südküste Australiens

Nor|ton|ge|trie|be, auch: **Norton-Ge|trie|be** *das; -s, -* ⟨nach dem brit. Erfinder W. P. Norton (19. Jh.)⟩: (Techn.) bes. bei Werkzeugmaschinen verwendetes Zahnradstufengetriebe; Leitspindelgetriebe

Nose [noʊz] *die; -, -s* ['noʊzɪz] ⟨*engl.;* „Nase"⟩: vorderes, nach oben gebogenes Ende des Snowboards

No|se|an *der; -s, -e* ⟨*nlat.;* nach dem dt. Geologen K. W. Nose, † 1835⟩: zu den Feldspaten gehörendes Mineral

No|sel|ler *der; -s, -* ⟨Analogiebildung zu ↑ Bestseller⟩: etwas, was schlecht od. gar nicht zu verkaufen ist; Ladenhüter

No|se|ma|seu|che *die; -* ⟨*gr.; dt.*⟩: durch das Sporentierchen Nosema hervorgerufene seuchenartige Insektenkrankheit (bes. der Bienen)

No|so|de *die; -, -n* ⟨*gr.*⟩: Arzneimittel, das aus erkrankten Organen, Eiter o. Ä. hergestellt u. in Verdünnungen zur Behandlung des jeweils gleichen Leidens als Impfung od. zur homöopathischen Therapie angewendet wird

No|so|gra|phie, auch: ...grafie *die; -* ⟨*gr.-nlat.*⟩: (Med.) Krankheitsbeschreibung

No|so|lo|gie *die; -:* Krankheitslehre; systematische Einordnung u. Beschreibung der Krankheiten. **no|so|lo|gisch:** (Med.) die Nosologie betreffend; Krankheiten systematisch beschreibend

No|so|ma|nie *die; -, ...ien:* (Med., Psychol.) wahnhafte Einbildung, an einer Krankheit zu leiden

No|so|pho|bie *die; -, ...ien:* (Med., Psychol.) krankhafte Angst, krank zu sein od. zu werden

No-Spiel *das; -[e]s, -e* ⟨*jap.; dt.*⟩: streng stilisiertes japanisches Bühnenspiel mit Musik, Tanz, Gesang u. Pantomime

nos|tal|gi|co [nɔs'taldʒiko] ⟨*gr.-it.*⟩: (Mus.) sehnsüchtig

Nos|tal|gie *die; -, ...ien* ⟨*gr.-nlat.*⟩: 1. von unbestimmter Sehnsucht erfüllte Gestimmtheit, die sich

N

in der Rückwendung zu früheren, in der Erinnerung sich verklärenden Zeiten, Erlebnissen, Erscheinungen in Kunst, Musik, Mode u. a. äußert. 2. (Med. veraltet) [krank machendes] Heimweh. **Nos|t|al|gi|ker** der; -s, -: jmd., der sich der Nostalgie überlässt, der nostalgisch gestimmt ist. **Nos|t|al|gi|ke|rin** die; -, -nen: weibliche Form zu ↑ Nostalgiker. **nos|t|al|gisch:** 1. die Nostalgie (1) betreffend, zu ihr gehörend; verklärend vergangenheitsbezogen. 2. (Med. veraltet) an Nostalgie (2) leidend

Nos|t|ri|fi|ka|ti|on die; -, -en ⟨lat.-nlat.⟩: 1. (Rechtsw.) Einbürgerung, Erteilung der [Bürger]rechte. 2. Anerkennung eines ausländischen Examens, Diploms. **nos|t|ri|fi|zie|ren:** 1. einbürgern. 2. ein ausländisches Examen, Diplom anerkennen

Nos|t|ro|kon|to das; -s, ...ten (auch: -s od. ...ti) ⟨lat.-it.⟩: Konto, das eine Bank bei einer anderen Bank als Kunde unterhält

No|ta die; -, -s ⟨lat.⟩: (veraltet) 1. Rechnung. 2. (Wirtsch.) Auftrag. 3. Zeichen, Anmerkung, Notiz

no|ta|bel ⟨lat.-fr.⟩: (veraltet) bemerkenswert, merkwürdig

No|ta|beln (Plural): (hist.) die durch Bildung, Rang u. Vermögen ausgezeichneten Mitglieder der bürgerlichen Oberschicht in Frankreich

no|ta|be|ne ⟨lat.; „merke wohl!"⟩: übrigens; (Abk.: NB). **No|ta|be|ne** das; -[s], -[s]: Merkzeichen, Vermerk

No|ta|bi|li|tät die; -, -en ⟨lat.-fr.⟩: (veraltet) 1. (ohne Plural) Vornehmheit. 2. (meist Plural) vornehme, berühmte Persönlichkeit

No|t|al|gie die; -, ...ien ⟨gr.-nlat.⟩: (Med.) Rückenschmerz

No|ta pun|ta|ta die; - -, ...tae - ...tae [...tɛ ...tɛ] ⟨lat.-it.⟩: punktierte Note

No|ta qua|d|ra|ta u. **No|ta qua|d|ri|quar|ta** die; - -, ...tae ...tae [...tɛ ...tɛ] ⟨lat.-mlat.⟩: (Mus.) viereckiges Notenzeichen der ↑ Choralnotation

No|tar der; -s, -e ⟨lat.⟩: staatlich vereidigter Volljurist, zu dessen

Aufgabenkreis die Beglaubigung u. Beurkundung von Rechtsgeschäften gehört

No|ta|ri|at das; -[e]s, -e: a) Amt einer Notarin/eines Notars; b) Büro einer Notarin/eines Notars

no|ta|ri|ell u. notarisch: (Rechtsw.) von einem Notar ausgefertigt u. beglaubigt

No|ta|rin die; -, -nen: weibliche Form zu ↑ Notar

no|ta|risch vgl. notariell

No|ta Ro|ma|na die; -, ...tae ...nae [...tɛ ...nɛ] ⟨lat.-mlat.⟩: ↑ Nota quadrata

No|tat das; -[e]s, -e: niedergeschriebene Bemerkung; Aufzeichnung, Notiz (1)

No|ta|ti|on die; -, -en: 1. (Mus.) das Aufzeichnen von Musik in Notenschrift. 2. das Aufzeichnen der einzelnen Züge einer Schachpartie. 3. System von Zeichen od. Symbolen einer Metasprache

Note|book ['noʊtbʊk] das; -s, -s ⟨engl.; „Notizbuch"⟩: tragbarer Personalcomputer, bei dem Bildschirm, Tastatur, Laufwerk usw. in das aufklappbare Gehäuse integriert sind

Note|pad [...pæd] das; -s, -s ⟨engl.; „Notizblock"⟩: kleiner Computer vom Format eines Notizblocks, der zur Speicherung von Notizen, Adressen, Terminen o. Ä. dient

Notes [noʊts] die (Plur.) ⟨engl.; eigtl. „Notizen"⟩: (Bankw.) Bez. für verschiedene Arten kurzbis mittelfristiger Anleihen, die häufig in einer Summe rückzahlbar sind

Note sen|sible [nɔtsãˈsibl] die; - -, -s -s [nɔtsãˈsibl] ⟨lat.-fr.; „empfindliche Note"⟩: (Mus.) Leitton

No|tho|sau|ri|er der; -s, - u. **No|tho|sau|rus** der; -, ...rier ⟨gr.-nlat.⟩: ausgestorbenes Meeresreptil der Trias (1)

no|tie|ren ⟨lat.(-mlat.)⟩: 1. a) aufzeichnen, schriftlich vermerken, aufschreiben; b) vormerken. 2. (Mus.) in Notenschrift schreiben. 3. (Wirtsch.) a) den offiziellen Kurs eines Wertpapiers an der Börse, den Preis einer Ware feststellen bzw. festsetzen; b) einen bestimmten Börsenkurs haben, erhalten. **No|tie|rung** die; -, -en: 1. a) das Aufzeichnen, schriftliche Ver-

merken; b) das Vormerken. 2. (Mus.) Aufzeichnen von Musik in Notenschrift. 3. (Wirtsch.) Feststellung bzw. Festsetzung von Kursen od. Warenpreisen [an der Börse]

No|ti|fi|ka|ti|on die; -, -en ⟨lat.-mlat.⟩: 1. (veraltet) Anzeige, Benachrichtigung. 2. Übergabe einer diplomatischen Note. **no|ti|fi|zie|ren** ⟨lat.⟩: (veraltet) anzeigen, benachrichtigen

No|tio die; -, ...iones [...'oːneːs] u. **No|ti|on** die; -, -en ⟨lat.; „das Kennenlernen; Kenntnis; Begriff"⟩: (Philos.) Begriff, Gedanke

No|ti|o|nes com|mu|nes [...neːs ...neːs] die (Plural): (Philos.) dem Menschen angeborene u. daher allen Menschen gemeinsame Begriffe u. Vorstellungen (im Stoizismus)

no|ti|o|nie|ren ⟨lat.-nlat.⟩: (österr.) einer Behörde zur Kenntnis bringen

No|tiz die; -, -en ⟨lat.⟩: 1. Aufzeichnung, Vermerk. 2. Nachricht, Meldung, Anzeige. 3. (Kaufmannsspr.) Notierung (3), Preisfeststellung; **Notiz von jmdm., etwas nehmen:** jmdm., einer Sache Beachtung schenken

No|to|gäa u. **No|to|gä|is** die; - ⟨gr.-nlat.⟩: Tierwelt der australischen Region

No|to|ri|e|tät die; - ⟨lat.-mlat.⟩: (veraltet) das Offenkundigsein

no|to|risch ⟨lat.⟩: 1. offenkundig, allbekannt. 2. für eine negative Eigenschaft, Gewohnheit bekannt

No|t|re-Dame [nɔtrəˈdam] die; - ⟨fr.; „unsere Herrin"⟩: 1. franz. Bez. für Jungfrau Maria. 2. Name französischer Kirchen

No|t|ur|no das; -s, -s u. ...ni ⟨lat.-it.⟩: (Mus.) 1. a) stimmungsvolles Musikstück in mehreren Sätzen (für eine nächtliche Aufführung im Freien); b) einem Ständchen ähnliches Musikstück für eine od. mehrere Singstimmen [mit Begleitung]. 2. (selten) ↑ Nocturne (1)

Nou|gat ['nuː...] vgl. Nugat

Nou|veau Ro|man [nuvoˈmã] der; - - ⟨fr.; „neuer Roman"⟩: (Literaturw.) nach 1945 in Frankreich entstandene experimentelle Form des Romans (a), die unter Verzicht auf den allwissenden Erzähler die distanzierte Beschreibung einer eigengesetzlichen Welt in den Vordergrund stellt

Nou|veau|té [nuvo'te:] *die; -, -s* ⟨*lat.-fr.*⟩: Neuheit, Neuigkeit [in der Mode]

Nou|velle Cu|i|sine [nuvɛlkyi'zin] *die; - -* ⟨*fr.*⟩: (Gastr.) Art der Kochkunst, die bes. die Verwendung frischer Ware bei kurzen Garzeiten vorsieht

¹**No|va** *die; -, ...vä* ⟨*lat.*⟩: (Astron.) Stern, der kurzfristig durch innere Explosionen hell aufleuchtet

²**No|va**: 1. *Plural* von ↑ Novum. 2. *die* (Plural): Neuerscheinungen des Buchhandels

No|va|ti|a|ner *der; -s, -* (meist Plural) ⟨nach dem röm. Presbyter Novatian (3. Jh.)⟩: Anhänger einer sittenstrengen, rechtgläubigen altchristlichen Sekte. **No-va|ti|a|ne|rin** *die; -, -nen*: weibliche Form zu ↑ Novatianer

No|va|ti|on *die; -, -en* ⟨*lat.*; „Erneuerung"⟩: (Rechtsw.) Schuldumwandlung, Aufhebung eines bestehenden Schuldverhältnisses durch Schaffung eines neuen

No|ve|cen|to [nove'tʃɛnto] *das; -[s]* ⟨*lat.-it.*⟩: 1. ital. Bez. für: 20. Jh. (bes. in der Kunstwissenschaft). 2. 1923 hervorgetretene, in Mailand gegründete italienische Künstlergruppe

No|vel|food [ˈnɔvlfuːd] *das; -[s]* auch: **No|vel Food** *das; - -[s]* ⟨*engl.*⟩: Bez. für: Lebensmittel, die aus gentechnisch veränderten Organismen bestehen od. gentechnisch hergestellte Zusätze enthalten

No|vel|le *die; -, -n* ⟨*lat.(-it.)*⟩: 1. (ohne Plural) Erzählung kürzeren od. mittleren Umfangs, die von einem einzelnen Ereignis handelt u. deren geradliniger Handlungsablauf auf ein Ziel hinführt. 2. (Rechtsw.) abändernder od. ergänzender Nachtrag zu einem Gesetz

¹**No|vel|let|te** *die; -, -n* ⟨*lat.-it.*⟩: kleine Novelle (1)

²**No|vel|let|te** *die; -, -n* ⟨von R. Schumann 1838 nach dem Namen der engl. Sängerin C. Novello geprägt⟩: (Mus.) Charakterstück mit mehreren aneinander gereihten [heiteren] Themen

no|vel|lie|ren ⟨*lat.-it.*⟩: (Rechtsw.) ein Gesetz[buch] mit Novellen (2) versehen

No|vel|list *der; -en, -en*: Schriftsteller, der Novellen verfasst.

No|vel|lis|tik *die; -*: 1. Kunst der Novelle (1). 2. Gesamtheit der novellistischen Dichtung. **No-vel|lis|tin** *die; -, -nen*: weibliche Form zu ↑ Novellist. **no|vel|lis-tisch**: die Novelle (1), die Novellistik betreffend; in der Art der Novelle (1), der Novellistik

No|vem|ber *der; -[s], -* ⟨*lat.*⟩: elfter Monat im Jahr; Abk.: Nov.

No|ven|di|a|le *das; -, -n* ⟨*lat.-it.*; „neuntägig"⟩: die neuntägige Trauerfeier (im Petersdom in Rom) für einen verstorbenen Papst

No|ve|ne *die; -, -n* ⟨*lat.-mlat.*⟩: neuntägige katholische Andacht (als Vorbereitung auf ein Fest od. für ein besonderes Anliegen der od. des Gläubigen)

No|vi|al *das; -[s]* ⟨Kunstw.⟩: (1928 von den dän. Sprachwissenschaftler Jespersen ausgearbeitete) Welthilfssprache

No|vil|lu|ni|um *das; -s, ...ien* ⟨*lat.*; „Neumond"⟩: (Astron.) das erste Sichtbarwerden der Mondsichel nach Neumond; Neulicht

No|vi|tät *die; -, -en*: 1. Neuerscheinung; Neuheit (von Büchern, Theaterstücken, von Modeerscheinungen u. a.). 2. (veraltet) Neuigkeit

¹**No|vi|ze** *der; -n, -n* ⟨„Neuling"⟩: (kath. Kirche) Mann, der in einem Kloster eine Vorbereitungszeit verbringt, bevor er die Gelübde ablegt

²**No|vi|ze** *die; -, -n*: ↑ Novizin

No|vi|zi|at *das; -[e]s, -e* ⟨*lat.-nlat.*⟩: 1. Vorbereitungs-, Probezeit der Noviz[inn]en; Dienst, den die Noviz[inn]en versehen. 2. Wohn- u. Ausbildungsstätte für die Noviz[inn]en

No|vi|zin *die; -, -nen* u. Novize *die; -, -n* ⟨*lat.*⟩: Frau, die in einem Kloster eine Vorbereitungszeit verbringt, bevor sie die Gelübde ablegt

No|vo|ca|in ® *das; -s* ⟨Kunstw. aus lat. *novus* „neu" u. Co*cain*⟩: älterer Bez. für ↑ Procain

No|vum *das; -s, Nova* ⟨*lat.*; „Neues"⟩: Neuheit; neu hinzukommende Tatsache; etwas nie Dagewesenes

No|xe *die; -, -n* ⟨*lat.*; „Schaden"⟩:

(Med.) Stoff od. Umstand, der eine schädigende Wirkung auf den Organismus ausübt

No|xin *das; -s, -e* (meist Plural) ⟨*lat.-nlat.*⟩: (Med.) im Organismus zugrunde gegangener körpereigener Eiweißstoff, der eine starke Toxizität entwickelt

No|zi|zep|ti|on *die; -, -en* ⟨*lat.-nlat.*⟩: (Med.) Wahrnehmung eines Schmerzreizes

Nu|an|ce [ny'ã:sə, österr.: ny'a:s] *die; -, -n* ⟨*lat.-fr.*⟩: 1. feiner gradueller Unterschied. 2. ein wenig, eine Kleinigkeit [von etwas abweichend]. 3. (innerhalb eines Kunstwerks o. Ä.) besonders fein gestaltete Einzelheit; Feinheit

nu|an|cie|ren [nyã:...]: a) sehr fein graduell abstufen; b) in seinen Feinheiten, feinen Unterschieden erfassen, darstellen. **nu|an-ciert**: 1. äußerst differenziert, subtil. 2. pointiert

Nu|be|ku|la *die; -, ...lä* ⟨*lat.*; „kleine Wolke"⟩: (Med.) 1. leichte Hornhauttrübung. 2. zu Boden sinkende wolkige Trübung in stehendem Harn

Nu|buk *das; -* ⟨*engl.*⟩: (bes. Kalbod. Rind)leder, das aufgrund entsprechender Bearbeitung eine samtartige Oberfläche hat

Nu|cel|lus *der; -, ...lli* ⟨*lat.-nlat.*⟩: (Bot.) Gewebekern der Samenanlage bei Blütenpflanzen

Nu|dis|mus *der; -* ⟨*lat.-nlat.*⟩: Freikörperkultur; Lebensanschauung, nach der gemeinsame Aufenthalt von Angehörigen beider Geschlechter im Freien mit nacktem Körper der physischen u. psychischen Gesundung dient. **Nu|dist** *der; -en, -en*: Anhänger des Nudismus. **Nu|dis|tin** *die; -, -nen*: weibliche Form zu ↑ Nudist. **nu|dis|tisch**: den Nudismus betreffend, zum Nudismus gehörend

nu|dis ver|bis ⟨*lat.*⟩: mit nackten, dürren Worten

Nu|di|tät *die; -, -en*: 1. (ohne Plural) Nacktheit. 2. (meist Plural) Darstellung eines nackten Körpers (als sexueller Anreiz)

Nu|gat, auch: Nougat *der* od. *das; -s, -s* ⟨*lat.-galloroman.-provenzal.-fr.*⟩: aus fein zerkleinerten gerösteten Nüssen, Zucker u. Kakao zubereitete Masse (als Süßware bzw. als Füllung von Süßwaren)

Nug|get [ˈnagɪt] *das; -[s], -s* ⟨*engl.*⟩: natürlicher Goldklumpen

nu|k|le|ar ⟨*lat.-nlat.*⟩: a) den Atomkern betreffend, Kern...; b) mit der Kernenergie zusammenhängend, durch Kernenergie erfolgend; c) Atom-, Kernwaffen betreffend; **nukleare Waffen:** Waffen, deren Wirkung auf Kernspaltung od. Kernverschmelzung beruht

Nu|k|le|ar|me|di|zin *die; -*: Teilgebiet der Medizin, das sich mit der Anwendung radioaktiver Stoffe für die Erkennung u. Behandlung von Krankheiten befasst

Nu|k|le|a|se *die; -, -n*: (Chem.) Nukleinsäuren spaltendes Enzym

Nu|k|le|in *das; -s, -e*: ↑ Nukleoproteid

Nu|k|le|in|säu|re *die; -, -n*: (Biochem.) bes. im Zellkern u. in den Ribosomen vorkommende, aus Nukleotiden aufgebaute polymere (2) Verbindung, die als Grundsubstanz der Vererbung fungiert

Nu|k|le|o|ge|ne|se *die; -*: Bildung der im Weltall vorhandenen Elemente durch Kernreaktionen

Nu|k|le|o|id *das; -[e]s, -e* (meist Plural) ⟨*lat.; gr.*⟩: dem Zellkern entsprechendes Äquivalent bei einfachen Bakterienzellen

Nu|k|le|o|le *die; -, -n* u. **Nu|k|le|o|lus** *der; -, ...li* u. ...olen ⟨*lat.; „kleiner Kern"*⟩: Kernkörperchen des Zellkerns

Nu|k|le|on *das; -s, ...onen* ⟨*lat.-nlat.*⟩: Baustein des Atomkerns (Proton od. Neutron)

Nu|k|le|o|nik *die; -*: Wissenschaft von den Atomkernen

Nu|k|le|o|pro|te|id *das; -[e]s, -e* ⟨*lat.; gr.*⟩: Eiweißverbindung des Zellkerns

Nu|k|le|o|tid *das; -[e]s, -e* (meist Plural): aus einem Phosphatrest, [Desoxy]ribose u. einem basischen Bestandteil zusammengesetzte chemische Verbindung

Nu|k|le|us *der; -, ...ei* ⟨*...e-i*⟩ ⟨*lat.; „[Frucht]kern"*⟩: 1. (Biol.) Zellkern. 2. (Anat., Physiol.) Nervenkern. 3. steinzeitlicher [Feuer]steinblock, von dem Stücke zur Herstellung von Werkzeugen abgeschlagen wurden. 4. (Sprachw.) Kern, Kernglied

einer sprachlich zusammengehörenden Einheit

Nu|k|lid *das; -[e]s, -e*: durch bestimmte Ordnungs- u. Massenzahl gekennzeichnete Art von Atomen

nul|la poe|na si|ne le|ge [-ˈpøːna - -] ⟨*lat.; „keine Strafe ohne Gesetz"*⟩: Grundsatz des Strafrechts, nach dem bei der Festsetzung einer Strafe nur ein bereits zur Tatzeit geltendes Gesetz angewendet werden darf

Nul|li|fi|ka|ti|on *die; -, -en* ⟨*lat.(-engl.)*⟩: (Rechtsw.) gesetzliche Aufhebung, Ungültigkeitserklärung. **nul|li|fi|zie|ren:** (Rechtsw.) für ungültig erklären, aufheben

Null|in|s|t|ru|ment *das; -[e]s, -e*: (Elektrot.) elektrisches Messgerät, bei dem der Wert null auf der Mitte der Skala liegt

Nul|li|pa|ra *die; -, ...aren* ⟨*lat.-nlat.*⟩: (Med.) Frau, die noch kein Kind geboren hat

Nul|li|tät *die; -, -en* ⟨*lat.-mlat.*⟩: a) Nichtigkeit, Ungültigkeit; b) Wertlosigkeit

Null|me|ri|di|an *der; -s*: durch Greenwich verlaufender Meridian, von dem aus die Meridiane nach Ost u. West von 0° bis 180° gezählt werden

Null|mor|phem *das; -s, -e*: (Sprachw.) inhaltlich vorhandenes, aber lautlich nicht ausgedrücktes Morphem (z. B. bei der Bildung des Genitivs Singular Femininum)

Null|ni|veau [...voː] *das; -s, -s*: Höhenlage, von der aus kartografische Messungen vorgenommen werden

Null|o|de *die; -, -n* ⟨*lat.-it.; gr.*⟩: (Elektrot.) elektrodenlose Röhre

Null ou|vert [- uˈvɛːɐ̯] *der* (selten: *das*); - -[s] [- uˈvɛːɐ̯(s)], - -s [- uˈvɛːɐ̯s] ⟨*lat.; fr.*⟩: (beim Skat) Spiel, bei dem der od. die Spielende keinen Stich machen darf und ihre Karten in der ersten Runde offen auf den Tisch legen muss

Null|ta|rif *der; -[e]s, -e*: kostenlose Gewährung bestimmter, üblicherweise nicht unentgeltlicher Leistungen

Nul|lum *das; -s* ⟨*lat.*⟩: (Rechtsw.) etwas Gegenstandsloses, Wirkungsloses

nul|lum cri|men si|ne le|ge ⟨*lat.; „kein Verbrechen ohne Ge-*

setz"⟩: strafrechtlicher Grundsatz, nach dem eine Tat nur dann bestraft werden kann, wenn ihre Strafbarkeit bereits gesetzlich bestimmt war

Nu|men *das; -s* ⟨*lat.*⟩: göttliches Wesen als wirkende Kraft

Nu|me|ra|le *das; -s, ...lien u. ...lia* ⟨*lat.*⟩: (Sprachw.) Zahlwort

Nu|me|ri: 1. *Plural* von ↑ Numerus. 2. *die* (Plural) viertes Buch Mose (nach der zu Anfang beschriebenen Volkszählung)

nu|me|risch ⟨*lat.-nlat.*⟩: a) zahlenmäßig, der Zahl nach; b) unter Verwendung von [bestimmten] Zahlen, Ziffern erfolgend; c) (EDV) nur aus Ziffern zusammensetzend

Nu|me|ro *das; -s, -s* ⟨*lat.-it.*⟩: (veraltet) Nummer (in Verbindung mit einer Zahl); Abk.: No., N°; vgl. Nummer (1)

Nu|me|ro|lo|gie *die; -*: meist mystische Zahlenlehre (im Bereich des Aberglaubens)

Nu|me|rus *der; -, ...ri* ⟨*lat.*⟩: 1. Zahl; **Numerus clausus:** zahlenmäßig beschränkte Zulassung (bes. zum Studium); **Numerus currens:** (veraltet) laufende Nummer, mit der ein neu eingehendes Buch in der Bibliothek versehen wird. 2. (Math.) Zahl, zu der der Logarithmus gesucht wird. 3. (Sprachw.) Zahlform des Nomens (2) od. Verbs (Singular, Plural, Dual). 4. (Rhet., Stilk.) Bau eines Satzes in Bezug auf Gliederung, Länge od. Kürze der Wörter, Verteilung der betonten od. unbetonten Wörter, in Bezug auf die Klausel (2) u. die Pausen, d. h. die Verteilung des gesamten Sprachstoffes im Satz

nu|mi|nos ⟨*lat.-nlat.*⟩: göttlich, in der Art des Numinosen. **Nu|mi|no|se** *das; -n*: das Göttliche als unbegreifliche, zugleich Vertrauen u. Schauer erweckende Macht

Nu|mis|ma|tik *die; -* ⟨*gr.-lat.-nlat.*⟩: Münzkunde. **Nu|mis|ma|ti|ker** *der; -s, -*: jmd., der sich [wissenschaftlich] mit der Numismatik beschäftigt; Münzkundiger; Münzsammler. **Nu|mis|ma|ti|ke|rin** *die; -, -nen*: weibliche Form zu ↑ Numismatiker. **nu|mis|ma|tisch:** die Numismatik betreffend, zu ihr gehörend; münzkundlich

Num|mer *die; -, -n ⟨lat.-it.⟩:* 1. zur Kennzeichnung dienende Ziffer, Zahl; Kennzahl (z. B. für das Telefon, für die Schuhgröße, für das Heft einer Zeitschrift); Abk.: Nr., Plural: Nrn.; vgl. Numero. 2. spaßige, unbekümmert-dreiste Person, Witzbold. 3. a) einzelne Darbietung im Zirkus, Kabarett, Varietee; b) (ugs.) einzelnes Musikstück der Unterhaltungsmusik. 4. (ugs.) Geschlechtsakt

num|me|rie|ren: beziffern, mit fortlaufenden Ziffern versehen

num|me|risch: vgl. numerisch

Num|mern|kon|to *das; -s, ...ten,* (auch:) *-s, ...ti:* Konto, das nicht auf den Namen des Inhabers lautet, sondern nur durch eine Nummer (1) gekennzeichnet ist

Num|mu|lit [auch: ...ˈlɪt] *der; -s u. -en, -e[n] ⟨lat.-nlat.⟩:* (Geol.) versteinerter Wurzelfüßer im ↑ Eozän mit Kalkgehäuse

Nu|na|tak *der; -s, -s u. -[e]r ⟨eskim.⟩:* (Geogr.) Bergspitze, die aus dem Inlandeis, aus Gletschern hervorragt

Nun|cha|ku [...ˈtʃaku] *das; -s, -s ⟨jap.⟩:* asiatische Waffe aus zwei mit einer Schnur od. Kette verbundenen Holzstäben

Nun|ti|ant *der; -en, -en ⟨lat.⟩:* (veraltet) jmd., der eine Anzeige erstattet; vgl. Denunziant. **Nun|ti|an|tin** *die; -, -nen:* weibliche Form zu ↑ Nuntiant

Nun|ti|at *der; -en, -en:* (veraltet) [vor Gericht] Angezeigter; vgl. Denunziat

Nun|ti|a|ti|on *die; -, -en:* (veraltet) Anklage, Anzeige; vgl. Denunziation

Nun|ti|a|tur *die; -, -en ⟨lat.-nlat.⟩:* a) Amt eines Nuntius; b) Sitz eines Nuntius

Nun|ti|us *der; -, ...ien ⟨lat.; „Bote“⟩:* ständiger diplomatischer Vertreter des Papstes bei einer Staatsregierung (im Botschafterrang)

nup|ti|al ⟨lat.⟩: (veraltet) ehelich, hochzeitlich

Nup|tu|ri|en|ten *die* (Plural): (veraltet) Brautleute

Nu|ra|ge u. **Nu|ra|ghe** *die; -, -n ⟨it.⟩:* turmartiger, aus großen Steinblöcken ohne Mörtel errichteter Rundbau aus der Jungsteinzeit u. der Bronzezeit, bes. auf Sardinien

Nurse [nœrs, nəːs] *die; -, -s [...sɪz]*

u. -n [...sn̩] ⟨lat.-fr.-engl.⟩: (veraltet) Kinderpflegerin

Nu|ta|ti|on *die; -, -en ⟨lat.; „das Schwanken“⟩:* 1. (Bot.) selbsttätige, ohne äußeren Reiz ausgeführte Wachstumsbewegung der Pflanze. 2. (Astron.) Schwankung der Erdachse gegen den Himmelspol

Nu|t|ra|min *das; -s, -e ⟨Kunstw. aus lat. nutrix „nährend“ u. ↑ Amin⟩:* (veraltet) Vitamin

¹Nu|t|ria *die; -, -s ⟨lat.-span.⟩:* in Südamerika heimische, bis zu einem halben Meter lange Biberratte mit braunem Fell; Sumpfbiber

²Nu|t|ria *der; -s, -s:* a) Fell der Biberratte; b) aus dem Fell der Biberratte gearbeiteter Pelz

nu|t|rie|ren ⟨lat.⟩: (veraltet) ernähren

Nu|t|ri|ment *das; -[e]s, -e:* (Med.) Nahrungsmittel

Nu|t|ri|ti|on *die; -:* (Med.) Ernährung

nu|t|ri|tiv ⟨lat.-nlat.⟩: (Med.) der Ernährung dienend, die Ernährung betreffend; nährend, nahrhaft

Ny *das; -[s], -s ⟨gr.⟩:* dreizehnter Buchstabe des griechischen Alphabets: N, ν

Nya|la [ˈnjaːla] *der; -s, -s ⟨afrik.⟩:* Waldbock im südlichen Afrika

Nyk|tal|gie *die; -, ...ien ⟨gr.-nlat.⟩:* (Med.) körperlicher Schmerz, der nur zur Nachtzeit auftritt; Nachtschmerz

Nyk|t|a|l|o|pie *die; -:* (Med.) Nachtblindheit

Nyk|ti|nas|tie *die; -, ...ien:* (Bot.) Schlafbewegung der Pflanzen (z. B. das Sichsenken der Bohnenblätter am Abend)

Nyk|to|me|ter *das; -s, -:* (Med.) Instrument zur Erkennung der Nachtblindheit

Nyk|to|pho|bie *die; -, ...ien:* (Med.) Nachtangst; krankhafte Angst vor der Dunkelheit

Nyk|t|u|rie *die; -, ...ien:* (Med.) vermehrte nächtliche Harnabsonderung bei bestimmten Krankheiten

Ny|lon® [ˈnailɔn] *das; -s ⟨engl.-amerik.⟩:* haltbare synthetische Textilfaser

Ny|lons *die* (Plural): (ugs. veraltend) Damenstrümpfe aus Nylon

Nym|pha *die; -, ...phae [...fɛ] u.*

...phen ⟨gr.-lat.⟩: (Med.) kleine Schamlippe

Nym|phä u. **Nym|phäe** *die; -, ...äen:* See- od. Wasserrose

Nym|phä|um *das; -s, ...äen:* den Nymphen geweihtes Brunnenhaus, geweihte Brunnenanlage der Antike

Nymph|chen *das; -s, -:* junges u. unschuldig-verführerisches Mädchen; Kindfrau; vgl. Lolita

Nym|phe *die; -, -n ⟨„Braut, Jungfrau“⟩:* 1. weibliche Naturgottheit des griechischen Volksglaubens. 2. (Zool.) Larve der Insekten, die bereits Anlagen zu Flügeln besitzt. 3. ↑ Nymphchen

Nym|phi|tis *die; -, ...itiden ⟨gr.-nlat.⟩:* (Med.) Entzündung der kleinen Schamlippen

nym|pho|man u. nymphomanisch: an Nymphomanie leidend. **Nym|pho|ma|nie** *die; -:* [krankhaft] gesteigerter Geschlechtstrieb bei Frauen. **Nym|pho|ma|nin** *die; -, -nen:* (Med.) an Nymphomanie Leidende. **nym|pho|ma|nisch** vgl. nymphoman

Ny|norsk *das; - ⟨norw.; „Neunorwegisch“⟩:* mit dem ↑ Bokmål gleichberechtigte norwegische Schriftsprache, die im Gegensatz zum Bokmål auf den norwegischen Dialekten beruht; vgl. Landsmål

Nys|tag|mus *der; - ⟨gr.-nlat.⟩:* (Med.) unwillkürliches Zittern des Augapfels

O |a|se *die; -, -n ⟨ägypt.-gr.-lat.⟩:* 1. fruchtbare Stelle mit Wasser u. Pflanzen in der Wüste. 2. [stiller] Ort der Erholung

ob|di|p|los|te|mon ⟨lat.; gr.⟩: (Bot.; von Blüten) zwei Kreise von Staubgefäßen tragend, von denen der innere vor den Kelchblättern, der äußere vor den Kronblättern (den Blütenblättern im engeren Sinne) steht

Ob|duk|ti|on *die; -, -en ⟨lat.⟩:*

O

(Med.) [gerichtlich angeordnete] Leichenöffnung [zur Klärung der Todesursache]

Ob|du|ra|ti|on die; -, -en ⟨lat.⟩: (Med.) Verhärtung von Körpergewebe. **ob|du|rie|ren**: (Med.) sich verhärten

Ob|du|zent der; -en, -en ⟨lat.⟩: Arzt, der eine Obduktion vornimmt. **Ob|du|zen|tin** die; -, -nen: weibliche Form zu ↑ Obduzent

ob|du|zie|ren: eine Obduktion vornehmen

O|be|di|enz u. Obödienz die; - ⟨lat.⟩: 1. Gehorsamspflicht der Kleriker gegenüber den geistlichen Oberen. 2. Anhängerschaft eines Papstes während eines ↑ Schismas

O|be|lisk der; -en, -en ⟨gr.-lat.⟩: frei stehende, rechteckige, spitz zulaufende Säule (meist ↑ Monolith)

O|ber|li|ga die; -, ...gen ⟨dt.; lat.-span.⟩: Spielklasse in zahlreichen Sportarten

O|ber|pro|ku|ror der; -s, ...oren ⟨dt.; lat.-russ.⟩: (hist.) vor 1917 der Vertreter des Zaren in der Leitung des ↑ Synods; vgl. Prokuror

O|be|si|tas die; - ⟨lat.⟩: ↑ Obesität

O|be|si|tät die; -: (Med.) Fettleibigkeit [infolge zu reichlicher Ernährung]

O|bi der od. das; -[s], -s ⟨jap.⟩: 1. breiter steifer Seidengürtel, der um den japanischen Kimono geschlungen wird. 2. Gürtel der Kampfbekleidung beim Judo

o|bi|it ⟨lat.⟩: ist gestorben (Inschrift auf alten Grabmälern)

O|bi|ter Dic|tum das; - -, - -...ta ⟨lat.⟩: „beiläufige Bemerkung"): (Rechtsw.) Rechtsausführung (in einem Urteil eines obersten Gerichts) zur Urteilsfindung, auf der das Urteil jedoch nicht beruht

O|bi|tu|a|ri|um das; -s, ...ien ⟨lat.-mlat.⟩: kalender- od. annalenartiges Verzeichnis [für die jährliche Gedächtnisfeier] der verstorbenen Mitglieder, Wohltäter u. Stifter einer mittelalterlichen kirchlichen Gemeinschaft

Ob|jekt das; -[e]s, -e ⟨lat.; „das Entgegengeworfene"): 1. a) Gegenstand, auf den das Interesse, das Denken, das Handeln

gerichtet ist; b) (Philos.) unabhängig vom Bewusstsein existierende Erscheinung der materiellen Welt, auf die sich das Erkennen, die Wahrnehmung richtet; Ggs. ↑ Subjekt (1); c) (Kunstwiss.) aus verschiedenen Materialien zusammengestelltes plastisches Werk der modernen Kunst. 2. [auch: 'ɔp...] (Sprachw.) Satzglied, das von einem Verb als Ergänzung gefordert wird (z. B. ich kaufe *ein Buch*; vgl. Prädikat, Subjekt (2). 3. a) (Wirtsch.) Grundstück, Wertgegenstand, Vertrags-, Geschäftsgegenstand; b) (österr.) Gebäude

Ob|jek|te|ro|tik die; - ⟨lat.; gr.-fr.⟩: Befriedigung des Sexualtriebes an einem Objekt (1a)

Ob|jek|ti|on die; -, -en ⟨lat.⟩: (Psychol.) Übertragung einer seelischen Erlebnisqualität auf einen Gegenstand, Vorstellungsinhalt od. auf Sachverhalte

ob|jek|tiv ⟨lat.-nlat.⟩: 1. außerhalb des subjektiven Bewusstseins bestehend. 2. sachlich, nicht von Gefühlen u. Vorurteilen bestimmt; unvoreingenommen, unparteiisch; Ggs. ↑ subjektiv (2)

Ob|jek|tiv das; -s, -e: die dem zu beobachtenden Gegenstand zugewandte Linse[nkombination] eines optischen Gerätes

Ob|jek|ti|va|ti|on die; -, -en: Vergegenständlichung; vom rein Subjektiven abgelöste Darstellung; vgl. ...ation/...ierung

Ob|jek|ti|ve das; -n: (Philos.) das von allem Subjektiven Unabhängige, das an sich Seiende

ob|jek|ti|vie|ren: 1. etwas in eine bestimmte, der objektiven Betrachtung zugängliche Form bringen; etwas von subjektiven, emotionalen Einflüssen befreien. 2. (Phys.) etwas so darstellen, wie es wirklich ist, unbeeinflusst vom Messinstrument oder vom Beobachter. **Ob|jek|ti|vie|rung** die; -, -en: das Objektivieren; vgl. ...ation/...ierung

Ob|jek|ti|vis|mus der; -: 1. Annahme, dass es subjektunabhängige, objektive Wahrheiten u. Werte gibt. 2. (Philos.) erkenntnistheoretische Lehre, wonach die Erfahrungsinhalte objektiv Gegebenes sind.

3. (marxistisch abwertend) wissenschaftliches Prinzip, das davon ausgeht, dass wissenschaftliche Objektivität unabhängig von gesellschaftlichen Realitäten existieren kann

Ob|jek|ti|vist der; -en, -en: Anhänger des Objektivismus. **Ob|jek|ti|vis|tin** die; -, -nen: weibliche Form zu ↑ Objektivist

ob|jek|ti|vis|tisch: a) den Objektivismus (1, 2) betreffend, in der Art des Objektivismus; b) nach den Prinzipien des Objektivismus (3) verfahrend, ihn betreffend

Ob|jek|ti|vi|tät die; -: strenge Sachlichkeit; objektive (2) Darstellung unter größtmöglicher Ausschaltung des Subjektiven (Ideal wissenschaftlicher Arbeit); Ggs. ↑ Subjektivität

Ob|jekt|kunst die; -: (Kunstwiss.) moderne Kunstrichtung, die sich mit der Gestaltung von Objekten (1 c) befasst

Ob|jekt|li|bi|do die; -: (Psychol.) auf Personen u. Gegenstände, nicht auf das eigene Ich gerichtete ↑ Libido

Ob|jekt|psy|cho|tech|nik die; -: Anpassung des objektiven Forderungen des Berufslebens an die subjektiven Erfordernisse des Berufsmenschen (z. B. Wahl der Beleuchtung, Gestaltung des Arbeitsplatzes usw.)

Ob|jekt|satz der; -es, ...sätze ⟨lat.; dt.⟩: (Sprachw.) Gliedsatz in der Rolle eines Objekts (z. B.: Klaus weiß, *was Tim macht*; Brunhilde hilft, *wem sie helfen kann*)

Ob|jekt|schutz der; -es: polizeilicher, militärischer o. ä. Schutz für Gebäude, Anlagen usw.

Ob|jekt|spra|che die; -: (Sprachw.) Sprache als Gegenstand der Betrachtung, die mit der ↑ Metasprache beschrieben wird

ob|ji|zie|ren ⟨lat.⟩: (veraltet) einwenden, entgegnen

O|b|last die; -, -e ⟨russ.⟩: größeres Verwaltungsgebiet in Russland

¹O|b|la|te die; -, -n ⟨lat.-mlat.; „(als Opfer) Dargebrachtes"): 1. a) (kath. Rel.) noch nicht ↑ konsekrierte Hostie; b) (ev. Rel.) Abendmahlsbrot. 2. a) eine Art Waffel; b) sehr dünne Scheibe aus einem Teig aus Mehl u. Wasser (als Gebäckunterlage). 3. (landsch.) kleines

Bildchen, das in ein Poesiealbum o. Ä. eingeklebt wird
²O|b|la|te *der; -n, -n* (meist Plural): 1. (hist.) im Kloster erzogenes, für den Ordensstand bestimmtes Kind. 2. Laie, der sich in stets widerruflichem Gehorsamsversprechen einem geistlichen Orden angeschlossen hat. 3. Angehöriger katholischer religiöser Genossenschaften
O|b|la|ti|on *die; -, -en:* 1. ↑ Offertorium. 2. von den Gläubigen in der Eucharistie dargebrachte Gabe (heute meist durch die ↑ Kollekte 1 ersetzt)
o|b|li|gat *⟨lat.; „verbunden, verpflichtet"⟩:* 1. a) unerlässlich, erforderlich, unentbehrlich; b) (meist spöttisch) regelmäßig dazugehörend, üblich, unvermeidlich. 2. (Mus.) als selbstständig geführte Stimme für eine Komposition unentbehrlich; Ggs. ↑ ad libitum (2 b)
O|b|li|ga|ti|on *die; -, -en:* 1. (Rechtsw.) Verpflichtung; persönliche Verbindlichkeit. 2. (Wirtsch.) Schuldverschreibung eines Unternehmers
O|b|li|ga|ti|o|när *der; -s, -e ⟨lat.-fr.⟩:* (schweiz.) Besitzer von Obligationen (2). **O|b|li|ga|ti|o|nä|rin** *die; -, -nen:* weibliche Form zu ↑ Obligationär
o|b|li|ga|to|risch *⟨lat.⟩:* verpflichtend, bindend, verbindlich; Zwangs...; Ggs. ↑ fakultativ
O|b|li|ga|to|ri|um *das; -s, ...ien:* (schweiz.) Verpflichtung, Pflichtfach, -leistung
o|b|li|geant *[...'ʒant] ⟨lat.-fr.⟩:* (veraltet) gefällig, verbindlich
o|b|li|gie|ren *[auch: ...'ʒiː...]:* (veraltet) [zu Dank] verpflichten
O|b|li|go *[auch: 'ɔb...] das; -s, -s ⟨lat.-it.⟩:* 1. (Wirtsch.) Verbindlichkeit, Verpflichtung; **ohne Obligo:** ohne Gewähr (Abk.: o. O.). 2. Wechselkonto im Obligobuch
O|b|li|go|buch *das; -[e]s, ...bücher ⟨lat.-it.; dt.⟩:* bei Kreditinstituten geführtes Buch, in das alle eingereichten Wechsel eingetragen werden
o|b|lique *[o'bliːk] ⟨lat.⟩:* (veraltet) schräg, schief; **obliquer** *[...kvɐ]* **Kasus:** ↑ Casus obliquus
O|b|li|qui|tät *die; -:* 1. Unregelmäßigkeit. 2. (Sprachw.) Abhängigkeit. 3. (Med.) Schrägstel-

lung (des kindlichen Schädels bei der Geburt)
O|b|li|te|ra|ti|on *die; -, -en ⟨lat.⟩:* 1. (Wirtsch.) Tilgung. 2. (Med.) Verstopfung von Hohlräumen, Kanälen od. Gefäßen des Körpers durch entzündliche Veränderungen o. Ä.
o|b|li|te|rie|ren: 1. (Wirtsch.) tilgen. 2. (Med.) verstopfen (in Bezug auf Gefäße, Körperhohlräume u. Körperkanäle)
O|b|lo|mo|we|rei *die; -, -en ⟨nach dem Titelhelden Oblomow eines Romans des russischen Schriftstellers I. A. Gontscharow, 1812–1891⟩:* lethargische Grundhaltung, tatenloses Träumen
o|b|long *⟨lat.⟩:* (veraltet) länglich, rechteckig
O|bo *der; -[s], -s ⟨mong.⟩:* kultischer, mit Gebetsfahnen besteckter Steinhaufen auf Passhöhen in Tibet u. der Mongolei
o|b|ö|di|enz vgl. Obedienz
O|boe *die; -, -n ⟨fr.-it.; „hohes (nämlich: hoch klingendes) Holz"⟩:* (Mus.) 1. Holzblasinstrument mit Löchern, Klappen, engem Mundstück. 2. im Klang der Oboe ähnelndes Orgelregister
O|boe da Cac|cia *[- - 'katʃa] die; --, --- ⟨it.; „Jagdoboe"⟩:* eine Quinte tiefer stehende Oboe
O|boe d'A|mo|re *die; - -, - - ⟨it.; „Liebesoboe"⟩:* 1. eine Terz tiefer stehende Oboe mit zartem, mildem Ton. 2. ein Orgelregister
O|bo|er *der; -s, -:* ↑ Oboist. **O|bo|e|rin** *die; -, -nen:* weibliche Form zu ↑ Oboer
O|bo|ist *der; -en, -en:* Musiker, der die Oboe spielt. **O|bo|is|tin** *die; -, -nen:* weibliche Form zu ↑ Oboist
Q|bo|lus *der; -, - u. -se ⟨gr.-lat.⟩:* 1. kleine Münze im alten Griechenland. 2. kleine Geldspende, kleiner Beitrag. 3. (Plural: -; Geol.) primitiver, versteinerter Armfüßer (↑ Brachiopode), der vom ↑ Kambrium bis zum ↑ Ordovizium gesteinsbildend war
O|b|rep|ti|on *die; - ⟨lat.⟩:* (Rechtsw. veraltet) Erschleichung [eines Vorteils durch unzutreffende Angaben]
o|b|ru|ie|ren *⟨lat.⟩:* (veraltet) überladen, überhäufen, belasten
Ob|se|k|ra|ti|on *die; -, -en ⟨lat.⟩:*

(veraltet) Beschwörung durch eindringliches Bitten. **ob|se|k|rie|ren:** (veraltet) beschwören, dringend bitten
ob|se|quent *⟨lat.⟩:* (Geogr.) der Fallrichtung der Gesteinsschichten entgegengesetzt fließend (von Flüssen)
Ob|se|qui|a|le *das; -[s], ...lien ⟨lat.-mlat.⟩:* liturgisches Buch für die ↑ Exequien
Ob|se|qui|en *die* (Plural): ↑ Exequien
ob|ser|va|bel *⟨lat.⟩:* (veraltet) bemerkenswert
ob|ser|vant: sich streng an die Regeln haltend. **Ob|ser|vant** *der; -en, -en:* Angehöriger der strengeren Richtung eines Mönchsordens, bes. bei den Franziskanern
Ob|ser|vanz *die; -, -en:* 1. Ausprägung, Form. 2. (Rechtsw.) Gewohnheitsrecht [in unwesentlicheren Sachgebieten]. 3. Befolgung der eingeführten Regel [eines Mönchsordens]
Ob|ser|va|ti|on *die; -, -en:* 1. wissenschaftliche Beobachtung [in einem Observatorium]. 2. das Observieren (2)
Ob|ser|va|tor *der; -s, ...oren:* jmd., der in einem Observatorium tätig ist. **Ob|ser|va|to|rin** *die; -, -nen:* weibliche Form zu ↑ Observator
Ob|ser|va|to|ri|um *das; -s, ...ien ⟨lat.-nlat.⟩:* [astronomische, meteorologische, geophysikalische] Beobachtungsstation; Stern-, Wetterwarte
ob|ser|vie|ren *⟨lat.⟩:* 1. wissenschaftlich beobachten. 2. polizeilich überwachen
Ob|ses|si|on *die; - ⟨lat.; „das Besetztsein"⟩:* (Psychol.) Zwangsvorstellung
ob|ses|siv *⟨lat.-nlat.⟩:* (Psychol.) in der Art einer Zwangsvorstellung
Ob|si|di|an *der; -s, -e ⟨lat.-nlat.⟩:* kieselsäurereiches, glasiges Gestein
Ob|sig|na|ti|on *die; -, -en ⟨lat.⟩:* (Rechtsw. veraltet) Versiegelung [durch das Gericht]; Bestätigung, Genehmigung. **ob|sig|nie|ren:** (veraltet) bestätigen
ob|s|kur *⟨lat.⟩:* a) dunkel; verdächtig; zweifelhafter Herkunft; b) unbekannt; vgl. Clair-obscur
Ob|s|ku|rant *der; -en, -en:* (veraltet) Dunkelmann. **Ob|s|ku|ran-**

O

tin *die; -, -nen:* weibliche Form zu ↑ Obskurant

Ob|s|ku|ran|tis|mus *der; - ⟨lat.-nlat.⟩:* Bestreben, die Menschen bewusst in Unwissenheit zu halten, ihr selbstständiges Denken zu verhindern u. sie an Übernatürliches glauben zu lassen. **ob|s|ku|ran|tis|tisch:** dem Obskurantismus entsprechend

Ob|s|ku|ri|tät *die; -, -en ⟨lat.⟩:* a) Dunkelheit, zweifelhafte Herkunft; b) Unbekanntheit

Ob|so|les|zenz *die; - ⟨lat.-nlat.⟩:* das Veralten. **ob|so|les|zie|ren** *⟨lat.⟩:* (veraltet) veralten, ungebräuchlich werden

ob|so|let: ungebräuchlich, veraltet

Ob|s|ta|kel *das; -s, - ⟨lat.⟩:* (veraltet) Hindernis

Ob|s|te|t|rik *die; -:* (Med.) Wissenschaft von der Geburtshilfe

ob|s|ti|nat *⟨lat.⟩:* starrsinnig, widerspenstig, unbelehrbar. **Ob|s-ti|na|ti|on** *die; -:* (veraltet) Halsstarrigkeit, Eigensinn

Ob|s|ti|pa|ti|on *die; -, -en ⟨lat.-mlat.⟩:* (Med.) Stuhlverstopfung. **ob|s|ti|pie|ren:** (Med.) 1. zu Stuhlverstopfung führen. 2. an Stuhlverstopfung leiden

Ob|s|t|ruc|tion|box *[əbˈstrʌkʃənbɔks] die; -, -en ⟨(lat.-)engl.⟩:* (Psychol.) Apparatur (1926 von Warden konstruiert), die mittels einer Blockierung des Weges zum Futter die Intensität der Antriebe bei Tieren misst

Ob|s|t|ru|ent *der; -en, -en ⟨lat.-engl.⟩:* (Sprachw.) Konsonant, bei dessen Erzeugung der Atemstrom zu einem Teil (Frikativ, Spirant) od. völlig (Verschlusslaut) behindert ist

ob|s|t|ru|ie|ren *⟨lat.⟩:* 1. hindern; entgegenarbeiten; Widerstand leisten. 2. (Med.) verstopfen (z. B. einen Kanal durch entzündliche Veränderungen)

Ob|s|t|ruk|ti|on *die; -, -en:* 1. Widerstand; parlamentarische Verzögerungstaktik (z. B. durch sehr lange Reden, Fernbleiben von Sitzungen). 2. (Med.) Verstopfung (z. B. von Körperkanälen o. Ä. durch entzündliche Prozesse)

ob|s|t|ruk|tiv *⟨lat.-nlat.⟩:* 1. hemmend. 2. (Med.) Gefäße od. Körperkanäle verstopfend (z. B. von entzündlichen Prozessen)

ob|s|zön *⟨lat.⟩:* 1. in das Schamgefühl verletzender Weise auf den Sexual-, Fäkalbereich bezogen; unanständig, schlüpfrig. 2. [sittliche] Entrüstung hervorrufend. **Ob|s|zö|ni|tät** *die; -, -en:* Schamlosigkeit, Schlüpfrigkeit

Ob|tu|ra|ti|on *die; -, -en ⟨lat.-mlat.⟩:* (Med.) Verstopfung von Hohlräumen u. Gefäßen (z. B. durch einen ↑ Embolus)

Ob|tu|ra|tor *der; -s, ...oren ⟨lat.-nlat.⟩:* (Med.) Apparat zum Verschluss von Körperöffnungen, bes. Verschlussplatte für Gaumenspalten

ob|tu|rie|ren *⟨lat.⟩:* (Med.) Körperlücken verschließen (z. B. bei Muskeln, Nerven u. Venen, die durch Öffnungen von Knochen hindurchtreten)

O|bus *der; -ses, -se:* Kurzw. für: Oberleitungsomnibus

Oc|ca|mis|mus vgl. Ockhamismus

Oc|ca|si|on *die; -, -en ⟨lat.-fr.⟩:* (österr., schweiz.) ↑ Okkasion (2)

Oc|chi *[ˈɔki], auch: Okki das; -[s], -s ⟨it.⟩:* Kurzform von ↑ Occhispitze

Oc|chi|ar|beit *[ˈɔki...], auch: Okkiarbeit die; -, -en ⟨it.; dt.⟩:* mit Schiffchen ausgeführte Handarbeit

Oc|chi|spit|ze, auch: Okkispitze *die; -, -n:* mit einem Schiffchen hergestellte Knüpfspitze

Oc|ci|den|tal *[ɔktsi...] das; -[s] ⟨lat.⟩:* Welthilfssprache des Estländers E. von Wahl (1922); vgl. Interlingue

O|cean|li|ner *[ˈoʊʃənlainɐ] der; -s, - ⟨engl.⟩:* ↑ Liner (1)

Och|lo|kra|tie *die; - ⟨gr.⟩:* (in der Antike abwertend) Herrschaft der Massen (als entartete Form der Demokratie); Pöbelherrschaft. **och|lo|kra|tisch:** die Ochlokratie betreffend

Och|lo|pho|bie *die; - ⟨gr.-nlat.⟩:* (Med., Psychol.) krankhafte Angst vor Menschenansammlungen

Och|ra|na *[ɔxˈraːna] die; - ⟨russ.; „Schutz"⟩:* politische Geheimpolizei im zaristischen Russland

Och|rea *[ˈoːkrea] die; -, Ochreae [...eɛ] ⟨lat.-nlat.⟩:* (Bot.) den Pflanzenstängel wie eine Manschette umhüllendes, tütenförmiges Nebenblatt

Och|ro|no|se *[ɔx...] die; -, -n ⟨gr.-nlat.⟩:* (Med.) Schwarzverfärbung von Knorpelgewebe u. Sehnen bei chronischer Karbolvergiftung

o|cker *⟨gr.-lat.-roman.⟩:* von der Farbe des Ockers; gelbbraun. **O|cker** *der* od. *das; -s, -:* a) zur Farbenherstellung verwendete, ihres Eisenoxidgehalts wegen an gelben Farbtönen reiche Tonerde; b) gelbbraune Malerfarbe; c) gelbbraune Farbe

Ock|ha|mis|mus *[ɔka..., auch: ɔke...] der; - ⟨engl.-nlat.⟩:* Lehre des englischen ↑ Scholastikers Wilhelm von Ockham

O|cki usw. vgl. Okki usw.

OCR *die; - ⟨Abk. für engl. Optical Character Recognition⟩:* (EDV) Vorgang des Umsetzens von [Schrift]zeichen aus der von optischen (bildhaften) Darstellung in eine Darstellung der Bedeutung (bes. im ↑ ASCII-Code); maschinelle Zeichenerkennung

Oc|tan vgl. Oktan

Oc|ta|va vgl. ottava

Oc|tu|or *[ɔkˈtyoːɐ̯] das; -s, -s ⟨lat.-fr.⟩:* franz. Bez. für: Oktett (1)

Od *das; -[e]s ⟨zu altnord. ōðr „Gefühl"; geprägt von dem dt. Naturphilosophen C. L. v. Reichenbach, 1780–1869⟩:* angeblich vom menschlichen Körper ausgestrahlte, das Leben lenkende Kraft

O|dal *das; -s, -e ⟨altnord.⟩:* Sippeneigentum eines adligen germanischen Geschlechts an Grund u. Boden

O|da|lis|ke *die; -, -n ⟨türk.-fr.⟩:* (hist.) europäische od. kaukasische Sklavin in einem türkischen Harem

Qdd|fel|low *[...loʊ] der; -s, -s, auch: Odd Fel|low der; - -s, - -s ⟨engl.⟩:* Mitglied einer (urspr. englischen) ordensähnlichen Gemeinschaft, die in Verfassung u. Bräuchen den Freimaurern verwandt ist

Qdds *die* (Plural) *⟨engl.⟩:* a) (Sport) engl. Bez. für: Vorgaben; b) das vom Buchmacher festgelegte Verhältnis des Einsatzes zum Gewinn (bei Pferdewetten)

O|de *die; -, -n ⟨gr.-lat.⟩:* 1. a) Chorgesangsstück der griechischen Tragödie; b) lyrisches Strophengedicht der Antike. 2. erhabene, meist reimlose lyrische Dichtung in kunstvollem Stil. 3. (Mus.) Odenkomposition nach antiken Versmaßen (15. u. 16. Jh.)

O|dei|on *das; -s,* Ode̲i̲a ⟨*gr.*⟩:
↑ Odeum

Ö|dem *das; -s, -e* ⟨*gr.;* „Schwellung, Geschwulst"⟩: (Med.) Gewebewassersucht; krankhafte Ansammlung von Flüssigkeit im Gewebe infolge von Eiweißmangel, Durchblutungsstörungen u. a.

ö|de|ma|tö̲s ⟨*gr.-nlat.*⟩: ödemartig verändert, ein Ödem aufweisend

O|de̲|on *das; -s, -s* ⟨*gr.-lat.-fr.*⟩:
↑ Odeum; Name für größere Bauten, in denen Filmvorführungen, Tanzveranstaltungen o. Ä. stattfinden

O|de̲|um *das; -s,* Ode̲en ⟨*gr.-lat.*⟩: im Altertum rundes, theaterähnliches Gebäude für musikalische u. schauspielerische Aufführungen

O|deur [oˈdøːɐ̯] *das; -s, -s* u. *-e* ⟨*lat.-fr.*⟩: a) wohlriechender Stoff, Duft; b) seltsamer Geruch

o|di|os u. **o|di̲ös** ⟨*lat.*⟩: gehässig, unausstehlich, widerwärtig.

O|di|o|si|tät *die; -, -en:* Gehässigkeit, Widerwärtigkeit

ö|di|pal ⟨*gr.-nlat.*⟩: vom Ödipuskomplex bestimmt

Ö̲|di|pus|kom|plex *der; -es* ⟨nach dem thebanischen König Ödipus, der, ohne es zu wissen, seine Mutter geheiratet hatte⟩: (Psychol.) zu starke Bindung eines Kindes zum gegengeschlechtlichen Elternteil, bes. des Knaben an die Mutter

O̲|di|um *das; -s* ⟨*lat.*⟩: (geh.) hassenswerter Makel; übler Beigeschmack, der einer Sache anhaftet

O|don|t|al|gi̲e *die; -, ...i̲en* ⟨*gr.*⟩: (Med.) Zahnschmerz

O|don|ti|tis *die; -, ...iti̲den:* Entzündung des Zahns od. des Zahnfleischs

O|don|to|bla̲st *der; -en, -en* (meist Plural) ⟨*gr.-nlat.*⟩: (Med.) Bildungszelle des Zahnbeins

o|don|to|gen: (Med.) von den Zähnen ausgehend (von Krankheiten)

O|don|to|glos|sum *das; -s:* tropische Orchidee mit Blüten an meist aufrechten Trauben od. Rispen (Gewächshaus- u. Zierpflanze)

O|don|to|lo̲|ge *der; -n, -n:* Wissenschaftler auf dem Gebiet der Odontologie; in der Forschung tätiger Zahnarzt. **O|don|to|lo̲|gi̲e** *die; -:* Zahnheilkunde; Zahnkunde. **O|don|to|lo̲|gin** *die; -, -nen:* weibliche Form zu ↑ Odontologe

O|don|tom *das; -s, -e:* (Med.) meist am Unterkiefer auftretende Geschwulst am Zahngewebe

O|don|to|me̲|ter *der; -s, -:* Hilfsmittel zur Ausmessung der Zähnung von Briefmarken; Zähnungsschlüssel

O|don|to|me̲t|ri̲e *die; -:* Verfahren zur Identifizierung [unbekannter] Toter durch Abnehmen eines Kieferabdrucks

O|don|t|or|ni|then *die* (Plural): ausgestorbene Vögel der Kreidezeit mit bezahntem Kiefer

O̲|dor *der; -s, ...o̲res* ⟨*lat.*⟩: (Med.) Geruch

o|do|ri̲e|ren: [fast] geruchsfreie Gase mit intensiv riechenden Substanzen anreichern. **O|do|rie̲|rung** *die; -, -en:* das Odorieren

O|dys|se̲e *die; -, ...se̲en* ⟨*gr.-lat.-fr.;* nach dem Epos Homers, in dem die abenteuerlichen Irrfahrten des Odysseus geschildert werden⟩: 1. lange Irrfahrt; lange, mit Schwierigkeiten verbundene Reise. 2. langer, mit Schwierigkeiten verbundener Prozess, mühevolle Aktion

OECD [oːeːt͡seːˈdeː] *die; -* ⟨Abk. f. *engl.* Organization for Economic Cooperation and Development⟩: Organisation für wirtschaftliche Zusammenarbeit und Entwicklung

Oe|co|tro|pho|lo̲|ge usw. vgl. Ökotrophologe usw.

Oe|no|the̲|ra *die; -, ...ren* ⟨*gr.-lat.*⟩: Nachtkerze; krautige Pflanze mit größeren gelben Blüten (wild wachsend, aber auch als Gartenstaude)

Oers|ted *das; -s, -* ⟨nach dem dän. Physiker H. Chr. Ørsted, 1777–1851⟩: (Phys.) Einheit der magnetischen Feldstärke im ↑ CGS-System; Zeichen: Oe

Oe|so|pha|gus vgl. Ösophagus

Œu|v|re [ˈøːvrə, fr.: œːvr] *das; -, -s* [ˈøːvrə, œːvr] ⟨*lat.-fr.*⟩: Gesamtwerk eines Künstlers

off ⟨*engl.*⟩: a) hinter der Bühne sprechend; b) außerhalb der Kameraeinstellung zu hören; Ggs. ↑ on. **Off** *das; -:* unsichtbar bleibender Bereich, Hintergrund (einer Bühne, der Kameraeinstellung o. Ä.); Ggs. ↑ On

Off|beat [ˈɔfbiːt, auch: ɔfˈbiːt] *der; -* ⟨*engl.*⟩: Technik der Rhythmik im Jazz, die die melodischen Akzente zwischen den einzelnen betonten Taktteilen setzt

Off|brands [ˈɔfbrɛnds] *die* (Plural) ⟨*engl.*⟩: Produkte ohne Markennamen; vgl. Nonameprodukt

of|fen|si̲v ⟨*lat.-nlat.*⟩: angreifend, den Angriff bevorzugend; Ggs. ↑ defensiv (a)

Of|fen|si̲v|al|li̲|anz *die; -, -en:* zum Zwecke eines Angriffs geschlossenes Bündnis

Of|fen|si̲|ve *die; -, -n:* a) [planmäßig vorbereiteter] Angriff [einer Heeresgruppe]; Ggs. ↑ Defensive; b) (ohne Plural; Sport) auf Angriff (Stürmen) eingestellte Spielweise

Of|fen|si̲vi|tät *die; -:* Neigung zu aktivem, die Offensive suchendem Verhalten; Ggs. ↑ Defensivität

Of|fe|rent *der; -en, -en* ⟨*lat.*⟩: jmd., der etwas anbietet, der eine Offerte macht. **Of|fe|ren|tin** *die; -, -nen:* weibliche Form zu ↑ Offerent

of|fe|rie̲|ren: anbieten, darbieten

Of|fert *das; -[e]s, -e* ⟨*lat.-fr.*⟩: (österr.) ↑ Offerte. **Of|fer|te** *die; -, -n:* schriftliches [Waren]angebot; Anerbieten

Of|fert|in|ge|ni̲|eur [...ɪnʒenjøːɐ̯] *der; -s, -e:* Sachbearbeiter für den Entwurf von detaillierten Angeboten bei großen Objekten, insbesondere in der Elektro- u. Werkzeugmaschinenbranche. **Of|fer|tin|ge|ni̲|eu|rin** *die; -, -nen:* weibliche Form zu ↑ Offertingenieur

Of|fer|to̲|ri|um *das; -s, ...ien* ⟨*lat.-mlat.*⟩: Darbringung von Brot u. Wein mit den dazugehörigen gesungenen Messgebeten, die die Konsekration (2) vorbereiten

¹Of|fice [ˈɔfis] *das; -, -s* [ˈɔfis] ⟨*lat.-fr.*⟩: (schweiz.) a) (selten) Büro; b) Anrichteraum [im Gasthaus]

²Of|fice [ˈɔfis] *das; -, -s* [...sɪz, auch: ...sɪs] ⟨*lat.-fr.-engl.*⟩: engl. Bez. für Büro

Of|fice|pro|gramm [ˈɔfis...] *das; -[e]s, -e:* Computerprogramm für Büro u. Verwaltung

Of|fi|ci|um *das; -s, ...cia* ⟨*lat.*⟩: lat. Form von ↑ Offizium

O

Of|fi|ci|um di|vi|num *das; - -*
⟨„Gottesdienst"⟩: ↑ Offizium (2)
Of|fiz *das; -es, -e:* (veraltet) ↑ Offizium (1)
Of|fi|zi|al *der; -s, -e ⟨lat.-mlat.⟩:*
1. Vertreter des [Erz]bischofs als Vorsteher des Offizialats.
2. (österr.) ein Beamtentitel
Of|fi|zi|a|lat *das; -[e]s, -e ⟨lat.-mlat.⟩:* [erz]bischöfliche kirchliche Gerichtsbehörde
Of|fi|zi|al|de|likt *das; -[e]s, -e:* (Rechtsw.) Straftat, deren Verfolgung von Amts wegen eintritt
Of|fi|zi|al|ma|xi|me *die; -* u. **Of|fi|zi|al|prin|zip** *das; -s:* (Rechtsw.) Verpflichtung des Gerichts, Ermittlungen in einer Sache über die von den Beteiligten vorgebrachten Tatsachen hinaus von Amts wegen anzustellen
Of|fi|zi|al|ver|tei|di|ger *der; -s, - ⟨lat.-mlat.; dt.⟩:* (Rechtsw.) Pflichtverteidiger in Strafsachen, der vom Gericht in besonderen Fällen bestellt werden muss. **Of|fi|zi|al|ver|tei|di|ge|rin** *die; -, -nen:* weibliche Form zu ↑ Offizialverteidiger
Of|fi|zi|ant *der; -en, -en ⟨lat.-mlat.⟩:* 1. (veraltet) Unterbeamter; Bediensteter. 2. einen Gottesdienst haltender katholischer Geistlicher
of|fi|zi|ell *⟨lat.-fr.⟩:* 1. amtlich, von einer Behörde, Dienststelle ausgehend, bestätigt; Ggs. ↑ inoffiziell (1). 2. feierlich, förmlich; Ggs. ↑ inoffiziell (2)
Of|fi|zier *der; -s, -e ⟨lat.-mlat.-fr.⟩:* 1. a) (ohne Plural) militärische Rangstufe, die Dienstgrade vom Leutnant bis zum General umfasst; b) Träger eines Dienstgrades innerhalb der Rangstufe der Offiziere. 2. (Schach) Schachfigur, die größere Beweglichkeit als die Bauern hat (z. B. Turm, Läufer, Springer).
Of|fi|zie|rin *die; -, -nen:* weibliche Form zu ↑ Offizier (1)
Of|fi|zier[s]|korps *[...ko:ɐ̯] das; -, - [...ko:ɐ̯s] ⟨lat.-mlat.-fr.; lat.-fr.⟩:* Gesamtheit der Offiziere [einer Armee]
Of|fi|zin *die; -, -en ⟨lat.-mlat.⟩:* 1. (veraltet) [größere] Buchdruckerei. 2. a) (veraltet) Apotheke; b) Arbeitsräume einer Apotheke
of|fi|zi|nal u. **of|fi|zi|nell** *(französierende Bildung):* arzneilich; als Heilmittel durch Aufnahme

in das amtliche Arzneibuch anerkannt; vgl. ...al/...ell
of|fi|zi|ös *⟨lat.-fr.⟩:* halbamtlich; nicht verbürgt. **Of|fi|zi|o|si|tät** *die; -, -en:* 1. (ohne Plural) Anschein der Amtlichkeit, des Offiziellen. 2. (veraltet) Dienstfertigkeit
Of|fi|zi|um *das; -s, ...ien ⟨lat.⟩:* 1. (veraltet) [Dienst]pflicht, Obliegenheit. 2. a) offizieller Gottesdienst der katholischen Kirche, im engeren Sinne das Stundengebet (auch als Chorgebet); b) katholisches Kirchenamt u. die damit verbundenen Pflichten eines Geistlichen
off li|mits *⟨engl.⟩:* Zutritt verboten
off|line *[ˈɔflain] ⟨engl.; eigtl. „ohne Verbindung"⟩:* (EDV) 1. getrennt von der Datenverarbeitungsanlage arbeitend, indirekt mit dieser gekoppelt (von bestimmten Geräten). 2. nicht ans Datennetz, nicht an das Internet angeschlossen; außerhalb des Datennetzes, des Internets; Ggs. ↑ online
Off|line|be|trieb *[ˈɔflain...] der; -[e]s, -e:* (EDV) Betriebsart von Geräten, die nicht od. nur indirekt mit einer Datenverarbeitungsanlage od. einem Netzwerk (z. B. dem Internet) verbunden sind
Off-off-Büh|ne *die; -, -n ⟨engl.; dt.⟩:* kleines Theater außerhalb des üblichen etablierten Theaterbetriebes, in dem mit meist jungen, aufgeschlossenen u. experimentierfreudigen Schauspielern Stücke meist unbekannter Autoren fantasiereich u. zu niedrigen Kosten gespielt werden
Off|road|er *[ˈɔfroudɐ] der; -s, -:* 1. ↑ Offroadfahrzeug. 2. jmd., der sich gern [in einem Offroadfahrzeug] im freien Gelände, in der Natur aufhält
Off|road|fahr|zeug *[ˈɔfrout...] das; -[e]s, -e:* Geländefahrzeug
off|shore *[ˈɔfʃoːɐ̯] ⟨engl.⟩:* in einiger Entfernung von der Küste
Off|shore|auf|trag *der; -[e]s, ...träge (meist Plural) ⟨engl.; dt.⟩:* Auftrag der USA (zur Lie-

ferung an andere Länder), der zwar von den Vereinigten Staaten finanziert, jedoch außerhalb der USA vergeben wird
Off|shore|boh|rung *die; -, -en:* von Plattformen aus durchgeführte Bohrung nach Erdöl od. Erdgas in Küstennähe
Off|shore|tech|nik *die; -:* Maßnahmen, Einrichtungen u. Verfahren, die der Exploration u. Gewinnung von Erdöl, Erdgas aus dem Meeresboden dienen
Off|shore|zen|t|rum *das; -s, ...tren:* (Wirtsch.) internationaler Finanzplatz für internationale Finanzgeschäfte von Banken u. Unternehmen
off|side *[...said] ⟨engl.⟩:* (bes. schweiz.) abseits (beim Fußball). **Off|side** *das; -s, -s:* (bes. schweiz.) Abseits (beim Fußball)
Off|stim|me, auch: **Off-Stim|me** *die; -, -n:* [kommentierende] Stimme aus dem Off
off|white *[...wait]:* weiß mit leicht grauem od. gelbem Schimmer
Ofir vgl. Ophir
O|ger *der; -s, - ⟨lat.-fr.⟩:* Menschen fressendes Ungeheuer (im Märchen)
o|gi|val *[auch: oʒi...] ⟨fr.⟩:* (selten) spitzbogig
O|gi|val|stil *der; -[e]s ⟨fr.; lat.⟩:* Baustil der [französischen] Gotik
O|gi|ven *[auch: oˈʒi:...] die* (Plural): bogenartige Texturformen (vgl. Textur 2) im Bereich der Gletscherzunge
o|gy|gisch *⟨gr.-lat.⟩:* nach dem sehr alten sagenhaften König von Theben, Ogygos⟩: (veraltet) sehr alt

---

...o|id

⟨zu *gr.* eĩdos „Aussehen, Gestalt, Form; Idee" → ...eidés „...förmig", in Verbindung mit dem Bindevokal oder Stammauslaut o⟩ Wortbildungselement für Adjektive und Substantive mit der Bedeutung „eine ähnliche Form aufweisend, ähnlich beschaffen oder aussehen":
- ellipsoid
- faschistoid
- Kristalloid
- paranoid
- Planetoid

O|i|di|um *das; -[s], ...ien* ⟨*gr.-nlat.*⟩: 1. Schimmelpilzgattung (z. B. Milchschimmel). 2. Entwicklungsform des Rebenmehltaus bei Ausbildung der ↑ Konidien. 3. (meist Plural; Bot.) sporenartige Dauerzelle bestimmter Pilze

oi|ko|ty|pisch [ɔy...] ⟨*gr.-nlat.*⟩: (Sprachw.) der grammatischen Struktur gemäß, im grammatischen Bau entsprechend (z. B. jmdm. geht ein Licht auf/ jmdm. geht ein Seifensieder auf)

Oil|dag [ˈɔıldæg] *das; -s* ⟨*engl.*⟩: graphithaltiges Schmieröl

Oi|no|choe [ɔynoˈço:ə, auch: ...ˈxo:ə] *die; -, -n* ⟨*gr.*⟩: altgriechische Weinkanne mit Henkel

Oi|re|ach|tas [ˈɛrəktıs] *das; -* ⟨*ir.*⟩: das Parlament der irischen Republik

o. k., O. K.: Abk. für okay

O|ka vgl. Okka

O|ka|pi *das; -s, -s* ⟨*afrik.*⟩: kurzhalsige, dunkelbraune Giraffe mit weißen Querstreifen an den Oberschenkeln

O|ka|ri|na *die; -, -s u. ...nen* ⟨*lat.-vulgärlat.-it.;* „Gänschen"⟩: kurze Flöte aus Ton od. Porzellan in Form eines Gänseeis (acht Grifflöcher)

o|kay [oˈke: od. oʊˈkeı] ⟨*engl.*⟩: (ugs.) 1. abgemacht, einverstanden. 2. in Ordnung, gut; Abk.: o. k. od. O. K.

O|kay *das; -[s], -s:* (ugs.) Einverständnis, Zustimmung

O|ke|a|ni|de *die; -, -n* ⟨*gr.-lat.*⟩: Meernymphe (Tochter des griechischen Meergottes Okeanos); vgl. Nereide

Ok|ka *die; -, -* ⟨*türk.*⟩: früheres türkisches Handels- u. Münzgewicht

Ok|ka|si|on *die; -, -en* ⟨*lat.(-fr.)*⟩: 1. (veraltet) Gelegenheit, Anlass. 2. (Wirtsch.) Gelegenheitskauf

Ok|ka|si|o|na|lis|mus *der; -, ...men* ⟨*lat.-nlat.*⟩: 1. (ohne Plural; Philos.) von R. Descartes ausgehende Theorie, nach der die Wechselwirkung zwischen Leib u. Seele auf direkte Eingriffe Gottes „bei Gelegenheit" zurückgeführt wird. 2. (Sprachw. veraltend) bei einer bestimmten Gelegenheit, in einer bestimmten Situation gebildetes (nicht lexikalisiertes) Wort

ok|ka|si|o|nell ⟨*lat.-fr.*⟩: gelegentlich, Gelegenheits...

Ok|ki usw. vgl. Occhi usw.

ok|klu|die|ren ⟨*lat.*⟩: verschließen

Ok|klu|si|on *die; -, -en:* 1. a) Verschließung, Verschluss; b) (Med.) normale Schlussbissstellung der Zähne. 2. (Meteor.) das Zusammentreffen von Kalt- u. Warmfront

ok|klu|siv ⟨*lat.-nlat.*⟩: die Okklusion betreffend. **Ok|klu|siv** *der; -s, -e:* (Sprachw.) Verschlusslaut (z. B. p)

ok|kult ⟨*lat.*⟩: verborgen, geheim (von übersinnlichen Dingen)

Ok|kul|tis|mus *der; -* ⟨*lat.-nlat.*⟩: Geheimwissenschaft; Lehren u. Praktiken, die sich mit der Wahrnehmung übersinnlicher Kräfte (z. B. Telepathie, Hellsehen, Materialisation) beschäftigen. **Ok|kul|tist** *der; -en, -en:* Anhänger des Okkultismus. **Ok|kul|tis|tin** *die; -, -nen:* weibliche Form zu ↑ Okkultist. **ok|kul|tis|tisch:** zum Okkultismus gehörend

Ok|kul|to|lo|ge *der; -n, -n* ⟨*lat.; gr.*⟩: Wissenschaftler auf dem Gebiet des Okkultismus. **Ok|kul|to|lo|gin** *die; -, -nen:* weibliche Form zu ↑ Okkultologe

Ok|kult|täl|ter *der; -s, -* ⟨*lat.; dt.*⟩: von abergläubischen Ideen geleitete Person, die sich als Wundertäter, Hellseher, Hexenbanner u. Ä. betätigt u. dabei gegen strafrechtliche Vorschriften verstößt

Ok|ku|pant *der; -en, -en* (meist Plural) ⟨*lat.*⟩: (abwertend) jmd., der fremdes Gebiet okkupiert; Angehöriger einer Besatzungsmacht. **Ok|ku|pan|tin** *die; -, -nen:* weibliche Form zu ↑ Okkupant

Ok|ku|pa|ti|on *die; -, -en:* 1. (abwertend) [militärische] Besetzung eines fremden Gebietes. 2. (Rechtsw.) Aneignung herrenlosen Gutes; vgl. ...ation/...ierung

Ok|ku|pa|tiv *das; -s, -e* ⟨*lat.-nlat.*⟩: (Sprachw.) Verb des Beschäftigtseins (z. B. lesen, tanzen)

ok|ku|pa|to|risch ⟨*lat.*⟩: die Okkupation betreffend

ok|ku|pie|ren ⟨*lat.*⟩: (abwertend) ein fremdes Gebiet [militärisch] besetzen. **Ok|ku|pie|rung** *die; -, -en:* (abwertend) das Okkupieren; vgl. ...ation/...ierung

Ok|kur|renz *die; -, -en* ⟨*lat.-engl.*⟩: (Sprachw.) das Vorkommen einer sprachlichen Einheit in einem ²Korpus (2), einem Text, einem Sprechakt

ok|no|phil ⟨*gr.*⟩: (Psychol.) aus Angst, verlassen zu werden, jmdn. mit seiner Liebe erdrückend; Ggs. ↑ philobat

---

öko..., Öko...

⟨zu *gr.* oikos „Haus; Haushaltung; Heimat"⟩
Wortbildungselement mit den Bedeutungen:
1. „Lebensraum, Umwelt":
– ökologisch
– Ökosystem
– Ökozid
Verkürzt aus ökologisch, ist **öko..., Öko...** in der Bedeutung „auf naturnahe Art und Weise erfolgend; der natürlichen Umwelt gerecht werdend; mit Umweltproblemen in Beziehung stehend" Bestandteil vieler Fremdwörter, wie z. B. in Ökobauer, Ökoprodukt und Ökosteuer.
2. „den Haushalt, die Wirtschaft betreffend":
– ökonomisch
– Ökotrophologie

Öko *der; -s, -s* ⟨Kurzw.⟩: (ugs. scherzh.) Anhänger der Ökologiebewegung

Ö|ko|ar|chi|tek|tur *die; -* ⟨*gr.*⟩: Architektur, die sich ökologisches (2) Bauen zur Aufgabe gemacht hat

Ö|ko|au|dit [...ɔ:dıt] *das od. der; -s, -s* ⟨*gr.; lat.-engl.*⟩: [unangekündigt durchgeführte] Betriebsprüfung von Industrieunternehmen nach ökologischen Gesichtspunkten, die deren Umweltverträglichkeit bewerten soll

Ö|ko|bank *die; -, -en:* Kreditinstitut zur Förderung von Umwelt- u. Friedensprojekten

Ö|ko|bi|lanz *die; -, -en:* Bilanz (2) aller Auswirkungen eines Produktes od. Verfahrens auf die Umwelt

Ö|ko|freak [...fri:k] *der; -s, -s:* (ugs.) jmd., der sich engagiert mit Umweltfragen auseinander setzt [u. bes. umweltbewusst lebt]

Ö|ko|ka|tas|t|ro|phe *die; -, -n:* Umweltkatastrophe

Ö|kol|la|bel [...le:b], engl.: ...leɪbl] *das;* -s, -s: Aufkleber od. Aufdruck auf [der Verpackung] einer Ware, der anzeigt, dass sie umweltverträglich erzeugt wurde

Ö|ko|lo|ge *der;* -n, -n ⟨*gr.-nlat.*⟩: Wissenschaftler, Fachmann auf dem Gebiet der Ökologie

Ö|ko|lo|gie *die;* -: 1. Wissenschaft von den Beziehungen der Lebewesen zu ihrer Umwelt. 2. Wechselbeziehungen zwischen den Lebewesen u. ihrer Umwelt; ungestörter Haushalt der Natur

Ö|ko|lo|gin *die;* -, -nen: weibliche Form zu ↑ Ökologe

ö|ko|lo|gisch: 1. die Ökologie (1) betreffend. 2. die Wechselbeziehungen zwischen den Lebewesen u. ihrer Umwelt betreffend

Ö|ko|nom *der;* -en, -en ⟨*gr.-lat.;* „Haushalter, Verwalter"⟩: (veraltend) a) Landwirt, Verwalter [landwirtschaftlicher Güter]; b) Wirtschaftswissenschaftler

Ö|ko|no|me|t|rie *die;* - ⟨*gr.-nlat.*⟩: Teilgebiet der Wirtschaftswissenschaft, auf dem mithilfe mathematisch-statistischer Methoden wirtschaftstheoretische Modelle u. Hypothesen auf ihren Realitätsgehalt, ihre Verifikation untersucht werden

Ö|ko|no|me|t|ri|ker *der;* -s, -: Wissenschaftler auf dem Gebiet der Ökonometrie. **Ö|ko|no|me|t|ri|ke|rin** *die;* -, -nen: weibliche Form zu ↑ Ökonometriker

ö|ko|no|me|t|risch: die Ökonometrie betreffend

Ö|ko|no|mie *die;* -, ...ien ⟨*gr.-lat.*⟩: 1. a) Wirtschaftswissenschaft; b) Wirtschaft; c) (ohne Plural) Wirtschaftlichkeit, sparsames Umgehen mit etwas, rationelle Verwendung od. Einsatz von etwas. 2. (veraltet) Landwirtschaft[sbetrieb]

Ö|ko|no|mie|rat *der;* -[e]s, ...räte: (österr.) a) (ohne Plural) Ehrentitel für einen verdienten Landwirt; b) Träger dieses Titels.

Ö|ko|no|mie|rä|tin *die;* -, -nen: weibliche Form zu ↑ Ökonomierat

Ö|ko|no|mik *die;* -: 1. Wirtschaftswissenschaft, Wirtschaftstheorie. 2. (regional veraltend) Produktionsweise od. ökonomische Struktur einer Gesellschaftsordnung. 3. Wirtschaftsverhältnisse eines Landes od.

eines Sektors der Volkswirtschaft

Ö|ko|no|min *die;* -, -nen: weibliche Form zu ↑ Ökonom

ö|ko|no|misch: a) die Wirtschaft betreffend; b) wirtschaftlich; c) sparsam

ö|ko|no|mi|sie|ren: ökonomisch gestalten, auf eine ökonomische Basis stellen. **Ö|ko|no|mi|sie|rung** *die;* -, -en: das Ökonomisieren

Ö|ko|no|mis|mus *der;* - ⟨*gr.-nlat.*⟩: Betrachtung der Gesellschaft allein unter ökonomischen (a) Gesichtspunkten. **Ö|ko|no|mist** *der;* -en, -en: (veraltet) Wirtschaftssachverständiger. **ö|ko|no|mis|tisch:** den Ökonomismus betreffend

Ö|ko|pax *der;* -, -e ⟨Kunstw. aus Ökologie u. *lat. pax* = Frieden⟩: (ugs.) Mitglied, Anhänger der Ökopaxbewegung

Ö|ko|pax|be|we|gung *die;* -: (ugs.) gemeinsames Vorgehen, loser Zusammenschluss von ²Alternativen, Mitgliedern von Bürgerinitiativen für Umweltschutz, Parteien, Friedensgruppen, Kirche u. kirchlichen Organisationen zur Bewahrung des Friedens u. Erhaltung der Umwelt

Ö|ko|pro|dukt *das;* -[e]s, -e: Erzeugnis, das aus umweltverträglicher Produktion od. aus umweltverträglichem Anbau stammt

Ö|ko|ra|ting [...reɪtɪŋ] *das;* -[s]: (Wirtsch.) Beurteilung von Unternehmen u. Kapitalanlageformen nach ökologischen Gesichtspunkten

Ö|ko|s|ko|pie *die;* -: Methode der Marktforschung, mit der im empirischen Untersuchungen objektive Marktgrößen (z. B. Güterqualität, -menge, -preis, Zahl u. Struktur der Anbieter, der Käufer usw.) erfasst werden

ö|ko|so|zi|al: eine Verbindung aus Umweltpolitik u. Sozialdemokratie darstellend

ö|ko|so|zi|a|lis|tisch: eine Verbindung aus Umweltpolitik u. Sozialismus darstellend

Ö|ko|so|zi|al|pro|dukt *das;* -[e]s, -e: Gesamtheit aller Leistungen und Belastungen für die Umwelt, die in einem bestimmten Zeitraum erbracht bzw. verursacht werden

Ö|ko|spon|so|ring *das;* -s: das Sponsern von Umweltprojekten

Ö|ko|steu|er *die;* -, -n: (Wirtsch.) an ökologischen Gesichtspunkten orientierte Steuer, z. B. auf Energie

Ö|ko|sys|tem *das;* -s, -e: aus Organismen und unbelebter Umwelt bestehende natürliche Einheit, die durch deren Wechselwirkung ein gleich bleibendes System bildet (z. B. See)

Ö|ko|top *das;* -s, -e: kleinste ökologische Einheit einer Landschaft

Ö|ko|tou|ris|mus [...tu...] *der;* -: Fremdenverkehr in ökologisch wichtige u. schützenswerte Gebiete mit minimaler Belastung der entsprechenden Ökosysteme

Ö|ko|tro|pho|lo|ge *der;* -n, -n: Wissenschaftler auf dem Gebiet der Ökotrophologie. **Ö|ko|tro|pho|lo|gie** *die;* -: Hauswirtschafts- u. Ernährungswissenschaft. **Ö|ko|tro|pho|lo|gin** *die;* -, -nen: weibliche Form zu ↑ Ökotrophologe

Ö|ko|ty|pus [auch: ...'ty:...] *der;* -, ...pen: (Biol.) Standortrasse (an einen bestimmten Standort angepasste Population von Pflanzen od. Tieren)

Ö|ko|zid *der* (auch: *das*); -[e]s, -e ⟨*gr.-nlat.; lat.*⟩: Störung des ökologischen Gleichgewichts durch Umweltverschmutzung

O|k|ra *die;* -, -s ⟨*afrik.*⟩: längliche Frucht einer Eibischart

O|k|rosch|ka *die;* - ⟨*russ.*⟩: in Russland eine kalte Suppe aus Fleisch, Eiern u. saurer Sahne

Ok|ta|chord [...'kɔrt] *das;* -[e]s, -e ⟨*gr.-lat.*⟩: (Mus.) achtsaitiges Instrument

Ok|ta|e|der *das;* -s, - ⟨*gr.*⟩: Achtflächner (meist regelmäßig). **ok|ta|e|d|risch:** das Oktaeder betreffend

Ok|ta|gon vgl. Oktogon

Ok|tan, chem. fachspr.: Octan *das;* -s ⟨*lat.-nlat.*⟩: gesättigter Kohlenwasserstoff mit acht Kohlenstoffatomen (in Erdöl und Benzin)

Ok|ta|na *die;* -: (Med.) jeden achten Tag wiederkehrender Fieberanfall

Ok|tant *der;* -en, -en ⟨*lat.*⟩: 1. Achtelkreis. 2. nautisches Winkelmessgerät

Ok|ta|n|zahl *die;* -, -en ⟨*lat.-nlat.;*

dt.): Maßzahl für die Klopffestigkeit der Motorkraftstoffe; Abk.: OZ

Ok|ta|teuch *der; -s* ⟨*gr.-mlat.*⟩: (in der griechischen Kirche) die acht ersten Bücher des Alten Testaments (1.– 5. Mose, Josua, Richter, Ruth)

¹Ok|tav *das; -s* ⟨*lat.*⟩: Achtelbogengröße (Buchformat); Zeichen: 8°, z. B. Lex.-8°

²Ok|tav *die; -, -en*: 1. (österr.) ↑ Oktave (1). 2. in der katholischen Liturgie die Nachfeier der Hochfeste Weihnachten, Ostern u. Pfingsten mit Abschluss am achten Tag

Ok|ta|va *die; -, ...ven* ⟨*lat.*⟩: (österr.) achte Klasse eines Gymnasiums

Ok|ta|va|ner *der; -s, -*: (österr.) Schüler einer Oktava. **Ok|ta|va|ne|rin** *die; -, -nen*: weibliche Form zu ↑ Oktavaner

Ok|ta|ve *die; -, -n* ⟨*lat.-mlat.*⟩: 1. (Mus.) achter Ton einer diatonischen Tonleiter vom Grundton an, wobei der Zusammenklang als Konsonanz (2) empfunden wird. 2. ↑ Ottaverime

Ok|tav|for|mat *das; -[e]s*: ↑ ¹Oktav

ok|ta|vie|ren ⟨*lat.-nlat.*⟩: auf Blasinstrumenten beim Überblasen in die Oktave überschlagen

Ok|tett *das; -[e]s, -e* ⟨*lat.-it.*⟩: 1. a) Komposition für acht solistische Instrumente od. (selten) für acht Solostimmen; b) Vereinigung von acht Instrumentalsolisten. 2. Achtergruppe von Elektronen in der Außenschale der Atomhülle

Ok|to|ber *der; -[s], -* ⟨*lat.*⟩: zehnter Monat im Jahr; Abk.: Okt.

Ok|to|b|rist *der; -en, -en* ⟨*lat.-russ.*⟩: Mitglied des „Verbandes des 17. Oktober", einer 1905 gegründeten russischen konstitutionellen Partei

Ok|t|o|de *die; -, -n* ⟨*gr.-nlat.*⟩: Elektronenröhre mit 8 Elektroden

Ok|to|de|ka|gon *das; -s, -e*: Achtzehneck

Ok|to|dez *das; -es, -e* ⟨*lat.-nlat.*⟩: Buchformat von Achtzehntelbogengröße

Ok|to|gon *das; -s, -e* ⟨*gr.-nlat.*⟩: a) Achteck; b) Gebäude mit achteckigem Grundriss. **ok|to-go|nal**: achteckig

Ok|to|nar *der; -s, -e* ⟨*lat.*⟩: (antike

Metrik) aus acht Versfüßen (rhythmischen Einheiten) bestehender Vers

ok|to|plo|id ⟨*gr.-nlat.*⟩: (Biol.) einen achtfachen Chromosomensatz enthaltend (von Zellen)

Ok|to|po|de *der; -n, -n* ⟨*gr.*⟩: achtarmiger Kopffüßer (z. B. Krake)

Ok|to|pus *der; -, ...poden* ⟨*gr.-nlat.*⟩: Gattung achtarmiger Kraken

Ok|t|roi [ɔk'troa] *der od. das; -s, -s* ⟨*lat.-mlat.-fr.*⟩: (hist.) a) an Handelsgesellschaften verliehenes Privileg; b) Steuer auf eingeführte Lebensmittel

ok|t|ro|y|lie|ren [...troa'ji:...]: 1. (veraltet) a) verleihen; b) (ein Gesetz) kraft landesherrlicher Machtvollkommenheit ohne die verfassungsgemäße Zustimmung der Landesvertretung erlassen. 2. aufdrängen, aufzwingen

o|ku|lar ⟨*lat.*⟩: 1. das Auge betreffend. 2. mit dem, für das Auge; dem Auge zugewandt. **O|ku|lar** *das; -s, -e*: dem Auge zugewandte Linse od. Linsenkombination eines optischen Gerätes

O|ku|lar|in|s|pek|ti|on *die; -, -en*: (Med.) Besichtigung mit bloßem Auge

O|ku|la|ti|on *die; -, -en* ⟨*lat.*⟩: Veredlung einer Pflanze durch Anbringen von Augen (noch fest geschlossenen Pflanzenknospen) einer hochwertigen Sorte, die mit Rindenstückchen unter die angeschnittene Rinde der zu veredelnden Pflanze geschoben werden

O|ku|li ⟨*lat.*; „Augen"⟩: Name eines dritten Fastensonntags nach dem alten Introitus des Gottesdienstes, Psalm 25, 15: „Meine Augen sehen stets zu dem Herrn"

o|ku|lie|ren: durch Okulation veredeln

O|ku|list *der; -en, -en* ⟨*lat.-nlat.*⟩: (veraltet) Augenarzt

Ö|ku|me|ne *die; -* ⟨*gr.-mlat.*⟩: a) die bewohnte Erde als natürlicher Lebens- u. Siedlungsraum; b) Gesamtheit der Christen; c) ökumenische Bewegung

ö|ku|me|nisch: allgemein, die ganze bewohnte Erde betreffend, Welt...; **ökumenische Bewegung**: allgemeines Zusammenwirken der christlichen Kirchen u. Konfessionen zur Ei-

nigung in Fragen des Glaubens u. der religiösen Arbeit

Ö|ku|me|nis|mus *der; -* ⟨*gr.-nlat.*⟩: Streben nach Einigung aller christlichen Konfessionen

Ok|zi|dent [auch: ...'dɛnt] *der; -s* ⟨*lat.*⟩: 1. Abendland (Europa). 2. (veraltet) Westen. **ok|zi|den|tal** u. **ok|zi|den|ta|lisch**: 1. abendländisch. 2. (veraltet) westlich

ok|zi|pi|tal ⟨*lat.-nlat.*⟩: (Med.) zum Hinterhaupt gehörend, es betreffend

O|la *die; -, -s*: ↑ La Ola

O|la|di *die* (Plural) ⟨*russ.*⟩: Hefepfannkuchen in Russland

Öl|dag [...dɛk] *das; -s* ⟨*dt.; engl.*⟩: ↑ Oildag

Old E|co|no|my ['ould i'kɔnəmi] *die; - -* ⟨*engl.*⟩: die traditionelle Wirtschaft u. ihre theoretische Grundlegung im Unterschied zur ↑ New Economy

Ol|die ['ouldi] *der; -s, -s* ⟨*engl.*⟩: a) alter, beliebt gebliebener Schlager, Song (1); b) (ugs.) jmd., der einer älteren Generation angehört; c) etwas, was einer vergangenen Zeit angehört

Old|red [ould'red] *der; -s* ⟨*engl.*⟩: (Geol.) roter Sandstein des ↑ Devons

Old|ti|mer ['ouldtaimɐ] *der; -s, -* ⟨*engl.*⟩: 1. altes, gut gepflegtes Modell eines Fahrzeugs (bes. Auto, aber auch Flugzeug, Schiff, Eisenbahn). 2. (scherzh.) jmd., der über lange Jahre bei einer Sache dabei war u. daher das nötige Wissen, die nötige Erfahrung hat

o|lé [o'le, o'le:] ⟨*span.*; aus *arab.* Allah = „der Gott"⟩: spanischer Ausruf mit der Bedeutung: los!, auf!, hurra!

O|lea: Plural von ↑ Oleum

O|le|an|der *der; -s, -* ⟨*mlat.-it.*⟩: Rosenlorbeer; immergrüner Strauch od. Baum aus dem Mittelmeergebiet mit rosa, weißen u. gelben Blüten

O|le|as|ter *der; -* ⟨*gr.-lat.*⟩: strauchige Wildform des Ölbaums

O|le|at *das; -[e]s, -e* ⟨*gr.-lat.-nlat.*⟩: Salz der Ölsäure

O|le|cra|non, auch: Olekranon *das; -[s], ...na* ⟨*gr.*⟩: (Anat.) Ellbogen, Ellbogenhöcker

O|le|fin *das; -s, -e* ⟨Kunstw.⟩: ungesättigter Kohlenwasserstoff mit einer od. mehreren Doppelbindungen im Molekül

O

Olle|in das; -s, -e ⟨gr.-lat.-nlat.⟩: ungereinigte Ölsäure

Olle|kra|non vgl. Olecranon

Olle|om das; -s, -e ⟨gr.-lat.-nlat.⟩: ↑ Oleosklerom

Olle|o|sa die (Plural) ⟨gr.-lat.⟩: (Med.) ölige Arzneimittel

Olle|o|skle|rom das; -s, -e ⟨gr.-lat.; gr.⟩: Öltumor; Geschwulst in der Haut infolge Bindegewebsreizung nach Einspritzung ölhaltiger Arzneimittel

Olle|o|tho|rax der; -[es], -e ⟨gr.-lat.; gr.⟩: Ersatz der Luft durch Ölfüllung beim künstlichen ↑ Pneumothorax

Olle|um das; -s, Olea ⟨gr.-lat.⟩: ölige Flüssigkeit, die sich u. a. zum Ätzen eignet; rauchende Schwefelsäure

Ol|fak|to|me|ter das; -s, - ⟨lat.; gr.⟩: (Med.) Gerät zur Prüfung des Geruchssinns

Ol|fak|to|me|t|rie die; -: (Med.) Messung der Geruchsempfindlichkeit

ol|fak|to|risch ⟨lat.⟩: (Med.) den Riechnerv betreffend

Ol|fak|to|ri|um das; -s, ...ien: (Med.) Riechmittel

Ol|fak|to|ri|us der; -, ...rii od. ...rien ⟨lat.; „riechend", Kurzbezeichnung für: Nervus olfactorius⟩: (Med.) Riechnerv

Olli|ba|num das; -s ⟨arab.-mlat.⟩: Gummiharz der Weihrauchbaumarten an der Küste des Roten Meeres, in Südarabien u. Somalia; Weihrauch

Olli|fant [auch: ...'fant] der; -[e]s, -e ⟨gr.-lat.-fr.; Name des elfenbeinernen Hifthorns Rolands in der Karlssage⟩: im Mittelalter reich verziertes Signalhorn

ollig..., Ollig... vgl. oligo..., Oligo...

Olli|ga|ki|s|u|rie die; - ⟨gr.-nlat.⟩: (Med.) seltenes Urinlassen

Olli|li|glä|mie die; -, ...ien: (Med.) Blutarmut infolge Verminderung der Gesamtblutmenge des Körpers

Olli|li|glarch der; -en, -en ⟨gr.⟩: a) Anhänger der Oligarchie; b) jmd., der mit wenigen anderen zusammen eine Herrschaft ausübt. Olli|li|glar|chie die; -, ...ien: Herrschaft einer kleinen Gruppe. Olli|li|glar|chin die; -, -nen: weibliche Form zu ↑ Oligarch. olli|li|glar|chisch: die Oligarchie betreffend

Olli|li|galse die; -, -n ⟨gr.-nlat.⟩: (Chem.) Zucker spaltendes Enzym

olli|li|go..., Olli|li|go...

olli|li|go..., Olli|li|go... vor Vokalen meist olig..., Olig... ⟨gr. olígos „wenig, gering, klein"⟩ Wortbildungselement mit der Bedeutung „wenig, gering, arm an ...":
– Oligämie
– Oligodontie
– Oligopol
– oligotroph

Olli|li|go|chä|ten die (Plural) ⟨gr.-nlat.⟩: (Zool.) Borstenwürmer (z. B. Regenwurm)

Olli|li|go|cho|lie [...ç...] die; -: (Med.) Gallenmangel (z. B. bei Leber und Gallenblasenkrankheiten)

Olli|li|go|chro|m|ä|mie [...kro...] die; -, ...ien: (Med.) Bleichsucht

Olli|li|go|dak|ty|lie die; -, ...ien: ↑ Ektrodaktylie

Olli|li|go|dip|sie die; -: (Med.) abnorm herabgesetztes Durstgefühl; vgl. Polydipsie

Olli|li|gl|o|don|tie die; -: (Med.) angeborene Fehlentwicklung des Gebisses, bei der weit weniger als (normalerweise) 32 Zähne ausgebildet werden

Olli|li|go|dy|na|mie die; -: (Chem.) entkeimende Wirkung von Metallionen (z. B. des Silbers) in Flüssigkeiten. olli|li|go|dy|na|misch: (Chem.) in kleinsten Mengen wirksam

Olli|li|go|fruk|to|se die, auch: Oligofructose die; -: ballaststofffreiche Fruktose (bes. als Bestandteil diätischer Nahrungsmittel)

Olli|li|go|glo|bu|lie die; - ⟨gr.; lat.-nlat.⟩: ↑ Oligozythämie

Olli|li|go|hyd|rä|mie die; -, ...ien: (Med.) Verminderung des Wassergehalts des Blutes

Olli|li|go|klas der; -[es], -e: ein Feldspat

Olli|li|go|me|nor|rhö die; -, -en: (Med.) zu seltene Monatsblutung

olli|li|go|mer: (Bot.) eine geringere als die normale Gliederzahl aufweisend (von Blütenkreisen)

olli|li|go|phag ⟨gr.⟩: (Zool.) in der Ernährung auf einige Futterpflanzen od. Beutetiere spezialisiert (von bestimmten Tieren). Olli|li|go|pha|gie die; -: (Zool.) Ernährungsweise oligophager Tiere

Olli|li|go|phre|nie die; -, ...ien: (Med.) auf erblicher Grundlage beruhender od. im frühen Kindesalter erworbener Intelligenzdefekt

Olli|li|go|pnoe die; - ⟨gr.-nlat.⟩: (Med.) verminderte Atmungsfrequenz

Olli|li|go|pol das; -s, -e: (Wirtsch.) Form des Monopols, bei der der Markt von einigen wenigen Großunternehmen beherrscht wird

Olli|li|go|po|list der; -en, -en: jmd., der einem Oligopol angehört. Olli|li|go|po|lis|tin die; -, -nen: weibliche Form zu ↑ Oligopolist. olli|li|go|po|lis|tisch: die Marktform des Oligopols betreffend

Olli|li|go|pl|son das; -s, -e: (Wirtsch.) das Vorhandensein nur weniger Nachfrager auf einem Markt

olli|li|go|se|man|tisch: (Sprachw.) nur wenige Bedeutungen habend; vgl. polysemantisch

Olli|li|go|si|al|lie die; -, ...ien: (Med.) verminderte Speichelabsonderung

Olli|li|go|sper|mie die; -: (Med.) starke Verminderung der Spermien im Ejakulat

Olli|li|go|tri|chie die; -, ...ien: (Med.) mangelnder Haarwuchs

olli|li|go|troph: (Biol.; Landw.) nährstoffarm (von Seen od. Ackerböden). Olli|li|go|tro|phie die; -: Nährstoffmangel

olli|li|go|zän: (Geol.) das Oligozän betreffend. Olli|li|go|zän das; -s: (Geol.) mittlere Abteilung des ↑ Tertiärs

Olli|li|go|zyt|hä|mie die; -, ...ien ⟨gr.; lat.-nlat.⟩: (Med.) starke Verminderung der roten Blutkörperchen im Blut

Olli|li|glu|rie die; -, ...ien ⟨gr.-nlat.⟩: (Med.) mengenmäßig stark verminderte Harnausscheidung

Olli|lim ⟨lat.; „ehemals"⟩: in der Fügung seit, zu Olims Zeiten: (scherzh.) seit, vor undenklicher Zeit

olli|liv ⟨gr.-lat.⟩: von dunklem, bräunlichem Gelbgrün

olli|li|ve die; -, -n: 1. a) Frucht des Ölbaumes, die Olivenöl liefert; b) Olivenbaum, Ölbaum. 2. (Anat.) olivenförmige Erhabenheit im verlängerten Mark. 3. Handgriff für die Verschlussvorrichtung an Fenstern, Türen o. Ä. 4. eine länglich runde Bernsteinperle. 5. (Med.) olivenförmiges Endstück verschiedener ärztlicher Instrumente od. Laborgeräte (z. B. eines Katheters)

O|li|ve|t|te *die; -, -n ⟨gr.-lat.-fr.⟩:* Koralle od. Glasperle, die früher in Afrika zum Tauschhandel verwendet wurde

O|li|vin *der; -s, -e ⟨gr.-lat.-nlat.⟩:* in ↑ prismatischen bis dicktaffigen Kristallen auftretendes glasig glänzendes, flaschengrün bis gelblich durchscheinendes Mineral

O|l|la po|d|ri|da *die; - -, -s -s ⟨span.⟩:* spanisches Gericht aus gekochtem Fleisch, Kichererbsen u. geräucherter Wurst

O|lymp *der; -s ⟨gr.-lat.; nach dem angenommenen Wohnsitz der altgriech. Götter auf dem Berg Olympos⟩:* 1. geistiger Standort, an dem sich jmd. weit über anderen zu befinden glaubt. 2. (ugs. scherzh.) oberster Rang, Galerieplätze im Theater od. in der Oper

O|lym|pia *das; -[s] (meist ohne Artikel) ⟨gr.; altgriech. Kultstätte in Olympia (Elis) auf dem Peloponnes⟩:* Olympische Spiele

O|lym|pi|a|de *die; -, -n ⟨gr.-lat.⟩:* 1. Zeitspanne von 4 Jahren, nach deren jeweiligem Ablauf im Griechenland der Antike die Olympischen Spiele gefeiert wurden. 2. a) Olympische Spiele; b) Wettbewerb (häufig in Zusammensetzungen wie z. B. Schlagerolympiade)

O|lym|pi|er *der; -s, - ⟨gr.-lat.; nach dem Wohnsitz der Götter auf dem nordgriech. Berg Olympos⟩:* 1. Beiname der griechischen Götter, bes. des Zeus. 2. erhabene Persönlichkeit; Gewaltiger, Herrscher in seinem Reich

O|lym|pi|o|ni|ke *der; -n, -n ⟨gr.-lat.; nach der altgriech. Kultstätte in Olympia (Elis) auf dem Peloponnes⟩:* 1. Sieger bei den Olympischen Spielen. 2. Teilnehmer an den Olympischen Spielen. **O|lym|pi|o|ni|kin** *die; -, -nen:* weibliche Form zu ↑ Olympionike

o|lym|pisch *⟨gr.-lat.⟩:* 1. göttergleich, hoheitsvoll, erhaben.

---

2. die Olympiade betreffend; **Olympische Spiele:** alle 4 Jahre stattfindende Wettkämpfe der Sportler aus aller Welt

om *⟨sanskr.⟩:* magische Silbe des ↑ Brahmanismus, die als Hilfe zur Befreiung in der Meditation gesprochen wird

O|m|a|g|ra *das; - ⟨gr.-nlat.⟩:* (Med.) Gichterkrankung eines Schultergelenks

O|m|al|gie *die; -, ...ien:* (Med.) [rheumatischer] Schulterschmerz

O|m|ar|th|ri|tis *die; -, ...iti̱den:* (Med.) Entzündung des Schultergelenks

O|ma|sus *der; - ⟨gall.-lat.⟩:* (Zool.) Blättermagen, Teil des Wiederkäuermagens, der den Nahrungsbrei nach dem Wiederkäuen aufnimmt

Om|b|ra|ge *[ŏ'bra:ʒə] die; - ⟨lat.-fr.⟩:* (veraltet) 1. Schatten. 2. Argwohn, Misstrauen, Verdacht

Om|b|ré *[ŏ'bre:] der; -[s], -s ⟨„schattiert"⟩:* Gewebe mit schattierender Farbstellung

om|b|ri|ert: schattiert (in Bezug auf verschwommene Farben in Textilien o. Ä.)

Om|b|ro|graph, auch: ...graf *der; -en, -en ⟨gr.-nlat.⟩:* (Meteor.) Regenschreiber, Gerät zum Aufzeichnen der Niederschlagsmenge

Om|b|ro|me|ter *das; -s, -:* (Meteor.) Regenmesser

om|b|ro|phil: (Biol.) Regen bzw. Feuchtigkeit liebend (von Tieren u. Pflanzen); Ggs. ↑ ombrophob

om|b|ro|phob: (Biol.) trockene Gebiete bevorzugend (von Tieren u. Pflanzen); Ggs. ↑ ombrophil

Om|buds|frau *die; -, -en ⟨schwed.; dt.⟩:* Frau, die die Rechte des Bürgers gegenüber den Behörden wahrnimmt. **Om|buds|mann** *der; -[e]s, ...männer (selten: ...leute):* Mann, der die Rechte des Bürgers gegenüber den Behörden wahrnimmt

O|me|ga *das; -[s], -s ⟨gr.⟩:* vierundzwanzigster (und letzter) Buchstabe des griechischen Alphabets (langes O): Ω, ω

O|me|lett *[ɔm'(ə)...] das; -[e]s, -e u. -s, auch (österr. u. schweiz. nur:) **O|me|lette** *[...'lɛt] die; -, -n ⟨fr.⟩:* Eierkuchen; **Omelette**

---

aux confitures: mit eingemachten Früchten od. Marmelade gefüllter Eierkuchen; **Omelette aux fines herbes:** Eierkuchen mit Kräutern; **Omelette soufflée:** Auflaufomelette

O|men *das; -s, - u. Omina ⟨lat.⟩:* (gutes od. schlechtes) Vorzeichen; Vorbedeutung

O|men|tum *das; -s, ...ta ⟨lat.⟩:* (Anat.) Teil des Bauchfells, das aus der schürzenartig vor dem Darm hängenden Bauchfellfalte (großes Netz) u. der Bauchfellfalte zwischen Magen u. unterem Leberrand (kleines Netz) besteht

O|mer|tà *[...'ta] die; - ⟨it.⟩:* Gesetz des Schweigens, Schweigepflicht, solidarisches Schweigen (in der Mafia)

O|mi|k|ron *das; -[s], -s ⟨gr.⟩:* fünfzehnter Buchstabe des griechischen Alphabets (kurzes O): O, o

O|mi|na: *Plural von* ↑ Omen

o|mi|nös *⟨lat.⟩:* a) von schlimmer Vorbedeutung, unheilvoll; b) bedenklich, verdächtig, anrüchig

O|mis|sa *die* (Plural) *⟨lat.⟩:* (veraltet) Fehlendes, Lücken, Ausgelassenes

O|mis|si|on *die; -, -en:* (veraltet) Aus-, Unterlassung, Versäumnis (z. B. der Annahmefrist einer Erbschaft)

O|mis|siv|de|likt *das; -[e]s, -e ⟨lat.-nlat.; lat.⟩:* (Rechtsw.) Begehung einer Straftat durch Unterlassung eines gebotenen Verhaltens

o|mit|tie|ren *⟨lat.⟩:* (veraltet) aus-, unterlassen

O|m|la|di|na *die; - ⟨serb.⟩:* (1848 gegründeter) serbischer Geheimbund zum Kampf für die Unabhängigkeit Serbiens

om ma|ni pad|me hum *⟨sanskr.⟩:* magisch-religiöse Formel des ↑ lamaistischen Buddhismus, die z. B. in Gebetsmühlen als unaufhörliches Gebet wirken soll

Om|ma|ti|di|um *das; -s, ...ien ⟨gr.-nlat.⟩:* (Zool.) Einzelauge eines Facettenauges

Om|ma|to|pho|ren *die* (Plural): (Zool.) hinteres, längeres Fühlerpaar der Schnecken

omnia ad ma|io|rem Dei glo|ri|am *⟨lat.⟩:* „alles zur größeren Ehre Gottes!" (Wahlspruch der Jesui-

O

ten, meist gekürzt zu: ad maiorem Dei gloriam); Abk.: O. A. M. D. G.

omnia mea mecum porto ⟨*lat.*⟩: „all meinen Besitz trage ich bei mir!" (lateinische Übersetzung eines Ausspruchs von Bias, einem der sieben Weisen Griechenlands, 625–540 v. Chr.)

Om|ni|bus *der; -ses, -se* ⟨*lat.-fr.;* „(Wagen) für alle"⟩: großer Kraftwagen mit vielen Sitzen zur Beförderung einer größeren Anzahl von Personen; Kurzform: Bus

Om|ni|en: *Plural* von ↑ Omnium

om|ni|po|tent ⟨*lat.*⟩: allmächtig, einflussreich. **Om|ni|po|tenz** *die; -*: a) göttliche Allmacht; b) absolute Machtstellung

om|ni|prä|sent: allgegenwärtig. **Om|ni|prä|senz** *die; -* ⟨*lat.-nlat.*⟩: Allgegenwart (Gottes)

Om|nis|zi|lenz *die; -*: Allwissenheit (Gottes)

Om|ni|um *das; -s, ...ien*: (Radsport) aus mehreren Bahnwettbewerben bestehender Wettkampf

Om|ni|um|ver|si|che|rung *die; -, -en* ⟨*lat.; dt.*⟩: einheitliche Versicherung verschiedener Risiken

om|ni|vor ⟨*lat.*; „alles verschlingend"⟩: (Zool.) sowohl pflanzliche wie tierische Nahrungsstoffe verdauend (von bestimmten Tieren). **Om|ni|vo|re** *der; -n, -n* (meist Plural): Allesfresser, von Pflanzen u. Tiernahrung lebendes Tier

Om|ni|zid *der od. das; -[e]s, -e*: das Sich-selbst-Töten der Menschheit, das Auslöschen ihrer eigenen Art, die Vernichtung allen menschlichen Lebens [durch Atomwaffen]

O|mo|dy|nie *die; -, ...ien* ⟨*gr.-nlat.*⟩: ↑ Omalgie

O|mo|pha|gie *die; -* ⟨*gr.-lat.*⟩: Verzehr des rohen Fleisches eines Opfertieres (um sich die Kraft des darin verkörperten Gottes anzueignen; z. B. im antiken Dionysoskult)

O|mo|pho|ri|on *das; -s, ...ien* ⟨*gr.*⟩: ↑ Pallium (3) der Bischöfe in der orthodoxen Kirche

Om|pha|cit vgl. Omphazit

Om|pha|li|tis *die; -, ...iti|den* ⟨*gr.-nlat.*⟩: (Med.) Nabelentzündung

Om|pha|los|ko|pie *die; -*: meditative Betrachtung des eigenen Nabels (vor allem im ↑ Hesychasmus)

Om|pha|zit [auch: ...'tsıt] *der; -s, -e* ⟨*gr.*⟩: ein Mineral, Teil des Gemenges bestimmter kristalliner Schiefer

Om|rah *die; -* ⟨*arab.*⟩: kleine Pilgerfahrt nach Mekka

O|mul *der; -s, Om|ule* ⟨*russ.*⟩: Renke, Felchenart des Baikalsees

on ⟨*engl.*⟩: auf der Bühne, im Fernsehbild beim Sprechen sichtbar; Ggs. ↑ off. **On** *das; -*: das Sichtbarsein eines Sprechers, Kommentators im Fernsehen, auf der Bühne; Ggs. ↑ Off

O|na|ger *der; -s, -* ⟨*gr.-lat.*⟩: 1. in Südwestasien heimischer Halbesel. 2. (hist.) römische Wurfmaschine

O|na|nie *die; -* ⟨*engl.*; Neubildung zum Namen der biblischen Gestalt Onan)⟩: geschlechtliche Selbstbefriedigung durch manuelles Reizen der Geschlechtsorgane; ↑ Masturbation

o|na|nie|ren: durch Manipulationen an den Geschlechtsorganen [sich selbst] sexuell erregen, zum Orgasmus bringen; ↑ masturbieren

O|na|nist *der; -en, -en*: jmd., der onaniert. **O|na|nis|tin** *die; -, -nen*: weibliche Form zu ↑ Onanist. **o|na|nis|tisch:** die Onanie betreffend

On-Board-Di|ag|no|se [ɔn'bɔ:d...] *die; -, -n* ⟨*engl.; gr.-fr.*⟩: Eigendiagnose bei elektronischen Motorsteuerungen von Kraftfahrzeugen zur Überwachung aller Bauteile u. Systeme des Motors

On|boar|ding [ɔn'bɔ:dıŋ] *das; -s* ⟨*engl.*; eigtl. „das An-Bord-Nehmen"⟩: Einführung eines neuen Mitarbeiters in seinen Arbeits- bzw. Einsatzbereich

On|cho|zer|ko|se [ɔnço...] *die; -, -n* ⟨*gr.-nlat.*⟩: (Med.) Krankheit, die durch einen Wurm ausgelöst wird, der durch den Stich einer infizierten afrikanischen Kriebelmücke übertragen wird u. dann ins Auge wandert, was zur Erblindung u. später meist zum Tode führt; Flussblindheit

on|deg|gia|men|to [ɔndedʒa...] u. **on|deg|gian|do** ⟨*lat.-it.*; „wogend"⟩: (Mus.) auf Streichinstrumenten durch regelmäßige Druckverstärkung u. -verminderung des Bogens den Ton rhythmisch an- u. abschwellen lassend

Ondes Mar|te|not [ɔ̃dmartə'no] *die* (Plural) ⟨*fr.*; nach dem Franzosen M. Martenot⟩: (1928 konstruiertes) hochfrequentes, elektroakustisches Musikinstrument

On|dit [ɔ̃'di:] *das; -[s], -s* ⟨*fr.*; „man sagt"⟩: Gerücht

On|du|la|ti|on *die; -, -en* ⟨*lat.-fr.*⟩: das Wellen der Haare mit einer Brennschere

On|du|lé [ɔ̃dy'le:] *der; -[s], -s*: Gewebe mit wellig gestalteter Oberfläche

on|du|lie|ren: (Haare) [mit einer Brennschere] wellen

O|nei|ris|mus *der; -* ⟨*gr.-nlat.*⟩: (Med.) als real empfundene traumähnliche ↑ Halluzinationen bei Vergiftungen, Infektionskrankheiten u. nach seelischen Erschütterungen

O|nei|r|o|dy|nia *die; -* ⟨*gr.-nlat.*⟩: (Med.) Albdrücken; nächtliche Unruhe

O|nei|ro|man|tie *die; -*: (veraltet) Traumdeutung

One-Man-Show ['wʌn'mænʃoʊ] *die; -, -s* ⟨*engl.*⟩: Show, die ein Unterhaltungskünstler allein bestreitet

One-Night-Stand ['wʌn'naıtstænd] *der; -s, -s* ⟨*engl.*⟩: flüchtiges sexuelles Abenteuer (für eine einzige Nacht)

O|ne|ra: *Plural* von ↑ Onus

o|ne|rie|ren ⟨*lat.*⟩: (veraltet) belasten, aufbürden

o|ne|ros u. **o|ne|rös:** (veraltet) beschwerlich, mühevoll

One|step ['wanstɛp] *der; -s, -s* ⟨*engl.*⟩: aus Nordamerika stammender schneller Tanz im $^2/_4$-od. $^6/_8$-Takt (seit 1900)

on|ga|re|se [ɔŋga...] u. **on|gha|re|se** ⟨*it.*⟩: (Mus.) ungarisch

O|ni|o|ma|nie *die; -* ⟨*gr.-nlat.*⟩: (Med.) krankhafter Kauftrieb

---

on|ko..., On|ko...

⟨zu *gr.* ógkos „groß an Umfang, geschwollen"⟩
Wortbildungselement mit der Bedeutung „Geschwulst":
– onkogen
– Onkogenese
– Onkologe

---

on|ko|gen ⟨*gr.-nlat.*⟩: (Med.) eine bösartige Geschwulst erzeugend. **On|ko|gen** *das; -s, -e*: (Med.) Gen, das die Entstehung von bösartigen Geschwülsten bewirken kann

On|ko|ge|ne|se *die; -, -n:* (Med.) Entstehung von [bösartigen] Geschwülsten

On|ko|lo|ge *der; -n, -n:* (Med.) Arzt mit speziellen Kenntnissen auf dem Gebiet der Geschwulstkrankheiten. **On|ko|lo|gie** *die; -:* Teilgebiet der Medizin, das sich mit den Geschwülsten befasst. **On|ko|lo|gin** *die; -, -nen:* weibliche Form zu ↑ Onkologe. **on|ko|lo|gisch:** die Onkologie betreffend

On|ko|ly|se *die; -, -n:* Auflösung von Geschwulstzellen durch Injektionen spezifischer Substanzen. **on|ko|ly|tisch:** die Onkolyse betreffend

On|kor|na|vi|rus *das* (auch: *der*); -, ...ren (meist Plural) ⟨Kurzw. aus *Onko..., RNA* = engl. Abk. für *Ribonukleinsäure* u. *Virus*⟩: geschwulstbildender Ribonukleinsäurevirus

On|ko|s|phae|ra [...'sfɛ:ra] *die; -, ...ren:* Hakenlarve der Bandwürmer

On|ko|vi|ren *die* (Plural): (Med.) zu den Retroviren gehörende Viren, deren Vertreter u. a. Leukämien, Sarkome u. Leukosen bei Wirbeltieren verursachen können

on|line ['ɔnlai̯n] ⟨*engl.;* „in Verbindung"⟩: (EDV) 1. in direkter Verbindung mit der Datenverarbeitungsanlage arbeitend (von bestimmten Geräten). 2. ans Datennetz, an das Internet angeschlossen; innerhalb des Datennetzes, des Internets; Ggs. ↑ offline

On|line|ban|king [...bæŋkɪŋ] *das; -[s]:* computergestützte Abwicklung von Bankgeschäften

On|line|be|trieb *der; -[e]s, -e:* (EDV) Betriebsart von Geräten, die direkt mit einer Datenverarbeitungsanlage od. einem Netzwerk (z. B. dem Internet) verbunden sind

On|line|bro|ker [...broʊkɐ] *der; -s, -* ⟨*engl.*⟩: jmd., der seine Börsengeschäfte über ein Datennetz (z. B. Internet) abwickelt. **On|line|bro|ke|rin** *die; -, -nen:* weibliche Form zu ↑ Onlinebroker

On|line|dienst *der; -[e]s, -e:* Telekommunikationsdienst, bei dem Text-, Ton-, Bild- u. Videoinformationen im Onlinebetrieb über Datennetze (bes. über das Telefonnetz) übertragen werden

On|line|pu|b|li|shing [...'pʌblɪʃɪŋ] *das; -s* ⟨*engl.*⟩: das Publizieren von Verlagserzeugnissen über Datennetze

On|line|shop|ping [...ʃɔpɪŋ] *das; -s:* das Einkaufen per Bestellung über das Internet

Ö|no|lo|ge *der; -n, -n* ⟨*gr.-nlat.*⟩: Fachmann auf dem Gebiet der Önologie. **Ö|no|lo|gie** *die; -:* Wein[bau]kunde. **Ö|no|lo|gin** *die; -, -nen:* weibliche Form zu ↑ Önologe. **ö|no|lo|gisch:** die Önologie betreffend

Ö|no|ma|nie *die; -, ...ien:* ↑ Delirium tremens

O|no|man|tie *die; -* ⟨*gr.-nlat.*⟩: früher übliche Wahrsagerei aus Namen

O|no|ma|si|o|lo|gie *die; -:* Teilgebiet der Sprachwissenschaft, das sich damit befasst, wie Dinge, Wesen u. Geschehnisse sprachlich bezeichnet werden; Bezeichnungslehre. **o|no|ma|si|o|lo|gisch:** die Onomasiologie betreffend

O|no|mas|tik *die; -* ⟨*gr.*⟩: (Sprachw.) Wissenschaft von den Eigennamen, Namenkunde

O|no|mas|ti|kon *das; -s, ...ken* u. ...ka: 1. in der Antike od. im Mittelalter erschienenes Namen- od. Wörterverzeichnis. 2. [kürzeres] Gedicht auf den Namenstag einer Person

O|no|ma|to|lo|gie *die; -:* ↑ Onomastik

O|no|ma|to|ma|nie *die; -* ⟨*gr.-nlat.*⟩: (Med.) a) krankhafter Zwang zur Erinnerung an bestimmte Wörter od. Begriffe; b) krankhafter Zwang zum Aussprechen bestimmter [obszöner] Wörter

O|no|ma|to|po|e|sie *die; -:* ↑ Onomatopöie

O|no|ma|to|po|e|ti|kon *das; -s, ...ka* u. **O|no|ma|to|po|e|ti|kum** *das; -s, ...ka:* Klänge nachahmendes, lautmalendes Wort

o|no|ma|to|po|e|tisch: die Onomatopöie betreffend; lautmalend

o|no|ma|to|pö|e|tisch: ↑ onomatopoetisch

O|no|ma|to|pö|ie *die; -, ...ien* ⟨*gr.-lat.*⟩: a) Laut-, Schallnachahmung, Lautmalerei bei der Bildung von Wörtern (z. B. grun-

zen, bauz); b) Wortbildung des Kleinkindes durch Lautnachahmung (z. B. Wauwau)

Ö|no|me|ter *das; -s, -* ⟨*gr.-nlat.*⟩: Messinstrument zur Bestimmung des Alkoholgehaltes des Weins

Ö|norm *die; -* ⟨Kurzw. aus: Österreichische *Norm*⟩: österreichische Industrienorm

on parle français [ɔ̃parlfrɑ̃'sɛ] ⟨*fr.;* „man spricht Französisch"⟩: hier wird Französisch gesprochen, hier spricht man Französisch (als Hinweis z. B. für Kunden in einem Geschäft)

on the road [ɔn ðə 'roʊd] ⟨*engl.*⟩: unterwegs

on the rocks [ɔn ðə 'rɔks] ⟨*engl.;* „auf den Felsblöcken"⟩: mit Eiswürfeln (von Getränken)

on|tisch ⟨*gr.*⟩: (Philos.) als seiend, unabhängig vom Bewusstsein existierend verstanden, dem Sein nach

On|to|ge|ne|se *die; -* ⟨*gr.-nlat.*⟩: (Biol.) die Entwicklung des Individuums von der Eizelle zum geschlechtsreifen Zustand. **on|to|ge|ne|tisch:** die Entwicklung des Individuums betreffend

On|to|ge|nie *die; -:* ↑ Ontogenese. **on|to|ge|nisch:** ↑ ontogenetisch

On|to|lo|ge *der; -n, -n:* (Philos.) Vertreter ontologischer Denkweise. **On|to|lo|gie** *die; -:* Lehre vom Sein, den Ordnungs-, Begriffs- u. Wesensbestimmungen des Seienden. **On|to|lo|gin** *die; -, -nen:* weibliche Form zu ↑ Ontologe. **on|to|lo|gisch:** die Ontologie betreffend

On|to|lo|gis|mus *der; -:* (Philos.) von Malebranche (17. Jh.) u. bes. von italienischen katholischen Philosophen im 19. Jh. wieder aufgenommene Anschauung der Erkenntnislehre des Descartes u. des ↑ Okkasionalismus, wonach alles endliche Seiende, auch Bewusstsein u. menschlicher Geist, als nur scheinbare Ursächlichkeit verstanden wird u. seine eigentliche Ursache in Gott als dem ersten Sein hat

On|to|so|phie *die; -:* Bezeichnung von J. Clauberg für ↑ Ontologie

Q|nus *das; -,* Qnera ⟨*lat.*⟩: (Rechtsw. veraltet) Last, Bürde, Auflage, Verbindlichkeit

O|ny|ch|a|tro|phie *die; -* ⟨*gr.-nlat.*⟩:

O

(Med.) Verkümmerung der Nägel

O|ny|chie *die; -, ...ien:* (Med.) Nagelbettentzündung

O|ny|cho|g|ry|po|se *die; -, -n:* (Med.) krallenartige Verbildung der Nägel

O|ny|cho|ly|se *die; -:* (Med.) Ablösung des Nagels vom Nagelbett

O|ny|cho|ma|de|se *die; -:* (Med.) Ausfall aller Nägel

O|ny|cho|my|ko|se *die; -, -n:* (Med.) Pilzerkrankung der Nägel

O|ny|cho|pha|gie *die; -, ...ien:* (Med.) Nägelkauen

O|ny|cho|se *die; -, -n:* (Med.) Nagelkrankheit

O|nyx *der; -[es], -e ⟨gr.-lat.⟩:* 1. Halbedelstein, Abart des Quarzes. 2. (Med.) Hornhautabszess von der Form eines Nagels

O|nyx|glas *das; -es ⟨gr.-lat.; dt.⟩:* unregelmäßig geädertes, farbiges Kunstglas

Onze et de|mi [özed(ə)'mi] *das; - - - ⟨fr.;* "elfeinhalb"⟩: französisches Kartenglücksspiel

O|o|ga|mie *die; - ⟨gr.-nlat.⟩:* (Biol.) Vereinigung einer großen unbeweglichen Eizelle mit einer kleinen, meist beweglichen männlichen Geschlechtszelle

O|o|ge|ne|se *die; -, -n:* (Med.; Biol.) Entwicklung des Eis vom Keimepithel bis zum reifen Ei. **o|o|ge|ne|tisch:** die Oogenese betreffend

O|o|go|ni|um *das; -s, ...ien:* (Bot.) Bildungsstelle der Eizelle niederer Pflanzen

O|o|lid *das; -[e]s, -e:* (Geol.) kleines rundes Gebilde aus Kalk od. Eisenverbindungen, das sich schwebend in bewegtem Wasser bilden kann

O|o|ki|net *der; -en, -en:* parasitisches Sporentierchen (z. B. Malariaerreger) in einem bestimmten Entwicklungsstadium

O|o|lem|ma *das; -s, ...mmen od. -ta:* (Biol.; Med.) die Eizelle umhüllende Zellmembran

O|o|lith [auch: ...'lɪt] *der; -s u. -en, -e[n]:* ein aus Ooiden zusammengesetztes Gestein. **o|o|li|thisch** [auch: ...'lɪt...]: in Oolithen abgelagert

O|o|lo|gie *die; -:* Eierkunde (Zweig der Vogelkunde)

O|o|my|ze|ten *die* (Plural): (Bot.)

Ordnung der Algenpilze mit zahlreichen Pflanzenschädlingen

O|o|pho|r|ek|to|mie *die; -, ...ien:* ↑ Ovariektomie

O|o|pho|ri|tis *die; -, ...itiden:* (Med.) Eierstockentzündung

o|o|pho|ro|gen: (Med.) von den Eierstöcken ausgehend (z. B. von Unterleibserkrankungen)

O|g|pho|ron *das; -s:* (Med.) Eierstock

O|o|plas|ma *das; -s:* (Biol.) Plasma (1) der Eizelle

O|o|ze|pha|lie *die; -, ...ien:* ↑ Sphenozephalie

O|o|zo|id *das; -[e]s, -e:* (Biol.) aus einem Ei entstandenes Individuum (bes. bei den ↑ Tunikaten)

O|o|zyt *der; -en, -en u.* **O|o|zy|te** *die; -, -n:* (Biol.) unreife Eizelle

OP [o'pe:] *der; -[s], -[s]:* Kurzw. für: Operationssaal

o|pak ⟨*lat.*⟩: undurchsichtig, lichtundurchlässig

O|pal *der; -s, -e ⟨sanskr.-gr.-lat.⟩:* 1. glasig bis wächsern glänzendes, milchig weißes od. verschiedenfarbiges Mineral, das in einigen farbenprächtigen Spielarten auch als Schmuckstein verwendet wird. 2. (ohne Plural) feines Baumwollgewebe von milchigem Aussehen. **o|pa|len:** a) aus Opal bestehend; b) durchscheinend wie Opal

o|pa|les|zent: Opaleszenz aufweisend, opalisierend. **O|pa|les|zenz** *die; - ⟨sanskr.-gr.-lat.-nlat.⟩:* opalartiges, rötlich bläuliches Schillern. **o|pa|les|zie|ren:** Opaleszenz zeigen

O|pal|glas *das; -es ⟨sanskr.-gr.-lat.-nlat.; dt.⟩:* schwach milchiges, opalisierendes Glas

o|pa|li|sie|ren ⟨*sanskr.-gr.-lat.-nlat.*⟩: in Farben schillern wie ein Opal

O|pan|ke *die; -, -n ⟨serb.⟩:* sandalenartiger Schuh mit am Unterschenkel kreuzweise gebundenem Lederriemen

Op-Art *die; - ⟨engl; Kurzw. aus optical art⟩:* moderne illusionistisch dekorative Kunstrichtung (mit starkem Einfluss auf die Mode), die durch geometrische Abstraktionen (in hart konturierten Farben) charakterisiert ist

Op-Ar|tist *der; -en, -en:* (Jargon) Vertreter der Op-Art. **Op-Ar|tis-**

tin *die; -, -nen:* weibliche Form zu ↑ Op-Artist

O|pa|zi|tät *die; - ⟨lat.⟩:* (Optik) Undurchsichtigkeit

O|pen ['oʊp(ə)n] *das; -s, - ⟨engl.⟩:* (Jargon) offener Wettbewerb, offene Meisterschaft

O|pen|air|fes|ti|val [oʊp(ə)n'ɛ:ɐ̯-festivəl], auch: **O|pen-Air-Fes|ti|val** *das; -s, -s:* im Freien stattfindende kulturelle Großveranstaltung (für Folklore, Popmusik o. Ä.)

o|pen end ['oʊp(ə)n 'ɛnd]: ohne ein vorher auf einen bestimmten Zeitpunkt festgesetztes Ende

O|pen|end|dis|kus|si|on, auch: **O|pen-End-Dis|kus|si|on** *die; -, -en ⟨engl.; lat.⟩:* Diskussion, deren Ende nicht durch einen vorher festgesetzten Zeitpunkt festgelegt ist

O|pe|ning *das; -s, -s ⟨engl.⟩:* (Jargon) einleitender Teil, Anfangs-, Eröffnungsszene

O|pen|shop [oʊp(ə)n'ʃɔp] *der; -[s], -s, auch:* **O|pen Shop** *der; - -[s], - -s ⟨engl.⟩:* 1. (EDV) Betriebsart eines Rechenzentrums, bei der der Benutzer, der die Daten anliefert u. die Resultate abholt, zur Datenverarbeitungsanlage selbst Zutritt hat; Ggs. ↑ Closedshop (1). 2. in England u. in den USA ein Unternehmen, für dessen Betriebsangehörige kein Gewerkschaftszwang besteht; Ggs. ↑ Closedshop (2)

O|per *die; -, -n ⟨lat.-it.⟩:* 1. a) (ohne Plural) Gattung von musikalischen Bühnenwerken mit Darstellung einer Handlung durch Gesang (Soli, Ensembles, Chöre) u. Instrumentalmusik; b) einzelnes Werk dieser Gattung. 2. (ohne Plural) a) Opernhaus; b) Opernhaus als kulturelle Institution; c) Mitglieder, Personal eines Opernhauses

¹O|pe|ra: *Plural* von ↑ Opus

²O|pe|ra *die; -, ...re ⟨lat.-it.⟩:* italien. Bez. für Oper

o|pe|ra|bel ⟨*lat.-fr.*⟩: 1. (Med.) operierbar. 2. so beschaffen, dass damit gearbeitet, operiert werden kann. **O|pe|ra|bi|li|tät** *die; -:* (Med.) operable (1) Beschaffenheit; Operierbarkeit

O|pe|ra buf|fa *die; - -, ...re ...ffe ⟨lat.-it.⟩:* heitere, komische Oper (als Gattung)

Ophiuroiden

O|pé|ra co|mique [ɔperakɔ'mik] *die; - -, -s -s* [ɔperakɔ'mik] ⟨*lat.-it.-fr.*⟩: 1. a) (ohne Plural) Gattung der mit gesprochenen Dialogen durchsetzten Spieloper; b) einzelnes Werk dieser Gattung. 2. a) Haus, Institut, in dem solche Opern gespielt werden; b) Mitglieder, Personal dieses Instituts

O|pe|ra e|ro|i|ca *die; - -, ...re eroiche* [- ...kɐ] ⟨*lat.-it.*⟩: Heldenoper (als Gattung)

O|pe|rand *der; -en, -en* ⟨*lat.*⟩: Information, die der Computer mit anderen zu einer bestimmten Operation (4b) verknüpft

o|pe|rant ⟨*lat.-engl.*⟩: eine bestimmte Wirkungsweise in sich habend; **operante Konditionierung:** (Psychol.; Soziol.) Veränderung bestimmter Verhaltensweisen durch Verknüpfung von Situationsgegebenheiten mit Verhaltensweisen, die Belohnungen od. Bestrafungen nach sich ziehen; **operantes Verhalten:** (Psychol.; Soziol.) Reaktion, die nicht von einem auslösenden Reiz abhängt, sondern von den Auswirkungen dieser Reaktion

O|pe|ra se|mi|se|ria *die; - -, ...re ...rie* ⟨*lat.-it.*⟩: teils ernste, teils heitere Oper (als Gattung)

O|pe|ra se|ria *die; - -, ...re ...rie* ⟨*lat.-it.*⟩: ernste, große Oper (als Gattung)

O|pe|ra|teur [...'tø:ɐ] *der; -s, -e* ⟨*lat.-fr.*⟩: 1. Arzt, der eine Operation vornimmt. 2. (veraltend) a) Kameramann (bei Filmaufnahmen); b) Vorführer (in Lichtspieltheatern); c) Toningenieur. 3. (selten) ↑ Operator (1).

O|pe|ra|teu|rin [...'tø:rɪn] *die; -, -nen:* weibliche Form zu ↑ Operateur

O|pe|ra|ting ['ɔpəreɪtɪŋ] *das; -s* ⟨*engl.*⟩: das Bedienen (von Maschinen, Computern o. Ä.)

O|pe|ra|ti|on *die; -, -en* ⟨*lat.*⟩: 1. (Med.) chirurgischer Eingriff. 2. zielgerichtete Bewegung eines [größeren] Truppen- od. Schiffsverbandes mit genauer Abstimmung der Aufgabe der einzelnen Truppenteile od. Schiffe. 3. a) (Math.) Lösungsverfahren; b) wissenschaftlich nachkontrollierbares Verfahren, nach bestimmten Grundsätzen vorgenommene Proze-

dur. 4. a) Handlung, Unternehmung, Verrichtung; Arbeits-, Denkvorgang; b) (EDV) Durchführung eines Befehls (von Computern)

o|pe|ra|ti|o|na|bel: sich operationalisieren lassend

o|pe|ra|ti|o|nal ⟨*lat.-nlat.*⟩: sich durch Operationen (4a) vollziehend, verfahrensbedingt; vgl. ...al/...ell

o|pe|ra|ti|o|na|li|sie|ren: 1. (Soziol.) Begriffe präzisieren, standardisieren durch Angabe der Operationen (4a), mit denen der durch den Begriff bezeichnete Sachverhalt erfasst werden kann, od. durch Angabe der Indikatoren (der messbaren Ereignisse), die den betreffenden Sachverhalt anzeigen. 2. in der Curriculumforschung (vgl. Curriculum) Lernziele durch einen Ausbildungsgang in Verhaltensänderungen der Lernenden übersetzen, die durch Tests o. Ä. zu überprüfen sind

o|pe|ra|ti|o|na|lis|mus *der; -:* Wissenschaftstheorie, nach der wissenschaftliche Aussagen nur dann Gültigkeit haben, wenn sie sich auf physikalische Operationen (4a) zurückführen lassen; vgl. Operativismus

o|pe|ra|ti|o|nell: ↑ operational; vgl. ...al/...ell

O|pe|ra|ti|o|nis|mus *der; -:* ↑ Operativismus

O|pe|ra|ti|ons|ba|sis *die; -:* Ausgangs-, Nachschubgebiet einer Operation (2)

O|pe|ra|tions|re|search [ɔpe'reɪʃənzrɪsə:tʃ] *das; -[s], auch: die; - ⟨engl.⟩:* (Wirtsch.) Unternehmensforschung

o|pe|ra|tiv ⟨*lat.-nlat.*⟩: 1. (Med.) die Operation (1) betreffend, chirurgisch eingreifend. 2. (Milit.) strategisch. 3. (bes. Wirtsch.) konkrete Maßnahmen treffend, sie unmittelbar wirksam werden lassend

O|pe|ra|ti|vis|mus *der; -:* Lehre der modernen Naturphilosophie, wonach die Grundlage der Physik nicht die Erfahrung, sondern menschliches Handeln (Herstellung von Messapparaten u. a.) sei

O|pe|ra|ti|vi|tät *die; -:* operative (3) Beschaffenheit, unmittelbare Wirksamkeit

O|pe|ra|tor *der; -s, ...ɔren u. (bei

engl. Aussprache:) -[s] ⟨lat.(-engl.):⟩: 1. [auch: 'ɔpəreɪtə] (EDV) Fachkraft für die Bedienung von elektronischen Datenverarbeitungsanlagen. 2. (Fachspr., bes. Math., Linguistik) in Wissenschaft und Technik etwas Materielles oder Ideelles, was auf etwas anderes verändernd einwirkt; Mittel oder Verfahren zur Durchführung einer Operation (3, 4).

O|pe|ra|to|rin *die; -, -nen:* weibliche Form zu ↑ Operator (1)

O|pe|re: *Plural* von ↑²Opera

O|pe|ret|te *die; -, -n* ⟨*lat.-it.*; „kleine Oper"⟩: a) (ohne Plural) Gattung von leichten, unterhaltenden musikalischen Bühnenwerken mit gesprochenen Dialogen, [strophenliedartigen] Soli, Ensembles, Chören u. Balletteinlagen; b) einzelnes Werk dieser Gattung

O|pe|ret|ten|staat *der; -[e]s, -en:* (scherzh.) kleiner, unbedeutender Staat (wie er z. B. als Fantasiegebilde oft als Schauplatz einer Operette vorkommt)

o|pe|rie|ren ⟨*lat.*⟩: eine Operation durchführen; **mit etwas operieren:** (ugs.) etwas benutzen, mit etwas umgehen, arbeiten

O|per|ment *das; -[e]s, -e* ⟨*lat.*⟩: ein Mineral

O|phe|li|mi|tät *die; - ⟨gr.-nlat.⟩:* das Nutzen der Güter, die der Befriedigung von Bedürfnissen dienen

o|phi|k|le|i|de *die; -, -n ⟨gr.-nlat.⟩:* tiefes Blechblasinstrument der Romantik

O|phi|o|la|t|rie *die; -:* religiöse Verehrung von Schlangen

O|phir, ökum.: Ofir *das; -s* (meist ohne Artikel) ⟨*hebr.-gr.-nlat.*⟩: fernes, sagenhaftes Goldland im Alten Testament

¹O|phit *der; -en, -en* (meist Plural) ⟨*gr.-lat.*⟩: Schlangenanbeter; Angehöriger einer ↑ gnostischen Sekte, die die Schlange des Paradieses als Vermittlerin der Erkenntnis verehrte

²O|phit *der; -[e]s, -e:* ein Mineral

O|phi|tin *die; -, -nen:* weibliche Form zu ↑ ¹Ophit

o|phi|tisch ⟨*gr.*⟩: zur Sekte der Ophiten gehörend (z. B. in Bezug auf gnostische Offenbarungsschriften)

O|phi|u|ro|i|den *die* (Plural) ⟨*gr.-nlat.*⟩: (Biol.) Schlangensterne

(Stachelhäuter mit schlangenartigen Armen)

Oph|thal|mi|a|t|rie u. **Oph|thal|mi|a|t|rik** *die; - ⟨gr.-nlat.⟩:* (Med.) Augenheilkunde

Oph|thal|mie *die; -, ...ien:* (Med.) Augenentzündung

Oph|thal|mi|kum *das; -s, ...ka ⟨gr.-lat.⟩:* (Med.) Augenheilmittel

oph|thal|misch: (Med.) zum Auge gehörend

Oph|thal|mo|blen|nor|rhö *die; -, -en ⟨gr.-nlat.⟩:* (Med.) Augentripper; akute eitrige Augenbindehautentzündung als Folge einer Gonokokkeninfektion

Oph|thal|mo|di|a|g|nos|tik *die; -:* (Med.) Feststellung gewisser Krankheiten an Reaktionen der Augenbindehaut

Oph|thal|mo|lo|ge *der; -n, -n:* Augenarzt. **Oph|thal|mo|lo|gie** *die; -:* Augenheilkunde. **Oph|thal|mo|lo|gin** *die; -, -nen:* weibliche Form zu ↑ Ophthalmologe. **oph|thal|mo|lo|gisch:** die Augenheilkunde betreffend

Oph|thal|mo|ph|thi|sis *die; -, ...isen:* (Med.) Augapfelschwund

Oph|thal|mo|ple|gie *die; -, ...ien:* (Med.) Augenmuskellähmung

Oph|thal|mo|re|ak|ti|on *die; -, -en ⟨gr.; lat.-nlat.⟩:* Reaktion der Augenbindehaut auf gewisse Krankheiten

Oph|thal|mo|s|kop *das; -s, -e ⟨gr.-nlat.⟩:* (Med.) Augenspiegel.

Oph|thal|mo|s|ko|pie *die; -, ...ien:* (Med.) Ausspiegelung des Augenhintergrundes. **oph|thal|mo|s|ko|pisch:** (Med.) die Ophthalmoskopie betreffend, unter Anwendung des Augenspiegels

Oph|ti|ol|le ® *die; -, -n ⟨Kunstw.⟩:* Behältnis, aus dem Augentropfen ohne Pipette einträufelt werden

O|pi|lat *das; -[e]s, -e ⟨gr.-lat.-nlat.⟩:* a) Arzneimittel, das Opium enthält; b) (im weiteren Sinne) Arzneimittel, das dem Betäubungsmittelgesetz unterliegt

O|pi|nio com|mu|nis *die; - - ⟨lat.⟩:* allgemeine Meinung

O|pi|nion|lea|der *[ɔˈpɪnjənliːdɐ] der; -s, - ⟨engl.⟩:* jmd., der die öffentliche Meinung zu einem bestimmten Thema beeinflusst

O|pis|tho|do|mos *der; -, ...moi*

⟨gr.⟩: Raum hinter der Cella (1) eines griechischen Tempels

O|pis|tho|ge|nie u. **O|pis|tho|g|na|thie** *die; -, ...ien ⟨gr.-nlat.⟩:* (Med.) das Zurücktreten des Unterkiefers; Vogelgesicht

O|pis|tho|graph, auch: *...graf das; -s, -e ⟨gr.-lat.⟩:* auf beiden Seiten beschriebene Handschrift od. Papyrusrolle. **o|pis|tho|gra|phisch,** auch: *...grafisch:* auf beiden Seiten beschrieben (in Bezug auf Papyrushandschriften) od. bedruckt; Ggs. ↑ anopisthographisch

O|pis|tho|to|nus *der; - ⟨gr.-nlat.⟩:* (Med.) Starrkrampf im Bereich der Rückenmuskulatur, wobei der Rumpf bogenförmig nach hinten überstreckt ist

o|pis|tho|zöl: hinten ausgehöhlt (von Wirbelknochen)

O|pi|um *das; -s ⟨gr.-lat.⟩:* aus dem Milchsaft des Schlafmohns gewonnenes schmerzstillendes Arzneimittel u. Rauschgift

O|po|del|dok *der od. das; -s* (von Paracelsus gebildetes Kunstw.): Einreibungsmittel gegen Rheumatismus

O|po|pa|nax u. **O|po|po|nax** *der; -[es] ⟨gr.-lat.⟩:* als Heilmittel verwendetes Harz einer mittelmeerischen Pflanze

O|pos|sum *das; -s, -s ⟨indian.-engl.⟩:* 1. nordamerikanische Beutelratte mit wertvollem Fell. 2. Fell des Opossums (1)

O|po|the|ra|pie *die; - ⟨gr.-nlat.⟩:* ↑ Organtherapie

Op|po|nent *der; -en, -en ⟨lat.⟩:* jmd., der eine gegenteilige Anschauung vertritt. **Op|po|nen|tin** *die; -, -nen:* weibliche Form zu ↑ Opponent

op|po|nie|ren: 1. widersprechen, sich widersetzen. 2. (Med.) gegenüberstellen. **op|po|niert:** (Bot.) gegenständig, gegenüberstehend, entgegengestellt (z. B. in Bezug auf Pflanzenblätter)

op|por|tun *⟨lat.⟩:* in der gegenwärtigen Situation von Vorteil, angebracht; Ggs. ↑ inopportun

Op|por|tu|nis|mus *der; - ⟨lat.-fr.⟩:* 1. allzu bereitwillige Anpassung an die jeweilige Lage (um persönlicher Vorteile willen). 2. (im marxistischen Sprachgebrauch) bürgerliche ideologische Strömung, die dazu benutzt wird, die Arbeiterbewegung zu spal-

ten u. Teile der Arbeiterklasse an das kapitalistische System zu binden

Op|por|tu|nist *der; -en, -en:* 1. jmd., der sich aus Nützlichkeitserwägungen schnell u. bedenkenlos der jeweiligen Lage anpasst. 2. Anhänger, Vertreter des Opportunismus (2). **Op|por|tu|nis|tin** *die; -, -nen:* weibliche Form zu ↑ Opportunist

op|por|tu|nis|tisch: 1. a) den Opportunismus betreffend; b) in der Art eines Opportunisten handelnd. 2. (im Hinblick auf Keime, Erreger) nur unter bestimmten Bedingungen ↑ pathogen werdend

Op|por|tu|ni|tät *die; -, -en ⟨lat.⟩:* Zweckmäßigkeit in der gegenwärtigen Situation; Ggs. ↑ Inopportunität

Op|por|tu|ni|täts|prin|zip *das; -s ⟨lat.-nlat.⟩:* (Rechtsw.) strafrechtlicher Grundsatz, der besagt, dass die Strafverfolgung in den gesetzlich gekennzeichneten Ausnahmefällen dem Ermessen der Staatsanwaltschaft überlassen ist (Einschränkung des ↑ Legalitätsprinzips)

op|po|si|tär *⟨lat.-nlat.⟩:* gegensätzlich, eine Opposition ausdrückend

Op|po|si|ti|on *die; -, -en ⟨lat.(-fr.)⟩:* 1. Widerstand, Widerspruch. 2. Gesamtheit aller an der Regierung nicht beteiligten u. mit der Regierungspolitik nicht einverstandenen Parteien u. Gruppen. 3. (Astron.) Stellung eines Planeten od. des Mondes, bei der Sonne, Erde u. Planet auf einer Geraden liegen; 180° Winkelabstand zwischen Planeten. 4. (Sprachw.) Gegensätzlichkeit sprachlicher Gebilde, z. B. zwischen Wörtern (kalt/warm) od. in rhetorischen Figuren (er ist nicht dumm, er ist gescheit). 5. (Sprachw.) paradigmatische Relation einer sprachlichen Einheit zu einer anderen, gegen die sie in gleicher Umgebung ausgetauscht werden kann (z. B. *die Studentin* macht eine Prüfung/*der Student* macht eine Prüfung; *grünes* Tuch/*rotes* Tuch). 6. (Med.) Gegenüberstellung des Daumens zu den anderen Fingern. 7. (Schach) a) Gegenüberstellung zweier gleichartiger, aber

verschiedenfarbiger Figuren
auf der gleichen Linie, Reihe
od. Diagonalen zum Zwecke
der Sperrung; b) [unmittelbare]
Gegenüberstellung beider Könige auf einer Linie od. Reihe.
8. (beim Fechten) auf die gegne-
rische Klinge ausgeübter Ge-
gendruck

op|po|si|ti|o|nell ⟨*lat.-fr.*⟩: a) gegen-
sätzlich; gegnerisch; b) wider-
setzlich, zum Widerspruch neigend

op|po|si|tiv: gegensätzlich, einen
Gegensatz bildend

Op|pres|si|on *die;* -, -en ⟨*lat.*⟩:
1. Bedrückung, Unterdrückung.
2. (Med.) Beklemmung

op|pres|siv ⟨*lat.-nlat.*⟩: unterdrü-
ckend, drückend

op|pri|mie|ren ⟨*lat.*⟩: bedrücken,
überwältigen

Op|pro|b|ra|ti|on *die;* -, -en ⟨*lat.*⟩:
(veraltet) Beschimpfung, Tadel

Op|so|nin *das;* -s, -e ⟨*gr.-nlat.*⟩:
(Med.) Stoff im Blutserum, der
eingedrungene Bakterien so
verändert, dass sie von den
Leukozyten unschädlich gemacht werden können

Op|tant *der;* -en, -en ⟨*lat.*⟩: jmd.,
der (für etwas) optiert, eine
Option ausübt. **Op|tan|tin** *die;* -,
-nen: weibliche Form zu ↑ Op-
tant

op|ta|tiv: (Sprachw.) den Optativ
betreffend; einen Wunsch aus-
drückend. **Op|ta|tiv** *der;* -s, -e:
Modus (2) des Verbs, der einen
Wunsch, die Möglichkeit eines
Geschehens bezeichnet (z. B.
im Altgriechischen)

Op|ti|cal|art [ˈɔptɪklˌaːɐ̯t] *die;* -,
auch: **Op|ti|cal Art** *die;* - -
⟨*engl.*⟩: ↑ Op-Art

op|tie|ren ⟨*lat.*⟩: vom Recht der
Option (1–3) Gebrauch ma-
chen

Op|tik *die;* -, -en ⟨*gr.-lat.*⟩: 1. (ohne
Plural) Wissenschaft vom
Licht, seiner Entstehung, Ausbreitung u. seiner Wahrnehmung. 2. die Linsen enthaltender Teil eines optischen Gerä-
tes. 3. (ohne Plural) optischer
Eindruck, optische Wirkung,
äußeres Erscheinungsbild

Op|ti|ker *der;* -s, - ⟨*gr.-lat.-nlat.*⟩:
Fachmann für Herstellung,
Wartung u. Verkauf von opti-
schen Geräten. **Op|ti|ke|rin** *die;*
-, -nen: weibliche Form zu ↑ Op-
tiker

Op|ti|kus *der;* -, ...izi ⟨*gr.-nlat.*,
Kurzbez. für Nervus opticus⟩:
(Med.) Sehnerv

Op|ti|ma: *Plural* von ↑ Optimum

op|ti|ma fi|de ⟨*lat.*⟩: im besten
Glauben

op|ti|ma for|ma: in bester Form

op|ti|mal ⟨*lat.-nlat.*⟩: sehr gut,
bestmöglich

op|ti|ma|li|sie|ren vgl. optimieren
(1 a)

Op|ti|mat *der;* -en, -en ⟨*lat.*⟩: An-
gehöriger der herrschenden Geschlechter u. Mitglied der Se-
natspartei im alten Rom. **Op|ti-
ma|tin** *die;* -, -nen: (im alten
Rom) Angehörige der herr-
schenden Geschlechter

op|ti|me: (veraltet) am besten,
sehr gut, vorzüglich

Op|ti|me|ter *das;* -s, - ⟨*gr.-lat.*⟩:
(Techn.) Feinmessgerät für
Länge u. Dicke

op|ti|mie|ren ⟨*lat.-nlat.*⟩: 1. a) opti-
mal gestalten; b) sich optimie-
ren: sich optimal gestalten.
2. (Math.) günstigste Lösungen
für bestimmte Zielstellungen
ermitteln. **Op|ti|mie|rung** *die;* -,
-en: 1. das Optimieren. 2. Teilgebiet der numerischen Mathematik, das sich mit der optima-
len Festlegung von Größen, Eigenschaften, zeitlichen Abläu-
fen u. a. eines Systems unter
gleichzeitiger Berücksichtigung
von Nebenbedingungen befasst

Op|ti|mis|mus *der;* - ⟨*lat.-fr.*⟩: 1. Le-
bensauffassung, die alles von
der besten Seite betrachtet;
heitere, zuversichtliche, lebens-
bejahende Grundhaltung; Ggs.
↑ Pessimismus (1). 2. (Philos.)
philosophische Auffassung,
wonach diese Welt die beste
aller möglichen und das
geschichtliche Geschehen ein
Fortschritt zum Guten und
Vernünftigen sei; Ggs. ↑ Pessimismus (2). 3. heiter-zuver-
sichtliche, durch positive Erwartung bestimmte Haltung;
Ggs. ↑ Pessimismus (3). **Op|ti-
mist** *der;* -en, -en ⟨*lat.*⟩: lebensbeja-
hender, zuversichtlicher
Mensch; Ggs. ↑ Pessimist;
b) (scherzh.) jmd., der die sich
ergebenden Schwierigkeiten
o. Ä. unterschätzt, sie für nicht
so groß ansieht, wie sie in
Wirklichkeit sind. **Op|ti|mis|tin**
die; -, -nen: weibliche Form zu
↑ Optimist. **op|ti|mis|tisch:** le-

bensbejahend, zuversichtlich;
Ggs. ↑ pessimistisch

Op|ti|mi|zer [...ˈmaɪzɐ] *der;* -s, -
⟨*engl.*⟩: (EDV) Programm (4)
od. Gerät, das die Leistungsfähigkeit eines anderen Programms od. Systems verbessert

Op|ti|mum *das;* -s, Optima ⟨*lat.*⟩:
1. das Beste, das Wirksamste;
höchster erreichbarer Wert,
Höchstmaß. 2. (Biol.) günstigste Umweltbedingungen für
ein Lebewesen (z. B. die günstigste Temperatur)

Op|ti|on *die;* -, -en ⟨*lat.;* „freier
Wille, Belieben"⟩: 1. freie Entscheidung, bes. für eine bestimmte Staatsangehörigkeit
(in Bezug auf Bewohner abge-
tretener Gebiete).
2. a) (Rechtsw.) Voranwart-
schaft auf Erwerb einer Sache
od. das Recht zur zukünftigen
Lieferung einer Sache;
b) (Wirtsch.) Vorkaufsrecht,
Vorrecht etwas zu festgelegten
Bedingungen innerhalb einer
bestimmten Frist zu beziehen.
3. [Wahl]möglichkeit. 4. (EDV)
Auswahlmöglichkeit in einem
Anwendungsprogramm.
5. (kath. Kirche) Recht der Kardinäle u. der ↑ Kanoniker, eine
frei werdende Würde aufzu-
zurücken

op|ti|o|nal: (fachspr.) nicht zwin-
gend; fakultativ

Op|ti|ons|ge|schäft *das;* -[e]s, -e:
(Börsenw.) Form des Terminge-
schäfts, bei der Optionen (2 b)
auf Aktien ge- od. verkauft werden

op|tisch ⟨*gr.*⟩: die Optik, die Au-
gen, das Sehen betreffend; vom
äußeren Eindruck her; **optisch
aktiv:** die Schwingungsebene
polarisierten Lichtes drehend

Op|ti|zi: *Plural* von ↑ Optikus

Op|to|e|lek|t|ro|nik *die;* -: moder-
nes Teilgebiet der Elektronik,
das die auf der Wechselwirkung von Optik u. Elektronik
beruhenden physikalischen Ef-
fekte zur Herstellung besonderer elektronischer Schaltungen
ausnutzt. **op|to|e|lek|t|ro|nisch:**
die Optoelektronik betreffend,
auf ihren Prinzipien beruhend

Op|to|me|ter *das;* -s, - ⟨*gr.-nlat.*⟩:
(Med.) Instrument zur Bestim-
mung der Sehweite. **Op|to|me|t-
rie** *die;* -: (Med.) Sehkraftbe-
stimmung

Opt-out-Recht [...'aʊt...] *das; -[e]s, -e ⟨engl.; dt.⟩:* Recht auf [einstweilige] Aussetzung gemeinsamer Beschlüsse

Op|t|ro|nik *die; -:* Kurzform von ↑ Optoelektronik. **op|t|ro|nisch:** Kurzform von ↑ optoelektronisch

o|pu|lent ⟨lat.⟩: üppig, reichlich. **O|pu|lenz** *die; -:* Üppigkeit, Überfluss

O|pun|tie [...tsiə] *die; -, -n ⟨gr.-nlat.; vom Namen der altgriech. Stadt Opus⟩:* (in vielen Arten verbreiteter) Feigenkaktus (mit essbaren Früchten)

O|pus [auch: 'ɔ...] *das; -, Opera ⟨lat.; „Arbeit; erarbeitetes Werk"⟩:* künstlerisches, literarisches, bes. musikalisches Werk; Abk. (in der Musik): op.

O|pus a|le|x|an|d|ri|num *das; - -:* [vielleicht nach Alexandria benanntes] zweifarbiges, geometrisch angeordnetes Fußbodenmosaik

O|pus|cu|lum vgl. Opuskulum

O|pus e|xi|mi|um *das; - -, Opera eximia:* herausragendes, außerordentliches Werk

O|pus in|cer|tum *das; - -:* römisches Mauerwerk aus Bruchsteinen mit Mörtelguss

O|pus|ku|lum u. Opusculum *das; -s, ...la:* kleines Opus, kleine Schrift

O|pus o|pe|ra|tum *das; - - ⟨„gewirktes, getanes Werk"⟩:* (kath. Theol.) vollzogene sakramentale Handlung, deren Gnadenwirksamkeit unabhängig von der sittlichen Disposition des vollziehenden Priesters gilt

O|pus post|hu|mum u. **O|pus pos|tu|mum** *das; - -, Opera ...ma:* nachgelassenes [Musik]werk; Abk.: op. posth., op. post.

O|pus re|ti|cu|la|tum *das; - -:* römisches Mauerwerk aus netzförmig angeordneten Steinen

O|pus spi|ca|tum *das; - -:* römisches Mauerwerk, dessen Steine im Ähren- od. Fischgrätenmuster gefügt sind

O|pus tes|se|la|tum *das; - -:* farbiges Fußbodenmosaik

O|ra *die; - ⟨gr.-lat.-it.⟩:* Südwind auf der Nordseite des Gardasees

o|ra et la|bo|ra ⟨lat.⟩: bete und arbeite! (alte Mönchsregel)

O|ra|kel *das; -s, - ⟨lat.; „Sprechstätte"⟩:* a) Stätte (bes. im Griechenland der Antike), wo Priester[innen], Seher[innen] o. Ä. Weissagungen verkündeten oder [rätselhafte, mehrdeutige] Aussagen in Bezug auf gebotene Handlungen, rechtliche Entscheidungen o. Ä. machten; b) durch das Orakel (a) erhaltene Weissagung, [rätselhafte, mehrdeutige] Aussage

o|ra|kel|haft ⟨lat.; dt.⟩: dunkel, undurchschaubar, rätselhaft (in Bezug auf Äußerungen, Aussprüche). **o|ra|keln:** in dunklen Andeutungen sprechen

o|ral ⟨lat.-nlat.⟩: a) (Med.) den Mund betreffend, am Mund gelegen, durch den Mund; b) mündlich (im Unterschied zu schriftlich überliefert, weitergegeben); c) mit dem Mund [geschehend]. **O|ral** *der; -s, -e:* im Unterschied zum Nasal mit dem Mund gesprochener Laut

O|ral|chi|r|ur|gie *die; -:* Teilgebiet der Zahnmedizin, das sich mit der operativen Behandlung von Zahn-, Mund- u. Kieferkrankheiten (in Verbindung mit Implantation sowie Einbringen von Knochenersatzmaterial) befasst

O|ra|le *das; -s, ...lien:* ↑ Fanon

O|ra|le|ro|tik *die; - ⟨lat.-nlat.; gr.-fr.⟩:* (Psychol.) Lustgewinnung im Bereich der Mundzone (bes. von der Geburt bis zum Ende des 1. Lebensjahres)

o|ral-ge|ni|tal: die Berührung u. Stimulierung der Genitalien mit dem Mund betreffend

O|ral|his|to|ry ['ɔːrəlhɪstəri] *die; -, auch:* **O|ral His|to|ry** *die; - - ⟨lat.-engl.⟩:* Geschichte, die sich mit der Befragung lebender Zeugen befasst

O|ra|li|tät *die; - ⟨lat.-nlat.⟩:* (fachspr.) Mündlichkeit

O|ral|po|e|t|ry ['ɔːrəl'pəʊɪtrɪ] *die; -, auch:* **O|ral Po|e|t|ry** *die; - - ⟨lat.-engl.⟩:* schriftlose, mündlich tradierte Sprachkunst (als Vorstufe literarischer Erzählkunst)

O|ral|sex *der; -[es]:* (ugs.) oraler (c) Geschlechtsverkehr

o|ran|ge [o'rã:ʒə, auch: o'raŋʒə] ⟨pers.-arab.-span.-fr.⟩: rötlich gelb, orangenfarbig

[1]O|ran|ge *die; -, -n ⟨pers.-arab.-fr.-niederl.⟩:* ↑ Apfelsine

[2]O|ran|ge *das; -, -, (ugs.:) -s:* orange Farbe

O|ran|gea|de [orã:'ʒa:də, auch: oraŋ'ʒa:də] *die; -, -n:* Getränk aus Orangen-, Zitronensaft, Wasser u. Zucker

O|ran|geat [...'ʒa:t, auch: ...ŋ'ʒa:t] *das; -s, -e:* kandierte Apfelsinenschale

o|ran|gen [o'rã:ʒn̩, auch: o'raŋʒn̩]: ↑ orange

O|ran|gen|re|net|te *die; -, -n:* ↑ Cox' Orange

O|range Pe|koe ['ɔrɪndʒ 'pi:koʊ] *der; - - ⟨engl.⟩:* indische Teesorte aus den größeren, von der Zweigspitze aus gesehen zweiten u. dritten Blättern der Teepflanze

O|ran|ge|rie [orã:ʒə'ri:, auch: oraŋʒə'ri:] *die; -, ...ien ⟨pers.-arab.-span.-fr.⟩:* [in die Anlage barocker Schlösser einbezogenes] Gewächshaus zum Überwintern von exotischen Gewächsen, bes. von Orangenbäumen (in Parkanlagen des 17. u. 18. Jh.s)

O|rang-U|tan *der; -s, -s ⟨malai.; „Waldmensch"⟩:* Menschenaffe auf Borneo u. Sumatra

O|rans, O|rant *der;* Oranten, Oranten u. **O|ran|te** *die; -, -n ⟨lat.; „Betender"⟩:* Gestalt der frühchristlichen Kunst in antiker Gebetshaltung mit erhobenen Armen [u. nach oben gewendeten Handflächen] (in Verbindung mit dem Totenkult in Reliefdarstellung auf Sarkophagen, in der Wandmalerei der Katakomben)

o|ra pro no|bis: bitte für uns! (in der katholischen Liturgie formelhafte Bitte in Litaneien)

O|ra|ri|on *das; -[s], ...ia ⟨lat.-kirchenlat.-mgr.⟩:* Stola des Diakons im orthodoxen Gottesdienst

O|ra|tio *die; - ⟨lat.⟩:* lateinische Form von ↑ Oration

O|ra|tio do|mi|ni|ca *die; - -:* Gebet des Herrn, Vaterunser

O|ra|ti|on *die; -, -en:* liturgisches Gebet, bes. in der katholischen Messe

O|ra|tio o|bi|li|qua *die; - -:* indirekte Rede

O|ra|tio rec|ta *die; - -:* direkte Rede

O|ra|tor *der; -s, ...oren:* Redner (in der Antike)

O|ra|to|ri|a|ner *der; -s, - ⟨lat.-*

nlat.): Mitglied einer Gemeinschaft von Weltpriestern, bes. der vom hl. Philipp Neri (16. Jh.) in Rom gegründeten

o|ra|to|risch ⟨*lat.*⟩: 1. rednerisch, schwungvoll, hinreißend. 2. in der Art eines Oratoriums (2)

O|ra|to|ri|um *das;* -s, ...ien ⟨*lat.-mlat.*⟩: 1. a) Betsaal, Hauskapelle in Klöstern u. a. kirchlichen Gebäuden; b) Versammlungsstätte der Oratorianer. 2. a) (ohne Plural) Gattung von opernartigen Musikwerken ohne szenische Handlung mit meist religiösen od. episch-dramatischen Stoffen; b) einzelnes Werk dieser Gattung

or|bi|ku|lar ⟨*lat.*⟩: (Med.) kreis-, ringförmig

Or|bis *der;* -: 1. lat. Bez. für: (Erd)kreis. 2. (Astrol.) Umkreis od. Wirkungsbereich, der sich aus der Stellung der Planeten zueinander u. zur Erde ergibt

Or|bi|s|kop *das;* -s, -e ⟨*lat.-gr.*⟩: (Med.) Röntgengerät, bei dem die Lagerung des Patienten u. der Strahlengang unabhängig voneinander variabel eingestellt werden können

Or|bis pic|tus *der;* - - ⟨*lat.;* „gemalte Welt"⟩: im 17. u. 18. Jh. beliebtes Unterrichtsbuch des Pädagogen Comenius

Or|bis Ter|ra|rum *der;* - - ⟨*lat.*⟩: Erdkreis

Or|bit *der;* -s, -s ⟨*lat.-engl.*⟩: Umlaufbahn (eines Satelliten, einer Rakete) um die Erde od. einen anderen Himmelskörper

Or|bi|ta *die;* -, ...tae [...tɛ] ⟨*lat.*⟩: (Med.) Augenhöhle

or|bi|tal ⟨*lat.-nlat.*⟩: 1. den Orbit betreffend, zum Orbit gehörend. 2. (Med.) zur Augenhöhle gehörend

Or|bi|tal *das;* -s, -e: a) Bereich, Umlaufbahn um den Atomkern (Atomorbital) oder die Atomkerne eines Moleküls (Molekülorbital); b) (Phys., Quantenchemie) energetischer Zustand eines Elektrons innerhalb der Atomhülle

Or|bi|tal|ra|ke|te *die;* -, -n: ↑ Interkontinentalrakete, die einen Abschnitt der Erdumlaufbahn zurücklegt

Or|bi|tal|sta|ti|on *die;* -, -en: Forschungsstation in der Umlaufbahn um einen Himmelskörper

Or|bi|ter *der;* -s, - ⟨*lat.-engl.*⟩: Teil eines Raumfahrtsystems, der in einen Orbit gebracht wird

Or|che|so|gra|phie [...ç...], auch: ...grafie *die;* -, ...ien ⟨*gr.-nlat.*⟩: ↑ Choreografie

Or|ches|ter [...'kɛ..., auch, bes. österr.: ...'çɛ...] *das;* -s, - ⟨*gr.-lat.-roman.*⟩: 1. größeres Ensemble von Instrumentalmusikern, in dem bestimmte Instrumente mehrfach besetzt sind u. das unter der Leitung eines Dirigenten spielt. 2. Orchestergraben

Or|ches|tik [...ç...] *die;* - ⟨*gr.*⟩: Tanzkunst, Lehre vom pantomimischen Tanz

Or|ches|t|ra [...ç...] *die;* -, ...ren ⟨*gr.-lat.*⟩: a) runder Raum im altgriechischen Theater, in dem sich der Chor bewegte; b) (im Theater des 15. u. 16. Jh.s) Raum zwischen Bühne u. Zuschauerreihen als Platz für die Hofgesellschaft; c) (im Theater des 17. Jh.s) Raum zwischen Bühne u. Zuschauerreihen als Platz für die Instrumentalisten

or|ches|t|ral [...k..., auch: ...ç...] ⟨*gr.-lat.-roman.*⟩: das Orchester betreffend, von orchesterhafter Klangfülle, orchestermäßig

Or|ches|t|ra|ti|on *die;* -, -en: a) ↑ Instrumentation; b) Umarbeitung einer Komposition für Orchesterbesetzung; vgl. ...ation/...ierung

Or|ches|t|ren [...ç...]: *Plural* von ↑ Orchestra

or|ches|t|rie|ren [...k..., auch: ...ç...]: a) ↑ instrumentieren (1); b) eine Komposition für Orchesterbesetzung umarbeiten.

Or|ches|t|rie|rung *die;* -, -en: das Orchestrieren; vgl. ...ation/...ierung

Or|ches|t|ri|on [...ç...] *das;* -s, -s u. ...ien ⟨*gr.-nlat.*⟩: 1. tragbare Orgel (1769 von Abt Vogler konstruiert). 2. Orgelklavier (1791 von Th. A. Kunz zuerst gebaut). 3. mechanisches Musikwerk (1828 von den Gebrüdern Bauer konstruiert). 4. Drehorgel (1851 von Fr. Th. Kaufmann zuerst gebaut)

Or|chi|da|ze|en *die* (Plural) ⟨*gr.-nlat.*⟩: artenreiche Pflanzenfamilie der Einkeimblättrigen mit Nutzpflanzen (z. B. Vanille) u. wertvollen Zierpflanzen (z. B. Orchidee)

Or|chi|dee [...'de:ə] *die;* -, -n ⟨*gr.-lat.-fr.*⟩: zu den Orchidazeen gehörende, in den Tropen und Subtropen in vielen Arten vorkommende, in Gewächshäusern als Zierpflanze gezüchtete Pflanze mit farbenprächtigen Blüten

Or|chi|de|en|fach *das;* -s, ...fächer (Jargon) ausgefallenes, ungewöhnliches u. deshalb nur von wenigen gewähltes Studienfach

¹Or|chis *der;* -, ...ches [...çe:s] ⟨*gr.-lat.*⟩: (Med.) Hoden

²Or|chis *die;* -, -: Knabenkraut (Pflanzengattung der ↑ Orchidazeen)

Or|chi|tis *die;* -, ...it|iden ⟨*gr.-nlat.*⟩: (Med.) Hodenentzündung

Or|chi|to|mie *die;* -, ...ien: (Med.) operative Entfernung des Hodens

Or|dal *das;* -s, -ien ⟨*angels.-mlat.*⟩: Gottesurteil (im mittelalterlichen Recht)

Or|der *die;* -, -s u. -n ⟨*lat.-fr.*⟩: 1. [militärischer] Befehl, Anweisung; **Order parieren:** (veraltet) einen Befehl ausführen; gehorchen. 2. (Plural: -s; bes. Börsenw.) Bestellung, Auftrag

or|dern ⟨*lat.-fr.*⟩: (Wirtsch.) einen Auftrag erteilen; eine Ware bestellen

Or|der|pa|pier *das;* -s, -e ⟨*lat.-fr.; dt.*⟩: (Wirtsch.) Wertpapier, das durch ↑ Indossament der im Papier bezeichneten Person übertragen werden kann

Or|der|scheck *der;* -s ⟨*lat.-fr.; engl.*⟩: (Wirtsch.) Scheck, der durch ↑ Indossament übertragen werden kann

Or|di|na|le *das;* -[s], ...lia ⟨*lat.*⟩: (selten) Ordinalzahl

Or|di|nal|zahl *die;* -, -en ⟨*lat.; dt.*⟩: Ordnungszahl (z. B. zweite, zehnte)

or|di|när ⟨*lat.-fr.*⟩: 1. (abwertend) unfein, vulgär. 2. alltäglich, gewöhnlich; **ordinärer Preis:** ↑ Ordinärpreis

Or|di|na|ria *die;* -, ...iae [...iɛ] ⟨*lat.*⟩: Inhaberin eines Lehrstuhls an einer Hochschule

Or|di|na|ri|at *das;* -[e]s, -e ⟨*lat.-nlat.*⟩: 1. oberste Verwaltungsstelle eines katholischen Bistums od. eines entsprechenden geistlichen Bezirks. 2. Amt eines ordentlichen Hochschulprofessors

O

Or|di|na|ri|um *das; -s, ...ien ⟨lat.; „das Regelmäßige"⟩:* 1. katholische [handschriftliche] Gottesdienstordnung. 2. so genannter ordentlicher Haushalt [eines Staates, Landes, einer Gemeinde] mit den regelmäßig wiederkehrenden Ausgaben u. Einnahmen

Or|di|na|ri|um Mis|sae [- ...ɛ] *das; - -:* im ganzen Kirchenjahr gleich bleibende Gesänge der Messe

Or|di|na|ri|us *der; -, ...ien:* 1. ordentlicher Professor an einer Hochschule. 2. Inhaber einer katholischen Oberhirtengewalt (z. B. Papst, Diözesanbischof, Abt u. a.). 3. (veraltet) Klassenlehrer an einer höheren Schule

Or|di|när|preis *der; -es, -e ⟨lat.-fr.; dt.⟩:* 1. im Buchhandel vom Verleger festgesetzter Verkaufspreis. 2. Marktpreis im Warenhandel

Or|di|na|te *die; -, -n ⟨lat.-nlat.⟩:* (Math.) Größe des Abstandes von der horizontalen Achse (Abszisse) auf der vertikalen Achse des rechtwinkligen Koordinatensystems

Or|di|na|ten|ach|se *die; -, -n ⟨lat.-nlat.; dt.⟩:* (Math.) vertikale Achse des rechtwinkligen Koordinatensystems

Or|di|na|ti|on *die; -, -en ⟨lat.(-mlat.)⟩:* 1. a) feierliche Einsetzung in ein evangelisches Pfarramt; b) katholische Priesterweihe. 2. a) ärztliche Verordnung; b) ärztliche Sprechstunde; c) (österr.) ärztliches Untersuchungszimmer

Or|di|nes [...ne:s] *Plural von* ↑ Ordo

Or|di|nes ma|io|res [...ne:s ma'jo:re:s] *die* (Plural): die drei höheren Weihegrade Subdiakon, Diakon u. Presbyter

Or|di|nes mi|no|res [...ne:s ...re:s] *die* (Plural): die vier niederen Weihegrade Ostiarius, Lektor (3 a), Exorzist u. Akoluth

or|di|nie|ren: 1. a) (ev. Kirche) in das geistliche Amt einsetzen; b) (kath. Kirche) zum Priester weihen. 2. (Med.) a) [eine Arznei] verordnen; b) Sprechstunde halten

Or|do *der; -, Ordines [...ne:s]:* 1. (ohne Plural) Hinordnung alles Weltlichen auf Gott (im Mittelalter). 2. Stand des Klerikers, bes. des Priesters. 3. (ohne Plural) verwandte Familien zusammenfassende systematische Einheit in der Biologie

Or|do A|mo|ris *der; - - ⟨„Rangordnung der Liebe"⟩:* Rangordnung von ethischen Werten, durch die ein Mensch sich in seinem Verhalten bestimmen lässt (stärkstes individuelles Persönlichkeitsmerkmal bei M. Scheler)

or|do|li|be|ral *⟨lat.-nlat.⟩:* einen durch straffe Ordnung gezügelten Liberalismus vertretend

Or|do Mis|sae [- ...ɛ] *der; - -:* Messordnung der katholischen Kirche für die unveränderlichen Teile der Messe

Or|don|nanz, auch: Ordonanz *die; -, -en ⟨lat.-fr.⟩:* 1. (veraltet) Befehl, Anordnung. 2. Soldat, der einem Offizier zur Befehlsübermittlung zugeteilt ist. 3. (nur Plural) die königlichen Erlasse in Frankreich vor der Französischen Revolution

Or|don|nanz|of|fi|zier, Ordonanzoffizier *der; -s, -e:* meist jüngerer Offizier, der in höheren Stäben den Stabsoffizieren zugeordnet ist

Or dou|b|lé [ɔrduˈble:] *das; - - ⟨lat.-fr.⟩:* mit Gold plattierte Kupferlegierung (für Schmucksachen)

or|do|vi|zisch ⟨nach dem britannischen Volksstamm der Ordovices⟩: das Ordovizium betreffend. **Or|do|vi|zi|um** *das; -s ⟨nlat.⟩:* (Geol.) erdgeschichtliche Formation; Unterabteilung des ↑ Silurs (Untersilur)

Or|d|re [ˈɔrdrə, ˈɔrdɐ, ˈɔrdr] *die; -, -s ⟨lat.-fr.⟩:* französische Form von ↑ Order

Or|d|re du Cœur [ɔrdrədyˈkœ:r] *die; - - ⟨„Ordnung (od. Logik) des Herzens"⟩:* 1. eine Art des Erkennens (Pascal). 2. Sinn für die Höhe von Werten, Werthöhengefühl (M. Scheler, N. Hartmann)

Ö|re *das; -s, -, (auch:) die; -, - ⟨skand.⟩:* dänische, norwegische u. schwedische Münze (100 Öre = 1 Krone)

O|re|a|de *die; -, -n ⟨gr.-lat.⟩:* Bergnymphe der griechischen Sage

o|re|al *⟨gr.-nlat.⟩:* (Geogr.) zum Gebirgswald gehörend

O|re|ga|no u. Origano *der; - ⟨span.⟩:* als Gewürz verwendete getrocknete Blätter u. Zweigspitzen des ↑ Origanums

o|rek|tisch *⟨gr.⟩:* (Päd.) die Aspekte der Erfahrung wie Impuls, Haltung, Wunsch, Emotion betreffend

o|re|mus *⟨lat.⟩:* lasst uns beten! (Gebetsaufforderung des katholischen Priesters in der Messe)

O|ren|da *das; -s ⟨indian.⟩:* übernatürlich wirkende Kraft in Menschen, Tieren u. Dingen (↑ dynamistischer Glaube von Naturvölkern)

Or|fe *der; -, -n ⟨gr.-lat.⟩:* amerikanischer Karpfenfisch mit zahlreichen Arten (auch Aquarienfisch)

Or|gan *das; -s, -e ⟨gr.-lat.(-fr.); „Werkzeug"⟩:* 1. Stimme. 2. Zeitung, Zeitschrift einer politischen od. gesellschaftlichen Vereinigung. 3. a) Institution od. Behörde, die bestimmte Aufgaben ausführt; b) Beauftragter. 4. Sinn, Empfindung, Empfänglichkeit. 5. (Med.) Körperteil mit einheitlicher Funktion

Or|ga|na *Plural von* ↑ Organum

or|ga|nal: 1. das Organum betreffend. 2. orgelartig

Or|gan|bank *die; -, -en:* Einrichtung, die der Aufbewahrung von Organen (5) od. Teilen davon für Transplantationen dient

Or|gan|din *der; -s:* (selten) ↑ Organdy

Or|gan|dy [...di] *der; -s ⟨fr.-engl.⟩:* fast durchsichtiges, wie Glasbatist ausgerüstetes Baumwollgewebe in zarten Pastellfarben

Or|ga|nell *das; -s, -en u.* **Or|ga|nel|le** *die; -, -n ⟨gr.-lat.-nlat.⟩:* (Biol.) organartige Bildung des Zellplasmas von Einzellern

Or|ga|ni|gramm *das; -s, -e ⟨gr.; Kunstw.⟩:* 1. Stammbaumschema, das den Aufbau einer [wirtschaftlichen] Organisation erkennen lässt u. über Arbeitseinteilung od. über die Zuweisung bestimmter Aufgabenbereiche an bestimmte Personen Auskunft gibt. 2. ↑ Organogramm

Or|ga|nik *die; - ⟨gr.-lat.⟩:* Lehre vom geologischen, vegetabilischen und animalischen Organismus (bei Hegel)

Or|ga|ni|ker *der; -s, -:* Chemiker

mit speziellen Kenntnissen und Interessen auf dem Gebiet der organischen Chemie. **Or|ga|ni|ke|rin** *die; -, -nen:* weibliche Form zu ↑ Organiker **or|ga|ni|sa|bel** ⟨*gr.-lat.-fr.*⟩: organisierbar, beschaffbar; sich verwirklichen lassend **Or|ga|ni|sa|ti|on** *die; -, -en:* 1.(ohne Plural) a) das Organisieren; b) Aufbau, Gliederung, planmäßige Gestaltung. 2. Gruppe, Verband mit [sozial]politischen Zielen (z. B. Partei, Gewerkschaft). 3. (Biol.) Bauplan eines Organismus, Gestalt u. Anordnung seiner Organe. 4. (Med.) Umwandlung abgestorbenen Körpergewebes in gefäßhaltiges Bindegewebe **Or|ga|ni|sa|tor** *der; -s, ...oren* ⟨*lat.-fr.-nlat.*⟩: 1. a) jmd., der etwas organisiert, eine Unternehmung nach einem bestimmten Plan vorbereitet; b) jmd., der organisatorische Fähigkeiten besitzt. 2. (Biol.) Keimbezirk, der auf die Differenzierung der Gewebe Einfluss nimmt. **Or|ga|ni|sa|to|rin** *die; -, -nen:* weibliche Form zu ↑ Organisator (1) **or|ga|ni|sa|to|risch:** die Organisation betreffend **or|ga|nisch** ⟨*gr.-lat.*⟩: 1. a) (Biol.) ein Organ od. den Organismus betreffend; b) der belebten Natur angehörend; Ggs. ↑ anorganisch (1 a); c) die Verbindungen des Kohlenstoffs betreffend; **organische Chemie:** Teilgebiet der Chemie, das sich mit den Verbindungen des Kohlenstoffs beschäftigt; Ggs. ↑ anorganische Chemie. 2. einer inneren Ordnung gemäß in einen Zusammenhang hineinwachsend, mit etwas eine Einheit bildend **or|ga|ni|sie|ren** ⟨*gr.-lat.-fr.*⟩: 1. a) etwas sorgfältig u. systematisch vorbereiten [u. für einen reibungslosen, planmäßigen Ablauf sorgen]; b) etwas sorgfältig u. systematisch aufbauen, für einen bestimmten Zweck einheitlich gestalten. 2. (ugs.) sich etwas [auf nicht ganz rechtmäßige Weise] beschaffen. 3. a) in einer Organisation (2), einem Verband o. Ä. od. zu einem bestimmten Zweck zusammenschließen; b) sich organisieren: sich zu einem Verband zusammenschließen. 4. (Med.) totes

Gewebe in gefäßführendes Bindegewebe umwandeln. 5. (Mus.) auf der Orgel zum Cantus firmus frei fantasieren **or|ga|ni|siert:** einer Organisation (2) angehörend **or|ga|nis|misch:** zu einem Organismus gehörend, sich auf einen Organismus beziehend **Or|ga|nis|mus** *der; -, ...men:* 1. a) gesamtes System der Organe (5); b) (meist Plural; Biol.) tierisches od. pflanzliches Lebewesen. 2. (Plural selten) größeres Ganzes, Gebilde, dessen Teile, Kräfte o. Ä. zusammenpassen, zusammenwirken **Or|ga|nist** *der; -en, -en* ⟨*gr.-lat.-mlat.*⟩: Musiker, der Orgel spielt. **Or|ga|nis|tin** *die; -, -nen:* weibliche Form zu ↑ Organist **Or|ga|nis|t|rum** *das; -s, ...stren* ⟨*gr.-lat.-nlat.*⟩: Drehleier **Or|ga|ni|zer** [ˈɔːɡənaɪzə] *der; -s, -* ⟨*lat.-fr.-engl.*⟩: Mikrocomputer, der bes. als Terminkalender sowie als Adressen- u. Telefonverzeichnis benutzt wird; vgl. Notebook **Or|gan|kla|ge** *die; -, -n* ⟨*gr.-lat.-nlat.; dt.*⟩: (Rechtsw.) Klage eines Verfassungsorgans des Bundes od. eines Landes gegen ein anderes vor dem Bundesverfassungsgericht **Or|gan|man|dat** *das; -[e]s, -e:* (österr. Amtsspr.) Strafe, die von der Polizei ohne Anzeige u. Verfahren verhängt wird **or|gan|o|gen** ⟨*gr.-nlat.*⟩: 1. (Chem.) am Aufbau der organischen Verbindungen beteiligt. 2. (Biol.) Organe bildend; organischen Ursprungs **Or|ga|no|ge|ne|se** *die; -:* (Biol.) Prozess der Organbildung **Or|ga|no|gra|fie** usw. vgl. Organographie usw. **Or|ga|no|gramm** *das; -s, -e* ⟨*gr.*⟩: 1. (Psychol.) schaubildliche Wiedergabe der Verarbeitung von Informationen im Organismus. 2. ↑ Organigramm **Or|ga|no|gra|phie,** auch: ...grafie *die; -, ...ien:* 1. (Med., Biol.) Beschreibung der Organe. 2. Teilgebiet der Botanik, auf dem der Aufbau der Pflanzenorgane erforscht wird. 3. Beschreibung der Musikinstrumente. **or|ga|no|gra|phisch,** auch: ...grafisch: (Med., Biol.) Lage u. Bau der Organe beschreibend

or|ga|no|id: (Med., Biol.) organähnlich. **Or|ga|no|id** *das; -[e]s, -e:* ↑ Organell[e] **or|ga|no|lep|tisch:** Lebensmittel nach einem bestimmten Bewertungsschema in Bezug auf Eigenschaften wie Geschmack, Aussehen, Geruch, Farbe ohne Hilfsmittel, nur mit den Sinnen prüfend **Or|ga|no|lo|ge** *der; -n, -n:* Wissenschaftler auf dem Gebiete des Orgelbaus. **Or|ga|no|lo|gie** *die; -:* 1. (Med., Biol.) Organlehre. 2. Orgel[bau]kunde. **Or|ga|no|lo|gin** *die; -, -nen:* weibliche Form zu ↑ Organologe. **or|ga|no|lo|gisch:** die Organologie betreffend, zu ihr gehörend **Or|ga|non** *das; -s, ...na* ⟨*gr.;* „Werkzeug"⟩: a) (ohne Plural) die logischen Schriften des Aristoteles als Hilfsmittel zur Wahrheitserkenntnis; b) [logische] Schrift zur Grundlegung der Erkenntnis **or|ga|no ple|no:** ↑ pleno organo **Or|ga|no|sol** *das; -s, -e* ⟨*gr.; lat.*⟩: (Chem.) Lösung eines Kolloids in einem organischen Lösungsmittel **Or|ga|no|the|ra|pie** *die; -* ⟨*gr.-nlat.*⟩: ↑ Organtherapie **or|ga|no|trop:** (Med.) auf Organe gerichtet, auf sie wirkend **Or|ga|no|zo|on** *das; -s, ...zoen:* im Innern eines Organs lebender Parasit **Or|gan|psy|cho|se** *die; -, -n:* körperliche Erkrankung mit psychotischem Hintergrund (H. Meng) **Or|gan|schaft** *die; -, -en:* finanzielle, wirtschaftliche u. organisatorische Abhängigkeit einer rechtlich selbstständigen Handelsgesellschaft von einem Unternehmen, in dem sie als Organ (3 a) aufgeht **Or|gan|sin** *der* od. *das; -s* ⟨*it.-fr.*⟩: beste Naturseide, die gezwirnt als Kettgarn verwendet wird **Or|gan|the|ra|pie** *die; -* ⟨*gr.-nlat.*⟩: Verwendung von aus tierischen Organen od. Sekreten gewonnenen Arzneimitteln zur Behandlung von Krankheiten **Or|gan|tin** *der* od. *das; -s:* (österr.) ↑ Organdin **Or|ga|num** *das; -s, ...gana* ⟨*gr.-lat.*⟩: 1. älteste Art der Mehrstimmigkeit, Parallelmelodien zu den Weisen des gregoriani-

O

schen Gesanges. 2. Musikinstrument, bes. Orgel

Or|gan|za *der; -s* ⟨*it.*⟩: sehr dünnes Gewebe [aus nicht entbasteter Naturseide]

Or|gas|mus *der; -, ...men* ⟨*gr.-nlat.*⟩: Höhepunkt der geschlechtlichen Erregung. **or|gas|tisch**: den Orgasmus betreffend; wollüstig

Or|gel *die; -, -n* ⟨*gr.-lat.-mlat.*⟩: größtes Tasteninstrument mit ¹Manualen, Pedalen, Registern, Gebläse, Windladen, Pfeifenwerk, Schweller u. Walze

Or|gel|pro|s|pekt *der; -[e]s, -e*: künstlerisch ausgestaltetes Pfeifengehäuse der Orgel, meist mit tragenden Teilen aus Holz, die reich mit Schnitzwerk verziert sind

Or|gi|as|mus *der; -, ...men* ⟨*gr.-nlat.*⟩: ausschweifende kultische Feier in antiken ↑ Mysterien. **Or|gi|ast** *der; -en, -en*: zügelloser Schwärmer. **Or|gi|as|tin** *die; -, -nen*: weibliche Form zu ↑ Orgiast. **or|gi|as|tisch**: schwärmerisch; wild, zügellos

Or|gie [...ǐə] *die; -, -n* ⟨*gr.-lat.*⟩: 1. geheimer, wild verzückter Gottesdienst [in altgriechischen ↑ Mysterien]. 2. a) ausschweifendes Gelage; b) keine Grenzen kennendes Ausmaß von etwas; **Orgien feiern**: in aller Deutlichkeit hervorbrechen u. sich austoben

Org|ware [...wɛə] *die; -, -s* ⟨Kunstw.⟩: Gesamtheit der Programme, die den Ablauf einer Datenverarbeitungsanlage regeln; Betriebssystem

O|ri|ent [auch: oˈrǐɛnt] *der; -s* ⟨*lat.*⟩: 1. vorder- u. mittelasiatische Länder; östliche Welt; Ggs. ↑ Okzident. 2. (veraltet) Osten

O|ri|en|ta|le *der; -n, -n*: Bewohner des Orients

O|ri|en|ta|lia *die* (Plural): Werke über den Orient

O|ri|en|ta|lin *die; -, -nen*: weibliche Form zu ↑ Orientale

O|ri|en|ta|lis *die; -* ⟨*gr.-nlat.*⟩: ↑ orientalische Region

o|ri|en|ta|lisch: den Orient betreffend; östlich, morgenländisch; **orientalische Region**: tiergeographische Region (Vorder-, Hinterindien, Südchina, die Großen Sundainseln u. die Philippinen); **orientalischer Ritus**: die Riten der mit Rom unierten Ostkirchen

o|ri|en|ta|li|sie|ren: a) orientalische Einflüsse aufnehmen (in Bezug auf eine frühe Phase der griechischen Kunst); b) (z. B. eine Gegend) mit einem orientalischen Gepräge versehen

O|ri|en|ta|list *der; -en, -en* ⟨*lat.-nlat.*⟩: Wissenschaftler auf dem Gebiet der Orientalistik

O|ri|en|ta|lis|tik *die; -*: Wissenschaft von den orientalischen Sprachen u. Kulturen

O|ri|en|ta|lis|tin *die; -, -nen*: weibliche Form zu ↑ Orientalist

o|ri|en|ta|lis|tisch: die Orientalistik betreffend

O|ri|ent|beu|le *die; -, -n* ⟨*lat.; dt.*⟩: (Med.) tropische Beulenkrankheit der Haut

o|ri|en|tie|ren ⟨*lat.-fr.*⟩: 1. a) sich orientieren: eine Richtung suchen, sich zurechtfinden; b) ein Kultgebäude, eine Kirche in der West-Ost-Richtung anlegen. 2. (bes. schweiz.) informieren, unterrichten. 3. auf etwas einstellen, nach etwas ausrichten (z. B. sich, seine Politik an bestimmten Leitbildern orientieren). 4. (regional) a) auf etwas hinlenken; b) sich orientieren: seine Aufmerksamkeit auf etwas, jmdn. konzentrieren

O|ri|en|tie|rung *die; -, -en*: 1. Anlage eines Kultgebäudes, einer Kirche in der West-Ost-Richtung. 2. das Zurechtfinden im Raum. 3. geistige Einstellung, Ausrichtung. 4. Informierung, Unterrichtung. 5. (regional) Hinlenkung auf etwas

O|ri|en|tie|rungs|stu|fe *die; -, -n* ⟨*lat.-fr.; dt.*⟩: Zwischenstufe von zwei Jahren zwischen Grundschule u. weiterführender Schule

O|ri|fi|ci|um *das; -s, ...cia* ⟨*lat.; „Mündung"*⟩: Öffnung, Mund der Orgelpfeifen

O|ri|flam|me *die; -* ⟨*lat.-fr.*⟩: Kriegsfahne der französischen Könige

O|ri|ga|mi *der; -[s]* ⟨*jap.*⟩: (in Japan beliebte) Kunst des Papierfaltens

O|ri|ga|no ⟨*it.*⟩: ↑ Oregano

O|ri|ga|num *das; -[s]* ⟨*lat.*⟩: Gewürzpflanze, wilder Majoran

o|ri|gi|nal ⟨*lat.*⟩: 1. ursprünglich, echt; urschriftlich; eine Sendung original (direkt) übertragen. 2. von besonderer, einmaliger Art, urwüchsig, originell (1); vgl. ...al/...ell. **O|ri|gi|nal** *das; -s, -e* ⟨*lat.-mlat.*⟩: 1. Urschrift, Urfassung; Urbild, Vorlage; Urtext, ursprünglicher, unübersetzter fremdsprachiger Text; vom Künstler eigenhändig geschaffenes Werk der bildenden Kunst. 2. eigentümlicher, durch seine besondere Eigenart auffallender Mensch

O|ri|gi|na|li|en *die* (Plural) ⟨*lat.*⟩: Originalaufsätze, -schriften

O|ri|gi|na|li|tät *die; -, -en* ⟨*lat.-fr.*⟩: 1. (ohne Plural) Ursprünglichkeit, Echtheit, Selbstständigkeit. 2. Besonderheit, wesenhafte Eigentümlichkeit

O|ri|gi|nal|ton *der; -[e]s: im Rahmen einer Hörfunk-, Fernsehsendung verwendeter Ton einer Direktaufnahme, d. h. mit direkt sprechenden Personen, mit echter Geräuschkulisse o. Ä.; Abk.: O-Ton

o|ri|gi|när ⟨*lat.*⟩: ursprünglich

o|ri|gi|nell ⟨*lat.-fr.*⟩: 1. ursprünglich, in seiner Art neu, schöpferisch; original (1). 2. eigenartig, eigentümlich, urwüchsig u. gelegentlich komisch; vgl. ...al/...ell

O|ri|o|ni|den *die* (Plural) ⟨*gr.-nlat.*⟩: ein (in der zweiten Oktoberhälfte zu beobachtender) Meteorstrom

...o|risch s. Kasten ...iv/...orisch

Or|kan *der; -[e]s, -e* ⟨*karib.-span.-niederl.*⟩: äußerst starker Sturm

Or|kus *der; -* ⟨*lat.; altröm. Gott der Unterwelt*⟩: Unterwelt, Totenreich

Or|le|an *der; -s* ⟨nach der franz. Namensform des Spaniers Fr. Orellana, 1511–1549⟩: orangeroter pflanzlicher Farbstoff zum Färben von Nahrungs- u. Genussmitteln

Or|le|a|nist *der; -en, -en* ⟨*fr.*; nach den Herzögen von Orléans⟩: (hist.) Anhänger des Hauses Orléans u. Gegner des französischen Königsgeschlechts der Bourbonen. **Or|le|a|nis|tin** *die; -, -nen*: weibliche Form zu ↑ Orleanist

Or|le|ans [...leã] *der; -* [...leãs] ⟨nach der franz. Stadt Orléans⟩: leichter, glänzender Baumwollstoff, ähnlich dem Lüster (4)

Or|log *der; -s, -e* u. *-s* ⟨*niederl.*⟩: (veraltet) Krieg

Or|log|schiff *das; -[e]s, -e ⟨niederl.; dt.⟩:* (veraltet) Kriegsschiff

Or|low|tra|ber *der; -s, - ⟨russ.; dt.;* nach einem russ. Züchter⟩: eine Pferderasse

Or|na|ment *das; -[e]s, -e ⟨lat.⟩:* Verzierung; Verzierungsmotiv. **or|na|men|tal** *⟨lat.-nlat.⟩:* mit einem Ornament versehen, durch Ornamente wirkend; schmückend, zierend **or|na|men|tie|ren:** mit Verzierungen versehen **Or|na|men|tik** *die; -:* 1. Ornamente im Hinblick auf ihre innerhalb einer bestimmten Stilepoche o. Ä. od. für einen bestimmten Kunstgegenstand typischen Formen. 2. Verzierungskunst **Or|nat** *der, (auch:) das; -[e]s, -e ⟨lat.⟩:* feierliche [kirchliche] Amtstracht **or|na|tiv:** das Ornativ betreffend, darauf bezüglich. **Or|na|tiv** *das; -s, -e:* (Sprachw.) Verb, das ein Versehen mit etwas oder ein Zuwenden von etwas ausdrückt (z. B. kleiden = mit Kleidern versehen) **or|nie|ren:** (veraltet) schmücken **Or|nis** *die; - ⟨gr.⟩:* die Vogelwelt einer Landschaft **Or|ni|tho|ga|mie** *↑ Ornithophilie* **Or|ni|tho|lo|ge** *der; -n, -n:* Wissenschaftler auf dem Gebiet der Vogelkunde. **Or|ni|tho|lo|gie** *die; -:* Vogelkunde. **Or|ni|tho|lo|gin** *die; -, -nen:* weibliche Form zu *↑ Ornithologe.* **or|ni|tho|lo|gisch:** vogelkundlich **or|ni|tho|phil:** den Blütenstaub durch Vögel übertragen lassend (in Bezug auf bestimmte Pflanzen). **Or|ni|tho|phi|lie** *die; -:* Vogelblütigkeit, Befruchtung von Blüten durch Vögel **Or|ni|tho|p|ter** *der; -s, - ⟨gr.-engl.⟩:* Schwingenflügler; Experimentierflugzeug, dessen Antriebsprinzip dem des Vogelflugs gleicht **Or|ni|tho|rhyn|chus** *der; - ⟨gr.-nlat.⟩:* australisches Schnabeltier **Or|ni|tho|se** *die; -, -n:* (Med.) von Vögeln übertragene Infektionskrankheit **O|ro|ban|che** *die; -, -n ⟨gr.-lat.⟩:* Sommerwurz (Pflanzenschmarotzer auf Nachtschattengewächsen u. a.) **o|ro|gen** *⟨gr.-nlat.⟩:* (Geol.) gebirgsbildend. **O|ro|gen** *das; -s:*

(Geol.) Gebirge mit Falten- od. Deckentektonik **O|ro|ge|ne|se** *die; -, -n:* (Geol.) Gebirgsbildung, die eine *↑ Geosynklinale ausfaltet.* **o|ro|ge|ne|tisch:** *↑ orogen* **O|ro|ge|nie** *die; -:* (Geol. veraltet) Lehre von der Entstehung der Gebirge **O|ro|g|no|sie** *die; -, ...ien:* (veraltet) Gebirgsforschung u. -beschreibung **O|ro|gra|phie,** auch: Orografie *die; -, ...ien:* (Geogr.) Beschreibung der Reliefformen des Landes. **o|ro|gra|phisch,** auch: orografisch: (Geogr.) die Ebenheiten u. Unebenheiten des Landes betreffend **O|ro|hy|d|ro|gra|phie,** auch: ...grafie *die; -, ...ien:* (Geogr.) Gebirgs- u. Wasserlaufbeschreibung. **o|ro|hy|d|ro|gra|phisch,** auch: ...grafisch: die Orohydrographie betreffend **O|ro|lo|gie** *die; -:* (veraltet) vergleichende Gebirgskunde **O|ro|me|t|rie** *die; -:* (Geogr.) Methode, die alle charakteristischen Größen- u. Formenverhältnisse der Gebirge durch Mittelwerte zifffernmäßig erfasst (z. B. mittlere Kammhöhe). **o|ro|me|t|risch:** die Orometrie betreffend **O|ro|plas|tik** *die; -:* Lehre von der äußeren Form der Gebirge. **o|ro|plas|tisch:** die Oroplastik betreffend **Or|phe|um** *das; -s, ...een ⟨gr.-nlat.; nach Orpheus, dem mythischen Sänger Griechenlands⟩:* Tonhalle, Konzertsaal **Or|phik** *die; - ⟨gr.-lat.⟩:* aus Thrakien stammende religiös-philosophische Geheimlehre der Antike, bes. im alten Griechenland, die Erbsünde u. Seelenwanderung lehrte. **Or|phi|ker** *der; -s, -:* Anhänger der Orphik. **Or|phi|ke|rin** *die; -, -nen:* weibliche Form zu *↑ Orphiker.* **or|phisch:** zur Orphik gehörend; geheimnisvoll **Or|phis|mus** u. **Or|phi|zis|mus** *der; - ⟨gr.-nlat.⟩:* *↑ Orphik* **¹Or|ping|ton** *['ɔ:pɪŋtən] die; -, -s ⟨nach engl. Stadt⟩:* eine Mastente **²Or|ping|ton** *das; -s, -s:* Huhn mit schwerem Körper **Or|p|lid** *[auch: 'ɔrpli:t] das; -s:* (von Mörike u. seinen Freun-

den erfundener Name einer) Wunsch- u. Märcheninsel **Or|sat|ap|pa|rat** *der; -[e]s, -e ⟨nach dem Erfinder M. H. Orsat (19. Jh.)⟩:* physikalisch-chemisches Gasanalysengerät **orth...,** **Orth...** vgl. ortho..., Ortho... **Or|the|se** *die; -, -n ⟨Kurzw. aus ↑ orthopädisch u. ↑ Prothese⟩:* (Med.) stützendes u. entlastendes Gerät zur Behandlung funktioneller Störungen, bes. im Bereich der Wirbelsäule u. der Gelenke **Or|the|tik** *die; -:* (Med.) medizinisch-technischer Wissenschaftszweig, bei dem man sich mit der Konstruktion von Orthesen befasst **or|the|tisch:** a) die Orthetik betreffend; b) die Orthese betreffend **Or|thi|kon** *das; -s, ...one, (auch:) -s ⟨gr.-engl.⟩:* Speicherröhre zur Aufnahme von Fernsehbildern

---

or|tho..., Or|tho

vor Vokalen auch: orth..., Orth... *⟨gr. orthós „aufrecht, gerade, richtig, gerecht, wahr"⟩* Wortbildungselement mit der Bedeutung „gerade, aufrecht; richtig, recht":
– Orthographie
– orthopädisch
– Orthoptik

O

Or|tho|chro|ma|sie *[...kro...] die; - ⟨gr.-nlat.⟩:* Fähigkeit einer fotografischen Schicht, für alle Farben außer Rot empfindlich zu sein. **or|tho|chro|ma|tisch:** die Orthochromasie betreffend **Or|tho|don|tie** *die; -, ...ien:* (Med.) Behandlung angeborener Gebissanomalien durch kieferorthopädische Maßnahmen (z. B. die Beseitigung von Zahnfehlstellungen) **or|tho|dox** *⟨gr.-lat.⟩:* 1. rechtgläubig, strenggläubig. 2. griechisch-orthodox; **orthodoxe Kirche:** die seit 1054 von Rom getrennte morgenländische od. Ostkirche. 3. a) den strengen Lehrmeinung gemäß; der herkömmlichen Anschauung entsprechend; b) starr, unnachgiebig **or|tho|dox-a|na|to|lisch:** (veraltet)

↑ griechisch-orthodox; vgl. orthodox (2)

Or|tho|do|xie *die; -* ⟨*gr.*⟩: 1. Rechtgläubigkeit; theologische Richtung, die das Erbe der reinen Lehre (z. B. Luthers od. Calvins) zu wahren sucht (bes. in der Zeit nach der Reformation). 2. [engstirniges] Festhalten an Lehrmeinungen

or|tho|drom ⟨*gr.-nlat.*⟩: die Orthodrome betreffend. **Or|tho|dro|me** *die; -, -n:* (Nautik) kürzeste Verbindung zwischen zwei Punkten auf der Erdoberfläche (auf einem Großkreis verlaufend). **or|tho|dro|misch:** auf der Orthodrome gemessen

Or|tho|e|pie u. **Or|tho|e|pik** *die; -* ⟨*gr.*⟩: (Sprachw.) Lehre von der richtigen Aussprache der Wörter. **or|tho|e|pisch:** (Sprachw.) die Orthoepie betreffend

Or|tho|fo|nie vgl. Orthophonie

Or|tho|ge|ne|se *die; -, -n* ⟨*gr.-nlat.*⟩: (Biol.) Form einer stammesgeschichtlichen Entwicklung bei einigen Tiergruppen od. auch Organen, die in gerader Linie von einer Ursprungsform bis zu einer höheren Entwicklungsstufe verläuft

Or|tho|ge|stein *das; -[e]s, -e* ⟨*gr.; dt.*⟩: (Geol.) Sammelbez. für kristalline Schiefer, die aus Erstarrungsgesteinen entstanden sind

or|tho|g|nath: (Med.) einen normalen Biss bei gerader Stellung beider Kiefer aufweisend. **Or|tho|g|na|thie** *die; -:* (Med.) gerade Kieferstellung

Or|tho|gneis *der; -es, -e:* (Geol.) aus magmatischen Gesteinen hervorgegangener Gneis

Or|tho|gon *das; -s, -e* ⟨*gr.-lat.*⟩: Rechteck. **or|tho|go|nal** ⟨*gr.-nlat.*⟩: rechtwinklig

Or|tho|gra|phie, auch: ...grafie, *die; -, ...ien* ⟨*gr.-lat.*⟩: nach bestimmten Regeln festgelegte Schreibung der Wörter; Rechtschreibung. **or|tho|gra|phisch,** auch: ...grafisch: die Orthographie betreffend, rechtschreiblich

or|tho|ke|phal usw. vgl. orthozephal usw.

Or|tho|klas *der; -es, -e* ⟨*gr.-nlat.*⟩: ein Feldspat

Or|tho|lo|gie *die; -:* (Med.) Wissenschaft vom Normalzustand u. von der normalen Funktion des Organismus od. von Teilen desselben

or|th|o|nym: unter dem richtigen Namen des Autors veröffentlicht; Ggs. ↑ anonym, ↑ pseudonym

Or|tho|pä|de *der; -n, -n:* Facharzt für Orthopädie. **Or|tho|pä|die** *die; -* ⟨*gr.-fr.*⟩: Wissenschaft von der Erkennung u. Behandlung angeborener od. erworbener Fehler der Haltungs- u. Bewegungsorgane

Or|tho|pä|die|me|cha|ni|ker *der; -s, -:* Handwerker, der künstliche Gliedmaßen, Korsetts u. a. für Körperbehinderte herstellt (Berufsbez.). **Or|tho|pä|die|me|cha|ni|ke|rin** *die; -, -nen:* weibliche Form zu ↑ Orthopädiemechaniker

Or|tho|pä|din *die; -, -nen:* weibliche Form zu ↑ Orthopäde

or|tho|pä|disch: die Orthopädie betreffend

Or|tho|pä|dist *der; -en, -en:* Hersteller orthopädischer Geräte. **Or|tho|pä|dis|tin** *die; -, -nen:* weibliche Form zu ↑ Orthopädist

or|tho|pan|chro|ma|tisch [...kro...]: ↑ panchromatisch mit nur schwacher Rotempfindlichkeit

Or|tho|pho|nie, auch: ...fonie *die; -, ...ien:* nach bestimmten Regeln festgelegte Aussprache der Wörter

Or|tho|pnoe *die; -* ⟨*gr.*⟩: (Med.) Zustand höchster Atemnot, in dem nur bei aufgerichtetem Oberkörper genügend Atemluft in die Lunge gelangt

Or|tho|p|te|re *die; -, -n* u. **Or|tho|p|te|ron** *das; -s, ...teren* ⟨*gr.-nlat.*⟩: Geradflügler (z. B. Heuschrecke, Ohrwurm, Schabe)

Or|th|op|tik *die; -* ⟨*gr.*⟩: Übungsbehandlung zur Förderung des beidäugigen Sehens

Or|th|op|tist *der; -en, -en:* Helfer des Augenarztes, der Sehprüfungen, Schielwinkelmessungen o. Ä. vornimmt u. bei der Behandlung durch entsprechendes Muskeltraining hilft. **Or|th|op|tis|tin** *die; -, -nen:* weibliche Form zu ↑ Orthoptist

Or|thos|kop *das; -s, -e* ⟨*gr.*⟩: Gerät für kristallographische Beobachtungen. **Or|thos|ko|pie** *die; -:* winkeltreue Abbildung durch Linsen. **or|thos|ko|pisch:** a) die Orthoskopie betreffend; b) das Orthoskop betreffend

Or|thos Lo|gos *der; - - -* ⟨*gr.;* „rechte Vernunft"⟩: (stoische Philos.) allgemeines Weltgesetz, das Göttern u. Menschen gemeinsam ist

Or|tho|s|ta|se *die; -, -n* ⟨*gr.-nlat.*⟩: (Med.) aufrechte Körperhaltung

Or|tho|s|ta|ten *die* (Plural): hochkant stehende Quader od. starke stehende Platten als unterste Steinlage bei antiken Gebäuden. **or|tho|s|ta|tisch:** 1. die Orthostase betreffend. 2. die Orthostaten betreffend

Or|thos|tig|mat *der* od. *das; -[e]s, -e:* (Optik) Objektiv, bes. für winkeltreue Abbildungen

Or|tho|to|nie *die; -:* (Mus.) richtige Betonung

or|tho|to|nie|ren: sonst ↑ enklitische Wörter mit einem Ton versehen (in der griechischen Betonungslehre)

¹or|tho|trop ⟨*gr.*⟩: (Bot.) senkrecht aufwärts od. abwärts wachsend (in Bezug auf Pflanzen od. Pflanzenteile)

²or|tho|trop ⟨Kurzw. aus *orthogo*nal u. aniso*trop*⟩: in der Fügung **orthotrope Platten:** im Stahlbau, bes. im Brückenbau verwendetes Flächentragwerk (od. Fahrbahnplatten) mit verschiedenen elastischen Eigenschaften in zwei zueinander senkrecht verlaufenden Richtungen

Or|tho|zen|t|rum *das; -s, ...ren:* (Geometrie) Schnittpunkt der Höhen eines Dreiecks

or|tho|ze|phal: (Med.) von mittelhoher Kopfform. **Or|tho|ze|pha|le** *der* od. *die; -n, -n:* (Med.) Mensch mit mittelhoher Kopfform. **Or|tho|ze|phal|lie** *die; -:* (Med.) mittelhohe Kopfform

Or|tho|ze|ras *der; -, ...zeren:* versteinerter Tintenfisch

Or|to|lan *der; -s, -e* ⟨*lat.-it.*⟩: Gartenammer (europäischer Finkenvogel)

O|ryk|to|ge|ne|se u. **O|ryk|to|ge|nie** *die; -* ⟨*gr.-nlat.*⟩: (veraltet) Gesteinsbildung

O|ryk|to|g|no|sie *die; -:* (veraltet) Mineralogie

O|ryk|to|gra|phie, auch: ...grafie *die; -:* (veraltet) ↑ Petrographie

O|ryx|an|ti|lo|pe *die; -, -n* ⟨*gr.; mgr.*⟩: (Zool.) Antilopenart in den offenen Landschaften südlich der Sahara u. Südarabiens mit langem, spießartigem Gehörn

¹Os *der,* (auch:) *das;* -[es], -er (meist Plural) ⟨*schwed.*⟩: (Geol.) mit Sand u. Schotter ausgefüllte ↑ subglaziale Schmelzwasserrinne

²Os *das;* -, Ossa ⟨*lat.*⟩: (Anat.) Knochen

³Os *das;* -, Qra ⟨*lat.*⟩: (Anat.) 1. Mund. 2. (veraltet) Öffnung eines Organs; vgl. Ostium

Os|car *der;* -[s], -s ⟨*engl.*⟩: volkstümlicher Name der vergoldeten Statuette als Symbol für den jährlich verliehenen amerikanischen Filmpreis

Os|ce|do vgl. Oszedo

Os|ku|la|ti|on *die;* -, -en ⟨*lat.;* „das Küssen"⟩: (Math.) Berührung zweier Kurven

Os|ku|la|ti|ons|kreis *der;* -es, -e ⟨*lat.; dt.*⟩: (Math.) Krümmungskreis, der eine Kurve zweiter Ordnung (im betrachteten Punkt) berührt

os|ku|lie|ren: eine Oskulation bilden

Os|mi|um *das;* -s ⟨*gr.-nlat.*⟩: chem. Element; ein Metall; Zeichen: Os

Os|mo|lo|gie *die;* -: Lehre von den Riechstoffen u. vom Geruchssinn

os|mo|phil ⟨*gr.-nlat.*⟩: (Bot.) zur Osmose neigend

os|mo|phor ⟨*gr.-nlat.*⟩: Geruchsempfindungen hervorrufend

Os|mo|se *die;* - ⟨*gr.-nlat.*⟩: (Chem.) Übergang des Lösungsmittels (z. B. von Wasser) einer Lösung in eine stärker konzentrierte Lösung durch eine feinporige (semipermeable) Scheidewand, die zwar für das Lösungsmittel selbst, nicht aber für den gelösten Stoff durchlässig ist

Os|mo|the|ra|pie *die;* -, ...ien: (Med.) therapeutisches Verfahren zur günstigen Beeinflussung gewisser Krankheiten durch Erhöhung des osmotischen Drucks des Blutes (durch Einspritzung hoch konzentrierter Salz- u. Zuckerlösungen ins Blut)

os|mo|tisch: auf Osmose beruhend

ö|so|pha|gisch ⟨*gr.*⟩: (Med.) zum Ösophagus gehörend

Ö|so|pha|gis|mus *der;* -, ...men

⟨*gr.-nlat.*⟩: (Med.) Speiseröhrenkrampf

Ö|so|pha|gi|tis *die;* -, ...itiden: (Med.) Entzündung der Speiseröhre

Ö|so|pha|go|s|kop *das;* -s, -e: (Med.) Speiseröhrenspiegel

Ö|so|pha|go|spas|mus *der;* -s, ...men: ↑ Ösophagismus

Ö|so|pha|go|to|mie *die;* -, ...ien: (Med.) Speiseröhrenschnitt

Ö|so|pha|gus, fachspr.: Oesophagus *der;* -, ...gi: (Anat.) Speiseröhre

Os|phra|di|um *das;* -s, ...ien ⟨*gr.-nlat.*⟩: (Zool.) Sinnesorgan der Weichtiere, das vermutlich als Geruchsorgan dient

Os|phre|si|o|lo|gie *die;* -: Wissenschaft vom Geruchssinn

os|sal u. **os|sär** ⟨*lat.*⟩: die Knochen betreffend

Os|sa|ri|um *das;* -s, ...ien ⟨*lat.*⟩: 1. Beinhaus (auf Friedhöfen). 2. Gebeinurne der Antike

Os|se|in *das;* -s ⟨*lat.-nlat.*⟩: Bindegewebsleim der Wirbeltierknochen (zur Herstellung von Leimen u. Gelatine verwendet)

os|sia ⟨*it.*⟩: oder, auch (Hinweis auf eine abweichende Lesart od. eine leichtere Ausführung in der Musik)

Os|si|fi|ka|ti|on *die;* -, -en ⟨*lat.-nlat.*⟩: (Med.) Knochenbildung; Verknöcherung. **os|si|fi|zie|ren:** (Med.) Knorpelgewebe in Knochen umwandeln, verknöchern

Os|su|a|ri|um *das;* -s, ...ien ⟨*lat.*⟩: ↑ Ossarium

Os|tal|gie *die;* -: unbestimmte Sehnsucht an im Erinnerung sich verklärende Zustände u. Erlebnisse in der DDR. **os|tal|gisch:** die Ostalgie betreffend, zu ihr gehörend

os|te..., **Os|te...** vgl. osteo..., Osteo...

Os|te|al|gie *die;* -, ...ien ⟨*gr.-nlat.*⟩: (Med.) Knochenschmerz

os|ten|si|bel ⟨*lat.-nlat.*⟩: zum Vorzeigen berechnet, zur Schau gestellt, auffällig

os|ten|siv: a) augenscheinlich, handgreiflich, offensichtlich; b) zeigend; anschaulich machend, dartuend; c) ↑ ostentativ

Os|ten|so|ri|um *das;* -s, ...ien ⟨*lat.-mlat.*⟩: ↑ Monstranz

Os|ten|ta|ti|on *die;* -, -en ⟨*lat.*⟩: (veraltet) Schaustellung, Prahlerei. **os|ten|ta|tiv** ⟨*lat.-nlat.*⟩:

zur Schau gestellt, betont, herausfordernd

os|ten|ti|ös: prahlerisch

os|te|o..., **Os|te|o...**

vor Vokalen auch: oste..., Oste... ⟨*gr.* ostéon „Knochen, Bein"⟩ Wortbildungselement mit der Bedeutung „Knochen": – Ostealgie – osteoplastisch – Osteoporose

Os|te|o|blast *der;* -en, -en (meist Plural) ⟨*gr.-nlat.*⟩: (Med.) Knochen bildende Zelle

Os|te|o|dy|nie *die;* -, ...ien: ↑ Ostealgie

Os|te|o|ek|to|mie *die;* -, ...ien: (Med.) Ausmeißelung eines Knochenstücks

Os|te|o|fib|rom *das;* -s, -e ⟨*gr.; lat.-nlat.*⟩: (Med.) Knochenbindegewebsgeschwulst

os|te|o|gen ⟨*gr.-nlat.*⟩: a) Knochen bildend; b) (Med.) aus Knochen entstanden

Os|te|o|ge|ne|se *die;* -, -n: (Med.) Knochenbildung

Os|te|o|id: (Med.) knochenähnlich

Os|te|o|kla|sie *die;* -, ...ien: (Med.) operatives Zerbrechen verkrümmter Knochen, um sie gerade zu richten

Os|te|o|klast *der;* -en, -en: 1. (meist Plural; Med., Biol.) mehrkernige, das Knochengewebe zerstörende Riesenzelle. 2. (auch: *das;* -s, -en; Med.) Instrument zur Vornahme einer Osteoklasie

Os|te|o|kol|le *die;* -, -n: (Geol.) durch Kalk od. Limonit versteinerte Wurzel von knochenähnlicher Gestalt

Os|te|o|lo|ge *der;* -n, -n: Fachanatom der Osteologie. **Os|te|o|lo|gie** *die;* -: (Med.) Wissenschaft von den Knochen. **Os|te|o|lo|gin** *die;* -, -nen: weibliche Form zu ↑ Osteologe. **os|te|o|lo|gisch:** die Osteologie betreffend

Os|te|o|ly|se *die;* -, -n: (Med.) Auflösung von Knochengewebe

Os|te|om *das;* -s, -e: Knochengewebsgeschwulst

os|te|o|ma|la|kisch vgl. osteomalazisch

Os|te|o|ma|la|zie *die;* -, ...ien: (Med.) Knochenerweichung. **os|te|o|ma|la|zisch** u. osteomalakisch: (Med.) Knochen erweichend

Os|te|o|my|e|li|tis die; -, ...it|den: (Med.) Knochenmarkentzündung

Os|te|on das; s, ...onen ⟨gr⟩: (Med.) Baustein des Knochengewebes

Os|te|o|pa|thie die; -, ...ien ⟨gr.-nlat.⟩: (Med.) Knochenleiden

Os|te|o|pha|lge der; -n, -n: ↑ Osteoklast (1)

Os|te|o|plas|tik die; -, -en: Schließung von Knochenlücken durch osteoplastische Operationen; vgl. ¹Plastik (2). **os|te|oplas|tisch:** Knochenlücken schließend

Os|te|o|po|ro|se die; -, -n: (Med.) Schwund des festen Knochengewebes bei Zunahme der Markräume

Os|te|o|psa|thy|ro|se die; -, -n: (Med.) angeborene Knochenbrüchigkeit

Os|te|o|ta|xis die; -, ...xen: (Med.) Einrenkung von Knochenbrüchen

Os|te|o|tom das; -s, -e: ↑ Osteom

Os|te|o|to|mie die; -, ...ien: (Med.) Durchtrennung eines Knochens

Os|te|ria die; -, -s u. **Os|te|rie** die; -, ...ien ⟨lat.-it.⟩: volkstümliche Gaststätte (in Italien)

Os|ti|a|ri|er der; -s, - u. **Os|ti|a|rius** der; -, ...ier ⟨lat.; „Türhüter"⟩: (veraltet) in der katholischen Kirche Kleriker des untersten Grades der niederen Weihen

o|s|ti|nat, o|s|ti|na|to ⟨lat.-it.⟩: (Mus.) immer wiederkehrend, ständig wiederholt. **O|s|ti|na|to** der od. das; -s, -s u. ...ti: ↑ Basso ostinato

Os|ti|tis die; -, ...it|den ⟨gr.-nlat.⟩: (Med.) Knochenentzündung

Os|ti|um das; -s, ...tia u. ...ien ⟨lat.⟩: (Med.) Öffnung, Eingang, Mündung an einem Körperhohlraum od. Hohlorgan

Os|t|ra|ka: Plural von ↑ Ostrakon

Os|t|ra|kis|mos der; - ⟨gr.⟩: ↑ Ostrazismus

Os|t|ra|ko|de der; -n, -n ⟨gr.-nlat.⟩: Muschelkrebs

Os|t|ra|kon das; -s, ...ka ⟨gr.⟩: Scherbe (von zerbrochenen Gefäßen), die in der Antike als Schreibmaterial verwendet wurde

Os|t|ra|zis|mus der; - ⟨gr.-nlat.; „Scherbengericht"⟩: (hist.) altathenisches Volksgericht, das die Verbannung eines Bürgers beschließen konnte (bei der Abstimmung wurde dessen Name von jedem ihn verurteilenden Bürger auf ein Ostrakon, eine Tonscherbe, geschrieben)

Ös|t|ro|gen das; -s, -e ⟨gr.-nlat.⟩: (Med.) weibliches Sexualhormon mit der Wirkung des ↑ Follikelhormons

Ös|t|ro|ma|nie die; -: ↑ Nymphomanie

Ös|t|ron das; -s: (Med.) Follikelhormon

Ös|t|ron|grup|pe die; - ⟨gr.-nlat.; dt.⟩: (Med.) Gruppe der Follikelhormone

Ös|t|rus der; - ⟨gr.-lat.: „Rossbremse; Raserei"⟩: (Zool.) Zustand gesteigerter geschlechtlicher Erregung u. Paarungsbereitschaft bei Tieren; Brunst

Os|ze|do das; - ⟨lat.⟩: (Med.) Gähnkrampf

Os|zil|la|ti|on die; -, -en ⟨lat.; „das Schaukeln"⟩: Schwingung. **Oszil|la|tor** der; -s, ...oren ⟨lat.-nlat.⟩: (Phys.) Schwingungserzeuger

Os|zil|la|to|ria die; -, ...ien: Blaualge

os|zil|la|to|risch: die Oszillation betreffend, zitternd, schwankend

os|zil|lie|ren ⟨lat.⟩: 1. a) (Phys.) schwingen; b) schwanken, pendeln. 2. a) sich durch Tektonik auf- od. abwärts bewegen (von Teilen der Erdkruste); b) (Geogr.) hin u. her schwanken (von Eisrändern u. Gletscherenden)

Os|zil|lo|graf vgl. Oszillograph

Os|zil|lo|gramm das; -s, -e ⟨lat.; gr.⟩: (Phys.) von einem Oszillographen aufgezeichnetes Schwingungsbild

Os|zil|lo|graph, auch: ...graf der; -en, -en: (Phys.) Apparatur zum Aufzeichnen [schnell] veränderlicher [elektrischer] Vorgänge, bes. Schwingungen

O|t|ag|ra [auch: o'ta:gra] das; -s, - ⟨gr.⟩ u. **O|t|al|gie** die; -, ...ien ⟨gr.-nlat.⟩: (Med.) Ohrenschmerz

OTC-Prä|pa|rat [ote'tse:...] das; -[e]s, -e ⟨von engl. over the counter „über den Ladentisch"⟩: nicht rezeptpflichtiges Präparat

Ot|hä|ma|tom das; -s, -e ⟨gr.-nlat.⟩: (Med.) Ohrblutgeschwulst

O|ti|a|ter der; -s, -: ↑ Otologe. **O|ti|a|te|rin** die; -, -nen: weibliche Form zu ↑ Otiater. **O|t|i|a|t|rie** die; -: ↑ Otologie. **o|t|i|a|t|risch:** ↑ otologisch

O|ti|tis die; -, ...it|den ⟨gr.-nlat.⟩: Erkrankung des inneren Ohrs; Ohrenentzündung

o|ti|tisch: mit einer Otitis zusammenhängend

O|ti|tis me|dia die; - -, Otitides mediae [...'ti:de:s ...ɛ]: (Med.) Mittelohrentzündung

O|ti|um das; -s ⟨lat.⟩: (veraltet) Beschaulichkeit, Muße

O|t|o|dy|nie die; -, ...ien: ↑ Otagra

O|t|o|fon vgl. Otophon

o|t|o|gen ⟨gr.-nlat.⟩: (Med.) vom Ohr ausgehend

O|t|o|lith [auch: ...'lɪt] der; -s u. -en, -e[n]: (Med.) kleiner prismatischer Kristall aus kohlensaurem Kalk im Gleichgewichtsorgan des Ohres

O|t|o|lo|ge der; -n, -n: Ohrenarzt. **O|t|o|lo|gie** die; -: (Med.) Ohrenheilkunde. **O|t|o|lo|gin** die; -, -nen: weibliche Form zu ↑ Otologe. **o|t|o|lo|gisch:** (Med.) die Ohrenheilkunde betreffend

O-Ton vgl. Originalton

O|t|o|phon, auch: Otofon das; -s, -e ⟨gr.-nlat.⟩: Hörrohr, Schallverstärker für Schwerhörige

O|t|o|plas|tik die; -, -en: Ohrstück eines Hörgeräts

O|t|or|rha|gie die; -, ...ien: (Med.) Ohrenbluten

O|t|o|skle|ro|se die; -, -n: (Med.) zur Schwerhörigkeit führende Erkrankung (Verknöcherung) des Mittelohrs. **o|t|o|skle|rotisch:** (Med.) die Otosklerose betreffend

O|t|os|kop das; -s, -e: (Med.) Ohrenspiegel. **O|t|os|ko|pie** die; -, ...ien: (Med.) Ausspiegelung des Ohres

O|t|o|zy|lon das; -s, -s: Löffelfuchs, afrikanischer Fuchs mit großen Ohren

ot|ta|va ⟨lat.-it.⟩: (Mus.) in der Oktave [zu spielen]. **Ot|ta|va** die; -, ...ve: ↑ Ottaverime; vgl. Oktave (2)

ot|ta|va al|ta: (Mus.) ↑ all'ottava

ot|ta|va bas|sa: (Mus.) eine Oktave tiefer [zu spielen]; Zeichen: 8·· od. 8ᵛᵃ·· unter den betreffenden Noten

Ot|ta|ve|ri|me die (Plural) ⟨„acht

Verse"): ↑ Stanze; vgl. Oktave (2)

Ot|ta|vi|no *der* od. *das;* -s, -s u. ...ni: (Mus.) 1. Oktav-, Piccoloflöte. 2. 2. Oktavklarinette

Ot|to|man *der;* -s, -e ⟨*türk.-fr.;* nach Osman, dem Begründer des türk. Herrscherhauses der Ottomanen⟩: Ripsgewebe mit breiten, stark ausgeprägten Rippen

Ot|to|ma|ne *die;* -, -n: niedriges Liegesofa

Ou|b|li|et|ten [ub...] *die* (Plural) ⟨*lat.-vulgärlat.-fr.*⟩: (hist.) Burgverliese für die zu lebenslänglichem Kerker Verurteilten

Ounce [a̱uns] *die;* -, -s [ˈa̱unsɪz] ⟨*lat.-fr.-engl.*⟩: englische Gewichtseinheit (28,35 g); Abk.: oz

---

out..., Out...

[a̱ut]
⟨*engl.* out „weg, aus ... hinaus, heraus, draußen"⟩
Wortbildungselement mit der Bedeutung „aus, (nach) außen":
– Outfit
– Outlaw
– Output
– Outsider
– outsourcen

---

out: 1. (österr.) aus, außerhalb des Spielfeldes (bei Ballspielen). 2. in der Verbindung **out sein:** a) (ugs.) nicht mehr im Brennpunkt des Interesses stehen, nicht mehr gefragt sein; Ggs. ↑ in sein (1); b) nicht mehr in Mode sein; Ggs. ↑ in sein (2)

Out *das;* -[s], -[s]: (österr.) Aus (wenn der Ball das Spielfeld verlässt; bei Ballspielen)

Out|back [ˈa̱utbɛk] *das;* -s ⟨*engl.*⟩: kaum besiedeltes australisches Landesinnere

Out|board [ˈa̱utbɔːd] *der;* -s, -s: Außenbordmotor

Out|bound [ˈa̱utba̱unt] *das;* -s, -s ⟨*engl.*⟩: Anruf durch einen Telefonagenten (z. B. bei einem Kunden im Telefonmarketing); Ggs. ↑ Inbound

Out|cast [ˈa̱utka:st] *der;* -s, -s: a) von der Gesellschaft Ausgestoßener, Paria (2); b) außerhalb der Kasten stehender Inder, Paria (1)

out|door [ˈa̱utdɔː] ⟨*engl.;* „außer dem Haus, Außen..."⟩: draußen,

im Freien [befindlich, stattfindend] (z. B. von Veranstaltungen). **Out|door** *das;* -: Gesamtheit von Freizeitaktivitäten, die im Freien stattfinden (wie Wandern, Bergsteigen o. Ä.)

Out|door|be|klei|dung *die;* -, -en ⟨*engl.; dt.*⟩: für Freizeitaktivitäten im Freien (wie Wandern u. Ä.) bestimmte Kleidung

ou|ten [ˈa̱utn̩] ⟨*engl.*⟩: (Jargon) 1. die homosexuelle Veranlagung eines Prominenten ohne dessen Zustimmung bekannt machen. 2. sich outen: a) sich öffentlich zu seiner homosexuellen Veranlagung bekennen; b) eine bestimmte Vorliebe, Neigung o. Ä. [öffentlich] bekannt machen

Ou|ter|space|for|schung, auch: **Outer-Space-For|schung** [a̱utǝˈspeːs...] *die;* - ⟨*engl.; dt.*⟩: Weltraumforschung; vgl. Innerspaceforschung

Out|fit [ˈa̱utfɪt] *das;* -s, -s ⟨*engl.*⟩: das äußere Erscheinungsbild bestimmte Kleidung, Ausstattung, Ausrüstung; Stil. **Out|fit|ter** *der;* -s, -: Ausstatter, Ausrüster, Hersteller von [modischer] Bekleidung

Out|group [ˈa̱utgruːp] *die;* -, -s ⟨*engl.*⟩: (Soziol.) Gruppe, der man sich nicht zugehörig fühlt u. von der man sich distanziert; Fremdgruppe, Außengruppe; Ggs. ↑ Ingroup

Out|ing [ˈa̱utɪŋ] *das;* -s, -s: das [Sich]outen

Out|law [ˈa̱utlɔː] *der;* -s, -s: 1. Geächteter, Verfemter. 2. jmd., der sich nicht an die bestehende Rechtsordnung hält, Verbrecher

Out|let [ˈa̱utlǝt] *das;* -s, -s ⟨*engl.*⟩: Verkaufsstelle, in der ältere [Mode]artikel od. Restposten verkauft werden

out of area [a̱ut ǝf ˈeǝrɪǝ] ⟨*engl.;* „außerhalb des Gebietes"⟩: (Milit., Pol.) außerhalb des Bereichs der eigenen vertraglich festgelegten Zuständigkeit

Out|place|ment [ˈa̱utpleɪsmǝnt] *das;* -s, -s ⟨*engl.*⟩: Entlassung einer Führungskraft unter gleichzeitiger Vermittlung an ein anderes Unternehmen

Out|put [ˈa̱utput] *der,* auch: *das;* -s; -s ⟨*engl.;* „Ausstoß"⟩: 1. (Wirtsch.) die von einem Unternehmen produzierten Güter;

Güterausstoß; Ggs. ↑ Input (1). 2. a) (Elektrot.) Ausgangsleistung einer Antenne oder eines Niederfrequenzverstärkers; b) (EDV) Ausgabe von Daten aus einer Datenverarbeitungsanlage; Ggs. ↑ Input (2)

ou|t|rie|ren [ut...] ⟨*lat.-fr.*⟩ übertrieben darstellen

Out|si|der [ˈa̱utsaɪdɐ] *der;* -s, - ⟨*engl.*⟩: Außenseiter. **Out|si|de|rin** *die;* -, -nen: weibliche Form zu ↑ Outsider

out|sour|cen [ˈa̱utsɔːsn̩] ⟨*engl.*⟩: Outsourcing betreiben, Arbeiten u. Aufträge durch Outsourcing ausgliedern, nach außen verlegen. **Out|sour|cing** *das;* -s ⟨*engl.*⟩: (Wirtsch.) Auslagerung von bisher in einem Unternehmen selbst erbrachten Leistungen an externe Auftragnehmer od. Dienstleister

Ou|ver|tü|re [uvɐ...] *die;* -, -n ⟨*lat.-vulgärlat.-fr.*⟩: 1. a) einleitendes Instrumentalstück am Anfang einer Oper, eines Oratoriums, Schauspiels, einer Suite; b) einsätziges Konzertstück für Orchester (bes. im 19. Jh.). 2. Einleitung, Eröffnung, Auftakt

Ou|v|rée [uˈvreː] *die;* -, ⟨*lat.-fr.*⟩: gezwirnte Rohseide

Ou|zo [ˈuːzo] *der;* -s, -s ⟨*ngr.*⟩: griechischer Anisbranntwein

O|va: *Plural* von ↑ Ovum

o|val ⟨*lat.-mlat.*⟩: eirund, länglich rund. **O|val** *das;* -s, -e: ovale Fläche, ovale Anlage, ovale Form

O|v|al|bu|min *das;* -s, -e ⟨*lat.-nlat.*⟩: Eiweißkörper des Eiklars

O|val|zir|kel *der;* -s, - ⟨*lat.-mlat.; gr.-lat.*⟩: Gerät zum Zeichnen von Ellipsen

o|va|ri|al ⟨*Med.*⟩: das Ovarium betreffend

O|va|ri|al|gra|vi|di|tät *die;* -, -en: (Med.) Schwangerschaft, bei der sich der Fetus im Eierstock entwickelt; Eierstockschwangerschaft

O|va|ri|al|hor|mon *das;* -s: (Med.) das im Eierstock gebildete Geschlechtshormon

O|va|ri|ek|to|mie *die;* -, ...ien ⟨*lat.; gr.*⟩: (Med.) operative Entfernung eines Eierstocks

o|va|ri|ell ⟨*lat.-nlat.*⟩: ↑ ovarial

O|va|ri|o|to|mie *die;* -, ...ien: ↑ Ovariektomie

O|va|ri|um *das;* -s, ...ien ⟨*lat.*⟩:

O

(Biol. Med.) Gewebe od. Organ, in dem bei Tieren u. beim Menschen Eizellen gebildet werden, Eierstock

O|va|ti|on die; -, -en ⟨lat.; „kleiner Triumph"⟩: Huldigung, Beifall

O|ve|r|all ['oʊvərɔːl] der; -s, -s ⟨engl.; eigtl. „über alles"⟩: a) einteiliger, den ganzen Körper bekleidender Schutzanzug (für Mechaniker, Sportler u. a.); b) modischer, den ganzen Körper bedeckender einteiliger Anzug (für Frauen)

o|ver|dressed ['oʊvədrɛst] ⟨engl.⟩: (für einen bestimmten Anlass) zu vornehm angezogen, zu feierlich gekleidet; Ggs. ↑ underdressed

O|ver|drive ['oʊvədraɪv] der; -s, -s: (Techn.) zusätzlicher Gang im Getriebe von Kraftfahrzeugen, der nach Erreichen einer bestimmten Fahrgeschwindigkeit die Herabsetzung der Motordrehzahl ermöglicht

O|ver|flow ['oʊvəfloʊ] der; -s ⟨engl.⟩: (EDV) Überschreitung der Speicherkapazität von Computern

O|ver|head|pro|jek|tor ['oʊvəhed...] der; -s, -en: Projektor, durch den eine auf einer horizontalen Glasfläche sich befindende Vorlage über den Kopf des Vortragenden rückseitig von ihm projiziert wird

O|ver|kill ['oʊvəkɪl] das, auch: der; -s ⟨engl.; „Übertöten"⟩: Situation, in der gegnerische Staaten mehr Waffen, bes. Atomwaffen, besitzen, als nötig sind, um den Gegner zu vernichten

o|ver|sized ['oʊvəsaɪzd] ⟨engl.⟩: (von Kleidungsstücken) größer als tatsächlich nötig

o|ver|state|ment ['oʊvəsteɪtmənt] das; -s, -s ⟨engl.⟩: Übertreibung, Überspielung

o|ver|styled ['oʊvəstaɪld] ⟨engl.⟩: (für einen bestimmten Anlass) zu perfekt gestylt

O|ver-the-Coun|ter-Mar|ket ['oʊvəðə'kaʊntəma:kɪt] der; -s ⟨engl.⟩: (Bankw.) a) (in den USA) der über den Telefonverkehr zwischen den Banken sich vollziehende Handel in nicht zum offiziellen Handel zugelassenen Wertpapieren; b) (in Großbritannien) Wertpapiergeschäft am Bankschalter, Tafelgeschäft

O|vi|dukt der; -[e]s, -e ⟨lat.-nlat.⟩: (Med., Biol.) Eileiter

O|vi|ne die (Plural) ⟨lat.⟩: (Med.) Schafspocken

o|vi|par ⟨lat.⟩: (Biol.) Eier legend. O|vi|pa|rie die; - ⟨lat.-nlat.⟩: (Biol.) Fortpflanzung durch Eiablage

O|vi|zid das; -[e]s, -e: in der Landwirtschaft gebräuchliches Mittel zur Abtötung von [Insekten]eiern

O|vo|ge|ne|se die; -, -n ⟨lat.; gr.⟩: ↑ Oogenese

o|vo|id u. o|vo|i|disch: (Biol.) eiförmig

O|vo|plas|ma das; -s: ↑ Ooplasma

o|vo|vi|vi|par ⟨lat.-nlat.⟩: (Biol.) Eier mit mehr od. weniger entwickelten Embryonen ablegend (in Bezug auf Tiere, z. B. Feuersalamander, Kreuzotter). O|vo|vi|vi|pa|rie die; -, ...ien: (Biol.) Fortpflanzung durch Ablage von Eiern, in denen die Embryonen sich bereits in einem fortgeschrittenen Entwicklungsstadium befinden (sodass bei manchen Tieren die Embryonen unmittelbar nach der Eiablage ausschlüpfen)

O|vu|la|ti|on die; -, -en: (Biol., Med.) Eisprung

O|vu|lum das; -s, ...la: ↑ Ovum

O|vum das; -s, Ova ⟨lat.⟩: (Med., Biol.) Ei, Eizelle

O|w|rag der; -s, -i ⟨russ.⟩: (Geogr.) tief eingeschnittene, junge Erosionsform im Steppenklima

O|xa|lat das; -[e]s, -e ⟨gr.-lat.-nlat.⟩: Salz der Oxalsäure

O|xa|lat|stein der; -[e]s, -e ⟨gr.-lat.-nlat.; dt.⟩: (Med.) Nierenstein aus oxalsaurem Kalk

O|xa|lis die; - ⟨gr.-lat.⟩: Sauerklee

O|xa|lit [auch: ...'lɪt] der; -s, -e ⟨gr.-lat.-nlat.⟩: ein Mineral

O|xal|säu|re die; - ⟨gr.-lat.⟩: Kleesäure, giftige, technisch vielfach verwendete organische Säure

O|xa|l|u|rie die; -...jen ⟨gr.-nlat.⟩: (Med.) vermehrte Ausscheidung von Oxalsäure im Harn

O|xer der; -s, - ⟨engl.⟩: a) Absperrung zwischen Viehweiden; b) Hindernis beim Springreiten, das aus zwei Stangen besteht, zwischen die Buschwerk gestellt wird

¹Ox|ford das; -s, -s ⟨nach der engl. Stadt⟩: bunter Baumwoll[hemden]stoff

²Ox|ford das; -s: (Geol.) unterste Stufe des ↑ Malms

Ox|ford|be|we|gung die; - ⟨engl.; dt.⟩: 1. hochkirchliche Bewegung in der anglikanischen Kirche; ↑ Traktarianismus. 2. Oxfordgruppenbewegung; eine 1921 von F. N. D. Buchman begründete religiöse Gemeinschaftsbewegung

Ox|ford|ein|heit die; -, -en: (Med.) internationales Maß für wirksame Penizillinmengen; Abk.: OE

Ox|for|di|en [...'djɛː] das; -s ⟨engl.-fr.⟩: ↑ ²Oxford

O|xid, auch: Oxyd das; -[e]s, -e ⟨gr.-fr.⟩: Verbindung eines chemischen Elements mit Sauerstoff

O|xi|da|se, auch: Oxydase die; -, -n ⟨gr.-fr.-nlat.⟩: (Chem.) Sauerstoff übertragendes Enzym

O|xi|da|ti|on, auch: Oxydation die; -, -en ⟨gr.-fr.⟩: 1. chemische Vereinigung eines Stoffes mit Sauerstoff; vgl. Desoxidation. 2. Entzug von Elektronen aus den Atomen eines chemischen Elements

O|xi|da|ti|ons|zo|ne, auch: Oxydationszone die; -, -n ⟨gr.-fr.; gr.-lat.⟩: (Geol.) „eiserner" Hut eines Erzkörpers (Zersetzungs- u. Auslaugungszone nahe der Erdoberfläche)

o|xi|da|tiv, auch: oxydativ ⟨gr.-nlat.⟩: durch eine Oxidation erfolgend, bewirkt

O|xi|da|tor, auch: Oxydator der; -s, ...oren: Sauerstoffträger als Bestandteil von [Raketen]treibstoffen

o|xi|die|ren, auch: oxydieren ⟨gr.-fr.⟩: 1. a) (ugs.) sich mit Sauerstoff verbinden, Sauerstoff aufnehmen; b) bewirken, dass sich eine Substanz mit Sauerstoff verbindet. 2. Elektronen abgeben, die von einer anderen Substanz aufgenommen werden; vgl. desoxidieren

O|xi|di|me|ter, auch: Oxydimeter das; -s, -: (Chem.) Gerät zur Maßanalyse bei der Vornahme einer Oxidimetrie. O|xi|di|me|trie, auch: Oxydimetrie die; -: (Chem.) Bestimmung von Mengen eines Stoffes durch bestimmte Oxidationsvorgänge

o|xi|disch, auch: oxydisch: Oxid enthaltend

O|xi|dul, auch: Oxydul das; -s, -e

⟨gr.-fr.-nlat.⟩: (Chem. veraltet) sauerstoffärmeres Oxid

Ox|tail|sup|pe [ˈɔkstɛɪl...] die; -, -n ⟨engl.; dt.⟩: Ochsenschwanzsuppe

O **|xy|bi|o|se** die; - ⟨gr.-nlat.⟩: ↑ Aerobiose

O **|xyd** usw. vgl. Oxid usw.

O **|xy|es|sig|säu|re** die; - ⟨gr.; dt.⟩: ↑ Glykolsäure

O **|xy|gen** das; -s ⟨gr.-fr.-nlat.⟩: chem. Element; Sauerstoff; Zeichen: O

O **|xy|ge|na|ti|on** die; -, -en: (Med.) Sättigung des Gewebes mit Sauerstoff; vgl. ...ation/...ierung. O **|xy|ge|nie|rung** die; -, -en: ↑ Oxygenation; vgl. ...ation/ ...ierung

O **|xy|ge|ni|um** das; -s: ↑ Oxygen

O **|xy|hä|mo|glo|bin** das; -s ⟨gr.; lat.-nlat.⟩: sauerstoffhaltiger Blutfarbstoff

O **|xy|li|quit** das; -s: Sprengstoff aus einem brennbaren Stoff u. flüssigem Sauerstoff

O **|xy|mo|ron** das; -s, ...ra ⟨gr.; „das Scharfdumme"⟩: (Rhet., Stilk.) Zusammenstellung zweier sich widersprechender Begriffe in einem Additionswort od. als rhetorische Figur (z. B. bittersüß, Eile mit Weile!)

o **|xy|phil** ⟨gr.-nlat.⟩: saure Farbstoffe bindend

O **|xy|pro|pi|on|säu|re** die; - ⟨gr.; dt.⟩: Milchsäure

O **|xy|säu|re** die; -: Säure, die die Eigenschaften einer Säure u. eines Alkohols zugleich hat

O **|xy|to|non** das; -s, ...na ⟨gr.⟩: (griech. Betonungslehre) ein Wort, das einen ↑ Akut auf der betonten Endsilbe trägt (z. B. gr. ἀγρός „Acker"); vgl. Paroxytonon u. Proparoxytonon

O **|xy|u|re** die; -, -n ⟨gr.-nlat.⟩: Madenwurm des Menschen. O **|xy|u|ri|a|sis** die; -, ...ri̱a̱sen: (Med.) Erkrankung an Madenwürmern

O **|zal|lid** ® das; -s ⟨Kunstw.⟩: Markenbezeichnung für Papier, Gewebe, Filme mit lichtempfindlichen Emulsionen (2)

O **|zä|na** die; -, ...nen ⟨gr.-lat.⟩: (Med.) mit Absonderung eines übel riechenden Sekrets einhergehende chronische Erkrankung der Nasenschleimhaut

O **|ze|an** der; -s, -e ⟨gr.-lat.⟩: große zusammenhängende Wasserfläche zwischen den Kontinenten

O **|ze|a|na|ri|um** das; -s, ...ien ⟨gr.-lat.-nlat.⟩: größeres Meerwasseraquarium

O **|ze|a|naut** der; -en, -en ⟨gr.-lat.; gr.⟩: ↑ Aquanaut. O **|ze|a|nau|tin** die; -, -nen: weibliche Form zu ↑ Ozeanaut

O **|ze|a|ner** der; -s, - ⟨gr.-lat.⟩: (scherzh.) großer Ozeandampfer

o **|ze|a|nisch**: 1. den Ozean betreffend, durch ihn beeinflusst; Meeres...; **ozeanisches Klima:** vom Meer beeinflusstes Klima mit hoher Luftfeuchtigkeit, hohen Niederschlägen u. geringer Temperaturschwankung. 2. Ozeanien (die Inseln des Stillen Ozeans) betreffend

O **|ze|a|nist** der; -en, -en ⟨gr.-lat.-nlat.⟩: Kenner u. Erforscher der Kulturen der ozeanischen Völker. O **|ze|a|nis|tik** die; -: Wissenschaft von der Kultur der ozeanischen Völker. O **|ze|a|nis|tin** die; -, -nen: weibliche Form zu ↑ Ozeanist

O **|ze|a|ni|tät** die; -: (Geogr.) Abhängigkeit des Küstenklimas von den großen Meeresflächen

O **|ze|a|no|graph**, auch: ...graf der; -en, -en ⟨gr.-nlat.⟩: Meereskundler. O **|ze|a|no|gra|phie**, auch: ...grafie die; -: Meereskunde. O **|ze|a|no|gra|phin**, auch: ...grafin die; -, -nen: weibliche Form zu ↑ Ozeanograph. o **|ze|a|no|gra|phisch**, auch: ...grafisch: meereskundlich

O **|ze|a|no|lo|ge** der; -n, -n: ↑ Ozeanograph. O **|ze|a|no|lo|gie** die; -: ↑ Ozeanographie. O **|ze|a|no|lo|gin** die; -, -nen: weibliche Form zu ↑ Ozeanologe. o **|ze|a|no|lo|gisch**: ↑ ozeanographisch

O **|zel|le** die; -, -n ⟨lat.; „kleines Auge"⟩: (Zool.) einfaches Lichtsinnesorgan niederer Tiere

O **|zel|lot** [auch: ˈɔts...] der; -s, -e u. -s ⟨aztek.-fr.⟩: 1. katzenartiges Raubtier Mittel- u. Südamerikas (auch im südlichen Nordamerika) mit wertvollem Fell. 2. a) Fell dieses Tieres; b) aus diesem Fell gearbeiteter Pelz

O **|zo|ke|rit** [auch: ...ˈrɪt] der; -s ⟨gr.-nlat.⟩: Erdwachs (natürlich vorkommendes mineralisches Wachs)

O **|zon** der, auch: das; -s ⟨gr.; „das Duftende"⟩: besondere Form des Sauerstoffs (O_3); starkes

Oxidations-, Desinfektions- u. Bleichmittel

O **|zo|nid** das; -[e]s, -e ⟨gr.-nlat.⟩: dickes, stark oxidierendes Öl

o **|zo|ni|sie|ren**: mit Ozon behandeln, keimfrei machen

O **|zo|no|s|phä|re** die; -: (Meteor.) durch höheren Ozongehalt gekennzeichnete Schicht der Erdatmosphäre

Pä|an der; -s, -e ⟨gr.-lat.⟩: 1. feierliches altgriechisches [Dank-, Preis]lied. 2. ↑ Päon

Pace [peɪs] die; - ⟨lat.-fr.-engl.; „Schritt"⟩: (Sport) Tempo eines Rennens, auch eines Jagd-, eines Geländerittes

Pace|car [ˈpeɪskɑː] der od. das; -s, -s ⟨engl.⟩: Leitfahrzeug mit Gelblicht, das sich bei Formel-1-Rennen in kritischen Fällen (z. B. bei Unfällen) vor das Fahrerfeld setzt

Pace|ma|cher [ˈpeɪs...] der; -s, - ⟨engl.; dt.⟩: ↑ Pacemaker (1).

Pace|ma|ker [ˈpeɪsmeɪkɐ] der; -s, - ⟨engl.; „Schrittmacher"⟩: 1. (Pferdesport) in einem Rennen führendes Pferd, das (meist zugunsten eines anderen Pferdes, eines Stallgefährten) das Tempo des Rennens bestimmt. 2. (Med.) Schrittmacherzelle der glatten Muskulatur, die Aktionsströme erzeugen u. weiterzuleiten vermag. 3. (Med.) elektrisches Gerät zur künstlichen Anregung der Herztätigkeit nach Ausfall der physiologischen Reizbildungszentren

Pa|cer [ˈpeɪsɐ] der; -s, -: (Pferdesport) Pferd, das im Schritt u. Trab beide Beine einer Seite gleichzeitig aufsetzt; Passgänger

Pa|chul|ke der; -n, -n ⟨poln.⟩: 1. (landsch.) ungehobelter Bursche, Tölpel. 2. (Druckw. veraltet) Setzergehilfe

Pa|chy|ak|ri̱e die; -, ...ien ⟨gr.-

nlat.): 1. (Med.) Verdickung der Finger u. Zehen; vgl. Pachydaktylie. 2. (Med.) ↑ Akromegalie

Pa|chy|chei|lie *die;* -, ...ien: ↑ Makrocheilie

Pa|chy|dak|ty|lie *die;* -, ...ien: ↑ Pachyakrie (1)

Pa|chy|der|men *die* (Plural): (veraltet) Dickhäuter (Sammelbez. für: Elefanten, Nashörner, Flusspferde, ↑ Tapire u. Schweine)

Pa|chy|der|mie *die;* -, ...ien: ↑ Elefantiasis

Pa|chy|me|nin|gi|tis *die;* -, ...itiden: (Med.) Entzündung der harten Haut des Gehirns u. des Rückenmarks

Pa|chy|me|ninx *die;* -, ...meningen: ↑ Dura

Pa|chy|me|ter *das;* -s, -: (Techn.) Dickenmesser

Pa|chy|o|ny|chie *die;* -, ...ien: (Med.) Verdickung der Nagelplatten an Fingern u. Zehen

Pa|chy|ze|pha|lie *die;* -, ...ien: (Med.) verkürzte Schädelform mit gleichzeitiger abnormer Verdickung der Schädelknochen

Pa|ci|fi|ca|le *das;* -[s] ⟨*lat.-mlat.*⟩: ↑ Paxtafel

Pack [pæk] *das;* -, -s ⟨*engl.*⟩: englisches Gewicht für Wolle, Leinen u. Hanfgarn

Pa|ckage|tour [ˈpɛkɪtʃ..., auch: ˈpækɪdʒ...] *die;* -, -en ⟨*engl.; gr.-lat.-fr.*⟩: durch ein Reisebüro bis ins Einzelne organisierte Reise im eigenen Auto

Pack|fong *das;* -s ⟨*chin.*⟩: (im 18. Jh. aus China eingeführte) Kupfer-Nickel-Zink-Legierung

Pad [ped] *das;* -s, -s ⟨*engl.; „Polster“*⟩: 1. Kurzform von ↑ Mousepad. 2. (meist Plural) Kosmetikkissen zum Pudern, Schminken u. Ä.

päd..., Päd... vgl. pädo..., Pädo...

Pä|d|a|go|ge *der;* -n, -n ⟨*gr.-lat.; „Kinder-, Knabenführer“*⟩: a) Erzieher, Lehrer; b) Erziehungswissenschaftler. **Pä|d|a|go|gik** *die;* - ⟨*gr.*⟩: Theorie u. Praxis der Erziehung u. Bildung; Erziehungswissenschaft

Pä|d|a|go|gi|kum *das;* -s, ...ka: (in mehreren Bundesländern) im Rahmen des 1. Staatsexamens abzulegende Prüfung in Erziehungswissenschaften für Lehramtskandidaten

Pä|d|a|go|gin *die;* -, -nen: weibliche Form zu ↑ Pädagoge

pä|d|a|go|gisch: a) die Pädagogik betreffend; zu ihr gehörend; b) die [richtige] Erziehung betreffend; erzieherisch

pä|d|a|go|gi|sie|ren: unter pädagogischen Aspekten sehen, für pädagogische Zwecke auswerten

Pä|d|a|go|gi|um *das;* -s, ...ien ⟨*gr.-lat.*⟩: (veraltet) 1. Erziehungsanstalt. 2. Vorbereitungsschule für das Studium an einer pädagogischen Hochschule

Pä|d|a|tro|phie *die;* - ⟨*gr.-nlat.*⟩: (Med.) schwerste Form der Ernährungsstörung bei Kleinkindern

Pä|d|au|di|o|lo|ge *der;* -n, -n ⟨*gr.; lat.; gr.*⟩: (Med.) Spezialist auf dem Gebiet der Pädaudiologie. **Pä|d|au|di|o|lo|gie** *die;* - (Med.) 1. Wissenschaft vom Hören u. von den Hörstörungen im Kindesalter. 2. Hörerziehung des Kindes. **Pä|d|au|di|o|lo|gin** *die;* -, -nen: weibliche Form zu ↑ Pädaudiologe. **pä|d|au|di|o|lo|gisch:** (Med.) die Pädaudiologie betreffend, auf ihr beruhend

Pa|dauk vgl. Padouk

Pad|dock [ˈpedɔk] *der;* -s, -s ⟨*engl.*⟩: Gehege, umzäunter Laufgang für Pferde

¹**Pad|dy** [ˈpedi] *der;* -s ⟨*malai.-engl.*⟩: ungeschälter, noch mit Spelzen umgebener Reis

²**Pad|dy** [ˈpædɪ] *der;* -s, -s ⟨*engl.* Koseform von Patrick, dem Schutzpatron der Iren⟩: (scherzh.) Ire (Spitzname)

Pä|d|e|rast *der;* -en, -en ⟨*gr.*⟩: Homosexueller mit bes. auf männliche Jugendliche gerichtetem Sexualempfinden. **Pä|d|e|ras - tie** *die;* -: Sexualempfinden der Päderasten

Pä|d|i|a|ter *der;* -s, - ⟨*gr.-nlat.*⟩: Facharzt für Krankheiten des Säuglings- u. Kindesalters; Kinderarzt. **Pä|d|i|a|te|rin** *die;* -, -nen: weibliche Form zu ↑ Pädiater. **Pä|d|i|a|t|rie** *die;* -: Teilgebiet der Medizin, auf dem man sich mit den Krankheiten des Säuglings- u. Kindesalters befasst. **pä|d|i|a|t|risch:** die Kinderheilkunde betreffend, zu ihr gehörend, auf ihr beruhend

Pa|di|schah *der;* -s, -s ⟨*pers.*⟩: (hist.) 1. (ohne Plural) Titel isla-

mischer Fürsten. 2. islamischer Fürst als Träger dieses Titels

pä|do..., Pä|do...

vor Vokalen meist päd..., Päd... ⟨zu *gr.* pais, Gen. paidós „Kind, Knabe“⟩ Wortbildungselement mit der Bedeutung „das Kind bzw. das Kindesalter betreffend“:
– Pädatrophie
– Päderast
– Pädiater
– Pädologie
– pädophil

Pä|do *der;* -s, -s: Kurzform von ↑ Pädosexuelle, ↑ Pädophile

Pä|do|au|di|o|lo|ge usw. vgl. Pädaudiologe usw.

Pä|d|o|don|tie *die;* - ⟨*gr.-nlat.*⟩: (Med.) Kinderzahnheilkunde

Pä|do|ge|ne|se u. **Pä|do|ge|ne|sis** *die;* -: (Biol.) Fortpflanzung im Larvenstadium (Sonderfall der Jungfernzeugung). **pä|do|ge|ne|tisch:** (Biol.) sich im Larvenstadium fortpflanzend

Pä|do|lin|gu|is|tik [auch: ...ˈguɪs...] *die;* -: Wissenschaftszweig der Linguistik, der sich mit den Stadien des Spracherwerbs u. der systematischen Entwicklung der Kindersprache befasst

Pä|do|lo|ge *der;* -n, -n: Wissenschaftler auf dem Gebiet der Pädologie. **Pä|do|lo|gie** *die;* -: Wissenschaft vom gesunden Kind unter Berücksichtigung von Wachstum u. Entwicklung. **Pä|do|lo|gin** *die;* -, -nen: weibliche Form zu ↑ Pädologe. **pä|do|lo|gisch:** die Pädologie betreffend

päd|o|phil: a) die Pädophilie betreffend; b) zur Pädophilie neigend. **Pä|do|phi|le** *der* u. *die;* -n, -n: pädophil empfindender Mensch. **Pä|do|phi|lie** *die;* -: sexuelle Neigung Erwachsener zu Kindern od. Jugendlichen beiderlei Geschlechts

Pä|do|se|xu|el|le *der* u. *die;* -n, -n: ↑ Pädophile

Pa|douk [paˈdauk] *das;* -s ⟨*birmanisch-engl.*⟩: hell- bis dunkelbraunrotes [farbig gestreiftes] hartes Edelholz eines in Afrika u. Asien beheimateten Baumes

Pad|re *der;* -, Padri ⟨*lat.-it.;* „Vater“⟩: 1. (ohne Plural) Titel der

Ordenspriester in Italien. 2. Ordenspriester in Italien als Träger dieses Titels

Pa|d|ro|na die; -, ...ne: ital. Bez. für: Gebieterin; Wirtin; Hausfrau. **Pa|d|ro|ne** der; -[s], ...ni: 1. ital. Bez. für: Herr, Chef. 2. Schutzheiliger. 3. Plural von ↑ Padrona

Pa|du|a|na die; -, ...nen ⟨nach der ital. Stadt Padua⟩: 1. im 16. Jh. verbreiteter schneller Tanz im Dreiertakt. 2. ↑ Pavane (2)

Pa|el|la [pa'elja] die; -, -s ⟨span.⟩: 1. spanisches Reisgericht mit verschiedenen Fleisch- u. Fischsorten, Muscheln, Krebsen u. Ä. 2. zur Zubereitung der Paella (1) verwendete eiserne Pfanne

Pa|fel vgl. Bafel

Pa|fe|se, Pofese, Povese u. Bofese die; -, -n (meist Plural) ⟨it.⟩: (bayr., österr.) gefüllte, in Fett gebackene Weißbrotschnitte

Pa|gaie die; -, -n ⟨malai.-span.⟩: Stechpaddel mit breitem Blatt für den ↑ Kanadier (1)

pa|gan ⟨lat.-nlat.⟩: heidnisch. **pa-ga|ni|sie|ren**: dem Heidentum zuführen. **Pa|ga|nis|mus** der; -, ...men: a) (ohne Plural) Heidentum; b) heidnisches Element im christlichen Glauben u. Brauch

Pa|gat der; -[e]s, -e ⟨it.⟩: Karte im Tarockspiel

pa|ga|to|risch ⟨lat.-it.⟩: Zahlungen, verrechnungsmäßige Buchungen betreffend, auf ihnen beruhend

Pa|ge ['pa:ʒə] der; -n, -n ⟨fr.⟩: 1. (hist.) junger Adliger als Diener am Hof eines Fürsten. 2. junger, uniformierter Diener, Laufbursche [eines Hotels]

Pa|ger ['peɪdʒɐ] der; -s, - ⟨engl.⟩: (Funkw.) Funkgerät, das durch akustische od. optische Signale anzeigt, dass eine Meldung, ein Rückruf gewünscht wird

Pa|ge|rie [paʒə...] die; -, ...ien: (hist.) Pagenbildungsanstalt

Pa|gi|na die; -, -s u. ...nä ⟨lat.⟩: (veraltet) Buchseite, Blattseite; Abk.: p., pag.

Pa|ging ['peɪdʒɪŋ] das; -s ⟨engl.⟩: (EDV) Verlagerung von bestimmten Bereichen des Arbeitsspeichers, damit die Nutzung vieler Programme gleichzeitig möglich ist

pa|gi|nie|ren ⟨lat.⟩: mit Seitenzahlen versehen

Pä|g|ni|um das; -s, ...nia ⟨gr.-nlat.⟩: in der altgriechischen Dichtung kleines lyrisches Gedicht meist scherzhaften Inhalts

Pa|go|de die; -, -n ⟨drawid.-port.⟩: 1. in Ostasien entwickelter, turmartiger Tempel-, Reliquienbau mit vielen Stockwerken, die alle ein eigenes Vordach haben; vgl. Stupa. 2. auch: der; -n, -n (veraltet, noch ös-terr.) ostasiatisches Götterbild, meist als kleine sitzende Porzellanfigur mit beweglichem Kopf

Pai|deia die; - ⟨gr.⟩: altgriechisches Erziehungsideal, das vor allem die musische, gymnastische u. politische Erziehung umfasst

Pai|deu|ma das; -s: Kulturseele (in den Bereich der ↑ Kulturmorphologie gehörender Begriff von L. Frobenius)

Pai|di|bett® das; -[e]s, -en ⟨gr.; dt.⟩: Kinderbett, dessen Boden höhenverstellbar ist

Pa|i|g|ni|on das; -, ...nia ⟨gr.⟩: griechische Form von ↑ Pägnium

paille [pa:jə, auch: paj] ⟨lat.-fr.⟩: strohfarben, strohgelb

Pail|let|te [paj'jetə] die; -, -n (meist Plural): glitzerndes Metallblättchen zum Aufnähen

Pain ['pɛ̃] der od. das; -[s], -s ⟨lat.-fr.⟩: (Gastr.) Fleischkäse

Paint|ball ['peɪntbɔl] der; -[s] ⟨engl.⟩: einen militärischen Kampf simulierendes Spiel, bei dem zwei Mannschaften mit Patronen, die mit Farbe gefüllt sind, aufeinander schießen

pair [pɛ:ɐ] ⟨lat.-fr.⟩: gerade (von den Zahlen beim Roulettspiel; Gewinnmöglichkeit); Ggs. ↑ impair

Pair [pɛ:ɐ] der; -s, -s: (hist.) Mitglied der französischen Hochadels. **Pai|rie** die; -, ...ien: Würde eines Pairs

Pai|ring ['pe:rɪŋ] das; -s ⟨engl.⟩: partnerschaftliches Verhalten; Partnerschaft

Pais|ley ['peɪzlɪ] das; -s ⟨engl.⟩: orientalisches Stoffmuster mit stilisierten blattähnlichen Motiven

Pa|ka das; -s, -s ⟨indian.-span.⟩: südamerikanisches Nagetier

Pa|ket das; -[e]s, -e ⟨fr.⟩: 1. a) mit Papier o. Ä. umhüllter [u. verschnürter] Packen; b) etwas in

einen Karton, eine Schachtel o. Ä. Eingepacktes; vgl. Lunchpaket; c) größere Packung, die eine bestimmte größere Menge einer Ware enthält (z. B. ein Paket Waschpulver). 2. größeres Päckchen als Postsendung in bestimmten Maßen u. mit einer Höchstgewichtsgrenze. 3. zu einer Sammlung, einem Bündel zusammengefasste Anzahl politischer Pläne, Vorschläge, Forderungen. 4. dichte Gruppierung von Spielern beider Mannschaften um den Spieler, der den Ball hält (beim Rugby)

pa|ke|tie|ren ⟨niederl.-fr.⟩: einwickeln, verpacken, zu einem Paket machen

Pa|ko der; -s, -s ⟨indian.-span.⟩: ↑ ¹Alpaka (1)

Pa|ko|til|le [...'tiljə] die; -, -n ⟨niederl.-fr.-span.-fr.⟩: auf einem Schiff frachtfreies Gepäck, das den Seeleuten gehört

Pakt der; -[e]s, -e ⟨lat.⟩: Vertrag, Übereinkommen; politisches od. militärisches Bündnis

pak|tie|ren ⟨lat.-nlat.⟩: a) einen Vertrag schließen; b) (oft abwertend) eine Vereinbarung treffen, gemeinsame Sache machen

Pak|tum das; -s, ...ten u. ...ta ⟨lat.⟩: (veraltet) ↑ Pakt

pal..., Pal... vgl. paläo..., Paläo...

pa|lä..., Pa|lä... vgl. paläo..., Paläo...

Pa|l|äan|th|ro|po|lo|ge der; -n, -n ⟨gr.-nlat.⟩: Wissenschaftler auf dem Gebiet der Paläanthropologie. **Pa|l|äan|th|ro|po|lo|gie** die; -: auf fossile Funde gegründete Wissenschaft vom vorgeschichtlichen Menschen u. seinen Vorgängern. **Pa|l|äan|th|ro|po|lo|gin** die; -, -nen: weibliche Form zu ↑ Paläanthropologe. **pa|l|äan|th|ro|po|lo|gisch**: die Paläanthropologie betreffend, zu ihr gehörend, auf ihr beruhend

pa|l|ark|tisch: altarktisch

Pal|la|din [auch: 'pa...] der; -s, -e ⟨lat.-mlat.-it.-fr.⟩: 1. Angehöriger des Heldenkreises am Hofe Karls des Großen. 2. Hofritter, Berater eines Fürsten. 3. treuer Gefolgsmann

Pal|la|don® das; -s ⟨Kunstw.⟩: Kunststoff für Zahnersatz

P

Pallais [paˈlɛː] *das; - [...ɛː(s)], - [...ɛːs] ⟨lat.-fr.⟩*: Palast, Schloss
pallä|ne|grid ⟨*gr.; lat.-span.*⟩: die Merkmale eines bestimmten afrikanischen Menschentyps aufweisend
Pallan|kin *der; -s, -e u. -s ⟨Hindiport.-fr.⟩*: indischer Tragsessel; Sänfte

pallä|o..., Pallä|o...

vor Vokalen auch: palä..., Palä... u. pal..., Pal...
⟨*gr.* palaiós „alt, aus früheren Zeiten herrührend"⟩
Wortbildungselement mit der Bedeutung „alt, altertümlich, ur..., Ur...":
– paläanthropologisch
– Paläolithikum
– Paläozän
– Paleuropa

Pallä|olan|th|ro|po|lo|gie *die; - ⟨gr.-nlat.⟩*: ↑ Paläanthropologie
pallä|olark|tisch: ↑ paläarktisch
Pallä|o|bi|o|lo|gie *die; -:* Teilgebiet der Paläontologie, das sich mit den ↑ fossilen Organismen, ihren Lebensumständen u. ihren Beziehungen zur Umwelt befasst
Pallä|o|bo|ta|nik *die; -:* Wissenschaft von den ↑ fossilen Pflanzen. **Pallä|o|bo|ta|ni|ker** *der; -s, -:* Wissenschaftler auf dem Gebiet der Paläobotanik. **Pallä|o|bo|ta|ni|ke|rin** *die; -, -nen:* weibliche Form zu ↑ Paläobotaniker. **pallä|o|bo|ta|nisch:** die Paläobotanik betreffend, zu ihr gehörend, auf ihr beruhend
Pallä|olgen *das; -s:* (Geol.) Alttertiär, untere Abteilung des Tertiärs, die ↑ Paleozän, ↑ Eozän u. ↑ Oligozän umfasst
Pallä|o|ge|o|gra|phie, auch: ...grafie *die; -:* Teilgebiet der Geologie, das sich mit der geographischen Gestaltung der Erdoberfläche in früheren geologischen Zeiten befasst
Pallä|o|graf usw. vgl. Paläograph usw.
Pallä|o|graph, auch: ...graf *der; -en, -en:* Wissenschaftler auf dem Gebiet der Paläographie. **Pallä|o|gra|phie,** auch: ...grafie *die; -:* Wissenschaft von den Formen u. Mitteln der Schrift im Altertum u. in der Neuzeit; Handschriftenkunde. **Pallä|o-**

gra|phin, auch: ...grafin *die; -, -nen:* weibliche Form zu ↑ Paläograph. **pallä|o|gra|phisch,** auch: ...grafisch: die Paläographie betreffend, auf ihr beruhend; handschriftenkundlich
Pallä|o|his|to|lo|gie *die; -:* Wissenschaft von den Geweben der ↑ fossilen Lebewesen
Pallä|o|kli|ma|to|lo|gie *die; -:* Wissenschaft von den ↑ Klimaten der Erdgeschichte
pallä|o|krys|tisch: (Geogr.) die Aufeinanderhäufung gestauter Eismassen betreffend
Pallä|o|lin|gu|is|tik *die; -:* Wissenschaft, die sich mit einer (angenommenen) allen Völkern gemeinsamen Ursprache befasst. **pallä|o|lin|gu|is|tisch:** die Paläolinguistik betreffend, auf ihr beruhend
Pallä|o|lith [auch: ...ˈlɪt] *der; -s u. -en, -e[n]:* Steinwerkzeug des Paläolithikums. **Pallä|o|li|thi|ker** [auch: ...ˈlɪ...] *der; -s, -:* Mensch der Altsteinzeit. **Pallä|o|li|thi|kum** [auch: ...ˈlɪ...] *das; -s:* älterer Abschnitt der Steinzeit; Altsteinzeit. **pallä|o|li|thisch** [auch: ...ˈlɪ...]: zum Paläolithikum gehörend; altsteinzeitlich
pallä|o|malg|ne|tisch: (Geol.) die ↑ Induktion (2) des erdmagnetischen Feldes während des Auskristallisierens von Mineralien betreffend
Pallä|on|to|lo|ge *der; -n, -n:* Wissenschaftler, der sich mit den Lebewesen vergangener Erdperioden befasst. **Pallä|on|to|lo|gie** *die; -:* Wissenschaft von den Lebewesen vergangener Erdperioden. **Pallä|on|to|lo|gin** *die; -, -nen:* weibliche Form zu ↑ Paläontologe. **pallä|on|to|lo|gisch:** die Paläontologie betreffend, zu ihr gehörend, auf ihr beruhend
Pallä|o|phy|ti|kum *das; -s:* Altertum der Entwicklung der Pflanzenwelt im Verlauf der Erdgeschichte
Pallä|o|phy|to|lo|gie *die; -:* ↑ Paläobotanik
Pallä|o|psy|cho|lo|gie *die; -:* Psychologie von den Urzuständen des Seelischen
Pallä|o|tro|pis *die; -:* pflanzengeographisches Gebiet, das die altweltlichen Tropen u. einen Teil der altweltlichen Subtropen umfasst

Pallä|o|ty|pe *die; -, -n:* (selten) Inkunabel. **Pallä|o|ty|pie** *die; -:* Lehre von den Formen der gedruckten Buchstaben
pallä|o|zän: das Paläozän betreffend. **Pallä|o|zän** *das; -s:* (Geol.) älteste Abteilung des ↑ Tertiärs
Pallä|o|zo|i|kum *das; -s:* (Geol.) erdgeschichtliches Altertum, Erdaltertum. **pallä|o|zo|isch:** das Paläozoikum betreffend
Pallä|o|zo|o|lo|ge *der; -n, -n:* Wissenschaftler auf dem Gebiet der Paläozoologie. **Pallä|o|zo|o|lo|gie** *die; -:* Wissenschaft von den ↑ fossilen Tieren. **Pallä|o|zo|o|lo|gin** *die; -, -nen:* weibliche Form zu ↑ Paläozoologe. **pallä|o|zo|o|lolgisch:** die Paläozoologie betreffend, zu ihr gehörend, auf ihr beruhend
Pallas *der; -, -se ⟨lat.-fr.⟩*: Hauptgebäude einer Ritterburg
Pallast *der; -[e]s, Paläste:* schlossartiges Gebäude
Palläs|t|ra *die; -, ...stren ⟨gr.-lat.⟩*: (im Griechenland der Antike) Übungsplatz der Ringer
Pallast|re|vo|lu|ti|on *die; -, -en:* a) Umsturzversuch von Personen in der nächsten Umgebung eines Herrschers, Staatsoberhaupts; b) Empörung in der Umgebung eines Vorgesetzten, höher Gestellten
pallal|tal ⟨*lat.-nlat.*⟩: a) das ↑ Palatum betreffend; b) (Sprachw.) im vorderen Mund am harten Gaumen gebildet (von Lauten). **Pallal|tal** *der; -s, -e:* (Sprachw.) im vorderen Mundraum gebildeter Laut, Gaumenlaut (z. B. k). **Pallal|ta|lis** *die; -, ...les* [...leːs]: (veraltet) Palatal
pallal|ta|li|sie|ren: 1. (Sprachw.) ↑ Konsonanten durch Anhebung des vorderen Zungenrückens gegen den vorderen Gaumen erweichen. 2. (Sprachw.) einen nicht palatalen Laut in einen palatalen umwandeln
Pallal|tal|laut *der; -[e]s, -e:* ↑ Palatal
Pallal|tin *der; -s, -e ⟨lat.-mlat.-fr.⟩*: (hist.) 1. Pfalzgraf (im Mittelalter). 2. der Stellvertreter des Königs von Ungarn (bis 1848)
Pallal|ti|nat *das; -[e]s, -e:* (hist.) Würde eines Pfalzgrafen
Pallal|ti|ne *die; -, -n ⟨nach der Pfalzgräfin Elisabeth Charlotte⟩*: (veraltet) 1. Ausschnittumrandung aus Pelz, leichten

Stoff od. Spitze. 2. Hals- u. Brusttuch

pa|la|ti|nisch ⟨lat.-mlat.-fr.⟩: 1. den Palatin betreffend. 2. pfälzisch

Pal|la |t|o |dy|ni|e die; -, ...ien ⟨lat.; gr.⟩: (Med.) (bei Trigeminusneuralgie auftretender) Schmerz im Bereich des Gaumens

Pa|la|to|gr̲a̲f usw. vgl. Palatograph usw.

Pa|la|to|gr̲a̲mm das; -s, -e: Abbildung mit dem Palatographen

Pa|la|to|gr̲a̲ph, auch: ...graf der; -en, -en: Instrument zur Durchführung der Palatographie. **Pa|la|to|gr̲a̲|phi̲e̲**, auch: ...grafie die; -, ...ien: (Phon.) Methode zur Ermittlung u. Aufzeichnung der Berührungsstellen zwischen Zunge u. Gaumen beim Sprechen eines Lautes

Pa|la|to|s |chi̲|sis [...sç...] die; -: (Med.) angeborene Spaltung des harten Gaumens

Pal|la|t |schin|ke die; -, -n (meist Plural) ⟨gr.-lat.-rumän.-ung.⟩: (österr.) dünner, zusammengerollter [mit Marmelade o. Ä. gefüllter] Eierkuchen

Pa|la|tum das; -s, ...ta ⟨lat.⟩: (Med.) obere Wölbung der Mundhöhle; Gaumen

Pa|la|ver das; -s, - ⟨gr.-lat.-port.-engl.; urspr.: Ratsversammlung afrik. Stämme⟩: (ugs. abwertend) endloses, wortreiches, meist überflüssiges Gerede, Verhandeln. **pa|la|vern** (ugs. abwertend) sich lange in wortreichem, meist überflüssigem Gerede ergeben, lange, oft fruchtlose Verhandlungen führen

Pa|laz|zo der; -[s], ...zzi ⟨lat.-it.⟩: ital. Bez. für: Palast

Pa|laz|zo|ho|se die; -, -n: weit geschnittene lange Damenhose

Pa|lea die; -, Pale̲e̲n ⟨lat.⟩: (Bot.) 1. Spreuschuppe od. Spreublatt bei Korbblütlern u. Farnen. 2. Blütenspelze der Gräser

Pale Ale ['peɪl 'eɪl] das; - - ⟨engl.⟩: helles englisches Bier

pa|le |o|zän usw. vgl. paläozän usw.

Pale|tot ['palǝto, auch, österr. nur: pal'to:, palǝ'to:] der; -s, -s ⟨engl.-fr.⟩: 1. (veraltet) doppelreihiger, leicht taillierter Herrenmantel mit Samtkragen, meist aus schwarzem Tuch.

2. dreiviertellanger Damen- od. Herrenmantel

Pal|let|te die; -, -n ⟨lat.-fr.⟩: 1. meist ovales, mit Daumenloch versehenes Mischbrett für Farben. 2. reiche Auswahl, viele Möglichkeiten bietende Menge. 3. genormte hölzerne od. metallene Hubplatte zum Stapeln von Waren mit dem Gabelstapler

pal|let|ti ⟨Herkunft unsicher⟩: in der Wendung [es ist] alles palletti: (ugs.) [es ist] alles in Ordnung

pa|let|tie|ren, auch: pa|let|ti|sie̲ren: Versandgut auf einer Palette (3) stapeln [u. so verladen]

Pal|eu|ro|pa (ohne Artikel); -s, in Verbindung mit Attributen: das; -[s] ⟨gr.-nlat.⟩: (Geol.) Alteuropa, der vor dem ↑ Devon versteifte Teil Europas

Pa|li|la|lie die; - ⟨gr.-nlat.⟩: (Med.) krankhafte Wiederholung desselben Wortes od. Satzes

Pa|li|m |ne|se die; -: (Med.; Psychol.) Wiedererinnerung; Erinnerung an etwas, was bereits dem Gedächtnis entfallen war

Pa|lim|p |sest der od. das; -[e]s, -e ⟨gr.-lat.⟩: 1. antikes oder mittelalterliches Schriftstück, von dem der ursprüngliche Text aus Sparsamkeitsgründen getilgt und das danach neu beschriftet wurde. 2. (Geol.) Rest des alten Ausgangsgesteins in umgewandeltem Gestein

Pa|lin|drom das; -s, -e: Wort[folge] od. Satz, die vorwärts wie rückwärts gelesen [den gleichen] Sinn ergeben (z. B. Reliefpfeiler; Nebel-Leben; die Liebe ist Sieger – rege ist sie bei Leid)

pa|lin|gen (Geol.) die Palingenese (3) betreffend, durch sie entstanden (z. B. palingene Gesteine)

Pa|lin|ge|ne|se die; -, -n ⟨gr.-nlat.⟩: 1. Wiedergeburt der Seele (durch Seelenwanderung). 2. (Biol.) das Auftreten von Merkmalen stammesgeschichtlicher Vorfahren während der Keimesentwicklung (z. B. die Anlage von Kiemenspalten beim Menschen). 3. (Geol.) Aufschmelzung eines Gesteins u. Bildung einer neuen Gesteinsschmelze

Pa|lin|ge|ne|sie die; -, ...ien u. Pa-

lin|ge|ne|sis die; -, ...esen ⟨gr.-nlat.⟩: ↑ Palingenese (2)

pa|lin|ge|ne|tisch: die Palingenese (1, 2) betreffend

Pa|li |n|o |di̲e̲ die; -, ...ien ⟨gr.; „Widerruf⟩: bes. in der Zeit des Humanismus u. des Barocks gepflegte Dichtungsart, bei der vom selben Verfasser die in einem früheren Werk aufgestellten Behauptungen mit denselben formalen Mitteln widerrufen werden

Pa|li|sa̲|de die; -, -n ⟨lat.-provenzal.-fr.⟩: 1. zur Befestigung dienender Pfahl; Schanzpfahl. 2. Hindernis aus dicht nebeneinander in die Erde gerammten Pfählen; Pfahlzaun

Pa|li|sa|den|ge|we|be das; -s, -: an der Oberseite von Blättern gelegene Schicht pfahlförmig lang gestreckter Zellen, die viel Blattgrün enthalten

Pa|li|san|der der; -s, - ⟨indian.-fr.⟩: violettbraunes, von dunklen Adern durchzogenes, wertvolles brasilianisches Nutzholz, ²Jakaranda. **pa|li|san|dern**: aus Palisanderholz

pa|li|sie|ren ⟨lat.-provenzal.-fr.⟩: junge Bäume so anbinden, dass sie in einer bestimmten Richtung wachsen

Pal̲|la die; -, -s ⟨lat.⟩: 1. altrömischer Frauenmantel. 2. gesticktes Leinentuch über dem Messkelch; vgl. Velum (2 a)

Pal|la|di |a|nis|mus der; - ⟨nlat.; nach dem ital. Architekten Palladio, 1508–1580⟩: der von Palladio beeinflusste Architekturstil (17. u. 18. Jh.), bes. in Westeuropa u. England

¹Pal|la|di|um das; -s, ...ien ⟨gr.-lat.⟩: Bild der griechischen Göttin Pallas Athene als Schutzbild, schützendes Heiligtum

²Pal|la|di|um das; -s ⟨nlat.; nach dem Planetoiden Pallas⟩: chem. Element; dehnbares, silberweißes Edelmetall; Zeichen: Pd

Pal|lasch der; -[e]s, -e ⟨türk.-ung.⟩: schwerer [Korb]säbel

Pal|la|watsch u. Ballawatsch der; -s, -s ⟨it.⟩: (österr. ugs.) 1. (ohne Plural) Durcheinander, Blödsinn. 2. Versager, Niete

pal|le|ti: ↑ paletti

Pal|li |a̲|ta die; -, ...ten ⟨lat.⟩: altrömische Komödie mit griechischem Stoff u. Kostüm im Gegensatz zur ↑ Togata

P

Ein ständiges Geben und Nehmen: Fremdwörter im sprachlichen Kontakt

Kulturelle und sprachliche Kontakte und Einflüsse gehören zu den Grundgegebenheiten historischer Entwicklung. Durch Handel, Eroberung und Kolonialisierung, später auch durch Missionsbestrebungen kamen Menschen seit jeher miteinander in Berührung.

Heute, in einer Zeit, in der Entfernungen keine Rolle mehr spielen, ist die gegenseitige kulturelle und somit sprachliche Beeinflussung der Völker besonders stark. So findet grundsätzlich ein Geben und Nehmen zwischen allen Kultursprachen statt, wenn auch gegenwärtig der Einfluss des Englisch-Amerikanischen dominiert. Das bezieht sich nicht nur auf das Deutsche, sondern ganz allgemein auf die nicht englischen europäischen Sprachen.

Besonders deutlich zeigt sich der kulturelle Einfluss einer Gebersprache, wenn Wörter nach ihrem Vorbild entstehen, die sie selbst gar nicht kennt. So werden heute gelegentlich Wörter nach englischem Muster gebildet, ohne dass es sie im englischsprachigen Raum überhaupt gibt. Man spricht dann von Scheinentlehnungen *(Twen, Handy, Showmaster)* und Halbentlehnungen mit neuen Bedeutungen *(Herrenslip,* engl. *briefs)*. Wer solche Neubildungen als sprachlich-kulturelle Rückgratlosigkeit (»linguistic submissiveness«) deutet, übersieht, dass es sich um ein legitimes und seit Jahrhunderten bewährtes Mittel der Sprachbereicherung handelt. Die meisten Termini der wissenschaftlichen Fachsprachen sind solche Schein- oder Halbentlehnungen: nach griechischem oder lateinischem Muster geprägte, aus griechischen oder lateinischen Versatzstücken zusammengesetzte »Kunstwörter« (so eine sprechende, im 17. bis 19. Jh. verbreitete Verdeutschung von *Terminus)*, die in den Ausgangssprachen so nicht belegt sind (z. B. *Chromosom, Gen, Photosynthese* in der Biologie, *Hormon, Karzinom, Toxoplasmose* in der Medizin).

Es gibt jedoch auch den umgekehrten Prozess, dass deutsche Wörter in fremde Sprachen übernommen und dort allmählich angeglichen werden, wie z. B. im Englischen *bratwurst, ersatz, fräulein, gemütlichkeit, gneis, kaffeeklatsch, kindergarten, kitsch, leberwurst, leitmotiv, ostpolitik, sauerkraut, schwärmerei, schweinehund, weltanschauung, weltschmerz, wunderkind, zeitgeist, zink.* Auch Mischbildungen oder Eigenschöpfungen wie *apple strudel, beer stube, sitz bath, kitschy, hamburger* kommen vor. Die im Deutschen mit altsprachlichen Bestandteilen gebildeten Wörter *Ästhetik* und *Statistik* erscheinen im Französischen als *esthétique* bzw. *statistique.* Das deutsche Wort *Rathaus* wird im Polnischen zu *ratusz, Busserl* im Ungarischen zu *puszi,* und im Rumänischen gibt es u. a. *chelner (Kellner), šlager (Schlager[lied]), sprit (gespritzter Wein)* und *strand (Strand).* Insbesondere in Osteuropa ist der deutsche Spracheinfluss bis heute sehr stark. – Die »erfolgreichsten« deutschen Wörter sind *Nickel* und *Quarz,* die in mindestens 10 verschiedenen Sprachen (Englisch, Finnisch, Französisch, Italienisch, Spanisch, Russisch, Schwedisch, Serbokroatisch, Türkisch, Ungarisch) als Fremdwörter vorkommen; es folgen *Gneis, Marschall, Zickzack* und *Zink* (in mindestens 9 Sprachen), *Walzer* (in mindestens 8 Sprachen), *Leitmotiv, Lied, Schnitzel* und das chemische Element *Wolfram* (in mindestens 6 Sprachen).

Viele Fremdwörter sind international verbreitet. Man nennt sie Internationalismen. Das sind Wörter, die in gleicher Bedeutung und gleicher oder ähnlicher Form in mehreren Sprachen vorkommen, wie z. B. *Medizin, Musik, Nation, Radio, System, Telefon, Theater.* Hier allerdings liegen auch nicht selten die Gefahren für falschen Gebrauch, nämlich dann, wenn Wörter in mehreren Sprachen in lautgestaltlich oder schriftbildlich zwar identischer oder nur leicht abgewandelter Form vorkommen, inhaltlich aber mehr oder weniger stark voneinander abweichen (dt. *sensibel* = engl. *sensitive;* engl. *sensible* = dt. *vernünftig*). In diesen Fällen spricht man auch von Fauxamis, den »falschen Freunden«, die die Illusion hervorrufen, dass sie das Verständnis eines Textes erleichtern können, in Wirklichkeit aber Missverständnisse verursachen.

Ein besonders gutes Beispiel für die Gegenseitigkeit kultureller Befruchtung geben die Fälle so genannter Rückentlehnung: Wörter, die zu einer bestimmten Zeit aus einer Sprache in eine andere übernommen wurden, finden zu einem späteren Zeitpunkt wieder den Weg zurück, wobei sie in der Regel sowohl formal wie inhaltlich modifiziert auftreten. So wurde bereits sehr früh das deutsche Wort *Bank* in der ursprünglichen Bedeutung ›Sitzmöbel‹ bzw. ›Ladentisch‹ (Letzteres etwa in *Brotbank, Fleischbank, Wechselbank*) in die romanischen Sprachen entlehnt. Im Italienischen nahm es als *banco* die eingeschränkte Bedeutung ›Tisch der Geldwechsler‹ bzw. übertragen ›Institut für Geldgeschäfte‹ an, in der es dann im 15. Jh. wieder ins Deutsche zurückkam. In Anlehnung an das französische *banque* sowie das nach wie vor gebräuchliche deutsche *Bank* wurde die italienische Lautung allmählich aufgegeben und das feminine Wortgeschlecht setzte sich gegen das maskuline durch. Beibehalten wurden jedoch abweichende Flexionsformen: *Bank* im Sinne von ›Sitzgelegenheit‹ bildet heute den umlautenden Plural *Bänke,* während *Bank* im Sinne von ›Geldinstitut‹ im Plural schwach gebeugt wird: *Banken.*

pal|li |a|tiv ⟨*lat.-nlat.*⟩: (Med.) die Beschwerden einer Krankheit lindernd, aber nicht die Ursachen bekämpfend; schmerzlindernd. **Pal|li |a|ti|vum** *das; -s, -e* u. **Pal|li |a|ti|vum** *das; -s, ...va:* (Med.) die Krankheitsbeschwerden linderndes, aber nicht die Krankheit selbst beseitigendes Arzneimittel; Linderungsmittel

Pal|li|en|gel|der *die* (Plural): an den Papst zu zahlende Abgabe beim Empfang des Palliums (3)

Pal|li|um *das; -s, ...ien* ⟨*lat.*⟩: 1. im antiken Rom mantelartiger Überwurf. 2. Krönungsmantel der [mittelalterlichen] Kaiser. 3. weiße Schulterbinde mit sechs schwarzen Kreuzen als persönliches Amtszeichen der katholischen Erzbischöfe

Pall-Mall [pɛl'mɛl] *das; - ⟨engl.⟩*: schottisches Ballspiel

Pal|lo|graph, auch: ...graf *der; -en, -en* ⟨*gr.*⟩: (veraltet) ↑ Vibrograph

Pal|lot|ti|ner *der; -s, - ⟨nach dem ital. Priester V. Pallotti, 1795–1850⟩*: Mitglied einer katholischen Vereinigung zur Förderung des ↑ Laienapostolats u. der Mission (2). **Pal|lot|ti|ne|rin** *die; -, -nen*: Schwester einer katholischen Missionskongregation

Palm *der; -s, -e, (aber: 5 -) ⟨lat.-roman.; „flache Hand"⟩*: altes Maß zum Messen von Rundhölzern

Pal|ma|rès [...'rɛs] *der; -, - ⟨lat.-fr.⟩*: (schweiz.) a) Liste der Siege, die jmd. (bes. in einem sportlichen Wettbewerb) errungen hat; b) Siegerliste

Pal|ma|rum ⟨*lat.*; „(Sonntag) der Palmen"⟩: nach der ↑ Perikope (1) vom Einzug Christi in Jerusalem, Matth. 21, 1–11⟩: Sonntag vor Ostern

Pal|me *die; -, -n*: tropischer od. subtropischer Baum mit großen gefiederten od. fächerförmigen Blättern

Pal|mers |ton ['pɑ:məstən] *der; -[s] ⟨engl.⟩*: schwerer, doppelt gewebter, gewalkter Mantelstoff

Pal|met|te *die; -, -n ⟨lat.-fr.⟩*: 1. palmblattähnliches, streng symmetrisches Ornament der griechischen Kunst. 2. an Wänden od. frei stehendem Gerüst gezogene Spalierbaumform

pal|mie|ren: 1. (Med.) beide Augen mit den Handflächen bedecken. 2. etwas hinter der Hand verschwinden lassen (bei einem Zaubertrick)

Pal|mi|tat *das; -[e]s, -e*: Salz der Palmitinsäure

Pal|mi|tin *das; -s*: Hauptbestandteil der meisten Fette

Pal|mi|tin|säu|re *die; -*: feste, gesättigte Fettsäure, die in zahlreichen pflanzlichen u. tierischen Fetten vorkommt

Palm|top ['pɑ:mtɔp] *der; -s, -s ⟨engl.⟩*: Computer, den man aufgrund seiner geringen Größe in einer Hand halten kann

Pa|lo|lo|wurm *der; -[e]s, ...würmer ⟨polynes.; dt.⟩*: Borstenwurm der Südsee, dessen frei im Meer schwärmende, die Geschlechtsorgane enthaltende Hinterabschnitte essbar sind

pal|pa|bel ⟨*lat.*⟩: 1. (Med.) unter der Haut fühlbar (z. B. von Organen), greifbar, tastbar (z. B. vom Puls). 2. (veraltet) offenbar, deutlich

Pal|pa|ti|on *die; -, -en*: (Med.) Untersuchung durch Abtasten u. Befühlen von dicht unter der Körperoberfläche liegenden inneren Organen. **pal|pa|to|risch** ⟨*lat.-nlat.*⟩: (Med.) durch Palpation; abtastend, befühlend

Pal|pe *die; -, -n*: (Zool.) Taster der Borstenwürmer u. Gliedertiere

pal|pie|ren ⟨*lat.*⟩: (Med.) abtasten, betastend untersuchen

Pal|pi|ta|ti|on *die; -, -en*: (Med.) verstärkter u. beschleunigter Puls; Herzklopfen. **pal|pi|tie|ren**: (Med.) schlagen, klopfen

PAL-Sys |tem *das; - ⟨Kurzw. aus engl.* Phase Alternating Line „phasenverändernde Zeile"⟩: Farbfernsehsystem, das zur richtigen Farbwiedergabe bei der Bildübertragung mit zeilenweiser Umkehrung der Phase eines bestimmten Signals arbeitet; vgl. SECAM-System

Pal|lu|da|ri|um *das; -s, ...ien ⟨lat.-nlat.⟩*: Behälter, Anlage zur Haltung von Pflanzen u. Tieren, die in Moor u. Sumpf heimisch sind

Pal|ly|no|lo|gie *die; - ⟨gr.-nlat.⟩*: Zweig der Botanik, der sich mit der Erforschung des Blütenpollens befasst

Pa|mir|schaf *das; -[e]s, -e ⟨nach dem zentralasiat. Hochge-**birge⟩: im Hochland von Pamir beheimatetes Wildschaf

Pam|pa *die; -, -s (meist Plural) ⟨indian.-span.⟩*: ebene, baumarme Grassteppe in Südamerika

Pam|pel|mu|se *die; -, -n ⟨niederl.⟩*: große, gelbe Zitrusfrucht von säuerlich-bitterem Geschmack

pam|pern ['pɛm...] ⟨*engl.*; „verwöhnen"⟩: (ugs.) mit lukrativen Sonderangeboten u. -konditionen vertraglich [an einen Verein] zu binden suchen (bes. erfolgreiche Sportler)

Pam|pe|ro *der; -[s], -s ⟨indian.-span.⟩*: kalter, stürmischer Süd- bis Südwestwind in der argentinischen Pampa

Pam|ph |let *der; -[e]s, -e ⟨engl.-fr.⟩*: [politische] Streit- u. Schmähschrift, verunglimpfende Flugschrift. **Pam|ph |le|tist** *der; -en, -en*: Verfasser von Pamphleten. **Pam|ph |le|tis |tin** *die; -, -nen*: weibliche Form zu ↑ Pamphletist. **pam|ph |le|tis |tisch**: in der Art eines Pamphlets

Pam|pu|sche [auch: ...'pu:ʃə] vgl. Babusche

¹Pan *der; -s, -s ⟨poln.⟩*: 1. (hist.) (in Polen) Besitzer eines kleineren Landguts. 2. Herr (polnische Anrede)

²Pan ® *das; -s ⟨Kurzw. aus Poly-*acrylnitril⟩: synthetische Faser, die in den USA als ↑ Orlon hergestellt wird

---

pan..., Pan...

⟨*gr.* pãs, Neutrum pãn „jeder, alles, ganz"⟩

Präfix mit der Bedeutung „ganz, gesamt, umfassend, völlig":
– Paneuropa
– panhellenisch
– Panoptikum
– Panorama
– Pantheismus

Pa|na|ché [...'ʃe:] usw. vgl. Panaschee usw.

Pa|na|de *die; -, -n ⟨lat.-proven-**zal.-fr.⟩*: (Gastr.) a) Brei aus Semmelbröseln bzw. Mehl u. geschlagenem Eigelb zum ↑ Panieren; b) breiige Mischung (z. B. aus Mehl, Eiern, Fett mit Gewürzen) als Streck- u. Bindemittel für ↑ Farcen (3)

Pa|na|del|sup|pe *die; -, -n*: (südd., österr.) Suppe mit Weißbroteinlage u. Ei

pan|a |f |ri|ka|nisch ⟨gr.-nlat.⟩: den Panafrikanismus, alle afrikanischen Staaten betreffend. **Pan|a |f |ri|ka|nis|mus** der; -: das Bestreben, die wirtschaftliche u. politische Zusammenarbeit aller afrikanischen Staaten zu verstärken

Pa |n|a |gia die; -, ...ien ⟨gr.; „Allheilige"⟩: (in der orthodoxen Kirche) 1. (ohne Plural) Beiname Marias. 2. liturgisches Marienmedaillon des Bischofs. 3. Marienbild in der ↑ Ikonostase. 4. Brotsegnung zu Ehren Marias

Pa|na|ma der; -s, -s ⟨nach der mittelamerikan. Stadt⟩: Gewebe in Würfelbindung, sog. Panamabindung (eine Webart)

Pa|na|mal|hut der; -[e]s, ...hüte: aus den Blattfasern einer bestimmten Palmenart geflochtener Hut

pan|a |me|ri|ka|nisch ⟨gr.-nlat.⟩: den Panamerikanismus, alle amerikanischen Staaten betreffend. **Pan|a |me|ri|ka|nis|mus** der; -: das Bestreben, die wirtschaftliche u. politische Zusammenarbeit aller amerikanischen Staaten zu verstärken

Pa|na|ri|ti|um das; -s, ...ien ⟨gr.-lat.⟩: (Med.) Nagelgeschwür, eitrige Entzündung an den Fingern

Pa|nasch der; -[e]s, -e ⟨lat.-it.-fr.⟩: Helmbusch, Federbusch

Pa|na|schee das; -s, -s: (veraltet) 1. mehrfarbiges Speiseeis. 2. aus verschiedenen Obstsorten bereitetes Kompott, Gelee. 3. ↑ Panaschierung

pa|na|schie|ren („buntstreifig machen"⟩: bei einer Wahl seine Stimme für Kandidaten verschiedener Parteien abgeben (z. B. in bestimmten Bundesländern bei Gemeinderatswahlen)

Pa|na|schie|rung die; -, -en: (Bot.) weiße Musterung auf Pflanzenblättern durch Mangel an Blattgrün in den Farbstoffträgern

Pa|na|schü|re die; -, -n: ↑ Panaschierung

Pan|a |the|nä|en die (Plural) ⟨gr.⟩: jährlich, bes. aber alle vier Jahre, gefeiertes Fest zu Ehren der Athene im alten Athen

Pa|nax der; -, - ⟨gr.-lat.⟩: Araliengewächs, dessen Wurzel als ↑ Ginseng in der Heilkunde bekannt ist

Pa |n|a |zee [auch: ...ˈtse:] die; -, -n: Allheilmittel, Wundermittel

pan|chro|ma|tisch ⟨gr.-nlat.⟩: (Fotogr.) empfindlich für alle Farben u. Spektralbereiche (von Filmmaterial)

Pan|c |re|as vgl. Pankreas

Pan|da der; -s, -s ⟨aus einer nepalesischen Sprache⟩: a) vorwiegend im Himalaja heimisches Raubtier mit fuchsrotem, an Bauch u. Beinen schwarzbraunem Pelz; Katzenbär; b) scheuer Kleinbär, weiß mit schwarzem Gürtel, schwarzen Ohren u. Augenringen, der von Bambus lebt; Bambusbär

Pan|dai|mo|ni|on u. **Pan|dä|mo|ni|um** das; -s, ...ien ⟨gr.-nlat.⟩: a) Aufenthalt aller ↑ Dämonen; b) Gesamtheit aller ↑ Dämonen

Pan|da|ne die; -, -n u. **Pan|da|nus** der; -, - ⟨malai.-lat.⟩: Schraubenbaum (Zierpflanze mit langen, schmalen Blättern)

Pan|dek|ten die (Plural) ⟨gr.-lat.; „allumfassend"⟩: Sammlung altrömischen Privatrechts im ↑ Corpus Iuris Civilis; vgl. Digesten

Pan|dek|tist der; -en, -en ⟨gr.-lat.-nlat.⟩: deutscher Zivilrechtler für römisches Recht, bes. im 19. Jh.

Pan|de|mie die; -, ...ien ⟨gr.-nlat.⟩: (Med.) sich weit verbreitende, ganze Länder od. Landstriche erfassende Seuche; Epidemie großen Ausmaßes. **pan|de|misch** ⟨gr.⟩: (Med.) sich über mehrere Länder od. Landstriche ausbreitend (von Seuchen)

Pan|der|ma der; -[s], -s ⟨nach der türk. Hafenstadt, heute: Bandirma⟩: vielfarbiger türkischer [Gebets]teppich ohne charakteristisches Muster u. meist von geringerer Qualität

Pan|de|ro der; -s, -s ⟨span.⟩: baskische Schellentrommel; vgl. Tamburin

Pan|dit der; -s, -e u. -s ⟨sanskr.-Hindi⟩: 1. (ohne Plural) Titel brahmanischer Gelehrter. 2. Träger dieses Titels

Pan|do|ra ⟨gr.-lat.; die erste Frau in der griech. Mythologie; sie trägt alles Unheil in einem Gefäß, um es auf Zeus' Befehl unter die Menschen zu bringen⟩: in der Fügung **die Büchse der Pandora**: Unheilsquell

Pan|dur der; -en, -en ⟨ung.⟩: (in Ungarn früher) a) [bewaffneter] Leibdiener; b) Fußsoldat

Pan|du|ra vgl. Bandura

Pa|neel das; -s, -e ⟨lat.-mlat.-fr.-niederl.⟩: 1. a) das vertieft liegende Feld einer Holztäfelung; b) gesamte Holztäfelung. 2. Holztafel der Gemälde. **pa|nee|lie|ren**: [eine Wand] mit Holz vertäfeln

Pa |n|e |gy|ri|ker der; -s, - ⟨gr.-lat.⟩: Verfasser von Panegyriken

Pa |n|e |gy|ri|kon das; -[s], ...ka ⟨gr.⟩: liturgisches Buch der orthodoxen Kirche mit predigtartigen Lobreden auf die Heiligen

Pa |n|e |gy|ri|kos der; -, ...koi ⟨gr.⟩ u. **Pa |n|e |gy|ri|kus** der; -, ...ken u. ...zi ⟨gr.-lat.⟩: Fest-, Lobrede, Lobgedicht im Altertum

pa |n|e |gy|risch: den Panegyrikus betreffend, lobrednerisch

Pa|nel [ˈpɛnl] das; -s, -s ⟨engl.⟩: repräsentative Personengruppe für die Meinungsforschung

Pa|nel|tech|nik die; - ⟨engl.; gr.⟩: Methode der Meinungsforschung, die gleiche Gruppe von Personen innerhalb eines bestimmten Zeitraums mehrfach zu ein u. derselben Sache zu befragen

pa|nem et cir|cen|ses [- - ...ze:s] ⟨lat.; „Brot und Zirkusspiele"⟩: Lebensunterhalt u. Vergnügungen als Mittel zur Zufriedenstellung des Volkes (urspr. Anspruch des römischen Volkes während der Kaiserzeit, den die Herrscher zu erfüllen hatten, wenn sie sich die Gunst des Volkes erhalten wollten)

Pan|en|the|is|mus der; - ⟨gr.-nlat.⟩: religiös-philosophische Lehre, nach der die Welt in Gott eingeschlossen ist, ihren Halt hat; vgl. Pantheismus. **pan|en|the|is -tisch**: den Panentheismus betreffend, auf ihm beruhend; in der Art des Panentheismus

Pa|net|to|ne der; -[s], ...ni ⟨it.⟩: italienischer Hefekuchen mit kandierten Früchten

Pan|eu|ro|pa (ohne Artikel); -s (in Verbindung mit Attributen: das; -[s]) ⟨gr.-nlat.⟩: [von vielen Seiten erstrebte] künftige Gemeinschaft aller europäischen Staaten. **pan|eu|ro|pä|isch**: gesamteuropäisch

Pan|film der; -[e]s, -e ⟨Kurzw. aus ↑ panchromatischer Film⟩: Film mit ↑ panchromatischer Schicht

Pan|flö|te *die; -, -n* ⟨nach dem altgriech. Hirtengott Pan⟩: aus verschieden langen, grifflochlosen, floßartig aneinander gereihten Pfeifen bestehendes Holzblasinstrument; Faunflöte, Faunpfeife, Papagenopfeife; vgl. Syrinx

Pan|ge Lin|gua *das; - - ⟨lat.; „erklinge, Zunge"⟩: oft vertonter, Thomas v. Aquin zugeschriebener Fronleichnamshymnus

Pan|ge|ne [...n|g...] *die* (Plural) ⟨gr.-nlat.⟩: (Biol.) kleinste Zellteilchen, die eine Vererbung erworbener Eigenschaften ermöglichen sollen (nach Darwin)

Pan|ge|ne|sis|the|o|rie *die; -:* (Biol.) von Darwin aufgestellte Vererbungstheorie, nach der die Vererbung erworbener Eigenschaften durch kleinste Zellteilchen vonstatten gehen soll

Pan|ger|ma|nis|mus *der; - ⟨gr.-nlat.⟩:* politische Haltung, die die Gemeinsamkeiten der Völker germanischen Ursprungs betont bzw. die Vereinigung aller Deutsch Sprechenden anstrebt

Pan|go|lin [ˈpaŋgoliːn] *der; -s, -e* ⟨malai.⟩: Schuppentier

Pan|ha|gia vgl. Panagia

pan|hel|le|nisch ⟨gr.-nlat.⟩: alle Griechen betreffend

Pan|hel|le|nis|mus *der; -:* Bestrebungen, alle griechischen Länder in einem großen griechischen Reich zu vereinigen; Allgriechentum

Pa|ni *die; -, -s* ⟨poln.⟩: poln. Bez. für: Herrin, Frau

[1]Pa|nier *das; -s, -e* ⟨germ.-fr.⟩: 1. (veraltet) Banner, Fahne. 2. Wahlspruch; etwas, dem man sich zur Treue verpflichtet fühlt

[2]Pa|nier *die; -:* (österr.) Panade (a)

pa|nie|ren ⟨lat.-fr.⟩: (Fleisch, Fisch u. a.) vor dem Braten in geschlagenes Eigelb, Mehl o. Ä. tauchen u. mit Semmelbröseln bestreuen od. in Mehl wälzen

Pa|nik *die; -, -en* ⟨gr.-fr.; nach dem altgriech. Hirtengott Pan⟩: durch eine plötzliche Bedrohung, Gefahr hervorgerufene unkontrollierte [Massen]angst.

pa|nisch: von Panik bestimmt

Pan|is|la|mis|mus *der; - ⟨gr.-nlat.⟩:* Streben nach Vereinigung aller islamischen Völker

Pan|je *der; -s, -s* ⟨slaw.⟩: (veraltet, noch scherzh.) polnischer od. russischer Bauer; vgl. [1]Pan

Pan|je|pferd *das; -[e]s, -e:* polnisches od. russisches Landpferd

Pan|kar|di|tis *die; -, ...iti|den* ⟨gr.-nlat.⟩: (Med.) Entzündung aller Schichten der Herzwand; vgl. Karditis

Pan|k|ra|ti|on *das; -s, -s* ⟨gr.; „Allkampf"⟩: altgriechischer Zweikampf, der Freistilringen u. Faustkampf in sich vereinigte

Pan|k|re|as *das; -, ...a̱ten u. ...ea̱ta* ⟨gr.⟩: (Med.) Bauchspeicheldrüse

Pan|k|re|a|t|ek|to|mie *die; -, ...ien:* (Med.) operative Entfernung der Bauchspeicheldrüse

Pan|k|re|a|tin *das; -s ⟨gr.-nlat.⟩:* aus tierischen Bauchspeicheldrüsen hergestelltes ↑ Enzym

Pan|k|re|a|ti|tis *die; -, ...iti|den:* (Med.) Entzündung der Bauchspeicheldrüse

Pan|lo|gis|mus *der; - ⟨gr.-nlat.⟩:* (Philos.) Lehre von der logischen Struktur des Universums, nach der das ganze Weltall als Verwirklichung der Vernunft aufzufassen sei

Pan|mi|xie *die; -, ...ien ⟨gr.-nlat.; „Allmischung"⟩:* (Biol.) 1. Mischung guter u. schlechter Erbanlagen. 2. das Zustandekommen rein zufallsbedingter Paarungen zwischen Angehörigen der gleichen Art, ohne dass Selektionsfaktoren od. bestimmte (z. B. geographische) Isolierungsfaktoren wirksam werden; Ggs. ↑ Amixie

[1]Pan|ne *die; -, -n ⟨fr.⟩:* (ugs.) a) Unfall, Schaden, Betriebsstörung (bes. bei Fahrzeugen); b) Störung, Missgeschick, Fehler

[2]Panne [pan] *der; -[s], -s ⟨lat.-fr.⟩:* Seidensamt mit gepresstem Flor; Spiegelsamt

Pan|neau [paˈnoː] *der; -s, -s ⟨fr.⟩:* 1. Holzplatte, -täfelchen zum Bemalen. 2. Sattelkissen für Kunstreiter

Pan|ni|ku|li|tis *die; -, ...iti|den ⟨lat.-nlat.⟩:* (Med.) Entzündung des Unterhautfettgewebes

Pan|ni|sel|lus *der; -, ...lli:* kleiner

Leinenstreifen als Handhabe am Abtsstab

Pan|nus *der; - ⟨lat.⟩:* (Med.) Hornhauttrübung durch einwachsendes Bindehautgewebe als Folge von Binde- od. Hornhautentzündungen

Pan|ny|chis *die; - ⟨gr.⟩:* Nachtfeier; [ganz]nächtliche Vorfeier höherer Feste in der Ostkirche

Pa|n|oph|thal|mie u. Pantophthalmie *die; -, ...ien ⟨gr.-nlat.⟩:* (Med.) eitrige Augenentzündung

Pa|n|op|ti|kum *das; -s, ...ken ⟨gr.-nlat.⟩:* Sammlung von Sehenswürdigkeiten, meist Kuriositäten, od. von Wachsfiguren

pa|n|op|tisch: von überall einsehbar; **panoptisches System:** (Rechtsw.) im Interesse einer zentralen Überwachung angewandte strahlenförmige Anordnung der Zellen mancher Strafanstalten

Pa|n|o|ra|ma *das; -s, ...men ⟨gr.-nlat.; „Allschau"⟩:* 1. Rundblick, Ausblick. 2. a) Rundgemälde; b) fotografische Rundaufnahme

Pa|n|o|ra|ma|bus *der; -ses, -se:* doppelstöckiger Bus für Stadtrundfahrten o. Ä., von dessen oberer Etage ein freier Rundblick möglich ist

Pa|n|o|ra|ma|fern|rohr *das; -[e]s, -e:* Fernrohr mit beweglichem ↑ Prismen u. feststehendem ↑ Okular zum Beobachten des ganzen Horizonts

Pa|n|o|ra|ma|kopf *der; -[e]s, ...köpfe:* (Fotogr.) drehbarer Stativkopf für Rundaufnahmen

Pa|n|o|ra|ma|ver|fah|ren *das; -s, -:* (Film) Breitwand- u. Raumtonverfahren; vgl. Cinemascope u. Cinerama

pa|n|o|ra|mie|ren: (Film) ein Gesamtbild (Rundblick) durch Drehen der Kamera herstellen

Pa|n|os|ti|tis *die; -, ...iti|den ⟨gr.-nlat.⟩:* (Med.) Entzündung aller Gewebe eines Knochens, einschließlich Knochenhaut u. -mark

Pan|pho|bie *die; -, ...ien ⟨gr.-nlat.⟩:* (Med.; Psychol.) krankhafte Furcht vor allen Vorgängen in der Außenwelt

Pan|ple|gie *die; -, ...ien ⟨gr.-nlat.⟩:* (Med.) allgemeine, vollständige Lähmung der Muskulatur

Pan|psy|chis|mus *der; - ⟨gr.-nlat.⟩:* (Philos.) Vorstellung, nach der alle Natur beseelt ist, auch die nicht belebte

Pan|ro|man *das; -[s]* ⟨Kunstw.⟩: eine Welthilfssprache, Vorläuferin des ↑ Universal

Pan|se|xu|a|lis|mus *der; - ⟨gr; lat.-nlat.⟩*: von nur sexuellen Trieben ausgehende frühe Richtung der ↑ Psychoanalyse S. Freuds

Pans|flö|te vgl. Panflöte

Pan|si|nu|si|tis *die; -, ...iti̱den ⟨gr.; lat.-nlat.⟩*: (Med.) Entzündung der Nasennebenhöhlen

Pan|sla|vis|mus usw. vgl. Panslawismus usw.

Pan|sla|wis|mus *der; - ⟨nlat.⟩*: Bestrebungen, alle slawischen Völker in einem Großreich zu vereinigen; Allslawentum. **pan|sla|wis|tisch:** den Panslawismus betreffend

Pan|so|phie *die; - ⟨gr.-nlat.⟩*: religiös-philosophische Bewegung des 16.–18. Jh.s, die eine Zusammenfassung aller Wissenschaften u. ein weltweites Gelehrten- u. Friedensreich anstrebte. **pan|so|phisch:** die Pansophie betreffend, auf ihr beruhend; in der Art der Pansophie

Pan|sper|mie *die; - ⟨gr.-nlat.⟩*: (Biol.) Theorie von der Entstehung des Lebens auf der Erde durch Keime von anderen Planeten

pan|ta|gru|e|lisch ⟨nach der Romanfigur Pantagruel von Rabelais⟩: derb, deftig; lebensvoll

Pan|ta|le|on *das; -s, -s* ⟨nach dem Erfinder Pantaleon Hebenstreit⟩: Hackbrett mit doppeltem Resonanzboden u. Darmod. Drahtsaiten (Vorläufer des Hammerklaviers)

¹Pan|ta|lon *das; -s, -s:* ↑ Pantaleon

²Pan|ta|lon [pãtaˈlõ:] *das; -s, -s* ⟨it.-fr.⟩: erster Teil der ↑ Contredanse

Pan|ta|lo|ne *der; -[s], -s u. ...ni* ⟨it.⟩: Maske, Figur des dummen, oft verliebten u. stets geprellten Alten im italienischen Volkslustspiel

Pan|ta|lons [pãtaˈlõ:s, auch: pantaˈlõ:s] *die* (Plural) ⟨it.-fr.⟩: während der Französischen Revolution aufgekommene lange Männerhose mit röhrenförmigen Beinen

pan|ta rhei ⟨gr.; „alles fließt"⟩: es gibt kein bleibendes Sein (Heraklit [fälschlich?] zugeschriebener Grundsatz, nach dem das

Sein als ewiges Werden, ewige Bewegung gedacht wird)

Pan|te|llis|mus *der; - ⟨gr.-nlat.⟩*: (Philos.) Anschauung, nach der das gesamte Seiende ↑ teleologisch erklärbar ist

Pan|ter vgl. Panther

Pan|the|is|mus *der; - ⟨gr.-nlat.⟩*: (Philos.) Allgottlehre; Lehre, in der Gott u. Welt identisch sind; Anschauung, nach der Gott das Leben des Weltalls selbst ist. **Pan|the|ist** *der; -en, -en:* Vertreter des Pantheismus. **Pan|the|is|tin** *die; -, -nen:* weibliche Form zu ↑ Pantheist. **pan|the|is|tisch:** den Pantheismus betreffend; in der Art des Pantheismus

Pan|the|lis|mus *der; - ⟨gr.-nlat.⟩*: (Philos.) Lehre, nach der der Wille das innerste Wesen der Welt, aller Dinge ist

Pan|the|on *das; -s, -s ⟨gr.⟩*: 1. antiker Tempel (bes. in Rom) für alle Götter. 2. Ehrentempel (z. B. in Paris). 3. Gesamtheit der Götter eines Volkes

Pan|ther, auch: Panter *der; -s, - ⟨gr.-lat.⟩*: ↑ Leopard

Pan|ti|ne *der; -, -n* (meist Plural) ⟨fr.-niederl.⟩: Holzschuh, Holzpantoffel

Pan|tof|fel *der; -s, -n* (ugs.: -) (meist Plural) ⟨fr.⟩: leichter Hausschuh [ohne Fersenteil]

pan|tof|feln: [mit einem pantoffelförmigen Holz] Leder geschmeidig, weich machen

Pan|to|graph, auch: ...graf *der; -en, -en ⟨gr.-nlat.⟩*: Instrument zum Übertragen von Zeichnungen im gleichen, größeren od. kleineren Maßstab; Storchschnabel. **Pan|to|gra|phie,** auch: ...grafie *die; -, ...i̱en:* mit einem Pantographen hergestelltes Bild

Pan|to|kra|tor *der; -s, ...oren ⟨gr.; „Allherrscher"⟩*: 1. (ohne Plural) Ehrentitel für [den höchsten] Gott, auch für den auferstandenen Christus (nach Offenbarung 1, 8). 2. Darstellung des thronenden Christus in der christlichen, bes. in der byzantinischen Kunst

Pan|to|let|te *die; -, -n* (meist Plural) ⟨Kunstw. aus *Pant*offel u. Sanda*lette*⟩: leichter Sommerschuh ohne Fersenteil

Pan|to|me|ter *das; -s, - ⟨gr.-nlat.⟩*: (Techn.) Instrument zur Messung von Längen, Horizontal- u. Vertikalwinkeln

¹Pan|to|mi|me *die; -, -n ⟨gr.-lat.(-fr.)⟩*: Darstellung einer Szene, Handlung nur mit Gebärden, Mienenspiel u. Tanz

²Pan|to|mi|me *der; -n, -n:* Darsteller einer ¹Pantomime

Pan|to|mi|mik *der; - ⟨gr.-lat.⟩*: 1. Kunst der Pantomime. 2. (Psychol.) Gesamtheit der Ausdrucksbewegungen des Körpers; Gebärdenspiel, Körperhaltung u. Gang

Pan|to|mi|min *die; -, -nen:* weibliche Form zu ↑ ²Pantomime

pan|to|mi|misch: 1. die Pantomime betreffend, mit den Mitteln, in der Art der Pantomime. 2. (Psychol.) die Pantomimik (2), die Ausdrucksbewegungen des Körpers betreffend

pan|to|phag ⟨gr.-nlat.; „alles fressend"⟩: (Zool.) sowohl pflanzliche als auch tierische Nahrung fressend, verdauend (in Bezug auf bestimmte Tiere). **Pan|to|pha|ge** *der; -n, -n:* (Zool.) pantophages Tier; Allesfresser; vgl. Omnivore. **Pan|to|pha|gie** *die; -:* (Zool.) Allesfresserei; vgl. Monophagie

Pan|t|oph|thal|mie vgl. Panophthalmie

Pan|to|pol|de *der; -n, -n ⟨gr.-nlat.⟩*: Asselspinne (räuberischer, aber auch parasitisch lebender Meeresbewohner)

Pan|to|then|säu|re *die; -, -n ⟨gr.; dt.⟩*: zur B₂-Gruppe gehörendes ↑ Vitamin

Pan|toun [ˈpantʊn] vgl. Pantun

Pan|t|ra|gis|mus *der; - ⟨gr.-nlat.⟩*: das tragische, nicht überwindbare Weltgesetz über dem menschlichen Leben, das vom Kampf zwischen dem Einzelnen u. dem Universum beherrscht wird (nach Hebbel)

Pan|t|ry [ˈpɛntri] *die; -, -s ⟨lat.-fr.-engl.⟩*: Speisekammer, Raum zum Anrichten [auf Schiffen od. in Flugzeugen]

Pant|schen-La|ma *der; -[s], -s ⟨tibet.⟩*: neben dem ↑ Dalai-Lama höchster geistlicher Würdenträger des tibetischen Priesterstaates

Pan|tun u. Pantoun *das; -[s], -s ⟨malai.⟩*: malaiische Gedichtform mit vierzeiligen, kreuzweise gereimten Strophen

Pan|ty [ˈpɛnti] *die; -, -s ⟨engl.⟩*: 1. Miederhöschen. 2. Strumpfhose

P

Pä|nu|la *die; -, ...len ⟨gr.-lat.⟩:* rund geschnittenes römisches Übergewand

Pä|n|ul|ti|ma *die; -, ...mä u. ...men ⟨lat.⟩:* (Sprachw.) vorletzte Silbe in einem Wort

pa|n|ur|gisch ⟨gr.⟩: (veraltet) listig, verschmitzt

Pan|vi|ta|lis|mus *der; - ⟨gr.; lat.-nlat.⟩:* naturphilosophische Lehre, nach der das ganze Weltall lebendig ist

Pä|on *der; -s, -e ⟨gr.-lat.⟩:* (antike Metrik) im ↑ Päan (1) verwendeter antiker Versfuß mit drei kurzen Silben u. einer beliebig einsetzbaren langen Silbe

Pä|o|nie [...jə] *die; -, -n ⟨gr.-lat.⟩:* Pfingstrose (eine Zierstaude)

¹Pa|pa [veraltend, geh.: pa'pa:] *der; -s, -s ⟨fr.⟩:* (ugs.) Vater

²Pa|pa *der; -s ⟨gr.-mlat.; „Vater"⟩:* 1. kirchliche Bezeichnung des Papstes. 2. in der orthodoxen Kirche Titel höherer Geistlicher; Abk.: P.; vgl. Papas, Pope

Pa|pa|bi|li *die* (Plural) ⟨lat.-it.⟩: ital. Bez. für: als Papstkandidaten infrage kommende Kardinäle

Pa|pa|gal|lo *der; -[s], -s u. ...lli ⟨it.⟩:* auf erotische Abenteuer bei Touristinnen ausgehender [südländischer, bes. italienischer, junger] Mann

Pa|pa|ga|y|os [...'ga:jɔs] *die* (Plural) ⟨span.⟩: kalte Fallwinde in den Anden

Pa|pa|gei [auch: 'pa...] *der; -s u. -en, -e[n] ⟨fr.⟩:* meist auffallend bunt gefiederter tropischer Vogel mit kurzem, abwärts gebogenem, kräftigem Beißschnabel

Pa|pa|gei|en|krank|heit *die; -:* (Med.) ↑ Psittakose

Pa|pa|in *das; -s ⟨karib.-span.-nlat.⟩:* Eiweiß spaltendes pflanzliches Enzym

pa|pal ⟨gr.-mlat.⟩: päpstlich

Pa|pa|lis|mus *der; - ⟨gr.-mlat.-nlat.⟩:* kirchenrechtliche Anschauung, nach der dem Papst die volle Kirchengewalt zusteht; Ggs. ↑ Episkopalismus; vgl. Kurialismus. **Pa|pa|list** *der; -en, -en:* Anhänger des Papalismus. **pa|pa|lis |tisch:** im Sinne des Papalismus [denkend]

Pa|pal|sys |tem *das; -s:* katholisches System der päpstlichen Kirchenhoheit

Pa|pa|raz|zo *der; -s, ...zzi* (meist Plural) ⟨it.⟩: [aufdringlicher] Pressefotograf, Skandalreporter

Pal|pas *der; -, - ⟨ngr.⟩:* Weltgeistlicher in der orthodoxen Kirche

Pal|pat *der,* (auch:) *das; -[e]s ⟨gr.-mlat.-nlat.⟩:* Amt u. Würde des Papstes

Pa|pa|ve|ra|ze|en *die* (Plural) ⟨lat.-nlat.⟩: (Bot.) Familie der Mohngewächse

Pa|pa|ve|rin *das; -s:* krampflösendes ↑ Alkaloid des Opiums

Pa|pa|ya [...ja] *die; -, -s u.* **Pa|pa|ye** [...jə] *die; -, -n ⟨karib.-span.⟩:* 1. Melonenbaum. 2. Frucht des Melonenbaums; Baummelone

Pa|pel *der; -, -n u.* Papula *die; -, ...lae* [...lɛ] ⟨lat.⟩: (Med.) Hautknötchen, kleine, bis linsengroße Hauterhebung

Pa|per ['pe:pə] *das; -s, -s ⟨engl.⟩:* schriftliche Unterlage, Schriftstück; vgl. Papier (2)

Pa|per|back ['pe:pəbɛk] *das; -s, -s ⟨„Papierrücken"⟩:* kartoniertes, meist in Klebebindung hergestelltes [Taschen]buch; Ggs. ↑ Hardcover

Pa|pe|te|rie *die; -, ...ien ⟨gr.-lat.-fr.⟩:* (schweiz.) Papierwaren, Papierwarenhandlung

Pa|pe|te|rist *der; -en, -en:* (schweiz.) Schreibwarenhändler. **Pa|pe|te|ris |tin** *die; -, -nen:* weibliche Form zu ↑ Papeterist

Pa|pier *das; -s, -e ⟨gr.-lat.⟩:* 1. aus Fasern hergestelltes, blattartig gepresstes, zum Beschreiben, Bedrucken, zur Verpackung o. Ä. dienendes Material. 2. Schriftstück, Dokument, schriftliche Unterlage; vgl. Paper. 3. (meist Plural) Ausweis, Personaldokument, Unterlagen. 4. Wertpapier, Urkunde über Vermögensrechte

Pa|pier|ma|chee u. Papiermaché [papjema'ʃe:, auch: pa'pi:ɐ̯...] *das; -s, -s ⟨fr.⟩:* verformbares Hartpapier

Pa|pi|li|o|nal|ze|en *die* (Plural) ⟨lat.-nlat.⟩: (Bot.) Familie der Schmetterlingsblütler

Pa|pil|la vgl. Papille

pa|pil|lar ⟨lat.-nlat.⟩: (Med.) warzenartig, -förmig

Pa|pil|lar|schicht *die; -, -en:* (Med.) die mit Papillen versehene obere Schicht der Lederhaut

Pa|pil|le *die; -, -n u.* Papilla *die; -, ...llae* [...lɛ] ⟨lat., „Warze; Bläschen"⟩: 1. (Med.) a) Brustwarze; b) warzenartige Erhebung an

der Oberfläche von Organen (z. B. Haarpapille, Sehnervenpapille). 2. (meist Plural; Bot.) haarähnliche Ausstülpung der Pflanzenoberhaut

Pa|pil|lom *das; -s, -e ⟨lat.-nlat.⟩:* (Med.) Warzen-, Zottengeschwulst aus gefäßhaltigem Bindegewebe

Pa|pil|lon [papi'jõ:] *der; -s, -s ⟨lat.-fr.⟩:* 1. franz. Bez. für: Schmetterling. 2. (veraltet) flatterhafter Mensch. 3. feinfädiges Woll- od. Mischgewebe von ripsähnlichem Aussehen

pa|pil|lös ⟨lat.-nlat.⟩: (Biol.; Med.) warzig

Pa|pil|lo|te [...'jo:tə] *die; -, -n ⟨lat.-fr.⟩:* 1. Hülle aus herzförmig zugeschnittenem Pergamentpapier, die (mit Öl bestrichen) um kurz zu bratende od. grillende Fleisch- od. Fischstücke geschlagen wird. 2. Haarwickel in Form einer biegsamen Rolle aus Schaumstoff, die an den aufgerollten Haarsträhnen befestigt wird, indem man die Enden u-förmig einbiegt

pa|pil|lo|tie|ren [...jo'ti:rən]: die einzelnen [wie eine Kordel um sich selbst gedrehten] Haarsträhnen auf Papilloten wickeln, um das Haar zu wellen

Pa|pi|ros|sa *die; -, ...ossy* [...si] ⟨gr.-lat.-dt.-poln.-russ.⟩: russische Zigarette aus langem Hohlmundstück aus Pappe

Pa|pis|mus *der; - ⟨gr.-mlat.-nlat.⟩:* (abwertend) Papsttum. **Pa|pist** *der; -en, -en:* (abwertend) Anhänger des Papsttums. **Pa|pis -tin** *die; -, -nen:* weibliche Form zu ↑ Papist. **pa|pis |tisch:** (abwertend) den Papismus betreffend, auf ihm beruhend

Pap|pa|ta|ci|fie|ber [papa'ta:tʃi...] *das; -s ⟨it.; lat.-dt.⟩:* (Med.) in den Tropen u. in Südeuropa auftretende, durch ↑ Moskitos übertragene Krankheit mit Fieber u. grippeartigen Symptomen

Papp|ma|schee, auch: Pappmaché [...maʃe:] *das; -s, -s ⟨dt.; fr.⟩:* ↑ Papiermaschee

Pap|pus *der; -, - u. -se ⟨gr.-lat.⟩:* (Bot.) Haarkrone der Frucht von Korbblütlern

Palp |ri|ka *der; -s, -[s] ⟨sanskr.-pers.-gr.-lat.-serb.-ung.⟩:* 1. Gemüse-, Gewürzpflanze mit kleinen weißen Blüten u. hohlen

Beerenfrüchten. 2. (auch: *die; -, -[s]*) grüne, gelbe, orange od. rote Frucht des Paprikas, die als Gemüse od. als Gewürz verwendet wird; Paprikaschote. 3. (ohne Plural) leicht scharfes rotes Gewürz in Pulverform aus getrockneten Paprikaschoten

pap|ri|zie|ren: (bes. österr.) mit Paprika würzen

Pa|pul|la vgl. Papel

pa|pul|lös ⟨*lat.-nlat.*⟩: (Med.) mit der Bildung von Papeln einhergehend; papelartig

Pa|py|ri: *Plural* von ↑ Papyrus

Pa|py|rin *das; -s* ⟨*gr.-lat.-nlat.*⟩: Pergamentpapier

Pa|py|ro|lo|ge *der; -n, -n* ⟨*gr.-nlat.*⟩: Wissenschaftler auf dem Gebiet der Papyrologie. **Pa|py|ro|lo|gie** *die; -:* Wissenschaft, die Papyri (3) erforscht, konserviert, entziffert u. zeitlich bestimmt; Papyruskunde. **Pa|py|ro|lo|gin** *die; -, -nen:* weibliche Form zu ↑ Papyrologe. **pa|py|ro|lo|gisch:** die Papyrologie betreffend

Pa|py|rus *der; -, ...ri* ⟨*gr.-lat.*⟩: 1. Papierstaude. 2. in der Antike gebräuchliches, aus der Papierstaude gewonnenes Schreibmaterial in Blatt- u. Rollenform. 3. aus der Antike u. bes. aus dem alten Ägypten stammendes beschriftetes Papyrusblatt; Papyrusrolle; Papyrustext

Par *das; -[s], -s* ⟨*engl.*⟩: (Golf) für jedes Loch des Golfplatzes festgesetzte Anzahl von Schlägen, die sich nach dem Abstand des Abschlags vom Loch richtet

par..., Par... vgl. para..., Para...

¹Pa|ra *der; -, -* ⟨*pers.-türk.*⟩: 1. (hist.) kleinste türkische Münzrechnungseinheit (17.–19. Jh.). 2. in Jugoslawien 0,01 Dinar

²Pa|ra *das; -s, -s* ⟨*fr.*⟩: Kurzform von parachutiste⟩: franz. Bez. für: Fallschirmjäger

---

pa|ra..., Pa|ra...

vor Vokalen meist par..., Par... ⟨*gr.* pará, pára „entlang; neben, bei; über ... hinaus; gegen"⟩ Präfix mit der Bedeutung „bei, neben, entlang; über ... hinaus; gegen, abweichend":
– Paralympics
– Paramedizin
– paramilitärisch
– Parodontose

Pa|ra|ba|se *die; -, -n* ⟨*gr.*⟩: in der attischen Komödie Einschub in Gestalt einer satirisch-politischen Aussprache, gemischt aus Gesang u. Rezitation des Chorführers u. des Chors

Pa|ra|bel *die; -, -n* ⟨*gr.-lat.*⟩: 1. lehrhafte Dichtung, die eine allgemein gültige sittliche Wahrheit an einem Beispiel (indirekt) veranschaulicht; lehrhafte Erzählung, Lehrstück; Gleichnis. 2. (Math.) eine symmetrisch ins Unendliche verlaufende Kurve der Kegelschnitte, deren Punkte von einer festen Geraden u. einem festen Punkt gleichen Abstand haben. 3. (Phys.) Wurfbahn in einem ↑ Vakuum

Pa|ra|bel|lum ® *die; -, -s* ⟨Kunstw.⟩ u. **Pa|ra|bel|lum|pis|to|le** *die; -, -n:* Selbstladepistole

Pa|ra|bi|ont *der; -en, -en* ⟨*gr.-nlat.*⟩: (Biol.) Lebewesen, das mit einem anderen gleicher Art zusammengewachsen ist, in Parabiose lebender Organismus; vgl. siamesische Zwillinge

Pa|ra|bi|o|se *die; -, -n:* (Biol.) das Zusammenleben u. Aufeinandereinwirken zweier Lebewesen der gleichen Art, die miteinander verwachsen sind

Pa|ra|blacks [auch: ...blɛks] *die* (Plural) ⟨*engl.*⟩: auf den Skiern (zwischen Skispitze u. Bindung) angebrachte [Kunststoff]klötze, die das Überkreuzen der Skier verhindern sollen

Pa|ra|blep|sie *die; -, ...ien* ⟨*gr.-nlat.*⟩: (Med.) Sehstörung

Pa|ra|bol|an|ten|ne *die; -, -n* ⟨*gr.-lat.; lat.-it.*⟩: (Techn.) Antenne in der Form eines Parabolspiegels, mit deren Hilfe Ultrakurzwellen gebündelt werden

pa|ra|bol|lisch ⟨*gr.-lat.-nlat.*⟩: 1. die Parabel (1) betreffend, in der Art einer Parabel (1); gleichnishaft, sinnbildlich. 2. parabelförmig gekrümmt

Pa|ra|bol|lo|id *das; -[e]s, -e* ⟨*gr.-nlat.*⟩: (Math.) gekrümmte Fläche ohne Mittelpunkt

Pa|ra|bol|spie|gel *der; -s, -:* Hohlspiegel von der Form eines Paraboloids, das durch die Drehung einer Parabel um ihre Achse entstanden ist (Rotationsparaboloid)

Pa|ra|chu|tist [...ʃy...] *der; -en, -en* ⟨*fr.*⟩: ↑ ²Para

¹Pa|ra|de *die; -, -n* ⟨*lat.-fr.*⟩: Trup-

penschau, Vorbeimarsch militärischer Verbände; prunkvoller Aufmarsch

²Pa|ra|de *die; -, -n* ⟨*lat.-span.-fr.*⟩: (Pferdesport) das Anhalten eines Pferdes od. Gespanns bzw. der Wechsel des Tempos od. der Dressurlektionen

³Pa|ra|de *die; -, -n* ⟨*lat.-it.-fr.*⟩: a) Abwehr eines Angriffs (bes. beim Fechten u. Boxen); b) Abwehr durch den Torhüter (bei Ballspielen)

Pa|ra|dei|ser *der; -s, -* ⟨*pers.-gr.-mlat.*⟩: (österr.) Tomate

Pa|ra|den|ti|tis *die; -, ...itiden* ⟨*gr.; lat.-nlat.*⟩: (veraltet) ↑ Parodontitis

Pa|ra|den|to|se *die; -, -n:* (veraltet) ↑ Parodontose

pa|ra|die|ren ⟨*lat.-fr.*⟩: 1. [anlässlich einer Parade] vorbeimarschieren; feierlich vorbeiziehen. 2. sich mit etwas brüsten; mit etwas prunken

Pa|ra|dies *das; -es, -e* ⟨*pers.-gr.-mlat.*⟩: 1. (ohne Plural) a) Garten Eden, Garten Gottes; b) Himmel; Ort der Seligkeit. 2. a) ein Ort od. eine Gegend, die durch ihre Gegebenheiten, ihre Schönheit, ihre guten Lebensbedingungen o. Ä. alle Voraussetzungen für ein schönes, glückliches o. ä. Dasein erfüllt (z. B.: diese Südseeinsel ist ein Paradies); b) Ort, Bereich, der für einen Personenkreis oder für eine Gruppe von Lebewesen ideale Gegebenheiten, Voraussetzungen bietet (z. B. ein Paradies für Angler, ein Paradies für Vögel). 3. Portalvorbau an mittelalterlichen Kirchen

pa|ra|die|sisch: 1. das Paradies (1) betreffend. 2. herrlich, himmlisch, wunderbar

Pa|ra|dig|ma *das; -s, ...men* (auch: -ta) ⟨*gr.-lat.*⟩: 1. Beispiel, Muster; Erzählung, Geschichte mit beispielhaftem, modellhaftem Charakter. 2. (Sprachw.) Muster einer bestimmten Deklinations- od. Konjugationsklasse, das beispielhaft für alle gleich gebeugten Wörter steht; Flexionsmuster. 3. Anzahl von sprachlichen Einheiten, zwischen denen in einem gegebenen Kontext zu wählen ist (z. B.: er steht *hier/dort/oben/unten*), im Unterschied zu Einheiten, die zusammen vorkommen, ein Syntagma bilden (z. B. in Eile sein; *Eile* kann nicht ausgetauscht werden). 4. Denkmuster, das das wissenschaftliche Weltbild, die Weltsicht einer Zeit prägt

pa|ra|dig|ma|tisch: 1. als Beispiel, Muster dienend. 2. (Sprachw.) das Paradigma (2) betreffend. 3. (Sprachw.) Beziehungen zwischen sprachlichen Elementen betreffend, die an einer Stelle eines Satzes austauschbar sind u. sich dort gegenseitig ausschließen (z. B.: ich sehe einen *Stuhl/Tisch/Mann*); Ggs. ↑ syntagmatisch (2)

Pa|ra|dig|men|wech|sel *der; -s, -:* 1. Wechsel von einer wissenschaftlichen Grundauffassung zu einer anderen. 2. Wechsel von einer rationalistischen zu einer ganzheitlichen Weltsicht

Pa|ra|dor *der,* (auch:) *das; -s, -e* ⟨*span.*⟩: staatliches spanisches Luxushotel für Touristen

pa|ra|dox ⟨*gr.-lat.*⟩: widersinnig, einen Widerspruch in sich enthaltend

Pa|ra|dox vgl. Paradoxon

Pa|ra|do|xa: *Plural* von ↑ Paradoxon

pa|ra|do|xal ⟨*gr.-nlat.*⟩: paradox

Pa|ra|do|xie *die; -, ...ien* ⟨*gr.*⟩: paradoxer Sachverhalt; etwas Widersinniges, Widersprüchliches

Pa|ra|do|xi|tät *die; -, -en* (selten) Paradoxie, das Paradoxsein

Pa|ra|do|xon *das; -s, ...xa* u. Paradox *das; -es, -e* ⟨*gr.-lat.*⟩: scheinbar falsche Aussage (oft in Form einer Sentenz oder eines Aphorismus), die aber bei genauerer Analyse auf eine höhere Wahrheit hinweist

Pa|r|af|fin *das; -s, -e* ⟨*lat.-nlat.*⟩: 1. festes, wachsähnliches od. flüssiges, farbloses Gemisch wasserunlöslicher gesättigter Kohlenwasserstoffe, das bes. zur Herstellung von Kerzen, Bohnerwachs o. Ä. dient. 2. (meist Plural) Sammelbez. für die gesättigten, aliphatischen Kohlenwasserstoffe (z. B. Methan, Propan, Butan)

pa|r|af|fi|nie|ren: mit Paraffin (1) behandeln

pa|r|af|fi|nisch: vorwiegend aus Paraffinen (2) bestehend; Eigenschaften der Paraffine aufweisend

Pa|ra|fo|nie vgl. Paraphonie

Pa|ra|gam|ma|zis|mus *der; -, ...men* ⟨*gr.-nlat.*⟩: (Med.; Psychol.) Sprechstörung, bei der anstelle der Kehllaute [g] u. [k] die Laute [d] u. [t] ausgesprochen werden

Pa|ra|ge|ne|se u. **Pa|ra|ge|ne|sis** *die; -* ⟨*gr.-nlat.*⟩: (Geol.) gesetzmäßiges Vorkommen bestimmter Mineralien bei der Bildung von Gesteinen u. Lagerstätten

pa|ra|ge|ne|tisch: die Paragenese betreffend

Pa|ra|geu|sie *die; -, ...ien* ⟨*gr.-nlat.*⟩: (Med.) schlechter Geschmack im Mund; abnorme Geschmacksempfindung

Pa|r|a|gil|tats|li|nie *die; -, -n* ⟨*lat.-nlat.*⟩: (hist.) mit einem Paragium abgefundene Nebenlinie eines regierenden Hauses

Pa|r|a|gi|um *das; -s, ...ien* ⟨*lat.-mlat.*⟩: (hist.) Abfindung nachgeborener Prinzen (mit Liegenschaften, Landbesitz)

Pa|ra|gli|ding [...glaɪdɪŋ] *das; -s* ⟨*engl.*⟩: das Fliegen von Berghängen mit einem Gleitschirm; Gleitschirmfliegen, Gleitsegeln

Pa|ra|gneis *der; -es, -e* ⟨*gr.; dt.*⟩: (Geol.) aus Sedimentgesteinen hervorgegangener Gneis

Pa|ra|gno|sie *die; -, ...ien* ⟨*gr.-nlat.*⟩: (Psychol.) außersinnliche Wahrnehmung

Pa|ra|gnost *der; -en, -en* (Parapsychol.) Medium mit hellseherischen Fähigkeiten

Pa|ra|graf usw. vgl. Paragraph usw.

Pa|ra|gramm *das; -s, -e* ⟨*gr.-lat.*⟩: Buchstabenänderung in einem Wort od. Namen (wodurch ein scherzhaft-komischer Sinn entstehen kann, z. B. Biberius [= Trunkenbold von lat. bibere = trinken] statt Tiberius)

Pa|ra|gram|ma|tis|mus *der; -, ...men* ⟨*gr.-nlat.*⟩: (Med.; Psychol.) Sprechstörung, die den Zerfall des Satzbaues (z. B. Telegrammstil) zur Folge hat

Pa|ra|graph, auch: ...graf *der; -en, -en* ⟨*gr.-lat.*⟩: a) in Gesetzbüchern, wissenschaftlichen Werken u. a. ein fortlaufend nummerierter kleiner Abschnitt; b) das Zeichen für einen solchen Abschnitt; Zeichen: § (Plural: §§)

Pa|ra|gra|phie, auch: ...grafie *die; -, ...ien* ⟨*gr.-nlat.*⟩: (Med.) Störung des Schreibvermögens, bei

der Buchstaben, Silben od. Wörter vertauscht werden

pa|ra|gra|phie|ren, auch: ...grafieren ⟨*gr.-nlat.*⟩: in Paragraphen einteilen

Pa|ra|hi|d|ro|se *die; -, -n* ⟨*gr.-nlat.*⟩: (Med.) Absonderung eines nicht normal beschaffenen Schweißes

pa|ra|karp ⟨*gr.-nlat.*⟩: (Bot.) nicht durch echte Scheidewände gefächert (bezogen auf den Fruchtknoten bzw. das ↑ Gynäzeum 2 einer Pflanze); vgl. synkarp

Pa|ra|ke|ra|to|se *die; -, -n* ⟨*gr.-nlat.*⟩: zu Schuppenbildung führende Verhornungsstörung der Haut

Pa|ra|ki|ne|se *die; -, -n* ⟨*gr.-nlat.*⟩: (Med.) Störung in der Muskelkoordination, die zu irregulären Bewegungsabläufen führt

Pa|ra|kla|se *die; -, -n* ⟨*gr.-nlat.*⟩: (Geol.) Verwerfung

Pa|ra|k|let *der; -[e]s* u. *...en, -e[n]* ⟨*gr.-mlat.*⟩: Helfer, Fürsprecher vor Gott, bes. der heilige Geist (Johannes 14, 16 u. a.)

Pa|ra|k|me *die; -* ⟨*gr.*⟩: (Zool.) in der Stammesgeschichte das Ende der Entwicklung einer Organismengruppe (z. B. der Saurier); Ggs. ↑ Epakme

Pa|ra|ko|ni|kon *das; -[s], ...ką* ⟨*gr.-mgr.*⟩: Nordtür der ↑ Ikonostase in der orthodoxen Kirche; vgl. Diakonikon (2)

Pa|ra|ko|rol|le *die; -, -n* ⟨*gr.; lat.*⟩: (Bot.) Nebenkrone der Blüte

Pa|r|a|ku|sie *die; -, ...ien* u. **Pa|r|aku|sis** *die; -, ...uses* [...ze:s] ⟨*gr.-nlat.*⟩: (Med.; Psychol.) Störung der akustischen Wahrnehmung, falsches Hören

Pa|ra|la|lie *die; -, ...ien* ⟨*gr.-nlat.*⟩: (Med.; Psychol.) Sprachstörung, bei der es zu Lautverwechslungen u. -entstellungen kommt

Pa|ra|le|xie *die; -, ...ien* ⟨*gr.-nlat.*⟩: (Med.; Psychol.) Lesestörung mit Verwechslung der gelesenen Wörter

Pa|ra|li|ge|sie ⟨*gr.-nlat.*⟩ u. **Pa|r|algie** *die; -, ...ien* ⟨*gr.-nlat.*⟩: (Med.) Störung der Schmerzempfindung, bei der die Schmerzreize als angenehm empfunden werden

pa|ra|lin|gu|al ⟨*gr.-nlat.*⟩: (Sprachw.) durch Artikulationsorgane hervorgebracht, aber keine sprachliche Funktion ausübend; vgl. Paralinguistik

Pa|ra|lin|gu|is|tik *die; -* ⟨*gr.-lat.-nlat.*⟩: (Sprachw.) Teilbereich der Linguistik, in dem man sich mit Erscheinungen befasst, die das menschliche Sprachverhalten begleiten oder mit ihm verbunden sind, ohne im engeren Sinne sprachlich zu sein (z. B. Sprechintensität, Mimik). **pa|ra|lin|gu|is|tisch:** die Paralinguistik betreffend, auf ihr beruhend

Pa|ra|li|po|me|non *das; -s, ...mena* ⟨*gr.*⟩: 1. (meist Plural) Randbemerkung, Ergänzung, Nachtrag zu einem literarischen Werk. 2. (nur Plural) die Bücher der Chronik im Alten Testament

Pa|ra|li|po|pho|bie *die; -* ⟨*gr.-nlat.*⟩: (Psychol.) Zwangsvorstellung, dass die Unterlassung bestimmter Handlungen Unheil bringe

Pa|ra|lip|se *die; -, -n* ⟨*gr.*⟩: rhetorische Figur, die darin besteht, dass man etwas durch die Erklärung, es übergehen zu wollen, nachdrücklich hervorhebt

pa|ra|lisch ⟨*gr.-lat.*⟩: (Geol.) die marine Entstehung in Küstennähe betreffend (von Kohlenlagern)

pa|ral|lak|tisch ⟨*gr.*⟩: die Parallaxe betreffend, auf ihr beruhend, durch sie bedingt

Pa|ral|la|xe *die; -, -n* („Vertauschung; Abweichung"): 1. (Phys.) Winkel, den zwei Geraden bilden, die von verschiedenen Standorten auf einen Punkt gerichtet sind. 2. (Astron.) Entfernung eines Sterns, die mithilfe zweier von verschiedenen Standorten ausgehender Geraden bestimmt wird. 3. (Fotogr.) Unterschied zwischen dem Bildausschnitt im Sucher u. auf dem Film

pa|ral|lel ⟨*gr.-lat.*⟩: 1. (Math.) in gleichem Abstand ohne gemeinsamen Schnittpunkt nebeneinander verlaufend. 2. (Mus.) im gleichen Intervallabstand (z. B. in Quinten od. Oktaven), in gleicher Richtung fortschreitend. 3. gleichlaufend, gleichgeschaltet, nebeneinander geschaltet

Pa|ral|le|le *die; -, -n* (aber: 3 Parallele[n]) ⟨*gr.-lat.(-fr.)*⟩:

1. (Math.) Gerade, die zu einer anderen Geraden in gleichem Abstand u. ohne Schnittpunkt im Endlichen verläuft. 2. (Mus.) (im strengen mehrstimmigen Satz verbotenes) gleichlaufendes Fortschreiten im Quint- od. Oktavabstand. 3. Entsprechung; Vergleich; vergleichbarer Fall

Pa|ral|le|len|a|xi|om *das; -s:* (Math.) geometrischer Grundsatz des Euklid, dass es zu einer gegebenen Geraden durch einen nicht auf ihr gelegenen Punkt nur eine Parallele gibt

Pa|ral|le|le|pi|ped *[...pe:t] das; -[e]s, -e u.* **Pa|ral|le|le|pi|pe|don** *das; -s, ...da u. ...peden* ⟨*gr.*⟩: ↑ Parallelflach

Pa|ral|lel|flach *das; -[e]s, -e* ⟨*gr.-lat.; dt.*⟩: (Math.) von drei Paaren paralleler Ebenen begrenzter Körper (z. B. Rhomboeder, Würfel)

pa|ral|le|li|sie|ren ⟨*gr.-lat.-nlat.*⟩: vergleichend nebeneinander stellen, zusammenstellen

Pa|ral|le|lis|mus *der; -, ...men:* 1. [formale] Übereinstimmung verschiedener Dinge od. Vorgänge. 2. (Sprachw.; Stilk.) inhaltlich u. grammatisch gleichmäßiger Bau von Satzgliedern od. Sätzen; Ggs. ↑ Chiasmus

Pa|ral|le|li|tät *die; -, -en:* 1. (ohne Plural; Math.) Eigenschaft zweier paralleler Geraden. 2. Gleichlauf, Gleichheit, Ähnlichkeit (von Geschehnissen, Erscheinungen u. a.)

Pa|ral|lel|kreis *der; -es, -e* ⟨*gr.-lat.; dt.*⟩: (Geogr.) Breitenkreis

Pa|ral|le|lo *der; -[s], -s* ⟨*gr.-lat.-it.*⟩: (veraltet) längs gestrickter Pullover [mit durchgehend quer verlaufenden Rippen]

Pa|ral|le|lo|gramm *das; -s, -e* ⟨*gr.*⟩: (Math.) Viereck mit parallelen gegenüberliegenden Seiten

Pa|ral|lel|pro|jek|ti|on *die; -, -en:* (Math.) durch parallele Strahlen auf einer Ebene dargestelltes Raumgebilde

Pa|ral|lel|ton|art *die; -, -en* ⟨*gr.-lat.; dt.*⟩: mit einer Molltonart die gleichen Vorzeichen aufweisende Durtonart bzw. mit einer Durtonart die gleichen Vorzeichen aufweisende Molltonart (z. B. C-Dur u. a-Moll)

Pa|ra|lo|gie *die; -, ...ien* ⟨*gr.-nlat.*⟩: 1. (Logik) Vernunftwidrigkeit,

Widervernünftigkeit. 2. (Med.; Psychol.) Gebrauch falscher Wörter beim Bezeichnen von Gegenständen, das Vorbeireden an einer Sache, Verfehlen eines Problems aus Konzentrationsmangel (z. B. bei Hirnschädigungen)

Pa|ra|lo|gis|mus *der; -, ...men:* (Logik) auf Denkfehlern beruhender Fehlschluss

Pa|ra|lo|gis|tik *die; -:* (Logik) Verwendung von Trugschlüssen

Pa|ra|lym|pics [engl. pæra'lɪmpɪks] *die* (Plural) ⟨*engl.; Kurzw. aus paraplegic ,,gelähmt" u. (the) Olympics "Olympische Spiele"*⟩: Olympiade für Behindertensportler

Pa|ra|ly|se *die; -, -n* ⟨*gr.-lat.*⟩: vollständige Bewegungslähmung; **progressive Paralyse:** (Med.) fortschreitende Gehirnerweichung, chronische Entzündung u. ↑ Atrophie vorwiegend der grauen Substanz des Gehirns als Spätfolge der Syphilis

pa|ra|ly|sie|ren ⟨*gr.-nlat.*⟩: 1. (Med.) lähmen, schwächen. 2. unwirksam machen, aufheben, entkräften

Pa|ra|ly|sis *die; -, ...lysen* ⟨*gr.-lat.*⟩: (fachspr.) ↑ Paralyse; **Paralysis agitans:** (Med.) Schüttellähmung

Pa|ra|ly|ti|ker *der; -s, -* ⟨*gr.-lat.*⟩: 1. Patient, der an Kinderlähmung od. an Halbseitenlähmung leidet; Gelähmter. 2. an progressiver Paralyse Leidender. **Pa|ra|ly|ti|ke|rin** *die; -, -nen:* weibliche Form zu ↑ Paralytiker. **pa|ra|ly|tisch:** (Med.) die progressive Paralyse betreffend; gelähmt

Pa|ra|mae|ci|um *[...'me...]* vgl. Paramecium

pa|ra|mag|ne|tisch ⟨*gr.-nlat.*⟩: (Phys.) den Paramagnetismus betreffend; in einem Stoff durch größere Dichte der magnetischen Kraftlinien den Magnetismus verstärkend. **Pa|ra|mag|ne|tis|mus** *der; -:* (Phys.) Verstärkung des ↑ Magnetismus durch Stoffe mit (von den Drehimpulsen der Elementarteilchen erzeugtem) atomaren magnetischem Moment

Pa|ra|me|ci|um u. Paramaecium *das; -s, ...ien* ⟨*gr.-nlat.*⟩: Pantoffeltierchen (Wimpertierchen)

Pa|ra|me|di|zin *die; -* ⟨*gr.; lat.*⟩: alle

von der Schulmedizin abweichenden Auffassungen in Bezug auf Erkennung u. Behandlung von Krankheiten

Pa|ra|ment *das; -[e]s, -e (meist Plural)* ⟨*lat.-mlat.*⟩: (Rel.) im christlichen Gottesdienst übliche, oft kostbar ausgeführte liturgische Bekleidung; für Altar, Kanzel u. liturgische Geräte verwendetes Tuch

Pa|ra|men|tik *die; -* ⟨*lat.-mlat.-nlat.*⟩: 1. wissenschaftliche Paramentenkunde. 2. Kunst der Paramentenherstellung

Pa|ra|men|ren *die (Plural)* ⟨*gr.-nlat.*⟩: (Zool.) die spiegelbildlich gleichen Hälften ↑ bilateralsymmetrischer Tiere

Pa|ra|me|ter *der; -s, -* ⟨*gr.-nlat.*⟩: 1. (Math.) in Funktionen u. Gleichungen eine neben den eigentlichen ↑ Variablen auftretende, entweder unbestimmt gelassene od. konstant gehaltene Hilfsgröße. 2. (Math.) bei Kegelschnitten den im Brennpunkt die Hauptachse senkrecht schneidende Sehne. 3. kennzeichnende Größe in technischen Prozessen o. Ä., mit deren Hilfe Aussagen über Aufbau, Leistungsfähigkeit einer Maschine, eines Gerätes, Werkzeugs o. Ä. gewonnen werden. 4. (Wirtsch.) veränderliche Größe (z. B. Materialkosten, Zeit), durch die ein ökonomischer Prozess beeinflusst wird. 5. Klangeigenschaft der Musik, eine der Dimensionen des musikalischen Wahrnehmungsbereichs

pa|ra|melt |ran ⟨*gr.-nlat.*⟩: (Med.) im Parametrium gelegen

pa|ra|melt |ri|sie|ren ⟨*gr.-nlat.*⟩: mit einem Parameter versehen

Pa|ra|melt |ri|tis *die; -, ...itiden* ⟨*gr.*⟩: (Med.) Entzündung des Beckenzellgewebes

Pa|ra|melt |ri|um *das; -s* (Med.) die Gebärmutter umgebendes Bindegewebe im Becken

pa|ra|mi|li|tä|risch ⟨*gr.; lat.-fr.*⟩: halbmilitärisch, militärähnlich

Pa|ra|mi|mie *die; -* ⟨*gr.-nlat.*⟩: (Psychol.) Missverhältnis zwischen einem seelischen Affekt u. der entsprechenden Mimik

Pa|ram |ne|sie *die; -, ...ien* ⟨*gr.-nlat.*⟩: (Psychol.; Med.) Erinnerungstäuschung, -fälschung; Gedächtnisstörung, bei der der

Patient glaubt, sich an Ereignisse zu erinnern, die überhaupt nicht stattgefunden haben

Pa|ra|mo *der; -[s], -s* ⟨*span.*⟩: durch Grasfluren gekennzeichneter Vegetationstyp über der Baumgrenze der tropischen Hochgebirge Süd- u. Mittelamerikas

Pa|ra|my|thie *die; -, ...ien* ⟨*gr.;* „Ermunterung; Ermahnung"⟩: (durch Herder eingeführte) Dichtungsart, die mit Darstellungen aus alten Mythen eine ethische od. religiöse Wahrheit ausspricht

Pa |rä |ne|se *die; -, -n* ⟨*gr.-lat.*⟩: Ermahnungsschrift od. -rede, Mahnpredigt; Nutzanwendung einer Predigt. **pa |rä |ne|tisch** ⟨*gr.*⟩: 1. die Paränese betreffend, in der Art einer Paränese. 2. ermahnend

Pa|rang *der; -s, -s* ⟨*malai.*⟩: schwert- od. dolchartige malaiische Waffe

Pa|ra|noia [...'nɔya] *die; -* ⟨*gr.;* „Wahn"⟩: (Med.; Psychol.) Form der Psychose, die durch das Auftreten von Wahnvorstellungen gekennzeichnet ist

pa|ra|no|id ⟨*gr.-nlat.*⟩: (Med.) der Paranoia ähnlich; wahnhaft

Pa|ra|no |i|ker *der; -s, -*: an Paranoia Leidender. **Pa|ra|no |i|ke|rin** *die; -, -nen*: weibliche Form zu ↑ Paranoiker

pa|ra|no|isch: (Med.) 1. die Paranoia betreffend, zu ihrem Erscheinungsbild gehörend. 2. geistesgestört

Pa|ra|no|is|mus *der; -*: (Med.) eine Form des Verfolgungswahns

Pa|ra|no|mie *die; -, ...ien* ⟨*gr.*⟩: (veraltet) Gesetzwidrigkeit

pa|ra|nor|mal ⟨*gr.; lat.*⟩: (Parapsychol.) nicht auf natürliche Weise erklärbar; übersinnlich

Pa |ran|th |ro|pus *der; -, ...pi* ⟨*gr.-nlat.*⟩: dem ↑ Plesianthropus ähnlicher südafrikanischer Frühmensch des Pliozäns

Pa|ra|nuss *die; -, ...nüsse* ⟨nach der bras. Stadt Parà (Ausfuhrhafen)⟩: dreikantige, dick- u. hartschalige Nuss eines südamerikanischen Baumes

Pa|ra|pett *das; -s, -s* ⟨*lat.-it.*⟩: (hist.) Brustwehr eines Walles

Pa|raph *der; -s, -e* ⟨*gr.-lat.-fr.*⟩: (selten) ↑ Paraphe

(Zool.) Tier, das auf einem anderen Tier (Wirtstier) od. in dessen nächster Umgebung lebt, ohne diesem zu nützen od. zu schaden

Pa|ra|pha|sie *die; -, ...ien* ⟨*gr.-nlat.*⟩: (Med.) Sprechstörung, bei der es zum Versprechen, zur Vertauschung von Wörtern u. Lauten od. zur Verstümmelung von Wörtern kommt

Pa|ra|phe *die; -, -n* ⟨*gr.-lat.-fr.*⟩: Namenszug, Namenszeichen, Namensstempel

¹**Pa|ra|pher|na|li|en** *die (Plural)* ⟨*gr.*⟩: (Rechtsw. veraltet) das außer der Mitgift eingebrachte Sondervermögen einer Frau

²**Pa|ra|pher|na|li|en** *die (Plural)* ⟨*gr.-engl.*⟩: 1. persönlicher Besitz. 2. Zubehör, Ausrüstung

pa|ra|phie|ren: mit der Paraphe versehen, abzeichnen; bes. einen Vertrag[sentwurf], ein Verhandlungsprotokoll als Bevollmächtigter unterzeichnen

pa|ra|phil ⟨*gr.*⟩: die Paraphilie betreffend, für sie charakteristisch. **Pa|ra|phi|lie** *die; -, ...ien*: (Psychol.) Verhaltensweise, die von der Form des von einer bestimmten Gesellschaft als normal angesehenen sexuellen Beziehung od. Betätigung abweicht

Pa|ra|phi|mo|se *die; -, -n* ⟨*gr.-nlat.*⟩: (Med.) Einklemmung der zu engen Vorhaut in der Eichelkranzfurche

Pa|ra|pho|nie, auch: ...fonie *die; -, ...ien* ⟨*gr.*⟩: 1. (Med.) a) das Umschlagen, Überschnappen der Stimme, bes. bei Erregung u. im Stimmbruch; b) [krankhafte] Veränderung des Stimmklangs (z. B. durch Nebengeräusche). 2. (Mus.) a) in der antiken Musiklehre das Zusammenklingen eines Tones mit seiner Quinte od. Quarte; b) Parallelbewegung in Quinten od. Quarten im mittelalterlichen ↑ Organum (1); c) Nebenklang, Missklang

Pa|ra|pho|re *die; -, -n* (meist Plural): (Geol.) weite Seitenverschiebung großer Schollen der Erdkruste

Pa|ra|phra|se *die; -, -n* ⟨*gr.-lat.*⟩: 1. (Sprachw.) a) Umschreibung eines sprachlichen Ausdrucks mit anderen Wörtern oder Ausdrücken; b) freie, nur sinngemäße Übertragung, Überset-

zung in eine andere Sprache.
2. (Mus.) Ausschmückung; ausschmückende Bearbeitung einer Melodie o. Ä.

Pa|ra|phra|sie *die; -, ...ien ⟨gr.-nlat.⟩*: 1. ↑ Paraphasie. 2. (Med.) bei Geisteskrankheiten vorkommende Sprachstörung, die sich bes. in Wortneubildungen u. -abwandlungen äußert

pa|ra|phra|sie|ren: 1. (Sprachw.) eine Paraphrase (1) von etwas geben; etwas verdeutlichend umschreiben. 2. (Mus.) eine Melodie frei umspielen, ausschmücken

Pa|ra|phra|sis *die; -, ...asen*: (veraltet) ↑ Paraphrase

Pa|ra|phrast *der; -en, -en ⟨gr.-lat.⟩*: (veraltet) jmd., der einen Text paraphrasiert; Verfasser einer Paraphrase (1)

pa|ra|phras|tisch: in der Art einer Paraphrase ausgedrückt

Pa|ra|phre|nie *die; -, ...ien ⟨gr.-nlat.⟩*: leichtere Form der ↑ Schizophrenie, die durch das Auftreten von ↑ paranoiden Wahnvorstellungen gekennzeichnet ist

Pa|ra|phro|sy|ne *die; - ⟨gr.⟩*: (Med.) geistige Verwirrtheit im Fieber; Fieberwahn

Pa|ra|phy|se *die; -, -n (meist Plural) ⟨gr.⟩*: (Bot.) 1. sterile Zelle in den Fruchtkörpern vieler Pilze. 2. haarähnliche Zelle bei Farnen u. Moosen

Pa|ra|pla|sie *die; -, ...ien ⟨gr.-nlat.⟩*: (Med.) krankhafte Bildung, Fehlbildung

Pa|ra|plas|ma *das; -s, ...men*: ↑ Deutoplasma

Pa|ra|ple|gie *die; -, ...ien ⟨gr.⟩*: (Med.) doppelseitige Lähmung; auf beiden Körperseiten gleichmäßig auftretende Lähmung der oberen od. unteren Extremitäten. **pa|ra|ple|gisch**: (Med.) an Paraplegie leidend; auf Paraplegie beruhend, mit ihr zusammenhängend

Pa|ra|p|luie [...'ply:] *der (auch: das); -s, -s ⟨lat.-fr.⟩*: (veraltet) Regenschirm

pa|ra|pneu|mo|nisch *⟨gr.-nlat.⟩*: (Med.) im Verlauf einer Lungenentzündung als Begleitkrankheit auftretend (z. B. von einer Rippenfellentzündung)

Pa|ra|po|di|um *das; -s, ...ien ⟨gr.-nlat.⟩*: (Zool.) 1. Stummelfuß der Borstenwürmer. 2. Seitenlappen der Flossenfüßer

Pa|ra|prok|ti|tis vgl. Periproktitis

Pa|ra|pro|te|in *das; -s, -e (meist Plural) ⟨gr.-lat.⟩*: (Med.) entarteter Eiweißkörper im Blut, der sich bei bestimmten Blutkrankheiten bildet

Pa|r|ap|sis *die; - ⟨gr.-nlat.⟩*: (Med.) Tastsinnstörung; Unvermögen, Gegenstände durch Betasten zu erkennen

pa|ra|psy|chisch *⟨gr.-nlat.⟩*: 1. die von der Parapsychologie erforschten Phänomene betreffend, zu ihnen gehörend. 2. übersinnlich

Pa|ra|psy|cho|lo|gie *die; -*: Lehre von den okkulten, außerhalb der normalen Wahrnehmbarkeit liegenden, übersinnlichen Erscheinungen (z. B. Telepathie, Telekinese). **pa|ra|psy|cho|lo|gisch**: die Parapsychologie betreffend

Pa|r|ar|th|rie *die; -, ...ien ⟨gr.-nlat.⟩*: (Med.) durch fehlerhafte Artikulation von Lauten u. Silben gekennzeichnete Sprachstörung; vgl. Anarthrie

Pa|ra|san|ge *die; -, -n ⟨pers.-gr.-lat.⟩*: altpersisches Wegemaß

Pa|ra|sche *die; -, -n ⟨hebr.; „Erklärung"⟩*: 1. einer der 54 Abschnitte der ↑ Thora. 2. die aus diesem Abschnitt im jüdischen Gottesdienst gehaltene Gesetzeslesung; vgl. Sidra

pa|ra|sem *⟨gr.-nlat.⟩*: (Sprachw.) im Hinblick auf die Semantik (2) nebengeordnet (z. B. Hengst/Stute). **Pa|ra|sem** *das; -s, -e*: (Sprachw.) im Hinblick auf die Semantik (2) nebengeordneter Begriff

Pa|ra|sig|ma|tis|mus *der; - ⟨gr.-nlat.⟩*: (Med.) ↑ Sigmatismus, bei dem die Zischlaute durch andere Laute (z. B. d, t, w) ersetzt werden

Pa|ra|sit *der; -en, -en ⟨gr.-lat.; „Tischgenosse; Schmarotzer"⟩*: 1. (Biol.) Lebewesen, das aus dem Zusammenleben mit anderen Lebewesen einseitig Nutzen zieht, die es oft auch schädigt u. bei denen es Krankheiten hervorrufen kann; tierischer od. pflanzlicher Schmarotzer. 2. Figur des hungernden, gefräßigen u. kriecherischen Schmarotzers im antiken Lustspiel. 3. (Geol.) am Hang eines

Vulkans entstandener kleiner Schmarotzerkrater

pa|ra|si|tär *⟨gr.-lat.-fr.⟩*: 1. Parasiten (1) betreffend, durch sie hervorgerufen. 2. in der Art eines Parasiten; parasitenähnlich, schmarotzerhaft

pa|ra|si|tie|ren: als Parasit (1) leben; schmarotzen

pa|ra|si|tisch *⟨gr.-lat.⟩*: parasitär, schmarotzerartig; **parasitischer Laut**: (Sprachw.) eingeschobener Laut

Pa|ra|si|tis|mus *der; - ⟨gr.-lat.-nlat.⟩*: Schmarotzertum

Pa|ra|si|to|lo|gie *die; - ⟨gr.-nlat.⟩*: Wissenschaft von den pflanzlichen u. tierischen Schmarotzern, bes. den krankheitserregenden. **pa|ra|si|to|lo|gisch**: die Parasitologie betreffend, zu ihr gehörend

pa|ra|si|to|trop: (Med.) gegen Parasiten (1) wirkend

Pa|ra|ski *der; -*: Kombination aus Fallschirm-Zielspringen u. Riesenslalom als Disziplin beim Wintersport

¹Pa|ra|sol *der od. das; -s, -s ⟨lat.-it.-fr.⟩*: (veraltet) Sonnenschirm

²Pa|ra|sol *der; -s, -e u. -s*: großer, wohlschmeckender Blätterpilz

Pa|ra|sol|pilz *der; -es, -e*: ↑ ²Parasol

Pa|ra|s|pa|die *die; -, ...ien ⟨gr.-nlat.⟩*: (Med.) Harnröhrenfehlbildung, bei der die Harnröhre seitlich am Penis ausmündet

Pa|r|äs|the|sie *die; -, ...ien ⟨gr.-nlat.⟩*: (Med.) anormale Körperempfindung (z. B. Kribbeln, Einschlafen der Glieder)

Pa|ra|stru|ma *die; -, ...men ⟨gr.; lat.⟩*: (Med.) Geschwulst der Nebenschilddrüse

Pa|ra|sym|pa|thi|kus *der; -, ...thizi ⟨gr.-nlat.⟩*: (Med.) dem Sympathikus entgegengesetzt wirkender Teil des vegetativen (3) Nervensystems. **pa|ra|sym|pa|thisch**: (Med.) den Parasympathikus betreffend, durch ihn bedingt

Pa|ra|syn|the|tum *das; -s, ...ta ⟨gr.-nlat.⟩*: ↑ Dekompositum

pa|rat *⟨lat.⟩*: (für den Gebrauchs-, Bedarfsfall) zur Verfügung [stehend], bereit

pa|ra|tak|tisch *⟨gr.⟩*: (Sprachw.) der Parataxe unterliegend, nebenordnend; Ggs. ↑ hypotaktisch

Pa|ra|ta|xe *die; -, -n*: (Sprachw.) Nebenordnung, Koordination

(2) von Satzgliedern od. Sätzen; Ggs. ↑ Hypotaxe

Pa|ra|ta|xie *die; -, ...ien* ⟨*gr.-nlat.*⟩: (Psychol.) 1. Störung sozialer, zwischenmenschlicher Beziehungen durch Übertragung falscher subjektiver Vorstellungen u. Wertungen auf den Partner (nach Sullivan). 2. nicht perspektivische Wiedergabe (z. B. in Kinderzeichnungen)

Pa|ra|ta|xis *die; -, ...taxen:* (veraltet) ↑ Parataxe

pa|ra|to|nisch ⟨*gr.-nlat.*⟩: durch Reize der Umwelt ausgelöst (von bestimmten Pflanzenbewegungen)

Pa|ra|ty|phus *der; -* ⟨*gr.-nlat.*⟩: (Med.) dem Typhus ähnliche, aber leichter verlaufende u. von anderen Erregern hervorgerufene Infektionskrankheit

pa|ra|ty|pisch ⟨*gr.-nlat.*⟩: (Med.) nicht erblich

Pa|ra|va|ri|a|ti|on *die; -, -en* ⟨*gr.; lat.*⟩: (Biol.) durch Umwelteinflüsse erworbene Eigenschaft, die nicht erblich ist

pa|ra|ve|nös ⟨*gr.; lat.*⟩: (Med.) neben einer Vene gelegen; in die Umgebung einer Vene (z. B. von Injektionen)

Pa|ra|vent [...'vã:] *der od. das; -s, -s* ⟨*lat.-it.-fr.;* „den Wind Abhaltender"⟩: 1. (veraltet) Windschutz, Ofenschirm. 2. spanische Wand; Wandschirm aus bespannten Holzrahmen, z. B. als Raumteiler

pa|ra|ver|te|b|ral ⟨*gr.; lat.*⟩: (Med.) neben einem Wirbel, der Wirbelsäule liegend; neben einen Wirbel, in die Umgebung eines Wirbels (z. B. von Injektionen)

par a|vion [para'vjõ] ⟨*fr.*⟩: durch Luftpost (Vermerk auf Luftpost im Auslandsverkehr)

Pa|ra|zen|te|se *die; -, -n* ⟨*gr.-lat.*⟩: (Med.) das Durchstoßen des Trommelfells bei Mittelohrvereiterung (zur Schaffung einer Abflussmöglichkeit für den Eiter)

pa|ra|zen|t|ral ⟨*gr.-nlat.*⟩: (Med.) neben den Zentralwindungen des Gehirns liegend

pa|ra|zen|t|risch: (Math.) um den Mittelpunkt liegend od. beweglich

par|bleu [par'blø:] ⟨*fr.*⟩: (veraltet) nanu!; Donnerwetter!

par|boiled ['pa:bɔylt] ⟨*lat.-fr.-engl.*⟩: (von Reis) in bestimmter Weise vorbehandelt, damit die Vitamine erhalten bleiben

Par|ce|ria [...se...] *die; -, ...ien* ⟨*lat.-port.*⟩: in Brasilien übliche Form der Halbpacht (Bewirtschaftung eines Landgutes durch zwei gleichberechtigte Teilhaber)

Par|cours [...'ku:ɐ̯] *der; -, - [...s]* ⟨*lat.-fr.*⟩: 1. (Pferdesport) abgesteckte Hindernisbahn für Jagdspringen od. Jagdrennen. 2. (Sport, bes. schweiz.) Lauf-, Rennstrecke

Pard *der; -en, -en,* **Par|del** u. **Parder** *der; -s, -* ⟨*gr.-lat.*⟩: (veraltet) ↑ Leopard

par dis|tance [pardis'tã:s] ⟨*lat.-fr.*⟩: mit [dem nötigen] Abstand; aus der Ferne

Par|don [par'dõ:, österr.:...'do:n] *der, auch: das; -s* ⟨*lat.-vulgärlat.-fr.*⟩: (veraltet) Verzeihung; Nachsicht; **Pardon!**: Verzeihung!; **kein[en] Pardon kennen**: keine Rücksicht kennen; schonungslos vorgehen

par|do|na|bel: (veraltet) verzeihlich

par|do|nie|ren: (veraltet) verzeihen; begnadigen

Par|dun *das; -[e]s, -s u.* **Par|du|ne** *die; -, -n* ⟨*niederl.*⟩: (Seemannsspr.) Tau, das die Masten od. Stengen nach hinten stützt

Pa|ri|e|che|se *die; -, -n* ⟨*gr.;* „Lautnachahmung"⟩: (Rhet.) Zusammenstellung lautlich gleicher od. ähnlicher Wörter von verschiedener Herkunft; vgl. Paronomasie

Pa|r|en|chym *das; -s, -e* ⟨*gr.*⟩: (Med.; Biol.) pflanzliches u. tierisches Grundgewebe, Organgewebe im Unterschied zum Binde- u. Stützgewebe

pa|r|en|chy|ma|tös ⟨*gr.-nlat.*⟩: (Med.; Biol.) reich an Parenchym; zum Parenchym gehörend, das Parenchym betreffend

pa|ren|tal ⟨*lat.*⟩: a) den Eltern, der Parentalgeneration zugehörend; b) von der Parentalgeneration stammend

Pa|ren|tal|ge|ne|ra|ti|on *die; -, -en:* (Biol.) Elterngeneration; Zeichen: P

Pa|ren|ta|li|en *die* (Plural): altrömisches Totenfest im Februar; vgl. Feralien

Pa|ren|ta|ti|on *die; -, -en:* (veraltet) Totenfeier, Trauerrede

Pa|ren|tel *die; -, -en:* (Rechtsw.) Gesamtheit der Abkömmlinge eines Stammvaters

Pa|ren|tel|sys|tem *das; -s:* (Rechtsw.) für die 1.–3. Ordnung gültige Erbfolge nach Stämmen, bei der die Abkömmlinge eines wegfallenden Erben gleichberechtigt an dessen Stelle nachrücken; vgl. Gradualsystem

pa|ren|te|ral ⟨*gr.-nlat.*⟩: (Med.) unter Umgehung des Verdauungsweges (z. B. von Medikamenten, die injiziert u. nicht oral verabreicht werden)

Pa|r|en|the|se *die; -, -n* ⟨*gr.-lat.*⟩: (Sprachw.) 1. Redeteil, der außerhalb des eigentlichen Satzverbandes steht (z. B. Interjektion, Vokativ, absoluter Nominativ). 2. Gedankenstriche od. Klammern, die einen außerhalb des eigentlichen Satzverbandes stehenden Redeteil vom übrigen Satz abheben. **pa|r|en|the|tisch** ⟨*gr.*⟩: 1. die Parenthese betreffend. 2. eingeschaltet, nebenbei [gesagt]

Pa|reo *der; -s, -s* ⟨*polynes.*⟩: großes Wickeltuch, das um die Hüften geschlungen wird

Pa|re|re *das; -[s], -[s]* ⟨*lat.-it.*⟩: 1. (veraltet) Gutachten unparteiischer Kaufleute od. Handelskammern über kaufmännische Streitsachen. 2. (österr.) ärztliches Gutachten, das die Einlieferung in eine psychiatrische Klinik erlaubt

Pa|r|er|ga *Plural von* ↑ Parergon

Pa|r|er|ga|sie *die; -* ⟨*gr.-nlat.*⟩: (Psychol.) Falschlenkung von Impulsen bei Geisteskrankheiten u. Psychosen (z. B. Augenschließen statt Mundöffnung)

Pa|r|er|gon *das; -s, ...ga* (meist Plural) ⟨*gr.-lat.*⟩: (veraltet) Beiwerk, Anhang; gesammelte kleine Schriften

Pa|re|se *die; -, -n* ⟨*gr.;* „das Vorbeilassen; die Erschlaffung"⟩: (Med.) leichte, unvollständige Lähmung; Schwäche eines Muskels, einer Muskelgruppe. **pa|re|tisch:** (Med.) teilweise gelähmt, geschwächt

Pa|re|to|ef|fi|zi|enz, auch: **Pa|re-to-Ef|fi|zi|enz** *die; -* u. **Pa|re|to-op|ti|mum**, auch: **Pa|re|to-Op|ti|mum** *das; -s* ⟨nach dem ital. Volkswirtschaftler V. Pareto, 1848–1923⟩: (Wirtsch.) Verteilung der Güter, bei der durch Umverteilung ein Individuum den Nutzen nur dadurch erhöhen kann, dass ein anderes schlechter gestellt wird

par ex|cel|lence [parɛksɛˈlãːs] ⟨*lat.-fr.*⟩: in typischer Ausprägung, in höchster Vollendung, schlechthin (immer nachgestellt)

par e|xem|ple [parɛkˈsãːpl̩] ⟨*lat.-fr.*⟩: (veraltet) zum Beispiel; Abk.: p. e.

Par|fait [...ˈfɛ] *das;* -s, -s ⟨*fr.*⟩: 1. Pastete aus Fleisch od. Fisch. 2. Halbgefrorenes

par force [parˈfɔrs] ⟨*lat.-fr.*⟩: (veraltet) 1. mit Gewalt, heftig. 2. unbedingt

Par|force|jagd *die;* -, -en ⟨*lat.-fr.; dt.*⟩: Hetzjagd mit Pferden u. Hunden

Par|force|ritt *der;* -[e]s, -e: mit großer Anstrengung, unter Aufbietung aller Kräfte bewältigte Leistung

Par|fum [...ˈfœ̃ː] *das;* -s, -s ⟨*lat.-it.-fr.*⟩: ↑ Parfüm

Par|füm *das;* -s, -e u. -s: 1. Flüssigkeit mit intensivem [länger anhaltendem] Duft (als Kosmetikartikel). 2. Duft, Wohlgeruch

Par|fü|me|rie *die;* -, ...ien ⟨französierende Ableitung von ↑ Parfum⟩: 1. Geschäft, in dem Parfüme, Kosmetikartikel o. Ä. verkauft werden. 2. Betrieb, in dem Parfüme hergestellt werden

Par|fü|meur [...ˈmøː̯ɐ] *der;* -s, -e ⟨*lat.-it.-fr.*⟩: Fachkraft für die Herstellung von Parfümen. **Par|fü|meu|rin** [....møːrɪn] *die;* -, -nen: weibliche Form zu ↑ Parfümeur

par|fü|mie|ren: mit Parfüm besprengen; wohlriechend machen

Par|ga|sit [auch: ...ˈzɪt] *der;* -s, -e ⟨*nlat.;* nach dem finn. Ort Pargas⟩: ein Mineral

pa|ri ⟨*it.*⟩: ↑ al pari

Pa|ria *der;* -s, -s ⟨*tamil.-anglo-ind.*⟩: 1. außerhalb der Kasten stehender bzw. der niedersten Kaste angehörender Inder, ↑ Outcast (b); vgl. Haridschan. 2. von der menschlichen Gesellschaft Ausgestoßener, Entrechteter; Unterprivilegierter, ↑ Outcast (a)

Pa|ri|d|ro|se *die;* -, -n ⟨*gr.-nlat.*⟩: ↑ Parahidrose

¹pa|rie|ren ⟨*lat.-it.*⟩: (Sport) einen Angriff abwehren

²pa|rie|ren ⟨*lat.-span.-fr.*⟩: (Sport) ein Pferd (durch reiterliche Hilfen) in eine andere Gangart od. zum Stehen bringen

³pa|rie|ren ⟨*lat.-fr.*⟩: (veraltet) Fleischstücke sauber zuschneiden, von Haut u. Fett befreien

⁴pa|rie|ren ⟨*lat.*⟩: (ugs.) ohne Widerspruch gehorchen

pa|ri|e|tal ⟨*lat.;* Med.⟩ nach der Körperwand hin gelegen; zur Wand (eines Organs, einer Körperhöhle) gehörend, eine Wand bildend; wandständig, seitlich. 2. (Med.) zum Scheitelbein gehörend

Pa|ri|e|tal|au|ge *das;* -s, -n ⟨*lat.; dt.*⟩: (Biol.) vom Zwischenhirn gebildetes, lichtempfindliches Sinnesorgan niederer Wirbeltiere

Pa|ri|e|tal|or|gan *das;* -s, -e: ↑ Parietalauge

Pa|ri|fi|ka|ti|on *die;* -, -en ⟨*lat.-nlat.*⟩: (veraltet) Gleichstellung, Ausgleichung

Pa|ri|kurs *der;* -es, -e: (Wirtsch.) der Nennwert eines Wertpapiers entsprechender Kurs

Pa|ri|sei|de *die;* - ⟨*lat.; dt.*⟩: entbastete (von den bei der Rohseide noch vorhandenen Bestandteilen befreite) Naturseide, die auf ihr ursprüngliches Gewicht beschwert wurde

Pa|ri|ser *der;* -s, - ⟨im Sinne von „Verhütungsmittel aus Paris"⟩: (salopp) ↑ Kondom

Pa|ri|si|enne [...ˈzi̯ɛn] *die;* - ⟨*fr.*⟩: 1. klein gemustertes, von Metallfäden durchzogenes Seidengewebe. 2. französisches Freiheitslied zur Verherrlichung der Julirevolution von 1830. 3. veraltete Schriftgattung

Pa|ri|sis|mus *der;* -, ...men ⟨*nlat.*⟩: der Pariser Umgangssprache eigentümlicher Ausdruck (od. Redewendung)

Pa|ri|son *das;* -s, ...sa ⟨*gr.*⟩: (antike Rhet.) nur annähernd gleiches ↑ Isokolon

pa|ri|syl|la|bisch ⟨*lat.; gr.*⟩: in allen Beugungsfällen des Singulars u. des Plurals die gleiche Anzahl von Silben aufweisend (auf griechische u. lateinische Substantive bezogen). **Pa|ri|syl|la|bum** *das;* -s, ...ba: parisyllabisches Substantiv

Pa|ri|tät *die;* -, -en (Plural selten) ⟨*lat.;* „Gleichheit"⟩: 1. Gleichstellung, Gleichsetzung, [zahlenmäßige] Gleichheit. 2. (Wirtsch.) im Wechselkurs zum Ausdruck kommendes Austauschverhältnis zwischen verschiedenen Währungen. **pa|ri|tä|tisch:** gleichgestellt, gleichberechtigt

Par|ka *der;* -s, -s od. *die;* -, -s ⟨*russ.-eskim.-engl.*⟩: knielanger, oft mit Pelz gefütterter, warmer Anorak mit Kapuze

Park-and-ride-Sys|tem [ˈpaːkənd-ˈraɪd...] *das;* -s, -e ⟨*engl.-amerik.*⟩: Regelung, nach der Kraftfahrer ihre Autos auf Parkplätzen am Stadtrand abstellen u. von dort [unentgeltlich] mit öffentlichen Verkehrsmitteln in das Stadtzentrum weiterfahren

par|ke|ri|sie|ren, par|kern ⟨nach dem Namen einer amerik. Firma⟩: Eisen durch einen Phosphatüberzug rostsicher machen; ↑ phosphatieren

Par|kett *das;* -[e]s, -e u. -s ⟨*mlat.-fr.*⟩: 1. Fußboden aus schmalen, kurzen Holzbrettern, die in einem bestimmten Muster zusammengesetzt sind. 2. im Theater od. Kino meist vorderer Zuschauerraum zu ebener Erde. 3. amtlicher Börsenverkehr. 4. Schauplatz des großen gesellschaftlichen Lebens

Par|ket|te *die;* -, -n: (österr.) Einzelbrett des Parkettfußbodens **par|ket|tie|ren:** mit Parkettfußboden versehen

par|kie|ren: (schweiz.) parken

Par|king *das;* -s, -s ⟨*engl.*⟩: (schweiz.) Parkhaus

Par|king|me|ter *der;* -s, - ⟨*engl.*⟩: (schweiz.) ↑ Parkometer

Par|kin|so|nis|mus *der;* -, ...men: (veraltet) ↑ Parkinsonsyndrom

Par|kin|son|syn|drom, auch: **Par|kin|son-Syn|drom** *das;* -s, -e ⟨nach dem engl. Arzt J. Parkinson, 1755–1824⟩: (Med.) Schüttellähmung u. andere ihr ähnliche, jedoch auf verschiedenen Ursachen beruhende Erscheinungen

Par|ko|me|ter *das* (ugs. auch: *der*); -s, - ⟨*mlat.-fr.-engl.; gr.*⟩: Parkuhr

Park|stu|di|um *das;* -s: (ugs.) bis zum Erhalt eines Studienplatzes im gewünschten Fach vorläufig aufgenommenes Studium in einem anderen [ähnlichen] Studienfach

Par|la|ment das; -[e]s, -e ⟨gr.-lat.-vulgärlat.-fr.-engl.⟩: 1. gewählte Volksvertretung mit beratender od. gesetzgebender Funktion. 2. Parlamentsgebäude

Par|la|men|tär der; -s, -e ⟨gr.-lat.-vulgärlat.-fr.⟩: Unterhändler zwischen feindlichen Heeren

Par|la|men|ta|ri|er der; -s, - ⟨gr.-lat.-vulgärlat.-fr.-engl.⟩: Abgeordneter, Mitglied eines Parlaments. **Par|la|men|ta|ri|e|rin** die; -, -nen: weibliche Form zu ↑ Parlamentarier

Par|la|men|tä|rin die; -, -nen: weibliche Form zu ↑ Parlamentär

par|la|men|ta|risch: das Parlament betreffend, vom Parlament ausgehend

Par|la|men|ta|ris|mus der; - ⟨gr.-lat.-vulgärlat.-fr.-engl.-nlat.⟩: demokratische Regierungsform, in der die Regierung dem Parlament verantwortlich ist

par|la|men|tie|ren ⟨gr.-lat.-vulgärlat.-fr.⟩: 1. (veraltet) unterhandeln. 2. (landsch.) eifrig hin und her reden, verhandeln

par|lan|do ⟨gr.-lat.-vulgärlat.-it.⟩: (Mus.) rhythmisch exakt u. mit nur leichter Tongebung, dem Sprechen nahe kommend (von einer bestimmten Gesangsweise, bes. in Arien der komischen Oper). **Par|lan|do** das; -s, -s u. ...di: (Mus.) parlando vorgetragener Gesang; Sprechgesang

par|lan|te: ↑ parlando

par|lie|ren ⟨gr.-lat.-vulgärlat.-fr.⟩: a) reden, plaudern; sich miteinander unterhalten, leichte Konversation machen; b) in einer fremden Sprache sprechen, sich unterhalten

Par|mä|ne die; -, -n ⟨fr.⟩: Apfel einer zu den Renetten gehörenden Sorte

Par|mel|lia die; -, ...ien ⟨gr.-lat.-nlat.⟩: Schüsselflechte (dunkelgraue Flechte auf Rinde u. Steinen)

Par|me|san der; -[s] ⟨nach der ital. Stadt Parma⟩: sehr fester, vollfetter italienischer [Reib]käse

Par|nass der; - u. -es ⟨gr.-lat.; nach dem mittelgriech. Gebirgszug⟩: Musenberg, Reich der Dichtkunst

Par|nas|si|ens [...'sjɛ̃] die (Plural) ⟨gr.-lat.-fr.; nach dem Buchtitel „Le Parnasse contemporain"⟩: Gruppe französischer Dichter in der 2. Hälfte des 19. Jh.s, die im Gegensatz zur gefühlsbetonten Romantik stand

par|nas|sisch ⟨gr.-lat.⟩: den Parnass betreffend

Par|nas|sos u. **Par|nas|sus** der; -: ↑ Parnass

Par|nes der; -, - ⟨hebr.⟩: jüdischer Gemeindevorsteher

Pa|ro|chi: Plural von ↑ Parochus

pa|ro|chi|al ⟨gr.-lat.-mlat.⟩: zum Kirchspiel, zur Pfarrei gehörend

Pa|ro|chi|al|kir|che die; -, -n: Pfarrkirche

Pa|ro|chie die; -, ...ien ⟨gr.-lat.-mlat.⟩: Kirchspiel, Amtsbezirk eines Pfarrers

Pa|ro|chus der; -, ...ochi: (selten) Pfarrer als Inhaber einer Parochie

Pa|ro|die die; -, ...ien ⟨gr.-lat.-fr.⟩: 1. komisch-satirische Umbildung od. Nachahmung eines meist künstlerischen, oft literarischen Werkes od. des Stils eines Künstlers; vgl. Travestie. 2. [komisch-spöttische] Unterlegung eines anderen Textes unter eine Komposition. 3. (Mus.) a) Verwendung von Teilen einer eigenen od. fremden Komposition für eine andere Komposition (bes. im 15. u. 16. Jh.); b) Vertauschung geistlicher u. weltlicher Texte u. Kompositionen [Bearbeit.]

Pa|ro|die|mes|se die; -, -n: Messenkomposition unter Verwendung eines schon vorhandenen Musikstücks

pa|ro|die|ren: in einer Parodie (1) nachahmen, verspotten

pa|ro|disch: die Parodie (2, 3) betreffend, anwendend; mit ihren Mitteln umwandelnd

Pa|ro|dist der; -en, -en: jmd., der Parodien (1) verfasst od. [im Varietee, Zirkus od. Kabarett] vorträgt. **Pa|ro|dis|tik** die; -: Kunst, Art, Anwendung der Parodie (1). **Pa|ro|dis|tin** die; -, -nen: weibliche Form zu ↑ Parodist. **pa|ro|dis|tisch**: die Parodie (1), den Parodisten betreffend; in form, in der Art einer Parodie (1); komisch-satirisch nachahmend, verspottend

Pa|ro|don|ti|tis die; -, ...iti|den ⟨gr.-nlat.⟩: (Med.) Entzündung des Zahnfleischsaumes mit Ablagerung von Zahnstein, Bildung eitriger Zahnfleischtaschen u. Lockerung der Zähne

Pa|ro|don|to|se die; -, -n: (Med.) ohne Entzündung verlaufende Erkrankung des Zahnbettes mit Lockerung der Zähne; Zahnfleischschwund

Pa|ro|dos der; -, - ⟨gr.; „das Entlangziehen"⟩: Einzugslied des Chores im altgriechischen Drama; Ggs. ↑ Exodos (a)

Pa|rö|ke der; -n, -n ⟨gr.; „Nachbar"⟩: Einwohner ohne od. mit geringerem Bürgerrecht im Byzantinischen Reich

¹Pa|role [pa'rɔl] die; - ⟨gr.-lat.-vulgärlat.-fr.⟩: (Sprachw.) die gesprochene (aktualisierte) Sprache, Rede (nach F. de Saussure); Ggs. ↑ Langue

²Pa|ro|le die; -, -n: 1. [militärisches] Kennwort; Losung. 2. Leitwort, Wahlspruch. 3. [unwahre] Meldung, Behauptung

Pa|role d'Hon|neur [parɔldɔ'nœːr] das; - - ⟨fr.⟩: (veraltet) Ehrenwort

¹Pa|ro|li das; -s, -s ⟨lat.-it.-fr.⟩: Verdoppelung des ersten Einsatzes im Pharaospiel (vgl. ²Pharao)

²Pa|ro|li: in der Fügung **Paroli bieten**: Widerstand entgegensetzen, sich widersetzen, dagegenhalten

Pa|rö|mi|a|kus der; -, ...zi ⟨gr.-lat.⟩: altgriechischer Vers, Sprichwortvers

Pa|rö|mie die; -, ...ien ⟨gr.⟩: altgriechisches Sprichwort, Denkspruch

Pa|rö|mi|o|graph, auch: ...graf der; -en, -en (meist Plural) ⟨gr.⟩: altgriechischer Gelehrter, der die Parömien des griechischen Volkes zusammenstellte

Pa|rö|mi|o|lo|gie die; - ⟨gr.-nlat.⟩: Wissenschaft von den Parömien; Sprichwortkunde

Pa|ro|no|ma|sie die; -, ...ien ⟨gr.-lat.⟩: (Rhet.) Zusammenstellung lautlich gleicher od. ähnlicher Wörter [von gleicher Herkunft]; vgl. Parechese, Annomination

pa|ro|no|mas|tisch: die Paronomasie betreffend, ihr zugehörend; **paronomastischer Intensitätsgenitiv**: (Sprachw.) Genitiv der Steigerung (z. B. Buch der Bücher, die Frage aller Fragen)

Pa|r|o|ny|chie *die; -, ...ien ⟨gr.-nlat.⟩:* (Med.) eitrige Entzündung des Nagelbetts
Pa|r|o|ny|ma u. Pa|r|o|ny|me: *Plural* von ↑ Paronymon
Pa|r|o|ny|mie *die; - ⟨gr.⟩:* (Sprachw. veraltet) das Ableiten von einem Stammwort
Pa|r|o|ny|mik *die; - ⟨gr.-nlat.⟩:* (veraltet) die Paronymie betreffendes Teilgebiet der Sprachwissenschaft
pa|r|o|ny|misch: (veraltet) die Paronymie betreffend, vom gleichen Wortstamm abgeleitet
Pa|r|o|ny|mon *das; -s, ...ma u. ...nyme ⟨gr.-lat.⟩:* (Sprachw. veraltet) stammverwandtes, mit einem od. mit mehreren anderen Wörtern vom gleichen Stamm abgeleitetes Wort (z. B. Rede–reden–Redner–redlich–beredt)
par or|d|re [pa'rɔrdr(ə)] *⟨lat.-fr.⟩:* auf Befehl
par or|d|re du muf|ti [- dy -] *⟨fr.⟩:* a) durch Erlass, auf Anordnung von vorgesetzter Stelle, auf fremden Befehl; b) notgedrungen
Pa|r|o|re|xie *die; -, ...ien ⟨gr.-nlat.⟩:* (Med.) krankhaftes Verlangen nach ungewöhnlichen, auch unverdaulichen Speisen (z. B. in der Schwangerschaft od. bei Hysterie)
Pa|r|os|mie u. Pa|r|os|phre|sie *die; -, ...ien ⟨gr.-nlat.⟩:* (Med.) Geruchstäuschung; Störung der Geruchswahrnehmung (z. B. in der Schwangerschaft)
Pa|r|o|tis *die; -, ...tiden ⟨gr.-lat.⟩:* (Med.) Ohrspeicheldrüse. Pa|r|o|ti|tis *die; -, ...itiden ⟨gr.-nlat.⟩:* (Med.) virale Entzündung der Ohrspeicheldrüse; Ziegenpeter, Mumps
pa|r|o|xys|mal *⟨gr.-nlat.⟩:* (Med.) anfallsweise auftretend, sich in der Art eines Anfalls steigernd. Pa|r|o|xys|mus *der; -, ...men ⟨gr.⟩:* 1. (Med.) anfallartiges Auftreten einer Krankheitserscheinung; anfallartige starke Steigerung bestehender Beschwerden. 2. (Geogr.) aufs Höchste gesteigerte Tätigkeit eines Vulkans
Pa|r|o|xy|to|non *das; -s, ...tona:* in der griechischen Betonungslehre ein Wort, das den ↑ Akut auf der vorletzten Silbe trägt (z. B. *gr.* μανία = Manie); vgl. Oxytonon u. Proparoxytonon
par pis|to|let [parpistɔ'lɛ] *⟨fr.⟩:* „(wie) mit der Pistole": (Billard) aus freier Hand (ohne Auflegen der Hand) spielen
par pré|fé|rence [parprefe'rã:s] *⟨lat.-fr.⟩:* (veraltet) vorzugsweise; vgl. Präferenz (1)
par re|nom|mée [parrənɔ'me] *⟨lat.-fr.⟩:* (veraltet) dem Ruf nach; vgl. Renommee
Par|rhe|sie *die; - ⟨gr.⟩:* (veraltet) Freimütigkeit im Reden
Par|ri|ci|da *u.* Par|ri|zi|da *der; -s, -s ⟨lat.⟩:* (selten) Verwandten-, bes. Vatermörder
Par|se *der; -n, -n ⟨pers.⟩:* Anhänger des Parsismus [in Indien]
Par|sec *das; -, - ⟨Kurzw. für Parallaxensekunde⟩:* (Astron.) Maß der Entfernung von Sternen (1 Parsec = 3,257 Lichtjahre); Abk.: pc
par|sen *⟨engl.⟩:* (EDV) analysieren, segmentieren u. kodieren (von maschinenlesbaren Daten). Par|ser *der; -s, -:* (EDV) Programm zum Parsen
par|sisch *⟨pers.-nlat.⟩:* die Parsen betreffend
Par|sis|mus *der; -:* von Zarathustra gestiftete altpersische Religion, bes. in ihrer heutigen indischen Form
Pars pro To|to *das; - - - ⟨lat.⟩:* (Sprachw.) Redefigur, die einen Teilbegriff an die Stelle eines Gesamtbegriffs setzt (z. B. unter einem *Dach* = in einem *Haus*)
Part *der; -s, -s, (auch:) -e ⟨lat.-fr.; „[An]teil"⟩:* 1. (Kaufmannsspr.) Anteil des Miteigentums an einem Schiff. 2. a) Stimme eines Instrumental- od. Gesangsstücks; b) Rolle in einem Theaterstück, einem Film
par|ta|gie|ren [...ʒi:...] *⟨lat.-fr.⟩:* (veraltet) teilen; vgl. Partage
¹Par|te *die; -, -n ⟨lat.-fr.⟩:* 1. Familie, Wohnpartei in einem [Miets]haus. 2. ↑ Part (2 a); vgl. auch: colla parte
²Par|te *die; -, -n ⟨lat.-it.⟩:* (österr.) Todesanzeige, ↑ Partezettel
Par|tei|se|kre|tär [Par|tei|se|kre|tä|rin *die; -, -nen:* weibliche Form zu ↑ Parteisekretär

Par|te|ke *die; -, -n ⟨gr.-mgr.-mlat.⟩:* (veraltet) Stückchen, Stück [Almosen]brot
Par|ten|ree|de|rei *die; -, -en ⟨lat.-fr.; dt.⟩:* Reederei, deren Schiffe mehreren Eigentümern gehören
par|terre [...'tɛr] *⟨lat.-fr.⟩:* zu ebener Erde (Abk.: part.). Par|ter|re [...'tɛr(ə)] *das; -s, -s:* 1. Erdgeschoss (Abk.: Part.). 2. Sitzreihen zu ebener Erde in Theater od. Kino
Par|ter|re|a|k|ro|ba|tik [...'tɛr(ə)...] *die; -:* artistisches Bodenturnen
Par|tes *die* (Plural) *⟨lat.⟩:* (Mus.) Stimmen, Stimmhefte
Par|te|zet|tel *der; -s, -:* (österr.) Todesanzeige, ↑ ²Parte
Par|the|ni|en *die* (Plural) *⟨gr.⟩:* altgriechische Hymnen für Jungfrauenchöre
Par|the|no|ge|ne|se *die; - ⟨gr.-nlat.⟩:* 1. (Rel.) Jungfrauengeburt; Geburt eines Gottes od. Helden durch eine Jungfrau. 2. (Biol.) Jungfernzeugung; Fortpflanzung durch unbefruchtete Keimzellen (z. B. bei Insekten). par|the|no|ge|ne|tisch: (Biol.) die Parthenogenese (2) betreffend; aus unbefruchteten Keimzellen entstehend
par|the|no|karp: (Biol.) die Parthenokarpie betreffend, ohne Befruchtung entstanden. Par|the|no|kar|pie *die; -:* (Biol.) Entstehung von samenlosen Früchten ohne Befruchtung
par|ti|al *⟨lat.⟩:* ↑ partiell; vgl. ...al/ ...ell
Par|ti|al|bruch *der; -[e]s, ...brüche* (Biol.) Teilbruch eines Bruches mit zusammengesetztem Nenner
Par|ti|al|ge|fühl *das; -[e]s, -e:* (Psychol.) Teilgefühl; Einzelausprägung von Gefühlen, die sich zum Totalgefühl zusammenschließen können (nach S. Freud)
Par|ti|al|ob|li|ga|ti|on *die; -, -en:* (Wirtsch.) Teilschuldverschreibung
Par|ti|al|ton *der; -[e]s, ...töne* (meist Plural): (Mus.) Teilton eines Klanges
Par|ti|al|trieb *der; -[e]s, -e:* (Psychol.) einer der Komponenten des Sexualtriebs angesehen nen, in den verschiedenen Entwicklungsstadien nacheinan-

der sich entwickelnden Triebe, z. B. oraler, analer, genitaler Trieb (nach S. Freud)

par|ti|a|risch: (Wirtsch.) mit Gewinnbeteiligung

Par|ti|cell [...'tʃɛl] das; -s, -e u. **Par|ti|cel|la** [...'tʃela] die; -, ...lle ⟨lat.-it.⟩: (Mus.) ausführlicher Kompositionsentwurf, Entwurf zu einer Partitur

Par|ti|cu|la pen|dens die; - - ⟨lat.⟩: (Rhet.; Stilk.) ohne Entsprechung bleibende Partikel (1) beim ↑ Anantapodoton

Par|tie die; -, ...ien ⟨lat.-fr.⟩: 1. Abschnitt, Ausschnitt, Teil. 2. Durchgang, Runde bei bestimmten Spielen. 3. Rolle in einem gesungenen [Bühnen]werk. 4. (veraltet) [gemeinsamer] Ausflug. 5. (Kaufmannsspr.) Warenposten; **eine gute Partie sein:** viel Geld mit in die Ehe bringen; **eine gute Partie machen:** einen vermögenden Ehepartner heiraten

Par|tie|füh|rer der; -s, -: (österr.) Vorarbeiter; Führer einer Gruppe von Arbeitern. **Par|tie|füh|re|rin** die; -, -nen: weibliche Form zu ↑ Partieführer

par|ti|ell: teilweise [vorhanden]; einseitig; anteilig; vgl. ...al/...ell

par|tie|ren: 1. teilen. 2. (Mus.) die einzelnen Stimmen in Partiturform anordnen

Par|tie|wa|re die; -, -n: unmoderne od. unansehnliche Ware, die billiger verkauft wird

¹**Par|ti|kel** [auch: ...'tı...] die; -, -n ⟨lat.⟩: 1. (Sprachw.) Wort, das nicht flektiert werden kann (Adverb, Präposition, Konjunktion). 2. (Sprachw.) die Bedeutung nur modifizierendes Wörtchen ohne syntaktische Funktion (z. B. doch, etwa). 3. (kath. Kirche) a) Teilchen der Hostie; b) als Reliquie verehrter Span des Kreuzes Christi

²**Par|ti|kel** das; -s, -, (auch:) die; -, -n: (Fachspr.) [sehr] kleiner materieller Körper; Elementarteilchen

par|ti|ku|lar u. **par|ti|ku|lär:** einen Teil, eine Minderheit betreffend; einzeln

Par|ti|ku|lar der; -s, -e: (schweiz. veraltet) Privatmann; Rentner; ↑ Partikülier

Par|ti|ku|la|ris|mus der; - ⟨lat.-nlat.⟩: (meist abwertend) das Streben staatlicher Teilgebiete,

ihre besonderen Interessen gegen die allgemeinen Interessen der übergeordneten staatlichen Gemeinschaft durchzusetzen. **Par|ti|ku|la|rist** der; -en, -en: Anhänger des Partikularismus. **Par|ti|ku|la|ris|tin** die; -, -nen: weibliche Form zu ↑ Partikularist. **par|ti|ku|la|ris|tisch:** den Partikularismus betreffend

Par|ti|ku|lier der; -s, -e ⟨lat.-fr.⟩: selbstständiger Schiffseigentümer, Selbstfahrer in der Binnenschifffahrt

Par|ti|kü|li|er [...'lje:] der; -s, -s: (veraltet) Privatmann; Rentner; vgl. Privatier

Par|ti|ku|lie|rin die; -, -nen: weibliche Form zu ↑ Partikulier

Par|ti|kü|lie|rin die; -, -nen: weibliche Form zu ↑ Partikülier

Par|ti|men das; -[s], -[s] ⟨lat.-provenzal.⟩: altprovenzalisches Streitgedicht; vgl. Tenzone

Par|ti|men|to der; -[s], ...ti ⟨lat.-it.⟩: (Mus.) Generalbassstimme

Par|ti|san der; -s u. -en, -en ⟨lat.-it.-fr.⟩: „Parteigänger, Anhänger": jmd., der nicht als regulärer Soldat, sondern als Angehöriger bewaffneter, aus dem Hinterhalt operierender Gruppen od. Verbände gegen den in sein Land eingedrungenen Feind kämpft

Par|ti|sa|ne die; -, -n: spießartige Stoßwaffe (des 15.–18. Jh.s)

Par|ti|sa|nin die; -, -nen: weibliche Form zu ↑ Partisan

Par|ti|ta die; -, ...ten ⟨lat.-it.⟩: (Mus.) Folge von mehreren in der gleichen Tonart stehenden Stücken; vgl. Suite (4)

Par|ti|te die; -, -n: 1. Geldsumme, die in Rechnung gebracht wird. 2. (veraltet) Schelmenstreich

Par|ti|ten|ma|cher der; -s, -: (veraltet) listiger Betrüger

Par|ti|ti|on die; -, -en ⟨lat.⟩: (Logik) Zerlegung des Begriffsinhaltes in seine Teile od. Merkmale

par|ti|tiv ⟨lat.-mlat.⟩: (Sprachw.) die Teilung ausdrückend; **partitiver Genitiv:** ↑ Genitivus partitivus

Par|ti|tiv|zahl die; -, -en: (selten) Bruchzahl

Par|ti|tur die; -, -en ⟨lat.-mlat.-it.⟩: übersichtliche, Takt für Takt in Notenschrift auf einzelnen übereinander liegenden Liniensystemen angeordnete Zusam-

menstellung aller zu einer vielstimmigen Komposition gehörenden Stimmen

Par|ti|zip das; -s, -ien ⟨lat.⟩: (Sprachw.) Mittelwort; **Partizip Perfekt:** zweites Mittelwort; Mittelwort der Vergangenheit (z. B. geschlagen); **Partizip Präsens:** erstes Mittelwort; Mittelwort der Gegenwart (z. B. schlafend)

Par|ti|zi|pa|ti|on die; -, -en: das Partizipieren

Par|ti|zi|pa|ti|ons|ge|schäft das; -[e]s, -e: (Wirtsch.) ein auf der Basis vorübergehenden Zusammenschlusses von mehreren Personen getätigtes Handelsgeschäft

Par|ti|zi|pa|ti|ons|kon|to das; -s, ...ten (auch: -s u. ...ti): (Wirtsch.) das gemeinsame Konto der Teilhaber eines Partizipationsgeschäftes

par|ti|zi|pi|al: a) das Partizip betreffend; b) mittelwörtlich

Par|ti|zi|pi|al|grup|pe die; -, -n u. **Par|ti|zi|pi|al|satz** der; -es, ...sätze: (Sprachw.) Partizip, das durch das Hinzutreten anderer [von ihm abhängender] Glieder aus dem eigentlichen Satz herausgelöst ist, dessen Wirkungsbereich sich also deutlich vom verbalen Wirkungsbereich des eigentlichen Satzes abhebt; satzwertiges Partizip (z. B. gestützt auf seine Erfahrungen[,] konnte er die Arbeit in Angriff nehmen)

par|ti|zi|pie|ren: von etwas, was ein anderer hat, etwas abbekommen; teilhaben

Par|ti|zi|pi|um das; -s, ...pia: (veraltet) Partizip; **Partizipium Perfekti, Partizipium Präsentis:** ↑ Partizip Perfekt, ↑ Partizip Präsens (vgl. Partizip); **Partizipium Präteriti:** ↑ Partizip Perfekt

Part|ner der; -s, - ⟨lat.-fr.-engl.⟩: 1. a) jmd., der mit anderen etwas gemeinsam [zu einem bestimmten Zweck] unternimmt, sich mit anderen zusammentut; b) jmd., der mit einem anderen zusammenlebt, ihm eng verbunden ist; c) (Sport) Mitspieler. 2. Teilhaber

Part|ner|look [...lʊk] der; -s: [modische] Kleidung, die der des Partners (1 b) in Farbe, Schnitt o. Ä. gleicht

Par|ton *das; -s, ...*onen (meist Plural) ⟨*lat.-nlat.*⟩: hypothetischer Bestandteil von Atomkernbausteinen (Nukleonen) u. anderen Elementarteilchen

par|tout [par'tu:] ⟨*fr.*⟩: (ugs.) durchaus, unbedingt, um jeden Preis

Part|time|job, auch: **Part-Time-Job** ['pa:ttaimdʒɔp] *der; -s, -s* ⟨*engl.*⟩: Teilzeitarbeit, -beschäftigung

Par|tus *der; -, - [...*tu:s] ⟨*lat.*⟩: (Med.) Geburt, Entbindung

Part|work ['pa:twə:k] *das; -s, -s* ⟨*engl.*⟩: (Buchw.) in Lieferungen od. Einzelbänden erscheinendes Buch bzw. Buchreihe

Par|ty ['pa:ɐ̯ti, engl.: 'pɑ:tɪ] *die; -, -s* ⟨*lat.-fr.-engl.-amerik.*⟩: zwangloses Fest, gesellige Feier [im Bekanntenkreis, mit Musik u. Tanz]

Par|ty|dro|ge *die; -, -n*: Droge, die bevorzugt auf Partys od. in Diskotheken (2) konsumiert wird

Par|ty|ser|vice [...sə:vɪs] *der; -, -s* [...vɪs u. ...vɪsɪs]: Unternehmen, das auf Bestellung Speisen, Getränke u. a. für Festlichkeiten ins Haus liefert

Pa|r|u|lis *die; - ⟨gr.⟩*: (Med.) Zahnfleischabszess

Pa|r|u|sie *die; - ⟨gr.; „Anwesenheit"⟩*: 1. (Theol.) die Wiederkunft Christi beim Jüngsten Gericht. 2. (Philos.) Anwesenheit, Gegenwart, Dasein der Ideen in den Dingen (Plato)

Par|ve|nü *der; -s, -s ⟨lat.-fr.⟩*: Emporkömmling, Neureicher

Par|ze *die; -, -n* (meist Plural) ⟨*lat.*⟩: eine der drei altrömischen Schicksalsgöttinnen (Klotho, Lachesis, Atropos)

Par|zel|le *die; -, -n ⟨lat.-vulgärlat.⟩*: vermessenes Grundstück (als Bauland od. zur landwirtschaftlichen Nutzung)

par|zel|lie|ren: Großflächen in Parzellen zerlegen

Pas [pa] *der; - [pa(s)], - [pas]* ⟨*lat.-fr.*⟩: franz. Bez. für: Schritt, Tanzbewegung

pa|sa|de|nisch ⟨nach der kalifornischen Stadt Pasadena⟩: (Geol.) die alpidische (vgl. Alpiden) Faltungsphase zu Ende des ↑ Pliozäns betreffend, zu ihr gehörend

Pas|cal *das; -s, - ⟨nach dem franz. Philosophen u. Physiker Blaise Pascal, 1623–1662⟩*: Einheit des [Luft]drucks u. der mechanischen Spannung; Zeichen: Pa

Pasch *der; -[e]s, -e u. Päsche* ⟨*lat.-fr.*⟩: 1. Wurf mit gleicher Augenzahl auf mehreren Würfeln. 2. Dominostein mit Doppelzahl

¹Pa|scha *der; -s, -s ⟨türk.⟩*: 1. (hist.) a) Titel hoher orientalischer Offiziere od. Beamter; b) Träger dieses Titels. 2. (ugs.) a) rücksichtsloser, herrischer Mensch; b) Mann, der sich gern [von Frauen] bedienen, verwöhnen lässt

²Pa|scha *das; -s ⟨hebr.-gr.-kirchenlat.⟩*: ökumenische Form von: Passah

Pa|scha|lik *das; -s, -e u. -s ⟨türk.⟩*: (hist.) Würde od. Amtsbezirk eines ¹Paschas (1 b)

Pas|chal|stil *der; -[e]s ⟨hebr.-gr.-kirchenlat.; lat.⟩*: mittelalterliche Zeitbestimmung mit dem Jahresanfang zu Ostern

¹pa|schen ⟨*hebr.*⟩: (ugs.) schmuggeln

²pa|schen ⟨*lat.-fr.*⟩: würfeln

Pa|scher *der; -s, - ⟨hebr.⟩*: (ugs.) Schmuggler

pa|scholl ⟨*russ.*⟩: los!, vorwärts!

Pas de deux [padə'dø:] *der; - - -, - - - ⟨lat.-fr.⟩*: Balletttanz für eine Solotänzerin u. einen Solotänzer

Pas de qua|t|re [padə'katr(ə)] *der; - - -, - - -*: Balletttanz für vier Tänzer

Pas de trois [padə'trwa] *der; - - -, - - -*: Balletttanz für drei Tänzer

Pa|seo *der; -s, -s ⟨lat.-span.⟩*: span. Bez. für: Promenade, Spazierweg

Pa|si|gra|phie, auch: ...grafie *die; -, ...ien ⟨gr.-nlat.⟩*: [theoretisch] allen Völkern verständliche Schrift ohne Hilfe der Laute; ↑ Ideographie

Pa|si|la|lie u. Pasilogie *die; - ⟨*veraltet⟩: Wissenschaft von den künstlichen Welthilfssprachen

Pa|si|lin|gua *die; - ⟨gr.; lat.⟩*: von Steiner 1885 aufgestellte Welthilfssprache

Pa|si|lo|gie vgl. Pasilalie

Pas|lack *der; -s, -s ⟨slaw.⟩*: (landsch.) jmd., der für andere schwer arbeiten muss

Pa|so *der; -, -s ⟨lat.-span.⟩*: 1. [Gebirgs]pass. 2. (auch: *das*) komisches Zwischenspiel auf der klassischen spanischen Bühne

Pa|so do|b|le *der; - -, - - ⟨„Doppel-*schritt"⟩: Gesellschaftstanz in lebhaftem ²/₄- od. ³/₄-Takt

Pas|pel *die; -, -n* (selten: *der; -s, -*) u. (bes. österr.:) Passepoil *der; -s, -s ⟨fr.⟩*: schmaler Nahtbesatz bei Kleidungsstücken. **pas|pe|lie|ren** u. (bes. österr.:) passepoilieren: mit Paspeln (Passepoils) versehen

Pas|quill *das; -s, -e ⟨it.⟩*: anonyme Schmäh-, Spottschrift, schriftlich verbreitete Beleidigung

Pas|quil|lant *der; -en, -en*: Verfasser od. Verbreiter eines Pasquills

Pas|qui|na|de *die; -, -n ⟨it.-fr.⟩*: (selten) ↑ Pasquill

pas|sa|bel ⟨*lat.-vulgärlat.-fr.*⟩: annehmbar, leidlich

Pas|sa|cag|lia [...'kalja] *die; -, ...ien ⟨lat.-span.-it.⟩*: langsames Instrumentalstück mit Variationen in den Oberstimmen über einem ↑ Ostinato, meist im ³/₄-Takt

Pas|sa|cail|le [...'ka:jə] *die; -, -n ⟨lat.-span.-fr.⟩*: ↑ Passacaglia

Pas|sa|ge [...ʒə] *die; -, -n ⟨lat.-vulgärlat.-fr.⟩*: 1. Durchfahrt, Durchgang; das Durchfahren, Passieren. 2. überdachte Ladenstraße. 3. Reise mit Schiff od. Flugzeug, bes. über Meer. 4. (Astron.) Durchgang eines Gestirns durch den Meridian (2). 5. aus melodischen Figuren zusammengesetzter Teil eines Musikwerks. 6. fortlaufender, zusammenhängender Teil einer Rede od. eines Textes. 7. (Reiten) Gangart der hohen Schule, bei der das Pferd im Trab die abfedernden Beine länger in der Beugung hält

pas|sa|ger [...'ʒe:] ⟨*lat.-fr.*⟩: (Med.) nur vorübergehend auftretend (von Krankheitszeichen, Krankheiten o. Ä.)

Pas|sa|gier [...'ʒi:ɐ̯] *der; -s, -e ⟨lat.-vulgärlat.(-fr.)⟩*: Schiffsreisender; Flug-, Fahrgast. **Pas|sa|gie|rin** *die; -, -nen*: weibliche Form zu ↑ Passagier

Pas|sah *das; -s ⟨hebr.-gr.-lat.⟩*: 1. jüdisches Fest zum Gedenken an den Auszug aus Ägypten; vgl. Azymon (2). 2. beim Passahmahl gegessenes Lamm

Pas|sa|me|ter *das; -s, - ⟨lat.; gr.⟩*: (Techn.) Feinmessgerät für Außenmessung an Werkstücken

Pas|sa|mez|zo *der; -s, ...zzi ⟨lat.-it.⟩*: 1. alter italienischer

Tanz, eine Art schnelle Pavane.
2. Teil der Suite (4)

Pas|sant *der;* -en, -en ⟨*lat.-vulgär-lat.-fr.*⟩: Fußgänger; Vorübergehender. **Pas|san|tin** *die;* -, -nen: weibliche Form zu ↑ Passant

Pas|sat *der;* -[e]s, -e ⟨*niederl.*⟩: beständig in Richtung Äquator wehender Ostwind in den Tropen

passe [pas] ⟨*lat.-fr.*⟩: von 19 bis 36 (in Bezug auf eine Gewinnmöglichkeit beim Roulett)

pas|se [pa'se:] vgl. passee

Pas|se *die;* -, -n ⟨*lat.-fr.*⟩: maßgerecht geschnittener Stoffteil, der bei Kleidungsstücken im Bereich der Schultern angesetzt wird

pas|see, auch: passé ⟨*lat.-vulgärlat.-fr.*⟩: (ugs.) vorbei, vergangen, abgetan, überlebt

Pas|se|men|te|rie [pasəmãtə'ri:] *die;* -, ...ien: Posamentierarbeit

Passe|par|tout [paspar'tu:] *das* (schweiz.: *der*); -s, -s ⟨*fr.*⟩: 1. Umrahmung aus leichter Pappe für Grafiken, Aquarelle, Zeichnungen u. a. 2. (schweiz., sonst veraltet) Freipass; Dauerkarte. 3. (selten, noch schweiz.) Hauptschlüssel

Passe|pi|ed [pas'pje:] *der;* -s, -s: 1. alter französischer Rundtanz aus der Bretagne in schnellem, ungeradem Takt (z. B. $^3/_4$-Takt). 2. Einlage in der Suite (4)

Passe|poil [pas'poal] usw. vgl. Paspel usw.

Passe|port [pas'po:ɐ] *der;* -s, -s: franz. Bez. für: Reisepass

Pas|se|rel|le *die;* -, -n: (schweiz.) Fußgängerüberweg, kleiner Viadukt

pas|sie|ren ⟨*lat.-vulgärlat.-fr.*⟩: 1. a) durchreisen, durch-, überqueren; vorüber-, durchgehen; b) durchlaufen (z. B. von einem Schriftstück). 2. a) geschehen, sich ereignen, sich zutragen; b) widerfahren, zustoßen. 3. (veraltet) noch angehen, gerade noch erträglich sein. 4. a) (Gastr.) durchsieben; durch ein Sieb rühren; b) (Techn.) durch eine Passiermaschine rühren

Pas|sier|ma|schi|ne *die;* -, -n: Gefäß mit verschiedenen Siebeinsätzen u. Rührwerk (z. B. bei der Schokoladenherstellung)

Pas|sier|schlag *der;* -[e]s, ...schläge: (Tennis) meist hart

geschlagener Ball, der an dem ans Netz vorgerückten Gegner vorbeigeschlagen wird

Pas|si|flo|ra *die;* -, ...ren ⟨*lat.-nlat.*⟩: Passionsblume

pas|sim ⟨*lat.*⟩: da und dort, zerstreut, allenthalben; Abk.: pass.

Pas|si|me|ter *das;* -s, - ⟨*lat.; gr.*⟩: (Techn.) Feinmessgerät für Innenmessungen an Werkstücken

Pas|sio *die;* - ⟨*lat.*⟩: (Philos.) das Erleiden, Erdulden; Ggs. ↑ Actio (2)

Pas|si|on *die;* -, -en ⟨*lat.(-fr.)*⟩: 1. a) Leidenschaft, leidenschaftliche Hingabe; b) Vorliebe, Liebhaberei. 2. a) das Leiden u. die Leidensgeschichte Jesu Christi; b) die Darstellung der Leidensgeschichte Jesu Christi in der bildenden Kunst, die Vertonung der Leidensgeschichte Jesu Christi als Chorwerk od. Oratorium (2)

Pas|si|o|nal u. **Pas|si|o|nar** *das;* -s, -e ⟨*lat.-mlat.*⟩: 1. mittelalterliches liturgisches Buch mit Heiligengeschichten. 2. größte Legendensammlung des deutschen Mittelalters (um 1300)

pas|si|o|na|to ⟨*lat.-it.*⟩: ↑ appassionato. **Pas|si|o|na|to** *das;* -s, -s u. ...ti: (Mus.) leidenschaftlicher Vortrag

pas|si|o|nie|ren, sich ⟨*lat.-fr.*⟩: (veraltet) sich leidenschaftlich für etwas einsetzen, begeistern. **pas|si|o|niert:** leidenschaftlich [für etwas begeistert]

Pas|si|ons|sonn|tag *der;* -[e]s, -e: kath. Bez. für: Sonntag Judika

Pas|si|ons|spiel *das;* -[e]s, -e: volkstümliche dramatische Darstellung der Passion Christi

pas|siv [auch: ...'si:f] ⟨*lat.(-fr.)*⟩: 1. a) untätig, nicht zielstrebig, (eine Sache) nicht ausübend (aber davon betroffen); Ggs. ↑ aktiv (1 a); b) teilnahmslos; still, duldend. 2. ↑ passivisch;

passive Bestechung: (Rechtsw.) das Annehmen von Geschenken, Geld od. anderen Vorteilen durch einen Beamten für eine Handlung, die in seinen Amtsbereich fällt; Ggs. ↑ aktive Bestechung; **passive Handelsbilanz:** (Wirtsch.) Handelsbilanz eines Landes, bei der die Ausfuhren hinter den Einfuhren zurückbleiben; Ggs. ↑ aktive Handelsbilanz;

passives Wahlrecht: (Pol.) das Recht, gewählt zu werden; Ggs. ↑ aktives Wahlrecht; **passiver Wortschatz:** (Sprachw.) Gesamtheit aller Wörter, die ein Sprecher in seiner Muttersprache kennt, ohne sie jedoch in einer konkreten Sprechsituation zu gebrauchen; Ggs. ↑ aktiver Wortschatz

Pas|siv *das;* -s, -e: (Sprachw.) Leideform; Verhaltensrichtung des Verbs, die vom „leidenden" Subjekt her gesehen ist (z. B. der Hund *wird* [von Fritz] *geschlagen*); Ggs. ↑ ¹Aktiv

Pas|si|va u. **Pas|si|ven** *die* (Plural) ⟨*lat.*⟩: das auf der rechten Bilanzseite verzeichnete Eigen- u. Fremdkapital eines Unternehmens; Schulden, Verbindlichkeiten; Ggs. ↑ Aktiva

Pas|siv|ge|schäft *das;* -[e]s, -e: Bankgeschäft, bei dem sich die Bank Geld beschafft, um ¹Kredite (2 a) gewähren zu können; Ggs. ↑ Aktivgeschäft

pas|si|vie|ren ⟨*lat.-nlat.*⟩: 1. Verbindlichkeiten aller Art in der Bilanz erfassen u. ausweisen; Ggs. ↑ aktivieren (2). 2. (Chem.) unedle Metalle in den Zustand der Passivität (2) überführen

Pas|si|visch [auch: 'pa...]: (Sprachw.) das Passiv betreffend, zum Passiv gehörend, im Passiv stehend; Ggs. ↑ aktivisch

Pas|si|vis|mus *der;* -: Verzicht auf Aktivität, bes. in sexueller Hinsicht

Pas|si|vi|tät *die;* - ⟨*lat.-fr.*⟩: 1. Untätigkeit, Teilnahmslosigkeit, Inaktivität; Ggs. ↑ Aktivität. 2. (Chem.) herabgesetzte Reaktionsfähigkeit bei unedlen Metallen

Pas|siv|le|gi|ti|ma|ti|on *die;* -, -en: (Rechtsw.) im Zivilprozess die sachliche Berechtigung (bzw. Verpflichtung) des Beklagten, seine Rechte geltend zu machen; Ggs. ↑ Aktivlegitimation

Pas|siv|pro|zess *der;* -es, -e: (Rechtsw.) Prozess, in dem jmd. als Beklagter auftritt; Ggs. ↑ Aktivprozess

Pas|siv|rau|chen *das;* -s: unfreiwilliges Einatmen von Tabakrauch beim Aufenthalt in Räumen, in denen geraucht wird

Pas|si|vum *das;* -s, ...va ⟨*lat.*⟩: (veraltet) Passiv

Pas|siv|zin|sen *die* (Plural): Zinsen, die ein Unternehmen zu zahlen hat; Ggs. ↑ Aktivzinsen

Pas|so|me|ter *das; -s, -* ⟨*lat.; gr.*⟩: Schrittzähler

Pas|sus *der; -, -* [...su:s] ⟨*lat.; „Schritt"*⟩: 1. Abschnitt in einem Text, Textstelle. 2. (selten) Angelegenheit, Fall

Pas|ta *die; -, Pasten* ⟨*gr.-mlat.-it.*⟩: 1. ↑ Paste. 2. (ohne Plural) ital. Bez. für: Teigwaren

Pas|ta a|sciut|ta [- a`ʃʊta] *die; - -, ...te ...tte*, **Pas|ta|sciut|ta** [...`ʃʊta] *die; -, ...tte* ⟨*it.*⟩: italienisches Spaghettigericht mit Hackfleisch, Tomaten, geriebenem Käse u. a.

Pas|te *die; -, -n* ⟨*gr.-mlat.-it.*⟩: 1. streichbare Masse [aus Fisch, Gänseleber o. Ä.]. 2. streichbare Masse als Grundlage für Arzneien u. kosmetische Mittel. 3. a) Abdruck von Gemmen od. Medaillen in einer weichen Masse aus feinem Gips od. Schwefel; b) [antike] Nachbildung von Gemmen in Glas

Pas|tell *das; -[e]s, -e* ⟨*gr.-lat.-it.(-fr.)*⟩: 1. Technik des Malens mit Pastellfarben (1). 2. mit Pastellfarben (1) gemaltes Bild (von heller, samtartiger Wirkung). 3. Kurzform von ↑ Pastellfarbe (2). **pas|tel|len:** [wie] mit Pastellfarben (1) gemalt; von heller, samtartiger Wirkung

Pas|tell|far|be *die; -, -n:* 1. aus einer Mischung von Kreide u. Ton mit einem Farbstoff u. einem Bindemittel hergestellte trockene Malfarbe in Stiftform. 2. (meist Plural) zarter, heller Farbton

Pas|te|te *die; -, -n* ⟨*gr.-mlat.-roman.*⟩: a) meist zylinderförmige Hülle aus Blätterteig für die Füllung mit Ragout; b) mit fein gewürztem Ragout gefüllte Pastete (a); c) Speise aus gehacktem Fleisch, Wild, Geflügel od. Fisch, die in einer Hülle aus Teig gebacken od. in einer Terrine o. Ä. serviert wird

Pas|teu|ri|sa|ti|on [pastø...] *die; -, -en* ⟨*fr.*; nach dem franz. Chemiker Pasteur, 1822–1895⟩: Entkeimung u. Haltbarmachung von Nahrungsmitteln (z. B. Milch) durch schonendes Erhitzen; vgl. ...ation/...ierung

pas|teu|ri|sie|ren: durch Pasteurisation entkeimen, haltbar ma-

chen. **Pas|teu|ri|sie|rung** *die; -, -en:* das Pasteurisieren; vgl. ...ation/...ierung

Pas|tic|cio [pas`ttʃo] *das; -s, -s od. ...cci* [...tʃi] ⟨*gr.-lat.-vulgärlat.-it.*; „Pastete"⟩: 1. Bild, das in betrügerischer Absicht in der Manier eines großen Meisters gemalt wurde. 2. aus Stücken verschiedener Komponisten mit einem neuen Text zusammengesetzte Oper

Pas|tiche [pas`ti:ʃ] *der; -s, -s* ⟨*gr.-lat.-vulgärlat.-it.-fr.*⟩: 1. französische Form von: Pasticcio. 2. (veraltet) Nachahmung des Stiles u. der Ideen eines Autors

Pas|til|le *die; -, -n* ⟨*lat.*⟩: Plättchen zum Lutschen, dem Heilmittel od. Geschmacksstoffe zugesetzt sind

Pas|ti|nak *der; -s, -e, häufiger:* **Pas|ti|na|ke** *die; -, -n* ⟨*lat.*⟩: 1. hoch wachsende Pflanze mit Pfahlwurzel, gefiederten Blättern u. in Dolde wachsenden Blüten. 2. Wurzel der Pastinake (1), die als Gemüse u. Viehfutter verwendet wird

Pas|tor [auch: ...`to:ɐ] *der; -s, ...oren* ⟨*lat.-mlat.*; „(Seelen)hirte"⟩: Pfarrer; Abk.: P.

pas|to|ral: 1. ländlich, idyllisch. 2. den Pastor, sein Amt betreffend, ihm zustehend; pfarramtlich, seelsorgerisch. 3. a) feierlich, würdig; b) (abwertend) salbungsvoll

Pas|to|ral *die; -:* ↑ Pastoraltheologie

Pas|to|ral|brief *der; -[e]s, -e* (meist Plural): einer der dem Apostel Paulus zugeschriebenen, an Timotheus und Titus gerichteten Briefe, der die Abwehr der Gnosis durch die frühe Kirche zum Gegenstand hat

¹**Pas|to|ra|le** *das; -s, -s od. die; -, -n* ⟨*lat.-it.*⟩: 1. (Mus.) a) Instrumentalstück (im Sechsachteltakt), bes. für Schalmei- u. Oboegruppen; b) kleines, ländlich-idyllisches Singspiel, das Stoffe aus dem idealisierten Hirtenleben zum Thema hat; musikalisches Schäferspiel. 2. (Literaturw.) Schäferspiel. 3. (Malerei) idyllische Darstellung des Hirtenlebens

²**Pas|to|ra|le** *das; -s, -s:* Hirtenstab eines katholischen Bischofs

Pas|to|ra|li|en *die* (Plural) ⟨*lat.-*

mlat.⟩: Pfarramtsangelegenheiten

Pas|to|ral|me|di|zin *die; -:* Grenzwissenschaft zwischen Medizin u. Theologie, die sich um ein Zusammenwirken von ärztlicher und seelsorgerischer Betreuung Kranker bemüht

Pas|to|ral|the|o|lo|gie *die; -:* in der katholischen Kirche die praktische Theologie

Pas|to|rat *das; -[e]s, -e:* 1. Pfarramt. 2. Wohnung des Pastors

Pas|to|ra|ti|on *die; -, -en* ⟨*lat.-mlat.-nlat.*⟩: seelsorgerische Betreuung einer Gemeinde od. Institution

Pas|to|rel|le *die; -, -n* ⟨*lat.-it.*⟩: mittelalterliche Gedichtform, die das Werben eines Ritters um eine Schäferin, ein Landmädchen zum Gegenstand hat

Pas|to|rin *die; -, -nen·* a) Pfarrerin; b) (ugs.) Ehefrau eines Pastors

pas|tos ⟨*gr.-lat.-it.*; „teigig"⟩: 1. dick aufgetragen (bes. von Ölfarben auf Gemälden, sodass eine reliefartige Fläche entsteht). 2. (Gastr.) dickflüssig, teigartig

pas|tös ⟨*gr.-lat.-it.-fr.*⟩: 1. (Med.) gedunsen, aufgeschwemmt. 2. (Techn.) pastenartig, teigig

Pas|to|si|tät *die; -* ⟨*gr.-lat.-it.-nlat.*⟩: Aussehen einer Schrift, Schriftbild mit dicken, teigigen Strichen

Pa|ta|vi|ni|tät *die; -* ⟨*lat.*⟩: die (an dem altrömischen Geschichtsschreiber Livius getadelte) lateinische Mundart der Bewohner der Stadt Patavium (heute Padua)

Patch [pætʃ] *das; -[s], -s* ⟨*engl.*⟩: (Med.) Hautstück, das als Implantat od. Transplantat zur Abdeckung von Weichteil- od. Blutgefäßdefekten dient

Patch|plas|tik [`pætʃ...] *die; -:* (Med.) das Einnähen eines streifenförmigen Gefäßimplantates od. eines Venenwandstücks in ein eröffnetes Blutgefäß z. B. zur Abdeckung von Defekten)

Patch|work [`pætʃwɐːk] *das; -s, -s* ⟨*engl.*⟩: 1. (ohne Plural) Technik zur Herstellung von Kleiderstoffen, Decken, Wandbehängen o. Ä., bei der Stoff- od. Lederflicken in den verschiedensten Formen, Farben u. Mustern harmonisch zusammengesetzt

pa|tho..., Pa|tho...

vor Vokalen meist path..., Path...
⟨zu *gr.* páthos „Kummer; Leiden; Schmerz; Krankheit"⟩
Wortbildungselement mit der Bedeutung „Leiden, Krankheit":
– Pathergie
– pathogen
– Pathologe
– Pathopsychologie

...pathie
die; -, ...ien (teilweise ohne Plural)
⟨zu *gr.* páthos „Kummer; Leiden; Schmerz; Krankheit" u. ...patheía → *lat.* ...pathia⟩

Wortbildungselement mit den Bedeutungen:
1. „Krankheit; Erkrankung":
– Gastropathie
– Neuropathie
2. „Krankheitslehre; Heilmethode":
– Allopathie
– Magnetopathie
3. „Gefühl, Neigung":
– Antipathie
– Empathie
– Sympathie

---

werden. 2. Arbeit in der Technik des Patchworks (1)

Pa|tel|la *die;* -, ...llen ⟨*lat.*⟩: (Med.) Kniescheibe. **pa|tel|lar:** (Med.) zur Kniescheibe gehörend

Pa|te|ne *die;* -, -n ⟨*gr.-lat.-mlat.*⟩: flacher [goldener] Teller für die Hostien od. das Abendmahlsbrot

pa|tent ⟨*lat.-mlat.*⟩: 1. (ugs.) praktisch, tüchtig; brauchbar. 2. (landsch.) elegant gekleidet

Pa|tent *das;* -[e]s, -e: 1. a) amtlich verliehenes Recht zur alleinigen Benutzung u. gewerblichen Verwertung einer Erfindung; b) Urkunde über ein Patent (1 a); c) Erfindung, die durch das Patentrecht geschützt ist. 2. Ernennungs-, Bestallungsurkunde, bes. eines [Schiffs]offiziers. 3. (schweiz.) Erlaubnis[urkunde] für die Ausübung bestimmter Berufe, Tätigkeiten

pa|ten|tie|ren: 1. eine Erfindung durch Patent schützen. 2. (Techn.) stark erhitzte Stahldrähte durch Abkühlen im Bleibad veredeln

Pa|tent|re|zept *das;* -[e]s, -e: erwünschte, einfache Lösung, die alle Schwierigkeiten behebt

Pa|ter *der;* -s, - u. Patres [...re:s] ⟨*lat.;* „Vater"⟩: katholischer Ordensgeistlicher; Abk.: P. (Plural PP.)

Pa|ter|fa|mi|li|as *der;* -, - ⟨„Vater der Familie"⟩: (scherzh.) Familienoberhaupt, Familienvater

Pa|ter|na|lis|mus *der;* -: das Bestreben [eines Staates], andere [Staaten] zu bevormunden. **pa|ter|na|lis|tisch:** den Paternalismus betreffend, für ihn charakteristisch; bevormundend

pa|ter|ni|tär: (veraltet) 1. die Paternität betreffend. 2. von einer

vaterrechtlichen Gesellschaftsform bestimmt; vgl. Patriarchat (2). **Pa|ter|ni|tät** *die;* -: (veraltet) Vaterschaft

¹Pa|ter|nos|ter *das;* -s, - ⟨*lat.-mlat.*⟩: das Vaterunser, Gebet des Herrn

²Pa|ter|nos|ter *der;* -s, -: ständig umlaufender Aufzug ohne Tür zur ununterbrochenen Beförderung von Personen od. Gütern; Umlaufaufzug

Pa|ter Pa|t|ri|ae [- ...rie] *der;* - - ⟨*lat.*⟩: Vater des Vaterlandes (Ehrentitel römischer Kaiser u. verdienter hoher Staatsbeamter)

pa|ter, pec|ca|vi: Vater, ich habe gesündigt! (Lukas 15, 18); **pater peccavi sagen:** flehentlich um Verzeihung bitten. **Pa|ter|pec|ca|vi** *das;* -, -: reuiges Geständnis

Pâte sur Pâte [pat syr 'pa:t] *das;* - - - ⟨*fr.;* „Masse auf Masse"⟩: Porzellan- od. Steingutverzierung, bei der dünne, weiße Flachreliefs auf dem farbigen Untergrund von Porzellan od. Steingut angebracht werden

pa|te|ti|co ⟨*gr.-lat.-it.*⟩: (Mus.) leidenschaftlich, pathetisch, erhaben, feierlich

path..., Path... vgl. patho..., Patho...

Pa|th|er|gie *die;* -, ...ien ⟨*gr.-nlat.*⟩: (Med.) Gesamtheit aller krankhaften Gewebsreaktionen (z. B. Entzündungen, Allergien)

Pa|the|tik *die;* -: unnatürliche, übertriebene, gespreizte Feierlichkeit

pa|thé|tique [pate'tik] ⟨*gr.-lat.-fr.*⟩: (Mus.) pathetisch, leidenschaftlich

pa|the|tisch ⟨*gr.-lat.*⟩: 1. ausdrucksvoll, feierlich. 2. (abwertend)

übertrieben gefühlvoll, empfindungsvoll, salbungsvoll, affektiert

...pa|thie s. Kasten patho..., Patho...

pa|tho..., Pa|tho... s. Kasten

pa|tho|gen ⟨*gr.-nlat.*⟩: (Med.) Krankheiten erregend, verursachend (z. B. von Bakterien im menschlichen Organismus); Ggs. ↑ apathogen

Pa|tho|ge|ne|se *die;* -, -n: (Med.) Gesamtheit der an Entstehung u. Entwicklung einer Krankheit beteiligten Faktoren. **pa|tho|ge|ne|tisch:** die Pathogenese betreffend, zu ihr gehörend

Pa|tho|ge|ni|tät *die;* -: (Med.) Fähigkeit bestimmter Substanzen u. Organismen, krankhafte Veränderungen im Organismus hervorzurufen

Pa|tho|g|no|mik *die;* -: 1. ↑ Pathognostik. 2. Deutung der aktuellen seelischen Zustandes aus Gesichts- u. Körperbewegungen (nach J. K. Lavater, 18. Jh.). **pa|tho|g|no|mo|nisch:** für eine Krankheit, ein Krankheitsbild charakteristisch, kennzeichnend

Pa|tho|g|nos|tik *die;* -: (Med.) Erkennung einer Krankheit anhand charakteristischer Symptome. **pa|tho|g|nos|tisch:** ↑ pathognomonisch

Pa|tho|gra|phie, auch: ...grafie *die;* -, ...ien: (Med.; Psychol.) der Biografie entsprechende Schilderung der Entwicklung u. Leistung eines Menschen mit Beschreibung der Krankheiten bzw. der krankheitsbedingten Einflüsse

Pa|tho|lin|gu|is|tik *die;* -: Teilgebiet der angewandten Sprachwissenschaft, das sich mit der

Diagnostik, Erklärung u. Therapie von Sprachstörungen beschäftigt

Pa|tho|lo|ge *der; -n, -n:* Wissenschaftler auf dem Gebiet der Pathologie. **Pa|tho|lo|gie** *die; -, ...ien:* 1. (ohne Plural) Wissenschaft von den Krankheiten, bes. von ihrer Entstehung u. den durch sie hervorgerufenen organisch-anatomischen Veränderungen. 2. pathologische Abteilung, pathologisches Institut. **Pa|tho|lo|gin** *die; -, -nen:* weibliche Form zu ↑ Pathologe. **pa|tho|lo|gisch:** (Med.) 1. die Pathologie betreffend, zu ihr gehörend. 2. krankhaft [verändert]

Pa|tho|pho|bie *die; -, ...ien:* ↑ Nosophobie

Pa|tho|phy|si|o|lo|gie *die; -:* (Med.) Teilgebiet der Medizin, das sich mit den Krankheitsvorgängen u. Funktionsstörungen des menschlichen Organismus befasst

pa|tho|plas|tisch: 1. den Wandel eines Krankheitsbildes bewirkend. 2. die Symptome einer Krankheit formend

Pa|tho|psy|cho|lo|gie *die; -:* 1. ↑ Psychopathologie. 2. Lehre von den durch Krankheiten bedingten psychischen Veränderungen

Pa|thos *das; -* ⟨*gr.;* „Leiden"⟩: 1. leidenschaftlich-bewegter Ausdruck, feierliche Ergriffenheit. 2. (abwertend) Gefühlsüberschwang, übertriebene Gefühlsäußerung

Pa|ti|ence [pa'si̯ã:s] *die; -, -n* [...sn̩] ⟨*lat.-fr.;* „Geduld"⟩: 1. Kartenspiel, bei dem die Karten so gelegt werden, dass Sequenzen in einer bestimmten Reihenfolge entstehen. 2. Gebäck in Form von Figuren

Pa|ti|ence|bä|cke|rei *die; -, -en* ⟨*lat.-fr.; dt.*⟩: (österr.) ↑ Patience (2)

Pa|ti|ens [...tsiens] *das; -, -* ⟨*lat.*⟩: (Sprachw.) Ziel eines durch ein Verbum ausgedrückten Verhaltens; ↑ Akkusativobjekt

Pa|ti|ent *der; -en, -en:* vom Arzt od. einem Angehörigen anderer Heilberufe behandelte Person

Pa|ti|en|ten|lis|o|la|tor *der; -s, -en:* ↑ Lifeisland

Pa|ti|en|ten|tes|ta|ment *das; -[e]s, -e:* schriftliche Erklärung, in der jmd. festlegt, dass er für

den Fall einer unheilbaren Krankheit od. eines schweren Unfalls nicht künstlich am Leben erhalten werden möchte

pa|ti|en|ten|zen|t|riert: ↑ klientzentriert

Pa|ti|en|tin *die; -, -nen:* weibliche Form zu ↑ Patient

¹Pa|ti|na *die; -* ⟨*it.*⟩: grünliche Schicht, die sich unter dem Einfluss der Witterung auf Kupfer od. Kupferlegierungen bildet; Edelrost

²Pa|ti|na u. **Pa|ti|ne** *die; -, ...inen* ⟨*gr.-lat.*⟩: (veraltet) Schüssel

pa|ti|nie|ren ⟨*it.*⟩: eine Patina (1) chemisch erzeugen; mit Patina (1) überziehen

Pa|tio *der; -s, -s* ⟨*vulgärlat.-span.*⟩: (bes. in Spanien u. Lateinamerika) Innenhof eines Hauses, zu dem hin sich die Wohnräume öffnen

Pa|tis|se|rie *die; -, ...ien* ⟨*gr.-lat.- vulgärlat.-fr.*⟩: 1. (schweiz.) a) feines Backwerk, Konditoreierzeugnisse; b) Feinbäckerei. 2. [in Hotels] Raum zur Herstellung von Backwaren. **Pa|tis|si|er** [...'si̯e:] *der; -s, -s:* [Hotel]konditor

Pat|na|reis *der; -es, -e* ⟨nach der ind. Stadt Patna⟩: langkörniger Reis

Pa|tois [pa'to̯a] *das; -, -* ⟨*fr.*⟩: Mundart, Sprechweise der Landbevölkerung [Frankreichs]

Pat|res [...re:s]: *Plural* von ↑ Pater

Pat|ri|arch *der; -en, -en* ⟨*gr.-lat.*⟩: 1. biblischer Erzvater. 2. a) (ohne Plural) Amts- od. Ehrentitel einiger römisch-katholischer [Erz]bischöfe; b) römisch-katholischer [Erz]bischof, der diesen Titel trägt. 3. a) (ohne Plural) Titel der obersten orthodoxen Geistlichen (in Jerusalem, Moskau u. Konstantinopel) u. der leitenden Bischöfe in einzelnen autokephalen Ostkirchen; b) Träger dieses Titels. 4. (oft abwertend) ältestes männliches Familienmitglied od. Mitglied eines Familienverbandes, das sich als Familienoberhaupt mit größter Autorität versteht

Pat|ri|ar|cha|de *die; -, -n* ⟨*gr.- nlat.*⟩: epische Dichtung des 18. Jh.s über biblische Ereignisse, bes. aus der Zeit der Urväter

pat|ri|ar|chal: ↑ patriarchisch

pat|ri|ar|cha|lisch ⟨*gr.-lat.*⟩: 1. a) das Patriarchat (2) betreffend; vaterrechtlich; b) den Patriarchen betreffend. 2. als Mann seine Autorität (bes. im familiären Bereich) geltend machend; bestimmend

Pat|ri|ar|chal|kir|che *die; -, -n:* dem Papst unmittelbar unterstehende Kirche in Rom (z. B. Peterskirche, Lateranbasilika)

Pat|ri|ar|chat *das; -[e]s, -e* ⟨*gr.- mlat.*⟩: 1. (auch: *der*) Würde u. Amtsbereich eines kirchlichen Patriarchen. 2. Gesellschaftsform, in der der Mann eine bevorzugte Stellung in Staat u. Familie innehat u. in der die männliche Linie bei Erbfolge u. sozialer Stellung ausschlaggebend ist; Ggs. ↑ Matriarchat

pat|ri|ar|chisch ⟨*gr.-lat.*⟩: a) das Patriarchat (2) betreffend; b) durch das Patriarchat (2) geprägt

pat|ri|li|ne|al u. **pat|ri|li|ne|ar:** in der Erbfolge der väterlichen Linie folgend; vaterrechtlich; Ggs. ↑ matrilineal, matrilinear

Pat|ri|mo|ni|al ⟨*lat.*⟩: das Patrimonium betreffend, erbherrlich. **Pat|ri|mo|ni|um** *das; -s, ...ien:* a) (im römischen Recht) Privatvermögen des Herrschers im Gegensatz zum Staatsvermögen; b) väterliches Erbgut

Pat|ri|mo|ni|um Pe|t|ri *das; - -* ⟨„Erbteil des heiligen Petrus"⟩: (hist.) alter Grundbesitz der römischen Kirche als Grundlage des späteren Kirchenstaates

Pat|ri|ot *der; -en, -en* ⟨*gr.-spät- lat.-fr.*⟩: jmd., der von Patriotismus erfüllt, patriotisch gesinnt ist. **Pat|ri|o|tin** *die; -, -nen:* weibliche Form zu ↑ Patriot

pat|ri|o|tisch: auf Patriotismus beruhend, von ihm erfüllt, zeugend; vaterländisch. **Pat|ri|o|tis|mus** *der; -:* durch eine gefühlsmäßige Bindung an die Werte, Traditionen o. Ä. des eigenen Landes geprägte, oft mit Überheblichkeit, mit unkritisch übertriebenem Stolz verbundene [politische] Haltung, Einstellung; vaterländische Gesinnung

Pat|ris|tik *die; -* ⟨*lat.-nlat.*⟩: Wissenschaft von den Schriften u. Lehren der Kirchenväter; altchristliche Literaturgeschichte. **Pat|ris|ti|ker** *der; -s, -:* Wissenschaftler auf dem Gebiet der Patristik. **Pa|t|ris|ti|ke|rin** *die; -, -nen:* weibliche Form zu ↑ Patristiker. **pa|t|ris|tisch:** die Patristik u. das philosophisch-theologische Denken der Kirchenväter betreffend

Pa|t|ri|ze *die; -, -n:* (Druckw.) in Stahl geschnittener, erhabener Stempel einer Schrifttype, mit der das negative Bild zur Vervielfältigung geprägt wird

pa|t|ri|zi|al: ↑ patrizisch

Pa|t|ri|zi|at *das; -[e]s, -e ⟨lat.⟩:* (hist.) 1. Gesamtheit der altrömischen adligen Geschlechter. 2. (selten) Gesamtheit der Patrizier (2)

Pa|t|ri|zi|er *der; -s, -:* 1. Mitglied des altrömischen Adels. 2. vornehmer, wohlhabender Bürger (bes. im Mittelalter). **Pa|t|ri|zi|e|rin** *die; -, -nen:* weibliche Form zu ↑ Patrizier

pa|t|ri|zisch: 1. die Patrizier (1), den altrömischen Adel betreffend, zu ihm gehörend. 2. die Patrizier (2) betreffend, für sie, ihre Lebensweise charakteristisch; wohlhabend, vornehm

Pa|t|ro|lo|ge *der; -n, -n ⟨gr.-nlat.⟩:* ↑ Patristiker. **Pa|t|ro|lo|gie** *die; -:* ↑ Patristik. **Pa|t|ro|lo|gin** *die; -, -nen:* weibliche Form zu ↑ Patrologe. **pa|t|ro|lo|gisch:** ↑ patristisch

¹Pa|t|ron *der; -s, -e ⟨lat.⟩:* 1. (hist.) Schutzherr seiner Freigelassenen od. Klienten (2) (im alten Rom). 2. Schutzheiliger einer Kirche od. einer Berufs- od. Standesgruppe. 3. Inhaber eines kirchlichen Patronats (2). 4. (veraltet) a) Schutzherr, Gönner; b) Schiffs-, Handelsherr. 5. (ugs. abwertend) Bursche, Kerl

²Pa|t|ron [pa'trõ:] *der; -s, -s ⟨lat.-fr.⟩:* (schweiz.) Inhaber eines Geschäfts, einer Gaststätte o. Ä.

³Pa|t|ron [pa'trõ:] *das; -s, -s ⟨lat.-fr.⟩:* (Mus.) Modell, äußere Form eines Saiteninstruments

Pa|t|ro|na *die; -, ... nä ⟨lat.⟩:* [heilige] Beschützerin

Pa|t|ro|na|ge [...ʒə] *die; -, -n ⟨lat.-fr.⟩:* Günstlingswirtschaft, Protektion

Pa|t|ro|nanz *die; - ⟨lat.-nlat.⟩:* 1. (veraltet) Patronage. 2. (österr.) Patronat (3)

Pa|t|ro|nat *das; -[e]s, -e ⟨lat.⟩:*

1. Würde u. Amt eines Schutzherrn (im alten Rom). 2. Rechtsstellung des Stifters einer Kirche od. seines Nachfolgers, mit der bestimmte Rechte u. Pflichten verbunden sind. 3. Schirmherrschaft

Pa|t|ro|ne *die; -, -n ⟨lat.-mlat.-fr.⟩:* 1. als Munition gewöhnlich für Handfeuerwaffen dienende, Treibsatz, Zündung u. Geschoss bzw. Geschossvorlage enthaltende [Metall]hülse. 2. wasserdicht abgepackter Sprengstoff zum Einführen in Bohrlöcher bei Sprengungen. 3. Zeichnung auf kariertem Papier für das Muster in der Bindung eines textilen Gewebes. 4. a) kleiner, fast zylindrischer Behälter aus Kunststoff für Tinte od. Tusche zum Einlegen in einen Füllfederhalter; b) fest schließende, lichtundurchlässige Kapsel mit einem Kleinbildfilm, die in die Kamera eingelegt wird. 5. (Gastr. veraltet) [gefettetes] Papier, das man zum Schutz vor zu starker Hitze über Speisen deckt

pa|t|ro|nie|ren: (österr. ugs.) Zimmerwände mit einer Schablone bemalen, schablonieren

Pa|t|ro|nin *die; -, -nen ⟨lat.⟩:* 1. Schutzherrin; Schutzheilige. 2. weibliche Form zu ↑ ²Patron

pa|t|ro|ni|sie|ren ⟨lat.-fr.⟩: (veraltet) beschützen, begünstigen

Pa|t|ro|ny|mi|kon ⟨gr.⟩ u. **Pa|t|ro|ny|mi|kum** ⟨gr.-lat.⟩ *das; -s, ...ka:* vom Namen des Vaters abgeleiteter Name (z. B. Petersen = Peters Sohn); Ggs. ↑ Metronymikon

pa|t|ro|ny|misch: das Patronymikon betreffend, vom Namen des Vaters abgeleitet

Pa|t|rouil|le [pa'trʊljə, österr.: ...'tru:jə] *die; -, -n ⟨fr.⟩:* 1. von (einer Gruppe) Soldaten durchgeführter Erkundung, durchgeführter Kontrollgang. 2. Gruppe von Soldaten, die etwas erkundet, einen Kontrollgang durchführt

pa|t|rouil|lie|ren [patrʊl'ji:...]: als Posten od. Wache auf u. ab gehen, auf Patrouille gehen, fahren, fliegen

Pa|t|ro|zi|ni|um *das; -s, ...ien ⟨lat.⟩:* 1. (hist.) im alten Rom der Vertretung durch einen ¹Patron (1) vor Gericht. 2. (hist.) im Mittel-

alter der Rechtsschutz, den der Gutsherr seinen Untergebenen gegen Staat u. Stadt gewährte. 3. [himmlische] Schutzherrschaft eines Heiligen über eine Kirche. 4. Festtag zu Ehren des od. der jeweiligen Ortsheiligen

Pa|t|schu|li *das; -s, -s ⟨tamil.-engl.-fr.⟩:* a) (ohne Plural) Duftstoff aus der Patschulipflanze; b) zur Herstellung von Parfüm aus den Blättern der Patschulipflanze gewonnenes Öl

patt ⟨fr.⟩: (beim Schachspiel) nicht mehr in der Lage, einen Zug zu machen, ohne seinen König ins Schach zu bringen. **Patt** *das; -s, -s:* 1. als unentschieden gewertete Stellung im Schachspiel, bei der eine Partei patt ist. 2. Situation, in der keine Partei einen Vorteil erringen, den Gegner schlagen kann

Pat|tern ['petn] *das; -s, -s ⟨lat.-fr.-engl.⟩:* 1. (bes. Psychol.; Soziol.) [Verhaltens]muster, [Denk]schema, Modell. 2. (Sprachw.) charakteristisches Sprachmuster, nach dem sprachliche Einheiten nachgeahmt u. weitergebildet werden

pat|tie|ren ⟨fr.⟩: rastern, mit Notenlinien versehen

Pat|ti|nan|do *das; -s, -s u. ...di ⟨it.⟩:* mit einem Schritt vorwärts verbundene Angriffsbewegung (beim Fechten)

Pau|kal *der; -s, -e ⟨lat.-nlat.⟩:* (Sprachw.) Numerus (z. B. der arabischen Sprache), der eine geringe, überschaubare Anzahl ausdrückt

Pau|kant *der; -en, -en ⟨dt.-nlat.⟩:* (Studentenspr.) Teilnehmer einer Mensur (2)

pau|li|nisch ⟨nlat.; nach dem Apostel Paulus⟩: der Lehre des Apostels Paulus entsprechend, auf ihr beruhend, von Paulus stammend

Pau|li|nis|mus *der; -:* die in den Paulusbriefen des Neuen Testaments niedergelegte Lehre des Apostels Paulus

Pau|low|nia *die; -, ...ien ⟨nlat.; nach einer russ. Großfürstin Anna Pawlowna⟩:* schnellwüchsiger Zierbaum aus Ostasien; Kaiserbaum

Paume|spiel ['po:m...] *das; -[e]s, -e ⟨lat.-fr.; dt.⟩:* dem Tennis verwandtes altes französisches Ballspiel

pau|pe|rie|ren ⟨*lat.*⟩: (Biol.) sich kümmerlich entwickeln (z. B. von durch Kreuzung entstandenen Pflanzen)

pau|pe|ri|sie|ren ⟨*lat.-nlat.*⟩: jmds. Verarmung bewirken od. in Kauf nehmen

Pau|pe|ris|mus *der; -* ⟨*lat.-nlat.*⟩: (bes. im 19. Jh.) Verarmung, Verelendung breiter Bevölkerungsschichten, bes. auch in intellektueller u. psychischer Hinsicht

Pau|pe|ri|tät *die; -* ⟨*lat.*⟩: (veraltet) Armut, Dürftigkeit

pau|schal ⟨*nlat.*⟩: a) im Ganzen, ohne Spezifizierung o. Ä.; b) sehr allgemein [beurteilt], ohne näher zu differenzieren

Pau|scha|le *die; -, -n* ⟨latinisierende Bildung zu Pausche „Sattelpolsterung"⟩: Geldbetrag, durch den eine Leistung, die sich aus verschiedenen einzelnen Posten zusammensetzt, ohne Spezifizierung abgegolten wird

pau|scha|lie|ren: Teilsummen od. -leistungen zu einer einzigen Summe od. Leistung zusammenlegen

pau|scha|li|sie|ren: etwas pauschal (b) behandeln, sehr stark verallgemeinern

Pau|schal|tou|ris|mus *der; -:* Form des Tourismus, bei der das Reisebüro die jeweilige Reise vermittelt u. Flug, Hotel usw. pauschal berechnet

Pausch|quan|tum *das; -s, ...ten:* ↑ Pauschale

¹Pau|se *die; -, -n* ⟨*gr.-lat.-roman.*⟩: 1. a) Unterbrechung [einer Tätigkeit], die der Erholung dienen soll; b) kurze Unterbrechung, vorübergehendes Aufhören von etwas. 2. (Mus.) a) Taktteil innerhalb eines Musikwerks, der nicht durch Töne ausgefüllt ist; b) grafisches Zeichen für die Pause. 3. (Verslehre) vom metrischen Schema geforderte Takteinheit, die nicht durch Sprache ausgefüllt ist

²Pau|se *die; -, -n* ⟨*fr.*⟩: mithilfe von Pauspapier od. auf fotochemischem Wege hergestellte Kopie (eines Schriftstücks o. Ä.)

pau|sen: eine ²Pause anfertigen; durchpausen

pau|sie|ren ⟨*gr.-lat.-roman.*⟩: a) eine Tätigkeit [für kurze Zeit] unterbrechen; mit etwas vorübergehend aufhören; b) ausruhen, ausspannen

Pa|va|ne *die; -, -n* ⟨*it.-fr.*⟩: (Mus.) 1. langsamer höfischer Schreittanz. 2. Einleitungssatz der Suite

Pa|ve|se *die; -, -n* ⟨*it.*⟩: (hist.) im Mittelalter gebräuchlicher großer Schild mit einem am unteren Ende befestigten Stachel zum Einsetzen in die Erde

Pa|vi|an *der; -s, -e* ⟨*fr.-niederl.*⟩: (in Afrika heimischer) großer, vorwiegend am Boden lebender Affe mit unbehaartem (roten) Hinterteil

Pa|vil|lon [ˈpavɪljɔŋ, auch: ...jõ, ...ˈjõ:] *der; -s, -s* ⟨*lat.-fr.*⟩: 1. großes viereckiges [Fest]zelt. 2. kleines rundes od. mehreckiges, [teilweise] offenes, frei stehendes Gebäude (z. B. Gartenhaus). 3. Einzelbau auf einem Ausstellungsgelände. 4. (Archit.) vorspringender Eckteil des Hauptbaus eines [Barock]schlosses. 5. (Archit.) zu einem größeren Komplex gehörender selbstständiger Bau

Pa|vil|lon|sys|tem *das; -s:* (Archit.) System von mehreren, einem Hauptbau zugeordneten Pavillons (5)

Pa|vo|naz|zo *der; -* ⟨*lat.-it.*⟩: Abart des cararischen Marmors

Pa|vor noc|tur|nus *der; - -* ⟨*lat.;* „nächtliche Angst"⟩: (Med.) während des Nachtschlafs plötzlich auftretender Angstanfall, der zum Aufwachen unter lautem Schreien führt; Nachtangst

Paw|lat|sche *die; -, -n* ⟨*tschech.*⟩: (österr.) 1. offener Gang an der Hofseite eines [Wiener] Hauses. 2. baufälliges Haus. 3. Bretterbühne

Paw|lat|schen|the|a|ter *das; -s, -:* (österr.) [Vorstadt]theater, das auf einer einfachen Bretterbühne spielt

¹Pax *die; -* ⟨*lat.;* „Friede"⟩: Friedensgruß, bes. der Friedenskuss in der katholischen Messe

²Pax *der; -es, -e* ⟨Abk. für *engl.* passenger X⟩: (Flugw. Jargon) Passagier, Fluggast

Pax Chris|ti *die; - -:* (1944 in Frankreich gegründete) katholische Weltfriedensbewegung

Pax Ro|ma|na *die; - -* ⟨„römischer Friede"⟩: 1. (in der römischen Kaiserzeit) befriedeter Bereich römisch-griechischer Kultur. 2. (1921 gegründete) internationale katholische Studentenbewegung

Pax|ta|fel *die; -, -n:* mit Darstellungen Christi, Mariens od. Heiliger verziertes Täfelchen, das früher zur Weitergabe des liturgischen Friedenskusses in der Messe diente

Pax vo|bis|cum: Friede (sei) mit euch! (Gruß in der katholischen Messliturgie)

Pay-back, auch: **Pay|back** [ˈpeɪbɛk] *das; -s* ⟨*engl.*⟩: 1. ↑ Pay-out. 2. Bonussystem zur Kundenbindung, bei dem jeder Kauf mit Punkten belohnt wird, die später gutgeschrieben od. eingelöst werden können

Pay|card [ˈpeɪkaːɐt] *die; -, -s* ⟨*engl.*⟩: aufladbare Chipkarte zum bargeldlosen Bezahlen

Pay|ing|guest [ˈpeɪŋɡɛst] *der; -s, -s,* auch: **Pay|ing Guest** *der; - -s, - -s:* im Ausland bei einer Familie mit vollem Familienanschluss wohnender Gast, der für Unterkunft u. Verpflegung bezahlt

Pay-out [ˈpeɪaʊt] *das; -s:* (Wirtsch.) Rückgewinnung investierten Kapitals

Pay-per-Chan|nel [peɪpəˈtʃænl] *das; -s* ⟨*engl.*⟩: Verfahren, mit dem einzeln abrechenbare Spartenkanäle des digitalen Privatfernsehens empfangen werden können

Pay-per-View [ˈpeɪpəvjuː] *das; -s:* a) ↑ Pay-TV; b) Übertragung gewünschter Informationen durch digitales Privatfernsehen nach einem Gebührensystem, bei dem nur die abgerufenen Einheiten bezahlt werden müssen

Pay|sage in|time [peizaʒɛ̃ˈtiːm] *das; - - -* ⟨*fr.*⟩: (bes. im Frankreich des 19. Jh.s vertretene) Richtung der Landschaftsmalerei, die die stimmungshafte Darstellung bevorzugte

Pay-TV [ˈpetiːviː] *das; -[s]* ⟨*engl.*⟩: gegen eine Gebühr u. mithilfe eines Decoders zu empfangendes, verschlüsselt gesendetes Privatfernsehen; Ggs. ↑ Free TV

Pa|zi|fik *der; -s* ⟨*lat.-engl.*⟩: Pazifischer od. Großer Ozean (zwischen asiatischem, australi-

P

P

schem u. amerikanischem Kontinent)

Pa|zi|fi|ka|ti|on *die;* -, -en ⟨*lat.*⟩: (veraltet) Beruhigung, Befriedung

pa|zi|fisch ⟨*lat.-engl.*⟩: den Raum, den Küstentyp u. die Inseln des Pazifischen Ozeans betreffend

Pa|zi|fis|mus *der;* - ⟨*lat.-fr.-nlat.*⟩: a) weltanschauliche Strömung, die jeden Krieg als Mittel der Auseinandersetzung ablehnt u. den Verzicht auf Rüstung u. militärische Ausbildung fordert; b) Haltung, Einstellung eines Menschen, die durch den Pazifismus (a) bestimmt ist

Pa|zi|fist *der;* -en, -en: Anhänger des Pazifismus. **Pa|zi|fis|tin** *die;* -, -nen: weibliche Form zu ↑ Pazifist. **pa|zi|fis|tisch:** den Pazifismus betreffend

pa|zi|fi|zie|ren ⟨*lat.*⟩: (veraltend) [ein Land] befrieden

Pa|zis|zent *der;* -en, -en: (Rechtsw. veraltet) jmd., der einen Vertrag schließt od. einen Vergleich mit einem anderen eingeht. **Pa|zis|zen|tin** *die;* -, -nen: weibliche Form zu ↑ Paziszent

pa|zis|zie|ren: (Rechtsw. veraltet) einen Vertrag schließen bzw. einen Vergleich mit einem andern eingehen

¹PC [pe:ˈtse:] *der;* -[s], -[s] ⟨Abk. für engl. Personalcomputer⟩: ↑ Personalcomputer

²PC [pe:ˈtse:] *die;* - ⟨Abk. für engl. political correctness⟩: ↑ Political Correctness

Peak [pi:k] *der;* -[s], -s ⟨*engl.*⟩: 1. engl. Bez. für: Berggipfel, -spitze. 2. (bes. Chem.) relativ spitzes Maximum (2 a) im Verlauf einer Kurve (2). 3. (fachspr.) ↑ Signal (1)

Pea|nuts [ˈpiːnats] *die* (Plural; meist ohne Artikel) ⟨*engl.;* „Erdnüsse"⟩: (Jargon) Kleinigkeit; bes. als unbedeutend erachtete Geldsumme

Peau d'An|ge [poˈdãːʒ(ə)] *die;* - - ⟨*fr.;* „Engelshaut"⟩: weicher Crêpe Satin

Pe|can|nuss vgl. Pekannuss

Pe-Ce-Fa|ser *die;* -, -n ⟨Kurzw. aus Polyvinylchlorid u. Faser⟩: sehr beständige Kunstfaser

Pe|da: *Plural* von ↑ Pedum

Pe|dal *das;* -s, -e ⟨*lat.-nlat.*⟩: 1. mit dem Fuß zu bedienender Teil an der Tretkurbel des Fahrrads. 2. mit dem Fuß zu bedienender

Hebel für Bremse, Gas u. Kupplung in Kraftfahrzeugen. 3. a) Fußhebel am Klavier zum Dämpfen der Töne od. zum Nachschwingenlassen der Saiten; b) Fußhebel am Cembalo zum Mitschwingenlassen anderer Saiten; c) Fußhebel an der Harfe zum chromatischen Umstimmen. 4. a) Tastatur (Klaviatur) an der Orgel, die mit den Füßen bedient wird; b) einzelne mit dem Fuß zu bedienende Taste an der Orgel

Pe|da|le *die;* -, -n: ↑ Pedal (1)

pe|da|len: (bes. schweiz.) Rad fahren

Pe|da|le|rie *die;* -, ...ien: Gesamtheit der Pedale (in einem Kraftfahrzeug)

Pe|da|leur [...ˈløː̯ɐ] *der;* -s, -s u. -e ⟨*lat.-fr.*⟩: (scherzh.) Radfahrer, Radsportler. **Pe|da|leu|rin** [...ˈløːrɪn] *die;* -, -nen: weibliche Form zu ↑ Pedaleur

Pe|dal|kla|vi|a|tur *die;* -, -en: in Fußhöhe angebrachte, mit den Füßen zu spielende Klaviatur

pe|dant ⟨*gr.-it.-fr.*⟩: (österr.) pedantisch. **Pe|dant** *der;* -en, -en: jmd., der die Dinge übertrieben genau nimmt

Pe|dan|te|rie *die;* -, ...ien: übertriebene Genauigkeit, Ordnungsliebe, Gewissenhaftigkeit

pe|dan|tisch: übertrieben genau, ordnungsliebend, gewissenhaft

Pe|dan|tis|mus *der;* -: (veraltet) Pedanterie

Pe|dell *der;* -s, -e ⟨*dt.-mlat.*⟩: (veraltet) Hausmeister einer [Hoch]schule

Pe|dest *das* od. *der;* -[e]s, -e ⟨*lat.-nlat.*⟩: (veraltet) Podest

pe|des|t|risch ⟨*lat.*⟩: (veraltet) niedrig, gewöhnlich, prosaisch

Pe|di|ca|tio *die;* -, ...iones ⟨*lat.*⟩: (Med.) ↑ Analverkehr

Pe|di|g|ree [ˈpɛdigri] *der;* -s, -s ⟨*engl.*⟩: (Biol.) Stammbaum (in der Pflanzen- u. Tierzucht)

Pe|di|ku|lo|se *die;* -, -n ⟨*lat.-nlat.*⟩: Läusebefall beim Menschen u. die damit zusammenhängenden krankhaften Erscheinungen

Pe|di|kü|re *die;* -, -n ⟨*lat.-fr.*⟩: 1. (ohne Plural) Fußpflege. 2. Fußpflegerin. **pe|di|kü|ren:** die Füße, bes. die Fußnägel, pflegen

Pe|di|ment *das;* -s, -e ⟨*lat.-nlat.*⟩: (Geogr.) mit Sandmaterial be-

deckte Fläche am Fuß von Gebirgen in Trockengebieten

Pe|di|zel|la|rie *die;* -, -n: zangenartiges Greiforgan der Stachelhäuter

Pe|do|graph, auch: ...graf *der;* -en, -en ⟨*lat.; gr.*⟩: Wegmesser

Pe|do|lo|gie *die;* - ⟨*gr.-nlat.*⟩: Bodenkunde. **pe|do|lo|gisch:** die Bodenkunde betreffend

Pe|do|me|ter *das;* -s, - ⟨*lat.; gr.*⟩: Schrittzähler

Pe|d|ro Xi|mé|nez [ˈpeðro xiˈmeneθ] *der;* - - ⟨*span.*⟩: likörähnlicher spanischer Süßwein

Pe|dum *das;* -s, Peda ⟨*lat.*⟩: bischöflicher Krummstab

Pee|ling [ˈpiː...] *das;* -s, -s ⟨*engl.*⟩: kosmetische Schälung der [Gesichts]haut zur Beseitigung von Hautunreinheiten u. abgestorbenen Hautschüppchen

Peep|show [ˈpiːpʃoʊ] *die;* -, -s ⟨*engl.*⟩: auf sexuelle Stimulation zielendes Sich-zur-Schau-Stellen einer nackten [weiblichen] Person, die gegen Geldeinwurf durch das Guckfenster einer Kabine betrachtet werden kann

Peer [pi:ɐ̯, auch: pɪə] *der;* -s, -s ⟨*lat.-fr.-engl.*⟩: 1. Angehöriger des höchsten Adels in Großbritannien. 2. Mitglied des britischen Oberhauses

Peer|rage [ˈpɪərɪdʒ] *die;* -: 1. Würde eines Peers. 2. Gesamtheit der Peers

Pee|ress [ˈpiːrɛs, auch: ˈpɪərɪs] *die;* -, ...resses [...sɪs, auch: ...sɪz]: Frau eines Peers

Peer|group [ˈpiːɐ̯gruːp] *die;* -, -s: (Psychol., Soziol.) Gruppe von etwa gleichaltrigen Jugendlichen, die als Orientierung für den Übergang von familienorientierter Kindheit zum Erwachsenendasein fungiert

Pe|ga|sos u. **Pe|ga|sus** *der;* - ⟨*gr.-lat.;* geflügeltes Ross der griech. Sage⟩: geflügeltes Pferd als Sinnbild dichterischer Fantasie; **den Pegasos besteigen:** (scherzh.) dichten

Pe|ge *die;* -, -n ⟨*gr.*⟩: kalte Quelle mit einer Wassertemperatur unter 20 °C

Peg|ma|tit [auch: ...ˈtɪt] *der;* -s, -e ⟨*gr.-nlat.*⟩: (Geol.) aus gasreichen Resten von Tiefengesteinsschmelzflüssen entstandenes grobkörniges Ganggestein

Pei|es *die* (Plural) ⟨*hebr.*⟩: lange

Schläfenlocken orthodoxer Juden

Peil|g|neur [pɛnjøːɐ̯] *der;* -s, -e ⟨*lat.-fr.*⟩: Kammwalze od. Abnehmer an der Krempelmaschine in der Spinnerei

Peil|g|noir [pɛnjo̯aːɐ̯] *der;* -s, -s: (veraltet) Frisiermantel

Pein|t|re|gra|veur [pɛ̃trəgraˈvœːr] *der;* -s, -e ⟨*fr.*⟩: nach eigener Erfindung stechender od. radierender Künstler

Pein|ture [pɛ̃ˈtyːɐ̯] *die;* - ⟨*lat.-vulgär lat.-fr.*⟩: kultivierte, meist zarte Farbgebung, Malweise

Pei|re|s|kia u. Pereskia *die;* -, ...ien ⟨*nlat.; nach dem franz.* Gelehrten N. C. F. de Peiresc, 1580–1637⟩: (im tropischen Amerika u. in Westindien heimische) Kakteenpflanze mit laubartigen Blättern u. langen Dornen

Pe|jo|ra|ti|on *die;* -, -en ⟨*lat.-nlat.*⟩: (Sprachw.; bei einem Wort) das Abgleiten in eine abwertende, negative Bedeutung. **pe|jo|ra|tiv:** (Sprachw.) die Pejoration betreffend; bedeutungsverschlechternd; abwertend

Pe|jo|ra|ti|vum *das;* -s, ...va: (Sprachw.) pejoratives Wort (z. B. Jüngelchen, frömmeln)

Pe|kan|nuss u. Pecannuss *die;* -, ...nüsse ⟨*indian.; dt.*⟩: Frucht eines in Nordamerika heimischen Baumes

Pe|ke|sche *die;* -, -n ⟨*poln.*⟩: 1. (hist.; in der polnischen Tracht) mit Knebeln geschlossener, oft mit Pelz verarbeiteter Überrock. 2. geschnürte Festjacke der Verbindungsstudenten

Pe|ki|ne|se *der;* -n, -n ⟨nach der chines. Hauptstadt Peking, dem früheren alleinigen Züchtungsort⟩: kleiner, kurzbeiniger Hund mit großem Kopf, Hängeohren u. langem, seidigem Haar

Pe|koe [ˈpiːkou̯] *der;* -[s] ⟨*chin.-engl.*⟩: gute, aus bestimmten Blättern des Teestrauchs hergestellte Teesorte

pek|t|an|gi|nös ⟨*lat.-nlat.*⟩: (Med.) die Angina Pectoris betreffend, ihr ähnlich; brust- u. herzbeklemmend

Pek|ta|se *der;* - ⟨*gr.-nlat.*⟩: in Mohrrüben, Früchten u. Pilzen vorkommendes Enzym

Pek|ten|mu|schel *die;* -, -n ⟨*lat.; dt.*⟩: (Zool.) auf Sandgrund lebende Kammmuschel mit tief gerippten Schalen

Pek|tin *das;* -s, -e (meist Plural) ⟨*gr.-nlat.*⟩: gelierender Pflanzenstoff in Früchten, Wurzeln u. Blättern

Pek|ti|na|se *die;* -: in Malz u. Pollenkörnern vorkommendes Enzym

pek|to|ral ⟨*lat.*⟩: (Med.) die Brust betreffend, zu ihr gehörend

Pek|to|ra|le *das;* -[s], -s u. ...lien ⟨*lat.-mlat.*⟩: 1. Brustkreuz katholischer geistlicher Würdenträger. 2. mittelalterlicher Brustschmuck (z. B. Schließe des geistlichen Chormantels)

Pe|ku|li|ar|be|we|gung *die;* -, -en ⟨*lat.; dt.*⟩: (Astron.) die bei den gegenseitigen Bewegungen der Fixsterne beobachtete unsystematische Eigenbewegung innerhalb großer Sterngruppen

pe|ku|ni|är ⟨*lat.-fr.*⟩: das Geld betreffend; finanziell, geldlich

pek|zie|ren u. pexieren ⟨*lat.*⟩: (landsch.) etwas anstellen, eine Dummheit machen

Pe|la|de *die;* -, -n ⟨*lat.-fr.*⟩: (Med.) krankhafter Haarausfall

pe|la|gi|al ⟨*gr.-nlat.*⟩: ↑ pelagisch

Pe|la|gi|al *das;* -s: 1. (Geol.) freies Wasser der Meere u. Binnengewässer von der Oberfläche bis zur größten Tiefe. 2. (Biol.) Gesamtheit der im freien Wasser lebenden Organismen

Pe|la|gi|a|ner *der;* -s, - ⟨*nlat.; nach* dem engl. Mönch Pelagius, 5. Jh.⟩: Anhänger des Pelagianismus. **Pe|la|gi|a|nis|mus** *der;* -: kirchlich verurteilte Lehre des Pelagius, die gegen Augustins Gnadenlehre die menschliche Willensfreiheit vertrat

pe|la|gisch ⟨*gr.-lat.*⟩: 1. (Biol.) (von Tieren u. Pflanzen) im freien Meer u. in weiträumigen Binnenseen lebend. 2. (Geol.) dem Meeresboden der Tiefsee angehörend (von Sedimenten)

Pe|lar|go|nie *die;* -, -n ⟨*gr.-nlat.*⟩: zur Gattung der Storchschnabelgewächse gehörende Pflanze mit meist leuchtenden Blüten; Geranie

Pele|mele [pɛlˈmɛl] *das;* -: 1. Mischmasch, Durcheinander. 2. Süßspeise aus Vanillecreme u. Fruchtgelee

pêle-mêle [pɛlˈmɛl] ⟨*fr.*⟩: bunt gemischt, durcheinander

Pel|le|ri|ne *die;* -, -n ⟨*lat.-fr.*⟩:

a) über dem Mantel zu tragender, einem Cape ähnlicher Umhang, der etwa bis zur Taille reicht; b) (veraltet) Regencape

Pel|ham [ˈpɛləm] *der;* -s, -s ⟨*engl.*⟩: Kandare mit beweglichem Trensenmundstück (beim Reiten)

Pe|li|kan [auch: ...ˈkaːn] *der;* -s, -e ⟨*gr.-mlat.*⟩: tropischer u. subtropischer Schwimmvogel mit mächtigem Körper u. langem, am unteren Teil mit einem dehnbaren Kehlsack versehenen Schnabel

Pe|lit [auch: ...ˈlɪt] *der;* -s, -e (meist Plural) ⟨*gr.-nlat.*⟩: (Geol.) Sedimentgestein aus staubfeinen Bestandteilen (z. B. Tonschiefer). **pe|li|tisch** [auch: ...ˈliː...]: die Pelite betreffend

Pel|l|a|g|ra *das;* -s ⟨*lat.-it.*⟩: (Med.) vor allem in südlichen Ländern auftretende Vitaminmangelkrankheit, die sich in Müdigkeit, Schwäche, Gedächtnis-, Schlafstörungen, Verdauungsstörungen u. Hautveränderungen äußert

Pel|let *das;* -s, -s (meist Plural): 1. (Techn.) beim Pelletieren entstehende kleinere Kugel. 2. durch Pelletieren von gehäckseltem od. gemahlenem Trockenfutter hergestellter, meist zylinderförmiger Presskörper zur Verfütterung an Pferde, Schweine, Rinder u. Geflügel

pel|le|tie|ren u. **pel|le|ti|sie|ren** ⟨*lat.-fr.-engl.*⟩: (Techn.) feinkörnige Stoffe durch besondere Verfahren zu kleinen kugel- od. walzenförmigen Stücken (von einigen Zentimetern Durchmesser) zusammenfügen, granulieren (1)

Pel|li|cu|la *die;* -, ...lae [...lɛ] ⟨*lat.*⟩: (Biol.) äußerste, dünne, elastische Plasmaschicht des Zellkörpers vieler Einzeller; vgl. Kutikula

pel|lu|zid ⟨*lat.*⟩: lichtdurchlässig (von Mineralien). **Pel|lu|zi|di|tät** *die;* -: Lichtdurchlässigkeit (von Mineralien)

Pel|me|ni *die* (Plural) ⟨*russ.*⟩: mit Fleisch od. Kraut gefüllte halbmondförmige Nudelteigtaschen

Pe|log u. **Pe|lok** *das;* -[s] ⟨*jav.*⟩: (Mus.) javanisches siebentöniges Tonsystem

Pe|lo|rie [...jə] *die;* -, -n ⟨*gr.-nlat.*⟩:

(Bot.) strahlige Blüte bei einer Pflanze, die normalerweise zygomorph ausgebildete Blüten trägt

Pel|o|ta die; - ⟨lat.-vulgärlat.-fr.-span.⟩: baskisches, tennisartiges Rückschlagspiel, bei dem der Ball von zwei Spielern od. Mannschaften mit der Faust od. einem Lederhandschuh an eine Wand geschlagen wird

Pel|o|ton [...'tõː] das; -s, -s ⟨lat.-vulgärlat.-fr.⟩: 1. (hist.) Schützenzug (militärische Unterabteilung). 2. Exekutionskommando. 3. (Radsport) geschlossenes Feld, Hauptfeld im Straßenrennen

Pel|ot|te die; -, -n: (Med.) Druckpolster in der Form eines Ballons (z. B. an einem Bruchband)

Pel|sei|de die; - ⟨lat.-it.; dt.⟩: Rohseidefäden aus geringwertigen Kokons

Pel|tast der; -en, -en ⟨gr.-lat.⟩. leicht bewaffneter Fußsoldat im antiken Griechenland

Pel|lusch|ke die; -, -n ⟨slaw.⟩: (landsch.) als Futterpflanze angebaute Erbse mit etwas kantigen, graugrünen Samen mit braunen Punkten

Pem|phi|gus der; - ⟨gr.-nlat.⟩: (Med.) Hautkrankheit, bei der Blasen auftreten, die mit einer gelblichen Flüssigkeit gefüllt sind

Pe|nal|ty ['pɛn|ti] der; -[s], -s ⟨lat.-mlat.-engl.⟩: nach bestimmten schweren Regelverstößen verhängte Strafe, bei der der Ball od. Puck direkt u. ungehindert auf das Tor geschossen werden darf; Strafstoß (bes. im Eishockey)

Pe|na|ten die (Plural) ⟨lat.⟩: altrömische Schutzgötter des Hauses u. der Familie

Pence [pɛns]: Plural von ↑ Penny

Pen|chant [pãˈʃã] der; -s, -s ⟨lat.-vulgärlat.-fr.⟩: (veraltet) Hang, Neigung, Vorliebe

PEN-Club, P.E.N.-Club der; -s ⟨Kurzw. aus engl. poets, essayists, novelists u. Club (zugleich anklingend an engl. pen = Fe-

der)⟩: 1921 gegründete internationale Dichter- u. Schriftstellervereinigung (mit nationalen Sektionen)

Pen|dant [pãˈdã:] das; -s, -s ⟨lat.-fr.⟩: 1. ergänzendes Gegenstück; Entsprechung. 2. (veraltet) Ohrgehänge

pen|dent ⟨lat.-it.⟩: (schweiz.) unerledigt, schwebend, anhängig

Pen|den|tif [pãdã...] das; -s, -s ⟨lat.-fr.⟩: (Archit.) Konstruktion in Form eines sphärischen Dreiecks, die den Übergang von einem quadratischen od. mehreckigen Grundriss in die Rundung einer Kuppel ermöglicht

Pen|denz die; -, -en ⟨lat.⟩: (schweiz.) schwebende, unerledigte Sache, Angelegenheit

Pen|do|li|no ® der; -s, -s ⟨it.⟩: mit einer computergesteuerten Neigetechnik ausgestatteter Zug, der auch auf kurvenreichen Strecken hohe Geschwindigkeiten erreichen kann

Pen|du|le [pãˈdyːlə], **Pen|dü|le** die; -, -n ⟨lat.-fr.⟩: größere Uhr, die durch ein Pendel in Gang gehalten wird; Pendeluhr; Stutzuhr

Pe|ne|plain ['piːnɪpleɪn] die; -, -s ⟨lat.-engl.⟩: (Geogr.) fast ebene Landoberfläche in geringer Höhe über dem Meeresspiegel, die nur von breiten Muldentälern u. niederen Bodenwellen in ihrer Ebenheit unterbrochen wird; Fastebene

Pe|nes: Plural von ↑ Penis

pe|ne|seis|misch ⟨lat.; gr.⟩: (Geol.) öfter von schwachen Erdbeben heimgesucht

pe|ne|t|ra|bel ⟨lat.-fr.⟩: (veraltet) durchdringbar; durchdringend

pe|ne|t|rant: a) in störender Weise durchdringend; b) in störender Weise aufdringlich

Pe|ne|t|ranz die; -, -en: 1. a) durchdringende Schärfe, penetrante (a) Beschaffenheit; b) Aufdringlichkeit. 2. (Biol.) die prozentuale Häufigkeit, mit der ein Erbfaktor bei Individuen gleichen Erbgutes im äußeren Erscheinungsbild wirksam wird

Pe|ne|t|ra|ti|on die; -, -en ⟨lat.⟩: 1. Durchdringung, Durchsetzung, das Penetrieren. 2. (Techn.) Eindringtiefe (bei der Prüfung der ↑ Viskosität von Schmierfetten). 3. das Ein-

dringen (in etwas, z. B. des Penis in die weibliche Scheide)

pe|ne|t|rie|ren ⟨lat.-fr.⟩: 1. durchsetzen, durchdringen. 2. mit dem Penis [in die weibliche Scheide] eindringen

Pe|ne|t|ro|me|ter das; -s, - ⟨lat.; gr.⟩: (Techn.) Gerät zum Messen der ↑ Penetration (2)

Pen|hol|der ['penhoʊldə] der; -s u. **Pen|hol|der|griff** der; -[e]s ⟨engl.⟩: (Tischtennis) Haltung des Schlägers, bei der der nach oben zeigende Griff zwischen Daumen u. Zeigefinger liegt; Federhaltergriff

pe|ni|bel ⟨gr.-lat.-fr.⟩: 1. bis ins Einzelne so genau, dass es schon übertrieben od. kleinlich ist. 2. (landsch.) peinlich

Pe|ni|bi|li|tät die; -: [ängstliche] Genauigkeit; Empfindlichkeit

Pe|ni|cil|lin vgl. Penizillin

Pe|ni|cil|li|na|se die; -: von manchen Bakterien gebildetes, Penizillin zerstörendes Enzym

Pe|ni|cil|lium das; -s: Schimmelpilz, der das Penizillin liefert

Pen|in|su|la die; -, ...sul(e)n ⟨lat.⟩: Halbinsel. **pen|in|su|lar** u. **pen|in|su|la|risch** ⟨lat.-nlat.⟩: zu einer Halbinsel gehörend, halbinselartig

Pe|nis der; -, -se u. Penes [...neːs] ⟨lat.⟩: (Med.) Teil der äußeren Geschlechtsorgane des Mannes u. verschiedener männlicher Tiere, der mit Schwellkörpern versehen ist, die ein Steifwerden u. Aufrichten zum Zweck des Geschlechtsverkehrs möglich machen

Pe|ni|ten|tes die (Plural) ⟨lat.-span.⟩: „die Büßer"): durch Verdunsten u. Abschmelzen entstandene Eisfiguren auf Schnee- od. Firnflächen; Büßerschnee

Pe|ni|zil|lin, fachspr. u. österr.: Penicillin das; -s, -e ⟨lat.-nlat.⟩: besonders wirksames Antibiotikum; vgl. Penicillium

Pen|nal das; -s, -e ⟨lat.-mlat.⟩: 1. (veraltet) Federbüchse. 2. (Schülerspr. veraltet) höhere Schule

Pen|nä|ler der; -s, - ⟨ugs.⟩ Schüler [einer höheren Schule]. **Pen|nä|le|rin** die; -, -nen: weibliche Form zu ↑ Pennäler

Pen|na|lis|mus der; - ⟨lat.-mlat.-nlat.⟩: im 16. u. 17. Jh. Dienstverhältnis zwischen jüngeren u.

älteren Studierenden an deutschen Universitäten

Peǀni *der;* -[s], -[s] (aber: 10 -) ⟨*dt.-finn.*⟩: finnische Münzeinheit (0,01 Markka)

Penǀny [ˈpɛni] *der;* -s, (einzelne Stücke:) Pennys [...niːs] u. (als Wertangabe:) Pence ⟨*engl.*⟩: englische Münze; Abk. [für Singular u. Plural beim neuen Penny im Dezimalsystem]: p, vor 1971: d (*lat.* denarius; vgl. Denar)

Penǀnyǀstock [ˈpɛnistɔk] *der;* -s, -s (meist Plur.) ⟨*engl.*⟩: (Wirtsch.) amerikanische Aktie, die mit weniger als 5 US-Dollar pro Stück gehandelt wird

Penǀnyǀweight [ˈpɛnɪweɪt] *das;* -[s], -s: englisches Feingewicht (1,5552 g); Abk.: dwt.; pwt.

Penǀsa: *Plural* von ↑ Pensum

penǀsee [pãˈseː] ⟨*lat.-fr.*⟩: dunkelviolett

Penǀsee [pãˈseː] *das;* -s, -s: franz. Bez. für: Stiefmütterchen

Penǀsen: *Plural* von ↑ Pensum

penǀsiǀeǀroǀso ⟨*lat.-it.*⟩: (Mus.) gedankenvoll, tiefsinnig (Vortragsanweisung)

Penǀsiǀon [pãˈzjoːn, auch: pãˈsjoːn, paŋˈzjoːn u. pɛnˈzjoːn] *die;* -, -en ⟨*lat.-fr.*⟩: 1. a) (ohne Plural; meist ohne Artikel) Ruhestand der Beamten; b) Bezüge für Beamte im Ruhestand. 2. Fremdenheim zur Beherbergung u. Verpflegung von Gästen. 3. (ohne Plural) [Preis für die] Unterbringung u. Verpflegung in einer Pension (2)

Penǀsiǀoǀnär *der;* -s, -e: 1. a) Beamter im Ruhestand; b) (landsch.) Rentner. 2. (schweiz., sonst veraltet) jmd., der in einer Pension (2) wohnt. **Penǀsiǀoǀnäǀrin** *die;* -, -nen: weibliche Form zu ↑ Pensionär

Penǀsiǀoǀnat *das;* -[e]s, -e: (veraltend) Internat, bes. für Mädchen

penǀsiǀoǀnieǀren: jmdn., bes. einen Beamten, in den Ruhestand versetzen

Penǀsiǀoǀnist *der;* -en, -en: (österr., schweiz.) Pensionär. **Penǀsiǀoǀnistin** *die;* -, -nen: weibliche Form zu ↑ Pensionist

Penǀsum *das;* -s, Pensen u. Pensa ⟨*lat.*⟩: a) Aufgabe, Arbeit, die innerhalb einer bestimmten Zeit zu erledigen ist; b) Lehrstoff

Penǀtaǀchord *das;* -[e]s, -e ⟨*gr.-*

lat.⟩: fünfsaitiges Streich- od. Zupfinstrument

Penǀtaǀde *die;* -, -n: (Meteor.) Zeitraum von fünf aufeinander folgenden Tagen

Penǀtaǀdik *die;* - ⟨*gr.-nlat.*⟩: (Math.) Zahlensystem mit der Grundzahl 5

Penǀtaǀeǀder *das;* -s, -: von fünf Flächen begrenzter Vielflächner; Fünfflächner

Penǀtaǀeǀteǀris *die;* -, ...ren ⟨*gr.-lat.*⟩: altgriechischer Zeitraum von fünf Jahren

Penǀtaǀglotǀte *die;* -, -n ⟨*gr.-nlat.*⟩: in fünf Sprachen abgefasstes Buch, bes. fünfsprachige Bibel

[1]Penǀtaǀgon *das;* -s, -e ⟨*gr.-lat.*⟩: Fünfeck

[2]Penǀtaǀgon *das;* -s ⟨*gr.-engl.-amerik.*⟩: auf einem fünfeckigen Grundriss errichtetes amerikanisches Verteidigungsministerium

penǀtaǀgoǀnal ⟨*gr.-nlat.*⟩: fünfeckig

Penǀtaǀgonǀdoǀdeǀkaǀeǀder *das;* -s, - ⟨*gr.-nlat.*⟩: von zwölf fünfeckigen Flächen begrenzter Körper

Penǀtaǀgoǀniǀkoǀsiǀteǀtǀraǀeǀder *das;* -s, -: aus untereinander kongruenten Fünfecken bestehender vierundzwanzigflächiger [Kristall]körper

Penǀtaǀgramm *das;* -s, -e: fünfeckiger Stern, der in einem Zug mit fünf gleich langen Linien gezeichnet werden kann; Drudenfuß

Penǀtaǀlǀpha *das;* -, -s: ↑ Pentagramm

penǀtaǀmer ⟨*gr.-lat.*⟩: fünfgliedrig, fünfteilig

Penǀtaǀmeǀron *das;* -s ⟨*gr.-lat.*⟩: Sammlung neapolitanischer Märchen, die der Herausgeber Basile in fünf Tagen erzählen lässt

Penǀtaǀmeǀter *das;* -s, - ⟨*gr.-lat.*⟩: aus sechs Versfüßen bestehender epischer Vers, der durch Zäsur in zwei Hälften geteilt ist

Penǀtan *das;* -s, -e ⟨*gr.-nlat.*⟩: sehr flüchtiger (gesättigter) Kohlenwasserstoff mit fünf Kohlenstoffatomen

Penǀtaǀnol *das;* -s: ein ↑ Amylalkohol

Penǀtaǀplǀla *die;* -, ...aplen ⟨*gr.-nlat.*⟩: ↑ Pentaglotte

Penǀtaǀprisǀma *das;* -s, ...men: in optischen Geräten verwendetes Fünfkantprisma, Reflexionsprisma

Penǀtǀarǀchie *die;* -, ...ien: Herrschaft von fünf Mächten, Fünfherrschaft (z. B. die Großmächteherrschaft Englands, Frankreichs, Russlands, Österreichs u. Preußens 1815–1860)

Penǀtasǀtoǀmiǀden *die* (Plural): Zungenwürmer (parasitische Gliedertiere in der Lunge von Reptilien, Vögeln u. Säugetieren)

Penǀtasǀtyǀlos *der;* -, ...ylen ⟨*gr.*⟩: antiker Tempel mit je fünf Säulen an den Schmalseiten

Penǀtaǀteuch *der;* -s ⟨*gr.-lat.*⟩: „Fünfrollenbuch"): die fünf Bücher Mose im Alten Testament

Penǀtǀathlǀlon [auch: ...aːtlɔn] *das;* -s ⟨*gr.*⟩: bei den Olympischen Spielen im Griechenland der Antike ausgetragener Fünfkampf (Diskuswerfen, Wettlauf, Weitsprung, Ringen, Speerwerfen)

Penǀtaǀtoǀnik *die;* - ⟨*gr.-nlat.*⟩: fünfstufiges, halbtonloses Tonsystem. **penǀtaǀtoǀnisch:** die Pentatonik betreffend

penǀtaǀzyǀkǀlisch: (Bot.) fünf Blütenkreise aufweisend (von bestimmten Zwitterblüten)

penǀteǀkosǀtal ⟨*gr.-mlat.*⟩: a) die Pentekoste betreffend, pfingstlich, Pfingst...; b) pfingstlerisch; die Pfingstbewegung betreffend. **Penǀteǀkosǀte** *die;* -: (Rel.) a) Pfingsten als der fünfzigste Tag nach Ostern; b) Zeitraum zwischen Ostern u. Pfingsten

Penǀten *das;* -s, -e ⟨*gr.-nlat.*⟩: (Chem.) ein ungesättigter Kohlenwasserstoff der Olefinreihe (vgl. Olefin)

Penǀteǀre *die;* -, -n ⟨*gr.-lat.*⟩: „Fünfruderer"): antikes Kriegsschiff, das von fünf Reihen übereinander sitzenden Ruderern bewegt wurde

Pentǀhaus *das;* -es, ...häuser ⟨*engl.-amerik.; dt.*⟩: ↑ Penthouse

Penǀthǀeǀmiǀmeǀres *die;* -, - ⟨*gr.*⟩: (antike Metrik) Zäsur nach dem fünften Halbfuß, bes. im Hexameter u. jambischen Trimeter

Pentǀhouse [ˈpɛnthaʊs] *das;* -, -s [...zɪz] ⟨*engl.-amerik.*⟩: exklusives Apartment auf dem Flachdach eines Etagen- od. Hochhauses

Penǀtiǀmenǀti *die* (Plural) ⟨*lat.-it.*; „Reuezüge"): Linien od. Untermalungen auf Gemälden od.

Zeichnungen, die vom Künstler abgeändert, aber [später] wieder sichtbar wurden

Pen|ti|um ® *der; -s* ⟨Kunstw.⟩: besonders schneller u. leistungsfähiger Mikroprozessor

Pent|lan|dit [auch: ...'dɪt] *der; -s, -e* ⟨nlat.; nach dem Entdecker J. B. Pentland, 1797–1873⟩: (Mineral.) Eisennickelkies, wichtiges Nickelerz

Pen|to|de *die; -, -n* ⟨gr.-nlat.⟩: (Elektrot.) Fünfpolröhre (Schirmgitterröhre mit Anode, Kathode u. drei Gittern)

Pen|to|se *die; -, -n*: in der Natur weit verbreitetes Monosaccharid mit fünf Kohlenstoffatomen; Einfachzucker

Pen|to|s|u|rie *die; -*: (Med.) das Auftreten von Pentosen im Harn

Pen|to|thal ® *das; -s* ⟨Kunstw.⟩: ein Narkosemittel

Pe|n|um|b|ra *die; -* ⟨lat.-nlat.⟩: (Astron.) nicht ganz dunkles Randgebiet eines Sonnenflecks

Pe|nun|se vgl. Penunze

Pe|nun|ze *die; -, -n* (meist Plural) ⟨poln.⟩: (ugs.) Geld, Geldmittel

Pe|n|u|ria *die; -* ⟨lat.⟩: (veraltet) drückender Mangel

Pe|on *der; -en, -en* ⟨lat.-vulgärlat.-span.⟩: 1. (hist.) südamerikanischer [indianischer] Tagelöhner. 2. (in Argentinien, Mexiko) Pferdeknecht, Viehhirte

Pe|o|na|ge [peo'na:ʒə, engl.: 'pi:ənɪdʒ] *die; -* ⟨lat.-span.-amerik.⟩: (hist.) System der Entlohnung, das zur Verschuldung der Peonen führte (bes. in Mexiko)

Pep *der; -[s]* ⟨amerik.⟩: mitreißender Schwung

Pe|pe|rin *der; -s, -e* ⟨sanskr.-pers.-gr.-lat.-it.⟩: (Geol.) vulkanisches Tuffgestein mit Auswürflingen in der Masse (im Albanergebirge)

Pe|pe|ro|ne *der; -, ...oni*, häufiger: **Pe|pe|ro|ni** *die; -, -* (meist Plural): kleine, sehr scharfe [in Essig eingelegte] Paprikaschote

Pe|pi|ni|e|re *die; -, -n* ⟨fr.⟩: (veraltet) Baumschule

Pe|pi|ta *der od. das; -s, -s* ⟨span.; spanische Tänzerin der Biedermeierzeit⟩: a) klein karierte [schwarzweiße] Hahnentrittmusterung; b) [Woll- od. Baumwoll]gewebe mit dieser Musterung

Pe|p|lon *das; -s, ...plen u. -s u. Pe-* plos *der; -, ...plen u. -* ⟨gr.⟩: altgriechisches faltenreiches, gegürtetes Obergewand, bes. der Frauen

Pe|p|lo|pau|se *die; -* ⟨gr.-nlat.⟩: (Meteor.) Obergrenze der untersten Luftschicht der ↑ Atmosphäre (1 b)

Pe|p|los vgl. Peplon

Pep|sin *das; -s, -e* ⟨gr.-nlat.⟩: 1. bestimmtes Enzym des Magensaftes. 2. aus Pepsin (1) hergestelltes Arzneimittel

Pep|sin|wein *der; -[e]s, -e*: Dessertwein, der die Magentätigkeit anregt

Pep|tid *das; -[e]s, -e*: bestimmtes Produkt des Eiweißabbaus

Pep|ti|da|se *die; -, -n*: Enzym, das Peptidbindungen spaltet

Pep|tid|hor|mon *das; -s, -e* ⟨gr.-nlat.⟩: ↑ Proteohormon

Pep|ti|sa|ti|on *die; -*: das Peptisieren

pep|tisch: das Pepsin betreffend, verdauungsfördernd

pep|ti|sie|ren: ein Gel in ein ²Sol zurückverwandeln

Pep|ton *das; -s, -e*: Abbaustoff des Eiweißes

Pep|to|n|u|rie *die; -*: (Med.) Ausscheidung von Peptonen mit dem Harn

per ⟨lat.⟩: 1. mit, mittels, durch, z. B. per Bahn, per Telefon. 2. (Amts-, Kaufmannsspr.) a) je, pro, z. B. etwas per Kilo verkaufen; b) bis zum, am, z. B. per ersten Januar liefern

Per *das; -s*: (Jargon) als Lösungsmittel bei der chemischen Reinigung verwendetes Perchloräthylen

per ab|u|sum ⟨lat.⟩: (veraltet) durch Missbrauch

per ac|ci|dens ⟨lat.⟩: (veraltet) durch Zufall

per ac|cla|ma|ti|o|nem ⟨lat.⟩: durch Zuruf

per A|d|res|se: bei; über die Anschrift von (bei Postsendungen); Abk.: p. A.

per an|num ⟨lat.⟩: (veraltet) jährlich, für das Jahr; Abk.: p. a.

per a|num ⟨lat.⟩: (Kaufmannsspr.) rektal, durch den After, den Mastdarm [eingeführt]

per as|pe|ra ad as|t|ra ⟨lat.; „auf rauen Wegen zu den Sternen"⟩: nach vielen Mühen zum Erfolg; durch Nacht zum Licht

Per|bo|rat *das; -[e]s, -e* (meist Plural) ⟨lat.; pers.-arab.-mlat.⟩: Sauerstoff abgebende Verbindung aus Wasserstoffperoxid u. Boraten

Per|bu|nan *der; -s* ⟨Kunstw.⟩: künstlicher Kautschuk, der von Benzin u. Ölen nicht angegriffen wird

per cas|sa ⟨lat.-it.⟩: (Kaufmannsspr.) gegen Barzahlung; vgl. Kassa

Perche|akt, auch: **Perche-Akt** ['pɛrʃ...] *der; -[e]s, -e* ⟨lat.-fr.; lat.⟩: Darbietung artistischer Nummern an einer langen, elastischen [Bambus]stange

Per|che|ron [pɛrʃə'rõ:] *der; -[s], -s* ⟨fr.⟩: nach der ehemaligen Grafschaft Perche in Nordfrankreich⟩: französisches Kaltblutpferd

Per|chlo|rat *das; -[e]s, -e* ⟨lat.; gr.-nlat.⟩: Salz der Perchlorsäure

Per|chlor|ä|thy|len *das; -, -s* ⟨lat.; gr.-nlat.⟩: ein Lösungsmittel, bes. für Fette u. Öle

Per|chlor|säu|re *die; -* ⟨lat.; gr.; dt.⟩: Überchlorsäure

per con|to ⟨lat.-it.⟩: (Kaufmannsspr.) auf Rechnung; vgl. Konto

Per|cus|sion [pə'kaʃn] *die; -, -s* ⟨lat.-engl.⟩: (Mus.) 1. in der Jazzkapelle o. Ä. Gruppe der Schlaginstrumente. 2. kurzer od. langer Abklingeffekt bei der elektronischen Orgel; vgl. Perkussion

per de|fi|ni|ti|o|nem ⟨lat.⟩: wie in der Aussage enthalten; erklärtermaßen

per|den|do|si ⟨lat.-it.⟩: (Mus.) abnehmend, allmählich schwächer, sehr leise werdend (Vortragsanweisung)

per|du [...'dy:] ⟨lat.-fr.⟩: (ugs.) verloren, weg, auf und davon

pe|re|ant ⟨lat.; „sie mögen zugrunde gehen!"⟩: (Studentenspr.) nieder mit ihnen! **pe|re|at** ⟨„er gehe zugrunde!"⟩: (Studentenspr.) nieder mit ihm!

Pe|re|at *das; -s, -s*: (Studentenspr.) der Ruf „nieder!"

Pe|re|d|wisch|ni|ki *die* (Plural) ⟨russ.⟩: Gruppe russischer Künstler, die im 19. Jh. auf Wanderausstellungen hervortraten

Pe|re|g|ri|na|ti|on *die; -* ⟨lat.⟩: (veraltet) Wanderung u. Reise im Ausland

Pe|r|emp|ti|on u. **Pe|r|em|ti|on** *die;*

-, -en ⟨lat.⟩: (Rechtsw. veraltet) Verfall, Verjährung

pe|r|emp|to|risch u. **pe|r|em|to|risch:** aufhebend; **peremptorische Einrede:** (Rechtsw.) Klageansprüche vernichtende Einrede bei Gericht; Ggs. ↑ dilatorische Einrede

Pe|r|en|ne die; -, -n ⟨lat.-nlat.⟩: mehrjährige, unterirdisch ausdauernde, krautige Pflanze

pe|r|en|nie|rend: 1. ausdauernd; hartnäckig. 2. (Bot.). mehrjährig (von Stauden- u. Holzgewächsen). 3. mit dauernder, wenn auch jahreszeitlich schwankender Wasserführung, Schüttung (von Wasserläufen, Quellen)

pe|r|en|nis: (veraltet) das Jahr hindurch, beständig

Pe|re|s|kia vgl. Peireskia

Pe|res|t|roi|ka die; - ⟨russ.; „Umbau"⟩: Umbildung, Neugestaltung (urspr. des sowjetischen politischen Systems)

per e|x|em|plum ⟨lat.⟩: (veraltet) zum Beispiel

per fas ⟨lat.⟩: (veraltet) auf rechtliche Weise

per fas et ne|fas: (veraltet) auf jede [erlaubte od. unerlaubte] Weise

per|fekt ⟨lat.⟩: 1. vollendet, vollkommen [ausgebildet]. 2. abgemacht, gültig

Per|fekt [auch: ...'fekt] das; -[e]s, -e: (Sprachw.) 1. (ohne Plural) Zeitform, mit der ein verbales Geschehen od. Sein aus der Sicht des Sprechers als vollendet charakterisiert wird. 2. Verbform des Perfekts (1)

Per|fek|ta: Plural von ↑ Perfektum

per|fek|ti|bel ⟨lat.-nlat.⟩: vervollkommnungsfähig (im Sinne des Perfektibilismus)

Per|fek|ti|bi|lis|mus der; -: Anschauung, Lehre aufklärerischen Geschichtsdenkens, nach der der Sinn der Geschichte im Fortschritt zu immer größerer Vervollkommnung der Menschheit liegt

Per|fek|ti|bi|list der; -en, -en: Anhänger des Perfektibilismus

Per|fek|ti|bi|lis|tin die; -, -nen: weibliche Form zu ↑ Perfektibilist

Per|fek|ti|bi|li|tät die; -: Fähigkeit zur Vervollkommnung

Per|fek|ti|on die; -, -en ⟨lat.-fr.⟩: 1. Vollendung, Vollkommen-

heit, vollendete Meisterschaft. 2. (veraltet) das Zustandekommen eines Rechtsgeschäftes

per|fek|ti|o|nie|ren ⟨lat.-nlat.⟩: etwas, jmdn. in einen Zustand bringen, der [technisch] perfekt (1) ist. **Per|fek|ti|o|nie|rung** die; -: das Vervollkommnen, Perfektionieren

Per|fek|ti|o|nis|mus der; -: 1. (abwertend) übertriebenes Streben nach Vervollkommnung. 2. (Philos.) Lehre innerhalb der Aufklärung, nach der der Sinn der Geschichte sich in einer fortschreitenden ethischen Vervollkommnung der Menschheit verwirklicht. **Per|fek|ti|o|nist** der; -en, -en: 1. (abwertend) jmd., der in übertriebener Weise nach Perfektion (1) strebt. 2. (Plural) Vertreter, Anhänger des Perfektionismus (2). **Per|fek|ti|o|nis|tin** die; -, -nen: weibliche Form zu ↑ Perfektionist

per|fek|ti|o|nis|tisch: (abwertend) a) in übertriebener Weise Perfektion (1) anstrebend; b) bis in alle Einzelheiten vollständig, umfassend

per|fek|tisch ⟨lat.⟩: das Perfekt betreffend, im Perfekt [gebraucht]

per|fek|tiv [auch: ...'ti:f]: (Sprachw.) die zeitliche Begrenzung eines Geschehens ausdrückend; **perfektiver Aspekt:** zeitlich begrenzte Verlaufsweise eines verbalen Geschehens, z. B. verblühen

per|fek|ti|vie|ren ⟨lat.-nlat.⟩: ein Verb mithilfe sprachlicher Mittel, bes. von Partikeln, in die perfektive Aktionsart überführen

per|fek|ti|visch ⟨lat.⟩: 1. ↑ perfektisch. 2. (veraltet) ↑ perfektiv

Per|fekt|par|ti|zip das; -s, -ien: Partizip Perfekt; vgl. Partizip

Per|fek|tum das; -s, ...ta: (veraltet) Perfekt

per|fid u. **per|fi|de** ⟨lat.-fr.⟩: hinterhältig, hinterlistig, tückisch. **Per|fi|die** die; -, ...ien: a) (ohne Plural) Hinterhältigkeit, Hinterlist, Falschheit; b) perfide Handlung, Äußerung. **Per|fi|di|tät** die; -, -en: ↑ Perfidie

per|fo|rat ⟨lat.⟩: durchlöchert

Per|fo|ra|ti|on die; -, -en: 1. (Med.) a) Durchbruch eines Abszesses od. Geschwürs durch die Hautoberfläche od. in eine Körper-

höhle; b) unbeabsichtigte Durchstoßung der Wand eines Organs o. Ä. bei einer Operation; c) operative Zerstückelung des Kopfes eines abgestorbenen Kindes im Mutterleib bei bestimmten Komplikationen. 2. a) Reiß-, Trennlinie an einem Papierblatt; Zähnung; b) zum Transportieren erforderliche Lochung am Rande eines Films

Per|fo|ra|tor der; -s, ...oren: 1. (Techn.) Gerät zum Herstellen einer Perforation (2 a). 2. (Druckw. früher) Schriftsetzer, der mithilfe einer entsprechenden Maschine den Drucksatz auf Papierstreifen locht

per|fo|rie|ren: 1. (Med.) bei einer Operation unbeabsichtigt die Wand eines Organs o. Ä. durchstoßen. 2. a) durchlöchern; b) eine ↑ Perforation (2 a) herstellen, lochen

Per|for|mance [pə'fɔ:məns] die; -, -s [...sız] ⟨engl.; „Vorführung"⟩: 1. dem ↑ Happening ähnliche, meist von einem einzelnen Künstler dargebotene künstlerische Aktion. 2. (Bankw.) prozentualer Wertzuwachs des Vermögens eines Investmentgesellschaft od. auch eines einzelnen Wertpapiers. 3. (EDV) Leistungsniveau, -stärke eines Rechners

Per|for|manz die; -, -en ⟨lat.-engl.⟩: (Sprachw.) Gebrauch der Sprache, konkrete Realisierung von Ausdrücken in einer bestimmten Situation durch einen individuellen Sprecher

per|for|ma|tiv u. **per|for|ma|to|risch:** (Sprachw.) eine mit einer sprachlichen Äußerung beschriebene Handlung zugleich vollziehend (z. B. ich gratuliere dir ...); vgl. ...iv/...orisch

Per|for|mer [pə'fɔ:mə] der; -s, - ⟨engl.⟩: Künstler, der Performances darbietet. **Per|for|me|rin** die; -, -nen: weibliche Form zu ↑ Performer

per|fun|die|ren ⟨lat.⟩: (Med.) auf dem Wege der Perfusion in einen Organismus einführen

Per|fu|si|on die; -, -en: (Med.) der Ernährung u. der Reinigung des Gewebes dienende [künstliche] Durchströmung eines Hohlorgans od. Gefäßes

Per|ga|men das; -s, -e ⟨gr.-lat.-mlat.; vom Namen der antiken

P

kleinasiatischen Stadt Pergamon⟩: (veraltet) Pergament.

per|ga|me|nen: (veraltet) pergamenten

Per|ga|ment das; -[e]s, -e ⟨gr.⟩: 1. enthaarte, geglättete, zum Beschreiben zubereitete Tierhaut, die bes. vor der Erfindung des Papiers als Schreibmaterial diente. 2. Handschrift auf Pergament (1). **per|ga|men|ten:** aus Pergament (1) **Per|ga|men|ter** der; -s, -: Hersteller von Pergament (1) **per|ga|men|tie|ren:** 1. ein dem Pergament ähnliches Papier herstellen. 2. Baumwollgewebe durch Behandlung mit Schwefelsäure pergamentähnlich machen **Per|ga|min** u. **Per|ga|myn** das; -s ⟨gr.-lat.-mlat.-nlat.⟩: pergamentartiges, durchscheinendes Papier **Per|go|la** die; -, ...len ⟨lat.-it.⟩: Laube od. Laubengang aus Pfeilern od. Säulen als Stützen für eine Holzkonstruktion, an der sich Pflanzen [empor]ranken

per|hor|res|zie|ren ⟨lat.⟩: mit Abscheu zurückweisen; verabscheuen, entschieden ablehnen

Pe|ri der; -s, -s od. die; -, -s (meist Plural) ⟨pers.⟩: [urspr. böses, aber] zum Licht des Guten strebendes feenhaftes Wesen der altpersischen Sage

pe|ri..., Pe|ri...

⟨gr. perí „ringsum; um ... herum; in der Nähe, bei; ungefähr"⟩ Präfix mit der Bedeutung „um ... herum, umher, über ... hinaus": – Perikard – perinatal – Periskop

Pe|ri|a|de|ni|tis die; -, ...iti|den ⟨gr.-nlat.⟩: (Med.) Entzündung des Gewebes um eine Drüse **Pe|ri|anth** das; -s, -e u. **Pe|ri|an|thi|um** das; -s, ...ien ⟨gr.-nlat.⟩: (Bot.) Blütenhülle der Blütenpflanzen **Pe|ri|ar|th|ri|tis** die; -, ...iti|den ⟨gr.-nlat.⟩: (Med.) Entzündung in der Umgebung von Gelenken **Pe|ri|as|t|ron** u. **Pe|ri|as|t|rum** das; -s, ...astren ⟨gr.-nlat.⟩: (Astron.) bei Doppelsternen der dem Hauptstern am nächsten liegende Punkt der Bahn des Begleitsterns

Pe|ri|bl|em das; -s, -e ⟨gr.; „Umhüllung, Bedeckung"⟩: (Bot.) unter dem ↑ Dermatogen gelegene, das ↑ Plerom umhüllende Schicht teilungsfähiger Gewebes, die später zur Rinde wird **Pe|ri|bo|los** der; -, ...loi [...lɔy] ⟨„Umfriedigung"⟩: heiliger Bezirk um den antiken Tempel **Pe|ri|car|di|um** vgl. Perikard **Pe|ri|chon|d|ri|tis** die; -, ...iti|den ⟨gr.-nlat.⟩: (Med.) Knorpelhautentzündung. **Pe|ri|chon|d|ri|um** das; -s, ...ien: (Med.) den Knorpel umgebendes, aufbauendes u. ernährendes Bindegewebe; Knorpelhaut **Pe|ri|cho|re|se** die; - ⟨gr.⟩: (Rel.) 1. Einheit u. wechselseitige Durchdringung der drei göttlichen Personen in der ↑ Trinität. 2. Einheit der göttlichen u. der menschlichen Natur in Christus **Pe|ri|cra|ni|um** vgl. Perikranium **pe|ri|cu|lum in mo|ra** ⟨lat.; „Gefahr besteht im Zögern"⟩: Gefahr ist im Verzug **Pe|ri|derm** das; -s, -e ⟨gr.-nlat.⟩: Pflanzengewebe, dessen äußere Schicht verkorkte Zellen bildet, während die innere unverkorkte blattgrünreiche Zellen aufbaut **Pe|ri|di|ni|um** das; -s, ...ien ⟨gr.-nlat.⟩: Vertreter einer Gattung meerbewohnender Einzeller (Geißeltierchen) mit Zellulosepanzer **Pe|ri|dot** der; -s, -e ⟨fr.⟩: ein Mineral **Pe|ri|do|tit** [auch: ...'tɪt] der; -s, -e: körniges, grünes, oft schwarzes Tiefengestein **Pe|ri|e|ge|se** die; -, -n ⟨gr.-lat.⟩: Orts- u. Länderbeschreibung (speziell im alten Griechenland). **Pe|ri|e|get** der; -en, -en: Verfasser einer Periegese od. einer Beschreibung der Bau- u. Kunstdenkmäler einzelner Städte (speziell im alten Griechenland). **pe|ri|e|ge|tisch:** die Periegese, die Periegeten betreffend **Pe|ri|en|ze|pha|li|tis** die; -, ...iti|den ⟨gr.-nlat.⟩: (Med.) Entzündung der Hirnrinde **pe|ri|fo|kal** ⟨gr.; lat.-nlat.⟩: (Med.) um einen Krankheitsherd herum

Pe|ri|gä|en: Plural von ↑ Perigäum **Pe|ri|gas|t|ri|tis** die; -, ...iti|den ⟨gr.-nlat.⟩: (Med.) Entzündung der Bauchfelldecke des Magens **Pe|ri|gä|um** das; -s, ...äen ⟨gr.-nlat.⟩: (Astron.) erdnächster Punkt der Bahn eines Körpers um die Erde; Ggs. ↑ Apogäum **pe|ri|gla|zi|al** ⟨gr.; lat.⟩: (Geogr.) Erscheinungen, Zustände, Prozesse in Eisrandgebieten, in der Umgebung vergletscherter Gebiete betreffend **Pe|ri|gon** das; -s, -e u. **Pe|ri|go|ni|um** das; -s, ...ien ⟨gr.-nlat.⟩: (Bot.) Blütenhülle aus gleichartigen, meist auffällig gefärbten Blättern (z. B. bei Tulpen, Lilien, Orchideen); Zeichen: P **Pe|ri|gour|di|ne** [...gur...] die; -, -n ⟨fr.⟩: dem ↑ Passepied (1) ähnelnder alter französicher Tanz im ³/₈- od. ⁶/₈-Takt **Pe|ri|gramm** das; -s, -e ⟨gr.⟩: durch Kreisausschnitte od. mehrere Kreise bewirkte diagrammartige Darstellung statistischer Größenverhältnisse **pe|ri|gyn** ⟨gr.-nlat.⟩: (Bot.) halbhoch stehend, mittelständig (von Blüten mit schüssel- od. becherförmigem Blütenboden, der den Fruchtknoten umfasst, nicht mit ihm verwachsen ist) **Pe|ri|hel** das; -s, -e u. **Pe|ri|he|li|um** das; -s, ...ien ⟨gr.-nlat.⟩: (Astron.) Punkt einer Planeten- od. Kometenbahn, der der Sonne am nächsten liegt; Ggs. ↑ Aphel **Pe|ri|he|pa|ti|tis** die; -, ...iti|den ⟨gr.-nlat.⟩: (Med.) Entzündung des Bauchfellüberzuges der Leber **Pe|ri|kam|bi|um** das; -s, ...ien: (Med.) Perizykel **Pe|ri|kard** das; -s, -e, u. Perikardium fachspr.: Pericardium das; -s, ...ien ⟨gr.-nlat.⟩: (Med.) aus zwei ↑ epithelialen Schichten (↑ Myokard u. ↑ Epikard) bestehende äußerste Umhüllung des Herzens; Herzbeutel **Pe|ri|kar|d|ek|to|mie** die; -, ...ien: (Med.) operative Entfernung des Herzbeutels **pe|ri|kar|di|al:** (Med.) zum Herzbeutel gehörend, ihn betreffend **Pe|ri|kar|di|o|to|mie** die; -, ...ien: (Med.) operative Öffnung des Herzbeutels **Pe|ri|kar|di|tis** die; -, ...iti|den: Herzbeutelentzündung **Pe|ri|kar|di|um** vgl. Perikard

Pe|ri|karp *das; -s, -e ⟨gr.-nlat.⟩:* (Bot.) Fruchtwand der Früchte von Samenpflanzen

Pe|ri|klas *der; - u. -es, -e ⟨gr.-nlat.⟩:* ein Mineral

pe|ri|klin ⟨*gr.-nlat.*⟩: (Biol.) parallel zur Organoberfläche verlaufend (von Zellteilungen, z. B. im Bildungsgewebe von Pflanzensprossen)

Pe|ri|klin *der; -s, -e:* ein Mineral

Pe|ri|kli|nal|chi|mä|re *die; -, -n:* (Biol.) Chimäre (2 a); Pfropfbastard mit übereinander geschichteten, genetisch verschiedenen Gewebearten

pe|ri|kli|tie|ren ⟨*lat.*⟩: (veraltet) sich einer Gefahr aussetzen, Gefahr laufen; wagen, unternehmen

Pe|ri|ko|pe *die; -, -n ⟨gr.-mlat.⟩:* 1. zur gottesdienstlichen Verlesung als ↑ Evangelium (2 b) u. ↑ Epistel (2) vorgeschriebener Bibelabschnitt. 2. (Metrik) Strophengruppe, metrischer Abschnitt

Pe|ri|kra|ni|um auch: Pericranium *das, -[s], ...ia ⟨gr.-nlat.⟩:* (Med.) Knochenhaut des Schädeldaches

pe|ri|ku|lös ⟨*lat.*⟩: (veraltet) misslich; gefährlich

Pe|ril|la *die; - ⟨ind.; lat.⟩:* Gattung von Lippenblütlern, deren Samen technisch verwertbare Öle liefern

Pe|ri|lun *das; -s, -e ⟨gr.-lat.⟩:* mondnächster Punkt der Umlaufbahn eines Raumflugkörpers

pe|ri|mag|ma|tisch ⟨*gr.-nlat.*⟩: (Geol.) um die Schmelze herum entstanden (von Erzlagerstätten)

¹Pe|ri|me|ter *der; -s, - ⟨gr.⟩:* (Math. veraltet) Umfang einer Figur

²Pe|ri|me|ter *das; -s, -:* (Med.) Gerät zur Bestimmung des Gesichtsfeldumfangs

Pe|ri|me|ter|ge|büh|ren *die* (Plural) ⟨*gr.; dt.*⟩: (schweiz.) Anliegergebühren

Pe|ri|me|t|rie *die; -, ...ien:* (Med.) Bestimmung der Grenzen des Gesichtsfeldes. **pe|ri|me|t|rie|ren** ⟨*gr.-nlat.*⟩: (Med.) das Gesichtsfeld ausmessen, bestimmen. **pe|ri|me|t|risch:** (Med.) den Umfang des Gesichtsfeldes betreffend

Pe|ri|me|t|ri|tis *die; -, ...iti|den ⟨gr.-nlat.⟩:* (Med.) Entzündung des Perimetriums. **Pe|ri|me|t|ri|um** *das; -s, ...tria u. ...trien:* (Med.) Bauchfellüberzug der Gebärmutter

pe|ri|na|tal ⟨*gr.-nlat.*⟩: (Med.) den Zeitraum kurz vor, während und nach der Entbindung betreffend, während dieser Zeit eintretend, in diesen Zeitraum fallend

Pe|ri|na|to|lo|ge *der; -n, -n:* (Med.) Wissenschaftler auf dem Gebiet der Perinatologie. **Pe|ri|na|to|lo|gie** *die; -:* (Med.) Teilgebiet der Medizin, dessen Schwerpunkt in der Erforschung des Lebens u. der Lebensgefährdung von Mutter u. Kind vor, während u. nach der Geburt liegt. **Pe|ri|na|to|lo|gin** *die; -, -nen:* weibliche Form zu ↑ Perinatologe

Pe|ri|ne|en: Plural von ↑ Perineum

Pe|ri|ne|ph|ri|tis *die; -, ...iti|den* ⟨*gr.*⟩: (Med.) Entzündung des Bauchfellüberzuges der Niere; Nierenkapsel

Pe|ri|ne|um *das; -s, ...nea u. ...neen* ⟨*gr.*⟩: (Med.) Damm, Weichteilbrücke zwischen After u. äußeren Geschlechtsteilen

Pe|ri|neu|ri|tis *die; -, ...iti|den ⟨gr.-nlat.⟩:* (Med.) Entzündung die die Nerven umgebenden Bindegewebes

Pe|ri|neu|ri|um *das; -s, ...ria u. ...rien:* (Med.) Nervenscheide, Nervenhülle

Pe|ri|o|de *die; -, -n ⟨gr.-lat.(-mlat.)⟩:* 1. durch etwas Bestimmtes (z. B. Ereignisse, Persönlichkeiten) charakterisierter Zeitabschnitt, -raum. 2. etwas periodisch Auftretendes, regelmäßig Wiederkehrendes. 3. (Astron.) Umlaufzeit eines Sternes. 4. (Geol.) Zeitabschnitt einer ↑ Formation (5 a) der Erdgeschichte. 5. (Elektrot.) Schwingungsdauer. 6. (Math.) Zahl od. Zahlengruppe einer unendlichen Dezimalzahl, die sich ständig wiederholt (z. B. 1,1717171717...). 7. (Metrik) Verbindung von zwei od. mehreren Kola (vgl. Kolon 2) zu einer Einheit. 8. (Sprachw., Stilk.) meist mehrfach zusammengesetzter, kunstvoll gebauter längerer Satz; Satzgefüge, Satzgebilde. 9. (Mus.) in sich geschlossene, meist aus acht Takten be-

stehende musikalische Grundform. 10. (Med.) Monatsblutung, Regel, ↑ Menstruation

Pe|ri|o|den|sys|tem *das; -s:* ↑ periodisches System

Pe|ri|o|di|cum vgl. Periodikum

Pe|ri|o|dik *die; - ⟨gr.⟩:* Periodizität

Pe|ri|o|di|kum u. Periodicum *das; -s, ...ka bzw. ...ca (meist Plural) ⟨gr.-lat.⟩:* periodisch erscheinende Schrift (z. B. Zeitung, Zeitschrift)

pe|ri|o|disch: regelmäßig auftretend, wiederkehrend; **periodisches System:** (Chem.) natürliche Anordnung der chemischen Elemente nach steigenden Atomgewichten u. entsprechenden, periodisch wiederkehrenden Eigenschaften

pe|ri|o|di|sie|ren ⟨*gr.-nlat.*⟩: in Zeitabschnitte einteilen

Pe|ri|o|di|zi|tät *die; -:* regelmäßige Wiederkehr

Pe|ri|o|do|gramm *das; -s, -e:* (Wirtsch., Techn.) Aufzeichnung, grafische Darstellung eines periodisch verlaufenden od. periodische Bestandteile enthaltenden Vorgangs, Ablaufs, Geschehens

Pe|ri|o|do|lo|gie *die; -:* (Mus.) Lehre vom Bau musikalischer Sätze

Pe|ri|o|don|ti|tis *die; -, ...iti|den* ⟨*gr.-nlat.*⟩: (Med.) Wurzelhautentzündung

Pe|ri|ö|ke *der; -n, -n* ⟨*gr.;* „Umwohner"⟩: freier u. grundeigentumsberechtigter, aber politisch rechtloser Bewohner der antiken Sparta

pe|ri|o|ral ⟨*gr.; lat.-nlat.*⟩: (Med.) um den Mund herum [liegend]

Pe|ri|or|chi|tis *die; -, ...iti|den ⟨gr.-nlat.⟩:* (Med.) Hodenscheidenhautentzündung

Pe|ri|ost *das; -[e]s, -e ⟨gr.⟩:* (Med.) Knochenhaut. **pe|ri|os|tal** ⟨*gr.-nlat.*⟩: (Med.) die Knochenhaut betreffend. **Pe|ri|os|ti|tis** *die; -, ...iti|den:* (Med.) Knochenhautentzündung

Pe|ri|pa|te|ti|ker *der; -s, - (meist Plural) ⟨gr.-lat.; nach dem Wandelgang der Schule, dem Peripatos⟩:* (Philos.) Schüler des Aristoteles **pe|ri|pa|te|tisch:** die Peripatetiker betreffend

Pe|ri|pa|tos *der; - ⟨gr.⟩:* Wandelgang, Teil der Schule in Athen, wo Aristoteles lehrte

Pe|ri|pe|tie *die; -, ...ien ⟨gr.⟩:* entscheidender Wendepunkt, Umschwung, bes. im Drama

pe|ri|pher ⟨gr.-lat.⟩: 1. am Rande befindlich, an der ↑ Peripherie (2) liegend. 2. (EDV) an die zentrale Einheit einer elektronischen Rechenanlage angeschlossen od. anschließbar. Pe|ri|phe|rie die; -, ...ien: 1. (Math.) Umfangslinie, bes. des Kreises. 2. Rand, Randgebiet (z. B. Stadtrand). pe|ri|phe|risch: (veraltet) peripher

Pe|ri|phle|bi|tis die; -, ...itiden ⟨gr.-nlat.⟩: (Med.) Entzündung der äußeren Venenhaut

Pe|ri|phra|se die; -, -n ⟨gr.-lat.⟩: 1. Umschreibung eines Begriffs, einer Person od. Sache durch kennzeichnende Eigenschaften (z. B. der Allmächtige für Gott). 2. ↑ Paraphrase (2). pe|ri|phra|sie|ren ⟨gr.-nlat.⟩: eine Periphrase (1) von etwas geben pe|ri|phras|tisch: die Periphrase (1) betreffend, umschreibend; periphrastische Konjugation: (Sprachw.) Konjugation des Verbs, die sich umschreibender Formen bedient (z. B. ich werde schreiben)

Pe|ri|plas|ma das; -s ⟨gr.-nlat.⟩: (Biol.) der Zellwand anliegendes ↑ Plasma (1)

Pe|ri|pleu|ri|tis die; -, ...itiden ⟨gr.-nlat.⟩: (Med.) Entzündung des zwischen Rippenfell u. Brustwand gelegenen Bindegewebes

Pe|ri|po|ri|tis die; -, ...itiden ⟨gr.-nlat.⟩: (Med.) durch Eitererreger hervorgerufene pustulöse Entzündung der Schweißdrüsen der Haut; Porenschwären (bei Säuglingen)

Pe|ri|prok|ti|tis u. Paraproktitis die; -, ...itiden ⟨gr.-nlat.⟩: (Med.) Entzündung des den After u. den Mastdarm umgebenden Bindegewebes

Pe|ri|p|te|ral|tem|pel der; -s, - ⟨gr.-nlat.; lat.⟩: Peripteros. Pe|ri|p-te|ros der; -, - od. ...teren ⟨gr.-lat.⟩: griechischer Tempel mit einem umlaufenden Säulengang

pe|ri|re|nal ⟨gr.; lat.⟩: (Med.) die Umgebung der Nieren betreffend, in der Umgebung der Niere [liegend]

Pe|ri|sal|pin|gi|tis die; -, ...itiden ⟨gr.-nlat.⟩: (Med.) Entzündung des Bauchfellüberzuges der Eileiter

Pe|ri|s|kop das; -s, -e ⟨gr.-nlat.⟩: [ausfahrbares, drehbares] Fernrohr mit geknicktem Strahlengang (z. B. Sehrohr für Unterseeboote). pe|ri|s|ko|pisch: in der Art, mithilfe eines Periskops

Pe|ri|sperm das; -s, -e ⟨gr.-nlat.⟩: (Bot.) vom Gewebekern der Samenanlage gebildetes Nährgewebe vieler Samen

Pe|ri|sple|ni|tis die; -, ...itiden ⟨gr.-nlat.⟩: (Med.) Entzündung des Bauchfellüberzuges der Milz

Pe|ri|s|po|me|non das; -s, ...na ⟨gr.-nlat.⟩: in der griechischen Betonungslehre Wort mit einem ↑ Zirkumflex auf der letzten Silbe (z. B. griech. φιλῶ „ich liebe"); vgl. Properispomenon

Pe|ri|s|tal|tik die; - ⟨gr.⟩: (Med.) von den Wänden der muskulösen Hohlorgane (z. B. des Magens, Darms u. Harnleiters) ausgeführte Bewegung, bei der sich die einzelnen Organabschnitte nacheinander zusammenziehen u. so den Inhalt des Hohlorgans transportieren. pe|ri|s|tal|tisch: (Med.) die Peristaltik betreffend

Pe|ri|s|ta|se die; -, -n ⟨gr.⟩: (Vererbungslehre) neben den ↑ Genen auf die Entwicklung des Organismus einwirkende Umwelt. pe|ri|s|ta|tisch: 1. (veraltet) ausführlich, umständlich. 2. (Vererbungslehre) die Peristase betreffend; umweltbedingt

Pe|ri|s|te|ri|um das; -, ...ien ⟨gr.-mlat.⟩: mittelalterliches Hostiengefäß in Gestalt einer Taube

Pe|ri|s|tom das; -s ⟨gr.-nlat.⟩: 1. (Zool.) besonders ausgeprägtes Mundfeld bei niederen Tieren (z. B. bei Wimpertierchen, Seeigeln). 2. (Bot.) aus Zähnen gebildeter Mundbesatz an der Sporenkapsel von Laubmoosen

Pe|ri|s|tyl das; -s, -e u. Pe|ri|s|ty|li|um das; -s, ...ien ⟨gr.-lat.⟩: von Säulen umgebener Innenhof eines antiken Hauses

Pe|ri|the|zi|um das; -s, ...ien ⟨gr.-nlat.⟩: (Bot.) kugel- bis flaschenförmiger Fruchtkörper der Schlauchpilze

pe|ri|to|ne|al ⟨gr.-nlat.⟩: (Med.) zum Bauchfell gehörend, das Bauchfell betreffend. Pe|ri|to-ne|um das; -s, ...neen ⟨gr.-lat.⟩:

(Med.) die Bauchhöhle auskleidende Haut; Bauchfell

Pe|ri|to|ni|tis die; -, ...itiden ⟨gr.-nlat.⟩: (Med.) Bauchfellentzündung

pe|ri|t|rich ⟨gr.-nlat.⟩: (Med.; Biol.) auf der ganzen Oberfläche mit Geißeln besetzt (von Mikroorganismen, z. B. Typhusbakterien)

Pe|ri|zy|kel der; -s, - ⟨gr.-nlat.⟩: (Bot.) äußerste Zellschicht des Zentralzylinders der Wurzel

Per|jo|dat das; -[e]s, -e ⟨lat.; gr.-fr.-nlat.⟩: (Chem.) Salz der Überjodsäure

Per|ju|rant der; -en, -en ⟨lat.-nlat.⟩: (Rechtsw. veraltet) Meineidiger. Per|ju|ran|tin die; -, -nen: weibliche Form zu ↑ Perjurant. Per|ju|ra|ti|on die; -, -en: (Rechtsw. veraltet) Meineid

Per|kal der; -s, -e ⟨pers.-türk.-fr.⟩: feinfädiger [bedruckter] Baumwollstoff in Leinwandbindung (eine Webart)

Per|ka|lin das; -s, -e ⟨pers.-türk.-fr.-nlat.⟩: stark appretiertes Baumwollgewebe für Bucheinbände

Per|ko|lat das; -[e]s, -e ⟨lat.⟩: durch Perkolation gewonnener Pflanzenauszug. Per|ko|la|ti|on die; -, -en ⟨„das Durchseihen"⟩: Verfahren zur Gewinnung von Pflanzenauszügen aus gepulverten Pflanzenteilen durch Kaltextraktion

Per|ko|la|tor der; -s, ...oren ⟨lat.-nlat.⟩: Apparat zur Herstellung von Pflanzenauszügen. per|ko-lie|ren ⟨lat.⟩: Pflanzenauszüge durch Perkolation gewinnen

Per|kus|si|on die; -, -en ⟨lat.⟩: 1. (Med.) Organuntersuchung durch Beklopfen der Körperoberfläche u. Deutung des Klopfschalles. 2. Zündung durch Stoß od. Schlag (z. B. beim Perkussionsgewehr im 19. Jh.). 3. Anschlagvorrichtung beim Harmonium, die bewirkt, dass zum klareren Toneinsatz zuerst Hämmerchen gegen die Zungen schlagen; vgl. Percussion

per|kus|siv ⟨lat.-nlat.⟩: (Mus.) vorwiegend vom [außerhalb des melodischen u. tonalen Bereichs liegenden] Rhythmus geprägt, bestimmt; durch rhythmische Geräusche erzeugt, hervorgebracht

per|kus|so|risch: (Med.) die Perkussion (1) betreffend, durch sie nachweisbar

per|ku|tan ⟨*lat.-nlat.*⟩: (Med.) durch die Haut hindurch (z. B. bei der Anwendung einer Salbe)

per|ku|tie|ren ⟨*lat.*⟩: (Med.) eine Perkussion (1) durchführen, Körperhohlräume zur Untersuchung abklopfen, beklopfen

per|kul|to|risch: ↑ perkussorisch

Per|lé [...'le:] *der;* -[s], -s ⟨*lat.-vulgärlat.-fr.*⟩: weicher, flauschartiger Mantelstoff mit perlartigen Flocken auf der rechten Seite

Per|lèche [...'lɛʃ] *die;* -, -s ⟨*fr.*⟩: Entzündung der Mundwinkel mit Bildung von ↑ Rhagaden

per|lin|gu|al ⟨*lat.-nlat.*⟩: (Med.) durch die Zungenschleimhaut wirkend (bezogen auf Arzneimittel, die von der Oberfläche der Zunge aus resorbiert werden)

Per|lit [auch: ...'lɪt] *der;* -s, -e ⟨*lat.-vulgärlat.-fr.-nlat.*⟩: 1. Gefügebestandteil des Stahls (Gemenge von Ferrit u. Zementit). 2. ein glasig erstarrtes Gestein. **per|li|tisch** [auch: ...'lɪt...]: 1. aus Perlit (1) bestehend. 2. perlenartig (von der Struktur glasiger Gesteine)

Per|lo|ku|ti|on *die;* -, -en ⟨*lat.-nlat.*⟩: Sprechhandlung, die eine Wirkung auf den Hörer ausübt, Konsequenzen für ihn, sein Verhalten hat

per|lo|ku|ti|o|när: (Sprachw.) die Perlokution betreffend; **perlokutionärer Akt:** Sprechakt im Hinblick auf die Konsequenzen der Aussage (z. B. die Wirkung auf die Gefühle, Gedanken u. Handlungen des Hörers); illokutionärer Akt, lokutionärer Akt

per|lo|ku|tiv: ↑ perlokutionär; **perlokutiver Akt:** ↑ perlokutionärer Akt

Per|lon ® *das;* -s ⟨Kunstw.⟩: sehr haltbare Kunstfaser

per|lu|die|ren ⟨*lat.-vulgärlat.*⟩: (veraltet) vortäuschen, vorspiegeln

Per|lu|si|on *die;* -: (veraltet) Vortäuschung, Vorspiegelung

per|lu|so|risch: (veraltet) vorspiegelnd; scherzend

Per|lus|t|ra|ti|on *die;* -, -en ⟨*lat.-nlat.*⟩: (österr.) das Anhalten u. Durchsuchen [eines Verdächtigen] zur Feststellung der Identität o. Ä.; vgl. ...ation/...ierung

per|lus|t|rie|ren ⟨*lat.*⟩: (österr.) [einen Verdächtigen] anhalten u. genau durchsuchen; jmdn. zur Feststellung der Identität anhalten. **Per|lus|t|rie|rung** *die;* -, -en: das Perlustrieren; vgl. ...ation/...ierung

¹Perm *das;* -s ⟨nach dem alten Königreich Permia (dem ehemaligen russ. Gouvernement Perm)⟩: (Geol.) jüngste erdgeschichtliche Formation des ↑ Paläozoikums (umfasst Rotliegendes u. Zechstein)

²Perm *das;* -s, - ⟨Kurzform von ↑ permeabel⟩: frühere Einheit für die spezifische Gasdurchlässigkeit fester Stoffe; Abk.: Pm

Per|mal|loy [...'lɔy, auch: ...'lɔa] *das;* -s ⟨*engl.*⟩: magnetisch stark ansprechbare Nickel-Eisen-Legierung

per|ma|nent ⟨*lat.*⟩: dauernd, anhaltend, ununterbrochen, ständig

per|ma|nent press ['pə:mənənt -] ⟨*engl.*⟩: formbeständig, bügelfrei (Hinweis an Kleidungsstücken)

Per|ma|nent|weiß *das;* -[es]: ↑ Barytweiß

Per|ma|nenz *die;* - ⟨*lat.-mlat.*⟩: ununterbrochene, permanente Dauer

Per|ma|nenz|the|o|rie *die;* -: (Geol.) Annahme, nach der Kontinente u. Ozeane während der Erdgeschichte an der heutigen Verteilung weitgehend gleichende Anordnung hatten

Per|man|ga|nat *das;* -s, -e ⟨*lat.; gr.-lat.-nlat.*⟩: hauptsächlich als Oxidations- u. Desinfektionsmittel verwendetes, als wässrige Lösung stark violett gefärbtes Salz der Übermangansäure

Per|man|gan|säu|re *die;* -, -n ⟨*lat.; gr.-lat.; dt.*⟩: Übermangansäure

per|me|a|bel ⟨*lat.*⟩: durchdringbar, durchlässig

Per|me|a|bi|li|tät *die;* - ⟨*lat.-nlat.*⟩: 1. (Fachspr.) Durchlässigkeit eines bestimmten Materials für bestimmte Stoffe, bes. Durchlässigkeit von Scheidewänden. 2. im magnetischen Feld das Verhältnis zwischen magnetischer Induktion u. magnetischer Feldstärke. 3. (Schiffbau)

Verhältnis der tatsächlich im Leckfall in die Schiffsräume eindringenden Wassermenge zum theoretischen Rauminhalt

per mil|le: ↑ pro mille

per|misch: das ¹Perm betreffend

Per|miss *der;* -es, -e ⟨*lat.*⟩: (veraltet) Erlaubnis, Erlaubnisschein

Per|mis|si|on *die;* -, -en: (veraltet) Erlaubnis

per|mis|siv: (Soziol.) die Einhaltung bestimmter Verhaltensnormen nur locker kontrollierend; in nicht ↑ autoritärer (2 b) Weise gewähren lassend. **Per|mis|si|vi|tät** *die;* -: (Soziol.) freies, permissives Gewährenlassen

Per|mit ['pə:mɪt] *das;* -s, -s ⟨*lat.-fr.-engl.*⟩: engl. Bez. für: Erlaubnis, Erlaubnisschein

per|mit|tie|ren ⟨*lat.*⟩: (veraltet) erlauben, zulassen

Per|mo|kar|bon *das;* -s: die als Einheit gesehenen geologischen Zeiten ↑ ¹Perm u. ↑ Karbon

per|mu|ta|bel ⟨*lat.*⟩: (Math.) aus-, vertauschbar

Per|mu|ta|ti|on *die;* -, -en: 1. Vertauschung, Umstellung. 2. (Math.) Umstellung in der Reihenfolge bei einer bestimmten Anzahl geordneter Größen, Elemente. 3. (Sprachw.) Umstellung aufeinander folgender sprachlicher Elemente einer ↑ linearen Redekette bei Wahrung der Funktion dieser Elemente; Umstellprobe, Verschiebeprobe. **per|mu|tie|ren:** 1. vertauschen, umstellen. 2. (Math.) die Reihenfolge in einer Zusammenstellung einer bestimmten Anzahl geordneter Größen, Elemente ändern. 3. (Sprachw.) eine Permutation (3), Umstellprobe vornehmen

Per|mu|tit [auch: ...'tɪt] *das;* -s, -e ⟨*lat.-nlat.*⟩: (Chem.) Ionenaustauscher vom Typ der ↑ Zeolithe, der zur Wasserenthärtung dient

Per|nam|buk|holz *das;* -es ⟨nach dem bras. Staat Pernambuko⟩: ↑ Brasilholz

per|na|sal ⟨*lat.-nlat.*⟩: (Med.) durch die Nase (z. B. von der Anwendung eines Arzneimittels)

per ne|fas ⟨*lat.*⟩: (veraltet) auf widerrechtliche Weise; vgl. Nefas

P

per|ne|gie|ren ⟨*lat.-nlat.*⟩: (veraltet) vollkommen verneinen, rundweg abschlagen

Per|nio *der; -, ...iones* u. *...ionen* (meist Plural) ⟨*lat.*⟩: (Med.) Frostbeule. Per|ni|o|se u. Per|ni|o|sis *die; -, ...sen* ⟨*lat.-nlat.*⟩: 1. Auftreten von Frostbeulen. 2. auf Gewebsschädigung durch Kälte beruhende Hautkrankheit, Frostschäden der Haut

per|ni|zi|ös ⟨*lat.-fr.*⟩: (Med.) bösartig, unheilbar; **perniziöse Anämie:** (Med.) schwere Blutkrankheit, die durch den Mangel an einem in der Magenwand produzierten Enzym hervorgerufen wird

Per|no *der; -s, -s* ⟨*lat.-it.*⟩: Stachel des Violoncellos

Per|nod ® [...'noː] *der; -[s], -[s]* ⟨*fr.*⟩: aus echtem Wermut, Anis u. anderen Kräutern hergestelltes alkoholisches Getränk

Pe|ro|nis|mus *der; -* ⟨*nlat.; nach* dem argent. Staatspräsidenten Perón, 1895–1974⟩: Bewegung mit politisch-sozialen [u. diktatorischen] Zielen in Argentinien. pe|ro|nis|tisch: den Peronismus betreffend, auf ihm beruhend, in der Art des Peronismus

Pe|ro|no|s|po|ra *die; -* ⟨*gr.-nlat.*⟩: Pflanzenkrankheiten hervorrufende Gattung von Algenpilzen

per|o|ral ⟨*lat.-nlat.*⟩: (Med.) durch den Mund, über den Verdauungsweg (z. B. von der Anwendung eines Arzneimittels); vgl. per os

Pe|ro|ra|ti|on *die; -, -en* ⟨*lat.*⟩: (veraltet) 1. mit besonderem Nachdruck vorgetragene Rede. 2. zusammenfassender Schluss einer Rede. per|o|rie|ren: (veraltet) 1. laut u. mit Nachdruck sprechen. 2. eine Rede zum Ende bringen

per os ⟨*lat.*⟩: (Med.) durch den Mund (Anweisung für die Form der Einnahme von Medikamenten); vgl. peroral

Pe|r|o|xid, auch: Peroxyd, seltener: Superoxid, auch: Superoxyd *das; -[e]s, -e* ⟨*lat.; gr.*⟩: sauerstoffreiche chemische Verbindung

Pe|r|o|xi|da|se, auch: Pe|r|o|xy|da|se *die; -, -n:* Enzym, das die Spaltung von Peroxiden beschleunigt

per pe|des [a|pos|to|lo|rum]

[-...deːs (-)] ⟨*lat.*⟩: (ugs. scherzh.) zu Fuß [wie die Apostel]

Per|pen|di|kel *der od. das; -s, -* ⟨*lat.; „Richtblei, Senkblei"*⟩: 1. Uhrpendel. 2. durch Vorderu. Hintersteven gehende gedachte Senkrechte, deren Abstand voneinander die Länge des Schiffes angibt

per|pen|di|ku|lar u. per|pen|di|ku|lär: senkrecht, lotrecht

Per|pen|di|ku|lar|stil *der; -[e]s:* durch das Vorherrschen der senkrechten Linien gekennzeichneter Baustil der englischen Spätgotik (14.–16. Jh.)

per|pe|t|rie|ren ⟨*lat.*⟩: (veraltet) ausüben; begehen, verüben

per|pe|tu|ell ⟨*lat.-fr.*⟩: (veraltet) beständig, fortwährend

per|pe|tu|ie|ren: ständig [in gleicher Weise] fortfahren, weitermachen; fortdauern. per|pe|tu|ier|lich ⟨*lat.; dt.*⟩: ↑ perpetuell

Per|pe|tu|um mo|bi|le *das; - -, - -[s]* u. ...tua ...bi|lia ⟨*lat.; „das* sich ständig Bewegende"⟩: 1. utopische Maschine, die ohne Energiezufuhr dauernd Arbeit leistet. 2. (Mus.) Musikstück, das von Anfang bis Ende in gleichmäßig raschem Tempo verläuft

per|plex ⟨*lat.-fr.; „verflochten,* verworren"⟩: (ugs.) verwirrt, verblüfft, überrascht, bestürzt, betroffen. Per|ple|xi|tät *die; -:* Bestürzung, Verwirrung, Verlegenheit, Ratlosigkeit

per pro|cu|ra ⟨*lat.-it.*⟩: in Vollmacht; Abk.: pp., ppa.; vgl. Prokura

per rec|tum ⟨*lat.*⟩: (Med.) durch den Mastdarm (von der Anwendung eines Medikaments, z. B. eines Zäpfchens); vgl. Rektum

Per|ron [pɛ'rõː, österr.: ...roːn, schweiz.: 'pɛrõ] *der; -s, -s* ⟨*gr.-lat.-vulgärlat.-fr.*⟩: (veraltet, aber noch schweiz.) Bahnsteig; Plattform

per sal|do ⟨*it.*⟩: 1. (Kaufmannsspr.) aufgrund des ↑ Saldos; als Rest zum Ausgleich (auf einem Konto). 2. (ugs.) überschlägig, alles in allem

per se ⟨*lat.; „durch sich"*⟩: an sich, von selbst

Per|se|i|den *die* (Plural) ⟨*gr.-nlat.*⟩: regelmäßig in der ersten Augusthälfte zu beobachtender Meteorstrom

Per|se|i|tät *die; -* ⟨*lat.-mlat.*⟩: (Philos.) das Durch-sich-selbst-Sein, das nur von sich abhängt (Aussage der Scholastiker über die erste Ursache, die Substanz od. Gott)

Per|se|ku|ti|on *die; -, -en* ⟨*lat.*⟩: (veraltet) Verfolgung

Per|se|ku|ti|ons|de|li|ri|um *das; -s, ...rien:* (Med.) Verfolgungswahn

Per|sen|ning u. Presenning *die; -, -e[n]* u. *-s* ⟨*lat.-fr.-niederl.*⟩: 1. (ohne Plural) starkfädiges, wasserdichtes Gewebe für Segel, Zelte u. a. 2. Schutzbezug aus wasserdichtem Segeltuch

Per|se|ve|ranz *die; -* ⟨*lat.*⟩: Ausdauer, Beharrlichkeit

Per|se|ve|ra|ti|on *die; -, -en:* 1. (Psychol.) Tendenz seelischer Erlebnisse u. Inhalte, im Bewusstsein zu verharren. 2. (Med., Psychol.) krankhaftes Verweilen bei ein u. demselben Denkinhalt; Hängenbleiben an einem Gedanken od. einer sprachlichen Äußerung ohne Rücksicht auf den Fortgang des Gesprächs

per|se|ve|rie|ren: 1. bei etwas beharren; etwas ständig wiederholen. 2. (Psychol.) hartnäckig immer wieder auftauchen (von Gedanken, Redewendungen, Melodien)

Per|shing ['pɜː∫ɪŋ] *die; -, -s* ⟨nach dem amerik. General J. J. Pershing, 1860–1948⟩: (Milit.) Rakete, die in der Lage ist, ein Sprengmittel bis zu zirka 900 km Entfernung zu transportieren

Per|si|a|ner *der; -s, -* ⟨nach Persien⟩: a) klein gelocktes Fell von Lämmern des Karakulschafes; b) Pelz aus Persianer (a)

Per|si|f|la|ge [...ʒə] *die; -, -n* ⟨*vulgärlat.-fr.*⟩: feine, geistreiche Verspottung durch übertreibende od. ironisierende Darstellung bzw. Nachahmung.

per|si|f|lie|ren: durch Persiflage auf geistreiche Art verspotten

Per|si|ko *der; -s, -s* ⟨*gr.-lat.-vulgärlat.-fr.*⟩: Likör aus Pfirsich- od. Bittermandelkernen

Per|si|mo|ne *die; -, -n* ⟨*indian.-engl.-fr.*⟩: essbare Frucht einer nordamerikanischen Dattelpflaumenart

Per|si|pan [auch: 'pɛr...] *das; -s, -e* ⟨*Kunstw.*⟩: mithilfe von Pfirsich- od. Aprikosenkernen bereiteter Marzipanersatz

per|sis|tent ⟨*lat.*⟩: (Med., Biol.) anhaltend, dauernd, hartnäckig. **Per|sis|tenz** *die; -, -en* ⟨*lat.-nlat.*⟩: 1. (veraltet) Beharrlichkeit, Ausdauer; Eigensinn. 2. (Med., Biol.) Bestehenbleiben eines Zustandes über längere Zeiträume. **per|sis|tie|ren** ⟨*lat.*⟩: 1. (veraltet) auf etwas beharren, bestehen. 2. (Med.) bestehen bleiben, fortdauern (von krankhaften Zuständen)

per|sol|vie|ren ⟨*lat.*⟩: 1. (Wirtsch.) eine Schuld restlos zurückbezahlen. 2. (veraltet) Gebete sprechen; eine Messe lesen

Per|son *die; -, -en* ⟨*etrusk.-lat.*⟩: 1. a) Mensch, menschliches Wesen; b) Mensch als individuelles geistiges Wesen, in seiner spezifischen Eigenart als Träger eines einheitlichen, bewussten Ichs; c) Mensch hinsichtlich seiner äußeren Eigenschaften. 2. Figur in einem Drama, Film o. Ä. 3. (emotional) Frau, junges Mädchen. 4. (Rechtsw.) a) Mensch im Gefüge rechtlicher u. staatlicher Ordnung, als Träger von Rechten u. Pflichten; b) ↑ juristische Person. 5. (ohne Plural; Sprachw.) Träger eines durch ein Verb gekennzeichneten Geschehens (z. B. *ich* gehe); vgl. Personalform

Per|so|na gra|ta *die; - -:* Angehöriger des diplomatischen Dienstes, gegen dessen Aufenthalt in einem fremden Staat vonseiten der Regierung dieses Staates keine Einwände erhoben werden

Per|so|na in|gra|ta *die; - -:* Angehöriger des diplomatischen Dienstes, dessen [vorher genehmigter] Aufenthalt in einem fremden Staat von der Regierung des betreffenden Staates nicht [mehr] gewünscht wird

per|so|nal: 1. die Person (1), den Einzelmenschen betreffend; von einer Einzelperson ausgehend; vgl. personell; vgl. ...al/ ...ell. 2. (Sprachw.) die Person (5) betreffend

Per|so|nal *das; -s* ⟨*etrusk.-lat.-mlat.*⟩: 1. Gesamtheit der Hausangestellten. 2. Gesamtheit der Angestellten, Beschäftigten in einem Betrieb o. Ä., Belegschaft

Per|so|nal|lak|te *die; -, -n* (meist Plural): Schriftstück, das persönliche Angaben über einen Menschen enthält

Per|so|nal|com|pu|ter [auch: ˈpœːɐ̯sənɛlkɔmpjuːtɐ] *der; -s, -,* auch: **Per|so|nal Com|pu|ter** *der; - -s, - -* ⟨*⟨lat.-⟩engl.*⟩: leistungsfähiger [Arbeitsplatz]computer mit vielfältigen Anwendungsmöglichkeiten, der mit benutzerfreundlichen Programmen ausgestattet u. leicht handhabbar ist; Abk.: PC

¹Per|so|nal|e *das; -s, ...lia u. ...lien:* 1. (Sprachw.) persönliches Verb, das in allen drei Personen (5) gebraucht wird; Ggs. ↑ Impersonale. 2. (veraltet) Personalie (1 a)

²Per|so|nal|e *die; -, -n:* (österr.) Ausstellung der Werke eines einzelnen Künstlers

Per|so|nal|form *die; -, -en:* (Sprachw.) ↑ finite Form, Form des Verbs, die die Person (5) kennzeichnet (z. B. er *geht*)

Per|so|nal|lie [...i̯ə] *die; -, -n* ⟨*etrusk.-lat.*⟩: 1. (Plural) a) Angaben zur Person (wie Name, Lebensdaten usw.); b) [Ausweis]papiere, die Angaben zur Person enthalten. 2. Einzelheit, die jmds. persönliche Verhältnisse betrifft

Per|so|nal|in|s|pi|ra|ti|on *die; -:* (Theol.) Einwirkung des Heiligen Geistes auf das persönlich bestimmte Glaubenszeugnis der Verfasser biblischer Schriften; vgl. Realinspiration, Verbalinspiration

per|so|nal|in|ten|siv: (Wirtsch.) viele Arbeitskräfte erfordernd

per|so|na|li|sie|ren: auf Einzelpersonen ausrichten

Per|so|na|lis|mus *der; -* ⟨*etrusk.-lat.-nlat.*⟩: 1. Glaube an einen persönlichen Gott (im philosophisch-theologischen Sprachgebrauch). 2. Richtung der modernen Philosophie, die den Menschen als eine in ständigen Erkenntnisprozessen stehende, handelnde, wertende, von der Umwelt beeinflusste u. ihre Umwelt selbst beeinflussende Person (1 b) sieht. 3. psychologische Lehre, die die erlebende u. erlebnisfähige Person (1 b) u. deren Beziehung zur Umwelt in den Mittelpunkt ihrer Forschung stellt. **Per|so|na|list**

der; -en, -en: Vertreter des Personalismus (2 b u. 3). **Per|so|na|lis|tin** *die; -, -nen:* weibliche Form zu ↑ Personalist. **per|so|na|lis|tisch:** den Personalismus (2 b u. 3) betreffend

Per|so|na|li|tät *die; -, -en:* Persönlichkeit; Gesamtheit der das Wesen einer Person ausmachenden Eigenschaften

Per|so|na|li|täts|prin|zip *das; -s:* (Rechtsw.) Grundsatz des internationalen Strafrechts, bestimmte Straftaten nach den im Heimatrecht des Täters gültigen Gesetzen abzuurteilen; Ggs. ↑ Territorialitätsprinzip

per|so|na|li|ter ⟨*etrusk.-lat.*⟩: in Person, persönlich, selbst

Per|so|na|li|ty|show [pəːsəˈnælɪtiʃoʊ], auch: **Per|so|na|li|ty-Show** *die; -, -s* ⟨*engl.-amerik.*⟩: Show, Unterhaltungssendung im Fernsehen, in der die Fähigkeiten eines Künstlers [u. dessen Vielseitigkeit] demonstriert werden sollen

Per|so|nal|kre|dit *der; -[e]s, -e:* (Wirtsch.) Kredit, der ohne Sicherung im Vertrauen auf die Fähigkeit des Schuldners zur Rückzahlung gewährt wird

Per|so|nal|pro|no|men *das; -s, - u. ...mina:* (Sprachw.) persönliches Fürwort (z. B. er, wir)

Per|so|nal|u|ni|on *die; -:* 1. Vereinigung von Ämtern in der Hand einer Person. 2. (hist.) [durch Erbfolge bedingte] zufällige Vereinigung selbstständiger Staaten unter einem Monarchen

Per|so|na non gra|ta *die; - - -:* ↑ Persona ingrata

Per|so|na|ri|um *das; -s, ...ien:* a) Gesamtheit der auf einem Programmzettel aufgeführten Personen; b) Gesamtheit der bei einem Theaterstück mitwirkenden Personen

per|so|nell ⟨*etrusk.-lat.-fr.*⟩: 1. das Personal, die Gesamtheit der Angestellten, Beschäftigten in einem Betrieb o. Ä. betreffend. 2. die Person (1) betreffend; vgl. personal; vgl. ...al/...ell

Per|so|nen|kult *der; -[e]s, -e* (Plural selten): (abwertend) übertriebene persönliche Verehrung einer politischen Führungspersönlichkeit

Per|so|ni|fi|ka|ti|on *die; -, -en* ⟨*etrusk.-lat.; lat.*⟩: Vermenschlichung von Göttern, Begriffen od. leblosen Dingen (z. B. die Sonne *lacht*); vgl. ...ation/...ierung

per|so|ni|fi|zie|ren: vermenschlichen. **Per|so|ni|fi|zie|rung** *die; -, -en:* das Personifizieren; vgl. ...ation/...ierung

Per|so|no|li|de *der; -n, -n ⟨etrusk.-lat.; gr.⟩:* (Psychol.) Vorform der Person bei noch fehlender Ausbildung der Ichfunktion (bes. beim Kleinkind)

per|s|pek|tiv: ↑ perspektivisch **Per|s|pek|tiv** *das; -s, -e ⟨lat.-mlat.⟩:* kleines Fernrohr **Per|s|pek|ti|ve** *die; -, -n:* 1. a) Betrachtungsweise, -möglichkeit von einem bestimmten Standpunkt aus; Sicht, Blickwinkel; b) Aussicht für die Zukunft. 2. dem Augenschein entsprechende ebene Darstellung räumlicher Verhältnisse u. Gegenstände

per|s|pek|ti|visch: 1. die Perspektive (1 b) betreffend; in die Zukunft gerichtet, planend. 2. die Perspektive (2) betreffend, ihren Regeln entsprechend

Per|s|pek|ti|vis|mus *der; - ⟨lat.-mlat.-nlat.⟩:* (Philos.) Prinzip, wonach die Erkenntnis der Welt durch die jeweilige Perspektive des Betrachters bedingt ist

Per|s|pek|ti|vi|tät *die; -:* (Math.) besondere projektive Abbildung, bei der alle Geraden eines Punktes zu seinem Bildpunkt durch einen festen Punkt gehen

Per|s|pek|to|graph, auch: ...graf *der; -en, -en ⟨lat.; gr.⟩:* Zeicheninstrument, mit dessen Hilfe ein perspektivisches Bild aus Grund- u. Aufriss eines Gegenstandes mechanisch gezeichnet werden kann

Per|s|pi|ku|li|tät *die; - ⟨lat.⟩:* (veraltet) Durchsichtigkeit; Deutlichkeit, Klarheit

Per|s|pi|ra|ti|on *die; - ⟨lat.-nlat.⟩:* (Med.) Hautatmung. **per|s|pi|ra|to|risch:** die Perspiration betreffend, auf ihr beruhend

per|su|a|die|ren *⟨lat.⟩:* überreden **Per|su|a|si|on** *die; -, -en:* Überredung

Per|su|a|si|ons|the|ra|pie *die; -, -n:* (Psychol.) seelische Behandlung durch Belehrung des Patienten über die ursächlichen Zusammenhänge seines Leidens u. durch Zureden zur eigenen Mithilfe bei der Heilung

per|su|a|siv u. **per|su|a|so|risch:** überredend, zum Überzeugen, Überreden geeignet; vgl. ...iv/ ...orisch

Per|sul|fat *das; -[e]s, -e ⟨lat.-nlat.⟩:* Salz der Überschwefelsäure

Per|thit [auch: ...'tɪt] *der; -s, -e ⟨nlat.; nach der kanad. Stadt Perth⟩:* ein Mineral

Per|ti|nens *das; -, ...nenzien* u. **Per|ti|nenz** *die; -, -en ⟨lat.-mlat.⟩:* Zugehörigkeit

Per|ti|nenz|da|tiv *der; -s, -e:* (Sprachw.) Dativ, der die Zugehörigkeit angibt u. durch ein Genitivattribut od. Possessivpronomen ersetzt werden kann; Zugehörigkeitsdativ (z. B. der Regen tropfte *mir* auf den Hut = auf meinen Hut)

Per|tu|ba|ti|on *die; -, -en ⟨lat.⟩:* (Med.) Eileiterdurchblasung

Per|tur|ba|ti|on *die; -, -en ⟨lat.⟩:* 1. Verwirrung, Störung. 2. (Astron.) Störung in den Bewegungen eines Sterns

Per|tus|sis *die; -, ...sses [...se:s] ⟨lat.-nlat.⟩:* (Med.) Keuchhusten

Pe|ru|bal|sam *der; -s ⟨nach dem südamerik. Staat Peru⟩:* von einem mittelamerikanischen Baum gewonnener Wundbalsam

Pe|rü|cke *die; -, -n ⟨fr.⟩:* 1. zu einer bestimmten Frisur gearbeiteter Haarersatz aus echten od. künstlichen Haaren. 2. (Jägerspr.) krankhafte Gehörn-, Geweihwucherung

per u|lti|mo *⟨lat.-it.⟩:* „am Letzten": am Monatsende [ist Zahlung zu leisten]

Pe|ru|rin|de *die; - ⟨nach dem südamerik. Staat Peru⟩:* (veraltet) Chinarinde

per|vers *⟨lat.-(-fr.⟩; „verdreht"):* andersartig veranlagt, empfindend; von der Norm abweichend, bes. in sexueller Hinsicht

Per|ver|si|on *die; -, -en:* krankhafte Abweichung vom Normalen, bes. in sexueller Hinsicht

Per|ver|si|tät *die; -, -en:* 1. (ohne Plural) das Perverssein. 2. Erscheinungsform der Perversion; perverse Verhaltensweise

per|ver|tie|ren: 1. vom Normalen abweichen, entarten. 2. verdrehen, verfälschen; ins Abnormale verkehren

Per|ver|tiert|heit *die; -, -en:* 1. (ohne Plural) das Pervertiertsein. 2. ↑ Perversität (2)

Per|ver|tie|rung *die; -, -en:* 1. das Pervertieren, Verkehrung ins Abnormale. 2. das Pervertiertsein, Entartung

Per|ves|ti|ga|ti|on *die; -, -en ⟨lat.⟩:* (veraltet) Durchsuchung

Per|vi|gi|li|en *die (Plural) ⟨lat.⟩:* 1. altrömische religiöse Nachtfeier. 2. (veraltet) Vigil

Per|vi|tin ® *das; -s ⟨lat.-nlat.⟩:* (Med.) Weckamin, stark belebendes, psychisch anregendes Kreislaufmittel

Per|zent *das; -[e]s, -e ⟨lat.⟩:* (österr.) Prozent. **per|zen|tu|ell:** (österr.) prozentual

per|zep|ti|bel *⟨lat.⟩:* (Philos.) wahrnehmbar, fassbar. **Per|zep|ti|bi|li|tät** *die; - ⟨lat.-nlat.⟩:* (Philos.) Wahrnehmbarkeit, Fasslichkeit, Wahrnehmungsfähigkeit

Per|zep|ti|on *die; -, -en ⟨lat.⟩:* 1. (Philos.) sinnliches Wahrnehmen als erste Stufe der Erkenntnis im Unterschied zur ↑ Apperzeption (1). 2. (Med., Biol.) Reizaufnahme durch Sinneszellen und. -organe

Per|zep|ti|o|na|lis|mus *der; - ⟨lat.-nlat.⟩:* (Philos.) philosophische Lehre, nach der die Wahrnehmung allein die Grundlage des Denkens u. Wissens bildet

per|zep|tiv: ↑ perzeptorisch; vgl. ...iv/...orisch. **Per|zep|ti|vi|tät** *die; -:* Aufnahmefähigkeit

per|zep|to|risch: die Perzeption betreffend; vgl. ...iv/...orisch

Per|zi|pi|ent *der; -en, -en ⟨lat.⟩:* Empfänger. **Per|zi|pi|en|tin** *die; -, -nen:* weibliche Form zu ↑ Perzipient

per|zi|pie|ren: 1. (Philos.) sinnlich wahrnehmen im Unterschied zu ↑ apperzipieren. 2. (Med., Biol.) durch Sinneszellen od. -organe Reize aufnehmen. 3. (veraltet) [Geld] einnehmen

Pe|sa|de *die; -, -n ⟨gr.-lat.-it.-fr.⟩:* (Reitsport) Figur der hohen Schule, bei der sich das Pferd, auf die Hinterhand gestützt, mit eingeschlagener Vorderhand kurz aufbäumt

pe|san|te *⟨lat.-it.⟩:* (Mus.) schwerfällig, schleppend, wuchtig, gedrungen (Vortragsanweisung). **Pe|san|te** *das; -s:* (Mus.) wuchtiger Vortrag

Pe|schit̲|ta *die;* - ⟨*syr.;* „die Einfache"⟩: kirchlich anerkannte Übersetzung der Bibel ins Syrische (4.–5. Jh.)

Pe|se̲|ta, auch: **Pe|se̲|te** *die;* -, ...ten ⟨*lat.-span.*⟩: spanische Währungseinheit

Pe̲|so *der;* -[s], -[s]: Währungseinheit in Süd-, Mittelamerika u. auf den Philippinen

Pe̲s|sach *das;* -s ⟨*hebr.-jidd.*⟩: ↑ Passah

Pes|sa̲r *das;* -s, -e ⟨*gr.-lat.-mlat.*⟩: (Med.) länglich runder, ringod. schalenförmiger Körper aus Kunststoff od. Metall, der um den äußeren Muttermund gelegt wird als Stützvorrichtung für Gebärmutter u. Scheide od. zur Empfängnisverhütung; Mutterring

Pes|si|mis̲|mus *der;* - ⟨*lat.-nlat.*⟩: 1. Lebensauffassung, bei der alles von der negativen Seite betrachtet wird; negative Grundhaltung; Schwarzseherei; Ggs. ↑ Optimismus (1). 2. philosophische Auffassung, wonach die bestehende Welt schlecht ist, keinen Sinn enthält u. eine Entwicklung zum Besseren nicht zu erwarten ist; Ggs. ↑ Optimismus (2). 3. durch negative Erwartung bestimmte Haltung; Ggs. ↑ Optimismus (3). **Pes|si̲|mist** *der;* -en, -en: negativ eingestellter Mensch, der immer die schlechten Seiten des Lebens sieht; Schwarzseher; Ggs. ↑ Optimist. **Pes|si|mis̲|tin** *die;* -, -nen: weibliche Form zu ↑ Pessimist. **pes|si|mis̲|tisch:** lebensunfroh, niedergedrückt, schwarzseherisch; Ggs. ↑ optimistisch. **Pes|si|mu̲m** *das;* -s, ...ma ⟨*lat.*⟩: (Biol.) schlechteste Umweltbedingungen für Tier u. Pflanze

Pes|ti|lenz *die;* -, -en ⟨*lat.*⟩: (veraltet) Pest; schwere Seuche **pes|ti|len|zi|a̲|lisch** ⟨*lat.-nlat.*⟩: verpestet; stinkend

Pes|ti|zi̲d *das;* -s, -e: chemisches Mittel zur Vernichtung von pflanzlichen u. tierischen Schädlingen aller Art; Schädlingsbekämpfungsmittel

Pe̲s|to *das* od. *der;* -s ⟨*it.*⟩: Würzpaste aus Olivenöl, Knoblauch, Basilikum, Pinienkernen u. Ä.

Pe̲|tal od. **Petalum** *das;* -s, ...talen (meist Plural) ⟨*gr.*⟩: (Bot.) Kronod. Blumenblatt **pe|ta|lo|id** ⟨*gr.-nlat.*⟩: (Bot.) die

Petaloidie betreffend; kronblattartig. **Pe|ta|lo̲i|die** *die;* -: (Bot.) kronblattartiges Aussehen von Hoch-, Kelch-, Staubod. Fruchtblättern

Pe|ta̲l|lum vgl. Petal

Pe|ta|me̲|ter *der* od. *das;* -s, - ⟨*gr.*⟩: eine Billiarde Meter (10^{15} Meter); Zeichen: Pm

Pe|tar̲|de *die;* -, -n ⟨*lat.-fr.*⟩: (hist.) [zur Sprengung von Festungstoren u. a. benutztes] mit Sprengpulver gefülltes Gefäß, das mit einer Zündschnur zur Explosion gebracht wurde

Pe|ta̲l|so *der;* -, - ⟨*gr.*⟩: (hist.) breitkrempiger Hut mit flachem Kopf u. Kinnriemen im antiken Griechenland (mit einem Flügelpaar versehen als ↑ Attribut des Hermes)

Pe|te|chi̲|en *die* (Plural) ⟨*lat.-it.*⟩: punktförmige Hautblutungen aus den ↑ Kapillaren (1)

Pe|te̲nt *der;* -en, -en ⟨*lat.*⟩: Bittsteller. **Pe|te̲n|tin** *die;* -, -nen: weibliche Form zu ↑ Petent

Pe̲|ter|sil *der;* -s ⟨*gr.-lat.-mlat.*⟩: (österr. neben) Petersilie. **Pe|ter|si̲|lie** […]ə] *die;* -, -n: zweijährige Gewürz- u. Gemüsepflanze, die sehr reich an Vitamin C ist u. deren Blätter als Küchenkraut dienen

Pe|ti|o̲|lus *der;* -, ...li ⟨*lat.;* „Füßchen"⟩: (Bot.) Blattstiel

Pe|tit [pə'tiː] *die;* - ⟨*fr.*⟩: (Druckw.) Schriftgrad von 8 Punkt (ungefähr 3 mm)

Pe|ti̲|ta *Plural* von ↑ Petitum

Pe|ti̲|tes|se *die;* -, -n ⟨*vulgärlat.-fr.*⟩: Kleinigkeit, Geringfügigkeit, unbedeutende Sache, Bagatelle

Pe|tit|grain̲|öl [pəti'grɛ̃:...] *das;* -[e]s, -e ⟨*fr.; dt.*⟩: ätherisches Öl aus den Zweigen, Blüten u. grünen Früchten bestimmter Zitrusarten, das bei der Herstellung von Parfümen, Seifen o. Ä. verwendet wird

Pe|ti̲|ti|on *die;* -, -en ⟨*lat.*⟩: Bittschrift, Eingabe. **pe|ti|ti|o|ni̲e|ren** ⟨*lat.-nlat.*⟩: eine Bittschrift einreichen

Pe|ti|ti|ons̲|recht *das;* -[e]s, -e: verfassungsmäßig garantiertes Recht eines jeden, sich einzeln od. in Gemeinschaft mit anderen mit Bitten od. Beschwerden an die zuständigen Stellen u. die Volksvertretung zu wenden; Bittrecht, Beschwerderecht

Pe|ti̲|tio Prin|ci̲|pii [- ...'tsiː...] *die;* - - ⟨*lat.*⟩: (Philos.) Verwendung eines unbewiesenen, erst noch zu beweisenden Satzes als Beweisgrund für einen anderen Satz

Pe|tit Maî̲t|re [pəti'mɛtr] *der;* -, -s [pəti'mɛtr] ⟨*fr.*⟩: (veraltet) eitler [junger] Mann mit auffallend modischer Kleidung u. auffälligem Benehmen; Stutzer, Geck **Pe|tit Mal** [pəti'mal] *das;* - -: (Med.) kleiner epileptischer Anfall, kurzzeitige Trübung des Bewusstseins (ohne eigentliche Krämpfe)

Pe|ti̲|tor *der;* -s, ...oren ⟨*lat.*⟩: 1. (Rechtsw. veraltet) [Amts]bewerber. 2. Privatkläger. **Pe|ti|to̲|rin** *die;* -, -nen: weibliche Form zu ↑ Petitor

pe|ti|to̲|risch: in der Fügung **petitorische Ansprüche:** (Rechtsw.) Ansprüche auf ein Besitzrecht

Pe|tit Point [pəti'po̲ɛ̃] *das,* auch: *der;* - - ⟨*fr.*⟩: sehr feine Nadelarbeit, bei der mit Perlstich bunte Stickereien [auf Taschen, Etuis o. Ä.] hergestellt werden; Wiener Arbeit

Pe|tit̲|schrift [pə'ti...] *die;* -, -en: (Druckw.) Druckschrift in ↑ Petit

Pe|tits Fours [pəti'fu:a̲] *die* (Plural) ⟨*fr.*⟩: feines, meist gefülltes u. mit bunter Zuckerglasur überzogenes Kleingebäck

Pe|ti̲|tum *das;* -s, Petita ⟨*lat.*⟩: Gesuch, Antrag

Pe̲|tong *das;* -s ⟨*chin.*⟩: sehr harte chinesische Kupferlegierung

Pe|t|rar|kis̲|mus *der;* - ⟨*nlat.*⟩: 1. europäische Liebesdichtung in der Nachfolge des italienischen Dichters Petrarca. 2. (abwertend) gezierte, schablonenhafte Liebeslyrik. **Pe|t|rar|kis̲t** *der;* -en, -en: Vertreter des Petrarkismus (1)

Pe|t|re|fakt *das;* -[e]s, -e[n] ⟨*gr.; lat.*⟩: (Geol., Biol.) Versteinerung von Pflanzen od. Tieren **Pe|t|ri|fi|ka|ti̲|on** *die;* -, -en: (Geol., Biol.) Vorgang des Versteinerns. **pe|t|ri|fi|zi̲e|ren:** (Geol., Biol.) versteinern

Pe|t|ro|che|mie̲ *die;* -: 1. Wissenschaft von der chemischen Zusammensetzung der Gesteine. 2. ↑ Petrolchemie. **pe|t|ro|che̲|misch:** 1. a) die Petrochemie betreffend; b) die chemische Zusammensetzung der Gesteine betreffend. 2. petrolchemisch **Pe|t|ro|dol|lar** [auch: ˈpɛ...] *der; -[s], -s* (meist Plural) ⟨Kunstw. aus *Petro*leum u. *Dollar*⟩: amerikanische Währung im Besitz der Erdöl produzierenden Staaten, die auf den internationalen Markt angelegt wird

Pe|t|ro|ge|ne|se *die; -, -n* ⟨*gr.-nlat.*⟩: Entstehungsgeschichte der Gesteine. **pe|t|ro|ge|netisch:** die Gesteinsbildung betreffend

Pe|t|ro|gly|phe *die; -, -n:* vorgeschichtliche Felszeichnung

Pe|t|ro|g|no|sie *die; -:* (veraltet) Gesteinskunde

Pe|t|ro|graf usw. vgl. Petrograph usw.

Pe|t|ro|graph, auch: ...graf *der; -en, -en:* Wissenschaftler auf dem Gebiet der Petrographie. **Pe|t|ro|gra|phie,** auch: ...grafie *die; -:* Wissenschaft von der mineralogischen u. chemischen Zusammensetzung der Gesteine, ihrer Gefüge, ihrer ↑ Nomenklatur u. ↑ Klassifikation; beschreibende Gesteinskunde. **Pe|t|ro|gra|phin,** auch: ...grafin *die; -, -nen:* weibliche Form zu ↑ Petrograph. **pe|t|ro|gra|phisch,** auch: ...grafisch: die Petrographie betreffend

Pe|t|rol *das; -s* ⟨*(gr.; lat.) mlat.;* „Steinöl"⟩: (schweiz.) Petroleum

Pe|t|rol|ä|ther, chem. fachspr.: ...ether *der; -s:* Leichtbenzin, das u. a. als Lösungsmittel verwendet wird

Pe|t|rol|che|mie *die; -:* Zweig der technischen Chemie, dessen Aufgabe bes. in der Gewinnung von chemischen Rohstoffen aus Erdöl u. Erdgas besteht. **pe|t|rol|che|misch:** die Petrolchemie, die Gewinnung von chemischen Rohstoffen aus Erdöl u. Erdgas betreffend

Pe|t|ro|le|um *das; -s:* 1. Erdöl. 2. Destillationsprodukt des Erdöls

Pe|t|ro|lo|ge *der; -n, -n:* Wissenschaftler auf dem Gebiet der Petrologie u. Petrographie. **Pe|t|rolo|gie** *die; -* ⟨*gr.-nlat.*⟩: Wissenschaft von der Bildung u. Umwandlung der Gesteine, von den physikalisch-chemischen Bedingungen bei der Gesteinsbildung. **Pe|t|ro|lo|gin** *die; -, -nen:* weibliche Form zu ↑ Petrologe

pe|t|ro|phil: (Biol.) steinigen Untergrund bevorzugend (von bestimmten Organismen, z. B. Flechten)

Pet|schaft *das; -s, -e* ⟨*tschech.*⟩: Siegelstempel mit eingraviertem Namenszug, Wappen od. Bild

pet|schie|ren: mit einem Petschaft schließen

pet|schiert: in der Fügung **petschiert sein:** (österr. ugs.) in einer schwierigen, peinlichen Situation sein, ruiniert sein

Pet|ti|coat [ˈpɛtiko:t] *der; -s, -s* ⟨*fr.-engl.;* „kleiner Rock"⟩: versteifter, weiter, in der Taille ansetzender Unterrock

Pet|ting *das; -s, -s* ⟨*engl.-amerik.*⟩: [bis zum Orgasmus betriebene] Stimulierung durch Berühren und Reizen der Genitalien ohne Ausübung des eigentlichen Geschlechtsverkehrs

pet|to vgl. in petto

Pe|tu|lanz *die; -* ⟨*lat.*⟩: (veraltet) Ausgelassenheit; Heftigkeit

Pe|tum *das; -s* ⟨*indian.-port.*⟩: ursprüngliche Bez. für den Tabak in Europa

Pe|tu|nie [...i̯ə] *die; -, -n* ⟨*indian.-port.-fr.-nlat.*⟩: Balkonpflanze mit violetten, roten od. weißen Trichterblüten (Nachtschattengewächs)

peu à peu [pøaˈpø:] ⟨*fr.*⟩: allmählich, nach u. nach

Pew|ter [ˈpju:tɐ] *der; -s* ⟨*vulgär-lat.-fr.-engl.*⟩: Zinn-Antimon-Kupfer-Legierung (für Tafelgeräte, Notendruckplatten)

pe|xie|ren vgl. pekzieren

Pe|yo|te u. **Pe|y|otl** *der; -* ⟨*aztek.*⟩: aus einer mexikanischen Kakteenart gewonnenes Rauschmittel, das gekaut wird

Pfef|fe|ro|ne *der; -, ...ni* (selten: -n) u. **Pfef|fe|ro|ni** *der; -, -* ⟨*sanskr.-pers.-gr.-lat.; it.*⟩: (österr.) Peperone

Pfund Ster|ling [- ˈstɛrlɪŋ od. ˈstə:...] *das; - -, - -:* Währungseinheit in Großbritannien; Abk.: L. ST., Lstr. (eigtl.: *Livre Sterling*), Pfd. St.; Zeichen: £

Phä|a|ke *der; -n, -n* ⟨nach dem als besonders glücklich geltenden Volk der Phäaken in der griech. Sage⟩: sorgloser Genießer. **Phä|a|kin** *die; -, -nen:* weibliche Form zu ↑ Phäake

pha|e|tho|nisch u. **pha|e|thon|tisch** ⟨*gr.-lat.;* nach Phaethon, dem

Sohn des Sonnengottes in der griech. Sage⟩: kühn, verwegen **Pha|ge** *der; -n, -n* ⟨*gr.-lat.*⟩: ↑ Bakteriophage

Pha|ge|dä|na *die; -, ...nen:* (Med.) fortschreitendes, sich ausbreitendes [Syphilis]geschwür. **pha|ge|dä|nisch:** (Med.) sich ausbreitend (von Geschwüren)

Pha|go|zyt *der; -en, -en* (meist Plural) ⟨*gr.-nlat.*⟩: (Med.) weißes Blutkörperchen, das eingedrungene Fremdstoffe, bes. Bakterien, aufnehmen, durch ↑ Enzyme auflösen u. unschädlich machen kann

pha|go|zy|tie|ren: (Med.) Fremdstoffe in sich aufnehmen u. durch ↑ Enzyme auflösen (von Blutzellen)

Pha|go|zy|to|se *die; -:* 1. (Med.) durch Phagozyten bewirkte Auflösung u. Unschädlichmachung von Fremdstoffen im Organismus. 2. Aufnahme geformter Nahrung durch einzellige Lebewesen

Pha|kom *das; -s, -e* ⟨*gr.-nlat.*⟩: (Med.) Tumor der Augenlinse

Pha|ko|skle|ro|se *die; -, -n:* (Med.) Altersstar

Pha|lan|gen: Plural von ↑ Phalanx

Pha|lanx *die; -, ...langen* ⟨*gr.-lat.*⟩: 1. (hist.) tief gestaffelte, geschlossene Schlachtreihe des schweren Fußvolks im Griechenland der Antike. 2. geschlossene Front (z. B. des Widerstands). 3. Finger- od. Zehenglied

Pha|le|ris|tik *die; -* ⟨*gr.-nlat.*⟩: Ordenskunde

phal|lisch ⟨*gr.-lat.*⟩: den Phallus betreffend

Phal|lo|graf usw. vgl. Phallograph usw.

Phal|lo|graph, auch: ...graf *der; -en, -en* ⟨*gr.-nlat.*⟩: Gerät zur Durchführung einer Phallographie. **Phal|lo|gra|phie,** auch: ...grafie *die; -, ...ien:* Aufzeichnung der Penisreaktion bei sexualpsychologischen Untersuchungen

Phal|lo|krat *der; -en, -en:* (abwertend) phallokratischer Mann. **Phal|lo|kra|tie** *die; -:* (abwertend) gesellschaftliche Unterdrückung der Frau durch den Mann. **pha|l|lo|kra|tisch:** die Phallokratie betreffend

Phal|lo|me|t|rie *die; -, ...ien:* Verfahren zum Messen der Penisreaktion bei sexualpsychologischen Untersuchungen

Phal|lo|plas|tik der; -, -en: operative Neu- od. Nachbildung des Penis

Phallos der; -, ...lloi [...ɔy] u. ...llen ⟨gr.⟩: ↑ Phallus

Phal|lus der; -, ...lli u. ...llen, auch: -se ⟨gr.-lat.⟩: [erigiertes] männliches Glied (meist als Symbol der Kraft und Fruchtbarkeit)

Phal|lus|kult der; -[e]s: (Völkerk.) religiöse Verehrung des männlichen Gliedes als Sinnbild der Naturkraft, der Fruchtbarkeit

Phän das; -s, -e ⟨gr.-nlat.⟩: (Biol.) deutlich in Erscheinung tretendes [Erb]merkmal eines Lebewesens, das mit anderen zusammen den ↑ Phänotypus ausbildet

Pha|ne|ro|ga|me die; -, -n (meist Plural): Blütenpflanze; Ggs. ↑ Kryptogame

pha|ne|ro|mer: (Geol.) ohne Vergrößerung erkennbar (von den Bestandteilen eines Gesteins); Ggs. ↑ kryptomer

Pha|ne|ro|phyt der; -en, -en (meist Plural): (Bot.) Pflanze, die ungünstige Jahreszeiten durch oberirdische Sprosse überdauert, wobei sich die Erneuerungsknospen beträchtlich über dem Erdboden befinden (meist Bäume u. Sträucher)

Pha|ne|ro|se die; - ⟨gr.-nlat.⟩: (Med.) das Sichtbarwerden, Sichtbarmachen von sonst nicht erkennbaren Einzelheiten, krankhaften Veränderungen, Ablagerungen o. Ä. mithilfe bestimmter Techniken

Phä|no|lo|gie die; -: (Biol.) Wissenschaft von den jahreszeitlich bedingten Erscheinungsformen bei Tier u. Pflanze (z. B. die Laubverfärbung der Bäume). **phä|no|lo|gisch:** die Phänologie betreffend

Phä|no|men das; -s -e ⟨gr.-lat.⟩: 1. etwas, was als Erscheinungsform auffällt, ungewöhnlich ist; Erscheinung. 2. (Philos.) das Erscheinende, sich den Sinnen Zeigende; der sich der Erkenntnis darbietende Bewusstseinsinhalt. 3. Mensch mit außergewöhnlichen Fähigkeiten

Phä|no|me|na [auch: ...'nɔm...]: Plural von ↑ Phänomenon

phä|no|me|nal ⟨gr.-lat.-fr.⟩: 1. (Philos., Psychol.) das ↑ Phänomen

(2) betreffend; sich den Sinnen, der Erkenntnis darbietend. 2. außergewöhnlich, einzigartig, erstaunlich, unglaublich

Phä|no|me|na|lis|mus der; - ⟨nlat.⟩: philosophische Richtung, nach der die Gegenstände nur so erkannt werden können, wie sie uns erscheinen, nicht wie sie an sich sind. **phä|no|me|na|lis|tisch:** den Phänomenalismus betreffend

Phä|no|me|no|lo|gie die; - ⟨gr.-nlat.⟩: (Philos.) 1. Wissenschaft von den sich dialektisch entwickelnden Erscheinungen der Gestalten des [absoluten] Geistes u. Wissenschaft der Erfahrung des Bewusstseins (Hegel). 2. streng objektive Aufzeigung u. Beschreibung des Gegebenen, der Phänomene (nach N. Hartmann). 3. Wissenschaft, Lehre, die von der geistigen Anschauung des Wesens der Gegenstände od. Sachverhalte ausgeht u. die geistig-intuitive Wesensschau (anstelle rationaler Erkenntnis) vertritt (Husserl). **phä|no|me|no|lo|gisch:** die Phänomenologie betreffend

Phä|no|me|non [auch: ...'nɔm...] das; -s, ...na ⟨gr.-lat.⟩: ↑ Phänomen (2)

Phä|no|typ [auch: ...'ty:p] der; -s, -en ⟨gr.-nlat.⟩: ↑ Phänotypus

phä|no|ty|pisch [auch: ...'ty:...]: (Biol.) das Erscheinungsbild eines Organismus betreffend

Phä|no|ty|pus [auch: ...'ty:...] der; -, ...pen: (Biol.) das Erscheinungsbild eines Organismus, das durch Erbanlagen u. Umwelteinflüsse geprägt wird; vgl. Genotypus

Phan|ta|sie vgl. Fantasie

phan|ta|sie|ren vgl. fantasieren

Phan|tas|ma das; -s, ...men ⟨gr.-lat.⟩: (Psychol.) Sinnestäuschung, Trugbild

Phan|tas|ma|go|rie die; -, ...ien ⟨gr.⟩: 1. Zauber, Truggebilde, Wahngebilde. 2. künstliche Darstellung von Trugbildern, Gespenstern u. a. auf der Bühne. **phan|tas|ma|go|risch:** traumhaft, bizarr, gespenstisch, trügerisch

Phan|tast vgl. Fantast

Phan|tas|te|rei vgl. Fantasterei

Phan|tas|tik vgl. Fantastik

Phan|tas|ti|ka vgl. Fantastika

Phan|tas|tin vgl. Fantastin

phan|tas|tisch vgl. fantastisch

Phan|tom das; -s, -e ⟨gr.-vulgär-lat.-fr.⟩: 1. gespenstische Erscheinung, Trugbild. 2. (Med.) Nachbildung von Körperteilen u. Organen für den Unterricht

Phan|tom|bild das; -[e]s, -er: nach Zeugenaussagen gezeichnetes Bild eines gesuchten Täters

Phan|tom|schmerz der; -es, -en: (Med.) Schmerzen, die man in einem bereits amputierten Körperglied empfindet

Phä|o|derm das; -s ⟨gr.-nlat.⟩: (Med.) durch Austrocknung entstehende graubraune bis schwärzliche Verfärbung der Haut

Phä|o|phy|zee die; -, -n: (Biol.) Braunalge, Tang

¹Pha|rao der; -s, ...onen ⟨ägypt.-gr.⟩: a) (ohne Plural; hist.) Titel der altägyptischen Könige; b) Träger dieses Titels

²Pha|rao das; -s ⟨ägypt.-gr.-fr.⟩: altes französisches Kartenglücksspiel

pha|ra|o|nisch ⟨ägypt.-gr.⟩: den ¹Pharao betreffend

Pha|ri|sä|er der; -s, - ⟨hebr.-gr.-lat.⟩: 1. (hist.) Angehöriger einer altjüdischen, streng gesetzesfrommen religiös-politischen Partei. 2. selbstgerechter Mensch; Heuchler. 3. heißer Kaffee mit Rum und geschlagener Sahne.

Pha|ri|sä|e|rin die; -, -nen: weibliche Form zu ↑ Pharisäer (2)

pha|ri|sä|isch: 1. die Pharisäer (1) betreffend. 2. selbstgerecht; heuchlerisch

Pha|ri|sä|is|mus der; - ⟨hebr.-gr.-lat.-nlat.⟩: 1. (hist.) religiös-politische Lehre der Pharisäer (1). 2. Selbstgerechtigkeit; Heuchelei

---

Phar|ma...

⟨zu gr. phármakon „Hilfsmittel; Heilmittel, Arzneimittel; Gift"⟩ Wortbildungselement mit der Bedeutung „Arzneimittel":
– Pharmaindustrie
– Pharmareferent
Von gleicher Herkunft und Bedeutung ist auch das Wortbildungselement **pharmako...,** **Pharmako...,** vor Vokalen auch: pharmak..., Pharmak... Es ist Bestandteil vieler Fremdwörter, wie z. B. in pharmakologisch und Pharmakopsychiatrie.

Phar|ma|in|dus|t|rie *die;* -, -n: Arzneimittelindustrie

phar|mak..., Phar|mak... s. Kasten Pharma...

Phar|ma|ka: *Plural* von ↑ Pharmakon

Phar|ma|kant *der;* -en, -en: Facharbeiter für die Herstellung pharmazeutischer Erzeugnisse.

Phar|ma|kan|tin *die;* -, -nen: weibliche Form zu ↑ Pharmakant

Phar|ma|keu|le *die;* -, -n ⟨gr.; dt.⟩: (ugs.) übermäßig große Menge von Pharmaka, die für eine Behandlung eingesetzt wird

phar|ma|ko..., Phar|ma|ko... s. Kasten Pharma...

Phar|ma|ko|dy|na|mik *die;* - ⟨gr.-nlat.⟩: (Med., Pharm.) Teilgebiet der Medizin u. Pharmazie, auf dem man sich mit den spezifischen Wirkungen der Arzneimittel u. Gifte befasst. **phar|ma|ko|dy|na|misch:** die spezifische Wirkung von Arzneimitteln u. Giften betreffend

Phar|ma|ko|ge|ne|tik *die;* - (Med.) Teilgebiet der Medizin, auf dem man sich mit den möglichen Einwirkungen der Arzneimittel auf die Erbbeschaffenheit des Menschen befasst

Phar|ma|ko|g|no|sie *die;* -: (veraltet) pharmazeutische Biologie (vgl. pharmazeutisch)

Phar|ma|ko|ki|ne|tik *die;* - (Med.) Wissenschaft vom Verlauf der Konzentration eines Arzneimittels im Organismus

Phar|ma|ko|lo|ge *der;* -n, -n: Wissenschaftler auf dem Gebiet der Pharmakologie. **Phar|ma|ko|lo|gie** *die;* -: Wissenschaft von Art u. Aufbau der Heilmittel, ihren Wirkungen u. Anwendungsgebieten; Arzneimittelkunde, Arzneiverordnungslehre. **Phar|ma|ko|lo|gin** *die;* -, -nen: weibliche Form zu ↑ Pharmakologe. **phar|ma|ko|lo|gisch:** die Pharmakologie, Arzneimittel betreffend

Phar|ma|kon *das;* -s, ...ka ⟨gr.⟩: 1. Arzneimittel. 2. (veraltet) Zauber-, Liebestrank

Phar|ma|ko|pöe [...'pø:, selten: ...'pø:ə] *die;* -, -n [...'pø:ən]: amtliches Arzneibuch, Verzeichnis der offiziellen Arzneimittel mit Vorschriften über ihre Zubereitung, Beschaffenheit, Anwendung o. Ä.

Phar|ma|ko|psy|ch|i|a|t|rie *die;* -: Teilgebiet der Psychiatrie, auf dem man sich mit der Behandlung bestimmter Krankheiten mit ↑ Psychopharmaka befasst

Phar|ma|ko|psy|cho|lo|gie *die;* -: Teilgebiet der Psychologie, das die Wirkung von Arzneimitteln u. Drogen auf die seelischen Vorgänge umfasst

Phar|ma|re|fe|rent *der;* -en, -en: Vertreter, der bei Ärzten für die Arzneimittel o. Ä. einer Firma wirbt. **Phar|ma|re|fe|ren|tin** *die;* -, -nen: weibliche Form zu ↑ Pharmareferent

Phar|ma|zeut *der;* -en, -en ⟨gr.⟩: Fachmann, Wissenschaftler auf dem Gebiet der Pharmazie; Arzneimittelhersteller (z. B. Apotheker)

Phar|ma|zeu|tik *die;* -: Arzneimittelkunde

Phar|ma|zeu|ti|kum *das;* -s, ...ka ⟨gr.-lat.⟩: Arzneimittel

Phar|ma|zeu|tin *die;* -, -nen: weibliche Form zu ↑ Pharmazeut

phar|ma|zeu|tisch: zur Pharmazie gehörend; die Herstellung von Arzneimitteln betreffend; **pharmazeutische Biologie:** Lehre von der Erkennung u. Bestimmung der als Arznei verwendeten Drogen

Phar|ma|zie *die;* - ⟨gr.-mlat.⟩: Wissenschaft von den Arzneimitteln, ihrer Zusammensetzung, Herstellung usw.

Pha|ro *das;* -s ⟨verkürzt aus *Pharao*⟩: ↑ ²Pharao

Pha|rus *der;* -, u. -se ⟨gr.-lat.; nach der Insel bei Alexandria, auf der im Altertum ein berühmter Leuchtturm stand⟩: (veraltet) Leuchtturm

pha|ryn|gal ⟨gr.-nlat.⟩: (Sprachw.) auf den Pharynx bezüglich, dort artikuliert

pha|ryn|ga|li|sie|ren: mit verengtem Rachenraum artikulieren

Pha|ryn|gen: *Plural* von ↑ Pharynx

Pha|ryn|gis|mus *der;* -, ...men: (Med.) Verkrampfung der Schlundmuskulatur, Schlundkrampf

Pha|ryn|gi|tis *die;* -, ...iti|den: (Med.) Rachenentzündung

Pha|ryn|go|lo|ge *der;* -n, -n: (Med.) Facharzt auf dem Gebiet der Pharyngologie. **Pha|ryn|go|lo|gie** *die;* -: Teilgebiet der Medizin, auf dem man sich mit den Krankheiten des Rachens

befasst. **Pha|ryn|go|lo|gin** *die;* -, -nen: weibliche Form zu ↑ Pharyngologe. **pha|ryn|go|lo|gisch:** (Med.) die Pharyngologie, die Rachenkrankheiten betreffend

Pha|ryn|go|s|kop *das;* -s, -e: (Med.) Instrument zur Untersuchung des Rachens, Rachenspiegel. **Pha|ryn|go|s|ko|pie** *die;* -, ...ien: (Med.) Untersuchung des Rachens mithilfe des Pharyngoskops, Ausspiegelung des Rachens. **pha|ryn|go|s|ko|pisch:** die Pharyngoskopie betreffend; unter Anwendung des Pharyngoskops

Pha|ryn|go|spas|mus *der;* -, ...men: ↑ Pharyngismus

Pha|ryn|go|to|mie *die;* -, ...ien: (Med.) operative Öffnung des Schlundes vom Hals aus

Pha|rynx *der;* -, ...ryngen ⟨gr.⟩: (Med.) zwischen Speiseröhre u. Mund- bzw. Nasenhöhle liegender Abschnitt der oberen Luftwege; Schlund, Rachen

Pha|se *die;* -, -n ⟨gr.-fr.⟩: 1. Abschnitt einer [stetigen] Entwicklung; Zustandsform, Stufe. 2. (Astron.) a) bei nicht selbst leuchtenden Monden od. Planeten die Zeit, in der die Himmelskörper nur z. T. erleuchtet sind; b) die daraus resultierende jeweilige Erscheinungsform der Himmelskörper. 3. (Chem.) Aggregatzustand eines chemischen Stoffes (z. B. feste, flüssige Phase). 4. (Phys.) Größe, die den Schwingungszustand einer Welle an einer bestimmten Stelle, bezogen auf den Anfangszustand, charakterisiert. 5. (Elektrot.) a) Schwingungszustand beim Wechselstrom; b) (nur Plural) die drei Wechselströme des Drehstromes; c) (nur Plural) die drei Leitungen des Drehstromnetzes

Pha|sin *das;* -s ⟨gr.-nlat.⟩: durch längeres Kochen zerstörbarer giftiger Eiweißbestandteil der Bohnen

pha|sisch ⟨gr.⟩: die Phase (1) betreffend; in bestimmten Abständen regelmäßig wiederkehrend

Pha|so|pa|thie *die;* -, ...ien ⟨gr.-nlat.⟩: (Psychol.) vorübergehende charakterliche Abnormität

Pha|so|phre|nie *die;* -, ...ien: in Phasen verlaufende ↑ Psychose

P

phat [fɛt] vgl. phatt

pha|tisch ⟨*gr.-nlat.*⟩: (Sprachw.) Kontakt knüpfend u. erhaltend (z. B. die phatische Funktion eines Textes)

phatt, phat [fɛt] ⟨*engl.*⟩: (Jugendsprache) hervorragend (z. B. phatte Beats)

Pha|ze|lie [...i̯ə] *die;* -, -n ⟨*gr.-nlat.*⟩: Büschelschön (Wasserblattgewächs, das als Bienenweide angepflanzt wird)

Phel|lem *das;* -s ⟨*gr.-nlat.*⟩: Kork, Naturkork (der Korkeiche)

Phel|lo|den|d|ron *der,* auch: *das;* -s, ...dren ⟨*gr.-nlat.*⟩: Korkbaum (ein ostasiatischer Zierbaum)

Phel|lo|derm *das;* -s, -e: (Bot.) unverkorkte, blattgrünreiches Rindengewebe

Phel|lo|gen *das;* -s, -e: (Bot.) Korkzellen bildendes Pflanzengewebe

Phel|lo|id *das;* -[e]s, -e: (Bot.) unverkorkte tote Zellschicht im Korkgewebe

Phel|lo|plas|tik *die;* -, -en: 1. (ohne Plural) bes. im 18. u. 19. Jh. übliche Korkschnitzkunst. 2. aus Kork geschnitzte Figur. **phel|lo-plas|tisch:** die Korkschnitzkunst betreffend

Phe|lo|ni|um *das;* -s, ...ien ⟨*gr.-mgr.*⟩: mantelartiges Messgewand des orthodoxen Priesters

Phe|na|ce|tin *das;* -s ⟨*gr.; lat.-nlat.*⟩: ein Schmerz- u. Fiebermittel

Phe|na|kit [auch: ...'kɪt] *der;* -s, -e ⟨*gr.-nlat.*⟩: ein Mineral; Schmuckstein

Phe|n|an|th|ren *das;* -s ⟨Kunstw.⟩: aromatischer Kohlenwasserstoff im Steinkohlenteer mit vielen wichtigen Abkömmlingen

Phe|nol *das;* -s ⟨*gr.; arab.*⟩: Karbolsäure, eine aus dem Steinkohlenteer gewonnene, technisch vielfach verwendete organische Verbindung

Phe|no|le *die* (Plural): wichtige organische Verbindungen im Teer (z. B. Phenol, Kresol)

Phe|nol|harz *das;* -es, -e: aus Phenolen u. Formaldehyd synthetisch hergestelltes Harz

Phe|nol|ph|tha|le|in *das;* -s ⟨Kunstw.⟩: als ↑ Indikator (3) dienende chemische Verbindung

Phe|no|plast *der;* -[e]s, -e: ↑ Phenolharz

Phe|nyl *das;* -s, -e u. **Phe|nyl|grup-pe** *die;* -, -n: bestimmte, in vielen aromatischen Kohlenwasserstoffen enthaltene einwertige Atomgruppe

Phe|nyl|ke|to|n|u|rie *die;* -, ...ien: [bei Babys auftretende] Stoffwechselkrankheit, die durch das Fehlen bestimmter ↑ Aminosäuren bedingt ist

Phe|re|kra|te|us *der;* -, ...teen ⟨*gr.-lat.;* nach dem Namen des altattischen Dichters Pherekrates⟩: 1. antiker Vers in der Form eines ↑ katalektischen ↑ Glykoneus. 2. ↑ Aristophaneus

Phe|ro|mon *das;* -s, -e (meist Plural) ⟨*gr.-nlat.*⟩: (Biol.) Wirkstoff, der nach außen abgegeben wird u. auf andere Individuen der gleichen Art Einfluss hat (z. B. Lockstoffe von Insekten)

Phi *das;* -[s], -s ⟨*gr.*⟩: einundzwanzigster Buchstabe des griechischen Alphabets: Φ, φ

Phi|a|le *die;* -, -n ⟨*gr.-lat.*⟩: altgriechische flache [Opfer]schale

phil..., **Phil...** vgl. philo..., Philo...
...phil s. Kasten philo..., Philo...

Phi|l|a|leth *der;* -en, -en ⟨*gr.*⟩: (veraltet) Wahrheitsfreund

Phi|l|an|th|rop *der;* -en, -en ⟨*gr.*⟩: Menschenfreund; Ggs. ↑ Misanthrop

Phi|l|an|th|ro|pie *die;* -: Menschenliebe; Ggs. ↑ Misanthropie

¹Phi|l|an|th|ro|pin *die;* -, -nen: weibliche Form zu ↑ Philanthrop

²Phi|l|an|th|ro|pin *das;* -s, -e u. Philanthropinum *das;* -s, ...na ⟨*gr.-nlat.*⟩: (veraltet) nach den Grundsätzen des Philanthropinismus arbeitende Erziehungsanstalt

Phi|l|an|th|ro|pi|nis|mus u. Philanthropismus *der;* -: eine am Ende des 18. Jh.s einsetzende, von Basedow begründete Erziehungsbewegung, die eine natur- u. vernunftgemäße Erziehung anstrebte. **Phi|l|an|th|ro-pi|nist** *der;* -en, -en: Anhänger des Philanthropinismus. **Phi|l-an|th|ro|pi|nis|tin** *die;* -, -nen: weibliche Form zu ↑ Philanthropinist

Phi|l|an|th|ro|pi|num vgl. ²Philanthropin

phi|l|an|th|ro|pisch ⟨*gr.*⟩: menschenfreundlich, menschlich [gesinnt]; Ggs. ↑ misanthropisch

Phi|l|an|th|ro|pismus vgl. Philanthropinismus

Phi|l|ia|te|lie *die;* - ⟨*gr.-fr.*⟩: [wissenschaftliche] Beschäftigung mit Briefmarken, das Sammeln von Briefmarken. **Phi|l|ia|te|list** *der;* -en, -en: jmd., der sich [wissenschaftlich] mit Briefmarken beschäftigt; Briefmarkensammler. **Phi|l|ia|te|lis|tin** *die;* -, -nen: weibliche Form zu ↑ Philatelist

Phil|har|mo|nie *die;* -, ...ien ⟨*gr.*⟩: 1. Name philharmonischer Orchester od. musikalischer Gesellschaften. 2. [Gebäude mit einem] Konzertsaal eines philharmonischen Orchesters

Phil|har|mo|ni|ker *der;* -s, -: a) Mitglied eines philharmonischen Orchesters; b) (nur Plural) Name eines Sinfonieorchesters mit großer Besetzung (z. B. Berliner Philharmoniker, Wiener Philharmoniker). **Phil|har|mo|ni-ke|rin** *die;* -, -nen: weibliche Form zu ↑ Philharmoniker (a)

phil|har|mo|nisch: die Musikliebe, -pflege betreffend; Musik pflegend; **philharmonisches Orchester:** Sinfonieorchester mit großer Besetzung (als Name)

Phil|hel|le|ne *der;* -n, -n ⟨*gr.*⟩: Anhänger, Vertreter des Philhellenismus. **Phil|hel|le|nin** *die;* -, -nen: weibliche Form zu ↑ Philhellene

Phil|hel|le|nis|mus *der;* - ⟨*gr.-nlat.*⟩: (hist.) politisch-romantische Bewegung, die den Befreiungskampf der Griechen gegen die Türken unterstützte

...phi|lie s. Kasten philo..., Philo...

Phi|l|ip|pi|ka *die;* -, ...ken ⟨*gr.-lat.*⟩: nach den Kampfreden des Demosthenes gegen König Philipp von Mazedonien⟩: Straf-, Kampfrede

Phi|lis|ter *der;* -s, - ⟨nach dem Volk an der Küste Südpalästinas, in der Bibel als ärgster Feind der Israeliten dargestellt⟩: 1. kleinbürgerlicher Mensch; Spießbürger. 2. (Verbindungsw.) im Berufsleben stehender Alter Herr. 3. (Studentenspr. veraltend) Nichtakademiker. **Phi|lis|te|rin** *die;* -, -nen: weibliche Form zu ↑ Philister (1,3)

Phi|lis|te|ri|um *das;* -s ⟨*nlat.*⟩: (Verbindungsw.) das spätere Berufsleben eines Studenten

Phi|l|an|th|ro|pismus vgl. Philanthropinismus

P

---

phi|lo..., Phi|lo...

vor Vokalen und vor h phil..., Phil...
⟨*gr.* phílos „liebend, freundlich; lieb, wert, teuer; Freund"⟩
Wortbildungselement mit der Bedeutung „Freund, Verehrer (von etwas), Liebhaber, Anhänger; Liebe, Neigung (zu etwas), wissenschaftliche Beschäftigung":
– Philharmonie
– Philologe
– philosophisch

...phil
⟨*gr.* phílos „liebend, freundlich; lieb, wert, teuer; Freund"⟩
Wortbildungselement mit der Bedeutung „eine Vorliebe für etwas oder jemanden habend; etwas oder jemanden sehr schätzend":
– bibliophil
– frankophil
– pädophil

...phi|lie
*die; -, ...*ien (meist ohne Plural)
⟨*gr.* philía „Liebe, Freundschaft, Wohlwollen"⟩
Wortbildungselement mit der Bedeutung „Vorliebe, Liebhaberei, Neigung (zu etwas)":
– Bibliophilie
– Hämophilie
– Nekrophilie

---

phi|lis|t|rie|ren: (Verbindungsw.) einen ↑ Inaktiven in die Altherrenschaft aufnehmen
phi|lis|t|rös ⟨französierende Bildung⟩: spießig; engstirnig
Phil|lu|me|nie *die; -* ⟨*lat.*⟩: das Sammeln von Streichholzschachteln od. Streichholzschachteletiketten. **Phil|lu|me|nist** *der; -en, -en:* Sammler von Streichholzschachteln od. Etiketten von Streichholzschachteln. **Phil|lu|me|nis|tin** *die; -, -nen:* weibliche Form zu ↑ Phillumenist
phi|lo..., Phi|lo... s. Kasten
phi|lo|bat ⟨*gr.*⟩: (Psychol.) enge Bindungen meidend, Distanz liebend; Ggs. ↑ oknophil
Phi|lo|den|d|ron *der,* auch: *das; -s, ...*ren ⟨*gr.-nlat.*⟩: zu den Aronstabgewächsen gehörende Blattpflanze mit Luftwurzeln u. gelappten Blättern; vgl. Monstera
Phi|lo|gyn *der; -en, -en* ⟨*gr.*⟩: (veraltet) Frauenfreund
Phi|lo|ka|lia u. **Phi|lo|ka|lie** *die; -* ⟨„Liebe zum Schönen"⟩: viel gelesenes Erbauungsbuch der orthodoxen Kirche mit Auszügen aus dem mittelalterlichen mystischen Schrifttum
Phi|lo|lo|ge *der; -n, -n* ⟨*gr.-lat.;* „Freund der Wissenschaften"⟩: jmd., der sich wissenschaftlich mit Philologie befasst (z. B. Hochschullehrer, Student). **Phi|lo|lo|gie** *die; -:* Sprach- u. Literaturwissenschaft. **Phi|lo|lo|gin** *die; -, -nen:* weibliche Form zu ↑ Philologe. **phi|lo|lo|gisch:** die Philologie betreffend, auf ihr beruhend, zu ihr gehörend
Phi|lo|ma|thie *die; -* ⟨*gr.*⟩: (veraltet) Wissensdrang

Phi|lo|me|la u. **Phi|lo|me|le** *die; -, ...*len ⟨*gr.-lat.*⟩: (veraltet) Nachtigall
Phi|lo|se|mit *der; -en, -en* ⟨*nlat.*⟩: Vertreter des Philosemitismus.
Phi|lo|se|mi|tin *die; -, -nen:* weibliche Form zu ↑ Philosemit.
Phi|lo|se|mi|tis|mus *der; -:* a) (bes. im 17. u. 18. Jh.) geistige Bewegung, die gegenüber Juden und ihrer Religion eine sehr tolerante Haltung einnimmt; b) (abwertend) unkritische Haltung, die die Politik des Staates Israel vorbehaltlos unterstützt
Phi|lo|soph *der; -en, -en* ⟨*gr.-lat.;* „Freund der Weisheit"⟩: 1. a) jmd., der nach dem letzten Sinn, den Ursprüngen des Denkens u. Seins, dem Wesen des Menschen im Universum fragt; b) Begründer einer Denkmethode, einer Philosophie (1). 2. Wissenschaftler auf dem Gebiet der Philosophie (2). 3. jmd., der gern philosophiert (2), über etwas nachdenkt, grübelt
Phi|lo|sophas|ter *der; -s, -:* philosophisch unzuverlässiger Schwätzer, Scheinphilosoph
Phi|lo|so|phem *das; -s, -e* ⟨*gr.*⟩: Ergebnis philosophischer Nachforschung od. Lehre; philosophisches Ergebnis
Phi|lo|so|phia pe|r|en|nis *die; - -* ⟨*lat.;* „immer während Philosophie"⟩: Philosophie (1) im Hinblick auf die in ihr enthaltenen, überall u. zu allen Zeiten bleibenden Grundwahrheiten
Phi|lo|so|phia pri|ma *die; - -* ⟨„erste Philosophie"⟩: die ↑ Metaphysik bei Aristoteles
Phi|lo|so|phie *die; -, ...*ien ⟨*gr.-lat.;*

„Weisheitsliebe"⟩: 1. forschendes Fragen u. Streben nach Erkenntnis des letzten Sinnes, der Ursprünge des Denkens u. Seins, der Stellung des Menschen im Universum, des Zusammenhanges der Dinge in der Welt. 2. (ohne Plural) Wissenschaft von den verschiedenen philosophischen Systemen, Denkgebäuden. **phi|lo|so|phie|ren:** 1. Philosophie (1) betreiben, sich philosophisch über einen Gegenstand verbreiten. 2. über etwas nachdenken, grübeln; nachdenklich über etwas reden
Phi|lo|so|phi|kum *das; -s:* 1. (früher) im Rahmen des 1. Staatsexamens abzulegende Prüfung in Philosophie für Lehramtskandidaten. 2. Zwischenexamen bei Kandidaten aus dem Priesteramt
Phi|lo|so|phin *die; -, -nen:* weibliche Form zu ↑ Philosoph
phi|lo|so|phisch: 1. a) die Philosophie (1) betreffend; b) auf einen Philosophen (1) bezogen. 2. durchdenkend, überlegend, weise. 3. (abwertend) weltfremd, versteigen
Phi|lo|xe|nie *die; -* ⟨*gr.*⟩: (veraltet) Gastfreundschaft
Phil|t|rum *das; -s, ...*tren ⟨*gr.-nlat.*⟩: (Med.) Einbuchtung in der Mitte der Oberlippe
Phi|mo|se *die; -, -n* ⟨*gr.;* „das Verschließen, die Verengung"⟩: (Med.) angeborene od. erworbene Vorhautverengung des Penis
Phi|o|le *die; -, -n* ⟨*gr.-lat.-mlat.*⟩: kugelförmige Glasflasche mit langem Hals

---

Phle |b|ek|ta|sie *die; -, ...ien* ⟨*gr.-nlat.*⟩: (Med.) meist durch Bindegewebsschäden bedingte Bildung von Ausbuchtungen in der Venenwand; Venenerweiterung **Phle|bi|tis** *die; -, ...iti|den:* (Med.) Venenentzündung **phle|bo|gen:** (Med.) von den Venen ausgehend (z. B. von krankhaften Veränderungen) **Phle|bo|gramm** *das; -s, -e:* (Med.) Röntgenbild kontrastmittelgefüllter Venen **Phle|bo|gra|phie,** auch: ...grafie *die; -:* (Med.) röntgenologische Darstellung der Venen mithilfe von Kontrastmitteln **Phle|bo|lith** [auch: ...ˈlɪt] *der; -s u. -en, -e[n]:* (Med.) Venenstein, verkalkter ↑ Thrombus **Phle|bo|lo|ge** *der; -n, -n:* (Med.) Arzt mit Spezialkenntnissen auf dem Gebiet der Venenerkrankungen. **Phle|bo|lo|gie** *die; -:* die Venen u. ihre Erkrankungen umfassendes Teilgebiet der Medizin. **Phle|bo|lo|gin** *die; -, -nen:* weibliche Form zu ↑ Phlebologe **Phleg|ma** *das; -s* (österr. meist: -) ⟨*gr.-lat.*⟩: a) [Geistes]trägheit, Schwerfälligkeit; b) Gleichgültigkeit, Dickfelligkeit **Phleg|ma|sie** *die; -, ...ien* ⟨*gr.-nlat.*⟩: (Med.) Entzündung **Phleg|ma|ti|ker** *der; -s, -* ⟨*gr.-lat.*⟩: a) (nach dem von Hippokrates aufgestellten Temperamentstyp) ruhiger, langsamer, schwerfälliger Mensch; vgl. Choleriker, Melancholiker, Sanguiniker; b) Vertreter dieses Temperamentstyps. **Phleg|ma|ti|ke|rin** *die; -, -nen:* weibliche Form zu ↑ Phlegmatiker **Phleg|ma|ti|kus** *der; -, -se:* (ugs. scherzh.) träger, schwerfälliger Mensch **phleg|ma|tisch:** träg, schwerfällig; gleichgültig; vgl. cholerisch, melancholisch, sanguinisch **Phleg|mo|ne** *die; -, -n:* (Med.) eitrige Zellgewebsentzündung. **phleg|mo|nös:** (Med.) mit Phlegmonen einhergehend **Phlo|em** *das; -s, -e* ⟨*gr.-nlat.*⟩: (Bot.) Siebteil der pflanzlichen Leitbündel **phlo|gis |tisch** ⟨*gr.-nlat.*⟩: eine Entzündung betreffend, zu ihr gehörend **Phlo|gis |ton** *das; -s* ⟨*gr.*⟩: nach ei-

ner wissenschaftlichen Theorie des 18. Jh.s ein Stoff, der allen brennbaren Körpern beim Verbrennungsvorgang entweichen sollte **phlo|go|gen** ⟨*gr.-nlat.*⟩: (Med.) Entzündungen erregend **Phlo|go|se** u. **Phlo|go|sis** *die; -, ...osen* ⟨*gr.*⟩: (Med.) Entzündung **Phlox** *der; -es, -e* (auch: *die; -, -e*) ⟨*gr.-lat.*; „Flamme"⟩: Zierpflanze mit rispenartigen, farbenprächtigen Blütenständen **Phlo|xin** *das; -s* ⟨*gr.-nlat.*⟩: nicht lichtechter roter Säurefarbstoff **Phly |a|ke** *der; -n, -n* (meist Plural) ⟨*gr.*; „Schwätzer"⟩: Spaßmacher der altgriechischen Volksposse **Phlyk|tä|ne** *die; -, -n* ⟨*gr.*⟩: (Med.) Bläschen an der Bindehaut des Auges

---

...phob

⟨zu *gr.* phóbos „Furcht; Schrecken"⟩

Wortbildungselement mit der Bedeutung „eine Abneigung gegen etwas habend; etwas meidend":
– gamophob
– photophob

...phobie
die; -, ...ien (teilweise ohne Plural)

⟨zu *gr.* phóbos „Furcht; Schrecken"⟩

Wortbildungselement mit den Bedeutungen:

a) „[zwanghafte] Angst vor etwas oder jemandem habend, Abneigung gegen etwas":
– Agoraphobie
– Arachnaphobie
– Klaustrophobie
b) „überempfindlich gegen etwas sein, etwas meiden":
– Photophobie

Pho|bie *die; -, ...ien* ⟨*gr.-nlat.*⟩: (Med.) krankhafte Angst **...pho|bie** s. Kasten ...phob **pho|bisch:** (Med.) die Phobie betreffend, auf ihr beruhend; in der Art einer Phobie **Pho|bo|pho|bie** *die; -, ...ien:* (Med.) Angst vor Angstanfällen **Pho|ko|me|lie** *die; -, ...ien* ⟨*gr.-nlat.*; „Robbengliedrigkeit"⟩: (Med.) angeborene körperliche Fehlbildung, bei der die Hände u. Füße fast am Rumpf ansetzen **Phon,** auch: Fon *das; -s, -s* (aber:

50 -) ⟨*gr.*⟩: Maß der Lautstärke; Zeichen: phon **phon..., Phon...** vgl. phono..., Phono... **...phon** s. Kasten phono..., Phono... **Pho |n|as |the|nie,** auch: Fon... *die; -, ...ien* ⟨*gr.-nlat.*⟩: (Med.) Versagen der Stimme **Pho|na|ti|on,** auch: Fonation *die; -:* (Med.) Laut- u. Stimmbildung; Art u. Weise der Entstehung von Stimmlauten. **pho|na|to|risch,** auch: fonatorisch: die Phonation, die Stimme betreffend; stimmlich **Pho|nem,** auch: Fonem *das; -s, -e* ⟨*gr.*⟩: 1. (Sprachw.) kleinste bedeutungsunterscheidende, aber nicht selbst bedeutungstragende sprachliche Einheit (z. B. b in Bein im Unterschied zu p in Pein). 2. (nur Plural; Med.) Gehörhalluzinationen in Form von Stimmen (z. B. bei Schizophrenie) **Pho|ne|ma|tik,** auch: Fonematik *die; -* ⟨*gr.-nlat.*⟩: ↑ Phonologie. **pho|ne|ma|tisch,** auch: fonematisch: das Phonem betreffend **Pho|ne|mik,** auch: Fonemik *die; -:* ↑ Phonologie. **pho|ne|misch,** auch: fonemisch: ↑ phonematisch **Phon|en|do|s |kop,** auch: Fon... *das; -s, -e* ⟨*gr.-nlat.*⟩: (Med.) ↑ Stethoskop, das den Schall über eine Membran u. einen veränderlichen Resonanzraum weiterleitet, Schlauchhörrohr **Pho|ne|tik,** auch: Fonetik *die; -:* Teilgebiet der Sprachwissenschaft, das die Vorgänge beim Sprechen untersucht; Lautlehre, Stimmbildungslehre. **Pho|ne|ti|ker,** auch: Fonetiker *der; -s, -:* Wissenschaftler auf dem Gebiet der Phonetik. **Pho|ne|ti|ke|rin,** auch: Fonetikerin *die; -, -nen:* weibliche Form zu ↑ Phonetiker. **pho|ne|tisch,** auch: fonetisch: die Phonetik betreffend, lautlich **Pho|ne|to|graph,** auch: Fonetograf *der; -en, -en:* (Techn.) Gerät, das gesprochene Worte direkt in Schrift od. andere Zeichen überführt **Pho |ni |a|ter,** auch: Foniater *der; -s, -* ⟨*gr.*⟩: (Med.; Psychol.) Spezialist auf dem Gebiet der Phoniatrie. **Pho |ni |a|te|rin,** auch: Foniaterin *die; -, -nen:* weibli-

---

pho|no..., Pho|no...

auch: fono..., Fono...
vor Vokalen meist phon..., Phon..., auch: fon..., Fon...
⟨zu *gr.* phōnē „Laut, Ton; Stimme"⟩
Wortbildungselement mit der Bedeutung „Laut, Ton, Schall; Stimme"
Das *ph* in phono..., Phono... kann generell durch *f* ersetzt werden. Die Schreibung mit *ph* überwiegt jedoch:
– Phoniater, auch: Foniater
– Phonometer, auch: Fonometer
– Phonothek, auch: Fonothek

...phon

auch: ...fon
⟨zu *gr.* phōnē „Laut, Ton; Stimme"⟩
Wortbildungselement mit der Bedeutung „Laut, Ton; Stimme; Sprache"

Das *ph* in ...phon kann generell durch *f* ersetzt werden. Die Schreibung mit *ph* überwiegt jedoch in den meisten Fällen:
– frankophon, auch: frankofon
– polyphon, auch: polyfon
– Saxophon, auch: Saxofon
– Telefon

...phonie

auch: ...fonie
die; -, ...ien (meist ohne Plural)
⟨zu *gr.* phōnē „Laut, Ton; Stimme"⟩
Wortbildungselement mit der Bedeutung „Ton, Klang"
Das *ph* in ...phonie kann generell durch *f* ersetzt werden. Die Schreibung mit *ph* überwiegt jedoch:
– Dodekaphonie, auch: Dodekafonie
– Kakophonie, auch: Kakofonie

---

che Form zu ↑ Phoniater. **Pho|ni|a|tr|ie,** auch: Foniatrie *die;* -: Teilgebiet der Medizin, auf dem man sich mit krankhaften Erscheinungen bei der Sprach- u. Stimmbildung befasst; Stimm-, Sprachheilkunde

...pho|nie s. Kasten phono..., Phono...

Pho|nik, auch: Fonik *die;* -: (veraltet) Lehre vom Schall, Tonlehre

pho|nisch, auch: fonisch: die Stimme, die Stimmbildung betreffend

Pho|nis|mus, auch: Fonismus *der;* -, ...men (meist Plural): nicht auf Gehörwahrnehmungen beruhende Tonempfindung bei Reizung anderer Sinnesnerven (z. B. des Auges)

Phö|nix *der;* -[es], -e ⟨*gr.-lat.*⟩: sich im Feuer verjüngender Vogel der altägyptischen Sage, der zum Symbol der ewigen Erneuerung u. zum christlichen Sinnbild der Auferstehung wurde

pho|no..., Pho|no... s. Kasten

Pho|no|dik|tat, auch: Fono... *das;* -[e]s, -e: auf Tonband gesprochenes ↑ Diktat (1 b)

pho|no|gen, auch: fonogen ⟨*gr.-nlat.*⟩: bühnenwirksam, zum Vortrag geeignet (von der menschlichen Stimme)

Pho|no|gno|mik, auch: Fono... *die;* -: (Psychol.) Lehre vom seelischen Ausdrucksgehalt der Sprechstimme

Pho|no|gramm, auch: Fono... *das;* -s, -e: jede Aufzeichnung von Schallwellen (z. B. Sprache, Musik) z. B. auf Tonbändern

Pho|no|graph, auch: Fonograf *der;* -en, -en: (Techn.) 1. von Edison erfundenes Tonaufnahmegerät. **Pho|no|gra|phie,** auch: Fonografie *die;* -, ...ien ⟨„Lautschrift"⟩: 1. (veraltet) Aufzeichnung von Lauten in lautgetreuer Schrift. 2. Verzeichnis von Tonaufnahmen. **pho|no|gra|phisch,** auch: fonografisch: die Phonographie betreffend, lautgetreu

Pho|no|la ® *das;* -s, -s od. *die;* -, -s (Kunstw.): mechanisches, mit Tretpedalen zu bedienendes Klavier, bei dem die Notenreihenfolge auf einem durchlaufenden Band festgelegt ist; vgl. Pianola

Pho|no|lith [auch: ...'lɪt], auch: Fono... *der;* -s u.-en, -e[n] ⟨*gr.-nlat.*⟩: graues oder grünliches, beim Anschlagen hell klingendes Ergussgestein, das als Baustein od. für Düngemittel verwendet wird

Pho|no|lo|ge, auch: Fono... *der;* -n, -n: jmd., der sich wissenschaftlich mit der Phonologie befasst. **Pho|no|lo|gie,** auch: Fono... *die;* -: Teilgebiet der Sprachwissenschaft, das sich mit der Funktion der Laute in einem Sprachsystem beschäftigt. **Pho|no|lo|gin,** auch: Fono... *die;* -, -nen: weibliche Form zu ↑ Phonologe. **pho|no|lo|gisch,** auch: fono...: die Phonologie betreffend

Pho|no|ma|nie *die;* -, ...ien ⟨*gr.-nlat.*⟩: (Med.) Mordsucht

Pho|no|me|ter, auch: Fono... *das;* -s, - ⟨*gr.-nlat.;* „Tonmesser"⟩: Apparat zur Prüfung u. Messung von Klang, Ton u. Schall od. zur Prüfung der Hörschärfe. **Pho|no|me|tr|ie,** auch: Fono... *die;* -: 1. Teilgebiet der ↑ Akustik, auf dem man sich mit akustischen Reizen u. ihrer Wirkung auf den Gehörsinn befasst. 2. wichtiger Forschungszweig, der sich mit den zähl- u. messbaren Werten von Lauten beschäftigt, mit technischen Mitteln das Sprechen untersucht. **pho|no|me|trisch,** auch: fono...: die Phonometrie betreffend

Pho|no|pho|bie, auch: Fono... *die;* -, ...ien ⟨„Lautangst, Stimmangst"⟩: (Med.) 1. Sprechangst, krankhafte Angst vor dem Sprechen bei Stotternden. 2. krankhafte Angst vor Geräuschen od. lauter Sprache

Pho|no|ta|xie *die;* -, ...ien u. **Pho|no|ta|xis** *die;* -, ...taxen, beide auch: Fono...: die sich nach Schallwellen richtende Ortsbewegung bestimmter Tiere (z. B. die Ultraschallortung bei Fledermäusen)

Pho|no|thek, auch: Fono... *die;* -, -en: Tonarchiv mit Beständen an Schallplatten, Tonbändern u. a.

Pho|no|ty|pis|tin, auch: Fono... *die;* -, -nen: weibliche Schreibkraft, die vorwiegend nach einem Diktiergerät schreibt

Pho|re|sie *die;* - ⟨*gr.*⟩: (Zool.) Beziehung zwischen zwei Tieren verschiedener Arten, bei der das eine Tier das andere vorübergehend zum Transport benutzt, ohne es zu schädigen

Phor|minx *die;* -, ...m̦ingen ⟨*gr.*⟩: der ↑ Kithara ähnliches Saiteninstrument aus der Zeit Homers (auf Abbildungen seit dem 9. Jh. v. Chr. bezeugt)

Phor|mi|um *das;* -s, ...ien ⟨*gr.- nlat.*⟩: Neuseeländischer Flachs (Liliengewächs, Faserpflanze)

Pho|ro|no|mie *die;* - ⟨*gr.-nlat.*⟩: 1. ↑ Kinematik. 2. (Psychol.) Wissenschaft, Lehre vom Arbeits- u. Energieaufwand bei bestimmten körperlichen Tätigkeiten

Phos|gen *das;* -s ⟨*gr.-nlat.*⟩: zur Herstellung von Farbstoffen und Arzneimitteln, im 1. Weltkrieg als Kampfgas verwendete Verbindung von Kohlenmonoxid u. Chlor (Carbonylchlorid)

Phos|phat *das;* -[e]s, -e: Salz der Phosphorsäure, dessen verschiedene Arten wichtige technische Rohstoffe sind (z. B. für Düngemittel)

Phos|pha|ta|se *die;* -, -n: bei den meisten Stoffwechselvorgängen wirksames ↑ Enzym, das Phosphorsäureester zu spalten vermag

Phos|pha|tid *das;* -[e]s, -e: (Chem.) zu den ↑ Lipoiden gehörende organische Verbindung

phos|pha|tie|ren: 1. ↑ parkerisieren. 2. (Seide) mit Dinatriumphosphat behandeln

Phos|phen *das;* -s, -e: (Med.) bei ↑ Photopsie auftretende, subjektiv wahrgenommene Lichterscheinung

Phos|phid *das;* -[e]s, -e: Verbindung des Phosphors mit einem elektropositiven Element

Phos|phin *das;* -s: Phosphorwasserstoff

Phos|phit *das;* -s, -e: Salz der phosphorigen Säure

Phos|phor *der;* -s ⟨*gr.-nlat.; eigtl.* „Licht tragend"⟩: 1. chem. Element; ein Nichtmetall (Zeichen: P). 2. phosphoreszierender Stoff

Phos|pho|res|zenz *die;* -: vorübergehendes Aussenden von Licht, Nachleuchten bestimmter, vorher mit Licht o. Ä. bestrahlter Stoffe. **phos|pho|res|zie|ren:** nach vorheriger Bestrahlung nachleuchten

phos|pho|rig: Phosphor enthaltend

Phos|pho|ris|mus *der;* -, ...men: Phosphorvergiftung

Phos|pho|rit *der;* -s, -e: durch Verwitterung von ↑ Apatit od. durch Umwandlung von phosphathaltigen tierischen Substanzen entstandenes Mineral (wichtiger Ausgangsstoff für die Phosphorgewinnung)

Phos|pho|ry|lie|rung *die;* -, -en: (Biochem.) Übertragung einer Phosphatgruppe auf ein organisches Molekül

Phot *das;* -s, - ⟨*gr.*⟩: alte Leuchtstärkeeinheit; Zeichen: ph

phot..., Phot... vgl. photo..., Photo...

pho|to..., Pho|to...

vor Vokalen auch: phot..., Phot... ⟨zu *gr.* phõs, Gen. phõtós „Licht, Glanz, Helle; Sonnenlicht"⟩ Wortbildungselement mit der Bedeutung „Licht, durch Licht; Lichtbild"
Das *ph* in photo..., Photo... kann generell durch *f* ersetzt werden. Fachsprachliche Wörter werden allerdings vorrangig mit *ph* geschrieben:
– Photochemie, auch: Fotochemie
– photophob, auch: fotophob
– Photosynthese, auch: Fotosynthese
– Phototropismus, auch: Fototropismus
In zahlreichen Wörtern überwiegt jedoch die *f*-Schreibung gegenüber der Schreibung mit *ph*:
– photographieren (aber häufiger: fotografieren)
– Photometer (aber häufiger: Fotometer)
vgl. foto..., Foto...

Pho|to|bi|o|lo|gie, auch: Foto... [auch: ...'gi:] *die;* -: Teilgebiet der Biologie, auf dem man sich auf tierische u. pflanzliche Organismen befasst. **pho|to|bi|o|lo|gisch,** auch: foto... [auch: ...'lo:...]: die Photobiologie betreffend

Pho|to|che|mie, auch: Foto... [auch: ...'mi:] *die;* -: Teilgebiet der Chemie, das die chemischen Wirkungen des Lichtes erforscht

Pho|to|che|mi|gra|phie, auch: Fotochemigrafie [auch: ...'fi:] *die;* -: Herstellung von Ätzungen aller Art im Lichtbildverfahren

pho|to|che|misch, auch: foto... [auch: ...'çe:...]: chemische Reaktionen betreffend, die durch Licht bewirkt werden

pho|to|chrom, auch: foto... [...kr...]: ↑ phototrop

Pho|to|ef|fekt, auch: Foto... *der;* -[e]s, -e: (Elektrot.) Austritt von Elektronen aus bestimmten Stoffen durch deren Bestrahlung mit Licht

Pho|to|e|lek|t|ri|zi|tät, auch: Foto... [auch: ...'tɛ:t] *die;* -: durch Licht hervorgerufene Elektrizität (beim Photoeffekt)

Pho|to|e|lek|t|ron, auch: Foto... *das;* -s, ...onen: durch Licht ausgelöstes Elektron; vgl. Photoeffekt

Pho|to|e|le|ment, auch: Foto... *das;* -[e]s, -e: elektrisches Element, Halbleiterelement, das (durch Ausnutzung des Photoeffekts) Lichtenergie in elektrische Energie umwandelt

pho|to|gen usw. vgl. fotogen usw.

Pho|to|gramm, auch: Foto... *das;* -s, -e ⟨*gr.-nlat.*⟩: nach fotografischem Verfahren gewonnenes Bild für Messzwecke, Messbild.

Pho|to|gram|me|t|rie, auch: Foto... *die;* -: a) Verfahren zum Konstruieren von Grund- u. Aufrissen aus fotografischen Bildern von Gegenständen; b) in der Messtechnik u. Kartographie das Herstellen von Karten aus der Fotografie des darzustellenden Gebietes. **pho|to|gram|me|t|risch,** auch: foto...: durch Photogrammetrie gewonnen

Pho|to|graph usw. vgl. Fotograf usw.

Pho|to|gra|vü|re, auch: Foto... *die;* -, -n: ↑ Heliogravüre

Pho|to|ko|pie usw. vgl. Fotokopie usw.

Pho|to|ly|se, auch: Foto... *die;* -, -n ⟨*gr.-nlat.*⟩: mit der Photosynthese einhergehende Zersetzung chemischer Verbindungen durch Licht

Pho|tom *das;* -s, -e (meist Plural) ⟨*gr.-nlat.*⟩: (Med.) subjektive Wahrnehmung nicht vorhandener Licht- od. Farberscheinungen in Gestalt von Wolken, Wellen, Schatten

Pho|to|ma|ton ® *das;* -s, -e (Kunstw.): Fotografierautomat, der nach kurzer Zeit Aufnahmen fertig auswirft

pho|to|me|cha|nisch, auch: foto...: unter Einsatz von Fotografie und Ätztechnik arbeitend

Pho|to|me|ter, usw. vgl. Fotometer usw.

Pho|ton [auch: fo'to:n] *das; -s, ...onen:* (Phys.) in der Quantentheorie das kleinste Energieteilchen einer elektromagnetischen Strahlung

Pho|to|nik, auch: Fotonik *die; -:* (Informatik) Informationsverarbeitung, die auf der Wechselwirkung von Lichtsignalen beruht

Pho|to|pe|ri|o|dis|mus, auch: Foto... *der; -:* (Bot.) Einfluss der Tageslänge auf das Wachstum und die Entwicklung von Pflanzen (z. B. Blütenbildung)

pho|to|phil, auch: foto...: (Biol.) das Leben im Licht bevorzugend (von Tieren u. Pflanzen); Ggs. ↑ photophob

pho|to|phob, auch: foto...: 1. (Med.) lichtscheu, -empfindlich (bei gesteigerter Reizbarkeit der Augen). 2. (Biol.) das Licht meidend (von Tieren u. Pflanzen); Ggs. ↑ photophil.

Pho|to|pho|bie, auch: Foto... *die; -:* (Med.) gesteigerte, schmerzhafte Lichtempfindlichkeit der Augen (z. B. bei Entzündungen, Migräne)

Pho|to|phy|si|o|lo|gie, auch: Foto... *die; -:* die Wirkung des Lichts auf Entwicklung u. Lebensfunktionen der Pflanzen behandelndes Teilgebiet der ↑ Physiologie

Pho|t|op|sie, auch: Fotopsie *die; -:* (Med.) Auftreten von subjektiven Lichtempfindungen (in Gestalt von Blitzen, Funken o. Ä., z. B. bei Reizung der Augen od. Störung der Sehbahnen); vgl. Phosphen

Pho|to|s|phä|re, auch: Foto... *die; -:* (Astron.) strahlende Gashülle der Sonne

Pho|to|syn|the|se, auch: Foto... [auch: 'fo:...] *die; -:* Aufbau organischer Substanzen aus anorganischen Stoffen in Pflanzen unter Mitwirkung von Sonnenlicht; vgl. Assimilation (2 b)

pho|to|tak|tisch, auch: foto...: (Bot.) die Phototaxis betreffend, auf ihr beruhend; sich durch einen Lichtreiz bewegend. **Pho|to|ta|xis,** auch: Foto... *die; -, ...xen:* (Biol.) durch Lichtreize ausgelöste ↑ ²Taxis

Pho|to|the|ra|pie, auch: Foto... [auch: 'fo:...] *die; -, -n:* (Med.) Behandlung von Krankheiten mit natürlicher od. künstlicher Lichtstrahlung; Lichtheilverfahren

Pho|to|to|po|gra|phie, auch: Fototopografie *die; -:* ↑ Photogrammetrie

pho|to|trop, auch: foto... 1. (Biol.) phototropisch. 2. sich unter Lichteinwirkung (UV-Licht) verfärbend (von Brillengläsern). **Pho|to|tro|pie,** auch: Foto... *die; - ⟨gr.-nlat.⟩:* unter dem Einfluss von sichtbarem oder ultraviolettem Licht (z. B. Sonnenstrahlen) eintreffende ↑ reversible (1) Farbänderung, Verfärbung

pho|to|tro|pisch, auch: foto...: (Biol.) den Phototropismus betreffend; lichtwendig. **Pho|to|tro|pis|mus,** auch: Foto... *der; -, ...men:* (Biol.) durch Lichtreize ausgelöster Tropismus bei Pflanzen u. anderen Chlorophyll enthaltenden Organismen; Lichtwendigkeit

Pho|to|ty|pie, auch: Foto... *die; -, ...ien:* 1. (ohne Plural) Verfahren zur photomechanischen Herstellung von Druckplatten. 2. photomechanisch hergestellte Druckplatte

Pho|to|vol|ta|ik, auch: Foto... *die; - ⟨↑ Volt⟩:* Teilgebiet der Elektronik bzw. der Energietechnik, das sich mit der Gewinnung von elektrischer Energie (bes. aus Sonnenenergie) befasst.

pho|to|vol|ta|isch, auch: foto...: die Photovoltaik betreffend

Pho|to|zel|le, auch: Foto... *die; -, -n:* (Phys.) Vorrichtung, die unter Ausnutzung des ↑ Photoeffektes Lichtschwankungen in Stromschwankungen umwandelt bzw. Strahlungsenergie in elektrische Energie

Pho|to|zin|ko|gra|phie, auch: Fotozinkografie *die; -, ...ien ⟨gr.; dt.; gr.⟩:* Herstellung von Strichätzungen im Lichtbildverfahren

Phrag|mo|ba|si|di|o|my|zet *der; -en, -en ⟨gr.-nlat.⟩:* Ständerpilz mit vierteiliger ↑ Basidie (z. B. Getreiderostpilz)

¹Phra|se *die; -, -n ⟨gr.-lat.⟩:* 1. (Sprachw.) a) Satz; typische Wortverbindung, Redewendung; b) aus einem Einzelwort od. aus mehreren, eine Einheit bildenden Wörtern bestehen-

der Satzteil. 2. (Mus.) selbstständiger Abschnitt eines musikalischen Gedankens

²Phra|se *die; -, -n ⟨gr.-lat.-fr.⟩:* abgegriffene, leere Redensart; Geschwätz

Phra|sen|struk|tur|gram|ma|tik *die; - ⟨gr.-lat.-nlat.⟩:* (Sprachw.) Grammatik, die durch Einteilung u. Abgrenzung der einzelnen ¹Phrasen (1 b) Sätze, komplexe sprachliche Einheiten analysiert, Satzbaupläne ermittelt; vgl. Konstituentenstrukturgrammatik

Phra|se|o|le|xem *das; -s, -e:* phraseologische Einheit, die durch Idiomatizität, Stabilität u. Lexikalisierung gekennzeichnet ist (z. B.: jmdm. platzt der Kragen)

Phra|se|o|lo|gie *die; -, ...ien:* (Sprachw.) a) Gesamtheit typischer Wortverbindungen, charakteristischer Redensarten, Redewendungen einer Sprache; b) Zusammenstellung, Sammlung solcher Redewendungen.

phra|se|o|lo|gisch: die Phraseologie betreffend

Phra|se|o|lo|gis|mus *der; -, ...men:* ↑ Idiom (2)

Phra|se|o|nym *das; -s, -e:* Deckname, Verfassername, der aus einer Redewendung besteht (z. B. „von einem, der das Lachen verlernt hat")

Phra|seur [...'zø:ɐ̯] *der; -s, -e ⟨gr.-lat.-fr.⟩:* (veraltet) Phrasenmacher, Schwätzer

phra|sie|ren: (Mus.) a) in das Notenbild Phrasierungszeichen eintragen; ein Tonstück in melodisch-rhythmische Abschnitte einteilen; b) beim Vortrag eines Tonstücks die entsprechenden Phrasierungszeichen beachten, die Gliederung in melodisch-rhythmische Abschnitte zum Ausdruck bringen. **Phra|sie|rung** *die; -, -en:* (Mus.) a) melodisch-rhythmische Einteilung eines Tonstücks; b) Gliederung der Motive, Themen, Sätze u. Perioden beim musikalischen Vortrag

Phra|t|rie *die; -, ...ien ⟨gr.⟩:* altgriechische Sippengemeinschaft

Phre|n|al|gie *die; -, ...ien ⟨gr.⟩:* (Med.) Schmerz im Zwerchfell

Phre|n|ek|to|mie *die; -, ...ien:* operative Entfernung eines Teils des Zwerchfells (bes. bei bösartigen Tumoren)

physikalisch

Phre|ne|sie *die; -* ⟨*gr.-lat.*⟩: (Med. selten) Besessensein von Wahnvorstellungen; Wahnsinn **phre|ne|tisch** ⟨*gr.-lat.*⟩: (Med. selten) wahnsinnig; vgl. aber: frenetisch

Phre|ni|kus *der; -* ⟨*gr.-nlat.*⟩: (Med.) Zwerchfellnerv

Phre|ni|tis *die; -, ...it|den* ⟨*gr.-lat.*⟩: (Med.) Zwerchfellentzündung

Phre|no|kar|die *die; -, ...ien* ⟨*gr.-nlat.*⟩: (Med.) Herzneurose mit Herzklopfen, Herzstichen, Atemnot

Phre|no|lep|sie *die; -, ...ien*: (Med.) Zwangsvorstellung, -zustand

Phre|no|lo|ge *der; -n, -n*: Anhänger der Phrenologie. **Phre|no|lo|gie** *die; -*: (als irrig erwiesene) Anschauung, dass aus den Schädelformen auf bestimmte geistig-seelische Veranlagungen zu schließen sei. **Phre|no|lo|gin** *die; -, -nen*: weibliche Form zu ↑ Phrenologe. **phre|no|lo|gisch**: die Phrenologie betreffend

Phre|ni|o|nym *das; -s, -e*: Deckname, der aus der Bezeichnung einer Charaktereigenschaft besteht (z. B.: „ein Vernünftiger")

Phre|no|pa|thie *die; -*: ↑ Psychose

Phri|lon ® *das; -s* ⟨Kunstw.⟩: vollsynthetische Faser

Phry|ga|na *die; -, -s* ⟨*gr.-nlat.*⟩: Felsenheide; der ↑ Garigue entsprechender Vegetationstyp im Mittelmeergebiet

Phry|ga|ni|de *die; -, -n*: Köcherfliege

phry|gisch: 1. Phrygien, die Phrygier betreffend. 2. in der Fügung **phrygische Mütze:** (in der Französischen Revolution) Sinnbild der Freiheit, ↑ Jakobinermütze. 3. in der Fügung **phrygische Tonart:** zu den authentischen Tonreihen gehörende, auf e stehende Tonleiter der Kirchentonarten des Mittelalters

Phry|gi|sche *das; -n*: (Mus.) 1. altgriechische Tonart. 2. Kirchentonart

Phtha|lat *das; -[e]s, -e* ⟨*pers.-gr.-lat.-nlat.*⟩: Salz der Phthalsäure

Phtha|le|in *das; -s, -e*: synthetischer Farbstoff (z. B. Eosin)

Phthal|säu|re *die; -, -n* ⟨*pers.-gr.-lat.-nlat.; dt.*⟩: Säure, die in großen Mengen bei der Herstellung von Farbstoffen, Weichmachern u. Ä. verarbeitet wird

Phthi|ri|a|se *die; -, -n* u. **Phthi|ri|a-**

sis *die; -, ...i̯asen* ⟨*gr.-lat.*⟩: (Med.) Läuse-, bes. Filzlausbefall

Phthi|se u. **Phthi|sis** *die; -, ...sen* ⟨*gr.-lat.*⟩: (Med.) 1. allgemeiner Verfall des Körpers od. einzelner Organe. 2. Lungentuberkulose, die mit Schrumpfung u. Einschmelzung des Lungengewebes verbunden ist

Phthi|se|o|pho|bie *die; -* ⟨*gr.-nlat.*⟩: (Med.) krankhafte Angst vor der Ansteckung mit Lungentuberkulose

Phthi|si|ker *der; -s, -* ⟨*gr.-lat.*⟩: (Med.) Schwindsüchtiger

Phthi|sis vgl. Phthise

phthi|sisch u. **phthi|ti|tisch**: (Med.) die Phthise betreffend; schwindsüchtig

Phy|ko|den|schie|fer *der; -s* ⟨*gr.; dt.*⟩: (Geol.) Schichten mit der Versteinerung algenähnlicher Gebilde im Frankenwald u. in Ostthüringen

Phy|ko|e|ry|th|rin *das; -s* ⟨*gr.-nlat.*⟩: roter Farbstoff bei Blau- u. Rotalgen

Phy|ko|lo|gie *die; -*: auf die Algen spezialisiertes Teilgebiet der Botanik; Algenkunde

Phy|ko|my|zet *der; -en, -en*: Algenpilz

Phy|lak|te|ri|on *das; -s, ...ien* (meist Plural) ⟨*gr.*⟩: 1. als ↑ Amulett benutzter [geweihter] Gegenstand. 2. jüdischer Gebetsriemen, ↑ Tefillin

Phy|le *die; -, -n* ⟨*gr.*⟩: altgriechischer Stammesverband der Landnahmezeit, in Athen als politischer Verband des Stadtstaates organisiert; vgl. Tribus (1)

phy|le|tisch: (Biol.) die Abstammung, die Stammesgeschichte betreffend

Phyl|lit [auch: ...ˈlɪt] *der; -s, -e* ⟨*gr.-nlat.*⟩: (Geol.) feinblättriger kristalliner Schiefer. **phyl|li|tisch** [auch: ...ˈlɪt...]: (Geol.) feinblättrig (von Gesteinen)

Phyl|lo|bi|o|lo|gie *die; -*: (veraltet) Teilgebiet der Botanik, das das Leben der Blätter untersucht

Phyl|lo|chi|non [...çi̯...] *das; -s* ⟨*gr.; indian.*⟩: in grünen Blättern enthaltenes, für die Blutgerinnung wichtiges Vitamin K

Phyl|lo|di|um *das; -s, ...ien* ⟨*gr.-nlat.*⟩: (Bot.) blattartig verbreiterter Blattstiel

Phyl|lo|kak|tus *der; -, ...een*: amerikanischer Kaktus mit blattar-

tigen Sprossen u. großen Blüten, der in zahlreichen Zuchtsorten vorkommt

Phyl|lo|kla|di|um *das; -s, ...ien*: (Bot.) blattähnlicher Pflanzenspross

Phyl|lo|pha|ge *der; -n, -n*: (Biol.) Pflanzen-, Blattfresser

Phyl|lo|po|de *der; -n, -n* (meist Plural): Blattfüßer (niederer Krebs, z. B. Wasserfloh)

Phyl|lo|ta|xis *die; -, ...xen*: (Bot.) Blattstellung

Phyl|lo|xe|ra *die; -, ...ren*: Reblaus

Phy|lo|ge|ne|se *die; -, -n* ⟨*gr.-nlat.*⟩: ↑ Phylogenie. **phy|lo|ge|ne|tisch**: (Biol.) die Stammesgeschichte betreffend. **Phy|lo|ge|nie** *die; -, ...ien*: (Biol.) Stammesgeschichte der Lebewesen

Phy|lo|go|nie *die; -, ...ien*: (veraltet) Phylogenie

Phy|lum *das; -s, ...la* ⟨*gr.-nlat.*⟩: (Biol.) systematische Bez. für: Tier- od. Pflanzenstamm

Phy|ma *das; -s, -ta* ⟨*gr.-lat.*⟩: (Med.) knolliger Auswuchs

phys..., **Phys...** vgl. physio..., Physio...

Phy|sal|lis *die; -, - u. ...al|en* ⟨*gr.*⟩: a) Lampionblume, Blasen- od. Judenkirsche; b) Kapstachelbeere (Nachtschattengewächs mit essbaren Beeren)

physi..., **Physi...** vgl. physio..., Physio...

Phy|si|a|ter *der; -s, -* ⟨*gr.-nlat.*⟩: Naturheilarzt. **Phy|si|a|te|rin** *die; -, -nen*: weibliche Form zu ↑ Physiater. **Phy|si|a|t|rie** *die; -*: Naturheilkunde

Phy|sik *die; -* ⟨*gr.-nlat.*⟩: der Mathematik u. Chemie nahe stehende Naturwissenschaft, die vor allem durch experimentelle Erforschung u. messende Erfassung die Grundgesetze der Natur, bes. Bewegung u. Aufbau der unbelebten Materie u. die Eigenschaften der Strahlung u. der Kraftfelder, untersucht

phy|si|ka|lisch ⟨*gr.-nlat.*⟩: die Physik betreffend, zu ihr gehörend, auf ihr beruhend; **physikalische Chemie:** Gebiet der Chemie, in dem Stoffe u. Vorgänge durch exakte Messungen mittels physikalischer Methoden untersucht werden; **physikalische Geographie:** Gebiet der Geographie, das ↑ Geomorphologie, ↑ Klimatologie u. ↑ Hydrologie umfasst; **physikalische**

P

Therapie: arzneilose, nur mit physikalischen Mitteln (Wärme, Licht u. a.) arbeitende Heilmethode

Phy|si|ka|lis|mus *der; -:* (Philos.) grundsätzlich nach den Methoden der Physik ausgerichtete Betrachtung der biologischen Prozesse u. der Lebensvorgänge. **phy|si|ka|lis|tisch:** den Physikalismus betreffend, zu ihm gehörend, auf ihm beruhend, für ihn charakteristisch

Phy|si|kat *das; -[e]s, -e:* (veraltet) Amt eines Physikus

Phy|si|ker *der; -s, - ⟨gr.-lat.⟩:* Wissenschaftler auf dem Gebiet der Physik. **Phy|si|ke|rin** *die; -, -nen:* weibliche Form zu ↑ Physiker

Phy|si|ko|che|mie *die; -:* physikalische Chemie. **phy|si|ko|che-misch:** die physikalische Chemie betreffend, zu ihr gehörend, auf ihr beruhend, für sie charakteristisch

Phy|si|ko|tech|ni|ker *der; -s, -:* (selten) handwerklich begabter Techniker auf physikalischem Gebiet. **Phy|si|ko|tech|ni|ke|rin** *die; -, -nen:* weibliche Form zu ↑ Physikotechniker

Phy|si|ko|the|o|lo|gie *die; -:* Schluss von der zweckmäßigen u. sinnvollen Einrichtung dieser Welt auf das Dasein Gottes

Phy|si|ko|the|ra|pie *die; -:* ↑ Physiotherapie

Phy|si|kum *das; -s, ...ka:* ärztliches Vorexamen, bei dem die Kenntnisse auf dem Gebiet der allgemeinen naturwissenschaftlichen u. anatomischen Grundlagen der Medizin geprüft werden

Phy|si|kus *der; -, -se:* (veraltet) Kreis-, Bezirksarzt

---

phy|si|o..., Physi|o...

auch: physi..., Physi..., vor Vokalen meist phys..., Phys... ⟨zu *gr.* phýein „hervorbringen; entstehen, wachsen" u. phýsis „Natur, natürliche Beschaffenheit; Wuchs"⟩ Wortbildungselement mit der Bedeutung „Natur; natürliche Beschaffenheit; Leben":
– Physiatrie
– physiogen
– Physiologie
– Physiotherapeutin

---

phy|si|o|gen ⟨*gr.-nlat.*⟩: (Psychol.) körperlich bedingt, verursacht

Phy|si|o|ge|o|gra|phie, auch: ...grafie *die; -:* physikalische Geographie. **phy|si|o|ge|o|gra-phisch,** auch: ...grafisch: die physikalische Geographie betreffend, zu ihr gehörend, auf ihr beruhend

Phy|si|o|gnom *der; -en, -en u.* Physiognomiker *der; -s, - ⟨gr.-lat.⟩:* jmd., der sich [wissenschaftlich] mit der Physiognomik beschäftigt, die die äußere Erscheinung eines Menschen deutet

Phy|si|o|gno|mie *die; -, ...ien ⟨gr.-mlat.⟩:* äußere Erscheinung, bes. der Gesichtsausdruck eines Menschen, auch eines Tieres

Phy|si|o|gno|mik *die; - ⟨gr.-nlat.⟩:* 1. Ausdruck, Form, Gestalt des menschlichen Körpers, bes. des Gesichtes, von denen aus auf innere Eigenschaften geschlossen werden kann. 2. Teilgebiet der Ausdruckspsychologie, das sich mit der Möglichkeit befasst, aus der Physiognomie auf charakterliche Eigenschaften zu schließen. **Phy|si|o|gno|mi-ker** vgl. Physiognom. **Phy|si|o|gno|mi|ke|rin** *die; -, -nen:* weibliche Form zu ↑ Physiognomiker

Phy|si|o|gno|min *die; -, -nen:* weibliche Form zu ↑ Physiognom

phy|si|o|gno|misch ⟨*gr.-lat.*⟩: die Physiognomie betreffend

Phy|si|o|gra|phie, auch: ...grafie *die; - ⟨gr.-nlat.⟩:* (veraltet) 1. Naturbeschreibung; Landschaftskunde. 2. ↑ Physiogeographie. **phy|si|o|gra|phisch,** auch: ...grafisch: die Physiographie betreffend, zu ihr gehörend

Phy|si|o|kli|ma|to|lo|gie *die; -:* (Meteor.) erklärende Klimabeschreibung

Phy|si|o|krat *der; -en, -en:* Vertreter des Physiokratismus

Phy|si|o|kra|tie *die; -:* (veraltet) Herrschaft der Natur. **phy|si|o-kra|tisch:** 1. (veraltet) die Physiokratie betreffend. 2. den Physiokratismus betreffend

Phy|si|o|kra|tis|mus *der; -:* volkswirtschaftliche Theorie des 18. Jh.s, nach der Boden u. Landwirtschaft die alleinigen Quellen des Reichtums sind

Phy|si|o|lo|ge *der; -n, -n ⟨gr.-lat.⟩:*

Wissenschaftler auf dem Gebiet der Physiologie. **Phy|si|o|lo-gie** *die; -:* Wissenschaft von den Grundlagen des allgemeinen Lebensgeschehens, bes. von den normalen Lebensvorgängen u. Funktionen des menschlichen Organismus. **Phy|si|o|lo-gin** *die; -, -nen:* weibliche Form zu ↑ Physiologe. **phy|si|o|lo-gisch:** die Physiologie betreffend; die Lebensvorgänge im Organismus betreffend; **physiologische Chemie:** Teilgebiet der Physiologie, in dem die Lebensvorgänge mit physikalischen u. chemischen Methoden erforscht werden

Phy|si|o|lo|gus *der; -:* Titel eines im Mittelalter weit verbreiteten Buches, das christliche Glaubenssätze in allegorischer Auslegung an (oft fabelhafte) Eigenschaften der Tiere knüpfte

Phy|si|o|no|mie *die; - ⟨gr.-nlat.⟩:* (veraltet) Lehre von den Naturgesetzen

Phy|si|o|the|ra|peut *der; -en, -en:* Masseur, Krankengymnast, der nach ärztlicher Verordnung Behandlungen mit den Mitteln der Physiotherapie durchführt. **Phy|si|o|the|ra|peu|tin** *die; -, -nen:* weibliche Form zu ↑ Physiotherapeut

phy|si|o|the|ra|peu|tisch: die Physiotherapie betreffend

Phy|si|o|the|ra|pie *die; -:* Behandlung von Krankheiten mit naturgegebenen Mitteln wie Wasser, Wärme, Licht, Luft

Phy|si|o|top *der; -[e]s, -e:* (Geogr.) kleinste Landschaftseinheit (z. B. Delle, Quellschlucht, Schwemmkegel u. a.)

Phy|sis *die; - ⟨gr.-lat.⟩:* 1. (Philos.) die Natur, das Reale, Wirkliche, Gewachsene, Erfahrbare im Gegensatz zum Unerfahrbaren der ↑ Metaphysik. 2. körperliche Beschaffenheit [des Menschen]

phy|sisch: 1. in der Natur begründet, natürlich. 2. die körperliche Beschaffenheit betreffend; körperlich; vgl. psychisch; **physische Geographie:** physikalische Geographie

Phy|so|me|t|ra *die; - ⟨gr.-nlat.⟩:* (Med.) Gasbildung in der Gebärmutter

Phy|so|s|tig|min *das; -s:* Heilmittel aus dem Samen einer afrikanischen Bohnenart

phyt..., **Phyt...** vgl. phyto..., Phyto...
...phyt s. Kasten phyto..., Phyto...

phy|to..., **Phy|to...**
vor Vokalen auch: phyt..., Phyt... ⟨zu *gr.* phýein „hervorbringen; entstehen, wachsen" u. phytón „das Gewachsene; Pflanze")⟩ Wortbildungselement mit der Bedeutung „Pflanze":
– phytogen
– Phytohormon
– Phytologie
– Phytophage
– Phytoplankton

...phyt
der; -en, -en ⟨zu *gr.* phýein „hervorbringen; entstehen, wachsen" u. phytón „das Gewachsene; Pflanze")⟩ Wortbildungselement mit der Bedeutung „Pflanze, pflanzlicher Organismus; Pilz":
– Epiphyt
– Gametophyt
– Hydrophyt

Phy|to|fla|gel|lat *der;* -en, -en (meist Plural) ⟨*gr.; lat.*⟩: pflanzlicher ↑ Flagellat
phy|to|gen ⟨*gr.-nlat.*⟩: 1. aus Pflanzen[resten] entstanden (z. B. Torf, Kohle). 2. (Med.) durch Pflanzen od. pflanzliche Stoffe verursacht (z. B. von Hautkrankheiten)
Phy|to|ge|o|gra|phie, auch: ...grafie *die;* -: Pflanzengeographie
Phy|to|g|no|sie *die;* -, ...ien: (veraltet) auf äußeren Merkmalen aufbauende Pflanzenlehre
Phy|to|hor|mon *das;* -s, -e: pflanzliches ↑ Hormon
Phy|to|lith [auch: ...'lɪt] *der;* -s u. -en, -e[n] (meist Plural): (Geol.) Sedimentgestein, das ausschließlich od. größtenteils aus Pflanzenresten entstanden ist (z. B. Kohle)
Phy|to|lo|gie *die;* -: Pflanzenkunde, Botanik
Phy|tom *das;* -s, -e: pflanzlicher Bestand innerhalb eines ↑ Bioms; vgl. ²Zoom
Phy|to|me|di|zin *die;* - ⟨*gr.; lat.*⟩: Pflanzenmedizin; pflanzenpathologische Wissenschaft, die sich mit der Erforschung der Pflanzenkrankheiten u. -schädlinge sowie mit deren Verhütung bzw. Bekämpfung befasst
Phy|to|no|se *die;* -, -n ⟨*gr.-nlat.*⟩: (Med.) durch Pflanzengiftstoffe entstandene Hautkrankheit
Phy|to|pa|lä|on|to|lo|gie *die;* -: ↑ Paläobotanik
phy|to|pa|tho|gen: (Biol.) Pflanzenkrankheiten hervorrufend
Phy|to|pa|tho|lo|gie *die;* -: (Bot.) Wissenschaft von den Pflanzenkrankheiten u. -schädlingen. **phy|to|pa|tho|lo|gisch**: die Phytopathologie betreffend, zu ihr gehörend, auf ihr beruhend
phy|to|phag (Biol.) Pflanzen fressend. **Phy|to|pha|ge** *der;* -n, -n (meist Plural): (Biol.) Pflanzenfresser
Phy|to|phar|ma|zie *die;* -: Teilgebiet der Phytomedizin, das sich mit der Anwendung u. Wirkungsweise von Pflanzenschutzmitteln befasst
Phy|to|ph|tho|ra *die;* -: Gattung der Eipilze (z. B. der Kartoffelpilz, Erreger der Kartoffelfäule)
Phy|to|plank|ton *das;* -s: Gesamtheit der im Wasser schwebenden pflanzlichen Lebewesen
Phy|to|so|zi|o|lo|gie *die;* -: Teilgebiet der ↑ Ökologie, auf dem man sich mit den Pflanzengesellschaften befasst; Pflanzensoziologie
Phy|to|the|ra|pie *die;* -: Wissenschaft von der Heilbehandlung mit pflanzlichen Substanzen
Phy|to|to|mie *die;* -: Gewebelehre der Pflanzen; Pflanzenanatomie
Phy|to|t|ron *das;* -s, -e: als Laboratorium zur Untersuchung von Pflanzen dienende Klimakammer
Phy|to|zo|on *das;* -s, ...zoen: (veraltet) Meerestier von pflanzenähnlichem Aussehen (z. B. Nesseltier)
Pi *das;* -[s], -s ⟨*gr.*⟩: 1. sechzehnter Buchstabe des griechischen Alphabets; Π, π. 2. (Math.) ludolfsche Zahl, die das Verhältnis von Kreisumfang zu Kreisdurchmesser angibt ($\pi = 3,1415...$)
Pi|a|ce|re [pia'tʃeːrə] *das;* - ⟨*lat.-it.*⟩: Belieben, Willkür (beim musikalischen Vortrag)
pi|a|ce|vo|le [pia'tʃeːvolə]: (Mus.) gefällig, lieblich (Vortragsanweisung)
Pi|af|fe *die;* -, -n ⟨*fr.*⟩: (Reitsport) trabähnliche Bewegung auf der Stelle (aus der hohen Schule übernommene Übung moderner Dressurprüfungen). **pi|af|fie|ren:** (selten) die Piaffe ausführen
Pia Ma|ter *die;* - - ⟨*lat.*⟩: (Med.) weiche Hirnhaut
Pia Ma|ter Spi|na|lis *die;* - - -: (Med.) weiche Haut des Rückenmarks
pi|an|gen|do [pian'dʒɛndo] ⟨*lat.-it.*⟩: (Mus.) weinend, klagend (Vortragsanweisung)
Pi|a|ni|no *das;* -s, -s ⟨*lat.-it.*⟩: kleines Klavier
pi|a|nis|si|mo: (Mus.) sehr leise (Vortragsanweisung; Abk.: pp). **Pi|a|nis|si|mo** *das;* -s u. ...mi: (Mus.) sehr leises Spielen od. Singen
pi|a|nis|si|mo quan|to pos|si|bi|le: (Mus.) so leise wie möglich (Vortragsanweisung)
Pi|a|nist *der;* -en, -en ⟨*lat.-it.-fr.*⟩: Musiker, der Klavier spielt. **Pi|a|nis|tin** *die;* -, -nen: weibliche Form zu ↑ Pianist. **pi|a|nis|tisch:** die Technik, Kunst des Klavierspielens betreffend
pi|a|no ⟨*lat.-it.*⟩: (Mus.) schwach, leise (Vortragsanweisung; Abk.: p
¹**Pi|a|no** *das;* -s, -s, auch: ...ni: (Mus.) schwaches, leises Spielen od. Singen
²**Pi|a|no** *das;* -s, -s ⟨Kurzform von Pianoforte⟩: (veraltend, noch scherzh.) Klavier
Pi|a|no|ak|kor|de|on *das;* -s, -s: ↑ Akkordeon mit Klaviertastatur auf der Melodieseite
Pi|a|no|chord *das;* -[e]s, -e ⟨*lat.-it.; gr.-lat.*⟩: kleines, $2^2/_3$ Oktaven umfassendes Klavier als Haus- u. Übungsinstrument
Pi|a|no|for|te *das;* -s, -s ⟨*lat.-it.*⟩: (veraltet) Klavier
Pi|a|no|la *das;* -s, -s: selbsttätig spielendes Klavier; vgl. Phonola
Pi|a|rist *der;* -en, -en ⟨*lat.-nlat.*⟩: Mitglied eines priesterlichen katholischen Lehrordens
Pi|as|sa|va u. **Pi|as|sa|ve** *die;* -, ...ven ⟨*indian.-port.*⟩: für Besen u. Bürsten verwendete Blattfaser verschiedener Palmen
Pi|as|ter *der;* -s, - ⟨*gr.-lat.-roman.*⟩: 1. spanischer u. südamerikanischer ↑ Peso im europäischen Handelsverkehr. 2. seit dem 17. Jh. die türkische Münzeinheit zu 40 Para (heutige Be-

P

zeichnung: Kurus). 3. Münzeinheit in Ägypten, Libanon, Sudan u. Syrien

Pi|at|ti *die* (Plural) ⟨*gr.-vulgärlat.-it.*⟩: (Mus.) Schlaginstrument aus zwei Becken

Pi|az|za *die;* -, -s u. Piazze: ⟨*gr.-lat.-vulgärlat.-it.*⟩: ital. Bez. für: [Markt]platz

Pi|az|zet|ta *die;* -, ...tte: kleine Piazza

Pi|b|roch *der;* -s, -s ⟨*schott.-engl.;* „Pfeifenmelodie"⟩: altschottisches Musikstück mit Variationen für den Dudelsack

Pi|ca *die;* - ⟨*lat.-mlat.*⟩: 1. genormte Schriftgröße bei der Schreibmaschine mit 2,6 mm Schrifthöhe. 2. ↑ Pikazismus

Pi|ca|dor, auch: Pikador *der;* -s, -es ⟨*span.*⟩: Lanzenreiter, der beim Stierkampf den auf den Kampfplatz gelassenen Stier durch Stiche in den Nacken zu reizen hat

Pi|ca|ro *der;* -s, -s ⟨*span.*⟩: span. Bez. für: Schelm, Spitzbube

Pic|ca|li|l|li *die* (Plural) ⟨*engl.*⟩: eine Art ↑ Mixedpickles

Pic|cio|li|ni [pɪtʃo...] *die* (Plural) ⟨*it.*⟩: eingemachte Oliven

pic|co|lo: ital. Bez. für: klein (in Verbindung mit Instrumentennamen (z. B.: Flauto piccolo = Piccoloflöte)

¹Pic|co|lo, Pikkolo *der;* -s, -s ⟨*it.;* „Kleiner"⟩: Kellner, der sich noch in der Ausbildung befindet

²Pic|co|lo, Pikkolo *das;* -s, -s: ↑ Piccoloflöte

³Pic|co|lo, Pikkolo *die;* -, -[s]: (ugs.) kleine Sektflasche für eine Person; Piccoloflasche

Pic|co|lo|flö|te, Pikkoloflöte *die;* -, -n: kleine Querflöte

Pick vgl. ²Pik (2)

Pi|ckel|flö|te *die;* -, -n: ↑ Piccoloflöte

Pi|cker *der;* -s, - ⟨*engl.*⟩: Teil am mechanischen Webstuhl, das den Schützen durch das Fach schlägt

Pi|ckles ['pɪk|s] *die* (Plural): ↑ Mixedpickles

Pick|nick *das;* -s, -e u. -s ⟨*fr.*⟩: Mahlzeit, Imbiss im Freien.
pick|ni|cken: ein Picknick abhalten

Pick-up [pɪk'ap] *der;* -s, -s ⟨*engl.*⟩: 1. Tonabnehmer für Schallplatten. 2. Aufsammelvorrichtung an landwirtschaftlichen Gerä-

ten. 3. kleiner Lieferwagen mit offener Ladefläche; Pritschenwagen. 4. Kurzform von ↑ Pick-up-Shop

Pick-up-Shop [pɪk'apʃɔp] *der;* -s, -s ⟨*engl.*⟩: Laden, der dem Kunden auch für große, sperrige Artikel keinen Lieferservice bietet

pi|co|bel|lo ⟨*niederd.* (italienisiert) *it.*⟩: (ugs.) tadellos [in Ordnung], vorzüglich

Pi|co|fa|rad vgl. Pikofarad

Pi|cot [pi'ko:] *der;* -s, -s ⟨*fr.*⟩: Muster, bei dem mehrere Luftmaschen u. eine feste Masche gehäkelt werden

Pic|to|phone [...'fo:n] *das;* -s, -s ⟨*engl.*⟩: (EDV) Gerät, das digitale Bilder über Mobilfunk versendet

Pid|gin ['pɪdʒɪn] *das;* - ⟨*engl.,* nach der chines. Aussprache des engl. Wortes business = Geschäft⟩: (Sprachw.) aus Elementen des Ausgangs- u. der Zielsprache bestehende Mischsprache, deren Kennzeichen vor allem eine stark reduzierte Morphologie der Zielsprache ist

Pid|gin|eng|lisch, auch: **Pid|gin-Eng|lisch** u. **Pid|gin|eng|lish**, auch: **Pid|gin-Eng|lish** [ˈpɪdʒɪnˈɪŋglɪʃ] *das;* -: Mischsprache aus grammatisch sehr vereinfachten, im Vokabular stark begrenzten Englisch u. einer od. mehreren anderen [ostasiatischen, afrikanischen] Sprachen

pid|gi|ni|sie|ren ['pɪdʒɪ...]: eine Sprache durch eingeschränkten Gebrauch ihrer Morphologie zum Pidgin machen

Pie [pai] *die;* -, -s ⟨*engl.*⟩: (in England u. Amerika beliebte) warme Pastete aus Fleisch od. Obst

Pi|e|ce ['pjɛ:s(ə)] *die;* -, -n ⟨*gall.-mlat.-fr.*⟩: Stück, Tonstück, musikalisches Zwischenspiel

Pi|èce de Ré|sis|tance [pjɛsdəreˈzisˈtɑ̃:s] *die;* - - -, -s - - ⟨*fr.*⟩: (veraltet) Hauptgericht, großes Fleischstück

pi|èce tou|chée, pi|èce jou|ée [pjɛstuˈʃe, pjɛsˈʒue]: Grundsatz beim Schach, dass eine berührte Figur auch gezogen werden muss

Pi|e|des|tal *das;* -s, -e ⟨*it.-fr.*⟩: 1. a) (Archit.) [gegliederter] So-

ckel; b) sockelartiger Ständer für bestimmte Zier-, Kunstgegenstände. 2. hohes Gestell mit schräg gestellten Beinen für Vorführungen (bes. von Tieren) im Zirkus

pi|e|no ⟨*lat.-it.*⟩: (Mus.) voll, vollstimmig (Vortragsanweisung)

Pier *der;* -s, -e u. -s, (Seemannsspr.:) *die;* -, -s ⟨*mlat.-engl.*⟩: Anlegestelle, Landungsbrücke, an der die Schiffe beiderseits anlegen können

pier|cen ['pi:ɐ̯sn̩] ⟨*lat.-fr.-engl.*⟩: ein Piercing vornehmen

Pier|cing ['pi:ɐ̯sɪŋ] *das;* -s: das Durchbohren od. Durchstechen der Haut zur Anbringung von Körperschmuck

Pi|er|ret|te [pjɛ...] *die;* -, -n ⟨*gr.-lat.-fr.*⟩: weibliche Lustspielfigur, vor allem in der französischen Pantomime

Pi|er|rot [pjɛˈro:] *der;* -s, -s ⟨*fr.;* „Peterchen"⟩: männliche Lustspielfigur, vor allem in der französischen Pantomime

Pi|e|ta u. (bei ital. Schreibung:) **Pi|e|tà** *die;* -, -s ⟨*lat.-it.*⟩: Darstellung Marias mit dem Leichnam Christi auf dem Schoß; Vesperbild

Pi|e|tät *die;* - ⟨*lat.*⟩: 1. (bes. in Bezug auf die Gefühle, die sittlichen, religiösen Wertvorstellungen anderer) ehrfürchtiger Respekt, taktvolle Rücksichtnahme. 2. (landsch.) Beerdigungsinstitut

Pi|e|tis|mus *der;* - ⟨*lat.-nlat.*⟩: protestantische Bewegung des 17. u. 18. Jh.s, die durch vertiefte Frömmigkeit u. tätige Nächstenliebe die ↑ Orthodoxie (1) zu überwinden suchte. **Pi|e|tist** *der;* -en, -en: Anhänger, Vertreter des Pietismus. **Pi|e|tis|tin** *die;* -, -nen: weibliche Form zu ↑ Pietist. **pi|e|tis|tisch:** a) den Pietismus betreffend, dazu gehörend; b) für die Pietisten charakteristisch, in der Art der Pietisten

pi|e|to|so ⟨*lat.-it.*⟩: (Mus.) mitleidsvoll, andächtig

Pi|e|t|ra du|ra *die;* - - ⟨*it.;* „harter Stein"⟩: ital. Bez. für: Florentiner Mosaik

Pi|e|zo|che|mie *die;* - ⟨*gr.; arab.-roman.*⟩: Erforschung chemischer Wirkungen unter hohem Druck

Pi|e|zo|e|lek|t|risch ⟨*gr.-nlat.*⟩:

elektrisch durch Druck; **piezoelektrischer Effekt:** von P. Curie entdeckte Aufladung mancher Kristalle unter Druckeinwirkung. **Pi|e|zo|e|lek|t|ri|zi|tät** die; -: durch Druck entstandene Elektrizität bei manchen Kristallen

Pi|e|zo|me|ter das; -s, - ⟨gr.-nlat.⟩: (Techn.) Instrument zur Messung des Grades der Zusammendrückbarkeit von Flüssigkeiten, Gasen u. festen Stoffen

Pif|fe|ra|ri die (Plural) ⟨it.⟩: zur Weihnachtszeit in Rom den Pifferaro blasende Hirten. **Pif-fe|ra|ro** u. **Pif|fe|ro** der; -s, ...ri: Querpfeife, Schalmei

Pig der od. das; -s, -s ⟨engl.; „Schwein"⟩: (ugs. abwertend) Polizist

Pig|ment das; -[e]s, -e ⟨lat.; „Farbestoff"⟩: 1. (Med.; Biol.) die Färbung der Gewebe bestimmender Farbstoff. 2. im Bindeod. Lösungsmittel unlöslicher, aber feinstverteilter Farbstoff

Pig|men|ta|ti|on die; -, -en ⟨lat.-nlat.⟩: Einlagerung von Pigment, Färbung

Pig|ment|druck der; -[e]s, -e: 1. (ohne Plural; Techn.) Verfahren zum Bedrucken bes. von Mischgeweben, bei dem Pigmente (2) verwendet werden. 2. (Fotogr. früher) a) (ohne Plural) fotografisches Verfahren, bei dem das Negativ auf eine mit Pigmenten (2) versehene lichtempfindliche Schicht übertragen wird; b) durch Pigmentdruck (2 a) hergestelltes, reliefartiges Bild

pig|men|tie|ren: 1. körpereigenes Pigment bilden. 2. als körperfremdes Pigment sich einlagern u. etwas einfärben

Pig|no|lle [pin'joːlə], österr.: **Pig-no|lie** [pin'joːl(j)ə] die; -, -n ⟨lat.-it.⟩: Pinienkern

Pi|ja|cke die; -, -n ⟨engl.; dt.⟩: (landsch.) blaue Seemannsüberjacke

Pi|ji|ki die (Plural) ⟨lappisch⟩: Felle der Rentierkälber

¹Pik das; -[s], -[s] ⟨vulgärlat.-fr.⟩: a) schwarzfarbige Figur in Form der stilisierten Spitze eines Spießes; b) (meist ohne Artikel; ohne Plural) durch ¹Pik (a) gekennzeichnete [zweithöchste] Farbe im Kartenspiel; c) (Plural Pik) Spiel mit Karten, bei dem

¹Pik (b) Trumpf ist; d) (Plural Pik) Spielkarte mit ¹Pik (b) als Farbe

²Pik der; -s, -e u. -s ⟨vulgärlat.-fr.⟩: 1. Piz. 2. heimlicher Groll

Pi|ka|de die; -, -n ⟨vulgärlat.-span.⟩: Durchhau, Pfad im Urwald (bes. in Argentinien u. Brasilien)

Pi|ka|dor vgl. Picador

pi|kant ⟨vulgärlat.-fr.⟩: 1. angenehm scharf durch verschiedene, fein aufeinander abgestimmte Gewürze [u. Wein, Essig o. Ä.]. 2. (veraltend) reizvoll. 3. zweideutig, leicht frivol schlüpfrig. **Pi|kan|te|rie** die; -, ...ien: 1. (ohne Plural) reizvolle Note, Reiz. 2. Zweideutigkeit, Anzüglichkeit. 3. (ohne Plural; selten) feine Würzigkeit

pi|ka|resk u. **pi|ka|risch** ⟨span.⟩: schelmenhaft

Pik|ass, auch: **Pik-Ass** [auch: ...'as] das; -es, -e: Ass (1 a) der Farbe ¹Pik

Pi|ka|zis|mus der; -, ...men ⟨lat.⟩: (Med.) Heißhunger nach ausgefallenen Speisen bei Schwangeren

Pi|ke die; -, -n ⟨vulgärlat.-fr.⟩: (hist.) (im späten Mittelalter) aus langem hölzernem Schaft u. Eisenspitze bestehende Stoßwaffe des Fußvolkes; **von der Pike auf:** von Grund auf, von der untersten Stufe an

¹Pi|kee der; (österr. auch: das); -s, -s: Doppelgewebe mit erhabenem Waben- od. Waffelmuster

²Pi|kee: † ²Piqué

Pi|ke|nier der; -s, -e: (hist.) mit der Pike kämpfender Landsknecht

Pi|kett das; -[e]s, -e: 1. Kartenspiel für zwei Personen, in dem es keine Trumpffarbe gibt. 2. (schweiz.) a) (im Heer u. bes. der Feuerwehr) einsatzbereite Einheit; b) Bereitschaft

Pi|kett|stel|lung die; -, -en: (schweiz.) Bereitstellung

pi|kie|ren: 1. zu dicht stehende junge Pflanzen ausziehen u. in größerem Abstand verpflanzen. 2. festen Stoff auf die Innenseite eines Stoffes mit von außen nicht sichtbaren Stichen nähen

pi|kiert: gekränkt, ein wenig beleidigt

¹Pik|ko|llo vgl. ¹Piccolo

²Pik|ko|llo vgl. ²Piccolo

³Pik|ko|llo vgl. ³Piccolo

Pik|ko|lo|flö|te vgl. Piccoloflöte

Pi|ko|fa|rad, Picofarad das; -[s], -:
(Phys.) ein billionstel ↑ Farad; Abk.: pF

Pi|kör der; -s, -e ⟨vulgärlat.-fr.⟩: (Sport) Aufseher der Hundemeute bei einer Parforcejagd

Pi|k|rat das; -[e]s, -e ⟨gr.-nlat.⟩: (Chem.) Salz der Pikrinsäure

Pi|k|rin|säu|re die; -, -n ⟨gr.-nlat.; dt.⟩: (Chem.) Trinitrophenol; explosible organische Verbindung

Pi|k|rit [auch: ...'krıt] der; -s, -e ⟨gr.-nlat.⟩: grünlich schwarzes, körniges Ergussgestein

Pi|k|ro|pe|ge die; -, -n: Quelle mit Bitterwasser

Pi|k|ro|to|xin das; -s: Gift der Kokkelskörner, das auch als Erregungsmittel in der Heilkunde verwendet wird

Pik|to|gra|fie usw. vgl. Piktographie usw.

Pik|to|gramm das; -s, -e ⟨lat.; gr.⟩: stilisierte Darstellung von etwas, die eine bestimmte Information vermittelt

Pik|to|gra|phie, auch: ...grafie die; -: Bilderschrift. **pik|to|gra-phisch,** auch: ...grafisch: die Piktographie betreffend

Pi|kul der od. das; -s, - ⟨malai.⟩: Gewicht in Ostasien

Pi|lar der; -en, -en ⟨lat.-span.⟩: einer der beiden [Holz]pfosten, zwischen denen das mit den Zügeln angebundene Schulpferd Übungen der hohen Schule erlernt

Pi|las|ter der; -s, - ⟨lat.-it.-fr.⟩: flach aus der Wand hervortretender, in Fuß, Schaft u. Kapitell gegliederter Pfeiler

Pi|la|tus vgl. Pontius

Pi|lau u. **Pi|law** der; -s ⟨pers. u. türk.⟩: Reisgericht mit Hammelod. Hühnerfleisch

Pil|chard ['pıltʃet] der; -s, -s ⟨engl.⟩: Sardine

Pile [paıl] der od. das; -s, -s ⟨engl.⟩: engl. Bez. für: Reaktor

Pi|lea die; -, -s ⟨lat.-nlat.⟩: südamerikanische Kanonierblume (rankende Zimmerpflanze)

Pi|le|o|lus der; -, ...li u. ...olen ⟨lat.-mlat.⟩: Scheitelkäppchen der katholischen Geistlichen (verschiedenfarbig nach dem Rang)

pi|lie|ren ⟨lat.-fr.⟩: stampfen, zerstoßen, schnitzeln (bes. Roh-

seife zur Verarbeitung in Fein-
seife)

pil|lie|ren ⟨zu „Pille" mit franzö-
sierender Endung⟩: (Landw.)
(Samen für die Aussaat) mit einer nährstoffreichen Masse
umhüllen u. zu Kügelchen formen

Pil|ling das; -s ⟨engl.⟩: uner-
wünschte Knötchenbildung an
der Oberfläche von Textilien

Pil|low|la|va [ˈpɪloʊ...] die; -
⟨engl.; it.⟩: untermeerisch entstandene Lava von kissenarti-
ger Form

Pi|lo|kar|pin das; -s ⟨gr.-nlat.⟩: Al-
kaloid, das für medizinische u.
kosmetische Zwecke (bes. in
Augentropfen u. Haarwuchs-
mitteln) verwendet wird

Pi|lo|se u. **Pi|lo|sis** die; -, ...osen
⟨lat.-nlat.⟩: (Med.) übermäßiger
Haarwuchs

Pi|lot der; -en, -en ⟨gr.-mgr.-it.-fr.⟩:
1. a) jmd., der aufgrund einer
bestimmten Ausbildung [be-
rufsmäßig] ein Flugzeug steuert; Flugzeugführer; b) Renn-
fahrer. 2. (veraltet) Lotse. 3. Lot-
senfisch (zu den Stachelflos-
sern zählender räuberischer
Knochenfisch im Atlantik u.
Mittelmeer, Begleitfisch der
Haie). 4. (Textilindustrie) Mole-
skin

Pi|lot...

⟨gr. pēdón „Steuerruder" → it. pe-
doto, pedotta → piloto, pilota
„Steuermann, Lotse" → fr. pilote
„Pilot" → engl. pilot „Pilot, Lotse;
Pilot..., Probe..."⟩

Wortbildungselement mit der Be-
deutung „als Muster, Vorbild,
Versuch oder zur Einführung die-
nend":
– Pilotfilm
– Pilotprojekt
– Pilotstudie

Pi|lot|bal|lon der; -s, -s u. (bei
nicht nasalierter Ausspr.:) -e:
(Meteor.) unbemannter kleiner
Ballon, der aufgelassen wird,
um Windrichtung u. -stärke
anzuzeigen

Pi|lot|charts [ˈpaɪlətˈtʃaːts] die
(Plural) ⟨engl.⟩: von Seeleuten
verwendete Karten, die wichtige meteorologische u. geographische Aufzeichnungen enthalten

Pi|lo|te die; -, -n ⟨lat.-roman.⟩: im
Bauwesen Stütze; einzuram-
mender Pfahl

Pi|lot|film der; -[e]s, -e ⟨gr.-it.-fr.-
engl.; engl.⟩: einer Fernsehserie
od. -sendung vorausgehender
Film, mit dem man das Interesse der Zuschauer zu wecken
u. die Breitenwirkung zu testen
versucht

¹**pi|lo|tie|ren** ⟨gr.-ngr.-it.-fr.⟩: ein
Flugzeug, einen Sport- od.
Rennwagen (bei Autorennen)
steuern

²**pi|lo|tie|ren** ⟨lat.-roman.⟩: Grund-,
Rammpfähle einrammen

Pi|lo|tin die; -, -nen: weibliche
Form zu ↑ Pilot (1, 2)

Pi|lot|stu|die die; -, -n ⟨gr.-it.-fr.-
engl.; lat.-nlat.⟩: einem Projekt
vorausgehende Untersuchung,
in der alle in Betracht kom-
menden, wichtigen Faktoren
zusammengetragen werden

Pi|lot|ton der; -[e]s, ...töne: 1. zu-
sätzlich aufgezeichneter hoch-
frequenter Ton, der bei ge-
trennter Wiedergabe von Bild
u. Ton zur synchronen Steuerung von Filmprojektor u. Ton-
bandgerät dient. 2. hochfre-
quentes Signal, das der Sender
bei Stereoprogrammen zusätzlich ausstrahlt u. das im ↑ Deco-
der die Entschlüsselung der
insgesamt übertragenen Signale bewirkt

Pi|ment der od. das; -[e]s, -e ⟨lat.-
roman.⟩: Nelkenpfeffer; englisches Gewürz

Pim|per|nell der; -s, -e u. **Pim|pi-
nel|le** die; -, -n ⟨sanskr.-pers.-gr.-
lat.-mlat.⟩: (zu den Doldenge-
wächsen gehörende) Pflanze
mit Fiederblättern u. weißen
bis gelblichen od. rosafarbenen
Blüten

Pin der; -s, -s ⟨engl.⟩: 1. getroffener
Kegel als Wertungseinheit beim
Bowling (2). 2. a) (Med.) langer,
dünner Stift (zum Nageln von
Knochen); b) Stecknadel.
3. kleine bunte [metallene] Pla-
kette, die als Ansteckadel getragen wird

PIN die; -, -s ⟨Kurzw. aus engl.
personal identification num-
ber⟩: persönliche Geheimzahl
(z. B. zum Geldabheben am
Bankautomaten)

Pi|na|kes: Plural von ↑ Pinax

Pi|na|ko|lid das; -[e]s, -e ⟨gr.-nlat.⟩:
Form eines Kristalls, bei der

zwei (von mehreren) Flächen
[spiegelbildlich] parallel zueinander liegen

Pi|na|ko|thek die; -, -en ⟨gr.-lat.⟩:
Bilder-, Gemäldesammlung

Pi|nas|se die; -, -n ⟨lat.-span.-fr.-
niederl.⟩: größeres Beiboot (von
Kriegsschiffen)

Pi|nax der; -, Pinakes ⟨gr.-lat.⟩: alt-
griechische Tafel aus Holz, Ton
od. Marmor, die beschriftet od.
[als Weihgeschenk] bemalt
wurde

Pin|board [ˈpɪnbɔːd] das; -s, -s
⟨engl.⟩: an der Wand zu befesti-
gende Tafel aus Kunststoff,
Kork o. Ä., an die man mit
Stecknadeln o. Ä. bes. Merkzet-
tel anheftet; Pinnwand

pin|cé [pɛˈse] ⟨fr.⟩: ↑ pizzicato

Pin|ce|nez [pɛ̃s(ə)ˈne:] das; -
[...ˈne:(s)], - [...ˈne:s]: (veraltet)
Klemmer, Kneifer

Pinch|ef|fekt [ˈpɪntʃ...] der; -[e]s,
-e ⟨engl.; lat.⟩: (Phys.) bei einer
Starkstromgasentladung auftretende Erscheinung der Art,
dass das ↑ Plasma (3) durch das
eigene Magnetfeld zusammen-
gedrückt wird

Pin|cop [...kɔp] der; -s, -s ⟨engl.⟩:
auf dem ↑ Selfaktor bewickelte
Schussspule in der Baumwollspinnerei

Pi|ne|al|or|gan das; -s, -e ⟨lat.-
nlat.; gr.-lat.⟩: (Biol.) als Anhang des Zwischenhirns gebildetes, lichtempfindliches Sin-
nesorgan, aus dem die Zirbel-
drüse hervorgeht

Pi|ne|ap|ple [ˈpaɪnæpl] der; -[s], -s
⟨engl.⟩: engl. Bez. für: Ananas

Pi|nen das; -s, -e ⟨lat.-nlat.⟩: tech-
nisch wichtiger Hauptbestand-
teil der Terpentinöle

Ping|pong [österr. ...ˈpɔŋ] das; -s
⟨engl.⟩: (veraltend, oft abwertend) nicht turniermäßig betriebenes Tischtennis

Pin|gu|in der; -s, -e: flugunfähiger,
aufrecht gehender, im Wasser
geschickt schwimmender Vogel
mit flossenähnlichen Flügeln u.
meist schwarzem, auf dem
Bauch weißem Gefieder

Pin|holes [ˈpɪnhoʊlz] die (Plural)
⟨engl.; „Nadellöcher"⟩: (Techn.)
kleine, lang gestreckte Gasbla-
sen unmittelbar unter der
Oberfläche von Gussstücken

Pi|nie die; -, -n ⟨lat.⟩: Kiefer des
Mittelmeerraumes mit schirm-
förmiger Krone

Pi|ni |o|le die; -, -n ⟨lat.-it.⟩: ↑ Pignole

pink ⟨engl.⟩: von kräftigem, grellem Rosa. **Pink** das; -s, -s: kräftiges, grelles Rosa

Pink|co|lour [...kʌlər] das; -s: zur Porzellan- od. Fayencemalerei benutzter roter Farbstoff

Pin|na die; - ⟨lat.⟩: Vogelmuschel des Mittelmeeres

Pi|no|le die; -, -n ⟨lat.-it.⟩: Maschinenteil der Spitzendrehbank, in dem die Spitze gelagert ist

Pi|not [pi'no] ⟨fr.⟩: bedeutende Rebensorte; **Pinot blanc** [...'blã]: Weißburgunder; **Pinot noir** [...'nǫa:ɐ̯]: Spätburgunder

Pi|no|zy|to|se die; -, -n ⟨gr.-nlat.⟩: (Biol.) tröpfchenweise erfolgende Aufnahme flüssiger Stoffe in das Zellinnere

Pint [paint] das; -s, -s ⟨fr.-engl.⟩: englisches u. amerikanisches Hohlmaß, das etwas mehr als einem halben Liter entspricht; Abk.: pt

Pin|te die; -, -n ⟨fr.⟩: 1. (schweiz.) [Blech]kanne. 2. (ugs.) kleines Wirtshaus, Kneipe. 3. früheres Flüssigkeitsmaß

Pin-up-Girl [pɪn'lap...] das; -s, -s ⟨engl.-amerik.; „Anheftmädchen"⟩: 1. Bild einer erotisch anziehenden, leicht bekleideten Frau, bes. auf dem Titelblatt von Illustrierten [das ausgeschnitten u. an die Wand geheftet wird]. 2. Frau, die einem solchen Bild gleicht, dafür posiert

pin|xit ⟨lat.; „hat [es] gemalt"⟩: gemalt von (Zusatz zur Signatur eines Künstlers auf Gemälden); Abk.: p. od. pinx.

Pin|za die; -, -s, auch: ...ze ⟨it.⟩: Osterbrot aus Hefeteig, mit einem tiefen Kreuzeinschnitt

Pin|zet|te die; -, -n ⟨fr.⟩: kleines Instrument mit federnden, an einem Ende zusammenlaufenden Schenkeln zum Fassen von kleinen, empfindlichen Gegenständen

pin|zie|ren: entspitzen, den Kopftrieb einer Pflanze abschneiden (beim Obstbau)

Pi|om|bi die (Plural) ⟨lat.-it.; „Bleidächer"⟩: (hist.) Staatsgefängnisse im Dogenpalast von Venedig

Pi|on ['pi:ɔn] das; -s, -en (meist Plural) ⟨gr.⟩: zu den ↑ Mesonen gehörendes Elementarteilchen

Pi |o|nier der; -s, -e ⟨lat.-vulgär-lat.-fr.⟩: 1. Soldat der technischen Truppe. 2. jmd., der auf einem bestimmten Gebiet bahnbrechend ist; Wegbereiter. 3. Mitglied einer kommunistischen Organisation für Kinder.

Pi |o|nie|rin die; -, -nen: weibliche Form zu ↑ Pionier (2)

Pi|pa die; -, -s ⟨chin.⟩: chinesische Laute

Pipe [paip] die; -, -s ⟨lat.-vulgärlat.-engl.⟩: 1. (auch: das) englisches u. amerikanisches Hohlmaß von unterschiedlicher Größe für Wein u. Branntwein. 2. runde od. ovale vulkanische Durchschlagsröhre

Pipe|line ['paiplain] die; -, -s ⟨engl.⟩: (über weite Strecken verlegte) Rohrleitung für den Transport von Erdöl, Erdgas o. Ä.

Pipe|line|pi|o|nier der; -s, -e: 1. (Plural) Teil der Pioniertruppen, der für die Verlegung u. Instandhaltung von Versorgungsleitungen ausgebildet wird. 2. Angehöriger der Pipelinepioniere (1)

Pi|pe|rin das; -s ⟨sanskr.-pers.-gr.-lat.-nlat.⟩: organische Verbindung, die den scharfen Geschmack von Pfeffer verursacht

Pi|pet|te die; -, -n ⟨lat.-vulgärlat.-fr.⟩: kleines Glasröhrchen mit verengter Spitze zum Entnehmen, Abmessen u. Übertragen kleiner Flüssigkeitsmengen. **pi|pet|tie|ren**: (fachspr.) mit einer Pipette entnehmen

Pique [pi:k] das; -s ⟨vulgärlat.-fr.⟩: franz. Form von ↑ Pik

¹**Pi|qué** [pi:'ke:] der, (österr. auch: das); -s, -s: franz. Form von ↑ ¹Pikee

²**Pi|qué** [pi:'ke:] das; -s, -s: Maßeinheit für die mit bloßem Auge zu erkennenden Einschlüsse bei ↑ ¹Diamanten

Pi|ran|ha [pi'ranja] der; -[s], -s ⟨indian.-port.⟩: in südamerikanischen Flüssen lebender kleiner Raubfisch mit sehr scharfen Zähnen, der in einem Schwarm jagt u. seine Beute in kürzester Zeit bis auf das Skelett abfrisst

Pi|rat der; -en, -en ⟨gr.-lat.-it.⟩: Seeräuber

Pi|ra|te|rie die; -, ...ien ⟨gr.-lat.-fr.⟩: Seeräuberei

Pi|ra|tin die; -, -nen: weibliche Form zu ↑ Pirat

Pi|ra|ya der; -[s], -s ⟨indian.-port.⟩: ↑ Piranha

Pi|ro|ge die; -, -n ⟨karib.-span.-fr.⟩: Einbaum der Indianer mit auf die Bordwand aufgesetzten Planken

Pi|ro|gge die; -, -n ⟨russ.⟩: russische Pastete aus Hefeteig, die mit Fleisch, Fisch o. Ä. gefüllt ist

Pi|ro|plas|mo|se die; -, -n ⟨lat.; gr.⟩: durch Zecken übertragene malariaartige Rinderkrankheit

Pi|rou|et|te [pi'rʊɛtə] die; -, -n ⟨fr.⟩: 1. Drehschwung (beim Ringkampf). 2. (Reitsport) Drehen auf der Hinterhand (Figur der hohen Schule). 3. Standwirbel um die eigene Körperachse (bei Eiskunst-, Rollschuhlauf u.Tanz). **pi|rou|et|tie|ren**: eine Pirouette ausführen

Pi|sang der; -s, -e ⟨malai.-niederl.⟩: malai. Bez. für: Banane

Pi|sang|fres|ser der; -s, - ⟨malai.-niederl.; dt.⟩: tropischer, metallisch blau od. violett schimmernder Waldvogel mit einem langen Schwanz

Pi|sang|hanf der; -[e]s: ↑ Manilahanf

Pis|ci|na die; -, ...nen ⟨lat.⟩: 1. Taufstein im altchristlichen Baptisterium. 2. Ausgussbecken in mittelalterlichen Kirchen für das zur liturgischen Waschung der Hände u. Gefäße bei der Messe benutzte Wasser

Pi|see|bau der; -[e]s ⟨lat.-fr.; dt.⟩: Bauweise, bei der die Mauern durch Einstampfen von Lehm o. Ä. zwischen Schalungen hergestellt werden

Pis|soir [pɪ'sǫa:ɐ̯] das; -s, -e u. -s ⟨fr.⟩: Toilette für Männer

Pis |ta|zie die; -, -n ⟨pers.-gr.-lat.⟩: 1. (im Mittelmeerraum wachsender) Strauch od. Baum mit gefiederten Blättern u. ölreichen, essbaren Samenkernen. 2. Samenkern der Pistazie (1)

Pis |te die; -, -n ⟨lat.-it.-fr.⟩: 1. (Skisport) Strecke für Abfahrten. 2. Rennstrecke, bes. für Rad- u. Autorennen. 3. Rollbahn auf Flugplätzen. 4. Verkehrsweg ohne feste Fahrbahndecke. 5. Umrandung der Manege im Zirkus

Pis |till das; -s, -e ⟨lat.⟩: 1. Stößel, Stampfer, Mörserkeule. 2. (Bot.) Blütenstempel

Pis|tol *das;* -s, -en ⟨*tschech.*⟩: (veraltet) ↑ ¹Pistole

¹Pis|tol|le *die;* -, -n ⟨*tschech.*⟩: kleinere Faustfeuerwaffe mit kurzem Lauf

²Pis|tol|le *die;* -, -n ⟨*tschech.-roman.*⟩: (hist.) frühere, urspr. spanische Goldmünze

Pis|tol|le|ro *der;* -s, -s ⟨*span.*⟩: Revolverheld

Pis|ton [pɪsˈtõ] *das;* -s, -s ⟨*lat.-it.-fr.*⟩: 1. (Mus.) Pumpenventil der Blechinstrumente. 2. Pumpenkolben. 3. Zündstift bei Perkussionsgewehren; vgl. ¹Perkussion (2)

Pit *das;* -s, -s ⟨*engl.; „Grube“*⟩: (Techn.) Vertiefung unterhalb der Oberfläche einer CD-ROM od. DVD, die als Speicher der Information dient

¹Pi|ta *die;* - ⟨*indian.-span.*⟩: vor allem zur Herstellung von Stricken u. Säcken verwendete Blattfaser aus zentral- u. südamerikanischen Agaven

²Pi|ta, auch: Pitta *die;* -s, -s od. *die;* -, -s ⟨*ngr.*⟩: flaches, rundes Fladenbrot aus Hefeteig, das mit Fleisch, Salat o. Ä. gefüllt wird

Pi|tal|ha|ya *die;* -, -s ⟨*indian.-span.*⟩: Kaktusgewächs mit roten od. gelben Früchten

Pi|tan|ga *die;* -, -s ⟨*indian.-port.*⟩: tropisches Myrtengewächs mit roten Früchten; Surinamkirsche

Pi|tal|val *der;* -[s] -s ⟨nach dem franz. Rechtsgelehrten, 1673–1743⟩: (Rechtsw.) Sammlung berühmter Rechtsfälle u. Kriminalgeschichten

Pit|bull [...bʊl] *der;* -s, -s ⟨*engl.*⟩: mit Bulldogge u. Terrier verwandter, als Kampfhund gezüchteter Hund

pit|chen ⟨*engl.*⟩: (Golf) einen ↑ Pitchshot schlagen

Pit|cher *der;* -s, -: Werfer (beim Baseball). **Pit|che|rin** *die;* -, -nen: weibliche Form zu ↑ Pitcher

Pitch|pine [ˈpɪtʃpaɪn] *die;* -, -s ⟨*engl.*⟩: (in Nordamerika wachsende) Kiefer mit schwarzbrauner Rinde

Pitch|shot [ˈpɪtʃʃɔt] *der;* -s, -s ⟨*engl.*⟩: (Golf) Schlag, bei dem der Ball zunächst steil ansteigt u. nach dem Auffallen kaum noch rollt

Pi|the|k|an|th|ro|pus, fachspr.: Pithecanthropus *der;* -, ...pi ⟨*gr.-nlat.*⟩: javanischer u. chinesischer Frühmensch des Pleistozäns

pi|the|ko|id: affenähnlich

Pi|tot|rohr [piˈto:...] *das;* -[e]s, -e ⟨nach dem franz. Physiker Pitot⟩: Sonde zum Messen des Drucks von strömenden Flüssigkeiten u. zur Bestimmung der Strömungsgeschwindigkeit

pi|to|y|a|bel [pitɔaˈja:bl̩] ⟨*lat.-fr.*⟩: (veraltet) erbärmlich, kläglich

Pi|t|ta vgl. ²Pita

Pit|ting *das;* -s, -s (meist Plural) ⟨*engl.*⟩: (Seew.) kleine, an Maschinenteilen usw. durch Rost o. Ä. entstandene Vertiefung

pit|to|resk ⟨*lat.-it.-fr.*⟩: malerisch

Pi|ty|ri|a|sis *die;* -, ...iasen ⟨*gr.-lat.*⟩; (Med.) Hautkrankheit, die zur Bildung kleieförmiger Schuppen führt

più [pju:] ⟨*lat.-it.*⟩: (Mus.) mehr (Vortragsanweisung)

più for|te: (Mus.) lauter, stärker; Abk.: pf

Pi|va *die;* -, Piven ⟨*lat.-vulgärlat.-it.*⟩: schneller italienischer Tanz

Pi|vot [piˈvo:] *der* od. *das;* -s, -s ⟨*fr.*⟩: Schwenkzapfen an Drehkränen u. a.

Pi|xel *das;* -[s], - ⟨*engl.; Kunstw. aus* picture element *„Bildelement“*⟩: (EDV) kleinstes Element bei der gerasterten, digitalisierten Darstellung eines Bildes auf einem Bildschirm od. mithilfe eines Druckers; Bildpunkt

Piz *der;* -es, -e ⟨*ladin.*⟩: Bergspitze (meist als Teil von Bergnamen)

Piz|za *die;* -, -s, auch: ...zzen ⟨*it.*⟩: (meist heiß servierte) aus dünn ausgerolltem u. mit Tomatenscheiben, Käse u. a. belegtem Hefeteig gebackene pikante italienische Spezialität (meist in runder Form)

Piz|ze|ria *die;* -, -s, auch: ...rien ⟨*it.*⟩: Restaurant, in dem es neben anderen italienischen Spezialitäten hauptsächlich Pizzas gibt

piz|zi|ca|to ⟨*it.*⟩: (Mus.) mit den Fingern gezupft (Vortragsanweisung bei Streichinstrumenten); Abk.: pizz.

Piz|zi|ka|to *das;* -s, -s u. ...ti: (Mus.) gezupftes Spiel (bei Streichinstrumenten)

Pla|ce|bo *das;* -s, -s ⟨*lat.; „ich werde gefallen“*⟩: (Med.) Medikament, das einem echten Medikament in Aussehen u. Geschmack gleicht, ohne dessen Wirkung zu enthalten

Pla|ce|ment [plasaˈmã:] *das;* -s, -s ⟨*gr.-lat.-vulgärlat.-fr.*⟩: (Wirtsch.) a) Anlage, Unterbringung von Kapitalien; b) Absatz von Waren

pla|cet ⟨*lat.*⟩: (veraltet) es gefällt, wird genehmigt; vgl. Placet

pla|ci|do [ˈpla:tʃido] ⟨*lat.-it.*⟩: (Mus.) ruhig, still, gemessen (Vortragsanweisung)

pla|cie|ren [plaˈtʃi:rən, selten: plaˈsi:rən]: frühere Schreibung für ↑ platzieren

Pla|ci|tum *das;* -s, ...ta ⟨*lat.*⟩: (Rechtsw. veraltet) Gutachten, Beschluss, Verordnung

Plä|deur [plɛˈdø:ɐ̯] *der;* -s, -e ⟨*lat.-fr.*⟩: (veraltet) Strafverteidiger

plä|die|ren: 1. (Rechtsw.) ein Plädoyer halten, in einem Plädoyer beantragen. 2. sich für etwas aussprechen

Plä|do|yer [...doaˈje:] *das;* -s, -s: 1. (Rechtsw.) zusammenfassende Rede eines Rechtsanwalts od. Staatsanwalts vor Gericht. 2. Äußerung, Rede o. Ä., mit der jmd. entschieden für od. gegen etwas eintritt

Pla|fond [...ˈfõ:] *der;* -s, -s ⟨*fr.*⟩: 1. [flache] Decke eines Raumes. 2. (Wirtsch.) oberer Grenzbetrag bei der Kreditgewährung

pla|fo|nie|ren: (bes. schweiz.) nach oben hin begrenzen

pla|gal ⟨*gr.-mlat.*⟩: (Mus.) Neben..., Seiten..., abgeleitet; **plagale Kadenz:** Kadenz mit der Klangfarbe Subdominante–Tonika

Pla|gi|ar *der;* -s, -e u. **Pla|gi|a|ri|us** *der;* -, ... rii ⟨*lat.*⟩: (veraltet) Plagiator

Pla|gi|at *das;* -[e]s, -e ⟨*lat.-fr.*⟩: a) unrechtmäßige Aneignung von Gedanken, Ideen o. Ä. eines anderen auf künstlerischem od. wissenschaftlichem Gebiet u. ihre Veröffentlichung; Diebstahl geistigen Eigentums; b) durch unrechtmäßiges Nachahmen entstandenes künstlerisches od. wissenschaftliches Werk

Pla|gi|a|tor *der;* -s, ...oren ⟨*nlat.*⟩: jmd., der ein Plagiat begeht. **Pla|gi|a|to|rin** *die;* -, -nen: weibliche Form zu ↑ Plagiator

pla|gi|a|to|risch: in der Weise eines Plagiators

Pla|gi|i̯e̲|der das; -s, - ⟨gr.-nlat.⟩: ↑ Pentagonikositetraeder

pla|gi|ie̲|ren ⟨lat.-fr.-nlat.⟩: ein Plagiat begehen

pla|gi|o|ge̲|o|trop ⟨gr.-nlat.⟩: (Bot.) schräg zur Richtung der Schwerkraft orientiert (von Pflanzenteilen)

Pla|gi|o|kla̲s der; -es, -e: zu den Feldspaten gehörendes Mineral

pla|gi|o̲|trop vgl. plagiogeotrop

Pla|gi|o|ze|pha|li̲e die; -: (Med.) angeborene Fehlbildung des Schädels, bei der der Schädel eine unsymmetrische Form hat

Plaid [ple:t, engl.: pleɪd] das, (auch:) der; -s, -s ⟨schott.-engl.⟩: 1. [Reise]decke im Schottenmuster. 2. großes Umhangtuch aus Wolle

Pla|ka̲t das; -[e]s, -e ⟨niederl.-fr.-niederl.⟩: a) großformatiges Stück festes Papier mit einem Text [u. Bildern], das zum Zwecke der Information, Werbung, politischen Propaganda o. Ä. öffentlich u. an gut sichtbaren Stellen befestigt wird; b) öffentlicher Anschlag

pla|ka|tie̲|ren: a) Plakate an etwas anbringen; b) durch Plakate öffentlich bekannt machen. **Pla|ka|tie̲|rung** u. **Pla|ka|ti|o̲n** die; -, -en: das Plakatieren; öffentliche Bekanntmachung durch Plakate; vgl. ...ation/...ierung

pla|ka|ti̲v: 1. wie ein Plakat wirkend. 2. bewusst herausgestellt; betont auffällig; einprägsam

Pla|ket̲te die; -, -n ⟨niederl.-fr.⟩: 1. kleines, flaches, meist rundes od. eckiges Schildchen zum Anstecken od. Aufkleben, das mit einer Inschrift od. figürlichen Darstellung versehen ist. 2. (Kunst) kleine Tafel aus Metall mit einer reliefartigen Darstellung (dem Gedanken an jmdn., etwas gewidmet)

Pla|ko|der|men die (Plural) ⟨gr.-nlat.⟩: ausgestorbene Panzerfische der Obersilur- u. Underdevonzeit mit kieferlosen u. kiefertragenden Formen (älteste Wirbeltiere)

Pla|k|o|dont der; -en, -en: Vertreter ausgestorbener Echsenart der Trias

Pla|ko|id|schup|pe die; -, -n ⟨gr.-nlat.; dt.⟩: Schuppe des Hais

plan ⟨lat.⟩: flach, eben, platt

Pla|na̲|rie die; -, -n ⟨lat.-nlat.⟩: stark abgeplatteter Strudelwurm mit einer halsartigen Einschnürung u. einem deutlich sichtbaren Kopf

Planche [plã'ʃ] die; -, -n ⟨vulgärlat.-fr.⟩: Fechtbahn

Plan|chet|te [plã'ʃɛta] die; -, -n: (Parapsychol.) Vorrichtung zum automatischen Schreiben für ein Medium im Spiritismus

Pla|net̲ der; -en, -en ⟨gr.-lat.⟩: Wandelstern; nicht selbst leuchtender, sich um eine Sonne bewegender Himmelskörper. **pla|ne|tar** ⟨gr.-lat.-nlat.⟩: ↑ planetarisch

Pla|ne|ta|ri|en: Plural von ↑ Planetarium

pla|ne|ta̲|risch: die Planeten betreffend, auf sie bezüglich

Pla|ne|ta̲|ri|um das; -s, ...ien: 1. Vorrichtung, Gerät zur Darstellung der Bewegung, Lage u. Größe der Gestirne. 2. Gebäude, auf dessen halbkugelförmiger Kuppel durch Projektion aus einem Planetarium (1) die Erscheinungen am Sternenhimmel sichtbar gemacht werden

Pla|ne|ten|sys̲|tem das; -s -e: Gesamtheit der die Sonne od. einen entsprechenden Stern umkreisenden Planeten

Pla|ne|to̲|id der; -en, -en ⟨gr.-nlat.⟩: sich in elliptischer Bahn um die Sonne bewegender kleiner Planet

Pla|ne|to|lo̲|gie die; -: geologische Erforschung u. Deutung der Oberflächenformationen der Planeten u. ihrer Satelliten

Plan̲|film der; -[e]s, -e: aus einzelnen Blättern bestehendes Filmmaterial (für Großbildkameras)

Pla|nie̲r|bank die; -, ...bänke ⟨lat.-fr.; dt.⟩: Maschine zur Herstellung runder, hohler Metallgegenstände

pla|nie̲|ren ⟨lat.-fr.⟩: etwas [ein]ebnen

Pla|nie̲r|rau|pe die; -, -n ⟨lat.-fr.; dt.⟩: Raupenschlepper mit verstellbarem Brustschild, der bei Erd- u. Straßenarbeiten die Unebenheiten beseitigt u. den Aushub transportiert u. verteilt

Pla|ni|fi|ka̲|teur [...'tø:ɐ̯] der; -s, -e ⟨lat.-fr.⟩: (in Frankreich) Fachmann für die Gesamtplanung der Volkswirtschaft. **Pla|ni|fi|ka|teu|rin** [...'tø:rɪn] die; -, -nen: weibliche Form zu ↑ Planifika-

teur. **Pla|ni|fi|ka|ti|o̲n** die; -, -en: (in Frankreich) staatlich organisierte Planung der Volkswirtschaft auf der Grundlage der Marktwirtschaft

Pla|ni|glo̲b das; -s, -en u. **Pla|ni|glo̲|bi|um** das; -s, ...ien ⟨lat.-nlat.⟩: kreisförmige Karte einer Halbkugel der Erde

Pla|ni|me̲|ter das; -s. - ⟨lat.; gr.⟩: Instrument zum mechanischen Ausmessen krummlinig begrenzter ebener Flächen. **Pla|ni|me̲|t|rie̲** die; -: 1. Messung u. Berechnung von Flächeninhalten. 2. Lehre von den geometrischen Gebilden in einer Ebene. **pla|ni|me̲|t|rie̲|ren:** [krummlinig begrenzte] Flächen mit einem Planimeter ausmessen. **pla|ni|me̲|t|risch:** die Planimetrie betreffend

Pla|ni|s|phä̲|re die; -, -n: 1. altes astronomisches Instrument. 2. ↑ Planiglob

plan|kon|kav: auf einer Seite eben u. auf der anderen Seite nach innen gekrümmt (von Linsen)

plan|kon|vex: auf einer Seite eben u. auf der anderen Seite nach außen gekrümmt (von Linsen)

Plank̲|ter der; -s, - ⟨gr.⟩: ↑ Planktont

Plank̲|ton das; -s ⟨„Umherirrendes, Umhertreibendes"⟩: (Biol.) Gesamtheit der (größtenteils sehr kleinen) im Wasser lebenden Lebewesen, die sich nicht selbst fortbewegen, sondern durch das Wasser bewegt werden

plank|to̲|nisch u. planktontisch: (Biol.) das Plankton, den Planktonten betreffend

Plank̲|tont der; -en, -en: (Biol.) zum Plankton zählendes Lebewesen

plank|ton̲|tisch vgl. planktonisch

pla̲|no ⟨lat.⟩: glatt, ohne Falz (von Druckbogen u. [Land]karten)

Pla|no|ga|met der; -en, -en ⟨gr.-nlat.⟩: (Biol.) Geschlechtszelle, die sich mit Geißeln fortbewegt

plan|pa|ral|lel: (von Flächen) genau parallel angeordnet

Plan|ta̲|ge [...'ta:ʒə] die; -, -n ⟨lat.-fr.⟩: landwirtschaftlicher Großbetrieb in tropischen Ländern

plan|ta̲r ⟨lat.⟩: (Med.) zur Fußsohle gehörend, sie betreffend

Plan|ta̲|ti|on|song, auch: **Plan|ta-**

tion-Song [plæn'teɪʃən...] *der;*
-s, -s ⟨*amerik.*⟩: (hist.) Arbeitslied der afroamerikanischen
Sklaven auf den Baumwollplantagen in den Südstaaten der
USA

Plan|to|wol|le *die; -* ⟨*lat.; dt.*⟩: veredelte Jutefaser

Pla|nu|la *die; -, -s* ⟨*lat.-nlat.*⟩:
platte, ovale, bewimperte, frei
schwimmende Larve der Nesseltiere

Pla|num *das; -s* ⟨*lat.*⟩: eingeebnete
Fläche für den Unter- od. Oberbau einer Straße o. Ä.

Plaque [plak] *die; -, -s* [plak] ⟨*fr.;*
„Platte, Fleck"⟩: 1. (Med.) deutlich abgegrenzter, etwas erhöhter Fleck auf der Haut. 2. (Zahnmed.) Zahnbelag. 3. (Biol.)
durch Auflösung einer Gruppe
benachbarter Bakterienzellen
entstandenes rundes Loch in
einem Nährboden

Pla|qué [...'ke:] *das; -s, -s* ⟨*niederl.-fr.*⟩: plattierte (vgl. plattieren 1) Arbeit

Plä|san|te|rie *die; -, ...jen* ⟨*lat.-fr.*⟩:
(veraltet) Scherz, Belustigung

Plä|sier *das; -s, -e*: Vergnügen,
Spaß; Unterhaltung. **plä|sier|lich:** (veraltet) heiter, vergnüglich, angenehm, freundlich

Plas|ma *das; -s, ...men* ⟨*gr.-lat.;*
„Gebildetes, Geformtes, Gebilde"⟩: 1. (Biol.) ↑ Protoplasma.
2. (Med.) flüssiger Teil des Blutes; Blutplasma. 3. (Phys.)
leuchtendes, elektrisch leitendes Gasgemisch, das u. a. in
elektrischen Entladungen von
Gas, in heißen Flammen u. bei
der Explosion von Wasserstoffbomben entsteht. 4. dunkelgrüne Abart des Chalzedons

Plas|ma|phe|re|se *die; -, -n*: (Med.)
Gewinnung von Blutplasma
mit Wiederzuführung der roten
[u. weißen] Blutkörperchen an
den Blutspender

Plas|ma|phy|sik *die; -*: modernes
Teilgebiet der Physik, auf dem
die Eigenschaften u. das Verhalten der Materie im Zustand
des Plasmas (3) untersucht
werden

plas|ma|tisch ⟨*gr.-nlat.*⟩: Plasma
od. Protoplasma betreffend

Plas|mo|des|men *die* (Plural) ⟨*gr.-nlat.*⟩: (Biol.) vom Protoplasma
gebildete feinste Verbindungen
zwischen benachbarten Zellen

Plas|mo|di|um *das; -s, ...ien:*
1. Masse aus vielkernigem Protoplasma, die durch Kernteilung ohne nachfolgende Zellteilung entsteht. 2. Protoplasmakörper der Schleimpilze.
3. Malariaerreger

Plas|mo|go|nie *die; -*: Hypothese,
nach der es eine Urzeugung aus
toten organischen Stoffen gibt

Plas|mo|ly|se *die; -*: (Bot.) Loslösung des Protoplasmas einer
pflanzlichen Zelle von der Zellwand u. Zusammenziehung um
den Kern durch das Entziehen
von Wasser

Plas|mon *das; -s*: (Biol.) Gesamtheit der Erbfaktoren des Protoplasmas

Plast *der; -[e]s, -e* ⟨*gr.-nlat.*⟩: makromolekularer Kunststoff.

Plas|te *die; -, -n*: (regional ugs.)
↑ Plast

Plas|tics ['plɛstɪks] *die* (Plural)
⟨*gr.-lat.-engl.*⟩: engl. Bez. für:
Kunststoffe, Plaste

Plas|ti|de *die; -, -n* (meist Plural)
⟨*gr.-nlat.*⟩: Gesamtheit der
Chromatophoren (1) u. ¹Leukoplasten der Pflanzenzelle

Plas|ti|fi|ka|tor *der; -s, ...oren* ⟨*gr.;
lat.*⟩: (Techn.) Weichmacher.

plas|ti|fi|zie|ren: (spröde Kunststoffe) weich u. geschmeidig
machen

¹Plas|tik *die; -, -en* ⟨*gr.-lat.-fr.*⟩:
1. a) (ohne Plural) Bildhauerkunst; b) Werk der Bildhauerkunst; Bildwerk. 2. (Med.) operative Formung, Wiederherstellung von zerstörten Gewebs- u.
Organteilen. 3. (ohne Plural)
körperhafte Anschaulichkeit,
Ausdruckskraft

²Plas|tik *das; -s, -s, auch: die; -,
-en:* Kunststoff

Plas|tik|bom|be *die; -, -n*: mit einem Zeit- od. Aufschlagzünder
versehene Sprengkörper mit
plastischen Sprengstoffen

Plas|ti|ker *der; -s, -*: Bildhauer.
Plas|ti|ke|rin *die; -, -nen*: weibliche Form zu ↑ Plastiker

Plas|ti|lin *das; -s* (österr. nur so)
u. **Plas|ti|li|na** *die; -* ⟨*gr.-nlat.*⟩:
kittartige, oft farbige Knetmasse zum Modellieren

Plas|ti|na|ti|on *die; -* ⟨*gr.-nlat.*⟩:
Verfahren zur Konservierung
biologischer u. medizinischer
Präparate mithilfe einer [aushärtenden] Kunststofflösung

Plas|ti|naut *der; -en, -en* ⟨*gr.-
engl.*⟩: Nachbildung eines Menschen aus Kunststoff als Versuchsobjekt in der Weltraumfahrt

plas|ti|nie|ren ⟨*gr.-nlat.*⟩: durch
Plastination konservieren

plas|tisch ⟨*gr.-lat.-fr.*⟩: 1. bildhauerisch. 2. Plastizität (2) aufweisend; modellierfähig, knetbar,
formbar. 3. a) räumlich [herausgearbeitet], körperhaft, nicht
flächenhaft [wirkend]; b) anschaulich; bildhaft einprägsam.
4. die operative Plastik betreffend, auf ihr beruhend

plas|ti|zie|ren: ↑ plastifizieren

Plas|ti|zi|tät *die; -* ⟨*gr.-nlat.*⟩:
1. räumliche, körperhafte Anschaulichkeit. 2. Formbarkeit
(eines Materials)

Plas|tom *das; -s*: (Biol.) Gesamtheit der in den Plastiden angenommenen Erbfaktoren

Plas|to|pal *das; -s, -e* ⟨*Kunstw.*⟩:
in verschiedenen Typen herstellbares Kunstharz für die
Lackbereitung

Plas|to|po|nik *die; -*: (Landw.)
Verfahren zur Kultivierung unfruchtbarer Böden mithilfe von
Schaumstoffen, die Nährsalze
u. Spurenelemente enthalten

Plas|t|ron [plas'trõ:, österr.:
...'tro:n] *der od. das; -s, -s* ⟨*gr.-
lat.-it.-fr.*⟩: 1. a) breite Seidenkrawatte (zur festlichen Kleidung des Herrn); b) breite
weiße Krawatte, die zum Reitanzug gehört; c) mit Biesen od.
Plissees versehener, eingenähter Einsatz im Oberteil von
Kleidern. 2. (hist.) stählerner
Brust- od. Armschutz im Mittelalter. 3. (Fechten) a) Stoßkissen zum Training der Genauigkeit der Treffer; b) Schutzpolster für Brust u. Arme beim
Training. 4. (Zool.) Bauchpanzer der Schildkröten

Pla|ta|ne *die; -, -n* ⟨*gr.-lat.*⟩: hoch
wachsender Laubbaum mit
großen, gelappten Blättern u.
kugeligen Früchten sowie heller, glatter, sich in größeren
Teilen ablösender Borke

Pla|teau [...'to:] *das; -s, -s* ⟨*gr.-vulgärlat.-fr.*⟩: 1. Hochebene.
2. obere ebene Fläche eines Berges

pla|te|resk ⟨*gr.-vulgärlat.-span.*⟩:
(veraltet) eigenartig verziert.
Pla|te|resk *das; -[e]s:* (Kunstwiss.) Baustil der spanischen
Spätgotik u. der italienischen

Frührenaissance mit reich verzierten Fassaden

Pla|tin [ˈplaːtiːn, auch: plaˈtiːn] *das; -s ⟨span.⟩*: chem. Element; silbergrau glänzendes Edelmetall; Zeichen: Pt

Pla|ti|ne *die; -, -n ⟨gr.-vulgärlat.-fr.⟩*: 1. der Montage einzelner elektrischer Bauelemente dienende, meist mit Kupfer od. Silber beschichtete dünne Platte mit Löchern, durch die die Anschlüsse der Bauelemente zum weiteren Verlöten gesteckt werden. 2. (Techn.) flacher Metallblock, aus dem dünne Bleche gewalzt werden. 3. (Weberei) bei der Jacquardmaschine Haken zum Anheben der Kettfäden. 4. (Wirktechnik) Stahlblättchen, das gerade Fäden zu Schleifen umlegt

pla|ti|nie|ren ⟨*gr.-vulgärlat.-span.-nlat.*⟩: mit Platin überziehen

Pla|ti|nit ® *das; -s*: Eisen-Nickel-Legierung als Ersatzstoff für Platin in der Technik

Pla|tin|mohr *das; -s ⟨gr.-vulgärlat.-span.; dt.⟩*: tiefschwarzes feinstverteiltes Platin in Pulverform

Pla|ti|no|id *das; -[e]s, -e ⟨span.; gr.⟩*: Legierung aus Kupfer, Nickel u. a.

Pla|ti|tude [...ˈtyt]: franz. Form von Plattitüde

Pla|ti|tü|de: frühere Schreibung für ↑ Plattitüde

Pla|to|ni|ker *der; -s, - ⟨gr.-lat.⟩*: Kenner od. Vertreter der Philosophie Platons. **Pla|to|ni|ke|rin** *die; -, -nen*: weibliche Form zu ↑ Platoniker. **pla|to|nisch**: 1. die Philosophie Platons betreffend, zu ihr gehörend, auf ihr beruhend. 2. nicht sinnlich, rein seelisch-geistig

Pla|to|nis|mus *der; - ⟨gr.-lat.-nlat.⟩*: Gesamtheit der philosophischen Richtungen in Fortführung der Philosophie Platons

Pla|t|o|ny|chie *die; - ⟨gr.-nlat.⟩*: (Med.) abnorme Abflachung der Nägel

plat|tie|ren ⟨*gr.-vulgärlat.-fr.⟩*: 1. (Techn.) unedle Metalle mit einer Schicht edleren Metalls überziehen. 2. (Textilwesen) bei der Herstellung von Wirk- od. Strickwaren unterschiedliche Garne so verarbeiten, dass der eine Faden auf die rechte, der andere auf die linke Seite aller Maschen kommt

Plat|ti|tü|de, auch: Platitude *die; -, -n ⟨gr.-vulgärlat.-fr.⟩*: nichts sagende, abgedroschene Redewendung; Plattheit

Pla|tyr|rhi|ni *die* (Plural) ⟨*gr.-nlat.*⟩: Breitnasen-, Neuweltaffen

plat|zie|ren ⟨*gr.-lat.-vulgärlat.-fr.*⟩: 1. an einen bestimmten Platz bringen, setzen, stellen; jmdm., einer Sache einen bestimmten Platz zuweisen. 2. (schweiz.) jmdn. unterbringen. 3. a) (Ballspiele) gezielt schießen, schlagen; b) (Fechten, Boxen) einen Treffer anbringen; c) (Tennis) so schlagen, dass der Gegner den Ball nicht od. kaum erreichen kann. 4. (Sport) sich platzieren: einen bestimmten Platz erreichen, belegen. 5. (Wirtsch.) Kapital anlegen

plau|si|bel ⟨*lat.-fr.*⟩: so beschaffen, dass es einleuchtet; verständlich, begreiflich

plau|si|bi|li|sie|ren: ↑ plausibilisieren

plau|si|bi|li|sie|ren: plausibel machen

Plau|si|bi|li|tät *die; -*: das Plausibelsein

plau|si|bi|li|tie|ren: ↑ plausibilisieren

Pla|ya *die; -, -s ⟨span.⟩*: 1. span. Bez. für: Strand. 2. Salztonebene (z. B. in Trockengebieten Mexikos u. der USA)

Play-back, auch: **Play|back** [ˈpleɪbɛk] *das; -[s], -s ⟨engl.⟩*: (Film u. Fernsehen) Verfahren der synchronen Bild- u. Tonaufnahme zu einer bereits vorliegenden Tonaufzeichnung; Bandaufzeichnung

Play|boy [ˈpleɪbɔy] *der; -s, -s ⟨engl.-amerik.; "Spieljunge"⟩*: [jüngerer] Mann, der aufgrund seiner wirtschaftlichen Unabhängigkeit vor allem seinem Vergnügen lebt u. sich in Kleidung sowie Benehmen entsprechend darstellt

Play|e *die; -, -n ⟨span.⟩*: vgl. Playa (2)

Play|girl [ˈpleɪɡəːl] *das; -s, -s ⟨engl.-amerik.; "Spielmädchen"⟩*: 1. dem Vergnügen u. dem Luxus lebende, bes. in Kreisen von Playboys verkehrende, leichtlebige, attraktive junge Frau. 2. ↑ Hostess (2)

Play|mate [...meɪt] *das; -s, -s ⟨engl.⟩*: 1. a) (ohne Plural) titelähnliche Bez. für diejenigen

jungen Frauen, die jeweils in der Mitte des Herrenmagazins „Playboy" nackt abgebildet sind; b) Trägerin dieser titelähnlichen Bezeichnung 2. Nacktmodell

Play-off *das; -[s], -s ⟨engl.⟩*: (Sport) System von Ausscheidungsspielen in verschiedenen Sportarten, bei dem die Mannschaften, die die Endrunde erreicht haben, in Hin-, Rück- u. eventuell in Entscheidungsspielen gegeneinander spielen u. der Verlierer jeweils aus dem Turnier ausscheidet

Play|sta|tion ® [ˈpleɪsteɪʃən] *die; -, -s*: Spielkonsole mit CD-ROM-Laufwerk

Pla|zen|ta *die; -, -s u. ...zenten* ⟨*gr.-lat.; „breiter, flacher Kuchen"*⟩: 1. (Med. Biol.) schwammiges, dem Stoffaustausch zwischen Mutter u. Embryo dienendes Organ, das sich während der Schwangerschaft ausbildet u. nach der Geburt ausgestoßen wird; Mutterkuchen. 2. (Bot.) Verdickung auf dem Fruchtblatt, aus der die Samenanlage hervorgeht

pla|zen|tal: ↑ plazentar

Pla|zen|ta|li|er *der; -s, - (meist Plural) ⟨gr.-lat.-nlat.⟩*: Säugetier, dessen Embryonalentwicklung mit Ausbildung einer Plazenta (1) erfolgt; Ggs. ↑ Aplazentalier

pla|zen|tar: die Plazenta betreffend, zu ihr gehörend

Pla|zen|ta|ti|on *die; -, -en*: (Med.) Bildung der Plazenta

Pla|zen|ti|tis *die; -, ...itiden*: (Med.) Entzündung der Plazenta (1)

Pla|zet *das; -s, -s ⟨lat.; „es gefällt"⟩*: Zustimmung, Einwilligung (durch [mit]entscheidende Personen od. Behörden); vgl. placet

Pla|zi|di|tät *die; -*: (veraltet) Ruhe, Sanftheit

pla|zie|ren: frühere Schreibung für ↑ platzieren

Ple|ban *der; -s, -e u. Ple|ba|nus der; -, ...ni ⟨lat.-mlat.⟩*: (veraltet) [stellvertretender] Seelsorger einer Pfarrei

Ple|be|jer *der; -s, - ⟨lat.⟩*: 1. (hist.) Angehöriger der [1]Plebs im alten Rom. 2. gewöhnlicher, ungehobelter Mensch. **Ple|be|je|rin** *die; -, -nen*: weibliche Form zu ↑ Plebejer. **ple|be|jisch**: 1. zur [1]Plebs

gehörend. **2.** (abwertend) unge-
bildet, ungehobelt
Ple|bis|zit *das; -[e]s, -e*: Volksbe-
schluss, Volksabstimmung;
Volksbefragung. **ple|bis|zi|tär**
⟨*lat.-nlat.*⟩: das Plebiszit betreffend, auf ihm beruhend
¹Plebs [auch: ple:ps] *die; -* ⟨*lat.*⟩:
(im antiken Rom) das gemeine
Volk
²Plebs *der; -es, österr.: die; -*: (abwertend) die Masse ungebilde-
ter, niedrig u. gemein denkender, roher Menschen
Plé|i|a|de [ple'ja:də, franz. ple-
'jad] *die; -* ⟨*gr.-lat.-fr.; nach der
Pleias*⟩: Kreis von sieben französischen Dichtern im 16. Jh.,
die eine Reinigung u. Bereicherung der Dichtung u. der dichterischen Sprache nach klassi-
schem Vorbild erstrebten
Ple|i|as *die; -* ⟨*gr.; „Siebenge-
stirn"*⟩: Gruppe von sieben Tra-
gikern im alten Alexandria
Plei|n|air [plɛˈnɛ:ɐ̯] *das; -s, -s* ⟨*fr.*⟩:
a) (ohne Plural) Freilichtmale-
rei; b) nach dem Verfahren der
Freilichtmalerei gemaltes Bild
Plei|n|ai|ris|mus [plɛˈnɛ...] *der; -*
⟨*fr.-nlat.*⟩: Freilichtmalerei. **Plei-
n|ai|rist** *der; -en, -en*: Maler, der
Pleinairs (2) malt. **Plei|n|ai|ris-
tin** *die; -, -nen*: weibliche Form
zu ↑ Pleinairist
Plein|pou|voir [plɛ̃puˈvoa:ɐ̯] *das;
-s* ⟨*fr.*⟩: uneingeschränkte Vollmacht
Plei|o|cha|si|um *das; -s, ...ien* ⟨*gr.-
nlat.*⟩: (Bot.) geschlossener,
vielästiger Blütenstand; Trug-
dolde
pleis|to|zän ⟨*gr.-nlat.*⟩: das Pleis-
tozän betreffend. **Pleis|to|zän**
das; -s: (Geol.) vor dem Holo-
zän liegende ältere Abteilung
des Quartärs; Eiszeit[alter]
Plek|t|en|chym *das; -s, -e* ⟨*gr.-
nlat.*⟩: (Bot.) dichtes Geflecht
von Pilzfäden
Plek|t|ron u. **Plek|t|rum** *das; -s,
...tren u. ...tra* ⟨*gr.-lat.*⟩: Plätt-
chen od. Stäbchen (aus Holz,
Elfenbein, Metall o. Ä.), mit
dem die Saiten von Zupfinstru-
menten geschlagen od. angeris-
sen werden
Ple|na|ri|um *das; -s, ...ien* ⟨*lat.-
mlat.; „Vollbuch"*⟩: mittel-
alterliches liturgisches Buch,
das alle Texte der Messe enthält
Ple|nar|kon|zil *das; -s, -e u. -ien*:

(kath. Kirche) Konzil für mehrere Kirchenprovinzen, die zur
Gesetzgebung befugt sind
Ple|ni|lu|ni|um *das; -s* ⟨*lat.*⟩: (As-
tron.) Vollmond
ple|ni|po|tent: (veraltet) Plenipo-
tenz habend. **Ple|ni|po|tenz** *die;
-* ⟨*lat.-nlat.*⟩: (veraltet) 1. unbeschränkte Vollmacht. 2. All-
mächtigkeit
ple|no or|ga|no ⟨*lat.; gr.-lat.*⟩:
(Mus.) mit allen Registern (bei
der Orgel)
ple|no ti|tu|lo ⟨*lat.; eigtl. „mit vol-
lem Titel"*⟩: (österr.; vor Namen
od. Anreden) drückt aus, dass
man auf die Angabe der Titel
verzichtet; Abk.: P. T., p. t.; vgl.
titulo pleno
Ple|num *das; -s, ...nen* ⟨*lat.-engl.*⟩:
Vollversammlung einer Körper-
schaft, bes. der Mitglieder eines
Parlaments
Ple|o|chro|is|mus *der; -* ⟨*gr.-nlat.*⟩:
Eigenschaft gewisser Kristalle,
Licht nach mehreren Richtungen in verschiedene Farben zu
zerlegen
ple|o|morph usw.: ↑ polymorph
usw.
Ple|o|nas|mus *der; -, ...men* ⟨*gr.-
lat.; „Überfluss, Übermaß"*⟩:
(Rhet., Stilk.) überflüssige Häufung sinngleicher od. sinnähn-
licher Wörter, Ausdrücke (z. B.
weißer Schimmel, schwarzer
Rappe). **ple|o|nas|tisch** ⟨*gr.-
nlat.*⟩: einen Pleonasmus darstellend
Ple|o|n|e|xie *die; -* ⟨*gr.*⟩: 1. (veral-
tet) Habsucht. 2. (Psychol.)
Drang, trotz mangelnder
Sachkenntnis überall mitzure-
den
Ple|op|tik *die; -*: aktive Übungsbe-
handlung zur Verbesserung des
Sehvermögens eines schwach-
sichtigen Auges
Ple|rem *das; -s, -e* ⟨*gr.-nlat.*⟩:
(Sprachw.) kleinste sprachliche
Einheit auf inhaltlicher Ebene,
die zusammen mit dem Kenem
das Glossem bildet (nach der
Kopenhagener Schule)
Ple|re|ma|tik, Ple|re|mik *die; -*:
(Sprachw.) Teilgebiet der
Sprachwissenschaft, das sich
mit den inhaltlichen Formen,
mit der Bildung der Sprachzei-
chen als Basis für die Wort-,
Satz- u. Textbildung einer
Gruppen- od. Einzelsprache beschäftigt

Ple|rom *das; -s, -e* ⟨*gr.-lat.-nlat.;
„Fülle"*⟩: (Bot.) in Bildung be-
griffener Zentralzylinder der
Wurzel
Ple|si|an|th|ro|pus *der; -, ...pi* ⟨*gr.-
nlat.*⟩: südafrikanischer Früh-
mensch des Pliozäns
Ple|si|o|pie *die; -, ...ien*: ↑ Pseudo-
myopie
Ple|si|o|sau|ri|er *der; -s, -* u. **Ple|si-
o|sau|rus** *der; -, ...rier*: lang-
halsiges Kriechtier des Lias
mit paddelförmigen Glied-
maßen
Ples|si|me|ter *das; -s, -* ⟨*gr.-nlat.*⟩:
(Med.) Klopfplättchen aus
Hartgummi, Holz u. a. als
Unterlage für eine Perkussion
(1)
Ple|thi vgl. Krethi
Ple|tho|ra *die; -, ...ren* ⟨*gr.*⟩: (Med.)
vermehrter Blutandrang
Ple|thys|mo|graph, auch: ...graf
der; -en, -en ⟨*gr.-nlat.*⟩: (Med.)
Apparat zur Messung von Um-
fangsveränderungen eines Gliedes od. Organs
Pleu|ra *die; -, ...ren* ⟨*gr.*⟩: (Med.)
die inneren Wände des Brust-
korbs auskleidende Haut;
Brust-, Rippenfell. **pleu|ral** ⟨*gr.-
nlat.*⟩: die Pleura betreffend, zu
ihr gehörend
Pleu|reu|se [pløˈrø:zə] *die; -, -n*
⟨*lat.-fr.*⟩: (veraltet) lange Strau-
ßenfeder als Schmuck auf Da-
menhüten
Pleu|ri|tis *die; -, ...iti|den* ⟨*gr.*⟩:
(Med.) Rippenfellentzündung
Pleu|ro|dy|nie *die; -, ...ien* ⟨*gr.-
nlat.*⟩: (Med.) von der Pleura
ausgehende Schmerzen
pleu|ro|karp: (Bot.) die Frucht auf
einem Seitenzweig tragend
(von Moosen)
Pleu|ro|ly|se *die; -, -n*: (Med.) ope-
rative Lösung von Verwachsun-
gen der Pleura
Pleu|ro|pneu|mo|nie *die; -, ...ien*:
(Med.) Rippenfell- und Lungen-
entzündung
Pleu|ror|rhö *die; -, -en*: Flüssig-
keitsansammlung im Brustfell-
raum
Pleus|ton *das; -s* ⟨*gr.-nlat.; „Se-
gelndes"*⟩: (Biol.) Gesamtheit
der Organismen, die an der
Wasseroberfläche treiben
ple|xi|form ⟨*lat.-nlat.*⟩: (Med.) ge-
flechtartig
Ple|xi|glas ® *das; -es* ⟨*lat.; dt.*⟩:
nicht splitternder, glasartiger
Kunststoff

Ple̱|xus *der; -, -* [...u:s] ⟨*lat.-nlat.*⟩: (Med.) netzartige Verknüpfung von Nerven, Blutgefäßen

Pli̱ *der; -s* ⟨*lat.-fr.; „Falte"*⟩: (landsch.) [Welt]gewandtheit, Schliff [im Benehmen], Geschick

pli̱|ie̱|ren: (veraltet) falten, biegen

pli̱|ka̱|tiv ⟨*lat.-nlat.*⟩: (Bot.) gefaltet (von Knospenanlagen)

Pli̱n|the *die; -, -n* ⟨*gr.-lat.*⟩: quadratische od. rechteckige [Stein]platte, auf der die Basis einer Säule o. Ä. ruht

pli̱|o̱|zän ⟨*gr.-nlat.*⟩: das Pliozän betreffend. **Pli̱|o̱|zän** *das; -s:* (Geol.) gegenüber dem Miozän die jüngere Abteilung des Neogens

Plis|se̱e *das; -s, -s* ⟨*lat.-fr.*⟩: a) Gesamtheit der Plisseefalten (eines Stoffes, Kleidungsstückes); b) plissiertes Gewebe, plissierter Stoff. **plis|sie̱|ren:** mit einer [großen] Anzahl dauerhafter [aufspringender] Falten versehen

Plom|ba̱|ge [...'ba:ʒə] *die; -, -n* ⟨*lat.-fr.*⟩: (veraltet) Plombe

Plom|be *die; -, -n* ⟨„Blei; Blei-, Metallverschluss"⟩: 1. Klümpchen aus Blei o. Ä., durch das hindurch die beiden Enden eines Drahtes o. Ä. laufen, sodass dieser eine geschlossene Schlaufe bildet, die nur durch Beschädigung des Bleiklumpens od. des Drahtes geöffnet werden kann. 2. (Med. veraltend) Zahnfüllung. **plom|bie̱|ren:** 1. mit einer Plombe (1) versehen. 2. (Med. veraltend) mit einer Zahnfüllung versehen

plo|si̱v ⟨*lat.-nlat.*⟩: (Sprachw.) als Verschlusslaut artikuliert. **Plo|si̱v** *der; -s, -e* u. **Plo|si̱v|laut** *der; -[e]s, -e:* (Sprachw.) Verschlusslaut

Plot *der, auch: das; -s, -s* ⟨*engl.*⟩: 1. Handlung einer epischen od. dramatischen Dichtung, eines Films o. Ä. 2. (EDV) mithilfe eines Plotters hergestellte grafische Darstellung

ploṯ|ten: mithilfe eines Plotters arbeiten

Ploṯ|ter *der; -s, -:* 1. (EDV) meist als Zusatz zu einer Datenverarbeitungsanlage arbeitendes Zeichengerät, das automatisch eine grafische Darstellung der Ergebnisse liefert. 2. (Navigation) Gerät zum Aufzeichnen u.

Auswerten der auf dem Radarschirm erscheinenden relativen Bewegung eines Objekts sowie der Eigenbewegung des Schiffes od. Flugkörpers

Plug and play['plʌg ənd 'pleɪ] *das; - - - -* ⟨*engl.*⟩: (EDV) Computerfunktion, die die automatische Anpassung von Systemkomponenten ermöglicht

Plug-in ['plʌgɪn] *der od. das; -s, -s* ⟨*engl.*⟩: (EDV) kleines Softwareprogramm, das in eine größere Anwendung integriert werden kann

Plum|ba̱n *das; -s* ⟨*lat.-nlat.*⟩: Bleiwasserstoff

Plum|bat *das; -[e]s, -e:* Salz der Bleisäure

Plum|bum *das; -s* ⟨*lat.*⟩: chem. Element; Blei; Zeichen: Pb

Plu|meau [ply'mo:] *das; -s, -s* ⟨*lat.-fr.*⟩: halblanges, dickeres Federbett

Plum|pud|ding ['plam...] *der; -s, -s* ⟨*engl.*⟩: kuchenartige, schwere Süßspeise, die im Wasserbad gegart u. in England [zur Weihnachtszeit] gegessen wird

Plu̱|mu̱|la *die; -, ...lae* [...lɛ] ⟨*lat.*⟩: (Bot.) Knospe des Pflanzenkeimlings

Plu̱n|ger ['plʌndʒə] *u.* **Plu̱n|scher** *der; -s, -* ⟨*engl.*⟩: (Techn.) Kolben mit langem Kolbenkörper u. Dichtungsmanschetten zwischen Kolben u. Zylinder

plu̱|ra̱l ⟨*lat.*⟩: ↑ pluralistisch

Plu̱|ral *der; -s, -e:* 1. (ohne Plural) Numerus, der beim Nomen u. Pronomen anzeigt, dass dieses sich auf mehrere gleichartige Dinge o. Ä. bezieht, u. der beim Verb anzeigt, dass mehrere Subjekte zu dem Verb gehören; Mehrzahl. 2. Wort, das im Plural steht; Pluralform

Plu̱|ra̱l|e̱|taṉ|tum *das; -s, -s* u. Pluraliatantum: Substantiv, das nur als Plural vorkommt (z. B. Ferien, Leute)

Plu̱|ra̱|lis *der; -, ...les* [...le:s] (veraltet) Plural

plu̱|ra̱|lisch: im Plural stehend, durch den Plural ausgedrückt, zum Plural gehörend

Plu̱|ra̱|lis Ma̱|jes̱|ta̱|tis *der; - -, ...les ...le:s] - -* ⟨*lat.*⟩: Plural, mit dem eine einzelne Person, gewöhnlich ein regierender Herrscher, bezeichnet wird u. sich selbst bezeichnet (z. B. *Wir,*

Wilhelm, von Gottes Gnaden deutscher Kaiser)

Plu̱|ra̱|lis Mo|des̱|ti̱|ae [- ...ɛ] *der; - -, ...les* [...e:s] - ⟨*lat.*⟩: Plural, mit dem eine einzelne Person, bes. ein Autor, ein Redner o. Ä., sich selbst bezeichnet, um (aus Geste der Bescheidenheit) die eigene Person zurücktreten zu lassen (z. B. *wir* kommen damit zu einer Frage ...)

Plu̱|ra̱|lis̱|mus *der; -* ⟨*lat.-nlat.*⟩: 1. (Philos.) philosophische Anschauung, Theorie, nach der die Wirklichkeit aus vielen selbstständigen Prinzipien besteht, denen kein gemeinsames Grundprinzip zugrunde liegt; Ggs. ↑ Singularismus. 2. a) innerhalb einer Gesellschaft, eines Staates [in allen Bereichen] vorhandene Vielfalt gleichberechtigt nebeneinander bestehender u. miteinander um Einfluss, Macht konkurrierender Gruppen, Organisationen, Institutionen, Meinungen, Werte, Weltanschauungen usw.; b) politische Anschauung, Grundeinstellung, die den Pluralismus (2 a) erstrebenswert ist

Plu̱|ra̱|list *der; -en, -en:* Vertreter des Pluralismus (1). **Plu̱|ra̱|listin** *die; -, -nen:* weibliche Form zu ↑ Pluralist

plu̱|ra̱|lis̱|tisch: den Pluralismus betreffend, auf ihm basierend

Plu̱|ra̱|li̱|tät *die; -, -en* ⟨*lat.*⟩: 1. mehrfaches, vielfaches, vielfältiges Vorhandensein, Nebeneinanderbestehen; Vielzahl. 2. (selten) ↑ Pluralismus (2 a). 3. ↑ Majorität

plu̱|ri|lin|gu̱|al vgl. plurilingue

plu̱|ri|lin|gue [...gu̱ə]: in mehreren Sprachen abgefasst; vielsprachig

Plu̱|ri|pa̱ra *die; -, ...paren* ⟨*lat.-nlat.*⟩: (Med.) Frau, die mehrmals geboren hat

plu̱s ⟨*lat.*⟩: 1. zuzüglich, und; Zeichen: +. 2. über dem Gefrierpunkt liegend. 3. (Phys., Elektrotechn.) ↑ positiv (4)

Plu̱s *das; -, -:* 1. etwas, was sich bei einer [End]abrechnung über den zu erwartenden Betrag hinaus ergibt; Mehrbetrag; Überschuss. 2. a) Vorteil, Vorzug, Positivum; b) positives Urteil über eine Leistung, Eigen-

P

schaft (im Rahmen einer umfassenderen Beurteilung)
Plus|quam|per|fekt *das; -s, -e ⟨lat.⟩:* (Sprachw.) 1. Zeitform, mit der bes. die Vorzeitigkeit (im Verhältnis zu etwas Vergangenem) ausgedrückt wird; Vorvergangenheit, vollendete Vergangenheit, dritte Vergangenheit. 2. Verbform des Plusquamperfekts (1) (z. B. ich *hatte gegessen*)
Plus|quam|per|fek|tum *das; -s, ...ta:* (veraltet) ↑ Plusquamperfekt
Plu|te|us *der; - ⟨lat.; „Schutzgerüst, Schirmdach"⟩:* (Biol.) Larvenform der Seeigel u. Schlangensterne
Plu|to|krat *der; -en, -en ⟨gr.⟩:* jmd., der aufgrund seines Reichtums politische Macht ausübt. **Plu|to|kra|tie** *die; -, ...ien:* 1. (ohne Plural) Staatsform, in der die Besitzenden, die Reichen die politische Herrschaft ausüben; Geldherrschaft. 2. Staat, Gemeinwesen, in dem eine Plutokratie (1) besteht. **Plu|to|kra|tin** *die; -, -nen:* weibliche Form zu ↑ Plutokrat. **plu|to|kra|tisch:** zur Plutokratie gehörend, durch sie gekennzeichnet
Plu|ton *der; -s, -e ⟨gr.-nlat.; nach Pluto (Hades), dem griech. Gott der Unterwelt⟩:* (Geol.) magmatischer Tiefengesteinskörper, der innerhalb der Erdkruste erstarrt ist. **plu|to|nisch:** 1. (Rel.) der Unterwelt zugehörig. 2. (Geol.) in größerer Tiefe innerhalb der Erdkruste entstanden (von magmatischen Gesteinen)
Plu|to|nis|mus *der; -:* (Geol.) 1. Gesamtheit der Vorgänge innerhalb der Erdkruste, die durch Bewegungen u. das Erstarren von Magma hervorgerufen werden. 2. widerlegte Hypothese u. Lehre, nach der das geologische Geschehen im Wesentlichen von den Kräften im Erdinnern bestimmt wird, also Gesteine einen feuerflüssigen Ursprung haben. **Plu|to|nist** *der; -en, -en:* Anhänger des Plutonismus (2). **Plu|to|nis |tin** *die; -, -nen:* weibliche Form zu ↑ Plutonist
Plu|to|nit *der; -s, -e:* plutonisches Gestein
Plu|to|ni|um *das; -s ⟨nach dem Planeten Pluto⟩:* radioaktives,

metallisches, durch Kernumwandlung hergestelltes Transuran; Zeichen: Pu
plu|vi|al *⟨lat.⟩:* (von Niederschlägen) als Regen fallend
Plu|vi|a|le *das; -s, -[s] ⟨lat.-mlat.; „Regenmantel"⟩:* 1. liturgisches Obergewand des katholischen Geistlichen für feierliche Gottesdienste außerhalb der Messe (z. B. bei Prozessionen). 2. kaiserlicher od. königlicher Krönungsmantel
Plu|vi|a|zeit *die; - ⟨lat.; dt.⟩:* (Geogr.) Periode mit kühlerem Klima u. stärkeren Niederschlägen (in den heute trockenen subtropischen Gebieten)
Plu|vi |o|graph, auch: **...graf** *der; -en, -en ⟨lat.; gr.⟩:* (Meteor.) Gerät zum Messen u. automatischen Registrieren von Niederschlagsmengen
Plu|vi |o|me|ter *das; -s, -:* (Meteor.) Niederschlagsmesser
Plu|vi |o|ni|vo|me|ter *das; -s, -:* (Meteor.) auf Regen od. Schnee ansprechender Niederschlagsmesser
Plu|vi|ose [ply'vi̯o:s] *der; -, -s [ply-'vi̯o:s] ⟨frz.; „Regenmonat"⟩:* der fünfte Monat des französischen Revolutionskalenders (vom 20., 21. oder 22. Januar bis 18., 19. oder 20. Februar)
Ply|mouth|brü|der ['plɪmaθ...] *die* (Plural) ⟨nach der engl. Stadt Plymouth⟩: pietistische englische Sekte des 19. Jh.s ohne äußere Organisation
Ply|mouth Rocks ['plɪmaθ -] *die* (Plural) ⟨nach der Landungsstelle der Pilgerväter (1620) in Massachusetts, USA⟩: dunkelgrau u. weiß gestreifte Hühnerrasse
p. m. [pi:'ɛm] ⟨Abk. für *lat.* post meridiem „nach Mittag"⟩: nachmittags (engl. Uhrzeitangabe); Ggs. ↑ a. m.
p. m. = post mortem
P-Mar|ker ['pi:...] *der; -s, -[s] ⟨P = engl. phrase⟩:* (Sprachw.) Marker (1 b), dessen Knoten im Stemma durch syntaktische Kategorien (NP = Nominalphrase, VP = Verbalphrase usw.) bezeichnet sind (in der ↑ generativen Grammatik)
Pneu *der; -s, -s ⟨gr.⟩:* 1. aus Gummi hergestellter Luftreifen an Fahrzeugrädern; ↑ ¹Pneumatik. 2. ↑ Pneumothorax

pneum..., Pneum... s. Kasten pneumato..., Pneumato...
Pneu|ma *das; -s ⟨gr.; „Hauch, Atem"⟩:* 1. (Philos.) in der Stoa ätherische, luftartige Substanz, die als Lebensprinzip angesehen wurde. 2. (Theol.) Geist Gottes, Heiliger Geist
pneu|mat..., Pneu|mat... vgl. pneumato..., Pneumato...
Pneu|ma|tho|de *die; -, -n ⟨gr.-nlat.; „Atemweg, Atemgang"⟩:* (Bot.) Öffnung im Atemwurzel der Mangrovenpflanzen zur Aufnahme von Sauerstoff
¹Pneu|ma|tik *der; -s, -s, österr.: die; -, -en:* ↑ Pneu (1)
²Pneu|ma|tik *die; -, -en:* 1. (ohne Plural) Teilgebiet der Mechanik (1), das sich mit dem Verhalten der Gase beschäftigt. 2. (ohne Plural) philosophische Lehre vom Pneuma (1); Pneumatologie (2). 3. Luftdruckmechanik bei der Orgel
Pneu|ma|ti|ker *der; -s, - ⟨gr.-lat.⟩:* 1. Vertreter, Anhänger einer ärztlichen Richtung der Antike, die im Atem (Pneuma) den Träger des Lebens u. in seinem Versagen das Wesen der Krankheit sah. 2. vom Geist Gottes Getriebene. **Pneu|ma|ti|ke|rin** *die; -, -nen:* weibliche Form zu ↑ Pneumatiker
Pneu|ma|ti|sa|ti|on *die; -, -en ⟨gr.-nlat.⟩:* (Med.) Bildung lufthaltiger Zellen od. Hohlräume in Geweben, vor allem in Knochen (z. B. die Bildung der Nasennebenhöhlen in den Schädelknochen)
pneu|ma|tisch ⟨gr.-lat.⟩: 1. (Philos.) das Pneuma (1) betreffend. 2. (Theol.) geistgewirkt, vom Geist Gottes erfüllt; **pneumatische Exegese:** alttheologische Bibelauslegung, die mithilfe des Heiligen Geistes den übergeschichtlichen Sinn der Schrift erforschen will. 3. (Med.) die Luft, das Atmen betreffend. 4. (Techn.) luftgefüllt, mit Luftdruck betrieben, Luft...; **pneumatische Knochen:** (Biol.) Knochen mit luftgefüllten Räumen zur Verminderung des Körpergewichts (z. B. bei Vögeln)
Pneu|ma|tis|mus *der; - ⟨gr.-nlat.⟩:* (Philos.) Lehre von der Wirklichkeit als Erscheinungs-

form des Geistes; vgl. Spiritualismus

---

pneu|ma|to..., Pneu|ma|to...

vor Vokalen und vor h meist pneumat..., Pneumat... ⟨zu *gr.* pneũma, Gen. pneúmatos „Luft, Hauch, Atem, Geist"⟩ Wortbildungselement mit der Bedeutung „Luft, Gas; Atem":
– Pneumatometer
– Pneumaturie

pneumo..., Pneumo...

auch: pneumono..., Pneumono..., vor Vokalen meist pneum..., Pneum... bzw. pneumon..., Pneumon... ⟨*gr.* pneũma „Luft, Hauch, Atem, Geist" u. pneúmōn, Gen. pneúmonos „Lunge"⟩ Wortbildungselement mit den Bedeutungen:
a) „Luft, Gas":
– Pneumothorax
b) „Atem(luft)":
– Pneumograph
c) „Lunge":
– Pneumonose

Pneu|ma|to|chord [...ˈkɔrt] *das;* -[e]s, -e ⟨*gr.*⟩: altgriechische Windharfe; ↑ Äolsharfe
Pneu|ma|to|lo|gie *die;* - ⟨*gr.-nlat.*⟩: 1. (veraltet) Psychologie. 2. ↑ ²Pneumatik (2). 3. (Theol.) a) Lehre vom Heiligen Geist; b) Lehre von den Engeln u. Dämonen
Pneu|ma|to|ly|se *die;* -, -n: (Geol.) Wirkung der Gase einer Schmelze auf das Nebengestein u. die erstarrende Schmelze selbst. **pneu|ma|to|ly|tisch:** (Geol.) durch Pneumatolyse entstanden (von Erzlagerstätten)
Pneu|ma|to|me|ter *das;* -s, -: (Med.) Gerät zur Messung des Luftdrucks beim Aus- u. Einatmen. **Pneu|ma|to|me|t|rie** *die;* -: (Med.) Messung des Luftdrucks beim Aus- u. Einatmen mithilfe des Pneumatometers
Pneu|ma|to|phor *das;* -s, -e: (Biol.) Atemwurzel der Mangrovenpflanzen
Pneu|ma|to|se *die;* -, -n: (Med.) Bildung von Gas- od. Luftzysten
Pneu|ma|to|ze|lle *die;* -, -n: (Med.) 1. bruchartige Vorwölbung od.

Ausbuchtung von Lungengewebe durch einen Defekt in der Brustkorbwand; Lungenvorfall. 2. krankhafte Luftansammlung in Geweben
Pneu|ma |t|u |rie *die;* -, ...ien: (Med.) Ausscheidung von Gasen im Harn
Pneu |m|ek|to|mie *die;* -, ...ien: ↑ Pneumonektomie
Pneu |m|en|ze|pha|lo|gramm *das;* -s, -e: (Med.) Röntgenbild des Schädels nach Füllung der Hirnkammern mit Luft
pneu|mo..., Pneu|mo... s. Kasten pneumato..., Pneumato...
Pneu|mo|at|mo|se *die;* -, -n: (Med.) Gasvergiftung der Lunge
Pneu|mo|graph, auch: ...graf *der;* -en, -en: (Med.) Apparat zur Aufzeichnung der Atembewegungen des Brustkorbs
Pneu|mo|kok|ke *die;* -, -n u. **Pneu|mo|kok|kus** *der;* -, ...kken (meist Plural): (Med.) Krankheitserreger, bes. Erreger der Lungenentzündung
Pneu|mo|ko|ni|o|se *die;* -, -n: (Med.) durch Einatmen von Staub hervorgerufene Lungenkrankheit; Staublunge
Pneu|mo|li|th [auch: ...ˈlɪt] *der;* -s u. -en, -e[n]: (Med.) durch Kalkablagerung entstandener Lungenstein
Pneu|mo|lo|gie vgl. Pneumonologie
Pneu|mo|ly|se *die;* -, -n: (Med.) operative Lösung der Lunge von der Brustwand
pneu|mon..., Pneu|mon... s. Kasten pneumato..., Pneumato...
Pneu|mo |n|ek|to|mie *die;* -, ...ien: (Med.) operative Entfernung eines Lungenflügels
Pneu|mo|nie *die;* -, ...ien: (Med.) Lungenentzündung
Pneu|mo|nik *die;* -: (Techn.) pneumatische (4) Steuerungstechnik mithilfe von Schaltelementen, die keine mechanisch beweglichen Teile haben
pneu|mo|nisch: (Med.) die Lungenentzündung betreffend, zu ihrem Krankheitsbild gehörend, durch sie bedingt
pneu|mo|no..., Pneu|mo|no... s. Kasten pneumato..., Pneumato...
Pneu|mo|no|ko|ni|o|se *die;* -, -n: ↑ Pneumokoniose

Pneu|mo|no|lo|gie u. Pneumologie *die;* -: Lungenheilkunde
Pneu|mo|n|o|se *die;* -: (Med.) Verminderung des Gasaustausches in den Lungenbläschen
Pneu|mo|pe|ri|kard *das;* -[e]s: (Med.) Luftansammlung im Herzbeutel
Pneu|mo|pleu|ri|tis *die;* -, ...it|den: (Med.) heftige Rippenfellentzündung bei leichter Lungenentzündung
Pneu|mo|tho|rax *der;* -[es], -e: (Med.) krankhafte od. künstlich therapeutisch geschaffene Luftansammlung im Brustfellraum
pneu|mo|trop: (Med.) auf die Lunge einwirkend, vorwiegend die Lunge befallend (z. B. von Krankheitserregern)
Pneu|mo|ze|lle *die;* -, -n: ↑ Pneumatozele
Pneu|mo|zys|to|gra|phie, auch: ...grafie *die;* -, ...ien: (Med.) Röntgenuntersuchung der Harnblase nach vorheriger Einblasung von Luft als Kontrastmittel
Pni|gos *der;* - ⟨*gr.*⟩: in schnellem Tempo gesprochener Abschluss des ↑ Epirrhems; vgl. Antipnigos
Poc|cet|ta [pɔˈtʃɛta] ⟨*germ.-it.*⟩ u. **Po|chet|te** [pɔˈʃɛta] ⟨*germ.-fr.*⟩ *die;* -, ...tten: kleine, eine Quart höher als die normale Geige stehende Taschengeige der alten Tanzmeister
po|chet|ti|no [pɔke...] ⟨*lat.-it.*⟩: (Mus.) ein klein wenig
po|chie|ren [pɔˈʃiː...] ⟨*germ.-fr.*⟩: Speisen, bes. aufgeschlagene Eier, in kochendem Wasser, einer Brühe o. Ä. gar werden lassen
Po |cket|book [...bʊk] *das;* -s, -s ⟨*engl.*⟩: Taschenbuch
Po |cke|ting *der;* -[s]: stark appretiertes, als Taschenfutter verwendetes Gewebe
Po |cket|ka|me|ra *die;* -, -s: kleiner, handlicher, einfach zu bedienender Fotoapparat
po|co ⟨*lat.-it.*⟩: (Mus.) ein wenig, etwas (in vielen Verbindungen vorkommende Vortragsbezeichnung); **poco forte:** nicht sehr laut; **poco a poco:** nach u. nach, allmählich; Abk.: p. a. p.
Pod *der;* -s, -s ⟨*russ.*⟩: (Geol.) periodisch mit Wasser gefüllte Hohlform im Löss der Ukraine

P

Po|d|a|g|ra *das; -s* ⟨*gr.-lat.*⟩:
(Med.) Fußgicht, bes. Gicht der
großen Zehe. **po|d|a|g|risch:**
(Med.) an Podagra leidend, mit
Podagra behaftet
Po|d|a|g|rist *der; -en, -en:* (veraltet) an Podagra Leidender. **Po-
d|a|g|ris|tin** *die; -, -nen:* weibliche Form zu ↑ Podagrist
Po|d|al|gie *die; -, ...ien* ⟨*gr.-nlat.*⟩:
(Med.) Fußschmerzen
Po|dest *das,* auch: *der; -[e]s, -e:*
1. Treppenabsatz. 2. schmales
Podium
Po|des|ta, (ital. Schreibung:) **Po-
des|tà** *der; -[s], -s* ⟨*lat.-it.*⟩: ital.
Bez. für: Ortsvorsteher, Bürgermeister
Po|dex *der; -[es], -e* ⟨*lat.*⟩:
(scherzh.) Gesäß
Po|di|um *das; -s,* P̲o̲dien ⟨*gr.-lat.;*
„Füßchen"⟩: 1. trittartige, breitere Erhöhung (z. B. für Redner); Rednerpult. 2. erhöhte
hölzerne Plattform. 3. (Archit.)
erhöhter Unterbau für ein Bauwerk
Po|di|ums|dis|kus|si|on *die; -, -en*
u. **Po|di|ums|ge|spräch** *das;
-[e]s, -e* ⟨*gr.-lat.; dt.*⟩: Diskussion, Gespräch mehrerer kompetenter Teilnehmer über ein
bestimmtes Thema vor (gelegentlich auch unter Einbeziehung) einer Zuhörerschaft
Po|do|me|ter *das; -s, -* ⟨*gr.-nlat.*⟩:
Schrittzähler
Po|dos|kop *das; -s, -e:* (früher)
Gerät in Schuhgeschäften, mit
dem die Füße (in Schuhen)
durchleuchtet wurden, um die
korrekte Schuhgröße zu ermitteln
Pod|sol *der; -s* ⟨*russ.*⟩: graue bis
weiße Bleicherde (durch Mineralsalzverlust verarmter, holzaschefarbener, unter Nadel- u.
Mischwäldern vorkommender
Oberboden in feuchten Klimabereichen). **Pod|sol|lie|rung** *die;
-, -en:* der Prozess, durch den
ein Podsol entsteht
Po|em *das; -s, -e* ⟨*gr.-lat.*⟩: (oft abwertend) [größeres] Gedicht
Po|e|sie *die; -, ...ien* ⟨*gr.-lat.-fr.;*
„das Machen, das Verfertigen"⟩:
1. Dichtkunst; Dichtung, bes. in
Versen geschriebene Dichtung
im Gegensatz zur Prosa (1).
2. [dichterischer] Stimmungsgehalt, Zauber
Po|e|sie|al|bum *das; -s, ...ben:*
(bes. bei Kindern u. jungen

Mädchen) Album, in das Verwandte, Freunde, Lehrer zur
Erinnerung Verse u. Sprüche
schreiben
Po|é|sie en|ga|gée [pɔeziãgaˈʒe]
die; - - ⟨*fr.*⟩: Tendenzdichtung
Po|et *der; -en, -en* ⟨*gr.-lat.*⟩: (meist
scherzh. od. leicht abwertend)
Dichter
Po|e|ta doc|tus *der; - -, ...tae [...tɛ]*
...ti: gelehrter, gebildeter Dichter, der Wissen, Bildungsgut
o. Ä. in Reflexionen, Zitaten
o. Ä. durchscheinen lässt u. somit ein gebildetes Publikum
voraussetzt
Po|e|ta lau|re|a|tus *der; - -, ...tae*
[...tɛ] ...ti ⟨*lat.*⟩: (hist.) ein mit
dem Lorbeerkranz gekrönter
Dichter; vgl. Laureat
Po|e|tas|ter *der; -s, -* ⟨*gr.-lat.-
nlat.*⟩: (abwertend) Dichterling,
Verseschmied
Po|e|tik *die; -, -en* ⟨*gr.-lat.*⟩:
1. (ohne Plural) wissenschaftliche Beschreibung, Deutung,
Wertung der Dichtkunst; Theorie der Dichtung als Teil der Literaturwissenschaft. 2. Lehr-,
Regelbuch der Dichtkunst
Po|e|tin *die; -, -nen:* weibliche
Form zu ↑ Poet
po|e|tisch ⟨*gr.-lat.-fr.*⟩: a) die Poesie betreffend, dichterisch;
b) bilderreich, ausdrucksvoll,
stimmungsvoll
po|e|ti|sie|ren: dichterisch ausschmücken; dichtend erfassen
u. durchdringen
po|e|to|lo|gisch: die Poetik betreffend, auf ihr basierend
Po|fe|se vgl. Pafese
Po|gat|sche *die; -, -n* ⟨*ung.*⟩: (österr.) kleiner, flacher, süßer Eierkuchen mit Grieben
Po|go *der; -s, -s* ⟨*engl.*⟩: (in den
1970er-Jahren unter Jugendlichen aufgekommener) Tanz zu
Punkmusik o. Ä., bei dem die
Tänzer wild u. heftig in die
Höhe springen
Po|g|rom *der,* auch: *das; -s, -e*
⟨*russ.*⟩: Hetze, Ausschreitungen
gegen nationale, religiöse, rassische Gruppen
poi|ki|lo|therm ⟨*gr.*⟩: bildend, das
Schaffen betreffend; **poietische
Philosophie:** bei Plato die dem
Herstellen von etwas dienende
Wissenschaft (z. B. Architektur)
Poi|ki|lo|der|mie *die; -* ⟨*gr.-
nlat.*⟩: (Med.) ungleichmäßige
Ablagerung von Pigmenten in

der Haut; buntscheckig gefleckte Haut
poi|ki|lo|therm: (Biol.) wechselwarm; Ggs. ↑ homöotherm. **Poi-
ki|lo|ther|mie** *die; -, ...ien:*
(Med.) Inkonstanz der Körpertemperatur infolge mangelhafter Wärmeregulation des Organismus (z. B. bei Frühgeburten)
Poi|ki|lo|zy|to|se *die; -, -n:* (Med.)
Auftreten nicht runder Formen
der roten Blutkörperchen
Poil [pɔˈal] *der; -s, -e* ⟨*lat.-fr.*⟩:
↑ ²Pol
Poi|lu [pɔaˈly:] *der; -s, -s:* Spitzname für die französischen
Soldaten
Poin|set|tie [pɔynˈzɛtjə] *die; -, -n*
⟨*nlat.;* nach dem nordamerik.
Entdecker J. R. Poinsett,
1779–1851⟩: Weihnachtsstern
(Wolfsmilchgewächs; eine Zimmerpflanze)
Point [pɔ̃ɛ̃:] *der; -s, -e* ⟨*lat.-fr.*⟩:
1. a) Stich (bei Kartenspielen);
b) Auge (bei Würfelspielen).
2. (Wirtsch.) Notierungseinheit
von Warenpreisen an Produktenbörsen
Point d'Hon|neur [pɔ̃ɛ̃doˈnøːʁ]
der; - - ⟨„Ehrenpunkt"⟩: (veraltet) Ehrenstandpunkt
Poin|te [ˈpɔ̃ɛ̃:tə] *die; -, -n* ⟨*lat.-vul-
gärlat.-fr.;* „Spitze, Schärfe"⟩:
geistreicher, überraschender
Schlusseffekt (z. B. bei einem
Witz)
Poin|ter [ˈpɔyn...] *der; -s, -* ⟨*lat.-
fr.-engl.*⟩: gescheckter Vorstehod. Hühnerhund
poin|tie|ren [ˈpɔ̃ɛ̃...] ⟨*lat.-fr.*⟩: betonen, unterstreichen, hervorheben. **poin|tiert:** betont, zugespitzt
poin|til|lie|ren [...tiˈjiː...]: in der
Art des Pointillismus malen
Poin|til|lis|mus [...tiˈjɪs...] *der; -*
⟨*lat.-fr.-nlat.*⟩: spätimpressionistische Stilrichtung in der Malerei, in der ungemischte Farben
punktförmig nebeneinander
gesetzt wurden. **Poin|til|list** *der;
-en, -en:* Vertreter des Pointillismus. **Poin|til|lis|tin** *die; -,
-nen:* weibliche Form zu ↑ Pointillist. **poin|til|lis|tisch:** den
Pointillismus betreffend, in der
Art des Pointillismus [gemalt]
Point|lace [ˈpɔynleɪs] *die; -*
⟨*engl.*⟩: Bandspitze, genähte
Spitze
Point of no Re|turn [ˈpɔynt əf noʊ
rɪˈtøːɐ̯n] *der; - - - -, -s - - -:* der

⟨*engl.*⟩: Punkt, an dem es kein Zurück mehr gibt

Point of Sale [ˈpɔɪnt əv ˈseɪl] *der;* - - -, -s - -: (Werbespr.) für die Werbung zu nutzender Ort, an dem ein Produkt verkauft wird (z. B. die Verkaufstheke)

Poise [pɔˈaːz] *das;* -, - ⟨*fr.;* nach dem franz. Arzt J. L. M. Poiseuille, 1799–1869⟩: Einheit der Viskosität von Flüssigkeiten u. Gasen; Zeichen: P

Po|kal *der;* -s, -e ⟨*gr.-lat.-it.*⟩: 1. a) [kostbares] kelchartiges Trinkgefäß aus Glas od. [Edel]metall mit Fuß [u. Deckel]; b) Siegestrophäe in Form eines Pokals (1 a) bei sportlichen Wettkämpfen. 2. (ohne Plural) kurz für Pokalwettbewerb; Wettbewerb um einen Pokal

Po|ké|mon ® *das;* -[s], -[s] ⟨vermutlich Kunstw. aus *engl. pocket* „(Hosen)tasche" u. *monster* „Ungeheuer, Fabelwesen"⟩: Spielfigur (mit individuellem Charakter u. ganz bestimmten Fähigkeiten) eines in Japan entwickelten gleichnamigen Spiels

Po|ker *das;* -s ⟨*amerik.*⟩: amerikanisches Kartenglücksspiel

Po|ker|face [...feɪs] *das;* -, -s [...feɪsɪz] ⟨„Pokergesicht"⟩: 1. Mensch, dessen Gesicht u. Haltung keine Gefühlsregung widerspiegeln. 2. unbewegter, gleichgültig wirkender, sturer Gesichtsausdruck

po|kern: 1. Poker spielen. 2. bei Geschäften, Verhandlungen o. Ä. ein Risiko eingehen, einen hohen Einsatz wagen

po|ku|lie|ren ⟨*lat.-mlat.*⟩: (veraltet) zechen, stark trinken

¹Pol *der;* -s, -e ⟨*gr.-lat.*⟩: 1. Drehpunkt, Mittelpunkt, Zielpunkt. 2. Endpunkt der Erdachse u. seine Umgebung; Nordpol, Südpol. 3. (Astron.) Schnittpunkt der verlängerten Erdachse mit dem Himmelsgewölbe, Himmelspol. 4. (Math.) Punkt, der eine besondere Bedeutung hat; Bezugspunkt. 5. (Phys.) der Aus- u. Eintrittspunkt des Stroms bei einer elektrischen Stromquelle. 6. Aus- u. Eintrittspunkt magnetischer Kraftlinien beim Magneten

²Pol *der;* -s, -e ⟨eindeutschend für ↑ Poil⟩: bei Samt u. Teppichen

die rechte Seite mit dem ²Flor (2)

Pol|lac|ca *die;* -, -s ⟨*it.*⟩: ↑ Polonäse; vgl. alla polacca

¹Pol|la|cke *der;* -n, -n ⟨*poln.;* eigtl. „Pole"⟩: (abwertend) derbes Schimpfwort

²Pol|la|cke *die;* -, -n u. **Pol|la|cker** *der;* -s, -: ⟨*it.*⟩: dreimastiges Segelschiff im Mittelmeer

po|lar ⟨*gr.-lat.-nlat.*⟩: 1. die Erdpole betreffend, zu den Polargebieten gehörend, aus ihnen stammend; arktisch. 2. gegensätzlich bei wesenhafter Zusammengehörigkeit; nicht vereinbar

Po|la|re *die;* -, -n: (Math.) Verbindungslinie der Berührungspunkte zweier von einem Pol an einen Kegelschnitt gezogener Tangenten

Po|lar|front *die;* -, -en: (Meteor.) Front zwischen polarer Kaltluft u. tropischer Warmluft

Po|la|ri|me|ter *das;* -s, - ⟨*gr.-lat.-nlat.; gr.*⟩: (Phys.) Instrument zur Messung der Drehung der Polarisationsebene des Lichtes in optisch aktiven Substanzen. **Po|la|ri|me|t**¦**rie** *die;* -, ...ien: (Phys.) Messung der optischen Aktivität von Substanzen. **po|la|ri|me|t**¦**risch:** mit dem Polarimeter gemessen

Po|la|ri|sa|ti|on *die;* -, -en ⟨*gr.-lat.-nlat.*⟩: 1. das deutliche Hervortreten von Gegensätzen; Herausbildung einer Gegensätzlichkeit; Polarisierung. 2. a) (Chem.) Herausbildung einer Gegenspannung (bei der Elektrolyse); b) (Phys.) das Herstellen einer festen Schwingungsrichtung aus sonst regellosen ↑ Transversalschwingungen des natürlichen Lichtes; vgl. ...ation/...ierung

Po|la|ri|sa|tor *der;* -s, ...oren: Vorrichtung, die linear polarisiertes Licht aus natürlichem Licht erzeugt

po|la|ri|sie|ren: 1. a) spalten, trennen, Gegensätze schaffen; b) sich polarisieren: in seiner Gegensätzlichkeit immer deutlicher hervortreten, sich immer mehr zu Gegensätzen entwickeln. 2. a) (Chem.) elektrische od. magnetische Pole hervorrufen; b) (Phys.) bei natürlichem Licht eine feste Schwingungsrichtung aus sonst regellosen

↑ Transversalschwingungen herstellen. **Po|la|ri|sie|rung** *die;* -, -en: ↑ Polarisation (1); vgl. ...ation/...ierung

Po|la|ri|tät *die;* -, -en: 1. (Geogr., Astron., Phys.) Vorhandensein zweier ¹Pole (2, 3, 5, 6). 2. Gegensätzlichkeit bei wesenhafter Zusammengehörigkeit. 3. (Biol.) verschiedenartige Ausbildung zweier entgegengesetzter Pole einer Zelle, eines Gewebes, Organs od. Organismus (z. B. Sproß u. Wurzel einer Pflanze)

Po|la|ri|um *das;* -s, ...ien: (Zool.) Abteilung eines Zoos, in der Tiere aus den Polargebieten gehalten werden

Po|lar|ko|or|di|na|ten *die* (Plural): (Math.) im Polarkoordinatensystem Bestimmungsgrößen eines Punktes

Po|lar|kreis *der;* -es, -e: Breitenkreis von etwa 66,5° nördlicher bzw. südlicher Breite, der die Polarzone von der gemäßigten Zone trennt

Po|la|ro|graf usw. vgl. Polarograph

Po|la|ro|graph, auch: ...graf *der;* -en, -en ⟨*gr.-lat.-nlat.; gr.*⟩: (Techn., Chem.) Apparat (meist mit Quecksilbertropfkathode u. Quecksilberanode) zur Ausführung elektrochemischer Analysen durch [fotografische] Aufzeichnung von Stromspannungskurven. **Po|la|ro|gra|phie,** auch: ...grafie *die;* -, ...ien: (Techn., Chem.) elektrochemische Analyse mittels Polarographen zur qualitativen u. quantitativen Untersuchung von bestimmten gelösten Stoffen. **po|la|ro|gra|phisch,** auch: ...grafisch: (Techn., Chem.) durch Polarographie erfolgend

Po|la|ro|id [auch: ...ˈrɔyt] *das;* -s, -s: (Jargon) mit einer Polaroidkamera aufgenommenes Foto

Po|la|ro|id|ka|me|ra ® [auch: ...ˈrɔyt...] *die;* -, -s: Fotoapparat, der in Sekunden ein fertiges ²Positiv (2) produziert

Po|lar|stern *der;* -[e]s: (Astron.) hellster Stern im Sternbild des Kleinen Bären, nach dem wegen seiner Nähe zum nördlichen Himmelspol die Nordrichtung bestimmt wird; Nord[polar]stern

Po|lei *der;* -[e]s, -e ⟨*lat.*⟩: Arznei-

u. Gewürzpflanze verschiedener Art

Po|leis: *Plural* von ↑ Polis

Po|le|mik *die;* -, -en ⟨*gr.-fr.*⟩: 1. literarische od. wissenschaftliche Auseinandersetzung; wissenschaftlicher Meinungsstreit, literarische Fehde. 2. unsachlicher Angriff, scharfe Kritik

Po|le|mi|ker *der;* -s, -: 1. jmd., der in einer Polemik (1) steht. 2. jmd., der zur Polemik (2) neigt, gern scharfe, unsachliche Kritik übt. **Po|le|mi|ke|rin** *die;* -, -nen: weibliche Form zu ↑ Polemiker

po|le|misch: 1. die Polemik (1) betreffend; streitbar. 2. scharf u. unsachlich (von kritischen Äußerungen)

po|le|mi|sie|ren ⟨französierende Bildung⟩: 1. eine Polemik (1) ausfechten, gegen eine andere literarische od. wissenschaftliche Meinung kämpfen. 2. scharfe, unsachliche Kritik üben; jmdn. mit unsachlichen Argumenten scharf angreifen

Po|len|ta *die;* -, ...ten u. -s ⟨*lat.-it.*⟩: italienisches Gericht aus Maismehl [mit Käse]

Po|len|te *die;* - ⟨*jidd.*⟩: (ugs.) Polizei

Pole|po|si|tion, auch: **Pole-Po|si|tion** [ˈpoʊlpǝˈzɪʃən] *die;* - ⟨*engl.-amerik.*⟩: bei Autorennen bester (vorderster) Startplatz für den Fahrer mit der schnellsten Zeit im ↑ Qualifying

Po|li|ce [poˈliːsǝ] *die;* -, -n ⟨*gr.-mlat.-it.-fr.*⟩: Urkunde über einen Versicherungsvertrag, die vom Versicherer ausgefertigt wird; vgl. Polizze

Po|li|chi|nelle [...ʃiˈnɛl] *der;* -s, -s ⟨*neapolitan.-fr.*⟩: französische Form von: Pulcinella. **Po|li|ci|nel|lo** [...tʃi...] *der;* -s, ...lli ⟨*neapolitan.-it.*⟩: (veraltet) ↑ Pulcinella

Po|li|en|ze|pha|li|tis vgl. Polioenzephalitis

Po|li|er *der;* -s, -e ⟨*gr.-lat.-vulgärlat.-fr.*⟩: Vorarbeiter der Maurer u. Zimmerleute; [Maurer]facharbeiter, der die Arbeitskräfte auf einer Baustelle beaufsichtigt; Bauführer

po|lie|ren ⟨*lat.-fr.*⟩: a) glätten, schleifen; b) glänzend machen, blank reiben; putzen

Po|li|kli|nik *die;* -, -en ⟨*gr.-nlat.*⟩: Krankenhaus od. -abteilung für

ambulante Krankenbehandlung. **po|li|kli|nisch:** die Poliklinik betreffend; in der Poliklinik erfolgend

Po|li|ment *das;* -[e]s, -e ⟨*lat.-fr.*⟩: 1. zum Polieren, Glänzendmachen geeigneter Stoff. 2. aus einer fettigen Substanz bestehende Unterlage für Blattgold

Po|lio *die;* -: Kurzform von ↑ Poliomyelitis

Po|li|o|en|ze|pha|li|tis u. Polienzephalitis *die;* -, ...itiden ⟨*gr.-nlat.*⟩: (Med.) Entzündung der grauen Hirnsubstanz

Po|li|o|my|e|li|tis *die;* -, ...itiden: (Med.) Entzündung der grauen Rückenmarksubstanz; spinale Kinderlähmung

Po|li|o|sis *die;* -, ...osen ⟨*gr.*⟩: (Med.) das Ergrauen der Haare

Po|lis *die;* -, Poleis ⟨*gr.*⟩: altgriechischer Stadtstaat (z. B. Athen)

Po|lit|bü|ro *das;* -s, -s ⟨*(gr.-fr.; lat.-vulgärlat.-fr.) russ.*⟩: zentraler [Lenkungs]ausschuss einer kommunistischen Partei

¹**Po|li|tes|se** *die;* -, -n ⟨*lat.-it.-fr.*⟩: 1. Höflichkeit, Artigkeit. 2. (landsch.) Kniff, Schlauheit

²**Po|li|tes|se** *die;* -, -n ⟨Kunstw. aus Polizei u. ↑ Hostess⟩: Angestellte bei einer Gemeinde für bestimmte Aufgaben (z. B. für die Kontrolle der Einhaltung des Parkverbots)

Po|li|teur [...ˈtøːɐ̯] *der;* -s, -e: (regional) männliche Form zu ↑ ²Politesse

Po|li|ti|cal Cor|rect|ness [...k] kɔˈrɛktnɪs] *die;* - - ⟨*engl.*⟩: von einer bestimmten Öffentlichkeit als richtig eingestufte Gesinnung, Haltung (die zum Ziel hat, alles zu vermeiden, was andere als diskriminierend empfinden könnten); Abk.: PC, p. c.

po|li|tie|ren ⟨*lat.-fr.*⟩: (österr.) glänzend reiben, polieren, mit Politur einreiben

Po|li|tik [auch: ...ˈtɪk] *die;* -, -en ⟨*gr.-fr.*⟩: 1. auf die Durchsetzung bestimmter Ziele (bes. im staatlichen Bereich) u. auf die Gestaltung des öffentlichen Lebens gerichtetes Handeln von Regierungen, Parlamenten, Parteien, Organisationen o. Ä. 2. berechnendes, zielgerichtetes Verhalten, Vorgehen

Po|li|ti|ka: *Plural* von ↑ Politikum

Po|li|ti|kas|ter *der;* -s, - ⟨*gr.-lat.-*

nlat.⟩: (abwertend) jmd., der viel über Politik spricht, ohne viel davon zu verstehen

Po|li|ti|ker [auch: poˈlɪ...] *der;* -s, - ⟨*gr.-mlat.*⟩: jmd., der aktiv an der Politik (1), an der Führung eines Gemeinwesens teilnimmt; Staatsmann. **Po|li|ti|ke|rin** *die;* -, -nen: weibliche Form zu ↑ Politiker

Po|li|ti|kum [auch: poˈlɪ...] *das;* -s, ...ka ⟨*gr.-nlat.*⟩: Tatsache, Vorgang von politischer Bedeutung

Po|li|ti|kus [auch: poˈlɪ...] *der;* -, -se: (scherzh.) jmd., der sich eifrig mit Politik (1) beschäftigt

po|li|tisch [auch: poˈlɪ...] ⟨*gr.-lat.-fr.*⟩: die Politik (1) betreffend, zu ihr gehörend; staatsmännisch; **politischer Gefangener, Häftling:** aus politischen Gründen gefangen gehaltene Person; **politischer Vers:** fünfzehnsilbiger, akzentuierender Vers der byzantinischen u. neugriechischen volkstümlichen Dichtung; **politisches Asyl:** Zuflucht- u. Aufenthaltsrecht in einem fremden Land für jemanden, der aus politischen Gründen geflüchtet ist

po|li|ti|sie|ren ⟨*gr.-nlat.*⟩: 1. [laienhaft] von Politik reden. 2. bei jmdm. Anteilnahme, Interesse an der Politik (1) erwecken; jmdn. zu politischer Aktivität bringen. 3. etwas, was nicht unmittelbar in den politischen Bereich gehört, unter politischen Gesichtspunkten behandeln, betrachten. **Po|li|ti|sie|rung** *die;* -: 1. das Erwecken politischer Interessen, Erziehung zu politischer Aktivität. 2. politische Behandlung, Betrachtung von Dingen, die nicht unmittelbar in den politischen Bereich gehören

Po|li|to|lo|ge *der;* -n, -n: Wissenschaftler auf dem Gebiet der Politologie. **Po|li|to|lo|gie** *die;* -: Wissenschaft von der Politik. **Po|li|to|lo|gin** *die;* -, -nen: weibliche Form zu ↑ Politologe. **po|li|to|lo|gisch:** die Politologie betreffend, zu ihr gehörend, auf ihr basierend

Po|lit|pro|mi|nenz *die;* -: Prominenz (1) aus dem Bereich der Politik

Po|lit|ruk *der;* -s, -s ⟨*gr.-russ.*⟩: (früher) politischer Offizier ei-

ner sowjetischen Truppenein-
heit
Po|lit|thril|ler [...θrɪlɐ] *der;* -s, -:
1. Thriller mit politischer The-
matik. 2. Vorgang im Bereich
der Politik, der Züge eines
Thrillers aufweist
Po|li|tur *die;* -, -en ⟨*lat.*⟩: 1. durch
Polieren hervorgebrachte
Glätte, Glanz. 2. Mittel zum
Glänzendmachen; Poliermittel.
3. (ohne Plural; veraltet) Le-
bensart; gutes Benehmen
Po|li|zei *die;* -, -en ⟨*gr.-lat.-mlat.;*
„Bürgerrecht; Staatsverwal-
tung; Staatsverfassung"⟩: 1. Si-
cherheitsbehörde, die über die
Wahrung der öffentlichen Ordnung zu wachen hat. 2. (ohne
Plural) Angehörige der Polizei.
3. (ohne Plural) Dienststelle der
Polizei
Po|li|zei|staat *der;* -[e]s, -en: (ab-
wertend) totalitärer Staat, in
dem die Bürger durch einen
staatlichen Kontrollapparat un-
terdrückt werden
Po|li|zist *der;* -en, -en ⟨*gr.-lat.-
mlat.-nlat.*⟩: Angehöriger der
Polizei (1); Schutzmann. **Po|li-
zis|tin** *die;* -, -nen: weibliche
Form zu ↑ Polizist
Po|liz|ze *die;* -, -n ⟨*gr.-mlat.-it.*⟩:
(österr.) ↑ Police
Pol|je *die;* -, -n, auch: *das;* -[s], -n
⟨*slaw.*⟩: (Geogr.) großes wannen-
od. kesselartiges Becken mit
ebenem Boden in Karstgebieten
Polk *der;* -s, -s, selten auch: -e:
↑ ¹Pulk
Pol|ka *die;* -, -s ⟨*poln.-tschech.;*
„Polin"⟩: böhmischer Rundtanz
im lebhaften bis raschen
²/₄-Takt (etwa seit 1835)
Poll [pɔʊl] *der;* -s, -s ⟨*engl.-ame-
rik.*⟩: 1. (Fachspr.) Meinungs-
umfrage, -befragung. 2. (in den
USA) Liste der Wähler od. Be-
fragten
pol|la|k|anth ⟨*gr.-nlat.;* „häufig
blühend"⟩: (Bot.) mehrjährig u.
immer wieder blühend (bezogen auf bestimmte Pflanzen,
z. B. Apfelbaum); Ggs. ↑ hapa-
xanth
Pol|la|ki|su|rie *die;* -, ...ien: häufi-
ger Harndrang
Pol|li|ni|um *das;* -s, ...ien ⟨*lat.-
nlat.*⟩: (Bot.) regelmäßig zu einem Klümpchen verklebender
Blütenstaub, der als Ganzes
von Insekten übertragen wird
(z. B. bei Orchideen)

Pol|li|no|se *die;* -, -n: (Med.) durch
Pollen hervorgerufene Allergie
Pol|lu|ti|on *die;* -, -en ⟨*lat.;* „Besu-
delung"⟩: (Med.) unwillkürli-
cher Samenerguss im Schlaf
(z. B. in der Pubertät)
Pol|lux vgl. ²Kastor
Po|lo *das;* -s ⟨*engl.*⟩: zu Pferde ge-
spieltes Treibballspiel
Po|lo|hemd *das;* -[e]s, -en: kurzär-
meliges, enges Trikothemd mit
offenem Kragen
Po|lo|nä|se, auch: Polonaise
[...'nɛ:zə] *die;* -, -n ⟨*fr.;* „Polnischer" (= polnischer Tanz)⟩:
Reihentanz; festlicher Schreit-
tanz im ³/₄-Takt; vgl. Polacca
Po|lon|ceau|trä|ger [pɔlõ'so:...]
der; -s, - ⟨nach dem franz. Erfinder Polonceau⟩: Tragkon-
struktion aus Holz od. Stahl für
größere Spannweiten
po|lo|ni|sie|ren ⟨*mlat.-nlat.*⟩: pol-
nisch machen
Po|lo|nist *der;* -en, -en: Wissen-
schaftler auf dem Gebiet der
Polonistik
Po|lo|nis|tik *die;* -: Wissenschaft
von der polnischen Sprache u.
Literatur
Po|lo|nis|tin *die;* -, -nen: weibliche
Form zu ↑ Polonist
po|lo|nis|tisch: die Polonistik be-
treffend, zu ihr gehörend
Po|lo|ni|um *das;* -s ⟨*nlat.;* nach Po-
lonia, dem nlat. Namen für Po-
len⟩: radioaktives chem. Element; Zeichen: Po
Pol|t|ron [pɔl'trõ:] *der;* -s, -s
⟨*it.-fr.*⟩: (veraltet) Feigling;
Maulheld

poly..., Poly...

⟨*gr.* polýs „viel, vielfach, oft"⟩
Wortbildungselement mit der Be-
deutung „viel, mehr, verschieden,
oft":
– Polyamid
– Polyarthritis
– polymetamorph
– Polyvinylchlorid

Po|ly|a|c|ryl *das;* -s ⟨*gr.-nlat.*⟩:
leichte, weiche synthetische Faser
Po|ly|a|c|ry|lat *das;* -[e]s, -e:
Kunststoff aus Acrylsäure
Po|ly|a|c|ryl|ni|t|ril *das;* -s
⟨Kunstw.⟩: polymerisiertes
Acrylsäurenitril (Ausgangsstoff
wichtiger Kunstfasern)
Po|ly|ad|di|ti|on *die;* -, -en:

(Chem.) chemisches Verfahren
zur Herstellung hochmolekula-
rer Kunststoffe
Po|ly|ad|dukt *das;* -[e]s, -e ⟨*gr.;*
lat.⟩: (Chem.) durch Polyaddi-
tion entstandener hochmole-
kularer Kunststoff
Po|ly|a|mid *das;* -[e]s, -e: hoch-
molekularer elastischer Kunststoff (z. B. Perlon, Nylon)
Po|ly|ä|mie *die;* -, ...ien ⟨*gr.-nlat.*⟩:
(Med.) krankhafte Vermehrung
der zirkulierenden Blutmenge;
Vollblütigkeit
Po|ly|an|d|rie *die;* - ⟨*gr.*⟩: (Völ-
kerk.) Vielmännerei; Ehege-
meinschaft einer Frau mit mehreren Männern (vereinzelt bei
Naturvölkern [mit Mutter-
recht]); Ggs. ↑ Polygynie; vgl.
Polygamie (1 a). **po|ly|an|d|risch:**
die Vielmännerei betreffend
Po|ly|an|tha|ro|se *die;* -, -n ⟨*gr.; dt.*⟩:
(Bot.) Gartenrose von meist
niedrigem, buschigem Wuchs
Po|ly|ar|chie *die;* -, ...ien: (selten)
Herrschaft mehrerer in einem
Staat, im Unterschied zur Mo-
narchie
Po|ly|ar|th|ri|tis *die;* -, ...iti|den
⟨*gr.-nlat.*⟩: an mehreren Gelenken gleichzeitig auftretende
Arthritis
Po|ly|a|se *die;* -, -n: hochmoleku-
lares, Kohlenhydrate spalten-
des Enzym
Po|ly|äs|the|sie *die;* -, ...ien:
(Med.) subjektive Wahrneh-
mung einer Hautreizung an
mehreren Stellen
Po|ly|ä|thy|len, fachspr.: Polyethy-
len *das;* -s, -e: ein thermoplasti-
scher Kunststoff
Po|ly|chä|ten *die* (Plural): im Meer
lebende Borstenwürmer (z. B.
↑ Palolowurm)
Po|ly|chord [...'kɔrt] *das;* -[e]s, -e
⟨„Vielsaiter"⟩: 10-saitiges
Streichinstrument in Kontra-
bassform mit beweglichem
Griffbrett
po|ly|chrom [...'kro:m]: vielfarbig,
bunt. **Po|ly|chro|mie** *die;* -, ...ien:
Vielfarbigkeit; [dekorative]
bunte Bemalung ohne einheitlichen Gesamtton mit kräftig
voneinander abgesetzten Farben (z. B. Keramiken, Glas-
gemälden, Bauwerken). **po|ly-
chro|mie|ren:** (selten) bunt aus-
statten (z. B. die Innenwände
eines Gebäudes mit Mosaik od.
verschiedenfarbigem Marmor)

P

Po|ly|chro|mo|gra|phie, auch: ...grafie *die; -, ...jen:* (veraltet) Vielfarbendruck

po|ly|cy|c|lisch vgl. polyzyklisch

Po|ly|dak|ty|lie *die; -, ...jen:* (Med., Biol.) angeborene Fehlbildung der Hand od. des Fußes mit Bildung überzähliger Finger od. Zehen

Po|ly|dä|mo|nis|mus *der; -:* Glaube an eine Vielheit von [nicht persönlich ausgeprägten] Geistern als Vorstufe des Polytheismus

Po|ly|dip|sie *die; -:* (Med.) krankhaft gesteigerter Durst; vgl. Oligodipsie

Po|ly|e|der *das; -s, - ⟨gr.⟩:* (Math.) Vielflächner; von Vielecken begrenzter Körper

Po|ly|e|der|krank|heit *die; -:* Krankheit der Seidenspinnerraupen

po|ly|e|d|risch: (Math.) vielflächig

Po|ly|em|b|ry|o|nie *die; -, ...jen ⟨gr.-nlat.⟩:* (Biol.) Bildung mehrerer Embryonen aus einer pflanzlichen Samenanlage od. einer tierischen Keimanlage (z. B. bei Moostierchen)

Po|ly|es|ter *der; -s, - ⟨Kunstw.⟩:* aus Säuren u. Alkoholen gebildete Verbindung mit hoher Molekülmasse, die als wichtiger Rohstoff zur Herstellung synthetischer Fasern u. Harze dient

po|ly|fon usw. vgl. polyphon usw.

Po|ly|ga|la *die; -, -s:* Kreuzblumengewächs

Po|ly|ga|lak|tie *die; -:* (Med.) übermäßige Milchabsonderung während des Stillens

po|ly|gam ⟨gr.⟩: 1. a) von der Anlage her auf mehrere Geschlechtspartner bezogen (von Tieren u. Menschen); b) die Polygamie (1) betreffend; in Mehrehe lebend; mit mehreren Partnern geschlechtlich verkehrend; Ggs. ↑ monogam. 2. (Bot.) zwittrige u. eingeschlechtige Blüten gleichzeitig tragend (bezogen auf bestimmte Pflanzen)

Po|ly|ga|mie *die; -:* 1. a) (Völkerk.) Mehrehe, Vielehe, bes. Vielweiberei (meist in vaterrechtlichen Kulturen); vgl. Polyandrie, Polygynie; b) geschlechtlicher Verkehr mit mehreren Partnern; Ggs. ↑ Monogamie. 2. (Bot.) das Auftreten von zwittrigen u.

eingeschlechtigen Blüten auf einer Pflanze

Po|ly|ga|mist *der; -en, -en ⟨gr.-nlat.⟩:* in Vielehe lebender Mann. **Po|ly|ga|mis|tin** *die; -, -nen:* in Vielehe lebende Frau

po|ly|gen: 1. (Biol.) durch mehrere Erbfaktoren bedingt; Ggs. ↑ monogen (1). 2. (Geol.) vielfachen Ursprung habend (z. B. von einem durch mehrere Ausbrüche entstandenen Vulkan); Ggs. ↑ monogen (2)

Po|ly|ge|ne|se u. **Po|ly|ge|ne|sis** *die; -:* biologische Theorie von der stammesgeschichtlichen Herleitung jeder gegebenen Gruppe von Lebewesen aus jeweils mehreren Stammformen; Ggs. ↑ Monogenese (1)

Po|ly|ge|nie *die; -, ...jen:* (Biol.) die Erscheinung, dass an der Ausbildung eines Merkmals eines ↑ Phänotypus mehrere Gene beteiligt sind; Ggs. ↑ Monogenie (2)

Po|ly|ge|nis|mus *der; -:* 1. ↑ Polygenese. 2. von der katholischen Kirche verworfene Lehre, nach der das Menschengeschlecht auf mehrere Stammpaare zurückgeht

Po|ly|glo|bu|lie *die; - ⟨gr.; lat.-nlat.⟩:* ↑ Polyzythämie

po|ly|glott ⟨gr.⟩: 1. in mehreren Sprachen abgefasst, mehr-, vielsprachig (von Buchausgaben). 2. viele Sprachen sprechend

[1]**Po|ly|glot|te** *der* od. *die; -n, -n ⟨gr.⟩:* jmd., der viele Sprachen beherrscht

[2]**Po|ly|glot|te** *die; -, -n:* 1. (veraltet) mehrsprachiges Wörterbuch. 2. Buch (bes. Bibel) mit Textfassung in verschiedenen Sprachen

po|ly|glot|tisch: (veraltet) polyglott

Po|ly|gon *das; -s, -e:* (Math.) Vieleck mit mehr als drei Seiten. **po|ly|go|nal ⟨gr.-nlat.⟩:** (Math.) vieleckig

Po|ly|gon|bo|den *der; -s, ...böden:* (Geol.) durch wechselndes Frieren u. Auftauen verursachte Sortierung der Bestandteile eines Bodens, die ein Muster hervorruft

Po|ly|go|num *das; -s:* Knöterich (verbreitete Unkraut- u. Heilpflanze)

Po|ly|graf, auch: ...graph *der; -en,

-en ⟨gr.-russ.⟩:* 1. Gerät zur gleichzeitigen Registrierung mehrerer Vorgänge u. Erscheinungen, das z. B. in der Medizin bei der ↑ Elektrokardiographie u. der ↑ Elektroenzephalographie od. in der Kriminologie als Lügendetektor verwendet wird. 2. (regional) Angehöriger des grafischen Gewerbes. **Po|ly|gra|fie**, auch: ...graphie *die; -, ...jen:* 1. (Med.) röntgenologische Darstellung von Organbewegungen durch mehrfaches Belichten eines Films. 2. (ohne Plural; regional) alle Zweige des grafischen Gewerbes umfassendes Gebiet. **Po|ly|gra|fin**, auch: ...graphin *die; -, -nen:* weibliche Form zu ↑ Polygraf (2). **po|ly|gra|fisch**, auch: ...graphisch: die Polygrafie betreffend

Po|ly|gramm *das; -s, -e:* (Med.) bei der Polygraphie (1) gewonnenes Röntgenbild

Po|ly|graph usw. vgl. Polygraf usw.

po|ly|gyn ⟨gr.⟩: die Polygynie betreffend; in Vielweiberei lebend. **Po|ly|gy|nie** *die; -:* (Völkerk.) Vielweiberei; Ehegemeinschaft eines Mannes mit mehreren Frauen (in den unterschiedlichsten Kulturen vorkommend); Ggs. ↑ Polyandrie; vgl. Polygamie (1 a)

Po|ly|ha|lit [auch: ...'lɪt] *der; -s, -e ⟨gr.-nlat.⟩:* (Chem.) fettig glänzendes, weißes, graues, gelbes od. rotes Mineral, komplexes Kalimagnesiumsalz, das als Düngemittel verwendet wird

Po|ly|his|tor *der; -s, ...oren ⟨gr.; „viel wissend"⟩:* (veraltet) in vielen Fächern bewanderter Gelehrter

po|ly|hyb|rid ⟨gr.; lat.⟩: (Biol.) von Eltern abstammend, die sich in mehreren Merkmalen unterscheiden (von tierischen od. pflanzlichen Kreuzungsprodukten); Ggs. ↑ monohybrid. **Po|ly|hyb|ri|de** *die; -, -n, auch: der; -n, -n:* (Biol.) Nachkomme von Eltern, die sich in mehreren Erbmerkmalen unterscheiden; Ggs. ↑ Monohybride

Po|ly|i|de|is|mus *der; - ⟨gr.-nlat.⟩:* (Psychol.) Vielfalt der Gedanken, Ideenfülle; Horizontbreite des Bewusstseins; Ggs. ↑ Monoideismus (1)

po|ly|karp u. **po|ly|kar|pisch:** (Bot.) in einem bestimm-

Zeitraum mehrmals Blüten u. Früchte ausbildend (von bestimmten Pflanzen)

Po|ly|kla|die *die; -:* (Bot.) nach Verletzung einer Pflanze entstehende Seitensprosse

Po|ly|kon|den|sa|ti|on *die; -:* (Chem.) Zusammenfügen einfachster Moleküle zu größeren (unter Austritt kleinerer Spaltprodukte wie Wasser, Ammoniak o. Ä.) zur Herstellung von Chemiefasern, Kunstharzen u. Kunststoffen. **po|ly|kon|den|sie|ren:** (Chem.) den Prozess der Polykondensation bewirken; durch Polykondensation gewinnen

Po|ly|ko|rie *die; -, ...ien:* (Med.) angeborene abnorme Ausbildung mehrerer Pupillen in einem Auge

Po|ly|lin|gu|a|lis|mus *der; -:* ↑ Multilingualismus, Multilinguismus

Po|ly|mas|tie *die; -, ...ien:* (Med.) abnorme Ausbildung überzähliger Brustdrüsen bei Frauen als ↑ atavistische (1) Fehlbildung; vgl. Hyperthelie

Po|ly|ma|thie *die; -* ⟨*gr.*⟩: (veraltet) vielseitiges Wissen

Po|ly|me|lie *die; -, ...ien* ⟨*gr.-nlat.*⟩: (Med.) angeborene Fehlbildung, bei der bestimmte Gliedmaßen doppelt ausgebildet sind

Po|ly|me|nor|rhö *die; -, -en:* (Med.) zu häufige, nach zu kurzen Abständen eintretende Regelblutung

po|ly|mer ⟨*gr.*⟩: 1. vielteilig, vielzählig. 2. (Chem.) aus größeren Molekülen bestehend, die durch Verknüpfung kleinerer entstanden sind; Ggs. ↑ monomer

Po|ly|mer *das; -s, -e* u. **Po|ly|me|re** *das; -n, -n* (meist Plural): (Chem.) Verbindung aus Riesenmolekülen

Po|ly|me|rie *die; -, ...ien:* 1. (Biol.) Zusammenwirken mehrerer gleichartiger Erbfaktoren bei der Ausbildung eines erblichen Merkmals. 2. Verbundensein, Zusammenschluss vieler gleicher u. gleichartiger Moleküle in einer chemischen Verbindung

Po|ly|me|ri|sat *das; -[e]s, -e* ⟨*gr.-nlat.*⟩: (Chem.) durch Polymerisation entstandener neuer Stoff

Po|ly|me|ri|sa|ti|on *die; -, -en:* auf Polymerie (2) beruhendes chemisches Verfahren zur Herstellung von Kunststoffen. **po|ly|me|ri|sie|ren:** (Chem.) den Prozess der Polymerisation bewirken; einfache Moleküle zu größeren Molekülen vereinigen

po|ly|me|ta|morph: (Geol.) Gesteine u. Gegenden betreffend, die mehrmals ↑ metamorph verändert wurden

Po|ly|me|ter *das; -s, -* ⟨*gr.*⟩: (Meteor.) vorwiegend in der Klimatologie verwendetes, aus einer Kombination von ↑ Hygrometer u. ↑ Thermometer bestehendes Vielzweckmessgerät. **Po|ly|me|t|rie** *die; -, ...ien:* 1. Anwendung verschiedener Metren (1) in einem Gedicht. 2. (Mus.) a) gleichzeitiges Auftreten verschiedener Taktarten in mehrstimmiger Musik; b) häufiger Taktwechsel innerhalb eines Tonstückes

po|ly|morph: (bes. Mineral., Biol.) viel-, verschiedengestaltig. **Po|ly|mor|phie** *die; -:* 1. Vielgestaltigkeit, Verschiedengestaltigkeit. 2. (Mineral., Chem.) das Vorkommen mancher Mineralien in verschiedener Form, mit verschiedenen Eigenschaften, aber mit gleicher chemischer Zusammensetzung. 3. (Bot.) a) Vielgestaltigkeit der Blätter od. der Blüte einer Pflanze; b) die Aufeinanderfolge mehrerer verschieden gestalteter ungeschlechtlicher Generationen bei Algen u. Pilzen. 4. (Zool.) a) Vielgestaltigkeit in Tierstöcken u. Tierstaaten; b) jahreszeitlich bedingte Vielgestaltigkeit der Zeichnungsmuster bei Schmetterlingen. 5. (Sprachw.) das Vorhandensein mehrerer sprachlicher Formen für den gleichen Inhalt, die gleiche Funktion (z. B. die verschiedenartigen Pluralbildungen in: die Wiesen, die Felder, die Schafe). **Po|ly|mor|phis|mus** *der; -:* ↑ Polymorphie (1, 2, 3, 4)

Po|ly|neu|ri|tis *die; -, ...iti|den:* (Med.) mehrere Nervengebiete gleichzeitig auftretende Entzündung

Po|ly|nom *das; -s, -e* ⟨*gr.*⟩: aus mehr als zwei Gliedern bestehender, durch Plus- od. Minuszeichen verbundener mathematischer Ausdruck. **po|ly|no|mi|ell**, selten: **po|ly|no|misch:** (Math.) a) das Polynom betreffend; b) vielgliedrig

po|ly|nu|k|le|är ⟨*gr.; lat.-nlat.*⟩: (Med.) vielkernig (z. B. von Zellen)

Po|ly|o|pie *die; -, ...ien* ⟨*gr.-nlat.*⟩: (Med.) Sehstörung, bei der ein Gegenstand mehrfach gesehen wird; Vielfachsehen

Po|lyp *der; -en, -en* ⟨*gr.-lat.; „vielfüßig"*⟩: 1. auf einem Untergrund fest sitzendes Nesseltier, das oft große Stöcke bildet. 2. (veraltet, noch ugs.) Tintenfisch, bes. Krake. 3. (Med.) gutartige, oft gestielte Geschwulst der Schleimhäute. 4. (salopp) Polizist, Polizeibeamter

Po|ly|pep|tid *das; -[e]s, -e* ⟨*gr.-nlat.*⟩: (Biochem.) aus verschiedenen Aminosäuren aufgebautes Zwischenprodukt beim Abod. Aufbau der Eiweißkörper

po|ly|phag ⟨*gr.; „viel fressend"*⟩: (Biol.) Nahrung verschiedenster Herkunft aufnehmend; Ggs. ↑ monophag. **Po|ly|pha|ge** *der; -n, -n* (meist Plural): (Zool.) 1. ein Tier, das Nahrung verschiedenster Herkunft aufnimmt; Ggs. ↑ Monophage. 2. (nur Plural) bestimmte Käfer. **Po|ly|pha|gie** *die; -, ...ien:* 1. (Med.) krankhaft gesteigerter Appetit, Gefräßigkeit. 2. (Biol.) polyphage Ernährungsweise von Tieren bzw. von Parasiten, die auf vielen verschiedenen Wirtsorganismen schmarotzen

po|ly|phän ⟨*gr.-nlat.*⟩: (Biol.) an der Ausbildung mehrerer Merkmale eines Organismus beteiligt (von Genen)

po|ly|phon, auch: ...fon ⟨*gr.; „vielstimmig"*⟩: (Mus.) 1. die Polyphonie betreffend. 2. nach den Gesetzen der Polyphonie komponiert; mehrstimmig; Ggs. ↑ homophon (1). **Po|ly|pho|nie**, auch: ...fonie *die; -:* (Mus.) Mehrstimmigkeit mit selbstständigem linearem (3) Verlauf jeder Stimme ohne akkordische Bindung; Ggs. ↑ Homophonie

Po|ly|pho|ni|ker, auch: ...foniker *der; -s, -:* Komponist der polyphonen Satzweise. **Po|ly|pho|ni|ke|rin**, auch: ...fonikerin *die; -, -nen:* weibliche Form zu Polyphoniker

P

pol|ly|pho|nisch, auch: …fonisch: (veraltet) ↑ polyphon

Pol|ly|phra|sie *die;* - ⟨*gr.-nlat.;* „Vielreden"⟩: (Med.) krankhafte Geschwätzigkeit

pol|ly|phyl|le|tisch: mehrstämmig in Bezug auf die Stammesgeschichte; Ggs. ↑ monophyletisch. **Pol|ly|phy|le|tis|mus** *der;* - u. **Pol|ly|phy|lie** *die;* -: ↑ Polygenese

Pol|ly|phyl|lie *die;* - ⟨„Vielblättrigkeit"⟩: (Bot.) Überzähligkeit in der Gliederzahl eines Blattwirbels

Pol|ly|pi |o|nie *die;* -, …jen: (Med.) Fettsucht, Fettleibigkeit

pol|ly|plo|id: (Biol.) mehr als zwei Chromosomensätze aufweisend (von Zellen, Geweben, Organismen). **Pol|ly|plo |i|die** *die;* -: (Biol.) das Vorhandensein von mehr als zwei Chromosomensätzen; Vervielfachung des Chromosomensatzes

Pol|ly|pnoe *die;* -: ↑ Tachypnoe

Pol|ly|po|di|um *das;* -s, …ien ⟨*gr.-nlat.*⟩: (Bot.) Tüpfelfarn

pol|ly|po|id: (Med.) polypenähnlich (z. B. von Schleimhautwucherungen)

Pol|ly|pol *das;* -s, -e: (Wirtsch.) Marktform, bei der auf der Angebots- od. Nachfrageseite jeweils viele kleine Anbieter bzw. Nachfrager stehen

pol|ly|pös: (Med.) polypenartig, mit Polypenbildung einhergehend. **Pol|ly|po|se** *die;* -, -n: (Med.) ausgebreitete Polypenbildung

Pol|ly|prag|ma|sie *die;* -, …jen: (Med.) das Ausprobieren vieler Behandlungsmethoden u. Arzneien

Pol|ly|prag|mo|sy|ne *die;* - ⟨*gr.*⟩: (veraltet) Vielgeschäftigkeit

Pol|ly|pro|py|len *das;* -s, -e: ein thermoplastischer Kunststoff; Abk.: PP

Pol|ly|p |to|ton *das;* -s, …ta ⟨*gr.-lat.*⟩: (Rhet.) Wiederholung desselben Wortes in einem Satz in verschiedenen Kasus (z. B.: der alte Urstand der Natur kehrt wieder, wo *Mensch* dem *Menschen* gegenübersteht)

Pol|ly|p |ty|chon *das;* -s, …chen u. …cha ⟨*gr.*⟩: 1. aus mehr als drei Teilen bestehende, zusammenklappbare Schreibtafel des Altertums. 2. Flügelaltar mit

mehr als zwei Flügeln; vgl. Diptychon, Triptychon

Pol|ly|re|ak|ti|on *die;* -, -en: (Chem.) Bildung hochmolekularer Verbindungen

Pol|ly|rhyth|mik *die;* - ⟨*gr.-nlat.*⟩: (Mus.) das Auftreten verschiedenartiger, aber gleichzeitig ablaufender Rhythmen in einer Komposition (im Jazz bes. in den afroamerikanischen Formen). **Pol|ly|rhyth|mi|ker** *der;* -s, -: (Mus.) Komponist polyrhythmischer Tonstücke. **Pol|ly|rhyth|mi|ke|rin** *die;* -, -nen: weibliche Form zu ↑ Polyrhythmiker. **po|ly|rhyth|misch:** (Mus.) a) die Polyrhythmik betreffend; b) nach den Gesetzen der Polyrhythmik komponiert

Pol|ly|sac|cha|rid u. **Pol|ly|sa|cha|rid** *das;* -[e]s, -e: Vielfachzucker, der in seinen Großmolekülen aus zahlreichen Molekülen einfacher Zucker aufgebaut ist (z. B. Glykogen)

pol|ly|sap |rob: stark mit organischen Abwässern belastet, mit Polysaprobien durchsetzt (von Gewässern). **Pol|ly|sap |ro|bie** […jə] *die;* -, -n (meist Plural): Organismus, der in faulendem Wasser lebt

pol|ly|sem u. **pol|ly|se|man|tisch:** (Sprachw.) Polysemie besitzend, mehrere Bedeutungen habend (von Wörtern); Ggs. ↑ monosem. **Pol|ly|se|mie** *die;* -, …jen: (Sprachw.) das Vorhandensein mehrerer Bedeutungen zu einem Wort (z. B. Pferd: 1. Tier. 2. Turngerät. 3. Schachfigur); Ggs. ↑ Monosemie

Pol|ly|si |a|lie *die;* -: (Med.) krankhaft vermehrter Speichelfluss; vgl. Ptyalismus

Pol|ly|sper|mie *die;* -, …jen: 1. (Biol.) Eindringen mehrerer Samenfäden in ein Ei; Ggs. ↑ Monospermie. 2. ↑ Spermatorrhö

Pol|ly|sty|rol *das;* -s, -e ⟨*gr.; lat.*⟩: (Chem.) in zahlreichen Formen gehandelter, vielseitig verwendeter Kunststoff aus polymerisiertem ↑ Styrol

Pol|ly|syl|la|bum *das;* -s, …ba ⟨*gr.-nlat.*⟩: (Sprachw.) vielsilbiges Wort

Pol|ly|syl|lo|gis|mus *der;* -, …men: (Philos.) aus vielen ↑ Syllogismen zusammengesetzte Schlusskette, bei der der voran-

gehende Schlusssatz zur Prämisse für den folgenden wird

pol|ly|syn|de|tisch ⟨*gr.;* „vielfach verbunden"⟩: a) das Polysyndeton betreffend; b) (Sprachw.) durch mehrere Bindewörter verbunden. **Pol|ly|syn|de|ton** *das;* -s, …ta: (Rhet.) Wort- od. Satzreihe, deren Glieder durch Konjunktionen (1) miteinander verbunden sind (z. B. *Und* es wallet *und* siedet *und* brauset *und* zischt; Schiller); vgl. Asyndeton

pol|ly|syn|the|tisch: vielfach zusammengesetzt; **polysynthetische Sprachen:** (Sprachw.) Sprachen, die die Bestandteile des Satzes durch Einschachtelung zu einem großen Satzwort verschmelzen; vgl. inkorporierende Sprachen. **Pol|ly|syn|the|tis|mus** *der;* - ⟨*gr.-nlat.*⟩: (Sprachw.) Erscheinung des polysynthetischen Sprachbaus

Pol|ly|tech|nik *die;* -: Fachgebiet, das mehrere Zweige der Technik, auch der Wirtschaft, der Gesellschaftspolitik o. Ä. umfasst. **Pol|ly|tech|ni|ker** *der;* -s, -: (veraltet) Student am Polytechnikum. **Pol|ly|tech|ni|ke|rin** *die;* -, -nen: weibliche Form zu ↑ Polytechniker

Pol|ly|tech|ni|kum *das;* -s, …ka, auch: …ken: a) (früher) technische Hochschule, Ingenieurschule; b) höhere technische Lehranstalt; vgl. Technikum. **pol|ly|tech|nisch:** mehrere Zweige der Technik, auch der Wirtschaft o. Ä. umfassend

Pol|ly|the|is|mus *der;* -: Vielgötterei; Verehrung einer Vielzahl persönlich gedachter Götter; vgl. Polydämonismus. **Pol|ly|the|ist** *der;* -en, -en: Anhänger des Polytheismus. **Pol|ly|the |is |tin** *die;* -, -nen: weibliche Form zu ↑ Polytheist. **pol|ly|the |is |tisch:** den Polytheismus betreffend, zu ihm gehörend, auf ihm beruhend

Pol|ly|the|lie *die;* -, …jen: ↑ Polymastie

Pol|ly|to|mie *die;* -: (Bot.) Vielfachverzweigung der Sprossspitzen

pol|ly|to|nal: (Mus.) verschiedenen Tonarten angehörende Melodien od. Klangfolgen gleichzeitig aufweisend. **Pol|ly|to|na|li|tät** *die;* -: (Mus.) Vieltonart; gleichzeitiges Durchführen mehrerer Tonarten in den verschiedenen Stimmen eines Tonstücks

Po|ly|tri|chie *die;* -, ...ien: (Med.) abnorm starke Körperbehaarung

po|ly|trop ⟨*gr.*⟩: (Biol.) sehr anpassungsfähig (von Organismen).

Po|ly|tro|pis|mus *der;* - ⟨*gr.-nlat.*⟩: (Biol.) große Anpassungsfähigkeit bestimmter Organismen

Po|ly|ty|pe *die;* -, -n: Drucktype mit mehreren Buchstaben

Po|ly|u|re|than *das;* -s, -e (meist Plural): Kunststoff aus einer Gruppe wichtiger, vielseitig verwendbarer Kunststoffe

Po|ly|u|rie *die;* -, ...ien ⟨*gr.-nlat.*⟩: (Med.) krankhafte Vermehrung der Harnmenge

po|ly|va|lent ⟨*gr.; lat.*⟩: (Med.) in mehrfacher Beziehung wirksam, gegen verschiedene Erreger od. Giftstoffe gerichtet (z. B. von Seren)

Po|ly|vi|nyl|a|ce|tat *das;* -s, -e (meist Plural): durch ↑ Polymerisation von Vinylacetat gewonnener, vielseitig verwendbarer Kunststoff

Po|ly|vi|nyl|chlo|rid *das;* -[e]s, -e: durch ↑ Polymerisation von Vinylchlorid hergestellter Kunststoff, der durch Zusatz von Weichmachern biegsam gemacht u. hauptsächlich für Fußbodenbeläge, Folien usw. verwendet wird; Abk.: PVC

Po|ly|zen|t|ris|mus *der;* -: 1. (Pol.) Zustand eines [kommunistischen] Machtbereiches, in dem die [ideologische] Vorherrschaft nicht mehr nur von einer Stelle (Partei, Staat) ausgeübt wird, sondern von mehreren Machtzentren ausgeht. 2. städtebauliche Anlage einer Stadt mit nicht nur einem Mittelpunkt, sondern mehreren Zentren

po|ly|zy|k|lisch, chem. fachspr.: polycyclisch: aus mehreren Benzolringen zusammengesetzt

Po|ly|zyt|hä|mie *die;* -, ...ien: (Med.) Rotblütigkeit; Erkrankung durch starke Vermehrung vor allem der ↑ Erythrozyten, auch der ↑ Leukozyten u. der ↑ Thrombozyten

po|ma|de ⟨*slaw.;* unter Einfluss von „Pomade"⟩: (landsch. veraltend) langsam, träge; gemäch-

lich, in aller Ruhe; **jmdm. pomade sein:** jmdm. gleichgültig sein

Po|ma|de *die;* -, -n ⟨*lat.-it.-fr.*⟩: (veraltet) parfümierte salbenähnliche Substanz zur Haarpflege

po|ma|dig: 1. mit Pomade eingerieben. 2. (ugs.) a) langsam, träge; b) blasiert, anmaßend, dünkelhaft

po|ma|di|sie|ren: mit Pomade einreiben

Po|me|ran|ze *die;* -, -n ⟨⟨*lat.; pers.*⟩ *it.-mlat.*⟩: 1. kleiner Baum mit stark duftenden weißen Blüten u. runden orangefarbenen Früchten. 2. der Apfelsine ähnliche, aber kleinere Zitrusfrucht; Frucht der Pomeranze (1)

Po|me|scht |schik *der;* -s, -s od. -i ⟨*russ.*⟩: (hist.) Besitzer eines Pomestje

Po|mes |t |je *das;* -: Land-, Lehngut im zaristischen Russland

Pom|mes die (Plural) ⟨*lat.-fr.*⟩: kurz für ↑ Pommes frites

Pommes Cro|quettes [pɔmkrɔˈkɛt] *die* (Plural): (Gastr.) in Fett gebackene Klößchen aus Kartoffelbrei; vgl. Krokette

Pommes Dau|phine [...doˈfin] *die* (Plural): eine Art Kartoffelkroketten

Pommes frites [...ˈfrit] *die* (Plural): roh in Fett gebackene Kartoffelstäbchen

Pommes ma|caire [pɔmaˈkɛr] *die* (Plural): kurz in Fett gebackene Klößchen aus Kartoffelbrei mit bestimmten Zutaten

Po|mo|lo|ge *der;* -n, -n ⟨*lat.; gr.*⟩: Fachmann auf dem Gebiet der Pomologie. **Po|mo|lo|gie** *die;* -: den Obstbau umfassendes Teilgebiet der Botanik. **Po|mo|lo|gin** *die;* -, -nen: weibliche Form zu ↑ Pomologe. **po|mo|lo|gisch:** die Pomologie, den Obstbau betreffend

Pomp *der;* -[e]s ⟨*gr.-lat.-fr.*⟩: „Sendung, Geleit; festlicher Aufzug"⟩: [übertriebener] Prunk, Schaugepränge; glanzvoller Aufzug, großartiges Auftreten

Pom|pa|dour [...duːɐ] *der;* -s, -e u. -s ⟨nach der franz. Adligen u. Mätresse Ludwigs XV., 1721–1764⟩: (veraltet) beutelartige Damenhandtasche

Pom|pon [põˈpõ, auch: pɔmˈpõ:] *der;* -s, -s ⟨*fr.*⟩: knäuelartige Quaste aus Wolle od. Seide

pom|pös ⟨*gr.-lat.-fr.*⟩: [übertrieben] prunkhaft, prächtig

pom|po|so ⟨*gr.-lat.-it.*⟩: (Mus.) feierlich, prächtig (Vortragsanweisung)

Po|mu|chel *der;* -s, - ⟨Herkunft unsicher; vielleicht aus dem Slawischen⟩: (landsch.) Dorsch

Po|mu|chels|kopp *der;* -s, ...köppe: (landsch. abwertend) dummer Mensch, Dummkopf, Trottel

Pön *die;* -, -en ⟨*gr.-lat.*⟩: (Rechtsw. veraltet) Strafe, Buße. **pö|nal:** (Rechtsw.) die Strafe, das Strafrecht betreffend

Pö|na|le *das;* -s, ...lien u. -: (österr.) ↑ Pön

pö|na|li|sie|ren ⟨*gr.-lat.-nlat.*⟩: 1. unter Strafe stellen, bestrafen. 2. einem Pferd eine Pönalität auferlegen. **Pö|na|li|sie|rung** *die;* -, -en: 1. das Pönalisieren (1). 2. das Pönalisieren (2)

Pö|na|li|tät *die;* -, -en („Bestrafung"⟩: (Sport) Beschwerung leistungsstärkerer Pferde zum Ausgleich der Wettbewerbschancen bei Galopp- od. Trabrennen

pon|ceau [põˈso:] ⟨*lat.-fr.*⟩: leuchtend orangerot. **Pon|ceau** *das;* -s: leuchtendes Orangerot

Pon|cette [põˈsɛt] *die;* -, -n [...tn̩] ⟨*lat.-vulgärlat.-fr.*⟩: Kohlenstaubbeutel zum Durchpausen perforierter Zeichnungen

Pon|cho [ˈpɔntʃo] *der;* -s, -s ⟨*indian.-span.*⟩: 1. von den Indianern Mittel- u. Südamerikas getragene Schulterdecke mit Kopfschlitz. 2. ärmelloser, nach unten radförmig ausfallender, mantelartiger Umhang, bes. für Frauen

pon|cie|ren [põˈsi:...] ⟨*lat.-vulgärlat.-fr.*⟩: 1. mit Bimsstein abreiben, schleifen. 2. mit der ↑ Poncette durchpausen

Pond *das;* -s, - ⟨*lat.;* „Gewicht"⟩: alte physikalische Krafteinheit (tausendster Teil eines ↑ Kiloponds); Zeichen: p

pon|de|ra|bel: (veraltet) wägbar **Pon|de|ra|bi|li|en** *die* (Plural): kalkulierbare, fassbare, wägbare Dinge; Ggs. ↑ Imponderabilien

Pon|de|ra|ti|on *die;* -, -en („das Wägen, das Abwägen"⟩: (Bildhauerei) gleichmäßige Verteilung des Gewichts der Körpermassen auf die stützenden Gliedmaßen

Pon|gé [põˈʒe:] *der;* -[s], -s ⟨*chin.-*

P

engl.-fr.): 1. leichtes, glattes Gewebe aus Naturseide. 2. feiner Seidenfaden einer chinesischen Schmetterlingsart

po|nie|ren ⟨*lat.*⟩: (veraltet) 1. bewirten, spendieren. 2. als gegeben annehmen

Pö|ni|tent *der;* -en, -en ⟨*lat.*⟩: (kath. Kirche) Büßender; Beichtender

Pö|ni|ten|ti|ar usw. vgl. Pönitenziar usw.

Pö|ni|tenz *die;* -, -en ⟨*lat.*⟩: [kirchliche] Buße, Bußübung

Pö|ni|ten|zi|ar, auch: Pönitentiar *der;* -s, -e ⟨*lat.-mlat.*⟩: Beichtvater, bes. der Bevollmächtigte des Bischofs für die ↑ Absolution in ↑ Reservatfällen

Pö|ni|ten|zi|a|rie, auch: Pönitentiatrie *die;* -: päpstliche Behörde für Ablassfragen

Pö|no|lo|ge *der;* -n, -n ⟨*gr.-lat.; gr.*⟩: Psychologe, der sich bes. mit der Pönologie befasst. **Pö|no|lo|gie** *die;* -: (Psychol.) Erforschung der seelischen Wirkung der Strafe, bes. der Freiheitsstrafe. **Pö|no|lo|gin** *die;* -, -nen: weibliche Form zu ↑ Pönologe

Po|nor *der;* -s, Ponore ⟨*serbokroat.*⟩: (Geogr.) Schluckloch in Karstgebieten, in dem Flüsse u. Seen versickern

Pons *der;* -es, -e ⟨*mlat.* pons asinorum „Eselsbrücke"⟩: (landsch.) 1. (Schülerspr.) gedruckte Übersetzung eines altsprachlichen Textes, die bes. bei Klassenarbeiten heimlich benutzt wird. **pon|sen:** (landsch. Schülerspr.) einen Pons benutzen

Pont *das;* -s ⟨nach Pontus Euxinus, dem griech.-lat. Namen des Schwarzen Meeres⟩: (Geol.) älteste Stufe des ↑ Pliozäns

Pon|te *die;* -, -n ⟨*lat.-fr.*⟩: (landsch.) breite Fähre

Pon|te|de|rie [...jə] *die;* -, -n ⟨*nlat.;* nach dem ital. Botaniker G. Pontedera, † 1757⟩: Hechtkraut (nordamerikanische Wasserpflanze)

Pon|ti|cel|lo [...'tʃelo] *der;* -s, -s u. ...lli ⟨*lat.-it.* „Brückchen"⟩: Steg bei Geigeninstrumenten; vgl. sul ponticello

Pon|ti|len [põ'tiɛ:] *das;* -[s] ⟨*gr.-lat.-fr.*⟩: ↑ Pont

Pon|ti|fex *der;* -, ...tifizes, auch: ...tifices [...tse:s] ⟨*lat.*⟩: Oberpriester im alten Rom

Pon|ti|fex ma|xi|mus *der;* - -, ...ifices [...tse:s] ...mi ⟨*lat.*⟩: 1. (hist.) oberster Priester im alten Rom. 2. (ohne Plural; hist.) Titel der römischen Kaiser. 3. (ohne Plural) Titel des Papstes

Pon|ti|fi|ca|le Ro|ma|num *das;* - - ⟨*lat.-mlat.*⟩: amtliches katholisches Formelbuch für die Amtshandlungen des Bischofs außerhalb der Messe

Pon|ti|fi|ces [...tse:s]: *Plural* von ↑ Pontifex

pon|ti|fi|kal: bischöflich

Pon|ti|fi|kal|amt *das;* -[e]s, ...ämter ⟨*lat.-mlat.; dt.*⟩: vom Bischof (od. einem Prälaten) gehaltene feierliche Messe

Pon|ti|fi|ka|le *das;* -[s], ...lien ⟨*lat.-mlat.*⟩: liturgisches Buch für die bischöflichen Amtshandlungen

Pon|ti|fi|ka|li|en *die* (Plural): 1. liturgische Gewänder u. Abzeichen des katholischen Bischofs. 2. Amtshandlungen des Bischofs, bei denen er seine Abzeichen trägt

Pon|ti|fi|kat *das* od. *der;* -[e]s, -e ⟨*lat.*⟩: Amtsdauer u. Würde des Papstes od. eines Bischofs

Pon|ti|fi|zes: *Plural* von ↑ Pontifex

pon|tisch ⟨*gr.-lat.*⟩: 1. (Geol.) das ↑ Pont betreffend 2. (Geogr.) steppenhaft

Pon|ti|us ⟨nach dem röm. Statthalter Pontius Pilatus, † 39 n. Chr.⟩: in der Wendung **von Pontius zu Pilatus laufen:** (ugs.) mit einem Anliegen [vergeblich] von einer Stelle zur anderen gehen bzw. geschickt werden

Pon|ton [põ'tõ: auch: pɔn'tõ: od. põ'tõ:n] *der;* -s, -s ⟨*lat.-fr.*⟩: (Seew., Milit.) Brückenschiff, schwimmender Hohlkörper zum Bau von [behelfsmäßigen] Brücken o. Ä.

¹**Po|ny** *das;* -s, -s ⟨*engl.*⟩: Pferd einer kleinen Rasse

²**Po|ny** *der;* -s, -s: fransenartig in die Stirn gekämmtes, glattes Haar

¹**Pool** [pu:l] *der;* -s, -s ⟨*germ.-engl.*⟩: Kurzform von ↑ Swimmingpool (1)

²**Pool** [pu:l] *der;* -s, -s ⟨*lat.-fr.-engl.-amerik.*⟩: 1. (Wirtsch.) Vereinbarung zwischen verschiedenen Unternehmungen über die Zusammenlegung der Gewinne u. die Gewinnverteilung untereinander. 2. (Wirtsch.) Zusammenfassung von Beteiligungen am gleichen Objekt. 3. (Jargon) Zusammenschluss, Vereinigung

³**Pool** *das;* -s: Kurzform von ↑ Poolbillard

Pool|bil|lard ['pu:l...] *das;* -s, -e ⟨*engl.-amerik.; fr.*⟩: Billard, bei dem eine Anzahl Kugeln, die unterschiedlich nach Punkten bewertet werden, in die an den vier Ecken u. in der Mitte der Längsseiten des Billardtisches befindlichen Löcher gespielt werden müssen

poo|len ['pu:lən]: 1. (Wirtsch.) Gewinne zusammenlegen u. verteilen. 2. (Wirtsch.) Beteiligungen am gleichen Objekt zusammenfassen. 3. (Jargon) zusammenfassen; mischen

Pool|lung ['pu:...] *die;* -, -en: ↑²Pool

Poop [pu:p] *die;* -, -s ⟨*lat.-fr.-engl.*⟩: (Seemannsspr.) Hütte, hinterer Aufbau bei einem Handelsschiff

Pop *der;* -[s] ⟨*engl.-amerik.*⟩: 1. Gesamtheit von Popkunst, -musik, -literatur o. Ä. 2. ↑ Popmusik

Po|panz *der;* -es, -e ⟨*slaw.*⟩: 1. a) etwas, was aufgrund vermeintlicher Bedeutung, Wichtigkeit einschüchtert, Furcht o. Ä. hervorruft; b) (veraltet) Schreckgestalt, Vogelscheuche. 2. (abwertend) jmd., der sich willenlos gebrauchen, alles mit sich machen lässt

Pop-Art *die;* - ⟨*amerik.;* „populäre Kunst"⟩: moderne Kunstrichtung, die Dinge des alltäglichen Lebens in bewusster Hinwendung zum Populären bzw. Trivialen darstellt, um die Kunst aus ihrer Isolation herauszuführen u. mit der modernen Lebenswirklichkeit zu verbinden

Pop|corn *das;* -s ⟨*engl.*⟩: Puffmais, Röstmais

Po|pe *der;* -n, -n ⟨*gr.-russ.*⟩: [Welt]priester im slawischen Sprachraum der orthodoxen Kirche

Po|pe|lin [auch: pɔp'li:n] *der;* -s, -e u. **Po|pe|line** [...'li:n] *der;* - [...nə], auch: *die;* -, - [...nə] ⟨*fr.*⟩: sehr fein geripptes, festes Gewebe in Leinenbindung (eine Webart)

Pop|far|be *die;* -, -n: poppige, auffallende Farbe, Farbzusammenstellung

Pop|li|ko|ne, auch: **Pop-I|ko|ne** *die;*
-, -n: Kultfigur des Pop, bes. der
Popmusik

Pop|mu|sik *die;* -: von ↑ Beat u.
↑ Rockmusik beeinflusste moderne [Unterhaltungs]musik
verschiedener Stilrichtungen

pop|pen: 1. (ugs.) koitieren. 2. (regional ugs.) hervorragend u. effektvoll, wirkungsvoll od. beeindruckend sein

¹Pop|per *der;* -s, -: Jugendlicher,
der sich durch gepflegtes Äußeres u. modische Kleidung bewusst [von einem Punk (1 b)]
abheben will

²Pop|per *der;* -s, -s ⟨*engl.*⟩: Fläschchen, Hülse mit Poppers

Pop|pers *das;* -: (Jargon) Rauschmittel, dessen Dämpfe eingeatmet werden

pop|pig: [Stil]elemente der Pop-Art enthaltend, modern-auffallend

Pop|star *der;* -s, -s: erfolgreicher
Künstler, erfolgreiche Künstlerin auf dem Gebiet der Popmusik

po|pu|lär ⟨*lat.-fr.*⟩: 1. gemeinverständlich, volkstümlich. 2. a) beliebt, allgemein bekannt; b) Anklang, Beifall, Zustimmung findend

Po|pu|lar *der;* -s, -en u. -es [...re:s]
⟨*lat.*⟩: Mitglied der altrömischen Volkspartei, die in Opposition zu den ↑ Optimaten
stand

Po|pu|la|ri|sa|tor *der;* -s, ...oren
⟨*lat.-nlat.*⟩: jmd., der etwas gemeinverständlich darstellt u.
verbreitet, in die Öffentlichkeit
bringt. **Po|pu|la|ri|sa|to|rin** *die;* -,
-nen: weibliche Form zu ↑ Popularisator

po|pu|la|ri|sie|ren: 1. gemeinverständlich darstellen. 2. verbreiten, in die Öffentlichkeit bringen

Po|pu|la|ri|tät *die;* - ⟨*lat.-fr.*⟩:
Volkstümlichkeit, Beliebtheit

Po|pu|lar|phi|lo|so|phie *die;* -: die
von einer Schriftstellergruppe
des 18. Jh.s verbreitete volkstümliche, Allgemeinverständlichkeit anstrebende [Aufklärungs]philosophie

po|pu|lär|wis|sen|schaft|lich: in
populärer, gemeinverständlicher Form wissenschaftlich

Po|pu|la|ti|on *die;* -, -en ⟨*lat.*⟩:
1. (veraltend) Bevölkerung.
2. (Biol.) Gesamtheit der Indivi-
duen einer Art od. Rasse in einem engeren Bereich. 3. (Astron.) Gruppe von Sternen mit
bestimmten astrophysikalischen Eigenheiten

Po|pu|la|ti|o|nis|tik *die;* - ⟨*lat.-nlat.*⟩: Bevölkerungslehre, Bevölkerungsstatistik

Po|pu|lis|mus *der;* -: 1. (Pol.) von
↑ Opportunismus geprägte,
volksnahe, oft demagogische
Politik, deren Vertreter durch
Dramatisierung der politischen
Lage die Gunst der Massen zu
gewinnen suchen. 2. literarische
Richtung des 20. Jh.s, die bestrebt ist, das Leben des einfachen Volkes in natürlichem,
realistischen Stil zu schildern.
Po|pu|list *der;* -en, -en: Vertreter des Populismus. **Po|pu|lis|tin**
die; -, -nen: weibliche Form zu
↑ Populist. **po|pu|lis|tisch:** den
Populismus betreffend, auf ihm
beruhend

Pop-up-Buch [...ʼap...] *das;* -[e]s,
...-Bücher ⟨*engl.; dt.*⟩: [Kinder]buch, in dem sich beim
Aufschlagen Bildteile aufstellen

Pop-up-Me|nü *das;* -s, -s: (EDV)
Menü (2), das durch Anklicken
einer Fläche erscheint

Por|fi|do *der;* - ⟨*gr.-it.*⟩: eine Abart
des ↑ Porphyrits

Po|ri: *Plural* von ↑ Porus

Po|ri|o|ma|nie *die;* -, ...ien ⟨*gr.-nlat.*⟩: (Med.) krankhafter
Reise- u. Wandertrieb

Pör|kel[t] u. **Pör|költ** *das;* -s ⟨*ung.*⟩:
dem Gulasch ähnliches Fleischgericht mit Paprika

Por|no *der;* -s, -s ⟨*gr.*⟩: (ugs.) kurz
für: pornografischer Film, Roman o. Ä.

Por|no|graf, auch: ...graph *der;*
-en, -en ⟨*gr.;* „von Huren schreibend"⟩: Verfasser pornografischer Werke. **Por|no|gra|fie**,
auch: ...graphie *die;* -, ...ien ⟨*gr.-nlat.*⟩: a) Darstellung geschlechtlicher Vorgänge unter
einseitiger Betonung des genitalen Bereichs u. unter Ausklammerung der psychischen
u. partnerschaftlichen Gesichtspunkte der Sexualität;
b) pornografisches Erzeugnis.
Por|no|gra|fin, auch: ...graphin
die; -, -nen: weibliche Form zu
↑ Pornograf. **por|no|gra|fisch**,
auch: ...graphisch: die Pornografie (a) betreffend, in ihrer
Art, ihr eigentümlich

Por|no|graph usw. vgl. Pornograf
usw.

por|no|phil ⟨*gr.*⟩: eine Vorliebe für
Pornografie habend

po|ro|din ⟨*gr.-nlat.*⟩: (Geol.) glasig,
erstarrt

Po|ro|me|ire *die* (Plural) ⟨*gr.*⟩: poröse, luftdurchlässige Kunststoffe, die anstelle von Leder
verwendet werden

po|rös ⟨*gr.-lat.-fr.*⟩: durchlässig,
porig; mit kleinen Löchern versehen

Po|ro|si|tät *die;* -: poröse Beschaffenheit

Por|phyr [auch: ...ˈfyːɐ̯] *der;* -s, -e
⟨*gr.*⟩: dichtes, feinkörniges Ergussgestein mit eingestreuten
Kristalleinsprenglingen

Por|phy|rie *die;* -, ...ien ⟨*gr.-nlat.*⟩:
(Med.) vermehrte Bildung u.
Ausscheidung von Porphyrinen
(im Urin)

Por|phy|rin *das;* -s, -e (meist Plural): (Med., Biol.) biologisch
wichtiges, eisen- od. magnesiumfreies Abbauprodukt der
Blut- u. Blattfarbstoffe

por|phy|risch: (Geol.) eine Strukturart aufweisend, bei der
große Kristalle in der dichten
Grundmasse eingelagert sind

Por|phy|rit [auch: ...ˈrit] *der;* -s, -e:
(Geol.) dunkelgraues, oft auch
grünliches od. braunes Ergussgestein mit Einsprenglingen

Por|phy|ro|blas|ten *die* (Plural):
(Geol.) große Kristallneubildungen in dichter Grundmasse
(bei ↑ metamorphen Gesteinen)

Por|phy|ro|id *der;* -[e]s, -e: (Geol.)
↑ dynamometamorph geschieferter Porphyr

Por|ree *der;* -s, -s ⟨*lat.-vulgär-lat.-fr.*⟩: (als Gemüse angebauter) südeuropäischer Lauch

Por|ridge [ˈpɔrɪtʃ] *der* u. *das;* -s
⟨*engl.*⟩: [Frühstücks]haferbrei
(bes. in den angelsächsischen
Ländern)

¹Port *der;* -[e]s, -e ⟨*lat.-fr.;* „Hafen"⟩: Ziel, Ort der Geborgenheit, Sicherheit

²Port [pɔːt] ⟨*lat.-fr.-engl.*⟩: (EDV)
Anschlussstelle für anschließbare Geräte an den ↑ Bus (2)

por|ta|bel ⟨*lat.-fr.*⟩: leicht transportierbar, tragbar

Por|ta|bi|li|tät *die;* - ⟨*lat.-fr.-engl.*⟩: (EDV) Übertragbarkeit von Programmen auf unterschiedliche Datenverarbeitungsanlagen

P

Por|ta|ble [ˈpɔrtəbl]] *der,* (auch:) *das;* -s, -s ⟨*lat.-engl.:* „tragbar"⟩: tragbares Rundfunk-, Kleinfernsehgerät o. Ä.

Por|ta|ge [...ʒə] *die;* -, -n ⟨*lat.-fr.*⟩: 1. Warenladung an Bord eines Schiffes. 2. ↑ Pakotille

por|tal ⟨*lat.-mlat.*⟩: die zur Leber führende Pfortader betreffend, durch sie bewirkt

Por|tal *das;* -s, -e ⟨„Vorhalle"⟩: 1. [prunkvolles] Tor, Pforte, großer Eingang. 2. torartige, fest stehende od. fahrbare Tragkonstruktion für einen Kran. 3. (EDV) a) Website, die als Einstieg ins Internet dient (z. B. Suchmaschine; b) Zugang zu einem bestimmten Themengebiet im Internet (z. B. Sport-, Wissensportal)

Por|ta|ment *das;* -[e]s, -e, **Por|ta|men|to** *das;* -s, -s u. ...ti u. **Por|tan|do la Vo|ce** [- - -ˈvoːtʃə] *das;* - - -, ...di - - ⟨*lat.-it.*⟩: (Mus.) das gleitende Übergehen von einem Ton zu einem anderen, aber abgehobener als beim ↑ Legato

Por|ta|ti|le *das;* -[s], ...ti|lien ⟨*lat.-mlat.*⟩: [mittelalterlicher] Tragaltar (Steinplatte mit Reliquiar zum Messelesen auf Reisen)

Por|ta|tiv *das;* -s, -e ⟨*lat.-mlat.*⟩: kleine tragbare Orgel

por|ta|to ⟨*lat.-it.*⟩: (Mus.) getragen, abgehoben, ohne Bindung (Vortragsanweisung). **Por|ta|to** *das;* -s u. ...ti: (Mus.) getragene, den Ton bindende Vortragsweise

Porte|chaise [pɔrtˈʃɛːzə] *die;* -, -n ⟨*lat.-fr.*⟩: (hist.) Tragsessel, Sänfte

Por|tées [pɔrˈteː] *die* (Plural) ⟨*lat.-fr.*⟩: gezinkte, d. h. zu betrügerischen Zwecken mit Zeichen versehene Spielkarten

Porte|feuille [pɔrtˈfœːj] *das;* -s, -s ⟨*fr.*⟩: 1. (veraltet) Brieftasche, Aktenmappe. 2. Geschäftsbereich eines Ministers. 3. (Wirtsch.) Wertpapierbestand eines Anlegers, Investors

Porte|mon|naie [pɔrtmɔˈneː, auch: ˈpɔrt...] vgl. Portmonee

Por|te|pa|gen [...ˈpaːʒn] *die* (Plural) ⟨*lat.-fr.*⟩: (Druckw.) Kartons als Zwischenlage bei der Aufbewahrung von Stehsatz

Por|te|pee *das;* -s, -s: (früher) [silberne od. goldene] Quaste am Degen, Säbel od. Dolch (eines Offiziers od. Unteroffiziers

vom Feldwebel an); **jmdn. beim Portepee fassen:** jmdm. nahe legen zu tun, was das Ehr- od. Pflichtgefühl verlangt bzw. was eigentlich selbstverständlich sein sollte

Por|ter *der* (auch: *das*); -s, - ⟨*lat.-fr.-engl.*⟩: starkes [englisches] Bier

Por|ter|house|steak [...ˈhaʊsstɛːk] *das;* -s, -s ⟨*engl.*⟩: (meist auf dem Rost gebratene) dicke Scheibe aus dem Rippenstück des Rinds mit [Knochen u.] Filet

Por|teur [...ˈtøː:ɐ̯] *der;* -s, -e ⟨*lat.-fr.*⟩: (Wirtsch.) Inhaber, Überbringer eines Inhaberpapiers (Wertpapier, das nicht auf den Namen des Besitzers lautet)

Port|fo|lio *das;* -s, -s ⟨*it.*⟩: 1. a) (Buchw.) mit Fotografien ausgestatteter Bildband; b) (Kunstwiss.) Mappe mit einer Serie von Druckgrafiken od. Fotografien eines od. mehrerer Künstler. 2. (seltener) ↑ Portefeuille. 3. (Wirtsch.) a) schematische Abbildung zusammenhängender Faktoren im Bereich der strategischen Unternehmensplanung; b) gesamtes, aufeinander abgestimmtes Angebot eines Unternehmens; c) Wertpapierbestand

Por|ti: *Plural* von ↑ Porto

Por|ti|er [...ˈtjeː, österr. auch: ...ˈtiːɐ̯] *der;* -s, -s (österr. meist: -e) ⟨*lat.-fr.*⟩: 1. Pförtner. 2. Hauswart

Por|ti|e|re *die;* -, -n: schwerer Türvorhang

por|tie|ren ⟨*lat.-fr.*⟩: (schweiz.) zur Wahl vorschlagen

Por|ti|kus *der* (fachspr. auch: *die*); -, - [...kuːs] u. ...ken ⟨*lat.*⟩: Säulenhalle als Vorbau an der Eingangsseite eines Gebäudes

Por|ti|o|kap|pe *die;* -, -n ⟨*lat.; dt.*⟩: (Med.) aus Kunststoff hergestellte Kappe, die dem in die Scheide ragenden Teil der Gebärmutter als mechanisches Verhütungsmittel aufgestülpt wird

Por|ti|on *die;* -, -en ⟨*lat.*⟩: [An]teil, abgemessene Menge (bes. bei Speisen)

por|ti|o|nie|ren ⟨*lat.-fr.*⟩: in Portionen teilen. **Por|ti|o|nie|rer** *der;* -s, -: Gerät zum Einteilen von Portionen (z. B. bei Speiseeis)

Por|ti|un|ku|la|ab|lass *der;* -es ⟨nach der Marienkapelle Porziuncola bei Assisi⟩: (kath. Kirche) vollkommener ↑ Totiesquoties-Ablass, der am 2. August (Weihe der Portiunkula) vor allem in Franziskanerkirchen gewonnen werden kann

Port|land|ze|ment *der;* -[e]s ⟨nach der brit. Insel Portland⟩: Zement mit bestimmten genormten Eigenschaften; Abk.: PZ

Port|mo|nee, auch: Portemonnaie [pɔrtmɔˈneː, auch: ˈpɔrt...] *das;* -s, -s: Geldtäschchen, -börse

Por|to *das;* -s u. ...ti ⟨*lat.-it.*⟩: Gebühr für die Beförderung von Postsendungen

Por|to|lan vgl. Portulan

Por|t|rait [...ˈtrɛː] *das;* -s, -s ⟨*lat.-fr.*⟩: franz. Schreibung für ↑ Porträt

Por|t|rät [...ˈtrɛː] *das;* -s, -s: Bild (bes. Brustbild) eines Menschen; Bildnis

por|t|rä|tie|ren: jmds. Porträt anfertigen

Por|t|rä|tist *der;* -en, -en ⟨*lat.-fr.-nlat.*⟩: Fotograf, Künstler, der Porträts anfertigt. **Por|t|rä|tis|tin** *die;* -, -nen: weibliche Form zu ↑ Porträtist

Por|tu|gie|ser *der;* -s, - ⟨Herkunft ungeklärt⟩: a) (ohne Plural) schwarzblaue Rebsorte; b) Rotwein der Rebsorte Portugieser (a)

Por|tu|lak *der;* -s, -e u. -s ⟨*lat.*⟩: in vielen Arten verbreitete Pflanze

Por|tu|lan u. Portolan *der;* -s, -e ⟨*lat.-it.*⟩: mittelalterliches Segelhandbuch

Port|wein *der;* -[e]s, -e ⟨nach der portugies. Stadt Porto⟩: dunkelroter od. weißer Likörwein aus den portugiesischen Gebieten des Douro

Po|rus *der;* -, Pori ⟨gr.-lat.⟩: (Med., Biol.) Ausgang eines Körperkanals; Körperöffnung

Por|zel|lan *das;* -s, -e ⟨*lat.-it.*⟩: feinste Tonware, die durch Brennen einer aus Kaolin, Feldspat u. Quarz bestehenden Masse hergestellt wird

por|zel|la|nen: aus Porzellan

Po|sa|da *die;* -, ...den ⟨gr.-lat.-span.⟩: span. Bez. für: Wirtshaus

Po|sa|ment *das;* -[e]s, -en (meist Plural) ⟨*lat.-fr.*⟩: textiler Besatzartikel (Borte, Schnur, Quaste o. Ä.)

Po|sa|men|ter der; -s, -: Posamentenhersteller und -händler

Po|sa|men|te|rie die; -, ...ien: Geschäft, in dem Posamenten angeboten werden

Po|sa|men|te|rin die; -, -nen: weibliche Form zu ↑ Posamenter

Po|sa|men|tier der; -s, -e: ↑ Posamenter

po|sa|men|tie|ren: Posamenten herstellen

Po|sa|men|tie|rer der; -s, -: ↑ Posamenter. **Po|sa|men|tie|re|rin** die; -, -nen: weibliche Form zu ↑ Posamentierer

Po|sa|men|tie|rin die; -, -nen: weibliche Form zu ↑ Posamentier

Po|sau|ne die; -, -n ⟨lat.-vulgärlat.-fr.; „Jagdhorn, Signalhorn"⟩: Blechblasinstrument mit kesselförmigem Mundstück u. dreiteiliger, doppelt u-förmig gebogener langer Schallröhre mit ausziehbarem Mittelteil

po|sau|nen: 1. (meist ugs.) die Posaune blasen. 2. (ugs. abwertend) a) [etwas, was bekannt werden sollte] überall herumerzählen; b) lautstark verkünden, ausposaunen

Po|sau|nist der; -en, -en: Musiker, der Posaune spielt. **Po|sau|nis-tin** die; -, -nen: weibliche Form zu ↑ Posaunist

Posch|ti u. Puschti der; -[s], -s ⟨pers.⟩: sehr kleiner, handgeknüpfter Vorlegeteppich, bes. aus der Gegend um die iranische Stadt Schiras

Po|se die; -, -n ⟨gr.-lat.-fr.⟩: 1. (auf eine bestimmte Wirkung abzielende) Körperhaltung, Stellung. 2. gekünstelte Stellung; gesuchte, unnatürliche, affektierte Haltung

Po|seur [...'zø:ɐ̯] der; -s, -e: (abwertend) Blender, Wichtigtuer; jmd., der sich ständig in Szene setzt. **Po|seu|rin** [...'zø:rɪn] die; -, -nen: weibliche Form zu ↑ Poseur

Po|si|do|ni|en|schie|fer der; -s ⟨gr.-lat.; dt.⟩: (Geol.) versteinerungsreicher, ↑ bituminöser schwarzer Schieferhorizont im ↑ Lias

po|sie|ren ⟨gr.-lat.-fr.⟩: 1. aus einem bestimmten Anlass eine Pose, eine besonders wirkungs-

volle Stellung einnehmen. 2. sich gekünstelt benehmen

Po|si|ti|on die; -, -en ⟨lat.⟩: 1. a) Stellung, Stelle [im Beruf]; b) Situation, Lage, in der sich jmd. im Verhältnis zu einem anderen befindet; c) Einstellung, Standpunkt. 2. bestimmte Stellung, Haltung. 3. (Sport) Platz, Stelle in einer Wertungsskala. 4. Einzelposten einer [Waren]liste, eines Planes (Abk.: Pos.). 5. a) Standort eines Schiffes od. Flugzeugs; b) (Astron.) Standort eines Gestirns. 6. militärische Stellung. 7. a) (antike Metrik) metrische Länge, Positionslänge eines an sich kurzen Vokals vor zwei od. mehr folgenden Konsonanten; b) (Sprachw.) jede geordnete Einheit in einer sprachlichen Konstruktion (nach Bloomfield). 8. (Philos.) a) Setzung, Annahme, Aufstellung einer These; b) Bejahung eines Urteils; c) Behauptung des Daseins einer Sache

po|si|ti|o|nell ⟨französierende Ableitung von ↑ Position⟩: 1. stellungsmäßig. 2. in der Stellung (im strategischen Aufbau) einer Schachpartie begründet

po|si|ti|o|nie|ren: in eine bestimmte Position (2), Stellung bringen; einordnen. **Po|si|ti|o-nie|rung** die; -, -en: das Positionieren

Po|si|ti|ons|las| t|ro|no|mie die; -: ↑ Astrometrie

Po|si|ti|ons|win|kel der; -s, -: (Astron.) Winkel zwischen der Richtung zum Himmelsnordpol u. der Richtung der Verbindungslinie zweier Sterne

po|si|tiv [auch: pozi'ti:f] ⟨lat.(-fr.)⟩: 1. a) bejahend, zustimmend; Ggs. ↑ negativ (1 a); b) ein Ergebnis bringend; vorteilhaft, günstig, gut; Ggs. ↑ negativ (1 b); c) sicher, genau, tatsächlich. 2. (Math.) größer als Null (Zeichen: +); Ggs. ↑ negativ (2). 3. (Fotogr.) bei der Natur entsprechender Licht- u. Schattenverteilung habend; Ggs. ↑ negativ (3). 4. (Phys.) im ungeladenen Zustand mehr Elektronen enthaltend als im geladenen; Ggs. ↑ negativ (4). 5. (Med.) für das Bestehen einer Krankheit sprechend, einen krankhaften

Befund zeigend; Ggs. ↑ negativ (5)

¹Po|si|tiv [auch: pozi'ti:f] der; -s -e ⟨lat.⟩: (Sprachw.) ungesteigerte Form des Adjektivs, Grundstufe (z. B. schön)

²Po|si|tiv [auch: pozi'ti:f] das; -s, -e: 1. kleine Standorgel, meist ohne Pedal. 2. (Fotogr.) über das ↑ Negativ gewonnenes, seitenrichtiges, der Natur entsprechendes Bild

Po|si|ti|va: Plural von ↑ Positivum

Po|si|ti|vis|mus der; - ⟨lat.-nlat.⟩: Philosophie, die ihre Forschung auf das Positive, Tatsächliche, Wirkliche u. Zweifellose beschränkt, sich allein auf Erfahrung beruft u. jegliche Metaphysik als theoretisch unmöglich u. praktisch nutzlos ablehnt. **Po|si|ti|vist** der; -en, -en: Vertreter, Anhänger des Positivismus. **Po|si|ti|vis|tin** die; -, -nen: weibliche Form zu ↑ Positivist. **po|si|ti|vis|tisch:** 1. den Positivismus betreffend, zu ihm gehörend, auf ihm beruhend. 2. (abwertend) sich wissenschaftlichen Arbeit nur auf das Sammeln o. Ä. beschränkend [u. keine eigene Gedankenarbeit aufweisend]

Po|si|tiv|pro|zess der; -es, -e: (Fotogr.) chemischer Vorgang zur Herstellung von ²Positiven (2)

Po|si|ti|vum das; -s, ...va: etwas, was an einer Sache als positiv (1 b), vorteilhaft, gut empfunden wird; etwas Positives; Ggs. ↑ Negativum

po|si|to ⟨lat.⟩: (veraltet) angenommen, gesetzt den Fall

Po|si|t|ron das; -s, ...onen ⟨Kurzw. aus: positiv u. Elektron⟩: positiv geladenes Elementarteilchen, dessen Masse gleich der Elektronenmasse ist; Zeichen: e⁺

Po|si|tur die; -, -en ⟨lat.; „Stellung, Lage"⟩: 1. bewusst eingenommene Stellung, Haltung des Körpers. 2. (landsch.) Gestalt, Figur, Statur

Pos|ses|si|on die; -, -en ⟨lat.⟩: (Rechtsw.) Besitz

pos|ses|siv [auch: ...'si:f]: 1. (seltener) sehr dazu neigend, von jmd., etwas Besitz zu ergreifen. 2. (Sprachw.) besitzanzeigend.

Pos|ses|siv [auch: ...'si:f] das; -s, -e: ↑ Possessivpronomen

Pos|ses|si|va: Plural von ↑ Possessivum

Pos|ses|siv|kom|po|si|tum [auch: ...'si:f...] *das; -s, ...ta u. ...siten:* ↑ Bahuwrihi

Pos|ses|siv|pro|no|men [auch: ...'si:f...] *das; -s, - u. ...mina:* (Sprachw.) besitzanzeigendes Fürwort (z. B. mein)

Pos|ses|si|vum *das; -s, ...va:* ↑ Possessiv

pos|ses|so|risch *⟨lat.⟩:* (Rechtsw.) den Besitz betreffend

Pos|sest *das; -:* (Philos.) das Zusammenfallen von Möglichkeit (Können) u. Wirklichkeit (Sein) im Göttlichen (nach Nikolaus von Kues)

pos|si|bel *⟨lat.-fr.⟩:* (veraltet) möglich

Pos|si|bi|lis|mus *der; - ⟨lat.-nlat.⟩:* (1882 entstandene) Bewegung innerhalb des französischen Sozialismus, die sich mit erreichbaren sozialistischen Zielen begnügen wollte. **Pos|si|bi|list** *der; -en, -en:* Vertreter, Anhänger des Possibilismus. **Pos|si|bi|lis|tin** *die; -, -nen:* weibliche Form zu ↑ Possibilist

Pos|si|bi|li|tät *die; -, -en:* (veraltet) Möglichkeit

pos|sier|lich *⟨fr.; dt.⟩:* klein, niedlich u. dabei drollig

---

post..., Post...

⟨lat. post „hinter, nach"⟩
Präfix mit der Bedeutung „nach, hinter":
– postembryonal
– Postglazial
– Postmoderne
– posttraumatisch

---

pos|ta|lisch *⟨lat.-it.-nlat.⟩:* die Post betreffend, von der Post ausgehend

Pos|ta|ment *das; -[e]s, -e ⟨lat.-it.⟩:* Unterbau, Sockel einer Säule od. Statue

Post|ar|beit *die; -, -en:* (österr. ugs. veraltend) eilige, dringende Arbeit

Post|car *der; -s, -s:* (schweiz.) Linienbus der Post

post Chris|tum [na|tum] *⟨lat.⟩:* nach Christi [Geburt], nach Christus; Abk.: p. Chr. [n.]

post|da|tie|ren *⟨lat.-nlat.⟩:* (veraltet) a) zurückdatieren; b) vorausdatieren

Post|de|bit *der; -s ⟨lat.-it.; lat.-fr.⟩:* Zeitungsvertrieb durch die Post; vgl. Debit

Post|doc *der; -s, -s u. die; -, -s ⟨engl.⟩:* nach der Promotion auf dem jeweiligen Spezialgebiet noch weiter forschender Wissenschaftler bzw. forschende Wissenschaftlerin

post|em|b|ry|o|nal *⟨lat.; gr.-nlat.⟩:* (Med.) nach der Embryonalzeit

pos|ten ['poʊstn̩] *⟨lat.-it.-fr.-engl.⟩:* (EDV) sich mit Fragen, Antworten, Kommentaren bei Newsgroups im Internet beteiligen

Pos|ter [auch: 'poʊstə] *das od. der; -s, - (bei engl. Aussspr.: -s) ⟨engl.⟩ „Plakat":* plakatartig aufgemachtes, in seinen Motiven der modernen Kunst od. Fotografie folgendes gedrucktes Bild

poste res|tante ['pɔst rɛs'tã:t] *⟨lat.-it.-fr.⟩:* franz. Bez. für: postlagernd

Pos|te|ri|o|ra *die (Plural) ⟨lat.; „Nachfolgendes"⟩:* (scherzh.) Gesäß

Pos|te|ri|o|ri|tät *die; - ⟨lat.-mlat.⟩:* (veraltet) das Zurückstehen in Amt od. Rang; niedrigere Stellung

Pos|te|ri|tät *die; -, -en ⟨lat.⟩:* (veraltet) a) Nachkommenschaft; b) Nachwelt

Post|e|xis|tenz *die; - ⟨lat.-nlat.⟩:* (Philos.) das Fortbestehen der Seele nach dem Tod; Ggs. ↑ Präexistenz (2)

post fes|tum *⟨lat.; „nach dem Fest"⟩:* hinterher, im Nachhinein; zu einem Zeitpunkt, wo es eigentlich zu spät ist, keinen Zweck od. Sinn mehr hat

post|gla|zi|al *⟨lat.-nlat.⟩:* (Geol.) nacheiszeitlich. **Post|gla|zi|al** *das; -s:* (Geol.) Nacheiszeit

Post|glos|sa|tor *der; -s, ...oren (meist Plural) ⟨lat.-it.⟩:* (hist.) Vertreter einer Gruppe italienischer Rechtslehrer des 13./14. Jh.s, die durch die Kommentierung des ↑ Corpus Iuris Civilis die praktische Grundlage der modernen Rechtswissenschaft schufen

post|gra|du|al: 1. ↑ postgraduell. 2. (DDR) nach Abschluss eines [Hochschul]studiums stattfindend; vgl. ...al/...ell

post|gra|du|ell: nach der Graduierung, dem Erwerb eines akademischen Grades erfolgend; vgl. ...al/...ell

Pos|thi|tis *die; -, ...itiden ⟨gr.-nlat.⟩:* (Med.) Vorhautentzündung

post|hum, postum *⟨lat.⟩:* a) nach jmds. Tod erfolgend (z. B. eine Ehrung); b) zum künstlerischen o. ä. Nachlass gehörend, nach dem Tod eines Autors veröffentlicht, nachgelassen (z. B. ein Roman); c) nach dem Tod des Vaters geboren, nachgeboren. **Post|hu|mus, Postumus** *der; -, ...mi:* (Rechtsw.) Spät-, Nachgeborener

Pos|ti|che [pɔs'tiʃə, auch:...'ti:ʃə] *die; -, -s ⟨it.-fr.⟩:* Haarteil

Pos|ti|cheur [...'ʃø:ɐ̯] *der; -s, -e ⟨fr.⟩:* Fachkraft für die Anfertigung u. Pflege von Perücken u. Haarteilen; Perückenmacher. **Pos|ti|cheu|se** [...'ʃø:zə] *die; -, -n:* weibliche Form zu ↑ Posticheur

pos|tie|ren *⟨lat.-it.-fr.⟩:* a) jmdn., sich an einen bestimmten Platz stellen, aufstellen; b) etwas an eine bestimmte Stelle stellen, dort aufbauen, errichten; aufstellen

Pos|til|le *die; -, -n ⟨lat.-mlat.⟩:* 1. religiöses Erbauungsbuch. 2. Predigtbuch, -sammlung

Pos|til|li|on [auch: ...'jo:n] *der; -s, -e ⟨lat.-it.(-fr.)⟩:* 1. (hist.) Postkutscher. 2. heimischer Tagfalter mit orangegelben, schwarz gesäumten Flügeln

Po|s|til|lon d'A|mour [pɔstijõda-'mu:r] *der; - -, -s [...jõ:] - ⟨fr.⟩:* (scherzh.) Überbringer eines Liebesbriefes

post|in|dus|t|ri|ell *⟨lat.; lat.-fr.⟩:* (Soziol.) die Stufe der gesellschaftlichen Entwicklung betreffend, die der Industrialisierung folgt

post|ka|pi|ta|lis|tisch *⟨lat.-nlat.⟩:* (Soziol.) die Stufe der gesellschaftlichen Entwicklung betreffend, die dem Kapitalismus folgt

Post|kom|mu|ni|on *die; -, -en ⟨lat.-mlat.⟩:* Schlussgebet der katholischen Messe nach der ↑ Kommunion

post|kom|mu|nis|tisch: nach dem Zusammenbruch eines kommunistischen Regierungssystems [auftretend]

Post|lu|di|um *das; -s, ...ien ⟨lat.-nlat.⟩:* musikalisches Nachspiel

Post|ma|te|ri|a|lis|mus *der; -:* Lebenseinstellung, die keinen Wert mehr auf das Materielle legt, sondern immaterielle Bedürfnisse (z. B. nach einer intakten, natürlichen u. sozialen Umwelt) für dringlicher hält.

post|ma|te|ri|a|lis| tisch: den Postmaterialismus betreffend

post|ma|te|ri|ell: ↑ postmaterialistisch

post me|ri|di|em ⟨*lat.*⟩: vgl. p. m. (1); Ggs. ↑ ante meridiem

post|mo|dern: die Postmoderne betreffend. **Post|mo|der|ne** *die; -:* 1. Stilrichtung der modernen Architektur, die durch eine Abkehr vom Funktionalismus u. Hinwendung zu freierem Umgang mit unterschiedlichen Bauformen auch aus früheren Epochen gekennzeichnet ist. 2. der Moderne (2) folgende Zeit, für die Pluralität (1) in Kunst u. Kultur, in Wirtschaft u. Wissenschaft sowie demokratisch mitgestaltende Kontrolle der Machtzentren charakteristisch sind

Post|mo|lar *der; -en, -en* ⟨*lat.- nlat.*⟩: (Med.) hinterer Backenzahn, Mahlzahn

post|mor|tal: (Med.) nach dem Tode [auftretend] (z. B. von Organveränderungen)

post mor|tem ⟨*lat.*⟩: nach dem Tode; Abk.: p. m.

post|na|tal: (Med.) nach der Geburt [auftretend] (z. B. von Schädigungen des Kindes)

post|nu|me|ran|do ⟨*lat.-nlat.*⟩: nachträglich (zahlbar); Ggs. ↑ pränumerando

Post|nu|me|ra|ti|on *die; -, -en:* Nachzahlung; Ggs. ↑ Pränumeration

Pos| to ⟨*lat.-it.*⟩: in der Wendung **Posto fassen:** (veraltet) sich aufstellen, eine Stellung einnehmen

post|o| pe|ra|tiv ⟨*lat.-nlat.*⟩: (Med.) nach der Operation auftretend, einer Operation folgend

post|pa|la|tal: (Sprachw.) hinter dem Gaumen gesprochen (von Lauten); Ggs. ↑ präpalatal

post par|tum ⟨*lat.*⟩: (Med.) nach der Geburt bzw. Entbindung [auftretend]

post|pneu|mo|nisch ⟨*lat.; gr.-nlat.*⟩: (Med.) nach einer Lungenentzündung [auftretend]

post|po|nie|ren ⟨*lat.*⟩: (veraltet) dahinter setzen. **post|po|nie-rend:** (Med.) verspätet eintre-

tend (z. B. von Krankheitssymptomen)

Post|po|si|ti|on *die; -, -en* ⟨*lat.- nlat.*⟩: 1. (Sprachw.) dem Substantiv nachgestellte Präposition. 2. (Med.) a) Verlagerung eines Organs nach hinten; b) verspätetes Auftreten (z. B. von Krankheitssymptomen)

post|po|si|tiv: (Sprachw.) die Postposition (1) betreffend, dem Substantiv nachgestellt (von Präpositionen)

Post|prä|di|ka|ment *das; -[e]s, -e* (meist Plural): aus den ↑ Prädikamenten bzw. ↑ Kategorien (3) abgeleiteter Begriff der scholastischen Philosophie

Post|re|gal *das; -s:* Recht des Staates, das gesamte Postwesen in eigener Regie zu führen

Post|skript *das; -[e]s, -e* u. **Post-skrip|tum** *das; -s, ...ta* ⟨*lat.*⟩: Nachschrift; Abk.: PS

Post|sze|ni|um *das; -s, ...ien* ⟨*lat.; gr.-nlat.*⟩: (Theater) Raum hinter der Bühne; Ggs. ↑ Proszenium (2)

post|tek|to|nisch: (Geol.) sich nach tektonischen Bewegungen ergebend (von Veränderungen in Gesteinen)

post|ter|ti|är ⟨*lat.-nlat.*⟩: (Geol.) einen Zeitabschnitt nach dem ↑ Tertiär betreffend

post|trau|ma|tisch ⟨*lat.; gr.-nlat.*⟩: (Med.) nach einer Verletzung auftretend

Pos| tu|lant *der; -en, -en* ⟨*lat.*⟩: 1. Bewerber. 2. Kandidat eines katholischen Ordens während der Probezeit. **Pos| tu|lan|tin** *die; -, -nen:* weibliche Form zu ↑ Postulant

Pos| tu|lat *das; -[e]s, -e:* 1. etwas, was aufgrund bestimmter Umstände erforderlich, unabdingbar erscheint; Forderung. 2. (Philos.) sachlich od. denkerisch notwendige Annahme, These, die unbeweisbar od. noch nicht bewiesen, aber durchaus glaubhaft u. einsichtig ist. 3. Probezeit für die Kandidaten eines katholischen Ordens

Pos| tu|la|ti|on *die; -, -en:* Benennung eines Bewerbers für ein hohes katholisches Kirchenamt, der erst von einem ↑ kanonischen Hindernis befreit werden muss

pos| tu|la|tiv: auf einem Postulat beruhend

pos| tu|lie|ren: 1. fordern, zur Bedingung machen. 2. feststellen. 3. ein Postulat (2) aufstellen

pos| tum usw. vgl. posthum usw.

Pos| tur *die; - ⟨lat.-it.⟩:* (schweiz.) ↑ Positur

post ur|bem con|di|tam ⟨*lat.*⟩: nach der Gründung der Stadt (Rom); Abk.: p. u. c.; vgl. ab urbe condita

Post|ven|ti|on *die; -, -en* ⟨*lat.- nlat.*⟩: (Med.) Betreuung eines Patienten durch einen Arzt nach einer Krankheit, einer Operation; Nachsorge

Post|ver|bal|le *das; -[s], ...lia* ⟨*lat.- nlat.*⟩: ↑ Nomen postverbale

¹Pot *das; -s ⟨engl.-amerik.⟩:* (Jargon) ↑ Haschisch, ↑ Marihuana

²Pot *der; -s ⟨engl.-amerik.⟩:* Summe aller Einsätze, Kasse (beim ↑ Poker)

Po|ta|ge [...ʒə] *die; -, -n* ⟨*fr.*⟩: (veraltet) Suppe

po|ta|misch ⟨*gr.-nlat.*⟩: (Geogr.) die ↑ Potamologie betreffend

po|ta|mo|gen: (Geogr.) durch Flüsse entstanden

Po|ta|mo|lo|gie *die; -:* Forschungszweig der ↑ Hydrologie u. Geographie zur Erforschung von Flüssen

Po|tas|si|um *das; -s ⟨dt.-nlat.⟩:* engl. u. franz. Bez. für ↑ Kalium

Po|ta|tor *der; -s, ...oren* ⟨*lat.*⟩: (Med.) Trinker

Po|ta|to|ri|um *das; -s:* (Med.) Trunksucht

Po| t|au|feu [potoˈføː] *der od. das; -[s], -s ⟨fr.⟩:* „Topf auf dem Feuer"): Eintopf aus Fleisch u. Gemüse, dessen Brühe, über Weißbrot gegossen, vorweg gegessen wird

po|tem|kinsch [auch: paˈtjɔmkɪnʃ] ⟨nach dem russ. Fürsten Potemkin (1739–1791), der Dorfattrappen errichten ließ, um Wohlstand vorzutäuschen⟩: in der Fügung **potemkinsche Dörfer:** a) Trugbilder, Vorgetäuschtes; b) Vorspiegelung falscher Tatsachen

po|tent ⟨*lat.*⟩: 1. a) leistungsfähig; b) mächtig, einflussreich; c) zahlungskräftig, vermögend. 2. (Med.) a) (vom Mann) fähig zum Geschlechtsverkehr; b) zeugungsfähig; Ggs. ↑ impotent (1)

Po|ten|tat *der; -en, -en:* 1. jmd., der Macht hat u. Macht zu seinem Vorteil ausübt. 2. (veraltet)

souveräner, regierender Fürst.
Po|ten|ta|tin *die;* -, -nen: weibliche Form zu ↑ Potentat
po|ten|ti|al usw. vgl. potenzial usw.
Po|ten|ti|al|dif|fe|renz vgl. Potenzialdifferenz
Po|ten|ti|a|lis vgl. Potenzialis
Po|ten|ti|a|li|tät vgl. Potenzialität
po|ten|ti|ell vgl. potenziell
Po|ten|til|la *die;* -, ...llen ⟨*lat.-nlat.*⟩: Fingerkraut (gelb od. weiß blühendes Rosengewächs mit vielen Arten, bes. auf Wiesen)
Po|ten|ti|o|me|ter usw. vgl. Potenziometer usw.
Po|tenz *die;* -, -en ⟨*lat.*⟩: 1. Fähigkeit, Leistungsvermögen. 2. (Med.) a) Fähigkeit des Mannes zum Geschlechtsverkehr; b) Zeugungsfähigkeit. 3. (Med.) Grad der Verdünnung einer Arznei in der ↑ Homöopathie. 4. (Math.) Produkt mehrerer gleicher Faktoren, dargestellt durch die ↑ Basis (4 c) u. den ↑ Exponenten (2)
Po|tenz|ex|po|nent *der;* -en, -en: (Math.) Hochzahl einer Potenz (4)
po|ten|zi|al, auch: potential ⟨*lat.-mlat.*⟩: 1. (Philos.) die bloße Möglichkeit betreffend; Ggs. ↑ aktual (1). 2. (Sprachw.) die Möglichkeit ausdrückend. **Po|ten|zi|al**, auch: Potential *das;* -s, -e: 1. Leistungsfähigkeit. 2. (Phys.) a) Maß für die Stärke eines Kraftfeldes in einem Punkt des Raumes; b) potenzielle Energie
Po|ten|zi|al|dif|fe|renz, auch: Potentialdifferenz *die;* -: (Phys.) Unterschied elektrischer Kräfte bei aufgeladenen Körpern
Po|ten|zi|a|lis, auch: Potentialis *der;* -, ...les [...le:s] ⟨*lat.-mlat.*⟩: (Sprachw.) ↑ Modus (2) der Möglichkeit, Möglichkeitsform
Po|ten|zi|a|li|tät, auch: Potentialität *die;* -: (Philos.) Möglichkeit, die zur Wirklichkeit werden kann; Ggs. ↑ Aktualität (3)
po|ten|zi|ell, auch: potentiell ⟨*lat.-mlat.-fr.*⟩: möglich (im Unterschied zu wirklich), denkbar; der Anlage, Möglichkeit nach; Ggs. ↑ aktual (2, 3), ↑ aktuell (2); **potenzielle Energie:** (Phys.) Energie, die ein Körper aufgrund seiner Lage in einem Kraftfeld besitzt

po|ten|zie|ren: 1. verstärken, erhöhen, steigern. 2. (Med.) a) die Wirkung eines Arznei- od. Narkosemittels verstärken; b) (Math.) eine Arznei homöopathisch verdünnen. 3. eine Zahl mit sich selbst multiplizieren
Po|ten|zi|o|me|ter, auch: Potentiometer *das;* -s, - ⟨*lat.; gr.*⟩: (Elektrot.) Gerät zur Abnahme od. Herstellung von Teilspannungen, Spannungsteiler. **Po|ten|zi|o|me|t|rie**, auch: Potentiometrie *die;* -, ...jen: (Chem.) maßanalytisches Verfahren, bei dem der Verlauf einer ↑ Titration durch Potenzialmessung an der zu bestimmenden Lösung verfolgt wird. **po|ten|zi|o|me|t|risch**, auch: potentiometrisch: (Elektrot.) das Potenziometer betreffend, mit ihm durchgeführt
Po|tenz|pil|le *die;* -, -n: (ugs.) die Potenz (2 a) steigerndes Mittel (z. B. Viagra)
Po|te|rie *die;* -, -s ⟨*fr.*⟩: (veraltet) a) Töpferware; b) Töpferwerkstatt
Po|ter|ne *die;* -, -n ⟨*lat.-fr.*⟩: (hist.) unterirdischer, bombensicherer Festungsgang
Pot|latch [ˈpɒtlætʃ], **Pot|latsch** *der* u. *das;* -[e]s ⟨*indian.-engl.*⟩: 1. Fest der nordamerikanischen Indianer, bei dem Geschenke verteilt u. Wertgegenstände zerstört werden, um durch Zurschaustellung des eigenen Reichtums seinen sozialen Rang zu sichern, sein Ansehen zu erhöhen. 2. rauschhaftes Ritual; rauschhafte Freigebigkeit
Po|to|ma|nie *die;* - ⟨*gr.-nlat.*⟩: ↑ Potatorium
Pot|pour|ri [...puri, auch: ...puˈri:] *das;* -s, -s ⟨*fr.*⟩: 1. Zusammenstellung verschiedenartiger, durch Übergänge verbundener (meist bekannter u. beliebter) Melodien. 2. buntes Allerlei, Kunterbunt
Pot|pour|ri|va|se *die;* -, -n: [reich] verzierte Porzellanvase mit durchlöchertem Deckel, in der duftende Kräuter aufbewahrt werden
Pou|d|ret|te [pu...] *die;* - ⟨*lat.-fr.*⟩: (selten) Fäkaldünger
Pou|ja|dis|mus [puʒa...] *der;* ⟨*fr.-nlat.;* nach dem franz. Politiker Poujade, geb. 1920)⟩: kleinbür-

gerliche französische Protestbewegung mit extremistischfaschistischer Tendenz (bes. in den 1950er-Jahren)
Poul|lard [puˈlaːɐ̯] *das;* -s, -s u.
Poul|lar|de [puˈlardə] *die;* -, -n ⟨*lat.-fr.*⟩: junges [verschnittenes] Masthuhn od. -hähnchen
Poule [pu:l] *die;* -, -n [...lŋ]: 1. Spiel- od. Wetteinsatz. 2. bestimmtes Spiel beim Billard od. Kegeln
Poul|let [puˈleː] *das;* -s, -s: junges, zartes Masthuhn od. -hähnchen
Pound [paʊnt] *das;* -, -s ⟨*lat.-engl.*⟩: „Pfund": englische Masseeinheit (453,60 g); Abk.: lb., Plural: lbs.
pour ac|quit [puraˈki] ⟨*fr.*⟩: (selten) als Quittung; vgl. Acquit
pour fé|li|ci|ter [...siˈteː]: (veraltet) um Glück zu wünschen (meist als Abkürzung auf Visitenkarten); Abk.: p. f.
Pour le Mé|rite [...ləməˈrɪt] *der;* - - ⟨*fr.;* „für das Verdienst"⟩: hoher Verdienstorden, von dem seit 1918 nur noch die Friedensklasse für Wissenschaften u. Künste verliehen wird
Pour|par|ler [...parˈleː] *das;* -s, -s ⟨*fr.*⟩: (veraltet) diplomatische Besprechung, Unterredung; Meinungsaustausch
Pous|sa|ge [puˈsaːʒə] *die;* -, -n ⟨*lat.-fr.*⟩: (veraltet) 1. Flirt, Liebschaft. 2. (veraltet, oft abwertend) Geliebte
pous|sé u. **pous|sez** [puˈseː]: (Mus.) mit Bogenaufstrich (Anweisung für Streichinstrumente)
pous|sie|ren [pu...]: 1. (ugs. veraltend, noch landsch.) flirten, anbändeln; mit jmdm. in einem Liebesverhältnis stehen. 2. (veraltet) jmdm. schmeicheln; jmdn. gut behandeln u. verwöhnen, um etwas zu erreichen
Poul|voir [puˈvoaːɐ̯] *das;* -s, -s ⟨*lat.-vulgärlat.-fr.*⟩: (österr.) Handlungs-, Verhandlungsvollmacht
Po|ve|se vgl. Pafese
po|wer ⟨*lat.-fr.*⟩: (landsch.) armselig, ärmlich, dürftig, minderwertig
Po |wer [ˈpaʊɐ] *die;* - ⟨*engl.*⟩: (Jargon) Kraft, Stärke, Leistung
Po |wer|frau [ˈpaʊɐ...] *die;* -, -en: tüchtige Frau voll Kraft u. Stärke

po |**w**|**ern** [ˈpaʊɐn] ⟨*engl.*⟩: (Jargon) a) große Leistung entfalten, sich voll einsetzen; b) mit großem Aufwand fördern, unterstützen

Po |**w**|**er**|**play**ˈ[ˈpaʊɐple:] *das; -[s]* ⟨*engl.-amerik.;* „Kraftspiel")ː (bes. Eishockey) gemeinsames, anhaltendes Anstürmen auf das gegnerische Tor

Po |**w**|**er**|**slide** [ˈpaʊɐslaɪt] *das; -[s]* ⟨*engl.;* „Kraftrutschen")ː (Motorsport) Kurventechnik, bei der der Fahrer das Fahrzeug, ohne die Geschwindigkeit zu vermindern, seitlich in die Kurve rutschen lässt, um es mit Vollgas geradeaus aus der Kurve herausfahren zu können

Po|**widl** *der; -s, -* ⟨*tschech.*⟩: (österr.) Pflaumenmus

Po|**widl**|**ko**|**lat**|**sche** *die; -, -n*: (österr.) mit Pflaumenmus gefülltes Hefegebäckstück

Po|**widl**|**tatsch**|**kerl** *das; -s, -n*: (österr.) mit Pflaumenmus gefüllte u. in Salzwasser gekochte, flache, halbkreisförmige Speise aus Kartoffelteig

Poz|**zo**|**lan, Poz**|**zu** |**o**|**lan** vgl. Puzzolan

---

prä..., Prä...

⟨*lat.* prae „vor")
Präfix mit der Bedeutung „vor, voran, voraus":
– Prädisposition
– prähistorisch
– Präkambrium
– Prämolar
– pränatal

Prä *das; -s* ⟨*lat.*⟩: jmdm. zum Vorteil gereichender Vorrang

Prä|**am**|**bel** *die; -, -n* ⟨*lat.-mlat.;* „Vorangehendes")ː 1. a) Einleitung; b) feierliche Erklärung als Einleitung eines [Verfassungs]urkunde od. eines Staatsvertrages. 2. Vorspiel in der Lauten- u. Orgelliteratur des 15. u. 16. Jh.s

Prä|**a**|**ni**|**mis**|**mus** *der; -* ⟨*lat.-nlat.*⟩: (Völkerk.) angenommene Vorstufe des ↑ Animismus (1), z. B. der ↑ Dynamismus (2)

Prä|**ben**|**dar** *der; -s, -e* u. **Prä**|**ben**|**da**|**ri**|**us** *der; -, ...ien* ⟨*lat.-mlat.*⟩: Inhaber einer Präbende. **Prä**|**ben**|**de** *die; -, -n*: kirchliche Pfründe

Prä|**chel**|**lé**|**en** [prɛʃɛˈleɛ̃:] *das; -[s]*

⟨*lat.; fr.;* nach dem franz. Fundort Chelles⟩: (veraltet) ↑ Abbevillien

prä|**de** |**is** |**tisch** ⟨*lat.-nlat.*⟩: noch nicht auf göttliche Wesen bezogen (von magischen Bräuchen u. Vorstellungen bei Naturvölkern)

Prä|**de**|**s** |**ti**|**na**|**ti**|**on** *die; -* ⟨*lat.-mlat.*⟩: 1. göttliche Vorherbestimmung, bes. die Bestimmung des einzelnen Menschen zur Seligkeit oder Verdammnis durch Gottes Gnadenwahl (Lehre Augustins u. vor allem Calvins; auch im Islam); Ggs. ↑ Universalismus (2). 2. das Geeignetsein, Vorherbestimmtsein für ein bestimmtes Lebensziel, einen Beruf o. Ä. aufgrund gewisser Fähigkeiten, Anlagen

prä|**de**|**s** |**ti**|**nie**|**ren**: vorherbestimmen. **prä**|**de**|**s** |**ti**|**niert**: vorherbestimmt; wie geschaffen

Prä|**de**|**ter**|**mi**|**na**|**ti**|**on** *die; -* ⟨*lat.-nlat.*⟩: (Biol.) das Festgelegtsein bestimmter Entwicklungsvorgänge im Keim bzw. der Eizelle

prä|**de**|**ter**|**mi**|**nie**|**ren**: durch Prädetermination bestimmen, lenken

Prä|**de**|**ter**|**mi**|**nis**|**mus** *der; -*: Lehre des Thomas v. Aquin von der göttlichen Vorherbestimmtheit menschlichen Handelns

Prä|**de**|**zes**|**sor** *der; -s, ...oren* ⟨*lat.*⟩: (veraltet) Amtsvorgänger

prä|**di**|**ka**|**bel** ⟨*lat.*⟩: (veraltet) lobenswert, rühmlich

Prä|**di**|**ka**|**bi**|**lien** *die* (Plural): 1. nach Porphyrius die fünf logischen Begriffe des Aristoteles (Gattung, Art, Unterschied, wesentliches u. unwesentliches Merkmal). 2. (Philos.) die aus den ↑ Kategorien (4) abgeleiteten reinen Verstandesbegriffe (nach Kant)

Prä|**di**|**ka**|**ment** *das; -[e]s, -e*: (Philos.) eine der sechs nach Platon u. Aristoteles in der Scholastik weiter gelehrten Kategorien

Prä|**di**|**kant** *der; -en, -en* ⟨*lat.-mlat.; dt.*⟩: [Hilfs]prediger in der evangelischen Kirche

Prä|**di**|**kan**|**ten**|**or**|**den** *der; -s* ⟨*lat.-mlat.; dt.*⟩: katholischer Predigerorden (der ↑ Dominikaner)

Prä|**di**|**kan**|**tin** *die; -, -nen*: weibliche Form zu ↑ Prädikant

prä|**di**|**kan**|**tisch** ⟨*lat.-mlat.*⟩: predigtartig

Prä|**di**|**kat** *das; -[e]s, -e* ⟨*lat.*⟩:
1. Note, Bewertung, Zensur.
2. Rangbezeichnung, Titel (beim Adel). 3. (Sprachw.) grammatischer Kern einer Aussage, Satzaussage (z. B.: der Bauer *pflügt* den Acker); vgl. Objekt (2), Subjekt (2). 4. (Philos.) in der Logik die Aussage enthaltender Teil des Urteils

Prä|**di**|**ka**|**ten**|**lo**|**gik** *die; -*: Teilgebiet der Logik, auf dem die innere logische Struktur der Aussage untersucht wird

prä|**di**|**ka**|**tie**|**ren** vgl. prädikatisieren

Prä|**di**|**ka**|**ti**|**on** *die; -, -en*: (Philos.) Bestimmung eines Begriffs durch ein Prädikat (4)

prä|**di**|**ka**|**ti**|**sie**|**ren** u. prädikatieren ⟨*lat.-nlat.*⟩: mit einem Prädikat (1) versehen (z. B. Filme)

prä|**di**|**ka**|**tiv** ⟨*lat.*⟩: (Sprachw.) das Prädikat (3) betreffend, zu ihm gehörend; aussagend. **Prä**|**di**|**ka**|**tiv** *das; -s, -e*: (Sprachw.) auf das Subjekt od. Objekt bezogener Teil der Satzaussage (z. B.: Karl ist *Lehrer;* er ist *krank;* ich nenne ihn *feige;* ich nenne ihn *meinen Freund*)

Prä|**di**|**ka**|**tiv**|**satz** *der; -es, ...sätze* ⟨*lat.; dt.*⟩: (Sprachw.) Prädikativ in der Form eines Gliedsatzes (z. B.: er bleibt, *was er immer war*)

Prä|**di**|**ka**|**ti**|**vum** *das; -s, ...va* ⟨*lat.*⟩: (veraltet) ↑ Prädikativ

Prä|**di**|**ka**|**tor** *der; -s, ...oren* ⟨*lat.-nlat.*⟩: (Logik, Philos.) ↑ Prädikat (4) als sprachlicher Ausdruck

Prä|**di**|**kats**|**no**|**men** *das; -s, - u. ...mina*: Prädikativ, das aus einem ↑ Nomen (2) (Substantiv od. Adjektiv) besteht (z. B.: Klaus ist *Lehrer;* Tim ist *groß*)

Prä|**di**|**kats**|**wein** *der; -[e]s, -e*: Wein aus der obersten Güteklasse der deutschen Weine

prä|**dik**|**ta**|**bel**: durch wissenschaftliche Verallgemeinerung vorhersagbar. **Prä**|**dik**|**ta**|**bi**|**li**|**tät** *die; -*: Vorhersagbarkeit durch wissenschaftliche Verallgemeinerung

Prä|**dik**|**ti**|**on** *die; -, -en* ⟨*lat.*⟩: Vorhersage, Voraussage

prä|**dik**|**tiv** ⟨*lat.-nlat.*⟩: die Möglichkeit einer Prädiktion enthaltend; vorhersagbar

Prä|**dik**|**tor** *der; -s, ...oren*: (Statis-

P

tik) zur Vorhersage eines Merkmals herangezogene Variable

Prä|di|lek|ti|on *die; -, -en* ⟨*lat.-nlat.*⟩: (veraltet) Vorliebe

Prä|di|lek|ti|ons|stel|le *die; -, -n* ⟨*lat.-nlat.; dt.*⟩: bevorzugte Stelle für das Auftreten einer Krankheit

prä|dis|po|nie|ren ⟨*lat.-nlat.*⟩: 1. vorher bestimmen. 2. empfänglich machen (z. B. für eine Krankheit)

Prä|dis|po|si|ti|on *die; -, -en*: Anlage, Empfänglichkeit für bestimmte Krankheiten

prä|di|zie|ren ⟨*lat.*⟩: (Philos.) ein ↑ Prädikat (4) beilegen, einen Begriff durch ein Prädikat bestimmen; **prädizierendes Verb:** (Sprachw.) mit einem ↑ Prädikatsnomen verbundenes ↑ Verb (z. B. *sein* in dem Satz: er *ist* Lehrer)

Prä|do|mi|na|ti|on *die; -* ⟨*lat.-nlat.*⟩: das Vorherrschen. **prä|do|mi|nie|ren**: vorherrschen, überwiegen

Prae|cep|tor Ger|ma|ni|ae [- ...ɛ] ⟨*lat.*⟩: Lehrmeister, Lehrer Deutschlands (Beiname für Hrabanus Maurus u. Melanchthon); vgl. Präzeptor

prae|cox [ˈprɛːkɔks] ⟨*lat.*⟩: (Med.) vorzeitig, frühzeitig, zu früh auftretend

Prä|e|mi|nenz *die; -* ⟨*lat.*⟩: (veraltet) Vorrang

prae|mis|sis prae|mit|ten|dis [- ...di:s] ⟨*lat.*⟩: (veraltet) man nehme an, der gebührende Titel sei vorausgeschickt; Abk.: P. P.

prae|mis|so ti|tu|lo: (veraltet) nach vorausgeschicktem [gebührendem] Titel; Abk.: P. T., p. t.

Prae|sens his|to|ri|cum *das; - -, ...sentia ...ca* ⟨*lat.*⟩: Gegenwartsform des Verbs, die längst Vergangenes ausdrückt; historisches Präsens

prae|ter le|gem ⟨*lat.*⟩: außerhalb des Gesetzes

Prae|tex|ta *die; -, ...ten* ⟨*lat.*⟩: altrömisches ernstes Nationaldrama

Prä|e|xis|tenz *die; -* ⟨*lat.-nlat.*⟩: 1. (Philos.) das Existieren, Vorhandensein der Welt als Idee im Gedanken Gottes vor ihrer stofflichen Erschaffung. 2. (Philos.) das Bestehen der Seele vor ihrem Eintritt in den Leib

(Plato); Ggs. ↑ Postexistenz. 3. (Theol.) Dasein Christi als ↑ Logos (6) bei Gott vor seiner Menschwerdung

Prä|e|xis|ten|zi|a|nis|mus *der; -*: philosophisch-religiöse Lehre, die besagt, dass die Seelen (aller Menschen) bereits vor ihrem Eintritt ins irdische Dasein als Einzelseelen von Gott geschaffen seien

prä|e|xis|tie|ren: Präexistenz haben, vorher bestehen

prä|fa|b|ri|zie|ren ⟨*lat.-nlat.*⟩: im Voraus in seiner Form, Art festlegen

Prä|fa|ti|on *die; -, -en* ⟨*lat.; „Vorrede"*⟩: liturgische Einleitung der ↑ Eucharistie

Prä|fekt *der; -en, -en* ⟨*lat.*⟩: 1. hoher Zivil- od. Militärbeamter im alten Rom. 2. oberster Verwaltungsbeamter eines Departements (in Frankreich) od. einer Provinz (in Italien). 3. mit besonderen Aufgaben betrauter leitender katholischer Geistlicher, bes. in Missionsgebieten (so genannter Apostolischer Präfekt) u. im katholischen Vereinswesen. 4. [ältester] Schüler in einem ↑ Internat (1), der jüngere beaufsichtigt. **Prä|fek|tin** *die; -, -nen*: weibliche Form zu ↑ Präfekt (2, 4)

Prä|fek|tur *die; -, -en:* a) Amt, Amtsbezirk eines Präfekten (2); b) Amtsräume eines Präfekten (2)

Prä|fe|ren|ti|al|zoll vgl. Präferenzialzoll

prä|fe|ren|ti|ell vgl. präferenziell

Prä|fe|renz *die; -, -en* ⟨*lat.-fr.*⟩: 1. a) Vorrang, Vorzug; Vergünstigung; b) (Wirtsch.) [bestimmten Ländern gewährte] Vergünstigung. 2. Trumpffarbe (bei Kartenspielen)

Prä|fe|ren|zi|al|zoll, auch: Präferentialzoll *der; -[e]s, ...zölle:* ↑ Präferenzzoll

prä|fe|ren|zi|ell, auch: präferentiell: Präferenzen betreffend

Prä|fe|renz|zoll *der; -[e]s, ...zölle* ⟨*lat.-fr.; dt.*⟩: Zoll, der einen Handelspartner begünstigt

prä|fe|rie|ren: vorziehen, den Vorzug geben

prä|fi|gie|ren ⟨*lat.*⟩: (Sprachw.) mit Präfix versehen

Prä|fi|gu|ra|ti|on *die; -, -en* ⟨*lat.*⟩: 1. vorausdeutende Darstellung, Vorgestaltung, Vorverkörpe-

rung (z. B. im mittelalterlichen Drama). 2. Urbild. **prä|fi|gu|rie|ren:** vorausweisen

Prä|fix [auch: ...ˈfıks] *das; -es, -e* ⟨*lat.*⟩: (Sprachw.) 1. vor dem Wortstamm oder vor ein Wort tretende Silbe, Vorsilbe (z. B. *un*schön, *be*steigen). 2. Präverb

prä|fi|xo|id ⟨*lat.-nlat.*⟩: (Sprachw.) in der Art eines Präfixes, einem Präfix ähnlich gestaltet, nach verhaltend. **Prä|fi|xo|id** *das; -[e]s, -e* ⟨*lat.-nlat.*⟩: (Sprachw.) [expressives] Halbpräfix, präfixähnlicher Wortbestandteil (z. B. sau-, Sau- in *sau*blöd, *Sau*wetter)

Prä|fix|verb [auch: ...ˈfıks...] *das; -s, -en:* präfigiertes Verb (z. B. *ent*sorgen)

Prä|for|ma|ti|on *die; -, -en* ⟨*lat.-nlat.*⟩: (Biol.) angenommene Vorherbildung des fertigen Organismus im Keim

Prä|for|ma|ti|ons|the|o|rie *die; -:* (Biol.) im 18. Jh. vertretene Entwicklungstheorie, nach der jeder Organismus durch Entfaltung bereits in der Ei- od. Samenzelle vorgebildeter Teile entsteht

prä|for|mie|ren ⟨*lat.*⟩: (Biol.) im Keim vorbilden

prä|ge|ni|tal ⟨*lat.-nlat.*⟩: (Psychol.) die noch nicht im Bereich der ↑ Genitalien, sondern im Bereich des Afters u. des Mundes erfolgende Lustgewinnung betreffend (von frühkindlichen Entwicklungsphasen des Sexuallebens)

prä|gla|zi|al ⟨*lat.-nlat.*⟩: (Geol.) voreiszeitlich. **Prä|gla|zi|al** *das; -s:* (Geol.) die zum ↑ Pleistozän gehörende Voreiszeit

Prag|ma|lin|gu|is|tik *die; -:* (Sprachw.) Pragmatik (3) als Teil der ↑ Soziolinguistik. **prag|ma|lin|gu|is|tisch:** (Sprachw.) die Pragmalinguistik betreffend, zu ihr gehörend

Prag|ma|tik *die; -, -en* ⟨*gr.-lat.*⟩: 1. (ohne Plural) Orientierung auf das Nützliche, Sinn für Tatsachen, Sachbezogenheit. 2. (österr.) Ordnung des Staatsdienstes, Dienstordnung. 3. (ohne Plural; Sprachw.) das Sprachverhalten, das Verhältnis zwischen sprachlichen Zeichen u. interpretierendem Menschen untersuchende linguistische Disziplin

Prag|ma|ti|ker *der;* -s, -: 1. Vertreter der pragmatischen Geschichtsschreibung. 2. Vertreter des Pragmatismus, Pragmatist. **Prag|ma|ti|ke|rin** *die;* -, -nen: weibliche Form zu ↑ Pragmatiker

prag|ma|tisch: 1. anwendungs-, handlungs-, sachbezogen; sachlich, auf Tatsachen beruhend; **pragmatische Geschichtsschreibung:** Geschichtsschreibung, die aus der Untersuchung von Ursache u. Wirkung historischer Ereignisse Erkenntnisse für künftige Entwicklungen zu gewinnen sucht; **Pragmatische Sanktion:** 1713 erlassenes Grundgesetz des Hauses Habsburg über die Unteilbarkeit der habsburgischen Länder u. die Erbfolge. 2. fach-, geschäftskundig. 3. (Sprachw.) das Sprachverhalten, die Pragmatik (3) betreffend

prag|ma|ti|sie|ren *⟨gr.-lat.-nlat.⟩:* (österr.) [auf Lebenszeit] fest anstellen

Prag|ma|tis|mus *der;* -: 1. philosophische Lehre, die im Handeln das Wesen des Menschen erblickt u. Wert u. Unwert des Denkens danach bemisst. 2. pragmatische Einstellung, Denk-, Handlungsweise

Prag|ma|tist *der;* -en, -en: Vertreter des Pragmatismus, ↑ Pragmatiker (2). **Prag|ma|tis|tin** *die;* -, -nen: weibliche Form zu ↑ Pragmatist

prä|g|nant *⟨lat.-fr.; „schwanger, trächtig; voll, strotzend"⟩:* etwas in knapper Form genau, treffend darstellend

Prä|g|nanz *die;* -: Schärfe, Genauigkeit, Knappheit des Ausdrucks

Prä|gra|va|ti|on *die;* -, -en *⟨lat.⟩:* (veraltet) Überlastung, Überbürdung (z. B. mit Steuern)

prä|gra|vie|ren: (veraltet) überlasten, mehr als andere belasten

Prä|his|to|rie [auch: ˈpreː...] *die;* -: Vorgeschichte. **Prä|his|to|ri|ker** [auch: ˈpreː...] *der;* -s, -: Wissenschaftler auf dem Gebiet der Prähistorie. **Prä|his|to|ri|ke|rin** [auch: ˈpreː...] *die;* -, -nen: weibliche Form zu ↑ Prähistoriker. **prä|his|to|risch** [auch: ˈpreː...]: vorgeschichtlich

Prahm *der;* -[e]s, -e u. Prähme *⟨tschech.⟩:* [kastenförmiger] großer Lastkahn

Prä|ho|mi|ni|ne *der;* -n, -n (meist Plural) *⟨lat.-nlat.⟩:* (Biol.) Vormensch, Übergangsform vom Menschenaffen zum Menschen

Prai|ri|al [prɛ...] *der;* -[s], -s *⟨lat.-fr.; „Wiesenmonat"⟩:* der 9. Monat des französischen Revolutionskalenders (20. Mai bis 18. Juni)

Prä|ju|diz *das;* -es, -e *⟨lat.⟩:* 1. vorgefasste Meinung, Vorentscheidung. 2. (Rechtsw.) a) [Vor]entscheidung eines oberen Gerichts in einer Rechtsfrage, die sich in einem anderen Rechtsstreit erneut stellt; b) (veraltet) durch Nichtbefolgung einer Verordnung entstehender Schaden. 3. (Pol.) vorgreifende Entscheidung

prä|ju|di|zi|al *⟨lat.-fr.⟩:* ↑ präjudiziell; vgl. ...al/...ell

prä|ju|di|zi|ell: (Rechtsw.) bedeutsam für die Beurteilung eines späteren Sachverhalts; vgl. ...al/...ell

prä|ju|di|zie|ren *⟨lat.⟩:* (Rechtsw.; Pol.) eine [richterliche] Vorentscheidung über etwas treffen, ein Präjudiz schaffen

prä|kam|b|risch: (Geol.) vor dem ↑ Kambrium liegenden Zeiten betreffend

Prä|kam|b|ri|um: (Geol.) ↑ Archaikum u. ↑ Algonkium umfassender Zeitraum der erdgeschichtlichen Frühzeit

prä|kan|ze|rös *⟨lat.-nlat.⟩:* ↑ präkarzinomatös

Prä|kan|ze|ro|se *die;* -, -n: Gewebsveränderung, die zu ↑ Krebs führen kann

prä|kar|bo|nisch *⟨lat.-nlat.⟩:* (Geol.) vor dem ↑ Karbon [liegend]

prä|kar|di|al u. präkordial: (Med.) vor dem Herzen liegend, die vor dem Herzen liegende Brustwand betreffend

Prä|kar|di|al|gie *die;* -, ...ien *⟨lat.; gr.⟩:* (Med.) Schmerzen in der Herzgegend

prä|kar|zi|no|ma|tös: (Med.) die Entstehung eines Krebses vorbereitend od. begünstigend

Prä|kau|ti|on *die;* -, -en *⟨lat.⟩:* Vorsicht, Vorkehrung

prä|ka|vie|ren *⟨lat.⟩:* (veraltet) sich vorsehen, Vorkehrungen treffen

prä|kli|nisch: (Med.) 1. vor An-

wendung in der Klinik (von Arzneimitteln). 2. nicht die typischen Krankheitssymptome aufweisend

prä|klu|die|ren *⟨lat.; „verschließen, versperren"⟩:* (Rechtsw.) jmdm. die (verspätete) Geltendmachung eines Rechts[mittels, -anspruchs] wegen Versäumnis einer ↑ Präklusivfrist gerichtlich verweigern

Prä|klu|si|on *die;* -, -en: (Rechtsw.) das Präkludieren; Rechtsverwirkung

prä|klu|siv u. präklusivisch *⟨lat.-nlat.⟩:* (Rechtsw.) ausschließend; rechtsverwirkend infolge versäumter Geltendmachung eines Rechts

Prä|klu|siv|frist *die;* -, -en *⟨lat.-nlat.; dt.⟩:* (Rechtsw.) gerichtlich festgelegte Frist, nach deren Ablauf ein Recht infolge Versäumung nicht mehr geltend gemacht werden kann

prä|klu|si|visch vgl. präklusiv

Prä|kog|ni|ti|on *die;* - *⟨lat.-nlat.⟩:* (Parapsychol.) außersinnliche Wahrnehmung, bei der zukünftige Ereignisse vorausgesagt werden

prä|ko|lum|bisch: den Zeitraum vor der Entdeckung durch Kolumbus betreffend (in Bezug auf Amerika)

Prä|ko|ma *das;* -s, -s *⟨lat.; gr.⟩:* (Med.) beginnende Bewusstseinsstörung, Vorstadium eines ↑ ¹Komas

Prä|ko|ni|sa|ti|on *die;* -, -en *⟨lat.-mlat.⟩:* feierliche Bekanntgabe einer Bischofsernennung durch den Papst vor den Kardinälen

prä|ko|ni|sie|ren: feierlich zum Bischof ernennen

prä|kor|di|al vgl. präkardial

Prä|kor|di|al|angst *die;* - *⟨lat.; mlat.; dt.⟩:* (Med.) mit Angstgefühl verbundene Beklemmung in der Herzgegend

prak|ti|fi|zie|ren *⟨gr.-lat.⟩:* in die Praxis umsetzen, verwirklichen

Prak|tik *die;* -, -en *⟨gr.-lat.-mlat.(-fr.)⟩:* 1. [bestimmte Art der] Ausübung von etwas; Handhabung, Verfahrensweise. 2. (meist Plural) nicht ganz korrekter Kunstgriff; nicht immer einwandfreies u. erlaubtes Vorgehen. 3. vom 15. bis 17. Jh. Kalenderanhang od. selbstständige Schrift mit Wettervorher-

P

sagen, astrologischen Prophe-
zeiungen, Gesundheitslehren,
Ratschlägen u. Ä.
Prak|ti|ka: *Plural* von ↑ Praktikum
prak|ti|ka|bel: 1. brauchbar, be-
nutzbar, zweckmäßig; durch-,
ausführbar. 2. fest gebaut u. daher begehbar, zum Spielen zu
benutzen (von Teilen der Thea-
terdekoration). **Prak|ti|ka|bel**
das; -s, -: begehbarer, benutz-
barer Teil der Theaterdekora-
tion (z. B. ein Podium)
Prak|ti|ka|bi|li|tät *die; -:* Brauch-
barkeit, Zweckmäßigkeit;
Durchführbarkeit
Prak|ti|kant *der; -en, -en ⟨gr.-lat.-
mlat.⟩:* jmd., der ein Praktikum
absolviert. **Prak|ti|kan|tin** *die; -,
-nen:* weibliche Form zu ↑ Prak-
tikant
Prak|ti|ken: *Plural* von ↑ Praktik
Prak|ti|ker *der; -s, - ⟨gr.-lat.⟩:*
1. Mann der [praktischen] Erfahrung; Ggs. ↑ Theoretiker (1).
2. (Jargon) praktischer Arzt.
Prak|ti|ke|rin *die; -, -nen:* weibli-
che Form zu ↑ Praktiker
Prak|ti|kum *das; -s, ...ka ⟨nlat.⟩:*
1. zur praktischen Anwendung
des Erlernten eingerichtete
Übungsstunde, Übung (bes. an
den naturwissenschaftlichen
Fakultäten einer Hochschule).
2. im Rahmen einer Ausbildung
außerhalb der [Hoch]schule ab-
zuleistende praktische Tätigkeit
Prak|ti|kus *der; -, -se:* (scherzh.)
jmd., der immer u. überall Rat
weiß
prak|tisch *⟨gr.-lat.⟩:* 1. a) die Pra-
xis, das Tun, das Handeln betreffend; ausübend; b) in der
Wirklichkeit auftretend; wirklich, tatsächlich. 2. zweckmäßig, gut zu handhaben. 3. geschickt; [durch stetige Übung]
erfahren; findig. 4. (ugs.) fast,
so gut wie, in der Tat; **praktischer Arzt:** nicht spezialisier-
ter Arzt, Arzt für Allgemeinme-
dizin
prak|ti|zie|ren *⟨gr.-lat.-mlat.(-fr.)⟩:*
1. a) eine Sache betreiben, ins
Werk setzen; [Methoden] anwenden; b) etwas aktiv ausüben, in die Praxis umsetzen
(z. B. praktizierender Katholik).
2. a) seinen Beruf ausüben (bes.
als Arzt); b) ein Praktikum
durchmachen. 3. (österr.) seine
praktische berufliche Ausbil-

dung beginnen od. vervoll-
kommnen. 4. (ugs.) etwas geschickt irgendwohin bringen,
befördern
Prak|ti|zis|mus *der; - ⟨gr.-lat.-
nlat.⟩:* Neigung, bei der praktischen Arbeit die theoretischen
Grundlagen zu vernachlässigen
prä|ku|lmisch *⟨lat.; engl.⟩:* (Geol.)
vor dem ↑ ²Kulm [liegend]
Prä|lat *der; -en, -en ⟨lat.-mlat.⟩:*
1. katholischer geistlicher Würdenträger [mit bestimmter
oberhirtlicher Gewalt]. 2. leitender evangelische Geistlicher in
einigen deutschen Landeskir-
chen. **Prä|la|tin** *die; -, -nen:*
weibliche Form zu ↑ Prälat (2)
Prä|la|tur *die; -, -en ⟨lat.-mlat.-
nlat.⟩:* Amt od. Wohnung eines
Prälaten
Prä|le|gat *das; -[e]s, -e ⟨lat.-nlat.⟩:*
(veraltet) Vorausvermächtnis
Prä|li|mi|na|re *das; -s, ...rien*
(meist Plural) *⟨lat.-mlat.⟩:* diplomatische Vorverhandlung
(bes. zu einem Friedensver-
trag); vgl. Präliminarien
Prä|li|mi|nar|frie|den *der; -s, -:*
(Völkerrecht) vorläufiger, pro-
visorisch abgeschlossener Frie-
den
Prä|li|mi|na|ri|en *die* (Plural): vor-
bereitende Handlungen
prä|li|mi|nie|ren: vorläufig fest-
stellen, -legen
Pra|li|ne *die; -, -n ⟨fr.⟩:* angeblich
nach dem franz. Marschall du
Plessis-Praslin⟩: kleines Stück
Schokoladenkonfekt mit einer
Füllung
Pra|li|né *[...n'e:, auch: 'pra...] das;
-s, -s:* (schweiz.) ↑ Praline. **Pra|li-
nee** *[auch: 'pra...] das; -s, -s:*
(bes. österr. u. schweiz.) ↑ Pra-
line
prä|lo|gisch *⟨lat.; gr.-lat.⟩:* (Philos.)
vorlogisch; das primitive, natürliche, gefühlsmäßige, ein-
fallsmäßige Denken betreffend.
Prä|lo|gis|mus *der; -:* (Philos.)
Lehre von den natürlichen, vor-
logischen Denkformen
prä|lu|die|ren *⟨lat.⟩:* durch ein mu-
sikalisches Vorspiel einleiten
Prä|lu|di|um *das; -s, ...ien ⟨lat.-
nlat.⟩:* a) oft improvisierende mu-
sikalisches Vorspiel (z. B. auf
der Orgel vor dem Gemeindege-
sang in der Kirche); b) Einleitung der Suite u. Fuge; c) fanta-
sieartiges, selbstständiges Instrumentalstück

prä|ma|tur *⟨lat.⟩:* (Med.) vorzeitig;
frühzeitig, verfrüht auftretend
(z. B. vom Einsetzen der Ge-
schlechtsreife). **Prä|ma|tu|ri|tät**
die; - ⟨lat.-nlat.⟩: (Med.) Früh-
reife, vorzeitige Pubertät
Prä|me|di|ta|ti|on *die; -, -en ⟨lat.⟩:*
(Philos.) Vorüberlegung, das
Vorausdenken
prä|mens|t|ru|ell *⟨lat.-nlat.⟩:*
(Med.) vor der Menstruation
auftretend (von bestimmten
Symptomen)
Prä|mie *[...jə] die; -, -n ⟨lat.⟩:* 1. Be-
lohnung, Preis. 2. bes. in der
Wirtschaft für besondere Leistungen zusätzlich zur normalen Vergütung gezahlter Betrag.
3. Zugabe beim Warenkauf.
4. Leistung, die der Versiche-
rungsnehmer dem Versicherer
für Übernahme des Versiche-
rungsschutzes schuldet. 5. zu-
sätzlicher Gewinn in der Lotte-
rie, im Lotto o. Ä.
Prä|mi|en|de|pot *[...po:] das; -s,
-s:* Guthaben, das ein Versi-
cherter durch vorzeitige Zahlung bei einer [Lebens]versi-
cherung hat
Prä|mi|en|fonds *[...fõ:] der; -, -
[...fõ:s]:* ↑ Fonds (1 a), aus dem
Prämien gezahlt werden
prä|mie|ren u. **prä|mi|ie|ren:** mit
einem Preis belohnen, aus-
zeichnen
Prä|mis|se *die; -, -n ⟨lat.⟩:* 1. (Phi-
los.) Vordersatz im ↑ Syllogis-
mus. 2. Voraussetzung
Prä|mo|lar *der; -en, -en ⟨lat.-nlat.⟩:*
(Med.) vorderer zweihöckeriger
Backenzahn
prä|mo|ni|to|risch *⟨lat.⟩:* (veraltet)
warnend
Prä|mons|t|ra|ten|ser *der; -s, -
⟨mlat.; nach dem franz. Kloster
Prémontré⟩:* 1120 gegründeter
Orden ↑ regulierter Chorherren;
Abk.: O. Praem.
prä|mor|bid *⟨lat.-nlat.⟩:* (Med.) die
Prämorbidität betreffend, zu
ihr gehörend, durch sie geprägt
Prä|mor|bi|di|tät *die; - ⟨lat.-nlat.⟩:*
(Med.) Gesamtheit der Krank-
heitserscheinungen, die sich
bereits vor der eigentlichen
Ausbruch einer Krankheit zei-
gen (bes. bei ↑ Psychopathien)
prä|mor|tal *⟨lat.-nlat.⟩:* (Med.) vor
dem Tode [auftretend], dem
Tode vorausgehend
prä|mun|dan *⟨lat.-nlat.⟩:* (Philos.)

vorweltlich, vor der Entstehung der Welt vorhanden

Prä|mu|ta|ti|on *die; -, -en* ⟨*lat.-nlat.*⟩: Vorstufe einer ↑ Mutation (1)

prä|na|tal ⟨*lat.-nlat.*⟩: (Med.) vor der Geburt, der Geburt vorausgehend

Prä|no|men *das; -s, - u. ...mina* ⟨*lat.*⟩: der an erster Stelle stehende altrömische Vorname (z. B. *Marcus* Tullius Cicero); vgl. Kognomen u. Nomen gentile

prä|no|tie|ren ⟨*lat.*⟩: (veraltet) vor[be]merken

Prä|no|va *die; -, ...vä* ⟨*lat.-nlat.*⟩: (Astron.) Zustand vor dem Helligkeitsausbruch eines temporär veränderlichen Sterns

prä|nu|me|ran|do ⟨*lat.-nlat.*⟩: im Voraus (zu zahlen); Ggs. ↑ postnumerando

Prä|nu|me|ra|ti|on *die; -, -en:* Vorauszahlung; Ggs. ↑ Postnumeration

prä|nu|me|rie|ren: vorausbezahlen

Prä|nun|ti|a|ti|on *die; -, -en* ⟨*lat.*⟩: (veraltet) Vorherverkündigung

Prä|ok|ku|pa|ti|on *die; -, -en* ⟨*lat.*⟩: a) Vorwegnahme; b) Voreingenommenheit, Vorurteil, Befangenheit

prä|ok|ku|pie|ren: a) zuvorkommen; b) befangen machen

prä|o|pe|ra|tiv ⟨*lat.-nlat.*⟩: (Med.) vor einer Operation [stattfindend] (z. B. von Behandlungen)

prä|pa|la|tal ⟨*lat.-nlat.*⟩: (Sprachw.) vor dem Gaumen gesprochen (von Lauten); Ggs. ↑ postpalatal; vgl. Palatum

Prä|pa|rand *der; -en, -en* ⟨*lat.*⟩: 1. (hist.) Vorbereitungsschüler (bei der Lehrerausbildung). 2. Kind, das den Vorkonfirmandenunterricht besucht

Prä|pa|ran|den|an|stalt *die; -, -en:* (früher) Unterstufe der Lehrerbildungsanstalt

Prä|pa|ran|din *die; -, -nen:* weibliche Form zu ↑ Präparand

Prä|pa|rat *das; -[e]s, -e:* 1. für einen bestimmten Zweck hergestellte Substanz (z. B. Arzneimittel, chemisches Mittel). 2. a) konservierte Pflanze od. konservierter Tierkörper [zu Lehrzwecken]; b) Gewebsschnitt zum Mikroskopieren

Prä|pa|ra|ti|on *die; -, -en:* 1. (veraltet) Vorbereitung; häusliche Aufgabe. 2. Herstellung eines Präparats (2)

prä|pa|ra|tiv ⟨*lat.-nlat.*⟩: die Herstellung von Präparaten (2) betreffend

Prä|pa|ra|tor *der; -s, ...oren* ⟨*lat.*⟩: jmd., der (bes. an biologischen od. medizinischen Instituten, Museen o. Ä.) naturwissenschaftliche Präparate (2) herstellt u. pflegt. **Prä|pa|ra|to|rin** *die; -, -nen:* weibliche Form zu ↑ Präparator

prä|pa|rie|ren: 1. a) (zu einem bestimmten Zweck) vorbereitend bearbeiten, vorbereiten; b) sich präparieren: sich vorbereiten. 2. (einen toten Organismus od. Teile davon) sachgerecht zerlegen u. durch spezielle Behandlung auf Dauer haltbar machen

Prä|pon|de|ranz *die; -* ⟨*lat.-fr.*⟩: Übergewicht (z. B. eines Staates)

prä|pon|de|rie|ren: überwiegen

prä|po|nie|ren ⟨*lat.*⟩: voranstellen, vorsetzen

Prä|po|si|ti: *Plural* von ↑ Präpositus

Prä|po|si|ti|on *die; -, -en* („das Voransetzen"): Verhältniswort (z. B. auf, in)

prä|po|si|ti|o|nal ⟨*lat.-nlat.*⟩: die Präposition betreffend, verhältniswörtlich; **präpositionales Attribut:** ↑ Präpositionalattribut

Prä|po|si|ti|o|nal|at|tri|but *das; -[e]s, -e:* (Sprachw.) mit einer Präposition angeschlossenes Attribut (2), z. B. das Haus *am Markt*

Prä|po|si|ti|o|nal|ka|sus *der; -, -* [...zu:s]: (Sprachw.) von einer Präposition bestimmter ↑ Kasus (z. B. für *dich,* vor *Jahren*)

Prä|po|si|ti|o|nal|ob|jekt *das; -[e]s, -e:* (Sprachw.) mit einer Präposition angeschlossenes ↑ Objekt; Verhältnisergänzung (z. B. ich denke *an dich*)

Prä|po|si|tiv *der; -s, -e* ⟨*lat.*⟩: (Sprachw.) bes. im Russischen ein ↑ Kasus, der von einer Präposition abhängig ist, bes. der ↑ Lokativ (z. B. *w gorode =* in der Stadt)

Prä|po|si|tur *die; -, -en* ⟨*lat.-mlat.*⟩: Stelle eines Präpositus

Prä|po|si|tus *der; -, ...ti* ⟨*lat.*⟩: lat. Bez. für: Vorgesetzter, Propst

prä|po|tent ⟨*lat.*⟩: 1. (veraltet) überlegen, übermächtig. 2. (österr., abwertend) aufdringlich, frech, überheblich. **Prä|po|tenz**

die; -, -en: (veraltet) Übermacht, Überlegenheit

Prä|pu|ti|um *das; -s, ...ien* ⟨*lat.*⟩: (Med.) Vorhaut des Penis

Prä|raf|fa|e|lis|mus u. Präraffaelitismus *der; -* ⟨*lat.; it.-nlat.*⟩: Theorie, Ziele, Ausprägung der Kunst der Präraffaeliten

Prä|raf|fa|e|lit *der; -en, -en:* Angehöriger einer (1848 gegründeten) Gruppe von englischen Malern, die im Sinne [der Vorläufer] Raffaels die Kunst durch seelische Vertiefung zu erneuern suchten

Prä|raf|fa|e|li|tis|mus vgl. Präraffaelismus

Prä|rie *die; -, ...ien* ⟨*lat.-fr.;* „Wiese, Wiesenlandschaft"⟩: Grasland im mittleren Westen Nordamerikas

Prä|rie|aus|ter *die; -, -n:* je zur Hälfte aus Weinbrand u. einem mit Öl übergossenen Eigelb bestehendes, scharf gewürztes Mixgetränk

Prä|ro|ga|tiv *das; -s, -e u.* **Prä|ro|ga|ti|ve** *die; -, -n* ⟨*lat.*⟩: Vorrecht, früher bes. der Herrschers bei der Auflösung des Parlaments, dem Erlass von Gesetzen u. Ä.

Prä|sa|pi|ens|mensch *der; -en, -en* ⟨*lat.-nlat.; dt.*⟩: (Anthropol.) Vorläufer des ↑ Homo sapiens

Pra|sem *der; -s* ⟨*gr.-lat.*⟩: lauchgrüner Quarz, Schmuckstein

Prä|sens *das; -, ...sentia* [...zia] od. ...senzien* ⟨*lat.*⟩: (Sprachw.) 1. Zeitform, mit der ein verbales Geschehen od. Sein aus der Sicht des Sprechers als gegenwärtig charakterisiert wird; Gegenwart. 2. Verbform des Präsens (1) (z. B. ich *esse*); vgl. Praesens historicum

Prä|sens|par|ti|zip *das; -s, -ien:* ↑ Partizip Präsens

prä|sent ⟨*lat.*⟩: anwesend; gegenwärtig; mit dabei; vertreten

Prä|sent *das; -[e]s, -e* ⟨*lat.-fr.*⟩: Geschenk, kleine Aufmerksamkeit

prä|sen|ta|bel: ansehnlich, vorzeigbar

Prä|sen|tant *der; -en, -en* ⟨*lat.*⟩: (Wirtsch.) jmd., der einen Wechsel zur Annahme od. Bezahlung vorlegt. **Prä|sen|tan|tin** *die; -, -nen:* weibliche Form zu ↑ Präsentant

Prä|sen|ta|ta: *Plural* von ↑ Präsentatum

Prä|sen|ta|ti|on *die; -, -en* ⟨*lat.-*

mlat.⟩: 1. Präsentierung. 2. Vorlage, bes. das Vorlegen eines Wechsels; vgl. ...ation/...ierung

Prä|sen|ta|tor *der;* -s, ...oren: jmd., der etwas (z. B. eine Sendung in Funk od. Fernsehen) vorstellt, darbietet, kommentiert. **Prä|sen|ta|to|rin** *die;* -, -nen: weibliche Form zu ↑ Präsentator

Prä|sen|ta|tum *das;* -s, ...ta ⟨*lat.*⟩: (veraltet) Tag der Vorlage, Einreichung (eines Schriftstückes)

Prä|sen|tia: *Plural* von ↑ Präsens

prä|sen|tie|ren ⟨*lat.-fr.*⟩: 1. überreichen, darbieten. 2. vorlegen, vorzeigen, vorweisen (z. B. einen Wechsel zur Annahme od. Bezahlung). 3. sich präsentieren: sich zeigen, vorstellen. 4. mit der Waffe eine militärische Ehrenbezeigung machen. **Prä|sen|tie|rung** *die;* -, -en: Vorstellung, Vorzeigung, Überreichung; vgl. Präsentation; vgl. ...ation/...ierung

prä|sen|tisch: das Präsens betreffend

Prä|senz *die;* - ⟨*lat.-fr.*⟩: 1. Anwesenheit, [bewusst wahrgenommene] Gegenwärtigkeit; das Dabeisein; das Vertretensein. 2. körperliche Ausstrahlung[skraft]

Prä|senz|bi|b|li|o|thek *die;* -, -en: Bibliothek, deren Bücher nicht entliehen, sondern nur an Ort und Stelle benutzt werden dürfen

Prä|senz|die|ner *der;* -s, -: (österr. Amtsspr.) Soldat im Grundwehrdienst des österreichischen Bundesheeres

Prä|senz|dienst *der;* -[e]s, -e: (österr. Amtsspr.) Grundwehrdienst beim österreichischen Bundesheer

Prä|senz|lis|te *die;* -, -n: Anwesenheitsliste

Pra|se|o|dym *das;* -s ⟨*gr.-nlat.*⟩: chem. Element (seltene Erde); Zeichen: Pr

Prä|ser *der;* -s, -: (salopp) Kurzform von ↑ Präservativ

prä|ser|va|tiv ⟨*lat.-fr.*⟩: vorbeugend, verhütend. **Prä|ser|va|tiv** *das;* -s, -e: ↑ Kondom

Prä|ser|ve *die;* -, -n (meist Plural): nicht vollständig keimfreie Konserve; Halbkonserve

prä|ser|vie|ren: 1. schützen, vor einem Übel bewahren. 2. erhalten, haltbar machen

Prä|ses *der;* -, Präsides [...de:s] u. Präsiden ⟨*lat.*⟩: 1. geistlicher Vorstand eines katholischen kirchlichen Vereins. 2. Vorsitzender einer evangelischen Synode

Prä|si|de *der;* -n, -n: 1. (ugs.) Mitglied eines Präsidiums (1 a). 2. (Verbindungsw.) Vorsitzender, Leiter einer studentischen Kneipe, eines Kommerses

Prä|si|den: *Plural* von ↑ Präses u. ↑ Präside

Prä|si|dent *der;* -en, -en ⟨*lat.-fr.*⟩: 1. Vorsitzender (einer Versammlung o. Ä.). 2. Leiter (einer Behörde, einer Organisation o. Ä.). 3. Staatsoberhaupt einer Republik. **Prä|si|den|tin** *die;* -, -nen: weibliche Form zu ↑ Präsident

Prä|si|des [...de:s]: *Plural* von ↑ Präses

prä|si|di|a|bel: befähigt, ein Präsidentenamt zu übernehmen

prä|si|di|al ⟨*lat.*⟩: den Präsidenten od. das Präsidium (1) betreffend

Prä|si|di|al|sys|tem *das;* -s: Regierungsform, bei der der Staatspräsident aufgrund eigener Autorität u. unabhängig vom Vertrauen des Parlaments zugleich Chef der Regierung ist

prä|si|die|ren ⟨*lat.-fr.*⟩: 1. (einem Gremium o. Ä.) vorsitzen. 2. (eine Versammlung o. Ä.) leiten

Prä|si|di|um *das;* -s, ...ien ⟨*lat.*⟩: 1. a) leitendes ↑ Gremium (z. B. einer Versammlung, einer Organisation o. Ä.; b) Vorsitz, Leitung. 2. Amtsgebäude eines [Polizei]präsidenten

prä|si|lu|risch ⟨*nlat.*⟩: (Geol.) vor dem ↑ Silur [liegend]

Präs|kle|ro|se *die;* -, -n ⟨*lat.; gr.*⟩: (Med.) 1. Vorstadium einer Arterienverkalkung. 2. im Verhältnis zum Lebensalter zu früh eintretende Arterienverkalkung

präs|k|ri|bie|ren ⟨*lat.*⟩: 1. vorschreiben, verordnen. 2. (Rechtsw.) für verjährt erklären

Präs|k|rip|ti|on *die;* -, -en: 1. Vorschrift, Verordnung. 2. (Rechtsw.) Verjährung. **präs|k|rip|tiv:** (Sprachw.) vorschreibend, Normen setzend; Ggs. ↑ deskriptiv

prä|sta|bi|lie|ren ⟨*lat.-nlat.*⟩: vorher festsetzen; **prästabilierte Harmonie:** (Philos.) von Gott im Voraus festgelegte harmonische Übereinstimmung von Körper u. Seele (nach Leibniz)

Präs|tan|dum *das;* -s, ...da ⟨*lat.*⟩: (veraltet) pflichtmäßige Leistung; Abgabe

Präs|tant *der;* -en, -en: große, sichtbar im ↑ Prospekt (3) stehende Orgelpfeife

Präs|tanz *die;* -, -en: (veraltet) Leistungsfähigkeit

Präs|ta|ti|on *die;* -, -en: (veraltet) Abgabe, Leistung

präs|tie|ren: (veraltet) a) entrichten, leisten; b) für etwas haften

prä|su|mie|ren ⟨*lat.*⟩: 1. (Philos.; Rechtsw.) voraussetzen, annehmen, vermuten. 2. (landsch.) argwöhnen

Prä|sump|ti|on usw. vgl. Präsumtion usw.

Prä|sum|ti|on *die;* -, -en: (Philos.; Rechtsw.) Voraussetzung, Vermutung, Annahme. **prä|sum|tiv:** (Philos.; Rechtsw.) voraussetzend, wahrscheinlich, vermutlich

prä|sup|po|nie|ren ⟨*lat.-nlat.*⟩: stillschweigend voraussetzen

Prä|sup|po|si|ti|on *die;* -, -en: 1. stillschweigende Voraussetzung. 2. (Sprachw.) einem Satz, einer Aussage zugrunde liegende, als gegeben angenommene Voraussetzung, die zwar nicht unmittelbar ausgesprochen ist, aber meist gefolgert werden kann

prä|tek|to|nisch: (Geol) vor tektonischen Bewegungen eingetreten (von Veränderungen in Gesteinen)

Prä|ten|dent *der;* -en, -en ⟨*lat.-fr.*⟩: jmd., der Ansprüche auf ein Amt, eine Stellung, bes. auf den Thron, erhebt. **Prä|ten|den|tin** *die;* -, -nen: weibliche Form zu ↑ Prätendent

prä|ten|die|ren: 1. Anspruch erheben, fordern, beanspruchen. 2. behaupten, vorgeben

Prä|ten|ti|on *die;* -, -en: Anspruch, Anmaßung. **prä|ten|ti|ös:** anspruchsvoll; anmaßend, selbstgefällig

prä|te|rie|ren ⟨*lat.*⟩: auslassen, übergehen

Prä|te|r|i|ta: *Plural* von ↑ Präteritum

prä|te|r|i|tal ⟨*lat.-nlat.*⟩: das Präteritum betreffend

Prä|te|r|i|tio u. **Prä|te|r|i|ti|on** *die;* -, ...onen ⟨*lat.*⟩: ↑ Paralipse

Prä|te|r|i|to|prä|sens *das;* -, ...sentia od. ...senzien ⟨*lat.-nlat.*⟩: (Sprachw.) Verb, dessen Präsens ein früheres starkes Präteritum ist (z. B. *kann* als Präteritum zu ahd. *kunnan,* das „wissen, verstehen" bedeutete)

Prä|te|r|i|tum *das;* -s, ...ta ⟨*lat.*⟩: (Sprachw.) 1. Zeitform, die das verbale Geschehen od. Sein aus der Sicht des Sprechers als vergangen charakterisiert, bes. in literarischen erzählenden od. beschreibenden Texten, in denen etwas als abgeschlossen u. als ohne Bezug zur Gegenwart dargestellt wird; Imperfekt. 2. Verbform des Präteritums (1)

prä|ter|prop|ter: etwa, ungefähr

Prä|text [auch: ˈprɛ:...] *der;* -[e]s, -e ⟨*lat.-fr.*⟩: Vorwand, Scheingrund; vgl. Praetexta

Prä|tor *der;* -s, ...oren ⟨*lat.*⟩: höchster [Justiz]beamter im Rom der Antike

Prä|to|ri|a|ner *der;* -s, -: Angehöriger der Leibwache römischer Feldherren od. Kaiser

Prä|to|ri|a|ner|prä|fekt *der;* -en, -en: Kommandant der Prätorianer

prä|to|risch: das Amt, die Person des Prätors betreffend

Prä|tur *die;* -, -en: Amt, Amtszeit eines Prätors

Prau *die;* -, -e ⟨*malai.*⟩: Boot der Malaien

prä|va|lent ⟨*lat.*⟩: überlegen; vorherrschend, überwiegend. **Präva|lenz** *die;* -: Überlegenheit; das Vorherrschen

prä|va|lie|ren: vorherrschen, vorwiegen, überwiegen

Prä|va|ri|ka|ti|on *die;* -, -en ⟨*lat.*⟩: (Rechtsspr.) Amtsuntreue, Parteiverrat (bes. von einem Anwalt, der beiden Prozessparteien dient)

prä|ve|nie|ren ⟨*lat.*⟩: zuvorkommen

Prä|ve|ni|re *das;* -[s]: (veraltet) das Zuvorkommen

Prä|ven|ti|on *die;* -, -en ⟨*lat.-mlat.*⟩: Vorbeugung, Verhütung (bes. im Gesundheitswesen, in der Verbrechensbekämpfung, im Rechtswesen)

prä|ven|tiv ⟨*lat.-nlat.*⟩: vorbeugend, verhütend

Prä|ven|tiv|krieg *der;* -[e]s, -e ⟨*lat.-nlat.; dt.*⟩: Angriffskrieg, der dem voraussichtlichen Angriff des Gegners zuvorkommt

Prä|ven|tiv|me|di|zin *die;* -: Teilgebiet der ↑ Medizin, auf dem man sich mit vorbeugender Gesundheitsfürsorge befasst

Prä|ven|tiv|mit|tel *das;* -s, -: (Med.) 1. zur Vorbeugung gegen eine Erkrankung angewandtes Mittel. 2. ↑ Kondom

Prä|ven|tiv|ver|kehr *der;* -[e]s, -e: Geschlechtsverkehr mit empfängnisverhütenden Mitteln

Prä|verb *das;* -s, -en ⟨*lat.-nlat.*⟩: (Sprachw.) mit dem Wortstamm nicht fest verbundener Teil eines zusammengesetzten ↑ Verbs (z. B. *teil*nehmen – ich nehme *teil*)

Pra|xe|o|lo|gie *die;* - ⟨*gr.-nlat.*⟩: Wissenschaft vom (rationalen) Handeln, Entscheidungslogik. **pra|xe|o|lo|gisch:** die Praxeologie betreffend

Pra|xis *die;* -, ...xen ⟨*gr.-lat.*⟩: 1. (ohne Plural) Anwendung von Gedanken, Vorstellungen, Theorien o. Ä. in der Wirklichkeit; Ausübung, Tätigsein, Erfahrung; Ggs ↑ Theorie (2 a); vgl. in praxi. 2. (ohne Plural) durch praktische Tätigkeit gewonnene Erfahrung, Berufserfahrung. 3. Handhabung, Verfahrensart, ↑ Praktik (1). 4. a) gewerbliches Unternehmen, Tätigkeitsbereich, bes. eines Arztes od. Anwalts; b) Arbeitsräume eines Arztes od. Anwalts

Prä|ze|dens *das;* -, ...denzien ⟨*lat.*⟩: früherer Fall, früheres Beispiel

Prä|ze|denz *die;* -, -en: Rangfolge, Vortritt bei Prozessionen u. Versammlungen der katholischen Kirche

Prä|ze|denz|fall *der;* -[e]s, ...fälle ⟨*lat.; dt.*⟩: Musterfall, der für zukünftige, ähnlich gelagerte Situationen richtungweisend ist; vgl. Präjudiz

prä|ze|die|ren: in ↑ Präzession sein

Prä|zen|tor *der;* -s, ...oren ⟨*lat.-mlat.*⟩: Vorsänger in Kirchenchören

Prä|zep|ti|on *die;* -, -en ⟨*lat.*⟩: Unterweisung; Vorschrift, Verfügung

Prä|zep|tor *der;* -s, ...oren (veraltet) Lehrer, Erzieher; vgl. Praeceptor Germaniae

prä|zes|sie|ren ⟨*lat.-nlat.*⟩: ↑ präzedieren

Prä|zes|si|on *die;* -, -en: 1. (Astron.) durch Kreiselbewegung der Erdachse (in etwa 26 000 Jahren) verursachte Rücklaufbewegung des Schnittpunktes (Frühlingspunktes) zwischen Himmelsäquator u. Ekliptik. 2. ausweichende Bewegung der Rotationsachse eines Kreisels bei Krafteinwirkung

Prä|zi|pi|tat *das;* -[e]s, -e ⟨*lat.*⟩: 1. (Med.; Chem.) [chemischer] Niederschlag, Bodensatz; Produkt einer Ausfällung od. Ausflockung. 2. (Landw.) Dünger, der leicht aufgenommen wird

Prä|zi|pi|ta|ti|on *die;* -: (Med.; Chem.) Ausfällung od. Ausflockung (z. B. von Eiweißkörpern)

Prä|zi|pi|tat|sal|be *die;* - ⟨*lat.; dt.*⟩: eine antiseptische Augensalbe

prä|zi|pi|tie|ren ⟨*lat.*⟩: (Med.; Chem.) ausfällen, ausflocken

Prä|zi|pi|tin *das;* -s, -e ⟨*lat.-nlat.*⟩: Antikörper, der Fremdstoffe im Blut ausfällt

Prä|zi|pu|um *das;* -s, ...pua ⟨*lat.; „das Besondere, das besondere Recht, Sonderteil"*⟩: (Wirtsch.) Geldbetrag, der vor Aufteilung des Gesellschaftsgewinns einem Gesellschafter für besondere Leistungen aus dem Gewinn gezahlt wird

prä|zis (österr. nur so) u. **prä|zi|se** ⟨*lat.-fr.; „vorn abgeschnitten; abgekürzt; zusammengefasst"*⟩: bis ins Einzelne gehend genau [umrissen, angegeben]; nicht nur vage

prä|zi|sie|ren: genauer bestimmen, eindeutiger beschreiben, angeben

Prä|zi|si|on *die;* -: Genauigkeit; Feinheit

Pre|can|cel [priːˈkɛnts̩l] *das;* -s, -s ⟨*engl.*⟩: a) (Philatelie) im Voraus vom Absender entwertete Briefmarke (bei Massensendungen); b) (bes. in den USA) Entwertung einer Briefmarke im Voraus durch den Absender

Pré|ci|euses [preˈsjøːz] *die* (Plural) ⟨*lat.-fr.*⟩: literarischer Kreis von Frauen im Paris des 17. Jh.s, die sich um die Pflege der gesellschaftlichen Sitten u. der französischen Sprache verdient machten; vgl. preziös

pre|ci|pi|tan|do [pretʃi...] ⟨*lat.-it.*⟩: (Mus.) plötzlich beschleunigend, eilend, stürzend (Vortragsanweisung)

Pré|cis [pre'si:] *der; -, -* [...si:(s)] ⟨*fr.*⟩: kurz u. präzise abgefasste Inhaltsangabe (Aufsatzform)

Prei|del|la *die; -, -s u. ...llen, auch:* **Prei|del|le** *die; -, -n* ⟨*germ.-it.*⟩: 1. oberste Altarstufe. 2. Staffel eines [spätgotischen] Altars mit gemaltem od. geschnitztem Bildwerk

Prei|em|pha|sis *die; -* ⟨⟨*lat.; gr.*⟩ *engl.*⟩: im Funkwesen Vorverzerrung (Verstärkung) der hohen Töne, um sie von Störungen zu unterscheiden (im Empfänger erfolgt die Nachentzerrung); vgl. Deemphasis

Prei|fe|rence [prefe'rã:s] *die; -, -n* [...sŋ] ⟨*lat.-fr.*⟩: französisches Kartenspiel

Preis|lin|dex *der; -[es], -e u. ...dizes, auch: ...dices* [...ditse:s] ⟨*dt.; lat.*⟩: (Wirtsch.) statistische Messzahl für die Höhe bestimmter Preise zu einem bestimmten Zeitpunkt

prei|kär ⟨*lat.-fr.*⟩ „durch Bitten erlangt; widerruflich"): misslich, schwierig, heikel

Prei|ka|rei|han|del *der; -s* ⟨*lat.-mlat.; dt.*⟩: Handel zwischen Angehörigen gegeneinander Krieg führender Staaten unter neutraler Flagge

Prei|ka|ria: *Plural* von ↑ Prekarium

Prei|ka|rie [...jə] *die; -, -n* ⟨*lat.-mlat.*⟩: (hist.) 1. im Mittelalter auf Widerruf verliehenes Gut (z. B. eine Pfründe). 2. Schenkung eines Grundstücks o. Ä. an die Kirche, das der Schenkende als Lehen zurückerhält

Prei|ka|ri|um *das; -s, ...ia* ⟨*lat.*⟩: (röm. Recht) widerrufbare, auf Bitte hin erfolgende Einräumung eines Rechts, das keinen Rechtsanspruch begründet

Pré|lude [pre'lyd] *das; -s, -s* ⟨*lat.-fr.*⟩: 1. fantasieartiges Musikstück für Klavier od. Orchester. 2. franz. Bez. für ↑ Präludium

Prei|mi|er [prə'mje:, pre...] *der; -s, -s* ⟨*lat.-fr.;* „Erster"): Kurzform von ↑ Premierminister

Prei|miere *die; -, -n:* Erst-, Uraufführung

Prei|mi|er Jus [prəmje: 'ʒy] *das; - -* ⟨*fr.*⟩: mit Salzwasser ausgeschmolzenes u. gereinigtes Rinderfett

Prei|mi|er|leut|nant [prə'mje:..., pre'mje:...] *der; -s, -s* (selten: -e): (veraltet) Oberleutnant

Prei|mi|er|mi|nis|ter *der; -s, -:* Ministerpräsident. **Prei|mi|er|minis|te|rin** *die; -, -nen:* weibliche Form zu ↑ Premierminister

prei|mi|um ⟨*lat.-engl.*⟩: von besonderer, bester Qualität

Prei|mi|um|pro|dukt *das; -[e]s, -e:* (Werbespr.) Produkt von hoher Qualität

Pre|i|n|o|i|nym *das; -s, -e* ⟨*lat.-fr.; gr.*⟩: Deckname, der aus einem Vornamen besteht od. gebildet ist (z. B. *Heinrich George* aus: Georg Heinrich [Schulz])

Pre|per|cep|tion ['pri:pə'sepʃən] *die; -, -s* ⟨*lat.-engl.*⟩: (Psychol.) primitivste Art der Vorstellung, in der eine Beeinflussung der sinnlichen durch die intellektuelle Aufmerksamkeit stattfindet (nach McDougall)

Pre|print ['pri:prɪnt] *das; -s, -s* ⟨*engl.*⟩: (Buchw.) Vorausdruck, Vorabdruck (z. B. eines wissenschaftlichen Werks, eines Tagungsreferates o. Ä.); vgl. Reprint

Pres|by|a|ku|sis *die; -* ⟨*gr.-nlat.*⟩: (Med.) Altersschwerhörigkeit

Pres|by|o|pie *die; -:* (Med.) Altersweitsichtigkeit

Pres|by|ter *der; -s, -* ⟨*gr.-lat.*⟩: 1. Gemeindeältester im Urchristentum. 2. Mitglied eines evangelischen Kirchenvorstands. 3. lat. Bez. für: Priester (dritter Grad der katholischen höheren Weihen)

pres|by|te|ri|al ⟨*gr.-nlat.*⟩: das Presbyterium (1) betreffend, zu ihm gehörend, von ihm ausgehend

Pres|by|te|ri|al|ver|fas|sung *die; -* ⟨*gr.-nlat.; dt.*⟩: evangelische Kirchenordnung, nach der sich die Einzelgemeinde ein durch Presbyterium (1) selbst verwaltet

Pres|by|te|ri|a|ner *der; -s, -* ⟨*gr.-nlat.*⟩: Angehöriger protestantischer Kirchen mit Presbyterialverfassung in England u. Amerika. **Pres|by|te|ri|a|ne|rin** *die; -, -nen:* weibliche Form zu ↑ Presbyterianer

pres|by|te|ri|a|nisch: die Presbyterialverfassung, Kirchen mit Presbyterialverfassung betreffend

Pres|by|te|ri|n *die; -, -nen:* weibliche Form zu ↑ Presbyter (2)

Pres|by|te|ri|um *das; -s, ...ien* ⟨*gr.-lat.*⟩: 1. aus dem Pfarrer u. den

Presbytern bestehender evangelischer Kirchenvorstand. 2. Versammlungsraum eines evangelischen Kirchenvorstands. 3. katholisches Priesterkollegium. 4. Chorraum einer Kirche

Pre|se|lec|tion [pri:sɪ'lekʃən] *die; -, -s* ⟨*engl.;* eigtl. „Vorwahl"): Auswahl des jeweils preisgünstigsten Anbieters (z. B. bei Telefongesprächen)

Pre|sen|ning vgl. Persenning

Pre|sen|ter [pri'zɛntɐ] *der; -s, -* ⟨*engl.*⟩: jmd., der eine Ware vorstellt, anpreist

Pre|shave ['pri:ʃeɪv] *das; -[s], -s* ⟨*engl.*⟩: kurz für: Preshavelotion. **Pre|shave|lo|tion,** auch: **Pre-Shave-Lo|tion** ['pri:ʃeɪvloʊʃən] *die; -, -s:* vor der Rasur zu verwendendes Gesichtswasser; vgl. Aftershavelotion

pres|sant ⟨*lat.-fr.*⟩: (landsch.) eilig, dringend

pres|san|te ⟨*lat.-it.*⟩: (Mus.) drängend, treibend (Vortragsanweisung)

Pres|se *die; -, -n* ⟨*lat.-mlat.(-fr.)*⟩: 1. a) Vorrichtung, Maschine, die durch Druck Rohstoffe, Werkstücke o. Ä. formt; b) Gerät zum Auspressen von Obst; c) Druckmaschine, Druckpresse. 2. (ohne Plural) a) Gesamtheit der periodischen Druckschriften, der Zeitungen u. Zeitschriften; b) Beurteilung in Zeitungen u. Zeitschriften, Presseecho. 3. (ugs. abwertend) Privatschule zur intensiven Vorbereitung von [schwachen] Schülern auf bestimmte Prüfungen

Pres|se|kon|fe|renz *die; -, -en:* Zusammenkunft prominenter Persönlichkeiten od. ihrer Beauftragten mit Vertretern von Publikationsorganen zur Beantwortung gezielter Fragen

Pres|sen|ti|ment [presãti'mã:] *das; -s, -s* ⟨*lat.-fr.*⟩: (veraltet) Ahnung, Vorgefühl

Pres|seur [...'søːɐ] *der; -s, -e* ⟨*lat.-fr.*⟩: mit Gummi überzogene Stahlwalze der Tiefdruckmaschine, die das Papier an den Schriftträger presst

pres|sie|ren: (landsch., bes. südd., sonst veraltend) eilig, dringend sein; drängen

Pres|sing *das; -s* ⟨*engl.*⟩: (bes. Fußball) Spielweise, bei der der Gegner bereits in seiner eigenen Spielfeldhälfte stark unter Druck gesetzt wird (u. a. durch enge Manndeckung), sodass er seinerseits keine Gelegenheit zum Angriff findet

Pres|si|on *die;* -, -en ⟨*lat.*⟩: Druck, Nötigung, Zwang

Pres|sure|group, auch: **Pressure-Group** [ˈprɛʃəgruːp] *die;* -, -s ⟨*engl.*⟩: Interessenverband, der (oft mit Druckmitteln) auf Parteien, Parlament, Regierung, Verwaltung u. a. Einfluss zu gewinnen sucht; vgl. Lobbyismus

Pres|ti: *Plural* von ↑ Presto

Pres|ti|di|gi|ta|teur [...diʒitaˈtøːɐ̯] *der;* -s, -e ⟨(*lat.-it.-fr.; lat.*) *fr.*⟩: (veraltet) Gaukler, Taschenspieler

Pres|tige [...ˈtiːʒə, ...tiːʃ] *das;* -s ⟨*lat.-fr.;* „Blendwerk, Zauber"⟩: [positives] Ansehen, Geltung

Pres|tis|si|mi: *Plural* von ↑ Prestissimo

pres|tis|si|mo ⟨*lat.-it.*⟩: (Mus.) sehr schnell, in schnellstem Tempo (Vortragsanweisung).
Pres|tis|si|mo *das;* -s, -s u. ...mi: 1. (Mus.) äußerst schnelles Tempo. 2. Musikstück in schnellstem Zeitmaß

pres|to: (Mus.) schnell (Vortragsanweisung). **Pres|to** *das;* -s, -s u. ...ti: 1. (Mus.) schnelles Tempo. 2. Musikstück in schnellem Zeitmaß

Prêt-à-por|ter [prɛtapɔrˈteː] *das;* -s, -s ⟨*fr.*⟩: a) (ohne Plural) von einem Modeschöpfer entworfene Konfektionskleidung; b) von einem Modeschöpfer entworfenes Konfektionskleid

Pre|test [ˈpriː...] *der;* -s, -s ⟨*lat.-engl.*⟩: (Soziol.) Erprobung eines Mittels für Untersuchungen o. Ä. (z. B. eines Fragebogens) vor der Durchführung der eigentlichen Erhebung; Vortest

pre|ti|al ⟨*lat.*⟩: (Wirtsch.) vom Preis her erfolgend, geldmäßig

pre|ti|ös vgl. preziös

Pre|ti|o|sen vgl. Preziosen

Pre|ti|o|si|tät vgl. Preziosität

Pre|view [ˈpriːvjuː] *die;* -, -s (auch: *der;* -s, -s) ⟨*engl.*⟩: 1. Voraufführung (bes. eines Films). 2. (EDV) Funktion eines Anwendungsprogramms, die es ermöglicht, Texte u. Bilder auf dem Bildschirm vorab so darzustellen, wie sie gedruckt werden sollen

pre|zi|ös, auch: pretiös ⟨*lat.-fr.*⟩: geziert, geschraubt, gekünstelt

Pre|zi o|sen, auch: Pretiosen *die* (Plural): Kostbarkeiten, Geschmeide

Pre|zi o|si|tät, auch: Pretiosität *die;* -: geziertes Benehmen, Ziererei

Pri |a|mel *die;* -, -n (auch: *das;* -s, -) ⟨*lat.-mlat.*⟩: 1. kurzes volkstümliches Spruchgedicht, bes. des deutschen Spätmittelalters. 2. ↑ Präambel (2)

Pri |a|pea *die* (Plural) ⟨*gr.-lat.;* nach dem spätgriech.-röm. Fruchtbarkeitsgott Priapus⟩: kurze, geistreiche, obszöne lateinische Gedichte aus dem 1. Jh. n. Chr.

pri |a|pe|isch u. priapisch: unzüchtig

Pri |a|pe|us *der;* -, ...pei: antiker Vers

pri |a|pisch vgl. priapeisch

Pri |a|pis|mus *der;* - ⟨*gr.-lat.-nlat.*⟩: krankhaft anhaltende, schmerzhafte Erektion des Penis

prim ⟨*lat.*⟩: (Math.) nur durch 1 u. sich selbst teilbar (von Zahlen)

Prim *die;* -, -en: 1. bestimmte Klingenhaltung beim Fechten. 2. Morgengebet (bes. bei Sonnenaufgang) im katholischen Brevier. 3. ↑ Prime (1)

pri |ma ⟨*lat.-it.*⟩: a) vom Besten, erstklassig; Abk.: pa., Ia; b) (ugs.) vorzüglich, prächtig, wunderbar, sehr gut, ausgezeichnet

¹Pri |ma *die;* -, Primen ⟨„erste (Klasse)"⟩: (veraltend) in Unter- u. Oberprima geteilte letzte Klasse eines Gymnasiums

²Pri |ma *der;* -s, -s: Kurzform von ↑ Primawechsel

Pri |ma|bal|le|ri|na *die;* -, ...nen ⟨*it.*⟩: die erste u. Vortänzerin einer Ballettgruppe; vgl. Ballerina

Pri |ma|bal|le|ri|na as|so|lu|ta *die;* -, ...ne ...te: Spitzentänzerin, außer Konkurrenz stehende Meisterin im Kunsttanz

Pri |ma|don|na *die;* -, ...nnen ⟨„erste Dame"⟩: 1. Darstellerin der weiblichen Hauptpartie in der Oper, erste Sängerin. 2. verwöhnter u. empfindlicher Mensch, der eine entsprechende Behandlung u. Sonderstellung für sich beansprucht

pri |ma fa|cie [- ...ˈtsiə] ⟨*lat.*⟩: auf den ersten Blick, dem ersten Anschein nach

Pri |ma-fa|cie-Be|weis [...ˈtsiə...] *der;* -es, -e ⟨*lat.; dt.*⟩: (Rechtsw.) Beweis aufgrund des ersten Anscheins; Anscheinsbeweis

Pri |ma|ge [priˈmaːʒə] *die;* -, -n ⟨*lat.-engl.-fr.*⟩: (Seew.) Prämie (2), die ein Ladungsinteressent unter bestimmten Bedingungen an den Schiffer zu zahlen bereit ist

Pri |ma|li|tä|ten *die* (Plural) ⟨*lat.-nlat.*⟩: (Philos.) Grundbestimmungen des Seins u. der Dinge in der Scholastik

Pri |ma|lie|rei *die;* -: Malerei ↑ alla prima

Pri |ma|nen *die* (Plural) ⟨*lat.*⟩: die zuerst ausgebildeten Dauergewebszellen einer Pflanze

Pri |ma|ner *der;* -s, -: (veraltend) Schüler einer ¹Prima. **Pri |ma|ne|rin** *die;* -, -nen: weibliche Form zu ↑ Primaner

Pri |ma|no|ta *die;* - ⟨*lat.-it.*⟩: Grundbuch in der Bankbuchhaltung

Pri |ma Phi|lo|so|phia *die;* - - ⟨*lat.;* „erste Philosophie"⟩: ↑ Philosophia prima

pri |mär ⟨*lat.-fr.*⟩: 1. a) zuerst vorhanden, ursprünglich; b) an erster Stelle stehend, erst-, vorrangig; grundlegend, wesentlich. 2. (von bestimmten chemischen Verbindungen o. Ä.) nur eines von mehreren gleichartigen Atomen durch nur ein bestimmtes anderes Atom ersetzend; vgl. sekundär (2), tertiär (2). 3. (Elektrot.) den Teil eines Netzgeräts betreffend, der unmittelbar an das Stromnetz angeschlossen ist u. in den die umzuformende Spannung einfließt; vgl. sekundär (3)

Pri |mar *der;* -s, -e ⟨*lat.*⟩: (österr.) ↑ Primararzt

Pri |mär...

⟨*lat.* primarius „Erster" → *fr.* primaire „Elementar..., Anfangs..."⟩ Wortbildungselement mit der Bedeutung „die Grundlage bildend; zuerst auftretend, ursprünglich":
– Primärenergie
– Primärliteratur
– Primärtumor

Pri |mär|af|fekt *der;* -[e]s, -e: (Med.) erstes Anzeichen, erstes Stadium einer Infektionskrankheit, bes. der Syphilis

P

Pri|mar|arzt der; -es, ...ärzte ⟨lat.;
dt.⟩: (österr.) leitender Arzt eines Krankenhauses; Chefarzt,
Oberarzt. **Pri|mar|ärz|tin** die; -,
-nen: weibliche Form zu ↑ Primararzt
Pri|mär|e|ner|gie die; -, -n:
(Techn.) von natürlichen, noch
nicht weiterbearbeiteten Energieträgern (wie Kohle, Erdöl,
Erdgas) stammende Energie
Pri|mär|ge|stein das; -s: (Geol.
veraltet) Erstarrungsgestein
Pri|ma|ria die; -, ...iae: weibliche
Form zu ↑ Primar
Pri|ma|ri|us der; -, ...ien: 1. ↑ Pastor
primarius. 2. ↑ Primararzt.
3. ↑ Primgeiger, erster Geiger im
Streichquartett
Pri|mär|li|te|ra|tur die; -: Literatur,
die Gegenstand einer wissenschaftlichen Untersuchung ist;
die Quellen, bes. der Sprach- u.
Literaturwissenschaft; vgl. Sekundärliteratur
Pri|mar|schu|le die; -, -n ⟨lat.; dt.⟩:
(schweiz.) allgemeine Volks-
schule
Pri|mär|sta|tis|tik die; -: direkte,
gezielt für statistische Zwecke
durchgeführte Erhebungen u.
deren Auswertung (z. B. Volks-
zählung); vgl. Sekundärstatistik
Pri|mar|stu|fe die; -, -n ⟨lat.; dt.⟩:
Grundschule (1.–4. Schuljahr);
vgl. Sekundarstufe
Pri|mär|tek|to|ge|ne|se die; -, -n:
(Geol.) Verbiegung der Erd-
rinde in großräumige Schwel-
len u. Senken; vgl. Sekundär-
tektogenese
Pri|mär|tu|mor der; -s, -en: (Med.)
Tumor, von dem Metastasen
ausgehen
Pri|mär|vor|gän|ge die (Plural)
⟨lat.; dt.⟩: (Psychol.) alle aus
dem Unbewussten erwachsen-
den Gedanken, Gefühle, Handlungen (S. Freud)
Pri|ma|ry [ˈpraɪmərɪ] die; -, -s u.
...ries [...rɪz] (meist Plural)
⟨engl.⟩: Vorwahl (im Wahlsys-
tem der USA)
Pri|mas der; -, -se ⟨lat.; „der Erste,
Vornehmste"⟩: 1. (Plural auch:
Primaten) [Ehren]titel des wür-
dehöchsten Erzbischofs eines
Landes. 2. Solist und Vorgeiger
einer Zigeunerkapelle
¹**Pri|mat** der od. das; -[e]s, -e:
1. Vorrang, bevorzugte Stellung.
2. Stellung des Papstes als Inhaber der obersten Kirchengewalt

²**Pri|mat** der; -en, -en (meist Plu-
ral): (Biol.) Herrentier (Halbaf-
fen, Affen u. Menschen umfassende Ordnung der Säugetiere)
Pri|ma|tin die; -, -nen: weibliche
Form zu ↑ ²Primat
Pri|ma|to|lo|ge der; -n, -n: Wis-
senschaftler auf dem Gebiet der
Primatologie. **Pri|ma|to|lo|gie**
die; -: Wissenschaft, bei der
man sich mit der Erforschung
der ²Primaten befasst. **Pri|ma-
to|lo|gin** die; -, -nen: weibliche
Form zu ↑ Primatologe
pri|ma vis|ta ⟨lat.-it.⟩: 1. (Wirtsch.)
bei Sicht (z. B. einen Wechsel
prima vista bezahlen). 2. (Mus.)
vom Blatt (z. B. prima vista
spielen, singen)
Pri|ma|vis|ta|di|ag|no|se die; -,
-n: (Med.) Diagnose aufgrund
der typischen, sichtbaren kör-
perlich-seelischen Veränderungen, die durch bestimmte
Krankheiten beim Patienten
eintreten
pri|ma vol|ta: (Mus.) das erste
Mal (Anweisung für die erste
Form des Schlusses eines zu
wiederholenden Teils, der bei
der Wiederholung eine zweite
Form erhält); vgl. seconda volta
Pri|ma|wech|sel der; -s, - ⟨lat.; dt.⟩:
(Wirtsch.) Erstausfertigung ei-
nes Wechsels
Pri|me die; -, -n ⟨lat.-mlat.⟩:
1. (Mus.) die erste Tonstufe einer diatonischen Tonleiter; der
Einklang zweier auf derselben
Stufe stehender Noten.
2. (Druckw., Buchbinderei)
erste, die Norm (5) enthaltende
Seite eines Druckbogens
Pri|mel die; -, -n ⟨lat.-nlat.;
„Erste"⟩: Vertreter einer Pflan-
zenfamilie mit zahlreichen einheimischen Arten (z. B. Schlüs-
selblume, Aurikel)
Pri|men: Plural von ↑ Prim,
↑ ¹Prima, ↑ Prime
Prime|rate [ˈpraɪmˈreɪt] die; -,
auch: **Prime Rate** die; - - ⟨lat.-
engl.⟩: (Wirtsch.) Diskontsatz
für Großbanken, dem Leitzins-
funktion zukommt (in den
USA)
Prime|time [ˈpraɪmtaɪm] die; -, -s,
auch: **Prime Time** die; - -, - -s
⟨engl.⟩: (Jargon) günstigste Zeit
[für Fernsehsendungen];
abendliche Hauptsendezeit
Pri|meur [priˈmøːɐ̯] der; -[s], -s
⟨fr.⟩: 1. junger, kurz nach der

Gärung abgefüllter französischer Rotwein. 2. (Plural) junges Frühgemüse, junges Früh-
obst
Prim|gei|ger der; -s, - ⟨lat.; dt.⟩:
erster Geiger in der Kammer-
musik, bes. im Streichquartett
Prim|geld das; -[e]s, -er: ↑ Pri-
mage, ↑ Kaplaken
Pri|mi: Plural von ↑ Primus
Pri|mi|pa|ra die; -, ...paren ⟨lat.⟩:
(Med.) Erstgebärende; Frau, die
ihr erstes Kind gebiert, geboren
hat
pri|mis|si|ma (ugs.) ganz prima,
ausgezeichnet
Pri|mi|ti|al|op|fer das; -s, - ⟨lat.-
mlat.; dt.⟩: der Gottheit darge-
brachte Gabe aus der ersten
Beute bzw. Ernte; Erstlingsop-
fer
pri|mi|tiv ⟨lat.-fr.⟩: 1. auf niedriger
Kultur-, Entwicklungsstufe ste-
hend; urzuständlich, urtüm-
lich. 2. (abwertend) von geringem geistig-kulturellem Ni-
veau. 3. einfach; dürftig, be-
helfsmäßig; **primitives Symbol**: Zeichen der mathematischen Logik, dessen Bedeutung
als bekannt vorausgesetzt wird
Pri|mi|ti|va: Plural von ↑ Primiti-
vum
Pri|mi|ti|ven die (Plural): auf nied-
riger Kultur-, Entwicklungs-
stufe stehende Völker
pri|mi|ti|vie|ren u. **pri|mi|ti|vi|sie-
ren**: in unzulässiger Weise vereinfachen, vereinfacht darstellen, wiedergeben
Pri|mi|ti|vis|mus der; - ⟨lat.-fr.-
nlat.⟩: moderne Kunstrichtung,
die sich von der Kunst der primitiven (1) Kulturen anregen
lässt
Pri|mi|ti|vi|tät die; -: (abwertend)
1. geistig-seelische Unentwi-
ckeltheit. 2. Einfachheit, Be-
helfsmäßigkeit, Dürftigkeit
Pri|mi|ti|vum das; -s, ...va ⟨lat.⟩:
(Sprachw.) Stammwort im Unterschied zur Zusammensetzung (z. B. geben gegenüber
ausgeben, zugeben)
Pri|mi U|o|mi|ni: Plural von
↑ Primo Uomo
Pri|miz die; -, -en ⟨lat.-mlat.⟩:
erste [feierliche] Messe eines
neu geweihten katholischen
Priesters
Pri|mi|zi|ant der; -en, -en ⟨lat.-
nlat.⟩: neu geweihter katholischer Priester

Pri|mi|zi|en die (Plural) ⟨lat.⟩: ↑ Primitialopfer

pri|mo ⟨lat.-it.⟩: (Mus.) erster, erste, erstes (z. B. violino primo = erste Geige). **Pri|mo** das; -s: (Mus.) beim vierhändigen Klavierspiel der Diskantpart (vgl. Diskant 3); Ggs. ↑ Secondo (2)

Pri|mo|ge|ni|tur die; -, -en ⟨lat.-mlat.⟩: Erstgeburtsrecht; Vorzugsrecht des [fürstlichen] Erstgeborenen u. seiner Linie bei der Erbfolge; vgl. Sekundogenitur

pri|m|or|di|al ⟨lat.⟩: (Philos.) von erster Ordnung, uranfänglich, ursprünglich seiend, das Ur-Ich betreffend (nach Husserl)

Pri|mo U|o|mo der; - -, ...mi ...mini ⟨lat.-it.⟩: erster Tenor (früher auch Kastrat) in der Barockoper

Prim|ton der; -[e]s, ...töne ⟨lat.; dt.⟩: (Mus.) Grundton

Pri|mum Mo|bi|le das; - - ⟨lat.⟩: (Philos.) der erste [unbewegte] Beweger (bei Aristoteles)

Pri|mus der; -, Primi u. -se: Klassenbester, bes. einer höheren Schule

Pri|mus in|ter Pa|res der; - - -, Primi - -: Erster unter Ranggleichen

Prim|zahl die; -, -en ⟨lat.; dt.⟩: (Math.) Zahl größer als 1, die nur durch 1 und sich selbst teilbar ist (z. B. 7, 13, 67)

Prince of Wales [ˈprɪns əv ˈweɪlz] der; - - - ⟨engl.⟩: Prinz von Wales (Titel des britischen Thronfolgers). **Prin|cess of Wales** [prɪnˈses - -] die; - - -: Prinzessin von Wales (Titel der Ehefrau des britischen Thronfolgers)

prin|ci|pa|li|ter vgl. prinzipaliter

prin|ci|pi|is obs|ta ⟨lat.⟩: wehre den Anfängen [einer gefährlichen Entwicklung]

Prin|ci|pi|um Con|t|ra|dic|ti|o|nis das; - -: (Logik) Satz vom Widerspruch

Prin|ci|pi|um ex|clu|si Ter|tii das; - - -: (Logik) Satz vom ausgeschlossenen Dritten

Prin|ci|pi|um I|den|ti|ta|tis das; - -: (Logik) Satz der Identität

Prin|ci|pi|um Ra|ti|o|nis suf|fi|ci|en|tis das; - - -: (Logik) Satz vom hinreichenden Grund

Prin|te die; -, -n (meist Plural) ⟨lat.-fr.-niederl.; „Aufdruck, Abdruck"⟩: lebkuchenähnliches Gebäck

prin|ted in ... [ˈprɪntɪd ɪn] ⟨engl.⟩: (mit nachfolgendem Namen eines Landes) gedruckt in ... (Vermerk in Büchern)

Prin|ter der; -s, - ⟨engl.⟩: 1. Gerät zur Herstellung von Abzügen (von Fotos) in großen Stückzahlen. 2. (EDV) Drucker

Prin|ters die (Plural): ungebleichter Kattun für den Zeugdruck

Prin|ting-on-De|mand [...dɪˈmaːnd] das; -[s] ⟨engl.⟩: schnelle Herstellung von Druckerzeugnissen [in kleinerer Zahl] auf Bestellung

Print|me|di|um das; -s, ...ien, selten auch: ...ia (meist Plural) ⟨(lat.-)engl.⟩: [1]Medium (5 a), bei dem die Informationen durch bedrucktes Papier vermittelt werden (z. B. Zeitung, Zeitschrift, Buch)

Prin|zeps der; -, Prinzipes [...tsipe:s] ⟨lat.; „der Erste (im Rang), Vornehmster"⟩: 1. altrömischer Senator von großem politischem Einfluss. 2. Titel römischer Kaiser

Prin|zip das; -s, -ien (seltener, im naturwissenschaftlichen Bereich meist: -e) ⟨lat.⟩: a) Regel, Richtschnur; b) Grundlage, Grundsatz; c) Gesetzmäßigkeit, Idee, die einer Sache zugrunde liegt, nach der etwas wirkt; Schema, nach dem etwas aufgebaut ist

[1]Prin|zi|pal der; -s, -e ⟨lat.⟩: 1. Leiter eines Theaters, einer Theatertruppe. 2. Lehrherr; Geschäftsinhaber

[2]Prin|zi|pal das; -s, -e: (Mus.) 1. Hauptregister der Orgel (Labialstimme mit weichem Ton). 2. tiefe Trompete, bes. im 17. u. 18. Jh.

Prin|zi|pa|lin die; -, -nen: weibliche Form zu ↑ [1]Prinzipal

prin|zi|pa|li|ter ⟨lat.⟩: vor allem, in erster Linie

Prin|zi|pal|stim|me die; -, -n (meist Plural) ⟨lat.; dt.⟩: (Mus.) eine der im Prospekt (3) der Orgel aufgestellten, besonders sorgfältig gearbeiteten Pfeifen

Prin|zi|pat das (auch: der); -[e]s, -e: 1. (veraltet) Vorrang. 2. das ältere römische Kaisertum; vgl. Dominat

Prin|zi|pes: Plural von ↑ Prinzeps

prin|zi|pi|ell ⟨französierende Bildung⟩: 1. im Prinzip, grundsätz-

lich. 2. einem Prinzip, Grundsatz entsprechend, aus Prinzip

Prin|zi|pi|en: Plural von ↑ Prinzip

Prinz|re|gent der; -en, -en: Vertreter eines (z. B. durch schwere Krankheit) an der Ausübung der Herrschaft gehinderten Monarchen

Pri|on das; -s, ...onen (meist Plural) ⟨Kunstw. zu engl. proteinaceous infectious particle⟩: Eiweißpartikel, das bei bestimmten Gehirnerkrankungen (z. B. BSE, Creutzfeld-Jakob-Krankheit) gefunden wird u. vermutlich Erreger dieser Krankheiten ist

Pri|or der; -s, Prioren ⟨lat.-mlat.; „der Erstere, der dem Rang nach höher Stehende"⟩: a) katholischer Klosteroberer, -vorsteher (z. B. bei den Dominikanern); Vorsteher eines Priorats (2); b) Stellvertreter eines Abtes

Pri|o|rat das; -[e]s, -e: 1. Amt, Würde eines Priors. 2. meist von einer Abtei abhängiges [kleineres] Kloster eines Konvents (1 a)

Pri|o|rin [auch: ˈpriːorɪn] die; -, -nen: a) Vorsteherin eines Priorats (2); b) Stellvertreterin einer Äbtissin

Pri|o|ri|tät die; -, -en ⟨lat.-mlat.-fr.⟩: 1. a) Vorrecht, Vorrang eines Rechts, bes. eines älteren Rechts gegenüber einem später entstandenen; b) Rangfolge, Stellenwert, den etwas innerhalb einer Rangfolge einnimmt; c) (ohne Plural) höherer Rang, größere Bedeutung, Vorrangigkeit. 2. (ohne Plural) zeitliches Vorhergehen. 3. (Plural; Wirtsch.) Aktien, Obligationen, die mit bestimmten Vorrechten ausgestattet sind

Pri|o|ri|täts|ak|tie die; -, -n: Aktie, die mit einem Vorzugsrecht ausgestattet ist

Pri|se die; -, -n ⟨lat.-fr.; „das Genommene; das Nehmen, Ergreifen"⟩: 1. a) aufgebrachtes feindliches od. Konterbande führendes neutrales Schiff; b) beschlagnahmte Ladung eines solchen Schiffes. 2. kleine Menge eines pulverigen od. feinkörnigen Stoffes (die man zwischen zwei Fingern greifen kann, z. B. Salz, Pfeffer, Schnupftabak)

Pris|ma das; -s, ...men ⟨gr.-lat.;

P

„dreiseitige Säule"): 1.(Math.) von ebenen Flächen begrenzter Körper mit paralleler, kongruenter Grund- u. Deckfläche. 2.(Mineral.) Kristallfläche, die nur zwei Achsen schneidet u. zur dritten parallel ist

pris|ma|tisch ⟨gr.-nlat.⟩: von der Gestalt eines Prismas, prismenförmig; **prismatische Absonderung:** (Mineral.) säulenförmige Ausbildung senkrecht zur Abkühlungsfläche (von Basalten)

Pris|ma|to|id das; -[e]s, -e: (Math.) Körper mit gradlinigen Kanten, beliebigen Begrenzungsflächen u. zwei parallelen Grundflächen, auf denen sämtliche Ecken liegen

Pris|men: Plural von ↑ Prisma

Pris|men|glas das; -es, ...gläser: Feldstecher, Fernglas

Pris|mo|id das; -[e]s, -e ⟨gr.-nlat.⟩: ↑ Prismatoid

Pri|son [pri'zõ:] die; -, -s od. das; -s, -s ⟨lat.-fr.⟩: (veraltet) Gefängnis

Pri|so|ner of War [ˈprɪzənə ɔf ˈwɔ:] der; - - -, -s - - ⟨engl.⟩: engl. Bez. für: Kriegsgefangener; Abk.: POW

Pri|son|ni|er de Guerre [prizɔn-jeˈdɡɛ:r] der; - - -, -s - - [prizɔn-jeˈdɡɛ:r] ⟨fr.⟩: franz. Bez. für: Kriegsgefangener; Abk.: PG

Prits|ta|bel der; -s, - ⟨slaw.⟩: (hist.) Wasservogt, Fischereiaufseher in der Mark Brandenburg

pri|vat ⟨lat.; „(der Herrschaft) beraubt; gesondert, für sich stehend; nicht öffentlich"): 1. die eigene Person angehend, persönlich. 2. vertraulich. 3. familiär, häuslich, vertraut. 4. nicht offiziell, nicht öffentlich, außeramtlich

Pri|vat|au|di|enz die; -, -en: private (4), nicht dienstlichen Angelegenheiten dienende Audienz

Pri|vat|de|tek|tiv der; -s, -e: freiberuflich tätiger od. bei einer Detektei angestellter Detektiv, der in privatem (2) Auftrag handelt. **Pri|vat|de|tek|ti|vin** die; -, -nen: weibliche Form zu ↑ Privatdetektiv

Pri|vat|dis|kont der; -s, -e: Diskontsatz, zu dem Akzepte (2) besonders kreditwürdiger Banken abgerechnet werden

Pri|vat|do|zent der; -en, -en:
a) (ohne Plural) Titel eines

Hochschullehrers, der [noch] nicht Professor ist u. nicht im Beamtenverhältnis steht; b) Träger dieses Titels. **Pri|vat|do|zen|tin** die; -, -nen: weibliche Form zu ↑ Privatdozent

Pri|va|ti er [priva'tje:] der; -s, -s ⟨französierende Bildung⟩: jmd., der keiner Erwerbstätigkeit nachgeht, der privatisiert. **Pri|va|ti e|re** [...'tje:rə] die; -, -n: (veraltet) Rentnerin

pri|va|tim ⟨lat.⟩: in ganz persönlicher, vertraulicher Weise; unter vier Augen

Pri|va|ti|on die; -, -en: 1.(veraltet) Beraubung; Entziehung. 2.(Philos.) Negation, bei der das negierende Prädikat dem Subjekt nicht nur eine Eigenschaft, sondern auch sein Wesen abspricht

pri|va|ti|sie|ren ⟨französierende Bildung⟩: 1. staatliches Vermögen in Privatvermögen umwandeln. 2. als Rentner[in] od. als Privatperson vom eigenen Vermögen leben. **Pri|va|ti|sie|rung** die; -: Umwandlung von staatlichem Vermögen in privates Vermögen

Pri|va|tis|mus der; -: Hang zur Privatheit, Rückzug ins Private

pri|va|tis|si|me ⟨lat.⟩: im engsten Kreise; streng vertraulich, ganz allein

Pri|va|tis|si|mum das; -s, ...ma: 1. Vorlesung für einen ausgewählten Kreis. 2. Ermahnung

Pri|va|tist der; -en, -en ⟨lat.-nlat.⟩: (österr.) Schüler, der sich, ohne die Schule zu besuchen, auf eine Schulprüfung vorbereitet. **Pri|va|tis|tin** die; -, -nen: weibliche Form zu ↑ Privatist

pri|va|tis|tisch: ins Private zurückgezogen

pri|va|tiv ⟨lat.⟩: (Sprachw.) 1. das Privativ betreffend. 2. das Fehlen, die Ausschließung (z. B. eines bestimmten Merkmals) kennzeichnend (z. B. durch die privativen Affixe ent-, -los). **Pri|va|tiv** das; -s, -e: (Sprachw.) Verb, das inhaltlich ein Entfernen, Wegnehmen des im Grundwort Angesprochenen zum Ausdruck bringt (z. B. abstielen, ausbeinen, entfetten, köpfen, häuten)

Pri|vat|pa|ti|ent der; -en, -en: Patient, der nicht bei einer gesetzlichen Krankenkasse versi-

chert ist, sondern sich auf eigene Rechnung od. als Versicherter einer privaten (4) Krankenkasse in [ärztliche] Behandlung begibt. **Pri|vat|pa|ti|en|tin** die; -, -nen: weibliche Form zu ↑ Privatpatient

Pri|vat|per|son die; -, -en: jmd., der in privater (4) Eigenschaft, nicht im Auftrag einer Firma, Behörde o. Ä. handelt

Pri|vi|leg das; -[e]s, -ien (auch: -e) (»besondere Verordnung, Ausnahmegesetz; Vorrecht"): Vorrecht, Sonderrecht. **pri|vi|le|gie|ren** ⟨lat.-mlat.⟩: jmdm. eine Sonderstellung, ein Vorrecht einräumen

Pri|vi|le|gi|um das; -s, ...ien ⟨lat.⟩: (veraltet) ↑ Privileg

Prix [pri:] der; -, - ⟨lat.-fr.⟩: franz. Bez. für: Preis

pro ⟨lat.; „für"): je

¹Pro das; -s ⟨lat.⟩: das Für; **das Pro und [das] Kontra:** das Für und [das] Wider

²Pro die; -, -s: (Jargon) kurz für: Prostituierte

---

pro..., Pro...

⟨lat. pro „vor, für, anstatt"⟩
Präfix mit folgenden Bedeutungen:
1. „vor, davor; anstelle von":
– Prodekan
– prognathisch
– Provitamin
2. (in Verbindung mit Adjektiven) „eine wohlwollende, zustimmende Einstellung habend:"
– prowestlich

---

pro an|no ⟨lat.⟩: aufs Jahr, jährlich; Abk.: p. a.

Pro|an|the|sis die; - ⟨gr.; „Vorblüte"): (Bot.) anomales Blühen der Bäume im Herbst

Pro|ä re|se die; - ⟨gr.; „Vornehmen; Entschluss"): (Philos.) der freie, aber mit Überlegung u. Nachdenken vollzogene Entschluss, der sich nur auf das in unserer Macht Stehende bezieht (bei Aristoteles)

pro|ba|bel ⟨lat.⟩: (Philos.) wahrscheinlich, glaubwürdig; billigenswert

Pro|ba|bi|lis|mus der; - ⟨lat.-nlat.⟩: 1.(Philos.) Auffassung, dass es in Wissenschaft u. Philosophie keine absoluten Wahrheiten, sondern nur Wahrscheinlich-

keiten gibt. 2. Lehre der katholischen Moraltheologie, nach der in Zweifelsfällen eine Handlung erlaubt ist, wenn gute Gründe dafür sprechen
Pro|ba|bi|li|tät *die; -, -en ⟨lat.⟩:* (Philos.) Wahrscheinlichkeit, Glaubwürdigkeit
Pro|band *der; -en, -en:* 1. (Psychol.; Med.) Versuchsperson, Testperson (z. B. bei psychologischen Tests). 2. (Geneal.) jmd., für den zu erbbiologischen Forschungen innerhalb eines größeren verwandtschaftlichen Personenkreises eine Ahnentafel aufgestellt wird. 3. Verurteilter, dessen Strafe zur Bewährung ausgesetzt ist.
Pro|ban|din *die; -, -nen:* weibliche Form zu ↑ Proband
pro|bat: erprobt, bewährt, wirksam
Pro|ba|ti|on *die; -, -en:* (veraltet) a) Prüfung, Untersuchung; b) Nachweis, Beweis; c) (Rechtsw.) Erprobung, Bewährung
pro|bie|ren: 1. einen Versuch machen, ausprobieren, versuchen. 2. kosten, abschmecken. 3. (Theat.) proben, eine Probe abhalten. 4. anprobieren (z. B. ein Kleidungsstück)
Pro|bie|rer *der; -s, -:* Prüfer im Bergbau, Hüttenwerk od. in der Edelmetallindustrie, der nach bestimmten Verfahren schnell Zusammensetzungen feststellen kann
Pro|bi|ont *der; -en, -en (meist Plural) ⟨gr.-nlat.⟩:* primitiver Vorläufer höherer Lebensformen
pro|bi|o|tisch: mit bestimmten Bakterien o. Ä. versehen, die die Darmflora verbessern sollen (z. B. von Joghurterzeugnissen)
Pro|bi|tät *die; - ⟨lat.⟩:* (veraltet) Rechtschaffenheit
Pro|b|lem *das; -s, -e ⟨gr.-lat.; „der Vorwurf, das Vorgelegte" usw.⟩:* 1. schwierige, zu lösende Aufgabe; Fragestellung; unentschiedene Frage; Schwierigkeit. 2. schwierige, geistvolle Aufgabe im Kunstschach (mit der Forderung: Matt, Hilfsmatt usw. in n Zügen)
Pro|b|le|ma|tik *die; -:* aus einer Frage, Aufgabe, Situation sich ergebende Schwierigkeit. **pro|b|le|ma|tisch:** ungewiss u. schwierig, voller Problematik

pro|b|le|ma|ti|sie|ren: a) die Problematik von etwas darlegen, diskutieren, sichtbar machen; b) zum Problem (1) machen
pro|b|le|mo|ri|en|tiert: a) auf ein bestimmtes Problem, auf bestimmte Probleme ausgerichtet; b) (EDV) auf die Lösung bestimmter Aufgaben bezogen
Pro|b|lem|schach *das; -s:* Teilgebiet des Schachspiels, das sich mit dem Konstruieren von Schachaufgaben befasst
Pro|ca|in ® *das; -s ⟨Kunstw.⟩:* (Pharm.; Med.) Mittel zur örtlichen Betäubung, z. B. bei der Infiltrationsanästhesie; ↑ Novocain
Pro|ce|de|re, auch: Prozedere *das; -, - ⟨lat.⟩:* Verfahrensordnung, -weise
pro cen|tum *⟨lat.⟩:* für hundert, für das Hundert; Abk.: p. c.; Zeichen: %
Pro|ces|sus *der; - ⟨lat.⟩:* (Med.) Fortsatz, Vorsprung, kleiner, hervorragender Teil eines Knochens
Pro|chei|lie [...çai...] *die; -, ...ien ⟨gr.-nlat.⟩:* (Med.) starkes Vorspringen der Lippen
pro co|pia *⟨lat.; „für die Abschrift"⟩:* (veraltet) die Richtigkeit der Abschrift wird bestätigt
Proc|tor [ˈprɔktə] *der; -s, -s ⟨engl.⟩:* (Rechtsspr.) engl. Bez. für: Prokurator
Pro|de|kan *der; -s, -e ⟨lat.-nlat.⟩:* Vertreter des Dekans (einer Hochschule). **Pro|de|ka|nin** *die; -, -nen:* weibliche Form zu ↑ Prodekan
pro die *⟨lat.⟩:* je Tag, täglich
Pro|di|ga|li|tät *die; - ⟨lat.⟩:* (veraltet) Verschwendung[ssucht]
Pro|di|gi|um *das; -s, ...ien ⟨lat.⟩:* im altrömischen Glauben wunderbares Zeichen göttlichen Zorns (dem man durch kultische Sühnemaßnahmen zu begegnen suchte)
pro do|mo *⟨lat.; „für das (eigene) Haus"⟩:* in eigener Sache, zum eigenen Nutzen, für sich selbst
pro do|si *⟨lat.⟩:* als Einzelgabe verabreicht (von Arzneien)
Pro|drom u. Pro|dro|mal|sym|p-
tom *das; -s, -e ⟨gr.-lat.⟩:* (Med.) Frühsymptom einer Krankheit
Pro|dro|mus *der; -, ...omen ⟨gr.-lat.; „Vorläufer"⟩:* (veraltet) Vorwort, Vorrede

Pro|du|cer [proˈdjuːsɐ] *der; -s, - ⟨lat.-engl.⟩:* 1. engl. Bez. für: Hersteller, Fabrikant. 2. a) Film-, Musikproduzent; b) (im Hörfunk) jmd., der eine Sendung technisch vorbereitet u. ihren Ablauf überwacht [u. für die Auswahl der Musik zuständig ist]. **Pro|du|ce|rin** *die; -, -nen:* weibliche Form zu ↑ Producer (2)
Pro|duct|place|ment, auch: **Product-Place|ment** [ˈprɔdʌktˈpleɪsmənt] *das; -s, -s ⟨engl.⟩:* in Film u. Fernsehen eingesetzte Werbemaßnahme, bei der das jeweilige Produkt wie beiläufig, aber erkennbar ins Bild gebracht wird
Pro|dukt *das; -[e]s, -e ⟨lat.⟩:* 1. Erzeugnis, Ertrag. 2. Folge, Ergebnis [z. B. der Erziehung]. 3. (Math.) Ergebnis einer Multiplikation. 4. der Teil einer Zeitung od. Zeitschrift, der in einem Arbeitsgang gedruckt wird (z. B. besteht eine Zeitung aus meist zwei bis vier Produkten, die lose ineinander gelegt sind)
Pro|duk|ti|on *die; -, -en ⟨lat.-fr.⟩:* 1. Herstellung von Waren u. Gütern. 2. Herstellung eines Films, einer Schallplatte, einer Hörfunk-, Fernsehsendung o. Ä.
Pro|duk|ti|ons|bri|ga|de *die; -, -n:* ↑ Brigade (3)
Pro|duk|ti|ons|de|sign [...diˈzaɪn] *das; -s ⟨lat.; engl.⟩:* ↑ Szenographie
pro|duk|tiv: 1. ergiebig, viel hervorbringend. 2. leistungsstark, schöpferisch, fruchtbar
Pro|duk|ti|vi|tät *die; -:* 1. Ergiebigkeit, Leistungsfähigkeit. 2. schöpferische Leistung, Schaffenskraft
Pro|duk|tiv|kraft *die; -, ...kräfte ⟨lat.; dt.⟩:* Faktor des Produktionsprozesses (z. B. menschliche Arbeitskraft, Maschine, Rohstoff, Forschung)
Pro|dukt|ma|nage|ment *das; -s, -s:* (Wirtsch.) vor allem in der Konsumgüterindustrie übliche Betreuung der Produkte von der Entwicklung über die Produktion bis zur Einführung im Markt. **Pro|dukt|ma|na|ger** *der; -s, -:* jmd., der im Produktmanagement arbeitet. **Pro|dukt|ma|na|ge|rin** *die; -, -nen:* weibliche Form zu ↑ Produktmanager
Pro|dukt|men|ge *die; -, -n:* (Math.)

P

Menge aller geordneten Paare, deren erstes Glied Element einer Menge *A* u. deren zweites Glied Element einer Menge *B* ist

Pro|duk|to|graph, auch: ...**graf** *der;* -en, -en: Apparatur, Gerät, das (wie ein Fahrtenschreiber im Auto) die Produktivität (1) des Einzelnen am Arbeitsplatz misst

Pro|dukt|pi|ra|te|rie *die;* -: das Nachahmen von Markenprodukten, die unter dem jeweiligen Markennamen auf den Markt gebracht werden

Pro|du|zent *der;* -en, -en ⟨*lat.*⟩: 1. jmd., der etwas produziert (1). 2. a) Leiter einer Produktion (2); b) Beschaffer u. Verwalter der Geldmittel, die für eine Produktion (2) nötig sind. 3. (Biol.) Lebewesen, das organische Nahrung aufbaut. **Pro|du|zen|tin** *die;* -, -nen: weibliche Form zu ↑ Produzent (1, 2)

pro|du|zie|ren: 1. [Güter] hervorbringen, erzeugen, schaffen. 2. a) die Herstellung eines Films, einer Schallplatte, einer Hörfunk-, Fernsehsendung o. Ä. leiten; b) Geldmittel zur Verfügung stellen u. verwalten. 3. (oft iron.) sich produzieren: mit etwas die Aufmerksamkeit auf sich lenken. 4. (schweiz., sonst veraltet) [herausnehmen u.] vorzeigen, vorlegen, präsentieren

Pro|en|zym *das;* -s, -e ⟨*gr.-nlat.*⟩: Vorstufe eines Enzyms

Prof *der;* -s, -s ⟨*lat.*⟩: (Jargon) Kurzform von ↑ Professor

pro|fan ⟨*lat.* „vor dem heiligen Bezirk liegend, ungeheiligt; gewöhnlich"⟩: 1. (Rel.) weltlich, unkirchlich; ungeweiht, unheilig; Ggs. ↑ sakral (1). 2. alltäglich

Pro|fa|na|ti|on *die;* -, -en: ↑ Profanierung; vgl. ...ation/...ierung

Pro|fan|bau *der;* -[e]s, -ten: (Archit., Kunstwiss.) nicht kirchliches Bauwerk; Ggs. ↑ Sakralbau

pro|fa|nie|ren: entweihen, entwürdigen. **Pro|fa|nie|rung** *die;* -, -en: Entweihung, Entwürdigung; vgl. ...ation/...ierung

Pro|fa|ni|tät *die;* -: 1. Weltlichkeit. 2. Alltäglichkeit

pro|fa|schis|tisch ⟨*lat.-nlat.*⟩: sich für den Faschismus einsetzend

Pro|fer|ment *das;* -[e]s, -e ⟨*lat.-nlat.*⟩: (veraltet) Vorstufe eines Ferments

---

¹Pro|fess *der;* -en, -en ⟨*lat.-mlat.*⟩: jmd., der die ²Profess ablegt u. Mitglied eines geistlichen Ordens od. einer Kongregation wird; vgl. Novize

²Pro|fess *die;* -, -e: Ablegung der [Ordens]gelübde

Pro|fes|se *der* u. *die;* -n -n ⟨*lat.-mlat.*⟩: ↑ ¹Profess

Pro|fes|si|o|gramm *das;* -s, -e ⟨*lat.; gr.*⟩: (Sozialpsychol.) durch Testreihen gewonnenes Persönlichkeitsbild als Grundlage für die Ermittlung von Berufsmöglichkeiten (speziell bei Versehrten im Zuge der Wiedereingliederung in den Arbeitsprozess)

Pro|fes|si|on *die;* -, -en ⟨*lat.-fr.*⟩: (veraltend) Beruf, Gewerbe

pro|fes|si|o|nal: ↑ professionell

Pro|fes|si|o|nal [proˈfɛʃənəl] *der;* -s, -s ⟨*lat.-fr.-engl.*⟩: Berufssportler; Kurzw.: Profi

pro|fes|si|o|na|li|sie|ren ⟨*lat.-fr.-nlat.*⟩: 1. zum Beruf, zur Erwerbsquelle machen. 2. zum Beruf erheben, als Beruf anerkennen

Pro|fes|si|o|na|lis|mus *der;* - ⟨*lat.-fr.-engl.-nlat.*⟩: Ausübung des Berufssports

pro|fes|si|o|nell ⟨*lat.-fr.*⟩: 1. (eine Tätigkeit) als Beruf ausübend, als Beruf betreiben. 2. fachmännisch, von Fachleuten zu benutzen

pro|fes|si|o|niert: gewerbsmäßig

Pro|fes|si|o|nist *der;* -en, -en ⟨*lat.-fr.-nlat.*⟩: (bes. österr.) Fachmann, [gelernter] Handwerker.

Pro|fes|si|o|nis|tin *die;* -, -nen: weibliche Form zu ↑ Professionist

Pro|fes|sor *der;* -s, ...oren ⟨*lat.*⟩: a) (ohne Plural) akademischer Titel für Hochschullehrer, Forscher, Künstler; b) Träger dieses Titels; Abk.: Prof.

pro|fes|so|ral ⟨*lat.-nlat.*⟩: professorenhaft, würdevoll

Pro|fes|so|rin [auch: proˈfɛsorɪn] *die;* -, -nen: weibliche Form zu ↑ Professor (b); im Titel u. in der Anrede auch: Frau Professor

Pro|fes|sur *die;* -, -en: Lehrstuhl, -amt

Pro|fi *der;* -s, -s ⟨Kurzw. für: Professional⟩: 1. Berufssportler; Ggs. ↑ Amateur (b). 2. jmd., der etwas professionell betreibt

pro|fi|ci|at ⟨*lat.*⟩: (veraltet) wohl bekomms!; es möge nützen!

Pro|fil *das;* -s, -e ⟨*lat.-it.(-fr.)*⟩: 1. Seitenansicht [eines Gesichts]; Umriss. 2. (Geol.) zeichnerisch dargestellter senkrechter Schnitt durch ein Stück der Erdkruste. 3. a) Schnitt in od. senkrecht zu einer Achse; b) Walzprofil bei Stahlerzeugung; c) Riffelung bei Gummireifen od. Schuhsohlen; d) (Techn.) festgelegter Querschnitt bei der Eisenbahn. 4. a) stark ausgeprägte persönliche Eigenart, Charakter; b) (Jargon) Gesamtheit von [positiven] Eigenschaften, die typisch für jmdn. od. etwas sind. 5. (Archit.) aus einem Gebäude hervorspringender Teil eines architektonischen Elements (z. B. eines Gesimses). 6. (veraltend) Höhe, Breite einer Durchfahrt

Pro|fil|ei|sen *das;* -s, -: (Hüttenw.) gewalzte Stahlstangen mit besonderem Querschnitt

Pro|fi|ler [proˈfaɪlɐ] *der;* -s, - ⟨*lat.-it.-engl.*⟩: jmd., der ein Profiling erstellt. **Pro|fi|le|rin** *die;* -, -nen: weibliche Form zu ↑ Profiler

pro|fi|lie|ren ⟨*lat.-it.-fr.*⟩: 1. im Profil, im Querschnitt darstellen. 2. a) einer Sache, jmdm. eine besondere, charakteristische, markante Prägung geben; b) sich profilieren: seine Fähigkeiten [für einen bestimmten Aufgabenbereich] entwickeln u. dabei Anerkennung finden, sich einen Namen machen. 3. sich profilieren: sich im Profil (1) abzeichnen. **pro|fi|liert:** 1. mit Profil (3 c) versehen, gerillt. 2. in bestimmtem Querschnitt hergestellt. 3. scharf umrissen, markant, von ausgeprägter Art

Pro|fi|lie|rung *die;* -: 1. Umrisse eines Gebäudeteils. 2. Entwicklung der Fähigkeiten [für einen bestimmten Aufgabenbereich]; das Sichprofilieren

Pro|fi|ling [proˈfaɪlɪŋ] *das;* -s, -s ⟨*lat.-it.-engl.*⟩: psychologisches Profil einer Persönlichkeit (bes. eines gesuchten Täters) aus vielen Einzeldaten, die für sich genommen wenig aussagefähig wären

Pro|fil|neu|ro|se *die;* -, -n: (Psychol.) Befürchtung, Angst, zu wenig zu gelten [u. die daraus resultierenden größeren Bemühungen, sich zu profilieren]

Pro|fi|lo|graph, auch: ...graf *der;* -en, -en ⟨*lat.-it.; gr.*⟩: Instrument zur grafischen Aufzeichnung des Profils einer Straßenoberfläche

Pro|fit [auch: ...ˈfit] *der;* -[e]s, -e ⟨*lat.-fr.-niederl.*⟩: 1. Nutzen, [materieller] Gewinn, den jmd. aus einer Sache od. Tätigkeit zieht. 2. (Fachspr.) Kapitalertrag

pro|fi|ta|bel ⟨*lat.-fr.*⟩: Gewinn bringend

Pro|fit|cen|ter, auch: **Pro|fit-Center** *das;* -s, - ⟨*engl.-amerik.*⟩: Unternehmensbereich mit eigener Verantwortung für den wirtschaftlichen Erfolg

Pro|fi|teur [...ˈtøːɐ̯] *der;* -s, -e ⟨*lat.-fr.*⟩: (abwertend) jmd., der Profit (1) aus etwas schlägt; Nutznießer. **Pro|fi|teu|rin** [...ˈtøːrɪn] *die;* -, -nen: weibliche Form zu ↑ Profiteur

pro|fi|tie|ren: Nutzen ziehen, Vorteil haben

Pro|form *die;* -, -en ⟨*lat.; lat.-dt.*⟩: (Sprachw.) Form, die im fortlaufenden Text für einen anderen, meist vorangehenden Ausdruck steht (z. B. „es" od. „das Fahrzeug" für „das Auto")

pro for|ma ⟨*lat.*⟩: der Form wegen, zum Schein

Pro|fos *der;* -es u. -en, -e[n] ⟨*lat.-fr.-niederl.*⟩: (hist.) Verwalter der Militärgerichtsbarkeit. **Pro|foss** *der;* -en, -e[n]: ↑ Profos

pro|fund ⟨*lat.-fr.*⟩: 1. tief, tiefgründig, gründlich. 2. (Med.) tief liegend, in den tieferen Körperregionen liegend, verlaufend

Pro|fun|dal *das;* -s, -e: a) Tiefenregion der Seen unterhalb der lichtdurchfluteten Zone; b) Gesamtheit der im Profundal (a) lebenden Organismen

Pro|fun|dal|zo|ne *die;* -, -n ⟨*lat.-nlat.; lat.*⟩: ↑ Profundal (a)

Pro|fun|di|tät *die;* -: Gründlichkeit, Tiefe

pro|fus ⟨*lat.*⟩: (Med.) reichlich, sehr stark [fließend]

pro|gam ⟨*gr.-nlat.*⟩: (Med.; Biol.) vor der Befruchtung stattfindend (z. B. von der Festlegung des Geschlechts)

Pro|ge|ne|se *die;* -, -n ⟨*gr.*⟩: (Med.) vorzeitige Geschlechtsentwicklung

Pro|ge|nie *die;* -, ...ien ⟨*gr.-nlat.*⟩: (Med.) starkes Vorspringen des Kinns, Vorstehen des Unterkiefers

Pro|ge|ni|tur *die;* -, -en ⟨*lat.-nlat.*⟩: Nachkommenschaft

Pro|ge|rie *die;* -, ...ien ⟨*gr.-nlat.*⟩: (Med.) vorzeitige Vergreisung

Pro|ges|te|ron *das;* -s ⟨*Kunstw.*⟩: Gelbkörperhormon, das die Schwangerschaftsvorgänge reguliert

Pro|glot|tid *der;* -en, -en ⟨*gr.-nlat.*⟩: (Med.) Bandwurmglied

Pro|g|nath *der;* -en, -en ⟨*gr.-nlat.*⟩: (Med.) jmd., der an Prognathie leidet. **Prog|na|thie** *die;* -, ...ien: (Med.) Vorstehen des Oberkiefers. **pro|g|na|thisch:** die Prognathie betreffend

Prog|no|se *die;* -, -n ⟨*gr.-lat.;* „das Vorherwissen"⟩: Vorhersage einer zukünftigen Entwicklung (z. B. eines Krankheitsverlaufes) aufgrund kritischer Beurteilung des Gegenwärtigen

Prog|nos|tik *die;* -: Wissenschaft, Lehre von der Prognose. **Prog|nos|ti|ker** *der;* -s, - ⟨*gr.-lat.-engl.*⟩: jmd., der sich [wissenschaftlich] mit Prognosen beschäftigt, Prognosen stellt; Zukunftsdeuter. **Prog|nos|ti|ke|rin** *die;* -, -nen: weibliche Form zu ↑ Prognostiker

Prog|nos|ti|kon ⟨*gr.*⟩ u. **Prog|nos|ti|kum** *das;* ⟨*gr.-lat.*⟩ -s, ...ken u. ...ka: Vorzeichen, Anzeichen, das etwas über den voraussichtlichen Verlauf einer zukünftigen Entwicklung (z. B. einer Krankheit) aussagt

prog|nos|tisch: die Prognose betreffend; vorhersagend (z. B. den Verlauf einer Krankheit)

prog|nos|ti|zie|ren ⟨*gr.-nlat.*⟩: eine Prognose über etwas stellen, den voraussichtlichen Verlauf einer zukünftigen Entwicklung vorhersagen

Pro|go|no|ta|xis *die;* -, ...xen ⟨*gr.-nlat.*⟩: (Zool. veraltet) Stammbaum einer Tierart

Pro|gramm *das;* -s, -e ⟨*gr.-lat.;* „schriftliche Bekanntmachung; Tagesordnung"⟩: 1. a) Gesamtheit der Veranstaltungen, Darbietungen eines Theaters, Kinos, des Fernsehens, Rundfunks o. Ä.; b) [vorgesehener] Ablauf [einer Reihe] von Darbietungen (bei einer Aufführung, einer Veranstaltung, einem Fest o. Ä.); c) vorgesehener Ablauf, die nach einem Plan genau festgelegten Einzelheiten eines Vorhabens; d) festzule-

gende Folge, programmierbarer Ablauf von Arbeitsgängen einer Maschine (z. B. einer Waschmaschine). 2. Blatt, Heft, das über eine Darbietung (z. B. Theateraufführung, Konzert) informiert. 3. Konzeptionen, Grundsätze, die zur Erreichung eines bestimmten Zieles dienen. 4. (EDV) Arbeitsanweisung od. Folge von Anweisungen für eine Anlage der elektronischen Datenverarbeitung zur Lösung eines bestimmten Aufgabe. 5. Sortiment eines bestimmten Artikels in verschiedenen Ausführungen

Pro|gram|ma|tik *die;* -, -en: Zielsetzung, Zielvorstellung. **Pro|gram|ma|ti|ker** *der;* -s, - ⟨*gr.-nlat.*⟩: jmd., der ein Programm (3) aufstellt od. erläutert. **Pro|gram|ma|ti|ke|rin** *die;* -, -nen: weibliche Form zu ↑ Programmatiker. **pro|gram|ma|tisch:** 1. einem Programm (3), einem Grundsatz entsprechend. 2. zielsetzend, richtungsweisend; vorbildlich

pro|gram|mie|ren: 1. nach einem Programm (3) ansetzen, im Ablauf festlegen; **programmierter Unterricht:** durch Programme in Form von Lehrwerken od. durch Computerprogramme bestimmtes Unterrichtsverfahren ohne direkte Beteiligung einer Lehrperson. 2. (EDV) ein Programm (4) aufstellen; einen Computer mit Instruktionen versehen. 3. jmdn. auf ein bestimmtes Verhalten von vornherein festlegen

Pro|gram|mie|rer *der;* -s, -: Fachmann für die Erarbeitung u. Aufstellung von Programmen (4). **Pro|gram|mie|re|rin** *die;* -, -nen: weibliche Form zu ↑ Programmierer

Pro|gram|mier|spra|che *die;* -, -n: (EDV) künstliche, formale Sprache (Wörter u. Symbole, die zur Formulierung von Programmen (4) verwendet wird; Maschinensprache

Pro|gram|mie|rung *die;* -, -en: das Programmieren

Pro|gramm|ki|no *das;* -s, -s: Kino, in dem nach künstlerischen, kulturellen u. a. Gesichtspunkten ausgewählte Filme gezeigt werden, die sonst nicht [mehr] zu sehen sind

Pro|grạmm|mu|sik *die; -:* durch Darstellung literarischer Inhalte, seelischer, dramatischer, lyrischer od. äußerer [Natur]vorgänge die Fantasie des Hörers zu konkreten Vorstellungen anregende Instrumentalmusik; Ggs. ↑ absolute (5) Musik **pro|gre|di|ẹnt:** ↑ progressiv **Pro|gre|di|ẹnz** *die; - ⟨lat.-nlat.⟩:* das Fortschreiten, zunehmende Verschlimmerung einer Krankheit **Pro|grẹss** *der; -es, -e:* 1. Fortschritt. 2. (Logik) Fortschreiten des Denkens von der Ursache zur Wirkung **Pro|gres|si|ọn** *die; -, -en:* 1. Steigerung, Fortschreiten, Stufenfolge. 2. mathematische Reihe. 3. stufenweise Steigerung der Steuersätze **Pro|gres|sis|mus** u. Progressivismus *der; - ⟨lat.(-fr.)-nlat.⟩:* Fortschrittsdenken; Fortschrittlertum **Pro|gres|sịst** u. Progressivist *der; -en, -en ⟨lat.(-fr.)-nlat.⟩:* Fortschrittler; Anhänger einer Fortschrittspartei. **Pro|gres|sịs|tin** u. Progressivistin *die; -, -nen:* weibliche Form zu ↑ Progressist **pro|gres|sịs|tisch:** [übertrieben] fortschrittlich **pro|gres|sịv** ⟨lat.-fr.⟩: 1. stufenweise fortschreitend, sich entwickelnd; **progressive Paralyse:** (Med.) fortschreitende, sich verschlimmernde Gehirnerweichung als Spätfolge der Syphilis. 2. fortschrittlich **Pro|gres|sive|jazz** [prɔˈgrɛ-sɪvˈdʒæz] *der; -,* auch: **Pro|gres-sive Jazz** *der; - - ⟨amerik.;* „fortschrittlicher Jazz"): Richtung des Jazz, die eine Synthese mit der europäischen Musik anstrebt, orchestraler Jazz **Pro|gres|si|vịs|mus** vgl. Progressismus **Pro|gres|si|vịst** usw. vgl. Progressist usw. **Pro|gres|sịv|steu|er** *die; -, -n:* Steuer mit steigenden Belastungssätzen **Pro|gym|nạ|si|um** *das; -s, ...ien ⟨gr.-nlat.⟩:* (früher) meist sechsklassiges Gymnasium ohne Oberstufe **pro|hi|bie|ren** ⟨lat.⟩: (veraltet) verhindern, verbieten **Pro|hi|bi|ti|ọn** *die; -, -en ⟨lat.(-fr.-engl.)⟩:* 1. (veraltet) Verbot, Verhinderung. 2. staatliches Verbot

von Alkoholherstellung u. -abgabe **Pro|hi|bi|ti|o|nịst** *der; -en, -en:* Anhänger der Prohibition (2). **Pro|hi|bi|ti|o|nịs|tin** *die; -, -nen:* weibliche Form zu ↑ Prohibitionist **pro|hi|bi|tịv** ⟨lat.-nlat.⟩: verhindernd, abhaltend, vorbeugend; vgl. ...iv/...orisch. **Pro|hi|bi|tịv** *der; -s, -e:* (Sprachw.) Modus (2) des Verbots, bes. verneinte Befehlsform **Pro|hi|bi|tịv|sys|tem** *das; -s, -e:* Maßnahmen des Staates, durch die er die persönliche u. wirtschaftliche Freiheit beschränkt, um Missstände zu vermeiden **Pro|hi|bi|tịv|zoll** *der; -[e]s, ...zölle:* besonders hoher Zoll zur Beschränkung der Einfuhr **pro|hi|bi|tọ|risch** ⟨lat.⟩: ↑ prohibitiv; vgl. ...iv/...orisch **Pro|hi|bi|tọ|ri|um** *das; -s, ...ien ⟨lat.-nlat.⟩:* (veraltet) Aus- u. Einfuhrverbot für bestimmte Waren **Pro|jẹkt** *das; -[e]s, -e ⟨lat.⟩:* Plan, Unternehmung, Entwurf, Vorhaben **Pro|jek|tạnt** *der; -en, -en:* jmd., der neue Projekte vorbereitet; Planer. **Pro|jek|tạn|tin** *die; -, -nen:* weibliche Form zu ↑ Projektant **Pro|jek|teur** [...ˈtøːɐ̯] *der; -s, -e ⟨lat.-fr.⟩:* (Techn.) Vorplaner. **Pro|jek|teu|rin** [...ˈtøːrɪn] *die; -, -nen:* weibliche Form zu ↑ Projekteur **pro|jek|tie|ren** ⟨lat.⟩: entwerfen, planen, vorhaben **Pro|jek|tịl** *das; -s, -e ⟨lat.-fr.⟩:* Geschoss **Pro|jek|ti|ọn** *die; -, -en ⟨lat.⟩:* 1. (Optik) Wiedergabe eines Bildes auf einem Schirm mithilfe eines Projektors. 2. (Geogr.) Abbildung von Teilen der Erdoberfläche auf einer Ebene mithilfe von verschiedenen Gradnetzen. 3. (Math.) bestimmtes Verfahren zur Abbildung von Körpern mithilfe paralleler od. zentraler Strahlen auf eine Ebene. 4. (Psychol.) das Übertragen von eigenen Gefühlen, Wünschen, Vorstellungen o. Ä. auf andere als Abwehrmechanismus **Pro|jek|ti|ọns|ap|pa|rat** *der; -[e]s, -e:* ↑ Projektor **pro|jek|tịv** ⟨lat.-nlat.⟩: die Projektion betreffend; **projektive Geo-**

metrie: (Math.) Geometrie der Lage von geometrischen Gebilden zueinander ohne Rücksicht auf ihre Abmessungen **Pro|jẹkt|ma|na|ge|ment** *das; -s:* Gesamtheit der Planungs-, Steuerungs- u. Kontrollmaßnahmen, die bei zeitlich befristeten u. terminlich vereinbarten Vorhaben (z. B. Forschungsprojekten, Produktentwicklungen) anfallen. **Pro|jẹkt|ma|na|ger** *der; -s, -:* jmd., der im Projektmanagement arbeitet. **Pro|jẹkt|ma|na|ge|rin** *die; -, -nen:* weibliche Form zu ↑ Projektmanager **Pro|jẹk|tor** *der; -s, ...ọren:* Gerät, mit dem man Bilder auf einer hellen Fläche vergrößert wiedergeben kann; Lichtbildwerfer **pro|ji|zie|ren** ⟨lat.⟩: 1. (Math.) ein geometrisches Gebilde auf einer Fläche gesetzmäßig mithilfe von Strahlen darstellen. 2. (Optik) Bilder mit einem Projektor auf einer hellen Fläche vergrößert wiedergeben. 3. a) etwas auf etwas übertragen; b) Gedanken, Vorstellungen o. Ä. auf einen anderen Menschen übertragen, in diesen hineinsehen **Pro|ka|ry|on|ten** u. **Pro|kai|ry|ọ|ten** *die* (Plural) ⟨gr.⟩: (Biol.) Organismen, deren Zellen keinen durch eine Membran getrennten Zellkern aufweisen; Ggs. ↑ Eukaryonten **Pro|kai|ta|lẹp|sis** *die; -, ...lẹpsen* ⟨gr.; „Vorwegnahme"): Kunstgriff der antiken Redner, die Einwendungen eines möglichen Gegners vorwegzunehmen u. zu widerlegen **Pro|ke|leus|ma|ti|kus** *der; -, ...zi* ⟨gr.-lat.⟩: aus vier Kürzen bestehender antiker Versfuß **Pro|kla|ma|ti|ọn** *die; -, -en ⟨lat.-fr.⟩:* a) amtliche Verkündung (z. B. einer Verfassung); b) Aufruf an die Bevölkerung; c) gemeinsame Erklärung mehrerer Staaten; vgl. ...ation/...ierung **pro|kla|mie|ren:** [durch eine Proklamation] verkündigen, erklären; aufrufen; kundgeben. **Pro-kla|mie|rung** *die; -, -en:* das Proklamieren; vgl. ...ation/...ierung **Pro|klị|se** u. **Pro|klị|sis** *die; -, Pro-klịsen* ⟨gr.-nlat.⟩: Anlehnung eines unbetonten Wortes an ein folgendes betontes (z. B. der Tisch, am Ende); Ggs. ↑ Enklise **Pro|klị|ti|kon** *das; -s, ...ka:*

(Sprachw.) unbetontes Wort, das sich an das folgende betonte anlehnt (z. B. und ̓s = und *das* Mädchen sprach); Ggs. ↑ Enklitikon

pro|kli|tisch: (Sprachw.) sich an ein folgendes betontes Wort anlehnend; Ggs. ↑ enklitisch

Pro|kon|sul *der;* -s, -n ⟨*lat.*⟩: (hist.) ehemaliger Konsul als Statthalter einer Provinz (im Römischen Reich). **Pro|kon|su|lat** *das;* -[e]s, -e: Amt, Statthalterschaft eines Prokonsuls

Pro|k|rus|tes|bett *das;* -[e]s ⟨nach dem Räuber der altgriech. Sage, der arglose Wanderer in ein Bett presste, indem er überstehende Gliedmaßen abhieb od. zu kurze mit Gewalt streckte⟩: 1. unangenehme Lage, in die jmd. mit Gewalt gezwungen wird. 2. Schema, in das etwas gezwängt wird

Prok|t|al|gie *die;* -, ...ien ⟨*gr.-nlat.*⟩: (Med.) neuralgische Schmerzen in After u. Mastdarm

Prok|ti|tis *die;* -, ...itiden: (Med.) Mastdarmentzündung

prok|to|gen: (Med.) vom Mastdarm ausgehend

Prok|to|lo|ge *der;* -n, -n: Facharzt auf dem Gebiet der Proktologie. **Prok|to|lo|gie** *die;* -: Wissenschaft und Lehre von den Erkrankungen des Mastdarms. **Prok|to|lo|gin** *die;* -, -nen: weibliche Form zu ↑ Proktologe. **prok|to|lo|gisch:** die Proktologie betreffend, auf ihr beruhend **Prok|to|plas|tik** *die;* -, -en: (Med.) operative Bildung eines künstlichen Afters

Prok|tor|rha|gie *die;* -, ...ien: (Med.) Mastdarmblutung

Prok|to|spas|mus *der;* -, ...men: (Med.) Krampf in After u. Mastdarm

Prok|to|s|ta|se *die;* -, -n: (Med.) Kotstauung u. -zurückhaltung im Mastdarm

Prok|to|to|mie *die;* -, ...ien: (Med.) operative Öffnung des Mastdarms; Mastdarmschnitt

Prok|to|ze|le *die;* -, -n: (Med.) Mastdarmvorfall; Ausstülpung des Mastdarms aus dem After

Pro|ku|ra *die;* -, ...ren ⟨*lat.-it.*⟩: einem Angestellten erteilte handelsrechtliche Vollmacht, alle Arten von Rechtsgeschäften für seinen Betrieb vorzunehmen

Pro|ku|ra|ti|on *die;* -, -en ⟨*lat.-it.-nlat.*⟩: 1. Stellvertretung durch Bevollmächtigte. 2. Vollmacht

Pro|ku|ra|tor *der;* -s, ...oren ⟨*lat.(-it.)⟩*: 1. (hist.) Statthalter einer Provinz des Römischen Reiches. 2. (hist.) einer der neun höchsten Staatsbeamten der Republik Venedig, aus denen der Doge gewählt wurde. 3. bevollmächtigter Vertreter einer Person im katholischen kirchlichen Prozess. 4. Vermögensverwalter eines Klosters

Pro|ku|ra|zi|en *die* (Plural) ⟨*lat.-it.*⟩: Palastbauten der Prokuratoren in Venedig

Pro|ku|ren: *Plural* von ↑ Prokura

Pro|ku|rist *der;* -en, -en ⟨*lat.-it.-nlat.*⟩: Bevollmächtigter mit Prokura. **Pro|ku|ris|tin** *die;* -, -nen: weibliche Form zu ↑ Prokurist

Pro|ku|ror *der;* -s, ...oren ⟨*lat.-russ.*⟩: (hist.) Staatsanwalt im zaristischen Russland

pro|la|bie|ren ⟨*lat.-nlat.*⟩: (Med.) aus einer natürlichen Körperöffnung heraustreten (von Teilen innerer Organe)

Pro|lak|tin *das;* -s, -e ⟨*lat.-nlat.*⟩: (Med.; Biol.) Hormon des Hirnanhanges, das die Milchabsonderung während der Stillzeit anregt

Pro|l|a|min *das;* -s, -e (meist Plural) ⟨Kunstw.⟩: Eiweiß des Getreidekorns

Pro|lan *das;* -s, -e ⟨*lat.-nlat.*⟩: (Med.) Geschlechtshormon

Pro|laps *der;* -es, -e u. **Pro|lap|sus** *der;* -, - [...su:s] ⟨*lat.*⟩: (Med.) Vorfall, Heraustreten von Teilen eines inneren Organs aus einer natürlichen Körperöffnung infolge Bindegewebsschwäche

Pro|le|go|me|non *das;* -s, ...mena (meist Plural) ⟨*gr.*⟩: Vorwort, Einleitung, Vorbemerkung

Pro|lep|se u. **Pro|lep|sis** *die;* -, ...lepsen [auch: ᾽pro:...] *die;* -, Prolepsen ⟨*gr.-lat.*⟩: 1.1 Prokatalepsis. 2. (Rhet.) Vorwegnahme eines Satzgliedes, des Satzgegenstandes eines Gliedsatzes (z. B.: Hast du *den Jungen* gesehen, wie er aussah?, statt: Hast du gesehen, wie *der Junge* aussah?); vgl. proleptischer Akkusativ. 3. (Philos.) a) natürlicher, durch angeborene Fähigkeit unmittelbar aus der Wahrnehmung gebildeter

Begriff (Stoiker); b) Allgemeinvorstellung als Gedächtnisbild, das die Erinnerung gleichartiger Wahrnehmungen desselben Gegenstandes in sich schließt (bei den Epikureern)

pro|lep|tisch ⟨*gr.*⟩: vorgreifend, vorwegnehmend; **proleptischer Akkusativ:** als Akkusativ in den Hauptsatz gezogener Satzgegenstand eines Gliedsatzes; vgl. Prolepse (2)

Pro|let *der;* -en, -en ⟨*lat.; Kurzform von Proletarier⟩*: 1. (ugs. veraltet) ↑ Proletarier. 2. (ugs. abwertend) roher, ungehobelter, ungebildeter Mensch

Pro|le|ta|ri|at *das;* -[e]s, -e ⟨*lat.-fr.*⟩: wirtschaftlich abhängige, besitzlose [Arbeiter]klasse

Pro|le|ta|ri|er *der;* -s, - ⟨*lat.*⟩: Angehöriger des Proletariats. **Pro|le|ta|ri|e|rin** *die;* -, -nen: weibliche Form zu ↑ Proletarier

pro|le|ta|risch: den Proletarier, das Proletariat betreffend

pro|le|ta|ri|sie|ren: zu Proletariern machen

Pro|le|tin *die;* -, -nen: weibliche Form zu ↑ Prolet

Pro|let|kult *der;* -[e]s ⟨*lat.-russ.*⟩: kulturrevolutionäre Bewegung im Russland der Oktoberrevolution mit dem Ziel, eine proletarische Kultur zu entwickeln

¹**Pro|li|fe|ra|ti|on** *die;* -, -en ⟨*lat.-nlat.*⟩: (Med.) Wucherung des Gewebes durch Zellvermehrung (bei Entzündungen, Geschwülsten)

²**Pro|li|fe|ra|tion** [prolifa᾽re:ʃn] *die;* - ⟨*lat.-fr.-engl.-amerik.*⟩: Weitergabe von Atomwaffen od. Mitteln zu deren Herstellung an Länder, die selbst keine Atomwaffen entwickelt haben

pro|li|fe|ra|tiv ⟨*lat.-nlat.*⟩: (Med.) wuchernd

pro|li|fe|rie|ren: (Med.) wuchern

pro|lix ⟨*lat.*⟩: (veraltet) ausführlich, weitschweifig

pro lo|co ⟨*lat.*⟩: (veraltet) für den Platz, für die Stelle

Pro|log *der;* -[e]s, -e ⟨*gr.-lat.*⟩: 1. a) einleitender Teil des Dramas; Ggs. ↑ Epilog (a); b) Vorrede, Vorwort, Einleitung eines literarischen Werkes; Ggs. ↑ Epilog (b). 2. Rennen (meist Zeitfahren), das den Auftakt eines über mehrere Etappen gehenden Radrennens bildet u. dessen Sieger bei der folgenden ersten Etappe das Trikot des Spitzenreiters trägt

Pro|lon|ga|ti|on *die; -, -en ⟨lat.-nlat.⟩:* (Wirtsch.) Stundung, Verlängerung einer Kreditfrist

Pro|lon|ge|ment [...lõʒə'mã:] *das; -s, -s ⟨lat.-fr.⟩:* (Mus.) dem Weiterklingen der Töne od. Akkorde (nach dem Loslassen der Tasten) dienendes Pedal bei Tasteninstrumenten

pro|lon|gie|ren ⟨lat.⟩: (Wirtsch.) stunden, eine Kreditfrist verlängern

pro me|mo|ria ⟨lat.⟩: zum Gedächtnis (Abk.: p. m.). **Pro|me|mo|ria** *das; -s, ...ien u. -s:* (veraltet) Denkschrift; Merkzettel

Pro|me|na|de *die; -, -n ⟨lat.-fr.⟩:* 1. Spaziergang. 2. Spazierweg

pro|me|nie|ren: spazieren gehen, sich ergehen

Pro|mes|se *die; -, -n ⟨lat.-fr.; „Versprechen"⟩:* (Rechtsw.) Schuldverschreibung

pro|me|the|isch ⟨nach Prometheus, dem Titanensohn der griech. Sage⟩: himmelstürmend; an Kraft, Gewalt, Größe alles übertreffend

Pro|me|thi|um *das; -s ⟨gr.-nlat.⟩:* chem. Element; Metall; Zeichen: Pm

Pro|mi *der; -s, -s u. die; -, -s:* Kurzform von ↑ Prominente

pro mil|le ⟨lat.⟩: a) für tausend (z. B. Euro); b) vom Tausend; Abk. p. m.; Zeichen: ‰

Pro|mil|le *das; -[s], -:* 1. ein Teil vom Tausend, Tausendstel. 2. in Tausendsteln gemessener Alkoholanteil im Blut

pro|mi|nent ⟨lat.⟩: a) hervorragend, bedeutend, maßgebend; b) weithin bekannt, berühmt

Pro|mi|nen|te *der u. die; -n, -n:* prominente Persönlichkeit

Pro|mi|nenz *die; -, -en:* 1. (ohne Plural) Gesamtheit der prominenten Persönlichkeiten. 2. (ohne Plural) a) das Prominentsein; b) [hervorragende] Bedeutung. 3. (Plural) Gesamtheit der Prominenten

pro|mis|cue [...kųə] ⟨lat.⟩: vermengt, durcheinander

pro|misk: (fachspr.) ↑ promiskuitiv

Pro|mis|ku|i|tät *die; - ⟨lat.-nlat.⟩:* Geschlechtsverkehr mit verschiedenen, häufig wechselnden Partnern

pro|mis|ku|i|tiv: a) in Promiskuität lebend; b) durch Promiskuität gekennzeichnet

pro|mis|ku|ös u. **pro|mis|ku|ös:** ↑ promiskuitiv

Pro|mis|si|on *die; -, -en ⟨lat.⟩:* (veraltet) Zusage, Versprechen

pro|mis|so|risch ⟨lat.-mlat.⟩: (veraltet) versprechend; **promissorischer Eid:** (Rechtsw.) vor der Aussage geleisteter Eid. **Pro|mis|so|ri|um** *das; -s, ...ien:* (Rechtsw. veraltet) schriftliches Versprechen

Pro|mit|tent *der; -en, -en ⟨lat.⟩:* (Rechtsw. veraltet) Versprechender. **pro|mit|tie|ren:** (Rechtsw. veraltet) versprechen, verheißen

pro|mo|ten ⟨engl.⟩: für jmdn., etwas Werbung machen

Pro|mo|ter *der; -s, - ⟨lat.-fr.-engl.⟩:* 1. Veranstalter (z. B. von Berufssportwettkämpfen, bes. Boxen, von Konzerten, Tourneen, Popfestivals). 2. ↑ Salespromoter.

Pro|mo|te|rin *die; -, -nen:* weibliche Form zu ↑ Promoter

¹**Pro|mo|ti|on** *die; -, -en ⟨lat.; „Beförderung"⟩:* 1. Erlangung, Verleihung der Doktorwürde. 2. (österr.) offizielle Feier, bei der die Doktorwürde verliehen wird

²**Pro|mo|tion** [pro'mo:ʃn] *die; -, -s ⟨lat.-engl.⟩:* Absatzförderung, Werbung [durch besondere Werbemaßnahmen]

Pro|mo|tor *der; -s, -oren ⟨lat.⟩:* 1. Förderer, Manager. 2. (österr.) Professor, der die formelle Verleihung der Doktorwürde vornimmt

Pro|mo|vend *der; -en, -en:* jmd., der kurz vor seiner ↑ Promotion (1) steht. **Pro|mo|ven|din** *die; -, -nen:* weibliche Form zu ↑ Promovend

pro|mo|vie|ren: 1. a) eine Dissertation schreiben; b) die Doktorwürde erlangen. 2. die Doktorwürde verleihen

prompt ⟨lat.-fr.⟩: 1. unverzüglich, unmittelbar (als Reaktion auf etwas erfolgend); umgehend, sofort. 2. (ugs.) einer Befürchtung, Erwartung seltsamerweise genau entsprechend; tatsächlich. 3. (Kaufmannsspr.) bereit, verfügbar, lieferbar

Promp|tu|a|ri|um *das; -s, ...ien ⟨lat.⟩:* (veraltet) Nachschlagewerk, wissenschaftlicher Abriss

Pro|mul|ga|ti|on *die; -, -en ⟨lat.⟩:* öffentliche Bekanntmachung, Veröffentlichung, Bekanntgabe (z. B. eines Gesetzes). **pro|mul|gie|ren:** bekannt geben, veröffentlichen, verbreiten

Pro|na|os *der; -, ...naoi ⟨gr.-lat.⟩:* 1. Vorhalle des altgriechischen Tempels. 2. Vorraum in der orthodoxen Kirche; vgl. Naos

Pro|na|ti|on *die; -, -en ⟨lat.-nlat.⟩:* (Med.) Einwärtsdrehung von Hand od. Fuß

pro ni|hi|lo ⟨lat.⟩: (veraltet) um nichts, vergeblich

Pro|no|men *das; -s, - u. ...mina ⟨lat.⟩:* (Sprachw.) Wort, das für ein Nomen, anstelle eines Nomens steht; Fürwort (z. B. er, mein, welcher)

pro|no|mi|nal: (Sprachw.) das Pronomen betreffend, fürwörtlich

Pro|no|mi|nal|ad|jek|tiv *das; -s, -e:* (Sprachw.) Adjektiv, das die Beugung eines nachfolgenden [substantivierten] Adjektivs teils wie ein Adjektiv, teils wie ein Pronomen beeinflusst (z. B. kein, viel, beide, manch)

Pro|no|mi|nal|ad|verb *das; -s, -ien:* (Sprachw.) aus einem aten pronominalen Stamm u. einer Präposition gebildetes Adverb, das eine Fügung aus Präposition u. Pronomen vertritt; Umstandsfürwort (z. B. *darüber* für *über es, über das*)

Pro|no|mi|na|le *das; -s, ...lia u. ...lien:* (Sprachw.) Pronomen, das die Qualität od. Quantität bezeichnet (z. B. lat. qualis = wie beschaffen)

pro|non|cie|ren [pronõ'si:rən] ⟨lat.-fr.⟩: (veraltet) a) offen aussprechen, erklären; b) mit Nachdruck aussprechen, stark betonen. **pro|non|ciert:** a) eindeutig, entschieden; b) deutlich ausgeprägt

Pro|nun|ci|a|mien|to [...tsia'mjento] *das; -s, -s ⟨lat.-span.⟩:* ↑ Pronunziamiento

Pro|nun|ti|us *der; -, ...ien ⟨lat.-nlat.⟩:* päpstlicher Nuntius mit Kardinalswürde

Pro|nun|zi|a|mien|to ⟨lat.-it.⟩ u. **Pro|nun|zi|a|mien|to** *das; -s, -s ⟨lat.-span.⟩:* a) Aufruf zum Sturz der Regierung; b) Militärputsch

pro|nun|zi|a|to ⟨lat.-it.⟩: (Mus.) deutlich markiert, hervorgehoben (Vortragsanweisung)

¹**Proof** [pru:f] *das; -, - ⟨engl.; „Probe, Versuch"⟩:* Maß für den Alkoholgehalt von Getränken

²Proof [pruːf] *der*, auch: *das; -s, -s:* (Druckw.) Probeabzug (z. B. von Bilddaten) zur Prüfung der Druckvorlage

Proofing [ˈpruːfɪŋ] *das; -s* ⟨*engl.*⟩: (Druckw.) das Überprüfen der Daten am Bildschirm od. auf Papierausdrucken

Pro|oi|mi|on *das; -s, ...ia* ⟨*gr.*⟩ u. **Pro|ö|mi|um** *das; -s, ...ien* ⟨*gr.- lat.*⟩: 1. kleinere Hymne, die von den altgriechischen Rhapsoden vor einem großen Epos vorgetragen wurde. 2. in der Antike Einleitung, Vorrede zu einer Schrift

Pro|pä|deu|tik *die; -, -en* ⟨*gr.- nlat.*⟩: Einführung in die Vorkenntnisse zu einem wissenschaftlichen Studium

Pro|pä|deu|ti|kum *das; -s, ...ka:* (schweiz.) medizinische Vorprüfung

pro|pä|deu|tisch: vorbereitend, in ein Studienfach einführend; **propädeutische Philosophie:** 1. ↑ Logik (1). 2. in die Grundprobleme der Logik, Erkenntnistheorie u. Ethik einführender Unterricht an höheren Schulen des frühen 19. Jh.s

Pro|pa|gan|da *die; -* ⟨*lat.*⟩: 1. systematische Verbreitung politischer, weltanschaulicher o. ä. Ideen u. Meinungen [mit massiven (publizistischen) Mitteln] mit dem Ziel, das allgemeine [politische] Bewusstsein in bestimmter Weise zu beeinflussen. 2. (bes. Wirtsch.) Werbung, Reklame

Pro|pa|gan|da|kon|gre|ga|ti|on *die; -:* römische Kardinalskongregation zur Ausbreitung des Glaubens, die das katholische Missionswesen leitet

Pro|pa|gan|dist *der; -en, -en* ⟨*lat.- nlat.*⟩: 1. jmd., der Propaganda treibt. 2. Werbefachmann. **Pro|pa|gan|dis|tin** *die; -, -nen:* weibliche Form zu ↑ Propagandist.

pro|pa|gan|dis|tisch: die Propaganda betreffend, auf Propaganda beruhend

Pro|pa|ga|ti|on *die; -, -en* ⟨*lat.*⟩: (Biol.) Vermehrung, Fortpflanzung der Lebewesen

Pro|pa|ga|tor *der; -s, ...oren:* jmd., der etwas propagiert, sich für etwas einsetzt. **Pro|pa|ga|to|rin** *die; -, -nen:* weibliche Form zu ↑ Propagator

pro|pa|gie|ren: verbreiten, für et-

was Propaganda treiben, werben

Pro|pan *das; -s* ⟨*gr.-nlat.*⟩: gesättigter Kohlenwasserstoff, der bes. als Brenngas verwendet wird

Pro|pa|non *das; -s:* ↑ Aceton

Pro|pa|r|o|xy|to|non *das; -s, ...tona* ⟨*gr.*⟩: in der griechischen Betonungslehre Wort, das den Akut auf der drittletzten Silbe trägt (z. B. *gr.* ανάλυσις = Analyse)

pro pa|t|ria ⟨*lat.*⟩: für das Vaterland

Pro|pel|ler *der; -s, -* ⟨*lat.-engl.;* „Antreiber“⟩: Antriebsschraube bei Schiffen, Flugzeugen u. Ä.

Pro|pemp|ti|kon *das; -s, ...ka* ⟨*gr.- lat.*⟩: Geleitgedicht für einen Abreisenden im Unterschied zum ↑ Apopemptikon

Pro|pen *das; -s* ⟨*gr.-nlat.*⟩: ↑ Propylen

pro|per ⟨*lat.-fr.*⟩: a) durch eine saubere, gepflegte, ordentliche äußere Erscheinung ansprechend, einen erfreulichen Anblick bietend; b) ordentlich u. sauber [gehalten]; c) sorgfältig, solide ausgeführt, gearbeitet

Pro|per|din *das; -s* ⟨Kunstw.⟩: Bakterien auflösender Bestandteil des Blutserums

Pro|per|ge|schäft *das; -[e]s, -e* ⟨*lat.-fr.; dt.*⟩: (Wirtsch.) Geschäft, Handel auf eigene Rechnung u. Gefahr; Eigengeschäft

Pro|pe|ri|s|po|me|non *das; -s, ...mena* ⟨*gr.*⟩: in der griechischen Betonungslehre Wort mit dem Zirkumflex auf der vorletzten Silbe (z. B. griech. δῶρον „Geschenk“); vgl. Perispomenon

Pro|pha|se *die; -, -n* ⟨*gr.;* „das Vorscheinenlassen“⟩: (Biol.) erste Phase der Kernteilung, in der die Chromosomen sichtbar werden

Pro|phet *der; -en, -en* ⟨*gr.-lat.*⟩: 1. jmd., der sich von Gott berufen fühlt als Mahner u. Weissager die göttliche Wahrheit zu verkünden (bes. im Alten Testament u. als Bezeichnung Mohammeds). 2. (meist Plural) prophetisches Buch des Alten Testaments

Pro|phe|tie *die; -, ...ien:* Weissagung, Prophezeiung; Voraussage (durch einen Propheten)

Pro|phe|tin *die; -, -nen:* weibliche Form zu ↑ Prophet (1)

pro|phe|tisch: 1. von einem Propheten (1) stammend, zu ihm gehörend. 2. eine intuitive Prophezeiung enthaltend

pro|phe|zei|en: weissagen; voraussagen

Pro|phy|lak|ti|kum *das; -s, ...ka* ⟨*gr.-nlat.*⟩: (Med.) vorbeugendes Mittel

pro|phy|lak|tisch ⟨„verwahrend, schützend“⟩: (Med.) vorbeugend, verhütend, vor einer Erkrankung (z. B. Erkältung, Grippe) schützend

Pro|phy|la|xe *die; -, -n* ⟨*gr.*⟩: (Med.) Vorbeugung, vorbeugende Maßnahme; Verhütung von Krankheiten

Pro|pi|on|säu|re *die; -* ⟨*gr.; dt.*⟩: farblose, stechend riechende organische Säure, die z. B. zur Herstellung von Arzneimitteln verwendet wird

Pro|po|lis *die; -* ⟨*gr.;* „Vorstadt“⟩: bes. am Einflugloch des Bienenstocks abgelagerte harzartige Masse, die Bienen von den Knospen der Laubbäume sammeln, um damit ihre Waben zu verfestigen

Pro|po|nent *der; -en, -en* ⟨*lat.*⟩: Antragsteller. **Pro|po|nen|tin** *die; -, -nen:* weibliche Form zu ↑ Proponent. **pro|po|nie|ren:** vorschlagen, beantragen

Pro|por|ti|on *die; -, -en* ⟨*lat.*⟩: 1. Größenverhältnis; rechtes Maß; Eben-, Gleichmaß. 2. (Mus.) Takt- u. Zeitmaßbestimmung der Mensuralmusik. 3. (Math.) Verhältnisgleichung

pro|por|ti|o|nal: verhältnisgleich, in gleichem Verhältnis stehend; angemessen, entsprechend; **proportionale Konjunktion:** Bindewort, das in Verbindung mit einem anderen ein gleich bleibendes Verhältnis ausdrückt (z. B. je [desto])

Pro|por|ti|o|na|le *die; -, -n:* (Math.) Glied einer Verhältnisgleichung

Pro|por|ti|o|na|li|tät *die; -, -en:* Verhältnismäßigkeit, richtiges Verhältnis

Pro|por|ti|o|nal|satz *der; -es, ...sätze:* (Sprachw.) zusammengesetzter Satz, in dem sich der Grad od. die Intensität des Verhaltens im Hauptsatz mit der im Gliedsatz gleichmäßig ändert (z. B.: je älter er wird, desto bescheidener wird er)

P

Pro|por|ti |o|na|l|wahl *die;* -, -en: Verhältniswahl

pro|por|ti |o|niert ⟨*lat.-mlat.*⟩: bestimmte Proportionen aufweisend; ebenmäßig, wohlgebaut

Pro|porz *der;* -es, -e ⟨Kurzw. aus: Proportionalwahl⟩: 1.Verteilung von Sitzen u. Ämtern nach dem Verhältnis der abgegebenen Stimmen bzw. der Partei-, Konfessionszugehörigkeit o. Ä. 2.(österr. u. schweiz.) Verhältniswahl[system]

Pro|po|si|ta: *Plural* von ↑ Propositum

Pro|po|si|tio *die;* -, ...iones [...ne:s] ⟨*lat.*⟩: (Philos.) Satz, Urteil; **Propositio maior:** Obersatz (im ↑ Syllogismus); **Propositio minor:** Untersatz (im ↑ Syllogismus)

Pro|po|si|ti |on *die;* -, -en: 1.(veraltet) Vorschlag, Antrag. 2.(antike Rhet.; Stilk.) Ankündigung des Themas. 3.(Sprachw.) Satz als Informationseinheit (nicht im Hinblick auf seine grammatische Form). 4. Ausschreibung bei Pferderennen

pro|po|si|ti |o|nal: (Sprachw.) den Satz als Informationseinheit, die Proposition (3) betreffend

Pro|po|si|tum *das;* -s, ...ta: (veraltet) Äußerung, Rede

Pro|pos |ta *die;* -, ...ten ⟨*lat.-it.*⟩: (Mus.) Vordersatz, die beginnende Stimme eines Kanons; Ggs. ↑ Risposta

Pro|prä|tor *der;* -s, ...oren ⟨*lat.*⟩: (hist.) ehemaliger Prätor als Statthalter einer Provinz (im Römischen Reich)

pro|p |re ⟨*lat.-fr.*⟩: ↑ proper

Pro|p |re|ge|schäft *das;* -[e]s, -e: ↑ Propergeschäft

Pro|p |re|tät *die;* - ⟨*lat.-fr.*⟩: (landsch.) Sauberkeit, Reinlichkeit

pro|p |ri |a|li|sie|ren: (Sprachw.) zum Eigennamen machen; vgl. Nomen proprium

pro|p |rie [...iə] ⟨*lat.*⟩: (veraltet) eigentlich

Pro|p |ri |e|tär *der;* -s, -e ⟨*lat.-fr.*⟩: Eigentümer. **Pro|p |ri |e|tä|rin** *die;* -, -nen: weibliche Form zu ↑ Proprietär

Pro|p |ri |e|tät *die;* -, -en: (Rechtsw. veraltet) Eigentum[srecht]

pro pri|mo ⟨*lat.*⟩: (veraltet) zuerst

pro|p |rio mo|tu ⟨*lat.*⟩: aus eigenem Antrieb

pro|p |ri |o|zep|tiv: (Psychol., Med.) Wahrnehmungen aus dem eigenen Körper vermittelnd (z. B. aus Muskeln, Sehnen, Gelenken); Ggs. ↑ exterozeptiv.

Pro|p |ri |um *das;* -s ⟨*lat.;* „das Eigene"⟩: 1.(Psychol.) das Selbst, das Ich; Identität, Selbstgefühl. 2. wechselnde Texte u. Gesänge der katholischen Messe; **Proprium de Tempore:** nach den Erfordernissen des Kirchenjahres wechselnde Teile der Messliturgie u. des Breviers (1 a); **Proprium Sanctorum:** nach den Heiligenfesten wechselnde Texte. 3. Kurzform von ↑ Nomen proprium

Pro|pul|si|on *die;* -, -en ⟨*lat.-nlat.*⟩: 1.(veraltet) das Vorwärts-, Forttreiben. 2.(Med.) Gehstörung mit Neigung zum Vorwärtsfallen bzw. Verlust der Fähigkeit, in der Bewegung innezuhalten (bei ↑ Paralysis agitans)

pro|pul|siv: 1.(veraltet) vorwärts treibend, forttreibend. 2.(Med.) die Propulsion (2) betreffend, auf ihr beruhend, für sie charakteristisch

Pro|pusk [auch: 'pro..., pro'pusk] *der;* -s, -e ⟨*russ.*⟩: russ. Bez. für: Passierschein, Ausweis

Pro|py|lä|en *die* (Plural) ⟨*gr.-lat.*⟩: 1.Vorhalle griechischer Tempel. 2.Zugang, Eingang

Pro|py|len *das;* -s ⟨*gr.-nlat.*⟩: gasförmiger, ungesättigter Kohlenwasserstoff, technisch wichtiger Ausgangsstoff für andere Stoffe

Pro|py|lit [auch: ...'lɪt] *der;* -s, -e: durch Thermalwässer umgewandelter ↑ Andesit in der Nähe von Erzlagerstätten

pro ra|ta [par|te] ⟨*lat.*⟩: (Wirtsch.) verhältnismäßig, dem vereinbarten Anteil entsprechend; Abk.: p. r.

pro ra|ta tem|po|ris ⟨*lat.*⟩: anteilmäßig auf einen bestimmten Zeitablauf bezogen; Abk.: p. r. t.

Pro|rek|tor *der;* -s, -en (auch: ...oren) ⟨*lat.-nlat.*⟩: Stellvertreter des amtierenden Rektors an Hochschulen

Pro|rek|to|rat *das;* -[e]s, -e: 1. Amt u. Würde eines Prorektors. 2. Dienstzimmer eines Prorektors

Pro|rek|to|rin *die;* -, -nen: weibliche Form zu ↑ Prorektor

Pro|ro|ga|ti|on *die;* -, -en ⟨*lat.*⟩: 1.(veraltet) Aufschub, Vertagung. 2.(Rechtsw.) stillschweigende od. ausdrückliche Anerkennung (von Seiten beider Prozessparteien) eines für eine Rechtssache an sich nicht zuständigen Gerichts erster Instanz

pro|ro|ga|tiv: (veraltet) aufschiebend, vertagend

pro|ro|gie|ren: 1.(veraltet) aufschieben, vertagen. 2.(Rechtsw.) eine Prorogation (2) vereinbaren

Pro|sa *die;* - ⟨*lat.;* „geradeaus gerichtete (= schlichte) Rede"⟩: 1. Rede od. Schrift in ungebundener Form im Unterschied zur Poesie (1). 2. Nüchternheit, nüchterne Sachlichkeit. 3. geistliches Lied des frühen Mittelalters

Pro|sa|i |ker *der;* -s, -: 1.↑ Prosaist. 2.Mensch von nüchterner Geistesart. **Pro|sa|i |ke|rin** *die;* -, -nen: weibliche Form zu ↑ Prosaiker

pro|sa|isch: 1. in Prosa (1) [abgefasst]. 2. sachlich-nüchtern, trocken, ohne Fantasie

Pro|sa|ist *der;* -en, -en ⟨*lat.-nlat.*⟩: Prosa schreibender Schriftsteller. **Pro|sa |is |tin** *die;* -, -nen: weibliche Form zu ↑ Prosaist

pro|sa |is |tisch: frei von romantischen Gefühlswerten, sachlichnüchtern berichtend

Pro|sec|co *der;* -[s], -s (aber: 3 -) ⟨*it.*⟩: italienischer Schaum-, Perl- od. Weißwein

Pro|sek|tor *der;* -s, ...oren ⟨*lat.*⟩: (Med.) 1. Arzt, der Sektionen (2) durchführt. 2. Leiter der pathologischen Abteilung eines Krankenhauses

Pro|sek|tur *die;* -, -en ⟨*lat.-nlat.*⟩: (Med.) Abteilung eines Krankenhauses, in der Sektionen (2) durchgeführt werden

Pro|se|ku|ti |on *die;* -, -en ⟨*lat.*⟩: (Rechtsw.) gerichtliche Verfolgung, Belangung

Pro|se|ku|tiv *der;* -s, -e ⟨*lat.-nlat.*⟩: (Sprachw.) Kasus der räumlichen od. zeitlichen Erstreckung, bes. in den finnischugrischen Sprachen

Pro|se|ku|tor *der;* -s, ...oren ⟨*lat.-mlat.*⟩: (Rechtsw.) Verfolger, Ankläger

Pro|se|lyt *der;* -en, -en ⟨*gr.-lat.;* „hinzugekommen"⟩: Neubekehrter, im Altertum bes. zur Religion Israels übergetretener Heide; **Proselyten machen:** (abwertend) Personen für einen Glauben od. eine Anschauung durch aufdringliche Werbung gewinnen

Pro|se|ly|ten|ma|che|rei *die; -:* (abwertend) aufdringliche Werbung für einen Glauben od. eine Anschauung

Pro|se|mi|nar *das; -s, -e ⟨lat.-nlat.⟩:* einführende Übung [für Studierende im Grundstudium] an der Hochschule

Pro |s|en|chym *das; -s, -e ⟨gr.-nlat.⟩:* (Biol.) Verband aus stark gestreckten, zugespitzten faserähnlichen Zellen des ↑ Parenchyms (1), eine Grundform des pflanzlichen Gewebes

pro |s|en|chy|ma|tisch: (Biol.) aus Prosenchym bestehend; in die Länge gestreckt, zugespitzt u. faserähnlich (bes. von Zellen, die in den Grundgeweben der Pflanzen vorkommen)

Pro|si|me|lt |rum *das; -s, ...tra ⟨lat.; gr.-lat.⟩:* Mischung von Prosa u. Vers in literarischen Werken der Antike

pro|sit u. **prost** *⟨lat.⟩:* wohl bekomms!; zum Wohl! **Pro|sit** *das; -s, -s* u. Prost *das; -[e]s, -e:* Zutrunk

Pro|ske|ni|on *das; -, ...nia ⟨gr.⟩:* griechische Form von ↑ Proszenium

pro|s |kri|bie|ren *⟨lat.⟩:* ächten, verbannen

Pro|s |krip|ti|on *die; -, -en:* 1. Ächtung [politischer Gegner]. 2. (hist.) öffentliche Bekanntmachung der Namen der Geächteten im alten Rom

Pros|ky|ne|se u. **Pros|ky|ne|sis** *die; -, ...nesen ⟨gr.⟩:* demütige Kniebeugung, Fußfall vor einem Herrscher od. vor einem religiösen Weihegegenstand, auch bei bestimmten kirchlichen Handlungen

Pro |s|o |dem *das; -s, -e ⟨gr.-nlat.⟩:* (Sprachw.) prosodisches (suprasegmentales) Merkmal

Pro |s|o |dia *Plural* von ↑ Prosodion

Pro |s|o |di |a|kus *der; -, ...azi ⟨gr.-lat.⟩:* bes. in der Prosodia gebrauchter altgriechischer Vers

Pro |s|o |die *die; -, ...ien* u. **Pro |s|o -dik** *die; -, -en ⟨gr.(-lat.)⟩):* 1. in der antiken Metrik die Lehre

von der Tonhöhe u. der Quantität der Silben, Silbenmessungslehre. 2. Lehre von der metrisch-rhythmischen Behandlung der Sprache

Pro |s|o |dion *das; -s, ...dia ⟨gr.⟩:* im Chor gesungenes altgriechisches Prozessionslied

pro |s|o |disch *⟨gr.-lat.⟩:* die Prosodie betreffend, die Silben messend

Pro |s|o |don|tie *die; -, ...ien ⟨gr.-nlat.⟩:* (Med.) schräges Vorstehen der Zähne

Pro |s|o |p|al|gie *die; -, ...ien ⟨gr.-nlat.⟩:* (Med.) Gesichtsschmerzen im Bereich des ↑ Trigeminus

Pro |s|o |po|gra|phie, auch: ...grafie *die; -, ...ien:* nach der Buchstabenfolge geordnetes Verzeichnis aller einem bestimmten Lebenskreis angehörenden Personen mit Quellenangaben

Pro |s|o |po|lep|sie *die; -:* Charakterdeutung aus den Gesichtszügen

Pro |s|o |po|ple|gie *die; -, ...ien:* (Med.) Lähmung der mimischen Muskulatur des Gesichts; Fazialislähmung

Pro |s|o |po|pö|ie *die; -, ...ien:* ↑ Personifikation

Pro |s|o |pos |chi|sis *[...sçi:...] die; -, ...isen:* (Med.) angeborene Fehlbildung, bei der die beiden Gesichtshälften durch einen Spalt getrennt sind

Pro|s |pekt *der,* österr. auch: *das; -[e]s, -e ⟨lat.; „Hinblick; Aussicht“⟩:* 1. meist mit Illustrationen ausgestattete Werbeschrift (in Form eines Faltblattes o. Ä.). 2. Preisliste. 3. Vorderansicht der Orgel. 4. (Theat.) [perspektivisch gemalter] Bühnenhintergrund, Bühnenhimmel, Rundhorizont. 5. (bildende Kunst) perspektivisch stark verkürzte Ansicht einer Stadt od. Landschaft als Gemälde, Zeichnung od. Kupferstich 6. russ. Bez. für: große, lang gestreckte Straße. 7. (Wirtsch.) allgemeine Darlegung der Lage eines Unternehmens bei geplanter Inanspruchnahme des Kapitalmarktes

pro|s |pek|tie|ren: (Bergbau) Lagerstätten nutzbarer Mineralien durch geologische Beobachtung o. Ä. ausfindig machen, erkunden, untersuchen

Pro|s |pek|tie|rung *die; -, -en ⟨lat.-nlat.⟩:* 1. (Bergbau) Erkundung nutzbarer Bodenschätze. 2. (Wirtsch.) Herausgabe des Lageberichts einer Unternehmung vor einer Wertpapieremission. 3. ↑ Prospektion (2)

Pro|s |pek|ti|on *die; -, -en:* 1. das Prospektieren. 2. Drucksachenwerbung mit Prospekten (1)

pro|s |pek|tiv *⟨lat.⟩:* a) der Aussicht, Möglichkeit nach; vorausschauend; b) die Weiterentwicklung betreffend; **prospektiver Konjunktiv:** (Sprachw.) in der griechischen Sprache Konjunktiv der möglichen od. erwogenen Verwirklichung

Pro|s |pek|tor *der; -s, ...oren ⟨lat.-engl.⟩:* (Bergbau) Gold-, Erzschürfer. **Pro|s |pek|to|rin** *die; -, -nen:* weibliche Form zu ↑ Prospektor

pro|s |pe|rie|ren *⟨lat.-fr.⟩:* (bes. Wirtsch.) sich günstig entwickeln; gedeihen, vorankommen

Pro|s |pe|ri|tät *die; -:* Wohlstand, Blüte, Periode allgemeiner wirtschaftlichen Aufschwungs

Pro|sper|mie *die; -, ...ien ⟨gr.-nlat.⟩:* (Med.) vorzeitiger Samenerguss

pro|s |pi|zie|ren *⟨lat.⟩:* voraussehen, Vorsichtsmaßregeln treffen

prost usw. vgl. prosit usw.

Pro|s |tag |lan|di|ne *die* (Plural) ⟨Kunstw. aus *Prostata* u. *Glans*⟩: (Pharm., Med.) hormonänliche Stoffe mit gefäßerweiternder u. die Wehen auslösender Wirkung

Pro|s |ta|ta *die; -, ...tae [...tɛ] ⟨gr.-nlat.⟩:* (Med.) walnussgroßes Anhangsorgan der männlichen Geschlechtsorgane, das den Anfangsteil der Harnröhre umgibt; Vorsteherdrüse

Pro|s |ta|ta|hy|per|tro|phie *die; -, -n:* (altersbedingte) übermäßige Vergrößerung der Prostata

Pro|s |ta |t|ek|to|mie *die; -, ...ien:* (Med.) operative Entfernung von Prostatawucherungen od. der Prostata selbst

Pro|s |ta|ti|ker *der; -s, -:* (Med.) jmd., der an einer Vergrößerung der Prostata leidet

Pro|s |ta|ti|tis *die; -, ...itiden:* (Med.) Entzündung der Prostata

Pros |ter|na|ti|on *die; -, -en ⟨lat.-mlat.⟩:* lat. Bez. für ↑ Proskynese

P

pros|ter|nie|ren ⟨*lat.*⟩: sich (zum Fußfall) niederwerfen

Pros|the|se u. **Pros|the|sis** *die; -, ...thesen* ⟨*gr.-lat.*⟩: ↑ Prothese (2)

pros|the|tisch: angesetzt, angefügt

pro|s| ti|tu|ie|ren ⟨*lat.(-fr.)*⟩: 1. herabwürdigen, öffentlich preisgeben, bloßstellen. 2. sich prostituieren: sich gewerbsmäßig für sexuelle Zwecke zur Verfügung stellen

Pro|s| ti|tu|ier|te *die* u. *der; -n, -n:* Person, die der Prostitution (1) nachgeht

Pro|s| ti|tu|ti|on *die; - ⟨lat.-fr.⟩:* 1. gewerbsmäßige Ausübung sexueller Handlungen. 2. (selten) Herabwürdigung, öffentliche Preisgabe, Bloßstellung

pro|s| ti|tu|tiv: die Prostitution betreffend

Pro|s| t| ra|ti|on *die; -, -en* ⟨*lat.*⟩: 1. (kath. Kirche) liturgisches Sichhinstrecken auf den Boden (z. B. bei höheren Weihen u. bei der Einkleidung in eine geistliche Ordenstracht). 2. (Med.) hochgradige Erschöpfung im Verlauf einer schweren Krankheit

Pro|s| ty|los *der; -, ...oi* ⟨*gr.-lat.*⟩: griechischer Tempel mit einer Säulenvorhalle

Pro|syl|lo|gis|mus *der; -, ...men* ⟨*gr.-nlat.*⟩: (Logik) Schluss einer Schlusskette, dessen Schlusssatz die ↑ Prämisse des folgenden Schlusses ist; Vorschluss

pro|syl|lo|gis| tisch: (Logik) von einem Schluss zum Vorschluss zurückgehend

Pro|sze|ni|um *das; -s, ...ien* ⟨*gr.-lat.*⟩: 1. im antiken Theater Platz vor der ↑ Skene. 2. Raum zwischen Vorhang u. Rampe einer Bühne; Ggs. ↑ Postszenium

Prot|ac|ti|ni|um *das; -s* ⟨*gr.-nlat.*⟩: radioaktives chem. Element; ein Metall; Zeichen: Pa

Pro| t| a| go|nist *der; -en, -en* ⟨*gr.*⟩: 1. Hauptdarsteller, erster Schauspieler im altgriechischen Drama; vgl. Deuteragonist u. Tritagonist. 2. a) zentrale Gestalt, wichtigste Person; b) Vorkämpfer. **Pro| t| a| go|nis| tin** *die; -, -nen:* weibliche Form zu ↑ Protagonist (2)

Pro| t| a| min *das; -s, -e* ⟨*gr.-nlat.*⟩: (Chem.) einfacher, schwefelfreier Eiweißkörper

Pro| t| an|d| rie *die; -:* (Bot.) das Reifwerden der männlichen Geschlechtsprodukte zwittriger Tiere od. Pflanzen vor den weiblichen (zur Verhinderung von Selbstbefruchtung); Ggs. ↑ Protogynie. **pro| t| an|d| risch:** die Protandrie betreffend

Pro| t| a| n|o| pie *die; -, ...ien:* (Med.) Form der Farbenblindheit, bei der rote Farben nicht wahrgenommen werden können; Rotblindheit

Pro|ta|sis *die; -, ...tasen* ⟨*gr.-lat.*⟩: 1. (Sprachw.) Vordersatz, bes. bedingender Gliedsatz eines Konditionalsatzes; Ggs. ↑ Apodosis. 2. der ↑ Epitasis vorangehende Einleitung eines dreiaktigen Dramas

Pro|te|a|se *die; - ⟨gr.-nlat.⟩:* Eiweiß spaltendes ↑ Enzym

Pro|te|gé [...te'ʒe:] *der; -s, -s* ⟨*lat.-fr.*⟩: jmd., der protegiert wird; Günstling, Schützling

pro|te|gie|ren [...'ʒi:...]: begünstigen, fördern, bevorzugen

Pro|te|id *das; -[e]s, -e* ⟨*gr.-nlat.*⟩: (Chem.) mit anderen chemischen Verbindungen zusammengesetzter Eiweißkörper

Pro|te|in *das; -s, -e:* (Chem.) nur aus Aminosäuren aufgebauter einfacher Eiweißkörper

Pro|te|i|na|se *die; -, -n:* (Chem.) im Verdauungstrakt vorkommendes Enzym, das Proteine bis zu ↑ Polypeptiden abbaut

pro|te|isch ⟨*gr.-nlat.*⟩: in der Art eines ↑ Proteus (1), wandelbar, unzuverlässig

Pro|tek|ti|on *die; -, -en* ⟨*lat.-fr.*⟩: Gönnerschaft, Förderung, Begünstigung, Bevorzugung

Pro|tek|ti|o|nis|mus *der; - ⟨lat.-fr.-nlat.⟩:* (Wirtsch.) Schutz der einheimischen Produktion gegen die Konkurrenz des Auslandes durch Maßnahmen der Außenhandelspolitik (z. B. durch Schutzzölle)

Pro|tek|ti|o|nist *der; -en, -en:* Anhänger der Protektionismus. **Pro|tek|ti|o|nis| tin** *die; -, -nen:* weibliche Form zu ↑ Protektionist

pro|tek|ti|o|nis| tisch: den Protektionismus betreffend, in der Art des Protektionismus

Pro|tek|tor *der; -s, ...oren* ⟨*lat.*⟩: 1. a) Beschützer, Förderer; b) Schutz-, Schirmherr; Ehrenvorsitzender. 2. mit Profil versehene Lauffläche des Autoreifens

Pro|tek|to|rat *das; -[e]s, -e* ⟨*lat.-nlat.*⟩: 1. Schirmherrschaft. 2. a) Schutzherrschaft eines Staates über ein fremdes Gebiet; b) unter Schutzherrschaft eines anderen Staates stehendes Gebiet

Pro|tek|to|rin *die; -, -nen:* weibliche Form zu ↑ Protektor (1)

pro tem|po|re ⟨*lat.*⟩: vorläufig, für jetzt; Abk.: p. t.

Pro|tel o|hor|mon *das; -s, -e* ⟨*gr.-nlat.*⟩: (Biol.) Hormon vom Charakter eines Proteins od. Proteids

Pro|te|o|ly|se *die; -:* (Chem.) Aufspaltung von Eiweißkörpern in Aminosäuren

pro|te|o|ly|tisch: (Med.) Eiweiß verdauend

Pro|te| r|an|d| rie usw. vgl. Protandrie usw.

pro|te|ro|gyn usw. vgl. protogyn usw.

Pro|te|ro|zo| i|kum *das; -s:* ↑ Archäozoikum

Pro|test *der; -[e]s, -e* ⟨*lat.-it.*⟩: 1. meist spontane u. temperamentvolle Bekundung des Missfallens, der Ablehnung. 2. (Rechtsw.) a) amtliche Beurkundung über Annahmeverweigerung bei Wechseln, über Zahlungsverweigerung bei Wechseln od. Schecks; b) früher in der DDR Rechtsmittel des Staatsanwalts gegen ein Urteil des Kreisgerichts od. ein durch die erste Instanz ergangenes Urteil des Bezirksgerichts; c) bestimmte Art der ↑ Demarche als Mittel zur Wahrung u. Einhaltung von Rechten im zwischenstaatlichen Bereich

Pro|tes| tant *der; -en, -en* ⟨*lat.*⟩: 1. Angehöriger einer den Protestantismus vertretenden Kirche. 2. jmd., der gegen etwas protestiert (1). **Pro|tes| tan|tin** *die; -, -nen:* weibliche Form zu ↑ Protestant

pro|tes| tan|tisch: zum Protestantismus gehörend, ihn vertretend; Abk.: prot.

Pro|tes| tan|tis|mus *der; - ⟨nlat.;* nach der feierlichen Protestation der evangelischen Reichsstände auf dem Reichstag zu Speyer 1529⟩: aus der kirchlichen Reformation des 16. Jh.s hervorgegangene Glaubensbewegung, die die verschiedenen evangelischen Kirchengemeinschaften umfasst

Pro|tes|tal|ti|on *die; -, -* ⟨*lat.*⟩: Missfallensbekundung, Protest

pro|tes|tie|ren ⟨*lat.-fr.*⟩: 1. a) Protest (1) einlegen; b) eine Behauptung, Forderung, einen Vorschlag o. Ä. als unzutreffend, unpassend zurückweisen; widersprechen. 2. (Rechtsw.) die Annahme, Zahlung eines Wechsels verweigern

Pro|test|no|te *die; -, -n:* (Pol.) offizielle Beschwerde, schriftlicher Einspruch einer Regierung bei der Regierung eines anderen Staates gegen einen Übergriff

Pro|test|song *der; -s, -s:* soziale, gesellschaftliche, politische Verhältnisse kritisierender ↑ Song (1)

Pro|teus *der; -, -* ⟨*gr.-lat.; nach dem griech. Meergott mit der Gabe der Verwandlung*⟩: 1. wandelbarer, wetterwendischer Mensch. 2. Olm (Schwanzlurch)

Prot|e| van|ge|li|um vgl. Protoevangelium

Pro|thal|li|um *das; -s, ...ien* ⟨*gr.-nlat.*⟩: (Bot.) Vorkeim der Farnpflanzen

Pro|the|se *die; -, -n* ⟨*gr.*⟩: 1. künstlicher Ersatz eines amputierten, fehlenden Körperteils, bes. der Gliedmaßen od. der Zähne. 2. (Sprachw.) Bildung eines neuen Lautes (bes. eines Vokals) od. einer neuen Silbe am Wortanfang (z. B. *lat.* stella; *span.* estella)

Pro|the|tik *die; -:* (Med.) Wissenschaft, Lehre vom Kunstgliederbau. **pro|the|tisch:** 1. (Med.) die Prothetik betreffend. 2. die Prothese (2) betreffend, auf ihr beruhend

Pro|tist *der; -en, -en* (meist Plural) ⟨*gr.-nlat.*⟩: (Biol.) einzelliges Lebewesen

Pro|ti|um *das; -s* ⟨*gr.-nlat.*⟩: leichter Wasserstoff, Wasserstoffisotop; vgl. Isotop

Pro|to|bi|ont *der; -en, -en* (meist Plural) ⟨*gr.-nlat.*⟩: erste im Verlauf der Evolution entstandene Zelle mit der Fähigkeit zur Selbstvermehrung

Pro|to|e| van|ge|li|um u. Protevangelium *das; -s* ⟨*gr.-lat.*⟩: (kath. Kirche) als erste Verkündigung des Erlösers aufgefasste Stelle im Alten Testament (1. Mose 3, 15)

pro|to|gen ⟨*gr.-nlat.*⟩: (Geol.) am Fundort entstanden (von Erzlagerstätten)

pro|to|gyn: die Protogynie betreffend. **Pro|to|gy|nie** *die; -:* (Bot.) das Reifwerden der weiblichen Geschlechtsprodukte zwittriger Tiere u. Pflanzen vor den männlichen Geschlechtsprodukten; Ggs. ↑ Protandrie

Pro|to|koll *das; -s, -e* ⟨*gr.-mgr.-mlat.*⟩: 1. a) förmliche Niederschrift, Beurkundung einer Aussage, Verhandlung o. Ä.; b) schriftliche Zusammenfassung der wesentlichen Ergebnisse einer Sitzung; c) genauer schriftlicher Bericht über Verlauf u. Ergebnis eines Versuchs, Heilverfahrens o. Ä. 2. die Gesamtheit der im diplomatischen Verkehr gebräuchlichen Formen

Pro|to|kol|lant *der; -en, -en:* jmd., der etwas protokolliert; Schriftführer. **Pro|to|kol|lan|tin** *die; -, -nen:* weibliche Form zu ↑ Protokollant

pro|to|kol|la|risch ⟨*gr.-mgr.-mlat.-nlat.*⟩: 1. a) in der Form eines Protokolls (1); b) im Protokoll (1) festgehalten, aufgrund des Protokolls. 2. dem Protokoll (2) entsprechend

pro|to|kol|lie|ren ⟨*gr.-mgr.-mlat.*⟩: bei einer Sitzung o. Ä. die wesentlichen Punkte schriftlich festhalten; ein Protokoll aufnehmen; beurkunden

Pro|ton *das; -s, ...onen* ⟨*gr.-nlat.*⟩: positiv geladenes, schweres Elementarteilchen, das den Wasserstoffatomkern bildet u. mit dem Neutron zusammen Baustein aller Atomkerne ist; Zeichen: p

Pro|to|no|tar *der; -s, -e* ⟨*gr.; lat.*⟩: 1. Notar der päpstlichen Kanzlei. 2. (ohne Plural) Ehrentitel geistlicher Würdenträger

Pro|ton Pseu|dos *das; - -* ⟨*gr.; „die erste Lüge"*⟩: 1. (Philos.) erste falsche ↑ Prämisse eines ↑ Syllogismus, durch die der ganze Schluss falsch wird. 2. falsche Voraussetzung, aus der andere Irrtümer gefolgert werden

Pro|to|phy|te *die; -, -n* u. **Pro|to|phy|ton** *das; -s, ...yten* (meist Plural) ⟨*gr.-nlat.*⟩: einzellige Pflanze

Pro|to|plas|ma *das; -s* ⟨*gr.-nlat.*⟩: Lebenssubstanz aller pflanzli-

chen, tierischen u. menschlichen Zellen. **pro|to|plas|matisch:** aus Protoplasma bestehend, zum Protoplasma gehörend

Pro|to|plast *der; -en, -en:* 1. (Biol.) aus Zellkern, Zellplasma u. ↑ Plastiden bestehende Pflanzenzelle ohne Zellwand. 2. (nur Plural; Theol.) Adam u. Eva als die erstgeschaffenen menschlichen Wesen

Pro|to|re|nais|sance *die; -:* Vorrenaissance (in Bezug auf die Übernahme antiker [Bau]formen im 12. u. 13. Jh. in Italien u. Südfrankreich)

Pro|tos *der; -* ⟨*gr.*⟩: (Mus.) erster (dorischer) Kirchenton

Pro|to|typ *der; -s, -en* ⟨*gr.-lat.*⟩: 1. Urbild, Muster, Inbegriff; Ggs. ↑ Ektypus. 2. erster Abdruck. 3. erste Ausführung eines Flugzeugs, Autos, einer Maschine nach den Entwürfen zur praktischen Erprobung u. Weiterentwicklung. 4. Rennwagen einer bestimmten Kategorie u. Gruppe, der nur in Einzelstücken gefertigt wird

pro|to|ty|pisch ⟨*gr.-lat.*⟩: den ↑ Prototyp (1) betreffend, in der Art eines Prototyps; urbildlich

Pro|to|zo|en: *Plural* von ↑ Protozoon

Pro|to|zo|o|lo|gie *die; -:* Wissenschaft von den Einzellern. **pro|to|zo|o|lo|gisch:** die Protozoologie betreffend

Pro|to|zo|on *das; -s, ...zoen* (meist Plural): einzelliges Tier; Ggs. ↑ Metazoon

pro|tra|hie|ren ⟨*lat.*⟩: (Med.) die Wirkung (z. B. eines Medikaments, einer Bestrahlung) verzögern od. verlängern (z. B. durch geringe Dosierung). **pro|tra|hiert:** (Med.) verzögert od. über eine längere Zeit hinweg [wirkend] (z. B. von Medikamenten)

Pro|trak|ti|on *die; -, -en:* absichtliche Verzögerung der Wirkung eines Arzneimittels od. einer therapeutischen Maßnahme

Pro|t| rep|tik *die; -* ⟨*gr.*⟩: Aufmunterung, Ermahnung [zum Studium der Philosophie] als Bestandteil antiker didaktischer Schriften. **pro|t| rep|tisch:** die Protreptik betreffend, ermahnend, aufmunternd

Pro|t| ru|si|on *die; -, -en* ⟨*lat.-nlat.*⟩:

(Med.) das Hervortreten, Verlagern nach außen (z. B. eines Organs aus seiner normalen Lage)
Pro|tu|be|ranz *die; -, -en ⟨lat.-nlat.⟩:* 1. (Astron.) teils ruhende, teils aus dem Sonneninnern aufschießende, glühende Gasmasse. 2. (Med.) Vorsprung (an Organen, Knochen)
pro|ty|pisch *⟨gr.-nlat.⟩:* (veraltet) vorbildlich. **Pro|ty|pus** *der; -, ...pen ⟨gr.⟩:* (veraltet) Vorbild
pro u |su me|di|ci vgl. ad usum medici
Pro|ven|cer|öl *[...'vãːsɐ...] das; -[e]s, -e ⟨nach der franz. Landschaft Provence⟩:* Öl der zweiten Pressung der Oliven
Pro|ve|ni|enz *die; -, -en ⟨lat.-nlat.⟩:* Bereich, aus dem jmd., etwas stammt; Herkunft, Ursprung
Pro|verb *das; -s, -en u. Proverbium; -s, ...ien ⟨lat.⟩:* (veraltet) Sprichwort
Pro|verbe dra|ma|tique *[...'vɛrb ...'tık] das; -[s] -, -s -s [...'vɛrb ...'tık] ⟨lat.-fr.⟩:* kleines, spritziges Dialoglustspiel um eine Sprichwortweisheit (in Frankreich im 18. u. 19. Jh.)
pro|ver|bi|al *⟨lat.⟩* u. **pro|ver|bi a-lisch** u. **pro|ver|bi|ell** *⟨lat.-fr.⟩:* sprichwörtlich
Pro|ver|bi|um vgl. Proverb
Pro|vi|ant *der; -s, -e ⟨lat.-vulgärlat.-it. u. fr.⟩:* als Verpflegung auf eine Wanderung, Expedition o. Ä. mitgenommener Vorrat an Nahrungsmitteln für die vorgesehene Zeit; Wegzehrung, Verpflegung, Ration. **pro|vi|an-tie|ren** *der;* (selten) mit Proviant versorgen
pro|vi|den|ti|ell vgl. providenziell
Pro|vi|denz *die; -, -en ⟨lat.-fr.⟩:* Vorsehung
pro|vi|den|zi|ell, auch: providentiell: von der Vorsehung bestimmt
Pro|vi|der *[prɔ'vaidɐ] der; -s, - ⟨engl.⟩:* Anbieter von Kommunikationsdiensten (wie z. B. einem Zugang zum Internet)
Pro|vinz *die; -, -en ⟨lat.⟩:* 1. größeres Gebiet, das eine staatliche od. kirchliche Verwaltungseinheit bildet (Abk.: Prov.). 2. (ohne Plural; oft abwertend) Gegend, in der (mit großstädtischem Maßstab gemessen) in kultureller, gesellschaftlicher Hinsicht, für das Vergnügungs-

leben o. Ä. nur sehr wenig od. nichts geboten wird
Pro|vin|zi|al *der; -s, -e ⟨lat.-mlat.⟩:* Vorsteher einer (mehrere Klöster umfassenden) Ordensprovinz
Pro|vin|zi |a|le *der; -n, -n:* Provinzbewohner. **Pro|vin|zi |a|lin** *die; -, -nen:* weibliche Form zu ↑ Provinziale
Pro|vin|zi |a|lis|mus *der; -, ...men ⟨lat.-mlat.⟩:* 1. (Sprachw.) landschaftlich gebundene Spracheigentümlichkeit (z. B. Topfen für Quark). 2. kleinbürgerliche, spießige Einstellung, Engstirnigkeit. 3. (österr.) Lokalpatriotismus
Pro|vin|zi |a|list *der; -en, -en:* Provinzler, jmd., der eine kleinbürgerliche Denkungsart besitzt.
Pro|vin|zi |a|lis |tin *die; -, -nen:* weibliche Form zu ↑ Provinzialist
Pro|vin|zi|a||sy |n|o |de *die; -, -n:* ↑ Synode einer Kirchenprovinz
pro|vin|zi|ell *⟨lat.-fr.⟩:* 1. (meist abwertend) zur Provinz (2) gehörend, ihr entsprechend, für sie, das Leben in ihr charakteristisch; von geringem geistigem, kulturellem Niveau zeugend; engstirnig. 2. landschaftlich, mundartlich
Pro|vinz|ler *der; -s, - ⟨lat.; dt.⟩:* (abwertend) Provinzbewohner, [kulturell] rückständiger Mensch. **Pro|vinz|le|rin** *die; -, -nen:* weibliche Form zu ↑ Provinzler. **pro|vinz|le|risch:** 1. (abwertend) wie ein Provinzler. 2. ländlich
Pro|vi|si|on *die; -, -en ⟨lat.-it.⟩:* 1. vorwiegend im Handel übliche Form der Vergütung, die meist in Prozenten vom Umsatz berechnet wird; Vermittlungsgebühr. 2. (kath. Kirche) rechtmäßige Verleihung eines Kirchenamtes
Pro|vi|sor *der; -s, ...oren ⟨lat.⟩:* 1. (veraltet) Verwalter, Verweser. 2. (österr.) Geistlicher, der vertretungsweise eine Pfarrei o. Ä. betreut. 3. (veraltet) ↑ approbierter, in einer Apotheke angestellter Apotheker. **Pro|vi-so|rin** *die; -, -nen:* weibliche Form zu ↑ Provisor (1, 3)
pro|vi|so|risch *⟨lat.-mlat.⟩:* nur als einstweiliger Notbehelf, nur zur Überbrückung eines noch nicht endgültigen Zustands dienend; nur vorläufig, behelfsmäßig

Pro|vi|so|ri|um *das; -s, ...ien:* 1. etwas, was provisorisch ist; Übergangslösung. 2. (Philatelie) Aushilfsausgabe
Pro|vi |t|a |min *das; -s, -e:* (Chem.) Vorstufe eines Vitamins
Pro|vo *der; -s, -s ⟨lat.-niederl.⟩:* Anhänger einer [1965 in Amsterdam entstandenen] antibürgerlichen Protestbewegung
pro|vo|kant *⟨lat.⟩:* herausfordernd, provozierend. **Pro|vo|kant** *der; -en, -en:* (Rechtsspr., Pol. veraltet) Herausforderer, Kläger; Provokateur
Pro|vo|ka|teur *[...'tøːɐ] der; -s, -e ⟨lat.-fr.⟩:* jmd., der andere provoziert od. zu etwas aufwiegelt. **Pro|vo|ka|teu|rin** *[...'tøːrın] die; -, -nen:* weibliche Form zu ↑ Provokateur
Pro|vo|ka|ti|on *die; -, -en ⟨lat.⟩:* 1. Herausforderung, durch die jmd. zu [unbedachten] Handlungen veranlasst wird od. werden soll. 2. (Med.) künstliches Hervorrufen von Krankheitserscheinungen (z. B. um den Grad einer Ausheilung zu prüfen)
pro|vo|ka|tiv *⟨lat.-nlat.⟩:* herausfordernd, eine Provokation (1) enthaltend; vgl. ...iv/...orisch
pro|vo|ka|to|risch *⟨lat.⟩:* herausfordernd, eine Provokation (1) bezweckend; vgl. ...iv/...orisch
pro|vo|zie|ren *1.* a) jmdn. herausfordern, aufreizen; b) bewirken, dass etwas ausgelöst wird. 2. (Med.) zu diagnostischen od. therapeutischen Zwecken bestimmte Reaktionen, Krankheitserscheinungen künstlich hervorrufen
pro|xi|mal *⟨lat.-nlat.⟩:* (Med.) dem zentralen Teil eines Körpergliedes, der Körpermitte zu gelegen; Ggs. distal
Pro|xy|ser|ver *[...sɔ:vɐ] der; -s, -:* (EDV) Zwischenspeicher im Internet
Pro|ze|de|re vgl. Procedere
pro|ze|die|ren *⟨lat.⟩:* nach einer bestimmten Methode verfahren
Pro|ze|dur *die; -, -en ⟨lat.-nlat.⟩:* 1. Verfahren, [schwierige, unangenehme] Behandlungsweise. 2. (EDV) Zusammenfassung mehrerer Befehle zu einem kleinen, selbstständigen Programm
pro|ze|du|ral: verfahrensmäßig, den äußeren Ablauf einer Sache betreffend

Pro|zent *das;* -[e]s, -e (aber: 5 -) ⟨*lat.-it.*⟩: 1. vom Hundert, Hundertstel; Abk.: p. c. (Zeichen: %). 2. (Plural; ugs.) in Prozenten (1) berechneter Gewinn-, Verdienstanteil (z. B. jmdm. Prozente gewähren)

pro|zen|tisch: ↑ prozentual

Pro|zent|punkt *der;* -[e]s, -e (meist Plural): Differenz zwischen zwei Prozentzahlen

Pro|zent|satz *der;* -es, ...sätze: bestimmte Anzahl von Prozenten

pro|zen|tu|al, (österr.:) prozentuell u. perzentuell ⟨*lat.-it.-nlat.*⟩: im Verhältnis zum Hundert, in Prozenten ausgedrückt

pro|zen|tu a|li|ter: prozentual (nur als Adverb gebraucht, z. B. prozentualiter gesehen)

pro|zen|tu|ell vgl. prozentual

pro|zen|tu|ie|ren: in Prozenten (1) berechnen, ausdrücken

Pro|zess *der;* -es, -e ⟨*lat.(-mlat.)*⟩: 1. Verlauf, Ablauf, Hergang, Entwicklung. 2. vor einem Gericht ausgetragener Rechtsstreit. **pro-zes|sie|ren** ⟨*lat.-nlat.*⟩: zur Klärung eines Rechtsstreits gegen jmdn. gerichtlich vorgehen; einen Prozess (2) [durch]führen

Pro|zes|si|on *die;* -, -en ⟨*lat.*⟩: (kath. u. orthodoxe Kirche) feierlicher [kirchlicher] Umzug

Pro|zes|sor *der;* -s, ...oren: (EDV) aus Leit- u. Rechenwerk bestehende Funktionseinheit in digitalen Rechenanlagen

pro|zes|su|al ⟨*lat.-nlat.*⟩: 1. einen Prozess (1) betreffend. 2. (Rechtsw.) einen Prozess (2) betreffend, gemäß den Grundsätzen des Verfahrensrechtes

Pro|zes|su a|list *der;* -en, -en: Wissenschaftler auf dem Gebiet des Verfahrensrechts. **Pro|zes-su a|lis tin** *die;* -, -nen: weibliche Form zu ↑ Prozessualist

pro|zöl ⟨*gr.-nlat.*⟩: (Biol.) vorn ausgehöhlt

pro|zy|k lisch [auch: ...'tsŷk...] ⟨*lat.; gr.*⟩: (Wirtsch.) einem bestehenden Konjunkturzustand entsprechend; Ggs. ↑ antizyklisch (2)

prü|de ⟨*lat.-vulgärlat.-fr.*⟩: in Bezug auf Sexuelles unfrei u. sich peinlich davon berührt fühlend

Prü|de|rie *die;* -, ...ien: prüde [Wesens]art, prüdes Verhalten

Prü|nel|le *die;* -, -n ⟨*gr.-lat.-vulgär-lat.-fr.*⟩: entsteinte, getrocknete u. gepresste Pflaume

Pru|nus *die;* - ⟨*gr.-lat.*⟩: Gattung der Steinobstgewächse mit vielen einheimischen Obstbäumen (Kirsche, Pfirsich, Pflaume usw.)

pru|ri|gi|nös ⟨*lat.*⟩: (Med.) juckend, mit Hautjucken bzw. mit der Bildung von juckenden Hautknötchen einhergehend

Pru|ri|go *die;* -, ...gines [...ne:s] od. *der;* -s, -s: (Med.) mit der Bildung juckender Hautknötchen einhergehende Hautkrankheit

Pru|ri|tus *der;* -: Hautjucken, Juckreiz

Pru|ta *die;* -, Prutot ⟨*hebr.*⟩: frühere Währungseinheit in Israel (1 000 Prutot = 1 israelisches Pfund)

Pry|ta|ne *der;* -n, -n ⟨*gr.-lat.*⟩: (hist.) Mitglied der regierenden Behörde in altgriechischen Staaten

Pry|ta|nei|on *das;* -s, ...eien ⟨*gr.*⟩ u. **Pry|ta|ne|um** *das;* -s, ...een ⟨*gr.-lat.*⟩: Versammlungshaus der Prytanen

Psa|li|gra|phie, auch: ...grafie *die;* - ⟨*gr.-nlat.*⟩: Kunst des Scherenschnittes. **psa|li|gra|phisch,** auch: ...grafisch:die Psaligraphie betreffend

Psalm *der;* -s, -en ⟨*gr.-lat.*⟩: eines der im Alten Testament gesammelten Lieder des jüdischen Volkes

Psal|mist *der;* -en, -en: Psalmendichter od. -sänger

Psal m|o die *die;* -, ...ien: rezitativisches Singen, bes. als vorwiegend auf einem bestimmten Ton ausgeführter liturgischer Sprechgesang, dessen Gliederung durch festliegende melodische Formeln markiert wird. **psal m|o die|ren** ⟨*gr.-nlat.*⟩: in der Art der Psalmodie singen. **psal m|o disch:** in der Art der Psalmodie

Psal|ter *der;* -s, - ⟨*gr.-lat.*⟩: 1. a) Buch der Psalmen im Alten Testament; b) (im Mittelalter) für den liturgischen Gebrauch eingerichtetes Psalmenbuch. 2. (im Mittelalter) trapezförmige od. dreieckige Zither ohne Griffbrett. 3. (Zool.) Blättermagen der Wiederkäuer (mit blattartigen Falten)

Psal|te|ri|um *das;* -s, ...ien: ↑ Psalter (1, 2)

Psam|mit [auch: ...'mɪt] *der;* -s, -e ⟨*gr.-nlat.*⟩: (Geol.) Sandstein **psam|mo|phil:** (Biol.) Sand liebend (von Pflanzen u. Tieren) **Psam|mo|phyt** *der;* -en, -en (meist Plural): (Bot.) Sandpflanze

Psam|mo|the|ra|pie *die;* -, ...ien: (Med.) Behandlung mit Sand[bädern]

Pse|phit [auch: ...'fɪt] *der;* -s, -e ⟨*gr.-nlat.*⟩: (Geol.) grobkörniges Trümmergestein

Pse|phol|o|ge *der;* -n, -n: jmd., der wissenschaftliche Untersuchungen über das Wählen, das Abstimmen anstellt. **Pse|phol|o-gin** *die;* -, -nen: weibliche Form zu ↑ Psephologe

pseud..., **Pseud...** vgl. pseudo..., Pseudo...

Pseu d|an|d ro|nym *das;* -s, -e ⟨*gr.-nlat.*⟩: aus einem männlichen Namen bestehendes Pseudonym einer Frau (z. B. George Eliot = Mary Ann Evans); Ggs. ↑ Pseudogynym

Pseu d|an|thi|um *das;* -s, ...ien: (Bot.) aus dicht gedrängten Einzelblüten bestehender Blütenstand; Scheinblüte (z. B. bei Korbblütlern)

Pseu d|ar|th ro|se *die;* -, -n: (Med.) bei ausbleibender Heilung sich an Bruchstellen von Knochen bildendes falsches Gelenk; Scheingelenk

Pseu d|e pi|graph, auch: ...graf *das;* -s, -en (meist Plural) ⟨*gr.*⟩: 1. Schrift aus der Antike, die einem Autor fälschlich zugeschrieben wurde. 2. ↑ Apokryph

pseu|do..., Pseu|do...

vor Vokalen meist pseud..., Pseud... ⟨zu *gr.* pseúdein „täuschen, belügen, betrügen"⟩ Wortbildungselement mit der Bedeutung „falsch, unecht, vorgetäuscht, nur scheinbar":
– Pseudarthrose
– Pseudokrupp
– Pseudonym
– pseudowissenschaftlich

pseu|do: (ugs.) nicht echt, nur nachgemacht, nachgeahmt

pseu|do|gla|zi|al: (Geol.) eiszeitlichen Formen u. Erscheinungen täuschend ähnlich, aber anderen Ursprungs

Pseu|do|gy|nym *das;* -s, -e ⟨*gr.-nlat.*⟩: aus einem weiblichen Namen bestehendes Pseudonym eines Mannes (z. B. Clara Gazul = Prosper Mérimée); Ggs. ↑ Pseudandronym

pseu|do|i si|do|risch: in der Fü-

gung **pseudoisidorische De-**
kretalen: Sammlung kirchen-
rechtlicher Fälschungen aus
dem 9. Jh., die man irrtümlich
auf den Bischof Isidor von Se-
villa zurückführte
Pseu̱do̱krupp *der; -s:* (Med.) bei
Kindern auftretende Krankheit,
deren Symptome (Kehlkopfent-
zündung, Atemnot, Husten)
dem ↑ Krupp gleichen
Pseu̱do̱lis̱mus, Pseudologismus
der; -: (Psychol., Med.) (bes. auf
Sexuelles bezogene) Lügen-
sucht. **Pseu̱do̱list** *der; -en, -en:*
(Psychol., Med.) jmd., der einen Hang zum Pseudolismus
hat. **Pseu̱do̱lis̱tin** *die; -, -nen:*
weibliche Form zu ↑ Pseudolist
Pseu̱do̱lo̱gie *die; -, ...ien ⟨gr.⟩:*
(Psychol., Med.) krankhaftes Lü-
gen. **pseu̱do̱lo̱gisch:** (Psychol.,
Med.) krankhaft lügnerisch
Pseu̱do̱lo̱gis̱mus vgl. Pseudolismus
Pseu̱do̱ly̱s̱sa *die; -:* (Med.) bei
vielen Haustieren auftretende
Viruserkrankung; Juckseuche
Pseu̱do̱m̱ne̱sie *die; -, ...ien:*
(Med.) Erinnerungstäuschung;
vermeintliche Erinnerung an
Vorgänge, die sich nicht ereig-
net haben
Pseu̱do̱mo̱nas *die; -, ...na̱den:*
(Biol., Med.) in Boden u. in Gewässern vorkommende Bakterie mit Geißel
pseu̱do̱morph: Pseudomorphose
zeigend. **Pseu̱do̱moṟpho̱se**
die; -, -n: [Auftreten eines] Mineral[s] in der Kristallform eines anderen Minerals
Pseu̱do̱my̱o̱ḻpie *die; -, ...ien:*
(Med.) durch Krampf des (die
Scharfstellung des Auges be-
wirkenden) Akkommodations-
muskels bedingte scheinbare
Kurzsichtigkeit
pseu̱ḏo̱nym ⟨gr.⟩: unter einem
Decknamen [verfasst]. **Pseu̱ḏ-**
o̱nym *das; -s, -e:* angenommener, nicht richtiger Name;
Deckname [einer Autorin/eines
Autors]
Pseu̱do̱oṟga̱nis̱mus *der; -,*
...men ⟨gr.-nlat.⟩ u. **Pseu̱do̱pe̱ṯ-**
re̱ḻfakt *das; -[e]s, -e[n] ⟨gr.; lat.⟩:*
(Geol., Biol.) fälschlich als Versteinerung gedeutetes anorga-
nisches Gebilde
Pseu̱do̱po̱di̱um *das; -s, ...ien*
⟨gr.-nlat.⟩: (Biol.) Scheinfüßchen mancher Einzeller

Pseu̱do̱säu̱re *die; -, -n:* (Chem.)
organische Verbindung, die in
neutraler u. saurer Form auftreten kann
PS-Gram̱ma̱tik [pe:ˈɛs...] *die; -:*
(Sprachw.) Kurzform von
↑ Phrasenstrukturgrammatik
[1]Psi̱ *das; -[s], -s ⟨gr.⟩:* dreiund-
zwanzigster (u. vorletzter)
Buchstabe des griechischen Alphabets: Ψ, ψ
[2]Psi̱ *das; -[s]* (meist ohne Artikel)
⟨nach dem Anfangsbuchstaben
von *gr.* psychḗ „Seele“⟩: (Parapsychol.) bestimmendes Element parapsychologischer Vorgänge
Psi̱lo̱meḻan *der; -s, -e ⟨gr.-nlat.⟩:*
wirtschaftlich wichtiges Man-
ganerz
Psi̱lo̱se *die; -, -n u.* **Psi̱lo̱sis** *die;*
-, ...ses [...ze:s] ⟨gr.⟩: 1. (Med.)
das Fehlen der Wimpern.
2. (Sprachw.) Schwund des
Hauchlautes im Altgrie-
chischen
Psi̱phä̱no̱men *das; -s, -e:* (Parapsychol.) durch [2]Psi hervorgerufene Wirkung, Erscheinung
o. Ä.
Psiṯta̱ci *die* (Plural) ⟨gr.-lat.⟩: Pa-
pageien
Psiṯta̱ko̱se *die; -, -n ⟨gr.-nlat.⟩:*
(Med.) auf den Menschen über-
tragbare Viruserkrankung der
Papageienvögel, die unter dem
Bild einer schweren grippearti-
gen Allgemeinerkrankung verläuft; Papageienkrankheit
Pso̱ri̱a̱sis *die; -, ...ia̱sen ⟨gr.⟩:*
(Med.) Schuppenflechte. **Pso̱ri̱-**
a̱ti̱ker *der; -s, -:* (Med.) jmd.,
der an Psoriasis leidet. **Pso̱ri̱a̱-**
ti̱ke̱rin *die; -, -nen:* weibliche
Form zu ↑ Psoriatiker
psych..., Psych... vgl. psycho...,
Psycho...
Psy̱cha̱go̱ge *der; -n, -n ⟨gr.-*
nlat.⟩: Psychotherapeut, Päda-
goge, der sich auf Psychagogik
spezialisiert hat. **Psy̱cha̱go̱-**
gik *die; -:* pädagogisch-thera-
peutische Betreuung zum Abbau von Verhaltensstörungen
o. Ä. **Psy̱cha̱go̱gin** *die; -, -nen:*
weibliche Form zu ↑ Psycha-
goge. **psy̱cha̱go̱gisch:** die Psychagogik betreffend
Psy̱chaḻgie *die; -, ...ien:* (Med.,
Psychol.) psychisch bedingter
Schmerzzustand
Psy̱chaḻs̱the̱nie *die; -, -ien:*
(Med.) Bez. für psychische

Kraftlosigkeit mit Neigung zu
Depressionen, Ermüdbarkeit u.
Selbstunsicherheit
Psy̱che *die; -, -n ⟨gr.⟩:* 1. Gesamtheit bewusster u. unbewusster
seelischer Vorgänge u. geistiger
bzw. intellektueller Funktionen
im Gegensatz zum körperli-
chen Sein. 2. (österr.) mit Spiegel versehene Frisiertoilette
psy̱che̱de̱lisch ⟨gr.-engl.⟩: a) das
Bewusstsein verändernd; einen
euphorischen, tranceartigen
Gemütszustand hervorrufend;
b) in einem (bes. durch Drogen
hervorgerufenen) euphori-
schen, tranceartigen Gemütszustand befindlich
Psy̱chi̱a̱ter *der; -s, - ⟨gr.-nlat.⟩:*
Facharzt für Psychiatrie. **Psy̱-**
chi̱a̱te̱rin *die; -, -nen:* weibliche Form zu ↑ Psychiater
Psy̱chi̱a̱tṟie *die; -:* Teilgebiet
der Medizin, das sich mit der
Erkennung, den Ursachen, der
Systematik u. der Behandlung
psychischer Störungen befasst
psy̱chi̱a̱tṟie̱ren: (österr.) psy-
chiatrisch untersuchen
psy̱chi̱a̱tṟisch: die Psychiatrie
betreffend, zu ihr gehörend, auf
ihr beruhend
psy̱chisch: die Psyche betreffend
Psy̱chis̱mus *der; -, ...men ⟨gr.-*
nlat.⟩: (Psych.) 1. (ohne Plural)
idealistische Auffassung, nach
der das Psychische das Zen-
trum alles Wirklichen ist.
2. psychische Erscheinung, Verhaltensweise o. Ä.

psy̱cho..., Psy̱cho...

vor Vokalen auch: psych...,
Psych...
⟨*gr.* psychḗ „Hauch, Atem, Leben;
Seele“⟩
Wortbildungselement mit der Be-
deutung „Seele, Seelenleben; Ge-
müt; die Gesamtheit aller be-
wussten und unbewussten Erle-
bens- und Verhaltensweisen be-
treffend“:
– Psychiater
– Psychoanalyse
– Psychopharmakon
– psychosomatisch
– Psychotest
– Psychothriller

Psy̱cho̱a̱naly̱se *die; -, -n ⟨gr.-*
nlat.⟩: 1. (ohne Plural) Ende des
19. Jh.s geschaffenes Verfahren

zur Untersuchung u. Behandlung psychischer Fehlleistungen, das von S. Freud zu einer tiefenpsychologischen Lehre ausgebildet wurde. 2. psychoanalytische Behandlung. **psy|cho|a|nal|y|sie|ren:** jmdn. psychoanalytisch behandeln **Psy|cho|a|nal|y|ti|ker** *der;* -s, -: ein die Psychoanalyse vertretender od. anwendender Arzt. **Psy|cho|a|nal|y|ti|ke|rin** *die;* -, -nen: weibliche Form zu ↑ Psychoanalytiker **psy|cho|a|nal|y|tisch:** die Psychoanalyse betreffend, mit den Mitteln der Psychoanalyse erfolgend **Psy|cho|bi|o|lo|gie** *die;* -: Theorie, die psychische Abläufe biologisch erklärt **psy|cho|de|lisch** vgl. psychedelisch **Psy|cho|dra|ma** *das;* -s, ...men: 1. (Literaturw.) Einpersonenstück, das psychische Vorgänge als dramatische Handlung gestaltet. 2. psychotherapeutische Methode, bei der durch szenische Darstellung Erlebtes od. Gedachtes bewusst wird u. verarbeitet werden kann **psy|cho|gal|va|nisch:** in der Fügung **psychogalvanische Reaktion:** (Psychol.) beobachtbare Veränderung der Leitfähigkeit bzw. des Widerstands der Haut durch Reize od. bestimmte psychische Prozesse; Abk.: PGR **psy|cho|gen** ⟨*gr.*⟩: (Med., Psychol.) psychisch bedingt, verursacht (von körperlichen Störungen) **Psy|cho|ge|ne|se** u. **Psy|cho|ge|ne|sis** *die;* -, ...nesen: Entstehung u. Entwicklung der Seele. des Seelenlebens als Forschungsgebiet der Entwicklungspsychologie **Psy|cho|gno|sie** *die;* -: (hist.) vorwissenschaftliche Seelenkunde, die vor allem durch Beobachtung u. Selbstbesinnung eine wachsende Menschenkenntnis erreichte **Psy|cho|gnos|tik** *die;* -: Menschenkenntnis aufgrund psychologischer Untersuchungen. **psy|cho|gnos|tisch:** die Psychognostik betreffend **Psy|cho|gra|fie** vgl. Psychographie **Psy|cho|gramm** *das;* -s, -e: (Psychol.) grafische Darstellung aller psychischen sowie der wichtigsten körperlichen Daten, die an einer Person erhebbar sind

Psy|cho|gra|phie, auch: ...grafie *die;* -: (Psychol.) psychologische Forschungsrichtung, die von der Darstellbarkeit individueller psychischer Eigenschaften in Psychogrammen ausgeht **Psy|cho|hy|gi|e|ne** *die;* -: (im 19. Jh. begründete) Lehre von der gesellschaftlichen Erhaltung der seelischen u. geistigen Gesundheit **Psy|cho|id** *das;* -[e]s: (Psychol.) das zur unanschaulichen Tiefenschicht des kollektiven Unbewussten gehörende, bewusstseinsunfähige u. instinktgebundene Seelenähnliche (nach C. G. Jung) **Psy|cho|ki|ne|se** *die;* -: (Parapsychol.) physikalisch nicht erklärbare, unmittelbare Einwirkung eines Menschen auf die Körperwelt (z. B. das Bewegen eines Gegenstandes, ohne ihn zu berühren). **psy|cho|ki|ne|tisch:** die Psychokinese betreffend, zu ihr gehörend, auf ihr beruhend **Psy|cho|kri|mi** *der;* -[s], -s: (ugs.) psychologischer Kriminalfilm, -roman, psychologisches Kriminalstück **Psy|cho|lin|gu|is|tik** *die;* -: Wissenschaftszweig der Linguistik mit den Gegenstandsbereichen Sprachverstehen, Sprache u. Denken, Spracherwerb, Sprachstörungen u. a. **psy|cho|lin|gu|is|tisch:** die Psycholinguistik betreffend **Psy|cho|lo|ge** *der;* -n, -n ⟨*gr.*⟩: 1. wissenschaftlich ausgebildeter Theoretiker od. Praktiker auf dem Gebiet der Psychologie. 2. jmd., dem eine entsprechende wissenschaftliche Ausbildung psychologisches Verständnis erkennen lässt **Psy|cho|lo|gie** *die;* - ⟨„Lehre von der Seele“⟩: 1. Wissenschaft von den bewussten u. unbewussten Vorgängen u. Zuständen sowie deren Ursachen u. Wirkungen. 2. Verständnis für, Eingehen auf die menschliche Psyche. 3. psychische Verhaltens-, Reaktionsweise; psychisches Denken u. Fühlen. **Psy|cho|lo|gin** *die;* -, -nen: weibliche Form zu ↑ Psychologe **psy|cho|lo|gisch:** die Psychologie betreffend, zu ihr gehörend, auf ihr beruhend **psy|cho|lo|gi|sie|ren:** (abwertend)

etwas in übersteigerter Weise psychologisch gestalten **Psy|cho|lo|gis|mus** *der;* -: Überbewertung der Psychologie [als Grundlage aller wissenschaftlichen Disziplinen]. **psy|cho|lo|gis|tisch:** den Psychologismus betreffend, zu ihm gehörend, auf ihm beruhend **Psy|cho|ly|se** *die;* -, -n: aus psychoanalytischer Behandlung u. Anwendung halluzinogener Drogen kombiniertes Verfahren **Psy|cho|man|tie** *die;* -: ↑ Nekromantie **Psy|cho|me|t|rie** *die;* -: 1. [Wissenschaft von der] Messung psychischer Erscheinungen. 2. (Parapsychol.) außersinnliche Wahrnehmung, die über ein bestimmtes Objekt ermöglicht wird. **psy|cho|me|t|risch:** die Psychometrie betreffend, zu ihr gehörend, auf ihr beruhend **Psy|cho|mo|nis|mus** *der;* -: (Philos.) Weltanschauung, nach der alles Sein seelischer Natur ist **Psy|cho|mo|to|rik** *die;* -: (Psychol.) Gesamtheit der willkürlichen, durch psychische Vorgänge beeinflussten Bewegungen (z. B. Gehen, Sprechen, Mimik). **psy|cho|mo|to|risch:** die Psychomotorik betreffend **Psy|cho|neu|ro|im|mu|no|lo|gie** *die;* -: (Med., Psychol.) interdisziplinäres Forschungsgebiet, das von einer wechselseitigen Abhängigkeit von Nerven-, Immun- u. endokrinem System ausgeht u. eine ganzheitliche Betrachtung von Krankheitsverläufen ermöglicht **Psy|cho|neu|ro|se** *die;* -, -n ⟨*gr.-nlat.*⟩: (veraltet) a) Neurose, die weniger zu körperlichen als zu psychischen Symptomen führt; b) (nach S. Freud) Neurose, die als Ausdruck eines frühkindlichen Konflikts entsteht **Psy|cho|on|ko|lo|gie** *die;* -: Forschungsgebiet, das sich mit den psychologischen Fragen zur Krebsangst, den psychosozialen Auswirkungen der Krebserkrankung u. der Psychologie der Krebsvorsorge befasst u. psychotherapeutische Betreuung der Betroffenen u. ihrer Familien bereitstellt **Psy|cho|path** *der;* -en, -en ⟨„seelisch Leidender“⟩: (Psychol.) jmd., der an Psychopathie lei-

P

det. **Psy|cho|pa|thie** die; -: Abnormität des Gefühls- und Gemütslebens, die sich in Verhaltensstörungen äußert. **Psy|cho|pa|thin** die; -, -nen: weibliche Form zu ↑ Psychopath. **psy|cho|pa|thisch**: a) (Med.; Psychol.) die Psychopathie betreffend; b) an Psychopathie leidend **Psy|cho|pa|tho|lo|gie** die; -: Wissenschaft von den als krankhaft eingestuften psychischen Erscheinungsformen **Psy|cho|phar|ma|ko|lo|gie** die; - ⟨gr.⟩: Teilgebiet der Pharmakologie, das sich mit der psychotropen Wirkung von Arzneimitteln und deren möglichen Nebenwirkungen beschäftigt **Psy|cho|phar|ma|kon** das; -s, ...ka (meist Plural): Arzneimittel, das eine steuernde (dämpfende, beruhigende, stimulierende) Wirkung auf psychische Funktionen hat **Psy|cho|phy|sik** die; -: Lehre von den Wechselwirkungen zwischen Körper u. Seele, insbesondere zwischen physischen Reizen u. den ihnen entsprechenden Erlebnissen. **psy|cho|phy|sisch**: die Psychophysik betreffend, auf ihr beruhend; **psy|chophysischer Parallelismus**: Hypothese, dass körperliche u. psychische Vorgänge parallel u. ohne kausalen Zusammenhang verlaufen **Psy|cho|se** die; -, -n ⟨gr.-nlat.⟩: krankhafter Zustand mit erheblicher Beeinträchtigung der psychischen Funktionen u. gestörtem Realitätsbezug **Psy|cho|so|ma|tik** die; -: (Med.) medizinisch-psychologische Krankheitslehre, die psychischen Prozessen bei der Entstehung körperlicher Leiden wesentliche Bedeutung beimisst **Psy|cho|so|ma|ti|ker** der; -s, -: Wissenschaftler, Therapeut auf dem Gebiet der Psychosomatik. **Psy|cho|so|ma|ti|ke|rin** die; -, -nen: weibliche Form zu ↑ Psychosomatiker **psy|cho|so|ma|tisch**: die Psychosomatik betreffend, auf psychisch-körperlichen Wechselwirkungen beruhend **psy|cho|so|zi|al**: durch soziale Gegebenheiten bedingt (von psychischen Faktoren o. Ä.)

Psy|cho|syn|drom das; -s, -e: organisch bedingte Störung der psychischen Funktion **Psy|cho|ter|ror** der; -s: (bes. in der politischen Auseinandersetzung angewandte) Methode, einen Gegner mit psychologischen Mitteln (wie z. B. Verunsicherung, Bedrohung) einzuschüchtern u. gefügig zu machen **Psy|cho|test** der; -[e]s, -s (auch: -e): psychologischer Test **Psy|cho|the|ra|peut** der; -en, -en ⟨gr.⟩: die Psychotherapie anwendender Arzt od. Psychologe **Psy|cho|the|ra|peu|tik** die; -: (Med.) praktische Anwendung der Psychotherapie **Psy|cho|the|ra|peu|tin** die; -, -nen: weibliche Form zu ↑ Psychotherapeut **psy|cho|the|ra|peu|tisch**: (Med.) die Psychotherapeutik, die Psychotherapie betreffend **Psy|cho|the|ra|pie** die; -, -n: psychotherapeutische Behandlung **Psy|cho|thril|ler** der; -s, -: Thriller, dessen Spannung psychologisch motiviert ist **Psy|cho|ti|ker** der; -s, -: (Psychol., Med.) jmd., der an einer Psychose leidet. **Psy|cho|ti|ke|rin** die; -, -nen: weibliche Form zu ↑ Psychotiker **psy|cho|tisch**: (Med.) zum Erscheinungsbild einer Psychose gehörend; an einer Psychose leidend **Psy|cho|top** das; -s, -e: Landschaftstyp, der Tieren (bzw. Menschen) durch Gewöhnung vertraut ist **psy|cho|trop**: (Med.) anregend od. dämpfend auf die Psyche einwirkend (von Arzneimitteln) **Psy|cho|vi|ta|lis|mus** der; - ⟨gr.; lat.-nlat.⟩: philosophische Lehre, die zur Erklärung des organischen Geschehens ein besonderes psychisches Prinzip annimmt **Psych|ro|al|gie** die; -, ...ien ⟨gr.⟩: (Med.) Kältegefühl mit gleichzeitiger Schmerzempfindung **Psych|ro|me|ter** das; -s, -: (Meteor.) Luftfeuchtigkeitsmesser **psych|ro|phil**: (Biol.) kältefreundlich, Kälte liebend (von bestimmten Bakterien) **Psych|ro|phyt** der; -en, -en (meist Plural): Pflanze, die niedrige Temperaturen bevorzugt

Ptar|mi|kum das; -s, ...ka ⟨gr.-lat.⟩: (Med.) den Niesreflex auslösendes Mittel; Niesmittel **Ptar|mus** der; - ⟨gr.-nlat.⟩: (Med.) krampfartiger Niesanfall, Nieskrampf **Pte|ri|a|no|don** das; -s, ...donten ⟨gr.-nlat.⟩: Flugsaurier der Kreidezeit **Pte|ri|do|phyt** der; -en, -en (meist Plural): Farnpflanze (zusammenfassende systematische Bezeichnung) **Pte|ri|do|sper|me** die; -, -n: ausgestorbene Samenfarnpflanze **Pte|ri|ne** die (Plural): Gruppe purinähnlicher Farbstoffe, die in Schmetterlingsflügeln vorkommen **Pte|ro|dak|ty|lus** der; -, ...ylen: Flugsaurier des ↑ ²Juras mit rückgebildetem Schwanz **Pte|ro|po|de** der; -n, -n (meist Plural): Meeresschnecke mit ruderartigem Fuß; Ruderschnecke **Pte|ro|sau|ri|er** der; -s, -: urzeitliche Flugechse **Pte|ry|gi|um** das; -s, ...ia ⟨gr.-lat.; „Flügelfell“⟩.1.dreieckige Bindehautwucherung, die sich über die Hornhaut schiebt. 2. häutige Verbindung zwischen Fingern u. Zehen bzw. im Gelenkbereich. 3. Hautfalte am Hals. 4. Wachstum eines Nagelhäutchens über die Nagelplatte **pte|ry|got** ⟨gr.⟩: (Zool.) geflügelt (von Insekten) **Pti|sa|ne** die; -, -n ⟨gr.-lat.⟩: [schleimiger] Arzneitrank **Pto|ma|in** das; -s, -e ⟨gr.-nlat.⟩: Leichengift **Pto|se** u. **Pto|sis** die; -, ...sen ⟨gr.⟩: (Med.) Herabsinken des [gelähmten] Oberlides **Pty|a|lin** das; -s ⟨gr.-nlat.⟩: Stärke spaltendes Enzym im Speichel **Pty|a|lis|mus** der; -: (Med.) abnorme Vermehrung des Speichels, Speichelfluss **Pty|a|lo|lith** der; -s u. -en, -e[n]: (Med.) Konkrement der Speicheldrüsen; Speichelstein **Pub** [pap, pʌb] das (auch: der); -s, -s ⟨engl.⟩: Lokal, Bar im englischen Stil **Pu|be|o|to|mie** die; -, ...ien ⟨lat.; gr.⟩: (Med.) operative Durchtrennung des Schambeins **pu|be|ral** u. **pu|ber|tär** ⟨lat.-nlat.⟩: a) mit der Pubertät zusammenhängend; für die Pubertät ty-

pisch; b) in der Pubertät befindlich, begriffen
Pu|ber|tät *die; -* ⟨*lat.*⟩: Zeit der eintretenden Geschlechtsreife
pu|ber|tie|ren ⟨*lat.-nlat.*⟩: in die Pubertät eintreten, sich darin befinden
Pu|bes *die; -, -* [...be:s] ⟨*lat.*⟩: (Med.) 1. Schambehaarung. 2. Bereich der äußeren Genitalien, Schamgegend
pu|bes|zent: (Med.) heranwachsend, geschlechtsreif
Pu|bes|zenz *die; -* ⟨*lat.-nlat.*⟩: (Med.) Geschlechtsreifung
pu|bisch: (Med.) die Schambehaarung, die Schamgegend betreffend
Pu|b|lic-Do|main-Soft|ware [ˈpʌblɪkdəˈmeɪnˈsɔftweə] *die; -* ⟨*engl.*⟩: (EDV) Software, die ohne Einschränkung kopiert u. vertrieben, jedoch nicht verändert werden darf
pu|b|li|ce [...t̮se] ⟨*lat.*⟩: (veraltend) öffentlich
Pu|b|li|ci|ty [pʌˈblɪsɪtɪ] *die; -* ⟨*lat.-fr.-engl.*⟩: 1. jmds. öffentliches Bekanntsein od. -werden. 2. Propaganda, [Bemühung um] öffentliches Aufsehen; öffentliche Verbreitung
Pu|b|lic|re|la|tions [ˈpʌblɪkrɪˈleɪʃənz] *die* (Plural) ⟨*amerik.*; „öffentliche Beziehungen"⟩: Öffentlichkeitsarbeit; Kontaktpflege; Abk.: PR
pu|b|lik ⟨*lat.-fr.*⟩: öffentlich; offenkundig; allgemein bekannt
Pu|b|li|kan|dum *das; -s, ...da* ⟨*lat.*⟩: (veraltet) etwas bekannt zu Machendes, öffentliche Anzeige
Pu|b|li|ka|ti|on *die; -, -en* ⟨*lat.-fr.*⟩: 1. publiziertes, im Druck erschienenes Werk. 2. Veröffentlichung, Publizierung; vgl. ...ation/...ierung
Pu|b|li|kum *das; -s, ...ka* ⟨*lat.-mlat.-(-fr.-engl.)*⟩: 1. (ohne Plural) a) Gesamtheit von Zuhörern, Zuschauern (z. B. einer Veranstaltung, Aufführung); b) als Einheit gesehen eine Kunst, Wissenschaft o. Ä. interessierte Menschen; c) als Einheit gesehene Gäste, Besucher in einem Lokal, Ferienort o. Ä. 2. (veraltet) unentgeltliche öffentliche Vorlesung
Pu|b|li|shing-on-De|mand [ˈpʌblɪʃɪŋɔndɪˈmɑːnd] *das; -[s]* ⟨*engl.*⟩:

das Veröffentlichen ausschließlich bei Bedarf (z. B. von Dissertationen)
pu|b|li|zie|ren ⟨*lat.*⟩: 1. ein (literarisches od. wissenschaftliches) Werk im Druck erscheinen lassen, veröffentlichen. 2. publik machen, bekannt machen. **Pu|b|li|zie|rung** *die; -, -en* ⟨*lat.*⟩: Veröffentlichung (eines literarischen od. wissenschaftlichen Werkes); vgl. ...ation/...ierung
Pu|b|li|zist *der; -en, -en* ⟨*lat.-nlat.*⟩: Journalist, Schriftsteller, der mit Analysen u. Kommentaren zum aktuellen [politischen] Geschehen aktiv an der Bildung der öffentlichen Meinung teilnimmt
Pu|b|li|zis|tik *die; -:* a) Bereich der Beschäftigung mit allen die Öffentlichkeit interessierenden Angelegenheiten in Buch, Presse, Rundfunk, Film, Fernsehen; b) Wissenschaft von den Massenmedien u. ihrer Wirkung auf die Öffentlichkeit
Pu|b|li|zis|tin *die; -, -nen:* weibliche Form zu ↑ Publizist
pu|b|li|zis|tisch: a) die Publizistik (a) betreffend, ihr entsprechend, mit ihren Mitteln; b) die Publizistik (b) betreffend; vom Standpunkt der Publizistik aus
Pu|b|li|zi|tät *die; -:* 1. das Bekanntsein. 2. a) allgemeine Zugänglichkeit der Massenmedien u. ihrer Inhalte; b) öffentliche Darlegung der Geschäftsvorfälle u. der Entwicklung eines Unternehmens

Puck *der; -s, -s* ⟨*engl.*⟩: 1. Kobold, schalkhafter Elf (in Shakespeares „Sommernachtstraum"). 2. Hartgummischeibe beim Eishockey
Pud *das; -, -* ⟨*russ.*⟩: früheres russisches Gewicht (16,38 kg)
Pud|ding *der; -s, -e u. -s* ⟨*fr.-engl.*⟩: 1. kalte Süßspeise in Milch aufgekochtem Puddingpulver od. Grieß. 2. im Wasserbad gekochte Mehl-, Fleisch- od. Gemüsespeise
pu|den|dal ⟨*lat.-nlat.*⟩: (Med.) die Schamgegend betreffend, zur Schamgegend gehörend
Pu|du *der; -s, -s* ⟨*indian.-span.*⟩: südamerikanischer Zwerghirsch
Pu|e|b|lo *der; -[s], -s* ⟨*span.*⟩: aus mehrstöckig zusammenhängenden terrassenartig angeleg-

ten Wohneinheiten bestehende Wohnanlage der Puebloindianer
pu|e|ril ⟨*lat.*⟩: (Med.) kindlich, im Kindesalter vorkommend, dafür typisch
Pu|e|ri|lis|mus *der; -* ⟨*lat.-nlat.*⟩: (Psychol., Med.) kindliches Verhalten als Form des ↑ Infantilismus
Pu|e|ri|li|tät *die; -:* (Psychol., Med.) kindliches od. kindisches Wesen
pu|er|pe|ral ⟨*lat.-nlat.*⟩: (Med.) das Wochenbett betreffend, zu ihm gehörend
Pu|er|pe|ral|fie|ber *das; -s:* (Med.) Infektionskrankheit bei Wöchnerinnen; Kindbettfieber
Pu|er|pe|ri|um *das; -s, ...ien* ⟨*lat.*⟩: (Med.) Zeitraum von 6–8 Wochen nach der Entbindung; Wochenbett
Pu|gi|lis|mus *der; -* ⟨*lat.-nlat.*⟩: (veraltet) Boxsport. **Pu|gi|list** *der; -en, -en:* (veraltet) Faustkämpfer
Pul *der; -, -s* (aber: 5 -) ⟨*pers.*⟩: 0,01 Afghani (Währungseinheit in Afghanistan)
Pul|ci|nel|la [pʊltʃi...] *der; -[s], ...elle, auch:* Pulcinell *der; -s, -e* ⟨*it.*⟩: komischer Diener, Hanswurst in der neapolitanischen Commedia dell'Arte
¹Pulk *der; -[e]s, -s, (seltener:) -e* ⟨*slaw.*⟩: 1. Heeresabteilung. 2. [loser] Verband von Kampfflugzeugen od. militärischen Kraftfahrzeugen. 3. Anhäufung [von Fahrzeugen]; Haufen, Schar; Schwarm
²Pulk *der; -[e]s, -e u.* Pul|ka *der; -s, -s* ⟨*lappisch*⟩: bootförmiger Schlitten, der von den Lappen zu Transporten benutzt wird
Pull *der; -s, -s* ⟨*engl.*⟩: Golfschlag, der dem Ball einen Linksdrall gibt
Pull-down-Me|nü [...ˈdaʊn...] *das; -s, -s* ⟨*engl.*⟩: (EDV) Menü (2), das durch Auswählen eines Begriffs in der Menüzeile eines Fensters [nach unten] aufgeblättert wird
pul|len: 1. (Seemannsspr.) rudern. 2. (Golf) einen Pull ausführen. 3. (vom Pferd) mit vorgestrecktem Kopf stark vorwärts drängen
Pull|man *der; -s -s* ⟨*engl.*⟩: Kurzform von ↑ Pullmanwagen
Pull|man|kap|pe *die; -, -n:* (österr.) Baskenmütze

P

Fremdwörter als Spiegel der Kulturgeschichte

Die wichtigste Ursache für die Übernahme eines Fremdworts ist die Übernahme der dadurch bezeichneten Sache. Daher spiegeln sich in vielen Fremd- und Lehnwörtern die Kulturbereiche oder -strömungen, die auf den deutschsprachigen Raum gewirkt haben.

Fremdwörter tragen aber nicht nur die Signatur der Kultur, aus der sie stammen, sondern zugleich der Zeit, in der sie übernommen wurden oder eine wichtige Rolle zu spielen begannen. Ein Wort wie *Zikkurat* weist ins antike Zweistromland; *Zimier* und *Scholastik* gehören ins hohe Mittelalter. *Inkunabeln* erinnern an die Frühzeit des Buchdrucks, *Ancien Régime* erinnert an das Frankreich vor 1789, *New Deal* an die USA der 1930er-Jahre. *Greenpeace, Kfor* oder *BSE-Krise* hingegen sind Wörter der jüngsten Vergangenheit. Das sind Informationen, die ein entsprechendes einheimisches Wort nicht mitliefern könnte.

Fremdwörter sind nicht nur hinsichtlich der Zeit aufschlussreich, aus der sie stammen, sondern man kann durch sie auch manches über die Physiognomie einer Epoche herausfinden.

Im 17. Jh. beispielsweise, das durch einen starken französischen Einfluss geprägt war, finden sich in der Zeit zwischen 1615 und 1624 auffallend viele militärische Termini (z. B. *Appell, Blessur, Bombardement, Deserteur, Eskorte, fouragieren, patrouillieren*), zweifellos im Zusammenhang mit dem Dreißigjährigen Krieg; danach wird der Wortschatz des »Alamodewesens« der höfischen und hofnahen Gesellschaft vorherrschend *(Amusement, Diskurs, Etikette, galant, honett, Kompliment, Konversation)*.

Das 18. Jh. ist hinsichtlich des französischen Einflusses die Verlängerung des 17. Jh.s; an thematischen Schwerpunkten kommen u. a. verschiedene Aspekte der Aufklärungskultur hinzu: z. B. *Delikatesse, Esprit, Genie, Impression, Passion, Sensation* (›Empfindung‹), *sensibel, Sentiment.* Das Ende des 18. Jh.s bringt die Französische Revolution und in ihrem Gefolge viele politische Ausdrücke, z. B. *Agitator, Bürokratie, demoralisieren, Emigrant, fraternisieren, Komitee, Reaktion, Revolution, Terrorismus.*

Im 19. Jh., der Zeit der großen industriellen Revolution, kommen besonders viele technische und wirtschaftliche Fachwörter auf, so *Asphalt, Zement, Brikett, Fotografie, Polytechnikum, Techniker, Industrieller, Industrialismus.* Eine wichtige Rolle, auch im Fremdwortschatz, spielt der Ausbau des Verkehrswesens *(Billett, Kondukteur, Omnibus, Perron, Waggon)* und der Nachrichtentechnik *(Telegramm, Telegrafie, Telefon).* – Die gesellschaftlichen

Strukturwandelprozesse für die ebenfalls signifikante Fremdwörter stehen: *Sozialismus, konservativ, Propaganda.*

Einen kulturhistorisch interessanten Blick auf das 20. Jh. erlauben die 1998 von einer Jury bekannter Medienvertreter ausgewählten »100 Wörter des Jahrhunderts«. Unter ihnen sind mehr als 50 % Fremdwörter – wohl ein Indiz für die zunehmende Internationalisierung. Im Spiegel dieser Ausdrücke stellt sich das Jahrhundert dar als eines der Kriege *(Atombombe, Molotowcocktail, Panzer)*. Verschiedene, zum Teil einander bekämpfende weltanschauliche Systeme leisten Beiträge zur politischen Kultur, aber auch Unkultur (bis hin zu Totalitarismus und Völkermord): *Apartheid, Bolschewismus, Demokratisierung, Faschismus, Perestroika.* Es war ein Jahrhundert, in dem neue, bislang unbekannte Bedrohungen und Ängste auftraten *(Aids, Klimakatastrophe),* in dem es organisiertes Verbrechen *(Mafia)* und große wirtschaftliche Ungemach *(Energiekrise, Inflation)* gab, aber auch bedeutende wissenschaftliche und technische Fortschritte *(Antibiotikum, Automatisierung, Beton, Radar, Relativitätstheorie).* Insbesondere war es das Jahrhundert einer international vernetzten Kommunikations-, Informations- und Mediengesellschaft: *Computer, Demoskopie, Information, Kommunikation, Massenmedien.* – Auch auf Kunst- und Alltagsgeschichte werfen einige Fremdwörter Licht: *Bikini, Camping, Comic, Rock 'n' Roll, Sex, Single, Sport, Stress.*

Fremdwörter, die »Gastarbeiter der Sprache« (H. H. Munske), zeigen deutlich, dass unsere Kultur nicht bloß eine nationale ist, sondern auch viele internationale Züge trägt. Besonders deutlich kann dies anhand von fremdsprachlichen Zitaten und Redensarten werden: In ihnen sind konkrete Gedanken, Haltungen und Empfindungen gefasst, die unsere Mentalität, unser spezifisches Wertesystem mit geprägt haben. Beispielsweise finden sich

– philosophische Prinzipien oder Probleme: *panta rhei* (›alles fließt‹) – *cogito, ergo sum* (›ich denke, also bin ich‹) – *natura non facit saltum* (›die Natur macht keinen Sprung‹) – *to be, or not to be, that is the question* (›sein oder nicht sein, das ist die Frage‹);

– Lebensweisheiten: *donec eris felix, multos numerabis amicos* (›solange du glücklich bist, hast du viele Freunde‹) – *les absents ont toujours tort* (›die Abwesenden haben immer Unrecht‹);

– moralische Appelle: *per aspera ad astra* (›durch Mühe zum Erfolg‹) – *hic Rhodus, hic salta* (›hier gilt es; hier zeige, was du kannst‹) – *honi soit qui mal y pense* (›verachtet sei, wer Arges dabei denkt‹);

– Rechtsgrundsätze: *in dubio pro reo* (›im Zweifel für den Angeklagten‹) – *audiatur et altera pars* (›man muss auch die Gegenseite anhören‹).

Pull|man|wa|gen, auch: **Pull-man-Wa|gen** *der; -s, -* ⟨nach dem amerik. Konstrukteur Pullman, 1831–1897⟩: komfortabel ausgestatteter Schnellzugwagen

Pul|l|o|ver *der; -s, -* ⟨engl.⟩: gestricktes od. gewirktes Kleidungsstück für den Oberkörper, das über den Kopf gezogen wird

Pul|l|un|der *der; -s, -*: meist kurzer, ärmelloser Pullover, der über einem Oberhemd, einer Bluse getragen wird

Pul|mo *der; -[s], ...mo̱nes [...ne:s]* ⟨lat.⟩: (Med.) Lunge

Pul|mo|lo|gie u. Pulmonologie *die; -*: ↑ Pneumonologie

pul|mo|nal ⟨lat.-nlat.⟩: (Med.) die Lunge betreffend, zu ihr gehörend

Pul|mo|nes: *Plural* von ↑ Pulmo

Pulp *der; -s, -en* ⟨lat.-fr.-engl.⟩: 1. breiige Masse mit größeren od. kleineren Fruchtstücken zur Marmeladeherstellung. 2. bei der Gewinnung von Stärke aus Kartoffeln anfallender, als Futtermittel verwendeter Rückstand

Pul|pa *die; -, ...pae [...pɛ]* ⟨lat.⟩: 1. (Med.) a) Zahnmark; b) weiche Gewebemasse in der Milz. 2. bei manchen Früchten (z. B. Bananen) ausgebildetes fleischiges Gewebe

Pul|pe u. **Pül|pe** *die; -, -n*: ↑ Pulp

Pul|per *der; -s, -* ⟨lat.-fr.-engl.⟩: 1. Fachkraft in der Zuckerraffinerie. 2. Maschine zur Aufbereitung von Kaffeekirschen. 3. Apparat zur Herstellung einer breiigen Masse

Pulp|fic|tion [ˈpalpfɪkʃn] *die; -* ⟨engl.⟩: anspruchslose Massenliteratur

Pul|pi|tis *die; -, ...iti̱den* ⟨lat.-nlat.⟩: (Med.) Entzündung des Zahnmarks

pul|pös ⟨lat.⟩: (Med.) fleischig, markig; aus weicher Masse bestehend

Pul|que [ˈpʊlkə] *der; -[s]* ⟨indian.-span.⟩: (in Mexiko beliebtes) süßes, stark berauschendes Getränk aus gegorenem Agavensaft

Puls *der; -es, -e* ⟨lat.-mlat.⟩: 1. a) das Anschlagen der durch den Herzschlag fortgeleiteten Blutwelle an den Gefäßwänden; b) Stelle am inneren Hand-

gelenk, an der der Puls (a) zu fühlen ist. 2. gleichmäßige Folge gleichartiger Impulse (z. B. in der Schwachstrom- u. Nachrichtentechnik elektrische Strom- u. Spannungsstöße)

Pul|sar *der; -s, -e*: (Astron.) kosmische Strahlungsquelle mit Strahlungspulsen von höchster periodischer Konstanz

Pul|sa|til|la *die; -* ⟨lat.-nlat.⟩: (Bot.) Kuhschelle

Pul|sa|ti|on *die; -, -en* ⟨lat.⟩: 1. (Med.) rhythmische Zu- u. Abnahme des Gefäßvolumens; Pulsschlag. 2. (Astron.) Veränderung eines Sterndurchmessers

Pul|sa|tor *der; -s, ...o̱ren* u. **Pul|sa|tor|ma|schi|ne** *die; -, -n*: Gerät zur Erzeugung pulsierender Bewegungen od. periodischer Druckänderungen (z. B. bei der Melkmaschine)

pul|sen: ↑ pulsieren

pul|sie|ren: 1. rhythmisch dem Pulsschlag entsprechend an- u. abschwellen; schlagen, klopfen. 2. sich lebhaft regen, fließen, strömen

Pul|si|on *die; -, -en*: Stoß, Schlag

Pul|so|me|ter *das; -s, -* ⟨lat.; gr.⟩: (Techn.) kolbenlose Dampfpumpe, die durch Dampfkondensation arbeitet

Pul|ver [...fɐ, auch: ...vɐ] *das; -s, -* ⟨lat.; „Staub“⟩: a) fester Stoff in sehr feiner Zerteilung; b) Schießpulver; c) Medikament, Gift in Pulverform

Pul|ve|ri|sa|tor *der; -s, ...o̱ren* ⟨lat.-nlat.⟩: Maschine zur Pulverherstellung durch Stampfen od. Mahlen

pul|ve|ri|sie|ren: feste Stoffe zu Pulver (1 a) zerreiben, zerstäuben

Pu|ma *der; -s, -s* ⟨indian.⟩: in Amerika heimisches Raubtier mit langem Schwanz, kleinem Kopf u. dichtem braunem bis [silber]grauem Fell

Pump|gun [ˈpampgan] *die; -, -s* ⟨engl.⟩: großkalibriges mehrschüssiges Gewehr, bei dem das Repetieren durch Zurückziehen des Vorderschaftes erfolgt

Pumps [pœmps] *der; -, -* ⟨engl.⟩: ausgeschnittener, nicht durch Riemen od. Schnürung gehaltener Damenschuh

Pu|na *die; -* ⟨indian.-span.⟩: Hochfläche der südamerikanischen Anden mit Steppennatur

Punch [pantʃ] *der; -s, -s* ⟨engl.⟩: 1. (Boxen) Faustschlag, Boxhieb (von erheblicher Durchschlagskraft). 2. Hanswurst des historischen englischen Theaters u. des englischen Puppenspiels

Pun|cher [ˈpantʃɐ] *der; -s, -*: (Boxen) 1. Boxer, der über einen kraftvollen Schlag verfügt. 2. Boxer, der mit dem Punchingball trainiert

Pun|ching|ball [ˈpantʃɪŋ...] *der; -[e]s, ...bälle* u. **Pun|ching|bir|ne** *die; -, -n*: oben u. unten befestigter, frei beweglicher Lederball als Übungsgerät für Boxer

Punc|tum Punc|ti *das; - -* ⟨lat.⟩: Hauptpunkt (bes. von Geld in Bezug auf finanzielle Planungen)

Punc|tum sa|li|ens *das; - -*: der springende Punkt, Kernpunkt; Entscheidendes

pul|ni|tiv ⟨lat.⟩: strafend

Punk [paŋk] *der; -[s], -s* ⟨engl.-amerik.; „Abfall, Mist“⟩: 1. a) (ohne Plural) ohne Artikel) Protestbewegung von Jugendlichen mit bewusst rüdem, exaltiertem Auftreten u. bewusst auffallender Aufmachung (grelle Haare, zerrissene Kleidung, Metallketten o. Ä.); b) Anhänger des Punk (1 a). 2. (ohne Plural) ↑ Punkrock

Pun|ker [ˈpaŋkɐ] *der; -s, -*: 1. Musiker des Punkrock. 2. Anhänger des Punk (1 a). **Pun|ke|rin** *die; -, -nen*: weibliche Form zu ↑ Punker. **pun|kig** [ˈpaŋ...]: den Punk (1 a) betreffend, ihm entsprechend, für ihn charakteristisch

Punk|rock, auch: **Punk-Rock** [ˈpaŋk...] *der; -[s]*: Rockmusik, die durch einfache Harmonik, harte Akkorde, hektisch-aggressive Spielweise u. meist zynisch-resignative Texte gekennzeichnet ist

Punk|ro|cker, auch: **Punk-Ro|cker** *der; -s, -*: Punker (1). **Punk|ro|cke|rin**, auch: **Punk-Ro|cke|rin** *die; -, -nen*: weibliche Form zu ↑ Punkrocker

Punkt *der; -[e]s, -e* ⟨lat.; „Gestochenes; eingestochenes Zeichen“⟩: 1. (Math.) geometrisches Gebilde ohne Ausdehnung; bestimmte Stelle im Raum, die durch Koordinaten festgelegt ist. 2. kleines schriftliches Zeichen als Schlusszeichen eines Satzes od. einer im

vollen Wortlaut gesprochenen Abkürzung, als Kennzeichen für eine Ordnungszahl, als Verlängerungszeichen hinter einer Note, als Morsezeichen u. a. 3. sehr kleiner Fleck. 4. (Druckw.) kleinste Einheit (0,376 mm) des typographischen Maßsystems für Schriftgrößen (z. B. eine Schrift von 8 Punkt). 5. bestimmte Stelle, bestimmter Ort. 6. Stelle, Abschnitt (z. B. eines Textes, einer Rede); einzelner Teil aus einem zusammenhängenden Ganzen. 7. Thema, Verhandlungsgegenstand innerhalb eines größeren Fragen-, Themenkomplexes. 8. bestimmter Zeitpunkt, Augenblick. 9. Wertungseinheit im Sport, bei bestimmten Spielen, für bestimmte Leistungen
Punk|tal|glas ® *das; -es, ...gläser* ⟨*lat.-nlat.; dt.*⟩: zur Vermeidung von Verzerrungen besonders geschliffenes Brillenglas
Punk|tat *das; -[e]s, -e* ⟨*lat.-nlat.*⟩: (Med.) durch Punktion gewonnene Körperflüssigkeit
Punk|ta|ti|on *die; -, -en:* 1. (Rechtsw.) nicht bindender Vorvertrag. 2. [vorläufige] Festlegung der Hauptpunkte eines künftigen Staatsvertrages. 3. Kennzeichnung der Vokale im Hebräischen durch Punkte u. Striche unter u. über den Konsonanten
Punk|ta|tor *der; -s, -en* (meist Plural): Angehöriger einer Gruppe spätjüdischer Schriftgelehrter (4.–6. Jh.), die durch Punktation (3) der alttestamentlichen Schriften den massoretischen Text festlegten
punk|tie|ren ⟨*lat.-mlat.; „Einstiche machen; Punkte setzen"⟩:* 1. mit Punkten versehen, tüpfeln. 2. (Mus.) a) eine Note mit einem Punkt versehen u. sie dadurch um die Hälfte ihres Wertes verlängern; b) die Töne einer Gesangspartie um eine Oktave (od. Terz) niedriger od. höher versetzen. 3. (Bildhauerkunst) die wichtigsten Punkte eines Modells auf den zu bearbeitenden Holz- od. Steinblock maßstabgerecht übertragen. 4. (Med.) eine Punktion durchführen
Punk|tier|kunst *die; -:* Kunst des Wahrsagens aus zufällig in

Sand od. Erde markierten od. auf Papier verteilten Punkten u. Strichen
Punk|tie|rung *die; -, -en:* a) (ohne Plural) das Punktieren (1–3); b) die durch einen Punkt, durch Punkte gekennzeichnete Stelle
Punk|ti|on *die; -, -en* ⟨*lat.*⟩ Entnahme von Flüssigkeit od. Gewebe aus einer Körperhöhle durch Einstich mit Hohlnadeln
Punk|tu|a|li|tät *die; -* ⟨*lat.-nlat.*⟩: Genauigkeit, Strenge
punk|tu|ell: einen od. mehrere Punkte betreffend, Punkt für Punkt, punktweise; **punktuelle Aktionsart:** (Sprachw.) Aktionsart des Zeitwortes, die einen bestimmten Punkt eines Geschehens herausgreift
Punk|tum ⟨*lat.*⟩: basta!, genug damit!, Schluss!
Punk|tur *die; -, -en:* ↑ Punktion
pun|ta d'ar|co ⟨*lat.-it.*⟩: (Mus.) mit der Spitze des Geigenbogens (zu spielen)
Pun|ze *die; -, -n* ⟨*it.*⟩: 1. Stempel, Stahlgriffel mit einer od. mehreren Spitzen zum Herstellen bestimmter Treib-, Zиselierarbeiten. 2. (österr., schweiz.) in Metalle eingestanzter Garantiestempel. **pun|zen** u. **pun|zie|ren:** 1. Zeichen, Muster in Metall, Leder u. a. einschlagen; ziselieren, Metall treiben. 2. den Feingehalt von Gold u. Silberwaren kennzeichnen
Pu|pill *der; -en, -en* ⟨*lat.*⟩: (veraltet) Mündel, Pflegebefohlener
pu|pil|lar: 1. (Med.) die Pupille (1) betreffend, zu ihr gehörend. 2. ↑ pupillarisch
pu|pil|la|risch: (Rechtsspr. veraltet) das Mündel betreffend
Pu|pil|le *die; -, -n* ⟨„kleines Mädchen"⟩: 1. schwarze Öffnung im Auge, durch die das Licht eindringt; Sehloch. 2. (Rechtsspr. veraltet) weibliche Form zu ↑ Pupill
pu|pil|ni|sie|ren ⟨nach dem amerik. Elektrotechniker Pupin, 1858–1935⟩: Pupinspulen einbauen
Pu|pin|spu|le *die; -, -n:* mit pulverisiertem Eisen gefüllte Spule zur Verbesserung der Übertragungsqualität (bes. bei Telefonkabeln)
pu|pi|par ⟨*lat.-nlat.*⟩: (Zool.) sich gleich nach der Geburt verpuppend (von Larven bestimmter

Insekten). **Pu|pi|pa|rie** *die; -:* (Zool.) bestimmte Form der Viviparie (1) bei Insekten, deren Larven sich sofort nach der Geburt verpuppen
Pup|pet [ˈpʌpɪt] *das; -[s], -s* ⟨*lat.-fr.-engl.*⟩: engl. Bez. für: Drahtpuppe, Marionette
pur ⟨*lat.*⟩: 1. rein, unverfälscht, lauter; unvermischt. 2. nur, bloß, nichts als; glatt
Pu|ra|na *das; -s, -s* (meist Plural) ⟨*sanskr.; „alte (Erzählung)"⟩:* eine der umfangreichen mythisch-religiösen Einzelschriften des Hinduismus aus den ersten nachchristlichen Jahrhunderten
Pü|ree *das; -s, -s* ⟨*lat.-fr.*⟩: breiartige Speise aus Kartoffeln, Gemüse, Hülsenfrüchten, Fleisch, Obst o. Ä.
Pur|ga *die; -, Purgi* ⟨*russ.*⟩: Schneesturm in Nordrussland u. Sibirien
Pur|gans *das; -, ...anzien u. ...antia* [...tsia] ⟨*lat.*⟩: (Med.) Abführmittel mittlerer Stärke
Pur|ga|ti|on *die; -, -en:* (veraltet) 1. (Med.) das Abführen; Reinigung des Darms. 2. (Rechtsw.) [gerichtliche] Rechtfertigung
pur|ga|tiv: (Med.) abführend. **Pur|ga|tiv** *das; -s, -e u.* **Pur|ga|ti|vum** *das; -s, ...va:* (Med.) stark wirkendes Abführmittel
Pur|ga|to|ri|um *das; -s:* in katholischem Glaubensverständnis Läuterungsort der Seelen Verstorbener; Fegefeuer
Pur|gi: *Plural von* ↑ Purga
pur|gie|ren ⟨*lat.*⟩: 1. reinigen, läutern. 2. (Med.) abführen, ein Abführmittel anwenden
pü|rie|ren ⟨*lat.-fr.*⟩: (Gastr.) zu Püree machen, ein Püree herstellen
Pu|ri|fi|ka|ti|on *die; -, -en* ⟨*lat.*⟩: a) liturgische Reinigung der Altargefäße in der katholischen Messe; b) ↑ Ablution (2)
Pu|ri|fi|ka|to|ri|um *das; -s, ...ien:* Kelchtuch zum Reinigen des Messkelches
pu|ri|fi|zie|ren: reinigen, läutern
Pu|rim [auch: ˈpu:...] *das; -s* ⟨*hebr.*⟩: im Februar/März gefeiertes jüdisches Fest zur Erinnerung an die im Buch Esther des Alten Testaments beschriebene Rettung der persischen Juden
Pu|rin *das; -s, -e* (meist Plural) ⟨*lat.-nlat.*⟩: (Chem.) aus der Nu-

P

kleinsäure der Zellkerne entstehende organische Verbindung

Pu|ris|mus *der; -:* 1. (Sprachw.) Streben nach Sprachreinheit, Kampf gegen Fremdwörter. 2. Bewegung in der Denkmalpflege, ein Kunstwerk um der Stilreinheit willen von stilfremden Elementen zu befreien. 3. Kunstrichtung im 20. Jh., die eine klare, strenge Kunst auf der Basis rein architektonischer u. geometrischer Form fordert

Pu|rist *der; -en, -en:* Vertreter des Purismus. **Pu|ris|tin** *die; -, -nen:* weibliche Form zu ↑ Purist. **pu|ris|tisch:** den Purismus betreffend

Pu|ri|ta|ner *der; -s, - ⟨lat.-engl.⟩:* a) Anhänger des Puritanismus; b) sittenstrenger Mensch. **Pu|rita|ne|rin** *die; -, -nen:* weibliche Form zu ↑ Puritaner. **pu|ri|tanisch:** a) den Puritanismus betreffend; b) sittenstreng; c) bewusst einfach, spartanisch [in der Lebensführung]

Pu|ri|ta|nis|mus *der; -:* streng kalvinistische Richtung im England des 16. u. 17. Jh.s

Pu|ri|tät *die; - ⟨lat.⟩:* [Sitten]reinheit

Pu|ro|hi|ta *der; -s, -s ⟨sanskr.⟩:* indischer Hauptpriester u. Berater des Königs in der Zeit der wedischen Religion

Pur|pur *der; -s ⟨gr.-lat.⟩:* 1, a) sattroter, violetter Farbstoff; b) sattroter Farbton mit mehr od. weniger starkem Anteil von Blau. 2. (von Herrschern, Kardinälen bei offiziellem Anlass getragenes) purpurfarbenes, prächtiges Gewand

Pur|ser ['pɜ:sə] *der; -s, - ⟨engl.⟩:* a) Zahlmeister auf einem Schiff; b) Chefsteward im Flugzeug. **Pur|se|rette** [pɜ:sə'ret] *die; -, -s:* weibliche Form zu ↑ Purser

pu|ru|lent *⟨lat.⟩:* (Med.) eitrig. **Puru|lenz** u. **Pu|ru|les|zenz** *die; -, -en:* (Med. veraltet) [Ver]eiterung

pu|schen *⟨engl.-amerik.⟩:* antreiben, in Schwung bringen

Puschti vgl. Poschti

Push [pʊʃ] *der; -[e]s, -es [...ıs, auch: ...ız] ⟨engl.⟩:* 1. (Jargon) forcierte Förderung (z. B. von jmds. Bekanntheit) mit Mitteln

der Werbung. 2. (Golf) Schlag mit der rechten Hand, der den Ball zu weit nach rechts, oder mit der linken, der ihn zu weit nach links bringt

Push|ball ['pʊʃbɔ:l] *der; -s ⟨engl.-amerik.⟩:* amerikanisches Mannschaftsspiel, bei dem ein sehr großer Ball über eine Linie od. ins Tor geschoben, gedrückt werden muss

pu|shen ['pʊʃn] *⟨engl.⟩:* 1. (Jargon) durch forcierte Werbung jmds. Aufmerksamkeit auf jmdn., etwas lenken. 2. (Golf) einen Push (2) schlagen, spielen. 3. (Jargon) mit harten Drogen handeln

Pu|sher *der; -s, -:* (Jargon) Rauschgifthändler, der mit Drogen handelt. **Pu|she|rin** *die; -, -nen:* weibliche Form zu ↑ Pusher

Push-up-BH [pʊʃ'ap...] *der; -[s], -[s] ⟨engl.; dt.⟩:* ein üppiges Dekolletee formender Büstenhalter

pu|shy ['pʊʃi] *⟨engl.⟩:* (ugs.) [sehr] ehrgeizig

Pus|tel *die; -, -n ⟨lat.⟩:* (Med.) Eiterbläschen; Pickel. **pus|tu|lös:** (Med.) a) Pusteln aufweisend; zur Bildung von Pusteln neigend; b) mit Pusteln einhergehend

Pusz|ta *die; -, ...ten ⟨ung.⟩:* Grassteppe, Weideland in Ungarn

Put *der; -s, -s ⟨engl.-amerik.⟩:* (Börsenw.) 1. Verkaufsoption. 2. (meist Plural) Optionspapier auf fallende Aktien; Ggs. ↑ Call (1, 2)

pu|ta|tiv *⟨lat.⟩:* (Rechtsw.) vermeintlich, auf einem Rechtsirrtum beruhend

Pu|ta|tiv|e|he *die; -, -n:* (kath. Kirchenrecht) ungültige Ehe, die aber mindestens von einem Partner in Unkenntnis des bestehenden Ehehindernisses für gültig gehalten wird

Pu|ta|tiv|not|wehr *die; -:* (Rechtsw.) Abwehrhandlung in der irrtümlichen Annahme, die Voraussetzungen der Notwehr seien gegeben

Pu|t|re|fak|ti|on *die; -, -en ⟨lat.⟩* u. **Pu|t|res|zenz** *die; -, -en ⟨lat.-nlat.⟩:* 1. (Biol.; Med.) Verwesung, Fäulnis. 2. (Med.) faulige Nekrose

pu|t|res|zie|ren *⟨lat.⟩:* (Med.) verwesen

pu|t|rid: (Med.) faulig, übel riechend

Putt *der; -[s], -s ⟨engl.⟩:* (Golf) Schlag auf dem Grün (Rasenfläche am Ende der Spielbahn mit dem Loch)

Put|te *die; -, -n u. Putto der; -s, ...tti u. ...tten ⟨lat.-it.;* „Knäblein"): (bes. im Barock u. Rokoko) Figur eines kleinen nackten Knaben, Kindes [mit Flügeln]

put|ten *⟨engl.⟩:* (Golf) den Ball mit dem Putter schlagen. **Put|ter** *der; -s, - ⟨engl.⟩:* (Golf) Spezialgolfschläger, mit dem der Ball ins Loch getrieben wird

Put|to vgl. Putte

puz|zeln ['pʊzln, 'pʊsln, auch: 'pazln, 'pasln] *⟨engl.⟩:* ein Puzzle zusammensetzen. **Puz|zle** ['pʊzl, 'pʊsl, auch: pazl, 'pasl] *das; -s, -s:* aus vielen Einzelteilen in einem Geduldsspiel zusammenzusetzendes Bild

Puz|z|ler *der; -s, -:* jmd., der ein Puzzle zusammensetzt. **Puzz|lerin** *die; -, -nen:* weibliche Form zu ↑ Puzzler

Puz|zo|lan *das; -s, -e ⟨nach dem ursprünglichen Fundort Pozzuoli am Vesuv⟩:* a) aus Italien stammender, poröser vulkanischer Tuff; b) hydraulisches Bindemittel für Zement aus Puzzolan (a), Schlacken, Ton o. Ä.

Py|äl|mie *die; -, ...ien ⟨gr.-nlat.⟩:* (Med.) Vorkommen zahlreicher Eitererreger im Blut

Py|ar|th|ro|se *die; -, -n:* (Med.) eitrige Gelenkentzündung

Py|e|l|ek|ta|sie *die; -, ...ien ⟨gr.-nlat.⟩:* (Med.) krankhafte Erweiterung des Nierenbeckens

Py|e|li|tis *die; -, ...itiden:* (Med.) Nierenbeckenentzündung

Py|e|lo|gramm *das; -s, -e:* (Med.) Röntgenbild des Nierenbeckens

Py|e|lo|gra|phie, auch: ...grafie *die; -, ...ien:* (Med.) röntgenologische Darstellung des Nierenbeckens

Py|e|lo|ne|ph|ri|tis *die; -, ...itiden:* (Med.) gleichzeitige Entzündung von Nierenbecken u. Nieren

Py|e|lo|to|mie *die; -, ...ien:* (Med.) operativer Einschnitt in das Nierenbecken

Py|e|lo|zys|ti|tis *die; -, ...itiden:* (Med.) gleichzeitige Entzündung von Nierenbecken u. Blase

Pyg|mäe *der; -n, -n ⟨gr.-lat.;*

„Fäustling"): Angehöriger eines kleinwüchsigen Menschentyps in Afrika. **pyg|mä|lisch:** kleinwüchsig
Pyg|ma|li|on|ef|fekt *der;* -[e]s ⟨nach der Gestalt der griech. Mythologie⟩: (Psychol.) Effekt, dass Schüler, die ihr Lehrer für intelligent hält, während der Schulzeit eine bessere Intelligenzentwicklung zeigen als Kinder, die dem Lehrer weniger intelligent zu sein scheinen
Pyg|ma|li|o|nis|mus *der;* -, ...men: sexuelle Erregung beim Anblick nackter Statuen
pyg|mid ⟨*gr.-nlat.*⟩: zu den Pygmiden gehörend. **Pyg|mi|de** *der* u. *die;* -n, -n: Angehörige[r] eines kleinwüchsigen Menschentyps mit Merkmalen der Pygmäen
Py|ja|ma [py'dʒa:ma, auch: py-'ʒa:ma u., österr. nur: pi-'dʒa:ma, pi'ʒa:ma, selten: py-'ja:ma, pi'ja:ma] *der,* österr., schweiz. auch: *das;* -s, -s ⟨*Hindi-engl.;* „Beinkleid"⟩: Schlafanzug
Py|k|ni|die *die;* -, -n ⟨*gr.-nlat.*⟩: Fruchtkörper der Rostpilze
Py|k|ni|ker *der;* -s, -: Mensch von pyknischem Körperbau. **Py|k-ni|ke|rin** *die;* -, -nen: weibliche Form zu ↑ Pykniker. **py|k|nisch:** (in Bezug auf den Körperbautyp) kräftig, gedrungen u. zu Fettansatz neigend
Py|k|no|me|ter *das;* -s, -: Glasgefäß mit genau bestimmtem Volumen zur Ermittlung der Dichte von Flüssigkeiten od. Pulvern
Py|k|no|se *die;* -, -n: (Med.) natürliche od. künstlich verursachte Zellkerndegeneration in Form einer Zusammenballung der Zellkernmasse. **py|k|no|tisch:** verdichtet, dicht zusammengedrängt (von der Zellkernmasse)
Py|le|phle|bi|tis *die;* -, ...iti|den ⟨*gr.-nlat.*⟩: (Med.) Entzündung der Pfortader
Py|lon *der;* -en, -en u. **Py|lo|ne** *die;* -, -n ⟨*gr.*⟩: 1. von festungsartigen Türmen flankiertes Eingangstor ägyptischer Tempel. 2. turmod. portalartiger Teil von Hängebrücken o. Ä., der die Seile an den höchsten Punkten trägt. 3. kegelförmige, bewegliche, der Absperrung dienende Markierung auf Straßen. 4. an der Tragfläche od. am Rumpf eines

Flugzeugs angebrachter, verkleideter Träger zur Befestigung einer Last
Py|lo|rus *der;* -, ...ren ⟨*gr.-lat.;* „Türhüter"⟩: (Med.) [Magen]pförtner, Schließmuskel am Magenausgang
Py|o|der|mie *die;* -, ...ien ⟨*gr.-nlat.*⟩: (Med.) durch Eitererreger verursachte Erkrankung der Haut
py|o|gen: (Med.) Eiterungen verursachend (von bestimmten Bakterien)
Py|o|kok|ke *die;* -, -n (meist Plural): Eiterungen verursachende Kokke
Py|o|me|t|ra *die;* -: (Med.) Eiteransammlung in der Gebärmutter
Py|o|ne|ph|ro|se *die;* -, -n: (Med.) Nierenvereiterung als Endstadium einer Nephrose
Py|or|rhö *die;* -, -en: (Med.) eitriger Ausfluss. **py|or|rho|isch:** die Pyorrhö betreffend, in der Art einer Pyorrhö
Py|o|tho|rax *der;* -[es], -e: (Med.) Eiteransammlung im Brustkorb
py|ra|mi|dal ⟨*ägypt.-gr.-lat.*⟩: 1. pyramidenförmig. 2. (ugs.) gewaltig, riesenhaft
Py|ra|mi|de *die;* -, -n ⟨*ägypt.-gr.-lat.*⟩: 1. monumentaler Grabod. Tempelbau verschiedener Kulturen, bes. im alten Ägypten. 2. (Math.) geometrischer Körper mit einem ebenen Vieleck als Grundfläche u. einer entsprechenden Anzahl von gleichschenkligen Dreiecken, die in einer gemeinsamen Spitze enden, als Seitenflächen. 3. (Mineral.) Kristallfläche, die alle drei Kristallachsen schneidet. 4. (Med.) pyramidenförmige Bildung an der Vorderseite des verlängerten Marks. 5. Figur im Kunstkraftsport
Py|ra|no|me|ter *das;* -s, - ⟨*gr.*⟩: (Meteor.) Gerät zur Messung der Sonnen- u. Himmelsstrahlung
Py|re|no|id *das;* -[e]s, -e (meist Plural): eiweißreiches Körnchen, das in den Farbstoffträgern der Algen eingelagert ist
Py|re|th|rum *das;* -s, ...ra ⟨*gr.-lat.*⟩: 1. (veraltend) Chrysanthemum. 2. Insektizid aus den getrockneten Blüten verschiedener Chrysanthemen
Py|re|ti|kum *das;* -s, ...ka ⟨*gr.-*

nlat.⟩: (Med.) Fiebermittel, Fieber erzeugendes Mittel. **py|re|tisch:** (Med.) Fieber erzeugend (von Medikamenten)
Py|r|e|xie *die;* -, ...ien: (Med.) Fieber[anfall]
Pyr|ge|o|me|ter *das;* -s, -: (Meteor.) Gerät zur Messung der Erdstrahlung
Pyr|go|ze|pha|lie *die;* -, ...ien ⟨*gr.-nlat.*⟩: (Med.) ↑ Turrizephalie
Pyr|he|li|o|me|ter *das;* -s, - ⟨*gr.-nlat.*⟩: (Meteor.) Gerät zur Messung der direkten Sonnenstrahlung
Py|ri|din *das;* -s: (Chem.) heterozyklische Verbindung mit aromatischen Eigenschaften; unangenehm riechende, giftige, mit Wasser mischbare, schwach basisch reagierende Flüssigkeit
Py|ri|mi|din *das;* -s, -e: (Chem.) heterozyklische Verbindung mit zwei Stickstoffatomen; farblose, charakteristisch riechende, kristalline Substanz
Py|rit [auch: ...'rɪt] *der;* -s, -e ⟨*gr.-lat.*⟩: (Geol.) Mineral, das bes. für die Gewinnung von Schwefel[verbindungen] dient; Eisenkies, Schwefelkies
py|ro|e|lek|t|risch ⟨*gr.-nlat.*⟩: die Pyroelektrizität betreffend. **Py|ro|e|lek|t|ri|zi|tät** *die;* -: bei manchen Kristallen an entgegengesetzten Seiten bei schneller Erwärmung auftretende elektrische Ladungen
Py|ro|gal|lol *das;* -s ⟨*gr.; lat.; arab.*⟩: dreiwertiges aromatisches Phenol, das u. a. als fotografischer Entwickler verwendet wird
Py|ro|gal|lus|säu|re *die;* -: ↑ Pyrogallol
py|ro|gen ⟨*gr.-nlat.*⟩: 1. (Med.) Fieber erzeugend (z. B. von Medikamenten). 2. (Geol.) aus Schmelze entstanden (von Mineralien)
Py|ro|gen *das;* -s, -e: (Med.) aus bestimmten Bakterien gewonnener Eiweißstoff, der Fieber erzeugende Wirkung hat
Py|ro|lu|sit [auch: ...'zɪt] *der;* -s, -e: Braunstein (ein Mineral)
Py|ro|ly|se *die;* -, -n: Zersetzung chemischer Verbindungen durch sehr große Wärmeeinwirkung. **py|ro|ly|tisch:** die Pyrolyse betreffend, auf ihr beruhend

Py|ro|ma|ne *der;* -n, -n: (Med.) jmd., der an Pyromanie leidet.

Py|ro|ma|nie *die;* -: (Med.) zwanghafter Trieb, Brände zu legen [u. sich beim Anblick des Feuers sexuell zu erregen]. **Py|ro|ma|nin** *die;* -, -nen: weibliche Form zu ↑ Pyromane. **py|ro|ma|nisch:** die Pyromanie betreffend, auf ihr beruhend

Py|ro|man|tie *die;* - ⟨gr.⟩: im Altertum die Wahrsagung aus dem [Opfer]feuer

Py|ro|me|ter *das;* -s, - ⟨gr.-nlat.⟩: Gerät zur Messung der Temperatur glühender Stoffe

Py|ro|melt|rie *die;* -: Messung der [Oberflächen]temperatur glühender Körper u. Stoffe

Py|ro|mor|phit [auch: ...'fɪt] *der;* -s, -e: durchscheinendes bis undurchsichtiges, meist grünes od. braunes Mineral

Py|ron *der;* -s, -e: (Chem.) organische Verbindung, die in verschiedenen Pflanzenfarbstoffen enthalten ist

Py|rop *der;* -[e]s, -e ⟨gr.-lat.; „feueräugig"⟩: (Mineral.) blutroter bis schwarzer Granat, der als Schmuckstein verarbeitet wird

Py|ro|pa|pier *das;* -s ⟨gr.; dt.⟩: leicht brennbares Papier (für Feuerwerkskörper)

Py|ro|pho|bie *die;* -, ...ien ⟨gr.-nlat.⟩: (Med.) krankhafte Furcht vor dem Umgang mit Feuer

py|ro|phor ⟨gr.⟩: [in feinster Verteilung] sich an der Luft bei gewöhnlicher Temperatur selbst entzündend. **Py|ro|phor** *der;* -s, -e: Stoff mit pyrophoren Eigenschaften (z. B. Phosphor, Eisen, Blei)

Py|ro|phyt *der;* -en, -en (meist Plural): (Bot.) Pflanze, die durch bestimmte Baumerkmale (z. B. die Borke) gegen Brände weitgehend resistent ist

Py|r|op|to *das;* -s, -s ⟨gr.-nlat.⟩: Strahlungspyrometer zur Messung der Stärke von Lichtstrahlen

Py|ro|sis *die;* - ⟨gr.; „das Brennen; die Entzündung"⟩: (Med.) Sodbrennen

Py|ro|s|phä|re *die;* - ⟨gr.-nlat.⟩: (veraltet) Erdinneres (Erdmantel u. Erdkern)

Py|ro|tech|nik *die;* -: Herstellung u. Gebrauch von Feuerwerkskörpern; Feuerwerkerei. **Py|ro-**

tech|ni|ker *der;* -s, -: Fachmann auf dem Gebiet der Pyrotechnik; Feuerwerker. **Py|ro|tech|ni|ke|rin** *die;* -, -nen: weibliche Form zu ↑ Pyrotechniker. **py|ro|tech|nisch:** die Pyrotechnik betreffend

Py|ro|xen *der;* -s, -e: gesteinsbildendes Mineral

Py|ro|xe|nit [auch: ...'nɪt] *der;* -s, -e: (Geol.) dunkles, feldspatfreies Tiefengestein

Pyr|rhi|che *die;* -, -n ⟨gr.⟩: altgriechischer Waffentanz, meist mit Flötenspiel

Pyr|rhi|chi|us *der;* -, ...chii ⟨gr.-lat.⟩: aus zwei Kürzen bestehender antiker Versfuß (⌣ ⌣)

Pyr|rho|nis|mus *der;* - ⟨gr.-nlat.; nach dem griech. Philosophen Pyrrhon (360–270 v. Chr.)⟩: ↑ Skeptizismus (2)

Pyr|rhus|sieg *der;* -[e]s, -e ⟨nach den verlustreichen Siegen des Königs Pyrrhus von Epirus über die Römer⟩: Scheinsieg; Erfolg, der mit hohem Einsatz, mit großen Opfern verbunden ist u. daher eher einem Fehlschlag gleichkommt

Pyr|rol *das;* -s ⟨gr.-nlat.⟩: stickstoffhaltige organische Verbindung mit vielen Abkömmlingen von biochemischer Verbindung (z. B. Blutfarbstoff)

Py|tha|go|rä|er vgl. Pythagoreer

py|tha|go|rä|isch vgl. pythagoreisch

Py|tha|go|ras *der;* - ⟨nach dem altgriech. Philosophen Pythagoras von Samos (6./5. Jh. v. Chr.)⟩: Kurzform von ↑ pythagoreischer Lehrsatz

Py|tha|go|re|er *der;* -s, -: Anhänger der Lehre des Pythagoras

py|tha|go|re|isch, österr.: pythagoräisch: die Lehre des Pythagoras betreffend, nach der Lehre des Pythagoras; **pythagoreischer Lehrsatz:** (Math.) Lehrsatz der Geometrie, nach dem im rechtwinkligen Dreieck das Quadrat über der Hypotenuse gleich der Summe der Quadrate über den Katheten ist

Py|thia *die;* -, ...ien ⟨nach der Priesterin des Orakels von Delphi⟩: Frau, die in orakelhafter Weise Zukünftiges voraussagt. **py|thisch:** dunkel, orakelhaft

Py|thon *der;* -s, -s u. **Py|thon-schlan|ge** *die;* -, -n ⟨gr.-lat.; von**

Apollo getötetes Ungeheuer der griech. Sage⟩: in Afrika, Südasien u. Nordaustralien lebende Riesenschlange

Py|u|rie *die;* -, ...ien ⟨gr.-nlat.⟩: (Med.) Ausscheidung von Eiter im Harn

Py|xis *die;* -, ...iden, auch: ...ides [...de:s] ⟨gr.-lat.⟩: Behältnis für liturgische Gegenstände, Hostienbehälter im Tabernakel

Qat [kat] vgl. ¹Kat

Qi [tʃi] *das;* -[s] (meist ohne Artikel) ⟨chin.; „Dunst; Stoff"⟩: die Lebensenergie bezeichnender Begriff in der chinesischen Philosophie

Qi|gong [tʃiˈgʊŋ] *das;* -[s] (meist ohne Artikel) ⟨chin.⟩: eine der chinesischen Tradition entstammende Heil- u. Selbstheilmethode, bei der Atem, Bewegung u. Vorstellungskraft methodisch eingesetzt werden, um Herz-, Kreislauf- u. Nervenerkrankungen zu behandeln

Qi|gong|ku|gel *die;* -, -n ⟨chin.; dt.⟩: Hohlkugel (mit einer inneren, rotierenden Kugel), wobei jeweils zwei nach bestimmten Regeln in der Hand bewegt werden, um durch die Vibration die Hand- u. Armmuskulatur zu bewegen u. den Kreislauf zu aktivieren

Qin|dar [k...] *der;* -[s], -ka ⟨alban.⟩: Münzeinheit in Albanien (= 0,01 Lek)

qua ⟨lat.⟩: 1. a) mittels, durch, auf dem Wege über (z. B. etwas qua Amt festsetzen); b) gemäß, entsprechend (z. B. den Schaden qua Verdienstausfall bemessen). 2. [in der Eigenschaft] als (z. B. qua Beamter)

Qua|d|ra|ge|se *die;* - ⟨lat.-mlat.⟩: ↑ Quadragesima

Qua|d|ra|ge|si|ma *die;* -: die vierzigtägige christliche Fastenzeit vor Ostern

Qua|d|ral *der;* -s, -e ⟨lat.-nlat.⟩:

(Sprachw.) eigener ↑ Numerus (3) für vier Dinge od. Wesen

Qua|d|ran|gel *das;* -s, - ⟨*lat.*⟩: Viereck. **qua|d|ran|gu|lär** ⟨*lat.-nlat.*⟩: viereckig

Qua|d|rant *der;* -en, -en ⟨*lat.;* „der vierte Teil"⟩: 1. (Math.) a) Viertelkreis; b) beim ebenen Koordinatensystem die zwischen zwei Achsen liegende Viertelebene. 2. a) ein Viertel des Äquators od. eines Meridians; b) (hist.) Instrument zur Messung der Durchgangshöhe der Sterne (Vorläufer des ↑ Meridiankreises). 3. (Milit. hist.) Instrument zum Einstellen der Höhenrichtung eines Geschützes beim Schuss ohne Sicht auf das Ziel

Qua|d|rat *das;* -[e]s, -e[n]: 1. (Plural nur: -e; Math.) a) Viereck mit vier rechten Winkeln u. vier gleichen Seiten; b) zweite ↑ Potenz einer Zahl. 2. (Druckw.) längeres, rechteckiges, nicht druckendes Stück Blei, das zum Auffüllen von Zeilen beim Schriftsatz verwendet wird. 3. (Astrol.) 90° Winkelabstand zwischen Planeten

Qua|d|ra|ta *die;* -: die Buchschriftform der ↑ Kapitalis

Qua|d|rat|de|zi|me|ter *der,* auch: *das;* -s, -: Fläche von 1 dm Länge u. 1 dm Breite; Zeichen: dm^2

qua|d|ra|tisch: 1. in der Form eines Quadrats. 2. (Math.) in die zweite Potenz erhoben

Qua|d|rat|ki|lo|me|ter *der;* -s, -: Fläche von 1 km Länge u. 1 km Breite; Zeichen: km^2

Qua|d|rat|me|ter, *der,* auch: *das;* -s, -: Fläche von 1 m Breite u. 1 m Länge; Zeichen: m^2

Qua|d|rat|mil|li|me|ter *der,* auch: *das;* -s, -: Fläche von 1 mm Breite u. 1 mm Länge; Zeichen: mm^2

Qua|d|rat|no|ta *die;* -, -: ↑ Nota quadrata

Qua|d|ra|tur *die;* -, -en: 1. (Math.) a) Umwandlung einer beliebigen, ebenen Fläche in ein Quadrat gleichen Flächeninhalts durch geometrische Konstruktion; **die Quadratur des Kreises:** Aufgabe, mit Zirkel u. Lineal ein zu einem gegebenen Kreis flächengleiches Quadrat zu konstruieren (aus bestimmten mathematischen Gründen

nicht möglich); **etwas ist die Quadratur des Kreises:** etwas ist unmöglich; b) Inhaltsberechnung einer beliebigen Fläche durch ↑ Planimeter od. ↑ Integralrechnung. 2. (Astron.) zur Verbindungsachse Erde–Sonne rechtwinklige Planetenstellung. 3. architektonische Konstruktionsform, bei der ein Quadrat zur Bestimmung konstruktiv wichtiger Punkte verwendet wird, bes. in der romanischen Baukunst

Qua|d|ra|tur|ma|le|rei *die;* -, -en ⟨*lat.; dt.*⟩: 1. (ohne Plural) perspektivische Ausmalung von Innenräumen mit dem Zweck, die Größenverhältnisse optisch zu verändern. 2. Beispiel für die perspektivische Ausmalung von Innenräumen

Qua|d|rat|wur|zel *die;* -, -n: zweite Wurzel einer Zahl od. mathematischen Größe; Zeichen: $\sqrt{\ }$, $^2\!\sqrt{\ }$

Qua|d|rat|zahl *die;* -, -en: (Math.) Zahl, die die zweite ↑ Potenz (4) einer anderen ist

Qua|d|rat|zen|ti|me|ter *der,* auch: *das;* -s, -: Fläche von 1 cm Länge u. 1 cm Breite; Zeichen: cm^2

Qua|d|ri|du|um *das;* -s, ...uen: (veraltet) Zeitraum von vier Tagen

Qua|d|ri|en|na|le *die;* -, -n ⟨*lat.-it.*⟩: alle vier Jahre stattfindende Ausstellung od. repräsentative Vorführung (auf dem Gebiet der bildenden Kunst u. des Films). **Qua|d|ri|en|ni|um** *das;* -s, ...ien ⟨*lat.*⟩: (veraltet) Zeitraum von vier Jahren

qua|d|rie|ren: (Math.) in die zweite ↑ Potenz (4) erheben, d. h. mit sich selbst multiplizieren

Qua|d|rie|rung *die;* -, -en: (Baukunst) Nachahmung von Quadersteinen durch Aufmalung von Scheinfugen auf den Putz

Qua|d|ri|ga *die;* -, ...gen: von einem offenen Streit-, Renn- od. Triumphwagen [der Antike] aus gelenktes Viergespann (Darstellung in der Kunst [als Siegesdenkmal])

Qua|d|ril|le [kva'drɪljə, auch: ka...] u. österr.: ka'drɪl] *die;* -, -n ⟨*lat.-span.-fr.*⟩: von je vier Personen im Karree getanzter Kontertanz im $^3/_8$- od. $^2/_4$-Takt

Qua|d|ril|lé [kadri'je:] *der;* -: kariertes Seidengewebe

Qua|d|ril|li|ar|de *die;* -, -n ⟨*lat.; fr.*⟩: 1 000 Quadrillionen = dritte Potenz einer Milliarde = 10^{27}

Qua|d|ril|li|on *die;* -, -en ⟨*lat.-fr.*⟩: eine Million ↑ Trillionen = vierte Potenz einer Million = 10^{24}

Qua|d|ri|nom *das;* -s, -e ⟨*lat.; gr.*⟩: (Math.) Summe aus vier Gliedern

Qua|d|ri|re|me *die;* -, -n ⟨*lat.*⟩: Vierruderer (antikes Kriegsschiff mit vier übereinander liegenden Ruderbänken).

Qua|d|ri|vi|um *das;* -s ⟨„Vierweg"⟩: im mittelalterlichen Universitätsunterricht die vier höheren Fächer: Arithmetik, Geometrie, Astronomie, Musik; vgl. Trivium

qua|d|ro|fon usw. vgl. quadrophon usw.

Qua|d|ro|nal ® *das;* -s ⟨Kunstw.⟩: schmerzlinderndes Mittel

qua|d|ro|phon, auch: ...fon: (in Bezug auf die Übertragung von Musik, Sprache o. Ä.) über vier Kanäle laufend; vgl. stereophon. **Qua|d|ro|pho|nie,** auch: ...fonie *die;* -, - ⟨*lat.; gr.*⟩: quadrophone Übertragungstechnik, durch die ein gegenüber der ↑ Stereophonie erhöhtes Maß an räumlicher Klangwirkung erreicht wird; vgl. Stereophonie. **qua|d|ro|pho|nisch,** auch: ...fonisch: die Quadrophonie betreffend; vgl. binaural (2)

Qua|d|ro|phon|uhr, auch: ...fon... *die;* -, -en: Uhr, die je nach Einstellung auf verschiedene Art u. Weise schlagen kann

Qua|d|ro|sound [...zaʊnt] *der;* -s ⟨*lat.; engl.*⟩: durch Quadrophonie erzeugte Klangwirkung

Qua|d|ru|ma|ne *der;* -n, -n (meist Plural) ⟨*lat.;* „Vierhänder"⟩: (veraltet) Affe (im Unterschied zum Menschen)

Qua|d|ru|pe|de *der;* -n, -n (meist Plural): (veraltet) a) Vierfüßer; b) Säugetier (nach Linné)

¹**Qua|d|ru|pel** *das;* -s, - ⟨*lat.-fr.*⟩: vier zusammengehörende mathematische Größen

²**Qua|d|ru|pel** *der;* -s, - ⟨*span.*⟩: frühere spanische Goldmünze

Qua|d|ru|pel|al|li|anz *die;* -, -en ⟨*lat.; lat.-fr.*⟩: Bündnis von vier Staaten

Qua|d|ru|pel|fu|ge *die;* -, -n:

(Mus.) ↑ Fuge mit vier verschiedenen Themen

Qua̱lḏru̱lpol *der; -s, -e ⟨lat.-nlat.⟩:* Anordnung von zwei elektrischen ↑ Dipolen od. zwei Magnetspulen

Quaes̱tio *die; -, ...io̱nes [...nes]:* ⟨lat.⟩ ↑ Quästion

Quaes̱tio Fa̱c̱ti *die; - -, ...io̱nes - [...nes -]* („Frage nach dem Geschehen"): (Rechtsw.) die Untersuchung des Sachverhalts, der tatsächlichen Geschehensabfolge einer Straftat im Unterschied zur Quaestio Iuris

Quaes̱tio Iu̱ris, auch: **Quaes̱tio Ju̱ris** *die; - -, ...io̱nes - [...nes -]* ⟨„Frage nach dem Recht"): Untersuchung einer Straftat hinsichtlich ihrer Strafwürdigkeit u. tatbestandsmäßigen Erfassbarkeit

Quaes̱tio̱nes *[...nes]: Plural* von ↑ Quaestio

Qua̱gga *das; -s, -s ⟨hottentott.⟩:* ausgerottetes zebraartiges Wildpferd

Quai *[keː, auch: kɛː] der od. das; -s, -s ⟨gall.-fr.⟩:* franz. Schreibung für ↑ Kai

Quai d'Oṟsay *[kedɔrˈsɛ] der; - - ⟨fr.⟩:* das an der gleichnamigen Straße in Paris gelegene französische Außenministerium

Quä̱ker *der; -s, - ⟨engl.; „Zitterer";* urspr. Spottname): Mitglied der im 17. Jh. gegründeten englisch-amerikanischen Society of Friends (= Gesellschaft der Freunde), einer sittenstrengen, pazifistischen Sekte mit bedeutender Sozialarbeit. **Quä̱ke̱rin** *die; -, -nen:* weibliche Form zu ↑ Quäker. **quä̱ke̱risch:** nach Art der Quäker

Qua̱li̱fi̱ka̱ti̱o̱n *die; -, -en ⟨lat.-mlat.-fr.(-engl.)⟩:* 1. das Sichqualifizieren. 2. a) Befähigung, Eignung; b) Befähigungsnachweis. 3. a) durch vorausgegangene sportliche Erfolge erworbene Berechtigung, an sportlichen Wettbewerben teilzunehmen; b) Wettbewerb für die Teilnahme an der nächsten Runde eines größeren Wettbewerbs. 4. Beurteilung, Kennzeichnung; vgl. ...ation/...ierung

qua̱li̱fi̱zie̱ren: 1. sich qualifizieren: a) sich weiterbilden u. einen Befähigungsnachweis erbringen, eine Qualifikation (2 b) erwerben; b) die für die Teilnahme an einem sportlichen Wettbewerb erforderliche Leistung erbringen. 2. etwas qualifiziert jmdn. als/für/zu etwas; etwas stellt die Voraussetzung für jmds. Eignung, Befähigung für etwas dar. 3. als etwas beurteilen, einstufen, kennzeichnen, bezeichnen.

qua̱li̱fi̱ziert: tauglich, besonders geeignet

Qua̱li̱fi̱zie̱rung *die; -, -en:* das Qualifizieren (1–3); vgl. ...ation/...ierung

Qua̱li̱fy̱ing *[ˈkwɔlɪfaɪɪŋ] das; -s, -s ⟨engl.⟩:* Qualifikation (3 b) u. Festlegung der Startreihenfolge für ein [Auto]rennen

Qua̱li̱tät *die; -, -en ⟨lat.⟩:* 1. a) Beschaffenheit; b) Güte, Wert. 2. (Sprachw.) Klangfarbe eines Vokals. 3. im Schachspiel der Turm hinsichtlich seiner relativen Überlegenheit gegenüber Läufer od. Springer; **die Qualität gewinnen:** Läufer od. Springer gegen einen Turm eintauschen

qua̱li̱ta̱tiv *⟨lat.-mlat.⟩:* hinsichtlich der Qualität (1). **Qua̱li̱ta̱tiv** *das; -s, -e* : (Sprachw.) ↑ Adjektiv

Quant *das; -s, -en ⟨lat.⟩:* (Phys.) nicht weiter teilbares Energieteilchen, das verschieden groß sein kann

qua̱ṉte̱ln: eine Energiemenge in Quanten darstellen

Qua̱ṉte̱lung *die; -:* das Aufteilen der bei physikalischen Vorgängen erscheinenden Energie u. anderer atomarer Größen in bestimmte Stufen od. als Vielfaches von bestimmten Einheiten

Quanten: *Plural* von ↑ Quant u. ↑ Quantum

Qua̱ṉte̱ṉbi̱o̱lo̱gie *die; -:* Teilgebiet der Biophysik, auf dem man sich mit der Quantentheorie bei biologischen Vorgängen befasst

Qua̱ṉte̱ṉme̱cha̱nik *die; -:* erweiterte elementare Mechanik, die es ermöglicht, das Geschehen des Mikrokosmos zu erfassen

Qua̱ṉte̱ṉphy̱sik *die; -:* Teilbereich der Physik, dessen Gegenstand die mit den Quanten zusammenhängenden Erscheinungen sind. **qua̱ṉte̱ṉphy̱si̱ka̱lisch:** die Quantenphysik betreffend

Qua̱ṉte̱ṉthe̱o̱rie *die; -:* Theorie über die mikrophysikalischen Erscheinungen, die das Auftreten von Quanten in diesem Bereich berücksichtigt.

Qua̱ṉti̱fi̱ka̱ti̱o̱n *die; -, -en ⟨lat.-nlat.⟩:* Umformung der Qualitäten in Quantitäten, d. h. der Eigenschaften von etwas in Zahlen u. messbare Größen (z. B. Farben u. Töne in Schwingungszahlen u. Wellenlängen); vgl. ...ation/...ierung

Qua̱ṉti̱fi̱ka̱tor *der; -s, ...o̱ren:* ↑ Quantor

qua̱ṉti̱fi̱zie̱ren: in Mengenbegriffen, Zahlen o. Ä. beschreiben. **Qua̱ṉti̱fi̱zie̱rung** *die; -, -en:* das Quantifizieren; vgl. ...ation/...ierung

qua̱ṉti̱sie̱ren: 1. (Fachspr.) eine Quantisierung (2, 3) vornehmen. 2. ↑ quanteln. **Qua̱ṉti̱sie̱rung** *die; -:* 1. ↑ Quantelung. 2. (Phys.) Übergang von der klassischen, d. h. mit kontinuierlich veränderlichen physikalischen Größen erfolgenden Beschreibung eines physikalischen Systems zur quantentheoretischen Beschreibung durch Aufstellung von Vertauschungsrelationen für die nunmehr im Allgemeinen als nicht vertauschbar anzusehenden physikalischen Größen. 3. Unterteilung des Amplitudenbereichs eines kontinuierlich verlaufenden Signals in eine endliche Anzahl kleiner Teilbereiche

Qua̱ṉti̱tät *die; -, -en ⟨lat.⟩:* 1. Menge, Anzahl. 2. (antike Metrik; Sprachw.) Dauer einer Silbe (Länge od. Kürze des Vokals) ohne Rücksicht auf die Betonung

qua̱ṉti̱ta̱tiv *⟨lat.-nlat.⟩:* der Quantität (1) nach, mengenmäßig

Qua̱ṉti̱té né̱g̱li̱ge̱a̱ble *[kãtitenegliˈʒaːbl] die; - - ⟨lat.-fr.⟩:* wegen ihrer Kleinheit außer Acht zu lassende Größe, Belanglosigkeit

qua̱ṉti̱tie̱ren *⟨lat.-nlat.⟩:* Silben im Vers nach der Quantität (2) messen

Qua̱ṉtor *der; -s, ...o̱ren:* logische Partikel (z. B. „für alle gilt") für quantifizierte Aussagen

Qua̱ṉtum *das; -s, ...ten ⟨lat.; „wie groß, wie viel; so groß wie"):* jmdm. zukommende, einer Sache angemessene Menge von etwas (bes. Nahrungsmittel o. Ä.)

quan|tum sa|tis: (Med.) in ausreichender Menge; Abk.: q. s.

quan|tum vis: (Med.) so viel du nehmen willst, nach Belieben (Hinweis auf Rezepten); Abk.: q. v.

Qua|ran|tä|ne [ka...] *die;* -, -n *⟨lat.-vulgärlat.-fr.;* „Anzahl von 40 (Tagen)"⟩: räumliche Absonderung, Isolierung Ansteckungsverdächtiger od. Absperrung eines Infektionsherdes (z. B. Wohnung, Ortsteil, Schiff) von der Umgebung als Schutzmaßregel gegen Ausbreitung od. Verschleppung von Seuchen

Quark [kwa:k] *das;* -s, -s *⟨engl.;* Fantasiename aus „Finnegans Wake" von James Joyce⟩: (Phys.) hypothetisches Elementarteilchen

¹Quart *die;* -, -en *⟨lat.(-mlat.)⟩:* 1. (Mus.) ↑ Quarte. 2. bestimmte Klingenhaltung beim Fechten

²Quart *das;* -s, -e (aber: 2 -) *⟨lat.⟩:* 1. (ohne Plural) Viertelbogengröße; Zeichen: 4° (Buchformat). 2. früheres Flüssigkeitsmaß in Preußen u. Bayern

³Quart [kwɔːt] *das;* -s, -s (aber: 2 -) *⟨lat.-engl.⟩:* a) englisches Hohlmaß (1,136 l); Zeichen: qt; b) amerikanisches Hohlmaß (für Flüssigkeiten: 0,946 l); Zeichen: liq qt; c) amerikanisches Hohlmaß (für trockene Substanzen: 1,101 dm³; Zeichen: dry qt

Quar|ta *die;* -, ...ten *⟨lat.⟩:* (veraltend) dritte, in Österreich vierte Klasse eines Gymnasiums

Quar|tal *das;* -s, -e *⟨lat.-mlat.⟩:* Vierteljahr

quar|tal|li|ter: (veraltet) vierteljährlich

Quar|tals|säu|fer *der;* -s, - *⟨lat.-mlat.; dt.⟩:* (ugs.) Dipsomane; vgl. Dipsomanie

Quar|ta|na *die;* - *⟨lat.⟩:* (Med.) Viertagewechselfieber (Verlaufsform der Malaria)

Quar|ta|ner *der;* -s, - *:* (veraltend) Schüler der Quarta. **Quar|ta|ne|rin** *die;* -, -nen: weibliche Form zu ↑ Quartaner

Quar|tant *der;* -en, -en *⟨lat.-mlat.⟩:* (selten) Buch in Viertelbogengröße

quar|tär *⟨lat.⟩:* 1. (Geol.) das Quartär betreffend. 2. an vierter Stelle in einer Reihe, [Rang]folge stehend; viertrangig. 3. (Chem.) a) das zentrale Atom bildend, an das vier organische Reste gebunden sind, die je ein Wasserstoffatom ersetzen (von Atomen in Molekülen); b) aus Molekülen bestehend, die ein quartäres (3 a) Atom als Zentrum haben (von chemischen Verbindungen)

Quar|tär *das;* -s: (Geol.) erdgeschichtliche Formation des ↑ Känozoikums (umfasst ↑ Pleistozän u. ↑ Alluvium)

Quar|te *die;* -, -n: (Mus.) a) vierter Ton einer diatonischen Tonleiter vom Grundton aus; b) Intervall von vier diatonischen Tonstufen

Quar|tel *das;* -s, -: (bayr.) kleines Biermaß

Quar|ten: *Plural* von ↑ Quarta u. ↑ ¹Quart

¹Quar|ter [ˈkwɔtɐ] *der;* -s, - *⟨lat.-fr.-engl.⟩:* 1. englisches Gewicht (= 12,7 kg). 2. englisches Hohlmaß (= 290,95 l). 3. Getreidemaß in den USA (= 21,75 kg)

²Quar|ter [ˈkwɔtɐ] *der;* -s, -s *⟨lat.-fr.-engl.⟩:* 1. Vierteldollarmünze (in den USA). 2. ein Viertel (z. B. einer Pizza)

Quar|ter|back [ˈkwɔtɐbɛk] *der;* -s, -s *⟨engl.⟩:* Spieler, der aus der Verteidigung heraus Angriffe einleitet u. führt; Spielmacher (im amerikanischen Football)

Quar|ter|deck *das;* -s, -s: (Seew.) leicht erhöhtes hinteres Deck eines Schiffes

Quar|ter|meis|ter *der;* -s, -: (Seew.) Matrose, der insbesondere als Rudergänger eingesetzt wird

Quar|te|ron *der;* -en, -en *⟨lat.-span.⟩:* (veraltet) männlicher Nachkomme eines Weißen u. einer Terzeronin (vgl. Terzerone). **Quar|te|ro|nin** *die;* -, -nen: weibliche Form zu ↑ Quarteron

Quar|ter|pipe [ˈkwɔːtəpaip] *die;* -, -s *⟨engl.⟩:* Viertelröhre, die beim Snowboarden im Freestyle verwendet wird

Quar|tett *das;* -[e]s, -e *⟨lat.-it.⟩:* 1. a) Komposition für vier solistische Instrumente od. vier Solostimmen; b) Vereinigung von vier Instrumental- od. Vokalsolisten; c) (iron.) Gruppe von vier Personen, die gemeinsam

etwas tun. 2. die erste od. zweite der beiden vierzeiligen Strophen des ↑ Sonetts im Unterschied zum ↑ Terzett (2). 3. Kartenspiel, bes. für Kinder, bei dem jeweils vier zusammengehörende Karten abgelegt werden, nachdem man die fehlenden durch Fragen von den Mitspielern erhalten hat

Quar|tier *das;* -s, -e *⟨lat.-fr.⟩:* 1. Unterkunft. 2. (schweiz., österr.) Stadtviertel

quar|tie|ren: (veraltet) unterbringen; einquartieren

Quar|tier la|tin [kartjela'tɛ̃] *das;* - - *⟨„lateinisches Viertel"⟩:* Pariser Hochschulviertel

Quar|til *das;* -s, -e *⟨lat.-nlat.⟩:* (bes. Statistik) Viertel (in einer bestimmten Rangliste)

Quart|ma|jor *die;* -: bestimmte Reihenfolge von [Spiel]karten

Quar|to *das;* - *⟨lat.-it.⟩:* ital. Bez. für: Quarte

Quar|to|le *die;* -, -n: (Mus.) Figur von vier Noten, die anstelle des Taktwertes von drei od. sechs Noten stehen

Quart|sext|ak|kord *der;* -[e]s, -e: (Mus.) Akkord von Quarte u. Sexte über der Quinte des Grundtons

quar|zen *⟨slaw.⟩:* (ugs.) rauchen

Qua|sar *der;* -s, -e *⟨Kurzw. aus* quasistellare Radioquelle⟩: (Astron.) Sternsystem, Objekt im Kosmos mit extrem starker Radiofrequenzstrahlung

qua|si *⟨lat.⟩:* gewissermaßen, sozusagen, so gut wie

---

qua|si..., Qua|si...

⟨lat. quasi „gewissermaßen, gleichsam, sozusagen"⟩ Wortbildungselement mit der Bedeutung „mit der bezeichneten Sache fast gleichzusetzen, im strengen Sinne aber doch etwas anderes; nur annähernd, aber nicht in vollem Maße":
– quasioffiziell
– quasioptisch
– Quasisouveränität
– quasistellar

Qua|si|mo|do|ge|ni|ti ⟨nach dem alten ↑ Introitus des Gottesdienstes, 1. Petrus 2, 2: „Wie die eben geborenen (Kinder)"⟩: erster Sonntag nach Ostern (Weißer Sonntag)

qua|si|of|fi|zi|ell: sozusagen, gewissermaßen offiziell

qua|si|op|tisch: (Phys.) sich ähnlich den Lichtwellen, also fast geradlinig ausbreitend (in Bezug auf Ultrakurzwellen)

qua|si|re|li|gi|ös: in gewissem Sinne religiös (ohne es wirklich zu sein)

Qua|si|sou|ve|rä|ni|tät die; -, -en: scheinbare Souveränität

qua|si|stel|lar: sternartig

Quas|sie [...jə] die; -, -n ⟨nlat.; nach dem Medizinmann G. Quassi (18. Jh.)⟩: südamerikanischer Baum, dessen Holz einen früher als Magenmittel verwendeten Bitterstoff liefert

Quäs|ti|on die; -, -en ⟨lat.⟩: in einer mündlichen ↑ Diskussion entwickelte u. gelöste wissenschaftliche Streitfrage (in der Scholastik)

quäs|ti|o|niert ⟨lat.-nlat.⟩: (Rechtsw. veraltet) fraglich, in Rede stehend; Abk.: qu.

Quäs|tor der; -s, ...oren ⟨lat.⟩: 1. (hist.) hoher Finanz- u. Archivbeamter in der römischen Republik. 2. Leiter einer Quästur (2). 3. (schweiz.) Kassenwart (eines Vereins). **Quäs|to|rin** die; -, -nen: weibliche Form zu ↑ Quästor (2, 3)

Quäs|tur die; -, -en: 1. a) Amt eines Quästors (1); b) Amtsbereich eines Quästors (1). 2. Universitätskasse, die die Hochschulgebühren einzieht

Qua|tem|ber der; -s, - ⟨lat.-mlat.⟩: liturgisch begangener katholischer Fasttag (am Mittwoch, Freitag u. Samstag nach Pfingsten, nach dem dritten Advents- u. ersten Fastensonntag)

qua|ter|när ⟨lat.⟩: (Chem.) aus vier Bestandteilen zusammengesetzt, aus vier Teilen bestehend

Qua|ter|ne die; -, -n: Gewinn von vier Nummern in der Zahlenlotterie od. im Lotto

Qua|ter|nio der; -s, ...onen: aus vier Einheiten zusammengesetztes Ganzes od. zusammengesetzte Zahl

Qua|ter|ni|on die; -, -en: (Math.) Zahlensystem mit vier komplexen Einheiten

Qua|t|rain [kat'trɛ̃:] das od. der; -s, -s od. -en [kat'trɛnən] ⟨lat.-vulgärlat.-fr.⟩: 1. vierzeiliges Gedicht. 2. ↑ Quartett (2)

Qua|t|ri|du|um das; -s ⟨lat.⟩: (veraltet) Zeitraum von vier Tagen

Quat|t|ro|cen|tist [...t∫en...] der; -en, -en ⟨lat.-it.⟩: Künstler des Quattrocento. **Quat|t|ro|cen|to** das; -[s]: das 15. Jahrhundert als Stilbegriff der italienischen Kunst

Qua|tu|or das; -s, -s ⟨lat.-fr.⟩: (veraltet) Instrumentalquartett

Que|b|ra|cho [ke'brat∫o] das; -s ⟨span.⟩: bes. hartes Holz südamerikanischer Baumarten

Que|chua ['ket∫ua] das; -[s] ⟨indian.-span.⟩: südamerikanische Indianersprache

Queen [kvi:n] die; -, -s ⟨engl.⟩: 1. englische Königin. 2. (ugs.) weibliche Person, die in einer Gruppe, in ihrer Umgebung im Mittelpunkt steht, am beliebtesten, begehrtesten u. a. ist. 3. femininer Homosexueller

Quel|ea die; -, -s ⟨afrik.-nlat.⟩: Blutschnabelweber, Gattung der Webervögel

Quem|pas der; - ⟨lat.; Kurzw. aus den beiden Anfangssilben von: Quem pastores laudavere „Den die Hirten lobeten sein"⟩: alter volkstümlicher Wechselgesang der Jugend in der Christmette od. -vesper

Quent das; -[e]s, -e (aber: 5 -) ⟨lat.-mlat.⟩: ehemaliges kleines deutsches Gewicht unterschiedlicher Größe

Que|re|le die; -, -n (meist Plural) ⟨lat.⟩: auf gegensätzlichen Bestrebungen, Interessen, Meinungen beruhende [kleinere] Streiterei

Que|ru|lant der; -en, -en ⟨lat.-nlat.⟩: jmd., der immer etwas zu nörgeln hat u. sich über jede Kleinigkeit beschwert. **Que|ru|lan|tin** die; -, -nen: weibliche Form zu ↑ Querulant

Que|ru|lanz die; -: querulatorisches Verhalten mit krankhafter Steigerung des Rechtsgefühls

Que|ru|la|ti|on die; -, -en: (veraltet) Beschwerde, Klage

que|ru|la|to|risch: nörglerisch, streitsüchtig

que|ru|lie|ren: nörgeln, ohne Grund klagen

Quer|ze|tin das; -s ⟨lat.-nlat.⟩: gelber Farb- u. Arzneistoff in der Rinde der Färbereiche, den Blüten des Goldlacks, den Stiefmütterchen u. anderer Pflan-

zen (früher als Farbstoff gebraucht, heute als antibakterielles Mittel verwendet)

Que|sal [ke...] vgl. ¹Quetzal

¹Quet|zal [ke...] u. Quesal der; -s, -s ⟨indian.-span.⟩: bunter Urwaldvogel (Wappenvogel von Guatemala)

²Quet|zal der; -[s], -[s] (aber: 5 -): Münzeinheit in Guatemala

¹Queue [kø:] das (auch: der); -s, -s ⟨lat.-fr.; „Schwanz"⟩: Billardstock

²Queue die; -, -s: 1. lange Reihe, Schlange (z. B. eine Queue bilden). 2. (veraltet) Ende einer ↑ Kolonne (1 a) oder reitenden Abteilung; Ggs. ↑ Tete

Quib|ble [kwɪbl] das; -s, -s ⟨engl.⟩: (veraltet) a) spitzfindige Ausflucht; b) [sophistisches, witziges] Wortspiel

Quiche [ki∫] die; -, -s [ki∫] ⟨germ.-fr.⟩: (Gastr.) Speckkuchen aus ungezuckertem Mürbe- od. Blätterteig

Quiche Lor|raine [ki∫lo'rɛn] die; -, - -s -s [ki∫lo'rɛn] ⟨fr.; „Lothringer Speckkuchen"⟩: (Gastr.) Quiche aus Mürbeteig, Speckscheiben, Käse u. einer Eier-Sahne-Soße

Qui|ckie der; -s, -s ⟨engl.⟩: (ugs.) 1. rasch vollzogene Handlung; schnell Erledigtes. 2. rasch vollzogener Geschlechtsakt

Quick-out [...'aut] das; -s, -s ⟨engl.⟩: Gerät (bes. Autoradio), das sich zum Schutz gegen Diebstahl schnell ausbauen u. mitnehmen lässt

Quick|stepp [...step] der; -s, -s ⟨engl.⟩: Standardtanz in schnellem Marschtempo u. stampfendem Rhythmus, der durch Fußspitzen- u. Fersenschläge ausgedrückt wird

Quick|stor|ming [...stɔ:mɪŋ] das; -s ⟨engl.⟩: kurzes ↑ Brainstorming

Qui|dam der; - ⟨lat.⟩: ein gewisser Jemand

Quid|di|tät die; -, -en ⟨lat.-mlat.⟩: die „Washeit", das Wesen eines Dinges (in der Scholastik)

Quid|pro|quo das; -s, -s ⟨lat.; „etwas für etwas"⟩: a) Vereinbarung zu gegenseitigem Nutzen; b) gegenseitiger Austausch; Vertauschung, Ersatz

Quie die; -, Quien ⟨altnord.⟩: (landsch.) a) junges weibliches Rind, das noch nicht gekalbt hat; b) gemästete junge Kuh

Qui|es|zenz *die; -* ⟨*lat.*⟩: (veraltet) 1. Ruhe. 2. Ruhestand. **qui|es|zie|ren:** (veraltet) 1. in den Ruhestand versetzen. 2. ruhen **Qui|e|tis|mus** *der; -* ⟨*lat.-nlat.*⟩: passive Geisteshaltung, die bes. durch das Streben nach einer gottergebenen Frömmigkeit u. Ruhe des Gemüts gekennzeichnet ist. **Qui|e|tist** *der; -en, -en:* Anhänger des Quietismus. **Qui|e|tis|tin** *die; -, -nen:* weibliche Form zu ↑ Quietist. **qui|e|tis|tisch:** den Quietismus betreffend **Qui|e|tiv** *das; -s, -e* u. **Qui|e|ti|vum** *das; -s, ...va:* (Med.) Beruhigungsmittel **qui|e|to** ⟨*lat.-it.*⟩: (Mus.) ruhig, gelassen (Vortragsanweisung) **Quil|la|ja** *die; -, -s* ⟨*indian.-span.*⟩: chilenischer Seifenbaum (liefert die als Reinigungsmittel verwendete Panamarinde) **Quilt** *der; -s, -s* ⟨*engl.*⟩: eine Art Steppdecke. **quil|ten:** einen Quilt herstellen **Qui|nar** *der; -s, -e* ⟨*lat.;* „Fünfer"⟩: römische Silbermünze der Antike **Quin|cunx** *der; -* ⟨*lat.*⟩: 1. Bau- od. Säulenordnung in der Stellung der Fünf eines Würfels (∵∴∵). 2. (Astrol.) 150° Winkelabstand zwischen den Planeten **quin|ke|lie|ren** ⟨*lat.-mlat.*⟩: 1. (landsch.) trällern, zwitschern; mit schwacher, dünner Stimme singen. 2. (landsch.) Winkelzüge, Ausflüchte machen **Quin|qua|ge|si|ma** *die; -,* (bei artikellosem Gebrauch auch:) ...mä: 1. kath. Bez. des Fastnachtsonntags ↑ Estomihi als des ungefähr 50. Tages vor Ostern. 2. früher der 50-tägige Zeitraum zwischen Ostern u. Pfingsten **Quin|quen|nal|fa|kul|tä|ten** *die* (Plural): auf fünf Jahre begrenzte Vollmachten für Bischöfe, ↑ Dispense zu erteilen, die sonst dem Papst vorbehalten sind **Quin|quen|ni|um** *das; -s, ...ien* ⟨*lat.*⟩: (veraltet) Zeitraum von fünf Jahren **quin|quil|lie|ren:** ↑ quinkelieren **Quin|quil|li|on** *die; -, -en* ⟨*lat.-nlat.*⟩: ↑ Quintillion **Quint** *die; -, -en* ⟨*lat.(-mlat.)*⟩: 1. (Mus.) ↑ Quinte. 2. bestimmte Klingenhaltung beim Fechten

Quin|ta *die; -, ...ten:* (veraltend) zweite, in Österreich fünfte Klasse eines Gymnasiums **Quin|tal** [franz.: kɛ̃'tal, span. u. portug.: kin'tal] *der; -s, -e* (aber: 5 -) ⟨*lat.-mgr.-arab.-mlat.-roman.*⟩: Gewichtsmaß (Zentner) in Frankreich, Spanien u. in mittel- u. südamerikanischen Staaten; Zeichen: q **Quin|ta|na** *die; -* ⟨*lat.*⟩: (Med.) Infektionskrankheit mit periodischen Fieberanfällen im Abstand von meist fünf Tagen **Quin|ta|ner** *der; -s, -:* (veraltend) Schüler einer Quinta. **Quin|ta|ne|rin** *die; -, -nen:* weibliche Form zu ↑ Quintaner **Quin|te** *die; -, -n:* (Mus.) a) fünfter Ton einer diatonischen Tonleiter vom Grundton an; b) Intervall von fünf diatonischen Tonstufen **Quin|ten:** *Plural* von ↑ Quinta u. ↑ Quinte **Quin|ten|zir|kel** *der; -s:* (Mus.) Kreis, in dem alle Tonarten in Dur u. Moll in Quintenschritten dargestellt werden **Quin|ter|ne** *die; -, -n* ⟨*lat.*⟩: Fünfgewinn (5 Nummern in einer Reihe beim Lottospiel) **Quin|ter|nio** *der; -, ...onen* ⟨*lat.-nlat.*⟩: (veraltet) aus fünf Stücken zusammengesetztes Ganzes **Quin|te|ron** *der; -en, -en* ⟨*lat.-span.*⟩: (veraltet) männlicher Nachkomme eines Weißen u. einer Quarteronin (vgl. Quarteron). **Quin|te|ro|nin** *die; -, -nen:* weibliche Form zu ↑ Quinteron **Quint|es|senz** *die; -, -en* ⟨*lat.-mlat.;* „fünftes Seiendes"⟩: Endergebnis, Hauptgedanke, -inhalt, Wesen einer Sache **Quin|tett** *das; -[e]s, -e* ⟨*lat.-it.*⟩: (Mus.) a) Komposition für fünf solistische Instrumente od. fünf Solostimmen; b) Vereinigung von fünf Instrumental- od. Vokalsolisten **quin|tie|ren** ⟨*lat.-fr.*⟩: auf Blasinstrumenten, bes. der Klarinette, beim Überblasen statt in die Oktave in die ↑ Duodezime überschlagen **Quin|til|la** [kɪn'tɪlja] *die; -, -s* ⟨*lat.-span.*⟩: seit dem 15. Jh. in Spanien übliche fünfzeilige Strophe aus achtsilbigen Versen **Quin|til|li|ar|de** *die; -, -n* ⟨*lat.; fr.*⟩: 1 000 Quintillionen = 10^{33}

Quin|til|li|on *die; -, -en* ⟨*lat.-nlat.*⟩: 10^{30}, Zahl mit 30 Nullen **Quin|to|le** *die; -, -n:* (Mus.) Notengruppe von fünf Tönen, die den Taktwert von drei, vier od. sechs Noten hat **Quint|sext|ak|kord** *der; -[e]s, -e:* (Mus.) erste Umkehrung des Septimenakkordes, bei der die ursprüngliche Terz den Basston abgibt **Quin|tu|or** *das; -s, -s* ⟨*lat.-fr.*⟩: (veraltet) Instrumentalquintett **quin|tu|pel** ⟨*lat.*⟩: (veraltet) fünffach **Quin|tus** *der; -:* (Mus.) die fünfte Stimme in den mehrstimmigen Kompositionen des 16. Jh.s **Quip|pu** ['kɪpu] vgl. Quipu **Qui|pro|quo** *das; -s, -s* ⟨*lat.*⟩: Verwechslung einer Person mit einer anderen **Qui|pu** ['kɪpu] u. Quippu *das; -[s], -[s]* ⟨*indian.-span.*⟩: Knotenschnur der Inkas, die als Schriftersatz diente **qui|ri|lie|ren:** ↑ quinkelieren **Qui|ri|nal** *der; -s* ⟨*lat.;* einer der sieben Hügel Roms⟩: seit 1948 Sitz des italienischen Staatspräsidenten (früher des Königs) **Qui|ri|te** *der; -n, -n* ⟨*lat.*⟩: (hist.) römischer Vollbürger zur Zeit der Antike **Quis|ling** *der; -s, -e* ⟨nach einem norweg. Faschistenführer⟩: (abwertend) ↑ Kollaborateur **Quis|qui|li|en** *die* (Plural) ⟨*lat.*⟩: etwas, dem man keinen Wert, keine Bedeutung beimisst; Belanglosigkeiten **quit|tie|ren** ⟨*lat.-mlat.-fr.*⟩: 1. den Empfang einer Leistung, einer Lieferung durch Quittung bescheinigen, bestätigen. 2. auf etwas reagieren, etwas mit etwas beantworten; **etwas quittieren [müssen];** etwas hinnehmen [müssen] **Quit|tung** *die; -, -en:* 1. Empfangsbescheinigung, -bestätigung (für eine Bezahlung). 2. (iron.) unangenehme Folgen (z. B. einer Tat, eines Verhaltens); Vergeltung **Qui|vive** [ki'vi:f] ⟨*lat.-fr.*⟩: in der Wendung **auf dem Quivive sein:** auf der Hut sein **qui vi|v|ra, ver|ra** [ki vi'vra ve'ra] ⟨*fr.;* „wer leben wird, wird [es] sehen"⟩: die Zukunft wird es zeigen **Quiz** [kvɪs] *das; -, -* ⟨*engl.;* „schrul-

Q

liger Kauz; Neckerei, Ulk"): Frage-und-Antwort-Spiel bes. im Rundfunk u. Fernsehen), bei dem die Antworten innerhalb einer vorgeschriebenen Zeit gegeben werden müssen

Quiz|mas|ter [ˈkvɪsmaːstɐ] *der; -s, -:* Fragesteller [u. Conférencier] bei einer Quizveranstaltung

quiz|zen [ˈkvɪsn̩]: Quiz spielen

quod e|rat de|mons|t|ran|dum ⟨*lat.*; „was zu beweisen war"⟩: durch diese Ausführung ist das klar, deutlich geworden; Abk.: q. e. d.

Quod|li|bet *das; -s, -s* ⟨„was beliebt"⟩: 1. humoristische musikalische Form, in der verschiedene Lieder unter Beachtung kontrapunktischer Regeln gleichzeitig od. [in Teilen] aneinander gereiht gesungen werden. 2. ein Kartenspiel. 3. (veraltet) Durcheinander, Mischmasch

quod li|cet Io|vi, non li|cet bo|vi ⟨„was Jupiter darf, darf der Ochse nicht"⟩: was dem höher Gestellten zugebilligt, nachgesehen wird, wird bei dem niedriger Stehenden beanstandet

Quo|rum *das; -s:* (bes. südd., schweiz.) die zur Beschlussfähigkeit einer [parlamentarischen] Vereinigung, Körperschaft o. Ä. vorgeschriebene Zahl anwesender stimmberechtigter Mitglieder od. abgegebener Stimmen

quos e|go ⟨Einhalt gebietender Zuruf Neptuns an die tobenden Winde in Vergils „Äneis"⟩: euch will ich helfen!, euch will ichs zeigen!

Quo|ta|ti|on *die; -, -en* ⟨*lat.-mlat.-nlat.*⟩: Kursnotierung an der Börse; vgl. ...ation/...ierung

Quo|te *die; -, -n* ⟨*lat.-mlat.*⟩: Anteil (von Sachen od. auch Personen), der bei Aufteilung eines Ganzen auf den Einzelnen od. eine Einheit entfällt (Beziehungszahlen in der Statistik, Kartellquoten, Konkursquoten)

Quo|ten|frau *die; -, -en:* (Jargon) Frau, die aufgrund der Quotenregelung in einer bestimmten Funktion tätig ist, eine bestimmte Position einnimmt

Quo|ten|me|tho|de *die; -:* Stichprobenverfahren der Meinungsforschung nach statistisch aufgeschlüsselten Quoten

hinsichtlich der Personenzahl u. des Personenkreises der zu Befragenden

Quo|ten|re|ge|lung *die; -:* Regelung, die vorsieht, dass in bestimmten Funktionen od. Positionen ein bestimmter Personenkreis (meist Frauen) in einer angemessenen Zahl vertreten sein soll

quo|ti|di|an ⟨*lat.*⟩: (Med.) täglich

Quo|ti|di|a|na *die; -, ...nen* od. ...nä: (Med.) Form der Malaria mit unregelmäßigem Fieberverlauf, schwerem Krankheitsbild u. Neigung zu Komplikationen

Quo|ti|ent *der; -en, -en* ⟨„wie oft?, wievielmal?"⟩: (Math.) a) Dividend, der durch den Divisor geteilt wird; b) Ergebnis einer Division

quo|tie|ren ⟨*lat.-mlat.*⟩: (Wirtsch.) den Preis (Kurs) angeben od. mitteilen, notieren. **Quo|tie|rung** *die; -, -en:* das Quotieren; vgl. ...ation/...ierung

quo|ti|sie|ren: (Wirtsch.) eine Gesamtmenge od. einen Gesamtwert in ↑ Quoten aufteilen

quo va|dis? ⟨*lat.;* „wohin gehst du?" (nach: Domine, quo vadis? = Herr, wohin gehst du?; legendäre Frage des aus Rom flüchtenden Petrus an den ihm erscheinenden Christus)⟩: (meist als Ausdruck der Besorgnis) wohin wird das führen? wer weiß, wie das noch enden wird?

Ra|bab vgl. Rebab

Ra|batt *der; -[e]s, -e* ⟨*lat.-vulgärlat.-it.*⟩: Preisnachlass, der aus bestimmten Gründen (z. B. Bezug größerer Mengen od. Dauerbezug) gewährt wird

Ra|bat|te *die; -, -n* ⟨*lat.-vulgärlat.-fr.-niederl.*⟩: 1. schmales Beet [an Wegen, um Rasenflächen]. 2. (veraltet) Umschlag an Kragen od. Ärmeln (bes. bei Uniformen)

ra|bat|tie|ren ⟨*lat.-vulgärlat.-it.*⟩: Rabatt gewähren

Ra|batz *der; -es* ⟨vermutlich zu der Wortfamilie von „Rabauke" gehörend⟩: (ugs.) 1. lärmendes Treiben, Geschrei, Krach. 2. laut vorgebrachter Protest

Ra|bau *der; -s u. -en, -e[n]* ⟨*dt.-fr.-niederl.*⟩: (landsch.) 1. Rabauke. 2. kleine graue ↑ Renette

Ra|bau|ke *der; -n, -n:* (ugs.) grober, gewalttätiger junger Mensch, Rohling

Rab|bi *der; -s, ...inen* (auch: -s) ⟨*hebr.-gr.-mlat.;* „mein Herr"⟩: 1. (ohne Plural) Ehrentitel jüdischer Gesetzeslehrer. 2. Träger dieses Titels. **Rab|bi|nat** *das; -[e]s, -e* ⟨*hebr.-gr.-mlat.-nlat.*⟩: Amt, Würde eines Rabbiners

Rab|bi|ner *der; -s, -* ⟨*hebr.-gr.-mlat.*⟩: jüdischer Gesetzes- u. Religionslehrer, Prediger u. Seelsorger. **Rab|bi|ne|rin** *die; -, -nen:* weibliche Form zu ↑ Rabbiner. **rab|bi|nisch:** die Rabbiner betreffend

Rab|bit|punch, auch: **Rab|bit-Punch** [ˈrɛbɪtpantʃ] *der; -s, -s* ⟨*engl.;* „Hasenschlag"⟩: [unerlaubter] kurz angesetzter Schlag ins Genick od. an den Unterteil des Schädels (im Boxsport)

ra|bi|at ⟨*lat.-mlat.*⟩: a) rücksichtslos u. roh; b) wütend

Ra|bies *die; -* ⟨*lat.*⟩: (Med.) Tollwut

Ra|bu|list *der; -en, -en* ⟨*lat.-nlat.*⟩: jmd., der in geschickter Weise beredt-spitzfindig argumentiert, um damit einen Sachverhalt in einer von ihm gewünschten, aber nicht der Wahrheit entsprechenden Weise darzustellen; Wortverdreher

Ra|bu|lis|tik *die; -, -en:* Argumentations-, Redeweise eines Rabulisten

Ra|bu|lis|tin *die; -, -nen:* weibliche Form zu ↑ Rabulist

ra|bu|lis|tisch: in der Argumentations-, Redeweise eines Rabulisten [vorgetragen]

Ra|bu|se vgl. Rapuse

Ra|ce|mat usw. vgl. Razemat usw.

Ra|chi|tis [...x...] *die; -, ...iti|den* ⟨*gr.-nlat.*⟩: (Med.) Vitamin-D-Mangel-Krankheit, bes. im frühen Kleinkindalter mit mangelhafter Verkalkung des Knochengewebes. **ra|chi|tisch:** a) an

Rachitis leidend, die charakteristischen Symptome einer Rachitis zeigend; b) (Med.) die Rachitis betreffend

Ra|cing [ˈreɪsɪŋ] *das;* -s, -s ⟨*engl.;* „(Wett)rennen“⟩: engl. Bez. für: [Motor]rennsport; Rennen

Ra|cing|rei|fen [ˈreɪsɪŋ...] *der;* -s, - ⟨*engl.; dt.*⟩: für starke Beanspruchung geeigneter, bes. bei Autorennen verwendeter Reifen

Ra|cing|team [...tiːm] *das;* -s, -s: (Motorsport) Gemeinschaft von Rennfahrern [u. Betreuern]

Rack [rɛk, engl.: ræk] *das;* -s, -s ⟨*engl.*⟩: regalartiges Gestell zur Unterbringung einer Stereoanlage

¹Ra|cket [ˈrɛkət, engl.: ˈrækɪt], u. Rackett u. Rakett *das;* -s, -s ⟨*arab.-fr.-engl.*⟩: Tennisschläger

²Ra|cket [ˈrɛkət, engl.: ˈrækɪt] *das;* -s, -s ⟨*engl.*⟩: Verbrecherbande in Amerika

³Ra|cket vgl. ¹Rackett

Ra|cke|teer [rækəˈtiə] *der;* -s, -s ⟨*engl.*⟩: Gangster, Erpresser

¹Ra|ckett u. Racket *das;* -s, -e ⟨Herkunft unsicher⟩: Holzblasinstrument (vom 15. bis 17. Jh.) mit doppeltem Rohrblatt u. langer, in neun Windungen in einer bis zu 35 cm hohen Holzbüchse eingepasster Röhre mit elf Grifflöchern

²Ra|ckett [ˈrɛkət, engl.: ˈrækɪt] *das;* -s, -s ⟨*arab.-fr.-engl.*⟩: ↑ ¹Racket

Rack|job|ber, auch: **Rack-Job|ber** [ˈrækˈdʒɔbɐ] *der;* -s, - ⟨*engl.*⟩: Großhändler od. Hersteller, der die Vertriebsform des Rackjobbings anwendet

Rack|job|bing, auch: **Rack-Job|bing** [ˈrækˈdʒɔbɪŋ] *das;* -s ⟨*engl.*⟩: Vertriebsform, in der eine Herstellerfirma od. ein Großhändler beim Einzelhändler eine Verkaufs- od. Ausstellungsfläche mietet, um sich das alleinige Belieferungsrecht für neue Produkte zu sichern u. dem Einzelhändler gleichzeitig das Verkaufsrisiko zu nehmen

¹Ra|clette [ˈraklet, raˈklɛt] *der;* -[s] ⟨*fr.*⟩: eine schweizerische Käsesorte

²Ra|clette *die;* -, -s (auch: *das;* -s, -s): 1. schweizerisches Gericht, bei dem man ¹Raclette schmelzen lässt u. die weich gewordene Masse nach u. nach auf einen Teller abstreift. 2. kleines

Grillgerät zum Zubereiten von ²Raclette (1)

Rac|quet|ball [ˈrækɪt...] *der;* -[e]s ⟨*engl.; dt.*⟩: dem Squash (1) ähnliches Rückschlagspiel

Rad *das;* -s, - ⟨*engl.; Kurzw.* aus radiation absorbed dosis⟩: (Phys.) Einheit der Strahlungsdosis von Röntgen- od. Korpuskularstrahlen; Zeichen: rad

Ra|dar [auch: ˈraː...] *das,* auch: *der;* -s, -e ⟨engl. radio detecting and ranging⟩: 1. Verfahren zur Ortung von Gegenständen im Raum mithilfe gebündelter elektromagnetischer Wellen, die von einem Sender ausgehen, reflektiert werden u. über einen Empfänger auf einem Anzeigegerät sichtbar gemacht werden. 2. Radargerät, -anlage

Ra|dar|las|t|ro|no|mie [auch: ˈraː...] *die;* -: Untersuchung astronomischer Objekte mithilfe der Radartechnik

Ra|dar|pis|to|le [auch: ˈraː...] *die;* -, -en: bei Geschwindigkeitskontrollen bzw. -messungen eingesetztes, mit der Hand gehaltenes Radargerät

Ra|dar|tech|nik [auch: ˈraː...] *die;* -: Verfahren, mithilfe von Radar die Entfernung, Flughöhe, Wassertiefe o. Ä. von Objekten zu bestimmen

Rad|dop|pio *der;* -s, -s ⟨*lat.-it.*⟩: eine Figur beim Fechten

ra|di|al ⟨*lat.-mlat.*⟩: den Radius betreffend, in Radiusrichtung; strahlenförmig, von einem Mittelpunkt ausgehend, auf einen Mittelpunkt hinzielend

Ra|di|a|li|tät *die;* -: radiale Anordnung

Ra|di|al|li|nie [...iə] *die;* -, -n: (österr.) von der Stadtmitte zum Stadtrand führende Straße, Straßenbahnlinie o. Ä.

Ra|di|al|rei|fen *der;* -s, -: Gürtelreifen

Ra|di|al|sym|me|t|rie *die;* -: (Zool.) Grundform des Körpers bestimmter Lebewesen, bei der neben einer Hauptachse mehrere untereinander gleiche Nebenachsen senkrecht verlaufen (z. B. bei Hohltieren). **ra|di|al|sym|me|t|risch:** die Radialsymmetrie betreffend; vgl. bilateralsymmetrisch

Ra|di|al|tur|bi|ne *die;* -, -n: Dampf- od. Wasserturbine

Ra|di|ant *der;* -en, -en ⟨*lat.*⟩: 1. (Astron.) scheinbarer Ausstrahlungspunkt eines Meteorschwarms an der Himmelssphäre. 2. Einheit des Winkels im Bogenmaß; ebener Winkel, für den das Längenverhältnis Kreisbogen zu Kreisradius den Zahlenwert 1 besitzt; Zeichen: rad

ra|di|är ⟨*lat.-fr.*⟩: strahlig

ra|di|är|sym|me|t|risch: ↑ radialsymmetrisch

Ra|di|äs|the|sie *die;* - ⟨*lat.; gr.*⟩: (Parapsychol.) wissenschaftlich umstrittene Fähigkeit von Personen, mithilfe von Pendeln od. Wünschelruten so genannte Erdstrahlen wahrzunehmen u. so z. B. Wasser- u. Metallvorkommen aufzuspüren. **ra|di|äs|the|tisch:** die Radiästhesie betreffend, auf ihr beruhend

Ra|di|al|ta *die* (Plural) ⟨*lat.*⟩: (veraltet) Tiere mit strahligem Bau (Hohltiere u. Stachelhäuter)

Ra|di|a|ti|on *die;* -, -en: 1. (Biol.) stammesgeschichtliche Ausstrahlung, d. h. aufgrund von Fossilfunden festgestellte Entwicklungsexplosion, die während eines relativ kurzen geologischen Zeitabschnittes aus einer Stammform zahlreiche neue Formen entstehen lässt (z. B. zu Anfang des ↑ Tertiärs aus der Stammform Urinsektenfresser zahlreiche genetisch neue Formen mit neuen Möglichkeiten der Anpassung an die verschiedensten Umweltbedingungen). 2. (Astron.) Strahlung, scheinbar von einem Punkt ausgehende Bewegung der Einzelteile eines Meteorschwarms

Ra|di|a|tor *der;* -s, ...oren ⟨*lat.-nlat.*⟩: Heizkörper bei Dampf-, Wasser-, Gaszentralheizungen

Ra|dic|chio [raˈdɪkio] *der;* -s ⟨*lat.-it.*⟩: eine in Italien angebaute Art der ↑ Zichorie (3) mit rotweißen Blättern, die als Salat zubereitet werden

Ra|di|ces: *Plural* von ↑ Radix

Ra|di|en *die* (Plural) ⟨*lat.*⟩: 1. *Plural* von ↑ Radius. 2. Flossenstrahlen der Fische. 3. Strahlen der Vogelfeder. 4. Strahlen (Achsen) ↑ radialsymmetrischer Tiere

ra|die|ren *der* ⟨*lat.;* „kratzen, schaben, auskratzen; reinigen“⟩: 1. etwas Geschriebenes od. Gezeichnetes mit einem Radiergummi od. Messer entfernen, tilgen. 2. eine Zeichnung in eine Kupferplatte einritzen

Ra|die|rer *der; -s, -:* Künstler, der Radierungen herstellt. **Ra|die|re|rin** *die; -, -nen:* weibliche Form zu ↑ Radierer

Ra|die|rung *die; -, -en:* 1. (ohne Plural) Tiefdruckverfahren, bei dem die Zeichnung in eine Wachs-Harz-Schicht, die sich auf einer Kupferplatte befindet, eingeritzt wird, von der [nach der Ätzung durch ein Säurebad] Abzüge gemacht werden. 2. durch das Radierverfahren hergestelltes grafisches Blatt

ra|di|kal *⟨lat.-fr.; „an die Wurzel gehend"⟩:* 1. a) bis auf die Wurzel gehend, vollständig, gründlich u. ohne Rücksichtnahme; b) hart, rücksichtslos. 2. einen politischen od. weltanschaulichen Radikalismus vertretend. 3. (Math.) die Wurzel betreffend. **Ra|di|kal** *das; -s, -e:* 1. (Psychol.) Grundeigenschaften einer Person, die ihren Charakteraufbau bestimmen (in der Strukturpsychologie). 2. (Sprachw.) a) Teil des chinesischen Schriftzeichens, der einen Bedeutungsbereich angibt; b) Konsonant in den semitischen Sprachen, der (meist zusammen mit anderen Konsonanten) die Wurzel eines Wortes bildet. 3. (Chem.) nur während einer Reaktion für extrem kurze Zeit auftretendes Atom od. Molekül mit einem einzelnen Elektron. 4. (Math.) durch Wurzelziehen erhaltene mathematische Größe

Ra|di|kal|ins|ki *der; -s, -s:* (ugs. abwertend) politisch Radikaler

ra|di|ka|li|sie|ren *⟨lat.-fr.-nlat.⟩:* radikal machen. **Ra|di|ka|li|sie|rung** *die; -, -en:* Entwicklung zu einer radikalen (2) Form

Ra|di|ka|lis|mus *der; -, ...men:* 1. rücksichtslos bis zum Äußersten gehende [politische, religiöse usw.] Richtung. 2. unerbittliches, unnachgiebiges Vorgehen. **Ra|di|ka|list** *der; -en, -en:* Vertreter des Radikalismus. **Ra|di|ka|lis|tin** *die; -, -nen:* weibliche Form zu ↑ Radikalist. **ra|di|ka|lis|tisch:** den Radikalismus (1, 2) betreffend, im Sinne des Radikalismus

Ra|di|kand *der; -en, -en ⟨lat.⟩:* (Math.) mathematische Größe od. Zahl, deren Wurzel gezogen werden soll

Ra|di|ku|la *die; -:* (Bot.) Keimwurzel der Samenpflanzen

Ra|dio *das; -s, -s ⟨lat.-engl.⟩:* 1. (ugs., bes. schweiz. auch: *der*) Rundfunkgerät. 2. (ohne Plural) Rundfunk

ra|di|o..., Ra|di|o...

⟨*lat.* radius „Stab; Speiche; Strahl"⟩

Wortbildungselement mit der Bedeutung „Strahl, Strahlung":

– radioaktiv
– Radiologe
– Radiotherapie

ra|di|o|ak|tiv *⟨lat.-nlat.⟩:* (Phys.) durch Kernzerfall od. -umwandlung bestimmte Elementarteilchen aussendend. **Ra|di|o|ak|ti|vi|tät** *die; -:* (Phys.) Eigenschaft der Atomkerne gewisser ↑ Isotope, sich ohne äußere Einflüsse umzuwandeln und dabei bestimmte Strahlen auszusenden

Ra|di|o|as|t|ro|no|mie *die; -:* Teilgebiet der Astronomie, auf dem die von Gestirnen u. kosmischen Objekten sowie aus dem interstellaren Raum kommende Radiofrequenzstrahlung untersucht wird

Ra|di|o|au|to|gra|phie, auch: ...grafie *die; -:* ↑ Autoradiographie

Ra|di|o|bi|o|che|mie *die; -:* Teilgebiet der Radiochemie, auf dem vorwiegend biochemische Vorgänge u. Stoffe mit radiochemischen Methoden untersucht werden

Ra|di|o|bi|o|lo|ge *der; -n, -n:* Wissenschaftler auf dem Gebiet der Radiobiologie. **Ra|di|o|bi|o|lo|gie** *die; -:* Strahlenbiologie; Teilgebiet der Biologie, auf dem die Wirkung von Strahlen, bes. Lichtstrahlen, auf den lebenden Organismus erforscht wird. **Ra|di|o|bi|o|lo|gin** *die; -, -nen:* weibliche Form zu ↑ Radiobiologe

Ra|di|o|car|bon|me|tho|de vgl. Radiokarbonmethode

Ra|di|o|che|mie *die; -:* Teilgebiet der Kernchemie, auf dem man sich mit den radioaktiven Elementen, ihren chemischen Eigenschaften u. Reaktionen sowie ihrer praktischen Anwendung befasst. **ra|di|o|che|misch:** die Radiochemie betreffend

Ra|di|o|el|le|ment *das; -[e]s, -e:* chem. Element mit natürlicher Radioaktivität

ra|di|o|fon usw. vgl. radiophon usw.

Ra|di|o|fre|quenz|strah|lung *die; -, -en:* elektromagnetische Strahlung aus dem Weltraum im Meter- u. Dezimeterwellenbereich

ra|di|o|gen *⟨lat.; gr.⟩:* durch radioaktiven Zerfall entstanden (z. B. radiogenes Blei). **Ra|di|o|gen** *das; -s, -e:* durch Zerfall eines radioaktiven Stoffes entstandenes Element

Ra|di|o|go|ni|o|me|ter *das; -s, -:* Winkelmesser für Funkpeilung. **Ra|di|o|go|ni|o|me|t|rie** *die; -:* Winkelmessung für Funkpeilung

Ra|di|o|gra|fie vgl. Radiographie

Ra|di|o|gramm *das; -s, -e:* 1. (Postw. veraltet) Funktelegramm. 2. ↑ Röntgenogramm

Ra|di|o|gra|phie, auch: ...grafie *die; -:* 1. ↑ Röntgenographie. 2. ↑ Autoradiographie

Ra|di|o|in|di|ka|tor *der; -s, ...oren:* künstlich radioaktiv gemachtes ↑ Isotop

Ra|di|o|in|ter|fe|ro|me|ter *das; -s, -:* (Phys.) beim Radioteleskop Anlage zum Erhöhen des Auflösungsvermögens

Ra|di|o|jod|test *der; -[e]s, -s (auch: -e):* (Med.) Prüfung der Schilddrüsenfunktion durch orale Gabe von radioaktiv angereichertem Jod u. anschließender Radioaktivitätsmessung

Ra|di|o|kar|bon|me|tho|de, chem. fachspr.: ...carbon... *die; -:* (Chem.; Geol.) Verfahren zur Altersbestimmung ehemals organischer Stoffe durch Ermittlung ihres Gehalts an radioaktivem Kohlenstoff

Ra|di|o|la|rie […jə] *die; -, -n* (meist Plural) *⟨lat.-nlat.⟩:* Strahlentierchen (meerbewohnender Wurzelfüßer)

Ra|di|o|la|ri|en|schlamm *der; -[e]s, (selten:) -e u. ...schlämme:* Ablagerungen der Skelette abgestorbener Radiolarien

Ra|di|o|la|rit [auch: ...ˈrɪt] *der; -s:* (Geol.) aus Skeletten der Radio-

larien entstandenes, rotes od. braunes, sehr hartes Gestein
Ra|di|o|lo|ge der; -n, -n ⟨lat.; gr.⟩: (Med.) Facharzt für Röntgenologie u. Strahlenheilkunde. **Ra|di|o|lo|gie** die; -: Wissenschaft von den Röntgenstrahlen u. den Strahlen radioaktiver Stoffe u. ihrer Anwendung; Strahlenkunde. **Ra|di|o|lo|gin** die; -, -nen: weibliche Form zu ↑ Radiologe. **ra|di|o|lo|gisch:** die Radiologie betreffend
Ra|di|o|ly|se die; -, -n: (Chem.) Veränderung in einem chemischen System, die durch ionisierende Strahlen hervorgerufen wird
Ra|di|o|me|ter das; -s, -: Gerät zur Strahlungsmessung (bes. von Wärmestrahlung), das die Kraft nutzt, die infolge eines Temperaturunterschieds zwischen bestrahlter u. unbestrahlter Seite auf ein dünnes [Glimmer]plättchen ausgeübt wird. **Ra|di|o|me|t|rie** die; -: 1. Messung von [Wärme]strahlung. 2. Messung radioaktiver Strahlung
Ra|di|o|nu|k|l|id das; -[e]s, -e ⟨lat.⟩: künstlich od. natürlich radioaktives ↑ Nuklid, dessen Atomkerne nicht nur gleiche Kernladungs- u. Massenzahl haben, sondern sich auch, im Unterschied zu Isomeren, im gleichen Energiezustand befinden u. daher stets in der gleichen Weise radioaktiv zerfallen
Ra|dio-on-De|mand [ˈreɪdɪoʊ ɔn dɪˈmɑːnd] das; -[s] ⟨engl.; „Radio auf Anforderung"⟩: auf Wunsch abrufbares Radioprogramm
ra|di|o|phon, auch: ...fon ⟨lat.; gr.⟩: die Radiophonie betreffend, auf Radiophonie beruhend. **Ra|di|o|pho|nie** auch: ...fonie die; -: drahtlose ↑ Telefonie
Ra|di|o|re|kor|der, auch: ...recorder der; -s, -: [tragbares] Rundfunkgerät mit eingebautem ↑ Kassettenrekorder
Ra|di|o|s|ko|pie die; -, ...ien: (Med.) ↑ Röntgenoskopie
Ra|di|o|son|de die; -, -n: (Meteor.) aus einem Kurzwellensender u. verschiedenen Messgeräten bestehendes Gerät, das, an einem Ballon aufgelassen, die Verhältnisse der Erdatmosphäre erforscht

Ra|di|o|te|le|fo|nie die; -: drahtlose ↑ Telefonie
Ra|di|o|te|le|gra|fie, auch: ...graphie die; -: drahtlose ↑ Telegrafie
Ra|di|o|te|le|s|kop das; -s, -e: ↑ parabolisch gekrümmtes Gerät aus Metall für den Empfang von Radiofrequenzstrahlung aus dem Weltraum
Ra|di|o|the|ra|pie die; -, ...ien: Strahlenbehandlung, Behandlung von Krankheiten mit radioaktiven od. Röntgenstrahlen
Ra|di|o|tho|ri|um das; -s: Element aus der radioaktiven Zerfallsreihe des Thoriums
Ra|di|um das; -s ⟨lat.-nlat.⟩: radioaktives chem. Element; ein Metall; Zeichen: Ra
Ra|di|um|e|ma|na|ti|on die; -: (veraltet) ↑ Radon
Ra|di|us der; -, ...ien ⟨lat.; „Stab; Speiche; Strahl"⟩: 1. (Math.) Halbmesser des Kreises (Zeichen: r, R). 2. (Med.) auf der Daumenseite liegender Knochen des Unterarms
Ra|dix die; -, Radizes (fachspr. auch: Radices) [raˈdiːtseːs] ⟨lat.; „Wurzel"⟩: 1. Pflanzenwurzel. 2. (Anat.) Basisteil eines Organs, Nervs od. sonstigen Körperteils
Ra|dix|ho|ro|s|kop das; -s, -e: (Astrol.) Geburtshoroskop
Ra|di|zes: Plural von ↑ Radix
ra|di|zie|ren ⟨lat.-nlat.⟩: (Math.) die Wurzel (aus einer Zahl) ziehen
Ra|dom das; -s, -s ⟨engl.; Kurzwort aus radar dome = Radarkuppel⟩: für elektromagnetische Strahlen durchlässige, kugelförmige Hülle als Wetterschutz für Radar- od. Satellitenbodenantennen
Ra|don [auch: raˈdoːn] das; -s ⟨lat.-nlat.⟩: radioaktives chem. Element; ein Edelgas; Zeichen: Rn
Ra|do|ta|ge [...ˈtaːʒə] die; -, -n ⟨fr.⟩: leeres Geschwätz. **Ra|do|teur** [...ˈtøːɐ̯] der; -s, -e ⟨fr.⟩: Schwätzer. **ra|do|tie|ren:** ungehemmt schwatzen
Ra|d|scha [auch: ˈradʒa] der; -s, -s ⟨sanskr.-Hindi⟩: indischer Fürstentitel
Ra|du|la die; -, ...lae [...lɛ] ⟨lat.; „Schab-, Kratzeisen"⟩: 1. mit Zähnchen besetzte Chitinmembran am Boden des

Schlundkopfes von Weichtieren (außer Muscheln). 2. Kratzmoos (hellgrünes Lebermoos auf der Rinde von Waldbäumen)
Raf|fi|a|bast vgl. Raphiabast
Raf|fi|na|de die; -, -n ⟨lat.-fr.⟩: fein gemahlener, gereinigter Zucker
Raf|fi|na|ge [...ˈnaːʒə] die; -, -n: Verfeinerung, Veredlung
Raf|fi|nat das; -[e]s, -e: Raffinationsprodukt
Raf|fi|na|ti|on die; -, -en: Reinigung u. Veredlung von Naturstoffen u. technischen Produkten
Raf|fi|ne|ment [rafinəˈmãː] das; -s, -s ⟨fr.⟩: 1. durch intellektuelle Geschicklichkeit erreichte höchste Verfeinerung [in einem kunstvollen Arrangement]. 2. mit einer gewissen Durchtriebenheit u. Gerissenheit klug berechnendes Handeln, um andere unmerklich zu beeinflussen
Raf|fi|ne|rie die; -, ...ien: Betrieb zur Raffination von Zucker, Ölen u. anderen [Natur]produkten
Raf|fi|nes|se die; -, -n ⟨französierende Bildung⟩: 1. besondere künstlerische, technische Vervollkommnung, Feinheit. 2. schlau und gerissen ausgeklügelte Vorgehensweise
Raf|fi|neur [...ˈnøːɐ̯] der; -s, -e ⟨lat.-fr.⟩: Maschine zum Feinmahlen von Holzschliff, der beim Schleifen des Holzes entstehenden Splitter
raf|fi|nie|ren: Zucker, Öle u. andere [Natur]produkte reinigen
raf|fi|niert: 1. durchtrieben, gerissen, schlau, abgefeimt. 2. von Raffinement (1) zeugend, mit Raffinement (1) od. Raffinesse (1) erdacht, ausgeführt. 3. (Techn.) gereinigt
Raf|fi|niert|heit die; -, -en: Durchtriebenheit, Gerissenheit
Raf|fi|no|se die; - ⟨lat.-fr.-nlat.⟩: ein Kohlehydrat, das vor allem in Zuckerrübenmelasse vorkommt
ra|f|rai|chie|ren [...frɛʃ...] ⟨fr.⟩: kochendes Fleisch o. Ä. mit kaltem Wasser abschrecken
raf|ten ⟨altnord.-engl.; „flößen"⟩: Rafting betreiben
Raf|ter der; -s, -: jmd., der Rafting betreibt. **Raf|te|rin** die; -, -nen: weibliche Form zu ↑ Rafter
Raf|ting das; -s: Wildwasserfah-

ren einer Gruppe im Schlauch-
boot

Rag [rɛk] *der; -s* ⟨*engl.*⟩: Kurzform
von ↑ Ragtime

Ra|ga *der; -s, -s* ⟨*sanskr.-Hindi*⟩:
Melodietyp (zu bestimmten
Anlässen) in der indischen Musik, der auf einer Tonleiter beruht, deren Intervalle in einem
bestimmten Schwingungsver-
hältnis zu einem festen Modus
mit relativer, jeweils frei ge-
wählter Tonhöhe stehen

Ra|ge [ˈraːʒə] *die; -* ⟨*lat.-vulgär-
lat.-fr.*⟩: Wut, Raserei; **in der
Rage:** in der Aufregung, Eile

Ra|gio|ne [raˈdʒoːnə] *die; -, -n*
⟨*lat.-it.*⟩: (schweiz.) im Handels-
register eingetragene Firma

Ra|g|lan [auch: ˈrɛglən] *der; -s, -s*
⟨nach dem engl. Lord Raglan,
1788–1855⟩: Mantel mit Ra-
glanärmeln

Ra|g|lan|är|mel *der; -s, -* ⟨*engl.;
dt.*⟩: Ärmel, dessen obere Naht
schräg von der Achselhöhle bis
zum Halsausschnitt verläuft u.
der mit dem Schulterteil ein
Stück bildet

Rag|na|rök *die; -* ⟨*altnord.;* „Göt-
terschicksal"⟩: Weltuntergang
in der nordischen Mythologie

Ra|gout [raˈguː] *das; -s, -s*
⟨*lat.-fr.*⟩: Mischgericht aus
Fleisch, Wild, Geflügel od.
Fisch in pikanter Soße

Ra|gout fin, fachspr.: **Ra|goût fin**
[raˈguː ˈfɛ̃ː] *das; - -, -s -s* [raˈguː
ˈfɛ̃ː]: Ragout aus hellem Fleisch
(z. B. Kalbfleisch, Geflügel) mit
[Worcester]soße

Rag|time [ˈrɛktaɪm] *der; -* ⟨*engl.;*
„zerrissener Takt"⟩: 1. nordamerikanische Musik-, bes. Piano-
spielform mit melodischer Syn-
kopierung bei regelmäßigem
Beat (2). 2. Musik im Rhythmus
des Ragtime (1)

Raid [reːt] *der; -s, -s* ⟨*engl.*⟩: begrenzte offensive militärische
Operation; Überraschungsan-
griff

Rai|gras *das; -es* ⟨*engl.; dt.*⟩:
1. Glatthafer (über 1 m hohe
Futterpflanze). 2. Gattung von
Futter- u. Rasengräsern in Eurasien u. Nordafrika

Rail|le|rie [rajəˈriː] *die; -, ...ien*
⟨*lat.-galloroman.-provenzal.-fr.*⟩: (veraltet) Scherz, Spöt-
telei. **rail|lie|ren** [raˈjiːrən]: (ver-
altet) scherzen, spotten

Ra|is *der; -, -e* u. Ruasa ⟨*arab.*⟩:

a) (ohne Plural) in arabischen
Ländern Titel einer führenden
Persönlichkeit, bes. des Präsi-
denten; b) Träger dieses Titels

Rai|son [rɛˈzõː] usw. vgl. Räson
usw.

Rai|son d'Être [rɛzõːˈdɛtrə], auch:
Rai|son d'être *die; - -, -s -*
[rɛzõː...] ⟨*fr.*⟩: Existenz-, Da-
seinsberechtigung; Rechtferti-
gung

Ra|jah *der; -, -* ⟨*arab.-türk.*⟩: (im
Osmanischen Reich) nicht islamischer Untertan

ra|jo|len ⟨*niederl.-fr.-niederd.*⟩:
↑ rigolen

Ra|kan *der; -[s], -s* ⟨*sanskr.-jap.*⟩:
japan. Bez. für: Lohan

Ra|ke|te *die; -, -n* ⟨*germ.-it.*⟩:
1. Feuerwerkskörper. 2. a) als
militärische Waffe verwendeter, lang gestreckter, zylindrischer, vorn spitz zulaufender
[mit einem Sprengkopf verse-
hener] Flugkörper, der eine
sehr hohe Geschwindigkeit erreicht; b) in der Raumfahrt verwendeter Flugkörper in der
Form einer überdimensionalen
Rakete (2 a), der den Transport
von Satelliten, Raumkapseln
o. Ä. dient. 3. begeistertes, das
Heulen einer Rakete (1) nachahmendes Pfeifen bei [Karne-
vals]veranstaltungen

Ra|ke|ten|ap|pa|rat *der; -[e]s, -e:*
bei der Rettung Schiffbrüchiger
verwendetes Gerät zum Ab-
schießen einer Rettungsleine
zum gestrandeten Schiff

Ra|ke|ten|ba|sis *die; -, ...sen:* (bt
unterirdische) militärische Anlage, von der aus Raketen (2 a)
eingesetzt werden können

Ra|kett *das; -s, -e* u. -s ⟨*arab.-fr.-
engl.*⟩: ↑ ¹Racket

Ra|ki *der; -s, -s* ⟨*türk.*⟩: in der Tür-
kei u. in Balkanländern hergestellter Branntwein aus Rosi-
nen (gelegentlich auch aus Dat-
teln od. Feigen) u. Anis

Ra|ku *das; -[s]* ⟨nach einer jap.
Töpferfamilie⟩: japanische Ke-
ramikart

ral|len|tan|do ⟨*lat.-it.*⟩: (Mus.)
langsamer werdend (Vortragsanweisung); Abk.: rall.

Ral|lie|ment [raliˈmãː] *das; -s, -s*
⟨*lat.-fr.*⟩: 1. (veraltet) Sammlung
von verstreuten Truppen.
2. (hist.) Annäherung der katholischen Kirche an die Französische Republik am Ende des

19. Jh.s. **ral|li|ie|ren:** verstreute
Truppen sammeln

Ral|ly [ˈrɛli] *die; -, -s* ⟨*engl.*⟩: (Bör-
senw.) meist kurzer, starker
Kursanstieg

Ral|lye [ˈrali, auch: ˈrɛli] *die; -, -s*
(schweiz.: *das;* -s, -s) ⟨*lat.-fr.-
engl.-fr.*⟩: (Sport) Automobil-
wettbewerb [in mehreren Etap-
pen] mit Sonderprüfungen;
Sternfahrt

Ral|lye-Cross auch: **Ral|lye-Cross**
das; -, -e: dem Motocross ähnliches, jedoch mit Autos gefahre-
nes Rennen im Gelände

RAM *das; -[s], -[s]* ⟨*engl.; Kurzw.*
aus *random access memory*⟩:
(EDV) Schreib-Lese-Speicher
mit direktem Zugriff

Ra|ma|dan *der; -[s], -e* ⟨*arab.*⟩: is-
lamischer Fastenmonat (9. Mo-
nat des Mondjahrs)

Ra|ma|gé [ramaˈʒe] *der; -, -s*
⟨*lat.-fr.*⟩: Gewebe mit rankenartiger Jacquardmusterung

Ra|ma|ja|na *das; - ⟨sanskr.*⟩: indi-
sches religiöses Nationalepos
von den Taten des göttlichen
Helden Rama; vgl. Mahabha-
rata

Ra|man|ef|fekt, auch: **Ra|man-Ef-
fekt** *der; -[e]s* ⟨nach dem ind.
Physiker Raman, 1888–1970⟩:
das Auftreten von Spektralli-
nien kleinerer u. größerer Frequenz im Streulicht beim
Durchgang von Licht durch
Flüssigkeiten, Gase u. Kristalle

Ra|ma|san *der; -[s]* ⟨*arab.-türk. u.
pers.*⟩: türk. u. pers. Bez. für
↑ Ramadan

ra|mas|sie|ren ⟨*fr.*⟩: 1. (veraltet) an-
häufen, zusammenfassen.
2. (landsch.) unordentlich u.
polternd arbeiten. **ra|mas|siert:**
(landsch.) dick, gedrungen, un-
tersetzt

Ra|ma|su|ri, auch: Remasuri *die; -*
⟨*rumän.*⟩: (österr. ugs.) großes
Durcheinander, Wirbel

Ram|b|la *die; -, -s* ⟨*arab.-span.*⟩:
1. a) ausgetrocknetes Flussbett
der ↑ Torrenten in Spanien;
b) breite Straße, Promenade
(bes. in Katalonien). 2. Boden
auf jungen, jedoch bereits dürftig bewachsenen Sedimenten
eines Flusses

Ram|bouil|let|schaf, auch: Ram-
bouil|let-Schaf [rãbuˈje:...] *das;
-[e]s, -e* ⟨nach der nordfranz.
Stadt⟩: feinwollige französische
Schafrasse

Ram|bur *der; -s, -e* ⟨*fr.*⟩: gelblich grüner, säuerlicher Winterapfel

Ram|bu|tan *die; -, -s* ⟨*malai.*⟩: Haarige Litschi; der Litschi ähnliche, Vitamin-C-reiche tropische Frucht

ra|men|tern ⟨*niederd.*⟩: (landsch.) rumoren, lärmen

Ra̱|mi *die* (Plural) ⟨*lat.*⟩: 1. *Plural* von ↑ Ramus. 2. (Zool.) Äste der Vogelfeder

Ra̱|mie *die; -, ...ien* ⟨*malai.-engl.*⟩: kochfeste, gut färbbare Faser einer ostasiatischen Nesselpflanze; Chinagras

Ra|mi|fi|ka|ti|on *die; -, -en* ⟨*lat.-nlat.*⟩: (Bot.) Verzweigung bei Pflanzen. **ra|mi|fi|zie|ren:** (von Pflanzen) sich verzweigen

Ra̱m|ming *die; -, -s* ⟨*engl.*⟩: (Seemannsspr.) Kollision, Zusammenstoß

ram|po|nie|ren ⟨*germ.-it.*⟩: (ugs.) stark beschädigen

Ra̱mus *der; -, Ra̱mi* ⟨*lat.*⟩: (Med.) a) Zweig eines Nervs, einer Arterie od. einer Vene; b) astartiger Teil eines Knochens

Ranch [rɛntʃ, auch: ra:ntʃ] *die; -, -s,* (auch:) *-es* ⟨*span.-engl.*⟩: nordamerikanische Viehwirtschaft, Farm

Ran|cher [ˈrɛntʃɐ, auch: ˈra:ntʃɐ] *der; -s, -:* nordamerikanischer Viehzüchter, Farmer

Ran|che|ria [rantʃeˈri:a] *die; -, -s* ⟨*span.*⟩: Viehhof, kleine Siedlung (in Südamerika)

Ran|che|rin [ˈrɛntʃərɪn, auch: ˈra:ntʃərɪn] *die; -, -nen:* weibliche Form zu ↑ Rancher

Ran|che|ro [ranˈtʃe:ro] *der; -s, -s* ⟨*span.*⟩: jmd., der auf einem Landgut lebt

Ran|ching [ˈrɛntʃɪŋ, auch ra:nˈtʃɪŋ] *das; -s* ⟨*span.-engl.*⟩: das Arbeiten auf einer Ranch, Betreiben einer Ranch

Ran|cho [ˈrantʃo] *der; -s, -s* ⟨*span.*⟩: kleiner Wohnplatz, Hütte im spanischsprachigen Amerika

Rand [rɛnt] *der; -s, -s* (aber: 5 -) ⟨*engl.*⟩: Währungseinheit der Republik Südafrika

Ran|dal *der; -s* ⟨vermutlich Kontamination aus landsch. *Rand* „Possen" u. *Skandal*⟩: Lärm, Gejohle. **Ran|da|le** *die; -:* (ugs.) heftiger u. lautstarker Protest; Krawall; **Randale machen:** randalieren

ran|da|lie|ren: in einer Gruppe mutwillig lärmend durch die Straßen ziehen. **Ran|da|lie|rer** *der; -s, -:* jmd., der randaliert.

Ran|da|lie|re|rin *die; -, -nen:* weibliche Form zu ↑ Randaliererer

ran|do|mi|sie|ren ⟨*engl.-amerik.*⟩: (Statistik) eine zufällige Auswahl treffen (aus einer Gesamtheit von Elementen)

Ran|ger [ˈre:ndʒɐ] *der; -s, -[s]* ⟨*germ.-fr.-engl.-amerik.*⟩: (in den USA) 1. Angehöriger einer [Polizei]truppe, z. B. die Texas Rangers. 2. Aufseher in den Nationalparks. 3. besonders ausgebildeter Soldat, der innerhalb kleiner Gruppen Überraschungsangriffe im feindlichen Gebiet macht

ran|gie|ren [rãˈʒi:..., auch: raŋˈʒi:...] ⟨*germ.-fr.*⟩: 1. einen Rang innehaben [vor, hinter jmdm.]. 2. Eisenbahnwagen durch entsprechende Fahrmanöver verschieben, auf ein anderes Gleis fahren. 3. (landsch.) in Ordnung bringen, ordnen

Ran|kett *das; -s, -e* ⟨Herkunft unsicher⟩: ↑ ¹Rackett

Ran|king [ˈrɛŋkɪŋ] *das; -s, -s* ⟨*engl.*⟩: a) Rangliste; b) Einordnung in eine Rangliste; Bewertung

Ran|kü|ne *die; -, -n* ⟨*lat.-vulgär-lat.-fr.*⟩: Groll, heimliche Feindschaft; Rachsucht

Ra̱|nu|la *die; -, ...lä* ⟨*lat.*⟩: (Med.) Froschgeschwulst, Zyste neben dem Zungenbändchen

Ra|nun|kel *die; -, -n:* (zur Gattung Hahnenfuß gehörende) in einer meist leuchtenden Farbe blühende Pflanze

Ra|nun|ku|la|zee *die; -, -n* (meist Plural) ⟨*lat.-nlat.*⟩: Hahnenfußgewächs

Ranz des Vaches [rãdeˈvaʃ] *der; - - -* ⟨*fr.*⟩: Kuhreigen der Greyerzer Sennen (Schweizer Volkslied)

Ran|zi|on *die; -, -en* ⟨*lat.-fr.*⟩: (hist.) Lösegeld für Kriegsgefangene od. für gekaperte Schiffe. **ran|zi|o|nie|ren:** (hist.) Kriegsgefangene durch Loskauf od. Austausch befreien

Rap [rɛp] *der; -[s], -s* ⟨*engl.*⟩: schneller, rhythmischer Sprechgesang (in der Popmusik)

Ra|pa|ki|wi *der; -s* ⟨*finn.*⟩: (Geol.) eine Abart des ↑ Granits

Ra|pa|zi|tät *die; -* ⟨*lat.*⟩: (veraltet) Raubgier

Ra̱|phe *die; -, -n* ⟨*gr.*⟩: 1. strangförmige Verwachsungsnaht der Pflanzensamen aus ↑ anatropen Samenanlagen. 2. Spalt im Panzer stabförmiger Kieselalgen

Ra̱|phia *die; -, ...ien* ⟨*madagassisch-nlat.*⟩: vielgestaltige, oft baumförmige Palme mit langen fiederartigen Blättern

Ra̱|phi|a|bast *der; -[e]s:* aus den Blättern der Raphia gewonnener Bast

Ra̱|phi|den *die* (Plural) ⟨*gr.-nlat.*⟩: Kristallnadeln in Pflanzenzellen

ra|pid (österr. nur so) u. **rapide** ⟨*lat.-fr.*⟩: (bes. von Entwicklungen, Veränderungen o. Ä.) sehr, überaus, erstaunlich schnell [vor sich gehend]

ra|pi|da|men|te ⟨*lat.-it.*⟩: (Mus.) sehr schnell, rasend (Vortragsanweisung)

ra|pi|de vgl. rapid

Ra|pi|di|tät *die; -* ⟨*lat.-fr.*⟩: Blitzesschnelle, Ungestüm

ra|pi|do ⟨*lat.-it.*⟩: (Mus.) sehr schnell, rasch (Vortragsanweisung)

Ra|pier *das; -s, -e* ⟨*germ.-galloroman.-fr.*⟩: (Sport) Fechtwaffe, Degen

ra|pie|ren: 1. Fleisch von Haut u. Sehnen abschaben. 2. Tabakblätter zerstoßen (zur Herstellung von Schnupftabak)

Ra|pil|li *die* (Plural) ⟨*lat.-it.*⟩: ↑ Lapilli

Rap|jum|ping, auch: Rap-Jum|ping [ˈrɛpdʒampɪŋ] *das; -s* ⟨*engl.*⟩: eine Extremsportart, bei der man sich kopfüber von Felswänden abseilt

Rap|mu|sik [ˈrɛp...] *die; -:* Popmusik in der Form des Raps

Rap|pell *der; -s* ⟨*lat.-fr.*⟩: (veraltet) Abruf, Schreiben zur Rückberufung eines Gesandten

rap|pen [ˈrɛpn] ⟨*engl.*⟩: (Mus.) einen ↑ Rap singen, spielen. **Rapper** [ˈrɛpɐ] *der; -s, -:* jmd., der rappt. **Rap|pe|rin** [ˈrɛ...] *die; -, -nen:* weibliche Form zu ↑ Rapper

Rap|ping [ˈrɛpɪŋ] *das; -s:* (Mus.) das Rappen

Rap|po|mal|cher *der; -s, -* ⟨*it.; dt.*⟩: Händler, der auf Messen u. Märkten seine Waren zu einem Preis anbietet, den er später stark herabsetzt

Rap|port *der; -[e]s, -e* ⟨*lat.-mlat.-fr.*⟩: 1. a) Bericht; b) (Milit.

R

veraltet) dienstliche Meldung.
2. a) regelmäßige Meldung an zentrale Verwaltungsstellen eines Unternehmens über Vorgänge, die für die Lenkung des Unternehmens von Bedeutung sind; b) (Wirtsch.) Bericht eines Unternehmens an Behörden od. Wirtschaftsverbände für Zwecke der Statistik u. des Betriebsvergleichs. 3. (Psychol.) unmittelbarer Kontakt zwischen zwei Personen, bes. zwischen Hypnotiseur u. Hypnotisiertem, zwischen Analytiker u. Analysand, Versuchsleiter u. Medium. 4. sich [auf Geweben usw.] ständig wiederholendes Muster od. Motiv. 5. Beziehung, Zusammenhang

rap|por|tie|ren: 1. berichten, Meldung machen. 2. sich als Muster od. Motiv ständig wiederholen

Rap|pro|che|ment [raprɔʃə'mã:] *das;* -s, -s ⟨*lat.-fr.*⟩: (veraltet) [politische] Wiederversöhnung

Rap|tus *der;* -, - […tu:s] u. -se ⟨*lat.*⟩: 1. (Plural: Raptusse; scherzh.) a) plötzlicher Zorn; b) Verrücktheit, plötzliche Besessenheit von einer merkwürdigen Idee. 2. (Plural: Raptus; Med.) plötzlich einsetzender Wutanfall. 3. (Plural: Raptus; Rechtsw. veraltet) Raub, Entführung

Ra|pu|se *die;* - - ⟨*tschech.*⟩: 1. (ugs. landsch.) a) Plünderung, Raub; b) Verlust; Wirrwarr; **in die Rapuse kommen/gehen:** [im Durcheinander] verloren gehen; **in die Rapuse geben:** preisgeben. 2. ein Kartenspiel

rar ⟨*lat.-fr.*⟩: nur in [zu] geringer Menge, Anzahl vorhanden; selten, aber gesucht

Ra|ra A|vis *die;* - - ⟨*lat.;* „seltener Vogel"⟩: etwas Seltenes

Ra|re|fi|ka|ti|on *die;* -, -en ⟨*lat.-nlat.*⟩: (Med.) Gewebsschwund (bes. der Knochen). **ra|re|fi|zie|ren:** a) verdünnen, auflockern; b) (Med.) schwinden (von [Knochen]gewebe)

Ra|ri|tät *die;* -, -en ⟨*lat.*⟩: etwas Rares

Ras *der;* -, - ⟨*arab.;* „Kopf"⟩: 1. abessinischer Titel. 2. arab. Bez. für: Vorgebirge, Berggipfel

ra|sant ⟨*lat.-vulgärlat.-fr.;* „bestreichend, den Erdboden streifend", volksetymologisch an *dt.* rasen angelehnt⟩: 1. (ugs.) auf-

fallend schnell; den Eindruck von Schnelligkeit vermittelnd; stürmisch. 2. (ugs.) durch Schwung, Spannung o. Ä. begeisternd, imponierend. 3. (Ballistik) sehr flach gestreckt (von der Flugbahn eines Geschosses). **Ra|sanz** *die;* -: 1. (ugs.) rasende Geschwindigkeit; erstaunliche Schnelligkeit; stürmische Bewegtheit. 2. (ugs.) durch Schwung, Spannung o. Ä. bewirkte Faszination, Großartigkeit. 3. (Ballistik) rasante (3) Flugbahn eines Geschosses

Ra|ser ['re:zɐ] *der;* -s, - ⟨Kurzw. aus *engl.-amerik.* ratio amplification by stimulated emission of radiation⟩: (Phys.) Gerät zur Erzeugung u. Verstärkung kohärenter Röntgenstrahlen

Ra|seur [ra'zø:ɐ̯] *der;* -s, -e ⟨*lat.-vulgärlat.-fr.*⟩: (veraltet) Barbier

Rash [rɛʃ, engl.: ræʃ] *der;* -[es], -s ⟨*lat.-vulgärlat.-fr.-engl.*⟩: (Med.) masern- od. scharlachartiger Hautausschlag

ra|sie|ren ⟨*lat.-vulgärlat.-fr.-niederl.*⟩: 1. mit einem Rasiermesser od. -apparat die [Bart]haare entfernen. 2. (ugs.) übertölpeln, betrügen

Ras|kol *der;* -s ⟨*russ.*⟩: [Kirchen]spaltung, ↑ Schisma

Ras|kol|nik *der;* -[s], -i (auch: -en): Angehöriger einer der zahlreichen russischen Sekten, bes. der so genannten Altgläubigen

Rä|son [rɛ'zõ:] *der;* - ⟨*lat.-fr.*⟩: (veraltend) Vernunft, Einsicht; **jmdn. zur Räson bringen:** durch sein Eingreifen dafür sorgen, dass sich jmd. ordentlich u. angemessen verhält; vgl. aber: Staatsräson. **rä|so|na|bel:** (veraltet landsch.) a) vernünftig; b) heftig; c) gehörig

Rä|so|neur [… 'nø:ɐ̯] *der;* -s, -e: a) Schwätzer, Klugredner; b) Nörgler. **Rä|so|neu|rin** [… 'nø:-rɪn] *die;* -, -nen: weibliche Form zu ↑ Räsoneur. **rä|so|nie|ren:** 1. (veraltet) vernünftig reden, Schlüsse ziehen. 2. (abwertend) a) viel u. laut reden; b) seiner Unzufriedenheit Luft machen, schimpfen

Rä|son|ne|ment [… 'mã:] *das;* -s, -s: (veraltend) 1. vernünftige Beurteilung, Überlegung, Erwägung. 2. Vernünftelei

Ras|pa *die;* -, -s (ugs. auch: *der;* -s, -s) ⟨*span.*⟩: um 1950 eingeführ-

ter lateinamerikanischer Gesellschaftstanz (meist im ⁶/₈-Takt)

Ras|sis|mus *der;* - ⟨*it.-fr.-nlat.*⟩: a) meist ideologisch begründete, zur Rechtfertigung von Diskriminierung, Unterdrückung u. Ä. entwickelte Theorie, nach der bestimmte Menschentypen od. auch Völker hinsichtlich ihrer kulturellen Leistungsfähigkeit anderen von Natur aus überlegen seien; Rassendenken; b) dem Rassismus (a) entsprechende Einstellung; Rassenhetze. **Ras|sist** *der;* -en, -en: Anhänger des Rassismus. **Ras|sis|tin** *die;* -, -nen: weibliche Form zu ↑ Rassist. **ras|sis|tisch:** den Rassismus betreffend

Ras|ta *der;* -s, -s: Kurzform von ↑ Rastafari

Ras|ta|fa|ri *der;* -s, -s ⟨*engl.;* nach Ras (= Herr) Tafari, dem späteren äthiopischen Kaiser Haile Selassie I.⟩: Anhänger einer religiösen Bewegung in Jamaika, die Ras, den äthiopischen Kaiser Haile Selassie I., als Gott verehrt

Ras|ter|mi|k|ro|s|kop *das;* -s, -e ⟨*lat.; gr.*⟩: ↑ Elektronenmikroskop, bei dem das Objekt zeilenweise von einem Elektronenstrahl abgetastet wird u. das besonders plastisch wirkende Bilder liefert

Ras|t|ral *das;* -s, -e ⟨*lat.-nlat.*⟩: Gerät mit fünf Zinken zum Ziehen von Notenlinien

ras|t|rie|ren: Notenlinien mit dem Rastral ziehen

Ra|sul Al|lah *der;* - - ⟨*arab.*⟩: der Gesandte, Prophet Gottes (Bezeichnung Mohammeds)

Ra|sur *die;* -, -en ⟨*lat.*⟩: 1. das Rasieren; Entfernung der [Bart]haare. 2. das Radieren; Schrifttilgung (z. B. in Geschäftsbüchern)

Rät u. **Rhät** *das;* -s ⟨nach den Rätischen Alpen⟩: jüngste Stufe des Keupers; vgl. Trias

Ra|ta|fia *der;* -s, -s ⟨*kreol.-fr.(-it.)*⟩: Frucht[saft]likör

Ra|tan|hi|a|wur|zel [ra'tanja…] *die;* -, -n ⟨*indian.-port.; dt.*⟩: als Heilmittel verwendete Wurzel eines peruanischen Strauches

Ra|ta|touille [… 'tuj] *die;* -, -s u. *das;* -s, -s ⟨*lat.-fr.*⟩: Gemüse aus Auberginen, Zucchini, Tomaten, Paprika u. a.

Ra|ter [ˈreːtɐ] *der; -s, -* ⟨*engl.*⟩: jmd., der ein Rating vornimmt.

Ra|te|rin [ˈreːtərɪn] *die; -, -nen:* weibliche Form zu ↑ Rater

Ra|te|ro *der; -[s], -s* ⟨*span.*⟩: span. Bez. für: Gauner, Taschendieb

ra|tier|lich ⟨*lat.-mlat.-it.-dt.*⟩: (Kaufmannsspr.) in Raten

Ra|ti|fi|ka|ti|on *die; -, -en* ⟨*lat.-mlat.*⟩: Genehmigung, Bestätigung eines von der Regierung abgeschlossenen völkerrechtlichen Vertrages durch die gesetzgebende Körperschaft; vgl. ...ation/...ierung. **ra|ti|fi|zie|ren**: als gesetzgebende Körperschaft einen völkerrechtlichen Vertrag in Kraft setzen. **Ra|ti|fi|zie|rung** *die; -, -en:* das Ratifizieren; vgl. ...ation/...ierung

Ra|ti|né [...ˈneː] *der; -s, -s* ⟨*fr.;* „gekräuselt"⟩: flauschiger Mantelstoff mit noppenähnlicher Musterung

Ra|ting [ˈreːtɪŋ] *das; -[s]* ⟨*engl.*⟩: a) (Psychol.; Soziol.) Verfahren zur Einschätzung, Beurteilung von Personen, Situationen o. Ä. mithilfe von Ratingskalen; b) (Bankw.) Einstufung der Zahlungsfähigkeit eines internationalen Schuldners

Ra|ting|a|gen|tur *die; -, -en:* Agentur, die die Bonität (1) von Wertpapieren, Unternehmen u. Ä. einschätzt

Ra|ting|ska|la *die; -, ...len* u. *-s:* (Psychol.; Soziol.) in regelmäßige Intervalle aufgeteilte Strecke, die den Ausprägungsgrad (z. B. stark – mittel – gering) eines Merkmals (z. B. Ängstlichkeit) zeigt

ra|ti|nie|ren ⟨*fr.*⟩: aufgerautem [Woll]gewebe mit der Ratiniermaschine eine noppenähnliche Musterung geben

Ra|tio *die; -* ⟨*lat.*⟩: Vernunft, Verstand.

Ra|ti|o|de|tek|tor *der; -s, ...oren:* Schaltanordnung zur ↑ Demodulation frequenzmodulierter (vgl. Frequenzmodulation) Schwingungen in der Nachrichtentechnik

Ra|ti|o|dis|kri|mi|na|tor *der; -s, ...oren:* ↑ Ratiodetektor

Ra|ti|on *die; -, -en* ⟨*lat.-mlat.-fr.;* „berechneter Anteil"⟩: zugeteilte Menge an Lebens- u. Genussmitteln; [täglicher] Verpflegungssatz (bes. für Soldaten); **eiserne Ration:** (Solda-

tenspr.) Proviant, der nur in einem bestimmten Notfall angegriffen werden darf

ra|ti|o|nal ⟨*lat.*⟩: die Ratio betreffend; vernünftig, aus der Vernunft stammend, von der Vernunft bestimmt; Ggs. ↑ irrational; vgl. ...al/...ell

Ra|ti|o|nal|le *das; -:* auszeichnender liturgischer Schulterschmuck einiger katholischer Bischöfe (z. B. Paderborn, Eichstätt) nach dem Vorbild des Brustschildes der israelitischen Hohen Priester

Ra|ti|o|na|li|sa|tor *der; -s, ...oren* ⟨*lat.-nlat.*⟩: Angestellter eines Unternehmens, der mit der Durchführung einer Rationalisierung (1) betraut ist. **Ra|ti|o|na|li|sa|to|rin** *die; -, -nen:* weibliche Form zu ↑ Rationalisator

ra|ti|o|na|li|sie|ren ⟨*lat.-fr.*⟩: 1. vereinheitlichen, straffen, [das Zusammenwirken der Produktionsfaktoren] zweckmäßiger gestalten. 2. rationalistisch denken, vernunftgemäß gestalten; durch Denken erfassen, erklären. 3. (Psychol.) ein [emotionales] Verhalten nachträglich verstandesmäßig begründen. **Ra|ti|o|na|li|sie|rung** *die; -, -en:* 1. (Wirtsch.) Ersatz überkommener Verfahren durch zweckmäßigere u. besser durchdachte; Vereinheitlichung, Straffung. 2. (Psychol.) nachträgliche verstandesmäßige Rechtfertigung eines aus irrationalen od. triebhaften Motiven erwachsenen Verhaltens

Ra|ti|o|na|lis|mus *der; -* ⟨*lat.-nlat.*⟩: Geisteshaltung, die das rationale Denken als einzige Erkenntnisquelle ansieht. **Ra|ti|o|na|list** *der; -, -en:* Vertreter des Rationalismus; einseitiger Verstandesmensch. **Ra|ti|o|na|lis|tin** *die; -, -nen:* weibliche Form zu ↑ Rationalist. **ra|ti|o|na|lis|tisch:** im Sinne des Rationalismus; einer Anschauung entsprechend, die die Vernunft in den Mittelpunkt stellt u. alles Denken u. Handeln von ihr bestimmen lässt

Ra|ti|o|na|li|tät *die; -* ⟨*lat.-nlat.*⟩: 1. das Rationalsein; rationales, von der Vernunft bestimmtes Wesen. 2. (Math.) Eigenschaft von Zahlen, sich als Bruch schreiben zu lassen

ra|ti|o|nell ⟨*lat.-fr.*⟩: vernünftig, zweckmäßig, sparsam; vgl. ...al/...ell

ra|ti|o|nie|ren: in festgelegten, relativ kleinen Rationen zuteilen, haushälterisch einteilen

Ra|ton|ku|chen *der; -s, -* ⟨*fr.; dt.*⟩: (landsch.) Napfkuchen

Rat|tan *das; -s, -e* ⟨*malai.-engl.*⟩: aus den Stängeln bestimmter Rotangpalmen gewonnenes Rohr, das bes. zur Herstellung von Korbwaren verwendet wird

ra|va|gie|ren [...ˈʒiː...] ⟨*lat.-fr.*⟩: (veraltet) verheeren, verwüsten

Rave [reɪv] *der* od. *das; -s, -s* ⟨*engl.*⟩: große Fete, Tanzparty, bei der die ganze Nacht über bes. zu Technomusik getanzt wird

Ra|ve|lin [ravəˈlɛ̃ː] *der; -s, -s* ⟨*it.-fr.*⟩: (früher) Außenwerk vor den ↑ Kurtinen (1) älterer Festungen

ra|ven [ˈreɪvn] ⟨*engl.*⟩: an einem ↑ Rave teilnehmen

Ra|ver [ˈreɪvɐ] *der; -s, -:* Teilnehmer, Mitwirkender an einem ↑ Rave. **Ra|ve|rin** [ˈreɪvərɪn] *die; -, -nen:* weibliche Form zu ↑ Raver

Ra|vi|o|li *die* (Plural) ⟨*it.*⟩: (Gastr.) mit Fleisch od. Gemüse gefüllte Nudelteigtaschen

rav|vi|van|do ⟨*lat.-it.*⟩: (Mus.) wieder schneller werdend (Vortragsanweisung)

Ra|yé [rɛˈjeː] *der; -[s], -s* ⟨*fr.;* „gestreift"⟩: Gewebe mit feinen Längsstreifen

Ray|gras vgl. Raigras

Ra|yon [rɛˈjõː, *österr.* meist: raˈjoːn] *der; -s, -s* ⟨*lat.-fr.*⟩: 1. (schweiz., sonst selten) Warenhausabteilung. 2. (österr., sonst veraltet) Bezirk, [Dienst]bereich. 3. (hist.) Vorfeld von Festungen. 4. engl. Schreibung für ↑ Reyon

Ra|yon|chef *der; -s, -s:* (selten) Abteilungsleiter [im Warenhaus]. **Ra|yon|che|fin** *die; -, -nen:* weibliche Form zu ↑ Rayonchef

ra|yo|nie|ren: (österr., sonst veraltet) nach Bezirken einteilen; zuweisen

Ra|ze|mat, chem. fachspr.: Racemat *das; -[e]s, -e* ⟨*lat.-nlat.*⟩: (Chem.) aus gleichen Teilen aus rechts- u. linksdrehenden Molekülen einer ↑ optisch aktiven Substanz bestehendes Ge-

R

misch, das nach außen keine optische Aktivität aufweist. **ra-ze|misch**, chem. fachspr.: racemisch: (Chem.) die Eigenschaften eines Razemats aufweisend

ra|ze|mös: traubenförmig (von Verzweigungen bestimmter Pflanzen)

Raz|zia die; -, ...ien (seltener: -s) ⟨arab.-algerisch-fr.⟩: groß angelegte, überraschende Fahndungsaktion der Polizei in einem Gebäude od. Gebiet

re ⟨lat.-it.⟩: Silbe, auf die man den Ton d singen kann; vgl. Solmisation

Re das; -s, -s ⟨lat.⟩: Erwiderung auf ein ↑ Kontra

---

re..., Re...

⟨lat. „zurück, wieder"⟩
Präfix mit der Bedeutung „zurück; wieder" (räumlich und zeitlich):
– Reanimation
– Reinkarnation
– rekonstruieren
– reproduzieren

Rea|der ['ri:dɐ] der; -s, - ⟨engl.⟩: [Lese]buch mit Auszügen aus der [wissenschaftlichen] Literatur u. verbindendem Text

Rea|dy|made, auch: **Rea|dy-made** ['rɛdɪmeɪd] das; -, -s ⟨engl.⟩: beliebiger, serienmäßig hergestellter Gegenstand, der als Kunstwerk ausgestellt wird

Re|af|fe|renz die; - ⟨lat.⟩: (Physiol.) über die Nervenbahnen erfolgende Rückmeldung über eine ausgeführte Bewegung

Re|a|gens das; -, ...genzien u. **Re-a|genz** das; -es, -ien ⟨lat.-nlat.⟩: (Chem.) Stoff, der mit einem anderen eine bestimmte chemische Reaktion herbeiführt u. ihn so identifiziert

Re|a|genz|glas das; -es, ...gläser: zylindrisches Prüf-, Probierglas

Re|a|gen|zi|en: Plural von ↑ Reagens u. ↑ Reagenz

re|a|gi|bel: sensibel bei kleinsten Anlässen reagierend. **Re|a|gi|bi-li|tät** die; -: Eigenschaft, Fähigkeit, sehr sensibel zu reagieren

re|a|gie|ren: 1. auf etwas ansprechen, antworten, eingehen; eine Gegenwirkung zeigen. 2. (Chem.) eine chemische Reaktion eingehen, auf etwas einwirken

Re|akt der; -[e]s, -e: (Psychol.) Antworthandlung auf Verhaltensweisen der Mitmenschen als Erwiderung, Ablehnung, Mitmachen o. Ä.

Re|ak|tant der; -en, -en: (Chem.) Stoff, der mit einem andern eine ↑ Reaktion (2) eingeht

Re|ak|tanz die; -, -en: (Elektrot.) Blindwiderstand, elektrischer Wechselstromwiderstand, der nur durch ↑ induktiven u. ↑ kapazitiven Widerstand bewirkt wird

Re|ak|tanz|re|lais [...rəlɛ:] das; - [...lɛ:s], - [...lɛ:s]: (Elektrot.) Blindwiderstandsschaltung; vgl. Reaktanz

Re|ak|ti|on die; -, -en ⟨lat.-nlat.(-fr.)⟩: 1. a) das Reagieren; durch etwas hervorgerufene Wirkung; Gegenwirkung; b) ↑ Response. 2. (Chem.) unter stofflichen Veränderungen ablaufender Vorgang. 3. (ohne Plural) a) fortschrittsfeindliches politisches Verhalten; b) Gesamtheit aller nicht fortschrittlichen politischen Kräfte

re|ak|ti|o|när ⟨lat.-fr.⟩: (abwertend) an nicht mehr zeitgemäßen [politischen] Inhalten, Verhältnissen festhaltend; rückschrittlich. **Re|ak|ti|o|när** der; -s, -e: (abwertend) jmd., der reaktionäre Ansichten vertritt, reaktionäre Ziele verfolgt. **Re-ak|ti|o|nä|rin** die; -, -nen: weibliche Form zu ↑ Reaktionär

Re|ak|ti|ons|ge|schwin|dig|keit die; -, -en: die Zeit, in der ein [chemischer] Vorgang abläuft

Re|ak|ti|ons|norm die; -, -en: die [meist] angeborene Art u. Weise, wie ein Organismus auf Reize der Umwelt reagiert

re|ak|tiv ⟨lat.-nlat.⟩: 1. als Reaktion auf einen Reiz, bes. auf eine außergewöhnliche Belastung (Krankheit od. unbewältigte Lebenssituation), auftretend (von körperlichen od. seelischen Vorgängen). 2. Gegenwirkung ausübend od. erstrebend. **Re|ak|tiv** das; -s, -e: (Psychol.) psychisches Verhalten, das unmittelbar durch Umweltreize bedingt ist

re|ak|ti|vie|ren: 1. a) wieder in Tätigkeit setzen, in Gebrauch nehmen, wirksam machen; b) wieder anstellen, in Dienst nehmen. 2. chemisch wieder umsetzungsfähig machen

Re|ak|ti|vi|tät die; -, -en: 1. Rück-, Gegenwirkung, erneute Aktivität. 2. (Psychol.) das Maß des Reagierens als Norm der Vitalität

Re|ak|tor der; -s, ...oren: 1. Anlage, in der die geregelte Kernkettenreaktion zur Gewinnung von Energie od. von bestimmten radioaktiven Stoffen genutzt wird; Kernreaktor. 2. (Phys.) Vorrichtung, in der eine physikalische od. chemische Reaktion abläuft

Re|ak|tor|phy|sik die; -: Teilgebiet der Kernphysik, das die Vorgänge in Reaktoren behandelt

re|al ⟨lat.-mlat.⟩: 1. dinglich, sachlich; Ggs. ↑ imaginär. 2. wirklich, tatsächlich; der Realität entsprechend; Ggs. ↑ irreal

¹Re|al das; -[e]s, -e ⟨Herkunft unsicher⟩: (landsch.) ↑ ¹Regal

²Re|al der; -s, (span.:) -es u. (port.:) Reis [reiʃ] ⟨lat.-span. u. port.⟩: alte spanische u. portugiesische Münze

Re|al|akt der; -[e]s, -e: (Rechtsspr.) tatsächliche, nicht rechtsgeschäftliche Handlung, die lediglich auf einen äußeren Erfolg gerichtet ist, an den jedoch vom Gesetz Rechtsfolgen geknüpft sind (z. B. der Erwerb eines Besitzes)

Re|al|de|fi|ni|ti|on die; -, -en: (Philos.) Sachbestimmung, die sich auf den Wirklichkeitsgehalt des zu bestimmenden Gegenstandes bezieht; Ggs. ↑ Nominaldefinition.

Re|al|ein|kom|men das; -s, -: (Wirtsch.) in Form einer bestimmten Summe angegebenes Einkommen unter dem Aspekt der Kaufkraft; Ggs. ↑ Nominaleinkommen

Re|a|li|en die (Plural) ⟨lat.-mlat.⟩: (Philos.) die letzten wirklichen Bestandteile des Seins

Re|al|en|zy|k|lo|pä|die die; -, -n: ↑ Reallexikon

Re|al|gar der; -s, -e ⟨arab.-span.-fr.⟩: durchscheinend rotes Mineral, Arsensalz

Re|al|gym|na|si|um das; -s, ...ien: (früher) höhere Schule mit besonderer Betonung der Naturwissenschaften u. der modernen Sprachen

Re|a|li|en die (Plural) ⟨lat.-mlat.⟩:

1. wirkliche Dinge, Tatsachen.
2. Naturwissenschaften als Grundlage der Bildung u. als Lehr- u. Prüfungsfächer.
3. (Päd.) Sachkenntnisse; Ggs. ↑ Verbalien (vgl. Verbale 3)

Re|a|lign|ment [ri:ə'lainmənt] *das; -s* ⟨engl.⟩: (Bankw.) Neufestsetzung von Wechselkursen nach einer Zeit des ↑ Floatings

Re|al|in|dex *der; -es, -e u. ...dizes,* (auch:) ...dices: (veraltet) Sachverzeichnis, -register

Re|al|in|ju|rie [...jə] *die; -, -n:* (Rechtsw.) Beleidigung durch Tätlichkeiten

Re|al|in|s|pi|ra|ti|on *die; -, -en:* (Theol.) Eingebung des sachlichen Inhalts der Heiligen Schrift durch den Heiligen Geist (aus der Verbalinspiration entwickelte theologische Lehre); vgl. Personalinspiration

Re|a|li|sat *das; -s, -e* ⟨lat.-mlat.-nlat.⟩: künstlerisches Erzeugnis

Re|a|li|sa|ti|on *die; -, -en* ⟨lat.-mlat.-fr.⟩: 1. Verwirklichung.
2. Herstellung, Inszenierung eines Films od. einer Fernsehsendung. 3. (Sprachw.) Umsetzung einer abstrakten Einheit der ↑ Langue in eine konkrete Einheit der ↑ Parole. 4. (Wirtsch.) Umwandlung in Geld; vgl. ...ation/...ierung

Re|a|li|sa|tor *der; -s, ...oren* ⟨lat.-mlat.-nlat.⟩: 1. geschlechtsbestimmender Faktor in den Fortpflanzungszellen vieler Pflanzen, Tiere u. des Menschen (z. B. das Geschlechtschromosom des Menschen). 2. Hersteller, Autor, Regisseur eines Films od. einer Fernsehsendung. **Re|a|li|sa|to|rin** *die; -, -nen:* weibliche Form zu ↑ Realisator (2)

re|a|li|sie|ren ⟨lat.-mlat.-fr.⟩: 1. verwirklichen, in die Tat umsetzen. 2. in Geld umwandeln.
3. ⟨lat.-mlat.-fr.-engl.⟩: klar erkennen, einsehen, begreifen, indem man sich die betreffende Sache bewusst macht. 4. eine Realisation (3) vornehmen. **Re|a|li|sie|rung** *die; -, -en:* das Realisieren (1, 2, 3); vgl. ...ation/...ierung

Re|a|lis|mus *der; -, ...men* ⟨lat.-mlat.-nlat.⟩: 1. (ohne Plural) a) Wirklichkeitssinn, wirklichkeitsnahe Einstellung; auf Nutzen bedachte Grundhaltung;

b) ungeschminkte Wirklichkeit.
2. (ohne Plural) philosophische Denkrichtung, nach der eine außerhalb unseres Bewusstseins liegende Wirklichkeit angenommen wird, zu deren Erkenntnis man durch Wahrnehmung u. Denken kommt.
3. a) (ohne Plural) die Wirklichkeit nachahmende, mit der Wirklichkeit übereinstimmende künstlerische Darstellung[sweise] in Literatur u. bildender Kunst; b) (ohne Plural) Stilrichtung in Literatur u. bildender Kunst, die sich des Realismus (3 a), der wirklichkeitsgetreuen Darstellung bedient; **sozialistischer Realismus:** realistische künstlerische Darstellung unter dem Aspekt des Sozialismus (bes. in der sowjetischen Kunst u. Literatur)

Re|a|list *der; -en, -en:* 1. jmd., die Gegebenheiten des täglichen Lebens nüchtern u. sachlich betrachtet u. sich in seinen Handlungen danach richtet; Ggs. ↑ Idealist (2). 2. Vertreter des Realismus (3)

Re|a|lis|tik *die; -:* ungeschminkte Wirklichkeitsdarstellung

Re|a|lis|tin *die; -, -nen:* weibliche Form zu ↑ Realist

re|a|lis|tisch: 1. a) wirklichkeitsnah, lebensecht; b) ohne Illusion, sachlich-nüchtern; Ggs. ↑ idealistisch (2). 2. zum Realismus (3) gehörend

Re|a|li|tät *die; -, -en* ⟨lat.-mlat.(-fr.)⟩: Wirklichkeit, tatsächliche Lage, Gegebenheit; Ggs. ↑ Irrealität

Re|a|li|tä|ten *die* (Plural) ⟨lat.-mlat.⟩: (Wirtsch.) Grundstücke, Grundeigentum

re|a|li|ter: in Wirklichkeit

Re|a|li|ty|show, auch: **Re|a|li|ty-Show** [ri'elitifo:] *die; -, -s* ⟨engl.⟩: Unterhaltungssendung im Fernsehen, die Unglücksfälle live zeigt bzw. nachgestellt darbietet

Re|a|li|ty-TV *das; -[s]:* Sparte des Fernsehens, in der Realityshows produziert werden

Re|al|ka|ta|log *der; -[e]s, -e:* nach dem sachlichen Inhalt des betreffenden Werkes geordnetes Bücherverzeichnis; Sachkatalog; Ggs. ↑ Nominalkatalog

Re|al|kon|kor|danz *die; -, -en:* ↑ Konkordanz (1 a), die ein al-

phabetisches Verzeichnis von Sachen enthält; vgl. Verbalkonkordanz

Re|al|kon|kur|renz *die; -:* (Rechtsspr.) Tatmehrheit; Verletzung mehrerer strafrechtlicher Tatbestände nacheinander durch den gleichen Täter; vgl. Idealkonkurrenz

Re|al|le|xi|kon *das; -s, ...ka* (auch: ...ken): ↑ Lexikon, das die Sachbegriffe einer Wissenschaft od. eines Wissenschaftsgebietes enthält

Re|a|lo *der; -s, -s:* (ugs.) jmd., der Realpolitik betreibt, sich an den realen Gegebenheiten orientiert (bes. bei den Grünen)

Re|al|po|li|tik *die; -:* Politik, die moralische Grundsätze od. nationale ↑ Ressentiments nicht berücksichtigt, sondern auf der nüchternen Erkenntnis der Gegebenheiten u. des wirklich Erreichbaren beruht

Re|al|prä|senz *die; -:* die wirkliche Gegenwart Christi in Brot u. Wein beim heiligen Abendmahl; vgl. Konsubstantiation

Re|al|pug|nanz *die; -:* der in der Sache liegende Widerspruch im Gegensatz zu dem im Begriff liegenden (Kant)

Re|al|sa|ti|re *die; -, -n:* reales Geschehen, das satirische Züge trägt

Re|al|schu|le *die; -, -n* ⟨lat.-mlat.; dt.⟩: sechsklassige, auf der Grundschule aufbauende Lehranstalt, die bis zur mittleren Reife führt; Mittelschule

Real-Time-Clock ['rial'taimklɔk] *die; -, -s* ⟨engl.⟩: [in den Computer integrierte] Echtzeituhr

Real-Time-Sys|tem *das; -s:* (EDV) Betriebsart eines Computers, bei dem die Verarbeitung von Daten unmittelbar erfolgt

Re|al|u|ni|on *die; -, -en:* die Verbindung völkerrechtlich selbstständiger Staaten durch eine [verfassungsrechtlich verankerte] Gemeinsamkeit von Institutionen (z. B. gemeinsamer Präsident)

re|a|ma|teu|ri|sie|ren [...tø...] ⟨lat.-fr.⟩: einen Berufssportler wieder zum Amateur machen. **Re|a|ma|teu|ri|sie|rung** *die; -, -en:* das Reamateurisieren; das Reamateurisiertwerden

Re|a|ni|ma|ti|on *die; - ⟨lat.-nlat.⟩:* (Med.) Wiederbelebung; das In-

Gang-Bringen erloschener Lebensfunktionen durch künstliche Beatmung, Herzmassage o. Ä.

Re|a|ni|ma|ti|ons|zen|t|rum *das;* -s, ...tren: (Med.) klinische Einrichtung speziell für lebensbedrohlich Erkrankte, in der eine Reanimation versucht wird

re|a|ni|mie|ren: (Med.) wieder beleben

re|ar|mie|ren ⟨*lat.-nlat.*⟩: (veraltet) wieder bewaffnen; ein [Kriegs]schiff von neuem ausrüsten

Re|as|se|ku|ranz *die;* -, -en ⟨*lat.*⟩: Rückversicherung

re|as|su|mie|ren ⟨*lat.-nlat.*⟩: (Rechtsspr. veraltet) ein Verfahren wieder aufnehmen

Re|as|sump|ti|on *die;* -, -en: (veraltet) Wiederaufnahme eines Verfahrens

Re|at *das* (auch: *der*); -[e]s, -e ⟨*lat.*⟩: (Rechtsspr. veraltet) a) Schuld, Straftat; b) das Angeklagtsein

Re|au|mur [ˈreːomyːɐ̯] ⟨nach dem franz. Physiker Réaumur, 1683–1757)⟩: Gradeinteilung beim heute veralteten 80-teiligen Thermometer; Zeichen: R

Re|bab *der;* -, -s ⟨*pers.-arab.*⟩: arabisches Streichinstrument

Reb|bach vgl. Reibach

Re|bec *der* (auch: *das*); -s, -s ⟨*pers.-arab.-span.-fr.*⟩: kleine Geige des Mittelalters in Form einer halben Birne mit zwei bis drei Saiten

Re|bell *der;* -en, -en ⟨*lat.-fr.;* „den Krieg erneuernd"⟩: Aufrührer, Aufständischer; jmd., der sich auflehnt, widersetzt, empört

re|bel|lie|ren: sich auflehnen, sich widersetzen, sich empören

Re|bel|lin *die;* -, -nen: weibliche Form zu ↑ Rebell

Re|bel|li|on *die;* -, -en: Aufruhr, Aufstand, Widerstand, Empörung

re|bel|lisch: widersetzlich, aufsässig, aufrührerisch

Re|bir|thing [riˈbaːθɪŋ] *das;* -s, -s ⟨*engl.*⟩: psychologische Therapie, die versucht, durch das Bewusstmachen von Vorgängen vor od. bei der Geburt hierbei entstandene Traumen aufzulösen

Re|board|sitz [riˈbɔːd...] *der;* -es, -e ⟨*engl.; dt.*⟩: Sitz für Kleinkinder, der zur Sicherheit entgegen der Fahrtrichtung im Fahrzeug eingesetzt wird

re|boo|ten [riˈbuːtn̩] ⟨*engl.*⟩: (EDV) einen Computer erneut booten

Re|bound [riˈbaʊnt] *der;* -s, -s ⟨*engl.*⟩: (Basketball) vom Brett od. Korbring abprallender Ball

Re|break [ˈriːbreɪk] *der* od. *das;* -s, -s ⟨*engl.*⟩: (Tennis) [1]Break (1 b), das man [unmittelbar] nach einem gegnerischen Break erzielt

Re|bus *der* od. *das;* -, -se ⟨*lat.-fr.*⟩: „durch Sachen"⟩: Bilderrätsel

re|bus sic stan|ti|bus: ↑ clausula rebus sic stantibus

Re|call [riˈkɔːl] *der;* -s, -s ⟨*engl.;* „Rückruf"⟩: Rückruf[aktion] (z. B. zur Nachbesserung von mangelhaften Produkten)

Re|call|test *der;* -s, -s (auch: -e) ⟨*engl.*⟩: Verfahren, durch das geprüft wird, welche Werbeappelle, -aussagen o. Ä. bei der Versuchsperson im Gedächtnis geblieben sind

Ré|ca|mi|e|re [reka'mjeːrə] *die;* -, -n ⟨nach der franz. Schriftstellerin J. Récamier, 1777–1849)⟩: Sofa ohne Rückenlehne aber mit hoch geschwungenen Armlehnen

Re|cei|ver [riˈsiːvɐ] *der;* -s, - ⟨*lat.-fr.-engl.;* „Empfänger"⟩: 1. Hochfrequenzteil für den Satellitenempfang. 2. (Sport) Spieler, der den Ball, bes. dem Aufschlag, in die gegnerische Spielhälfte zurückschlägt; Rückschläger. 3. Kombination von Rundfunkempfänger u. Verstärker für Hi-Fi-Wiedergabe

re|cen|ter pa|ra|tum ⟨*lat.*⟩: frisch bereitet (Vorschrift auf ärztlichen Rezepten)

Re|cep|ta|cu|lum *das;* -s, ...la ⟨*lat.;* „Behälter"⟩: 1. Blütenboden der bedecktsamigen Pflanzen. 2. Blattgewebshöcker bestimmter Farnpflanzen, auf dem die Sporen bildenden Organe entspringen. 3. bei Braunalgen besondere Äste in Einsenkungen, auf denen die Fortpflanzungsorgane stehen. 4. (Biol.) bei Würmern, Weich- u. Gliedertieren ein blasenförmiges weibliches Geschlechtsorgan, in dem die Samenzellen gespeichert werden

Re|cha|bit *der;* -en, -en ⟨*hebr.;* nach dem Gründer Jonadab ben Rechab, Jeremia 35)⟩: Angehöriger einer altisraelitischen religiösen Gemeinschaft, die am Nomadentum festhielt

Re|chaud [reˈʃoː] *der* od. *das;* -s, -s ⟨*lat.-vulgärlat.-fr.*⟩: 1. (südd., österr., schweiz.) [Gas]kocher. 2. (Gastr.) durch Kerze od. Spiritusbrenner beheiztes Gerät od. elektrisch beheizbare Platte zum Warmhalten von Speisen u. zum Anwärmen von Tellern

Re|cher|che [reˈʃɛrʃə] *die;* -, -n ⟨*lat.-vulgärlat.-fr.*⟩: Nachforschung, Ermittlung. **Re|cher|cheur** [...ˈʃøːɐ̯] *der;* -s, -e: jmd., der die [berufliche] Aufgabe hat zu recherchieren. **Re|cher|cheu|rin** [...ˈʃøːrɪn] *die;* -, -nen: weibliche Form zu ↑ Rechercheur. **re|cher|chie|ren:** ermitteln, untersuchen, nachforschen, erkunden, sich genau über etwas informieren, um Bescheid zu wissen, Hintergründe u. Umstände kennen zu lernen, sich ein Bild machen zu können

re|ci|pe ⟨*lat.*⟩: auf ärztlichen Rezepten: nimm!; Abk.: Rec. u. Rp.

Re|ci|tal [riˈsaɪt] *das;* -s, -s, auch: Rezital *das;* -s, -e od. -s ⟨*engl.*⟩: Solistenkonzert

re|ci|tan|do [retʃi...] ⟨*lat.-it.*⟩: Mus.) frei, d. h. ohne strikte Einhaltung des Taktes, rezitierend (Vortragsanweisung)

Re|ci|ta|ti|vo ac|com|pa|g|na|to [...ˈtiːvo ...panˈjaːto] *das;* - -, ...vi ...ti ⟨*it.*⟩: ↑ Accompagnato; vgl. Rezitativ

Re|col|die|rung vgl. Rekodierung

re|com|man|dé [...mãˈdeː] ⟨*lat.-fr.*⟩: (Postw.) franz. Bez. für: eingeschrieben; Abk.: R

Re|con|quis|ta [...ˈkɪsta] *die;* - ⟨*lat.-span.*⟩: der Kampf der [christlichen] Bevölkerung Spaniens gegen die arabische Herrschaft (im Mittelalter)

Re|cor|der [auch: riˈkɔrdɐ] vgl. Rekorder

Re|c|rui|ting [rɪˈkruːtɪŋ] *das;* -s ⟨*lat.-fr.-engl.;* „Anwerbung"⟩: Vermittlung von Fachpersonal für Industrie u. Handel

rec|te ⟨*lat.*⟩: richtig, recht

Rec|to vgl. Rekto

Rec|tor ma|g|ni|fi|cen|tis|si|mus *der;* - -, ...ores ...mi ⟨„erhabenster Leiter"⟩: früher der Titel des Landesherrn als Rektor der Hochschule

Rec|tor ma|g|ni|fi|cus *der; - -,* ...ores ...fici („erhabener Leiter"): Titel des Hochschulrektors

re|cy|celn [ri'saik|n] ⟨*engl.*⟩: einem Recycling zuführen

Re|cy|c|ling [ri'saik|ɪŋ] *das; -s, -s* ⟨*engl.*⟩: 1. Aufbereitung u. Wiederverwendung [bereits benutzter Rohstoffe, von Abfällen, Nebenprodukten]. 2. Wiedereinschleusen der (stark gestiegenen) Erlöse Erdöl exportierender Staaten in die Wirtschaft der Erdöl importierenden Staaten, um deren Zahlungsbilanzdefizite zu verringern

Re|cy|c|ling|pa|pier *das; -s:* Papier, das aus Altpapier hergestellt ist; Umweltschutzpapier

Re|dak|teur [...'tø:ɐ̯] *der; -s, -e* ⟨*lat.-fr.*⟩: jmd., der für eine Zeitung, Zeitschrift, für Rundfunk od. Fernsehen, für ein [wissenschaftliches] Sammelwerk o. Ä. Beiträge auswählt, bearbeitet od. auch selbst schreibt. **Re-dak|teu|rin** [...'tø:rɪn] *die; -, -nen:* weibliche Form zu ↑ Redakteur

Re|dak|ti|on *die; -, -en:* 1. Tätigkeit des Redakteurs; das Redigieren. 2. a) Gesamtheit der Redakteure; b) Raum, Abteilung, Büro, in dem Redakteure arbeiten. 3. (Fachspr.) Veröffentlichung, [bestimmte] Ausgabe eines Textes

re|dak|ti|o|nell: die Redaktion betreffend

Re|dak|tor *der; -s, ...oren* ⟨*lat.-nlat.*⟩: 1. wissenschaftlicher Herausgeber. 2. (schweiz.) Redakteur. **Re|dak|to|rin** *die; -, -nen:* weibliche Form zu ↑ Redaktor

Red|di|ti|on *die; -, -en* ⟨*lat.*⟩: (veraltet) 1. Rückgabe. 2. Vorbringung eines [Rechts]grundes

Re|d|emp|to|rist *der; -en, -en* ⟨*lat.-nlat.*⟩: Mitglied einer 1732 gegründeten, speziell in der Missionsarbeit tätigen katholischen Kongregation. **Re|d|emp-to|ris|tin** *die; -, -nen:* Angehörige des weiblichen Zweiges der Redemptoristen

Re|de|ri|j|ker [...rɛɪ̯kər] *der; -s, -s* ⟨*niederl.*⟩: Mitglied der Kamers van Rhetorica, literarischer Vereinigungen in den Niederlanden des 15./16. Jh.s

Red|gum|holz ['rɛdgam...] *das; -es*

⟨*engl.; dt.*⟩: rotes Holz des australischen Rotgummibaums (rotes Mahagoni)

red|hi|bie|ren ⟨*lat.*⟩: (Rechtsspr., Kaufmannsspr.) eine Sache gegen Erstattung des Kaufpreises wegen eines verborgenen Fehlers (zur Zeit des Kaufes) zurückgeben

Red|hi|bi|ti|on *die; -:* (Rechtsspr., Kaufmannsspr.) Rückgabe einer gekauften Sache gegen Erstattung des Kaufpreises wegen eines verborgenen Fehlers zur Zeit des Kaufes

red|hi|bi|to|risch: a) die Redhibition betreffend; b) die Redhibition zum Ziel habend; **redhibitorische Klage:** (Rechtsspr.) Klage auf Wandlung, auf Rückgängigmachen des Kaufvertrages wegen mangelhafter Beschaffenheit des Vertragsgegenstandes

re|di|gie|ren ⟨*lat.-fr.*⟩: [als Redakteur] einen Text bearbeiten, druckfertig machen

re|di|men|si|o|nie|ren ⟨*lat.-nlat.*⟩: (schweiz.) verringern, reduzieren, in seinem Umfang, seiner Größe einschränken

re|di|mie|ren ⟨*lat.*⟩: (veraltet) [Kriegsgefangene] los-, freikaufen

Re|din|gote [redɛ̃'gɔt, auch: rə...] *die; -, -n od. der; -s, -s* ⟨*engl.-fr.*⟩: taillierter Damenmantel mit Reverskragen

Red|in|te|g|ra|ti|on *die; -, -en* ⟨*lat.*⟩: 1. (veraltet) ↑ Reintegration. 2. die durch einen Krieg eingeschränkte, nach dessen Beendigung wieder volle Rechtswirksamkeit eines völkerrechtlichen Vertrages

Re|dis|kont *der; -s, -e:* (Bankw.) Wiederverkauf diskontierter Wechsel durch eine Geschäftsbank an die Notenbank. **re|dis-kon|tie|ren:** diskontierte Wechsel ankaufen od. weiterverkaufen

Re|dis|tri|bu|ti|on *die; -, -en* ⟨*lat.*⟩: (Wirtsch.) Korrektur der [marktwirtschaftlichen] Einkommensverteilung mithilfe finanzwirtschaftlicher Maßnahmen

re|di|vi|vus ⟨*lat.*⟩: wieder erstanden

Red|neck *der; -s, -s* ⟨*engl.*⟩: der Arbeiterklasse angehörender wei-

ßer Amerikaner aus den ländlichen Gebieten der Südstaaten

Re|don ® *das; -s* ⟨Kunstw.⟩: eine synthetische Faser aus ↑ Polyacrylnitril

Re|don|di|l|la [auch: ...'dɪlja] *die; -, -s u.* [bei dt. Aussprache:] *...dil-len* ⟨*lat.-span.*⟩: in ↑ Romanze (1) u. Drama verwendete spanische Strophe aus vier achtsilbigen Versen (Reimfolge: a b b a)

Re|dopp *der; -s* ⟨*lat.-it.*⟩: (Reiten) kürzester Galopp in der hohen Schule

Re|dou|te [re'du:tə, österr.: ...'dut] *die; -, -n* ⟨*lat.-it.-fr.*⟩: 1. (veraltet) Saal für festliche od. Tanzveranstaltungen. 2. (österr., sonst veraltet) Maskenball. 3. (hist.) Festungswerk in Form einer trapezförmigen geschlossenen Schanze

Re|dox|sys|tem *das -s* ⟨Kurzw. aus *Reduktions-Oxidations-System*⟩: (Chem.) System, bei dem ein Stoff oxidiert u. ein zweiter gleichzeitig reduziert wird

Red|po|w|er [rɛd'pauə(r)] *die; -,* auch: **Red Po|w|er** *die; - -* ⟨*engl.-amerik.; „*rote Macht"⟩: Bewegung nordamerikanischer Indianer, die sich gegen Überfremdung u. Bevormundung durch die weißen Amerikaner wendet u. sich für mehr politische Rechte, für Autonomie u. kulturelle Eigenständigkeit einsetzt

Re|dres|se|ment [...'mã:] *das; -s, -s* ⟨*lat.-vulgärlat.-fr.*⟩: a) Wiedereinrenkung von Knochenbrüchen u. Verrenkungen; b) orthopädische Behandlung von Körperfehlern (bes. der Beine u. Füße). **re|dres|sie|ren:** 1. (veraltet) wieder gutmachen; rückgängig machen. 2. (Med.) a) eine körperliche Deformierung durch orthopädische Behandlung korrigieren; b) einen gebrochenen Knochen wieder einrenken; c) einen schiefen Zahn mit der Zange gerade richten

re|du|b|lie|ren ⟨*lat.-fr.*⟩: (veraltet) verdoppeln, verstärken

Re|du|it [re'dɥi:] *das; -s, -s* ⟨*lat.-fr.*⟩: (hist.) schusssichere Verteidigungsanlage im Kern einer Festung

Re|duk|ta|se *die; -, -n* ⟨*lat.-nlat.*⟩: reduzierendes ↑ Enzym in roher Milch

R

Re|duk|ti|on *die;* -, -en ⟨*lat.*⟩:
1. a) Zurückführung; b) Verringerung, Herabsetzung. 2. (Logik) Zurückführung des Komplizierten auf etwas Einfaches. 3. (Sprachw.) a) Verlust der ↑ Qualität (2) u. ↑ Quantität (2) bis zum Schwund des Vokals (z. B. *Nachbar* aus mittelhochdt. *nachgebur*); b) Sonderform der sprachlichen ↑ Substitution (4), durch deren Anwendung sich die Zahl der sprachlichen Einheiten verringert (z. B.: *ich fliege nach London, ich fliege dorthin*). 4. a) Laisierung; b) (meist Plural; hist.) christliche Indianersiedlung unter Missionarsleitung, (z. B. bei den Jesuiten in Paraguay); vgl. Reservation. 5. a) chemischer Vorgang, bei dem Elektronen von einem Stoff auf einen anderen übertragen u. von diesem aufgenommen werden (im Zusammenhang mit einer gleichzeitig stattfindenden ↑ Oxidation); b) Entzug von Sauerstoff aus einer chemischen Verbindung od. Einführung von Wasserstoff in eine chemische Verbindung; c) Verarbeitung eines Erzes zu Metall. 6. Verminderung der Chromosomenzahl während der ↑ Reduktionsteilung. 7. (Phys., Meteor.) Umrechnung eines physikalischen Messwertes auf den Normalwert (z. B. Reduktion des Luftdrucks an einem beliebigen Ort auf das Meeresniveau); vgl. ...ation/ ...ierung

Re|duk|ti|o|nis|mus *der;* - ⟨*lat.-nlat.*⟩: isolierte Betrachtung von Einzelelementen ohne ihre Verflechtung in einem Ganzen od. von einem Ganzen als einfacher Summe aus Einzelteilen unter Überbetonung der Einzelteile, von denen aus generalisiert wird. **re|duk|ti|o|nis|tisch:** dem Reduktionismus entsprechend

Re|duk|ti|ons|di|ät *die;* -: kalorienarme Nahrung für eine Abmagerungskur

Re|duk|ti|ons|o|fen *der;* -s, ...öfen ⟨*lat.; dt.*⟩: Schmelzofen zur Läuterung der Metalle

Re|duk|ti|ons|tei|lung *die;* -, -en: (Biol.) Zellteilung, durch die der doppelte Chromosomen-

satz auf einen einfachen reduziert wird

Re|duk|ti|ons|zir|kel *der;* -s, -: verstellbarer Zirkel zum Übertragen von vergrößerten od. verkleinerten Strecken

re|duk|tiv ⟨*lat.-nlat.*⟩: mit den Mitteln der Reduktion arbeitend, durch Reduktion bewirkt

Re|duk|tor *der;* -s, ...oren ⟨*lat.*⟩:
1. Klingeltransformator.
2. (Elektrot.) Glimmlampe im Gleichstromkreis zur Minderung der Netzspannung

re|dun|dant ⟨*lat.*⟩: Redundanz (1, 2, 3) aufweisend; vgl. abundant.

Re|dun|danz *die;* -, -en: 1. Überreichlichkeit, Überfluss, Üppigkeit. 2. (Sprachw.) a) im Sprachsystem angelegte mehrfache Kennzeichnung derselben Information (z. B. *den Kälbern:* mehrfach bezeichneter Dativ Plural; *die großen Wörterbücher sind* teuer: der Plural wird auf komplexe Weise ausgedrückt); b) stilistisch bedingte Überladung einer Aussage mit überflüssigen sprachinhaltlichen Elementen; vgl. Pleonasmus, Tautologie. 3. (in der Informationstheorie bzw. Nachrichtentechnik) das Vorhandensein von weglassbaren Elementen in einer Nachricht, die keine zusätzliche Information stützen, sondern lediglich die beabsichtigte Grundinformation stützen

Re|du|pli|ka|ti|on *die;* -, -en ⟨*lat.*⟩: Verdoppelung bzw. Verdopplung einer Anlautsilbe (z. B. Bonbon, Wirrwarr). **re|du|pli|zie|ren:** der Reduplikation unterworfen sein; **reduplizierendes Verb:** Verb, das bestimmte Formen mithilfe der Reduplikation bildet (z. B. lat. *cucu*rri = ich bin gelaufen)

Re|du|zent *der;* -en, -en ⟨*lat.*⟩: (Biol.) ein Lebewesen (z. B. Bakterie, Pilz), das organische Stoffe wieder in anorganische überführt, sie ↑ mineralisiert; Ggs. ↑ irreduzibel

re|du|zi|bel ⟨*lat.-nlat.*⟩: (Philos., Math.) sich ableiten, auf eine Grundform zurückführen lassend; Ggs. ↑ irreduzibel

re|du|zie|ren ⟨*lat.*⟩: 1. a) etwas Einfacheres, das Wesentliche zurückführen; b) verringern, herabsetzen, beeinträchtigen. 2. (Sprachw.) einen Vokal an

↑ Qualität (2) u. ↑ Quantität (2) abschwächen. 3. a) einer chemischen Verbindung Elektronen zuführen; b) einer chemischen Verbindung Sauerstoff entziehen od. Wasserstoff in eine chemische Verbindung einführen. 4. Erz zu Metall verarbeiten. 5. einen physikalischen Messwert auf den Normalwert umrechnen (z. B. den Luftdruck an einem beliebigen Ort auf das Meeresniveau). **Re|du|zie|rung** *die;* -, -en: das Reduzieren; vgl. ...ation/...ierung

Red|wood [ˈredwʊd] *das;* -s, -s ⟨*engl.*⟩: Rotholz eines kalifornischen Mammutbaums

Reel [ri:l] *der;* -s, -s ⟨*engl.*⟩: schottischer u. irischer, urspr. kreolischer schneller [Paar]tanz in geradem Takt

re|ell ⟨*lat.-mlat.-fr.*⟩: 1. a) anständig, ehrlich, redlich; b) (ugs.) ordentlich, den Erwartungen entsprechend. 2. wirklich, tatsächlich [vorhanden]

Re|el|li|tät *die;* -: (selten) Ehrlichkeit, Redlichkeit, [geschäftliche] Anständigkeit

Re|en|ga|ge|ment [reãgaʒəˈmã:] *das;* -s, -s ⟨*fr.*⟩: Wiederverpflichtung. **re|en|ga|gie|ren** [...ˈʒi:...]: wieder verpflichten

Re|en|gi|nee|ring [riːˈendʒɪˈnɪərɪŋ] *das;* -s ⟨*engl.*⟩: grundlegende Umgestaltung eines Unternehmens, die bes. auf Effizienz u. Flexibilisierung der Geschäftsprozesse sowie auf Kundenzufriedenheit zielt

Re|en|t|ry [riːˈentri] *der* od. *das;* -s, -s ⟨*engl.*⟩: 1. Wiedereingliederung eines Mitarbeiters in das Unternehmen nach längerer [krankheitsbedingter] Arbeitsunterbrechung. 2. Wiedereintritt eines Raumflugkörpers in die Erdatmosphäre

ree|sen ⟨*engl.*⟩: (Seemannsspr.) eifrig erzählen, übertreiben

Re|e|vo|lu|ti|on *die;* - ⟨*lat.-nlat.*⟩: (Med.) allmähliche Wiederkehr der geistigen Funktionen nach epileptischem Anfall

Re|ex|port *der;* -[e]s, -e u. **Re|ex|por|ta|ti|on** *die;* -, -en ⟨*lat.-nlat.*⟩: Ausfuhr importierter Waren

Re|fait [rəˈfɛ:] *das;* -s, -s ⟨*lat.-vulgärlat.-fr.*⟩: unentschiedenes Kartenspiel

Re|fak|tie [...ˈtsiə] *die;* -, -n ⟨*lat.-*

niederl.⟩: Gewichts- od. Preisabzug wegen beschädigter od. fehlerhafter Waren; Nachlass, Rückvergütung. **re|fak|tie|ren:** Nachlass gewähren
Re|fek|to|ri|um *das;* -s, ...ien ⟨*lat.-mlat.*⟩: Speisesaal im Kloster
Re|fe|rat *das;* -[e]s, -e ⟨*lat.;* „er möge berichten...“⟩: 1. a) Vortrag über ein bestimmtes Thema; b) eine Beurteilung enthaltender schriftlicher Bericht; Kurzbesprechung [eines Buches]. 2. Sachgebiet eines ↑ Referenten (2)
Re|fe|ree [...ˈriː, auch: ˈrɛfəri] *der;* -s, -s ⟨*engl.*⟩: (Sport) Schiedsrichter, Ringrichter
Re|fe|ren|da: *Plural* von ↑ Referendum
Re|fe|ren|dar *der;* -s, -e ⟨*lat.-mlat.;* „(aus den Akten) Bericht Erstattender“⟩: Anwärter auf die höhere Beamtenlaufbahn nach der ersten Staatsprüfung
Re|fe|ren|da|ri|at *das;* -[e]s, -e ⟨*lat.-mlat.-nlat.*⟩: Vorbereitungsdienst für Referendare
Re|fe|ren|da|rin *die;* -, -nen: weibliche Form zu ↑ Referendar
Re|fe|ren|dum *das;* -s, ...den u. ...da ⟨*lat.;* „zu Berichtendes“⟩: 1. Volksabstimmung, Volksentscheid; vgl. ad referendum. 2. ↑ Referent (3)
Re|fe|rent *der;* -en, -en: 1. a) jmd., der ein Referat (1 a) hält; Redner; b) Gutachter [bei der Beurteilung einer wissenschaftlichen Arbeit]. 2. Sachbearbeiter in einer Dienststelle. 3. (Sprachw.) ↑ Denotat (1)
re|fe|ren|ti|ell vgl. referenziell
Re|fe|ren|tin *die;* -, -nen: weibliche Form zu ↑ Referent (1, 2)
Re|fe|renz *die;* -, -en ⟨*lat.-fr.;* „Bericht, Auskunft“⟩: 1. (meist Plural) von einer Vertrauensperson gegebene Auskunft, die man als Empfehlung vorweisen kann; vgl. aber: Reverenz. 2. Vertrauensperson, die über jmdn. eine positive Auskunft geben kann. 3. (Sprachw.) Beziehung zwischen sprachlichen Zeichen u. ihren Referenten (3) in der außersprachlichen Wirklichkeit
Re|fe|renz|i|den|ti|tät *die;* -, -en: (Sprachw.) Bezeichnung derselben Person durch zwei Nominalphrasen
re|fe|ren|zi|ell, auch: referentiell

⟨*lat.-fr.*⟩: die Referenz (3) betreffend
re|fe|ren|zie|ren: (EDV) in Beziehung zueinander setzen, aufeinander verweisen
re|fe|rie|ren: a) einen kurzen [beurteilenden] Bericht von etwas geben; b) ein Referat (1 a) halten
re|fi|nan|zie|ren, sich ⟨*lat.; lat.-fr.*⟩: fremde Mittel aufnehmen, um damit selbst Kredit zu geben.
Re|fi|nan|zie|rung *die;* -, -en: das Refinanzieren
Re|fla|ti|on *die;* -, -en ⟨*lat.-engl.*⟩: finanzpolitische Maßnahme zur Erhöhung der im Umlauf befindlichen Geldmenge u. damit zur Überwindung einer ↑ Depression (3)
re|fla|ti|o|när ⟨*lat.-nlat.*⟩: die Reflation betreffend
Re|flek|tant *der;* -en, -en ⟨*lat.-nlat.*⟩: (veraltet) Bewerber, Interessent, Bieter
re|flek|tie|ren ⟨*lat.*⟩: 1. zurückstrahlen, spiegeln. 2. nachdenken; erwägen. 3. (ugs.) jmdm./etwas sehr interessiert sein, etwas erhalten wollen
Re|flek|tor *der;* -s, ...oren ⟨*lat.-nlat.*⟩: 1. Hohlspiegel hinter einer Lichtquelle zur Bündelung des Lichtes. 2. hinter einer Richtantenne, die einfallende elektromagnetische Strahlen zur Bündelung nach einem Brennpunkt zurückwirft. 3. Fernrohr mit Parabolspiegel. 4. Umhüllung eines Atomreaktors mit Material von kleinem Absorptionsvermögen u. großer Neutronenreflexion zur Erhöhung des Neutronenflusses im Reaktor. 5. Gegenstand, Vorrichtung aus einem reflektierenden Material; Rückstrahler
re|flek|to|risch: durch einen Reflex bedingt
Re|flex *der;* -es, -e ⟨*lat.-fr.*⟩: 1. Widerschein, Rückstrahlung. 2. (Med.) Reaktion des Organismus auf eine Reizung seines Nervensystems; durch äußere Reize ausgelöste unwillkürliche Muskelkontraktion; **bedingter Reflex:** erworbene Reaktion des Organismus bei höher entwickelten Tieren u. beim Menschen auf einen [biologisch] neutralen Reiz; **unbedingter Reflex:** angeborene, immer auftretende Reaktion auf äußere Reize

Re|fle|xi|on *die;* -, -en ⟨*lat.(fr.)*⟩: 1. das Zurückwerfen von Licht, elektromagnetischen Wellen, Schallwellen, Gaswellen und Verdichtungsstößen an Körperoberflächen. 2. das Nachdenken; Überlegung, Betrachtung, vergleichendes u. prüfendes Denken; Vertiefung in einen Gedankengang
Re|fle|xi|ons|go|ni|o|me|ter *das;* -s, -: Instrument zum Messen von Neigungswinkeln bei Flächen bei Kristallen
Re|fle|xi|ons|win|kel *der;* -s, - ⟨*lat.(-fr.); dt.*⟩: (Phys.) Winkel zwischen reflektiertem Strahl u. Einfallslot
re|fle|xiv ⟨*lat.-mlat.*⟩: 1. (Sprachw.) sich (auf das Subjekt) rückbeziehend; rückbezüglich; **reflexives Verb:** rückbezügliches Verb (z. B. sich schämen). 2. die Reflexion (2) betreffend, reflektiert. **Re|fle|xiv** *das;* -s, -e: ↑ Reflexivpronomen
Re|fle|xi|va: *Plural* von ↑ Reflexivum
Re|fle|xi|vi|tät *die;* - ⟨*lat.-mlat.*⟩: (Sprachw., Philos.) reflexible Eigenschaft, Möglichkeit des [Sich]rückbeziehens
Re|fle|xi|vpro|no|men *das;* -s, - u. ...mina: (Sprachw.) rückbezügliches Fürwort (z. B. sich)
Re|fle|xi|vum *das;* -s, ...va ⟨*lat.-mlat.*⟩: ↑ Reflexivpronomen
Re|fle|xo|lo|ge *der;* -n, -n ⟨*lat.; gr.*⟩: Wissenschaftler auf dem Gebiet der Reflexologie. **Re|fle|xo|lo|gie** *die;* -: Wissenschaft von den unbedingten u. den bedingten Reflexen (2). **Re|fle|xo|lo|gin** *die;* -, -nen: weibliche Form zu ↑ Reflexologe
Re|flex|zo|nen|mas|sa|ge *die;* -, -n: (Med.) Massage bestimmter Zonen der Körperoberfläche mit dem Ziel, gestörte Funktionen innerer Organe, die diesen Zonen zugeordnet sind, zu aktivieren
Re|flux *der;* -es ⟨*lat.-mlat.*⟩: (Med.) Rückfluss (z. B. bei Erbrechen)
Re|form *die;* -, -en ⟨*lat.-fr.*⟩: Umgestaltung, Neuordnung; Verbesserung des Bestehenden
Re|for|ma|tio in Pe|jus *die;* - - -, ...io|nes - - ⟨*lat.*⟩: (Rechtsw.) Abänderung eines angefochtenen Urteils in höherer Instanz zum Nachteil des Anfechtenden
Re|for|ma|ti|on *die;* -: 1. durch Lu-

R

ther ausgelöste Bewegung zur Erneuerung der Kirche im 16. Jh., die zur Bildung der protestantischen Kirchen führte. 2. Erneuerung, geistige Umgestaltung, Verbesserung

Re|for|ma|tor *der; -s, ...oren:* 1. Begründer der Reformation (Luther, Zwingli, Calvin u. a.). 2. Umgestalter, Erneuerer. **Re|for|ma|to|rin** *die; -, -nen:* weibliche Form zu ↑ Reformator (2) **re|for|ma|to|risch** *⟨lat.-nlat.⟩:* 1. in der Art eines Reformators (1); umgestaltend, erneuernd. 2. die Reformation betreffend, im Sinne der Reformation, der Reformatoren (2) **Re|for|mer** *der; -s, - ⟨lat.-fr.-engl.⟩:* Umgestalter, Verbesserer, Erneuerer. **Re|for|me|rin** *die; -, -nen:* weibliche Form zu ↑ Reformer **re|for|me|risch:** Reformen betreibend; nach Verbesserung, Erneuerung strebend **Re|form|haus** *das; -es, ...häuser ⟨lat.-fr.; dt.⟩:* Fachgeschäft für gesunde, an vollwertigen Nährstoffen reiche Kost **re|for|mie|ren** *⟨lat.⟩:* 1. verbessern, [geistig, sittlich] erneuern; neu gestalten. 2. (Techn.) die ↑ Oktanzahl von Benzinen durch Druck- u. Hochtemperaturbehandlung erhöhen **re|for|miert:** ↑ evangelisch-reformiert; **reformierte Kirche:** die von Zwingli u. Calvin ausgegangenen evangelischen Bekenntnisgemeinschaften. **Re|for|mier|te** *der* u. *die; -n, -n:* Angehörige[r] der reformierten Kirche **Re|for|mie|rung** *die; -, -en (Plural selten):* Neugestaltung u. Verbesserung **Re|for|mis|mus** *der; - ⟨lat.-nlat.⟩:* 1. Bewegung zur Verbesserung eines [sozialen] Zustandes od. [politischen] Programms. 2. (im marxistischen Sprachgebrauch, abwertend) Bewegung innerhalb der Arbeiterklasse, die soziale Verbesserungen durch Reformen, nicht durch Revolutionen erreichen will. **Re|for|mist** *der; -en, -en:* Anhänger des Reformismus (1, 2). **Re|for|mis|tin** *die; -, -nen:* weibliche Form zu ↑ Reformist. **re|for|mis|tisch:** den Reformismus (2) betreffend

Re|form|kom|mu|nis|mus *der; -:* Richtung des Kommunismus, die diktatorisch-bürokratische Ausprägungen des Kommunismus ablehnt **Re|form|kon|zil** *das; -s, -e u. -ien:* Kirchenversammlung des 15. [u. 16.] Jh.s, die die spätmittelalterliche katholische Kirche reformieren sollte **Re|form|pä|d|a|go|gik** *die; -:* pädagogische Bewegung, die die Aktivität u. Kreativität des Kindes fördern will u. sich gegen eine Schule wendet, in der hauptsächlich auf das Lernen Wert gelegt wird **Re|fos|co** *der; -[s], -s ⟨it.⟩:* dunkelroter dalmatinischer Süßwein **re|f|rai|chie|ren** [refrɛˈʃi:...] *⟨fr.⟩:* ↑ rafraichieren **Re|f|rain** [rəˈfrɛː] *der; -s, -s ⟨lat.-vulgärlat.-fr.: „Rückprall (der Wogen von den Klippen)"⟩:* in regelmäßigen Abständen wiederkehrende gleiche Laut- od. Wortfolge in einem Gedicht od. Lied; Kehrreim **re|frak|tär** *⟨lat.; „widerspenstig"⟩:* (Med.) nicht beeinflussbar, unempfindlich (bes. gegenüber Reizen) **Re|frak|ti|on** *die; -, -en ⟨lat.-nlat.⟩:* (Phys.) a) Brechung von Lichtwellen u. anderen an Grenzflächen zweier Medien (vgl. ¹Medium 3); b) Brechungswert **Re|frak|to|me|ter** *das; -, - ⟨lat.; gr.⟩:* Instrument zur Bestimmung des Brechungsvermögens eines Stoffes. **Re|frak|to|me|t|rie** *die; -:* (Phys.) Lehre von der Bestimmung der Brechungsgrößen. **re|frak|to|me|t|risch:** mithilfe des Refraktometers durchgeführt **Re|frak|tor** *der; -s, ...oren ⟨lat.-nlat.⟩:* Linsenfernrohr mit mehreren Sammellinsen als Objektiv **Re|frak|tu|rie|rung** *die; -, -en:* (Med.) operatives Wiederbrechen eines Knochens (bei schlecht od. in ungünstiger Stellung verheiltem Knochenbruch) **Re|f|ri|ge|ran|tia** u. **Re|f|ri|ge|ran|zi|en** *die (Plural) ⟨lat.⟩:* (Med.) abkühlende, erfrischende Mittel **Re|f|ri|ge|ra|ti|on** *die; -, -en:* (Med.) Erkaltung **Re|f|ri|ge|ra|tor** *der; -s, ...oren ⟨lat.-nlat.⟩:* Gefrieranlage

Re|fu|ge [reˈfyːʃ] *das; -s, -s ⟨lat.-fr.⟩:* (Alpinistik) Schutzhütte, Notquartier **Re|fu|gi|al|ge|biet** *das; -[e]s, -e ⟨lat.-nlat.; dt.⟩:* Rückzugs- u. Erhaltungsgebiet von in ihrem Lebensraum bedrohten Arten **Re|fu|gié** [refyˈʒi̯e] *der; -s, -s ⟨lat.-fr.⟩:* Flüchtling, bes. aus Frankreich geflüchteter Protestant (17. Jh.) **Re|fu|gi|um** *das; -s, ...ien ⟨lat.⟩:* Zufluchtsort, -stätte **re|fun|die|ren** *⟨lat.; „zurückgießen"⟩:* (veraltet) zurückzahlen; ersetzen **Re|fus** u. **Re|füs** [rəˈfyː, re...] *der; - [...ˈfyː(s)], -s [...ˈfyːs] ⟨lat.-vulgärlat.-fr.⟩:* (veraltet) abschlägige Antwort, Ablehnung, Weigerung **re|fü|sie|ren:** (veraltet) ablehnen, abschlagen, verweigern **Re|fu|si|on** *die; -, -en ⟨lat.⟩:* (veraltet) Rückgabe, Rückerstattung **Re|fu|ta|ti|on** *die; -, -en ⟨lat.⟩:* 1. (veraltet) Widerlegung. 2. (hist.) Lehnsaufkündigung durch den Vasallen **Reg** *die; -, - ⟨hamitisch⟩:* Geröllwüste [in der algerischen Sahara] **re|gal** *⟨lat.⟩:* (selten) königlich, fürstlich **¹Re|gal** *das; -s, -e ⟨Herkunft unsicher⟩:* 1. [Bücher-, Waren]gestell mit Fächern; vgl. ¹Real. 2. (Druckw.) Schriftkastengestell **²Re|gal** *das; -s, -e ⟨fr.⟩:* 1. kleine, tragbare, nur mit Zungenstimmen besetzte Orgel; vgl. Portativ. 2. Zungenregister der Orgel **³Re|gal** *das; -s, -ien (meist Plural) ⟨lat.-mlat.⟩:* [wirtschaftlich nutzbares] Hoheitsrecht (z. B. Zoll-, Münz-, Postregal) **Re|ga|le** *das; -s, ...lien ⟨lat.-mlat.⟩:* ↑ ³Regal **re|ga|lie|ren** *⟨fr.⟩:* (veraltet, noch landsch.) 1. unentgeltlich bewirten, freihalten. 2. sich an etwas satt essen, gütlich tun **Re|ga|li|tät** *die; -, -en ⟨lat.-mlat.⟩:* (veraltet) Anspruch einer Regierung auf den Besitz von Hoheitsrechten **Re|gat|ta** *die; -, ...tten ⟨venez.⟩:* 1. (Wassersport) Bootswettkampf. 2. schmal gestreiftes Baumwollgewebe in Köperbindung (eine Webart) **Re|ge|la|ti|on** *die; - ⟨lat.-nlat.⟩:* bei

Druckentlastung das Wiedergefrieren von Wasser zu Eis, das vorher bei Druckzunahme geschmolzen war (bei der Entstehung von Gletschereis u. der Bewegung u. Erosionsarbeit von Gletschern)

Re|gel|de|t|ri *die;* - ⟨*lat.-mlat.*⟩: (Math. veraltet) Dreisatz; Rechnung zum Aufsuchen einer Größe, die sich zu einer zweiten ebenso verhält wie eine dritte Größe zu einer vierten

Ré|gence [re'ʒã:s] *die;* - ⟨*lat.-fr.*⟩ u. **Ré|gence|stil** *der;* -[e]s: nach der Regentschaft Philipps von Orleans benannter französischer Kunststil (frühes 18. Jh.)

Re|ge|ne|rat *das;* -[e]s, -e ⟨*lat.*⟩: durch chemische Aufarbeitung gewonnenes Material (z. B. Kautschuk aus Altgummi)

Re|ge|ne|ra|ti|on *die;* -, -en ⟨*lat. (-fr.)*⟩: 1. Wiederauffrischung, Erneuerung, Zurückversetzung in den ursprünglichen Zustand. 2. a) Wiederherstellung bestimmter chemischer od. physikalischer Eigenschaften; b) Rückgewinnung chemischer Stoffe. 3. Ersatz verloren gegangener Organe od. Organteile bei Tieren u. Pflanzen

re|ge|ne|ra|tiv ⟨*lat.-nlat.*⟩: 1. wiedergewinnend od. wiedergewonnen (z. B. in der Chemie aus Abfällen). 2. durch Regeneration (3) entstanden; vgl. ...iv/ ...orisch

Re|ge|ne|ra|tiv|ver|fah|ren *das;* -s: Verfahren zur Rückgewinnung von Wärme

Re|ge|ne|ra|tor *der;* -s, ...oren: (Techn.) der Wärmeaufnahme dienendes Mauerwerk beim Regenerativverfahren

re|ge|ne|ra|to|risch vgl. regenerativ

re|ge|ne|rie|ren ⟨*lat.(-fr.)*⟩: a) erneuern, auffrischen, wiederherstellen; b) (Chem.) wiedergewinnen [von wertvollen Rohstoffen o. Ä. aus verbrauchten, verschmutzten Materialien]; c) sich regenerieren: (Biol.) sich neu bilden

Re|gens *der;* -, Regéntes u. Regénten ⟨*lat.*⟩: Vorsteher, Leiter (bes. eines katholischen Priesterseminars)

Re|gens Cho|ri *der;* - -, Regéntes - u. (österr.:) **Re|gens|cho|ri** *der;* -,

-: Chordirigent der katholischen Kirche

Re|gent *der;* -en, -en: 1. [fürstliches] Staatsoberhaupt. 2. verfassungsmäßiger Vertreter des Monarchen; Landesverweser

Re|gen|ten|stück *das;* -[e]s, -e ⟨*lat.; dt.*⟩: Gruppenbildnis von den Vorstehern (Regenten) einer Gilde (holländische Malerei des 17. Jh.s)

Re|gen|tes [...te:s] *Plural* von ↑ Regens

Re|gen|tin *die;* -, -nen: weibliche Form zu ↑ Regent (1)

Re|gent|schaft *die;* -, -en ⟨*lat.; dt.*⟩: Herrschaft od. Amtszeit eines Regenten

Re|ges [...ge:s] *Plural* von ↑ ¹Rex

Re|gest *das;* -[e]s, -en (meist Plural) ⟨*lat.*⟩: zusammenfassende Inhaltsangabe einer Urkunde, Teil eines zeitlich geordneten Verzeichnisses von Urkunden; Urkundenverzeichnis

Reg|gae ['rɛgɛ, 'rɛgi] *der;* -[s] ⟨*engl.; westind. Slangwort*⟩: (Mus.) aus Jamaika stammende Stilrichtung der Popmusik, deren Rhythmus durch die Hervorhebung unbetonter Taktteile gekennzeichnet ist

Re|gie [re'ʒi:] *die;* -, ...ien ⟨*lat.-fr.*⟩: 1. verantwortliche Führung, [künstlerische] Leitung bei der Gestaltung einer Aufführung, eines Spielgeschehens, eines bestimmten Vorhabens. 2. (Plural; österr.) Regie-, Verwaltungskosten

Re|gie|as|sis|tent [re'ʒi:...] *der;* -en, -en: Assistent eines Regisseurs. **Re|gie|as|sis|ten|tin** *die;* -, -nen: weibliche Form zu ↑ Regieassistent

re|gie|ren ⟨*lat.*⟩: 1. [be]herrschen; die Verwaltung, die Politik eines [Staats]gebietes leiten. 2. (Sprachw.) einen bestimmten Fall fordern. 3. in der Gewalt haben; bedienen, handhaben, führen, lenken. **Re|gie|rung** *die;* -, -en: 1. das Regieren; Ausübung der Regierungs-, Herrschaftsgewalt. 2. oberstes Organ eines Staates, eines Landes; Gesamtheit der Personen, die einen Staat, ein Land regieren (1)

Re|gie|werk *das;* -[e]s, -e ⟨*lat.; dt.*⟩: die Einzelpfeifen der Orgel, Manuale u. Pedale, Traktur, Registratur (3)

Re|gie|spe|sen [re'ʒi:...] *die* (Plural): (veraltet) allgemeine Geschäftsunkosten

Re|gime [re'ʒi:m] *das;* -s, - [re-'ʒi:mə], auch: -s ⟨*lat.-fr.*⟩: 1. einem bestimmten politischen System entsprechende, von ihm geprägte [volksfeindliche] Regierung, Regierungs-, Herrschaftsform. 2. (selten) a) System, Schema, Ordnung; b) Lebensweise, -ordnung, Diätvorschrift (z. B.: der Patient musste sich einem strengen Regime unterziehen)

Re|gime|kri|ti|ker *der;* -s, -: jmd., der an dem [totalitären] Regime seines Landes aktiv Kritik übt. **Re|gime|kri|ti|ke|rin** *die;* -, -nen: weibliche Form zu ↑ Regimekritiker

Re|gi|ment *das;* -[e]s, -e u. -er ⟨*lat.*⟩: 1. (Plural: -e) Regierung, Herrschaft; Leitung. 2. (Plural: -er) größere [meist von einem Oberst od. Oberstleutnant befehligte] Truppeneinheit; Abk.: R., Reg., Regt., Rgt.

Re|gi|na Coe|li *die;* - - ⟨*lat.*⟩: Himmelskönigin (kath. Bez. Marias nach einem Marienhymnus)

re|gi|na col|lo|rem ⟨*lat.*⟩ („die Dame bestimmt die Farbe"): Grundsatz, nach dem bei der Ausgangsstellung einer Schachpartie die weiße Dame auf Weiß u. die schwarze Dame auf Schwarz steht

Re|gi|o|lekt *der;* -[e]s, -e: (Sprachw.) in einer bestimmten Region (1 a) gesprochener Dialekt

Re|gi|on *die;* -, -en ⟨*lat.*⟩: 1. a) Gebiet, Gegend; b) Bereich, Sphäre. 2. (Anat.) Bezirk, Abschnitt (z. B. eines Organs od. Körperteils), Körpergegend

re|gi|o|nal: 1. sich auf einen bestimmten Bereich erstreckend; gebietsmäßig, -weise, Gebiets... 2. ↑ regionär

Re|gi|o|nal|ex|press *der;* -es, -e: schneller Zug des Personennahverkehrs; Abk.: RE

re|gi|o|na|li|sie|ren ⟨*lat.-nlat.*⟩: auf einen bestimmten Bereich, eine Region (1 a) beziehen, eingrenzen. **Re|gi|o|na|li|sie|rung** *die;* -, -en: das Regionalisieren

Re|gi|o|na|lis|mus *der;* -, ...men ⟨*lat.-nlat.*⟩: 1. Ausprägung landschaftlicher Eigeninteressen. 2. Heimatkunst, bodenständige

Literatur um 1900. 3. (Sprachw.) regional gebundene Spracheigentümlichkeit (z. B. Broiler für Brathähnchen)

Re|gi|o|na|list *der;* -en, -en: Vertreter des Regionalismus (1, 2).

Re|gi|o|na|lis|tin *die;* -, -nen: weibliche Form zu ↑ Regionalist

Re|gi|o|nal|li|ga *die;* -, ...ligen: auf bestimmte [Groß]regionen begrenzte deutsche Spielklasse in verschiedenen Sportarten (z. B. im Fußball)

Re|gi|o|nal|pro|gramm *das;* -s, -e: Rundfunk-, Fernsehprogramm für ein bestimmtes Sendegebiet

re|gi|o|när: (Med.) einen bestimmten Körperbereich betreffend

Re|gis|seur [reʒɪˈsøːɐ̯] *der;* -s, -e ⟨*lat.-fr.*⟩: jmd., der [berufsmäßig] Regie (1) führt, die Regie hat. **Re|gis|seu|rin** [...ˈsøːrɪn] *die;* -, -nen: weibliche Form zu ↑ Regisseur

Re|gis|ter *das;* -s, - ⟨*lat.-mlat.*⟩: 1. a) alphabetisches Namen- od. Sachverzeichnis; ↑ Index (1); b) stufenförmig eingeschnittener u. mit den Buchstaben des Alphabets versehener Seitenrand in Telefon-, Wörter-, Notizbüchern o. Ä. 2. a) meist den ganzen Umfang einer Klaviatur deckende Orgelpfeifengruppe mit charakteristischer Klangfärbung; b) im Klangcharakter von anderen unterschiedene Lage der menschlichen Stimme (Brust-, Kopf-, Falsettstimme) od. von Holzblasinstrumenten. 3. amtliches Verzeichnis rechtlicher Vorgänge (z. B. Standesregister). 4. genaues Aufeinanderpassen der Farben beim Mehrfarbendruck u. der auf dem Druckbogen gegenständigen Buchseiten u. Seitenzahlen. 5. (EDV) spezieller Speicher einer digitalen Rechenanlage mit besonders kleiner Zugriffszeit für vorübergehende Aufnahme von Daten

re|gis|tered [ˈrɛdʒɪstɐt] ⟨*lat.-mlat.-fr.-engl.*⟩: 1. in ein Register eingetragen, patentiert, gesetzlich geschützt; Abk.: reg.; Zeichen: ®. 2. eingeschrieben (auf Postsendungen)

Re|gis|ter|ton|ne *die;* -, -n: Maß zur Angabe des Rauminhalts von Schiffen; Abk.: RT (1 RT = 2,832 m³)

Re|gis|t|ran|de *die;* -, -n ⟨*lat.-mlat.*⟩: (veraltet) Buch, in dem Eingänge registriert werden

Re|gis|t|ra|tor *der;* -s, ...oren: (veraltet) 1. Register führender Beamter. 2. Ordner[mappe]. **Regis|t|ra|to|rin** *die;* -, -nen: weibliche Form zu ↑ Registrator (1)

re|gis|t|ra|to|risch: das Registrieren betreffend

Re|gis|t|ra|tur *die;* -, -en: 1. das Registrieren (1 a), Eintragen; Buchung. 2. a) Aufbewahrungsstelle für Karteien, Akten o. Ä.; b) Regal, Gestell, Schrank zum Aufbewahren von Akten o. Ä. 3. die Register (2 a) und Koppeln auslösende Schaltvorrichtung bei Orgel u. Harmonium

re|gis|t|rie|ren: 1. a) [in ein Register] eintragen; b) selbsttätig aufzeichnen; einordnen. 2. a) bewusst wahrnehmen, ins Bewusstsein aufnehmen; b) sachlich feststellen; ohne urteilenden Kommentar feststellen, zur Kenntnis nehmen. 3. die geeigneten Registerstimmen verbinden u. mischen (bei Orgel u. Harmonium)

Reg|le|ment [...ˈmãː, schweiz.: ...ˈmɛnt] *das;* -s, -s (schweiz.:) -e ⟨*lat.-fr.*⟩: Gesamtheit von Vorschriften, Bestimmungen, die für einen bestimmten Bereich, für bestimmte Tätigkeiten gelten; ↑ Statuten, Satzungen

re|gle|men|ta|risch: der [Dienst]vorschrift, Geschäftsordnung gemäß, bestimmungsgemäß

re|gle|men|tie|ren: durch Vorschriften regeln, einschränken.

Re|gle|men|tie|rung *die;* -, -en: a) das Reglementieren; b) Unterstellung (bes. von Prostituierten) unter behördliche Aufsicht

Reg|let|te *die;* -, -n: (Druckw.) schmaler Bleistreifen für den Zeilendurchschuss

Re|gra|nu|lat *das;* -[e]s, -e ⟨*lat.-nlat.*⟩: (Techn.) durch Regranulieren entstandenes Produkt

re|gra|nu|lie|ren: (Techn.) durch spezielle Aufbereitungsverfahren wieder zu Granulat umformen (von Abfällen, die bei der Herstellung von Kunststoffen anfallen)

Re|gre|di|ent *der;* -en, -en ⟨*lat.*⟩: (Rechtsw.) jmd., der Regress (1)

nimmt. **Re|gre|di|en|tin** *die;* -, -nen: weibliche Form zu ↑ Regredient

re|gre|die|ren: 1. auf Früheres zurückgehen, zurückgreifen. 2. (Rechtsw.) Regress (1) nehmen

Re|gress *der;* -es, -e ⟨„Rückkehr; Rückhalt, Zuflucht"⟩: 1. (Rechtsw.) Rückgriff eines ersatzweise haftenden Schuldners auf den Hauptschuldner. 2. (Logik) das Zurückschreiten des Denkens vom Besonderen zum Allgemeinen, vom Bedingten zur Bedingung, von der Wirkung zur Ursache

Re|gres|sand *der;* -en,-en ⟨*lat.-mlat.*⟩: (Statistik) abhängige Variable einer Regression (4)

Re|gres|sat *der;* -en, -en: (Rechtsw.) Rückgriffsschuldner, der dem vom Gläubiger in Anspruch genommenen Ersatzschuldner für dessen Haftung einstehen muss. **Re|gres|sa|tin** *die;* -, -nen: weibliche Form zu ↑ Regressat

Re|gres|si|on *die;* -, -en ⟨*lat.*⟩: 1. (Geogr.) langsamer Rückzug des Meeres. 2. (Psychol.) a) Reaktivierung entwicklungsgeschichtlich älterer Verhaltensweisen bei Abbau od. Verlust des höheren Niveaus; b) das Zurückfallen auf frühere, kindliche Stufen der Triebvorgänge. 3. (Rhet.) a) ↑ Epanodos; b) nachträgliche, erläuternde Wiederaufnahme. 4. (Statistik) Aufteilung einer Variablen in einen systematischen u. einen zufälligen Teil zur näherungsweisen Beschreibung einer Variablen als Funktion anderer. 5. (Biol.) das Schrumpfen des Ausbreitungsgebiets einer Art o. Ä. von Lebewesen

re|gres|siv ⟨*lat.-nlat.*⟩: 1. (Logik) zurückschreitend in der Art des Regresses (2), zurückgehend vom Bedingten zur Bedingung. 2. a) (Med.) sich zurückbildend (von Krankheiten); b) auf einer Regression (2 b) beruhend. 3. nicht progressiv, rückschrittlich; rückläufig. 4. (Rechtsw.) einen Regress (1) betreffend. 5. in der Fügung **regressive Assimilation:** (Sprachw.) Angleichung eines Lauts an den vorangehenden

R

Re|gres|si|vi|tät _die; -:_ regressives Verhalten

Re|gres|sor _der; -s,_ ...oren: (Statistik) unabhängige Variable einer Regression (4)

Re|gu|la Fal|si _die; - - ⟨lat.⟩:_ (Math.) Verfahren zur Verbesserung vorhandener Näherungslösungen von Gleichungen

Re|gu|la Fi|dei [- ...dei] _die; - -,_ ...lae [...lɛ] - ⟨"Glaubensregel"⟩: kurze Zusammenfassung der [früh]christlichen Glaubenslehre, bes. das Glaubensbekenntnis

re|gu|lär: 1. der Regel gemäß; vorschriftsmäßig; üblich, gewöhnlich; Ggs. ↑ irregulär; **reguläres System:** (Mineral.) Kristallsystem mit drei gleichen, aufeinander senkrecht stehenden Achsen; **reguläre Truppen:** gemäß dem Wehrgesetz eines Staates aufgestellte Truppen. 2. (ugs.) regelrecht

Re|gu|lar _der; -s, -e:_ Mitglied eines katholischen Ordens mit feierlichen Gelübden

Re|gu|la|ri|en _die_ (Plural): (Wirtsch.) bei Aktionärs-, Vereinsversammlungen o. Ä. auf der Tagesordnung stehende, regelmäßig abzuwickelnde Geschäftsangelegenheiten

Re|gu|la|ri|tät _die; -, -en ⟨lat.-nlat.⟩:_ a) Gesetzmäßigkeit, Richtigkeit; Ggs. ↑ Irregularität (1 a); b) (meist Plural; Sprachw.) sprachübliche Erscheinung; Ggs. ↑ Irregularität (1 b)

Re|gu|lar|ka|no|ni|ker _der; -s, -:_ in mönchsähnlicher Gemeinschaft lebender Chorherr

Re|gu|lar|kle|ri|ker _der; -s, -:_ Ordensgeistlicher, bes. Mitglied einer jüngeren katholischen Ordensgenossenschaft ohne Klöster u. Chorgebet (z. B. der Jesuiten); Ggs. ↑ Säularkleriker

Re|gu|la|ti|on _die; -, -en: 1.* (Biol.) Regelung der Organsysteme eines lebenden Organismus durch verschiedene Steuerungseinrichtungen (z. B. Hormone, Nerven). 2. (Biol.) selbsttätige Anpassung eines Lebewesens an wechselnde Umweltbedingungen unter Aufrechterhaltung eines physiologischen Gleichgewichtszustandes im Organismus. 3. ↑ Regulierung

re|gu|la|tiv: regulierend, regelnd; als Norm dienend. **Re|gu|la|tiv** _das; -s, -e:_ a) regelnde Verfügung, Vorschrift, Verordnung; b) steuerndes, ausgleichendes Element

Re|gu|la|tor _der; -s, ...oren:* 1. Apparatur zur Einstellung des gleichmäßigen Ganges einer Maschine. 2. Pendeluhr, bei der das Pendel reguliert werden kann. 3. (hist.) a) Angehöriger einer 1767 gegründeten revolutionären Gruppe von Farmern in den amerikanischen Südstaaten; b) im 19. Jahrhundert im Kampf gegen Viehräuber zur Selbsthilfe greifender amerikanischer Farmer. 4. steuernde, ausgleichende, regulierende Kraft. **re|gu|la|to|risch:** regulierend, steuernd

Re|gu|li _Plural_ von ↑ Regulus

re|gu|lie|ren _⟨lat.⟩:_ 1. a) regeln, ordnen; b) sich regulieren: in ordnungsgemäßen Bahnen verlaufen; einen festen, geordneten Ablauf haben; sich regeln; **regulierter Kanoniker:** ↑ Regularkanoniker; vgl. Augustiner (a). 2. in Ordnung bringen, den gleichmäßigen, richtigen Gang einer Maschine, Uhr o. Ä. einstellen. 3. (einen Fluss) begradigen. **Re|gu|lie|rung** _die; -, -en:_ 1. Regelung. 2. Herstellung des gleichmäßigen, richtigen Ganges einer Maschine, Uhr o. Ä. 3. Begradigung eines Flusslaufs

re|gu|li|nisch _⟨lat.-nlat.⟩:_ aus reinem Metall bestehend

Re|gu|lus _der; -, ...li u. -se ⟨lat.⟩:* 1. (veraltet) aus Erzen ausgeschmolzener Metallklumpen. 2. Singvogelgattung, zu der das Winter- u. das Sommergoldhähnchen gehören

Re|gur _der; -s ⟨Hindi⟩:_ Schwarzerde in Südindien

Re|ha|bi|li|tand _der; -en, -en ⟨lat.-nlat.⟩:_ jmd., dem die Wiedereingliederung in das berufliche u. gesellschaftliche Leben ermöglicht werden soll. **Re|ha|bi|li|tan|din** _die; -, -nen:_ weibliche Form zu ↑ Rehabilitand

Re|ha|bi|li|ta|ti|on _die; -, -en:_ 1. [Wieder]eingliederung eines Kranken, körperlich od. geistig Behinderten in das berufliche u. gesellschaftliche Leben. 2. ↑ Rehabilitierung (1); vgl. ...ation/...ierung

-s, ...ren: der Rehabilitation (1) dienende Anstalt

re|ha|bi|li|ta|tiv: die Rehabilitation betreffend, ihr dienend

re|ha|bi|li|tie|ren: 1. jmds. od. sein eigenes soziales Ansehen wiederherstellen, jmdn. in frühere [Ehren]rechte wieder einsetzen. 2. (einen durch Krankheit od. Unfall Geschädigten) durch geeignete Maßnahmen wieder in die Gesellschaft eingliedern. **Re|ha|bi|li|tie|rung** _die; -, -en:_ 1. Wiederherstellung des sozialen Ansehens, Wiedereinsetzung in frühere [Ehren]rechte. 2. ↑ Rehabilitation (1)

Re|haut [rə'o:] _der; -s, -s ⟨lat.-vulgärlat.-fr.⟩:_ Erhöhung, lichte Stelle auf Gemälden

Re|ha|zen|t|rum _das; -s, ...ren:_ Kurzform von ↑ Rehabilitationszentrum

Rei|bach _der; -s ⟨jidd.⟩:_ unverhältnismäßig hoher Gewinn

Re|i|fi|ka|ti|on _die; -, -en ⟨lat.-engl.⟩:_ Vergegenständlichung, Konkretisierung. **re|i|fi|zie|ren:** eine Reifikation vornehmen

Rei|ki [re:ki] _das; - ⟨jap.; "universale Lebensenergie"⟩:_ japanische Heilkunst, die durch Händeauflegen versucht, die unerschöpfliche Energie des Universums für die Revitalisierung von Körper, Seele u. Geist nutzbar zu machen

Re|im|plan|ta|ti|on _die; -, -en ⟨lat.-nlat.⟩:_ (Med.) Wiedereinheilung, Wiedereinpflanzung (z. B. von gezogenen Zähnen)

Re|im|port _der; -[e]s, -e u. **Re|im|por|ta|ti|on** _die; -, -en ⟨lat.-nlat.⟩:_ Wiedereinfuhr ausgeführter Güter. **re|im|por|tie|ren:** (ausgeführte Güter) wieder einführen

Rei|ne|clau|de [rɛnə'klo:də] vgl. Reneklode

Rei|net|te [rɛ'nɛtə] vgl. Renette

Re|in|fek|ti|on _die; -, -en ⟨lat.-nlat.⟩:_ (Med.) Wiederansteckung [mit den gleichen Erregern]

Re|in|force|ment [ri:n'fɔ:smənt] _das; -s ⟨engl.⟩:_ (Psychol.) das, was das ²Habit schafft, stärkt od. bekräftigt (z. B. Lob)

Re|in|fu|si|on _die; -, -en ⟨lat.-nlat.⟩:_ (Med.) intravenöse Wiederzuführung von verlorenem od. vorher dem Organismus entnommenen, noch nicht geron-

R

nenem Blut in den Blutkreislauf

Re|in|kar|na|ti|on *die; -, -en* ⟨*lat.-nlat.*⟩: Übergang der Seele eines Menschen in einen neuen Körper u. eine neue Existenz (in der buddhistischen Lehre von der Seelenwanderung)

re|in|s|tal|lie|ren ⟨*nlat.*⟩: (in ein Amt) wieder einsetzen

Re|in|te|g|ra|ti|on *die; -, -en* ⟨*lat.-nlat.*⟩: 1. ↑ Redintegration (2). 2. Wiedereingliederung. 3. (veraltet) Wiederherstellung. **re|in|te|g|rie|ren**: wieder eingliedern

re|in|ves|tie|ren ⟨*lat.-nlat.*⟩: (Wirtsch.) erneut anlegen (frei werdende Kapitalbeträge)

Re|is: *Plural von* ↑ ²Real

re|i|te|re|tur ⟨*lat.*⟩: (auf Rezepten): es werde erneuert; Abk.: reit.

Rei|zi|a|num *das; -s, ...na* ⟨*nlat.*; nach dem dt. Gelehrten F. W. Reiz, 1733–1790⟩: antikes lyrisches Versmaß (Kurzvers)

Re|jek|ti|on *die; -, -en* ⟨*lat.*⟩: 1. (Med.) Abstoßung transplantierter Organe durch den Organismus des Empfängers. 2. (Rechtsw. selten für:) Abweisung, Verwerfung (eines Antrags, einer Klage)

Re|jek|to|ri|um *das; -s, ...ien* ⟨*lat.-nlat.*⟩: (Rechtsw.) abweisendes Revisionsurteil

re|ji|zie|ren ⟨*lat.*⟩: (Rechtsw.) verwerfen, abweisen (einen Antrag, eine Klage o. Ä.)

Ré|jou|is|sance [reʒui'sã:s] *die; -, -n* ⟨*lat.-galloroman.-fr.*⟩: scherzoartiger, heiterer Satz einer Suite (17. u. 18. Jh.)

Re|ka|les|zenz *die; -* ⟨*lat.-nlat.*⟩: (Chem.) Wiedererwärmung, -erhitzung

Re|ka|pi|tu|la|ti|on *die; -, -en* ⟨*lat.*⟩: 1. das Rekapitulieren. 2. das Rekapitulierte. 3. (Biol.) gedrängte Wiederholung der Stammesentwicklung (von der vorgeburtlichen Entwicklung des Einzelwesens). **re|ka|pi|tu|lie|ren**: a) wiederholen, noch einmal zusammenfassen; b) in Gedanken durchgehen, sich noch einmal vergegenwärtigen

Re|kla|mant *der; -en, -en* ⟨*lat.*⟩: (Rechtsw.) jmd., der Einspruch erhebt, Beschwerde führt

Re|kla|man|te *die; -, -n*: ↑ ¹Kustode (1)

Re|kla|man|tin *die; -, -nen*: weibliche Form zu ↑ Reklamant

Re|kla|ma|ti|on *die; -, -en*: Beanstandung, Beschwerde

Re|kla|me *die; -, -n* (Plural selten) ⟨*lat.-fr.*⟩: Werbung; Anpreisung [von Waren zum Verkauf]

re|kla|mie|ren ⟨*lat.*; „dagegenschreien, widersprechen"⟩: 1. [zurück]fordern, für sich beanspruchen. 2. wegen irgendwelcher Mängel beanstanden, Einspruch erheben, Beschwerde führen

Re|kli|na|ti|on *die; -, -en* ⟨*lat.*⟩: (Med.) das Zurückbiegen der verkrümmten Wirbelsäule, die darauf in einem Gipsbett in dieser Stellung fixiert wird

Re|klu|sen *die* (Plural) ⟨*lat.*; „Eingeschlossene"⟩: ↑ Inklusen

Re|ko|die|rung, fachspr.: Recodierung *die; -, -en* ⟨*lat.*⟩: (Sprachw.) nach der Dekodierung erfolgende Umsetzung in den Kode der Zielsprache (beim Übersetzen)

Re|kog|ni|ti|on *die; -, -en* ⟨*lat.*⟩: (Rechtsw. veraltet) [gerichtliche od. amtliche] Anerkennung der Echtheit einer Person, Sache od. Urkunde

re|kog|nos|zie|ren: 1. die Echtheit einer Person, Sache od. Urkunde [gerichtlich od. amtlich] anerkennen. 2. (scherzh.) auskundschaften. 3. (Milit. schweiz., sonst veraltet) [Stärke od. Stellung des Feindes] erkunden, aufklären. **Re|kog|nos|zie|rung** *die; -, -en*: 1. Erkundung. 2. Identifizierung

Re|kom|bi|na|ti|on *die; -, -en* ⟨*lat.*⟩: 1. (Chem.; Phys.) Wiedervereinigung der durch Dissoziation od. Ionisation gebildeten, entgegengesetzt elektrisch geladenen Teile eines Moleküls bzw. eines positiven Ions mit einem Elektron zu einem neutralen Gebilde. 2. (Biol.) Bildung einer neuen Kombination der Gene im Verlauf der ↑ Meiose

Re|kom|man|da|ti|on *die; -, -en* ⟨*lat.-fr.*⟩: (veraltet) 1. Empfehlung. 2. (Postw.) Einschreiben.

re|kom|man|die|ren: 1. (veraltet, landsch.) empfehlen; einschärfen. 2. (Postw. österr.) einschreiben lassen; vgl. recommandé

Re|kom|pa|ra|ti|on *die; -, -en* ⟨*lat.-nlat.*⟩: Wiedererwerbung, -kauf

Re|kom|pens *die, -ens* ⟨*spätlat.-fr.-engl.*⟩: das Rekompensieren (1). **Re|kom|pen|sa|ti|on** *die; -,*

-en ⟨*spätlat.*⟩: 1. (Wirtsch.) ↑ Rekompens. 2. (Med.) Wiederherstellung des Zustands der Kompensation. **re|kom|pen|sie|ren**: 1. (Wirtsch.) entschädigen. 2. (Med.) den Zustand der Kompensation wiederherstellen

Re|kom|po|si|ti|on *die; -, -en* ⟨*lat.-nlat.*; „Wiederzusammensetzung"⟩: (Sprachw.) Vorgang der Neubildung eines zusammengesetzten Wortes, bei der auf die ursprüngliche Form eines Kompositionsglieds zurückgegriffen wird (z. B. lat. commendare, aber franz. commander zu lat. mandare)

Re|kom|po|si|tum *das; -s, ...ta*: (Sprachw.) durch Rekomposition gebildetes zusammengesetztes Wort

Re|kon|s|ti|tu|ti|on *die; -, -en* ⟨*lat.-nlat.*⟩: (veraltet) Wiederherstellung

re|kon|s|t|ru|ie|ren ⟨*lat.-nlat.*⟩: 1. den ursprünglichen Zustand wiederherstellen od. nachbilden. 2. den Ablauf eines früheren Vorgangs od. Erlebnisses in den Einzelheiten darstellen, wiedergeben. 3. (regional) zu größerem [wirtschaftlichem] Nutzen umgestalten u. ausbauen, modernisieren

re|kon|s|t|ru|k|ta|bel: nachvollziehbar (z. B. vom Ablauf von Ereignissen); darstellbar

Re|kon|s|t|ru|k|ti|on *die; -, -en*: 1. a) das Wiederherstellen, Wiederaufbauen, Nachbilden; b) das Wiederhergestellte, Wiederaufgebaute, Nachgebildete. 2. a) das Wiedergeben, Darstellen eines Vorgangs in seinen Einzelteilen; b) detaillierte Wiedergabe, Darstellung. 3. (regional) wirtschaftliche Umgestaltung, Modernisierung

re|kon|va|les|zent ⟨*lat.*⟩: sich im Stadium der Genesung befindend. **Re|kon|va|les|zent** *der; -en, -en*: Genesender

Re|kon|va|les|zen|ten|se|rum *das; -s, ...sera u. ...seren*: aus dem Blut Genesender gewonnenes, Antikörper gegen die überwundene Krankheit enthaltendes Serum

Re|kon|va|les|zen|tin *die; -, -nen*: weibliche Form zu ↑ Rekonvaleszent

Re|kon|va|les|zenz *die; -* ⟨*lat.-*

nlat.): a) Genesung; b) Genesungszeit. re|kon|va|les|zie|ren ⟨*lat.*⟩: genesen

Re|kon|zi|li|a|ti|on *die;* -, -en ⟨*lat.;* „Aussöhnung"⟩: 1. Wiederaufnahme eines aus der katholischen Kirchengemeinschaft od. einer ihrer Ordnungen Ausgeschlossenen. 2. erneute Weihe einer entweihten katholischen Kirche

Re|kord *der;* -[e]s, -e ⟨*lat.-fr.-engl.*⟩: [anerkannte] sportliche Höchstleistung

Re|kor|der, auch: Recorder *der;* -s, - ⟨*lat.-fr.-engl.*⟩: 1. Gerät zur elektromagnetischen Aufzeichnung u. Wiedergabe von Bild- u./od. Tonsignalen. 2. Drehspulschnellschreiber im Funkdienst, ↑ Undulator

Re|kre|a|ti|on *die;* -, -en ⟨*lat.*⟩: (veraltet) a) Erfrischung; b) Erholung

Re|kre|di|tiv *das;* -s, -e ⟨*lat.-nlat.*⟩: schriftliche Bestätigung des Empfangs eines diplomatischen Abberufungsschreibens durch das Staatsoberhaupt

re|kre|ie|ren ⟨*lat.*⟩: (veraltet) erfrischen, erquicken, Erholung verschaffen

Re|kret *das;* -[e]s, -e (meist Plural) ⟨*lat.*⟩: (Biol.) von der Pflanze aufgenommener mineralischer Ballaststoff, der nicht in den pflanzlichen Stoffwechsel eingeht, sondern unverändert in den Zellwänden abgelagert wird

Re|kre|ti|on *die;* -, -en: (Biol.) das Wiederausscheiden von Rekreten

Re|kri|mi|na|ti|on *die;* -, -en ⟨*lat.-nlat.*⟩: (Rechtsw. veraltet) Gegenbeschuldigung, Gegenklage. re|kri|mi|nie|ren: (Rechtsw.) den Kläger beklagen, Gegenklage erheben

Re|kru|des|zenz *die;* - ⟨*lat.-nlat.*⟩: (Med.) Wiederverschlimmerung [einer Krankheit]

Re|k|rut *der;* -en, -en ⟨*lat.-fr.;* „Nachwuchs (an Soldaten)"⟩: Soldat in der ersten Ausbildungszeit

re|k|ru|tie|ren: 1. (veraltet) Rekruten ausheben, mustern. 2. a) zusammenstellen, zahlenmäßig aus etwas ergänzen, beschaffen; b) sich rekrutieren: sich zusammensetzen, sich bilden [aus etwas]

Re|k|ru|tin *die;* -, -nen: weibliche Form zu ↑ Rekrut

Rek|ta: *Plural* von ↑ Rektum

Rek|ta|in|dos|sa|ment *das;* -[e]s, -e u. **Rek|ta|klau|sel** *die;* -, -n ⟨*lat.-nlat.*⟩: Vermerk auf einem Wertpapier, der die Übertragung des Papiers durch Indossament ausschließt („negative Orderklausel")

rek|tal: (Med.) a) den Mastdarm betreffend; b) durch den, im Mastdarm erfolgend

Rek|t|al|gie *die;* -, ...ien ⟨*lat.; gr.*⟩: (Med.) Schmerz im Mastdarm

Rek|tal|nar|ko|se *die;* -, -n: (Med.) Allgemeinbetäubung durch einen Darmeinlauf

Rek|t|an|gel *das;* -s, - ⟨*lat.*⟩: (veraltet) Rechteck. **rek|t|an|gu|lär** ⟨*lat.-nlat.*⟩: (veraltet) rechtwinklig

Rek|ta|pa|pier *das;* -s, -e ⟨*lat.; gr.-lat.*⟩: auf den Namen einer bestimmten Person ausgestelltes u. nicht übertragbares Wertpapier

Rek|ta|scheck *der;* -s, -s ⟨*lat.; dt.*⟩: Scheck, der eine Rektaklausel enthält

Rek|t|a|s|zen|si|on *die;* -, -en ⟨*lat.-nlat.*⟩: gerade Aufsteigung, eine der beiden Koordinaten im äquatorialen astronomischen Koordinatensystem

Rek|ta|wech|sel *der;* -s, - ⟨*lat.; dt.*⟩: Wechsel, der eine Rektaklausel enthält

rek|te vgl. recte

Rek|ti|fi|kat *das;* -[e]s, -e ⟨*lat.-nlat.*⟩: (Chem.) durch Rektifikation (3) gewonnene Fraktion (2)

Rek|ti|fi|ka|ti|on *die;* -, -en: 1. (veraltet) Berichtigung, Zurechtweisung. 2. (Math.) Bestimmung der Länge einer Kurve. 3. (Chem.) Trennung von Flüssigkeitsgemischen durch wiederholte Destillation (z. B. zur Reinigung von Benzin, Spiritus o. Ä.). **rek|ti|fi|zie|ren:** 1. (veraltet) berichtigen, zurechtweisen. 2. (Math.) die Länge einer Kurve bestimmen. 3. (Chem.) ein Flüssigkeitsgemisch durch wiederholte Destillation trennen (z. B. zur Reinigung von Benzin, Spiritus o. Ä.)

Rek|ti|on *die;* -, -en ⟨*lat.*⟩: Eigenschaft eines Verbs, Adjektivs od. einer Präposition, den Kasus (2) eines abhängigen Wortes im Satz zu bestimmen

Rek|to *das;* -s, -s: Vorderseite eines Blattes in einem Papyrus, einer Handschrift, einem Buch; Ggs. ↑ Verso

Rek|tor *der;* -s, ...oren ⟨*lat.-mlat.*⟩: 1. Leiter einer Hochschule. 2. Leiter einer Grund-, Haupt-, Sonder- od. Realschule. 3. katholischer Geistlicher an einer Nebenkirche, einem Seminar o. Ä.

Rek|to|rat *das;* -[e]s, -e: 1. a) Amt eines Rektors; b) Amtszimmer eines Rektors; c) Amtszeit eines Rektors. 2. Verwaltungsgremium, dem der Rektor, die Prorektoren u. der Kanzler angehören

Rek|to|rin *die;* -, -nen: weibliche Form zu ↑ Rektor (1, 2)

Rek|to|s|kop *das;* -s, -e ⟨*lat.; gr.*⟩: (Med.) Mastdarmspiegel. **Rek|to|s|ko|pie** *die;* -, ...ien: (Med.) Untersuchung des Mastdarms mit dem Rektoskop. **rek|to|s|ko|pisch:** a) die Rektoskopie betreffend; b) mithilfe von Rektoskopie erfolgend

Rek|to|ze|le *die;* -, -n: (Med.) Mastdarmvorfall

Rek|tum *das;* -s, ...ta ⟨*lat.-nlat.*⟩: (Med.) Mastdarm

re|kul|ti|vie|ren ⟨*lat.-fr.*⟩: [durch Bergbau] unfruchtbar gewordenen Boden wieder kultivieren, als Kulturland nutzen

Re|kul|pe|ra|ti|on *die;* - ⟨*lat.*⟩: 1. (Techn.) Verfahren zur Vorwärmung von Luft durch heiße Abgase. 2. (Gesch.) Rückgewinnung von Territorien aufgrund verbriefter Rechte

Re|kul|pe|ra|tor *der;* -s, ...oren: Vorwärmer (in technischen Feuerungsanlagen)

Re|kur|rens|fie|ber *das;* -s ⟨*lat.*⟩: Rückfallfieber

re|kur|rent ⟨*lat.*⟩: ↑ rekursiv

Re|kur|renz *die;* -: ↑ Rekursivität

re|kur|rie|ren: 1. Bezug nehmen, auf etwas zurückgreifen. 2. (Rechtsw. österr., sonst veraltet) Beschwerde, Einspruch einlegen gegen gerichtliche Urteile od. Verwaltungsakte

Re|kurs *der;* -es, -e: 1. Rückgriff auf etwas, Bezug[nahme]. 2. (Rechtsw.) Einspruch, Beschwerde gegen gerichtliche Entscheidungen od. Verwaltungsakte

Re|kur|si|on *die; -:* ↑ Rekursivität

re|kur|siv ⟨*lat.-nlat.*⟩: 1. (Math.) zurückgehend (bis zu bekannten Werten). 2. Rekursivität zeigend

Re|kur|si|vi|tät *die; -:* (Sprachw.) Eigenschaft einer Grammatik, mit der nach bestimmten Formationsregeln unendlich viele Sätze gebildet werden können (d. h., die Konstituenten eines jeden Satzes entsprechen jeweils neuen Sätzen u. ihre Zahl kann beliebig erweitert werden)

Re|ku|sa|ti|on *die; -, -en* ⟨*lat.*⟩: (Rechtsw. veraltet) Weigerung, Ablehnung (z. B. gegenüber einem als befangen erachteten Richter in einem Rechtsstreit)

Re|lais [rə'le:] *das; - [rə'le:(s)], - [rə'le:s]* ⟨*fr.*⟩: 1. (Elektrot.) zum Ein-, Ausschalten eines stärkeren Stroms benutzter Apparat, der durch Steuerimpulse von geringer Leistung betätigt wird. 2. (hist.) a) Pferdewechsel im Postverkehr; b) Station für den Postpferdewechsel. 3. (hist.) an bestimmten Orten aufgestellte kleinere Reiterabteilung zur Überbringung von Befehlen u. Meldungen. 4. Weg zwischen Wall u. Graben einer Festung

Re|lais|di|a|gramm [rə'le:...] *das; -[e]s, -e:* zeichnerische Darstellung der zeitlichen Vorgänge bei einem Relais (1)

Re|lais|sta|ti|on *die; -, -en:* 1. (hist.) Station für den Pferdewechsel im Postverkehr u. beim Militär. 2. bei Wellen mit geradliniger Fortpflanzung Zwischenstelle zur Weiterleitung von Fernseh- u. UKW-Tonsendungen vom Sender zum Empfänger

Re|lance [rəlã:s] *die; -, -n* ⟨*fr.*⟩: (schweiz.) das Wiederaufgreifen einer politischen Idee

Re|laps *der; -es, -e* ⟨*lat.-nlat.*⟩: (Med.) Rückfall, das Wiederausbrechen einer Krankheit nach vermeintlicher Heilung

Re|la|ti|on *die; -, -en* ⟨*lat.*⟩: 1. a) Beziehung, Verhältnis; b) (Math.) Beziehung zwischen den Elementen einer Menge; c) (veraltend) gesellschaftliche, geschäftliche o. ä. Verbindung. 2. (veraltet) Bericht, Mitteilung. 3. Rechtsgutachten. 4. (hist.) Zurückschiebung eines zugeschobenen Eides im Zivilprozess an den Gegner; Ggs. ↑ Delation (3). 5. regelmäßig befahrene [Schifffahrts]linie

re|la|ti|o|nal ⟨*lat.-nlat.*⟩: a) die Relation betreffend; b) in Beziehung stehend, eine Beziehung darstellend

Re|la|ti|o|na|lis|mus u. **Re|la|ti|o|nis|mus** *der; -:* ↑ Relativismus (1)

Re|la|ti|ons|ad|jek|tiv *das; -s, -e:* (Sprachw.) ↑ Relativadjektiv

re|la|tiv [auch: 're:...] 1. verhältnismäßig, vergleichsweise. 2. bezüglich; **relatives Tempus:** (Sprachw.) auf das Tempus eines anderen Geschehens im zusammengesetzten Satz bezogenes Tempus

Re|la|tiv *das; -s, -e:* a) Oberbegriff für Relativpronomen u. Relativadverb; b) ↑ Relativpronomen

Re|la|ti|va: *Plural* von ↑ Relativum

Re|la|tiv|ad|jek|tiv *das; -s, -e:* (Sprachw.) Adjektiv, das eine Beziehung ausdrückt (z. B. das *väterliche* Haus)

Re|la|tiv|ad|verb *das; -s, -ien:* (Sprachw.) bezügliches Umstandswort (z. B.: dort, *wo* er lebt)

re|la|ti|vie|ren ⟨*lat.-nlat.*⟩: mit etwas anderem in eine Beziehung bringen u. dadurch in seiner Gültigkeit einschränken

Re|la|ti|visch: a) das Relativ betreffend; b) als Relativ gebraucht

Re|la|ti|vis|mus *der; -:* 1. erkenntnistheoretische Lehre, nach der nur die Verhältnisse der Dinge zueinander, nicht diese selbst erkennbar sind. 2. (Philos.) Anschauung, nach der jede Erkenntnis nur relativ (bedingt durch den Standpunkt des Erkennenden) richtig ist, nicht allgemein gültig. **Re|la|ti|vist** *der; -en, -en:* a) Vertreter des Relativismus; b) jmd., für den alle Erkenntnis subjektiv ist. **Re|la|ti|vis|tin** *die; -, -nen:* weibliche Form zu ↑ Relativist. **re|la|ti|vis|tisch:** 1. (Philos.) den Relativismus betreffend. 2. (Phys.) die Relativitätstheorie betreffend, auf ihr beruhend. 3. die Relativität (2) betreffend

Re|la|ti|vi|tät *die; -, -en:* 1. Bezogenheit, Bedingtheit. 2. relative (1) Gültigkeit

Re|la|ti|vi|täts|the|o|rie *die; -:* (Phys.) von A. Einstein begründete physikalische Theorie, nach der Raum, Zeit u. Masse vom Bewegungszustand eines Beobachters abhängig u. deshalb relative (1) Größen sind

Re|la|tiv|pro|no|men *das; -s, - u. ...mina:* bezügliches Fürwort (z. B.: der Mann, *der* dort sitzt)

Re|la|tiv|satz *der; -es, ...sätze* ⟨*lat.-nlat.; dt.*⟩: durch ein Relativ eingeleiteter Attributsatz (z. B.: die Zeit, *die dafür noch bleibt* ...; kennst du ein Land, *wo es das noch gibt?*)

Re|la|ti|vum *das; -s, ...va* ⟨*lat.*⟩: ↑ Relativ

Re|la|tor *der; -s, ...oren:* (Logik; Philos.) mehrstelliger Prädikator

Re|launch [ri:'lɔ:ntʃ] *der* u. *das; -[e]s, -[e]s* ⟨*engl.*⟩: (Werbespr.) verstärkter Werbeeinsatz für ein schon länger auf dem Markt befindliches Produkt. **re|launchen:** (Werbespr.) einen Relaunch durchführen

Re|la|xans *das; -, ...xanzien* [...jən] u. ...xantia ⟨*lat.*⟩: Arzneimittel, das eine Erschlaffung [der Muskeln] bewirkt

Re|la|xa|ti|on *die; -:* 1. (Med.) Erschlaffung, Entspannung (bes. der Muskulatur). 2. (Phys.) Minderung der Elastizität. 3. (Chem.) Wiederherstellung eines chemischen Gleichgewichts nach einer Störung

re|laxed [ri'lɛkst] ⟨*lat.-engl.*⟩: (ugs.) gelöst, zwanglos

re|la|xen [ri'lɛksn]: (ugs.) sich körperlich entspannen, Anstrengung erholen. **Re|la|xing** [ri'lɛksɪŋ] *das; -s:* das Relaxen

Re|la|xi|ons|me|tho|de *die; -:* 1. (Math.) Näherungsverfahren zur Auflösung einer Gleichung. 2. (Psychol.) Verfahren zur Erreichung eines stabilen seelischen Gleichgewichts (z. B. autogenes Training)

Re|lease [ri'li:s] *das; -, -s* [...sɪs] u. **Re|lease|cen|ter** *das; -s, - ⟨lat.-engl.⟩:* Zentrale zur Heilung Rauschgiftsüchtiger

Re|lea|ser [ri'li:zɐ] *der; -s, -:* (Jargon) Psychotherapeut, Sozialarbeiter o. Ä., der bei der Behandlung Rauschgiftsüchtiger mitwirkt. **Re|lea|se|rin** *die; -, -nen:* weibliche Form zu ↑ Releaser

Re|lease|zen|t|rum, auch: **Release-Zen|t|rum** *das; -s, ...tren:* ↑ Releasecenter

Re|le|ga|ti|on *die; -, -en* ⟨*lat.*⟩: Verweisung von der [Hoch]schule

Re|le|ga|ti|ons|spiel *das; -[e]s, -e* ⟨*lat.; dt.*⟩: (Sport) Qualifikationsspiel zwischen [einer] der schlechtesten Mannschaft[en] der höheren u. [einer] der besten der tieferen Spielklasse um das Verbleiben in der bzw. den Aufstieg in die höhere Spielklasse

re|le|gie|ren: von der [Hoch]schule verweisen

re|le|vant ⟨*lat.-fr.*⟩: bedeutsam, wichtig; Ggs. ↑ irrelevant. **Re|levanz** *die; -, -en:* Wichtigkeit, Erheblichkeit; Ggs. ↑ Irrelevanz

Re|le|va|ti|on *die; -, -en* ⟨*lat.;* „Erleichterung"⟩: (Rechtsw. veraltet) Befreiung von einer Verbindlichkeit

re|li|a|bel ⟨*lat.-fr.-engl.*⟩: verlässlich. **Re|li|a|bi|li|tät** *die; -, -en:* (Psychol.) Zuverlässigkeit eines wissenschaftlichen Versuchs

Re|li|ef *das; -s, -s u. -e* ⟨*lat.-fr.*⟩: 1. Geländeoberfläche od. deren plastische Nachbildung. 2. plastisches Bildwerk auf einer Fläche. **re|li|e|fie|ren:** mit einem Relief versehen. **Re|li|e|fie|rung** *die; -, -en:* das Reliefieren, Herausarbeiten eines Reliefs

Re|li|ef|in|tar|sia u. **Re|li|ef|in|tarsie** [...jə] *die; -, ...ien:* Verbindung von Einlegearbeit u. Schnitzerei

Re|li|ef|kli|schee *das; -s, -s:* ↑ Autotypie mit relieffartiger Prägung auf der Rückseite, durch die die entsprechenden Stellen auf der Vorderseite besser zum Druck kommen

Re|li|gio *die; -, ...ones* [...ne:s] ⟨*lat.*⟩: katholische religiöse Vereinigung mit eigener Regel u. öffentlichen Gelübden; vgl. Religiose

Re|li|gi|on *die; -, -en:* 1. Glaube[nsbekenntnis]. 2. a) Gottesverehrung; b) innerliche Frömmigkeit

Re|li|gi|ons|phi|lo|so|phie *die; -:* Wissenschaft vom Ursprung, Wesen u. Wahrheitsgehalt der Religion u. ihrer Beziehung zur Philosophie

re|li|gi|ös ⟨*lat.-fr.*⟩: 1. die Religion betreffend. 2. gottesfürchtig, fromm; Ggs. ↑ irreligiös

Re|li|gi|o|se *der u. die; -n, -n* (meist Plural) ⟨*lat.*⟩: im katholischen Kirchenrecht Mitglied religiöser Genossenschaften; vgl. Religio

Re|li|gi|o|si|tät *die; -:* [innere] Frömmigkeit, Gläubigkeit; Ggs. ↑ Irreligiosität

re|li|gio|so [...di'ʒo:zo] ⟨*lat.-it.*⟩: (Mus.) feierlich, andächtig (Vortragsanweisung)

re|likt ⟨*lat.*⟩: in Resten vorkommend (von Tieren u. Pflanzen)

Re|likt *das; -[e]s, -e:* 1. Überrest, Überbleibsel. 2. (Biol.) vereinzelter Restbestand von Pflanzen od. Tieren, die in früheren Erdperioden weit verbreitet waren. 3. (Geol.) ursprünglich gebliebener Gesteinsteil in einem umgewandelten Gestein. 4. (Geogr.) Boden, der von einer Klimaänderung kaum beeinflusst wurde. 5. (Sprachw.) mundartliche Restform, deren geographische Streuung in einer Sprachlandschaft ihre frühere weitere Verbreitung erkennen lässt

Re|lik|ten *die* (Plural): (veraltet) a) Hinterbliebene; b) Hinterlassenschaft

Re|li|qui|ar *das; -s, -e* ⟨*lat.-mlat.*⟩: [künstlerisch gestalteter] Reliquienbehälter

Re|li|quie [...iə] *die; -, -n* („Zurückgelassenes, Überrest"): 1. körperlicher Überrest eines Heiligen, Überrest seiner Kleidung, seiner Gebrauchsgegenstände od. Marterwerkzeuge als Gegenstand religiöser Verehrung. 2. (selten) kostbares Andenken

Re|lish [ˈrɛlɪʃ] *das; -s, -es* [...ʃɪs] ⟨*engl.*⟩: würzige Soße aus pikant eingelegten, zerkleinerten Gemüsestückchen (z. B. als Beigabe zu grilltem Fleisch)

Re|luk|tanz *die; -, -en* ⟨*lat.-engl.*⟩: der magnetische Widerstand

Re|lu|xa|ti|on *die; -, -en* ⟨*lat.-nlat.*⟩: (Med.) wiederholte Ausrenkung eines Gelenks (z. B. bei angeborener Schwäche der Gelenkkapsel)

Re|mai|ling [rɪˈmeɪlɪŋ, ˈriːmeɪlɪŋ] *das; -s* ⟨*engl.*⟩: Versand von Brief- od. Warensendungen inländischer Absender über ein kostengünstiges Drittland an Empfänger im Inland

Re|make [riˈmeɪk, ˈriːmeɪk] *das; -s, -s* ⟨*engl.*⟩: „wieder machen"⟩: 1. Neuverfilmung eines älteren Spielfilmstoffes. 2. Neufassung,

Zweitfassung, Wiederholung einer künstlerischen Produktion

re|ma|nent ⟨*lat.*⟩: zurückbleibend **Re|ma|nenz** *die; -* ⟨*lat.-nlat.*⟩: 1. remanenter Magnetismus. 2. Rückstand, Weiterbestehen eines Reizes, ↑ Engramm

re|mar|ka|bel ⟨*fr.*⟩: (veraltet) bemerkenswert

Re|marque|druck [rəˈmark...] *der; -[e]s, -e* ⟨*fr.; dt.*⟩: erster Druck von Kupferstichen, Lithographien u. Radierungen, der neben der eigentlichen Zeichnung auf dem Rande noch eine Anmerkung (= franz. *remarque*) in Form einer kleinen Skizze od. Ätzprobe aufweist, die vor dem endgültigen Druck abgeschliffen wird

Re|ma|su|ri vgl. Ramasuri

Re|ma|te|ri|a|li|sa|ti|on *die; -, -en* ⟨*lat.-nlat.*⟩: (Parapsychol.) Rückführung eines dematerialisierten (unsichtbaren) Gegenstands in seinen ursprünglichen materiellen Zustand; Ggs. ↑ Dematerialisation

Rem|bours [rãˈbuːɐ̯] *der; - [...ɐ̯(s)], - [...ɐ̯(s)]* ⟨*fr.*⟩: Begleichung einer Forderung aus einem Geschäft im Überseehandel durch Vermittlung einer Bank. **rem|bour|sie|ren** [rãbʊr...]: eine Forderung aus einem Geschäft im Überseehandel durch Vermittlung einer Bank begleichen

Re|me|dia u. **Re|me|di|en:** *Plural* von ↑ Remedium

re|me|die|ren ⟨*lat.*⟩: (Med.) heilen

Re|me|di|um *das; -s, ...ien u. ...ia:* 1. (Med.) Heilmittel. 2. bei Münzen die zulässige Abweichung vom gesetzlich geforderten Gewicht u. Feingehalt

Re|me|dur *die; -, -en* ⟨*lat.-nlat.*⟩: (veraltet) [gerichtliche] Abhilfe; Abstellung eines Missbrauchs

Re|mi|g|rant *der; -en, -en* ⟨*lat.*⟩: jmd., der in das Land zurückkehrt, aus dem er zuvor emigriert ist. **Re|mi|g|ran|tin** *die; -, -nen:* weibliche Form zu ↑ Remigrant

Re|mi|g|rier|te *der u. die; -n, -n:* aus der Emigration (1) Zurückgekehrte[r]

re|mi|li|ta|ri|sie|ren ⟨*lat.-fr.*⟩: wieder bewaffnen, wieder mit eigenen Truppen besetzen; das [aufgelöste] Heerwesen eines

Landes von neuem organisieren

Re|min|der|wer|bung [rɪ-ˈmaɪndə...] *die; -* ⟨*lat.-engl.; dt.*⟩: Werbemethode, bei der die Angebote zwei- bis dreimal (in Varianten) wiederholt werden, um die Wirksamkeit zu erhöhen

Re|min|ding [rɪˈmaɪndɪŋ] *das; -s* ⟨*engl.*⟩: (Werbespr.) das häufige, nachdrückliche Wiederholen von Angeboten

Re|mi|nis|zenz *die; -, -en* ⟨*lat.*⟩: Erinnerung, die etwas für jmdn. bedeutet; Anklang; Überbleibsel

Re|mi|nis|ze|re ⟨*lat.; nach dem alten Introitus (2) des Gottesdienstes, Psalm 25, 6, „Gedenke (Herr, an deine Barmherzigkeit)!"*⟩: zweiter Fastensonntag

re|mis [rəˈmiː] ⟨*lat.-fr.; „zurückgestellt (als ob nicht stattgefunden)"*⟩: unentschieden (bes. in Bezug auf Schachpartien u. Sportwettkämpfe)

Re|mis [rəˈmiː] *das; - [rəˈmiː(s)], - [rəˈmiːs]* u. (bes. Schach:) *-en [rəˈmiːzn]*: Schachpartie, Sportwettkampf mit unentschiedenem Ausgang

Re|mi|se *die; -, -n*: 1. (veraltend) Geräte-, Wagenschuppen. 2. (Forstw.) [künstlich angelegtes] dichtes Schutzgehölz für Wild

Re|mi|si|er [rəmiˈzjeː] *der; -s, -s*: Vermittler von Wertpapiergeschäften zwischen Publikum u. Börsenmakler od. Banken

re|mi|sie|ren: eine Schachpartie oder einen sportlichen Wettkampf unentschieden gestalten

Re|mis|si|on *die; -, -en* ⟨*lat.*⟩: 1. (veraltet) Erlass, Nachsicht. 2. (Med.) Rückgang von Krankheitserscheinungen; vorübergehendes Abklingen, bes. des Fiebers. 3. diffuse Reflexion (1). 4. Rücksendung von Remittenden

Re|mit|ten|de *die; -, -n* ⟨*lat.; „Zurückzusendendes"*⟩: beschädigtes od. fehlerhaftes Buch o. Ä., das an den Verlag zum Umtausch zurückgeschickt wird

Re|mit|tent *der; -en, -en*: (Wirtsch.) Wechselnehmer, an den od. an dessen Order die Wechselsumme gezahlt werden soll. **Re|mit|ten|tin** *die; -, -nen*: weibliche Form zu ↑ Remittent

re|mit|tie|ren: 1. (Bücher o. Ä.) als Remittenden zurücksenden. 2. (Wirtsch.) Zahlung für empfangene Leistung einsenden. 3. (Med.) zeitweilig nachlassen, zurückgehen (von Krankheitserscheinungen)

Re|mix [ˈriː...] *der; -[es], -e* ⟨*engl.*⟩: (Mus.) neu gestaltete Tonaufnahme

re|mo|ne|ti|sie|ren ⟨*lat.-nlat.*⟩: 1. (Bankw.) wieder in Umlauf setzen (von Münzen). 2. (Wirtsch.) in Geld zurückverwandeln

Re|mons|t|ra|ti|on *die; -, -en*: (Rechtsw. veraltet) Gegenvorstellung, Einspruch, Einwand. **re|mons|t|rie|ren**: (Rechtsw. veraltet) Einwände erheben, Gegenvorstellungen machen

re|mon|tant [auch: remõˈtant] ⟨*lat.-fr.*⟩: (Bot.) remontierend (1)

Re|mon|te [auch: reˈmõːtə] *die; -, -n*: (früher) 1. ↑ Remontierung. 2. junges Militärpferd

re|mon|tie|ren [auch: remõ...]: 1. (Bot.) noch einmal blühen (nach der Hauptblüte). 2. (früher) den militärischen Pferdebestand durch Jungpferde ergänzen. **Re|mon|tie|rung** [auch: remõ...]: *die; -, -en*: (früher) die Ergänzung des militärischen Pferdebestandes durch Jungpferde

Re|mon|toir|uhr [remõˈtǫaː|ɐ̯...] *die; -, -en* ⟨*lat.-fr.; dt.*⟩: (veraltet) Taschenuhr mit einer Vorrichtung zum Aufziehen des Uhrwerks u. Stellen des Zeigers durch Kronenaufzug (gezahntes Rädchen)

Re|mor|queur [remɔrˈkøːɐ̯] *der; -s, -e* ⟨*lat.-it.-fr.*⟩: (landsch.) kleiner Schleppdampfer. **re|mor|quie|ren** [remɔrˈkiː...]: (landsch.) ins Schlepptau nehmen

re|mote [rɪˈmoʊt] ⟨*engl.; „(weit) entfernt"*⟩: in unmittelbarer Nähe befindlich, aber miteinander verbunden (z. B. von zusammengehörigen Kommunikationseinrichtungen)

Re|mote|sen|sing [rɪˈmoʊtsensɪŋ] *das; -s, auch:* **Re|mote Sen|sing** *das; - -* ⟨*engl.; „Fernfühlen"*⟩: Forschungsbereich, in dem unter Einsatz verschiedener Mittel (z. B. Luft- u. Raumfahrzeuge, EDV-Anlagen) Phänomene aus großer Entfernung untersucht

(z. B. Oberfläche u. Gashülle von Weltraumobjekten)

Re|mo|ti|on *die; -, -en* ⟨*lat.*⟩: (veraltet) Entfernung, Absetzung

re|mo|tiv ⟨*lat.-nlat.*⟩: (Philos.) entfernend, ausscheidend, verneinend (von Urteilen)

Re|mou|la|de [remu...] *die; -, -n* ⟨*fr.*⟩: eine Art Kräutermajonäse

re|mo|vie|ren ⟨*lat.*⟩: (veraltet) entfernen, absetzen

REM-Pha|se *die; -, -n* ⟨*Abk. für engl. rapid eye movements*⟩: während des Schlafs [mehrmals] auftretende Traumphase, die an den schnellen Augenbewegungen des Schläfers erkennbar ist

Rem|pla|çant [rɑ̃plaˈsã:] *der; -s, -s* ⟨*fr.*⟩: (hist.) Stellvertreter, Ersatzmann, den ein Wehrpflichtiger stellen kann. **rem|pla|cie|ren** [rɑ̃pla...]: (hist.) einen Ersatzmann zur Ableitung des Wehrdienstes stellen

Re|mu|ne|ra|ti|on *die; -, -en* ⟨*lat.*⟩: (veraltet) Vergütung, Entschädigung. **re|mu|ne|rie|ren**: (veraltet) vergüten, entschädigen

¹Ren [auch: reːn] *das; -s, Rene od. Rens*, fachspr.: *Rener* ⟨*nord.*⟩: Kälte liebende Hirschart nördlicher Gebiete, deren Weibchen ebenfalls Geweihe tragen (ein Lappenhaustier)

²Ren *der; -s, Renes* [...neːs] ⟨*lat.*⟩: (Med.) Niere

Re|nais|sance [rənɛˈsãːs] *die; -, -n* ⟨*lat.-fr.; „Wiedergeburt"*⟩: 1. a) (ohne Plural) Stil, kulturelle Bewegung in Europa im Übergang vom Mittelalter zur Neuzeit, von Italien ausgehend u. gekennzeichnet durch eine Rückbesinnung auf Werte u. Formen der griechisch-römischen Antike in Literatur, Philosophie, Wissenschaft u. bes. in Kunst u. Architektur; b) Epoche der Renaissance (1 a) vom 14. bis 16. Jh. 2. einzige u. künstlerische Bewegung, die bewusst an ältere Traditionen, bes. an die griechisch-römische Antike, anzuknüpfen versucht (z. B. die karolingische Renaissance). 3. Wiederaufleben, neue Blüte. **re|nais|san|cis|tisch** [...ˈsɪstɪʃ]: für die Renaissance (1) typisch, im Stil der Renaissance

re|nal ⟨*lat.*⟩: (Med.) die Nieren betreffend

re|na|tu|rie|ren ⟨*lat.-nlat.*⟩: in einen naturnäheren Zustand zurückführen. **Re|na|tu|rie|rung** *die;* -, -en: Zurückführung in einen naturnäheren Zustand **Ren|con|t re** vgl. Renkontre **Ren|dant** *der;* -en, -en ⟨*lat.-vulgärlat.-fr.*⟩: Rechnungsführer in größeren Kirchengemeinden od. Gemeindeverbänden. **Ren|dan|tin** *die;* -, -nen: weibliche Form zu ↑ Rendant **Ren|dan|tur** *die;* -, -en ⟨*lat.-vulgärlat.-fr.-nlat.*⟩: (veraltet) Gelder einnehmende u. auszahlende Behörde **Ren|de|ment** [rãdə'mã:] *das;* -s, -s ⟨*lat.-vulgärlat.-fr.*⟩: Gehalt eines Rohstoffs an reinen Bestandteilen, bes. der Gehalt an reiner [Schaf]wolle nach Abzug des Feuchtigkeitszuschlags **Ren|de|ring** *das;* -[s] ⟨*lat.-fr.-engl.;* „Wiedergabe"⟩: Vorausberechnung [von zu entwickelnden Produkten] am Computer mithilfe einer dreidimensionalen virtuellen Darstellung. **rendern:** mithilfe des Renderings vorausberechnen **Ren|dez|vous,** schweiz. auch: **Rendez-vous** [rãde'vu:, auch: 'rã:-devu] *das;* - [...'vu:(s), auch: 'rã:devu(:s)], - [...'vu:s, auch: 'rã:devu:s] ⟨*fr.*⟩: a) Stelldichein, Verabredung; b) Annäherung u. Ankopplung von Raumfahrzeugen im Weltraum **Ren|dez|vous|ma|nö|ver** *das;* -s, -: gesteuerte Flugbewegung zur Annäherung u. Ankopplung von Raumfahrzeugen **Ren|di|te** *die;* -, -n ⟨*lat.-vulgärlat.-it.*⟩: Jahresertrag eines angelegten Kapitals **Ren|di|ten|haus** *das;* -es, ...häuser ⟨*lat.-vulgärlat.-it.; dt.*⟩: (schweiz.) Mietshaus **Rend|zi|na** *die;* - ⟨*poln.*⟩: Boden mit einem meist flachgründigen, dem kalkhaltigen Gesteinsuntergrund unmittelbar aufliegenden schwarzen bis schwarzbraunen, stark humosen Oberboden **Re|ne|gat** *der;* -en, -en ⟨*lat.-mlat.*⟩: [Glaubens]abtrünniger. **Re|ne|ga|tin** *die;* -, -nen: weibliche Form zu ↑ Renegat **Re|ne|ga|ti|on** *die;* -, -en: Ableugnung; Abfall vom Glauben **Re|ne|k lo|de** u. Reineclaude *die;* -, -n ⟨*fr.;* „Königin Claude" (Ge-

mahlin Franz' I.)⟩: Pflaumenart mit grünen Früchten; vgl. Ringlotte **Re|net|te** *die;* -, -n ⟨*fr.*⟩: saftiger, süß-säuerlich schmeckender Apfel **Ren|for|cé** [rãfɔr'se:] *der* od. *das;* -s, -s ⟨*lat.-fr.;* „verstärkt"⟩: feinfädiger, gebleichter Baumwollstoff in Leinenbindung (eine Webart); kräftiges Taftband **re|ni|tent** ⟨*lat.*⟩: widerspenstig, widersetzlich. **Re|ni|tenz** *die;* - ⟨*lat.-mlat.*⟩: Widersetzlichkeit **Ren|kon|t re** [rã'kõ:tɐ, auch: ...trə] *das;* -s, -s ⟨*lat.-fr.*⟩: (veraltend) Zusammenstoß; feindliche Begegnung **Ren|min|bi** [rɛn...] *der;* -s, -s ⟨*chin.*⟩: Währungseinheit der Volksrepublik China (1 Renminbi = 10 Jiao = 100 Fen) **Re|no|gra|phie,** auch: ...grafie *die;* -, ...ien ⟨*lat.; gr.*⟩: (Med.) Röntgendarstellung der Nieren **Re|nom|ma|ge** [...'ma:ʒə] *die;* -, -n ⟨*lat.-fr.*⟩: (veraltet) Prahlerei **Re|nom|mee** *das;* -s, -s: guter Ruf, Leumund, Ansehen; vgl. par renommé **re|nom|mie|ren:** angeben, prahlen, großtun **re|nom|miert:** berühmt, angesehen, namhaft **Re|nom|mist** *der;* -en, -en ⟨*lat.-fr.-nlat.*⟩: Prahlhans, Aufschneider. **Re|nom|mis tin** *die;* -, -nen: weibliche Form zu ↑ Renommist **Re|non|ce** [rə'nõ:s(ə), auch: re...] *die;* -, -n ⟨*lat.-fr.*⟩: Fehlfarbe (im Kartenspiel) **re|non|cie|ren** [rənõ:'s..., auch: re...]: (veraltet) verzichten **Re|no|vai|ti|on** *die;* -, -en ⟨*lat.*⟩: (schweiz., sonst veraltet) ↑ Renovierung; vgl. ...ation/...ierung **re|no|vie|ren:** erneuern, instand setzen, wiederherstellen. **Re|no|vie|rung** *die;* -, -en: Erneuerung, Instandsetzung; vgl. ...ation/ ...ierung **Ren|seig ne|ment** [rãsɛɲə'mã:] *das;* -s, -s ⟨*lat.-fr.*⟩: (veraltet) Auskunft, Nachweis **ren|ta|bel** (französierende Bildung zu ↑ rentieren): einträglich, lohnend; Gewinn bringend. **Ren|ta|bi|li|tät** *die;* -: Verhältnis des Gewinns einer Unternehmung zu dem eingesetzten Kapital in einem Rechnungszeitraum

Ren|te *die;* -, -n ⟨*lat.-vulgärlat.-fr.*⟩: regelmäßiges Einkommen aus angelegtem Kapital od. Beträgen, die aufgrund von Rechtsansprüchen gezahlt werden **¹Ren|tier** [auch: 'rɛn...] *das;* -[e]s, -e ⟨*nord.; dt.*⟩: ↑ ¹Ren **²Ren|ti er** [rɛn'tie:] *der;* -s, -s ⟨*lat.-vulgärlat.-fr.*⟩: (veraltend) Rentner. **Ren|ti e|re** *die;* -, -n ⟨*lat.-vulgärlat.-fr.*⟩: (veraltet) Rentnerin **ren|tie|ren:** Zins, Gewinn, Rendite bringen, einträglich sein; sich rentieren: sich lohnen. **ren-tier|lich** ⟨*lat.-vulgärlat.-fr.; dt.*⟩: ertragreich **ren|toi|lie|ren** [rãtoa'li:rən] ⟨*lat.-fr.*⟩: die beschädigte Leinwand eines Gemäldes erneuern **Ren|t rant** [rã'trã:] *der;* -s, -s ⟨*lat.-fr.*⟩: einspringender Winkel in Festungswerken **Re|nu|me|ra|ti|on** *die;* -, -en ⟨*lat.*⟩: (Wirtsch.) Rückzahlung, Rückgabe. **re|nu|me|rie|ren:** zurückzahlen, zurückgeben **Re|nun|ti a|ti|on** usw. vgl. Renunziation usw. **Re|nun|zi a|ti|on** *die;* -, -en ⟨*lat.*⟩: Abdankung [eines Monarchen]. **re|nun|zie|ren:** [als Monarch] abdanken **Ren|vers** [rã've:ɐ̯, auch: ...'vɛrs] *der;* - [rã've:ɐ̯(s), auch: ...'vɛrs] ⟨*lat.-fr.*⟩: Seitengang des Pferdes, bei dem das Pferd in die Richtung der Bewegung gestellt ist, die Hinterhand auf dem Hufschlag geht u. die Vorhand mindestens einen halben Schritt vom Hufschlag des inneren Hinterfußes entfernt in die Bahn gestellt ist (beim Dressurreiten); vgl. Travers **ren|ver|sie|ren** [rãvɛr'zi:rən]: (veraltet) umstürzen, in Unordnung bringen **Ren|voi** [rã'voa] *der;* - ⟨*lat.-fr.*⟩: (Wirtsch.) Rücksendung **Re|ok|ku|pa|ti|on** *die;* -, -en ⟨*lat.-nlat.*⟩: [militärische] Wiederbesetzung eines Gebietes. **re|ok-ku|pie|ren:** [militärisch] wieder besetzen **Re|or|ga|ni|sa|ti|on** *die;* -, -en ⟨*lat.; gr.-lat.-fr.*⟩: 1. Neugestaltung, Neuordnung. 2. (Med.) Neubildung zerstörten Gewebes im Rahmen von Heilungsvorgängen im Organismus **Re|or|ga|ni|sa|tor** *der;* -s, ...oren

Neugestalter. **Re|or|ga|ni|sa|to-rin** *die;* -, -nen: weibliche Form zu ↑ Reorganisator

re|or|ga|ni|sie|ren: neu gestalten, neu ordnen, wieder einrichten

Rep *der;* -s, -s: (ugs.) kurz für: Republikaner (3)

re|pa|ra|bel ⟨*lat.*⟩: wiederherstellbar; Ggs. ↑ irreparabel

Re|pa|ra|teur [...'tø:ɐ̯] *der;* -s, -e: jmd., der [berufsmäßig] repariert. **Re|pa|ra|teu|rin** [...'tø:rɪn] *die;* -, -nen: weibliche Form zu ↑ Reparateur

Re|pa|ra|ti|on *die;* -, -en: 1. (selten) Reparatur, Reparierung. 2. eine Form der Regeneration, bei der durch Verletzung verloren gegangene Organe ersetzt werden; vgl. Restitution (3). 3. (nur Plural) Kriegsentschädigungen, Wiedergutmachungsleistungen; vgl. ...ation/...ierung

Re|pa|ra|tur *die;* -, -en ⟨*lat.-nlat.*⟩: Wiederherstellung, Ausbesserung, Instandsetzung. **re|pa|rie-ren** ⟨*lat.*⟩: in Ordnung bringen, ausbessern, wiederherstellen.

Re|pa|rie|rung *die;* -, -en: Wiederherstellung; vgl. ...ation/ ...ierung

re|par|tie|ren ⟨*lat.-fr.*⟩: (im Börsenhandel) Wertpapiere zuteilen, Teilbeträge auf einzelne Börsenaufträge zur Erledigung zuweisen, wenn Nachfrage u. Angebot nicht im Gleichgewicht sind od. wenn durch große Käufe bzw. Verkäufe zu starke Kursausschläge eintreten würden. **re|par|tiert:** zugeteilt; vgl. repartieren; (Abk.: rep.). **Re-par|tie|rung** *die;* -, -en: das Repartieren; vgl. ...ation/...ierung

Re|par|ti|ti|on *die;* -, -en: Verteilung im Verhältnis der Beteiligten; vgl. repartieren, ...ation/ ...ierung

Re|pas|sa|ge [...ʒə] *die;* -n, -n ⟨*lat.-fr.*⟩: (veraltet) das Nachprüfen u. Instandsetzen neuer Uhren in der Uhrmacherei

re|pas|sie|ren: 1. (veraltet) zurückweisen. 2. (Rechnungen) wieder durchsehen. 3. Laufmaschen aufnehmen (in der Wirkerei, Strickerei). 4. in der Färberei eine Behandlung wiederholen. 5. bei der Metallbearbeitung ein Werkstück durch Kaltformung nachglätten

Re|pa|t ri|ant *der;* -en, -en ⟨*lat.*⟩: in die Heimat zurückgeführter

Kriegs- od. Zivilgefangener, Heimkehrer. **Re|pa|t ri|an|tin** *die;* -, -nen: weibliche Form zu ↑ Repatriant. **re|pa|t ri|ie|ren:** 1. die Staatsangehörigkeit wieder verleihen. 2. (einen Kriegsod. Zivilgefangenen) in die Heimat entlassen

Re|peat [rɪ'pi:t] *das;* -s, -s ⟨*engl.;* „Wiederholung"⟩: ↑ Repeatperkussion

Re|peat|per|kus|si|on *die;* -, -en ⟨*engl.; lat.*⟩: Wiederholung des angeschlagenen Tones od. Akkordes in rascher Folge (bei der elektronischen Orgel)

Re|pel|lents [rɪ'pɛlənts] *die* (Plural) ⟨*lat.-engl.*⟩: (Chem.) a) Stoffe, die abstoßend wirken, ohne zu schädigen (z. B. Räuchermittel, Schutzanstriche o. Ä.); b) Wasser abstoßende Zusätze in Stoffgeweben

Re|per|kus|si|on *die;* -, -en ⟨*lat.*⟩: 1. Sprechton beim Psalmenvortrag. 2. (Mus.) a) einmaliger Durchgang des Themas durch alle Stimmen bei der Fuge; b) Tonwiederholung bei einem Instrumentalthema

Re|per|kus|si|ons|ton *der;* -[e]s, ...töne ⟨*lat.; gr.-lat.-dt.*⟩: Zentralton in der Kirchentonart

Re|per|toire [...'toa:ɐ̯] *das;* -s, -s ⟨*lat.-fr.;* „Verzeichnis", eigtl. „Fundstätte"⟩: Vorrat einstudierter Theaterstücke, Bühnenrollen, Partien, Kompositionen o. Ä.

Re|per|toire|stück *das;* -[e]s, -e ⟨*lat.-fr.; dt.*⟩: sich über längere Zeit im Spielplan haltendes Bühnenwerk

Re|per|to|ri|um *das;* -s, ...ien ⟨*lat.*⟩: wissenschaftliches Nachschlagewerk (oft als Bibliografie verschiedener Erscheinungen eines bestimmten Fachgebietes)

re|pe|ta|tur ⟨*lat.*⟩: soll erneuert werden (auf ärztlichen Rezepten); Abk.: rep.

Re|pe|tent *der;* -en, -en: 1. (veraltet) Repetitor. 2. Schüler, der repetiert (2). **Re|pe|ten|tin** *die;* -, -nen: weibliche Form zu ↑ Repetent

re|pe|tie|ren: 1. durch Wiederholen einüben, lernen. 2. eine Klasse noch einmal durchlaufen (weil man das Klassenziel nicht erreicht hat). 3. (fachspr., meist verneint) a) (von Uhren) auf Druck od. Zug die Stunde

nochmals angeben, die zuletzt durch Schlagen angezeigt worden ist; b) (beim Klavier) als Ton richtig zu hören sein, richtig anschlagen

Re|pe|tier|ge|wehr *das;* -[e]s, -e ⟨*lat.; dt.*⟩: Mehrladegewehr mit Patronenmagazin

Re|pe|tier|uhr *die;* -, -en: Taschenuhr mit Schlagwerk

Re|pe|ti|ti|on *die;* -, -en ⟨*lat.*⟩: Wiederholung

re|pe|ti|tiv: sich wiederholend

Re|pe|ti|tor *der;* -s, ...oren: Akademiker, der Studierende [der juristischen Fakultät] durch Wiederholung des Lehrstoffes auf das Examen vorbereitet. **Re|pe-ti|to|rin** *die;* -, -nen: weibliche Form zu ↑ Repetitor

Re|pe|ti|to|ri|um *das;* -s, ...ien ⟨*lat.-nlat.*⟩: 1. Wiederholungsunterricht. 2. Wiederholungsbuch

Re|plan|ta|ti|on *die;* -, -en ⟨*lat.-nlat.*⟩: ↑ Reimplantation

Re|plik *die;* -, -en ⟨*lat.-fr.*⟩: 1. a) Entgegnung, Erwiderung; b) (Rechtsw.) Gegeneinrede; Erwiderung des Klägers auf das Vorbringen des Beklagten. 2. (Kunstwiss.) Nachbildung eines Kunstwerks durch den Künstler selbst

Re|pli|kat *das;* -[e]s, -e: (Kunstwiss.) originalgetreue Nachbildung eines Kunstwerks

Re|pli|ka|ti|on *die;* -, -en: (Biol.) Bildung einer exakten Kopie, bes. von Genen oder Chromosomen, durch Selbstverdopplung genetischen Materials

re|pli|zie|ren ⟨*lat.*⟩: 1. a) entgegnen, erwidern; b) (Rechtsw.) eine Replik (1 b) vorbringen. 2. (Kunstwiss.) eine Replik (2) herstellen

Re|ply [rɪ'plaɪ] *die;* -, -s ⟨*lat.-fr.-engl.;* „Antwort"⟩: automatische Rückantwort auf eine E-Mail; Empfangsbestätigung

re|po|ni|bel ⟨*lat.-nlat.*⟩: (Med.) in die ursprüngliche Lage zurückbringbar (z. B. in Bezug auf einen Eingeweidebruch, der in die Bauchhöhle zurückgeschoben werden kann); Ggs. ↑ irreponibel

re|po|nie|ren ⟨*lat.*⟩: 1. (veraltet) (Akten) zurücklegen, einordnen. 2. (Med.) a) gebrochene Knochen od. verrenkte Glieder wieder einrichten; b) einen Eingeweidebruch in die Bauchhöhle zurückschieben

Re|port *der;* -[e]s, -e ⟨1: *lat.-engl.;* 2: *lat.-fr.*⟩: 1. [Dokumentar]bericht. 2. an der Wertpapierbörse Kursaufschlag bei der Prolongation von Termingeschäften; Ggs. ↑ Deport

Re|por|ta|ge [...ʒə] *die;* -, -n ⟨*lat.-fr.-engl.*⟩: von einem Reporter hergestellter u. von Presse, Funk od. Fernsehen verbreiteter Bericht vom Ort des Geschehens über ein aktuelles Ereignis; Berichterstattung

Re|por|ter *der;* -s, - ⟨*lat.-fr.-engl.*⟩: Zeitungs-, Fernseh-, Rundfunkberichterstatter. **Re|por|te|rin** *die;* -, -nen: weibliche Form zu ↑ Reporter

Re|por|ting [auch: rɪˈpɔːtɪŋ] *das;* -s, -s ⟨*lat.-engl.*⟩: [informierendes] Berichten (z. B. über den Stand der Arbeiten an einem Projekt)

Re|po|si|ti|on *die;* -, -en ⟨*lat.*⟩: (Med.) a) Wiedereinrichtung von gebrochenen Knochen od. verrenkten Gliedern; b) Zurückschiebung von Eingeweidebrüchen in die Bauchhöhle

Re|po|si|to|ri|um *das;* -s, ...ien: (veraltet) Büchergestell, Aktenschrank

Re|pous|soir [repuˈsɔaːɐ̯] *das;* -s, -s ⟨*fr.*⟩: Gegenstand im Vordergrund eines Bildes zur Steigerung der Tiefenwirkung

re|prä|sen|ta|bel ⟨*lat.-fr.*⟩: würdig, stattlich; wirkungsvoll

Re|prä|sen|tant *der;* -en, -en: 1. [offizieller] Vertreter (z. B. eines Volkes, einer Gruppe). 2. Vertreter einer Firma. 3. Abgeordneter

Re|prä|sen|tan|ten|haus *das;* -es, ...häuser ⟨*lat.-fr.; dt.*⟩: deutsche Form des Namens der zweiten Kammer bestimmter Parlamente, bes. des Kongresses der USA

Re|prä|sen|tan|tin *die;* -, -nen: weibliche Form zu ↑ Repräsentant

Re|prä|sen|tanz *die;* -, -en ⟨*lat.-fr.*⟩: 1. Vertretung. 2. ständige Vertretung eines größeren Bank-, Makler- od. Industrieunternehmens im Ausland. 3. (ohne Plural) das Repräsentativsein, repräsentative (3 a) Art

Re|prä|sen|ta|ti|on *die;* -, -en: 1. Vertretung einer Gesamtheit von Personen durch eine ein-

zelne Person od. eine Gruppe von Personen. 2. (ohne Plural) das Repräsentativsein, Repräsentativität. 3. a) Vertretung eines Staates, einer öffentlichen Einrichtung o. Ä. auf gesellschaftlicher Ebene u. der damit verbundene Aufwand; b) an einem gehobenen gesellschaftlichen Status orientierter, auf Wirkung nach außen bedachter, aufwendiger [Lebens]stil

re|prä|sen|ta|tiv: 1. vom Prinzip der Repräsentation (1) bestimmt; **repräsentative Demokratie:** ↑ Repräsentativsystem (a). 2. a) als Einzelner, Einzelnes so typisch für etwas, eine Gruppe o. Ä., dass es das Wesen, die spezifische Eigenart der gesamten Erscheinung, Richtung o. Ä. ausdrückt; b) verschiedene [Interessen]gruppen in ihrer Besonderheit, typischen Zusammensetzung berücksichtigend (z. B. repräsentativer Querschnitt, repräsentative Umfrage). 3. a) in seiner Art, Anlage, Ausstattung wirkungs-, eindrucksvoll; b) der Repräsentation (3) dienend

Re|prä|sen|ta|ti|vi|tät *die;* -: das Repräsentativsein

Re|prä|sen|ta|tiv|sys|tem *das;* -s, -e: a) Regierungssystem, in dem das Volk nicht selbst, direkt die staatliche Gewalt ausübt, sondern durch bestimmte Körperschaften vertreten wird, repräsentative Demokratie; b) System, in dem die verschiedenen [Interessen]gruppen in einer Gesellschaft durch Organisationen, bes. Parteien u. Verbände, vertreten werden

re|prä|sen|tie|ren: 1. etwas, eine Gesamtheit von Personen nach außen vertreten. 2. repräsentativ (2) sein. 3. Repräsentation (3) betreiben. 4. wert sein; etwas darstellen

Re|pres|sa|lie [...jə] *die;* -, -n (meist Plural) ⟨*lat.-mlat.*⟩: Druckmittel, Vergeltungsmaßnahme

Re|pres|si|on *die;* -, -en ⟨*lat.*⟩: 1. (Psychol.) Unterdrückung von Triebregungen. 2. (Soziol.) a) Unterdrückung individueller Entfaltung u. individueller Triebäußerungen durch gesellschaftliche Strukturen u. Autoritätsverhältnisse; b) politische

Gewaltanwendung. 3. (Med., Biol.) Unterdrückung, Hemmung der genetischen Informationsübergabe

re|pres|siv ⟨*lat.-nlat.*⟩: hemmend, unterdrückend, Repression (1, 2) ausübend (bes. in Bezug auf Gesetze, die im Interesse des Staates gegen allgemein gefährliche Umtriebe erlassen werden)

Re|pri|man|de *die;* -, -n ⟨*lat.-fr.*⟩: (landsch. veraltet) Tadel

re|pri|mie|ren ⟨*lat.*⟩: unterdrücken, hemmen (von genetischen Informationen)

Re|print [...] *der;* -s, -s ⟨*engl.*⟩: (Buchw.) unveränderter Nachdruck, Neudruck; vgl. Preprint

Re|pri|se *die;* -, -n ⟨*lat.-fr.*⟩: 1. a) Wiederaufnahme eines lange nicht gespielten Theaterstücks od. Films in den Spielplan; Neuauflage einer vergriffenen Schallplatte; b) in einem Sonatensatz Wiederaufnahme des 1. Teiles nach der Durchführung. 2. dem Feind wieder abgenommene Prise (1). 3. Normalfeuchtigkeitszuschlag auf das Trockengewicht der Wolle (in der Textilindustrie). 4. (Börsenw.) Kurserholung, die vorhergegangene Kursverluste kompensiert

Re|pris| ti|na|ti|on *die;* -, -en ⟨*lat.-nlat.*⟩: a) Wiederherstellung von etwas Früherem; b) Wiederbelebung einer wissenschaftlichen Theorie; c) (Rel.) jährliche Erneuerung u. Darstellung im Kult. **re|pris| ti|nie|ren:** a) etwas Früheres wieder herstellen, auffrischen; b) eine wissenschaftliche Theorie wieder beleben; c) (Rel.) im Kult jährlich erneuern, darstellen

re|pri|va|ti|sie|ren ⟨*lat.*⟩: ein verstaatlichtes Unternehmen in Privateigentum zurückführen; Ggs. ↑ sozialisieren. **Re|pri|va|ti|sie|rung** *die;* -, -en: das Reprivatisieren; Ggs. ↑ Sozialisierung(1)

Re|pro *die;* -, -s, auch: *das;* -s ⟨Kurzform von Reproduktion⟩: (Druckw.) fotografische Reproduktion nach einer Bildvorlage

Re|pro|ba|ti|on *die;* -, -en ⟨*lat.*⟩: 1. in der Lehre von der Prädestination Verwerfung der Seele (Ausschluss von der ewigen Se-

R

ligkeit). 2. (Rechtsw. veraltet) Zurückweisung, Missbilligung

re|pro|bie|ren: (veraltet) etwas missbilligen, verwerfen

Re|pro|duk|ti|on die; -, -en ⟨lat.-nlat.⟩: 1. Wiedergabe. 2. (bes. Druckw.) a) das Abbilden u. Vervielfältigen von Büchern, Karten, Bildern, Notenschriften o. Ä., bes. durch Druck; b) einzelnes Exemplar einer Reproduktion (2 a). 3. stetige Wiederholung des gesellschaftlichen Produktionsprozesses. 4. (Biol.) Fortpflanzung. 5. (Psychol.) das Sicherinnern an früher erlebte Bewusstseinsinhalte

Re|pro|duk|ti|ons|me|di|zin die; -: Spezialgebiet der Medizin, das sich mit der Erforschung der medizinischen Grundlagen der menschlichen Fortpflanzung beschäftigt

re|pro|duk|tiv: nachbildend, nachahmend

re|pro|du|zie|ren: 1. etwas genauso hervorbringen, [wieder] herstellen (wie das Genannte). 2. eine Reproduktion (2 b) herstellen. 3. a) ständig neu erzeugen, herstellen; b) die Reproduktion (3) bewirken. 4. sich reproduzieren: (Biol.) sich fortpflanzen

Re|pro|gra|phie, auch: ...grafie die; -, ...ien (Plural selten) ⟨lat.; gr.⟩: a) Gesamtheit der Kopierverfahren, mit denen mithilfe elektromagnetischer Strahlung Reproduktionen (2 b) hergestellt werden; b) Produkt der Reprographie (a). **re|pro|gra|phie|ren,** auch: ...grafieren: eine Reprographie (a) herstellen. **re-pro|gra|phisch,** auch: ...grafisch: a) die Reprographie betreffend, auf Reprographie beruhend; b) durch Reprographie hergestellt

Reps: Plural von ↑ Rep

Rep|til das; -s, -ien, selten auch: -e ⟨lat.-fr.⟩: Kriechtier (z. B. Krokodil, Schildkröte, Eidechse, Schlange)

Rep|ti|li|en|fonds [...fö:] der; -, - [...fö:s]: 1. (hist.) Fonds Bismarcks zur Bekämpfung geheimer Staatsfeinde (die Bismarck 1869 „bösartige Reptilien" nannte) mithilfe staatsfreundlicher Zeitungen. 2. (iron.) Fonds, über dessen Verwendung hohe Regierungsstellen

[angeblich] keine Rechenschaft abzulegen brauchen

Re|pub|lik die; -, -en ⟨lat.-fr.⟩: Staatsform, bei der die Regierenden für eine bestimmte Zeit vom Volk od. von Repräsentanten des Volkes gewählt werden

Re|pub|li|ka|ner der; -s, - ⟨lat.-fr.(-engl.)⟩: 1. Anhänger der republikanischen Staatsform. 2. in den USA Mitglied od. Anhänger der Republikanischen Partei. 3. in Deutschland Mitglied einer rechtsgerichteten Partei. **Re|pub|li|ka|ne|rin** die; -, -nen: weibliche Form zu ↑ Republikaner

re|pub|li|ka|nisch: 1. die Republik betreffend. 2. die Republikanische Partei (der USA) betreffend. 3. die Republikaner (3) betreffend

Re|pub|li|ka|nis|mus der; - ⟨lat.-fr.-nlat.⟩: (veraltend) das Eintreten für die republikanische Verfassung

Re|pu|di|a|ti|on die; -, -en ⟨lat.⟩: 1. (Rechtsw. veraltet) Verwerfung, Verschmähung, Ausschlagung (z. B. eines Vermächtnisses). 2. (Wirtsch.) Verweigerung der Annahme von Geld wegen geringer Kaufkraft. 3. (Wirtsch.) ständige Ablehnung eines Staates, seine Anleiheverpflichtungen zu erfüllen

Re|pug|nanz die; -, -en ⟨lat.⟩: (Philos.) Widerspruch, Gegensatz

Re|puls der; -es, -e ⟨lat.⟩: (veraltet) Ab-, Zurückweisung [eines Gesuches]

Re|pul|si|on die; -, -en: (Techn.) Ab-, Zurückstoßung

Re|pul|si|ons|mo|tor der; -s, -en: für kleine Leistungen verwendeter Einphasenwechselstrommotor mit einfacher Drehzahl u. einem Anker, der über einen ↑ Kommutator kurzgeschlossen wird

re|pul|siv ⟨lat.-nlat.⟩: zurückstoßend, abstoßend (bei elektrisch u. magnetisch geladenen Körpern)

Re|pun|ze die; -, -n ⟨lat.; lat.-it.⟩: Feingehaltsstempel für Waren aus Edelmetallen

re|pun|zie|ren: mit einem Feingehaltsstempel versehen

re|pu|ta|bel ⟨lat.-fr.⟩: ↑ reputierlich

Re|pu|ta|ti|on die; -: [guter] Ruf, Ansehen

re|pu|tier|lich: ansehnlich; achtbar; ordentlich

Re|quel|té [rekeˈteː] der; -, -s ⟨span.⟩: 1. (ohne Plural) Bund der Anhänger des spanischen Thronprätendenten Carlos u. seiner Nachfolger. 2. Mitglied dieses Bundes

Re|qui|em das; -s, -s (österr. auch: ...quien) ⟨lat.; nach dem Eingangsgebet „requiem aeternam dona eis, Domine" = „Herr, gib ihnen die ewige Ruhe"⟩: a) katholische Toten- od. Seelenmesse; b) komponierte Totenmesse

re|qui|es|cat in pa|ce: er, sie ruhe in Frieden! (Schlussformel der Totenmesse; Grabinschrift); Abk.: R. I. P.

Re|qui|rent der; -en, -en ⟨lat.⟩: (Rechtsw. veraltet) Nachforscher, Untersuchender

re|qui|rie|ren (⟨aufsuchen; nachforschen; verlangen"⟩): 1. für Heereszwecke beschlagnahmen. 2. (scherzh.) [auf nicht ganz rechtmäßige Weise] beschaffen, herbeischaffen. 3. Nachforschungen anstellen, untersuchen. 4. (Rechtsw. veraltet) ein anderes Gericht od. eine andere Behörde um Rechtshilfe in einer Sache ersuchen

Re|qui|sit das; -[e]s, -en: 1. (meist Plural) Zubehör für eine Bühnenaufführung od. Filmszene. 2. für etwas benötigtes Gerät, Zubehörteil

Re|qui|si|te die; -, -n: (Jargon) a) Raum für Requisiten (1); b) für die Requisiten (1) zuständige Stelle

Re|qui|si|teur [...ˈtøːɐ̯] der; -s, -e ⟨lat.-fr.⟩: Verwalter der Requisiten (bei Theater u. Film). **Re-qui|si|teu|rin** [...ˈtøːrɪn] die; -, -nen: weibliche Form zu ↑ Requisiteur

Re|qui|si|ti|on die; -, -en ⟨lat.⟩: 1. Beschlagnahme für Heereszwecke. 2. Nachforschung, Untersuchung. 3. Rechtshilfeersuchen

Res die; -, - ⟨lat.⟩: (Philos.) Sache, Ding, Gegenstand; **Res cogitans:** denkendes Wesen, Geist, Seele; **Res extensa:** (Philos.) ausgedehntes Wesen, Materie, Körper

Re|search [rɪˈsəːtʃ] das; -[s], -s

⟨*engl.*⟩: (Soziol.) Marktforschung; Meinungsforschung

Re|sear|cher [...'sə:tʃə] *der;* -s, -: (Soziol.) jmd., der für die Markt- u. Meinungsforschung Untersuchungen durchführt.

Re|sear|che|rin *die;* -, -nen: weibliche Form zu ↑ Researcher

Re|se|da *die;* -, ...den, selten: -s, seltener auch: **Re|se|de** *die;* -, -n ⟨*lat.*⟩: aus dem Mittelmeergebiet stammende krautige Zierpflanze mit grünlichen, wohlriechenden Blüten

Re|sek|ti|on *die;* -, -en ⟨*lat.;* „das Abschneiden"⟩: (Med.) operative Entfernung kranker Organteile im Unterschied zur Ektomie

Re|se|ne *die* (Plural) ⟨*gr.-lat.-nlat.*⟩: neutrale, unverseifbare organische Bestandteile der natürlichen Harze

re|se|quent ⟨*lat.;* „nachfolgend"⟩: (Geogr.) in der Fallrichtung der geologischen Schichten fließend (in Bezug auf Nebenflüsse)

Re|ser|pin *das;* -s ⟨Kunstw.⟩: den Blutdruck senkender Wirkstoff

Re|ser|va|ge [...'va:ʒə] *die;* - ⟨*lat.-fr.*⟩: beim Färben von Stoffen mustergemäß aufgetragene Schutzbeize, die das Aufnehmen der Farbe verhindert

Re|ser|vat *das;* -[e]s, -e ⟨*lat.*⟩: 1. Vorbehalt, Sonderrecht. 2. ↑ Reservation (1). 3. natürliches Großraumgehege zum Schutz bestimmter, in freier Wildbahn lebender Tierarten

Re|ser|vat|fall *der;* -[e]s, ...fälle ⟨*lat.; dt.*⟩: bestimmte Sünde, deren Vergebung einem Oberhirten (Papst, Bischof) vorbehalten ist

Re|ser|va|tio men|ta|lis *die;* - -, ...tiones [...ne:s] ...tales [...le:s] ⟨*lat.-nlat.*⟩: (Rechtsw.) ↑ Mentalreservation

Re|ser|va|ti|on *die;* -, -en ⟨*lat.-nlat.(-engl.)*⟩: 1. den Indianern in Nordamerika vorbehaltenes Gebiet. 2. ↑ Reservat (1)

Re|ser|ve *die;* -, -n ⟨*lat.-mlat.-fr.*⟩: 1. (ohne Plural) Zurückhaltung, Verschlossenheit, zurückhaltendes Wesen. 2. Vorrat; Rücklage für den Bedarfs- od. Notfall. 3. Gesamtheit der ausgebildeten, aber nicht aktiven (2 a) Soldaten; [Offizier, Leutnant] der Reserve (Abk.: d. R.).

4. (Sport) [Gesamtheit der] Ersatzspieler einer Mannschaft

Re|ser|ve|ar|mee *die;* -, -n: größere Anzahl von Personen, die für den Bedarfsfall zur Verfügung stehen

Re|ser|ve|fonds [...fõ:] *der;* -, - [...fõ:s]: Rücklage

re|ser|vie|ren ⟨*lat.*⟩: a) für jmdn. bis zur Inanspruchnahme freihalten od. zurücklegen; b) für einen bestimmten Anlass, Fall aufbewahren

re|ser|viert: zurückhaltend, kühl, abweisend

Re|ser|vist *der;* -en, -en ⟨*lat.-mlat.-fr.-nlat.*⟩: 1. Soldat der Reserve (3). 2. (Fußball) Auswechselspieler, Ersatzspieler. **Re|ser|vis|tin** *die;* -, -nen: weibliche Form zu ↑ Reservist

Re|ser|voir [...'vǫa:ɐ̯] *das;* -s, -e ⟨*lat.-fr.*⟩: 1. Sammelbecken, Wasserspeicher, Behälter für Vorräte. 2. Reservebestand, -fonds

Re|set [rɪˈzɛt] *der od. das;* -s, -s ⟨*lat.-fr.-engl.*⟩: a) Wiederherstellung eines Anfangs-, Ausgangszustandes (z. B. bei einem elektronischen System); b) (EDV) Neustart des Computers. **re|set|ten** [rɪˈzɛtn̩]: (Jargon) einen Reset vornehmen

re|se|zie|ren ⟨*lat.*⟩: (Med.) eine Resektion vornehmen; operativ entfernen

Re|si|dent *der;* -en, -en ⟨*lat.-fr.(-engl.)*⟩: a) Regierungsvertreter; Geschäftsträger; b) (veraltet) Statthalter; c) jmd., der sich [ständig] im Ausland an seinem zweiten Wohnsitz aufhält. **Re|si|den|tin** *die;* -, -nen: weibliche Form zu ↑ Resident

Re|si|denz *die;* -, -en ⟨*lat.-mlat.(-engl.)*⟩: 1. a) Wohnsitz eines Staatsoberhauptes, eines Fürsten, eines hohen Geistlichen; b) [zweiter] Wohnsitz im Ausland. 2. Hauptstadt

re|si|die|ren ⟨*lat.(-engl.)*⟩: a) seinen Wohnsitz haben (in Bezug auf [regierende] Fürsten); b) sich im Ausland [am zweiten Wohnsitz] aufhalten

re|si|du|al ⟨*lat.-nlat.*⟩: (Med.) a) als Reserve zurückbleibend (z. B. in Bezug auf die nicht ausgeatmete Reserveluft); b) als Rest zurückbleibend (z. B. in Bezug auf Urin, der in der Harnblase zurückbleibt); c) als [Dau-

er]folge einer Krankheit zurückbleibend (in Bezug auf körperliche, geistige od. psychische Schäden, z. B. Dauerlähmung bestimmter Muskeln nach einem Schlaganfall)

Re|si|du|at *das;* -[e]s, -e: (Geol.) Rückstandsgestein (z. B. Bauxit, Kaolin)

Re|si|du|um *das;* -s, ...duen ⟨*lat.*⟩: [als Folge einer Krankheit o. Ä.] Rückstand, Rest

Re|si|g|nant *der;* -en, -en ⟨*lat.*⟩: (veraltet) Verzichtender

Re|si|g|na|ti|on *die;* -, -en ⟨*lat.-mlat.*⟩: 1. das Resignieren; das Sichfügen in das unabänderlich Scheinende. 2. (Amtsspr. veraltet) freiwillige Niederlegung eines Amtes

re|si|g|na|tiv ⟨*lat.-nlat.*⟩: resignierend, durch Resignation (1) gekennzeichnet

re|si|g|nie|ren ⟨*lat.;* „entsiegeln; ungültig machen; verzichten"⟩: entsagen, verzichten; sich in eine Lage schicken; sich widerspruchslos fügen, sich in eine Lage schicken. **re|si|g|niert:** durch Resignation (1) gekennzeichnet

Re|si|nat *das;* -[e]s, -e ⟨*gr.-lat.-nlat.*⟩: Salz der Harzsäure

Re|si|no|id *das;* -[e]s, -e ⟨*lat.*⟩: aus Harzen, Balsamen o. Ä. extrahierter Stoff, der bei der Parfümherstellung als Fixatur (1) verwendet wird

Re|si|pis|zenz *die;* -, -en ⟨*lat.*⟩: 1. (veraltet) Sinnesänderung, Bekehrung. 2. (Med.) das Wiedererwachen aus einer Ohnmacht

Ré|sis|tance [...'tã:s] *die;* - ⟨*lat.-fr.*⟩: 1. Gruppe der konservativen französischen Parteien im 19. Jh. 2. französische Widerstandsbewegung gegen die deutsche Besatzung im 2. Weltkrieg

re|sis|tent ⟨*lat.*⟩: (Biol., Med.) widerstandsfähig gegen äußere Einflüsse (in Bezug auf einen Organismus)

Re|sis|tenz *die;* -, -en: 1. Widerstand, Gegenwehr. 2. (Biol., Med.) Widerstandsfähigkeit eines Organismus gegenüber äußeren Einflüssen

Re|sis|ten|za *die;* - ⟨*lat.-it.*⟩: italienische Widerstandsbewegung gegen die deutsche Besatzung während des 2. Weltkriegs

re|sis|tie|ren ⟨*lat.*⟩: (Biol., Med.)

R

äußeren Einwirkungen widerstehen; ausdauern. **re|sis| tiv** ⟨*lat.-nlat.*⟩: (Biol., Med.) widerstehend, hartnäckig. **Re|sis| ti|vi|tät** *die; -*: Widerstandsfähigkeit, ↑ Resistenz (2)

Res iu|di|ca|ta, auch: **Res ju|di|ca|ta** *die; - -, - ...tae [...te]* ⟨*lat.*⟩: (Rechtsw.) rechtskräftig entschiedene Sache

re|s| k| ri|bie|ren ⟨*lat.*⟩: (veraltet) schriftlich antworten, zurückschreiben. **Re|s| k| ript** *das; -[e]s, -e*: 1. (veraltet) amtlicher Bescheid, Verfügung, Erlass. 2. feierliche Rechtsentscheidung des Papstes od. eines Bischofs in Einzelfällen

re|so|lut ⟨*lat.-fr.*⟩: betont entschlossen u. mit dem Willen, sich durchzusetzen; in einer Weise sich darstellend, sich äußernd, die Entschlossenheit, Bestimmtheit zum Ausdruck bringt

Re|so|lu|ti|on *die; -, -en* ⟨*lat. (-fr.)*⟩: 1. Beschluss, Entschließung, 2. (Med.) Rückgang von Krankheitserscheinungen

Re|sol|ven|te *die; -, -n* ⟨*lat.*⟩: (Math.) zur Auflösung einer algebraischen Gleichung benötigte Hilfsgleichung

re|sol|vie|ren: 1. (veraltet) beschließen. 2. eine benannte Zahl durch eine kleinere Einheit darstellen (z. B. 1 km = 1 000 m)

Re|so|nanz *die; -, -en* ⟨*lat.*⟩: 1. a) (Phys.) durch Schallwellen gleicher Schwingungszahl angeregtes Mitschwingen, Mittönen eines anderen Körpers od. schwingungsfähigen Systems; b) (Mus.) Klangverstärkung u. -verfeinerung durch Mitschwingung in den Obertönen. 2. Widerhall, Anklang, Verständnis, Wirkung

Re|so|na|tor *der; -s, ...oren* ⟨*lat.-nlat.*⟩: bei der Resonanz mitschwingender Körper (z. B. Luftsäule bei Blasinstrumenten, Holzgehäuse bei Saiteninstrumenten). **re|so|na|to|risch:** die Resonanz betreffend, auf ihr beruhend. **re|so|nie|ren** ⟨*lat.*⟩: (Mus.) mitschwingen

Re|so|pal ® *das; -s* ⟨Kunstw.⟩: widerstandsfähiger Kunststoff, der als Schicht für Tischplatten o. Ä. verwendet wird

Re|sor|bens *das; -, ...bentia* od. *...benzien* (meist Plural) ⟨*lat.*⟩:

Mittel zur Anregung der Resorption (1). **re|sor|bie|ren:** bestimmte Stoffe aufnehmen, aufsaugen

Re|sor|cin, auch: **Resorzin** *das; -s, -e* ⟨*nlat.*⟩: zweiwertiges Phenol, das als Ausgangsprodukt für Phenolharze u. Farbstoffe dient u. in der Medizin gegen Erbrechen u. als Antiseptikum verwendet wird

Re|sorp|ti|on *die; -, -en* ⟨*lat.-nlat.*⟩: 1. das Aufnehmen flüssiger od. gelöster Stoffe in die Blut- u. Lymphbahn. 2. Wiederauflösung eines Kristalls beim Erstarren einer Gesteinsschmelze

Re|sort [rɪˈzɔːt] *das; -s, -s* ⟨*lat.-fr.-engl.*⟩: Ferienanlage, Hotel

Re|sor|zin vgl. Resorcin

re|so|zi| a|li|sie|ren ⟨*lat.-engl.*⟩: (Rechtsw.) [nach Verbüßung einer längeren Haftstrafe] schrittweise wieder in die Gesellschaft eingliedern. **Re|so|zi-a|li|sie|rung** *die; -, -en*: (Rechtsw.) [nach Verbüßung einer längeren Haftstrafe] schrittweise Wiedereingliederung in die Gesellschaft mit den Mitteln der Pädagogik, Medizin u. Psychotherapie

Re|s| pekt *der; -[e]s* ⟨*lat.-fr.*: „das Zurückblicken, das Sichumsehen; Rücksicht"⟩: 1. a) Ehrerbietung; schuldige Achtung; b) Scheu. 2. leerer Rand [bei Seiten, Kupferstichen]

re|s| pek|ta|bel: ansehnlich; angesehen. **Re|s| pek|ta|bi|li|tät** *die; -*: (veraltet) Achtbarkeit, Ansehen

Re|s| pekt|blatt *das; -[e]s, ...blätter* ⟨*lat.-fr.; dt.*⟩: leeres Blatt am Anfang eines Buches; freie Seite eines mehrseitigen Schriftstücks

re|s| pek|tie|ren ⟨*lat.-fr.*⟩: 1. achten; anerkennen, gelten lassen. 2. (Wirtsch.) einen Wechsel bezahlen

re|s| pek|tier|lich: (veraltet) ansehnlich, ansehnlich

re|s| pek|tiv ⟨*lat.-mlat.*⟩: (veraltet) jedesmalig, jeweils

re|s| pek|ti|ve: beziehungsweise; oder; Abk.: resp.

Re|s| pekts|per|son *die; -, -en*: jmd., dem aufgrund seiner übergeordneten, hohen Stellung gemeinhin Respekt entgegengebracht wird

Re|s| pekt|tag *der; -[e]s, -e* ⟨*lat.-fr.;*

dt.⟩: (hist.) Zahlungsfrist nach dem Verfallstag eines Wechsels

re|s| pi|ra|bel ⟨*lat.-mlat.*⟩: (Med.) atembar (in Bezug auf Gase od. Luft)

Re|s| pi|ra|ti|on *die; -* ⟨*lat.*⟩: (Med.) Atmung

Re|s| pi|ra|tor *der; -s, ...oren* ⟨*lat.-nlat.*⟩: Atmungsgerät, Atemfilter

re|s| pi|ra|to|risch: (Med.) die Atmung betreffend, auf ihr beruhend, zu ihr gehörend

re|s| pi|rie|ren ⟨*lat.*⟩: (Med.) atmen

Re|s| pi|ro|tag *der; -[e]s, -e* ⟨*lat.-it.; dt.*⟩: ↑ Respekttag

Re|s| pit *der; -s* ⟨*lat.-fr.-engl.*⟩: (Wirtsch. veraltet) Stundung

Re|s| pit|tag *der; -[e]s, -e* ⟨*lat.-fr.-engl.; dt.*⟩: ↑ Respekttag

Re|s| pi|zi|ent *der; -en, -en* ⟨*lat.*⟩: (veraltet) Berichterstatter

re|s| pi|zie|ren: (veraltet) berücksichtigen

re|s| pon|die|ren ⟨*lat.*⟩: 1. (veraltend) antworten. 2. (veraltet) entsprechen. 3. (veraltet) widerlegen

Re|s| pons *der; -es, -e:* Reaktion (1 a) auf bestimmte Bemühungen

re|s| pon|sa|bel ⟨*lat.-mlat.*⟩: (veraltet) verantwortlich

Re|s| ponse [rɪˈspɔns] *die; -, -s [...sɪs, auch: ...sɪz]* ⟨*engl.*⟩: (Psychol.; Sprachw.) durch einen Reiz ausgelöstes u. bestimmtes Verhalten

Re|s| pon|si|on *die; -, -en* ⟨*lat.; „Antwort"*⟩: 1. (Rhet.) antithetisch angelegte Antwort auf eine selbst gestellte Frage. 2. (Literaturw.) Entsprechung in Sinn od. Form zwischen einzelnen Teilen einer Dichtung

Re|s| pon|so|ri|a|le *das; -[s], ...lien* ⟨*lat.-mlat.*⟩: 1. (veraltet) Sammlung der Responsorien für die nächtliche katholische Chorgebete. 2. ↑ Antiphonar

Re|s| pon|so|ri|um *das; -s, ...ien:* kirchlicher Wechselgesang

Res|sen|ti|ment [resãtiˈmã; ra...] *das; -s, -s* ⟨*lat.-fr.*⟩: 1. auf Vorurteilen, Unterlegenheitsgefühlen, Neid o. Ä. beruhende gefühlsmäßige Abneigung. 2. (Psychol.) das Wiedererleben eines (durch das Wiederbeleben verstärkten) meist schmerzlichen Gefühls

Res|sort [rɛˈsoːɐ̯] *das; -s, -s* ⟨*fr.*⟩: Geschäfts-, Amtsbereich; Arbeits-, Aufgabengebiet. **res|sor|tie|ren:** zugehören, unterstehen

Res|sour|ce [rɛˈsʊrsə] *die;* -, -n (meist Plural) ⟨*lat.-fr.*⟩: a) natürliches Produktionsmittel für die Wirtschaft; b) Hilfsmittel; Hilfsquelle, Reserve; Geldmittel

Re|s|tant *der;* -en, -en ⟨*lat.(-it.)*⟩: 1. zahlungsrückständiger Schuldner. 2. ausgelostes od. gekündigtes, aber nicht abgeholtes Wertpapier. 3. Ladenhüter. Re|s|tan|tin *die;* -, -nen: weibliche Form zu ↑ Restant (1)

Re|s|tau|rant [rɛstoˈrãː] *das;* -s, -s ⟨*lat.-fr.*⟩: Speisegaststätte

Re|s|tau|ra|teur [...raˈtøːɐ̯] *der;* -s, -e: (veraltet) Gastwirt

¹Re|s|tau|ra|ti|on [...tau̯...] *die;* -, -en ⟨spätlat.⟩: 1. das Restaurieren (1). 2. Wiedereinrichtung der alten politischen u. sozialen Ordnung nach einem Umsturz

²Re|s|tau|ra|ti|on [...sto...] *die;* -, -en ⟨*lat.-fr.*⟩: (österr., sonst veraltet) Gastwirtschaft

re|s|tau|ra|tiv [...tau̯...] ⟨*lat.-nlat.*⟩: die ¹Restauration (2) betreffend, sich auf die Restauration stützend

Re|s|tau|ra|tor [...tau̯...] *der;* -s, ...oren ⟨*lat.*⟩: Fachmann, der Kunstwerke wiederherstellt.

Re|s|tau|ra|to|rin *die;* -, -nen: weibliche Form zu ↑ Restaurator

re|s|tau|rie|ren ⟨*lat.(-fr.)*⟩: 1.(ein Kunst-, Bauwerk, einen Kunstgegenstand, ein Gemälde o. Ä.) in seinen ursprünglichen Zustand bringen, wiederherstellen, ausbessern. 2. eine frühere, überwundene politische, gesellschaftliche Ordnung wiederherstellen. 3. sich restaurieren: (veraltend) sich erholen, sich erfrischen. Re|s|tau|rie|rung *die;* -, -en: 1. das Restaurieren. 2.(veraltend) das Sichrestaurieren

res|tez [rɛsˈte] ⟨*lat.-fr.*⟩: (Mus.) bleiben Sie! (Anweisung für Instrumentalisten, in derselben Lage od. auf derselben Saite zu bleiben)

res|tie|ren ⟨*lat.-roman.*⟩: 1.(veraltet) übrig sein. 2.(veraltet) a)(von Zahlungen) noch ausstehen; b) schulden; c)(mit einer Zahlung) im Rückstand sein

re|s|ti|tu|ie|ren ⟨*lat.*⟩: 1. wiederherstellen. 2. zurückerstatten. 3. ersetzen

Re|s|ti|tu|tio ad in|te|g|rum od. Re|s|ti|tu|tio in in|te|g|rum *die;* -

- -: 1.(Rechtsw.) Wiedereinsetzung in den vorigen Stand; gerichtliche Aufhebung einer zum Nachteil des Betroffenen erfolgten Entscheidung aus Gründen der Billigkeit. 2.(Med.) völlige Wiederherstellung der normalen Körperfunktionen nach einer überstandenen Krankheit od. Verletzung

Re|s|ti|tu|ti|on *die;* -, -en: 1. Wiederherstellung, Wiedererrichtung. 2. a) Wiedergutmachung od. Schadensersatzleistung für alle einem anderen Staat widerrechtlich zugefügten Schäden; b) im römischen Recht Wiederaufhebung einer Entscheidung, die einen unbilligen Rechtserfolg begründete. 3.(Biol.) eine Form der Regeneration, bei der die auf normalem Wege verloren gegangenen Organteile (z. B. Geweih, Federn, Haare) ersetzt werden; vgl. Reparation (2)

Re|s|ti|tu|ti|ons|kla|ge *die;* -, -n ⟨*lat.; dt.*⟩: (Rechtsw.) Klage auf Wiederaufnahme eines mit einem rechtskräftigen Urteil abgeschlossenen gerichtlichen Verfahrens wegen schwerwiegender Verfahrensmängel

Re|s|t|ric|tio men|ta|lis *die;* - -, ...tiones ...tales [...ne:s ...le:s] ⟨*lat.*⟩: (Rechtsw.) ↑ Mentalreservation

re|s|t|rik|ti|on *die;* -, -en: a) Einschränkung, Beschränkung (von jmds. Rechten, Befugnissen, Möglichkeiten); b)(Sprachw.) für den Gebrauch eines Wortes, einer Wendung o. Ä. geltende, im System der Sprache liegende Einschränkung

re|s|t|rik|tiv ⟨*lat.-nlat.*⟩: einschränkend, einengend; **restriktive Konjunktion:** einschränkendes Bindewort (z. B. insofern); **restriktiver Kode:** ↑ restringierter Kode

Re|s|t|rik|tiv|satz *der;* -es, ...sätze ⟨*lat.-nlat.; dt.*⟩: (Sprachw.) restriktiver, einschränkender Modalsatz (z. B. hilf ihm, *soweit es deine Zeit erlaubt!*)

re|s|t|rin|gie|ren ⟨*lat.*⟩: (veraltet) 1. einschränken. 2.(Med.) zusammenziehen

re|s|t|rin|giert: eingeschränkt; **restringierter Kode:** (Sprachw.) individuell nicht stark differenzierter sprachli-

cher Kode (1) eines Sprachteilhabers; Ggs. ↑ elaborierter Kode

re|s|t|ruk|tu|rie|ren ⟨*lat.-nlat.*⟩: durch bestimmte Maßnahmen neu gestalten, neu ordnen, neu strukturieren. Re|s|t|ruk|tu|rie|rung *die;* -, -en: das Versehen mit einer neuen Struktur; Umgestaltung, Neuordnung

Re|sul|tan|te *die;* -, -n ⟨*lat.-mlat.-fr.*⟩: Ergebnisvektor von verschieden gerichteten Bewegungs- od. Kraftvektoren

Re|sul|tat *das;* -[e]s, -e: 1.(in Zahlen ausdrückbares) Ergebnis [einer Rechnung]. 2. Erfolg, Ergebnis

re|sul|ta|tiv ⟨*lat.-mlat.-nlat.*⟩: ein Resultat bewirkend; **resultative Aktionsart:** Aktionsart eines Verbs, die das Resultat, das Ende eines Geschehens ausdrückt (z. B. finden)

re|sul|tie|ren ⟨*lat.-mlat.-fr.;* „zurückspringen; entspringen; entstehen"⟩: sich herleiten, sich [als Resultat] ergeben, die Folge von etwas sein

Re|sul|tie|ren|de *die;* -n, -n: ↑ Resultante

Re|sü|mee *das;* -s, -s ⟨*lat.-fr.;* „das Wieder[vor]genommene; das Wiederholte"⟩: 1. Zusammenfassung. 2. Fazit. re|sü|mie|ren: zusammenfassen

Re|sul|pi|na|ti|on *die;* -, -en ⟨*lat.-nlat.*⟩: (Bot.) Drehung der Blütenglieder während der Entwicklung um 180° (z. B. bei Orchideen)

Re|sur|rek|ti|on *die;* -, -en ⟨*lat.*⟩: (selten) Auferstehung

Re|sus|zi|ta|ti|on *die;* -, -en ⟨*lat.*⟩: ↑ Reanimation

re|s|zin|die|ren ⟨*lat.*⟩: (Rechtsw. veraltet) vernichten, aufheben, für nichtig erklären

re|s|zis|si|bel ⟨*lat.-nlat.*⟩: (Rechtsw. veraltet) anfechtbar

Re|s|zis|si|bi|li|tät *die;* -: (Rechtsw. veraltet) Anfechtbarkeit

Re|s|zis|si|on *die;* -, -en ⟨*lat.-mlat.*⟩: (veraltet) Ungültigkeitserklärung, gerichtliche Verwerfung (z. B. eines Testaments)

Re|ta|bel *das;* -s, - ⟨*lat.-span.-fr.*⟩: Altaraufsatz (mit dem Altar fest verbundene, künstlerisch gestaltete Rückwand)

re|ta|b|lie|ren ⟨*lat.-fr.*⟩: (veraltet) wiederherstellen. Re|ta|b|lis|se|ment [...'mãː] *das;* -s, -s: (veraltet) Wiederherstellung

Re|take [ri'teɪk] *das; -s, -s* (meist Plural) ⟨*engl.*⟩: (Film) Wiederholung einer missglückten Aufnahme

Re|ta|li|a|ti|on *die; -, -en* ⟨*lat.-nlat.*⟩: (veraltet) [Wieder]vergeltung

Re|tard [rə'taːɐ̯] *der; -s* ⟨*lat.-fr.*⟩: Hebelstellung zur Verringerung der Ganggeschwindigkeit von Uhren

Re|tar|dat *das; -[e]s, -e* ⟨*lat.*⟩: (veraltet) Rückstand

Re|tar|da|ti|on *die; -, -en*: Verzögerung, Verlangsamung eines Ablaufs, einer Entwicklung; Entwicklungsverzögerung; vgl. ...ation/...ierung

re|tar|die|ren: 1. verzögern, hemmen; **retardierendes Moment:** (Literaturw.) Szene im Drama, die zum Höhepunkt des Konflikts hinleitet od. durch absichtliche Verzögerung des Handlungsablaufs die Spannung erhöht. 2. (veraltet) nachgehen (in Bezug auf Uhren)

re|tar|diert: in der geistigen od. körperlichen Entwicklung zurückgeblieben

Re|tent *das; -[e]s, -e* ⟨*lat.*⟩: zurückbehaltenes Aktenstück

Re|ten|ti|on *die; -, -en*: 1. (Med.) a) Funktionsstörung, die darin besteht, dass zur Ausscheidung bestimmte Körperflüssigkeiten od. andere Stoffe (bes. Urin) nicht [in ausreichendem Maße] ausgeschieden werden; b) Abflussbehinderung seröser Flüssigkeit, die sich in einer Zyste angesammelt hat; c) unvollständige od. fehlende Entwicklung eines Organs od. Körperteils aus seinem Ausgangsbereich (z. B. der Zähne od. der Hoden); d) Verankerung, Befestigung (der Kunststoffzähne in einer Prothese). 2. (Psychol.) Leistung des Gedächtnisses in Bezug auf Lernen, Reproduzieren (1) und Wiedererkennen

Re|ten|ti|ons|recht *das; -[e]s* ⟨*lat.; dt.*⟩: (Rechtsw.) Zurückbehaltungsrecht; Recht des Schuldners, eine fällige Leistung zu verweigern, solange ein Gegenanspruch nicht erfüllt ist

Re|ti|cel|la [...'tʃɛla] *die; -, -s* ⟨*lat.-it.; „Netzchen"*⟩: urspr. genähte, später geklöppelte italienische Spitze

Re|ti|kül *der od. das; -s, -e u. -s* ⟨*lat.-fr.*⟩: ↑ Ridikül

re|ti|ku|lar u. re|ti|ku|lär ⟨*lat.-nlat.*⟩: netzartig; **retikulares** od. **retikuläres Gewebe:** (Med.) Bindegewebe

re|ti|ku|liert: netzartig; **retikuliertes Glas:** Glas mit einem netzartigen Muster aus eingeschmolzenen Milchglasfäden

Re|ti|ku|lom *das; -s, -e*: (Med.) gutartige knotige Wucherung (bes. im Bereich des Knochenmarks, der Lymphknoten u. der Milz)

Re|ti|ku|lo|se *die; -, -n*: (Med.) Sammelbez. für ursächlich u. erscheinungsmäßig verschiedenartige Wucherungen im Bereich von Knochenmark, Milz, Lymphknoten u. Leber

Re|ti|ku|lum *das; -s, ...la* ⟨*lat.; „kleines Netz"*⟩: 1. (Zool.) Netzmagen der Wiederkäuer. 2. (Biol.) im Ruhekern der teilungsbereiten Zelle nach Fixierung u. Färbung sichtbares Netzwerk aus Teilen von entspiralisierten Chromosomen

Re|ti|na *die; -, ...nae [...nɛ]* ⟨*lat.-mlat.*⟩: (Med.) Netzhaut des Auges

re|ti|nie|ren: (Med.) eine Retention (1 a) aufweisen

Re|ti|ni|tis *die; -, ...itiden* ⟨*lat.-mlat.-nlat.*⟩: (Med.) Netzhautentzündung

Re|ti|no|blas|tom *das; -s, -e* ⟨*lat.-mlat.; gr.*⟩: (Med.) bösartige Netzhautgeschwulst

Re|ti|nos|ko|pie *die; -, ...ien*: ↑ Skiaskopie

Re|ti|ra|de *die; -, -n* ⟨*fr.*⟩: 1. (veraltend verhüllend) Toilette (2 b). 2. [militärischer] Rückzug

re|ti|rie|ren: sich [fluchtähnlich, eilig] zurückziehen

Re|tor|si|on *die; -, -en* ⟨*lat.-nlat.*⟩: Erwiderung einer Beleidigung; vor allem im zwischenstaatlichen [diplomatischen] Verkehr die einer unbilligen Maßnahme eines anderen Staates entsprechende Gegenmaßnahme (z. B. Ausweisung von Ausländern als Antwort auf ebensolche Vorkommnisse im Ausland)

Re|tor|te *die; -, -n* ⟨*lat.-mlat.*⟩: a) rundliches Labordestillationsgefäß aus Glas mit umgebogenem, verjüngtem Hals; **aus der Retorte:** (ugs.) auf künstliche Weise hergestellt, geschaf-

fen; b) in der chemischen Industrie zylindrischer od. flacher langer Behälter, der innen mit feuerfestem Material ausgekleidet ist

Re|tor|ten|ba|by *das; -s, -s*: Baby, das sich aus einem außerhalb des Mutterleibs befruchteten u. dann wieder in die Gebärmutter zurückversetzten Ei entwickelt hat

re|tour [re'tuːɐ̯] ⟨*lat.-vulgärlat.-fr.*⟩: (landsch., sonst veraltend) zurück

Re|tour *die; -, -en*: (österr. ugs.) Rückfahrkarte

Re|tour|bil|lett *das; -[e]s, -e u. -s*: (schweiz., sonst veraltet) Rückfahrkarte

Re|tou|re [re'tuːrə] *die; -, -n* (meist Plural): 1. a) an den Verkäufer zurückgesandte Ware; b) nicht ausgezahlter, an den Überbringer zurückgegebener Scheck od. Wechsel. 2. (österr. Amtsspr. veraltend) Rücksendung

Re|tour|kut|sche [re'tuːɐ̯...] *die; -, -n*: (ugs.) das Zurückgeben eines Vorwurfs, einer Beleidigung o. Ä. [bei passender Gelegenheit] mit einem entsprechenden Vorwurf, einer entsprechenden Beleidigung

re|tour|nie|ren: 1. a) Waren zurücksenden (an den Verkäufer); b) (österr.) zurückgeben, -bringen. 2. (Tennis) einen gegnerischen Aufschlag zurückschlagen

Re|trai|te [rə'trɛːtə] *die; -, -n* ⟨*lat.-fr.*⟩: 1. (veraltet) Zapfenstreich der Kavallerie. 2. Rückzug

Re|trakt *der; -[e]s, -e* ⟨*lat.*⟩: (Rechtsw. veraltet) Befugnis, eine fremde, von einem Eigentümer an einen Dritten verkaufte Sache von diesem u. jedem weiteren Besitzer zum ursprünglichen Kaufpreis an sich zu nehmen; Näherrecht

Re|trak|ti|on *die; -, -en*: (Med.) Zusammenziehung, Verkürzung, Schrumpfung

Re|tran|che|ment [rətrãʃə'mãː] *das; -s, -s* ⟨*lat.-fr.*⟩: (veraltet) Verschanzung; verschanzte Linie

Re|trans|fu|si|on *die; -, -en* ⟨*lat.-nlat.*⟩: ↑ Reinfusion

Re|tri|bu|ti|on *die; -, -en* ⟨*lat.*⟩: 1. Rückgabe, Wiedererstattung

(z. B. eines Geldbetrages).
2. Vergeltung. re|tri|bu|tiv ⟨lat.-nlat.⟩: die Retribution betreffend, auf Retribution beruhend
Re|t| rie|val [rı'triːvl̩] das; -s ⟨engl.⟩: (EDV) das Suchen und Auffinden gespeicherter Daten in einer Datenbank
Re|t| rie|ver [...'triːvɐ] der; -s, - ⟨engl.⟩: zum Apportieren gezüchteter Jagdhund

re|t| ro..., Re|t| ro...

⟨lat. „hinter; zurück, rückwärts"⟩ Wortbildungselement mit der Bedeutung „hinter, rückwärts (gewandt)":
– retrograd
– Retrolook
– Retrospektive

re|t| ro|ak|tiv ⟨lat.-nlat.⟩: rückwirkend; **retroaktive Hemmung:** Beeinträchtigung des Behaltens von etwas Gelerntem, wenn unmittelbar darauf etwas Neues eingeprägt wird; **retroaktive Suggestion:** (Psychol.) Suggestion, die frühere Bewusstseinsinhalte u. Erinnerungen aktiviert
re|t| ro|bul|bär: (Med.) hinter dem Augapfel gelegen
re|t| ro|da|tie|ren: (veraltet) zurückdatieren
Re|t| ro|de|sign [...di'zain] das; -s ⟨lat.; engl.⟩: Formgestaltung, die bewusst auf traditionelle Gestaltungselemente zurückgreift
re|t| ro|flex: (Sprachw.) mit zurückgebogener Zungenspitze gebildet (in Bezug auf Laute). **Re|t| ro|flex** der; -es, -e: (Sprachw.) mit zurückgebogener Zungenspitze gebildeter Laut; vgl. Zerebral
Re|t| ro|fle|xi|on die; -, -en: (Med.) Abknickung von Organen (bes. der Gebärmutter) nach hinten
re|t| ro|grad ⟨lat.⟩: (Med.) rückläufig, rückwirkend, in zurückliegende Situationen zurückreichend (z. B. in Bezug auf eine Amnesie); **retrograde Bildung:** (Sprachw.) Rückbildung; Wort (bes. Substantiv), das aus einem [meist abgeleiteten] Verb od. Adjektiv gebildet ist, aber den Eindruck erweckt, die Grundlage des betreffenden Verbs od. Adjektivs zu sein

(z. B. *Kauf* aus kaufen, *Blödsinn* aus blödsinnig
re|t| ro|len|tal ⟨lat.-nlat.⟩: (Med.) hinter der Augenlinse gelegen
Re|t| ro|look [...lʊk] der; -s ⟨lat.; engl.⟩: Modestil, der an Formen u. Farben vergangener Stilepochen anknüpft
re|t| ro|na|sal: (Med.) im Nasen-Rachen-Raum gelegen
re|t| ro|pe|ri|to|ne|al: (Med.) hinter dem Bauchfell gelegen
Re|t| ro|s| pek|ti|on die; -, -en: Rückschau, Rückblick. **re|t| ro|s| pek|tiv:** rückschauend, rückblickend. **Re|t| ro|s| pek|ti|ve** die; -, -n: a) Rückschau, Rückblick; b) Kunstausstellung od. Filmserie, die das Gesamtwerk eines Künstlers od. Filmregisseurs od. einer Epoche in einer Rückschau vorstellt
Re|t| ro|spiel das; -[e]s, -e: (Schach) schrittweises Zurücknehmen einer bestimmten Folge von Zügen bis zu einer bestimmten Ausgangsstellung
re|t| ro|s| ter|nal: (Med.) hinter dem Brustbein gelegen
Re|t| ro|ver|si|on die; -, -en: (Med.) Rückwärtsneigung, bes. der Gebärmutter
re|t| ro|ver|tie|ren ⟨lat.⟩: zurückneigen, zurückwenden
Re|t| ro|vi|rus das, (auch: der); -, ...viren (meist Plural): (Med.) tumorerzeugendes Virus
Re|t| ro|vi|sor der; -s, ...oren ⟨lat.-nlat.⟩: Spiegelsystem, mit dem der Fahrer über das eigene Auto u. durch die Fenster eines angehängten Wohnwagens sehen kann
re|t| ro|ze|die|ren: 1. (veraltet) a) zurückweichen; b) [etwas] wieder abtreten. 2. (Wirtsch.) rückversichern
Re|t| ro|zes|si|on die; -, -en: 1. (veraltet) Wiederabtretung. 2. (Wirtsch.) besondere Form der Rückversicherung
Ret|si|na der; -[s], -s (aber: 3 -) ⟨gr.-lat.-mlat.-ngr.⟩: mit Harz versetzter griechischer Weißwein
Re|turn [ri'tøːɐ̯n, ri'tœrn] der; -s, -s ⟨engl.⟩: Rückschlag; zurückgeschlagener Ball [nach einem gegnerischen Aufschlag] (bei [Tisch]tennis; Badminton)
Re|turn|tas|te die; -, -n ⟨engl.; dt.⟩: Taste zum Bestätigen od. Beenden eines Vorgangs

Re|tu|sche die; -, -n ⟨fr.⟩: a) das Retuschieren; b) Stelle, an der retuschiert worden ist
Re|tu|scheur [...'ʃøːɐ̯] der; -s, -e: jmd., der Retuschen ausführt.
Re|tu|scheu|rin [...'ʃøːrɪn] die; -, -nen: weibliche Form zu ↑ Retuscheur. **re|tu|schie|ren:** (bes. an einem Foto, einer Druckvorlage) nachträglich Veränderungen anbringen (um Fehler zu korrigieren, Details hinzuzufügen od. zu entfernen)
re|u| nie|ren [rey'niːrən] ⟨lat.-fr.⟩: 1. (veraltet) wieder vereinigen, versöhnen. 2. sich reunieren: sich versammeln
¹Re|u| ni|on die; -, -en ⟨lat.-fr.⟩: (veraltet) Wiedervereinigung
²Re|u| ni|on [rey'njõ:] die; -, -s: (veraltet) bes. in Kurorten veranstalteter Gesellschaftsball
Re|u| ni|o|nen die (Plural) ⟨lat.-fr.⟩: territoriale Annexionen Ludwigs XIV. im Elsass, in Lothringen, der Pfalz u. anderen angrenzenden Gebieten
Re|u| ni|ons|kam|mern die (Plural) ⟨lat.-fr.; dt.⟩: durch Ludwig XIV. eingesetzte französische Gerichte zur Durchsetzung territorialer Annexionen
re|üs|sie|ren ⟨lat.-it.-fr.⟩: Erfolg haben; ein Ziel erreichen
re|vak|zi|na|ti|on die; -, -en ⟨lat.-nlat.⟩: (Med.) Wiederimpfung.
re|vak|zi|nie|ren: (Med.) wieder impfen
re|va|li|die|ren ⟨lat.-nlat.⟩: wieder gültig werden
re|va|lie|ren: sich für eine Auslage schadlos halten
Re|va|lie|rung die; -, -en: Deckung [einer Schuld]
Re|va|lo|ri|sa|ti|on die; -, -en: ↑ Revalorisierung; vgl. ...ation/...ierung. **re|va|lo|ri|sie|ren:** eine Währung auf den ursprünglichen Wert erhöhen. **Re|va|lo|ri|sie|rung** die; -, -en: Erhöhung einer Währung auf den ursprünglichen Wert; vgl. ...ation/...ierung
Re|va|lva|ti|on die; -, -en: Aufwertung einer Währung durch Korrektur des Wechselkurses. **re|val|vie|ren:** eine Währung (durch Korrektur des Wechselkurses) aufwerten
Re|van|che [re'vãː∫(ə), ugs. auch: re'vaɲʃə] die; -, -n [...ʃn̩] ⟨lat.-fr.⟩: 1. (veraltend) Vergeltung (eines Landes) für eine er-

R

littene militärische Niederlage.
2. das Sichrevanchieren, Sichrächen. 3. Gegendienst, Gegenleistung. 4. a) Chance, eine erlittene Niederlage bei einem Wettkampf in einer Wiederholung wettzumachen; b) (Sport) Rückkampf, Rückspiel eines Hinspiels, das verloren wurde **re|van|chie|ren**, sich: 1. vergelten, sich rächen. 2. sich erkenntlich zeigen, durch eine Gegenleistung ausgleichen, einen Gegendienst erweisen. 3. (Sport) eine erlittene Niederlage durch einen Sieg in einem zweiten Spiel gegen denselben Gegner ausgleichen, wettmachen **Re|van|chis|mus** der; - ⟨lat.-fr.-russ.⟩: Politik, die auf Rückgewinnung in einem Krieg verlorener Gebiete mit militärischen Mitteln gerichtet ist (bes. kommunistisch abwertend). **Re|van|chist** der; -en, -en: (bes. kommunistisch abwertend) Vertreter des Revanchismus. **Re|van|chis|tin** die; -, -nen: weibliche Form zu ↑ Revanchist. **re|van|chis|tisch**: (bes. kommunistisch abwertend) den Revanchismus betreffend
Re|veil|le [re'vɛ(:)]ə, auch: re-'vɛljə] die; -, -n ⟨lat.-vulgärlat.-fr.⟩: (veraltet) militärischer Weckruf
Re|ve|la|ti|on die; -, -en ⟨lat.⟩: Enthüllung, Offenbarung. **re|ve|la|to|risch** ⟨lat.-nlat.⟩: enthüllend, offenbarend
Re|ve|nant [rəvə'nã:] der; -s, -s ⟨lat.-fr.⟩: Gespenst; Geist, der aus einer anderen Welt wiederkehrt
Re|ve|nue [...'ny:] die; -, -n [...'ny:ən] (meist Plural): Einkommen, Einkünfte
re ve|ra ⟨lat.⟩: (veraltet) in der Tat, in Wahrheit
Re|ve|rend ['revərənd] der; -s, -s ⟨lat.-engl.⟩: a) (ohne Plural) Titel der Geistlichen in englischsprachigen Ländern; Abk.: Rev.; b) Träger dieses Titels
Re|ve|ren|dis|si|mus der; - ⟨lat.⟩: Titel der katholischen Prälaten
Re|ve|ren|dus der; -: Ehrwürden, Hochwürden (Titel der katholischen Geistlichen); Abk.: Rev.; **Reverendus Pater:** ehrwürdiger Vater (Titel der Ordensgeistlichen); Abk.: R. P.
Re|ve|renz die; -, -en ⟨„Scheu, Ehr-

furcht"): a) Ehrerbietung; b) Verbeugung; vgl. aber: Referenz
Re|ve|rie die; -, ...ien ⟨lat.-vulgärlat.-fr.⟩: franz. Bez. für: Träumerei (elegisch-träumerisches Instrumentalstück, bes. Klavierstück der Romantik)
¹Re|vers [rə'vɛ:ɐ̯] das od. (österr. nur:) der; - [...ɐ̯(s)], - [...ɐ̯s] ⟨lat.-frz.⟩: Umschlag od. Aufschlag an Kleidungsstücken
²Re|vers [franz. auch: rə've:ɐ̯] der; -es u. (bei franz. Ausspr.:) - [rə-'ve:ɐ̯(s)], -e u. (bei franz. Ausspr.:) - [rə've:ɐ̯s] ⟨lat.-frz.⟩: Rückseite [einer Münze]; Ggs. ↑ Avers
³Re|vers der; -es, -e ⟨lat.-mlat.⟩: Erklärung, Verpflichtungsschein
Re|ver|sa|le das; -, ...lien ⟨lat.-nlat.⟩: offizielle Versicherung eines Staates, seine Verträge mit anderen Staaten einzuhalten u. den bestehenden Zustand nicht einseitig zu ändern
Re|ver|se [rɪ'vɜːs] das; - ⟨engl.⟩: Umschaltautomatik für den Rücklauf (bes. bei Kassettenrekordern)
re|ver|si|bel: 1. umkehrbar (z. B. von technischen, chemischen, biologischen Vorgängen); Ggs. ↑ irreversibel. 2. (Med.) heilbar **Re|ver|si|bi|li|tät** die; -: Umkehrbarkeit; Ggs. ↑ Irreversibilität
¹Re|ver|si|ble [...'zi:bl] der; -s, -s ⟨lat.-fr.-engl.⟩: Gewebe, Stoff, bei dem beide Seiten als Außenseite verwendet werden können
²Re|ver|si|ble [...'zi:bl] das; -s, -s: Kleidungsstück, das beidseitig getragen werden kann; Wendemantel, Wendejacke
re|ver|sie|ren ⟨lat.-nlat.⟩: 1. (veraltet) sich schriftlich verpflichten. 2. [bei Maschinen] den Gang umschalten
Re|ver|sing [rɪ'vɜːsɪŋ] das; - ⟨lat.-fr.-engl.⟩: Form der Geschäftsabwicklung im englischen Baumwollterminhandel
Re|ver|si|on die; -, -en ⟨lat.⟩: Umkehrung, Umdrehung
Re|ver|si|ons|pen|del das; -s, -: (Phys.) Instrument zur Messung der Erdbeschleunigung
Re|vi|dent der; -en, -en ⟨lat.⟩: 1. jmd., der Revision (3) einlegt. 2. (veraltet) Revisor. 3. (österr.) a) (ohne Plural) Beamtentitel; b) Träger dieses Titels

re|vi|die|ren ⟨„wieder hinsehen"⟩: 1. überprüfen, prüfen, kontrollieren, durchsuchen. 2. formal abändern, korrigieren; nach eingehender Prüfung ändern
Re|vier das; -s, -e ⟨lat.-vulgärlat.-fr.-niederl.⟩: „Ufergegend entlang einem Wasserlauf"): 1. Bezirk, Gebiet; Tätigkeitsbereich (z. B. eines Kellners). 2. kleinere Polizeidienststelle [eines Stadtbezirks]. 3. (Milit.) a) von einem Truppenteil belegte Räume in einer Kaserne od. in einem Lager; b) Krankenstube eines Truppenteils. 4. (Forstw.) a) Teilbezirk eines Forstamts; b) begrenzter Jagdbezirk. 5. (Bergbau) Abbaugebiet. 6. Lebensraum, Wohngebiet bestimmter Tiere
re|vie|ren: (Forstw.) ein Jagdgelände von einem Hund absuchen lassen
Re|view [rɪ'vju:] der; -s, -s, auch: die; -, -s ⟨lat.-fr.-engl.⟩: Titel od. Bestandteil des Titels englischer u. amerikanischer Zeitschriften; vgl. Revue (1)
Re|vin|di|ka|ti|on die; -, -en ⟨lat.-nlat.⟩: (Rechtsw. veraltet) Rückforderung, Geltendmachung eines Herausgabeanspruchs
re|vin|di|zie|ren: (Rechtsw.) einen Herausgabeanspruch geltend machen
Re|vi|re|ment [...'mã:] das; -s, -s ⟨galloroman.-fr.⟩: 1. Wechsel in der Besetzung von Ämtern. 2. Form der Abrechnung zwischen Schuldnern u. Gläubigern
re|vi|si|bel ⟨lat.-nlat.⟩: (Rechtsw. selten) auf dem Wege der Revision (3) anfechtbar; Ggs. ↑ irrevisibel. **Re|vi|si|bi|li|tät** die; -: (Rechtsw. selten) Anfechtbarkeit eines Urteils auf dem Wege der Revision
Re|vi|si|on die; -, -en ⟨lat.-mlat.; „prüfende Wiederdurchsicht"⟩: 1. (Druckw.) [nochmalige] Durchsicht, Nachprüfung; bes. die Korrektur des bereits umbrochenen (zu Druckseiten zusammengestellten) Satzes. 2. Änderung nach eingehender Prüfung (z. B. in Bezug auf eine Ansicht). 3. (Rechtsw.) bei einem Gericht mit grundsätzlicher Entscheidungsvollmacht (Bundesgerichtshof, Oberlandesgericht) gegen ein [Beru-

fungs]urteil einzulegendes Rechtsmittel, das die Überprüfung dieses Urteils fordert

Re|vi|si|o|nis|mus *der; -* ⟨*lat.-mlat.-nlat.*⟩: 1. das Streben nach Änderung eines bestehenden [völkerrechtlichen] Zustandes od. eines [politischen] Programms. 2. im 19. Jh. eine Richtung innerhalb der deutschen Sozialdemokratie mit der Tendenz, den orthodoxen Marxismus durch Sozialreformen abzulösen **Re|vi|si|o|nist** *der; -en, -en:* Verfechter des Revisionismus. **Re|vi|si|o|nis|tin** *die; -, -nen:* weibliche Form zu ↑ Revisionist. **re|vi|si|o|nis|tisch:** den Revisionismus betreffend

Re|vi|sor *der; -s, ...oren* ⟨*lat.-nlat.*⟩: 1. [Wirtschafts]prüfer. 2. Korrektor, dem die Überprüfung der letzten Korrekturen im druckfertigen Bogen obliegt. **Re|vi|so|rin** *die; -, -nen:* weibliche Form zu ↑ Revisor

re|vi|ta|li|sie|ren ⟨*lat.-nlat.*⟩: 1. (Med.) wieder kräftigen, wieder funktionsfähig machen. 2. (Biol.) wieder in ein natürliches Gleichgewicht bringen. **Re|vi|ta|li|sie|rung** *die; -, -en:* das Revitalisieren

Re|vi|val [rɪˈvaɪvəl] *das; -s, -s* ⟨*engl.*⟩: Wiederbelebung, Erneuerung (z. B. eines [erfolgreichen] Films)

Re|vo|ka|ti|on *die; -, -en* ⟨*lat.*⟩: Widerruf (z. B. eines wirtschaftlichen Auftrages)

Re|vo|ka|to|ri|um *das; -s, ...ien:* (Rechtsw.) Abberufungs-, Rückberufungsschreiben

Re|vo|ke [rɪˈvoʊk] *die; -, -s* ⟨*lat.-fr.-engl.*⟩: versehentlich falsches Bedienen (bei Kartenspielen) **Re|vol|te** *die; -, -n* ⟨*lat.-vulgärlat.-it.-fr.;* „Umwälzung"⟩: Aufruhr, Aufstand (einer kleinen Gruppe) **Re|vol|teur** [...ˈtøːɐ̯] *der; -s, -e:* jmd., der sich an einer Revolte beteiligt. **Re|vol|teu|rin** [...ˈtøː-rɪn] *die; -, -nen:* weibliche Form zu ↑ Revolteur. **re|vol|tie|ren:** an einer Revolte teilnehmen; sich empören, sich auflehnen, meutern

Re|vo|lu|ti|on *die; -, -en* ⟨*lat.(-fr.)⟩:* 1. [gewaltsamer] Umsturz der bestehenden politischen u. sozialen Ordnung. 2. Aufhebung,

Umwälzung der bisher als gültig anerkannten Gesetze od. der bisher geübten Praxis durch neue Erkenntnisse u. Methoden (z. B. in der Wissenschaft). 3. (Geol.) Gebirgsbildung. 4. (Astron.) Umlauf eines Himmelskörpers um ein Hauptgestirn. 5. Solospiel im Skat

re|vo|lu|ti|o|när ⟨*lat.-fr.*⟩: 1. die Revolution (1) betreffend, zum Ziele habend; für die Revolution eintretend. 2. eine Revolution (2) bewirkend, umwälzend.

Re|vo|lu|ti|o|när *der; -s, -e:* 1. jmd., der auf eine Revolution (1) hinarbeitet od. an ihr beteiligt ist. 2. jmd., der sich gegen Überkommenes auflehnt u. grundlegende Veränderungen auf einem Gebiet herbeiführt. **Re|vo|lu|ti|o|nä|rin** *die; -, -nen:* weibliche Form zu ↑ Revolutionär

re|vo|lu|ti|o|nie|ren: 1. a) in Aufruhr bringen, für seine revolutionären (1) Ziele gewinnen; b) (selten) revoltieren. 2. grundlegend verändern

Re|vo|luz|zer *der; -s, -* ⟨*lat.-it.*⟩: (abwertend) jmd., der sich [bes. mit Worten, in nicht ernst zu nehmender Weise] als Revolutionär gebärdet. **Re|vo|luz|ze|rin** *die; -, -nen:* weibliche Form zu ↑ Revoluzzer

Re|vol|ver *der; -s, -* ⟨*lat.-fr.-engl.*⟩: 1. kurze Handfeuerwaffe mit einer drehbaren Trommel als Magazin. 2. drehbare Vorrichtung an Werkzeugmaschinen zum Einspannen mehrerer Werkzeuge

Re|vol|ver|dreh|bank *die; -, ...bänke* ⟨*lat.-fr.-engl.; dt.*⟩: (Techn.) Drehbank mit Revolver (2) zur schnelleren Werkstückbearbeitung

Re|vol|ver|pres|se *die; -:* reißerisch aufgemachte Sensationszeitungen

re|vol|vie|ren ⟨*lat.*⟩: (Techn.) zurückdrehen

Re|vol|ving|kre|dit [rɪˈvɔlvɪŋ...] *der; -[e]s, -e* ⟨*lat.-fr.-engl.; lat.-it.-fr.*⟩: 1. Kredit, der dem Leistungsumschlag des Unternehmens entsprechend von diesem beglichen u. erneut beansprucht werden kann. 2. zur Finanzierung langfristiger Projekte dienender Kredit in Form

von immer wieder prolongierten od. durch verschiedene Gläubiger gewährten formal kurzfristigen Krediten

Re|vol|ving|sys|tem *das; -s* ⟨*lat.-fr.-engl.; gr.-lat.*⟩: Finanzierung langfristiger Projekte über fortlaufende kurzfristige Anschlussfinanzierungen

re|vo|zie|ren ⟨*lat.*⟩: 1. [sein Wort] zurücknehmen; widerrufen. 2. vor Gericht einen mündlichen Antrag sofort zurückziehen, wenn der Prozessgegner durch Beweise die im Antrag aufgestellte Behauptung widerlegt

Re|vue [rəˈvyː] *die; -, -n* [...ˈvyːən] ⟨*lat.-fr.;* „Übersicht, Überblick"⟩: 1. Titel od. Bestandteil des Titels von Zeitschriften; vgl. Review. 2. musikalisches Ausstattungsstück mit einer Programmfolge von sängerischen, tänzerischen u. artistischen Darbietungen, die oft durch eine Handlung verbunden sind. 3. (veraltet) Truppenschau

Re|wach *der; -s* ⟨*jidd.*⟩: ↑ Reibach **Re|wri|ter** [riːˈraɪtə] *der; -s, -* ⟨*engl.-amerik.*⟩: jmd., der Nachrichten, Berichte, politische Reden, Aufsätze o. Ä. für die Veröffentlichung bearbeitet

¹Rex *der; -, Reges* [ˈreːgeːs] ⟨*lat.*⟩: [altrömischer] Königstitel

²Rex *der; -, -e:* (Schülerspr.) ↑ Direx

Rex|ap|pa|rat ® *der; -[e]s, -e:* (österr.) Einwecktopf

Re|y|on [reˈjõː] *der od. das; -* ⟨*engl.-fr.*⟩: dt. Schreibung für: ↑ Rayon (2)⟩: (veraltet) ↑ Viskose

Rez-de-Chaus|sée [redəʃoˈseː] *das; -, -* ⟨*fr.*⟩: (veraltet) Erdgeschoss

Re|zen|sent *der; -en, -en* ⟨*lat.*⟩: Verfasser einer Rezension, [Literatur]kritiker. **Re|zen|sen|tin** *die; -, -nen:* weibliche Form zu ↑ Rezensent

re|zen|sie|ren: eine künstlerische, wissenschaftliche o. ä. Arbeit kritisch besprechen

Re|zen|si|on *die; -, -en:* 1. kritische Besprechung einer künstlerischen, wissenschaftlichen o. ä. Arbeit, bes. in einer Zeitung od. Zeitschrift. 2. berichtigende Durchsicht eines alten, oft mehrfach überlieferten Textes

re|zent ⟨*lat.*⟩: 1. (Biol.) gegenwärtig noch lebend (von Tier- u. Pflanzenarten; Ggs. ↑ fossil). 2. (landsch.) herzhaft, pikant, säuerlich

R

Re|ze|pis|se [österr.: ...'pɪs] *das;*
-[s], - (österr.: *die;* -, -n) ⟨*lat.;*
„erhalten zu haben"⟩: (Postw.)
Empfangsbescheinigung
Re|zept *das;* -[e]s, -e ⟨*lat.*⟩:
1. schriftliche Anweisung des
Arztes an den Apotheker für
die Abgabe von Heilmitteln.
2. Back-, Kochanweisung
re|zep|ti|bel: (veraltet) aufnehm-
bar, empfänglich. **Re|zep|ti|bi|li-
tät** *die;* - ⟨*lat.-nlat.*⟩: (veraltet)
Empfänglichkeit
re|zep|tie|ren ⟨*lat.*⟩: (Med.) ein Re-
zept ausschreiben
¹Re|zep|ti|on *die;* -, -en ⟨*lat.*⟩:
1. a) Aufnahme, Übernahme
fremden Gedanken-, Kulturgu-
tes, bes. die Übernahme des römischen Rechts; b) Aufnahme
eines Textes, eines Werks der
bildenden Kunst o. Ä. durch
den Hörer, Leser, Betrachter.
2. (veraltet) Aufnahme in eine
Gemeinschaft
²Re|zep|ti|on *die;* -, -en ⟨*lat.-fr.*⟩:
Aufnahme[raum], Empfangs-
büro im Foyer eines Hotels
Re|zep|ti|ons|äs|the|tik *die;* -:
Richtung in der modernen Lite-
ratur-, Kunst- u. Musikwissen-
schaft, die sich mit der Wechselwirkung zwischen dem, was
ein Kunstwerk an Gehalt, Bedeutung usw. anbietet, u. dem
Erwartungshorizont sowie der
Verständnisbereitschaft des
Rezipienten (1) befasst. **re|zep-
ti|ons|äs|the|tisch:** die Rezepti-
onsästhetik betreffend
re|zep|tiv ⟨*lat.-nlat.*⟩: [nur] auf-
nehmend, empfangend; emp-
fänglich. **Re|zep|ti|vi|tät** *die;* -:
Aufnahmefähigkeit; bes. in der
Psychologie die Empfänglichkeit für Sinneseindrücke
Re|zep|tor *der;* -s, ...oren ⟨*lat.*⟩:
1. (veraltet) Empfänger; Steuer-
einnehmer. 2. (meist Plural,
Med.) Ende einer Nervenfaser
od. spezialisierte Zelle in der
Haut u. in inneren Organen zur
Aufnahme von Reizen. **re|zep-
to|risch:** (Med.) von Rezeptoren
(2) aufgenommen
Re|zep|tur *die;* -, -en ⟨*lat.-nlat.*⟩:
1. a) Zubereitung von Arznei-
mitteln in kleinen Mengen
nach Rezept (1); b) Zusammenstellung, Zubereitung nach einem bestimmten Rezept (2).
2. (hist.) Steuereinnehmerei
Re|zess *der;* -es, -e ⟨*lat.;* „Rück-

zug"⟩: (Rechtsw.) Auseinandersetzung, Vergleich
Re|zes|si|on *die;* -, -en ⟨"das Zu-
rückgehen"⟩: Verminderung der
wirtschaftlichen Wachstums-
geschwindigkeit, leichter Rück-
gang der Konjunktur; vgl. Depression (3)
re|zes|siv ⟨*lat.-nlat.*⟩: 1. (Biol.) zu-
rücktretend, nicht in Erschei-
nung tretend (in Bezug auf
Erbfaktoren; Ggs. ↑ dominant
(1). 2. die Rezession betreffend
Re|zes|si|vi|tät *die;* -: (Biol.) Ei-
genschaft eines Gens bzw. des
entsprechenden Merkmals, gegenüber seinem ↑ allelen Partner nicht in Erscheinung zu
treten; Ggs. ↑ Dominanz
re|zi|div ⟨*lat.*⟩: (Med.) wiederkeh-
rend, wieder auflebend; rück-
fällig (von einer Krankheit od.
von Krankheitssymptomen).
Re|zi|div *das;* -s, -e: (Med.)
Rückfall (von einer gerade
überstandenen Krankheit)
re|zi|di|vie|ren ⟨*lat.-nlat.*⟩: (Med.)
in Abständen wiederkehren
(von einer Krankheit)
Re|zi|pi|ent *der;* -en, -en ⟨*lat.*⟩:
1. jmd., der einen Text, ein
Werk der bildenden Kunst, ein
Musikstück o. Ä. aufnimmt;
Hörer, Leser, Betrachter.
2. (Phys.) Glasglocke mit An-
satzrohr für eine Vakuum-
pumpe zum Herstellen eines
luftleeren Raumes. **Re|zi|pi|en-
tin** *die;* -, -nen: weibliche Form
zu ↑ Rezipient (1)
re|zi|pie|ren: a) fremdes Gedan-
ken-, Kulturgut aufnehmen,
übernehmen; b) einen Text, ein
Werk der bildenden Kunst o. Ä.
als Hörer, Leser, Betrachter aufnehmen
re|zi|p|rok ⟨*lat.*⟩: wechsel-, gegen-
seitig; **reziproker Wert:**
(Math.) Kehrwert (Vertau-
schung von Zähler u. Nenner
eines Bruches); **reziprokes
Pronomen:** (Sprachw.) wech-
selbezügliches Fürwort (z. B.
sich [gegenseitig]). **Re|zi|p|ro|zi-
tät** *die;* - ⟨*lat.-nlat.*⟩: Gegen-,
Wechselseitigkeit
Re|zi|tal vgl. Recital
re|zi|tan|do vgl. recitando
Re|zi|ta|ti|on *die;* -, -en ⟨*lat.*⟩:
künstlerischer Vortrag einer
Dichtung, eines literarischen
Werks
Re|zi|ta|tiv *das;* -s, -e ⟨*lat.-it.*⟩:

dramatischer Sprechgesang,
eine in Tönen deklamierte u.
vom Wort bestimmte Gesangs-
art (in Oper, Operette, Kantate,
Oratorium). **re|zi|ta|ti|visch:**
(Mus.) in der Art des Rezitativs
vorgetragen
Re|zi|ta|tor *der;* -s, ...oren ⟨*lat.*⟩:
jmd., der rezitiert; Vortrags-
künstler. **Re|zi|ta|to|rin** *die;* -,
-nen: weibliche Form zu ↑ Rezitator
re|zi|ta|to|risch ⟨*lat.-nlat.*⟩: a) den
Rezitator betreffend; b) die Re-
zitation betreffend
re|zi|tie|ren ⟨*lat.*⟩: eine Dichtung,
ein literarisches Werk künstlerisch vortragen
Re|zy|k|lat *das;* -[e]s, -e: etwas,
was rezykliert worden ist, Produkt eines Recyclingprozesses.
re|zy|k|lie|ren ⟨zu Zyklus⟩: ↑ re-
cyceln
Rha|bar|ber *der;* -s ⟨*gr.-mlat.-it.*⟩:
Knöterichgewächs mit großen
Blättern, dessen fleischige,
grüne od. rote Stiele zu Kom-
pott o. Ä. verarbeitet werden
rhab|do|i|disch ⟨*gr.-nlat.*⟩: (Med.;
Biol.) stabförmig
Rhab|dom *das;* -s, -e: (Med.) Seh-
stäbchen in der Netzhaut des
Auges
Rhab|do|man|tie *die;* - ⟨*gr.*⟩: das
Wahrsagen mit geworfenen
Stäben od. mit der Wünschel-
rute
Rha|chis *die;* - ⟨*gr.*⟩: 1. Spindel od.
Hauptachse eines gefiederten
Blattes od. eines Blütenstan-
des. 2. Schaft der Vogelfeder
Rha|ga|de *die;* -, -n (meist Plural)
⟨*gr.-lat.*⟩: (Med.) Hautriss,
Schrunde
Rham|nus *der;* - ⟨*gr.-nlat.*⟩: Kreuz-
dorn; Faulbaum, dessen Rinde
u. Früchte als Abführmittel dienen
Rhap|so|de *der;* -n, -n ⟨*gr.*⟩: (im
antiken Griechenland) fahren-
der Sänger, der eigene od.
fremde [epische] Dichtungen
z. T. mit Kitharabegleitung vor-
trug
Rhap|so|die *die;* -, ...ien: 1. a) von
einem Rhapsoden vorgetragene
epische Dichtung; b) Gedicht in
freien Rhythmen. 2. a) Instru-
mentalfantasie [für Orchester]
(seit dem 19. Jh.); b) romanti-
sches Klavierstück freien, balla-
desken Charakters; c) kantaten-
artige Vokalkomposition mit

Instrumentalbegleitung (z. B. bei Brahms)

Rhap|so|dik *die; -:* Kunst der Rhapsodiendichtung

rhap|so|disch: a) die Rhapsodie betreffend; in freier [Rhapsodie]form; b) bruchstückartig, unzusammenhängend; c) den Rhapsoden betreffend, charakterisierend

Rhät vgl. Rät

Rhe|ma *das; -s, -ta ⟨gr.; „Rede, Aussage"⟩:* (Sprachw.) a) Aussage eines Satzes, die formal in Opposition zur Subjektgruppe steht; b) Teil des Satzes, der die neue Information des Sprechers für den Hörer enthält; vgl. Thema-Rhema; Ggs. ↑ Thema (2). **rhe|ma|tisch:** das Rhema betreffend

Rhe|ma|ti|sie|rung *die; -, -en ⟨gr.-nlat.⟩:* (Sprachw.) Übertragung einer rhematischen Funktion auf ein thematisches Element, wobei das Rhema eines Satzes zum Thema des nächsten wird (z. B.: sie trägt ein Baumwollkleid. Es ist bunt gemustert.)

rhe|na|nisch ⟨von lat. *Rhenus* = „Rhein"⟩: rheinisch

Rhen|cho|spas|mus *der; - ⟨gr.-nlat.⟩:* (Med.) Schnarchkrampf

Rhe|ni|um *das; -s ⟨nlat.⟩:* metallisches chem. Element; Zeichen: Re

rhe|o|bi|ont ⟨*gr.-nlat.*⟩: (Biol.) nur in strömenden [Süß]gewässern lebend (z. B. Fische)

Rhe|o|gra|phie, auch: ...grafie *die; -, ...ien:* (Med.) Verfahren zur Beurteilung peripherer Gefäße

Rhe|o|kar|di|o|gra|phie, auch: ...grafie *die; -, ...ien:* der Erfassung der Herztätigkeit dienende Registrierung des Widerstandes, der einem elektrischen Strom beim Durchfließen des Brustkorbs geleistet wird

Rhe|o|kre|ne *die; -, -n:* Sturzquelle

Rhe|o|lo|ge *der; -n, -n:* Wissenschaftler auf dem Gebiet der Rheologie. **Rhe|o|lo|gie** *die; -:* Teilgebiet der Mechanik, auf dem die Erscheinungen des Fließens u. der Relaxation (2) von flüssigen, ↑ kolloidalen u. festen Systemen unter der Einwirkung äußerer Kräfte untersucht werden. **Rhe|o|lo|gin** *die; -, -nen:* weibliche Form zu ↑ Rheologe

Rhe|o|me|ter *das; -s, -:* 1. (veraltet) Strommesser. 2. ein bestimmtes Viskosimeter

Rhe|o|me|tl|rie *die; -:* Messtechnik der Rheologie

rhe|o|phil: (Biol.) vorzugsweise in strömendem Wasser lebend

Rhe|o|s|tat *der; -[e]s u. -en, -e[n]:* mit veränderlichen Kontakten ausgerüsteter Apparat zur Regelung des elektrischen Widerstandes

Rhe|o|tan ® *das; -s ⟨Kunstw.⟩:* als elektrisches Widerstandsmaterial verwendete Nickelbronze

Rhe|o|ta|xis *die; ...xen ⟨gr.-nlat.⟩:* (Biol.) Fähigkeit eines Tieres, seine Körperachse in Richtung der Wasserströmung einzustellen

Rhe|o|t|ron *das; -s, ...one (auch: -s):* ↑ Betatron

Rhe|o|tro|pis|mus *der; -, ...men:* (Bot.) durch strömendes Wasser beeinflusste Wachstumsrichtung von Pflanzenteilen

Rhe|sus *der; -, - ⟨nlat.⟩:* Kurzform von ↑ Rhesusaffe

Rhe|sus|af|fe *der; -n, -n ⟨nlat.; dt.⟩:* zu den Meerkatzen gehörender, in Süd- u. Ostasien lebender Affe

Rhe|sus|fak|tor *der; -s, -en ⟨nach seiner Entdeckung beim Rhesusaffen⟩:* von den Blutgruppen unabhängiger Faktor der roten Blutkörperchen, dessen Vorhandensein od. Fehlen ein entscheidendes Bestimmungsmerkmal ist, um Komplikationen bei Schwangerschaften u. Transfusionen vorzubeugen; Zeichen: Rh (= Rhesusfaktor positiv), rh (= Rhesusfaktor negativ)

Rhe|tor *der; -s, ...oren ⟨gr.-lat.⟩:* Redner der Antike

Rhe|to|rik *die; -, -en:* a) (ohne Plural) Wissenschaft von der wirkungsvollen Gestaltung öffentlicher Reden; vgl. Stilistik (1); b) (ohne Plural) Redebegabung, Redekunst; c) Lehrbuch der Redekunst. **Rhe|to|ri|ker** *der; -s, -:* jmd., der die Rhetorik (a) beherrscht; guter Redner. **Rhe|to|ri|ke|rin** *die; -, -nen:* weibliche Form zu ↑ Rhetoriker

rhe|to|risch: a) die Rhetorik (a) betreffend, den Regeln der Rhetorik entsprechend; **rhetorische Figur:** Redefigur (z. B. Figura etymologica, Anapher);

rhetorische Frage: nur zum Schein [aus Gründen der Rhetorik (a)] gestellte Frage, auf die keine Antwort erwartet wird; b) die Rhetorik (b) betreffend, rednerisch; c) phrasenhaft, schönrednerisch

Rheu|ma *das; -s ⟨Kurzform⟩:* (ugs.) ↑ Rheumatismus

Rheu|m|ar|th|ri|tis *die; -, ...itiden ⟨gr.-nlat.⟩:* (Med.) Gelenkrheumatismus

Rheu|ma|ti|ker *der; -s, -:* an Rheumatismus Leidender. **Rheu|ma|ti|ke|rin** *die; -, -nen:* weibliche Form zu ↑ Rheumatiker

rheu|ma|tisch: durch Rheumatismus bedingt, auf ihn bezüglich. **Rheu|ma|tis|mus** *der; -, ...men ⟨gr.-lat.; „das Fließen"⟩:* schmerzhafte Erkrankung der Gelenke, Muskeln, Nerven, Sehnen

rheu|ma|to|id ⟨gr.-nlat.⟩: rheumatismusähnlich. **Rheu|ma|to|id** *das; -[e]s, -e:* (Med.) im Gefolge schwerer allgemeiner od. Infektionskrankheiten auftretende rheumatismusähnliche Erkrankung

Rheu|ma|to|lo|ge *der; -n, -n:* (Med.) Arzt mit speziellen Kenntnissen auf dem Gebiet rheumatischer Krankheiten. **Rheu|ma|to|lo|gin** *die; -, -nen:* weibliche Form zu ↑ Rheumatologe

Rhe|xis *die; - ⟨gr.⟩:* (Med.) Zerreißung (z. B. eines Blutgefäßes)

Rh-Fak|tor *[ɛr'ha:...]* vgl. Rhesusfaktor

rhin..., Rhin... vgl. rhino..., Rhino...

Rhi|n|al|gie *die; -, ...ien ⟨gr.-nlat.⟩:* (Med.) Nasenschmerz

Rhi|n|al|ler|go|se *die; -, -nen:* (Med.) Heuschnupfen

Rhi|ni|tis *die; -, ...itiden:* (Med.) Nasenkatarrh, Schnupfen, Nasenschleimhautentzündung

---

R

---

rhi|no..., Rhi|no...

vor Vokalen meist rhin..., Rhin... ⟨zu gr. rhís, Gen. rhinós „Nase"⟩ Wortbildungselement mit der Bedeutung „Nase":
– Rhinalgie
– Rhinallergose
– rhinogen
– Rhinologe
– Rhinoskop

Rhi|no|blen|nor|rhö *die; -, -en* ⟨*gr.-nlat.*⟩: (Med.) eitrig-schleimiger Nasenkatarrh

rhi|no|gen: (Med.) in der Nase entstanden, von ihr ausgehend

Rhi|no|la|lie *die; -:* (Med.) das Näseln

Rhi|no|lo|ge *der; -n, -n:* Nasenarzt. **Rhi|no|lo|gie** *die; -:* Nasenheilkunde. **Rhi|no|lo|gin** *die; -, -nen:* weibliche Form zu ↑ Rhinologe

Rhi|no|pho|nie, auch: ...fonie *die; -:* ↑ Rhinolalie

Rhi|no|phym *das; -s, -e:* (Med.) knollige Verdickung der Nase; Knollennase

Rhi|no|plas|tik *die; -, -en:* (Med.) operative Bildung einer künstlichen Nase

Rhi|nor|rha|gie *die; -, ...ien:* (Med.) heftiges Nasenbluten

Rhi|no|skle|rom *das; -s, -e:* (Med.) Nasenverhärtung

Rhi|no|s| kop *das; -s, -e:* (Med.) zangenähnliches Instrument zur Untersuchung der Nase von vorn; Nasenspiegel. **Rhi|no|s| ko|pie** *die; -, ...ien:* (Med.) Untersuchung der Nase mit dem Rhinoskop

Rhi|ng|ze|ros *das; - u. -ses, -se* ⟨*gr.-lat.*⟩: 1. Nashorn. 2. (ugs. abwertend) Dummkopf, Trottel

Rhi|zo|der|mis *die; -, ...men* ⟨*gr.-nlat.*⟩: (Bot.) das die Wurzel der höheren Pflanze umgebende Gewebe, das zur Aufnahme von Wasser und Nährsalzen aus dem Boden dient

rhi|zo|id: (Biol.) wurzelartig. **Rhi|zo|id** *das; -[e]s, -e:* (Biol.) wurzelähnliches Gebilde bei Algen u. Moosen

Rhi|zom *das; -s, -e:* (Bot.) Wurzelstock, Erdspross mit Speicherfunktion

Rhi|zo|pho|re *die; -, -n:* Mangrovenbaum; Mangrovengewächs mit kurzem Stamm, abstehenden dicken Ästen u. lederartigen Blättern, mit Atem- u. Stelzwurzeln

Rhi|zo|phyt *der; -en, -en:* Pflanze mit echten Wurzeln (Farn- od. Samenpflanze) im Unterschied zu den Lager- od. Moospflanzen

Rhi|zo|po|de *der; -n, -n* (meist Plural): (Biol.) Wurzelfüßer (Einzeller, der durch formveränderliche, kurzzeitige, der Fortbewegung u. Nahrungsauf-

nahme dienende Protoplasmafortsätze gekennzeichnet ist)

Rhi|zo|po|di|um *das; -s, ...ien* (meist Plural): Protoplasmafortsatz der Rhizopoden

Rhi|zo|s| phä|re *die; -, -n:* die von Pflanzenwurzeln durchsetzte Bodenschicht

Rh-ne|ga|tiv [ɛrha:...]: den Rhesusfaktor nicht aufweisend; Ggs. ↑ Rh-positiv

Rho *das; -[s], -s* ⟨*gr.*⟩: siebzehnter Buchstabe des griechischen Alphabets: P, ρ

Rho| d|a| min *das; -s, -e* (meist Plural) ⟨Kunstw. aus *gr. rhodon* = „Rose" u. ↑ *Amin*⟩: (Chem.) stark fluoreszierender roter Farbstoff

Rho|dan *das; -s* ⟨*gr.-nlat.*⟩: (Chem.) einwertige Schwefel-Kohlenstoff-Stickstoff-Gruppe in chemischen Verbindungen

Rho|da|nid *das; -[e]s, -e:* (Chem.) Salz der Rhodanwasserstoffsäure, einer flüchtigen, stechend riechenden Flüssigkeit

Rho|dan|zahl *die; -:* (Chem.) Kennzahl für den Grad der Ungesättigtheit von Fetten u. Ölen

Rho|de|län|der *das; -s, -* ⟨nach dem US-amerik. Staat Rhode Island⟩: Huhn einer amerikanischen Rasse mit guter Legeleistung

rho|di|nie|ren ⟨*gr.-nlat.*⟩: mit Rhodium überziehen

Rho|di|um *das; -s:* chem. Element; ein Edelmetall; Zeichen: Rh

Rho|do|den|d| ron *der* (auch: *das*); *-s, ...dren* ⟨*gr.-lat.*⟩: als Zierstrauch kultivierte Pflanze mit ledrigen Blättern

Rho|do|phy|ze|en *die* (Plural) ⟨*gr.-nlat.*⟩: Rotalgen

Rhom|ben: *Plural* von ↑ Rhombus

rhom|bisch ⟨*gr.-nlat.*⟩: von der Form eines Rhombus

Rhom|bo|e| der *das; -s, -* ⟨*gr.-nlat.*⟩: von sechs Rhomben begrenzte Kristallform

rhom|bo|id ⟨*gr.-lat.*⟩: rautenähnlich. **Rhom|bo|id** *das; -[e]s, -e:* Parallelogramm mit paarweise ungleichen Seiten

Rhom|bus *der; -, ...ben:* Parallelogramm mit gleichen Seiten

Rhon|chus u. Ronchus *der; -* ⟨*gr.-lat.*⟩: (Med.) Rasselgeräusch

rho|pa|lisch ⟨*gr.-lat.; „*keulenförmig"⟩: in der Fügung **rhopalischer Vers:** Vers, in dem jedes folgende Wort eine Silbe mehr hat als das vorangehende (in der spätantiken Metrik)

Rho|po|gra|phie, auch: ...grafie *die; -* ⟨*gr.-nlat.*⟩: antike naturalistische Kleinmalerei

Rho|ta|zis|mus *der; -, ...men* ⟨*gr.-nlat.*⟩: Übergang eines zwischen Vokalen stehenden stimmhaften s zu r (z. B. geschr. geneseos gegenüber lat. generis)

Rh-po|si|tiv [ɛrha:...]: den Rhesusfaktor aufweisend; Ggs. ↑ Rh-negativ

Rhus *der; -* ⟨*gr.-lat.*⟩: tropischer u. subtropischer, sommer- od. immergrüner Baum od. [Zier]strauch mit gefiederten od. dreizähligen Blättern, Blüten in Rispen u. kleinen trockenen Steinfrüchten; Essigbaum; vgl. Sumach

Rhyn|chol|te *der; -n, -n* (meist Plural) ⟨*gr.-nlat.*⟩: Schnabelkerf (z. B. Wanze)

Rhy| o|lith [auch: ...ˈlɪt] *der; -s u. -en, -e[n]* ⟨*gr.-nlat.*⟩: ein Ergussgestein

Rhy|pia vgl. Rupia

Rhythm and Blues [ˈrɪðəm ənd ˈbluːz] *der; - - -* ⟨*engl.-amerik.*⟩: Musikstil der Schwarzen Nordamerikas, der durch die Verbindung der Melodik des Blues (1 b) mit einem stark akzentuierten, aufrüttelnden Beatrhythmus gekennzeichnet ist

Rhyth|mik *die; -* ⟨*gr.-lat.*⟩: 1. rhythmischer Charakter, Art des Rhythmus (1–4). 2. a) Kunst der rhythmischen (1, 2) Gestaltung; b) Lehre vom Rhythmus, von rhythmischer (1, 2) Gestaltung. 3. (Päd.) rhythmische Erziehung; Anleitung zum Umsetzen von Melodie, Rhythmus, Dynamik der Musik in Bewegung

Rhyth|mi|ker *der; -s, -:* 1. Musiker, bes. Komponist, der das rhythmische Element bes. gut beherrscht u. in seiner Musik hervorhebt. 2. Pädagoge, der Rhythmik (2) unterrichtet (Berufsbez.). **Rhyth|mi|ke|rin** *die; -, -nen:* weibliche Form zu ↑ Rhythmiker

rhyth|misch: 1. den Rhythmus (1–4) betreffend; 2. nach, in einem bestimmten Rhythmus (1–4) erfolgend; **rhythmische Travée:** in einem bestimmten Rhythmus (4) gegliederter Wandabschnitt (z. B. durch den Wechsel von Pfeiler u. Säule)

rhyth|mi|sie|ren ⟨*gr.-nlat.*⟩: in ei-

R

nen bestimmten Rhythmus versetzen

Rhyth|mus *der; -, ...men ⟨gr.-lat.;* „das Fließen"⟩: 1. Gleichmaß, gleichmäßig gegliederte Bewegung; periodischer Wechsel, regelmäßige Wiederkehr natürlicher Vorgänge (z. B. Ebbe u. Flut). 2. einer musikalischen Komposition zugrunde liegende Gliederung des Zeitmaßes, die sich aus dem Metrum des thematischen Materials, aus Tondauer u. Wechsel der Tonstärke ergibt. 3. Gliederung des Sprachablaufs, bes. in der Versdichtung durch den geregelten, harmonischen Wechsel von langen u. kurzen, betonten u. unbetonten Silben, durch Pausen u. Sprachmelodie. 4. Gliederung eines Werks der bildenden Kunst, bes. eines Bauwerks durch regelmäßigen Wechsel bestimmter Formen

Rhyth|mus|gi|tar|re *die; -, -n:* elektrische Gitarre zur Erzeugung od. Unterstützung des Beats (2); vgl. Leadgitarre

Rhyth|mus|grup|pe *die; -, -n:* zur Erzeugung des Beats (2) benötigte Schlagzeuggruppe [mit zusätzlichen Zupfinstrumenten]

Rhy|ti|d|ek|to|mie *die; -, ...ien ⟨gr.-nlat.⟩:* (Med.) operative Beseitigung von Hautfalten

Ria *die; -, -s ⟨span.⟩:* Meeresbucht, die durch Eindringen des Meeres in ein Flusstal u. dessen Nebentäler entstanden ist

Ri|al *der; -[s], -s (aber: 100 -) ⟨pers. u. arab.⟩:* Währungseinheit im Iran u. einigen arabischen Staaten; Abk.: Rl.; vgl. Riyal

Ri|bat|tu|ta *die; -, ...ten ⟨lat.-it.⟩:* langsam beginnender, allmählich schneller werdender Triller

Ri|bi|sel *die; -, -n ⟨arab.-mlat.-it.⟩:* (österr.) Johannisbeere

Ri|bo|fla|vin *das; -s, -e ⟨Kunstw.⟩:* ↑ Laktoflavin

Ri|bo|nu|k|le|in|säu|re *die; -, -n:* ↑ Ribonukleinsäure

Ri|bo|se *die; -, -n ⟨Kunstw.⟩:* eine ↑ Pentose im Zellplasma

Ri|bo|se|nu|k|le|in|säu|re *die; -, -n:* wichtiger Bestandteil des Kerneiweißes der Zelle; Abk.: RNS

Ri|bo|som *das; -s, -en (meist Plural) ⟨Kunstw.⟩:* (Biol.) hauptsächlich aus Ribosenukleinsäu-

ren u. Protein bestehendes, für den Eiweißaufbau wichtiges, submikroskopisch kleines Körnchen am ↑ endoplasmatischen Retikulum

Ri|cam|bio vgl. Rikambio

Ri|cer|car [rit∫ɛrˈkaːɐ̯] *das; -s, -e* u. Ricercare *das; -[s], ...ri ⟨lat.-it.⟩:* (Mus.) frei erfundene Instrumentalkomposition mit nacheinander einsetzenden, imitativ durchgeführten Themengruppen (Vorform der Fuge, 16./17. Jh.)

ri|cer|ca|re: *die; -, -en ⟨nach dem franz.* (Mus.) fantasieren, frei vorspielen (Vortragsanweisung)

Ri|cer|ca|re vgl. Ricercar

Ri|che|li|eu|sti|cke|rei [ri∫əˈljøː...] *die; -, -en ⟨nach dem franz.* Staatsmann u. Kardinal Richelieu, 1585–1642⟩: Weißstickerei mit ausgeschnittenen Mustern

Ri|cin vgl. Rizin

Ri|ckett|si|en *die (Plural) ⟨nlat.;* nach dem amerik. Pathologen Ricketts, 1871–1910⟩: (Med.) zwischen Viren u. Bakterien stehende Krankheitserreger (bes. des Fleckfiebers)

Ri|ckett|si|o|se *die; -, -n:* (Med.) durch Rickettsien hervorgerufene Krankheit

Ri|deau [...ˈdoː] *der; -s, -s ⟨fr.⟩:* (bes. schweiz.) [Fenster]vorhang, Gardine

ri|di|kül *⟨lat.-fr.⟩:* (veraltend) lächerlich

Ri|di|kül *u. Retikül der od. das; -s, -e u. -s ⟨lat.-fr.⟩:* [gehäkelte] Handtasche, Handarbeitsbeutel (bes. 18./19. Jh.)

ri|en ne va plus [rjɛ̃naˈply] *⟨fr.⟩* „nichts geht mehr"): beim Roulettspiel die Ansage des Croupiers, dass nicht mehr gesetzt werden darf

Rie|sen|sla|lom *der; -s, -s ⟨dt.; norw.⟩:* (Skisport) Slalom, bei dem die durch Flaggen gekennzeichneten Tore in größerem Abstand stehen, sodass er dem Abfahrtslauf ähnlicher ist

Riff *das; -[s], -s ⟨engl.-amerik.⟩:* melodische [1]Phrase (2) in Jazz, Rock- u. Popmusik, die von einem Instrument fast unverändert wiederholt wird

Ri|fi|fi *das; -s ⟨nach dem gleichnamigen franz. Spielfilm (1955)⟩:* raffiniert ausgeklügeltes, in aller Heimlichkeit durchgeführtes Verbrechen

Ri|ga|to|ni *die (Plural) ⟨it.⟩:* kurze, röhrenförmige Nudeln

Ri|gau|don [rigoˈdõː] *der; -s, -s ⟨fr.;* wahrscheinlich abgeleitet von dem Namen eines alten Tanzlehrers Rigaud⟩: provenzalischer Sing- u. Spieltanz in schnellem ^{2}/$_4$- od. ^{4}/$_4$-Takt; Satz der Suite

Rigg *das; -s, -s ⟨engl.⟩:* gesamte Takelung eines Schiffs

Rig|gung *die; -, -en:* ↑ Rigg

Rig|heit *die; - ⟨lat.; dt.⟩:* (Geol.) elastische Widerstandsfähigkeit fester Körper gegen Formveränderungen

right or wrong, my coun|t|ry [ˈraɪt ɔː ˈrɔŋ ˈmaɪ ˈkʌntrɪ] *⟨engl.;* „Recht oder Unrecht, (es geht um) mein Vaterland"): politisches Schlagwort⟩: ganz gleich, ob ich die Maßnahmen [der Regierung] für falsch od. richtig halte, meinem Vaterland schulde ich Loyalität

ri|gid, ri|gi|de *⟨lat.⟩:* 1. streng, unnachgiebig. 2. starr, steif, fest (z. B. bezogen auf die Beschaffenheit der Arterien bei Arteriosklerose). **Ri|gi|di|tät** *die; -:* 1. a) Unnachgiebigkeit; b) (Psychol.) Unfähigkeit, sich wechselnden Bedingungen schnell anzupassen. 2. Versteifung, [Muskel]starre

Ri|go|le *die; -, -n ⟨niederl.-fr.⟩:* tiefe Rinne, Entwässerungsgraben

ri|go|len: tief pflügen od. umgraben (z. B. bei der Anlage eines Weinbergs)

Ri|gor *der; -s ⟨lat.⟩:* ↑ Rigidität (1)

Ri|go|ris|mus *der; - ⟨lat.-frz.⟩:* unbeugsames, starres Festhalten an Grundsätzen (bes. in der Moral). **Ri|go|rist** *der; -en, -en:* Vertreter des Rigorismus. **Ri|go|ris|tin** *die; -, -nen:* weibliche Form zu ↑ Rigorist. **ri|go|ris|tisch:** den Rigorismus betreffend

ri|go|ros *⟨lat.-mlat.⟩:* sehr streng, unerbittlich, hart, rücksichtslos

Ri|go|ro|sa: *Plural* von ↑ Rigorosum

Ri|go|ro|si|tät *die; -:* Strenge, Rücksichtslosigkeit

ri|go|ro|so *⟨lat.-it.⟩:* (Mus.) genau, streng im Takt (Vortragsanweisung)

Ri|go|ro|sum *das; -s, ...sa ⟨lat.-mlat.⟩:* mündliche Prüfung bei der [1]Promotion (1)

Rig|we|da *der; -[s]* ⟨*sanskr.*⟩: Sammlung der ältesten indischen Opferhymnen (Teil der Weden)

Ri|kam|bio *der; -s, ...ien* ⟨*lat.-it.*⟩: (Bankw.) Rückwechsel, den ein rückgriffsberechtigter Inhaber eines Wechsels auf einen seiner Vormänner zieht

Ri|kors|wech|sel ⟨*lat.-it.; dt.*⟩: ↑ Rikambio

ri|ko|schet|tie|ren ⟨*fr.*⟩: (Milit. veraltet) aufschlagen, abprallen (von Kugeln)

Rik|scha *die; -, -s* ⟨*jap.-engl.*⟩: zweirädriger Wagen in Ostasien, der von einem Menschen gezogen wird u. zur Beförderung von Personen dient

Riks|mål [...mo:l] *das; -[s]* ⟨*norw.; „Reichssprache"*⟩: ältere Bez. für ↑ Bokmål

ri|la|scian|do [...'ʃando] ⟨*lat.-it.*⟩: (Mus.) nachlassend im Takt, langsamer werdend (Vortragsanweisung)

Ril|let|te [ri'jɛtə] *die; -, -n u. -s* ⟨*fr.*⟩: feine Pastete aus gehacktem, gebratenem Fleisch, Fisch o. Ä.

Ri|mes|sa *die; -, ...ssen* ⟨*lat.-it.*⟩: (Fechten) Angriffsverlängerung (Fortsetzung des Angriffs nach einer parierten ↑ Riposte)

Ri|mes|se *die; -, -n:* (Wirtsch.) 1. a) auf einen Dritten ausgestellter Wechsel; b) Wechsel, der vom Aussteller seinem Warenlieferanten in Zahlung gegeben wird. 2. Wechsel od. Scheck, den der Bankkunde seiner Bank zur Gutschrift auf sein Konto einreicht. 3. Geldüberweisung ins Ausland (z. B. von Gastarbeitern, Auswanderern in ihr Heimatland)

Ri|na|sci|men|to [...ʃi...] *das; -[s]* ⟨*lat.-it.*⟩: ital. Bez. für ↑ Renaissance

rin|for|zan|do ⟨*lat.-it.*⟩: (Mus.) plötzlich deutlich stärker werdend (Vortragsanweisung); (Abk.: rf., rfz.). **Rin|for|zan|do** *das; -s, -s u. ...di:* (Mus.) plötzliche Verstärkung des Klanges auf einem Ton od. einer kurzen Tonfolge

rin|for|za|to: (Mus.) plötzlich merklich verstärkt (Vortragsanweisung); (Abk.: rf., rfz.). **Rin|for|za|to** *das; -s, -s u. ...ti:* ↑ Rinforzando

Rin|g|lot|te *die; -, -n:* (landsch.) Reneklode

Ri|pi|e|nist *der; -en, -en* ⟨*lat.-it.*⟩: (Mus.) im 17./18. Jh. u. bes. beim ↑ Concerto grosso (2) Orchestergeiger od. Chorsänger

ri|pi|e|no: (Mus.) mit vollem Orchester; (Abk.: rip.). **Ri|pi|e|no** *das; -s, -s u. ...ni:* das ganze, volle Orchester (im 17./18. Jh.); vgl. Concertino (2)

Ri|pi|en|stim|me *die; -, -n* ⟨*lat.-it.; dt.*⟩: (Mus.) die zur Verstärkung der Solostimme dienende Instrumental- od. Singstimme (18. Jh.)

Ri|pos|te *die; -, -n* ⟨*lat.-it.-fr.*⟩: unmittelbarer Gegenstoß nach einem parierten Angriff (beim Fechten). **ri|pos|tie|ren:** eine Riposte ausführen

Rip|per *der; -s, -* ⟨*engl.; „Aufreißer, Aufschlitzer"*⟩: jmd., der [auf grausame Weise] Frauen getötet hat

Ri|pre|sa *die; -, ...sen* ⟨*lat.-it.*⟩: (Mus.) a) Wiederholung; b) Wiederholungszeichen

Ri|pre|sa d'At|tac|co [- - -'tako] *die; - - -* ⟨*it.*⟩: Rückgang in die Fechtstellung zur Erneuerung eines Angriffs

Rips *der; -es, -e* ⟨*engl.*⟩: Gewebe mit Längs- od. Querrippen

Ri|sa|lit *der; -s, -e* ⟨*lat.-it.*⟩: (Bauw.) in ganzer Höhe des Bauwerks vorspringender Gebäudeteil (Mittel-, Eck- od. Seitenrisalit) zur Aufgliederung der Fassade (bes. im Barock)

Ri|schi, auch: **Ri|shi** *der; -s, -s* ⟨*sanskr.*⟩: einer der Seher u. Weisen der Vorzeit, denen man die Abfassung der Hymnen des ↑ Rigweda zuschreibt

Ri|si|ko *das; -s, -s u. ...ken* (österr. auch: Risiken) ⟨*it.*⟩: Wagnis; Gefahr, Verlustmöglichkeit bei einer unsicheren Unternehmung

Ri|si|ko|fonds [...fõ:] *der; - [...fõ:(s)], - [...fõ:s]:* Fonds, bei dem das Kapital in Anlagen investiert wird, die stark mit Risiko behaftet sind

Ri|si|ko|ka|pi|tal *das; -s, -e u. -ien:* Kapital, das bes. in kapitalschwachen Unternehmen investiert wird, wobei der Kapitalgeber bewusst ein höheres Risiko eingeht, jedoch auf hohe Wertsteigerungen spekuliert

Ri|si|ko|ma|te|ri|al *das; -s, -ien:* Bestandteil, Rohstoff, der aufgrund seiner Herkunft od. Herstellungsart ein [gesundheitliches] Risiko darstellt

Ri|si|ko|pa|ti|ent *der; -en, -en:* (Med.) Patient, der aufgrund früherer od. bestehender Krankheiten bes. gefährdet ist.

Ri|si|ko|pa|ti|en|tin *die; -, -nen:* weibliche Form zu ↑ Risikopatient

Ri|si|ko|prä|mie *die; -, -n:* 1. Zuschlag bei der Kalkulation für erwartete Risiken. 2. Gewinnanteil als Vergütung für die Übernahme des allgemeinen Unternehmerrisikos

Ri|si|ko|sport *der; -[e]s:* ↑ Extremsport

Ri|si-Pi|si u. (bes. österr.) **Ri|si|si|pi|si** *das; -[s], -* ⟨*it.*⟩: Gericht aus Reis u. Erbsen

ris|kant ⟨*it.-fr.*⟩: gefährlich, gewagt. **ris|kie|ren:** a) aufs Spiel setzen; b) wagen; c) sich einer bestimmten Gefahr aussetzen

Ri|skon|t|ro vgl. Skontro

ri|so|lu|to ⟨*lat.-it.*⟩: (Mus.) entschlossen u. kraftvoll (Vortragsanweisung)

Ri|sor|gi|men|to [...dʒi...] *das; -[s]* ⟨*lat.-it.; „Wiedererstehung"*⟩: italienische Einigungsbestrebungen im 19. Jh.

Ri|sot|to *der; -[s], -s od. das; -s, -[s]* ⟨*sanskr.-pers.-gr.-lat.-mlat.-it.*⟩: italienisches Reisgericht

Ri|s|pet|to *das; -s, ...tti* ⟨*lat.-it.; „Verehrung (der Geliebten)"*⟩: aus 6 od. 10 Versen bestehende Gedichtform, toskanische Abart des ↑ Strambotto

Ri|s|pos|ta *die; -, ...sten* ⟨*lat.-it.*⟩: (Mus.) Antwortstimme in der Fuge, nachahmende Stimme im Kanon; Ggs. ↑ Proposta

ris|so|lé [...'le:] ⟨*lat.-vulgärlat.-fr.*⟩: braun, knusprig gebraten

Ris|so|le *die; -, -n:* kleine Pastete

Ris|so|let|te *die; -, -n:* geröstete Brotschnitte, die mit gehacktem Fleisch belegt ist

Ris|to|ran|te *das; -, ...ti* ⟨*lat.-it.*⟩: ital. Bez. für: Restaurant

ri|stor|nie|ren ⟨*lat.-it.*⟩: (Wirtsch.) eine falsche Buchung rückgängig machen

Ri|stor|no *der od. das; -s, -s:* (Wirtsch.) 1. Ab- u. Zuschreibung eines Postens in der Buchhaltung. 2. Rücknahme einer Seeversicherung gegen Vergütung

ri|s|ve|g|li|an|do [risvɛl'jando] ⟨*lat.-it.*⟩: (Mus.) [wieder] munter, lebhaft werdend (Vortragsanweisung)

ri|s|ve|g|li|a|to [...vɛl'ja:to]: (Mus.) [wieder] munter, lebhaft (Vortragsanweisung)

Ri|ta *das; -* ⟨*sanskr.*⟩: Wahrheit; Recht als höchstes, alles durchwirkendes Prinzip der wedischen Religion

ri|tar|dan|do ⟨*lat.-it.*⟩: (Mus.) das Tempo verzögernd, langsamer werdend (Vortragsanweisung); (Abk.: rit., ritard.). **Ri|tar|dan|do** *das; -s, -s u. ...di:* (Mus.) allmähliches Langsamerwerden

ri|te ⟨*lat.*⟩: 1. genügend (geringstes Prädikat bei Doktorprüfungen). 2. ordnungsgemäß, in ordnungsgemäßer Weise

Ri|ten: *Plural* von ↑ Ritus

ri|te|nen|te ⟨*lat.-it.*⟩: (Mus.) im Tempo zurückhaltend, zögernd (Vortragsanweisung)

ri|te|nu|to ⟨*lat.-it.*⟩: (Mus.) im Tempo zurückgehalten, verzögert (Vortragsanweisung); (Abk.: rit., riten.). **Ri|te|nu|to** *das; -s, -s u. ...ti:* (Mus.) Verlangsamung des Tempos

Rites de Pas|sage [ritdəpa'sa:ʒ] *die* (Plural) ⟨*fr.*⟩: (Völkerk.) Übergangsriten, magische Reinigungsbräuche beim Eintritt in einen neuen Lebensabschnitt

ri|tor|nan|do al tem|po ⟨*it.*⟩: (Mus.) zum [Haupt]zeitmaß zurückkehrend (Vortragsanweisung)

ri|tor|na|re al se|g|no [- - 'zɛnjo]: (Mus.) zum Zeichen zurückkehren, vom Zeichen an wiederholen (Vortragsanweisung)

Ri|tor|nell *das; -s, -e:* 1. (Mus.) instrumentales Vor-, Zwischenod. Nachspiel im Concerto grosso u. beim Gesangssatz mit instrumentaler Begleitung (17. u. 18. Jh.). 2. aus der volkstümlichen italienischen Dichtung stammende dreizeilige Einzelstrophe (im 14./15. Jh. als Refrain verwendet)

Ri|trat|te *die; -, -n* ⟨*lat.-it.*⟩: ↑ Rikambio

ri|tu|al ⟨*lat.*⟩: den Ritus betreffend

Ri|tu|al *das; -s, -e u. -ien:* 1. a) Ordnung für gottesdienstliches Brauchtum; b) religiöser [Fest]brauch in Worten, Gesten u. Handlungen; Ritus (1). 2. a) das Vorgehen nach festge-

legter Ordnung; Zeremoniell; b) Verhalten in bestimmten Grundsituationen, bes. bei Tieren (z. B. Droh-, Fluchtverhalten)

Ri|tu|a|le *das; -:* liturgisches Buch für die Amtshandlungen des katholischen Priesters; **Rituale Romanum:** kirchlich empfohlene Form des Rituale (1614 herausgegeben)

ri|tu|a|li|sie|ren ⟨*lat.-nlat.*⟩: zum Ritual (2 b) formalisieren. **Ri|tu|a|li|sie|rung** *die; -, -en:* (Verhaltensforschung) Verselbstständigung einer Verhaltensform zum Ritual (2 b) mit Signalwirkung für artgleiche Tiere

Ri|tu|a|lis|mus *der; -:* Richtung in der anglikanischen Kirche des 19. Jh.s, die den Kultus katholisierend umgestalten wollte. **Ri|tu|a|list** *der; -en, -en:* Anhänger des Ritualismus. ri|tu|a|lis|tisch: 1. im Sinne des Rituals (1, 2), das Ritual streng befolgend. 2. den Ritualismus betreffend

ri|tu|ell ⟨*lat.-fr.*⟩: 1. dem Ritus (1) entsprechend. 2. in der Art eines Ritus (2), zeremoniell

Ri|tus *der; -, Riten* ⟨*lat.*⟩: 1. religiöser [Fest]brauch in Worten, Gesten u. Handlungen. 2. das Vorgehen nach festgelegter Ordnung; Zeremoniell

Ri|va|le *der; -n, -n* ⟨*lat.-fr.;* „Bachnachbar"⟩: Nebenbuhler, Mitbewerber, Konkurrent; Gegenspieler. **Ri|va|lin** *die; -, -nen:* weibliche Form zu ↑ Rivale

ri|va|li|sie|ren: um den Vorrang kämpfen

Ri|va|li|tät *die; -, -en:* Nebenbuhlerschaft, Kampf um den Vorrang

Ri|ver ['rɪvɐ] (ohne Artikel) ⟨*engl.;* „Fluss"⟩: weiß mit blauem Schimmer (zur Bez. der feinsten Farbqualität bei Brillanten)

Ri|ver|boat|par|ty ['rɪvɐbo:t...], auch: **Ri|ver|boat-Par|ty** *die; -, -s* ⟨*engl.-amerik.*⟩: ↑ Riverboatshuffle

Ri|ver|boat|shuf|fle [...bo:tʃafl], auch: **Ri|ver|boat-Shuf|fle** *die; -, -s* ⟨*amerik.*⟩: zwanglose Geselligkeit mit Jazzband auf einem Schiff (bei einer Fahrt auf einem Fluss od. einem See)

Ri|ver|raf|ting [...ra:ftɪŋ], auch **Ri|ver-Raf|ting** *das; -s:* Rafting auf reißenden Flüssen u. durch

Stromschnellen [mit einem Schlauchboot]

ri|ver|so ⟨*lat.-it.*⟩: (Mus.) in umgekehrter Reihenfolge der Töne, rückwärts zu spielen (Vortragsanweisung)

Ri|vol|gi|men|to [rivɔldʒi...] *das; -[s]* ⟨*lat.-it.*⟩: (Mus.) Umkehrung der Stimmen im doppelten Kontrapunkt, wobei die Linien so angelegt sind, dass z. B. die höhere Stimme zur tieferen wird

Ri|y|al [ri'ja:l] *der; -, -s* (aber: 100 -) ⟨*arab.*⟩: Währungseinheit in Saudi-Arabien; Abk.: S. Rl., Rl.; vgl. Rial

Ri|zin *das; -s* ⟨*lat.-nlat.*⟩: in den Samen des Rizinus vorkommender hochgiftiger Eiweißstoff

Ri|zi|nus *der; -, - u. -se* ⟨*lat.*⟩: strauchiges Wolfsmilchgewächs mit fettreichem, sehr giftigem Samen

RNA [ɛrlɛn'a:] *die; -* ⟨Abk. für *engl. ribonucleic acid*⟩: Ribonukleinsäure

Road|blo|cking ['roʊd...] *das; -s, -s* ⟨*engl.;* eigtl. „Straßensperre"⟩: von Fernsehsendern angewandte Methode, Werbeblöcke in verschiedenen Programmen auf dieselben Sendezeiten zu legen, um das Zappen zu verhindern

Roa|die ['roʊdɪ] *der; -s, -s* ⟨*engl.-amerik.*⟩: jmd., der gegen Bezahlung beim Transport, Auf- u. Abbau der Ausrüstung einer Rockgruppe o. Ä. hilft

Road|ma|na|ger ['roʊdmɛnɪdʒɐ] *der; -s, -:* für die Bühnentechnik, den Transport der benötigten Ausrüstung u. Ä. verantwortlicher Begleiter einer Rockgruppe

Road|mo|vie ['roʊdmu:vi] *das; -s, -s:* Spielfilm, dessen Handlung sich unterwegs, auf einer Fahrt mit dem Auto abspielt

Road|show [...ʃoʊ] *die; -, -s:* Werbeveranstaltung, die mobil an verschiedenen Orten erfolgt

Roads|ter ['roʊdstɐ] *der; -s, -* ⟨*engl.*⟩: meist zweisitziger Sportwagen mit zurückklappbarem Verdeck

Roa|ming ['roʊmɪŋ] *das; -s* ⟨zu *engl.;* eigtl. „wandernd"⟩: das standortungebundene Telefonieren in einem Mobilfunknetz, was die ständige Erreichbarkeit

R

auch aus weiter Ferne u. im Ausland ermöglicht

Roa|ring Twen|ties [ˈroːrɪŋ ˈtwɛn-tɪz] *die* (Plural) ⟨*amerik.;* „brüllende Zwanziger"⟩: die 20er-Jahre des 20. Jh.s in den USA u. in Westeuropa, die durch die Folgeerscheinungen der Wirtschaftsblüte nach dem 1. Weltkrieg, durch Vergnügungssucht und Gangstertum gekennzeichnet waren

Roast|beef [ˈroːstbiːf, ˈrɔst...] *das;* -s, -s ⟨*engl.*⟩: [Braten aus einem] Rippenstück vom Rind

Rob|ber vgl. ²Rubber

Ro|be|ron|de [rɔbəˈrõːdə] *die;* -, -n ⟨*fr.*⟩: im 18. Jh. Kleid mit runder Schleppe

Ro|bi|nie [...i̯ə] *die;* -, -n ⟨*nlat.;* nach dem franz. Botaniker J. Robin, 1550–1629⟩: falsche Akazie (Zierbaum od. -strauch)

Ro|bin|son *der;* -s, -e ⟨nach der Titelfigur des Romans „Robinson Crusoe" des engl. Schriftstellers D. Defoe, 1659–1731⟩: jmd., der fern von der Zivilisation [auf einer einsamen Insel], in der freien Natur lebt

¹**Ro|bin|so|na|de** *die;* -, -n: a) Abenteuerroman, der das Motiv des „Robinson Crusoe" (↑ Robinson) aufgreift; b) Erlebnis, Abenteuer ähnlich dem des Robinson Crusoe

²**Ro|bin|so|na|de** *die;* -, -n ⟨nach dem engl. Torhüter John Robinson, 1878–1949⟩: (Fußball) im Sprung erfolgende, gekonnte Abwehrreaktion des Torwarts, bei der er sich einem Gegenspieler entgegenwirft

Ro|bin|son|lis|te *die;* -, -n ⟨zu „Robinson Crusoe" (↑ Robinson)⟩: (Jargon) Liste, in die sich jmd. eintragen lassen kann, der keine auf dem Postweg verschickten Werbesendungen haben möchte

Ro|bo|rans *das;* -, ...ranzien u. ...rantia ⟨*lat.*⟩: (Med.) Stärkungsmittel

ro|bo|rie|rend: (Med.) stärkend, kräftigend

Ro|bot *die;* -, -en ⟨*tschech.*⟩: (veraltet) Frondienst (in slawischen Ländern). **ro|bo|ten:** (ugs.) schwer arbeiten

Ro|bo|ter *der;* -s, -: 1. (ugs.) Schwerarbeiter. 2. a) äußerlich wie ein Mensch gestaltete Apparatur, die manuelle Funktio-

nen eines Menschen ausführen kann; Maschinenmensch; b) elektronisch gesteuerte Einrichtung zur Ausführung von komplexen Arbeitsvorgängen mithilfe von Sensoren u. mechanischen Dreh- u. Greifvorrichtungen

ro|bo|te|ri|sie|ren ⟨*tschech.-nlat.*⟩: Arbeitsvorgänge automatisieren, durch Roboter (2 b) ausführen lassen

Ro|bo|tik *die;* -: Wissensgebiet der Roboter u. ihrer Technik

ro|bo|ti|sie|ren: ↑ roboterisieren

ro|bust ⟨*lat.;* „aus Hart-, Eichenholz"⟩: stark, kräftig, derb, widerstandsfähig, unempfindlich

ro|bus|to ⟨*lat.-it.*⟩: (Mus.) kraftvoll (Vortragsanweisung)

Ro|caille [rɔˈkaːj] *das* od. *die;* -, -s ⟨*galloroman.-fr.*⟩: Muschelwerk (wichtigstes Dekorationselement des Rokokos)

Roch *der;* - ⟨*pers.-arab.*⟩: im arabischen Märchen ein Riesenvogel von besonderer Stärke

Ro|cha|de [rɔˈxaːdə, auch: rɔ-ˈʃaːdə] *die;* -, -n ⟨*pers.-arab.-span.-fr.*⟩: (Schach) unter bestimmten Voraussetzungen zulässiger Doppelzug von König u. Turm

Ro|cher de Bronze [rɔˈʃeːdəˈbrõːs] *der;* - - -, -s [rɔˈʃeː] - - ⟨*fr.;* „eherner Fels"; nach einem Ausspruch Friedrich Wilhelms I. von Preußen⟩: jmd., der (in einer schwierigen Lage o. Ä.) nicht laut bzw. zu erschüttern ist

Ro|chett [rɔˈʃɛt] *das;* -s, -s ⟨*germ.-fr.*⟩: spitzenbesetztes Chorhemd der höheren katholischen Geistlichen

ro|chie|ren [rɔˈxiː..., auch: rɔˈʃiː...] ⟨*pers.-arab.-span.-fr.*⟩: 1. eine Rochade ausführen. 2. die Position auf dem Spielfeld wechseln (u. a. beim Fußball)

Ro|chus ⟨*hebr.-jidd.*⟩: in der Fügung **einen Rochus auf jmdn. haben:** (landsch.) über jmdn. sehr verärgert, wütend sein

¹**Rock** vgl. Roch

²**Rock** *der;* -[s], -[s] ⟨Kurzform⟩: 1. (ohne Plural) ↑ Rockmusik. 2. ↑ Rock and Roll

Ro|cka|bil|ly [ˈrɔkəbɪli] *der;* -s ⟨*amerik.*⟩: (in den 1950er-Jahren entstandener) Musikstil, der eine Verbindung aus Rhythm and Blues u. Hillbilly-music darstellt

Rock and Roll [ˈrɔk ɛnt ˈrɔl, - - ˈroːl, ˈrɔk ənd ˈrɔʊl] u. **Rock 'n' Roll** *der;* - - -, - - -[s] ⟨*amerik.*⟩: 1. (ohne Plural) (Anfang der 1950er-Jahre in Amerika entstandene Form der) Musik, die den Rhythm and Blues mit Elementen der Countrymusic u. des Dixielandjazz verbindet. 2. stark synkopierter Tanz in flottem $^4/_4$-Takt

Ro|cke|lor *der;* -s, -e ⟨nach dem franz. Herzog von Roquelaure⟩: im 18. Jh. Herrenreisemantel mit kleinem Schulterkragen

ro|cken ⟨*amerik.*⟩: stark synkopiert, im Rhythmus des Rock and Roll spielen, tanzen, sich bewegen

Ro|cker *der;* -s, -: zu aggressivem Verhalten neigender Angehöriger einer lose organisierten Clique von männlichen Jugendlichen, meist in schwarzer Lederkleidung u. mit schwerem Motorrad

Rock|la|dy *die;* -, -s: (ugs.) Rockmusikerin, -sängerin

Rock|mu|si|cal *das;* -s, -: Musical mit Rockmusik als Bühnenmusik

Rock|mu|sik *die;* -: von Bands gespielte, aus einer Vermischung von Rock and Roll (1) mit verschiedenen anderen Musikstilen entstandene Form der Unterhaltungs- u. Tanzmusik. **Rock|mu|si|ker** *der;* -s, -: jmd., der Rockmusik macht. **Rock-mu|si|ke|rin** *die;* -, -nen: weibliche Form zu ↑ Rockmusiker

Rock 'n' Roll vgl. Rock and Roll

Rocks *die* (Plural) ⟨*engl.*⟩: säuerlich-süße englische Fruchtbonbons

ro|dens ⟨*lat.*⟩: (Med.) nagend, fressend (z. B. von Geschwüren)

Ro|deo *der* od. *das;* -s, -s ⟨*lat.-span.-engl.*⟩: mit Geschicklichkeitsübungen u. Wildwestvorführungen verbundene Reiterschau der Cowboys in den USA

Ro|do|mon|ta|de *die;* -, -n ⟨*it.-fr.;* nach der Gestalt des heldenhaften u. stolzen Rodomonte („Bergroller") in Werken der ital. Dichter Boiardo u. Ariost⟩: (selten) Aufschneiderei, Großsprecherei. **ro|do|mon|tie|ren:** (veraltet) prahlen

Ro|don|ku|chen [roˈdõː...] *der;* -s, - ⟨*fr.; dt.*⟩: (landsch.) ↑ Ratonkuchen

Ro|gal|te ⟨*lat.;* nach dem alten Introitus des Gottesdienstes, Joh. 16, 24: „Bittet (so werdet ihr nehmen)!"⟩: fünfter Sonntag nach Ostern

Ro|ga|ti|on *die; -, -en*: (veraltet) Bitte, Fürbitte

Ro|ga|ti|o|nes *die* (Plural): (hist.) in der katholischen Kirche die drei Bitttage vor Christi Himmelfahrt, an denen Bittprozessionen abgehalten wurden

ro|ger [ˈrɔdʒə] ⟨*engl.*⟩: 1. (Funkw.) verstanden! 2. (ugs.) in Ordnung!; einverstanden!

Ro|kam|bo|le *die; -, -n* ⟨*dt.-fr.*⟩: Perlzwiebel (perlartig schimmernde kleine Brutzwiebel mehrerer Laucharten)

Ro|ko|ko [auch: roˈkɔko, ...ˈko:] *das; -[s]* ⟨*galloroman.-fr.*⟩: 1. durch zierliche, beschwingte Formen u. eine weltzugewandte, heitere od. empfindsame Grundhaltung gekennzeichneter Stil der europäischen Kunst des 18. Jh.s. 2. Zeit des Rokokos (1)

Roll-back, auch: **Roll|back** [ˈroʊlbɛk] *das; -s, -s* ⟨*engl.-amerik.*⟩: [erzwungenes] Zurückstecken, das Sichzurückziehen

Rol|ler|blade ® [ˈroʊləbleːd] *der; -s, -s* (meist Plural) ⟨*engl.*⟩: bestimmter Inlineskate

Rol|ler|dis|co vgl. Rollerdisko

Rol|ler|dis|ko *die; -, -s*: Halle für Rollerskating zu Popmusik u. zu besonderen Licht- u. Beleuchtungseffekten

Rol|ler|skate [ˈroʊləskeːt] *der; -s, -s* (meist Plural): ↑ Diskoroller.

Rol|ler|ska|ting *das; -s*: das Rollschuhlaufen mit Rollerskates

rol|lie|ren ⟨*lat.-mlat.-fr.-dt.*⟩: 1. einen dünnen Stoff am Rand od. Saum zur Befestigung einrollen, rollend umlegen. 2. nach einem bestimmten System turnusmäßig abwechseln, auswechseln. 3. die Oberfläche eines zylindrischen Werkstücks glätten, indem man eine Rolle sich unter hohem Druck auf dem sich drehenden Werkstück abrollen lässt

Rol|lo [auch: rɔˈloː] *das; -s, -s*: aufrollbarer Vorhang (z. B. an Fenstern)

Roll-on-roll-off-Schiff [roʊl...] *das; -[e]s, -e* ⟨*engl.; dt.*⟩: Frachtschiff, das von Lastwagen und Anhängern direkt befahren wird u. so unmittelbar be- u. entladen werden kann

Rom *der; -, -a* ⟨*sanskr.-Zigeunerspr.;* „Mann, Ehemann"⟩: Angehöriger einer bes. in Südosteuropa beheimateten Gruppe eines urspr. aus Indien stammenden Volkes (das vielfach als diskriminierend empfundene *Zigeuner* ersetzende Selbstbezeichnung); vgl. Romani; Sinto

ROM *das; -s, -s* ⟨Kurzw. aus *engl.* **r**ead **o**nly **m**emory⟩: (EDV) Datenspeicher, dessen Daten nach dem Einprogrammieren nur noch abgerufen, aber nicht mehr verändert werden können; Festwertspeicher

Ro|ma|dur [auch: ...ˈduːɐ̯] *der; -s, -s* ⟨*fr.*⟩: ein Weichkäse

Ro|man *der; -s, -e* ⟨*lat.-vulgärlat.-fr.*⟩: a) (ohne Plural) literarische Gattung einer epischen Großform in Prosa, die in großen Zusammenhängen Zeit u. Gesellschaft widerspiegelt u. das Schicksal einer Einzelpersönlichkeit od. einer Gruppe von Individuen in ihrer Auseinandersetzung mit der Umwelt darstellt; b) ein Exemplar dieser Gattung; galanter **Roman**: auf spätantike u. französische Vorbilder zurückgehender Roman des Barocks mit Anspielungen auf höher gestellte Personen, die unter der Schäfermaske auftreten

Ro|man|ce|ro [...s..., ...θ...] vgl. Romanzero

Ro|man|ci|er [romãˈsi̯eː] *der; -s, -s*: Verfasser von Romanen; Romanschriftsteller

Ro|ma|ne *der; -n, -n* ⟨*lat.*⟩: Angehöriger eines Volkes mit romanischer Sprache

Ro|ma|nes|ca *die; -* ⟨*lat.-it.*⟩: alter italienischer Sprungtanz im Tripeltakt

ro|ma|nesk: a) breit ausgeführt, in der Art eines Romans gehalten; b) nicht ganz real od. glaubhaft

Ro|ma|ni [auch: ˈrɔ:...] *das; -* ⟨*sanskr.-Zigeunerspr.*⟩: Sprache der Sinti und Roma; Zigeunersprache

Ro|ma|nia *die; -* ⟨*lat.-mlat.*⟩: 1. das gesamte Siedlungs- u. Kulturgebiet, in dem romanische Sprachen gesprochen werden. 2. das gesamte, in den verschiedenen romanischen Sprachen verfasste Schrifttum

Ro|ma|nik *die; -* ⟨*lat.*⟩: der Gotik vorausgehende europäische Stilepoche des frühen Mittelalters, die sich bes. in der [Sakral]architektur, der [Architektur]plastik und der Wand- u. Buchmalerei ausprägte

Ro|ma|nin *die; -, -nen*: weibliche Form zu ↑ Romane

ro|ma|nisch *die; -, -nen*: aus dem Vulgärlatein entwickelt (zusammenfassend in Bezug auf Sprachen, z. B. Französisch, Italienisch, Spanisch u. a.); b) die Romanen u. ihre Kultur betreffend, kennzeichnend; zu den Romanen gehörend; c) die Kunst der Romanik betreffend, für die Romanik charakteristisch

ro|ma|ni|sie|ren ⟨*lat.-nlat.*⟩: 1. (veraltet) römisch machen. 2. romanisch machen. 3. (Sprachw.) in lateinische Schriftzeichen umsetzen

Ro|ma|nis|mus *der; -, ...men*: 1. (Sprachw.) eine für eine romanische Sprache charakteristische Erscheinung in einer nicht romanischen Sprache. 2. (veraltend) papst-, kirchenfreundliche Einstellung. 3. an die italienische Renaissancekunst angelehnte Richtung [der niederländischen Malerei] des 16. Jh.s

Ro|ma|nist *der; -en, -en*: 1. jmd., der sich wissenschaftlich mit einer od. mehreren romanischen (1 a) Sprachen u. Literaturen (bes. mit Französisch) befasst. 2. Wissenschaftler auf dem Gebiet des römischen Rechts. 3. Vertreter des Romanismus (3). 4. (veraltet) Anhänger des katholischen Roms

Ro|ma|nis|tik *die; -*: 1. Wissenschaft von den romanischen (1 a) Sprachen u. Literaturen. 2. Wissenschaft vom römischen Recht

Ro|ma|nis|tin *die; -, -nen*: weibliche Form zu ↑ Romanist

ro|ma|nis|tisch: die Romanistik betreffend

Ro|ma|ni|tät *die; -*: romanisches (1 b) Kulturbewusstsein

Ro|ma|n|tik *die; -* ⟨*lat.-vulgärlat.-fr.-engl.*⟩: 1. Epoche des europäischen, bes. des deutschen Geisteslebens, der Literatur u. Kunst vom Ende des 18. bis zur

R

Mitte (in der Musik bis zum Ende) des 19. Jh. s. 2. a) durch eine schwärmerische od. träumerische Idealisierung der Wirklichkeit gekennzeichnete romantische (2) Art; b) romantischer (2) Reiz, romantische Stimmung

Ro|man|ti|ker *der;* -s, -: 1. Vertreter, Künstler der Romantik (1). 2. Fantast, Gefühlsschwärmer. **Ro|man|ti|ke|rin** *die;* -, -nen: weibliche Form zu ↑ Romantiker. **ro|man|tisch:** 1. die Romantik (1) betreffend, im Stil der Romantik. 2. a) fantastisch, gefühlsschwärmerisch, die Wirklichkeit idealisierend; b) stimmungsvoll, malerisch-reizvoll; geheimnisvoll **Ro|man|ti|zis|mus** *der;* -, ...men: 1. (ohne Plural) sich auf die Romantik (1) beziehende Geisteshaltung. 2. romantisches (1) Element. **ro|man|ti|zis| tisch:** dem Romantizismus (1) entsprechend

Ro|mantsch *das;* -: rätoromanische Sprache (in Graubünden) **Ro|man|ze** *die;* -, -n ⟨*lat.-vulgärlat.-provenzal.-span.-fr.*⟩: 1. [spanisches] volksliedhaftes episches Gedicht mit balladenhaften Zügen, das hauptsächlich Heldentaten u. Liebesabenteuer sehr farbig schildert. 2. (Mus.) lied- u. balladenartiges, gefühlsgesättigtes Gesangs- od. Instrumentalstück erzählenden Inhalts. 3. episodenhaftes Liebesverhältnis [das durch die äußeren Umstände als romantisch erscheint] **Ro|man|ze|ro** *der;* -s, -s ⟨*lat.-vulgärlat.-provenzal.-span.*⟩: Sammlung von [spanischen] Romanzen

Ro|meo *der;* -s, -s ⟨nach der Titelfigur von Shakespeares Drama „Romeo und Julia"⟩: 1. (ugs.) Liebhaber, Geliebter. 2. (Jargon) Agent (2), der sich über ein Liebesverhältnis zu einer an geeigneter Position tätigen Frau Zugang zu bestimmten geheimen Informationen verschafft

rö|misch-ka|tho|lisch: die vom Papst in Rom geleitete katholische Kirche betreffend, ihr angehörend; Abk.: rk; r.-k.; röm.-kath.

Rom|mee, auch: **Rom|mé** ['rɔme:, auch: rɔ'me:] *das;* -s, -s

⟨*engl.-fr.*⟩: Kartenspiel, bei dem jeder Spieler versucht, seine Karten möglichst schnell nach bestimmten Regeln abzulegen **Ron|chus** vgl. Rhonchus **Ron|dat** *der;* -s, -s ⟨*lat.-it.*⟩: (Turnen) Überschlag mit Drehung auf ebener Erde **Ron|de** [auch: 'rõ:də] *die;* -, -n ⟨*lat.-fr.*⟩: 1. (veraltet) a) (Milit.) Rundgang, Streifwache; b) Wachen u. Posten kontrollierender Offizier. 2. (ohne Plural) Schriftart. 3. (Techn.) ebenes Formteil aus Blech, das durch Umformen weiterverarbeitet wird **Ron|deau** [rõ'do:, auch: rɔn'do:] *das;* -s, -s: 1. a) mittelalterliches französisches Tanzlied beim Rundtanz; b) im 13. Jh. Gedicht mit zweireimigem Refrain, später bes. eine 12- bis 15-zeilige zweireimige Strophe, deren erste Wörter nach dem 6. u. 12. bzw. nach dem 8. u. 14. Vers als verkürzter Refrain wiederkehren. 2. (österr.) a) rundes Beet; b) runder Platz **Ron|del** [rõ'dɛl] *das;* -s, -s: ↑ Rondeau (1) **Ron|dell** u. Rundell *das;* -s, -e: 1. Rundteil (in einer Bastei). 2. Rundbeet. 3. Rückteil des Überschlags bei einer Überschlag[hand]tasche **Ron|do** *das;* -s, -s ⟨*lat.-it.*⟩: 1. mittelalterliches Tanzlied, Rundgesang, der zwischen Soloteil u. Chorantwort wechselt. 2. Satz (meist Schlusssatz in Sonate u. Sinfonie), in dem das Hauptthema nach mehreren in Tonart u. Charakter entgegengesetzten Zwischensätzen [als Refrain] immer wiederkehrt **Rond|schrift** *die;* - ⟨*lat.-fr.; dt.*⟩: (österr.) eine Zierschrift **Ro|nin** [rõ:...] *der;* -, -s ⟨*chin.-jap.*⟩: (veraltet) [verarmter] japanischer Lehnsmann, der seinen Lehnsherrn verlassen hat **Rönt|gen|as| t|ro|no|mie** *die;* - ⟨*dt.; gr.*⟩; nach dem dt. Physiker W. C. Röntgen, 1845–1923): Teilgebiet der Astronomie, das der Erforschung von der Gestirnen kommenden Röntgen-, Gamma- u. Ultraviolettstrahlung dient; Gammaastronomie. **rönt|gen|as| t|ro|no|misch:** die Röntgenastronomie betreffend

rönt|ge|ni|sie|ren: (österr.) röntgen **Rönt|ge|no|gramm** *das;* -s, -e: Röntgenbild **Rönt|ge|no|gra|phie,** auch: ...grafie *die;* -, ...ien: Untersuchung u. Bildaufnahme mit Röntgenstrahlen. **rönt|ge|no|gra|phisch,** auch: ...grafisch: durch Röntgenographie erfolgend **Rönt|ge|no|lo|ge** *der;* -n, -n: Facharzt für Röntgenologie. **Rönt|ge|no|lo|gie** *die;* -: von W. C. Röntgen begründetes Teilgebiet der Physik, auf dem die Eigenschaften, Wirkungen u. Möglichkeiten der Röntgenstrahlen untersucht werden. **Rönt|ge|no|lo|gin** *die;* -, -nen: weibliche Form zu ↑ Röntgenologe. **rönt|ge|no|lo|gisch:** in das Gebiet der Röntgenologie gehörend **rönt|ge|no|me| t|risch:** die Messung der Wellenlänge der Röntgenstrahlung betreffend **Rönt|ge|no|s| ko|pie** *die;* -, ...ien: (Med.) Durchleuchtung mit Röntgenstrahlen **Rooi|bos|tee** *der;* -s ⟨*afrikaans;* „roter Busch"; *chin.*⟩: Tee aus der in Südafrika heimischen Rooibospflanze; Rotbuschtee **Roo|ming-in** [ru:mɪŋ'ɪn] *das;* -s, -s ⟨*engl.*⟩: (im Krankenhaus) gemeinsame Unterbringung in einem Zimmer von Mutter u. Kind nach der Geburt od. bei Krankheit des Kindes **Root[s]|ge|blä|se** ['ru:t...] *das;* -s, - ⟨nach dem amerik. Erfinder Root⟩: Kapselgebläse, in dem zwei 8-förmige Drehkolben ein abgegrenztes [Gas]volumen von der Saug- auf die Druckseite fördern **Rope|skip|ping** ['roʊp...] *das;* -s ⟨*engl.*⟩: als Fitnesstraining betriebenes Seilspringen **Roque|fort** ['rɔkfo:ɐ, auch: rɔk'fo:ɐ] *der;* -s, -s ⟨*fr.*; nach der franz. Ortschaft Roquefort-sur-Soulzon⟩: französischer Edelpilzkäse aus reiner Schafmilch **Ro|ra|te** *das;* -, - ⟨*lat.*; nach dem Introitus der Messe, Jesaja 45, 8: „Tauet [Himmel, aus den Höhen]!"⟩: Votivmesse im Advent zu Ehren Marias **Ro-ro-Schiff** *das;* -[e]s, -e: Kurzform von ↑ Roll-on-roll-off-Schiff **ro|sa** ⟨*lat.*⟩: 1. blassrot. 2. (Jargon) sich auf Homosexualität, Homosexuelle beziehend. **Ro|sa** *das;* -s, - (ugs.: -s): rosa Farbe

Ro|sa|lie [...jə] *die;* -, -n ⟨*it.*⟩: (Mus.) kleiner, in gekünstelten Sequenzfolgen wiederkehrender Satz

Ro|s|a|ni|lin *das;* -s ⟨Kunstw.⟩: Farbstoff aus einer bestimmten chemischen Verbindung zum Rotfärben

Ro|sa|ri|um *das;* -s, ...ien ⟨*lat.*⟩: 1. Rosenpflanzung. 2. katholisches Rosenkranzgebet

Ro|sa|zea *die;* - ⟨*lat.-nlat.*⟩: (Med.) Kupfer-, Rotfinnen; [entzündliche] Rötung des Gesichts [mit Wucherungen]

Ro|sa|zee *die;* -, -n (meist Plural): (Bot.) zur Familie der Rosen gehörende Pflanze; Rosengewächs

Rosch ha-Scha|na *der;* - - ⟨*hebr.*⟩; „Anfang des Jahres"⟩: jüdisches Neujahrsfest

ro|sé [ro'ze:] ⟨*lat.-fr.*⟩: rosig, zartrosa. **Ro|sé** *der;* -s, -s: ↑ Roséwein

Ro|sel|la *die;* -, -s ⟨*nlat.*⟩: prächtig gelb u. rot gefärbter Sittich Südaustraliens

Ro|se|no|bel [auch: ...'no:b]] *der;* -s, - ⟨*engl.*⟩: Goldmünze Eduards III. von England

Ro|se|o|la u. **Ro|se|o|le** *die;* -, ...olen ⟨*lat.-nlat.*⟩: (Med.) rotfleckiger Hautausschlag

Ro|set|te *die;* -, -n ⟨*lat.-fr.;* „Röschen"⟩: 1. (Baukunst) kreisförmiges Ornamentmotiv in Form einer stilisierten Rose. 2. Schliffform für flache u. dünne Diamanten. 3. (Mode) aus Bändern geschlungene od. ähnliche Verzierung. 4. (Mus.) rundes, auch als „Rose" bezeichnetes Schallloch der Laute. 5. Blattanordnung der Rosetten- od. grundständigen Blätter, die dicht gedrängt an der Sprossbasis einer Pflanze stehen (z. B. Tausendschön). 6. (scherzh. verhüllend) After

Ro|sé|wein [ro'ze:...] *der;* -[e]s, -e ⟨*fr.; dt.*⟩: blassroter Wein aus hell gekelterten Rotweintrauben

Ro|si|nan|te *die* (eigtl.: *der*); -, -n ⟨*span.;* Don Quichottes Pferd⟩: (selten) minderwertiges Pferd

Ro|si|ne *die;* -, -n ⟨*lat.-vulgärlat.-fr.*⟩: getrocknete Weinbeere

Ros|ma|rin [auch: ...'ri:n] *der;* -s

⟨*lat.*⟩: immergrüner Strauch des Mittelmeergebietes, aus dessen Blättern u. Blüten das Rosmarinöl für Heil- u. kosmetische Mittel gewonnen wird u. der als Gewürz verwendet wird

Ro|so|lio *der;* -s, -s ⟨*lat.-it.*⟩: italienischer Likör aus [Orangen]blüten u. Früchten

Ros|tel|lum *das;* -s, ...lla ⟨*lat.;* „Schnäbelchen, Schnäuzchen"⟩: (Bot.) als Haftorgan für die ↑ Pollinien umgebildete Narbe der Orchideenblüte

Ros|tic|ce|ria [...tɪtʃə...] *die;* -, -s ⟨*it.*⟩: 1. Imbissstube in Italien. 2. Grillrestaurant in Italien

Ros|t|ra *die;* -, ...ren ⟨*lat.;* „Schnäbel; Schiffsschnäbel; mit erbeuteten Schiffsschnäbeln verzierte Rednerbühne"⟩: Rednertribüne [im alten Rom]

ros|t|ral: (Biol.; Anat.) am Kopfende, zum oberen Körperende hin gelegen

Ros|t|rum *das;* -s, ...ren: (Biol.) über das Vorderende des Tierkörpers hinausragender Fortsatz (z. B. der Vogelschnabel od. der schnabelförmige Fortsatz am Schädel der Haie u. anderer Fische)

Ro|ta *die;* - u. **Rota Romana** *die;* - - ⟨*lat.-it.*⟩: höchster (päpstlicher) Gerichtshof der katholischen Kirche

Ro|tang, auch **Ro|tan** *der;* -s, -e ⟨*malai.*⟩: Markrohr der Rotangpalme (für Stuhlbezüge)

Ro|ta|print ® *die;* -, -s ⟨*lat.; engl.*⟩: Offsetdruck- u. Vervielfältigungsmaschine

Ro|ta|ri|er *der;* -s, - ⟨*lat.-engl.*⟩: Angehöriger des Rotary Clubs.

Ro|ta|ri|e|rin *die;* -, -nen: weibliche Form zu ↑ Rotarier. **ro|ta|risch:** a) den Rotary Club betreffend; b) zum Rotary Club gehörend

Ro|ta Ro|ma|na vgl. Rota

Ro|ta|ry ['ro:təri] *der;* -, -s: (Druckw.) Bogenanlageapparat für Druck- u. Falzmaschinen

Ro|ta|ry Club [auch in engl. Aussprache: 'roʊtərɪ 'klʌb] *der;* - -s, - -s ⟨*engl.*⟩: 1. (ohne Plural) ↑ Rotary International. 2. zu Rotary International gehörender örtlicher Klub

Ro|ta|ry In|ter|na|tio|nal [auch engl.: 'roʊtərɪ ɪntəˈnæʃənəl] *der;* - -s: internationale Vereinigung führender Persönlichkei-

ten unter dem Gedanken des Dienstes am Nächsten

Ro|ta|ti|on *die;* -, -en ⟨*lat.;* „kreisförmige Umdrehung"⟩: 1. (Phys.) Drehung (z. B. eines Körpers od. einer Kurve) um eine feste Achse, wobei jeder Punkt eine Kreisbahn beschreibt; Ggs. ↑ Translation (3). 2. (Landw.) geregelte Aufeinanderfolge der Kulturpflanzen beim Ackerbau. 3. Regelung der Bewässerung in der Landwirtschaft. 4. das Mitdrehen des Oberkörpers im Schwung (beim Skilaufen). 5. im Uhrzeigersinn erfolgende Wechsel der Positionen aller Spieler einer Mannschaft (beim Volleyball). 6. (Pol.) Wechsel in der Besetzung eines Amtes in bestimmten Zeitabständen

Ro|ta|ti|ons|druck *der;* -[e]s: Druckverfahren, bei dem das Papier zwischen zwei gegeneinander rotierenden Walzen hindurchläuft u. von einer zylindrisch gebogenen, einer der Walzen anliegenden Druckform bedruckt wird

Ro|ta|ti|ons|el|lip|so|id *das;* -[e]s, -e: a) durch Rotation einer Ellipse um eine ihrer Achsen gebildeter Körper in der Form eines Ellipsoids; b) durch Rotation einer Ellipse gebildete Fläche

Ro|ta|ti|ons|hy|per|bo|lo|id *das;* -[e]s, -e: ↑ Hyperboloid

Ro|ta|ti|ons|ma|schi|ne *die;* -, -n: im Verfahren des Rotationsdrucks arbeitende Druckmaschine

Ro|ta|ti|ons|prin|zip *das;* -s: Prinzip, ein [politisches] Amt nach einer bestimmten Zeit an einen anderen abzugeben

Ro|ta|to|ri|en *die* (Plural) ⟨*lat.-nlat.*⟩: Rädertierchen (mikroskopisch kleine, wasserbewohnende Tiere mit charakteristischem Strudelapparat)

ro|tie|ren ⟨*lat.*⟩: 1. umlaufen, sich um die eigene Achse drehen. 2. (ugs.) aus der Fassung geraten, sich in Aufregung u. Unruhe befinden. 3. die Position[en] wechseln (beim Volleyball)

Ro|tis|se|rie *die;* -, ...ien ⟨*germ.-fr.*⟩: Fleischbraterei, Fleischgrill; Restaurant, in dem bestimmte Fleischgerichte auf einem Grill vor den Augen des Gastes zubereitet werden

Ro̱|tor *der; -s, ...o̱ren ⟨lat.-engl.⟩:* 1. sich drehender Teil einer elektrischen Maschine; Ggs. ↑ Stator (1). 2. sich drehender Zylinder, der als Schiffsantrieb ähnlich wie ein Segel im Wind wirkt. 3. Drehflügel des Hubschraubers. 4. zylindrischer, kippbarer Drehofen zur Herstellung von Stahl aus flüssigem Roheisen. 5. (in mechanischen Armbanduhren) auf einer Welle sitzendes Teil, durch dessen Pendelbewegungen sich die Uhr automatisch aufzieht

Ro̱t|ta u. **Ro̱t|te** *die; -, Ro̱tten ⟨kelt.-mlat.⟩:* altes Zupfinstrument (9. Jh.)

Ro̱|tu̱|lus *der; -, ...li ⟨lat.-mlat.; „Rädchen; Rolle"⟩:* 1. (veraltet) a) Stoß Urkunden; b) [Akten]verzeichnis. 2. (veraltet) Theaterrolle

Ro̱|tun|da *die; - ⟨lat.-it.⟩:* gerundete italienische Art der gotischen Schrift (13. u. 14. Jh.)

Ro̱|tun|de *die; -, -n ⟨lat.⟩:* 1. Rundbau; runder Saal. 2. (veraltend) rund gebaute öffentliche Toilette

Ro̱|tü̱|re *die; - ⟨lat.-fr.⟩:* (veraltet abwertend) Schicht der Nichtadligen, Bürgerlichen

Roué *[rue:] der; -s, -s ⟨lat.-fr.⟩:* 1. vornehmer Lebemann. 2. durchtriebener, gewissenloser Mensch

Rou̱|en-En|te *['rŭã:...] die; -, -n ⟨fr.; dt.⟩* nach der nordfranz. Stadt Rouen⟩: Ente einer französischen Entenrasse

Rouge *[ru:ʒ] das; -s, -s ⟨lat.-fr.; „rot"⟩:* 1. Make-up (2) in roten Farbtönen, mit dem die Wangen u. Lippen geschminkt werden. 2. (ohne Plural) Rot als Farbe (u. Gewinnmöglichkeit) beim Roulett

Rouge et noir *[ruʒe'nǒa:r] das; - - - ⟨fr.; „rot u. schwarz"⟩:* ein Glücksspiel

Rou̱|la̱|de *[ru...] die; -, -n ⟨lat.-mlat.-fr.⟩:* 1. Fleischscheibe, die mit Speck, Zwiebeln o. Ä. belegt, gerollt u. dann geschmort wird. 2. (Mus.) virtuose Gesangspassage (vor allem in der Oper des 17. u. 18. Jh.s)

Rou̱|le̱au *[ru...] das; -s, -s: ältere Bez. für ↑ Rollo

Rou̱|lett *[ru...] das; -[e]s, -e u. -s*

u. **Rou̱|lette** *[ru'lɛt] das; -s, -s ⟨lat.-fr.⟩:* 1. Glücksspiel, bei dem auf Zahl u./od. Farbe gesetzt wird u. der Gewinner durch eine Kugel ermittelt wird, die, auf eine sich drehende Scheibe mit rot u. schwarz nummerierten Fächern geworfen, in einem der Fächer liegen bleibt; **russisches Roulett[e]:** eine auf Glück od. Zufall abzielende, selbst herbeigeführte Schicksalsentscheidung, die darauf beruht, dass jmd. einen nur mit einer Patrone geladenen Trommelrevolver auf sich selbst abdrückt, ohne vorher zu wissen, ob die Revolverkammer leer ist od. nicht. 2. drehbare Scheibe, mit der Roulett (1) gespielt wird. 3. in der Kupferstichkunst verwendetes Rädchen, das mit feinen Zähnen besetzt ist

rou̱|lie̱|ren *:* a) (veraltet) umlaufen; b) ↑ rollieren (2)

Round|head *['raʊndhɛd] der; -[s], -s ⟨engl.; „Rundkopf"⟩:* Spottname für einen Anhänger des Parlaments im englischen Bürgerkrieg 1644–49 (wegen des kurzen Haarschnitts)

Round|ta|ble *[raʊnd'teɪbl], der; -, auch:* **Round Ta|ble** *der; - - ⟨engl.; eigtl. „runder Tisch"⟩:* Kurzform von ↑ Roundtablekonferenz

Round|ta|ble|kon|fe|renz, auch: **Round-Ta|ble-Kon|fe|renz** *die; -, -en:* [internationale] Konferenz, deren Sitzordnung [am runden Tisch] ausdrückt, dass alle Teilnehmer gleichberechtigt sind

Round-up *[raʊnt'ap] das; -[s] ⟨engl.⟩:* alljährliches Zusammentreiben des Viehs durch die Cowboys, um den Kälbern das Zeichen der Ranch aufzubrennen

Rout *[raʊt] der; -s, -s ⟨lat.-mlat.-fr.-engl.⟩:* (veraltet) Abendgesellschaft, -empfang

Rou̱|te *['ru:tə] die; -, -n ⟨lat.-vulgärlat.-fr.; „gebrochener (= gebahnter) Weg"⟩:* a) [vorgeschriebener od. geplanter] Reiseweg; Weg[strecke] in bestimmter [Marsch]richtung; b) Kurs, Richtung (in Bezug auf ein Handeln, Vorgehen)

¹Rou̱|ter *['raʊ...] der; -s, - ⟨engl.⟩:* Fräser, der bei Druckplatten diejenigen Stellen ausschnei-

det, die nicht mitdrucken sollen

²Rou̱|ter *['ru:..., auch: 'raʊ...] der; -s, - ⟨lat.-vulgärlat.-fr.-engl.; „Wegweiser"⟩:* (EDV) Vermittlungsvorrichtung in einem Kommunikationsverbund (z. B. einem Intranet), die Daten zwischen räumlich getrennten Netzwerken transportiert

Rou̱|ti̱|ne *[ru...] die; - ⟨lat.-vulgärlat.-fr.; „Wegerfahrung"⟩:* 1. a) durch längere Erfahrung erworbene Fähigkeit, eine bestimmte Tätigkeit sehr sicher, schnell u. überlegen auszuführen; b) (meist abwertend) [technisch perfekte] Ausführung einer Tätigkeit, die zur Gewohnheit geworden ist u. jedes Engagement vermissen lässt. 2. (Seew.) Zeiteinteilung für den Borddienst. 3. (EDV) zu einem größeren Programmkomplex gehörendes Teilprogramm mit einer bestimmten, gewöhnlich häufiger benötigten Funktion

Rou̱|ting *['ru:tɪŋ] das; -s, -s ⟨lat.-vulgärlat.-fr.-engl.⟩:* (EDV) das Ermitteln eines geeigneten [bes. günstigen] Wegs für die Übertragung von Daten in einem Netzwerk

Rou̱|ti̱|ni|er *[...'nje:] der; -s, -s ⟨lat.-vulgärlat.-fr.⟩:* jmd., der Routine (1 a) besitzt; routinierter Praktiker

rou̱|ti̱|niert: [durch Erfahrung, Übung] gewandt, geschickt, gekonnt, überlegen

Roux *[ru:] der; -, - ⟨lat.-fr.⟩:* (Gastr.) franz. Bez. für: Mehlschwitze

Row|dy *['raʊdi] der; -s, -s ⟨engl.-amerik.⟩:* [jüngerer] Mann, der sich in der Öffentlichkeit flegelhaft benimmt, gewalttätig wird

ro|y|al *[rǒa'ja:l] ⟨lat.-fr.⟩:* 1. königlich. 2. königstreu

¹Ro|y|al *das; -:* ein Papierformat

²Ro|y|al *der; -[s]:* in versetzter Ripsbindung gewebter Seidenstoff

Ro|y|al Air Force *['rɔyəl 'ɛ:ɐ̯ 'fo:ɐ̯s] die; - - - ⟨engl.⟩:* die [königliche] britische Luftwaffe; Abk.: R. A. F.

Ro|y|a|lis|mus *[rǒaja...] der; - ⟨lat.-fr.-nlat.⟩:* Königstreue. **Ro|y|a|list** *der; -en, -en:* Anhänger des Königshauses. **Ro|y|a|lis|tin** *die; -, -nen:* weibliche Form zu

↑ Royalist. **ro|y|a|lis|tisch:** den Royalismus betreffend

Ro|y|al|ty [ˈrɔyəlti] *das; -, -s ⟨lat.-fr.-engl.⟩:* 1. Vergütung, die dem Besitzer eines Verlagsrechtes für die Überlassung dieses Rechtes gezahlt wird. 2. Abgabe, Steuer, die eine ausländische Erdölgesellschaft dem Land zahlt, in dem das Erdöl gewonnen wird

Ru|a|sa: *Plural* von ↑ Rais

ru|ba|to ⟨*germ.-it.*⟩: (Mus.) durch kleine Tempoverschiebungen zu beleben; nicht im strengen Zeitmaß (Vortragsanweisung). **Ru|ba|to** *das; -s, -s u. ...ti:* (Mus.) in Tempo u. Ausdruck freier Vortrag

¹Rub|ber [ˈrʌbə, ˈrabɐ] *der; -s ⟨engl.⟩:* engl. Bez. für: Kautschuk, Gummi

²Rub|ber [ˈrabɐ] *der; -s, - ⟨engl.;* Herkunft unsicher⟩: Doppelpartie im Whist- od. Bridgespiel

Ru|be|be *die; -, -n ⟨pers.-arab.-fr.⟩:* ↑ Rebec

Ru|be|o|la *die; - ⟨lat.-nlat.⟩:* (Med.) Röteln

Ru|bia *die; -:* (Bot.) Gattung der Rötegewächse, die früher zum Teil zur Farbstoffgewinnung verwendet wurden

Ru|bi|di|um *das; -s:* chem. Element; ein Alkalimetall; Zeichen: Rb

Ru|bi|kon ⟨nach dem Grenzfluss zwischen Italien u. Gallia cisalpina, mit dessen Überschreitung Cäsar 49 v. Chr. den Bürgerkrieg begann⟩: in der Wendung **den Rubikon überschreiten:** einen [strategisch] entscheidenden Schritt tun

Ru|bin *der; -s, -e ⟨lat.-mlat.⟩:* kostbarer roter Edelstein

Ru|bi|zell *der; -s, -e ⟨lat.-nlat.⟩:* ein Mineral (orange- od. rosafarbener Spinell)

Ru|bor *der; -s ⟨lat.⟩:* (Med.) entzündliche Rötung der Haut

Ru|b|ra u. **Ru|b|ren:** *Plural* von ↑ Rubrum

Ru|b|rik *die; -, -en:* 1. a) Spalte, in die etwas nach einer bestimmten Ordnung [unter einer Überschrift] eingetragen wird; b) Kategorie, in die man jmdn./etwas gedanklich einordnet. 2. rot gehaltene Überschrift od. Initiale, die in mittelalterlichen Handschriften u. Frühdrucken die einzelnen Abschnitte

trennte. 3. rot gedruckte Anweisung für rituelle Handlungen in [katholischen] liturgischen Büchern

Ru|b|ri|ka|tor *der; -s, ...oren ⟨lat.-nlat.⟩:* Maler von Rubriken (2) im Mittelalter

ru|b|ri|zie|ren ⟨*lat.-mlat.*⟩: 1. a) in eine bestimmte Rubrik (1 a) einordnen; b) kategorisieren, klassifizieren. 2. mit einer roten Überschrift, mit roten Initialen versehen (in Bezug auf den Rubrikator)

Ru|b|rum *das; -s, ...bra u. ...bren ⟨lat.⟩:* a) kurze Inhaltsangabe als Aufschrift auf Akten; b) Kopf eines amtlichen Schreibens

¹Ru|co|la, auch: Rukola *die; - ⟨lat.; it.⟩:* Rauke, einjähriges Kraut, dessen junge Blätter als Salat gegessen werden

²Ru|co|la, auch: Rukola *die; -:* Salat aus ¹Rucola; Raukensalat

Rud|be|ckia u. **Rud|be|ckie** [...jə] *die; -, ...ien ⟨nlat.⟩:* nach dem schwed. Naturforscher O. Rudbeck, 1630–1702⟩: niedrige od. ausdauernde hohe Gartenpflanze mit gelben Blüten; Sonnenhut (Korbblütler)

Ru|de|ra *die* (Plural) ⟨*lat.*⟩: (veraltet) Schutthaufen, Trümmer

Ru|de|ral|pflan|ze *die; -, -n ⟨lat.-nlat.; dt.⟩:* Pflanze, die auf Schuttplätzen und an Wegrändern gedeiht

Ru|di|ment *das; -[e]s, -e ⟨lat.⟩:* 1. etwas, was sich aus einer früheren Epoche, einem früheren Lebensabschnitt noch als Rest erhalten hat; Rest, Überbleibsel; Bruchstück. 2. (Biol.) verkümmertes, teilweise od. gänzlich funktionslos gewordenes Organ (z. B. die Flügel dem Strauße)

ru|di|men|tär ⟨*lat.-nlat.*⟩: 1. a) nur noch als Rudiment (1) [vorhanden]; b) unvollständig, unvollkommen, nur in Ansätzen [vorhanden], unzureichend. 2. (Biol.) nur [noch] als Anlage, im Ansatz, andeutungsweise vorhanden, unvollständig [entwickelt]

Ru|dis|ten *die* (Plural): fossile Familie der Muscheln (wichtige Versteinerungen der Kreidezeit)

Ru|di|tät *die; -, -en ⟨lat.⟩:* (veral-

tet) rüdes Betragen, Grobheit, Rohheit

Ru|e|da *die; -, -s ⟨lat.-span.⟩:* spanischer Tanz im ⁵/₈-Takt

Rug|by [ˈrakbi, engl.: ˈrʌgbɪ] *das; -[s] ⟨engl.⟩:* (Sport) Kampfspiel, bei dem der eiförmige Ball nach bestimmten Regeln mit den Füßen od. Händen in die Torzone des Gegners zu spielen ist

Ru|in *der; -s ⟨lat.-fr.⟩:* Zustand, in dem die betreffende Person, Institution o. Ä. wirtschaftlich, moralisch am Ende od. sonst in ihrer Existenz getroffen, vernichtet ist

Ru|i|ne *die; -, -n:* a) stehen gebliebene Reste eines zum [größeren] Teil zerstörten od. verfallenen [historischen] Bauwerkes; b) (nur Plural) Trümmer von Ruinen (a)

ru|i|nie|ren ⟨*lat.-mlat.-fr.*⟩: a) eine Person, Sache in ihrer Existenz radikal schädigen, zugrunde richten, vernichten; b) aufgrund von Unachtsamkeit stark beschädigen, unbrauchbar, unansehnlich machen

ru|i|nös ⟨*lat.-fr.*⟩: 1. zum Ruin führend, beitragend. 2. (veraltend) in baulichem Verfall begriffen, davon bedroht; baufällig, verfallen

Ru|ko|la vgl. ¹,²Rucola

Rum *der; -s, -s ⟨engl.⟩:* Edelbranntwein aus Rohrzuckermelasse od. Zuckerrohrsaft

Rum|ba *die; -, -s (ugs. auch: der; -s, -s) ⟨kuban.-span.⟩:* aus Kuba stammender Tanz in mäßig schnellem ⁴/₄- od. ²/₄-Takt (seit etwa 1930)

Rum|ford|sup|pe [ˈramfɔrt...] *die; -, -n ⟨nach Graf Benjamin Rumford, 1753–1814⟩:* Suppe aus getrockneten gelben Erbsen, Gewürzen, durchwachsenem Speck u. a.

Ru|mi|na|ti|on *die; -, -en ⟨lat.; „das Wiederkäuen“⟩:* 1. (Zool.) Wiederkäuen. 2. ↑ Meryzismus. 3. reifliche Überlegung

ru|mi|nie|ren: 1. wiederkäuen. 2. (veraltet) wieder erwägen, nachsinnen. **ru|mi|niert:** gefurcht, zernagt (von Pflanzensamen)

Rum|my [ˈrœmi, auch: ˈrʌmi] *das; -s, -s ⟨engl.⟩:* (österr.) ↑ Rommé

Ru|mor *der; -s ⟨lat.⟩:* (landsch., sonst veraltet) Lärm, Unruhe

ru|mo|ren: 1. durch Bewegung

dumpfen Lärm machen; geräuschvoll hantieren. 2. jmdm. im Magen kollern. 3. in jmdm. Unruhe hervorrufen

Rump|steak [...ste:k] *das;* -s, -s ⟨*engl.*; „Rumpfstück"⟩: Scheibe [mit Fettrand] aus dem Rückenstück des Rindes, die kurz gebraten od. gegrillt wird

Run [ran, *engl.:* rʌn] *der;* -s, -s ⟨*engl.*⟩: großer Ansturm auf etwas wegen drohender Knappheit (in einer krisenhaften Situation)

Run-about, auch: **Run|about** ['ranəbaut] *das;* -s, -s ⟨*engl.*⟩: Rennboot mit innen liegendem serienmäßigem Motor u. bestimmten vorgeschriebenen Maßen

Run|da|low ['rʊndalo] *der;* -s, -s ⟨Kurzw. aus *dt. rund* u. ↑ Bungalow⟩: strohgedeckter, aus dem afrikanischen Kral entwickelter runder Bungalow [als Ferienhaus]

Run|dell vgl. Rondell

Run|ning|gag, auch: **Run|ning-Gag** ['ranɪŋgek] *der;* -s, -s ⟨*engl.*⟩: Gag, der sich immer wiederholt, der oft verwendet wird

Ru|no|lo|ge *der;* -n, -n ⟨*altnord.; gr.*⟩: Wissenschaftler auf dem Gebiet der Runologie. **Ru|no|lo|gie** *die;* -: Runenforschung. **Ru|no|lo|gin** *die;* -, -nen: weibliche Form zu ↑ Runologe

Run|way ['rʌnweɪ] *die;* -, -s od. *der;* -[s], -s ⟨*engl.*⟩: (Flugw.) Start-und-Lande-Bahn

Ru|pel ['ry:pl] ⟨nach dem Nebenfluss der Schelde in Belgien⟩ u. **Ru|pe|li|en** [...pe'lĭɛ̃:] *das;* -[s] ⟨*fr.*⟩: mittlere Stufe des Oligozäns

Ru|pia ⟨*gr.-nlat.*⟩ u. Rhypia *die;* -, ...ien: (Med.) große, borkige Hautpustel

Ru|pi|ah *die;* -, - ⟨*Hindi*⟩: Währungseinheit in Indonesien (= 100 Sen)

Ru|pie [...ĭə] *die;* -, -n: Währungseinheit in Indien u. anderen Staaten

Ru|pi|en: *Plural* von ↑ Rupia u. ↑ Rupie

Rup|tur *die;* -, -en ⟨*lat.*⟩: 1. (Med.) Zerreißung (eines Gefäßes od. Organs), Durchbruch. 2. (Geol.) Riss, durch tektonische Bewegungen hervorgerufene Spalte im Gestein

ru|ral ⟨*lat.*⟩: (veraltet) ländlich, bäuerlich

Rush [raʃ] *der;* -s, -s ⟨*engl.*⟩: 1. plötzlicher Vorstoß (eines Läufers, eines Pferdes) beim Rennen. 2. [wirtschaftlicher] Aufschwung; Ansturm

Rush|hour ['raʃlauɐ] *die;* -, -s (meist ohne Plural): Hauptverkehrszeit

rus|si|fi|zie|ren ⟨*russ.-nlat.*⟩: an die Sprache, die Sitten u. das Wesen der Russen angleichen

rus|sisch-or|tho|do̜x: der orthodoxen Kirche in ihrer russischen Ausprägung angehörend

Rus|sist *der;* -en, -en: Wissenschaftler auf dem Gebiet der Russistik. **Rus|sis|tik** *die;* -: Wissenschaft von der russischen Sprache u. Literatur. **Rus|sis|tin** *die;* -, -nen: weibliche Form zu ↑ Russist

Russ|ki *der;* -[s], -[s]: (salopp) Russe; russischer Soldat

Rus|ti|co *der* od. *das;* -s, Rustici [...tʃi] ⟨*lat.-it.*⟩: (schweiz) a) tessinisches Bauernhaus; b) Ferienhaus in diesem Stil

rus|tik ⟨*lat.*⟩: ↑ rustikal

Rus|ti|ka *die;* -: (Archit.) Mauerwerk aus rohen, nur an den Rändern gleichmäßig behauenen Quadern

rus|ti|kal ⟨*lat.-nlat.*⟩: 1. a) ländlich-schlicht, bäuerlich; b) eine ländlich-gediegene Note habend. 2. a) von bäuerlich-robuster, unkomplizierter Wesensart; b) (abwertend) bäurisch, grob, ungehobelt

Rus|ti|ka|li|tät *die;* -: rustikale Art, rustikales Wesen

Rus|ti|ka|ti|on *die;* - ⟨*lat.*⟩: (veraltet) Landleben

Rus|ti|kus *der;* -, -se u. Rustizi ⟨*lat.;* eigtl. „Bauer"⟩: (veraltet) plumper, derber Mensch

Rus|ti|zi|tät *die;* - ⟨*lat.-nlat.*⟩: (veraltet) plumpes, derbes Wesen

Ru|the|ni|um *das;* -s ⟨*nlat.;* nach Ruthenien, dem alten Namen der Ukraine⟩: chem. Element; Edelmetall; Zeichen: Ru

Ru|ther|for|di|um [rʌðə...] *das;* ⟨nach dem engl. Physiker E. Rutherford, 1871–1937⟩: künstlich hergestelltes chem. Element; ein Transuran; Zeichen: Rf

Ru|til *der;* -s, -e ⟨*lat.;* „rötlich"⟩: zu den Titanerzen gehörendes, metallisch glänzendes, meist rötliches Mineral (auch als Schmuckstein verwendet)

Ru|ti|lis|mus *der;* - ⟨*lat.-nlat.*⟩:

1. (Anthropol.) Rothaarigkeit. 2. (Med.; Psychol.) krankhafte Neigung zu erröten

Ru|tin *das;* -s ⟨*gr.-lat.-nlat.*⟩: in vielen Pflanzen enthaltene kristalline Substanz, die gegen Schäden an den Blutgefäßen u. gegen Brüchigkeit der Kapillaren eingesetzt wird

Rya *die;* -, Ryor ⟨*schwed.*⟩: langfloriger, geknüpfter schwedischer Teppich

Rye [raɪ] *der;* - ⟨*engl.-amerik.*⟩: amerikanischer Whiskey, dessen Getreidemaische überwiegend aus Roggen bereitet ist

Ry|or: *Plural* von ↑ Rya

S ⟨Abk. für *engl. s*mall⟩: klein (Kleidergröße)

Sa|ba|dil|le *die;* -, -n ⟨*mex.-span.*⟩: in Südamerika heimisches Liliengewächs, aus dessen Samen ein Mittel zur Bekämpfung von Läusen hergestellt wird

Sa|ba|oth ⟨*hebr.-gr.-mlat.*⟩: ↑ Zebaoth

Sa|ba|yon [...'jõ:] *das;* -s, -s ⟨*it.-fr.*⟩: ↑ Zabaglione

Sab|bat *der;* -s, -e ⟨*hebr.-gr.-lat.*⟩: nach jüdischem Glauben geheiligter, von Freitag- bis Samstagabend dauernder Ruhetag, der mit bestimmten Ritualen begangen wird

Sab|ba|ta|ri|er *der;* -s, - ⟨*hebr.-gr.-lat.-nlat.*⟩: Anhänger einer christlichen Sekte, die nach jüdischer Weise den Sabbat einhält. **Sab|ba|ta|ri|e|rin** *die;* -, -nen: weibliche Form zu ↑ Sabbatarier

Sab|ba|ti|cal [səˈbætɪk] *das;* -s, -s ⟨*hebr.-gr.-lat.-fr.-engl.*⟩: [neben dem jährlichen Erholungsurlaub gewährte] längere Freistellung; vgl. Sabbatjahr (2)

Sab|ba|tist *der;* -en, -en ⟨*hebr.-gr.-lat.-nlat.*⟩: ↑ Sabbatarier. **Sab|ba|tis|tin** *die;* -, -nen: weibliche Form zu ↑ Sabbatist

Sab|bat|jahr *das;* -[e]s, -e ⟨*hebr.-*

gr.-lat.; dt.): 1. alle sieben Jahre wiederkehrendes Ruhejahr, in dem der Boden brachliegt, Schulden erlassen u. Sklaven freigelassen werden (im Alten Testament). 2. einjährige Freistellung von beruflicher Tätigkeit

Sa|bi|nis|mus *der; - ⟨lat.-nlat.⟩*: Vergiftung durch das stark abortiv (2) wirkende Sabinaöl des Sadebaums

Sa|bot [sa'bo:] *der; -[s], -s ⟨fr.⟩*: 1. Holzschuh. 2. hochhackiger, hinten offener Damenschuh

Sa|bo|ta|ge [...'ta:ʒə] *die; -, -n ⟨fr.⟩*: vorsätzliche Schädigung od. Zerstörung von wirtschaftlichen u. militärischen Einrichtungen durch [planmäßige] Beschädigung u. Vernichtung von Anlagen, Maschinen o. Ä.

Sa|bo|teur [...'tø:ɐ̯] *der; -s, -e*: jmd., der Sabotage treibt. **Sa|bo|teu|rin** [...'tø:rɪn] *die; -, -nen*: weibliche Form zu ↑ Saboteur

sa|bo|tie|ren: a) etwas durch Sabotage stören, vereiteln; b) hintertreiben, zu vereiteln suchen

Sa|b|ra *die; -, -s*: weibliche Form zu ↑ Sabre

Sa|b|re *der; -s, -s (meist Plural) ⟨hebr.⟩*: in Israel geborener u. ansässiger Jude

Sac|cha|ra|se [zaxa...], Sacharase *die; - ⟨sanskr.-gr.-lat.(-nlat.)⟩*: Enzym, das Rohrzucker in Traubenzucker u. Fruchtzucker spaltet

Sac|cha|rat, Sacharat *das; -[e]s, -e*: für die Zuckergewinnung wichtige Verbindung des Rohrzuckers mit ¹Basen (bes. Kalziumsaccharat)

Sac|cha|rid, Sacharid *das; -s, -e (meist Plural)*: (Chem.) Kohlenhydrat (Zuckerstoff)

Sac|cha|rin vgl. Sacharin

Sac|cha|ro|se, Sacharose *die; -*: (Chem.) aus bestimmten Pflanzen (bes. Zuckerrüben u. Zuckerrohr) gewonnener Zucker

Sac|cha|rum, Sacharum *das; -s, ...ra ⟨sanskr.-gr.-lat.⟩*: lat. Bez. für: Zucker

sa|cer|do|tal usw. vgl. sazerdotal usw.

Sa|cha|ra|se usw. vgl. Saccharase usw.

Sa|cha|rin, fachspr.: Saccharin *das; -s ⟨sanskr.-gr.-lat.(-nlat.)⟩*: [künstlich hergestellter] Süßstoff

Sa|cha|ro|se vgl. Saccharose

Sa|chet [za'ʃe:] *das; -s, -s ⟨fr.⟩*: (veraltet) kleines, mit duftenden Kräutern o. Ä. gefülltes Säckchen (zum Einlegen in Wäscheschränke o. Ä.)

sa|cker|lot ⟨zu *fr.* sacre nom (de Dieu) = heiliger Name (Gottes)⟩: (veraltet) Ausruf des Erstaunens od. der Verwünschung

sa|cker|ment ⟨entstellt aus Sakrament⟩: (veraltet) ↑ sackerlot

Sa|c|ra Con|ver|sa|zi|o|ne u. Santa Conversazione *die; - - ⟨lat.-it.;* „heilige Unterhaltung“⟩: Darstellung Marias mit Heiligen (bes. in der italienischen Renaissancemalerei)

Sa|c|ri|fi|ci|um In|tel|lec|tus [-...tu:s] *das; - - ⟨lat.;* „Opfer des Verstandes“⟩: 1. von katholischen Gläubigen geforderte Unterordnung des eigenen Erkennens unter die kirchliche Lehrmeinung. 2. das Aufgeben der eigenen Überzeugung angesichts einer fremden Meinung

Sad|du|zä|er *der; -s, - ⟨hebr.-gr.-lat.⟩*: (hist.) Angehöriger einer altjüdischen konservativen Partei (Gegner der Pharisäer)

Sa|de|baum *der; -s, ...bäume ⟨lat.; dt.⟩*: (im Gebirge wachsender) Wacholder mit schuppenförmigen, an den jungen Trieben nadelförmigen Blättern

Sa|dhu [...du] *der; -[s], -s ⟨sanskr.;* „guter Mann, Heiliger“⟩: als Eremit u. bettelnder Asket lebender Hindu

Sa|dis|mus *der; -, ...men ⟨fr.-nlat.;* nach dem franz. Schriftsteller de Sade, 1740–1814⟩: a) (ohne Plural) Veranlagung, beim Quälen anderer zu sexueller Erregung, Lust zu gelangen; b) (ohne Plural) Lust am Quälen, an Grausamkeiten; c) sadistische Handlung; vgl. Masochismus. **Sa|dist** *der; -en, -en*: a) jmd., der sich durch Quälen anderer sexuell zu befriedigen sucht; b) jmd., der Freude daran hat, andere zu quälen. **Sa|dis|tin** *die; -, -nen*: weibliche Form zu ↑ Sadist. **sa|dis|tisch**: a) den Sadismus (a) betreffend, darauf beruhend; sexuelle Erregung, Lust bei Quälereien empfindend; b) in grausamer Weise von Sadismus (b) bestimmt, geprägt

Sa|do|ma|so *der; -: (ugs.)* Kurzform von ↑ Sadomasochismus

Sa|do|ma|so|chis|mus *der; -, ...men*: a) (ohne Plural) Veranlagung, beim Ausführen u. Erdulden von Quälereien zu sexueller Erregung, Lust zu gelangen; b) sadomasochistische Handlung. **sa|do|ma|so|chis|tisch**: den Sadomasochismus betreffend, auf ihm beruhend, zu ihm gehörend

Sa|do|wes|tern *der; -[s], -: bes.* grausamer Italowestern

Sa|fa|ri *die; -, -s ⟨arab.⟩*: a) längerer Fußmarsch [mit Trägern u. Lasttieren] (bes. in Ostafrika); b) [Gesellschafts]reise (nach Afrika) mit der Möglichkeit, Großwild zu beobachten [u. zu jagen]

Sa|fa|ri|park *der; -s, -s ⟨arab.; dt.⟩*: Wildpark mit exotischen Tieren

Safe [seɪf] *der (auch: das); -s, -s ⟨lat.-fr.-engl.;* „der Sichere“⟩: a) Geldschrank; b) Schließfach im Tresor [eines Geldinstituts] zur sicheren Aufbewahrung von Geld, kostbarem Schmuck, Wertpapieren o. Ä.

Sa|fer|sex ['seɪfəsɛks] *der; -es, auch:* **Sa|fer Sex** *der; -es ⟨engl.;* „sichererer Sex“⟩: die Gefahr einer Aidsinfektion mindernde Sexualverhalten

Safe|ty|car ['seɪftɪkaː] *der od. das; -s, -s ⟨engl.⟩*: ↑ Pacecar

Saf|fi|an *der; -s ⟨pers.-türk.-slaw.⟩*: feines, weiches (oft leuchtend eingefärbtes) Ziegenleder

Saf|f|lor *der; -s, -e ⟨arab.-it.⟩*: Färberdistel

Saf|f|ran *der; -s, -e ⟨pers.-arab.-mlat.-fr.⟩*: 1. (zu den Krokussen gehörende) im Herbst blühende Pflanze mit schmalen Blättern u. purpurfarbenen Blüten, die bes. im Mittelmeerraum als Gewürz- u. Heilpflanze u. zur Gewinnung von Farbstoff angebaut wird. 2. (ohne Plural) aus Teilen des getrockneten Fruchtknotens des Safrans (1) gewonnenes Gewürz, Heil- u. Färbemittel

Sa|ga ['za(:)ga] *die; -, -s ⟨altnord.;* „Erzählung“⟩: 1. altisländische, meist von den Kämpfen heldenhafter Bauerngeschlechter handelnde Prosaerzählung. 2. literarisch gestaltete od. für das

S

Fernsehen aufbereitete Familiengeschichte, -chronik

Sa|ga|zi|tät die; - ⟨lat.⟩: (veraltet) Scharfsinn

sa|git|tal ⟨lat.⟩: (Biol., Anat.) parallel zur Mittelachse des Körpers, zur Pfeilnaht des Schädels liegend

Sa|git|tal|le|be|ne die; -, -n: (Biol., Anat.) zur Mittelachse des Körpers od. zur Pfeilnaht des Schädels parallele Ebene

Sa|go der (österr. meist: das); -s ⟨indones.-engl.-niederl.⟩: aus dem Mark bes. der Sagopalme gewonnenes feinkörniges Stärkemehl (zur Zubereitung von Pudding, Grütze, Kaltschale o. Ä., aber auch als Einlage in Suppen u. Brühen)

Sa|gum das; -s, ...ga ⟨kelt.-lat.⟩: (hist.) auf der Schulter zusammenschließender Mantel der römischen Soldaten aus dickem Wollstoff

Sa|hib der; -[s], -s ⟨arab.-Hindi; „Herr"⟩: in Indien u. Pakistan titelähnliche Bez. für: Europäer

Sai|ga der; -, -s ⟨russ.⟩: in den Steppen Südrusslands lebende, schafähnliche Antilope

Sail|lant [sa'jã:] der; -, -s ⟨lat.-fr.⟩: vorspringende Ecke an einer alten Festung

Sai|ne|te [zai̯...] der; -, -s ⟨lat.-vulgärlat.-span.; „Leckerbissen"⟩: a) kurzes, derbkomisches Zwischen- od. Nachspiel mit Musik u. Tanz im spanischen Theater; b) selbstständige Posse im spanischen Theater, die die Entremés verdrängte

Saint-Si|mo|nis|mus [sɛ̃si...] der; - ⟨nlat.; nach dem franz. Sozialtheoretiker C. H. de Saint-Simon, 1760–1825⟩: frühsozialistische Bewegung, die das Prinzip der Assoziation (1) an die Stelle des Prinzips der Konkurrenz setzte, u. a. verknüpft mit der Forderung einer Abschaffung des Privateigentums an Produktionsmitteln u. deren Überführung in Gemeineigentum

Sai|son [zɛˈzõ:, auch: zɛˈzɔŋ] die; -, -s (bes. südd. u. österr. auch: ...onen) ⟨lat.-fr.⟩: a) für etwas wichtigster Zeitabschnitt innerhalb eines Jahres, in dem etwas Bestimmtes am meisten vorhanden ist, stattfindet; b) Zeitabschnitt im Hinblick

auf Aktuelles (z. B. in der Mode)

sai|so|nal ⟨lat.-fr.-nlat.⟩: die [wirtschaftliche] Saison betreffend, von ihr bedingt

Sai|son|di|mor|phis|mus der; -: (Biol.) eine Form der Polymorphie (4 b) mit jahreszeitlich bedingten Zeichnungs- und Farbmustern bei Tieren (z. B. Schmetterlingen)

Sai|son morte [sɛzõ'mɔrt] die; - - ⟨lat.-fr.; „tote Jahreszeit"⟩: Zeitabschnitt innerhalb eines Jahres mit geringem wirtschaftlichem Betrieb

Sai|son|ni|er [...'nje:] der; -s, -s: (schweiz.) Arbeiter, der nur zu bestimmten Jahreszeiten, z. B. zur Ernte, beschäftigt wird; Saisonarbeiter

Sa|ke der; - ⟨jap.⟩: Reiswein

Sa|ki der; -, - ⟨arab.-türk. u. pers.; „Schenk"⟩: Figur des Mundschenks in orientalischen Dichtungen

Sa|ki|je die; -, -n: von Büffeln od. Kamelen bewegtes Schöpfwerk zur Bewässerung der Felder in Ägypten

Sak|ko [österr.: za'ko:] der (auch, österr. nur: das); -s, -s ⟨italienisierende Bildung zu dt. „Sack"⟩: Jackett [als Teil einer Kombination (2)]

sa|k|ra ⟨lat.; zu Sakrament⟩: (südd. salopp) verdammt! (Ausruf des Erstaunens, der Verwünschung)

sa|k|ral ⟨lat.-nlat.⟩: 1. a) [geweiht u. daher] heilig; religiösen Zwecken dienend; b) Heiliges, Religiöses betreffend. 2. (Med.) das Kreuzbein betreffend

Sa|k|ral|bau der; -[e]s, -ten: (Archit.; Kunstwiss.) religiösen Zwecken dienendes Bauwerk

Sa|k|ra|ment das; -[e]s, -e ⟨lat.⟩: (Rel., bes. kath. Kirche) a) von Jesus Christus eingesetzte zeichenhafte Handlung, die in traditionellen Formen vollzogen wird u. nach christlichem Glauben dem Menschen in sinnlich wahrnehmbarer Weise die Gnade Gottes übermittelt; b) Mittel (z. B. Hostie), mit dem das Sakrament (a) gespendet wird

sa|k|ra|men|tal ⟨lat.-mlat.⟩: ein Sakrament betreffend, zu ihm gehörend

Sa|k|ra|men|ta|li|en die (Plural):

a) den Sakramenten ähnliche Zeichen od. Handlungen, die jedoch von der Kirche eingesetzt sind; b) durch Sakramentalien (a) geweihte Dinge (z. B. Weihwasser)

Sa|k|ra|men|tar das; -s, -e ⟨lat.-mlat.⟩: altchristliche u. frühmittelalterliche Form des Messbuchs

Sa|k|ra|men|ter der; -s, -: (salopp, oft scherzh.) jmd., über den man sich ärgert oder um den man sich sorgt, weil er zu leichtsinnig-unbekümmert ist

Sa|k|ra|men|tie|rer der; -s, -: (hist.) Schimpfwort der Reformationszeit für jmdn., der die Anerkennung der Sakramente verweigert (z. B. die Wiedertäufer)

Sa|k|ra|ments|häus|chen das; -s, -: zur Aufbewahrung der geweihten Hostie dienendes, meist turmartig geformtes Behältnis [aus Stein], das sich im Chor von Kirchen befindet

Sa|k|ra|ri|um das; -s, ...ien ⟨lat.-mlat.⟩: in od. neben katholischen Kirchen im Boden angebrachter verschließbarer Behälter zur Aufnahme gebrauchten Taufwassers u. der Asche unbrauchbar gewordener geweihter Gegenstände

sa|k|rie|ren ⟨lat.⟩: (veraltet) weihen, heiligen

Sa|k|ri|fi|zi|um das; -s, ...ien ⟨lat.⟩: [Mess]opfer (kath. Kirche)

Sa|k|ri|leg das; -s, -e u. Sakrilegium das; -s, ...ien: Vergehen, Frevel gegen Personen, Gegenstände, Stätten usw., denen religiöse Verehrung entgegengebracht wird

Sa|k|ri|le|gisch: frevelhaft, gotteslästerlich

Sa|k|ri|le|gi|um vgl. Sakrileg

sa|k|risch: (südd.) a) böse, verdammt; b) sehr, gewaltig, ungeheuer

Sa|k|ris|tan der; -s, -e ⟨lat.-mlat.⟩: [katholischer] Kirchendiener; Küster, Mesner. **Sa|k|ris|ta|nin** die; -, -nen: weibliche Form zu ↑ Sakristan

Sa|k|ris|tei die; -, -en: Nebenraum in der Kirche für den Geistlichen u. die für den Gottesdienst benötigten Gegenstände

Sa|k|ro|dy|nie die; -, ...ien ⟨lat.; gr.⟩: (Med.) Schmerz in der Kreuzbeingegend

sa|k|ro|sankt ⟨*lat.*⟩: unantastbar, hochheilig, unverletzlich

Sä|ku|la: *Plural* von ↑ Säkulum

sä|ku|lar ⟨*lat.*⟩: 1. a) alle hundert Jahre wiederkehrend; b) hundert Jahre dauernd; c) ein Jahrhundert betreffend. 2. außergewöhnlich, herausragend, einmalig. 3. weltlich, der Welt der (kirchlichen) Laien angehörend. 4. (Astron., Geol.) in langen Zeiträumen ablaufend od. entstanden (von Bewegungen von Himmelskörpern, Veränderungen der Erdoberfläche)

Sä|ku|lar|fei|er *die;* -, -n: Hundertjahrfeier

Sä|ku|la|ri|sa|ti|on *die;* -, -en ⟨*lat.-nlat.*⟩: 1. Einziehung od. Nutzung kirchlichen Besitzes durch weltliche Hoheitsträger. 2. ↑ Säkularisierung (1, 2); vgl. ...ation/...ierung

sä|ku|la|ri|sie|ren: 1. kirchlichen Besitz einziehen u. verstaatlichen. 2. aus kirchlicher Bindung, Abhängigkeit lösen, unter weltlichem Gesichtspunkt betrachten, beurteilen

Sä|ku|la|ri|sie|rung *die;* -: 1. Loslösung des Einzelnen, des Staates u. gesellschaftlicher Gruppen aus den Bindungen an die Kirche (seit Ausgang des Mittelalters); Verweltlichung. 2. (kath. Kirche) Erlaubnis für Angehörige eines Ordens, das Kloster zu verlassen u. ohne Bindung an die Gelübde zu leben. 3. Säkularisation (1); vgl. ...ation/...ierung

Sä|ku|lar|kle|ri|ker *der;* -s, -: Geistlicher, der nicht in einem Kloster lebt

Sä|ku|lum *das;* -s, ...la ⟨*lat.*⟩: 1. Zeitraum von hundert Jahren; Jahrhundert. 2. Zeitalter

Sal *das;* -s ⟨Kurzw. aus *Si*licium u. *Al*uminium⟩: ↑ Sial

Sa|lak *die;* -, -s ⟨*malai.*; eigtl. „Schlangenhaut"⟩: Frucht der südostasiatischen Fiederpalme; Schlangenhautfrucht

Sa|lam *u.* Selam *der;* -s ⟨*arab.*⟩: Wohlbefinden, Heil, Friede (arabisches Grußwort); Salam aleikum: Heil, Friede mit euch! (arabische Grußformel)

Sa|la|man|der *der;* -s, - ⟨*gr.-lat.*⟩: Schwanzlurch mit rundem, langem Schwanz u. teilweise auffallender Zeichnung des Körpers

Sa|la|mi *die;* -, -[s] ⟨*lat.-it.*; „Salzfleisch; Schlackwurst"⟩: kräftig gewürzte, rötlich braune, luftgetrocknete Dauerwurst, deren Haut oft mit einem natürlichen weißen Belag überzogen ist od. einen weißen Überzug aus Kreide o. Ä. hat

Sa|la|mi|tak|tik *die;* -: Taktik, [politische] Ziele durch kleinere Forderungen u. entsprechende Zugeständnisse von der Gegenseite zu erreichen zu suchen

Sa|lan|ga|ne *die;* -, -n ⟨*malai.-fr.*⟩: südostasiatischer schwalbenähnlicher Vogel, dessen Nester als Delikatesse gelten

Sa|lar *der;* -s, -e[s] ⟨*lat.-span.*⟩: Salztonebene mit Salzkrusten in Südamerika

Sa|lär *das;* -s, -e ⟨*lat.-fr.*⟩: (bes. schweiz.) Honorar, Gehalt, Lohn

sa|la|rie|ren: (schweiz.) besolden, entlohnen

¹Sa|lat *der;* -s, -e ⟨*ital.*⟩: 1. a) mit verschiedenen süßen od. sauren Marinaden od. Dressings zubereitete kalte Speise aus zerkleinerten Salatpflanzen, Obst, frischem od. gekochtem Gemüse, Fleisch, Wurst, Fisch o. Ä.; b) Blattsalat, Kopfsalat. 2. (ugs.) Wirrwarr, Durcheinander, Unordnung

²Sa|lat *die;* - ⟨*arab.*⟩: das täglich fünfmal zu verrichtende Gebet der Muslime

Sa|la|ti|e|re *die;* -, -n ⟨*lat.-vulgärlat.-it.-fr.*⟩: (veraltet) Salatschüssel

Sal|chow [...ço] *der;* -[s], -s ⟨nach dem schwed. Eiskunstlaufweltmeister U. Salchow, 1877 bis 1949⟩: (Eiskunstlauf, Rollkunstlauf) mit einem Bogen rückwärts eingeleiteter Sprung, bei dem die Läuferin/der Läufer mit einem Fuß abspringt, in der Luft eine Drehung ausführt u. mit dem anderen Fuß wieder aufkommt

sal|die|ren ⟨*lat.-vulgärlat.-it.*⟩: 1. den Saldo ermitteln. 2. (österr.) die Bezahlung einer Rechnung bestätigen. 3. (eine Rechnung o. Ä.) begleichen, bezahlen; eine Schuld tilgen

Sal|do *der;* -s, Salden u. -s u. Saldi: 1. Differenzbetrag, der sich nach Aufrechnung der Soll- u. Habenseite des Kontos ergibt. 2. Betrag, der nach Ab-

schluss einer Rechnung zu deren völliger Begleichung fällig bleibt

Sale [seɪl] *der;* -s, -s ⟨*engl.*; „Verkauf"⟩: (Jargon) Schlussverkauf zu ermäßigten Preisen

Sa|lem vgl. Salam

Sa|lep *der;* -s, -s ⟨*arab.-span.*⟩: getrocknete u. zu Pulver verarbeitete Knolle verschiedener Orchideen, die für Heilzwecke verwendet wird

Sales|fol|der [ˈseɪlsfoʊldə] *der;* -s, - ⟨*engl.*⟩: (Werbespr.) Verkaufsbzw. Werbemappe mit Informationen u. Produkterklärungen

Sales|si|a|ner *der;* -s, - (meist Plural) ⟨nach dem hl. Franz v. Sales, 1567–1622⟩: 1. Mitglied der Gesellschaft des heiligen Franz von Sales. 2. Angehöriger eines katholischen Priesterordens, der bes. in der [Jugend]seelsorge tätig ist. Sales|si|a|ne|rin *die;* -, -nen: Angehörige eines katholischen Ordens, der bes. in der Seelsorge tätig ist

Sales|ma|na|ger [ˈseɪlz...] *der;* -s, - ⟨*engl.-amerik.*⟩: (Wirtsch.) Verkaufsleiter in einem Unternehmen. Sales|ma|na|ge|rin *die;* -, -nen: weibliche Form zu ↑ Salesmanager

Sales|man|ship [ˈseɪlzmənʃip] *das;* -s: eine in den USA wissenschaftlich u. empirisch entwickelte Methode erfolgreichen Verkaufens

Sales|pro|mo|ter *der;* -s, -: Vertriebskaufmann mit besonderen Kenntnissen auf dem Gebiet der Marktbeeinflussung. Sales|pro|mo|te|rin *die;* -, -nen: weibliche Form zu ↑ Salespromoter

Sales|pro|mo|tion [...ʃn] *die;* -: (Wirtsch.) Verkaufswerbung, Verkaufsförderung

Sales|trai|ning *das;* -s, -s: Übung im erfolgreichen Verkaufen

Sa|let|tel, Sa|lettl *das;* -s, - u. -n ⟨*it.*⟩: (bayr. u. österr.) Pavillon, Gartenhaus, Laube

Sa|li|cin vgl. Salizin

Sa|li|cy|lat vgl. Salizylat

Sa|li|cyl|säu|re vgl. Salizylsäure

Sa|li|er *der;* -s, - (meist Plural) ⟨*lat.*⟩: altrömischer Priester

Sa|li|ne *die;* -, -n ⟨*lat.*; „Salzwerk, Salzgrube"⟩: 1. Anlage zur Gewinnung von Kochsalz durch

Verdunstung von Wasser, in dem Kochsalz enthalten ist. 2. Gradierwerk. **sa|li|nisch:** (selten) 1. salzartig. 2. salzhaltig

sa|lisch ⟨Kunstw. zu *lat.* silex u. *Aluminium*⟩: (von Mineralien) reich an Kieselsäure u. Tonerde; Ggs. ↑ femisch

Sa|li|va|ti|on *die;* -, -en ⟨*lat.*⟩: ↑ Ptyalismus

Sa|li|zin *das;* -s ⟨*lat.-nlat.*⟩: (früher als fiebersenkendes Mittel verwendeter) Bitterstoff

Sa|li|zy|lat, chem. fachspr.: Salicylat *das;* -[e]s, -e ⟨*(lat.; gr.) nlat.*⟩: Salz der Salizylsäure

Sa|li|zyl|säu|re, chem. fachspr.: Salicylsäure ⟨*lat.; gr.; dt.*⟩: farblose, süß schmeckende kristalline Substanz, die wegen ihrer antibakteriellen u. fäulnishemmenden Wirkung als Konservierungsmittel verwendet wird

Salk|vak|zi|ne, auch: **Salk-Vak|zi|ne** ['zalk..., *engl.:* 'sɔ:lk...] *die;* - ⟨nach dem amerik. Bakteriologen J. E. Salk, geb. 1914⟩: (Med.) Impfstoff gegen Kinderlähmung

¹Salm *der;* -[e]s, -e ⟨*gall.-lat.*⟩: Lachs

²Salm *der;* -s ⟨*gr.-lat.*⟩: (ugs.) umständlich-breites Gerede, Geschwätz

Sal|mi *das;* -[s], -s ⟨*fr.*⟩: ein Ragout aus Wildgeflügel

Sal|mi|ak [auch, österr nur: 'zal...] *der* (auch: *das*); -s ⟨*lat.-mlat.*⟩: Verbindung von Ammoniak u. Salzsäure mit einem durchdringend-beizenden Geruch

Sal|mo|nel|le *die;* -, -n (meist Plural) ⟨*nlat.; nach dem amerik.* Pathologen u. Bakteriologen D. E. Salmon, 1850–1914⟩: Bakterie, die beim Menschen Darminfektionen hervorruft

Sal|mo|nel|lo|se *die;* -, -n: (Med.) durch Salmonellen verursachte Darmerkrankung

Sal|mo|ni|den *die* (Plural) ⟨*lat.; gr.*⟩: Lachse u. lachsartige Fische

sa|lo|mo|nisch ⟨nach dem biblischen König Salomo⟩: einem Weisen entsprechend ausgewogen, Einsicht zeigend; klug, weise

Sa|lon [za'lõ:, auch: za'lɔŋ, za-'lo:n] *der;* -s, -s ⟨*germ.-it.-fr.*⟩: 1. größerer, repräsentativer Raum als Gesellschafts- od. Empfangszimmer. 2. a) [regelmäßig stattfindendes] Zusammentreffen eines literarisch od. künstlerisch interessierten Kreises; b) Kreis von Personen, der sich regelmäßig trifft u. die Meinungen über Kunst, Literatur, Wissenschaft u. Politik austauscht. 3. [modern eingerichtetes, elegantes u. großzügig mit Luxus ausgestattetes] Geschäft (z. B. eines Frisörs). 4. a) Ausstellungsraum, -saal; b) Ausstellung (bes. Kunst- u. Gemäldeausstellung)

Sa|lon|kom|mu|nist *der;* -en, -en: (iron.) jmd., der sich für die Theorien des Kommunismus begeistert, sie aber in der Praxis nur dann vertritt, wenn er dadurch nicht auf persönliche Vorteile verzichten muss. **Sa|lon|kom|mu|nis|tin** *die;* -, -nen: weibliche Form zu ↑ Salonkommunist

Sa|lon|mu|sik *die;* -: virtuos-elegant dargebrachte, gefällige Musik

Sa|lon|or|ches|ter *das;* -s, -: kleines Streichensemble mit Klavier für Unterhaltungsmusik

Sa|lon|re|mi|se *die;* -, -n: (Jargon) Remis, auf das sich zwei Gegner einigen, obwohl eine Beendigung der Partie durch ein Matt durchaus noch möglich erscheint (im Schach)

Sa|loon [sa'lu:n] *der;* -s, -s ⟨*amerik.*⟩: Lokal, dessen Einrichtung dem Stil der Wildwestfilme nachempfunden ist

sa|lopp ⟨*fr.*⟩: 1. (von Kleidung) betont bequem u. etwaige bestehende Formen od. Vorschriften nicht berücksichtigend. 2. (von Benehmen u. Haltung) unbekümmert zwanglos, die Nichtachtung gesellschaftlicher Normen ausdrückend

Sa|lop|pe|rie *die;* -, ...ien: (veraltet) Nachlässigkeit; Unsauberkeit

Sal|pe *die;* -, -n ⟨*gr.-lat.*⟩: (im Meer lebendes) glasartig durchsichtiges Manteltier

Sal|pe|ter *der;* -s ⟨*lat.*⟩: weißes od. hellgraues Salz der Salpetersäure, das früher vor allem zur Herstellung von Düngemitteln u. Schießpulver verwendet wurde

Sal|pe|ter|säu|re *die;* -: stark oxidierende, farblose Säure, die Silber u. die meisten unedlen Metalle löst

sal|pet|rig: (von bestimmten Säuren) nur in verdünnten wässrigen Lösungen u. ihren Salzen beständig

Sal|pi|kon *der;* -[s], -s ⟨*span.(-fr.)*⟩: sehr feines Ragout [in Muscheln od. Pasteten]

Sal|pin|gen: *Plural* von ↑ Salpinx

Sal|pin|gi|tis *die;* -, ...itiden ⟨*gr.-nlat.*⟩: (Med.) entzündliche Erkrankung eines od. beider Eileiter

Sal|pin|go|gramm *das;* -s, -e: (Med.) Röntgenkontrastbild des Eileiters

Sal|pin|go|gra|phie, auch: ...grafie *die;* -, ...ien: (Med.) röntgenologische Untersuchung u. Darstellung des Eileiters mit Kontrastmitteln

Sal|pinx *die;* -, ...ingen ⟨*gr.-lat.*⟩: 1. trompetenähnliches Instrument der griechischen Antike. 2. (Anat. selten) a) Eileiter; b) ↑ eustachische Röhre

¹Sal|sa *die;* -, -s ⟨Kurzbez. für span. salsa picante „scharfe Soße"⟩: (wie Ketschup verwendete) kalte, scharfe, dickflüssige Tomatensoße

²Sal|sa *die;* -: (Mus.) lateinamerikanischer ²Rock (1), der eine Mischung aus Rumba, afrokubanischem Jazz u. Bossa Nova darstellt

Sal|se *die;* -, -n ⟨*lat.-it.*⟩: 1. (Geol.) kegelförmige Anhäufung von Schlamm u. Steinen, die von Gasquellen an die Oberfläche befördert wurden. 2. (veraltet) [salzige] Tunke

Sal|ta *das;* -s ⟨*lat.*⟩: auf einem Damebrett zu spielendes Brettspiel für zwei Personen mit je 15 Steinen

Sal|ta|rel|lo *der;* -s, ...lli ⟨*lat.-it.*⟩: lebhafter, der Tarantella ähnlicher süditalienischer u. spanischer Tanz in schnellem Dreiertakt

sal|ta|to: (Mus.) mit springendem Bogen [zu spielen]. **Sal|ta|to** *das;* -s, -s u. ...ti: (Mus.) Spiel mit springendem Bogen

sal|ta|to|risch ⟨*lat.*⟩: (Med.) sprunghaft, mit tänzerischen Bewegungen verbunden (z. B. bei krankhaften Bewegungsstörungen)

Sal|tim|boc|ca *die;* -, -s ⟨*it.*⟩: mit Schinken u. Salbei gefülltes Kalbsschnitzel

Sal|to *der;* -s, -s u. ...ti ⟨*lat.-it.;*

„Sprung, Kopfsprung"):
1. (Sport) frei in der Luft ausgeführte Rolle, schnelle Drehung des Körpers um seine Querachse (als Teil einer sportlichen Übung). 2. (Fliegersprache) Looping

Sal|to mor|ta|le der; - -, - - u. ...ti ...li („Todessprung"): [meist dreifacher] Salto, der in großer Höhe ausgeführt wird

sa|lü [auch: ˈsaly, saˈly] ⟨lat.-fr.⟩: (bes. schweiz. ugs.) Grußformel (zur Begrüßung u. zum Abschied)

Sa|lu|bri|tät die; - ⟨lat.⟩: (Med.) gesunder körperlicher Zustand

Sa|lu|re|ti|kum das; -s, ...ka ⟨lat.⟩: ↑ Diuretikum

Sa|lus die; -: (veraltet) Gedeihen, Wohlsein, Heil

Sa|lut der; -[e]s, -e ⟨lat.-fr.⟩: Ehrung, z. B. anlässlich von Staatsbesuchen, durch Abfeuern aus Geschützen; Ehrengruß

Sa|lu|ta|ti|on die; -, -en ⟨lat.⟩: (veraltet) das Salutieren

sa|lu|tie|ren: 1. a) bei militärischem Zeremoniell vor einem Vorgesetzten od. Ehrengast Haltung annehmen u. ihn grüßen, indem man die Hand an die Kopfbedeckung legt; b) [durch Anlegen der Hand an die Kopfbedeckung, an die Schläfe] grüßen. 2. (veraltend) Salut schießen

Sa|lu|tis|mus der; - ⟨lat.-nlat.⟩: Lehre u. Wirken der Heilsarmee; vgl. Salvation Army. **Sa|lu|tist** der; -en, -en: Angehöriger der Heilsarmee. **Sa|lu|tis|tin** die; -, -nen: weibliche Form zu ↑ Salutist

Sal|var|san ® das; -s ⟨Kunstw. aus lat. salvare u. Arsenik⟩: (heute nicht mehr verwendetes) Medikament gegen Syphilis

Sal|va|ti|on die; -, -en ⟨lat.⟩: (veraltet) Rettung, Verteidigung

Sal|va|tion Ar|my [ˈsælˈveɪʃən ˈɑːmɪ] die; - - ⟨engl.⟩: engl. Bez. für: Heilsarmee

¹Sal|va|tor der; -s, -oren ⟨lat.⟩: 1. (ohne Plural) Christus als Retter u. Erlöser der Menschheit; Heiland. 2. Erlöser, Retter

²Sal|va|tor ® der od. das; -s: dunkles Münchner Starkbier

Sal|va|to|ri|a|ner der; -s, - ⟨lat.-nlat.⟩: Angehöriger einer katholischen Ordensgemeinschaft

für Priester u. Laien mit der Aufgabe der Seelsorge u. der Mission (Abk.: SDS). **Sal|va|to|ri|a|ne|rin** die; -, -nen: Angehörige eines Frauenordens, der bes. in der Seelsorge tätig ist

sal|va|to|risch: nur aushilfsweise, ergänzend geltend; **salvatorische Klausel:** (Rechtsw.) Rechtssatz, der nur gilt, wenn andere Normen keinen Vorrang haben

Sal|va|to|ri|um das; -s, ...ien ⟨lat.-mlat.⟩: Schutzbrief, Geleitbrief (im Mittelalter)

sal|va ve|nia ⟨lat.⟩: (veraltet) mit Erlaubnis, mit Verlaub [zu sagen]; Abk.: s. v.

sal|ve: sei gegrüßt! (lateinischer Gruß)

Sal|ve die; -, -n ⟨lat.-fr.⟩: [auf ein Kommando gleichzeitig abgefeuerte] Anzahl von Schüssen aus Gewehren od. Geschützen

Sal|via die; - ⟨lat.⟩: zu den Lippenblütlern gehörende Gewürz- u. Heilpflanze; Salbei

sal|vie|ren: (veraltet) 1. retten, in Sicherheit bringen. 2. sich salvieren: sich von einem Verdacht reinigen

sal|vis o|mis|sis: (Wirtsch.) unter Vorbehalt von Auslassungen; Abk.: s. o.

sal|vo er|ro|re: Irrtum vorbehalten; Abk.: s. e.

sal|vo er|ro|re cal|cu|li: (Wirtsch.) unter Vorbehalt eines Rechenfehlers; Abk.: s. e. c.

sal|vo er|ro|re et o|mis|si|o|ne: unter Vorbehalt von Irrtum u. Auslassung; Abk.: s. e. e. o., s. e. et o.

sal|vo ju|re: (Rechtsspr. veraltet) mit Vorbehalt, unbeschadet des Rechts [eines anderen]

sal|vo ti|tu|lo: (veraltet) mit Vorbehalt des richtigen Titels; Abk.: S. T.

Sa|ma|ri|ter der; -s, - ⟨nach dem barmherzigen Mann aus Samaria in Lukas 10, 30 ff.⟩: 1. selbstlos helfender Mensch. 2. (schweiz.) Sanitäter. **Sa|ma|ri|te|rin** die; -, -nen: weibliche Form zu ↑ Samariter

Sa|ma|ri|um das; -s ⟨nlat.; nach dem russ. Mineralogen Samarski, 1803–1870⟩: chem. Element; hellgraues, in der Natur nur in Verbindungen vorkommendes Metall der seltenen Erden; Zeichen: Sm

Sal|mar|kand der; -[s], -s ⟨nach der Stadt Samarkand in Usbekistan⟩: in leuchtenden Farben geknüpfter Teppich mit Medaillons (2) auf meist gelbem Grund

Sam|ba die; -, -[s], (ugs., österr. nur:) der; -s, -s ⟨afrik.-port.⟩: aus Brasilien stammender beschwingter Gesellschaftstanz im ²/₄-Takt

Sam|bal das; -s, -s ⟨malai.⟩: sehr scharfe indonesische Würzsoße

Sam|bar der; -s, -s ⟨sanskr.-Hindi⟩: (in Süd- u. Südostasien lebender) langer, hochbeiniger, meist schwärzlicher Hirsch

Sam|bu|ca der; -s, -s ⟨it.⟩: italienischer Anislikör

Sam|hi|tas die (Plural) ⟨sanskr.⟩: älteste Bestandteile der Weden mit religiösen Sprüchen u. Hymnen

Sa|mi|el [...mjeːl, auch: ...mjɛl] der; -s ⟨hebr.-gr.⟩: Satan in der jüdischen Legende u. der deutschen Sage

sä|misch ⟨Herkunft unsicher⟩: fettgegerbt (von Leder)

Sa|mis|dat der; -s, -s ⟨russ.; Kurzform von samoisdatelstwo = Selbstverlag⟩: 1. Selbstverlag von Büchern, die nicht erscheinen dürfen. 2. im Selbstverlag erschienene [verbotene] Literatur in der UdSSR

Sa|mi|sen u. Schamisen die; -, - ⟨jap.⟩: dreisaitige, mit einem Kiel gezupfte japanische Gitarre

Sam|kh|ja u. Sankhja das; -[s] ⟨sanskr.⟩: dualistisches religionsphilosophisches System im alten Indien

Sam|norsk das; - ⟨norw.; „Gemeinnorwegisch"⟩: gemeinsame norwegische Landessprache, die Bokmål u. Nynorsk vereinigt

Sal|mo|je|de der; -n, -n ⟨russ.⟩: (aus der Tundra stammender) Hund mit einem breiten, flachen Kopf, kurzen, an der Spitze abgerundeten Ohren, einem langhaarigen, weichen, meist weißen Fell u. einem buschigen, über den Rücken gerollten Schwanz

Sa|mos der; -, - ⟨nach der griech. Insel⟩: griechischer Dessertwein [von der Insel Samos]

Sal|mo|war [auch: ˈza...] der; -s, -e ⟨russ.⟩: [kupferner] Kessel, in dem Wasser zur Zubereitung

S

von Tee erhitzt u. gespeichert wird u. aus einem kleinen Hahn entnommen werden kann; russische Teemaschine

Sam|pan *der;* -s, -s ⟨*chin.*⟩: flaches, breites Ruder- od. Segelboot, das in Ostasien auch als Hausboot verwendet wird

Sam|pi *das;* -[s] -s ⟨*gr.*⟩: Buchstabe im ältesten griechischen Alphabet, der als Zahlzeichen für 900 fortlebte; Zeichen: ϡ

Sam|ple [...p]] *das;* -[s], -s ⟨*lat.-fr.-engl.;* „Muster, Probe"⟩: 1. (Statistik) a) repräsentative Stichprobe, Auswahl; b) aus einer größeren Menge ausgewählte Gruppe von Personen, die repräsentativ für die Gesamtheit ist. 2. Warenprobe, Muster

sam|plen [...pln]: einen Sampler (1) zusammenstellen

Sam|p|ler *der;* -s, -: 1. Langspielplatte od. CD, auf der [erfolgreiche] Titel von verschiedenen bekannten Musikern, Sängern, Gruppen zusammengestellt sind. 2. geologischer Assistent bei Erdölbohrungen

Sam|p|ling *das;* -s, -s: Zusammenstellung, Mischung verschiedener Musikstücke am Mischpult zu einer neuen Version

Sam|sa|ra u. Sansara *das;* - ⟨*sanskr.*⟩: endloser Kreislauf von Tod u. Wiedergeburt, aus dem die Heilslehren indischer Religionen den Menschen zu befreien suchen

Sal|mum [auch: za'mu:m] *der;* -s, -s u. -e ⟨*arab.*⟩: Staub od. Sand mitführender Wüstenwind in Nordafrika u. auf der Arabischen Halbinsel

Sa|mu|rai *der;* -[s], -[s] ⟨*jap.*⟩: Angehöriger der japanischen Adelsklasse, der obersten Klasse der japanischen Feudalzeit

sa|na|bel ⟨*lat.*⟩: (Med.) heilbar (von Krankheiten)

Sa|na|to|ri|um *das;* -s, ...ien ⟨*lat.-nlat.*⟩: unter ärztlicher Leitung stehende stationäre Einrichtung [in klimatisch günstiger, landschaftlich schöner Lage] zur Behandlung und Pflege chronisch Kranker od. Genesender

San|cho Pan|sa ['zant∫o -] *der;* - -, - -s ⟨nach dem Namen des Begleiters von †Don Quichotte⟩:

mit Mutterwitz ausgestatteter, realistisch denkender Mensch

Sanc|ta; ...tae [...tɛ], ...tae [...tɛ] ⟨*lat.*⟩: weibliche Form zu †¹Sanctus

Sanc|ta Se|des [- ...dɛs] *die;* - -: lat. Bez. für: Heiliger (Apostolischer) Stuhl

sanc|ta sim|pli|ci|tas: heilige Einfalt! (Ausruf des Erstaunens über jemandes Begriffsstutzigkeit)

Sanc|tis|si|mum vgl. Sanktissimum

Sanc|ti|tas *die;* -: Heiligkeit (Titel des Papstes)

Sanc|tum Of|fi|ci|um *das;* - -: Kardinalskongregation für die Reinhaltung der katholischen Glaubens- u. Sittenlehre (Heiliges Offizium)

¹Sanc|tus u. Sanktus; ...ti, ...ti: lat. Bez. für: Sankt

²Sanc|tus *das;* -, -: Lobgesang vor der Eucharistie

San|dal *das;* -s, -s ⟨*pers.-arab.-türk.*⟩: schmales, langes, spitz zulaufendes türkisches Boot

San|da|le *die;* -, -n ⟨*gr.-lat.*⟩: leichter, meist flacher Schuh, dessen Oberteil aus Riemen od. durchbrochenem Leder besteht

San|da|let|te *die;* -, -n ⟨französierende Bildung⟩: der Sandale ähnlicher, leichter, oft eleganter Damenschuh

San|da|rak *der;* -s ⟨*gr.-lat.*⟩: gelbliches Harz einer Zypressenart, das bes. zur Herstellung von Lacken u. Pflastern sowie als Räuchermittel verwendet wird

San|dhi *das* od. *der;* - ⟨*sanskr.;* „Verbindung"⟩: (meist der Vereinfachung der Aussprache dienende) lautliche Veränderung, die der An- od. Auslaut eines Wortes durch den Aus- od. Anlaut eines benachbarten Wortes erleidet

San|d|schak *der;* -s, -s ⟨*türk.*⟩: (veraltet) 1. türkische Standarte (Hoheitszeichen). 2. türkischer Regierungsbezirk

Sand|wich ['zɛntvɪt∫] *das* (auch: *der*); -s od. -[es], -s od. -es [...is] (auch: -e) ⟨*engl.;* nach dem 4. Earl of Sandwich, 1718–1792⟩: 1. zwei zusammengelegte, innen mit Butter bestrichene u. mit Fleisch, Fisch, Käse, Salat o. Ä. belegte Brotscheiben od. Hälften von Brötchen. 2. (Fotogr.) Kurzform von

†Sandwichmontage. 3. Belag des Tischtennisschlägers aus einer Schicht Schaumgummi o. Ä. u. einer Schicht Gummi mit Noppen. 4. auf Brust u. Rücken zu tragendes doppeltes Plakat, das für politische Ziele, für Produkte o. Ä. wirbt

Sand|wich|board [...bɔːd] *das;* -s, -s: geschichtete Holzplatte, die außen meist aus Sperrholz u. in der Mitte aus einer Faser- od. Spanplatte besteht od. einen Hohlraum aufweist

Sand|wich|man [...mən] *der;* -, ...men [...mən] u. **Sand|wich-mann** *der;* -[e]s, ...männer: jmd., der mit zwei Plakaten, von denen er eins auf der Brust u. eines auf dem Rücken trägt, eine belebte Straße auf u. ab geht, um gegen Entgelt für etwas zu werben

Sand|wich|mon|ta|ge *die;* -, -n: Fotomontage, die dadurch entsteht, dass zwei Negative Schicht an Schicht aufeinander gelegt u. vergrößert od. kopiert werden

Sand|wich|tech|nik *die;* -: Herstellungsverfahren (bes. im Flugzeugbau u. bei der Skifabrikation), bei dem das Material aus Platten verschiedener Stärke u. aus verschiedenartigen Substanzen zusammengefügt wird

san|fo|ri|sie|ren ⟨*engl.;* nach dem amerik. Erfinder Sanford L. Cluett, 1874–1968⟩: (Gewebe, bes. aus Baumwolle) durch ein bestimmtes Verfahren mit trockener Hitze so behandeln, dass es später beim Waschen nicht mehr od. nur noch wenig einläuft

San|ga|ree [sæŋgə'ri:] *der;* -, -s ⟨*span.-engl.*⟩: stark gewürztes westindisches alkoholisches Mixgetränk aus Spirituosen u. Zucker

San|g|ria *die;* -, -s ⟨*span.*⟩: einer Bowle ähnliches spanisches Getränk aus Rotwein mit [Zucker u.] klein geschnittenen Früchten

San|g|ri|ta ® *die;* -, - ⟨⟨*mex.-⟩span.*⟩: mexikanisches Mischgetränk aus Tomaten-, Orangen- u. wenig Zwiebelsaft sowie Gewürzen

San|gu|i|ni|ker *der;* -s, - ⟨*lat.*⟩: (nach dem von Hippokrates aufgestellten Temperamentstyp) lebhafter, temperamentvoller, meist heiterer, lebensbejahender Mensch. **San|gu|i|ni|ke|rin** *die; -, -nen:* weibliche Form zu ↑ Sanguiniker **san|gu|i|nisch** ‹„aus Blut bestehend; blutvoll"›: das Temperament eines Sanguinikers habend, seinen Typ verkörpernd; vgl. cholerisch, melancholisch, phlegmatisch **san|gu|i|no|lent:** (Med.) blutig, mit Blut vermischt (z. B. von Urin) **San|hed|rin** *der; -s* ‹gr.-hebr.›: hebr. Form von Synedrion **Sa|ni|din** *der; -s, -e* ‹gr.-nlat.›: Feldspat **sa|nie|ren** ‹lat.; „gesund machen, heilen"›:1. a) (Med.) [eine bestimmte Stelle des Körpers] so behandeln, dass ein Krankheitsherd beseitigt wird; b) (Milit. früher) [einem Soldaten] nach dem Geschlechtsverkehr die Harnröhre mit einer desinfizierenden Lösung spülen, um eventuell vorhandene Erreger von Geschlechtskrankheiten abzutöten. 2. a) durch Renovierung, Modernisierung od. Abriss alter Gebäude u. den Bau neuer Gebäude o. Ä. umgestalten; b) modernisierend umgestalten, reformieren; c) wieder in einen intakten Zustand versetzen. 3. a) (Wirtsch.) aus finanziellen Schwierigkeiten herausbringen, wieder rentabel machen; b) sich sanieren: seine finanziellen, wirtschaftlichen Schwierigkeiten überwinden, wieder rentabel werden **Sa|nie|rung** *die; -, -en:* 1. Behandlung (von bestimmten Stellen des Körpers), durch die ein Krankheitsherd beseitigt od. ein Krankheitserreger abgetötet wird. 2. Instandsetzung; modernisierende Umgestaltung [durch Renovierung od. Abriss alter Gebäude sowie durch Neubau]. 3. erfolgreiche Bewältigung finanzieller Schwierigkeiten **sa|ni|tär** ‹lat.-fr.›: 1. mit der Körperpflege, der Hygiene in Zusammenhang stehend, sie betreffend, ihr dienend. 2. (veraltend) gesundheitlich. **Sa|ni|tär** (ohne Artikel u. ungebeugt): (Jargon) Sanitärbereich, Sanitärbranche

sa|ni|ta|risch ‹lat.-nlat.›: (schweiz.) 1. sanitär (1). 2. das Gesundheitswesen betreffend, zu ihm gehörend, von den Gesundheitsbehörden ausgehend **Sa|ni|tät** *die; - ‹lat.›:* (schweiz. u. österr.) 1. a) (ohne Plural) militärisches Gesundheitswesen, Sanitätswesen; b) Sanitätstruppe. 2. (ugs.) Unfallwagen, Sanitätswagen **Sa|ni|tä|ter** *der; -s, -:* 1. jmd., der in erster Hilfe, Krankenpflege ausgebildet ist [u. in diesem Bereich tätig ist]. 2. als Sanitäter (1) dienender Soldat. **Sa|ni|tä|te|rin** *die; -, -nen:* weibliche Form zu ↑ Sanitäter **sa|ni|tized** [ˈsænɪtaɪzd] ‹engl.›: engl. Bez. für: hygienisch einwandfrei, desinfiziert **San|ka** u. Sankra *der; -s, -s:* (Soldatenspr.) militärischer Sanitätswagen **San|kh|ja** vgl. Samkhja **San|k|ra** vgl. Sanka **Sankt** ‹lat.›: heilig (in Heiligennamen u. auf solche zurückgehenden Ortsnamen), z. B. Sankt Peter, Sankt Anna, Sankt Gallen; Abk.: St. **Sank|ti|on** *die; -, -en ‹lat.-fr.›* „Heiligung, Billigung; geschärfte Verordnung, Strafgesetz"›: 1. Bestätigung, Anerkennung. 2. (Rechtsw.) a) Anweisung, die einen Gesetzesinhalt zum verbindlichen Rechtssatz erhebt; b) (meist Plural) Maßnahme, die gegen einen Staat eingeleitet wird, da das Völkerrecht verletzt hat. 3. (meist Plural) Zwangsmaßnahme, Sicherung[sbestimmung]. 4. (Soziol.) gesellschaftliche Reaktion sowohl auf normgemäßes als auch auf von der Norm abweichendes Verhalten; **negative Sanktion:** Reaktion auf von der Norm abweichendes Verhalten in Form einer Zurechtweisung o. Ä.; **positive Sanktion:** Reaktion auf normgerechtes Verhalten in Form von Belohnung o. Ä. **sank|ti|o|nie|ren:** 1. Gesetzeskraft erteilen. 2. bestätigen, gutheißen. 3. mit bestimmten Maßnahmen, z. B. Tadel, auf eine Normabweichung reagieren; Sanktionen verhängen **Sank|ti|ons|po|ten|zi|al,** auch: ...potential *das; -s:* (Soziol.) Ge-

samtheit von Mitteln u. Möglichkeiten, die zur Durchsetzung von Anordnungen od. Normen zur Verfügung stehen **Sankt|is|si|mum** *das; -s ‹lat.; „Allerheiligstes"›:* (kath. Kirche) die geweihte Hostie **Sankt|u|a|ri|um** *das; -s, ...ien* ‹„Heiligtum"›: a) Altarraum einer katholischen Kirche; b) [Aufbewahrungsort für einen] Reliquienschrein **Sank|tus** vgl. Sanctus **Sann|ya|si** vgl. Sanyasi **San|sa|ra** vgl. Samsara **sans cé|ré|mo|nie** [sãserem ˈni] ‹fr.›: (veraltet) ohne Umstände **Sans|cu|lot|te** [sãskyˈlɔt(ə)] *der; -n, -n [...tn] ‹„ohne Kniehose"›:* proletarischer Revolutionär der Französischen Revolution **San|se|vi|e|ria** u. Sansevierie [...jə] *die; -, ...ien ‹nlat.›:* nach dem ital. Gelehrten Raimondo di Sangro, Fürst von San Severo, † 1774): tropisches Liliengewächs mit wertvoller Blattfaser; Bogenhanf **sans fa|çon** [sãfaˈsõ] ‹fr.›: (veraltet) ohne Umstände **sans gêne** [sãˈʒɛn]: (veraltet) ungezwungen; nach Belieben **Sans|k|rit** *das; -s ‹sanskr.›:* noch heute in Indien als Literatur- und Gelehrtensprache verwendete altindische Sprache. **sans|k|ri|tisch:** das Sanskrit betreffend; in Sanskrit [abgefasst] **Sans|k|ri|tist** *der; -en, -en ‹sanskr.-nlat.›:* Wissenschaftler auf dem Gebiet der Sanskritistik **Sans|k|ri|tis|tik** *die; -:* Wissenschaft von der altindischen Literatursprache Sanskrit, der in dieser Sprache geschriebenen Literatur u. der altindischen Kultur **Sans|k|ri|tis|tin** *die; -, -nen:* weibliche Form zu ↑ Sanskritist **sans phrase** [sãfraːz] ‹fr.›: (veraltet) ohne Umschweife **San|ta Claus** [ˈsæntəˈklɔːz] *der; - -, - - ‹niederl.-engl.-amerik.›:* amerik. Bez. für: Weihnachtsmann **San|ta Con|ver|sa|zi|o|ne** *die; - - ‹lat.-it.›:* Sacra Conversazione **San|ya|si** u. Sannyasi *der; -[s], -n ‹(sanskr.-)Hindi›:* Anhänger des Bhagwans Rajneesh **sa|pe|re au|de** ‹lat.; „wage es, weise zu sein" (nach Horaz):* „habe Mut, dich deines eigenen

Saphir [auch: zaˈfiːɐ̯] der; -s, -e ⟨semit.-gr.-lat.-mlat.⟩: [durchsichtig blauer] Edelstein. **saphiren**: aus Saphir gearbeitet, bestehend

sapienti sat ⟨lat.; „genug für den Verständigen!" (nach Plautus)⟩: es bedarf keiner weiteren Erklärung für den Eingeweihten

Sapin der; -s, -e, **Sapine** die; -, -n u. **Sappel** der; -s, - ⟨it.-fr.⟩: (österr.) Spitzhacke, Pickel zum Heben u. Wegziehen von gefällten Baumstämmen

Saponaria die; - ⟨lat.-mlat.-nlat.⟩: eine Zier- u. Heilpflanze; Seifenkraut

Saponifikation die; -, -en ⟨lat.-nlat.⟩: (Chem.) Verseifung des Körperfetts bei Wasserleichen

Saponin das; -s, -e: in vielen Pflanzen enthaltener Stoff, der zur Herstellung von Reinigungs- u. Arzneimitteln verwendet wird

Sapotillbaum der; -[e]s, ...bäume ⟨indian.-span.; dt.⟩: in Mittelamerika heimischer Laubbaum mit essbaren Früchten

Sapotoxin das; -s ⟨lat.; gr.⟩: stark giftiges Saponin

Sappanholz das; -es ⟨malai.; dt.⟩: ostindisches Rotholz

Sappe die; -, -n ⟨it.-fr.⟩: (veraltet) [für einen Angriff auf Festungen angelegter] Laufgraben

Sappel vgl. Sapin.

sapperlot vgl. sackerlot

sapperment vgl. sackerment

Sappeur [zaˈpøːɐ̯] der; -s, -e ⟨it.-fr.⟩: 1. (veraltet) Soldat für den Sappenbau. 2. (schweiz.) Soldat der technischen Truppe; Pionier

sapphisch [ˈzapfɪʃ, auch: ˈzafɪʃ] ⟨nach der altgriech. Dichterin Sappho (um 600 v. Chr. auf der Insel Lesbos)⟩: die Dichterin Sappho u. ihre Werke betreffend, auf sie bezüglich, für sie typisch; **sapphische Strophe:** (Verslehre) antike vierzeilige Strophe aus drei gleich gebauten elfsilbigen Versen u. einem abschließenden zweitaktigen Kurzvers; **sapphische Liebe:** (selten) ↑ lesbische Liebe

Sapphismus der; - ⟨gr.-nlat.⟩: ↑ lesbische Liebe

sapraldi ⟨lat.⟩: (veraltet) Ausruf des Erstaunens

Sapprämie die; -, ...ien ⟨gr.-nlat.⟩: (Med.) durch Fäulnisbakterien hervorgerufene schwere Blutvergiftung

sapristi ⟨lat.-fr.⟩: (veraltet) Ausruf des Erstaunens, Unwillens

Saprobie [...iə] die; -, -n (meist Plural) ⟨gr.-nlat.⟩: Lebewesen, das in od. auf faulenden Stoffen lebt u. sich von ihnen ernährt; Ggs. ↑ Katharobie

Saprobiont der; -en, -en: ↑ Saprobie

saprobisch: a) in faulenden Stoffen lebend (von Organismen); b) die Fäulnis betreffend

saprogen: Fäulnis erregend

Saprolegnia die; -, ...ien: Algenpilz, der in Gewässern saprophytisch auf toten Pflanzen, Insekten od. Fischen lebt

Sapropel das; -s, -e: Faulschlamm, der unter Sauerstoffabschluss in Seen u. Meeren entsteht

Sapropellit [auch: ...ˈlɪt] der; -s, -e: Gestein, das aus verfestigtem Faulschlamm entstanden ist. **sapropelitisch:** faulschlammartig

Saprophage der; -n, -n (meist Plural): pflanzlicher od. tierischer Organismus, der sich von faulenden Stoffen ernährt

saprophil: (von Organismen) auf, in od. von faulenden Stoffen lebend

Saprophyt der; -en, -en: Organismus, bes. Bakterie, Pilz, der von faulenden Stoffen lebt

Saprozoon das; -s, ...zoen: Tier, das von faulenden Stoffen lebt

Saraband u. Serabend der; -[s], -s ⟨pers.⟩: handgeknüpfter, vorwiegend rot- od. blaugrundiger Perserteppich mit charakteristischer Palmwedelmusterung

Sarabanda ⟨pers.-arab.-span.-it.⟩ u. **Sarabande** ⟨pers.-arab.-span.-fr.⟩ die; -, ...den: a) langsamer Tanz im 3/4-Takt; b) Satz einer Suite (4) od. Sonate

Sarafan der; -s, -e ⟨russ.⟩: (zur russischen Frauentracht des 18. u. 19. Jh.s gehörendes) ärmelloses Überkleid mit angesetztem Leibchen

Sarazene der; -n, -n ⟨arab.-mgr.-mlat.⟩: (hist.) Araber, Muslim. **Sarazenin** die; -, -nen: weibliche Form zu ↑ Sarazene. **sara-**

zelnisch: zu den Sarazenen gehörend, sie betreffend

Sardelle die; -, -n ⟨lat.-it.⟩: 1. (im Mittelmeer, im Schwarzen Meer u. an den Atlantikküsten Westeuropas u. -afrikas vorkommender) kleiner, dem Hering verwandter Fisch, der als Speisefisch gepökelt od. mariniert gegessen wird. 2. (meist Plural; ugs. scherzh.) Haarsträhne (von noch verbliebenem Haar), die schräg über eine Glatze gelegt ist

Sardine die; -, -n: (an den Küsten West- u. Südwesteuropas vorkommender) kleiner, zu den Heringen gehörender bläulich silbern schillernder Speisefisch

sardonisch ⟨gr.-lat.⟩: (vom Lachen, Lächeln o. Ä.) boshaft, hämisch u. fratzenhaft verzerrt; **sardonisches Lachen:** (Med.) scheinbares Lachen, das durch Gesichtskrämpfe hervorgerufen wird

Sardonyx der; -[es], -e ⟨gr.-lat.⟩: (als Schmuckstein verwendeter) braun u. weiß gestreifter Chalzedon

Sari der; -[s], -s ⟨sanskr.-Hindi⟩: kunstvoll um den Körper gewickeltes Gewand indischer Frauen

Sarin das; -s ⟨Kunstw.⟩: gefährlicher chemischer Kampfstoff mit nervenschädigender Wirkung

Sarkasmus der; -, ...men ⟨gr.-lat.⟩: 1. (ohne Plural) beißender, verletzender Spott. 2. sarkastische Äußerung, Bemerkung. **sarkastisch:** mit, von beißendem, verletzendem Spott

sarkoid ⟨gr.-nlat.⟩: (Med.) sarkomähnlich (von Geschwülsten)

Sarkolemm das; -s, -en: (Med.) Hülle der Muskelfasern

Sarkom das; -s, -e u. **Sarkoma** das; -s, -ta ⟨gr.; „Fleischgewächs"⟩: (Med.) aus dem Bindegewebe hervorgehende bösartige Geschwulst

sarkomatös ⟨gr.-nlat.⟩: (Med.) a) (von Geweben) verändert in der Art eines Sarkoms; b) auf Sarkomatose beruhend. **Sarkomatose** die; -: (Med.) ausgebreitete Sarkombildung

Sarkophag der; -s, -e ⟨gr.-lat.; „Fleischverzehrer"⟩: (meist aus Stein od. Metall gefertigter)

prunkvoller, großer, in einer Grabkammer od. der Krypta einer Kirche o. Ä. aufgestellter Sarg, in dem hoch gestellte Persönlichkeiten beigesetzt werden

Sar|ko|plas|ma *das;* -s, ...men: Protoplasma der Muskelzellen

Sar|ko|ze|le *die;* -, -n ⟨*gr.-nlat.*⟩: (Med.) Geschwulst od. Anschwellung des Hodens

Sar|mat *das;* -[e]s ⟨*nlat.; nach dem Volksstamm der Sarmaten, der im Altertum in Südrussland lebte*⟩: (Geol.) jüngste Stufe des Miozäns

Sa|rong *der;* -[s], -s ⟨*malai.*⟩: 1. um die Hüfte geschlungener, bunter Rock der Indonesierinnen. 2. gebatikter od. bunt gewebter Baumwollstoff für Umschlagtücher

Sa|ros|pe|ri|o|de *die;* -, -n ⟨*gr.*⟩: (Astron.) Zeitraum, nach dessen Ablauf sich Sonnen- u. Mondfinsternisse in nahezu gleicher Folge wiederholen (1 Sarosperiode = 18 Jahre u. $11^{1}/_{3}$ Tage bzw. 18 Jahre und $10^{1}/_{3}$ Tage, je nach den Schaltjahren)

Sar|rass *der;* -es, -e ⟨*poln.*⟩: (veraltet) Säbel mit schwerer Klinge

Sar|ru|sol|phon, auch: ...fon *das;* -s, -e ⟨*fr.; gr.; nach dem franz. Militärkapellmeister Sarrus*⟩: (Mus.) Blechblasinstrument mit doppeltem Rohrblatt

Sar|sa|pa|ril|le u. Sassaparille *die;* -, -n ⟨*span.*⟩: in mehreren Arten in den Tropen wachsende Stechwinde, die in der Heilkunde verwendete Saponine enthält

Sar|se|nett *der;* -[e]s, -e ⟨*gr.-lat.- fr.-engl.*⟩: dichter, baumwollener Futterstoff

Sar|te *der;* -n, -n (meist Plural): (hist.) Angehöriger der sprachlich türkisierten iranischen Stadtbevölkerung in Mittelasien

Sa|rugh u. **Sa|ruk** [ˈzaruk] *der;* -[s], -s ⟨*nach dem iran. Ort Sarugh*⟩: Teppich in Blau-, Rot- u. Cremetönen mit Blumen-, Palmetten- u. Heratinmuster in kurzem Flor

Sa|schen [auch: zaˈʃeːn] *der;* -[s], - ⟨*russ.*⟩: (veraltet) russisches Längenmaß (= 2,133 m)

sä|sie|ren ⟨*germ.-fr.*⟩: (veraltet) ergreifen, in Beschlag nehmen

Sas|sa|f|ras *der;* -, - ⟨*span.-fr.*⟩: (zu

---

den Lorbeergewächsen gehörender) Baum, dessen Holz u. Rinde durch ein darin enthaltenes ätherisches Öl einen intensiven Duft ausströmen

Sas|sa|ni|de *der;* -n, -n ⟨*pers.*⟩: (hist.) Angehöriger eines persischen Herrschergeschlechts (224–651). **sas|sa|ni|disch:** die Sassaniden betreffend

Sas|sa|pa|ril|le vgl. Sarsaparille

Sas|so|lin *das;* -s, -e ⟨*nlat.; nach dem Fundort Sasso in Oberitalien*⟩: farbloses, weißes, auch gelbliches Mineral

Sa|tan *der;* -s, -e ⟨*hebr.-gr.-lat.;* „Widersacher"⟩: 1. (ohne Plural) der Widersacher Gottes, der Teufel, der Versucher. 2. (häufig als Schimpfwort) boshafter Mensch

Sa|ta|nas *der;* -: ↑ Satan

Sa|ta|nie *die;* -, ...ien ⟨*hebr.-gr.- nlat.*⟩: teuflische Grausamkeit

sa|ta|nisch: sehr böse, boshaft; teuflisch

Sa|ta|nis|mus *der;* -: 1. Teufelsverehrung. 2. Darstellung des Bösen, Krankhaften u. Grausamen in der Literatur

Sa|tans|kult *der;* -[e]s: Ausübung kultischer Praktiken u. magischer Riten der Teufelsverehrung, oft verbunden mit Drogenmissbrauch u. Gewalttaten

Sa|tans|mes|se *die;* -, -n: der katholischen Messfeier nachgebildete orgiastische Feier zu Ehren des Satans od. einer sog. Hexe; schwarze Messe, Teufelsmesse

Sa|tel|lit *der;* -en, -en ⟨*lat.;* „Leibwächter, Trabant; Gefolge"⟩: 1. (Astron.) Himmelskörper, der einen Planeten auf einer unveränderlichen Bahn umkreist. 2. Flugkörper, der – auf eine Umlaufbahn gebracht – in elliptischer o. kreisförmiger Bahn die Erde (od. den Mond) umkreist u. dabei bestimmte wissenschaftliche od. technische Aufgaben erfüllt. 3. kurz für ↑ Satellitenstaat. 4. kurz für ↑ Satellitenbox

Sa|tel|li|ten|box *die;* -, -en: (Elektronik) (in Verbindung mit einer großen Box für die tiefen Frequenzen beider Kanäle zur stereophonen Wiedergabe verwendete) kleinere Lautsprecherbox für die hohen u. mittleren Frequenzen eines Kanals

---

Sa|tel|li|ten|fo|to *das;* -s, -s: von einem [Wetter]satelliten aufgenommenes Foto von einem bestimmten Bereich der Erdoberfläche

Sa|tel|li|ten|me|te|o|ro|lo|gie *die;* -: auf der Grundlage von Satellitendaten betriebene Meteorologie

Sa|tel|li|ten|na|vi|ga|ti|on *die;* -: (Seew., Flugw.) Navigation, bei der die Position des Schiffs od. Flugzeugs mithilfe von einem Satelliten (2) ausgesendeter Funksignale bestimmt wird

Sa|tel|li|ten|pro|gramm *das;* -s, -e: über einen Satelliten (2) ausgestrahltes Fernsehprogramm

Sa|tel|li|ten|re|cei|ver [...riˈsiːvɐ] *der;* -s, -: Anlage für den Empfang von Programmen des Satellitenfernsehens

Sa|tel|li|ten|staat *der;* -[e]s, -en: (abwertend) Staat, der (trotz formaler äußerer Unabhängigkeit) von einem anderen Staat (bes. von einer Großmacht) abhängig ist

Sa|tel|li|ten|stadt *die;* -, ...städte: größere, weitgehend eigenständige Ansiedlung am Rande einer Großstadt

Sa|tem|spra|che *die;* -, -n ⟨*altiran.; dt.; nach der s-Aussprache des Anlauts in dem altiranischen Wort satem = „hundert"*⟩: (Sprachw.) Sprache aus der Gruppe der indogermanischen Sprachen, die die palatalen Verschlusslaute der indogermanischen Grundsprache in Reibelaute od. Zischlaute verwandelt haben; Ggs. ↑ Kentumsprache

Sa|tin [zaˈtɛ̃:, auch: zaˈtɛŋ] *der;* -s, -s ⟨*arab.-span.-fr.*⟩: Gewebe, Stoff in Atlasbindung mit glatter, glänzender Oberfläche

Sa|ti|na|ge [zatiˈnaːʒə] *die;* -, -n: das Satinieren

Sa|ti|ne|l|la *die;* -[s] ⟨*arab.-span.- fr.-nlat.*⟩: glänzender Futterstoff [aus Baumwolle] in Atlasbindung

sa|ti|nie|ren ⟨*arab.-span.-fr.*⟩: mit einer Satiniermaschine (unter starkem Druck) glätten u. mit Hochglanz versehen

Sa|ti|nier|ma|schi|ne *die;* -, -n: ↑ Kalander

Sa|ti|re *die;* -, -n ⟨*lat.;* „bunt gemischte Früchteschale"⟩: 1. künstlerisches Werk, das zur Gattung der Satire (2) gehört.

S

2. (ohne Plural) Kunstgattung (Literatur, Karikatur, Film), die durch Übertreibung, Ironie u. Spott an Personen od. Zuständen Kritik übt, sie der Lächerlichkeit preisgibt, Zustände anprangert, mit scharfem Witz geißelt

Sa|ti|ri|ker *der;* -s, -: a) Verfasser von Satiren; b) jmd., der sich gern bissig-spöttisch, ironisch äußert. **Sa|ti|ri|ke|rin** *die;* -, -nen: weibliche Form zu ↑ Satiriker

sa|ti|risch: a) in der Art der Satire (1); b) spöttisch-tadelnd, beißend

sa|ti|ri|sie|ren: satirisch darstellen

Sa|tis|fak|ti|on *die;* -, -en ⟨*lat.*⟩: a) (veraltend) Genugtuung, bes. in Form einer Ehrenerklärung; b) (Verbindungsw. veraltet) Zurücknahme einer Beleidigung durch die Bereitschaft zum Duell

Sa|tor-A|re|po-For|mel *die;* - ⟨*lat.;* nach dem lat. Palindrom: *sator arepo tenet opera rotas*⟩: als magisches Quadrat geschriebenes spätantikes Palindrom, das als Abwehrzauber (z. B. gegen Unheil u. Brandgefahr) verwendet wurde

Sa|t|rap *der;* -en, -en ⟨*pers.-gr.-lat.*⟩: (hist.) Statthalter einer Provinz im Persien der Antike

Sa|t|ra|pie *die;* -, ...ien: (hist.) Amt des Statthalters

Sa|t|ra|pin *die;* -, -nen: weibliche Form zu ↑ Satrap

Sat|sang *das* (auch: *der*); -s ⟨*sanskr.*⟩: geistige Unterweisung in einem Meditationskult

¹Sat|su|ma *das;* -[s] ⟨nach der japanischen Halbinsel Satsuma (Kiuschu)⟩: einfache japanische Töpferware mit einfachen Formen u. regelmäßiger Glasur

²Sat|su|ma *die;* -, -s: meist kernlose, saftige Mandarine

Sa|tu|ra|ti|on *die;* -, -en ⟨*lat.*⟩: 1. Sättigung. 2. spezielles Verfahren bei der Zuckergewinnung, bei dem überschüssiger Kalk aus dem Zuckersaft durch Kohlendioxid abgeschieden wird

Sa|tu|re|ja *die;* - ⟨*lat.*⟩: Gattung der Lippenblütler mit Heil- u. Würzkräutern

sa|tu|rie|ren ⟨*lat.*⟩: 1. sättigen. 2. bewirken, dass jmds. Verlangen, etwas Bestimmtes zu bekommen, gestillt wird; [Ansprüche] befriedigen. **sa|tu|riert:** (abwertend) ohne geistige Ansprüche, selbstzufrieden

Sa|turn *das;* -s ⟨*lat.-nlat.;* nach dem Planeten Saturn⟩: (veraltet) Blei

Sa|tur|na|li|en *die* (Plural) ⟨nach dem im Rom der Antike zu Ehren des Gottes Saturn im Dezember gefeierten Fest⟩: ausgelassenes Fest

Sa|tur|ni|er *der;* -s, -: (antike Metrik) Langvers der ältesten römischen Dichtung

sa|tur|nin ⟨*lat.-nlat.*⟩: bleihaltig; durch Bleivergiftung hervorgerufen

sa|tur|nisch ⟨*lat.*⟩: (veraltet) uralt; **saturnischer Vers:** ↑ Saturnier; **Saturnisches Zeitalter:** ideale Vorzeit der griechischen bzw. römischen Sage; Goldenes Zeitalter

Sa|tur|nis|mus *der;* -, ...men ⟨*lat.-nlat.*⟩: (Med.) Bleivergiftung

Sa|tyr *der;* -s (auch: -n), -n (meist Plural) ⟨*gr.-lat.*⟩: 1. lüsterner Waldgeist u. Begleiter des Dionysos in der griechischen Sage. 2. sinnlich-lüsterner Mensch

Sa|tyr|huhn *das;* -s, ...hühner ⟨*gr.-lat.; dt.*⟩: farbenprächtiger asiatischer Hühnervogel

Sa|ty|ri|a|sis *die;* - ⟨*gr.-lat.*⟩: (Psychol.) extrem gesteigerter männlicher Geschlechtstrieb

Sa|tyr|spiel *das;* -s, -e ⟨*gr.-lat.; dt.*⟩: (im Griechenland der Antike) heiter-groteskes mythologisches Nachspiel einer Tragödientrilogie mit einem Chor aus Satyrn

Sau|ce [ˈzoːsə, österr.: zoːs] vgl. Soße

Sauce bé|ar|naise [sosbearˈnɛːz] *die;* - -: dicke, weiße Soße aus Weinessig, Weißwein, Butter, Eigelb u. Gewürzen, bes. Estragon u. Kerbel

Sauce hol|lan|daise [sosɔlãˈdɛːz] *die;* - -: Soße, bei der Weißwein, Eigelb u. Butter im Wasserbad kremig gerührt u. mit Pfeffer, Salz u. Zitronensaft abgeschmeckt werden

Sau|ci|er [zoˈsjeː] *der;* -s, -s: Soßenkoch

Sau|ci|e|re [zoˈsjeːrə] *die;* -, -n: zum Servieren von Soße verwendete, mit einer Art Untertasse fest verbundene kleine Schüssel

sau|cie|ren [zoˈsiː...]: Tabak mit einer Soße behandeln, beizen

Sau|cis|chen [zoˈsiːsçən, auch: so...] *das;* -s, -: kleine [Brat]wurst

Sau|na *die;* -, -s u. ...nen ⟨*finn.*⟩: 1. (mit Holz ausgekleideter) Raum od. Holzhäuschen, in dem trockene Hitze herrscht u. von Zeit zu Zeit Wasser zum Verdampfen gebracht wird. 2. dem Schwitzen dienender Aufenthalt in einer Sauna (1)

sau|nen u. **sau|nie|ren:** ein Saunabad nehmen

Sau|ri|er *der;* -s, - ⟨*gr.;* „Eidechse"⟩: ausgestorbene [Riesen]echse der Urzeit

Sau|ro|lith *der;* -en, -en: versteinerter Saurier

Sau|ro|po|de *der;* -n, -n: Pflanzen fressender Riesensaurier

Sau|r|op|si|den *die* (Plural) ⟨*gr.-nlat.*⟩: Vögel u. Reptilien

sau|té [soˈteː] ⟨*lat.-fr.*⟩: sautiert (vgl. sautieren)

Sau|ternes [soˈtɛrn] *der;* -, - ⟨nach dem franz. Ort u. der Landschaft Sauternes⟩: französischer Weißwein

sau|tie|ren [zo...] ⟨*lat.-fr.*⟩: a) kurz in der Pfanne braten; b) (bereits gebratene Stücke Fleisch od. Fisch) kurz in frischem, heißem Fett schwenken

Sauve|garde [zoːfˈgart, auch: sovˈgard] *die;* -, -n [...ən] ⟨*fr.*⟩: (veraltet) 1. Schutz-, Sicherheitswache. 2. Schutzbrief (gegen Plünderung)

sauve qui peut [sovkiˈpø]: rette sich, wer kann!

Sal|val|al|di *die;* -, - ⟨*lat.-it.*⟩: (österr.) ↑ Zervelatwurst

Sa|van|ne *die;* -, -n ⟨*indian.-span.*⟩: tropische Steppe mit einzeln od. gruppenweise stehenden Bäumen (Baumsteppe)

Sa|va|rin [ˈzavarɛ̃, auch: ...ˈrɛ̃] *der;* -s, -s ⟨nach dem franz. Schriftsteller Brillat-Savarin, 1755–1826⟩: mit Rum getränkter Hefekuchen

Sa|voir-faire [savǫarˈfɛːr] *das;* - ⟨*lat.-fr.*⟩: (veraltet) Gewandtheit

Sa|voir-vi|v|re [savǫarˈviːvrə] *das;* -: feine Lebensart, Lebensklugheit

Sax|horn *das;* -s, ...hörner ⟨nach dem belg. Erfinder A. Sax, 1814–1894⟩: (Mus.) ein dem Bügelhorn ähnliches, mit Ventilen statt Klappen versehenes Horn

Sa|xi|f|ra|ga [auch: ...'fra:ga] *die;* -, ...agen *⟨lat.⟩:* Steinbrech; Gebirgspflanze, auch Polster bildende Zierpflanze mit weißen, roten od. gelben Blüten in Steingärten

Sa|xi|f|ra|ga|zee *die;* -, -n (meist Plural) *⟨lat.-nlat.⟩:* Steinbrechgewächs

Sa|xo|phon, auch: ...fon *das;* -s, -e *⟨nlat.; nach dem belg. Erfinder Antoine Sax, 1814–94⟩:* (Mus.) mit Klarinettenschnabel anzublasendes Instrument aus Messing in vier bis sechs Tonhöhen mit nach oben gerichtetem Schalltrichter

Sa|xo|pho|nist, auch: ...fonist *der;* -en, -en: Saxophonspieler. **Sa|xo|pho|nis|tin**, auch: ...fonistin *die;* -, -nen: weibliche Form zu ↑ Saxophonist

Say|nète [sɛ'nɛt] *die;* -, -n *⟨span.-fr.⟩:* kurzes französisches Lustspiel mit zwei od. drei Personen; vgl. Sainete

sa|zer|do|tal *⟨lat.⟩:* priesterlich

Sa|zer|do|ti|um *das;* -s: 1. Priestertum, Priesteramt. 2. die geistliche Gewalt des Papstes im Mittelalter

S-Bahn-Sur|fen ['ɛs...sə:fn̩] *das;* -s: (ugs.) aus Übermut betriebenes waghalsiges Mitfahren auf dem Dach od. an der Außenseite eines S-Bahn-Wagens

Sbir|re *der;* -n, -n *⟨gr.-vulgärlat.-it.⟩:* (veraltet) italienischer Polizeidiener

Sca|bi|es vgl. Skabies

Sca|g|li|o|la [skal'jo:la] *die;* - *⟨it.⟩:* zur Nachahmung von Marmor verwendete formbare Masse; Stuckmarmor

Scal|ling ['skɛɪlɪŋ] *das;* -s *⟨engl.⟩:* das Vergrößern od. Verkleinern von [Bild]vorlagen vor einer Verwendung in Prospekten od. Anzeigen

Scal|ping O|pe|ra|tions ['skælpɪŋ ɔpə'reɪʃənz] *die* (Plural) *⟨engl.⟩:* Börsengeschäfte, die sehr geringe Kursschwankungen zu nutzen versuchen

Scam|pi [sk...] *die* (Plural) *⟨it.⟩:* ital. Bez. für eine Art kleiner Krebse

Scan [skɛn] *der* od. *das;* -s, -s *⟨lat.-engl.⟩:* ↑ Scanning

Scan|di|um ['ska...] *das;* -s *⟨nlat.; von Scandia, dem lat. Namen*

für Skandinavien⟩: chem. Element; ein Leichtmetall; Zeichen: Sc

Scan|ner ['skɛnɐ] *der;* -s, - *⟨lat.-engl.⟩:* Gerät, das ein zu untersuchendes Objekt (z. B. den menschlichen Körper) mit einem Licht- od. Elektronenstrahl punkt- bzw. zeilenweise abtastet [u. die erhaltenen Messwerte weiterverarbeitet]

Scan|ner|kas|se ['skɛnɐ...] *die;* -, -n: mit einem Scanner zum Einlesen von Preisen u. anderen Daten ausgestattete elektronische Kasse

Scan|ning ['skɛnɪŋ] *das;* -s: Untersuchung, Abtasten mithilfe eines Scanners

Sca|ra|mouche [skara'muʃ] *der;* -, -s [...'muʃ] *⟨it.-fr.⟩:* franz. Form von ↑ Skaramuz

Sca|ra|muz|za [sk...] *der;* -, ...zze *⟨it.⟩:* ital. Form von ↑ Skaramuz

Scart [skɑ:t] *der;* -s, -s *⟨fr.-engl.⟩:* Steckverbindung, bes. zum Anschluss von Videogeräten

Scat [skæt] *der;* -s, -s *⟨engl.⟩:* Gesangsstil [im Jazz], bei dem an anstelle von Wörtern zusammenhanglose Silben verwendet werden

sce|man|do [ʃe...] *⟨lat.-it.⟩:* (Mus.) abnehmend, schwächer werdend

Scene [si:n] *die;* -, -s (Plural selten) *⟨engl.⟩:* (Jargon) Milieu (meist junger Menschen), in dem bestimmte Vorlieben o. Ä. ausgelebt, bestimmte Lebensformen, vorübergehende Moden o. Ä. gepflegt werden

Sce|n|o|nym [stse...] *das;* -s, -e *⟨gr.-nlat.⟩:* Deckname, der aus dem Namen eines Bühnenautors od. Schauspielers besteht

Sce|no|test ['stse:...] vgl. Szenotest

Schab|bes *der;* -, - *⟨jidd.⟩:* ↑ Sabbat

Schab|lo|ne *die;* -, -n *⟨Herkunft unsicher⟩:* 1. ausgeschnittene Vorlage [zur Vervielfältigung], Muster. 2. vorgeprägte, herkömmliche Form, geistlose Nachahmung ohne eigene Gedanken

schab|lo|nie|ren u. **scha|b|lo|ni|sie|ren:** a) nach einer Schablone [be]arbeiten, behandeln; b) in eine Schablone pressen

Schab|bot|ite *die;* -, -n *⟨fr.⟩:* schweres Beton-od. Stahlfundament für Maschinenhämmer

Scha|b|ra|cke *die;* -, -n *⟨türk.-ung.⟩:* 1. a) verzierte Decke über od. unter dem Sattel; Untersatteldecke; Prunkdecke; b) übergelegte, überhängende Zier-und Schutzdecke (bes. für Polstermöbel); c) aus dem gleichen Stoff wie die Übergardine gefertigter Behang, der quer oberhalb des Fensters angebracht ist. 2. (ugs. abwertend) a) alte [hässliche] Frau; altes Pferd; c) alte, abgenutzte Sache. 3. (Jägerspr.) weißer Fleck auf den Flanken des männlichen Wildschafs

Scha|b|run|ke *die;* -, -n: (veraltet) Decke über den Pistolenhalftern

schach|matt *⟨pers.-arab.-roman.⟩:* 1. unfähig, den im Schachspiel unmittelbar angegriffenen König zu verteidigen, u. damit die Partie verlierend. 2. handlungsunfähig, erschöpft

Schal|dor *vgl.* Tschador

Schal|duf *der;* -s, -s *⟨arab.⟩:* ägyptisches Schöpfwerk in Form eines Hebebaums

Scha|fi|it *der;* -en, -en *⟨arab.⟩:* Angehöriger einer islamischen Rechtsschule

Scha|fott *das;* -[e]s, -e *⟨vulgärlat.-niederl.⟩:* Stätte, meist erhöhtes Gerüst, für Enthauptungen

Schah *der;* -s, -s *⟨pers.⟩:* a) (ohne Plural) persischer Herrschertitel; b) Träger dieses Titels

Schah-in-Schah *der;* -s, -s *⟨„König der Könige"⟩:* a) (ohne Plural; früher) offizieller Titel des iranischen Herrschers; b) Träger dieses Titels

Scha|i|tan *der;* -s, -e *⟨arab.⟩:* Teufel, Dämon

Schai|wa u. **Shaiva** *der;* -[s], -s (meist Plural) *⟨sanskr.⟩:* (im Hinduismus) Verehrer des Gottes Schiwa

Schal|kal [auch: 'ʃa:...] *der;* -s, -e *⟨sanskr.-pers.-türk.⟩:* in Asien, Südosteuropa u. Afrika heimisches) hundeartiges Raubtier, das überwiegend nachts auf der Jagd ist

Scha|la|re *der;* -s, -s *⟨indian.-port.⟩:* südamerikanisches breitschnäuziges Krokodil

Schak|ta u. Shakta *der;* -s, -s *⟨sanskr.⟩:* Anhänger einer hinduistischen Religionsgemeinschaft, die die Göttin Schakti verehrt

Schak|ti u. Shakti *die;* -: Urkraft

S

im Hinduismus, die mythologisch meist als weibliche Gottheit dargestellt wird

Schal|lan|ken die (Plural) ⟨ung.⟩: an Pferdegeschirren lang herabhängender Schmuck aus Leder

Scha|lom u. Shalom [ʃa...] ⟨hebr.⟩: Frieden! (hebräische Begrüßungsformel)

Scha|lot|te die; -, -n ⟨lat.-vulgärlat.-fr.; vom Namen der Stadt Askalon in Palästina⟩: kleine Zwiebel von mildem Aroma und weißem bis violettem Fleisch

Schal|lup|pe die; -, -n ⟨fr.⟩: Frachtfahrzeug; großes Beiboot

Schal|war der; -[s], -s ⟨pers.-türk.⟩: im Orient (von Frauen getragene) lange, weite, meist blaue Hose

Scha|ma|de die; -, -n ⟨lat.-it.-fr.⟩: (veraltet) [mit Trommel od. Trompete gegebenes] Zeichen der Kapitulation; **Schamade schlagen:** sich ergeben

Scha|ma|ne der; -n, -n ⟨sanskr.-tungus.⟩: (bei bestimmten Naturvölkern) Zauberpriester, der mit Geistern u. den Seelen Verstorbener Verbindung aufnimmt

Scha|ma|nis|mus der; - ⟨sanskr.-tungus.-nlat.⟩: (Völkerk.) Glaube an die Fähigkeit der Schamanen

Scha|mi|sen vgl. Samisen

Scham|mes der; -, - ⟨hebr.-jidd.⟩: Synagogendiener

¹Schal|mott der; -s ⟨hebr.-jidd.⟩: (ugs.) Kram, Zeug, wertlose Sachen

²Schal|mott der; -s ⟨dt.-it.⟩: (österr. ugs.) ↑ Schamotte

Scha|mot|te [auch: ...'mɔt] die; - ⟨dt.-it.⟩: feuerfester Ton. **scha-mot|tie|ren:** (österr.) mit Schamottesteinen auskleiden

Scham|pon vgl. Shampoo. **scham-po|nie|ren:** das Haar mit Schampon waschen

Scham|pun [auch: ...'pu:n] vgl. Shampoo. **scham|pu|nie|ren:** schamponieren

Scham|pus der; - ⟨ugs.⟩: Sekt

schang|hai|en ⟨nach der chin. Stadt Schanghai⟩: einen Matrosen gewaltsam heuern

Schan|tung|sei|de die; -, -n u. **Schantung** der; -, -s ⟨nach der chin. Provinz Schantung⟩: Seidengewebe aus Tussahseide mit rauer Oberfläche

Schap|pe die; -, -n ⟨fr.⟩: [Gewebe aus] Abfallseide

Scha|ra|de die; -, -n ⟨fr.⟩: Worträtsel, bei dem das zu erratende Wort in Silben od. sonstige Bestandteile zerlegt wird

Scha|raff der; -s ⟨hebr.⟩: heißer Wüstenwind in Israel

Schä|re die; -, -n (meist Plural) ⟨schwed.⟩: kleine, buckelartige Felseninsel od. -klippe, bes. vor der schwedischen od. der finnischen Ostseeküste

Scha|ria u. Scheria die; - ⟨arab.⟩: religiöses Gesetz des Islams, das kultische Pflichten verzeichnet sowie ethische Normen u. Rechtsgrundsätze für alle Lebensbereiche aufstellt

Scha|rif vgl. Scherif

Schar|la|tan der; -s, -e ⟨it.-fr.⟩: jmd., der bestimmte Fähigkeiten vortäuscht u. andere damit hinters Licht führt

Schar|la|ta|ne|rie die; -, ...ien u. **Schar|la|ta|nis|mus** der; -, ...ismen ⟨it.-fr.-nlat.⟩: a) Verhaltensweise eines Scharlatans; b) Schwindelei eines Scharlatans

Scharm vgl. Charme. **schar|mant** vgl. charmant

schar|mie|ren ⟨lat.-fr.⟩: (veraltet) durch seinen Charme bezaubern

Schar|müt|zel das; -s, - ⟨dt.-it.⟩: kurzes, kleines Gefecht, Plänkelei **schar|müt|zeln:** ein kleines Gefecht führen

schar|mut|zie|ren: (veraltet, aber noch landsch.) flirten

Schar|nier das; -s, -e ⟨lat.-vulgärlat.-fr.⟩: 1. drehbares Gelenk [an Türen]. 2. (Geol.) Umbiegungslinie einer Flexur

¹Schar|pie [...jə] die; - ⟨lat.-vulgärlat.-fr.⟩: früher als Verbandsmaterial verwendete zerzupfte Leinwand

²Schar|pie das; -s, -s ⟨engl.⟩: in bestimmter Bauweise hergestelltes leichtes Segelboot

schar|rie|ren ⟨lat.-vulgärlat.-fr.⟩: die Oberfläche von Steinen mit dem Steinmetzeisen bearbeiten

Schar|te|ke die; -, -n ⟨niederd.⟩: 1. a) altes wertloses Buch, Schmöker; b) (veraltend) anspruchsloses Theaterstück. 2. (abwertend) unsympathische ältere Frau

Schar|wen|zel u. Scherwenzel der; -s, - ⟨tschech.⟩: 1. Bube, Unter in

Kartenspielen. 2. (ugs.) übergeschäftiger, dienstbeflissener Mensch. 3. (Jägerspr.) Fehlschuss. **schar|wen|zeln** u. scherwenzeln: (ugs.) schmeichlerisch, liebedienerisch um jmdn. herum sein

Schasch|ka die; -, -s ⟨russ.⟩: früher von Soldaten getragener russischer Kavalleriesäbel

Schasch|lik der od. das; -s, -s ⟨turkotat.-russ.⟩: Spieß, auf dem kleine, scharf gewürzte Stückchen Fleisch [zusammen mit Speck, Zwiebeln, Paprika u. Tomaten] gereiht u. gebraten od. gegrillt werden

schas|sen ⟨lat.-vulgärlat.-fr.⟩: (ugs.) 1. kurzerhand [von der Schule, der Lehrstätte, aus der Stellung] entlassen. 2. fassen, ergreifen. 3. (landsch.) jagen

schas|sie|ren: mit kurzen Schritten geradlinig tanzen

Scha|tul|le die; -, -n ⟨mlat.⟩: 1. Geld-, Schmuckkästchen. 2. (veraltet) Privatkasse eines Staatsoberhaupts od. eines Fürsten

Sche|be|cke die; -, -n ⟨arab.-span.-it.-fr.⟩: Mittelmeerschiff des 17. u. 18. Jh.s mit zwei bis drei Masten

Schech vgl. Scheich

Scheck, schweiz. auch: Cheque u. Check [ʃɛk] der; -s, -s ⟨engl.⟩: Zahlungsanweisung an eine Bank; vgl. ²Check

sche|cken vgl. checken

Sche|da die; -, ...den ⟨lat.⟩: (veraltet) einzelnes Blatt Papier

Sched|bau u. Shedbau der; -[e]s, ...bauten ⟨engl.; dt.⟩: eingeschossiger Bau mit Satteldach

Sched|dach u. Sheddach das; -s, ...dächer: Dach, das ungleich große u. verschieden geneigte Flächen hat; Sattel-, Sägedach

Sche|du|la die; -, ...lä ⟨gr.-lat.⟩: Verkleinerungsform von Scheda

Scheich, Schech u. **Scheik** der; -s, -e u. -s ⟨arab.; "Ältester"⟩: 1. a) (ohne Plural) arabischer Ehrentitel führender Persönlichkeiten der traditionellen islamischen Gesellschaft; b) Träger dieses Titels. 2. (ugs.) Freund eines Mädchens, einer Frau

Sche|kel der; -s, - ⟨hebr.⟩: 1. israelische Währungseinheit. 2. vgl. Sekel

Schelf der od. das; -s, -e ⟨engl.⟩: (Geogr.) Festlandsockel; Flachmeer entlang der Küste

Schel|lack der; -[e]s, -e ⟨niederl.⟩: (auch synthetisch hergestellte) Mischung aus Baumharz u. Wachsabscheidungen (bes. der Lackschildlaus), die zur Herstellung von Lacken u. Firnis verwendet wird

Schel|to|pu|sik der; -s, -e ⟨russ.⟩: (in Südosteuropa u. Vorderasien lebende) große braune bis kupferfarbene Schleiche

Sche|ma das; -s, -s u. -ta, ...men ⟨gr.-lat.⟩: 1. Muster, anschauliche [grafische] Darstellung, Aufriss. 2. Entwurf, Plan, Form **sche|ma|tisch:** 1. einem Schema folgend, anschaulich zusammenfassend u. gruppierend. 2. gleichförmig; gedankenlos **sche|ma|ti|sie|ren** ⟨gr.-lat.-nlat.⟩: nach einem Schema behandeln; in eine Übersicht bringen **Sche|ma|tis|mus** der; -, ...men ⟨gr.-lat.⟩: 1. gedankenlose Nachahmung eines Schemas. 2. statistisches Handbuch einer katholischen Diözese od. eines geistlichen Ordens

Sche|men: Plural von ↑ Schema

Scheng u. **Scheng** das; -s, -s ⟨chin.⟩: chinesische Mundorgel

Sche|ol der; -s ⟨hebr.⟩: (im Alten Testament) als Unterwelt gedachtes Totenreich, in dem die Toten mit verminderter Lebenskraft weiterexistieren

Scher|bett vgl. Sorbet

Sche|ria vgl. Scharia

Sche|rif u. Scharif der; -s u. -en, -s u. -e[n] ⟨arab.; „erhaben"⟩: a) (ohne Plural) Titel der Nachkommen des Propheten Mohammed; b) Träger dieses Titels

Scher|wen|zel usw. vgl. Scharwenzel usw.

scher|zan|do [skɛr...] ⟨germ.-it.⟩: (Mus.) in der Art des Scherzos (Vortragsanweisung)

Scher|zo ['sk...] das; -s, -s u. ...zi: (Mus.) Tonstück von heiterem Charakter, (meist dritter) Satz in Sinfonie, Sonate u. Kammermusik

scher|zo|so [sk...]: ↑ scherzando

Schi vgl. Ski

Schia die; - ⟨arab.; „Sekte, Partei"⟩: eine der beiden Hauptrichtungen des Islams, die allein Ali, den Schwiegersohn Mohammeds, sowie dessen

Nachkommen als rechtmäßige Stellvertreter des Propheten anerkennt

Schib|bo|leth das; -s, -e u. -s ⟨hebr.; „Ähre" od. „Strom", nach der Losung der Gileaditer, Richter 12, 5 f.⟩: Erkennungszeichen, Losungswort; Merkmal

Schi|bob vgl. Skibob

schick ⟨dt.-fr.⟩: 1. modisch, schön, geschmackvoll gekleidet. 2. (ugs.) erfreulich, nett. 3. (ugs.) in Mode, modern. **Schick** der; -[e]s: 1. modische Eleganz, gutes Aussehen, gefällige Form. 2. (schweiz.) [vorteilhafter] Handel

Schi|cke|ria die; - ⟨it.⟩: modebewusste [obere] Gesellschaftsschicht

Schick|se die; -, -n ⟨jidd.-Gaunerspr.⟩: 1. (abwertend) Flittchen. 2. (aus jüdischer Sicht) Nichtjüdin

Schie|da|mer der; -s, - ⟨nach der niederl. Stadt Schiedam⟩: ein Kornbranntwein

Schi|is|mus der; - ⟨arab.-nlat.⟩: Lehre der Schiiten

Schi|it der; -en, -en: Anhänger der Schia. **Schi|i|tin** die; -, -nen: weibliche Form zu ↑ Schiit **schi|i|tisch:** zur Schia gehörend, sie betreffend

Schi|ka|ne die; -, -n ⟨fr.⟩: 1. böswillig bereitete Schwierigkeit, Bosheit. 2. (Sport) [eingebaute] Schwierigkeit in einer Autorennstrecke. 3. (Rechtsspr.) [unzulässige] Ausübung eines Rechts zur ausschließlichen Schädigung eines anderen; **mit allen Schikanen:** mit allem verwöhnten Ansprüchen genügenden Zubehör; mit besonderer technischer o. a. Vollkommenheit, Vervollkommnung [für hohe Ansprüche]

Schi|ka|neur [...ˈnøːɐ̯] der; -s, -e: jmd., der andere schikaniert **schi|ka|nie|ren:** jmdm. in kleinlicher u. böswilliger Weise Schwierigkeiten machen **schi|ka|nös:** 1. andere schikanierend. 2. von Böswilligkeit zeugend

Schi|kjö|ring ['ʃiːjørɪŋ] vgl. Skikjöring

Schil|ling vgl. Shilling

Schil|lum das; -s, -s ⟨pers.-Hindiengl.⟩: meist aus Holz gefertigtes Röhrchen, bes. zum Rauchen von Haschisch u. Marihuana

Schi|ma|ra|thon vgl. Skimarathon

Schi|mä|re die; -, -n ⟨gr.-lat.-fr.; nach dem Ungeheuer ↑ Chimära⟩: Trugbild, Hirngespinst. **schi|mä|risch:** trügerisch

Schim|pan|se der; -n, -n ⟨afrik.⟩: kleiner afrikanischer Menschenaffe

schim|pan|so|id ⟨afrik.; gr.⟩: schimpansenähnlich

Schi|na|kel das; -s, -[n] ⟨ung.⟩: (österr. ugs.) 1. kleines Ruderboot. 2. (nur Plural) breite, ausgetretene Schuhe

Schin|to|is|mus u. Shintoismus der; - ⟨nlat., von chin.-jap. shintō „Weg der Götter"⟩: japanische Nationalreligion mit Verehrung der Naturkräfte u. Ahnenkult. **Schin|to|ist** u. Shintoist der; -en, -en: Anhänger des Schintoismus. **Schin|to|is|tin** u. Shintoistin die; -, -nen: weibliche Form zu ↑ Schintoist. **schin|to|is|tisch** u. shintoistisch: zum Schintoismus gehörend

Schi|ras der; -, - ⟨nach der iran. Stadt⟩: 1. weicher Teppich aus glänzender Wolle u. mit ziemlich langem Flor. 2. persianerähnliches Fettschwanzschaf

Schi|rok|ko der; -s, -s ⟨arab.-it.⟩: sehr warmer, oft stürmischer Mittelmeerwind

Schir|ting der; -s, -e ⟨engl.⟩: oft als Futterstoff verwendetes Baumwollgewebe in Leinwandbindung (eine Webart)

Schir|wan der; -[s], -s ⟨nach der kaukas. Landschaft⟩: dichter, kurz geschorener Teppich mit geometrischer Musterung

Schis|ma [auch: 'sç...] das; -s, ...men u. -ta ⟨gr.-lat.⟩: 1. a) Kirchenspaltung; b) in der Weigerung, sich dem Papst, den ihm unterstehenden Bischöfen unterzuordnen, bestehendes kirchenrechtliches Delikt. 2. (Mus.) kleinstes musikalisches Intervall

Schis|ma|ti|ker [auch: sç...] der; -s, -: Verursacher einer Kirchenspaltung, Anhänger einer schismatischen Gruppe **schis|ma|tisch** [auch: sç...]: a) die Kirchenspaltung betreffend; b) eine Kirchenspaltung betreibend

Schis|men [auch: 'sçı...]: Plural von ↑ Schisma

Schiss|la|weng vgl. Zislaweng

Schis|to|pro|s|o|pie [auch: sç...] *die; -* ⟨*gr.-nlat.*⟩: ↑ Prosoposchisis

Schis|to|so|ma [auch: sç...] *das; -s, -ta:* (Med.) Egel, der in Blutgefäßen schmarotzt

Schis|to|so|mi|a|se [auch: sç...] *die; -, -n:* (Med.) durch Schistosomata hervorgerufene Wurmerkrankung

---

schi|zo..., Schi|zo...

⟨zu *gr.* schízein „spalten, durchschneiden, trennen"⟩ Wortbildungselement mit der Bedeutung „Spaltung, Trennung":
– Schizogonie
– Schizonychie
– Schizophasie
– schizophren

---

schi|zo|gen: (Biol.; von Gewebslücken) durch Spaltung od. Auseinanderweichen von Zellwänden entstanden. **Schi|zo|go|nie** *die; -, ...ien:* (Biol.) ungeschlechtliche Vermehrung durch Zerfallen einer Zelle in mehrere Teilstücke (z. B. im Entwicklungszyklus des Malariaerregers)

schi|zo|id: (Psychol.) der Schizophrenie ähnlich

Schi|zo|my|zet *der; -en, -en* (meist Plural): (Biol.) Bakterie, die sich ungeschlechtlich durch Querteilung vermehrt; Spaltpilz

Schi|z|o|ny|chie *die; -, ...ien:* (Med.) Spaltung des freien Randes der Nägel infolge Brüchigkeit

Schi|zo|pha|sie *die; -, ...ien:* (Psychol.) Äußerung zusammenhangloser Wörter u. Sätze

schi|zo|phren: 1. (Med.) an Schizophrenie leidend, zum Erscheinungsbild der Schizophrenie gehörend. 2. (ugs) in sich widersprüchlich, unvereinbar (mit anderem). 3. (ugs.) verrückt, absurd. **Schi|zo|phre|nie** *die; -, ...ien:* 1. (Med., Psychol.) extreme Verhaltensstörung mit den Hauptsymptomen Denkstörung, Wahn, Wahrnehmungsstörung, motorische und affektive Störungen. 2. (ugs.) innere Widersprüchlichkeit, Zwiespältigkeit, Unsinnigkeit, absurdes Verhalten

Schi|zo|phy|ten *die* (Plural): (Biol. veraltet) Bakterien u. Blaualgen

Schi|zo|phy|zee *die; -, -n* (meist Plural): (Biol. veraltet) Zyanophyzee

schi|zo|thym: 1. (Psychol.) eine dem leptosomen Körperbau zugeschriebene Temperamentsform aufweisend. 2. (Med.) latente Veranlagung zu Schizophrenie besitzend

Schi|zo|thy|me *der u. die; -n, -n:* (Med., Psychol.) jmd., der schizothym veranlagt ist

Schi|zo|thy|mie *die; -:* 1. (Psychol.) Eigenschaft u. Veranlagung des schizothymen Konstitutionstyps. 2. (Med.) Veranlagung zu Schizophrenie

Schlach|ta *die; -:* ⟨*poln.*⟩: (hist.) der niedere polnische Adel

Schlacht|schitz *der; -en, -en:* (hist.) Angehöriger der Schlachta

Schla|mas|sel *der* (auch, österr. nur: *das*); *-s* ⟨*jidd.*⟩: (ugs.) Unglück; verfahrene, schwierige Situation

Schle|mihl [auch: ...'mi:l] *der; -s, -e* ⟨*hebr.*⟩: (ugs.) 1. jmd., dem [durch eigene Dummheit] alles misslingt; Pechvogel. 2. gerissener Mensch

Schlipp vgl. Slip (2)

Schlup vgl. Slup

Schma *das; -* ⟨*hebr.; „*höre!"⟩: das jüdische Bekenntnisgebet

Schmal|te *die; -, -n* ⟨*germ.-it.*⟩: pulverig gemahlener, kobaltblauer Farbstoff für feuerfeste Glasuren

Schmal|sche *die; -, -n* ⟨*poln.*⟩: Fell eines tot geborenen Lamms

Schmock *der; -[e]s, Schmöcke* (auch: -e u. -s) ⟨*slowen.;* nach dem Namen einer Romanfigur in G. Freytags „Die Journalisten"⟩: (abwertend) gesinnungsloser Journalist, Schriftsteller

Schmo|ne es|re *das; - -* ⟨*hebr.; „*das Achtzehnbittengebet"⟩: längeres Gebet des werktäglichen jüdischen Gottesdienstes

Schmon|zes *der; -, -* ⟨*jidd.*⟩: leeres Geschwätz

Schmon|zet|te *die; -, -n:* (ugs. abwertend) wenig geistreiches, kitschiges Stück, albernes Machwerk

Schmu *der; -s* ⟨*hebr.-jidd.*⟩: (ugs.) etwas, was nicht ganz korrekt ist; **Schmu machen:** (ugs.) auf harmlose Weise betrügen

Schmus *der; -es* ⟨*hebr.-jidd.*⟩: (ugs.) leeres Gerede, Geschwätz; Schönrednerei, Lobhudelei. **schmu|sen:** (ugs.) 1. mit jmdm. zärtlich sein, Liebkosungen austauschen. 2. (abwertend) schwatzen, schmeicheln, schöntun

Scho|ah u. **Shoah** *die; -* ⟨*hebr.*⟩: der von den Nationalsozialisten betriebene Holocaust

Schock *der; -[e]s, -s* ⟨*niederl.-engl.*⟩: 1. durch ein plötzlich katastrophenartiges od. außergewöhnlich belastendes Ereignis ausgelöste Erschütterung, ausgelöster großer Schreck [wobei die Betroffene nicht mehr fähig ist, seine Reaktionen zu kontrollieren]. 2. (Med.) akutes Kreislaufversagen mit ungenügender Sauerstoffversorgung lebenswichtiger Organe

scho|ckant ⟨*niederl.-fr.*⟩: anstößig

scho|cken ⟨*niederl.-fr.-engl.*⟩: 1. (Med.) mit künstlich erzeugtem (z. B. elektrischem) Schock behandeln. 2. jmdm. einen Schock (1) versetzen, jmdn. verstören, aus dem seelischen Gleichgewicht bringen

Scho|cker *der; -s, -:* Roman od. Film mit gruseligem od. anstößigem Inhalt

scho|ckie|ren ⟨*niederl.-fr.*⟩: Entrüstung, moralische Empörung hervorrufen; jmdn. aufbringen

Schock|me|ta|mor|pho|se *die; -, -n:* (Geol.) Umwandlung von Gesteinen durch starke Druckwellen (z. B. durch Kernexplosion erzeugt)

Schock|the|ra|pie *die; -, -n:* Heilverfahren, das den gezielten Einsatz von elektrischen Schocks beinhaltet

Scho|far *der; -[s], Schofaroth* ⟨*hebr.*⟩: ein im jüdischen Kult verwendetes Widderhorn, das z. B. zur Ankündigung des Sabbats geblasen wird

scho|fel u. **schofelig, schoflig** ⟨*hebr.-jidd.*⟩: (ugs.) 1. gemein, niedrig, schäbig. 2. knauserig, armselig, kümmerlich

Scho|fel *der; -s, -:* (ugs.) 1. Schund, schlechte Ware. 2. gemeiner Mensch

scho|fe|lig vgl. schofel

Schof|för vgl. Chauffeur

schof|lig vgl. schofel

Scho|gun u. Shogun *der; -s, -e* ⟨*chin.-jap.*⟩: (hist.) a) (ohne Plural) [erblicher] Titel japanischer kaiserlicher Feldherren, die lange Zeit anstelle der machtlosen Kaiser das Land regierten; b) Träger dieses Titels

Scho|gu|nat u. Shogunat *das;* -[e]s ⟨*chin.-jap.-nlat.*⟩: (hist.) Amt eines Schoguns

Scho|i|tasch *der;* - ⟨*ung.*⟩: (veraltet) Plattschnurbesatz an der Husarenuniform

Scho|ko|la|de *die;* -, -n ⟨*mex.-span.-niederl.*⟩: 1. mit Zucker [Milch o. Ä.] gemischte Kakaomasse, die meist in Tafeln gewalzt od. in Figuren gegossen ist. 2. Getränk aus Schokoladenmasse und Milch

scho|ko|lie|ren ⟨*mex.-span.-niederl.-nlat.*⟩: mit Schokolade überziehen

Scho|la ['sko:la, auch: 'sç...] *die;* -, ...ae [...ɛ] ⟨*gr.-lat.*⟩: (Mus.) institutionelle Vereinigung von Lehrern u. Schülern, bes. zur Pflege u. Weiterentwicklung des gregorianischen Chorals (im Mittelalter)

Scho|lar, auch: Scholast [ʃ...] *der;* -en, -en ⟨*gr.-lat.*⟩: (hist.) [herumziehender] Schüler, Student [im Mittelalter]

Scho|l|arch *der;* -en, -en ⟨*gr.*⟩: (hist.) Vorsteher einer Klosterod. Domschule im Mittelalter

Scho|l|ar|chat *das;* -[e]s, -e ⟨*gr.-nlat.*⟩: (hist.) Amt eines Scholarchen

Scho|last vgl. Scholar

Scho|las|tik *die;* - ⟨*gr.-mlat.;* „Schulwissenschaft, Schulbetrieb"⟩: 1. die auf die antike Philosophie gestützte, christliche Dogmen verarbeitende Philosophie u. Theologie des Mittelalters (etwa 9.– 14. Jh.). 2. engstirnige, dogmatische Schulweisheit

Scho|las|ti|kat *das;* -[e]s, -e ⟨*gr.-mlat.-nlat.*⟩: Studienzeit des Scholastikers (2)

Scho|las|ti|ker *der;* -s, - ⟨*gr.-mlat.*⟩: 1. Vertreter der Scholastik. 2. junger Ordensgeistlicher während des philosophisch-theologischen Studiums, bes. bei den Jesuiten. 3. (abwertend) reiner Verstandesmensch, spitzfindiger Haarspalter. **Scho|las|ti|ke|rin** *die;* -, -nen: weibliche Form zu ↑ Scholastiker (3)

Scho|las|ti|kus *der;* -, ...ker: ↑ Scholarch

scho|las|tisch: 1. nach der Methode der Scholastik, die Philosophie der Scholastik betreffend. 2. (abwertend) spitzfindig, rein verstandesmäßig

Scho|las|ti|zis|mus *der;* - ⟨*gr.-mlat.-nlat.*⟩: 1. einseitige Überbewertung der Scholastik. 2. (abwertend) übertriebene Spitzfindigkeit

Scho|li|ast *der;* -en, -en ⟨*gr.-mgr.-mlat.*⟩: Verfasser von Scholien

Scho|lie [...i̯ə] *die;* -, -n u. **Scho|li|on** *das;* -s, Scholien ⟨*gr.*⟩: erklärende Randbemerkung [alexandrinischer Philologen] in griechischen u. römischen Handschriften

Scho|re vgl. Sore

Scho|se vgl. Chose

schraf|fie|ren ⟨*it.-niederl.*⟩: (Kunstwiss.) [eine Fläche] mit parallelen Linien stricheln

Schraf|fur *die;* -, -en: a) schraffierte Fläche auf einer Zeichnung; b) Strichzeichnung auf [Land]karten; c) Strichelung

Schrap|nell *das;* -s, -e u. -s ⟨nach dem engl. Artillerieoffizier H. Shrapnel⟩: 1. (veraltet) Sprenggeschoss mit Kugelfüllung. 2. (abwertend) ältere, als unattraktiv empfundene Frau

Schred|der *der;* -s, - ⟨*engl.*⟩: a) technische Anlage zum Verschrotten u. Zerkleinern von Autowracks; b) Zerkleinerungsmaschine (z. B. für Gartenabfälle). **schred|dern:** mit einem Schredder zerkleinern

schrin|ken ⟨*engl.*⟩: Gewebe Feuchtigkeit zuführen, um sie im Griff weicher u. krumpfecht zu machen

Schu|bi|ack *der;* -s, -s u. -e ⟨*niederl.*⟩: (landsch. abwertend) niederträchtiger Mensch, Lump

Schu|d|ra u. Shudra *der;* -s, -s ⟨*sanskr.*⟩: (hist.) Angehöriger der vierten, dienenden Hauptkaste im alten Indien; vgl. Waischja

Schul|chan A|ruch [...'xa:n ...x] *der;* - - ⟨*hebr.;* „gedeckter Tisch", nach Psalm 23, 5⟩: um 1500 n. Chr. entstandenes maßgebendes jüdisches Gesetzeswerk

Schwa *das;* -[s], -[s] ⟨*hebr.*⟩: (Sprachw.) in bestimmten unbetonten Silben erscheinende Schwundstufe des vollen Vokals; Murmel-e (Lautzeichen: ə)

Schwa|d|ron *die;* -, -en ⟨*lat.-vul-*gärlat.-it.*⟩: (Milit.) kleinste Truppeneinheit der Kavallerie

Schwa|d|ro|na|de *die;* -, -n ⟨mit französierender Endung gebildet⟩: wortreiche, aber nichts sagende Schwafelei, prahlerisches Gerede

Schwa|d|ro|neur [...'nøːɐ̯] *der;* -s, -e ⟨*lat.-it.-fr.*⟩: jmd., der schwadroniert

schwa|d|ro|nie|ren: schwatzen, viel u. lebhaft erzählen

Schwer|ath|let *der;* -en, -en: Sportler, der Schwerathletik treibt

Schwer|ath|le|tik *die;* -: sportliche Disziplin, die Ringen, Gewichtheben, Kunst- u. Rasenkraftsport umfasst; Kraftsport; vgl. Leichtathletik

Schwer|ath|le|tin *die;* -, -nen: weibliche Form zu ↑ Schwerathlet

schwo|ien u. **schwo|jen** ⟨*altnord.-niederl.*⟩: (Seew.) sich durch Wind od. Strömung vor Anker drehen

Sci|ence-Fic|tion, auch: **Science|fic|tion** ['saiəns'fɪkʃn̩] *die;* - ⟨*engl.*⟩: fantastische Literatur utopischen Inhalts auf naturwissenschaftlich-technischer Grundlage

Sci|en|tis|mus [sts...] usw. vgl. Szientismus usw.

Sci|en|to|lo|gy ® [saiən'tɔlədʒɪ] *die;* -: mit religiösem Anspruch auftretende Bewegung, deren Anhänger behaupten, eine wissenschaftliche Theorie über das Wissen u. damit den Schlüssel zu (mithilfe bestimmter psychotherapeutischer Techniken zu erlangender) vollkommener geistiger u. seelischer Gesundheit zu besitzen

Sci|fi ['saɪfi] *die;* -: Kurzform von ↑ Science-Fiction

sci|li|cet ['stsiːlitsɛt] ⟨*lat.*⟩: nämlich; Abk.: sc. u. scil.

Scil|la ['stsɪla] *die;* -, ...llen ⟨*lat.*⟩: Szilla

scio|l|to ['ʃɔlto] ⟨*lat.-vulgärlat.-it.*⟩: (Mus.) frei, ungebunden im Vortrag

Scoop [sku:p] *der;* -s, -s ⟨*engl.*⟩: Exklusivmeldung, Knüller

Scoo|ter [sku:tɐ] *der;* -s, - ⟨*engl.*⟩: 1. Segelboot mit Stahlkufen zum Wasser- u. Eissegeln. 2. ↑ Skooter

Sco|po|l|a|min [sk...] vgl. Skopolamin

Scor|da|tu|ra [sk...] u. Skordatur

die; - ⟨*lat.-it.*⟩: (Mus.) von der üblichen Stimmung abweichende Umstimmung von Saiteninstrumenten (z. B. zur Erzeugung besonderer Klangeffekte); Ggs. ↑ Accordatura

Score [sko:ɐ̯] *der; -s, -s* ⟨*engl.*⟩: 1. a) Spielstand, Spielergebnis; b) Zahl der erreichten Treffer im Lotto od. der erreichten Punkte in einem sportlichen Wettkampf. 2. (Psychol.) geschätzter od. gemessener Zahlenwert, Messwert (z. B. bei Testergebnissen)

Score|kar|te [ˈskoːɐ̯...] *die; -, -n*: vorgedruckte Karte, auf der die Anzahl der von einem Spieler (beim Golf, Minigolf) gespielten Schläge notiert wird

sco|ren [ˈskoːrən]: (Sport) einen Punkt, ein Tor o. Ä. erzielen

Sco|rer [ˈskoːrɐ] *der; -s -*: 1. jmd., der die von den einzelnen Spielern (beim Golf, Minigolf) gemachten Schläge zählt. 2. Spieler, der scort. **Sco|re|rin** *die; -, -nen*: weibliche Form zu ↑ Scorer

Scotch [skɔtʃ] *der; -s, -s* ⟨*engl.; Kurzw. aus: scotch whisky*⟩: schottischer Whisky; vgl. Bourbon

Scotch|ter|ri|er [ˈskɔtʃ...] *der; -s, -* ⟨*engl.*⟩: ein schottischer Jagdhund

Sco|tis|mus [sk...] *der; -* ⟨*nlat.; nach dem schott. Scholastiker Duns Scotus*⟩: philosophische Richtung, die durch die Vorrangstellung des Willens vor der Vernunft gekennzeichnet ist. **Sco|tist** *der; -en, -en*: Vertreter des Scotismus

Scot|land Yard [ˈskɔtlənd ˈjɑːd] *der; - -* ⟨*engl.*⟩: [Hauptgebäude der] Londoner Kriminalpolizei

Scout [skaʊt] *der; -s, -s* ⟨*engl.*⟩: 1. a) Pfadfinder; vgl. Boyscout; b) Wegbereiter, Vorreiter, Vordenker. 2. (Jargon) a) jmd., der Erfolg versprechende [Börsen]geschäfte ausfindig macht; b) jmd., der im Ausland nach erfolgreichen Büchern Ausschau hält, um für seinen Verlag die Lizenz zu erwerben. **scou|ten** [ˈskaʊtən] ⟨*engl.*⟩: (ugs.) auskundschaften, erkunden

Scrab|ble ® [ˈskrɛbl] *das; -s, -s* ⟨*engl.*⟩: Spiel für zwei bis vier Mitspieler, bei dem aus Spielsteinen mit Buchstaben Wörter nach einem bestimmten Verfahren zusammengesetzt werden müssen

Scra|pie [ˈskreːpi] *die; -* ⟨*engl.*⟩: (Tiermed.) Traberkrankheit (der BSE ähnliche, vor allem bei Schafen auftretende Tierseuche)

Scraps [skrɛps] *die* (Plural) ⟨*altnord.-engl.*⟩: Tabak, der aus den unteren Blättern der Tabakpflanze hergestellt wird

scratch [skrɛtʃ] ⟨*engl.*⟩: ohne Vorgabe (beim Golf)

scrat|chen [ˈskrɛtʃn] ⟨*engl.*⟩: Scratching betreiben. **Scratching** [ˈskrɛtʃɪŋ] *das; -s* ⟨*engl.*⟩: das Hervorbringen bestimmter akustischer Effekte durch Manipulieren der laufenden Schallplatte (bes. in der Diskomusik)

Scratch|spie|ler [ˈskrɛtʃ...] *der; -s, -*: Golfspieler mit sehr hoher u. konstanter Spielstärke, der ohne Vorgabe spielt

Screen [skriːn] *der; -[s], -s* ⟨*engl.*⟩: engl. Bez. für: Bildschirm

scree|nen [ˈskriːnən] ⟨*engl.; "untersuchen"*⟩: ein Screening durchführen. **Scree|ning** [ˈskriːnɪŋ] *das; -s, -s* u. **Scree|ning|test** *der; -s, -s*: (Med.) Verfahren zur Reihenuntersuchung (z. B. auf Krebs)

Screen|sa|ver [ˈskriːnseɪvɐ] *der; -s, -*: (EDV) Bildschirmschoner

Screen|shot [...ʃɔt] *der; -s, -s*: (EDV) [Fixierung u.] Abbildung einer Bildschirmanzeige

Screw|ball|ko|mö|die [ˈskruːbɔːl...] *die; -, -n* ⟨*engl.*⟩: aus Amerika stammende temporeiche, respektlose Filmkomödie, in der die Hauptfiguren unkonventionell, exzentrisch sind

scrib|beln [ˈskrɪ...] ⟨*engl.*⟩: 1. [aus Langeweile od. zur Ablenkung] Kritzeleien anfertigen. 2. Skizzen, Vorentwürfe für Werbegrafiken, Grundrisszeichnungen o. Ä. entwerfen. **Scrib|ble** [skrɪbl] *das; -s, -s*: erster, noch nicht endgültiger Entwurf für eine Werbegrafik, -fotografie o. Ä.

Scrip *der; -s, -s* ⟨*lat.-fr.-engl.*⟩: 1. Interimsschein als Ersatz für noch nicht fertig gestellte Stücke von neu ausgegebenen Wertpapieren. 2. Gutschein über nicht gezahlte Zinsen, durch den der Zinsanspruch zunächst abgegolten ist; vgl. Dollarscrip

Scrit|tu|ra *die; -, ...ren* ⟨*lat.-it.*⟩: schriftlicher Opernvertrag in Italien

scrol|len [ˈskroːlən] ⟨*engl.*⟩: (EDV) eine umfangreiche Datei, die auf dem Bildschirm nicht im Ganzen dargestellt werden kann, [durch vor allem vertikales Verschieben der Darstellung] in Ausschnitten nach und nach auf dem Bildschirm erscheinen lassen. **Scrol|ling** [ˈskroːlɪŋ] *das; -s* ⟨*engl.*⟩: (EDV) das Scrollen

Scro|tum vgl. Skrotum

Scrub [skrap] *der; -s, -s* ⟨*engl.*⟩: Buschvegetation in Australien

Scu|do *der; -, ...di* ⟨*lat.-it.; "Schild"*⟩: alte italienische Münze

sculp|sit ⟨*lat.; "hat [es] gestochen"*⟩: gestochen von (hinter dem Namen des Künstlers auf Kupferstichen); Abk.: sc., sculps.

Scu|tel|lum *das; -s, ...lla* ⟨*lat.-nlat.; "Schildchen"*⟩: zu einem Saugorgan umgewandeltes Keimblatt der Gräser

Scyl|la [ˈstsyla] vgl. Szylla

Scyth [stsyːt] *der; -s* ⟨*nach dem Volksstamm der Skythen*⟩: alpiner Buntsandstein

Sea|bor|gi|um [siː...] *das; -s* ⟨*nlat.; nach dem amerik. Chemiker G. T. Seaborg, 1912–1999*⟩: künstlich hergestelltes chem. Element; ein Transuran; Zeichen: Sg

Seal [ziːl, auch: siːl] *der od. das; -s, -s* ⟨*engl.*⟩: 1. Fell des Seebären (Ohrenrobbe). 2. Pelz aus Seal (1)

Seal|skin [ˈziːlskɪn, auch: ˈsiːlskɪn] *der od. das; -s, -s*: 1. Seal. 2. Plüschgewebe als Nachahmung des echten Seals

Sea|ly|ham|ter|ri|er [engl. ˈsiːliəm...] *der; -s, -* ⟨*nach Sealyham, dem walisischen Landgut des ersten Züchters*⟩: englischer Jagdhund

Sé|an|ce [zeˈãːs(ə)] *die; -, -n* [...sn̩] ⟨*lat.-fr.*⟩: [spiritistische] Sitzung

Search [saːtʃ] *die; -* ⟨*lat.-fr.-engl.*⟩: das Suchen nach Informationen (z. B. im Internet)

Sea|son [ˈziːzn̩] *die; -, -s* ⟨*lat.-fr.-engl.*⟩: engl. Bez. für: Saison

Seb|cha [ˈzɛpxa] *die; -, -s* ⟨*arab.*⟩:

(Geogr.) Salztonwüste u. Salzsumpf in der Sahara

Se|bor|rhö *die; -, -en* ⟨*lat.; gr.*⟩: (Med.) krankhaft gesteigerte Absonderung der Talgdrüsen; Schmerfluss

sec [sɛk] ⟨*lat.-fr.*⟩: ↑ dry

SECAM-Sys|tem *das; -s* ⟨Kurzw. aus *fr.* séquentiel à mémoire; „aufeinander folgend mit Zwischenspeicherung"; *gr.*⟩: französisches Farbfernsehsystem, das auf einer abwechselnden (nicht gleichzeitigen) Übertragung von Farbsignalen beruht; vgl. PAL-System

sec|co ⟨*lat.-it.*⟩: ital. Bez. für: trocken. **Sec|co** *das; -[s], -s:* (Mus.) nur von einem Tasteninstrument begleitetes Rezitativ

Sec|co|ma|le|rei *die; -:* Wandmalerei auf trockenem Putz; Ggs. ↑ Freskomalerei

Se|cen|tis|mus [zetʃɛn...] *der; -* ⟨*lat.-it.-nlat.*⟩: Stilrichtung in der italienischen Barockpoesie des 17. Jh.s; vgl. ²Marinismus.

Se|cen|tist *der; -en, -en:* Dichter, Künstler des Secentismus. **Se|cen|tis|tin** *die; -, -nen:* weibliche Form zu ↑ Secentist

Se|cen|to [ze'tʃɛnto] vgl. Seicento

Se|ces|si|on *die; -* ⟨*lat.*⟩: a) Form des Jugendstils in Österreich; b) Ausstellungsgebäude in Wien; vgl. aber: Sezession

se|con|da vol|ta ⟨*lat.-it.*⟩: (Mus.) das zweite Mal (bei der Wiederholung eines Teils); vgl. prima volta

se|cond|hand ['sɛkənt'hɛnt] ⟨*engl.*⟩: aus zweiter Hand; gebraucht

Se|cond|hand|shop *der; -s, -s* ⟨*engl.*⟩: Laden, in dem gebrauchte Ware (insbesondere gebrauchte Kleidung) verkauft wird

Se|cond|line ['sɛkənt'laɪn] *die; -* ⟨*engl.;* „zweite Reihe"⟩: 1. Schar von kleinen Jungen u. Halbwüchsigen, die früher hinter den Straßenkapellen in New Orleans herzog. 2. Nachwuchskräfte im Jazz

se|con|do ⟨*lat.-it.*⟩: (Mus.) das zweite (hinter dem Namen eines Instruments zur Angabe der Reihenfolge). **Se|con|do** *das; -s, -s u. ...di:* (Mus.) 1. zweite Stimme. 2. Bass bei vierhändigem Klavierspiel; Ggs. ↑ Primo

Se|c|ret Ser|vice ['si:krɪt 'sə:vɪs]

---

der; - - ⟨engl.⟩: britischer Geheimdienst

Sec|tio au|rea *die; - - ⟨lat.⟩:* (Math.) Teilung einer Strecke in der Art, dass sich die kleinere Teilstrecke zur größeren wie die größere zur ganzen Strecke verhält; goldener Schnitt

Sec|tio cae|sa|rea *die; - - ⟨lat.-mlat.⟩:* (Med.) Kaiserschnitt

Sec|tion ['zɛkʃn̩] *die; -, -s ⟨lat.-fr.-engl.⟩:* ein amerikanisches Landmaß (259 Hektar)

Se|cu|ri|ty [sɪ'kjʊərəti] *die; -, -s ⟨lat.-fr.-engl.⟩:* 1. Sicherheit [vor Gefahr od. Schaden]. 2. (meist Plural) a) (Bankw.) bankübliche Sicherheit, Kaution; b) (Börsenw.) Wertpapier

Se|cu|ri|ty|check, auch: **Se|cu|ri|ty-Check** [...tʃɛk] *der; -s, -s:* Sicherheitskontrolle (z. B. auf Flughäfen)

Se|da: *Plural* von ↑ Sedum

Se|da|rim: *Plural* von ↑ Seder

se|dat ⟨*lat.*⟩: (veraltet, aber noch landsch.) ruhig, von gesetztem Wesen, besonnen, sittsam

se|da|tiv ⟨*lat.-nlat.*⟩: (Med.) beruhigend, schmerzstillend (von Medikamenten). **Se|da|tiv** *das; -s, -e ⟨lat.⟩* u. **Se|da|ti|vum** *das; -s, ...va:* (Med.) Beruhigungsmittel; schmerzlinderndes Mittel

se|den|tär ⟨*lat.*⟩: 1. (veraltet) sitzend, sesshaft, ansässig. 2. (Geol.) aus tierischen od. pflanzlichen Stoffen aufgebaut; biogen (von Sedimenten)

Se|der *der; -[s], Sedarim* ⟨*hebr.;* „Reihe"⟩: 1. Hauptteil von Mischna u. Talmud. 2. häusliche Passahfeier im Judentum

Se|des A|pos|to|li|ca *die; - - ⟨mlat.⟩:* ↑ Sancta Sedes

Se|dez *das; -es ⟨lat.⟩:* Buchformat, bei dem der Bogen 16 Blätter = 32 Seiten hat

Se|de|zi|mal|sys|tem *das; -s:* ↑ Hexadezimalsystem

Se|dia ges|ta|to|ria [- dʒɛs...] *die; - - ⟨lat.-it.⟩:* Tragsessel des Papstes bei feierlichen Anlässen

se|die|ren ⟨*lat.-nlat.*⟩: (Med.) dämpfen, beruhigen (z. B. durch Verabreichung eines Sedativums). **Se|die|rung** *die; -, -en:* (Med.) a) Dämpfung von Schmerzen; b) Beruhigung eines Kranken

Se|di|le *das; -[s], ...lien ⟨lat.⟩:*

---

1. lehnenloser Sitz für die amtierenden Priester beim Hochamt. 2. Klappsitz im Chorgestühl

Se|di|ment *das; -[e]s, -e: ⟨lat.⟩:* 1. (Geol.) das durch Sedimentation entstandene Schicht- oder Absatzgestein. 2. (Med.) Bodensatz einer [Körper]flüssigkeit (bes. des Urins)

se|di|men|tär ⟨*lat.-nlat.*⟩: (Geol.) durch Ablagerung entstanden (von Gesteinen u. Lagerstätten)

Se|di|men|ta|ti|on *die; -, -en:* 1. (Geol.) Ablagerung von Stoffen, die an anderen Stellen abgetragen wurden. 2. (Chem., Med.) Bodensatzbildung in Flüssigkeiten. **se|di|men|tie|ren:** 1. (Geol.) ablagern (von Staub, Sand, Kies usw. durch Wind, Wasser od. Eis). 2. (Chem., Med.) einen Bodensatz bilden

Se|dis|va|kanz *die; -, -en ⟨lat.-mlat.⟩:* Zeitraum, während dessen das Amt des Papstes od. eines Bischofs unbesetzt ist

Se|di|ti|on *die; -, -en ⟨lat.⟩:* (veraltet) Aufruhr, Aufstand. **se|di|ti|ös:** (veraltet) aufständisch, aufrührerisch

Se|duk|ti|on *die; -, -en ⟨lat.⟩:* (veraltet) Verführung

Se|dum *das; -s, ...da ⟨lat.⟩:* Pflanzengattung der Dickblattgewächse

se|du|zie|ren ⟨*lat.*⟩: (veraltet) verführen

Seer|su|cker ['sɪəsʌkə] *der; -s ⟨Hindi-engl.⟩:* Baumwollgewebe mit Kreppeffekt

Seg|ment *das; -[e]s, -e ⟨lat.⟩:* 1. Abschnitt, Teilstück (in Bezug auf ein Ganzes). 2. Abschnitt eines [gegliederten] Organs (z. B. des Rückenmarks) od. eines Körpers (z. B. der Gliedertiere)

seg|men|tal ⟨*lat.-nlat.*⟩: segmentförmig, als Segment vorliegend

seg|men|tär: aus einzelnen Abschnitten zusammengesetzt

Seg|men|ta|ti|on *die; -, -en:* (Med.) Bildung von Furchungen an Zellkernen. **seg|men|tie|ren:** [in Segmente] zerlegen; gliedern. **Seg|men|tie|rung** *die; -, -en:* 1. das Segmentieren. 2. ↑ Metamerie (1)

Se|g|no ['zɛnjo] *das; -s, -s u. ...ni ⟨lat.-it.⟩:* (Mus.) Zeichen, von dem od. bis zu dem noch einmal zu spielen ist; Abk.: s.; vgl. al segno u. dal segno

Se|gre|gat *das;* -[e]s, -e ⟨*lat.*⟩: (veraltet) Ausgeschiedenes, Abgetrenntes

¹Se|gre|ga|ti|on *die;* -, -en ⟨*lat.*⟩: 1. (veraltet) Ausscheidung, Trennung. 2. (Biol.) Aufspaltung der Erbfaktoren während der Reifeteilung der Geschlechtszellen

²Se|gre|ga|ti|on [auch: sɛgriˈgeːʃn̩] *die;* -, -en u. (bei engl. Ausspr.) -s ⟨*lat.-engl.*⟩: (Soziol.) Trennung von Personen[gruppen] mit gleichen sozialen (religiösen, ethnischen, schichtspezifischen u. a.) Merkmalen von Personen[gruppen] mit anderen Merkmalen, um Kontakte untereinander zu vermeiden

se|gre|gie|ren ⟨*lat.*⟩: absondern, aufspalten

se|gue [ˈzeːɡu̯ə] ⟨*lat.-it.; „es folgt"*⟩: (in älteren Notendrucken unten rechts auf der Seite als Hinweis) umblättern, es geht weiter

Se|gui|dil|la [zegiˈdilja] *die;* - ⟨*lat.-span.*⟩: spanischer Tanz im ³/₄- od. ³/₈-Takt mit Kastagnetten- u. Gitarrenbegleitung

Se|i|cen|to [zeiˈtʃɛnto] u. Secento *das;* -[s] ⟨*lat.-it.*⟩: die italienische Kunst des 17. Jh.s als eigene Stilrichtung

Seiches [sɛʃ] *die* (Plural) ⟨*fr.*⟩: stehende Wellen, bei denen der Wasserspiegel an einen Ufer steigt, am entgegengesetzten fällt (bei Binnenseen)

Seig|nette|salz [zɛnˈjɛt...] *das;* -es ⟨nach einem franz. Apotheker⟩: das Kaliumnatriumsalz der Weinsäure (Abführmittel)

Seig|neur [zɛnˈjøːɐ̯] *der;* -s, -s ⟨*lat.-fr.*⟩: 1. (hist.) französischer Grund-, Lehnsherr. 2. (veraltet) vornehmer, gewandter Herr

seig|neu|ral [zɛnjøː...]: (veraltet) vornehm, weltmännisch

Seig|neu|rie *die;* -, ...ien: (hist.) das im Besitz eines Seigneurs (1) befindliche Gebiet

Seis|mik *die;* - ⟨*gr.-nlat.*⟩: Wissenschaft, Lehre von der Entstehung, Ausbreitung u. Auswirkung der Erdbeben. **Seis|mi|ker** *der;* -s, -: Wissenschaftler, Fachmann auf dem Gebiet der angewandten Seismik, auf dem durch künstlich (meist durch Sprengungen) hervorgerufene

Erdbebenwellen der Verlauf u. die Größe von Gesteinsschichten unter der Erdoberfläche untersucht werden, um Lagerstätten (z. B. von Erdöl) zu erkunden. **Seis|mi|ke|rin** *die;* -, -nen: weibliche Form zu ↑ Seismiker. **seis|misch:** 1. die Seismik betreffend. 2. Erdbeben betreffend, durch Erdbeben verursacht

Seis|mi|zi|tät *die;* -: Häufigkeit u. Stärke der Erdbeben eines Gebietes

Seis|mo|fon vgl. Seismophon

Seis|mo|graf usw. vgl. Seismograph

Seis|mo|gramm *das;* -s, -e: Erdbebenkurve des Seismographen

Seis|mo|graph, auch: ...graf *der;* -en, -en: Erdbebenmesser, der Richtung und Dauer des Bebens aufzeichnet. **seis|mo|gra|phisch,** auch: ...grafisch: mit Seismographen aufgenommen (von Erschütterungen im Erdinnern)

Seis|mo|lo|ge *der;* -n, -n: ↑ Seismiker. **Seis|mo|lo|gie** *die;* -: ↑ Seismik. **Seis|mo|lo|gin** *die;* -, -nen: weibliche Form zu ↑ Seismologe. **seis|mo|lo|gisch:** seismisch (1)

Seis|mo|me|ter *das;* -s, -: Erdbebenmesser, der auch Größe u. Art der Bewegung aufzeichnet. **seis|mo|me|t|risch:** mit einem Seismometer gemessen

Seis|mo|nas|tie *die;* -: (Bot.) durch Stoß ausgelöste Pflanzenbewegung, ohne Beziehung zur Reizrichtung

Seis|mo|phon, auch: ...fon *das;* -s, -e: technisches Gerät, das weit entfernte Erdbeben hörbar macht

Seis|mos|kop *das;* -s, -e: heute veraltetes u. nicht mehr verwendetes Instrument zum Registrieren von Erdbeben

Sejm [zaim, poln. sɛjm] *der;* - ⟨*poln.*⟩: polnische Volksvertretung

Se|junk|ti|on *die;* -, -en ⟨*lat.*⟩: (Psychol.) mangelnde od. verminderte Fähigkeit, Bewusstseinsinhalte miteinander zu verbinden

Se|kans *der;* -, - (auch: Sekanten) ⟨*lat.*⟩: (Math.) Verhältnis der Hypotenuse zur Ankathete im rechtwinkligen Dreieck; Zeichen: sec

Se|kan|te *die;* -, -n: (Math.) Gerade, die eine Kurve (bes. einen Kreis) schneidet

Se|kel u. Schekel *der;* -s, - ⟨*hebr.*⟩: altbabylonische u. jüdische Gewichts- u. Münzeinheit

sek|kant ⟨*lat.-it.*⟩: (österr., sonst veraltet) lästig, zudringlich

Sek|ka|tur *die;* -, -en: (österr., sonst veraltet) a) Quälerei, Belästigung; b) Neckerei

sek|kie|ren: (österr., sonst veraltet) a) belästigen, quälen; b) necken

Se|kond *die;* -, -en ⟨*lat.-it.*⟩: bestimmte Klingenhaltung beim Fechten

Se|kon|de|leut|nant [auch: zeˈkŏːdə...] ⟨*fr.*⟩: (veraltet) Leutnant

se|kret ⟨*lat.*⟩: (veraltet) geheim; abgesondert

¹Se|kret *das;* -[e]s, -e ⟨*lat. (-mlat.)*⟩: 1. (Med.) a) von einer Drüse produzierter u. abgesonderter Stoff, der im Organismus bestimmte biochemische Aufgaben erfüllt (z. B. Speichel, Hormone); b) Ausscheidung, Absonderung [einer Wunde]; vgl. Exkret, Inkret. 2. vertrauliche Mitteilung

²Se|kret *die;* -, -en (Plural selten) ⟨*lat.*⟩: stilles Gebet des Priesters während der Messe

Se|kre|tär *der;* -s, -e ⟨*lat.-mlat.*⟩: (veraltet) Geschäftsführer, Abteilungsleiter

Se|kre|tär *der;* -s, -e ⟨*lat.-mlat.(-fr.); „Geheimschreiber"*⟩: 1. jmd., der für eine [leitende] Persönlichkeit des öffentlichen Lebens die Korrespondenz, die organisatorischen Aufgaben o. Ä. erledigt. 2. a) leitender Funktionär einer Organisation; b) Schriftführer. 3. Beamter des mittleren Dienstes. 4. Schreibschrank. 5. afrikanischer Raubvogel (Kranichgeier)

Se|kre|ta|ri|at *das;* -[e]s, -e ⟨*lat.-mlat.*⟩: a) der Leitung einer Organisation, Institution, eines Unternehmens beigeordnete, für Verwaltung u. organisatorische Aufgaben zuständige Abteilung; b) Raum, Räume eines Sekretariats (a)

Se|kre|ta|rie *die;* -, ...ien: päpstliche Behörde; vgl. Staatssekretarie

Se|kre|tä|rin *die;* -, -nen: weibliche Form zu ↑ Sekretär (1-3)

Se|kre|ta|ri|us der; -, ...rii: (veraltet) Sekretär

se|kre|tie|ren ⟨lat.-nlat.⟩: 1. (Med.) absondern, ausscheiden. 2. geheim halten, verschließen, bes. Bücher in einer Bibliothek

Se|k|re|tin das; -s: (Med.) Hormon des Zwölffingerdarms

Se|kre|ti|on die; -, -en ⟨lat.⟩: 1. (Med.) Vorgang der Produktion u. Absonderung von Sekreten durch Drüsen. 2. (Geol.) das Ausfüllen von Hohlräumen im Gestein durch Minerallösungen

se|kre|to|risch ⟨lat.-nlat.⟩: (Med.) die Sekretion von Drüsen betreffend

Sek|te die; -, -n ⟨lat.-mlat.; „befolgter Grundsatz"⟩: 1. kleinere, von einer größeren Glaubensgemeinschaft, einer Kirche abgespaltene religiöse Gemeinschaft, die andere Positionen als die ursprüngliche Gemeinschaft betont. 2. (meist abwertend) kleinere Gemeinschaft, die in meist radikaler, einseitiger Weise bestimmte Ideologien vertritt, die nicht den ethischen Grundwerten der Gesellschaft entsprechen

Sek|tie|rer der; -s, -: 1. Anhänger einer Sekte. 2. (meist abwertend) jmd., der von der herrschenden politischen od. von einer philosophischen Richtung abweicht. **Sek|tie|re|rin** die; -, -nen: weibliche Form zu ↑ Sektierer. **sek|tie|re|risch**: 1. einer Sekte anhängend. 2. nach Art eines Sektierers

Sek|ti|on die; -, -en ⟨lat.⟩: 1. Abteilung, Gruppe [innerhalb einer Behörde od. Institution]. 2. ↑ Obduktion. 3. (Techn.) vorgefertigtes Bauteil, bes. eines Schiffs

Sek|ti|ons|chef [...ʃɛf] der; -s, -s: (bes. österr.) Abteilungsleiter in einer Behörde [in einem Ministerium]. **Sek|ti|ons|che|fin** die; -, -nen: weibliche Form zu ↑ Sektionschef

Sek|tor der; -s, ...oren: [Sach]gebiet (als Teil von einem Ganzen), Bezirk

sek|to|ral: den Sektor betreffend, zu ihm gehörend

Se|kund die; -, -en ⟨lat.⟩: (österr.) ↑ Sekunde (4)

se|kun|da: (veraltet) „zweiter" Güte (von Waren). **Se|kun|da** die; -, ...den: (veraltend) 1. die

sechste u. siebente Klasse eines Gymnasiums. 2. (österr.) die zweite Klasse einer höheren Schule

Se|kund|ak|kord der; -[e]s, -e: (Mus.) die 3. Umkehrung des Dominantseptimenakkords (in der Generalbassschrift mit einer „2" unter der Bassstimme angedeutet)

Se|kun|da|ner der; -s, -: (veraltend) Schüler einer Sekunda. **Se|kun|da|ne|rin** die; -, -nen: weibliche Form zu ↑ Sekundaner

Se|kun|dant der; -en, -en ⟨lat.(-fr.)⟩: 1. Zeuge bei einem Duell. 2. Helfer, Berater, Betreuer eines Sportlers während eines Wettkampfes (bes. beim Berufsboxen). 3. Helfer, Beistand. **Se|kun|dan|tin** die; -, -nen: weibliche Form zu ↑ Sekundant (2, 3)

Se|kun|danz die; -, -en ⟨lat.-nlat.⟩: 1. Tätigkeit eines Sekundanten (2). 2. Hilfe, Beistand

Se|kun|där...

besonders österr. und schweiz. auch: Sekundar...

⟨lat. secundarius „(der Reihe nach) folgend, zweitrangig"→ fr. secondaire „zweitrangig"⟩ Wortbildungselement mit der Bedeutung „an zweiter Stelle; in zweiter Linie in Betracht kommend; nachträglich hinzukommend":
– Sekundärenergie
– Sekundärliteratur
– Sekundarstufe

se|kun|där ⟨lat.-fr.⟩: 1. a) an zweiter Stelle stehend, zweitrangig, in zweiter Linie in Betracht kommend; b) nachträglich hinzukommend. 2. (von chemischen Verbindungen o. Ä.) jeweils zwei von mehreren gleichartigen Atomen durch zwei bestimmte andere Atome ersetzend od. mit zwei bestimmten anderen verbindend; vgl. primär (2), tertiär (2). 3. (Elektrot.) den Teil eines Netzgerätes betreffend, über den die umgeformte Spannung als Leistung abgegeben wird; vgl. primär (3)

Se|kun|där... vgl. Sekundär...
Se|kun|dar|arzt der; -es, ...ärzte:

(österr.) Assistenzarzt; Krankenhausarzt ohne leitende Stellung; Ggs. ↑ Primararzt. **Se|kun|där|ärz|tin** die; -, -nen: weibliche Form zu ↑ Sekundararzt

Se|kun|där|e|ner|gie die; -, -n: (Techn.) aus einer Primärenergie gewonnene Energie

Se|kun|där|li|te|ra|tur die; -: (Literaturw.) wissenschaftliche u. kritische Literatur über Primärliteratur

Se|kun|där|roh|stoff der; -[e]s, -e: Altmaterial

Se|kun|dar|schu|le die; -, -n: (schweiz.) höhere Volksschule

Se|kun|där|sta|tis|tik die; -, -nen: statistische Auswertung von Material, das nicht primär für statistische Zwecke erhoben wurde; vgl. Primärstatistik

Se|kun|dar|stu|fe die; -, -n: a) die Klassen der Hauptschule (5.–9. Schuljahr); b) die Klassen des Gymnasiums (5.–13. Schuljahr); vgl. Primarstufe

Se|kun|där|suf|fix das; -es, -e: (Sprachw.) Suffix, das erst in sprachgeschichtlich jüngerer Zeit durch die Verschmelzung zweier anderer Suffixe entstanden ist (z. B. -keit aus mhd. -ec-heit)

Se|kun|där|tek|to|ge|ne|se die; -: (Geol.) durch Schwere u. Abgleiten des Gesteins verursachte Falten- u. Deckenbildung (von Gesteinen); vgl. Primärtektogenese

Se|kun|da|wech|sel der; -s, - ⟨lat.; dt.⟩: zweite Ausfertigung eines Wechsels

Se|kun|de die; -, -n ⟨lat.⟩: 1. a) der 60. Teil einer Minute, eine Grundeinheit der Zeit; Abk.: Sek.; Zeichen: s (Astron.: ...ˢ), älter: sec, sek.; b) (ugs.) sehr kurze Zeitspanne, kurzer Augenblick. 2. (Math.) Winkelmaß (der 3 600ste Teil eines Winkelgrads; Kurzzeichen: "). 3. die dritte Seite eines Druckbogens mit der Sternchenziffer. 4. (Mus.) a) zweiter Ton einer diatonischen Tonleiter; b) Intervall von zwei diatonischen Tonstufen

Se|kun|den|me|ter vgl. Metersekunde

se|kun|die|ren ⟨lat.(-fr.)⟩: 1. a) jmdn., etwas [mit Worten] unterstützen; beipflichtend äußern; b) die zweite Stimme singen od. spielen u. jmdn., etwas damit begleiten. 2. als Sekundant tätig sein. 3. (Sport, bes. Boxen u. Schach) einen Teilnehmer während des Wettkampfs persönlich betreuen u. beraten

Se|kun|di|pa|ra *die; -, ...pa̱ren:* (Med.) Frau, die ihr zweites Kind gebiert

Se|kun|di̱z *die; -* ⟨*lat.-nlat.*⟩: (kath. Rel.) 50-jähriges Priesterjubiläum; vgl. Primiz

se|künd|lich, selten: sekundlich: in jeder Sekunde geschehend, sich vollziehend

Se|kun|do|ge|ni|tur *die; -, -en:* Besitz[recht] des zweitgeborenen Sohnes u. seiner Linie in Fürstenhäusern; vgl. Primogenitur

Se|ku|ri̱t ® [auch: ...'ri̱t] *das; -s* ⟨*lat.-nlat.*⟩: nicht splitterndes Sicherheitsglas

Se|ku|ri|tä̱t *die; -, -en* ⟨*lat.*⟩: Sicherheit, Sorglosigkeit

se̱l|la ⟨*hebr.*⟩: (ugs.) abgemacht! Schluss!

Se̱l|la *das; -s, -s:* Musikzeichen in den Psalmen

Se|la|chi|er [...x...] *der; -s, -* (meist Plural) ⟨*gr.-nlat.*⟩: Haifisch

se̱|la|don [auch: zela'dõ:] ⟨*fr.;* nach dem in zartes Grün gekleideten Schäfer Céladon in d'Urfés Roman „L'Astrée", 17. Jh.⟩: (veraltet) blassgrün

¹**Se̱|la|don** [auch: zela'dõ:] *der; -s, -s:* (veraltet) schmachtender Liebhaber

²**Se̱|la|don** [auch: zela'dõ:] *das; -s, -s:* chinesisches Porzellan mit grüner bis blaugrüner Glasur (aus dem 10.–13. Jh.)

Se|la|gi|nel|la *die; -, ...llae* [...lle] ⟨*lat.-it.*⟩ u. **Se|la|gi|nel|le** *die; -, -n:* Moosfarn (Bärlappgewächs)

Se̱|lam vgl. Salam

Se̱|lam|lik *der; -s, -s* ⟨*türk.*⟩: 1. Empfangsraum in einem vornehmen muslimischen Haus. 2. (hist.) die Auffahrt des Sultans od. Kalifen zum Freitagsgebet

se|le|gie̱|ren ⟨*lat.*⟩: auswählen

Se|le̱k|ta *die; -, ...ten* ⟨*lat.*⟩: (veraltet) Oberklasse für begabte Schüler nach Abschluss der eigentlichen Schule

Se|le̱k|ta|ner *der; -s, -:* (veraltet) Schüler einer Selekta. **Se|le̱k|ta|ne|rin** *die; -, -nen:* weibliche Form zu ↑ Selektaner

Se|le̱k|teur [...'tø:ɐ̯] *der; -s, -e*

⟨*lat.-fr.*⟩: Pflanzenzüchter, der von Krankheiten befallene Pflanzenbestände aussondert, um die Ansteckung gesunder Pflanzen zu verhüten. **Se|le̱k|teu|rin** [...'tø:rɪn] *die; -, -nen:* weibliche Form zu ↑ Selekteur

se|lek|tie̱|ren ⟨*lat.-nlat.*⟩: aus einer Anzahl von Individuen od. Dingen diejenigen heraussuchen, deren Eigenschaften sie für einen bestimmten Zweck besonders geeignet machen

Se|lek|ti|o̱n *die; -, -en* ⟨*lat.*⟩: 1. Aussonderung, Auswahl. 2. (Biol.) Auslese, Zuchtwahl; vgl. Elektion

se|lek|ti|o̱|nie̱|ren ⟨*lat.-nlat.*⟩: ↑ selektieren

se|lek|ti̱v: 1. auf Auswahl, Auslese beruhend; auswählend; vgl. elektiv. 2. trennscharf (im Rundfunk)

Se|lek|ti|vi|tä̱t *die; -:* 1. selektive Beschaffenheit. 2. (Funkw.) Trennschärfe

Se|le̱n *das; -s* ⟨*gr.-nlat.*⟩: chem. Element; ein Halbmetall; Zeichen: Se

Se|le|na̱t *das; -[e]s, -e:* Salz der Selensäure

Se|len|di̱|ro vgl. Slendro

¹**Se|le|ni̱t** *das; -s, -e* ⟨*gr.-nlat.*⟩: Salz der selenigen Säure

²**Se|le|ni̱t** [auch: ...'nɪt] *der; -s, -e* ⟨*gr.*⟩: Gips

Se|le|no|gra|phie̱, auch: ...grafie *die; -:* (Astron.) Beschreibung u. Darstellung der topographischen u. physikalischen Beschaffenheit des Mondes

Se|le|no|lo̱|ge *der; -n, -n:* Mondforscher, Mondgeologe. **Se|le|no|lo̱|gie** *die; -:* Wissenschaft von der Beschaffenheit des Mondes, Mondgeologie. **Se|le|no|lo̱|gin** *die; -, -nen:* weibliche Form zu ↑ Selenologe. **se|le|no|lo̱|gisch:** mondkundlich

Se|len|zel|le *die; -, -n:* (Phys.) spezielle Photozelle, die Lichtimpulse in elektrische Stromschwankungen umwandelt

Self|ak|tor *der; -s, -s* ⟨*engl.*⟩: Spinnmaschine mit einem sich bewegenden Wagen, der die Spindeln trägt

Self|ap|peal ['sɛlfəpi:l] *der; -s* ⟨*engl.*⟩: Werbewirkung, die eine Ware selbst ausübt, sodass der Kunde zum spontanen Kauf veranlasst wird

Self|ful|fil|ling Pro|phe|cy ['sɛlffʊl-

'fɪlɪŋ 'prɔfɪsɪ] *die; - -, - -s* ⟨*engl.;* „sich selbst erfüllende Voraussage"⟩: (Psychol., Soziol.) Zunahme der Wahrscheinlichkeit, dass ein bestimmtes Ereignis eintritt, wenn es vorher bereits erwartet wird

Self|go|vern|ment [sɛlf'gʌvnmənt] *das; -s, -s:* engl. Bez. für: Selbstverwaltung

Self|made|frau ['sɛlfmeɪd...] *die; -, -en:* Frau, die sich aus eigener Kraft hochgearbeitet hat

Self|made|man [...mæn] *der; -s, ...men* [...mən]: jmd., der aus eigener Kraft zu beruflichem Erfolg gelangt ist

Self|ser|vice ['sɛlf'sə:vɪs] *der; -* ⟨*engl.*⟩: engl. Bez. für: Selbstbedienung

Sel|ler ['sɛlɐ] *der; -s, -* ⟨*engl.*⟩: Kurzform von ↑ Bestseller

Sel|le|rie [österr.: ...'ri:] *der; -s, -[s] od. (österr. auch:) die; -, -* (österr.: ...ri̱en) ⟨*gr.-lat.-it.*⟩: eine Gemüse- u. Gewürzpflanze

Sel|vas *die* (Plural) ⟨*lat.-span.*⟩: tropischer Regenwald im Amazonasgebiet

Sem *das; -s, -e* ⟨*gr.*⟩: (Sprachw.) eines von mehreren Bedeutungselementen, Merkmalen, die zusammen ein Semem ausmachen (z. B. das Merkmal *männlich* im Lexem *Hengst*)

Se|man|tem *das; -s, -e* ⟨*gr.-nlat.*⟩: (Sprachw.) 1. Ausdrucksseite eines Lexems als Träger des Inhalts. 2. ↑ Sem. 3. ↑ Semem

Se|man|tik *die; -:* (Sprachw.) 1. Teilgebiet der Linguistik, das sich mit den Bedeutungen sprachlicher Zeichen u. Zeichenfolgen befasst. 2. Bedeutung, Inhalt (eines Wortes, Satzes od. Textes). **Se|man|ti|ker** *der; -s, -:* Wissenschaftler auf dem Gebiet der Semantik. **Se|man|ti|ke|rin** *die; -, -nen:* weibliche Form zu ↑ Semantiker. **se|man|tisch:** a) den Inhalt eines sprachlichen Zeichens betreffend; b) die Semantik betreffend

se|man|ti|sie|ren: (Sprachw.) die Bedeutung umschreiben, ermitteln (z. B. durch Paraphrasieren)

Se|ma|phor *das* od. (österr. nur:) *der; -s, -e* ⟨*gr.-nlat.;* „Zeichenträger"⟩: Mast mit verstellbarem Flügelsignal zur optischen Zeichengebung (z. B. zum Anzeigen von Windstärke u. -richtung an der Küste)

se|ma|pho|risch: das Semaphor betreffend

Se|ma|si|o|lo|gie die; -: Wissenschaft, Lehre von den Bedeutungen; Teilgebiet der [älteren] Sprachwissenschaft, das sich besonders mit den Wortbedeutungen u. ihren [historischen] Veränderungen befasst. se|ma|si|o|lo|gisch: die Semasiologie betreffend, deren Methode anwendend

Se|mé [sə'me] das; - ⟨lat.-fr.; „gesät"⟩: 1. Bucheinbandschmuck des 16.–18. Jh.s, der eine gleichmäßige Streuung von Ornamenten, Wappen u. anderen Motiven aufweist. 2. gleichmäßige Anordnung von verschiedenen Motiven um ein Wappen

Se|mei|o|gra|phie, auch: ...grafie die; - ⟨gr.-nlat.⟩: Zeichenschrift; Notenschrift

Se|mei|o|tik vgl. Semiotik

Se|mem das; -s, -e ⟨gr.-nlat.⟩: (Sprachw.) Bedeutung, inhaltliche Seite eines sprachlichen Zeichens

Se|men das; -s, Semina ⟨lat.⟩: (Bot.) Pflanzensamen

Se|mes|ter das; -s, - ⟨lat.; „Zeitraum von 6 Monaten"⟩: 1. Studienhalbjahr an einer Hochschule. 2. (Studentenspr.) Student eines bestimmten Semesters. 3. (ugs. scherzh.) Jahrgang (in Bezug auf eine [ältere] Person)

se|mes|t|ral ⟨lat.-nlat.⟩: (veraltet) a) halbjährig; b) halbjährlich

se|mi..., Se|mi...

⟨lat. semi... „halb"⟩
Wortbildungselement mit der Bedeutung „halb, fast, teilweise":
– Semifinale
– semipermeabel
– semiprofessionell

se|mi|a|rid ⟨lat.-nlat.⟩: (Geogr.) im größten Teil des Jahres trocken; mitteltrocken

Se|mi|bre|vis die; -, ...ves [...ve:s]: (Mus.) um die Hälfte gekürzter Notenwert der Brevis in der Mensuralmusik

Se|mi|de|po|nens das; -, ...nentia u. ...nenzien: (Sprachw.) Deponens, das in bestimmten Verbformen bei aktivischer Bedeu-

tung teils aktivische, teils passivische Endungen zeigt (z. B. lat. solēre „gewohnt sein", Perfekt: solitus sum)

Se|mi|fi|na|le das; -s, - (auch: -s) ⟨lat.-it.⟩: Vorschlussrunde bei Sportwettkämpfen, die in mehreren Ausscheidungsrunden durchgeführt werden

se|mi|hu|mid: (Geogr.) im größten Teil des Jahres feucht; mittelfeucht

Se|mi|ko|lon das; -s, -s u. ...la ⟨lat.; gr.⟩: aus einem Komma mit einem darüber gesetzten Punkt bestehendes Satzzeichen, das etwas stärker trennt als ein Komma, aber doch den Zusammenhang eines [größeren] Satzgefüges verdeutlicht; Strichpunkt; Zeichen: ;

se|mi|la|te|ral ⟨lat.-nlat.⟩: (Med.) nur eine Körperhälfte betreffend, halbseitig (z. B. von Lähmungen)

se|mi|lu|nar: halbmondförmig

Se|mi|mi|ni|ma die; -, ...mae [...mɛ] ⟨lat.⟩: (Mus.) kürzester Notenwert der Mensuralmusik; Viertelnote

Se|mi|na: Plural von ↑ Semen

Se|mi|nar das; -s, -e (österr. auch: -ien) ⟨lat.; „Pflanzschule, Baumschule"⟩: 1. Hochschulinstitut für einen bestimmten Fachbereich mit den entsprechenden Räumlichkeiten. 2. a) Lehrveranstaltung (z. B. an einer Hochschule); b) Schulung, [berufliche] Weiterbildungsveranstaltung. 3. kirchliches Institut zur Ausbildung von Geistlichen (Priester-, Predigerseminar). 4. a) (früher) Institut für die Ausbildung von Volksschullehrern; b) mit dem Schulpraktikum einhergehender Lehrgang für Studienreferendare vor dem 2. Staatsexamen

Se|mi|na|rist der; -en, -en ⟨lat.-nlat.⟩: jmd., der an einem Seminar (3, 4) ausgebildet wird. Se|mi|na|ris|tin die; -, -nen: weibliche Form zu ↑ Seminarist

se|mi|na|ris|tisch: a) das Seminar betreffend; b) den Seminaristen betreffend

Se|mi|o|lo|gie die; - ⟨gr.-nlat.⟩: 1. (Philos., Sprachw.) Lehre von den Zeichen, Zeichentheorie. 2. ↑ Symptomatologie

Se|mi|o|tik die; -: 1. ↑ Semiologie (1). 2. Wissenschaft vom Aus-

druck, Bedeutungslehre. 3. ↑ Symptomatologie

se|mi|o|tisch: a) die Semiotik betreffend; b) das [sprachliche] Zeichen betreffend

Se|mi|pe|la|gi|a|nis|mus der; - ⟨nlat.; nach dem irischen Mönch Pelagius⟩: theologische Richtung [des 5. Jh.s]; vgl. Pelagianismus

se|mi|per|me|a|bel ⟨lat.-nlat.⟩: (Chem., Biol.) halbdurchlässig (z. B. von Membranen). Se|mi|per|me|a|bi|li|tät die; -: Halbdurchlässigkeit

se|mi|pro|fes|si|o|nell: weitgehend, fast schon professionell

Se|mis [sə'mi] das; - ⟨lat.-fr.⟩: ↑ Semé

se|misch ⟨gr.⟩: (Sprachw.) das Sem betreffend

Se|mi|se|ria die; - ⟨lat.-it.⟩: Kurzform von ↑ Opera semiseria

Se|mit der; -en, -en ⟨nach Sem, dem ältesten Sohn Noahs im Alten Testament⟩: Angehöriger einer sprachlich u. anthropologisch verwandten Gruppe von Völkern, bes. in Vorderasien und Nordafrika. Se|mi|tin die; -, -nen: weibliche Form zu ↑ Semit. se|mi|tisch: die Semiten betreffend

Se|mi|tist der; -en, -en ⟨nlat.⟩: Wissenschaftler auf dem Gebiet der Semitistik

Se|mi|tis|tik die; -: Wissenschaft von den alt- u. neusemitischen Sprachen u. Literaturen Se|mi|tis|tin die; -, -nen: weibliche Form zu ↑ Semitist. se|mi|tis|tisch: die Semitistik betreffend

Se|mi|to|ni|um das; -s, ...ia u. ...ien ⟨lat.⟩: (Mus.) Halbton

Se|mi|vo|kal der; -s, -e: ↑ Halbvokal

sem|per a|li|quid hae|ret ⟨lat.⟩: es bleibt immer etwas hängen (von Verleumdung u. übler Nachrede)

sem|per i|dem ⟨lat.; „immer derselbe"⟩: Ausspruch Ciceros über den Gleichmut des Sokrates

Sem|per|vi|vum das; -s, ...va ⟨lat.⟩: Hauswurz (Dickblattgewächs)

sem|p|li|ce [...litʃe] ⟨lat.-it.⟩: (Mus.) einfach, schlicht, ungeziert (Vortragsanweisung)

sem|p|re ⟨lat.-it.⟩: (Mus.) immer

Sem|st|wo das; -s, -s ⟨russ.⟩: (hist.) ständische Selbstverwal-

S

tung im zaristischen Russland (1864–1917)

Sen der; -[s], -[s] (aber: 100 -) ⟨chin.-jap. u. indones.⟩: japanische u. indonesische Münzeinheit (= 0,01 Yen od. 0,01 Rupiah)

Se|na|na vgl. Zenana

Se|nar der; -s, -e ⟨lat.⟩: dem griechischen Trimeter entsprechender lateinischer Vers mit sechs Hebungen (antike Metrik)

Se|nat der; -[e]s, -e ⟨lat.; „Rat der Alten"⟩: 1. (hist.) Staatsrat als Träger des Volkswillens im Rom der Antike. 2. eine Kammer des Parlaments im parlamentarischen Zweikammersystem (z. B. in den USA). 3. a) Regierungsbehörde in Hamburg, Bremen u. Berlin; b) ↑ ¹Magistrat (2) (z. B. in Lübeck). 4. Verwaltungsbehörde an Hochschulen und Universitäten. 5. Richterkollegium an höheren deutschen Gerichten (z. B. an Oberlandesgerichten, Bundessozialgerichten)

Se|na|tor der; -s, ...oren: Mitglied eines Senats. **Se|na|to|rin** die; -, -nen: weibliche Form zu ↑ Senator

se|na|to|risch: den Senat betreffend

Se|na|tus Po|pu|lus|que Ro|ma|nus: „der Senat u. das römische Volk" (historische formelhafte Bez. für das gesamte römische Volk); Abk.: S. P. Q. R.

Se|ne|ga|wur|zel die; - ⟨indian.; dt.⟩: Wurzel einer nordamerikanischen Kreuzblume (ein Heilmittel)

Se|ne|schall der; -s, -e ⟨germ.-fr.⟩: (hist.) Oberhofbeamter im merowingischen Reich

Se|nes|zenz die; - ⟨lat.-nlat.⟩: (Med.) das Altern u. die dadurch bedingten körperlichen Veränderungen

Se|n|hor [sen'joːɐ̯] der; -s, -es ⟨lat.-port.⟩: port. Bez. für: Herr; Gebieter, Besitzer. **Se|n|ho|ra** [...'joːra] die; -, -s: port. Bez. für: Dame, Frau

Se|n|ho|ri|ta [...jo...] die; -, -s: port. Bez. für: unverheiratete Frau

se|nil ⟨lat.⟩: 1. (Med.) a) greisenhaft, altersschwach; b) das Greisenalter betreffend, im hohen Lebensalter auftretend. 2. (abwertend) verkalkt

Se|ni|li|tät die; - ⟨lat.-nlat.⟩: 1. (Med.) verstärkte Ausprägung normaler Alterserscheinungen (z. B. Gedächtnisschwäche, psychische Veränderungen). 2. (meist abwertend) das Senilsein; Greisenhaftigkeit

se|ni|or ⟨lat.; „älter"⟩: ... der Ältere (nur unflektiert hinter dem Personennamen, z. B. Krause senior); Abk.: sen.; Ggs. ↑ junior

Se|ni|or der; -s, ...oren: 1. (ugs.) a) ↑ Seniorchef; b) Vater (im Verhältnis zum Sohn); Ggs. ↑ Junior (1). 2. der ältere Mann (im Unterschied zum jüngeren, jungen Mann), bes. der Sportler im Alter von mehr als 18 od. (je nach Sportart) 20, 21, 23 Jahren; Ggs. ↑ Junior (2). 3. Vorsitzender. 4. (ugs.) der Älteste (in einem [Familien]kreis, einer Versammlung o. Ä.). 5. (meist Plural) älterer Mensch

Se|ni|o|rat das; -[e]s, -e ⟨lat.-nlat.⟩: 1. (hist.) Aufsicht u. Verantwortung des Grundherrn gegenüber seinen Abhängigen im Frankenreich. 2. (Rechtsgeschichte) Vorrecht des Ältesten innerhalb eines Familienverbandes (bes. auf das Erbgut). 3. (veraltet) Ältestenwürde, Amt des Vorsitzenden

Se|ni|or|chef der; -s, -s: Geschäfts-, Firmeninhaber, dessen Sohn in der Firma mitarbeitet. **Se|ni|or|che|fin** die; -, -nen: weibliche Form zu ↑ Seniorchef

Se|ni|o|rin die; -, -nen: 1. Geschäfts-, Firmeninhaberin, deren Sohn od. Tochter in der Firma mitarbeitet. 2. die ältere Frau (im Unterschied zur jüngeren, jungen Frau), bes. die Sportlerin im Alter von mehr als 18 od. (je nach Sportart) 20, 21, 23 Jahren. 3. (meist Plural) ältere Frau

Se|ni|um das; -s ⟨lat.⟩: (Med.) Greisenalter

Sen|na die; - ⟨arab.-roman.⟩: ↑ Kassia

Sen|ne der; -[s], -s ⟨nach der iran. Stadt Sinneh⟩: kleiner, feiner, kurz geschorener Teppich in dezenten Farben, meist mit Palmetten als Musterung

Sen|nes|blät|ter die (Plural) ⟨arab.-roman.; dt.⟩: (Med.) getrocknete Blätter verschiedener indischer u. ägyptischer Pflanzen (ein Abführmittel); vgl. Senna

Se|non das; -s ⟨nach dem kelt. Stamm der Senonen⟩: (Geol.) zweitjüngste Stufe der oberen Kreideformation. **se|no|nisch:** das Senon betreffend

Se|ñor [sen'joːɐ̯] der; -s, -es ⟨lat.-span.⟩: span. Bez. für: Herr. **Se|ño|ra** die; -, -s: span. Bez. für: Dame, Frau

Se|ño|ri|ta die; -, -s: span. Bez. für: unverheiratete Frau

Sen|sal der; -s, -e ⟨lat.-it.⟩: ↑ Courtier

Sen|sa|lie u. **Sen|sa|rie** die; -, ...ien: (österr.) Maklergebühr

Sen|sa|ti|on die; -, -en ⟨lat.-mlat.-fr.; „Empfindung"⟩: 1. Aufsehen erregendes, unerwartetes Ereignis; Aufsehen erregende, erstaunliche, verblüffende Leistung, Darbietung. 2. (Med.) subjektive körperliche Empfindung; Gefühlsempfindung

sen|sa|ti|o|nell ⟨lat.-mlat.-fr.⟩: Aufsehen erregend, verblüffend, [höchst] eindrucksvoll

sen|si|bel ⟨lat.-fr.⟩: 1. empfindsam, empfindlich (in Bezug auf die Psyche). 2. (Med.) die Empfindung, Reizaufnahme betreffend, Hautreize aufnehmend (von Nerven)

Sen|si|bi|li|sa|tor der; -s, ...oren ⟨lat.-nlat.⟩: Farbstoff zur Erhöhung der Empfindlichkeit fotografischer Schichten für gelbes u. rotes Licht

sen|si|bi|li|sie|ren: 1. empfindlich, sensibel (1) machen (für die Aufnahme von Reizen u. Eindrücken). 2. (von Filmen) mithilfe von Sensibilisatoren lichtempfindlich machen. 3. (Med.) den Organismus gegen bestimmte Antigene empfindlich machen, die Bildung von Antikörpern bewirken. **Sen|si|bi|li|sie|rung** die; -, -en: (Med.) a) angeborene od. erworbene Fähigkeit des Organismus zur Antikörperbildung gegen ein bestimmtes Antigen; b) künstliche Anregung des Organismus zur Bildung von Antikörpern (z. B. durch Impfen)

Sen|si|bi|lis|mus der; -: [hochgradige] Empfindlichkeit für äußere Eindrücke, Reize

Sen|si|bi|li|tät die; - ⟨lat.-fr.⟩: 1. Empfindlichkeit, Empfind-

samkeit; Feinfühligkeit.
2. (Med., Psychol.) Fähigkeit des Organismus od. bestimmter Teile des Nervensystems, Gefühls- u. Sinnesreize aufzunehmen. 3. Empfangsempfindlichkeit bei Funkempfängern

sen|si|tiv ⟨*lat.-mlat.(-fr.)*⟩: (Med.) leicht reizbar, überempfindlich (z. B. in Bezug auf die Psyche)

sen|si|ti|vie|ren ⟨*lat.-mlat.-nlat.*⟩: fotografische Schichten stark empfindlich machen

Sen|si|ti|vi|tät *die; -:* Überempfindlichkeit, Feinfühligkeit

Sen|si|ti|vi|täts|trai|ning u. **Sen|si|ti|vi|ty|trai|ning** [sɛnsɪˈtɪvətɪ...] *das; -s* ⟨*engl.*⟩: gruppentherapeutische Methode zur Intensivierung des Verständnisses für menschliche Verhaltensweisen u. zur Beseitigung von Hemmungen beim Ausdrücken von Gefühlen

Sen|si|to|me|ter *das; -s, -* ⟨*lat.; gr.*⟩: Instrument zur Empfindlichkeitsmessung fotografischer Platten u. Filme. **Sen|si|to|me|trie** *die; -:* Verfahren zur Messung der Empfindlichkeit von fotografischen Platten u. Filmen

Sen|so|mo|bi|li|tät *die; -* ⟨*lat.-nlat.*⟩: (Med.) das Zusammenstimmen der sensiblen (2) mit den motorischen Nerven bei der Steuerung willkürlicher Bewegungsabläufe

Sen|so|mo|to|rik [auch: ...'to:...] u. Sensumotorik *die; -:* (Med., Psychol.) durch Reize bewirkte Gesamtaktivität in sensorischen u. motorischen Teilen des Nervensystems u. des Organismus

sen|so|mo|to|risch [auch: ...'to:...] u. sensumotorisch: (Med., Psychol.) die Sensomotorik betreffend, auf ihr beruhend

Sen|sor *der; -s, ...oren:* (Techn.) 1. elektronischer Fühler, Signalmesser. 2. durch bloßes Berühren zu betätigende Schaltvorrichtung

sen|so|ri|ell ⟨*lat.-fr.*⟩: ↑ sensorisch

Sen|so|ri|en *die* (Plural) ⟨*lat.-nlat.*⟩: (Med.) Gebiete der Großhirnrinde, in denen Sinnesreize bewusst werden; vgl. Sensorium

sen|so|risch: (Med.) die Sinnesorgane, die Aufnahme von Sinnesempfindungen betreffend

Sen|so|ri|um *das; -s* ⟨*lat.-nlat.*⟩: 1. (Med.) Bewusstsein; vgl. Sensorien. 2. Gespür

Sen|su|a|lis|mus *der; -:* (Philos.) Lehre, nach der alle Erkenntnis allein auf Sinneswahrnehmung zurückführbar ist. **Sen|su|a|list** *der; -en, -en:* Vertreter des Sensualismus. **Sen|su|a|lis|tin** *die; -, -nen:* weibliche Form zu ↑ Sensualist. **sen|su|a|lis|tisch:** den Sensualismus betreffend

Sen|su|a|li|tät *die; - *⟨*lat.*⟩: (Med.) Empfindungsvermögen der Sinnesorgane

sen|su|ell ⟨*lat.-fr.*⟩: (Med.) a) die Wahrnehmung durch Sinnesorgane, die Sinnesorgane betreffend; b) sinnlich wahrnehmbar

Sen|su|mo|to|rik [auch: ...'to:...] vgl. Sensomotorik

sen|su|mo|to|risch [auch: ...'to:...] vgl. sensomotorisch

Sen|sus *der; -, - [...zu:s]* ⟨*lat.*⟩: (Med.) Empfindungsvermögen eines bestimmten Sinnesorgans

Sen|sus com|mu|nis *der; - - *⟨*lat.*⟩: gesunder Menschenverstand

Sen|tenz *die; -, -en* ⟨*lat.*⟩: 1. a) einprägsamer, weil kurz u. treffend formulierter Ausspruch; b) Sinnspruch, Denkspruch als dichterische Ausdrucksform; vgl. Gnome. 2. (Rechtsw.) richterliches Urteil. 3. (nur Plural) Sammlung von Stellen aus der Bibel u. aus Schriften der Kirchenväter

sen|ten|zi|ös ⟨*lat.-fr.*⟩: in der Art der Sentenz, sentenzenreich

Sen|ti|ment [sãtiˈmã:] *das; -s, -s* ⟨*lat.-fr.*⟩: Empfindung, Gefühl, Gefühlsäußerung

sen|ti|men|tal ⟨*lat.-fr.-engl.*⟩: a) empfindsam; b) rührselig, übertrieben gefühlvoll

Sen|ti|men|ta|le *die; -n, -n:* Darstellerin jugendlich-sentimentaler Mädchengestalten (Rollenfach beim Theater)

sen|ti|men|ta|lisch: a) (veraltet) ↑ sentimental (a); b) (Literaturw.) die verloren gegangene ursprüngliche Natürlichkeit durch Reflexion wiederzugewinnen suchend; Ggs. ↑ naiv (2); vgl. ...isch/-

sen|ti|men|ta|li|sie|ren ⟨*lat.-fr.-engl.-nlat.*⟩: (veraltet) sich überspannt benehmen, aufführen

Sen|ti|men|ta|li|tät *die; -, -en* ⟨*lat.-fr.-engl.*⟩: Empfindsamkeit; Rührseligkeit

Se|nus|si *der; -, - u. ...ssen* ⟨nach dem Gründer Muhammad Ibn Ali Sanusi⟩: Anhänger eines kriegerischen islamischen Ordens in Nordafrika (seit 1833)

sen|za ⟨*lat.-it.*⟩: (Mus.) ohne (in Verbindung mit musikalischen Vortragsanweisungen); z. B. **senza pedale:** ohne Pedal; **senza sordino:** ohne Dämpfer (bei Streichinstrumenten u. beim Klavier); **senza tempo:** ohne bestimmtes Zeitmaß

Se|pa|lum *das; -s, ...alen* ⟨*fr.-nlat.*⟩: Kelchblatt der Pflanzenblüte

Se|pa|ran|dum *das; -s, ...da* (meist Plural) ⟨*lat.*⟩: Arzneimittel, das gesondert aufbewahrt wird (z. B. Opiate, Gift)

se|pa|rat: [ab]gesondert; einzeln, für sich

Se|pa|ra|ta: *Plural* von ↑ Separatum

Se|pa|rate [ˈsɛp(ə)rɪt] *das; -s, -s* ⟨*lat.-engl.*⟩: Kleidungsstück, das zu einer zwei- od. mehrteiligen Kombination gehört, aber auch getrennt davon getragen werden kann

Se|pa|ra|ti|on *die; -, -en* ⟨*lat.(-fr.)*⟩: 1. (veraltet) Absonderung. 2. Gebietsabtrennung zum Zwecke der Angliederung an einen anderen Staat od. der politischen Verselbstständigung. 3. (hist.) Flurbereinigung, Auflösung der genossenschaftlichen Wirtschaftsweise auf dem Agrarsektor im 18./19. Jh. in Deutschland

Se|pa|ra|tis|mus *der; -* ⟨*lat.-nlat.*⟩: (oft abwertend) das Streben (im politischen, kirchlich-religiösen od. weltanschaulichen Bereich) nach Separation (1, 2), bes. um einen separaten Staat zu gründen. **Se|pa|ra|tist** *der; -en, -en:* Verfechter, Anhänger des Separatismus. **Se|pa|ra|tis|tin** *die; -, -nen:* weibliche Form zu ↑ Separatist. **se|pa|ra|tis|tisch:** a) den Separatismus betreffend; b) Tendenzen des Separatismus zeigend

Se|pa|ra|tor *der; -s, ...oren:* Gerät zur Trennung verschiedener Bestandteile von Stoffgemischen [durch Zentrifugalkräfte]

Se|pa|ra|tum *das; -s, ...ta* (meist

Plural): Exemplar eines Sonderdruckes

Sé|pa|rée, auch: **Se|pa|ree** *das; -s, -s ⟨lat.-fr.⟩:* Nebenraum in einem Lokal; vgl. Chambre séparée

se|pa|rie|ren *⟨(.-fr.)⟩:* 1. (Fachspr.) mithilfe eines Separators trennen. 2. (veraltend) absondern, ausschließen

Se|phar|dim [auch: ...'di:m] *die* (Plural) *⟨hebr.⟩:* die spanisch-portugiesischen u. die orientalischen Juden

se|phar|disch: die Sephardim betreffend

se|pia *⟨gr.-lat.⟩:* grau- bis schwarzbraun. **Se|pia** u. Sepie *die; -, ...ien:* 1. zehnarmiger Kopffüßer (z. B. Tintenfisch). 2. (ohne Plural) aus dem Sekret des Tintenbeutels der Sepia (1) hergestellter grau- bis schwarzbrauner Farbstoff

Se|pi|a|kno|chen *der; -s, - u.* **Se|pi|a|scha|le** *die; -, -n:* kalkhaltige Rückenplatte der Kopffüßer

Se|pi|a|zeich|nung *die; -, -en:* Feder- od. Pinselzeichnung mit aus Sepia (2) hergestellter Tinte, Tusche

Se|pie [...iə] vgl. Sepia

Se|poy ['zipɔy] *der; -s, -s ⟨pers.-Hindi-port.-engl.⟩:* (hist.) eingeborener Soldat des englischen Heeres in Indien

Sep|pu|ku *das; -[s], -s ⟨chin.-jap.⟩:* ↑ Harakiri

Sep|sis *die; -, ...sen ⟨gr.; „Fäulnis"⟩:* (Med.) Blutvergiftung

Sept *die; -, -en ⟨lat.⟩:* ↑ Septime

Sep|ta: *Plural von* ↑ Septum

Sept|ak|kord vgl. Septimenakkord

Sep|ta|rie [...iə] *die; -, -n ⟨lat.-nlat.⟩:* (Geol.) birnenförmige bis knollige Konkretion (3) in Mergel in Ton

Sep|te *die; -, -n ⟨lat.⟩:* ↑ Septime

Sep|tem|ber *der; -[s], -:* neunter Monat im Jahr; Abk.: Sept.

Sep|te|nar *der; -s, -e:* (antike Metrik) lateinisches Versmaß, das dem griechischen Tetrameter entspricht

sep|ten|nal *⟨lat.-nlat.⟩:* (veraltet) siebenjährig

Sep|ten|nat *das; -[e]s, -e u.* **Sep|ten|ni|um** *das; -s, ...ien ⟨lat.⟩:* (veraltet) Zeitraum von sieben Jahren

sep|ten|t|ri|o|nal: nördlich

Sep|tett *das; -[e]s, -e ⟨lat.-it.⟩:* (Mus.) a) Komposition für sieben solistische Instrumente od. sieben Solostimmen; b) Ensemble von sieben Instrumental- od. Vokalsolisten

Sept|häl|mie *die; -, ...ien ⟨gr.-nlat.⟩:* ↑ Sepsis

sep|ti|f|rag *⟨lat.-nlat.⟩:* (Bot.) die Scheidewand der Fruchtblätter zerbrechend (von der Öffnungsweise von Kapselfrüchten); vgl. septizid

Sep|ti|kä|mie u. **Sep|tik|hä|mie** *die; -, ...ien:* ↑ Sepsis

Sep|ti|ko|py|ä|mie *die; -, ...ien ⟨gr.-nlat.⟩:* (Med.) schwere Blutvergiftung mit Eitergeschwüren an inneren Organen (eine Kombination von Sepsis u. Pyämie

Sep|tim *die; -, -en ⟨lat.-mlat.⟩:* (österr.) ↑ Septime

Sep|ti|ma *die; -, ...men:* (österr.) die siebte Klasse des Gymnasiums

Sep|ti|me *die; -, -n:* (Mus.) a) siebenter Ton einer diatonischen Tonleiter vom Grundton an; b) Intervall von sieben diatonischen Tonstufen

Sep|ti|men|ak|kord u. Septakkord *der; -[e]s, -e:* (Mus.) Akkord aus Grundton, Terz, Quinte u. Septime od. aus drei übereinander gebauten Terzen (mit Septime)

Sep|ti|mo|le *die; -, -n ⟨lat.-nlat.⟩:* ↑ Septole

sep|tisch *⟨gr.-lat.⟩:* (Med.) 1. die Sepsis betreffend, mit Sepsis verbunden. 2. nicht keimfrei, mit Keimen behaftet; Ggs. ↑ aseptisch (a)

sep|ti|zid *⟨lat.-nlat.⟩:* (Bot.) sich durch Aufspalten entlang der Verwachsungsnähte der Fruchtblätter voneinander lösend (von der Öffnungsweise von Kapselfrüchten); vgl. septifrag

Sep|to|le *die; -, -n ⟨lat.-nlat.⟩:* (Mus.) Notengruppe von sieben Tönen, die den Taktwert von vier, sechs od. acht Noten hat

Sep|tu|al|ge|si|ma *die; - ⟨lat.-mlat.⟩:* neunter Sonntag vor Ostern

Sep|tu|a|gin|ta *die; - ⟨lat.; „siebzig"; nach der Legende von 72 Gelehrten verfasst⟩:* älteste u. wichtigste griechische Übersetzung des Alten Testaments; Zeichen: LXX

Sep|tum *das; -s, ...ta u. ...ten ⟨lat.⟩:* (Med.) Scheidewand, Zwischenwand, die benachbarte anatomische Strukturen voneinander trennt od. ein Gebilde unterteilt

Sep|tu|or *das; -s, -s ⟨lat.-fr.⟩:* (veraltet) ↑ Septett

Se|pul|c|rum *das; -s, ...ra ⟨lat.; „Grabstätte"⟩:* kleine Reliquiengruft in der Mensa (1) des Altars

se|pul|k|ral: (veraltet) das Grab[mal] od. Begräbnis betreffend

Se|quel ['si:kwəl] *das; -s, -s ⟨lat.-engl.⟩:* Fortsetzungsfilm [im Fernsehen]

se|quens *⟨lat.⟩:* (veraltet) folgend; Abk.: seq.; seq., sq.

se|quen|tes: (veraltet) folgende, die folgenden (Seiten); Abk.: seqq., sqq., ss.

se|quen|ti|ell vgl. sequenziell

Se|quenz *die; -, -en:* 1. Aufeinanderfolge von etwas Gleichartigem; Folge, Reihe. 2. (Mus.) Wiederholung eines musikalischen Motivs auf höherer od. tieferer Tonstufe. 3. (Mus.) hymnusähnlicher Gesang in der mittelalterlichen Liturgie. 4. (Film) aus einer unmittelbaren Folge von Einstellungen gestaltete, kleinere filmische Handlungseinheit. 5. eine Serie aufeinander folgender Karten gleicher Farbe (im Kartenspiel). 6. (EDV) Befehlsfolge in einem Programmierabschnitt

Se|quen|zer *der; -s, -:* (Mus.) meist als Teil eines Synthesizers verwendeter Kleincomputer, der Tonfolgen speichern u. beliebig oft (auch beschleunigt, verlangsamt u. a.) wiedergeben kann

se|quen|zi|ell, auch: sequentiell: (EDV) fortlaufend, nacheinander zu verarbeiten (von der Speicherung u. Verarbeitung von Anweisungen eines Computerprogramms)

se|quen|zie|ren *⟨lat.-nlat.⟩:* (Mus.) eine Sequenz (2) durchführen

¹Se|ques|ter *der* (auch: das); -s, - *⟨lat.-nlat.⟩:* 1. ↑ Sequestration (1). 2. (Med.) abgestorbenes Knochenstück, das mit dem gesunden Knochen keine Verbindung mehr hat

²Se|ques|ter *der; -s, - ⟨lat.⟩:* (Rechtsw.) jmd., der amtlich durch Gerichtsbeschluss mit der treuhänderischen Verwaltung einer strittigen Sache beauftragt wird; [Zwangs]verwalter

Se|ques|t|ra|ti|on *die; -, -en ⟨lat.⟩:* 1. (Rechtsw.) gerichtlich angeordnete Übergabe einer strittigen Sache an einen ²Sequester. 2. Zwangsverwaltung eines Staates od. eines bestimmten Staatsgebietes, dessen Regierung abgesetzt ist. 3. (Med.) Abstoßung eines ¹Sequesters (2). **se|ques|t|rie|ren:** 1. eine Sequestration (2) anordnen. 2. (Rechtsw.) einen ²Sequester bestellen. 3. (Med.) ein abgestorbenes Knochenstück abstoßen (in Bezug auf den Organismus od. ein Gewebe)

Se|ques|t|ro|to|mie *die; -, ...ien ⟨lat.; gr.⟩:* (Med.) operative Entfernung eines ↑¹Sequesters (2)

Se|quo|ia [...ja] *die; -, -s* u. **Se|quo-ie** [...jə] *die; -, -n: ⟨indian.-nlat.⟩* Mammutbaum (ein Sumpfzypressengewächs)

Ser ⟨*lat.-it.*⟩: proklitische Form von ↑Sère

Se|ra: *Plural* von ↑Serum

Se|ra|bend vgl. Saraband

Sé|rac [ze'rak, se...] *der; -s, -s ⟨lat.-fr.⟩:* (Geogr.) zacken- od. turmartiges Gebilde an Gletschern

Se|rai *der; -s, -s:* ↑²Serail

¹Se|rail [ze'ra:j, ze'rai(l)] *das; -s, -s ⟨pers.-türk.-it.-fr.⟩:* a) Palast des Sultans; b) orientalisches Fürstenschloss

²Se|rail *der; -s, -s:* feines, leicht gewalktes Wolltuch

Se|ra|pei|on *das; -s, ...eia ⟨ägypt.-gr.⟩* u. **Se|ra|pe|um** *das; -s, ...een ⟨ägypt.-gr.-lat.⟩:* Tempelanlage, die dem ägyptisch-griechischen Gott Serapis geweiht war

Se|raph *der; -s, -e* u. -im ⟨*hebr.-lat.*⟩: Engel des Alten Testaments mit sechs Flügeln [u. der Gestalt einer Schlange]

se|ra|phisch: a) zu den Engeln gehörend; b) engelgleich; c) verzückt

Sè|re ['sɛre] ⟨*lat.-it.*⟩: (veraltet) höfliche, auf eine männliche Person bezogene Anrede (in Italien)

se|ren ⟨*lat.*⟩: (veraltet) heiter

Se|ren: *Plural* von ↑Serum

Se|re|na|de *die; -, -n ⟨lat.-it.-fr.⟩:* (Mus.) 1. a) aus einer lockeren Folge von fünf bis sieben Einzelsätzen, bes. Tanzsätzen, be-

stehende Komposition für meist kleines Orchester; b) Konzertveranstaltung [im Freien], auf deren Programm bes. Serenaden (1) stehen. 2. (veraltet) Ständchen

Se|re|nis|si|ma *die; -, ...mä:* weibliche Form zu ↑Serenissimus

Se|re|nis|si|mus *der; -, ...mi ⟨lat.⟩:* (veraltet) a) Anrede für einen regierenden Fürsten; Durchlaucht; b) (scherzh.) Fürst eines Kleinstaates

Se|re|ni|tät *die; -:* (veraltet) Heiterkeit

Serge [zɛrʃ, sɛrʒ] u. Sersche *die,* (österr. auch: *der); -, -n ⟨gr.-lat.-vulgärlat.-fr.⟩:* Gewebe in Köperbindung (einer bestimmten Webart), bes. für Futterstoffe

Ser|geant [zɛr'ʒant, engl. Ausspr.: 'sa:dʒɛnt] *der; -en, -en* u. (bei engl. Ausspr.:) *-s, -s ⟨lat.-fr.(-engl.)⟩:* 1. (ohne Plural) Unteroffiziersdienstgrad. 2. Träger dieses Dienstgrades

Se|ria *die; - ⟨lat.-it.⟩:* ↑Opera seria

Se|ri|al ['sɪərɪəl] *das; -s, -s ⟨lat.-engl.⟩:* a) Fernsehserie; b) Roman, der als Fortsetzungsserie abgedruckt wird

Se|rie [...jə] *die; -, -n ⟨lat.⟩:* 1. a) Reihe bestimmter gleichartiger Dinge, Folge; b) Anzahl in gleicher Ausführung gefertigter Erzeugnisse der gleichen Art. 2. Aufeinanderfolge gleicher, ähnlicher Geschehnisse, Erscheinungen. 3. mehrteilige Fernseh- oder Radiosendung

se|ri|ell ⟨*lat.-it.*⟩: 1. (Mus.) eine Reihentechnik verwendend, die vorgegebene, konstruierte Tonreihen zugrunde legt u. zweinander in Beziehung setzt (von einer Sonderform der Zwölftonmusik. 2. (EDV) zeitlich nacheinander (in Bezug auf die Übertragung bzw. Verarbeitung von Daten). 3. in Serie herstellbar, gefertigt, erscheinend; serienmäßig

Se|ri|fe *die; -, -n* (meist Plural) ⟨*niederl.-engl.*⟩: (Druckw.) kleiner, abschließender Querstrich am oberen od. unteren Ende von Buchstaben

Se|ri|gra|phie, auch: ...grafie *die; -, ...ien ⟨gr.-nlat.⟩:* 1. (ohne Plural) Siebdruckverfahren. 2. durch Serigraphie (1) hergestellter Druck

se|rio ⟨*lat.-it.*⟩: (Mus.) ernst, schwer, ruhig, nachdenklich

se|ri|ös ⟨*lat.-mlat.-fr.*⟩: a) ernsthaft, ernst gemeint; b) gediegen, anständig; würdig; c) glaubwürdig, vertrauenswürdig, [gesetzlich] zulässig

Se|ri|o|si|tät *die; -:* seriöse Art

Se|rir *die; -, -e ⟨arab.⟩:* Kies- od. Geröllwüste [in Libyen]

Se|ri|zit [auch: ...'tsɪt] *der; -s, -e ⟨gr.-lat.-nlat.⟩:* ein Mineral

Ser|mon *der; -s, -e ⟨lat.(-fr.)⟩:* 1. (veraltet) Rede, Gespräch, Predigt. 2. (ugs.) a) Redeschwall; langweiliges Geschwätz; lange, inhaltsleere Rede; b) Strafpredigt

Se|ro|di|a|g|nos|tik *die; - ⟨lat.; gr.⟩:* (Med.) Diagnostik von Krankheiten durch serologische Untersuchungsmethoden

se|ro|fi|b|ri|nös ⟨*lat.-nlat.*⟩: (Med.) aus Serum u. Fibrin bestehend, seröse u. fibrinöse Bestandteile enthaltend

Se|ro|lo|ge *der; -n, -n ⟨lat.; gr.⟩:* Facharzt, Wissenschaftler auf dem Gebiet der Serologie. **Se|ro|lo|gie** *die; -:* (Med.) Teilgebiet der Medizin, das sich mit der Diagnostizierung von [Infektions]krankheiten von den Veränderungen des Blutserums befasst. **Se|ro|lo|gin** *die; -, -nen:* weibliche Form zu ↑Serologe. **se|ro|lo|gisch:** die Serologie betreffend

Se|rom *das; -s, -e ⟨lat.-nlat.⟩:* (Med.) Ansammlung einer serösen Flüssigkeit in Wunden od. Narben

Se|ro|nen *die* (Plural) ⟨*span.-(-fr.)*⟩: (früher) Packhüllen aus Ochsenhäuten, in denen trockene Waren aus Südamerika versendet werden

se|ro|pu|ru|lent ⟨*lat.-nlat.*⟩: (Med.) aus Serum u. Eiter bestehend

se|rös: (Med.) a) aus Serum bestehend, mit Serum vermischt; b) Serum absondernd

Se|ro|sa *die; -, ...sen:* (Med.) zarte, innere Organe überziehende Haut

Se|ro|sem [...'zjɔm], auch: **Se|ro-sjom** *das; -s ⟨russ.⟩:* Grauerde (Bodentyp in Trockensteppen)

Se|ro|si|tis *die; -, ...itiden ⟨lat.-nlat.⟩:* (Med.) Entzündung der Serosa

Se|ro|to|nin *das; -s, -e ⟨lat.; gr.⟩:* (Med.) im Darm u. im Nervensystem vorkommender hormonähnlicher Stoff, der verschiedene Organfunktionen reguliert

Se|ro|ze|le *die;* -, -n: abgekapselter seröser Erguss

ser|pens *⟨lat.⟩* u. serpiginös *⟨lat.-nlat.⟩:* (Med.) fortschreitend, sich weiterverbreitend (z. B. von Hautflechten)

Ser|pent *der;* -[e]s, -e *⟨lat.-it.⟩:* (Mus.) Blechblasinstrument mit sechs Grifflöchern u. einem Umfang von drei Oktaven

Ser|pen|tin *der;* -s, -e *⟨lat.⟩:* ein Mineral; Schmuckstein

Ser|pen|ti|ne *die;* -, -n: a) Schlangenlinie; in Schlangenlinie ansteigender Weg an Berghängen; b) Windung, Kehre, Kehrschleife

Ser|pen|to|ne *der;* -, ...ni *⟨lat.-it.⟩:* ital. Bez. für: Serpent

ser|pi|gi|nös vgl. serpens

Se|ra *die;* -, -s *⟨lat.-port.⟩:* ↑ Sierra

Ser|ra|del|la u. **Ser|ra|del|le** *die;* -, ...llen: mitteleuropäische Futterpflanze; Vogelfuß (Schmetterlingsblütler)

Ser|sche vgl. Serge

Ser|tão [...'tãu̯] *der;* -, -s *⟨port.⟩:* unwegsames [Trocken]wald- u. Buschgebiet in Brasilien

Se|rum *das;* -s, Sera u. Seren *⟨lat.⟩:* (Med.) a) flüssiger, hauptsächlich Eiweißkörper enthaltender, nicht mehr gerinnbarer Anteil des Blutplasmas; b) mit Immunkörpern angereichertes, als Impfstoff verwendetes Blutserum

Ser|val *der;* -s, -e u. -s *⟨lat.-port.-fr.⟩:* katzenartiges afrikanisches Raubtier

Ser|van|te *die;* -, -n *⟨lat.-fr.⟩:* (veraltet) a) Anrichte; Nebentisch; b) Glasschränkchen für Nippsachen

Serve-and-Vol|ley ['sə:vənd'vɔlɪ] *das;* -s *⟨engl.⟩:* (Tennis) dem eigenen Aufschlag unmittelbar folgender Netzangriff, der es ermöglicht, den zurückgeschlagenen Ball ↑ volley zu spielen

Ser|ve|la *die* od. *der;* -, -s (schweiz.: -) *⟨lat.-it.-fr.⟩:* 1. (landsch., bes. schweiz.) ↑ Zervelatwurst. 2. (landsch.) kleine Fleischwurst

Ser|ve|lat|wurst *⟨lat.-it.-fr.; dt.⟩* vgl. Zervelatwurst

Ser|ven|te|se *das;* -, - *⟨lat.-it.⟩:* ital. Form von ↑ Sirventes

Ser|ven|tois [zɛrvä'tŏa] *das;* -, - *⟨lat.-it.-fr.⟩:* nordfranzösische Form von ↑ Sirventes

Ser|ver ['sə:va] *der;* -s, - *⟨lat.-fr.-engl.;* „Bediener"⟩: 1. (Tennis) Spieler, der den Aufschlag macht. 2. (EDV) Rechner, der ein zentrales Speichermedium verwaltet (z. B. größere Festplatten o. Ä.), auf das verschiedene mit ihm vernetzte Rechner Zugriff haben

ser|ver|ba|siert: (EDV) durch einen Server (2) unterstützt

Ser|ve|rin *die;* -, -nen: weibliche Form zu ↑ Server

¹Ser|vice [zɛr'vi:s] *das;* - [...'vi:s] u. -s [...'vi:səs], - [...'vi:s u. ...vi:sə] *⟨lat.-fr.⟩:* zusammengehöriger Geschirr- od. Gläsersatz

²Ser|vice ['zœrvɪs, engl. 'sə:vɪs] *der* (selten: *das*); -, -s [...vɪs u. ...vɪsɪs] *⟨lat.-fr.-engl.⟩:* 1. Bedienung, Kundendienst, Kundenbetreuung. 2. Aufschlag[ball] im Tennis

Ser|vice|pro|vi|der, auch: **Ser-vice-Pro|vi|der** ['zœrvɪsprəvaɪdɐ] *der;* -s, -: an den entsprechenden Netzbetreuer weitervermittelnder Anbieter von Kommunikationsdiensten

ser|vie|ren [zɛr...] *⟨lat.-fr.⟩:* 1. bei Tisch bedienen; zum Essen, Trinken auf den Tisch bringen. 2. (Sport) a) den Ball aufschlagen (beim Tennis); b) einem Mitspieler den Ball [zum Torschuss] genau vorlegen (z. B. beim Fußball). 3. (ugs. abwertend) [etwas Unangenehmes] vortragen, erklären, darstellen

Ser|vie|re|rin *die;* -, -nen: weibliche Bedienung in einer Gaststätte

Ser|vier|toch|ter *die;* -, ...töchter *⟨lat.-fr.; dt.⟩:* (schweiz.) Kellnerin

Ser|vi|et|te *die;* -, -n *⟨lat.-fr.⟩:* Stoff- od. Papiertuch zum Abwischen des Mundes beim Essen

ser|vil *⟨lat.⟩:* (abwertend) unterwürfig, kriechend, knechtisch

Ser|vi|lis|mus *der;* -, ...men *⟨lat.-nlat.⟩:* (abwertend, selten) ↑ Servilität

Ser|vi|li|tät *die;* -, -en: (abwertend) 1. (ohne Plural) unterwürfige Gesinnung, Unterwürfigkeit, Kriecherei. 2. eine unterwürfige Gesinnung kennzeichnende Handlungsweise o. Ä.

Ser|vis *der;* - *⟨lat.-fr.⟩:* (veraltet) 1. Dienst[leistung]. 2. a) Quartier-, Verpflegungsgeld; b) Wohnungs-, Ortszulage

Ser|vit *der;* -en, -en *⟨lat.-mlat.⟩:* Angehöriger eines 1233 gegründeten Bettelordens

Ser|vi|teur [...'tø:ɐ̯] *der;* -s, -e *⟨lat.-fr.⟩:* (veraltet) 1. kleine Anrichte. 2. Diener, Verbeugung. 3. Vorhemd

Ser|vi|tin *die;* -, -nen *⟨lat.-nlat.⟩:* Angehörige des weiblichen Zweiges der Serviten

Ser|vi|ti|um *das;* -s, ...ien *⟨lat.⟩:* 1. (veraltet) Dienstbarkeit; Sklaverei. 2. (nur Plural; hist.) die Abgaben neu ernannter Bischöfe u. Äbte an die römische Kurie

Ser|vi|tut *das;* -[e]s, -e (auch: *die;* -, -en): (Rechtsw. veraltet) dingliches [Nutzungs]recht an fremdem Eigentum

Ser|vo|brem|se *die;* -, -n *⟨lat.; dt.⟩:* Bremse mit einem Bremskraftverstärker

Ser|vo|ge|rät *das;* -[e]s, -e: (Techn.) Hilfsgerät für schwer zu handhabende Steuerungen

Ser|vo|len|kung *die;* -, -en: Lenkung bei Kraftwagen, bei der die vom Fahrer aufgewendete Kraft hydraulisch unterstützt wird

Ser|vo|mo|tor *der;* -s, -en *⟨lat.-nlat.⟩:* (Techn.) Hilfsmotor zur Betätigung von Steuervorrichtungen

Ser|vo|prin|zip *das;* -s: Prinzip der Steuerung durch eine Hilfskraftmaschine

ser|vus *⟨lat.;* „(Ihr) Diener!"⟩: (bes. südd., österr.) freundschaftlicher Gruß beim Abschied od. zur Begrüßung

Ser|vus Ser|vo|rum Dei *⟨lat.;* „Knecht der Knechte Gottes"⟩: Titel des Papstes in päpstlichen Urkunden

Se|sam *der;* -s, -s *⟨semit.-gr.-lat.⟩:* a) in Indien u. Afrika beheimatete Ölpflanze mit fingerhutartigen Blüten u. Fruchtkapseln; b) Samen der Sesampflanze; **Sesam, öffne dich:** scherzhafter Ausruf bei dem [vergeblichen] Versuch, etwas zu öffnen od. ein Hindernis zu überwinden, eine Lösung herbeizuführen o. Ä. (nach dem Zauberformel zum Öffnen einer Schatzkammer in dem Märchen „Ali Baba u. die 40 Räuber" aus „Tausendundeiner Nacht")

Se|sam|bein *das;* -s, -e ⟨*semit.-gr.-lat.; dt.*⟩: (Med.) kleiner, plattrunder Knochen im Bereich von Gelenken der Hand u. des Fußes

Se|sam|ku|chen *der;* -s, -: Viehfutter aus Pressrückständen des Sesams

Se|sam|öl *das;* -s: Speiseöl aus dem Samen einer indischen Sesamart

Se|sel *der;* -s, - ⟨*gr.-lat.*⟩: eine Heilu. Gewürzpflanze

ses|sil ⟨*lat.*⟩: (Biol.) festsitzend, festgewachsen (bes. von im Wasser lebenden Tieren). **Ses|si|li|tät** *die;* - ⟨*lat.-nlat.*⟩: (Biol.) Lebensweise vieler im Wasser lebender Tiere (z. B. Korallen), die fest auf etwas angewachsen sind

¹Ses|si|on *die;* -, -en ⟨*lat.*⟩: Sitzungsperiode (z. B. eines Parlaments)

²Ses|sion [ˈsɛʃən] *die;* -, -s ⟨*lat.-engl.*⟩: ↑ Jamsession

Ses|ter *der;* -s, - ⟨*lat.*⟩: ein altes Getreidemaß (= 15 Liter)

Ses|terz *der;* -es, -e: antike römische Münze. **Ses|ter|zi|um** *das;* -s, ...ien: 1 000 Sesterze

Ses|ti|ne *die;* -, -n ⟨*lat.-it.*⟩: 1. sechszeilige Strophe. 2. Gedichtform aus sechs Strophen zu je sechs Zeilen u. einer dreizeiligen Schlussstrophe

¹Set [zɛt] *das* od. *der;* -[s], -s ⟨*engl.*⟩: 1. Satz zusammengehörender, oft gleichartiger Dinge. 2. (meist Plural) Platzdeckchen für ein Gedeck. 3. Erwartungszustand u. körperliche Verfassung eines Drogensüchtigen, die die Wirkung einer Droge beeinflussen. 4. (nur: *der*) Szenenaufbau, Dekoration (bei Film u. Fernsehen)

²Set *das;* -[s]: (Druckw.) Einheit für die Dicke der Monotypeschrift

Se|ta *die;* -, Seten ⟨*lat.;* „Borste"⟩: 1. (Bot.) Stiel der Sporenkapsel von Laubmoosen. 2. (nur Plural) kräftige Borste in der Haut einiger Säugetiere (z. B. bei Schweinen)

Set|te|cen|to [zɛtetˈʃɛnto] *das;* -[s] ⟨*lat.-it.*⟩: das 18. Jh. in Italien als Stilepoche

Set|ter [ˈzɛtɐ] *der;* -s, - ⟨*engl.*⟩: langhaariger englischer Jagd- u. Haushund

Set|ting [ˈzɛtɪŋ] *das;* -s, -s: die Umgebung, in der ein Drogenerlebnis stattfindet u. die den Drogensüchtigen umgibt

Sett|le|ment [ˈzɛtlmənt] *das;* -s, -s ⟨*engl.*⟩: 1. Niederlassung, Ansiedlung, Kolonie. 2. (ohne Plural) eine soziale Bewegung in England gegen Ende des 19. Jh.s

Set-Top-Box *die;* -, -en u.

Set-Top-De|co|der *der;* -s, - ⟨*engl.*⟩: Zusatzgerät zum Fernsehapparat, das dessen Funktionen erweitert (z. B. für den Zugang zum Internet, zum Empfang digitaler Programme od. zur Entschlüsselung von Pay-TV)

Se|ve|ri|tät *die;* - ⟨*lat.*⟩: (veraltet) Strenge, Härte

Se|vil|la|na [zevɪlˈjaːna] *die;* -, -s ⟨nach der span. Stadt Sevilla⟩: eine Variante der Seguidilla

Sè|v|res|por|zel|lan [ˈsɛvr...] *das;* -s ⟨nach dem Pariser Vorort Sèvres⟩: Porzellan aus der französischen Staatsmanufaktur in Sèvres; vgl. Chelseaporzellan

Sex *der;* -[es] ⟨*lat.-engl.*⟩: 1. Geschlechtlichkeit, Sexualität [in ihren durch Kommunikationsmittel (z. B. Film, Zeitschriften) verbreiteten Erscheinungsformen]. 2. Geschlechtsverkehr. 3. Geschlecht, Sexus. 4. ↑ Sexappeal

Se|xa|ge|si|ma *die;* - ⟨*lat.-mlat.*⟩: achter Sonntag vor Ostern

se|xa|ge|si|mal ⟨*lat.-nlat.*⟩: das Sexagesimalsystem betreffend, das Sexagesimalsystem verwendend

Se|xa|ge|si|mal|sys|tem *das;* -s: Zahlensystem, das auf der Basis 60 aufgebaut ist

Se|xa|gon *das;* -s, -e ⟨*lat.; gr.*⟩: Sechseck

Sex and Crime [- ənd ˈkraɪm] ⟨*engl.*⟩: Kennzeichnung von Filmen (seltener von Zeitschriften) mit ausgeprägter sexueller u. krimineller Komponente

Sex|ap|peal, auch: **Sex-Ap|peal** [...əˈpiːl] *der;* -s ⟨*engl.*⟩: starke erotische Anziehungskraft (bes. einer Frau)

Sex|bom|be *die;* -, -n: (ugs.) Frau, von der eine starke sexuelle Reizwirkung ausgeht

Se|xis|mus *der;* -: Haltung, Grundeinstellung, die darin besteht, einen Menschen allein aufgrund seines Geschlechts zu benachteiligen; insbesondere diskriminierendes Verhalten gegenüber Frauen. **Se|xist** *der;* -en, -en: Vertreter des Sexismus. **Se|xis|tin** *die;* -, -nen: weibliche Form zu ↑ Sexist. **se|xis|tisch:** den Sexismus betreffend

Se|x|lekt *der;* -[e]s, -e ⟨*lat.; gr.*⟩: (Fachspr.) geschlechtsspezifische Sprache, Ausdrucksweise

Se|xo|lo|ge *der;* -n, -n: Wissenschaftler auf dem Gebiet der Sexologie. **Se|xo|lo|gie** *die;* -: Wissenschaft, die sich mit der Erforschung der Sexualität u. des sexuellen Verhaltens befasst. **Se|xo|lo|gin** *die;* -, -nen: weibliche Form zu ↑ Sexologe. **se|xo|lo|gisch:** die Sexologie betreffend

Sex|shop *der;* -s, -s ⟨*engl.*⟩: [kleiner] Laden, in dem Erotika u. Mittel zur sexuellen Stimulation verkauft werden

Sext *die;* -, -en ⟨*lat.-mlat.*⟩: 1. drittes Tagesgebet des Breviers (1 a) (zur sechsten Tagesstunde, 12 Uhr). 2. vgl. Sexte

Se|x|ta *die;* -, ...ten ⟨*lat.*⟩: (veraltend) erste Klasse eines Gymnasiums

Se|x|t|ak|kord *der;* -[e]s, -e: (Mus.) erste Umkehrung des Dreiklangs mit der Terz im Bass

Se|x|ta|ner *der;* -s, -: (veraltend) Schüler einer Sexta. **Se|x|ta|ne|rin** *die;* -, -nen: weibliche Form zu ↑ Sextaner

Se|x|tant *der;* -en, -en: (bes. in der Seefahrt zur astronomisch-geographischen Ortsbestimmung benutztes) Winkelmessinstrument zur Bestimmung der Höhe eines Gestirns

Se|x|te u. Sext *die;* -, ...ten ⟨*lat.-mlat.*⟩: a) sechster Ton einer diatonischen Tonleiter vom Grundton an; b) Intervall von sechs diatonischen Tonstufen

Se|x|ten: *Plural* von ↑ Sext, ↑ Sexta u. ↑ Sexte

Se|x|tett *das;* -s, -e ⟨*lat.-it.*⟩: a) Komposition für sechs solistische Instrumente od. auch sechs Solostimmen; b) Ensemble von sechs Instrumental- od. auch Vokalsolisten

Se|x|til|li|on *die;* -, -en ⟨*lat.-nlat.*⟩:

sechste Potenz einer Million (10³⁶ = 1 Million Quintillionen)
Sex|to|le *die; -, -n:* (Mus.) Notengruppe von sechs Tönen, die den Taktwert von vier od. acht Noten hat
Sex|tou|ris|mus *der; -* ⟨*engl.*⟩: Tourismus mit dem Ziel sexueller Kontakte [bes. in Länder der Dritten Welt]
Sex|tu|or *das; -s, -s* ⟨*lat.-fr.*⟩: (veraltet) Sextett
se|xu|al ⟨*lat.*⟩: ↑ sexuell; vgl. ...al/ ...ell
Se|xu|al|de|likt *das; -[e]s, -e:* Delikt auf sexuellem Gebiet (z. B. Vergewaltigung)
Se|xu|al|e|thik *die; -:* Ethik im Bereich des menschlichen Geschlechtslebens. **se|xu|al|e|thisch:** die Sexualethik betreffend
Se|xu|al|hor|mon *das; -s, -e:* (Med.) a) von den Keimdrüsen gebildetes Hormon, das regulativ auf die Entwicklung der sekundären Geschlechtsmerkmale und auf die Tätigkeit der Eierstöcke einwirkt (z. B. Östrogen, Progesteron); b) Hormon, das auf die Keimdrüsen einwirkt
Se|xu|al|hy|gi|e|ne *die; -:* Hygiene im Bereich des menschlichen Geschlechtslebens
se|xu|a|li|sie|ren: die Sexualität in den Vordergrund stellen, überbetonen
Se|xu|a|li|tät *die; -* ⟨*lat.-nlat.*⟩: Geschlechtlichkeit, Gesamtheit der im Sexus begründeten Lebensäußerungen
Se|xu|al|ob|jekt *das; -[e]s, -e:* Person die zur Befriedigung sexueller Wünsche dient
Se|xu|al|or|gan *das; -s, -e:* Geschlechtsorgan
Se|xu|al|pä|d|a|go|gik *die; -:* Teilgebiet der Pädagogik, das sich mit Theorie und Praxis der Geschlechtserziehung u. der sexuellen Aufklärung befasst
Se|xu|al|part|ner *der; -s, -:* Partner in einer sexuellen Beziehung; Geschlechtspartner. **Se|xu|al|part|ne|rin** *die; -, -nen:* weibliche Form zu ↑ Sexualpartner
Se|xu|al|pa|tho|lo|gie *die; -:* (Med.; Psychol.) Wissenschaftszweig, der sich mit krankhaften Störungen des Geschlechtslebens befasst. **se|xu|al|pa|tho|lo|gisch:**

die Sexualpathologie betreffend
Se|xu|al|psy|cho|lo|gie *die; -:* Teilbereich der Psychologie, der sich mit dem menschlichen Verhalten auf sexuellem Gebiet befasst
Se|xu|al|rhyth|mus *der; -, ...men u.* **Se|xu|al|zy|k|lus** *der; -, ...len:* durch Geschlechtshormone gesteuerter periodischer Vorgang, der den Sexus betrifft (z. B. Brunst, Menstruation)
se|xu|ell ⟨*lat.-fr.*⟩: die Sexualität betreffend, geschlechtlich; vgl. ...al/...ell
Sex and Crime [- - ˈkraɪm] vgl. Sex and Crime
Se|xu| o|lo|ge usw.: vgl. ↑ Sexologe usw.
Se|xus *der; -, - [...u:s]* ⟨*lat.*⟩: 1. (Plural selten; Fachspr.) a) differenzierte Ausprägung eines Lebewesens im Hinblick auf seine Aufgabe bei der Fortpflanzung; b) Geschlechtstrieb als zum Wesen des Menschen gehörende elementare Lebensäußerung; Sexualität. 2. (selten) ↑ Genus (2)
se|xy ⟨*lat.-fr.-engl.*⟩: (ugs.) Sexappeal besitzend, von starkem sexuellem Reiz; erotisch attraktiv
Sey|chel|len|nuss, auch: **Sey|chel|len-Nuss** [zeˈʃɛlən...] *die; -, ...nüsse* ⟨nach der Inselgruppe der Seychellen im Indischen Ozean⟩: Frucht der Seychellenpalme
se|zer|nie|ren ⟨*lat.*⟩: (Med.) ein Sekret absondern (z. B. von Drüsen od. offenen Wunden)
Se|zes|si|on *die; -, -en* ⟨*lat.(-engl.)*⟩: 1. Absonderung, Trennung von einer Künstlergruppe, von einer älteren Künstlervereinigung. 2. Absonderung, Verselbstständigung von Staatsteilen. 3. ↑ Secession
Se|zes|si|o|nist *der; -en, -en* ⟨*lat.-nlat.*⟩: 1. Künstler, Mitglied einer Sezession (1). 2. Anhänger einer Sezession (2). **Se|zes|si|o|nis|tin** *die; -, -nen:* weibliche Form zu ↑ Sezessionist. **se|zes|si|o|nis|tisch:** die Sezession betreffend, ihr angehörend
se|zie|ren ⟨*lat.;* „schneiden, zerschneiden, zerlegen"⟩: (Anat.) [eine Leiche] öffnen, anatomisch zerlegen
sfor|zan|do vgl. sforzato. **Sfor|zan|do** vgl. Sforzato

sfor|za|to ⟨*lat.-it.*⟩: (Mus.) verstärkt, hervorgehoben, plötzlich betont (Vortragsanweisung für Einzeltöne od. -akkorde; Abk.: sf, sfz). **Sfor|za|to** *das; -s, -s u. ...ti:* (Mus.) plötzliche Betonung eines Tones od. Akkordes
sfu|ma|to ⟨*lat.-it.*⟩: mit weichen, verschwimmenden Umrissen gemalt
SGML *die; -* ⟨Abk. für *engl.* Standard Generalized Mark-up Language⟩: (EDV) normierte Auszeichnungssprache zur Beschreibung strukturierter Texte
Sgraf|fi|a|to vgl. Graffiato
Sgraf|fi|to *das; -s, -s u. ...ti* ⟨*it.*⟩: Fassadenmalerei, bei der die Zeichnung in die noch feuchte helle Putzschicht bis auf die darunter liegende dunkle Grundierung eingeritzt wird (bes. in der italienischen Renaissance verwendete, in der Gegenwart wieder aufgenommene Technik); vgl. Graffito
Sha|do|wing [ˈʃɛdoɪŋ] *das; -[s]* ⟨*engl.* shadow = „Schatten"⟩: fortlaufendes Nachsprechen sprachlicher Äußerungen, die Testpersonen über Kopfhörer eingespielt werden, um die selektive Aufmerksamkeit und Satzverarbeitungsprozesse zu erforschen
Shag [ʃɛk] *der; -s, -s* ⟨*engl.*⟩: 1. fein geschnittener Pfeifentabak. 2. amerikanischer Modetanz bes. der 1930er- u. 1940er-Jahre
Shai|va [ˈʃaiva] vgl. Schaiwa
¹Shake [ʃeːk] *der; -s, -s* ⟨*engl.,* eigtl. „schütteln"⟩: (Jazz) a) bes. von Trompete u. Posaune geblasenes, heftiges Vibrato über einer einzelnen Note; b) besondere Betonung einer Note
²Shake *der; -s, -s* ⟨*engl.-amerik.*⟩: 1. Mixgetränk. 2. Modetanz der späten 1960er-Jahre, bei dem die Tänzer schüttelnde Bewegungen machen
Shake|hands [ˈʃeːkhɛnts] *das; -, -* (meist Plural) ⟨*engl.*⟩: Händedruck, Händeschütteln
Sha|ker [ˈʃeːkɐ] *der; -s, -:* Mixbecher, bes. für alkoholische Getränke
sha|kern: im Shaker mischen
Shak|ta [ʃ...] vgl. Schakta
Shak|ti [ʃ...] vgl. Schakti
Sha|lom [ʃ...] vgl. Schalom
Sham|poo [ˈʃampu, ˈʃɛmpu,

'ʃampo, ʃam'pu:] u. **Sham|poon** [ʃam'po:n, auch: ʃɛm'pu:n] *das; -s, -s ⟨Hindi-engl.⟩*: Haarwaschmittel. **sham|poo|nie|ren** [ʃampo..., auch: ʃɛmpu...]: ↑schamponieren

Sham|rock ['ʃæmrɔk] *der; -[s], -s ⟨irisch-engl.⟩*: [Sauer]kleeblatt als Wahrzeichen der Iren, denen der heilige Patrick damit die Dreieinigkeit erklärt haben soll

Shan|tung [ʃ...] vgl. Schantungseide

Shan|ty ['ʃɛnti] *das; -s, -s ⟨lat.-fr.-engl.⟩*: Seemannslied

¹**Sha|ping** ['ʃe:pɪŋ] *die; -, -s ⟨engl.⟩*: kurz für: Shapingmaschine

²**Sha|ping** *das; -[s]*: (Psychol.) allmähliches Annähern einer Reaktion an ein (definiertes) Endverhalten durch Reinforcement jeder Reaktion, die in Richtung auf dieses Verhalten zielt

Sha|ping|ma|schi|ne *die; -, -n ⟨engl.; gr.-lat.-fr.⟩*: Hobelmaschine zur Metallbearbeitung, bei der das Werkzeug stoßende Bewegungen ausführt, während das Werkstück fest eingespannt ist

Share ['ʃɛ:ə] *der; -, -s ⟨engl.⟩*: engl. Bez. für: Aktie

Share|hol|der ['ʃɛ:əho:ldɐ] *der; -s, -*: engl. Bez. für: Aktionär

Share|hol|der|va|lue [...'vɛlju:], auch: **Share|hol|der-Va|lue** *der; -[s], -s*: (Wirtsch.) Marktwert des sich auf die Aktionäre aufteilenden Eigenkapitals eines Unternehmens

Share|ware ['ʃɛ:əvɛ:ə]: zu Testzwecken kostengünstig angebotene Software, die erst nach Eignungsnachweis bezahlt werden muss

Sha|ron [ʃ...] *die; -, -i, (auch:)* ...früchte ⟨nach der Küstenebene in Israel⟩: Dattelpflaume

sharp [ʃarp] ⟨engl.⟩: (Mus.) engl. Bez. für: Erhöhungskreuz (♯) im Notensatz (z. B. G sharp = Gis)

Shar|pie vgl. ²Scharpie

Shed|bau ['ʃɛt...] vgl. Schedbau

Shed|dach vgl. Scheddach

She|riff ['ʃɛrɪf] *der; -s, -s ⟨germ.-engl.⟩*: 1. hoher Verwaltungsbeamter in einer englischen od. irischen Grafschaft. 2. oberster, auf Zeit gewählter Vollzugsbeamter einer amerikanischen Stadt mit begrenzten richterlichen Aufgaben

Sher|pa [ʃ...] *der; -s, -s ⟨tibet.-engl.⟩*: (als Träger u. Bergführer bei Expeditionen im Himalajagebiet bekannt gewordener) Angehöriger einer Bergbevölkerung mit tibetischer Sprache in Ostnepal. **Sher|pa|ni** *die; -, -s*: weibliche Form zu Sherpa

Sher|ry ['ʃɛri] *der; -s, -s ⟨span.-engl.⟩*: vom Namen der span. Stadt Jerez de la Frontera⟩: spanischer Likörwein

Shet|land [engl. 'ʃɛtlənd] *der; -s, -s ⟨nach den schottischen Shetlandinseln⟩*: grau melierter Wollstoff in Tuch- od. Köperbindung

Shet|land|po|ny *das; -s, -s*: Kleinpferd von den Shetland- u. Orkneyinseln

Shi|at|su [ʃ...] *das; -[s] ⟨jap.; „Druck mit den Fingern"⟩*: Druckmassage (japanische Variante der Akupressur)

Shi|gel|le [ʃ...] *die; -, -n (meist Plural) ⟨nlat.; nach dem jap. Bakteriologen K. Shiga, 1870–1957)*: zu den Salmonellen zählende Bakterie

Shi|i|ta|ke|pilz [ʃ...] *der; -es, -e ⟨jap.⟩*: (in Japan u. China an Stämmen von Bambus u. Eichen kultivierter u. als Speisepilz beliebter) Blätterpilz mit rötlich braunem Hut u. festem weißlichem Fleisch

Shil|ling [ʃ...] *der; -s, -s (aber: 5 -) ⟨engl.⟩*: bis 1971 im Umlauf befindliche britische Münze (20 Shilling = 1 Pfund Sterling); Abk.: s od. sh

Shim|my ['ʃɪmi] *der; -s, -s ⟨engl.-amerik.⟩*: Gesellschaftstanz der 1920er-Jahre im ²/₂- od. ²/₄-Takt

Shin|to|is|mus [ʃ...] usw. vgl. Schintoismus usw.

Shirt [ʃø:ɐt] *das; -s, -s ⟨engl.⟩*: [kurzärmeliges] Baumwollhemd

Shit [ʃ...] *der (auch: das); -s ⟨engl.⟩*: (Jargon) Haschisch

Sho|ah [ʃ...] vgl. Schoah

Shock [ʃ...] vgl. Schock (2)

sho|cking ⟨niederl.-fr.-engl.⟩: anstößig, schockierend, peinlich

Shod|dy ['ʃɔdi] *das (auch: der); -s, -s ⟨engl.⟩*: aus Trikotagen hergestellte Reißwolle

Sho|gun [ʃ...] vgl. Schogun

Sho|gu|nat [ʃ...] vgl. Schogunat

Shoo|ting|star ['ʃu:...] *der; -s, -s, auch: **Shoo|ting Star** der; - -s, - -s ⟨engl.⟩*: Person od. Sache, die

schnell an die Spitze gelangt; Senkrechtstarter(in)

Shop [ʃ...] *der; -s, -s ⟨engl.⟩*: Laden, Geschäft

Shop|a|ho|lic [...ə'hɔlɪk] *der; -s, -s ⟨Analogiebildung zu Workaholic⟩*: jmd., der unter dem Zwang steht, ununterbrochen einkaufen zu müssen

shop|pen: einen Einkaufsbummel machen

Shop|ping *das; -s, -s*: Einkaufsbummel

Shop|ping|cen|ter, auch: **Shopping-Cen|ter** *das; -s, -*: Einkaufszentrum

Shop|ping|goods, auch: **Shopping-Goods** [...gʊdz] *die* (Plural): Güter, die nicht täglich gebraucht werden u. bei deren Einkauf der Verbraucher eine sorgfältige Auswahl trifft; Ggs. ↑Conveniencegoods

Shop|ping|mall, auch: **Shopping-Mall** [...mɔ:l] *die; -, -s ⟨engl.-amerik.⟩*: ↑Shoppingcenter

Shore|här|te, auch: **Shore-Här|te** ['ʃo:ɐ...] *die; - ⟨nach dem amerik. Industriellen Shore (20. Jh.)⟩*: Härtebestimmung mit fallenden Kugeln bei sehr harten Werkstücken, wobei die Rücksprunghöhe ausgewertet wird

Short|horn|rind ['ʃo:ɐt..., 'ʃɔrt...] *das; -s, -er ⟨engl.; dt.⟩*: mittelschweres Rind mit kurzen Hörnern, kleinem Kopf u. kurzem Hals

Shorts [ʃ...] *die* (Plural) ⟨engl.⟩: kurze, sportliche Hose

Short|sto|ry *die; -, -s, auch: **Short Sto|ry** die; - -, - -s ⟨engl.-amerik.⟩*: angelsächs. Bez. für: Kurzgeschichte

Short|ton ['ʃɔrt'tan] *die; -, -s ⟨engl.⟩*: Gewichtsmaß in Großbritannien (907,185 kg)

Short|track ['ʃɔrt'trɛk] *der; -s*: Eisschnelllauf auf einer kurzen (nur ca. 110 m langen) Bahn

Shor|ty [...ti] *das (auch: der); -s, -s*: Damenschlafanzug mit kurzer Hose

Shout [ʃaut] *der; -s ⟨engl.-amerik.⟩*: ↑Shouting. **Shou|ter** ['ʃautɐ] *der; -s, -*: Sänger, der im Stil des Shoutings singt. **Shouting** *das; -[s]*: aus [kultischen] Gesängen der afroamerikanischen Musik entwickelter Gesangsstil des Jazz mit starker

S

Tendenz zu abgehacktem Rufen od. Schreien

Show [ʃoʊ] *die;* -, -s ⟨*engl.-amerik.*⟩: Vorführung eines großen bunten, aufwendigen Unterhaltungsprogramms in einem Theater, Varietee o. Ä., bes. als Fernsehsendung

Show|biz [ʃoʊbɪz] *das;* - ⟨*engl.-amerik.*⟩: (Jargon) Kurzform von ↑ Showbusiness

Show|block *der;* -s, ...blöcke: Show als Einlage in einer Fernsehsendung

Show|boat [...boʊt] *das;* -s, -s ⟨*engl.-amerik.*⟩: Unterhaltungsschiff für Show- u. Theateraufführungen

Show|busi|ness [...bɪznɪs], auch: **Show-Busi|ness** *das;* -: Vergnügungs-, Unterhaltungsbranche; Schaugeschäft

Show-down auch: **Show|down** [...daʊn] *der;* -s, -s: dramatische, entscheidende Konfrontation; Entscheidungskampf

Sho|wer|gel [ʃaʊə...] *das;* -s, -s ⟨*engl.; lat.-it.-fr.*⟩: Duschgel

Show|girl [ʃoʊgəːl] *das;* -s, -s: Sängerin od. Tänzerin in einer Show

Show|man [...mən] *der;* -s, ...men [...mən]: 1. jmd., der im Showbusiness tätig ist. 2. geschickter Propagandist

Show|mas|ter *der;* -s, - ⟨anglisierende Bildung⟩: Unterhaltungskünstler, der eine Show arrangiert u. präsentiert. **Show|mas|te|rin** *die;* -, -nen: weibliche Form zu ↑ Showmaster

Show|room [...ruːm] *der;* -s, -s ⟨*engl.*⟩: Vorführungsraum (z. B. für effektvolle Präsentationen)

Show|ta|lent *das;* -[e]s, -e: 1. (ohne Plural) besondere Begabung, in Shows aufzutreten, sich vor einem Publikum als Unterhalter o. Ä. zu betätigen. 2. jmd., der Showtalent (1) hat

Show|view® [...vjuː] *das;* -s ⟨*engl.*⟩: in bestimmten Ziffernreihen dargestelltes (bes. in Programmzeitschriften abgedrucktes) Programm (4), das die Videoprogrammierung ermöglicht

Shred|der [ʃ...] *der;* -s, - ⟨*engl.*⟩: englische Form von: Schredder

Shrimp [ʃrɪmp] *der;* -s, -s (meist Plural) ⟨*engl.*⟩: kleine, essbare Garnele, Nordseekrabbe

Shu|d|ra [ʃuː...] vgl. Schudra

Shuf|fle|board [ʃʌflbɔːd] *das;* -s ⟨*engl.*⟩: Spiel, bei dem auf einem länglichen Spielfeld Scheiben mit langen Holzstöcken möglichst genau von der Startlinie in das gegenüberliegende Zielfeld geschoben werden müssen

Shunt [ʃant] *der;* -s, -s ⟨*engl.*⟩: 1. (Phys.) elektrischer Nebenschlusswiderstand. 2. (Med.) a) infolge eines angeborenen Defekts bestehende Verbindung zwischen großem u. kleinem Kreislauf; b) operativ hergestellte künstliche Verbindung zwischen Blutgefäßen des großen u. kleinen Kreislaufs zur Kreislaufentlastung

shun|ten [ʃantn̩]: in elektrischen Geräten durch Parallelschaltung eines Widerstandes die Stromstärke regeln

Shut|tle [ʃatl̩, ʃʌtl̩] *der;* -s, -s ⟨*engl.*⟩: 1. Kurzform von ↑ Spaceshuttle. 2. a) Pendelverkehr; b) im Pendelverkehr eingesetztes Fahr- od. Flugzeug

Shy|lock [ʃailɔk] *der;* -[s], -s ⟨*engl.;* nach der Figur in Shakespeares „Kaufmann von Venedig"⟩: erpresserischer Geldverleiher; mitleidloser Gläubiger

si [siː] ⟨*it.*⟩: Silbe, auf die beim Solmisieren der Ton h gesungen wird

Si|al *das;* -[s] ⟨Kurzw. aus *Si*licium u. *Al*uminium⟩: (Geol.) oberste Schicht der Erdkruste

Sia|l|a|de|ni|tis *die;* -, ...itiden ⟨*gr.-nlat.*⟩: (Med.) Speicheldrüsenentzündung

si|a|lisch ⟨von ↑ Sial⟩: (Geol.) überwiegend aus Silicium-Aluminium-Verbindungen zusammengesetzt (von den Gesteinen der oberen Erdkruste)

si|al|li|tisch: tonig (von der Verwitterung der Gesteine in feuchtem Klima)

Si|a|lo|lith [auch: ...lɪt] *der;* -s u. -en, -e[n] ⟨*gr.-nlat.*⟩: ↑ Ptyalolith

Si|a|lor|rhö *die;* -, -en: ↑ Ptyalismus

si|a|me|sisch ⟨nach Siam (heute Thailand), dem Herkunftsland der zusammengewachsenen Zwillingsbrüder Chang u. Eng Bunkes (1811–1874), deren Fall erstmals weltweit bekannt wurde⟩: in der Fügung **siamesische Zwillinge:** (Med.) bei eineiigen Zwillingen selten auftretende Fehlbildung in Form

zweier völlig entwickelter Individuen, die an einem Körperabschnitt (meist Brust- od. Kreuzbein) miteinander verwachsen sind

Si|a|mo|lsen *die* (Plural) ⟨*nlat.*⟩: karierte u. gestreifte Baumwollgewebe in Leinwandbindung, die bes. für Schürzen u. Bettbezugsstoffe verwendet werden

Si|bi|lant *der;* -en, -en ⟨*lat.*⟩: (Sprachw.) Zischlaut, Reibelaut (z. B. s)

si|bi|lie|ren: (Sprachw.) zu Sibilanten machen (von Lauten)

Si|bl|jak *der;* -s, -s ⟨*serbokroat.*⟩: sommergrüner Buschwald

Si|byl|le *die;* -, -n ⟨*gr.-lat.*⟩: weissagende Frau, geheimnisvolle Wahrsagerin

Si|byl|li|nen *die* (Plural): hellenistisch-jüdische Weissagungsbücher

si|byl|li|nisch: geheimnisvoll, rätselhaft

sic [auch: zɪk] ⟨*lat.*⟩ so, ebenso; wirklich so! (mit Bezug auf etwas Vorangegangenes, das in dieser [falschen] Form gelesen od. gehört worden ist)

Si|ci|li|a|no [sitʃi...] *der;* -s u. ...ni ⟨*it.*⟩: alter sizilianischer Volkstanz im $^6/_8$- od. $^{12}/_8$-Takt

Si|ci|li|enne [zisiˈljɛn, sisiˈljɛn] *die;* -, -s ⟨*it.-fr.*⟩: franz. Bez. für: Siciliano

Sick-out, auch: **Sick|out** [zɪkˈaʊt, ˈsɪkaʊt] *das;* -s, -s ⟨*engl.*⟩: Krankmeldung (bes. von Arbeitnehmern, für die ein Streikverbot gilt) als Arbeitskampfmaßnahme

sic tran|sit glo|ria mun|di ⟨*lat.*⟩: „so vergeht die Herrlichkeit der Welt" (Zuruf an den neuen Papst beim Einzug zur Krönung, wobei symbolisch ein Büschel Werg verbrannt wird)

Sid|dhan|ta [ziˈdanta] *das* od. *der;* - ⟨*sanskr.;* „Lehrbuch"⟩: Gesamtheit der heiligen Schriften der indischen Religion aus der Zeit Buddhas

Side|bag [ˈsaɪdbɛk] *der;* -s, -s ⟨*engl.*⟩: im Bereich der Fahrzeugtüren angebrachter Airbag als Schutz bei einem seitlichen Aufprall

Side|board [...bɔːd] *das;* -s, -s ⟨*engl.*⟩: Anrichte, Büfett (1)

si|de|ral ⟨*lat.*⟩: ↑ siderisch

si|de|risch: auf die Sterne bezogen; **siderisches Pendel:** (Parapsychol.) Metallring od. -kugel an dünnem Faden u. Haar zum angeblichen Nachweis von Wasser, Erz u. Ä.

Si|de|rit [auch: ...'rɪt] *der; -s, -e* ⟨*gr.-nlat.*⟩: 1. karbonatisches Eisenerz. 2. Meteorit aus reinem Eisen

Si|de|ro|gra|phie, auch: ...grafie *die; -, ...ien:* (veraltet) [Erzeugnis der] Stahlstichkunst

Si|de|rol|lith [auch: ...'lɪt] *der; -s u. -en, -e[n]:* Eisensteinmeteorit

Si|de|rol|lo|gie *die; -* ⟨*gr.-nlat.*⟩: Wissenschaft von der Gewinnung u. den Eigenschaften des Eisens

Si|de|ro|nym *das; -s, -e* ⟨*lat.; gr.*⟩: Deckname, der aus einem astronomischen Ausdruck besteht (z. B. Sirius)

Si|de|ro|pe|nie *die; -* ⟨*gr.-nlat.*⟩: (Med.) Eisenmangel in den Körpergeweben

si|de|ro|phil: Eisen an sich bindend, sich leicht mit eisenhaltigen Farbstoffen färben lassend (z. B. von chemischen Elementen)

Si|de|ro|phi|lin *das; -s:* (Med.) Eiweißkörper des Blutserums, der Eisen an sich binden kann

si|de|ro|priv: (Med.) ohne Eisen, eisenarm (von roten Blutkörperchen)

Si|de|ro|se u. **Si|de|ro|sis** *die; -:* (Med.) Ablagerung von Eisen[salzen] in den Körpergeweben

Si|de|ros |kop *das; -s, -e:* (Med.) Magnetgerät zum Nachweis u. zur Entfernung von Eisensplittern im Auge

Si|de|ros |phä|re *die; -:* ↑ Nife

Si|de|ro|zyt *der; -en, -en* (meist Plural): (Med.) rotes Blutkörperchen mit Eiseneinlagerungen

Si|de r|ur|gie *die; -:* (Techn.) Eisen- u. Stahlbearbeitung. **si|de r|ur|gisch:** die Siderurgie betreffend

Sid |ra *die; -* ⟨*hebr.; „Ordnung"*⟩: der jeweils an einem Sabbat zu verlesende Abschnitt der Thora

si |e|na [s...] ⟨*it.; nach der ital. Stadt Siena*⟩: rotbraun. **Si |e|na** *das; -s:* 1. ein rotbrauner Farbton. 2. ↑ Sienaerde

Si |e|na|er|de *die; -:* als Farbstoff zur Herstellung sienafarbener Malerfarbe verwendete, ge-

---

brannte, tonartige, feinkörnige Erde; Terra di Siena

Si|er|ra [s...] *die; -, ...ren u. -s* ⟨*lat.-span.; „Säge"*⟩: span. Bez.

Si |es |ta [s...] *die; -, -s* ⟨*lat.-span.*⟩: Ruhepause [nach dem Essen]

Si|fe|ma *das; -s* ⟨Kurzw. aus ↑ *Sili*cium, ↑ *Ferrum* ↑ u. *Magnesium*⟩: (Geol.) Material, aus dem der (zwischen Erdkern u. unterster Erdkruste liegende) Erdmantel besteht

Si|f|flö|te *die; -, -n* ⟨*lat.-vulgärlat.-fr.; dt.*⟩: hohe Orgelstimme

Si|gel *das; -s, - ⟨lat.⟩* u. Sigle *die; -, -n* ⟨*lat.-fr.*⟩: festgelegtes Abkürzungszeichen für Silben, Wörter od. Wortgruppen

si|geln: mit einem festgelegten Abkürzungszeichen versehen (z. B. von Buchtiteln in Katalogen)

Sight|see|ing ['zaɪtziːɪŋ] *das; -s, -s* ⟨*engl.*⟩: Besichtigung von Sehenswürdigkeiten

Sight|see|ing|tour [...tuːɐ̯] *die; -, -en:* Stadtrundfahrt [mit einem Bus] zur Besichtigung von Sehenswürdigkeiten

Si|gill *das; -s, -e* ⟨*lat.*⟩: (veraltet) Siegel

Si|gil|la: *Plural* von ↑ Sigillum

Si|gil|la|rie [...jə] *die; -, -n* ⟨*lat.-nlat.*⟩: Siegelbaum (eine ausgestorbene Pflanzengattung)

si|gil|lie|ren ⟨*lat.*⟩: (veraltet) [ver]siegeln

Si|gil|lum *das; -s, ...lla:* lat. Form von ↑ Sigill

Sig |le ['ziːgl] vgl. Sigel

Sig|ma *das; -[s], -s* ⟨*gr.*⟩: 1. achtzehnter Buchstabe des griechischen Alphabets: Σ, σ, am Wortende: ς. 2. (Med.) ↑ Sigmoid

Sig|ma|ti|ker *der; -s, -:* jmd., der an Sigmatismus leidet. **Sig|ma|ti|ke|rin** *die; -, -nen:* weibliche Form zu ↑ Sigmatiker

Sig|ma|tis|mus *der; -* ⟨*gr.-nlat.*⟩: (Med.) Sprachfehler, der sich in Lispeln äußert

Sig|mo|id *der; -[e]s, -e:* (Med.) s-förmiger Abschnitt des Dickdarms

Sig |na: *Plural* von ↑ Signum

Sig|n al *das; -s, -e* ⟨*lat.-fr.*⟩: 1. [optisches od. akustisches] Zeichen mit einer bestimmten Bedeutung. 2. a) für den Schienenverkehr an der Strecke aufgestelltes Schild mit einer be-

---

stimmten Bedeutung od. bewegbare [fernbediente] Vorrichtung, deren Stellung eine besondere Bedeutung hat; an der Strecke installierte Vorrichtung zum Geben von Lichtsignalen; b) (bes. schweiz.) Verkehrszeichen für den Straßenverkehr. 3. (Phys., Informatik) Träger einer Information (z. B. eine elektromagnetische Welle), der entsprechend dem Inhalt der zu übermittelnden Information moduliert wird

Sig |na|le|ment [...'mã:, schweiz.: ...'mɛnt] *das; -s, -s* (schweiz. auch: -e): 1. (bes. schweiz.) Personenbeschreibung, Kennzeichnung (z. B. in einem Personalausweis od. einer Vermisstenanzeige). 2. Gesamtheit der Merkmale, die ein bestimmtes Tier charakterisieren (in der Pferdezucht)

Sig |nal|horn *das; -s, ...hörner* ⟨*lat.-fr.; dt.*⟩: ventilloses Messingblasinstrument

Sig |na|li|sie|ren ⟨französierende Bildung⟩: 1. etwas deutlich, auf etwas aufmerksam machen, ein Signal geben. 2. etwas ankündigen. 3. benachrichtigen, warnen

Sig |nal|pis |to|le *die; -, -n* ⟨*lat.-fr.; tschech.*⟩: Pistole, die dazu dient, durch Abschießen einer bestimmten Munition etwas zu signalisieren

Sig |na|tar *der; -s, -e* ⟨*lat.-nlat.*⟩: 1. Kurzform von ↑ Signatarmacht. 2. (Rechtsw. veraltet) Unterzeichner eines Vertrages. **Sig |na|ta|rin** *die; -, -nen:* weibliche Form zu ↑ Signatar (2)

Sig |na|tar|macht *die; -, ...mächte* ⟨*lat.-nlat.; dt.*⟩: einen [internationalen] Vertrag unterzeichnender Staat

Sig |na|tion [si'gne:ʃn] *die; -, -s* ⟨*engl.*⟩: (österr.) Erkennungsmelodie

sig |na|tum ⟨*lat.*⟩: unterzeichnet; Abk.: sign.

Sig |na|tur *die; -, -en* ⟨*lat.-mlat.*⟩: 1. Kurzzeichen als Aufschrift od. Unterschrift, Namenszug. 2. Kennzeichen auf Gegenständen aller Art, bes. beim Versand. 3. Name (auch abgekürzt) od. Zeichen von Künstlern auf ihrem Werk. 4. Nummer (meist in Verbindung mit Buchstaben) des Buches, unter der es im Magazin einer Bibliothek zu

S

finden ist u. die im Katalog hinter dem betreffenden Buchtitel vermerkt ist. 5. kartographisches Zeichen zur lage-, richtungs-, formgerechten, dem Maßstab angepassten Darstellung von Dingen u. Gegebenheiten. 6. (Druckw.) Ziffer od. Buchstabe zur Bezeichnung der Reihenfolge der Bogen einer Druckschrift (Bogennummer)

Si|g|nem das; -s, -e ⟨lat.; gr.⟩: ↑ Monem

Si|g|net [zɪnˈjeː, auch: zɪˈgnɛt] das; -s, -s u. ⟨bei dt. Ausspr.⟩: -e ⟨lat.-fr.⟩: 1. Buchdrucker-, Verlegerzeichen. 2. (veraltet) Handsiegel, Petschaft. 3. Aushängeschild, Visitenkarte. 4. Marke, Firmensiegel

si|g|nie|ren ⟨lat.⟩: a) mit einer Signatur versehen; b) unterzeichnen, abzeichnen

Si|g|ni|fi|ant [sɪnjiˈfjaː] das; -s, -s ⟨lat.-fr.⟩: ↑ Signifikant

Si|g|ni|fié [sɪnjiˈfje] das; -s, -s: ↑ Signifikat

si|g|ni|fi|kant ⟨lat.⟩: 1. a) bedeutsam; in deutlicher Weise als wesentlich, wichtig, erheblich erkennbar; b) kennzeichnend; typisch; c) (Statistik) zu groß, um noch als zufällig gelten zu können; 2. signifikativ (1)

Si|g|ni|fi|kant der; -en, -en: (Sprachw.) Ausdrucksseite des sprachlichen Zeichens; Ggs. ↑ Signifikat

Si|g|ni|fi|kanz die; -: Bedeutsamkeit, Wesentlichkeit

Si|g|ni|fi|kanz|test der; -s, -s: Testverfahren zum Nachprüfen einer statistischen Hypothese

Si|g|ni|fi|kat das; -[e]s, -e: (Sprachw.) Inhaltsseite des sprachlichen Zeichens; Ggs. ↑ Signifikant

si|g|ni|fi|ka|tiv 1. (Sprachw.) bedeutungsunterscheidend (von sprachlichen Einheiten). 2. signifikant (1)

si|g|ni|fi|zie|ren: bezeichnen, anzeigen

si|g|ni|tiv: symbolisch, mithilfe von Zeichensystemen (z. B. der Sprache)

Si|g|nor [zɪnˈjoːɐ̯] der; -, ...ri ⟨lat.-it.⟩: ital. Bez. für: Herr (mit folgendem Namen od. Titel). **Si|g|no|ra** [zɪnˈjoːra] die; -, -s u. ...re: ital. Bez. für: Frau

¹Si|g|no|re [zɪnˈjoːrə] der; -, ...ri:

ital. Bez. für: [mein] Herr (ohne folgenden Namen od. Titel)

²Si|g|no|re: Plural von ↑ Signora

Si|g|no|ria [zɪnjo...] u. **Si|g|no|rie** [zɪnjo...] die; -, ...ien: die höchste [leitende] Behörde der italienischen Stadtstaaten (bes. der Rat in Florenz)

Si|g|no|ri|na [zɪnjo...] die; -, -s u. ...ne: ital. Bez. für eine unverheiratete Frau

Si|g|no|ri|no [zɪnjo...] der; -, -s u. ...ni: ital. Bez. für: junger Herr

Si|g|num das; -s, ...na ⟨lat.⟩: verkürzte Unterschrift; Zeichen

Si|g|rist [auch: zɪˈgrɪst] der; -en, -en ⟨lat.-mlat.⟩: (schweiz.) Küster

Si|ka|hirsch der; -s, -e ⟨jap.; dt.⟩: ein in Japan u. China vorkommender kleiner Hirsch mit [rot]braunem, weiß geflecktem Fell

Sikh [ziːk] der; -[s], -s ⟨Hindi; „Jünger“⟩: Anhänger des Sikhismus

Sikh|is|mus der; - ⟨Hindi-nlat.⟩: gegen Ende des 15. Jh.s gestiftete monotheistische indische Religion mit militärischer Organisation

Sik|ka|tiv das; -s -e ⟨lat.⟩: Trockenstoff, der Druckfarben, Ölfarben u. a. zugesetzt wird

sik|ka|ti|vie|ren ⟨lat.-nlat.⟩: Sikkativ zusetzen

Si|la|ge [...ʒə] vgl. Ensilage

Si|lan das; -s, -e (Kunstw. aus ↑ Silikon u. ↑ Methan): Siliciumwasserstoff

Sil|ber|bro|mid vgl. Bromsilber

Sild der; -[e]s, -[e] ⟨skand.⟩: pikant eingelegter junger Hering

Si|len der; -s, -e ⟨gr.-lat.⟩: zweibeiniges Fabelwesen der griechischen Sage mit menschlichem Oberkörper u. Pferdeleib

Si|len|ti|um das; -s, ...tien ⟨lat.⟩: 1. (veraltend, noch scherzh.) [Still]schweigen, Stille (oft als Aufforderung: Ruhe!). 2. a) Zeit, in der die Schüler eines Internats ihre Schularbeiten erledigen sollen; b) Hausaufgabenbetreuung am Nachmittag

Si|len|ti|um ob|se|qui|o|sum das; --: (kath. Kirche) a) ehrerbietiges Schweigen gegenüber einer kirchlichen Lehrentscheidung; b) Schweigen als Ausdruck des Nichtzustimmens

Si|lent|mee|ting [ˈsaɪlənt'miːtɪŋ] das; -s, auch: **Si|lent Mee|ting**

das; - -s ⟨engl.⟩: stille gottesdienstliche Versammlung der Quäker

Sil|hou|et|te [zɪˈlu̯ɛta] die; -, -n ⟨fr.⟩: 1. a) Umriss, der sich [dunkel] vom Hintergrund abhebt; b) Schattenriss. 2. (Mode) Umriss[linie]; Form der Konturen

sil|hou|et|tie|ren [zɪlu̯eˈtiːrən] ⟨fr.-nlat.⟩: im Schattenriss zeichnen od. schneiden

Si|li|ca|gel ® das; -s ⟨lat.-nlat.; lat.⟩: Adsorptionsmittel für Gase, Flüssigkeiten u. gelöste Stoffe; Kieselgel

Si|li|cat vgl. Silikat

Si|li|cid vgl. Silizid

Si|li|ci|um, Silizium das; -s ⟨lat.-nlat.⟩: chem. Element; ein Nichtmetall; Zeichen: Si

Si|li|con vgl. Silikon

Si|lie|ren ⟨span.-nlat.⟩: Grünfutter, Gemüse in einem Silo einlagern

Si|li|fi|ka|ti|on die; -, -en ⟨lat.-nlat.⟩: Verkieselung

si|li|fi|zie|ren: verkieseln (von Gesteinen u. Versteinerungen)

Si|li|ka|stein der; -s, -e ⟨lat.-nlat.; dt.⟩: beim Brennen sich ausdehnender feuerfester Stein aus Siliciumdioxid sowie Kalk- u. Tonbindemitteln

Si|li|kat, chem. fachspr.: Silicat das; -[e]s, -e ⟨lat.-nlat.⟩: Salz der Kieselsäure. **si|li|ka|tisch**: reich an Kieselsäure

Si|li|ka|to|se die; -, -n: (Med.) durch silikathaltige Staubarten hervorgerufene Staublungenerkrankung

Si|li|kon, fachspr.: Silicon das; -s, -e: siliciumhaltiger Kunststoff von großer Wärme- u. Wasserbeständigkeit

Si|li|ko|se die; -, -n: (Med.) durch eingeatmeten kieselsäurehaltigen Staub verursachte Staublungenerkrankung; Steinstaublunge

Si|li|zid, chem. fachspr.: Silicid das; -[e]s, -e: Verbindung von Silicium mit einem Metall

Si|li|zi|um vgl. Silicium

Silk der; -s, -s ⟨engl.⟩: glänzender Kleiderstoff

Silk|gras das; -es ⟨engl.; eigtl. „Seidengras“⟩: haltbare, feine Blattfasern verschiedener Ananasgewächse

Silk|screen [ˈsɪlkskriːn] das; -s, auch: **Silk Screen** das; - -s: engl. Bez. für: Siebdruck

Silk|worm das; -s,

Silk|worm|gut [...gat] *das; -s:* aus dem Spinnsaft der Seidenraupe gewonnenes chirurgisches Nähmaterial

¹**Sill** *der; -s, -e ⟨schwed.⟩:* ↑ Sild

²**Sill** *der; -s, -es ⟨engl.⟩:* (Geol.) waagerechte Einlagerung eines Ergussgesteins in bereits vorhandene Schichtgesteine

Sil|la|bub ['sɪləbʌb] *das; - ⟨engl.⟩:* kaltes Getränk aus schaumig geschlagenem Rahm, Wein u. Gewürzen

Sil|len *die* (Plural) ⟨gr.⟩: parodistische, zum Teil aus homerischen Versen zusammengestellte altgriechische Spottgedichte auf Dichter u. Philosophen

Sil|lo|graph, auch: ...graf *der; -en, -en ⟨gr.-lat.⟩:* Verfasser von Sillen

Sil|ly|bos *der; -, ...boi ⟨gr.-lat.⟩:* farbiger Zettel an den Schriftrollen des Altertums mit dem Titel des Werks u. dem Namen des Verfassers

Sil|lo *der* (auch: *das*)*; -s, -s ⟨span.⟩:* a) Großspeicher (für Getreide, Erz u. Ä.); b) Gärfutterbehälter

Sil|lon ® *das; -s ⟨Kunstw.⟩:* eine Kunstfaser

Sil|lu|min ® *das; -[s] ⟨Kurzw. aus* ↑ *Silicium u.* ↑ *Aluminium⟩:* schweiß- u. gießbare, feste Leichtmetalllegierung

Sil|lur *das; -s ⟨nlat.;* nach dem vorkeltischen Volksstamm der Silurer⟩: (Geol.) erdgeschichtliche Formation des Paläozoikums.

sil|lu|risch: a) das Silur betreffend; b) im Silur entstanden

Sil|vae [...ɛ] *die* (Plural) ⟨lat.; „Wälder"⟩: literarische Sammelwerke der Antike u. des Mittelalters mit formal u. inhaltlich verschiedenartigen Gedichten

Sil|va|ner *der; -s, - ⟨vielleicht zu* Transsilvanien = Siebenbürgen (Rumänien), dem angeblichen Herkunftsland⟩: a) (ohne Plural) Rebsorte für einen milden, feinfruchtigen bis vollmundigen Weißwein; b) Wein der Rebsorte Silvaner (a)

Sil|ves|ter *das; -s, - ⟨nach dem* Papst Silvester I.⟩: der letzte Tag des Jahres (31. Dezember)

¹**Si|ma** *die; -, -s u. ...men ⟨gr.-lat.⟩:* Traufleiste antiker Tempel

²**Si|ma** *die; - ⟨Kurzw. aus* ↑ *Silicium u.* ↑ *Magnesium⟩:* (Geol.) unterer Teil der Erdkruste

Si|mar|re u. Zimarra *die; -, ...rren ⟨it.-fr.⟩:* 1. bodenlanger Männermantel im Italien des 16. Jh.s. 2. (veraltet) Schleppkleid

si|ma|tisch u. simisch: (Geol.) aus Basalten u. Gabbro zusammengesetzt

si|mil|lär ⟨lat.-fr.⟩: ähnlich

Si|mi|la|ri|tät *die; -, -en:* Ähnlichkeit

si|mi|le ⟨lat.-it.⟩: (Mus.) ähnlich, auf ähnliche Weise weiter, ebenso

Si|mi|le *das; -s, -s ⟨lat.-nlat.⟩:* Gleichnis, Vergleich

Si|mi|li *das* od. *der; -s, -s:* Nachahmung, bes. von Edelsteinen

si|mi|lia si|mi|li|bus ⟨lat.⟩: „Gleiches [wird] durch Gleiches [geheilt]" (ein Grundgedanke der Volksmedizin); vgl. contraria contrariis u. Sympathie (4)

Si|mi|li|stein *der; -[e]s, -e:* (Fachspr.) imitierter Edelstein

si|misch vgl. simatisch

Si|mo|nie *die; -, ...ien ⟨mlat.;* nach dem Zauberer Simon, Apostelgesch. 8, 9 ff.⟩: Kauf od. Verkauf von geistlichen Ämtern o. Ä. **si|mo|nisch** u. **si|mo|nis|tisch:** die Simonie betreffend

sim|pel ⟨lat.-fr.⟩: 1. so einfach, dass es keines besonderen geistigen Aufwands bedarf, nichts weiter erfordert, leicht zu bewältigen ist; unkompliziert. 2. in seiner Beschaffenheit anspruchslos-einfach; nur das Übliche und Notwendigste aufweisend

Sim|pel *der; -s, -:* (landsch. ugs.) einfältiger Mensch, Dummkopf

Sim|pla: Plural von ↑ Simplum

Sim|plex *das; -, -e u. Simplizia* ⟨lat.⟩: (Sprachw.) nicht zusammengesetztes (u. nicht abgeleitetes) Wort; Ggs. ↑ Kompositum

sim|pli|ci|ter: (veraltet) schlechthin

Sim|pli|fi|ka|ti|on *die; -, -en ⟨lat.-nlat.⟩:* ↑ Simplifizierung; vgl. ...ation/...ierung

sim|pli|fi|zie|ren: sehr stark vereinfachen. **Sim|pli|fi|zie|rung** *die; -, -en:* Vereinfachung; vgl. ...ation/...ierung

Sim|pli|zia: Plural von ↑ Simplex

Sim|pli|zi|a|de *die; -, -n ⟨nach der* Titelfigur Simplicissimus aus dem Roman von Grimmelshausen, † 1676⟩: Abenteuer[roman] um einen einfältigen Menschen

Sim|pli|zi|tät *die; - ⟨lat.⟩:* 1. Einfachheit. 2. Einfalt

Sim|plum *das; -s, ...pla:* (Wirtsch.) einfacher Steuersatz

Sim|sa|la|bim *das; -s ⟨Herkunft* unsicher⟩: ein Zauberwort (im entscheidenden Moment der Ausführung eines Zauberkunststücks)

sim|sen ⟨Ableitung von ↑ SMS⟩: Kurznachrichten über das Handy verschicken

Si|mu|lant *der; -en, -en ⟨lat.⟩:* jmd., der etwas, bes. eine Krankheit, vortäuscht. **Si|mu|lan|tin** *die; -, -nen:* weibliche Form zu ↑ Simulant

Si|mu|la|ti|on *die; -, -en ⟨lat.⟩:* 1. Verstellung. 2. Vortäuschung [von Krankheiten]. 3. Nachahmung (in Bezug auf technische Vorgänge)

Si|mu|la|tor *der; -s, ...oren:* (Techn.) Gerät, in dem künstlich die Bedingungen u. Verhältnisse herstellbar sind, wie sie in Wirklichkeit bestehen (z. B. Flugsimulator)

si|mu|lie|ren: 1. [eine Krankheit] vortäuschen, vorgeben. 2. [technische] Vorgänge wirklichkeitsgetreu nachahmen

si|mul|tan ⟨lat.-mlat.⟩: gleichzeitig; **simultanes Dolmetschen:** Form des Dolmetschens, bei der die Übersetzung gleichzeitig mit dem Originalvortrag über Kopfhörer erfolgt; Ggs. ↑ konsekutives Dolmetschen

Si|mul|tan|büh|ne *die; -, -n:* Bühne, bei der alle im Verlauf des Spiels erforderlichen Schauplätze nebeneinander u. dauernd sichtbar aufgebaut sind (z. B. bei den Passionsspielen des Mittelalters)

Si|mul|ta|ne|i|tät *die; -, -en:* a) Gemeinsamkeit; Gleichzeitigkeit; b) die Darstellung von zeitlich od. räumlich auseinander liegenden Ereignissen auf einem Bild

Si|mul|ta|ne|ous En|gi|nee|ring [sɪmal'teɪnjəs ɛndʒɪ'nɪərɪŋ] *das; -s ⟨engl.⟩:* (Wirtsch.) Verfahren, bei dem Produktionstechnologie u. Produktionsgestaltung zeitlich parallel zueinander entwickelt werden, um so die Innovationszeiten zu verkürzen

Si|mul|ta|ne|um *das; -s ⟨lat.-nlat.⟩:* staatlich od. durch Vertrag geregeltes gemeinsames Nut-

S

zungsrecht verschiedener Konfessionen an kirchlichen Einrichtungen (z. B. Kirchen, Friedhöfe)

Si|mul|ta|ni|tät vgl. Simultaneität

Si|mul|tan|kir|che *die; -, -n:* Kirchengebäude, das mehreren Bekenntnissen offen steht

Si|mul|tan|schu|le *die; -, -n:* Gemeinschaftsschule für verschiedene Konfessionen; Ggs. ↑ Konfessionsschule

Si|mul|tan|spiel *das; -[e]s, -e:* Spiel, bei dem ein Schachspieler gegen mehrere, meist leistungsschwächere Gegner gleichzeitig spielt

Si|n|an|th|ro|pus *der; -, ...pi* u. ...pen *⟨gr.-nlat.⟩:* Frühmensch, dessen fossile Reste in China gefunden wurden

Sin|da|co *der; -, ...ci [...t∫i] ⟨gr.-lat.-it.⟩:* Gemeindevorsteher, Bürgermeister in Italien

si|ne an|no *⟨lat.; „ohne Jahr"⟩:* (Buchw. veraltet) ohne Angabe des Erscheinungsjahres; Abk.: s. a.

si|ne an|no et lo|co: ↑ sine loco et anno; Abk.: s. a. e. l.

si|ne i|ra et stu|dio *⟨lat.; „ohne Hass u. Eifer"⟩:* objektiv u. sachlich; unvoreingenommen

Si|ne|ku|re *die; -, -n ⟨lat.-nlat.; „ohne Sorge"⟩:* 1. (hist.) Pfründe ohne Amtsgeschäfte. 2. müheloses, einträgliches Amt

si|ne lo|co *⟨lat.; „ohne Ort"⟩:* (Buchw. veraltet) ohne Angabe des Erscheinungsortes; Abk.: s. l.

si|ne lo|co et an|no *⟨lat.; „ohne Ort und Jahr"⟩:* (Buchw. veraltet) ohne Nennung von Erscheinungsort u. -jahr; Abk.: s. l. e. a.

si|ne o|b|li|igo *⟨lat.-it.⟩:* ohne ↑ Obligo; Abk.: s. o.

si|ne tem|po|re *⟨lat.; „ohne Zeit"⟩:* ohne akademisches Viertel, d. h. pünktlich (zur genannten Zeit); Abk.: s. t.; vgl. cum tempore

Sin|fo|nia con|cer|tan|te *[- kɔn-t∫er...] die; - -, ...nie [...ni:ə] -:* ⟨it.⟩ meist dreisätzige Komposition für mehrere Soloinstrumente u. Orchester (bes. der zweiten Hälfte des 18. Jh.s)

Sin|fo|nie *⟨gr.-lat.-it.⟩* u. Symphonie *⟨gr.-lat.⟩ die; -, ...ien:* (Mus.) auf das Zusammenklingen des ganzen Orchesters hin ange-

legte Instrumentalkomposition in mehreren (meist vier) Sätzen

Sin|fo|ni|et|ta *die; -, ...tten ⟨gr.-lat.-it.⟩:* kleine Sinfonie

Sin|fo|nik u. Symphonik *die; - ⟨gr.-lat.-nlat.⟩:* (Mus.) Lehre vom sinfonischen Satzbau

Sin|fo|ni|ker *⟨gr.-lat.-it.⟩* u. Symphoniker *⟨gr.-lat.-nlat.⟩ der; -s, -:* 1. Komponist von Sinfonien. 2. Mitglied eines Sinfonieorchesters. **Sin|fo|ni|ke|rin** u. Symphonikerin *die; -, -nen:* weibliche Form zu ↑ Sinfoniker

sin|fo|nisch *⟨gr.-lat.-it.⟩* u. symphonisch *⟨gr.-lat.-nlat.⟩:* sinfonieartig, in Stil u. Charakter einer Sinfonie

¹Sin|gle *['sɪŋl] das; -s, -s ⟨lat.-fr.-engl.⟩:* 1. Einzelspiel zweier Spieler, Spielerinnen im Tennis. 2. Zweierspiel im Golf

²Sin|gle *die; -, -s:* kleine Schallplatte, CD mit nur einem Titel

³Sin|gle *der; -[s], -s:* jmd., der allein, ohne Bindung an einen Partner lebt

Sin|gle|ton *['sɪŋltən] der; -, -s ⟨engl.⟩:* (engl. Bez. für:) a) nur aus Spielkarten gleicher Farbe bestehendes Blatt in der Hand eines Spielers; b) Trumpf im Kartenspiel

Sing-out *['sɪŋlaʊt, auch: ...'aʊt] das; -s, -s ⟨engl.⟩:* (von protestierenden Gruppen veranstaltetes) öffentliches Singen von Protestliedern

sin|gu|lär *⟨lat.(-fr.)⟩:* 1. vereinzelt vorkommend, einen Einzel- od. Sonderfall darstellend. 2. einzigartig

Sin|gu|lar *der; -s, -e ⟨lat.⟩:* 1. (ohne Plural) Numerus, der beim Nomen u. Pronomen anzeigt, dass dieses sich auf eine einzige Person od. Sache bezieht, u. der beim Verb anzeigt, dass nur ein Subjekt zu dem Verb gehört; Einzahl. 2. Wort, das im Singular steht; Singularform

Sin|gu|la|re|tan|tum *das; -s, -s* u. Singulariatantum: (Sprachw.) nur im Singular vorkommendes Wort (z. B. das All)

Sin|gu|la|ris *der; -, ...res [...re:s]:* (veraltet) Singular

sin|gu|la|risch: a) den Singular betreffend; b) im Singular [gebraucht, vorkommend]

Sin|gu|la|ris|mus *der; - ⟨lat.-nlat.⟩:* (Philos.) metaphysische Lehre, nach der die Welt als eine Ein-

heit aus nur scheinbar selbstständigen Teilen angesehen wird; Ggs. ↑ Pluralismus (1)

Sin|gu|la|ri|tät *die; -, -en ⟨lat.⟩:* 1. vereinzelte Erscheinung; Seltenheit, Besonderheit. 2. (Math.) Stelle, an der sich Kurven od. Flächen anders verhalten als bei ihrem normalen Verlauf. 3. (Meteor.) die zu bestimmten Zeiten des Jahres stetig wiederkehrenden Wettererscheinungen

Sin|gu|lar|suk|zes|si|on *die; -, -en:* (Rechtsw.) Eintritt in ein einzelnes, bestimmtes Rechtsverhältnis

Sin|gu|lett *das; -s, -s ⟨lat.-engl.⟩:* (Phys.) einfache, nicht aufgespaltene Spektrallinie

Sin|gul|tus *der; -, - [...tu:s] ⟨lat.⟩:* (Med.) Schluckauf

Si|nia *die; - ⟨gr.-nlat.⟩:* (Geol.) eine geotektonische Aufbauzone

Si|ni|ka *die (Plural) ⟨nlat.⟩:* Werke aus u. über China

si|nis|ter *⟨lat.; „links"⟩:* 1. (Med.) links, linker. 2. unheilvoll, ungünstig

si|nis|t|ra ma|no vgl. mano sinistra

Si|no|lo|ge *der; -n, -n ⟨gr.-nlat.⟩:* jmd., der sich wissenschaftlich mit der chinesischen Sprache u. Literatur befasst (z. B. Hochschullehrer, Studierende). **Si|no|lo|gie** *die; -:* Wissenschaft von der chinesischen Sprache u. Literatur. **Si|no|lo|gin** *die; -, -nen:* weibliche Form zu ↑ Sinologe. **si|no|lo|gisch:** die Sinologie betreffend

Si|no|pie *[...pjə] die; -, ...jen ⟨nach der türk. Stadt Sinop, aus der ursprünglich die Erdfarbe stammte⟩:* (Kunstwiss.) in roter Erdfarbe auf dem Rauputz ausgeführte Vorzeichnung bei Mosaik u. Wandmalerei

Sin|ti|za *die; -, -s ⟨Zigeunerspr.⟩:* weibliche Form zu ↑ Sinto

Sin|to *der; -, ...ti (meist Plural):* Angehöriger einer im deutschsprachigen Raum beheimateten Gruppe eines ursprünglich aus Indien stammenden Volks (das vielfach als diskriminierend empfundene *Zigeuner* ersetzende Selbstbezeichnung); vgl. Rom

Si|nu|i|tis vgl. Sinusitis

si|nu|ös *⟨lat.⟩:* (Med.) buchtig, gewunden, Falten od. Vertiefungen aufweisend (von Organen od. Organteilen)

Si|nus *der*; -, - [...nu:s] u. -se: 1.(Math.) Winkelfunktion im rechtwinkligen Dreieck, die das Verhältnis der Gegenkathete zur Hypotenuse darstellt (Zeichen: sin). 2.(Med.) a) Hohlraum, bes. innerhalb von Schädelknochen; b) venöses Blut führender Kanal zwischen den Hirnhäuten

Si|nu|si|tis u. Sinuitis *die*; -, ...itiden ⟨lat.-nlat.⟩: (Med.) Entzündung im Bereich der Nebenhöhlen

Si|nus|kur|ve *die*; -, -n: (Math.) zeichnerische Darstellung der Sinusfunktion (vgl. Sinus) in einem Koordinatensystem

Si|pho *der*; -s, ...onen ⟨gr.-lat.; „Röhre, Wasserröhre, Saugröhre"⟩: Atemröhre der Schnecken, Muscheln u. Tintenfische

Si|phon [ˈzi:fõ, österr.: ziˈfo:n] *der*; -s, -s ⟨gr.-lat.-fr.⟩: 1. s-förmiger Geruchsverschluss bei Wasserausgüssen zur Abhaltung von Abwassergasen. 2. Getränkegefäß, aus dem beim Öffnen die eingeschlossene Kohlensäure die Flüssigkeit herausdrückt; Siphonflasche. 3. (österr. ugs.) Sodawasser. 4. Abflussanlage, die unter eine Straße führt

Si|pho|no|pho|re *die*; -, -n (meist Plural) ⟨gr.-nlat.⟩: Staats- od. Röhrenqualle

Sir [zø:ɐ̯, engl.: sə] *der*; -s, -s ⟨lat.-fr.-engl.⟩: a) allgemeine engl. Anrede (ohne Namen) für: Herr; b) englischer Adelstitel; vgl. ²Dame

Sire [zi:ɐ̯] ⟨lat.-fr.⟩: franz. Anrede für: Majestät

Si|re|ne *die*; -, -n ⟨gr.-lat.(-fr.)⟩: nach göttlichen Wesen der griech. Sage, die mit betörendem Gesang begabt waren⟩: 1. schöne, verführerische Frau. 2. Anlage zur Erzeugung eines Alarm- od. Warnsignals. 3. Seekuh

Si|ri|o|me|ter *das*; -s, - ⟨gr.-nlat.⟩: in der Astronomie u. Astrophysik verwendete Längeneinheit (= 1,495 × 10^{14} km)

Sir|ta|ki *der*; -, -s ⟨ngr.⟩: ein griechischer Volkstanz

Si|rup *der*; -s, -e ⟨arab.-mlat.⟩: a) eingedickter, wässriger Zuckerrübenauszug; b) zähflüssige

Lösung aus Zucker u. Wasser od. Fruchtsaft

Sir|ven|tes *das*; -, - ⟨lat.-provenzal.; „Dienstlied"⟩: politischmoralisierendes Rügelied der provenzalischen Troubadoure

Si|sal *der*; -s ⟨nach der mexik. Hafenstadt Sisal⟩: Faser aus den Blättern einer Agave, die zur Herstellung von Seilen u. Säcken verwendet wird

sis|tie|ren ⟨lat.⟩: 1. (Rechtsw.) ein Verfahren unterbrechen, vorläufig einstellen. 2. jmdn. zur Feststellung seiner Personalien zur Wache bringen

Sis|tie|rung *die*; -, -en: 1. (Rechtsw.) Unterbrechung, vorläufige Einstellung eines Verfahrens. 2. das Feststellen der Personalien auf der Polizeiwache

Sis|t|rum *das*; -s, ...tren ⟨gr.-lat.⟩: ein altägyptisches Rasselinstrument, bei dem durch Metallstäbe ein klirrendes Geräusch hervorgerufen wird

Si|sy|phus|ar|beit *die*; -, -en ⟨nach Sisyphos, einer Gestalt der griech. Sage, der zu einem nie endenden Steinwälzen verurteilt war⟩: sinnlose Anstrengung; vergebliche, nie ans Ziel führende Arbeit

Si|tar *der*; -[s], -[s] ⟨iran.⟩: ein iranisches u. indisches Zupfinstrument

Sit|com [ˈsɪtkɔm] *die*; -, -s ⟨engl.⟩: kurz für: situation comedy): Situationskomödie (bes. als Fernsehserie)

Site [saɪt] *die*; -, -s ⟨engl.; „Standort, Stelle"⟩: Kurzform von ↑Website

Site|map [ˈsaɪtmæp] *die*; -, -s ⟨engl.⟩: Inhaltsverzeichnis einer Website

Sit-in [s...] *das*; -s, -s ⟨engl.⟩: demonstratives Sichhinsetzen einer Gruppe zum Zeichen des Protests; Sitzstreik

Si|tu|a|ti|on *die*; -, -en ⟨lat.mlat.-fr.⟩: 1. a) allgemeine [Sach]lage, Stellung; Zustand; b) jmds. augenblickliche Lage, Verhältnisse, Umstände. 2. (Geogr.) Lageplan. 3. (Soziol.) die Gesamtheit der äußeren Bedingungen des sozialen Handelns u. Erlebens

si|tu|a|tiv: ↑situativ

Si|tu|a|ti|o|nist *der*; -en, -en ⟨lat.mlat.-fr.-nlat.⟩: (selten) jmd.,

der sich schnell u. zu seinem Vorteil jeder [neuen] Lage anzupassen versteht. **Si|tu|a|ti|onis|tin** *die*; -, -nen: weibliche Form zu ↑Situationist

Si|tu|a|ti|ons|e|thik *die*; -: Richtung der Ethik, die nicht von allgemein gültigen sittlichen Normen ausgeht, sondern die sittliche Entscheidung an der jeweiligen konkreten Situation orientiert

Si|tu|a|ti|ons|ko|mik *die*; -: Komik, die durch eine erheiternde u. zum Lachen reizende Situation entsteht

Si|tu|a|ti|ons|ko|mö|die *die*; -, -en: Komödie, deren Komik bes. durch Verwechslungen, Verkettung überraschender Umstände, Intrigen o. Ä. entsteht

si|tu|a|tiv: durch die (jeweilige) Situation bedingt

si|tu|ie|ren ⟨lat.-mlat.-fr.⟩: legen, stellen, in die richtige Lage bringen, [an]ordnen (meist als Partizip Perfekt in Verbindung mit Adjektiven wie „gut" gebraucht, z. B. *gut situiert* = wirtschaftlich gut gestellt)

Si|tu|ie|rung *die*; -, -en: Lage, Anordnung (z. B. von Gebäuden)

Si|tu|la *die*; -, ...ulen ⟨lat.⟩: vorgeschichtliches, bes. für die Eisenzeit typisches, meist aus Bronze getriebenes eimerartiges Gefäß

Si|tus *der*; -, - [...tu:s] ⟨lat.⟩: (Med.) a) [natürliche] Lage der Organe im Körper; b) Lage des Fetus in der Gebärmutter; vgl. in situ

sit ve|nia ver|bo ⟨lat.; „dem Wort sei Verzeihung [gewährt]"⟩: man möge mir diese Ausdrucksweise gestatten, nachsehen; Abk.: s. v. v.

Si|va|pi|the|cus *der*; -, ...ci ⟨nlat.; nach dem Fundort Siwalik Hills im Himalaja⟩: fossiler Menschenaffe aus dem Miozän u. Pliozän mit stark menschlichen Merkmalen

Si|vas *der*; -, - ⟨nach der türk. Stadt⟩: vielfarbiger, meist rotgrundiger Teppich mit persischer Musterung

Six|days [ˈsɪksˌdeɪz], auch: **Six Days** *die* (Plural) ⟨engl.⟩: engl. Bez. für: Sechstagerennen

Six|pack [...pɛk] *das* (auch: *der*); -s, -s ⟨lat.-engl.⟩: engl. Bez. für: Sechserpackung

S

Fremdwörter: Bedrohung oder Bereicherung?

Fremdwörter sind, wie die an anderer Stelle vorangegangenen Ausführungen zeigen, ein wichtiger, ja unverzichtbarer Bestandteil des deutschen Wortschatzes. Die deutsche Sprache kam – wie jede andere Sprache der Welt – zu keiner Zeit ohne Fremdwörter aus; sie erfüllen verschiedene wichtige Funktionen im Rahmen der alltäglichen wie der fachspezifischen Kommunikation.

Ein Fremdwort kann dann nötig sein, wenn etwas mit deutschen Wörtern nur umständlich oder unvollkommen umschrieben werden kann, wenn man einen graduellen inhaltlichen Unterschied ausdrücken, unerwünschte Assoziationen vermeiden, ein kulturspezifisches Kolorit erzeugen, auf Bildungsinhalte anspielen, ein bestimmtes Lebensgefühl zum Ausdruck bringen, die Aussage stilistisch variieren oder den Satzbau straffen will. All dies sind stilistische Funktionen.

Fragwürdig kann der Gebrauch von Fremdwörtern dort werden, wo die Gefahr besteht, dass sie Verständigung und Verstehen erschweren, wo sie der Überredung oder Manipulation (z. B. in der Sprache der Politik oder der Werbung) dienen oder wo sie lediglich als intellektueller Schmuck oder sogar aus purer Nachlässigkeit und Gedankenlosigkeit (weil ein deutsches Wort »gerade nicht zur Hand« ist) verwendet werden. Freilich sind dies Funktionen der Sprache, die sie durchaus auch mithilfe von einheimischen Wörtern erfüllen kann, sodass es sich hier nicht um ein spezifisches Fremdwortproblem handelt.

Ein solches spezifisches Problem ist die Tatsache, dass Fremdwörter sich kaum auf Wörter des deutschstämmigen Wortschatzes beziehen lassen, da sie nicht zu einer vertrauten Wortfamilie gehören, aus der heraus sie erklärt werden können (z. B. *Läufer* von *laufen*). Aus diesem Grunde ist mit der Verwendung von Fremdwörtern auch ganz allgemein die Gefahr des falschen Gebrauchs verbunden. Nicht umsonst heißt es im Volksmund: »Fremdwörter sind Glückssache.« Fehlgriffe sind leicht möglich: *Restaurator* kann mit *Restaurateur, Katheder* mit *Katheter, kodieren* mit *kodifizieren, konkav* mit *konvex, desolat* mit *desperat* oder *effektiv* mit *effizient* verwechselt werden. Oft kann dabei unfreiwillig Komik entstehen, beispielsweise wenn statt von einer *Sisyphosarbeit* von einer *Syphilisarbeit* die Rede ist.

Ein falscher oder auch nur salopp-umgangssprachlicher Gebrauch von Fremdwörtern kann indes, sofern er sich allgemein durchsetzt, zu einem Bedeutungswandel führen, sodass er unter dem Aspekt einer spezifischen Fremdwortadaption durch die deutsche Sprachgemeinschaft zu sehen ist. Ein solcher Bedeutungswandel kann oft bis zur völligen Inhaltsumkehrung gehen. Das macht beispielsweise die Geschichte der Wörter *formidabel* (von ›furchtbar, entsetzlich‹ zu ›großartig‹) und *rasant* (von ›flach, gestreckt‹ zu ›sehr schnell, schneidig‹) deutlich.

Zusammenfassend lässt sich sagen: Man kann über Fremdwörter nicht pauschal urteilen. Man muss vielmehr die Funktion oder das Ensemble von Funktionen berücksichtigen, die ein Fremdwort in einem bestimmten Verwendungszusammenhang erfüllt. Fremdwörter können zwar aufgrund ihrer Herkunft aus anderen Sprachen besonders geartete Schwierigkeiten im Gebrauch und im Verstehen bereiten; sie sind aber oft ein unentbehrlicher Bestandteil der deutschen Sprache. Es stellt sich daher nicht die Frage, ob man Fremdwörter gebrauchen soll oder darf, sondern wo, wie und zu welchem Zweck man sie gebrauchen kann oder soll. Entschieden abzulehnen sind sie natürlich da, wo sie lediglich aus Bildungsdünkel, Prahlerei, Bequemlichkeit oder Gedankenlosigkeit verwendet werden. Es ist aber dann nicht das fremde Wort, sondern die seinem Gebrauch zugrunde liegende Haltung, die zu kritisieren ist. Wer gegen Fremdwörter als solche zu Felde zieht, führt hier lediglich einen »Stellvertreterkrieg« und muss das eigentliche Ziel seiner Bemühungen verfehlen.

Eine Gefahr der »Überfremdung« der deutschen Sprache, wie sie seit dem 17. Jh. in fast regelmäßigen Abständen und so auch neuerdings wieder von bestimmter Seite befürchtet wird, bestand nie und besteht auch in Zukunft nicht. Die Aufnahme neuer und das Aussterben alter Fremdwörter hält sich seit Jahrhunderten nahezu die Waage. Daran haben selbst die Massenmedien des 20. Jh.s, denen bei der Verbreitung von fremdem Wortgut eine besondere Rolle zugesprochen wird, nichts geändert.

Es ist auch ein Irrtum, dass die Verwendung von Fremdwörtern die grammatische Struktur des Deutschen beeinflussen könnte. Solange ein englisches Verb wie *to download* im deutschen Satz als trennbares Verb (analog zu *herunterladen*) behandelt und nach deutschem Flexionsmuster gebeugt wird (*ich loade down, loadete down, habe downgeloadet*), solange funktioniert die positive Adaptionskraft, die Goethe der deutschen Sprache bescheinigt, wenn er schreibt: »Die Gewalt einer Sprache ist nicht, dass sie das Fremde abweist, sondern dass sie es verschlingt.«

Six|pence [ˈsɪkspəns] *der; -, -:* frühere britische Münze im Wert von sechs Pence

Sixt *die: -, -en* ⟨*lat.*⟩: Fechtstellung mit gleicher Klingenlänge wie bei der ↑ Terz (2), jedoch mit anderer Haltung der Faust

Six|ty-nine [sɪkstɪˈnaɪn] *das; -* ⟨*engl.;* „69"⟩: (Jargon) von zwei Personen ausgeübter gleichzeitiger gegenseitiger oraler Geschlechtsverkehr; Neunundsechzig

Si|zi|li|a|ne *die; -, -n* ⟨*it.*⟩: aus Sizilien stammende Abart der Stanze (1) mit nur zwei Reimen

Si|zi|li|a|no vgl. Siciliano

Si|zi|li|enne [zitsiˈljɛn] *die; -* ⟨*it.-fr.*⟩: ↑ Eolienne

Ska *der; -[s]* ⟨Herkunft unsicher⟩: (Mus.) Musik, die sich in Jamaika aus dem ↑ Rhythm and Blues entwickelte u. zum Vorläufer des ↑ Reggae wurde

Ska|bi|es *die; -* ⟨*lat.*⟩: (Med.) Krätze (eine Hautkrankheit)

ska|bi|ös: (Med.) krätzig, die typischen Hauterscheinungen der Krätze zeigend

Ska|bi|o|se *die; -, -n* ⟨*lat.-nlat.*⟩: Pflanze mit gefiederten, behaarten Blättern u. Blütenköpfen von blauvioletter od. gelber Farbe

ska|b|rös ⟨*lat.-fr.*⟩: (veraltet) heikel, schlüpfrig

Ska|denz *die; -, -en* ⟨*lat.-vulgärlat.*⟩: (Wirtsch. veraltet) Verfallzeit

Skai ® *das; -s:* ein Kunstleder

skål [skoːl] ⟨*skand.*⟩: prost!, zum Wohl! (Prositruf in Skandinavien)

Ska|la *die; -, Skalen u. -s* ⟨*lat.-it.;* „Treppe, Leiter"⟩: 1. (Techn.) Maßeinteilung an Messinstrumenten. 2. Stufenleiter, vollständige Reihe sich abstufender Erscheinungen. 3. (Mus.) Tonleiter. 4. (Druckw.) beim Mehrfarbendruck die Zusammenstellung der Farben, mit denen jede Platte gedruckt werden muss

ska|lar: (Math.) durch reelle Zahlen bestimmt

Ska|lar *der; -s, -e:* 1. (Math.) mathematische Größe, die allein durch einen Zahlenwert bestimmt wird. 2. ein Süßwasserfisch aus dem Amazonasgebiet

Skal|de *der; -n, -n* ⟨*altnord.*⟩: altnordischer Dichter u. Sänger

Ska|le *die; -, -n:* (bes. fachspr.) ↑ Skala (1)

Ska|len: *Plural* von ↑ Skala

Ska|le|no|e|der *das; -s, -* ⟨*gr.-nlat.*⟩: (Math.) Vielflächner mit 12 ungleichseitigen Dreiecken als Oberfläche

ska|lie|ren ⟨*lat.-it.-nlat.*⟩: (Psychol.; Soziol.) Verhaltensweisen od. Leistungen in einer statistisch verwendbaren Wertskala einstufen

Skalp *der; -s, -e* ⟨*skand.-engl.*⟩: (hist.) bei den Indianern die abgezogene Kopfhaut des getöteten Gegners als Siegeszeichen

Skal|pell *das; -s, -e* ⟨*lat.*⟩: kleines chirurgisches Messer mit fest stehender Klinge

skal|pie|ren ⟨*skand.-engl.-nlat.*⟩: den Skalp nehmen, die Kopfhaut abziehen

Ska|mu|sik *die; -:* ↑ Ska

Skan|dal *der; -s, -e* ⟨*gr.-lat.-fr.*⟩: 1. Ärgernis; Aufsehen erregendes, schockierendes Vorkommnis. 2. (landsch. veraltend) Lärm

skan|da|lie|ren: (veraltet) lärmen

skan|da|li|sie|ren: (veraltet) etwas zu einem Skandal machen; Anstoß nehmen

Skan|da|lon *das; -s* ⟨*gr.*⟩: (veraltet) Anstoß, Ärgernis

skan|da|lös ⟨*gr.-lat.-fr.*⟩: ärgerlich, unglaublich, unerhört; anstößig

skan|die|ren ⟨*lat.*⟩: a) Verse taktmäßig, mit besonderer Betonung der Hebungen u. ohne Rücksicht auf den Sinnzusammenhang sprechen; b) rhythmisch abgehackt, in einzelnen Silben sprechen

Skan|si|on *die; -, -en:* (veraltet) Messung eines Verses, Bestimmung des Versmaßes; das Skandieren

Ska|po|lith [auch: ...ˈlɪt] *der; -s u. -en, -e[n]* ⟨*lat.; gr.*⟩: ein Mineral

Ska|pu|la|man|tie u. **Ska|pu|lo|man|tik** *die; -* ⟨*lat.; gr.*⟩: das Weissagen aus den Rissen im Schulterblatt [eines Schafes]

Ska|pu|lier *das; -s, -e* ⟨*lat.-mlat.;* „Schulterkleid"⟩: Überwurf über Brust u. Rücken in der Tracht mancher Mönchsorden

Ska|ra|bä|en|gem|me *die; -, -n* ⟨*gr.-lat.; lat.(-it.)*⟩: Skarabäus (2)

Ska|ra|bä|us *der; -, ...äen* ⟨*gr.-lat.*⟩: 1. (überwiegend in wärmeren Gebieten heimischer) Käfer, der aus Kot Kugeln formt, die ihm als Nahrung u. zur Eiablage dienen; Pillendreher. 2. als Amulett od. Siegel benutzte

[altägyptische] Nachbildung des Skarabäus (1), der im alten Ägypten als Sinnbild des Sonnengottes verehrt wurde, in Stein, Glas od. Metall

Ska|ra|muz *der; - u. -es, -e* ⟨*germ.-it.*⟩: Charakterfigur der italienischen Commedia dell'Arte u. des französischen Lustspiels (prahlerischer Soldat)

Ska|ri|fi|ka|ti|on *die; -, -en* ⟨*gr.-lat.*⟩: (Med.) kleiner Einschnitt od. Stich in die Haut zur Blutod. Flüssigkeitsentnahme

ska|ri|fi|zie|ren: die Haut zu diagnostischen od. therapeutischen Zwecken anritzen

Ska|ri|ol *der; -s* ⟨*lat.-mlat.*⟩: ↑ Eskariol

Skarn *der; -s, -e* ⟨*schwed.*⟩: (Geol.) aus Kalkstein, Dolomit od. Mergel entstandenes erzhaltiges Gestein

skar|tie|ren ⟨*lat.-vulgärlat.-it.*⟩: (österr. Amtsspr.) alte Akten u. Ä. aussortieren

Skat *der; -[e]s, -e u. -s* ⟨*lat.-it.*⟩: 1. Kartenspiel für drei Spieler. 2. die zwei bei diesem Kartenspiel verdeckt liegenden Karten

Skate|board [ˈskeɪtbɔːd] *das; -s, -s* ⟨*engl.*⟩: als Spiel- u. Sportgerät dienendes Brett auf vier federnd gelagerten Rollen, mit dem man sich stehend [mit Abstoßen] fortbewegt u. das nur durch Gewichtsverlagerung gesteuert wird

skate|boar|den [ˈskeɪtbɔːdən]: Skateboard fahren

Skate|boar|der [ˈskeɪtbɔːdɐ] *der; -s, -:* jmd., der Skateboard fährt. **Skate|boar|de|rin** *die; -, ...*: weibliche Form zu ↑ Skateboarder

Skate|boar|ding *das; -s:* sportliche Betätigung auf einem Skateboard

¹ska|ten ⟨*lat.-it.*⟩: (ugs.) Skat spielen

²ska|ten [ˈskeɪtn̩] ⟨*engl.*⟩: a) mit, auf einem Skateboard fahren; b) kurz für ↑ inlineskaten

¹Ska|ter *der; -s, -* ⟨*lat.-it.*⟩: (ugs.) Skatspieler

²Ska|ter [ˈskeɪtɐ] *der; -s, -* ⟨*engl.*⟩: a) jmd., der mit, auf einem Skateboard fährt; b) jmd., der auf Inlineskates fährt

¹Ska|te|rin *die; -, -nen* ⟨*lat.-it.*⟩: weibliche Form zu ↑ ¹Skater

²Ska|te|rin [ˈskeɪtə...] *die; -. -nen* ⟨*engl.*⟩: weibliche Form zu ↑ ²Skater

Skalting [ˈskeːtɪŋ] *das; -s* ⟨*engl.*⟩:
1. das ²Skaten. 2. (Skisport)
freie Lauftechnik (bes. beim
Langlauf)
Skaltinglefifekt *der; -[e]s, -e*
⟨*engl.; lat.*⟩: das Auftreten der
Skatingkraft beim Abspielen einer Schallplatte
Skaltinglkraft *die; -, ...kräfte:* vom
Tonabnehmer auf die innere
Seite der Rille einer Schallplatte ausgeübte Kraft
Skaltol *das; -s* ⟨*gr.; lat.*⟩: übel riechende, bei der Fäulnis von Ei-
weißstoffen entstehende chemische Verbindung (z. B. im Kot)
Skaltollolgie *die; -* ⟨*gr.-nlat.*⟩: 1. die
wissenschaftliche Untersu-
chung von Kot. 2. Vorliebe für
das Benutzen von Ausdrücken
aus dem Analbereich
skaltollolgisch: 1. die ↑ Skatologie
(1) betreffend, auf ihr beruhend. 2. eine auf den Analbereich bezogene Ausdrucksweise
bevorzugend
Skaltolphalge *der* u. *die; -n, -n*
⟨*gr.*⟩: ↑ Koprophage
Skaltolphalgie *die; -:* ↑ Kopropha-
gie
Skaltolphillie *die; -:* ↑ Koprophilie
Skalzon *der; -s, ...zọnten* ⟨*gr.-lat.*⟩:
↑ Choliambus
Skeetlschielßen [ˈskiːt...] *das; -s*
⟨*engl.; dt.*⟩: (Sport) Wettbewerb
des Wurftauben-, Tontauben-
schießens, bei dem die Schützen
halbkreisförmig um die Wurf-
maschinen stehen u. auf jede
Taube nur einen Schuss abgeben
Skellet vgl. ¹Skelett (1)
Skẹllelton [...lətn̩, ...letɔn] *der; -s,
-s* ⟨*gr.-engl.*⟩: (Wintersport)
niedriger, schwerer Sportrenn-
schlitten
skelleltoltolpisch ⟨*gr.-nlat.*⟩:
(Med.; Biol.) die Lage eines Organs im Verhältnis zum Skelett
bezeichnend
¹Skelẹtt *das; -[e]s, -e* ⟨*gr.; „ausge-
trockneter (Körper), Mumie"*⟩:
1. (medizinisch fachspr.: Skelet;
Biol., Med.) inneres od. äußeres,
[bewegliches] stützendes Kör-
pergerüst aus Knochen, Chitin
od. Kalk bei Tieren u. dem Menschen; Gerippe. 2. (Bot.) das zur
Festigung von Pflanzenorganen
dienende Gewebe. 3. der tra-
gende Unterbau, Grundgerüst
²Skellett *die; -:* eine Schriftart
Skellettlbolden *der; -s, ...böden*
⟨*gr.; dt.*⟩: Bodenkrume mit gro-

ben Mineral- u. Gesteinsteilen
(in Gebirgen)
skelletltielren ⟨*gr.-nlat.*⟩: 1. das
¹Skelett (1) bloßlegen. 2. [ein
Blatt] bis auf das ¹Skelett (2)
abfressen. 3. zum ¹Skelett (1)
werden
Skelne *die; -, ...naï* ⟨*gr.*⟩: im altgriechischen Theater ein An-
kleideräume enthaltender
Holzbau, der als Bühnenab-
schluss diente u. vor dem die
Schauspieler auftraten; vgl.
Szene
Skelnolgralphie, auch: ...grafie
die; -: altgriechische Bühnende-
korationsmalerei
Skẹplsis *die; -* ⟨*gr.*⟩: Zweifel, Bedenken (aufgrund sorgfältiger
Überlegung); Zurückhaltung;
Ungläubigkeit; Zweifelsucht
Skẹpltiker *der; -s, -:* 1. Zweifler;
misstrauischer Mensch. 2. Anhänger des Skeptizismus. **Skep-
tilkelrin** *die; -, -nen:* weibliche
Form zu ↑ Skeptiker
skẹpltisch: zum Zweifel neigend,
zweiflerisch, misstrauisch, un-
gläubig; kühl abwägend
Skẹpltilzislmus *der; -* ⟨*gr.-nlat.*⟩:
1. skeptische Haltung. 2. die den
Zweifel zum Denkprinzip erhe-
bende, die Möglichkeit einer
Erkenntnis der Wirklichkeit u.
Wahrheit infrage stellende philosophische Schulrichtung; vgl.
Pyrrhonismus
Skẹtsch *der; -[e]s, -e,* auch: **Sketch**
[skɛtʃ] *der; -[es], -e[s]* od. *-s* ⟨*it.-
niederl.-engl.; „Skizze; Stegreif-
studie"*⟩: (bes. im Kabarett, Varietee, Fernsehen aufgeführte)
kurze, effektvolle Szene mit
meist witziger Pointierung
Ski [ʃiː], auch: Schi *der; -[s], -er,*
(auch:) *-* ⟨*norw.*⟩: 1. aus Holz,
Kunststoff od. Metall gefertigtes, langes schmales Brett mit
Spezialbindung zur Fortbewegung auf Schnee. 2. kurz für das
Skilaufen (bes. in Zusammensetzungen, z. B. Abfahrtski)
Ski lalgralphie, auch: ...grafie *die;
-, ...ien* ⟨*gr.-nlat.*⟩: Schattenma-
lerei (zur Erzielung von Raum-
wirkung bei Gegenständen od.
Figuren auf Gemälden od.
Zeichnungen)
Ski lalmelter *das; -s, -:* (Phys.) In-
strument zur Messung der Intensität von Röntgenstrahlen
Ski lals lkolpie *die; -, ...ien:* (Med.)
Schattenprobe zur Bestim-

mung des Brechungsvermögens
des Auges
Skilbob [ˈʃiː...], auch: Schibob
der; -s, -s ⟨*norw.; engl.*⟩: 1. einku-
figer Schlitten mit Lenkvor-
richtung, der von einem Fahrer
mit Kurzskiern an den Füßen,
wie auf einem Fahrrad sitzend,
gefahren wird. 2. mit dem Ski-
bob (1) betriebener Sport
Skiff *das; -[e]s, -e* ⟨*germ.-roman.-
engl.*⟩: (Sport) schmales nordi-
sches Einmannruderboot
Skiflfle [ˈskɪfl] *der* (auch: *das*); *-s*
⟨*engl.*⟩: Vorform des ↑ Jazz auf
primitiven Instrumenten wie
z. B. Waschbrett; ↑ Jug
Skiflflelgroup [...gruːp] *die; -, -s*
⟨*engl.*⟩: kleine Musikergruppe,
die Skiffle spielt
Skilfulni [ˈʃiː...], auch: Schifuni
der; -s, -s ⟨*norw.; roman.*⟩:
(schweiz.) großer Schlitten, der
von einer seilbahnähnlichen
Konstruktion gezogen wird u.
Skiäufer bergaufwärts befördert
Skilgymlnas ltik, auch: Schi... *die;
-:* spezielle Gymnastik, die den
Körper für das Skilaufen kräf-
tigt
Skilkjölring [...jøːrɪŋ], auch:
Schi... *das; -s, -s:* Skilauf hinter
einem Pferde- od. Motorradvor-
spann
Skillift, auch: Schi... *der; -[e]s, -e*
u. *-s:* Seilbahn od. ähnliche Anlage, die Skiäufer bergaufwärts
befördert
Skilmalralthon, auch: Schi... *der;
-s, -s:* Skilanglauf[wettbewerb]
über 50 km
Skinleflfekt *der; -[e]s, -e* ⟨*engl.;
lat.*⟩: (Elektrot.) Erscheinung,
dass ein Strom eines Wech-
selstroms hoher Frequenz
hauptsächlich an der Oberfläche des elektrischen Leiters
verläuft
Skinlhead [...hɛt] *der; -s, -s* ⟨*engl.*⟩:
Angehöriger einer Gruppe
männlicher Jugendlicher, die
äußerlich durch Kurzhaar-
schnitt bzw. Glatze gekennzeichnet sind u. zu aggressivem
Verhalten u. Gewalttätigkeiten
neigen [auf der Grundlage
rechtsradikalen Gedankenguts]
Skịnk *der; -[e]s, -e* ⟨*gr.-lat.*⟩: (in
den Tropen u. Subtropen le-
bende) gelbliche bis grau-
braune Eidechse mit keilförmi-

S

gem Kopf u. glatten, glänzenden Schuppen

Skin|ner|box, auch: **Skin|ner-Box** *die; -, -en* ⟨*engl.; nach dem amerik. Verhaltensforscher B. F. Skinner, 1904–1990*⟩: (Verhaltensforschung) Experimentierkäfig zur Erforschung von Lernvorgängen bei Tieren

Ski|no|id ® *das; -[e]s:* lederähnlicher Kunststoff, der u. a. für Bucheinbände verwendet wird

Ski|op|ti|kon *das; -s, ...ken od. -s* ⟨*gr.-nlat.*⟩: (veraltet) Projektionsapparat

¹**Skip** *der; -s, -s* ⟨*skand.-engl.*⟩: (Bergbau) besonderer Förderkübel mit Kippvorrichtung

²**Skip** *der; -s, -s* ⟨Kurzform von ↑ Skipper⟩: Mannschaftsführer (bes. beim Curling)

Skip|per *der; -s, -* ⟨*engl.*⟩: Kapitän einer [Segel]jacht. **Skip|pe|rin** *die; -, -nen:* weibliche Form zu ↑ Skipper

Skis vgl. Sküs

Ski|ver|tex ® [ˈskai...] *das; -* ⟨Kunstw.⟩: äußerlich dem Leder gleichendes Material aus Kunststoff zum Einbinden von Büchern

Ski|zir|kus [ˈʃi:...], auch: Schi... *der; -, -se* ⟨*norw.; gr.-lat.*⟩: (Jargon) 1. (ohne Plural) alpine Skirennen mit allen damit in Zusammenhang stehenden Veranstaltungen der Saison. 2. über ein ganzes Skigebiet verteiltes, in sich geschlossenes System von Skiliften

Skiz|ze *die; -, -n* ⟨*it.; „Spritzer"*⟩: 1. das Festhalten eines Eindrucks od. einer Idee in einer vorläufigen Form. 2. [erster] Entwurf, flüchtig entworfene Zeichnung für ein Gemälde, eine Plastik, eine Architektur. 3. kleine Geschichte

skiz|zie|ren 1. (einen Eindruck od. eine Idee) vorläufig [auf dem Papier] festhalten; (ein Problem) umreißen. 2. entwerfen; in den Umrissen zeichnen; andeuten

Skla|ve *der; -n, -n* ⟨*slaw.-mgr.-mlat.*⟩: 1. (hist.) Leibeigener, in völliger wirtschaftlicher u. rechtlicher Abhängigkeit von einem anderen Menschen lebender Mensch. 2. (Jargon) ↑ Masochist

Skla|ve|rei *die; -:* 1. Leibeigenschaft, völlige wirtschaftliche u. rechtliche Abhängigkeit eines Sklaven (1). 2. harte, ermüdende Arbeit

Skla|vin *die; -, -nen:* weibliche Form zu ↑ Sklave

skla|visch: 1. unterwürfig, blind gehorchend, willenlos. 2. einem Vorbild genau nachgebildet

Skle|ra *die; -, ...ren* ⟨*gr.-nlat.*⟩: (Med.) Lederhaut des Auges, die äußere Hülle des Auges

Skle|ra|de|ni|tis *die; -, ...iti|den:* (Med.) Drüsenverhärtung

Skle|re|i|de *die; -, -n:* (Bot.) Steinzelle, Pflanzenzelle mit verholzten, starren Wänden

Skle|rem *das; -s:* (Med.) der Sklerodermie ähnliche Erkrankung

Skle|ren: *Plural* von ↑ Sklera

Skle|r|en|chym *das; -s, -e:* (Bot.) Festigungsgewebe ausgewachsener Pflanzenteile

Skle|ri|tis *die; -, ...iti|den:* (Med.) Entzündung der Lederhaut des Auges

Skle|r|ö|dem *das; -s, -e:* (Med.) mit einem Ödem verbundene, sklerodermieähnliche Verhärtung des Unterhautfettgewebes

Skle|ro|der|mie *die; -, ...i|en:* (Med.) Darrsucht; krankhafte Quellung des Bindegewebes mit Verhärtung der Haut

Skle|rom *das; -s, -e:* (Med.) 1. Sklerodermie. 2. chronische, mit Knotenbildung verlaufende Entzündung der oberen Luftwege

Skle|ro|me|ter *das; -s, -:* Instrument zur Härtebestimmung bei Mineralien

Skle|ro|phyl|len *die* (Plural): Hartlaubgewächse

Skle|ro|se *die; -, -n:* (Med.) krankhafte Verhärtung von Geweben u. Organen

Skle|ro|s|kop *das; -s, -e:* (Techn.) Härteprüfgerät in der Materialprüfung

Skle|ro|ti|ker *der; -s, -:* (Med.) an Sklerose Erkrankter bzw. Leidender. **Skle|ro|ti|ke|rin** *die; -, -nen:* weibliche Form zu ↑ Sklerotiker. **skle|ro|tisch:** (Med.) verhärtet (von Geweben)

Skle|ro|ti|um *das; -s, ...ien:* hartes Pilzfadengeflecht als Dauerform mancher Schlauchpilze (z. B. des Mutterkornpilzes)

Sko|lex *der; -, ...lizes* [...liͮtsə:s] ⟨*gr.; „Wurm, Spulwurm"*⟩: Bandwurmkopf

Sko|li|on *das; -s, ...ien:* altgriechisches Tisch- u. Trinklied mit vielfach gnomischem, vaterländischem od. religiösem Inhalt

Sko|li|o|se *die; -, -n* ⟨„Krümmung"⟩: (Med.) seitliche Verkrümmung der Wirbelsäule

Sko|lo|pen|der *der; -s, -* ⟨*gr.-lat.*⟩: (in den Tropen u. Subtropen in vielen Arten verbreiteter) gelblich brauner bis grüner Gliederfüßer mit länglichem Rumpf, vielen Beinpaaren u. giftigen Klauen

skon|tie|ren ⟨*lat.-it.*⟩: Skonto gewähren

Skon|to *der od. das; -s, -s* (auch: ...ti): prozentualer Abschlag vom Preis einer Ware od. Dienstleistung beim Barkauf; Barzahlungsrabatt

Skon|t|ra|ti|on *die; -, -en* ⟨*lat.-it.-nlat.*⟩: (Wirtsch.) Fortschreibung, Bestandsermittlung durch Zu- u. Abschreibungen der Zu- und Abgänge. **skon|t|rie|ren:** (Wirtsch.) [die Zu- und Abgänge] fortschreiben

Skon|t|ro *das; -s, -s* ⟨*lat.-it.*⟩: (Wirtsch.) Nebenbuch der Buchhaltung zur täglichen Ermittlung von bestimmten Bestandsmengen

Skoo|ter [ˈsku:tɐ] *der; -s, -* ⟨*engl.*⟩: 1. [elektrisches] Kleinauto auf Jahrmärkten. 2. Motorroller

---

...skop

das; -s, -e
⟨zu *gr.* skopeīn „betrachten, beschauen; forschen, prüfen"⟩
Wortbildungselement mit der Bedeutung „Gerät für [optische] Untersuchungen und Messungen bzw. zur Sichtbarmachung von etwas":
– Endoskop
– Mikroskop
– Stethoskop
– Teleskop

...sko|pie

die; -, ...ien (teilweise ohne Plural)
⟨zu *gr.* skopía „das Spähen, die Umschau"⟩
Wortbildungselement mit der Bedeutung „[optische] Untersuchung oder Betrachtung":
– Arthroskopie
– Demoskopie
– Endoskopie
– Gastroskopie

Skop *der; -s, -s* ⟨*angels.*⟩: (hist.)
Dichter u. Sänger in der Gefolg-
schaft eines westgermanischen
Fürsten

...sko|pie s. Kasten ...skop

Sko|po|lla|min *das; -s* ⟨Kunstw.⟩:
dem Atropin verwandtes Alka-
loid verschiedener Nachtschat-
tengewächse mit stark erre-
gungshemmender Wirkung

Sko|pus *der; -, ...pen* ⟨*gr.-lat.;*
„Ziel"⟩: 1. zentrale Aussage eines Predigttextes, auf die die
Predigtauslegung hinführen
soll. 2. (Sprachw.) Wirkungsbereich einer näheren Bestimmung (eines Satzes)

Skop|ze *der; -n, -n* (meist Plural)
⟨*russ.*⟩: Anhänger einer zu Anfang des 19. Jh.s gegründeten,
von ihren Mitgliedern strenge
Enthaltsamkeit fordernden,
schwärmerischen russischen
Sekte

Skor|but *der; -[e]s* ⟨*mlat.*⟩: (Med.)
auf einem Mangel an Vitamin
C beruhende Krankheit, bei der
es vor allem zu Blutungen des
Zahnfleischs kommt. **skor|bu-
tisch:** an Skorbut leidend

Skor|da|tur vgl. Scordatura

sko|ren ⟨*engl.*⟩: (österr.) ↑ scoren

Skor|pi|on *der; -s, -e* ⟨*gr.-lat.*⟩:
1. tropisches u. subtropisches
Spinnentier mit Giftstachel.
2. (ohne Plural) ein Sternbild.
3. a) (ohne Plural) das 8. Tier-
kreiszeichen; b) in diesem Zeichen geborener Mensch

Skor|zo|ne|re *die; -, -n* ⟨*it.*⟩:
Schwarzwurzel

Sko|to|di|nie *die; -, ...ien* ⟨*gr.-
nlat.*⟩: (Med.) Schwindel-, Ohn-
machtsanfall

Sko|tom *das; -s, -e*: (Med.) Ge-
sichtsfelddefekt; Abdunkelung
bzw. Ausfall eines Teils des Ge-
sichtsfeldes

Sko|to|mi|sa|ti|on *die; -, -en*: (Psy-
chol.) Realitätsleugnung. **sko-
to|mi|sie|ren:** (Psychol.) Realität
od. Teile der Realität aufgrund
eines Abwehrmechanismus ne-
gieren, für nicht gegeben halten

Sko|to|pho|bie *die; -, ...ien*: (Psy-
chol.) gesteigerte Angst vor der
Dunkelheit

Skra|per [ˈskreːpɐ] *der; -s, -*
⟨*engl.*⟩: Entborstermaschine in
Schlachtereien

Skri|bent *der; -en, -en* ⟨*lat.*⟩: Viel-
schreiber, Schreiberling. **Skri-**

ben|tin *die; -, -nen:* weibliche
Form zu ↑ Skribent

Skrib|ler *der; -s, -:* (veraltet) Skri-
bent

Skript *das; -[e]s, -e[n] u. -s* ⟨*lat.-
fr.-engl.;* „Geschriebenes"⟩:
1. schriftliche Ausarbeitung,
Schriftstück. 2. Nachschrift einer Hochschulvorlesung.
3. (Plural meist -s) a) Drehbuch
für einen Film; b) einer Rund-
funk-, Fernsehsendung zu-
grunde liegende schriftliche
Aufzeichnung

Skrip|ta ⟨*lat.*⟩: *Plural* von ↑ Skrip-
tum

Skrip|ten: *Plural* von ↑ Skript u.
von ↑ Skriptum

Skript|girl *das; -s, -s* ⟨*engl.*⟩: Mitar-
beiterin, Sekretärin eines Film-
regisseurs, die während der
Dreharbeiten alle technischen
Daten als Grundlage für die
weitere Filmbearbeitung notiert

Skrip|tor *der; -s, ...oren* ⟨*lat.*⟩:
(hist.) antiker u. mittelalterlicher Buchschreiber od. Biblio-
theksgehilfe

Skrip|to|ri|um *das; -s, ...ien* ⟨*lat.-
mlat.*⟩: mittelalterliche Kloster-
schreibstube

Skrip|tum *das; -s, ...ten u. ...ta*
⟨*lat.*⟩: ↑ Skript

Skrip|tur *die; -, -en* (meist Plural):
(veraltet) Schrift, Schriftstück

skrip|tu|ral ⟨*lat.-nlat.*⟩: die Schrift
betreffend; **skripturale Male-
rei:** von den Schriftzeichen, vor
allem den ostasiatischen, inspi-
rierte Form der abstrakten Malerei

Skro|fel *die; -, -n* ⟨*lat.-mlat.*⟩:
↑ Skrofulose

skro|fu|lös ⟨*lat.-mlat.-nlat.*⟩:
(Med.) zum Erscheinungsbild
der Skrofulose gehörend, an ihr
leidend. **Skro|fu|lo|se** *die; -, -n:*
(Med.) [tuberkulöse] Haut- u.
Lymphknotenerkrankung bei
Kindern

Skro|ta: *Plural* von ↑ Skrotum

skro|tal ⟨*lat.-nlat.*⟩: (Med.) zum
Hodensack gehörend, ihn betreffend

Skro|tal|bruch *der; -[e]s, ...brüche*
u. **Skro|tal|her|nie** [...ni̯ə] *die; -,
-n:* (Med.) Hodenbruch

Skro|tum *das; -s ...ta* ⟨*lat.*⟩: (Med.)
Scrotum, med. fachspr.: Scrotum
das; -s ...ta ⟨*lat.*⟩: (Med.) Hodensack

Skrub|ber [ˈskrabɐ] *der; -s, -*
⟨*engl.*⟩: Anlage zur Reinigung
von Gasen; Sprühwäscher

Skrubs [skraps] *die* (Plural)
⟨*engl.*⟩: minderwertige Tabak-
blätter

¹Skru|pel *der; -s, -* (meist Plural):
Zweifel, ob ein bestimmtes
Handeln mit dem eigenen Ge-
wissen vereinbar ist; auf mora-
lischen Bedenken beruhende
Hemmung

²Skru|pel *das; -s, -:* altes Apothe-
kergewicht

skru|pu|lös ⟨*lat.*⟩: (veraltet) beden-
kenvoll, ängstlich; peinlich ge-
nau. **Skru|pu|lo|si|tät** *die; -, -en:*
(veraltet) skrupulöses Wesen,
Ängstlichkeit

Skru|ta|tor *der; -s, ...oren* ⟨*lat.;*
„Durchsucher, Prüfer"⟩: Ein-
sammler der geheimen Stimmen bei einer katholischen
kirchlichen Wahl

Skru|ti|ni|um *das; -s, ...ien*
⟨„Durchsuchung, Prüfung"⟩:
1. a) Sammlung u. Prüfung der
Stimmen bei einer katholischen kirchlichen, seltener bei
einer politischen Wahl; b) Ab-
stimmung od. kanonische Wahl
durch geheime Stimmabgabe.
2. a) bischöfliche Prüfung der
Kandidaten für die Priesterweihe; b) in altchristlicher Zeit
die Prüfung der Täuflinge

Skua *die; -, -s* ⟨*färöisch*⟩: (Zool.)
nordatlantische Raubmöwe

Skul|ban|ken *die* (Plural)
⟨*tschech.*⟩: (österr.) aus Kartoffeln, Mehl u. Butter hergestellte
Klöße, die mit zerlassener Butter übergossen u. mit Mohn
bestreut werden

Skull *das; -s, -s* ⟨*engl.*⟩: der nur
mit einer Hand geführte Holm
mit Ruderblatt eines Skullboots

Skull|boot *das; -[e]s, -e* ⟨*engl.;
dt.*⟩: Ruderboot, das mithilfe
von Skulls vorwärts bewegt
wird

skul|len ⟨*engl.*⟩: (Sport) mit Skulls
rudern. **Skul|ler** *der; -s, -:*
1. Skullboot. 2. jmd., der das
Skullen als Sport betreibt;
Sportruderer. **Skul|le|rin** *die; -,
-nen:* weibliche Form zu ↑ Skul-
ler (2)

Skulp|teur [...ˈtøːɐ] *der; -s, -e*
⟨*lat.-fr.*⟩: Künstler, der Skulptu-
ren herstellt. **Skulp|teu|rin**
[...ˈtøːrɪn] *die; -, -nen:* weibliche
Form zu ↑ Skulpteur. **skulp|tie-
ren** ⟨*lat.-nlat.*⟩: eine Skulptur
herstellen, ausmeißeln

Skulp|tur *die; -, -en* ⟨*lat.*⟩: 1. Bildhauerarbeit, -werk. 2. (ohne Plural) Bildhauerkunst

skulp|tu|ral ⟨*lat.-nlat.*⟩: die Form einer Skulptur betreffend, in der Form einer Skulptur

Skunk *der;* -s, -e (auch: -s) ⟨*indian.-engl.*⟩: 1. (zu den Mardern zählendes) nord- u. südamerikanisches Stinktier. 2. (Plural: -s, meist Plural) a) Fell des Skunks (1); b) aus Skunkfell hergestellter Pelz. **Skunks** *der;* -es, -e: (Fachspr.) Skunk (2 b)

Skup|sch|ti|na *die;* - ⟨*serb.*⟩: jugoslawisches Parlament

skur|ril ⟨*etrusk.-lat.*⟩: (in Aussehen u. Wesen) sonderbar, auf lächerliche oder befremdende Weise eigenwillig. **Skur|ri|li|tät** *die;* -, -en: sonderbares Wesen, bizarres Aussehen, bizarre Beschaffenheit; Verschrobenheit

Skus u. Skus u. Skis *der;* -, - ⟨*lat.-fr.*⟩: einem Joker vergleichbare Karte, die weder sticht noch gestochen werden kann (im Tarockspiel)

Sky|bea|mer [ˈskaibiːmɐ] *der;* -s, - ⟨*engl.*⟩: Bez. für zu Diskotheken (2) od. ähnlichen Veranstaltungen lockende gebündelte Lichtstrahlen am Nachthimmel

Skye [skai] *der;* -s, -s u. **Skye|ter|ri|er** [ˈskai...] *der;* -s, - ⟨*engl.; nach der Hebrideninsel Skye*⟩: kleiner, kurzbeiniger Hund mit langem Schwanz

Sky|ja|cker [ˈskaidʒɛkɐ] *der;* -s, - ⟨*engl.*⟩: ↑ Hijacker. **Sky|ja|cke|rin** *die;* -, -nen: weibliche Form zu ↑ Skyjacker

Sky|light [ˈskailait] *das;* -s, -s ⟨*engl.*⟩: (Seemannsspr.) Oberlicht, Luke (auf Schiffen)

Sky|light|fil|ter *der* od. (fachspr. meist:) *das;* -s, -: (Fotogr.) schwach rötlich getönter Filter, den man (bei Verwendung eines Umkehrfarbfilms zur Verhinderung von Blaustichigkeit) vor das Objektiv setzt

Sky|line [ˈskailain] *die;* -, -s: Horizont[linie], [charakteristische] Silhouette einer aus der Ferne gesehenen Stadt

Sky|lla ⟨*gr.*⟩: griechische Form von ↑ Szylla

Sky|phos *der;* -, ...phoi ⟨*gr.*⟩: altgriechisches becherartiges Trinkgefäß mit zwei waagerechten Henkeln am oberen Rand

Sky|se|gel [ˈskai...] *das;* -s, -

⟨*engl.; dt.*⟩: bei großen Segelschiffen das oberste Rahsegel

Sky|sur|fing [...səːfɪŋ] *das;* -s: ↑ Airsurfing

Sla|cker [ˈslɛkɐ] *der;* -s, - ⟨*engl.*⟩: (Jargon) Jugendlicher, der das Streben nach [beruflichem] Erfolg ablehnt u. die Lebenshaltung eines Müßiggängers, Versagers zur Schau trägt

Slacks [slɛks] *die* (Plural) ⟨*engl.*⟩: lange, weite Hose

Sla|lom *der;* -s, -s ⟨*norw.; „geneigte Skispur“*⟩: a) (Ski- u. Kanusport) Torlauf; b) Zickzacklauf, -fahrt

Slang [slɛŋ] *der;* -s ⟨*engl.*⟩: a) (oft abwertend) nachlässige, saloppe Umgangssprache; b) umgangssprachliche Ausdrucksweise bestimmter sozialer, beruflicher u. ä. Gruppen; [Fach]jargon

Slap|stick [ˈslɛpstɪk] *der;* -s, -s ⟨*engl.*⟩: a) (bes. in Bezug auf Stummfilme) Burleske (1); b) burleske Einlage, grotesk-komischer Gag, wobei meist die Tücke des Objekts als Mittel eingesetzt wird

Slap|stick|ko|mö|die *die;* -, -n: [Film]komödie, die überwiegend aus Slapsticks (b) besteht

slar|gan|do ⟨*lat.-it.*⟩: (Mus.) breiter, langsamer werdend (Vortragsanweisung)

Slash [slɛʃ] *der;* -s, -s ⟨*engl.*⟩: Schrägstrich von links unten nach rechts oben

sla|wi|sie|ren ⟨*slaw.-nlat.*⟩: slawisch machen

Sla|wis|mus *der;* -, ...men: 1. Übertragung einer für eine slawische Sprache charakteristischen Erscheinung auf eine nicht slawische Sprache. 2. Element der slawischen orthodoxen Kirchensprache in bestimmten modernen slawischen Schriftsprachen

Sla|wist *der;* -en, -en: Wissenschaftler auf dem Gebiet der Slawistik

Sla|wis|tik *die;* -: wissenschaftliche Erforschung der slawischen Sprachen u. Literaturen

Sla|wis|tin *die;* -, -nen: weibliche Form zu ↑ Slawist

sla|wis|tisch: die Slawistik betreffend

sla|wo|phil ⟨*slaw.; gr.*⟩: den Slawen, ihrer Kultur besonders aufgeschlossen gegenüberste-

hend. **Sla|wo|phi|le** *der* u. *die;* -n, -n: 1. jmd., der slawophil ist. 2. Anhänger einer russischen philosophisch-politischen Ideologie im 19. Jh., die die Eigenart u. die geschichtliche Aufgabe Russlands gegenüber Westeuropa betonte

Slee|per [ˈsliːpɐ] *der;* -s, - ⟨*engl.*⟩: (Jargon) 1. Sitzplatz in der 1. Klasse eines Flugzeugs, dessen Lehne stark zurückgeklappt werden kann. 2. (für eine spätere Aufgabe) irgendwo eingeschleuster, aber noch nicht tätiger Spion, Geheimagent o. Ä.

Slen|d|ro u. Selendro *das;* -[s] ⟨*javan.*⟩: siebenstufige indonesische Tonskala

slen|tan|do: ↑ lentando

Sli|bo|witz vgl. Sliwowitz

Slice [slais] *der;* -s, -s [...sɪz] ⟨*germ.-fr.-engl.*⟩: 1. (Golf) Schlag, bei dem der Ball in einer bestimmten Richtung von der Geraden abweicht. 2. (Tennis) Schlag, bei dem sich Schlägerbahn u. Schlagfläche in einem Winkel von weniger als 45° schneiden u. der Schläger schnell nach unten gezogen wird. **sli|cen** [slaisn̩]: (Golf, Tennis) einen Slice spielen, schlagen

Slick *der;* -s, -s ⟨*engl.-amerik.*⟩: (Motorsport) für trockene Strecken verwendeter Rennreifen mit einer klebrigen Gummimischung, die bei starker Erhitzung ihre beste Haftfähigkeit erlangt

Sli|ding|tack|ling [ˈslaidɪŋˈtɛklɪŋ] *das;* -s, -s, auch: **Sli|ding Tack|ling** *das;* - -s, - -s ⟨*engl.*⟩: ↑ Tackling

slim ⟨*germ.-engl.*⟩: engl. Bez. für: schlank, schmal

Sling *der;* -[s], -s ⟨*engl.*⟩: 1. Kurzform von ↑ Slingpumps. 2. (bes. in Amerika getrunkenes) kaltes alkoholisches Getränk

Sling|pumps *der;* -, -: Pumps mit ausgespartem Hinterkappe, der über der Ferse mit einem Riemchen gehalten wird

Slink *das;* -[s], -s ⟨*engl.*⟩: Fell der vier bis fünf Monate alten Lammes einer ostasiatischen Schafrasse

Slip *der;* -s, -s ⟨*engl.*⟩: 1. (Techn.) Unterschied zwischen dem tatsächlich zurückgelegten Weg eines durch Propeller angetriebenen Flugzeugs, Schiffes u. dem aus der Umdrehungszahl des Propellers theoretisch sich ergebenden Weg. 2. (Seew.) schiefe Ebene in einer Werft für den Stapellauf eines Schiffes. 3. kleine, eng anliegende Unterhose, deren Beinteil in der Schenkelbeuge endet. 4. (Flugw.) gezielt seitwärts gesteuerter Gleitflug mit starkem Höhenverlust. 5. (Bankw.) [Abrechnungs]beleg bes. bei Bank- u. Börsengeschäften

Sli|pon der; -s, -s: bequemer Herrensportmantel mit Raglanärmeln

Slip|pen das; -s: 1. Änderung der Fallrichtung beim Fallschirmspringen. 2. ↑ Slip (4)

Slip|per der; -s, -: 1. bequemer Schuh mit niederem Absatz u. ohne Verschnürung. 2. (österr.) ↑ Slipon

Sli|wo|witz u. Slibowitz der; -[es], -e ⟨serbokroat.⟩: Pflaumenbranntwein

Slo|gan ['slo:gṇ, engl.: 'slouɡən] der; -s, -s ⟨gäl.-engl.⟩: Werbeschlagwort od. -zeile, einprägsame, wirkungsvoll formulierte Redewendung

Slo|ka der; -, -s ⟨sanskr.⟩: aus zwei 16-silbigen Versen bestehender epischer Vers der Sanskritdichtungen

Sloop [slu:p] die; -, -s ⟨niederl.-engl.⟩: ↑ Slup

Slop der; -s, -s ⟨engl.-amerik.⟩: aus dem Madison entwickelter Modetanz im ²/₄-Takt

Slot|ra|cing, auch: **Slot-Ra|cing** [...reisiŋ] das; - ⟨engl.-amerik.⟩: Rennen mit elektrisch betriebenen Spielzeugautos auf einer speziellen, dafür vorgesehenen Bahn

slow [slo:, slou] ⟨engl.-amerik.⟩: Tempobezeichnung im Jazz, etwa zwischen adagio u. andante

Slow|food ['slo:fu:d, 'slou...] das; -[s], auch: **Slow Food** das; - -[s] ⟨engl.⟩: bewusst naturbelassenes u. in Ruhe zu verzehrendes Essen

Slow|fox der; -[es], -e: dem Blues ähnlicher langsamer Foxtrott

Slow|mo|tion [...mouʃən] die; -, auch: **Slow Mo|tion** die; - -: a) Zeitlupe; b) in Zeitlupe abgespielter Film[ausschnitt]

Slow-Scan|ning-Ver|fah|ren [...'skɛnɪŋ...] das; -s: Verfahren, bei dem das bewegte Bild des Fernsehens scheinbar in Momentaufnahmen zerlegt wird

Slum [slam, slʌm] der; -s, -s ⟨engl.; „kleine, schmutzige Gasse"⟩: (meist Plural) Elendsviertel [von Großstädten]

Slump [slamp, slʌmp] der; -[s], -s ⟨engl.⟩: ↑ Baisse im Börsenwesen

Slup der; -, -s ⟨eindeutschend für ↑ Sloop⟩: 1. einmastige Jacht mit Groß- u. Vorsegel. 2. kurz für: Sluptakelung (Takelungsart mit Groß- u. Vorsegel)

small [smɔ:l] ⟨engl.⟩: klein (als Kleidergröße; Abk.: S)

Small|band ['smɔ:lbænd] die; -, -s, auch: **Small Band** die; - -, - -s ⟨engl.-amerik.⟩: kleine Jazzbesetzung, bes. für den Swingstil

Small|talk ['smɔl'tɔ:k] der (auch: das); -[s], -s, auch: **Small Talk** der (auch: das); - -[s], - -s ⟨engl.⟩: leichte, beiläufige Konversation; Geplauder

Smal|te vgl. Schmalte

Smal|tin, auch: **Smal|tit** [auch: ...'tɪt] der; -s ⟨germ.-roman.-nlat.⟩: grauweißes bis stahlgraues Mineral; Speiskobalt

Sma|ragd der; -[e]s, -e ⟨gr.-lat.⟩: tiefgrün gefärbter Beryll, der als wertvoller Edelstein gilt.

sma|rag|den: grün wie ein Smaragd

smart [auch: smart] ⟨engl.⟩: a) schlau, geschäftstüchtig, durchtrieben; b) schick, flott (von der Kleidung)

Smart|card [...ka:ɐ̯t] die; -, -s, auch: **Smart Card** die; - -, - -s ⟨engl.; eigtl. „schlaue Karte"⟩: Plastikkarte mit Mikrochip, die als Zahlungsmittel, Datenträger, Ausweis o. Ä. dient

Smar|tie der; -s, -s: (ugs.) jmd., der smart ist

Smart|shop|per [...ʃɔ...] der; -s, -, auch: **Smart Shop|per** der; - -s, - -: Käufer, der günstige Preise von Sonderangeboten o. Ä. nutzt

Smash [smɛʃ] der; -[s], -s ⟨engl.⟩: (Tennis) a) Schmetterschlag; b) Schmetterball

Smeg|ma das; -[s] ⟨gr.-nlat.; „das Schmieren"⟩: (Med.) von den Talgdrüsen unter der Vorhaut sowie zwischen Klitoris u. kleinen Schamlippen abgesondertes Sekret

Smi|ley ['smaili] das; -s, -s ⟨engl.⟩: (EDV) ↑ Emoticon in Form eines lächelnden Gesichts

Smith|so|nit [smɪtso'ni:t, auch: ...'nɪt] der; -s, -e ⟨nlat.; nach dem engl. Mineralogen Smithson⟩: farbloses bis weißes, meist getöntes, durchscheinendes bis trübes Mineral

Smog der; -s, -s ⟨engl.; Bildung aus engl. smoke „Rauch" u. fog „Nebel"⟩: mit Abgasen, Rauch u. a. gemischter Dunst od. Nebel über Industriestädten

Smok|ar|beit die; -, -en ⟨engl.; dt.⟩: Näharbeit, bei der der Stoff durch einen Zierstich in kleine Fältchen gerafft wird

smo|ken ⟨engl.⟩: eine Smokarbeit anfertigen

Smo|king der; -s, -s (österr. auch: -e) ⟨engl.⟩: bei kleineren gesellschaftlichen Veranstaltungen getragener, meist schwarzer Abendanzug mit seidenen Revers für Herren

Smör|gås|bord [...go:s...] der; -s, -s ⟨schwed.⟩: aus vielen verschiedenen, meist kalten Speisen bestehende Vorspeisentafel

Smör|re|bröd das; -s, -s ⟨dän.⟩: reich belegtes Brot

smor|zan|do ⟨lat.-vulgärlat.-it.⟩: (Mus.) ersterbend, verlöschend, verhauchend, abnehmend (Vortragsanweisung). **Smor|zan|do** das; -s, -s u. ...di: (Mus.) ersterbendes, verlöschendes, verhauchendes Spiel

SMS [ɛsɛm'ɛs] die; -, - ⟨Abk. für engl. Short Message Service⟩: 1. (ohne Artikel) Kurznachrichtendienst (beim Mobilfunk). 2. über das Handy verschickte Kurznachricht

Smyr|na der; -[s], -s ⟨nach der kleinasiat. Stadt (heute İzmir)⟩: langfloriger Teppich mit großer Musterung

Snack [snɛk] der; -s, -s ⟨engl.⟩: Imbiss, kleine Zwischenmahlzeit

Snack|bar ['snɛk...] die; -, -s: engl. Bez. für: Imbissstube

Snail|mail ['sneɪlmeɪl], auch: **Snail-Mail** die; -, -s ⟨engl.; eigtl. „Schneckenpost"⟩: (EDV; meist scherzh.) Briefpost (im Unterschied zur elektronischen Post)

Snea|ker [ˈsni:kɐ] der; -s, -s (meist Plural) ⟨engl.-amerik.; eigtl. „Schleicher"⟩: bes. von Jugendlichen getragener, in Design u. s.

S

Material weiterentwickelter
Turnschuh

snie|fen ⟨zu *engl.* to sniff:
„schnüffeln"⟩: (Jargon) ↑ sniffen
Sniff *der;* -s, -s ⟨*engl.-amerik.*⟩:
(Jargon) das Sniffen. **snif|fen:**
(Jargon) a) sich durch das Ein-
atmen von Dämpfen bestimmter Stoffe (z. B. Lösungsmittel)
in einen Rauschzustand versetzen; b) (einen Stoff) zum Sniffen (a) benutzen

Snif|fing *das;* -[s]: das Sniffen

Snob *der;* -s, -s ⟨*engl.*⟩: Mensch,
der sich durch zur Schau getragene Extravaganz den Schein
geistiger, kultureller Überlegenheit zu geben sucht u. nach gesellschaftlicher Exklusivität
strebt

Snob|ap|peal, auch: **Snob-Ap|peal**
[snɔplə'pi:l] *der;* -s ⟨*engl.*⟩: Wirkung, Ansehen, über das ein
Snob verfügt; Reiz, den ein
Snob ausübt

Sno|bi|e|ty [snɔ'baiəti] *die;* -:
↑ Highsnobiety

Sno|bis|mus *der;* -, ...men ⟨*engl.-
nlat.*⟩: 1. (ohne Plural) Vor-
nehmtuerei, Wichtigtuerei.
2. für einen Snob typische Verhaltensweise od. Eigenschaft.
sno|bis|tisch: in der Art eines
Snobs; von Snobismus (1) geprägt

Snoo|ker ['snu:kə] *das;* -s, -s
⟨*engl.;* Herkunft unsicher⟩:
1. (ohne Plural) dem Poolbillard
ähnliches Billardspiel. 2. bestimmte Spielsituation beim
Snooker (1)

Snow [snoʊ] *der;* -[s] ⟨*engl.-ame-
rik.*⟩: Rauschmittel, das als weißes Pulver gehandelt wird, bes.
Kokain

Snow|board ['snoʊbɔ:d] *das;* -s,
-s ⟨*engl.;* „Schneebrett"⟩: einem
Brett ähnliches Sportgerät zum
Gleiten auf Schnee. **snow|boar-
den:** Snowboarding betreiben.
Snow|boar|der *der;* -s, -: jmd.,
der Snowboarding betreibt.
Snow|boar|de|rin *die;* -, -nen:
weibliche Form zu ↑ Snowboar-
der. **Snow|boar|ding** *das;* -s:
sportliche Betätigung auf einem Snowboard

Snow|mo|bil *das;* -s, -e ⟨*engl.;
lat.*⟩: Fahrzeug mit Motor zur
Fortbewegung auf Schnee

Snow|raf|ting, auch: **Snow-Raf-
ting** *das;* -s ⟨*engl.*⟩: dem ↑ Raf-

ting ähnliche wilde Fahrt im
Schnee

Soap [zo:p] *die;* -, -s ⟨*engl.*⟩: Kurzform von ↑ Soapopera

Soap|o|pe|ra, auch: **Soap-O|pe-
ra** ['zo:plɔpərə] *die;* -, -s ⟨*engl.-
amerik.;* „Seifenoper"⟩: rührse-
lige, seichte, melodramatische,
komische o. ä. Funk- od. Fernsehserie, Unterhaltungsserie

so|a|ve ⟨*lat.-it.*⟩: (Mus.) lieblich,
sanft, angenehm, süß (Vortragsanweisung)

So|a|ve *der;* -[s] ⟨nach dem ital.
Ort Soave⟩: heller, frischer, tro-
ckener italienischer Weißwein

So|bor *der;* - ⟨*russ.*⟩: Konzil, Sy-
node (der russisch-orthodoxen
Kirche)

So|bor|nost *die;* -: Organisations-
prinzip in der orthodoxen Kirche, wonach ein Synodalbe-
schluss vom Kirchenvolk gutge-
heißen werden muss

Sol|bri|e|tät *die;* - ⟨*lat.*⟩: (veraltet)
Mäßigkeit

Soc|cer ['zɔkɐ] *das* (auch: *der*); -
⟨*engl.*⟩: amerik. Bez. für: Fußball (im Unterschied zu ↑ Foot-
ball u. ↑ Rugby)

Soc|cus *der;* -, Socci ['zɔktsi] ⟨*gr.-
lat.*⟩: leichter, niedriger Schuh
der Schauspieler mit flacher
Sohle (in der antiken Komödie
im Unterschied zum ↑ Kothurn
des tragischen Schauspielers)

So|cial|costs ['soʊʃəl'kɔsts], auch:
So|cial Costs *die* (Plural) ⟨*engl.*⟩:
Kosten, die bei der industriel-
len Produktion entstehen (z. B.
durch Wasser-, Luftverschmut-
zung), jedoch von der Gemeinschaft getragen werden müssen

So|cial|en|gi|nee|ring [...ɛndʒɪ'nɪə-
rɪŋ] *das;* -, auch: **So|cial En|gi-
nee|ring** *das;* - -: Einbeziehung
sozialer Bedürfnisse der Menschen bei der Planung von Ar-
beitsplätzen u. Ä.

So|cial|spon|so|ring [...'sponsərɪŋ]
das; -[s], auch: **So|cial Spon|so-
ring** *das;* - -[s]: Sponsoring zu-
gunsten sozialer Einrichtungen
o. Ä.

So|ci|e|tas Je|su *die;* - - ⟨*nlat.;*
„Gesellschaft Jesu"⟩: Orden der
Jesuiten; Abk.: SJ (hinter Personennamen = Societas Jesu
„von der Gesellschaft Jesu")

So|ci|e|ty [sə'saiəti] *die;* -:
↑ Highsociety

Sol|da *die;* -, u. *das;* -s ⟨*span.*⟩:
1. Natriumkarbonat. 2. (nur:

das; -s) mit Kohlensäure versetztes Mineralwasser, Soda-
wasser

Sol|dal|le *der;* -n, -n ⟨*lat.*⟩: Mitglied
einer katholischen Sodalität

Sol|da|li|tät *die;* -, -en: katholische
Bruderschaft od. Kongrega-
tion (1)

Sol|da|lith [auch: ...'lɪt] *der;* -s, -e
⟨*span.; gr.*⟩: als Schmuckstein
verwendetes meist farbloses
Mineral

Sol|do|ku *das;* - ⟨*jap.*⟩: (Med.)
durch den Biss von Ratten od.
Ratten fressenden Tieren übertragene Infektionskrankheit
mit Fieberanfällen, Schmerzen
u. Hautausschlag

Sol|dom *das;* - ⟨nach der bibli-
schen Stadt⟩: Stadt od. Stätte
der Sünde u. Lasterhaftigkeit

Sol|do|mie *die;* -, ...ien ⟨*nlat.*⟩:
1. Geschlechtsverkehr mit Tie-
ren. 2. (veraltet) Homosexuali-
tät. **so|do|mi|sie|ren:** anal ko-
itieren

Sol|do|mit *der;* -en, -en: jmd., der
seinen Geschlechtstrieb durch
Sodomie (1) befriedigt. **So|do-
mi|tin** *die;* -, -nen: weibliche
Form zu ↑ Sodomit

so|do|mi|tisch: Sodomie treibend

Sol|doms|ap|fel *der;* -s, ...äpfel:
(Bot.) Wucherung an Blättern,
Knospen od. jungen Trieben
von Eichen; Gallapfel

Sol|dom und Go|mor|rha *das;* - -
-[s], - - -s ⟨nach 1. Mos. 18 u.
19⟩: Zustand der Lasterhaftigkeit u. Verworfenheit

Sol|fa *das;* -s, -s ⟨*arab.-türk.(-fr.);*
„Ruhebank"⟩: gepolstertes Sitz-
möbel für mehrere Personen

Sof|fi|o|ne *die;* -, -n ⟨*lat.-it.*⟩: Ex-
halation (2) borsäurehaltiger
heißer Wasserdämpfe (in ehemaligen Vulkangebieten)

Sof|fit|te u. Suffitte *die;* -, -n
(meist Plural) ⟨*lat.-vulgär-
lat.-it.*⟩: 1. (Theat.) vom Schnür-
boden herabhängendes De-
ckendekorationsstück, das eine
Bühne nach oben abschließt.
2. Kurzform von ↑ Soffitten-
lampe

Sof|fit|ten|lam|pe *die;* -, -n: röh-
renförmige Glühlampe

soft ⟨*engl.*⟩: 1. a) weich; b) weich
(Vortragsweise in der Musik,
bes. im Jazz). 2. (ugs.; von Männern) nicht den althergebrach-
ten Vorstellungen entsprechend, sondern sanft, weich,

seinen Gefühlen Ausdruck gebend

Sọf|ta *der; -[s], -[s]* ⟨*pers.-türk.;* „(für die Wissenschaft) Erglühter"⟩: (hist.) Student einer islamischen Hochschule

Soft|ball [...bɔ:l] *der; -s:* Form des Baseballs mit weicherem Ball u. kleinerem Feld

Soft|boot [...bu:t] *der; -s, -s* (meist Plural), auch: **Sọft Boot** *der; - -s, - -s* (meist Plural): Schuh mit weichem Außenmaterial (z. B. für Snowboarder)

Sọft|co|py [...kɔpi] *die; -, -s,* auch: **Sọft Cọ|py** *die; - -, - -s* ⟨*engl.;* „weiche (im Sinn von nicht gegenständliche) Kopie"⟩: (EDV) Darstellung von Daten od. Texten auf dem Monitor eines Computers (im Unterschied zur ausgedruckten ↑ Hardcopy)

Sọft|drink *der; -s, -s,* auch: **Sọft Drịnk** *der; - -s, - -s:* alkoholfreies Getränk; Ggs. ↑ Harddrink

Sọft|drug [...drʌg] *die; -, -s,* auch: **Sọft Drụg** *die; - -, - -s:* Rauschgift mit geringerem Suchtpotenzial (z. B. Haschisch, Marihuana)

Sọft|eis *das; -es, -* ⟨*engl.; dt.*⟩: sahniges, weiches Speiseeis

sọf|ten ⟨*engl.*⟩: (Fotogr.) mit optischen Hilfsmitteln weich zeichnen

Sọf|te|ner *der; -s, -:* (Textilindustrie) Quetschmaschine, die Fasern weich macht

Sọf|tie *der; -s, -s:* (ugs.) Mann von sanftem, zärtlichem, empfindungsfähigem Wesen

Sọft|news [...nju:s] auch: **Sọft News** *die* (Plural): (bes. Fernsehen) Neuigkeiten, die nicht für die Hauptnachrichten, aber z. B. für das ↑ Infotainment geeignet sind

Sọft|por|no *der; -s, -s:* Sexfilm, in dem keine ausgefallenen Sexualpraktiken dargestellt u. die Vorgänge nicht allzu detailliert gezeigt werden

Sọft|rock *der; -[s],* auch: **Sọft Rọck** *der; - -[s]:* gefühlvolle, leisere Form der Rockmusik

Sọft|ware [...wɛə] *die; -, -s* ⟨*engl.;* „weiche Ware"⟩: zum Betrieb einer Datenverarbeitungsanlage erforderliche nicht apparative Funktionsbestandteile (Einsatzanweisungen, Programme u. Ä.); Ggs. ↑ Hardware

Sọl|har *der; -* ⟨*hebr.;* „Glanz"⟩: in

Anlehnung an den Pentateuch gestaltetes Hauptwerk der jüdischen Kabbala

soi-di|sant [zǫadiˈzã] ⟨*fr.*⟩: (veraltet) angeblich; so genannt

soi|g|nie|ren [zǫanˈji:...] ⟨*germ.-fr.*⟩: (veraltet) besorgen, pflegen. **soi|g |niert:** gepflegt; gediegen; seriös (bes. in Bezug auf die äußere Erscheinung)

Soil|le |ro|sion [ˈsɔɪlɪˈrɔʊʒən] *die; -* ⟨*lat.-engl.*⟩: (Geol.) engl. Bez. für: Bodenerosion

Soi|ree [zǫaˈre:] *die; -, Soireen* ⟨*lat.-fr.*⟩: Abendgesellschaft; Abendvorstellung

Soi|xante-neuf [zǫasãˈnœf] *das; -* ⟨*fr.;* „69"⟩: ↑ Sixty-nine

Sọ|ja *die; -, Sǫjen* ⟨*jap.-niederl.*⟩ u. **Sọ|ja|boh|ne** *die; -, -n:* südostasiatische wertvolle, eiweißreiche Nutzpflanze

Sọ|ja|sọße *die; -, -n:* aus gegorenen Sojabohnen gewonnene Speisewürze

Sọ|kol *der; -s, -n* ⟨*slaw.;* „Falke"⟩: Name polnischer, tschechischer u. südslawischer (früher sehr nationalistischer) Turnverbände

Sọ|ko|list *der; -en, -en* ⟨*slaw.-nlat.*⟩: Mitglied eines Sokols.

Sọ|ko|lis |tin *die; -, -nen:* weibliche Form zu ↑ Sokolist

Sọk |ra|tik *die; -* ⟨nach dem griech. Philosophen Sokrates, 469–399 v. Chr.⟩: Art des Philosophierens, bei der die Einsicht in das menschliche Leben die wesentliche Aufgabe ist. **Sọk-ra|ti|ker** *der; -s, -* (meist Plural): Vertreter der Sokratik u. der an sie anknüpfenden Richtungen.

Sọk |ra|ti|ke|rin *die; -, -nen:* weibliche Form zu ↑ Sokratiker.

sọk |ra|tisch: die Sokratik betreffend; **sokratische Methode:** auf die sokratische Art des Philosophierens zurückgehendes Unterrichtsverfahren, den Schüler durch geschicktes Fragen die Antworten zu den Einsichten selbst finden zu lassen

sọl ⟨*lat.-it.*⟩: (Mus.) Silbe, auf der beim Solmisieren der Ton g gesungen wird; vgl. Solmisation

¹Sọl *der; -[s], -s* (aber: 5 -) ⟨*lat.-span.*⟩: (bis 1985 geltende) Währungseinheit in Peru

²Sọl *das; -s, -e* ⟨Kunstw.⟩: (Chem.) kolloide Lösung

sọ|la fị|de ⟨*lat.;* „allein durch den Glauben"⟩: Grundsatz der

Rechtfertigungslehre Luthers nach Römer 3, 28

Sọl|la|nin *das; -s* ⟨*lat.-nlat.*⟩: stark giftiges Alkaloid verschiedener Nachtschattengewächse

Sọl|la|nis|mus *der; -:* (Med.) Vergiftung durch Solanin

Sọl|la|num *das; -s, ...na nen* ⟨*lat.*⟩: Nachtschattengewächs mit zahlreichen Nutzpflanzen (z. B. Kartoffel, Tomate)

sọl|lar u. **solarisch** ⟨*lat.*⟩: (Meteor., Astron., Phys.) die Sonne betreffend, zur Sonne gehörend

Sọl|lar|e |ner|gie *die; -:* (Phys.) Sonnenenergie; im Innern der Sonne erzeugte Energie, die an die Oberfläche der Sonne gelangt u. von dort abgestrahlt wird

Sọl|lar|farm *die; -, -en:* Sonnenkraftanlage mit sehr vielen, auf großer Fläche angeordneten Solarkollektoren, die Sonnenenergie in größerem Maße gewonnen wird

Sọl|lar|ho|ro|s |kop *das; -s, -e:* (Astrol.) auf den Sonnenlauf ausgerechnetes Horoskop für ein Jahr

Sọl|la|ri|me|ter *das; -s, -:* Gerät zur Messung der Sonnen- u. Himmelsstrahlung

Sọl|la|ri|sa|ti|on *die; -, -en* ⟨*lat.-nlat.*⟩: (Fotogr.) Erscheinung der Umkehrung der Lichteinwirkung bei starker Überbelichtung des Films

sọl|la|risch vgl. solar

Sọl|la|ri|um *das; -s, ...ien:* Anlage, Gerät mit künstlich ultraviolette Strahlung erzeugenden Lichtquellen zur Bräunung des Körpers

Sọl|lar|jahr *das; -[e]s, -e:* (Astron.) Sonnenjahr

Sọl|lar|kol|lek|tor *der; -s, -en:* Sonnenkollektor; Vorrichtung, mit deren Hilfe Sonnenenergie absorbiert wird

Sọl|lar|kon|s |tan|te *die; -, -n:* (Meteor.) mittlere Wärmemenge der in der Minute auf einen Quadratzentimeter der Erdoberfläche auftreffenden Sonnenstrahlen

Sọl|lar|öl *das; -s, -e:* (früher) bei der Destillation von Braunkohlenteer gewonnenes Mineralöl

Sọl|lar|ple|xus [auch: ...ˈple...] *der; -, -:* (Med.) Sonnengeflecht (des sympathischen Nervensystems im Oberbauch)

So|lar|tech|nik *die; -:* Technik, die sich mit der Nutzbarmachung u. den Anwendungsmöglichkeiten der Sonnenenergie befasst

so|lar|ther|misch: die Sonnenenergie, -wärme betreffend, davon ausgehend, dadurch bewirkt

So|lar|zel|le *die; -, -n:* Sonnenzelle; Element (7) aus bestimmten Halbleitern, das die Energie der Sonnenstrahlen in elektrische Energie umwandelt

So|la|wech|sel *der; -s, - ⟨lat.-it.; dt.⟩:* (Wirtsch.) Wechsel, bei dem sich der Aussteller selbst zur Zahlung einer Geldsumme verpflichtet; Eigenwechsel

Sol|da|nel|la u. **Sol|da|nel|le** *die; -, ...llen ⟨it.⟩:* Alpenglöckchen (Schlüsselblume)

Sol|dat *der; -en, -en ⟨lat.-vulgärlat.-it.; „der in Wehrsold Genommene"⟩:* 1. a) Angehöriger der Streitkräfte eines Landes; b) unterster militärischer Dienstgrad, unterste Ranggruppe der Land- u. Luftstreitkräfte. 2. (bei Insekten) [unfruchtbares] Exemplar, das für die Verteidigung des Stocks sorgt (bes. bei Ameisen u. Termiten). 3. (Zool.) Feuerwanze

Sol|da|tes|ka *die; -, ...ken:* gewalttätig u. rücksichtslos vorgehende Soldaten

Sol|da|tin *die; -, -nen:* weibl. Form zu ↑ Soldat (1)

sol|da|tisch: in Art u. Haltung eines ↑ Soldaten (1)

Sol|do *der; -s, -s u. Soldi:* (hist.) italienische Münze

Sol|leil *[zɔˈlɛːj, sɔˈlɛj] der; -[s] ⟨lat.-vulgärlat.-fr.; „Sonne"⟩:* fein geripptes, glänzendes Kammgarngewebe

sol|lenn *⟨lat.⟩:* feierlich, festlich

sol|len|ni|sie|ren: (veraltet) feierlich begehen; feierlich bestätigen

Sol|len|ni|tät *die; -, -en:* Feierlichkeit

Sol|le|no|id *das; -[e]s, -e ⟨gr.; „rinnen-, röhrenförmig"⟩:* zylindrische Metallspule, die bei Stromdurchfluss wie ein Stabmagnet wirkt

Sol|fa|ta|ra u. **Sol|fa|ta|re** *die; -, ...ren ⟨it.; nach dem Krater bei Neapel⟩:* ↑ Exhalation (2) schwefelhaltiger heißer Wasserdämpfe in ehemaligen Vulkangebieten

sol|feg|gie|ren *[...fɛˈdʒiː...] ⟨it.⟩:* (Mus.) Solfeggien singen

Sol|feg|gio *[...dʒo] das; -s, -s, ...ggien [...dʒn]:* auf die Solmisationssilben gesungene Gesangsübung

So|li: *Plural von* ↑ Solo

So|li|ci|tor *[səˈlɪsɪtə] der; -s, -s ⟨lat.-fr.-engl.⟩:* (in Großbritannien) nur bei niederen Gerichten zugelassener Anwalt

so|lid u. **solide** *⟨lat.-fr.⟩:* 1. fest, haltbar; gediegen (von Gegenständen). 2. ordentlich, maßvoll, nicht ausschweifend, nicht vergnügungssüchtig; anständig (von Personen)

so|li|da|risch *⟨lat.-fr.⟩:* a) gemeinsam; übereinstimmend; b) füreinander einstehend, eng verbunden

so|li|da|ri|sie|ren *⟨lat.-fr.-nlat.⟩:* a) sich solidarisieren: für jmdn., etwas eintreten; sich mit jmdm. verbinden, um gemeinsame Ziele und Interessen zu verfolgen; b) zu solidarischem Verhalten bewegen

So|li|da|ris|mus *der; -:* Richtung der [katholischen] Sozialphilosophie, die im rechten Ausgleich zwischen den Einzelnen und der Gemeinschaft das Gemeinwohl zu fördern sucht

So|li|da|ri|tät *die; - ⟨lat.-fr.⟩:* Zusammengehörigkeitsgefühl, Gemeinsinn

So|li|da|ri|täts|zu|schlag *der; -[e]s:* zur Beschaffung der durch die deutsche Vereinigung zusätzlich benötigten Mittel erhobener Zuschlag zur Einkommens- u. Körperschaftssteuer

So|li|dar|pakt *der; -[e]s, -e:* Übereinkommen zwischen Politik, Unternehmensverbänden u. Gewerkschaften zur Finanzierung außergewöhnlicher Vorhaben durch eine möglichst sozialverträgliche Verteilung der Lasten

So|li|dar|pa|tho|lo|gie *die; - ⟨lat.-nlat.; gr.⟩:* (Med.) Lehre, die in den festen Bestandteilen des Körpers die Ursachen der Krankheiten sucht

so|li|de *vgl.* solid

So|li Deo *- - -, - - ⟨lat.; „allein vor Gott"⟩:* der nur vor dem Allerheiligsten abgenommene ↑ Pileolus der katholischen Geistlichen

so|li Deo glo|ria: Gott [sei] allein die Ehre! (Inschrift auf Kirchen u. a.); Abk.: S. D. G.

So|li|di: *Plural von* ↑ Solidus

so|li|die|ren *⟨lat.⟩:* (veraltet) befestigen, versichern

So|li|di|tät *die; - ⟨lat.-fr.⟩:* 1. Festigkeit, Haltbarkeit. 2. Zuverlässigkeit; Mäßigkeit, Gesetztheit

So|li|dus *der; -, ...di ⟨lat.⟩:* (hist.) römische Goldmünze

so|li|flu|i|dal *⟨lat.-nlat.⟩:* (Geol.) die Solifluktion betreffend

So|li|fluk|ti|on *die; -, -en:* (Geol.) 1. Bodenfließen, Erdfließen, Kriechen der Hänge (eine Form der Bodenbewegung). 2. Frostbodenbewegung, die zur Bildung von ↑ Polygonböden führt

So|li|fluk|ti|ons|de|cke *die; -, -n:* (Geol.) während der Eiszeit entstandene Frostschuttböden (Blockmeere der Mittelgebirge u. a.)

So|li|lo|quent *der; -en, -en ⟨lat.-nlat.⟩:* einzeln auftretende Person (außer dem Evangelisten u. Christus) in der ↑ Passion (2 b), wie Petrus, Pilatus u. a. im Unterschied zu ↑ Turba

So|li|lo|quist *der; -en, -en:* Verfasser eines Soliloquiums

So|li|lo|qui|um *das; -s, ...ien ⟨lat.⟩:* Selbstgespräch, ↑ Monolog der antiken Bekenntnisliteratur

So|ling *der; -s, -s auch -e (auch: das od. der; -s, -s) ⟨Herkunft unsicher⟩:* mit drei Personen zu segelndes Kielboot im Rennsegelsport

So|li|on *das; -s, -en ⟨Kunstw.⟩:* (Phys.) als Gleichrichter od. Strombegrenzer verwendetes Steuerelement, bei dem die Ionenleitung in Lösungen zum Stromtransport dient

So|lip|sis|mus *der; - ⟨lat.-nlat.⟩:* (Philos.) erkenntnistheoretischer Standpunkt, der nur das eigene Ich mit seinen Bewusstseinsinhalten als das einzig Wirkliche gelten lässt u. alle anderen Ichs in der ganzen Außenwelt nur als dessen Vorstellungen annimmt. **So|lip|sist** *der; -en, -en:* Vertreter des Solipsismus. **So|lip|sis|tin** *die; -, -nen:* weibliche Form zu ↑ Solipsist. **so|lip|sis|tisch:** den Solipsismus betreffend; ichbezogen

So|list *der; -en, -en ⟨lat.-it.-fr.⟩:* a) jmd, der ein ↑ Solo (1) singt, spielt od. tanzt; b) (Jargon) Spieler, der einen Alleingang unternimmt (bei Mannschaftsspielen, bes. beim Fußball). **So|lis|tin** *die;* -, -nen: weibliche Form zu ↑ Solist

so|lis|tisch: a) den Solisten betreffend; b) sich als Solist betätigend; c) für ↑ Solo (1) komponiert

so|li|tär ⟨*lat.-fr.*⟩: einsam lebend, nicht Staaten bildend (von Tieren); Ggs. ↑ sozial (5). **So|li|tär** *der;* -s, -e: 1. einzeln gefasster Brillant od. Edelstein. 2. Einsiedlerspiel (ein Brettspiel für eine Person). 3. einzeln [außerhalb des Waldes] stehender Baum

So|li|tude [...ˈtyːt], **So|li|tü|de** *die;* -, -n ⟨*fr.;* „Einsamkeit"⟩: Name von Schlössern

Sol|li|zi|tant *der;* -en, -en ⟨*lat.*⟩: (veraltet) Bittsteller. **Sol|li|zi|tan|tin** *die;* -, -nen: weibliche Form zu ↑ Sollizitant

Sol|li|zi|ta|ti|on *die;* -, -en: (veraltet) Bitte, [Rechts]gesuch

Sol|li|zi|ta|tor *der;* -s, ...oren: (veraltet) Gehilfe eines Rechtsanwalts

sol|li|zi|tie|ren: (veraltet) nachsuchen, betreiben

Sol|mi|sa|ti|on *die;* - ⟨*it.*⟩: (Mus.) von Guido v. Arezzo im 11. Jh. ausgebildetes System, bei dem die Töne der Tonleiter anstatt mit c, d, e usw. mit den Tonsilben ↑ ut (später: do), ↑ re, ↑ mi, ↑ fa, ↑ sol, ↑ la, ↑ si bezeichnet werden. **sol|mi|sie|ren:** (Mus.) die Solmisation, die Silben der Solmisation anwenden, damit arbeiten, danach singen; Ggs. ↑ abecedieren

so|lo ⟨*lat.-it.*⟩: 1. als Solist (a) (z. B. bei einer musikalischen Darbietung). 2. (ugs.) allein; unbegleitet, ohne Partner. **So|lo** *das;* -s, -s u. Soli: 1. musikalische od. tänzerische Darbietung eines einzelnen Künstlers, meist zusammen mit einem [als Begleitung auftretenden] Ensemble; Einzelgesang, -spiel, -tanz; Ggs. ↑ Tutti. 2. a) Einzelspiel, Alleinspiel (bei Kartenspielen mit mehreren Teilnehmern); b) Alleingang eines Spielers (vor allem beim Fußball)

so|lo|nisch ⟨nach Solon, dem altathenischen Gesetzgeber, 640 bis 560 v. Chr.⟩: klug, weise [wie Solon]

So|lö|zis|mus *der;* -, ...men ⟨*gr.-lat.*⟩: (Rhet., Stilk. veraltet) grober sprachlicher Fehler, bes. in der syntaktischen Verbindung der Wörter

Sol|sti|ti|al|punkt *der;* -[e]s, -e ⟨*lat.*⟩: Sonnenwendepunkt, in dem die Sonne ihren höchsten od. niedrigsten Stand über dem Himmelsäquator hat; (nördlicher od. südlicher) Wendepunkt der Sonne

Sol|sti|ti|um *das;* -s, ...ien u. **Sol|stiz** *das;* - u. -es, -e: (Astron.) Sonnenwende

so|lu|bel u. **so|lu|bi|le** ⟨*lat.*⟩: (Chem.) löslich, auflösbar

So|lu|bi|li|sa|ti|on *die;* -, -en: (Chem.) Auflösung eines Stoffes in einem Lösungsmittel, in dem er unter normalen Bedingungen nicht löslich ist, durch Zusatz bestimmter Substanzen

So|lu|tio *die;* -, ...iones u. **So|lu|ti|on** *die;* -, -en: Arzneimittellösung; Abk.: Sol.

So|lu|t|réen [zolytreˈɛ̃ː] *das;* -[s] ⟨nach dem franz. Fundort Solutré⟩: Stufe der Altsteinzeit

sol|va|bel ⟨*lat.-nlat.*⟩: 1. (Chem.) auflösbar. 2. (veraltet) solvent

Sol|vat *das;* -[e]s, -e: (Chem.) aus einer Solvatation hervorgegangene lockere Verbindung

Sol|va|ta|ti|on *die;* -: (Chem.) das Eingehen einer lockeren Verbindung zwischen Kolloidteilen u. Lösungsmittel

Sol|vens *das;* -, ...venzien u. ...ventia ⟨*lat.*⟩: (Med.) [schleim]lösendes Mittel

sol|vent ⟨*lat.-it.*⟩: (Wirtsch.) zahlungsfähig; Ggs. ↑ insolvent

Sol|ven|tia: *Plural* von ↑ Solvens

Sol|venz *die;* -, ...en ⟨*lat.-nlat.*⟩: (Wirtsch.) Zahlungsfähigkeit; Ggs. ↑ Insolvenz

Sol|ven|zi|en: *Plural* von ↑ Solvens

sol|vie|ren ⟨*lat.*⟩: (Chem.) auflösen

¹So|ma *der;* -[s] -s ⟨*sanskr.*⟩: [im Mondgott personifizierter] Opfertrank der ↑ wedischen Religion; vgl. Haoma

²So|ma *das;* -, -ta ⟨*gr.*⟩: (Med.) 1. Körper (im Gegensatz zum Geist). 2. Gesamtheit der Körperzellen im Gegensatz zu den Keimzellen

So|ma|ti|ker *der;* -s, -: Arzt, der sich mit den körperlichen Erscheinungsformen der Krankheiten befasst. **So|ma|ti|ke|rin** *die;* -, -nen: weibliche Form zu ↑ Somatiker

so|ma|tisch: 1. (Med.; Psychol.)

den Körper betreffend (im Unterschied zu Geist, Seele, Gemüt); körperlich. 2. (Med.; Biol.) die Körperzellen (im Ggs. zu den Keim-, Geschlechtszellen) betreffend

so|ma|to|gen ⟨*gr.-nlat.*⟩: 1. (Med.; Psychol.) körperlich bedingt, verursacht. 2. (Biol.) von Körperzellen [und nicht aus dem Erbmasse] gebildet (von Veränderungen an Individuen)

So|ma|to|gramm *das;* -s, -e: grafische Darstellung, Schaubild der körperlichen Entwicklung bes. eines Säuglings od. Kleinkindes

So|ma|to|lo|gie *die;* -: (Anthropol.) Wissenschaft von den allgemeinen Eigenschaften des menschlichen Körpers

So|ma|to|me|t|rie *die;* -: (Anthropol.) Messungen am menschlichen Körper

So|ma|to|psy|cho|lo|gie *die;* -: Teilgebiet der Psychologie, in dem ↑ Symptome des Seelenlebens in körperlichen Begleit- u. Folgeerscheinungen erforscht; vgl. Psychosomatik

So|ma|tos|ko|pie *die;* -, ...ien: (Med.) Untersuchung des Körpers

So|ma|to|t|ro|pin *das;* -s: (Biol.; Med.) Wachstumshormon aus dem Hypophysenvorderlappen

Som|b|re|ro *der;* -s, -s ⟨*lat.-span.*⟩: breitrandiger, leichter Strohhut aus Mittel- u. Südamerika

Som|ma|ti|on *die;* -, -en ⟨*lat.-fr.*⟩: (veraltet) gerichtliche Vorladung, Mahnung; Ultimatum

Som|me|li|er [...ˈlje:] *der;* -s, -s ⟨*lat.-nlat.-fr.*⟩: speziell für die Getränke, vor allem für den Wein zuständiger Kellner. **Som|me|li|è|re** [...ˈlje:rə] *die;* -, -n: weibliche Form zu ↑ Sommelier

Som|mi|tät *die;* -, -en ⟨*lat.-fr.*⟩: (veraltet) hoch stehende Person

som|nam|bul ⟨*lat.-fr.*⟩: schlafwandlerisch, nachtwandelnd, mondsüchtig. **Som|nam|bu|le** *der* u. *die;* -n, -n: jmd., der schlafwandelt

som|nam|bu|lie|ren: schlafwandeln

Som|nam|bu|lis|mus *der;* -: (Med.) Schlaf-, Nachtwandeln, Mondsüchtigkeit

som|no|lent ⟨*lat.*⟩: (Med.) benommen; schlafsüchtig

Som|no|lenz *die;* -: (Med.) Benommenheit; krankhafte Schläfrigkeit

So|na|graf usw. vgl. Sonagraph usw.

So|na|gramm das; -s, -e: grafische Darstellung einer akustischen Struktur (z. B. der menschlichen Stimme)

So|na|graph, auch: ...graf der; -en, -en: Gerät zur Aufzeichnung von Klängen u. Geräuschen. **so|na|gra|phisch,** auch: ...grafisch: mit einem Sonagraphen aufgezeichnet u. dargestellt

So|nant der; -en, -en ⟨lat.; „tönend"⟩: Silben bildender Laut (außer den Vokalen auch sonantische Konsonanten, z. B. *l* in Dirnd*l*). **so|nan|tisch:** a) den Sonanten betreffend; b) Silben bildend

So|nar das; -s, -e ⟨Kurzw. aus *sound navigation and ranging*⟩ u. **So|nar|ge|rät** das; -[e]s, -e: Unterwasserortungsgerät; Gerät zur Aufspürung u. Lokalisierung von Gegenständen unter Wasser (z. B. von Minen) mittels Schallwellen

So|na|ta die; -, ...te ⟨lat.-it.⟩: ital. Bez. für: Sonate; **Sonata a tre:** (Mus.) Triosonate; **Sonata da Camera:** Kammersonate; **Sonata da Chiesa:** Kirchensonate

So|na|te die; -, -n ⟨„Klingstück"⟩: zyklisch angelegte Instrumentalkomposition mit meist mehreren Sätzen in kleiner od. solistischer Besetzung

So|na|ti|ne die; -, -n: kleinere, meist leicht zu spielende Sonate mit verkürzter Durchführung

son|die|ren ⟨fr.⟩: 1. mit einer Sonde untersuchen. 2. vorsichtig erkunden, ausforschen, vorfühlen. 3. (Seew.) loten, die Wassertiefe messen

Sone die; -, - ⟨lat.⟩: (Phys.) Einheit der Lautheit; Zeichen: sone

So|nett das; -[e]s, -e ⟨lat.-it.⟩: eigtl. etwa „Klanggedicht"⟩: in Italien entstandene Gedichtform von insgesamt 14 Zeilen in zwei Teilen, von denen der erste aus zwei Strophen von je vier Versen (vgl. Quartett 2), der zweite aus zwei Strophen von je drei Versen (vgl. Terzett 2) besteht

Song der; -s, -s ⟨engl.⟩: 1. Lied (der populären Unterhaltungsmusik o. Ä.). 2. (musikalisch u. textlich

meist einfaches) einprägsames, oft als Sprechgesang vorgetragenes Lied mit zeitkritischem, sozialkritischem, satirischem, lehrhaftem o. ä. Inhalt

Song|book [...bʊk] das; -[s], -s: Buch, in dem sämtliche bei Abfassung des Buches vorliegenden Lieder eines Einzelinterpreten od. einer Gruppe mit Text u. Noten enthalten sind

Song|wri|ter [...raɪtə] der; -s, - ⟨engl.⟩: jmd., der Songs schreibt, komponiert. **Song|wri|te|rin** die; -, -nen: weibliche Form zu ↑ Songwriter

Son|ny|boy [ˈzanibɔy, ˈzɔni...] der; -s, -s ⟨engl.; „(mein) Söhnchen, (mein) Junge"; sonny = Koseform von son „Sohn"⟩: junger Mann, der eine unbeschwerte Fröhlichkeit ausstrahlt, Charme hat, dem die Sympathien zufliegen

So|no|graph, auch: ...graf der; -en, -en ⟨lat.; gr.⟩: (Med.) Gerät zur Durchführung einer Sonographie. **So|no|gra|phie,** auch: ...grafie die; -, ...ien: (Med.) ↑ elektroakustische Prüfung u. Aufzeichnung der Dichte eines Gewebes mittels Schallwellen; Echographie

So|no|lu|mi|nes|zenz die; -, -en ⟨lat.-nlat.⟩: (Phys.) durch Schallwellen hervorgerufene Leuchterscheinung

So|no|me|ter das; -s, - ⟨lat.; gr.⟩: Schallstärkemesser

so|nor ⟨lat.-fr.⟩: 1. klangvoll, volltönend. 2. (Sprachw.) stimmhaft. **So|nor** der; -s, -e ⟨lat.⟩: (Sprachw.) Konsonant [ohne Geräuschanteil], der [fast] nur mit der Stimme gesprochen wird (z. B. m, n, l, r)

So|no|ri|tät die; -: (Sprachw.) Klangfülle eines Lautes, Grad der Stimmhaftigkeit

So|nor|laut der; -[e]s, -e: ↑ Sonor

Soor der; -[e]s, -e ⟨Herkunft unsicher; vielleicht zu *mittelniederd.* sör „ausgedörrt, trocken"⟩: (Med.) Pilzinfektion (bes. bei Säuglingen), die sich in grauweißem Belag bes. der Mundschleimhaut äußert

Soor|my|ko|se die; -, -n: ↑ Soor

So|phia die; - ⟨gr.-lat.; „Weisheit"⟩: 1. (Philos.) das Wissen von den göttlichen Ideen, die in ihrer Reinheit nur von der körperlosen Seele geschaut werden kann (bei

Plato). 2. (in der russischen Religionsphilosophie) schöpferische Weisheit Gottes

So|phis|ma das; -s, ...men u. **So|phis|mus** der; -, ...men: Scheinbeweis; Trugschluss, der mit Täuschungsabsicht gemacht wird

So|phist der; -en, -en ⟨„Weisheitslehrer"⟩: 1. Angehöriger einer Gruppe von Philisophen u. Rhetoren im antiken Athen des 5. u. 4. Jh.s v. Chr., die als berufsmäßige Wanderlehrer die Jugend in Wissenschaft, Philosophie u. Redekunst ausbildeten. 2. jmd., der in geschickter u. spitzfindiger Weise etwas aus u. mit Worten zu beweisen versucht; Wortverdreher

So|phis|te|rei die; -, -en: (abwertend) Spitzfindigkeit, Spiegelfechterei

so|phis|ti|ca|ted [səˈfɪstɪkeɪtɪd] ⟨engl.⟩: 1. weltgewandt, kultiviert. 2. geistreich, intellektuell

So|phis|tik die; -: 1. Lehre der Sophisten. 2. scheinbare, spitzfindige Weisheit; Spitzfindigkeit

So|phis|ti|ka|ti|on die; -, -en ⟨gr.-nlat.⟩: (Philos.) Argumentation mithilfe von Scheinschlüssen; (bes. nach Kant) Argumentation, durch die eine in Wirklichkeit grundsätzlich unbeweisbare objektive Realität erschlossen werden soll

So|phis|tin die; -, -nen: weibliche Form zu ↑ Sophist (2)

so|phis|tisch ⟨gr.-lat.⟩: 1. den od. die Sophisten betreffend. 2. spitzfindig, wortklauberisch

So|phro|sy|ne die; - ⟨gr.-lat.⟩: antike Tugend der Selbstbeherrschung u. der Mäßigung, Beherrschung der Begierden durch Vernunft u. Besonnenheit

So|por der; -s ⟨lat.⟩: (Med.) starke Benommenheit

so|po|rös ⟨lat.-nlat.⟩: (Med.) stark benommen

so|pra ⟨lat.-it.⟩: oben (z. B. beim Klavierspiel mit gekreuzten Händen der Hinweis auf die Hand, die oben spielen soll; 8va sopra: eine Oktave höher)

So|p|ran der; -s, -e ⟨lat.-mlat.-it.⟩: 1. höchste Stimmlage von Knaben u. Frauen. 2. Sopransängerin. 3. (ohne Plural) Gesamtheit der Sopranstimmen im gemischten Chor. 4. (ohne Plural)

Sopranpartie, Sopranstimme in einem Musikstück

So|p|ra|nist der; -en, -en: Sänger (meist Knabe) mit Sopranstimme. **So|p|ra|nis|tin** die; -, -nen: Sopransängerin

So|p|ran|schlüs|sel der; -s: ↑ Diskantschlüssel

So|p|ra|por|te u. Supraporte die; -, -n ⟨lat.-it.⟩: Wandfeld [mit Gemälde od. Relief] über einer Tür (bes. im Baustil des Rokokos)

So|ra|bist der; -en, -en ⟨lat.-nlat.⟩: Wissenschaftler auf dem Gebiet der Sorabistik

So|ra|bis|tik die; -: Wissenschaft von der sorbischen Sprache und Kultur

So|ra|bis|tin die; -, -nen: weibliche Form zu ↑ Sorabist

Sor|bet [zɔrˈbeː, auch: ˈzɔrbɛt] der od. das; -s, -s ⟨arab.-türk.-it.-fr.⟩ u. **Sor|bett** der od. das; -[e]s, -e ⟨arab.-türk.-it.⟩: 1. eisgekühltes Getränk aus gesüßtem Fruchtsaft od. Wein mit Eischnee od. Sahne. 2. Halbgefrorenes mit Süßwein od. Spirituosen sowie Eischnee od. Schlagsahne

Sor|bin|säu|re die; -, -n ⟨lat.-nlat.; dt.⟩: (Chem.) organische Säure, Konservierungsstoff (für Lebensmittel)

¹Sor|bit [auch: ...ˈbɪt] der; -s ⟨lat.-nlat.⟩: sechswertiger Alkohol; pflanzlicher Wirkstoff

²Sor|bit [auch: ...ˈbɪt] der; -s ⟨nlat.; nach dem engl. Forscher H. C. Sorby⟩: (veraltet) Bestandteil von Stahl

sor|bi|tisch [auch: ...ˈbɪt...]: (veraltet) aus ²Sorbit bestehend

Sor|bo|se die; - ⟨lat.-nlat.⟩: aus ¹Sorbit entstehender unvergärbarer Zucker

Sor|di|ne die; -, -n u. **Sor|di|no** der; -s, -s u. ...ni ⟨lat.-it.⟩: Dämpfer (bei Musikinstrumenten); vgl. con sordino

sor|do: (Mus.) gedämpft

Sor|dun der od. das; -s, -e: 1. mit Oboe u. Fagott verwandte Schalmei mit Doppelrohrblatt u. dumpfem Klang (16. u. 17. Jh.). 2. dunkel klingendes Orgelregister

So|re die; -, -n ⟨hebr.-jidd.⟩: Diebesgut

So|re|di|um das; -s, ...ien ⟨gr.-nlat.⟩: (Bot.) der vegetativen Vermehrung dienende Algenzelle der Flechten

Sor|gho [...go] der; -s, -s ⟨it.⟩ u. **Sor|ghum** [...gʊm] das; -s, -s ⟨it.-nlat.⟩: in Afrika u. Südeuropa angebaute Getreidepflanze; Durra

So|ri: Plural von ↑ Sorus

So|ri|tes der; -, - ⟨gr.-lat.⟩: 1. Bez. Ciceros für die auf Zeno zurückgehende ↑ Aporie: „bei welchem Wieviel beginnt der Haufen?" 2. (Logik) aus mehreren verkürzten ↑ Syllogismen bestehender Haufen- od. Kettenschluss

So|ro|rat das; -[e]s ⟨lat.-nlat.⟩: Sitte, dass der Mann nach dem Tode seiner Frau (bei einigen Völkern auch noch zu ihren Lebzeiten od. gleichzeitig mit ihr) deren jüngere Schwester[n] heiratet

Sorp|ti|on die; -, -en ⟨lat.-nlat.⟩: (Chem.) Aufnahme eines Gases od. gelösten Stoffes durch einen anderen festen od. flüssigen Stoff

Sor|ter [ˈsɔːtə] der; -s, - ⟨lat.-fr.-engl.⟩: Sortiermaschine

Sor|tes [...te:s] die (Plural) ⟨lat.⟩: in der Antike beim Orakel verwendete Eichenstäbchen od. Bronzeplättchen

sor|tie|ren ⟨lat.-it.⟩: nach Art, Farbe, Größe, Qualität o. Ä. sondern, ordnen, auslesen

Sor|tie|rer der; -s, -: a) Arbeiter, der Waren, Werkstücke, Materialien o. Ä. sortiert; b) Arbeiter an einer Sortiermaschine; c) Sortiermaschine. **Sor|tie|re|rin** die; -, -nen: weibliche Form zu ↑ Sortierer (a, b)

sor|tiert: 1. ein reichhaltiges [Waren]angebot aufweisend. 2. erlesen, ausgewählt, hochwertig

Sor|ti|le|gi|um das; -s, ...ien ⟨lat.-mlat.⟩: Weissagung durch Lose

Sor|ti|ment das; -[e]s, -e ⟨lat.-it.⟩: 1. Warenangebot (Warenauswahl) in einem Geschäft. 2. Kurzform von Sortimentsbuchhandel, Sortimentsbuchhandlung

Sor|ti|men|ter der; -s, -: Angehöriger des Sortimentsbuchhandels; Ladenbuchhändler. **Sor|ti|men|te|rin** die; -, -nen: weibliche Form zu ↑ Sortimenter

Sor|ti|ments|buch|han|del der; -s, -: Buchhandelszweig, der in den Läden den Käufer ein Sortiment von Büchern aus den ver-

schiedensten Verlagen bereithält

Sor|ti|ta die; -, ...ten ⟨lat.-it.⟩: Eintrittsarie der Primadonna in der altitalienischen Oper

So|rus der; -, Sori ⟨gr.-nlat.⟩: (Bot.) Gruppe von Sporenbehältern auf der Blattunterseite der Farne

sos|pi|ran|do u. **sos|pi|ran|te** ⟨lat.-it.⟩: (Mus.) seufzend, wehklagend (Vortragsanweisung)

Sos|pi|ro das; -s, -s u. ...ri („Seufzer"): (Mus.) Pause im Wert eines halben Taktes

So|ße, auch, bes. fachspr.: **Sau|ce** [ˈsoːsə] die; -, -n ⟨fr.⟩: 1. mehr od. weniger dickflüssige Zutat, Beigabe zu verschiedenen Gerichten, Salaten, Nachspeisen o. Ä. 2. (Tabakindustrie) Beize

sos|te|nu|to ⟨lat.-it.⟩: (Mus.) [aus]gehalten, breit, getragen (Abk.: sost.). **Sos|te|nu|to** das; -s, -s u. ...ti: (Mus.) mäßig langsames Musikstück

So|ta|de|us der; -, ...ei [...ˈdeːi] ⟨gr.-lat.; nach dem altgr. Dichter Sotades⟩: altgriechischer Versart

So|ter der; -, -e ⟨gr.-lat.⟩: Retter, Heiland (Ehrentitel Jesu Christi; auch Beiname von Göttern u. Herrschern der Antike)

So|te|ri|o|lo|gie die; - ⟨gr.-nlat.⟩: theologische Lehre vom Erlösungswerk Christi. **so|te|ri|o|lo|gisch:** die Soteriologie betreffend

So|tie die; franz. Schreibung von ↑ Sottie

Sot|nie [...niə] die; -, -n ⟨russ.; „Hundertschaft"⟩: Kosakenabteilung

Sot|tie die; -, -s ⟨fr.⟩: französisches, meist gegen den Papst gerichtetes satirisches Narrenspiel (15. u. 16. Jh.)

Sot|ti|se die; -, -n (meist Plural): 1. Dummheit, Unsinnigkeit. 2. Grobheit. 3. freche, stichelnde Äußerung, Rede

sot|to ⟨lat.-it.⟩: (Mus.; beim Klavierspiel mit gekreuzten Händen) unter der anderen Hand zu spielen

sot|to vo|ce [- voːˈtʃə]: (Mus.) halblaut, gedämpft (Vortragsanweisung)

Sou [zu:, auch su] der; -, -s [zu:, auch su] ⟨lat.-fr.⟩: 1. (früher) französische Münze im Wert von 5 Centimes. 2. (veraltend)

Münze, Geldstück von geringem Wert

Soub|ret|te [zu..., auch: su...] *die; -, -n* ⟨*lat.-provenzal.-fr.*⟩: Sopranistin, die auf die naiv-heiteren, komischen Partien in Oper, Operette, Singspiel spezialisiert ist

Sou|che [ˈzuːʃə, auch: suʃ] *die; -, -n* ⟨*fr.; „Stumpf"*⟩: Teil eines Wertpapiers, der zur späteren Kontrolle der Echtheit zurückbehalten wird

Sou|chong [ˈzuːʃɔŋ, auch: ˈsu:...] *der; -[s], -s* ⟨*chin.-engl.*⟩: chinesischer Tee mit größeren, breiteren Blättern

Souf|f|lé, auch: **Souf|f|lee** [zuˈfleː, auch: su...] *das; -s, -s* ⟨*lat.-fr.*⟩: (Gastr.) Auflauf

Souf|f|leur [...ˈløːɐ̯] *der; -s, -e:* Mann, der souffliert. **Souf|f|leu|se** [...ˈløːzə] *die; -, -n:* Frau, die souffliert

souf|f|lie|ren: einem Schauspieler auf der Bühne den Text seiner Rolle flüsternd vorsprechen

Souf|f|la|ki [zu...] *der; -[s], -[s]* ⟨*ngr.*⟩: kleiner Fleischspieß (in der griechischen Küche)

Souk [zuːk, auch suk] ⟨*arab.-fr.*⟩: ↑ Suk

Soul [zoːl, auch: soʊl] *der; -s* ⟨*amerik.*⟩: expressive afroamerikanische Jazzmusik als bestimmte Variante des Rhythm and Blues

Sou|la|ge|ment [zulaʒəˈmãː] *das; -s, -s* ⟨*lat.-vulgärlat.-fr.*⟩: (veraltet) Erleichterung, Unterstützung

sou|la|gie|ren [...ˈʒiː...]: (veraltet) unterstützen, erleichtern, beruhigen

Sound [zaʊnt, auch: saʊnd] *der; -s, -s* ⟨*engl.*⟩: charakteristischer Klang, Klangfarbe, bes. in der Rock- u. Jazzmusik

Sound|check [ˈzaʊntt͡ʃɛk, auch: ˈsaʊnd...] *der; -s, -s:* das Ausprobieren des Klangs, der Akustik (vor dem Konzert bes. einer Jazz-, Rockgruppe o. Ä.)

Sound|kar|te *die; -, -en:* spezielle Steckkarte, die der Wiedergabe von Tönen bei Computern dient

Sound|track [...trɛk] *der; -s, -s:* a) Tonstreifen eines Tonfilms; b) Musik zu einem Film

Soup|çon [zʊpˈsõː, auch: supˈsõ] *der; -s, -s* ⟨*lat.-fr.*⟩: (veraltet) Verdacht, Argwohn

Sou|per [zuˈpeː, auch: su...] *das; -s, -s* ⟨*germ.-gallorom.-fr.*⟩: festliches Abendessen [mit Gästen]

sou|pie|ren ⟨„eine Suppe zu sich nehmen"⟩: an einem Souper teilnehmen, festlich zu Abend essen

Sou|pir [zuˈpiːɐ̯, auch: suˈpiːr] *das; -s, -s* ⟨*lat.-fr.; „Seufzer"*⟩: ↑ Sospiro

Sour [ˈzaʊɐ, auch: ˈsaʊə] *der; -[s], -s* ⟨*engl.; „sauer"*⟩: starkes, alkoholisches Mischgetränk mit Zitrone

Sour|cream [...ˈkriːm] *die; -, -s,* auch: **Sour Cream** *die; - -, - -s:* saure Sahne, Sauerrahm als pikante Zutat zu bestimmten Speisen

Sour|di|ne [zʊrˈdiːn(ə), auch: surˈdin] *die; -, -n* ⟨*lat.-it.-fr.*⟩: ↑ Sordine

Sou|sa|phon [zu...], auch: ...fon *das; -s, -e* ⟨nach dem amerik. Komponisten J. Ph. Sousa⟩: tiefes, in der nordamerikanischen Jazzmusik verwendetes Blechblasinstrument mit kreisförmig gebogenem Rohr, das der Spieler um den Oberkörper trägt

Sous|chef [ˈzu..., auch: ˈsu...] *der; -s, -s* ⟨*fr.*⟩: a) (Gastr.) Stellvertreter des Küchenchefs; b) (schweiz.) Stellvertreter des Bahnhofsvorstandes. **Sous|che|fin** *die; -, -nen:* weibliche Form zu ↑ Souschef

Sou|ta|che [zuˈtaʃ(ə), auch: suˈtaʃ] *die; -, -n* ⟨*ung.-fr.*⟩: schmale, geflochtene Schnur für Besatzzwecke

sou|ta|chie|ren: Soutache aufnähen, mit Soutache verzieren

Sou|ta|ne [zu..., auch: su...], Sutane *die; -, -n* ⟨*lat.-it.-fr.; „Untergewand"*⟩: Gewand der katholischen Geistlichen

Sou|ta|nel|le, Sutanelle *die; -, -n:* (früher) bis ans Knie reichender Gehrock der katholischen Geistlichen

sou|te|nie|ren [zutə..., auch: suta...] ⟨*lat.-vulgärlat.-fr.*⟩: (veraltet) unterstützen, behaupten

Sou|ter|rain [zuteˈrɛ̃ː, ˈzu..., auch: suteˈrɛ̃, ˈsu...] *das; -s, -s* ⟨*lat.-fr.; „unterirdisch"*⟩: Kellergeschoss, Kellerwohnung

Sou|ti|en [zuˈtjɛ̃ː, auch: suˈtjɛ̃] *das; -s, -s* ⟨*lat.-vulgärlat.-fr.*⟩: (veraltet) 1. Beistand, Unterstützung. 2. Unterstützungstruppe

Sou|ve|nir [zuvə..., auch: su...] *das; -s, -s* ⟨*lat.-fr.*⟩: [kleines Geschenk als] Andenken, Erinnerungsstück

sou|ve|rän [zuvə..., auch: su...] ⟨*lat.-mlat.-fr.; „darüber befindlich; überlegen"*⟩: 1. die staatlichen Hoheitsrechte [unumschränkt] ausübend. 2. einer besonderen Lage od. Aufgabe jederzeit gewachsen; überlegen. **Sou|ve|rän** *der; -s, -e:* [unumschränkter] Herrscher, Fürst eines Landes

Sou|ve|rä|ni|tät *die; -:* 1. die höchste Herrschaftsgewalt eines Staates, Hoheitsgewalt; Unabhängigkeit (vom Einfluss anderer Staaten). 2. Überlegenheit

Sove|reign [ˈzɔvrɪn] *der; -s, -s* ⟨*lat.-mlat.-fr.-engl.*⟩: ehemalige englische Goldmünze im Wert von 1 £

Sow|chos [ˈsɔfxɔs, ...ˈxɔs, auch: ...ˈçɔs] *der; -, ...chose u.* (österr. nur:) **Sow|cho|se** *die; -, -n* ⟨*russ.; Kurzw. aus sowetskoje chosjaistwo = Sowjetwirtschaft*⟩: staatlicher landwirtschaftlicher Großbetrieb in der ehemaligen Sowjetunion

So|w|jet [auch: ˈzɔ...] *der; -s, -s* ⟨*russ.; „Rat"*⟩: 1. (hist.) Arbeiter-, Bauern- u. Soldatenrat der russischen Revolutionen (1905 u. 1917). 2. Behörde od. Organ der Selbstverwaltung in der Sowjetunion; **Oberster Sowjet:** höchstes Organ der Volksvertretung in der Sowjetunion. 3. (nur Plural; ugs.) Sowjetbürger

so|w|je|tisch: den Sowjet od. die Sowjetunion betreffend

so|w|je|ti|si|e|ren: (oft abwertend) nach dem Muster des Sowjetunion organisieren, einrichten

So|w|jet|re|pu|b|lik [auch: ˈzɔ...] *die; -, -en:* Gliedstaat der Sowjetunion

Soxh|let|ap|pa|rat, auch: **Soxh|let-Ap|pa|rat** *der; -[e]s, -e* ⟨nach dem dt. Chemiker F. von Soxhlet, 1848–1926⟩: (Chem.) Apparat zur Extraktion fester Stoffe

So|zi [auch: ˈzo...] *der; -s, -s* ⟨Kurzform von Sozialdemokrat⟩: (ugs., auch abwertend) Sozialdemokrat

So|zia *die; -, -s* ⟨*lat.*⟩: (meist scherzh.) Beifahrerin an einem Motorrad od. -roller

so|zi|a|bel: (Soziol.) gesellig, umgänglich, menschenfreundlich. **So|zi|a|bi|li|tät** *die; -* ⟨*lat.-nlat.*⟩: (Soziol.) soziales Wesen, Verhalten

so|zi|al ⟨*lat.-fr.*⟩: 1. die menschliche Gesellschaft, Gemeinschaft betreffend; gesellschaftlich; **soziale Indikation:** ↑ Indikation für einen Schwangerschaftsabbruch aus sozialen Gründen (z. B. wirtschaftliche Notlage der Mutter). 2. das Gemeinwohl betreffend, der Allgemeinheit nutzend. 3. auf das Wohl der Allgemeinheit bedacht; gemeinnützig, menschlich, wohltätig, hilfsbereit. 4. die gesellschaftliche Stellung betreffend. 5. gesellig lebend (von Tieren, bes. von Staaten bildenden Insekten)

---

so|zi|al..., So|zi|al...

⟨*lat.* socialis „gesellig; gesellschaftlich"→ *fr.* social „gesellschaftlich, Gesellschafts..."⟩ Wortbildungselement mit der Bedeutung „die Gesellschaft oder Gemeinschaft betreffend, auf sie bezogen":
– Sozialkritik
– Sozialkunde
– sozialpolitisch
– Sozialprestige
Von verwandter Herkunft und Bedeutung ist auch das Wortbildungselement **sozio..., Sozio...** Vermittelt über *lat.* socius „gemeinsam", bedeutet es „die Gesellschaft oder eine soziale Gruppe betreffend". Es ist Bestandteil vieler Fremdwörter, wie z. B. in Soziogramm, soziokulturell und Soziologe.

So|zi|al|an|th|ro|po|lo|gie *die; -:* Teilgebiet der ↑ Anthropologie, das sich mit dem Problem der Beziehungen zwischen verschiedenen Klassen und mit den Fragen der Vererbung von Eigenschaften innerhalb sozialer Gruppen befasst

So|zi|al|dar|wi|nis|mus *der; -:* soziologische Theorie, die unter Berufung auf Charles Darwins Lehre von der natürlichen Auslese auch die menschliche Gesellschaft als den Naturgesetzen unterworfen begreift und somit Ungleichheiten, Ungerechtigkeiten o. Ä. als naturge-

geben und deshalb als richtig ansieht

So|zi|al|de|mo|krat *der; -en, -en:* Mitglied, Anhänger einer sozialdemokratischen Partei

So|zi|al|de|mo|kra|tie *die; -:* 1. politische Richtung, die eine Verbindung zwischen ↑ Sozialismus u. ↑ Demokratie herstellen will. 2. a) Sozialdemokratische Partei (eines Landes); b) Gesamtheit der sozialdemokratischen Parteien

So|zi|al|de|mo|kra|tin *die; -, -nen:* weibliche Form zu ↑ Sozialdemokrat

so|zi|al|de|mo|kra|tisch: die Sozialdemokratie betreffend

So|zi|al|de|mo|kra|tis|mus *der; -:* (aus dem Blickwinkel der DDR negativ beurteilte) Richtung der Sozialdemokratie mit antikommunistischen Tendenzen; sozialdemokratische Ideologie, die den Klassenkampf ignoriert u. den Kapitalismus unterstützt

So|zi|al|e|thik *die; -:* Lehre von den Pflichten des Menschen gegenüber der Gesellschaft, dem Gemeinschaftsleben

So|zi|al|ge|o|gra|phie, auch: ...grafie *die; -:* Teilgebiet der Geographie, auf dem man Beziehungen menschlicher Gruppen zu den von ihnen bewohnten Erdräumen untersucht

So|zi|al|hy|gi|e|ne *die; -:* Teilgebiet der Hygiene (1), das sich mit der Wechselbeziehung zwischen dem Gesundheitszustand des Menschen u. seiner sozialen Umwelt befasst

So|zi|al|im|pe|ri|a|lis|mus *der; -:* 1. (nach Lenin) im 1. Weltkrieg von Teilen der Sozialdemokratie praktizierte Unterstützung der imperialistischen Politik der jeweiligen nationalen Regierung. 2. (von Gegnern gebrauchte) Bez. für die [außen]politische Praxis der sich als sozialistisch verstehenden Sowjetunion

So|zi|a|li|sa|ti|on *die; -, -en* ⟨*lat.-nlat.*⟩: (Soziol.) Prozess der Einordnung des [heranwachsenden] Individuums in die Gesellschaft u. die damit verbundene Übernahme gesellschaftlich bedingter Verhaltensweisen; Ggs. ↑ Individuation; vgl. ...ation/ ...ierung. **so|zi|a|li|sie|ren:** ein

Unternehmen, einen Wirtschaftszweig vergesellschaften, verstaatlichen; Ggs. ↑ reprivatisieren. **So|zi|a|li|sie|rung** *die; -, -en:* 1. Verstaatlichung, Vergesellschaftung der Privatwirtschaft; Ggs. ↑ Reprivatisierung. 2. ↑ Sozialisation; vgl. ...ation/ ...ierung

So|zi|a|lis|mus *der; -* ⟨*lat.-fr.*⟩: 1. (ohne Plural) (nach Karl Marx die dem Kommunismus vorausgehende) Entwicklungsstufe, die auf gesellschaftlichen od. staatlichen Besitz der Produktionsmittel u. eine gerechte Verteilung der Güter an alle Mitglieder der Gemeinschaft hinzielt. 2. (Plural selten) politische Richtung, Bewegung, die den gesellschaftlichen Besitz der Produktionsmittel u. die Kontrolle der Warenproduktion u. -verteilung verficht. **So|zi|a|list** *der; -en, -en:* a) Anhänger, Verfechter des Sozialismus; b) Mitglied einer sozialistischen Partei. **So|zi|a|lis|tin** *die; -, -nen:* weibliche Form zu ↑ Sozialist. **so|zi|a|lis|tisch:** 1. den Sozialismus betreffend, zum Sozialismus gehörend. 2. (österr.) sozialdemokratisch

So|zi|al|kom|pe|tenz *die; -:* Fähigkeit einer Person, in ihrer sozialen Umwelt selbstständig zu handeln

So|zi|al|kri|tik *die; -:* Kritik an einer bestehenden Gesellschaft; Gesellschaftskritik. **so|zi|al|kritisch:** die Sozialkritik betreffend, darauf beruhend

So|zi|al|kun|de *die; -:* 1. Darstellung und Beschreibung der politischen, ökonomischen und sozialen Verhältnisse in einer Gesellschaft. 2. der politischen Erziehung u. Bildung dienendes Unterrichtsfach, das gesellschaftliche Fragen zusammenhängend darstellt

so|zi|al-li|be|ral, auch: **so|zi|al|li|be|ral:** die Kombination von Sozialismus od. Sozialdemokratie u. Liberalismus betreffend; **sozial-liberale,** auch: **sozialliberale Koalition:** Regierungsbündnis zwischen einer sozialistischen od. sozialdemokratischen u. einer liberalen Partei

So|zi|al|me|di|zin *die; -:* Teilgebiet der Medizin, das sich mit den durch die gesellschaftlichen

S

Gegebenheiten bedingten Ursachen von Krankheiten befasst

So|zi|al|ö|ko|lo|gie *die; -:* Teilgebiet der Ökologie, das sich mit dem Verhältnis zwischen dem sozialen Verhalten des Menschen u. seiner Umwelt befasst

So|zi|al|ö|ko|no|mie, auch: **So|zi|al|ö|ko|no|mik** *die; -:* Wissenschaft, die sich mit der gesamten Wirtschaft einer Gesellschaft befasst; Volkswirtschaftslehre.

So|zi|al|pä|d|a|go|ge *der; -n, -n:* jmd., der in der Sozialpädagogik (1) tätig ist (Berufsbez.)

So|zi|al|pä|d|a|go|gik *die; -:* 1. Teilgebiet der Pädagogik, das sich mit der Erziehung des Einzelnen zur Gemeinschaft u. zu sozialer Verantwortung außerhalb der Familie u. der Schule befasst. 2. Gesamtheit der Bemühungen, die der Behebung von gesellschaftsbedingten Erziehungsschwierigkeiten dienen

So|zi|al|pä|d|a|go|gin *die; -, -nen:* weibliche Form zu ↑ Sozialpädagoge

so|zi|al|pä|d|a|go|gisch: die Sozialpädagogik betreffend

So|zi|al|part|ner *der; -s, -:* Arbeitgeber od. Arbeitnehmer bzw. deren Vertreter (z. B. bei Tarifverhandlungen)

So|zi|al|po|li|tik *die; -:* Planung u. Durchführung staatlicher Maßnahmen zur Verbesserung der sozialen Verhältnisse der Bevölkerung. **so|zi|al|po|li|tisch:** die Sozialpolitik betreffend

So|zi|al|pres|ti|ge *das; -s:* Ansehen, das jmd. aufgrund seiner gesellschaftlichen Stellung genießt

So|zi|al|pro|dukt *das; -[e]s, -e:* Gesamtheit aller Güter, die eine Volkswirtschaft in einem Zeitraum mithilfe der Produktionsfaktoren erzeugt (nach Abzug sämtlicher Vorleistungen)

So|zi|al|psy|cho|lo|gie *die; -:* Teilgebiet sowohl der Soziologie als auch der Psychologie, das sich mit den Erlebnis- u. Verhaltensweisen unter dem Einfluss gesellschaftlicher Faktoren befasst

So|zi|al|re|for|mis|mus *der; -:* ↑ Sozialdemokratismus

So|zi|al|re|vo|lu|ti|o|när *der; -s, -e:* (hist.) Mitglied einer 1901 ent-

standenen Partei in Russland, die auf revolutionärem Wege einen bäuerlichen Sozialismus erreichen wollte. **So|zi|al|re|vo|lu|ti|o|nä|rin** *die; -, -nen:* weibliche Form zu ↑ Sozialrevolutionär

So|zi|al|staat *der; -[e]s:* Demokratie, die bestrebt ist, die soziale Sicherheit ihrer Bürger zu gewährleisten

So|zi|al|struk|tur *die; -, -en:* inneres Beziehungsgefüge einer Gesellschaft, das aus Schichten, Gruppen, Institutionen, Rollen besteht

So|zi|al|tech|no|lo|gie *die; -:* ↑ Socialengineering

So|zi|al|the|ra|pie *die; -:* Behandlung psychischer od. geistiger Krankheiten mit dem Ziel, den Patienten [wieder] in das Familien- od. Berufsleben einzugliedern

So|zi|al|wai|se *die; -, -n:* Kind, um das sich weder Eltern noch Verwandte kümmern

So|zi|al|wis|sen|schaf|ten *die* (Plural): Gesamtheit der Wissenschaften, die sich mit dem sozialen Aspekt des menschlichen Lebens beschäftigen; Gesellschaftswissenschaften

So|zi|a|tiv [auch: ...'ti:f] *der; -s, -e* ⟨*lat.-nlat.*⟩: (Sprachw.) die Begleitung ausdrückender ↑ Kasus

so|zi|e|tär ⟨*lat.-fr.*⟩: (Soziol.) die rein [vertrags]gesellschaftlichen Beziehungen betreffend.

So|zi|e|tär *der; -s, -e:* Angehöriger, Mitglied einer Sozietät; Mitinhaber

So|zi|e|tät *die; -, -en* ⟨*lat.*⟩: 1. a) (Soziol.) menschliche Gemeinschaft; soziale, durch gleiche Interessen u. Ziele verbundene Gruppe, Gesellschaft; b) Verband, Gemeinschaft bei Tieren. 2. Zusammenschluss bes. von Angehörigen freier Berufe wie Ärzte, Rechtsanwälte u. Ä. zu gemeinsamer Arbeit

so|zi|ie|ren, sich: sich wirtschaftlich vereinigen, anschließen, sich assoziieren

So|zi|ni|a|ner *der; -s, -* ⟨*nlat.*; nach den ital. Begründern u. Fausto Sozini⟩: (hist.) Angehöriger einer ↑ antitrinitarischen Religionsgemeinschaft des 16. Jh.s in Polen

So|zi|ni|a|nis|mus *der; -:* Lehre der Sozinianer

so|zi|o..., So|zi|o... s. Kasten sozial..., Sozial...

So|zi|o|bi|o|lo|gie *die; -:* Wissenschaft, die sich mit dem Leben unter Einbeziehung der gesellschaftlichen Umwelt befasst

So|zi|o|ge|ne|se *die; -:* die Entstehung u. Entwicklung (z. B. von Krankheiten) aufgrund bestimmter gesellschaftlicher Umstände

So|zi|o|gramm *das; -s, -e* ⟨*lat.; gr.*⟩: (Soziol.) grafische Darstellung sozialer Verhältnisse od. Beziehungen innerhalb einer Gruppe

So|zi|o|gra|phie, auch: ...grafie *die; -:* (Soziol.) sozialwissenschaftliche Forschungsrichtung in der Soziologie, die die deskriptive Erfassung konkreter (oft geographisch bestimmter) Bereiche anstrebt

So|zi|o|hor|mon *das; -s, -e* (meist Plural): (Biol.) Wirkstoff aus der Gruppe der ↑ Pheromone (bisher bei Staaten bildenden Insekten bekannt), der die Fortpflanzungsverhältnisse regelt

so|zi|o|kul|tu|rell: die soziale Gruppe u. ihr kulturelles Wertsystem betreffend

So|zi|o|lekt *der; -[e]s, -e:* Sprachgebrauch einer sozialen Gruppe (z. B. Berufssprache, Teenagersprache); vgl. Idiolekt

So|zi|o|lin|gu|is|tik *die; -:* (Sprachw.) Teilgebiet der Linguistik, das das Sprachverhalten von gesellschaftlichen Gruppen untersucht. **so|zi|o|lin|gu|is|tisch:** die Soziolinguistik betreffend

So|zi|o|lo|ge *der; -n, -n:* jmd., der sich wissenschaftlich mit der Soziologie befasst (z. B. Hochschullehrer), der als wissenschaftlich ausgebildeter Fachmann auf dem Gebiet der Soziologie tätig ist. **So|zi|o|lo|gie** *die; -:* Wissenschaft, die sich mit dem Ursprung, der Entwicklung u. der Struktur der menschlichen Gesellschaft befasst. **So|zi|o|lo|gin** *die; -, -nen:* weibliche Form zu ↑ Soziologe. **so|zi|o|lo|gisch:** die Soziologie betreffend; auf den Forschungsergebnissen der Soziologie beruhend; mit den Methoden der Soziologie durchgeführt

So|zi|o|me|t|rie *die; -:* Verfahren

der Sozialpsychologie zur Erfassung der Gruppenstruktur hinsichtlich der Sympathie- u. Antipathiebeziehungen. **so|zio|me|t|risch:** die Soziometrie betreffend

so|zi|o|morph: von der Gesellschaft, den sozialen Verhältnissen geformt

so|zi|o|ö|ko|no|misch: die Gesellschaft wie die Wirtschaft, die [Volks]wirtschaft in ihrer gesellschaftlichen Struktur betreffend

So|zi|o|pa|thie *die; -, ...ien:* Form der ↑ Psychopathie, die sich bes. durch ein gestörtes soziales Verhalten und Handeln äußert

So|zi|us *der; -, -se u. ...ii (lat.):* 1. (Wirtsch.) Teilhaber. 2. a) Beifahrer auf einem Motorrad, -roller; b) Beifahrersitz. 3. (ugs. scherzh.) Genosse, Kompagnon

So|zi|us|sitz *der; -es, -e:* Rücksitz auf dem Motorrad, -roller

Space [speɪs] *das; -, -s [...sɪz] (engl.; „Raum"):* (Informatik) Leerzeichen

Space|lab ['speɪslæb] *das; -s, -s:* von ESA u. NASA entwickeltes Raumlabor

Space|shut|tle [...ʃʌtl̩] *der; -s, -s:* dem Transport von der Erdoberfläche auf eine Satellitenbahn dienender Flugkörper, der, zur Erde zurückgeführt, wieder verwendbar ist

Spa|da ['spa:..., 'ʃpa:...] *die; -, -s (gr.-lat.-it.):* (Sport) ital. Bez. für:

Spa|dil|le [spa'dɪljə, ʃpa'dɪlə] *die; -, -n (gr.-lat.-span.-fr.):* höchste Trumpfkarte (Pikass) im Lomber

Spa|dix ['spa:..., 'ʃpa:...] *der; - (gr.-lat.):* (Bot.) zu einem Kolben verdickte Blütenachse

¹Spa|gat *der (österr. nur so) od. das; -[e]s, -e (it.):* (Ballett, Gymnastik) Stellung, bei der die gespreizten Beine eine Linie bilden

²Spa|gat *der; -[e]s, -e:* (österr.) Bindfaden

Spa|ghet|ti, auch: Spagetti [ʃpa-'ɡɛti, auch: sp...] *die (Plural) (it.):* lange, dünne, stäbchenförmige Teigwaren

Spa|gi|rik [ʃp..., sp...] *die; - (gr.-nlat.):* 1. (hist.) Alchemie. 2. Arzneimittelzubereitung auf mineralisch-chemischer Basis. **Spagi|ri|ker** *der; -s, -:* (hist.) Alche-

mist. **spa|gi|risch:** alchemistisch; **spagirische Kunst:** Alchemie (im Mittelalter)

Spa|g|no|lett [ʃpanjo..., sp...] *der; -[e]s, -e (span.-fr.-it.):* 1. (hist.) angerautes Wollgewebe. 2. beidseitig angerautes Baumwollgewebe in Leinwandbindung (einer Webart). 3. Espagnoletteverschluss

Spa|hi ['spa:..., 'ʃpa:...] *der; -s, -s (pers.-türk.-fr.):* 1. (hist.) [adliger] Reiter im türkischen Heer. 2. Angehöriger einer aus nordafrikanischen Eingeborenen gebildeten französischen Reitertruppe

Spal|let [ʃp..., sp...] *das; -s, -s (gr.-lat.-it.):* (Milit. veraltet) Lattenwand; Brustwehr, Geländer

Spa|lett *das; -[e]s, -e:* (österr.) hölzerner Laden vor einem Fenster

Spa|lier [ʃp...] *das; -s, -e:* 1. Gitterwand, an der Obstbäume, Wein o. Ä. gezogen werden. 2. Ehrenformation beiderseits eines Weges

Spam [spɛm] *das; -s, -s (engl.; urspr. Spam® „(minderwertiges) Frühstücksfleisch"):* a) unaufgefordert an viele Internetnutzer auf einmal versandte E-Mail (zu Werbezwecken o. Ä.); b) an viele Newsgroups gleichzeitig übermittelte Nachricht [mit belanglosem Inhalt]

spam|men ['spɛ...]: Spams im Internet versenden. **Spam|ming** *das; -s:* das Spammen

Span|d|ril|le *die; -, -n (lat.-roman.):* (Archit.) Bogenzwickel

Spa|ni|el ['ʃpanjəl, auch: 'spɛn...] *der; -s, -s (lat.-span.-fr.-engl.):* Jagd- und Haushund mit großen Schlappohren u. seidigem Fell

Spa|ni|ol [ʃp...] *der; -s, -e (lat.-span.):* ein spanischer Schnupftabak

Spare|ribs ['spɛərɪbz] *die (Plural) (engl.):* Schälrippchen

Spar|man|nie [ʃpar'manjə, auch: sp...] *die; -, -n (nlat.;* nach dem schwed. Forschungsreisenden A. Sparrman): Zimmerlinde

¹Spar|ring ['ʃpa...] *das; -s (engl.):* Boxtraining

²Spar|ring *der; -s, -s:* kleiner, von Boxern zum Schlagtraining verwendeter Übungsball

Spart *der od. das; -[e]s, -e (gr.-lat.):* ↑ Esparto

Spar|ta|ki|a|de [ʃp..., sp...] *die; -, -n (nlat.; in Anlehnung an* ↑ Olympiade nach Spartakus, dem Führer des Sklavenaufstandes 73 v. Chr. im alten Rom): (aus Arbeitersportfesten hervorgegangene, in den osteuropäischen Ländern bis 1990 durchgeführte) sportliche Großveranstaltung mit Wettkämpfen in verschiedenen Disziplinen

Spar|ta|ki|de *der; -n, -n:* (veraltet) Spartakist

Spar|ta|kist *der; -en, -en:* Angehöriger des Spartakusbundes. **Spar|ta|kis|tin** *die; -, -nen:* weibliche Form zu ↑ Spartakist

Spar|ta|kus|bund *der; -[e]s (lat.; dt.):* 1917 gegründete linksradikale Bewegung in Deutschland, die 1918 den Namen „Kommunistische Partei" annahm

spar|ta|nisch *(gr.-lat.;* nach der Hauptstadt Sparta der altgriech. peloponnesischen Landschaft Lakonien): streng, hart; genügsam, einfach, anspruchslos

Spar|te ['ʃpa...] *die; -, -n (Herkunft unsicher; vielleicht gr.-nlat.):* 1. spezieller Bereich, Abteilung eines Fachgebiets, Geschäfts-, Wissensgebiet o. Ä. 2. Spalte, Teil einer Zeitung, in dem [unter einer bestimmten Rubrik] etwas abgehandelt wird

Spar|te|in [ʃp..., sp...] *das; -s (gr.-nlat.):* organische chemische Verbindung; Alkaloid des Besenginsters (Herzanregungsmittel)

Spar|ten|sen|der ['ʃpa...] *der; -s, -:* privater Fernsehsender, dessen Sendungen inhaltlich auf einen ganz speziellen Bereich beschränkt sind

Spar|te|rie *die; - (gr.-lat.-fr.):* Flechtwerk aus Span od. Bast

spar|tie|ren [ʃp..., sp...] *(lat.-it.):* (Mus.) ein nur in den einzelnen Stimmen vorhandenes Musikwerk in Partitur setzen

Spas|men ['ʃpas..., 'spas...]: *Plural* von ↑ Spasmus

spas|misch, spas|mo|disch: *(gr.):* krampfhaft, krampfartig, verkrampft (vom Spannungszustand der Muskulatur)

spas|mo|gen *(gr.-nlat.):* (Med.) Krämpfe erzeugend (z. B. von

S

der Wirkung von Arzneimitteln)

Spas|mo|ly|ti|kum *das; -s, ...ka:* (Med.) krampflösendes Mittel. **spas|mo|ly|tisch:** (Med.) krampflösend **spas|mo|phil:** (Med.) zu Krämpfen neigend. **Spas|mo|phi|lie** *die; -, ...ien:* (Med.) mit Neigung zu Krämpfen verbundene Stoffwechselkrankheit bei Kindern **Spas|mus** *der; -, ...men ⟨gr.-lat.; „Zuckung; Krampf"⟩:* (Med.) Krampf, Verkrampfung **Spas|ti|ker** *der; -s, -:* 1. jmd., der an einer spasmischen Krankheit leidet. 2. (ugs. abwertend) Dummkopf. **Spas|ti|ke|rin** *die; -, -nen:* weibliche Form zu ↑ Spastiker **spas|tisch:** 1. ↑ spasmisch. 2. (ugs. abwertend) unsinnig, dumm **Spa|tha** [ˈʃpa:..., ˈspa:...] *die; -, ...then ⟨gr.-lat.⟩:* 1. (Bot.) auffällig gefärbtes Hochblatt bei Palmen- u. Aronstabgewächsen, das den Blütenstand umschließt. 2. zweischneidiges germanisches Langschwert **Spal|ti|en** [ˈʃpa:tsi̯ən, ˈsp...]: *Plural* von ↑ Spatium **spal|ti|ie|ren** *⟨lat.⟩:* ↑ spationieren **spal|ti|o|nie|ren** *⟨lat.-nlat.⟩:* (Druckw.) [mit Zwischenräumen] durchschießen, gesperrt drucken **spal|ti|ös:** (Druckw.) geräumig, weit, licht **Spa|ti|um** *das; -s, ...ien:* 1. [Zwischen]raum (z. B. zwischen Notenlinien). 2. (Druckw.) dünnes Ausschlussstück **spa|zie|ren** [ʃp...] *⟨lat.-it.⟩:* 1. sich gemütlich, ohne Eile [u. ohne bestimmtes Ziel] fortbewegen, schlendern. 2. (veraltend) spazieren gehen, einen Spaziergang machen **Spea|ker** [ˈspi:kɐ] *der; -s, - ⟨engl.; „Sprecher"⟩:* 1. Präsident des britischen Unterhauses. 2. Präsident des nordamerikanischen Kongresses **Spe|cial** [ˈspɛʃl] *das; -s, -s ⟨lat.-engl.⟩:* (Rundfunk, Fernsehen) a) Sondersendung, Sonderbericht zu einem Thema; b) Sendung, in der eine Persönlichkeit (meist ein Künstler) od. eine Gruppe im Mittelpunkt steht **Spe|cial|ef|fect** [...ɪfɛkt] *der; -s, -s,* auch: **Spe|cial Ef|fect** *der; - -s, - -s (meist Plural):* [von Compu

tern erzeugter] besonderer Bild- od. Toneffekt (bes. bei Actionfilmen zur Dramatisierung des Handlungsablaufs) **Spe|cial-In|terest-Ma|ga|zin** [...ˈɪntrəst...] *das; -s, -e ⟨engl.⟩:* Zeitschrift, die sich nur einem bestimmten Themenbereich widmet und eine Lesergruppe anspricht, die zwischen Allgemein- und Fachpublikum angesiedelt ist **Spe|cial|of|fer** *das; -, -s,* auch: **Spe|cial Of|fer** *das; - -, - -s ⟨engl.⟩:* Sonderangebot, Angebot [zu einem Sonderpreis] **Spe|ci|es** [ˈʃpe:tsi̯es, sp...]* vgl. Spezies **Spe|cu|lum** [ˈʃpe:..., ˈspe:...] *das; -s, ...la ⟨lat.; „Spiegel"⟩:* Titel von spätmittelalterlichen ↑ Kompilationen (1) theologischer, lehrhafter u. unterhaltender Art **spe|die|ren** [ʃp...] *⟨lat.-it.⟩:* [Waren] versenden, abfertigen **Spe|di|teur** [...ˈtø:ɐ̯] *der; -s, -e ⟨lat.-it.;* mit französischer Endung gebildet⟩: Kaufmann, der gewerbsmäßig in eigenem od. fremdem Namen Speditionsgeschäfte besorgt; Transportunternehmer. **Spe|di|teu|rin** [...ˈtø:rɪn] *die; -, -nen:* weibliche Form zu ↑ Spediteur **Spe|di|ti|on** *die; -, -en ⟨lat.-it.⟩:* 1. gewerbsmäßige Verfrachtung od. Versendung von Gütern. 2. Transportunternehmen **spe|di|tiv** *⟨lat.-it.⟩:* (schweiz.) rasch vorankommend, zügig **Speech** [spi:tʃ] *der; -es, -e u. -es [...ɪs] ⟨engl.⟩:* (selten) Rede, Ansprache **¹Speed** [spi:d] *der; -[s], -s ⟨engl.⟩:* (Sport) Geschwindigkeit[ssteiegerung] eines Rennläufers od. Pferdes; Spurt **²Speed** *das; -s, -s: (Jargon) Aufputsch-, Rauschmittel **Speed|ball** [ˈspi:dbɔ:l] *der; -s, -s ⟨engl.⟩:* (Jargon) Mischung aus ↑ Heroin u. ↑ Kokain **spee|den** [ˈspi:dən]: (Jargon) Rauschgift konsumieren **Speed|gli|ding** [ˈspi:dglaɪdɪŋ] *das; -s:* Gleitfliegen im Schlepptau eines Motorbootes od. eines anderen Motorfahrzeuges **Speed|way** [...weɪ] *der; -s, -s ⟨engl.; „Schnellweg"⟩:* engl. Bez. für: Autorennstrecke **Speed|way|ren|nen** *das; -s, -:*

(Sport) Motorradrennen auf Aschen-, Sand- od. Eisbahnen **spek|ta|bel** [ʃp..., sp...] *⟨lat.⟩:* (veraltet) sehenswert, ansehnlich **Spek|ta|bi|li|tät** *die; -, -en ⟨lat.; „Ansehnlichkeit, Würde"⟩:* a) Titel für den Dekan (3) an einer Hochschule; b) Träger des Titels Spektabilität (a) **¹Spek|ta|kel** [ʃp...] *der; -s, - ⟨lat.; „Schauspiel"⟩:* (ugs.) Lärm, Krach; laute Auseinandersetzung **²Spek|ta|kel** [ʃp..., sp...] *das; -s, -:* 1. (veraltet) [Aufsehen erregendes, die Schaulust befriedigendes] Theater-, Ausstattungsstück. 2. Aufsehen erregender Vorgang, Anblick **spek|ta|keln** [ʃp...] *⟨lat.⟩:* (veraltend) lärmen **Spek|ta|ku|la** [ʃp..., sp...] *⟨lat.⟩:* *Plural* von ↑ Spektakulum **spek|ta|ku|lär** *⟨lat.-nlat.⟩:* Aufsehen erregend **spek|ta|ku|lös:** (veraltet) seltsam; abscheulich **Spek|ta|ku|lum** *das; -s, ...la ⟨lat.⟩:* (scherzh.) Anblick, Schauspiel **Spek|ta|tor** *der; -s, ...oren:* Zuschauer. **Spek|ta|to|rin** *die; -, -nen:* weibliche Form zu ↑ Spektator **Spek|tiv** *das; -s, -e:* ↑ Perspektiv **Spek|t|ra:** *Plural* von ↑ Spektrum **spek|t|ral** [ʃp..., sp...] *⟨lat.-nlat.⟩:* das ↑ Spektrum (1) betreffend, davon ausgehend **Spek|t|ral|a|na|ly|se** *die; -, -n:* 1. Ermittlung der chemischen Zusammensetzung eines Stoffes durch Auswertung seines Spektrums. 2. (Astron.) Verfahren zur Feststellung der physikalischen Natur u. chemischen Beschaffenheit von Himmelskörpern durch Beobachtung der Spektren u. deren Vergleich mit bekannten Spektren **Spek|t|ral|far|be** *die; -, -en:* eine der reinen, unvermischten, reinen Farben verschiedener Wellenlänge, die bei der spektralen Zerlegung von Licht entstehen u. die nicht weiter zerlegbar sind **Spek|t|ren:** *Plural* von ↑ Spektrum **Spek|t|ro|graph,** auch: ...graf *der; -en, -en ⟨lat.; gr.⟩:* (Techn.) Instrument zur Aufnahme u. Auswertung von Emissions- u. Absorptionsspektren im sichtbaren, ultraroten u. ultraviolet ten Bereich (u. a. bei der Werkstoffprüfung verwendet). **Spekt|ro|gra|phie**, auch: ...grafie *die; -, ...jen:* 1. Aufnahme von Spektren mit einem Spektrographen. 2. (Astron.) Auswertung der festgehaltenen Sternspektren **Spekt|ro|me|t|rie** *die; -:* ↑ Spektroskopie **Spekt|t|ro|pho|to|me|t|rie**, auch: ...foto... *die; -:* 1. (Astron.) photometrische Messung der einzelnen wellenabhängigen Größen im Sternspektrum. 2. (Phys.) fotografische Untersuchung von Spektren auf ihre Intensitätsverteilung **Spekt|ro|s|kop** *das; -s, -e:* (Phys.; Astron.) meist als Handinstrument konstruierter besonderer Spektralapparat zum Bestimmen der Wellenlängen von Spektrallinien. **Spekt|t|ro|s|ko|pie** *die; -:* (Phys.; Astron.) Beobachtung u. Bestimmung von Spektren mit dem Spektroskop **Spekt|t|rum** *das; -s, ...tren u. ...tra ⟨lat.⟩:* 1. [relative] Häufigkeitsbzw. Intensitätsverteilung der Bestandteile eines [Strahlen]gemisches in Abhängigkeit von einer gemeinsamen Eigenschaft, vor allem von der Wellenlänge bzw. Frequenz. 2. bei der Brechung von weißem Licht durch ein Glasprisma entstehende Farbfolge von Rot bis Violett. 3. Buntheit, Vielfalt **Spe|ku|la** ['ʃpe:..., 'spe:...]: *Plural* von ↑ Spekulum **Spe|ku|lant** [ʃp...] *der; -en, -en:* jmd., der spekuliert (3), sich in Spekulationen (3) einlässt. **Spe|ku|lan|tin** *die; -, -nen:* weibliche Form zu ↑ Spekulant **Spe|ku|la|ti|on** *die; -, -en:* 1. a) auf bloßen Annahmen, Mutmaßungen beruhende Erwartung, Behauptung, dass etwas eintrifft; b) (Philos.) hypothetischer, über die erfahrbare Wirklichkeit hinausgehender Gedankengang. 2. (Wirtsch.) Geschäftsabschluss, der auf Gewinne aus zukünftigen Veränderungen der Preise abzielt. 3. gewagtes Geschäft **Spe|ku|la|ti|us** *der; -, - ⟨lat.-roman.-niederl.; Herkunft unsicher⟩:* flaches Gebäck aus gewürztem Mürbeteig in Figurenform

spe|ku|la|tiv ⟨*lat.*⟩: 1. in der Art der Spekulation (1 b) denkend. 2. in reinen Begriffen denkend. 3. die Spekulation (2) betreffend. 4. grüblerisch **spe|ku|lie|ren** ⟨„spähen, beobachten; ins Auge fassen"⟩: 1. (ugs.) a) grübeln; b) auf etwas rechnen. 2. (ugs.) ausforschen, auskundschaften. 3. [an der Börse] durch Spekulationen (2) Gewinne zu erzielen suchen **Spe|ku|lum** ['ʃpe:..., 'spe:...] *das; -s, ...la:* meist mit einem Spiegel versehenes röhren- od. trichterförmiges Instrument zum Betrachten u. Untersuchen von Hohlräumen u. Organen, die dem bloßen Auge nicht [genügend] zugänglich sind **Spe|lä|o|lo|gie** [ʃp..., sp...] *die; - ⟨gr.-nlat.⟩:* Wissenschaft, die sich mit der Erforschung von Höhlen befasst. **spe|lä|o|lo|gisch:** die Speläologie betreffend **Spe|lun|ke** [ʃp...] *die; -, -n ⟨gr.-lat.; „Höhle, Grotte"⟩:* (abwertend) wenig gepflegtes, verrufenes Wirtshaus **spen|da|bel** ⟨mit romanischer Endung zu *dt.* spenden gebildet⟩: (ugs.) freigebig, großzügig **spen|die|ren:** (ugs.) (für jmdn.) bezahlen; (jmdn.) zu etwas einladen **Spen|ser** ['spɛnsə] vgl. Spenzer **Spen|zer** ['ʃpɛn...], (österr.:) Spenser *der; -s, - ⟨nach dem engl. Grafen G. J. Spencer⟩:* kurzes, eng anliegendes Jäckchen od. Hemd **Spe|ren|z|chen** u. **Spe|ren|zi|en** *die* (Plural) ⟨*lat.-mlat.*⟩: (ugs.) a) Umschweife, Umstände; Schwierigkeiten, Ausflüchte; b) kostspielige Vergnügungen od. Gegenstände **Sper|ma** ['ʃper..., 'sper...] *das; -s, ...men u. -ta ⟨gr.-lat.; „Samen"⟩:* (Biol.) männliche Keimzellen enthaltende Samenflüssigkeit (von Mensch u. Tier) **Sper|ma|ti|de** *die; -, -n ⟨gr.-nlat.⟩:* (Biol.) noch unreife männliche Keimzelle (von Mensch u. Tier) **Sper|ma|ti|tis** *die; -, ...iti|den:* ↑ Funikulitis **Sper|ma|ti|um** *das; -s, ...ien (meist Plural):* (Bot.) unbewegliche männliche Keimzelle der Rotalgen **sper|ma|to|gen:** 1. männliche

Keimzellen bildend. 2. (Biol.) dem Samen entstammend **Sper|ma|to|ge|ne|se** u. Spermiogenese *die; -:* (Biol.; Med.) Samenbildung im Hoden **Sper|ma|to|gramm** *das; -s, -e:* ↑ Spermiogramm **Sper|ma|to|pho|re** *die; -, -n (meist Plural):* (Zool.) zusammenklebende Samenkapseln mancher niederer Tiere **Sper|ma|to|phyt** *der; -en, -en:* Blüten-, Samenpflanze **Sper|ma|tor|rhö** *die; -, -en:* (Med.) Samenfluss ohne geschlechtliche Erregung **Sper|ma|to|zo|id** *der; -en, -en:* (Biol.) bewegliche männliche Keimzelle mancher Pflanzen **Sper|ma|to|zo|on** *das; -s, ...zo|en:* ↑ Spermium **Sper|ma|zet** *das; -[e]s u.* **Sper|ma|ze|ti** *das; -s ⟨(gr.; gr.-lat.) mlat.⟩:* Walrat; ↑ Cetaceum **Sper|men:** *Plural* von ↑ Sperma **Sper|mi|en:** *Plural* von ↑ Spermium **Sper|min** *das; -s ⟨gr.-nlat.⟩:* (Biol.) Bestandteil des männlichen Samens von charakteristischem Geruch **Sper|mi|o|ge|ne|se** *die; -:* ↑ Spermatogenese **Sper|mi|o|gramm** *das; -s, -e:* bei der mikroskopischen Untersuchung der Samenflüssigkeit entstandenes Bild **Sper|mi|um** *das; -s, ...ien:* (Biol.) reife männliche Keimzelle bei Mensch u. Tier **sper|mi|zid:** (Med.) den männlichen Samen abtötend (von empfängnisverhütenden Mitteln). **Sper|mi|zid** *das; -[e]s, -e:* den männlichen Samen abtötendes Mittel zur Empfängnisverhütung **Spe|sen** *die* (Plural) ⟨*lat.-vulgär-lat.-it.*⟩: Auslagen, [Un]kosten im Dienst o. Ä. [die ersetzt werden] **Spe|ze|rei** *die; -, -en (meist Plural) ⟨lat.-it.⟩:* (veraltend) Gewürz[ware] **¹Spe|zi** *der; -s, -[s] ⟨lat.⟩:* (landsch.) bester Freund, Busenfreund **²Spe|zi** *das; -s, -[s] ⟨Herkunft unsicher⟩:* (ugs.) Mischgetränk aus Limonade u. Cola **spe|zi|al:** ↑ speziell **Spe|zi|al** *der; -s, -e:* (landsch.) 1. vertrauter Freund. 2. [kleinere Menge] Tageswein, Schankwein

S

Spezialien

Spe|zi |al|li|en *die* (Plural): (veraltet) Besonderheiten, Einzelheiten

Spe|zi |a|li|sa|ti|on *die; -, -en* ⟨*lat.-fr.*⟩: ↑ Spezialisierung; vgl. ...ation/...ierung

spe|zi |a|li|sie|ren: 1. gliedern, sondern, einzeln anführen, unterscheiden. 2. sich spezialisieren: sich, seine Interessen innerhalb eines größeren Rahmens auf ein bestimmtes Gebiet konzentrieren. **Spe|zi |a|li|sie|rung** *die; -, -en:* 1. das Spezialisieren (1). 2. das Sichspezialisieren

Spe|zi |a|list *der; -en, -en:* Fachmann auf einem bestimmten Gebiet; Facharbeiter, Facharzt. **Spe|zi |a|lis|tin** *die; -, -nen:* weibliche Form zu ↑ Spezialist. **spe|zi |a|lis|tisch:** in der Art eines Spezialisten

Spe|zi |a|li|tät *die; -, -en:* 1. Besonderheit. 2. Gebiet, auf dem die besonderen Fähigkeiten od. Interessen eines Menschen liegen. 3. Feinschmeckergericht

Spe|zi|al|prä|ven|ti|on *die; -, -en:* Versuch, künftige Straftaten eines Straffälligen durch bestimmte Maßnahmen (z. B. Resozialisation) zu verhüten

Spe|zi|al|sla|lom *der; -s, -s:* Slalom, der als Einzelwettbewerb u. nicht als Teil einer ¹Kombination (3 b) ausgetragen wird

spe|zi|ell ⟨französierende Umbildung von spezial⟩: vor allem, besonders, eigentümlich; eigens; Ggs. ↑ generell

Spe|zie|rer *der; -s - ⟨lat.-it.⟩:* (schweiz. ugs.) Spezerei-, Gemischtwarenhändler

Spe|zi|es [ˈʃpeːt͡si̯ɛs, ˈsp...] *die; -, -* [...eːs] ⟨*lat.*⟩: 1. besondere, bestimmte Art, Sorte von etwas, einer Gattung. 2. Tier- od. Pflanzenart (in der biologischen Systematik). 3. Grundrechnungsart in der Mathematik. 4. (Rechtsw.) eine bestimmte, nicht auswechselbare Sache, die Gegenstand eines Schuldverhältnisses ist (z. B. Spezieskauf: Kauf eines bestimmten Gegenstandes; Speziesschuld: Verpflichtung zur Leistung einer bestimmten Sache). 5. (Pharm.) Teegemisch

Spe|zi|es|ta|ler *der; -s, -:* (hist.) ein harter Taler im Gegensatz zu Papiergeld

Spe|zi|fik *die; -:* das Spezifische einer Sache

Spe|zi|fi|ka: *Plural* von ↑ Spezifikum

Spe|zi|fi|ka|ti|on *die; -, -en* ⟨*lat.-mlat.*⟩: 1. (Logik) Einteilung der Gattung in Arten. 2. Einzelaufzählung. 3. (Rechtsw.) Umbildung, Behandlung eines Stoffes durch Arbeiten, die ihn erheblich verändern; vgl. ...ation/...ierung

Spe|zi|fi|kum *das; -s, ...ka ⟨lat.⟩:* 1. Besonderes, Entscheidendes. 2. (Med.) gegen eine bestimmte Krankheit wirksames Mittel

spe|zi|fisch ⟨*lat.-fr.*⟩: einer Sache ihrer Eigenart nach zukommend, bezogen [auf eine besondere Art], arteigen, kennzeichnend; **spezifisches Gewicht:** Gewicht eines Körpers im Verhältnis zu seinem Volumen; **spezifische Wärme:** Wärmemenge, die erforderlich ist, um 1 g eines Stoffes um 1 °C zu erwärmen

Spe|zi|fi|tät *die; -, -en:* 1. Eigentümlichkeit, Besonderheit. 2. (Chem.) charakteristische Reaktion

spe|zi|fi|zie|ren: 1. einzeln aufführen, verzeichnen. 2. zergliedern. **Spe|zi|fi|zie|rung** *die; -, -en:* ↑ Spezifikation; vgl. ...ation/...ierung

Spe|zi|men *das; -s, Spezimina* ⟨*lat.*⟩: (veraltet) Probearbeit; Probe

spe|zi|ös ⟨*lat.-fr.*⟩: 1. ansehnlich. 2. scheinbar

Spha|g|num *das; -s ⟨gr.-nlat.⟩:* Gattung der Torf-, Sumpf- od. Teichmoose

Spha|lle|rit [auch: ...ˈrɪt] *der; -s ⟨gr.-nlat.⟩:* Zinkblende (ein Mineral)

Sphä|re *die; -, -n ⟨gr.-lat.(-fr.)⟩:* 1. kugelförmig erscheinendes Himmelsgewölbe. 2. Gesichts-, Gesellschafts-, Wirkungskreis; [Macht]bereich

Sphä|ren|har|mo|nie u. **Sphä|ren|mu|sik** *die; -:* durch die Bewegung der Planeten entstehendes kosmisches, für den Menschen nicht hörbares, harmonisches Tönen (nach der Lehre des altgriechischen Philosophen Pythagoras)

Sphä|rik *die; -:* (Math.) Geometrie von Figuren, die auf Kugeloberflächen durch größte Kreise gebildet sind. **sphä|risch:** 1. die Himmelskugel betreffend. 2. (Math.) auf die Kugel bezogen, mit der Kugel zusammenhängend; **sphärische Trigonometrie:** Berechnung von Dreiecken auf der Kugeloberfläche

Sphä|ro|id *das; -[e]s, -e ⟨gr.-nlat.⟩:* 1. kugelähnlicher Körper (bzw. seine Oberfläche). 2. Rotationsellipsoid (durch Drehung der Ellipse um ihre kleine Achse entstehend). **sphä|ro|i|disch:** kugelähnlich

Sphä|ro|lith [auch: ...ˈlɪt] *der; -s u. -en, -e[n]* (Mineral.) strahlig angeordnete Zusammenwachsung verschiedener Mineralindividuen. **sphä|ro|li|thisch** [auch: ...ˈlɪ...]: (vom Gefüge mancher magmatischer Gesteine) von kugeliger Form u. strahlenförmigem Aufbau

Sphä|ro|lo|gie *die; -:* Teil der Geometrie, der sich mit der Kugel befasst

Sphä|ro|me|ter *das; -s -:* Instrument mit Feinstellschraube (Mikrometerschraube) zur exakten Messung von Krümmungsradien (z. B. bei Linsen)

Sphä|ro|si|de|rit [auch: ...ˈrɪt] *der; -s, -e:* Variation des Eisenspats in Kugelform

Sphen *der; -s, -e ⟨gr.; „Keil“⟩:* ↑ Titanit (1)

Sphe|no|id *das; -[e]s, -e ⟨gr.-nlat.⟩:* keilförmige Kristallform. **sphe|no|i|dal:** keilförmig

Sphe|no|ze|pha|lie *die; -, ...ien:* (Med.) keil- od. eiförmige Fehlbildung des Kopfes

Sphin|gen: *Plural* von ↑ Sphinx

Sphink|ter *der; -s, ...tere ⟨gr.-lat.; „Schnürer“⟩:* (Med.) Ring-, Schließmuskel

Sphinx ⟨*gr.-lat.⟩:* 1. *die; -, -e* (fachspr.: *der; -, -e* u. Sphingen): ägyptisches Steinbild in Löwengestalt, meist mit Männerkopf; Sinnbild des Sonnengottes od. des Königs. 2. (ohne Plural) rätselhafte Person od. Gestalt. 3. (Plural: -en) Abendpfauenauge (mitteleuropäische Schmetterlingsart)

Sphra|gis|tik *die; - ⟨gr.⟩:* Siegelkunde. **sphra|gis|tisch:** siegelkundlich

Sphyg|mo|graph, auch: ...graf *der; -en, -en ⟨gr.-nlat.⟩:* (Med.) Pulsschreiber; Gerät zur Aufzeichnung der Pulskurve

Sphyg|mo|gra|phie, auch: ...grafie *die; -, ...ien:* (Med.) durch den Sphygmographen selbsttätig aufgezeichnete Pulskurve

Sphyg|mo|ma|no|me|ter *das; -s, -:* (Med.) Gerät zur Messung des Blutdrucks

spi|a|na|to [sp...] ⟨*lat.-it.*⟩: (Mus.) einfach, schlicht (Vortragsanweisung)

spic|ca|to [sp...] ⟨*it.*⟩: (Mus.) [die Töne] deutlich voneinander getrennt [zu spielen] (Vortragsanweisung). **Spic|ca|to** *das; -s, -s u. ...ti:* (Mus.) die Töne voneinander absetzende, mit Springbogen zu spielende Strichart bei Saiteninstrumenten

Spi|ci|le|gi|um [...tsi...] *das; -s, ...ia* ⟨*lat.; „Ährenlese"*⟩: Anthologie (im 17. u. 18. Jh. oft in Buchtiteln)

Spi|der [ˈʃpaidɐ, ˈsp...] *der; -s, -* ⟨*engl.*⟩: Roadster

Spike [ʃpaik, spaik] *der; -s, -s* ⟨*engl.; „langer Nagel, Stachel"*⟩: 1. Metalldorn an der Sohle von Laufschuhen (in der Leichtathletik). 2. (meist Plural) rutschfester Laufschuh mit Spikes (1)

Spill|a|ge [ʃpɪˈlaːʒə, sp...] *die; -, -n* ⟨*dt.*, mit französischer Endung *-age*⟩: (Wirtsch.) Verluste, die durch falsche Verpackung trockener Waren entstehen

Spin [spɪn] *der; -s, -s* ⟨*engl.; „schnelle Drehung"*⟩: (Phys.) Eigendrehimpuls der Elementarteilchen im Atom

Spi|na [ˈʃpiː..., ˈspi:...] *die; -, ...nen* ⟨*lat.*⟩: 1. (Med.) Stachel, Dorn; spitzer Knochenvorsprung. 2. (Anat.) Rückgrat

spi|nal [ʃp..., sp...]: zur Wirbelsäule, zum Rückenmark gehörend; **spinale Kinderlähmung:** Erkrankung des Rückenmarks; vgl. Poliomyelitis

Spi|n|al|gie *die; -, ...ien* ⟨*lat.; gr.*⟩: (Med.) Druckempfindlichkeit der Wirbel

Spi|na|li|om *das; -s, -e* ⟨*lat.-nlat.*⟩: (Med.) Stachelzellen-, Hornkrebs

Spi|nat *der; -[e]s, -e* ⟨*pers.-arab.-span.*⟩: dunkelgrünes Blattgemüse

Spi|nell *der; -s, -e* ⟨*lat.-it.*⟩: ein Mineral, Edelstein

Spi|nen: Plural von ↑ Spina

Spi|nett *das; -[e]s, -e* ⟨*it.;* vielleicht nach dem Erfinder

G. Spinetto, um 1500⟩: dem ↑ Cembalo ähnliches Musikinstrument, bei dem die Saiten mit einem Dorn angerissen werden. **Spi|net|ti|no** *das; -s, -s:* kleines Spinett

Spi|ni|fex *der; -* ⟨*lat.-nlat.*⟩: australische Grasart

Spin|na|ker *der; -s, -* ⟨*engl.*⟩: (Seew.) großes, halbrundes, sich stark wölbendes Jachtvorsegel

Spin|ning [sp...] *das; -s* ⟨*engl.*⟩: (Sport) Gruppentraining auf speziellen stationären Fahrrädern zur Verbesserung der Kondition

Spin-off [auch: ˈspɪn...] *das; -s, -s* ⟨*engl.; eigtl. „Nebenprodukt"*⟩: (Wirtsch.) Ausgliederung einzelner Geschäftsbereiche aus dem Mutterunternehmen

Spi|nor [ˈʃpiː..., ˈspi:...] *der; -s, ...oren* ⟨*engl.-nlat.*⟩: mathematische Größe, die es gestattet, den ↑ Spin des Elektrons zu beschreiben

spi|nös [ʃp..., sp...] ⟨*lat.*⟩: (veraltend) heikel u. sonderbar, schwierig (z. B. im Umgang)

Spi|no|zis|mus [ʃp..., sp...] *der; -* ⟨*nlat.;* nach dem Philosophen Spinoza, 1632–1677⟩: Lehre u. Weiterführung der Philosophie Spinozas

Spi|no|zist *der; -en, -en:* Vertreter des Spinozismus. **Spi|no|zis|tin** *die; -, -nen:* weibliche Form zu ↑ Spinozist. **spi|no|zis|tisch:** den Spinozismus betreffend

Spin|the|ris|mus [ʃp..., sp...] *der; -* ⟨*gr.-nlat.*⟩: ↑ Photopsie

spin|ti|sie|ren ⟨vermutlich eine französierende Weiterbildung zu *dt.* spinnen⟩: (ugs.) grübeln; ausklügeln; fantasieren

Spi|on *der; -s, -e* ⟨*germ.-it.*⟩: 1. Späher, Horcher; heimlicher Kundschafter; Person, die geheime Informationen unerlaubterweise [an eine fremde Macht] übermittelt. 2. ein außen am Fenster angebrachter Spiegel, in dem man die Vorgänge auf der Straße beobachten kann. 3. [vergittertes] Guckloch an den Zellentüren im Gefängnis od. an Haustüren

Spi|o|na|ge [...ˈnaːʒə] *die; -* ⟨*germ.-it.(-fr.)*⟩: Auskundschaftung von Geheimnissen für eine fremde Macht. **spi|o|nie|ren:** [für eine fremde Macht]

Geheimnisse auskundschaften. **Spi|o|nin** *die; -, -nen:* weibliche Form zu ↑ Spion (1)

Spi|räe [ʃp..., sp...] *die; -, -n* ⟨*gr.-lat.*⟩: Pflanzengattung der Rosengewächse mit zahlreichen Ziersträuchern

spi|ral [ʃp...] ⟨*gr.-lat.-mlat.*⟩: (Techn.) schneckenförmig gedreht

Spi|ra|le *die; -, -n:* 1. a) sich gleichmäßig um eine Achse windende Linie, Schraubenlinie; b) (Math.) ebene Kurve, die in unendlich vielen, immer weiter werdenden Windungen einen festen Punkt umläuft. 2. Gegenstand in der Form einer Spirale (1) (z. B. Uhrfeder). **spi|ra|lig:** schraubenförmig, schneckenförmig

Spi|rans [ˈʃpiː..., ˈspi:...] *die; -, Spiranten u. Spi|rant** *der; -en, -en* ⟨*lat.*⟩: Reibelaut, ↑ Frikativ. **spi|ran|tisch:** die Spirans, den Spiranten betreffend

Spi|ril|fer [ˈʃpiː..., ˈspi:...] *der; -s, ...feren* ⟨⟨*gr.-lat.; lat.*⟩ *nlat.*⟩: ausgestorbener Armfüßer (Leitfossil des ↑ Devons)

Spi|ril|le *die; -, -n* (meist Plural) ⟨*gr.-lat.-nlat.*⟩: Schraubenbakterie

spi|ril|li|zid ⟨*gr.-lat.-nlat.; lat.*⟩: Spirillen tötend

Spi|rit [ˈspɪ...] *der; -s, -s* ⟨*lat.-fr.-engl.*⟩: [↑ mediumistischer] Geist

Spi|ri|tis|mus [ʃp..., sp...] *der; -* ⟨*lat.-nlat.*⟩: Geisterlehre; Glaube an Erscheinungen von Seelen Verstorbener, mit denen man durch ein ↑ ¹Medium (4) zu verkehren sucht; Versuch, okkulte Vorgänge als Einwirkungen von Geistern zu erklären; Ggs. ↑ Animismus (3)

Spi|ri|tist *der; -en, -en:* Anhänger des Spiritismus. **Spi|ri|tis|tin** *die; -, -nen:* weibliche Form zu ↑ Spiritist. **spi|ri|tis|tisch:** den Spiritismus betreffend

spi|ri|tu|al ⟨*lat.-mlat.*⟩: auf den [Heiligen] Geist bezogen; geistig, übersinnlich

¹Spi|ri|tu|al *der; -s u. -en, -en* ⟨*lat.-mlat.*⟩: Seelsorger, Beichtvater in katholischen Seminaren u. Klöstern

²Spi|ri|tu|al [ˈspɪrɪtjʊəl] *das* (auch: *der*); *-s, -s* ⟨*lat.-fr.-engl.-amerik.*⟩: Kurzform von ↑ Negrospiritual

S

Spi|ri|tu|a|le [ʃp..., sp...] *der; -n,* **. -n** (meist Plural) ⟨*lat.-mlat.*⟩: strenge Richtung der ↑ Franziskaner im 13./14. Jh.; vgl. Observant

Spi|ri|tu|a|li|en *die* (Plural): geistliche Dinge

spi|ri|tu|a|li|sie|ren ⟨*lat.-mlat.-nlat.*⟩: vergeistigen

Spi|ri|tu|a|lis|mus *der; -:* 1. metaphysische Lehre, die das Wirkliche als geistig od. als Erscheinungsweise des Geistigen annimmt. 2. theologische Richtung, die die unmittelbare geistige Verbindung des Menschen mit Gott gegenüber der geschichtlichen Offenbarung betont. **Spi|ri|tu|a|list** *der; -en, -en:* Vertreter des Spiritualismus. **Spi|ri|tu|a|lis|tin** *die; -, -nen:* weibliche Form zu ↑ Spiritualist. **spi|ri|tu|a|lis|tisch:** den Spiritualismus betreffend

Spi|ri|tu|a|li|tät *die; -* ⟨*lat.-mlat.*⟩: Geistigkeit; Ggs. ↑ Materialität. **spi|ri|tu|ell** ⟨*lat.-mlat.-fr.*⟩: geistig; geistlich

spi|ri|tu|os ⟨*lat.-fr.;* in der Endung relatinisiert⟩ u. **spi|ri|tu|ös** ⟨*lat.-fr.*⟩: Weingeist enthaltend; geistig. **Spi|ri|tu|o|se** *die; -, -n* (meist Plural) ⟨*lat.-fr.,* in der Endung relatinisiert⟩: stark alkoholisches Getränk (z. B. Weinbrand, Likör)

spi|ri|tu|o|so [sp...] ⟨*lat.-it.*⟩: (Mus.) geistvoll, feurig (Vortragsanweisung)

¹Spi|ri|tus [ˈspiː...] *der, -, -* [...tuːs] ⟨*lat.*⟩: Hauch, Atem, [Lebens]geist; **Spiritus asper** (Plural: Spiritus asperi): Zeichen (ʼ) für den h-Anlaut im Altgriechischen; **Spiritus familiaris:** guter Hausgeist, Vertraute[r] der Familie; **Spiritus lenis** (Plural: Spiritus lenes [...neːs]): Zeichen (ʼ) für das Fehlen des h-Anlautes im Altgriechischen; **Spiritus Rector:** leitender, belebender, treibender Geist, Seele (z. B. eines Betriebes, Vorhabens); **Spiritus Sanctus:** der Heilige Geist

²Spi|ri|tus [ˈʃpiː...] *der; -, -se:* Weingeist; Alkohol

Spi|ro|chä|te [ʃp..., sp...] *die; -, -n* ⟨*gr.-nlat.*⟩: krankheitserregende Bakterie (z. B. Erreger der Syphilis u. des Rückfallfiebers)

Spi|ro|er|go|me|t|rie [ʃp..., sp...] *die; -, ...ien* ⟨*lat.; gr.-nlat.*⟩: Messung der Kapazität der Sauerstoffaufnahme im Ruhezustand des Organismus u. nach körperlicher Belastung

Spi|ro|gy|ra [ʃp..., sp...] *die; -, ...ren* ⟨*gr.-nlat.*⟩: Schraubenalge (Jochalge)

Spi|ro|me|ter [ʃp..., sp...] *das; -s, -* ⟨*lat.; gr.*⟩: (Med.) Gerät, mit dem die verschiedenen Eigenschaften des Atems gemessen werden. **Spi|ro|me|t|rie** *die; -:* (Med.) Messung u. Aufzeichnung der Atmung (z. B. zur Messung des Grundumsatzes od. der Lungenkapazität)

Spi|tal *das* (schweiz. ugs. auch: *der*); *-s,* Spitäler ⟨*lat.-mlat.*⟩: 1. (veraltend, aber noch landsch., bes. österr., schweiz.) Krankenhaus. 2. (veraltet) a) Pflegeheim, Altersheim; b) Armenhaus

Spitt|ler *der; -s, -:* 1. (veraltend, aber noch landsch., bes. schweiz.) Krankenhauspatient. 2. (veraltet) Insasse eines Spitals (2). **Spitt|le|rin** *die; -, -nen:* weibliche Form zu ↑ Spittler

splanch|nisch [ˈsplan...] ⟨*gr.*⟩: ↑ viszeral. **Splanch|no|lo|gie** *die; -* ⟨*gr.-nlat.*⟩: (Med.) Teilgebiet der Medizin, das sich mit den Eingeweiden befasst

Splat|ter|mo|vie [ˈsplɛtəmuːvi] *das; -[s],-s* ⟨*engl.-amerik.*⟩: (Jargon) Horrorfilm mit vielen blutrünstigen Szenen

Spleen [ʃpliːn, seltener: sp...] *der; -s, -e* u. *-s* ⟨*gr.-lat.-engl.*⟩: Schrulle, Marotte; Überspanntheit. **splee|nig:** schrullig, verrückt, überspannt

splen|did [ʃp..., sp...] ⟨*lat.*⟩: 1. freigebig. 2. glanzvoll, kostbar. 3. (Druckw.) weit auseinander gerückt

Splen|did I|so|la|tion [ˈsplɛndɪd aɪsəˈleɪʃən] *die; - -* ⟨*engl.; „glänzendes Alleinsein“*⟩: 1. (hist.) die Bündnislosigkeit Großbritanniens im 19. Jh. 2. freiwillige Bündnislosigkeit eines Landes, einer Partei o. Ä.

Splen|di|di|tät [ʃp..., sp...] *die; -* ⟨*lat.-nlat.*⟩: (veraltet) Freigebigkeit

Sple|n|ek|to|mie [sp..., ʃp...] *die; -, ...ien* ⟨*gr.-nlat.*⟩: (Med.) operative Entfernung der Milz

Sple|ni|tis *die; -, ...iti̯den:* (Med.) Milzentzündung

sple|no|gen: (Med.) von der Milz herrührend (von krankhaften Veränderungen)

Sple|no|he|pa|to|me|ga|lie *die; -, ...ien:* (Med.) Vergrößerung von Milz u. Leber

Sple|nom *das; -s, -e:* (Med.) gutartige Milzgeschwulst

sple|no|me|gal: die Splenomegalie betreffend. **Sple|no|me|ga|lie** *die; -, ...ien:* (Med.) krankhafte Milzvergrößerung

Sple|no|to|mie *die; -, ...ien:* (Med.) Milzoperation

split|ten [ˈʃplɪtn̩, ˈsp...] ⟨*engl.*⟩: das Splitting anwenden, aufteilen. **Split|ting** *das; -s, -s:* 1. (ohne Plural) Form der Haushaltsbesteuerung, bei der das Einkommen der Ehegatten zusammengezählt, halbiert u. jeder Ehegatte mit der Hälfte des Gesamteinkommens bei der Steuererberechnung berücksichtigt wird. 2. Teilung eines Anteilspapiers (z. B. einer Aktie), wenn der Kurs erheblich gestiegen ist. 3. Verteilung der Erst- u. Zweitstimme auf verschiedene Parteien (bei Wahlen)

Spo|di|um [ˈʃpo:..., ˈspo:...] *das; -s* ⟨*gr.-lat.*⟩: (Chem.) adsorbierende Knochenkohle

Spo|du|men *der; -s, -e* ⟨*gr.-nlat.*⟩: ein Mineral, Schmuckstein

Spoi|ler [ˈʃpɔylɐ, ˈsp...] *der; -s, -* ⟨*engl.;* zu to spoil „(Luft[widerstand]) wegnehmen“⟩: 1. Luftleitblech an [Renn]autos zum Zweck der besseren Bodenhaftung. 2. Verlängerung der Skistiefels am Schaft als Stütze bei der Rücklage. 3. Klappe an den Tragflächen von Flugzeugen, die die Strömungsverhältnisse verändert; Störklappe

Spoils|sys|tem [ˈspɔɪlzsɪstɪm] *das; -* ⟨*engl.-amerik.* „Beutesystem“⟩: in den Vereinigten Staaten die Besetzung öffentlicher Ämter durch die Mitglieder der in einer Wahl siegreichen Partei

Spo|li|ant [ʃp..., sp...] *der; -en, -en* ⟨*lat.*⟩: (Rechtsw. veraltet) jmd., der der Beraubung angeklagt ist

Spo|li|a|ti|on *die; -, -en:* (Rechtsw. veraltet) Raub, Plünderung

Spo|li|en *die:* 1. *Plural* von ↑ Spolium. 2. *die* (Plural) (hist.) beweglicher Nachlass eines katholischen Geistlichen. 3. (Archit.) aus anderen Bauten wieder verwendete Bauteile (z. B. Säulen, Friese o. Ä.)

Spo|li|en|kla|ge *die; -, -n:* (Rechtsw.) Klage auf Rückgabe widerrechtlich entzogenen Besitzes (im kanonischen und gemeinen Recht)

Spo|li|en|recht *das; -[e]s, -e:* a) im Mittelalter das Recht eines Kirchenpatrons (vgl. ¹Patron 3), die Spolien (2) eines verstorbenen Geistlichen einzuziehen; b) der Anspruch des Kaisers od. später des Papstes auf den Nachlass eines Bischofs

spo|li|ie|ren (veraltet, aber noch landsch.) berauben, plündern, stehlen

Spo|li|um *das; -s, ...ien:* Beutestück, erbeutete Waffe (im alten Rom)

Spom|pa|na|de[l]n *die* (Plural) ⟨*it.*⟩: (österr. ugs.) ↑ Sperenzchen

Spon|de|en: *Plural* von ↑ Spondeus. **spon|de|isch** [ʃp..., sp...] ⟨*gr.-lat.*⟩: 1. den Spondeus betreffend. 2. in, mit Spondeen geschrieben, verfasst. **Spon|de-us** *der; -, ...de̲en:* aus zwei Längen bestehender antiker Versfuß (– –)

Spon|di|a|kus *der; -, ...azi:* ↑ Hexameter, in dem statt des fünften ↑ Daktylus ein Spondeus gesetzt ist

Spon|dy|l|ar|th|ri|tis [ʃp..., sp...] *die; -, ...it̲i̲den* ⟨*gr.-nlat.*⟩: (Med.) Entzündung der Wirbelgelenke

Spon|dy|li|tis *die; -, ...it̲i̲den:* (Med.) Wirbelentzündung

Spon|dy|lo|se *die; -, -n:* (Med.) krankhafte Veränderung an den Wirbelkörpern u. Bandscheiben

Spon|gia [ˈʃpɔŋgi̯a, ˈspɔŋgi̯a] *die; -, ...ien* ⟨*gr.-lat.*⟩: Schwamm, einfachst gebautes, vielzelliges Tier

spon|gi|form ⟨*lat.*⟩: (bes. Tiermed.) schwammförmig (z. B. von der Hirnsubstanz bei BSE)

Spon|gin *das; -s* ⟨*gr.-nlat.*⟩: Gerüstsubstanz der Hornschwämme

Spon|gi|o|lo|gie *die; -:* Teilgebiet der Biologie, das sich mit den Schwämmen befasst

spon|gi|ös ⟨*gr.-lat.*⟩: schwammig

Spon|gi|o|sa *die; -:* schwammartiges Innengewebe der Knochen

Spon|sa [ˈʃpɔnza, ˈspɔnza] *die; -, ...sae* [...zɛ] ⟨*lat.*⟩: lat. Bez. für Braut (bes. in Kirchenbüchern)

Spon|sa|li|en *die* (Plural): (Rechtsw. veraltet) Verlöbnis; Verlobungsgeschenke

spon|sern: aus Werbegründen jmdn. od. etwas (z. B. einen Sportverein) finanziell od. auch durch Sach- u. Dienstleistungen unterstützen, fördern; vgl. Sponsor (1)

Spon|si: *Plural* von ↑ Sponsus

spon|sie|ren: (veraltet, aber noch landsch.) um ein Mädchen werben, den Hof machen

Spon|si|on *die; -, -en:* (österr.) Feier, bei der der Magistergrad verliehen wird

Spon|sor [ˈʃpɔnzɐ, ˈspɔnzɐ, engl.: ˈspɒnsə] *der; -s, ...o̲ren u.* (bei engl. Aussprache) *-s* ⟨*lat.-engl.*⟩: 1. Person, Organisation o. Ä., die jmdn. od. etwas sponsert; Förderer, Geldgeber (z. B. im Sport). 2. (bes. in den USA) Person[engruppe], die eine Sendung im Rundfunk od. Fernsehen finanziert, um sie für Werbezwecke zu nutzen. **Spon|so-rin** [ʃp..., sp...] *die; -, -nen:* weibliche Form zu ↑ Sponsor (1)

Spon|so|ring [ˈʃpɔn..., ˈspɔn..., engl.: ˈspɒnsərɪŋ] *das; -s:* das Sponsern

Spon|sor|ship [ˈʃpɒnzoːɐ̯ʃɪp, ˈsp..., engl.: ˈspɒnsəʃɪp] *die; -:* Sponsorentum

Spon|sus *der; -, Sponsi* ⟨*lat.*⟩: (in Kirchenbüchern) lat. Bez. für Bräutigam

spon|tan [ʃp..., sp...] ⟨*lat.*⟩: von selbst; von innen heraus, freiwillig, ohne Aufforderung, aus eigenem plötzlichem Antrieb; unmittelbar. **Spon|ta|ne|i|tät** *die; -, -en:* ↑ Spontanität. **Spon-ta|ni|tät** *die; -, -en* ⟨*lat.-nlat.*⟩: Handeln ohne äußere Anregung; innerer Antrieb; unmittelbare, spontane Reaktion

Spon|ti *der; -s, -s:* (ugs.) Angehöriger einer undogmatischen linksgerichteten Gruppe

Spon|ton [ʃpɒnˈtoːn, sp..., auch: spõˈtõː] *der; -s, -s* ⟨*lat.-it.(-fr.)*⟩: von den Infanterieoffizieren im 17. u. 18. Jh. getragene kurze, der Hellebarde ähnliche Pike

Spoon [spuːn, ʃpuːn] *der; -s, -s* ⟨*engl.*⟩: (Sport) ein bestimmter Golfschläger

spo|ra|disch [ʃp..., sp...] ⟨*gr.-fr.*⟩: 1. vereinzelt [vorkommend], verstreut. 2. gelegentlich, selten

Spo|r|an|gi|um *das; -s, ...ien*

[...jən] ⟨*gr.-nlat.*⟩: (Bot.) Sporenbildner u. -behälter bei Pflanzen

spor|co [ˈʃpɔrko..., ˈsp...] ⟨*lat.-it.*⟩: ↑ brutto; mit Verpackung [gewogen]. **Spor|ko** *das; -s:* Bruttogewicht; Masse mit Verpackung

spo|ro|gen [ʃp..., sp...] ⟨*gr.-nlat.*⟩: (Bot.) Sporen erzeugend

Spo|ro|gon *das; -s, -e:* (Biol.) Sporen erzeugende Generation der Moospflanzen

Spo|ro|go|nie *die; -:* 1. (Bot.) Erzeugung von Sporen als ungeschlechtliche Phase im Verlauf eines ↑ Generationswechsels. 2. (Biol.) Vielfachteilung im Entwicklungszyklus der Sporentierchen

Spo|ro|phyll *das; -s, -e:* (Bot.) Sporen tragendes Blatt

Spo|ro|phyt *der; -en, -en:* (Bot.) Sporen bildende Generation bei Pflanzen

Spo|ro|tri|cho|se *die; -, -n:* (Med.) Pilzerkrankung des Haut- u. Unterhautgewebes mit Geschwürbildung

Spo|ro|zo|it *der; -en, -en:* (Biol.) durch Sporogonie (2) entstehendes Entwicklungsstadium der Sporentierchen

Spo|ro|zo|on *das; -s, ...zo̲en** (meist Plural): Sporentierchen (parasitischer Einzeller)

Spo|ro|zys|te *die; -, -n:* (Zool.) Larvenstadium der Saugwürmer

Spor|tel *die; -, -n* (meist Plural) ⟨*gr.-etrusk.-lat.*⟩: mittelalterliche Form des Beamteneinkommens

spor|tiv [sp..., ʃp...] ⟨*engl., fr.*⟩: sportlich

Sports|wear [ˈspɔːtsweə] *die; -,* auch: *der* od. *das; -[s]* ⟨*engl.*⟩: sportliche Tageskleidung, Freizeitkleidung

Spo|sa|li|zio [ʃp..., ʃp...] *das; -* ⟨*lat.-it.*; „Vermählung"⟩: Darstellung der Verlobung bzw. Vermählung Marias mit Joseph in der [italienischen] Kunst

Spot [spɔt, ʃpɔt] *der; -s, -s* ⟨*engl.*⟩: 1. a) Werbekurzfilm (in Kino u. Fernsehen); b) in Hörfunksendungen eingeblendeter Werbetext. 2. Kurzform von ↑ Spotlight

Spot|ge|schäft *das; -[e]s, -e* ⟨*engl.; dt.*⟩: Geschäft gegen sofortige Lieferung u. Kasse im Geschäftsverkehr der internationalen Warenbörsen

Spot|light [...la͜it] *das; -s, -s* ⟨engl.⟩: Beleuchtung od. Scheinwerfer, der auf einen Punkt gerichtet ist u. dabei die Umgebung im Dunkeln lässt

Spot|markt *der; -[e]s, ...märkte* ⟨engl.; dt.⟩: Handelsplatz, an dem nicht vertraglich gebundene Mengen von Rohöl an den Meistbietenden verkauft werden

Spray [ʃpreː, spreː, engl.: spre͜i] *der od. das; -s, -s* ⟨niederl.-engl.⟩: Flüssigkeit, die durch Druck [meist mithilfe eines Treibgases] aus einem Behältnis in feinsten Tröpfchen versprüht wird. **spray|en:** a) Spray versprühen; b) mit Spray besprühen. **Spray|er** *der; -s, -:* jmd., der [Graffiti an Wände o. Ä.] sprayt. **Spray|e|rin** *die; -, -nen:* weibliche Form zu ↑ Sprayer

Spread [spred] *der; -s, -s* ⟨engl.; eigtl. „Ausbreitung"⟩: (Börsenw.) 1. Differenz zwischen zwei Preisen od. Zinssätzen. 2. Aufschlag auf einen vereinbarten Referenzzinssatz

Sprea|der ['spredɐ] *der; -s, -* ⟨engl.⟩: (Techn.) Tragrahmen für Container (1, 2) an Hebezeugen

Sprea|ding [...dɪŋ] *das; -[s]:* (Börsenw.) gleichzeitiger Kauf u. Verkauf einer gleichen Zahl von Optionen od. Terminkontrakten mit unterschiedlichen Basispreisen

Sprink|ler *der; -s, -* ⟨engl.⟩: 1. Teil einer Beregnungsanlage zum Feuerschutz (z. B. in Kaufhäusern), der bei bestimmter Temperatur Wasser versprüht. 2. Rasensprenger

Sprint *der; -s, -s* ⟨engl.⟩: kurzer, schneller Lauf. **sprin|ten:** eine kurze Strecke mit größtmöglicher Geschwindigkeit zurücklegen

Sprin|ter *der; -s, -:* Kurzstreckenläufer. **Sprin|te|rin** *die; -, -nen:* weibliche Form zu ↑ Sprinter

Sprit *der; -[e]s, -e* ⟨volkstümliche Umbildung von ↑ ²Spiritus⟩: (ugs.) Benzin, Treibstoff. **spritig:** spritähnlich

Sprue [spruː] *die; -* ⟨niederl.-engl.⟩: (Med.) fieberhafte Erkrankung mit Gewebsverände-

rungen im Bereich von Zunge u. Dünndarmschleimhaut

Spu|man|te [sp..., ʃp...] *der; -s, -s* ⟨lat.-it.⟩: ital. Bez. für Schaumwein

Spurt *der; -[e]s, -s* (selten: -e) ⟨engl.⟩: (Sport) Steigerung der Geschwindigkeit bei Rennen; äußerst schnelles Laufen über eine kürzere Strecke. **spur|ten:** (Sport) einen Spurt machen

Spu|ta ['ʃp..., 'sp...]: *Plural von* ↑ Sputum. **Spu|tum** *das; -s, ...ta* ⟨lat.⟩: (Med.) Auswurf, Gesamtheit der Sekrete der Luftwege

Square ['skwɛɐ] *der od. das; -[s], -s* ⟨lat.-vulgärlat.-fr.-engl.⟩: engl. Bez. für Quadrat; Platz

Square|dance [...dɑːns] *der; -, -s* [...sɪz] ⟨engl.-amerik.⟩: beliebter amerikanischer Volkstanz, bei dem jeweils vier Paare, in Form eines Quadrates aufgestellt, gemeinsam verschiedene Figuren ausführen

Squash [skvɔʃ] *das; -* ⟨lat.-vulgärlat.-fr.-engl.⟩: 1. (Sport) Ballspiel, bei dem ein kleiner Ball mit einer Art Tennisschläger gegen eine Wand geschlagen wird u. der Gegner daraufhin versuchen muss, den Ball beim Rückprall zu erreichen u. seinerseits zu schlagen. 2. ausgepresster Saft [mit Mark] von Zitrusfrüchten

Squash|cen|ter *das; -s, -:* Einrichtung zum Squashspielen

Squat|ter ['skvɔtɐ, engl.: 'skwɔtə] *der; -s, -* ⟨lat.-vulgärlat.-fr.-engl.⟩: (bes. früher in den USA) Siedler, der ohne Rechtsanspruch auf unbebautem Land siedelt

Squaw [skwoː] *die; -, -s* ⟨indian.-engl.⟩: nordamerikanische Indianerfrau

Squi|re ['skwa͜iɐ, engl.: 'skwa͜iə] *der; -[s], -s* ⟨lat.-fr.-engl.⟩: englischer Gutsherr

Sse|rir vgl. Serir

Staats|lä|rar *das; -s, -e* ⟨lat.-mlat.(-fr.)⟩: (österr. Amtsspr.) ↑ Fiskus

Staats|ka|pi|ta|lis|mus *der; -:* Wirtschaftsform, die Elemente des Sozialismus mit Prinzipien der Marktwirtschaft verbindet

staats|mo|no|po|lis|tisch: (Marxismus-Leninismus) durch die Verbindung der Macht des Monopole mit der Macht des Staates gekennzeichnet

Staats|mo|no|pol|ka|pi|ta|lis|mus *der; -:* (Marxismus-Leninismus) staatsmonopolistischer Kapitalismus; Kurzw.: Stamokap

Staats|rä|son *die; -:* (hist.) der Grundsatz [des Nationalstaates], dass die Staatsinteressen allen anderen Interessen voranstehen

Staats|se|kre|ta|rie *die; -:* päpstliche Behörde für die Außenpolitik der katholischen Kirche, die vom Kardinalstaatssekretär geleitet wird

Staats|ser|vi|tu|ten *die* (Plural): durch völkerrechtlich gültige Verträge einem Staat auferlegte Verpflichtungen, auf bestimmte Hoheitsrechte zugunsten anderer Staaten zu verzichten (z. B. fremden Truppen den Durchmarsch zu gestatten, auf Grenzbefestigungen zu verzichten)

Sta|bat Ma|ter ['st... -] *das; - -, - -* ⟨lat.; nach den Anfangsworten „die Mutter (Jesu) stand (am Kreuz)"⟩: 1. (ohne Plural) Anfang u. Bezeichnung einer Sequenz (3). 2. Komposition, die den Text dieser Mariensequenz zugrunde legt

Sta|bel|le *die; -, -n* ⟨lat.-roman.⟩: (schweiz.) hölzerner Stuhl, Schemel

sta|bil ⟨lat.⟩: 1. beständig, sich im Gleichgewicht haltend (z. B. Wetter, Gesundheit); Ggs. ↑ labil (1). 2. seelisch robust, widerstandsfähig; Ggs. ↑ labil (2). 3. körperlich kräftig, widerstandsfähig. 4. fest, dauerhaft, der Abnutzung standhaltend (z. B. in Bezug auf Gegenstände)

Sta|bi|le *das; -s, -s* ⟨lat.-engl.⟩: auf dem Boden stehende metallene Konstruktion in abstrakter Gestaltung (in der modernen Kunst)

sta|bi|li|e|ren ⟨lat.⟩: (veraltet) stabilisieren

Sta|bi|li|sa|tor *der; -s, ...oren* ⟨lat.-nlat.⟩: 1. Gerät, das Schwankungen von elektrischen Spannungen o. Ä. verhindert od. vermindert. 2. (bes. bei Kraftwagen verwendetes) Bauteil, das bei der Federung einen Ausgleich bei einseitiger Belastung o. Ä. bewirkt. 3. Zusatz, der unerwünschte Reaktionen chemischer Verbindungen verhindert oder verlangsamt. 4. (Med.) gerinnungshemmende Flüssigkeit für die Konservierung des Blutes. 5. Vorrichtung in Schiffen, die dem Schlingern entgegenwirkt

sta|bi|li|sie|ren: festsetzen; festigen, dauerhaft, standfest machen. **Sta|bi|li|sie|rung** *die; -, -en*: 1. Herstellung od. Herbeiführung eines festen, dauerhaften Zustandes. 2. das Entfernen von leicht verdampfenden Stoffen aus Treibstoffen unter hohem Druck

Sta|bi|li|tät *die; - ⟨lat.⟩*: 1. Beständigkeit, Dauerhaftigkeit. 2. Standfestigkeit, Gleichgewichtssicherheit

stac|ca|to [st..., ʃt...] ⟨*germ.-it.*⟩: (Mus.) kurz abgestoßen (zu spielen od. zu singen, in Bezug auf eine Tonfolge) (Vortragsanweisung); Abk.: stacc.; Ggs. ↑ legato; vgl. martellato. **Stac|ca|to** vgl. Stakkato

sta|di|al ⟨*gr.-lat.-nlat.*⟩: stufen-, abschnittweise

Sta|di|al|li|tät *die; - ⟨gr.-lat.-russ.*⟩: Lehre von den russischen Sprachwissenschaftlers N. Marr, die auf der Annahme gesellschaftlich bedingter sprachlicher Veränderungen in bestimmten Stadien der Entwicklung beruht

Sta|di|en: *Plural* von ↑ Stadion und ↑ Stadium

Sta|di|on *das; -s, ...ien ⟨gr.*⟩: 1. mit Zuschauerrängen versehenes ovales Sportfeld; Kampfbahn. 2. alt- u. neugriechisches Längenmaß (1 Stadion alt = 184,98 m, 1 Stadion neu = 1 km)

Sta|di|um *das; -s, ...ien ⟨gr.-lat.*⟩: Zeitraum aus einer gesamten Entwicklung, Entwicklungsstufe, -abschnitt

Sta|fet|te *die; -, -n ⟨germ.-it.*⟩: 1. (hist.) reitender Eilbote, Meldereiter. 2. (bes. Sport) Staffel, Staffellauf

Staf|fa|ge […ˈfaːʒə] *die; -, -n ⟨mit* französisierender Endung zu staffieren gebildet⟩: 1. Beiwerk; Nebensächliches; Ausstattung, trügerischer Schein. 2. Menschen u. Tiere als Belebung eines Landschafts- od. Architekturgemäldes (bes. in der Malerei des Barocks)

staf|fie|ren ⟨*fr.-niederl.*⟩: 1. (veraltet) ausstaffieren, ausrüsten,

ausstatten (bes. mit Bekleidung, Wäsche). 2. (österr.) schmücken, putzen (z. B. einen Hut). 3. einen Stoff auf einen anderen aufnähen (z. B. Futter in einen Mantel)

¹**Sta|ge** [ˈstaːʒə] *die; -, -n ⟨lat.-fr.*⟩: Vorbereitungszeit, Probezeit

²**Stage** [steɪdʒ] *die; -, -s [...dʒɪz] ⟨lat.-vulgärlat.-fr.-engl.*⟩: engl. Bez. für Bühne, Konzertbühne (bes. bei Rockkonzerten)

Stage|di|ving [ˈsteɪdʒdaɪvɪŋ] *das; -s, -s ⟨engl.;* eigtl. „Bühnentauchen"⟩: Sprung des Sängers od. eines anderen Mitglieds einer Band von der Konzertbühne in das Publikum

Stag|fla|ti|on [ʃt..., st...] *die; -, -en* ⟨Kurzw. aus *Stagnation* u. *Inflation*⟩: Stillstand des Wirtschaftswachstums bei gleichzeitiger Geldentwertung

Sta|gi|aire [staˈʒjɛːɐ̯] *der; -s, -s* ⟨*fr.*⟩: Probekandidat

Sta|gi|o|ne [staˈdʒoːnə] *die; -, -n* ⟨*lat.-it.*⟩: 1. Spielzeit italienischer Operntheater. 2. Ensemble eines italienischen Operntheaters

Sta|gi|rit [st...] *der; -en ⟨gr.-lat.;* nach der makedonischen Stadt Stageira, dem Geburtsort des Philosophen⟩: Beiname des Aristoteles (384–322 v. Chr.)

Stag|na|ti|on [ʃt... auch: st...] *die; -, -en ⟨lat.-nlat.*⟩: 1. Stockung, Stauung, Stillstand. 2. (Geogr.) kalte Wasserschicht in Binnenseen, die im Sommer nicht mit der oberen erwärmten Schicht mischt; vgl. ...ation/ ...ierung. **stag|nie|ren** ⟨*lat.*⟩: 1. stocken, sich stauen; sich festfahren. 2. stehen (von Gewässern ohne sichtbaren Abfluss u. vom Stillstand eines Gletschers). **Stag|nie|rung** *die; -, -en:* ↑ Stagnation; vgl. ...ation/...ierung

Stag|nos|ko|pie *die; - ⟨gr.-nlat.;* „Tropfenschau"⟩: (Med.; Biol.) neueres Verfahren zum Nachweis von Stoffen in chemischen Verbindungen (z. B. in Körpersäften od. an Kristallen in getrockneten Tropfen)

Stain|less Steel [ˈsteɪnlɪs ˈstiːl] *der; - - ⟨engl.*⟩: rostfreier Stahl (Qualitätsbezeichnung auf Gebrauchsgütern)

Stakes [steːks, ʃt..., engl.: steɪks] *die* (Plural) ⟨*engl.*⟩: 1. Einsätze

bei Pferderennen, die den Pferden die Startberechtigung sichern. 2. Pferderennen, die aus Einsätzen bestritten werden

Sta|ket *das; -[e]s, -e ⟨germ.-it.-fr.-niederl.*⟩: Staketenzaun, Lattenzaun. **Sta|ke|te** *die; -, -n:* (österr.) Latte

Stak|ka|to [ʃt..., st...] *das; -s, -s u. ...ti ⟨germ.-it.*⟩: ein die einzelnen Töne kurz abstoßender musikalischer Vortrag; vgl. staccato

Sta|lag|mit [ʃt..., st..., auch: ...ˈmɪt] *der; -s u. -en, -en, -e[n] ⟨gr.-nlat.*⟩: Tropfstein, der vom Boden der Höhle nach oben wächst; vgl. Stalaktit. **sta|lag|mi|tisch:** wie ein Stalagmit geformt

Sta|lag|mo|me|ter *das; -s, -:* Gerät zur Messung der Tropfengröße u. damit der Oberflächenspannung von Flüssigkeiten

Sta|lak|tit [ʃt..., st..., auch: ...ˈtɪt] *der; -s u. -en, -e[n]:* Tropfstein, der von der Höhlendecke nach unten wächst; vgl. Stalagmit

Sta|li|nis|mus [ʃt..., st...] *der; - ⟨nlat.;* nach dem sowjetischen Politiker J. W. Stalin, 1879–1953⟩: von Stalin geprägte Interpretation des Marxismus u. die darauf beruhenden autoritär-bürokratischen Methoden u. Herrschaftsformen. **Sta|li|nist** *der; -en, -en:* Anhänger, Verfechter des Stalinismus. **Sta|li|nis|tin** *die; -, -nen:* weibliche Form zu ↑ Stalinist. **sta|li|nis|tisch:** den Stalinismus betreffend

Sta|lin|or|gel *die; -, -n:* (Jargon) (von den sowjetischen Streitkräften im 2. Weltkrieg eingesetzter) Raketenwerfer, mit dem eine Reihe von Raketengeschossen gleichzeitig abgefeuert wurden

Stal|king [ˈstɔːkɪŋ] *das; - ⟨engl.*⟩: das Verfolgen, Auflauern u. Terrorisieren von Menschen (durch unablässige Liebesbriefe, Telefonanrufe, Drohungen u. Ä.) aufgrund nicht erwiderter Liebe, aus Rache u. a.

Sta|men [ʃt..., st...] *das; -s, ...mina ⟨lat.*⟩: (Bot.) Staubblatt der Pflanzenblüte

Sta|mi|no|di|um *das; -s, ...ien ⟨(lat.; gr.) nlat.*⟩: (Bot.) rückgebildetes od. umgebildetes Staubblatt

Sta|mo|kap *der; -[s]:* Kurzw. für *staats*monopolistischer *Kapi*talismus

Stam|pe|de [ʃt..., st..., engl.: stæmˈpiːd] *die; -, -n* u. (bei engl. Aussprache): *-s ⟨germ.-span.(mex.)-engl.-amerik.⟩:* wilde Flucht einer in Panik geratenen [Rinder]herde

Stam|pi|g|lie [...ˈpɪljə, ...ˈpiːljə] *die; -, -n ⟨germ.-fr.-span.-it.⟩:* (österr.) Gerät zum Stempeln; Stempelaufdruck

¹Stan|dard [ˈʃt..., auch: ˈst...] *der; -s, -s ⟨germ.-fr.-engl.⟩:* 1. Normalmaß, Durchschnittsbeschaffenheit, Richtschnur. 2. allgemeines Leistungs-, Qualitäts-, Lebensführungsniveau; Lebensstandard. 3. (DDR) staatlich vorgeschriebene Norm. 4. Feingehalt (Verhältnis zwischen edlem u. unedlem Metall) einer Münze. 5. anerkannter Qualitätstyp, Qualitätsmuster, Normalausführung einer Ware

²Stan|dard [ˈstændəd] *das; -s, -s ⟨engl.⟩:* Musikstück, das zum festen Repertoire [einer Jazzband] gehört

Stan|dar|di|sa|ti|on *die; -, -en:* ↑ Standardisierung; vgl. ...ation/...ierung. **stan|dar|di|sie|ren:** [nach einem Muster] vereinheitlichen. **Stan|dar|di|sie|rung** *die; -, -en:* das Standardisieren; vgl. ...ation/...ierung

Stan|dard|spra|che *die; -, -n:* die über Umgangssprache, Gruppensprachen u. Mundarten stehende allgemein verbindliche Sprachform, die sich im mündlichen und schriftlichen Gebrauch normsetzend entwickelt hat; Hochsprache, Schriftsprache, Literatursprache

Stan|dar|te [ʃt...] *die; -, -n ⟨germ.-fr.⟩:* 1. Feldzeichen, Fahne einer berittenen od. motorisierten Truppe; Flagge eines Staatsoberhaupts. 2. die etwa einem Regiment entsprechende Einheit in SA u. SS zur Zeit des Nationalsozialismus. 3. (Jägerspr.) Schwanz des Fuchses (od. Wolfes)

Stand-by [stændˈbai] *das; -[s], -s ⟨engl.⟩:* 1. (Luftf.) Flugreise (zu verbilligtem Preis) mit Platzvergabe nach einer Warteliste, in die sich die Fluggäste vor der Abflugzeit eintragen. 2. (Elektronik) Bereitschaftsschaltung;

Kurzform von ↑ Stand-by-Betrieb

Stand-by-Be|trieb *der; -[e]s, -e:* (Elektronik) Betriebsart, bei der ein Gerät auf die Fernbedienung anspricht, im Übrigen aber abgeschaltet ist

Stan|ding [ˈstændɪŋ] *das; -[s] ⟨engl.⟩:* engl. Bez. für Rang, Ansehen, Name

Stan|ding|o|va|tions [stændɪŋo-ˈveːʃn̩s], auch: **Stan|ding O|va|tions** *die* (Plural) ⟨engl.⟩: das Beifallklatschen, Ovationen im Stehen

Stand-up [ˈstændˈʌp] *das; -s, -s ⟨engl.⟩:* Form der Unterhaltung, bei der [improvisierte] lustige Geschichten, Scherze, Gags u. Ä. im Vordergrund stehen

Stand-up-Co|me|di|an [...kəˈmiː-diən] *der; -s, -s:* Alleinunterhaltungskünstler, der im Bereich des Stand-ups tätig ist

Sta|nit|zel, Sta|nitzl *das; -s, - ⟨Herkunft unsicher⟩:* (bayr.-österr. ugs.) spitze Papiertüte

Stan|nat [ʃt..., st...] *das; -[e]s, -e ⟨lat.-nlat.⟩:* (Chem.) Salz der Zinnsäure

Stan|nin *der; -s, -e ⟨lat.-nlat.⟩:* Zinnkies

Stan|ni|ol *das; -s, -e:* 1. silberglänzende Zinnfolie. 2. (ugs.) silberglänzende Aluminiumfolie. **stan|ni|ol|lie|ren:** in Stanniol, in Alufolie verpacken

Stan|num *das; -s:* Zinn; chem. Element; Zeichen: Sn

stan|ta|pe: (österr. salopp) ↑ stante pede

stan|te pe|de [ˈst... -, auch: ˈʃt... -] ⟨lat.; "stehenden Fußes"⟩: sofort, auf der Stelle (im Hinblick auf etwas, was zu unternehmen ist)

Stan|ze [ˈʃt...] *die; -, -n ⟨lat.-it.⟩:* 1. (urspr. italienische) Strophenform aus acht elfsilbigen jambischen Verszeilen (Reimfolge: ab ab ab cc). 2. (Plural) von Raffael u. seinen Schülern ausgemalte Wohnräume des Papstes Julius II. im Vatikan

Sta|pe|lia *die; -, ...ien* u. **Sta|pe|lie** [...jə] *die; -, -n ⟨nlat.; nach dem niederl. Arzt J. B. van Stapel, † 1636⟩:* (Bot.) Aasblume od. Ordenskaktus

Sta|phy|le [ʃt..., st...] *die; -, -n ⟨gr.; "Weinbeere"⟩:* (Med.) Zäpfchen am Gaumen

Sta|phy|li|ni|de *die; -, -n* (meist

Plural) ⟨gr.-nlat.⟩: Kurzflügler (Käfer mit verkürzten Vorderflügeln)

Sta|phy|li|tis *die; -, ...iti|den:* (Med.) Entzündung des Gaumenzäpfchens

Sta|phy|lo|der|mie *die; -, ...ien:* (Med.) durch Staphylokokken verursachte Hauteiterung (z. B. Furunkel)

Sta|phy|lo|kok|kus *der; -, ...kken* (meist Plural): (Med.) traubenförmige Bakterie, Eitererreger

Sta|phy|lo|ly|sin *das; -s:* (Med.) ein die Blutkörperchen auflösendes Gift der Staphylokokken

Sta|phy|lom *das; -s, -e* u. **Sta|phy|lo|ma** *das; -s, -ta ⟨gr.-lat.⟩:* (Med.) Beerengeschwulst am Auge (durch Vorwölbung des Augeninhalts)

Sta|phy|lo|my|ko|se *die; -, -n ⟨gr.-nlat.⟩:* (Med.) Erkrankung durch Infektion mit Staphylokokken

Star [st..., engl.: ʃt...] *der; -s, -s ⟨engl.; "Stern"⟩:* 1. (Film, Mus., Theat.) gefeierter, berühmter Künstler. 2. jmd., der auf einem bestimmten Gebiet Berühmtheit erlangt hat

Sta|rez [ˈst..., ˈʃt...] *der; -, Starzen ⟨russ.; "der Alte"⟩:* ostkirchlicher Mönch der höchsten asketischen Stufe (im Volksglauben oft als wundertätig verehrt)

Sta|ri|ne *die; -, -n:* ↑ Byline

Star|let, Star|lett [ˈʃt..., ˈst...] *das; -s, -s ⟨engl.; "Sternchen"⟩:* [ehrgeizige] Nachwuchsfilmschauspielerin

Sta|rost [st..., auch: ʃt...] *der; -en, -en ⟨poln.⟩:* 1. (hist.) Dorfvorsteher in Polen. 2. Kreishauptmann, Landrat in Polen. **Sta|ros|tei** *die; -, -en:* Amt[sbezirk] eines Starosten

Sta|ro|wer|zen [st...] *die* (Plural) ⟨russ; "Altgläubige"⟩: wichtigste Gruppe der Raskolniki

Stars and Stripes [ˈstɑːz ənd ˈstraips] *die* (Plural) ⟨engl.; "Sterne u. Streifen"⟩: Nationalflagge der USA, Sternenbanner

Start|au|to|ma|tik *die; -, -en ⟨engl.; gr.-lat.-fr.⟩:* über die Temperatur des Motors automatisch geregelter Choke

Start-up [...ˈʌp] *das od. der; -s, -s ⟨engl.⟩:* neu gegründetes Wirtschaftsunternehmen [mit ungewisser Zukunft]

Star|zen: *Plural* von ↑ Starez

Sta|se ['st..., 'ʃt...] u. **Stasen** ⟨gr.⟩: (Med.) Stockung, Stauung

Sta|si|mon ['ʃt..., 'st...] das; -s, ...ma („Standlied"): von dem in der Orchestra stehenden Chor der altgriechischen Tragödie (zwischen zwei Epeisodia) gesungenes Lied

Sta|si|mor|phie die; -, ...ien ⟨gr.-nlat.⟩: (Bot.) das Stehenbleiben in der Organentwicklung bei Pflanzen

Sta|sis vgl. Stase

Stat das; -, - ⟨Kurzw. aus elektrostatisch⟩: (veraltet) Einheit für die Radioaktivität von Quellgewässern o. Ä.; Abk.: St

sta|ta|risch ⟨lat.⟩: verweilend, langsam fortschreitend; **statarische Lektüre:** durch ausführliche Erläuterungen des gelesenen Textes immer wieder unterbrochene Lektüre; Ggs. ↑ kursorisch

State De|part|ment ['steɪt dɪˈpɑːtmənt] das; - - ⟨engl.⟩: das Außenministerium der Vereinigten Staaten

State|ment ['steɪtmənt] das; -s, -s: öffentliche [politische] Erklärung od. Behauptung

Sta|ter das; -s, -e ⟨gr.(-lat.)⟩: Münze des Altertums

Stath|mo|graph, auch: ...graf der; -en, -en ⟨gr.-nlat.⟩: selbsttätig arbeitendes Instrument zur Aufzeichnung von Geschwindigkeiten u. Fahrzeiten von Eisenbahnzügen

sta|tie|ren [ʃt...] ⟨lat.-nlat.⟩: als Statist tätig sein

Sta|tik ['ʃt..., 'st...] die; - ⟨gr.⟩: 1. a) Teilgebiet der Mechanik, auf dem man sich mit dem Gleichgewicht von Kräften an ruhenden Körpern befasst; b) Lehre vom Gleichgewicht der Kräfte an ruhenden Körpern. 2. Stabilität als Verhältnis der auf ruhende Körper, bes. auf Bauwerke, wirkenden Kräfte. 3. statischer (3) Zustand

Sta|ti|ker der; -s, -: Bauingenieur mit speziellen Kenntnissen auf dem Gebiet statischer Berechnungen von Bauwerken. **Sta|ti|ke|rin** die; -, -nen: weibliche Form zu ↑ Statiker

Sta|ti|on die; -, -en ⟨lat.⟩: 1. a) [kleiner] Bahnhof; b) Haltestelle (eines öffentlichen Verkehrsmittels); c) Halt, Aufenthalt, Rast.

2. Bereich, Krankenhausabteilung. 3. Ort, an dem sich eine technische Anlage befindet, Sende-, Beobachtungsstelle. 4. Stelle, an der bei einer Prozession Halt gemacht wird

sta|ti|o|när ⟨lat.(-fr.)⟩: 1. a) an einen festen Standort gebunden; b) örtlich u. zeitlich nicht verändert; unverändert. 2. (Med.) an eine Krankenhausaufnahme gebunden, die Behandlung in einer Klinik betreffend; Ggs. ↑ ambulant (2)

sta|ti|o|nie|ren ⟨lat.-fr.⟩: 1. an einen bestimmten Platz stellen, aufstellen, anstellen. 2. eine Truppe an einen bestimmten Standort verlegen

sta|ti|ös ⟨lat., mit französierender Endung⟩: (veraltet, aber noch landsch.) prunkend, stattlich, ansehnlich, vorzüglich

sta|tisch ['ʃt..., 'st...] ⟨gr.⟩: 1. (Bauw.) die Statik betreffend. 2. keine Bewegung, Entwicklung aufweisend; Ggs. ↑ dynamisch (1). 3. (Phys.) das von Kräften erzeugte Gleichgewicht betreffend; (ugs.) **statische Elektrizität:** elektrische Aufladung (bei Schallplatten, Hartgummi- u. Kunststoffgegenständen); **statisches Moment:** Drehmoment = Kraft mal Hebelarm (senkrechter Abstand vom Drehpunkt); **statisches Organ:** (Med.) Gleichgewichtsorgan

Sta|tist [ʃt...] der; -en, -en ⟨lat.-nlat.⟩: jmd., der als stumme Figur in einer Theater- od. Filmszene mitwirkt. **Sta|tis|te|rie** die; -, ...ien: Gesamtheit der Statisten

Sta|tis|tik die; -, -en: 1. (ohne Plural) wissenschaftliche Methode zur zahlenmäßigen Erfassung, Untersuchung u. Darstellung von Massenerscheinungen. 2. [schriftlich] dargestelltes Ergebnis einer Untersuchung nach der statistischen Methode. 3. Auswertung einer großen Zahl physikalischer Größen zur Bestimmung von physikalischen Gesetzen

Sta|tis|ti|ker der; -s, -: 1. Wissenschaftler, der sich mit den theoretischen Grundlagen u. den Anwendungsmöglichkeiten der Statistik befasst. 2. Bearbeiter u. Auswerter von Statistiken.

Sta|tis|ti|ke|rin die; -, -nen: weibliche Form zu ↑ Statistiker

Sta|tis|tin die; -, -nen: weibliche Form zu ↑ Statist

sta|tis|tisch: die Statistik betreffend, auf Ergebnissen der Statistik beruhend

Sta|tiv das; -s, -e ⟨lat.⟩: dreibeiniges Gestell zum Aufstellen von Geräten (z. B. für Kamera, Nivellierinstrument)

Sta|to|blast [ʃt..., st...] der; -en, -en ⟨gr.-nlat.⟩: (Biol.) ungeschlechtlicher Fortpflanzungskörper der Moostierchen

Sta|to|lith [auch: ...lɪt] der; -s u. -en, -e[n] (meist Plural): 1. (Med.; Biol.) Steinchen in Gleichgewichtsorganen von Tieren, Gehörsand. 2. (Bot.) Stärkekorn in Pflanzenwurzeln

Sta|tor der; -s, ...oren ⟨lat.-nlat.⟩: 1. fest stehender Teil eines Elektromotors od. einer Dynamomaschine; Ggs. ↑ Rotor (1). 2. fest stehendes Plattenpaket beim Drehkondensator, in das der Rotor hineingedreht werden kann. 3. fest stehende Spule beim Variometer

Sta|tos|kop das; -s, -e ⟨gr.-nlat.⟩: hoch empfindliches Gerät zum Messen von Höhendifferenzen beim Flug

Sta|tu|a|rik die; - ⟨lat.-nlat.⟩: Statuenhaftigkeit. **sta|tu|a|risch** ⟨lat.⟩: auf die Bildhauerkunst od. eine Statue bezogen; standbildhaft

Sta|tue [...ʊə] die; -, -n: Standbild (plastische Darstellung eines Menschen od. Tieres). **Sta|tu|ette** die; -, -n ⟨lat.-fr.⟩: kleine Statue

sta|tu|ie|ren ⟨lat.⟩: aufstellen, festsetzen; bestimmen; **ein Exempel statuieren:** ein warnendes Beispiel geben

Sta|tur [ʃt...] die; -, -en: [Körper]gestalt, Wuchs

Sta|tus ['ʃt..., 'st...] der; -, - [...tuːs]: 1. Zustand; Bestand. **Status Nascendi** [- ...s...]: (Chem.) von Stoffen im Augenblick ihres Entstehens besonders reaktionsfähiger Zustand; **Status quo:** gegenwärtiger Zustand; **Status quo ante:** Stand vor dem bezeichneten Tatbestand od. Ereignis; **Status quo minus:** Verschlechterung gegenüber dem gegenwärtigen Zustand. 2. (Med.) a) allgemeiner Gesundheits- od. Krankheitszustand; der sich aus der ärztlichen Untersuchung ergebende Allgemeinbefund; b) akutes Stadium einer Krankheit mit gehäuft auftretenden Symptomen; **Status praesens:** augenblicklicher Krankheitszustand. 3. (Med.) anlagemäßig bedingte Neigung zu einer bestimmten Krankheit. 4. Stand, Stellung in der Gesellschaft, innerhalb einer Gruppe

Sta|tus|sym|bol das; -s, -e: etwas, womit jmds. gehobener Status (4), seine tatsächliche od. erstrebte Zugehörigkeit zu einer Gesellschaftsschicht dokumentiert werden soll

Sta|tut [ʃt...] das; -[e]s, -en: Satzung, [Grund]gesetz. **sta|tu|ta|risch** ⟨lat.-nlat.⟩: auf einem Statut beruhend, satzungs-, ordnungsgemäß

Sta|tute Law ['stætju:t 'lɔ:] das; - - ⟨engl.⟩: das gesetzlich verankerte Recht in England; vgl. Common Law

Stau|ro|lith [ʃt..., st..., auch: ...'lɪt] der; -s, u. -en, -e[n] ⟨gr.⟩: ein Mineral

Stau|ro|thek die; -, -en: Behältnis für eine Reliquie des heiligen Kreuzes

Stealdi|cam® ['stɛdɪkæm] die; -, -s ⟨engl.⟩: [Handkamera mit] Tragevorrichtung, die das Verwackeln des Bildes verhindert

Stea|dy|sel|ler ['stɛdɪ...] der; -s, - ⟨engl.-amerik.⟩: Buch, das über längere Zeit gleichmäßig gut verkauft wird; vgl. Longseller

Stea|dy|state [...'steɪt] der; -[s], -s, auch: **Stea|dy State** der; - -[s], - -s ⟨engl.; "stabiler Zustand"⟩: 1. (Biol.) trotz dauernder Energiezufuhr u. -abfuhr bestehendes Gleichgewicht in offenen physikalischen Systemen; Fließgleichgewicht. 2. (Wirtsch.) Zustand einer Wirtschaft, bei dem alle wirtschaftlichen Größen (Konsum, Investitionen u. Ä.) mit derselben Rate wachsen oder konstant sind

Steak [ste:k, selten: ʃt...] das; -s, -s ⟨altnord.-engl.⟩: Fleischscheibe aus der Lende (vor allem von Rind, Kalb, Schwein), die nur kurz gebraten wird

Steak|let ['ste:klət, 'ʃt...] das; -s, -s: flach gedrückter, kurz ge-

braten Kloß aus feinem Hackfleisch

Steam ['sti:m] der; - ⟨engl.⟩: engl. Bez. für Dampf. **Stea|mer** ['sti:mɐ] der; -s, -: engl. Bez. für Dampfer

Ste|ap|sin [ʃt..., st...] das; -s, -e ⟨gr.-nlat.⟩: (veraltet) ↑ Lipase

Ste|a|rat das; -[e]s, -e: (Chem.) Salz der Stearinsäure

Ste|a|rin das; -s, -e: festes Gemisch aus Stearin- u. Palmitinsäure nach Entfernen der flüssigen Ölsäure; Rohstoff zur Kerzenherstellung

Ste|a|rin|säu|re die; - ⟨gr.-nlat.; dt.⟩: (Chem.) gesättigte höhere Fettsäure, Bestandteil vieler fester u. halbfester Fette

Ste|ar|rhö, die; -, ...öen: (Med.) Fettdurchfall, in reichem Maße Fettstoffe enthaltender Stuhl

Ste|a|tit [auch: ...'tɪt] der; -s, -e ⟨gr.-lat.⟩: ein Mineral; Speckstein

Ste|a|tom das; -s, -e ⟨gr.-nlat.⟩: (Med.) Talggeschwulst

Ste|a|to|py|gie die; -: (Med.) starker Fettansatz am Steiß

Ste|a|tor|rhö, die; -, ...öen: (Med.) Fettstuhl

Ste|a|to|se die; -, -n: (Med.) Verfettung

Ste|a|to|ze|le die; -, -n: (Med.) Fettbruch

Steel|band ['sti:lbɛnt, engl.: ...bænd] das; -s, -s ⟨amerik.⟩: Band, deren Instrumente aus verschieden großen leeren Ölfässern bestehen

Steeple|chase ['sti:pltʃeɪs] die; -, -n [...sn] ⟨engl.⟩: Hindernisrennen, Jagdrennen (beim Pferdesport)

Steep|ler ['sti:plɐ] der; -s, -: Pferd, das eine Steeplechase läuft

Ste|ga|no|gra|phie, auch: ...grafie [ʃt..., st...] die; - ⟨gr.-nlat.⟩: (veraltet) Geheimschrift, Geheimschreibkunst

Ste|go|don das; -s, ...donten: ausgestorbenes Rüsseltier

Ste|go|sau|ri|er der; -s, -: Gattung der ausgestorbenen Dinosaurier mit sehr kleinem Schädel

Ste|go|ze|pha|le der; -n, -n: ausgestorbener Panzerlurch (Oberdevon bis Trias)

Ste|le ['ʃt..., 'ʃt...] die; -, -n ⟨gr.⟩: 1. (Kunstwiss.) frei stehende, mit einem Relief od. einer Inschrift versehene Platte oder Säule (bes. als Grabdenkmal).

2. Leitbündelstrang des Pflanzensprosses (Zentralzylinder der Pflanze)

Stell|a|ge [...'la:ʒə] die; -, -n ⟨niederl.⟩: Aufbau aus Stangen u. Brettern o. Ä. [zum Abstellen, Aufbewahren von etwas]; Gestell

Stell|a|ge|ge|schäft das; -[e]s, -e ⟨niederl.; dt.⟩: Form des Prämiengeschäftes der Terminbörse

stel|lar [ʃt..., st...] ⟨lat.⟩: die Fixsterne betreffend

Stel|lar|as|t|ro|no|mie die; -: Teilgebiet der Astronomie, das sich mit den Sternen bzw. Sternsystemen, ihrer Verteilung im Weltraum u. ihren Bewegungen befasst

Stel|la|ra|tor [auch: ˈstɛlərɛɪtə] der; -s, ...oren, (bei engl. Ausspr.:) -s: Versuchsgerät zur Erzeugung thermonuklearer Kernfusion

Stem|ma ['ʃt..., 'st...] das; -s, -ta ⟨gr.-lat.⟩: 1. (Literaturw.) [in grafischer Form erstellte] Gliederung der einzelnen Handschriften eines literarischen Werks in Bezug auf ihre zeitliche Folge u. textliche Abhängigkeit. 2. (Sprachw.) [1]Graph zur Beschreibung der Struktur eines Satzes. **stem|ma|to|lo|gisch:** das Stemma betreffend

Ste|no die; -: (ugs.) Kurzform von ↑ Stenografie

Ste|no|graf, auch: ...graph der; -en, -en ⟨gr.-engl.⟩: jmd., der Stenografie schreibt. **Ste|no|gra|fie**, auch: ...graphie die; -, ...ien: Kurzschrift (Schreibsystem mit besonderen Zeichen u. Schreibbestimmungen zum Zwecke der Schriftkürzung). **ste|no|gra|fie|ren**, auch: ...graphieren in Stenografie schreiben. **Ste|no|gra|fin**, auch: ...graphin die; -, -nen: weibliche Form zu ↑ Stenograf. **ste|no|gra|fisch**, auch: ...graphisch: a) die Stenografie betreffend; b) in Kurzschrift geschrieben, kurzschriftlich

Ste|no|gramm das; -s, -e: in Stenografie geschriebenes Diktat, geschriebene Rede

Ste|no|graph usw. vgl. Stenograf usw.

ste|no|hal|lin [ʃt..., st...] ⟨gr.-nlat.⟩: (Biol.) empfindlich gegenüber Schwankungen des Salzgehalts des Wassers (von Pflanzen u. Tieren); Ggs. ↑ euryhalin

ste|n|ök: (Biol.) empfindlich gegenüber Schwankungen der Umweltfaktoren (von Pflanzen u. Tieren); Ggs. ↑ euryök

Ste|no|kar|die *die; -, ...ien:* (Med.) Herzbeklemmung, Herzangst (Angina Pectoris)

Ste|no|kon|to|ris|tin [ʃt...] *die; -, -nen:* Kontoristin mit Kenntnissen in Stenografie und Maschineschreiben

Ste|no|ko|rie [ʃt..., st...] *die; -:* ↑ Miosis

ste|no|phag: (Biol.) auf bestimmte Nahrung angewiesen (von Pflanzen u. Tieren); Ggs. ↑ euryphag

Ste|no|se *die; -, -n* u. **Ste|no|sis** *die; -, ...osen* ⟨*gr.;* „Einengung"⟩: (Med.) Verengung von Öffnungen, Kanälen

ste|no|therm ⟨*gr.-nlat.*⟩: (Biol.) empfindlich gegenüber Temperaturschwankungen (von Pflanzen u. Tieren); Ggs. ↑ eurytherm

Ste|no|tho|rax *der; -[es], -e:* (Med.) enger Brustkorb

ste|no|top: (Biol.) nicht weit verbreitet (von Pflanzen u. Tieren)

Ste|no|ty|pie [ʃt...] *die; -, ...ien* ⟨*gr.-engl.*⟩: Abdruck stenografischer Schrift

ste|no|ty|pie|ren: stenografisch niederschreiben u. danach in Maschinenschrift übertragen.

Ste|no|ty|pis|tin *die; -, -nen* ⟨*gr.-engl.-fr.*⟩: weibliche Kraft, die Stenografie u. Maschinenschreiben beherrscht

ste|no|xy|bi|ont [ʃt..., st...] ⟨*gr.-nlat.*⟩: (Biol.) empfindlich gegenüber Schwankungen des Sauerstoffgehaltes (von Pflanzen u. Tieren)

sten|tan|do u. **sten|ta|to** [st...] ⟨*lat.-it.*⟩: (Mus.) zögernd, schleppend (Vortragsanweisung)

Sten|tor|stim|me [ˈʃt..., ˈst...] *die; -, -n* ⟨nach dem stimmgewaltigen Helden des Trojanischen Krieges⟩: laute, gewaltige Stimme

Step: frühere Schreibung für ↑ Stepp (1)

Stepp [ʃtɛp, stɛp] *der; -s, -s* ⟨*engl.;* „Schritt, Tritt"⟩: 1. (Leichtathletik) zweiter Sprung beim Dreisprung; vgl. ¹Hop, Jump (1). 2. artistischer Tanz, bei dem die mit Eisen beschlagenen Spitzen

u. Absätze der Schuhe dem Rhythmus entsprechend in schnellem Bewegungswechsel auf den Boden gesetzt werden

Stepp|ae|ro|bic *das; -s* od. *die; -:* Aerobic unter Zuhilfenahme einer stufenartigen Vorrichtung

Step|pe *die; -, -n* ⟨*russ.*⟩: überwiegend baumlose, trockene Graslandschaft außereuropäischer Klimazonen

step|pen: Stepp (2) tanzen

Ster *der; -s, -e* u. *-s* (aber: 3 -) ⟨*gr.-fr.*⟩: ein vor allem in der Forstwirtschaft verwendetes Raummaß für Holz (1 m³)

Ste|ra|di|ant *der; -en, -en* ⟨*gr.; lat.*⟩: (Math.) Einheit des Raumwinkels; Abk.: sr

Ster|cu|lia [ʃt..., st...] *die; - ⟨lat.-nlat.*⟩: Pflanzengattung aus der Familie der Sterkuliengewächse, die teilweise Nutzholz liefert

ste|re|o..., Ste|re|o...

[ʃt..., auch: st...] ⟨zu *gr.* stereós „starr, hart, fest"⟩ Wortbildungselement mit den Bedeutungen: a) „starr, fest, massiv, unbeweglich" – stereotyp b) „räumlich, körperlich" – Stereoakustik – stereophon

ste|reo: 1. ↑ stereophonisch. 2. (ugs.) bisexuell

Ste|reo *das; -s, -s:* 1. Kurzform von ↑ Stereotypplatte. 2. (ohne Plural) Kurzform von ↑ Stereophonie

Ste|re|o|a|gno|sie *die; -, ...ien* ⟨*gr.-nlat.*⟩: (Med.) Unfähigkeit, Gegenstände allein mithilfe des Tastsinns zu identifizieren; Ggs. ↑ Stereognosie

Ste|re|o|a|kus|tik *die; -:* Wissenschaft vom räumlichen Hören

Ste|re|o|au|to|graph, auch: ...graf *der; -en, -en:* (Kartographie) optisches Instrument zur Raumbildauswertung für Karten

Ste|re|o|bat *der; -en, -en:* Fundamentunterbau des griechischen Tempels

Ste|re|o|bild *das; -[e]s, -er:* Bild, das bei der Betrachtung einen räumlichen Eindruck hervorruft; Raumbild

Ste|re|o|che|mie *die; -:* Teilgebiet der Chemie, das die räumliche Anordnung der Atome im Molekül erforscht

Ste|re|o|chro|mie *die; -:* altes Verfahren der Wandmalerei

Ste|re|o|film *der; -[e]s, -e:* dreidimensionaler Film

ste|re|o|fon usw. vgl. stereophon usw.

Ste|re|o|fo|to|gra|fie, auch: ...photographie *die; -, ...ien:* 1. (ohne Plural) Verfahren zur Herstellung von räumlich wirkenden Fotografien. 2. fotografisches Raumbild

Ste|re|o|fo|to|gram|me|t|rie vgl. Stereophotogrammetrie

Ste|re|o|g|no|sie *die; -, ...ien:* (Med.) Fähigkeit, Gegenstände allein mithilfe des Tastsinns zu identifizieren; Ggs. ↑ Stereoagnosie

Ste|re|o|graph, auch: ...graf *der; -en, -en:* Maschine zur Herstellung von Stereotypplatten

ste|re|o|gra|phisch, auch: ...grafisch: in der Fügung **stereographische Projektion:** (Kartographie) Abbildung der Punkte einer Kugeloberfläche auf eine Ebene, wobei Kugelkreise wieder als Kreise erscheinen

Ste|re|om *das; -s, -e:* (Bot.) Festigungsgewebe der Pflanzen (zusammenfassende Bez. für Sklerenchym u. Kollenchym)

Ste|re|o|me|ter *das; -s, -:* 1. (Phys.) optisches Gerät zur Messung des Volumens fester Körper. 2. Gerät zur Auswertung von Stereofotografien

Ste|re|o|me|t|rie *die; - ⟨gr.*⟩: (Math.) Wissenschaft von der Geometrie u. der Berechnung räumlicher Gebilde; vgl. Planimetrie. **ste|re|o|me|t|risch:** die Stereometrie betreffend

ste|re|o|phon, auch: ...fon: über zwei od. mehr Kanäle elektroakustisch übertragen, räumlich klingend; vgl. quadrophon; vgl. ...isch/-. **Ste|re|o|pho|nie,** auch: ...fonie *die; - ⟨gr.-nlat.*⟩: elektroakustische Schallübertragung über zwei od. mehr Kanäle, die räumliches Hören gestattet (z. B. bei Breitwandfilmen, in der Rundfunktechnik und in der modernen Schallplattentechnik); vgl. Quadrophonie. **ste|re|o|pho|nisch,** auch: ...fo-

nisch: ↑ stereophon. vgl.
...isch/-

Ste|re|o|pho|to|gram|me|t|rie,
auch: ...foto... *die; -:* (Kartographie) Auswertung u. Ausmessung von räumlichen Messbildern bei der Geländeaufnahme

Ste|re|o|pho|to|gra|phie vgl. Stereofotografie

Ste|re|o|pla|ni|graph, auch: ...graf *der; -en, -en ⟨gr.; lat.; gr.⟩:* (Kartographie) optisches Instrument zur Raumbildauswertung für Karten

Ste|re|o|plat|te *die; -, -n:* Schallplatte, die stereophonisch abgespielt werden kann

Ste|re|o|s|kop *das; -s, -e ⟨gr.-nlat.⟩:* optisches Gerät zur Betrachtung von Stereobildern. **Ste|re|o|s|ko|pie** *die; -:* Gesamtheit der Verfahren zur Aufnahme u. Wiedergabe von raumgetreuen Bildern. **ste|re|o|s|ko|pisch:** räumlich erscheinend, dreidimensional wiedergegeben

ste|re|o|tak|tisch: (Med.) die Stereotaxie betreffend, auf ihr beruhend. **Ste|re|o|ta|xie** *die; -:* (Med.) durch ein kleines Bohrloch in der Schädeldecke punktförmig genaues Berühren eines bestimmten Gebietes im Gehirn

Ste|re|o|ta|xis *die; - ⟨gr.⟩:* 1. ↑ Stereotaxie. 2. Bestreben von Tieren, mit festen Gegenständen in Berührung zu kommen (z. B. bei Röhren- od. Höhlenbewohnern)

Ste|re|o|to|mie *die; -:* (veraltet) Teil der Stereometrie, der die Durchschnitte der Oberflächen von Körpern behandelt, bes. den so genannten Steinschnitt bei Gewölbekonstruktionen

Ste|re|o|tu|ner *der; -s, -:* Tuner für Stereoempfang

ste|re|o|typ *⟨gr.-fr.⟩:* 1. mit fest stehenden Schrifttypen gedruckt. 2. feststehend, unveränderlich. 3. ständig [wiederkehrend]; leer, abgedroschen; vgl. ...isch/-

Ste|re|o|typ *das; -s, -e* (meist Plural) *⟨gr.-engl.⟩:* 1. ([Sozial]psychol.) eingebürgertes Vorurteil mit festen Vorstellungsklischees innerhalb einer Gruppe; vgl. Autostereotyp u. Heterostereotyp. 2. ↑ Stereotypie (2)

Ste|re|o|typ|druck *der; -s, -e:* Druck von der Stereotypplatte

Ste|re|o|ty|peur [...'pøːɐ̯] *der; -s,*

-e *⟨gr.-fr.⟩:* (Druckw.) jmd., der Matern herstellt u. ausgießt.

Ste|re|o|ty|peu|rin [...'pøːrɪn] *die; -, -nen:* weibliche Form zu ↑ Stereotypeur

Ste|re|o|ty|pie *die; -, ...ien:* 1. (Druckw.) das Herstellen u. Ausgießen von Matern. 2. (Psychol., Med.) das Wiederholen von sprachlichen Äußerungen od. motorischen Abläufen über einen längeren Zeitraum; vgl. Perseveration

ste|re|o|ty|pie|ren *⟨gr.-fr.-nlat.⟩:* (Druckw.) Matern herstellen u. zu Stereotypplatten ausgießen

ste|re|o|ty|pisch: ↑ stereotyp; vgl. ...isch/-

Ste|re|o|typ|plat|te *die; -, -n:* Abguss einer Mater in Form einer festen Druckplatte

ste|ril [ʃt..., st...] *⟨lat.-fr.;* „unfruchtbar; ertraglos"*⟩:* 1. keimfrei; vgl. aseptisch (1). 2. unfruchtbar, nicht fortpflanzungsfähig; Ggs. ↑ fertil. 3. a) langweilig, geistig unfruchtbar, unschöpferisch; b) kalt, nüchtern wirkend, ohne eigene Note gestaltet

Ste|ri|li|sa|ti|on *die; -, -en:* das Sterilisieren

Ste|ri|li|sa|tor *der; -s, ...oren ⟨lat.-fr.-nlat.⟩:* Entkeimungsapparat

ste|ri|li|sie|ren *⟨lat.-fr.⟩:* 1. keimfrei [u. dadurch haltbar] machen (z. B. Nahrungsmittel). 2. unfruchtbar, zeugungsunfähig machen. **Ste|ri|li|sie|rung** *die; -, -en:* das Sterilisieren; vgl. ...ation/...ierung

Ste|ri|li|tät *die; -:* 1. Keimfreiheit (von chirurgischen Instrumenten u. a.). 2. Unfruchtbarkeit (der Frau), Zeugungsunfähigkeit (des Mannes); Ggs. ↑ Fertilität. 3. geistiges Unvermögen, Ertraglosigkeit

Ste|rin [ʃt..., st..] *das; -s, -e ⟨gr.-nlat.⟩:* in jeder tierischen od. pflanzlichen Zelle vorhandene Kohlenwasserstoffverbindung

ster|ko|ral [ʃt..., st...] *⟨lat.-mlat.⟩:* (Med.) kothaltig, kotig

Ster|let, Ster|lett *der; -s, -e ⟨russ.⟩:* (in osteuropäischen Gewässern lebender) kleiner Stör

Ster|ling ['ʃtɛr..., 'st...; engl.: 'stəː-lɪŋ] *der; -s, -e* (aber: 5 Pfund -) *⟨engl.⟩:* 1. altenglische Silbermünze. 2. Währungseinheit in Großbritannien; Pfund Sterling; Zeichen u. Abk.: £, £Stg

ster|nal [ʃt..., st...] *⟨gr.-nlat.⟩:* (Med.) zum Brustbein gehörend

Ster|n|al|gie *die; -, ...ien:* (Med.) Brustbeinschmerz

Ster|num *das; -s, ...na:* (Med.) Brustbein

Ste|ro|id [ʃt..., st...] *das; -[e]s, -e* (meist Plural) *⟨gr.-nlat.⟩:* biologisch wichtige organische Verbindung (z. B. Gallensäure und Geschlechtshormone)

Ste|ro|id|hor|mon *das; -s, -e* (meist Plural): (Biol.) Wirkstoff, der aus Cholesterin od. Cholesterinderivaten gebildet wird (z. B. das Hormon der Keimdrüsen u. der Nebennierenrinde)

Ster|tor ['ʃt..., 'st...] *der; -s ⟨lat.-nlat.⟩:* (Med.) röchelndes Atmen. **ster|to|rös:** (Med.) röchelnd, schnarchend (vom Atemgeräusch)

Ste|tho|s|kop [ʃt..., st...] *das; -s, -e ⟨gr.-nlat.⟩:* Hörrohr zur Auskultation

Stet|son ® ['stɛtsn̩] *der; -s, -s ⟨amerik.; nach dem Hersteller J. B. Stetson, 1830–1906⟩:* weicher Filzhut mit breiter Krempe; Cowboyhut

Ste|ward ['stjuːɐt] *der; -s, -s ⟨engl.⟩:* Betreuer der Passagiere an Bord von Schiffen, Flugzeugen u. in Omnibussen. **Ste|wardess** ['stjuːɐdɛs, auch: ...'dɛs] *die; -, -en:* Betreuerin in Flugzeugen od. auf Schiffen für die Passagiere, bes. in Flugzeugen

Ste|ward|ship [...ʃɪp] *die; - ⟨engl.⟩:* Laiendienst der Gemeindemitglieder, die einen Teil ihrer Zeit, ihrer Fähigkeiten u. ihres Geldes der Gemeinde zur Verfügung stellen (in der protestantischen Kirche der USA)

Sthe|nie [st..., ʃt...] *die; -, ...ien ⟨gr.-nlat.⟩:* (Med.) Vollkraft, Kraftfülle. **sthe|nisch:** vollkräftig, kraftvoll

Sti|bi|um ['ʃt..., 'st...] *das; -s ⟨gr.-lat.⟩:* ↑ Antimon

Stib|nit [auch: ...'nɪt] *der; -s, -e ⟨gr.-lat.-nlat.⟩:* Antimonglanz

Sti|cha|ri|on [ʃt..., ʃt...] *das; -s, -e, ...ia ⟨mgr.⟩:* liturgisches Gewand in der Ostkirche, ein ungegürteter weißer od. farbiger Talar; vgl. Albe

sti|chisch ['ʃt..., 'st...] *⟨gr.⟩:* nur den Vers als metrische Einheit besitzend (von Gedichten); vgl. monostichisch

Sti|cho|man|tie *die; -, ...ien ⟨gr-*

nlat.): Wahrsagung aus einer zufällig aufgeschlagenen Buchstelle (Bibelvers u. Ä.)

Stil|cho|me|t|rie *die;* -, ...ien: 1. in der Antike die Bestimmung des Umfangs einer Schrift nach Normalzeilen zu etwa 16 Silben. 2. (Stilk.) Antithese, die im Dialog durch Behauptung u. Entgegnung entsteht

Stil|cho|my|thie *die;* -, ...ien ⟨*gr.*⟩: Wechsel von Rede u. Gegenrede mit jedem Vers im [altgriechischen] Drama; vgl. Distichomythie u. Hemistichomythie

Stick [stɪk, ʃtɪk] *der;* -s, -s ⟨*engl.-amerik.*⟩: 1. (meist Plural) kleine, dünne Salzstange, ein Knabbergebäck. 2. Stift (als Kosmetikartikel, z. B. Deostick)

Sti|cker [ʃt..., 'st...] *der;* -s, -: Aufkleber aus Papier od. Plastik

Stick|o|xy|dul *das;* -s ⟨*dt.; gr.-nlat.*⟩: (veraltet) Lachgas

Stie|fo|gra|fie, auch: ...graphie *die;* - ⟨nach dem Erfinder H. Stief, 1906–1977⟩: ein Kurzschriftsystem

stie|kum ⟨*jidd.*⟩: (landsch.) heimlich, leise

Stig|ma ['ʃt..., 'st...] *das;* -s, ...men u. -ta ⟨*gr.-lat.;* „Stich")": 1. a) Mal, Zeichen; Wundmal; b) (nur Plural) Wundmale Christi. 2. a) Narbe der Blütenpflanzen; b) Augenfleck der Einzeller; c) äußere Öffnung der Tracheen (1). 3. den Sklaven aufgebranntes Mal bei Griechen u. Römern. 4. (Med.) auffälliges Krankheitszeichen, bleibende krankhafte Veränderung (z. B. bei Berufskrankheiten)

Stig|ma|rie [...rjə] *die;* -, -n (meist Plural) ⟨*gr.-nlat.*⟩: versteinerter Wurzelstock des ausgestorbenen Schuppenbaumes (häufig im Karbon)

Stig|ma|ta: *Plural* von ↑ Stigma

Stig|ma|ti|sa|ti|on *die;* -, -en ⟨*gr.-mlat.-nlat.*⟩: 1. Auftreten der fünf Wundmale Christi bei einem Menschen. 2. Brandmarkung der Sklaven im Altertum. 3. das Auftreten von Hautblutungen u. anderen psychogen bedingten Veränderungen bei hysterischen Personen

stig|ma|tisch: in der Fügung **stigmatische Abbildung:** optische Abbildung mit sehr geringer Aberration (1)

stig|ma|ti|sie|ren ⟨*gr.-mlat.*⟩: 1. a) mit den Wundmalen des gekreuzigten Jesus kennzeichnen; b) jmdn. brandmarken, anprangern. 2. (Soziol.) jmdm. bestimmte, von der Gesellschaft als negativ bewertete Merkmale zuordnen, jmdn. in diskriminierender Weise kennzeichnen

stig|ma|ti|siert: mit den Wundmalen Christi gezeichnet. **Stigma|ti|sier|te** *der u. die;* -n, -n: Person, bei der die Wundmale Christi erscheinen

Stig|ma|ti|sie|rung *die;* -, -en: das Stigmatisieren

Stig|ma|tor *der;* -s, ...oren: Vorrichtung in Elektronenmikroskopen, mit der sich der [axiale] Astigmatismus (1) ausgleichen lässt

Stig|men: *Plural* von ↑ Stigma

Stig|mo|nym *das;* -s, -e ⟨*gr.-nlat.*⟩: durch Punkte od. Sternchen [teilweise] ersetzter Name

Stil [ʃtiːl, stiːl] *der;* -[e]s, -e ⟨*lat.*⟩: 1. Art der sprachlichen Ausdrucks [eines Individuums]. 2. einheitliche u. charakteristische Darstellungs- u. Ausdrucksweise einer Epoche od. eines Künstlers; **galanter Stil:** französisch beeinflusste, freiere Kompositionsweise, die im 18. Jh., bes. in der Cembalomusik in Deutschland, die streng gebundene Musik der Zeit Bachs u. Händels ablöste. 3. Lebensweise, die dem besonderen Wesen od. den Bedürfnissen von jmdm. entspricht. 4. [vorbildliche u. allgemein anerkannte] Art, etwas (z. B. eine Sportart) auszuführen

Stilb ['ʃt..., 'st...] *das;* -s, - ⟨*gr.*⟩: (Phys.) frühere Einheit der Leuchtdichte auf einer Fläche; Zeichen: sb

Stile ['stiːlə] *der;* - ⟨*lat.-it.*⟩: ital. Bez. für: Stil; **Stile antico** od. **osservato:** (Mus.) strenger klassischer Stil; **Stile concitato** [- kɔntʃi...]: erregter, heißblütiger Stil (in der Musik des Frühbarocks); **Stile recitativo** [- retʃi...]: darstellender Stil (in der frühen Oper)

Stil|lett *das;* -s, -e: kleiner Dolch

Stil|fi|gur *die;* -, -en: rhetorische Figur

Stil|i: *Plural* von ↑ Stilus

sti|li|sie|ren ⟨französierende Bildung zu Stil⟩: 1. Formen, die in der Natur vorkommen, [in dekorativer Absicht] vereinfachen od. verändern, um die Grundstrukturen sichtbar zu machen. 2. (veraltend) in einen bestimmten Stil bringen

Sti|li|sie|rung *die;* -, -en: a) nach einem bestimmten Stilideal od. -muster geformte [künstlerische] Darstellung; b) Vereinfachung od. Reduktion auf die Grundstruktur[en]

Sti|list *der;* -en, -en ⟨*lat.-nlat.*⟩: Beherrscher des Stils, des sprachlichen Ausdrucks

Sti|lis|tik *die;* -, -en: 1. (ohne Plural) Stillehre, -kunde; vgl. Rhetorik (a). 2. Lehrbuch für guten Stil (1); systematische Beschreibung der Stilmittel

Sti|lis|tin *die;* -, -nen: weibliche Form zu ↑ Stilist

sti|lis|tisch: den Stil (1, 2, 4) betreffend

Stil|ja|gi [st...] *die* (Plural) ⟨*russ.*⟩: russ. Bez. für Halbstarke

Stil|ton ['stɪltn] *der;* -[s], -s ⟨nach dem englischen Ort⟩: überfetter Weichkäse mit grünem Schimmelbelag

Sti|lus [ʃt..., st...] *der;* -, ...li ⟨*lat.*⟩: antiker [Schreib]griffel

Sti|mu|lans ['ʃt..., 'st...] *das;* -, ...lanzien u. ...lantia: anregendes Arzneimittel, Reizmittel

Sti|mu|lanz *die;* -, -en: Anreiz, Antrieb

Sti|mu|la|ti|on *die;* -, -en: das Stimulieren

Sti|mu|la|tor *der;* -s, ...oren: Vorrichtung, die einen Reiz auslöst

Sti|mu|li: *Plural* von ↑ Stimulus

sti|mu|lie|ren: anregen, anreizen; ermuntern. **Sti|mu|lie|rung** *die;* -, -en: das Stimulieren; vgl. ...ation/...ierung

Sti|mu|lus *der;* -, ...li: a) Reiz, Antrieb; b) (Sprachw.) ein dem Sprechakt vorausgehender [äußerer] Reiz

Sti|pel ['ʃt..., 'st...] *die;* -, -n ⟨*lat.*⟩: (Bot.) Nebenblatt

Sti|pen|di|at [ʃt...] *der;* -en, -en: jmd., der ein Stipendium erhält. **Sti|pen|di|a|tin** *die;* -, -nen: weibliche Form zu ↑ Stipendiat

Sti|pen|di|en: *Plural* von ↑ Stipendium

Sti|pen|dist *der;* -en, -en ⟨*lat.-nlat.*⟩: (bayr., österr.) Stipendiat. **Sti|pen|dis|tin** *die;* -, -nen: weibliche Form zu ↑ Stipendist

S

Sti|pen|di|um *das; -s, ...ien ⟨lat.⟩:*
finanzielle Unterstützung für
Schüler, Studierende u. jüngere
Wissenschaftler

Sti|pu|la|ti|on [ʃt..., st...] *die; -,*
-en: vertragliche Abmachung;
Übereinkunft. **sti|pu|lie|ren:**
1. vertraglich vereinbaren,
übereinkommen. 2. festlegen,
festsetzen

Stoa [ˈʃt..., ˈʃt...] *die; -, Stoen*
⟨nach der stoa poikile, einer
mit Bildern geschmückten Säulenhalle im antiken Athen⟩:
1. (ohne Plural) Philosophenschule, deren oberste Maxime
der Ethik darin bestand, in
Übereinstimmung mit sich
selbst u. mit der Natur zu leben
u. Neigungen u. Affekte als der
Einsicht hinderlich zu bekämp-
fen. 2. (Kunstwiss.) altgriechische Säulenhalle [in aufwen-
digem Stil]

Sto|chas|tik [stoˈxas..., ʃt...] *die; -*
⟨gr.⟩: Teilgebiet der Statistik,
das sich mit der Analyse zu-
fallsabhängiger Ereignisse u.
deren Wert für statistische Un-
tersuchungen befasst. **sto|chas-**
tisch: zufallsabhängig

Stö|chi|o|me|t|rie [st..., ʃt...] *die; -*
⟨gr.-nlat.⟩: Lehre von der men-
genmäßigen Zusammenset-
zung chemischer Verbindungen
u. der mathematischen Berechnung chemischer Umsetzun-
gen. **stö|chi|o|me|t|risch:** ent-
sprechend den in der Chemie
geltenden quantitativen Gesetzen reagierend

Stock [stɔk] *der; -s, -s ⟨engl.⟩:*
1. Warenvorrat. 2. Gesamtbetrag
einer Anleihe. 3. (Wirtsch.)
Grundkapital einer Gesellschaft od. dessen Teilbeträge

Stock|car, auch: **Stock-Car** *der* od.
das; -s, -s ⟨amerik.⟩: Serienauto,
das einen sehr starken Motor
hat u. mit dem Rennen gefahren werden

Stock Ex|change [- ɪksˈtʃeɪndʒ]
die; - -: 1. (hist.) Name der Londoner Börse. 2. Effektenbörse

Stock|job|ber, auch: **Stock-Job|ber**
[ˈstɔk...] *der; -s, -s:* Händler an
der Londoner Börse, der nur
Geschäfte für eigene Rechnung
abschließen darf

stoi [stɔy] ⟨russ.⟩: stopp, halt!

Stoi|che|don [stɔyç...] *das; - ⟨gr.⟩:*
Anordnung der Buchstaben auf
altgriechischen Inschriften rei-

henweise untereinander u.
ohne Worttrennung

Sto|i|ker [ˈʃt..., ˈst...] *der; -s, - ⟨gr.-*
lat.⟩: 1. Angehöriger der Stoa.
2. Vertreter des Stoizismus.
3. Mensch von stoischer Gelas-
senheit. **Sto|i|ke|rin** *die; -, -nen:*
weibliche Form zu ↑ Stoiker
(2, 3)

sto|isch: 1. die Stoa od. den Stoi-
zismus (1) betreffend. 2. von
unerschütterlicher Ruhe,
gleichmütig, gelassen

Sto|i|zis|mus *der; - ⟨gr.-nlat.⟩:*
1. von der Stoa ausgehende weit
reichende Philosophie u. Geis-
teshaltung mit dem Ideal des
Weisen, der naturgemäß u. af-
fektfrei unter Betonung der
Vernunft u. der Ataraxie lebt.
2. Unerschütterlichkeit, Gleich-
mut

Stokes [stoʊks] *das; -, - ⟨nach
dem engl. Physiker George
G. Stokes, 1819–1903⟩:* alte Einheit der Zähigkeit eines Stoffes;
Zeichen: St

Sto|la [ˈʃt..., ˈst...] *die; -, ...len ⟨gr.-*
lat.⟩: 1. altrömisches knöchel-
langes Obergewand für Frauen.
2. schmaler, über beide Schul-
tern herabhängender Teil des
priesterlichen Messgewandes;
vgl. Epitrachelion u. Orarion.
3. langer, schmaler Umhang aus
Stoff od. Pelz

Stol|ge|büh|ren [ˈʃt...] *die* (Plural)
⟨gr; dt.⟩: Gebühren für be-
stimmte Amtshandlungen des
Geistlichen (Taufe, Trauung
u. Ä.)

Sto|lo[n] [ˈʃt..., ˈst...] *der; -s, Sto-
lonen* (meist Plural) ⟨lat.⟩:
1. (Bot.) Ausläufer, unterirdi-
scher Trieb bei Pflanzen.
2. (Zool.) schlauchartiger Fort-
satz bei niederen Tieren, die
Kolonien bilden

Sto|lo|wa|ja [russ.: stʌ...] *die; -, -s*
⟨russ.⟩: einfache russische Spei-
segaststätte; russische Imbiss-
stube

Sto|ma [ˈst..., ˈʃt...] *das; -s, -ta*
⟨gr.; „Mund, Öffnung"⟩:
1. (Zool., Med.) Mundöffnung.
2. (meist Plural; Med.) sehr
kleine Öffnung in Blut- u.
Lymphgefäßen, durch die Zellen hindurchtreten können.
3. künstlich hergestellter Ausgang von Darm od. Harnblase.
4. (Bot.) Spaltöffnung des
Pflanzenblattes

sto|ma|chal ⟨gr.-nlat.⟩: (Med.)
durch den Magen gehend, aus
dem Magen kommend, den
Magen betreffend

Sto|ma|chi|kum *das; -s, ...ka ⟨gr.-*
lat.⟩: (Med.) Mittel, das den Appetit u. die Verdauung anregt u.
fördert

Sto|ma|ka|ze *die; -:* (Med.) ge-
schwürige Mundfäule

Sto|ma|ta: *Plural von* ↑ Stoma

Sto|ma|ti|tis *die; -, ...itiden ⟨gr.-*
nlat.⟩: (Med.) Entzündung der
Mundschleimhaut

sto|ma|to|gen: (Med.) vom Mund
u. seinen Organen herrührend

Sto|ma|to|lo|ge *der; -n, -n:* Arzt
mit speziellen Kenntnissen auf
dem Gebiet der Stomatologie.
Sto|ma|to|lo|gie *die; -:* (Med.)
Wissenschaft von den Krank-
heiten der Mundhöhle. **Sto|ma-
to|lo|gin** *die; -, -nen:* weibliche
Form zu ↑ Stomatologe. **sto|ma-
to|lo|gisch:** die Stomatologie
betreffend

Stomp [st..., ʃt...] *der; -[s] ⟨engl.-*
amerik.; „Stampfen"⟩: 1. ein
afroamerikanischer Tanz. 2. im
Jazz eine melodisch-rhythmi-
sche Technik, bei der der fortlaufenden Melodie eine rhythmische Formel zugrunde gelegt
wird

stoned [stoʊnd] ⟨engl.-amerik.⟩:
unter der Wirkung von Rausch-
mitteln stehend; vgl. high

stone|washed [ˈstoʊnwɔʃt]
⟨engl.⟩: (von Jeansstoffen) mit
kleinen Steinen vorgewaschen,
um Farbe u. Material so herzu-
richten, dass sie nicht mehr
neu aussehen

stop [ʃt..., st...] ⟨gr.-lat.-vulgär-
lat.-engl.⟩: 1. (auf Verkehrsschil-
dern) halt! 2. Punkt (im Tele-
grafenverkehr)

Stop-and-go-Ver|kehr [ˈstɔp-
ɛntˈgoʊ...] *der; -s ⟨engl.; dt.⟩:*
durch langsame Fahrweise u.
häufiges Anhalten der Fahrzeuge gekennzeichneter Verkehr

Stop-o|ver [ˈstɔp-oʊvə] *der; -s, -s*
⟨engl.⟩: Zwischenlandung, Zwi-
schenaufenthalt auf einer Reise

stopp [ʃtɔp]: halt! vgl. stop

Stopp *der; -s, -s:* [unfreiwilliger]
Halt, Stockung

Stop|ping [ˈstɔpɪŋ] *das; -[s], -s:*
unerlaubtes Verabreichen von
einschläfernden, das Leistungs-
vermögen herabmindernden

Mitteln bei Rennpferden; Ggs.
↑ Doping

Stop|time [ˈstɔptaim] *die; -*
⟨*engl.*⟩: rhythmische Technik,
die im plötzlichen Abbruch des
Beats besteht (in der afroamerikanischen Musik)

Store vgl. Styrax

¹Store [ʃtoːɐ̯, stoːɐ̯, schweiz.:
ˈʃtoːrə] *der; -s, -s* (schweiz.: *die;
-, -n*) ⟨*lat.-it.-fr.*⟩: durchsichtiger
Fenstervorhang

²Store [stoːɐ̯] *der; -s, -s* ⟨*lat.-fr.-*
engl.⟩: engl. Bez. für: Vorrat, Lager, Laden

Sto|ren *der; -s, -* ⟨*lat.-it.-fr.*⟩:
(schweiz.) 1. Vorhang, der von
oben vor ein Fenster gezogen
od. herabgelassen wird, um di-
rekte Sonnenstrahlung abzu-
halten; Rouleau. 2. aufrollbares,
schräges Sonnendach; Markise

Stor|nel|lo [st...] *das* (auch: *der*);
-s, -s u. ...lli ⟨*lat.-it.*⟩: dreizeilige
volkstümliche Liedform in Ita-
lien

Stor|ni [ˈʃt..., ˈst...]: *Plural* von
↑ Storno

stor|nie|ren ⟨*lat.-vulgärlat.-it.*⟩:
1. einen Fehler in der Buchhal-
tung durch Eintragung eines
Gegenpostens berichtigen.
2. [einen Auftrag] rückgängig
machen

Stor|no *der* u. *das; -s, ...ni:*
(Wirtsch.) Berichtigung eines
Buchhaltungsfehlers, Rückbu-
chung

Stor|ting [ˈst..., ˈʃt...] *das; -s*
⟨*norw.*⟩: norwegisches Parlament

Sto|ry [ˈstɔːrɪ, ˈstɔri] *die; -, -s* ⟨*gr.-*
lat.-fr.-engl.-amerik.⟩: 1. den Inhalt eines Films, Romans o. Ä.
ausmachende Geschichte.
2. (ugs.) a) ungewöhnliche Geschichte, die sich so zugetragen
haben soll; b) Bericht, Report

Sto|ry|board [ˈstɔːribɔːd] *das; -s,*
-s: aus Einzelbildern bestehende Abfolge eines Films zur
Erläuterung des Drehbuchs

Sto|tin|ka [st...] *die; -, ...ki* ⟨*bul-*
gar.⟩: Münzeinheit in Bulgarien
(= 0,01 Lew)

Stout [staut] *der; -s, -s* ⟨*germ.-fr.-*
engl.; „stark"⟩: dunkles englisches Bier mit starkem Hopfen-
geschmack

STOXX® *der; -, -* ⟨Kunstw. aus
engl. stocks „Aktien" u. ex-
change „Börse"⟩: Gruppe europäischer Aktienindizes

Stra|bis|mus [ʃt..., st...] *der; -* ⟨*gr.-*
nlat.⟩: (Med.) das Schielen

Stra|bo *der; -s, -s* ⟨*gr.-lat.*⟩: (Med.)
Schielender

Stra|bo|me|ter *das; -s, -* ⟨*gr.-nlat.*⟩:
(Med.) optisches Messgerät,
mit dem die Abweichung der
Augenachsen von der Parallel-
stellung bestimmt wird. **Stra-
bo|me|t|rie** *die; -, ...ien:* (Med.)
Messung des Schielwinkels mit
dem Strabometer

Stra|bo|to|mie *die; -, ...ien:* (Med.)
operative Korrektur einer Fehl-
stellung der Augen

Strac|chi|no [straˈkiːno] *der; -[s]*
⟨*germ.-it.*⟩: Weichkäse aus der
Gegend von Mailand

¹Strac|cia|tel|la [stratʃaˈtɛla] *das;*
-[s] ⟨*lat.-it.*⟩: Speiseeissorte, die
aus Milchspeiseeis mit Schoko-
ladenstückchen besteht

²Strac|cia|tel|la *die; -, ...le:* italieni-
sche [Eier]einlaufsuppe

Strad|dle [ˈstrɛdl] *der; -[s], -s*
⟨*engl.*⟩: (Leichtathletik) Art des
Hochsprungs, bei der sich der
Körper beim Überqueren der
Latte so dreht, dass die Brust
nach unten zeigt

Stra|di|va|ri [st...] *die; -, -[s]* ⟨*it.*⟩
u. **Stra|di|va|ri|us** *die; -, -* ⟨*it.-*
nlat.⟩: Geige aus der Werkstatt
des italienischen Geigenbauers
Antonio Stradivari (1644–1737)

Stra|gu|la® [ˈʃt..., ˈst...] *das; -s*
⟨*lat.*⟩: „Decke, Teppich"⟩: ein Bo-
denbelag

straight [streɪt] ⟨*engl.*⟩: (Jargon)
1. heterosexuell; Ggs. ↑ gay.
2. a) geradlinig, konsequent;
b) (eine Melodie) notengetreu,
ohne Variation od. Improvisation spielend

Straight *der; -s, -s* u. **Straight|flush**
[ˈstreɪtflʌʃ] *der; -[s], -es* [...ɪz,
...ʃɪs]: Sequenz von fünf Karten
der gleichen Farbe beim Poker-
spiel

stral|zie|ren [ʃt..., st...] ⟨*lat.-it.*⟩:
(Kaufmannsspr. veraltet) liqui-
dieren, gütlich abtun

Stral|zio *der; -s, -s:* (österr.) Liqui-
dation

Stram|bot|to [st...] *das; -[s], ...tti*
⟨*it.*⟩: Gedichtform der volks-
tümlichen sizilianischen Dichtung, die aus acht elfsilbigen
Versen bestand; vgl. Rispetto

Stra|min *der; -s, -e* ⟨*lat.-vulgärlat.-*
fr.-niederl.⟩: appretiertes Gitter-
gewebe als Grundmaterial für
[Kreuz]stickerei

strange [streɪndʒ] ⟨*engl.;* „selt-
sam"⟩: sonderbar, merkwürdig,
befremdlich

Strange|ness [ˈstreɪndʒnɪs] *die; -*
⟨*engl.;* „Fremdartigkeit"⟩:
(Phys.) Quantenzahl zur Klassifizierung von Elementarteilchen

Stran|gu|la|ti|on [ʃt..., st...] *die; -,*
-en ⟨*gr.-lat.*⟩: 1. das Strangulie-
ren. 2. (Med.) Abklemmung innerer Organe (z. B. des Darms);
vgl. ...ation/...ierung

stran|gu|lie|ren: durch Zuschnü-
ren, Zudrücken der Luftröhre
töten; erdrosseln. **Stran|gu|lie-
rung** *die; -, -en:* ↑ Strangulation;
vgl. ...ation/...ierung

Stran|gu|rie *die; -, ...ien:* (Med.)
schmerzhaftes Wasserlassen,
Harnzwang

Stra|pa|ze *die; -, -n* ⟨*it.*⟩: große An-
strengung, Mühe, Beschwer-
lichkeit

stra|pa|zie|ren: 1. übermäßig an-
strengen, beanspruchen; ab-
nutzen, verbrauchen. 2. a) auf
anstrengende Weise in An-
spruch nehmen; b) sich strapazieren: sich [körperlich] anstrengen, nicht schonen

stra|pa|zi|ös ⟨französierende Bil-
dung⟩: anstrengend, beschwer-
lich

Strap|pa|tu|ra [st..., ʃt...] *die; -*
⟨*germ.-it.*⟩: Werg des italienischen Hanfes

Straps [ʃt..., st..., engl.: stræps]
der; -es, -e ⟨*engl.*⟩: a) Strumpf-
halter; b) [schmaler] Hüftgürtel
mit vier Strapsen (a)

stra|sci|nan|do [straʃiˈnando]
⟨*lat.-it.*⟩: (Mus.) schleppend, ge-
schleift (Vortragsanweisung)

Strass *der; -* u. *-es, -e* ⟨nach dem
franz. Juwelier G. F. Stras,
1700–1773): a) (ohne Plural)
aus bleihaltigem Glas mit starker Lichtbrechung hergestelltes, glitzerndes Material bes.
für Nachbildungen von Edelsteinen; b) aus Strass (a) hergestellte Nachbildung von Edelsteinen

Stra|ta: *Plural* von ↑ Stratum

Stra|ta|gem [ʃt..., st...] *das; -s, -e*
⟨*gr.-lat.*⟩: ↑ Strategem

Stra|ta|me|ter [ʃt..., st...] *das; -s, -*
⟨*lat.; gr.*⟩: Instrument zur Feststellung von Bohrlochabwei-
chungen aus der vorgegebenen
Richtung

Stra|te|ge [ʃt..., st...] *der; -n, -n*

⟨*gr.-lat.(-fr.)*⟩: jmd., der nach einer bestimmten Strategie, strategisch vorgeht

Stra|te|gem *das; -s, -e* ⟨*gr.-lat.-fr.*⟩: a) Kriegslist; b) Kunstgriff, Trick, geschickt erdachte Maßnahme

Stra|te|gie *die; -, ...ien* ⟨*gr.-lat.(-fr.)*⟩: genauer Plan des eigenen Vorgehens, der dazu dient, ein militärisches, politisches, psychologisches o. ä. Ziel zu erreichen, u. in dem man diejenigen Faktoren, die in die eigene Aktion hineinspielen könnten, von vornherein einzukalkulieren versucht

Stra|te|gin *die; -, -nen*: weibliche Form zu ↑ Stratege

stra|te|gisch ⟨*gr.-lat.*⟩: genau geplant, einer Strategie folgend; **strategische Waffe:** Waffe von größerer Sprengkraft u. Reichweite, die zur Abwehr u. zur Zerstörung des feindlichen Kriegspotenzials bestimmt ist

Stra|ti [ˈʃt..., ˈst...]: *Plural von* ↑ Stratus

Stra|ti|fi|ka|ti|on *die; -, -en* ⟨*lat.-nlat.*⟩: 1. Schichtung [von Gesteinen]. 2. (Landw.) Schichtung von Saatgut in feuchtem Sand od. Wasser, um das Keimen zu beschleunigen

Stra|ti|fi|ka|ti|ons|gram|ma|tik *die; -*: (Sprachw.) grammatische Theorie, die Sprache als ein System hierarchisch geordneter, in wechselseitiger Beziehung stehender Ebenen versteht

stra|ti|fi|zie|ren: 1. (Geol.) in die Schichtenfolge einordnen, sie feststellen (von Gesteinen). 2. (Landw.) langsam keimendes Saatgut in feuchtem Sand od. Wasser schichten, um es schneller zum Keimen zu bringen

Stra|ti|gra|phie, auch: ...grafie *die; -* ⟨*lat.; gr.*⟩: (Geol.) Teilgebiet der Geologie, das sich mit der senkrechten u. damit auch zeitlichen Aufeinanderfolge der Schichtgesteine befasst. **stra|ti|gra|phisch,** auch: ...grafisch: (Geol.) die Altersfolge der Schichtgesteine betreffend

Stra|to|ku|mu|lus *der; -, ...li* ⟨*lat.-nlat.*⟩: (Meteor.) tief hängende, gegliederte Schichtwolke; Abk.: Sc

Stra|to|pau|se *die; -*: (Meteor.)

Schicht in der Atmosphäre zwischen Stratosphäre u. Mesosphäre

Stra|to|s|phä|re *die; -* ⟨*lat.; gr.*⟩: (Meteor.) Teilschicht der Atmosphäre in einer Höhe von etwa 12 bis 80 km über der Erde. **stra|to|s|phä|risch:** die Stratosphäre betreffend

Stra|tum *das; -s, ...ta*: 1. (Sprachw.) Strukturebene in der Stratifikationsgrammatik, Teilsystem der Sprache (z. B. Phonologie, Syntax). 2. (Med.) flache, ausgebreitete Schicht von Zellen. 3. (Biol.) Lebensraumschicht eines Biotops. 4. (Soziol.) soziale Schicht

Stra|tus *der; -, ...ti* ⟨*lat.-nlat.*⟩: (Meteor.) tief hängende, ungegliederte Schichtwolke; Abk.: St

Straz|za [ˈʃt..., ˈst...] *die; -, ...zzen* ⟨*lat.-vulgärlat.-it.*⟩: Abfall bei der Seidenbearbeitung

Straz|ze *die; -, -n*: (Kaufmannsspr.) Geschäftsbuch, Kladde

strea|ken [ˈstri:kn̩] ⟨*engl.-amerik.*⟩: (veraltend) in provokatorischer Absicht in der Öffentlichkeit nackt über belebte Straßen, Plätze o. Ä. laufen.

Strea|ker [ˈstri:kɐ] *der; -s, -*: (veraltend) jmd., der streakt, Blitzer. **Strea|ke|rin** *die; -, -nen*: weibliche Form zu ↑ Streaker

Strea|mer [ˈstri:mɐ] *der; -s, -* ⟨*engl.*⟩: (beim Lachsangeln verwendeter) größerer, mit Federn versehener Haken (der einer Fliege ähnlich sieht)

Stream of Con|scious|ness [ˈstri:m əv ˈkɔnʃəsnɪs] *der; - - -* ⟨*engl.; „Bewusstseinsstrom"*⟩: (Literaturw.) Erzähltechnik, bei der an die Stelle eines äußeren, in sich geschlossenen Geschehens od. dessen Wiedergabe durch einen Icherzähler eine assoziative Folge von Vorstellungen, Gedanken o. Ä. einer Romanfigur tritt

Street|ball [ˈstri:tbɔ:l] *der; -s* ⟨*engl.; „Straßenball"*⟩: auf Plätzen, Höfen o. Ä. gespielte Variante des Basketballs mit drei Spielern in einer Mannschaft

Street|figh|ter [...fajtɐ] *der; -s, -* ⟨*engl.; „Straßenkämpfer"*⟩: [radikal orientierter] Jugendlicher, der sich Straßenkämpfe z. B. mit der Polizei, mit [politisch]

anders gesinnten Gruppen liefert

Street|ho|ckey [...hɔke, auch ...hɔki] *das; -s*: auf Beton- od. Asphaltflächen gespieltes, dem Eishockey ähnliches Ballspiel

Street-TV [...ti:vi:] *das; -*: Fernsehen mit großformatigen Bildschirmen [an Hauswänden]

Street|wear [...wɛa] *die; -*, auch: *der* od. *das; -[s]* ⟨*engl.*⟩: Alltagskleidung

Street|work [ˈstri:twɐ:k] *die; -* ⟨*engl.; „Straßenarbeit"*⟩: (Jargon) Hilfe u. Beratung für Drogenabhängige, gefährdete od. straffällig gewordene Jugendliche innerhalb ihres Wohnbereichs, ihres Milieus

Street|wor|ker [ˈstri:twɐ:kɐ] *der; -s, -*: (Jargon) Sozialarbeiter, der Streetwork betreibt. **Street|wor|ke|rin** *die; -, -nen*: weibliche Form zu ↑ Streetworker

Stre|li|t|ze *der; -n, -n* ⟨*russ.; „Schütze"*⟩: Angehöriger einer Leibwache des Zaren im 17. Jh.

Strem|ma [ˈʃt..., ˈst...] *das; -[s], -ta* ⟨*ngr.*⟩: neugriechisches Flächenmaß

Stre|nu|i|tät [ʃt..., st...] *die; -* ⟨*lat.*⟩: (veraltet) Tapferkeit; Unternehmungsgeist

stre|pi|to|so [st...] u. **stre|pi|tu|o|so** ⟨*lat.-it.*⟩: (Mus.) lärmend, geräuschvoll, glänzend, rauschend (Vortragsanweisung)

Strep|to|ki|na|se [ʃt..., st...] *die; -, -n* ⟨*gr.-nlat.*⟩: (Med.) Fibrin lösendes, aus Streptokokken gebildetes Enzym

Strep|to|kok|ke *die; -, -n* u. **Strep|to|kok|kus** *der; -, ...kken* (meist Plural): kugelförmige Bakterie, die sich mit anderen ihrer Art in Ketten anordnet (Eitererreger)

Strep|to|my|zin, fachspr.: Streptomycin *das; -s*: bes. gegen Tuberkulose wirksames Antibiotikum

Strep|to|tri|cho|se *die; -, -n*: (Med.) Pilzerkrankung der Lunge durch Infektion mit Fadenpilzen

Stress [ˈʃt..., ˈst...] *der; -es, -e* (Plural selten) ⟨*lat.-vulgärlat.-fr.-engl.*⟩: 1. erhöhte Beanspruchung, Belastung physischer od. psychischer Art (die bestimmte Reaktionen hervorruft u. zu Schädigungen der Gesundheit führen kann). 2. (ugs.)

Ärger. 3. (Geol.) gerichteter, einseitiger Druck

stres|sen [ˈʃt...]: als Stress auf jmdn. wirken; körperlich u. seelisch überbeanspruchen

Stres|sor der; -s, ...oren: ⟨lat.-vulgärlat.-fr.-engl.-nlat.⟩: Mittel od. Faktor, der Stress (1) bewirkt od. auslöst

Stretch [strɛtʃ] der; -[e]s, -es ⟨engl.; "strecken"⟩: elastisches Gewebe aus Stretchgarn, bes. für Strümpfe

Stret|ching [ˈstrɛtʃɪŋ] das; -s ⟨engl.⟩: Beweglichkeitstraining, das aus langsam ausgeführten Dehnübungen besteht

Stret|ta [ˈst...] die; -, -s ⟨lat.-it.⟩: brillanter, auf Effekt angelegter Schluss einer Arie od. eines Instrumentalstückes

stret|to: (Mus.) gedrängt, eilig, lebhaft; (bei der Fuge) in Engführung (Vortragsanweisung)

Stria [ˈʃt..., ˈst...] die; -, Striae [...ɛ] ⟨lat.⟩: (Med.) Streifen (z. B. Dehnungsstreifen in der Haut)

stric|te [ˈʃt..., ˈst...] ⟨lat.⟩: lat. Form von ↑ strikte

stric|tis|si|me ⟨lat.-nlat.⟩: (veraltet) aufs Genaueste

Stri|dor [ˈʃt..., ˈst...] der; -s ⟨lat.⟩: (Med.) pfeifendes Atemgeräusch

Stri|du|la|ti|on die; - ⟨lat.-nlat.⟩: (Zool.) Erzeugung von Lauten bei bestimmten Insekten durch Gegeneinanderstreichen bestimmter beweglicher Körperteile

Stri|du|la|ti|ons|or|gan das; -s, -e: Werkzeug bestimmter Insekten zur Erzeugung zirpender Laute (z. B. bei Grillen u. Heuschrecken)

stri|gi|liert [ʃt..., st...] ⟨lat.⟩: s-förmig geriefelt (von den Wänden altchristlicher Sarkophage)

Strike [straik] der; -s, -s: ⟨engl.⟩: 1. das Abräumen mit dem ersten Wurf (beim Bowling). 2. ordnungsgemäß geworfener Ball, der entweder nicht angenommen, verfehlt od. außerhalb des Feldes geschlagen wird (beim Baseball)

strikt [ˈʃt..., ˈst...] ⟨lat.⟩: streng; genau; pünktlich

strik|te: ohne Einschränkung, aufs Genaueste, strengstens

Strik|ti|on die; -, -en ⟨lat.⟩: Zusammenziehung, Verengung

Strik|tur die; -, -en: (Med.) Veren-

gung eines Körperkanals (z. B. der Speise-, Harnröhre)

strin|gen|do [strɪnˈdʒɛndo] ⟨lat.-it.⟩: (Mus.) schneller werdend, eilend (Vortragsanweisung; Abk.: string.). **Strin|gendo** das; -s, -s u. ...di: (Mus.) schneller werdendes Tempo

strin|gent [ʃt..., st...] ⟨lat.⟩: (bes. Philos.) bündig, zwingend, streng. **Strin|genz** die; - ⟨lat.-nlat.⟩: (bes. Philos.) Bündigkeit, strenge Beweiskraft

Strin|ger [ˈʃtrɪŋɐ, engl.: ˈstrɪŋə] der; -s, - ⟨engl.⟩: längsseits angeordnetes, der Versteifung dienendes Bauteil (im Flugzeug- u. Schiffbau)

strin|gie|ren [ʃt..., st...] ⟨lat.⟩: 1. (veraltet) zusammenziehen, -schnüren. 2. (Fechtsport) die Klinge des Gegners mit der eigenen Waffe abdrängen, auffangen

String|re|gal das; -s, -e ⟨engl.; dt.⟩: Regal, bei dem die einzelnen Bretter in ein an der Wand befestigtes Gestell eingelegt sind

String|tan|ga [st...] der; -s, -s: ⟨engl.; indian.-port.⟩: Tangaslip, dessen rückwärtiger Teil aus einem schmalen, schnurförmigen Stück Stoff o. Ä. besteht

Strip [ʃt..., st...] der; -s, -s ⟨engl.⟩: 1. Kurzform von ↑ Striptease. 2. in Streifen verpacktes, gebrauchsfertiges Wundpflaster

strip|pen: 1. eine Entkleidungsnummer vorführen; sich in einem Varietee od. Nachtlokal entkleiden. 2. (Fotogr.) die Emulsionsschicht von Filmen od. Platten abziehen, um eine Sammelform zu montieren. 3. (Jargon) [als Student] durch nebenberufliches Musizieren auf einer Veranstaltung, im Café u. Ä. sich etwas dazuverdienen

Strip|per der; -s, - ⟨engl.; „Abstreifer"⟩: 1. Instrument zum Entfernen eines Blutpfropfs od. einer krankhaft veränderten Vene. 2. (ugs.) Stripteasetänzer. 3. (Hüttenw.) Spezialkran zum Abstreifen der Gussformen von gegossenen Blöcken. **Strip|pe|rin** die; -, -nen: (ugs.) Stripteasetänzerin

Strip|ping das; -[s], -s: (Med.) ausschälende Operation mit

Spezialinstrumenten (z. B. die Entfernung eines Blutpfropfs)

Strips die (Plural): ⟨engl.⟩: 1. kurze Fasern, die auf einer Spinnereimaschine durch Arbeitswalzen abgestreift werden. 2. Kurzform von ↑ Comicstrips

Strip|tease [ˈʃtrɪptiːs, ˈst...] der (auch: das); - ⟨engl.-amerik.⟩: 1. Vorführung von erotisch stimulierenden Tänzen, bei denen sich die Akteure nach u. nach entkleiden (in Nachtlokalen, Varietees o. Ä.). 2. (scherzh.) Entblößung

stri|scian|do [strɪˈʃando] ⟨it.⟩: (Mus.) schleifend, gleitend (Vortragsanweisung). **Stri|scian-do** das; -s, -s u. ...di: (Mus.) schleifendes, gleitendes Spiel

Striz|zi der; -s, -s ⟨it.⟩: (bes. südd., schweiz., österr.) 1. leichtsinniger Mensch; Strolch. 2. Zuhälter

Stro|bo|light [ˈstrɔbəlaɪt] das; -s, -s ⟨aus engl. stroboscopic light⟩: schnell u. kurz grell aufleuchtendes Licht

Stro|bos|kop [ʃt..., st...] das; -s, -e ⟨gr.-nlat.⟩: 1. Gerät zur Bestimmung der Frequenz schwingender od. rotierender Systeme, z. B. der Umlaufzeit von Motoren. 2. als Vorläufer des Films geltendes Gerät zur Sichtbarmachung von Bewegungen (zwei gegenläufig rotierende Scheiben, von denen die eine Schlitze od. Löcher, die andere Bilder trägt). 3. (Med.) Gerät zum Sichtbarmachen von Schwingungsbewegungen der Stimmlippen sowie der auftretenden Formveränderung bei der Stimmbildung. **stro|bos|ko-pisch:** das Stroboskop betreffend

Stro|ga|noff [st...] das; -s, -s: Kurzform von ↑ Bœuf Stroganoff

Stro|ma [ʃt..., st...] das; -s, -ta ⟨gr.-lat.; „das Hingebreitete, die Decke"⟩: 1. (Med.) Grundgewebe in drüsigen Organen u. Geschwülsten, Stützgerüst eines Organs. 2. (Bot.) a) Fruchtlager mancher Pilze; b) Grundmasse der Chloroplasten

Stro|ma|tik die; - ⟨gr.-nlat.⟩: Teppichwebekunst

Stron|ti|a|nit [ʃt..., st..., auch: ...ˈnɪt] der; -s, -e ⟨nlat.; nach dem Dorf Strontian in Schottland⟩: farbloses, auch graues, gelbliches od. grünliches Mineral aus einer Kohlenstoffverbindung des Strontiums

Stron|ti|um *das; -s:* chem. Element; ein Metall; Zeichen: Sr

Stro|phan|thin [ʃt..., st...] *das;* -s, -e ⟨*gr.-nlat.*⟩: als Herzmittel verwendeter, hochwirksamer Extrakt aus Strophanthussamen

Stro|phan|thus *der; -, -:* (in den Tropen vorkommende) meist kletternde Pflanze mit farbigen Blüten, von deren Blättern oft lange Fortsätze herabhängen

Stro|phe *die; -, -n* ⟨*gr.-lat.:* „das Drehen, die Wendung"⟩: aus mehreren rhythmisch gegliederten [u. gereimten] Verszeilen bestehender [in gleicher Form sich wiederholender] Abschnitt eines Liedes, Gedichtes od. Versepos

Stro|phik *die; - ⟨gr.-nlat.⟩:* Kunst des Strophenbaus

stro|phisch: 1. in Strophen geteilt. 2. mit der gleichen Melodie zu singen (von einer [Lied]strophe)

Stro|pho|i|de *die; -, -n:* (Math.) ebene Kurve dritter Ordnung

Struck [ʃtrʊk, strak] *das* (österr. auch: *der);* -[s] ⟨*engl.*⟩: ein dem Cord ähnliches Doppelgewebe

struk|tiv [ʃt..., st...] ⟨*lat.-nlat.*⟩: (Kunstwiss., Bauw.) zur Konstruktion, zum Aufbau gehörend, ihn sichtbar machend

Struk|to|gramm *das; -s, -e ⟨lat.; gr.⟩:* (EDV) grafische Darstellung für Computerprogramme

Struk|tur [ʃt..., st...] *die; -, -en* ⟨*lat.*⟩: 1. [unsichtbare] Anordnung der Teile eines Ganzen zueinander, gegliederter Aufbau; innere Gliederung. 2. Gefüge, das aus Teilen besteht, die wechselseitig voneinander abhängen. 3. (ohne Plural) erhabene Musterung bei Textilien, Tapeten o. Ä. 4. geologische Bauform (z. B. Falte, Salzstock u. Ä.)

struk|tu|ral ⟨*lat.-nlat.*⟩: sich auf die Struktur von etwas beziehend, eine Struktur auf die Struktur von etwas beziehend, die Struktur betr.; vgl. ...al/...ell

Struk|tu|ra|lis|mus *der; -:* 1. Forschungsrichtung, die Sprache als ein geschlossenes Zeichensystem versteht u. die Struktur (1) dieses Systems erfassen will. 2. Forschungsmethode in der Völkerkunde, die eine Bezie-

hung zwischen der Struktur der Sprache u. der Kultur einer Gesellschaft herstellt. 3. Wissenschaftstheorie, die von einer synchronen Betrachtungsweise ausgeht u. die alle zugrunde liegenden, unwandelbaren Grundstrukturen erforschen will. **Struk|tu|ra|list** *der; -en, -en:* Vertreter des Strukturalismus. **Struk|tu|ra|lis|tin** *die; -, -nen:* weibliche Form zu ↑ Strukturalist. **struk|tu|ra|lis|tisch:** den Strukturalismus betreffend; vom Strukturalismus ausgehend

Struk|tur|a|na|ly|se *die; -, -n:* Untersuchung, Analyse der Struktur (1, 2), der einzelnen Strukturelemente von etwas

Struk|tur|bo|den *der; -s, ...böden:* ↑ Polygonboden

struk|tu|rell: a) eine bestimmte Struktur aufweisend; von der Struktur her; b) ↑ struktural; vgl. ...al/...ell

Struk|tur|for|mel *die; -, -n:* formelhafte grafische Darstellung vom Aufbau einer chemischen Verbindung

struk|tu|rie|ren: mit einer Struktur (1–3) versehen

Stru|ma ['ʃt..., 'st...] *die; -, ...men* od. ...mae [...me] ⟨*lat.*⟩: (Med.) 1. Vergrößerung der Schilddrüse; Kropf. 2. krankhafte Veränderung von Eierstock, Vorsteherdrüse, Nebenniere od. Hypophyse

Stru|m|ek|to|mie *die; -, ...ien* ⟨*lat.; gr.*⟩: (Med.) operative Entfernung eines Kropfs

Stru|mi|tis *die; -, ...itiden* ⟨*lat.-nlat.*⟩: (Med.) Entzündung in einem Kropf

stru|mös ⟨*lat.-fr.*⟩: (Med.) kropfig, kropfartig

Stru|sa ['ʃt..., 'st...] *die; -, ...sen* ⟨*it.*⟩: Abfall von Seide beim Abhaspeln u. Schlagen der Kokons

Strych|nin [ʃt..., st...] *das; -s* ⟨*gr.-nlat.*⟩: farbloses, giftiges Alkaloid aus den Samen eines indischen Baumes

Stu|art|kra|gen ['stjʊət..., 'ʃtu-art..., st...] *der; -s, -* ⟨nach der schott. Königin Maria Stuart⟩: steifer, breiter, nach hinten hoch stehender [Spitzen]kragen

Stu|cka|teur [...'tøːɐ̯] *der; -s, -e* ⟨*germ.-it.-fr.*⟩: a) Stuckarbeiter; b) (selten) Stuckator. **Stu|cka-**

teu|rin [...'tøːrɪn] *die; -, -nen:* weibliche Form zu ↑ Stuckateur

Stu|cka|tor *der; -s, ...oren* ⟨*germ.-it.*⟩: Künstler, der Stuckplastiken herstellt; Stuckkünstler. **Stu|cka|to|rin** *die; -, -nen:* weibliche Form zu ↑ Stuckator

Stu|cka|tur *die; -, -en:* [künstlerische] Stuckarbeit

Stu|dent *der; -en, -en* ⟨*lat.*⟩: a) zur wissenschaftlichen Ausbildung an einer Hochschule od. Fachhochschule Immatrikulierter; Studierender, Hochschüler; b) (österr.) Schüler einer höheren Schule

Stu|den|ti|ka *die* (Plural) ⟨*lat.-nlat.*⟩: (veraltet) Werke über Wesen u. Geschichte des Studententums

Stu|den|tin *die; -, -nen:* weibliche Form zu ↑ Student

stu|den|tisch: a) [die] Studierenden betreffend; b) von, durch, mit Studierenden

Stu|die [...jə] *die; -, -n:* Entwurf, kurze [skizzenhafte] Darstellung; Vorarbeit [zu einem Werk der Wissenschaft od. Kunst]; Übung

Stu|di|en: Plural von ↑ Studie u. ↑ Studium

Stu|di|en|an|stalt *die; -, -en:* (hist.) höhere Mädchenschule

Stu|di|en|as|ses|sor *der; -s, -en:* (früher) Anwärter auf das höhere Lehramt nach der zweiten Staatsprüfung. **Stu|di|en|as|ses|so|rin** *die; -, -nen:* weibliche Form zu ↑ Studienassessor

Stu|di|en|di|rek|tor *der; -s, -en:* a) Ehrentitel für einen Lehrer in der DDR; b) Beförderungsstufe für einen Oberstudienrat (als Stellvertreter des Direktors). **Stu|di|en|di|rek|to|rin** *die; -, -nen:* weibliche Form zu ↑ Studiendirektor

Stu|di|en|kol|leg *das; -s, -s u. -ien:* Vorbereitungskurs an einer Hochschule, bes. für ausländische Studierende

Stu|di|en|rat *der; -s, ...räte:* 1. beamteter Lehrer an einer höheren Schule. 2. Ehrentitel für einen Lehrer in der DDR. **Stu|di|en|rä|tin** *die; -, -nen:* weibliche Form zu ↑ Studienrat

Stu|di|en|re|fe|ren|dar *der; -s, -e:* Anwärter auf das höhere Lehramt nach der ersten Staatsprüfung. **Stu|di|en|re|fe|ren|da|rin**

die; -, -nen: weibliche Form zu ↑ Studienreferendar

stu|die|ren ⟨*lat.;* „etwas eifrig betreiben"⟩: 1. a) eine Universität, Hochschule besuchen; b) Kenntnisse auf einem bestimmten Fachgebiet durch ein Studium erwerben. 2. a) genau untersuchen, beobachten, erforschen; b) genau, prüfend durchlesen; c) einüben, einstudieren

Stu|die|ren|de *der* u. *die;* -n, -n: jmd., der an einer Hochschule, Universität studiert; Student, Studentin

Stu|dio *das;* -s, -s ⟨*lat.-it.*⟩: 1. Künstlerwerkstatt, Atelier (z. B. einer Malerin). 2. Produktionsstätte für Rundfunk-, Fernsehsendungen, Filme, Schallplatten. 3. kleines [Zimmer]theater od. Kino, in dem bes. experimentelle Stücke, Filme od. Inszenierungen gebracht werden. 4. Übungs- u. Trainingsraum für Tänzer[innen]. 5. (veraltend) abgeschlossene Einzimmerwohnung

Stu|di|o|lo *das;* -, ...li ⟨*it.*⟩: 1. ital. Bez. für: Studier-, Arbeitszimmer. 2. Raum in städtischen Palästen in Italien, in dem Luxusgegenstände, Handschriften, Bilder o. Ä. aufbewahrt werden (seit dem 16. Jh.)

Stu|di o|mu|si|ker *der;* -s, -: Musiker, der selbst nicht öffentlich auftritt, sondern für Aufnahmen anderer Künstler engagiert wird. **Stu|di o|mu|si|ke|rin** *die;* -, -nen: weibliche Form zu ↑ Studiomusiker

Stu|di o|qua|li|tät *die;* -, -en: hohe technische Qualität, wie sie nur in einem Studio (2) erreicht wird

Stu|di o|sus *der;* -, ...si ⟨*lat.*⟩: (scherzh. veraltend) Studierender, Student

Stu|di|um *das;* -s, ...ien ⟨*lat.(-mlat.)*⟩: 1. (ohne Plural) akademische Ausbildung an einer Hochschule. 2. a) eingehende [wissenschaftliche] Beschäftigung mit etwas; b) (ohne Plural) genaue, kritische Prüfung, kritisches Durchlesen; c) (ohne Plural) das Einüben, Erlernen

Stu|di|um ge|ne|ra|le *das;* - - ⟨*lat.-mlat.*⟩: 1. frühe Form der Universität im Mittelalter. 2. Vorle-

sungen allgemein bildender Art an Hochschulen

Stu|fal|ta [st...] *die;* -, -s ⟨*vulgär-lat.-it.*⟩: ital. Bez. für: geschmortes Rindfleisch

Stuf|fer [ˈstʌfə] *der;* -s, - ⟨*engl.-amerik.*⟩: kleiner Prospekt, der Postsendungen beigefügt wird

Stuk|ka|teur [ʃtʊkaˈtøːɐ̯] usw.: frühere Schreibung für ↑ Stuckateur usw.

Stun|dis|mus *der;* - ⟨*dt.-nlat.*⟩: durch pietistische Erbauungs„stunden" deutscher Siedler angeregte Erweckungsbewegung südrussischer Bauern in der zweiten Hälfte des Jhs. Jh.s

Stunt [stʌnt] *der;* -s, -s ⟨*engl.-amerik.*⟩: gefährliches akrobatisches Kunststück, bes. als Szene eines Films

Stunt|frau [ˈstʌnt...] *die;* -, -en: ↑ Stuntwoman. **Stunt|girl** [...ɡəːl] *das;* -s, -s: ↑ Stuntwoman

Stunt|man [...mən] *der;* -[s], ...men [...mən]: Mann, der sich auf Stunts spezialisiert hat u. entsprechende Szenen für den eigentlichen Darsteller übernimmt. **Stunt|wo|man** [...wʊmən] *die;* -, ...men [...wɪmɪn]: weibliche Form zu ↑ Stuntman

Stu|pa [ˈʃt..., ˈst...] *der;* -s, -s ⟨*sanskr.*⟩: massiver buddhistischer Kultbau, der als Grab- od. Erinnerungsmal dient

stu|pend [ʃt..., st...] ⟨*lat.*⟩: erstaunlich, verblüffend

stu|pid u. **stu|pi|de** [ʃt..., st...] ⟨*lat.-fr.*⟩: a) dumm, beschränkt; ohne geistige Interessen; b) langweilig, monoton, stumpfsinnig

Stu|pi|di|tät *die;* -, -en ⟨*lat.-nlat.*⟩: 1. (ohne Plural) a) Beschränktheit, Dummheit, Geistlosigkeit; b) Langeweile, Monotonie, Stumpfsinn. 2. von Geistlosigkeit zeugende Handlung, Bemerkung o. Ä.

Stu|por *der;* -s ⟨*lat.*⟩: (Med.) völlige körperliche u. geistige Regungslosigkeit, Starrheit

stu|pr ie|ren ⟨*lat.*⟩: (veraltet) vergewaltigen. **Stu|p rum** *das;* -s, ...pra: (veraltet) Vergewaltigung

Sty|gal [st..., ʃt...] *das;* -s ⟨*gr.;* zu Styx, dem Fluss der griechischen Unterwelt⟩: von Grundwasser durchströmte Hohlräume in Sanden, Kiesen, Schottern u. Kluften des Erd-

bodens als Lebensraum von Stygobionten

sty|gisch: schauerlich, kalt

Sty|go|bi|ont *der;* -n, -n: (Biol.) im Stygal lebender Organismus

Style [staɪl] *der;* -s, - ⟨*engl.*⟩: engl. Bez. für: Stil

Style|guide [ˈstaɪlɡaɪt] *der;* -s, -s ⟨*engl.*⟩: Leitfaden für Stilfragen (z. B. für Fragen der Mode od. als Liste von Grundsätzen des Layouts u. der Stilistik journalistischer Texte)

sty|len [ˈstaɪln̩] ⟨*lat.-engl.*⟩: 1. das Styling von etwas entwerfen, gestalten. 2. seine äußere Aufmachung durch Kosmetik, Kleidung u. Ä. zurechtmachen

Style ra ly|on|nant [stilʁɛjɔˈnã] *der;* - - ⟨*fr.;* „strahlender Stil"⟩: (Kunstwiss.) Stilrichtung der französischen Gotik, die durch ein reiches Maßwerk gekennzeichnet ist

Sty|li: Plural von ↑ Stylus

Sty|ling [ˈstaɪlɪŋ] *das;* -s, -s ⟨*lat.-engl.*⟩: 1. Formgebung, Design, Gestaltung. 2. durch Frisur, Kleidung, Kosmetik u. Ä. bestimmte Aufmachung eines Menschen

Sty|list [staɪˈlɪst] *der;* -en, -en ⟨*engl.*⟩: Formgestalter; jmd., der das Styling (1) entwirft (Berufsbez.). **Sty|lis|tin** *die;* -, -nen: weibliche Form zu ↑ Stylist

Sty|lit [st..., ʃt...] *der;* -en, -en ⟨*gr.*⟩: frühchristlicher Asket, der auf einer Säule lebte; Säulenheiliger

Sty|lo|bat *der;* -en, -en ⟨*gr.-lat.*⟩: oberste Stufe des griechischen Tempels, auf der die Säulen stehen

Sty|lo|gra|phie, auch: ...grafie [st..., ʃt...] *die;* - ⟨*lat.; gr.*⟩: Herstellung von Kupferdruckplatten

Sty|lo|lith [st..., ʃt..., auch: ...ˈlɪt] *der;* -s u. -en, -e[n] ⟨*gr.-nlat.*⟩: (Geol.) in sich verzahnte, unregelmäßige Auflösungsfläche, die unter Druck in Kalkstein entsteht

Sty|lus [ˈst..., ˈʃt...] *der;* -, Styli ⟨*lat.*⟩: 1. (Bot.) Griffel am Fruchtknoten von Blüten. 2. (Zool.) griffelartiges Rudiment von Gliedmaßen an Hinterleib mancher Insekten. 3. (Med.) Arzneimittel in Stäbchenform zum Einführen od. Ätzen; Arzneistift

S

Stym|pha|li|de [st..., ʃt...] *der;* -n, -n (meist Plural) ⟨*gr.-lat.*⟩: vogelartiges Ungeheuer in der griechischen Mythologie

Styp|sis [st..., ʃt...] *die;* -: (Med.) Blutstillung

Styp|ti|kum *das;* -s, ...ka: (Med.) 1. blutstillendes Mittel. 2. Mittel gegen Durchfall

Sty|rax ['st..., ʃt...] u. Storax *der;* -[es], -e ⟨*gr.-lat.*⟩: 1. (in vielen Arten in den Tropen u. Subtropen heimischer) Strauch od. Baum mit weißen Blüten. 2. aromatisch riechender Balsam, der für Heilzwecke sowie in der Parfümindustrie verwendet wird

Sty|rol *das;* -s ⟨*gr.; arab.*⟩: zu den Kohlenwasserstoffen gehörende farblose, benzolartig riechende Flüssigkeit, die zur Herstellung von Kunststoffen verwendet wird

Sty|ro|por® *das;* -s ⟨*gr.; lat.*⟩: weißer, sehr leichter, aus kleinen, zusammengepressten Kügelchen bestehender schaumstoffartiger Kunststoff, der bes. als Dämmstoff u. Verpackungsmaterial verwendet wird

Su|a|da (österr. nur so) u. **Su|a|de** *die;* -, ...den ⟨*lat.*⟩: 1. wortreiche Rede; ununterbrochener Redefluss, Redeschwall. 2. (ohne Plural) Beredsamkeit, Überredungskunst

Su|a|he|li, Swahili *das;* -[s] ⟨*arab.;* nach dem afrikan. Volk der Suaheli⟩: zu den Bantusprachen gehörende, weit verbreitete Handels- u. Amtssprache in Ostafrika

Su|a|so|rie [...jə] *die;* -, -n ⟨*lat.*⟩: Schulübung, bei der meist aus Geschichte od. Sage bekannte Entscheidungen berühmter Persönlichkeiten mit Gründen u. Gegengründen erörtert werden (in der altrömischen Rhetorik)

su|a|so|risch: zum Überreden geeignet, der Überredung dienend

sua spon|te [- ˈsp...] ⟨*lat.*⟩: aus eigenem Antrieb, freiwillig

su|a|ve ⟨*lat.-it.*⟩: (Mus.) lieblich, sanft (Vortragsanweisung)

¹Sub *das;* -s, -s ⟨*lat.*⟩: ↑ Supra

²Sub [zap, sʌb] *der;* -s, -s ⟨*lat.-engl.-amerik.*⟩: 1. Lokalität, Wirkungsbereich, Treffpunkte, Kommunikationszentren o. Ä.

einer subkulturellen Gruppe. 2. Angehöriger einer subkulturellen Gruppe

³Sub *die;* - ⟨*lat.*⟩: Kurzform von ↑ Subkultur

sub..., Sub...

⟨*lat.* sub „unter, um, gegen; unterhalb, bei"⟩
Präfix mit der Bedeutung „unter, sich unterhalb befindend, niedriger als ...":
– Subkontinent
– Subkultur
– subkutan
– submarin
– subtropisch

Sub|a|ci|di|tät *die;* - ⟨*lat.-nlat.*⟩: (Med.) verminderter Säuregehalt (z. B. des Magensaftes)

sub|a|e|risch: sich unter Mitwirkung der freien Atmosphäre (z. B. Wind, Temperatur) vollziehend (von biologischen Vorgängen)

sub|a|kut: (Med.) weniger heftig verlaufend (von krankhaften Prozessen)

sub|al|pin, sub|al|pi|nisch: 1. (Geogr.) räumlich unmittelbar an die Alpen anschließend. 2. (von der Nadelwaldzone bis) 1 600 – 2 000 m Höhe) bis zur Baumgrenze reichend

sub|al|tern ⟨*lat.*⟩: 1. (abwertend) in beflissener Weise unterwürfig, untertänig, devot. 2. a) nur einen untergeordneten Rang einnehmend, nur beschränkte Entscheidungsbefugnis habend; b) (abwertend) geistig unselbstständig; auf einem niedrigen geistigen Niveau stehend

Sub|al|ter|na|ti|on *die;* - ⟨*lat.-nlat.*⟩: (Logik) Unterordnung eines Begriffs unter einen anderen von weiterem Umfang od. eines Teilurteils unter ein allgemeines Urteil. **sub|al|ter|nie|ren:** (Logik) unterordnen, ein besonderes Urteil unter ein allgemeines unterordnen

Sub|al|ter|ni|tät *die;* -: das Subalternsein

sub|ant|ark|tisch: (Geogr.) zwischen Antarktis u. gemäßigter Klimazone gelegen

sub|a|qual ⟨*lat.-nlat.*⟩: (Biol., Med.) unter Wasser befindlich; sich unter Wasser vollziehend

sub|a|qua|tisch: unter der Wasseroberfläche gelegen (von geologischen Vorgängen u. Erscheinungen)

sub|ark|tisch: (Geogr.) zwischen Arktis u. gemäßigter Klimazone gelegen

Sub|ar|ren|da|tor *der;* -s, ...toren ⟨*lat.-mlat.*⟩: (veraltet) jmd., der etwas von jmdm. pachtet, der selbst Pächter ist

sub|ar|ren|die|ren: (veraltet) etwas von jmdm. pachten, der selbst Pächter ist

Sub|at|lan|ti|kum *das;* -s ⟨*nlat.*⟩: (Geol.) jüngste Stufe des Alluviums. **sub|at|lan|tisch:** das Subatlantikum betreffend

sub|a|to|mar ⟨*lat.; gr.-nlat.*⟩: (Phys.) a) kleiner als ein Atom; b) die Elementarteilchen u. Atomkerne betreffend

Sub|a|zi|di|tät *die;* vgl. Subacidität

Sub|bo|re|al *das;* -s ⟨*lat.; gr.-lat.*⟩: (Geol.) zweitjüngste Stufe des Alluviums

Sub|bot|nik *der;* -[s], -s ⟨*russ.*⟩: (früher) in der DDR in einem besonderen Einsatz [an einem Sonnabend] freiwillig u. unentgeltlich ausgeführte Arbeit

sub|der|mal ⟨*lat.; gr.-nlat.*⟩: ↑ subkutan

Sub|di|a|kon *der;* -s u. -en, -e[n] ⟨⟨*lat.; gr.*⟩ *lat.*⟩: (kath. Kirche früher) Geistlicher, der unter einem Diakon steht. **Sub|di|a|ko|nat** *das* (auch: *der*); -[e]s, -e: Stand u. Würde eines Subdiakons

Sub|di|vi|si|on *die;* -, -en ⟨*lat.*⟩: (Philos.) Unterteilung

Sub|do|main [...dəmɛɪn] *die;* -, -s od. *das;* -[s], -s ⟨*lat.-fr.-engl.*⟩: Untergruppe einer ↑ Domain (1)

Sub|do|mi|nan|te *die;* -, -n ⟨*lat.-it.*⟩: (Mus.) a) vierte Stufe einer diatonischen Tonleiter; b) auf einer Subdominante (a) aufgebauter Dreiklang

sub|du|ral ⟨*lat.-nlat.*⟩: (Med.) unter der harten Hirnhaut gelegen (z. B. von Abszessen)

Su|be|rin *das;* -s, -e ⟨*lat.-nlat.*⟩: hochmolekulare Substanz, die als Stoffwechselprodukt der höheren Pflanzen in den Zellwänden des Kork bildenden Gewebes abgelagert wird u. dieses gegen Flüssigkeiten u. Gase undurchlässig macht

sub|fe|b|ril ⟨*lat.-nlat.*⟩: (Med.) leicht erhöht, aber noch nicht fieberhaft (von der Körpertemperatur)

sub|fos|sil ⟨*lat.-nlat.*⟩: (Biol.) in geschichtlicher Zeit ausgestorben (von Tieren u. Pflanzen)

sub|gla|zi|al ⟨*lat.-nlat.*⟩: (Geol.) unter dem Gletscher[eis] befindlich, vor sich gehend

sub has|ta ⟨*lat.*⟩: (veraltet) unter dem Hammer

Sub|has|ta|ti|on *die; -, -en:* (veraltet) öffentliche Versteigerung; Zwangsversteigerung. **sub|has|tie|ren:** (veraltet) öffentlich versteigern

Sub|i|ma|go *die; -, …gines* ⟨*lat.-nlat.*⟩: (Zool.) Entwicklungsstadium der geflügelten, aber noch nicht geschlechtsreifen Eintagsfliege

Su|bi|tan|lei *das; -[e]s, -er* ⟨*lat.; dt.*⟩: von einigen niederen Tieren (z. B. Wasserflöhen, Blattläusen) in der warmen Jahreszeit abgelegtes dünnschaliges, dotterarmes, sich schnell entwickelndes Ei

su|bi|to ⟨*lat.-it.*⟩: (Mus.) schnell, sofort anschließend (Vortragsanweisung)

Sub|jekt *das; -[e]s, -e* ⟨*lat.*⟩: 1. [auch: ˈzʊp…] (Philos.) erkennendes, mit Bewusstsein ausgestattetes, handelndes Ich; Ggs. ↑ Objekt (1 b). 2. [auch: ˈzʊp…] (Sprachw.) Satzglied, in dem dasjenige (z. B. eine Person, ein Sachverhalt) genannt ist, worüber eine Aussage gemacht wird: Satzgegenstand. 3. [auch: ˈzʊp…] (Mus.) Thema einer kontrapunktischen Komposition, bes. einer Fuge. 4. (abwertend) verachtenswerter Mensch

Sub|jek|ti|on *die; -, -en:* (Rhet.) das Aufwerfen einer Frage, die man anschließend selbst beantwortet

sub|jek|tiv [auch: ˈzʊp…]: 1. (Philos.) zu einem Subjekt (1) gehörend, von einem Subjekt ausgehend, abhängig. 2. von persönlichen Gefühlen, Interessen, von Vorurteilen bestimmt; voreingenommen, befangen, unsachlich

sub|jek|ti|vie|ren: dem persönlichen subjektiven (1) Bewusstsein gemäß betrachten, beurteilen, interpretieren

Sub|jek|ti|vis|mus *der; -* ⟨*lat.-nlat.*⟩: 1. philosophische Anschauung, nach der es keine objektive Erkenntnis gibt, sondern alle Erkenntnisse Schöpfungen des subjektiven Bewusstseins sind. 2. subjektivistische (b) Haltung, Ichbezogenheit

Sub|jek|ti|vist *der; -en, -en:* 1. Vertreter des Subjektivismus (1). 2. jmd., der subjektivistisch (b) ist, denkt. **Sub|jek|ti|vis|tin** *die; -, -nen:* weibliche Form zu ↑ Subjektivist

sub|jek|ti|vis|tisch: 1. den Subjektivismus (1) betreffend, von ihm geprägt, zu ihm gehörend. 2. ichbezogen

Sub|jek|ti|vi|tät *die; -:* 1. (bes. Philos.) subjektives (1) Wesen (einer Sache); das Subjektivsein. 2. subjektive (2) Haltung; das Subjektivsein

Sub|jekt|satz *der; -es, …sätze:* (Sprachw.) Subjekt (2) in Gestalt eines Gliedsatzes

Sub|jekts|ge|ni|tiv *der; -s, -e:* ↑ Genitivus subiectivus

Sub|junk|ti|on *die; -, -en* ⟨*lat.*⟩: 1. objektsprachliche Verknüpfung von Aussagen zu einer neuen Aussage derselben Grundstufe mit der logischen Partikel der Bedingung „wenn – dann". 2. ↑ Hypotaxe. 3. ↑ Konjunktion (1)

Sub|junk|tiv [auch: …ˈtiːf] *der; -s, -e* ⟨*lat.*⟩: (selten) ↑ Konjunktiv

sub|kon|s|zi|ent ⟨*lat.-nlat.*⟩: (Psychol.) unterbewusst

Sub|kon|ti|nent *der; -[e]s, -e* ⟨*lat.-nlat.*⟩: geographisch geschlossener Teil eines Kontinents, der aufgrund seiner Größe u. Gestalt eine gewisse Eigenständigkeit hat, z. B. der indische Subkontinent

Sub|kon|t|ra|ok|ta|ve ⟨*lat.-nlat.*⟩: (Mus.) Oktave, die unter der Kontraoktave liegt

sub|krus|tal ⟨*lat.-nlat.*⟩: (Geol.) unter der Erdkruste gelegen

Sub|kul|tur *die; -, -en* ⟨*lat.-nlat.*⟩: (Soziol.) innerhalb eines Kulturbereichs, einer Gesellschaft bestehende, von einer bestimmten gesellschaftlichen, ethnischen o. ä. Gruppe getragene Kultur mit eigenen Normen u. Werten. **sub|kul|tu|rell:** zu einer Subkultur gehörend, sie betreffend

sub|ku|tan ⟨*lat.*⟩: (Med.) 1. unter der Haut befindlich. 2. unter die Haut appliziert

su|b|til ⟨*lat.*⟩: a) nur mit großer Feinsinnigkeit wahrnehmbar, verständlich; nur einem sehr feinen Verständnis od. Empfinden zugänglich; b) von Feinsinnigkeit, feinem Verständnis, großer Empfindsamkeit zeugend

Su|b|li|mat *das; -[e]s, -e* ⟨*lat.-nlat.*⟩: 1. (veraltet) Quecksilberchlorid. 2. bei der Sublimation (2) sich niederschlagende feste Substanz

Su|b|li|ma|ti|on *die; -, -en:* 1. das Sublimieren (1). 2. (Chem.) das Sublimieren (2); vgl. …ation/…ierung

su|b|li|mie|ren ⟨*lat.*⟩: 1. a) auf eine höhere Ebene erheben, ins Erhabene steigern; verfeinern, veredeln; b) (Psychol.) einen Trieb in kulturelle, künstlerische o. ä. Leistungen umsetzen. 2. (Chem.) a) unmittelbar vom festen in den gasförmigen Zustand übergehen u. umgekehrt; b) vom festen unmittelbar in den gasförmigen Zustand überführen u. umgekehrt

Su|b|li|mie|rung *die; -, -en* ⟨*lat.-nlat.*⟩: 1. das Sublimieren (1). 2. das Sublimieren (2); vgl. …ation/…ierung

su|b|li|mi|nal: (Psychol.) unterschwellig

Su|b|li|mi|tät *die; -* ⟨*lat.*⟩: (selten) das Sublimsein; Erhabenheit

sub|lin|gu|al ⟨*lat.*⟩: (Med.) unter der Zunge liegend

Sub|lo|ka|ti|on *die; -, -en* ⟨*lat.-nlat.*⟩: (veraltet) Untermiete

sub|lu|na|risch ⟨*lat.*⟩: (veraltet) irdisch

Sub|lu|xa|ti|on *die; -, -en* ⟨*lat.-nlat.*⟩: (Med.) nicht vollständige Luxation

sub|ma|rin ⟨*lat.-nlat.*⟩: (Geol., Biol.) unter der Meeresoberfläche lebend od. befindlich

sub|men|tal ⟨*lat.-nlat.*⟩: (Med.) unter dem Kinn gelegen

Sub|mer|genz *die; -* ⟨*lat.-nlat.*⟩: ↑ Submersion (1)

sub|mers ⟨*lat.; "untergetaucht"⟩:* unter Wasser lebend (von Wasserpflanzen); Ggs. ↑ emers

Sub|mer|si|on *die; -, -en:* 1. (Geol.) Untertauchen des Festlandes unter den Meeresspiegel. 2. (veraltet) Überschwemmung

S

3. (Theol.) das Hineintauchen des Täuflings ins Wasser

Sub|mi|k|ro|nen die (Plural): unter dem Ultramikroskop gerade noch erkennbare Teilchen

sub|mi|k|ros|ko|pisch: unter einem optischen Mikroskop nicht mehr erkennbar

Sub|mi|nis|t|ra|ti|on die; -, -en ⟨lat.⟩: (veraltet) Vorschubleistung. **sub|mi|nis|t|rie|ren:** (veraltet) Vorschub leisten, behilflich sein

sub|miss ⟨lat.⟩: (veraltet) ehrerbietig; untertänig, demütig

Sub|mis|si|on die; -, -en: 1. (veraltet) Ehrerbietigkeit, Unterwürfigkeit; Unterwerfung. 2. öffentliche Ausschreibung einer Arbeit [durch die öffentliche Hand] u. Vergabe des Auftrags an denjenigen, der das günstigste Angebot liefert. 3. (regional) a) Kaufhandlung; b) Musterausstellung der Herstellerbetriebe zur Entgegennahme von Aufträgen des Handels

Sub|mit|tent der; -en, -en: (Wirtsch.) jmd., der sich um einen Auftrag bewirbt. **Sub|mit|ten|tin** die; -, -nen: weibliche Form zu ↑ Submittent

sub|mit|tie|ren: (Wirtsch.) sich um einen Auftrag bewerben

sub|mu|kös ⟨lat.-nlat.⟩: (Med.) unter der Schleimhaut gelegen

sub|ni|val ⟨lat.-nlat.⟩: (Geogr.) unmittelbar unterhalb der Schneegrenze gelegen, vorkommend

Sub|nor|ma|le die; -[n], -n: (Math.) in der analytischen Geometrie die Projektion einer Normalen auf die Abszissenachse

sub|or|bi|tal ⟨lat.-nlat.⟩: nicht in eine Umlaufbahn gelangend

Sub|or|di|na|ti|on die; -, -en ⟨lat.-mlat.⟩: 1. (veraltend) a) Unterordnung; Gehorsam, bes. gegenüber einem militärischen Vorgesetzten; b) untergeordnete, abhängige Stellung. 2. (Sprachw.) ↑ Hypotaxe; Ggs. ↑ Koordination (2)

sub|or|di|na|tiv: (Sprachw.) die Subordination (2) betreffend

sub|or|di|nie|ren: 1. (Sprachw.) einen Satz unterordnend bilden; **subordinierende Konjunktion:** unterordnendes Bindewort. 2. (veraltend) einer weisungsbefugten Institution unterstellen

Sub|o|xid, auch: **Sub|o|xyd** das; -[e]s, -e: (Chem.) Oxid mit vermindertem Sauerstoffgehalt

sub|pe|ri|os|tal ⟨(lat.; gr.) nlat.⟩: (Med.) unter der Knochenhaut gelegen (z. B. von Hämatomen)

sub|phre|nisch: ↑ hypophrenisch

sub|po|lar: (Geogr.) zwischen den Polen u. der gemäßigten Klimazone gelegen

Sub|pri|or der; -s, ...oren ⟨lat.-mlat.⟩: Stellvertreter eines Priors

Sub|rep|ti|on die; -, -en ⟨lat.; „Erschleichung"⟩: 1. (Rechtsw. veraltet) unrechtmäßige Erlangung eines [rechtlichen] Erfolges durch Entstellung od. Verschleierung des wahren Sachverhalts. 2. (Logik) das Erhalten eines [bewusst fehlerhaften] Beweisschlusses durch Stützung auf Voraussetzungen, die nicht auf Tatsachen beruhen

sub|re|zent ⟨lat.⟩: (Geol.) zeitlich unmittelbar vor der erdgeschichtlichen Gegenwart liegend

sub|ro|gie|ren ⟨lat.⟩: (veraltet) 1. [einen Wahlkandidaten anstelle eines anderen] unterschieben. 2. ein Recht an einen anderen abtreten

sub ro|sa ⟨lat.; „unter der Rose" (dem Sinnbild der Verschwiegenheit)⟩: unter dem Siegel der Verschwiegenheit

Sub|ro|si|on die; -, -en ⟨lat.-nlat.⟩: (Geol.) Auflösung von Salz- od. Gipsschichten durch Grundwasser

sub|se|kul|tiv ⟨lat.-nlat.⟩: (veraltet) nachfolgend

Sub|se|mi|to|ni|um das; -s ⟨lat.⟩: (Mus.) Leitton der Tonleiter

sub|se|quent ⟨lat.⟩: (Geogr.) den weicheren Gesteinsschichten folgend (von Flüssen)

sub|si|di|är ⟨lat.-fr.⟩ u. **sub|si|di|a|risch** ⟨lat.⟩: a) unterstützend, Hilfe leistend; b) behelfsmäßig, als Behelf dienend; **subsidiäres Recht:** (Rechtsw.) Rechtsbestimmung, die nur dann zur Anwendung gelangt, wenn das übergeordnete Recht keine Vorschriften enthält

Sub|si|di|a|ris|mus der; - ⟨lat.-nlat.⟩: a) das Gelten des Subsidiaritätsprinzips (in einer sozialen Ordnung); b) das Streben nach, das Eintreten für Subsidiarismus (a)

Sub|si|di|a|ri|tät die; -: 1. (Pol.; Soziol.) gesellschaftspolitisches Prinzip, nach dem übergeordnete gesellschaftliche Einheiten (z. B. der Staat, ein Staatenbündnis) nur solche Aufgaben übernehmen sollen, zu deren Wahrnehmung untergeordnete Einheiten (z. B. die Familie, ein Gliedstaat) nicht in der Lage sind. 2. (Rechtsw.) das Subsidiärsein einer Rechtsnorm

Sub|si|di|um das; -s, ...ien ⟨lat.⟩: 1. (veraltet) Beistand, Rückhalt, Unterstützung. 2. (meist Plural) einem Krieg führenden Staat von einem Verbündeten zur Verfügung gestellte Hilfsgelder (od. materielle Hilfen)

sub si|gil|lo [con|fes|si|o|nis] ⟨lat.; „unter dem Siegel (der Beichte)"⟩: unter dem Siegel der Verschwiegenheit

Sub|sis|tenz die; -, -en ⟨lat.⟩: 1. (ohne Plural; Philos.) das Bestehen durch sich selbst, das Substanzsein (in der Scholastik). 2. (veraltet) a) [Lebens]unterhalt, materielle Lebensgrundlage; b) (ohne Plural) materielle Existenz

sub|sis|tie|ren: 1. (Philos.) für sich [unabhängig von anderem] bestehen. 2. (veraltet) seinen Lebensunterhalt haben

Sub|s|k|ri|bent der; -en, -en ⟨lat.; „Unterzeichner"⟩: (Buchw.) jmd., der etwas subskribiert. **Sub|s|k|ri|ben|tin** die; -, -nen: weibliche Form zu ↑ Subskribent

sub|s|k|ri|bie|ren: (Buchw.) sich verpflichten, ein noch nicht [vollständig] erschienenes Druckerzeugnis zum Zeitpunkt des Erscheinens abzunehmen; vorausbestellen

Sub|s|k|rip|ti|on die; -, -en: 1. (Buchw.) Vorherbestellung von später erscheinenden Büchern [durch Unterschrift] (meist zu niedrigerem Preis). 2. am Schluss einer antiken Handschrift stehende Angabe über Inhalt, Verfasser, Schreiber usw. des Werkes. 3. Verpflichtung, eine bestimmte Anzahl von ↑ emittierten (1) Wertpapieren zu kaufen

sub|so|nisch ⟨lat.-engl.⟩: mit einer Geschwindigkeit unterhalb der Schallgeschwindigkeit fliegend

sub spe|cie ae|ter|ni|ta|tis [- ˈspe:-

S

tsie ε...] ⟨lat.⟩: unter dem Gesichtspunkt der Ewigkeit

Sub|spe|zi|es die; -, - ⟨lat.-nlat.⟩: Unterart (in der Tier- u. Pflanzensystematik)

Sub|stan|dard der; -s ⟨lat.; engl.⟩: a) (bes. österr.) unterdurchschnittliche Qualität; b) (Sprachw.) Sprachebene unterhalb der Hochsprache

Sub|stan|dard|woh|nung die; -, -en: (bes. österr.) Wohnung ohne eigene Toilette u. ohne fließendes Wasser

sub|s|tan|ti|al vgl. substanzial

Sub|s|tan|ti|a|lis|mus vgl. Substanzialismus

Sub|s|tan|ti|a|li|tät vgl. Substanzialität

sub|s|tan|ti|ell vgl. substanziell

sub|s|tan|ti|ie|ren vgl. substanziieren

Sub|s|tan|tiv [auch: ...'ti:f] das; -s, -e: ⟨lat.⟩: (Sprachw.) Wort, das ein Ding, ein Lebewesen, einen Begriff o. Ä. bezeichnet; Nomen; Haupt-, Dingwort

sub|s|tan|ti|vie|ren ⟨lat.-nlat.⟩: zu einem Substantiv machen, als Substantiv gebrauchen

Sub|s|tan|ti|vie|rung die; -, -en: 1. (ohne Plural) das Substantivieren. 2. substantivisch gebrauchtes Wort (einer nicht substantivischen Wortart)

sub|s|tan|ti|visch [auch: ...'ti:vɪʃ] ⟨lat.⟩: als Substantiv, wie ein Substantiv [gebraucht], durch ein Substantiv [ausgedrückt]; nominal; haupt-, dingwörtlich; **substantivischer Stil:** ↑ Nominalstil

Sub|s|tan|ti|vum das; -s, ...va ⟨lat.⟩: ↑ Substantiv

Sub|s|tanz die; -, -en: 1. Stoff, Materie. 2. (Philos.) a) für sich Seiendes, unabhängig (von anderen) Seiendes; b) das eigentliche Wesen der Dinge. 3. das den Wert Ausmachende, das Wesentliche, Wichtige. 4. das als Grundstock Vorhandene; fester Bestand

sub|s|tan|zi|al, auch: substanzial: ↑ substanziell; vgl. ...al/...ell

Sub|s|tan|zi|a|lis|mus, auch: Substantialismus der; - ⟨lat.-nlat.⟩: philosophische Lehre, nach der die Seele eine Substanz, ein dinghaftes Wesen ist

Sub|s|tan|zi|a|li|tät, auch: Substantialität die; -: 1. (Philos.) das Substanzsein, substanziel-

les Wesen. 2. das Substanziellsein

sub|s|tan|zi|ell, auch: substantiell: 1. die Substanz (1) betreffend, stofflich, materiell. 2. die Substanz (4) betreffend, zu ihr gehörend, sie [mit] ausmachend. 3. die Substanz (3) einer Sache betreffend, wesentlich. 4. (veraltend) nahrhaft, gehaltvoll. 5. (Philos.) wesenhaft; vgl. ...al/...ell

sub|s|tan|zi|ie|ren, auch: substantiieren ⟨lat.-nlat.⟩: mit Substanz (3) erfüllen, [durch Tatsachen] belegen, begründen

Sub|s|ti|tu|ent der; -en, -en ⟨lat.⟩: Atom od. Atomgruppe, die andere Atome od. Atomgruppen in einem Atomgefüge ersetzen kann, ohne dieses grundlegend zu verändern

sub|s|ti|tu|ie|ren: austauschen, ersetzen; einen Begriff anstelle eines anderen setzen

¹**Sub|s|ti|tut** das; -[e]s, -e: Ersatz[mittel], Surrogat

²**Sub|s|ti|tut** der; -en, -en ⟨lat.⟩: a) Stellvertreter, Ersatzmann, Untervertreter; b) Verkaufsleiter

Sub|s|ti|tu|ti|on die; -, -en: das Substituieren

Sub|s|ti|tu|ti|ons|the|ra|pie die; -: a) medikamentöser Ersatz eines dem Körper fehlenden lebensnotwendigen Stoffes (z. B. von Insulin bei Diabetes); b) medikamentöser Ersatz einer Droge durch eine Ersatzdroge (z. B. von Heroin durch Methadon) im Rahmen einer ambulanten Therapie

Sub|s|t|rat das; -[e]s, -e ⟨lat.⟩: 1. das einer Sache Zugrundeliegende; Grundlage, Basis. 2. (Philos.) die eigenschaftslose Substanz eines Dinges als Träger seiner Eigenschaften. 3. (Sprachw.) a) Sprache, Sprachgut eines [besiegten] Volkes im Hinblick auf den Niederschlag, den sie in der übernommenen od. aufgezwungenen Sprache [des Siegervolkes] gefunden hat; b) eine der Substratsprache stammende Sprachgut einer Sprache; Ggs. ↑ Superstrat. 4. (Biol.) Nährboden. 5. (Biochem.) Substanz, die bei fermentativen Vorgängen abgebaut wird

Sub|s|t|ruk|ti|on die; -, -en ⟨lat.⟩: Unterbau, Grundbau

sub|su|mie|ren ⟨lat.-nlat.⟩: 1. einem Oberbegriff unterordnen, unter eine Kategorie einordnen; unter einem Thema zusammenfassen. 2. (Rechtsw.) einen konkreten Sachverhalt unter eine Rechtsnorm unterordnen

Sub|sum|ti|on die; -, -en: 1. Unterordnung von Begriffen unter einen Oberbegriff. 2. Unterordnung eines Sachverhaltes unter den Tatbestand einer Rechtsnorm

sub|sum|tiv: (Philos.) unterordnend, einbeziehend

Sub|sys|tem das; -s, -e: Bereich innerhalb eines Systems, der selbst Merkmale eines Systems aufweist

Sub|tan|gen|te die; -, -n: (Math.) Projektion einer Tangente auf die Abszissenachse

Sub|teen ['sʌbti:n] der; -s, -s ⟨engl.-amerik.⟩: (bes. Werbespr.) Junge od. Mädchen im Alter von etwa 10 bis 12 Jahren

sub|tem|po|ral ⟨lat.-nlat.⟩: (Med.) unter der Schläfe liegend

sub|ter|ran ⟨lat.⟩: (fachspr.) unterirdisch

sub|til ⟨lat.⟩: a) mit viel Feingefühl, mit großer Behutsamkeit, Sorgfalt, Genauigkeit vorgehend od. ausgeführt; detailliert; in die Feinheiten gehend; b) fein strukturiert [u. daher schwer zu durchschauen, zu verstehen]; schwierig, kompliziert

Sub|ti|li|tät die; -, -en: 1. (ohne Plural) subtiles Wesen, das Subtilsein. 2. etwas Subtiles; Feinheit

Sub|tra|hend der; -en, -en ⟨lat.⟩: (Math.) Zahl, die von einer anderen Zahl subtrahiert wird

sub|tra|hie|ren: (Math.) abziehen, vermindern

Sub|trak|ti|on die; -, -en: das Subtrahieren; Ggs. ↑ Addition (1).

sub|trak|tiv ⟨lat.-nlat.⟩: mit Subtraktion durchgeführt

Sub|tro|pen die (Plural): (Geogr.) zwischen den Tropen und der gemäßigten Zone gelegene Klimazone

sub|tro|pisch [auch: ...'tro:...]: in den Subtropen gelegen, für sie charakteristisch

sub|un|gu|al ⟨lat.-nlat.⟩: (Med.) unter dem Nagel befindlich

Su|b|urb ['sʌbə:b] die; -, -s ⟨lat.-engl.⟩: engl. Bez. für: Vorstadt

S

Sub|ur|ba|ni|sa|ti|on die; - ⟨lat.-nlat.⟩: Ausdehnung der Großstädte durch Angliederung von Vororten u. Trabantenstädten

Su|b|ur|bia [sə'bɑː:bɪə] die; - ⟨lat.-engl.(-amerik.)⟩: Gesamtheit der um die großen Industriestädte wachsenden Trabanten- u. Schlafstädte (in Bezug auf ihre Erscheinung u. die für sie typischen Lebensformen)

sub|ur|bi|ka|risch ⟨lat.⟩: vor der Stadt gelegen; **suburbikarisches Bistum:** eines von sieben kleinen, vor Rom gelegenen Bistümern, das einem Kardinalbischof ohne Leitungsvollmacht übergeben wird

Sub|ur|bi|um das; -s, ...ien: Vorstadt (bes. einer mittelalterlichen Stadt)

sub ut ra|que spe|cie [- - 'spe:tsi̯ə] ⟨lat.⟩: (Rel.) in beiderlei Gestalt (als Brot u. Wein, in Bezug auf das Abendmahl)

sub|ve|nie|ren ⟨lat.⟩: (veraltet) zu Hilfe kommen, unterstützen

Sub|ven|ti|on die; -, -en: zweckgebundene [finanzielle] Unterstützung bestimmter Wirtschaftszweige od. einzelner Unternehmen aus öffentlichen Mitteln; Staatszuschuss

sub|ven|ti|o|nie|ren ⟨lat.-nlat.⟩: durch zweckgebundene öffentliche Mittel unterstützen; mitfinanzieren

Sub|ver|si|on die; -, -en ⟨lat.⟩: meist im Verborgenen betriebene, auf den Umsturz der bestehenden staatlichen Ordnung zielende Tätigkeit

sub|ver|siv ⟨lat.-nlat.⟩: Subversion betreibend, umstürzlerisch

sub vo|ce [- 'vo:tsə] ⟨lat.⟩: unter [dem Stichwort, dem Thema]; Abk.: s. v.

Sub|vul|kan der; -s, -e ⟨lat.-nlat.⟩: (Geol.) in die äußeren Teile der Erdkruste eingedrungene magmatische Masse

Sub|way ['sʌbweɪ] die; -, -s ⟨engl.-amerik.⟩: 1. engl. Bez. für: Untergrundbahn. 2. (auch: der; -s, -s) Straßenunterführung

Sub|woo|fer ['sʌbwʊfə] der; -s, - ⟨engl.⟩: (in Verbindung mit zwei kleineren Satellitenboxen zur stereophonen Wiedergabe verwendete) große Lautsprecherbox für die tiefen Frequenzen beider Kanäle; vgl. Woofer

Suc|co|tash ['sʌkətæʃ] das; - ⟨indian.-engl.⟩: indianisches Gericht aus grünen Maiskörnern u. grünen Bohnen

Suc|cus vgl. Sucus

Su|cho|wej, Su|cho|wej [...x...] der; -[s], -s ⟨russ.⟩: trocken-heißer sommerlicher Staubsturm in der südrussischen Steppe

Su|c|re der; -, - ⟨span.⟩: Währungseinheit in Ecuador (= 100 Centavos)

Su|cus der; -, ...ci [...tsi], fachspr.: Succus der; -, Succi ['zʊktsi] ⟨lat.⟩: (Med.) zu Heilzwecken verwendeter Pflanzensaft

Su|da|men das; -s, ...mina ⟨lat.-nlat.⟩: (Med.) Hautbläschen, das bei starkem Schwitzen infolge fieberhafter Erkrankungen auftritt

Su|da|ti|on die; - ⟨lat.⟩: (Med.) das Schwitzen

Su|da|to|ri|um das; -s, ...rien: (Med.) Schwitzbad

Sud|den|death ['sʌdn'dɛθ] der; -, -, auch: **Sud|den Death** der; - -, - - ⟨engl.; eigtl. „plötzlicher Tod"⟩: (Sport, bes. Eishockey) bei unentschiedenem Stand in einem zusätzlichen Spielabschnitt durch den ersten Treffer herbeigeführte Entscheidung

Su|dor der; -s ⟨lat.⟩: (Med.) Schweiß

Su|do|ra|ti|on die; - ⟨lat.-nlat.⟩: ↑ Sudation

Su|do|ri|fe|rum das; -s, ...ra ⟨lat.⟩: (Med.) schweißtreibendes Mittel

suf|fi|cit ⟨lat.⟩: (veraltet) es ist genug

suf|fi|gie|ren ⟨lat.⟩: (Sprachw.) mit einem Suffix versehen

Süf|fi|sance [...'zãːs] die; - ⟨lat.-fr.⟩: ↑ Süffisanz

süf|fi|sant ⟨lat.⟩: ein Gefühl von [geistiger] Überlegenheit genüsslich zur Schau tragend; selbstgefällig, spöttisch-überheblich

Süf|fi|sanz die; -: süffisantes Wesen, süffisante Art; Selbstgefälligkeit

Suf|fit|te vgl. Soffitte

Suf|fix [auch: ...'fiks] das; -es, -e ⟨lat.⟩: (Sprachw.) an ein Wort, einen Wortstamm angehängte Ableitungssilbe; Nachsilbe (z. B. -ung, -chen, -heit)

suf|fi|xal: (Sprachw.) mithilfe eines Suffixes gebildet

suf|fi|xo|id: (Sprachw.) einem Suffix ähnlich. **Suf|fi|xo|id** das;

-[e]s, -e: (Sprachw.) Wortbildungsmittel, das sich aus einem selbstständigen Lexem zu einer Art Suffix entwickelt hat u. das sich vom selbstständigen Lexem unterscheidet durch Reihenbildung u. Entkonkretisierung (z. B. -papst in Literaturpapst, -verdächtig in olympiaverdächtig)

suf|fi|zi|ent ⟨lat.⟩: (Med.) genügend, ausreichend (von der Leistungsfähigkeit eines Organs)

Suf|fi|zi|enz die; -, -en: 1. Zulänglichkeit, Können; Ggs. ↑ Insuffizienz (1). 2. (Med.) ausreichendes Funktionsvermögen (z. B. des Herzens); Ggs. ↑ Insuffizienz (2)

suf|fo|ca|to ⟨lat.-it.⟩: (Mus.) gedämpft, erstickt (Vortragsanweisung)

Suf|fo|ka|ti|on die; -, -en ⟨lat.-nlat.⟩: (Med.) Erstickung

Suf|f|ra|gan der; -s, -e ⟨lat.-mlat.⟩: einem Erzbischof unterstellter Diözesanbischof

Suf|f|ra|get|te die; -, -n ⟨lat.-fr.-engl.⟩: a) radikale Frauenrechtlerin in Großbritannien vor 1914; b) (veraltet abwertend) Frauenrechtlerin

Suf|f|ra|gi|um das; -s, ...ien ⟨lat.⟩: 1. a) politisches Stimmrecht; b) Abstimmung. 2. Gebet zu den Heiligen um ihre Fürbitte

Suf|fu|si|on die; -, -en ⟨lat.⟩: (Med.) größerer, flächiger, unscharf begrenzter Bluterguss

Su|fi der; -[s], -s ⟨arab.; „Wollkleidträger"⟩: islamischer Mystiker

Su|fis|mus der; - ⟨arab.-nlat.⟩: islamische Mystik

Su|fist der; -en, -en: ↑ Sufi

Su|gar|dad|dy ['ʃʊɡədedi], auch: **Su|gar-Dad|dy** der; -s, -s ⟨engl.⟩: [spendabler] älterer Mann, der sich mit jungen Frauen umgibt

sug|ge|rie|ren ⟨lat.⟩: 1. jmdm. etwas [ohne dass dies dem Betroffenen bewusst wird] einreden od. auf andere Weise eingeben. 2. darauf abzielen, einen bestimmten [den Tatsachen nicht entsprechenden] Eindruck entstehen zu lassen

sug|ges|ti|bel ⟨lat.-nlat.⟩: durch Suggestion [leicht] beeinflussbar. **Sug|ges|ti|bi|li|tät** die; -: das Suggestibelsein

Sug|ges|ti|on die; -, -en ⟨lat.⟩:

1. a) (ohne Plural) Beeinflussung eines Menschen [mit dem Ziel, ihn zu einem bestimmten Verhalten zu veranlassen]; b) etwas, was jmdm. suggeriert (1) wird. 2. (ohne Plural) suggestive Wirkung, Kraft

sug|ges|tiv ⟨*lat.-nlat.*⟩: a) darauf abzielend, jmdm. etwas zu suggerieren; auf Suggestion beruhend; b) eine starke psychische, emotionale Wirkung ausübend; einen Menschen stark beeinflussend. **Sug|ges|ti|vi|tät** *die;* - ⟨*lat.-nlat.*⟩: Beeinflussbarkeit

Sug|ges|to|pä|die *die;* - ⟨*lat.; gr.*⟩: Lernmethode für Fremdsprachen, die es ermöglichen soll, auf kreativ-spielerische Weise (z. B. durch Malen, Verkleiden, Sketche) möglichst viel innerhalb kurzer Zeit zu lernen

Su|gil|la|ti|on *die;* -, -en ⟨*lat.*⟩: (Med.) starker, flächiger Bluterguss

sui ge|ne|ris ⟨*lat.*⟩: nur durch sich selbst eine Klasse bildend; einzig, besonders

Suit|case [ˈsjuːtkeɪs] *das* od. *der;* -, - u. -s [...sɪz] ⟨*engl.*⟩: engl. Bez. für: kleiner Handkoffer

Sui|te [ˈsviːt(ə), auch: ˈsɥiːtə] *die;* -, -n ⟨*lat.-fr.*⟩: 1. (veraltet) Gefolge einer hoch gestellten Persönlichkeit. 2. Folge von zusammengehörenden Zimmern in Hotels, Palästen o. Ä.; Zimmerflucht. 3. (veraltet) lustiger Streich. 4. aus einer Folge von in sich geschlossenen, nur lose verbundenen Sätzen (oft Tänzen) bestehende Komposition

Sui|ti|er [svi'tje:, sɥi'tje:] *der;* -s, -s: (veraltet) a) lustiger Bursche; b) Schürzenjäger

sui|vez [svi've:] ⟨*lat.-fr.*⟩: ↑ colla parte

Su|i|zid *der* od. *das;* -[e]s, -e ⟨*lat.-nlat.*⟩: Selbstmord; Selbsttötung

su|i|zi|dal: a) den Suizid betreffend, zum Suizid neigend; b) durch Suizid [erfolgt]. **Su|i|zi|da|li|tät** *die;* -: Neigung zum Suizid

Su|i|zi|dant *der;* -en, -en: jmd., der einen Suizid begeht od. versucht. **Su|i|zi|dan|tin** *die;* -, -nen: weibliche Form zu ↑ Suizidant

su|i|zi|där: ↑ suizidal

Su|i|zi|dent *der;* -en, -en: ↑ Suizidant. **Su|i|zi|den|tin** *die;* -, -nen: weibliche Form zu ↑ Suizident

Su|i|zi|do|lo|gie *die;* -: Teilgebiet der Psychiatrie, das sich mit der Erforschung u. Verhütung des Suizids befasst

Su|jet [zy'ʒe:, sy'ʒe] *das;* -s, -s ⟨*lat.-fr.*⟩: Gegenstand, Motiv, Thema einer [künstlerischen] Gestaltung, Darstellung

Suk *der;* -[s], -s ⟨*arab.*⟩: Händlerviertel in arabischen Städten

Suk|ka|de *die;* -, -n ⟨*roman.*⟩: kandierte Schale verschiedener Zitrusfrüchte

Suk|koth *die* (Plural) ⟨*hebr.;* „Hütten"⟩: mehrtägiges jüdisches Herbstfest mit dem Brauch, in Laubhütten zu essen [u. zu wohnen]; Laubhüttenfest

Suk|ku|bus *der;* -, ...kuben ⟨*lat.-mlat.*⟩: (im mittelalterlichen Volksglauben) weiblicher Dämon, der einen Mann im Schlaf heimsucht u. mit dem Schlafenden geschlechtlich verkehrt

suk|ku|lent ⟨*lat.*⟩: a) (Bot.) saftreich u. fleischig (von pflanzlichen Organen); b) (Med.) flüssigkeitsreich (von Geweben)

Suk|ku|len|te *die;* -, -n: hauptsächlich in trockenen Gebieten vorkommende Pflanze mit besonderen, Wasser speichernden Geweben in Wurzeln, Blättern od. Stamm

Suk|ku|len|za *die;* - ⟨*lat.-nlat.*⟩: (Bot., Med.) sukkulente Beschaffenheit

Suk|kurs *der;* -es, -e ⟨*lat.-nlat.*⟩: 1. (veraltet) Hilfe, Unterstützung, Beistand. 2. Gruppe von Personen, Einheit, die als Verstärkung, zur Unterstützung eingesetzt ist

Suk|kur|sa|le *die;* -, -n: (veraltet) Filiale einer Firma

Suk|ti|on *die;* -, -en ⟨*lat.-nlat.*⟩: (Med.) das Ansaugen, Aussaugung (z. B. von Körperflüssigkeit mittels Punktionsnadel)

suk|ze|dan ⟨*lat.*⟩: nachfolgend, aufeinander folgend

suk|ze|die|ren: (veraltet) nachfolgen (z. B. in einem Amt)

Suk|zess *der;* -es, -e: (veraltet) Erfolg

Suk|zes|si|on *die;* -, -en: 1. Thronfolge. 2. ↑ apostolische Sukzession. 3. Übernahme der Rechte u. Pflichten eines Staates durch einen anderen; Staatensukzession. 4. Eintritt einer Person in

ein bestehendes Rechtsverhältnis; Rechtsnachfolge; vgl. Singular-, Universalsukzession. 5. (Ökologie) zeitliche Aufeinanderfolge der an einem Standort einander ablösenden Pflanzen- u./od. Tiergesellschaften

suk|zes|siv ⟨*lat.-nlat.*⟩: allmählich, nach u. nach, schrittweise [eintretend, erfolgend]

suk|zes|si|ve: allmählich, nach und nach, in allmählicher Weise

Suk|zes|sor *der;* -s, ...oren ⟨*lat.*⟩: (veraltet) [Rechts]nachfolger

Suk|zi|nat *das;* -[e]s, -e ⟨*lat.-nlat.*⟩: Salz der Bernsteinsäure

Suk|zi|nit [auch: ...'nɪt] *der;* -s, -e: Bernstein

Suk|zi|nyl|säu|re *die;* - ⟨*lat.; gr.; dt.*⟩: Bernsteinsäure

sul [zʊl, sul] ⟨*it.*⟩: (Mus.) auf der, auf dem (z. B. sul A = auf der A-Saite)

Su|la *die;* -, -s ⟨*altnord.-nlat.*⟩: großer Meeresvogel mit schwarzweißem Gefieder; Tölpel

Sul|fat *das;* -[e]s, -e ⟨*lat.-nlat.*⟩: Salz der Schwefelsäure

Sul|fid *das;* -[e]s, -e: Salz der Schwefelwasserstoffsäure

sul|fi|disch: Schwefel enthaltend

Sul|fit *das;* -s, -e: Salz der schwefligen Säure

Sul|fo|na|mid *das;* -[e]s, -e ⟨Kunstw. aus *Sulfon*(säure) u. ↑ *Amid*⟩: antibakteriell wirksames chemotherapeutisches Heilmittel gegen Infektionskrankheiten

sul|fo|nie|ren: ↑ sulfurieren

Sul|fur *das;* -s ⟨*lat.*⟩: chem. Element; Schwefel; Zeichen: S

sul|fu|rie|ren ⟨*lat.-nlat.*⟩: (Chem.) bei organischen Verbindungen eine Reaktion unter einer Schwefelverbindung herbeiführen

Sul|ky [ˈzʊlki, ˈsʌlki] *das;* -s, -s ⟨*engl.*⟩: bei Trabrennen verwendetes zweirädriges Gefährt

sul|la tas|ti|e|ra ⟨*it.*⟩: (Mus.) nahe am Griffbrett (von Saiteninstrumenten) zu spielen

sul pon|ti|cel|lo [- ...'tʃɛlo] ⟨*it.*⟩: (Mus.) nahe am Steg (den Geigenbogen ansetzen)

Sul|tan *der;* -s, -e ⟨*arab.;* „Herrscher"⟩: 1. a) (ohne Plural) Titel islamischer Herrscher; b) Träger dieses Titels. 2. türkischer Nomadenteppich aus stark glänzender Wolle

S

Sul|ta|nat das; -[e]s, -e ⟨arab.- nlat.⟩: 1. Herrschaftsgebiet eines Sultans. 2. Herrschaft eines Sultans

Sul|ta|nin die; -, -nen: Frau eines Sultans (1 b)

Sul|ta|ni|ne die; -, -n ⟨arab.-it.⟩: große, kernlose Rosine

Su|mach der; -s, -e ⟨arab.-mlat.⟩: Baum od. Strauch mit kleinen, trockenen Steinfrüchten u. [gefiederten] Blättern, die zusammen mit den jungen Trieben zum Gerben von Saffianleder verwendet werden; vgl. Rhus

Su|mak der; -[s], -s ⟨nach der Stadt Schemacha im östlichen Kaukasus⟩: Wirkteppich mit glatter Oberfläche u. langen Wollfäden an der Unterseite

Sum|ma die; -, Summen ⟨lat.⟩: 1. (veraltet) Summe (Abk.: Sa.). 2. auf der scholastischen Methode aufbauende, systematische Gesamtdarstellung eines Wissensstoffs (bes. der Theologie u. der Philosophie des Mittelalters)

sum|ma cum lau|de ⟨lat.; „mit höchstem Lob"⟩: mit Auszeichnung (bestes Prädikat bei Doktorprüfungen)

Sum|mand der; -en, -en: (Math.) Zahl, die hinzuzuzählen ist, addiert wird; Addend.

sum|ma|risch ⟨lat.-mlat.⟩: mehreres gerafft zusammenfassend [u. dabei wichtige Einzelheiten außer Acht lassend]

Sum|ma|ri|um das; -s, ...ien: 1. (veraltet) a) kurze Inhaltsangabe; b) Inbegriff. 2. (Sprachw., Literaturw.) Sammlung mittelalterlicher Glossen

Sum|ma|ry ['sʌmərɪ] das; -s, -s ⟨lat.-engl.⟩: Zusammenfassung eines Artikels, Buches o. Ä.

sum|ma sum|ma|rum ⟨lat.⟩: alles zusammengerechnet; alles in allem; insgesamt

Sum|ma|ti|on die; -, -en ⟨lat.- nlat.⟩: 1. (Math.) Bildung einer Summe. 2. Anhäufung

sum|ma|tiv ⟨lat.-nlat.⟩: a) das Zusammenzählen betreffend; b) durch Summation erfolgend

Sum|me die; -, -n ⟨lat.⟩: 1. Resultat einer Addition. 2. Gesamtzahl. 3. Geldbetrag

Sum|me|le|pis|ko|pat der od. das; -[e]s, -e ⟨lat.; gr.-lat.⟩: (hist.) die oberste Kirchengewalt der Landesfürsten in den deutschen evangelischen Kirchen (bis 1918)

sum|mie|ren ⟨lat.⟩: 1. a) zusammenzählen; b) zusammenfassen, vereinigen. 2. sich summieren: immer mehr werden, anwachsen

Sum|mist der; -en, -en ⟨lat.-mlat.⟩: scholastischer Schriftsteller, der sich der Publikationsform der Summa (2) bediente

Sum|mum Bo|num das; - - ⟨lat.⟩: höchstes Gut; höchster Wert; Gott (in der christlichen Philosophie u. Theologie)

sum|mum ius sum|ma in|iu|ria ⟨lat.; „höchstes Recht (kann) größtes Unrecht (sein)"; nach Cicero⟩: die buchstabengetreue Auslegung eines Gesetzes kann im Einzelfall zu größter Ungerechtigkeit führen

Sum|mus E|pis|co|pus der; - - ⟨lat.; gr.-lat.⟩: 1. (kath. Kirche) der Papst als oberster Bischof. 2. (hist.) der Landesherr als Oberhaupt einer evangelischen Landeskirche in Deutschland (bis 1918)

Su|mo das; - ⟨jap.⟩: japanische Form des Ringkampfes

Su|mo|to|ri der; -[s], -[s] ⟨jap.⟩: Sumoringer

sump|tu|ös ⟨lat.⟩: (veraltet) verschwenderisch

Sun|blo|cker ['sʌn...] der; -s, - ⟨engl.; niederl.-fr.-dt.⟩: Sonnenschutzmittel

Sunn der; -s ⟨engl.⟩: dem Hanf ähnliche Pflanzenfaser

Sun|na die; - ⟨arab.; „Gewohnheit"⟩: Gesamtheit der überlieferten Aussprüche u. Lebensgewohnheiten des Propheten Mohammed als Richtschnur islamischer Lebensweise

Sun|nit der; -en, -en ⟨arab.-nlat.⟩: Anhänger der orthodoxen Hauptrichtung des Islams, die sich auf die Sunna stützt; vgl. Schia. **Sun|ni|tin** die; -, -nen: weibliche Form zu ↑ Sunnit

sun|ni|tisch: die Sunna betreffend

Su|o|ve|tau|ri|lia die (Plural) ⟨lat.⟩: altrömisches Sühneopfer, bei dem je ein Schwein, ein Schaf u. ein Stier geschlachtet wurden

su|per ⟨lat.(-engl.)⟩: (ugs.) großartig, hervorragend

¹Su|per der; -s, -: Kurzform von ↑ Superheterodynempfänger

²Su|per das; -s (meist ohne Artikel): Kurzform von ↑ Superbenzin

su|per..., Su|per... ⟨lat. super „über, oberhalb, über ... hinaus; während; mehr als" (→ engl. super „großartig")⟩ Präfix mit den Bedeutungen „über, übergeordnet; sehr, äußerst; hervorragend, ausgezeichnet":
– Supercup
– supermodern
– Superrevision
– Superstar

Su|per|a|ci|di|tät die; - ⟨lat.-nlat.⟩: (Med.) übermäßig hoher Säuregehalt des Magens

Su|per|ä|di|fi|kat das; -[e]s, -e ⟨lat.⟩: Bauwerk, das auf fremdem Grund u. Boden errichtet wurde, sich also nicht im Besitz des Grundeigentümers befindet

su|per|ar|bi|t|rie|ren ⟨lat.-nlat.⟩: a) überprüfen, eine Oberentscheidung treffen; b) (österr.) für dienstuntauglich erklären

Su|per|ar|bi|t|ri|um das; -s, ...ien: Überprüfung, Oberentscheidung

Su|per|a|zi|di|tät vgl. Superacidität

su|perb, sü|perb ⟨lat.-fr.⟩: ausgezeichnet, vorzüglich; prächtig

Su|per|ben|zin das; -s, -e: Benzin von hoher Klopffestigkeit, mit hoher Oktanzahl

Su|per|bike [...baɪk] das; -s, -s: 1. Motorrad für Rennstrecken mit [künstlichen] Hindernissen. 2. Motorradrennen von Superbikes (1)

Su|per|bowl [...bo:l] der; -s ⟨engl.-amerik.⟩: Meisterschaft im Football

Su|per|cup [...kap] der; -s, -s ⟨engl.⟩: (Fußball) 1. Pokalwettbewerb zwischen den Europapokalgewinnern der Landesmeister u. der Pokalsieger. 2. Siegestrophäe beim Supercup (1)

Su|per|e|go ['s(j)u:pər'i:goʊ, ...'egoʊ] das; -s, -s ⟨lat.-engl.⟩: (Psychol.) engl. Bez. für: Überich

Su|per|e|ro|ga|ti|on die; -, -en ⟨lat.⟩: (veraltet) Übergebühr, Über- od. Mehrleistung

Su|per|ex|li|b|ris das; -: ↑ Supralibros

Su|per|fe|kun|da|ti|on *die;* -, -en ⟨*lat.-nlat.*⟩: (Med.) Befruchtung von zwei Eiern desselben Zyklus durch zwei Geschlechtsakte, die mitunter zu zweieiigen Zwillingen führt

Su|per|fe|ta|ti|on *die;* -, -en ⟨*lat.-nlat.*⟩: (Biol.) Befruchtung von zwei (od. mehr) Eiern aus zwei aufeinander folgenden Zyklen, wodurch zu einer bereits bestehenden Schwangerschaft eine neue hinzutritt (bei manchen Säugetieren)

su|per|fi|zi|a|risch ⟨*lat.*⟩: (veraltet) baurechtlich

su|per|fi|zi|ell: (Med.) an od. unter der Körperoberfläche liegend, oberflächlich

Su|per|fi|zi|es *die;* -, - ⟨*lat.;* „Oberfläche"⟩: (veraltet) Baurecht

Su|per-G [...dʒi] *der;* -[s], -[s] ⟨*engl.;* wohl kurz für: supergiant „riesengroß; Riesen-"⟩: alpine Disziplin mit Elementen von Abfahrtslauf u. Riesenslalom

Su|per|het *der;* -s, -s: Kurzform von ↑ Superheterodynempfänger

Su|per|he|te|ro|dyn|emp|fän|ger *der;* -s, - ⟨*lat.; gr.; dt.*⟩: Rundfunkempfänger mit hoher Verstärkung, guter Regelung u. hoher Trennschärfe

Su|per|high|way [ˈsjuːpəhaɪweɪ] *der;* -s, -s: 1. amerik. Bez. für: Autobahn. 2. ↑ Datenhighway

su|pe|rie|ren: 1. (veraltet) überschreiten, übertreffen. 2. (Informatik) aus vorhandenen Zeichen ein Superzeichen bilden.

Su|pe|rie|rung *die;* -, -en: das Superieren

Su|per|in|ten|dent [auch: ˈzuː...] *der;* -en, -en ⟨*lat.-mlat.*⟩: höherer evangelischer Geistlicher, Vorsteher eines Kirchenkreises.

Su|per|in|ten|den|tin [auch: ˈzuː...] *die;* -, -nen: weibliche Form zu ↑ Superintendent

Su|per|in|ten|den|tur *die;* -, -en ⟨*lat.-mlat.-nlat.*⟩: a) Amt eines Superintendenten; b) Amtssitz eines Superintendenten

Su|per|in|vo|lu|ti|on *die;* -, -en ⟨*lat.-nlat.*⟩: ↑ Hyperinvolution

su|per|ri|or ⟨*lat.*⟩: überlegen

Su|pe|ri|or *der;* -s, ...oren: Vorsteher eines Klosters od. Ordens

Su|pe|ri|o|ri|tät *die;* - ⟨*lat.-mlat.*⟩: Überlegenheit; Übergewicht

Su|per|kar|go *der;* -s, -s: vom Auftraggeber bevollmächtigter Frachtbegleiter [auf Schiffen]

su|per|krus|tal, auch: suprakrustal ⟨*lat.-nlat.*⟩: (Geol.) an der Erdoberfläche gebildet (von Gesteinen)

su|per|la|tiv ⟨*lat.*⟩: a) überragend; b) (Rhet.) übertreibend, übertrieben; vgl. ...isch/-. Su|per|la|tiv *der;* -s, -e: 1. (Sprachw.) Höchststufe des Adjektivs bei der Steigerung. 2. a) (Plural) etwas, was sich in seiner höchsten, besten Form darstellt; etwas, was zum Besten gehört u. nicht zu überbieten ist; b) Ausdruck höchsten Wertes, Lobes

su|per|la|ti|visch: 1. den Superlativ betreffend. 2. a) überragend; b) übertreibend, superlativ (b); vgl. ...isch/-

Su|per|la|ti|vis|mus *der;* -, ...men ⟨*lat.-nlat.*⟩: a) übermäßige Verwendung von Superlativen; b) Übertreibung

Su|per|lear|ning [ˈsjuːpələːnɪŋ] *das;* -s ⟨*engl.*⟩: Lernmethode für Fremdsprachen, die darin besteht, durch gezielte Entspannungsübungen eine bessere Aufnahmefähigkeit zu erreichen

Su|per|mar|ket [ˈsʲ(j)uːpəmaːkɪt] *der;* -s, -s ⟨*engl.-amerik.*⟩: engl. Bez. für: Supermarkt

Su|per|markt *der;* -[e]s, ...märkte ⟨*engl.; dt.*⟩: großer [Lebensmittel]laden mit umfangreichem Sortiment zu meist niedrigen Preisen

Su|per|na|tu|ra|lis|mus usw. vgl. Supranaturalismus usw.

Su|per|no|va *die;* -, ...vä ⟨*lat.-nlat.*⟩: (Astron.) besonders lichtstarke ¹Nova

Su|per|nu|me|rar *der;* -s, -e u. Su|per|nu|me|ra|ri|us *der;* -, ...rien ⟨*lat.;* „Überzähliger"⟩: (veraltet) Beamtenanwärter; über die gewöhnliche [Beamten]zahl Angestellter

Su|per|nym u. Su|pe|r|o|nym *das;* -s, -e ⟨*lat.; gr.-nlat.*⟩: ↑ Hyperonym

Su|per|ny|mie u. Su|pe|r|o|ny|mie *die;* -, ...ien: ↑ Hyperonymie

Su|per|o|xid, auch: Su|per|o|xyd *das;* -[e]s, -e: ↑ Peroxid

Su|per|pel|li|ce|um *das;* -s, ...cea ⟨*lat.-mlat.*⟩: (früher über dem Pelzrock getragener) weißer Chorrock der katholischen Priester

Su|per|phos|phat *das;* -[e]s, -e: phosphathaltiger Kunstdünger

su|per|po|nie|ren ⟨*lat.*⟩: (bes. Med.) überlagern, übereinander lagern

su|per|po|niert: (Bot.) übereinander stehend (von [Blüten]blättern)

Su|per|po|si|ti|on *die;* -, -en: (Phys.) Überlagerung, bes. von Kräften od. Schwingungen

Su|per|po|si|ti|ons|au|ge *das;* -s, -n ⟨*lat.; dt.*⟩: (Biol.) besondere Form des Facettenauges

Su|per|re|vi|si|on *die;* -, -en: (Wirtsch.) Nach-, Überprüfung

Su|per|se|kre|ti|on *die;* -, -en: ↑ Hypersekretion

su|per|so|nisch ⟨*lat.-nlat.*⟩: schneller als der Schall; über der Schallgeschwindigkeit

Su|per|star *der;* -s, -s ⟨*lat.; engl.*⟩: (ugs.) bes. erfolgreicher Star

Su|per|sti|ti|on *die;* - ⟨*lat.*⟩: (veraltet) Aberglaube

su|per|sti|ti|ös: (veraltet) abergläubisch

Su|per|strat *das;* -[e]s, -e ⟨*lat.*⟩: (Sprachw.) Sprache eines Eroberervolkes im Hinblick auf den Niederschlag, den sie in der Sprache der Besiegten gefunden hat; Ggs. ↑ Substrat (3)

Su|per|vi|si|on [engl.: sʲ(j)uːpəˈvɪʒən] *die;* - ⟨*lat.-engl.*⟩: a) Beratung eines Arbeitsteams, einer Organisation zur Erhöhung der Effektivität; b) Beratung u. Beaufsichtigung von Psychotherapeuten

Su|per|vi|sor *der;* -s, -[s]: 1. (Wirtsch.) jmd., der innerhalb eines Betriebes Aufseher- u. Kontrollfunktionen wahrnimmt. 2. (EDV) Kontroll- u. Überwachungsgerät bei elektronischen Rechenanlagen. Su|per|vi|so|rin *die;* -, -nen: weibliche Form zu ↑ Supervisor (1)

Su|pin *das;* -s, -e ⟨*lat.*⟩: ↑ Supinum

Su|pi|num *das;* -, ...na: Verbform zur Bezeichnung einer Absicht od. eines Bezugs (bes. im Lateinischen)

Sup|pe|da|ne|um *das;* -s, ...nea ⟨*lat.-mlat.*⟩: 1. stützendes Brett unter den Füßen des gekreuzigten Christus am Kruzifixen. 2. oberste Altarstufe

Sup|per [ˈzɐpɐ, engl.: ˈsʌpə] *das;* -[s], - ⟨*germ.-galloroman.-fr.-engl.*⟩: engl. Bez. für: Abendessen

Sup|ple|ant *der; -*en, -en ⟨*lat.-fr.*⟩: (schweiz.) Ersatzmann [in einer Behörde]. Sup|ple|an|tin *die; -, -*nen: weibliche Form zu ↑Suppleant

Sup|ple|ment *das; -*[e]s, -e ⟨*lat.*⟩: 1. Ergänzung (Ergänzungsband od. Ergänzungsteil), Nachtrag, Anhang. 2. (Math.) Ergänzungswinkel od. -bogen, der einen vorhandenen Winkel od. Bogen zu 180° ergänzt

sup|ple|men|tär ⟨*lat.-nlat.*⟩: ergänzend

Sup|ple|ment|win|kel *der; -*s, - ⟨*lat.; dt.*⟩: der Winkel β, der einen gegebenen Winkel an 180° (gestreckter Winkel) ergänzt

Sup|plent *der; -*en, -en ⟨*lat.*⟩: (österr.) Aushilfslehrer

Sup|ple|ti|on *die; -:* ↑Suppletivismus

Sup|ple|tiv|form *die; -, -*en: (Sprachw.) grammatische Form eines Wortes, die anstelle einer fehlenden Form den Suppletivismus vervollständigt

Sup|ple|ti|vis|mus *der; -* ⟨*lat.-nlat.*⟩: (Sprachw.) ergänzender Zusammenschluss von Wörtern verschiedenen Stammes zu einer formal od. inhaltlich geschlossenen Gruppe (z. B. bin, war, gewesen)

sup|ple|to|risch: (veraltet) ergänzend, stellvertretend, nachträglich, zusätzlich

sup|plie|ren ⟨*lat.*⟩: (veraltet) a) ergänzen, hinzufügen; b) vertreten

Sup|plik *die; -, -*en ⟨*lat.-it.-fr.*⟩: (veraltet) Bittschrift an den Papst zur Erlangung eines Benefiziums

Sup|pli|kant *der; -*en, -en ⟨*lat.*⟩: (veraltet) Bittsteller. Sup|pli|kan|tin *die; -, -*nen: weibliche Form zu ↑Supplikant

Sup|pli|ka|ti|on *die; -, -*en: (veraltet) Bittgesuch, Bitte

sup|pli|zie|ren ⟨*lat.*⟩: (veraltet) ein Bittgesuch einreichen

sup|po|nie|ren ⟨*lat.*⟩: voraussetzen, unterstellen, annehmen

Sup|port *der; -*[e]s, -e ⟨*lat.-fr.(-engl.)*⟩: 1. zweiseitig verschiebbarer, schlittenförmiger Werkzeugträger auf dem Bett einer Drehbank. 2. (bes. EDV) Unterstützung, Hilfe

Sup|po|si|ta: *Plural* von ↑Suppositum

Sup|po|si|ti|on *die; -, -*en ⟨*lat.;*

„Unterstellung"⟩: 1. Voraussetzung, Annahme. 2. (Philos.) Verwendung ein u. desselben Wortes zur Bezeichnung von Verschiedenem

Sup|po|si|to|ri|um *das; -*s, ...ien ⟨*lat.-nlat.*⟩: (Med.) Arzneizäpfchen

Sup|po|si|tum *das; -*s, ...ta: Annahme

Sup|pres|si|on *die; -, -*en ⟨*lat.*⟩: 1. (Med.) Unterdrückung, Hemmung (einer Blutung o. Ä.). 2. (Biol.) Unterdrückung od. Kompensation der Wirkung von mutierten Genen durch Suppressoren

sup|pres|siv ⟨*lat.-nlat.*⟩: unterdrückend; hemmend

Sup|pres|sor *der; -*s, ...oren: (Biol.) Gen, das die Mutationswirkung eines anderen, nicht allelen Gens kompensiert od. unterdrückt

sup|pri|mie|ren ⟨*lat.*⟩: unterdrücken, hemmen, zurückdrängen

Sup|pu|ra|ti|on *die; -, -*en ⟨*lat.*⟩: (Med.) Eiterung

sup|pu|ra|tiv ⟨*lat.-nlat.*⟩: (Med.) eiternd, eitrig

Su|p|ra *das; -*s, -s ⟨*lat.*⟩: Erwiderung auf ein Re (beim Skatspielen)

---

su|p|ra..., Su|p|ra...

⟨*lat.* supra „über, oberhalb"⟩
Präfix mit der Bedeutung „über, übergreifend; oberhalb":
– Supraleiter
– supranational
– suprarenal

Su|p|ra|ex|li|b|ris *das; -, -* ⟨*lat.*⟩: ↑Supralibros

Su|p|ra|flu|i|di|tät *die; -* ⟨*lat.-nlat.*⟩: Stoffeigenschaft des flüssigen Heliums, bei einer bestimmten Temperatur die Viskosität sprunghaft auf sehr kleine Werte sinken zu lassen

su|p|ra|krus|tal vgl. superkrustal

Su|p|ra|lei|ter *der; -*s, - ⟨*lat.; dt.*⟩: elektrischer Leiter, der in der Nähe des absoluten Nullpunktes ohne Widerstand Strom leitet

Su|p|ra|li|b|ros *das; -, -* ⟨*lat.*⟩: auf der Vorderseite des Bucheinbandes eingeprägtes Exlibris in Form von Wappen o. Ä.

Su|p|ra|mid ® *das; -*[e]s ⟨*Kunstw.*⟩: Kunststoff mit ei-

weißähnlicher Struktur (als Knochenersatz u. chirurgisches Nähmaterial)

su|p|ra|na|ti|o|nal: überstaatlich, übernational

su|p|ra|na|tu|ral: (Philos.) übernatürlich

Su|p|ra|na|tu|ra|lis|mus u. Supernaturalismus *der; -:* 1. (Philos.) Glaube an das Übernatürliche, an ein die erfahrbaren Dinge bestimmendes übernatürliches Prinzip. 2. (Theol.) dem Rationalismus entgegengesetzte Richtung in der evangelischen Theologie des 18. u. 19. Jh.s

su|p|ra|na|tu|ra|lis|tisch u. supernaturalistisch: den Supranaturalismus betreffend

su|p|ra|or|bi|tal ⟨*lat.-nlat.*⟩: (Med.) über der Augenhöhle liegend

Su|p|ra|por|te vgl. Sopraporte

su|p|ra|re|nal ⟨*lat.-nlat.*⟩: (Med.) 1. über die Niere gelegen. 2. die Nebenniere betreffend

su|p|ra|seg|men|tal: nicht von der Segmentierung erfassbar (von sprachlichen Erscheinungen, z. B. Intonation, Akzent)

su|p|ra|ster|nal ⟨*lat.; gr.*⟩ *nlat.*⟩: (Med.) oberhalb des Brustbeins gelegen

Su|p|ra|strom *der; -*[e]s ⟨*lat.; dt.*⟩: (Phys.) in einem Supraleiter dauernd fließender elektrischer Strom

su|p|ra|va|gi|nal ⟨*lat.-nlat.*⟩: (Med.) oberhalb der Scheide gelegen

Su|p|re|mat *der* od. *das; -*[e]s, -e u. Su|p|re|ma|tie *die; -, ...*ien ⟨*lat.-nlat.*⟩: [päpstliche] Oberhoheit, Vorrang[stellung]

Su|p|re|ma|tis|mus *der; -* ⟨*lat.-russ.*⟩: eine von K. Malewitsch (1878–1935) begründete Art des Konstruktivismus (1)

Su|p|re|mat[s]|eid *der; -*[e]s, -e ⟨*lat.-nlat.; dt.*⟩: Eid der englischen Beamten u. Geistlichen, mit dem sie den Supremat des englischen Königs anerkannten

Su|p|reme Court [sjuˈpriːm ˈkɔːt] *der; - -*s, - -s ⟨*engl.-amerik.*⟩: oberster Gerichtshof bzw. oberste Instanz in einigen Staaten mit angloamerikanischem Recht

Su|rah *der; -*[s], -s ⟨vermutlich entstellt aus dem Namen der ind. Stadt Surat⟩: Seidengewebe für Tücher, Schals o. Ä.

Sur|cot [syrˈkoː] *der; -*[s], -s ⟨*fr.*⟩:

ärmelloser Überwurf des späten Mittelalters

Sur|di|tas *die;* - ⟨*lat.*⟩: (Med.) Taubheit

Sur|do|mu|ti|tas *die;* - ⟨*lat.-nlat.*⟩: (Med.) Taubstummheit

Su|re *die;* -, -n ⟨*arab.*: „Reihe"⟩: Kapitel des Korans

Surf|board ['sə:fbɔ:d] *das;* -s, -s ⟨*engl.*⟩: flaches, stromlinienförmiges Brett aus Holz od. Kunststoff, das beim Surfing verwendet wird

Surf|brett *das;* -[e]s, -er ⟨*engl.; dt.*⟩: ↑ Surfboard

sur|fen ['sə:fn̩] ⟨*engl.*⟩: 1. Surfing betreiben. 2. a) Windsurfing betreiben; b) surfend (2 a) irgendwohin gelangen. 3. (Jargon) a) im Internet wahllos od. gezielt nach Informationen suchen, sie abfragen; b) von einer Website zur anderen springen

Sur|fer *der;* -s, -: jmd., der Surfing betreibt. **Sur|fe|rin** *die;* -, -nen: weibliche Form zu ↑ Surfer

Sur|fing ['sə:fɪŋ] *das;* -s ⟨*engl.*⟩: 1. Wassersport, bei dem man sich, auf einem Surfboard stehend, von den Brandungswellen ans Ufer tragen lässt. 2. ↑ Windsurfing. 3. (Jargon) die wahllose od. gezielte Suche nach od. Abfrage von Informationen (im Internet)

Surf|ri|ding [...raɪdɪŋ] *das;* -s: ↑ Surfing (1)

Su|ri|ka|te *die;* -, -n ⟨Herkunft unsicher⟩: südafrikanische Schleichkatze

Suril|ho [zu'rɪljo] *der;* -s, -s ⟨*port.*⟩: mit den Mardern verwandtes südamerikanisches Stinktier

Su|ri|mo|no *das;* -s, -s ⟨*jap.*⟩: als private Glückwunschkarte verwendeter japanischer Holzschnitt

sur|jek|tiv ⟨*lat.-fr.*⟩: (Math.) bei einer Projektion in eine Menge alle Elemente dieser Menge als Bildpunkte aufweisend

Sur|plus ['sə:pləs] *das;* -, - ⟨*lat.-mlat.-fr.-engl.*⟩: (Wirtsch.) Überschuss, Gewinn, Profit

Sur|prise|par|ty, auch: **Surprise-Par|ty** [sə'praɪz...] *die;* -, -s ⟨*engl.-amerik.*⟩: Party, mit der man jmdn. überrascht u. die ohne sein Wissen [für ihn] arrangiert wurde

Sur|ra *die;* - ⟨*Merathi* (eine ind. Sprache)⟩: fieberhafte, meist tödlich verlaufende Erkran-

kung bestimmter Säugetiere in Afrika u. Asien

Sur|re *die;* -, -n ⟨*arab.*⟩: (hist.) alljährlich vom türkischen Sultan mit der Pilgerkarawane nach Mekka gesandtes Geldgeschenk

sur|re|al [auch: zʏʁ...] ⟨*lat.-fr.*⟩: traumhaft, unwirklich

Sur|re|a|lis|mus [auch: zʏʁ...] *der;* -: (nach dem 1. Weltkrieg in Paris enstandene) Richtung der modernen Literatur u. Kunst, die das Unbewusste, Träume, Visionen u. Ä. als Ausgangspunkt künstlerischer Produktion ansieht. **Sur|re|a|list** *der;* -en, -en: Anhänger, Vertreter des Surrealismus. **Sur|re|a|lis|tin** *die;* -, -nen: weibliche Form zu ↑ Surrealist. **sur|re|a|lis|tisch:** den Surrealismus betreffend, dafür typisch

Sur|ro|gat *das;* -[e]s, -e ⟨*lat.-nlat.*⟩: 1. Stoff, Mittel o. Ä. als behelfsmäßiger, nicht vollwertiger Ersatz. 2. (Rechtsw.) Ersatz für einen Gegenstand, Wert

Sur|ro|ga|ti|on *die;* -, -en ⟨*lat.*⟩: (Rechtsw.) Austausch eines Wertes, Gegenstandes gegen einen anderen, der dem gleichen Rechtsverhältnissen unterliegt

sur|sum cor|da ⟨*lat.; „*empor die Herzen!"⟩*:* Ruf zu Beginn der Präfation in der lateinischen Messe

Sur|tax ['sə:tɛks] *die;* -, -es ⟨*lat.-fr.-engl.*⟩ u. **Sur|ta|xe** [zʏr'taks] *die;* -, -n ⟨*lat.-fr.*⟩: zusätzliche Steuer (bei Überschreitung einer bestimmten Einkommensgrenze)

Sur|tout [syr'tu:] *der;* -[s], -s ⟨*lat.-fr.; „*über allem"⟩: (im 18.Jh. getragener) weiter, mit großem, oft doppeltem Kragen versehener Herrenmantel

Sur|vey ['sə:veɪ] *der;* -[s], -s ⟨*lat.-fr.-engl.(-amerik.)*⟩: 1.Erhebung, Ermittlung, Befragung (in der Markt- u. Meinungsforschung). 2.(Wirtsch.) Gutachten eines Sachverständigen im Warenhandel

Sur|vey|or [sə'veɪə] *der;* -s, -s: Sachverständiger u. Gutachter im Warenhandel

Sur|vi|vals [sə'vaɪvlz] *die* (Plural) ⟨*lat.-fr.-engl.; „*Überbleibsel"⟩: [unverstandene] Reste untergegangener Kulturformen in heu-

tigen [Volks]bräuchen u. Vorstellungen des Volksglaubens

Sur|vi|val|trai|ning, auch: **Sur|vi|val-Trai|ning** [sə'vaɪvl̩...] *das;* -s, -s: Überlebenstraining

Su|shi ['zu:ʃi] *das;* -s, -s ⟨*jap.*⟩: aus rohem Fisch [Fleisch, Krustentieren, Gemüse, Pilzen u. a.] auf einer Unterlage aus Reis bestehendes Gericht

Su|si|ne *die;* -, -n ⟨*it.*; vom Namen der pers. Stadt Susa⟩: eine italienische Pflaume

Sus|lik *der;* -s, -s ⟨*russ.*⟩: geringwertiges Fell, bes. als Mantelfutter verwendetes Fell bestimmter osteuropäischer Zieselarten

su|s|pekt ⟨*lat.*⟩: verdächtig, fragwürdig, zweifelhaft (von einer Art, dass man an der Echtheit, Glaubwürdigkeit stärkere Zweifel hat)

sus|pen|die|ren ⟨*lat.*⟩: 1. a) [einstweilen] des Dienstes entheben; aus einer Stellung entlassen; b) zeitweilig aufheben; c) von einer Verpflichtung befreien. 2. (Chem.) fein verteilen, aufschwemmen (in Bezug auf Teilchen in einer Flüssigkeit). 3. (Med.) Körperglieder hoch hängen, hoch lagern

Sus|pense [səs'pens] *die;* - ⟨*lat.-fr.-engl.*⟩: (Filmw.) Spannung

Sus|pen|si|on *die;* -, -en: ⟨*lat.*⟩: 1. [einstweilige] Dienstenthebung; zeitweilige Aufhebung. 2. (Chem.) Aufschwemmung feinstverteilter fester Stoffe in einer Flüssigkeit. 3. (Med.) schwebende Aufhängung (von Körpergliedern)

sus|pen|siv ⟨*lat.-nlat.*⟩: aufhebend; aufschiebend

Sus|pen|so|ri|um *das;* -s, ...ien ⟨*lat.-nlat.*⟩: 1. (Med.) beutelförmige Tragevorrichtung für erschlaffte, schwer herabhängende Glieder (z. B. die weibliche Brust). 2. beutelförmiger Schutz für die männlichen Geschlechtsteile

Sus|tain [səs'teɪn] *das;* -s, -s ⟨*lat.-engl.;* „(den Ton) halten"⟩: Zeit des Abfallens des Tons bis zu einer bestimmten Tonhöhe beim Synthesizer

Sus|ten|ta|ti|on *die;* -, -en ⟨*lat.*⟩: (veraltet) Unterstützung, Versorgung

sus|zep|ti|bel ⟨*lat.*⟩: (veraltet) empfindlich, reizbar

Sus|zep|ti|bi|li|tät *die;* - ⟨*lat.-nlat.*⟩:

S

1. (veraltet) Empfindlichkeit, Reizbarkeit. 2. Maß für die Magnetisierbarkeit eines Stoffes
Sus|zep|ti|on *die; -, -en* ⟨*lat.*⟩:
1. (veraltet) An-, Übernahme.
2. (Bot.) Aufnahme eines Reizes (z. B. durch Absorption des Lichts beim Phototropismus)
sus|zi|pie|ren: 1. (veraltet) an-, übernehmen. 2. (Bot.) einen Reiz aufnehmen
Su|ta|ne vgl. Soutane
Su|ta|nel|le vgl. Soutanelle
Su|tasch vgl. Soutache
Su|t|ra *das; -, -s* (meist Plural) ⟨*sanskr.;* „Leitfaden"⟩: knapp u. einprägsam formulierter Lehrsatz der indischen Literatur
Su|tur *die; -, -en* ⟨*lat.*⟩: 1. (Med.) Naht, Knochennaht. 2. a) zackige Naht in Kalksteinen, die durch Lösung unter Druck entsteht; b) Anheftungslinie (Artmerkmal versteinerter Ammoniten)
su|um cu|i|que ⟨*lat.;* „jedem das Seine"⟩: jeder soll haben, was ihm zusteht, was er wern möchte (geflügeltes Wort in der Antike, das zum Wahlspruch des preußischen Schwarzen-Adler-Ordens wurde)
su|ze|rän ⟨*lat.-vulgärlat.-fr.*⟩: (selten) oberhoheitlich, oberherrschaftlich. **Su|ze|rän** *der; -s, -e:* Staat, der die Suzeränität über einen anderen Staat ausübt
Su|ze|rä|ni|tät *die; -:* Oberhoheit, Oberherrschaft eines Staates über einen anderen Staat
Sva|ra|bhak|ti vgl. Swarabhakti
sve|g|li|a|to [svel'ja:to] ⟨*lat.-vulgärlat.-it.*⟩: (Mus.) munter, frisch (Vortragsanweisung)
Swa|hi|li vgl. Suaheli
Swa|mi *der; -s, -s* ⟨*Hindi*⟩: hinduistischer Mönch, Lehrer
Swamps [svɔmps] *die* (Plural) ⟨*engl.(-amerik.)*⟩: 1. nasse, poröse, nach Entwässerung fruchtbare Böden. 2. Sumpfwälder an der Atlantikküste der südöstlichen USA
Swan|boy ['svɔnbɔy] *das; -s* ⟨*engl.*⟩: auf beiden Seiten stark gerauter Baumwollflanell in Köper- od. Leinwandbindung
Swan|skin ['svɔnskɪn] *der; -s* ⟨*engl.;* „Schwanenfell"⟩: ↑ Swanboy
Swap [svɔp] *der; -s, -s* ⟨*engl.*⟩:

(Bankw.) 1. Austausch bestimmter Rechte, Pflichten o. Ä. 2. Differenz zwischen dem Kassakurs u. dem Terminkurs
Swap|ge|schäft ['svɔp...] *das; -[e]s, -e* ⟨*engl.; dt.*⟩: [von den Zentralbanken] meist zum Zweck der Kurssicherung vorgenommener Austausch von Währungen in einer Verbindung von Kassageschäft u. Termingeschäft
Swap|per ['svɔpɐ] *der; -s, -:* (Jargon) jmd., der Partnertausch betreibt. **Swap|pe|rin** *die; -, -nen:* weibliche Form zu ↑ Swapper
Swap|ping *das; -s:* 1. Partnertausch. 2. (EDV) das Verschieben von Daten auf andere Datenträger, bes. um wieder Speicherkapazität zu gewinnen
Swa|ra|bhak|ti [...'bakti] *das* (auch: *die*); - ⟨*sanskr.*⟩: Sprossvokal
Swas|ti|ka *die; -, ...ken* (auch: *der; -[s], -s*) ⟨*sanskr.*⟩: altindisches Glückssymbol in Form eines Sonnenrades, Hakenkreuzes
Swea|ter ['sve:tɐ, 'svɛtɐ] *der; -s, -* ⟨*engl.;* „Schwitzer"⟩: Pullover
Sweat|shirt ['svɛtʃɐːt] *das; -s, -s:* weit geschnittener Sportpullover (meist aus Baumwolle)
Sweeps|take ['svi:pste:k] *das* od. *der; -s, -s* ⟨*engl.-amerik.*⟩: 1. zu Werbezwecken durchgeführte Verlosung, bei der die Gewinnlose vor der Verlosung festgelegt werden. 2. Wettbewerb [im Pferderennsport], bei dem die ausgesetzte Prämie aus den Eintrittsgeldern besteht
Sweet [svi:t] *der; -* ⟨*engl.-amerik.;* „süß"⟩: dem Jazz nachgebildete Unterhaltungsmusik
Sweet|heart ['svi:thɐːt] *das; -, -s:* Liebste, Liebster
Swer|tia *die; -, ...iae* [...je] ⟨*nlat.;* nach dem niederl. Botaniker E. Swert (17. Jh.)⟩: blaues Lungenkraut (ein Enziangewächs)
Swim|ming|pool auch: **Swimming-Pool** ['svɪmɪŋpuːl], *der; -s, -s* ⟨*engl.*⟩: 1. (auf einem Privatgrundstück befindliches) Schwimmbecken innerhalb od. außerhalb eines Gebäudes. 2. Cocktail von blauer Farbe (mit blauem Curaçao)
¹Swing *der; -[s], -s* ⟨*engl.;* „das Schwingen"⟩: 1. (ohne Plural) a) rhythmische Qualität des

Jazz, die durch die Spannung zwischen dem Grundrhythmus u. den melodisch-rhythmischen Akzenten sowie durch Überlagerungen verschiedener Rhythmen entsteht; b) Jazzstil, bei dem die afroamerikanischen Elemente hinter europäischen Klangvorstellungen zurücktreten (bes. 1930–1945). 2. Kurzform von ↑ Swingfox
²Swing *der; -[s]* ⟨*engl.*⟩: (Wirtsch.) Betrag, bis zu dem ein Land, das mit seiner Lieferung im Verzug ist, vom Handelspartner Kredit erhält (bei zweiseitigen Handelsverträgen)
Swing-by [...'baj] *das; -s, -s* ⟨*engl.*⟩: (Raumfahrt) ↑ Fly-by (a)
swin|gen: 1. a) in der Art des ¹Swing (1 a) ein Musikstück spielen, Musik machen; b) zur Musik des ¹Swing (1 b) tanzen. 2. Gruppensex betreiben
Swin|ger *der; -s, -:* 1. (Mode) Kurzmantel in schwingender Weite. 2. (Jargon) jmd., der swingt (2). **Swin|ge|rin** *die; -, -nen:* weibliche Form zu ↑ Swinger (2)
Swing|fox *der; -[es], -e:* aus dem Foxtrott entwickelter Gesellschaftstanz
swin|ging: schwungvoll, aufregend (meist in Verbindung mit Städtenamen): swinging London)
Swin|ging *das; -[s]:* (Jargon) Gruppensex
swit|chen ['svɪtʃn] ⟨*engl.*⟩: 1. (Wirtsch.) ein Switchgeschäft tätigen. 2. (ugs.) ↑ zappen
Switch|ge|schäft *das; -[e]s, -e* ⟨*engl.; dt.*⟩: über ein Drittland abgewickeltes Außenhandelsgeschäft
sy..., Sy... vgl. syn..., Syn...
Sy|ba|rit *der; -en, -en* ⟨*gr.-lat.;* nach der antiken unterital. Stadt Sybaris, deren Einwohner als Schlemmer verrufen waren⟩: (veraltet) Schlemmer. **sy|ba|ri|tisch:** (veraltet) genusssüchtig, schwelgerisch
Sy|ba|ri|tis|mus *der; -* ⟨*nlat.*⟩: (veraltet) Genusssucht, Schlemmerei
Sy|e|nit [auch: ...'nɪt] *der; -s, -e* ⟨*gr.-lat.;* nach der altägypt. Stadt Syene bei Assuan⟩: mittel- bis grobkörniges Tiefengestein
Sy|ko|mo|re *die; -, -n* ⟨*gr.-lat.*⟩: in Ostafrika beheimateter Feigen-

baum mit essbaren Früchten u. festem Holz

Sy|ko|phant *der;* -en, -en ⟨gr.; „Feigenanzeiger"⟩: (veraltet) 1. gewerbsmäßiger Ankläger im alten Athen. 2. Verräter, Verleumder. **Sy|ko|phan|tin** *die;* -, -nen: weibliche Form zu ↑ Sykophant (2). **sy|ko|phan|tisch:** (veraltet) anklägerisch, verleumderisch

Sy|ko|se *die;* -, -n ⟨gr.-nlat.⟩: 1. (veraltet) ↑ Sacharin. 2. (Med.) Bartflechte

Sy|ko|sis *die;* -, ...kosen: ↑ Sykose (2)

syl..., Syl... vgl. syn..., Syn...

Syl|la|bar *das;* -s, -e u. **Syl|la|ba|ri|um** *das;* -s, ...ien ⟨gr.-lat.⟩: (veraltet) Abc-Buch, ¹Fibel

Syl|la|bi: *Plural* von ↑ Syllabus

syl|la|bie|ren ⟨gr.-nlat.⟩: (veraltet) buchstabieren, in Silben [aus]sprechen

syl|la|bisch ⟨gr.-lat.⟩: 1. silbenweise, nach Silben gegliedert. 2. silbenweise komponiert, sodass jeder Silbe des Textes eine Note zugehörig ist

Syl|la|bus *der;* -, - u. ...bi: 1. Zusammenfassung, Verzeichnis. 2. (hist.) päpstliche Auflistung kirchlich verurteilter religiöser, philosophischer u. politischer Lehren

Syl|lep|se u. **Syl|lep|sis** *die;* -, ...epsen ⟨gr.-lat.⟩: (Rhet.) Ellipse (2), bei der ein Satzteil anderen in Person, Numerus od. Genus verschiedenen Satzteilen zugeordnet wird (z. B. ich gehe meinen Weg, ihr den eurigen)

syl|lep|tisch ⟨gr.-nlat.⟩: in der Form einer Syllepse

Syl|lo|gis|mus *der;* -, ...men ⟨gr.-lat.⟩: (Philos.) aus zwei Prämissen gezogener logischer Schluss vom Allgemeinen auf das Besondere

Syl|lo|gis|tik *die;* -: Lehre von den Syllogismen

syl|lo|gis|tisch: den Syllogismus, die Syllogistik betreffend

¹Syl|phe *der;* -n, -n (selten: *die;* -, -n) ⟨Elementargeist im System des Paracelsus, 1493–1541⟩: männlicher Luftgeist (z. B. Ariel)

²Syl|phe *die;* -, -n: junges, zartes weibliches Wesen

Syl|phi|de *die;* -, -n ⟨lat.-nlat.⟩: 1. weiblicher Luftgeist. 2. zartes, anmutiges Mädchen

syl|phi|den|haft: zart, anmutig

Syl|va|nit [auch: ...'nɪt] *der;* -s, -e ⟨nlat.;* nach dem lat. Namen Transsylvania für Siebenbürgen⟩: stahlgraues, silberweißes od. gelbes, metallisch glänzendes Mineral

Syl|vin *das* (auch: *der*); -s, -e ⟨nlat.;* nach dem franz. Arzt F. Sylvius, 1614–1672⟩: zu den Kalisalzen gehörendes Mineral

Syl|vi|nit [auch: ...'nɪt] *das;* -s, -e: Sylvin u. Steinsalz enthaltendes Salzgestein

sym..., Sym... vgl. syn..., Syn...

Sym|bi|ont *der;* -en, -en ⟨gr.⟩: Lebewesen, das mit Lebewesen anderer Art in Symbiose lebt

sym|bi|on|tisch: ↑ symbiotisch

Sym|bi|o|se *die;* -, -n: das Zusammenleben von Lebewesen verschiedener Art zu gegenseitigem Nutzen

sym|bi|o|tisch: in Symbiose lebend

Sym|b|le|pha|ron *das;* -s ⟨gr.-nlat.⟩: (Med.) Verwachsung der Augenlider mit dem Augapfel

Sym|bol *das;* -s, -e ⟨gr.-lat.;* „Kennzeichen, Zeichen"⟩: 1. in der Antike ein durch Boten überbrachtes Erkennungs- od. Beglaubigungszeichen zwischen Freunden, Vertragspartnern o. Ä. 2. Sinnbild. 3. (Psychol.) Ausdruck des Unbewussten, Verdrängten in Worten, Handlungen, Traumbildern u. Ä. 4. christliches Tauf- od. Glaubensbekenntnis. 5. Zeichen, das eine Rechenanweisung gibt (verkürzte Kennzeichnung eines mathematischen Verfahrens). 6. Zeichen für eine physikalische Größe (als deutscher, lateinischer od. griechischer Buchstabe geschrieben). 7. (EDV) Zeichen od. Wort zur Darstellung od. Beschreibung einer Informationseinheit od. Operation

Sym|bo|la: *Plural* von ↑ Symbolum

Sym|bol|fi|gur *die;* -, -en: Figur, Person, die ein Symbol darstellt

Sym|bo|lik *die;* -: 1. a) symbolische Bedeutung, symbolischer Gehalt; b) symbolische Darstellung. 2. a) Verwendung von Symbolen; b) Wissenschaft von den Symbolen u. ihrer Verwendung. 3. Lehre von den christlichen Bekenntnissen

Sym|bo|li|sa|ti|on *die;* -, -en: (Psychol.) die Ersetzung von Objek-

ten, auf die sich verbotene Strebungen beziehen, durch Symbole als Abwehrmechanismus des Ich; vgl. ...ation/...ierung

sym|bo|lisch: a) als Symbol für etwas anderes stehend; ein Symbol darstellend; b) sich eines Symbols bedienend

sym|bo|li|sie|ren ⟨gr.-nlat.⟩: sinnbildlich darstellen

Sym|bo|li|sie|rung *die;* -, -en: 1. sinnbildliche Darstellung. 2. (Psychol.) Versinnbildlichung seelischer Konflikte im Traumerleben; vgl. ...ation/...ierung

Sym|bo|lis|mus *der;* -: 1. (seit etwa 1890 verbreitete u. als Gegenströmung zum Naturalismus entstandene) [literarische] Bewegung, die eine symbolische Darstellungs- u. Ausdrucksweise anstrebt. 2. (Fachspr.) System von Formelzeichen.

Sym|bo|list *der;* -en, -en: Vertreter des Symbolismus (1). **Sym|bo|lis|tin** *die;* -, -nen: weibliche Form zu ↑ Symbolist. **sym|bo|lis|tisch:** den Symbolismus, die Symbolisten betreffend

Sym|bo|lum *das;* -s, ...la ⟨gr.-lat.⟩: lat. Form von ↑ Symbol

Sym|ma|chie *die;* -, ...ien ⟨gr.⟩: (hist.) Bundesgenossenschaft der altgriechischen Stadtstaaten

Sym|me|t|rie *die;* -, ...ien ⟨gr.-lat.⟩: 1. Gleich-, Ebenmaß; die harmonische Anordnung mehrerer Teile zueinander; Ggs. ↑ Asymmetrie. 2. (Math., Biol.) Spiegelungsgleichheit; Eigenschaft von Figuren, Körpern o. Ä., die beiderseits einer [gedachten] Mittelachse in jeweils spiegelgleiches Bild ergeben; Ggs. ↑ Asymmetrie. 3. (Mus., Literaturw.) die wechselseitige Entsprechung von Teilen in Bezug auf die Größe, die Form od. die Anordnung. **sym|me|t|risch** ⟨gr.-nlat.⟩: 1. gleich-, ebenmäßig. 2. (Math.) auf beiden Seiten einer [gedachten] Mittelachse ein Spiegelbild ergebend (von Körpern, Figuren u. Ä.). 3. (Med.) auf beiden Körperseiten gleichmäßig auftretend. 4. (Mus., Literaturw.) wechselseitige Entsprechungen aufweisend (in Bezug auf die Form, Größe, Anordnung von Teilen)

Sym|pa|th|ek|to|mie *die;* -, ...ien

⟨*gr.-nlat.*⟩: (Med.) operative Entfernung eines Teiles des Sympathikus

sym|pa|the|tisch ⟨*gr.;* „mitfühlend"⟩: 1. (veraltet) Sympathie empfindend, auf Sympathie beruhend; **sympathischer Dativ:** (Sprachw.) Dativ des Zuwendens, Mitfühlens (z. B.: *dem Freund* die Hand schütteln). 2. eine geheimnisvolle Wirkung ausübend

Sym|pa|thie *die;* -, ...ien ⟨*gr.-lat.*⟩: 1. aufgrund gewisser Übereinstimmung, Affinität positive gefühlsmäßige Einstellung zu jmdm., einer Sache; [Zu]neigung; Wohlgefallen; Ggs. ↑ Antipathie. 2. Verbundenheit aller Teile des Ganzen, sodass, wenn ein Teil betroffen ist, auch alle anderen Teile betroffen sind (in der Naturphilosophie). 3. (Psychol., Soziol.) Ähnlichkeit in der Art des Erlebens u. Reagierens, Gleichgerichtetheit der Überzeugung u. Gesinnung. 4. im Volksglauben die Vorstellung von geheimer gegenseitiger Anziehung aller Wesen u. Dinge aufeinander

Sym|pa|thie|bo|lus *der;* - u. -ses, - u. -se (auch: ...ni) ⟨*gr.-lat.; lat.-engl.*⟩: Vorteil, Vorsprung aufgrund der Sympathie, die jmdm. entgegengebracht wird

Sym|pa|thi|ko|ly|ti|kum *das;* -s, ...ka ⟨*gr.-nlat.*⟩: (Med.) Arzneimittel, das die Reizung sympathischer Nerven hemmt od. aufhebt

Sym|pa|thi|ko|mi|me|ti|kum *das;* -s, ...ka: (Med.) Arzneimittel, das im Organismus die gleichen Erscheinungen hervorruft wie bei Erregung des Sympathikus (z. B. Adrenalin).

Sym|pa|thi|ko|to|nie *die;* -, ...ien: (Med.) erhöhte Erregbarkeit des sympathischen Nervensystems

Sym|pa|thi|ko|to|ni|kum *das;* -s, ...ka: (Med.) Arzneimittel, das das sympathische Nervensystem anregt

Sym|pa|thi|kus *der;* -, ...thizi ⟨*gr.-nlat.*⟩: (Med.) Grenzstrang des sympathischen Teils des autonomen Nervensystems, der bes. die Eingeweide versorgt; vgl. Parasympathikus

Sym|pa|thi|sant *der;* -en, -en ⟨*gr.-nlat.*⟩: jmd., der einer [extremen] politischen od. gesellschaftlichen Gruppe (seltener einer Einzelperson), Anschauung wohlwollend gegenübersteht [u. sie unterstützt]. **Sym|pa|thi|san|tin** *die;* -, -nen: weibliche Form zu ↑ Sympathisant

sym|pa|thisch ⟨*gr.-(fr.)*⟩: 1. Sympathie erweckend. 2. (Med.) zum vegetativen Nervensystem gehörend; den Sympathikus betreffend. 3. (veraltet) mitfühlend, aufgrund innerer Verbundenheit gleich gestimmt

sym|pa|thi|sie|ren ⟨*gr.-nlat.*⟩: die Anschauungen einer Gruppe, einer Einzelperson teilen, ihnen zuneigen, sie unterstützen

Sym|pa|thi|zi: *Plural* von ↑ Sympathikus

Sym|pa|tho|ly|ti|kum *das;* -s, ...ka ⟨*gr.-nlat.*⟩: ↑ Sympathikolytikum

Sym|pe|ta|len *die* (Plural) ⟨*gr.-nlat.*⟩: (Bot.) Blütenpflanzen mit verwachsenen Kronblättern

Sym|pho|nie vgl. Sinfonie

Sym|pho|nik usw. vgl. Sinfonik usw.

sym|ph|ro|nis|tisch ⟨*gr.-nlat.*⟩: (veraltet) sachlich übereinstimmend

Sym|phy|se *die;* -, -n ⟨*gr.*⟩: (Med.) a) Verwachsung zweier Knochenstücke; b) Knochenfuge, bes. Schambeinfuge.

sym|phy|tisch: (Med.) zusammengewachsen

Sym|p|lo|ke *die;* -, ...plo|ken ⟨*gr.;* „Verflechtung, Verbindung"⟩: Wiederholung der gleichen Wörter am Anfang u. am Ende zweier od. mehrerer aufeinander folgender Verse od. Sätze

sym|po|di|al ⟨*gr.-nlat.*⟩: (Biol.) keine einheitliche Hauptachse ausbildend (von der Verzweigung einer Pflanzensprossachse)

Sym|po|di|um *das;* -s, ...ien: Pflanzenverzweigung mit Scheinachse; Ggs. ↑ Monopodium

Sym|po|si|on [auch: ...'po:...] *das;* -s, ...ien ⟨*gr.*⟩: 1. Zusammenkunft von Wissenschaftlern, Fachleuten, bei der bestimmte fachbezogene Themen (in Vorträgen u. Diskussionen) erörtert werden. 2. Trinkgelage im antiken Griechenland, bei dem das [philosophische] Gespräch im Vordergrund stand. 3. Sammelband mit Beiträgen verschiedener Autoren zu einem Thema

Sym|po|si|um [auch: ...'po:...] *das;* -s, ...ien: lat. Form von ↑ Symposion

Sym|p|tom *das;* -s, -e ⟨*gr.;* „Zufall; vorübergehende Eigentümlichkeit"⟩: 1. Anzeichen, Vorbote, Warnungszeichen; Kennzeichen; Merkmal. 2. (Med.) Krankheitszeichen, für eine bestimmte Krankheit charakteristische, zu einem bestimmten Krankheitsbild gehörende krankhafte Veränderung

Sym|p|to|ma|tik *die;* -: 1. Gesamtheit von Symptomen. 2. ↑ Symptomatologie

sym|p|to|ma|tisch: 1. bezeichnend. 2. (Med.) die Symptome betreffend; nur auf die Symptome, nicht auf die Krankheitsursache einwirkend

Sym|p|to|ma|tol|lo|gie *die;* - ⟨*gr.-nlat.*⟩: Wissenschaft von den Krankheitszeichen

---

syn..., Syn...

vor b, m, p angeglichen zu sym..., Sym...; vor l zu syl..., Syl...; gelegentlich verkürzt zu sy..., Sy... ⟨*gr.* sýn „zusammen; mit; übereinstimmend mit"⟩
Präfix mit der Bedeutung „mit, zusammen; gemeinsam; gleichzeitig mit; gleichartig"
– Syllogismus
– Symbiose
– Synarthrose
– synchron

---

sy|n|a|go|gal ⟨*gr.-lat.-nlat.*⟩: 1. den jüdischen Gottesdienst betreffend. 2. die Synagoge betreffend

Sy|n|a|go|ge *die;* -, -n ⟨*gr.-lat.;* „Versammlung"⟩: 1. Gebäude, Raum, in dem sich die jüdische Gemeinde zu Gebet u. Belehrung versammelt. 2. (ohne Plural; Kunstwiss.) zusammen mit der Ecclesia (2) dargestellte weibliche Figur (mit einer Binde über den Augen u. einem zerbrochenen Stab in der Hand) als Allegorie des Alten Testaments

Sy|n|al|gie *die;* -, ...ien ⟨*gr.-nlat.*⟩: (Med.) das Mitempfinden von Schmerzen in einem nicht erkrankten Körperteil

Syn|al|la|ge *die;* -, ...agen u. **Syn|al|lag|ma** *das;* -s, ...men ⟨*gr.*⟩:

(Rechtsw.) gegenseitiger Vertrag

syn|al|lag|ma|tisch ⟨gr.-nlat.⟩: gegenseitig; **synallagmatischer Vertrag:** ↑ Synallage

Sy|n|al|lö|phe die; -, -n ⟨gr.⟩: (antike Metrik) Verschmelzung zweier Silben durch Elision (1) od. Krasis

sy|n|an|d|risch ⟨gr.-nlat.⟩: (Bot.) verwachsene Staubbeutel aufweisend (von Blüten)

Sy|n|an|d|ri|um das; -s, ...ien: (Bot.) die Einheit der miteinander verwachsenen Staubbeutel (z. B. bei Glockenblumengewächsen u. Korbblütlern)

Sy|n|an|thie die; -, ...ien ⟨gr.-nlat.⟩: (Bot.) durch seitliche Verwachsung von Blüten od. Pflanzen auftretende Fehlbildung

Sy|n|a|phie die; -, ...ien ⟨gr.-lat.⟩: (Metrik) rhythmisch fortlaufende Verbindung von Versen.

sy|n|a|phisch ⟨gr.-nlat.⟩: die Synaphie betreffend, Synaphie aufweisend

Sy|n|ap|se die; -, -n ⟨gr.⟩: (Biol., Med.) 1. Kontakt-, Umschaltstelle zwischen Nervenfortsätzen, an der nervöse Reize von einem Neuron auf ein anderes weitergeleitet werden. 2. Berührungsstelle der Grenzflächen zwischen Muskel u. Nerv

Sy|n|ap|sis die; -: (Biol.) die Paarung der sich entsprechenden Chromosomen während der ersten Phase der Reduktionsteilung

Sy|n|ap|te die; -, -n ⟨gr.; „Zusammenstellung"⟩: Fürbittgebet (Wechselgebet) im orthodoxen Gottesdienst

Sy|n|ä|re|se u. **Sy|n|ä|re|sis** die; -, ...resen ⟨gr.⟩: Zusammenziehung zweier verschiedenen Silben angehörender Vokale zu einer Silbe (z. B. gehen zu gehn)

Sy|n|ar|th|ro|se die; -, -n ⟨gr.-nlat.⟩: (Med.) feste Knochenverbindung, Knochenfuge

Sy|n|äs|the|sie die; -, ...ien ⟨gr.-nlat.⟩: a) Reizempfindung eines Sinnesorgans bei Reizung eines anderen (z. B. Farbwahrnehmung bei akustischem Reiz); b) (Stilk.) durch sprachlichen Ausdruck hervorgerufene Verschmelzung mehrerer Sinneseindrücke (z. B. schreiendes Grün)

sy|n|äs|the|tisch: a) die Synästhe-

sie betreffend; b) durch einen nicht spezifischen Reiz erzeugt

Sy|n|a|xa|ri|on das; -s, ...ien ⟨gr.-mgr.⟩: liturgischer Kalender der orthodoxen Kirche mit Lebensbeschreibungen der Tagesheiligen

Sy|n|a|xis die; -, ...axen ⟨gr.-lat.⟩: Gottesdienst in der griechisch-orthodoxen Kirche

Syn|cho|ro|lo|gie [...ç..., auch: ...k...] die; -: Teilgebiet der Pflanzensoziologie, das die geographische Verbreitung der Pflanzengesellschaften untersucht

syn|chron [...k...] ⟨gr.-nlat.⟩: 1. gleichzeitig; mit gleicher Geschwindigkeit [ab]laufend. 2. a) als sprachliche Gegebenheit in einem bestimmten Zeitraum geltend, anzutreffen; b) ↑ synchronisch (a); vgl. ...isch/-

Syn|chro|nie die; -: a) Zustand einer Sprache in einem bestimmten Zeitraum (im Gegensatz zu ihrer geschichtlichen Entwicklung); b) Beschreibung sprachlicher Phänomene, eines sprachlichen Zustandes innerhalb eines bestimmten Zeitraums

Syn|chro|ni|sa|ti|on die; -, -en: 1. a) Zusammenstimmung von Bild, Sprechton u. Musik im Film; b) bild- und bewegungsechte Übertragung fremdsprachiger Partien eines Films. 2. Ergebnis einer Synchronisation; synchronisierte Fassung; vgl. ...ation/...ierung

syn|chro|nisch: (Sprachw.) a) die Synchronie betreffend; b) ↑ synchron (2 a); vgl. ...isch/-

syn|chro|ni|sie|ren: 1. eine Synchronisation (1) vornehmen. 2. den Gleichlauf zwischen zwei Vorgängen, Maschinen od. Geräte[teile]n herstellen. 3. zeitlich aufeinander abstimmen.

Syn|chro|ni|sie|rung die; -, -en: das Synchronisieren; vgl. ...ation/...ierung

Syn|chro|nis|mus der; -, ...men: 1. (ohne Plural; Techn.) Gleichlauf, übereinstimmender Bewegungszustand mechanisch voneinander unabhängiger Schwingungserzeuger. 2. (für die geschichtliche Datierung wichtiges) zeitliches Zusammentreffen von Ereignissen.

syn|chro|nis|tisch: 1. (Techn.)

den Synchronismus (1) betreffend. 2. Gleichzeitiges zusammenstellend

Syn|chro|n|op|se die; -, -n ⟨gr.-nlat.⟩: Gegenüberstellung von Ereignissen (die zur gleichen Zeit, aber in verschiedenen Bereichen od. in verschiedenen Ländern eintraten) in tabellarischer Form. **syn|chro|n|op|tisch:** die Synchronopse betreffend

Syn|chro|t|ron das; -s, ...trone (auch: -s): (Kernphysik) ringförmiger Beschleuniger für geladene Elementarteilchen, der diese auf einer Kreisbahn beschleunigt

Syn|dak|ty|lie die; -, ...ien ⟨gr.-nlat.⟩: (Med.) Verwachsung der Finger od. Zehen

Syn|de|re|sis die; - ⟨gr.⟩: (Theol.) das Gewissen als Bewahrung des göttlichen Funkens im Menschen

Syn|des|mo|lo|gie die; - ⟨gr.-nlat.⟩: (Med.) 1. Teilgebiet der Anatomie, das sich mit den Bändern befasst. 2. Gesamtheit der Bänder, die Knochen miteinander verbinden od. Eingeweide halten

Syn|des|mo|se die; -, -n: (Med.) Knochenverbindung durch Bindegewebe

Syn|det das; -s, -s (meist Plural) ⟨engl.⟩: 1. (nur Plural) synthetische Tenside. 2. Kurzform von ↑ Syndetseife

Syn|de|til|kon ® das; -s ⟨gr.⟩: dickflüssiger Klebstoff

syn|de|tisch: (Sprachw.) durch eine Konjunktion verbunden (von Satzteilen od. Sätzen)

Syn|det|sei|fe die; -, -n ⟨engl.; dt.⟩: Seife für besonders empfindliche Haut, die auf der Basis von ↑ Syndets (1) hergestellt ist

Syn|di|ka|lis|mus der; - ⟨gr.-lat.-nlat.⟩: gegen Ende des 19. Jh.s in der Arbeiterbewegung entstandene Richtung, die in den gewerkschaftlichen Zusammenschlüssen der Lohnarbeiter u. nicht in einer politischen Partei den Träger revolutionärer Bestrebungen sah. **Syn|di|ka|list** der; -en, -en: Anhänger des Syndikalismus. **Syn|di|ka|lis|tin** die; -, -nen: weibliche Form zu ↑ Syndikalist. **syn|di|ka|lis|tisch:** den Syndikalismus betreffend

Syn|di|kat das; -[e]s, -e ⟨gr.-lat.(-engl.-amerik.)⟩:

S

1. (Wirtsch.) Kartell, bei dem die Mitglieder ihre Erzeugnisse über eine gemeinsame Verkaufsorganisation absetzen müssen. 2. als geschäftliches Unternehmen getarnte Verbrecherorganisation (in den USA) **Syn|di|kus** *der; -, -se u. ...dizi* ⟨*gr.-lat.*⟩: (Rechtsw.) der von einer Körperschaft zur Besorgung ihrer Rechtsgeschäfte aufgestellte Bevollmächtigte, Rechtsbeistand

syn|di|ziert ⟨*gr.-lat.-nlat.*⟩: in einem Syndikat (1) zusammengefasst

Syn|drom *das; -s, -e* ⟨*gr.; „das Zusammenlaufen"*⟩: a) (Med.) Krankheitsbild, das sich aus dem Zusammentreffen verschiedener charakteristischer Symptome ergibt; b) (Soziol.) Gruppe von Merkmalen od. Faktoren, deren gemeinsames Auftreten einen bestimmten Zusammenhang od. Zustand anzeigt

Sy|ne|chie *die; ..., ...ien* ⟨*gr.*⟩: (Med.) Verwachsung von Regenbogenhaut u. Augenlinse bzw. Hornhaut

Sy|ne|chol|lo|gie *die; -* ⟨*gr.-nlat.*⟩: (Philos.) die Lehre von Raum, Zeit u. Materie als etwas Stetigem, Zusammenhängendem

Sy|ne|d|ri|on *das; -s, ...ien* ⟨*gr.; „Versammlung"*⟩: 1. altgriechische Ratsbehörde. 2. ↑ Synedrium

Sy|ne|d|ri|um *das; -s, ...ien* ⟨*gr.-lat.*⟩: (hist.) der Hohe Rat der Juden in der griechischen u. römischen Zeit

Sy|n|ek|do|che *die; -, ...dochen* ⟨*gr.-lat.*⟩: (Rhet., Stilk.) das Ersetzen eines Begriffs durch einen engeren od. weiteren Begriff (z. B. *Kiel* für *Schiff*). **sy|n|ek|do|chisch**: die Synekdoche betreffend

Sy|n|ek|tik *die; -* ⟨*gr.*⟩: dem Brainstorming ähnliche Methode zur Lösung von Problemen

Sy|ne|phe|be *der; -n, -n* ⟨*gr.-lat.*⟩: (veraltet) Jugendfreund

Sy|n|er|get *der; -en, -en* ⟨*gr.-nlat.*⟩: ↑ Synergist. **sy|n|er|ge|tisch**: zusammen..., mitwirkend

Sy|n|er|gi|den *die* (Plural): (Biol.) zwei Zellen der pflanzlichen Samenanlage

Sy|n|er|gie *die; -, ...ien*: 1. Energie, die für den Zusammenhalt u.

die gemeinsame Erfüllung von Aufgaben zur Verfügung steht. 2. positives [ökonomisches] Potenzial, das zum Synergieeffekt führen kann. 3. (ohne Plural) ↑ Synergismus (1)

Sy|n|er|gie|ef|fekt *der; -[e]s, -e*: a) positive Wirkung, die sich aus dem Zusammenschluss od. der Zusammenarbeit zweier Unternehmen o. Ä. ergibt; b) die durch das Zusammenwirken einer [Arbeits]gruppe entstehende Summe von positiven Ergebnissen u. Problemlösungen, die größer ist als die Summe der Einzelbeiträge

Sy|n|er|gis|mus *der; -*: 1. das Zusammenwirken von Substanzen od. Faktoren, die sich gegenseitig fördern. 2. (Rel.) Heilslehre, nach der der Mensch an der Erlangung des Heils mitwirken kann; vgl. Pelagianismus. **Sy|n|er|gist** *der; -en, -en* (meist Plural): 1. (Med.) gleichsinnig zusammenwirkendes Organ, Muskel. 2. (nur Plural) Arzneimittel, die sich in additiver od. potenzierender Weise ergänzen. 3. Anhänger des Synergismus (2). **Sy|n|er|gis|tin** *die; -, -nen*: weibliche Form zu ↑ Synergist (3). **sy|n|er|gis|tisch**: den Synergismus betreffend

Sy|n|e|sis *die; -, ...esen* ⟨*gr.*⟩: (Sprachw.) sinngemäß richtige Wortfügung, die streng genommen nicht den grammatischen Regeln entspricht (z. B.: eine *Menge Äpfel fielen* herunter); vgl. Constructio ad sensum

syn|ge|ne|tisch ⟨*gr.-nlat.*⟩: 1. (Biol.) gleichzeitig entstanden. 2. (Geol.) gleichzeitig mit dem Gestein entstanden (von Lagerstätten); Ggs. ↑ epigenetisch (2)

Syn|hy|pe|r|o|nym *das; -s, -e* ⟨*gr.-nlat.*⟩: (Sprachw.) ↑ Kohyperonym

Syn|hy|po|no|nym *das; -s, -e*: (Sprachw.) ↑ Kohyponym

Sy|ni|ze|se u. **Sy|ni|ze|sis** *die; -, ...zesen* ⟨*gr.-lat.*⟩: (antike Metrik) Zusammenziehung zweier, meist im Wortinnern nebeneinander liegender, zu verschiedenen Silben gehörender Vokale zu einer diphthongischen Silbe

syn|karp ⟨*gr.-nlat.*⟩: (Bot.) durch Zusammenwachsen der

Fruchtblätter entstanden (von Fruchtknoten). **Syn|kar|pie** *die; -*: (Bot.) Zusammenwachsen der Fruchtblätter zu einem Fruchtknoten

Syn|ka|ry|on *das; -s, ...karya u. ...karyen*: (Biol.) durch die Vereinigung zweier Kerne entstandener diploider Zellkern

Syn|ka|ta|the|sis *die; -* ⟨*gr.*⟩: Anerkennung eines über die Wahrnehmung hinausgehenden Urteils (in der stoischen Philosophie)

Syn|ka|te|go|re|ma *das; -s, ...remata* ⟨*gr.-lat.*⟩: (Logik) das unselbstständige, nur in Verbindung mit anderen Worten sinnvolle Wort od. Zeichen

Syn|ki|ne|se *die; -, -n* ⟨*gr.-nlat.*⟩: (Med.) unwillkürliche Mitbewegung von Muskeln

syn|kli|nal ⟨*gr.-nlat.*⟩: (Geol.) zum Muldenkern hin einfallend (von der Gesteinslagerung)

Syn|kli|na|le u. **Syn|kli|ne** *die; -, -n*: (Geol.) Mulde

Syn|kli|no|ri|um *das; -s, ...ien*: (Geol.) Faltenbündel, dessen mittlere Falten tiefer als die äußeren liegen; Sattel

Syn|ko|pe *die; -, ...kopen* ⟨*gr.-lat.*⟩: 1. [ˈzynkope] a) (Sprachw.) Ausfall eines unbetonten Vokals zwischen zwei Konsonanten im Wortinnern (z. B. ew'ger statt ewiger); b) (Metrik) Ausfall einer Senkung im Vers. 2. [ˈzynkope] (Med.) plötzliche, kurzzeitige Ohnmacht infolge einer Störung der Gehirndurchblutung. 3. [zynˈkoːpə] (Mus.) rhythmische Verschiebung durch Bindung eines unbetonten Wertes an den folgenden betonten

syn|ko|pie|ren ⟨*gr.-nlat.*⟩: 1. (Sprachw.) einen unbetonten Vokal zwischen zwei Konsonanten ausfallen lassen. 2. (Metrik) eine Senkung im Vers ausfallen lassen. 3. (Mus.) durch eine Synkope (3), durch Synkopen rhythmisch verschieben

syn|ko|pisch: die Synkope betreffend, in der Art der Synkope

Syn|ko|ty|lie *die; -* ⟨*gr.-nlat.*⟩: (Bot.) Einkeimblättrigkeit infolge Verwachsens von zwei Keimblättern; Ggs. ↑ Heterokotylie

Syn|kre|tis|mus *der; -* ⟨*gr.-nlat.*⟩:

1. Vermischung verschiedener Religionen, Konfessionen od. philosophischer Lehren, meist ohne innere Einheit (z. B. in der späten Antike). 2. ↑ Kasussynkretismus. **Syn|kre|tist** *der; -en, -en:* Vertreter des Synkretismus (1). **Syn|kre|tis|tin** *die; -, -nen:* weibliche Form zu ↑ Synkretist. **syn|kre|tis|tisch:** den Synkretismus betreffend
Syn|kri|se u. **Syn|kri|sis** *die; -, ...kri̯sen ⟨gr.⟩:* (Philos.) Vergleich; Zusammensetzung, Mischung
syn|kri|tisch *⟨gr.-nlat.⟩:* (Philos.) zusammensetzend, vergleichend, verbindend; Ggs. ↑ diakritisch
Sy|n|od *der; -[e]s, -e ⟨gr.-russ.⟩:* oberstes Organ der russisch-orthodoxen Kirche (bis 1917)
sy|n|o|dal *⟨gr.-lat.⟩:* die Synode betreffend, zu ihr gehörend. **Sy|n|o|da̱|le** *der* u. *die; -n, -n:* Mitglied einer Synode
Sy|n|o̱|de *die; -, -n ⟨gr.; „Zusammenkunft"⟩:* 1. (ev. Kirche) aus Beauftragten der Gemeinden bestehende Versammlung, die Fragen der Lehre u. kirchlichen Ordnung regelt u. Trägerin kirchlicher Selbstverwaltung ist. 2. (kath. Kirche) beratende, beschließende u. gesetzgebende Versammlung von Bischöfen in einem Konzil [unter Vorsitz des Papstes]
sy|n|o|disch: 1. (Astron.) auf die Stellung von Sonne u. Erde zueinander bezogen. 2. ↑ synodal
Sy|n|ö̱|kie u. **Sy|n|ö̱|ko|lo|gie** *die; - ⟨gr.-nlat.⟩:* ↑ Biozönologie
sy|n|o|nym *⟨gr.-lat.⟩:* (Sprachw.; von Wörtern) eine gleiche od. ähnliche Bedeutung habend; sinnverwandt (z. B. alt/betagt, Sieg/Erfolg); Ggs. ↑ antonym
Sy|n|o|nym *das; -s, -e, auch:* Synonyma: (Sprachw.) Wort, das einem anderen in Bezug auf die Bedeutung ähnlich od. gleich ist (z. B. starten/anfahren/anlassen, Mann/Herr); Ggs. ↑ Antonym
Sy|n|o|ny|mie̱ *die; -, ...i̯en:* (Sprachw.) inhaltliche Übereinstimmung von verschiedenen Wörtern od. Konstruktionen in derselben Sprache
Sy|n|o|ny|mik *die; -, -en ⟨gr.⟩:* 1. (ohne Plural) Teilgebiet der Linguistik, das sich mit der Synonymie befasst. 2. Wörterbuch der Synonyme. 3. (ohne Plural) ↑ Synonymie
sy|n|o|ny|misch: die Synonymie betreffend
Sy|n|oph|rys *die; - ⟨gr.⟩:* (Med.) das Zusammenwachsen der Augenbrauen
Sy|n|op|se, Sy|n|op|sis *die; -, ...op̲sen ⟨gr.-lat.; „Zusammenschau"⟩:* 1. knappe Zusammenfassung, vergleichende Übersicht. 2. a) vergleichende Gegenüberstellung von Texten o. Ä.; b) sachliche bzw. wörtliche Nebeneinanderstellung der Evangelien nach Matthäus, Markus u. Lukas
Sy|n|op|tik *die; - ⟨gr.⟩:* (Meteor.) für eine Wettervorhersage notwendige großräumige Wetterbeobachtung
Sy|n|op|ti|ker *die* (Plural): die drei Evangelisten Matthäus, Markus u. Lukas, deren Texte beim Vergleich weitgehend übereinstimmen
sy|n|op|tisch: 1. [übersichtlich] zusammengestellt, nebeneinander gereiht. 2. von den Synoptikern stammend
sy|n|o|ro|gen *⟨gr.-nlat.⟩:* (Geol.) gleichzeitig mit einer Gebirgsbildung aufsteigend (von Gesteinsschmelzen)
Sy|n|os|to̱|se *die; -, -n ⟨gr.-nlat.⟩:* ↑ Synarthrose
Sy|n|o̱|via *die; - ⟨(gr.; lat.) nlat.⟩:* (Med.) Gelenkschmiere
Sy|n|o|vi|a̱|lom *das; -s, -e:* (Med.) von der Gelenkinnenhaut ausgehende bösartige Gelenkgeschwulst
Sy|n|o|vi̱|tis *die; -, ...iti̱den:* (Med.) Gelenkentzündung
Sy|n|ö̱|zi̱e *die; -, ...i̯en ⟨gr.-nlat.; „Zusammenhausen"⟩:* 1. das Zusammenleben zweier od. mehrerer Arten von Organismen, ohne dass die Gemeinschaft den Wirtstieren nützt od. schadet (z. B. bei Ameisen u. Termiten, die andere Insekten in ihren Bauten dulden u. ernähren). 2. ↑ Monözie. **sy|n|ö̱|zisch:** die Synözie betreffend
Syn|se|man|ti|kon *das; -s, ...ka* (meist Plural) *⟨gr.-nlat.⟩:* (Sprachw.) inhaltsarmes Wort, das seine eigentliche Bedeutung erst durch den umgebenden Text erhält (z. B. dieser); Ggs. ↑ Autosemantikon. **syn|se-**

man|tisch: das Synsemantikon betreffend
Syn|tag|ma *das; -s, ...men od. -ta ⟨gr.; „Zusammengestelltes, Sammlung"⟩:* 1. (veraltet) Sammlung von Schriften, Aufsätzen, Bemerkungen verwandten Inhalts. 2. (Sprachw.) Verknüpfung von Wörtern zu Wortgruppen, Wortverbindungen (z. B. von *in* und *Eile* zu *in Eile*)
syn|tag|ma̱|tisch *⟨gr.-nlat.⟩:* (Sprachw.) die Beziehung, die zwischen ein Syntagma (2) bildenden Einheiten besteht, betreffend
Syn|tak|tik *die; -:* Teilgebiet der Semiologie (1), das sich mit der Untersuchung der formalen Beziehungen zwischen den Zeichen einer Sprache befasst
Syn|tak|ti|kum *das; -s, ...ka:* ↑ Syntagma (2)
syn|tak|tisch *⟨gr.⟩:* die Syntax (1, 2) betreffend
Syn|tax *die; -, -en ⟨gr.-lat.; „Zusammenordnung; Wortfügung; Satzgefüge"⟩:* (Sprachw.) 1. in einer Sprache übliche Verbindung von Wörtern zu Wortgruppen u. Sätzen; korrekte Verknüpfung sprachlicher Einheiten im Satz. 2. Lehre vom Bau des Satzes als Teilgebiet der Grammatik; Satzlehre. 3. wissenschaftliche Darstellung der Syntax (2)
Syn|te̱|re|sis *die; -:* ↑ Synderesis
Syn|the̱|se *die; -, -n ⟨gr.-lat.⟩:* 1. (Philos.) a) Vereinigung verschiedener [gegensätzlicher] geistiger Elemente, von These u. Antithese zu einem neuen [höheren] Ganzen; b) Verfahren, von elementaren zu komplexen Begriffen zu gelangen. 2. (Chem.) Aufbau einer Substanz aus einfacheren Stoffen
Syn|the̱|sis *die; -, ...the̱sen:* ↑ Synthese (1)
Syn|the̱|si|zer *['zyntəsai̯zɐ, engl.: 'sɪnθɪsaɪzə] der; -s, - ⟨gr.-lat.-engl.⟩:* elektronisches Musikinstrument aus einer Kombination aufeinander abgestimmter elektronischer Bauelemente zur Erzeugung von Klängen u. Geräuschen
Syn|the̱|ta: *Plural* von ↑ Syntheton
Syn|the̱|tics *die* (Plural) *⟨gr.-lat.-engl.⟩:* a) auf chemischem Wege gewonnene Textilfasern; Ge-

S

webe aus Kunstfasern; b) Textilien aus Synthetics (a)

Syn|the|tik das; -s (meist ohne Artikel): [Gewebe aus] Kunstfaser, Chemiefaser

Syn|the|tiks vgl. Synthetics

syn|the|tisch ⟨gr.⟩: 1. zusammensetzend; **synthetische Sprachen:** Sprachen, die die Beziehung der Wörter im Satz durch Endungen u. nicht durch freie Morpheme ausdrücken (z. B. lat. *amavi* gegenüber dt. *ich habe geliebt*); Ggs. ↑ analytische Sprachen. 2. (Chem.) aus einfacheren Stoffen aufgebaut; künstlich hergestellt. 3. gleichsinnig einfallend (von einem geologischen Verwerfungssystem)

syn|the|ti|sie|ren ⟨gr.-nlat.⟩: (Chem.) durch Synthese (2) herstellen

Syn|the|ton das; -s, ...ta ⟨gr.⟩: (Sprachw.) aus einer ursprünglichen Wortgruppe zusammengezogenes Wort (z. B. *wettlaufen* aus *um die Wette laufen*)

Syn|tro|pie die; -, ...ien ⟨gr.-nlat.⟩: (Med.) gemeinsames Auftreten zweier verschiedener Krankheiten

Sy|nu|rie die; -, ...ien ⟨gr.-nlat.⟩: (Med.) Ausscheidung von Fremdstoffen durch den Harn

Syn|zy|ti|um das; -s, ...ien ⟨gr.-nlat.⟩: mehrkernige Plasmamasse (durch Verschmelzung mehrerer Zellen entstanden)

Sy|phi|lid das; -[e]s, -e ⟨nlat.⟩: syphilitischer Hautausschlag

Sy|phi|lis die; - ⟨nlat.; nach dem Titel eines lat. Lehrgedichts des 16. Jh.s, in dem die Geschichte eines an Syphilis erkrankten Hirten namens Syphilus erzählt wird⟩: chronisch verlaufende Geschlechtskrankheit, die mit Schädigungen der Haut, der inneren Organe, Knochen, des Gehirns u. Rückenmarks einhergeht; Lues

Sy|phi|li|ti|ker der; -s, -: jmd., der an Syphilis leidet. **Sy|phi|li|ti|ke|rin** die; -, -nen: weibliche Form zu ↑ Syphilitiker

sy|phi|li|tisch: die Syphilis betreffend

Sy|phi|lo|id das; -[e]s, -e: abgeschwächte Form der Syphilis

Sy|phi|lom das; -s, -e: syphilitische Geschwulst

Sy|phi|lo|se die; -, -n: syphilitische Erkrankung

Sy|rin|ge die; -, -n ⟨gr.-mlat.⟩: (Bot.) Flieder

Sy|rin|ge: *Plural* von ↑ Syringe u. ↑ Syrinx

Sy|rin|gi|tis die; -, ...it|den ⟨gr.-nlat.⟩: Entzündung der Ohrtrompete

Sy|rin|go|my|e|lie die; -, ...ien: (Med.) Erkrankung des Rückenmarks mit Bildung von Höhlen im grauen Mark

Sy|rinx die; -, ...ingen ⟨gr.-lat.⟩: 1. Panflöte. 2. Töne erzeugendes Organ an der Gabelung der Luftröhre in die beiden Hauptbronchien (bei [Sing]vögeln)

Sy|ro|lo|ge der; -n, -n ⟨gr.-nlat.⟩: Wissenschaftler auf dem Gebiet der Syrologie. **Sy|ro|lo|gie** die; -: Wissenschaft von den Sprachen, der Geschichte u. den Altertümern Syriens. **Sy|ro|lo|gin** die; -, -nen: weibliche Form zu ↑ Syrologe

sys|tal|tisch ⟨gr.-lat.⟩: (Med.) zusammenziehend

Sys|tem das; -s, -e ⟨gr.-lat.; „Zusammenstellung"⟩: 1. Prinzip, Ordnung, nach der etwas organisiert od. aufgebaut wird, Plan, nach dem vorgegangen wird; 2. Gefüge; einheitlich geordnetes Ganzes. 3. wissenschaftliches Schema, Lehrgebäude. 4. Form der staatlichen, wirtschaftlichen u. gesellschaftlichen Organisation; Regierungsform. 5. (bes. Logik) eine Menge von Elementen, zwischen denen bestimmte Beziehungen bestehen od. die nach bestimmten Regeln zu verwenden sind. 6. (Biol.) Zusammenfassung u. Einordnung der Tiere u. Pflanzen in verwandte od. ähnlich gebaute Gruppen. 7. (Metrik) Zusammenschluss von zwei od. mehreren Perioden (7). 8. in festgelegter Weise zusammengeordnete Linien o. Ä. zur Eintragung u. Festlegung von etwas

Sys|te|m|a|na|ly|se die; -, -n: (EDV) 1. Untersuchung eines Problems u. seine Zerlegung in Einzelprobleme als Vorstufe des Programmierens. 2. Untersuchung der Computertechnik u. der jeweiligen Einsatzmöglichkeiten in einem Bereich

Sys|te|ma|tik die; -, -en: 1. planmäßige Darstellung; einheitliche Gestaltung nach bestimmten Ordnungsprinzipien. 2. (ohne Plural) Teilgebiet der Zoologie u. Botanik mit der Aufgabe der Einordnung aller Lebewesen in ein System. **Sys|te|ma|ti|ker** der; -s, -: 1. jmd., der systematisch vorgeht. 2. Wissenschaftler auf dem Gebiet der ↑ Systematik (2). **Sys|te|ma|ti|ke|rin** die; -, -nen: weibliche Form zu ↑ Systematiker.

sys|te|ma|tisch: 1. das System, die Systematik betreffend. 2. in ein System gebracht, ordentlich gegliedert. 3. planmäßig, gezielt, absichtlich

sys|te|ma|ti|sie|ren ⟨gr.-nlat.⟩: in ein System bringen, in einem System darstellen. **Sys|te|ma|ti|sie|rung** die; -, -en: das Systematisieren

Sys|tem|im|ma|nent: a) einem System innewohnend; in den Rahmen eines Systems (3, 4) gehörend; b) sich [im Denken u. Handeln] innerhalb der Grenzen eines Systems (4) bewegend; angepasst

sys|te|misch: (Biol., Med.) ein Organsystem od. mehrere Organe in gleicher Weise betreffend od. auf sie wirkend; **systemische Insektizide:** Insektengifte, die von der Pflanze durch Blätter u. Wurzeln mit dem Saftstrom aufgenommen werden u. so von innen her einen wirksamen Schutz gegen saugende Schädlinge bieten

sys|tem|kon|form: mit einem bestehenden politischen System im Einklang

Sys|tem|kri|ti|ker der; -s, -: jmd., der eine politische od. gesellschaftliche Ideologie angreift u. kritisiert. **Sys|tem|kri|ti|ke|rin** die; -, -nen: weibliche Form zu ↑ Systemkritiker

Sys|te|mo|id das; -[e]s, -e ⟨gr.-nlat.⟩: systemähnliches Gebilde

Sys|tem|soft|ware [...wɛə] die; -: (EDV) Gesamtheit der Programme einer Datenverarbeitungsanlage, die vom Hersteller mitgeliefert werden u. die Anlage betriebsbereit machen

Sy|s|to|le [auch: ...'to:lə] die; -, ...olen ⟨gr.-lat.; „Zusammenziehung, Kürzung"⟩: 1. (Med.) mit der Diastole rhythmisch abwechselnde Zusammenziehung des Herzmuskels. 2. (antike Metrik) Kürzung eines langen Vokals od. eines Diphthongs aus Verszwang

Sy|s|to|lisch ⟨*gr.-nlat.*⟩: die Systole betreffend

Sy|zy|gie *die; -, ...ien* ⟨*gr.-lat.; „Zusammenfügung"*⟩: 1. (Astron.) Stellung von Sonne, Mond u. Erde in annähernd gerader Linie (d. h. die Zeit um Vollmond od. Neumond). 2. (antike Metrik) Verbindung von zwei Versfüßen; Dipodie

Sy|zy|gi|um *das; -s, ...ien* ⟨*gr.-nlat.*⟩: ↑ Syzygie (1)

Sze|nar *das; -s, -e* ⟨*gr.-lat.*⟩: 1. ↑ Szenarium (1). 2. ↑ Szenario (1, 3)

Sze|na|rio *das; -s, -s* ⟨*gr.-lat.-it.*⟩: 1. szenisch gegliederter Entwurf eines Films (als Entwicklungsstufe zwischen Exposee u. Drehbuch). 2. (Theat.) Szenarium (1). 3. hypothetische Aufeinanderfolge von Ereignissen, die zur Beachtung kausaler Zusammenhänge konstruiert wird (in der öffentlichen u. industriellen Planung). 4. Szenerie (2), Bild, Ambiente

Sze|na|rist *der; -en, -en:* jmd., der ein Szenario entwirft. **Sze|na|ris|tin** *die; -, -nen:* weibliche Form zu ↑ Szenarist

Sze|na|ri|um *das; -s, ...ien* ⟨*gr.-lat.*⟩: 1. (Theat.) für die Regie u. das technische Personal erstellte Übersicht mit Angaben über Szenenfolge, auftretende Personen u. Ä. 2. (Film) ↑ Szenario (1). 3. ↑ Szenario (3). 4. Schauplatz

Sze|ne *die; -, -n* ⟨*gr.-lat.-fr.*⟩: 1. ↑ Skene. 2. Schauplatz einer [Theater]handlung; Bühne. 3. kleinste Einheit des Dramas od. Films; Auftritt (als Unterabteilung des Aktes). 4. auffallender Vorgang, Vorfall, der sich zwischen Personen [vor anderen] abspielt. 5. Auseinandersetzung; heftige Vorwürfe, die jmdm. gemacht werden. 6. (Plural selten) charakteristischer Bereich für bestimmte [kulturelle] Aktivitäten

Sze|ne|rie *die; -, ...ien:* 1. das mittels der Bauten, Dekorationen u. Ä. dargestellte Bühnenbild. 2. Schauplatz, Rahmen von etwas

Sze|ne|tem|pel *der; -s, -:* Treff-

punkt (z. B. Diskothek, Lokal) der Szene (6)

sze|nisch: die Szene betreffend, bühnenmäßig

Sze|no|graf usw. vgl. Szenograph usw.

Sze|no|graph, auch: ...graf *der; -en, -en:* jmd., der Dekorationen u. Bauten für Filme entwirft. **Sze|no|gra|phie**, auch: ...grafie *die; -, ...ien:* Entwurf u. Ausführung der Dekoration u. der Bauten für Filme. **Sze|no|gra|phin**, auch: ...grafin *die; -, -nen:* weibliche Form zu ↑ Szenograph

Sze|no|test *der; -[e]s, -e u. -s* ⟨*fr.; engl.*⟩: (Psychol.) Test für Kinder, bei dem mit Puppen, Tieren u. Bausteinen Szenen (4) darzustellen sind, wodurch (unbewusste) kindliche Konflikte zum Ausdruck gelangen sollen

Szep|ter vgl. Zepter

szi|en|ti|fisch ⟨*lat.-nlat.*⟩: wissenschaftlich

Szi|en|ti|fis|mus *der; -:* ↑ Szientismus (1)

Szi|en|tis|mus *der; -:* 1. (Fachspr.) Wissenschaftstheorie, nach der die Methoden der exakten [Natur]wissenschaften auf die Geistes- u. Sozialwissenschaften übertragen werden sollen; auf strenger Wissenschaftlichkeit gründende Haltung. 2. Lehre der Christian Science, nach der die Sünde, Tod u. Krankheit Einbildungen sind, die durch das Gebet zu Gott geistig überwunden werden können.

Szi|en|tist *der; -en, -en:* Vertreter des Szientismus. **Szi|en|tis|tin** *die; -, -nen:* weibliche Form zu ↑ Szientist. **szi|en|tis|tisch:** den Szientismus, die Szientisten betreffend

Szil|la u. Scilla *die; -, ...llen* ⟨*gr.-lat.*⟩: (im Frühjahr blühende) Pflanze mit schmalen Blättern u. kleinen, sternförmigen blauen Blüten

Szin|ti|graf usw. vgl. Szintigraph usw.

Szin|ti|gramm *das; -s, -e* ⟨*lat.; gr.*⟩: (Med.) durch die Einwirkung der Strahlung radioaktiver Stoffe auf eine fluoreszierende Schicht erzeugtes Leuchtbild

Szin|ti|graph, auch: ...graf *der; -en, -en:* (Med.) Gerät zur Herstellung von Szintigrammen.

Szin|ti|gra|phie, auch: ...grafie *die; -, ...ien:* Untersuchung u. Darstellung innerer Organe mithilfe von Szintigrammen. **szin|ti|gra|phisch**, auch: ...grafisch: die Szintigraphie betreffend

Szin|til|la|ti|on *die; -, -en* ⟨*lat.*⟩: 1. (Astron.) das Sternfunkeln. 2. Lichtblitze beim Auftreffen radioaktiver Strahlung auf fluoreszierende Stoffe. **szin|til|lie|ren:** (Astron., Phys.) funkeln, leuchten, flimmern

Szin|til|lo|me|ter *das; -s, -* ⟨*lat.; gr.*⟩: 1. (Astron.) Instrument zur Messung der Zahl der Farbwechsel je Sekunde beim Funkeln eines Sternes. 2. Strahlenmesser zur Suche nach uranhaltigem Gestein

Szir|rhus *der; -* ⟨*gr.-lat.*⟩: (Med.) harte Krebsgeschwulst

Szis|si|on *die; -, -en* ⟨*lat.*⟩: (veraltet) Spaltung, [Ab]trennung

Szis|sur *die; -, -en:* (veraltet) Spalte, Riss

Szyl|la u. Scylla *die; -* ⟨*gr.-lat.; nach dem sechsköpfigen Seeungeheuer der griech. Sage in einem Felsenriff in der Straße von Messina (gegenüber der Charybdis, einem gefährlichen Meeresstrudel)*⟩: in der Wendung **zwischen Szylla und Charybdis:** in einer Situation, in der nur zwischen zwei Übeln zu wählen ist; in einer ausweglosen Lage

T

Tab [engl.: tæb] *der; -[e]s, -e u. (bei engl. Ausspr.:) der; -s, -s* ⟨*engl.*⟩: vorspringender Teil einer Karteikarte zur Kenntlichmachung bestimmter Merkmale

Ta|bal|gie [...ʒi:] *die; -, ...ien* ⟨*span.-fr.*⟩: (früher) kleines Lokal, in dem Tabak geraucht u. Alkohol getrunken werden kann

Ta|bak [auch: 'ta:... u. bes. österr.:

...'bak] *der;* -s, -e ⟨span.⟩:
1. (ohne Plural) eine Pflanze, deren Blätter zu Zigaretten, Zigarren u. Pfeifentabak verarbeitet werden. 2. das aus den Blättern der Tabakpflanze hergestellte Genussmittel

Ta|ba|ko|se *die;* -, -n ⟨span.-nlat.⟩: (Med.) Ablagerung von Tabakstaub in der Lunge (Tabakstaublunge)

Ta|bak|re|gie *die;* -: (österr. ugs.) staatliche Tabakwerke

Ta|bak|tra|fik *die;* -, -en: (österr.) kleines Geschäft, in dem man Tabakwaren, Briefmarken, Zeitschriften u. Ä. kaufen kann

Ta|bas|co ® *der;* -s ⟨nach dem mexik. Bundesstaat⟩ u. **Ta|bas|co|so|ße,** auch: Tabascosauce *die;* -: aus roten ↑ Chillies unter Beigabe von Essig, Salz u. anderen Gewürzen hergestellte, scharfe Würzsoße

Ta|ba|ti|e|re *die;* -, -n ⟨span.-fr.⟩:
1. (veraltet) Schnupftabakdose. 2. (österr.) Zigarettendose

ta|bel|la|risch ⟨lat.⟩: in Tabellenform

ta|bel|la|ri|sie|ren ⟨lat.-nlat.⟩: übersichtlich in Tabellen anordnen

Ta|bel|la|ri|um *das;* -s, ...ria: aus Tabellen bestehende Zusammenstellung, Übersicht [als Anhang eines Buches]

Ta|bel|le *die;* -, -n ⟨lat.; „Täfelchen, Merktäfelchen"⟩: a) listenähnliche Zusammenstellung von Zahlenmaterial, Fakten, Namen u. a.; Übersicht, [Zahlen]tafel, Liste; b) (Sport) Tabelle (a), die die Rangfolge von Mannschaften, Sportlern entsprechend den von ihnen erzielten Ergebnissen wiedergibt

ta|bel|lie|ren ⟨lat.-nlat.⟩: Angaben in Tabellenform darstellen

Ta|ber|na|kel *das* (auch, bes. in der kath. Kirche: *der*); -s, - ⟨lat.; „Zelt, Hütte"⟩: 1. a) kunstvoll gearbeitetes (im Mittelalter tragbares) festes Gehäuse zur Aufbewahrung der geweihten Hostie auf dem katholischen Altar; b) ↑ Ziborium (1). 2. (in der Gotik) Ziergehäuse mit säulengestütztem Spitzdach [für Figuren]

Ta|bes *die;* - ⟨lat.⟩: (Med.) 1. (veraltet) Auszehrung, Schwindsucht. 2. Rückenmarksschwindsucht

Ta|bes|zenz *die;* -, -en ⟨lat.-nlat.⟩: (Med.) Abzehrung, Auszehrung

Ta|be|ti|ker *der;* -s, -: ↑ Tabiker. **Ta|be|ti|ke|rin** *die;* -, -nen: weibliche Form zu ↑ Tabetiker

ta|be|tisch: ↑ tabisch

Ta|bi|ker *der;* -s, -: (Med.) jmd., der an Rückenmarksschwindsucht (↑ Tabes 2) erkrankt ist.

Ta|bi|ke|rin *die;* -, -nen: weibliche Form zu ↑ Tabiker

ta|bisch: (Med.) a) an Rückenmarksschwindsucht leidend; b) die Rückenmarksschwindsucht betreffend

Tab|la *der;* -, - ⟨sanskr.⟩: asymmetrisches Paar kleiner, mit den Händen geschlagener Kesselpauken (bes. in Indien)

Tab|lar *das;* -s, -e ⟨lat.-fr.⟩: (schweiz.) Regalbrett

Tab|leau [ta'blo:] *das;* -s, -s:
1. (Theat.) wirkungsvoll gruppiertes Bild [im Schauspiel]. 2. (veraltet) Gemälde. 3. (österr.) Tafel im Flur eines Mietshauses, auf der die Namen der Mieter verzeichnet sind. 4. Zusammenstellung von im gleichen Maßstab angefertigten Vorlagen für eine Gesamtaufnahme in der Reproduktionstechnik. 5. (bes. Literaturw.) breit ausgeführte, personenreiche Schilderung

Tab|leau é|co|no|mique [tabloekɔnɔ'mik] *das;* - -, -x -s [tablozekɔnɔ'mik] ⟨fr.⟩: bildliche Darstellung des volkswirtschaftlichen Kreislaufs nach dem französischen Nationalökonomen Quesnay (1694–1774)

Tab|le d'Hôte [- 'do:t] *die;* - - ⟨fr.⟩: (veraltet) [gemeinsame] Speisetafel im Hotel

Tab|le|top ['te:bltɔp] *das;* -s, -s ⟨lat.-fr.-engl.⟩: Anordnung verschiedener Gegenstände, die stilllebenähnlich fotografiert od. als Trickfilm aufgenommen werden

Tab|lett *das;* -[e]s, -s (auch: -e) ⟨lat.-fr.⟩: Servierbrett

Tab|let|te *die;* -, -n: ein in eine feste [runde] Form gepresstes Arzneimittel zum Einnehmen

tab|let|tie|ren ⟨lat.-fr.-nlat.⟩: in Tablettenform bringen

Tab|le|wa|ter ['te:blwɔ:tɐ] *das;* -s, -s ⟨engl.; eigtl. „Tafelwasser"⟩: engl. Bez. für: Mineralwasser

tab|lie|ren ⟨lat.-fr.⟩: für Konser-

ven od. Bonbons bestimmten siedenden Zucker umrühren

Tab|li|num *das;* -s, ...na ⟨lat.⟩: Hauptraum des altrömischen Hauses

Ta|bo|pa|ra|ly|se *die;* - ⟨lat.; gr.-lat.⟩: (Med.) mit fortschreitender ↑ Paralyse verbundene Rückenmarksschwindsucht

Ta|bor *der;* -s, -e ⟨turkotat.-slaw.⟩:
1. tschech. Bez. für: Volksversammlung. 2. (hist.) russ. Bez. für: Zigeunerlager

Ta|bo|rit *der;* -en, -en ⟨nlat.; nach der tschech. Stadt Tábor⟩: Angehöriger einer radikalen Gruppe der ↑ Hussiten (15. Jh.)

Ta|bor|licht *das;* -[e]s ⟨nach der Verklärung Jesu auf dem Berg Tabor, Matth. 17,2⟩: das Gott umgebende ungeschaffene Licht in der Mystik der orthodoxen Kirche; vgl. Hesychasmus

Tä|b|ris *der;* -, - ⟨nach der iran. Stadt⟩: feiner, kurz geschorener Teppich aus Wolle od. Seide, meist mit Medaillonmusterung

ta|bu ⟨polynes.⟩: einem Tabu unterliegend; unverletzlich, unantastbar. **Ta|bu** *das;* -s, -s: 1. (Völkerk.) bei Naturvölkern die Heiligung eines mit ↑ Mana erfüllten Menschen od. Gegenstandes mit dem Verbot, ihn anzurühren. 2. ungeschriebenes Gesetz, das aufgrund bestimmter Anschauungen verbietet, bestimmte Dinge zu tun; sittliche, konventionelle Schranke

ta|bu|ie|ren ⟨polynes.-nlat.⟩: ↑ tabuisieren. **Ta|bu|ie|rung** *die;* -, -en: ↑ Tabuisierung

ta|bu|i|sie|ren: für tabu erklären. **Ta|bu|i|sie|rung** *die;* -, -en: das Tabuisieren

ta|bu|is|tisch: das Tabu betreffend, in der Art eines Tabus beschaffen

Ta|bu|la gra|tu|la|to|ria *die;* - -, ...lae ...iae [...lɛ ...iɛ] ⟨lat.⟩: Gratulantenliste (in Fest-, Jubiläumsschriften o. Ä.)

Ta|bu|la ra|sa *die;* - - ⟨„abgeschabte Tafel"⟩: 1. (Philos.) Zustand der Seele, in dem sie noch keine Eindrücke von außen empfangen u. keine Vorstellungen entwickelt hat. 2. a) etwas, was durch nichts [mehr] vorgeprägt ist; b) unbeschriebenes Blatt; **Tabula rasa machen:** reinen Tisch machen; energisch Ordnung schaffen

Ta|bu|la|ten die (Plural) ⟨lat.-nlat.⟩: ausgestorbene Korallen mit quer gefächerten Röhren

Ta|bu|la|tor der; -s, ...oren: Vorrichtung an Büro-, bes. Schreibmaschinen für das Weiterrücken des Wagens auf vorher eingestellte Stellen beim Schreiben von Tabellen o. Ä.

Ta|bu|la|tur die; -, -en: (Mus.) 1. Tafel mit den Meistersingerregeln. 2. Notierungsweise für Instrumente, auf denen mehrstimmig gespielt wird (vom 14. bis 18. Jh.)

Ta|bu|rett das; -[e]s, -e ⟨arab.-fr.⟩: (veraltet, aber noch schweiz.) Hocker, Stuhl ohne Lehne

Ta|bu|wort das; -[e]s, ...wörter ⟨polynes.; dt.⟩: (Sprachw.) Wort, das ein Tabu berührt u. das man deswegen meidet u. durch ein anderes ersetzt (z. B. der Leibhaftige anstelle von der Teufel)

ta|cet ⟨lat.; „(es) schweigt"⟩: (Mus.) Angabe, dass ein Instrument od. eine Stimme auf längere Zeit zu pausieren hat

Ta|che|les ⟨hebr.-jidd.⟩: in der Fügung **Tacheles reden:** a) offen miteinander reden; b) jmdm. seine Meinung sagen

Ta|chi|na die; -, ...nen ⟨gr.-nlat.⟩: Raupenfliege, deren Larven in Raupen u. Puppen von Schmetterlingen schmarotzen

ta|chi|nie|ren ⟨Herkunft unsicher⟩: (österr. ugs.) [während der Arbeitszeit] untätig herumstehen, faulenzen

Ta|chis|mus [taˈʃɪs...] der; - ⟨germ.-fr.-nlat.⟩: Richtung der informellen Malerei, die seelische Regungen durch spontanes Auftragen von Farbflecken auf die Leinwand auszudrücken sucht u. jede bewusste Formgestaltung ablehnt. **ta|chis|tisch:** im Stil des Tachismus

Ta|chis|to|s|kop das; -s, -e ⟨gr.-nlat.⟩: Apparat zur Vorführung optischer Reize in Zusammenhang mit Aufmerksamkeitstests bei psychologischen Untersuchungen

Ta|cho der; -s, -s: (ugs.) Kurzform von ↑ Tachometer (2)

Ta|cho|graph, auch: ...graf der; -en, -en ⟨gr.-nlat.⟩: Gerät zum Aufzeichnen von Geschwindigkeiten; Fahrtenschreiber

Ta|cho|me|ter der (auch: das); -s,

-: 1. Messgerät, das die Anzahl der Umdrehungen von rotierenden Maschinenteilen anzeigt; Drehzahlmesser 2. Messgerät, das die Fahrgeschwindigkeit eines Fahrzeugs anzeigt; Geschwindigkeitsmesser

Ta|chy|graph, auch: ...graf der; -en, -en: 1. (hist.) Schreiber, der die Tachygraphie beherrscht. 2. ↑ Tachograph. **Ta|chy|gra|phie**, auch: ...grafie die; -, ...ien: Kurzschriftsystem des Altertums

Ta|chy|kar|die die; -, ...ien: (Med.) stark beschleunigte Herztätigkeit; Herzjagen

Ta|chy|me|ter das; -s, -: Instrument zur geodätischen Schnellmessung, das neben Vertikal- u. Horizontalwinkeln auch Entfernungen misst. **Ta|chy|me|t|rie** die; -: Verfahren zur schnellen Geländeaufnahme durch gleichzeitige Entfernungs- u. Höhenmessung mithilfe des Tachymeters

Ta|chy|on das; -s, ...onen: (Phys.) hypothetisches Elementarteilchen, das sich stets mit Überlichtgeschwindigkeit bewegt

Ta|chy|pha|gie die; -: (Med.) hastiges Essen

Ta|chy|phy|la|xie die; -, ...ien: (Med.) nachlassendes, durch Steigerung der Dosis nicht ausgleichbares Reagieren des Organismus auf wiederholt verabreichte Arzneimittel

Ta|chy|p|noe die; -: (Med.) beschleunigte Atmung; Kurzatmigkeit

ta|chy|seis|misch: (Erdbebenkunde) schnell bebend

Ta|cker der; -s, - ⟨engl.⟩: Gerät, mit dem etwas geheftet werden kann. **ta|ckern:** (ugs.) mit dem Tacker heften

Tack|ling [ˈtɛk...] das; -s, -s ⟨engl.⟩: (Fußball) Aktion eines Abwehrspielers mit dem Ziel, den Angreifer vom Ball zu trennen, wobei der Abwehrspieler in die Beine des Angreifers hineingrätscht

Täcks u. **Täks** der; -es, -e ⟨engl.⟩: (Schuhherstellung) kleiner keilförmiger Nagel zur Verbindung von Oberleder u. Brandsohle

Tac|tus der; - ⟨lat.⟩: (Med.) Fähigkeit des Organismus, Berührungsreize über die Tastkörperchen aufzunehmen; Tastsinn

Tae|k|won|do [tɛ...] das; - ⟨korean.⟩: a) traditionelle koreanische Form der waffenlosen Selbstverteidigung; b) moderne Zweikampfsportart

Tael [tɛːl, teːl] das; -s, -s (aber: 5 Tael) ⟨sanskr.-Hindi-malai.-port.⟩: 1. ein ehemaliges asiatisches Handelsgewicht. 2. eine alte chinesische Münzeinheit

Tae|nia [ˈtɛː...] die; -, ...nien ⟨gr.-lat.⟩: 1. (ohne Plural; Zool.) Gattung der Bandwürmer. 2. (altgriech. Archit.) Leiste am Architrav der dorischen Säule. 3. (altgriech. Plastik) Kopfbinde siegreicher Athleten

Taf vgl. Tef

Taf|sir vgl. Tefsir

Taft der; -[e]s, -e ⟨pers.-türk.-it.⟩: a) dichtes, feinfädiges [Kunst]seidengewebe in Leinwandbindung; b) ein Futterstoff. **taf|ten:** aus Taft

¹Tag [tɛk] der; -, -s ⟨engl.-amerik.⟩: [improvisierte] Schlussformel bei Jazzstücken

²Tag das; -s, -s: 1. (EDV) Markierungselement von Beschreibungssprachen (z. B. ↑ HTML) zur Strukturierung der Dokumente. 2. [Geheim]zeichen eines Graffitikünstlers

Ta|ge|tes die; -, - ⟨lat.-nlat.⟩: eine Zierpflanze; Studentenblume

tag|gen [ˈtɛɡn̩] ⟨engl.⟩: 1. (EDV) einen Text mithilfe von ²Tags (1) strukturieren. 2. ein Graffito mit einem ²Tag (2) markieren. **Tag|ging** [ˈtɛɡɪŋ] das; -s, -s: das Taggen, Strukturieren

Ta|g|li|a|ta [talˈjaːta] die; -, -s ⟨lat.-vulgärlat.-it.⟩: (Sport) ein bestimmter Fechthieb

Ta|g|li|a|tel|le [talja...] u. **Ta|g|li|a|ti** [talˈjaːti] die (Plural): italienische Bandnudeln

Tag|mem das; -s, -e ⟨gr.⟩: Zuordnungseinheit in der Tagmemik. **Tag|me|mik** die; -: linguistische Theorie auf syntaktischer Ebene

Ta|gu|lan der; -s, -e ⟨aus einer indones. Sprache der Philippinen⟩: indisches Flughörnchen

Tahr u. **Thar** der; -s, -s ⟨nepalesisch⟩: indische Halbziege

Tai-Chi [taɪˈtʃiː] das; -[s] ⟨chin.⟩: 1. (in der chinesischen Philosophie) Urgrund des Seins, aus dem alles entsteht. 2. Abfolge von Übungen mit langsamen, fließenden Bewegungen; Schattenboxen

Tai-Chi-Chu|an [taitʃiˈtʃuan] *das;* -[s]: ↑ Tai-Chi (2)

Tai|fun *der;* -s, -e ⟨*chin.-engl.*⟩: tropischer Wirbelsturm [in Südostasien]

Tai|ga *die;* - ⟨*russ.*⟩: Wald- u. Sumpflandschaft bes. in Sibirien

Tai|ji vgl. Tai-Chi (2)

Tail|gate [ˈteːlgeːt] *der;* -[s] ⟨*engl.*⟩: Posaunenstil im ↑ New-Orleans-Jazz

Tail|le [ˈtalja, österr.: ˈtailjə] *die;* -, -n ⟨*lat.-vulgärlat.-fr.*⟩: 1. a) oberhalb der Hüfte schmaler werdende Stelle des menschlichen Körpers; Gürtellinie; b) (ugs.) die Taille (1 a) bedeckender Teil von Kleidungsstücken. 2. (hist.) a) Vasallensteuer in England u. Frankreich; b) bis 1789 in Frankreich eine Staatssteuer. 3. (Mus.) tiefere Tenorlage bei Instrumenten (z. B. Bratsche). 4. (Kartenspiel) das Aufdecken der Blätter für Gewinn od. Verlust

¹Tail|leur [taˈjøːɐ̯] *der;* -s, -s [taˈjøːɐ̯] ⟨*fr.*⟩: (veraltet) Schneider

²Tail|leur *das* (auch: *der*); -s, -s: (Fachspr.) eng anliegendes Schneiderkostüm; Jackenkleid

tail|lie|ren [ta(l)ˈjiː...]: 1. (ein Kleidungsstück) auf Taille arbeiten. 2. (Kartenspiel) die Karten aufdecken; vgl. Taille (4)

Tai|lor [ˈteːlɐ] *der;* -s, -s ⟨*lat.-vulgärlat.-fr.-engl.*⟩: engl. Bez. für: Schneider

Tai|lor|made [...meːt] *das;* -, -s: im konventionellen Stil geschneidertes Kostüm

¹Tai|pan *der;* -s, -s ⟨*austr.*⟩: in Australien u. Neuguinea vorkommende Giftschlange

²Tai|pan *der;* -s, -e ⟨*chin.*⟩: Leiter eines ausländischen Unternehmens in China

Tai|ka|mahak *der;* -[s] ⟨*indian.-span.*⟩: Harz eines tropischen Baumes

Take [teːk, engl.: teɪk] *der* od. *das;* -s, -s ⟨*engl.*⟩: 1. Abschnitt, Teil einer Filmszene, die in einem Stück gedreht wird. 2. (Jargon) Zug aus einer Haschischod. Marihuanazigarette

Take|a|way [teːkəˈweː] *das* od. *der;* -s, -s ⟨*engl.*⟩: Laden, Kiosk, der Snacks zum Mitnehmen verkauft

Ta|ke|la|ge [...ʒə] *die;* -, -n ⟨mit *fr.* Endung *-age* zu *niederd.* Takel „Tauwerk u. Hebezeug eines Schiffes" gebildet⟩: Segelausrüstung eines Schiffes; Takelwerk

Take-off, auch: **Take|off** [ˈteːklɔf] *das* u. *der;* -s, -s ⟨*engl.*⟩: a) Start (einer Rakete, eines Flugzeugs); b) Beginn

Ta|kin *der;* -s, -s ⟨*tibetobirmanisch*⟩: südostasiatische Rindergämse od. Gnuziege

Täks vgl. Täcks

¹tak|tie|ren ⟨*lat.-nlat.*⟩: den Takt angeben, schlagen

²tak|tie|ren ⟨*gr.-fr.*⟩: in einer bestimmten Weise taktisch vorgehen

Tak|tik *die;* -, -en ⟨*gr.-fr.;* „Kunst der Anordnung u. Aufstellung"⟩: 1. (Milit.) Praxis der geschickten Kampf- od. Truppenführung. 2. auf genauen Überlegungen basierende, von bestimmten Erwägungen bestimmte Art u. Weise des Vorgehens; berechnendes Verhalten. **Tak|ti|ker** *der;* -s, -: jmd., der eine Situation planmäßig u. klug berechnend zu seinem Vorteil zu nutzen versteht. **Tak|ti|ke|rin** *die;* -, -nen: weibliche Form zu ↑ Taktiker

tak|til ⟨*lat.*⟩: (Med.) das Tasten, die Berührung, den Tastsinn betreffend

tak|tisch ⟨*gr.-fr.*⟩: a) die Taktik betreffend; b) geschickt u. planvoll vorgehend, auf einer bestimmten Taktik beruhend; **taktische Waffe:** Waffe von geringerer Sprengkraft u. Reichweite, die zum Einsatz gegen feindliche Streitkräfte u. deren Einrichtungen bestimmt ist; vgl. strategische Waffe

Ta|kyr *der;* -s, -e (meist Plural) ⟨*turkmenisch*⟩: Salztonebene in der Turkmenenwüste

Tal|lal|gie *die;* -, ...ien ⟨*lat.; gr.*⟩: (Med.) Fersenschmerz

Ta|lar *der;* -s, -e ⟨*lat.-it.*⟩: bis zu den Knöcheln reichendes, weites, schwarzes Amts- od. Festgewand (z. B. des Pfarrers)

Ta|la|yot [...ˈjɔt] *der;* -s, -s ⟨*arab.-span.*⟩: steinerner Wohn- od. Grabbau auf den Balearen (Bronzezeit u. frühe Eisenzeit)

Ta|lent *das;* -[e]s, -e ⟨*gr.-lat.*⟩: 1. a) Anlage zu überdurchschnittlichen geistigen od. kör-

perlichen Fähigkeiten auf einem bestimmten Gebiet; angeborene besondere Begabung; b) jmd., der über eine besondere Begabung auf einem bestimmten Gebiet verfügt. 2. altgriechische Gewichts- u. Geldeinheit

ta|len|tiert: begabt, geschickt

ta|le qua|le ⟨*lat.;* „so wie"⟩: so, wie es ist (Bezeichnung für die Qualität einer Ware)

Ta|li|ban *die* (Plural) ⟨*Paschto* (afghanische Amtssprache)⟩: radikale islamische Miliz in Afghanistan

Ta|li|on *der;* -, -en ⟨*lat.*⟩: (Rechtsw.) die Vergeltung von Gleichem mit Gleichem (umstrittener mittelalterlicher, im Volksbewusstsein z. T. noch nachwirkender Strafrechtsgrundsatz, der z. B. die Todesstrafe für Mord fordert)

Ta|li|pes *der;* -, Talipedes u. ...pedes ⟨*lat.-nlat.*⟩: (Med.) Klumpfuß

Ta|li|po|ma|nus *die;* -, - [...nuːs]: (Med.) Klumphand

Ta|lis|man *der;* -s, -e ⟨*gr.-mgr.-arab.-roman.*⟩: Glücksbringer, Maskottchen; vgl. Fetisch

Tal|je *die;* -, -n ⟨*lat.-it.-niederl.*⟩: (Seemannsspr.) Flaschenzug.

tal|jen: (Seemannsspr.) aufwinden

¹Talk *der;* -[e]s ⟨*arab.-span.-fr.*⟩: ein Mineral

²Talk [tɔːk] *der;* -s, -s ⟨*engl.*⟩: Plauderei, Unterhaltung, [öffentliches] Gespräch

tal|ken [ˈtɔːkn̩] ⟨*engl.*⟩: 1. eine Talkshow durchführen. 2. sich unterhalten, Konversation machen

Talk|er|de *die;* - ⟨*arab.-span.-fr.; dt.*⟩: ↑ Magnesia

Talk|mas|ter [ˈtɔːk...] *der;* -s, - ⟨*engl.*⟩: jmd., der eine Talkshow leitet. **Talk|mas|te|rin** *die;* -, -nen: weibliche Form zu ↑ Talkmaster

Talk|show, auch: **Talk-Show** [...ʃoʊ] *die;* -, -s: Unterhaltungssendung im Fernsehen, in der ein Gesprächsleiter [bekannte] Persönlichkeiten durch Fragen zu Äußerungen über private, berufliche u. allgemein interessierende Dinge anregt

Tal|kum *das;* -s ⟨*arab.-span.-lat.-nlat.*⟩: 1. ↑ ¹Talk. 2. feiner weißer Talk als Streupulver

tal|ku|mie|ren: mit Talkum bestreuen

Tal|lis (selten), **Tal|lit[h]** *der; -, -* ⟨*hebr.*⟩: jüdischer Gebetsmantel

Tạll|öl *das; -s* ⟨*schwed.; gr.-lat.-dt.*⟩: aus Harz- u. Fettsäuren bestehendes Nebenprodukt bei der Zellstoffherstellung

Tạl|ly|mann *der; -[e]s, ...leute* ⟨*engl.; dt.*⟩: (Wirtsch.) Kontrolleur, der die Stückzahlen von Frachtgütern beim Be- u. Entladen von Schiffen feststellt

tạl|mi ⟨zu ↑ Talmi gebildet⟩: (österr.) talmin. **Tạl|mi** *das; -s* ⟨Kurzform von Talmigold; Herkunft unsicher⟩: 1. schwach vergoldeter ↑ Tombak. 2. etwas Unechtes

tạl|min: 1. aus Talmi bestehend. 2. unecht

Tạl|mud *der; -[e]s, -e* ⟨*hebr.*; „Lehre"⟩: Sammlung der Gesetze u. religiösen Überlieferungen des Judentums nach der Babylonischen Gefangenschaft; vgl. Mischna. **tal|mụ|disch:** den Talmud betreffend; im Sinne des Talmuds

Tal|mu|dịs|mus *der; -* ⟨*hebr.-nlat.*⟩: aus dem Talmud geschöpfte Lehre u. Weltanschauung. **tal|mu|dịs|tisch:** a) den Talmudismus betreffend; b) (abwertend) buchstabengläubig, am Wortlaut klebend

Tạl|lon [ta'lõ:, österr.: ta'lo:n] *der; -s, -s* ⟨*lat.-vulgärlat.-fr.*⟩: 1. a) (Börsenw.) Erneuerungsschein bei Wertpapieren, der zum Empfang eines neuen Kuponbogens berechtigt; b) Kontrollabschnitt [einer Eintrittskarte, Wertmarke o. Ä.]. 2. a) Kartenrest (beim Geben); b) Kartenstock (bei Glücksspielen); c) einer der noch nicht verteilten Steine (beim Dominospiel). 3. unterer Teil des Bogens von Streichinstrumenten

Tạl|ma|rak *das; -s, -s* ⟨Herkunft unbekannt⟩: Holz einer nordamerikanischen Lärche

Ta|ma|ril|lo [...'rɪljo] *die; -, -s* ⟨*span.*⟩: Baumtomate

Ta|ma|rịn|de *die; -, -n* ⟨*arab.-mlat.*⟩: tropische Pflanze

Ta|ma|rịs|ke *die; -, -n* ⟨*vulgärlat.*⟩: Strauch od. Baum mit schuppenförmigen Blättern u. kleinen, rosafarbenen, in Trauben stehenden Blüten

Tạm|bour [...bu:ɐ̯, auch: ...'bu:ɐ̯]

der; -s, -e, (schweiz.) -en ⟨*pers.-arab.-span.-fr.*⟩: 1. Trommel. 2. Trommler. 3. (Archit.) zylinderförmiges Zwischenteil [mit Fenstern] in Kuppelbauten. 4. (Spinnerei) mit Stahlzähnen besetzte Trommel an Krempeln. 5. Trommel zum Aufrollen von Papier

¹Tam|bou|rin [tãbu'rɛ̃:] *das; -s, -s* ⟨*fr.*⟩: längliche, zylindrische Trommel, die mit zwei Fellen bespannt ist

²Tam|bou|rin *der; -s, -s:* provenzalischer Tanz im lebhaften ²/₄-Takt

Tam|bour|ma|jor [auch: ...'tam...] *der; -s, -e:* Leiter eines [uniformierten] Spielmannszuges

Tam|bour|ma|jo|rette [...'rɛt] *die; -, -s u. -n* [...tn̩]: vgl. Majorette

¹Tam|bur *der; -s, -e* ⟨*pers.-arab.-span.-fr.*⟩: Stickrahmen, Sticktrommel; vgl. Tambour

²Tam|bur vgl. Tanbur

tam|bu|rie|ren: 1. mit ↑ Tamburierstichen sticken. 2. zur Fertigung des Scheitelstrichs einer Perücke Haare zwischen Tüll und Gaze einknoten

Tam|bu|rier|stich *der; -[e]s, -e:* Kettenstich, der mit einer entsprechenden Nadel auf den straff gespannten Stoff gehäkelt wird

Tam|bu|rin [auch: ...'ri:n] *das; -s, -e:* 1. Handtrommel mit Schellen. 2. Stickrahmen

Tam|bu|rịz|za *die; -, -s* ⟨*pers.-arab.-span.-it.-serbokroat.*⟩: mandolinenähnliches Saiteninstrument der Serben u. Kroaten

Tạ|mil *das; -[s]* ⟨*tamil.*⟩: zu den ↑ drawidischen Sprachen gehörende Literatursprache der (bes. in Südindien u. Sri Lanka lebenden) Tamilen

Tam|pi|ko|fa|ser *die; -, -n* ⟨nach der mexik. Stadt Tampico⟩: Agavenfaser

Tạm|pon [auch: ...'põ:, österr.: ...'po:n] *der; -s, -s* ⟨*germ.-fr.*⟩: 1. a) (Med.) [Watte-, Mull]bausch zum Aufsaugen von Flüssigkeiten; b) in die Scheide einzuführender länglicher Tampon (1 a), der von Frauen während der ↑ Menstruation benutzt wird. 2. (Druckw.) Einschwärzballen für den Druck gestochener Platten

Tam|po|na|de *die; -, -n:* (Med.) das

Ausstopfen (z. B. von Wunden) mit Tampons

Tam|po|na|ge [...ʒə] *der; -, -n:* Abdichtung eines Bohrlochs gegen Wasser od. Gas

tam|po|nie|ren: (Med.) mit Tampons ausstopfen

Tam|tam [auch: 'tam...] *das; -s, -s* ⟨*Hindi-fr.*⟩: 1. a) asiatisches, mit einem Klöppel geschlagenes Becken; Gong; b) afrikanische Holztrommel. 2. (auch: *der;* ohne Plural; ugs.) laute Betriebsamkeit, mit der auf etwas aufmerksam gemacht werden soll

TẠN *die; -, -s:* ⟨Abk. für *Transaktionsnummer*⟩: Kodenummer, die für jede Buchung beim Onlinebanking o. Ä. zusätzlich zur ↑ PIN anzugeben ist

Tạ|na|g|ra|fi|gur, auch: **Tạ|na|g-ra-Figur** *die; -, -n* ⟨nach dem Fundort, der altgriech. Stadt Tanagra⟩: meist weibliche bemalte Tonfigur

Tạn|bur u. Tambur *der; -s, -e u. -s* ⟨*arab.-fr.*⟩: arabisches Zupfinstrument mit 3 bis 4 Stahlsaiten

Tạn|dem *das; -s, -s* ⟨*lat.-mlat.-engl.*⟩: 1. Wagen mit zwei hintereinander gespannten Pferden. 2. Doppelsitzerfahrrad mit zwei hintereinander angeordneten Sitzen u. Tretlagern. 3. (Techn.) zwei hintereinander geschaltete Antriebe, die auf die gleiche Welle wirken

Tạn|d|schur *der; -[s]* ⟨*tibet.*; „übersetzte Lehre"⟩: aus dem Indischen übersetzte Kommentare u. Hymnen (religiöse Schrift des ↑ Lamaismus); vgl. Kandschur

Tạn|ga *der; -s, -s* ⟨*indian.-port.*⟩: sehr knapper Bikini od. Slip

Tạn|ga|re *die; -, -n* (meist Plural) ⟨*indian.-port.*⟩: mittel- u. südamerikanischer bunt gefiederter Singvogel

Tạn|gens *der; -, -* ⟨*lat.*⟩: (Math.) im rechtwinkligen Dreieck das Verhältnis von Gegenkathete zu ↑ Ankathete; Zeichen: tan, tang, tg

Tan|gen|te *die; -, -n:* 1. (Math.) Gerade, die eine gekrümmte Linie (z. B. einen Kreis) in einem Punkt berührt. 2. dreieckiges Messingplättchen, das beim ↑ Klavichord von unten an die Saiten schlägt. 3. Autostraße, die am Rande eines Ortes vorbeiführt

tan|gen|ti|al ⟨*lat.-nlat.*⟩: (Math.) eine gekrümmte Linie od. Fläche berührend

tan|gie|ren ⟨*lat.*⟩: 1. (Math.) eine gekrümmte Linie od. Fläche berühren (von Geraden od. Kurven). 2. berühren, betreffen, beeindrucken. 3. (Druckw.) auf Flachdruckplatten ein Rastermuster anbringen

Tan|go *der; -s, -s* ⟨*span.*⟩: lateinamerikanischer Tanz im langsamen $^2/_4$- od. $^4/_8$-Takt

Tan|go|re|zep|to|ren *die* (Plural) ⟨*lat.-nlat.*⟩: (Med.) berührungsempfindliche, auf mechanische Reize reagierende Sinnesorgane

Tan|g|ram *das; -s* ⟨*chin.-engl.*; Herkunft unsicher⟩: a) Spiel, bei dem aus Dreiecken, Quadraten o. Ä. Figuren gelegt werden; b) Computerspiel auf der Grundlage von Tangram (a)

Tä|nie [...jə], *die; -, ...ien* (meist Plural) ⟨*gr.-lat.*⟩: Bandwurm; Vertreter aus der Gattung der ↑ Taenia

¹Tan|ka *das; -, -* ⟨*jap.*⟩: japanische Kurzgedichtform aus einer dreizeiligen Ober- u. einer zweizeiligen Unterstrophe mit zusammen 31 Silben

²Tan|ka *das; -, -* ⟨*Hindi*⟩: 1. alte indische Gewichtseinheit. 2. indisches Münzsystem

Tank|top [ˈtæŋktɔp] *das; -s, -s* ⟨*engl.*⟩: a) ärmelloses, westenähnliches Anzughemd; b) ärmelloses T-Shirt

Tan|nat *das; -[e]s, -e* ⟨*gall.-fr.-nlat.*⟩: Salz der Gerbsäure

tan|nie|ren: mit Tannin beizen

Tan|nin *das; -s* ⟨aus Blattgallen von Pflanzen gewonnene Gerbsäure

Tan|rek *der; -s, -s* ⟨*madagassisch*⟩: Borstenigel auf Madagaskar

Tan|tal *das; -s* ⟨*gr.-lat.-nlat.; nach Tantalus, einem König der griech. Sage*⟩: chem. Element; ein Metall; Zeichen: Ta

Tan|ta|lus|qua|len *die* (Plural) ⟨*gr.-lat.; dt.*⟩: Qualen, die dadurch entstehen, dass etwas Ersehntes zwar in greifbarer Nähe, aber doch nicht zu erlangen ist

Tan|tes vgl. Dantes

Tan|ti|e|me [tã...] *die; -, -n* ⟨*lat.-fr.*⟩: 1. Gewinnbeteiligung an einem Unternehmen. 2. (meist Plural) an Autoren, Sänger u. a. gezahlte Vergütung für Aufführung bzw. Wieder-

gabe musikalischer od. literarischer Werke

tant mieux [tãˈmjø]: (veraltet) desto besser

tan|to ⟨*lat.-it.*⟩: (Mus.) viel, sehr (Vortragsanweisung)

Tan|t|ra *das; -[s]* ⟨*sanskr.*⟩: 1. ein Lehrsystem der indischen Religion; vgl. Tantrismus. 2. Lehrschrift der ↑ Schaktas

tan|t|risch: das Tantra betreffend, von ihm bestimmt

Tan|t|ris|mus *der; -* ⟨*sanskr.-nlat.*⟩: indische Heilsbewegung, bes. die Lehre des buddhistischen ↑ Wadschrajana und der ↑ Schaktas

Tan|tum er|go *das; - -* ⟨*lat.*⟩: (kath. Liturgie) Anfang der 5. Strophe des ↑ Pange Lingua, mit der folgenden Strophe vor der Erteilung des eucharistischen Segens zu singen

Tan|lya [...ja] *die; -, -s* ⟨*ung.*⟩: Einzelgehöft in der ↑ Puszta

Tao [auch: tau] *das; -* ⟨*chin.; „der Weg"*⟩: Grundbegriff der chinesischen Philosophie (z. B. Urgrund des Seins, Vernunft)

Ta|o|is|mus [auch: tau...] *der; -* ⟨*chin.-nlat.*⟩: philosophisch bestimmte chinesische Volksreligion (mit Ahnenkult u. Geisterglauben), die den Menschen zur Einordnung in die Harmonie der Welt anleitet. **Ta|o|ist** *der; -en, -en*: Anhänger des Taoismus. **Ta|o|is|tin** *die; -, -nen*: weibliche Form zu ↑ Taoist. **ta|o|is|tisch**: den Taoismus betreffend, zu ihm gehörend

Tao-Te-King *das; -* ⟨*chin.*⟩: die heilige Schrift des Taoismus

¹Ta|pa *die; -, -s* ⟨*polynes.*⟩: in Polynesien, Ostafrika u. Südamerika verwendeter Stoff aus Bastfasern

²Ta|pa *die; -, -s* od. *der; -s, -s* (meist Plural) ⟨*span.*⟩: (in Bars od. Cafés in Spanien servierter) kleiner Appetithappen [zum Wein]

Tape [teːp, teɪp] *das* (auch: *der*); -, -s ⟨*engl.*⟩: 1. Lochstreifen, Magnetband. 2. (veraltend) Tonband. 3. Kassette. 4. Klebeband

Tape|deck *das; -s, -s*: Tonbandgerät (als Baustein einer Hi-Fi-Anlage)

Ta|pei|no|sis *die; -* ⟨*gr.; „Erniedrigung"*⟩: (Rhet., Stilk.) Gebrauch eines leichteren, abschwächen-

den od. erniedrigenden Ausdrucks

ta|pen [ˈteːpn̩, ˈteɪpn̩] *das; -s* ⟨*engl.*⟩: (Jargon) einen ↑ Tapeverband anlegen

Ta|pet *das; -[e]s, -e* ⟨*gr.-lat.(-fr.)*⟩: (veraltet) Bespannung, Überzug eines Konferenztisches; **etwas aufs Tapet bringen:** (ugs.) etwas zur Sprache bringen; **aufs Tapet kommen:** (ugs.) zur Sprache kommen

Ta|pe|te *die; -, -n* ⟨*gr.-lat.-mlat.*⟩: Wandverkleidung aus [gemustertem] Stoff, Leder od. Papier

Tape|ver|band [ˈteːp..., ˈteɪp...] *der; -[e]s, ...bände* ⟨*engl.; dt.*⟩: Verband aus klebenden Binden od. Pflastern zur Vorbeugung od. bei Quetschungen u. Verstauchungen

Ta|pe|zier *der; -s, -e* ⟨*gr.-mgr.-fr.-it.*⟩: (südd.) Tapezierer. **ta|pe|zie|ren**: 1. [Wände] mit Tapeten bekleben od. verkleiden. 2. (österr.) mit einem neuen Stoff beziehen (Sofa u. a.). **Ta|pe|zie|rer** *der; -s, -*: Handwerker, der tapeziert und Stoffen bespannt [u. Möbel polstert]. **Ta|pe|zie|re|rin** *die; -, -nen*: weibliche Form zu ↑ Tapezierer

Ta|pho|pho|bie *die; -, ...ien* ⟨*gr. nlat.*⟩: (Med.) krankhafte Angst, lebendig begraben zu werden

Ta|pi|o|ka *die; -* ⟨*bras.-port.*⟩: Stärkemehl aus den Knollen des Maniokstrauches

Ta|pir [österr.: taˈpiːɐ̯] *der; -s, -e* ⟨*indian.-port.-fr.*⟩: in Amerika u. Asien heimisches Säugetier mit plumpem Körper u. kurzem Rüssel

Ta|pis|se|rie *die; -, ...ien* ⟨*gr.-mgr.-fr.*⟩: 1. a) Wandteppich; b) Stickerei auf gitterartigem Grund. 2. Geschäft, in dem Handarbeiten u. Handarbeitsmaterial verkauft werden

Ta|pis|se|ris|tin *die; -, -nen*: in der Herstellung feiner Handarbeiten, bes. Stickereien, ausgebildete Frau (Berufsbez.)

Ta|po|te|ment [...ˈmã:] *das; -s, -s* ⟨*fr.*⟩: Massage in Form von Klopfen und Klatschen mit den Händen

Tapp|ta|rock *das* (österr. nur so) od. *der; -s, -s* ⟨*dt.; it.*⟩: dem Tarock ähnliches Kartenspiel

Ta|ra *die; -, Ta|ren* ⟨*arab.-it.*⟩: 1. Verpackungsgewicht einer

Ware. 2. Verpackung einer Ware; Abk.: T, Ta

Ta|ran|tas *der; -, -* ⟨*russ.*⟩: alter, ungefederter russischer Reisewagen, der nur auf einem Stangengestell ruht

Ta|ran|tel *die; -, -n* ⟨*it.*⟩: südeuropäische Wolfsspinne, deren Biss Entzündungen hervorruft

Ta|ran|tel|la *die; -, -s u. ...llen*: süditalienischer Volkstanz im $^3/_8$- od. $^6/_8$-Takt

Tar|busch *der; -[e]s, -e* ⟨*pers.-arab.*⟩: orientalische Kopfbedeckung; vgl. Fes

tar|dan|do ⟨*lat.-it.*⟩: (Mus.) zögernd; langsamer werdend (Vortragsanweisung). **Tar|dando** *das; -s, -s u. ...di*: (Mus.) langsamer werdendes Spiel

Tar|de|noi|si|en [...dənŏa'zi̯ɛ̃:] *das; -[s]* ⟨nach dem franz. Fundort La Fère-en-Tardenois⟩: Kulturstufe der Mittelsteinzeit

tar|div ⟨*lat.-nlat.*⟩: (Med.) sich nur zögernd, langsam entwickelnd (von Krankheiten)

tar|do ⟨*lat.-it.*⟩: (Mus.) langsam (Vortragsanweisung)

Ta|ren: *Plural* von ↑ Tara

Tar|get [auch: 'ta:gɪt] *das; -s, -s* ⟨*engl.; „Ziel(scheibe)"*⟩: 1. (Kernphysik) Substanz, auf die energiereiche Strahlung gelenkt wird, um in ihr Kernreaktionen zu erzielen. 2. (Werbespr.) der Kunde als Ziel der Werbung

Tar|gum *das; -s, -e u. ...gumim* ⟨*aram.; „Verdolmetschung"*⟩: alte, teilweise sehr freie u. paraphrasierende aramäische Übersetzung des Alten Testaments

Tar|hon|ya [...ja] *die; -* ⟨*ung.*⟩: eine aus Mehl u. Eiern bereitete ungarische Beilage od. Suppeneinlage

ta|rie|ren ⟨*arab.-it.*⟩: 1. (Wirtsch.) die ↑ Tara bestimmen. 2. (Phys.) durch Gegengewichte das Reingewicht einer Ware auf der Waage ausgleichen

Ta|rif *der; -s, -e* ⟨*arab.-it.-fr.*⟩: 1. verbindliches Verzeichnis der Preis- bzw. Gebührensätze für bestimmte Lieferungen, Leistungen, Steuern u. a. 2. durch Vertrag od. Verordnung festgelegte Höhe von Preisen, Löhnen, Gehältern u. a.

ta|ri|fär u. **ta|ri|fa|risch** ⟨*arab.-it.-fr.-nlat.*⟩: den Tarif betreffend

Ta|rif|au|to|no|mie *die; -* ⟨*arab.-it.-fr.; gr.*⟩: Befugnis der ↑ Sozial-

partner, Tarifverträge auszuhandeln u. zu kündigen

Ta|ri|feur [...'fø:ɐ] *der; -s, -e* ⟨*arab.-it.-fr.*⟩: jmd., der Preise festlegt; Preisschätzer. **Ta|ri|feurin** [...'fø:rɪn] *die; -, -nen*: weibliche Form zu ↑ Tarifeur

ta|ri|fie|ren: die Höhe einer Leistung durch Tarif bestimmen

Ta|rif|kom|mis|si|on *die; -, -en*: Arbeitsgruppe aus Gewerkschaftsvertretern u. Vertretern von Arbeitgeberverbänden für die Beratung von Tarifverträgen

ta|rif|lich: den Tarif betreffend

Ta|rif|part|ner *der; -s, -*: zum Abschluss von Tarifverträgen berechtigter Vertreter der Arbeitnehmer u. Arbeitgeber (Gewerkschaften u. Arbeitgeberverbände). **Ta|rif|part|ne|rin** *die; -, -nen*: weibliche Form zu ↑ Tarifpartner

Ta|rif|ver|trag *der; -[e]s, ...verträge* ⟨*arab.-it.-fr.; dt.*⟩: Vertrag zur Regelung der arbeitsrechtlichen Beziehungen (Lohn, Arbeitszeit, Urlaub u. a.) zwischen Arbeitgebern u. Arbeitnehmern

Tar|la|tan *der; -s, -e* ⟨*fr.*⟩: stark appretierter Baumwoll- od. Zellwollstoff [für Faschingskostüme]

Ta|ro *der; -s, -s* ⟨*polynes.*⟩: stärkehaltige Knolle eines Aronstabgewächses (Nahrungsmittel der Südseeinsulaner)

Ta|rock *das; -s* ⟨*it.*⟩: ein Kartenspiel. **ta|ro|cken, ta|ro|ckie|ren**: Tarock spielen

Tá|ro|gal|tó ['ta:rogɔto:] *das; -s, -s* ⟨*ung.*⟩: ein ungarisches Holzblasinstrument

Ta|rot [ta'ro:] *das* od. *der; -s, -s* ⟨*it.-fr.(-engl.)*⟩: dem Tarock ähnliches Kartenspiel, das zu spekulativen Deutungen verwendet wird

Tar|pan *der; -s, -e* ⟨*russ.*⟩: ausgestorbenes europäisches Wildpferd

Tar|pau|lin [ta:'pɔ:lɪn, 'ta:pəlɪn] *der; -[s]* ⟨*engl.*⟩: als Packmaterial od. Futterstoff verwendetes Jutegewebe

Tar|pun *der; -s, -e* ⟨Herkunft unsicher⟩: dem Hering ähnlicher Knochenfisch

Tar|ra|go|na *der; -s, -s* ⟨nach der span. Stadt⟩: spanischer Süßwein

tar|sal ⟨*gr.-nlat.*⟩: (Med.) 1. zur Fußwurzel gehörend. 2. zu einem Lidknorpel gehörend

Tar|s|al|gie *die; -, ...ien*: (Med.) Fußwurzel-, Plattfußschmerz

Tar|s|ek|to|mie *die; -, ...ien*: (Med.) operative Entfernung von Fußwurzelknochen

Tar|si|tis *die; -, ...itiden*: (Med.) Entzündung des Lidknorpels

Tar|sus *der; -, ...sen* ⟨*gr.-nlat.*⟩: 1. Fußwurzel. 2. Lidknorpel. 3. (Zool.) aus mehreren Abschnitten bestehender Fußteil des Insektenbeins

¹Tar|tan [auch: 'ta:tən] *der; -[s], -s* ⟨*engl.*⟩: 1. spezifische Musterung des ↑ Kilts (a) od. ↑ Plaids (1). 2. Plaid od. Kilt mit Tartanmuster

²Tar|tan ® *der; -s* ⟨Kunstw.⟩: wetterfester Belag für Laufbahnen o. Ä. (aus Kunstharzen)

Tar|ta|ne *die; -, -n* ⟨*provenzal.-it.*⟩: ungedecktes, einmastiges Fischerfahrzeug im Mittelmeer

Tar|ta|ros *der; - ⟨gr.⟩: ↑ ¹Tartarus

¹Tar|ta|rus *der; - ⟨gr.-lat.*⟩: Unterwelt, Schattenreich der griechischen Sage

²Tar|ta|rus *der; - ⟨mlat.*⟩: Weinstein

Tar|tel|et|te *die; -, -n* ⟨*fr.*⟩: (veraltet) ↑ Tortelette

Tar|t|rat *das; -[e]s, -e* ⟨*mlat.-fr.*⟩: Salz der Weinsäure

Tart|sche *die; -, -n* ⟨*germ.-fr.*⟩: ein mittelalterlicher Schild

Tar|tüff *der; -s, -e* ⟨nach Tartuffe, der Hauptperson eines Lustspiels von Molière⟩: Heuchler

Tar|tu|fo *das; -s, -s* ⟨*lat.-it.; „Trüffel"*⟩: mit Schokolade, Kakao o. Ä. überzogene Halbkugel aus Speiseeis

Task *der; -s, -s* ⟨*lat.-vulgärlat.-fr.-engl.*⟩: 1. Höchstleistung; vielfache Darstellung der gleichen Idee in Schachaufgaben. 2. (EDV) in sich geschlossene Aufgabe, dargestellt durch ein Programm, das gleichzeitig neben anderen Programmen abgearbeitet werden kann

Task|force, auch: **Task-Force** [...fɔ:ɐs] *die; -, -s* [...sɪs] ⟨*engl.*⟩: 1. für eine begrenzte Zeit gebildete Arbeitsgruppe mit umfassenden Entscheidungskompetenzen zur Lösung komplexer Probleme. 2. (Milit.) für eine bestimmte Aufgabe u. meist nur vorübergehend zusammengestellter Verband

Tas|ta|tur *die;* -, -en ⟨*lat.-vulgär-lat.-it.*⟩: 1. größere Anzahl von in bestimmter Weise (meist in mehreren übereinander liegenden Reihen) angeordneten Tasten. 2. (Mus.) sämtliche Ober- u. Untertasten bei Tasteninstrumenten

Tas|til|e|ra *die;* -, -s u. ...re ⟨*lat.-vulgärlat.-it.*⟩: (Mus.) 1. Tastatur (2). 2. Griffbrett der Streichinstrumente

tas|to so|lo ⟨*it.*⟩: (Mus.) allein zu spielen (Anweisung, dass die Bassstimme ohne Harmoniefüllung der rechten Hand zu spielen ist); Abk.: t. s.

Ta|ta|mi *die;* -, -s ⟨*jap.*⟩: Unterlage für Futons o. Ä.

Ta|tar *das;* -s ⟨nach dem Volksstamm der Tataren⟩: rohes gehacktes mageres Rindfleisch [angemacht mit Ei u. Gewürzen]

ta|tau|ie|ren ⟨*tahit.-engl.(-fr.)*⟩: (Völkerk.) ↑ tätowieren

tä|to|wie|ren ⟨*tahit.-engl.-fr.*⟩: Muster od. Zeichnungen mit Farbstoffen in die Haut einritzen. **Tä|to|wie|rung** *die;* -, -en: 1. das Tätowieren. 2. auf die Haut tätowierte Zeichnung

Tat|ter|sall *der;* -s, -s ⟨nach dem engl. Stallmeister R. Tattersall, 1724–1795⟩: 1. geschäftliche Unternehmen für reitsportliche Veranstaltungen. 2. Reitbahn, -halle

¹Tat|too [tɛ'tu:] *das;* -[s], -s ⟨niederl.-engl.⟩: engl. Bez. für: Zapfenstreich

²Tat|too [tɛ'tu:] *der* od. *das;* -s, -s ⟨tahit.-engl.⟩: 1. ↑ Tätowierung (2). 2. auf die Haut aufgebrachter [farbiger] Aufdruck, der einer Tätowierung (2) ähnlich, aber nicht dauerhaft ist

tat twam a|si ⟨*sanskr.*⟩: das bist du, d. h., das Weltall u. die Einzelseele sind eins, sind aus dem gleichen Stoff (Formel der ↑ brahmanischen Religion)

Tau *das;* -[s], -s ⟨*gr.*⟩: neunzehnter Buchstabe des griechischen Alphabets: T, τ

taupe [to:p] ⟨*lat.-fr.*⟩: maulwurfsgrau, braungrau

Tau|ro|bo|li|um *das;* -s, ...ien ⟨*gr.-lat.*⟩: Stieropfer u. damit verbundene Bluttaufe in antiken ↑ Mysterien

Tau|ro|ma|chie *die;* -, ...ien ⟨*gr.-span.*⟩: 1. (ohne Plural) Technik des Stierkampfs. 2. Stierkampf

tau|schie|ren ⟨*arab.-it.-fr.*⟩: Edelmetalle (Gold od. Silber) in unedle Metalle (z. B. Bronze) zur Verzierung einhämmern (einlegen)

Tau|ta|zis|mus *der;* -, ...men ⟨*gr.-nlat.*⟩: (Rhet., Stilk.) unschöne Häufung von gleichen [Anfangs]lauten in aufeinander folgenden Wörtern

Tau|to|gramm *das;* -s, -e ⟨*gr.-nlat.*⟩: Gedicht, das in allen Wörtern od. Zeilen mit demselben Anfangsbuchstaben beginnt

Tau|to|lo|gie *die;* -, ...ien ⟨*gr.-lat.*⟩: 1. einen Sachverhalt doppelt wiedergebende Fügung (z. B. schwarzer Rappe, alter Greis). 2. ↑ Pleonasmus; vgl. Redundanz (2 b). 3. (Logik) (aufgrund formallogischer Gründe) wahre Aussage. **tau|to|lo|gisch:** a) die Tautologie betreffend; b) durch Tautologie wiedergebend; vgl. pleonastisch

tau|to|mer ⟨*gr.-nlat.*⟩: der Tautomerie unterliegend. **Tau|to|me|rie** *die;* -, ...ien: (Chem.) das Nebeneinander-vorhanden-Sein von zwei im Gleichgewicht stehenden isomeren Verbindungen (vgl. Isomerie), die sich durch den Platzwechsel eines ↑ Protons unter Änderung der Bindungsverhältnisse unterscheiden

Ta|ver|ne *die;* -, -n ⟨*lat.-it.*⟩: italienisches Wirtshaus

Ta|xa: *Plural* von ↑ Taxon

Ta|xa|me|ter *das* od. *der;* -s, - ⟨*lat.-mlat.; gr.*⟩: 1. Fahrpreisanzeiger in einem Taxi. 2. (veraltet) ↑ Taxi

Ta|xa|ti|on *die;* -, -en ⟨*lat.-fr.*⟩: Bestimmung des Geldwertes einer Sache od. Leistung

Ta|xa|tor *der;* -s, ...oren ⟨*lat.*⟩: Wertsachverständiger, Schätzer. **Ta|xa|to|rin** *die;* -, -nen: weibliche Form zu ↑ Taxator

¹Ta|xe *die;* -, -n ⟨*lat.-mlat.(-fr.)*⟩: 1. Schätzung, Beurteilung des Wertes. 2. [amtlich] festgesetzter Preis. 3. Gebühr, Gebührenordnung

²Ta|xe *die;* -, -n ⟨Kurzw. für: Taxameter (2)⟩: ↑ Taxi

Ta|xem *das;* -s, -e ⟨*gr.-engl.*⟩: (Sprachw.) kleinste grammatisch-syntaktische Einheit ohne semantischen Eigenwert

ta|xen ⟨*lat.-fr.*⟩: ↑ taxieren

Tax|free|shop, auch: **Tax-free-Shop** [tɛks'fri:ʃɔp] *der;* -s, -s ⟨*engl.*⟩: ↑ Dutyfreeshop

Ta|xi *das* (schweiz.: *der*); -s, -s ⟨Kurzw. für: Taxameter⟩: Auto, mit dem man sich gegen ein Entgelt befördern lassen kann

Ta|xi|der|mie *die;* - ⟨*gr.-nlat.*⟩: das Haltbarmachen toter Tierkörper für Demonstrationszwecke (z. B. Ausstopfen von Vögeln)

Ta|xi|der|mist *der;* -en, -en: jmd., der Tiere ↑ präpariert (2). **Ta|xi|der|mis|tin** *die;* -, -nen: weibliche Form zu ↑ Taxidermist

Ta|xie *die;* -, ...ien ⟨*gr.-nlat.*⟩: ↑ ²Taxis

ta|xie|ren ⟨*lat.-fr.*⟩: 1. einschätzen, abschätzen, veranschlagen. 2. prüfend betrachten u. danach ein Urteil fällen

Ta|xie|rer *der;* -s, -: ↑ Taxator. **Ta|xie|re|rin** *die;* -, -nen: weibliche Form zu ↑ Taxierer

¹Ta|xis *die;* -, Taxes [...kse:s] ⟨*gr.;* „das Ordnen, die Einrichtung"⟩: (Med.) das Wiedereinrichten eines Knochen- od. Eingeweidebruchs

²Ta|xis *die;* -, Taxen ⟨*gr.*⟩: (Biol.) durch äußere Reize ausgelöste Bewegungsreaktion von Organismen, z. B. ↑ Chemotaxis, ↑ Phototaxis

³Ta|xis [...ksi:s]: *Plural* von ↑ Taxi

Ta|xi|way ['tɛksiweɪ] *der;* -s, -s: Verbindungsweg zwischen den ↑ Runways; Rollbahn

Tax|kurs *der;* -es, -e ⟨*lat.*⟩: geschätzter Kurs

Tax|ler *der;* -s, -: (österr. ugs.) Taxifahrer. **Tax|le|rin** *die;* -, -nen: weibliche Form zu ↑ Taxler

Ta|xo|die [...jə] *die;* -, -n u. **Ta|xo|di|um** *das;* -s, ...ien ⟨*gr.-nlat.*⟩: nordamerikanische Sumpfzypresse

Ta|xon *das;* -s, Taxa ⟨*gr.*⟩: künstlich abgegrenzte Gruppe von Lebewesen (z. B. Stamm, Art) als Einheit innerhalb der biologischen Systematik

ta|xo|nom u. taxonomisch: 1. (Biol.) systematisch; vgl. Taxonomie (1). 2. (Sprachw.) nach der Methode der Taxonomie (2) vorgehend, die Taxonomie betreffend. **Ta|xo|no|mie** *die;* -: 1. (Biol.) Einordnung der Lebewesen in ein biologisches System. 2. (Sprachw.) Teilgebiet der Linguistik, auf dem man durch Segmentierung u. Klassifikation sprachlicher Einheiten den Aufbau eines Sprachsystems beschreiben will. **talxolnomisch** vgl. taxonom

Talxus der; -, - ⟨lat.⟩: Eibe

Tayllolrislmus [telo...] der; - ⟨nach dem amerik. Ingenieur F. W. Taylor, 1856–1915⟩ u. **Tayllorsysltem**, auch: **Tayllor-Sysltem** ['teɪlə...] das; -s: System der wissenschaftlichen Betriebsführung mit dem Ziel, einen möglichst wirtschaftlichen Betriebsablauf zu erzielen

Talzetlte die; -, -n ⟨it.⟩: in Südeuropa heimische Narzisse

T-Bone-Steak ['ti:bo:nste:k] das; -s, -s ⟨engl.⟩: dünne Scheibe aus dem Rippenstück des Rinds, deren Knochen (engl. „bone") die Form eines T hat

T-Car ['ti:ka:ɐ̯] das; -s, -s ⟨Abk. für engl. training „Training" u. car „Auto"⟩: Rennwagen [der Formel-1-Klasse] für das Training bzw. als Ersatzauto

T-Card ['ti:ka:ɐ̯t] die; -, -s ⟨Abk. für engl. telecommunication u. card „Karte"⟩: aufladbare Chipkarte, die als Telecard u. auch als Paycard genutzt werden kann

Tea [ti:] der (auch: das); -s ⟨engl.; „Tee"⟩: (Jargon) ↑ Haschisch

Teach-in [ti:tʃ|'ɪn] das; -s, -s ⟨engl.⟩: [politische] Diskussion mit demonstrativem Charakter, bei der Missstände aufgedeckt werden sollen

Teak [ti:k] das; -s ⟨drawid.-port.-engl.⟩: Kurzform von ↑ Teakholz. **tealken**: aus Teakholz

Teaklholz das; -es, ...hölzer: wertvolles Holz des südostasiatischen Teakbaums

Team [ti:m] das; -s, -s ⟨engl.⟩: a) Gruppe von Personen, die mit der Bewältigung einer gemeinsamen Aufgabe beschäftigt ist; b) (Sport) Mannschaft. **Teamlchef** ['ti:m...] der; -s, -s: (Sport) Betreuer, Trainer einer Mannschaft. **Teamlchelfin** die; -, -nen: weibliche Form zu ↑ Teamchef

Teamlgeist der; -[e]s: Mannschaftsgeist

teamlol rilenltiert: auf ein Team ausgerichtet

Teamslter der; -s, -: engl. Bez. für: Lastkraftwagenfahrer

Teamltealching, auch: **Team-Tea-ching** [...ti:tʃɪŋ] das; -[s], -s: Unterrichtsorganisationsform, in der Lehrer, Dozenten u. Hilfskräfte Lernstrategien, Vorlesungen o. Ä. gemeinsam planen, durchführen u. auswerten

Teamlwork [...wɔːk] das; -s: a) Gemeinschafts-, Gruppen-, Zusammenarbeit; b) gemeinsam Erarbeitetes

Tealroom, auch: **Tea-Room** ['ti:-ruːm] der; -s, -s ⟨engl.; „Tearaum"⟩: 1. kleines, nur tagsüber geöffnetes Lokal, in dem in erster Linie Tee gereicht wird; Teestube; vgl. Five-o'Clock-Tea. 2. (schweiz.) Café, in dem kein Alkohol ausgeschenkt wird

Tealser ['ti:zə] der; -s, - ⟨engl.⟩: Neugier erregendes Werbeelement

Techlneltilum das; -s ⟨gr.-nlat.⟩: chem. Element; ein Metall; Zeichen: Tc

Techlnilcollor ® das; -s ⟨gr.-lat.⟩: ein Farbbildverfahren

techlnilfilzielren: Errungenschaften der Technik auf etwas anwenden

Techlnik die; -, -en ⟨gr.-fr.⟩: 1. (ohne Plural) die Gesamtheit der Maßnahmen, Einrichtungen u. Verfahren, die dazu dienen, naturwissenschaftliche Erkenntnisse praktisch nutzbar zu machen. 2. ausgebildete Fähigkeit, Kunstfertigkeit, die zur richtigen Ausübung einer Sache notwendig ist. 3. (ohne Plural) Gesamtheit der Kunstgriffe u. Verfahren, die auf einem bestimmten Gebiet üblich sind. 4. Herstellungsverfahren. 5. (österr.) technische Hochschule

Techlnilka: Plural von ↑ Technikum

Techlnilker der; -s, -: 1. Fachmann auf einem Gebiet der Ingenieurwissenschaften. 2. in einem Zweig der Technik fachlich ausgebildeter Arbeiter. 3. jmd., der auf technischem Gebiet besonders begabt ist. 4. jmd., der die Feinheiten einer bestimmten Sportart sehr gut beherrscht. **Techlnilkelrin** die; -, -nen: weibliche Form zu ↑ Techniker

Techlnilkum das; -s, ...ka (auch: ...ken) ⟨gr.-nlat.⟩: technische Fachschule, Ingenieurfachschule; vgl. Polytechnikum

techlnisch ⟨gr.-fr.⟩: 1. die Technik

(1) betreffend. 2. die zur fachgemäßen Ausübung u. Handhabung erforderlichen Fähigkeiten betreffend

techlnilsielren ⟨gr.-nlat.⟩: 1. Maschinenkraft, technische Mittel einsetzen. 2. auf technischen Betrieb umstellen, für technischen Betrieb einrichten

Techlnilzislmus der; -, ...men: 1. technischer Fachausdruck, technische Ausdrucksweise. 2. (ohne Plural) weltanschauliche Auffassung, die den Wert der Technik losgelöst von den bestehenden Verhältnissen, vom sozialen Umfeld sieht u. den technischen Fortschritt als Grundlage u. Voraussetzung jedes menschlichen Fortschritts betrachtet

Techlno [...k..., ...ç...] das od. der; -[s] ⟨gr.-engl.⟩: (Mus.) rein elektronisch erzeugte, von besonders schnellem Rhythmus bestimmte Tanzmusik

Techlnoldrolge [...k..., ...ç...] die; -, -n: ↑ Designerdroge

techlnolid [...ç...] ⟨gr.-nlat.⟩: durch die Technik (1) bestimmt, verursacht

Techlnolkrat der; -en, -en ⟨gr.-engl.⟩: Vertreter der Technokratie

Techlnolkraltie die; -: 1. von den USA ausgehende Wirtschaftslehre, die die Vorherrschaft der Technik über Wirtschaft u. Politik propagiert u. deren kulturpolitisches Ziel es ist, die technischen Errungenschaften für den Wohlstand der Menschen nutzbar zu machen. 2. (abwertend) die Beherrschung des Menschen u. seiner Umwelt durch die Technik

Techlnolkraltin die; -, -nen: weibliche Form zu ↑ Technokrat

techlnolkraltisch: 1. die Technokratie (1) betreffend. 2. (abwertend) von der Technik bestimmt, rein mechanisch

Techlnollekt der; -[e]s, -e ⟨gr.-nlat.⟩: (Sprachw.) Fachsprache

Techlnollolge der; -n, -n ⟨gr.⟩: Wissenschaftler, der auf dem Gebiet der Technologie arbeitet

Techlnollolgie die; -, ...ien: 1. (ohne Plural) Verfahrenskunde⟩ Wissenschaft von der Umwandlung von Rohstoffen in Fertigprodukte. 2. Methodik u. Verfahren in einem bestimmten Forschungsgebiet (z. B. Raumfahrt). 3. Gesamtheit der zur Gewinnung u. Bearbeitung od. Verformung von Stoffen nötigen Prozesse. 4. ↑ Technik (4)

Tech|no|lo|gie|trans|fer *der;* -s, -s: Weitergabe betriebswirtschaftlicher u. technologischer Kenntnisse u. Verfahren

Tech|no|lo|gin *die;* -, -nen: weibliche Form zu ↑ Technologe

tech|no|lo|gisch: verfahrenstechnisch, den technischen Bereich von etwas betreffend

tech|no|morph: (Philos.) von den Kräften der Technik geformt

Tech|no|päg|ni|on *das;* -s, ...ien ⟨*gr.-lat.*⟩: Gedicht, dessen Verse äußerlich den besungenen Gegenstand nachbilden (z. B. ein Ei); Figurengedicht, Bildgedicht (bes. im Altertum u. im Barock)

Tech|no|ro|bic [tɛkno'ro:bik] *das* od. *die;* - ⟨Kunstw.⟩: Aerobic nach Technomusik

Tech|tel|mech|tel [auch: 'tɛ...] *das;* -s, - ⟨Herkunft unsicher⟩: (ugs.) Liebelei, Flirt

Ted *der;* -[s], -s ⟨*engl.*⟩: Kurzform von ↑ Teddyboy

TED [tɛt] *der;* -s ⟨Kurzw. aus *Tele*dialog⟩: Computer, der telefonische Stimmgaben registriert u. hochrechnet

Ted|dy *der;* -s, -s ⟨*engl.;* Koseform von engl. *Theodore*⟩: Stoffbär (als Kinderspielzeug)

Ted|dy|boy *der;* -s, -s: Jugendlicher, der sich in Kleidungs- u. Lebensstil nach den 1950er-Jahren richtet

te|des|ca vgl. alla tedesca

Te|de|um *das;* -s, -s ⟨*lat.;* nach den Anfangsworten des Hymnus „Te Deum laudamus" = „Dich, Gott, loben wir!"⟩: 1. (ohne Plural) frühchristlicher ↑ ambrosianischer Lobgesang. 2. musikalisches Werk über diesen Hymnus

¹Tee *der;* -s, -s ⟨*chin.*⟩: 1. auf verschiedene Art aufbereitete Blätter u. Knospen des asiatischen Teestrauchs. 2. aus den Blättern des Teestrauchs bereitetes Getränk. 3. Absud aus getrockneten [Heil]kräutern. 4. gesellige Zusammenkunft [am Nachmittag], bei der Tee gereicht wird

²Tee [ti:] *das;* -s, -s ⟨*engl.;* „T"⟩: (Golf) 1. kleiner Stift aus Holz od. Kunststoff, der in den Bo-

den gedrückt u. auf den der Golfball vor dem Abschlag aufgesetzt wird. 2. kleine rechtwinklige Fläche, von der aus bei jedem zu spielenden Loch mit dem Schlagen des Golfballes begonnen wird

Teen [ti:n] *der;* -s, -s (meist Plural) u. **Tee|n|a|ger** ['ti:ne:dʒɐ] *der;* -s, - ⟨*engl.*⟩: Junge od. Mädchen im Alter zwischen etwa 13 u. 19 Jahren; vgl. Twen

Tee|ner ['ti:nɐ] *der;* -s, -: (Jargon) ↑ Teenie

Tee|nie, auch: **Tee|ny** ['ti:ni] *der;* -s, -s: (ugs.) jüngerer Teen

Tef, Teff u. **Taf** *der;* -[s] ⟨*afrik.*⟩: eine nordafrikanische Getreidepflanze

Te|fil|la *die;* - ⟨*hebr.*⟩: 1. jüdisches Gebet, bes. das ↑ Schmone esre. 2. jüdisches Gebetbuch

Te|fil|lin *die* (Plural): Gebetsriemen der Juden (beim Morgengebet an Stirn u. linkem Oberarm getragene Kapseln mit Schriftworten)

Te|f|lon ® [auch: ...'lo:n] *das;* -s ⟨Kunstw.⟩: hitzebeständiger Kunststoff

Tef|sir *der;* -s, -s ⟨*arab.*⟩: wissenschaftliche Auslegung u. Erklärung des ↑ Korans

Teg|ment *das;* -[e]s, -e ⟨*lat.*⟩: (Bot.) Knospenschuppe bei der Pflanzenblüte

Tei|ch|op|sie *die;* -, ...ien ⟨*gr.-nlat.*⟩: (Med.) Zackensehen bei Augenflimmern

Tei|cho|s|ko|pie *die;* - ⟨*gr.;* „Mauerschau"⟩: Mittel im Drama, auf der Bühne nicht od. nur schwer darstellbare Ereignisse dem Zuschauer dadurch nahe zu bringen, dass ein Schauspieler sie schildert, als sähe er sie außerhalb der Bühne vor sich gehen

Te|in, auch: **Thein** *das;* -s ⟨*chin.-nlat.*⟩: in Teeblättern enthaltenes Koffein

Teint [tɛ̃:, tɛŋ] *der;* -s, -s ⟨*lat.-fr.*⟩: Beschaffenheit od. Tönung der menschlichen Gesichtshaut; Gesichts-, Hautfarbe

Te|ju *der;* -s, -s ⟨*indian.-port.*⟩: eine südamerikanische Schienenechse

Tek|k|no *das* od. *der;* -[s] ⟨Kunstw.⟩: von akustischer Härte geprägte Variante des ↑ Techno

tek|tie|ren ⟨*lat.-nlat.*⟩: eine fehler-

hafte Stelle in einem Buch überkleben; vgl. Tektur

tek|tisch ⟨*gr.*⟩: (Mineral.) die Ausscheidung von Kristallen aus Schmelzen betreffend

Tek|tit [auch: ...'tɪt] *der;* -s, -e ⟨*gr.-nlat.*⟩: glasartiges Gestein von grünlicher od. bräunlicher Färbung

Tek|to|gen *das;* -s, -e ⟨*gr.-nlat.*⟩: (Geol.) der Teil der Erdkruste, der tektonisch einheitlich bewegt wurde

Tek|to|ge|ne|se *die;* -: (Geol.) alle tektonischen Vorgänge, die das Gefüge der Erdkruste umformten

Tek|to|nik *die;* - ⟨*gr.-lat.*⟩: 1. (Geol.) Teilgebiet der Geologie, das sich mit dem Bau der Erdkruste u. ihren inneren Bewegungen befasst. 2. [Lehre von der] Zusammenfügung von Bauteilen zu einem Gefüge. 3. [strenger, kunstvoller] Aufbau einer Dichtung. **tek|to|nisch:** die Tektonik betreffend

Tek|tur *die;* -, -en ⟨*lat.*⟩: a) Deckstreifen mit dem richtigen Text, der über eine falsche Stelle in einem Buch geklebt wird; vgl. tektieren; b) Blatt mit Ergänzungen, das in Bücher, Broschüren o. Ä. eingeklebt wird

Te|la *die;* -, Te|len ⟨*lat.*⟩: (Med.) Gewebe, Bindegewebe

Te|la|mon [auch: ...'mo:n] *der* od. *das;* -s, ...onen ⟨*gr.-lat.*⟩: 1. (Milit. veraltet) Leibgurt für Waffen. 2. kraftvolle Gestalt als Träger von [vorspringenden] Bauteilen

Te|l|an|th|ro|pus *der;* -, ...pi ⟨*gr.-nlat.*⟩: ein südafrikanischer fossiler Typ des Frühmenschen

---

tele..., Tele...

⟨zu gr. têle „in der Ferne, fern, weit"⟩
Wortbildungselement mit den Bedeutungen:
a) „fern, weit, in die/der Ferne":
– Telefax
– telefonieren
– Teleobjektiv
b) „Fernsehen":
– Telekolleg
– Teleshopping

Te|le|an|gi|ek|ta|sie *die;* -, ...ien ⟨*gr.-nlat.*⟩: (Med.) bleibende, in verschiedenen Formen (z. B. Malen) auf der Haut sichtbare Erweiterung der ↑ Kapillaren (1)

Te̱|le|ar|beit *die; - ⟨gr.; dt.⟩:* Form der Heimarbeit, bei der der Arbeitnehmer über Datenleitungen mit dem Arbeitgeber verbunden ist

Te̱|le|ban|king [...bɛŋkɪŋ] *das; -s ⟨⟨gr.; engl.⟩engl.⟩:* Abwicklung von Bankgeschäften über Post u. ↑ Telekommunikation; Homebanking

Te̱|le|brief *der; -[e]s, -e ⟨gr.; dt.⟩:* Schreiben, das durch ↑ Telekopierer übermittelt u. durch Eilboten zugestellt wird

Te̱|le|card [...ka:ɐ̯t] *die; -, -s ⟨gr.; engl.⟩:* aufladbare Chipkarte zur Teilnahme an bestimmten Telekommunikationsdiensten

Te̱|le|com|pu|ting [...kɔm'pju:tɪŋ] *das; -s:* Datenfernübertragung

Te̱|le|fax *das; -, -e ⟨Kunstw. aus gr. tele »weit, fern« u. ↑ Faksimile; das x in Anlehnung an ↑ Telex⟩:* 1. durch Telefax (2 a) übermittelte Fotokopie. 2. a) Telekopierer; b) (ohne Plural) Einrichtung, die das Telekopieren ermöglicht. **te̱|le|fa|xen:** ein Telefax übermitteln

Te̱|le|fon [auch: 'te:...] *das; -s, -e ⟨gr.-nlat.⟩:* Fernsprecher, Fernsprechanschluss

Te̱|le|fo|nat *das; -[e]s, -e:* Ferngespräch, Anruf

Te̱|le|fon|ban|king [...bɛŋkɪŋ] *das; -s ⟨gr.-nlat.; engl.⟩:* Erledigung persönlicher Bankangelegenheiten per Telefon

Te̱|le|fo|nie *die; - ⟨gr.-nlat.⟩:* 1. Sprechfunk. 2. Fernsprechwesen

te̱|le|fo|nie|ren: 1. anrufen, durch das Telefon mit jmdm. sprechen. 2. telefonisch (b) mitteilen

te̱|le|fo|nisch: a) das Telefon betreffend; b) mithilfe des Telefons [erfolgend]

Te̱|le|fo|nist *der; -en, -en:* Angestellter im Fernsprechverkehr

Te̱|le|fo|nis|tin *die; -, -nen:* Angestellte im Fernsprechverkehr

Te̱|le|fo|ni|tis *die; -: (ugs. scherzh.)* Neigung, häufig zu telefonieren

Te̱|le|fon|mar|ke|ting *das; -[s]:* Gewinnung u. Betreuung von Kunden über telefonische Kontakte

Te̱|le|fon|sex *der; -: (ugs.)* auf sexuelle Stimulation zielender telefonischer Kontakt

Te̱|le|fon|ter|ror *der; -s:* durch [nächtliche] anonyme Anrufe mit Drohungen o. Ä. ausgeübter Terror

Te̱|le|fo|to *das; -s, -s:* Kurzform von ↑ Telefotografie

Te̱|le|fo|to|gra|fie, auch: ...photographie *die; -, ...ien:* fotografische Aufnahme entfernter Objekte mit einem ↑ Teleobjektiv

te̱|le|gen: in Fernsehaufnahmen besonders wirkungsvoll zur Geltung kommend

Te̱|le|graf, auch: ...graph *der; -en, -en ⟨gr.-fr.⟩:* Apparat zur Übermittlung von Nachrichten durch vereinbarte Zeichen; Fernschreiber

Te̱|le|gra|fie, auch: ...graphie *die; -:* Fernübertragung von Nachrichten durch vereinbarte Zeichen. **te̱|le|gra|fie|ren,** auch: ...graphieren: eine Nachricht telegrafisch übermitteln. **te̱|le|gra|fisch,** auch: ...graphisch: auf drahtlosem Weg, drahtlos, durch Telegrafie

Te̱|le|gramm *das; -s, -e ⟨gr.-engl.(-fr.)⟩:* telegrafisch übermittelte Nachricht

Te̱|le|graph usw. vgl. Telegraf usw.

Te̱|le|gra|phie vgl. Telegrafie

te̱|le|gra|phie|ren vgl. telegrafieren

te̱|le|gra|phisch vgl. telegrafisch

Te̱|le|ka|me|ra *die; -, -s:* Kamera mit Teleobjektiv

Te̱|le|kie [...jə] *die; -, -n ⟨nlat.; nach dem ung. Forscher Samuel Graf Teleki v. Szék, 1845–1916⟩:* Ochsenauge (Zierstaude)

Te̱|le|ki|ne|se *die; - ⟨gr.-nlat.⟩:* das Bewegtwerden von Gegenständen allein durch übersinnliche Kräfte. **te̱|le|ki|ne̱|tisch:** die Telekinese betreffend

Te̱|le|kol|leg *das; -s, -s u. -ien: -ien:* allgemein bildende od. fachspezifische Unterrichtssendung in Serienform im Fernsehen

Te̱|le|kom *die; - (kurz für: Deutsche Telekom AG):* in der Telekommunikation tätiges Dienstleistungsunternehmen

Te̱|le|kom|mu|ni|ka|ti|on *die; -:* Austausch von Informationen u. Nachrichten mithilfe der Nachrichtentechnik

Te̱|le|kon|ver|ter *der; -s, -: (Fotogr.)* Linsensystem, das zwischen Objektiv u. Kamera eingefügt wird, wodurch sich die Brennweite vergrößert

te̱|le|ko|pie|ren: mithilfe eines Telekopierers fotokopieren. **Te̱|le|ko|pie|rer** *der; -s, -:* Gerät, das zu kopierendes Material aufnimmt u. per Telefonleitung an ein anderes Gerät weiterleitet

Te̱|le|kra|tie *die; -, ...ien ⟨gr.-nlat.⟩:* (abwertend od. scherzh.) Vorherrschaft, übermäßiger Einfluss des Fernsehens. **te̱|le|kra̱tisch:** (abwertend od. scherzh.) die Telekratie betreffend, auf ihr beruhend

Te̱|le|lear|ning [...lə:nɪŋ] *das; -s ⟨gr.; engl.⟩:* das Lernen mithilfe eines Kommunikationssystems (z. B. des Internets)

Te̱|le|mark *der; -s, -s ⟨nach der norw. Landschaft⟩ (Skisport)* 1. (früher) Schwung quer zum Hang. 2. (beim Skispringen) Stellung des Springers beim Aufsetzen, bei der das eine Bein leicht nach vorn geschoben u. der Druck federnd mit den Knien aufgefangen wird

Te̱|le|mar|ke|ting *das; -[s] ⟨gr.; lat.-fr.-engl.⟩:* (Wirtsch.) Angebot von Waren u. Dienstleistungen z. B. über Telefon

Te̱|le|marks|vi|o|li|ne *die; -, -n:* ↑ Hardangerfiedel

Te̱|le|ma̱|tik *die; - ⟨Kurzw. aus ↑ Telekommunikation u. ↑ Informatik⟩:* Forschungsbereich, in dem man sich mit der wechselseitigen Beeinflussung u. Verflechtung von verschiedenen nachrichtentechnischen Disziplinen befasst. **te̱|le|ma̱|tisch:** die Telematik betreffend, auf ihr beruhend

Te̱|le|me̱|ter *das; -s, - ⟨gr.-nlat.⟩:* Entfernungsmesser. **Te̱|le|me̱|t|rie** *die; -:* Entfernungsmessung

Te̱|len: *Plural* von ↑ Tela

Te̱||en|ze|pha|lon *das; -s, ...la:* (Med.) a) die beiden Großhirnhälften; b) vorderer Abschnitt des ersten Hirnbläschens beim Embryo

Te̱|le|ob|jek|tiv *das; -s, -e: (Fotogr.)* Kombination von Linsen zur Erreichung großer Brennweiten für Fernaufnahmen

Te̱|le|o|lo|gie *die; - ⟨gr.-nlat.⟩:* (Philos.) die Lehre von der Zielgerichtetheit u. Zielstrebigkeit jeder Entwicklung im Universum od. in seinen Teilbereichen. **te|le|o|lo|gisch:** a) die Teleologie betreffend; b) zielgerichtet, auf einen Zweck hin ausgerichtet

Te|le|o|no|mie die; -, ...ien: von einem umfassenden Zweck regierte u. regulierte Eigenschaft, Charakteristikum. **te|le|o|no|misch:** die Teleonomie betreffend

Te|le|o|sau|rus der; -, ...rier [...rĭɐ]: ausgestorbene Riesenechse

Te|le|os|ti|er der; -s, - (meist Plural): Knochenfisch

Te|le|path der; -en, -en ⟨gr.-nlat.⟩: für Telepathie Empfänglicher

Te|le|pa|thie die; -: das Fernfühlen, das Wahrnehmen der seelischen Vorgänge eines anderen Menschen ohne Vermittlung der Sinnesorgane

Te|le|pa|thin die; -, -nen: weibliche Form zu ↑ Telepath

te|le|pa|thisch: a) die Telepathie betreffend; b) auf dem Weg der Telepathie

Te|le|phon usw.: frühere Schreibung für ↑ Telefon usw.

Te|le|pho|to|gra|phie vgl. Telefotografie

Te|le|plas|ma das; -s, ...men: bei der ↑ Materialisation angeblich durch das Medium abgesonderter Stoff

Te|le|play|er [...pleĭɐ] der; -s, - ⟨gr.; engl.⟩: Abspielgerät für Videoaufnahmen; vgl. Videorekorder

Te|le|pro|ces|sing [ˈtɛlɪproʊsɛsɪŋ] das; -s: Datenfernverarbeitung durch fernmeldetechnische Übertragungswege (z. B. Telefonleitungen)

Te|le|promp|ter ® der; -s, -: (Jargon) Vorrichtung, die es ermöglicht, den vorzutragenden Text ohne Blicksenkung vom Monitor abzulesen

Te|le|shop|ping [...ʃɔpɪŋ] das; -s ⟨gr.; engl.⟩: Einkaufen per Bestellung von im Fernsehen angeb. durch andere elektronische Medien angebotenen Waren

Te|le|sil|lei|on das; -s, ...lleia ⟨gr.; nach der altgriech. Dichterin Telesilla⟩: (antike Metrik) ein ↑ Glykoneus, dessen Anfang um eine Silbe verkürzt ist

Te|le|s|ko|mat ® der; -en, -en ⟨gr.-nlat.⟩: bei der Teleskopie (1) eingesetztes Zusatzgerät zum Fernsehapparat, durch das er-

mittelt wird, wer welches Programm eingeschaltet hat

Te|le|s|kop das; -s, -e: Fernrohr

Te|le|s|ko|pie die; -⟨gr.-nlat.⟩: 1. ® Verfahren zur Ermittlung der Einschaltquoten bei Fernsehsendungen. 2. Wahrnehmung in der Ferne befindlicher verborgener Gegenstände; Ggs. ↑ Kryptoskopie

te|le|s|ko|pisch: 1. a) das Teleskop betreffend; b) durch das Fernrohr sichtbar. 2. die Teleskopie betreffend

Te|le|spot [...spɔt] der; -s, -s ⟨gr.; engl.⟩: Werbekurzfilm im Fernsehen

Te|le|s|ti|chon das; -s, ...chen u. ...cha ⟨gr.⟩: a) Wort od. Satz, der aus den Endbuchstaben, -silben od. -wörtern der Verszeilen od. Strophen eines Gedichts gebildet ist; b) Gedicht, das Telestichen enthält; vgl. Akrostichon, Mesostichon

Te|le|test der; -s, -s ⟨⟨gr.; engl.⟩ engl.⟩: Befragung von Fernsehzuschauern, um den Beliebtheitsgrad einer Sendung festzustellen

Te|le|tub|bies ® [...tabi:s] die (Plural) ⟨engl.⟩: Figuren einer Fernsehserie für kleine Kinder

Te|le|tu|tor der; -s, ...oren ⟨gr; lat.⟩: Fachmann, der [in einem Callcenter] dem Anrufenden Ratschläge bei Schwierigkeiten mit technischen Geräten u. Ä. gibt

Te|leu|to|s|po|ren die (Plural) ⟨gr.-nlat.⟩: (Bot.) Wintersporen der Rostpilze

Te|le|vi|si|on [auch: ˈtɛlɪvɪʒən] die; - ⟨engl.⟩: Fernsehen; Abk.: TV

Te|le|wor|king [...wɜ:kɪŋ] das; -s: ↑ Telearbeit

Te|lex das (österr., schweiz.: der); -, -e ⟨Kurzw. aus engl. tele-printer exchange = „Fernschreiber-Austausch"⟩: 1. a) (ohne Plural) international übliche Bez. für: Fernschreiber[teilnehmer]netz; b) Fernschreiber. 2. Fernschreiben. **te|le|xen:** ein Fernschreiben per Telex übermitteln

Tell der; -s, -e ⟨arab.; „Hügel, Anhöhe"⟩: (Archäol.) Hügel aus in Schichten übereinander gelagerten Ruinen, die aus unterschiedlichen Zeiten der Besiedlung stammen

Tel|lur das; -s ⟨lat.-nlat.⟩: chem.

Element; ein Halbmetall; Zeichen: Te

tel|lu|risch: die Erde betreffend

Tel|lu|ri|um das; -s, ...ien: (Astron.) Gerät zur modellhaften Darstellung der Bewegungen von Erde u. Mond um die Sonne

Tel|net das; -s ⟨Kunstw.⟩: Dienst des Internets, über den die Nutzer direkten Zugriff auf andere Computer erhalten

Te|lo|den|d|ron das; -s, ...ren (meist Plural) ⟨gr.⟩: feinste Aufzweigung der Fortsätze von Nervenzellen

Te|lom das; -s, -e ⟨gr.-nlat.⟩: (Biol.) Grundorgan fossiler Urlandpflanzen

Te|lo|pha|se die; -, -n: (Biol.) Endstadium der Kernteilung

Te|los das; - ⟨gr.⟩: (Philos.) das Ziel, der [End]zweck

tel|quel, auch: **tel quel** [tɛlˈkɛl] ⟨fr.; „so wie"⟩: der Käufer hat die Ware so zu nehmen, wie sie ausfällt (Handelsklausel)

Tel|quel|kurs [...ˈkɛl...] der; -es, -e ⟨fr.; lat.⟩: (Börsenw.) Devisenkurs ohne Berechnung von Zinsen u. Spesen

Tel|son das; -s, ...sa ⟨gr.⟩: (Biol.) Endglied am Hinterleibs bei Gliederfüßern (z. B. beim Krebs)

Te|ma con Va|ri|a|zi|o|ni das; - - - ⟨it.⟩: (Mus.) Thema mit Variationen

Te|me|nos das; -, ...ne ⟨gr.⟩: abgegrenzter heiliger [Tempel]bezirk im altgriechischen Kult

Tem|mo|ku das; - ⟨jap.⟩: chinesische Töpfereien der Sungzeit (10.–13. Jh.) mit schwarzer od. brauner Glasur u. ihre japanischen Nachbildungen

Temp der; -s, -s ⟨Kurzform von Temperatur⟩: (Meteor.) Kennwort verschlüsselter meteorologischer Meldungen einer Landstation

Tem|pel der; -s, - ⟨lat.⟩: 1. a) nicht christlicher, bes. antiker Kultbau für eine Gottheit; b) Synagoge. 2. heilige, weihevolle Stätte, (z. B. ein Tempel der Kunst). 3. Gotteshaus (z. B. der Mormonen)

tem|peln ⟨lat.-nlat.⟩: ↑ Tempeln spielen. **Tem|peln** das; -s: ein Kartenglücksspiel

Tem|pe|ra die; -, -s ⟨lat.-it.⟩: ↑ Temperamalerei

Tem|pe|ra|far|be *die; -, -n ⟨lat.-it.; dt.⟩:* aus anorganischen Pigmenten, einer Emulsion aus bestimmten Ölen u. einem Bindemittel hergestellte Farbe, die auf Papier einen matten u. deckenden Effekt hervorruft

Tem|pe|ra|ma|le|rei *die; -, -en:* 1. (ohne Plural) Technik des Malens mit Temperafarben. 2. mit Temperafarben gemaltes Bild

Tem|pe|ra|ment *das; -[e]s, -e ⟨lat.-fr.;* „das richtige Verhältnis gemischter Dinge; die gehörige Mischung"⟩: 1. Wesens-, Gemütsart; vgl. Choleriker, Melancholiker, Phlegmatiker, Sanguiniker. 2. (ohne Plural) Gemütserregbarkeit, Lebhaftigkeit, Munterkeit, Schwung

Tem|pe|ran|ti|um *das; -s, ...ia ⟨lat.-nlat.⟩:* (Med.) Beruhigungsmittel

Tem|pe|ra|tur *die; -, -en ⟨lat.⟩:* 1. Wärmegrad eines Stoffes. 2. (Med.) Körperwärme; **[erhöhte] Temperatur haben:** leichtes Fieber haben. 3. (Mus.) temperierte Stimmung bei Tasteninstrumenten

Tem|pe|renz *die; - ⟨lat.-fr.-engl.⟩:* Mäßigkeit [im Alkoholgenuss].

Tem|pe|renz|ler *der; -s, -:* Anhänger einer Mäßigkeits- od. Enthaltsamkeitsbewegung.

Tem|pe|renz|le|rin *die; -, -nen:* weibliche Form zu ↑ Temperenzler

Tem|per|guss *der; -es, ...güsse ⟨engl.; dt.⟩:* durch Glühverfahren unter Abscheidung von [Temper]kohle schmiedbar gemachtes Gusseisen

tem|pe|rie|ren *⟨lat.⟩:* 1. a) die Temperatur regeln; b) [ein wenig] erwärmen. 2. mäßigen, mildern. 3. (Mus.) die Oktave in zwölf gleiche Halbtonschritte einteilen

tem|pern *⟨engl.⟩:* Eisen in Glühkisten unter Hitze halten (entkohlen), um es leichter hämmer- u. schmiedbar zu machen

Tem|pest *[...pɪst] die; -, -s ⟨engl.⟩:* mit zwei Personen zu segelndes Kielboot für den Rennsegelsport

tem|pes|to|so *⟨lat.-it.⟩:* (Mus.) stürmisch, heftig, ungestüm

Tem|pi: *Plural* von ↑ Tempo (2)

Tem|pi pas|sa|ti *⟨it.;* „vergangene Zeiten!"⟩: das sind [leider/zum Glück] längst vergangene Zeiten!

Tem|pl|ei|se *der; -n, -n* (meist Plural) *⟨lat.-fr.⟩:* Gralshüter, -ritter der mittelalterlichen Parzivalsage

Temp|ler *der; -s, -:* 1. (hist.) Angehöriger eines mittelalterlichen geistlichen Ritterordens. 2. Mitglied der Tempelgesellschaft, einer 1856 von Ch. Hoffmann gegründeten pietistischen Freikirche

tem|po *⟨lat.-it.⟩:* Bestandteil bestimmter Fügungen mit der Bedeutung „im Zeitmaß, Rhythmus von ... ablaufend", z. B.

tempo di marcia [- di ˈmartʃa]: im Marschtempo; **tempo giusto** [- ˈdʒʊsto]: in angemessener Bewegung; **tempo primo:** im früheren, anfänglichen Tempo; **tempo rubato:** ↑ rubato

Tem|po *das; -s, -s u. Tempi:* 1. (ohne Plural) Geschwindigkeit, Schnelligkeit, Hast. 2. a) zeitlicher Vorteil eines Zuges im Schach; b) (Fechten) bei der Parade Hieb in den gegnerischen Angriff, um einem Treffer zuvorzukommen; c) Taktbewegung, das zähl- u. messbare musikalische (absolute) Zeitmaß. 3. ® (Plural nur: -s; ugs.) Kurzform von Tempotaschentuch (Papiertaschentuch)

Tem|po|li|mit *[...lɪmɪt] das; -s, -s, auch: -e ⟨lat.-it.; engl.⟩:* Geschwindigkeitsbeschränkung

Tem|po|ra: *Plural* von ↑ Tempus

tem|po|ral *⟨lat.⟩:* 1. (Sprachw.) zeitlich, das Tempus betreffend; **temporale Konjunktion:** zeitliches Bindewort (z. B. nachdem). 2. (veraltet) weltlich. 3. (Med.) zu den Schläfen gehörend; vgl. ...al/...ell

Tem|po|ra|li|en *die* (Plural) *⟨lat.-mlat.⟩:* (kath. Kirchenrecht) die mit einem Kirchenamt verbundenen Einkünfte

Tem|po|ral|satz *der; -es, ...sätze ⟨lat.; dt.⟩:* Adverbialsatz der Zeit (z. B. *während er kochte,* spielte sie mit den Kindern)

Tem|po|ral|va|ri|a|ti|on *die; -:* (Zool.) jahreszeitlich bedingter Wechsel im Aussehen der Tiere

tem|po|ra mu|tan|tur *⟨lat.⟩:* alles wandelt sich, ändert sich

tem|po|rär *⟨lat.-fr.⟩:* zeitweilig [auftretend], vorübergehend

tem|po|rell: (veraltet) zeitlich,

vergänglich, irdisch, weltlich; vgl. ...al/...ell

tem|po|ri|sie|ren: (veraltet) 1. jmdn. hinhalten. 2. sich den Zeitumständen fügen

Tem|pus *das; -, Tempora ⟨lat.⟩:* (Sprachw.) Zeitform des Verbs (z. B. Präsens)

Te|mu|lenz *die; - ⟨lat.⟩:* (Med.) das Taumeln, Trunkenheit, bes. infolge Vergiftung mit den Rostpilzen eines Getreideunkrauts

Te|nail|le *[tɔˈnaːjə, tɛˈnaljə] die; -, -n ⟨lat.-vulgärlat.-fr.⟩:* (hist.) Festungswerk, dessen Linien abwechselnd ein- u. ausspringende Winkel bilden

Te|na|kel *das; -s, - ⟨lat.⟩:* 1. (Druckw.) Gerät zum Halten des Manuskripts beim Setzen. 2. (veraltet) Rahmen zum Befestigen eines Filtertuchs

Te|nal|gie *die; -, ...ien ⟨gr.-nlat.⟩:* (Med.) Sehnenschmerz

Te|na|zi|tät *die; - ⟨lat.⟩:* 1. (Phys., Chem., Techn.) Zähigkeit; Ziehbarkeit; Zug-, Reißfestigkeit. 2. (Med.) Widerstandsfähigkeit eines Mikroorganismus (z. B. eines Virus) gegenüber äußeren Einflüssen. 3. (Psychol.) Beharrlichkeit, Hartnäckigkeit; Zähigkeit, Ausdauer

Ten|denz *die; -, -en ⟨lat.-fr.⟩:* 1. Hang, Neigung. 2. a) erkennbare Absicht, Zug, Richtung; eine Entwicklung, die gerade im Gange ist, die sich abzeichnet; Entwicklungslinie; b) (abwertend) Darstellungsweise, mit der etwas bezweckt od. ein bestimmtes (meist politisches) Ziel erreicht werden soll. **ten|den|zi|ell** *⟨lat.-fr.⟩:* der Tendenz nach, entwicklungsmäßig

ten|den|zi|ös *⟨lat.-fr.⟩:* von einer weltanschaulichen, politischen Tendenz beeinflusst u. daher als nicht objektiv empfunden

ten|die|ren *⟨lat.⟩:* neigen zu etwas; gerichtet sein auf etwas

Ten|di|ni|tis *die; -, ...itiden ⟨lat.-mlat.-nlat.⟩:* (Med.) Sehnenentzündung

Ten|do|va|gi|ni|tis *die; -, ...itiden ⟨lat.-nlat.⟩:* (Med.) Sehnenscheidenentzündung

Ten|dre *[ˈtãːdrə] das; -s, -s ⟨lat.-fr.⟩:* (veraltet) Vorliebe, Neigung. **Ten|dresse** *[tãˈdrɛs] die; -, -n [...sn]:* (veraltet) 1. Zärtlichkeit, zärtliche Liebe. 2. Vorliebe

Te|ne|ber|leuch|ter der; -s, - ⟨lat.; dt; lat. tenebrae „Finsternis (der Karwoche)"⟩: spätmittelalterlicher Leuchter, dessen 12–15 Kerzen nur in der Karwoche angezündet werden

te|ne|ra|men|te ⟨lat.-it.⟩: (Mus.) zart, zärtlich (Vortragsanweisung)

Te|nes|mus der; - ⟨gr.-nlat.⟩: (Med.) andauernder schmerzhafter Stuhl- od. Harndrang

Ten|nis das; - ⟨lat.-fr.-engl.⟩: ein Ballspiel mit Schlägern

Ten|no der; -s, -s ⟨jap.⟩: japanischer Kaisertitel; vgl. ¹Mikado (1)

¹Te|nor der; -s, Tenöre (österr. auch: -e) ⟨lat.-it.⟩: 1. hohe Männerstimme. 2. Tenorsänger. 3. (ohne Plural) Gesamtheit der Tenorsänger in einem Chor. 4. (ohne Plural) solistischer, für den ¹Tenor (1) geschriebener Teil eines Musikwerks

²Te|nor der; -s ⟨lat.⟩: 1. grundlegender Gehalt, Sinn, Wortlaut. 2. (Rechtsw.) a) Haltung, Inhalt eines Gesetzes; b) der entscheidende Teil des Urteils. 3. Stimme, die im ↑ Cantus firmus den Melodieteil trägt; Abk.: t, T

Te|no|ra die; -, -s ⟨lat.-it.-katal.-span.⟩: (Mus.) katalanische Abart der Oboe

te|no|ral ⟨lat.-it.-nlat.⟩: tenorartig, die Tenorlage betreffend

Te|nor|ba|ri|ton der; -s, -e u. -s: 1. Baritonsänger mit tenoraler Stimmlage. 2. Baritonstimme mit tenoraler Stimmlage

Te|nor|buf|fo der; -s, -s: 1. Tenor für heitere Opernrollen. 2. zweiter Tenor an einem Operntheater

Te|nö|re: Plural von ↑ ¹Tenor

Te|no|rist der; -en, -en ⟨lat.-it.⟩: Tenorsänger [im Chor]

Te|no|tom das; -s, -e ⟨gr.-nlat.⟩: (Med.) spitzes, gekrümmtes Messer für Sehnenschnitte. **Te|no|to|mie** die; -, ...ien: (Med.) operative Sehnendurchschneidung

TENS die; - ⟨Kurzw. aus transkutane elektrische Nervenstimulation⟩: (Med.) Schmerzbehandlung mithilfe von elektrischem Strom

Ten|sid das; -[e]s, -e ⟨lat.-nlat.; gr.⟩: die Oberflächenspannung des Wassers herabsetzender Zusatz in Wasch- u. Reinigungsmitteln

Ten|si|on die; -, -en ⟨lat.⟩: (Phys.) Spannung von Gasen u. Dämpfen; Druck

Ten|sor der; -s, ...oren ⟨lat.-nlat.⟩: 1. (Math.) Begriff der Vektorrechnung. 2. (Med.) Spannmuskel

Ten|ta|kel der od. das; -s, - (meist Plural): 1. Fanghaar Fleisch fressender Pflanzen. 2. beweglicher Fortsatz in der Kopfregion niederer Tiere zum Ergreifen der Beutetiere

Ten|ta|ku|lit [auch: ...'lɪt] der; -en, -en: eine ausgestorbene Flügelschnecke

Ten|ta|men das; -s, ...mina ⟨lat.⟩: 1. Vorprüfung (z. B. beim Medizinstudium). 2. (Med.) Versuch

ten|ta|tiv: versuchsweise, probeweise

ten|tie|ren: 1. (veraltet, noch landsch.) untersuchen, prüfen; versuchen, unternehmen, betreiben, arbeiten; 2. (österr. ugs.) beabsichtigen

Te|nü [tə'ny] vgl. Tenue

te|nue [...nyə] vgl. tenuis

Te|nue [tə'ny:] das; -s, -s ⟨lat.-fr.⟩: (schweiz.) 1. Art und Weise, wie jmd. gekleidet ist. 2. a) Anzug; b) Uniform

te|nu|is u. tenue ⟨lat.⟩: (Med.) dünn, zart. **Te|nu|is** die; -, Tenues [...e:s]: stimmloser Verschlusslaut (z. B. p); Ggs. ↑ Media (1)

te|nu|to ⟨lat.-it.⟩: (Mus.) ausgehalten, getragen (Vortragsanweisung); Abk.: t, ten.; **ben tenuto:** (Mus.) gut gehalten (Vortragsanweisung)

Ten|zo|ne die; -, -n ⟨lat.-provenzal.⟩: (hist.) Wett- od. Streitgesang der provenzalischen ↑ Troubadoure

Te|o|cal|li der; -[s], -s ⟨indian.-span.⟩: pyramidenförmiger aztekischer Kultbau mit Tempel

Te|pa|che [...t∫ə] der; - ⟨indian.-span.⟩: ↑ Pulque

Te|pa|len die (Plural) ⟨fr.⟩: (Bot.) die gleichartigen Kelch- u. Blütenblätter des ↑ Perigons

Te|phi|gramm das; -s, -e ⟨gr.-nlat.⟩: grafische Aufzeichnung wetterdienstlicher Messergebnisse

Te|ph|rit [auch: ...'rɪt] der; -s, -e ⟨gr.-nlat.⟩: (Geol.) ein Ergussgestein

Te|ph|ro|it [auch: ...'ɪt] der; -s, -e: ein Mineral

Te|pi|da|ri|um das; -s, ...ien ⟨lat.⟩: 1. lauwarmer Raum der römischen Thermen. 2. (veraltet) Gewächshaus

Te|qui|la [te'ki:la] der; -[s] ⟨mex.-span.⟩: ein aus ↑ Pulque gewonnener mexikanischer Branntwein

Te|ra|byte [...'bait] das; -[s], -[s] ⟨gr.; engl.⟩: (EDV) Einheit für sehr große Speicherkapazitäten; 2⁴⁰ Byte; Zeichen: TB, TByte

Te|ra|me|ter der od. das; -s, -: eine Billion (10¹²) Meter; Zeichen: Tm

te|ra|to|gen ⟨gr.⟩: (Med.) Fehlbildungen bewirkend (z. B. von Medikamenten)

Te|ra|to|lo|gie die; -: (Med.) Teilgebiet der Medizin, das sich mit den körperlichen u. organischen Fehlbildungen befasst. **te|ra|to|lo|gisch:** die Teratologie betreffend

Te|ra|tom das; -s, -e ⟨gr.-nlat.⟩: (Med.) angeborene Geschwulst aus Geweben, die sich aus Gewebsversprengungen entwickeln

Ter|bi|um das; -s ⟨nlat.; nach dem schwed. Ort Ytterby⟩: chem. Element; ein Metall aus der Gruppe der ↑ Lanthanide; Zeichen: Tb

Te|re|bin|the die; -, -n ⟨gr.-lat.⟩: ↑ Pistazie (1) des Mittelmeergebietes, aus der Terpentin u. Gerbstoff gewonnen werden; Terpentinbaum

Te|re|b|ra|tel die; -, -n ⟨lat.-nlat.⟩: fossiler Armfüßer

Ter|gal ® das; -s ⟨Kunstw.⟩: eine synthetische Faser

Term der; -s, -e ⟨lat.-fr.⟩: 1. [Reihe von] Zeichen in einer formalisierten Theorie, mit der od. dem eines der in der Theorie betrachteten Objekte dargestellt wird. 2. (Phys.) Zahlenwert der Energie eines Atoms, Ions od. Moleküls. 3. (Sprachw.) Terminus

Ter|me der; -n, -n: (veraltet) Grenzstein, -säule

Ter|min der; -s, -e ⟨lat.; „Grenze"⟩: 1. a) festgesetzter Zeitpunkt, Tag; b) Liefer-, Zahlungstag; Frist. 2. vom Gericht festgesetzter Zeitpunkt für eine Rechtshandlung

ter|mi|nal: die Grenze, das Ende betreffend, zum Ende gehörend
Ter|mi|nal ['tɐ:ɡmɪnḷ, 'tœr...], auch: 'tɐ:mɪnl] *der* (auch: *das*); -s, -s ⟨*engl.*⟩: 1. a) Abfertigungshalle für Fluggäste; b) Anlage zum Be- und Entladen in Bahnhöfen od. in Häfen 2. (nur *das*) Ein- u. Ausgabeeinheit einer EDV-Anlage
Ter|mi|nạnt *der;* -en, -en ⟨*lat.-nlat.*⟩: Bettelmönch; vgl. terminieren (2)
Ter|mi|na|ti|on *die;* -, -en ⟨*lat.*⟩: Begrenzung, Beendigung
ter|mi|na|tiv: (Sprachw.) den Anfangs- od. Endpunkt einer verbalen Handlung mit ausdrückend (in Bezug auf Verben, z. B. holen, bringen)
Ter|mi|na|tor *der;* -s, ...ọren: (Astron.) Grenzlinie zwischen dem beleuchteten u. dem im Schatten liegenden Teil des Mondes od. eines Planeten
Ter|mi|ner *der;* -s, -: Angestellter eines Industriebetriebes, der für die zeitliche Steuerung des Produktionsablaufs verantwortlich ist. **Ter|mi|ne|rin** *die;* -, -nen: weibliche Form zu ↑ Terminer
Ter|min|ge|schäft *das;* -[e]s, -e ⟨*lat.; dt.*⟩: Zeitgeschäft, bei dem zu einem späteren Zeitpunkt zum Kurs bei Vertragsabschluss zu liefern ist
Ter|mi|ni: *Plural* von ↑ Terminus
ter|mi|nie|ren: 1. a) befristen; b) zeitlich festlegen. 2. innerhalb eines zugewiesenen Gebiets Almosen sammeln (von Bettelmönchen)
Ter|mi|nis|mus *der;* - ⟨*lat.-nlat.*⟩: (Philos.) philosophische Lehre, nach der alles Denken nur ein Rechnen mit Begriffen ist (eine Variante des ↑ Nominalismus)
Ter|mi|no|lo|ge *der;* -n, -n ⟨*lat.; gr.*⟩: Fachmann, der fachsprachliche Begriffe definiert u. Terminologien erstellt. **Ter|mi|no|lo|gie** *die;* -, ...ien: a) Fachwortschatz (eines bestimmten Fachgebiets); b) Wissenschaft vom Aufbau eines Fachwortschatzes. **Ter|mi|no|lo|gin** *die;* -, -nen: weibliche Form zu ↑ Terminologe. **ter|mi|no|lo|gisch:** die Terminologie betreffend, dazu gehörend
Ter|mi|nus *der;* -, ...ni ⟨*lat.*⟩:

1. (Philos.) Begriff. 2. Fachausdruck, Fachwort
Ter|mi|nus ad quem *der;* - - -, Termini ad quos u. **Ter|mi|nus ạn|te quem** *der;* - - -, Termini ạnte quos: (Philos., Rechtsw.) Zeitpunkt, bis zu dem etwas gilt od. ausgeführt sein muss
Ter|mi|nus a quo *der;* - - -, Termini a quibus: (Philos., Rechtsw.) Zeitpunkt, von dem an etwas beginnt, ausgeführt wird
Ter|mi|nus ịn|ter|mi|nus [- ...tɛrminus] *der;* - -, Termini ịntermini: (Philos.) das unendliche Ziel alles Endlichen (Nikolaus von Kues)
Ter|mi|nus post quem *der;* - - -, Termini post quos: (Philos., Rechtsw.) ↑ Terminus a quo
Ter|mi|nus tẹch|ni|cus *der;* - -, Termini tẹchnici: Fachwort, Fachausdruck
Ter|mi|te *die;* -, -n (meist Plural) ⟨*lat.-nlat.*⟩: Staaten bildendes, den Schaben ähnliches Insekt bes. der Tropen u. Subtropen
Ter|mon *das;* -s, -e ⟨Kunstw. aus de*ter*minieren u. Hor*mon*⟩: (Med., Biol.) hormonähnlicher, geschlechtsbestimmender Wirkstoff bei ↑ Gameten
ter|nạr ⟨*lat.-fr.*⟩: dreifach; aus drei Stoffen bestehend; **ternäre Verbindung:** aus drei Elementen aufgebaute chemische Verbindung
Ter|ne *die;* -, -n ⟨*lat.-it.*⟩: Zusammenstellung von drei Nummern (beim Lottospiel)
Ter|ni|on *die;* -, -en ⟨*lat.*⟩: (veraltet) Verbindung von drei Dingen
Ter|no *der;* -s, -s ⟨*lat.-it.*⟩: (österr.) Terne
Terp *die;* -, -en ⟨*niederl.*⟩: künstlich aufgeschütteter Hügel an der Nordseeküste, auf dem [in vorgeschichtlicher Zeit] eine Siedlung oberhalb der Flutwassergrenze angelegt wurde
Ter|pen *das;* -s, -e ⟨*gr.-lat.-mlat.-nlat.*⟩: organische Verbindung (Hauptbestandteil ätherischer Öle)
Ter|pen|tin *das* (österr. meist: *der*); -s, -e ⟨*gr.-lat.-mlat.*⟩: a) Harz verschiedener Nadelbäume; b) (ugs.) Terpentinöl, das als Lösungsmittel für Harze u. Lacke dient
Tẹr|ra *die;* - ⟨*lat.*⟩: (Geogr.) Erde, Land

Tẹr|ra di Si|ẹ|na *die;* - - - ⟨*it.*⟩: Siena (2)
Ter|rain [tɛ'rɛ̃:] *das;* -s, -s ⟨*lat.-vulgärlat.-fr.*⟩: 1. a) Gebiet, Gelände; b) Boden, Baugelände, Grundstück. 2. (Geogr.) Erdoberfläche (im Hinblick auf ihre Formung)
Ter|ra in|co|g|ni|ta *die;* - - ⟨*lat.*⟩: 1. unbekanntes Land. 2. unerforschtes, fremdes Wissensgebiet
Ter|ra|kọt|ta u. (österr. nur:) **Ter|ra|kọt|te** *die;* -, ...tten ⟨*lat.-it.*⟩: 1. gebrannte Tonerde, die beim Brennen eine weiße, gelbe, braune, hell- od. tiefrote Farbe annimmt. 2. antikes Gefäß od. kleine Plastik aus dieser Tonerde
Ter|ra|mạ|re *die;* -, -n (meist Plural): bronzezeitliche Siedlung in der Poebene
Ter|ra|ri|um *das;* -s, ...ien ⟨*lat.*⟩: 1. Behälter für die Haltung kleiner Landtiere. 2. Gebäude [in einem zoologischen Garten], in dem Lurche u. Reptilien gehalten werden
Tẹr|ra rọs|sa *die;* - -, Terre rosse ⟨*lat.-it.*⟩: roter Tonboden, entstanden durch Verwitterung von Kalkstein in warmen Gegenden
Tẹr|ra si|gil|lạ|ta *die;* - - ⟨*lat.;* „gesiegelte Erde"; nach dem aufgepressten Herstellersiegel⟩: Geschirr der römischen Kaiserzeit aus rotem Ton, mit figürlichen Verzierungen u. dem Fabrikstempel versehen
Tẹr|rạs|se *die;* -, -n ⟨*lat.-galloroman.-fr.;* „Erdaufhäufung"⟩: 1. stufenförmige Erderhebung, Geländestufe, Absatz, Stufe. 2. nicht überdachter größerer Platz vor od. auf einem Gebäude
ter|ras|sie|ren: ein Gelände terrassen-, treppenförmig anlegen, erhöhen (z. B. Weinberge)
Ter|raz|zo *der;* -[s], ...zzi ⟨*lat.-galloroman.-it.*⟩: Fußbodenbelag aus Zement u. verschieden getönten Steinkörnern
ter|rẹs|t|risch ⟨*lat.*⟩: 1. a) die Erde betreffend; Erd...; b) nicht über Satellit (gesendet, empfangen). 2. a) (Geol.) auf dem Festland gebildet, geschehen (von geologischen Vorgängen); b) (Biol.) zur Erde gehörend, auf dem Erdboden lebend; Ggs. ↑ limnisch (1), ↑ marin (2)

T

ter|ri|bel ⟨*lat.*⟩: (veraltet) schreck-
lich

Ter|ri|b|le Sim|pli|fi|ca|teur [teri-
bləsɛ̃plifika'tœːɐ̯] *der;* - -, -s -s
[teribləsɛ̃plifika'tœːɐ̯] ⟨*fr.*⟩:
jmd., der wichtige Fragen, Probleme o. Ä. auf unzulässige
Weise vereinfacht

Ter|ri|er *der;* -s, - ⟨*lat.-mlat.-engl.*⟩:
kleiner bis mittelgroßer engli-
scher Jagdhund mit zahlreichen
Rassen (z. B. Airedaleterrier)

ter|ri|gen ⟨*lat.; gr.*⟩: (Biol.) vom
Festland stammend

Ter|ri|ne *die;* -, -n ⟨*lat.-vulgär-
lat.*⟩: [Suppen]schüssel

Ter|ri|ti|on *die;* - ⟨*lat.*⟩: (hist.) in
Rechtsprozessen des Mittelal-
ters angewandte Bedrohung eines Angeschuldigten mit der
Folter durch Vorzeigen der Fol-
terwerkzeuge

ter|ri|to|ri|al ⟨*lat.-fr.*⟩: zu einem
Gebiet gehörend, ein Gebiet betreffend

Ter|ri|to|ri|a|li|tät *die;* - ⟨*lat.-fr.*⟩:
Zugehörigkeit zu einem Staats-
gebiet

Ter|ri|to|ri|a|li|täts|prin|zip *das;* -s:
(Rechtsw.) [internationaler]
Rechtsgrundsatz, der besagt,
dass eine Person den Rechtsbe-
stimmungen des Staates unter-
worfen ist, in dem sie sich auf-
hält; Ggs. ↑ Personalitätsprinzip

Ter|ri|to|ri|um *das;* -s, ...ien
⟨*lat.(-fr.)*⟩: a) Grund u. Boden,
Land, Bezirk, Gebiet; b) Hoheits-
gebiet eines Staates

Ter|ror *der;* -s ⟨*lat.*⟩: 1. [systemati-
sche] Verbreitung von Angst u.
Schrecken durch Gewaltaktio-
nen. 2. Zwang, Druck [durch
Gewaltanwendung]. 3. (ugs.)
a) Zank u. Streit; b) großes Auf-
heben um Geringfügigkeiten.

ter|ro|ri|sie|ren ⟨*lat.-fr.*⟩: 1. Terror
ausüben, Schrecken verbreiten.
2. jmdn. unterdrücken, bedro-
hen, einschüchtern, unter
Druck setzen

Ter|ro|ris|mus *der;* - ⟨*lat.-fr.-nlat.*⟩:
1. Schreckensherrschaft. 2. das
Verbreiten von Terror durch
Anschläge u. Gewaltmaßnah-
men zur Erreichung eines bestimmten [politischen] Ziels.
3. Gesamtheit der Personen, die
Terrorakte verüben. **Ter|ro|rist**
der; -en, -en: jmd., der Terror-
anschläge plant u. ausführt.
Ter|ro|ris|tin *die;* -, -nen: weibli-
che Form zu ↑ Terrorist. **ter|ro-**

ris|tisch: sich des Terrors bedie-
nend; Terror ausübend

¹Ter|tia *die;* -, ...ien: 1. (veraltend)
die vierte u. fünfte Klasse eines
Gymnasiums. 2. (österr.) die
dritte Klasse eines Gymnasiums

²Ter|tia *die;* -: (Druckw.) Schrift-
grad von 16 Punkt

Ter|ti|al *das;* -s, -e ⟨*lat.-nlat.*⟩:
(veraltet) Jahresdrittel

ter|ti|an ⟨*lat.*⟩: a) dreitägig;
b) alle drei Tage auftretend
(z. B. von Fieberanfällen)

Ter|ti|a|na *die;* - u. **Ter|ti|a|na|fie-
ber** *das;* -s ⟨*lat.*⟩: (Med.)
Dreitagewechselfieber

Ter|ti|a|ner *der;* -s, - ⟨*lat.*⟩: (veral-
tend) Schüler einer ¹Tertia. **Ter-
ti|a|ne|rin** *die;* -, -nen: weibliche
Form zu ↑ Tertianer

Ter|ti|an|fie|ber *das;* -s ⟨*lat.; dt.*⟩:
↑ Tertiana

ter|ti|är ⟨*lat.-fr.*⟩: 1. dritte Stelle in
einer Reihe einnehmend; dritt-
rangig. 2. (von chemischen Verbindungen) jeweils drei gleichartige Atome durch drei bestimmte andere ersetzend od.
mit drei bestimmten anderen
verbindend. 3. das Tertiär betreffend

Ter|ti|är *das;* -s: (Geol.) erdge-
schichtliche Formation des
↑ Känozoikums

Ter|ti|a|ri|er vgl. Terziar. **Ter|ti|a-
ri|e|rin** *die;* -, -nen: weibliche
Form zu ↑ Tertiarier

Ter|ti|en: *Plural* von ↑ ¹Tertia

Ter|ti|um Com|pa|ra|ti|o|nis *das;* -
-, ...tia -: (Philos.) Vergleichs-
punkt, das Gemeinsame zweier
verschiedener, miteinander ver-
glichener Gegenstände od.
Sachverhalte

ter|ti|um non da|tur: (Logik) ein
Drittes gibt es nicht (Grund-
satz vom ausgeschlossenen
Dritten)

Ter|ti|us gau|dens *der;* - -: der la-
chende Dritte

Terz *die;* -, -en ⟨*lat.-mlat.*⟩:
1. (Mus.) a) dritter Ton einer
diatonischen Tonleiter vom
Grundton an; b) Intervall von
drei diatonischen Tonstufen.
2. bestimmte Klingenhaltung
beim Fechten. 3. Gebet des Breviers um die dritte Tagesstunde
(9 Uhr)

Ter|zel *der;* -s, - ⟨*lat.-mlat.*⟩: (Jä-
gerspr.) männlicher Falke

Ter|ze|rol *das;* -s, -e ⟨*lat.-mlat.-it.*⟩:
kleine Pistole

Ter|ze|ro|ne *der;* -n, -n ⟨*lat.-span.*⟩:
Nachkomme eines Weißen u.
einer Mulattin. **Ter|ze|ro|nin** *die;*
-, -nen: weibliche Form zu
↑ Terzerone

Ter|zett *das;* -[e]s, -e ⟨*lat.-it.*⟩:
1. a) Komposition für drei Sing-
stimmen [mit Instrumentalbe-
gleitung]; b) dreistimmiger musikalischer Vortrag; c) Gruppe
von drei gemeinsam singenden
Solisten; d) Gruppe von drei
Personen, die häufig gemeinsam in Erscheinung treten.
2. die erste od. zweite der beiden dreizeiligen Strophen des
Sonetts

Ter|zi|ar *der;* -s, -en u. Tertiarier
der; -s, - ⟨*lat.-mlat.*⟩: Angehöriger einer Ordensgemeinschaft
von Männern, die nach einer
anerkannten Regel, jedoch
nicht im Kloster leben. **Ter|zi|a-
rin** *die;* -, -nen: Angehörige einer Ordensgemeinschaft von
Frauen, die nach einer anerkannten Regel, jedoch nicht im
Kloster leben

Ter|zi|ne *die;* -, -n (meist Plural)
⟨*lat.-it.*⟩: meist durch Ketten-
reim mit den anderen Strophen
verbundene Strophe aus drei
elfsilbigen Versen

Terz|quart|ak|kord *der;* -[e]s, -e:
(Mus.) zweite Umkehrung der
Septimenakkords mit der
Quinte als Basston u. darüber
liegender Terz u. Quarte

Te|sching *das;* -s, -e u. -s ⟨Her-
kunft unsicher⟩: kleine Hand-
feuerwaffe

Tes|la *das;* -, - ⟨nach dem kroat.
Physiker N. Tesla, 1856–1943⟩:
Einheit der magnetischen In-
duktion

Tes|sar® *das;* -s, -e ⟨Kunstw.⟩:
lichtstarkes Fotoobjektiv

tes|sel|la|risch ⟨*gr.-lat.*⟩: (Kunst-
wiss.) gewürfelt

tes|sel|lie|ren: eine Mosaikarbeit
anfertigen

tes|se|ral ⟨*gr.-lat.-nlat.*⟩: in der Fü-
gung **tesserales Kristallsys-
tem:** Kristallsystem mit drei
gleichen, aufeinander senkrecht stehenden Achsen

Test *der;* -[e]s, -s (auch: -e) ⟨*lat.-
fr.-engl.*⟩: nach einer genau
durchdachten Methode vorge-
nommener Versuch, Prüfung
zur Feststellung der Eignung,

der Leistung o. Ä. einer Person od. Sache

Tes|ta|ment *das; -[e]s, -e ⟨lat.⟩:* 1. a) letztwillige Verfügung, in der jmd. die Verteilung seines Vermögens nach seinem Tode festlegt; b) [politisches] Vermächtnis. 2. Verfügung, Ordnung [Gottes], Bund Gottes mit den Menschen (danach das Alte u. das Neue Testament der Bibel; Abk.: A. T., N. T.). **tes|ta|men|ta|risch:** durch letztwillige Verfügung festgelegt

Tes|tat *das; -[e]s, -e:* 1. Bescheinigung, Beglaubigung. 2. (früher) Bestätigung über den Besuch einer Vorlesung, eines Seminars o. Ä. 3. (Fachspr.) Bestätigung (in Form einer angehefteten Karte o. Ä.), dass ein Produkt getestet worden ist

Tes|ta|tor *der; -s, ...oren:* 1. jmd., der ein Testament macht. 2. jmd., der ein Testat ausstellt.

Tes|ta|to|rin *die; -, -nen:* weibliche Form zu ↑ Testator

Tes|ta|zee *die; -, -n (meist Plural) ⟨lat.⟩:* (Biol.) Schalen tragende Amöbe

tes|ten *⟨lat.-fr.-engl.⟩:* einem Test unterziehen

Tes|ter *der; -s, -:* jmd., der jmdn. od. etwas testet. **Tes|te|rin** *die; -, -nen:* weibliche Form zu ↑ Tester

Tes|ti *Plural von* ↑ Testo

tes|tie|ren *⟨lat.⟩:* 1. ein Testat geben, bescheinigen, bestätigen. 2. (Rechtsw.) ein Testament machen. **Tes|tie|rer** *der; -s, -:* jmd., der testiert. **Tes|tie|re|rin** *die; -, -nen:* weibliche Form zu ↑ Testierer

Tes|ti|fi|ka|ti|on *die; -, -en:* (Rechtsw. veraltet) Bezeugung

Tes|ti|kel *der; -s, -:* (Med.) Hoden

Tes|ti|kel|hor|mon *das; -s, -e:* (Med.) männliches Keimdrüsenhormon

Tes|ti|mo|ni|al *[...'mo:niəl] das; -s, -s ⟨lat.-engl.⟩:* zu Werbezwecken (in einer Anzeige, einem Prospekt o. Ä.) verwendetes Empfehlungsschreiben eines zufriedenen Kunden, eines Prominenten o. Ä.

Tes|ti|mo|ni|um *das; -s, ...ien u. ...ia:* (Rechtsw. veraltet) Zeugnis

Tes|ti|mo|ni|um Pau|per|ta|tis *das; - -, Testimonia -:* (Rechtsw. veraltet) amtliche Bescheinigung

der Mittellosigkeit für Prozessführende zur Erlangung einer Prozesskostenhilfe

Tes|to *der; -, Testi ⟨lat.-it.⟩:* im Oratorium die Handlung zunächst psalmodierend, später rezitativisch berichtender Erzähler

Tes|tos|te|ron *das; -s ⟨Kunstw.⟩:* (Med.) Hormon der männlichen Keimdrüsen

Tests|se|rie *[...jə] die; -, -n:* 1. Reihe von Tests. 2. Produktserie, an der die Qualität getestet wird

Tes|tu|do *die; -, ...dines [...dine:s] ⟨lat.; „Schildkröte"⟩:* 1. (hist.) bei Belagerungen verwendetes Schutzdach. 2. Verband zur Ruhigstellung des gebeugten Knie- od. Ellbogengelenks; Schildkrötenverband. 3. a) (bei den Römern) Lyra (1); b) (vom 15. bis 17. Jh.) Laute

Te|ta|nie *die; -, ...ien ⟨gr.-nlat.⟩:* (Med.) schmerzhafter Muskelkrampf; Starrkrampf

te|ta|ni|form *⟨gr.; lat.⟩:* (Med.) starrkrampfartig, -ähnlich

te|ta|nisch *⟨gr.-nlat.⟩:* den Tetanus betreffend, auf Tetanus beruhend, vom Tetanus befallen

Te|ta|nus *[auch: 'tε...] der; - ⟨gr.-lat.⟩:* (Med.) nach Infektion einer Wunde auftretende Krankheit, die sich durch Muskelkrämpfe, Fieber u. Ä. äußert; Wundstarrkrampf

Te|te *['te:ta, 'tε:te] die; -, -n ⟨lat.-fr.⟩:* (veraltet) Anfang, Spitze [einer marschierenden Truppe]

tête-à-tête *[tεta'tε:t] ⟨„Kopf an Kopf"⟩:* (veraltet) vertraulich, unter vier Augen. **Tete-a-tete,** auch: **Tête-à-tête** *[tεta'tε:t] das; -, -s: a)* (ugs. scherzh.) Gespräch unter vier Augen; b) vertrauliche Zusammenkunft; zärtliches Beisammensein

Te|thys *die; - u.* **Te|thys|meer** *das; -[e]s ⟨gr.-lat.; nach Tethys, der Mutter der Gewässer in der griech. Sage⟩:* vom Paläozoikum bis zum Alttertiär bestehende zentrales Mittelmeer

Te|t|ra|chlor|kohlen|stoff *der; -[e]s ⟨gr.; dt.⟩:* nicht entflammbares Lösungsmittel

Te|t|ra|chord *[...'kɔrt] der od. das;*

-[e]s, -e *⟨gr.-lat.⟩:* (Mus.) Folge von vier Tönen einer Tonleiter, die Hälfte einer Oktave

Te|t|ra|de *die; -, -n:* (Philos.) die Vierheit; das aus vier Einheiten bestehende Ganze

Te|t|ra|e|der *das; -s, - ⟨gr.-nlat.⟩:* von vier gleichseitigen Dreiecken begrenzter Körper, dreiseitige Pyramide

Te|t|ra|e|d|rit *[auch: ...'drɪt] der; -s, -e:* ein metallisch glänzendes Mineral

Te|t|ra|gon *das; -s, -e ⟨gr.-lat.⟩:* Viereck. **te|t|ra|go|nal:** das Tetragon betreffend, viereckig

Te|t|ra|go|no|p|te|rus *der; -, ...ri ⟨gr.-nlat.⟩:* farbenprächtiger Aquarienfisch

Te|t|ra|gramm *das; -s, -e u.* **Te|t|ra|gram|ma|ton** *das; -s, ...ta ⟨gr.⟩:* Bezeichnung für die vier hebräischen Konsonanten J-H-W-H des Gottesnamens Jahwe als Sinnbild Gottes [zur Abwehr von Bösem]

Te|t|ra|kis|he|xa|e|der *das; -s, - ⟨gr.-nlat.⟩:* Pyramidenwürfel, der aus 24 Flächen zusammengesetzt ist, bes. als Kristallform

Te|t|rak|tys *die; - ⟨gr.⟩:* die (bei den Pythagoreern heilige) Zahl Vier, zugleich die Zehn als Summe der ersten vier Zahlen

Te|t|ra|lem|ma *das; -s, -ta ⟨gr.-nlat.⟩:* (Logik) vierteilige Annahme

Te|t|ra|lin ® *das; -s ⟨Kunstw.⟩:* ein Lösungsmittel

Te|t|ra|lo|gie *die; -, ...ien ⟨gr.⟩:* Folge von vier eine innere Einheit bildenden Dichtwerken (bes. Dramen), Kompositionen u. a.

te|t|ra|mer: (Bot.) vierzählig (z. B. von Blütenkreisen)

te|t|ra|me|ter *der; -s, - ⟨gr.-lat.⟩:* aus vier Metren bestehender Vers

Te|t|ra|morph *der; -s, -en ⟨gr.; „Viergestalt"⟩:* Darstellung eines Engels mit vier verschiedenen Köpfen od. Flügeln als Sinnbild der vier Evangelisten in der frühchristlichen Kunst

Te|t|ra|pak *der; -s, -s ⟨Kunstw.; als* ®*: Tetra Pak⟩:* meist quaderförmiger Karton zum Verpacken bes. von Getränken

Te|t|ra|pa|nax *der; -, - ⟨gr.-nlat.⟩:* Gattung der Efeugewächse

Te|t|ra|pe|ta|lisch: (Bot.) vier

Kron- od. Blumenblätter aufweisend

Te|t|ra|ple|gie die; -: (Med.) gleichzeitige Lähmung aller vier Gliedmaßen

Te|t|ra|po|de der; -n, -n ⟨gr.⟩: 1. (Biol.) Vierfüßer. 2. vierfüßiges klotzartiges Gebilde, das mit anderen zusammen als Sperre, Wellenbrecher o. Ä. dient

Te|t|ra|po|die die; -: (in der griechischen Metrik) Verbindung von vier Versfüßen zu einem Verstakt

Te|t|rarch der; -en, -en ⟨gr.-lat.⟩: (hist.) Herrscher über den vierten Teil eines Landes. **Te|t|rar|chie** die; -, ...ien: a) Gebiet eines Tetrarchen; b) Herrschaft eines Tetrarchen

Te|t|ra|sti|chon das; -s, ...cha: Gruppe von vier Verszeilen

Te|t|ro|de die; -, -n ⟨gr.-nlat.⟩: Vierpolröhre

Te|t|ryl das; -s: giftige kristalline Substanz, die als Sprengstoff verwendet wird

Teu|c|ri|um das; -s ⟨gr.-nlat.⟩: ↑ Gamander

Tex das; -, - ⟨lat.⟩: Maß für die längenbezogene Masse textiler Fasern u. Garne; Zeichen: tex

Te|xas|fie|ber das; -s ⟨nach dem US-Bundesstaat⟩: Malaria der Rinder

Tex|mex das; - (meist ohne Artikel) ⟨engl.⟩: 1. Richtung der populären Musik mit texanischen u. mexikanischen Stilelementen. 2. für das texanisch-mexikanische Grenzgebiet charakteristisches Essen

¹Text der; -[e]s, -e ⟨lat.; „Gewebe, Geflecht"⟩: 1. Wortlaut eines Schriftstücks, Vortrags o. Ä. 2. (Sprachw.) Folge von Aussagen, die untereinander in Zusammenhang stehen. 3. Bibelstelle als Predigtgrundlage. 4. Beschriftung (z. B. von Abbildungen). 5. die zu einem Musikstück gehörenden Worte

²Text die; -: (Druckw.) Schriftgrad von 20 Punkt (ungefähr 7,5 mm Schrifthöhe)

Tex|tem das; -s, -e ⟨lat.; gr.⟩: (Sprachw.) dem zu formulierenden Text zugrunde liegende, noch nicht realisierte sprachliche Struktur

tex|ten ⟨lat.⟩: einen [Schlager-, Werbe]text verfassen. **Tex|ter**

der; -s, -: Verfasser von [Schlager-, Werbe]texten. **Tex|te|rin** die; -, -nen: weibliche Form zu ↑ Texter

tex|tie|ren ⟨lat.-nlat.⟩: 1. eine Unterschrift unter einer Abbildung anbringen, vermerken. 2. (einem Musikstück) einen Text unterlegen

tex|til ⟨lat.-fr.⟩: 1. die Textiltechnik, die Textilindustrie betreffend. 2. gewebt, gewirkt

Tex|ti|li|en die (Plural): gewebte, gestrickte od. gewirkte, aus Faserstoffen hergestellte Waren

Text|kri|tik die; -: [vergleichende] philologische Untersuchung eines überlieferten Textes auf Echtheit und Inhalt

Text|lin|gu|is|tik die; -: Teilgebiet der modernen Sprachwissenschaft, das sich mit dem Wesen, dem Aufbau und den inneren Zusammenhängen von Texten befasst. **text|lin|gu|is|tisch:** die Textlinguistik betreffend

tex|tu|ell: den Text betreffend

Tex|tur die; -, -en ⟨lat.⟩: 1. Gewebe, Faserung. 2. (Geol.) räumliche Anordnung u. Verteilung der Gemengteile eines Gesteins. 3. (Chem.; Techn.) gesetzmäßige Anordnung der Kristallite in Faserstoffen u. technischen Werkstücken. 4. (Techn.) strukturelle Veränderung des Gefügezustandes von Stoffen bei Kaltverformung

tex|tu|rie|ren: synthetischen Geweben ein Höchstmaß an textilen Eigenschaften geben (z. B. Fördern von Feuchtigkeitsaufnahme)

Thal|la|mus der; -, ...mi ⟨gr.-lat.⟩: (Med.) Hauptteil des Zwischenhirns

thal|las|so|gen ⟨gr.-nlat.⟩: (Geogr., Geol.) durch das Meer entstanden

Thal|las|so|gra|phie, auch: ...grafie die; -: Meereskunde

thal|las|so|krat u. thal|las|so|kra|tisch: vom Meer beherrscht (von Zeiten der Erdgeschichte, in denen die Meere Festland eroberten)

Thal|las|so|me|ter das; -s, -: Meerestiefenmesser; Messgerät für Ebbe u. Flut

Thal|las|so|the|ra|pie die; -, ...ien: Teilbereich der Medizin, der sich mit der heilklimatischen

Wirkung von Seeluft u. Bädern im Meerwasser befasst

Tha|lat|ta, Tha|lat|ta ⟨Freudenruf der Griechen nach der Schlacht v. Kunaxa⟩: das Meer, das Meer!

Tha|li|do|mid das; -s ⟨Kunstw.⟩: (Med.) nicht mehr verwendeter, schädliche Nebenwirkungen hervorrufender Wirkstoff in bestimmten Schlaf- u. Beruhigungsmitteln

Thal|lei|o|chin [...ɔ'xiːn] vgl. Dalleochin

Thal|li: Plural von ↑ Thallus

Thal|li|um das; -s ⟨gr.-nlat.⟩: chem. Element; ein Metall; Zeichen: Tl

Thal|lo|phyt der; -en, -en (meist Plural): niedere Pflanze aus der Gruppe der Sporenpflanzen (Algen, Pilze u. Flechten)

Thal|lus der; -, ...lli ⟨gr.-nlat.⟩: primitiver Pflanzenkörper der Thallophyten (ohne Wurzeln u. Blätter); Ggs. ↑ Kormus

Tha|na|tis|mus der; - ⟨gr.-nlat.⟩: Lehre von der Sterblichkeit der Seele

Tha|na|to|lo|gie die; -: interdisziplinäres Forschungsgebiet, das sich mit den Problemen des Sterbens u. des Todes befasst

Tha|na|to|pho|bie die; -, ...ien ⟨gr.-nlat.⟩: gesteigerte Angst vor dem Tode

Tha|na|tos der; - ⟨gr.⟩: der Tod in der griechischen Mythologie

Thanks|gi|ving Day ['θæŋksgɪvɪŋ 'deɪ] der; - -s, - -s ⟨engl.⟩: Erntedanktag in den USA

Thar vgl. Tahr

Thar|ge|li|en die (Plural) ⟨gr.⟩: altgriechisches Sühnefest für Apollo zum Schutz der kommenden Ernte

Thau|ma|tol|lo|gie die; - ⟨gr.-nlat.⟩: (Theol. veraltet) Lehre von den Wundern

Thau|ma|t|urg der; -en, -en ⟨gr.⟩: Wundertäter (Beiname mancher griechischer Heiliger)

Thea die; - ⟨chin.-nlat.⟩: Pflanzengattung der Teegewächse

The|a|ter das; -s, - ⟨gr.-lat.(-fr.)⟩: 1. a) Gebäude, in dem regelmäßig Schauspiele aufgeführt werden, Schauspielhaus; b) künstlerisches Unternehmen, das die Aufführungen von Schauspielen, Opern o. Ä. arrangiert; c) (ohne Plural) Schauspiel-, Opernaufführung, Vorstellung; d) (ohne Plural) darstellende

Kunst [eines Volkes od. einer Epoche] mit allen Erscheinungen. 2. (ohne Plural; ugs.) Unruhe, Aufregung, Getue

The|a|ti|ner *der; -s, -* (meist Plural) ⟨*nlat.; nach der ital. Bischofsstadt Theate, heute Chieti*⟩: Angehöriger eines italienischen Ordens. **The|a|ti|ne|rin** *die; -, -nen:* weibliche Form zu ↑ Theatiner

The|at|ra|lik *die; -* ⟨*gr.-lat.-nlat.*⟩: übertriebenes schauspielerisches Wesen, Gespreiztheit. **the|at|ra|lisch** ⟨*gr.-lat.*⟩: 1. das Theater betreffend, bühnengerecht. 2. übertrieben, unnatürlich, gespreizt

The|at|rum Mun|di *das; - -* ⟨*lat.; "Welttheater"*⟩: 1. Titel von umfangreichen historischen Werken im 17. u. 18. Jh. 2. (hist.) mechanisches Theater, in dem die Figuren mithilfe von Laufschienen bewegt werden

Thé dan|sant [teda'sã] *der; - -, -s -s* [teda'sã] ⟨*fr.*⟩: (veraltet) kleiner [Haus]ball

The|in vgl. Tein

The|is|mus *der; -* ⟨*gr.-nlat.*⟩: Glaube an einen persönlichen, von außen auf die Welt einwirkenden Schöpfergott. **The|ist** *der; -en, -en:* Anhänger des Theismus. **The|is|tin** *die; -, -nen:* weibliche Form zu ↑ Theist. **the|is|tisch:** den Theismus, den Theisten betreffend

---

...thek

die; -, -en ⟨zu *gr.* thḗkē „Behältnis, Truhe, Kiste"⟩ Wortbildungselement mit der Bedeutung „Zusammenstellung, Sammlung von [zum Verleih bestimmten] Dingen od. die diese enthaltenden Räumlichkeiten":
– Artothek
– Kartothek
– Videothek
– Vinothek

The|ka *die; -, ...ken* ⟨*gr.-lat.; "Behältnis; Hülle"*⟩: (Bot.) zwei Pollensäckchen enthaltendes Fach des Staubblattes

The|ke *die; -, -n:* 1. Schanktisch. 2. Ladentisch

The|l|al|gie *die; -, ...jen* ⟨*gr.-nlat.*⟩: (Med.) Schmerzen in den Brustwarzen

The|le|ma *das; -s, ...lemata* ⟨*gr.*⟩: (Philos.) Wille

The|le|ma|tis|mus *der; - u.* **The|le|ma|to|lo|gie** *die; - u.* Thelismus *der; -* ⟨*gr.-nlat.*⟩: Willenslehre

the|le|ma|tol|lo|gisch: die Thelematologie betreffend

The|lis|mus vgl. Thelematismus.

the|lis|tisch: den Thelismus betreffend, willensmäßig

The|li|tis *die; -, ...iti̱den* ⟨*gr.-nlat.*⟩: (Med.) Entzündung der Brustwarzen

The|ly|ge|nie u. **The|ly|to|kie** *die; -, ...jen:* (Biol.) Erzeugung ausschließlich weiblicher Nachkommen; Ggs. ↑ Arrhenogenie, Arrhenotokie (2). **the|ly|to|kisch:** (Biol.) nur weibliche Nachkommen habend; Ggs. ↑ arrhenotokisch

The|ma *das; -s, ...men u.* (veraltend) *-ta* ⟨*gr.-lat.; "das Aufgestellte"*⟩: 1. Aufgabe, [zu behandelnder] Gegenstand; Leitgedanke, Leitmotiv; Sache, Gesprächsstoff. 2. (Sprachw.) Gegenstand der Rede, psychologisches Subjekt des Satzes; Ggs. ↑ Rhema. 3. (Mus.) [aus mehreren Motiven bestehende] Melodie, die den musikalischen Grundgedanken einer Komposition bildet

The|ma-Rhe|ma: Begriffspaar zur Satzanalyse unter dem Gesichtspunkt, dass im Thema der (bekannte, in Rede stehende) Gegenstand genannt wird, wovon dann im Rhema etwas ausgesagt wird

The|ma|tik *die; -, -en* ⟨*gr.*⟩: 1. ausgeführtes, gewähltes, gestelltes Thema; Themastellung; Komplexität eines Themas; Leitgedanke. 2. (Mus.) Kunst der Themaaufstellung, -einführung und -verarbeitung

the|ma|tisch: 1. das Thema betreffend. 2. mit einem Themavokal gebildet (von Wortformen); Ggs. ↑ athematisch (2)

the|ma|ti|sie|ren: 1. zum Thema (1) von etwas machen, als Thema behandeln. 2. mit einem Themavokal versehen

The|ma|vo|kal *der; -s, -e:* Vokal, der bei der Bildung von Verbformen zwischen Stamm u. Endung eingeschoben wird

The|men: *Plural* von ↑ Thema

The|nar *das; -s, ...nare* ⟨*gr.*⟩: (Med.) Muskelwulst der Hand-

fläche an der Daumenwurzel (Daumenballen)

---

the|o..., Theo...

⟨*gr.* theós „Gott, Gottheit"⟩ Wortbildungselement mit der Bedeutung „Gott, Götter; göttlich":
– Theodizee
– Theonomie
– theozentrisch

The|o|bro|ma *das; -s* ⟨*gr.-nlat.*⟩: Kakaobaum

The|o|bro|min *das; -s:* Alkaloid der Kakaobohnen

The|o|di|zee *die; -, ...ze̱en:* (Philos.) Rechtfertigung Gottes hinsichtlich des von ihm in der Welt zugelassenen Übels u. Bösen, das man mit dem Glauben an seine Allmacht, Weisheit u. Güte in Einklang zu bringen sucht

The|o|do|lit *der; -[e]s, -e* ⟨Herkunft unsicher⟩: geodätisches Instrument zur Horizontal- u. Höhenwinkelmessung

The|o|gno|sie u. **The|o|gno|sis** *die; -* ⟨*gr.*⟩: (Philos.) die Gotteserkenntnis

The|o|go|nie *die; -, ...jen* ⟨*gr.-lat.*⟩: mythische Lehre u. Vorstellung von der Entstehung u. Abstammung der Götter

The|o|kra|tie *die; -, ...jen* ⟨„Gottesherrschaft"⟩: Herrschaftsform, bei der die Staatsgewalt allein religiös legitimiert ist, aber im Gegensatz zur Hierokratie nicht von Priestern ausgeübt zu werden braucht. **the|o|kra|tisch:** die Theokratie betreffend

The|o|lat|rie *die; -, ...jen:* (veraltet) Gottesverehrung, Gottesdienst

The|o|lo|ge *der; -n, -n* ⟨*gr.-lat.*⟩: jmd., der sich wissenschaftlich mit der Theologie beschäftigt. **The|o|lo|gie** *die; -, ...jen:* wissenschaftliche Lehre von einer als wahr vorausgesetzten [christlichen] Religion, ihrer Offenbarung, Überlieferung und Geschichte. **The|o|lo|gin** *die; -, -nen:* weibliche Form zu ↑ Theologe. **the|o|lo|gisch:** die Theologie betreffend

the|o|lo|gi|sie|ren ⟨*gr.-nlat.*⟩: Theologie treiben, das Gebiet der Theologie berühren

The|o|lo|gu|me|non *das; -s, ...mena* ⟨*gr.-lat.*⟩: (nicht zur ei-

T

gentlichen Glaubenslehre gehörender) theologischer Lehrsatz

The|o|man|tie *die; -, ...ien:* das Weissagen durch göttliche Eingebung

the|o|morph u. **the|o|mor|phisch:** in göttlicher Gestalt auftretend, erscheinend

the|o|nom ⟨*gr.-nlat.*⟩: unter Gottes Gesetz stehend. **The|o|no|mie** *die; -:* Unterwerfung unter Gottes Gesetz als Überhöhung von Autonomie u. Heteronomie

The|o|pha|nie *die; -, ...ien* ⟨*gr.*⟩: Gotteserscheinung; vgl. Epiphanie

the|o|phor: Gott[esnamen] tragend. **the|o|phor|risch:** Gott tragend; **theophorische Prozession:** feierliche kirchliche Prozession, bei der das Allerheiligste in Gestalt einer geweihten Hostie in einer Monstranz mitgeführt wird

The|o|phyl|lin *das; -s* ⟨*(chin.; gr.) nlat.*⟩: Alkaloid aus Teeblättern, ein Arzneimittel

The|o|pneus|tie *die; -, ...ien* ⟨*gr.-nlat.; „göttliche Einhauchung"*⟩: Eingebung Gottes

The|or|be *die; -, -n* ⟨*it.-fr.*⟩: (bes. im Barock) tiefe Laute mit zwei Hälsen (von denen der eine die Fortsetzung des anderen bildet) u. doppeltem Wirbelkasten

The|o|rem *das; -s, -e* ⟨*gr.-lat.*⟩: (Philos.; Math) Lehrsatz

The|o|re|ti|ker *der; -s, -:* jmd., der sich theoretisch mit der Erörterung u. Lösung von [wissenschaftlichen] Problemen auseinander setzt; ↑ Praktiker (1). **The|o|re|ti|ke|rin** *die; -, -nen:* weibliche Form zu ↑ Theoretiker. **the|o|re|tisch:** 1. die Theorie von etwas betreffend; Ggs. ↑ experimentell. 2. [nur] gedanklich, die Wirklichkeit nicht [genügend] berücksichtigend

the|o|re|ti|sie|ren ⟨*gr.-nlat.*⟩: gedanklich, theoretisch durchspielen

The|o|rie *die; -, ...ien* ⟨*gr.-lat.*⟩: 1. a) System wissenschaftlich begründeter Aussagen zur Erklärung bestimmter Tatsachen od. Erscheinungen u. der ihnen zugrunde liegenden Gesetzmäßigkeiten; b) Lehre von den allgemeinen Begriffen, Gesetzen, Prinzipien eines bestimmten

Bereichs. 2. a) (ohne Plural) rein begriffliche, abstrakte [nicht praxisorientierte od. -bezogene] Betrachtung[sweise], Erfassung von etwas; Ggs. ↑ Praxis (1); b) (meist Plural) wirklichkeitsfremde Vorstellung, bloße Vermutung

The|o|soph *der; -en, -en* ⟨*gr.-mlat.*⟩: Anhänger der Theosophie. **The|o|so|phie** *die; -, ...ien* ⟨*„Gottesweisheit"*⟩: religiös-weltanschauliche Richtung, die in meditativer Berührung mit Gott den Weltbau und den Sinn des Weltgeschehens erkennen will. **The|o|so|phin** *die; -, -nen:* weibliche Form zu ↑ Theosoph. **the|o|so|phisch:** die Theosophie betreffend

The|o|xe|ni|en [auch: ...'kse...] *die* (Plural) ⟨*gr.*⟩: kultische Mahlzeiten mit Götterbewirtungen im altgriechischen Kult

the|o|zen|t|risch ⟨*gr.-nlat.*⟩: Gott in den Mittelpunkt stellend

The|ra|peut *der; -en, -en* ⟨*gr.; „Diener, Pfleger"*⟩: jmd., der eine Therapie vornimmt

The|ra|peu|tik *die; -:* Wissenschaft von der Behandlung der Krankheiten

The|ra|peu|ti|kum *das; -s, ...ka* ⟨*gr.-nlat.*⟩: Heilmittel

The|ra|peu|tin *die; -, -nen:* weibliche Form zu ↑ Therapeut

the|ra|peu|tisch ⟨*gr.*⟩: zur Therapie gehörend

The|ra|pie *die; -, ...ien:* (Med.; Psychol.) Heilbehandlung. **the|rapie|ren:** jmdn. einer Therapie unterziehen

the|ra|pie|re|sis|tent: (von Krankheiten) auf keine mögliche Therapie ansprechend

The|ri|ak *der; -s* ⟨*gr.-lat.*⟩: bes. bei Vergiftungen angewandtes opiumhaltiges Allheilmittel des Mittelalters

the|ri|o|morph ⟨*gr.*⟩: (Rel.) tiergestaltig (von Göttern)

the|ri|o|phor ⟨*gr.-nlat.*⟩: einen Tiernamen tragend

...therm s. Kasten thermo..., Thermo...

ther|mak|tin ⟨*gr.-nlat.*⟩: (Phys.) auf dem Vorgang des reinen Temperaturstrahlungsaustausches zwischen zwei Körpern beruhend

ther|mal: (Phys.) auf Wärme bezogen, die Wärme betreffend; Wärme...

Ther|mal|quel|le *die; -, -n:* warme Quelle

Ther|mal|n|äs|the|sie *die; -:* (Med.) Verlust der Temperaturempfindlichkeit

Ther|me *die; -, -n* ⟨*gr.-lat.*⟩: 1. Thermalquelle. 2. (nur Plural; hist.) antike römische Badeanlage

Ther|mi|dor *der; -[s], -s* ⟨*gr.-fr.; „Hitzemonat"*⟩: der elfte Monat des französischen Revolutionskalenders (19. Juli bis 17. Aug.)

Ther|mik *die; -* ⟨*gr.-nlat.*⟩: (Meteor.) aufwärts gerichtete Warmluftbewegung

Ther|m|i|on *das -s, -en:* (Chem.) aus glühenden Metallen austretendes Ion. **ther|m|i|o|nisch** ⟨*gr.-nlat.*⟩: die Thermionen betreffend

ther|misch: (Meteor.) die Wärme betreffend, Wärme...

Ther|mis|tor *der; -s, ...oren* ⟨*Kunstw. aus* ↑*thermal u. lat.-nlat. Resistor „Widerstand"*⟩: Halbleiter mit temperaturbedingtem Widerstand

ther|mo..., Ther|mo...

⟨*zu gr. thermós „warm, heiß"*⟩ Wortbildungselement mit der Bedeutung „Wärme, Hitze; Wärmeenergie; Temperatur":
– Thermodynamik
– Thermometer
– thermophil
– Thermostat

...therm

⟨*gr. thermós „warm, heiß"*⟩ Wortbildungselement mit der Bedeutung „warm, Wärme hervorrufend od. benötigend":
– endotherm
– exotherm

Ther|mo|ba|ro|graph, auch: ...graf *der; -en, -en* ⟨*gr.-nlat.*⟩: ↑ Barothermograph

Ther|mo|che|mie *die; -:* Untersuchung der Wärmeumsätze bei chemischen Vorgängen

Ther|mo|chro|mie *die; -:* (Chem.) Farbänderung eines Stoffes bei Temperaturänderungen

Ther|mo|dy|na|mik *die; -:* (Phys.) Teilgebiet der Physik, das sich mit der Untersuchung des Verhaltens physikalischer Systeme bei Temperaturänderung, bes. beim Zuführen u. Abführen von Wärme, befasst. **ther|mo-**

dy|na|misch: die Thermodynamik betreffend, den Gesetzen der Thermodynamik folgend

Ther|mo|ef|fekt *der; -[e]s:* die Entstehung elektrischer Energie aus Wärmeenergie

ther|mo|e|lek|t|risch: auf Thermoelektrizität beruhend. **Ther|mo|e|lek|t|ri|zi|tät** *die; -:* Gesamtheit der Erscheinungen in elektrisch leitenden Stoffen, bei denen Temperaturunterschiede elektrische Spannungen bzw. Ströme hervorrufen u. umgekehrt

Ther|mo|e|le|ment *das; -[e]s, -e:* [Temperaturmess]gerät, das aus zwei Leitern verschiedener Werkstoffe besteht, die an ihren Enden zusammengelötet sind

ther|mo|fi|xie|ren: (synthetische Fasern) dem Einfluss von Wärme aussetzen, um spätere Formbeständigkeit zu erreichen (in der Textilindustrie)

Ther|mo|graf usw. vgl. Thermograph usw.

Ther|mo|gramm *das; -s, -e:* bei der Infrarotfotografie von Wärmestrahlen erzeugtes Bild

Ther|mo|graph, auch: ...graf *der; -en, -en:* (Meteor.) Gerät zur selbsttätigen Temperaturaufzeichnung. **Ther|mo|gra|phie,** auch: ...grafie *die; -:* 1. Verfahren zur fotografischen Aufnahme von Objekten mittels ihrer an verschiedenen Stellen unterschiedlichen Wärmestrahlung (z. B. zur Lokalisierung von Tumoren). 2. Gesamtheit von Kopierverfahren, bei denen mit wärmeempfindlichen Materialien u. Wärmestrahlung gearbeitet wird

ther|mo|ha|lin: Temperatur- u. Salzgehalt von Meerwasser betreffend

Ther|mo|hy|g|ro|graph, auch: ...graf *der; -en, -en:* (Meteor.) Verbindung eines Thermographen mit einem Hygrographen

Ther|mo|kaus|tik *die; -:* (Med.) das Verschorfen von Gewebe durch Anwendung starker Hitze

Ther|mo|kau|ter *der; -s, -:* (Med.) elektrisches Glüheisen od. Schneidbrenner zur Vornahme von Operationen od. zur Verschorfung von Gewebe

ther|mo|la|bil: (Phys.) nicht wärmebeständig

Ther|mo|lu|mi|nes|zenz *die; -:* (Phys.) das beim Erwärmen bestimmter Stoffe auftretende Aufleuchten in einer charakteristischen Farbe

Ther|mo|ly|se *die; -:* Zerfall einer chemischen Verbindung durch Wärmeeinfluss

Ther|mo|me|ta|mor|pho|se *die; -:* (Geol.) Gesteinsumwandlung, die durch Erhöhung der Temperatur im Gestein verursacht wird

Ther|mo|me|ter *das* (österr. u. schweiz. auch: *der*); -s, -: Temperaturmessgerät. **Ther|mo|me|t|rie** *die; -, ...ien:* (bes. Meteor.) Temperaturmessung. **ther|mo|me|t|risch:** die Thermometrie betreffend

Ther|mo|mor|pho|se *die; -, -n* (meist Plural): (Biol.) temperaturabhängige Änderung der Gestaltausbildung bei bestimmten Pflanzen u. Tieren

ther|mo|nu|k|le|ar: die bei einer Kernreaktion auftretende Wärme betreffend

ther|mo|ol|xi|diert: (Chem.) durch Wärme in eine Sauerstoffverbindung überführt

Ther|mo|pane ® [...peɪn, auch: ...pe:n] *das; -:* aus zwei od. mehreren Scheiben bestehendes Fensterglas, das wegen eines Vakuums zwischen den Scheiben isolierende Wirkung hat

Ther|mo|pa|pier *das; -s, -e:* Spezialpapier mit einer Schicht, die sich unter Wärmeeinwirkung verfärbt (z. B. für Faxgeräte)

ther|mo|phil: (Biol.) Wärme liebend (z. B. von Bakterien)

Ther|mo|phi|lie *die; -:* (Biol.) Bevorzugung warmer Lebensräume

Ther|mo|phor *der; -s, -e:* 1. (Med.) Wärme speicherndes Gerät (z. B. Wärmflasche) zur medizinischen Wärmebehandlung. 2. Gerät zur Übertragung genau bestimmter Wärmemengen. 3. isolierendes Gefäß aus Metall

Ther|mo|plast *der; -[e]s, -e* (meist Plural): bei höheren Temperaturen ohne chemische Veränderung erweichbare u. verformbarer Kunststoff. **ther|mo|plas|tisch:** in erwärmtem Zustand formbar, weich

Ther|mo|s|kop *das; -s, -e* ⟨*gr.-nlat.*⟩: Instrument, das Tempe-

raturunterschiede, aber keine Messwerte anzeigt

ther|mo|sta|bil: (Phys.) wärmebeständig

Ther|mo|s|tat *der; -[e]s u. -en, -e[n]:* [automatischer] Temperaturregler

Ther|mo|the|ra|pie *die; -, ...ien:* (Med.) Heilbehandlung durch Anwendung von Wärme

Ther|mo|t|ro|nik *die; -:* Forschungsgebiet, das sich mit der automatischen Temperaturregelung befasst

The|ro|phyt *der; -en, -en* ⟨*gr.*⟩: einjährige Pflanze

the|sau|rie|ren ⟨*gr.-lat.-nlat.*⟩: 1. Geld, Wertsachen od. Edelmetalle horten. 2. einen Thesaurus (2) zusammenstellen. **The|sau|rie|rung** *die; -, -en:* 1. das Thesaurieren. 2. (Bankw.) Wiederanlage

The|sau|rie|rungs|fonds [...fõ:] *der; -, - [...fõ:s]:* (Wirtsch.) Investmentfonds, bei dem die Erträge nicht ausgeschüttet, sondern wieder angelegt werden

The|sau|rus *der; -, ...ren u. ...ri* ⟨*gr.-lat.*⟩: 1. Titel wissenschaftlicher Sammelwerke, bes. großer Wörterbücher der alten Sprachen. 2. alphabetisch u. systematisch geordnete Sammlung von Wörtern eines bestimmten [Fach]bereichs. 3. Schrein in einem Heiligtum zur Aufbewahrung von kostbaren Weihegaben (in der Antike)

The|se *die; -, -n* ⟨*gr.-lat.-fr.*⟩: 1. aufgestellter [Lehr-, Leit]satz, der als Ausgangspunkt für die weitere Argumentation dient. 2. in der dialektischen Argumentation die Ausgangsbehauptung, der die Antithese (1) gegenübergestellt wird

The|sis [auch 'tezɪs] *die; -,* Thesen ⟨*gr.-lat.*⟩: 1. a) betonter Taktteil im altgriechischen Versfuß; Ggs. ↑ Arsis (1 a); b) abwärts geführter Schlag beim musikalischen Taktieren; Ggs. ↑ Arsis (1 b). 2. unbetonter Taktteil in der neueren Metrik; Ggs. ↑ Arsis (2)

Thes|mo|pho|ri|en *die* (Plural): altgriechisches Fruchtbarkeitsfest der Frauen zu Ehren der Göttin Demeter

Thes|pis|kar|ren *der; -s, -* ⟨nach Thespis, dem Begründer der altgriech. Tragödie): (scherzh.) Wanderbühne

The|ta *das;* -[s], -s ⟨*gr.*⟩: achter Buchstabe des griechischen Alphabets: Θ, ϑ

The|tik *die;* - ⟨*gr.*⟩: (Philos.) Wissenschaft von den Thesen od. dogmatischen Lehren. **the|tisch** ⟨*gr.-lat.*⟩: behauptend; dogmatisch

The|urg *der;* -en, -en ⟨*gr.-lat.*⟩: (Völkerk.) jmd., der der Theurgie mächtig ist. **The|ur|gie** *die;* -: (Völkerk.) [vermeintliche] Fähigkeit u. Kraft, durch Zauber Götter zu beschwören

Thi|a|min *das;* -s ⟨*gr.-nlat.*⟩: Vitamin B₁

Thi|a|mi|na|se *die;* -, -n: Enzym, das Vitamin B₁ spaltet

Thig|mo|ta|xis *die;* -, ...xen ⟨*gr.-nlat.*⟩: (Biol.) durch Berührungsreiz ausgelöste Orientierungsbewegung von Tieren u. niederen pflanzlichen Organismen

Think|tank, auch: **Think-Tank** [ˈθɪŋktæŋk] *der;* -s, -s ⟨*engl.;* „Beraterstab"⟩: Arbeitsgruppe, Institution zur wissenschaftlichen, praxisorientierten Zukunftsforschung u. für wirtschaftliche Weiterentwicklung

Thi|o|cy|a|nat *das;* -[e]s, -e ⟨*gr.-nlat.*⟩: ↑ Rhodanid

Thi|o|kol ® *das;* -s ⟨Kunstw.⟩: thermoplastischer, kautschukähnlicher Kunststoff

Thi|o|phen *das;* -s ⟨*gr.-nlat.*⟩: farblose, flüssige Schwefelverbindung, die bei der Herstellung von Insektiziden u. Ä. verwendet wird

Thi|o|plast *der;* -[e]s, -e: kautschukähnlicher schwefelhaltiger Kunststoff

Thi|o|säu|re *die;* -, -n: Sauerstoffsäure, bei der die Sauerstoffatome durch zweiwertige Schwefelatome ersetzt sind

Thi|o|sul|fat *das;* -[e]s, -e: Salz der Thioschwefelsäure

thi|xo|trop ⟨*gr.-nlat.*⟩: die Eigenschaft der Thixotropie besitzend. **Thi|xo|tro|pie** *die;* -: Eigenschaft bestimmter kolloidaler Mischungen, sich bei mechanischer Einwirkung (z. B. Rühren) zu verflüssigen

Tho|los *die* (auch: *der*); -, ...loi [...lɔy] u. ...len ⟨*gr.*⟩: altgriechischer Rundbau mit Säulenumgang

Tho|mis|mus *der;* - ⟨*nlat.*⟩: Sammelbez. für an Thomas v. Aquin anschließende theologisch-philosophische Richtungen des 14.–19. Jh.s, die die Grundlage des kirchlichen Lehramtes in der katholischen Kirche bilden. **Tho|mist** *der;* -en, -en: Vertreter, Anhänger des Thomismus. **Tho|mis|tin** *die;* -, -nen: weibliche Form zu ↑ Thomist. **tho|mis-tisch:** die Lehre des Thomas v. Aquin u. den Thomismus betreffend

Thon *der;* -s, -s ⟨*gr.-lat.-fr.*⟩: (schweiz.) Thunfisch

Thor vgl. Thorium

Tho|ra [auch, österr. nur: ˈtoːra] *die;* - ⟨*hebr.;* „Lehre"⟩: die fünf Bücher Mose, das mosaische Gesetz

Tho|ra|ces [...tseːs]: *Plural* von ↑ Thorax

tho|ra|kal ⟨*gr.-nlat.*⟩: (Med.) zum Brustkorb gehörend, an ihm gelegen

Tho|ra|kos|kop *das;* -s, -e: (Med.) Instrument zur Ausleuchtung der Brusthöhle. **Tho|ra|kos|ko|pie** *die;* -, ...ien: (Med.) Untersuchung der Brusthöhle u. Durchführung von Operationen mithilfe des Thorakoskops

Tho|ra|ko|to|mie *die;* -, ...ien: (Med.) operative Öffnung der Brusthöhle

Tho|ra|ko|zen|te|se *die;* -, -n: (Med.) Punktion des Brustfellraums

Tho|rax *der;* -[es], -e (fachspr.: ...races [...tseːs]) ⟨*gr.-lat.*⟩: 1. (Med.) Brustkorb. 2. (Zool.) zwischen Kopf u. Hinterleib liegendes mittleres Segment bei Gliederfüßern

Tho|ri|um u. Thor *das;* -s ⟨*altnord.-nlat.;* nach Thor, einem Gott der nordischen Sage⟩: chem. Element; ein Metall; Zeichen: Th

Tho|ron *das;* -s: radioaktives Isotop des Radons; Zeichen: Tn

Thread [θred] *der;* -s, -s ⟨*engl.;* „Faden"⟩: (EDV) Folge von Nachrichten zu einem Thema in einer Newsgroup

Thre|ni *die* (Plural) ⟨*gr.-lat.*⟩: die Klagelieder Jeremias

Thre|no|die *die;* -, ...ien u. **Thre-nos** *der;* -, ...noi [...nɔy] ⟨*gr.*⟩: a) rituelle Totenklage im antiken Griechenland; b) Klagelied, Trauergesang

Thrill [θrɪl] *der;* -s, -s ⟨*engl.*⟩: Nervenkitzel; prickelnde Erregung

Thril|ler [ˈθrɪlə] *der;* -s, - ⟨*engl.-amerik.*⟩: Film, Roman, der Spannungseffekte u. Nervenkitzel erzeugt

Thrips *der;* -, -e ⟨*gr.-lat.*⟩: (Zool.) artenreiches Insekt mit blasenartigen Haftorganen an den Füßen

Throm|blas|the|nie *die;* -, ...ien ⟨*gr.-lat.*⟩: (Med.) gestörte Funktion der Thrombozyten

Throm|bin *das;* -s: Enzym, das die Blutgerinnung bewirkt

Throm|bo|ar|te|ri|i|tis *die;* -, ...iti-den: (Med.) Entzündung einer Arterie bei Embolie od. Thrombose

Throm|bo|gen *das;* -s: (Med.) Faktor für die Blutgerinnung

Throm|bo|ly|ti|kum *das;* -s, ...ka: ↑ Fibrinolytikum

Throm|bo|pe|nie *die;* -, ...ien: (Med.) Mangel an Blutplättchen

Throm|bo|phle|bi|tis *die;* -, ...iti-den: (Med.) Venenentzündung mit Ausbildung einer Thrombose

Throm|bo|se *die;* -, -n ⟨*gr.;* „das Gerinnen"⟩: völliger od. teilweiser Verschluss eines Blutgefäßes durch Blutgerinnsel

throm|bo|tisch: die Thrombose betreffend; auf einer Thrombose beruhend

Throm|bo|zyt *der;* -en, -en ⟨*gr.-nlat.*⟩: (Med.) Blutplättchen

Throm|bo|zy|to|ly|se *die;* -, -n: (Med.) Zerfall od. Auflösung der Blutplättchen

Throm|bo|zy|to|se *die;* -: (Med.) krankhafte Vermehrung der Thrombozyten

Throm|bus *der;* -, ...ben ⟨*gr.-nlat.*⟩: (Med.) zu einer Thrombose führendes Blutgerinnsel; Blutpfropf

Thu|ja, österr. auch: Thuje *die;* -, ...jen ⟨*gr.-mlat.*⟩: immergrüner Baum mit schuppenförmigen Blättern; Lebensbaum

Thu|ja|öl *das;* -s: aus den Blättern des Thuja gewonnenes ätherisches Öl

Thu|je vgl. Thuja

Thu|li|um *das;* -s ⟨*gr.-lat.-nlat.;* nach der sagenhaften Insel Thule⟩: chem. Element; ein Metall; Zeichen: Tm

Thun|fisch, auch: Tunfisch *der;* -[e]s, -e ⟨*gr.-lat.; dt.*⟩: großer

Fisch mit mondsichelförmiger Schwanzflosse

Thu|rin|git [auch: ...'gɪt] *der; -s, -e* ⟨*nlat.; vom lat.* Namen Thuringia für Thüringen⟩: zu den Chloriten gehörendes, oliv- bis schwärzlich grünes Mineral

Thyl|le *die; -, -n* ⟨*gr.-nlat.*⟩: sackartige Ausstülpung einer Zelle im Kernholz mancher Bäume

Thy|mi: *Plural von* ↑ Thymus

Thy|mi|an *der; -s, -e* ⟨*gr.-lat.*⟩: a) Pflanze mit würzig duftenden kleinen Blättern u. hellroten bis violetten Blüten, die als Gewürz od. zu Heilzwecken verwendet wird; b) (ohne Plural) Gewürz aus getrockneten Blättern des Thymians (a)

Thy|mi|tis *die; -, ...iti̱den* ⟨*gr.-nlat.*⟩: (Med.) Entzündung der Thymusdrüse

thy|mo|gen: (Med.) von der Thymusdrüse ausgehend

Thy|mo|lep|ti|kum *das; -s, ...ka* (meist Plural) ⟨*gr.-nlat.*⟩: zur Behandlung von Depressionen verwendetes Arzneimittel

Thy|mom *das; -s, -e:* von der Thymusdrüse ausgehende Geschwulst

Thy|mo|psy|che *die; -:* (Psychol.) „gemüthafte" Seite des Seelenlebens; Ggs. ↑ Noopsyche

Thy|mo|se *die; -, -n:* (Psychol.) für die Pubertät kennzeichnender, durch Empfindsamkeit, Gereiztheit, Verträumtheit u. Ä. charakterisierter Zustand

Thy|mus *der; -, Thymi* u. **Thy|mus|drü|se** *die; -, -n:* (Med.) hinter dem Brustbein gelegenes drüsenartiges Organ, das sich nach der Pubertät zurückbildet

thy|re|o|gen ⟨*gr.-nlat.*⟩: (Med.) von der Schilddrüse ausgehend

Thy|re|o|i|dea *die; -:* (Med.) Schilddrüse

Thy|re|o|i|d|ek|to|mie *die; -, ...ien:* (Med.) operative Entfernung der Schilddrüse

Thy|re|o|i|di|tis *die; -, ...iti̱den:* (Med.) Entzündung der Schilddrüse

thy|re|o|priv ⟨*gr.; lat.*⟩: (Med.) schilddrüsenlos; nach Verlust bzw. Ausfall der Schilddrüse auftretend (z. B. von Krankheitserscheinungen)

Thy|re|o|s|ta|ti|kum *das; -s, ...ka* ⟨*gr.-nlat.*⟩: (Med.) Substanz, die die Hormonbildung der Schilddrüse hemmt

Thy|re|o|to|mie *die; -, ...ien:** (Med.) operativer Zugang zum Kehlkopfinneren durch Spaltung des Schildknorpels

Thy|re|o|to|xi|ko|se *die; -, -n:* (Med.) krankhafte Überfunktion der Schilddrüse

thy|re|o|to|xisch: (Med.) durch Überfunktion der Schilddrüse erzeugt

thy|re|o|trop: (Med.) die Schilddrüsentätigkeit steuernd

Thy|ris|tor *der; -s, ...o̱ren* ⟨*gr.; engl.*⟩: steuerbares elektronisches Bauelement auf Siliciumbasis

Thy|ro|xin *das; -s:* (Med.) Hauptbestandteil des Schilddrüsenhormons

Thyr|sos *der; -, ...soi* [...sɔy] ⟨*gr.*⟩ u. **Thyr|sus** *der; -, ...si* ⟨*gr.-lat.*⟩: mit Efeu u. Weinlaub umwundener, von einem Pinienzapfen gekrönter Stab des Dionysos u. der Mänaden

Ti|a|ra *die; -, ...ren* ⟨*pers.-gr.-lat.*⟩: 1. (hist.) hohe, spitze Kopfbedeckung altpersischer u. assyrischer Könige. 2. (heute nicht mehr getragene) hohe, aus drei übereinander gesetzten Kronen bestehende Kopfbedeckung des Papstes als Zeichen seiner weltlichen Macht

Ti|bet *der; -s, -e* ⟨nach dem innerasiatischen Hochland⟩: 1. Reißwolle aus neuen Stoffen. 2. Mohair

Ti|bia *die; -, Tibiae* [...ɛ] ⟨*lat.*⟩: 1. altrömisches Musikinstrument in der Art einer Schalmei. 2. (Med.) Schienbein

Tic *der; -s, -s* ⟨*fr.*⟩: (Med.) in kurzen Abständen wiederkehrende, unwillkürliche Muskelzuckung (bes. im Gesicht)

Tick *der; -[e]s, -s:* 1. (ugs.) wunderliche Eigenart, Schrulle, Fimmel. 2. ↑ Tic. 3. (ugs.) Kleinigkeit, Nuance (2)

Ti|cker *der; -s, -* ⟨*engl.*⟩: 1. (Jargon) vollautomatischer Fernschreiber zum Empfang von [Börsen]nachrichten. 2. (Med. Jargon) Gerät zur Überwachung der Pulsfrequenz

Ti|cket *das; -s, -s* ⟨*niederl.-fr.- engl.*⟩: Flug-, Fahr-, Eintrittskarte

Tick|fe|ver, auch: **Tick-Fe|ver** ['tɪk- fi:və] *das; -* ⟨*engl.*⟩: bes. in den USA auftretende, durch Zecken

übertragene Infektionskrankheit

Tie|break, auch: **Tie-Break** ['taɪ- breɪk] *der od. das; -s, -s* ⟨*engl.*⟩: besondere Zählweise beim Tennis, durch die ein Spiel bei unentschiedenem Stand (6:6 od. 7:7) zur Entscheidung gebracht wird

Tie-in [taɪ'ɪn] *das; -s, -s* ⟨*engl.*⟩: kleines Werbegeschenk [in Spielzeug od. Süßigkeitsverpackungen]

Ti|er|ra ca|lli|en|te *die; - - -* ⟨*lat.- span.*; „heißes Land"⟩: (Geogr.) unterste der drei klimatischen Höhenstufen in den tropischen Gebirgsländern Mittel- u. Südamerikas

Ti|er|ra fri|a *die; - - -* ⟨„kaltes Land"⟩: (Geogr.) oberste klimatische Höhenstufe in den tropischen Gebirgsländern Mittel- u. Südamerikas

Ti|er|ra tem|p|la|da *die; - - -* ⟨„gemäßigtes Land"⟩: (Geogr.) mittlere klimatische Höhenstufe in den tropischen Gebirgsländern Mittel- u. Südamerikas

Tiers|é|tat [tjɛrzeˈta] *der; -, auch:* **Tiers É|tat** *der; - -* ⟨*fr.;* „dritter Stand"⟩: Bürgertum, das bis zur Französischen Revolution nach Adel u. Geistlichkeit an dritter Stelle der ständischen Gliederung stand

Ti|fo|so *der; -, ...si* (meist Plural) ⟨*it.*⟩: ital. Bez. für: [Fußball]fan

Ti|gon *der; -s, -* ⟨Kunstw. aus *engl. tiger* „Tiger" u. *lion* „Löwe"⟩: (Zool.) Bastard (1) aus der Kreuzung eines Tigermännchens mit einem Löwenweibchen; vgl. Liger

ti|g|ro|id ⟨*pers.-gr.-lat.; gr.*⟩: (Zool.) tigerähnlich gestreift

Ti|ki *der; -[s], -s* ⟨*maorisch*⟩: a) einen Gott od. Ahnen darstellende [monumentale] Figur aus Stein (in Polynesien); b) einen Gott od. Ahnen darstellender Anhänger aus Nephrit (in Neuseeland)

Til|bu|ry ['tɪlbərɪ] *der; -s, -s* ⟨*engl.*⟩: (früher) leichter zweirädriger u. zweisitziger offener Wagen mit aufklappbarem Verdeck

Til|de *die; -, -n* ⟨*lat.-span.*⟩: 1. diakritisches Zeichen in Gestalt einer kleinen liegenden Schlangenlinie, das im Spanischen über einem n die Palatalisierung, im Portugiesischen über einem Vokal die Nasalierung angibt (z. B. *span.* Señor, *port.* São Paulo). 2. Zeichen in Gestalt einer kleinen liegenden Schlangenlinie auf der Mitte der Zeile, das die Wiederholung eines Wortes od. eines Teils davon angibt (bes. in Wörterbüchern); Zeichen: ~

Ti|li|a|ze|en die (Plural) ⟨*lat.-nlat.*⟩: (Bot.) Lindengewächse

Till|it [auch: ...'lɪt] *der;* -s, -e ⟨*engl.-nlat.*⟩: (Geol.) verfestigter Geschiebelehm

Ti|m|ar|chie die; -, ...ien ⟨*gr.*⟩: auf Ehrsucht, Ruhm u. Reichtum der Regierungsschicht beruhende Herrschaft im Staat (nach Plato)

Tim|bal die; -, -es (meist Plural) ⟨*pers.-arab.-span.*⟩: eine von zwei gleichen, auf einem Ständer befestigten Trommeln (bes. bei Tanzorchestern)

Tim|bal|le die; -, -n ⟨*pers.-arab.-span.-fr.*⟩: mit Aspik überzogene, meist becherförmige Pastete

Tim|ber *der* od. *das;* -, - ⟨*engl.*⟩: englisches Zählmaß für Rauchwaren (40 Stück)

Tim|b|re ['tɛ̃:brɐ, auch: 'tɛ̃:bɐ] *das;* -s, -s ⟨*gr.-mgr.-fr.*⟩: charakteristische Klangfarbe eines Instruments, einer Stimme

tim|b|rie|ren [tɛ̃...]: mit einer bestimmten Klangfarbe versehen; einer Sache ein bestimmtes Timbre verleihen

Time|lag ['taimlɛg] *das;* -[s], -s ⟨*engl.;* „Zeitverzögerung"⟩: (Wirtsch.) Zeitspanne zwischen der Veränderung einer wirtschaftlichen Größe u. der Auswirkung auf eine andere Größe (z. B. zwischen Rezession u. dadurch bedingtem Arbeitsplatzabbau)

Time|line ['taimlain] *das;* -[s], -s: Ablaufprogramm von wissenschaftlichen od. technischen Prozessen (z. B. in der Raumfahrt)

ti|men ['taimən] ⟨*engl.*⟩: 1. die Zeit [mit der Stoppuhr] messen. 2. für etwas den geeigneten, passenden Zeitpunkt bestimmen, benutzen u. dadurch einen gut koordinierten Ablauf herbeiführen

Time-out [taim'ait] *das;* -[s] -s: Auszeit; Spielunterbrechung, die einer Mannschaft nach be-

stimmten Regeln zusteht (z. B. beim Basketball, Volleyball)

Ti|mer ['taimɐ] *der;* -s, -: elektronischer Zeitmesser, der zeitliche gebundene Vorgänge exakt regelt; Zeitschaltuhr

Time|sam|pl|ing ['taimsa:mplɪŋ], auch: **Time-Sam|pl|ing** *das;* -[s], -s: systematische, in regelmäßigen Zeitabständen durchgeführte Beobachtung zur Ermittlung von bestimmten Abläufen u. Verhaltensweisen; Zeitstichprobe

Time|sha|ring ['taimʃe:rɪŋ], auch: **Time-Sha|ring** *das;* -[s], -s: 1. (EDV) Zeitzuteilung bei der Inanspruchnahme einer Großrechenanlage durch verschiedene Benutzer. 2. gekauftes Wohnrecht an einer Ferienwohnung während einer bestimmten Zeit

ti|mid ⟨*lat.(-fr.)*⟩: (veraltet) schüchtern, zaghaft, ängstlich.

Ti|mi|di|tät die; -: (veraltet) Schüchternheit, Furchtsamkeit

Ti|ming ['taimɪŋ] *das;* -s, -s ⟨*engl.*⟩: das Timen, Aufeinanderabstimmen von Abläufen

Ti|mo|kra|tie die; -, ...ien ⟨*gr.-mlat.;* „Vermögensherrschaft"⟩: 1. (ohne Plural) Staatsform, in der die Rechte der Bürger nach ihrem Vermögen bemessen werden. 2. Staat, Gemeinwesen, in dem eine Timokratie (1) besteht. **ti|mo|kra|tisch:** die Timokratie betreffend

ti|mo|nisch ⟨*gr.-lat.;* nach dem altgriech. Philosophen u. Sonderling Timon⟩: (veraltet) menschenfeindlich

Ti|mo|thee|gras u. **Ti|mo|the|us|gras** u. **Ti|mo|thy|gras** *das;* -es ⟨vermutlich nach einem amerik. Farmer Timothy Hanson⟩: zu den Lieschgräsern gehörendes Gras, Futterpflanze

Tim|pa|no *der;* -s, ...ni (meist Plural) ⟨*gr.-lat.-it.*⟩: [Kessel]pauke

tin|gie|ren ⟨*lat.*⟩: (Chem.) eintauchen; färben. **tin|giert:** 1. (Chem.) gefärbt. 2. dünn versilbert (von Münzen)

Tink|ti|on die; -, -en: (Chem.) Färbung

Tink|tur die; -, -en: 1. (veraltet) Färbung. 2. dünnflüssiger, meist alkoholischer Auszug aus pflanzlichen od. tierischen Stoffen; Abk.: Tct

Ti|n|nef *der;* -s ⟨*hebr.-jidd.;* „Kot,

Schmutz"⟩: (ugs.) 1. wertlose Ware; Schund, Plunder. 2. Unsinn

Ti|n|ni|tus *der;* -, - ⟨*lat.;* „Geklingel"⟩: (Med.) Ohrgeräusch; von den Betroffenen subjektiv wahrgenommenes Rauschen, Klingeln od. Pfeifen in den Ohren

Tin|to|me|ter *das;* -s, - ⟨*lat.-it.; gr.*⟩: ↑ Kolorimeter

Ti|or|ba die; -, ...ben ⟨*it.*⟩: ↑ Theorbe

Tip: frühere Schreibung für ↑ Tipp

Ti|pi *das;* -s, -s ⟨*indian.*⟩: mit Leder od. Leinwand überspanntes kegelförmiges Zelt der Prärieindianer

Tipp *der;* -s, -s ⟨*engl.;* „Anstoß; Andeutung, Wink"⟩: 1. Andeutung, Information über gute Aussichten für Wertpapiere an der Börse. 2. a) Wetthinweis; b) Vorhersage des wahrscheinlichen Ergebnisses eines Sportwettkampfes. 3. (ugs.) nützlicher Hinweis, guter Rat, der jmdm. bei etwas hilft

Tips|ter *der;* -s, - ⟨*engl.*⟩: jmd., der gewerbsmäßig Wetttipps für Sportwettkämpfe gibt

Ti|ra|de die; -, -n ⟨*vulgärlat.-it.-fr.*⟩: 1. wortreiche, geschwätzige [nichts sagende] Äußerung; Wortschwall. 2. (Mus.) Lauf von schnell aufeinander folgenden Tönen als Verzierung zwischen zwei Tönen einer Melodie

Ti|rail|leur [tira(l)'jø:ɐ̯] *der;* -s, -e ⟨*vulgärlat.-fr.*⟩: (hist.) Angehöriger einer in gelockerter Linie kämpfenden Truppe. **ti|rail|lie|ren** [...'ji:...]: (hist.) in gelockerter Linie kämpfen

Ti|ra|mi|su *das;* -s, -s ⟨*it.;* „zieh mich hoch"⟩: aus Eigelb, Mascarpone u. in Likör u. Kaffee getränkten Biskuits hergestellte cremige Süßspeise

Ti|rass *der;* -es, -e ⟨*vulgärlat.-fr.*⟩: (Jägerspr.) Deckgarn zum Fangen von Feldhühnern. **ti|ras|sie|ren:** (Jägerspr.) [Vögel, Feldhühner] mit dem Tirass fangen

Ti|ret [ti're:] *der* od. *das;* -s, -s ⟨*fr.*⟩: (veraltet) Bindestrich

ti|ro ⟨*fr.;* „schieß hoch!"⟩: (Jägerspr.) Zuruf bei Treibjagden, auf vorbeistreifendes Federwild zu schießen

Ti|ro *der;* -s, ...onen ⟨*lat.*⟩: (veraltet) 1. Anfänger. 2. Rekrut

Ti|ro|li|enne [...'li̯ɛn] *die; -, -n* [...nən] ⟨*fr.;* nach der österr. Bundesland Tirol⟩: einem Ländler ähnlicher tirolischer Rundtanz im ³/₄-Takt

Ti|ro|nen: *Plural von* ↑Tiro

ti|ro|ni|sch ⟨nach dem altröm. Grammatiker Tiro⟩: in der Fügung **tironische Noten:** altrömische Kurzschrift

¹Ti|tan, *der; -en, -en,* auch: Titane *der; ...n, ...n* (meist Plural) ⟨*gr.-lat.*⟩: 1. Angehöriger eines Geschlechts riesenhafter, von Zeus gestürzter Götter der griechischen Sage. 2. jmd., der durch außergewöhnlich große Leistungen, durch Machtfülle o. Ä. beeindruckt

²Ti|tan *das; -s* ⟨*gr.-lat.-nlat.*⟩: chem. Element; ein Metall; Zeichen: Ti

Ti|ta|ne vgl. ¹Titan

Ti|ta|ni|de *der; -n, -n* ⟨*gr.*⟩: Abkömmling der ¹Titanen (1)

ti|ta|nisch ⟨*gr.-lat.*⟩: 1. die ¹Titanen (1) betreffend, zu ihnen gehörend. 2. von, in der Art eines ¹Titanen (2)

Ti|ta|nit [auch: ...'nɪt] *der; -s, -e* ⟨*gr.-lat.-nlat.*⟩: 1. titanhaltiges Mineral. 2. ℗ Hartmetall aus Karbiden des ²Titans u. des Molybdäns

Ti|ta|no|ma|chie *die; -* ⟨*gr.*⟩: Kampf der ¹Titanen (1) gegen Zeus in der griechischen Sage

Ti|tel *der; -s, -* ⟨*lat.*⟩: 1. a) kennzeichnender Name eines Buches, einer Schrift, eines Kunstwerks o. Ä.; b) unter einem bestimmten Titel (1 a) bes. als Buch, CD o. Ä. veröffentlichtes Werk. 2. a) Beruf, Stand, Rang, Würde kennzeichnende Bezeichnung, häufig als Zusatz zum Namen (Abk.: Tit.); b) im sportlichen Wettkampf errungene Bezeichnung eines bestimmten Ranges, einer bestimmten Würde. 3. (Rechtsw.) a) Abschnitt eines Gesetzes- od. Vertragswerks; b) gesetzlicher, durch ein rechtskräftiges Urteil erworbener Grund, einen Anspruch durchzusetzen; Rechtstitel. 4. Verwendungszweck von einer zu einer Gruppe zusammengefassten Anzahl von Ausgaben, Beträgen (z. B. im Haushalt eines Staates)

Ti|tel|lei *die; -, -en:* Gesamtheit der dem Textbeginn eines Druckwerkes vorangehenden Seiten mit den Titelangaben, Impressum, Inhaltsangaben u. Ä.

ti|teln: etwas (z. B. einen Zeitungsartikel, einen Film) mit einem Titel versehen

Ti|tel|part *der; -s, -s:* Titelrolle

Ti|tel|song *der; -s, -s:* Lied aus einem Film, einem Musical, einer CD, dessen Titel (1 b) dem entsprechenden Werk den Namen gibt

Ti|ter *der; -s, -* ⟨*lat.-fr.*⟩: 1. (Chem.) Gehalt an aufgelöster Substanz in einer Lösung. 2. Maß für die Feinheit eines Chemie- od. Naturseidenfadens

Ti|thon *das; -s* ⟨*gr.-lat.-nlat.;* nach dem unsterblichen Greis Tithonos in der griech. Sage⟩: (Geol.) Übergang zwischen ²Jura u. Kreide

Tit|lo|nym *das; -s, -e* ⟨*lat.; gr.*⟩: Deckname, der aus dem Verweis auf einen anderen Buchtitel des gleichen Autors (in der Form: vom Verfasser des ...) od. aus einer Berufsangabe besteht

Ti|to|is|mus *der; -* ⟨*nlat.;* nach dem jugoslawischen Staatspräsidenten Tito, 1892–1980⟩: (hist.) in Jugoslawien entwickelte kommunistische, aber von der Sowjetunion unabhängige Politik u. Staatsform

Ti|t|ra|ti|on *die; -, -en* ⟨*lat.-fr.-nlat.*⟩: Bestimmung des Titers, Ausführung einer chemischen Maßanalyse

Ti|t|rier|a|na|ly|se *die; -, -en* ⟨*lat.-fr.; gr.*⟩: ↑ Maßanalyse

ti|t|rie|ren ⟨*lat.-fr.*⟩: den Titer (1) bestimmen, eine chemische Maßanalyse ausführen

Ti|t|ri|me|t|rie *die; -* ⟨*lat.-fr.; gr.*⟩: ↑ Maßanalyse

Ti|tu|lar *der; -s, -e* ⟨*lat.-nlat.*⟩: 1. jmd., der mit dem Titel eines Amtes bekleidet ist, ohne die damit verbundenen Funktionen auszuüben. 2. (veraltet) Titelträger

Ti|tu|la|tur *die; -, -en:* Betitelung; Rangbezeichnung

ti|tu|lie|ren ⟨*lat.*⟩: 1. (veraltet) [mit dem Titel] anreden, benennen. 2. mit einem meist negativen Begriff bezeichnen

ti|tu|lo ple|no: mit vollständigem Titel u. Namen; Abk. t. p.

Ti|tu|lus *der; -, ...li* ⟨*lat.(-mlat.)*⟩: 1. meist in Versform gebrachte mittelalterliche Bildunterschrift. 2. Amts-, Dienstbezeichnung, Ehrenname

Ti|vo|li *das; -[s], -s* ⟨nach der Stadt bei Rom⟩: 1. Name von Vergnügungsplätzen od. -stätten, Gartentheatern u. Ä. 2. italienisches Kugelspiel

ti|zi|an ⟨nach dem ital. Maler Tizian, um 1477–1576⟩: Kurzform von ↑ tizianblond u. ↑ tizianrot

ti|zi|an|blond: rotblond

ti|zi|an|rot: ein goldenes bis braunes Rot aufweisend (bes. von Haaren)

Tjä|le *die; -, -* ⟨*schwed.*⟩: (Geol.) Dauerfrostboden in sehr kalten Gegenden der Erde

Tjalk *die; -, -en* ⟨*niederl.*⟩: ein- od. anderthalbmastiges niederländisches Segelschiff mit breitem Bug u. flachem Boden

Tjost *die; -, -en od. der; -[e]s, -e* ⟨*fr.*⟩: im Mittelalter mit scharfen Waffen geführter ritterlicher Zweikampf zu Pferde. **tjos|tie|ren:** einen Tjost ausfechten

Tme|sis *die; -, Tmesen* ⟨*gr.-lat.*⟩: (Sprachw.) Trennung eigentlich zusammengehörender Wortteile (z. B. *ob* ich *schon* ... statt *obschon* ich...)

Toast [to:st] *der; -[e]s, -e u. -s* ⟨*lat.-fr.-engl.*⟩: a) geröstete Weißbrotscheibe; b) zum Toasten geeignetes Weißbrot, Toastbrot. 2. Trinkspruch

toas|ten: 1. Weißbrot rösten. 2. einen Trinkspruch ausbringen

Toas|ter *der; -s, -:* Gerät zum Rösten von Weißbrot

To|bak *der; -[e]s, -e* ⟨*span.-fr.*⟩: (scherzh.) Tabak; **starker Tobak:** (ugs.) etwas, was von jmdm. als unerhört, als Zumutung empfunden wird

To|bog|gan *der; -s, -s* ⟨*indian.-engl.*⟩: länglich flacher [kanadischer Indianer]schlitten

Toc|ca|ta vgl. Tokkata

To|cha|risch *das; -[s]* ⟨*lat.*⟩: ausgestorbene indogermanische Sprache (von der Texte aus dem 6. u. 7. Jh. n. Chr. erhalten sind)

to|cki|e|ren vgl. tokkieren

Tod|dy *der; -[s], -s* ⟨*Hindi-engl.*⟩: 1. alkoholisches Getränk aus dem Saft von Palmen; Palmwein. 2. grogartiges Getränk

Toe|loop, auch: **Toe-Loop** ['tu:-lu:p, 'to:..., 'toʊ...] *der; -[s], -s* ⟨*engl.*⟩: Drehsprung beim Eiskunstlauf

T

Tof|fee ['tɔfi, auch: 'tɔfe] *das;* -s, -s ⟨*engl.*⟩: eine Weichkaramelle

To|fu *der;* -[s] ⟨*jap.*⟩: aus Sojabohnen gewonnenes halbfestes eiweißreiches Produkt

To|ga *die;* -, ...gen ⟨*lat.*⟩: altrömisches, von den vornehmen Bürgern getragenes Obergewand

To|ga|ta *die;* -, ...ten: altrömische Komödie mit römischem Stoff u. Kostüm im Gegensatz zur ↑ Palliata

To|hu|wa|bo|hu *das;* -[s], -s ⟨*hebr.;* „wüst u. leer" (1. Mose 1, 2)⟩: Wirrwarr, Durcheinander

Toile [tŏa:l] *der;* -s, -s ⟨*lat.-fr.*⟩: feinfädiges, zart gemustertes [Kunst]seidengewebe in Leinwandbindung

To|i|let|te [tŏa...] *die;* -, -n ⟨*lat.-fr.*⟩: 1. a) (ohne Plural) das Sichankleiden, Sichfrisieren, Sichzurechtmachen; b) [elegante] Damenkleidung samt Zubehör. 2. a) meist kleinerer Raum mit einem Toilettenbecken [u. Waschgelegenheit]; b) Toilettenbecken in einer Toilette (2 a)

Toise [tŏa:s] *die;* -, -n [...sŋ] ⟨*lat.-vulgärlat.-fr.*⟩: altes französisches Längenmaß (= 1,949 m)

To|ka|di|l|le [...'dɪljə] *das;* -s ⟨*span.*⟩: spanisches Brettspiel mit Würfeln

To|kai|er u. **To|kai|jer** *der;* -s, - ⟨nach der ungar. Stadt Tokaj⟩: süßer ungarischer Dessertwein von hellbrauner Farbe

To|ken ['toʊkən] *das;* -s, -s ⟨*engl.*⟩: (EDV) Folge zusammengehöriger Zeichen od. Folge von Bits

Tok|ka|ta u. **Toccata** *die;* -, ...ten ⟨*vulgärlat.-it.*⟩: in freier Improvisation gestaltetes Musikstück für Tasteninstrumente, bes. als Präludium

tok|kie|ren u. tockieren: (Kunstwiss.) in kurzen, unverriebenen Pinselstrichen malen

To|ko *der;* -s, -s ⟨*indian.-port.*⟩: afrikanischer Nashornvogel

To|ko|go|nie *die;* -, ...ien ⟨*gr.-nlat.*⟩: (Biol.) geschlechtliche Fortpflanzung

To|ko|lo|gie *die;* -: (Med.) Lehre von Geburt u. Geburtshilfe

To|la *das;* -[s], -[s] ⟨*Hindi*⟩: indisches Handelsgewicht, bes. für Gold, Silber u. Edelsteine

To|lar *der;* -s, -s (aber: 30 -): slowenische Währungseinheit

to|le|ra|bel ⟨*lat.*⟩: geeignet, toleriert, gebilligt zu werden; annehmbar, erträglich

to|le|rant ⟨*lat.-fr.*⟩: 1. (in Fragen der religiösen, politischen u. a. Überzeugung, der Lebensführung anderer) bereit, eine andere Anschauung, Einstellung, andere Sitten u. a. gelten zu lassen. 2. verschiedenen sexuellen Praktiken gegenüber aufgeschlossen

To|le|ranz *die;* -, -en ⟨*lat.*⟩: 1. (ohne Plural) das Tolerantsein; Duldsamkeit. 2. (Med.) begrenzte Widerstandsfähigkeit des Organismus gegenüber schädlichen äußeren Einwirkungen, bes. gegenüber Giftstoffen od. Strahlen. 3. (Techn.) zulässige Differenz zwischen der angestrebten Norm u. den tatsächlichen Maßen eines Werkstücks

to|le|rie|ren: 1. dulden, zulassen, gelten lassen [obwohl etwas nicht den eigenen Wertvorstellungen entspricht]. 2. (bes. Techn.) eine Toleranz (3) in bestimmten Grenzen zulassen

To|lu|bal|sam *der;* -s ⟨nach der Stadt Santiago de Tolú in Kolumbien⟩: aus einem Baum gewonnener Balsam, der als Duftstoff verwendet wird

To|lu|i|din *das;* -s: (Chem.) zur Herstellung verschiedener Farbstoffe verwendetes aromatisches Amin des Toluols

To|lu|ol *das;* -s: (Chem.) farbloser, benzolartig riechender Kohlenwasserstoff, Verdünnungs- u. Lösungsmittel

To|ma|hawk [...ha:k] *der;* -s, -s ⟨*indian.-engl.*⟩: Streitaxt der nordamerikanischen Indianer

to|ma|tie|ren u. **to|ma|ti|sie|ren** ⟨*mex.-span.-fr.*⟩: (Gastr.) mit Tomatenmark, -soße versehen

Tom|bak *der;* -s ⟨*sanskr.-malai.-span.-fr.-niederl.*⟩: bes. als Goldimitation bei Schmuck verwendete kupferreiche Kupfer-Zink-Legierung. **tom|ba|ken:** aus Tombak [hergestellt u. daher unecht]

Tom|ba|sil *das;* -s ⟨Kurzw. aus *Tombak* u.↑ *Silicium*⟩: siliciumhaltige Kupfer-Zink-Legierung

Tom|bo|la *die;* -, -s u. ...len ⟨*it.*⟩: Verlosung von [gestifteten] Ge-

genständen, meist anlässlich von Festen

To|mi: *Plural* von ↑ Tomus

...to|mie

die; -, ...ien (teilweise ohne Plural) ⟨zu *gr.* témnein „schneiden" u. tomḗ „das Schneiden, der Schnitt"⟩ Wortbildungselement mit der Bedeutung „operative Öffnung eines Organs od. Körperteils, Zergliederung eines Körpers od. Gewebes":
– Laparotomie
– Osteotomie
– Vasotomie
Von verwandter Herkunft ist das Wortbildungselement **...ektomie** mit der Bedeutung „operatives Herausschneiden, Entfernung eines Organs". Zurückgehend auf *gr.* éktomḗ („das Ausschneiden; Ausschnitt"), ist es Bestandteil vieler Fremdwörter, wie z. B. in Appendektomie oder Tonsillektomie.

Tom|my [...mi] *der;* -s, -s ⟨*engl.;* Verkleinerungsform von Thomas⟩: Spitzname für die britischen Soldaten des 1. u. 2. Weltkriegs

To|mo|gra|phie, auch: ...grafie *die;* - ⟨*gr.-nlat.*⟩: (Med.) röntgenologisches Schichtaufnahmeverfahren (z. B. zur besseren Darstellung u. Lokalisierung von Krankheitsherden im Körper)

To|mus *der;* -, Tomi ⟨*gr.-lat.*⟩: (veraltet) Teil, Abschnitt, Band (eines Schriftwerkes); Abk.: Tom.

to|nal ⟨*gr.-lat.-mlat.*⟩: (Mus.) auf die Tonika der Tonart bezogen, in der ein Musikstück steht

To|na|li|tät *die;* - ⟨*gr.-lat.-nlat.*⟩: (Mus.) a) jegliche Beziehung zwischen Tönen, Klängen u. Akkorden; b) Bezogenheit von Tönen, Harmonien u. Akkorden auf die Tonika der Tonart, in der ein Musikstück steht

Ton|do *das* (auch: *der*); -s, -s u. ...di ⟨*lat.-it.*⟩: Bild von kreisförmigem Format, bes. in der Florentiner Kunst des 15. u. 16. Jh.s

To|ner *der;* -s, - ⟨*lat.-fr.-engl.*⟩: Farbpulver als Druckfarbe für Kopiergeräte, Drucker o. Ä.

To|ni: *Plural* von ↑ Tonus

To|nic *das;* -[s], -s ⟨*gr.-fr.-engl.*⟩:

1. mit Kohlensäure u. Chinin versetztes, leicht bitter schmeckendes Wasser [zum Verdünnen hochprozentiger alkoholischer Getränke]. 2. Gesichtswasser, Haarwasser

To|nic|wa|ter [...wɔ:tə] *das; -, -*: ↑ Tonic

¹To|ni|ka: *Plural* von ↑ Tonikum

²To|ni|ka *die; -, ...ken ⟨gr.-nlat.⟩:* (Mus.) 1. Grundton eines Musikstücks. 2. Grundton einer Tonleiter. 3. Dreiklang auf der ersten Stufe; Zeichen: T

To|ni|ka-Do *das; -:* System in der Musikerziehung, das die bei der Solmisation verwendeten Silben mit Handzeichen verbindet

To|ni|kum *das; -s, ...ka ⟨gr.-nlat.⟩:* (Med.) Kräftigungsmittel, Stärkungsmittel

¹to|nisch *⟨gr.-nlat.⟩:* (Med.) 1. kräftigend, stärkend. 2. den Tonus betreffend; durch anhaltende Muskelanspannung charakterisiert; Ggs. ↑ klonisch

²to|nisch *⟨gr.-nlat.⟩:* (Mus.) die ¹Tonika (c) betreffend

to|ni|sie|ren: (Med.) den Tonus (1) heben, kräftigen, stärken

Ton|na|ge [...ʒə] *die; -, -n ⟨gall.-mlat.-fr.⟩:* 1. der Rauminhalt (Bruttoraumzahl) eines Schiffes. 2. gesamte Flotte (einer Reederei, eines Staates)

Ton|neau [tɔ'no:] *der; -s, -s ⟨gall.-mlat.-fr.⟩:* 1. (veraltet) Schiffslast von 1000 kg. 2. früheres französisches Hohlmaß

To|no|gra|phie, auch: ...grafie *die; - ⟨gr.-nlat.⟩:* Messung u. Registrierung des Augeninnendrucks mithilfe des Tonometers

To|no|me|ter *das; -s, -:* Instrument zur Messung des Augeninnendrucks

ton|sil|lär u. **ton|sil|lär** *⟨lat.-nlat.⟩:* (Med.) zu den Gaumen- od. Rachenmandeln gehörend

Ton|sil|le *die; -, -n ⟨lat.⟩:* (Med.) Gaumen-, Rachenmandel

Ton|sil|l|ek|to|mie *die; -, ...ien ⟨lat.; gr.⟩:* (Med.) operative Entfernung der Gaumenmandeln

Ton|sil|li|tis *die; -, ...itiden ⟨lat.-nlat.⟩:* (Med.) Mandelentzündung

Ton|sil|lo|to|mie *die; -, ...ien ⟨lat.; gr.⟩:* (Med.) teilweises Abtragen der Gaumenmandeln

Ton|sur *die; -, -en ⟨lat.; "das Scheren, die Schur"⟩:* (kath. Kirche

früher) kreisrund geschorene Stelle auf dem Kopf von katholischen Geistlichen, bes. Mönchen. **ton|su|rie|ren** *⟨lat.-nlat.⟩:* bei jmdm. die Tonsur schneiden

To|nus *der; -, Toni ⟨gr.-lat.⟩:* 1. (Med.) normaler Spannungszustand eines Muskels; Muskeltonus. 2. (Mus.) Ganzton

To|ny [engl.: 'toʊnɪ] *der; -s, -s ⟨amerik.⟩:* amerikanischer Bühnenpreis für herausragende Theateraufführungen

Tool [tu:l] *das; -s, -s ⟨engl.; "Werkzeug"⟩:* 1. Werkzeug, Instrumentarium, das man für eine bestimmte Aufgabe benötigt. 2. (EDV) Programm, das bestimmte zusätzliche Aufgaben innerhalb eines anderen Programms übernimmt

Tool|box ['tu:l...] *die; -, -en ⟨engl.; "Werkzeugkasten"⟩:* (EDV) Sammlung von ergänzenden Programmeinheiten

top *⟨engl.⟩:* von höchster Güte; hochmodern

Top *das; -s, -s ⟨engl.⟩:* zu Röcken u. Hosen getragenes, einem T-Shirt ähnliches Oberteil mit Trägern

top..., Top...

⟨engl. top "Spitze, oberer Teil; oberst...; höchst..."⟩
Wortbildungselement mit der Bedeutung "höchst, best..., Spitzen...":
– Topevent
– topfit
– Topmanagement
– topsecret

Top|act ['tɔpɛkt] *der; -s, -s,* auch: **Top Act** *der; - -s, - -s ⟨engl.⟩:* Hauptattraktion

To|pal|gie *die; -, ...ien:* ↑ Topoalgie

To|pas [österr.: 'to:pas] *der; -es, -e ⟨gr.-lat.⟩:* farbloses, gelbes, blaues, grünes, braunes od. rotes glasglänzendes Mineral; Edelstein. **to|pa|sen:** aus einem Topas bestehend; mit einem Topas, mit Topasen besetzt

to|pa|sie|ren *⟨gr.-lat.-nlat.⟩:* zu Topas brennen (von Quarz)

To|pa|zo|lith *der; -s u. -en, -e[n] ⟨gr.-nlat.⟩:* hellgelbes bis hellgrünes Mineral

Top-down-Me|tho|de [...'daʊn...]

die; - ⟨engl.; gr.-lat.⟩: (Logik) deduktive Methode, bei der man schrittweise von allgemeinen, umfassenden Strukturen zu immer spezielleren Details übergeht; Ggs. ↑ Bottom-up-Methode

To|pe *die; -, -n ⟨sanskr.-Hindi⟩:* ↑ Stupa ⌄

Top|e|vent [...ɪvɛnt] *der od. das; -s, -s,* auch: **Top E|vent** *der od. das; - -s, - -s ⟨engl.⟩:* herausragendes Ereignis, glanzvolle Veranstaltung

top|fit *⟨engl.⟩:* gut in Form, in bester körperlicher Verfassung (bes. von Sportler[inne]n)

To|pik *die; - ⟨gr.-lat.⟩:* 1. Wissenschaft, Lehre von den Topoi. 2. (Philos.) Lehre von den Sätzen u. Schlüssen, mit denen argumentiert werden kann. 3. (veraltet) Lehre von der Wort- u. Satzstellung. 4. (Philos.) Stelle, die ein Begriff in der Sinnlichkeit od. im Verstand einnimmt (nach Kant). 5. (Med.) Lehre von der Lage der einzelnen Organe im Organismus zueinander

to|pi|kal: themen-, gegenstandsbezogen

To|pi|ka|li|sie|rung *die; -:* (Sprachw.) Hervorhebung eines Satzglieds od. einzelner Wörter durch eine bestimmte Anordnung im Satz

To|pi|nam|bur *der; -s, -s u. -e od. die; -, -en ⟨bras.-fr.⟩:* a) Pflanze, deren unterirdische Ausläufer den Kartoffeln ähnliche Knollen bilden; b) Knolle der Topinambur (a)

to|pisch *⟨gr.-lat.⟩:* 1. (Med.) örtlich, äußerlich (von der Anwendung u. Wirkung bestimmter Arzneimittel). 2. einen Topos behandelnd, Topoi ausdrückend

Top|la|der *der; -s, - ⟨engl.; dt.⟩:* Waschmaschine, bei der die Wäsche von oben eingefüllt wird

top|less *⟨engl.-amerik.; "oben ohne"⟩:* ohne Oberteil; mit unbedecktem Busen

Top|ma|nage|ment *das; -s, -s:* (Wirtsch.) oberste Ebene der Unternehmensleitung

Top|mo|dell *das; -s, -e:* Spitzenerzeugnis

To|po|al|gie *die; -, ...ien ⟨gr.-nlat.⟩:* (Med.) Schmerz an einer eng begrenzten Körperstelle ohne organische Ursache

to|po|gen: (fachspr.) durch seine Lage bedingt entstanden

To|po|gra|phie, auch: ...grafie *die;* -, ...ien ⟨*gr.-lat.*⟩: 1. Beschreibung und Darstellung geographischer Örtlichkeiten; Lagebeschreibung. 2. topographische Anatomie. 3. kartographische Darstellung der Atmosphäre. **to|po|gra|phisch,** auch: ...grafisch ⟨*gr.*⟩: die Topographie betreffend; **topographische Anatomie:** (Med.) Beschreibung der Körperregionen u. der Lageverhältnisse der einzelnen Organe

To|poi [ˈtɔpɔy]: *Plural* von ↑ Topos

To|po|lo|gie *die;* - ⟨*gr.-nlat.*⟩: 1. in der Geometrie die Lehre von der Lage u. Anordnung geometrischer Gebilde im Raum. 2. [Lehre von der] Wortstellung im Satz. **to|po|lo|gisch:** die Topologie betreffend

To|po|nym *das;* -s, -e ⟨*gr.-nlat.*⟩: Flurname, Ortsname. **To|po|ny|mie** *die;* -: 1. Gesamtheit der Ortsnamen in einer bestimmten Region. 2. ↑ Toponymik. **To|po|ny|mik** *die;* -: Ortsnamenkunde

To|po|pho|bie *die;* -: (Med., Psychol.) übersteigerte Angst vor bestimmten Orten od. Plätzen

To|pos *der;* -, Topoi [ˈtɔpɔy] ⟨*gr.*⟩: feste Wendung, stehende Rede od. Formel, feststehendes Bild o. Ä.

top|pen ⟨*engl.*⟩: (ugs.) überbieten, übertreffen

top|se|c|ret [...siːkrɪt] ⟨*engl.*⟩: engl. Bez. für: streng geheim

Top|spin *der;* -s, -s ⟨*engl.; „Kreiseldrall"*⟩: (Golf, [Tisch]tennis) a) starker, in der Flugrichtung des Balles wirkender Aufwärtsdrall, der dem Ball durch einen lang gezogenen Bogenschlag vermittelt wird; b) Bogenschlag, der dem Ball einen starken Aufwärtsdrall vermittelt

Top|star *der;* -s, -s: Star der Spitzenklasse

Top|ten *die;* -, -s, auch: **Top Ten** *die;* - -, - -s ⟨*engl.*⟩: die zehn Besten; die ersten zehn Titel, Werke o. Ä. einer Hitparade, Hitliste

Toque [tɔk] *die;* -, -s ⟨*span.-fr.*⟩: kleiner, barettartiger Damenhut

Tord|alk *der;* -[e]s od. -en, -e[n] ⟨*schwed.*⟩: arktischer Seevogel

tor|die|ren ⟨*lat.-vulgärlat.-fr.*⟩: verdrehen, verwinden

To|re|a|dor *der;* -s u. -en, -e[n] ⟨*lat.-span.*⟩: ↑ Torero

To|re|ra *die;* -, -s: Stierkämpferin. **To|re|ro** *der;* -s, -s: Stierkämpfer

To|reut *der;* -en, -en ⟨*gr.-lat.*⟩: Künstler, der Metalle ziseliert od. treibt. **To|reu|tik** *die;* -: Kunst der Metallbearbeitung durch Treiben, Ziselieren o. Ä. **To|reu|tin** *die;* -, -nen: weibliche Form zu ↑ Toreut

To|ri: *Plural* von ↑ Torus

To|ries [ˈtɔriːs, ˈtɔːrɪz]: *Plural* von ↑ Tory

To|rii [ˈtoːrii] *das;* -[s], -[s] ⟨*jap.*⟩: frei stehendes [Holz]portal japanischer Schintoheiligtümer mit zwei beiderseits überstehenden Querbalken

to|risch ⟨*lat.-nlat.*⟩: wulstförmig

Tor|kret ® *der;* -s ⟨Kunstw.⟩: Spritzbeton. **tor|kre|tie|ren:** mit Pressluft Torkret an die Wand spritzen

¹Tor|men|till *der;* -s ⟨*lat.-mlat.*⟩: gelb blühendes Fingerkraut, das als Heilpflanze verwendet wird

²Tor|men|till *das;* -s: gerbstoffhaltiges Heilmittel aus der Wurzel des ¹Tormentills

Törn *der;* -s, -s ⟨*gr.-lat.-mlat.-fr.-engl.*⟩: (Seemannsspr.) 1. Fahrt mit einem Segelboot; Segeltörn. 2. Zeitspanne, Turnus für eine bestimmte, abwechselnd ausgeführte Arbeit an Bord. 3. (nicht beabsichtigte) Schlinge in einer Leine. 4. ↑ Turn (2)

Tor|na|do *der;* -s, -s ⟨*lat.-span.-engl.*⟩: starker Wirbelsturm im südlichen Nordamerika

Tor|nis|ter *der;* -s, - ⟨*slaw.*⟩: a) auf dem Rücken getragener großer Ranzen der Soldaten; b) (veraltet) Schulranzen

To|ro *der;* -s, -s ⟨*lat.-span.*⟩: span. Bez. für: Stier

To|ross *der;* -, -en ⟨*russ.*⟩: Packeis

tor|pe|die|ren ⟨*lat.-nlat.*⟩: 1. (ein Schiff) mit Torpedos beschießen, versenken. 2. in gezielter Weise bekämpfen u. dadurch verhindern

Tor|pe|do *der;* -s, -s ⟨*lat.*⟩: mit eigenem Antrieb u. selbsttätiger Zielsteuerung ausgestattetes Unterwassergeschoss

tor|pid ⟨*lat.*⟩: 1. (Med., Zool.) regungslos, starr, schlaff. 2. (Med.) a) stumpfsinnig, benommen; b) unbeeinflussbar. **Tor|pi|di|tät** *die;* - ⟨*lat.-nlat.*⟩: 1. (Med., Zool.) Regungslosigkeit, Schlaffheit, Starre. 2. (Med.) a) Stumpfsinn, Stumpfheit; b) Unbeeinflussbarkeit (z. B. vom Verlauf einer Krankheit)

Tor|por *der;* -s ⟨*lat.*⟩: ↑ Torpidität (1, 2 a)

Tor|ques *der;* -, - ⟨*lat.*⟩: aus frühgeschichtlicher Zeit stammender offener Hals- od. Armring aus Gold, Bronze od. Eisen

tor|quie|ren: 1. peinigen, quälen, foltern. 2. (Techn.) drehen, krümmen

Tor|ren|te *der;* -, -n ⟨*lat.-it.*⟩: Wasserlauf mit breitem, oft tief eingeschnittenem Bett, das nur nach starken Niederschlägen Wasser führt; Gießbach, Regenbach

Tor|sel|lett *das;* -s, -s ⟨zu ↑ Torso mit französierender Endung⟩: (zur Damenunterwäsche gehörendes) einem Unterhemd ähnliches Wäschestück mit Strapsen

Tor|si|on *die;* -, -en ⟨*lat.*⟩: 1. (Phys., Techn.) Verdrehung, Verdrillung; Formveränderung fester Körper durch entgegengesetzt gerichtete Drehmomente. 2. (Math.) Verdrehung einer Raumkurve

Tor|si|ons|mo|dul *der;* -s, -: (Techn.) Materialkonstante, die bei der Torsion auftritt

Tor|so *der;* -s -s u. ...si ⟨*gr.-lat.-spätlat.-it.; „Kohlstrunk; Fruchtkern"*⟩: 1. unvollendete od. unvollständig erhaltene Statue, meist nur der Rumpf dieser Statue. 2. Bruchstück, unvollendetes Werk

Tort *der;* -[e]s ⟨*lat.-vulgärlat.-fr.*⟩: etwas Unangenehmes, Ärger, Kränkung

Tor|te|lett *das;* -[e]s, -s u. **Tor|te|let|te** *die;* -, -n ⟨*spätlat.-it.*, mit französierender Endung⟩: kleiner Tortenboden aus Mürbeteig, der mit Obst belegt od. mit Creme bestrichen wird

Tor|tel|li|ni *die* (Plural) ⟨*spätlat.-it.*⟩: kleine, mit Fleisch, Gemüse o. Ä. gefüllte, ringförmige Nudeln

Tor|ti|kol|lis *der;* - ⟨*lat.-nlat.*⟩:

(Med.) einseitiger Krampf der Nacken- u. Halsmuskeln mit dadurch bedingter Schief- u. Seitwärtsdrehung des Kopfes

Tor|til|la [...'tɪlja] *die;* -, -s ⟨*spätlat.-span.*⟩: 1. (in Lateinamerika) aus Maismehl hergestelltes Fladenbrot. 2. (in Spanien) Omelett

Tor|tur *die;* -, -en ⟨*lat.-mlat.*⟩: 1. Folter. 2. Qual, Quälerei, Strapaze

To̱|rus *der;* -, To̱ri ⟨*lat.*⟩: 1. (Med.) Wulst. 2. (Math.) Ringfläche, die durch Drehung eines Kreises um eine in der Kreisebene liegende, den Kreis aber nicht treffende Gerade entsteht. 3. (Kunstwiss.) wulstartiger Teil an der Basis antiker Säulen

To̱|ry [...ri] *der;* -s, -s u. ...ries ⟨*engl.*⟩: 1. (hist.) Angehöriger einer britischen Partei, aus der im 19. Jh. die Konservative Partei hervorging; Ggs. ↑ Whig (1). 2. Vertreter der konservativen Politik in Großbritannien; Ggs. ↑ Whig (2)

To̱|ry|is|mus, To̱rys|mus [...'rɪs...] *der;* -: Richtung der von den Torys (2) vertretenen konservativen Politik. **to̱|ry|is|tisch, to̱rystisch** [...'rɪ...]: den Toryismus betreffend

To̱|sef|ta *die;* - ⟨*aram.;* „Hinzufügung"⟩: (nicht in den Talmud aufgenommenes) Ergänzungswerk zur Mischna

to̱s|to ⟨*lat.-it.*⟩: (Mus.) hurtig, eilig, sofort (Vortragsanweisung)

To̱|ta: *Plural* von ↑ Totum

to|tal ⟨*lat.-mlat.-fr.*⟩: 1. a) so beschaffen, dass es in einem bestimmten Bereich, Gebiet, Zustand o. Ä. ohne Ausnahme alles umfasst; in vollem Umfang; vollständig; b) völlig, ganz u. gar, durch u. durch. 2. ↑ totalitär. 3. (schweiz.) insgesamt

To|tal *das;* -s, -e: (bes. schweiz.) Gesamtheit, Gesamtsumme

To|ta̱l|le *die;* -, -n: (Filmw., Fotogr.) a) Kameraeinstellung, die das Ganze einer Szene erfasst; b) Gesamtaufnahme, -ansicht

To|ta̱l|li|sa̱|tor *der;* -s, ...o̱ren ⟨*mlat.-fr.-nlat.*⟩: 1. Einrichtung zum Wetten beim Renn- u. Turniersport. 2. (Meteor.) [bes. in unzugänglichen Gebieten verwendetes] Sammelgefäß für Niederschläge

to|ta̱l|li|si̱e|ren ⟨*lat.-mlat.-fr.*⟩:

1. unter einem Gesamtaspekt betrachten, behandeln. 2. (Wirtsch. veraltet) zusammenzählen

to|ta|li|tär ⟨französierende Bildung zu ↑ total⟩: 1. die Gesamtheit umfassend. 2. (abwertend) mit diktatorischen Methoden jegliche Demokratie unterdrückend, das gesamte politische, gesellschaftliche, kulturelle Leben sich total unterwerfend, es mit Gewalt reglementierend

To|ta|li|ta|ris|mus *der;* -, ...men ⟨*lat.-mlat.-nlat.*⟩: (abwertend) totalitäres System, totalitäre Machtausübung

To|ta|li|tät *die;* -, -en ⟨*lat.-mlat.-fr.*⟩: 1. a) (Philos.) universeller Zusammenhang aller Dinge u. Erscheinungen in Natur u. Gesellschaft; b) Ganzheit, Vollständigkeit. 2. (Astron.) totale Sonnen- od. Mondfinsternis. 3. totale Machtausübung; totaler Machtanspruch

to|ta̱|li|ter ⟨*lat.-mlat.*⟩: ganz und gar, gänzlich

To̱|tem *das;* -s, -s ⟨*indian.-engl.*⟩: bei Naturvölkern ein Wesen od. Ding (Tier, Pflanze, Naturerscheinung), das als Ahne od. Verwandter eines Menschen, eines Clans od. einer sozialen Gruppe gilt, als zauberischer Helfer verehrt wird u. nicht getötet od. verletzt werden darf

To̱|te|mis|mus *der;* - ⟨*indian.-engl.-nlat.*⟩: Glaube an die übernatürliche Kraft eines Totems u. seine Verehrung. **to̱|te|mistisch:** den Totemismus betreffend

To̱|tem|pfahl *der;* -[e]s, ...pfähle ⟨*indian.-engl.; dt.*⟩: (bei den Indianern Nordwestamerikas) geschnitzter Wappenpfahl mit Bildern des Totemtiers od. aus der Ahnenlegende der Sippe

To̱|ti|es-quo̱|ti|es-Ab|lass *der;* -es, ...lässe ⟨*lat.* testes quoties „so oft wie"; *dt.*⟩: (kath. Kirche) Ablass, der so oft erlangt werden kann, wie die gestellten Bedingungen erfüllt werden

to|ti|po̱|tent ⟨*lat.-nlat.*⟩: (Biol.) in der Differenzierung noch nicht festgelegt (von Zellen)

To̱|to *das* (auch: *der*); -s, -s ⟨Kurzform von ↑ Totalisator⟩: Einrichtung zum Wetten im Fußball- od. Pferdesport

To̱|tum *das;* -s, To̱ta ⟨*lat.*⟩: das Ganze, Gesamtbestand

Touch [tatʃ] *der;* -s, -s ⟨*vulgärlat.-fr.-engl.*⟩: etwas, was jmdm., einer Sache als leicht angedeutete Eigenschaft ein besonderes Fluidum gibt; Anflug, Hauch

tou|chant [tu'ʃã:, tʊ'ʃã:] ⟨*vulgärlat.-fr.*⟩: (veraltet) rührend, bewegend, ergreifend

tou|chie|ren: 1. (nur leicht) berühren. 2. (Med.) mit dem Finger betastend untersuchen. 3. (Med.) mit dem Ätzstift bestreichen, abätzen

Touch|pad ['tatʃped] *das;* -s, -s ⟨*engl.*⟩: (EDV) auf Fingerdruck reagierendes integriertes Zeigegerät anstelle einer Maus

Touch|screen *der;* -s, -s ⟨*engl.*⟩: Computerbildschirm mit Sensorfeldern, durch deren Berühren der Programmablauf gesteuert werden kann

tough [tʌf] ⟨*engl.*⟩: (ugs.) robust, zäh, durchsetzungsfähig

Tou|pet [tu'pe:] *das;* -s, -s ⟨*germ.-fr.*⟩: 1. (früher) Haartracht, bei der das Haar über der Stirn toupiert war. 2. Haarteil, das als Ersatz für teilweise fehlendes eigenes Haar getragen wird. 3. (schweiz.) Unverfrorenheit, Dreistigkeit

tou|pie|ren ⟨dt. Bildung zu ↑ Toupet⟩: das Haar strähnenweise in Richtung des Haaransatzes in schnellen u. kurzen Bewegungen kämmen, um es fülliger erscheinen zu lassen

Tour [tu:ɐ̯] *die;* -, -en ⟨*gr.-lat.-fr.;* „Dreheisen; Drehung, Wendung"⟩: 1. Ausflug, Fahrt, Exkursion. 2. bestimmte Strecke. 3. a) (abwertend) Art u. Weise, mit Tricks u. Täuschungsmanövern etwas zu erreichen; b) Vorhaben, Unternehmen [das nicht ganz korrekt ist]. 4. (Techn.) Umdrehung, Umlauf eines rotierenden Körpers, bes. einer Welle. 5. in sich geschlossener Abschnitt einer Bewegung. 6. einzelne Lektion im Dressurreiten

Tour de Force [- də 'fɔrs] *die;* - - -, -s - - [- - 'fɔrs] ⟨*fr.*⟩: Gewalttaktion; mit Mühe, Anstrengung verbundenes Handeln

Tour de France [- - 'frã:s] *die;* - - -, -s - - [- - 'frã:s] ⟨*fr.*⟩: alljährlich in Frankreich von Berufsradfahrern ausgetragenes Straßenrennen, das über zahlreiche Etappen führt u. als schwerstes Straßenrennen der Welt gilt

Tour d'Ho|ri|zon [- dɔri'zõ] *die* (auch: *der*); - -, -s - [- dɔri'zõ]: informativer Überblick (über zur Diskussion stehende Fragen)

tou|ren ['tu:...]: 1. (Jargon) auf Tournee gehen, sein. 2. (ugs.) auf Tour (1) gehen, sein

Tou|rill [tu...] *das;* -s, -s (meist Plural) ⟨Herkunft unsicher⟩: (Chem.) reihenförmig angeordnetes, durch Rohre verbundenes Gefäß zur Kondensation od. Absorption von Gasen

Tou|ris|mus [tu...] *der;* - ⟨gr.-lat.-fr.-engl.-nlat.⟩: das Reisen, der Reiseverkehr [in organisierter Form]; Fremdenverkehr

Tou|rist *der;* -en, -en: 1. [Urlaubs]reisender, jmd., der reist, um fremde Orte u. Länder kennen zu lernen. 2. (veraltet) Ausflügler, Wanderer; Bergsteiger

Tou|ris|ten|klas|se *die;* -, -n: preiswerte Reiseklasse mit geringerem Komfort

Tou|ris|tik *die;* -: 1. organisierter Reise-, Fremdenverkehr. 2. (veraltet) das Wandern od. Bergsteigen

Tou|ris|tin *die;* -, -nen: weibliche Form zu ↑ Tourist

tou|ris|tisch: die Touristik, den Tourismus betreffend; für den Tourismus charakteristisch

Tour|nai|tep|pich [tur'nɛ...] *der;* -s, -e ⟨nach der belg. Stadt Tournai⟩: auf der Jacquardmaschine hergestellter Webteppich

Tour|nant [tur'nã:] *der;* -[s], -s ⟨gr.-lat.-fr.⟩: Ersatzkraft im Hotelgewerbe

Tour|né [tur'ne:] *das;* -s, -s: aufgedecktes Kartenblatt, dessen Farbe als Trumpf gilt

Tour|ne|dos [turnə'do:] *das;* - [...do:(s)], - [...do:s]: (Gastr.) wie ein Steak zubereitete, meist auf einer Röstbrotschnitte angerichtete Lendenschnitte von der Filetspitze des Rinds

Tour|nee [tur...] *die;* -, -s u. ...neen: Gastspielreise von Künstlern, Künstlerinnen o. Ä.

tour|nie|ren: 1. (Gastr.) in gewünschte Form ausstechen. 2. die Spielkarten wenden, aufdecken

Tour|ni|quet [turni'ke:] *das;* -s, -s ⟨fr.⟩: 1. (Med.) schlingenförmiges Instrument zum Abklemmen von Blutgefäßen. 2. Drehkreuz an Wegen, Eingängen o. Ä. 3. (meist Plural) korkenzieherförmiges Gebäckstück aus Blätterteig

Tour|nü|re vgl. Turnüre

tour-re|tour [tu:ɐ̯re'tu:ɐ̯] ⟨fr.⟩: (österr. veraltend) hin u. zurück

To|wa|risch|tsch *der;* -[s], -s (auch: -i) ⟨russ.⟩: russ. Bez. für: Genosse

To|wer ['tauə] *der;* -[s], - ⟨engl.; „Turm"⟩: 1. Kontrollturm auf Flughäfen. 2. bis 60 cm hohes Computergehäuse

Tow|garn ['tou...] *das* ⟨engl.; dt.⟩: Gespinst aus den Abfällen von Hanf od. Flachs

Town|ship ['taunʃip] *die;* -, -s ⟨engl.⟩: von Farbigen bewohnte städtische Siedlung in Südafrika

To|xä|mie, Tox|hä|mie u. Toxikämie *die;* -, ...ien ⟨gr.-nlat.⟩: (Med.) 1. toxisch bedingte Blutbildveränderungen; Blutvergiftung. 2. ↑ Toxinämie

To|xi|der|mie *die;* -, ...ien: (Med. veraltet) durch Gifteinwirkung verursachte Hauterkrankung

To|xi|fe|rin *das;* -s ⟨(gr.; lat.) nlat.⟩: Alkaloid; stärkster Wirkstoff des Pfeilgiftes Kurare

to|xi|gen u. toxogen ⟨gr.-nlat.⟩: (Med.) 1. Giftstoffe erzeugend (z. B. von Bakterien). 2. durch Vergiftung verursacht

To|xi|ka: *Plural* von ↑ Toxikum

To|xi|kä|mie vgl. Toxämie

To|xi|ko|den|d|ron *der* (auch: *das*); -s, ...dren und ...dra: stark giftiges südafrikanisches Wolfsmilchgewächs

To|xi|ko|lo|gie *die;* -: (Med.) Wissenschaft, Lehre von den Giften und ihren Einwirkungen auf den Organismus. **to|xi|ko|lo|gisch:** die Toxikologie betreffend

To|xi|ko|se, auch: Toxikonose u. Toxonose *die;* -, -n: (Med.) Vergiftung; durch Giftstoffe verursachte Krankheit

To|xi|kum *das;* -s, ...ka ⟨gr.-lat.⟩: (Med.) Gift, Giftstoff

To|xin *das;* -s, -e ⟨gr.-nlat.⟩: von Bakterien, Pflanzen od. Tieren ausgeschiedener od. beim Zerfall von Bakterien entstandener organischer Giftstoff

To|xi|n|ä|mie *die;* -, ...ien: (Med.)

Vergiftung des Blutes durch Toxine

to|xisch: (Med.) giftig, auf einer Vergiftung beruhend

To|xi|zi|tät *die;* -: (Med.) giftige Eigenschaft u. Wirkung chemischer Substanzen u. physikalischer Faktoren

to|xo|gen vgl. toxigen

To|xo|id *das;* -s, -e: (Med.) entgiftetes Toxin

To|xo|no|se vgl. Toxikose

To|xo|plas|mo|se *die;* -, -n: (Med.) durch eine bestimmte Parasitenart hervorgerufene Infektionskrankheit

Toy [tɔy] *das;* -s, -s (meist Plural) ⟨engl.; „Spielzeug"⟩: zur sexuellen Stimulation verwendeter Gegenstand

tra..., Tra... vgl. trans..., Trans...

Tra|ba|kel *der;* -s, - ⟨it.⟩: früheres zweimastiges Wasserfahrzeug im Adriatischen Meer

Tra|bant *der;* -en, -en ⟨tschech.⟩: 1. (hist.) Leibwächter eines Fürsten; Diener. 2. Satellit (2, 3). 3. in der Fernsehtechnik schmale Impulse mit Halbzeilenfrequenz zur Synchronisation der Fernsehbilder

Tra|ban|ten|stadt *die;* -, ...städte ⟨tschech.; dt.⟩: am Rande einer Großstadt gelegene größere, weitgehend eigenständige Ansiedlung; Wohnstadt

Tra|be|kel *die;* -, -n ⟨lat.⟩: (Anat.) bälkchen- od. strangartiges Bündel von Gewebs- bzw. Muskelfasern

Tra|cer ['treisə] *der;* -s, - ⟨engl.; „Aufspürer"⟩: (Physiol., Med.) radioaktiver Markierungsstoff, mit dessen Hilfe u. a. biochemische Vorgänge im Organismus verfolgt werden können

Tra|chea [auch: 'traxea] *die;* -, ...een ⟨gr.-lat.-mlat.⟩: (Med.) Luftröhre

tra|che|al ⟨gr.-lat.-mlat.-nlat.⟩: (Med.) zur Luftröhre gehörend, sie betreffend

Tra|che|al|ste|no|se *die;* -, -n: (Med.) Luftröhrenverengung

Tra|chee *die;* -, -n ⟨gr.-lat.-mlat.⟩: 1. (Zool.) Atmungsorgan der meisten Gliedertiere. 2. (Bot.) durch Zellfusion entstandenes Gefäß der Pflanzen

Tra|che|en: *Plural* von ↑ Trachea, ↑ Trachee

Tra|che|i|de *die;* -, -n ⟨gr.-nlat.⟩: (Bot.) nur noch aus der Zell-

wand bestehende abgestorbene Zelle niederer pflanzlicher Organismen, die als Wasserleitbahn dient
Tra|che|i|tis *die; -, ...it|den:* (Med.) Luftröhrenentzündung
Tra|che|o|ma|la|zie *die; -:* (Med.) Stabilitätsverlust der Luftröhre
Tra|che|o|s|kop *das; -s, -e:* (Med.) Luftröhrenspiegel. **Tra|che|o|s-ko|pie** *die; -, ...ien:* (Med.) Luftröhrenspiegelung. **tra|che|o|s-ko|pie|ren:** (Med.) eine Tracheoskopie durchführen
Tra|che|o|to|mie *die; -, ...ien:* (Med.) operatives Öffnen der Luftröhre; Luftröhrenschnitt
Tra|che|o|ze|le *die; -, -n:* (Med.) Vorwölbung der Luftröhre; Luftröhrenbruch
Tra|chom *das; -s, -e ⟨gr.; „Rauheit"⟩:* langwierig verlaufende Virusinfektion des Auges mit Ausbildung einer Bindehautentzündung; Körnerkrankheit
Tra|chyt [auch: ...'xyt] *der; -s, -e ⟨gr.-nlat.⟩:* graues od. rötliches, meist poröses vulkanisches Gestein
Track [trɛk] *der; -s, -s ⟨germ.-fr.-engl.⟩:* 1. (Schifffahrt) übliche Schiffsroute zwischen zwei Häfen. 2. der Übertragung von Zugkräften dienendes Element (wie Seil, Kette, Riemen). 3. (Jargon) Musikstück, Nummer (bes. auf einer CD). 4. (EDV) abgegrenzter Bereich auf einem Datenträger, in dem eine einfache Folge von Bits gespeichert werden kann
Track|ball ['trɛkbɔːl] *der; -s, -s ⟨engl.⟩:* (EDV) aus einer bewegbaren, auf der Tastatur befestigten Kugel bestehendes Eingabegerät
Trac|tus vgl. Traktus
Trade|mark ['trɛːt...] *die; -, -s ⟨engl.⟩:* engl. Bez. für: Warenzeichen, Markenname
Tra|der ['trɛɪdɐ] *der; -s, - ⟨engl.; „Händler"⟩:* (Börsenw.) Anleger mit überwiegend spekulativem Interesse
Tra|des|kan|tie [...tsi̯ə] *die; -, -n ⟨nlat.; nach dem britischen Gärtner J. Tradescant, † 1638⟩:* eine Zierpflanze
Trade|u|ni|on, auch: **Trade-U|ni|on** [trɛːt'juːni̯ən] *die; -, -s ⟨engl.⟩:* engl. Bez. für: Gewerkschaft.
Trade|u|ni|o|nis|mus *der; -*

⟨engl.-nlat.⟩: britische Gewerkschaftsbewegung
tra|die|ren ⟨lat.⟩: überliefern, weitergeben; etwas Überliefertes weiterführen
Tra|ding-up [trɛːdɪŋ'ap] *das; -s, -s ⟨engl.⟩:* (Wirtsch.) Verbesserung des Leistungsangebots eines Handelsunternehmens
Tra|di|ti|on *die; -, -en:* 1. a) Überlieferung, Herkommen; b) Brauch, Gewohnheit, Gepflogenheit; c) das Tradieren, Weitergabe (an spätere Generationen). 2. außerbiblische, von der katholischen Kirche als verbindlich anerkannte Überlieferung von Glaubenslehren seit der Apostelzeit
Tra|di|ti|o|na|lis|mus *der; - ⟨lat.-nlat.⟩:* geistige Haltung, die bewusst an der Tradition festhält, sich ihr verbunden fühlt. **Tra|di|ti|o|na|list** *der; -en, -en:* Anhänger des Traditionalismus. **Tra|di|ti|o|na|lis|tin** *die; -, -nen:* weibliche Form zu ↑ Traditionalist. **tra|di|ti|o|na|lis|tisch:** den Traditionalismus betreffend, für ihn charakteristisch, mit dem Traditionalismus verbunden, verhaftet
Tra|di|ti|o|nal|jazz [trə'dɪʃənəl...] *der; -,* auch: **Tra|di|ti|o|nal Jazz** *der; - - ⟨engl.-amerik.⟩:* traditioneller Jazz (die älteren Stilrichtungen bis etwa 1940)
tra|di|ti|o|nell ⟨lat.-fr.⟩: überliefert, herkömmlich; einer Tradition entsprechend
Tra|duk|ti|on *die; -, -en ⟨lat.⟩:* 1. Übersetzung. 2. (antike Rhet.) wiederholte Anwendung desselben Wortes in veränderter Form od. mit anderem Sinn
Tra|duk|ti|o|nym *das; -s, -e ⟨lat.; gr.⟩:* Deckname, der aus der Übersetzung des Verfassernamens in eine fremde Sprache besteht (z. B. Agricola = Bauer)
Tra|du|zi|a|nis|mus *der; - ⟨lat.-mlat.-nlat.⟩:* spätantike u. frühchristliche, später verurteilte Lehre, Anschauung, nach der die menschliche Seele bei der Zeugung als Ableger der väterlichen Seele entstehe
Tra|fik *der; -s, -s ⟨it.-fr.⟩:* (bes. österr.) Tabak- u. Zeitschriftenladen, -handel
Tra|fi|kant *der; -en, -en:* (österr.) Inhaber einer Trafik. **Tra|fi|kan-**

tin *die; -, -nen:* weibliche Form zu ↑ Trafikant
Tra|fo *der; -[s], -s:* Kurzwort für: Transformator
Tra|gant *der; -[e]s, -e ⟨gr.-lat.-mlat.⟩:* 1. Pflanze mit Blüten verschiedener Form u. Farbe. 2. aus verschiedenen Arten des Tragants (1) gewonnene, gallertartige, quellbare Substanz, bes. zur Herstellung von Klebstoffen
Tra|gé|die ly|rique [traʒedi: li'rɪk] *die; - -, -s -s [traʒedi: li'rɪk] ⟨gr.-lat.-fr.⟩:* ernste (tragische) französische Oper von Lully u. Rameau
Tra|gle|laph *der; -en, -en ⟨gr.-lat.; „Bockhirsch"⟩:* 1. altgriechisches Fabeltier. 2. (veraltet) uneinheitliches literarisches Werk, das man mehreren Gattungen zuordnen kann
tra|gie|ren ⟨gr.-nlat.⟩: eine Rolle tragisch spielen
Tra|gik *die; -:* außergewöhnlich schweres, schicksalhaftes, Konflikte, Untergang od. Verderben bringendes, unverdientes Leid, das Mitempfinden auslöst. **Tra|gi|ker** *der; -s, - ⟨gr.-lat.⟩:* Tragödiendichter. **Tra|gi|ke|rin** *die; -, -nen:* weibliche Form zu ↑ Tragiker
Tra|gi|ko|mik *die; - ⟨gr.-nlat.⟩:* halb tragische, halb komische Wirkung. **tra|gi|ko|misch:** halb tragisch, halb komisch
Tra|gi|ko|mö|die *die; -, -n ⟨gr.-lat.⟩:* Drama, in dem Tragik u. Komik eng miteinander verknüpft sind
tra|gisch: die Tragik betreffend; schicksalhaft, erschütternd, ergreifend
Tra|gö|de *der; -n, -n:* eine tragische Rolle spielender Schauspieler; Heldendarsteller
Tra|gö|die [...i̯ə] *die; -, -n ⟨„Bocksgesang"⟩:* 1. a) (ohne Plural) Dramengattung, in der das Tragische gestaltet wird, meist aufgezeigt an Grundsituationen des Menschen zwischen Freiheit u. Notwendigkeit, zwischen Sinn u. Sinnlosigkeit; b) einzelnes Drama, Bühnenstück dieser Gattung; Trauerspiel; Ggs. ↑ Komödie (1). 2. tragisches Ereignis, Unglück
Tra|gö|din *die; -, -nen:* weibliche Form zu ↑ Tragöde
Trai|ler ['trɛːlɐ] *der; -s, - ⟨engl.⟩:* 1. kurzer, aus einigen Szenen ei-

nes Films zusammengestellter Vorfilm, der als Werbemittel für diesen Film vorgeführt wird. 2. nicht belichteter Filmstreifen am inneren Ende einer Filmrolle. 3. Fahrzeuganhänger (bes. als Wohnwagen)

Trail|le [ˈtraːjə, ˈtraljə] *die;* -, -n ⟨*lat.-fr.*⟩: (veraltet) 1. Fähre. 2. Fährseil, Tau u. Rolle, an denen eine Fähre läuft; vgl. Tralje

Train [trɛː, auch, österr. nur: trɛːn] *der;* -s, -s ⟨*lat.-vulgärlat.-fr.*⟩: Tross; für den Nachschub sorgende Truppe

Trai|nee [trɛˈniː, trɛː...] *der;* -s, -s ⟨*lat.-vulgärlat.-fr.-engl.*⟩: (Wirtsch.) jmd., bes. Hochschulabsolvent, der innerhalb eines Unternehmens für eine bestimmte Aufgabe vorbereitet wird, eine praktische Ausbildung absolviert

Trai|ner [ˈtrɛː..., ˈtrɛː...] *der;* -s, -: jmd., der Sportler trainiert (a). **Trai|ne|rin** *die;* -, -nen: weibliche Form zu ↑ Trainer

trai|nie|ren [trɛ..., trɛː...]: a) durch systematisches Training auf einen Wettkampf vorbereiten; b) Training betreiben; c) durch Training [bestimmte Übungen, Fertigkeiten] technisch vervollkommnen; d) (ugs.) einüben; planmäßig, gezielt üben

Trai|ning [ˈtrɛː..., ˈtrɛː...] *das;* -s, -s: planmäßige Durchführung eines Programms von vielfältigen Übungen zur Ausbildung von Können, Stärkung der Kondition u. Steigerung der Leistungsfähigkeit

Trai|ning on the Job [- ɔn ðə ˈdʒɔp] *das;* -s - - -, - - - - ⟨*engl.*⟩: Gesamtheit der Methoden zur Ausbildung, Vermittlung u. Erprobung praktischer Kenntnisse u. Fähigkeiten direkt am Arbeitsplatz

Trai|té [trɛˈteː] *der;* -s, -s ⟨*lat.-fr.*⟩: (veraltet) 1. [Staats]vertrag. 2. Abhandlung, Traktat

Trai|teur [trɛˈtøːɐ̯] *der;* -s, -e: (schweiz.) Hersteller, Verkäufer u. Lieferant von Fertiggerichten. **Trai|teu|rin** [...ˈtøːrɪn] *die;* -, -nen: weibliche Form zu ↑ Traiteur

Tra|jekt *der* od. *das;* -[e]s, -e ⟨*lat.*⟩: 1. (veraltet) Überfahrt. 2. [Eisenbahn]fährschiff

Tra|jek|to|rie [...jə] *die;* -, -n ⟨*lat.-nlat.*⟩: (Math.) Linie, die jede

Kurve einer ebenen Kurvenschar unter gleich bleibendem Winkel schneidet

Trai|kas|se|rie *die;* -, ...ien ⟨*fr.*⟩: Quälerei. **trai|kas|sie|ren**: quälen, plagen, necken

Trakt *der;* -[e]s, -e ⟨*lat.*⟩: 1. Gebäudeteil. 2. Zug, Strang; Gesamtlänge (z. B. Darmtrakt). 3. Landstrich

trak|ta|bel: leicht zu behandeln, umgänglich

Trak|ta|ment *das;* -s, -e ⟨*lat.-mlat.*⟩: (landsch.) 1. Verpflegung, Bewirtung. 2. Behandlung. 3. (veraltet) Sold

Trak|tan|den|lis|te *die;* -, -n: (schweiz.) Tagesordnung

Trak|tan|dum *das;* -s, ...den ⟨*lat.*⟩: (schweiz.) Verhandlungsgegenstand

Trak|ta|ri|a|nis|mus *der;* - ⟨*lat.-engl.-nlat.*⟩: katholisierende Bewegung in der englischen Staatskirche im 19. Jh.; vgl. Oxfordbewegung (1)

Trak|tat *das* (auch: *der*); -[e]s, -e ⟨*lat.*⟩: 1. Abhandlung. 2. religiöse Flugschrift. 3. (veraltet) [Staats]vertrag

trak|tie|ren: 1. (veraltet) a) behandeln; unterhandeln; b) literarisch darstellen, gestalten. 2. plagen, quälen, misshandeln. 3. a) (veraltet) bewirten; b) [mit etwas] überfüttern, in sehr reichlicher Menge anbieten

Trak|ti|on *die;* -, -en: 1. (bes. Phys., Techn.) das Ziehen, Zug, Zugkraft. 2. Art des Antriebs von Zügen [durch Triebfahrzeuge]

Trak|tor *der;* -s, ...oren ⟨*lat.-engl.*⟩: (Landw.) [landwirtschaftliche] Zugmaschine, Schlepper

Trak|to|rie [...jə] *die;* -, -n ⟨*lat.-nlat.*⟩: ↑ Traktrix

Trak|to|rist *der;* -en, -en ⟨*lat.-russ.*⟩: Traktorfahrer. **Trak|to|ris|tin** *die;* -, -nen: weibliche Form zu ↑ Traktorist

Trak|t|rix *die;* -, ...izes ⟨*lat.-nlat.*⟩: (Math.) ebene Kurve, deren Tangenten von einer festen Geraden (Leitlinie) stets im gleichen Abstand vom Tangentenberührungspunkt geschnitten werden

Trak|tur *die;* -, -en ⟨*lat.*⟩: bei der Orgel der vom ¹Manual (1) od. Pedal her auszulösende Zug

Trak|tus *der;* - [...tuːs] ⟨verkürzt aus *lat.* cantus tractus „gezogener Gesang"⟩: [Buß]psalm, der

in der Fastenzeit u..beim ↑ Requiem an die Stelle des ↑ Hallelujas tritt

Tral|je *die;* -, -n (meist Plural) ⟨*lat.-fr.-niederl.*⟩: (landsch.) Geländer-, Gitterstab; Gitterwerk; vgl. Traille, Treille

Tram *die;* -, -s (schweiz.: *das;* -s, -s) ⟨*engl.*⟩: (landsch.) Straßenbahn

Trame [traːm, tram] *die;* - ⟨*lat.-fr.*⟩: leicht gedrehte, als Schussfaden verwendete Naturseide

Tra|me|lo|gö|die [...jə] *die;* -, -n ⟨*gr.-it.*⟩: a) (ohne Plural) Kunstgattung zwischen Oper u. Tragödie; b) einzelnes Werk dieser Gattung

Tra|met|te *die;* -, -n ⟨*lat.-fr.*⟩: grobe Schussseide

Tra|mi|ner *der;* -s, - ⟨nach dem Ort Tramin⟩: 1. Südtiroler Rotwein. 2. a) (ohne Plural) Rebsorte mit spätreifen Trauben; b) aus dieser Rebsorte hergestellter alkoholreicher, würziger Weißwein

Tra|mon|ta|na u. **Tra|mon|ta|ne** *die;* -, ...nen ⟨*lat.-it.*⟩: ein kalter Nordwind in Oberitalien

Tramp [trɛmp] *der;* -s, -s ⟨*engl.*⟩: 1. engl. Bez. für: Landstreicher, umherziehender Gelegenheitsarbeiter. 2. Fußwanderung. 3. Dampfer mit unregelmäßiger Route für Gelegenheitsfahrten

tram|pen [ˈtrɛmpn̩]: 1. [durch Winken o. Ä.] Autos anhalten, um unentgeltlich mitfahren zu können. 2. (veraltend) lange wandern, als Tramp (1) umherziehen. **Tram|per** [ˈtrɛmpɐ] *der;* -s, -: jmd., der trampt (1). **Tram|pe|rin** *die;* -, -nen: weibliche Form zu ↑ Tramper

Tram|po|lin [auch: ...ˈliːn] *das;* -s, -e ⟨*dt.-it.*⟩: in Sport u. Artistik verwendetes Federsprunggerät

Tram|way [...vai] *die;* -, -s ⟨*engl.*⟩: (österr.) Straßenbahn; vgl. Tram

tran..., Tran... vgl. trans..., Trans...

Tran|ce [ˈtrãːs(ə)] *die;* -, -n ⟨*lat.-fr.-engl.*⟩: a) schlafähnlicher Zustand [in Hypnose]; b) Dämmerzustand, Übergangsstadium zum Schlaf

Tranche [ˈtrãːʃ] *die;* -, -n ⟨*fr.*⟩: 1. fingerdicke Fleisch- od. Fischschnitte. 2. (Wirtsch.) Teilbetrag einer Wertpapieremission

Tran|cheur [...'ʃøːɐ̯] *der;* -s, -e: jmd., der Fleisch transchiert.
Tran|cheu|rin [...'ʃøːrɪn] *die;* -, -nen: weibliche Form zu ↑ Trancheur
tran|chie|ren vgl. transchieren
Tran|quil|li|zer [ˈtrɛŋkwɪlˌaɪza] *der;* -s, - (meist Plural) ⟨*lat.-fr.-engl.*⟩: beruhigendes Medikament gegen Psychosen, Depressionen, Angst- u. Spannungszustände
tran|quil|la|men|te [traŋ...] vgl. tranquillo
Tran|quil|li|tät *die;* - ⟨*lat.*⟩: Ruhe, Gelassenheit
tran|quil|lo u. tranquillamente ⟨*lat.-it.*⟩: (Mus.) ruhig (Vortragsanweisung). **Tran|quil|lo** *das;* -s, -s u. ...lli: (Mus.) ruhiges Spiel

---

trans..., Trans...

vor s auch: trans..., Tran...; verkürzt auch: tra..., Tra...
⟨*lat.* trans „jenseits; über; über ... hin"⟩
Präfix mit den Bedeutungen „hindurch, quer durch, hinüber, über ... hin(aus)":
– Trajekt
– Transept
– transnational
– Transuran

Trans|ak|ti|on *die;* -, -en ⟨*lat.*⟩:
1. größere [finanzielle] Unternehmung. 2. (Psychol.) [wechselseitige] Beziehung
trans|al|pin, trans|al|pi|nisch ⟨*lat.*⟩: jenseits der Alpen (von Rom aus)
Trans|a|mi|na|se *die;* -, -n ⟨*lat.-nlat.*⟩: (Med.) ↑ Enzym, das die Übertragung einer Aminogruppe von einer Substanz auf eine andere bewirkt
trans|at|lan|tisch: überseeisch
tran|schie|ren, auch: tranchieren ⟨*fr.*⟩: Fleisch, Geflügel kunstgerecht in Stücke zerlegen
Tran|sept *der* od. *das;* -[e]s, -e ⟨*lat.-engl.*⟩: Querschiff, Querhaus einer Kirche
tran|s|e|unt ⟨*lat.*⟩: (Philos.) über etwas hinaus, in einen anderen Bereich übergehend
Trans|fer *der;* -s, -s ⟨*lat.-engl.; „Übertragung, Überführung"*⟩:
1. Zahlung ins Ausland in fremder Währung. 2. (Psychol., Päd.) Übertragung der im Zu-

sammenhang mit einer bestimmten Aufgabe erlernten Vorgänge auf eine andere Aufgabe. 3. Überführung, Weitertransport im Reiseverkehr (z. B. vom Flughafen zum Hotel).
4. (Sport) Wechsel eines Berufsspielers in einen andern Verein.
5. (Sprachw.) a) positiver Einfluss der Muttersprache auf eine Fremdsprache bei deren Erlernung; b) ↑ Transferenz.
6. Übermittlung, Übertragung
trans|fe|ra|bel: umwechselbar od. übertragbar in fremde Währung
Trans|fe|renz *die;* -, -en: (Sprachw.) a) (ohne Plural) Vorgang u. Ergebnis der Übertragung einer bestimmten Erscheinung in einer Fremdsprache auf das System der Muttersprache; b) Übernahme fremdsprachiger Wörter, Wortverbindungen, Bedeutungen o. Ä. in die Muttersprache
trans|fe|rie|ren: 1. Geld in eine fremde Währung umwechseln, Zahlungen an das Ausland leisten. 2. (Sport) den Wechsel eines Berufsspielers in einen andern Verein vornehmen. 3. (österr., Amtsspr.) jmdn. dienstlich versetzen
Trans|fi|gu|ra|ti|on *die;* -, -en ⟨*lat.*⟩: die Verklärung Christi u. ihre Darstellung in der Kunst
trans|fi|nit ⟨*lat.-nlat.*⟩: (Philos., Math.) unendlich, im Unendlichen liegend
Trans|flu|xor *der;* -s, ...oren ⟨*lat.-nlat.*⟩: (Phys.) aus magnetisierbarem Material bestehendes elektronisches Bauelement
Trans|fo|ka|tor *der;* -s, ...oren ⟨*lat.-nlat.*⟩: (Optik) ↑ Objektiv mit veränderlicher Brennweite, Gummilinse
Trans|for|ma|ti|on *die;* -, -en ⟨*lat.*⟩: Umwandlung, Umformung, Umgestaltung, Übertragung
trans|for|ma|ti|o|nell: die Transformation betreffend, auf ihr beruhend
Trans|for|ma|ti|ons|gram|ma|tik *die;* -: (Sprachw.) Grammatik, die mit Transformationen arbeitet, die Regeln zur Umwandlung von Sätzen in andere Sätze enthält
Trans|for|ma|tor *der;* -s, ...oren ⟨*lat.-nlat.*⟩: aus Eisenkörper, Primär- u. Sekundärspule be-

stehendes Gerät zur Umformung elektrischer Spannungen ohne bedeutenden Energieverbrauch
trans|for|mie|ren ⟨*lat.*⟩: a) umwandeln, umformen, umgestalten; b) elektrische Spannung umformen
Trans|for|mis|mus *der;* - ⟨*lat.-nlat.*⟩: (Biol.) ↑ Deszendenztheorie
trans|fun|die|ren ⟨*lat.*⟩: (Med.) eine Transfusion (1) vornehmen
Trans|fu|si|on *die;* -, -en: intravenöse Einbringung von Blut, Blutersatzlösungen od. anderen Flüssigkeiten in den Organismus; Blutübertragung
trans|ga|lak|tisch: (Astron.) jenseits der Milchstraße befindlich, über das Milchstraßensystem hinausgehend
trans|gre|di|ent ⟨*lat.*⟩: (Philos.) überschreitend, über etwas hinausgehend. **trans|gre|die|ren**: (Geogr.) große Festlandsmassen überfluten (von Meeren)
Trans|gres|si|on *die;* -, -en:
1. (Geogr.) Vordringen des Meeres über größere Gebiete des Festlands. 2. (Biol.) das Auftreten von ↑ Genotypen, die in ihrer Leistungsfähigkeit die Eltern- u. Tochterformen übertreffen
trans|hu|mant ⟨*lat.-span.-fr.*⟩: mit Herden wandernd. **Trans|humanz** *die;* -, -en: 1. bäuerliche Wirtschaftsform, bei der das Vieh von Hirten auf entfernte Sommerweiden (z. B. Almen) gebracht wird. 2. Wanderschäferei mit jährlich mehrmaligem Wechsel zwischen entfernten Weideplätzen
tran|si|lent ⟨*lat.-engl.*⟩: die Transiente betreffend, auf ihr beruhend. **Tran|si|en|te** *die;* -, -n:
1. bei elektromechanischen Schaltvorgängen im lokalen Stromversorgungsnetz plötzlich auftretende Spannungs- u. Stromstärkeänderung durch das Auftreten von Wanderwellen entlang der Leitungen.
2. (durch Betriebsstörung verursachte) vorübergehende Abweichung vom Normalbetrieb einer Kernkraftanlage
Tran|sis|tor *der;* -s, ...oren ⟨*lat.-engl.*⟩: (Phys.) Halbleiterbauele-

T

ment, das die Eigenschaften einer ↑ Triode besitzt

tran|sis|to|rie|ren u. **tran|sis|to|ri|sie|ren**: (Techn.) mit Transistoren versehen

¹Tran|sit [auch: ...'zıt, 'tran...] *der;* -s, -e ⟨*lat.-it.*⟩: 1. Durchfuhr, Durchreise durch ein Land. 2. Zustandekommen von ↑ Aspekten (2) infolge der Bewegung der Planeten; das Überschreiten eines Tierkreises

²Tran|sit *das;* -s, -s: kurz für: ↑ Transitvisum

tran|si|tie|ren ⟨*lat.-it.-nlat.*⟩: durchgehen, durchführen

Tran|si|ti|on *die;* -, -en ⟨*lat.*⟩: Übergang; Übergehung

tran|si|tiv: (von einem Verb) zielend; ein Akkusativobjekt nach sich ziehend u. ein persönliches Passiv bildend; Ggs. ↑ intransitiv. **Tran|si|tiv** *das;* -s, -e: transitives Verb

tran|si|ti|vie|ren ⟨*lat.-nlat.*⟩: (Sprachw.) ein intransitives Verb transitiv machen (z. B. *kämpfen* in: einen guten Kampf kämpfen)

Tran|si|ti|vi|tät *die;* -: 1. (Sprachw.) transitive Beschaffenheit. 2. (Math.) Eigenschaft bestimmter zweistelliger mathematischer Relationen

Tran|si|ti|vum *das;* -s, ...va ⟨*lat.*⟩: ↑ Transitiv

tran|si|to|risch: (Wirtsch.) vorübergehend, später

Tran|si|to|ri|um *das;* -s, ...ien: Ausgabenbewilligung im Staatshaushalt, die nur für die Dauer eines Ausnahmezustandes gilt

Tran|sit|vi|sum *das;* -s, ...sa u. ...sen: Durchreisevisum

trans|kon|ti|nen|tal: einen Erdteil durchquerend, sich über einen ganzen Erdteil erstreckend

tran|s|k|ri|bie|ren ⟨*lat.*⟩: 1. in eine andere Schrift (z. B. in eine phonetische Umschrift) übertragen; bes. Wörter aus Sprachen, die keine Lateinschrift haben, mit lautlich ungefähr entsprechenden Zeichen des lateinischen Alphabets wiedergeben. 2. (Mus.) eine Transkription (2) vornehmen

Tran|s|k|ript *das;* -[e]s, -e: Ergebnis einer Transkription. **Tran|s|k|rip|ti|on** *die;* -, -en: 1. a) lautgerechte Übertragung in eine andere Schrift; b) phonetische Umschrift. 2. Umschreibung ei-

nes Musikstückes in eine andere als die Originalfassung

trans|kris|tal|lin: (Gießereitechnik) mit Stängelkristallen behaftet. **Trans|kris|tal|li|sa|ti|on** *die;* -, -en: das Auftreten von Stängelkristallen, die beim Walzvorgang ein Auseinanderbrechen in diagonaler Richtung verursachen können

trans|ku|tan ⟨*lat.-nlat.*⟩: (Med.) durch die Haut hindurch

Trans|la|ti|on *die;* -, -en ⟨*lat.*⟩: 1. Übertragung, Übersetzung. 2. ↑ Trope. 3. (Phys.) geradlinige, fortschreitende Bewegung. 4. (kath. Kirche) feierliche Überführung der Reliquien eines Heiligen an einen anderen Ort. 5. (Biochem.) Prozess, durch den unter Weitergabe bestimmter genetischer Information Proteine gebildet werden

Trans|la|tiv [auch: ...'ti:f] *der;* -s, -e: eine bestimmte Richtung angebender Kasus in den finnisch-ugrischen Sprachen

Trans|li|te|ra|ti|on *die;* -, -en ⟨*lat.-nlat.*⟩: buchstabengetreue Umsetzung eines nicht in lateinischen Buchstaben geschriebenen Wortes in lateinische Schrift [unter Verwendung ↑ diakritischer Zeichen]. **trans|li|te|rie|ren**: eine Transliteration vornehmen

Trans|lo|ka|ti|on *die;* -, -en ⟨*lat.-nlat.*⟩: 1. (veraltet) Ortsveränderung, Versetzung. 2. (Biol.) Verlagerung eines Chromosomenbruchstückes in ein anderes Chromosom. **trans|lo|zie|ren**: 1. (veraltet) [an einen anderen Ort] versetzen. 2. (Biol.) verlagern (von Chromosomenbruchstücken)

trans|lu|nar, trans|lu|na|risch ⟨*lat.-nlat.*⟩: jenseits des Mondes befindlich, liegend

trans|lu|zent, trans|lu|zid ⟨*lat.*⟩: durchscheinend, durchsichtig

trans|ma|rin, trans|ma|ri|nisch ⟨*lat.*⟩: überseeisch

Trans|mis|si|on *die;* -, -en ⟨*lat.*⟩: 1. Vorrichtung zur Kraftübertragung u. -verteilung auf mehrere Arbeitsmaschinen (z. B. durch einen Treibriemen). 2. Durchlassung von Strahlung (Licht) durch einen Stoff (z. B. Glas) ohne Änderung der Frequenz

Trans|mit|ter *der;* -s, - ⟨*lat.-amerik.*⟩: 1. (Techn.) amerik. Bez. für: Messumformer. 2. (Med.) Überträgersubstanz, Überträgerstoff

trans|mit|tie|ren: übertragen, übersenden

trans|mon|tan ⟨*lat.*⟩: (Geogr.) jenseits der Berge gelegen

Trans|mu|ta|ti|on *die;* -, -en ⟨*lat.*⟩: ↑ Genmutation. **trans|mu|tie|ren**: um-, verwandeln

trans|na|ti|o|nal (bes. Wirtsch., Pol.) mehrere Nationen umfassend, übergreifend

trans|neu|ro|nal ⟨*lat.; gr.-nlat.*⟩: (Med., Biol.) durch das ↑ Neuron verlaufend

trans|ob|jek|tiv (Philos.) über das Objekt, den Gegenstand hinausgehend

trans|o|ze|a|nisch: jenseits des Ozeans liegend

trans|pa|da|nisch ⟨*lat.;* zu Padus „Po"⟩: jenseits des Flusses Po liegend (von Rom aus gesehen)

trans|pa|rent ⟨*lat.-mlat.-fr.*⟩: 1. durchscheinend; durchsichtig. 2. deutlich, verstehbar, erkennbar. **Trans|pa|rent** *das;* -[e]s, -e: 1. Spruchband. 2. Bild, das von hinten beleuchtet wird; Leuchtbild

Trans|pa|renz *die;* -: 1. a) das Durchscheinen; Durchsichtigkeit; b) Lichtdurchlässigkeit (z. B. des Papiers). 2. Deutlichkeit, Verstehbarkeit

Trans|phras|tik *die;* - ⟨*lat.; gr.*⟩: (Sprachw.) Teilgebiet der modernen Sprachwissenschaft, bei dem der Textbegriff (vgl. Textlinguistik) an den Satzbegriff gekoppelt ist. **trans|phras|tisch**: die Transphrastik betreffend

Trans|s|pi|ra|ti|on *die;* - ⟨*lat.-vulgärlat.-fr.*⟩: 1. (Med.) Hautausdünstung, Schwitzen. 2. (Bot.) Abgabe von Wasserdampf durch die Spaltöffnungen der Pflanzen. **trans|s|pi|rie|ren**: ausdünsten, schwitzen

Trans|plan|tat *das;* -[e]s, -e ⟨*lat.*⟩: (Med.) transplantiertes od. zu transplantierendes Gewebestück (z. B. Haut, Knochen, Gefäße) od. Organ. **Trans|plan|ta|ti|on** *die;* -, -en ⟨*lat.-nlat.*⟩: 1. (Med.) das Transplantieren von lebenden Geweben od. Organen. 2. (Bot.) Pfropfung

Trans|plan|teur [...'tø:ɐ̯] *der;* -s, -e ⟨französierende Bildung⟩: Arzt, der eine Transplantation durchführt. **Trans|plan|teu|rin** [...'tø:rɪn] *die; -, -nen:* weibliche Form zu ↑ Transplanteur. **trans|plan|tie|ren** ⟨*lat.*⟩: lebendes Gewebe od. Organe operativ dem einen Organismus entnehmen u. in einen anderen einsetzen **Trans|pon|der** *der; -s, - ⟨engl.; Kunstw.* aus *trans*mitter = Messumformer u. *responder* = Antwortgeber⟩: nachrichtentechnische Anlage, die von einer Sendestation ausgehende Funksignale aufnimmt, verstärkt u. [auf einer anderen Frequenz] wieder abstrahlt **trans|po|nie|ren** ⟨*lat.*⟩: ein Tonstück in eine andere Tonart übertragen **Trans|port** *der; -[e]s, -e ⟨lat.-fr.⟩:* 1. Versendung; Beförderung von Menschen, Tieren od. Gegenständen. 2. Fracht, zur Beförderung zusammengestellte Sendung. 3. (veraltet) Übertrag **trans|por|ta|bel:** beweglich, tragbar, beförderbar **Trans|por|ta|ti|on** *die; -, -en:* ↑ Transport (1) **Trans|por|ter** *der; -s, - ⟨lat.-fr.- engl.⟩:* Transportflugzeug, -schiff **Trans|por|teur** [...'tø:ɐ̯] *der; -s, -e ⟨lat.-fr.⟩:* 1. jmd., der etwas transportiert. 2. (Math.) mit einer Gradeinteilung versehener Voll- od. Halbkreis zur Winkelmessung od. Winkelauftragung. 3. Zubringer an der Nähmaschine. **Trans|por|teu|rin** [...'tø:rɪn] *die; -, -nen:* weibliche Form zu ↑ Transporteur (1) **trans|por|tie|ren:** 1. a) versenden, befördern, wegbringen; b) mechanisch bewegen, weiterschieben (z. B. einen Film). 2. die Basis für etwas abgeben, was an andere weitergegeben wird (z. B. Wörter transportieren Bedeutungen) **Trans|po|si|ti|on** *die; -, -en ⟨lat.- nlat.⟩:* das Transponieren **Trans|ra|pid** ® *der; -[s] ⟨Kunstw.* aus *lat.* trans u. ↑ *rapid⟩:* Magnetschwebebahn **Trans|se|xu|a|lis|mus** *der; - ⟨lat.- nlat.⟩:* Gefühl der Zugehörigkeit zum anderen Geschlecht, häufig verbunden mit dem Bestreben nach Geschlechtsumwandlung **trans|se|xu|ell:** a) sich dem anderen Geschlecht zugehörig fühlend; b) den Transsexualismus betreffend. **Trans|se|xu|el|le** *der* u. *die; -n, -n:* jmd., der transsexuell ist, empfindet **trans|so|nisch** ⟨*lat.-nlat.⟩:* oberhalb der Schallgeschwindigkeit gelegen **Trans|sub|s|tan|ti|a|ti|on** *die; -, -en ⟨lat.-mlat.;* „Wesensverwandlung"⟩: (kath. Kirche) durch die ↑ Konsekration (2) im Messopfer (Wandlung) sich vollziehende Verwandlung der Substanz von Brot u. Wein in Leib u. Blut Christi; vgl. Konsubstantiation **Trans|su|dat** *das; - [e]s, -e ⟨lat.- nlat.⟩:* (Med.) die bei der Transsudation abgesonderte Flüssigkeit **Trans|su|da|ti|on** *die; -, -en:* (Med.) nicht entzündliche Absonderung u. Ansammlung von Flüssigkeit in Gewebslücken od. Körperhöhlen **Trans|su|mie|rung** *die; -, -en ⟨lat.- nlat.⟩:* ↑ Insertion (3) einer Urkunde **Trans|u|ran** *das; -s, -e* (meist Plural) ⟨*lat.; gr.-lat.-nlat.⟩:* künstlich hergestelltes radioaktives chemisches Element mit höherer Ordnungszahl als das Uran. **trans|u|ra|nisch:** im Periodensystem der chemischen Elemente hinter dem Uran stehend **trans|ver|sal** ⟨*lat.-mlat.⟩:* quer verlaufend, senkrecht zur Ausbreitungsrichtung stehend, schräg. **Trans|ver|sa|le** *die; -, -n:* (Math.) Gerade, die eine Figur (Dreieck od. Vieleck) schneidet **Trans|ver|sal|schwin|gung** *die; -, -en* (meist Plural) ⟨*lat.-mlat.; dt.⟩:* Schwingung, die senkrecht zu der Richtung verläuft, in der sich eine Welle ausbreitet **trans|ves|tie|ren** ⟨*lat.-nlat.⟩:* (Psychol., Med.) mittels Kleidung, Schminke u. Gestik die Rolle des anderen Geschlechts annehmen wollen **Trans|ves|tis|mus** u. Transvestitismus *der; -:* (Psychol., Med.) das Bedürfnis, z. B. mittels Kleidung, Schminke u. Gestik die Rolle des anderen Geschlechts anzunehmen **Trans|ves|tit** *der; -en, -en:* Mann, der sich [zum Lustgewinn] wie eine Frau kleidet, frisiert, schminkt

Trans|ves|ti|tis|mus vgl. Transvestismus **tran|s|zen|dent** ⟨*lat.⟩:* 1. (Philos.) die Grenzen der Erfahrung u. der sinnlich erkennbaren Welt überschreitend; übersinnlich, übernatürlich; Ggs. ↑ immanent (2). 2. (Math.) nicht algebraisch; über das Algebraische hinausgehend **tran|s|zen|den|tal** ⟨*lat.-mlat.⟩:* (Philos.) 1. ↑ transzendent (1) (in der Scholastik). 2. die ↑ a priori mögliche Erkenntnisart von Gegenständen betreffend (bei Kant). **Tran|s|zen|den|ta|li|en** *die* (Plural): (Scholastik) die 6 Grundbestimmungen des über jeder Gattung liegenden Seienden **Tran|s|zen|den|ta|lis|mus** *der; - ⟨lat.-mlat.-nlat.⟩:* System der Transzendentalphilosophie Kants **Tran|s|zen|den|tal|phi|lo|so|phie** *die; -:* erkenntniskritische Wissenschaft von den transzendentalen (2) Bedingungen **Tran|s|zen|denz** *die; - ⟨lat.⟩:* a) das jenseits der Erfahrung, des Gegenständlichen Liegende; Jenseits; b) (Philos.) das Überschreiten der Grenzen der Erfahrung, des Bewusstseins, des Diesseits **tran|s|zen|die|ren:** (Philos.) über einen Bereich hinaus in einen anderen [hin]übergehen **Trap** *der; -s, -s ⟨engl.⟩:* Geruchsverschluss eines Waschbeckens, Ausgusses o. Ä. **Tra|pa** *die; - ⟨nlat.; Herkunft unsicher⟩:* Wassernuss (einjährige Wasserpflanze) **Tra|pez** *das; -es, -e ⟨gr.-lat.;* „Tischchen"⟩: 1. (Math.) Viereck mit zwei parallelen, aber ungleich langen Seiten. 2. an Seilen hängendes Schaukelreck **Tra|pez|akt** *der; -[e]s, -e:* am Trapez (2) ausgeführte Zirkusnummer **Tra|pe|zo|e|der** *das; -s, - ⟨gr.- nlat.⟩:* (Math.) Körper, der von gleichschenkligen Trapezen begrenzt wird **Tra|pe|zo|id** *das; -[e]s, -e:* (Math.) Viereck ohne zueinander parallele Seiten **Trap|per** *der; -s, - ⟨engl.;* „Fallensteller"⟩: Pelztierjäger in Nordamerika **Trap|pist** *der; -en, -en ⟨fr.;* nach der Abtei La Trappe in der Normandie): Angehöriger des 1664 gegründeten Ordens der reformierten Zisterzienser (mit Schweigegelübde); Abk.: OCR; OCSO. **Trap|pis|tin** *die;* -, -nen: Angehörige des weiblichen Zweiges des Trappistenordens

Trap|schie|ßen *das;* -s, - ⟨*engl.; dt.*⟩: a) (ohne Plural) Wurftauben- od. Tontaubenschießen; b) einzelner Wettkampf im Trapschießen (a)

tra|sci|nan|do [tra∫i...] ⟨*lat.-vulgärlat.-it.*⟩: (Mus.) schleppend, zögernd (Vortragsanweisung). **Tra|sci|nan|do** *das;* -s, -s u. ...di: (Mus.) schleppendes, zögerndes Spiel

Trash [træ∫] *der;* -s ⟨*engl.*⟩: Schund, Ramsch o. Ä.

Trash|kul|tur ['træ∫...] *die;* -: Hang zum Billigen, Schrillen, Geschmacklosen u. Ä.

trashy ['træ∫i] ⟨*engl.;* „minderwertig"⟩: hässlich, ohne Stil

Tras|sant *der;* -en, -en ⟨*lat.-vulgärlat.-it.*⟩: (Wirtsch.) Aussteller eines gezogenen Wechsels.

Tras|san|tin *die;* -, -nen: weibliche Form zu ↑ Trassant

Tras|sat *der;* -en, -en: (Wirtsch.) zur Bezahlung eines Wechsels Verpflichteter. **Tras|sa|tin** *die;* -, -nen: weibliche Form zu ↑ Trassat

Tras|see *das;* -s, -s ⟨*lat.-vulgärlat.-fr.*⟩: (schweiz.) 1. Trasse (im Gelände abgesteckte Linie für neue Verkehrswege). 2. Bahnkörper, Bahn-, Straßendamm

¹**tras|sie|ren:** eine Trasse zeichnen, berechnen, im Gelände abstecken

²**tras|sie|ren** ⟨*lat.-vulgärlat.-it.*⟩: 1. einen Wechsel auf jmdn. ziehen od. ausstellen. 2. mit Fäden in der Farbe der Stickerei vorspannen (bei Gobelins)

trä|tabel ⟨*lat.-fr.*⟩: (veraltet) leicht zu behandeln, umgänglich

trä|tie|ren: behandeln; vgl. malträtieren

Trat|te *die;* -, -n ⟨*lat.-it.*⟩: gezogener Wechsel

Trat|to|ria *die;* -, ...ien: einfaches Speiselokal [in Italien]

Trau|ma *das;* -s, ...men u. -ta ⟨*gr.;* „Verletzung, Wunde"⟩: 1. (Psychol., Med.) seelischer Schock, starke seelische Erschütterung, die einen Komplex bewirken kann. 2. (Med.) Wunde, Verlet-

zung durch äußere Gewalteinwirkung

Trau|ma|tin *das;* -s ⟨*gr.-nlat.*⟩: aus verwundeten Pflanzenteilen isolierter Stoff, der verstärkte Zellteilung hervorruft

trau|ma|tisch ⟨*gr.-lat.*⟩: 1. (Psychol., Med.) das Trauma (1) betreffend, auf ihm beruhend, dadurch entstanden; Ggs. ↑ idiopathisch. 2. (Med.) durch Gewalteinwirkung verletzt

Trau|ma|ti|zin *das;* -s ⟨*gr.-nlat.*⟩: (Med.) Guttaperchalösung (zum Verschließen kleiner Wunden)

Trau|ma|to|lo|gie *die;* -: Wissenschaft u. Lehre von der Wundbehandlung u. -versorgung

Trau|men: *Plural* von ↑ Trauma

Traut|o|ni|um ® *das;* -s, ...ien ⟨*nlat.;* nach dem Erfinder F. Trautwein, 1889–1956⟩: elektronisches Musikinstrument, das Töne, Zwischen- u. Obertöne anderer Instrumente hervorbringen kann

Tra|vée [...'ve:] *die;* -, -n ⟨*lat.-fr.*⟩: franz. Bez. für: Joch, Gewölbeeinheit (z. B. der Teil zwischen zwei Gurtbögen)

Tra|vel|ler ['trɛvələ] *der;* -s, -[s] ⟨*engl.*⟩: 1. (Plural: -s) engl. Bez. für: Reisender, Tourist. 2. (Seemannsspr.) auf einen Stahlbügel od. einer Schiene gleitende Vorrichtung, durch die bes. die Schot des Großsegels gezogen wird

Tra|vel|ler|scheck *der;* -s, -s ⟨*engl.*⟩: Reisescheck

tra|vers ⟨*lat.-fr.*⟩: (Mode) quer gestreift. **Tra|vers** [...'vɛ:ɐ̯, auch: ...'vɛrs] *der;* -: (Dressurreiten) Seitengang des Pferdes, das in die Richtung der Bewegung gestellt ist u. so weit um den inneren Reiterschenkel gebogen ist, dass der Vorhand auf dem Hufschlag geht u. die Hinterhand einen halben Schritt vom Hufschlag des äußeren Vorderbeins entfernt ist; vgl. Renvers

Tra|ver|sa|le *die;* -, -n: (Dressurreiten) Schrägverschiebung des Pferdes von zwei Hufschlägen, bei der das Pferd so in eine Längsbiegung gestellt ist, dass es sich fast parallel zur Viereckseite (der Reitbahn) seitlich verschiebt

Tra|ver|se *die;* -, -n: 1. (Archit., Techn.) Querbalken, -träger.

2. (Techn.) Querverbinder zweier fester od. parallel beweglicher Maschinenteile. 3. zu einem Leitwerk senkrecht zur Strömung in den Fluss gezogener Querbau, der die Verlandung der Zwischenflächen beschleunigt. 4. (Milit.) Schulterwehr. 5. (Fechten) seitliche Ausweichbewegung. 6. (Bergsteigen) Querungsstelle an Hängen od. Wänden; Quergang

Tra|vers|flö|te *die;* -, -n: Querflöte

tra|ver|sie|ren: 1. a) quer durchgehen; b) durchkreuzen, hindern. 2. (Dressurreiten) eine Reitbahn in der Diagonale durchreiten. 3. (Fechten) durch Seitwärtsstreten dem Hieb od. Stoß des Gegners ausweichen. 4. (Bergsteigen) horizontal an einem Abhang entlanggehen od. -klettern

Tra|ver|tin *der;* -s, -e ⟨*lat.-it.*⟩: mineralischer Kalkabsatz bei Quellen u. Bächen

Tra|ves|tie *die;* -, ...ien ⟨*lat.-it.-fr.* (-*engl.*)⟩; „Umkleidung"⟩: komisch-satirische literarische Gattung, die bekannte Stoffe der Dichtung in eine ihnen nicht angemessene Form überträgt; vgl. Parodie (1). **tra|ves|tie|ren** ⟨*lat.-it.-fr.*⟩: 1. als Travestie darbieten. 2. ins Lächerliche ziehen

Trawl [trɔ:l] *das;* -s, -s ⟨*engl.*⟩: Grundschleppnetz, das von Fischereifahrzeugen verwendet wird. **Traw|ler** ['trɔ:lə] *der;* -s, -: mit dem Grundschleppnetz arbeitender Fischdampfer

Trax *der;* -[es], -e ⟨*Kurzw. für amerik.* Traxcavator®⟩: (schweiz.) Bagger, Schaufellader

Treat|ment ['tri:tment] *das;* -s, -s ⟨*lat.-fr.-engl.*⟩: (Film, Fernsehen) erste schriftliche Fixierung des Handlungsablaufs, der Schauplätze u. der Charaktere eines Films

Tre|cen|tist [...t∫en...] *der;* -en, -en ⟨*lat.-it.*⟩: Künstler des Trecentos. **Tre|cen|tis|tin** *die;* -, -nen: weibliche Form zu ↑ Trecentist

Tre|cen|to *das;* -[s]: italienischer Kunststil des 14. Jh.s

Tre|cking vgl. Trekking

trei|fe ⟨*hebr.-jidd.*⟩: unrein, verboten (von Speisen); Ggs. ↑ koscher

Treil|le ['trɛ:jə] *die;* -, -n ⟨*lat.-fr.*⟩:

Gitterwerk, [Treppen]geländer; vgl. Traille, Tralje

Trek|king, auch: Trecking *das;* -s, -s ⟨*engl.*⟩: mehrtägige Wanderung einer geführten, kleineren Gruppe durch oft unwegsames Gebiet im Hochgebirge

Trek|king|bike [...ba̱ik] *das;* -s, -s: Fahrrad, das bes. für längere Touren mit Gepäck geeignet ist

Tre̱l|lon ® *das;* -s ⟨Kunstw.⟩: sehr widerstandsfähige Kunstfaser

Tre̱l|ma *das;* -s, -s u. -ta ⟨*gr.*⟩:
1. ↑ diakritisches Zeichen in Form von zwei Punkten über einem von zwei getrennt auszusprechenden Vokalen (z. B. franz. naïf); vgl. Diärese (1).
2. (Med.) Lücke zwischen den mittleren Schneidezähnen

Tre̱l|ma|to̱l|de *die;* -, -n (meist Plural) ⟨*gr.-nlat.*⟩: (Zool.) Saugwurm

trem|bḻie|ren [trãˈbli:...] ⟨*lat.-vulgärlat.-fr.*⟩: eine gewellte Linie gravieren

tre|mo̱l|lan|do ⟨*lat.-vulgärlat.-it.*⟩: (Mus.) zitternd, bebend, mit Tremolo (1) auszuführen; Abk.: trem. (Vortragsanweisung)

tre|mo̱l|lie|ren u. tremulieren: (Mus.) 1. mit einem Tremolo (1) ausführen, vortragen, spielen.
2. mit einem Tremolo (2) singen

Tre̱l|mo̱l|lo *das;* -s, -s u. ...li: (Mus.)
1. bei Tasten-, Streich- od. Blasinstrumenten in verschiedener Weise erzeugte Bebung. 2. [fehlerhafte] bebende Tonführung beim Gesang

Tre̱l|mor *der;* -s, ...o̱res ⟨*lat.*⟩: (Med.) Muskelzittern, rhythmische Zuckungen einzelner Körperteile (z. B. der Lippen)

Tre|mu̱ḻlant *der;* -en, -en ⟨*lat.-vulgärlat.*⟩: Vorrichtung an der Orgel, die den Ton einzelner Register zu einem vibratoähnlichen Schwanken der Lautstärke bringt

tre|mu̱ḻlie|ren vgl. tremolieren

Trench|coat [ˈtrɛntʃko:t] *der;* -[s], -s ⟨*engl.*⟩: zweireihiger [Regen]mantel mit Schulterklappen u. Gürtel

Tre̱nd *der;* -s, -s ⟨*engl.*⟩: Grundrichtung einer [statistisch erfassbaren] Entwicklung, Entwicklungstendenz

Tre̱nd|scout [...ska̱ut] *der;* -s, -s: jmd., der Trends nachspürt

Tre̱nd|set|ter *der;* -s, -: a) jmd., der etwas Bestimmtes in Mode

bringt, der einen Trend auslöst;
b) Produkt, das auf dem Markt einen Trend auslöst. **Tre̱nd|set|te|rin** *die;* -, -nen: weibliche Form zu ↑ Trendsetter (a)

tre̱n|dy: (Jargon) modisch; dem vorherrschenden Trend entsprechend

Trente-et-qua|rante [trãtekaˈrã:t] *das;* - ⟨*lat.-fr.;* „dreißig u. vierzig"⟩: Kartenglücksspiel

Trente-et-un [trãteˈœ̃] *das;* - ⟨„einunddreißig"⟩: Kartenglücksspiel

Tre|pa̱n *der;* -s, -e ⟨*gr.-mlat.-fr.*⟩: (Med.) Bohrgerät zur Durchbohrung der knöchernen Schädeldecke

Tre|pa|na|ti|o̱n *die;* -, -en: (Med.) operative Schädelöffnung mit dem Trepan

Tre̱|pang *der;* -s, -e u. -s ⟨*malai.-engl.*⟩: getrocknete Seegurke (chinesisches Nahrungsmittel)

tre|pa|nie̱|ren ⟨*gr.-mlat.-fr.*⟩: (Med.) den Schädel mit dem ↑ Trepan aufbohren

Tre|phi̱|ne *die;* -, -n ⟨*lat.-engl.*⟩: (Med.) kleine Ringsäge zur Entnahme kleiner Gewebsteilchen

Tre̱|sor *der;* -s, -e ⟨*gr.-lat.-fr.;* „Schatz, Schatzkammer"⟩: Panzerschrank, Stahlkammer [einer Bank] zur Aufbewahrung von Wertgegenständen

tres|sie̱|ren ⟨*it.-fr.*⟩: (Perückenmacherei) kurze Haare mit Fäden aneinander knüpfen

très vite [trɛˈvit] ⟨*fr.*⟩: (Mus.) sehr schnell (Vortragsanweisung)

Treu̱|ga De̱i *die;* - - ⟨*mlat.;* „Gottesfriede"⟩: (hist.) im Mittelalter das Verbot einer Fehde an bestimmten Tagen (dessen Übertretung Exkommunikation u. Vermögensentzug zur Folge haben konnte)

Tre|vi̱|ra ® *das;* -[s] ⟨Kunstw.⟩: aus synthetischer Faser hergestelltes Gewebe

¹Tri̱| a̱|de *die;* -, -n ⟨*gr.-lat.;* „Dreizahl, Dreiheit"⟩: 1. (Rel.) Gruppe von drei Göttern (z. B. Vater, Mutter, Sohn). 2. die Dreiheit aus ↑ Strophe (1), ↑ Antistrophe u. ↑ Epode (2) als Kompositionsform bes. in der altgriechischen Tragödie

²Tri̱| a̱|de *die;* -, -n (meist Plural) ⟨*gr.-lat.-engl.*⟩: von Chinesen im Ausland getragene kriminelle Geheimorganisation, Gruppen der organisierten Kriminalität

tri̱| a̱|disch ⟨*gr.-lat.*⟩: die ¹Triade betreffend

Tri̱| a̱|ge [...ʒə] *die;* -, -n ⟨*fr.*⟩:
1. Ausschuss (bei Kaffeebohnen). 2. das Einteilen der Verletzten (bei einem Katastrophenfall) nach der Schwere ihrer Verletzungen

Tri̱| a̱|kis|do̱|de|ka̱e̱|der *das;* -s, - ⟨*gr.-nlat.*⟩: (Math.) Körper, der von 36 Flächen begrenzt wird

¹Tri̱|al *der;* -s, -e ⟨*lat.-nlat.*⟩: (Sprachw.) Numerus, der eine Dreizahl ausdrückt

²Tri̱|al [ˈtra̱ial] *das;* -s, -s ⟨*engl.*⟩: fahrtechnische Geschicklichkeitsprüfung für Motorradfahrer

Tri̱|al-and-Eṟ|ror-Me̱|tho̱|de [ˈtra̱ial-ənd'ɛrə...] *die;* - ⟨*engl.; gr.-lat.*⟩:
1. Lernverfahren, das davon ausgeht, dass Fehler zum Lernprozess gehören. 2. Methode, den besten Weg zur Lösung eines Problems zu finden, indem verschiedene Möglichkeiten ausprobiert werden, um Fehler[quellen] zu finden u. zu beseitigen

Tri̱| a̱|lis|mus *der;* - ⟨*lat.-nlat.*⟩: philosophische Lehre, nach der in der Welt das Dreiteilungsprinzip vorherrscht (z. B. Leib–Seele–Geist od. These–Antithese–Synthese bei Hegel).

tri̱| a̱|lis̱| tisch: 1. den Trialismus betreffend. 2. (Kunstschach) mit drei Nebenlösungen [in einem Abspiel] behaftet

Tri̱|an|gel *der* (österr.: *das*); -s, - ⟨*lat.;* „dreieckig; Dreieck"⟩:
1. Schlaginstrument in Form eines dreieckig gebogenen Stahlstabes, der, frei hängend u. mit einem Metallstäbchen angeschlagen, einen hellen, der Tonhöhe nicht bestimmbaren Ton angibt. 2. (ugs.) Winkelriss in Kleidungsstücken

tri̱|an|gu̱|läṟ: dreieckig

Tri̱|an|gu̱|la̱|ti̱|on *die;* -, -en ⟨*lat.-mlat.*⟩: 1. (Geodäsie) Festsetzung eines Netzes von Dreiecken zur Landvermessung. 2. geometrisches Hilfsmittel in Gestalt eines gleichseitigen Dreiecks zur Bestimmung u. Konstruktion von Maßverhältnissen eines Bauwerks od. seiner Teile. 3. bestimmte Veredelungsart bei Gehölzen

Tri̱|an|gu̱|la̱|tur *die;* -: (bes. in der gotischen Baukunst) Konstruktionsschema, bei dem gleichseitige od. spitzwinklige Dreiecke als Maßgrundlage u. Gliederungshilfsmittel dienen

tri|an|gu|lie|ren: (Geodäsie) mithilfe der Triangulation (1) vermessen. **Tri|an|gu|lie|rung** die; -, -en: ↑ Triangulation (1)

Tri|ar|chie die; -, ...ien ⟨gr.⟩: ↑ Triumvirat

Tri|a|ri|er der; -s, - (meist Plural) ⟨lat.⟩: altgedienter, schwer bewaffneter Soldat im alten Rom, der in der dritten Schlachtreihe kämpfte

Tri|as die; -, - ⟨gr.-lat.; „Dreiheit"⟩: 1. (ohne Plural; Geol.) erdgeschichtliche Formation des ↑ Mesozoikums, die Buntsandstein, Muschelkalk u. Keuper umfasst. 2. Dreizahl, Dreiheit. 3. ↑ ¹Triade (1)

tri|as|sisch ⟨gr.-nlat.⟩: die Trias (1) betreffend

Tri|ath|let der; -en, -en ⟨gr.; lat.⟩: jmd., der Triathlon betreibt. **Tri|ath|le|tin** die; -, -nen: weibliche Form zu ↑ Triathlet

¹Tri|ath|lon das; -s ⟨gr.; „Dreikampf"; nach ↑ ¹Biathlon⟩: an einem Tag zu absolvierender Mehrkampf aus Schwimmen, Radfahren u. Laufen

²Tri|ath|lon der; -s, -s: einzelner Wettkampf im ¹Triathlon

Tri|bal|de die; -, -n ⟨gr.-lat.⟩: (veraltet) lesbische Frau

Tri|bal|die die; - u. **Tri|bal|dis|mus** der; - ⟨gr.-nlat.⟩: lesbische Liebe

Tri|ba|lis|mus der; - ⟨lat.-nlat.⟩: Stammesbewusstsein, -zugehörigkeitsgefühl (bes. in Afrika). **tri|ba|lis| tisch:** den Tribalismus betreffend, zu ihm gehörend, auf ihm beruhend

Tri|bo|e|lek|t| ri|zi|tät die; - ⟨gr.-nlat.⟩: entgegengesetzte elektrische Aufladung zweier verschiedener ↑ Isolatoren, wenn sie aneinander gerieben werden

Tri|bo|lo|gie die; -: Wissenschaft von Reibung, Verschleiß u. Schmierung gegeneinander bewegter Körper

Tri|bo|lu|mi|nes|zenz die; -, -en ⟨gr.; lat.-nlat.⟩: Lichterscheinung, die beim Zerbrechen mancher Stoffe od. während des Auskristallisierens auftritt (z. B. bei Quarzkristall)

Tri|bo|me|ter das; -s, - ⟨gr.-nlat.⟩: (Techn.) Gerät zur Ermittlung des Reibungskoeffizienten

Tri|bra|chys der; -, - ⟨gr.-lat.⟩: antiker Versfuß aus drei Kürzen (◡ ◡ ◡)

Tri|bu|la|ti|on die; -, -en ⟨lat.⟩: (veraltet) Drangsal, Quälerei. **tri|bu|lie|ren:** (landsch.) quälen, [mit Bitten] plagen, durch ständiges Fragen in Atem halten

Tri|bun der; -s u. -en, -e[n] ⟨lat.⟩: 1. altrömischer Volksführer. 2. zweithöchster Offizier einer altrömischen Legion

Tri|bu|nal das; -s, -e ⟨lat. (-fr.)⟩: 1. im Rom der Antike der erhöhte Platz, auf dem der Prätor Recht sprach. 2. [hoher] Gerichtshof. 3. Forum, das in einer öffentlichen Untersuchung gegen behauptete Rechtsverstöße von Staaten o. Ä. protestiert; [Straf]gericht

Tri|bu|nat das; -[e]s, -e ⟨lat.⟩: Amt, Würde eines Tribuns

Tri|bü|ne die; -, -n ⟨lat.-it.-fr.⟩: 1. Rednerbühne. 2. a) erhöhtes Gerüst mit Sitzplätzen für Zuschauer; b) die Zuschauer auf einem solchen Gerüst

tri|bu|ni|zisch ⟨lat.⟩: einen Tribunen betreffend

Tri|bus die; -, - [...bu:s] ⟨lat.⟩: 1. Wahlbezirk im antiken Rom. 2. (Biol.) Kategorie, die nah verwandte Gattungen einer Familie od. Unterfamilie zusammenfasst; Gattungsgruppe

Tri|but der; -[e]s, -e: 1. im Rom der Antike die direkte Steuer. 2. Opfer, Beitrag. 3. schuldige Verehrung, Hochachtung

tri|bu|tär: (veraltet) steuer-, zinspflichtig

Tri|ce|ra|tops der; -, -[e] ⟨gr.⟩: Pflanzen fressender Saurier der Kreidezeit

Tri|ch|al|gie die; -, ...ien ⟨gr.-nlat.⟩: (Med.) Berührungsschmerz im Bereich der Kopfhaare

Tri|chi|a|sis die; -, ...asen ⟨gr.-lat.⟩: (Med.) angeborener od. erworbener Misswuchs der Wimpern nach innen, sodass sie auf dem Augapfel reiben

Tri|chi|ne die; -, -n (meist Plural) ⟨gr.-engl.⟩: parasitischer Fadenwurm (Übertragung auf den Menschen durch infiziertes Fleisch). **tri|chi|nös:** von Trichinen befallen. **Tri|chi|no|se** die; -, -n: (Med.) durch Trichinen verursachte Erkrankung

Tri|chit der; -s u. -en, -e[n] ⟨gr.-nlat.⟩: kleinstes, nicht mehr be-

stimmbares Mineralindividuum in Haarform

Tri|chlor|äl| then u. **Tri|chlor|äl| thy|len** das; -s ⟨gr.; nlat.⟩: unbrennbares Lösungsmittel; Extraktions- u. Narkosemittel

Tri|chom das; -s, -e ⟨gr.⟩: durch starke Verlausung bedingte Verfilzung der Haare

Tri|cho|mo|nas die; -, ...naden (meist Plural): (Med.) Gattung begeißelter Kleinlebewesen, die im Darm u. in der Scheide leben u. dort Krankheiten hervorrufen können

Tri|cho|mo|ni| a|se die; -, -n: (Med.) Erkrankung durch Trichomonaden

Tri|cho|phy|tie die; -, ...ien ⟨gr.-nlat.⟩: (Med.) Scherpilzflechte der Haut, Haare, Nägel

Tri|cho|phy|to|se die; -, -n: (Med.) aus einer Trichophytie hervorgehende Allgemeininfektion des Körpers

Tri|chop| ti||lo|se die; -, -n: (Med.) krankhafte Brüchigkeit der Haare mit Aufspaltung in Längsrichtung

Tri|cho|se die; -, -n: (Med.) Anomalie der Behaarung

Tri|cho|spo|rie die; -, ...ien: (Med.) eine Pilzkrankheit der Haare

¹Tri|cho|to|mie die; -, ...ien ⟨gr.-nlat.⟩: (veraltet) Haarspalterei

²Tri|cho|to|mie die; - ⟨gr.; „Dreiteilung"⟩: 1. (Rel.) Anschauung von der Dreiteilung des Menschen in Leib, Seele u. Geist. 2. (Rechtsw.) Einteilung der Straftaten nach ihrer Schwere in Übertretungen, Vergehen u. Verbrechen. 3. ↑ Trialismus

Tri|cho|ze|pha|lus der; -, ...li u. ...phalen ⟨gr.-nlat.⟩: (Biol.) Peitschenwurm

Tri|ch|u|ri|a|sis die; -: (Med.) eine Wurmerkrankung des Menschen

Tri|ch|u|ris die; -: (Biol.) Gesamtheit der Fadenwürmer

Tri|ci|ni|um das; -s, ...ia u. ...ien ⟨lat.⟩: (Mus.) dreistimmiger, meist kontrapunktischer Satz für Singstimmen

Trick der; -s, -s ⟨fr.-engl.⟩: 1. listig ausgedachtes, geschicktes Vorgehen; Kunstgriff, Kniff, Finesse. 2. bei einer artistischen Vorführung ausgeführte, verblüffende Aktion

trick|sen: (ugs.) sich eines Tricks

bedienen; mit Tricks bewerkstelligen

¹**Trick|ski** *der; -[s], - u. -er*: spezieller, bes. elastischer Ski

²**Trick|ski** *das; -s*: Sportart, bei der auf ↑ Trickskiern bes. kunstvolle Schwünge, Drehungen u. Sprünge ausgeführt werden

Tricks|ter *der; -s, - ⟨engl.⟩*: mythologische Gestalt, die durch ein unberechenbares, betrügerisches, aber auch schelmisches Wesen charakterisiert ist

Trick|track *das; -s, -s ⟨fr.⟩*: ein Brett- u. Würfelspiel

tri|cky *[...ki] ⟨engl.⟩*: (ugs.) a) trickreich, listig; b) knifflig, schwierig (von Sachen)

Tri|dent *der; -[e]s, -e ⟨lat.⟩*: Dreizack

tri|den|ti|nisch *⟨lat.-mlat.⟩*: zu der Stadt Trient gehörend

Tri|du|um *das; -s, ...duen ⟨lat.⟩*: Zeitraum von drei Tagen (bes. für katholische kirchliche Veranstaltungen)

Tri|dy|mit *[auch: ...'mɪt] der; -s, -e ⟨gr.-nlat.⟩*: 1. ein Mineral. 2. eine Modifikation von Siliciumoxid

Tri|e|der|bi|n|o|kel *das; -s, - ⟨gr.; lat.-nlat.-fr.⟩*: Doppelfernrohr

tri|en|nal *⟨lat.⟩*: a) drei Jahre dauernd; b) alle drei Jahre [stattfindend]. **Tri|en|na|le** *die; -, -n*: Veranstaltung im Turnus von drei Jahren

Tri|en|ni|um *das; -s, ...ien*: Zeitraum von drei Jahren

Tri|e|re *die; -, -n ⟨gr.-lat.⟩*: Dreiruderer (antikes Kriegsschiff mit drei übereinander liegenden Ruderbänken)

Tri|eur *[tri'ø:ɐ] der; -s, -e ⟨lat.-vulgärlat.-fr.⟩*: Maschine zum Trennen von Gemischen fast gleicher Körnungsgrößen (z. B. bei der Getreidereinigung)

Tri|fle *['traɪfl] das; -s, -s ⟨engl.⟩*: kuchenartige englische Süßspeise

Tri|fo|kal|glas *das; -es, ...gläser* (meist Plural) *⟨lat.-nlat.; dt.⟩*: Dreistärkenglas, Brillenglas für drei Entfernungen; vgl. Bifokalglas

Tri|fo|li|um *das; -s, ...ien ⟨lat.; „Dreiblatt"⟩*: 1. (Bot.) Klee (Schmetterlingsblütler). 2. drei Personen, die als zusammengehörig gelten, sich zusammengehörig fühlen; Kleeblatt

Tri|fo|ri|um *das; -s, ...ien ⟨lat.-mlat.⟩*: (Archit.) in romanischen u. bes. in gotischen Kirchen unter den Chorfenstern vorgeblendete Wandgliederung, die später zu einem Laufgang ausgebildet wurde

Tri|ga *die; -, -s u. ...gen ⟨lat.⟩*: Dreigespann

Tri|ge|mi|nus *der; -, ...ni ⟨lat.⟩*: (Med.) im Mittelhirn entspringender 5. Hirnnerv, der sich in 3 Hauptäste gabelt

Trig|ger *der; -s, - ⟨engl.⟩*: 1. [elektronisches] Schaltelement zum Auslösen eines anderen Schaltvorgangs. 2. a) einen Schaltvorgang auslösender Impuls; b) (Physiol.) auslösender Reiz [für einen Anfall]

trig|gern: (Fachspr.) einen Vorgang mittels eines Triggers auslösen

Trig|ger|punkt *der; -[e]s, -e*: (Physiol.) umschriebene, tastbar verhärtete Stelle im Muskelod. Unterhautgewebe, die auf Druck schmerzhaft reagiert

Tri|glot|te *die; -, -n ⟨gr.-nlat.⟩*: Werk, auch Wörterbuch in drei Sprachen; vgl. ²Polyglotte

Tri|glyph *der; -s, -e u.* **Tri|gly|phe** *die; -, -n ⟨gr.-lat.⟩*: mit den ↑ Metopen abwechselndes dreiteiliges Feld am Fries des dorischen Tempels

Tri|gon *das; -s, -e ⟨gr.-lat.⟩*: Dreieck

tri|go|nal: dreieckig

Tri|go|nal|zahl *die; -, -en*: Dreieckszahl

Tri|go|no|me|ter *der; -s, - ⟨gr.-nlat.⟩*: (Geodäsie) mit ↑ Triangulation (1) beschäftigter Vermesser

Tri|go|no|me|t|rie *die; -*: (Math.) Dreiecksmessung; Zweig der Mathematik, der sich mit der Berechnung von Dreiecken unter Benutzung der trigonometrischen Funktionen befasst.

tri|go|no|me|t|risch: die Trigonometrie betreffend

Tri|ke|ri|on *das; -s, ...rien ⟨gr.⟩*: zu den Insignien eines Bischofs in den Kirchen des Ostens gehörender dreiarmiger Leuchter

tri|klin, tri|kli|nisch *⟨gr.-nlat.⟩*: (Kristallographie) auf drei verschieden große Achsen bezogen, die sich schiefwinklig schneiden

Tri|kli|ni|um *das; -s, ...ien ⟨gr.-lat.⟩*: 1. an einen Seiten von Polstern für je drei Personen umgebener

altrömischer Esstisch. 2. altrömisches Speisezimmer

Tri|ko|li|ne *die; - ⟨Kunstw.⟩*: ripsartiger Oberhemdenstoff in Leinwandbindung (Webart)

tri|ko|lor *⟨lat.⟩*: dreifarbig. **Tri|ko|lo|re** *die; -, -n ⟨lat.-fr.⟩*: dreifarbige Fahne, bes. die französische Nationalfahne

Tri|kom|po|si|tum *das; -s, ...ta*: (Sprachw.) dreigliedrige Zusammensetzung (z. B. Einzimmerwohnung)

¹**Tri|kot** *[...'ko:, auch: 'trɪko] der* (selten auch: *das*); *-s, -s ⟨fr.⟩*: maschinengestricktes Gewebe

²**Tri|kot** *das; -s, -s*: a) meist eng anliegendes, gewirktes, hemdartiges Kleidungsstück, das bes. beim Sport getragen wird; b) ²Trikot (a) in bes. festgelegter Farbe zur Kennzeichnung des Spitzenreiters bei Radrennen über mehrere Etappen

Tri|ko|ta|ge *[...ʒə] die; -, -n ⟨fr.⟩*: Wirkware

Tri|ko|tine *[...'ti:n] der; -s, -s*: trikotartiger, gewebter Wollstoff

Tri|ku|s|pi|dal|klap|pe *die; -, -n ⟨lat.-nlat.; dt.⟩*: (Med.) dreizipflige Klappe zwischen rechtem Herzvorhof u. rechter Herzkammer

tri|la|te|ral *⟨lat.⟩*: dreiseitig, von drei Seiten ausgehend, drei Seiten betreffend

Tri|lem|ma *das; -s, -s u. -ta ⟨gr.-nlat.⟩*: (Logik) die dreiteilige Annahme

tri|lin|gu|isch *⟨lat.⟩*: dreisprachig

Tri|lith *der; -s od. -en, -e[n] ⟨gr.; „dreisteinig"⟩*: vorgeschichtliches Steindenkmal (Bronzezeit u. Jüngere Steinzeit)

Tril|li|ar|de *die; -, -n ⟨lat.-nlat.⟩*: 1 000 Trillionen (= 10^{21})

Tril|li|on *die; -, -en*: eine Million Billionen (= 10^{18})

Tri|lo|bit *[auch: ...'bɪt] der; -en, -en ⟨gr.-nlat.⟩*: Dreilappkrebs; ausgestorbener Urkrebs

Tri|lo|gie *die; -, ...ien ⟨gr.⟩*: Folge von drei eine innere Einheit bildenden Werken

Tri|ma|ran *der; -s, -e ⟨lat.; tamil.-engl.⟩*: offenes Segelboot mit drei Rümpfen

tri|mer *⟨gr.⟩*: (Bot.) dreiteilig (z. B. von Fruchtknoten, die aus drei Fruchtblättern hervorgegangen sind)

Tri|mes|ter *das; -s, - ⟨lat.⟩*: (Unterrichtswesen) Zeitraum von drei

Monaten; Dritteljahr eines Unterrichtsjahres

Tri|me|ter *der; -s, -* ⟨*gr.-lat.*⟩: aus drei Metren bestehender antiker Vers; ↑ Senar

tri|morph, auch: trimorphisch ⟨*gr.*⟩: (Bot.) dreigestaltig (z. B. von Pflanzenfrüchten); vgl. ...isch/-. **Tri|mor|phie** *die; -* u. **Tri|mor|phis|mus** *der; -* ⟨*gr.-nlat.*⟩: (Bot.) Dreigestaltigkeit (z. B. von Früchten einer Pflanze)

Tri|mur|ti *die; -* ⟨*sanskr.*⟩: göttliche Dreifaltigkeit des ↑ Hinduismus (Brahma, Wischnu u. Schiwa)

tri|när ⟨*lat.*⟩: dreifach, dreiteilig

Tri|na|ti|on *die; -, -en* ⟨*lat.-nlat.*⟩: dreimaliges Lesen der Messe an einem Tage durch denselben Priester (z. B. Allerseelen u. Weihnachten); vgl. Bination

Tri|ni|ta|ri|er *der; -s, -* ⟨*lat.-nlat.*⟩: 1. Bekenner der Dreieinigkeit, Anhänger der Lehre von der Trinität; Ggs. ↑ Unitarier. 2. Angehöriger eines katholischen Bettelordens

tri|ni|ta|risch: die [Lehre von der] Trinität betreffend

Tri|ni|tät *die; -* ⟨*lat.*⟩: Dreieinigkeit, Dreifaltigkeit Gottes (Gott Vater, Sohn u. Heiliger Geist)

Tri|ni|ta|tis *das; -:* Sonntag nach Pfingsten (Fest der Dreifaltigkeit)

Tri|ni|t rolphe|nol *das; -s* ⟨*Kunstw.*⟩: ↑ Pikrinsäure

Tri|ni|t ro|to|lu|ol *das; -s* ⟨*Kunstw.*⟩: stoßunempfindlicher Sprengstoff (bes. für Geschosse); vgl. Trotyl

Tri|nom *das; -s -e* ⟨*lat.-nlat.*⟩: (Math.) Zahlengröße aus drei Gliedern (z. B. x + y + z). **tri|nomisch:** (Math.) dreigliedrig, aus drei Gliedern bestehend

Trio *das; -s, -s* ⟨*lat.-it.*⟩: 1. a) Musikstück für drei Instrumente; b) Mittelteil des ↑ Menuetts od. ↑ Scherzos. 2. Vereinigung von drei Instrumental-, seltener Vokalsolisten. 3. (oft iron.) drei Personen, die etwas gemeinsam ausführen

Tri|o| de *die; -, -n* ⟨*gr.-nlat.*⟩: Verstärkerröhre mit drei Elektroden (Anode, Kathode u. Gitter)

Tri| o|le *die; -, -n* ⟨*lat.-it.*⟩: 1. (Mus.) Notengruppe von drei Tönen, die den Taktwert von zwei od. vier Noten hat. 2. ↑ Triolismus

Tri| o|lett *das; -[e]s, -e* ⟨*lat.-fr.*⟩:

achtzeilige Gedichtform mit zwei Reimen, wobei die erste Zeile als vierte u. die ersten beiden als letzte Zeilen wiederholt werden

Tri| o|lis|mus *der; -* ⟨*lat.-nlat.*⟩: Geschlechtsverkehr zwischen drei Partnern. **tri| o|lis| tisch:** den Triolismus betreffend, zu ihm gehörend

Tri|o| val *das; -s, -e* ⟨*lat.*⟩: (Motorsport) dreieckförmige Rennstrecke mit ovalen Kurven

Tri|ö| zie *die; -* ⟨*gr.-nlat.*⟩: (Bot.) Dreihäusigkeit von Pflanzen. **tri| ö|zisch:** (Bot.) dreihäusig (von Pflanzen, bei denen zwittrige, weibliche u. männliche Blüten auf drei Pflanzen derselben Art verteilt sind)

Trip *der; -s, -s* ⟨*germ.-fr.-engl.*⟩: 1. Ausflug, Reise, Fahrt. 2. a) Rauschzustand nach dem Genuss eines Rauschgiftes; b) ↑ Hit (2)

Tri|pal|mi|tin *das; -s:* Bestandteil vieler pflanzlicher u. tierischer Fette

¹**Tri|pel** *das; -s, -* ⟨*lat.-fr.*⟩: (Math.) die Zusammenfassung dreier Dinge (z. B. Dreieckspunkte, Dreiecksseiten)

²**Tri|pel** *der; -s, -:* (veraltet) dreifacher Gewinn

³**Tri|pel** *der; -s* ⟨nach der Stadt Tripolis⟩: (Geol.) Kieselerde

Tri|pel|al|li|anz *die; -, -en* ⟨*lat.-fr.*⟩: staatlicher Dreibund

Tri|pel|en|tente [...ãtã:t] *die; -, -n:* ↑ Tripelallianz

Tri|pel|fu|ge *die; -, -n:* (Mus.) ↑ Fuge mit drei selbstständigen Themen

Tri|pel|kon|zert *das; -[e]s, -e:* Konzert für drei Soloinstrumente mit Orchester

Tri|phl thong *der; -s, -e* ⟨*gr.-nlat.*⟩: (Sprachw.) Dreilaut; drei eine Silbe bildende Selbstlaute (z. B. it. miei „meine")

Tri|pi|talka *das; -* ⟨*sanskr.; „Dreikorb"*⟩: der aus drei Teilen bestehende ↑ Kanon (5 b) des Buddhismus

Tri|pla: *Plural von* ↑ Triplum

Tri|plé [...'ple:] *das; -s, -s:* (Billardspiel) Zweibandenball

Tri|plet [...'ple:] *das; -s, -s;* ↑ Triplett (3)

Tri|plett *das; -s -e u. -s:* 1. (Phys.) drei miteinander verbundene Serien eines Linienspektrums. 2. (Biol.) Kombination von drei

aufeinander folgenden Basen einer Nukleinsäure, die den Schlüssel für den Aufbau einer Aminosäure darstellen. 3. aus drei Linsen bestehendes optisches System

Tri|plet|te *die; -, -n:* aus drei Teilen zusammengesetzter, geschliffener Schmuckstein

tri|plie|ren: verdreifachen

Tri|plik *die; -, -en* ⟨*lat.-nlat.*⟩: (Rechtsspr. veraltend) die Antwort des Klägers auf eine ↑ Duplik des Beklagten

Tri|pli|kat *das; -[e]s, -e* ⟨*lat.*⟩: dritte Ausfertigung [eines Schreibens]

Tri|pli|ka|ti|on *die; -, -en:* (Rhet.) dreimalige Wiederholung desselben Wortes, derselben Wortgruppe

Tri|plit [auch: ...'plıt] *der; -s, -e* ⟨*gr.-nlat.*⟩: Mineral, Eisenpecherz

Tri|pli|zi|tät *die; -, -en* ⟨*lat.*⟩: Dreifachheit; dreifaches Vorkommen

tri|p| lo|id ⟨*gr.-nlat.*⟩: (Biol.) einen dreifachen Chromosomensatz aufweisend (von Zellen)

Tri|plum *das; -s, Tripla* ⟨*lat.*⟩: (veraltet) Dreifaches

Trip|ma|dam *die; -, -en* ⟨*fr.*⟩: Fetthenne

Tri|po|den: *Plural von* ↑ Tripus

Tri|po|die *die; -, ...ien* ⟨*gr.; „Dreifüßigkeit"*⟩: Verbindung dreier Versfüße (rhythmischer Einheiten) zu einem Verstakt; vgl. Monopodie u. Dipodie

Tri|po|ta|ge [...ʒə] *die; -, -n* ⟨*fr.*⟩: (veraltet) Kniff, Ränke, bes. Geld-, Börsenschwindel

Tri|p| tik vgl. Triptyk

Trip|ton *das; -s* ⟨*gr.-nlat.*⟩: im Wasser schwebender, feinster organischer ↑ Detritus (2)

Tri|p| ty|chon *das; -s, ...chen u. ...cha* ⟨*gr.*⟩: dreiteiliges [Altar]bild, bestehend aus dem Mittelbild u. zwei Seitenflügeln; vgl. Diptychon, Polyptychon

Tri|p| tyk u. Triptik *das; -s, -s* ⟨*gr.-fr.-engl.*⟩: dreiteiliger Grenzübertrittsschein für Kraft- u. Wasserfahrzeuge

Tri|pus [...pu:s] *der; -, ...poden* ⟨*gr.-lat.*⟩: Dreifuß; altgriechisches dreifüßiges Gestell für Gefäße

Tri|re|me *die; -, -n* ⟨*lat.*⟩: ↑ Triere

Tri|ro|t| ron *das; -s, -s* (auch:

...one⟩ ⟨gr.⟩: Hochfrequenz-Hochleistungsverstärker, der mit beschleunigten Elektronen arbeitet

Tri|sek|ti|on die; - ⟨lat.-nlat.⟩: (Math.) Dreiteilung (bes. von Winkeln)

Tri|sek|t| rix die; -, ...tri̱zes od. ...tri̱zen: (Math.) zur Dreiteilung eines Winkels verwendete Kurve

Tri|set das; -[s], -s ⟨lat.; lat.-fr.-engl.⟩: drei zusammengehörende Dinge

Tris|ha|gi|on das; -s, ...ien ⟨gr.-mgr.; „dreimal heilig"⟩: dreimalige Anrufung Gottes, bes. in der orthodoxen Liturgie

Tris|kai|de|ka|pho|bie die; - ⟨gr. triskaideka „13"⟩: Angst vor der Zahl 13

Tris|mus der; -, ...men ⟨gr.-lat.⟩: (Med.) Kiefersperre, Kaumuskelkrampf

Tri|so|mie die; - ⟨gr.-nlat.⟩: (Med.) das Auftreten eines überzähligen Chromosoms, das im diploiden Chromosomensatz nicht zweimal, sondern dreimal vorkommt

trist ⟨lat.-fr.⟩: traurig, öde, trostlos, freudlos; langweilig, unfreundlich, jämmerlich

Tris| tesse [...ˈtɛs] die; -, -n [...sṇ]: Traurigkeit, Trübsinn, Melancholie, Schwermut

tri|s| tich ⟨gr.⟩: (Bot.) dreizeilig (von der Anordnung der Blätter od. Seitenwurzeln in drei Längszeilen)

Tri|s| ti|chi| a|sis die; - ⟨gr.-nlat.⟩: (Med.) angeborene Anomalie des Augenlids mit drei Wimpernreihen

Tri|s| ti|chon das; -s, ...chen: aus drei Versen bestehende Versgruppe

Tris| ti|en die (Plural) ⟨lat.⟩: Trauergedichte (bes. die des römischen Dichters Ovid über seine Verbannung)

tri|syl|la|bisch ⟨gr.-lat.-nlat.⟩: dreisilbig

Tri|syl|la|bum das; -s, ...syllaba ⟨gr.-lat.⟩: dreisilbiges Wort

Tri| t| a| go|nist der; -en, -en ⟨gr.⟩: dritter Schauspieler im altgriechischen Drama; vgl. Deuteragonist u. Protagonist (1)

Tri| t| a| n| o| pie die; -, ...ien ⟨gr.-nlat.⟩: (Med.) Violettblindheit

Tri|te|ri|um das; -s ⟨gr.-nlat.⟩: ↑ Tritium

Tri|the|mi|me|res die; -, - ⟨gr.⟩: (antike Metrik) Zäsur nach dem dritten Halbfuß im Hexameter

Tri|ti|cum das; -s ⟨lat.; „Weizen"⟩: Getreidepflanzengattung mit zahlreichen Weizenarten

Tri|ti|um das; -s ⟨gr.-nlat.⟩: radioaktives Wasserstoffisotop, überschwerer Wasserstoff; Zeichen: T

Tri|to|je|sa|ja der; - ⟨gr.⟩: unbekannter, der Zeit nach dem babylonischen Exil angehörender Verfasser von Jesaja 56–66; vgl. Deuterojesaja

¹Tri|ton der; ...onen, ...onen ⟨gr.-lat.⟩: 1. a) (ohne Plural) griechischer Meergott, Sohn des Poseidon u. der Amphitrite; b) (nur Plural) griechische Meergötter im Gefolge Poseidons. 2. (Biol.) Salamandergattung mit zahlreichen einheimischen Arten

²Tri|ton das; -s, -s ⟨Kunstw.⟩: (österr.) Kinder[tritt]roller

³Tri|ton das; -s, ...onen ⟨gr.-nlat.⟩: Atomkern des ↑ Tritiums

Tri|to|nus der; - ⟨gr.-nlat.⟩: (Mus.) die übermäßige Quarte, die ein Intervall von drei Ganztönen ist

Tri|tu|ra|ti|on die; -, -en ⟨lat.-mlat.⟩: (Med.) Verreibung eines festen Stoffes (bes. einer Droge) zu Pulver; Pulverisierung

Tri|umph der; -[e]s, -e ⟨lat.⟩: 1. a) großer Erfolg, Sieg; b) Genugtuung, Frohlocken, Siegesfreude. 2. im Rom der Antike der feierliche Einzug eines siegreichen Feldherrn

tri|um|phal: herrlich, ruhmvoll, glanzvoll, großartig

tri|um|phant: a) triumphierend, frohlockend; b) siegreich, erfolgreich

Tri|um|pha|tor der; -s, ...oren ⟨lat.⟩: 1. im Rom der Antike feierlich einziehender siegreicher Feldherr. 2. frohlockender, jubelnder Sieger

tri|um|phie|ren: a) jubeln, frohlocken; b) jmdm. hoch überlegen sein; über jmdn., etwas siegen

Tri|um|vir [...vɪr] der; -s u. -n, -n ⟨lat.⟩: Mitglied eines Triumvirats. **Tri|um|vi|rat** das; -[e]s, -e: (in der römischen Antike) Bund dreier Männer (als eine Art Kommission zur Erledigung bestimmter Staatsgeschäfte)

tri|va|lent ⟨lat.-nlat.⟩: (Chem.) dreiwertig

tri|vi|al ⟨lat.-fr.; „zum Dreiweg gehörend, jedermann zugänglich"⟩: a) im Ideengehalt, gedanklich recht unbedeutend, nicht originell; b) alltäglich, gewöhnlich, nichts Auffälliges aufweisend

tri|vi| a|li|sie|ren: etwas trivial machen, ins Triviale ziehen

Tri|vi| a|li|tät die; -, -en: Plattheit, Seichtheit, Alltäglichkeit

Tri|vi| a|l|li|te|ra|tur die; -: Unterhaltungs-, Konsumliteratur, die auf den Geschmack eines anspruchslosen Leserkreises zugeschnitten ist

Tri|vi| a|l| na|me der; -ns, -n: herkömmliche, volkstümliche, nicht nach gültigen systematischen Gesichtspunkten gebildete Bezeichnung einer Tier-, Pflanzenart, von Chemikalien (z. B. Kochsalz, Soda)

Tri|vi|um das; -s ⟨lat.-mlat.; „Dreiweg"⟩: im mittelalterlichen Universitätsunterricht die drei unteren Fächer: Grammatik, Rhetorik, Dialektik; vgl. Quadrivium

Tri|zeps der; -[es], -e ⟨lat.⟩: (Med.) dreiköpfiger Muskel des Oberarms, der den Unterarm im Ellbogengelenk streckt

tro|chä|isch [...x...] ⟨gr.-lat.⟩: den Trochäus betreffend; aus Trochäen bestehend. **Tro|chä|us** der; -, ...äen: [antiker] Versfuß (– ◡)

Tro|chi|lus der; -, ...ilen: Hohlkehle in der ↑ Basis ionischer Säulen

Tro|chit [auch: ...ˈxɪt] der; -s u. -en, -en ⟨gr.-lat.⟩: Stiel ausgestorbener Seelilien

Tro|choi| de die; -, -n: (Math.) spezielle zyklische Kurve, Sonderform der ↑ Zykloide

Tro|cho|pho|ra die; -, ...phoren: (Zool.) Larve der Ringelwürmer

Tro|cho|ze|pha|lie die; -, ...ien: abnorme Rundform des Schädels

Tro|gon der; -s, -s u. ...onten ⟨gr.; „Nager"⟩: südamerikanischer Nageschnäbler (bunt gefiederter Urwaldvogel)

Troi|cart [troaˈkaːʁ] vgl. Trokar

Troi|ka [auch: ˈtroːɪka] die; -, -s u. ...ken ⟨russ.⟩: 1. russisches Dreigespann. 2. aus drei Personen bestehende [politische] Führungsgruppe

Tro|kar der; -s, -e u. -s u. Troicart

der; -s, -s ⟨*lat.-fr.*⟩: (Med.) chirurgisches Stichinstrument mit kräftiger, dreikantiger Nadel u. einem Röhrchen für ↑ Punktionen

tro|kie|ren ⟨*fr.*⟩: Waren austauschen

Trol|ley [...li] *der;* -s, -s ⟨*engl.*⟩: Rollenkoffer

Trol|ley|bus ['trɔli...] *der;* -ses, -se ⟨*engl.*⟩: (schweiz.) Oberleitungsomnibus

Trom|ba *die;* -, ...ben ⟨*germ.-it.*⟩: ital. Bez. für: Trompete

Trom|ba ma|ri|na *die;* - -, ...be ...ne ⟨*it.*⟩: dem ↑ Monochord verwandtes Streichinstrument des Mittelalters mit lang gestrecktem, dreieckigem, keilförmigem Körper

Trom|be *die;* -, -n ⟨*germ.-it.(-fr.)*⟩: Wirbelwind in Form von Wasser- u. Windhosen

Trom|ben: *Plural* von ↑ Tromba u. ↑ Trombe

Trom|bi|di|o|se u. **Trom|bi|ku|lo|se** *die;* -, -n ⟨*gr.-nlat.*⟩: durch bestimmte Milbenlarven hervorgerufene juckende Hautkrankheit; Ernte-, Heukrätze

Trom|bo|ne *der;* -, ...ni ⟨*germ.-it.*⟩: ital. Bez. für: Posaune

Trom|pe *die;* -, -n ⟨*germ.-fr.*⟩: (Archit.) Bogen mit nischenartiger Wölbung zwischen zwei rechtwinklig aneinander stoßenden Mauern

Trompe-l'Œil [trõpˈlœj] *das* (auch: *der*); -[s], -s ⟨*fr.;* „Augentäuschung"⟩: Darstellungsweise in der Malerei, bei der durch naturalistische Genauigkeit mithilfe perspektivischer Mittel ein Gegenstand so wiedergegeben wird, dass der Betrachter nicht zwischen Wirklichkeit u. Gemaltem unterscheiden kann

Trom|pe|te *die;* -, -n ⟨*germ.-fr.*⟩: aus gebogener Messingröhre mit Schallbecher u. Kesselmundstück bestehendes Blasinstrument. **trom|pe|ten:** 1. Trompete blasen. 2. (ugs.) a) sehr laut u. aufdringlich sprechen; b) sich sehr laut die Nase putzen

Trom|pe|ter *der;* -s, -: jmd., der [berufsmäßig] Trompete spielt; Trompetenbläser. **Trom|pe|te|rin** *die;* -, -nen: weibliche Form zu ↑ Trompeter

Trom|peu|se [trõˈpøːzə] *die;* -, -n ⟨*fr.;* „Betrügerin"⟩: (hist.) durch

---

Polster hochgewölbtes, den Halsausschnitt deckendes Tuch (um 1800)

trom|pie|ren: (landsch.) täuschen

¹Troos|tit [truːsˈtiːt, auch: ...ˈtɪt] *der;* -s, -e ⟨*nlat.;* nach dem amerik. Geologen G. Troost, 1776–1850⟩: ein Mineral

²Troos|tit [auch: ...ˈtɪt] *der;* -s, -e ⟨*nlat.;* nach dem franz. Chemiker L. J. Troost, 1825–1911⟩: beim Härten von Stahl durch schnelle Abkühlung entstandenes, sehr feines ↑ perlitisches Gefüge des Kohlenstoffs

Tro|pae|o|lum [...ˈpɛ...] *das;* -s ⟨*gr.-lat.-nlat.*⟩: Kapuzinerkresse

Tro|pa|ri|on *das;* -s, ...ien ⟨*gr.-mgr.*⟩: kurzer Liedhymnus im orthodoxen Gottesdienst

Tro|pa|ri|um *das;* -s, ...ien ⟨*gr.-nlat.*⟩: 1. Anlage, Haus (in zoologischen Gärten) mit tropischem Klima zur Haltung bestimmter Pflanzen u. Tiere. 2. römisch-katholisches Chorbuch mit den Tropen (2)

Tro|pe *die;* -, -n ⟨*gr.-lat.;* „Wendung"⟩: (Sprachw.) bildlicher Ausdruck; Wort (Wortgruppe), das im übertragenen Sinn gebraucht wird (z. B. *Bacchus* statt *Wein*)

¹Tro|pen *die* (Plural) ⟨*gr.-lat.*⟩: heiße Zone zu beiden Seiten des Äquators zwischen den Wendekreisen

²Tro|pen: *Plural* von ↑ Tropus

...troph

⟨zu *gr.* tréphein „(sich) nähren"⟩ Wortbildungselement mit der Bedeutung „eine bestimmte Ernährungsweise bevorzugend, sich ernährend":
– dystroph
– endotroph
– oligotroph

...trophie

die; -, ...ien (teilweise ohne Plural)

⟨zu *gr.* trophḗ „das Ernähren, Ernährung, Lebensweise"⟩ Wortbildungselement mit der Bedeutung „bestimmte Ernährungsweise u. Lebensweise":
– Autotrophie
– Dystrophie

Tro|phäe *die;* -, -n ⟨*gr.-lat.-fr.*⟩: 1. erbeutete Fahne, Waffe o. Ä. als Zeichen des Sieges über den

---

Feind. 2. aus einem bestimmten Gegenstand (z. B. Pokal) bestehender Preis für den Sieger in einem [sportlichen] Wettbewerb. 3. Teil eines erlegten Tiers als Zeichen erfolgreicher Jagd; Jagdtrophäe

...tro|phie s. Kasten ...troph

tro|phisch ⟨*gr.-nlat.*⟩: (Med.) die Ernährung [der Gewebe] betreffend, gewebsernährend

Tro|pho|bi|o|se *die;* -, -n: (Biol.) Form der Ernährungssymbiose (bei Blattläusen u. Ameisen)

Tro|pho|blast *der;* -en, -en: (Med.) ernährende Hülle des Embryos

Tro|pho|lo|ge *der;* -n, -n: Ernährungswissenschaftler. **Tro|pho|lo|gie** *die;* -: Ernährungswissenschaft. **Tro|pho|lo|gin** *die;* -, -nen: weibliche Form zu ↑ Trophologe. **tro|pho|lo|gisch:** die Trophologie betreffend

Tro|pho|neu|ro|se *die;* -, -n: (Med.) Form der Neurose, die mangelhafte Gewebsernährung u. damit Schwunderscheinungen an Organen zur Folge hat

Tro|pho|phyll *das;* -s, -e: (Bot.) bei Farnpflanzen ein nur der ↑ Assimilation (2 b) dienendes Blatt; Ggs. ↑ Sporophyll

Tro|pi|ka *die;* - ⟨*gr.-lat.-engl.-nlat.*⟩: (Med.) schwere Form der Malaria

tro|pisch ⟨*gr.-lat.-engl.*⟩: 1. die ↑ ¹Tropen betreffend, für sie charakteristisch; südlich, heiß. 2. (Sprachw.) die ↑ Trope betreffend; übertragen

Tro|pis|mus *der;* -, ...men ⟨*gr.-nlat.*⟩: (Biol.) durch äußere Reize bestimmte gerichtete Bewegung festsitzender Tiere u. Pflanzen

Tro|po|pau|se [auch: ˈtro:...] *die;* -: (Meteor.) Grenze zwischen Tropo- u. Stratosphäre

Tro|po|phyt *der;* -en, -en: (Bot.) Pflanze, die auf Böden mit stark wechselndem Wassergehalt lebt

Tro|po|s|phä|re *die;* -: (Meteor.) die unterste, bis zu einer Höhe von 12 km reichende, wetterwirksame Luftschicht der Erdatmosphäre

Tro|po|ta|xis *die;* -, ...xen: (Bot.) Orientierungsweise frei beweglicher Lebewesen

Tro|pus *der;* -, Tropen ⟨*gr.-lat.*⟩: 1. ↑ Trope. 2. (Mus.) a) Kirchenton (Tonart); b) textliche [u. musikalische] Ausschmückung, Erweiterung liturgischer Gesänge

Tross *der;* -es, -e ⟨*lat.-vulgärlat.-fr.*⟩: 1. (veraltet) die Truppe mit Verpflegung u. Munition versorgender Wagenpark. 2. (oft abwertend) a) Anhang, Gefolge, Mitläufer; b) Schar, Haufen

Tros|se *die;* -, -n: starkes Tau, Drahtseil

Trot|teur [...'tø:ɐ̯] *der;* -s, -s ⟨*germ.-fr.*⟩: 1. eleganter, bequemer Schuh mit flachem od. mittlerem Absatz. 2. (veraltend) kleiner Hut für Damen

trot|tie|ren: (veraltet) traben

Trot|ti|nett *das;* -s, -e: (schweiz.) Kinderroller

Trot|toir [...'tǫa:ɐ̯] *das;* -s, -e u. -s: (landsch.) Bürgersteig

Tro|tyl *das;* -s ⟨Kunstw.⟩: ↑ Trinitrotoluol

Trotz|kis|mus *der;* - ⟨*nlat.;* nach dem russ. Revolutionär L. D. Trotzki, 1879–1940⟩: von Trotzki u. seinen Anhängern vertretene Variante des Kommunismus mit der Forderung der unmittelbaren Verwirklichung der Weltrevolution

Trou|ba|dour ['tru:badu:ɐ̯, auch: ...'du:ɐ̯] *der;* -s, -e u. -s ⟨*provenzal.-fr.;* „Erfinder"⟩: provenzalischer Dichter u. Sänger höfischer Liebeslyrik des 12. bis 14. Jh.s; vgl. Trouvère

Trou|ble ['trʌbl] *der;* -s ⟨*lat.-vulgärlat.-fr.-engl.*⟩: (ugs.) Ärger, Unannehmlichkeit[en], Aufregung

Trou|ble|shoo|ter ['trʌblʃu:tɐ] *der;* -s, - ⟨*engl.*⟩: jmd., der sich bemüht, Konflikte auszuräumen, Probleme aus der Welt zu schaffen

Trou|pi|er [tru'pje:] *der;* -s, -s ⟨*fr.*⟩: altgedienter, erfahrener Soldat

Trous|seau [tru'so:] *der;* -s, -s ⟨*lat.-vulgärlat.-fr.*⟩: (veraltet) Brautausstattung, Aussteuer

Trou|vaille [tru'va:jə] *die;* -, -n ⟨*fr.*⟩: [glücklicher] Fund

Trou|vère [tru've:r] *der;* -s, -s ⟨*provenzal.-fr.*⟩: nordfranzösischer Minnesänger des Mittelalters

Troy|ge|wicht ['trɔy...] *das;* -[e]s, -e ⟨*engl.; dt.;* nach der franz. Stadt Troyes⟩: Gewicht in England u. den USA für Edelmetall u. Edelsteine

Truck [trak] *der;* -s, -s ⟨*engl.-amerik.*⟩: [großer] Lastkraftwagen [mit Sattelauflieger].

Tru|cker ['trakɐ] *der;* -s, -: Lastwagenfahrer

Truck|sys|tem ['trak...] *das;* -s ⟨*engl.; gr.-lat.*⟩: frühere Entlohnungsform, bei der der Arbeitnehmer Waren teilweise od. ausschließlich als Entgelt für seine Leistungen erhielt

Tru|lis|mus *der;* - ⟨*engl.-nlat.*⟩: Binsenwahrheit; Gemeinplatz (z. B.: man lebt nur einmal)

Trul|lo *der;* -s, Trulli ⟨*mgr.-it.*⟩: rundes Wohnhaus mit konischem Dach (auf der Salentinischen Halbinsel in Apulien)

Tru|meau [try'mo:] *der;* -s, -s ⟨*germ.-fr.*⟩: (Archit., bes. des 18. Jh.s): 1. Pfeiler zwischen zwei Fenstern. 2. (zur Innendekoration eines Raumes gehörender) großer, schmaler Wandspiegel an einem Pfeiler zwischen zwei Fenstern

Trust [trast, auch: trʌst u. (selten:) trʊst] *der;* -[e]s, -e u. -s ⟨*altnord.-engl.*⟩: Zusammenfassung mehrerer Unternehmen unter einer Leitung zum Zweck der Monopolisierung

Trus|tee [tras'ti:] *der;* -s, -s: engl. Bez. für: Treuhänder

Try|pa|no|so|ma *das;* -s, ...men ⟨*gr.-nlat.*⟩: Vertreter einer Gattung der Geißeltierchen mit zahlreichen Krankheitserregern

Try|pa|no|so|mi|a|sis *die;* -, ...iasen: (Med.) Schlafkrankheit

Tryp|sin *das;* -s: (Med.) Eiweiß spaltendes ↑ Enzym der Bauchspeicheldrüse

Tryp|to|phan *das;* -s: eine in den meisten Eiweißstoffen enthaltene ↑ Aminosäure

Tsan|t|sa *die;* -, -s ⟨*indian.*⟩: Schrumpfkopf

Tsa|t|si|ki [tsa'tsi:ki] vgl. Zaziki

Tscha|dor [auch: ...'do:ɐ̯], **Tschadyr** *der;* -s, -s ⟨*pers.*⟩: (von persischen Frauen getragener) langer, den Kopf u. teilweise das Gesicht u. den Körper bedeckender Schleier

Tschai|ko *der;* -s, -s ⟨*ung.*⟩: (früher) im Heer u. (nach 1918) von der Polizei getragene zylinder-, helmartige Kopfbedeckung

Tschak|ra *das;* -[s], -s ⟨*sanskr.;* „Rad"⟩: altindische Schleuderwaffe

Tscha|ma|ra *die;* -, -s u. ...ren

⟨*tschech.* u. *poln.*⟩: zur tschechischen u. polnischen Nationaltracht gehörende, geschnürte Jacke mit niedrigem Stehkragen

Tscha|n *das;* -[s] ⟨*sanskr.-chin.*⟩: chinesische buddhistische Richtung; vgl. Zen

Tschan|du *das;* -s ⟨*Hindi*⟩: zum Rauchen zubereitetes Opium

Tscha|no|ju *das;* - ⟨*jap.*⟩: Teezeremonie als japanischer Brauch

Tschap|ka *die;* -, -s ⟨*dt.-poln.*⟩: frühere, mit viereckigem Deckel versehene (urspr. polnische) Mütze der Ulanen

Tschar|da alte Schreibung für ↑ Csárda

Tschar|dasch: alte Schreibung für ↑ Csardas

Tschar|ka *das;* - ⟨*russ.*⟩: früheres russisches Flüssigkeitsmaß (= 0,1231)

tschau ⟨*lat.-it.*⟩: tschüs!, hallo!; vgl. ciao!

Tscha|usch *der;* -, - ⟨*türk.*⟩: 1. (hist.) türkischer Leibgardist, Polizist, Amtsvogt; Unteroffizier. 2. Spaßmacher bei einer Hochzeit (in Serbien)

Tsche|ka *die;* - ⟨*russ.;* Kurzw.⟩: (von 1917–1922) Name der politischen Polizei in Sowjetrussland

Tsche|kist *der;* -en, -en: a) Angehöriger der Tscheka; b) (in den [ehemaligen] sozialistischen Ländern) Angehöriger des Staatssicherheitsdienstes

Tsche|kis|tin *die;* -, -nen: weibliche Form zu ↑ Tschekist

Tscher|kess|ka *die;* -, -s u. ...ken ⟨*russ.;* nach dem kaukasischen Volk der Tscherkessen⟩: langer, eng anliegender Leibrock mit Gürtel u. Patronentaschen (Nationalkleidung, auch Uniform der Kaukasusvölker)

Tscher|no|sem [...'zjɔm], auch: **Tscher|no|s|jom** *das;* -s ⟨*russ.*⟩: Schwarzerde (fruchtbarer, humushaltiger Lössboden in Südrussland)

Tscher|wo|nez *der;* -, ...wonzen (aber: 5 -) ⟨*russ.*⟩: frühere russische Währungseinheit

Tschet|nik *der;* -s, -s ⟨*serbokroat.*⟩: serbischer Freischärler

Tschi|buk *der;* -s ⟨*türk.*⟩: lange türkische Tabakspfeife mit kleinem Kopf

Tschi|kosch vgl. Csikós

Tschi|nel|le *die;* -, -n (meist Plural)

⟨it.⟩: Becken (messingenes Schlaginstrument)

Tschis|ma der; -s, ...men (meist Plural) ⟨ung.⟩: niedriger, farbiger ungarischer Stiefel

Tschi|ti ra|ka das; -[s], -s ⟨Hindi⟩: täglich erneuertes Sektenzeichen auf der Stirn der Hindus

Tschor|ten der; -, - ⟨tibet.⟩: tibetische Form des ↑ Stupas

tschüs, auch: tschüss ⟨lat.-fr.⟩: (ugs.) auf Wiedersehen!

Tschusch der; -en, -en ⟨Herkunft unsicher⟩: (österr. ugs. abwertend) Ausländer (bes. Angehöriger eines südosteuropäischen od. orientalischen Volkes)

tschüss vgl. tschüs

Tse|t| se|flie|ge die; -, -n ⟨Bantuspr.; dt.⟩: im tropischen Afrika vorkommende Stechfliege, die den Erreger der Schlafkrankheit überträgt

T-Shirt ['ti:ʃəːt] das; -s, -s ⟨engl.⟩: [kurzärmeliges] Oberteil aus Trikotstoff

Tsu|ba das; -[s], ...ben ⟨jap.⟩: Stichblatt des japanischen Schwertes

Tsu|ga die; -, -s u. ...gen ⟨jap.-nlat.⟩: Hemlocktanne; Schierlingstanne

Tsu|na|mi der; -, -s ⟨jap.⟩: plötzliche Meereswelle im Pazifik, die durch Veränderungen des Meeresbodens entsteht (mit verheerender Wirkung an den Küsten)

tua res a|gi|tur ⟨lat.⟩: um deine Angelegenheit handelt es sich, dich geht es an, du musst selbst aktiv werden

Tub [tʌb] das; -s, -s (aber: 5 -) ⟨niederl.-engl.⟩: englisches Massemaß für Butter (= 38,102 kg) u. Tee (= 27,216 kg)

Tu|ba die; -, Tuben ⟨lat.⟩: 1. zur Bügelhörnerfamilie gehörendes tiefstes Blechblasinstrument mit nach oben gerichtetem Schalltrichter u. vier Ventilen. 2. altrömisches Blasinstrument, Vorläufer der Trompete. 3. (Med.) röhrenförmige Verbindung zwischen der Paukenhöhle des Ohrs u. dem Rachen, Ohrtrompete. 4. (Med.) Ausführungsgang der Eierstöcke; Eileiter

Tu|ben: Plural von ↑ Tuba u. ↑ Tubus

Tu|ber|kel der; -s, - (österr. auch: die; -, -n) ⟨lat.⟩: (Med.) 1. kleiner

Höcker, Vorsprung (bes. an Knochen). 2. knötchenförmige Geschwulst, [Tuberkulose]knötchen

tu|ber|ku|lar ⟨lat.-nlat.⟩: (Med.) knotig, mit Bildung von Tuberkeln einhergehend

Tu|ber|ku|lid das; -[e]s, -e: (Med.) gutartige Hauttuberkulose

Tu|ber|ku|lin das; -s: aus Zerfallsstoffen der Tuberkelbakterien gewonnener Giftstoff, der in der Medizin zur Diagnosestellung der Tuberkulose verwendet wird

Tu|ber|ku|lom das; -s, -e: (Med.) Geschwulst aus tuberkulösem Gewebe

tu|ber|ku|lös, (österr. ugs. auch:) **tu|ber|ku|los:** (Med.) a) die Tuberkulose betreffend, mit ihr zusammenhängend; b) an Tuberkulose leidend; schwindsüchtig. **Tu|ber|ku|lo|se** die; -, -n: (Med.) durch Tuberkelbakterien hervorgerufene chronische Infektionskrankheit (z. B. von Lunge, Haut, Knochen); Abk.: Tb, Tbc

tu|be|rös, auch: **tu|be|ros** ⟨lat.⟩: (Med.) höckerig, knotenartig, geschwulstartig

Tu|be|ro|se die; -, -n ⟨lat.-nlat.⟩: aus Mexiko stammende stark duftende Zierpflanze mit weißen Blüten an langem Stängel

tu|bu|lär, auch: **tu|bu|lös** ⟨lat.⟩: (Med.) schlauch-, röhrenförmig

Tu|bus der; -, ...ben u. -se ⟨lat.; „Röhre"⟩: 1. bei optischen Geräten linsenfassendes Rohr. 2. bei Glasgeräten Rohransatz. 3. (Med.) Röhre aus Metall, Gummi od. Kunststoff zur Einführung in die Luftröhre

Tu|chent die; -, -en ⟨Herkunft unsicher; vielleicht slaw.⟩: (österr.) Federbett

Tu|dor|bo|gen ['tjuːdə..., auch: 'tuːdɔr..., ...doːɐ̯...] der; -s, - ⟨engl.; dt.⟩: (Archit.) Spitzbogen der englischen Spätgotik

Tu|dor|stil der; -s ⟨engl.; lat.⟩: Stil der englischen Spätgotik zwischen 1485 u. 1558, in den auch Renaissanceformen einflossen

Tuf|ting|wa|re ['taf...] die; - ⟨engl.; dt.⟩: Teppichware, bei der Schlingen in ein Grundgewebe eingenäht werden

Tugh der; -s, -s ⟨türk.⟩: (hist.) Rossschweif als militärisches Ehrenzeichen (in der Türkei)

Tu|kan [auch: ...'kaːn] der; -s, -e ⟨indian.-span.-fr.⟩: Pfefferfresser (mittel- u. südamerikanischer spechtartiger Vogel)

Tu|la|rä|mie die; -,...ien ⟨indian.; gr.; nach der kaliforn. Landschaft Tulare⟩: (Med.) Hasenpest, auf den Menschen übertragbare Seuche wild lebender Nager

Tu|li|pan der; -[e]s, -e u. **Tu|li|pa|ne** die; -, -n ⟨pers.-türk.-it.⟩: (veraltet) Tulpe

Tum|ba die; -, ...ben ⟨gr.-lat.⟩: 1. Scheinbahre beim katholischen Totengottesdienst. 2. sarkophagartiger Überbau eines Grabes mit Grabplatte

Tu|mes|zenz die; - ⟨lat.-nlat.⟩: (Med.) Schwellung, Anschwellung

Tu|mor [ugs. auch: ...'moːɐ̯] der; -s, ...oren (auch: ...ore) ⟨lat.⟩: (Med.) Geschwür, Gewächs, Gewebswucherung

Tu|mor|mar|ker der; -s, - ⟨lat.; engl.⟩: (Med.) in Körperflüssigkeiten nachweisbare Substanz, deren Konzentration Aufschluss über den Grad der Bösartigkeit eines vorhandenen Tumors geben kann

Tu|mu|li: Plural von ↑ Tumulus

Tu|mult der; -[e]s, -e ⟨lat.⟩: a) Lärm; Unruhe; b) Auflauf lärmender u. aufgeregter Menschen, Aufruhr

Tu|mul|tu|ant der; -en, -en: Unruhestifter; Ruhestörer, Aufrührer. **Tu|mul|tu|an|tin** die; -, -nen: weibliche Form zu ↑ Tumultuant. **tu|mul|tu|a|risch:** lärmend, unruhig, erregt, wild, ungestüm, aufrührerisch

tu|mul|tu|ie|ren ⟨lat.⟩: lärmen; einen Auflauf erregen

tu|mul|tu|os u. **tu|mul|tu|ös** ⟨lat.-fr.⟩: heftig, stürmisch, aufgeregt, wild bewegt

tu|mul|tu|o|so ⟨lat.-it.⟩: (Mus.) stürmisch, heftig, lärmend (Vortragsanweisung)

Tu|mu|lus der; -, ...li ⟨lat.⟩: Hügelgrab

Tun|d ra die; -, ...ren ⟨finn.-russ.⟩: baumlose Kältesteppe jenseits der arktischen Waldgrenze

Tu|nell das; -s, -e ⟨südd., österr., schweiz.⟩ Tunnel

tu|nen ['tjuːnən] ⟨engl.⟩: die Leistung eines Kraftfahrzeugmotors nachträglich erhöhen, einen Motor frisieren

T

Tu|ner ['tju:nɐ] *der;* -s, -: 1. a) Vorrichtung an einem Fernseh- oder Rundfunkgerät zur Einstellung des Frequenzkanals; Kanalwähler; b) diese Vorrichtung enthaltendes Bauteil. 2. (Jargon) Spezialist für Tuning. **Tu|ne|rin** *die;* -, -nen: weibliche Form zu ↑ Tuner (2) **Tun|fisch** vgl. Thunfisch **Tu|ni|ca** *die;* -, ...cae [...t͜sɛ:] ⟨semit.-lat.⟩: 1. (Bot.) äußere Schicht des ↑ Vegetationskegels der Pflanzen; Ggs. ↑ Corpus (2). 2. (Med., Biol.) dünne Gewebsschicht der Haut (z. B. die Schleimhäute); vgl. Tunika **Tu|ni|ka** *die;* -, ...ken: 1. im Rom der Antike (urspr. ärmelloses) Untergewand für Männer u. Frauen. 2. über dem Kleid getragener Überrock; ärmelloses, vorn offenes Übergewand **Tu|ni|ka|te** *die;* -, -n (meist Plural): (Zool.) Manteltier **Tu|ning** ['tju:nɪŋ] *das;* -s, -s ⟨engl.⟩: nachträgliche Erhöhung der Leistung eines Kraftfahrzeugmotors **Tu|ni|zel|la** *die;* -, ...llen ⟨semit.-lat.⟩: liturgisches Oberkleid des katholischen ↑ Subdiakons **Tun|nel** *der;* -s, - (auch: -s) ⟨gall.-mlat.-fr.-engl.⟩: a) röhrenförmiges unterirdisches Bauwerk, bes. als Verkehrsweg durch einen Berg, unter einem Gewässer hindurch o. Ä.; b) unterirdischer Gang; c) (beim Rugby bei einem Gedränge) freier Raum zwischen den Spielern; vgl. Tunell **tun|ne|lie|ren:** (österr.) (durch etwas hindurch) einen Tunnel bauen **Tu|pa|ma|ro** *der;* -s, -s (meist Plural) ⟨nach dem Inkakönig Túpac Amaru⟩: uruguayischer Stadtguerillero **Tu|pi** *das;* - ⟨indian.⟩: 1. eine Indianersprache Südamerikas. 2. ↑ Lingua geral (2) **Tu|ras** *der;* -, -se ⟨Kunstw.⟩: großes Kettenrad (z. B. beim Eimerkettenbagger) **Tur|ba** *die;* -, ...bae [...bɛ] ⟨lat.⟩: in die Handlung eingreifender dramatischer Chor in Oratorien, Passionen u. geistlichen Schauspielen; Ggs. ↑ Soliloquent **Tur|ban** *der;* -s, -e ⟨pers.-türk.-mgr.-roman.⟩: aus [einer kleinen Kappe u.] einem in bestimmter Weise um den Kopf gewundenen langen, schmalen Tuch bestehende Kopfbedeckung (bes. der Muslime u. Hindus) **Tür|be** *die;* -, -n ⟨arab.-türk.⟩: islamischer, bes. türkischer, turmförmiger Grabbau mit kegel- od. kuppelförmigem Dach **Tur|bel|la|rie** [...rjə] *die;* -, -n (meist Plural) ⟨lat.-nlat.⟩: Strudelwurm **tur|bie|ren** ⟨lat.⟩: (veraltet) beunruhigen, stören **tur|bi|nal** ⟨lat.-nlat.⟩: (Techn.) gewunden **Tur|bi|ne** *die;* -, -n ⟨lat.-fr.⟩: Kraftmaschine, die die Energie strömenden Gases, Dampfes od. Wassers mithilfe eines Schaufelrades in eine Rotationsbewegung umsetzt **Tur|bo** *der;* -s, -s ⟨lat.⟩: (ugs.) 1. Kurzform von ↑ Turbomotor, ↑ Turbolader. 2. Auto mit Turbomotor **Tur|bo|dy|na|mo** *der;* -s, -s: elektrischer Energieerzeuger (Generator), der unmittelbar mit einer Turbine gekoppelt ist **Tur|bo|la|der** *der;* -s, -: mit einer Abgasturbine arbeitende Vorrichtung zum Aufladen eines Motors **Tur|bo|mo|tor** *der;* -s, -en: 1. Motor mit einem Turbolader. 2. mit einer Gasturbine arbeitendes Triebwerk **Tur|bo-Prop-Flug|zeug** *das;* -[e]s, -e ⟨Kurzw.⟩: Flugzeug mit einem Triebwerk, bei dem die Vortriebskraft von einer Luftschraube u. zusätzlich von einer Schubdüse erzeugt wird **Tur|bo|ven|ti|la|tor** *der;* -s, -en: Kreisellüfter **tur|bu|lent** ⟨lat.⟩: 1. stürmisch, ungestüm, lärmend. 2. (Phys., Astron., Meteor.) durch das Auftreten von Wirbeln gekennzeichnet, ungeordnet. **Tur|bu|lenz** *die;* -, -en: 1. (Phys.) Wirbelbildung bei Strömungen in Gasen u. Flüssigkeiten. 2. (Meteor.) ungeordnete Wirbelströmung der Luft. 3. Unruhe; wildes Durcheinander **tur|ca** *it.*: ↑ alla turca **Turf** [auch: tə:f] *der;* -s ⟨engl.⟩: a) Pferderennbahn; b) Pferderennen, Pferdesport **Tur|ges|zenz** *die;* -, -en ⟨lat.-nlat.⟩:

(Med.) Anschwellung, Volumenzunahme von Geweben bzw. Organen durch vermehrten Blut- u. Flüssigkeitsgehalt **Tur|gor** *der;* -s ⟨lat.⟩: 1. (Med.) Spannungszustand, Flüssigkeitsdruck in einem Gewebe. 2. (Bot.) Druck des Zellsaftes auf die Pflanzenzellwand **Tu|ri|o|ne** *die;* -, -n ⟨lat.⟩: (Bot.) Überwinterungsknospe zahlreicher Wasserpflanzen **Türk|baff** *der;* -[s], -e ⟨pers.; „türkischer Knoten"⟩: Teppich mit vielstrahligem Stern als Mittelmedaillon **Tur|key** ['tə:ɐ̯ki] *der;* -s, -s ⟨engl.⟩: (Jargon) durch Entzugserscheinungen gekennzeichneter körperlicher Zustand (Zittern usw.) von Drogenabhängigen **tür|kis** ⟨türk.-fr.⟩: blaugrün, türkisfarben ¹**Tür|kis** *der;* -es, -e: blauer, auch grüner Edelstein (ein Mineral) ²**Tür|kis** *das;* -: blaugrüne Farbe, blaugrüner Farbton **tur|ki|sie|ren** ⟨türk.-nlat.⟩: türkisch machen, gestalten **Turk|me|ne** *der;* -n, -n ⟨nach dem vorderasiatischen Volk der Turkmenen⟩: turkmenischer Orientteppich **Tur|ko** *der;* -s, -s ⟨türk.-it.-fr.⟩: (hist.) farbiger Fußsoldat des französischen [Kolonial]heeres **Tur|ko|lo|gie** *die;* - ⟨türk.; gr.⟩: Wissenschaft von sämtlichen Turksprachen u. -kulturen. **tur|ko|lo|gisch:** die Turkologie betreffend **Tur|ma|lin** *der;* -s, -e ⟨singhal.⟩: roter, grüner, brauner, auch schwarzer od. farbloser Edelstein (ein Mineral) **Turn** [tə:ɐ̯n] *der;* -s, -s ⟨gr.-lat.-engl.⟩: 1. Kehre, hochgezogene Kurve im Kunstfliegen. 2. (Jargon) Rauschzustand (bes. durch Haschisch, Marihuana bewirkt). **tur|nen** ['tə:ɐ̯nən] *der;* -s (ugs.) eine begeisterte Wirkung haben **Tur|nier** *das;* -s, -e ⟨gr.-lat.-fr.⟩: 1. ritterliches Kampfspiel im Mittelalter. 2. sportliche Veranstaltung, bei der in einzelnen Wettkämpfen aus einer Anzahl von Teilnehmern od. Mannschaften der Sieger ermittelt wird. **tur|nie|ren:** (veraltet) ein Turnier austragen **Tur|nü|re** *die;* -, -n ⟨gr.-lat.-galloroman.-fr.⟩: 1. (ohne Plural) veral-

tet) gewandtes Benehmen.
2. (hist.) in der Damenmode
Ende des 19. Jh.s übliches Ge-
säßpolster

Tur|nus *der; -* (österr.: -ses), -se
⟨*gr.-lat.-mlat.*⟩: festgelegte, bestimmte Wiederkehr, Reihenfolge, regelmäßiger Wechsel;
Umlauf; in gleicher Weise sich
wiederholender Ablauf einer
Tätigkeit

Tu|ron *das; -s* ⟨nach der franz.
Stadt Tours (*lat.* civitas Turo-
num)⟩: (Geol.) zweitälteste
Stufe der Oberen Kreide. **tu|ro-
nisch:** das Turon betreffend

Tur|ri|ze|pha|lie *die; -, ...ien* ⟨*lat.;
gr.*⟩: (Med.) abnorm hoher
[spitz zulaufender] Schädel;
Turmschädel

Tur|zis|mus *der; -, ...men* ⟨*türk.-
nlat.*⟩: türkische Spracheigentümlichkeit in einer nicht tür-
kischen Sprache

tu|schie|ren ⟨*fr.*⟩: 1. ebene Metall-
oberflächen herstellen (durch
Abschaben der erhabenen Stellen, die vorher sichtbar gemacht wurden). 2. (veraltet) be-
leidigen; vgl. touchieren

Tus|ku|lum *das; -s, ...la* ⟨*lat.;* nach
der altröm. Stadt Tusculum⟩:
(veraltet) 1. ruhiger, behaglicher
Landsitz. 2. Lieblingsaufenthalt

Tus|sah|sei|de *die; -* ⟨*Hindi; dt.*⟩:
Wildseide des Tussahspinners

Tus|sis *die; -* ⟨*lat.*⟩: (Med.) Husten

Tu|tand *der; -en, -en* ⟨*lat.*⟩: Studi-
enanfänger, der von einem Tu-
tor betreut wird. **Tu|tan|din** *die;
-, -nen:* weibliche Form zu ↑ Tu-
tand

Tu|tel *die; -, -en* ⟨*lat.*⟩: Vormund-
schaft. **tu|te|la|risch:** vormund-
schaftlich

Tu|til o|ris|mus *der; -* ⟨*lat.-nlat.*⟩:
(Rel., Philos.) Haltung, die zwischen zwei Möglichkeiten immer die sicherere wählt

Tu|tor *der; -s, ...oren* ⟨*lat.*⟩:
1. a) Leiter eines Tutoriums;
b) Lehrer u. Ratgeber von Studenten. 2. (röm. Recht) Vor-
mund, Erzieher. **Tu|to|rin** *die; -,
-nen:* weibliche Form zu ↑ Tutor
(1)

Tu|to|ri|um *das; -s, ...rien:* ein ↑ Se-
minar (2 a) begleitender, meist
in einer kleineren Gruppe gehaltener Übungskurs an einer
Universität

tut|ta la for|za ⟨*it.;* „die ganze

Kraft"⟩: (Mus.) mit voller Kraft
(Vortragsanweisung)

tut|ti ⟨*lat.-it.*⟩: (Mus.) alle [Instru-
menten- u. Gesangs]stimmen
zusammen. **Tut|ti** *das; -[s], -[s]:*
(Mus.) alle Stimmen, volles Orchester; Ggs. ↑ Solo (1)

Tut|ti|frut|ti *das; -[s], -[s]* ⟨„alle
Früchte"⟩: 1. Vielfruchtspeise;
Süßspeise aus verschiedenen
Früchten. 2. (veraltet) Allerlei,
Durcheinander

tut|ti quan|ti: alle zusammen,
ohne Ausnahme

Tut|tist *der; -en, -en:* (Mus.) Or-
chestermusiker, bes. Streicher,
ohne solistische Aufgaben. **Tut-
tis|tin** *die; -, -nen:* weibliche
Form zu ↑ Tuttist

Tu|tu [ty'ty:] *das; -[s], -s* ⟨*fr.*⟩: kur-
zes Tanzröckchen, Ballettröck-
chen

TV [te:'fau, auch: ti:'vi:] *das; -*
⟨Abk. für *Tele*vision⟩: Fernsehen

Tweed [tvi:t, auch: twi:d] *der; -s,
-s u. -e* ⟨*engl.*⟩: kräftiges, oft me-
liertes Woll- od. Mischgewebe
mit kleiner Bindungsmuste-
rung

Twee|ter ['twi:tɐ] *der; -[s], -*
⟨*engl.*⟩: [Hochton]lautsprecher
an elektroakustischen Anlagen;
Ggs. ↑ Woofer

Twen *der; -s, -s* ⟨anglisierende Bildung zu *engl.* twenty = „zwan-
zig"⟩: jmd., der in den Zwanzi-
gern ist; vgl. Teen

Twill *der; -s, -s u. -e* ⟨*engl.*⟩: gekö-
perter Baumwollfutterstoff od.
Seidenstoff, Feinköper

Twin|set *das* (auch: *der*); *-[s], -s*
⟨*engl.*⟩: Pullover u. Jacke von
gleicher Farbe u. aus gleichem
Material

¹Twist *der; -[e]s, -e* ⟨*engl.*⟩: mehrfä-
diges Baumwoll[stopf]garn

²Twist *der; -s, -s* ⟨*engl.*⟩: 1. aus den
USA stammender Modetanz im
⁴/₄-Takt. 2. (Tennis) a) Drall
(Plural) Drall eines geschlage-
nen Balls; b) mit Twist (2 a) gespielter Ball. 3. (Turnen)
Schraube; Sprung mit ganzer
Drehung um die Längsachse
des gestreckten Körpers

twis|ten: ²Twist (1) tanzen

Twist-Off-Glas *das; -es, ...gläser*
⟨*engl.; dt.*⟩: Konservenglas mit
Schraubdeckel

Two|beat ['tu:bi:t] *der; -* ⟨*engl.;*
„Zweischlag"⟩: traditioneller
Jazz, der dadurch charakteri-

siert ist, dass (vorwiegend) jeweils zwei von vier Taktteilen
betont werden

Two|stepp ['tu:stɛp] *der; -s, -s*
⟨*engl.;* „Zweischritt"⟩: schneller
englischer Tanz im ³/₄-Takt

Ty|che *die; -* ⟨*gr.*⟩: Schicksal, Zu-
fall, Glück

Ty|chis|mus *der; -* ⟨*gr.-nlat.*⟩: An-
schauung, nach der in der Welt
der Zufall herrscht

Ty|coon [tai'ku:n] *der; -s, -s*
⟨*chin.-jap.-engl.*⟩: 1. sehr ein-
flussreicher, mächtiger Ge-
schäftsmann; Großkapitalist,
Industriemagnat. 2. mächtiger
Führer (z. B. einer Partei)

Ty|lom *das; -s, -e* ⟨*gr.*⟩: (Med.)
Schwiele

Tym|pa|na: *Plural* von ↑ Tympa-
non, ↑ Tympanum

Tym|pa|nal|or|gan *das; -s, -e* ⟨*gr.-
nlat.*⟩: (Biol.) Gehörorgan der
Insekten

Tym|pa|nie u. **Tym|pa|ni|tis** *die; -:*
(Med.; Zool.) Ansammlung von
Gasen in inneren Organen, bes.
Blähsucht bei Tieren; vgl. Meteo-
rismus

Tym|pa|non *das; -s, ...na* ⟨*gr.*⟩: (Ar-
chit.) oft mit Reliefs ge-
schmücktes Giebelfeld, Bogen-
feld über Portal, Tür od. Fenster

Tym|pa|num *das; -s, ...na* ⟨*gr.-lat.*⟩:
1. trommelartiges Schöpfrad in
der Antike. 2. ↑ Tympanon.
3. (Med.) Paukenhöhle im Mittelohr. 4. (Mus.) Handpauke

Typ *der; -s, -en* ⟨*gr.-lat.;* „Schlag;
Gepräge, Form; Muster"⟩:
1. (ohne Plural; Philos.) Urbild,
Grundform, Beispiel. 2. a) (Psychol.) bestimmte psychische
Ausprägung einer Person, die
mit einer Gruppe anderer Personen eine Reihe von Merkmalen gemeinsam hat; b) (Literaturw., bildende Kunst) als klassischer Vertreter einer bestimmten Kategorie von Menschen gestaltete, stark stilisierte, keine individuellen Züge
aufweisende Figur. 3. Schlag,
Menschentyp, Gattung.
4. (Techn.) Bauart, Muster, Modell. 5. (Genitiv auch: -en; ugs.)
männliche Person

Ty|pe *die; -, -n* ⟨*gr.-lat.-fr.*⟩:
1. (Druckw.) gegossener Druck-
buchstabe, Letter. 2. (ugs.)
Mensch von ausgeprägt abson-
derlicher, schrulliger Eigenart;

---

ty|po..., Ty|po...

⟨zu *gr.* týpos „Schlag; Form, Gestalt" (→ *lat.* typus „Bild, Figur, Form, Modell") → *fr.* type „Typ, Grundform; Letter, Buchstabe"⟩ Wortbildungselement mit den Bedeutungen: a) „einen bestimmten Typ betreffend, kennzeichnend": – Typogenese – Typologie b) „die Satztechnik od. den Druck betreffend": – Typoskript	**...typie** *die;* -, ...ien (häufig ohne Plural) ⟨zu *gr.* týpos „Schlag; Form, Gestalt" (→ *lat.* typus „Bild, Figur, Form, Modell" → *fr.* type „Typ, Grundform; Letter, Buchstabe"⟩ Wortbildungselement mit den Bedeutungen: a) „einen bestimmten Typ, eine Art betreffend": – Isotypie b) „Druckverfahren; Druckerzeugnis": – Chromotypie – Monotypie

---

komische Figur. 3. (Fachspr.) Mehltype. 4. (selten) Typ (4)

ty|pen ⟨zu ↑ Typ⟩: industrielle Artikel zum Zwecke der ↑ Rationalisierung nur in bestimmten notwendigen Größen herstellen; vgl. typisieren

Ty|pen: *Plural* von ↑ Typ, ↑ Type, ↑ Typus

Ty|phl|li|tis *die;* -, ...it|iden ⟨*gr.-nlat.*⟩: (Med.) Blinddarmentzündung

Ty|pho|id *das;* -[e]s, -e ⟨*gr.-nlat.*⟩: (Med.) typhusähnliche Erkrankung

Ty|pho|mal|nie *die;* -: (Med.) beim Typhus auftretende Fieberdelirien

¹**Ty|phon** *das;* -s, -e ⟨*gr.-lat.; chin.-engl.*⟩: mit Druckluft betriebene Schiffssirene

²**Ty|phon** *der;* -s, ...one ⟨*gr.-lat.*⟩: (veraltet) Wirbelwind, Wasserhose

ty|phös ⟨*gr.-nlat.*⟩: (Med.) typhusartig; zum Typhus gehörend

Ty|phus *der;* -: (Med.) mit schweren Bewusstseinsstörungen verbundene, fieberhafte Infektionskrankheit

...ty|pie s. Kasten typo..., Typo...

Ty|pik *die;* -, -en ⟨*gr.-nlat.*⟩: 1. (Psychol.) die Wissenschaft vom Typ (2); vgl. Typologie (1). 2. (veraltet) Typologie (2)

Ty|pi|kon *das;* -s, ...ka ⟨*gr.-mgr.*⟩: Buch mit liturgischen Festvorschriften u. Regeln in der orthodoxen Kirche

Ty|pin *die;* -, -nen: weibliche Form zu ↑ Typ (5)

ty|pisch ⟨*gr.-lat.*⟩: 1. einen Typus betreffend, darstellend, kennzeichnend. 2. charakteristisch, bezeichnend, unverkennbar. 3. (veraltet) vorbildlich, mustergültig

ty|pi|sie|ren ⟨*gr.-nlat.*⟩: 1. typisch (1), als Typ, nicht als individu-

elle Person darstellen, auffassen. 2. nach Typen (vgl. Typ 2, 3) einteilen. 3. ↑ typen

Ty|pi|zi|tät *die;* -, -en: charakteristische Eigenart, modellhafte Eigentümlichkeit

ty|po..., Ty|po... s. Kasten

Ty|po|ge|ne|se *die;* -, -n: (Biol.) Formenbildung im Laufe der Stammesgeschichte

Ty|po|graf, auch: ...graph *der;* -en, -en: Schriftsetzer. **Ty|po|gra|fie,** auch: ...graphie *die;* -, ...ien: 1. Buchdruckerkunst. 2. typografische Gestaltung (eines Druckerzeugnisses). **Ty|po|gra|fin,** auch: ...graphin *die;* -, -nen: weibliche Form zu ↑ Typograf. **ty|po|gra|fisch,** auch: ...graphisch: die Typografie betreffend

Ty|po|lo|gie *die;* -, ...ien: 1. (Psychol.) Wissenschaft, Lehre von der Gruppenzuordnung aufgrund einer umfassenden Ganzheit von Merkmalen, die den ↑ Typ (2) kennzeichnen; Einteilung nach Typen. 2. (Rel.) Lehre von der Vorbildlichkeit alttestamentlicher Personen u. Ereignisse für das Neue Testament u. die christliche Kirche (z. B. Adam im Verhältnis zu Christus). **ty|po|lo|gisch:** die Typologie betreffend, zur Typologie gehörend

Ty|po|me|ter *das;* -s, -: auf den typografischen Punkt bezogene Messvorrichtung im grafischen Gewerbe

Ty|pos|kript *das;* -[e]s, -e ⟨*gr.; lat.*⟩: (Buchw., Druckw.) maschinengeschriebenes Manuskript (bes. als Satzvorlage)

Ty|pung *die;* -, -en: das Typen

Ty|pus *der;* -, Typen ⟨*gr.-lat.*⟩: ↑ Typ (1, 2)

Ty|rann *der;* -en, -en ⟨*gr.-lat.*⟩: 1. unumschränkter Gewaltherr-

scher. 2. Gewaltmensch, strenger, herrschsüchtiger Mensch, Peiniger. 3. nord- u. südamerikanischer, meist sehr gewandt u. schnell fliegender Schreivogel

Ty|ran|nei *die;* - ⟨*gr.-lat.-fr.*⟩: a) Herrschaft eines Tyrannen, Gewaltherrschaft; Willkür[herrschaft]; b) tyrannisches, willkürliches Verhalten; Unterdrückung

Ty|ran|nin *die;* -, -nen: weibliche Form zu ↑ Tyrann (1, 2)

Ty|ran|nis *die;* - ⟨*gr.-lat.*⟩: 1. Gewaltherrschaft (bes. im alten Griechenland). 2. ↑ Tyrannei (a)

ty|ran|nisch: gewaltsam, willkürlich, herrschsüchtig, herrisch, grausam, diktatorisch

ty|ran|ni|sie|ren ⟨*gr.-lat.-fr.*⟩: gewaltsam, willkürlich behandeln, unterdrücken, rücksichtslos beherrschen; quälen, anderen seinen Willen aufzwingen

Ty|ran|no|sau|ri|er *der;* -s, - u. **Ty|ran|no|sau|rus** *der;* -, ...rier: großer, auf den Hinterbeinen laufender, Fleisch fressender Dinosaurier

Ty|ran|no|sau|rus Rex *der;* - -: sehr großer, zur Gattung Tyrannosaurus gehörender Dinosaurier

Ty|ro|li|enne [tiro'li̯ɛn] vgl. Tirolienne

Ty|rom *das;* -s, -e ⟨*gr.-nlat.*⟩: (Med.) käsige Lymphknotengeschwulst

Ty|ro|sin *das;* -s: (Chem.) in den meisten Eiweißstoffen enthaltene ↑ Aminosäure

Ty|ro|sis *die;* -: (Med.) Verkäsung

U

U|a|ka|ri *der; -s, -s ⟨Tupi⟩:* Scharlachgesicht; Kurzschwanzaffe in den Urwäldern Südamerikas

u|bi be|ne, i|bi pa|t|ria *⟨lat.;* nach einem Ausspruch von Cicero⟩: wo es mir gut geht, da ist mein Vaterland

U|bi|ka|ti|on *die; -, -en:* (österr.) militärische Unterkunft, Kaserne

U|bi|quist *der; -en, -en ⟨lat.-nlat.⟩:* (Biol.) nicht an einen bestimmten ↑ Biotop gebundene, in verschiedenen Lebensräumen auftretende Tier- od. Pflanzenart

u|bi|qui|tär (bes. Biol.) überall verbreitet

U|bi|qui|tät *die; -, -en:* 1. (ohne Plural) Allgegenwart [Gottes od. Christi]. 2. in der Wirtschaft überall in jeder Menge erhältliches Gut. 3. (ohne Plural; bes. Biol.) das Nicht-gebunden-Sein an einen Standort

U|cha *die; - ⟨russ.⟩:* russische Fischsuppe mit Graupen

U|chi-Ma|ta [ʊtʃi...] *der; -s, -s ⟨jap.⟩:* (Judo) innerer Schenkelwurf

Ud *die; -, -s ⟨arab.: „Holz"⟩:* Laute persischer Herkunft, die als Vorstufe der europäischen Laute gilt

U|di|to|re *der; - u. -n, ...ri u. -n ⟨lat.-it.⟩:* päpstlicher Richter, ↑ Auditor

U|do|me|ter *das; -s, - ⟨lat.; gr.⟩:* (Meteor.) Regenmesser

U|fo, UFO *das; -[s], -s* (Kurzw. aus unidentified *f*lying *o*bject; *engl.*): unbekanntes Flugobjekt

U|fo|lo|ge *der; -n, -n ⟨engl.; gr.⟩:* jmd., der Ufologie betreibt. **U|fo|lo|gie** *die; -:* Beschäftigung mit Ufos. **U|fo|lo|gin** *die; -, -nen:* weibliche Form zu ↑ Ufologe

U|kas *der; -ses, -se ⟨russ.⟩:* 1. Anordnung, Befehl. 2. (hist.) Erlass des Zaren

U|ke|lei *der; -s, -e u. -s ⟨slaw.⟩:* Weißfisch, aus dessen Schup-

pen Perlenessenz (Perlmutterlack) gewonnen wird

U|ku|le|le *die od. das; -, -n ⟨hawaiisch⟩:* „hüpfender Floh"): aus Hawaii stammende kleine ↑ Gitarre mit vier Saiten

U|lan *der; -en, -en ⟨türk.-poln.⟩:* (früher) [leichter] Lanzenreiter

U|lan|ka *die; -, -s:* Waffenrock der Ulanen (kurzschößiger Rock mit zwei Knopfreihen)

U|le|ma *der; -s, -s ⟨arab.-türk.;* Plural: „die Gelehrten"⟩: islamischer Rechts- u. Religionsgelehrter

U|li|tis *die; -, ...iti|den ⟨gr.-nlat.⟩:* (Med.) Zahnfleischentzündung

U|kus *das; -, U|zera ⟨lat.⟩:* (Med.) Geschwür

Ul|ma|zee *die; -, -n* (meist Plural) *⟨lat.-nlat.⟩:* (Bot.) Ulmengewächs

U|l|na *die; -, U|lnae [...nɛ] ⟨lat.⟩:* (Anat.) Elle, Ellbogenknochen; Röhrenknochen des Unterarms

U|lo|se *die; -, -n ⟨gr.-nlat.⟩:* (Anat.) Narbenbildung

U|lo|th|rix *die; - ⟨gr.⟩:* Kraushaaralge (Grünalge)

Uls|ter [auch: ˈʌlstə] *der; -s, - ⟨*nach der gleichnamigen historischen irischen Provinz⟩: 1. weiter [Herren]mantel aus Ulster (2). 2. Stoff aus grobem Streichgarn [mit angewebtem Futter]

U|l|ti|ma *die; -, ...mä u. ...men ⟨lat.⟩:* (Sprachw.) letzte Silbe eines Wortes

U|l|ti|ma Ra|tio *die; - -:* letztes, äußerstes Mittel, letztmöglicher Weg, wenn nichts anderes mehr Aussicht auf Erfolg hat

ul|ti|ma|tiv *⟨lat.-nlat.⟩:* 1. in Form eines Ultimatums; nachdrücklich. 2. sich nicht mehr verbessern lassend

Ul|ti|ma|tum *das; -s, ...ten:* Aufforderung, binnen einer Frist eine schwebende Angelegenheit befriedigend zu lösen (unter der Androhung harter Maßnahmen, falls der Aufforderung nicht entsprochen wird)

Ul|ti|men: *Plural* von ↑ Ultima

ul|ti|mo *⟨lat.⟩:* am Letzten [des Monats] (Abk.: ult.). **U|l|ti|mo** *der; -s, -s:* letzter Tag [des Monats]

U|l|t|ra *der; -s, -s ⟨lat.⟩:* politischer ↑ Extremist

⟨lat. ultra „jenseits, über, über ... hinaus"⟩
Präfix mit der Bedeutung „jenseits von, über ... hinaus, äußerst, zu sehr, übertrieben":
– ultrakonservativ
– Ultraschall
– ultraviolett

Ul|t|ra|fiche [...ˈfiːʃ, auch: ˈʊltra...] *das od. der; -s, -s ⟨lat.; fr.⟩:* Mikrofilm mit stärkster Verkleinerung

Ul|t|ra|is|mo *der; - ⟨lat.-span.⟩:* Bewegung in der spanischen u. lateinamerikanischen Dichtung um 1920, die die Lyrik rein auf die Bildwirkung aufzubauen suchte

ul|t|ra|kon|ser|va|tiv: extrem konservativ

ul|t|ra|ma|rin *⟨lat.-nlat.⟩:* kornblumenblau. **Ul|t|ra|ma|rin** *das; -s:* leuchtend blaue Mineralfarbe

Ul|t|ra|mi|k|ro|s|kop *das; -s, -e:* Mikroskop zur Betrachtung kleinster Teilchen

ul|t|ra|mon|tan („jenseits der Berge (Alpen)"): streng päpstlich gesinnt. **Ul|t|ra|mon|ta|ne** *der u. die; -n, -n:* jmd., der streng päpstlich gesinnt ist. **Ul|t|ra|mon|ta|nis|mus** *der; -:* streng päpstliche Gesinnung (bes. im ausgehenden 19. Jh.)

ul|t|ra|mun|dan *⟨lat.⟩:* (Philos.) über die Welt hinausgehend, jenseitig

ul|t|ra pos|se ne|mo o|b|li|ga|tur: Unmögliches zu leisten, kann niemand verpflichtet werden (Rechtssatz des römischen Rechts)

ul|t|ra|rot *⟨lat.; dt.⟩:* ↑ infrarot. **Ul|t|ra|rot** *das; -s:* ↑ Infrarot

Ul|t|ra|schall *der; -[e]s ⟨lat.; dt.⟩:* Schall mit Frequenzen von mehr als 20 Kilohertz (vom menschlichen Ohr nicht mehr wahrnehmbar); Ggs. ↑ Infraschall

Ul|t|ra|so|no|gra|phie, auch: ...grafie *die; -, -ien ⟨lat.; gr.⟩:* (Med.) Aufzeichnung von durch Ultraschall gewonnenen diagnostischen Ergebnissen

Ul|t|ra|so|no|s|kop *das; -s, -e:* Ultraschallwellen ausstrahlendes Gerät, durch dessen Echosignale diagnostische Ergebnisse gewonnen werden

Ul|t|ra|strahl|lung *die; -* ⟨*lat.; dt.*⟩: kosmische Höhenstrahlung

ul|t|ra|vi|o|lett ⟨*lat.; lat.-fr.*⟩: im Spektrum an Violett anschließend (Abk.: UV). **Ul|t|ra|vi|o|lett** *das; -s*: unsichtbare, im Spektrum an Violett anschließende Strahlung mit kurzer Wellenlänge (unter 0,0004 mm) u. starker chemischer u. biologischer Wirkung

Ul|ze|ra: *Plural* von ↑ Ulkus

Ul|ze|ra|ti|on *die; -, -en* ⟨*lat.*⟩: (Med.) Geschwürbildung. **ul|ze|rie|ren:** (Med.) geschwürig werden

ul|ze|rös: (Med.) geschwürig

Um|bel|li|fe|re *die; -, -n* (meist Plural) ⟨*lat.-nlat.*⟩: (Bot.) Doldengewächs

Um|ber *der; -s, -n*: 1. Speisefisch des Mittelmeeres. 2. (ohne Plural) ↑ Umbra (2)

Um|bi|li|cus *der; -, ...ci* ⟨*lat.; „Nabel"*⟩: Kopf des Stabes, um den in der Antike das Buchrolle aus Papyrus gewickelt wurde

Um|b|ra *die; -* ⟨*lat.; „Schatten"*⟩: 1. dunkler Kern der von der helleren ↑ Penumbra umgeben ist. 2. Erdbraun; braune Malerfarbe aus eisen- od. manganhaltigem Ton

Um|b|ral|glas ® *das; -es, ...gläser* ⟨*lat.; dt.*⟩: Schutzglas für Sonnenbrillen gegen Ultraviolett u. Ultrarot

U|mi|ak *der od. das; -s, -s* ⟨*eskim.*⟩: mit Fellen bespanntes Boot der Eskimofrauen; vgl. Kajak

Um|ma *die; -* ⟨*arab.*⟩: Gemeinschaft aller Muslime

u|mo|ris|ti|co ⟨*lat.-it.*⟩: (Mus.) heiter, lustig, humorvoll (Vortragsanweisung)

Um|pi|re [ˈʌmpaɪə] *der; -, -s* ⟨*lat.-fr.-engl.*⟩: Schiedsrichter (bes. beim Polo)

UMTS [uː|ɛm|teːˈɛs] ⟨Abk. für engl. *universal mobile telecommunications system*⟩: Mobilfunkstandard mit direktem Zugang zum Internet u. vielen multimedialen Funktionen

u|na cor|da ⟨*it.; „auf einer Saite"*⟩: (Mus.) nur an einer od. zwei Saiten (Anweisung für den Gebrauch des Pedals am Klavier zur Dämpfung des Tones)

U|n|a|ni|mi|tät *die; -* ⟨*lat.-fr.*⟩: Einhelligkeit, Einmütigkeit

U|na Sanc|ta *die; - -* ⟨*lat.; „eine heilige (Kirche)"*⟩: die eine heilige katholische und apostolische Kirche (Selbstbezeichnung der römisch-katholischen Kirche); vgl. Apostolikum (1)

U|nau *das; -s, -s* ⟨*bras.-fr.*⟩: südamerikanisches Faultier mit zweifingerigen Vordergliedmaßen

Un|cle Sam [ˈaŋkl̩ ˈsɛm] ⟨*engl.; „Onkel Samuel"*; nach der ehemaligen amtlichen Bezeichnung U.S.-Am. für die USA⟩: (scherzh.) symbolische Bezeichnung für die USA, bes. für die Regierung

Un|da|ti|on *die; -, -en* ⟨*lat.; „das Wellenschlagen, Überwallen"*⟩: (Geol.) Großfaltung der Erdrinde

Un|der|co|ve|rage [ˌʌndəˈkʌvərɪdʒ] *die; -* ⟨*engl.*⟩: 1. nicht ausreichende Deckung versicherter Gegenstände. 2. unangemessene Berichterstattung über ein [bedeutendes] Ereignis

Un|der|co|ver|a|gent [ˈʌndəkʌvə...] *der; -en, -en* ⟨*engl.*⟩: [in eine zu observierende Gruppe eingeschleuster] verdeckter Ermittler. **Un|der|co|ver|a|gen|tin** *die; -, -nen*: weibliche Form zu ↑ Undercoveragent

Un|der|dog [ˈʌndədɔg] *der; -s -s* ⟨*engl.*⟩: [sozial] Benachteiligter, Schwächerer

un|der|dressed [ˈʌndədrɛst] ⟨*engl.*⟩: (für einen bestimmten Anlass) zu lässig, zu wenig feierlich gekleidet; Ggs. overdressed

Un|der|flow [ˈʌndəfloʊ] *der; -s -s* ⟨*engl.*⟩: Auftreten eines Zahlenwertes der kleiner ist als die kleinste dort darstellbare Zahl (bei einer maschinellen Berechnung)

Un|der|ground [ˈʌndəgraʊnd] *der; -s* ⟨*engl.*⟩: 1. Gruppe, Organisation außerhalb der etablierten Gesellschaft. 2. avantgardistische künstlerische Protestbewegung gegen die kulturelle ↑ Establishment

Un|der|ly|ing [ˈʌndəlaɪ̯ɪŋ] *das; -s, -s* ⟨*engl.; „das Zugrundeliegen"*⟩: (Börsenw.) Basiswert im Optionsgeschäft

Un|der|state|ment [ˌʌndəˈsteɪtmənt] *das; -s, -s* ⟨*engl.*⟩: das [bewusste] Untertreiben, Unterspielen

Un|der|wear [ˈʌndəweə] *die; -,*

(auch:) *der od. das; -[s]* ⟨*engl.*⟩: Unterwäsche

Un|der|wri|ter [ˈʌndəraɪtɐ] *der; -s, - ⟨*engl.*⟩: in Großbritannien diejenige Firma, die sich verpflichtet, einen nicht unterzubringenden Teil einer ↑ Emission (1) selbst zu übernehmen

Un|de|zi|me *die; -, -n* ⟨*lat.*⟩: (Mus.) der elfte Ton vom Grundton an (die Quarte der Oktave)

Un|di|ne *die; -, -n* ⟨*lat.-nlat.*⟩: weiblicher Wassergeist

Un|do|graph, auch: ...graf *der; -en, -en* ⟨*lat.; gr.*⟩: (Phys.) Gerät zur Aufnahme u. grafischen Darstellung von Schallwellen

Un|du|la|ti|on *die; -, -en* ⟨*lat.-nlat.*⟩: 1. (Phys.) Wellenbewegung, Schwingung. 2. (Geol.) Sattel- u. Muldenbildung durch ↑ Orogenese; vgl. Ondulation

Un|du|la|tor *der; -s, ...oren:** Instrument zur Aufzeichnung empfangener Morsezeichen bei langen Telegrafenkabeln (z. B. Seekabel)

un|du|la|to|risch: (Phys.) in Form von Wellen, wellenförmig

un|du|lie|ren: (Med., Biol.) wellenartig verlaufen, hin u. her wogen

UNESCO *die; -* ⟨*engl.; Kurzw. aus United Nations Educational, Scientific and Cultural Organization*⟩: Organisation der Vereinten Nationen für Erziehung, Wissenschaft u. Kultur

un|ghe|re|se [ʊŋge...] ⟨*it.*⟩: (Mus.) ungarisch; vgl. all' ongharese

Un|gu|en|tum *das; -s, ...ta* ⟨*lat.*⟩: Salbe; Abk. [auf Rezepten]: Ungt.

Un|gu|lat *der; -en, -en* (meist Plural) ⟨*lat.*⟩: (Zool.) Huftier

u|ni [yˈniː, ˈyni] ⟨*lat.-fr.; „einfach; eben"*⟩: einfarbig, nicht gemustert

¹U|ni [yˈniː, ˈyni] *das; -s, -s*: einheitliche Farbe

²U|ni [auch: ˈuːni] *die; -, -s* ⟨*lat.*⟩: (ugs.) Kurzform von ↑ Universität

u|ni|e|ren: vereinigen (bes. in Bezug auf Religionsgemeinschaften)

U|ni|fi|ka|ti|on *die; -, -en* ⟨*lat.-mlat.*⟩: ↑ Unifizierung; vgl. ...ation/...ierung. **u|ni|fi|zie|ren:** vereinheitlichen, in eine Einheit, Gesamtheit verschmelzen (z. B. Staatsschulden, Anleihen).

U|ni|fi|zie|rung *die; -, -en*: Konsolidierung, Vereinheitlichung, Vereinigung (z. B. von Staatsschulden, Anleihen); vgl. ...ation/...ierung

u|ni|form ⟨*lat.-fr.*⟩: gleich-, einförmig; gleichmäßig, einheitlich.

U|ni|form [auch: ʊni...] *die; -, -en*: einheitliche Dienstkleidung, bes. des Militärs, aber auch der Eisenbahn-, Post-, Forstbeamten u. a.; Ggs. ↑ Zivil

u|ni|for|mie|ren: 1. einheitlich einkleiden, in Uniformen stecken. 2. gleichförmig machen

U|ni|for|mis|mus *der; - ⟨lat.-fr.-nlat.⟩*: das Streben nach gleichförmiger, einheitlicher Gestaltung. **U|ni|for|mist** *der; -en, -en*: jmd., der alles gleichförmig gestalten will. **U|ni|for|mis|tin** *die; -, -nen*: weibliche Form zu ↑ Uniformist

U|ni|for|mi|tät *die; -, -en ⟨lat.-fr.⟩*: Einförmigkeit, Gleichförmigkeit (z. B. im Denken u. Handeln)

U|ni|ka: *Plural* von ↑ Unikum

u|ni|kal ⟨*lat.-nlat.*⟩: 1. nur einmal vorhanden. 2. einzigartig

U|ni|kat *das; -[e]s, -e ⟨lat.-nlat.⟩*: a) einzige Ausfertigung eines Schriftstücks im Unterschied zum ↑ Duplikat u. ↑ Triplikat; b) Unikum (1); c) einziges Kunstwerk seiner Art

U|ni|kum *das; -s, ...ka (auch: -s)* ⟨*lat.*⟩: 1. (Plural: ...ka) nur in einem Exemplar vorhandenes Erzeugnis der grafischen Künste. 2. (Plural: -s; ugs.) origineller Mensch, der oft auf andere belustigend wirkt

u|ni|la|te|ral ⟨*lat.-nlat.*⟩: einseitig, nur auf einer Seite

U|nio mys|ti|ca *die; - - ⟨lat.; gr.-lat.⟩*: die geheimnisvolle Vereinigung der Seele mit Gott als Ziel der Gotteserkenntnis in der ↑ Mystik

U|ni|on *die; -, -en ⟨lat.⟩*: Bund, Vereinigung, Verbindung (bes. von Staaten u. von Kirchen mit verwandten Bekenntnissen)

U|ni|o|nist *der; -en, -en ⟨lat.-nlat.(-engl.)⟩*: 1. Anhänger einer Union. 2. (hist.) Gegner der ↑ Konföderierten im nordamerikanischen Bürgerkrieg. **U|ni|o|nis|tin** *die; -, -nen*: weibliche Form zu ↑ Unionist

U|ni|on Jack [ˈjuːnjən ˈdʒɛk] *der; - -s, - -s ⟨engl.⟩*: Nationalflagge Großbritanniens

u|ni|pe|tal ⟨*lat.; gr.) nlat.⟩*: (Bot.) einblättrig (von Pflanzen)

u|ni|po|lar: einpolig, den elektrischen Strom nur in einer Richtung leitend

U|ni|sex *der; -[es]*: [Tendenz zur] Verwischung des Unterschieds zwischen den Geschlechtern, bes. im Erscheinungsbild. **u|ni|se|xu|ell**: 1. den Unisex betreffend. 2. eingeschlechtlich. 3. (selten) ↑ homosexuell

u|ni|son ⟨*lat.-it.*⟩: (Mus.) auf demselben Ton od. in der Oktave (singend, spielend)

U|ni|so|ni: *Plural* von ↑ Unisono

u|ni|so|no: 1. (Mus.) auf demselben Ton od. in der Oktave (zu singen, zu spielen). 2. in voller Übereinstimmung. **U|ni|so|no** *das; -s, -s u. ...ni*: das Zusammenklingen von mehreren Tönen auf derselben Tonhöhe od. im Oktavabstand; Einklang

U|nit [ˈjuːnɪt] *die; -, -s ⟨engl.⟩*: 1. [Lern]einheit in Unterrichtsprogrammen. 2. fertige Einheit eines technischen Gerätes. 3. Gruppe, Team

u|ni|tär ⟨*lat.-nlat.*⟩: ↑ unitarisch

U|ni|ta|ri|er *der; -s, - ⟨hist.⟩*: Vertreter einer nachreformatorischen kirchlichen Richtung, die die Einheit Gottes betont u. die Lehre von der ↑ Trinität teilweise od. ganz verwirft; Ggs. ↑ Trinitarier

u|ni|ta|risch: 1. Einigung bezweckend oder erstrebend. 2. die Lehre der Unitarier betreffend

U|ni|ta|ri|sie|rung *die; -*: ↑ Unitarismus (1)

U|ni|ta|ris|mus *der; -*: 1. das Bestreben, innerhalb eines Bundesstaates die Befugnisse der Bundesbehörden gegenüber den Ländern zu erweitern u. damit die Zentralgewalt zu stärken. 2. theologische Lehre der Unitarier. 3. (Med.) Lehre von der ursächlichen Übereinstimmung verschiedener Krankheitsformen. **u|ni|ta|ris|tisch**: den Unitarismus betreffend

U|ni|tät *die; -, -en ⟨lat.⟩*: 1. Einheit, Übereinstimmung. 2. Brüderunität (eine pietistische Freikirche). 3. (scherzh.) Kurzw. für: Universität

U|ni|täts|leh|re *die; - ⟨lat.; dt.⟩*: ↑ Unitarismus (3)

u|ni|to|ni|co ⟨*lat.-it.*⟩: (Mus.) in einer Tonart

u|ni|va|lent ⟨*lat.-nlat.*⟩: (Chem.) einwertig

U|ni|ver|bie|rung *die; -, -en*: (Sprachw.) das Zusammenwachsen zweier Wörter zu einem einzigen, meist ohne Bedeutungsspezialisierung (z. B. obschon aus *ob* u. *schon*)

u|ni|ver|sal ⟨*lat.-fr.*⟩: allgemein, gesamt; [die ganze Welt] umfassend, weltweit; vgl. ...al/...ell. **U|ni|ver|sal** *das; -[s] ⟨lat.⟩*: früher ↑ Panroman genannte Welthilfssprache

U|ni|ver|sal|emp|fän|ger *der; -s, -*: (Med.) Person mit der Blutgruppe AB, auf die Blut beliebiger Gruppenzugehörigkeit übertragen werden kann; vgl. Universalspender

U|ni|ver|sal|e|pis|ko|pat *der od. das; -[e]s, -e*: oberste bischöfliche Gewalt des Papstes über die katholische Kirche

U|ni|ver|sal|ge|nie *das; -s, -s*: 1. auf vielen Gebieten zu großen Leistungen befähigter Mensch. 2. (scherzh.) Alleskönner

U|ni|ver|sa|lie [...i̯ə] *die; -, -n* ⟨*lat.*⟩: 1. (nur Plural; Philos.) allgemein gültige Aussagen, Allgemeinbegriffe, bes. in der Scholastik. 2. (Sprachw.) Eigenschaft, die alle natürlichen Sprachen aufweisen

U|ni|ver|sa|li|sie|rung *die; -, -en*: Verallgemeinerung, universale Anwendung od. Anwendbarkeit

U|ni|ver|sa|lis|mus *der; - ⟨lat.-nlat.⟩*: 1. (bes. Philos.) Denkart, die den Vorrang des Allgemeinen, des Ganzen gegenüber dem Besonderen u. Einzelnen betont. 2. theologische Lehre, nach der der Heilswille Gottes die ganze Menschheit umfasst; Ggs. ↑ Prädestination (1)

U|ni|ver|sa|list *der; -en, -en* (meist Plural): zu einer amerikanischen kirchlichen Gruppe gehörender Anhänger des Universalismus (2). **U|ni|ver|sa|lis|tin** *die; -, -nen*: weibliche Form zu ↑ Universalist

U|ni|ver|sa|li|tät *die; - ⟨lat.⟩*: 1. Allgemeinheit, Gesamtheit. 2. Allseitigkeit, alles umfassende Bildung

U|ni|ver|sal|prin|zip *das; -s*: (Rechtsw.) im Unterschied zum

↑ Territorialitäts- u. ↑ Personalitätsprinzip der Grundsatz des internationalen Strafrechts, nach dem ein Staat auch die von Ausländern im Ausland begangenen Straftaten zu verfolgen habe

U|ni|ver|sal|spen|der *der; -s, -* ⟨*lat.; dt.*⟩: (Med.) Person mit der Blutgruppe 0, die mit gewissen Einschränkungen für jeden Blut spenden kann; vgl. Universalempfänger

U|ni|ver|sal|suk|zes|si|on *die; -, -en:* (Rechtsw.) Gesamtnachfolge; Eintritt eines od. mehrerer Erben in das Gesamtvermögen des Erblassers

u|ni|ver|sell: umfassend, weit gespannt; vgl. ...al/...ell

U|ni|ver|si|a|de *die; -, -n* ⟨*lat.-nlat.*⟩: internationale Studentenwettkämpfe mit Weltmeisterschaften in verschiedenen sportlichen Disziplinen

U|ni|ver|sis|mus *der; -:* Anschauung, bes. des chinesischen ↑ Taoismus, dass die Welt eine Einheit sei, in die der Einzelmensch sich einordnen müsse

u|ni|ver|si|tär: die Universität betreffend

U|ni|ver|si|tas Lit|te|ra|rum *die; - -* ⟨*lat.; „Gesamtheit der Wissenschaften"*⟩: lat. Bez. für: Universität

U|ni|ver|si|tät *die; -, -en:* [in Fakultäten gegliederte] Anstalt für wissenschaftliche Ausbildung u. Forschung; Hochschule

U|ni|ver|sum *das; -s* ⟨*lat.*⟩: das zu einer Einheit zusammengefasste Ganze; Weltall

u|ni|vok ⟨*lat.; „einstimmig"*⟩: (Philos.) eindeutig, einnamig.

U|ni|vo|zi|tät *die; -* ⟨*lat.-nlat.*⟩: (Philos.) Eindeutigkeit, Einnamigkeit

UNIX *das; -* ⟨*engl. Kunstw.*⟩: universell einsetzbares Betriebssystem für vernetzte Computer

Unk|ti|on *die; -, -en* ⟨*lat.*⟩: (Med.) Einreibung, Einsalbung

u|no ac|tu ⟨*lat.*⟩: in einem Akt, ohne Unterbrechung

un|plugged ⟨'anplakt, 'ʌnplʌgd⟩ ⟨*engl.*⟩: (Jargon) ohne elektronische Verstärkung [gesungen] (bes. in der Popmusik)

un po|chet|ti|no [ʊn poketi:no] ⟨*lat.-it.*⟩: (Mus.) ein klein wenig

un po|co [auch: - 'po:ko]: (Mus.) ein wenig, etwas

un|po|pu|lär ⟨*dt.; lat.-fr.*⟩: auf Ablehnung stoßend

un|pro|duk|tiv ⟨*dt.; lat.-fr.*⟩: nicht produktiv, nicht lohnend

u|nus pro mul|tis [...ti:s] ⟨*lat.;* „einer für viele"⟩: einer für alle

Un|zi|a|le *die; -, -n* ⟨*lat.*⟩: 1. mittelalterliche griechische u. römische Buchschrift aus gerundeten Großbuchstaben. 2. (Druckw.) ↑ Initiale

U|pa|ni|schad *die; -, ...aden* (meist Plural) ⟨*sanskr.;* „(geheime, belehrende) Sitzung"⟩: zum ↑ wedischen Schrifttum gehörende philosophisch-theologische Abhandlung über die Erlösung des Menschen

U|pas *das; -* ⟨*malai.*⟩: als Pfeilgift verwendeter Milchsaft eines javanischen Baumes

Up|date ['ʌpdeːt, 'ʌʌpdeɪt] *das; -s, -s* ⟨*engl.*⟩: (EDV) aktualisierte [u. verbesserte] Version einer Software, einer Datei o. Ä.

up|da|ten: (EDV) ein Update vornehmen

U|pe|ri|sa|ti|on *die; -, -en* ⟨Kurzw. aus *Ultrapasteurisation*⟩: Milchkonservierungsverfahren, bei dem in entgaste u. vorgewärmte Milch Dampf eingeleitet wird

Up|grade ['ʌpgreːt, 'ʌpgreɪd] *das; -s, -s* ⟨*engl.*⟩: (EDV) aktualisierte [u. verbesserte] Version der Computerhardware, der Speicherkapazität o. Ä. **up|graden:** ein Upgrade vornehmen

Up|link ['ʌplɪŋk, 'ʌplɪŋk] *das; -s, -s* ⟨*engl.*⟩: 1. (EDV) Übertragung der Daten vom Anwender zum Provider. 2. Übertragungsstrecke von einer Bodenstation zu einem Kommunikationssatelliten

Up|load ['ʌploːt, 'ʌploʊd] *das* od. *der; -s, -s* ⟨*engl.*⟩: (EDV) das Uploaden; Ggs. ↑ Download. **up|loa|den:** Daten von einem Computer auf einen anderen Computer übertragen, aufladen; Ggs. ↑ downloaden

Up|per|class ['ʌpɐkla:s, ʌpə'kla:s] *die; -* ⟨*engl.*⟩: die oberen Zehntausend; Oberschicht

Up|per|cut ['ʌpɐkat, 'ʌpəkʌt] *der; -s, -s* ⟨*engl.*⟩: (Boxen) Aufwärtshaken

Up|per|ten ['ʌpɐˌtɛn, 'ʌpə'tɛn], auch: **Up|per Ten** *die* (Plural)

⟨*engl.*⟩: die oberen Zehntausend; Oberschicht

Up|take ['ʌpteːk, 'ʌpteɪk] *das; -s, -s* ⟨*engl.*⟩: (Biol., Med.) die Einlagerung chemischer Stoffe in das Körpergewebe

up to date [ap tu 'de:t, 'ʌp tə 'deɪt] ⟨*engl.*⟩: (oft scherzh.) zeitgemäß, auf dem neuesten Stand

Up|town ['ʌptaʊn, 'ʌptaʊn] *die; -, -s* ⟨*engl.-amerik.*⟩: für Außenviertel bzw. Wohnviertel einer Stadt (in den USA)

U|r|ä|mie *die; -, ...ien* ⟨*gr.-nlat.*⟩: (Med.) Harnvergiftung. **u|r|ämisch:** (Med.) die Urämie betreffend, an ihr leidend, auf ihr beruhend

U|ran *das; -s* ⟨*gr.-lat.-nlat.;* nach dem Planeten Uranus⟩: chem. Element; ein Metall; Zeichen: U

U|ra|nis|mus *der; -* ⟨*gr.-lat.-nlat.;* von Urania, dem Beinamen der griech. Liebesgöttin Aphrodite⟩: (selten) Homosexualität zwischen Männern. **U|ra|nist** *der; -en, -en:* (selten) Homosexueller

U|ra|no|gra|phie, auch: ...grafie *die; -* ⟨*gr.*⟩: Himmelsbeschreibung

U|ra|no|lat|rie *die; -* ⟨*gr.-nlat.*⟩: göttliche Verehrung der Himmelskörper

U|ra|no|me|t|rie *die; -, ...ien:* (veraltend) 1. Messung der Himmelserscheinungen. 2. Sternkatalog. 3. kartographische Festlegung des Sternhimmels

U|ra|no|s|kop *das; -s, -e:* (veraltet) Fernrohr zur Beobachtung des Sternhimmels

U|rat *das; -[e]s, -e* ⟨*gr.-nlat.*⟩: (Chem.) Salz der Harnsäure. **u|ra|tisch:** (Med.) mit der Harnsäure zusammenhängend

U|rä|us|schlan|ge *die; -, -n* ⟨*gr.-nlat.; dt.*⟩: afrikanische Hutschlange, eine Giftnatter (als Sonnensymbol am Diadem der altägyptischen Könige)

ur|ban ⟨*lat.;* „städtisch"⟩: 1. gebildet u. weltgewandt, weltmännisch. 2. für die Stadt charakteristisch, in der Stadt üblich

Ur|ba|ni|sa|ti|on *die; -, -en* ⟨*lat.-nlat.*⟩: 1. durch städtebauliche Erschließung entstandene moderne Stadtsiedlung. 2. städtebauliche Erschließung. 3. Verstädterung; kulturelle, zivilisa-

U

torische Verfeinerung; vgl. ...ation/...ierung. **ur|ba|ni|sie|ren:** 1. städtebaulich erschließen. 2. kulturell, zivilisatorisch verfeinern; verstädtern. **Ur|ba|ni|sie|rung** *die;* -, -en: das Urbanisieren; vgl. ...ation/...ierung

Ur|ba|nis|tik *die;* -: Wissenschaft vom Städtebau, von der Stadtplanung. **ur|ba|nis|tisch:** die Urbanistik betreffend

Ur|ba|ni|tät *die;* - ⟨*lat.*⟩: 1. Bildung, weltmännische Art. 2. städtische Atmosphäre

ur|ba|ri|al ⟨*dt.-nlat.*⟩: das Urbarium betreffend

ur|ba|ri|sie|ren: (schweiz.) urbar machen

Ur|ba|ri|um *das;* -s, ...ien: (hist.) Grund-, Hypotheken- u. Grundsteuerbuch (im Mittelalter)

ur|bi et or|bi ⟨*lat.;* „der Stadt (= Rom) u. dem Erdkreis"⟩: Formel für päpstliche Erlasse u. Segensspendungen, die für die ganze katholische Kirche bestimmt sind; **etwas urbi et orbi verkünden:** etwas aller Welt mitteilen

Urbs ae|ter|na [- ɛ...] *die;* - -: die Ewige Stadt (Rom)

Ur|du *das;* - ⟨*Hindi*⟩: neuindische Sprache, die in Pakistan als Amtssprache gilt

U|rea *die;* - ⟨*gr.-nlat.*⟩: (Med.) Harnstoff

U|re|a|se *die;* -, -n: (Med.) Harnstoff spaltendes ↑Enzym

U|re|at *das;* -[e]s, -e: ↑Urat

U|re|do|spo|ren *die* (Plural) ⟨*lat.; gr.*⟩: (Bot.) Sommersporen der Rostpilze

U|re|id *das;* -[e]s, -e ⟨*gr.-nlat.*⟩: vom Harnstoff abgeleitete chemische Verbindung

U|re|se *die;* - ⟨*gr.*⟩: (Med.) das Harnen

U|re|ter *der;* -s, ...teren (auch: -): (Med.) Harnleiter

U|re|te|ri|tis *die;* -, ...itiden ⟨*gr.-nlat.*⟩: (Med.) Harnleiterentzündung

U|re|than *das;* -s, -e: (Chem.) in vielen Arten vorkommender ↑Ester einer ammoniakhaltigen Säure

U|re|thra *die;* -, ...ren ⟨*gr.-lat.*⟩: (Med.) Harnröhre. **u|re|thral** ⟨*gr.-lat.-nlat.*⟩: (Med.) zur Harnröhre gehörend, sie betreffend

U|re|thr|al|gie *die;* -, ...ien ⟨*gr.-nlat.*⟩: ↑Urethrodynie

U|re|thl|ris|mus *der;* -: (Med.) Harnröhrenkrampf

U|re|thl|ri|tis *die;* -, ...itiden: (Med.) Harnröhrenentzündung

U|re|thl|ro|dy|nie *die;* -, ...ien: (Med.) ↑Neuralgie der Harnröhre

U|re|thl|ror|rhö *die;* -, -en: (Med.) Harnröhrenausfluss

U|re|thl|ro|s|kop *das;* -s, -e: (Med.) Instrument zur Ausleuchtung der Harnröhre

U|re|thl|ro|to|mie *die;* -, ...ien: (Med.) äußerer Harnröhrenschnitt

u|re|tisch ⟨*gr.-lat.*⟩: (Med.) harntreibend

ur|gent ⟨*lat.*⟩: unaufschiebbar, dringend, eilig. **Ur|genz** *die;* -, -en ⟨*lat.-mlat.*⟩: Dringlichkeit

ur|gie|ren ⟨*lat.*⟩: (bes. österr.) drängen; nachdrücklich betreiben

U|ri|an *der;* -s, -e ⟨Herkunft unbekannt⟩: a) (veraltet abwertend) unliebsamer Mensch; b) (ohne Plural) der Teufel

U|ri|as|brief *der;* -[e]s, -e ⟨nach dem von David in den Tod geschickten Gemahl der Bathseba, 2. Sam. 11⟩: Brief, der dem Überbringer Unheil bringt

---

...u|rie

die; -, ...ien (teilweise ohne Plural)

⟨zu *gr.* oũron „Urin, Harn"⟩

Wortbildungselement mit der Bedeutung „[Ausscheidung mit dem] Harn; das Harnen":
– Glykosurie
– Phenylketonurie

Von gleicher Herkunft ist das Wortbildungselement **uro...**, **Uro...** In der Bedeutung „Harn" ist es Bestandteil vieler Fremdwörter, wie z. B. in urogenital, Urolith, Urologe und Uroskopie.

U|ri|k|äl|mie *die;* -, ...ien ⟨*gr.-nlat.*⟩: (Med.) krankhafte Erhöhung der Harnsäure im Blut

U|rin *der;* -s, -e ⟨*lat.*⟩: von den Nieren abgesonderte Flüssigkeit, die sich in der Blase sammelt u. durch die Harnröhre ausgeschieden wird

u|ri|nal: den Urin betreffend, zum Urin gehörend. **U|ri|nal** *das;* -s, -e: 1. Uringlas, Urinflasche. 2. an der Wand befestigtes Becken zum Urinieren (in Herrentoiletten)

u|ri|nie|ren: harnen

u|ri|nös ⟨*lat.-nlat.*⟩: urinähnlich; harnstoffhaltig

URL *die;* -, -s (selten:) *der;* -s, -s ⟨*engl.;* Abk. für *uniform resource locator* „einheitliche Ressourcen-Adresse"⟩: Adresse eines Objekts im Internet; vgl. Internetadresse

Ur|lin|de *die;* -, -n ⟨Umbildung aus ↑Urninde⟩: lesbische Frau, die sexuell die aktive Rolle spielt

Ur|nin|de *die;* -, -n ⟨zum Beinamen der altgriech. Liebesgöttin Aphrodite (Urania) gebildet⟩: Frau mit gleichgeschlechtlicher Neigung

Ur|ning *der;* -s, -e: ↑Uranist

ur|nisch: (selten) gleichgeschlechtlich veranlagt

u|ro..., U|ro... s. Kasten ...urie

U|ro|bi|lin *das;* -s ⟨⟨*gr.; lat.*⟩ *nlat.*⟩: Gallenfarbstoff im Harn

U|ro|bi|li|no|gen *das;* -s ⟨*gr.; lat.; gr.*⟩: Vorstufe des Urobilins

U|ro|bo|ros *der;* - ⟨*gr.;* „Schwanzfresser"⟩: 1. im Symbol der sich in den Schwanz beißenden u. sich selbst zeugenden Schlange dargestellte Ewigkeit. 2. (Psychol.) im Symbol der sich in den Schwanz beißenden u. sich selbst zeugenden Schlange dargestelltes ursprüngliches Enthaltensein des Ich im Unbewussten

U|ro|chel|sie *die;* -, ...ien ⟨*gr.-nlat.*⟩: (Med.) Ausscheidung des Harns aus dem After (z. B. bei angeborenen Fehlbildungen)

U|ro|chrom *das;* -s: (Med.) normaler gelber Harnfarbstoff

U|ro|dy|nie *die;* -, ...ien: (Med.) schmerzhaftes Harnlassen

u|ro|ge|ni|tal ⟨*gr.; lat.*⟩: (Med.) Harn- u. Geschlechtsorgane betreffend, zu ihnen gehörend

U|ro|ge|ni|tal|sys|tem *das;* -s: (Biol., Med.) Gesamtheit der harnabsondernden u. -abführenden sowie der Fortpflanzung dienenden Organe

U|ro|hä|mal|tin *das;* -s ⟨*gr.-nlat.*⟩: Harnfarbstoff

U|ro|lith [auch: ...ˈlɪt] *der;* -s u. -en, -e[n]: (Med.) Harnstein

U|ro|li|thi|al|sis *die;* -, ...iasen: (Med.) Neigung zur Harnsteinbildung

U|ro|lo|ge *der;* -n, -n: Facharzt für Krankheiten der Harnorgane.

U|ro|lo|gie *die; -:* Wissenschaft von den Krankheiten der Harnorgane. **U|ro|lo|gin** *die; -, -nen:* weibliche Form zu ↑ Urologe.

u|ro|lo|gisch: Krankheiten der Harnorgane betreffend

U|ro|me|la|nin *das; -s:* ↑ Urohämatin

U|ro|me|ter *das; -s, -:* Harnwaage

U|ro|my|ze|ten *die* (Plural) ⟨*gr.-nlat.*⟩: Rostpilze (Erreger von Pflanzenkrankheiten)

U|ro|pe|nie *die; -, ...ien* ⟨*gr.-nlat.*⟩: (Med.) verminderte Harnausscheidung

U|ro|phi|lie *die; -:* (Biol.) Bekundung freundlicher Regungen durch Harnlassen (bei Tieren); Ggs. ↑ Uropolemie

U|ro|pho|bie *die; -, ...ien:* (Med.) Angst vor Harndrang zur Unzeit

U|ro|pol|le|mie *die; -:* (Biol.) Bekundung feindlicher Regungen durch Harnlassen (bei Tieren); Ggs. ↑ Urophilie

U|ro|sep|sis *die; -, ...sen:* (Med.) durch Zersetzung des Harns bewirkte Allgemeininfektion

U|ro|s|ko|pie *die; -, ...ien:* (Med.) Harnuntersuchung

Ur|su|li|ne *die; -, -n* u. **Ur|su|li|nerin** *die; -, -nen* ⟨*nlat.; nach der hl. Ursula*⟩: Angehörige eines katholischen Nonnenordens für Jugenderziehung (seit 1535)

Ur|ti|ka *die; -, ...kä* ⟨*lat.; „Nessel, Brennnessel"*⟩: (Med.) allergisch bedingtes Ödem der Haut; Quaddel

Ur|ti|ka|ria *die; -* ⟨*lat.-nlat.*⟩: (Med.) Nesselfieber, -sucht

U|ru|bu *der; -s, -s* ⟨*indian.-span.* u. *port.*⟩: südamerikanischer Rabengeier

u|sa|ble [ˈjuːzəbl] ⟨*engl.; eigtl. „benutzbar"*⟩: (EDV) benutzerfreundlich, gut aufbereitet, leicht anzuwenden (z. B. von Softwareprodukten)

U|sam|ba|ra|veil|chen *das; -s, -* ⟨*nach einem Gebirge in Ostafrika*⟩: Zierpflanze mit veilchenähnlichen Blüten u. fleischigen, rundlichen, behaarten Blättern

U|sance [yˈsãːs] *die; -, -n* ⟨*lat.-vulgärlat.-fr.*⟩: Brauch, Gepflogenheit im Geschäftsverkehr

U|sanz *die; -, -en:* (schweiz.) ↑ Usance

U|schak *der; -[s], -s* ⟨*nach der türk. Stadt*⟩: dunkelrot- od.

dunkelblaugrundiger Teppich mit Medaillonmustern

U|schan|ka *die; -, -s* ⟨*russ.*⟩: Pelzmütze mit Ohrenklappen

U|scheb|ti *das; -s, -[s]* ⟨*ägypt.*⟩: altägyptische Grabbeigabe in Form eines mumienförmigen Figürchens aus Holz, Stein, Terrakotta od. Fayence, das die Aufgaben des Toten im Jenseits ausführen sollte

Usch|ki *die* (Plural) ⟨*russ.*⟩: krapfen- od. pastetenartige Speise

Use|net [ˈjuːsnɛt] *das; -s* ⟨Kurzw. aus *engl. users network*⟩: (EDV) weltweites Netz von Newsgroups

U|ser [ˈjuːzɐ] *der; -s, -* ⟨*engl.*⟩: 1. (EDV) a) jmd., der mit einem Computer arbeitet, Computerprogramme anwendet; b) jmd., der im Internet chattet, surft, recherchiert u. a. 2. (Jargon) Drogenabhängiger. **U|se|rin** *die; -, -nen:* weibliche Form zu ↑ User

U|sie *die; -,* Usien ⟨*gr.-lat.*⟩: (Rel.) Sein, Wesen, Wesensgehalt

Us|nea *bar|ba|ta die; - -* ⟨*arab.-mlat.-nlat.*⟩: (Biol.) Bartflechte (als Heilmittel verwendete Baumflechte)

U|so *der; -s* ⟨*lat.-it.*⟩: Gebrauch, Handelsbrauch

Us|ta|scha *die; -* ⟨*kroat.*⟩: (hist.) kroatische nationalistische Bewegung, die den serbischen Zentralismus in Jugoslawien bekämpfte (1941–1945)

Us|taw [ʊsˈtaf] *der; -[s], -s* ⟨*russ.*⟩: (veraltet) Statut, ↑ Reglement

Us|ti|la|go *die; -* ⟨*lat.(-nlat.)*⟩: (Biol.) Brandpilz (Erreger von Pflanzenkrankheiten)

u|su|ell ⟨*lat.-fr.*⟩: gebräuchlich, üblich, landläufig

U|su|ka|pi|on *die; -, -en* ⟨*lat.*⟩: Ersitzung, Eigentumserwerb durch langen Eigenbesitz (Grundsatz des römischen Rechts)

U|sur *die; -, -en* ⟨*lat.-nlat.*⟩: (Med.) Abnutzung, Schwund von Knochen u. Knorpeln an Stellen, die sehr beansprucht werden

U|sur|pa|ti|on *die; -, -en* ⟨*lat.*⟩: widerrechtliche Inbesitznahme, Anmaßung der öffentlichen Gewalt, gesetzwidrige Machtergreifung

U|sur|pa|tor *der; -s, ...oren:* jmd., der widerrechtlich die [Staats]gewalt an sich reißt.

U|sur|pa|to|rin *die; -, -nen:* weibliche Form zu ↑ Usurpator

u|sur|pa|to|risch: die Usurpation od. den Usurpator betreffend

u|sur|pie|ren: widerrechtlich die [Staats]gewalt an sich reißen

U|sus *der; -* ⟨*lat.*⟩: Gebrauch; Brauch, Gewohnheit, Herkommen, Sitte

U|sus|fruk|tus *der; -* ⟨*lat.-nlat.*⟩: (Rechtsw.) Nießbrauch

¹**ut** ⟨*mlat.(-fr.)*⟩: erste Silbe der ↑ Solmisation (seit 1659 durch ↑ do ersetzt)

²**ut** [yt]: franz. Bez. für den Ton c

U|ta *das; -, -* ⟨*jap.*⟩: ↑ Tanka

U|ten|sil *das; -s, -ien* (meist Plural) ⟨*lat.*⟩: [notwendiges] Gerät, Gebrauchsgegenstand; Hilfsmittel; Zubehör

U|te|ri: *Plural* von ↑ Uterus

u|te|rin ⟨*lat.*⟩: (Med.) zur Gebärmutter gehörend, auf sie bezogen

U|te|rus *der; -, ...ri:* (Med.) Gebärmutter

u|ti|li|sie|ren ⟨*lat.-fr.*⟩: (veraltet) aus etwas Nutzen ziehen

U|ti|lis|mus *der; -* ⟨*lat.-nlat.*⟩: ↑ Utilitarismus

u|ti|li|tär ⟨*lat.-fr.*⟩: auf die bloße Nützlichkeit gerichtet

U|ti|li|ta|ris|mus *der; -:* philosophische Lehre, die im Nützlichen die Grundlage des sittlichen Verhaltens sieht u. ideale Werte nur anerkennt, sofern sie dem Einzelnen od. der Gemeinschaft nützen. **u|ti|li|ta|ris|tisch:** den Utilitarismus betreffend

U|ti|li|tät *die; -* ⟨*lat.*⟩: (veraltet) Nützlichkeit

U|ti|li|ty [juˈtɪləti] *das; -s, -s* ⟨*lat.-engl.; eigtl. „Nützlichkeit"*⟩: (EDV) Computerprogramm für die Ausführung von Hilfs- u. Wartungsarbeiten

ut in|f|ra ⟨*lat.*⟩: (veraltet) wie unten; Abk.: u. i.

U|to|pia *das; -s* ⟨*gr.-fr.; „Land, das nirgends ist"*⟩: nach Utopia, dem Titel eines Romans v. Th. Morus⟩: Traumland, erdachtes Land, wo ein gesellschaftlicher Idealzustand herrscht

U|to|pie *die; -, ...ien* ⟨*gr.-fr.-nlat.*⟩: als unausführbar geltender Plan; Wunschbild; Idee, Vorstellung ohne reale Grundlage

U|to|pis|mus *das; -s* (meist ohne Artikel): ↑ Utopia

u|to|pisch: nur in der Vorstellung, Fantasie möglich, mit der

Wirklichkeit [noch] nicht vereinbar, nicht durchführbar

U|to|pis|mus *der; -, ...men* ⟨*gr.-fr.-nlat.*⟩: 1. Neigung zu Utopien. 2. utopische Vorstellung. **U|to|pist** *der; -en, -en:* jmd., der utopische Pläne u. Ziele hat. **U|to|pis| tin** *die; -, -nen:* weibliche Form zu ↑ Utopist

U| t| ra|quis|mus *der; -* ⟨*lat.-nlat.*⟩: 1. Bildungskonzept, nach dem gleichermaßen geistes- u. naturwissenschaftliche Bildungsinhalte vermittelt werden sollen. 2. Lehre der ↑ Utraquisten. **U| t| ra|quist** *der; -en, -en:* (hist.) Anhänger der ↑ Kalixtiner, die das Abendmahl ↑ sub utraque specie zu empfangen forderten. **u| t| ra|quis| tisch:** den Utraquismus, die Utraquisten betreffend

U| t| ri|cu|la|ria *die; -* ⟨*lat.-nlat.*⟩: Wasserschlauch, Wasserhelm (gelb blühende Wasserpflanze kalkarmer Gewässer)

U| t| rum *das; -s, ...tra* ⟨*lat.*⟩: (Sprachw.) gemeinsame Form für das männliche u. weibliche Genus von Substantiven (z. B. im Schwedischen)

ut su|p| ra ⟨*lat.*⟩: (Mus.) wie oben, wie vorher [zu singen, zu spielen]; Abk.: u. s.

Ut|te|rance [ˈʌtərəns] *die; -, -s* [...sɪz] ⟨*engl.*⟩: (Sprachw.) aktuelle Realisierung eines Satzes in der Rede; vgl. ¹Parole

UV = ultraviolett

U| val|gras *das; -es, ...gräser* ⟨*indian.-span.; dt.*⟩: Silber- od. Pampasgras

U| va|la *die; -, -s* ⟨*serbokroat.*⟩: (Geogr.) große, flache ↑ Doline

U| vi|ol|glas ® *das; -es* ⟨Kurzw. aus ultraviolett u. *Glas*⟩: für das Durchlassen ultravioletter Strahlen bes. geeignete Glasart

U| vu|la *die; -, ...lae* [...le] ⟨*lat.-mlat.*⟩: (Med.) Gaumenzäpfchen

u| vu|lar ⟨*lat.-mlat.-nlat.*⟩: (Sprachw.) mit dem Halszäpfchen gebildet (von Lauten). **U| vu|lar** *der; -s, -e:* (Sprachw.) Halszäpfchenlaut (z. B. Zäpfchen-R)

U| wa|ro|wit [auch: ...ˈvɪt] *der; -s, -e* ⟨*nlat.;* nach dem russ. Staatsmann Uwarow, 1786–1855⟩: ein Mineral

V

Va|banque, auch: **va banque** [vaˈbã:k, auch: vaˈbaŋk] ⟨*fr.;* „es gilt die Bank"⟩: in der Wendung **Vabanque,** auch: **va banque spielen:** 1. in riskanter Weise um die gesamte Bank, den gesamten Geldeinsatz spielen (beim Glücksspiel). 2. ein sehr hohes Risiko eingehen, alles auf eine Karte setzen

Va|banque|spiel *das; -[e]s:* hohes Risiko, Wagnis

va|cat ⟨*lat.;* „es fehlt"⟩: (veraltet) [etwas ist] nicht vorhanden, leer; [es] fehlt; vgl. Vakat

Vac|ci|na|ti|on [vaktsi...] vgl. Vakzination

Vac|ci|ne vgl. Vakzine

Va|che|le|der [ˈvaʃ...] *das; -s* ⟨*lat.-fr.; dt.*⟩: biegsames Leder für leichte Schuhe, Brandsohlen od. Schuhkappen

Va|che|rin [vaʃəˈrɛ̃:] *der; -, -s* ⟨*fr.*⟩: 1. sahniger Weichkäse aus der Schweiz. 2. Süßspeise aus Meringen, Eis u. Sahne

Va|chet|ten *die* (Plural): leichtere Lederarten für Taschen u. a.

Va|de|me|kum *das; -s, -s* ⟨*lat.;* „geh mit mir!"⟩: Taschenbuch, Leitfaden, Ratgeber

Va|di|um *das; -s, ...ien* ⟨*germ.-mlat.*⟩: (hist.) Gegenstand (z. B. Halm, Stab), der beim Abschluss eines Schuldvertrags als Symbol dem Gläubiger übergeben wurde

va|dos ⟨*lat.*⟩: (Geol.) durch Versickerung von Niederschlägen u. aus Oberflächengewässern gebildet (vom Grundwasser)

vae vic|tis [ˈvɛ: vɪkti:s] ⟨*lat.;* „wehe den Besiegten!"; nach dem angeblichen Ausspruch des Gallierkönigs Brennus nach seinem Sieg über die Römer 387 v. Chr.⟩: einem Unterlegenen geht es schlecht

vag vgl. vage

Va|ga|bon|da|ge [...ˈda:ʒə] *die; -* ⟨*lat.-fr.*⟩: (österr.) Landstreicherei, Herumtreiberei

Va|ga|bund *der; -en, -en:* Land-

streicher, Herumtreiber. **va|ga-bun|die|ren:** herumstrolchen, sich herumtreiben. **Va|ga|bun-din** *die; -, -nen:* weibliche Form zu ↑ Vagabund

Va|gans ⟨*lat.*⟩: ↑ Quintus

Va|gant *der; -en, -en:* 1. (im Mittelalter) umherziehender, fahrender Student od. Kleriker; Spielmann. 2. (veraltet) Herumtreiber, Vagabund. **Va|gan|tin** *die; -, -nen:* weibliche Form zu ↑ Vagant (2)

va|ge u. **vag** ⟨*lat.-fr.*⟩: unbestimmt, ungewiss, unsicher; dunkel, verschwommen

va|gie|ren ⟨*lat.*⟩: (veraltet, noch landsch.) beschäftigungslos umherziehen; sich unstet, unruhig bewegen

Va|gi|li|tät *die; -* ⟨*lat.-nlat.*⟩: Fähigkeit eines Organismus, die Grenzen des Biotops zu überschreiten

Va|gi|na [auch: ˈva:...] *die; -, ...nen* ⟨*lat.*⟩: 1. (Med.) a) aus Haut u. Bindegewebe- od. Muskelfasern bestehende Gleithülle od. Kanal; b) weibliche Scheide. 2. (Bot.) Blattscheide

va|gi|nal ⟨*lat.-nlat.*⟩: (Med.) zur Vagina gehörend

Va|gi|nis|mus *der; -, ...men:* (Med.) Scheidenkrampf

Va|gi|ni|tis *die; -, ...itiden:* (Med.) Scheidenentzündung, -katarrh

Va|gi|no|s| ko|pie *die; -, ...ien* ⟨*lat.; gr.*⟩: ↑ Kolposkopie

Va|go|to|mie *die; -, ...ien* ⟨*lat.; gr.*⟩: (Med.) Durchschneidung des Vagus

Va|go|to|nie *die; -, ...ien:* (Med.) erhöhte Erregbarkeit des parasympathischen Systems, Übergewicht über den Sympathikus

Va|go|to|ni|ka: *Plural* von ↑ Vagotonikum

Va|go|to|ni|ker *der; -s, -:* (Med.) an Vagotonie Leidender. **Va|go|to-ni|ke|rin** *die; -, -nen:* weibliche Form zu ↑ Vagotoniker

Va|go|to|ni|kum *das; -s, ...ka:* (Med.) das parasympathische Nervensystem anregendes Mittel

va|go|trop: (Med.) auf den Vagus wirkend, ihn steuernd

Va|gus *der; -* ⟨*lat.;* „umherschweifend"⟩: (Med.) Hauptnerv des parasympathischen Systems

Vaish|ya [ˈvaiʃja]: ↑ Waischja

Vaj| ra|ya|na [vadʒraˈjana]: ↑ Wadschrajana

va|kạnt ⟨*lat.*⟩: frei, unbesetzt, offen

Va|kạnz *die;* -, -en ⟨*lat.-mlat.*⟩: 1. freie Stelle. 2. (veraltet, noch landsch.) Ferien

va|kat vgl. vacat

Va|kat *das;* -[s], -s ⟨*lat.*⟩: (Druckw.) leere Seite in einem Buch

Va|kua: *Plural* von ↑ Vakuum

Va|kul o̱|le *die;* -, -n ⟨*lat.-nlat.*⟩: (Biol.) mit Flüssigkeit od. Nahrung gefülltes Bläschen im Zellplasma [der Einzeller]

Va|ku|um *das;* -s, ...kua od. ...kuen ⟨*lat.*⟩: 1. a) nahezu luftleerer Raum; b) Zustand des geringen Drucks in einem Vakuum (1 a). 2. unausgefüllter Raum, Leere

va|ku|u|mie̱|ren ⟨*lat.-nlat.*⟩: Flüssigkeiten bei vermindertem Luftdruck verdampfen

Va|ku|um|me̱|ter *das;* -s, - ⟨*lat.; gr.*⟩: Luftdruckmesser für kleinste Drücke

Vak|zin *das;* -s, -e ⟨*lat.; „von Kühen"*⟩: ↑ Vakzine

Vak|zi|na|ti|on *die;* -, -en ⟨*lat.-nlat.*⟩: 1. [Pocken]schutzimpfung. 2. (früher) Impfung mit Kuhpockenlymphe

Vak|zi̱|ne *die;* -, -n ⟨*lat.*⟩: (Med.) Impfstoff aus lebenden od. toten Krankheitserregern

vak|zi|nie̱|ren ⟨*lat.-nlat.*⟩: (Med.) mit einer Vakzine impfen

Val *das;* -s ⟨Kurzw. aus Äquivalent⟩: (früher) dem Äquivalentgewicht entsprechende Grammmenge eines Stoffes

va|le ⟨*lat.*⟩: (veraltet) leb wohl!

va|le|di|zie̱|ren ⟨*lat.*⟩: Lebewohl sagen, Abschied nehmen; die Abschiedsrede halten

Va|lẹnz *die;* -, -en: 1. chemische Wertigkeit. 2. (Biol.) Entfaltungsstärke der auf die Ausbildung der Geschlechtsorgane wirkenden Geschlechtsfaktoren in den Chromosomen u. im Zellplasma. 3. (Sprachw.) Fähigkeit eines Wortes, ein anderes semantisch-syntaktisch an sich zu binden, bes. Fähigkeit eines Verbs, eine bestimmte Zahl von Ergänzungen zu fordern. 4. (Psychol.) Aufforderungscharakter, den Objekte der Wahrnehmung besitzen (bei Tieren). 5. (Ökologie) Ausmaß der Wirkung eines Um

weltfaktors auf den pflanzlichen od. tierischen Organismus

Va|lẹnz|e̱|lek|ṯ| ron *das;* -s, -en (meist Plural): Außenelektron, das für die chemische Bindung verantwortlich ist

Va|le|ri| a̱|na *die;* -, ...nen ⟨*lat.-mlat.*⟩: Baldrian

Va|le|ri|a̱t *das;* -[e]s, -e ⟨*lat.-mlat.-nlat.*⟩: Salz der Valeriansäure (Baldriansäure)

¹Va|lẹt [auch: ...'le:t] *das;* -s, -s ⟨*lat.*⟩: (veraltet) Lebewohl

²Va|lẹt [va'le:] *der;* -s, -s ⟨*gall.-galloroman.-fr.*⟩: Bube im französischen Kartenspiel

va|le̱|te ⟨*lat.*⟩: (veraltet) lebt wohl!

Va|leur [va'løːɐ] *der;* -s, -s ⟨*lat.-fr.;* „Wert"⟩: 1. (veraltet) Wertpapier. 2. (meist Plural) Ton-, Farbwert, Abstufung von Licht u. Schatten (in der Malerei)

va|lịd ⟨*lat.(-fr.)*⟩: 1. kräftig, gesund. 2. rechtskräftig

Va|li|da|ti|on *die;* -, -en ⟨*lat.-nlat.*⟩: Gültigkeitserklärung

va|li|die̱|ren ⟨*lat.*⟩: etwas für rechtsgültig erklären, geltend machen, bekräftigen

Va|li|di|tä̱t *die;* -: 1. Rechtsgültigkeit. 2. Gültigkeit eines wissenschaftlichen Versuchs. 3. (Soziol., Psychol.) Übereinstimmung eines Ergebnisses [einer Meinungsumfrage] mit dem tatsächlichen Sachverhalt

Va|lịn *das;* -s ⟨Kunstw.⟩: für das Nerven- und Muskelsystem besonders wichtige Aminosäure

Val|lis|ne̱|ria *die;* -, ...ien ⟨*nlat.;* nach dem ital. Botaniker A. Vallisneri, 1661–1730⟩: Sumpfschraube (eine Aquarienpflanze)

Va̱|lor *der;* -s ⟨*lat.*⟩: (veraltet) [wirtschaftlicher] Wert, Gehalt

Va|lo̱|ren *die* (Plural): Wertsachen, Schmucksachen, Wertpapiere

Va|lo|ri|sa|ti|on *die;* -, -en ⟨*lat.-nlat.*⟩: das Valorisieren

va|lo|ri|sie̱|ren: Preise durch staatliche Maßnahmen zugunsten der Produzenten beeinflussen

Val|pol|li|cẹl|la [...'tʃela] *der;* -[s] ⟨nach der ital. Landschaft Valpolicella⟩: italienischer Rotwein aus Venetien

Va|lu̱|ta *die;* -, ...ten ⟨*lat.-it.*⟩: 1. a) ausländische Währung; b) Geld, Zahlungsmittel ausländischer Währung. 2. Wert, Ge

genwert. 3. Wertstellung im Kontokorrent. 4. (nur Plural) Zinsscheine von ausländischen od. auf fremde Währung lautenden Wertpapieren

Va|lu̱|ta|klau|sel *die;* -, -n: 1. Klausel auf Wechseln, die bedeutet, dass der Remittent in bar bezahlt hat. 2. Wertsicherungsklausel, durch die eine Schuld nach dem Kurs einer bestimmten ausländischen Währung festgelegt ist

Va|lu̱|ten: *Plural* von ↑ Valuta

va|lu|tie̱|ren ⟨*lat.-it.-nlat.*⟩: 1. a) eine Wertstellung festsetzen; b) einen [durch eine Hypothek od. Grundschuld gesicherten] Betrag zur Verfügung stellen u. dadurch (aus der Sicht des Schuldners) schulden. 2. dem Wert nach bestimmen, bewerten, abschätzen

Val|va|ti|on *die;* -, -en ⟨*lat.-fr.*⟩: Schätzung des Wertes einer Sache, bes. von Münzen

val|vie̱|ren ⟨*lat.-fr.*⟩: (veraltet) valutieren

Vamp [vɛmp] *der;* -s, -s ⟨*serb.-dt.-fr.-engl.*⟩: verführerische, erotisch anziehende, oft kühl berechnende Frau

Vạm|pir [auch: 'pi:ɐ] *der;* -s, -e ⟨*serb.*⟩: 1. Blut saugendes Gespenst des südosteuropäischen Volksglaubens. 2. Wucherer, Blutsauger. 3. Fledermaus, die sich vom Blut von Tieren ernährt. **Vam|pi|rin** *die;* -, -nen: weibliche Form zu ↑ Vampir (1, 2)

Vam|pi|ris̱|mus *der;* - ⟨*serb.-nlat.*⟩: durch Verschlingungstrieb u. Verschmelzungsdrang bedingte Form des Sadismus

Van [væn] *der;* -s, -s ⟨*engl.-amerik.;* „Lieferwagen"⟩: Großraumlimousine; Kraftfahrzeug mit großem Innenraum für mehr als fünf Personen u. teilweise herausnehmbaren Sitzen

Va|na|dạt *das;* -[e]s, -e ⟨*altnord.-nlat.*⟩: (Chem.) Salz der Vanadinsäure

Va|na|dịn vgl. Vanadium

Va|na|di|nịt [auch: ...'nɪt] *der;* -s: Vanadiumerz

Va|na|di|um, älter: Vanadin *das;* -s: chem. Element; ein Metall; Zeichen: V

Van-Al|len-Gür|tel [væn'|ælɪn...] *der;* -s ⟨nach dem amerik. Physiker J. A. van Allen, geb. 1914⟩:

Strahlungsgürtel um den Äquator der Erde in großer Höhe

Van|da̱|le usw. vgl. Wandale usw.

va̱|nil|le [va'nɪljə, va'nɪlə] ⟨*lat.-span.-fr.*⟩: hellgelb, blassgelb

Va̱|ni̱l|le *die; -* ⟨*lat.-span.-fr.*;⟩ „kleine Schote"⟩: zu den Orchideen gehörende mexikanische Pflanze, aus deren Schoten ein aromatisch duftendes Gewürz für Süßspeisen gewonnen wird

Va̱|nil|li̱n *das; -s* ⟨*lat.-span.-fr.-nlat.*⟩: in den Früchten bestimmter Arten der Vanille vorkommende Substanz, die bes. als Riech- u. Aromastoff verwendet wird

va̱|ni̱|tas va̱|ni̱|ta̱|tum ⟨*lat.*⟩: alles ist eitel

Va|peurs [va'pøːɐ̯s] *die* (Plural) ⟨*lat.-fr.*⟩: (veraltet) 1. Blähungen. 2. Launen, üble Laune

Va|po̱r|re̱t|to *das; -s, -s u. ...tti* ⟨*lat.-it.*⟩: Dampfboot, kleines Motorboot (in Italien)

Va|po|ri̱|sa̱|ti|o̱n *die; -, -en* ⟨*lat.-nlat.*⟩: 1. (veraltend) das Vaporisieren. 2. (früher) Anwendung von Wasserdampf zur Blutstillung (bes. im Bereich der Gebärmutter); vgl. ...ation/...ierung

va|po|ri|si̱e̱|ren: (veraltend) 1. verdampfen. 2. den Alkoholgehalt in Flüssigkeiten bestimmen.

Va|po|ri|si̱e̱|rung *die; -, -en:* das Vaporisieren; vgl. ...ation/...ierung

Va|que̱|ro [va'keːro, span.: ba-'kero] *der; -[s], -s* ⟨*lat.-span.*⟩: Cowboy (im Südwesten der USA u. in Mexiko)

Va̱|ria *die* (Plural) ⟨*lat.*⟩: (bes. Buchw.) Vermischtes, Verschiedenes, Allerlei

va|ri̱|a̱|bel ⟨*lat.-fr.*⟩: nicht auf nur eine Möglichkeit beschränkt; veränderbar, [ab]wandelbar

Va|ri|a|bi̱|li|tät *die; -, -en* ⟨*lat.-nlat.*⟩: das Variabelsein

Va|ri|a̱|b|le *die; -n, -n* (ohne Artikel fachspr. auch: -): 1. (Math., Phys.) veränderliche Größe; Ggs. ↑ Konstante. 2. (Logik) [Symbol für] ein beliebiges Element aus einer vorgegebenen Menge

va|ri̱|ant: (Math.) bei bestimmter Umformung veränderlich

Va|ri|a̱n|te *die; -, -n:* 1. leicht veränderte Art, Form von etwas; Abwandlung, Abart, Spielart. 2. (Literaturw.) abweichende Lesart einer Textstelle bei mehreren Fassungen eines Textes. 3. (Mus.) Wechsel von Moll nach Dur (u. umgekehrt) durch Veränderung der großen Terz in eine kleine (u. umgekehrt) im Tonikadreiklang

Va|ri̱|anz *die; -, -en* ⟨*lat.*⟩: 1. (Math.) Veränderlichkeit bei bestimmten Umformungen. 2. (Statistik) Maß für die Größe der Abweichung von einem Mittelwert

va|ri|a̱|tio de|le̱c|tat ⟨*lat.*⟩: Abwechslung macht Freude

Va|ri|a̱|ti|o̱n *die; -, -en* ⟨*lat.-fr.*⟩: 1. a) das Variieren; Veränderung, Abwandlung; b) das Variierte, Veränderte, Abgewandelte. 2. (Mus.) melodische, harmonische od. rhythmische Abwandlung eines Themas. 3. (Biol.) Abweichung von der Norm im Erscheinungsbild bei Individuen einer Art. 4. (Math.) geordnete Auswahl, Anordnung von Elementen unter Beachtung der Reihenfolge

va|ri|a̱|ti̱v: Variationen aufweisend

Va|ri|a̱|tor *der; -s, ...o̱ren* ⟨*lat.-nlat.*⟩: ↑ Variometer (5)

Va|ri|e|tät *die; -, -en* ⟨*lat.*⟩: a) Ab-, Spielart (Bez. der biologischen Systematik für geringfügig abweichende Formen einer Art); Abk.: var.; b) sprachliche Variante

Va|ri|e|tee̱, auch: **Va|ri|e|té** [...'teː] *das; -s, -s* ⟨*lat.-fr.*⟩: 1. Theater mit bunt wechselndem Programm artistischer, tänzerischer u. gesanglicher Darbietungen. 2. Vorstellung, Aufführung in einem Varietee (1)

va|ri|ie̱|ren: verschieden sein; verändern, abwandeln (bes. ein Thema in der Musik)

va|ri|kös ⟨*lat.*⟩: (Med.) krampfaderrig

Va|ri|ko̱|se *die; -, -n:* (Med.) Krampfaderleiden

Va|ri|ko|si|tät *die; -, -en* ⟨*lat.-nlat.*⟩: (Med.) Anhäufung von Krampfadern, Krampfaderbildung

Va|ri|ko|ze̱|le *die; -, -n* ⟨*lat.; gr.*⟩: (Med.) Krampfaderbruch

Va̱|ri|nas [auch: va'riːnas] *der; -, -* (nach der Stadt Barinas in Venezuela): südamerikanische Tabaksorte

Va|ri|o|graph, auch: ...graf *der;* -en, -en ⟨*lat.; gr.*⟩: Gerät, das die Werte eines Variometers (1–3) selbsttätig aufzeichnet

Va|ri̱|o̱|la *die; -, ...o̱len* u. **Variole** *die; -, -n* (meist Plural) ⟨*lat.-mlat.*⟩: (Med.) Pocken, [schwarze] Blattern

Va|ri|o̱|me̱|ter *das; -s, -* ⟨*lat.; gr.*⟩: 1. (Meteor.) Gerät zur Bestimmung kleinster Luftdruckschwankungen innerhalb kurzer Zeitabschnitte. 2. Gerät zur Beobachtung der erdmagnetischen Schwankungen. 3. Gerät zur Bestimmung der Steig- od. Sinkgeschwindigkeit von Flugzeugen. 4. (Phys.) Spulenanordnung mit stetig veränderbarer Selbstinduktion zur Frequenzabstimmung in Hochfrequenzgeräten. 5. (Elektrot., Phys.) Messgerät für Selbstinduktionen bei Wechselströmen

Va|ri|o|ob|jek|tiv *das; -s, -e:* Zoomobjektiv

va|ri̱s|kisch u. **va|ri̱s|tisch, va|ri̱s|zisch** ⟨*mlat.-nlat.; nach dem germ. Volksstamm der Varisker im Vogtland*⟩: sich in Südwest-Nordost-Richtung erstreckend (von Gebirgen)

Va|ri̱s|tor *der; -s, ...o̱ren* ⟨*lat.-engl.*⟩: (Phys.) Widerstand, dessen Leitwert mit steigender Spannung wächst

Va|ri̱s|zit [auch: ...'tsɪt] *der; -s, -e* ⟨*nlat.; vgl. variskisch*⟩: ein Mineral, grünes Tonerdephosphat

Va̱|rix *die; -, Vari̱zen* ⟨*lat.*⟩: (Med.) Krampfader, Venenknoten

Va|ri|ze̱l|le *die; -, -n* (meist Plural) ⟨*lat.-nlat.*⟩: (Med.) Windpocke

Va|ri̱|zen: *Plural* von ↑ Varix

Var|so|vi|e̱n|ne [varzo'vjɛn] *die; -, -n* [...nən] ⟨*fr.; „Warschauer (Tanz)"*⟩: polnischer Tanz im mäßig schnellen $^3/_4$-Takt

va|sa̱l ⟨*lat.-nlat.*⟩: (Med.) die [Blut]gefäße betreffend

Va|sa̱ll *der; -en, -en* ⟨*gall.-mlat.-fr.*⟩: mittelalterlicher Lehnsmann; Gefolgsmann. **va|sa̱l|lisch:** einen Vasallen od. die Vasallität betreffend

Va|sal|li|tät *die; -* ⟨*gall.-mlat.-fr.-nlat.*⟩: (hist.) Verhältnis eines Vasallen zum Lehnsherrn

Va|sa̱ll|teil *der; -s, -e* ⟨*lat.-nlat.; dt.*⟩: ↑ Xylem

Va̱|se *die; -, -n* ⟨*lat.-fr.*⟩: oft kunstvoll gearbeitetes offenes Gefäß (aus Glas, Porzellan o. Ä.), in das bes. Schnittblumen gestellt werden

Va|s|ek|to|mie die; -, ...ien ⟨lat.; gr.⟩: ↑ Vasoresektion

Va|se|lin das; -s: ↑ Vaseline

Va|se|li|ne die; - ⟨Kunstw. aus dt. Wasser u. gr. élaion „Öl"⟩: aus Rückständen der Erdöldestillation gewonnene Salbengrundlage für pharmazeutische, kosmetische u. a. Zwecke

vas|ku|lar, vas|ku|lär ⟨lat.-nlat.⟩: (Med.) zu den Blutgefäßen gehörend, sie enthaltend

Vas|ku|la|ri|sa|ti|on die; -, -en: (Med.) Bildung von Blutgefäßen

vas|ku|lös: (Med.) gefäßreich

Va|so|di|la|ta|tor der; -s, ...oren: (Med.) gefäßerweiternder Nerv

Va|so|kon|s|t|rik|tor der; -s, ...oren: (Med.) gefäßverengender Nerv

Va|so|li|ga|tur die; -, -en: (Med.) Unterbindung von Blutgefäßen

Va|so|mo|to|ren die (Plural): (Med.) Gefäßnerven

va|so|mo|to|risch: (Med.) die Gefäßnerven betreffend

Va|so|neu|ro|se die; -, -n ⟨lat.; gr.⟩: (Med.) Neurose der Gefäßnerven; Gefäßlabilität

Va|so|ple|gie die; -, ...ien: (Med.) Gefäßlähmung

Va|so|pres|sin das; -s: (Med.) Hormon mit blutdrucksteigernder Wirkung

Va|so|re|sek|ti|on die; -, -en: (Med.) 1. operative Entfernung eines Stückes des Samenleiters des Mannes (z. B. zur Sterilisation). 2. operative Entfernung eines Teils eines Blutgefäßes

Va|so|to|mie die; -, ...ien: (Med.) 1. operative Durchtrennung des Samenleiters. 2. operative Durchtrennung eines Blutgefäßes

Vas|ta|ti|on die; -, -en ⟨lat.⟩: (veraltet) Verwüstung

Va|ti|kan der; -s ⟨lat.-mlat.; nach der Lage auf dem Mons Vaticanus, einem Hügel in Rom⟩: 1. Papstpalast in Rom. 2. oberste Behörde der katholischen Kirche. **va|ti|ka|nisch:** zum Vatikan gehörend

Va|ti|ka|num das; -s: erstes (1869/70) u. zweites (1962–1965) in der Peterskirche zu Rom abgehaltenes allgemeines Konzil der katholischen Kirche

Vau|de|ville [vodə'vi:l, vod'vil] das; -s, -s ⟨fr.; nach dem normannischen Tal Vau de Vire⟩: 1. burleskes od. satirisches französisches Singspiel (17./18. Jh.). 2. Schlussensemble in der französischen Oper u. im deutschen Singspiel

va|zie|ren ⟨lat.⟩: (veraltet) [dienst]frei sein; unbesetzt sein

Ve|da vgl. Weda

Ve|det|te die; -, -n ⟨lat.-span.-it.-fr.⟩: 1. (hist.) vorgeschobener Reiterposten; Feldwache. 2. (veraltend) berühmter [Film]schauspieler

ve|disch vgl. wedisch

Ve|du|te die; -, -n ⟨lat.-it.⟩: topographisch naturgetreue Darstellung einer Landschaft (bes. in der Malerei des 17.–19. Jh.s)

ve|gan ⟨lat.-engl.⟩: den Veganismus betreffend, zu ihm gehörend, ihm folgend

Ve|ga|ner der; -, -: strenger Vegetarier, der auf tierische Produkte in jeder Form verzichtet.

Ve|ga|ne|rin die; -, -nen: weibliche Form zu ↑ Veganer

Ve|ga|nis|mus der; -: strenger Vegetarismus, dessen Anhänger auf tierische Produkte in jeder Form verzichten

ve|ge|ta|bil: ↑ vegetabilisch

Ve|ge|ta|bi|li|en die (Plural) ⟨lat.⟩: pflanzliche Nahrungsmittel

ve|ge|ta|bi|lisch: pflanzlich

Ve|ge|ta|ri|a|ner der; -s, -: ↑ Vegetarier. **Ve|ge|ta|ri|a|ne|rin** die; -, -nen: weibliche Form zu ↑ Vegetarianer

Ve|ge|ta|ri|a|nis|mus der; -: ↑ Vegetarismus

Ve|ge|ta|ri|er der; -s, - ⟨lat.-mlat.-engl.⟩: jmd., der ausschließlich od. vorwiegend pflanzliche Nahrung zu sich nimmt. **Ve|ge|ta|ri|e|rin** die; -, -nen: weibliche Form zu ↑ Vegetarier

ve|ge|ta|risch: a) dem Vegetarismus entsprechend, auf ihm beruhend; b) pflanzlich (in Bezug auf die Ernährungsweise)

Ve|ge|ta|ris|mus der; - ⟨lat.-mlat.-engl.-nlat.⟩: Ernährung ausschließlich von Pflanzenkost, meist aber ergänzt durch Eier u. Milchprodukte

Ve|ge|ta|ti|on die; -, -en ⟨lat.⟩: 1. (Bot.) Gesamtheit der Pflanzenbestandes [eines bestimmten Gebietes]. 2. (Med.) Wuche-

rung des lymphatischen Gewebes

Ve|ge|ta|ti|ons|ke|gel der; -s, -: (Bot.) Wachstumszone der Wurzel- u. Sprossspitze einer Pflanze

Ve|ge|ta|ti|ons|pe|ri|o|de die; -, -n: Zeitraum des allgemeinen Wachstums der Pflanzen innerhalb eines Jahres

ve|ge|ta|tiv ⟨lat.-mlat.⟩: 1. pflanzlich, pflanzenhaft. 2. (Biol.) ungeschlechtlich. 3. (Physiol.) dem Willen nicht unterliegend (von Nerven)

ve|ge|tie|ren ⟨lat.⟩: 1. kümmerlich, kärglich [dahin]leben. 2. (Biol.) nur in der vegetativen (2) Phase leben (von Pflanzen)

ve|he|ment ⟨lat.⟩: heftig, ungestüm, stürmisch; leidenschaftlich. **Ve|he|menz** die; -: Heftigkeit, Ungestüm; Schwung, Elan

Ve|hi|kel das; -s, - ⟨lat.⟩: 1. Hilfsmittel; etwas, was als Mittel dazu dient, etwas anderes deutlich, wirksam werden zu lassen, zu ermöglichen. 2. (ugs.) [altes, schlechtes] Fahrzeug. 3. (Med.) wirkungsloser Stoff in Arzneien, in dem die wirksamen Stoffe gelöst od. verteilt sind

Vek|tor der; -s, ...oren ⟨lat.; „Träger, Fahrer"⟩: (Math., Phys.) Größe, die durch Pfeil dargestellt wird u. durch Angriffspunkt, Richtung u. Betrag festgelegt werden kann

Vek|tor|gra|fik, auch: **Vek|tor|gra|phik** die; -, -en: (EDV) eine grafische Darstellungsart, die auf [Bild]linien (im Gegensatz zu Bildpunkten) beruht

vek|to|ri|ell ⟨lat.-nlat.⟩: (Math.) den Vektor, die Vektorrechnung betreffend

Ve|la: Plural von ↑ Velum

Ve|la|men das; -s, - ⟨lat.; „Hülle, Decke"⟩: (Bot.) schwammige Hülle vieler Luftwurzeln zur Wasseraufnahme

ve|lar: (Sprachw.) am Velum (3) gebildet (von Lauten). **Ve|lar** der; -s, -e: (Sprachw.) Gaumensegellaut, [Hinter]gaumenlaut (z. B. k)

Ve|lin [auch: ve'lɛ̃:] das; -s ⟨lat.-fr.⟩: 1. (früher) feines, weiches Pergament. 2. glattes Papier ohne Warenzeichen

Vel|le|i|tät die; -, -en ⟨lat.-mlat.-fr.⟩: (Philos.) kraftloses, zögerndes Wollen

Ve̱llo *das; -s, -s* 〈Kurzw. aus *Velo-ziped*〉: (schweiz.) Fahrrad

ve̱llo̱lce [ve'lo:tʃə] 〈*lat.-it.*〉: (Mus.) behände, schnell, geschwind (Vortragsanweisung)

Ve̱llo̱ldro̱m *das; -s, -e* 〈*(lat.-fr.; gr.) fr.*〉: [geschlossene] Radrennbahn

¹Ve̱llours [və'lu:ɐ̯, auch: ve…] *der; -* […lu:ɐ̯s], - […lu:ɐ̯s] 〈*lat.-provenzal.-fr.*〉: 1. franz. Bez. für: Samt. 2. Gewebe mit gerauter, weicher, samt- od. plüschartiger Oberfläche

²Ve̱llours *das; -* […lu:ɐ̯s], - […lu:ɐ̯s]: ↑ Veloursleder

Ve̱llours̱lle̱lder *das; -s, -*: Leder, dessen Oberfläche durch Schleifen ein samtartiges Aussehen hat

ve̱llou̱lti̱e̱lren [və̱lu…, auch: velu…]: (die Lederoberfläche) abschleifen u. dadurch aufrauen

Ve̱llou̱lti̱ne [… ˈti:n] *der; -[s], -s* 〈*lat.-provenzal.-fr.*〉: 1. feiner, weicher Halbseidenrips. 2. samtartig gerauter Flanell

Ve̱llo̱lzi̱lpe̱d *das; -[e]s, -e* 〈*lat.-fr.*〉: (veraltet) Fahrrad

Ve̱llpel [ˈfɛlpl̩] vgl. Felbel

Ve̱ltli̱lner *der; -s* 〈nach der ital. Landschaft Veltlin〉: 1. Traubensorte, Rebsorte. 2. Weinsorte

Ve̱llum *das; -s, Vela* 〈*lat.; „Hülle; Segel"*〉: 1. altrömischer Vorhang od. Teppich. 2. (kath. Kirche) a) Seiden- od. Leinentuch (zur Bedeckung der Abendmahlsgeräte); b) Schultertuch des Priestergewandes. 3. (Sprachw.) Gaumensegel, weicher Gaumen, wo die Velare gebildet werden. 4. (Biol.) a) Wimperkranz der Larven von Schnecken u. Muscheln; b) Randsaum der Quallen; c) Hülle vieler junger Blätterpilze

Ve̱llum pa̱lla̱lti̱lnum *das; - -, …la …na*: (Anat., Sprachw.) Gaumensegel

Ve̱llvet *der od. das; -s, -s* 〈*lat.-vulgärlat.-fr.-engl.*〉: Baumwollsamt mit glatter Oberfläche

Ve̱nldelmi̱la̱ire [vådeˈmjɛ:ɐ̯] *der; -[s], -s* 〈*lat.-fr.; „Weinmonat"*〉: erster Monat des französischen Revolutionskalenders (22. September bis 21. Oktober)

Ve̱nlde̱tlta *die; -, …tten* 〈*lat.-it.*〉: ital. Bez. für: Blutrache

Ve̱lne *die; -, -n* 〈*lat.*〉: (Med.) Blutgefäß, das das Blut zum Herzen hinführt; Ggs. ↑ Arterie

Ve̱lne̱lfi̱lci̱lum *das; -s; …cia* 〈*lat.; „Giftmischerei"*〉: (Med.) Giftmord

Ve̱l ṉleḵlta̱lsi̱e *die; -, …ien* 〈*lat.; gr.*〉: (Med.) auf Erschlaffen der Gefäßwände beruhende Venenerweiterung

Ve̱lne̱lna: *Plural* von ↑ Venenum

ve̱lne̱lnös 〈*lat.*〉: (Med.) giftig

Ve̱lne̱lnum *das; -s, …na*: (Med.) Gift

ve̱lne̱lra̱lbel 〈*lat.*〉: (veraltet) verehrungswürdig

Ve̱lne̱lra̱lbi̱lle *das; -[s]*: ↑ Sanktissimum

ve̱lne̱lra̱lbi̱lis: lat. Bez. für: ehr-, hochwürdig (im Titel katholischer Geistlicher); Abk.: ven.

Ve̱lne̱lra̱lti̱lon *die; -, -en* 〈*lat.*〉: (veraltet) Verehrung, bes. der katholischen Heiligen. **ve̱lne̱lrie̱lren**: (veraltet) [als heilig] verehren

ve̱lne̱lrisch 〈vom Namen der Venus, der röm. Liebesgöttin〉: geschlechtskrank, die Geschlechtskrankheiten betreffend; **venerische Krankheiten:** (Med.) Geschlechtskrankheiten

Ve̱lne̱lro̱llo̱lge *der; -n, -n* 〈*lat.; gr.*〉: (Med.) Facharzt für Geschlechtskrankheiten. **Ve̱lne̱lro̱llo̱lgie** *die; -*: (Med.) Wissenschaftszweig, der sich mit den Geschlechtskrankheiten befasst. **Ve̱lne̱lro̱llo̱lgin** *die; -, -nen*: weibliche Form zu ↑ Venerologe. **ve̱lne̱lro̱llo̱lgisch**: die Venerologie betreffend

Ve̱lnia Le̱lge̱nldi *die; - -* 〈*lat.*〉: Erlaubnis, an Hochschulen zu lehren

ve̱lni, cre̱la̱ltor spi̱lri̱ltus 〈*lat.; „Komm, Schöpfer Geist!"*〉: Anfang eines altchristlichen Hymnus auf den Heiligen Geist

ve̱lni, sa̱nc̱lte spi̱lri̱ltus 〈*„Komm, Heiliger Geist!"*〉: Anfang einer mittelalterlichen Pfingstsequenz

ve̱lni, vi̱ldi, vi̱lci 〈*„ich kam, ich sah, ich siegte"*; Ausspruch Caesars über seinen Sieg bei Zela 47 v. Chr.〉: kaum angekommen, schon gewonnen (von einem überaus raschen Erfolg)

ve̱lnös 〈*lat.*〉: (Med.) die Venen betreffend, zu ihnen gehörend

Ve̱nltil *das; -s, -e* 〈*lat.-mlat.*〉: 1. Absperr-, Steuervorrichtung für das Einlassen, Auslassen od. Durchlassen von Gasen od. Flüssigkeiten an Leitungen o. Ä. 2. a) bewegliche Klappe bei der Orgel, durch die die Windzufuhr geregelt wird; b) mechanische Vorrichtung bei den Blechblasinstrumenten zur Erzeugung der vollständigen Tonskala

Ve̱nlti̱lla̱lḇlro *der; -, -s* 〈*lat.-it.*〉: Windlade der Orgel

Ve̱nlti̱lla̱lti̱lon *die; -, -en* 〈*lat.-fr.*〉: 1. Lufterneuerung in geschlossenen Räumen zur Beseitigung von verbrauchter u. verunreinigter Luft; Lüftung, Luftwechsel. 2. (Med.) Belüftung der Lungen. 3. ↑ Ventilierung; vgl. …ation/…ierung

Ve̱nlti̱lla̱ltor *der; -s, …o̱ren* 〈*lat.-engl.*〉: mechanisch arbeitendes Gerät mit einem Flügelrad zum Absaugen u. Bewegen von Luft od. Gasen

veṉlti̱llie̱lren 〈*lat.-fr.*〉: 1. lüften, die Luft erneuern. 2. sorgfältig erwägen, prüfen, überlegen, von allen Seiten betrachten, untersuchen; eingehend erörtern

Ve̱nlti̱llie̱lrung *die; -, -en*: 1. (seltener) das Ventilieren (1). 2. Erörterung; eingehende Prüfung, Überlegung, Erwägung; vgl. …ation/…ierung

Ve̱nltose [vãˈto:s] *der; -[s], -s* 〈*„Windmonat"*〉: sechster Monat des französischen Revolutionskalenders (19. Februar bis 20. März)

veṉtl ra̱l 〈*lat.*〉: (Med.) 1. bauchwärts gelegen. 2. im Bauch lokalisiert, an der Bauchwand auftretend

veṉtl ri̱re à terre [vãtraˈtɛ:ɐ̯] 〈*lat.-fr.; „Bauch an der Erde"*〉: (Reiten) im gestreckten Galopp

Ve̱nltl ri̱lkel *der; -s, -* 〈*„kleiner Bauch"*〉: 1. (Med.) Kammer, Hohlraum, bes. von Organen (z. B. Herz u. Hirn). 2. bauchartige Verdickung, Ausstülpung eines Organs od. Körperteils (z. B. der Magen)

veṉtl ri̱lku̱llär 〈*lat.-nlat.*〉: (Med.) den Ventrikel betreffend

Ve̱nltl ri̱llo̱lquis̱lmus *der; -*: das Bauchreden. **Ve̱nltl ri̱llo̱lquist** *der; -en, -en*: Bauchredner. **Ve̱nltl ri̱llo̱lquis̱l tin** *die; -, -nen*: weibliche Form zu ↑ Ventriloquist

Ve̱nlture̱lca̱lpi̱ltal [ˈvɛntʃəkæpɪtl̩], auch: **Ve̱nlture-Ca̱lpi̱ltal** *das; -s**

⟨engl.; „Wagniskapital"⟩: ↑ Risikokapital

Ve|ran|da die; -, ...den ⟨port.-engl.⟩: gedeckter [u. an drei Seiten verglaster] Vorbau an einem Wohnhaus

Ve|ra|t|rin das; -s ⟨lat.-nlat.⟩: Alkaloidgemisch aus weißer Nieswurz, ein Hautreizmittel

Ve|ra|zi|tät die; - ⟨lat.-mlat.⟩: (veraltet) Wahrhaftigkeit

Verb das; -s, -en ⟨lat.⟩: Zeitwort, Tätigkeitswort

Ver|ba: Plural von ↑ Verbum

ver|bal: 1. das Verb betreffend, als Verb [gebraucht]. 2. wörtlich, mit Worten, mündlich

Ver|bal|ab|s|trak|tum das; -s, ...ta: von einem Verb abgeleitetes Abstraktum

Ver|bal|ad|jek|tiv das; -s, -e: a) als Adjektiv gebrauchte Verbform, Partizip (z. B. blühend); b) (selten) von einem Verb abgeleitetes Adjektiv (z. B. tragbar)

Ver|ba|le das; -s, ...lien: 1. von einem Verb abgeleitetes Wort (z. B. Sprecher von sprechen). 2. (meist Plural; veraltet) verbale, mündliche Äußerung. 3. (nur Plural; veraltet) bloße Kenntnis von Ausdrücken; Wortkenntnisse; Ggs. ↑ Realien (3)

Ver|bal|e|ro|ti|ker der; -s, -: jmd., der sexuelle Befriedigung daraus zieht, in anschaulich-derber, obszöner Weise über sexuelle Dinge zu sprechen. **Ver|bal|e|ro|ti|ke|rin** die; -, -nen: weibliche Form zu ↑ Verbalerotiker

Ver|bal|in|ju|rie [...rie] die; -, -n: (Rechtsw.) Beleidigung durch Worte

Ver|bal|in|s|pi|ra|ti|on die; -: wörtliche Eingebung der Bibeltexte durch den Heiligen Geist (nach früherer theologischer Lehre); vgl. Personalinspiration, Realinspiration

ver|ba|li|sie|ren ⟨lat.-nlat.⟩: 1. in Worte fassen, mit Worten zum Ausdruck bringen. 2. (Sprachw.) ein Wort durch Anfügen einer verbalen Endung zu einem Verb umbilden (z. B. Dank zu danken)

Ver|ba|lis|mus der; -: (abwertend) Neigung, der Formulierung mehr Bedeutung als der Sache, dem Inhalt beizumessen. **ver|ba|lis|tisch:** den Verbalismus betreffend

ver|ba|li|ter ⟨lat.⟩: wörtlich

Ver|bal|kon|kor|danz die; -, -en: Konkordanz (1 a), die ein alphabetisches Verzeichnis von gleichen od. ähnlichen Wörtern od. Textstellen enthält; vgl. Realkonkordanz

Ver|bal|kon|trakt der; -[e]s, -e: (Rechtsw.) mündlicher Vertrag

Ver|bal|no|men das; -s, ...mina: als Nomen gebrauchte Verbform (z. B. Vermögen von vermögen); vgl. Verbaladjektiv, Verbalsubstantiv

Ver|bal|phra|se die; -, -n: (Sprachw.) Wortgruppe, die aus einem Verb u. den von ihm abhängenden Gliedern besteht (z. B. ... schloss vorsichtig das Fenster)

Ver|bal|prä|fix das; -es, -e: (Sprachw.) Präfix, das vor ein Verb tritt (z. B. be- + steigen = besteigen)

Ver|bal|stil der; -[e]s: Schreib- od. Sprechstil, der das Verb bevorzugt; Ggs. ↑ Nominalstil

Ver|bal|sub|s|tan|tiv das; -s, -e: zu einem Verb gebildetes Substantiv, das (zum Zeitpunkt der Bildung) eine Geschehensbezeichnung ist (z. B. Gabe zu geben)

Ver|bal|suf|fix das; -es, -e: (Sprachw.) Suffix, das an den Stamm eines Verbs tritt (z. B. -eln in lächeln)

Ver|bas|kum das; -s, ...ken ⟨lat.⟩: (Bot.) Königskerze, Wollkraut

Ver|ben: Plural von ↑ Verb

Ver|be|ne die; -, -n ⟨lat.⟩: Eisenkraut (Garten- u. Heilpflanze)

ver|bi cau|sa ⟨lat.⟩: (veraltet) zum Beispiel; Abk.: v. c.

Ver|bi|ge|ra|ti|on die; -, -en ⟨lat.-nlat.⟩: (Med.) ständiges Wiederholen gleicher, meist unsinniger Wörter od. Sätze (z. B. bei Schizophrenie)

ver|bi gra|tia ⟨lat.⟩: (veraltet) zum Beispiel; Abk.: v. g.

ver|bos: (veraltet) wortreich

Ver|bum das; -s, ...ba ⟨lat.⟩: ↑ Verb; **Verbum finitum:** Verbform, die die Angabe einer Person u. der Zahl enthält, Personalform (z. B. [du] liest); vgl. finit; **Verbum infinitum:** Verbform, die keine Angabe einer Person enthält (z. B. lesend, gelesen); vgl. infinit; **Verbum Dicendi [et Sentiendi]:** Verben des Sagens [und Denkens]

Ver|dikt das; -[e]s, -e ⟨lat.-mlat.-

engl.⟩: 1. (Rechtsw. veraltet) Urteil, Urteilsspruch der Geschworenen. 2. Verdammungsurteil

Ver|du|re [vɛrˈdyːrə] die; -, -n ⟨lat.-fr.⟩: meist Pflanzen darstellender Wandteppich in grünen Farben (vom 15. bis 17. Jh.)

Ver|genz die; -, -en ⟨lat.-nlat.⟩: (Geol.) die Richtung des Faltenwurfs in einem Faltengebirge

Ve|ri|fi|ka|ti|on die; -, -en ⟨lat.-mlat.⟩: 1. das Verifizieren. 2. Beglaubigung, Unterzeichnung eines diplomatischen Protokolls durch alle Verhandlungspartner

ve|ri|fi|zier|bar: nachprüfbar

ve|ri|fi|zie|ren ⟨lat.-mlat.⟩: 1. durch Überprüfen die Richtigkeit von etwas bestätigen; Ggs. ↑ falsifizieren (1). 2. beglaubigen

Ve|ris|men die (Plural) ⟨lat.-nlat.⟩: Merkmale der veristischen Epoche in der Musik

Ve|ris|mo der; - ⟨lat.-it.⟩: am Ende des 19. Jh.s aufgekommene Stilrichtung der italienischen Literatur, Musik u. bildenden Kunst mit dem Ziel einer schonungslosen Darstellung der Wirklichkeit

Ve|ris|mus der; - ⟨lat.-nlat.⟩: 1. ↑ Verismo. 2. schonungslose u. sozialkritische künstlerische Darstellung der Wirklichkeit

ve|ris|tisch: den Verismus betreffend, darauf beruhend, dazu gehörend

ve|ri|ta|bel ⟨lat.-fr.⟩: in der wahren Bedeutung des betreffenden Wortes; echt; aufrichtig

ver|ka|d|men vgl. kadmieren

ver|ka|mi|so|len ⟨dt.; fr.⟩: (veraltend) kräftig verprügeln

ver|ma|le|dei|en: (ugs.) verfluchen, verwünschen

ver|meil [vɛrˈmɛːj] ⟨lat.-fr.⟩: gelblich rot, hellrot. **Ver|meil** das; -s: vergoldetes Silber

Ver|meil|le [...vɛrˈmɛːjə] die; -: 1. orangefarbener Spinell. 2. braun gefärbter ¹Hyazinth

Ver|mi|cel|li [vɛrmiˈtʃeli] die (Plural) ⟨lat.-vulgärlat.-it.⟩: „Würmchen"): Fadennudeln

ver|mi|form ⟨lat.-nlat.⟩: (Med.) wurmförmig

ver|mi|ku|lar (Biol.) wurmförmig

Ver|mi|l|on [vɛrmiˈjõː] das; -s ⟨lat.-fr.⟩: sehr fein gemahlener Zinnober

ver|mi|zid ⟨lat.-nlat.⟩: (Med.)

wurmtötend (von Heilmitteln).

Ver|mi|zid *das; -s, -e:* (Med.) wurmtötendes chemisches Mittel

Ver|na|ku|lar|spra|che ⟨*lat.-engl.; dt.; lat.* vernaculus „einheimisch; selbst erfunden"⟩: (Sprachw.) 1. indigene Sprache; Sprache von Ureinwohnern. 2. ↑ Jargon (a)

Ver|na|li|sa|ti|on *die; -, -en* ⟨*lat.-nlat.*⟩: Kältebehandlung von Pflanzenkeimlingen zur Entwicklungsbeschleunigung

ver|na|li|sie|ren: Pflanzenkeimlinge einer Kältebehandlung unterziehen

Ver|na|ti|on *die; -, -en:* (Bot.) Lage der einzelnen jungen Blätter in der Knospe

Ver|nis mou [vɛrni'mu] *das; - -* ⟨*fr.;* „weicher Firnis"⟩: Radierung, bei der die Metallplatte mit einer weichen Lack- od. Wachsschicht überzogen u. mit einem dünnen Papier abgedeckt wird

Ver|nis|sa|ge [...'sa:ʒə] *die; -, -n* ⟨*fr.*⟩: Eröffnung einer Ausstellung, bei der die Werke eines lebenden Künstlers [mit geladenen Gästen] vorgestellt werden

Ve|ro|ni|ka *die; -, ...ken* ⟨*nlat.;* nach der kath. Heiligen⟩: Ehrenpreis (Zierstaude aus der Familie der Rachenblütler)

Ver|ril|lon [vɛri'jõ:] *das; -[s], -s* ⟨*lat.-fr.*⟩: franz. Bez. für: Glasglockenspiel, Glasharmonika

Ver|ro|te|ri|en *die* (Plural) ⟨*lat.-fr.*⟩: kleine Glaswaren (z. B. Perlen)

Ver|ru|ca|no *der; -s* ⟨*it.;* nach dem Monte Verruca in der Toskana⟩: (Geol.) rotes, konglomeratisches Gestein der Alpen

ver|ru|kös ⟨*lat.*⟩: (Med.) warzig, warzenförmig

Vers *der; -es, -e* ⟨*lat.;* „das Umwenden; Furche"⟩: 1. durch Metrum, Rhythmus, Zäsuren gegliederte, eine bestimmte Anzahl von Silben, oft einen Reim aufweisende Zeile einer Dichtung in gebundener Rede wie Gedicht, Drama, Epos. 2. a) Strophe eines Gedichtes, Liedes; b) kleinster Abschnitt des Bibeltextes

Ver sa|c|rum *das; - -* ⟨*lat.;* „heiliger Frühling"⟩: altrömischer Brauch, in Notzeiten alle im Frühjahr geborenen Kinder u.

Tiere den Göttern Mars u. Jupiter zu weihen

Ver|sal *der; -s, -ien* (meist Plural) ⟨*lat.-nlat.*⟩: Großbuchstabe

Ver|sal|schrift *die; -* ⟨*lat.-nlat.; dt.*⟩: Schriftart, die nur aus Versalien, Ziffern u. Interpunktionszeichen besteht

ver|sa|til ⟨*lat.*⟩: 1. beweglich, gewandt (z. B. im Ausdruck). 2. ruhelos; wankelmütig

Ver|sa|ti|li|tät *die; -* ⟨*lat.-nlat.*⟩: 1. Beweglichkeit, Gewandtheit (z. B. im Ausdruck). 2. Ruhelosigkeit; Wandelbarkeit

Vers blanc [vɛr'blɑ̃] *der; - -, - -s* [vɛr'blɑ̃] ⟨*fr.*⟩: reimloser Vers, Blankvers

Vers com|mun [...kɔ'mœ̃] *der; - -, - -s* [...kɔ'mœ̃]: gereimter jambischer zehnsilbiger Vers (in der älteren französischen Dichtung)

Ver|set|to *das; -s, -s u. ...tti* ⟨*lat.-it.*⟩: kleines, meist fugenartiges, kunstvolles Orgelzwischenspiel

Vers|fuß *der; -es, ...füße:* kleinste rhythmische Einheit eines Verses, die sich aus einer charakteristischen Reihung von langen u. kurzen od. betonten u. unbetonten Silben ergibt

ver|sie|ren ⟨*lat.(-fr.)*⟩: (veraltet) verkehren; sich mit etwas beschäftigen

ver|siert: auf einem bestimmten Gebiet durch längere Erfahrung gut Bescheid wissend u. daher gewandt, geschickt

Ver|si|fi|ka|ti|on *die; -, -en* ⟨*lat.*⟩: Umformung in Verse

ver|si|fi|zie|ren: in Versform bringen

Ver|si|kel *der; -s, -:* kurzer überleitender [Psalm]vers (in der Liturgie)

Ver|si li|be|ri: ↑ Versi sciolti

Ver|si|on *die; -, -en* ⟨*lat.-fr.*⟩: 1. eine von mehreren möglichen Arten, einen bestimmten Sachverhalt auszulegen u. darzustellen. 2. Ausführung, die in einzelnen Punkten vom ursprünglichen Typ, Modell o. Ä. in bestimmter Weise abweicht. 3. a) eine von mehreren möglichen Darstellungen, Fassungen, Gestaltungsformen; b) Übersetzung

Ver|si sciol|ti [- 'ʃɔlti] *die* (Plural) ⟨*lat.-it.;* „reimlose Verse"⟩: fünffüßige Jamben des italienischen Epos

Vers li|b|re [vɛr'libr] *der; - -, - -s* [vɛr'libr] ⟨*lat.-fr.*⟩: franz. Bez. für: [reimloser] taktfreier Vers

Ver|so *das; -s, -s* ⟨*lat.*⟩: Rückseite eines Blattes in einem Buch od. einer Handschrift; Ggs. ↑ Rekto

ver|sus ⟨*lat.*⟩: gegen[über]; im Gegensatz zu; Abk.: vs

Ver|sus me|mo|ri|a|les [...zu:s ...le:s] *die* (Plural): Verse, die als Gedächtnisstütze dienen

Ver|sus qua|d|ra|tus *der; - -, - -...ti:* trochäischer Septenar

Vert *der; -s, -s* ⟨*lat.-engl.*⟩: steilster Teil eines Sprunghügels beim Snowboarden

ver|ta|tur ⟨*lat.*⟩: (Druckw.) man wende!, man drehe um! (bei der Korrektur von Buchstaben, die auf dem Kopf stehen); Abk.: vert.

ver|te: wende um!, wenden! (das Notenblatt beim Spielen); Abk.: v.; vgl. verte, si placet

ver|te, si pla|cet: (Mus.) bitte wenden! (Hinweis auf Notenblättern); Abk.: v. s. pl.

ver|te|b|ral ⟨*lat.-nlat.*⟩: (Med.) zu einem od. mehreren Wirbeln, zur Wirbelsäule gehörend; die Wirbel, die Wirbelsäule betreffend; aus Wirbeln bestehend

Ver|te|b|rat *der; -en, -en* (meist Plural) ⟨*lat.-nlat.*⟩: Wirbeltier; Ggs. ↑ Evertebrat

ver|te su|bi|to ⟨*lat.*⟩: (Mus.) rasch wenden! (Hinweis auf Notenblättern)

Ver|tex *der; -, ...tices* [...tɪtse:s] ⟨*lat.,* „Scheitel"⟩: 1. (Med.) Scheitel, Spitze eines Organs, bes. der höchstgelegene Teil des Schädels. 2. (Astron.) gemeinsamer Zielpunkt der Bewegung einer Gruppe von Sternen

ver|ti|gi|nös ⟨*lat.-nlat.*⟩: (Med.) schwindlig, mit Schwindelgefühlen verbunden

ver|ti|kal ⟨*lat.,* „scheitellinig"⟩: senkrecht, lotrecht

Ver|ti|ka|le *die; -, -n:* senkrechte Gerade; Senkrechte; Ggs. ↑ Horizontale

Ver|ti|kal|in|ten|si|tät *die; -:* (Phys.) Stärke des Erdmagnetfeldes in senkrechter Richtung

ver|ti|ka|li|sie|ren ⟨*lat.-nlat.*⟩: (Archit.) die Vertikale besonders betonen

Ver|ti|ka|lis|mus *der; -:* (Kunstwiss.) starke Betonung der Senkrechten (bes. in der Gotik)

Ver|ti|kal|kon|zern *der; -s, -e:* Konzern, dessen einzelne Unternehmen [Zwischen]produkte aufeinander folgender Produktionsstufen liefern; Ggs. ↑ Horizontalkonzern

Ver|ti|kal|kreis *der; -es, -e ⟨lat.; dt.⟩:* (Astron.) auf dem Horizont senkrecht stehender Großkreis am Himmelsgewölbe

Ver|ti|ko ['vɛ...] *das* (selten: *der*); *-s, -s* ⟨angeblich nach dem ersten Verfertiger, dem Berliner Tischler Vertikow⟩: kleiner Schrank mit zwei Türen, der nach oben mit einer Schublade u. einem Aufsatz abschließt

ver|ti|ku|lie|ren ⟨*lat.-spätlat.*⟩: ↑ vertikutieren

ver|ti|ku|tie|ren ⟨*lat.-spätlat.; fr.*⟩: die Grasnarbe eines Rasens aufreißen, um den Boden zu lockern u. zu belüften; aerifizieren. **Ver|ti|ku|tie|rer** *der; -s, -:* Gerät zum Vertikutieren

Ver|tum|na|li|en *die* (Plural) ⟨*lat.*⟩: nach dem altröm. Vegetationsgott Vertumnus⟩: altrömisches Fest

Ver|ve ['veevə] *die; - ⟨lat.-vulgärlat.-fr.⟩:* Schwung, Begeisterung (bei einer Tätigkeit)

Ve|si|ca *die; -, ...cae [...tʃɛ] ⟨lat.⟩:* (Med.) [Harn]blase

ve|si|kal: (Med.) zur Harnblase gehörend, sie betreffend

Ve|si|kans *das; -, ...kantia u. ...kanzien:* ↑ Vesikatorium

Ve|si|ka|to|ri|um *das; -s, ...ien ⟨lat.-nlat.⟩:* (Med.) Blasen ziehendes Arzneimittel; Zugpflaster

¹Ves|per ['fɛ...] *die; -, -n ⟨lat.; „Abend, Abendzeit"⟩:* a) vorletzte, abendliche Gebetsstunde der Gebetszeiten des Stundengebets; b) (christlicher) Gottesdienst am frühen Abend

²Ves|per *die; -, -n,* (südd. auch:) *das; -s, -:* (bes. südd.) kleinere Zwischenmahlzeit (bes. am Nachmittag)

Ves|per|bild *das; -s, -er ⟨lat.; dt.⟩:* Darstellung Marias mit dem Leichnam Christi; vgl. Pieta

ves|pern: (bes. südd.) die ²Vesper einnehmen

Ves|ta|lin *die; -, -nen ⟨lat.⟩:* altrömische Priesterin der Vesta, der Göttin des Herdfeuers

Ves|ti|bül *das; -s, -e ⟨lat.-fr.⟩:* Vorhalle, Eingangshalle [in einem Theater od. Konzertsaal]

Ves|ti|bu|la: *Plural* von ↑ Vestibulum

Ves|ti|bu|lar|ap|pa|rat *der; -[e]s, -e:* (Med.) Gleichgewichtsorgan im Ohr

Ves|ti|bu|lum *das; -s, ...la ⟨lat.⟩:* 1. Vorhalle des altrömischen Hauses. 2. (Med.) den Eingang zu einem Organ bildende Erweiterung

Ves|ti|tur *die; -, -en ⟨lat.⟩:* ↑ Investitur

Ves|ton [vɛs'tõ:] *das; -s, -s ⟨lat.-fr.⟩:* (schweiz.) [sportliches] Herrenjackett

Ve|su|vi|an *der; -s, -e ⟨nlat.; nach dem Vesuv⟩:* (Mineral.) dem Granat ähnlicher grüner od. brauner Edelstein

Vel|te|ran *der; -en, -en ⟨lat.⟩:* 1. jmd., der (bes. beim Militär) altgedient ist, sich in langer Dienstzeit o. Ä. bewährt hat. 2. ↑ Oldtimer (2). **Ve|te|ra|nin** *die; -, -nen:* weibliche Form zu ↑ Veteran (1)

ve|te|ri|när ⟨*lat.-fr.*⟩: tierärztlich. **Ve|te|ri|när** *der; -s, -e:* Tierarzt. **Ve|te|ri|nä|rin** *die; -, -nen:* weibliche Form zu ↑ Veterinär

Ve|te|ri|när|me|di|zin *die; -:* Tierheilkunde

Ve|to *das; -s, -s ⟨lat.-fr.; „ich verbiete"⟩:* a) (bes. in der Politik) offizieller Einspruch, durch den das Zustandekommen od. die Durchführung eines Beschlusses o. Ä. verhindert od. verzögert wird; b) Recht, gegen etwas ein Veto (a) einzulegen

Ve|tus La|ti|na *die; - - ⟨lat.⟩:* der Vulgata vorausgehende lateinische Bibelübersetzung

Ve|xa|ti|on *die; -, -en ⟨lat.⟩:* (veraltet) Ärgernis, Quälerei

ve|xa|to|risch: quälerisch

Ve|xier|bild *das; -[e]s, -er ⟨lat.; dt.⟩:* Bild, auf dem eine od. mehrere versteckt eingezeichnete Figuren zu suchen sind; Suchbild

ve|xie|ren ⟨*lat.*⟩: (veraltet) irreführen; quälen; necken

Ve|xier|rät|sel *das; -s, - ⟨lat.; dt.⟩:* Scherzrätsel

Ve|xil|lo|lo|gie *die; - ⟨lat.; gr.⟩:* Lehre von der Bedeutung von Fahnen, Flaggen

Ve|xil|lum *das; -s, ...la u. ...llen ⟨lat.⟩:* 1. altrömische Fahne. 2. (Zool.) aus den einzelnen Ästen bestehender Teil der Vogelfeder zu beiden Seiten des Federkiels. 3. größtes Blütenblatt bei Schmetterlingsblütlern

Ve|zier [ve'zi:ɐ̯] *usw.* vgl. Wesir *usw.*

vez|zo|so ⟨*lat.-it.*⟩: (Mus.) zärtlich, lieblich

VGA ⟨Abk. für *engl.* Video Graphic's Array⟩: Chip zur Steuerung eines Farbbildschirms

VHS ⟨Abk. für *engl.* Video Home System⟩: (ein sehr verbreitetes) Videoaufzeichnungssystem

via ⟨*lat.*⟩: a) [auf dem Wege] über... (z. B. via München nach Wien fliegen); b) durch, über [eine bestimmte Instanz o. Ä. erfolgend] (z. B.: er wurde via Verwaltungsgericht zur sofortigen Zahlung aufgefordert)

Via *die; - ⟨lat.⟩:* (Philos.) lat. Bez. für: Weg; Methode; **Via Eminentiae:** Methode, etwas durch Steigerung zu bestimmen; **Via moderna:** rationalistisch-mathematische Methode des Kartesianismus; **Via Negationis:** Methode, etwas durch Verneinung zu bestimmen

Vi|a|dukt *der* (auch: *das*); *-[e]s, -e ⟨lat.-nlat.⟩:* über ein Tal, eine Schlucht führende Brücke, deren Tragwerk meist aus mehreren Bogen besteht

¹Vi|a|g|ra ® *das; -s ⟨Kunstw.⟩:* Medikament zur Behandlung von Potenzstörungen

²Vi|a|g|ra ® *die; -, -s:* Pille des Medikaments ¹Viagra

via il sor|di|no ⟨*lat.-it.*⟩: (Mus.) den Dämpfer abnehmen; weg (Spielanweisung für Streichinstrumente); Ggs. ↑ con sordino

Vi|a|ti|kum *das; -s, ...ka u. ...ken ⟨lat.; „Wegzehrung"⟩:* (kath. Kirche) dem Sterbenden gereichte letzte Kommunion

Vi|b|rant *der; -en, -en ⟨lat.⟩:* 1. (Sprachw.) Laut, bei dessen Artikulation die Zunge od. das Zäpfchen in eine schwingende, zitternde Bewegung versetzt wird; Zitterlaut (z. B. r). 2. (Mus.) schwingender, zitternder Ton

Vi|b|ra|phon, auch: ...fon *das; -s, -e ⟨lat.; gr.⟩:* (bes. für Tanz- u. Unterhaltungsmusik verwendetes) dem Xylophon ähnliches Schlaginstrument, mit dem vibrierende Töne hervorgebracht werden

Vi|b|ra|ti: *Plural* von ↑ Vibrato

V

Vi|b|ra|ti|on *die;* -, -en ⟨*lat.*⟩: Schwingung, Beben, Erschütterung

vi|b|ra|to ⟨*lat.-it.*⟩: schwingend, leicht zitternd, bebend (in Bezug auf die Tongestaltung im Gesang, bei Streich- u. Blasinstrumenten)

Vi|b|ra|to *das;* -s, -s u. ...ti: leichtes Zittern, Beben des Tons beim Singen od. beim Spielen

Vi|b|ra|tor *der;* -s, ...oren ⟨*lat.-nlat.*⟩: 1. Gerät zur Erzeugung mechanischer Schwingungen. 2. a) Massagestab; b) Gerät zur sexuellen Stimulation

vi|b|rie|ren ⟨*lat.*⟩: in leise schwingender [akustisch wahrnehmbarer] Bewegung sein

Vi|b|rio *der;* -, ...onen ⟨*lat.-nlat.*⟩: (Med.) begeißelte Kommabakterie (z. B. Erreger der Cholera)

Vi|b|ro|graph, auch: ...graf *der;* -en, -en ⟨*lat.; gr.*⟩: Instrument zum Messen der Schwingungen bei Bauwerken, Brücken, Schiffen u. Ä.

Vi|b|ro|re|zep|tor *der;* -s, ...oren (meist Plural) ⟨*lat.-nlat.*⟩: (Biol.) Tastorgan, das Erschütterungen anzeigt

Vi|bur|num *das;* -s ⟨*lat.*⟩: Schneeball (ein Zierstrauch)

vi|ce ver|sa ⟨*lat.*⟩: umgekehrt (in der gleichen Weise zutreffend, genauso); Abk.: v. v.

Vi|chy [vi'ʃi] *der;* - ⟨nach der franz. Stadt⟩: baumwollener, klein karierter Stoff in Leinwandbindung (eine Webart)

Vi|comte [vi'kõːt] *der;* -s, -s ⟨*lat.-mlat.-fr.*⟩: a) französischer Adelstitel im Rang zwischen Graf u. Baron; b) Träger des Adelstitels Vicomte (a). **Vi|comtesse** [vi'kõˈtɛs] *die;* -, -n [...sn]: dem Vicomte entsprechender weiblicher Adelstitel

Vic|ti|mo|lo|gie usw. vgl. Viktimologie usw.

Vi|cu|ña [vi'kʊnja]: span. Form von ↑ Vikunja

vi|de ⟨*lat.*⟩: (veraltet) siehe!; Abk.: v.

vi|de| a|tur: vide; Abk.: vid.

Vi|deo *das;* -s, -s ⟨*lat.-engl.*⟩: 1. Kurzform von ↑ Videoband, ↑ Videoclip, ↑ Videofilm. 2. (ohne Plural) a) Kurzform von ↑ Videotechnik; b) Video (2 a) als Einrichtung der Freizeitindustrie

vi|de| o..., Vi|de| o...

⟨zu *lat.* video „ich sehe" (1. Pers. Sing. Präs. von videre „sehen") → *engl.* video „Fernseh..."⟩

Wortbildungselement mit der Bedeutung „die magnetische Aufzeichnung, Übertragung und Wiedergabe von [Fernseh]bildern betreffend":
– Videofilm
– Videokonferenz
– Videotext

Vi|de| o|band *das;* -[e]s, ...bänder: Magnetband zur Aufzeichnung u. Wiedergabe von Fernsehsendungen, Filmen o. Ä.

Vi|de| o|cas|ting *das;* -[s], -s: (Jargon) Rollenbesetzung aufgrund der Auswertung von Videoaufzeichnungen von Gesprächen, gespielten Szenen o. Ä. der Bewerber[innen]

Vi|de| o|clip *der;* -s, -s ⟨*lat.-engl.; engl.* clip „(Film)streifen"⟩: kurzer Videofilm zu einem Titel der Popmusik bzw. über eine Person od. Sache

Vi|de| o|film *der;* -[e]s, -e: a) mit einer Videokamera aufgenommener Film; b) Kinofilm auf Videokassette od. DVD

Vi|de| o|fon *das;* -s, -e: Kurzform von ↑ Videotelefon

Vi|de| o|graph, auch: ...graf *der;* -en, -en ⟨*lat.-engl.; gr.*⟩: eingeblendeter Text in einer Fernsehsendung, der eine Information enthält

Vi|de| o|jo| ckei, auch: Vi|de| o|jo|ckey *der;* -s, -s: jmd., der Videoclips präsentiert

Vi|de| o|ka|me|ra *die;* -, -s: elektronische Kamera zur Aufnahme von Videofilmen

Vi|de| o|kas|set|te *die;* -, -n: auswechselbare Kassette (5), die ein Videoband enthält

Vi|de| o|kon|fe|renz *die;* -, -en: Konferenz, bei der die Teilnehmer sich an verschiedenen Orten befinden, durch Videotechnik aber optisch u. akustisch miteinander verbunden sind

Vi| deo-on-De|mand [...di'maːnd] *das;* -[s] ⟨*engl.*⟩: Form des Fernsehens, bei der Zuschauer einen gewünschten Film aus einem elektronischen Archiv abrufen u. ihn gegen eine Gebühr ansehen können

Vi|de| o|pi|ra|te|rie *die;* -, ...jen:

das Herstellen u. Vertreiben von Raubkopien von Videos

Vi|de| o|port *der;* -s, -s: Schnitt-, Anschlussstelle für Videogeräte [an einem Computer]

Vi|de| o|prin|ter *der;* -s, -: Drucker, der Videosignale als gedrucktes Bild ausgibt

Vi|de| o|pro|gramm|sys| tem *das;* -s: System zur automatischen Steuerung von Videorekordern zur Aufzeichnung von Fernsehsendungen; Abk.: VPS

Vi|de| o|re|kor|der, auch: Videorecorder *der;* -s, -: Rekorder (2) zur Aufzeichnung von Fernsehsendungen u. zum Abspielen der Videokassetten

Vi|de| o|ser|ver [...sə:və] *der;* -s, -: Rechner für die Datenverwaltung von digitalen Videosignalen (z. B. für Video-on-Demand)

Vi|de| o|sig| nal *das;* -s, -e: elektronisches Signal, das die Information über die Leuchtdichte u. die Farbwerte aller Elemente eines Fernsehbildes enthält

Vi|de| o|tech|nik *die;* -: Gesamtheit aller Geräte, Vorrichtungen; Maßnahmen, Verfahren o. Ä. im Bereich der magnetischen Bild- u. Tonaufzeichnung u. deren Wiedergabe

Vi|de| o|te|le|fon *das;* -s, -e: Bildtelefon

Vi|de| o|text *der;* -[e]s, -e: Textinformationen (z. B. aktuelle Meldungen o. Ä.), die auf Abruf über den Fernsehbildschirm vermittelt werden

Vi|de| o|thek *die;* -, -en ⟨*lat.-engl.; gr.*⟩: 1. Sammlung von Filmen u. Fernsehsendungen, die auf Videobändern od. DVDs aufgezeichnet sind. 2. Geschäft zum Verleihen von Videofilmen (b)

vi|di ⟨*lat.*⟩: (veraltet) ich habe gesehen; Abk.: v. **Vi|di** *das;* -[s], -[s]: (veraltet) [auf einem Schriftstück vermerktes] Zeichen der Kenntnisnahme u. des Einverständnisses

vi|die|ren (veraltet) beglaubigen, unterschreiben

Vi|di|kon *das;* -s, ...one (auch: -s) ⟨*lat.; gr.*⟩: speichernde Fernsehaufnahmeröhre

Vi|di|ma|ti|on *die;* -, -en ⟨*lat.-nlat.*⟩: Beglaubigung

vi|di|mie|ren: (veraltet) a) etwas mit dem Vidi versehen; beglaubigen; b) für druckreif erklären

vi|dit ⟨*lat.*⟩: (veraltet) hat [es] gesehen; Abk.: vdt.

Vi|e̲l|la ⟨*fr.-it.*⟩ u. **Vi|e̲l|le** *die;* -, ...llen ⟨*fr.*⟩: 1. (veraltet) ↑ ²Viola. 2. Drehleier

Vi|eux Saxe [vjøˈsaks] *das;* - - ⟨*fr.;* „altes Sachsen"⟩: Meißner Porzellan des 18. Jahrhunderts

vif [viːf] ⟨*lat.-fr.*⟩: (landsch.) aufgeweckt, wendig, rührend

vi|gil ⟨*lat.*⟩: (Med.) wachend, schlaflos

Vi|gil *die,* -, -ien ⟨*lat.(-mlat.);* „Nachtwache"⟩: 1. nächtliches Gebet der mönchischen Gebetsordnung. 2. [liturgische Feier am] Vortag eines kirchlichen Festes

vi|gi|la̲nt ⟨*lat.-nlat.*⟩: (veraltet, noch landsch.) schlau, pfiffig u. dabei wachsam

Vi|gi|la̲nz *die;* -: 1. (veraltet, noch landsch.) vigilante Art. 2. (Psychol.) Zustand erhöhter Reaktionsbereitschaft, Aufmerksamkeit

Vi|gi|lia *die;* -: (Med.) Schlaflosigkeit

Vi|gi|lie […jə] *die;* -, -n: 1. (hist.) Nachtwache. 2. ↑ Vigil

Vi|g|ne [ˈvɪnjə, ˈviːnjə] *die;* -, -n ⟨*lat.-fr.;* „Weinberg"⟩: (veraltet) kleines Haus auf dem Land; Ferienhaus

Vi|g|net|te [vɪnˈjɛtə] *die;* -, -n ⟨*lat.-fr.;* eigtl. „(kleine) Weinranke"⟩: 1. Ornament in Form einer Weinranke auf mittelalterlichen Handschriften. 2. Zier-, Titelbildchen, Randverzierung [in Druckschriften]. 3. (Fotogr.) Maskenband zur Verdeckung bestimmter Stellen des Negativs vor dem Kopieren. 4. Werbe- od. Spendenmarke ohne amtlichen Charakter. 5. Gebührenmarke für die Autobahnbenutzung (z. B. in Österreich od. der Schweiz)

Vi|g|net|tie|rung *die;* -, -en: Unterbelichtung der Ränder u. Ecken einer Fotografie

Vi|gor *der;* -s ⟨*lat.*⟩: (veraltet) Lebenskraft, Rüstigkeit, Stärke.

vi|go|ro̲s ⟨*lat.-fr.*⟩: (veraltet) kräftig, rüstig

vi|go|ro̲so ⟨*lat.-it.*⟩: (Mus.) kräftig, stark, energisch (Vortragsanweisung)

Vi|gou|reux [viguˈrøː] *der;* - ⟨*lat.-fr.*⟩: meliertes Kammgarn, das während des Kammzugs streifenweise bedruckt wird

Vi|ka̲r *der;* -s, -e ⟨*lat.;* „Stellvertreter"⟩: 1. (kath. Kirche) ständiger od. zeitweiliger Vertreter einer geistlichen Amtsperson; vgl. Generalvikar. 2. Kandidat der evangelischen Theologie, der einem Pfarrer zur Ausbildung zugewiesen ist. 3. (schweiz.) Stellvertreter eines Lehrers

Vi|ka|ri|a̲t *das;* -[e]s, -e ⟨*lat.-mlat.*⟩: Amt eines Vikars

vi|ka|ri|ie̲|ren ⟨*lat.-nlat.*⟩: (veraltet) 1. jmds. Stelle vertreten. 2. das Amt eines Vikars versehen. **vi|ka|ri|ie̲|rend:** 1. (Med.) die Funktion eines ausgefallenen Organs übernehmend. 2. (Biol.) nicht gemeinsam vorkommend, aber am jeweiligen Standort einander vertretend (von Tieren od. Pflanzen)

Vi|ka̲|rin *die;* -, -nen: weibliche Form zu ↑ Vikar (2, 3)

vik|ti|mi|sie̲|ren ⟨*lat.(-engl.)*⟩: zum Opfer [einer Straftat] machen; schikanieren. **Vik|ti|mi|sie̲|rung** *die;* -, -en: das Viktimisieren

vik|ti|mo|ge̲n ⟨*lat.; gr.*⟩: (fachspr.) a) Opfer [von Straftaten] hervorrufend, fordernd; b) in besonderer Gefahr, zum Opfer zu werden

Vik|ti|mo|lo|gie *die;* - ⟨*lat.; gr.*⟩: Teilgebiet der Kriminologie, das die Beziehungen zwischen Opfer u. Tat bzw. Täter untersucht. **vik|ti|mo|lo|gisch:** die Viktimologie betreffend

¹Vik|to̲|ria *die;* -, -s ⟨*lat.*⟩: Frauengestalt mit Flügeln als Personifikation eines errungenen Sieges (bes. in der römischen Antike)

²Vik|to̲|ria *das;* -s, -s (meist ohne Artikel) ⟨*lat.(-nlat.)*⟩: Sieg (als Ausruf)

vik|to|ri|a̲|nisch: dem Viktorianismus entsprechend

Vik|to|ri|a̲|nis|mus *der;* - ⟨*nlat.;* nach der engl. Königin Viktoria, 1819–1901⟩: Strömung von nüchtern-sachlicher Tendenz im geistigen Leben Großbritanniens Ende des 19. Jhs., die bes. Literatur u. Kunst beeinflusste

Vik|tu̲|a̲|li|en *die* (Plural) ⟨*lat.*⟩: (veraltet) Lebensmittel [für den täglichen Bedarf]

Vik|tu̲|a̲|li|en|brü|der *die* (Plural) ⟨*lat.; dt.*⟩: ↑ Vitalienbrüder

Vi|ku̲n|ja *das;* -s, -s u. *die;* -, ...jen ⟨*indian.-span.*⟩: höckerloses südamerikanisches Kamel, aus

dessen braungelbem Fell sehr feine Wolle gewonnen wird

Vi̲l|la *die;* -, Vi̲llen ⟨*lat.-it.*⟩: a) größeres, vornehmes, in einem Garten od. Park [am Stadtrand] liegendes Einfamilienhaus; b) herrschaftliches Landhaus

Vil|la|ne̲ll *das;* -s, -e: ↑ Villanella

Vil|la|ne̲l|la u. **Vil|la|ne̲l|le** *die;* -, ...llen ⟨*lat.-it.*⟩: meist dreistimmiges italienisches Bauern-, Hirtenlied des 16. u. 17. Jh.s

Vi̲l|len: *Plural* von ↑ Villa

vil|lö̲s ⟨*lat.*⟩: (Med.) viele Zotten aufweisend (bes. von Schleimhautfalten des Magens, Darms)

Vi̲na vgl. Wina

Vi|n|a̲i|g|ret|te [vinɛˈgrɛt(ə)] *die;* -, -n ⟨*lat.-fr.*⟩: aus Essig, Öl, Senf u. Gewürzen bereitete Soße

Vin|di|ka̲nt *der;* -en, -en ⟨*lat.*⟩: (veraltet) Aussonderungsberechtigter beim Konkurs

Vin|di|ka|ti|o̲n *die;* -, -en: (Rechtsw.) Anspruch des Eigentümers gegen den Besitzer einer Sache auf deren Herausgabe; vgl. ...ation/ ...ierung

vin|di|zie̲|ren *die:* die Herausgabe einer Sache vom Eigentümer gegenüber dem Besitzer einer Sache verlangen. **Vin|di|zie̲|rung** *die;* -, -en: ↑ Vindikation; ...ation/...ierung

Vingt-et-un [vɛ̃teˈœ̃] u. **Vingt-un** [vɛ̃ˈtœ̃] *das;* - ⟨*lat.-fr.;* „einundzwanzig"⟩: ein Kartenglücksspiel

Vi|ni|fi|ka|ti|o̲n *die;* -, -en ⟨*lat.-fr.*⟩: Weinbereitung (im Anschluss an die Lese der Trauben); vgl. ...ation/...ierung

vi|ni|fi|zie̲|ren: zu Wein verarbeiten. **Vi|ni|fi|zie̲|rung** *die;* -, -en: ↑ Vinifikation; vgl. ...ation/...ierung

Vin|ku|la|ti|o̲n *die;* -, -en ⟨*lat.-nlat.*⟩: (Bankw.) Bindung des Rechtes der Übertragung eines Wertpapiers an die Genehmigung des Emittenten; vgl. ...ation/...ierung

Vin|ku|la|ti|o̲ns|ge|schäft *das;* -[e]s, -e: Form der Bevorschussung von Waren

vin|ku|lie̲|ren ⟨*lat.*⟩: (Bankw.) das Recht der Übertragung eines Wertpapiers an die Genehmigung des Emittenten binden. **Vin|ku|lie̲|rung** *die;* -, -en: ↑ Vinkulation; vgl. ...ation/...ierung

Vi|no|the̲k *die;* -, -en ⟨*lat.; gr.*⟩: a) Sammlung kostbarer Weine;

b) Weinkeller mit Weinaus-
schank

Vi|nyl *das; -s ⟨lat.; gr.⟩:* von Äthy-
len abgeleiteter ungesättigter
Kohlenwasserstoffrest

Vi|nyl|chlo|rid *das; -s, -e:* bes. zur
Herstellung von Polyvinylchlorid verwendete, farblose, gas-
förmige, sehr reaktionsfähige
Substanz

Vin|zen|ti|ner *der; -s, -* ⟨nach dem
Stifter, dem hl. Vinzenz v. Paul,
† 1660⟩: ↑ Lazarist. Vin|zen|ti|ne-
rin *die; -, -nen:* Angehörige einer karitativen, laizistischen
weiblichen Kongregation

Vin|zenz|kon|fe|renz *die; -, -en:* an
die zuständige Pfarrei ange-
schlossene katholische Laien-
organisation für karitative Arbeit

¹Vi|o|la u. Viole *die; -, ...olen* ⟨lat.⟩:
(Bot.) Veilchen

²Vi|o|la *die; -, ...len* ⟨provenzal.-it.⟩:
Bratsche

Vi|o|la bas|tar|da *die; - -, ...le ...de*
⟨it.⟩: Großgambe mit sechs bis
sieben Saiten u. Resonanzsai-
ten

Vi|o|la da Brac|cio [- - 'bratʃo] *die;
- - -, ...le - -* ⟨it.; „Armgeige"⟩: in
Armhaltung gespieltes Streichinstrument, bes. Bratsche

Vi|o|la da Gam|ba *die; - - -, ...le - -:*
↑ Gambe

Vi|o|la d'A|mo|re *die; - -, ...le -:* der
Bratsche ähnliches Streichin-
strument [der Barockzeit] in
Altlage mit meist sieben Saiten

Vi|o|la pom|po|sa *die; - -, ...le ...se:*
große, fünfsaitige Bratsche, die
auf dem Arm gehalten u. zusätzlich mit einem Band befestigt wird

Vi|o|la|ti|on *die; -, -en* ⟨lat.⟩: (ver-
altet) Verletzung, Schändung

Vi|o|la tri|color *die; - -* ⟨lat.⟩:
(Bot.) Stiefmütterchen

Vi|o|la|ze|en *die* (Plural) ⟨lat.-
nlat.⟩: (Bot.) Veilchengewächse

Vi|o|le vgl. ¹Viola

Vi|o|len: *Plural von* ↑ ¹Viola

vi|o|lent ⟨lat.⟩: (veraltet) heftig;
gewaltsam

vi|o|len|to ⟨lat.-it.⟩: (Mus.) heftig;
gewaltsam (Vortragsanwei-
sung)

vi|o|lett ⟨lat.-fr.⟩: in der Färbung
zwischen Blau u. Rot liegend;

veilchenfarben. Vi|o|lett *das; -s:*
violette Farbe

Vi|o|let|ta *die; -, ...tten* ⟨proven-
zal.-it.⟩: kleine ²Viola od. Violine

Vi|o|li|na|ta *die; -, -s:*
[Übungs]stück für Violine

Vi|o|li|ne *die; -, -n:* Geige (als aus-
führendes, einen spezifischen
Klangeindruck hervorrufendes
Instrument)

Vi|o|li|nist *der; -en, -en* ⟨proven-
zal.-it.-nlat.⟩: Geiger, Geigenvir-
tuose. Vi|o|li|nis|tin *die; -, -nen:*
weibliche Form zu ↑ Violinist

Vi|o|li|no *die; -s, ...ni* ⟨proven-
zal.-it.⟩: ital. Bez. für: Geige;
Violino piccolo: Quartgeige
der Tanzmeister im Barock

Vi|o|lon|cel|lo [vjolɔn'tʃɛlo] *das;
-s, ...lli u. -s:* Kniegeige; viersai-
tiges, eine Oktave tiefer als die
Bratsche gestimmtes Instrument, das beim Spielen, auf einen Stachel gestützt, zwischen
den Knien gehalten wird;
Kurzw.: Cello

Vi|o|lo|ne *der; -[s], -s u. ...ni:*
a) Vorläufer des Kontrabasses;
b) eine Orgelstimme

Vi|o|lo|phon, *auch: ...fon das; -s,
-e* ⟨provenzal.-it.; gr.⟩: im Jazz
gebräuchliche Violine mit ein-
gebauter Schalldose

VIP [vɪp] *der; -[s], -s u. die; -, -s*
⟨Kurzw. aus *engl.* very impor-
tant *person* „sehr wichtige Person"⟩: wichtige, bedeutende od.
allgemein bekannte Persönlichkeit

Vi|per *die; -, -n* ⟨lat.⟩: zu den Ot-
tern gehörende Giftschlange

Vi|ra|gi|ni|tät *die; -* ⟨lat.-nlat.⟩:
(Med.) männliches sexuelles
Empfinden der Frau

Vi|ra|go *die; -, -s u. ...gines [...e:s]*
⟨lat.⟩: Frau, die zur Viraginität
neigt

vi|ral ⟨lat.⟩: (Med.) durch einen
Virus verursacht

Vire|lai [vir'lɛ] *das; -[s], -s [vir'lɛ]*
⟨fr.⟩: französische Gedichtgat-
tung (des 14. u. 15. Jh.s); vgl. Lai

Vi|re|ment [virə'mã:] *das; -s, -s*
⟨vulgärlat.-fr.⟩: Übertragung
von Mitteln von einem Titel (4)
auf einen anderen, von einem
Haushaltsjahr auf das andere
(im Staatshaushalt)

Vi|ren: *Plural von* ↑ Virus

Vir|ga|ti|on *die; -, -en* ⟨lat.-nlat.⟩:
(Geol.) das Auseinandertreten
von Gebirgsfalten

Vir|gel *die; -, -n* ⟨lat.; „kleiner
Zweig; Strich"⟩: Schrägstrich
zwischen zwei Wörtern od.
Zahlen (z. B. 1870/71)

Vir|gi|nal *das; -s, -e* ⟨lat.-engl.⟩:
englisches Instrument in der
Art des Spinetts, zur Cembalo-
familie gehörend

Vir|gi|nia [*auch:* ...dʒ...] *die; -, -s*
⟨nach dem Bundesstaat Virgi-
nia in den USA⟩: lange, dünne
Zigarre mit einem Mundstück
aus Stroh

Vir|gi|ni|tät *die; -* ⟨lat.⟩: Jungfräu-
lichkeit

Vir|gi|ni|um *das; -s* ⟨nlat.; nach
dem Bundesstaat Virginia in
den USA⟩: frühere Bez. für das
chem. Element Francium; Zeichen: Vi

vi|ri|bus u|ni|tis ⟨lat.⟩: „mit verein-
ten Kräften"

Vi|ri|da|ri|um *das; -s, ...ien* ⟨lat.⟩:
(veraltet) mit immergrünen
Pflanzen angelegter Garten

vi|ril ⟨lat.⟩: (Med.) [in Bezug auf
das Erscheinungsbild] in charakteristischer Weise männ-
lich. Vi|ri|lis|mus *der; -* ⟨lat.-
nlat.⟩: (Med.) 1. Vermännli-
chung (bei Frauen). 2. vorzeitige
Geschlechtsreife (bei Jungen)

Vi|ri|li|tät *die; -* ⟨lat.⟩: (Med.)
männliche [Zeugungs]kraft,
Manneskraft, Männlichkeit

Vi|ri|stim|me *die; -, -n:* ⟨lat.; dt.⟩:
(hist.) Einzelstimme in verfas-
sungsrechtlichen Kollegien (bis
ins 19. Jh.)

vi|ri|tim ⟨lat.⟩: (veraltet) Mann für
Mann, einzeln

Vi|ro|lo|ge *der; -n, -n* ⟨lat.; gr.⟩:
Wissenschaftler auf dem Ge-
biet der Virologie. Vi|ro|lo|gie
die; -: Wissenschaft u. Lehre
von den Viren. Vi|ro|lo|gin *die;
-, -nen:* weibliche Form zu ↑ Vi-
rologe. vi|ro|lo|gisch: die Virolo-
gie betreffend

vi|rös ⟨lat.⟩: (Med.) durch Viren
bedingt

Vi|ro|se *die; -, -n* ⟨lat.-nlat.⟩:
(Med.) Viruserkrankung

Vi|ro|s|ta|ti|kum *das; -s, ...ka:*
(Med.) Wachstum u. Vermeh-
rung von Viren hemmendes
Mittel

vir|tu|al ⟨lat.-mlat.⟩: ↑ virtuell; vgl.
...al/...ell

Vir|tu|al En|vi|ron|ment ['və:tʃʊəl
ɛn'vaɪrənmənt] *die; - -, - -s*
⟨engl.⟩: von Computern erzeugte, dreidimensionale Ab-

bildung einer wirklichen od. möglichen Umgebung (für Modelle od. Abläufe in Physik, Medizin, Technik u. Ä.)

Vir|tu|a|li|tät *die; -, -en ⟨lat.-nlat.⟩:* innewohnende Kraft od. Möglichkeit

vir|tu|a|li|ter *⟨lat.-mlat.⟩:* als Möglichkeit

Vir|tu|al Re|a|li|ty [ˈvəːtʃʊəl rɪˈæ-lɪtɪ] *die; - - ⟨engl.⟩:* [von Computern erzeugte] virtuelle Realität

Vir|tu|al World [- ˈwəːld] *die; - -:* elektronische Umgebung, die nicht auf der physikalischen Welt basiert

vir|tu|ell *⟨lat.-mlat.-fr.⟩:* a) entsprechend seiner Anlage als Möglichkeit vorhanden, die Möglichkeit zu etwas in sich begreifend; b) nicht echt, nicht in Wirklichkeit vorhanden, aber echt erscheinend, dem Auge, den Sinnen vortäuschend; **virtuelle Realität:** vom Computer simulierte Wirklichkeit, künstliche Welt, in die man sich mithilfe der entsprechenden technischen Ausrüstung scheinbar hineinversetzen kann; vgl. ...al/...ell

vir|tu|os *⟨lat.-it.⟩:* meisterhaft, technisch vollendet

Vir|tu|o|se *der; -n, -n:* ausübender Künstler (bes. Musiker), der seine Kunst mit vollendeter Meisterschaft beherrscht. **Virtu|o|sin** *die; -, -nen:* weibliche Form zu ↑ Virtuose

Vir|tu|o|si|tät *die; - ⟨lat.-it.-nlat.⟩:* meisterhaft vollendete Beherrschung einer [künstlerischen] Technik

Vir|tus *die; - ⟨lat.⟩:* Tüchtigkeit; Tapferkeit; Tugend (als ethische Maxime)

vi|ru|lent *⟨lat.⟩:* 1. (Med.) aktiv, ansteckend (von Krankheitserregern); Ggs. ↑ avirulent. 2. sich gefahrvoll auswirkend

Vi|ru|lenz *die; -:* 1. (Med.) aktive Wirkung von Krankheitserregern; Ansteckungsfähigkeit; Giftigkeit. 2. das Virulentsein

Vi|rus *das* (auch: *der*)*; -, Viren ⟨lat.; „Schleim, Saft, Gift"⟩:* 1. kleinstes [krankheitserregendes] Partikel, das sich nur in lebendem Gewebe entwickelt. 2. Computerprogramm, das falsche od. zerstörerische Befehle in anderen Programmen auslöst

vi|ru|zid *⟨lat.; lat.-fr.⟩:* Viren abtötend

Vi|sa: *Plural* von ↑ Visum

Vi|sa|ge [viˈzaːʒə] *die; -, -n ⟨lat.-fr.⟩:* a) (ugs. abwertend) Gesicht; b) (salopp) Miene, Gesichtsausdruck

Vi|sa|gist *der; -en, -en:* Spezialist für die vorteilhafte Gestaltung des Gesichts mit den Mitteln der dekorativen Kosmetik. **Vi-sa|gis|tin** *die; -, ...nen:* weibliche Form zu ↑ Visagist

Vi|sa|vis [...ˈviː] *das; - [...ˈviː(s)], -* [...ˈviːs] *⟨lat.-fr.⟩:* Gegenüber.

vis-a-vis, auch: **vis-à-vis** [viza'viː]: gegenüber

Vis|ce|ra [ˈvɪstsera] vgl. Viszera

Vis|con|te *der; -, ...ti ⟨lat.-mlat.-fr.-it.⟩:* dem Vicomte entsprechender italienischer Adelstitel. **Vis|con|tes|sa** *die; -, ...tesse* dem Visconte entsprechender weiblicher Adelstitel

Vis|count [ˈvaɪkaʊnt] *der; -s, -s ⟨lat.-mlat.-fr.-engl.⟩:* dem Vicomte entsprechender englischer Adelstitel. **Vis|coun|tess** [...tɪs] *die; -, -es [...tɪsɪz]:* dem Viscount entsprechender weiblicher Adelstitel

Vi|sen: *Plural* von ↑ Visum

vi|si|bel *⟨lat.⟩:* (veraltet) sichtbar

Vi|sier *das; -s, -e ⟨lat.-fr.⟩:* 1. a) beweglicher, das Gesicht bedeckender, mit Sehschlitzen versehener Teil des [mittelalterlichen] Helms; b) visierähnlicher Teil des Schutzhelms für Rennfahrer u. Zweiradfahrer. 2. Vorrichtung zum Zielen an Feuerwaffen u. a.

vi|sie|ren: 1. a) nach etwas sehen, zielen; b) etwas ins Auge fassen. 2. eichen, ausmessen. 3. (veraltet) beglaubigen. 4. ein Dokument, einen Pass mit einem Visum versehen

Vis In|er|ti|ae [- ...t͜sɪɛ] *die; - - ⟨lat.⟩:* (Philos.) Beharrungsvermögen

Vi|si|on *die; -, -en ⟨lat.⟩:* a) übernatürliche Erscheinung als religiöse Erfahrung; b) optische Halluzination; c) in jmds. Vorstellung bes. in Bezug auf die Zukunft entworfenes Bild

vi|si|o|när *⟨lat.-nlat.⟩:* a) zu einer Vision gehörend, dafür charakteristisch; b) sich in einer Vision, in Visionen ausdrückend; seherisch

Vi|si|o|när *der; -s, -e:* visionär begabter Mensch, bes. Künstler.

Vi|si|o|nä|rin *die; -, -nen:* weibliche Form zu ↑ Visionär

vi|si|o|nie|ren: (schweiz.) sich (einen Film o. Ä.) ansehen

Vi|si|ta|tio *die; -, ...onen ⟨lat.⟩:* bildliche Darstellung von Marias Besuch bei Elisabeth (Heimsuchung Mariä)

Vi|si|ta|ti|on *die; -, -en ⟨lat.(-fr.)⟩:* 1. Durchsuchung (z. B. des Gepäcks od. der Kleidung [auf Schmuggelware]). 2. a) Besuch[sdienst] des vorgesetzten Geistlichen in den ihm unterstellten Gemeinden; b) (veraltend) Besuch des Schulrats zur Überprüfung des Unterrichts

Vi|si|ta|tor *der; -s, ...oren ⟨lat.⟩:* jmd., der etwas durchsucht od. untersucht. **Vi|si|ta|to|rin** *die; -, -nen:* weibliche Form zu ↑ Visitator

Vi|si|te *die; -, -n ⟨lat.-fr.⟩:* 1. Krankenbesuch des Arztes [im Krankenhaus]. 2. (veraltet, aber noch scherzh.) [Höflichkeits]besuch

Vi|si|ten|kar|te *die; -, -n:* kleine Karte mit aufgedrucktem Namen u. aufgedruckter Adresse

vi|si|tie|ren *⟨lat.(-fr.)⟩:* 1. aufgrund eines bestimmten Verdachts jmdn., jmds. Kleidung, Gepäck, Wohnung durchsuchen. 2. zur Überprüfung besichtigen, besuchen

Vi|si|ten|kar|te *die; -, -n:* (österr.) ↑ Visitenkarte

vis|kos u. **vis|kös** *⟨lat.⟩:* zähflüssig, leimartig

Vis|ko|se *die; - ⟨lat.-nlat.⟩:* glänzende Chemiefaser aus Zellulose

Vis|ko|si|me|ter *das; -s, - ⟨lat.-nlat.; gr.⟩:* Messgerät zur Bestimmung des Grades der Zähflüssigkeit

Vis|ko|si|me|t|rie *die; -:* Lehre von der Viskosität u. ihrer Messung

Vis|ko|si|tät *die; - ⟨lat.-nlat.⟩:* (Chem., Techn.) Zähflüssigkeit; Zähigkeit von Flüssigkeiten u. Gasen

Vis ma|jor *die; - - ⟨lat.⟩:* (Rechtsw.) höhere Gewalt

Vis|ta *die; - ⟨lat.-it.⟩:* (Wirtsch.) Sicht, Vorzeigen eines Wechsels

Vis|ta|wech|sel *der; -s, -:* (Wirtsch.) Sichtwechsel

vi|su|a|li|sie|ren *⟨lat.-engl.⟩:* auf optisch ansprechende Weise

darstellen. **Vi|su|a|li|sie|rung** *die;* -, -en: das Visualisieren
Vi|su|a|li|zer [ˈvɪzjʊəlaɪzə] *der;* -s, - ⟨*lat.-fr.-engl.*⟩: Fachmann für die grafische Gestaltung von Werbeideen. **Vi|su|a|li|ze|rin** *die;* -, -nen: weibliche Form zu ↑ Visualizer

vi|su|ell ⟨*lat.-fr.*⟩: den Gesichtssinn betreffend; **visueller Typ:** Menschentyp, der Gesehenes besser behält als Gehörtes; Ggs. ↑ akustischer Typ

Vi|sum *das;* -s, Visa u. Visen ⟨*lat.;* „Gesehenes"⟩: Urkunde [in Form eines Vermerks im Pass] über die Genehmigung des Grenzübertritts

Vi|sus *der;* - ⟨*lat.-nlat.*⟩: der Gesichtssinn

Vis|ze|ra u. Viscera *die* (Plural) ⟨*lat.*⟩: (Med.) im Inneren der Schädel-, Brust-, Bauch- u. Beckenhöhle gelegene Organe (Eingeweide). **vis|ze|ral:** (Med.) die Eingeweide betreffend

vis|zid ⟨*lat.*⟩: ↑ viskos

Vi|ta *die;* -, Viten u. Vitae [...ɛ] ⟨*lat.*⟩: 1. a) Lebensbeschreibung [antiker u. mittelalterlicher Persönlichkeiten u. Heiliger]; b) Leben[slauf] eines Menschen. 2. (Med.) Lebensfunktion, Lebenskraft

Vi|ta ac|ti|va *die;* - - ⟨*lat.(-mlat.)*⟩: tätiges Leben, bes. als Teil mönchischer Lebensführung

Vi|ta com|mu|nis *die;* - -: gemeinsames Leben [unter Verzicht auf privates Vermögen] in katholischen geistlichen Orden u. Kongregationen

Vi|ta con|tem|p|la|ti|va *die;* - -: betrachtendes, kontemplatives Leben im Unterschied zur Vita activa

vi|tae, non scho|lae dis|ci|mus vgl. non scholae, sed vitae discimus

vi|tal ⟨*lat.-fr.*⟩: 1. von entscheidender Wichtigkeit; lebenswichtig. 2. voller Lebenskraft, im Besitz seiner vollen Leistungskraft

Vi|tal|funk|ti|on *die;* -, -en: (Med.) lebenswichtige Körperfunktion (z. B. Atmung, Herztätigkeit)

Vi|ta|li|a|ner ⟨*lat.-nlat.*⟩ u. **Vi|ta|li|en|brü|der** ⟨*lat.-nlat.; dt.*⟩ *die* (Plural): (hist.) Seeräuber in der Nord- und Ostsee im 14. u. 15. Jh.

vi|ta|li|sie|ren ⟨*lat.-nlat.*⟩: beleben, anregen

Vi|ta|lis|mus *der;* -: naturphiloso-

phische Richtung, nach der das organische Leben einer besonderen Lebenskraft zuzuschreiben ist. **vi|ta|lis|tisch:** den Vitalismus betreffend

Vi|ta|li|tät *die;* - ⟨*lat.-fr.*⟩: Lebenskraft, Lebensfülle; Lebendigkeit

Vi|t|a|min *das;* -s, -e ⟨Kunstw. aus lat. *vita* „Leben" u. *Amin*⟩: lebenswichtiger, die biologischen Vorgänge im Organismus regulierender, vorwiegend in Pflanzen gebildeter Wirkstoff, der mit der Nahrung zugeführt wird (z. B. Vitamin A)

vi|t|a|mi|nie|ren u. **vi|t|a|mi|ni|sie|ren:** Lebensmittel mit Vitaminen anreichern

vite [viːt] ⟨*lat.-vulgärlat.-fr.*⟩: (Mus.) schnell, rasch (Vortragsanweisung)

vi|te|ment [vitəˈmãː, vɪtˈmãː]: ↑ vite

Vi|tia: *Plural* von ↑ Vitium

Vi|ti|li|go *die;* -, ...gines [...ne:s] ⟨*lat.*⟩: (Med.) erworbene Pigmentanomalie der Haut

vi|ti|ös ⟨*lat.(-fr.)*⟩: a) fehlerhaft, mangelhaft; b) bösartig, lasterhaft

Vi|ti|um *das;* -s, Vitia ⟨*lat.*⟩: organischer Fehler od. Defekt

Vi|t|ren u. **Vi|t|ren:** *Plural* von ↑ Vitrum

Vi|t|ri|ne *die;* -, -n ⟨*lat.-vulgärlat.-fr.*⟩: a) Schaukasten; b) Glasschrank

Vi|t|ri|ol *das;* -s, -e ⟨*lat.-mlat.*⟩: (veraltet) Kristallwasser enthaltendes Sulfat eines zweiwertigen Metalls

Vi|t|ri|ol|öl *das;* -[e]s: (veraltet) rauchende Schwefelsäure

Vi|t|rit [auch: ...ˈtrɪt] *der;* -s, -e ⟨*lat.-nlat.*⟩: (Geol.) aschenarme Streifenart der Steinkohle

Vi|t|ro|lid *das;* -[e]s, -e (meist Plural) ⟨*lat.; gr.*⟩: (Chem.) Stoff, der einen glasartigen Schmelzfluss bildet

Vi|t|ro|phyr *der;* -s, -e: (Geol.) vulkanisches Glas

Vi|t|rum *das;* -s, Vitra u. Vitren ⟨*lat.;* „Glas"⟩: Arzneiflasche; Abk.: Vitr.

Vitz|li|putz|li *der;* -[s] ⟨nach dem aztekischen Stammesgott Huitzilopochtli⟩: 1. Schreckgestalt, Kinderschreck. 2. (verhüllend) Teufel

viv vgl. vif

vi|va|ce [...tʃə] ⟨*lat.-it.*⟩: (Mus.) lebhaft. **Vi|va|ce** *das;* -, -: (Mus.) lebhaftes, schnelles Tempo

vi|va|cet|to [...ˈtʃɛto]: (Mus.) etwas lebhaft

vi|va|cis|si|mo [...tʃ...]: (Mus.) sehr lebhaft. **Vi|va|cis|si|mo** *das;* -s, -s u. ...mi: (Mus.) äußerst lebhaftes Zeitmaß

vi|vant ⟨*lat.*⟩: sie sollen leben!

vi|vant se|quen|tes ⟨*lat.*⟩: die [Nach]folgenden sollen leben!

Vi|va|ri|um *das;* -s, ...ien ⟨*lat.-nlat.*⟩: 1. Behälter, in dem kleinere Tiere gehalten werden. 2. Gebäude [in einem zoologischen Garten], in dem Vivarien (1) untergebracht sind

vi|vat: er lebe!

vi|vat, cres|cat, flo|re|at ⟨*lat.(-mlat.)*⟩: (Studentenspr.) er [sie, es] lebe, blühe u. gedeihe!

Vi|vat *das;* -s, -s ⟨*lat.*⟩: Hochruf

vi|vat se|quens: es lebe der [Nach]folgende!

Vi|va|zi|tät *die;* - ⟨*lat.*⟩: (veraltet) Lebhaftigkeit, Munterkeit

Vi|vi|a|nit [auch: ...ˈnɪt] *der;* -s, -e ⟨*nlat.;* nach dem engl. Mineralogen J. G. Vivian (19. Jh.)⟩: Blaueisenerz (ein Mineral)

vi|vi|par ⟨*lat.*⟩: 1. (Zool.) lebend gebärend. 2. (Bot.) auf der Mutterpflanze auskeimend (von Pflanzen)

Vi|vi|pa|rie *die;* - ⟨*lat.-nlat.*⟩: 1. (Zool.) geschlechtliche Fortpflanzung durch Gebären von lebenden Jungen. 2. (Bot.) das Auskeimen von Samen auf der Mutterpflanze

Vi|vi|sek|ti|on *die;* -, -en: (Fachspr.) Eingriff am lebenden Tier (zu Forschungszwecken). **vi|vi|se|zie|ren:** eine Vivisektion vornehmen

vi|vo ⟨*lat.-it.*⟩: ↑ vivace

Vi|ze [ˈfiːtsə, auch: ˈviːtsə] *der;* -[s], -s ⟨*lat.-nlat.*⟩: (ugs.) Stellvertreter

Vi|ze|kanz|ler *der;* -s, -: Stellvertreter des Kanzlers. **Vi|ze|kanz|le|rin** *die;* -, -nen: weibliche Form zu ↑ Vizekanzler

Vi|ze|prä|si|dent *der;* -en, -en: stellvertretender Präsident. **Vi|ze|prä|si|den|tin** *die;* -, -nen: weibliche Form zu ↑ Vizepräsident

Vi|z|tum [ˈfɪtstuːm, auch: ˈviːts...] *der;* -[e]s, -e ⟨*lat.-mlat.*⟩: (hist.) Vermögensverwalter geistlicher, später auch weltlicher Herrschaften

VJ [ˈviːdʒeɪ] *der; -[s], -s:* kurz für ↑ Videojockei

Vlie|se|li|ne ® *die; -* ⟨Kunstw.⟩: anstelle von Steifleinen verwendeter Vliesstoff [zum Aufbügeln]

vo|ca|le ⟨*lat.-it.*⟩: (Mus.) gesangsmäßig, stimmlich

Vo|ce [ˈvoːtʃə] *die; -,* Voci [ˈvoːtʃi]: ⟨Mus.⟩ ital. Bez. für: Singstimme; **Voce alta:** hohe, laute Stimme; **Voce bassa:** tiefe, leise Stimme; **Voce di Testa:** Kopfstimme; **Voce pastosa:** geschmeidige Stimme; **Voce spiccata:** die Töne perlenartig führende Stimme

Vo|ces [ˈvoːtse:s] *die* (Plural) ⟨*lat.*⟩: 1. die Singstimmen; Abk.: V.; **Voces aequales:** (Mus.) gleiche Stimmen. 2. *Plural* von ↑ Vox

Vo|ci [ˈvoːtʃi]: *Plural* von ↑ Voce

Vo|co|der *der; -s, -* ⟨Kurzw. aus engl. *voice coder*⟩: a) Gerät zur Erzeugung von künstlicher, menschlicher Sprache; b) Gerät zur Verschlüsselung, Modulation u. [drahtlosen] Übertragung menschlicher Sprache

Vogue [voːk, vɔg] *die; -* ⟨*fr.*⟩: (veraltet) Ansehen, Beliebtheit

Voice|mail [ˈvɔysmeɪl] *die; -, -s* ⟨*engl.*⟩: elektronisches Kommunikationssystem, mit dem gesprochene Nachrichten gespeichert u. weitergeleitet werden können

Voice|re|kor|der *der; -s, -:* Flugdatenregistriergerät, das die Gespräche u. Geräusche im Cockpit aufzeichnet

voi|là [voˈla] ⟨*fr.*⟩: sieh da!; da haben wir es!

Voile [voːal] *der; -, -s* ⟨*lat.-fr.*⟩: feinfädiges, leinwandbindiges poröses Gewebe

Voix mixte [voˈmikst] *die; - -* ⟨*lat.-fr.; „gemischte Stimme"*⟩: (Mus.) 1. Mittelregister bei der Orgel. 2. Übergangston von der Brust- zur Kopfstimme

Vo|ka|bel *die; -, -n* ⟨österr. auch: *das; -s, -*⟩ ⟨*lat.*⟩: a) einzelnes Wort in einem fremden Sprache; b) Bezeichnung, Ausdruck; Begriff, wie er sich in einem Wort manifestiert

Vo|ka|bu|lar *das; -s, -e* ⟨*lat.-mlat.*⟩: a) Wörterverzeichnis; b) Wortschatz, dessen man sich be-

dient, der zu einem bestimmten [Fach]bereich gehört

Vo|ka|bu|la|ri|um *das; -s, ...ien:* (veraltet) Vokabular

vo|kal ⟨*lat.*⟩: (Mus.) von einer od. mehreren Singstimmen ausgeführt; durch die Singstimme hervorgebracht, für sie charakteristisch. **Vo|kal** *der; -s, -e:* (Sprachw.) Laut, bei dessen Artikulation die Atemluft verhältnismäßig ungehindert ausströmt; Selbstlaut; Ggs. ↑ Konsonant

Vo|ka|li|sa|ti|on *die; -, -en* ⟨*lat.-nlat.*⟩: 1. Feststellung der Aussprache des (vokallosen) hebräischen Textes des Alten Testaments durch Striche od. Punkte. 2. Bildung u. Aussprache der Vokale beim Singen. 3. vokalische Aussprache eines Konsonanten; vgl. vokalisieren (2); vgl. ...ation/...ierung

vo|ka|lisch ⟨*lat.*⟩: den Vokal betreffend, selbstlautend

Vo|ka|li|se *die; -, -n* ⟨*lat.-fr.*⟩: (Mus.) Singübung nur mit Vokalen

vo|ka|li|sie|ren ⟨*lat.-nlat.*⟩: 1. (Mus.) beim Singen die Vokale bilden u. aussprechen. 2. einen Konsonanten wie einen Vokal sprechen (z. B. r in *Kurt* [kʊrt] wie ɐ [kuːɐt]). **Vo|ka|li|sie|rung** *die; -, -en:* Vokalisation (3); vgl. ...ation/...ierung

Vo|ka|lis|mus *der; -* ⟨*lat.-nlat.*⟩: System, Funktion der Vokale

Vo|ka|list *der; -en, -en* ⟨*lat.-fr.*⟩: (veraltet) Sänger im Gegensatz zum Instrumentalisten. **Vo|ka|lis|tin** *die; -, -nen:* weibliche Form zu ↑ Vokalist

Vo|kal|mu|sik *die; -:* Gesangsmusik im Gegensatz zur Instrumentalmusik

Vo|ka|ti|on ⟨*lat.*⟩ *die; -, -en:* Berufung in ein Amt

Vo|ka|tiv *der; -s, -e:* (Sprachw.) Kasus der Anrede

Vo|lant [voˈlãː] *der* (schweiz. meist, österr. auch: *das*); *-s, -s* ⟨*fr.*⟩: 1. (bei Kleidungsstücken) als Besatz auf- od. angesetzter, angekrauster Stoffstreifen. 2. Steuerrad eines Kraftwagens

Vo|la|pük *das; -s* ⟨Kunstw. aus *vol* (engl. *world* = Welt) u. *pük* (engl. *speak* = sprechen)⟩: im 19. Jh. geschaffene Welthilfssprache; vgl. Esperanto

Vo|la|ta *die; -, ...te* ⟨*lat.-it.*⟩: (Mus.)

kleiner [Verzierungs]lauf im Gesang

vo|la|til ⟨*lat.*⟩: (Chem.) flüchtig, verdunstend.

Vo|la|ti|li|tät *die; -, -en* ⟨*lat.*⟩: 1. (Bankw.) Ausmaß der Schwankung von Preisen, Aktien- u. Devisenkursen, Zinssätzen od. auch ganzen Märkten innerhalb einer kurzen Zeitspanne. 2. (veraltet) Flüchtigkeit

Vol-au-Vent [voloˈvã:] *der; -, -s* ⟨*lat.-fr.*⟩: hohle Pastete aus Blätterteig, die mit Ragout gefüllt wird

Vo|li|e|re *die; -, -n:* großer Vogelkäfig, in dem die Vögel fliegen können

vo|li|ti|o|nal ⟨*lat.-nlat.*⟩: (Psychol.) durch den Willen bestimmt

vo|li|tiv: (Psychol.) a) willentlich, gewollt; b) den Willen, die Willenskraft betreffend

vol|ley [ˈvɔli] ⟨*lat.-fr.-engl.*⟩: (Tennis, Fußball) aus der Luft [geschlagen], ohne dass der Ball aufspringt. **Vol|ley** *der; -s, -s:* (Tennis) Flugball

Vol|ley|ball *der; -s, ...bälle:* 1. (auch: *das;* ohne Plural, meist ohne Artikel) ein Mannschaftsballspiel, bei dem ein Ball mit den Händen über ein Netz zurückgeschlagen werden muss u. nicht den Boden berühren darf. 2. Ball für das Volleyballspiel. 3. Flugball, direkt aus der Luft angenommener u. weitergeschlagener od. -getretener Ball

Vo|lon|tär *der; -s, -e* ⟨*lat.-fr.; „Freiwilliger"*⟩: jmd., der zur Vorbereitung auf seine künftige berufliche Tätigkeit [gegen geringe Bezahlung] bei einer Redaktion, bei einem kaufmännischen Betrieb o. Ä. arbeitet

Vo|lon|ta|ri|at *das; -s, -e* ⟨*lat.-fr.-nlat.*⟩: 1. Ausbildungszeit einer Volontärin, eines Volontärs. 2. Stelle einer Volontärin, eines Volontärs

Vo|lon|tä|rin *die; -, -nen:* weibliche Form zu ↑ Volontär

vo|lon|tie|ren: als Volontär[in] arbeiten

Volt *das; - u. -[e]s, -* ⟨nach dem ital. Physiker A. Volta, 1745–1827⟩: internationale Bez. für die Einheit der elektrischen Spannung; Zeichen: V

Vol|ta *die; -, ...ten* ⟨*lat.-vulgärlat.-it.*⟩: schneller, ausgelassener

V

Tanz im Dreier- od. ⁶/₈-Takt (16. u. 17. Jh.)

Vol|ta|e|le|ment das; -s ⟨zu: Volta, Volt⟩: galvanisches Element (aus Kupfer- u. Zinkelektroden in verdünnter Schwefelsäure)

Vol|ta|me|ter das; -s, - ⟨it.; gr.⟩: elektrolytisches Instrument zur Messung der Strommenge aus der Menge des beim Stromdurchgang abgeschiedenen Metalls od. Gases

Volt|am|pere [...ampεːɐ̯] das; -[s], -: Einheit der elektrischen Leistung; Zeichen: VA

Vol|te die; -, -n ⟨lat.-vulgärlat.-it.-fr.⟩: 1. Kunstgriff beim Mischen im Kartenspiel. 2. (Reiten) das Reiten eines Kreises von kleinem Durchmesser. 3. (Fechten) seitliches Ausweichen

vol|tie|ren: ↑ voltigieren

Vol|ti|ge [vɔlˈtiːʒə] die; -, -n: Sprung eines Kunstreiters auf das trabende od. galoppierende Pferd

vol|ti|gie|ren [...ˈʒiː...]: 1. eine Volte (1 u. 3) ausführen. 2. am galoppierenden Pferd turnen. 3. (veraltet) ein leichtes Gefecht führen, plänkeln; vgl. Voltigierer (2). **Vol|ti|gie|rer** der; -s, -: 1. jmd., der am galoppierenden Pferd turnt. 2. (Milit. veraltet) jmd., der ein leichtes Gefecht führt, Plänkler. **Vol|ti|gie|re|rin** die; -, -nen: weibliche Form zu ↑ Voltigierer (1)

vol|ti su|bi|to ⟨lat.-it.⟩: (Mus.) wende (das Notenblatt) schnell um; Abk.: v. s.; vgl. verte [subito]

Volt|me|ter das; -s, -: Gerät zur Messung von elektrischen Spannungen

Volt|se|kun|de die; -, -en: Einheit des magnetischen Flusses; Zeichen: Vs

Vol|um das; -s, -e ⟨lat.(-fr.)⟩: (veraltet, aber noch in Zusammensetzungen) Volumen

Vo|lu|men das; -s, - u. ...mina: 1. (Plural: -) Rauminhalt eines festen, flüssigen od. gasförmigen Körpers (Zeichen: V). 2. (Plural: ...mina) Schriftrolle, Band (eines Werkes; Abk.: vol.). 3. (Plural: -) Stromstärke einer Fernsprech- od. Rundfunkübertragung. 4. (Plural: -) Umfang, Gesamtmenge von etwas

Vo|lu|me|no|me|ter das; -s, - ⟨lat.; gr.⟩: ↑ Stereometer (1)

Vo|lu|men|pro|zent vgl. Volumprozent

Vo|lu|me|ter das; -s, -: Senkwaage mit Volumenskala zur Bestimmung der Dichte einer Flüssigkeit. **Vo|lu|me|t|rie** die; -: Maßanalyse, Messung von Rauminhalten

Vo|lu|mi|na: Plural von ↑ Volumen

vo|lu|mi|nös ⟨lat.-fr.⟩: von beträchtlichem Umfang

Vo|lum|pro|zent u. Volumenprozent das; -[e]s, -e: Hundertsatz vom Rauminhalt; Abk.: Vol.-%

Vo|lun|ta|ris|mus der; - ⟨lat.-nlat.⟩: philosophische Lehre, die den Willen als Grundprinzip des Seins ansieht. **Vo|lun|ta|rist** der; -en, -en: Vertreter des Voluntarismus. **Vo|lun|ta|ris|tin** die; -, -nen: weibliche Form zu ↑ Voluntarist. **vo|lun|ta|ris|tisch:** den Voluntarismus betreffend

vo|lun|ta|tiv ⟨lat.⟩: 1. (Philos.) willensfähig, den Willen betreffend. 2. (Sprachw.) den Modus (2) des Wunsches ausdrückend

vo|lup|tu|ös ⟨lat.-fr.⟩: Begierde erweckend, wollüstig

Vo|lu|te die; -, -n ⟨lat.⟩: (Kunstwiss.) spiralförmige Einrollung am Kapitell ionischer Säulen od. als Bauornament in der Renaissance

Vo|lu|tin das; -s ⟨lat.-nlat.⟩: (Biol.) körnige Struktur in Bakterienzellen

Völ|va die; -, ...vur ⟨altnord.⟩: Seherin in nordgermanischen Sagen

vol|vie|ren ⟨lat.⟩: 1. wälzen, rollen, wickeln. 2. genau ansehen; überlegen, durchdenken

Vol|vox die; - ⟨lat.-nlat.⟩: Kugelalge

Vol|vu|lus der; -, ...li: (Med.) Darmverschlingung

vo|mie|ren ⟨lat.⟩: (Med.) erbrechen

Vo|mi|tio die; -, ...tio̱nes: ↑ Vomitus

Vo|mi|tiv das; -s, -e u. **Vo|mi|ti|vum** das; -s, ...va ⟨lat.-nlat.⟩ u. **Vo|mi|to|ri|um** das; -s, ...ien ⟨lat.⟩: (Med.) Brechmittel

Vo|mi|tus der; -: (Med.) das Erbrechen

Voo|doo [vuˈduː] vgl. Wodu

Vo|ra|zi|tät die; - ⟨lat.⟩: (Med.) Gefräßigkeit, Heißhunger

Vor|tum|na|li|en vgl. Vertumnalien

Vol|ta: Plural von ↑ Votum

Vo|lu|men|pro|zent vgl. Volumprozent

Vol|tant der; -en, -en ⟨lat.-nlat.⟩: (veraltet) jmd., der ein Votum abgibt. **Vol|tan|tin** die; -, -nen: weibliche Form zu ↑ Votant

Vo|ta|ti|on die; -, -en: (veraltet) Abstimmung

Vote|call [ˈvoːtkɔːl] der od. das; -s, -s ⟨engl.⟩: telefonisches Abstimmungsverfahren, bei dem die Anrufe automatisch gezählt u. ausgewertet werden

Vo|ten: Plural von ↑ Votum

vo|tie|ren: 1. seine Stimme für od. gegen jmdn., etwas abgeben; sich für od. gegen jmdn., etwas entscheiden; für od. gegen jmdn. stimmen. 2. sich für od. gegen jmdn., etwas aussprechen

Vo|tiv das; -s, -e ⟨lat.⟩ u. **Vo|tiv|ga|be** die; -, -n: (kath. Kirche) als Bitte um od. Dank für Hilfe in einer Notlage einem Heiligen dargebrachte Gabe

Vo|tiv|ka|pel|le die; -, -n: einem Heiligen aufgrund eines Gelübdes gestiftete Kapelle

Vo|tiv|mes|se die; -, -n: Messe, die für ein besonderes Anliegen gefeiert wird (z. B. Braut-, Totenmesse)

Vo|tum das; -s, ...ten u. ...ta ⟨lat.-mlat.(-engl.)⟩: 1. [feierliches] Gelübde. 2. a) Urteil, Stimme; b) [Volks]entscheidung; c) Gutachten

Vou|cher [ˈvautʃɐ] das od. der; -s, -[s] ⟨engl.⟩: (Touristik) Gutschein für im Voraus bezahlte Leistungen

Vou|dou [vuˈduː] vgl. Wodu

Voûte [ˈvuːtə] die; -, -n ⟨lat.-vulgärlat.-fr.⟩: 1. gewölbter Übergang zwischen einer Wand bzw. Säule u. der Decke. 2. Verstärkung eines Trägers am Auflager

Vox die; -, Voces [ˈvoːtseːs] ⟨lat.⟩: lat. Bez. für: Stimme, Laut; **Vox acuta:** hohes, scharfes Orgelregister; **Vox celestis:** lieblich, schwebend klingendes Orgelregister; **Vox humana:** menschenstimmenähnliches Orgelregister; **Vox media:** (Rhet., Stilk.) inhaltlich neutrales, von zwei Extremen gleich weit entferntes Wort (z. B. „Geschick" gegenüber „Glück" od. „Unglück"); **Vox Nihili** („Stimme des Nichts"): ↑ Ghostword; **vox populi vox Dei** („Volkes Stimme [ist] Gottes Stimme"):

das ist die Stimme des Volkes [der man Rechnung tragen, entsprechen muss], das ist die öffentliche Meinung

Vo|ya|geur [vǫaˈʒøːɐ̯] *der;* -s, -s u. -e ⟨*lat.-fr.*⟩: (veraltet) Reisender. **Vo|ya|geu|rin** […ˈʒøːrɪn] *die;* -, -nen: weibliche Form zu ↑ Voyageur

Vo|y|eur [vǫaˈjøːɐ̯] *der;* -s, -e u. -s ⟨*lat.-fr.*⟩: (Psychol.; Med.) jmd., der durch [heimliches] Zuschauen bei sexuellen Handlungen anderer Lust empfindet. **Vo|y|eu|rin** […ˈjøːrɪn] *die;* -, -nen: weibliche Form zu ↑ Voyeur. **Vo|y|eu|ris|mus** *der;* -: sexuelles Empfinden u. Verhalten der Voyeure. **vo|y|eu|ris|tisch:** den Voyeurismus betreffend

vo|y|ons [vwaˈjõ]: wir wollen sehen!, nun!

vo|zie|ren ⟨*lat.*⟩: a) berufen; b) [vor Gericht] vorladen

Vri|sea [ˈfriː…] *die;* -, …een ⟨*nlat.;* nach dem niederl. Botaniker W. H. de Vriese, 1807–1862⟩: Ananasgewächs mit in Rosetten angeordneten Blättern u. leuchtenden Blüten

V. S. O. P. ⟨Abk. für *engl.* very special *old* pale „ganz besonders alt u. blass"⟩: Gütezeichen für Cognac od. Weinbrand

Vu|el|ta [ˈbŭɛlta] *die;* - ⟨*span.;* „Rundfahrt"⟩: Etappenrennen in Spanien für Berufsfahrer im Radsport

vul|gär ⟨*lat.-fr.*⟩: 1. (abwertend) auf abstoßende Weise derb u. gewöhnlich, ordinär. 2. zu einfach u. oberflächlich; nicht wissenschaftlich dargestellt

vul|ga|ri|sie|ren: 1. (abwertend) in unzulässiger Weise vereinfachen; allzu oberflächlich darstellen. 2. (veraltet) unter das Volk bringen, allgemein bekannt machen

Vul|ga|ris|mus *der;* -, …men: (bes. Sprachw.) vulgäres (1) Wort, vulgäre Wendung

Vul|ga|ri|tät *die;* -, -en ⟨*lat.*⟩: 1. a) (ohne Plural) vulgäres (1) Wesen, vulgäre Art; b) vulgäre (2) Beschaffenheit. 2. vulgäre (1) Äußerung

Vul|gär|la|tein *das;* -s: umgangssprachliche Form der lateinischen Sprache (aus der sich die romanischen Sprachen entwickelten)

Vul|ga|ta *die;* - ⟨„die allgemein Verbreitete"⟩: vom hl. Hieronymus im 4. Jh. begonnene, später für authentisch erklärte lateinische Übersetzung der Bibel

vul|go: gemeinhin, gewöhnlich genannt

Vul|kan *der;* -s, -e ⟨*lat.;* nach Vulkanus, dem altröm. Gott des Feuers⟩: (Geol.) Berg, aus dessen Innerem Lava u. Gase ausgestoßen werden; Feuer speiender Berg

Vul|kan|fi|ber *die;* -: Kunststoff als Leder- od. Kautschukersatz

Vul|ka|ni|sat *das;* -[e]s, -e ⟨*lat.-nlat.*⟩: vulkanisierter Kautschuk

Vul|ka|ni|sa|ti|on *die;* -, -en: Umwandlung von Kautschuk in Gummi mithilfe von Schwefel o. Ä.; vgl. …ation/…ierung

vul|ka|nisch ⟨*lat.*⟩: durch Vulkanismus entstanden

Vul|ka|ni|seur […ˈzøːɐ̯] *der;* -s, -e ⟨*lat.; fr.*⟩: Facharbeiter in der Gummiherstellung. **Vul|ka|ni|seu|rin** […ˈzøːrɪn] *die;* -, -nen: weibliche Form zu ↑ Vulkaniseur

vul|ka|ni|sie|ren: 1. Kautschuk in Gummi umwandeln. 2. Gummiteile durch Vulkanisation miteinander verbinden. **Vul|ka|ni|sie|rung** *die;* -, -en: ↑ Vulkanisation; vgl. …ation/…ierung

Vul|ka|nis|mus *der;* - ⟨*lat.-nlat.*⟩: (Geol.) Bez. für alle mit dem Empordringen von ↑ Magma (1) an die Erdoberfläche zusammenhängenden Erscheinungen u. Vorgänge

Vul|ka|nit [auch: …ˈnɪt] *der;* -s, -e: Erguss- od. Eruptivgestein

Vul|ka|no|lo|gie *die;* - ⟨*lat.; gr.*⟩: Teilgebiet der ↑ Geologie, das sich mit der Erforschung des Vulkanismus befasst. **vul|ka|no|lo|gisch:** die Vulkanologie betreffend

Vul|ka|zit *der;* -s, -e ⟨*lat.-nlat.*⟩: (Chem.) organische Verbindung als Beschleuniger bei der Vulkanisation

vul|ne|ra|bel ⟨*lat.*⟩: (Med.) verletzlich, verwundbar (von Organen od. Gefäßen, die nahe an der Körperoberfläche liegen). **Vul|ne|ra|bi|li|tät** *die;* -: (bes. Med.) Verwundbarkeit, Verletzbarkeit

Vul|va *die;* -, …ven ⟨*lat.*⟩: (Med.) äußeres ↑ Genitale der Frau

Vul|vi|tis *die;* -, …itiden ⟨*lat.-nlat.*⟩: (Med.) Entzündung der äußeren weiblichen Geschlechtsteile

Vul|vo|va|gi|ni|tis *die;* -, …itiden: (Med.) Entzündung der äußeren weiblichen Geschlechtsteile u. der ↑ Vagina

vul|o|ta ⟨*lat.-vulgärlat.-it.*⟩: auf der leeren Saite (d. h., ohne den Finger auf das Griffbrett zu setzen) zu spielen

Vul|o|to *das;* -: (Mus.) 1. Generalpause. 2. Benutzung der leeren Saite eines Streichinstrumentes

Wa|di *das;* -s, -s ⟨*arab.*⟩: tief eingeschnittenes, meist trocken liegendes Flussbett eines Wüstenflusses

Wa|dschl|ra|ja|na *das;* - ⟨*sanskr.;* „diamantenes Fahrzeug (der Erlösung)"⟩: dritte, in magischen Riten veräußerlichte Hauptrichtung des Buddhismus; vgl. Hinajana, Mahajana

Wa|fer [ˈveː…, ˈweɪ…] *der;* -s, - ⟨*engl.*⟩: (EDV) Mikroplättchen

Wag|gon [vaˈgõː, vaˈgɔŋ, auch: vaˈgoːn] *der;* -s, -s ⟨österr. auch: -e […goːna]⟩ ⟨*niederl.-engl.*⟩: [Eisenbahn]wagen, Güterwagen

Wa|gon-Lit [vagõˈliː] *der;* -, -s [vagõːˈliː] ⟨fr.⟩: franz. Bez. für: Schlafwagen

Wah|ha|bit *der;* -en, -en ⟨*arab.-nlat.*⟩: Angehöriger einer puritanischen Glaubensgemeinschaft des Islams. **Wah|ha|bi|tin** *die;* -, -nen: weibliche Form zu ↑ Wahhabit

Waisch|ja *der;* -s, -s ⟨*sanskr.*⟩: Angehöriger der dritten indischen Hauptkaste (Kaufleute, Bauern u. Handwerker); vgl. Brahmane, Kschatrija, Schudra

Waisch|na|wa *der;* -s, -s ⟨*sanskr.*⟩: Verehrer des Gottes Wischnu (Angehöriger einer hinduistischen Sekte)

Wa|jang *das;* - ⟨*jav.*⟩: javanisches [Schattenspiel]theater

Wake|board [ˈweɪkbɔːd] *das;* -s, -s ⟨*engl.*⟩: Brett zum Wasserskifahren u. Springen auf dem Wasser. **Wake|boar|ding** *das; -s*: Funsportart, bei der man auf einem Wakeboard gleitet

Wa|kon|da *das; -s ⟨indian.⟩*: ↑ Orenda

¹Wa|li *der; -s, -s ⟨arab.-türk.⟩*: (veraltet) höherer türkischer Verwaltungsbeamter; Statthalter

²Wa|li *der; -[s], -s ⟨arab.; „Vertrauter (Gottes)"⟩*: 1. muslimischer Heiliger. 2. Grab eines ²Wali (1) als Wallfahrtsort

Wal|kie-Tal|kie [ˈwɔ:kɪ'tɔ:kɪ] *das; -[s], -s ⟨engl.⟩*: tragbares Funksprechgerät

Wal|king [ˈwɔ:kɪŋ] *das; -s ⟨engl.⟩*: intensives Gehen (als sportliche Betätigung)

Wal|king|bass [...beɪs] *der; -*, auch: **Walking Bass** *der; - - ⟨engl.⟩*: laufende Bassfiguration des Boogie-Woogie-Pianostils

Walk|man ® [ˈwɔ:kmən] *der; -s, -s* u. ...men [...mən] *⟨engl.⟩*: tragbarer ↑ Kassettenrekorder mit Kopfhörern

Wal|kü|re [auch: ˈval...] *die; -, -n ⟨altnord.; „Totenwählerin"⟩*: 1. göttliche Kampfjungfrau der nordischen Sage, die die Gefallenen nach Walhall, der Halle Odins, geleitet. 2. (scherzh.) große, stattliche [blonde] Frau

Wal|la|by [ˈvɔləbi] *das; -s, -s ⟨engl.⟩*: 1. (meist Plural) kleines bis mittelgroßes Känguru (z. B. Felsen-, Hasenkänguru). 2. Fell verschiedener Känguruarten

Wall|street [ˈwɔ:lstri:t] *die; - -* u.

Wall Street *die; - -*: Geschäftsstraße in New York (Bankzentrum); Finanzzentrum der USA

Wal|lo|ne *die; -, -n ⟨gr.-mgr.-it.⟩*: gerbstoffreicher Fruchtbecher der Eiche

Wam|pum [auch: ...'pu:m] *der; -s, -e ⟨indian.⟩*: (bei den nordamerikanischen Indianern) Gürtel aus Muscheln u. Schnecken als Zahlungsmittel u. Urkunde

Wan|da|le u. Vandale *der; -n, -n ⟨nach dem germanischen Volksstamm⟩*: zerstörungswütiger Mensch. **Wan|da|lin** u. Vandalin *die; -, -nen*: weibliche Form zu ↑ Vandale. **wan|da|lisch** u. vandalisch: zerstörungswütig. **Wan|da|lis|mus** u. Vandalismus *der; - ⟨nlat.⟩*: Zerstörungswut

WAP [auch: wɔp] *das; -s ⟨Kurzw. für engl. wireless application*

protocol⟩: Verfahren, mit dem über das Handy Informationen aus dem Internet abgerufen werden können

WAP-Han|dy [...hendi] *das; -s, -s ⟨indian.⟩*: Mobiltelefon mit WAP-Funktion

Wal|pi|ti *der; -[s], -s ⟨indian.⟩*: nordamerikanische Hirschart mit großem Geweih

Wal|ran *der; -s, -e ⟨arab.⟩*: bis zu drei Meter lange tropische Echse

War|dein *der; -[e]s, -e ⟨germ.-mlat.-fr.-niederl.⟩*: (früher) Münzprüfer. **war|die|ren**: (früher) den Münzwert prüfen

War|lord [ˈwɔ:lɔ:d] *der; -s, -s ⟨engl.⟩*: militärischer Machthaber in bürgerkriegsähnlichen Konflikten

Warm-up [ˈwɔ:ɐmˌap, wɔ:ɐmˌap] *das; -s, -s ⟨engl.⟩*: 1. (Motorsport) das Warm-laufen-Lassen der Motoren. 2. Einstimmung des Publikums vor Beginn einer Veranstaltung

Warp *der* od. *das; -s, -e ⟨engl.⟩*: 1. Kettgarn. 2. Schürzenstoff aus Baumwollabfall u. Reißspinnstoff

War|rant [auch: ˈvɔrənt, ˈwɔrənt] *der; -s, -s ⟨germ.-fr.-engl.⟩*: 1. Lager[pfand]schein. 2. Optionsschein

War|ve *die; -, -n ⟨schwed.⟩*: (Geol.) Jahresschicht, die aus einer hellen Sommer- u. einer dunklen Winterschicht besteht

War|vit u. **War|wit** [auch: ...'vit] *der; -s, -e ⟨schwed.-nlat.⟩*: verfestigter Bänderton älterer Eiszeiten

wash and wear [ˈwɔʃ ənd ˈweɐ] *⟨engl.; „waschen u. tragen"⟩*: Qualitätsbezeichnung für Kleidungsstücke, die nach dem Waschen ohne Bügeln wieder getragen werden können

Wash|board [ˈwɔʃbɔ:d] *das; -s, -s*: als Rhythmusinstrument im Jazz benutztes Waschbrett

Wash|pri|mer [...praɪmɐ] *der; -s, -*: vor der Lackierung auf das Metall aufgespritzter Haftgrund

Wat *der; -[s], -s ⟨sanskrit.-siamesisch⟩*: buddhistische Klosteranlage in Südasien

Wa|ter|bi|ke [ˈwɔ:təbaɪk] *das; -s, -s ⟨engl.⟩*: Wassermotorrad

Wa|ter|loo *das; -, -s ⟨nach der Schlacht bei Waterloo, in der Napoleon vernichtend geschla-*

gen wurde⟩: vernichtende Niederlage, Untergang

wa|ter|proof [ˈwɔ:təpru:f]: wassergeschützt (z. B. als Hinweis auf Uhren). **Wa|ter|proof** *der; -s, -s*: 1. wasserdichtes Material. 2. wasserdichter Regenmantel

wa|ter|re|sis|tant [...rɪ'zɪstənt]: wasserdicht (Hinweis auf Uhren)

Watt *das; -s, - ⟨nach dem engl. Ingenieur J. Watt, 1736–1819⟩*: Einheit der [elektrischen] Leistung; Zeichen: W

Wat|te|li|ne *die; - ⟨mlat.-niederl.-nlat.⟩*: leichtes, watteähnliches Zwischenfutter

wat|tie|ren: mit Watte füttern

Watt|me|ter *das; -s, -*: Gerät zur Messung elektrischer Leistung

Watt|se|kun|de *die; -, -n*: Einheit der Energie bzw. der Arbeit; Zeichen: Ws

Wa|vel|lit [auch: ...'lɪt] *der; -s, -e ⟨nlat.; nach dem engl. Arzt W. Wavell, † 1829⟩*: ein Mineral

Wave|ta|ble [ˈweɪvteɪbl] *der; - ⟨engl.⟩*: Klangverbesserung bei Computern durch Digitalisierung realer Töne

Weal|den [ˈvi:ldən] *das; -s ⟨nach der südostengl. Hügellandschaft The Weald⟩*: (Geol.) unterste Stufe der Unteren Kreide

Wea|ra|ble Com|pu|ter [ˈweərəbl̩ -] *der; - -s, - - ⟨engl.⟩*: a) sehr kleiner [tragbarer] Computer; b) [am Körper installierter] Kleinstcomputer mit Datenvisier (z. B. für Wartungsarbeiten)

Web *das; -[s] ⟨engl.; „Netz"⟩*: Kurzform von ↑ World Wide Web

Web|a|d|res|se *der; -, -n*: ↑ Internetadresse

Web|brow|ser [...braʊzə] *der; -s, - ⟨engl.⟩*: Programm, das den Zugang zum World Wide Web bzw. dem Internet ermöglicht

Web|cam [...kɛm] *die; -, -s*: Videokamera, die ihre Aufnahmen direkt über das Internet liefert

Web|de|sign [...dizaɪn] *das; -s*: [werbe]wirksame u. funktionale Gestaltung von Websites

Web|link *der* (auch: *das*); -[s], -s: Link (a) auf eine bestimmte Website

Web|mas| ter *der; -s, -*: jmd., der für die Erstellung, Organisation u. Wartung von Websites zuständig ist

Web|phone [...fo:n] *das;* -s, -s: Telefonat über das Internet

Web|ser|ver [...sə:və] *der;* -s, -: Server (2), der Websites speichert, verwaltet u. sie den Nutzern zur Verfügung stellt

Web|site [...ˈsait] *die;* -, -s ⟨*engl.*⟩: Gesamtheit der hinter einer ²Adresse (2) stehenden Seiten im World Wide Web

Web|soap [...soʊp] *die;* -, -s: Serie im Internet-TV mit teilweise trivialem [Alltags]geschehen

Web|space [...speɪs] *der;* -, -s [...sɪs]: Raum für eine Website

Webs|te|rit [auch: ...ˈrɪt] *der;* -s, -e ⟨*nlat.;* nach dem schott. Geologen Th. Webster⟩: ein Mineral

Wel|ck|a|min *das;* -s, -e ⟨Kunstw. aus *wecken* u. ↑ *Amin*⟩: der körperlich-geistigen Abspannung entgegenwirkendes, stimulierendes Kreislaufmittel

Wel|da *der;* -s, ...den u. -s ⟨*sanskr.;* „Wissen"⟩: die heiligen Schriften der altindischen Religion

Wel|dan|ta *der;* - ⟨„Ende des Weda"⟩: auf den wedischen ↑ Upanischaden beruhende philosophische Schule in Indien, die einen mehr od. minder strengen ↑ Monismus lehrt

Wel|den: *Plural* von ↑ Weda

Wedge [vedʒ] *der;* -[s], -s ⟨*engl.;* „Keil"⟩: Golfschläger mit besonders breiter Schlagfläche

Wedg|wood [ˈwedʒwʊd] *das;* -[s] ⟨nach dem engl. Kunsttöpfer J. Wedgwood, 1730–1795⟩: feines, verziertes Steingut

wel|disch: auf die Weden bezüglich

Wel|dis|mus *der;* - ⟨*sanskr.-nlat.*⟩: wedische Religion

Weld|ro *das;* -, - ⟨*russ.;* „Eimer"⟩: altes russisches Flüssigkeitsmaß (= 12,3 l)

Week|end [ˈwiːkˌend] *das;* -s, -s ⟨*engl.*⟩: Wochenende

Weft *das;* -[e]s, -e ⟨*engl.*⟩: Schussgarn aus harter englischer Cheviotwolle (vgl. Cheviot)

Wei|ge|lie [...jə] *die;* -, -n ⟨*nlat.;* nach dem Arzt Ch. E. Weigel, 1748–1831⟩: Zierpflanze mit roten od. rosafarbenen Blüten

Wei|muts|kie|fer vgl. Weymouthskiefer

Wel|kil *der;* -s, Wukela ⟨*arab.(-türk.)*⟩: 1. türkischer Minister. 2. stellvertretender ägyptischer Gouverneur

Wel|li ⟨*arab.-türk.*⟩: ↑ ²Wali

Wel|ling|to|nia *die;* -, ...ien [...jən] ⟨*nlat.;* nach dem Herzog von Wellington, 1769–1852⟩: ↑ Sequoia

Wel|lness *die;* - ⟨*engl.*⟩: durch leichte körperliche Betätigung erzieltes Wohlbefinden

Welsh|rab|bit [ˈwelʃˈrebɪt] ⟨*engl.;* „Waliser Kaninchen"⟩ u. **Welsh-rare|bit** [ˈwelʃˈreəbɪt] ⟨„Waliser Leckerbissen"⟩ *der;* -s, -s, auch: **Welsh Rab|bit** u. **Welsh Rare|bit** *der;* - -s, - -s: mit Käse belegte u. überbackene Weißbrotscheibe

Wel|wit|schia *die;* -, ...ien [...jən] ⟨*nlat.;* nach dem österr. Arzt F. Welwitsch, 1806–1872⟩: Wüstenpflanze mit zwei bandförmigen Blättern

Werst *die;* -, -en (aber: 5 -): ⟨*russ.*⟩: altes russisches Längenmaß (= 1,067 km); Zeichen: W

Wel|sir *der;* -s, -e ⟨*arab.(-türk.)*⟩: (hist.) 1. höchster Würdenträger des türkischen Sultans. 2. Minister in islamischen Staaten

Wel|si|rat *das;* -[e]s, -e ⟨*arab.-nlat.*⟩: Amt, Würde eines Wesirs

Wes|ley|a|ner [vesliˈaːnɐ, vesleˈjaːnɐ] *der;* -s, - ⟨*nlat.;* nach dem engl. Geistlichen J. Wesley, 1703–1791⟩: Anhänger des von Wesley begründeten ↑ Methodismus. **Wes|ley|a|ne|rin** *die;* -, -nen: weibliche Form zu ↑ Wesleyaner

West|coast|jazz [...koʊst...] *der;* - ⟨*engl.*⟩: von der Mitte der 1950er- bis Anfang der 1960er-Jahre an der Westküste der USA gespielte, dem Cooljazz ähnliche Stilrichtung des Jazz

West|end *das;* -s, -s ⟨*engl.;* nach dem Londoner Stadtteil West End⟩: vornehmer Stadtteil einer Großstadt

Wes|tern *der;* -[s], - ⟨*engl.*⟩: Film, der während der Pionierzeit im so genannten Wilden Westen (Amerikas) spielt.

Wes|ton|el|le|ment [ˈwestən...] *das;* -s, -e ⟨nach dem amerik. Physiker E. Weston, 1850–1936⟩: H-förmiges galvanisches Element, das als Normalelement für die elektrische Spannung eingeführt ist

Wes|t|o|ver *der;* -s, - ⟨Kunstw. aus engl. *vest* „Weste" u. engl. *over* „über"⟩: ärmelloser Pullover, der über einem Hemd od. einer Bluse getragen wird

Wey|mouths|kie|fer [ˈvaimuːts...], auch: Weimutskiefer *die;* -, -n ⟨nach Lord Weymouth, † 1714⟩: eine nordamerikanische Kiefernart

Wheat|s|tone|brü|cke [ˈwiːtstən...] *die;* -, -n ⟨nach dem engl. Physiker Sir Ch. Wheatstone, † 1875⟩: Brückenschaltung zur Messung elektrischer Widerstände

Whig [vɪk, wɪg] *der;* -s, -s ⟨*engl.*⟩: 1. (hist.) Angehöriger einer ehemaligen englischen Partei, aus der sich die liberale Partei entwickelte; Ggs. ↑ Tory (1). 2. englischer Politiker, der in Opposition zu den Konservativen steht; Ggs. ↑ Tory (2)

Whip [vɪp, wɪp] *der;* -s, -s: ein Abgeordneter im englischen Unterhaus, der den Fraktionsmitgliedern die Aufträge des Partei- u. Fraktionsführers mitteilt u. für ihr Erscheinen in wichtigen Sitzungen sorgt

Whip|cord *der;* -s, -s ⟨*engl.;* „Peitschenschnur"⟩: kräftiger Anzugstoff mit ausgeprägten Schrägrippen

Whirl|pool ® [ˈwəːlpuːl] *der;* -s, -s ⟨*engl.*⟩: Bassin mit warmem, durch Düsen in brodelnde Bewegung gebrachtem Wasser, in dem man sich sitzend od. liegend aufhält

Whis|ker [ˈwɪs...] *der;* -s, - ⟨*engl.;* „Schnauzhaare"⟩: sehr dünne, zugfeste Kristallfaser

Whis|key [ˈwɪski] *der;* -s, -s ⟨*gäl.-engl.;* „Lebenswasser"⟩: (in Irland od. Amerika hergestellter) Whisky

Whis|ky [ˈwɪski] *der;* -s, -s ⟨*gäl.-engl.*⟩: aus Gerste od. Malz hergestellter [schottischer] Branntwein

Whist [vɪst, wɪst] *das;* -[e]s ⟨*engl.*⟩: aus England stammendes Kartenspiel mit 52 Karten

Whist|ler [ˈwɪslɐ] *der;* -s, - (meist Plural) ⟨*engl.;* „Pfeifer"⟩: (Phys.) von Blitzen ausgesandte elektromagnetische Wellen, die an den magnetischen Feldlinien der Erde entlang durch den Raum laufen

White-Col|lar-Kri|mi|na|li|tät [ˈwaitkɔlə...] *die;* - ⟨*engl.; lat.*⟩: nicht gewalttätige Kriminalität (z. B. Steuerhinterziehung, Bestechung)

Whit|worth|ge|win|de [ˈwɪtwəːθ...]

W

das; -s ⟨*engl.; dt.;* nach dem engl. Ingenieur Sir J. Whitworth, 1803–1887⟩: ein Schraubengewinde

Who's who [ˈhuːz ˈhuː] ⟨*engl.;* „Wer ist wer?"⟩: Titel biografischer Lexika

Wig|wam *der;* -s, -s ⟨*indian.-engl.*⟩: kuppelförmiges Zelt, zeltartige Hütte nordamerikanischer Indianer

Wi|kl|li|fit *der;* -en, -en ⟨*nlat.*⟩: Anhänger des englischen Vorreformators J. Wyclif († 1384)

Wi|la|jet *das;* -[e]s, -s ⟨*arab.-türk.*⟩: türkische Provinz, Verwaltungsbezirk

Wild|card [ˈvaɪltkaːɐ̯t, ˈwaɪldˈkaːd] *die;* -, -s, auch: **Wild Card** *die;* - -, - -s ⟨*engl.;* „wilde (= beliebig verwendbare) Spielkarte"⟩: 1. freie Platzierung bei einem Tennisturnier, die der Veranstalter nach Gutdünken vergeben kann. 2. (EDV) Zeichen (z. B. *, %), das für verschiedene andere Zeichen stehen kann

Wil|dl|schur *die;* -, -en ⟨*poln.;* „Wolfspelz"⟩: im 19. Jh. Bez. für: schwerer Pelzmantel

Wil|liams Christ *der;* - -, - -: aus Williams Christbirnen hergestellter Branntwein

Wil|liams Christ|bir|ne *die;* - -, - -n ⟨Herkunft unbekannt⟩: große Birne mit gelber, bräunlich gepunkteter Schale u. gelblich weißem, zartem Fruchtfleisch

Wi|na u. Vina *die;* -, -s ⟨*sanskr.*⟩: altindisches Saiteninstrument aus einem auf zwei ausgehöhlten Kürbissen liegenden Bambusrohr mit vier Drahtsaiten, die angerissen werden

Wind|chill [...tʃɪl] *der;* -s ⟨*engl.*⟩: durch Wind verursachte verstärkte Kälteempfindung

Wind|jam|mer *der;* -s, -: großes Segelschiff

Win|dow|shop|ping [ˈwɪndoʊʃɔpɪŋ] *das;* -s, -s: Schaufensterbummel

Winds [wɪndz] *die* (Plural): engl. Bez. für: Blasinstrumente eines Orchesters

Wind|sur|fing [...sə:fɪŋ] *das;* -s: Segeln auf dem Wasser mit einem Segel ausgerüsteten langen, flachen, stromlinienförmigen Brett aus Kunststoff

Win|ner *der;* -s, - ⟨*engl.;* „Sieger; Gewinner"⟩: spielentscheidender Punkt (bes. beim Tennis)

Wis|ta|ria *die;* - ⟨*nlat.;* nach dem amerik. Anatomen C. Wistar⟩: ↑ Glyzine

Wla|di|ka *der;* -s, -s ⟨*slaw.;* „Herr"⟩: 1. Bischofstitel in der russisch-orthodoxen Kirche. 2. (hist.) Titel des Herrschers u. Kirchenoberhaupts von Montenegro

wob|beln ⟨*engl.*⟩: (Phys.) 1. eine Frequenz sinusförmig gegenüber einer anderen (niedrigeren) gering schwanken lassen. 2. eine periodische Schwankung verursachen

Wobb|ler *der;* -s, -: 1. Handmorsetaste mit beidseitigem Kontakt. 2. (Phys.) Einrichtung zur Verursachung periodischer Schwankungen der Frequenz

Wod|ka *der;* -s, -s ⟨*russ.;* „Wässerchen"⟩: hochprozentiger russischer Trinkbranntwein

Wo|du, Voodoo, Voudou, Wudu *der;* - ⟨*westafrik.-kreol.*⟩: aus Westafrika stammender synkretistischer, mit katholischen Elementen durchsetzter, magisch-religiöser Geheimkult (auf Haiti)

Woi|lach [ˈwoy...] *der;* -s, -e ⟨*russ.*⟩: wollene [Pferde]decke, Sattelunterlage

Woi|wod u. **Woi|wo|de** [woy...] *der;* ...den, ...den ⟨*poln.*⟩: 1. (hist.) Heerführer (in Polen, in der Walachei). 2. oberster Beamter einer polnischen Provinz; Landeshauptmann

Woi|wod|schaft *die;* -, -en ⟨*poln; dt.*⟩: Amt[sbezirk] eines Woiwoden

Wok *der;* -s, -s ⟨*chin.*⟩: Kochtopf mit kugelförmig gerundetem Boden u. hochgezogenem Rand, in dem die Speisen durch ständiges Umrühren od. Schütteln gegart werden (bes. in der chinesischen Küche)

Wolf|ra|mat *das;* -[e]s, -e ⟨*dt.-nlat.*⟩: (Chem.) Salz der Wolframsäure

Wolf|ra|mit [auch: ...ˈmɪt] *das;* -s: wichtigstes Wolframerz

Wol|las|to|nit [auch: ...ˈnɪt] *der;* -s, -e ⟨*nlat.;* nach dem engl. Chemiker W. H. Wollaston, 1766–1828⟩: ein Mineral

Wo|ma|ni|zer [ˈwʊmənaɪzɐ] *der;* -s, - ⟨*engl.*⟩: Frauenheld

Wom|bat *der;* -s, -s ⟨*austr.-engl.*⟩: australisches Beuteltier

Wo|men's Lib [ˈwɪmɪnz ˈlɪb] *die;* - - ⟨*engl.;* kurz für: Women's Liberation Movement⟩: in den 1960er-Jahren entstandene amerikanische Frauenbewegung

Won *der;* -[s], -[s] (aber: 30 -) ⟨*korean.*⟩: koreanische Währungseinheit

Wood [wʊd] *der;* -s, -s ⟨*engl.*⟩: Golfschläger mit Kopf aus Holz

Wood|cock|spa|ni|el [ˈwʊdkɔkʃpanjəl, auch: ...spɛnjəl] *der;* -s, -s ⟨*engl.*⟩: ↑ Cockerspaniel

Woo|fer [ˈwʊfə] *der;* -[s], - ⟨*engl.*⟩: [Tiefton]lautsprecher an elektroakustischen Anlagen; Ggs. ↑ Tweeter

Woo|pie [ˈvuːpi] *der;* -s, -s u. die; -, -s ⟨*engl.;* Kurzw. aus well-off older person „wohlhabende ältere Person"⟩: (ugs.) wohlhabender älterer Mensch

Worces|ter|so|ße, auch: ...sauce [ˈvʊstə..., auch: ˈwʊsta...] *die;* -, -n ⟨nach der engl. Stadt Worcester⟩: pikante Soße zum Würzen

Worl|ka|ho|lic [və:ɡ̯kəˈhɔlɪk, wɔːk...] *der;* -s, -s ⟨*engl.*⟩: jmd., der unter dem Zwang steht, ununterbrochen zu arbeiten

Work-out, auch: **Work|out** [ˈvəːɡ̯kaʊt, ˈwɔːkaʊt] *das;* -s, -s ⟨*engl.*⟩: sportliche Übung zur Steigerung der körperlichen Leistungsfähigkeit

Work|shop *der;* -s, -s ⟨*engl.;* „Werkstatt"⟩: Kurs, Seminar o. Ä., in dem in freier Diskussion bestimmte Themen erarbeitet u. praktische Übungen durchgeführt werden

Work|song *der;* -s, -s ⟨*engl.*⟩: (hist.) Arbeitslied, bes. der afroamerikanischen Sklaven

Work|sta|tion [...steːʃən, ...steɪʃn] *die;* -, -s ⟨*engl.*⟩: an einem Arbeitsplatz installierter, meist an ein lokales Netz angeschlossener Computer

World|cup [ˈvəːɡ̯ltkap] *der;* -s, -s ⟨*engl.*⟩: [Welt]meisterschaft in verschiedenen sportlichen Disziplinen (z. B. Skisport)

World Wide Web [ˈwəːld waɪd ˈwɛb] *das;* -s ⟨*engl.;* „weltweites Netz"⟩: (EDV) weltweites Informationssystem im Internet; Abk.: WWW

wow [vaʊ] ⟨*engl.*⟩: (ugs.) wunderbar!, super! (Ausruf der Bewunderung od. Überraschung)

Wrest|ling [ˈwrɛslɪŋ] *das;* -s

⟨engl.⟩: überwiegend auf Show ausgerichtetes Catchen

Wu|du vgl. Wodu

Wu|ke|la: *Plural* von ↑ Wekil

Wul|fe|nit [auch: …'nɪt] *das;* -s, -e ⟨nlat.; nach dem österr. Mineralogen F. X. v. Wulfen, 1728–1805⟩: ein Mineral

Wur|lit|zer|or|gel, auch: **Wur|lit-zer-Or|gel** *die;* -, -n ⟨nach der nordamerik. Herstellerfirma Wurlitzer⟩: Kinoorgel

WWW *das;* -[s]: Abk. für ↑ World Wide Web

Wy|an|dot|te ['waɪəndɔt(ə)] *das;* -, -s od. *die;* -, -n […tn] ⟨engl.; nach dem nordamerik. Indianerstamm der Wyandots⟩: Huhn einer mittelschweren amerikanischen Rasse

Xan|than *das;* -s ⟨gr.-nlat.⟩: (Chem.) biotechnisch hergestelltes Polysaccharid, das zur Verdickung u. Stabilisierung von Nahrungsmitteln u. Kosmetika verwendet wird

Xan|that *das;* -[e]s, -e ⟨gr.⟩: ↑ Xanthogenat

Xan|thel|las|ma *das;* -s, -ta u. …men: (Med.) gelbe Flecken od. Knötchen an den Augenlidern

Xan|then *das;* -s: (Chem.) kristalline Substanz (1), die die Grundlage bestimmter Farbstoffe bildet

Xan|thin *das;* -s ⟨gr.-nlat.⟩: (Med., Biochem.) eine Stoffwechselverbindung, die im Organismus beim Abbau der ↑ Purine entsteht

Xan|thin|o|xi|da|se, auch: **Xan-thin|o|xy|da|se** *die;* -, -n: (Med., Biochem.) ↑ Enzym, das Xanthin in Harnsäure überführt

Xan|thip|pe *die;* -, -n ⟨gr.-lat.; nach der Frau des Sokrates, die als schwierig u. zanksüchtig galt⟩: (ugs.) zanksüchtige [Ehe]frau

xan|tho|chrom ⟨gr.-nlat.⟩: gelb-, hellfarbig. **Xan|tho|chro|mie** *die;* -, …ien: (Med.) Gelbfärbung der

Gehirn-Rückenmarks-Flüssigkeit durch Beimengung von Blutfarbstoffen

Xan|tho|ge|nat *das;* -[e]s, -e: (Chem.) Salz der Xanthogensäure

Xan|tho|gen|säu|re *die;* - ⟨gr.-nlat.; dt.⟩: (Chem.) ölige, in Wasser kaum lösliche Flüssigkeit, Ausgangsstoff technischer Salze

Xan|thom *das;* -s, -e ⟨gr.-nlat.⟩: (Med.) gutartige, gelb gefärbte Geschwulst der Haut

Xan|tho|ma|to|se *die;* -, -n: (Med.) ausgedehnte Xanthombildung

Xan|tho|phyll *das;* -s ⟨gr.⟩: (Bot.) gelber Farbstoff der Pflanzenzellen

Xan|th|op|sie *die;* -, …ien: (Med.) das Gelbsehen aller Gegenstände bei gestörtem Farbensehen

Xan|thor|rhoea *die;* - ⟨gr.-nlat.⟩: (Bot.) australische Gattung der Liliengewächse

X-Chro|mo|som ['ɪkskro…] *das;* -s, -en ⟨gr.⟩: (Med., Biol.) ↑ Chromosom, das beim Vorkommen in der Samenzelle das Geschlecht des gezeugten Kindes auf weiblich festlegt; Ggs. ↑ Y-Chromosom

Xe|nie […niə, auch: 'ksɛ…] *die;* -, -n u. **Xe|ni|on** *das;* -s, …ien […ǝn] ⟨gr.(-lat.)⟩: (Literaturw.) kurzes Sinngedicht (ein ↑ Distichon)

xe|no|blas|tisch ⟨gr.-nlat.⟩: (Geol.) nicht in der eigenen Gestalt ausgebildet (von Mineralneubildungen bei der Gesteinsmetamorphose)

Xe|no|do|chi|um *das;* -s, …ien ⟨gr.-lat.⟩: altkirchliche Fremdenherberge, Vorläufer des mittelalterlichen ↑ Hospizes

Xe|no|ga|mie *die;* -, …ien ⟨gr.-nlat.⟩: (Bot.) Fremd- od. Kreuzbestäubung von Blüten

Xe|no|glos|sie *die;* -, …ien: (Psychol.) unbewusstes Reden in einer unbekannten Sprache

Xe|no|kra|tie *die;* -, …ien ⟨gr.⟩: Fremdherrschaft; Regierung eines Staates durch ein fremdes Herrscherhaus

Xe|no|lith [auch: …'lɪt] *der;* -s u. -en, -e[n]: (Geol.) Fremdkörper, Einschluss in Ergussgesteinen

Xe|no|lo|gie *die;* -: ↑ Okkultismus

xe|no|morph: (Geol.) fremdgestaltig (von Mineralien, die bei der Gesteinsbildung nicht in ihrer typischen Kristallform erstarren konnten)

Xe|non *das;* -s: chem. Element; ein Edelgas; Zeichen: Xe

xe|no|phil: fremdenfreundlich; Ggs. ↑ xenophob. **Xe|no|phi|lie** *die;* -: Fremdenliebe, Vorliebe für Fremde; Ggs. ↑ Xenophobie

xe|no|phob: fremdenfeindlich; Ggs. ↑ xenophil. **Xe|no|pho|bie** *die;* -: Fremdenfeindlichkeit; Ggs. ↑ Xenophilie

Xe|no|tim *der;* -s: (Geol.) Hauptmineral der ↑ Yttererden

Xe|no|trans|plan|tat *das;* -[e]s, -e ⟨gr.; lat.-nlat.⟩: (Biol., Med.) Transplantat, das zwischen zwei artverschiedenen Individuen ausgetauscht wird. **Xe|no-trans|plan|ta|ti|on** *die;* -, -en: (Biol., Med.) Transplantation, bei der die Xenotransplantate verwendet werden

Xe|r|an|the|mum *das;* -s, …themen ⟨gr.-nlat.⟩: (Bot.) Strohblume

Xe|res ['ç…] vgl. Jerez

xe|ro…, Xe|ro…

⟨gr. xērós „trocken, dürr, saftlos"⟩ Wortbildungselement mit der Bedeutung „trocken":
– Xerodermie
– xerophil
– Xerophyt

Xe|ro|der|ma *das;* -s, -ta u. …men ⟨gr.-nlat.⟩: (Med.) erblich bedingte u. meist tödlich endende Hautkrankheit mit Flecken- u. Warzenbildung, Entzündung u. Karzinomen

Xe|ro|der|mie *die;* -, …ien: (Med.) Trockenheit der Haut; Pergamenthaut

Xe|ro|gra|phie, auch: …grafie *die;* -, …ien ⟨gr.-engl.⟩: (Druckw.) ein Vervielfältigungsverfahren. **xe-ro|gra|phie|ren,** auch: …grafieren: mithilfe Xerographie vervielfältigen. **xe|ro|gra|phisch,** auch: …grafisch: die Xerographie betreffend

Xe|ro|ko|pie *die;* -, …ien ⟨gr.; lat.⟩: xerographisch hergestellte Kopie. **xe|ro|ko|pie|ren:** eine Xerokopie herstellen

xe|ro|morph ⟨gr.-nlat.⟩: (Bot.) Schutzvorrichtungen gegen Austrocknung besitzend (von Pflanzen od. Pflanzenteilen)

xe|ro|phil: (Bot.) Trockenheit liebend oder bevorzugend (von Pflanzen). **Xe|ro|phi|lie** *die;* -:

(Bot.) Bevorzugung der Trockenheit

Xe|r|oph|thal|mie *die; -, ...jen ⟨gr.⟩* u. **Xe|r|oph|thal|mus** *der; -, ...men ⟨gr.-nlat.⟩:* (Med.) Austrocknung der Binde- u. Hornhaut des Auges

Xe|ro|phyt *der; -en, -en:* (Bot.) an trockene Standorte angepasste Pflanze

Xe|ro|se *die; -, -n ⟨gr.⟩:* (Med.) 1. ↑ Xerophthalmie. 2. Trockenheit der Schleimhäute der oberen Luftwege

Xe|ro|s|to|mie *die; -, ...jen ⟨gr.-nlat.⟩:* (Med.) abnorme Trockenheit der Mundhöhle

xe|ro|therm: (Geogr.) in trockenwarmes Klima aufweisend

Xe|t|ra ® *das; -[s] ⟨Abk. für engl. exchange electronic trading; „elektronischer Wertpapierhandel"⟩:* (Börsenw.) vollelektronisches Handelssystem für börsenorientierte Wertpapiere

Xi *das; -[s], -s ⟨gr.⟩:* vierzehnter Buchstabe des griechischen Alphabets: Ξ, ξ

Xi|mé|nez *[xi'meneθ] der; - ⟨span.⟩:* ↑ Pedro Ximénez

XL ⟨Abk. für *engl.* extra large⟩: sehr groß (Kleidergröße)

XML *die; - ⟨Abk. für engl. extensible Mark-up Language⟩:* (EDV) Sprache zur Definition von Auszeichnungssprachen (verkürzte Version von ↑ SGML)

Xo|a|non *das; -s, ...ana ⟨gr.⟩:* [meist aus Holz] geschnitzte, Menschen od. Götter darstellende altgriechische Figur

XS ⟨Abk. für *engl.* extra small⟩: sehr klein (Kleidergröße)

XXL ⟨Abk. für *engl.* extra extra large⟩: extrem groß (Kleidergröße)

XXS ⟨Abk. für *engl.* extra extra small⟩: extrem klein (Kleidergröße)

Xy|lan *das; -s ⟨gr.-nlat.⟩:* eine der wichtigsten ↑ Hemizellulosen; Holzgummi

Xy|lem *das; -s, -e:* (Bot.) der Wasser leitende Gefäßteil der Pflanze

Xy|le|nol *das; -s ⟨gr.; arab.⟩:* ein ↑ Phenol

Xy|li|din *das; -s, -e ⟨gr.-nlat.⟩:* (Chem.) aus Xylol gewonnener Ausgangsstoff zur Synthese gewisser Teerfarbstoffe

Xy|lit [auch: ...'lɪt] *der; -s, -e:* 1. (Chem.) von der Xylose abge-

leiteter Alkohol. 2. Holzbestandteil der Braunkohle

Xy|lo|fon *vgl. Xylophon*

Xy|lo|graf *usw. vgl. Xylograph usw.*

Xy|lo|graph, auch: ...graf *der; -en, -en ⟨gr.-nlat.⟩:* Holzschneider.

Xy|lo|gra|phie, auch: ...grafie *die; -, ...jen:* a) (ohne Plural) Holzschneidekunst; b) Holzschnitt. **Xy|lo|gra|phin**, auch: ...grafin *die; -, -nen:* weibliche Form zu ↑ Xylograph. **xy|lo|gra|phisch**, auch: ...grafisch: in Holz geschnitten; die Xylographie betreffend

Xy|lol *das; -s ⟨gr.; arab.⟩:* (Chem.) eine aromatische Kohlenstoffverbindung, Ausgangsstoff für Farb-, Duft-, Kunststoffe

Xy|lo|me|ter *das; -s, - ⟨gr.⟩:* Gerät zur Bestimmung des Rauminhalts unregelmäßig geformter Hölzer

Xy|lo|pha|ge *der; -n, -n ⟨gr.⟩:* ↑ Lignivore

Xy|lo|phon, auch: ...fon *das; -s, -e ⟨„Holzstimme"⟩:* Schlaginstrument, bei dem auf einem Holzrahmen befestigte Holzstäbe mit zwei Holzklöppeln geschlagen werden

Xy|lo|se *die; -:* Holzzucker

Xy|lo|thek *die; -, -en:* Zusammenstellung in Buchform gefertigten Präparaten u. Beschreibungen verschiedenster Hölzer

Xys|ti *Plural von* ↑ Xystus

Xys|tos *der; -, Xysten ⟨gr.⟩:* gedeckter Säulengang in altgriechischen Gymnasien

Xys|tus *der; -, Xysti ⟨gr.-lat.⟩:* altrömische Gartenanlage vor der Halle

Y

Yak [jak] *vgl. Jak*

Ya|ki ['ja:...] *das; -[s] ⟨jap.: „Gebranntes"⟩:* japan. Bez. für: keramische Erzeugnisse

Ya|ku|za [j...] *die; -, - ⟨jap.⟩:* japanische Verbrecherorganisation

Ya|ma|shi|ta [jama'ʃi:ta] *der; -s, -s*

⟨nach dem japan. Kunstturner H. Yamashita, *1938⟩:* (Sport) ein Sprung am Langpferd

Yams|wur|zel ['jams...] *vgl. Jamswurzel*

Yang [jaŋ] *das; - ⟨chin.⟩:* die lichte männliche Urkraft, das schöpferische Prinzip in der chinesischen Philosophie; vgl. Yin

Yan|kee ['jɛŋki] *der; -s, -s ⟨engl.⟩:* 1. Spitzname für Bewohner der amerikanischen Nordstaaten (bes. Neuenglands). 2. Spitzname für den US-Amerikaner

Yan|kee Doo|dle [- du:dl] *der; - -s:* amerikanischer Nationalgesang aus dem 18. Jh.

Yard [ja:ɐ̯t] *das; -s, -s (aber: 5 Yard[s]) ⟨engl.⟩:* angelsächsisches Längenmaß (= 91,44 cm); Abk.: y., yd., Plural: yds.

Yas|tik [j...] *vgl. Jastik*

Yawl [jɔ:l] *die; -, -e u. -s ⟨dt.-engl.⟩:* zweimastiges [Sport]segelboot

Y-Chro|mo|som ['ʏpsilɔnkro...] *das; -s, -en ⟨gr.⟩:* (Med., Biol.) Geschlechtschromosom, das beim Vorkommen in der Samenzelle das Geschlecht des gezeugten Kindes als männlich bestimmt; Ggs. ↑ X-Chromosom

Yel|low|press ['jɛlo'prɛs, 'jɛlou...] *die; -, auch:* **Yel|low Press** *die; - - ⟨engl.⟩:* Sensationspresse

Yen [jɛn] *der; -[s], -[s] (aber: 5 -) ⟨jap.⟩:* Währungseinheit in Japan (= 100 Sen)

Yeo|man ['jo:mən, 'jou...] *der; -, ...men ⟨engl.⟩:* 1. (hist.) Gemeinfreier unterhalb des Ritterstandes in England. 2. kleiner Gutsbesitzer u. Pächter

Yeo|man|ry ['jo:mənri, 'jou...] *die; -:* Milizkavallerie in Großbritannien

Ye|ti ['je...] *der; -s, -s ⟨nepalesisch⟩:* legendärer Schneemensch im Himalaja

Ygg|dra|sil ['yk...] *der; -s ⟨nord.⟩:* (nord. Mythol.) Weltesche

Yin [jɪn] *das; - ⟨chin.⟩:* die dunkle weibliche Urkraft, das empfangende Prinzip in der chinesischen Philosophie; vgl. Yang

Yip|pie ['jɪ...] *der; -s, -s ⟨engl.⟩:* aktionistischer, radikalisierter Hippie

Yips [jɪps] *der; -, - ⟨engl.⟩:* (Jargon) wohl mental bedingtes Zittern, Jucken, das beim Golfen, bes. beim Putten, eintritt

Y|lang-Y|lang-Öl ['i:laŋ'i:...] *das;*

-s ⟨*malai.; dt.*⟩: ätherisches Öl des asiatischen Ylang-Ylang-Baumes, das als Duftstoff verwendet wird

Yo|ga [ˈjoː...], Joga *der* od. *das; -[s]* ⟨*sanskr.; „Anschirrung"*⟩: a) indische philosophische Lehre, deren Ziel es ist, durch Meditation, Askese u. bestimmte körperliche Übungen den Menschen von dem Gebundensein an die Last der Körperlichkeit zu befreien; b) Gesamtheit der Übungen, die aus dem Yoga (a) herausgelöst wurden u. die zum Zweck einer gesteigerten Beherrschung des Körpers, der Konzentration u. Entspannung ausgeführt werden

Yo|gi [ˈjoː...], Jogi, **Yo|gin**, Jogin *der; -s, -s* ⟨*sanskr.*⟩: indischer Büßer ↑ brahmanischen Glaubens, der ↑ Yoga (b) ausübt

Yo|him|bin [j...] *das; -s* ⟨*Bantuspr.-nlat.*⟩: Alkaloid aus der Rinde eines westafrikanischen Baumes (als ↑ Aphrodisiakum verwendet)

Yo|mud [ˈjoː...] *der; -[s], -s* ⟨nach dem turkmenischen Volksstamm der Yomuden⟩: Teppich aus Zentralasien mit hakenbesetzten ↑ Rhomben als kennzeichnender Musterung

Yo|ni [ˈjoː...] *das* od. *die; -, -* ⟨*sanskr.*⟩: als heilig geltendes Symbol des weiblichen Geschlechts in Indien

York|shire|ter|ri|er [ˈjɔːkʃə...] *der; -s, -* ⟨nach der engl. Grafschaft Yorkshire⟩: englischer Zwergterrier

Youngs|ter [ˈjʌŋs...] *der; -s, -[s]* ⟨*engl.*⟩: a) junger Sportler; b) Jugendlicher

Yo-Yo [joˈjoː] *das;* vgl. Jo-Jo

Yp|si|lon *das; -[s], -s* ⟨*gr.*⟩: 1. zwanzigster Buchstabe des griechischen Alphabets: Y, υ. 2. ↑ Ypsiloneule

Yp|si|lon|eu|le *die; -, -n* ⟨*gr.; dt.*⟩: (Biol.) Nachtschmetterling mit Y-förmigem Fleck auf den Vorderflügeln

Y|sop [ˈiː...] *der; -s, -e* ⟨*semit.-gr.-lat.*⟩: (Bot.) Heil- u. Gewürzpflanze des Mittelmeergebietes

Y|tong ® *der; -s, -s* ⟨*Kunstw.*⟩: (Bauw.) Leichtkalkbeton

Yt|ter|bi|um *das; -s* ⟨*nlat.*⟩: nach dem schwed. Fundort Ytterby⟩: chem. Element; Seltenerdmetall; Zeichen: Yb

Yt|ter|er|den *die* (Plural) ⟨*schwed.; dt.*⟩: seltene Erden, die hauptsächlich in den Erdmineralien von Ytterby vorkommen

Yt|t|ri|um *das; -s* ⟨*nlat.*⟩: chem. Element; eisengraues Seltenerdmetall; Zeichen: Y

Yu|an [ˈjuː...] *der; -[s], -[s]* (aber: 5 -) ⟨*chin.*⟩: Währungseinheit der Volksrepublik China

Yuc|ca [ˈjʊ...] *die; -, -s* ⟨*span.-nlat.*⟩: (Bot.) Palmlilie aus Mittelamerika (Zier- u. Heilpflanze)

Yup|pie [ˈjʊpi, auch: ˈjʌpi] *der; -s, -s* ⟨*engl.; Kurzw. aus young urban professional (people)*⟩: junger, karrierebewusster Stadtmensch

Yü|rük vgl. Jürük

Z

Za|ba|g|li|o|ne [...baˈljoːnə], **Za-ba|io|ne** [...baˈjoːnə] *die; -, -s* ⟨*it.*⟩: Weinschaumcreme, -soße

Zad|dik *der; -s, -im* ⟨*hebr.; „der Gerechte"*⟩: [als heilig verehrter] Lehrer im ↑ Chassidismus

Za|kat [z...] *die; -* ⟨*arab.*⟩: pflichtmäßiges Almosen, Armensteuer im Islam

Zä|ko|s|to|mie u. Zökostomie *die; -, ...ien* ⟨*lat.; gr.*⟩: (Med.) operative Herstellung einer künstlichen Verbindung zwischen Blinddarm u. äußerer Bauchhaut

Zä|ko|to|mie u. Zökotomie *die; -, ...ien*: (Med.) operative Öffnung des Blinddarms

Zä|kum u. Zökum *das; -s, ...ka* ⟨*lat.*⟩: (Med.) 1. Blinddarm. 2. Blindsack, blind endender Teil eines röhrenförmigen Organs

Za|mia u. **Za|mie** [...jə] *die; -, ...ien* [...jən] ⟨*gr.-lat.-nlat.*⟩: (Bot.) amerikanischer Zapfenpalmfarn

Zam|pa|no *der; -s, -s* ⟨nach der gleichnamigen Gestalt in F. Fellinis Film „La Strada" (1954)⟩: auffälliger, sich lautstark in Szene setzender Mann; Angeber; Aufschneider

Za|nel|la *der; -s, -s* ⟨*it.*⟩: Futterstoff aus Baumwolle od. Halbwolle in Atlasbindung

Zä|no|ge|ne|se u. **Zä|no|ge|ne|sis** *die; -, ...nesen* ⟨*gr.-nlat.*⟩: (Biol.) das Auftreten von Besonderheiten während der stammesgeschichtlichen Entwicklung der Tiere. **zä|no|ge|ne|tisch:** die Zänogenese betreffend

Zä|no|zo|i|kum usw. vgl. Känozoikum usw.

Za|pa|te|a|do [s...] *der; -[s], -s* ⟨*span.*⟩: spanischer Solotanz im Dreiertakt, bei dem der Rhythmus mit den Hacken gestampft wird

za|po|nie|ren ⟨*Kunstw.*⟩: mit Zaponlack überziehen

Za|pon|lack *der; -[e]s, -e*: als Metallschutz dienender farbloser Lack

zap|pen [auch: ˈzɛpn̩] ⟨*engl.*⟩: (ugs.) beim Fernsehen mit der Fernbedienung auf einen anderen Kanal umschalten. **Zap|ping** [auch: ˈzɛpɪŋ] *das; -s*: (ugs.) das Zappen

Zar *der; -en, -en* ⟨*lat.-got.-slaw.*⟩: (hist.) Herrschertitel bei Russen, Serben, Bulgaren

Za|re|witsch u. Zessarewitsch *der; -[es], -e* ⟨*russ.*⟩: (hist.) Sohn eines russischen Zaren, russischer Kronprinz. **Za|rew|na** *die; -, -s*: (hist.) Tochter eines russischen Zaren

Za|rin *die; -, -nen*: 1. weibliche Form zu ↑ Zar. 2. Ehefrau eines Zaren

Za|ris|mus *der; -* ⟨*lat.-got.-slaw.-nlat.*⟩: Zarentum, unumschränkte Herrschaft der Zaren. **za|ris|tisch:** den Zaren od. den Zarismus betreffend

Za|ri|za *die; -, -s* od. *...zen* ⟨*lat.-got.-slaw.*⟩: (hist.) Ehefrau od. Witwe eines Zaren

Zä|si|um, chem. fachspr.: Caesium, auch: Cäsium *das; -s* ⟨*lat.*⟩: chem. Element; ein Metall; Zeichen: Cs

Zä|sur *die; -, -en* ⟨*lat.*⟩: 1. (Metrik) an bestimmter Stelle auftretender Einschnitt im Vers, bei dem das Wortende u. Versfußende nicht zusammenfallen. 2. Unterbrechung des Verlaufs eines Musikstücks. 3. Einschnitt

Za|zi|ki, auch: Tsatsiki *der* u. *das; -s, -s* ⟨*türk.-ngr.*⟩: Joghurt mit

Z

Knoblauch u. geriebener Salatgurke

Zea die; - ⟨gr.-lat.⟩: (Bot.) Mais

Ze|a|xan|thin das; -s ⟨gr.-nlat.⟩: (Bot.) im Maiskorn u. anderen Früchten enthaltenes ↑ Xanthophyll

Ze|ba|oth, ökum.: Zebaot ⟨hebr.; „Heerscharen"⟩: alttestamentliche Erweiterung des Namens Gottes, z. B. der Herr Zebaoth (der Herr der Heerscharen)

Ze|b|ra das; -s, -s ⟨lat.-vulgärlat.-span.(-fr./engl.); „Wildpferd"⟩: südafrikanisches Wildpferd mit weißen und schwarzen Streifen

Ze|b|ro|id das; -[e]s, -e ⟨afrik.; gr.⟩: ↑ Bastard (1) von Zebra u. Pferd od. Zebra u. Esel

Ze|bu der od. das; -s, -s ⟨tibet.-fr.⟩: asiatisches Buckelrind

Ze|chi|ne die; -, -n ⟨it.⟩: alte venezianische Goldmünze

Ze|dent der; -en, -en ⟨lat.⟩: (Rechtsw.) Gläubiger, der seine Forderung an einen Dritten abtritt. **Ze|den|tin** die; -, -nen: weibliche Form zu ↑ Zedent

ze|die|ren: eine Forderung an einen Dritten abtreten

Ze|in das; -s ⟨gr.-lat.-nlat.⟩: Eiweiß des Maiskorns

Ze|le|b|rant der; -en, -en ⟨lat.⟩: (kath. Kirche) Priester, der die Messe liest

Ze|le|b|ra|ti|on die; -, -en: Feier [des Messopfers]

Ze|le|b|ret, auch: Celebret das; -s, -s ⟨lat.; „er möge zelebrieren"⟩: (kath. Kirche) schriftliche Erlaubnis für einen Priester, die Messe in einer fremden Kirche zu lesen

ze|le|b|rie|ren: 1. [ein Fest] feierlich begehen. 2. eine Messe lesen. 3. etwas feierlich gestalten, betont langsam u. genussvoll ausführen

Ze|le|b|ri|tät die; -, -en: 1. Berühmtheit, berühmte Person. 2. Feierlichkeit, Festlichkeit

Zel|la vgl. Cella

Zel|lit [auch: ...'lɪt] das; -s ⟨lat.-nlat.⟩: ein Kunststoff

Zell|mem|b|ran die; -, -en ⟨lat.⟩: (Biol.) ↑ Protoplast (1) einer Zelle

Zel|lo|bi|o|se die; - ⟨lat; gr.⟩: (Chem.) aus Zellulose abgebauter Doppelzucker

Zel|lo|phan, fachspr.: Cellophan ® das; -s ⟨lat.; gr.⟩: durchsichtige, leicht dehnbare u. weiche, aber konsistente Folie (als Verpackungsmaterial)

zel|lo|pha|nie|ren, auch: cellophanieren: eine Ware in Zellophan verpacken

zel|lu|lar, zel|lu|lär ⟨lat.-nlat.⟩: (Biol.) zellenähnlich, zellenartig; aus Zellen gebildet

Zel|lu|lar|the|ra|pie die; - ⟨lat.-nlat.; gr.⟩: (Med.) das Einspritzen von Frischzellen zur Regenerierung des Organismus

Zel|lu|la|se, chem. fachspr.: Cellulase die; -, -n: (Chem.) ein Zellulose spaltendes ↑ Enzym

Zel|lu|li|tis, auch: Cellulitis u. Cellulite die; -, ...itiden: (Med.) eine Veränderung des Zellgewebes

Zel|lu|lo|id, fachspr.: Celluloid [auch: ...lo'i:t] das; -[e]s [auch: ...lo'i:das] ⟨lat.; gr.-engl.-amerik.⟩: Kunststoff aus Zellulosenitrat; Zellhorn

Zel|lu|lo|se, chem. fachspr.: Cellulose die; -, -n ⟨lat.-nlat.⟩: Hauptbestandteil der pflanzlichen Zellwände, Grundstoff zur Herstellung von Papier u. ↑ Acetatseide

Zel|lu|lo|se|ni|t|rat, chem. fachspr.: Cellulosenitrat das; -[e]s: (Chem.) Schießbaumwolle, Kollodiumwolle, Nitrozellulose

zel|lo|sa|men|te u. **ze|lo|so** ⟨gr.-lat.-it.⟩: (Mus.) eifrig, feurig, hastig (Vortragsanweisung)

Ze|lot der; -en, -en ⟨gr.-lat.⟩: 1. fanatischer [Glaubens]eiferer. 2. Angehöriger einer antirömischen jüdischen Partei zur Zeit Christi. **Ze|lo|tin** die; -, -nen: weibliche Form zu ↑ Zelot

ze|lo|tisch ⟨gr.-nlat.⟩: glaubenseifrig. **Ze|lo|tis|mus** der; -: Glaubensfanatismus

¹Ze|ment der; -[e]s, -e ⟨lat.-fr.⟩: 1. aus gebranntem u. sehr fein vermahlenem Kalk, Ton o. Ä. hergestellter, bes. als Bindemittel verwendeter Baustoff, der bei Zugabe von Wasser erhärtet. 2. (Zahnmed.) zementähnlicher, pulvriger Werkstoff für Zahnfüllungen u. Unterfüllungen

²Ze|ment das; -[e]s, -e: (Med.) die Zahnwurzeln überziehendes Knochengewebe; Wurzelzement

Ze|men|ta|ti|on die; -, -en ⟨lat.-fr.-

nlat.⟩: 1. (Chem.) Abscheidung von Metallen aus Lösungen durch elektrochemische Reaktionen. 2. das Veredeln von Metalloberflächen durch chemische Veränderung (z. B. Aufkohlung von Stahl)

ze|men|tie|ren: 1. mit Zement ausfüllen, verkitten; verfestigen. 2. eine Zementation durchführen. 3. (einen Zustand, einen Standpunkt, eine Haltung u. Ä.) starr u. unverrückbar festlegen

Ze|men|tit [auch: ...'tɪt] der; -s: (Chem.) Eisenkarbid, besonders harte Verbindung von Eisen u. Kohlenstoff

Zen [z..., auch: ts...] das; -[s] ⟨sanskr.-chin.-jap.; „Meditation"⟩: (Rel.) japanische Richtung des Buddhismus, die durch Meditation die Erfahrung der Einheit allen Seins u. damit tätige Lebenskraft u. größte Selbstbeherrschung zu erreichen sucht

Ze|na|na [ze...] u. Senana die; -, -s ⟨pers.-Hindi⟩: (in Indien bei Muslimen u. Hindus) Wohnbereich der Frauen (den Fremde nicht betreten dürfen)

Zen|d|a|wes|ta das; - ⟨pers.; „Kommentar-Grundtext"⟩: (veraltet) ↑ Awesta

Ze|ner|di|o|de die; -, -n ⟨nach dem amerik. Physiker C. M. Zener⟩: (Elektrot.) ↑ Diode, die in einer Richtung bei Überschreiten einer bestimmten Spannung einen sehr starken Anstieg des Stroms zeigt

Ze|nit der; -[e]s ⟨arab.-it.⟩: 1. (Astron.) senkrecht über dem Beobachtungspunkt gelegener höchster Punkt des Himmelsgewölbes; Scheitelpunkt; Ggs. ↑ Nadir. 2. Gipfelpunkt, Höhepunkt; Zeitpunkt, an dem sich das Höchste an Erfolg, Entfaltung o. Ä. innerhalb eines Gesamtablaufs vollzieht

ze|ni|tal ⟨arab.-it.-nlat.⟩: auf den Zenit bezogen; den Zenit betreffend

Ze|no|ge|ne|se usw. vgl. Zänogenese usw.

Ze|no|taph vgl. Kenotaph

zen|sie|ren ⟨lat.⟩: 1. eine Arbeit od. Leistung mit einer Note bewerten. 2. ein Buch, einen Film o. Ä. auf verbotene od. unsittliche Inhalte hin kontrollieren

Zen|sor der; -s, ...oren: 1. altrömischer Beamter, der u. a. die Vermögensschätzung der Bürger durchführte u. eine sittenrichterliche Funktion ausübte. 2. a) behördlicher Beurteiler, Überprüfer von Druckschriften; b) Kontrolleur von Postsendungen. **zen|so|risch:** 1. den Zensor (2) betreffend. 2. (veraltet) sittenrichterlich **Zen|sur** *die;* -, -en: 1. Amt des Zensors (1). 2. von zuständiger, bes. staatlicher Stelle vorgenommene Kontrolle, Überprüfung von Briefen, Druckwerken, Filmen o. Ä. 3. a) kirchliche Prüfung religiöser Literatur nach katholischen Verfassern; b) (kath. Kirchenrecht) Verwerfung einer theologischen Lehrmeinung. 4. Note, Bewertung einer Leistung **zen|su|rie|ren** ⟨*lat.-nlat.*⟩: (österr., schweiz.) ↑ zensieren **Zen|sus** *der;* -, - [...zu:s] ⟨*lat.*⟩: 1. (hist.) die durch die Zensoren (1) vorgenommene Schätzung der Bürger nach ihrem Vermögen. 2. (Bibliotheksw.) Verzeichnis aller bekannten Exemplare von Frühdrucken. 3. Abgabe, Pachtzins (bes. im Mittelalter). 4. Volkszählung **Zent** *die;* -, -en ⟨*lat.-mlat.*⟩: (hist.) 1. (in fränkischer Zeit) mit eigener Gerichtsbarkeit ausgestatteter Siedlungsverband. 2. (im Hoch- u. Spätmittelalter) Unterbezirk einer Grafschaft **Zen|taur** u. Kentaur *der;* -en, -en ⟨*gr.-lat.*⟩: [wildes] Fabelwesen der griechischen Sage mit menschlichem Oberkörper u. Pferdeleib **Zen|te|nar** *der;* -s, -e ⟨*lat.-mlat.*⟩: 1. Hundertjähriger. 2. [gewählter] Vorsteher der Zent (1) u. Vorsitzender ihrer Gerichtsbarkeit **Zen|te|na|ri|um** *das;* -s, ...ien [...jən]: Hundertjahrfeier **zen|te|si|mal** ⟨*lat.-nlat.*⟩: hundertteilig **Zen|te|si|mal|waa|ge** *die;* -, -n ⟨*lat.-nlat.; dt.*⟩: Brückenwaage, auf der eine Last durch ein Gewicht vom hundertsten Teil der Last ins Gleichgewicht gebracht wird **Zent|ge|richt** *das;* -s, -e ⟨*lat.-mlat.; dt.*⟩: (hist.) Gericht einer fränkischen ↑ Zent (2) **Zen|ti|fo|lie** [...liə] *die;* -, -n ⟨*lat.*⟩:

eine Rosenart mit dicht gefüllten Blüten **Zen|ti|grad** [auch: ʹʦɛn...] *der;* -s, -e: der hundertste Teil eines Grads **Zen|ti|gramm** [auch: ʹʦɛn...] *das;* -s, -e ⟨*lat.; gr.*⟩ *fr.*⟩: der hundertste Teil eines Gramms; Zeichen: cg **Zen|ti|li|ter** [auch: ʹʦɛn...] *der* (schweiz. nur so), auch: *das;* -s, - ⟨*fr.*⟩: der hundertste Teil eines Liters; Zeichen: cl **Zen|ti|me|ter** [auch: ʹʦɛn...] *der* (schweiz. nur so) od. *das;* -s, -: der hundertste Teil eines Meters; Zeichen: cm **Zen|to** *der;* -s, -s u. ...to̲nen: ↑ Cento **zen|t|ral** ⟨*gr.-lat.*⟩: a) im Zentrum [liegend], vom Zentrum ausgehend, nach allen Seiten hin günstig gelegen; Ggs. ↑ dezentral; b) von einer [übergeordneten] Stelle aus [erfolgend]; c) sehr wichtig, sein bedeutend, hauptsächlich, entscheidend **Zen|t|ral|a|b|i|tur** *das;* -s, -e ⟨*gr.-lat.; lat.-nlat.*⟩: zentral (b) durchgeführtes Abitur mit gleichen Aufgaben[stellungen] und einheitlicher Bewertung **Zen|t|ra|le** *die;* -, -n ⟨*gr.-lat.*⟩: 1. zentrale Stelle, von der aus etwas organisiert od. geleitet wird; Hauptort, -stelle. 2. Fernsprechvermittlung mit mehreren Anschlüssen. 3. (Math.) Verbindungslinie zwischen den Mittelpunkten zweier Kreise (od. Kugeln) **Zen|t|ra|li|sa|ti|on** *die;* -, -en ⟨*gr.-lat.-fr.*⟩: 1. organisatorische Zusammenfassung gleichartiger Aufgaben, Arbeitsplätze u. a. nach bestimmten Merkmalen zu einem einheitlichen Komplex; Ggs. ↑ Dezentralisation (1). 2. (ohne Plural) Zustand, in dem sich etwas nach dem Zentralisieren befindet; Ggs. ↑ Dezentralisation (2); vgl. ...ation/ ...ierung. **zen|t|ra|li|sie|ren:** mehrere Dinge organisatorisch so zusammenfassen, dass sie von einer zentralen Stelle aus gemeinsam verwaltet und geleitet werden können; Ggs. ↑ dezentralisieren. **Zen|t|ra|li|sie|rung** *die;* -, -en: Zentralisation (1); vgl. ...ation/...ierung **Zen|t|ra|lis|mus** *der;* - ⟨*gr.-lat.-nlat.*⟩: das Bestreben, Politik

und Verwaltung eines Staates zusammenzuziehen u. nur eine Stelle mit der Entscheidung zu betrauen; Ggs. ↑ Föderalismus. **zen|t|ra|lis|tisch:** nach Zusammenziehung strebend; vom Mittelpunkt aus bestimmt **Zen|t|ra|li|tät** *die;* -: Mittelpunktslage von Orten **Zen|t|ral|ko|mi|tee** *das;* -s, -s: Führungsgremium, bes. einer kommunistischen od. sozialistischen Partei; Abk.: ZK **Zen|t|ral|ner|ven|sys|tem** *das;* -s, -e: von Gehirn u. Rückenmark gebildeter Teil des Nervensystems bei Mensch u. Wirbeltieren **Zen|t|ral|or|gan** *das;* -s, -e: offizielles Presseorgan einer politischen Partei od. einer anderen Organisation [in sozialistischen Ländern] **Zen|t|ral|pro|jek|ti|on** *die;* -: Verfahren zur Abbildung einer räumlichen od. ebenen Figur mithilfe von Strahlen, die von einem Punkt (dem Zentrum der Zentralprojektion) ausgehen **zen|t|rie|ren:** 1. etwas auf die Mitte einstellen, um etwas anordnen. 2. sich genau, speziell auf jmdn. od. etwas als das Zentrum des Handelns einstellen **zen|t|ri|fu|gal** ⟨*gr.-lat.; lat.-nlat.*⟩: 1. (Phys.) auf die Zentrifugalkraft bezogen; durch Zentrifugalkraft wirkend; Ggs. ↑ zentripetal (1). 2. (Med.) vom Zentrum zur Peripherie verlaufend (z. B. von den motorischen Nerven); Ggs. ↑ zentripetal (2) **Zen|t|ri|fu|gal|kraft** *die;* - ⟨*gr.-lat.; lat.-nlat.; dt.*⟩: (Phys.) bei der Bewegung eines Körpers auf einer gekrümmten Bahn od. bei der Drehung um eine Achse auftretende, nach außen gerichtete Kraft; Fliehkraft; Ggs. ↑ Zentripetalkraft **Zen|t|ri|fu|ge** *die;* -, -n ⟨*fr.*⟩: Schleudergerät zur Trennung von Substanzen mithilfe der Zentrifugalkraft **zen|t|ri|fu|gie|ren:** etwas mithilfe einer Zentrifuge trennen, auseinanderschleudern, zerlegen **Zen|t|ri|ol** *das;* -s, -s ⟨*lat.*⟩: (Biol.) meist doppelt in einer Zelle vorkommendes Zellorgan, das bei der Kernteilung den Pol der

Z

neu entstehenden Zelle bildet; Zentralkörperchen

zen|tri|ri|pe|tal ⟨*gr.-lat.; lat.-nlat.*⟩: 1. (Phys.) zum Mittelpunkt, zum Drehzentrum hinstrebend; auf die Zentripetalkraft bezogen; Ggs. ↑ zentrifugal (1). 2. (Med.) von der Peripherie zum Zentrum ziehend, zum Mittelpunkt hin gerichtet (z. B. von den sensiblen Nerven); Ggs. ↑ zentrifugal (2)

Zen|ti|ri|pe|tal|kraft *die;* - ⟨*gr.-lat.; lat.-nlat.; dt.*⟩: (Phys.) bei der Bewegung eines Körpers auf einer gekrümmten Bahn od. bei der Drehung um eine Achse auftretende, nach dem Mittelpunkt hin wirkende Kraft; Ggs. ↑ Zentrifugalkraft

zen|ti|risch ⟨*gr.-lat.-nlat.*⟩: mittig, in der Mitte, im Mittelpunkt befindlich

Zen|ti|ris|mus *der;* -: vermittelnde linkssozialistische Richtung innerhalb der Arbeiterbewegung

Zen|ti|ri|win|kel *der;* -s, - ⟨*gr.-lat.; dt.*⟩: (Math.) Winkel zwischen zwei Kreisradien; Mittelpunktswinkel

Zen|ti|ro|mer *das;* -s, -e ⟨*gr.-lat.; gr.*⟩: (Biol.) Ansatzstelle der sich bei der Kernteilung ausbildenden Spindelfasern am ↑ Chromosom

Zen|ti|ro|som *das;* -s, -en: ↑ Zentriol

Zen|ti| rum *das;* -s, ...ren ⟨*gr.-lat.*⟩: 1. Mittelpunkt; innerster Bezirk, Brennpunkt. 2. Innenstadt. 3. (ohne Plural) politische katholische Partei des Bismarckreiches u. der Weimarer Republik. 4. Mittelfeld des Schachbretts. 5. ↑ Center

Zen|tu|rie, auch: Centurie […]ə] *die;* -, -n ⟨*lat.*⟩: Heeresabteilung von 100 Mann im Rom der Antike. **Zen|tu|rio,** auch: Centurio *der;* -s, ...onen: Befehlshaber einer Zenturie

Zen|tu|ri|um, auch: Centurium *das;* -s ⟨*lat.-nlat.*⟩: (veraltet) Fermium; Zeichen: Ct

Ze|o|lith [auch: ...'lɪt] *der;* -s u. -en, -e[n] ⟨*gr.-nlat.*⟩: feldspatähnliches Mineral, das u. a. für die Enthärtung von Wasser verwendet wird

Ze|phir, auch: Zephyr *der;* -s, -e (auch: ...ire) ⟨*gr.-lat.*⟩: 1. feiner einfarbiger od. gestreifter Baumwollstoff in Leinwandbindung. 2. (ohne Plural; dichter. veraltet) milder [Süd]westwind

ze|phi|risch, auch: zephyrisch ⟨*gr.-lat.*⟩: (dichter. veraltet) säuselnd, lieblich, sanft (bes. von der Luft)

Ze|phyr vgl. Zephir

ze|phy|risch vgl. zephirisch

Zep|ter, österr. auch: Szepter *das* (auch: *der*); -s, - ⟨*gr.-lat.*⟩: 1. mit besonderen Verzierungen ausgeschmückter Stab als Zeichen der Würde u. Macht eines Herrschers. 2. höchste Gewalt, Herrschaft, Macht

Zer vgl. Cer

Ze|rat *das;* -[e]s, -e ⟨*lat.-nlat.*⟩: als Salbengrundlage dienendes, wasserfreies Gemisch aus Wachs u. Fett

Zer|be|rus, auch: Cerberus *der;* -, -se ⟨*gr.-lat.;* nach dem Hund Kerberos der griech. Mythologie, der den Eingang der Unterwelt bewacht⟩: (scherzh.) grimmiger Wächter

Ze|re|a|lie […jə] *die;* -, -n ⟨*lat.*⟩: 1. (meist Plural) Getreide, Feldfrucht. 2. (nur Plural) [Gericht aus] Getreideflocken; vgl. Cerealien

ze|re|bel|lar ⟨*lat.-nlat.*⟩: (Med.) das Kleinhirn betreffend, zu ihm gehörend

Ze|re|bel|lum, med. fachspr.: Cerebellum *das;* -s, ...bella ⟨*lat.*⟩: (Med.) Kleinhirn

Ze|re|b| ra: *Plural* von ↑ Zerebrum

ze|re|b| ral: 1. (Med.) das Großhirn betreffend, von ihm ausgehend. 2. (Sprachw.) ↑ retroflex. 3. intellektuell, geistig. **Ze|re|b|ral** *der;* -s, -e: (Sprachw.) mit der Zungenspitze am Gaumendach gebildeter Laut (z. B. altindisch d, t)

Ze|re|b|ra|li|sa|ti|on *die;* -: 1. (Med.) Ausbildung u. Differenzierung des Gehirns in der Embryonal- u. Fetalperiode. 2. (Anthropol.) Herausbildung des Groß- u. Kleinhirns im Verlauf der Entwicklungsgeschichte des Menschen

Ze|re|b|ra|l|skle|ro|se *die;* -, -n: (Med.) Verhärtung der Gehirnsubstanz (fälschlich oft im Sinne von Hirnarteriosklerose gebraucht)

ze|re|b| ro|spi|nal: (Med.) Gehirn u. Rückenmark betreffend, zu ihnen gehörend

Ze|re|b| rum, med. fachspr.: Cere-

brum *das;* -s, ...bra: (Med.) [Groß]hirn, Gehirn

Ze|re|mo|ni| a|le, auch: Caeremoniale [tsɛ...] *das;* -, ...lien […]ən] u. ...lia ⟨*lat.*⟩: amtliches Buch der katholischen Kirche mit Anweisungen für das Zeremoniell feierlicher Gottesdienste

Ze|re|mo|ni|ar *der;* -s, -e ⟨*lat.-nlat.*⟩: katholischer Geistlicher, der die Liturgie vorbereitet u. leitet

Ze|re|mo|nie [auch, österr. nur: ...'mo:njə] *die;* -, ...ien [auch: ...'mo:njən] ⟨*lat.-mlat.(-fr.)*⟩: 1. [traditionsgemäß begangene] feierliche Handlung; Förmlichkeit. 2. (nur Plural; Rel.) die zum ↑ Ritus gehörenden äußeren Zeichen u. Handlungen

ze|re|mo|ni|ell ⟨*lat.-fr.*⟩: a) feierlich, förmlich, gemessen; b) steif, umständlich. **Ze|re|mo|ni|ell** *das;* -s, -e: Gesamtheit der Regeln u. Verhaltensweisen, die zu bestimmten [feierlichen] Handlungen gehören

Ze|re|mo|ni|en|meis| ter *der;* -s, - ⟨*lat.-mlat.(-fr.); dt.*⟩: für das Hofzeremoniell verantwortlicher Beamter an einem Fürstenhof

ze|re|mo|ni|ös ⟨*lat.-fr.*⟩: steif, förmlich, gemessen, feierlich

Ze|re|sin, fachspr.: Ceresin *das;* -s ⟨*lat.-nlat.*⟩: (Chem.) gebleichtes Erdwachs aus hochmolekularen Kohlenwasserstoffen

Ze|re|vis *das;* -, - ⟨*kelt.-lat.*⟩: 1. (Studentenspr. veraltet) Bier. 2. gold- od. silberbesticktes Käppchen der Verbindungsstudenten

Ze|rin *das;* -s ⟨*lat.-nlat.*⟩: (Chem.) eine Fettsäure (Bestandteil des Bienenwachses)

Ze|rit, Cerit [auch: ...'rɪt] *der;* -s, -e ⟨*lat.-nlat.;* nach dem chem. Element ↑ Cer⟩: ein Mineral

Zer|ka|rie […jə] *die;* -, -n ⟨*gr.-nlat.*⟩: (Zool.) gabelschwänzige Larve des Leberegels

zer|nie|ren ⟨*lat.-fr.*⟩: (veraltend) durch Truppen umzingeln

Ze|ro ['ze:ro] *die;* -, -s od. *das;* -s, -s ⟨*arab.-mlat.-it.-fr.*⟩: 1. Null, Nichts. 2. das Gewinnfeld des Bankhalters im Roulett. 3. (Sprachw.) a) sprachliche Einheit, die keinen kommunikativen Beitrag leistet; b) sprachliche Einheit, die nicht formal, sondern nur inhaltlich vorhanden ist (z. B. „du" im Imperativ „geh!")

Ze|ro|graph, auch: ...graf *der;* -en, -en ⟨*gr.*⟩: jmd., der Wachsgravierungen anfertigt. **Ze|ro|gra|phie**, auch: ...grafie *die;* -, ...ien: Wachsgravierung. **Ze|ro|graphin**, auch: ...grafin *die;* -, -nen: weibliche Form zu ↑ Zerograph **Ze|ro|plas|tik** u. Keroplastik *die;* -, -en: 1. (ohne Plural) Wachsbildnerei. 2. Wachsbild

Ze|ro|tin|säu|re *die;* - ⟨*gr.-nlat.; dt.*⟩: ↑ Zerin

Ze|ro|to|le|rance [ziərəʊ'tɔlərəns] *die;* - ⟨*engl.*⟩: striktes Eingreifen der Ordnungskräfte (z. B. der Polizei) auch bei geringfügigen Vergehen (bes. in nordamerikanischen Großstädten)

Zer|ti|fi|kat *das;* -[e]s, -e ⟨*lat.-mlat.*⟩: 1. [amtliche] Bescheinigung, Beglaubigung, Schein, Zeugnis. 2. a) Anteilschein bei Investmentgesellschaften; vgl. Investment; b) Urkunde für hinterlegte Wertpapiere **Zer|ti|fi|ka|ti|on** *die;* -, -en: ↑ Zertifizierung; vgl. ...ation/...ierung. **zer|ti|fi|zie|ren**: [amtlich] bescheinigen, beglaubigen; mit einem Zertifikat versehen. **Zer|tifi|zie|rung** *die;* -, -en: das Beglaubigen, Bescheinigen; vgl. ...ation/...ierung

Ze|ru|men, med. fachspr. auch: Cerumen *das;* -s ⟨*lat.-nlat.*⟩: (Med.) Ohrenschmalz

Ze|rus|sit [auch: ...'sɪt] *der;* -s, -e ⟨*lat.-nlat.*⟩: ein sprödes, meist durchsichtiges Mineral (Bleierz)

Zer|ve|lat|wurst [z..., auch: ts...], auch: Servelatwurst *die;* -, ...würste ⟨*lat.-it.; dt.*⟩: Dauerwurst aus Schweinefleisch, Rindfleisch u. Speck (Schlackwurst); vgl. Servela

zer|vi|kal ⟨*lat.*⟩: (Med.) 1. den Nacken, den Hals betreffend, zu ihm gehörend. 2. den Gebärmutterhals betreffend, zu ihm gehörend; vgl. Zervix

Zer|vix, med. fachspr.: Cervix *die;* -, ...ices ⟨*lat.*⟩: a) Hals, Nacken; b) halsförmiger Abschnitt eines Organs (z. B. der Gebärmutter)

Zes|sa|li|en vgl. Zissalien

Zes|sa|re|witsch vgl. Zarewitsch

zes|si|bel ⟨*lat.-nlat.*⟩: (Rechtsw.) abtretbar, übertragbar (z. B. von Ansprüchen, Forderungen). **Zes|si|bi|li|tät** *die;* -: (Rechtsw.)

Abtretbarkeit (z. B. von Ansprüchen, Forderungen) **Zes|si|on** *die;* -, -en: (Rechtsw.) Übertragung eines Anspruchs von dem bisherigen Gläubiger auf einen Dritten **Zes|si|o|nar** *der;* -s, -e ⟨*lat.-mlat.*⟩: (Rechtsw.) jmd., an den eine Forderung abgetreten wird; neuer Gläubiger. **Zes|si|o|na|rin** *die;* -, -nen: weibliche Form zu ↑ Zessionar

Zes|to|de *die;* -, -n ⟨*gr.-nlat.*⟩: (Zool.) Bandwurm

Ze|ta *das;* -[s], -s ⟨*gr.*⟩: sechster Buchstabe des griechischen Alphabets: Z, ζ

Ze|ta|zis|mus *der;* -, ...men ⟨*gr.- nlat.*⟩: 1. (Sprachw.) die Entwicklung von k vor einem hellen Vokal zu z. 2. (Med., Sprachw.) fehlerhaftes Aussprechen des z-Lautes

Ze|tin *das;* -s ⟨*gr.-lat.-nlat.*⟩: Hauptbestandteil des ↑ Cetaceums

Zeug|ma *das;* -s, -s u. -ta ⟨*gr.-lat.;* „Verbindung, Joch"⟩: (Sprachw.) ungewohnte Zuordnung eines Satzgliedes (meist des Prädikats) zu mehreren (meist zwei) verschiedenartigen Satzteilen (z. B. er schlug die Stühl' und Vögel tot [Struwwelpeter])

Ze|zi|die [...jə], auch: Cecidie *die;* -, -n ⟨*gr.-nlat.*⟩: (Biol.) Wucherung an Pflanzen; Pflanzengalle

Zi|be|be *die;* -, -n ⟨*arab.-it.*⟩: (landsch.) große Rosine

Zi|bet *der;* -s ⟨*arab.-mlat.-it.*⟩: als Duftstoff verwendete Drüsenabsonderung der Zibetkatze

Zi|bet|kat|ze *die;* -, -n ⟨*arab.- mlat.-it.; dt.*⟩: asiatische Schleichkatze

Zi|bel|ton *das;* -s ⟨*arab.-mlat.-it.; gr.-nlat.*⟩: Riechstoff des Zibets

Zi|bo|ri|um *das;* -s, ...ien [...jən] ⟨*gr.-lat.*⟩: 1. (Archit.) von Säulen getragener Überbau über einem Altar, Grabmal u. Ä.; vgl. Baldachin (2), Tabernakel (1 b). 2. mit einem Deckel zu verschließendes, kelchförmiges Behältnis, in dem die geweihte Hostie auf dem Altar aufbewahrt wird; vgl. Pyxis

Zi|cho|rie [tsɪ'çoːrjə] *die;* -, -n ⟨*gr.- mlat.-it.*⟩: 1. Wegwarte (ein Korbblütler). 2. Kaffeezusatz, Kaffeeersatz. 3. Stammform verschiedener Salat- u. Gemüsepflanzen

Zi|der vgl. Cidre

Zi|ga|ret|te *die;* -, -n ⟨*span.-fr.*⟩: zum Rauchen dienende dünne Papierhülse, die mit fein geschnittenem Tabak gefüllt ist **Zi|ga|ril|lo** [auch: ...'rɪljo] *das* (auch: *der*); -s, -s (ugs. auch: *die;* -, -s) ⟨*span.*⟩: kleine, dünne Zigarre **Zi|gar|re** *die;* -, -n ⟨*span.-fr.*⟩: 1. zum Rauchen dienende dickere Rolle aus grob geschnittenen Tabakblättern, die mit einem Deckblatt umhüllt ist. 2. (ugs.) Vorwurf, Ermahnung, Vorhaltung, Verweis

Zi|ka|de *die;* -, -n ⟨*lat.*⟩: kleines, grillenähnliches Insekt (Zirpe)

zi|li|ar ⟨*lat.-nlat.*⟩: (Med.) an den Wimpern befindlich, sie betreffend

Zi|li|ar|kör|per *der;* -s, -: (Med.) vorderster, verdickter Teil der Gefäßhaut des Auges (Strahlenkörper)

Zi|li|ar|neu|ral|gie *die;* -, -n: (Med.) Schmerzen in Augapfel u. Augenhöhle

Zi|li|e *die;* -, -n (meist Plural): Wimpertierchen (Einzeller)

Zi|lie [...jə] *die;* -, -n ⟨*lat.*⟩: (Med.) feines Haar (z. B. Augenwimper)

Zi|mar|ra vgl. Simarre

Zim|bal *das;* -s, -s u. -e ⟨*gr.*⟩: bes. in der osteuropäischen Volksmusik mit Hämmerchen geschlagenes Hackbrett

Zim|bel *die;* -, -n: 1. antikes Schlaginstrument; kleines Becken. 2. mittelalterliches Glockenspiel. 3. Orgelregister von heller Klangfarbe

Zi|me|lie [...jə] *die;* -, -n u. **Zi|me|lium** *das;* -s, ...ien [...jən] ⟨*gr.- lat.*⟩: 1. wertvoller Besitz antiker od. mittelalterlicher Herkunft in einer Bibliothek (Papyrus, Handschrift, Buch u. a.). 2. Wertgegenstand in kirchlichen Schatzkammern]

Zi|ment *das;* -[e]s, -e ⟨*lat.-fr.*⟩: (bayr., österr.) (von Gastwirten benutztes) metallenes zylindrisches Maßgefäß

Zi|mier *das;* -s, -e ⟨*gr.-lat.-vulgär-lat.-fr.*⟩: [Ritter]helmschmuck

Zi|mo|lit [auch: ...'lɪt] *der;* -s ⟨*gr.- lat.-nlat.;* nach der griech. Insel Kimolos⟩: hellgrauer Ton

Zin|cke|nit [auch: ...'nɪt] *der;* -s ⟨*nlat.;* nach dem dt. Mineralogen J. K. L. Zincken, 1790–1862⟩: ein Mineral

Z

Zin|cum *das; -s* ⟨*germ.-lat.*⟩: latinisierte Nebenform des chem. Elementes Zink; ein Metall; Zeichen: Zn

Zin|del *das; -s* ⟨*gr.-lat.-mlat.*⟩: 1. im Mittelalter verwendetes kostbares, schleierartiges Seidengewebe. 2. ein Futterstoff

Zin|der *der; -s, -* (meist Plural) ⟨*engl.*⟩: ausgeglühte Steinkohle

Zi|ne|l|le vgl. Tschinelle

Zi|ne|ra|ria u. **Zi|ne|ra|rie** [...jə] *die; -, ...ien* [...jən] ⟨*lat.*⟩: Zimmerpflanze mit aschfarbenen Blättern (Aschenblume)

Zin|fan|del *der; -, -* ⟨Herkunft unsicher⟩: a) (ohne Plural) hauptsächlich in Kalifornien angebaute, dunkelbeerige Traubensorte; b) [Rot]wein aus der Zinfandeltraube

Zin|ga|res|ca *die; -, -s* ⟨*it.*⟩: (Mus.) Zigeunertanzlied. **zin|ga|re|se:** nach Art der Zigeunermusik

Zin|gu|lum *das; -s, -s u. ...la* ⟨*lat.*⟩: 1. Gürtel[schnur] der ↑ Albe u. katholischen Ordenstrachten. 2. Gürtelbinde der ↑ Sutane

Zin|ko|gra|phie, auch: ...grafie *die; -, ...ien* ⟨*lat.; gr.*⟩: Zinkätzung; Zinkdruck

Zink|o|xid, auch: **Zink|o|xyd** *das; -s*: eine Zink-Sauerstoff-Verbindung; Zinkweiß (Malerfarbe)

Zink|sul|fat *das; -s*: (Chem.) schwefelsaures Zink, technisch wichtigstes Zinksalz

Zin|na|mom *das; -s* ⟨*semit.-gr.-lat.*⟩: Zimtbaum, Zimt

Zin|nie [...jə] *die; -, -n* ⟨*nlat.;* nach dem dt. Arzt u. Botaniker J. G. Zinn, 1727–1759⟩: Korbblütler mit leuchtenden Blüten (eine Gartenzierpflanze)

Zin|no|ber *der; -s, -* ⟨*pers.-gr.-lat.-provenzal.-fr.*⟩: 1. ein Mineral (wichtiges Quecksilbererz). 2. (österr.: *das*; ohne Plural) leuchtend gelblich rote Farbe. 3. (ohne Plural) ugs. aufwendiger Unsinn, Blödsinn; Kram

Zi|o|nis|mus *der; -* ⟨*nlat.;* nach dem Tempelberg Zion in Jerusalem⟩: a) (Ende des 19. Jh.s entstandene) jüdische Bewegung mit dem Ziel, einen nationalen Staat für Juden in Palästina zu schaffen; b) politische Strömung im heutigen Israel u. innerhalb des Judentums in aller Welt, die eine Stärkung des Staates Israel befürwortet u. zu erreichen sucht. **Zi|o|nist** *der;*

-*en, -en:* Anhänger des Zionismus. **Zi|o|nis|tin** *die; -, -nen:* weibliche Form zu ↑ Zionist. **zi|o|nis|tisch:** der Bewegung des Zionismus angehörend, sie betreffend

Zi|pol|le *die; -, -n* ⟨*lat.-mlat.-roman.*⟩: (Bot.) Zwiebel

Zipp ® *der; -s, -s* ⟨*engl.*⟩: (österr.) Reißverschluss. **Zip|per** *der; -s, -:* Reißverschluss

Zip|pus *der; -, Zippen u. Zippi** ⟨*lat.*⟩: antiker Gedenk- und Grenzstein

Zir|co|ni|um vgl. Zirkonium

zir|ka, auch: circa ⟨*lat.*⟩: ungefähr, etwa; Abk.: ca.

Zir|kel *der; -s, -* ⟨*gr.-lat.*⟩: 1. (Math.) geometrisches Gerät zum Kreiszeichnen und Streckenabmessen. 2. eng miteinander verbundene Gruppe von Personen. 3. Kreis, Ring. 4. verschlungene Buchstaben als Zeichen der Zugehörigkeit zu einer studentischen Verbindung; vgl. Cercle (1 b). 5. (Reiten) Figur beim Dressurreiten, bei der das Pferd im Kreis geht. 6. ↑ Circulus vitiosus (1). 7. (Mus.) kurz für ↑ Quintenzirkel

Zir|kel|de|fi|ni|ti|on *die; -, -en* ⟨*gr.-lat.; lat.*⟩: Definition, die den Begriff, der definiert werden soll, in der Erklärung verwendet

zir|keln: 1. a) genau einteilen, abmessen; b) (ugs.) genau bemessend an eine bestimmte Stelle bringen. 2. einen Kreis ziehen; zirkeln

Zir|kon *der; -s, -e* ⟨*nlat.;* Herkunft unsicher⟩: Zirkonium enthaltendes, meist braunes, durch Brennen blau werdendes Mineral, das als Schmuckstein verwendet wird. **Zir|ko|ni|um,** chem. fachspr.: Zirconium *das; -s*: chem. Element; ein Metall; Zeichen: Zr

zir|ku|lar u. **zir|ku|lär** ⟨*gr.-lat.*⟩: 1. kreisförmig. 2. (Med.) periodisch wiederkehrend (z. B. von bestimmten Formen des Irreseins). **Zir|ku|lar** *das; -s, -e:* Rundschreiben

Zir|ku|lar|no|te *die; -, -n:* mehreren Staaten gleichzeitig zugestellte Mitteilung gleichen Inhalts

Zir|ku|la|ti|on *die; -, -en:* Kreislauf, Umlauf (z. B. des Blutes, der Luft). **zir|ku|lie|ren:** in Umlauf sein, umlaufen, kreisen

Zir|kum|fe|renz *die; -, -en* ⟨*lat.*⟩: Umkreis, Umfang, Ausdehnung, Ausmaß

zir|kum|flek|tie|ren: einen Buchstaben mit einem Zirkumflex versehen. **Zir|kum|flex** *der; -es, -e:* Dehnungszeichen (ˆ; z. B. ô); vgl. Accent circonflexe

zir|kum|flex *der; -es, -e:* Dehnungszeichen (ˆ; z. B. ô); vgl. Accent circonflexe

zir|kum|skript ⟨*lat.*⟩: umschrieben, scharf abgegrenzt (z. B. von Hauterkrankungen). **Zir|kum|s|k|rip|ti|on** *die; -, -en:* Abgrenzung kirchlicher Gebiete

zir|kum|ter|res|t|risch: (Astron.) im Umkreis der Erde; den Weltraum in Erdnähe betreffend

Zir|kum|ven|ti|on *die; -, -en:* (veraltet) Umgehung; Überlistung; Hintergehung

Zir|kum|zi|si|on *die; -, -en:* (Med.) 1. Entfernung der zu langen od. zu engen Vorhaut des männlichen Gliedes. 2. Umschneidung eines Geschwürs

Zir|kus, auch: Circus *der; -, -se* ⟨*gr.-lat.(-fr. u. engl.);* „Kreis“⟩: 1. Kampfspielbahn im Rom der Antike. 2. a) [nicht ortsfestes] Unternehmen, das in einem großen Zelt od. in einem Gebäude mit einer ↑ Manege ein vielseitiges artistisches Programm vorführt; b) Zelt, Gebäude, in dem Zirkusvorstellungen stattfinden. 3. a) etwas Vielfältiges, Abwechslungsreiches, Buntes; b) (ohne Plural) ugs. unnötiger Trubel, Aufwand; Wirbel, Getue

Zir|ren: Plural von ↑ Zirrus

Zir|rho|se *die; -, -n* ⟨*gr.-nlat.*⟩: (Med.) Gewebsveränderung eines Organs (z. B. Leber, Lunge) mit fortschreitender Organverhärtung und -schrumpfung. **zir|rho|tisch:** (Med.) durch Zirrhose bedingt, sie betreffend

Zir|ro|ku|mu|lus *der; -, ...li* ⟨*lat.-nlat.*⟩: (Meteor.) fein gegliederte, federige Wolke in höheren Luftschichten; Schäfchenwolke

Zir|ro|stra|tus *der; -, ...ti:* (Meteor.) überwiegend aus Eiskristallen bestehende Schleierwolke in höheren Luftschichten

Zir|rus *der; -, - u. Zirren* ⟨*lat.;* „Haarlocke; Federbüschel; Franse“⟩: 1. (Meteor.) aus feinsten Eisteilchen bestehende Federwolke in höheren Luftschichten. 2. (Zool.) a) Begattungsorgan der Plattwürmer;

b) rankenartiger Körperanhang vieler Wassertiere

zir|zen|sisch ⟨*gr.-lat.*⟩: den Zirkus betreffend, in ihm abgehalten

zis|al|pin, zis|al|pi|nisch ⟨*lat.*⟩: diesseits der Alpen (von Rom aus gesehen); südlich der Alpen

Zi|se|leur [...'løːɐ̯] *der;* -s, -e ⟨*lat.-vulgärlat.-fr.*⟩: jmd., der Ziselierarbeiten ausführt (Metallstecher). **Zi|se|leu|rin** [...'løːrɪn] *die;* -, -nen: weibliche Form zu ↑ Ziseleur

zi|se|lie|ren: Metall mit Grabstichel, Meißel, Feile u. a. bearbeiten; Figuren u. Ornamente aus Gold od. Silber herausarbeiten

Zis|la|weng ⟨Herkunft unsicher⟩: in der Fügung **mit [einem] Zislaweng:** (ugs.) mit Schwung; mit einem besonderen Kniff

zis|pa|da|nisch ⟨*lat.;* zu lat. *Padus* „Po"⟩: [von Rom aus] diesseits des Pos liegend

Zis|sa|li|en u. Zessalien *die* (Plural) ⟨*lat.-galloroman.-fr.*⟩: missglückte Münzplatten od. Münzen, die wieder eingeschmolzen werden

Zis|so|i|de *die;* -, -n ⟨*gr.-nlat.*⟩: (Math.) ebene Kurve dritter Ordnung (Efeublattkurve)

Zis|ta u. **Zis|te** *die;* -, ...ten ⟨*gr.-lat.*⟩: 1. frühgeschichtlicher zylinderförmiger Bronzeeimer mit reich verzierter Außenwand. 2. altgriechischer zylinderförmiger Korb, in dem u. a. bei Mysterienfeiern die heiligen Symbole aufbewahrt wurden. 3. frühgeschichtliche etruskische Urne in Zylinderform

Zis|ter|ne *die;* -, -n: unterirdischer, meist ausgemauerter Hohlraum zum Auffangen von Regenwasser [in wasserarmen Gebieten]

Zis|ter|zi|en|ser *der;* -s, - ⟨nach dem franz. Kloster Cîteaux, *mlat.* Cistercium⟩: Angehöriger eines benediktinischen Reformordens (gegründet 1098); Abk.: O. Cist. **Zis|ter|zi|en|se|rin** *die;* -, -nen: Angehörige des weiblichen Zweiges der Zisterzienser

Zi|ta|del|le *die;* -, -n ⟨*lat.-it.-fr.*⟩: 1. Festung innerhalb od. am Rande einer Stadt. 2. letzter Widerstandskern in einer Festung

Zi|tat *das;* -[e]s, -e ⟨*lat.*⟩: 1. wörtlich angeführte Belegstelle.

2. bekannter Ausspruch, geflügeltes Wort

Zi|ta|ti|on *die;* -, -en: 1. (veraltet) [Vor]ladung vor Gericht. 2. ↑ Zitat (1)

Zi|ther *die;* -, -n ⟨*gr.-lat.*⟩: ein Zupfinstrument

zi|tie|ren ⟨*lat.*⟩: 1. eine Stelle aus einem geschriebenen od. gesprochenen Text [wörtlich] anführen. 2. jmdn. vorladen, jmdn. zu sich kommen lassen, um ihn für etwas zur Rechenschaft zu ziehen

Zi|t|ral, chem. fachspr.: Citral *das;* -s, -e ⟨zu ↑ Zitrone u. ↑ Aldehyd⟩: ungesättigter ↑ Aldehyd; Bestandteil zahlreicher ätherischer Öle

Zi|t|rat, chem. fachspr.: Citrat *das;* -[e]s, -e ⟨*lat.-nlat.*⟩: (Chem.) Salz der Zitronensäure

Zi|t|rin *der;* -s, -e: hellgelbes Mineral, das als Schmuckstein verwendet wird

Zi|t|ro|nat *das;* -[e]s, -e ⟨*lat.-it.-fr.*⟩: kandierte Fruchtschale einer Zitronenart

Zi|t|ro|ne *die;* -, -n ⟨*lat.-it.*⟩: a) Strauch od. Baum wärmerer Gebiete mit gelben, sauren, vitaminreichen Früchten; b) Frucht des Zitronenbaumes

Zi|t|rus|frucht *die;* -, ...früchte ⟨*lat.; dt.*⟩: Frucht einer Zitruspflanze mit meist dicker Schale u. saftigem, vitaminhaltigem Fruchtfleisch (z. B. Apfelsine, Grapefruit, Zitrone)

Zitz *der;* -es, -e ⟨*Bengali-niederl.*⟩: ↑ Kattun

Zi|vi *der;* -s, -s ⟨Kurzw.⟩: (Jargon) 1. jmd., der Zivildienst leistet. 2. Polizeibeamter im Zivil

zi|vil ⟨*lat.(-fr.)*⟩: 1. bürgerlich; Ggs. ↑ militärisch (1). 2. anständig, annehmbar. **Zi|vil** *das;* -s ⟨*lat.-fr.*⟩: bürgerliche Kleidung; Ggs. ↑ Uniform

Zi|vil|cou|ra|ge [...kuraːʒə] *die;* -: mutiges Verhalten, mit dem jmd. seinen Unmut über etwas ohne Rücksicht auf mögliche eigene Nachteile zum Ausdruck bringt

Zi|vil|dienst *der;* -[e]s ⟨*lat.-fr.; dt.*⟩: Dienst, der ein Kriegsdienstverweigerer anstelle der Wehrdienstes leistet

Zi|vil|e|he *die;* -, -n: standesamtlich geschlossene Ehe

Zi|vi|li|sa|ti|on *die;* -, -en ⟨*lat.-fr.* u. *engl.*⟩: 1. Gesamtheit der durch den Fortschritt der Wissenschaft u. Technik geschaffenen [verbesserten] materiellen u. sozialen Lebensbedingungen. 2. (ohne Plural) Bildung, Gesittung

Zi|vi|li|sa|ti|ons|kri|tik *die;* - ⟨*lat.-fr.* u. *engl.; gr.-lat.-fr.*⟩: Kritik an den Folgeerscheinungen der Zivilisation (1)

zi|vi|li|sa|to|risch ⟨*lat.-fr.-nlat.*⟩: auf die Zivilisation gerichtet, sie betreffend

zi|vi|li|sie|ren ⟨*lat.-fr.*⟩: der Zivilisation zuführen; verfeinern, veredeln. **zi|vi|li|siert:** 1. Zivilisation (1) aufweisend. 2. Kultur u. Bildung habend od. zeigend

Zi|vi|list *der;* -en, -en ⟨*lat.-nlat.*⟩: Bürger (im Gegensatz zum Soldaten). **Zi|vi|lis|tin** *die;* -, -nen: weibliche Form zu ↑ Zivilist

Zi|vi|li|tät *die;* - ⟨*lat.-fr.*⟩: Anstand, Höflichkeit

Zi|vil|kam|mer *die;* -, -n ⟨*lat.-fr.; dt.*⟩: für privatrechtliche Streitigkeiten zuständiges Richterkollegium bei den Landgerichten

Zi|vil|pro|zess *der;* -es, -e ⟨*lat.-fr.; lat.*⟩: Gerichtsverfahren, dem die Bestimmungen des Privatrechts zugrunde liegen

Zi|vil|se|nat *der;* -[e]s, -e: für privatrechtliche Streitigkeiten zuständiger ↑ Senat (5)

Zi|vil|stand *der;* -[e]s ⟨*lat.-fr.; dt.*⟩: (schweiz.) Familien-, Personenstand

Zi|vil|stands|amt *das;* -[e]s, ...ämter: (schweiz.) Standesamt

Zi|zit *die* (Plural) ⟨*hebr.*⟩: die vier an den Enden eines jüdischen Gebetsmantels angebrachten Troddeln

Zlo|ty ['zlɔti, 'slɔti] *der;* -s, -s (aber: 5 -) ⟨*poln.*⟩: Währungseinheit in Polen (= 100 Groszy)

zo|di|a|kal ⟨*gr.-lat.-nlat.*⟩: (Astron.) auf den Tierkreis bezogen, den Tierkreis betreffend

Zo|di|a|kal|licht *das;* -[e]s, -er ⟨*gr.-lat.-nlat.; dt.*⟩: (Astron.) schwacher Lichtschein in Richtung des Tierkreises, der im Frühjahr am Abendhimmel, im Herbst am Morgenhimmel zu beobachten ist (Tierkreislicht)

Zo|di|a|kus *der;* - ⟨*gr.-lat.*⟩: (Astron.) Tierkreis

Zoff *der;* -s ⟨*hebr.-jidd.*⟩: (ugs.) Streit, Zank. **zof|fen:** (ugs.) sich streiten, zanken

Z

Zö|ko|s| to|mie vgl. Zäkostomie

Zö|ko|to|mie vgl. Zäkotomie

Zö|kum vgl. Zäkum

Zöl|l|en|te|rat *der; -en, -en* (meist Plural) ⟨*gr.-nlat.*⟩: (Zool.) Hohltier (z. B. Qualle, Polyp)

Zöl|les| tin *der; -s, -e* ⟨*lat.-nlat.*⟩: ein Mineral

zöl|les| tisch: (veraltet) himmlisch

Zö|li| a|kie *die; -, ...ien* ⟨*gr.-nlat.*⟩: (Med.) chronische Verdauungsstörung im späten Säuglingsalter

Zö|li|bat *das* (auch: *der*); -[e]s ⟨*lat.*⟩: pflichtgemäße Ehelosigkeit aus religiösen Gründen, bes. bei katholischen Geistlichen

zö|li|ba|tär ⟨*lat.-nlat.*⟩: im Zölibat lebend. **Zö|li|ba|tär** *der; -s, -e:* jmd., der im Zölibat lebt

Zöl|om *das; -s, -e* ⟨*gr.*⟩: (Med.) Leibeshöhle, Hohlraum zwischen Darm- u. Körperwand

Zöl|lo|s| tat *der; -[e]s u. -en, -en* ⟨*lat.; gr.*⟩: (Astron.) System aus zwei Spiegeln, das das Licht eines Himmelskörpers immer in die gleiche Richtung lenkt

Zom|bie *der; -[s], -s* ⟨*afrik.-kreol.-engl.-amerik.*⟩: im Wodu u. als Motiv des Horrorfilms ein eigentlich Toter, der ein willenloses Werkzeug dessen ist, der ihn zum Leben erweckt hat

Zö|me|te|ri|um *das; -s, ...ien* ⟨*gr.-lat.*⟩: 1. frühchristliche Grabstätte, Friedhof. 2. Katakombe

Zö|na|kel *das; -s, -* ⟨*lat.*⟩: ↑ Refektorium

zo|nal u. **zo|nar** ⟨*gr.-lat.*⟩: zu einer Zone gehörend, eine Zone betreffend

zonked [zɔŋkt] ⟨*engl.*⟩: stark unter Drogen stehend

Zö|no|bit *der; -en, -en* ⟨*gr.-mlat.*⟩: in ständiger Klostergemeinschaft lebender Mönch; Ggs. ↑ Eremit. **zö|no|bi|tisch:** in Gemeinschaft lebend (von Mönchen)

Zö|no|bi|um *das; -s, ...ien* ⟨*gr.-lat.*⟩: 1. Kloster. 2. (Biol.) Zusammenschluss von Einzellern; Zellkolonie

Zö|no|karp *das; -s, -e* ⟨*gr.-nlat.*⟩: (Bot.) aus mehreren Fruchtblättern zusammengewachsener Fruchtknoten

Zoo *der; -s, -s:* Kurzform von ↑ zoologischer Garten

Zo| o|chlo|rel|le [...klo...] *die; -, -n* ⟨*gr.-nlat.*⟩: (Biol.) Grünalge, die in Lebensgemeinschaft mit Schwämmen, Hohltieren und niederen Würmern lebt

Zo| o|cho|rie [...ko...] *die; -:* (Biol.) Verbreitung von Pflanzensamen u. -früchten durch Tiere

zo| o|gen: (Geol.) aus tierischen Resten gebildet (von Gesteinen)

Zo| o|geo|gra|phie, auch: Zoogeografie *die; -:* Teilgebiet der Biologie, das sich u. a. mit der Verbreitung der Tiere befasst (Tiergeographie)

Zo| o|gra|phie, auch: Zoografie *die; -, ...ien:* Benennung u. Einordnung der Tierarten

Zo| o|la|t| rie *die; -, ...ien:* Tierkult; Verehrung tiergestaltiger Götter

Zo| o|lith [auch: ...'lɪt] *der; -s u. -en, -e[n]* (meist Plural): (Geol.) Sedimentgestein, das ausschließlich od. größtenteils aus Resten von Tieren besteht; Tierversteinerung

Zo| o|lo|ge *der; -n, -n* ⟨*gr.-fr.*⟩: jmd., der sich wissenschaftlich mit den Erscheinungen tierischen Lebens befasst. **Zo| o|lo|gie** *die; -:* Tierkunde. **Zo| o|lo|gin** *die; -, -nen:* weibliche Form zu ↑ Zoologe. **zo| o|lo|gisch:** die Tierkunde betreffend; **zoologischer Garten:** Tierpark, Tiergarten

¹Zoom [zu:m] *das u. der; -s, -s* ⟨*engl.*⟩: (Fotogr., Film) 1. Objektiv mit stufenlos verstellbarer Brennweite. 2. Vorgang, durch den der Aufnahmegegenstand näher an den Betrachter herangeholt od. weiter von ihm entfernt wird

²Zo|om *das; -s, -e* ⟨*gr.*⟩: tierischer Bestand eines ↑ Bioms

zoo|men ['zu:...] ⟨*engl.*⟩: (Fotogr., Film) den Aufnahmegegenstand mithilfe eines ¹Zooms (1) näher heranholen od. weiter wegrücken

Zoom|ob|jek|tiv *das; -s, -e:* ↑ ¹Zoom (1)

Zo| o|no|se *die; -, -n* ⟨*gr.-nlat.*⟩: (Med.) von Tieren auf Menschen übertragbare Infektionskrankheit

Zo|on po|li|ti|kon *das; -* ⟨*gr.*⟩: nach Aristoteles, Politika III, 6⟩: (Philos.) der Mensch als soziales, politisches Wesen

Zo| o|pa|ra|sit *der; -en, -en* ⟨*gr.-nlat.*⟩: (Biol.) Schmarotzer, der auf Tieren lebt

zo| o|phag: (Bot.) Fleisch fressend (von Pflanzen). **Zo| o|pha|ge** *der; -n, -n* (meist Plural): (Bot.) Fleisch fressende Pflanze

Zo| o|phi|lie *die; -, ...ien:* ↑ Sodomie (1)

Zo| o|plank|ton *das; -s:* Gesamtheit der im Wasser schwebenden tierischen Organismen

Zo| o|sper|mie *die; -, ...ien:* (Med.) Vorhandensein lebensfähiger, beweglicher Samenfäden im ↑ Ejakulat

Zo| o|spo|re *die; -, -n* (meist Plural): (Biol.) Schwärmspore niederer Pflanzen

Zoo|tech|nik *die; -:* (regional) Technik der Tierhaltung u. -zucht. **Zoo|tech|ni|ker** *der; -s, -:* (regional) Tierpfleger [im Zoo]. **Zoo|tech|ni|ke|rin** *die; -, -nen:* weibliche Form zu ↑ Zootechniker

Zo| o|to|mie *die; -:* Tieranatomie

Zo| o|to|xin *das; -s, -e:* tierisches Gift

Zo| o|zö|no|lo|gie *die; -:* Teilgebiet der Verhaltensforschung, das sich mit den Formen des sozialen Zusammenlebens der Tiere befasst; Tiersoziologie

Zo|pho|ros ⟨*gr.*⟩ u. **Zo|pho|rus** ⟨*gr.-lat.*⟩ *der; -, ...phoren:* (Archit.) mit figürlichen Reliefs geschmückter Fries in der altgriechischen Baukunst

zop|po ⟨*it.*⟩: (Mus.) lahm, schleppend (Vortragsanweisung)

Zor|bing ['zɔ:bɪŋ] *das; -s* ⟨*engl.*⟩: eine Funsportart, bei der man in einem mit Druckluft gefüllten Ballon kopfüber talabwärts rollt

Zo|res *der; -* ⟨*hebr.-jidd.*⟩: (landsch.) 1. a) Wirrwarr; b) Ärger. 2. Gesindel

Zo|ril|la *der; -s, -s* (auch: *die; -, -s*) ⟨*span.*⟩: schwarzweißer afrikanischer Marder (Bandiltis)

zo|ro| as| t| risch ⟨*awest.-gr.-lat.*⟩: den ↑ Parsismus betreffend. **Zo|ro| as| t| ris|mus** *der; -:* ↑ Parsismus

Zort|zi|co *der; -[s]* ⟨*baskisch*⟩: baskischer Tanz im $\frac{5}{4}$-Takt

Zos| ter [auch: 'tsɔstɐ] *der; -* vgl. Herpes Zoster

Zö|tus *der; -, Zöten* ⟨*lat.*⟩: (veraltet) Jahrgang, Schulklasse

Zu| a|ve *der; -n, -n* ⟨*fr.*⟩: Angehöriger einer zuerst aus Berberstämmen rekrutierten französischen [Kolonial]truppe

Zuc|chet|to [...ˈkɛto] *der;* -s, ...tti ⟨*it.*⟩: (schweiz.) ↑ Zucchini

Zuc|chi|ni [...ˈkiːni] *die;* -, -, (seltener:) **Zuc|chi|no** *der;* -s, ...ni (meist Plural): gurkenähnliche Frucht einer bestimmten Kürbisart

Zu|cker|cou|leur [...kulø:ɐ̯] *die;* - ⟨*dt.; lat.-fr.*⟩: gebrannter Zucker zum Färben von Lebensmitteln; vgl. Karamell

Zu|fol|lo *der;* -s, -s u. ...li ⟨*it.*⟩: Hirtenflöte, -pfeife, Flageolett (1)

Zu|pan [ˈʒʊ...] *der;* -s, ...ane ⟨*slaw.*⟩: (hist.) slawischer Gerichtsbeamter (im deutschen Kolonisationsgebiet)

Zy|lan, chem. fachspr.: Cyan *das;* s, - ⟨*gr.-lat.*⟩: (Chem.) giftige Kohlenstoff-Stickstoff-Verbindung mit Bittermandelgeruch

Zy| a|nat, chem. fachspr.: Cyanat *das;* -[e]s, -e ⟨*gr.-lat.-nlat.*⟩: (Chem.) Salz der Zyansäure

Zy| a|ne *die;* -, -n ⟨*gr.-lat.*⟩: Kornblume (ein Getreideunkraut)

Zy| a|nid, chem. fachspr.: Cyanid *das;* -s, -e: (Chem.) Salz der Blausäure

Zy| a|ni|sa|ti|on vgl. Kyanisation

Zy|an|ka|li, älter: **Zy|an|ka|li|um** *das;* -s: das stark giftige Kaliumsalz der Blausäure

Zy| a|no|phy|zee *die;* -, -n (meist Plural): Blaualge

Zy|a| n|op|sie *die;* -, ...ien: (Med.) Störung des Farbensehens, bei der alle Gegenstände blau erscheinen; Blausehen

Zy| a|no|se *die;* -, -n: (Med.) bläuliche Verfärbung der Haut bes. an Lippen u. Fingernägeln infolge Sauerstoffmangels im Blut (u. a. bei Herzinsuffizienz). **zy| a|no|tisch:** (Med.) mit Zyanose verbunden, auf ihr beruhend

Zy|an|ra|di|kal, chem. fachspr.: Cyan... *das;* -s: Atomgruppe aus Kohlenstoff u. Stickstoff, die nur in chemischen Verbindungen od. als Ion vorkommt

Zy| a|thus vgl. Kyathos

Zy|gä|ne *die;* -, -n ⟨*gr.-lat.*⟩: 1. ein mitteleuropäischer Schmetterling (Blutströpfchen). 2. Haifisch (Hammerhai)

Zy|go|ma *das;* -s, -ta ⟨*gr.*⟩: (Med.) Backenknochen des Gesichts (Jochbein). **zy|go|ma|tisch:** (Med.) zum Jochbein gehörend

zy|go|morph ⟨*gr.-nlat.*⟩: (Bot.) nur eine Symmetrieebene zeigend (von Blüten)

Zy|go|te *die;* -, -n: (Biol.) nach Verschmelzung der beiden ↑ Gameten entstandene ↑ diploide Zelle, aus der ein Lebewesen entsteht

Zy|ka|da|ze|en u. **Zy|ka|de|en** *die* (Plural) ⟨*gr.-nlat.*⟩: Palmfarne

Zy|kas *die;* -, - ⟨*gr.*⟩: Palmfarn

zykl..., Zykl... vgl. zyklo..., Zyklo...

zy|kl| lam ⟨*gr.-lat.*⟩: lilarot. **Zy|kl| la|me** *die;* -, -n (österr., schweiz.), u. **Zy|kl| la|men** *das;* -s, -: Alpenveilchen (eine Berg- u. Zierpflanze)

Zy|kl| len: Plural von ↑ Zyklus

Zy|kl| li|de *die;* -, -n ⟨*gr.-nlat.*⟩: (Math.) ringförmige Fläche im dreidimensionalen Raum

Zy|kl| li|ker [auch: ˈtsyk...] *der;* -s, - ⟨*gr.-lat.*⟩: Dichter altgriechischer Epen, die zu einem Zyklus zusammengefasst wurden

zy|kl| lisch, chem. fachspr.: cyclisch [auch: ˈtsyk...]: 1. kreisläufig, -förmig, ringförmig. 2. sich auf einen Zyklus beziehend. 3. regelmäßig wiederkehrend

Zy|kl| li|tis *die;* -, ...itiden ⟨*gr.-nlat.*⟩: (Med.) Entzündung des ↑ Ziliarkörpers

Zy|kl| lo|ge|ne|se *die;* -, -n ⟨*gr.-nlat.*⟩: (Meteor.) Entstehung von ↑ ¹Zyklonen

zy|kl| lo|id: 1. (Math.) kreisähnlich. 2. (Psych., Med.) besonders stark u. regelmäßig zwischen Heiterkeit u. Traurigkeit schwankend (von der Stimmungslage eines Menschen)

Zy|kl| lo|i|de *die;* -, -n: mathematische Kurve, die ein starr mit einem Kreis verbundener Punkt beschreibt, wenn der Kreis auf einer Geraden abrollt; vgl. Epizykloide, Hypozykloide

Zy|kl| lo|me|tl| rie *die;* -, ...ien: (veraltet) 1. Wegmessung. 2. (Math.) Maßbestimmung am Kreis unter Verwendung von Winkeln u. Winkelfunktionen. **zy|kl| lo|me|tl| risch:** (Math.) auf den Kreisbogen bezogen, den Kreisbogen darstellend; **zyklometrische Funktion:** Umkehrfunktion der Winkelfunktion

¹Zy|kl| lon *der;* -s, -e ⟨*gr.-engl.*⟩: (Meteor.) heftiger Wirbelsturm in tropischen Gebieten

²Zy|kl| lon ® *der;* -s, -e: (Techn.) Vorrichtung zur Entstaubung von Gasen mithilfe der Fliehkraft

³Zy|kl| lon ® *das;* -s: (Chem.) ein blausäurehaltiges Mittel zur Schädlingsbekämpfung

Zy|kl| lo|ne *die;* -, -n: (Meteor.) Tiefdruckgebiet

Zy|kl| lo|no|pa|thie *die;* -, ...ien: (Med., Psychol.) Wetterfühligkeit

Zy|kl| lo|no|se *die;* -, -n: (Med.) Krankheitserscheinung bei wetterfühligen Personen

Zy|kl| lop *der;* -en, -en ⟨*gr.-lat.;* „Rundäugiger"): einäugiger Riese der griechischen Sage

Zy|kl| lo|pho|rie *die;* -, ...ien ⟨*gr.-nlat.*⟩: (Med.) eine Form des Schielens

zy|kl| lo|pisch ⟨*gr.-lat.*⟩: von gewaltiger Größe, riesenhaft

zy|kl| lo|thym: (Med., Psychol.) von extravertierter, geselliger, dabei aber Stimmungsschwankungen unterworfener Wesensart. **Zy|kl| lo|thy|me** *der u. die;* -n, -n: (Med., Psychol.) jmd., der ein zyklothymes Temperament besitzt

Zy|kl| lo|tl| ron *das;* -s, ...trone (auch: -s) ⟨*gr.-engl.*⟩: (Kernphysik) Gerät zur Beschleunigung geladener Elementarteilchen

Zy|kl| lus [auch: ˈtsyk...] *der;* -, Zyklen ⟨*gr.-lat.*⟩: 1. periodisch ablaufendes Geschehen, Kreislauf regelmäßig wiederkehrender Dinge od. Ereignisse. 2. a) Zusammenfassung, Folge; Reihe inhaltlich zusammengehörender literarischer, musikalischer od. bildnerischer Werke; Folge von Vorträgen u. a.; b) Ideen-, Themenkreis. 3. (Med.) periodische Regelblutung der Frau mit dem Intervall bis zum Einsetzen der jeweiligen nächsten Menstruation

Z

Zy|lin|der [tsi..., auch: tsy...] *der; -s, - ⟨gr.-lat.⟩:* 1. (Math.) geometrischer Körper, bei dem zwei parallele, ebene, kongruente, meist kreisrunde Grundflächen durch einen Mantel miteinander verbunden sind. 2. (Techn.) röhrenförmiger Hohlkörper einer Maschine, in dem sich gleitend ein Kolben bewegt. 3. Lampenglas. 4. Teil einer Pumpe (Stiefel). 5. hoher Herrenhut [aus schwarzem Seidensamt]. 6. (Med.) walzenförmiger, im Harn auftretender Fremdkörper

Zy|lin|der|glä|ser *die* (Plural) ⟨gr.-lat.; dt.⟩: nur in einer Richtung gekrümmte Brillengläser

Zy|lin|der|pro|jek|ti|on *die; -, -en* ⟨gr.-lat.; lat.⟩: Kartendarstellung mit einem Zylindermantel als Abbildungsfläche

zy|lin|d| risch ⟨gr.-nlat.⟩: walzenförmig

Zy|ma|se *die; - ⟨gr.-nlat.⟩:* aus zellfreien Hefepresssäften gewonnenes Gemisch von ↑ Enzymen, das die alkoholische Gärung verursacht

zy|misch ⟨gr.-nlat.⟩: (Chem.) die Gärung betreffend, auf Gärung beruhend, durch sie entstanden

Zy|mo|gen *das; -s, -e:* Vorstufe eines ↑ Enzyms

Zy|mo|lo|gie *die; -:* Teilgebiet der Chemie, das sich mit den Gärungsvorgängen befasst

zy|mös ⟨gr.⟩: (Bot.) in der Fügung **zymöse Verzweigung:** Verzweigungsform, bei der die Hauptachse die Entwicklung einstellt u. die Seitenachsen sich weiterentwickeln

Zy|mo|tech|nik *die; - ⟨gr.-nlat.⟩:* Gärungstechnik

zy|mo|tisch: (Chem.) Gärung bewirkend

Zy| n|e| ge|tik *die; - ⟨gr.-lat.⟩:* (Jagd) Kunst, Hunde abzurichten. **zy|n|e| ge|tisch:** (Jagd) die Zynegetik betreffend

Zy|ni|ker *der; -s, - ⟨gr.-lat.⟩:* zynischer Mensch; vgl. Kyniker. **Zy|ni|ke|rin** *die; -, -nen:* weibliche Form zu ↑ Zyniker

zy|nisch: verletzend-spöttisch, bissig

Zy|nis|mus *der; -, ...men:* 1. (ohne Plural) Lebensanschauung der ↑ Kyniker. 2. a) (ohne Plural) zynische Art, Haltung, Einstellung, zynisches Wesen; b) zynische Äußerung, Bemerkung

Zy|per|gras *das; -es* ⟨nach der Insel Zypern⟩: einjähriges Riedgras

Zy|per|kat|ze *die; -, -n:* gestreifte Hauskatze

Zy|p| res|se *die; -, -n ⟨gr.-lat.⟩:* immergrüner Baum des Mittelmeergebietes. **zy|p| res|sen:** aus Zypressenholz hergestellt

zy|ril|lisch vgl. kyrillisch

Zys| t|al|gie *die; -, ...ien ⟨gr.-nlat.⟩:* (Med.) Schmerzempfindung in der Harnblase

Zys| te *die; -, -n:* 1. (Med.) im od. am Körper gebildeter sackartiger, mit Flüssigkeit gefüllter Hohlraum; Geschwulst. 2. (Biol.) bei niederen Pflanzen u. Tieren auftretendes kapselartiges Dauerstadium (z. B. bei ungünstigen Lebensbedingungen)

Zys| te|in *das; -s:* (Biol., Chem.) eine ↑ Aminosäure (Baustein der Eiweißkörper)

Zys| t|ek|to|mie *die; -, ...ien:* (Med.) operative Entfernung der Harnblase, Gallenblase od. einer Zyste (1)

Zys| tin *das; -s:* (Biol., Chem.) eine ↑ Aminosäure, Hauptträger des Schwefels im Eiweißmolekül

Zys| tis *die; -, Zysten ⟨gr.⟩:* (Med.) Blase, Harnblase

zys| tisch ⟨gr.-nlat.⟩: (Med.) 1. Zysten (1) bildend. 2. die Harnblase betreffend

Zys| ti|tis *die; -, ...iti|den:* (Med.) Blasenentzündung, -katarrh

Zys| ter|ko|se *die; -, -n:* (Med.) Erkrankung durch Befall verschiedener Organe (z. B. Augen, Gehirn) mit Bandwurmfinnen

Zys| ti|zer|kus *der; -, ...ken:* Finne des Bandwurms

Zys| to|py| eli|ti|s *die; -, ...iti|den ⟨gr.-nlat.⟩:* (Med.) Entzündung von Harnblase und Nierenbecken

Zys| tos| kop *das; -s, -e:* (Med.) röhrenförmiges Instrument zur Untersuchung der Harnblase; Blasenspiegel. **Zys| tos| ko|pie** *die; -, ...ien:* (Med.) Blasenspiegelung

Zys| to|spas|mus *der; -, ...men:* (Med.) Blasenkrampf

Zys| to|to|mie *die; -, ...ien:* (Med.) operative Öffnung der Harnblase

Zys| to|ze|le *die; -, -n:* (Med.) Blasenvorfall, krankhafter Vorfall [von Teilen] der Harnblase

zyt..., Zyt... vgl. zyto..., Zyto...

...zyt s. Kasten zyto..., Zyto...

Zy|ti|si|n *das; -s, -e ⟨gr.⟩:* giftiges ↑ Alkaloid

Zy|ti|sus *der; -, - ⟨gr.-lat.⟩:* (Bot.) Goldregen (Schmetterlingsblütler)

zy|to..., Zy|to...

vor Vokalen auch: zyt..., Zyt... ⟨gr. kýtos „Höhlung; Rundung; Gefäß" → nlat. cytus „Zelle"⟩ Wortbildungselement mit der Bedeutung „Zelle":
– Zytodiagnostik
– zytotoxisch

...zyt

der; -en, -en (meist Plural) ⟨gr. kýtos „Höhlung; Rundung; Gefäß" → nlat. cytus „Zelle"⟩ Wortbildungselement mit der Bedeutung „Zelle":
– Erythrozyt
– Leukozyt

Zy|to|blast *der; -en, -en ⟨gr.-nlat.⟩:* 1. (Med., Biol.) Zellkern. 2. (Biol.) ↑ Mitochondrion

Zy|to|blas| tom *das; -s, -e:* (Med.) bösartige Geschwulst aus unreifen Gewebszellen

Zy|to|di| ag| nos| tik *die; -, -en:* (Med.) Zelluntersuchung

zy|to|gen: (Biol.) von der Zelle gebildet

Zy|to|ge|ne|tik *die; -:* (Med., Biol.) Wissenschaft von den Zusammenhängen zwischen der Vererbung u. dem Bau der Zelle

Zy|to|lo|gie *die; -:* (Biol., Med.) Wissenschaft vom Aufbau u. von der Funktion der Zelle. **zy|to|lo|gisch:** die Zytologie betreffend

Zy|to|ly|se *die; -:* (Biol., Med.) Auflösung, Abbau von Zellen

Zy|to|plas|ma *das; -s, ...men:* (Biol.) ↑ Protoplasma

Zy|tos| ta|ti|kum *das; -s, ...ka:* (Med., Biol.) [chemische] Substanz, die die Kernteilung u. Zellvermehrung hemmt. **zy|tos| ta|tisch:** (Med., Biol.) Kernteilung u. Zellvermehrung hemmend

Zy|to| tom *das; -s, -e u.* **Zy|tos| to|ma** *das; -s, -ta:* (Zool.) Zellmund der Einzeller

Zy|to|to|xin *das; -s, -e:* (Med., Biol.) Zellgift. **zy|to|to|xisch:** (Med., Biol.) zellschädigend, zellvergiftend

DAAD
Lektoren-Handapparat

Duden Band 5

Der Duden in zwölf Bänden
Das Standardwerk zur deutschen Sprache

Herausgegeben vom Wissenschaftlichen Rat
der Dudenredaktion:
Dr. Matthias Wermke (Vorsitzender)
Dr. Annette Klosa
Dr. Kathrin Kunkel-Razum
Dr. Werner Scholze-Stubenrecht

1. Rechtschreibung
2. Stilwörterbuch
3. Bildwörterbuch
4. Grammatik
5. **Fremdwörterbuch**
6. Aussprachewörterbuch
7. Herkunftswörterbuch
8. Sinn- und sachverwandte Wörter
9. Richtiges und gutes Deutsch
10. Bedeutungswörterbuch
11. Redewendungen und sprichwörtliche Redensarten
12. Zitate und Aussprüche